					禾 のぎ 禾 (177)	内 じゅう (177)	示 しめす 礻 示 (176)	石 いし 石 (176)	矢 や 矢 (176)	矛 ほこ (176)	目 め 目 (176)
耳 みみ 耳 (180)	耒 すきへん 耒 (180)	而 しかして (180)	老 おいかんむり 耂 (180)	羽 はね 羽 (180)	羊 ひつじ (179)	网 あみがしら 罒 (179)	缶 ほとぎ (179)	糸 いと 糸 (178)	米 こめ 米 (178)	竹 たけ ⺮ (177)	▽六画
艸 くさ 艹 艹 (181)	色 いろ (181)	艮 ねづくり (181)	舟 ふね 舟 (181)	舛 まいあし 舛舛 (181)	舌 した (181)	臼 うす (181)	至 いたる (181)	自 みずから (181)	臣 しん 臣 (181)	肉 にく 月 (180)	聿 ふでづくり 聿 (180)
谷 たに (185)	言 げん 言 (184)	角 かく 角 (184)	見 みる (184)	▽七画	瓜 ↓ 瓜 (174)	襾 おおいかんむり 襾 西 (184)	衣 ころも 衤 (184)	行 ぎょう 行 (184)	血 ち (184)	虫 むし 虫 (183)	虍 とらがしら 虍 (183)
辵 しんにょう ⻌ ⻍ (187)	辰 しんのたつ (187)	辛 からい (187)	車 くるま 車 (186)	身 み (186)	足 あし 𧾷 (186)	走 はしる 走 (186)	赤 あか (186)	貝 かい 貝 (186)	豸 むじなへん 豸 (185)	豕 ぶた (185)	豆 まめ (185)
隶 れいづくり 隶 (190)	阜 おか 阝(左/偏) (189)	門 もん (189)	長 ながい (189)	金 かね 金 (188)	▽八画	麦 舛 臣 ↓ ↓ ↓ 麥 舛 臣 (193) (181) (181)		里 さと 里 (188)	釆 のごめ 釆 (188)	酉 ひよみのとり 酉 (188)	邑 おおざと 阝(右/旁) (188)
音 おと (190)	韭 にら (190)	韋 なめしがわ 韋 (190)	革 かくのかわ 革 (190)	面 めん (190)	▽九画	斉 食 ↓ ↓ 齊 食 (193) (191)		非 あらず (190)	青 あお 青 (190)	雨 あめ ⻗ (190)	隹 ふるとり (190)
鬥 とうがまえ (192)	髟 かみがしら 髟 (192)	高 たかい (192)	骨 ほね 骨 (192)	馬 うま 馬 (191)	▽十画	香 か (191)	首 くび (191)	食 しょく 食 飠 (191)	飛 とぶ (191)	風 かぜ (191)	頁 おおがい 頁 (191)
麻 あさ 麻 (193)	麥 むぎ 麦 麥 麦 (193)	鹿 しか (193)	鹵 しお (193)	鳥 とり (192)	魚 うお 魚 (192)	▽十一画	竜 韋 ↓ ↓ 龍 韋 (194) (190)		鬼 おに 鬼 (192)	鬲 かなえ (192)	鬯 ちょう (192)
鼓 つづみ (193)	鼎 かなえ (193)	黽 べんあし (193)	▽十三画	歯 ↓ 齒 (193)	黹 ち (193)	黒 くろ 黒 (193)	黍 きび (193)	黄 き 黄 (193)	▽十二画	亀 黒 黄 ↓ ↓ ↓ 龜 黑 黃 (194) (193) (193)	
	龠 やく (194)	▽十七画	龜 かめ 亀 (194)	龍 りゅう 竜 (194)	▽十六画	齒 は 歯 齒 (193)	▽十五画	齊 せい 斉 (193)	鼻 はな 鼻 (193)	▽十四画	鼠 ねずみ (193)

漢検 漢字辞典

［第二版］

公益財団法人 日本漢字能力検定協会

漢検

［編　者］
公益財団法人　日本漢字能力検定協会
［編集協力］
株式会社　日本レキシコ
［挿し絵］
浅間　アスカ

【はじめに】

二十一世紀の日本人に役立つ漢字辞典

二十世紀の終わりから二十一世紀の初めにかけて、急速に発達した情報機器は、社会に様々な変化を及ぼしました。中でも特筆すべきなのは、パソコンや携帯端末の普及により、手で字を書くという行為が激減したことです。変換キーを押せば同音訓異義語が現れ、その中からふさわしい語を選択するだけで、ほぼ文書を作成することが可能となったのです。字を「書く」行為から一見解放されたかと思いがちな現在、私たちの漢字能力はその必要性が低下したのでしょうか。いいえ、かえってその必要性は増しているのです。あふれんばかりの情報の中から必要なものを選択し、またこちらの情報を的確に発信するためには、漢字の意味、言葉の意味をより深く理解することが不可欠なのです。さらに、仮名漢字変換の機能は、日常目に触れることの少なかった、常用漢字表に含まれない表外漢字の存在を再認識させせました。そういったことから、漢字の世界の奥深さに魅せられた方も少なくないでしょう。

こうした漢字の重要性を再認識する流れを受けて、「漢字使用の目安」である常用漢字の見直しが行われ、二〇一〇年（平成二二年）、新たに一九六字を追加し、五字を削除した「常用漢字表」が内閣告示されました。これにより、これまで新聞・雑誌などで平仮名で書くべきとされていた多くの語について、漢字で書くことが可能になったのです。

本辞典は、このような情報化の時代に生きる人々のための漢字・熟語辞典です。社会生活・言語生活に必要な漢字・熟語を厳選し、和語やことわざ・慣用句など、従来の漢和辞典には掲載されなかった言葉も多く入れました。また、引きやすさを重視し、漢字を国語辞典と同様の五十音順に並べました。筆記の便を考慮し、活字は手書きに近い教科書体を使用、また熟語の見出しも親字に近い大きさで表示しました。四字熟語、故事・ことわざ、熟字訓・当て字には専用の索引を設けました。このように様々な工夫を凝らしています。

本辞典が多くの方に広く親しんでいただけることを確信しています。これをきっかけに、漢字・日本語への興味をより深めてくだされば幸いです。本辞典についてお気づきの点があれば、ぜひともご教示ください。

二〇一四年(平成二六年)一一月

公益財団法人　日本漢字能力検定協会

漢検 漢字辞典［第二版］

［目 次］

◇この辞典の特色……（四）
◇この辞典の使い方……（五）
◇部首配列順……表見返し
◇「同訓異義」索引……裏見返し

◆親字検索用索引
音訓索引……（一八）
部首索引……（一五三）
総画索引……（一九五）

本文……一〜一六三三

付録……一六三三

◆漢字資料編
漢字の知識……一六三四
熟語の成り立ち……一六四六
送り仮名の付け方……一六五〇
筆順と画数……一六五六
時刻・方位表／干支順位表……一六六〇
同音異義語の使い分け……一六六一
おもな対義語……一六七三

◆テーマ別熟語索引
四字熟語索引……一六七七
故事・ことわざ索引……一六九九
熟字訓・当て字索引……一七二四

【この辞典の特色】

(1) 従来の漢和辞典とは一線を画し、現代日本語の中の漢字辞典を目指した。
漢字は五十音順配列とし、熟語は近代以降の日本語から和語を重視して収録した。たとえば、【草】には「草分け」「草熱《くさいきれ》」「草臥《くたび》れる」などを立項した。

(2) 大きい活字で漢字熟語を掲げるなど、漢字学習に的を絞って編集した。
現代社会に必要な約六千字の漢字の下に、その漢字を頭にもつ熟語を大きな見出しで見やすく収録した。難読語など学習性の高い熟語を精選した。また、どのように書けばよいかをわかりやすく示すため、活字は手書きに近い教科書体を採用した。

(3) 日本漢字能力検定の検定趣旨に準拠した編集を心がけた。
訓読み語や四字熟語などの故事成語、対義語・類義語などを充実させた。また、漢字に日本漢字能力検定の級数を入れ、用例などに過去の出題例を反映させた。

(4) 美しい日本語と表現力豊かな漢字の魅力をふんだんに盛りこんだ。
「朝餉《あさげ》」「雨催《あまもよ》い」「慈《いつく》しむ」「託《かこ》つ」「噤《つぐ》む」などの和語、「汗塗《あせまみ》れ」「覚束《おぼつか》ない」「目眩《めくるめ》く」「口遊《くちずさ》む」など漢字の表現力、「時雨《しぐれ》」「時化《しけ》」「五月蝿《うるさ》い」「百日紅《さるすべり》」「雲雀《ひばり》」など熟字訓・当て字が醸す表現の妙味を満載した。

(5) 中学・高校生に配慮して、わかりやすく行きとどいた解説を心がけた。
やさしい語釈、使い方のわかる用例を工夫した。「練達」には「経済記事に―した記者」、「憐憫《レンビン》」には「―の情をもよおす」の傍線部を加えるなど。また、難しい用例には意味を添えた。さらに、使い分けの難しい同訓異義語をコラムで、同音異義語を付録で解説するなど、わかりやすさに徹して編集した。

(6) 漢字の検索に役立つ索引、熟語学習に役立つテーマ別索引を充実させた。
音訓・部首・総画の三索引と、四字熟語や故事・ことわざ、熟字訓・当て字などの学習索引を設けた。

〔この辞典の使い方〕

この辞典の構成

一、親　字

◆**収録字数**　この辞典には、次の基準により、**約六、三〇〇字**を収録し、五十音順に配列した。これは、ほぼJIS漢字の第一・第二水準、および、それらを補完する第三・第四水準の一部を含む漢字に該当する。

①**常用漢字**　平成二二年一一月の内閣告示「常用漢字表」で示された二、一三六字（教育漢字を含む）。

②**表外漢字**　常用漢字表にない漢字。このうち、中学・高校生の学習、および、大学生・一般社会人に必要と思われるもの。

③**旧字**　常用漢字・人名用漢字の旧字体のうち、おもなもの。人名用漢字の中にも、常用漢字の字形にそろえて新字体を定めたものがあるため、新旧の字体が存在する。

④**異体字**　①～③と同音同義で用いられる異体字のうち、おもなもの。

二、熟　語

◆**収録語数**　この辞典には、現代日本語の漢字熟語の中から、次の方針により、**約四二、〇〇〇語**を収録し、親字の下に配列した。

①漢文を読むための熟語ではなく、おもに近代以降に用いられた日本語の中から、漢字学習に役立つ熟語を精選した。

②おもな読者を中学生以上とし、既に習熟していると思われる易しい熟語は割愛した。

③漢字表記のうえで重要な、一字漢字の訓読み語、訓読み熟語を多数収録した。

④漢字学習で重要な故事成語・ことわざ。

⑤漢字学習で必要な地名・動植物名・歴史用語などの百科語。

⑥難読漢字学習で重要な熟字訓・当て字。

三、索　引

◆**親字検索用索引**　親字は、その代表音訓によって五十音順に配列しているが、さらに種々の角度から検索できるよう、次の三つの索引を設けた。

①**音訓索引**　親字の音訓を五十音順に配列した索引で、親字の音または訓がわかっているときに用いる。

②**部首索引**　親字を二一四の部に分け、部首配列順（表見返し）に配列した索引で、親字の部首がわかっているときに用いる。

③**総画索引**　親字を総画数順に配列した索引で、親字の音訓や部首がわからないときに用いる。

◆**テーマ別熟語索引**　熟語の重点的学習の便をはかって、次の三つの索引を設けた。

①**四字熟語索引**　故事成語のうち、特に漢字学習で人気の高い四字熟語を集めて五十音順に配列した索引。

②**故事・ことわざ索引**　四字熟語以外の故事成語や、日本古来のことわざを集めて五十音順に配列した索引。

③**熟字訓・当て字索引**　読みにくい熟字訓や特殊な訓読み語、外国地名・人名などの当て字を五十音順に配列した索引。

四、その他

◆**コラム「同訓異義」** 同訓異義語の使い分けをまとめたコラムを、所定の五十音順の位置に挿入した。その掲載ページは、**裏見返し**に示した。

◆**付録―漢字資料編** 漢字の基礎知識が学べ、日本漢字能力検定などの漢字の試験に役立つ情報を収録した。 ↓目次参照

この辞典の決まり

一、親項目の配列（熟語項目の配列も同じ）

1 親字（親項目）の配列

次の①→②→③…の順に配列した。

① 漢字の代表音訓を五十音順に配列。
② 同じ音訓の場合は、音（カタカナ）→訓（ひらがな）の順に配列。
③ 同じ音または訓のなかでは、総画数順に配列。
④ 同じ画数内は、この辞典の部首配列順（表見返し）に配列。
⑤ 同じ部首内は、日本漢字能力検定の級数順（10級→1級）に配列。

2 五十音順配列の基準（親字・親字検索用項目・コラム）

① 清音→濁音→半濁音
　きき→きぎ→ぎき→ぎぎ　　はは→はば→ばば→ばぱ→ぱぱ
② 小文字→並字
　ア 促音→直音
　　かって→かつて　さっき→さつき
　イ 拗音→直音
　　いしゃ→いしや　りょう→りよう
　ウ 外来語
　　ファン→フアン
③ 母音→長音符号
　きい→キー　じゃあく→ジャーク
④ 漢字・品詞順
　一字漢字→名詞（普通名詞→固有名詞→代名詞）→動詞→形容詞→形容動詞→副詞→その他の品詞
⑤ 単純語→複合語

二、親字

ゲン ❶
【厳】 ❷
（17） ❸
⺍14 ❹
教 常 ❺
5 ❻
2423／3837 ❼
訓 音 ❽
ゲン・ゴン㊉高　おごそか㊉中・きびしい　㊈外いかめしい・いかつい

❾ 旧字《嚴》（20） 口17 1/準1 5178／536E

⓫ 筆順 3 6 12 16 …厳

⓬ 意味 ①きびしい。はげしい。「厳格」「厳命」 ②おごそか。いかめしい。おかしがたい。「厳粛」「威厳」 ③父に対する尊称。「厳父」

⓮ 書きかえ ②「儼（ゲン）」の書きかえ字として用いられるものがある。

⓯ 下つき 威厳（イゲン）・戒厳（カイゲン）・謹厳（キンゲン）・荘厳（ソウゴン・ショウゴン）・尊厳（ソンゲン）・端厳（タンゲン・タンゴン）・冷厳（レイゲン）

エン【★冤】(10) 冖 8 1 4945 514D 音 エン 訓 ぬれぎぬ・あだ

⑩〔寃〕〔寃〕5367 5563

意味 ①ぬれぎぬ。無実の罪を受ける。「冤獄」「冤罪」「冤死」②うらみ。あだ。「冤家」「讐冤(シュウエン)」参考 ウサギ(兔)がおおい(冖)の中で身を縮めているさまを示すことから、「かがむ・ぬれぎぬ」の意を表す。⑬

1 親字見出し

❶ **かな見出し**…親字の代表音訓(おもに音。国字などは訓)。**音**は**カタカナ**、**訓**は**ひらがな**で表示した。

❷ **漢字見出し**…この辞典の掲出漢字を【 】に囲んで表示した。

ア【赤文字】…… **常用漢字**

イ【★黒文字】(赤星つき)…… **印刷標準字体**。表外漢字(常用漢字表にない漢字)のうち、平成一二年一二月の国語審議会答申「表外漢字字体表」で示された字体。また、同時に示された**簡易慣用字体**は、☆印で示した(異体字欄)。

ア【★啞】(11) 口 8 準1 1508 2F28 音 ア・アク 訓 ああ・わらう

⑩〔☆唖〕1602 3022

ウ【黒文字】…… イ以外の表外漢字。

2 親字の漢字情報

❸ **総画数**…画数はこの辞典の基準による。新字体と旧字体とで画数の数え方が異なる場合がある。

↓「**総画索引**」の凡例参照

《例》臣→新字体は七画、旧字体は六画。

❹ **部首・部首内画数**

ア 部首の分類と所属部首は、原則として『康熙字典』による。

↓「**部首索引**」の凡例参照

イ 部首は実際の形で表示する。

《例》刀…刀・刂　人…人・亻・𠆢　心…心・忄・⺗

❺ **漢字の種別**

常…常用漢字

教…教育漢字(常用漢字のうち小学校で学習する漢字)

国…国字

❻ **検定級数**…日本漢字能力検定の1・準1・2・準2・3・4・5・6・7・8・9・10級の各級を数字で表示。

❼ **JIS**(日本工業規格)**コード**…「JIS X 0213:2004」に準拠。

ア **第一・第二・第三水準**(一面)のJIS漢字は、次のように**正体文字**で示した。

上段…区点コード(太文字正体)

下段…十六進コード(細文字正体)

イ **第四水準**(二面)の漢字は、**斜体文字**で示した。

上段…区点コード(太文字斜体)

下段…十六進コード(細文字斜体)

《例》いすか【鶍】(19) 鳥 8 国 1 *9427* *7E3B* 音 訓 いすか

ウ JIS漢字と一致する漢字(親字・旧字・異体字)にJISコードを入れた。

エ JIS漢字に包摂される漢字のうち、原則として画数の一致する漢字にJISコードを入れた。

❽ **音・訓**

ア **音はカタカナ**、**訓はひらがな**で示した。ただし、訓読みの外来語はカタカナで示した。訓読みの送り仮名は細文字で、それ以外は太文字で示した。

イ **常用漢字の音訓**

▽**常用漢字表にある音訓**（表内音訓）は**赤文字**で示した。

▽教育漢字の表内音訓のうち、小学校で学習しない音訓は次のように表示した。

　㊥… 中学校で学習する音訓

　㊫… 高等学校で学習する音訓

《例》【競】……音 **キョウ・ケイ**　訓 **きそう**㊥・**せる**㊫

▽教育漢字外の常用漢字の「表内音訓」で、高等学校で学習する音訓は㊫と表示。

《例》【患】……音 **カン**　訓 **わずらう**㊫

▽**常用漢字表にない音訓**（表外音訓）は、表内音訓のあとへ㊇マークを入れて、**黒文字**で入れた。

ウ **表外漢字の音訓**　音訓欄に黒文字で入れた。

❾ **旧字体**

ア 旧字体の部首・総画数・字形などが新字体の親字と異なる場合に掲げた。〘 〙でくくり、「旧字」と明示した。

イ 親字と同様に、漢字情報として「総画数」「部首＋部首内画数」「検定級数」「JISコード」を入れ、親字検索用索引から検索できるようにした。旧字体の検定級数は、親字の検定級数にかかわらず、一律で「1／準1級」とした。

ウ ここに掲げた旧字体のうち、親字と総画数が異なるものを、親字検索用見出しに立てた。

❿ **異体字**

ア 親字と同音同義で用いられる異体字のうち、重要なものを（ ）で囲んで示し、**簡易慣用字体**には☆印をつけた。

イ 異体字には、「本字」「古字」「別体字」「俗字」などがあるが、その種別は煩雑になるので略した。

ウ 漢字情報として「JISコード」を入れ、また一部の異体字には「検定級数」を入れた。

エ 検定級数の入った異体字を、親字検索用見出しに立てた。

⓫ **筆順**

ア すべての常用漢字に、最高一〇段階までの筆順を示した。一段階で二画以上進めた場合は、その最後の筆順番号を右わきに示した。

イ 教育漢字の筆順は文部省の「筆順指導の手びき」にしたがい、ほかの漢字もこの原則に準じて示した。

---

3 **漢字の意味**

エキ【易】(8) 日 4 教 常 6 1655 3057

音 **エキ・イ**　訓 **やさしい** ㊇ **かえる・かわる・やすい・あなどる**

⓫ 筆順　丨 冂 日 日 日 月 易 易

⓬ 意味　㊀**エキ** ①かえる。かわる。とりかえる。「改易」「交易」「不易」 ②うらない。「易学」「易占」「易断」 ③儒教の経典。五経の一つ。㊁**イ** ①やさしい。やすい。てがる。やすらか。「易易」「簡易」「容易」 対 難 ②あなどる。「慢易」

⓯ 下つき　㊀改易・交易・不易・辟易・変易・貿易 ㊁安易・簡易・軽易・難易・平易・慢易・容易

⑫ 意味

ア 漢字のもつ意味を簡潔に示した。

イ 意味が二つ以上ある場合は、①②③……に分けて解説し、さらに分かれる場合は、(ア)(イ)(ウ)……を用いた。

ウ 意味解説の順序は、よく使われる意味、一般的意味から、順次、あまり使われない意味、特殊な意味への順とした。

エ 音読みが複数あって、それぞれの読みで意味が異なる場合、[一]・[二]……に大きく分けて解説した。[下つき]の熟語もそれぞれに分けた。

オ 本来別の意味の複数の字を一つの親項目にまとめている場合、(A)・(B)……に大きく分けて解説した。また、(A)・(B)……のすぐ下に、[ ]でくくって本来の字形を示した。

《例》

ヨ【予】 (4) ↓3 [教] [常] 8 **4529** 4D3D [音] **ヨ** [訓] ㊀外 **あらかじめ・かねて・われ・あたえる・ゆるす**

(A) 旧字《豫》(16) 豕9 [1/準1] **4814** 502E

(B) 【予】 1 **4529** 4D3D

[筆順] フ マ 予 予

[意味] (A)[豫] ①あらかじめ。かねて。前もって。「予感」「予告」 [類]預 ②たのしむ。「遊予」 ③ためらう。「猶予」 ④「伊予(いよ)の国」の略。「予州」 (B)[予] ①われ。自称。「予輩」 [類]余 ②あたえる。あずかる。「賜予」 [類]与 ③ゆるす。 [類]許 [参考] 本来別の意味の二つの字を「予」にまとめた。

[下つき] (A) 逸予(イツヨ)・悦予(エツヨ)・不予(フヨ)・猶予(ユウヨ) (B) 賚予(ライヨ)

カ 用例 意味欄のそれぞれに、できるだけ多くの熟語用例を「 」でくくって示した。

キ 意味の理解を助けるために、類義・対義の漢字を掲げた。

[類]… 同義または類義の漢字

[対]… 対義または対照の漢字

4 参考情報

⑬ [参考]… 意味欄の最後に、漢字に関する参考記事を掲載した。特に面白い親字の字源や字体に関する話、仮名の由来、似た漢字についての注意など。

⑭ [書きかえ]… 国語審議会報告「**同音の漢字による書きかえ**」(昭和三一年)で、一字漢字の書きかえとして示されたもの、そのほか一般に行われる漢字の書きかえを掲げた。

⑮ [下つき]… 親字が頭以外につく熟語のうち、学習性の高いものを選び、五十音順に配列した。

三、その他の親項目

1 親字検索用項目

親字の検索を助けるために次の親項目を設け、親字と同列に五十音順に配列した。

① 旧字 親字の漢字情報欄に掲げた旧字のうち、親字と総画数が異なる旧字を、所定の画数位置に配列した。

《例》 **イ【▲爲】** (12) 爫8 6410 602A ▼為の旧字(三〇)

② 異体字 親字の漢字情報欄に掲げた異体字のうち、検定級数の入った異体字を、所定の画数位置に配列した。

《例》 **イン【▲韵】** (13) 音4 8081 7071 ▼韻の異体字(六八)

③ **代表音訓外の音訓**　親字の代表音訓外音訓のうち、「訓読み語」などの熟語として立項しているものなど、特に重要な音訓を所定の五十音順位置に配列した。

《例》

あき【秋】(9) 禾4 教 2909/3D29 ▼シュウ(六八八)

あきぞら【▲旻】(8) 日4 5865/5A61 ▼ビン(一三二六)

あきたりない【▲歉りない】(14) 欠10 6130/5D3E ▼ケン(四三二)

あきたりる【▲慊りる】(13) 忄10 5636/5844 ▼ケン(四二九)

イ【易】(8) 日4 教 1655/3057 ▼エキ(九〇)

2 コラム 同訓異義

① 同じ読みで、意味や使い方のまぎらわしい訓読み語の使い分けをまとめ、コラム名の五十音順位置に挿入した。

② 見出し語の漢字には、次項の「熟語」と同じ漢字記号をつけて漢字の種別を示し、学習の便をはかった。↓次項参照

③ 主要な意味と、使い方のわかる用例を「　」で示した。訓読み用例がまれな場合は、その意味で使われる典型的な音読み熟語の用例を掲げた。

《例》

同訓異義 **かわく**

【乾く】水分や湿気がなくなる。「湿」の対。「洗濯物が乾く」「空気が乾く」「土が乾いてほこりが舞う」「乾いた感性」

【渇く】のどに潤いがなくなり、水分が欲しくなる。比喩(ゆ)的にも用いる。「のどが渇く」「心の渇きをいやす」「渇望(カツボウ)」

【△燥く】火でかわく。水分がなくなり、軽くなる。「乾燥」

四、熟語

1 熟語項目(子項目)の配列

① 熟語項目は、それぞれの一字目の漢字と同じ親字の下に集め、その読みの五十音順に配列した。

② **五十音順配列の基準**は、「親項目の配列」(六ページ)に準じた。

③ 同じ読みの熟語は、二番目の漢字(二番目……が同じ場合は、順に次の漢字)の総画数が少ない順に配列した。

④ **派生語の配列**

ア 一般語は、原則として、ある熟語の派生語であっても、同列の熟語項目として配列した。

《例》

【安息】アンソク 苦労や心配事もなく、心安らかに体を休めること。

【安息日】アンソクニチ 仕事をしないで宗教上の儀式を行う日。ユダヤ教では土曜日、キリスト教では日曜日。参考「アンソクび・アンソクジツ」とも読む。

イ 派生語のうち、**故事成語**とそれに準じる語句は、『　』でくくって熟語項目(子項目)の下に配列した(孫項目)。

《例》

【闇夜】やみよ 月や星の出ていない暗い夜。参考「アンヤ」とも読む。

『闇夜に鉄砲』物事をあてずっぽうにやること。また、やっても意味がないことのたとえ。くらやみの中で鉄砲を撃つことから。類闇夜の礫(つぶて)

2 熟語見出し

① **一つの表記に読みが二つ以上あって意味が同じ場合**

ア それぞれの読みが重要な場合はすべて立項し、解説をした項目を他から参照できるようにした。

《例》**【悪阻】**オソ 「悪阻(つわり)」に同じ。

〈悪阻〉つわり 妊娠初期に起こる、吐き気や食欲不振などの症状。参考「オソ」とも読む。

イ 立項しなかった読みは、参考欄に付記するか略した。

② **一つの表記に読みが二つ以上あって意味が異なる場合**

ア 重要な読みは、それぞれ立項して解説し、参考欄にも付記した。

《例》**【愛着】**アイジャク 仏 煩悩を捨て切れず、物事に執着すること。特に、男女間の感情を断ち切れないこと。参考「アイチャク」と読めば別の意になる。

【愛着】アイチャク 心がひかれて離れがたいこと。「住みなれた家に―を感じる」参考「アイジャク」と読めば別の意になる。

イ 立項しなかった読みは、原則として参考欄に付記し、簡潔な語釈を入れた。

《例》**【悪業】**アクゴウ 仏 わるいおこない。特に、前世での悪事。参考「アクギョウ」と読めば、わるいしわざ・わるい職業の意になる。

③ **同音・同義・異字熟語の場合**

ア 一字目の漢字が同じときは、項目を一つにし、一般的によく用いられる表記の順に並べた。

《例》**【愛△敬・愛▲嬌】**アイキョウ

イ 一字目の漢字が異なるときは、原則として、それぞれ独立項目として立項した。ただし、異なる表記の多い**動植物項目**は、一つを主項目として詳しい解説をし、他方のそれぞれには簡略な解説を入れて、「主項目」を参照させた。

《例》**〈栄▲螺〉**さざえ リュウテンサザエ科の巻貝。日本近海の岩礁にすむ。こぶし状で、太いとげのような突起をもつものが多い。食用。季春 表記「拳螺」とも書く。

〈拳▲螺〉さざえ リュウテンサザエ科の巻貝。▼栄螺(さざえ)(八六)

④ 書きかえ 国語審議会報告「**同音の漢字による書きかえ**」(昭和三一年)で示されたものは、元の表記をカラ項目とし(解説なし)、新表記の項目を参照させた。

《例》**【▲按分】**アンブン ▼書きかえ 案分(二一)

【案分】アンブン 基準となる数量に比例して物を分配すること。比例配分。書きかえ「按分」の書きかえ字。

⑤ **送り仮名** 内閣告示「**送り仮名の付け方**」(昭和四八年告示、昭和五六・平成二二年一部改正)に沿って示した。↓付録「送り仮名の付け方」参照(一六五〇ページ)

ア **複合語**については、特に、**通則6**の「**許容**」に沿って、読みまちがえるおそれのない場合は送り仮名の一部を省いた。

《例》**【朽葉】**↑朽ち葉

【吸飲み】↑吸い飲み

イ 一般や特定の領域で用いる複合語で、慣用が固定していると認められるものは、**通則7**に沿って送り仮名を省いた。

《例》**【宛先】【気短】【気合】【挿絵】【待合】**

⑥ 漢字の記号　見出しに用いた漢字には次の記号をつけて、漢字と読みの種別を示した。

無印……常用漢字表にある音訓(表内音訓)**で読む常用漢字**
△……常用漢字表にない音訓(表外音訓)**で読む常用漢字**
▲……常用漢字表にない漢字(表外漢字)
〈 〉……熟字訓・当て字

＊**熟字訓**は、漢字一字ずつをその音訓では読まず、まとめて訓読みする熟語。この辞典では、一字でもその漢字の訓では読めない訓読み語は熟字訓に含めた。

＊**当て字**は、外国地名・人名や外来語などに漢字の音訓を当てた熟語。日本語に漢字の音訓を当てた語のうち、本来の音訓では読めない語はこれに含め、「素敵(ステキ)」「矢鱈(やたら)」のようにその音訓で読める語は含めなかった。

＊**常用漢字表「付表」**に掲載されている熟字訓や当て字などは、一律で〈 〉をつけた。

《例》［〈黄▲昏〉たそがれ］夕暮れ。薄暗くなった夕方。「―時(とき)になった」由来 薄暗くて人の見分けがつかず「誰(た)そ彼(かれ)」とたずねることから。参考「コウコン」とも読む。

［〈▲阿▲蘭▲陀〉オランダ］ヨーロッパ北西部の立憲君主国。首都はアムステルダム。表記「和蘭」とも書く。

3 見出し語の読み

① **漢字単位の読み**を、**音はカタカナ**、**訓はひらがな**で表示した。ただし、訓読みの外来語はカタカナで示した。

ア 熟字訓・当て字(〈 〉囲み)は、訓と同じひらがなで示し、外国地名・人名と外来語はカタカナで示した。

イ 日本地名・人名は、原則として、ひらがなで示した。

② 漢字一字の見出しで読み二字以下は一行で、それより長い読みと二字以上の見出しは二行で示した。

ア 二行目は、漢字単位の読みで区切った。

イ 熟字訓・当て字は漢字に関係なく半分で、故事成語など長い見出しは読みやすいところで区切った。

③ 送り仮名のある語は、送り仮名の前に区切り(-)を入れた(複合語は最後の送り)。ただし、名詞と故事成語・ことわざには入れなかった。

④ 故事成語で、派生語として熟語の下に配列した**孫項目**の読みは、常用漢字表にない漢字・音訓などに限ってつけた。ただし、四字熟語にはすべて入れた。

《例》［闇夜の錦(にしき)］やっても無駄なこと、張り合いのないことのたとえ。闇夜に錦の着物を着ても見えないので、なんの意味もなく役にも立たないことから。参考「闇に錦・夜の錦」ともいう。

4 熟語の意味

① **意味区分・語釈**

ア 熟語のもつ意味を、簡潔にわかりやすく示した。

イ 意味が二つ以上ある場合は、①②③……に分けて解説した。

ウ 一般的な語義を先に、特殊な語義・専門的な語義を後に記述した。

エ 仏…現在でも仏教語として扱われる語は、その語義の頭にこの記号をつけた。仏教語以外の専門用語の記号は設けず、必要な場合は解説文中にそれを示した。

《例》【安居】アン 仏夏の一定期間、僧が一か所にこもって修行に専念すること。類夏安居(ゲアンゴ)・夏籠(ゲごもり) 季夏 参考「アンキョ」と読めば平穏に生活する意。

② **用例** 熟語の意味の理解を助け、使い方に習熟するために、多くの用例を「 」を用いて挿入した。

ア 見出し語と同じ部分はダーシ(—)で略し、活用する語句の場合は活用語尾を添えた。

イ 他の語と結びついて慣用的に用いられる慣用表現や慣用句を積極的に掲げ、意味が難しい場合には解説を入れた。

《例》【筍】たけのこ タケの地下茎から出てくる若芽。食用。「雨後の—(同じようなものが次々に出ること)」季夏 表記「竹の子」とも書く。

③ **類義語・対義語** 熟語の意味の理解を助けるものを掲げた。

類…同義語・類義語

対…反対語・対照語

《例》【悪評】アクヒョウ 好ましくない批評。わるい評判。「—がたつ」類不評 対好評

④ 季… **季語**として用いられる言葉には、この記号を添えて季節を示した。

《例》【〈百日紅〉】さるすべり ミソハギ科の落葉高木。中国原産。樹皮ははげやすい。夏、紅・紫・白色のちぢれた六弁花を多数つける。観賞用。季夏 由来「百日紅」は漢名より。花期が長いことから。和名は、幹がなめらかで木登りの得意なサルでも滑る意。表記「猿滑・紫薇・怕痒樹」とも書く。参考「ヒャクジツコウ」とも読む。

5 参考情報

① 由来…通常の漢字の字義からは意味がわからない熟語の由来、動植物の漢字表記の由来などを掲載した。

《例》【衣更着】きさらぎ 陰暦二月の異名。季春 由来寒さのために衣を更に(重ねて)着ることから。表記「如月・更衣」とも書く。

② 故事…故事成語項目で、特に物語性のある故事はくわしく紹介した。中国の故事をはじめ、詩歌や名言・名句など、出典が明らかな場合は〈 〉に囲んで入れた。→「おもな出典一覧」参照(一五ページ)

《例》【牛耳を執る】ギュウジをとる 同盟の盟主となること。また、団体や党派の中心人物となり、組織を意のままに動かすこと。故事中国、春秋戦国時代、諸侯が和平の盟約を結ぶとき、会合の主導権を握る者がいけにえのウシの耳を切り、諸侯たちがその血をすすって盟約の誓いとした故事による。〈『春秋左氏伝』〉

③ 表記…見出し語と同じ読みで、別の漢字表記をするもの。漢字表記に関する記事。

④ 参考…右記以外の漢字に関する参考記事。

ア 見出し語の他の読み方。読み方によって意味が異なる場合に、その語を立項していないときは簡単な意味を入れた。

イ 見出し語の用法上の注意、類義語や同音同訓異義語などの使い分けほか。

《例》【衣衣】きぬぎぬ 男女が一夜を共にし、迎えた朝。また、その朝の別れ。表記「後朝」とも書く。参考もとは、それぞれの衣服の意。

この辞典に用いたおもな略号・記号

◆親字・親字検索用項目

1　漢字の種別を表す

常【赤】……常用漢字
教【赤】……教育漢字（小学校で学習する常用漢字）
【黒】……常用漢字表にない漢字（表外漢字）
【★黒】……印刷標準字体（表外漢字）
国……国字
旧字《黒》……常用漢字・人名用漢字の旧字体
〔黒〕……異体字
〔☆黒〕……簡易慣用字体（異体字）

2　音訓の区別を表す

音カタカナ…常用漢字表にある音は赤文字、表外音は黒文字
訓ひらがな…常用漢字表にある訓は赤文字、表外訓は黒文字
赤文字㊥……教育漢字の音訓のうち中学校で学習するもの
赤文字㊭……常用漢字の音訓のうち高等学校で学習するもの

◆熟語項目などの漢字記号

△……常用漢字表にない音訓（表外音訓）で読む常用漢字
▲……常用漢字表にない漢字
〈 〉……熟字訓・当て字

◆解説文中の略号

仏……仏教用語
類……同義語・類義語
対……反対語・対照語
季……季語の季節

「おもな出典一覧」

○この辞典の 故事 由来 などで示した出典の書名・人名のおもなものを掲げた。
＊は人名。(数字)は生没年を示す。

〔あ 行〕

【晏子春秋】 春秋末期の斉の名宰相、晏嬰の言行を後人が編集した書。

【易経】 陰陽の六十四卦により人生哲学を説いた、中国古代の占いの書。五経の一。

【淮南子】 前漢の高祖の孫、淮南王劉安が、諸家の学者に命じて儒家、兵家、法家などの思想・学説などを編集させた書。

【塩鉄論】 前漢の桓寛の編著になる政治討論集。当時の塩・鉄・酒の専売制について、その是非を論じたもの。

【＊王安石】(一〇二一―八六) 北宋の政治家・文人。国政をつかさどり「新法」といわれた大改革を行ったが失敗に終わる。唐宋八大家の一人。

【＊王維】(七〇一?―六一?) 盛唐の詩人。幼いころから詩文をつくり、楽才・画才にもめぐまれた。詩は自然の美を詠じ、のちに蘇軾から「詩中に画あり」と評される。南画の祖ともいわれる。

【＊王羲之】(三二一?―七九?) 東晋の書家。書道の源流となる人物で「書聖」と言われる。書風は典雅で力強く、『蘭亭の序』は有名。

【＊王昌齢】(七〇〇?―五五?) 盛唐の詩人。七言絶句にすぐれ、李白とならび称される。辺塞詩人としても知られ、「従軍行」は有名。

【＊王勃】(六四八―七六?) 初唐の詩人。初唐の四傑と言われる。作品に「滕王閣の序」がある。

【＊欧陽脩】(一〇〇七―七二) 北宋の政治家・文人。博学で詩文にすぐれ、古文復興運動の中心となる。著書に『新唐書』『新五代史』がある。唐宋八大家の一人。

【＊王陽明】(一四七二―一五二八) 明の政治家・文人。名は守仁。朱子学に対し「知行合一」などの説を唱え、自由平等・実用精神を説いた。陽明学の祖。その語録を集めたものに『伝習録』がある。

〔か 行〕

【管子】 春秋時代、斉の管仲の著といわれる。法家思想を主とした政治論集。

【韓詩外伝】 前漢の韓嬰の著。『詩経』の章句によって古事・古言を解釈した書。

【顔氏家訓】 南北朝時代、北斉の顔之推の著。学問や道などについて、子孫に与えた教訓の書。

【漢書】 後漢の班固の著。『史記』にならって作られ、前漢一代のことを記した歴史書。二十四史の一。

【韓非子】 戦国時代の法家韓非の著。法治主義に基づく韓非の論著を集めたもの。

【＊韓愈】(七六八―八二四) 中唐の政治家・学者で文豪。柳宗元とともに、形式的な美文を排除し、内容を主とする古文復興につとめる。唐宋八大家の一人。

【魏書】 北斉の魏収の編。北魏の歴史を記録したもの。二十四史の一。

【＊魏徴】(五八〇―六四三) 唐代初めの政治家。太宗につかえて諫議大夫となり、二百回以上の諫言をしたという。その議論は『貞観政要』に見える。

【金史】 元の順帝の勅命を受けて脱脱らが編集した金代の歴史書。二十四史の一。

【近思録】 南宋の朱熹と呂祖謙の共著。北宋の儒者の著書から修養になる言葉を集めたもの。

【＊屈原】(前三四三?―前二七七?) 戦国時代、楚の詩人。詩歌・文章にすぐれ、憂国の詩人として知られる。懐王のとき国政を執ったが、ねたまれて追放され、のちに汨羅に身投げする。『楚辞』の代表的作者。

【旧唐書】 後晋の劉昫らが勅命を受けて編集した唐代の歴史書。二十四史の一。

【景徳伝灯録】 北宋の僧、道原の著。釈迦以来の仏教の伝授を記したもの。

【孝経】 孔子と弟子の曾参との間でなされた、家族道徳や孝に関する問答を記したもの。

【孔子家語】 魏の王粛の偽書とされる。孔子の言行や門人との問答などをまとめた、『論語』の姉妹編というべきもの。

【＊黄庭堅】(一〇四五―一一〇五) 北宋の詩人・書家。蘇軾の門人で、師とならんで「蘇黄」といわれる。

【呉越春秋】 後漢の趙曄の著。春秋時代の呉と越の両国の興亡を記したもの。

【後漢書】 南北朝時代、宋の范曄の編。後漢一代の歴史書。二十四史の一。

【国語】 魯の左丘明の著とされる。春秋時代の周と、七国の事蹟を国別に記した歴史書。

【呉子】 戦国時代の呉起の著と伝えられる。『孫子』と並ぶ古代中国の兵法書。

【五灯会元】 宋の僧、普済の撰による仏教書。『景徳伝灯録』『広灯録』など、五種の灯書を整理、編集したもの。

〔さ 行〕

【西遊記】 明代の長編小説。呉承恩の著といわれる。唐の玄奘がインドに経典をとりに行ったときの紀行を素材としている。中国四大奇書の一。

【三国志】 西晋の陳寿の編。魏・呉・蜀の三国が争った時代を記録したもの。

【史記】 前漢の司馬遷の編。上古の黄帝から前漢の武帝までの史実を紀伝体で記録した、中国最初の正史。二十四史の一。

【詩経】 中国最古の詩集。撰者は不詳。地方の歌謡を集めた「風」と、儀式に用いる「雅」、祭祀に用いる「頌」よりなる。五経の一。

【資治通鑑】 北宋の司馬光の著。戦国時代初めから五代後周までの編年体の歴史書。

【＊司馬遷】（前一四五？―前八六？） 前漢の歴史家。匈奴に降参した李陵を弁護したため武帝の怒りにふれて宮刑に処せられ、発憤して『史記』を著す。

【十八史略】 元の曽先之の著。『史記』から宋代までの十八種の歴史書から取捨選択して、簡略にまとめたもの。

【＊朱熹】（一一三〇―一二〇〇） 南宋の学者。儒学に新しい哲学大系をあたえ「朱子学」を大成する。著書に『朱文公文集』『四書集注』『近思録』などがある。

【朱子語類】 南宋の黎靖徳の編。朱熹が門人と問答した記録を集めたもの。

【荀子】 戦国時代の儒者、荀況の著。孟子の「性善説」に対して「性悪説」を唱えた書。

【春秋左氏伝】 魯の左丘明の著といわれる。魯の歴史書『春秋』を解釈したもの。『公羊伝』『穀梁伝』とともに『春秋三伝』と言われる。

【貞観政要】 唐の呉兢の編。唐の太宗と群臣たちとの政治論議を集めたもの。

【＊諸葛亮】（一八一―二三四） 三国時代の蜀の名臣。字は孔明。蜀の劉備より軍師としての出馬を請われ、民間から出て内外の国政を執る。「出師の表」は有名。

【書経】 尭・舜から夏・殷・周の三代までの伝承的な歴史の記録。もと『尚書』と言われ、孔子の編とされる。五経の一。

【晋書】 唐の太宗の勅命を受けて房玄齢らが編集した、東晋・西晋の歴史書。二十四史の一。

【新唐書】 『旧唐書』の不備を改修補正したもの。北宋の欧陽脩・宋祁の撰による。単に『唐書』ともいう。二十四史の一。

【水滸伝】 元末から明初の長編口語小説。施耐庵、あるいは羅貫中の著といわれるが不明。梁山泊に集まった北宋の群盗を題材にしている。中国四大奇書の一。

【隋書】 唐の太宗の勅命を受けて魏徴らが編集した隋代の歴史書。二十四史の一。

【説苑】 前漢の劉向の編。春秋時代から漢初までの伝記、逸話を集めたもの。

【世説新語】 六朝時代、南宋の劉義慶の著。後漢末から東晋までの名士の逸話を集めたもの。

【戦国策】 前漢の劉向の編。戦国時代の諸国の史実や遊説家の言行を記したもの。

【宋史】 元の脱脱らが勅命を受けて編集した五代の末から宋代までの歴史書。二十四史の一。

【荘子】 戦国時代の道家、荘周の著。『老子』とならぶ道教の根本教典。

【宋書】 南朝、梁の沈約が勅命を受けて編集した、南朝の宋の歴史書。二十四史の一。

【楚辞】 戦国時代の楚の屈原と、その門人の作品を集めた書。『詩経』が北方文学を代表するのに対し、南方文学を代表する。

【＊蘇軾】（一〇三六―一一〇一） 北宋の政治家・文人。父の蘇洵、弟の蘇轍とともに「三蘇」と称せられ、ともに唐宋八大家に数えられている。王安石の新法に反対して投獄され、「赤壁の賦」をつくる。

【孫子】 春秋時代の孫武の著。後世の偽作ともいわれる。中国古代の兵法の書。

〔た 行〕

【大学】 もと『礼記』の中の一編。個人の修養法から治国平天下の教えを三綱領、八条目に分けて述べる。宋の朱熹が整理して四書の一となる。

【中庸】 もと『礼記』の中の一編。戦国時代、孔子の孫、子思の作と伝えられる。儒家の道、人間の本性とは何かを説く。四書の一。

【枕中記】 唐の沈既済の著。唐代伝奇小説の一。栄枯盛衰の一生を夢見て人生のはかなさを悟ったという物語。

【伝習録】(デンシュウロク) 明の王陽明の語録を門人らが編集したもの。陽明学の経典とされる。

【*陶潜】(トウセン)(三六五―四二七) 東晋の詩人。字は淵明。自ら五柳先生と号する。役人生活に耐えられず「帰去来辞」を残して帰郷する。後は、菊と酒を愛し、自然詩人として生涯をおくる。

【*杜甫】(トホ)(七一二―七七〇) 盛唐の詩人。玄宗につかえるが、安禄山の乱にまきこまれ流浪する。「詩聖」と呼ばれ、李白とともに「李杜」とならび称されるが李白とは対照的で、努力型で律詩にすぐれる。「春望」「登高」など数多くの詩を残す。

【*杜牧】(トボク)(八〇三―八五二) 晩唐の詩人。兵法にくわしく、書画をも好む。詩風は秀麗で七言絶句にすぐれる。杜甫を「大杜」というのに対し「小杜」という。

〔な 行〕

【南史】(ナンシ) 唐の李延寿の編。南朝の宋・斉・梁・陳の正史に基づいた南朝百七十年間の歴史書。二十四史の一。

【南斉書】(ナンセイショ) 南朝、梁の蕭子顕の編。南朝の斉の歴史書。二十四史の一。

〔は 行〕

【*白居易】(ハッキョイ)(七七二―八四六) 中唐の詩人。字は楽天。役人を志すが正直すぎる性格がわざわいして政治的情熱を失い、晩年は飲酒と詩作にふける。詩風は平明で、「長恨歌」はひろくもてはやされた。

【*范仲淹】(ハンチュウエン)(九八九―一〇五二) 北宋の政治家・学者。情熱的な憂国の士で、北宋の名臣とされる。「先憂後楽」の語のある「岳陽楼の記」は有名。

【碧巌録】(ヘキガンロク) 北宋の禅僧、圜悟の著。先人の禅問答公案について解説したもの。臨済宗で重要視される。

【抱朴子】(ホウボクシ) 東晋の葛洪の著。不老長寿の神仙術や、政治社会について論じたもの。

【北史】(ホクシ) 唐の李延寿の編。南北朝時代の北魏・北斉・北周・隋の四代、北朝二百四十二年間の歴史書。二十四史の一。

【墨子】(ボクシ) 戦国時代の道家、墨子とその後学者の思想を集めた書。兼愛・非攻などを説く。

【北斉書】(ホクセイショ) 唐の李百薬の編。南北朝・北斉の歴史書。二十四史の一。

【北夢瑣言】(ホクボウサゲン) 宋の孫光憲の著。唐宋の末、五代の逸事を集めたもの。

〔ま 行〕

【*孟浩然】(モウコウネン)(六八九―七四〇) 盛唐の詩人。五言詩にたくみな田園詩人。「春暁」が有名。

【孟子】(モウシ) 戦国時代の儒家、孟軻と弟子の言行を集めたもの。「性善説」を唱え民本主義による王道政治を説いた。四書の一。

【文選】(モンゼン) 南朝梁の昭明太子の編。周代から梁代までの詩文の名作を集めたもの。日本へも早くから伝来し、古代・中世文学に大きな影響を与えた。

〔や・ら行〕

【*揚雄】(ヨウユウ)(前五三―後一八) 前漢末の学者・文人。辞賦にすぐれ、『揚子法言』などを著す。

【礼記】(ライキ) 周末から秦漢時代の儒者の礼に関する理論を説いた書。『大戴礼』に対して『小戴礼』ともいう。五経の一。

【*陸游】(リクユウ)(一一二五―一二一〇) 南宋の田園詩人。金に対する抗戦を主張した憂国の士。

【*李白】(リハク)(七〇一―七六二) 盛唐の詩人。杜甫とならび唐を代表する詩人。生来の才知で知られ、また任侠を好み、酒を愛し、自由奔放で、「詩仙」と呼ばれる。その詩は豪快、特に七言絶句に長じる。「子夜呉歌」「静夜思」など、数多くの詩を残す。

【*柳宗元】(リュウソウゲン)(七七三―八一九) 中唐の政治家・文人。韓愈とともに、形式的な美文を排し内容を主とする古文復興につとめる。唐宋八大家の一人。

【呂氏春秋】(リョシシュンジュウ) 秦の宰相、呂不韋の編。多くの学者を集めて先秦の諸学説を編集させたもの。

【列子】(レッシ) 戦国時代の道家、列禦寇の著といわれる。寓話を多用し、道家の思想を述べている。

【列女伝】(レツジョデン) 前漢の劉向の編著。古来のすぐれた女性や個性的な女性の伝記を類別して集めたもの。

【老子】(ロウシ) 春秋時代の道家の祖、老子の著といわれる。無為自然の道を説く道家の経典。

【論語】(ロンゴ) 春秋時代、魯の孔子とその門人たちの言行や師弟間の問答を記録したもの。人間の最高の徳を「仁」とする儒家の経典。日本には応神天皇のときに百済から伝わったと伝えられる。四書の一。

【論衡】(ロンコウ) 後漢の王充の著。合理的精神で神秘的思想や俗説などを批判した思想書。

【音訓索引】

①この辞典に収録した漢字のすべての音訓を五十音順に配列した。
②音はカタカナ、訓はひらがなで示した。ただし、訓読みの外来語はカタカナで示した。
③同じ読みは、カタカナ→ひらがなの順、さらに総画数順に配列した。同じ画数の中は部首配列順にならべた。
④漢字の種別を次のように示した。
赤文字…常用漢字
黒文字…常用漢字表にない漢字
○……常用漢字表にある音訓
△……常用漢字表にない音訓
▼……親字欄に掲げた旧字
⑤漢字の上の算用数字は総画数、下の漢数字は掲載ページを示す。

【あ】

ア
3 丫 一
7 ○亜 一
8 ▼亞 一
阿 一
9 哇 五
娃 五
11 啞 三
堊 三
婀 三
猗 三
12 椏 三
蛙 三
13 痾 三
14 窪 一六七
15 鴉 四
16 錏 四
閼 一五
20 鏖 四
ああ
3 于 六九
6 吁 三六七
9 咨 六二
11 啞 三
欸 五
猗 三
12 欹 三五
13 粤 九三
嗚 二〇
嗟 五四五
15 熙 二八一
16 噯 七
噫 三九
21 齎 八七〇
アイ
7 阨 四
9 ○哀 四
哇 五
娃 五
10 埃 五
○挨 五
11 欸 五
13 ○愛 五
矮 一六二八
隘 七
15 鞋 七
16 噯 七
噫 三九
17 ○曖 七
18 穢 一六二八
19 藹 七
24 靄 七
25 靉 七
あい
9 ○相 九三二
12 △間 三二八
14 △際 五六〇
18 ○藍 一五五三
あいだ
12 ○間 三二八
あう
6 ○会 一六七
○合 五一八
10 △値 一〇三二
盍 四九七
逅 四九八
11 晤 四六六
逑 三一〇
逢 一四〇七
12 △遇 三七五
13 ▼會 一六七
▼遇 三七五
14 遘 五一一
15 ○遭 九四七
▼遭 九四七
17 覯 五一五
邂 一八六
18 覲 三六五
22 覿 一一〇三
あえ
22 饗 三四四
あえぐ
12 喘 九一六
あえて
8 △肯 四八八
12 △敢 二三七
あえもの
23 齏 八七二
あえる
8 △和 一六二四
23 齏 八七一
あお
8 ○青 八五四
▼靑 八五四
13 蒼 九四四
14 碧 一三七二
18 襖 一一八
あおい
8 ○青 八五四
▼靑 八五四
12 葵 二七七
13 葱 九四一
滄 九四三
蒼 九四四
あおがえる
13 黽 一三八六
あおぎり
11 梧 四六六
あおぐ
6 ○仰 三四五
10 △扇 九〇一
▼扇 九〇一
あおぐろい
17 黝 一五一八
あおさば
23 鱋 八
あおのく
6 △仰 三四五
あおむし
13 蜀 七八三
あおもの
14 蔬 九二六
あおり
14 煽 九〇六
あおる
8 呷 四八六
14 煽 九〇六
19 簸 一一二九
あか
4 △丹 一〇一一
6 △朱 六七五
7 ○赤 八七五
9 垢 四八九

12 絳 五〇六
14 緋 一二八五
16 膩 六四〇
赭 六六〇
頳 一〇九八

あかい
7 ○赤 八七五
9 △紅 四九二
10 殷 六四
12 絳 五〇六
14 赫 二〇一
16 赭 六六〇

あかいろ
12 猩 八六三

あかがい
11 蚶 一二三四

あかがね
14 △銅 一一六五

あかぎれ
9 胝 一〇三一
11 △亀 一二七五
12 胼 一三八二
14 輝 三八三
16 ▼龜 一二七五

あかご
9 孩 一九〇
17 嬰 八九

あかざ
11 萊 一五四四
18 藜 一五九九

あかし
6 △灯 一二三七
12 △証 七五六
16 ▼燈 一二三七
18 △験 四三六
19 ▼證 七五六
23 ▼驗 四三六

あかす
8 ○明 一四六九
13 ○飽 一四〇九
14 ▼飽 一四〇九

あがた
9 △県 四二一
16 ▼縣 四二一

あかつき
12 ○暁 三四六
16 ▼曉 三四六

あかつち
16 赭 六六〇

あがない
22 贖 七八六

あがなう
12 貲 六二〇
17 △購 五一五
▼購 五一五
22 贖 七八六

あかね
9 茜 九〇一

あがめる
11 △崇 八三五

あからむ
7 ○赤 八七五
8 ○明 一四六九

あからめる
7 ○赤 八七五
12 赧 一〇一七

あかり
6 △灯 一二三七
8 ○明 一四六九
16 ▼燈 一二三七

あがる
3 ○上 七六八
4 亢 四七一
8 昂 四八七
9 昜 一五二七
10 ○挙 三一六
12 ○揚 一五二〇
17 ▼擧 三一六
20 △騰 一一五八
▼騰 一一五八
27 驤 七八〇

あかるい
8 ○明 一四六九

あかるむ
8 ○明 一四六九

あき
9 ○秋 六八八
21 穐 六九八

あきぞら
8 旻 一三一六

あきたりない
13 慊 四二九
14 歉 四三二

あきたりる
13 慊 四二九

あぎと
13 腮 五五九
18 顋 五六一
20 鰓 五六一

あきない
13 賈 四五八

あきなう
7 估 四四八
11 ○商 七五〇
△販 一二六五
12 △貿 一四二〇
13 賈 四五八

あきらか
5 △白 一二三三
7 冏 三八七
8 灼 六六四
杲 四八七
○明 一四六九
9 △的 一一〇〇
亮 一五七六
奐 二一九
△昭 七四五
烱 三九〇
10 炳 一三六八
倬 一〇〇二
△哲 一〇〇四
晃 四九六
晟 八五九
△朗 一六一六
耿 四九七
11 △爽 九三七
彬 一三一三
晤 四六六
皓 五〇二
▼晟 八五九
晢 八八五
▼朗 一六一六
12 △晶 七五四
晰 八七八
渙 二三七
焜 五五九
晥 二三七
13 暘 一五三三
煥 二四二
煌 五〇八
粲 五八八
14 △詮 九〇五
△察 五七二
△彰 七五九
犖 一五四九
韶 七六一
15 曄 一五二五
瑩 八八
17 燦 五九〇
△瞭 一五八一
18 瀏 一五七二
△顕 四三五
19 曠 五一六
20 闡 九一二
23 ▼顯 四三五

あきらかにする
19 覈 二〇三

あきらめる
16 ○諦 一〇九八

あきる
10 倦 四三一
13 ○飽 一四〇九
飫 一五三
14 厭 一〇四
醒 一〇九七
▼飽 一四〇九

あきれる
7 呆 一三九六
11 惘 一四一八

アク
7 扼 一四九六
11 偓 九
啞 三
埡 三
○悪 九
12 軛 一四九七
幄 一
▼惡 九
○握 一
渥 一三
13 搤 一四九八
15 噁 一一〇
24 齷 一三

あく
8 ○明 一四六九
○空 三七二
12 ○開 一七九
24 鹼 四三七

あくた
7 芥 一七二
14 蔡 五六〇

あくび

4 欠 四〇九
あぐむ
10 倦 四二二
あぐら
11 趺 一二三〇
12 跏 一五三
15 踑 二八二
あくる
8 ○明 一四六九
あくるひ
11 翊 一五三九
あけ
6 △朱 六七五
あげつらう
12 △評 一三〇五
▼評 一三〇五
15 △論 一六三三
あけぼの
17 曙 七三一
18 ▼曙 七三一
あげまき
3 丫 一
5 丱 二二
あける
8 ○明 一四六九
○空 三七二
12 ○開 一七九
あげる
3 ○上 七六八
6 扛 四八一
7 抖 一二一八
10 ○挙 三一六
△称 七四九
11 掀 三五九
12 ○揚 一五三〇
14 ▼稱 七四九
17 ▼擧 三一六
18 翹 三四七
19 蹻 三四三
27 驤 七八〇
あご
13 腮 五五九
15 頤 三九
16 頷 二五七
18 ○顎 二〇七
顋 五六一
あこう
14 榕 一五三四
あこがれる
15 △憬 四〇〇
○憧 七六一
あごひげ
22 鬚 六八〇
あこめ
9 衵 六五二
10 袙 一二五四
あさ
8 苴 七一七
10 枲 一〇五八
11 ○麻 一四三五
12 ○朝 一〇六一
あざ
6 ○字 六二八
12 痣 六一九
26 黶 一〇九
あさい
9 ○浅 八九九
11 ▼淺 八九九
あさがお
15 蕣 七一七
あざける
15 ○嘲 一〇六六
△調 一〇六七
▼調 一〇六七
あざな
6 △字 六二八
あざなう
7 糺 三〇五
8 ▼糾 三〇八
9 △糾 三〇八
あさぬの
11 紵 一〇五二
あさひ
6 旭 三四八
16 暾 一一八一
あざみ
16 薊 四〇〇
あざむく
11 紿 九八三
12 ○欺 二八八
詑 九七二
詒 九八四
13 詭 二七九
14 誑 三四〇
誣 一三三三
16 瞞 一四五〇
18 謾 一四五〇
あざやか
13 粲 五八八
17 燦 五九〇
○鮮 九二一
21 爛 一五五四
あさり
13 蜊 一五五九
18 鯏 七四
あさる
14 △漁 三一六
あざわらう
9 哂 七九六
13 嗤 六三三
あし
5 疋 一二九七
7 ○足 九七七
11 △悪 九
○脚 二九七
趾 六一八
趺 一二三〇
12 ▼惡 九
葭 一五三
13 葦 三六
19 蘆 一六二一
あじ
8 ○味 一四五三
22 鰺 九五二
あしあと
18 蹤 七六六
あしおと
13 跫 三四〇
あじか
18 簣 二八四
あしかせ
10 桎 六四七
20 鐐 一五八二
あしがなえ
21 鐺 一一五八
あしげ
18 騅 八三三
あした
5 △旦 一〇三三
11 晨 八〇三
12 △朝 一〇六一
あしのうら
12 跖 八七八
18 蹠 八八一
あしぶえ
11 笳 一五三
12 葭 一五三
あじわう
8 咀 九一八
○味 一四五三
△玩 二五四
あずかる
3 △与 一五一九
13 ▼與 一五一九
○預 一五三三
あずき
9 荅 一一四〇
あずける
13 ○預 一五三三
あずさ
11 梓 六一七
あずち
11 堋 一四〇五
あずま
8 △東 一一三九
あずまや
9 △亭 一〇九一
あせ
6 ○汗 二二四
あぜ
10 △校 四九六
畛 七九九
△畔 一二六四
▼畔 一二六四
11 畦 三九三
あぜみち
6 阡 八九七
7 △町 一〇五四
9 陌 一二四〇
あせる
10 悁 九九
12 ○焦 七五五
15 褪 九八六
あそびめ
7 妓 二八六
10 倡 七四六
11 娼 七五一
あそぶ
11 敖 五二一
12 游 一五二三
○遊 一五二三
13 △傲 五二一

遊 15 ▼ 一五一三
嬉 二八一
遨 五三三

あた
咫 9 六二一

あだ
仇 4 三〇一
冤 10 九八
徒 △ 一二二六
寇 11 五〇一
敵 15 △ 一二〇二
讐 23 六九八

あたい
估 7 四四八
価 8 ○ 一四四
直 △ 一〇六九
値 10 ○ 一〇三一
貫 13 四五八
價 15 ▼ 一四四

あたう
能 10 △ 一二一〇

あたえる
与 3 ○ 一五一九
予 4 一五二〇
付 5 △ 一三三
捐 10 九九
與 13 ▼ 一五一九
歙 17 二四八

あたかも
宛 8 △ 一六
恰 9 四九〇

あたたか
温 12 ○ 一一三〇
暖 13 ○ 一〇二五
暖 ▼ 一〇二五
溫 ▼ 一一三〇

あたたかい
温 12 ○ 一一三〇
暄 13 四二九
暖 ○ 一〇二五
暖 ▼ 一〇二五
溫 ▼ 一一三〇
煦 三七〇
煖 一〇二五
燠 17 四二

あたたまる
温 12 ○ 一一三〇
暖 13 ○ 一〇二五
暖 ▼ 一〇二五
溫 ▼ 一一三〇

あたためる
温 12 ○ 一一三〇
暖 13 ○ 一〇二五
暖 ▼ 一〇二五
溫 ▼ 一一三〇
煦 三七〇
煖 一〇二五
嫗 14 一一六

あたま
頭 16 ○ 一二五四

あたらしい
新 13 ○ 八〇六
鮮 17 △ 九二一

あたり
辺 5 ○ 一三七八
邊 19 ▼ 一三七八

あたる
丁 2 △ 一〇五三
中 4 △ 一〇四二
亢 四七一
句 5 △ 三六六
当 6 ○ 一一三六
享 8 △ 三三〇
抵 △ 一〇九一
牴 9 一〇九二
當 13 ▼ 一一三六

アツ
圧 5 ○ 一四
軋 8 一四
遏 13 一五
斡 14 一五
閼 16 一五
壓 17 ▼ 一四

あつい
竺 8 一六八
厚 9 ○ 四八九
厖 四二六
惇 11 七二〇
淳 七二〇
敦 12 一一八〇
暑 ○ 七二八
渥 一二
湛 一〇六
腆 一一一七
亶 13 一〇一七
暑 ▼ 七二八
熱 15 ○ 一二〇五
諄 七二三
醇 七二三
篤 16 △ 一一七一
燠 17 四二

あつかう
扱 6 ○ 一五
扱 7 ▼ 一五

あつかましい
靦 16 一二一九

あっぱれ
適 13 一五

あつまる
会 6 △ 一六七
荐 9 九〇一
萃 11 八三〇
揖 12 五二二
湊 九四一
翕 三一〇
集 ○ 六九四
搶 13 九四三
會 ▼ 一六七
滔 一二五一
鳩 三一一
聚 14 六九六
蔟 九六三
輳 16 九四九
簇 17 九四九
攢 22 五九一

あつめる
会 6 △ 一六七
萃 11 八三〇
逑 三一〇
翕 12 三一〇
集 ○ 六九四
彙 13 △ 三三五
會 ▼ 一六七
蒐 六九五
鳩 三一一
聚 14 六九六
緝 15 六九六
輯 16 六九六
斂 17 一六〇八
鍾 七六六
纂 20 五九一
攢 22 五九一
纘 25 五九一

あつもの
羹 19 五一七

あつらえ
誂 13 一〇六四

あつらえる
誂 13 一〇六四

あて
宛 8 △ 一六

あてぎ
椹 13 一〇七五

あでやか
窈 10 一五二九
窕 11 一〇五九
嬋 15 九〇七
艶 19 △ 一〇八
艷 24 ▼ 一〇八

あてる
中 4 △ 一〇四二
充 5 ▼ 七〇一
充 6 ○ 七〇一
当 ○ 一一三六
宛 8 ○ 一六
射 10 △ 六五七
當 13 ▼ 一一三六

あと
址 7 六〇六
阯 六〇八
後 9 ○ 四六三
迹 10 八七七
痕 11 ○ 五三八
趾 六一八
跡 13 ○ 八七九
墟 15 三一九
踪 △ 九四八
蹤 18 七六六
蹟 八八〇

あとつぎ
裔 13 八七

あな
孔 4 △ 四七三
穴 5 ○ 四〇九
坎 7 二二四
坑 △ 四八三
穹 8 三〇六
空 △ 三七二
堀 11 △ 一四三一
嵌 12 二三六
塹 14 五九三
窩 一五八

18 壙 五一六
竅 三四二
20 竇 一二五八
あなぐら
12 窖 五〇六
20 竇 一二五八
あなどり
11 △務 一四五九
あなどる
7 △弄 一六一五
8 ○侮 一三三五
△易 九〇
狎 四八八
9 ▼侮 一三三五
10 蚩 六一六
11 △務 一四五九
13 △傲 五二一
14 △慢 一四四九
15 翫 二五七
17 褻 八八九
18 瀆 一一七一
謾 一四五〇
あに
5 ○兄 三八六
8 △昆 五三五
10 豈 一九一
あによめ
13 嫂 九四二
あね
8 ○姉 六〇九
姐 九一八
あねご
8 姐 九一八
あばく
8 △劾 一九〇
9 △発 一二五〇
10 訐 四一二
12 ▼發 一二五〇
詆 一〇九六
15 ○暴 一四二一
あばら
6 肋 一六三三
13 骭 二四二
あばれる
15 ○暴 一四二一
あびせる
10 ○浴 一五三九
あひる
20 鶩 一四二九
あびる
10 ○浴 一五三九
あぶ
9 虻 一四一七
あぶく
8 △泡 一四〇三
▼泡 一四〇三
あぶない
6 ○危 二六〇
あぶみ
20 鐙 一二五八
あぶら
8 ○油 一五〇二
△肪 一四一六
10 ○脂 六一六
13 腴 一五〇四
14 膏 五一一
16 膩 六四〇
あぶらあか
16 膩 六四〇
あぶらな
17 薹 九八六
あぶらむし
14 蜚 一二八五
あぶる
8 炙 六五六
9 炮 一四〇四
12 焙 一四〇七
13 煬 一五三三
16 熹 二八三
燔 一二六八
あふれる
5 △氾 一三六一
6 △汎 一三六一
▼汎 一三六一
9 衍 九八
11 △淫 六四
12 渝 一五〇三
13 溢 五七
あま
4 ○天 一一〇七
5 ○尼 一一九五
8 ○雨 七〇
11 蛋 一〇一五
13 蜑 一〇一七
あまい
5 ○甘 一一三
11 甜 一一一六
20 醴 一五九九
あまえる
5 ○甘 一一三
あまがさ
18 繖 五九〇
あまかわ
8 苻 一三一六
あまざけ
20 醴 一五九九
あます
7 ○余 一五二〇
11 △剰 七七四
12 ▼剩 七七四
16 ▼餘 一五二〇
あまた
2 △九 二九九
あまだれ
18 霤 一五七二
あまつさえ
11 △剰 七七四
12 ▼剩 七七四
あまねく
7 泛 一三六三
8 △周 六八六
▼周 六八六
12 △普 一三一
△遍 一三八二
13 ▼遍 一三八二
あまねし
8 △弥 一四九五
9 洽 四九一
10 旁 一四〇四
浹 七四八
13 溥 一三三
17 ▼彌 一四九五
あまやかす
5 ○甘 一一三
あまり
4 仂 一六三一
9 衍 九八
13 畸 二七九
△零 一五九六
14 酳 六七
あまる
7 ○余 一五二〇
11 △剰 七七四
12 ▼剩 七七四
13 △羨 九〇五
16 ▼餘 一五二〇
20 贏 九〇
あみ
6 汕 五八四
8 罔 一四八〇
9 罘 一三一七
10 罟 四五五
罠 一三一六
13 罨 一一三
14 ○網 一四八一
19 △羅 一五四三
あむ
15 ○編 一三八二
▼編 一三八二
20 辮 一三八七
あめ
4 ○天 一一〇七
8 ○雨 七〇
14 飴 三七
15 餃 五一三
16 △糖 一一五四
あや
4 △文 一三六〇
10 △紋 一四八九
11 △彩 五五三
彪 一三〇二
△章 七五二
12 斐 一三八三
絢 四二九
13 賁 一三八四
14 綺 二八〇
綵 五六〇
綾 一五七九
19 △藻 九五二
黼 一三三四
あやうい
6 ○危 二六〇
9 殆 九八〇
11 陲 八三一
あやかる
7 △肖 七四二
▼肖 七四二
あやぎぬ
14 綦 二八一
綵 五六〇
あやしい
7 ○妖 一五二六

8 △奇 二六五
○怪 一七二
11 △異 三三
12 ▼異 三三
13 詭 二七九
15 賤 九〇八
19 譎 四一五
あやしむ
8 ○怪 一七二
あやつる
12 馭 三六
16 ○操 九四八
あやぶむ
6 ○危 二六〇
あやまち
12 ○過 一五三
13 愆 四二九
瑕 一五五
▼過 一五三
あやまつ
12 跌 一二〇四
○過 一五三
13 ▼過 一五三
あやまり
10 紕 一二八一
あやまる
11 訛 一五三
13 愆 四二九
14 ○誤 四六七
16 △錯 五六八
17 繆 一三〇二
○謝 六六〇
18 謬 一三〇二
19 譌 一六〇
20 騫 四三七
あやめる
6 △危 二六〇
あゆ
16 鮎 一二二三
あゆむ
7 ▼歩 一三八七
8 ○歩 一三八七
あらあらしい
10 悍 二三〇
あらい
9 ○荒 四九三
10 悍 二三〇
桀 四一二
11 笨 一四三四
○粗 九二三
莽 一四八一
12 疏 九二五
14 蔬 九二六
15 △摯 六二五
△暴 一四二一
18 鬆 七六六
20 糲 一五九九
22 鶩 六二八
33 麤 九二七
あらう
7 沐 一四八五
9 洒 五五一
○洗 九〇〇
10 浣 二三一
14 滌 一一〇三
15 蕩 一一五三
16 澣 二四七
17 澡 九四八
△濯 一〇〇三
22 盪 一一五五
灑 五六一
あらうま
17 駻 二四九
あらがう
7 △抗 四八四
あらかじめ
4 △予 一五二〇
9 △逆 二九八
10 ▼逆 二九八
13 △預 一五二三
16 ▼豫 一五二〇
あらがね
13 △鉱 五〇九
20 礦 五一七
23 ▼鑛 五〇九
あらき
16 樸 一四二九
あらし
12 ○嵐 一八
あらす
9 ○荒 四九三
あらず
8 △非 一二七七
10 匪 一二八〇
あらそう
6 ○争 九二八
8 ▼爭 九二八
15 諍 九四八
あらた
12 畬 一五三三
13 ○新 八〇六
あらたか
7 灼 六六四
あらたま
16 璞 一三四二
あらたまる
7 ○改 一七一
9 △革 一九七
あらためる
7 ○改 一七一
△更 四八五
9 △革 一九七
10 悛 七一六
12 △検 四二七
17 ▼檢 四二七
18 竄 五九三
鼇 一五六〇
あらと
19 礪 一五九九
あらどり
22 鶩 六二八
あららぎ
19 蘭 一五五三
21 ▼蘭 一五五三
あられ
20 霰 五九一
あらわ
21 △露 一六一一
あらわす
8 ○表 一三〇三
11 旌 八五九
○現 四四二
○著 一〇五一
12 ▼著 一〇五一
13 ▼著 一〇五一
14 △彰 七五九
15 △暴 一四二一
あらわれる
7 △見 四一八
8 ○表 一三〇三
11 ○現 四四二
14 △彰 七五九
18 △顕 四三五
21 △露 一六一一
23 ▼顯 四三五
あり
13 蛾 一六五
19 蟻 二九一
ありさま
8 △況 三三一
ありづか
9 垤 一二〇四
ある
6 ○在 五六一
△存 九六六
○有 一五〇六
8 或 一六二九
あるいは
8 或 一六二九
22 儻 一一五八
あるく
7 ▼歩 一三八七
8 ○歩 一三八七
あるじ
5 △主 六七三
あれち
11 萊 一五四四
あれる
9 ○荒 四九三
15 蕪 一三三七
18 穢 一六二八
あわ
8 ○泡 一四〇三
▼泡 一四〇三
沫 一四四四
12 粟 九六三
13 粱 一五七九
あわい
11 ○淡 一〇一五
16 澹 一〇二〇
あわす
6 ○合 五一八
15 醂 一五八六
あわせ
11 袷 五〇二
16 褶 一〇六八
あわせる
6 ○合 五一八
8 ○併 一三六七
幷 一三六七
10 ▼倂 一三六七
△兼 四二三

▼兼 四三
13 勠 一五六二
15 戮 一五六二
16 歙 三二二
17 覯 五一五

あわただしい
12 ○慌 五〇五
窘 三六一
13 遑 五〇九
17 遽 三二〇
20 躁 九五二

あわてる
9 怱 九三二
12 ○慌 五〇五
13 遑 五〇九
17 遽 三二〇
20 矍 二〇三

あわび
11 蚫 一九
16 鮑 一四二二
20 鰒 一三四八

あわれ
9 ○哀 四

あわれみ
16 憐 一六〇七

あわれむ
9 ○哀 四
恤 七一四
矜 三三三
12 閔 一三一六
13 愍 一三一六
15 憫 一三一七
16 憐 一六〇七

アン
6 ○安 一九
○行 四八二
7 杏 三九
9 按 二一
10 晏 二一
○案 二一
殷 二四
11 庵 二一
菴 二一
△陰 二五
13 △塩 一〇一
○暗 二一
罨 二三
15 鞍 二三
16 諳 二四
17 △闇 一五〇一
餡 二四
鮟 二四
21 黯 二四
24 ▼鹽 一〇一

あんず
7 杏 三九

【い】

イ
3 已 二四
5 ○以 二四
6 伊 二五
夷 二五
○衣 二六
7 ○位 二七
佗 九七二
○医 二七
○囲 二七
矣 二八
8 ○依 二八
○委 二八
怡 一九
○易 九〇
苡 一九
9 ○威 一九
姨 一九
洟 二〇
○為 二〇
○畏 二〇
○胃 二〇
10 倚 二一
倭 一六六六
恚 二一
韋 二一
11 ▼偉 二四
○唯 一五〇五
○尉 二一
帷 二一
惟 二一
猗 二一
○異 二一
痍 二三
○移 二三
○萎 二四
△蛇 六六一
12 ○偉 二四
▼圍 二八
幃 二四
○椅 二四
欹 二五
渭 二五
▼爲 二〇
▼異 二三
詒 九八四
貽 二五
13 ○彙 二五
○意 二五
痿 二六
肄 二六
葦 二六
○違 二七
▼違 二七
14 ○維 二七
蔚 七六
飴 二七
15 ○慰 二七
熨 二八
▼緯 四〇
蝟 二八
○遺 二八
頤 二九
16 噫 二九
○緯 四〇
縊 四〇
謂 四〇
▼遺 二八
17 鮪 四〇
18 彝 四〇
▼醫 二七
20 鰄 四〇
21 饐 四〇
22 懿 四〇

い
4 ○井 八四二
6 亥 一九〇
7 豕 六〇八
10 莞 二三一
11 猪 一〇五一
12 ▼猪 一〇五一
19 藺 一五八八

いい
12 △飯 一三六六
13 粲 五八八
▼飯 一三六六
16 謂 四〇

いいあらそう
9 咢 二〇五

いいつけ
5 △令 一五九二

いいつける
7 吩 一三五四
8 咐 一三三六

いう
4 云 八〇
曰 九三
7 ○言 四三九
12 △道 一二六三
13 ▼道 一二六三
16 謂 四〇

いえ
6 △宇 六九
△宅 一〇〇〇
8 △房 一四二五
▼房 一四二五
△舎 六五六
▼舎 六五六
△門 一四八八
9 △室 六四七
△屋 一二三
10 ○家 一四九
△宮 三〇八
13 廈 一五五
19 廬 一六一〇

いえがら
14 △閥 一二五五

いえども
17 雖 八三三

いえばと
17 鴿 五一六

いえる
11 痊 九〇二
13 愈 一五〇三
14 瘉 一五〇四
18 ○癒 一五〇五
▼癒 一五〇五

いおり
11 庵 二一
菴 二一
19 廬 一六一〇

いが
11 毬 三〇九

いかす
5 ○生 八四六
9 △活 二一二
いかずち
13 △雷 一五四五
15 霆 一〇九八
いかだ
8 枋 一四〇二
9 柎 一三一七
11 桴 一三三〇
12 筏 一二五四
14 槎 五四六
いがた
8 范 一二六四
14 熔 一五三四
15 △範 一二六七
いかつい
17 △厳 四四五
20 ▼嚴 四四五
いかで
9 怎 九一九
いがむ
9 歪 一六二七
11 啀 一九一
いかめしい
17 △厳 四四五
20 ▼嚴 四四五
22 儼 四四六
いからす
15 瞋 八〇九
いかり
13 嗔 八〇四
碇 一〇九六
16 錨 一三一一
いかる
8 怫 一三五〇
忿 一三五四
9 ○怒 一一三四
10 恚 三一
悁 九九
12 馮 一三〇五
13 嗔 八〇四
慍 八二
愾 一九二
15 噁 二一〇
瞋 八〇九
17 △嚇 二〇三
18 鵤 四一
いかるが
18 鵤 四一
いかん
8 △奈 一一八三
いかんぞ
7 △那 一一八三
8 △奈 一一八三
イキ
11 ○域 四一
16 閾 四一
いき
6 △気 二六〇
10 ○息 九五九
▼氣 二六〇
○粋 八一九
14 ▼粹 八一九
16 緈 五六〇
いきおい
9 △柄 一三六七
13 ○勢 八六四
15 △権 四三二
21 ▼權 四三二
22 ▼權 四三二
いきどおる
13 △慨 一九二
14 ▼慨 一九二
▼慨 一九二
15 ○憤 一三五七
16 ▼憤 一三五七
いきる
5 ○生 八四六
9 △活 二一二
15 △熱 一二〇五
イク
7 ▼育 四二
8 ○育 四二
9 郁 四二
12 粥 七〇九
16 澳 四二
17 燠 四二
22 鬻 四二
いく
6 ○行 四八二
10 ○逝 八五九
11 ▼逝 八五九
12 ○幾 二七六
いくさ
4 戈 一二五
6 戎 七〇一
7 △兵 一三六五
△役 一四九六
9 △軍 三八四
△師 六一四
10 △旅 一五七二
13 ○戦 九〇四
16 ▼戰 九〇四
いぐさ
19 藺 一五八八
いくさぶね
18 艟 一一六六
19 艨 一四八二
21 △艦 二五一
いぐるみ
3 弋 一五三八
19 繳 六六六
いけ
6 ○池 一〇二九
7 汪 一二二
13 溏 一二五一
いげた
4 △井 八四二
いけにえ
7 牢 一六一五
9 △牲 八五八
17 △犠 二九一
20 ▼犧 二九一
いける
5 ○生 八四六
9 △活 二一二
10 △埋 一四三八
いご
9 奕 九一
いこい
16 ○憩 四〇〇
いこう
6 △休 三〇三
11 偈 四一二
12 愒 一七九
16 ○憩 四〇〇
いさお
5 △功 四七四
13 勣 八七八
14 △閥 一二五五
15 △勲 三八三
16 ▼勳 三八三
17 △績 八八〇
いさおし
15 △勲 三八三
16 ▼勳 三八三
いさかい
15 諍 九四八
いさぎよい
10 屑 八八四
13 △廉 一六〇五
▼廉 一六〇五
15 ○潔 四一四
▼潔 四一四
いさご
9 △砂 五四三
いさざ
16 鮴 四三
いささか
7 些 五四二
11 聊 一五七七
いざなう
14 △誘 一五一五
いさむ
9 ○勇 一五〇九
20 矍 二〇三
いさめる
6 △争 九二八
8 ▼爭 九二八
13 △禁 三六一
15 諍 九四八
16 諫 二四七
いさり
14 △漁 三三六
いざる
20 躄 一三七四
いし
5 ○石 八七三
いしうす
15 磑 一九三
いじくる
7 △弄 一六一五
いしざか
17 磴 一二五五
いしずえ
18 ○礎 九二七
いしだたみ
14 甃 六九六
いしだん
17 磴 一二五五
いしづき

20 鐵 九八七
いしばし
8 矼 四八八
17 磴 一二五五
いしばり
15 箴 八〇九
いしぶみ
13 ▼碑 一二八五
14 碣 四一四
△碑 一二八五
いじめる
8 △苛 一四六
いしやき
11 瓷 六一七
いしやま
10 砠 七一八
いしゆみ
8 弩 一一二三
いじる
7 △弄 一六一五
いすか
19 鶍 四三
いずく
7 △何 一四〇
いずくんぞ
6 △安 一九
9 曷 二二二
胡 四五四
10 烏 七二
11 △悪 一九
焉 一〇〇
12 ▼惡 一九
14 △寧 一三〇五
いずみ
9 ○泉 九〇〇
いずれ
7 △何 一四〇
11 孰 七一〇
いせき
12 堰 一〇〇
いそ
17 磯 二八四
18 礒 二九一
いそがしい
5 匆 九二八
6 ○忙 一四一三
10 倥 四九五
いそぐ
9 ○急 三〇六
▼急 三〇六
怱 九三二
いそしむ
12 △勤 三六〇
13 ▼勤 三六〇
いた
8 ○板 一二六三
△版 一二六三
いたい
12 ○痛 一〇八〇
いたがこい
18 檻 二四九
いたがね
12 鈑 一二六五
いたく
9 △甚 八一八
いだく
8 ○抱 一三九九
▼抱 一三九九
13 雍 一五三四
16 △懐 一八五
△擁 一五三六
19 ▼懷 一八五
いたす
8 △効 四八六
9 ▼致 一〇三三
10 ▼效 四八六
○致 一〇三三
16 △輸 一五〇四
▼輸 一五〇四
いだす
5 △出 七一一
いたずらに
10 △徒 一一二六
いただき
11 ○頂 一〇五九
12 椒 七五四
19 顛 一一一九
22 巓 一一二〇
いただく
11 ○頂 一〇五九
17 △戴 九八六
いたち
18 鼬 一五一八
いたましい
11 △惨 五八六
悽 八五九
14 ▼慘 五八六
21 黯 二四
いたむ
8 怛 一〇〇七
9 俑 一五二七
恫 一一四〇
10 疼 一一四四
11 △惨 五八六
悽 八五九
惆 一〇四八
悵 一〇五九
○悼 一一四五
△戚 八七八
12 惻 九六一
○痛 一〇八〇
軫 八〇四
13 ○傷 七七七
愴 九四三
14 慇 六七
▼慘 五八六
17 癆 一六一九
いためる
8 炒 七四五
12 ○痛 一〇八〇
13 ○傷 七七七
15 撓 一一六六
いたる
6 ○至 六〇六
7 △戻 一五九四
迄 二九五
8 △到 一一三九
▼戾 一五九四
10 △格 一九七
訖 二九五
11 △造 九五三
▼造 九五三
13 △詣 三九九
16 曁 二八二
臻 八〇九
踵 七六四
いたわしい
12 △痛 一〇八〇
いたわる
7 △労 一六一五
12 ▼勞 一六一五
イチ
1 ○一 四
4 弌 五六
6 聿 五六
7 ○壱 五六
11 △逸 五六
12 ▼壹 五六
▼逸 五六
いち
5 ○市 六〇一
いちい
19 櫟 一六〇一
いちご
8 苺 一三三〇
いちじるしい
9 炳 一三六八
11 ○著 一〇五一
12 ▼著 一〇五一
13 ▼著 一〇五一
いちび
11 紵 一〇五一
イツ
1 ○一 四
△乙 一二五
4 弌 五六
6 聿 五六
7 佚 五六
△壱 五六
11 ○逸 五六
12 ▼壹 五六
軼 五七
▼逸 五六
13 溢 五七
15 噎 九四
16 駃 五七
18 鎰 五七
23 鷸 五八
いつ
4 ○五 四六〇
9 曷 二二二
いづ
5 △出 七一一
いつく
11 △斎 五五六
17 ▼齋 五五六
いつくしむ
13 ○慈 六三八
15 憮 一三三七
19 寵 一〇六九
いつつ
4 ○五 四六〇

6 伍 四六二
いつわり
19 譎 四一五
いつわる
8 佯 一五二六
11 ○ 偽 二八七
訛 一五二
12 △ 詐 五四五
△ 陽 一五三一
13 詭 二七九
14 ▼ 僞 二八七
▼ 誕 一〇一九
15 △ 誕 一〇一九
17 △ 矯 三四二
繆 一三〇二
19 譌 一六〇
譎 四一五
譖 八一二
いてる
10 △ 凍 一二四一
いと
6 ○ 糸 六〇五
11 絃 四四三
12 ▼ 絲 六〇五

14 綫 九〇六
綸 一五八五
15 △ 線 九〇八
緡 一三一七
17 縷 一五八九
いとう
14 厭 一〇四
いとぐち
14 △ 緒 七二九
15 ▼ 緒 七二九
いとけない
5 △ 幼 一五二四
13 △ 稚 一〇三四
いとしい
13 △ 愛 五
いとすじ
17 縷 一五八九
いとなむ
12 ○ 営 八七
17 ▼ 營 八七
いとま
13 △ 暇 一五五
遑 五〇九
いどむ

9 ○ 挑 一〇五七
15 撩 一五八一
いな
7 ○ 否 一二七四
14 ○ 稲 一二五三
15 ▼ 稻 一二五三
19 鯔 六二七
いなか
6 庄 七四一
いなかや
11 △ 野 一四九二
いながら
7 坐 五四七
いなご
15 蝗 五一二
17 螽 六九七
いなずま
13 △ 電 一一二三
15 霆 一〇九八
いなだ
20 鰍 六九八
いななく
15 嘶 八六九
いにしえ

5 △ 古 四四七
8 △ 往 一一二
いぬ
4 ○ 犬 四一七
6 戌 七一四
8 狗 三六七
いぬい
11 △ 乾 三二
いぬたで
19 蘢 一六一九
いね
5 禾 一三九
14 ○ 稲 一二五三
15 ▼ 稻 一二五三
いねたば
8 秉 一三六七
13 筥 三一九
いのこ
7 豕 六〇八
いのしし
11 猪 一〇五一
12 ▼ 猪 一〇五一
いのち
5 △ 生 八四六

8 ○ 命 一四六八
いのりごと
13 誄 一五九一
いのる
8 ○ 祈 二六六
9 ▼ 祈 二六六
19 禱 一二五七
いばら
9 ○ 茨 五八
荊 一三九〇
12 棘 一三五〇
13 楚 九二五
17 篳 一三九八
いばらだけ
10 笆 一三一八
いばり
7 △ 尿 一三〇一
9 △ 便 一三八五
13 溲 六九五
△ 溺 一一〇三
いびき
17 鼾 二四九
いびつ
9 歪 一六二七

いぶかしい
11 訝 一六五
いぶかる
11 訝 一六五
いぶくろ
7 肚 一二一六
いぶす
18 燻 三八四
いぼ
8 肬 一五〇九
9 疣 一五二一
18 贅 八七二
いま
4 ○ 今 五三四
いましめ
14 誡 一八四
15 箴 八〇九
いましめる
7 ○ 戒 一七〇
13 飭 一〇七二
14 誡 一八四
15 撕 八六九
箴 八〇九
16 △ 縛 一二四四

19 △ 警 四〇二
20 ▼ 警 四〇二
います
6 △ 在 五六一
7 坐 五四七
10 △ 座 五四八
いまだ
5 △ 未 一四五一
いまだ…ず
5 △ 未 一四五一
いまわしい
7 ○ 忌 二六三
いみな
17 諱 二八四
いむ
7 ○ 忌 二六三
13 △ 禁 三六一
17 諱 二八四
いも
6 ○ 芋 五九
8 △ 妹 一四三八
17 薯 七三一
19 藷 七三一
いもうと

8 ○ 妹 一四三八
いもむし
13 蜀 七八三
いや
7 △ 否 一二七四
8 △ 弥 一四九五
13 ○ 嫌 四二九
▼ 嫌 四二九
14 厭 一〇四
17 ▼ 彌 一四九五
いやしい
4 仄 九五六
6 △ 劣 一六〇二
8 ▼ 卑 一二七八
9 △ 俗 九六一
俚 一五五七
○ 卑 一二七八
陋 一六一六
11 △ 野 一四九二
12 △ 寒 二三五
13 隘 七
14 鄙 一二八五
15 賤 九〇八
いやしくも

8 苟 四八八
いやしむ
8 ▼卑 一二七八
9 ○卑 一二七八
14 鄙 一二八五
いやしめる
8 ▼卑 一二七八
9 ○卑 一二七八
15 賤 九〇八
いやす
7 △医 二七
11 痊 九〇二
13 愈 一五〇三
14 瘉 一五〇四
17 △療 一五八一
18 ○癒 一五〇五
▼癒 一五〇五
▼醫 二七
いよいよ
8 △弥 一四九五
13 愈 一五〇三
逾 一五〇四
17 ▼彌 一四九五
いらう
7 △弄 一六六五
いらか
15 甍 一四二一
いらくさ
15 蕁 八二一
いらだつ
8 △苛 一四八
いり
5 圦 六〇
いりえ
12 △湾 一六三三
25 ▼灣 一六三三
いりまじる
6 舛 八九七
いりよね
22 糴 一〇二三
いる
2 ○入 一一九
4 △内 一一八三
▼内 一一八三
7 △冶 一四九一
8 ○居 三一五
炒 七四五
9 ○要 一五二八
10 ○射 六五七
13 ○煎 九〇五
14 熔 一五三四
15 熬 五二三
○鋳 一〇四九
22 ▼鑄 一〇四九
いれずみ
20 黥 四〇五
いれる
2 ○入 一一九
8 函 二三六
10 △容 一五二九
△納 一二一〇
11 淹 九九
涵 二三三
いろ
6 ○色 七八〇
いろう
14 綺 二八〇
いろつち
11 堊 三
いろどり
8 △采 五五一
いろどる
11 ○彩 五五三
いろり
8 △炉 一六六九
20 ▼爐 一六六九
24 鑪 一六六二
いわ
8 ○岩 二四四
12 嵒 二五六
15 磐 一二六七
20 巌 二五八
23 ▼巖 二五八
いわあな
8 岫 六八七
いわう
9 ○祝 七〇七
10 ▼祝 七〇七
いわお
12 嵒 二五六
20 巌 二五八
23 ▼巖 二五八
いわく
4 曰 九三
いわし
21 鰯 六〇
鰛 一三
いわな
16 鮇 六一
いわや
13 △窟 三七八
14 窩 一五八
いわれ
16 謂 四〇
いわんや
8 △況 三三一
イン
4 允 六一
尹 六一
6 ○引 六三
○印 六三
○因 六三
9 ○咽 六三
○姻 六三
胤 六三
茵 六三
10 ○音 一二八
○員 六三
恁 八一九
殷 六四
蚓 六四
○院 六四
11 婬 六四
寅 六四
○淫 六四
○陰 六五
12 喑 六六
堙 六六
湮 六六
13 ○飲 六六
隕 六七
▼飮 六六
14 慇 六七
殞 六七
蔭 六七
酳 六七
○隠 六七
17 螾 六八
▼隱 六七
19 贇 六八
霪 六八
28 ○韻 六八
鸚 一一九
インチ
6 吋 一一三六

【う】

ウ
3 于 六九
5 ○右 六九
6 ○宇 六九
○有 一五〇六
○羽 六九
▼羽 六九
△芋 五九
7 佑 一五〇八
迂 七〇
8 侑 一五〇八
盂 七〇
9 ○雨 七〇
禹 七一
竽 七一
紆 七一
胡 四五四
10 桙 七一
烏 七一
13 傴 七三
14 嫗 一一六
17 △優 一五一七
24 齲 七三
う
5 卯 一四一三
18 鵜 一〇九九
ウイ
5 △外 一八八
9 茴 七四
うい
7 ○初 七二四
13 △愛 五
15 ○憂 一五一五
うえ
3 ○上 七六八
12 筌 九〇四
うえじに
11 殍 一三〇五
うえじにする
11 殍 一三〇五
うえる
7 △芸 四〇三
10 △栽 五五二
秧 一一五

11 ○飢 二七一
▼飢 二七一
12 ○植 七八三
13 蒔 六二二
14 △種 六七九
15 △稼 一五八
△餓 一六六
16 △樹 六八三
▼餓 一六六
餒 九九九
18 ▼藝 四〇三
19 ▼藝 四〇三
20 饉 三六五
21 饑 二八五

うお
11 ○魚 三一〇

うおあみ
10 罟 四五五

うがい
14 嗽 九四四
漱 九四五

うかがう
5 △斥 八七二
7 ○伺 六〇六
9 俔 四二〇
10 △候 四九五
11 △偵 一〇九四
12 覗 六二〇
覘 一一一八
△間 二三八
13 遉 一〇九七
16 窺 二八三
諜 一〇六八
18 闚 一〇七六

うがつ
9 穿 九〇〇
21 鐫 九一二
27 鑽 五九一
28 鑿 五六九

うかぶ
3 弋 一五三八
6 △汎 一二六一
▼汎 一二六一
7 泛 一二六三
10 ○浮 一三二八
▼浮 一三二八
20 瀲 一六〇八

うかべる
7 泛 一二六三
10 ○浮 一三二八
▼浮 一三二八
18 △濫 一五五二

うかる
8 ○受 六八一

うかれる
10 ○浮 一三二八
▼浮 一三二八

うきくさ
8 苹 一三六七
11 萍 一三六九
19 蘋 一三一五

うきぶくろ
22 鰾 一三〇八

うく
10 ○浮 一三二八
▼浮 一三二八

うぐい
18 鮰 七四
鯎 七四

うぐいす
21 鶯 一一九

うけたまわる
8 △奉 一三九八
○承 七四三

うけら
5 朮 七一四

うける
5 丕 一二七三
8 △享 三三〇
○受 六八一
△承 七四三
13 稟 一五八五
14 △領 一五八〇
15 ○請 八六九
▼請 八六九
17 膺 一五三六
22 饗 三四四

うごかす
6 朶 九七三
11 ○動 一一六二
16 撼 二四六
17 盪 一一五五

うごく
11 ○動 一一六二
13 滔 一一五一
15 蕩 一一五三
17 盪 一一五五
蹌 九四九
20 蠕 九一八
躁 九五二

うごめく
20 蠕 九一八
21 蠢 七一八

うさぎ
7 兎 一一一五
11 菟 一一一八

うさぎあみ
9 罘 一三一七

うさぎうま
26 驢 一六一三

うし
4 丑 一〇四一
○牛 三一二

うじ
4 ○氏 五九八
11 蛆 七二八

うしお
6 汐 八七五
15 △潮 一〇六六

うしとら
6 艮 五三四

うしなう
3 △亡 一四一二
5 ○失 六四六
7 佚 五六
11 △逸 五六
12 △喪 九四〇
▼逸 五六
13 隕 六七

うしろ
9 ○後 四六三
△背 一三一四

うす
6 ○臼 三〇四
13 碓 九八五
15 磑 一九三
碾 一一一八

うず
12 ○渦 一五三

うすい
11 偸 一一四五
△淡 一〇一五
△涼 一五七七
菲 一三八二
12 稀 二七七
15 澆 三四七
16 澹 一〇二〇
○薄 一二四二

うずき
10 疼 一一四四

うすぎぬ
10 紗 五四五
11 絅 三九四
19 △羅 一五四三
20 繻 六八〇

うずく
10 疼 一一四四

うずくまる
15 踞 三一九
19 蹲 九六九

うすぐらい
16 濛 一四八二

うずたかい
11 △堆 九八三

うすづく
11 舂 七五二

うずまき
4 巴 一二一五

うすまる
15 潘 一二六七
16 ○薄 一二四二

うずまる
10 △埋 一四三八
13 △塡 一一一八

うずみび
14 熄 九六一

うすめる
16 ○薄 一二四二

うずめる
12 堙 六六
13 △塡 一一一八

うずもれる
10 △埋 一四三八
12 堙 六六

うずら
19 鶉 七三三

うすらぐ
16 ○薄 一二四二

うすれる
16 ○薄 一二四二

うせる
5 △失 六四六

12 軼 五七

うそ
15 噓 三一九
24 鸒 二〇三

うそぶく
16 嘯 七六三

うた
8 咏 八四
10 ○唄 七五
哥 一四八
11 △唱 七五一
13 △詩 六二三
14 ○歌 一五七
18 謳 一一八

うたい
16 ○謡 一五三六
17 ▼謠 一五三六

うたう
7 △吟 三六五
8 咏 八四
10 哥 一四八
哦 一六四
11 △唱 七五一
12 △詠 八七
14 嘔 一一六
○歌 一五七
16 ○謡 一五三六
17 ▼謠 一五三六
18 謳 一一八

うたがう
5 式 一九五
11 猜 五五四
13 △嫌 四二九
▼嫌 四二九
14 ○疑 二八八

うたぐる
14 △疑 二八八

うたげ
10 △宴 九八

うたた
11 △転 一二一六
18 ▼轉 一二一六

うだち
11 梲 八八五

うだつ
11 梲 八八五

うだる
9 茹 七三五

うち
4 ○内 一八三
▼内 一八三
9 △衷 一〇四八
10 △家 一四九
12 裡 一五五八
13 △裏 一五五九

うちかけ
11 袿 三九五
13 褂 一八二
裲 一五七九
18 襠 一五六

うちぎ
11 袿 三九五

うちとける
11 晤 四六六

うちひも
13 絛 一二五一

うちわもめ
10 訌 四九八

ウツ
8 苑 九七
14 蔚 七六
15 熨 三八
29 ○鬱 七六

うつ
5 ○打 九七二
6 △伐 三五三
7 △批 二七五
扑 三八五
8 △征 八五三
△抵 一〇九一
△拍 二三九
拊 一三六
9 △殴 一一四
挌 一九七
△拷 五二〇
10 △射 六五七
△格 一九七
○討 一二四
11 戛 二一三
捶 八三〇
12 △椎 一〇七七
13 搗 一一五一
搏 一二四一
誅 一〇四九
14 槌 一〇七八
15 ○撃 四〇七
△撲 一四二九
▼毆 一一四
16 擂 一五四五
17 ▼擊 四〇七
擣 一一五五
膺 一五三六
18 擽 一五六五
19 鏗 五一七
22 鷙 六二八

うつくしい
4 夭 一五三四
8 佼 四八六
9 奕 九一
娃 五
姸 四二〇
姚 一五二七
○美 一二八九
10 倩 九〇一
娥 一六四
娟 四二三
11 婉 九九
曼 一四四八
猗 三三
12 媚 一二九一
13 蜎 四三一
14 綺 二八〇
韶 七六一
18 蟬 九二一
19 繡 六九七
23 鑠 六六六

うつける
8 △空 三七二
11 △虚 三一七
12 ▼虛 三一七

うつし
12 鈔 七五七

うつす
5 ○写 六五五
7 △抄 七四二
9 ○映 八五
11 徙 六一七
○移 三三
12 鈔 七五七
13 搨 一一五一
摸 一四七八
15 ▼寫 六五五
△遷 九〇九
16 △輸 一五〇四
▼輸 一五〇四
▼遷 九〇九
17 △謄 一一五六
▼謄 一一五六

うったえる
11 △訟 七五二
12 ○訴 九二五
14 愬 九二六
△獄 五二八
15 諍 九四八
19 譖 八二三

うつつ
11 △現 四四二

うつばり
11 梁 一五七六

うつぶす
10 俯 一三二八

うつぼ
12 靫 五五八
23 鱓 九二三

うつむく
10 俯 一三二八

うつる
5 ○写 六五五
9 ○映 八五
11 徙 六一七
○移 三三
△転 一二一六
15 ▼寫 六五五
△遷 九〇九
16 ▼遷 九〇九
18 ▼轉 一二一六

うつろ
8 △空 三七二
9 △洞 一二六一
11 △虚 三一七
12 ▼虛 三一七

うつわ
15 ○器 二八一
16 ▼噐 二八一

うで
12 ○腕 一六二三
14 膊 一二四一
17 臂 一二八七

うてな
5 △台 九九七
9 柎 一三一七
11 趺 一三二〇

12 萼 二〇五
14 ▼臺 九九七
蔕 九八五
17 闍 一二三〇

うでまえ
10 倆 一五七六

うでわ
11 釧 九〇三

うとい
12 ○疎 九二四
疏 九二五
17 闊 二一六

うとむ
12 ○疎 九二四
疏 九二五

うない
15 髫 一〇六八

うながす
9 ○促 九五九
13 △催 五五八
△督 一一七〇
15 △趣 六八〇
17 趨 八三六

うなぎ
22 鰻 一四五〇

うなされる
24 魘 一〇九

うなじ
12 △項 五〇七
14 △領 一五八〇

うなずく
8 △肯 四八八
16 頷 二五七

うなり
11 唸 二一一五

うなる
8 呻 七九四
11 唸 二一一五

うね
8 △采 五五一
10 ○畝 七八
11 畦 三九三
19 壟 一六一九
疇 一〇五〇
隴 一六一九

うば
8 姆 一三九三
9 姥 一三九三

うばう
13 媼 一一六

うばう
10 虔 四一四
11 鹵 一六〇九
14 ○奪 一〇〇八
15 褫 一〇三五
16 簒 五九〇

うぶ
5 △生 八四六
7 △初 七二四
11 ○産 五八七
▼産 五八七

うべなう
8 △肯 四八八
15 △諾 一〇〇三

うま
4 △午 四六二
10 ○馬 一二三〇

うまい
5 △巧 四七四
△甘 二一三
6 △旨 六〇三
11 甜 一二一六
14 蔗 六六〇

うまかい
11 圉 三三〇

うまつぎ
10 站 一〇一四

うまや
7 皁 九三一
14 厩 三一一
△駅 九二
15 廠 七六一
20 櫪 一六〇一
23 ▼驛 九二

うまる
10 ○埋 一四三八

うまれる
5 ○生 八四六
11 ○産 五八七
▼産 五八七
14 ▼誕 一〇一九
15 △誕 一〇一九

うみ
9 ○海 一七四
△洋 一五二七
10 ▼海 一七四
13 溟 一四七二
17 膿 一二二二
19 瀛 九〇

うむ
5 ○生 八四六
7 ▼免 一四七五
8 △免 一四七五
10 倦 四二三
娩 一三八六
11 惓 四二五
○産 五八七
▼産 五八七
13 孳 六三八
15 △熟 七一〇
17 △績 八八〇
膿 一二二二

うめ
10 ○梅 一二三〇
11 ▼梅 一二三〇
13 楳 一二三三

うめく
7 △吟 三六五
8 呻 七九四

うめる
10 ○埋 一四三八

うもれる
10 ○埋 一四三八

うやうやしい
10 ○恭 三三四

うやまう
5 △礼 一五九二
12 ○敬 三九五
欽 三六〇
13 ▼敬 三九五
18 ▼禮 一五九二

うら
4 △心 七八八
5 △末 一四四二
10 ○浦 七九
12 裡 一五五八
13 ○裏 一五五九

うらない
2 卜 一四二四
6 △兆 一〇五四
8 卦 一四四
13 筮 八七一

うらなう
2 卜 一四二四
5 ○占 八九五
8 卦 一四四
13 筮 八七一

うらみ
9 △怨 九八

うらむ
8 怏 一一三
9 △怨 九八
○恨 五三五
10 恚 三一
11 惆 一〇四八
悵 一〇五九
△望 一四一八
13 慍 八二
14 鞅 一一六
16 懊 一一七
△憾 二四六

うらめしい
9 ○恨 五三五

うらやましい
13 ○羨 九〇五

うらやむ
13 ○羨 九〇五
19 △艶 一〇八
24 ▼艷 一〇八

うらら
19 △麗 一五九九

うららか
19 △麗 一五九九

うり
6 瓜 一四〇

うりのなかご
19 瓣 一三八七

うりよね
25 糶 一〇六九

うる
7 ○売 一二三九
8 沽 四四九
11 售 六九一
○得 一一六九
街 四四四
13 買 四五八
15 ▼賣 一二三九
25 糶 一〇六九

うるう
12 閏 七三一

うるおい
12 渥 一三
△湿 六四九

17 ▼濕 六四九
うるおう
7 △沢 一〇〇〇
沐 一四八五
8 沾 一一一三
9 洽 四九一
10 浹 七四八
15 ○潤 七三三
16 ▼澤 一〇〇〇
霑 一一一八
17 濡 六八四
うるおす
8 沾 一一一三
9 洽 四九一
10 浹 七四八
11 涵 二三三
12 △湿 六四九
14 膏 五一一
15 ○潤 七三三
16 霑 一一一八
17 ▼濕 六四九
うるさい
13 △煩 一二六六
うるし
14 ○漆 六四九
うるち
13 粳 五〇八
うるむ
15 ○潤 七三三
うるわしい
12 斌 一三一四
19 ○麗 一五九九
22 懿 四〇
うれい
10 恙 一五二九
11 △患 二三三
13 ○愁 六九五
15 ○憂 一五二五
18 △騒 九五一
20 ▼騷 九五一
うれえる
7 邑 一五〇八
9 奕 九一
恤 七一四
10 悄 七四七
悒 一五一一
11 △患 二三三
△戚 八七八
12 閔 一三一六
13 ○愁 六九五
愍 一三一六
煢 三九八
15 憫 一三一七
○憂 一五二五
16 懆 九四八
うれしい
15 嬉 二八一
うれる
7 ○売 一三一九
15 ○熟 七一〇
▼賣 一三一九
うろ
8 △空 三七二
9 △洞 一一六一
11 △虚 三一七
12 △疎 九二四
▼虛 三一七
うろこ
24 鱗 一五八八
うわ
3 ○上 七六八
うわぎ
10 袍 一四〇五
うわぐすり
12 釉 一五一四
うわごと
20 譫 九一三
21 囈 四〇五
うわさ
15 噂 九六九
うわばみ
16 蟒 一四一三
うわひつぎ
12 椁 一一九
15 槨 二〇一
うわる
12 ○植 七八三
ウン
4 云 八〇
7 吽 五三〇
芸 八〇
10 紜 八〇
耘 八〇
12 △温 一三〇
○運 八〇
○雲 八一
13 慍 八二
暈 八二
▼溫 一三〇
▼運 八〇
15 褞 八三
16 縕 八三
薀 八三
18 繧 八三
19 蘊 八三
韞 八三
饂 八三

【え】

エ
6 ○会 一〇七
○回 一六八
△衣 二六
8 ○依 二八
9 廻 一七三
10 ○恵 三九一
11 彗 八二九
12 ▼惠 三九一
○絵 一七九
13 ▼會 一〇七
15 慧 四〇〇
16 △壊 一八四
△衛 八九
▼衞 八九
18 穢 一六二八
19 ▼壞 一八四
▼繪 一七九
え
5 △兄 三八六
6 ○江 四八一
7 △図 八三三
8 枋 一四〇二
△画 一六三
秉 一三六七
9 柯 一四〇七
○柄 一三六七
荏 八一九
○重 七〇二
12 ▼畫 一六三
14 ▼圖 八三三
15 ○餌 六四〇
エイ
5 ○永 八四
6 曳 八四
7 兌 九七三
8 咏 八四
○泳 八四
泄 八八三
9 ○英 八五
○映 八五
○栄 八五
洩 八六
盈 八六
10 郢 八六
12 ○営 八七
△景 三九六
瑛 八七
13 ○詠 八七
塋 八七
楹 八七
裔 八七
14 ▼榮 八五
15 ○影 八七
瑩 八八
○鋭 八八
▼銳 八八
16 叡 八八
殪 八九
穎 八九
17 ○衛 八九
▼衞 八九
霙 八九
嬰 八九
▼營 八七
翳 八九
19 瀛 九〇
20 蠑 九〇
贏 九〇
21 瓔 一五三七
22 癭 九〇
23 纓 九〇
えい
23 鱏 八二
えがく
8 △画 一六三
11 ○描 一三一〇
12 ▼畫 一六三
エキ
6 亦 九〇
7 ○役 一四九
8 ○易

9 奕 九一
○疫 九一
10 ○益 九一
▼益 九一
11 掖 九一
○液 九二
△訳 一四九七
12 腋 九二
14 蜴 九二
○駅 九二
16 懌 九二
19 繹 九二
鶍 九二
20 ▼譯 一四九七
23 ▼驛 九二

えき
10 站 一〇一四

えくぼ
23 靨 一五三七

えぐる
6 刔 四一〇
7 抉 四一一
8 剜 四四八
10 剔 一二〇〇

えさ
15 ○餌 一六四〇

えそ
23 鱠 九三

えだ
6 朶 九七三
7 △条 七七一
8 ○枝 六一〇
9 柯 一四七
11 ▼條 七七一

えだち
13 徭 一五三二

エツ
4 曰 九三
5 戉 九三
7 兌 九七三
9 △咽 六三
10 ○悦 九三
▼悅 九三
12 粤 九三
○越 九三
13 鉞 九四
14 △説 八八八
15 噎 九四
○謁 九四
○閲 九四
16 噦 九四
▼謁 九四
21 饐 四〇

えにし
15 △縁 一〇六
▼緣 一〇六

えのき
14 榎 一五七

えのころぐさ
10 莠 一五一二

えび
12 蛯 九四
15 蝦 一五九
20 鰕 一六〇

えびす
6 夷 二五
戎 七〇一
7 狄 一二〇〇
8 羌 三三二
9 胡 四五四
11 蛋 一〇一五
12 ▼虜 一五七三
△蛮 一二七一
13 △虜 一五七三
蜑 一〇一七
貊 一二四四
15 羯 二一六
蕃 一二七二
25 ▼蠻 一二七一

えびら
14 箙 一三四六

えみし
6 夷 二五

えむ
10 ○笑 七四九

えやみ
14 厲 一五九七
15 瘟 一一三
17 癘 一五九八

えら
13 腮 五五九
18 顋 五六一
20 鰓 五六一

えらい
11 ▼偉 三四
12 ○偉 三四
14 △豪 五三一

えらぶ
7 刪 五八四
△択 一〇〇〇
9 柬 二三〇
11 掏 一一四五
12 揀 三三七
13 △詮 九〇五
14 銓 九〇七
15 撰 九〇七
○選 九〇九
16 ▼擇 一〇〇〇
▼選 九〇九
18 △簡 二四九

えり
9 衿 三五九
11 衹 八一九
13 魞 九五
14 滬 四五八
18 △領 一五八〇
○襟 三六四

えりわける
9 柬 二三〇

える
11 ○得 一一六九
15 △選 九〇九
16 ○獲 二〇二
▼選 九〇九
雕 一〇六八
17 ▼獲 二〇二
19 鏨 五九四
鏤 一六一九
21 鐫 九一二

エン
4 ○円 九五
7 ▼延 九六
8 奄 九六
△宛 一六
○延 九六
○沿 九七
○炎 九七
苑 九七
9 △咽 六三
△垣 一五五
○怨 九八
爰 九八
衍 九八
10 △俺 二三八
冤 九八
娟 四二三
○宴 九八
悁 九九
捐 九九
涎 九〇二
莚 九九
11 偃 九九
婉 九九
掩 九九
淹 九九
焉 一〇〇
12 堰 一〇〇
○媛 一〇〇
▼媛 一〇〇
○援 一〇〇
▼援 一〇〇
掾 一〇〇
淵 一〇〇
湲 一〇一
焰 一〇一
13 ▼圓 九五
○園 一〇一
○塩 一〇一
○煙 一〇一
▼煙 一〇一
○猿 一〇二
筵 一〇三
罨 二三
△羨 九〇五
蜒 一〇三
○遠 一〇三
○鉛 一〇四
14 厭 一〇四
嫣 一〇五
○演 一〇五
蜿 一〇五
▼遠 一〇三
鳶 一〇五
15 ○縁 一〇六
▼緣 一〇六
蝘 一〇七
豌 一〇七
16 圜 二四六
燕 一〇七
薗 一〇七
鋺 一〇七
閼 一五

10 閻 一〇七　闇 一〇八　鴛 一〇八　17 檐 一〇八　轅 一〇八　19 嚥 一〇八　簷 一〇八　○艶 一〇八　20 臙 一〇九　22 鼴 一〇九　23 讌 一〇九　24 ▼艶 一〇八　魘 一〇九　▼鹽 一〇一　26 黶 一〇九

えんじゅ 14 槐 一八三

【お】

オ 6 ○汚 一〇九　8 ○和 一六四　於 一一〇

10 烏 七三　11 呜 一一〇　○悪 九　淤 一一〇　12 ▼惡 九　13 嗚 一一〇　飫 一五三三　15 噁 一一〇

お 3 ○小 七三六　7 ○尾 一二八八　牡 一三九二　8 苧 一〇五一　阿 一　12 △御 三三一　○雄 一五一四　14 ○緒 七二九　15 ▼緒 七二九

おい 10 笈 三〇八　12 甥 八六三

おいて 8 於 一一〇

おいぼれる

10 耄 一四八〇

おいめ 11 逋 一三八九

おいる 6 ○老 一六二三　10 耆 二六九　12 耋 一二〇四

オウ 4 ○王 一一〇　5 ○凹 一一一　△圧 一四　○央 一一一　7 ○応 一一三　汪 一一三　邑 一五〇八　8 ○往 一一三　怏 一一三　○押 一一三　拗 一五一六　○旺 一一四　枉 一一四　○欧 一一四　○殴 一一四　泓 一一四

9 姶 一一四　殃 一一五　瓮 一一五　10 ○皇 四九一　○桜 一一五　秧 一一五　○翁 一一五　▼翁 一一五　11 凰 一一五　12 ○黄 五〇二　○奥 一一六　▼黄 五〇二　13 ▼奥 一一六　媼 一一六　閘 五〇九　14 嘔 一一六　嫗 一一六　鞅 一一六　15 ○横 一一六　▼歐 一一四　▼毆 一一四　16 懊 一一七　▼横 一一六　澳 四二

甌 一一七　鴨 一一七　鴦 一一八　17 ▼壓 一四　▼應 一一三　燠 四二　膺 一五三六　18 甕 一一八　襖 一一八　謳 一一八　19 鏖 一一八　20 嚶 一一八　罌 一一九　21 ▼櫻 一一五　鶯 一一九　鶲 一一九　22 鷗 一一九　24 鷹 一五三七　28 鸚 一一九

おう 5 ○生 八四六　9 ○負 一三二七　○追 一〇七六　10 △逐 一〇三七

▼追 一〇七六　11 ▼逐 一〇三七　12 趁 一〇七五　14 △駆 三七〇　16 襁 三四二　21 ▼驅 三七〇　25 躡 七八〇

おうぎ 10 ○扇 九〇一　▼扇 九〇一

おうご 6 朸 一五八三

おうし 10 △特 一一六八

おうだん 10 疸 一〇一四

おうち 7 杞 二六四　13 楝 一六〇五　15 樗 一〇五二　23 欒 一五五四

おうな 13 媼 一一六　14 嫗 一一六

おえる 8 △卒 九六四　11 ○終 六九一　▼終 六九一

おお 3 ○大 九八七

おおあめ 15 霈 一三二九

おおい 5 △巨 三一四　▼巨 三一四　6 ○多 九七〇　8 △林 一五八三　10 套 一一四三　般 六四　浩 四九七　11 △庶 七二八　12 △衆 六九三　13 稠 一〇四九　△蓋 一九二　△蒸 七七七　鉅 三一九　14 夥 一五七　蔀 一四一〇

15 △蔽 一三七〇　黎 一五九八　16 臻 八〇九　17 輿 一五二三　19 藹 七　21 饒 七八〇

おおいに 3 ○大 九八七　8 祁 二六七

おおう 6 扞 二一四　8 奄 九六　9 ▼冒 一四一六　△冒 一四一六　10 盍 四九七　11 屏 一三六八　△被 一二八一　掩 九九　13 幎 一三七四　罨 一一三　△蓋 一九二　蒙 一四八一　14 蔭 六七　15 冪 一三七四

17 △蔽 一三七〇
△曖 七
18 羃 一三七四
○覆 一三四七
おおうなばら
13 溟 一四七二
おおうみがめ
24 鼇 五二三
おおおび
11 △紳 八〇三
おおかみ
10 狼 一六一七
おおきい
3 ○大 九八七
5 丕 一二七三
△巨 三一四
▼巨 三一四
6 戎 七〇一
7 宏 四八四
尨 一四一四
汪 一一二
甫 一三八七
8 侈 六〇九
祁 二六七
9 穹 三〇六
厖 一四一六
奕 九一
奐 二三九
恢 一七四
衍 九八
10 倬 一〇〇二
冢 一〇五七
峻 七一六
浩 四九七
11 △淫 六四
莽 一四八一
逢 一四〇七
12 傀 一七八
渠 三一九
嵬 一八二
溥 一三三三
鉅 三一九
14 瑰 一八三
碩 八七九
魁 一八四
17 鴻 五一六
19 龐 一四一二
33 麤 九二七
おおけたで
19 蘢 一六一九
おおごと
13 瑟 六四九
おおざら
15 △盤 一二七一
おおじ
12 逵 二七八
おおじか
16 麈 六八〇
17 麋 一二九三
おおすっぽん
24 鼇 五二三
おおせ
6 ○仰 三四五
8 △命 一四六八
15 諚 七七八
おおせる
8 △果 一四四
12 △遂 八三二
13 ▼遂 八三二
おおぞら
8 穹 三〇六
おおだて
19 櫓 一六一一
おおづつ
10 △砲 一四〇五
▼砲 一四〇五
14 熕 五一〇
おおづな
10 紘 四九七
おおどおり
12 逵 二七八
おおとり
11 凰 一一五
14 鳳 一四一〇
17 鴻 五一六
19 鵬 一四一二
おおなみ
11 淌 七五二
おおにら
9 荔 一五五七
16 薤 一八五
おおはまぐり
13 蜃 八〇八
おおぶね
11 舸 一五二
△舶 一二四〇
おおぼら
17 鮱 一二一〇
おおみず
9 △洪 四九一
おおむね
11 △梗 五〇二
△率 九六五
14 △概 一九三
15 ▼概 一九三
▼概 一九三
おおやけ
4 ○公 四七一
8 △官 二二七
おおゆみ
8 弩 一一二三
おか
5 ○丘 三〇二
7 坏 一三三三
8 ○岡 一二〇
邱 三〇六
△阜 一三三七
11 △培 一二三一
△陸 一五六一
△陵 一五七八
15 墟 三一九
19 隴 一六一九
おかげ
14 蔭 六七
おかす
3 △干 三一一
5 ○犯 一二六一
6 奸 二三三
9 ○侵 七九五
▼侵 七九五
▼冒 一四一六
○冒 一四一六
11 △略 一五六五
おがむ
8 ○拝 一二三三
9 ▼拜 一二三三
おき
7 ○沖 一〇四五
16 澳 四二
熾 六二六
17 燠 四二
おぎ
10 荻 一一〇〇
13 蒹 四三〇
おきあがる
17 謖 七八五
おきて
11 掟 七七六
15 諚 七七八
おきな
10 叟 九二六
△翁 一一五
▼翁 一一五
おぎなう
8 苴 七二七
12 ○補 一三八九
13 裨 一二八四
おきにいり
16 嬖 一三七一
おきる
10 ○起 二七〇
オク
7 △沃 一五二八
9 ○屋 一二一
15 ○億 一二三
16 ○憶 一二三
17 ○臆 一二三
おく
5 △処 七二四
6 托 一〇〇〇
8 △委 二八
△居 三一五
△舎 六五六
▼舎 六五六
11 △措 九二三
▼處 七二四
△釈 六六五
12 ○奥 一一六
13 ▼奧 一一六
○置 一〇三四
16 △錯 五六八
17 擱 二〇三
20 ▼釋 六六五
おくがき
12 跋 一二五四
おくぎ
11 訣 四一二
おくび
16 噯 七
噫 三九
おくぶかい
9 眇 一三〇九

10 窈 一五二九
12 淵 一〇〇
16 縕 八三
18 邃 八三三

おくみ
11 衽 八一九

おくゆかしい
10 窈 一五二九

おくらす
12 ○遅 一〇三三
16 ▼遲 一〇三三

おくりな
16 諡 六二七

おくりもの
17 賻 一三三四
21 贐 八二一
饋 二八五

おくる
9 ○送 九三五
10 △帰 二六八
▼送 九三五
12 詒 九八四
貽 三五
15 餉 七六三
16 △輸 一五〇四
▼輸 一五〇四
17 賻 一三三四
餞 九一一
18 ▼歸 二六八
○贈 九五五
19 ▼贈 九五五
餽 二八五
21 饋 二八五

おくれる
9 ○後 四六三
12 ○遅 一〇三三
16 ▼遲 一〇三三

おけ
11 桶 一一四五
15 △槽 九四七

おけら
5 朮 七一四
17 螻 一六一九

おける
8 於 一一〇

おこ
13 △痴 一〇三三
19 ▼癡 一〇三三

おこす
10 ○起 二七〇
16 熾 六二六
○興 五一三

おこぜ
21 鰧 一一五八

おごそか
9 △荘 九三五
10 ▼莊 九三五
11 ▼莊 九三五
17 ○厳 四四五
20 ▼嚴 四四五
22 儼 四四六

おこたる
9 ○怠 九八〇
12 △惰 九七五
14 △慢 一四四九
慵 一五三四
16 懈 一八五
18 謾 一四五〇
19 嬾 一五五三
懶 一五五三

おこなう
6 ○行 四八二
14 △演 一〇五

おこり
9 疥 一七七
14 瘧 二九九

おこる
9 △勃 一四三〇
○怒 一一三四
10 ○起 二七〇
12 翕 三一〇
14 熇 九〇六
16 ○興 五一三

おごる
6 伉 四七八
夸 四四八
7 △汰 九七二
8 侈 六〇九
10 倨 三一六
浩 四九七
△泰 九八三
11 偃 九九
敖 五二一
12 喬 三三九
奢 六五九
13 △傲 五二一
溢 五七
14 僭 九〇六
慠 五二一
△慢 一四四九
15 踞 三一九
17 蹇 四三五
19 蹻 三四三
靡 一二八七
22 驕 三四四

おさ
4 尹 六一
5 △令 一五九二
7 △伯 一三三八
8 佰 一三三八
△長 一〇五五
9 酋 六八九
10 耆 二六九
13 筬 八六四
14 綜 九四七

おさえ
18 △鎮 一〇七六
▼鎭 一〇七六

おさえる
5 △圧 一四
7 扼 一四九六
8 ○抑 一五三八
△制 八五三
○押 一一三
9 按 二一
11 勒 一六二三
13 搤 一四九八
14 厭 一〇四
15 熨 三八
17 ▼壓 一四

おさない
3 幺 一五二四
5 ○幼 一五二四
17 孺 六八四

おさまる
4 ○収 六八四
6 ▼收 六八四
8 ○治 六三五
10 ○修 六八九
○納 一二一〇

おさめる
2 乂 一八八
4 ○収 六八四
尹 六一
5 艾 一九〇
6 ▼收 六八四
7 聿 五六
甸 一一三
8 △攻 四八四
○治 六三五
9 △紀 二六七
10 ○修 六八九
○納 一二一〇
11 △理 一五五七
△略 一五六五
△経 三九三
脩 六九二
勒 一六二三
12 △御 三三一
△統 一一五〇
馭 三三六
13 ▼經 三九三
14 綸 一五八五
臧 九五五
△領 一五八〇
15 撥 一二五三
撩 一五八一
△蔵 九五五
17 斂 一六〇八
▼藏 九五五
18 ▼藏 九五五
釐 一五六〇
19 繳 六六六
韞 八二三

おじ
13 舅 三二〇

おしい
11 ○惜 八七八

おしえ
13 馴 七二二
14 誨 一八三

おしえる
10 △訓 三八二
11 ○教 三三七
▼敎 三三七
14 誨 一八三

おじか
18 麌 三七二

おしきうお
15 魴 一四一一

おじける
8 △怖 一三二六

おしどり
16 鴛 一〇八
鴦 一一八
おしのける
11 △排 一三七
おしはかる
6 忖 九六六
12 揣 六一八
13 斟 八〇六
おしむ
15 △億 一一三
17 △臆 一一三
7 吝 一五八三
10 悋 一五八四
11 ○惜 八七八
13 嗇 七八三
△愛 五
14 慳 四三一
18 穡 七八五
おじる
8 怯 三三一
おしろい
13 △鉛 一〇四
おす
5 △圧 一四
6 托 一〇〇〇
7 牡 一三九二
8 ○押 一一三
10 △挨 五
11 ○推 八二九
捺 一一八八
12 ○雄 一五一四
17 ▼壓 一四
擠 八七〇
おそ
19 獺 一〇〇九
おそい
7 旰 一二五
10 晏 二一
11 ▼晩 一二七〇
12 △晩 一二七〇
○遅 一〇三三
14 輓 一二七一
16 ▼遲 一〇三三
おそう
22 ○襲 六九八
おそれ
13 ○虞 一二四
おそれる
4 △凶 三三六
6 兇 三三七
8 怕 一二二五
△怖 一三三六
9 恟 三三二
恂 七一九
○畏 三〇
10 ○恐 三三三
悚 七四七
11 悸 二七四
△惧 三七一
12 惶 五〇五
惴 八三三
竦 七五六
13 △慄 一五六四
14 兢 三四〇
慴 七六〇
愬 九二六
16 懍 一五八六
歙 三一二
17 聳 七六五
遽 三二〇
18 瞿 三七〇
21 懼 三七一
懾 七六七
おそろしい
10 ○恐 三三三
おそわる
11 ○教 三三七
▼敎 三三七
おそわれる
24 魘 一〇九
おだてる
10 △扇 九〇一
▼扇 九〇一
14 煽 九〇六
おたまじゃくし
12 蛞 二一五
おだやか
7 △妥 九七三
16 ○穏 一三一
19 ▼穩 一三一
藹 七
オチ
12 粤 九二三
△越 九二三
おち
13 △遠 一〇三
14 ▼遠 一〇三
おちいる
10 ○陥 二三一
11 ▼陷 二三一
おちる
12 △堕 九七四
○落 一五四七
△隊 九八四
▼隊 九八四
13 隕 六七
△零 一五九六
14 殞 六七
15 ▼墮 九七四
△墜 一〇七八
▼墜 一〇七八
オツ
1 ○乙 一二五
12 △越 九二三
14 膃 一二六
おっと
4 ○夫 一三三二
おと
1 △乙 一二五
9 ○音 一二八
おとうと
7 ○弟 一〇八九
おとがい
15 頤 三九
おどかす
9 恫 一一四〇
10 ○脅 三三五
17 △嚇 二〇三
おどけ
16 諢 五四〇
おどける
13 詼 一八三
おとこ
3 △子 五九五
4 △夫 一三三二
7 ○男 一〇二三
9 △郎 一六一六
10 ▼郞 一六一六
13 △漢 二四二
14 ▼漢 二四二
おとこだて
9 俠 三三二
おどし
15 縅 一二六
おとしあな
9 穽 八五八
おとしいれる
10 ○陥 二三一
11 ▼陷 二三一
17 擠 八七〇
おとしめる
11 貶 一三八一
おとす
11 貶 一三八一
12 ○落 一五四七
13 隕 六七
14 殞 六七
17 黜 一〇五〇
おどす
9 △威 二九
恫 一一四〇
10 ○脅 三三五
11 △喝 二一三
12 ▼喝 二一三
愒 一七九
15 縅 一二六
17 △嚇 二〇三
おとずれる
11 ○訪 一四〇六
おとなう
11 △訪 一四〇六
おとり
7 囮 一四一
おどり
14 ○踊 一五三五
16 踴 一五三六
おとる
6 ○劣 一六〇二
12 孱 九〇三
おどる
13 △跳 一〇六四
14 ○踊 一五三五
踉 一五八〇
16 踴 一五三六
21 ○躍 一四九九
おどろ
12 棘 三五〇
おとろえやせる
17 癆 一六一九
おとろえる
10 ○衰 八二九

12 敝 一三六九
おどろかす
16 駭 一九三
22 ○驚 三四四
23 ▼驚 三四四
おどろく
8 怛 一〇〇七
9 咢 二〇五
12 愕 二〇五
15 慫 七六一
16 駭 一九三
21 懼 三七一
22 顫 九一三
○驚 三四四
23 ▼驚 三四四
おながざる
9 禺 三七一
おなじ
6 ○同 二五九
おに
10 ○鬼 二七一
おにやらい
21 儺 一八三
おの
4 △斤 三五三
8 斧 一三六
12 釿 三六一
17 鍠 五一六
おのおの
6 ○各 一九五
おのこ
7 △男 一〇二
おのずから
6 △自 六三〇
おののく
10 栗 一五六四
13 △慄 一五六四
△戦 九〇四
16 ▼戰 九〇四
おのれ
3 ○己 四四六
おば
9 姨 二九
おばしま
20 △欄 一五五四
21 ▼欄 一五五四
おび
10 ○帯 九八二
11 ▼帶 九八二
おびえる
8 怯 三三一
おびく
10 △脅 三三五
14 △誘 一五一五
おびただしい
14 夥 一五七
おびだま
8 佩 一三三
10 珮 一三三六
おひつじ
9 牴 一〇九二
11 羝 一〇九四
おびやかす
7 劫 三一八
9 恊 三三二
10 ○脅 三三五
13 剽 一三〇六
おびる
8 佩 一三三
10 ○帯 九八二
11 ▼帶 九八二
おぼえる
12 ○覚 一九九
16 △憶 一三三
20 ▼覺 一九九
おぼしい
9 △思 六二三
おぼれる
7 △没 一四三〇
▼沒 一四三〇
12 湎 一三八六
13 ○溺 一二〇三
おぼろ
17 朦 一四八二
20 朧 一六二〇
おみ
7 △臣 七九一
おも
5 ○主 六七三
9 ○面 一四七五
おもい
9 ○重 七〇二
13 軽 一〇三四
おもいやる
10 恕 七三五
おもう
8 侖 一六三
△念 一二〇八
9 ○思 六二三
11 惟 三三
13 △意 三三五
△想 九四二
16 △憶 一三三
△懐 一八五
19 ▼懷 一八五
おもがい
24 羈 二八六
おもかげ
9 俤 一二七
おもて
8 ○表 一三〇三
9 ○面 一四七五
おもねる
7 佞 一三〇四
8 阿 一
15 諂 一二一八
おもむき
11 △情 七七五
▼情 七七五
15 ○趣 六八〇
おもむく
19 △韻 六八
9 ○赴 一三二八
12 趁 一〇七五
15 △趣 六八〇
17 趨 八三六
おもむろ
10 △徐 七三五
おもゆ
15 漿 七六一
おもり
15 △権 四三二
16 錘 八三二
21 ▼權 四三二
22 ▼權 四三二
おもんぱかる
15 △慮 一五七三
おや
9 △祖 九二〇
10 ▼祖 九二〇
16 ○親 八一〇
おやじ
13 爺 一四九五
おやゆび
8 拇 一三九三
17 擘 一二四三
およぐ
8 ○泳 八四
泅 六八七
12 游 一五二三
およそ
3 △凡 一四三四
および
3 ○及 三〇一
4 ▼及 三〇一
およぶ
3 ○及 三〇一
4 ▼及 三〇一
7 迄 二九五
11 △逮 九八四
12 覃 一〇一七
▼逮 九八四
16 曁 二八二
およぼす
3 ○及 三〇一
4 ▼及 三〇一
おり
7 ○折 八八二
11 淤 一一〇
12 渣 五四五
13 滓 六三
16 △機 二八二
澱 一一三
18 檻 二四九
20 △欄 一五五四
21 ▼欄 一五五四
おりる
3 ○下 一三
9 ▼降 四九八
10 ○降 四九八
おる
5 △処 七一四
7 ○折 八八二
8 △居 三一五
11 ▼處 七一四
18 ○織 七八五
おれ
10 ○俺 一二八
おれる
7 ○折 八八二
おろ
12 △疎 九二四

おろか　7 佝 三六七　10 呆 一三九六　倥 四九五　蚩 六一六　11 △庸 一五三〇　鹵 一六〇九　12 △疎 九二四　聒 二一四　13 ○愚 三七一　惷 七一七　△痴 一〇三三　14 僮 一一六五　15 駑 一一三四　魯 一六一〇　18 檮 一一五六　矇 一四八二　19 ▼癡 一〇三三　21 蠢 七一八

おろかな　11 笨 一四二四

おろし　9 ○卸 一二八　12 颪 一二八

おろす　3 ○下 一三　9 ○卸 一二八　▼降 四九八　10 ○降 四九八

おろそか　11 鹵 一六〇九　12 △疎 九二四　疏 九二五

おろち　16 蟒 一四三

おわす　7 坐 五四七

おわる　2 △了 一五七三　8 △卒 九六四　歿 一四三〇　10 訖 二九五　11 △崇 八三五　畢 二九七　竟 三三八　○終 六九一　▼終 六九一　12 竣 七一七

オン　8 苑 九七　9 ○怨 九八　○音 一一八　10 ○恩 一一九　11 △陰 六五　12 ○温 一三〇　△飲 六六　13 △園 一〇一　慍 八三　▼溫 一三〇　○遠 一〇三　▼飲 六六　14 厭 一〇四　▼遠 一〇三　△隠 六七　15 瘟 一三一　褞 八三　16 ○穏 一三一　縕 八三　薀 八三　薗 一〇七　17 ▼隱 六七　19 ▼穩 一三一　21 鰮 一三三

おん　12 ○御 三二一　△雄 一五一四

おんな　3 ○女 七二一　11 △婦 一三三〇　▼婦 一三三〇

【か】

カ　3 ○下 一三　4 ○化 一三五　戈 一三五　5 ○火 一三五　○加 一三七　○可 一三八　禾 一三九　6 ○仮 一三九　夸 四四八　瓜 一四〇　7 ○何 一四〇　伽 一四一　囮 一四一　找 一四一　8 ○花 一四一　○価 一四四　○佳 一四四　卦 一四四　呵 一四四　△和 一六二四　○果 一四四　○河 一四五　○苛 一四六　茄 一四七　9 ○架 一四七　枷 一四七　柯 一四七　珂 一四七　珈 一四七　○科 一四八　迦 一四八　10 △個 四五五　哥 一四八　○夏 一四八　○家 一四九　痂 一五一　○荷 一五一　○華 一五一　11 ▼假 一三九　笳 一五二　舸 一五二　○菓 一五二　訛 一五二　谺 一五二　○貨 一五二　12 堝 一五三　○渦 一五三　▼華 一五一　葭 一五三　萵 一六二七　訶 一五三　跏 一五三　軻 一五三　○過 一五三　13 嘩 一五五　○嫁 一五五　廈 一五五　○暇 一五五　瑕 一五五　○禍 一五五　賈 四五八　▼過 一五三　遐 一五六　○靴 一五六　14 嘉 一五六　夥 一五七　○寡 一五七　榎 一五七　樺 一五七　○歌 一五七　▼禍 一五五　窩 一五八　○箇 一五八　裹 一五八　15 ▼價 一四四　○稼 一五八　蝦 一五九　蝸 一五九　蝌 一五九　○課 一六〇　踝 一六〇　16 ▼樺 一五七　17 罅 一六〇　△鍋 一二八八　18 霞 一六〇　顆 一六〇　19 譁 一六〇　謌 一六〇　20 鰕 一六〇

か　3 也 一四九一　4 ○日 一一九七　5 乎 四四六　9 哉 五五一　耶 一四九二　10 ○香 四九四　○蚊 一六一　11 ○鹿 六四一　17 歟 一五二三

ガ　4 ○牙 一六一　5 ○瓦 一六一　7 伽 一四一　○我 一六二　8 ○画 一六三　臥 一六四　○芽 一六四　▼芽 一六四

9 俄 一六四
10 哦 一六四
娥 一六四
峨 一六五
莪 一六五
11 訝 一六五
12 ▼畫 一六三
○賀 一六五
▼雅 一六五
13 蛾 一六五
衙 一六五
○雅 一六五
15 蝦 一五九
○餓 一六六
駕 一六六
16 ▼餓 一六六
18 鵝 一六七

カイ
4 丐 一六七
○介 一六七
△刈 三二〇
夬 一六七
6 ○会 一六七
价 一六八
○回 一六八
○灰 一七〇
▼灰 一七〇
7 ○快 一七〇
○戒 一七〇
○改 一七一
芥 一七二
8 乖 一七二
△届 一一七
▼屆 一一七
○怪 一七二
○拐 一七三
9 咳 一九〇
垓 一九〇
孩 一九〇
廻 一七三
徊 一七三
○悔 一七三
恢 三九〇
挂 一七四
栂 一七四
○海 一七四
○界 一七七
疥 一七七
○皆 一七七
茴 一七四
10 △害 一九〇
▼害 一九〇
▼悔 一七三
▼海 一七四
迴 一七八
11 偕 一七八
晦 一七八
○械 一七八
12 傀 一七八
凱 一九一
喙 一七八
堺 一七九
愒 一七九
揩 一七九
○絵 一七九
蛔 一七九
○街 一九一
○開 一七九
○階 一八一
13 匯 一八一
○塊 一八一
嵬 一八三
△慨 一九二
愾 一九二
▼會 一六七
○楷 一八二
絓 一八二
○解 一八二
詼 一八三
△該 一九二
△賄 一六二八
隗 一八三
14 ▼慨 一九二
▼慨 一九二
槐 一八三
△概 一九三
瑰 一八三
誨 一八三
誡 一八四
魁 一八四
15 ▼概 一九三
▼槪 一九三
○潰 一八四
漑 一九三
鞋 七
16 ○壊 一八四
廨 一八四
○懐 一八五
懈 一八五
獪 一八五
薤 一八五
○諧 一八六
駭 一九三
△骸 一九三
17 檜 一八六
膾 一八六
邂 一八六
醢 一八六
鮭 四〇一
18 鎧 一九三
19 ▼壞 一八四
▼懷 一八五
▼繪 一七九
蟹 一八七
24 鱠 一八七

かい
7 ○貝 一八七
8 △効 四八六
10 ▼效 四八六
13 楫 六九五
△違 三一七
▼違 三一七
16 橈 二六六
18 櫂 二五六
21 艪 一六二一

ガイ
2 乂 一八八
4 △刈 三二〇
5 ○外 一八八
艾 一九〇
6 亥 一九〇
7 苅 一九〇
8 ○劾 一九〇
9 咳 一九〇
垓 一九〇
孩 一九〇
10 ○害 一九〇
▼害 一九〇
豈 一九一
11 啀 一九一
○崖 一九一
○涯 一九一
12 凱 一九一
剴 一九一
○街 一九一
13 嵬 一八二
○慨 一九二
愾 一九二
睚 一九二
碍 一九二
○蓋 一九二
○該 一九二
14 ▼慨 一九二
▼慨 一九二
○概 一九三
15 ▼概 一九三
▼槪 一九三
漑 一九三
皚 一九三
磑 一九三
16 駭 一九三
○骸 一九三
17 鮠 一九三
18 鎧 一九三
19 礙 一九四

かいがらぼね
9 胛 四九三

かいこ
10 ○蚕 五八六
24 ▼蠶 五八六

かいな
12 △腕 一六三二

かいばおけ
7 皁 九三一
15 △槽 九四七
20 櫪 一六〇一

かいまき
14 褓 一四一〇

かいよね
22 糴 一一〇三

かいらぎ
20 鰄 四〇

かいり
10 浬 一五五七

かう
4 △支 五九七
6 ○交 四七七
8 沽 四四九
△牧 一四二七
10 捐 九九
△畜 一〇三七
11 圉 三二〇

12 ○買 一三三
13 貫 四五八
○飼 六二四
14 ▼飼 六二四
22 糴 一一〇三

かえす
4 △反 一二五七
7 孚 一三三五
○返 一三七八
8 ▼返 一三七八
10 ○帰 二六八
△班 一二六四
12 △復 一三四四
14 孵 一三三二
16 △還 二四八
17 ▼還 二四八
18 ▼歸 二六八
19 繳 六六六

かえって
7 △却 二九六

かえで
13 楓 一三四一
15 槭 八七九

かえりみる
9 盻 三九〇
○省 八五八
眄 一三八五
11 眷 四二六
21 ○顧 四五九
▼顧 四五九

かえる
4 △化 一三五
△反 一二五七
5 ○代 九九六
7 兌 九七三
△更 四八五
○返 一三七八
8 △易 九〇
▼返 一三七八
9 ○変 一三七九
爰 九八
10 ○帰 二六八
12 △復 一三四四
○換 二三六
○替 九八四
渝 一五〇三
蛙 三
14 孵 一三三二
16 △還 二四八
17 ▼還 二四八
18 ▼歸 二六八
23 ▼變 一三七九

がえんじる
8 △肯 四八八

かお
17 臉 四三四
18 ○顔 二五七
▼顏 二五七

かおり
7 芬 一三五四
△芳 一三九七
9 ○香 四九四
18 馥 一三四七
20 馨 四〇三

かおりぐさ
16 △薫 三八三
17 ▼薫 三八三
18 ▼薰 三八三

かおる
7 芬 一三五四
9 ○香 四九四
16 ○薫 三八三
17 ▼薫 三八三
18 ▼薰 三八三
馥 一三四七
20 馨 四〇三

かか
17 嚊 二八七
嬶 一九五

かかあ
17 嚊 二八七
嬶 一九五

かかえる
8 ○抱 一三九九
▼抱 一三九九
11 捧 一四〇六

かかげる
11 掀 三五九
○掲 三九二
12 ▼揭 三九二
14 搴 四三一
榜 一四二〇
15 撥 一二五三
20 騫 四三七

かかと
13 跟 五三九
15 踝 一六〇
16 踵 七六四

かがまる
23 攣 一六〇九

かがみ
19 ○鏡 三四三
23 △鑑 二五三

かがみだい
15 魴 一四一

かがむ
8 △屈 三七七
13 傴 七三
14 跼 三五〇
17 鞠 二九三

かがめる
13 僂 一六一七

かがやき
18 燿 一五三七

かがやく
12 焜 五三九
13 暉 二七八
煥 二四二
煌 五〇八
14 赫 二〇一
15 曄 一五三五
○輝 二八二
18 △曜 一五三六
燿 一五三七
20 耀 一五三七

かがよう
18 燿 一五三七

かかり
9 ○係 三八九
11 ○掛 二〇八

かがり
16 篝 五一三

かがりび
9 炬 三一六
16 燎 一五八一

かかる
9 ○係 三八九
○架 一四七
10 恁 八一九
11 ○掛 二〇八
12 斯 六一八
16 憑 一三〇七
罹 一五六〇
18 △離 一五六〇
19 繫 四〇二
20 ○懸 四三六
23 攣 一六〇九

かがる
16 縢 一二五四

かかわる
3 △干 三一
8 △拘 四八七
9 △係 三八九
10 ▼涉 七五一
11 偓 九
△渉 七五一
14 ○関 二四四
19 ▼關 二四四

かき
9 ○垣 一九五
○柿 一九五
10 △院 六四
11 屛 一三六八
12 堵 一二二八
17 牆 七六五
20 蠣 一五九九

かぎ
11 剳 一二四五
13 鉤 五〇九
17 ○鍵 四三五
18 鎰 五七
25 鑰 一四九九

かきつけ
7 △状 七二二
8 ▼狀 七二二
12 牋 九〇三

かきまぜる
8 拌 一二六三

かきまゆ
16 黛 九八六
17 ▼黛 九八六

かきもの
8 帖 一〇五五
14 △箋 九〇六
19 牘 一一七一

かぎり
9 垠 三六五
19 疆 三四三

かぎる
8 △画 一六三
9 ○限 四四一
12 ▼畫 一六三

19 彊 三四三
カク
6 ○各 一九五
7 ○角 一九六
8 ○拡 一九六
○画 一六三
9 ○客 二九七
恪 一九七
挌 一九七
狢 一九七
○革 一九七
10 埆 一九七
○格 一九七
○核 一九八
桷 一九八
11 ○殻 一九九
瓠 四五六
△脚 二九七
○郭 一九九
12 喀 一九九
椁 一九九
▼殼 一九九
▼畫 一六三
○覚 一九九
13 塙 二〇〇
貉 二〇〇
○較 二〇〇
○隔 二〇〇
14 劃 二〇〇
幗 二〇一
廓 二〇一
愨 二〇一
摑 二〇一
膈 二〇一
赫 二〇一
○閣 二〇一
15 槨 二〇一
○確 二〇二
16 ○獲 二〇二
霍 二〇二
骼 二〇二
17 ○嚇 二〇三
擱 二〇三
▼獲 二〇二
馘 二〇三
18 ▼擴 一九六
○穫 二〇三
19 ▼穫 二〇三
蠖 二〇三
彀 二〇三
20 矍 二〇三
▼覺 一九九
21 癨 二〇三
△鶴 一〇八六
23 攫 二〇三
攪 五一七
24 鷽 二〇三
28 钁 二〇四
かく
4 △方 一三九五
○欠 四〇九
6 此 六〇三
7 抓 九三一
8 爬 二一六
△画 一六三
10 ○書 七一七
▼缺 四〇九
舁 一五三三
11 ○描 一三一〇
12 斯 六一八
▼畫 一六三
13 搔 九四三
17 虧 二八四
かぐ
13 ○嗅 三一〇
ガク
8 ○学 二〇四
○岳 二〇五
9 咢 二〇五
12 愕 二〇五
萼 二〇五
鄂 二〇五
13 ○楽 二〇五
15 ▼樂 二〇五
16 ▼學 二〇四
17 諤 二〇六
壑 二〇六
▼嶽 二〇五
鍔 二〇六
18 ○額 二〇七
○顎 二〇七
20 鰐 二〇七
鶚 二〇七
24 鷽 二〇三
齶 二〇七
かくす
10 ▼祕 二八一
△秘 二八一
14 窩 一五八
臧 九五五
○隠 六七
17 ▼隱 六七
19 韞 八三
韜 一二五七
21 贓 九五六
かくまう
10 △匿 二六八
かくれいわ
17 △礁 七六五
かくれる
6 △伏 一三四二
10 △匿 二六八
14 ○隠 六七
15 △蔵 九五五
遯 一二八〇
17 ▼藏 九五五
蟄 一〇三九
▼隱 六七
18 竄 五九三
▼藏 九五五
かぐわしい
7 △芳 一三九七
9 郁 四二
12 椒 七五四
かけ
16 △賭 一一三〇
かげ
11 ○陰 六五
14 蔭 六七
15 ○影 八七
17 翳 八九
がけ
11 ○崖 一九一
16 △壁 一三七三
20 巌 二五八
23 ▼巖 二五八
かけい
13 筧 四三〇
かけす
18 鵥 二〇八
かけはし
10 △桟 五八五
12 ▼棧 五八六
かけひ
13 筧 四三〇
かげり
17 翳 八九
かける
4 ○欠 四〇九
9 挂 三九〇
○架 一四七
10 ▼缺 四〇九
11 ○掛 二〇八
12 翔 七五六
▼翔 七五六
13 鉤 五〇九
14 ○駆 三七〇
15 駈 三七〇
16 ○賭 一一三〇
17 虧 二八四
18 闕 四一四
20 ○懸 四三六
騫 四三七
21 ▼驅 三七〇
[illegible] 四一七
かげる
11 ○陰 六五
17 △曖 七
かご
12 筐 三三九
13 筲 九四三
罩 一一五一
15 樊 一二六七
16 篝 五一三
19 轎 三四三
20 籃 一五五四
22 ○籠 一六二〇
かこい
10 埒 一五四九
かこう
△院 六四
11 ▼圈 四二六
12 △圏 四二六
かこう
7 ○囲 二七
12 ▼圍 二八
かこつ
10 △託 一〇〇二
12 喞 七八三
かこつける
10 △託 一〇〇二
12 寓 三七五

17 藉 六六〇
かこむ
7 ○囲 二七
12 ▼圍 二八
かさ
7 疔 一〇五五
10 疽 七二八
11 痒 一五三〇
笠 一五七〇
12 ○傘 五八七
△量 一五七八
13 嵩 八三五
暈 八二
△蓋 一九二
14 △瘍 一五三五
15 瘡 九四八
かざ
9 ○風 一三三八
かささぎ
19 鵲 六六九
かざし
17 翳 八九
かざす
17 翳 八九
18 簪 八一二
かさなる
4 仍 七七一
8 沓 一一三九
9 奕 九一
11 ○重 七〇二
△曽 九三九
△累 一五九〇
12 ▼曾 九三九
14 △層 九四四
15 ▼層 九四四
かさね
22 △襲 六九八
かさねる
5 △申 七九〇
9 荐 九〇一
○重 七〇二
10 套 一一四三
11 △累 一五九〇
12 △塁 一五九〇
△畳 七七七
14 △複 一三四六
16 褶 一〇六八
18 ▼壘 一五九〇
22 ▼疊 七七七
△襲 六九八
かさぶた
10 痂 一五一
かさむ
13 嵩 八三五
かざり
10 紕 一二八一
13 賁 一二八四
15 錺 二〇九
16 縟 七八六
かざる
4 △文 一三六〇
7 扮 一三五四
10 △修 六八九
紕 一二八一
13 賁 一二八四
○飾 七八四
14 ▼飾 七八四
19 鏤 一六一九
かし
13 △債 五五八
15 樫 二〇九
17 橿 三四二
かじ
9 柁 九七四
11 梢 七五一
梶 一二九〇
舳 六四三
舵 九七四
13 楫 六九五
14 榜 一四二〇
16 橈 一一六六
18 櫂 一一五六
かじか
16 鮖 二〇九
20 鰍 六九八
かじかむ
11 悴 八二九
かしぐ
8 △炊 八二八
13 △傾 三九七
29 爨 五九一
かしこい
9 俐 一五五七
△畏 三〇
11 哲 八八五
15 慧 四〇〇
16 叡 八八
○賢 四三三
かしこまる
9 △畏 三〇
かしずく
12 傅 一三三〇
かしましい
9 姦 二一九
かしよね
11 淅 八七八
かしら
5 仟 八九五
7 △伯 一二三八
9 酋 六八九
頁 四一二
△首 六七六
11 △率 九六五
12 △棟 一一四七
渠 三一九
13 △督 一一七〇
14 △領 一五八〇
魁 一八四
16 ○頭 一一五四
25 顱 一六一三
かじる
9 咬 四八九
18 嚙 五二三
21 齧 四一七
かしわ
9 柏 一二四〇
15 槲 五二八
16 △膳 九一八
かす
6 △仮 一三九
11 ▼假 一三九
粕 一二四〇
12 渣 五四五
○貸 九八四
13 滓 六二二
17 糟 九四九
藉 六六〇
かず
10 △員 六三
13 ○数 八三五
14 △算 五八九
15 ▼數 八三五
かすか
9 △幽 一五一〇
眇 一三〇九
10 窈 一五二九
12 渺 一三一一
13 △微 一二九一
14 暝 一四七二
髣 一四一〇
15 緲 一三一一
かすがい
18 鎹 二一〇
かずける
10 △被 一二八一
かずとり
20 籌 一〇五〇
かずのこ
18 鯑 二一〇
かすみ
17 霞 一六〇
かすむ
17 翳 八九
霞 一六〇
かすめとる
13 剿 九四二
勦 九四二
かすめる
7 劫 三一八
△抄 七四二
11 掠 一五六五
12 鈔 七五七
かずら
12 △葛 二一四
21 鬘 一四五〇
かすり
12 絣 一四〇八
13 綛 二一〇
20 纃 二一〇
かする
11 掠 一五六五
かすれる
11 掠 一五六五
17 △擦 五七三
かせ
9 枷 一四七
10 桛 二一〇
△校 四九六
11 △械 一七八
13 綛 二一〇
かぜ
9 ○風 一三三八

21 飆 一三〇八
かせぐ
15 ○稼 一五八
かぞえる
9 △計 三九一
13 ○数 八三五
14 △算 五八九
15 ▼數 八三五
かた
4 ○方 一三九五
○片 一三七六
7 ○形 三八七
8 ○肩 四二〇
▼肩 四二〇
范 一二六四
9 ○型 三八九
14 △模 一四七八
15 ○潟 二一〇
かたあし
11 △頃 五三三
かたい
7 牢 一六一五
8 ○固 四四九
矼 四八八
10 △剛 五二〇
11 △梗 五〇二
12 ○堅 四一七
犀 五五七
○硬 五〇六
13 塙 二〇〇
15 △確 二〇二
△緊 三六三
膠 五一二
鞏 三四一
16 △錮 四五九
17 艱 二四九
18 ○難 一一九二
19 ▼難 一一九二
かたいじ
10 狷 四二四
かたがた
10 旁 一四〇四
かたき
4 仇 三〇一
11 寇 五〇一
15 ○敵 一一〇二
かたくな
13 △頑 二五六
かたげる
13 △傾 三九七
かたじけない
8 忝 一一二三
10 △辱 七八六
かたしろ
3 尸 五九六
19 禰 一一〇〇
かたち
7 ○形 三八七
△状 七一二
8 ▼狀 七一二
10 △容 一五二九
12 △象 七五七
13 頌 七五九
14 △像 九五四
△貌 一四二〇
かたつむり
15 蝸 一五九
かたどる
7 △肖 七四二
▼肖 七四二
12 △象 七五七
14 △像 九五四
かたな
2 ○刀 一一三四
かたぬぐ
10 袒 一〇一四
13 裼 八七九
かたばみも
19 蘋 一三一五
かたびら
11 帷 三一
12 △葛 二一四
かたまり
6 △団 一〇二二
13 ○塊 一八一
14 ▼團 一〇二二
かたまる
8 ○固 四四九
かたみ
12 筐 三三九
かたみに
4 △互 四六二
かたむく
4 仄 九五六
8 昃 七八一
陂 一二七七
13 ○傾 三九七
睨 四〇四
かたむける
12 欹 三五
13 ○傾 三九七
かためる
8 ○固 四四九
15 鞏 三四一
かたよる
11 ○偏 一三八一
▼偏 一三八一
12 跛 一三一九
13 辟 一三七二
14 頗 一三一九
15 僻 一三七三
かたらう
14 ○語 四六七
かたる
5 △弁 一三八四
8 △拐 一七三
14 ○語 四六七
15 △談 一〇二六
19 騙 一三八三
21 ▼辯 一三八四
かたわら
4 仄 九五六
10 旁 一四〇四
△脇 一六二九
11 △側 九六〇
12 ○傍 一四一九
かち
10 △徒 一一二六
かちどき
12 凱 一九一
がちょう
18 鵝 一六七
かちわたる
12 馮 一三〇五
カツ
8 刮 二二一
劼 二二一
9 ○括 二二一
曷 二二二
○活 二二二
11 ○喝 二二三
戛 二二三
○渇 二二三
12 ○割 二二三
▼割 二二三
▼喝 二二三
愒 一七九
▼渴 二二三
筈 二二四
聒 二二四
○葛 二二四
蛞 二二五
13 歇 四四
○滑 二二五
猾 二二五
○褐 二二五
14 ▼褐 二二五
15 瞎 二二六
羯 二二六
蝎 二二六
17 豁 二二六
○轄 二二六
▼轄 二二六
闊 二二六
18 鞨 二二六
19 黠 二二六
蠍 二二六
カッ
6 ○合 五一八
9 恰 四九〇
かつ
5 ○且 二一七
7 △克 五二四
9 剋 五二六
11 捷 七五一
12 ○勝 七五三
▼勝 七五三
13 戡 二四二
搗 一二五一
20 贏 九〇
22 龕 二五八
ガツ
4 ○月 四一五
ガッ
6 ○合 五一八
かつお
22 鰹 四三七
かつぐ
6 扛 四八一
8 ○担 一〇二三
10 舁 一五三三
16 ▼擔 一〇二三

かつて
11 △曽 九三九
12 ▼曾 九三九
14 嘗 七五九

かつら
10 桂 三九二
21 鬘 一四五〇

かて
15 餉 七六三
18 ○糧 一五八二

かてて
13 搗 一二五一

かてる
15 糅 七〇五

かど
3 △才 五四八
7 ○角 一九六
8 ○門 一四八八
12 觚 四五七
13 △廉 一六〇五
▼廉 一六〇五
楞 一五七九
稜 一五七九

かどだつ
8 △岸 二五四

かどばる
13 楞 一五七九

かどわかす
8 △拐 一七三

かな
5 乎 四四六
8 ○金 三五五
9 哉 五五一

かなう
5 叶 三一七
8 △協 三一一
9 恊 三一一
10 △称 七四九
14 ▼稱 七四九
15 △適 一〇二一
△敵 一〇二二
▼適 一〇二一

かなえ
16 △諧 一八六

かなえ
13 鼎 一〇九七

かなしい
9 △哀 四
12 ○悲 一二八二
13 △愛 五

かなしむ
9 △哀 四
11 悽 八五九
12 ○悲 一二八二
13 愴 九四三

かなづち
18 鎚 一〇七八

かなでる
9 ○奏 九二一
13 △楽 二〇五
15 ▼樂 二〇五

かなばさみ
13 鉗 四三一

かなまり
16 鋺 一〇七

かなめ
5 △目 一四八三
8 △枢 八三四
9 ○要 一五一八
14 △領 一五八〇
15 ▼樞 八三四

かならず
5 ○必 一二九六

かなわ
21 鐶 二五二

かに
19 蟹 一八七

かね
6 △曲 三四八
8 ○金 三五五
13 鉦 八六六
△鉄 一〇〇四
16 錚 九四九
20 ○鐘 七六七
21 ▼鐵 一〇〇四

かねぐら
8 帑 一一二三

かねて
4 △予 一五二〇
16 ▼豫 一五二〇

かねる
10 ○兼 四二三
▼兼 四二三
13 △摂 八八六
△該 一九二
21 ▼攝 八八七

かの
8 ○彼 一二七五

かのえ
8 庚 四八七

かのこ
19 麑 四〇五

かのと
7 △辛 七九三

かば
14 樺 一五七
16 ▼樺 一五七

かばう
7 庇 一二七五
11 掩 九九

かばね
3 尸 五九六
8 △姓 八五三
9 屍 六一一

かばん
14 鞄 一四一〇

かび
23 黴 一二三三

かびる
23 黴 一二三三

かぶ
10 ○株 二一八
11 菁 八六二

かぶせる
10 △被 一二八一

かぶと
5 △甲 四七六
9 冑 一〇四七
11 兜 一〇四五

かぶとがに
24 鱟 五三三

かぶら
11 菁 八六二
15 蕪 一三一七
19 鏑 一〇三三

かぶらや
19 鏑 一〇三三

かぶり
16 △頭 一二五四

かぶる
10 △被 一二八一

かぶれ
17 瘮 一六一九

かべ
16 ○壁 一三七三

かま
6 △缶 二三四
10 ○釜 一二八
11 剳 一二四五
15 ○窯 一五三五
18 ○鎌 二二八
▼鎌 二二八
23 ▼罐 二三四
24 ▼鑵 二三四

がま
13 蒲 一三九〇
15 蝦 一五九
16 蟇 一二三三

かまう
14 ○構 五一〇
▼構 五一〇

かまえる
4 扎 五七〇
10 冓 四九五
13 搆 五〇八
14 ○構 五一〇
▼構 五一〇

かます
5 叺 二一八
15 魳 六二六

かまち
10 框 三三四
17 檔 一二五五

かまど
21 竈 九五二
29 爨 五九一

がまのめ
13 蒻 六六九

かまびすしい
8 呶 一二三三
11 啅 一〇〇二
敖 五二一
12 喧 四二六
聒 二二四
13 嘩 一五五
14 嗷 五二一
嘖 五六八
15 噌 九四七
16 諠 四三三
18 譁 一六〇
21 囂 五二三
24 讙 二五二

かみ

3 ○上 七六八
6 △守 六七四
9 ○神 七九六
10 ▼神 七九六
○紙 六一五
12 △葉 一五三一
13 楮 一〇五二
14 ○髪 一二五二
15 ▼髮 一二五二
かみかざり
9 珈 一四七
14 幗 二〇一
かみしも
11 裃 一二九
かみなり
13 ○雷 一五四五
21 霹 一三七四
かむ
8 咀 九一八
9 咬 四八九
咥 一一〇四
狠 五三六
16 噬 八七一
18 嚙 五三三
20 齟 九二七
21 嚼 六六六
齦 三六六
齧 四一七
かむる
9 △冠 二一七
かむろ
7 禿 一一六八
かめ
9 瓮 一一一五
缸 四九三
11 瓷 六一七
△瓶 一三一六
○亀 二七五
13 ▼甁 一三一六
16 甌 一一一七
▼龜 二七五
18 甕 一一一八
20 罌 一一一九
かも
13 鳧 一一三二
16 鴨 一一一七
かもじ
13 髢 一〇九七
かもしか
11 羚 一五九六
かもす
19 醱 一二五三
20 ○醸 七七九
24 ▼釀 七七九
かもめ
22 鷗 一一一九
かや
8 茅 一四一六
茆 一四一六
12 萱 四二九
14 榧 一二八四
かゆ
12 粥 七〇九
17 糜 一三九三
18 餬 四五九
22 鬻 四二
かゆい
11 痒 一五三〇
20 癢 一五三七
かよう
10 ○通 一〇七八
11 ▼通 一〇七八
かよわい
20 孅 九一三
から
8 ○空 三七三
10 ○唐 一二四三
11 ○殻 一一九
12 ▼殼 一一九
腔 五〇七
13 △幹 二四〇
△漢 二四二
14 ▼漢 二四二
17 ▼韓 二五一
18 △韓 二五〇
がら
9 ○柄 一三六七
からい
7 ○辛 七九三
8 △苛 一四六
14 △辣 一五四九
20 鹹 二五一
からうし
10 旄 一四一七
からかう
12 揶 一四九四
からくり
15 △嘲 一〇六六
11 △械 一七八
14 △関 二四四
16 △機 二八二
19 ▼關 二四四
からげる
11 紮 五七二
12 △絡 一五四六
16 縢 一二五四
からさお
9 枷 一四七
からし
7 芥 一七三
からす
9 ○枯 四五三
10 烏 七二
14 槁 五一〇
15 鴉 四
からすがい
10 蚌 一四一八
からすみ
26 鱲 一五八二
からだ
7 ○体 九七七
12 腔 五〇七
18 軀 三七〇
23 ▼體 九七七
からたち
9 枳 二六七
枸 三六九
からなし
12 棠 一二四七
からびる
9 △枯 四五三
11 涸 四五六
からぼり
12 隍 五〇七
からまる
12 ○絡 一五四六
からみ
13 搦 六六八
からむ
12 ○絡 一五四六
からむし
8 苧 一〇五一
からめる
12 ○絡 一五四六
13 搦 六六八
かり
5 △田 一二三〇
6 ○仮 一二九
7 佃 一二三三
甸 一二三三
8 △苗 一三〇九
9 畋 一二三三
○狩 六七六
11 ▼假 一二九
△猟 一五七七
12 雁 二五六
13 △債 五五八
蒐 六九五
15 △権 四三三
17 獮 九一〇
18 ▼獵 一五七七
21 ▼權 四三三
22 ▼權 四三三
かりがねそう
15 蕕 一五一六
かりずまい
12 寓 三七五
14 僑 三四〇
かりそめ
8 苟 四八八
11 偸 一二四五
かりもがり
18 殯 一三一五
かりもがりする
18 殯 一三一五
かりる
10 ○借 六六四
12 貰 八六三
17 藉 六六〇
かりん
19 櫚 一六一一
かる
2 乂 一八八
4 ○刈 一二三〇
5 △田 一二三〇
7 艾 一九〇
甸 一二三三
苅 一九〇
芟 五八四
9 畋 一二三三
○狩 六七六
10 芻 八三五

慣○ 二四二　慳 四三一　斡 一五　漢▼ 二四二　管○ 二四三　箝 二四三　綸 一五八五　銜 二四四　閑○ 二四四　15 嫺 二四四　嫻 二四五　寛▼ 二四〇　歓○ 二四五　澗 二四五　監○ 二四五　緩○ 二四六　緘 二四六　16 圜 二四六　寰 二四六　憾○ 二四六　撼 二四六　橄 二四七　澣 二四七　盥 二四七

翰 二四七　舘 二四七　諫 二四七　還○ 二四八　頷 二五七　館○ 二四八　歛 二四八　17 環○ 二四八　癇 二四八　瞰 二四九　艱 二四九　還▼ 二四八　韓▼ 二五一　餡 二四　館▼ 二四八　騂 二四九　鼾 二四九　18 檻 二四九　簡○ 二四九　観○ 二五〇　韓○ 二五〇　19 勸▼ 二四〇　瀚 二五一　羹 五一七

闗▼ 二四四　20 勸▼ 二四〇　懽 二五一　灌 二五一　轗 二五一　鰔 二五一　鹹 二五一　21 歡▼ 二四五　艦○ 二五一　鐶 二五二　鰥 二五二　22 歡▼ 二四五　龕 二五八　23 罐▼ 二三四　鑑○ 二五二　鬟 二五二　24 罐▼ 二三四　觀▼ 二五〇　讙 二五二　25 觀▼ 二五〇　26 顴 四三七　27 驩 二五三　28 鸛 二五三

かん

9 神○ 七九六　10 神▼ 七九六　16 爛 一五三一

ガン　3 丸○ 二五三　4 元○ 四三七　7 含○ 二五三　8 岩○ 二五四　岸○ 二五四　玩○ 二五四　10 莟 二五五　11 偐 二五五　啣 二三三　眼○ 二五五　12 嵒 二五六　雁 二五六　13 頑○ 二五六　14 礹 一〇七五　衘 二四四　15 翫 二五七　16 頷 二五七　17 癌 二五七　18 顔○ 二五七　顏▼ 二五七

19 贋 二五八　願○ 二五八　20 巌 二五八　22 龕 二五八　23 巖▼ 二五八

かんがえる　6 考○ 四八一　9 按 二二　10 案△ 二一　校△ 四九六　11 勘△ 二三三　15 稽△ 四〇〇　19 覈 二〇三

かんがみる　15 監△ 二四五　23 鑑○ 二五二

かんざし　11 釵 五五六　12 笄 三九六　13 鈿 一一三三　16 篦 一三七一　18 簪 八二二

かんじき　16 橇 三四二

17 檋 三五一　19 蹻 三四三

かんな　13 鉋 一四〇九

かんなぎ　7 巫 一三二五　14 覡 四〇六

かんぬき　9 閂 五八五　14 関△ 二四四　19 闗▼ 二四四

かんばしい　7 芳○ 一三九七　9 香△ 四九四　11 菲 一二八二　18 馥 一三四七

かんばせ　18 顔△ 二五七　顏▼ 二五七

かんむり　5 弁 一三八四　9 冠○ 二三七　11 冕 一三八六

【き】

キ　2 几 二五九　3 己○ 四四六　5 卉 二五九　6 企○ 二五九　伎○ 二五九　危○ 二六〇　机○ 二六〇　気○ 二六〇　肌△ 一二四八　7 圻 二六三　岐○ 二六三　希○ 二六三　忌○ 二六三　杞 二六四　汽○ 二六四　沂 二八七　8 其 二六四　奇○ 二六五　季○ 二六六　祈○ 二六六

祁 二六七　9 亟 三四九　咥 一二〇四　奎 三九〇　姫▼ 一二九九　枳 二六七　癸 二六七　祈▼ 二六六　紀○ 二六七　軌○ 二六七　10 倚 三一　剞 二六八　唏 二六八　姫△ 一二九九　帰○ 二六八　既○ 二六九　氣▼ 二六〇　耆 二六九　記○ 二七〇　豈 一九一　起○ 二七〇　飢○ 二七一　鬼○ 二七一　11 基○ 二七三

△埼 五六一 ○寄 二七三 △崎 五六四 悸 二七四 掎 二七四 ▼既 二六九 ▼既 二六九 晞 二七四 欷 二七四 其 二七四 ○規 二七四 跂 二七五 ▼飢 二七一 馗 二七五 ○亀 二七五 12 ○喜 二七五 喟 二七六 ○幾 二七六 ○揮 二七六 揆 二七六 ○期 二七六 朞 二七七 ○棋 二七七 欹 二二五

△欺 二八八 稀 二七七 葵 二七七 ○貴 二七七 逵 二七八 13 愾 一九二 愧 二七八 暉 二七八 ○棄 二七八 ○毀 二七九 畸 二七九 △碁 四六六 祺 二七九 詭 二七九 跪 二七九 14 僖 二七九 匱 二七九 ○旗 二八〇 箕 二八〇 綺 二八〇 綦 二八一 15 ○器 二八一 嬉 二八一 槻 二八一

毅 二八一 熙 二八一 ○畿 二八一 踑 二八二 ○輝 二八二 麾 二八二 16 冀 二八二 ▼器 二八一 曁 二八二 ○機 二八二 熹 二八三 窺 二八三 ▼龜 二七五 17 徽 二八三 燬 二八四 △犠 二九一 磯 二八四 禧 二八四 虧 二八四 覬 二八四 諱 二八四 18 櫃 二八四 ▼歸 二六八 簣 二八四

○騎 二八四 騏 二八五 19 譏 二八五 餽 二八五 麒 二八五 20 曦 二九二 ▼犧 二九一 21 饋 二八五 饑 二八五 鰭 二八五 22 羇 二八六 24 屭 二八六 羈 二八六 26 驥 二八六

き 3 △寸 八四〇 4 ○木 一四二四 5 ○生 八四六 8 氛 一三五五 9 △城 七七二 柝 一〇〇二 10 ▼城 七七二 11 ○黄 五〇二 12 葱 九四一

▼黄 五〇二 16 △樹 六八三

ギ 6 △伎 二五九 7 妓 二八六 △岐 二六三 ○技 二八七 沂 二八七 8 ○宜 二八七 9 祇 二八七 11 ○偽 二八七 跂 二七五 12 ○欺 二八八 13 嵬 一八二 ○義 二八八 蛾 一六五 14 ▼僞 二八七 匱 二七九 ○疑 二八八 15 ○儀 二八九 ○戯 二八九 誼 二九〇 16 嶬 二九〇 羲 二九〇

17 嶷 二九〇 ▼戲 二八九 ○擬 二九〇 ○犠 二九一 18 礒 二九一 魏 二九一 19 艤 二九一 蟻 二九一 20 曦 二九二 ▼犧 二九一 ○議 二九二 21 巍 二九二

きいと 10 △純 七一〇

きえる 10 ○消 七四七 ▼消 七四七 14 熄 九六一

きおう 20 △競 三四三

キク 10 △畜 一〇三七 11 掬 二九三 ○菊 二九三

12 椈 二九三 17 鞠 二九三 18 鞫 二九三 19 麴 二九三

きく 7 ○利 一五五五 8 ○効 四八六 10 ▼效 四八六 訊 八一九 11 聆 一五九六 14 ○聞 一三六二 17 ○聴 一〇六八 22 ▼聽 一〇六八

きくいただき 19 鶲 二九三

きくいむし 15 蝎 二一六 24 蠹 一一三〇

きこえる 14 ○聞 一三六二

きこり 15 蕘 七七八 16 樵 七六三

きこる 16 樵 七六三

きさき 6 △后 四七九 △妃 一二七四

きざし 6 ○兆 一〇五四 10 △朕 一〇七四 △祥 七四八 11 ▼祥 七四八 12 △幾 二七六 16 △機 二八二 25 釁 三六五

きざす 6 ○兆 一〇五四 11 萌 一四一八

きざはし 9 △段 一〇三三 10 △陛 一三六八 12 △階 一八一

きざむ 5 △刊 二二三 8 ○刻 五二五 9 剋 五二六 △契 三九〇

10 ▼契 三九〇
10 剞 二六八
11 勒 一六二三
16 雕 一〇六八
19 鏤 一六一九

きし
7 圻 二六三
△来 一五四四
8 ▼來 一五四四
○岸 二五四
9 垠 三六五

きじ
13 雉 一〇三四
16 樸 一四二九

きしむ
8 軋 一四

きしる
8 軋 一四
22 轢 一六〇一

きす
23 鱚 二九四

きず
8 呰 六〇九
10 疵 六一五
11 痍 三三
12 △創 九三九
13 ○傷 七五七
瑕 一五五
15 瘡 九四八
瘢 一二六七
25 釁 三六五

きずあと
15 瘢 一二六七

きずく
16 ○築 一〇三八
▼築 一〇三八

きずつく
11 痍 三三

きずつける
11 痍 三三

きずな
11 紲 八八五
絆 一三六五
12 絏 八八六
14 鞅 一一六
15 緤 八八九
17 縻 一三九三
19 繋 四〇二

きせる
12 ○着 一〇四〇

きそう
20 ○競 三四三

きた
5 ○北 一四二三
10 朔 五六六

きたえる
17 ○鍛 一〇二〇

きたす
7 ○来 一五四四
8 ▼來 一五四四

きたない
6 ○汚 一〇九
18 穢 一六二八

きたる
7 ○来 一五四四
8 ▼來 一五四四

キチ
6 ○吉 二九四

キツ
3 △乞 五一八
6 ○吉 二九四
吃 二九四
7 屹 二九五
迄 二九五
8 佶 二九五
9 △契 三九〇
▼契 三九〇
拮 二九五
10 桔 二九五
訖 二九五
12 ○喫 二九五
▼喫 二九五
13 ○詰 二九六
15 頡 四一四
16 橘 二九六
19 譎 四一五

きっさき
14 鉾 一四三〇
鋩 一四三〇
15 鋒 一四二一

きつね
9 狐 四五三

きぬ
6 △衣 二六
8 帛 一三三八
13 ○絹 四三〇

きぬがさ
18 繖 五九〇

きぬた
10 砧 一〇七四
14 碪 一〇七五

きね
8 杵 七二六

きのう
9 △昨 五六五

きのえ
5 △甲 四七六

きのこ
9 茸 七七四
11 △菌 三五九
15 蕈 八〇九

きのと
1 △乙 一二五

きのまた
12 椏 三

きば
4 ○牙 一六二

きはだ
17 檗 一三四三

きび
12 粢 六一九
黍 七三九
15 稷 七八五

きびしい
8 △苛 一四六
9 剋 五二六
10 峻 七一六
峭 七四七
栗 一五六四
14 △辣 一五四九
△酷 五二八
15 △緊 三六三
17 ○厳 四四五
19 覈 二〇三
20 ▼嚴 四四五

きびす
16 踵 七六四

きまる
7 ○決 四一一
8 △定 一〇八九
12 △極 三四九

きみ
4 △公 四七一
△王 一一〇
6 △后 四七九
7 ○君 三八一
9 △侯 四八八
△皇 四九一
12 卿 三九五
13 辟 一三七三

きめる
4 夬 一六七
7 ○決 四一一
9 剋 五二六
12 △期 二七六
△極 三四九

きも
7 ○肝 二二五
9 △胆 一〇一三
17 ▼膽 一〇一三

きもの
8 △服 一三四二

キャ
7 伽 一四一
11 ○脚 二九七

キャク
7 ○却 二九六
9 ○客 二九七
10 △格 一九七
11 ○脚 二九七
19 蹻 三四三

ギャク
9 ○虐 二九八
○逆 二九八
10 ▼逆 二九八
14 瘧 二九九
16 謔 二九九

きゃん
9 俠 三三

キュウ
2 ○九 二九九
3 ○久 三〇〇
○及 三〇一
○弓 三〇一
4 仇 三〇一
▼及 三〇一
5 ○丘 三〇二
○旧 三〇二
6 ○休 三〇三
○吸 三〇三
△扱 一五
○朽 三〇四

7 ○臼 三〇四　▼吸 三〇三　岌 三〇四　▼扱 一五　○求 三〇四　汲 三〇五　灸 三〇五　玖 三〇五　○究 三〇五　糺 三〇五　8 咎 三〇五　○泣 三〇五　疚 三〇六　穹 三〇六　▼糾 三〇八　邱 三〇六　9 ○急 三〇六　▼急 三〇六　柩 三〇七　○級 三〇七　○糾 三〇八　△臭 六八九　▼赳 三〇八　10 ○宮 三〇八

烋 四九七　笈 三〇八　▼級 三〇七　▼臭 六八九　赳 三〇八　躬 三〇八　11 ○救 三〇八　毬 三〇九　○球 三〇九　蚯 三〇九　逑 三一〇　△亀 二七五　12 ○給 三一〇　翕 三一〇　韮 三一〇　13 ○嗅 三一〇　舅 三一〇　裘 三一〇　鳩 三一一　14 廐 三一一　摎 三一一　15 樛 三一一　○窮 三一一　16 歙 三一二

▼龜 二七五　17 繆 一三〇二　▼舊 三〇二　18 ▼舊 三〇二　26 鬮 三一二

ギュウ　4 ○牛 三一二　7 岌 三〇四

きゆみ　8 ▼弧 四五二　9 △弧 四五二

キョ　5 ○去 三一四　○巨 三一四　▼巨 三一四　6 吁 三六七　8 ○居 三一五　○拠 三一六　○拒 三一六　▼拒 三一六　苣 三一六　9 炬 三一六　10 倨 三一六　○挙 三一六

秬 三一七　11 △据 八三七　○虚 三一七　○許 三一八　12 渠 三一九　▼虚 三一七　○距 三一九　▼距 三一九　13 筥 三一九　△裾 八三九　鉅 三一九　15 嘘 三一九　墟 三一九　踞 三一九　16 ▼據 三一六　歔 三二〇　鋸 三二〇　17 ▼擧 三一六　遽 三二〇　20 醵 三二〇　21 欅 三二〇

ギョ　10 圄 四六六　11 圉 三二〇

○魚 三一〇　12 ○御 三一一　馭 三一六　14 ○漁 三一六　△語 四六七　16 禦 三一六

きよい　8 泓 一一四　9 △浄 七七三　洌 一六〇二　11 ▼淨 七七三　○清 八六〇　▼清 八六〇　皎 三一八　12 皓 五〇六　▼皓 五〇六　15 △潔 四一四　▼潔 四一四　18 瀏 一五七二　19 瀟 七六七

キョウ　3 了 三一六　4 ○凶 三一六　5 ○兄 三八六

叶 三一七　▼叫 三一八　6 兇 三一七　○共 三一七　匈 三一八　匡 三一八　○叫 三一八　△向 四七九　7 亨 四八三　冏 三八七　劫 三一八　夾 三一九　△孝 四八四　杏 三一九　○狂 三一九　8 ○京 三二〇　○享 三二〇　○供 三二〇　○協 三二一　怯 三二一　○況 三二一　羌 三二二　9 俠 三二二　姜 三二二

○峡 三二三　恟 三二三　恊 三二三　○挟 三二三　拱 三二三　洶 三二三　○狭 三二三　矜 三二三　○香 四九四　10 ▼峽 三二二　○恐 三二三　○恭 三二四　▼挾 三二二　框 三二四　△校 四九六　▼狹 三二三　○胸 三二四　○脅 三二五　△脇 一六二九　莢 三二五　陜 三二五　11 ○強 三二五　○教 三二七　▼敎 三二七

梟 三三八　△梗 五〇二　皎 三三八　竟 三三八　○経 三九三　○郷 三三九　△頃 五三三　12 卿 三九五　喬 三三九　△敬 三九五　筐 三三九　蛩 三三九　蛬 三四〇　13 慊 四二九　▼敬 三九五　筴 三四〇　▼經 三九三　跫 三四〇　▼鄕 三三九　▼鄉 三三九　14 僑 三四〇　兢 三四〇　○境 三四〇　誑 三四〇

15 僵 三四〇
嬌 三四〇
△慶 三九九
篋 三四一
蕎 三四一
鋏 三四一
鞏 三四一
16 彊 三四一
徼 三四一
○橋 三四一
橇 三四二
歙 三一二
○興 五一三
薑 三四二
襁 三四二
△頰 一四二三
17 橿 三四二
檋 三五一
○矯 三四二
磽 五一四
繦 三四二
18 竅 三四二
19 嚮 三四二
韁 三四三
繳 六六六
△警 四〇二
蹻 三四三
轎 三四三
○鏡 三四三
20 ○競 三四三
▼警 四〇二
○響 三四四
馨 四〇三
21 囂 五二三
22 ▼響 三四四
▼饗 三四四
饗 三四四
○驚 三四四
驕 三四四
驍 三四七
23 ▼驚 三四四

ギョウ
6 ○仰 三四五
△刑 三八七
○行 四八二
7 ○形 三八七
△迎 四〇四
8 尭 三四五
▼迎 四〇四
12 ▼堯 三四五
○暁 三四六
13 △楽 二〇五
○業 三四六
14 僥 三四七
15 嶢 三四七
▼樂 二〇五
澆 三四七
16 ○凝 三四七
徼 三四一
▼曉 三四六
18 翹 三四七
蟯 三四七
22 驍 三四七

キョク
6 旭 三四八
○曲 三四八
7 ○局 三四九
9 亟 三四九
洫 三四九
11 勖 三四九
12 ○極 三四九
棘 三五〇
14 跼 三五〇
15 蕀 三五一
16 髷 三五一
17 檋 三五一
19 蹻 三四三

ギョク
5 ○玉 三五一
17 嶷 二九〇

きよまる
11 ○清 八六〇
▼淸 八六〇

きよめる
11 ○清 八六〇
▼淸 八六〇
16 澡 九四八

きらう
13 ○嫌 四二九
▼嫌 四二九

きらめく
13 煌 五〇八
17 燦 五九〇

きり
9 △限 四四一
10 桐 一一六一
12 △雰 一三五六
16 錐 八三二
19 ○霧 一四六四
27 鑽 五九一

きりかぶ
18 檮 一二五六

きりぎりす
12 蛬 三四〇
17 螽 六九七

きりにく
25 臠 一六〇九

きりみ
25 臠 一六〇九

きりん
19 麒 二八五
23 ▼麟 一五八八
24 麟 一五八八

きる
3 △刃 八一七
4 ○切 八八一
5 刋 八九五
6 △伐 一三五三
△衣 二六
8 △服 一三四二
9 研 六六四
11 剪 九〇二
○斬 五九三
△著 一〇五一
12 ○着 一〇四〇
▼著 一〇五一
釿 三六一
13 ▼著 一〇五一
14 截 八八八
槎 五四六
15 翦 九〇八
27 鑽 五九一

きれ
3 △巾 三五三
4 △片 一三七六
12 △裂 一六〇三

きれる
4 ○切 八八一

キログラム
8 瓩 三五三

キロメートル
9 粁 三五三

キロリットル
8 竏 三五三

きわ
10 倪 四〇四
14 ○際 五六〇

きわだ
17 蘗 一二四三

きわまる
7 △究 三〇五
△谷 五二四
12 ○極 三四九
窘 三六一
15 ○窮 三一一
18 鞠 二九三
躄 七一〇

きわみ
12 ○極 三四九

きわめる
4 亢 四七一
7 ○究 三〇五
11 竟 三三八
12 ○極 三四九
15 ○窮 三一一
18 鞠 二九三

キン
3 ○巾 三五三
4 ○今 五二四
○斤 三五三
7 听 三五三
○均 三五三
忻 三五四
芹 三五四
○近 三五四
8 △京 三三〇
欣 三五五
▼近 三五四
○金 三五五
9 矜 三三三
衿 三五九
10 衾 三五九
△訓 三八二
11 掀 三五九
△経 三九三
○菌 三五九
菫 三六〇
△亀 二七五
12 ○勤 三六〇
欽 三六〇
○琴 三六〇
窘 三六一

○筋 三六一　△軽 三九六　鈞 三六一　釿 三六一　13 ○僅 三六一　▼勤 三六〇　○禁 三六一　禽 三六二　▼經 三九三　14 箘 三六二　▼輕 三九六　15 槿 三六二　瑾 三六三　○緊 三六三　16 噤 三六三　擒 三六三　磬 四〇〇　○錦 三六三　▼龜 二七五　17 懃 三六四　檎 三六四　○謹 三六四　18 ○襟 三六四　覲 三六五
▼謹 三六四　19 麕 三六五　20 饉 三六五　25 釁 三六五

ギン
7 ○吟 三六五　岑 七九一　沂 二八七　9 垠 三六五　11 崟 三六五　12 釿 三六一　14 ○銀 三六五　16 憖 三六六　21 齦 三六六

きんたま
14 睾 五二一

【く】

ク
2 ○九 二九九　3 ○久 三〇〇　于 六九　○口 四六八
4 ○工 四七一　△公 四七一　○区 三六六　△孔 四七三　5 ○功 四七四　○句 三六六　6 吁 三六七　7 佝 三六七　劬 三六七　吼 三六七　玖 三〇五　△究 三〇五　8 ○供 三一〇　狗 三六七　○苦 三六七　9 垢 四八九　枸 三六九　○紅 四九二　10 倶 三六九　○宮 三〇八　○庫 四五五　栩 三六九　矩 三六九　▼矩 三六九
○貢 四九八　11 ▼區 三六六　△惧 三七一　△救 三〇八　13 煦 三七〇　蒟 五三九　詬 五〇九　鉤 五〇九　鳩 三一一　14 嘔 一一六　嶇 三七〇　箜 五二一　○駆 三七〇　15 駈 三七〇　△駒 五三三　16 窶 三七〇　18 瞿 三七〇　軀 三七〇　21 懼 三七一　▼驅 三七〇　24 衢 三七一　齵 七三

グ
5 弘 四七六
7 劬 三六七　△求 三〇四　8 ○具 三七一　9 禺 三七一　△紅 四九二　10 倶 三六九　11 ○惧 三七一　△救 三〇八　12 寓 三七五　嵎 三七五　△遇 三七五　13 ○愚 三七一　△虞 一二四　▼遇 三七五　17 颶 三七二　18 夔 三七二　21 懼 三七一

くい
7 杙 一五三八　8 杭 四八八

くいちがう
20 齟 九二七　22 齬 四六八

くいる
9 ○悔 一七三　10 ▼悔 一七三　20 懺 五九四

クウ
8 ○空 三七二　12 腔 五〇七

くう
6 吃 二九四　9 茹 七三五　○食 七八一　11 啖 一〇一四　12 △喫 二九五　▼喫 二九五　喰 三八〇　15 △餌 六四〇　16 噬 八七一　餐 五九〇　餔 一三九一　17 餤 一〇一二

グウ
9 禺 三七一　10 ○宮 三〇八　11 ○偶 三七五　12 寓 三七五
嵎 三七五　○遇 三七五　○隅 三七五　13 ▼遇 三七五　15 耦 三七六　18 藕 三七六

くが
11 △陸 一五六一

くき
8 岫 六八七　○茎 三八九　9 柯 一四七　10 ▼莖 三八九　11 ▼莖 三八九

くぎ
10 釘 一〇九三

くぎる
14 劃 二〇〇　16 閾 四一

くぐい
18 鵠 五一六

くぐつ
12 傀 一七八　17 儡 一五四六

くぐまる
8 △屈 三七七

くぐりど
14 閤 五一二

くくる
9 △括 二一一　16 縊 四〇　18 羂 四三五

くぐる
15 △潜 九〇七　▼潛 九〇七

くげ
12 卿 三九五

くける
12 絎 五〇七

くこ
7 杞 二六四　9 枸 三六九

くさ
5 卉 二五九　6 艸 九三〇　9 ○草 九三四　14 △種 六七九　15 瘡 九四八

くさい
9 ○臭 六八九
10 ▼臭 六八九
12 葷 三八二
くさかり
10 芻 八三五
15 蕘 七七八
くさぎる
7 芸 八〇
10 耘 八〇
16 耨 一一六六
くさす
14 △腐 一二三三
くさび
13 楔 八八七
17 △轄 二一六
▼轄 二一六
くさぶかい
11 莽 一四八一
くさぶき
9 △茨 五八
くさむら
11 莽 一四八一
14 蔡 五六〇
18 叢 九五〇
くさめ
18 嚔 一〇九八
くさらす
14 ○腐 一二三三
くさり
14 瑣 五四六
18 ○鎖 五四七
19 鏈 一六〇八
20 齣 七一三
21 鐺 一一五八
くさる
9 茹 七三五
14 ○腐 一二三三
16 餕 九九九
くされる
14 ○腐 一二三三
くし
7 ○串 三七六
8 △奇 二六五
枇 一二七六
10 梳 九二〇
19 櫛 六五一
23 籤 九一三
くじ
23 籤 九一三
26 鬮 三一三
くじか
19 麕 三六五
くじく
8 △拉 一五四二
10 △挫 五四八
14 摧 五六〇
摺 七六〇
16 橈 一一六六
17 擠 八七〇
くしげ
15 匳 一六〇七
くしけずる
10 梳 九二〇
19 櫛 六五一
くじける
7 △折 八八二
10 △挫 五四八
衄 六四三
15 撓 一一六六
くしゃみ
18 嚔 一〇九八
くじら
19 ○鯨 四〇五
くしろ
11 釧 九〇三
くす
15 樟 七六一
くず
10 屑 八八四
12 ○葛 二一四
くすぐる
18 擽 一五六五
くずごめ
9 粃 一二七九
くすし
7 △医 二七
18 ▼醫 二七
くずす
11 ○崩 一四〇六
▼崩 一四〇六
くすのき
13 楠 一一九二
15 樟 七六一
くすぶる
18 燻 三八四
くすべる
18 燻 三八四
くすり
16 ○薬 一四九八
18 ▼藥 一四九八
19 ▼藥 一四九八
くずれる
11 ○崩 一四〇六
▼崩 一四〇六
16 頽 九八六
くせ
6 △曲 三四八
18 ○癖 一三七四
くそ
9 屎 六一二
17 糞 一三五七
くだ
14 ○管 二四三
くだく
9 ○砕 五五一
13 ▼碎 五五一
14 摧 五六〇
23 齏 八七一
くだける
9 ○砕 五五一
13 ▼碎 五五一
17 糜 一二九三
くださる
3 ○下 一三
くだす
3 ○下 一三
9 ▼降 四九八
10 △降 四九八
18 瀉 六六一
くだもの
8 △果 一四四
11 △菓 一五三
くだり
6 △件 四一八
くだる
3 ○下 一三
9 ▼降 四九八
10 △降 四九八
くだん
6 △件 四一八
くち
3 ○口 四六八
くちさき
7 吻 一三五四
くちすすぐ
14 嗽 九四四
漱 九四五
くちなし
11 梔 六一七
くちばし
12 喙 一七八
觜 六三〇
15 嘴 六二五
くちひげ
15 髭 六二六
くちびる
7 吻 一三五四
10 ○唇 七九八
11 脣 八〇三
くちる
6 ○朽 三〇四
クツ
8 ○屈 三七七
10 倔 三七七
11 △堀 一四三一
崛 三七七
○掘 三七七
12 厥 四一二
13 ○窟 三七八
くつ
8 沓 一一三九
13 ○靴 一一五六
15 △履 一五五九
鞋 七
17 鞜 一一五六
くつがえす
7 泛 一二六三
9 △建 四二一
18 ○覆 一三四七
くつがえる
13 △傾 三九七
18 ○覆 一三四七
19 顚 一二一九
くつした
19 襪 一三七六
23 韈 一三七六
くつろぐ
13 △寛 二四〇
14 ▼寬 二四〇
15 ▼寬 二四〇
16 燕 一〇七

くつわ 11 勒 一六二三　14 銜 二四四　22 轡 一二八七
くて 12 湫 六九三
くどい 12 絮 七三六　15 諄 七三三
くに 6 △州 六八五　7 △邦 一三九七　邑 一五〇八　8 ○国 五二五　11 ▼國 五二五
くにつかみ 9 祇 二八七
くぬぎ 10 栩 三六九　12 椚 三七八　16 橡 七六三　19 櫟 一六〇一　20 櫪 一六〇一
くばる 10 ○配 一三二六
くび 9 △級 三〇七　○首 六七六　10 ▼級 三〇七　13 頏 五〇九　16 頸 四〇一
くびかざり 21 瓔 一五三七
くびかせ 9 枷 一四七　13 鉗 四三一　14 箝 二四三
くびき 11 軛 一四九七　16 △衡 五一四
くびきる 9 刭 三八九　17 馘 二〇三
くびす 13 跟 五三九　15 踝 一六〇　16 踵 七六四
くびはねる 6 刎 一三五四
くびる 9 △括 二一一　12 △絞 五〇六　16 縊 四〇
くびれる 9 △括 二一一　16 縊 四〇
くべる 12 △焼 七五四　16 ▼燒 七五四
くぼ 14 窪 一六二七
くぼむ 5 △凹 一一一　14 窪 一六二七
くま 6 △曲 三四八　8 阿 一　11 陬 八三五　12 △奥 一一六　嵎 三七五　隈 一六二八　13 ▼奧 一一六　14 暈 八二　○熊 三七八　16 澳 四二
くまたか 21 鶻 五三一
くみ 6 伍 四六二　11 ○組 九二四　△部 一三三六　12 △隊 九八四　▼隊 九八四
くみする 3 △与 一五一九　13 ▼與 一五一九
くみひも 11 △組 九二四　14 綬 六八三　20 纂 五九一
くむ 7 抒 七三四　汲 三〇五　10 冓 四九五　○酌 六六四　▼酌 六六四　11 ○組 九二四　13 斟 八〇六　20 辮 一三八七
くめ 9 粂 三七九
くも 12 蛛 一〇四一　○雲 八一　14 蜘 一〇三五
くもり 17 翳 八九
くもる 16 ○曇 一一八二
くやしい 9 ○悔 一七三　10 ▼悔 一七三
くやむ 9 ○悔 一七三　10 ▼悔 一七三
くゆらす 18 燻 三八四
くら 8 △府 一三三六　10 ○倉 九三六　15 △庫 四五五　○蔵 九五五　鞍 三三　16 廩 一五八六　17 ▼藏 九五五　18 ▼藏 九五五
くらい 6 芒 一四一四　7 ○位 二七　8 昏 五三五　杳 一五二七　△盲 一四八〇　9 罔 一四八〇　△幽 一五一〇　10 △昧 一四三八　△冥 一四七一　眛 一四三九　袮 九二〇　11 晦 一七八　△陰 六五　13 ○暗 三三　溟 一四七二　蒙 一四八一　14 暝 一四七二　15 △蔑 一三七六　銜 二四四　儚 一四二二　瞎 二一六　瞑 一四七三　△蔽 一三七〇　16 濛 一四八二　17 △曖 七　曚 一四八二　△闇 一五〇一　18 曚 一四八二　21 黯 二四
くらう 9 ○食 七八一　11 啖 一〇一四　12 喰 三八〇
くらす 14 ○暮 一三九四
くらべる 4 ○比 一二七三　7 △角 一九六　10 △校 四九六　13 △較 二〇〇　20 △競 三四三
くらます 10 眩 四四二　11 晦 一七八
くらむ 8 昏 五三五　10 眩 四四二　13 暈 八二
グラム 5 △瓦 一六一
くらわす 11 啖 一〇一四
くり 10 栗 一五六四
くりや 8 庖 一三九九　12 厨 一〇四八
くる 7 ○来 一五四四　8 ▼來 一五四四　刳 四四八　19 ○繰 三八〇
くるう 7 ○狂 三二九　9 狡 四九一

11 猖 七五二
15 獗 四一四
24 癲 一二一〇
くるおしい
7 ○狂 三一九
くるしい
8 ○苦 三六七
くるしみ
10 茶 一一二七
くるしむ
4 △厄 一四九六
7 △困 五三四
阨 四
8 ○苦 三六七
12 窘 三六一
13 △頓 一一八〇
17 艱 二四九
くるしめる
8 ○苦 三六七
くるぶし
15 踝 一一六〇
くるま
7 ○車 六五五
9 俥 三八〇

10 △軒 四二四
13 △路 一六一〇
輅 一六一〇
15 輛 一五八一
17 轂 五二八
輿 一五二三
19 轎 三四三
くるむ
5 △包 一三九六
▼包 一三九六
くるめく
10 眩 四四二
くるり
11 △転 一二一六
18 ▼轉 一二一六
くるわ
10 郛 一三三〇
11 △郭 一九九
14 廓 二〇一
くれ
7 △呉 四六三
8 昏 五三五
10 莫 一三九三
11 ▼晩 一二七〇

12 △晩 一二七〇
14 樽 一三三三
16 藺 一六一八
19 臘 一六一九
くれない
9 ○紅 四九二
くれる
7 △呉 四六三
旰 二二五
10 眩 四四二
14 ○暮 一三九四
暝 一四七二
くろ
5 △玄 四三九
7 皁 九三一
10 涅 一一〇七
△畔 一二六四
▼畔 一二六四
11 ○黒 五二七
12 ▼黑 五二七
14 緇 六二四
17 黝 一五一八
19 蟻 二九一
くろい

3 弋 一五三八
5 △玄 四三九
7 皁 九三一
8 苴 七二七
10 烏 七二
11 ○黒 五二七
12 犂 一五五八
▼黑 五二七
14 緇 六二四
15 黎 一五九八
16 盧 一六一〇
黔 四三四
17 黝 一五一八
21 黯 二四
29 驪 一五六一
くろうま
29 驪 一五六一
くろがね
13 △鉄 一二〇四
14 銕 一二〇六
21 ▼鐵 一二〇四
くろぎぬ
14 緇 六二四
くろきび

10 秬 三一七
くろごめ
20 糲 一五九九
33 麤 九二七
くろつぐ
10 桄 四九六
くろつち
10 涅 一一〇七
くろむ
14 緇 六二四
16 黔 四三四
17 黝 一五一八
くろめる
10 涅 一一〇七
くわ
10 ○桑 九三七
16 耨 一一六六
17 鍬 七六六
28 钁 二〇四
くわえる
5 ○加 一三七
8 △尚 七四三
▼尚 七四三
9 咥 一一〇四

11 啣 二三三
14 銜 二四四
くわしい
8 △委 二八
11 △細 五五四
13 ○詳 七五九
14 △精 八六六
▼精 八六六
くわせる
17 餒 一〇二二
くわたけ
15 蕈 八〇九
くわだてる
6 ○企 二五九
くわのみ
13 椹 一〇七五
くわわる
5 ○加 一三七
クン
7 ○君 三八一
9 △軍 三八四
10 ○訓 三八二
△郡 三八五
12 葷 三八二

裙 三八三
13 馴 七三三
14 輝 三八三
15 ○勲 三八三
16 ▼勳 三八三
○薫 三八三
17 ▼薰 三八三
18 燻 三八四
▼薫 三八三
19 釁 三六五
21 醺 三八四
グン
9 ○軍 三八四
10 ○郡 三八五
13 ○群 三八五

【け】

ケ
4 ○化 一三五
6 ○仮 一三九
○気 二六〇
7 △希 二六三
△快 一七〇

△花 一四一
芥 一七二
8 卦 二四四
△怪 一七三
9 △悔 一七三
10 ○家 一四九
▼悔 一七三
▼氣 二六〇
痂 一五一
○華 一五一
11 ▼假 一三九
袈 三八六
12 稀 二七七
▼華 一五一
16 懈 一八五
20 ○懸 四三六
け
4 ○毛 一四七八
11 笥 六一七
17 褻 八八九
ゲ
3 ○下 一三
4 ○牙 一六一
5 ○外 一八八

10 ○夏 一四八
△華 一五一
11 偈 四一二
12 ▼華 一五一
13 碍 一九二
○解 一八二
15 △戯 二八九
17 ▼戲 二八九
19 礙 一九四

ケイ
5 ○兄 三八六
6 ○刑 三八七
圭 三八七
7 冏 三八七
○形 三八七
○系 三八八
8 ○京 三三〇
○径 三八八
○茎 三八九
9 ○係 三八九
剄 三八九
勁 三八九
○型 三八九
○契 三九〇
▼契 三九〇
奎 三九〇
挂 三九〇
烔 三九〇
盻 三九〇
荊 三九〇
○計 三九一
迴 三九一
10 勍 三九一
奚 三九一
▼徑 三八八
○恵 三九一
挈 四一二
桂 三九二
枅 四二四
珪 三九二
▼莖 三八九
11 偈 四一二
○啓 三九二
▼啓 三九二
彗 八二九
○掲 三九二
○渓 三九三
畦 三九三
硅 三九三
竟 三三八
○経 三九三
絅 三九四
脛 三九四
▼莖 三八九
○蛍 三九四
袿 三九五
逕 三九五
12 △頃 五三三
卿 三九五
愒 一七九
▼惠 三九一
▼揭 三九二
○敬 三九五
○景 三九六
痙 三九六
笄 三九六
△結 四一二
13 ○軽 三九六
○傾 三九七
○携 三九八
▼敬 三九五
▼溪 三九三
熒 三九八
▼經 三九三
○継 三九八
罫 三九九
○詣 三九九
14 ○境 三四〇
敻 三九九
禊 三九九
綮 三九九
▼輕 三九六
閨 三九九
15 ○慶 三九九
○憬 四〇〇
慧 四〇〇
○稽 四〇〇
16 ○憩 四〇〇
檠 四〇〇
磬 四〇〇
薊 四〇〇
▼螢 三九四
頸 四〇一
髻 四〇一
17 谿 四〇一
蹊 四〇一
18 鮭 四〇一
瓊 四〇一
蟪 四〇一
謦 四〇一
醯 四〇一
19 繋 四〇二
○警 四〇二
蹶 四一五
△鯨 四〇五
20 ○鶏 四〇三
○競 三四三
▼繼 三九八
▼警 四〇二
馨 四〇三
黥 四〇五
21 ▼鷄 四〇三

ゲイ
7 ○芸 四〇三
8 ○迎 四〇四
▼迎 四〇四
10 倪 四〇四
11 猊 四〇四
13 睨 四〇四
15 貎 四〇四
16 霓 四〇五
17 鮨 六二七
18 ▼藝 四〇三
19 ▼藝 四〇三
○鯨 四〇五
鯢 四〇五
20 麑 四〇五
黥 四〇五
21 囈 四〇五

けおりもの
10 旃 九〇一

けがす
6 ○汚 一〇九
12 渫 八八六
18 瀆 一一七一
20 巇 一三七六
27 黷 一一七一

けがらわしい
6 ○汚 一〇九
13 腥 八六五
17 褻 八八九

けがれ
17 糞 一三五七

けがれる
6 ○汚 一〇九
9 垢 四八九
17 褻 八八九
18 穢 一六二八
27 黷 一一七一

ケキ
9 洫 三四九
10 郤 四〇六
12 戟 四〇六
13 △隙 四〇六
14 覡 四〇六
15 △撃 四〇七
17 ▼擊 四〇七
檄 四〇八
18 闃 四〇八
20 鵙 四〇六

ゲキ
9 △逆 二九八
10 ▼逆 二九八
12 郤 四〇六
戟 四〇六
13 ○隙 四〇六
14 覡 四〇六
15 ○劇 四〇六
○撃 四〇七
鴃 四〇七
16 ○激 四〇七
17 ▼擊 四〇七
檄 四〇八
関 四〇八
18 闃 四〇八
20 鵙 四〇六
21 鷁 四〇八

けさき
6 芒 一四一四

けしかける
14 嗾 九四四

けす
8 △抹 一四四三
10 ○消 七四七
▼消 七四七
15 銷 七六二

けずる
5 △刊 二二三
7 刪 五八四
8 刮 二二一
9 ○削 五六五
10 △殺 五七一

11 ▼殺 五七一

けた
10 ○桁 四〇八

けだし
13 △蓋 一九三

けだもの
16 △獣 七〇五
19 ▼獸 七〇五

ケチ
6 △血 四一〇
12 △結 四一三
21 纈 四〇九

けち
7 吝 一五八三

ケツ
3 孑 四〇九
4 夬 一六七
5 ○欠 四〇九
○穴 四〇九
6 刔 四一〇
○血 四一〇
7 抉 四一一
○決 四一一
9 △契 三九〇
▼契 三九〇
拮 二九五
頁 四一三
10 挈 四一二
桔 二九五
桀 四一三
▼缺 四〇九
訐 四一三
11 偈 四一三
訣 四一三
12 ▼傑 四一四
厥 四一三
○結 四一三
13 ○傑 四一四
楔 八八七
歇 四一四
14 碣 四一四
竭 四一四
15 ○潔 四一四
▼潔 四一四
獗 四一四
蕨 四一四
頡 四一四
駃 四〇七
18 闕 四一四
19 蠍 二一六
譎 四一五
蹶 四一五
20 襭 四一五
21 纈 四〇九
齧 四一七

ゲツ
3 孑 四〇九
4 ○月 四一五
19 孼 四一六
20 櫱 四一六
21 齧 四一七
22 糵 四一七

けづの
12 觜 六二〇

けづめ
12 △距 三一九
▼距 三一九

けなす
11 貶 一三八一

けぬき
26 鑷 七八〇

けば
12 毳 八七一

けぶる
13 △煙 一〇二
▼煙 一〇二

けみする
15 △閲 九四

けむ
13 △煙 一〇二
▼煙 一〇二

けむい
13 ○煙 一〇二
▼煙 一〇二

けむしろ
12 毯 一〇二五
17 氈 九二〇

けむり
13 ○煙 一〇二
▼煙 一〇二

けむる
13 ○煙 一〇二
▼煙 一〇二

けもの
16 ○獣 七〇五
19 ▼獸 七〇五

けやき
21 欅 三三〇

けら
17 螻 一六一九

けり
13 鳬 一三一二

ける
18 蹷 七一〇
19 ○蹴 六九七

けわしい
7 岑 七九一
8 △阻 九一九
10 峨 一六五
峻 七一六
峭 七四七
11 崢 九二八
崚 一五七六
○険 四二六
12 嵌 二三六
嵒 二五六
13 嵯 五四六
隘 七
隗 一八三
14 嶇 三七〇
15 嶄 五九三
16 嶢 三四七
嶬 二九〇
嶮 四三三
▼險 四二六
17 艱 二四九
20 巌 二五八
巉 五九四
23 ▼巖 二五八

ケン
4 欠 四〇九
○犬 四一七
5 丱 三一三
6 ○件 四一八
阡 四一八
7 ○見 四一八
8 ○券 四二〇
▼劵 四二〇
▼卷 三二八
拑 三一七
○肩 四二〇
▼肩 四二〇
9 俔 四二〇
△巻 三二八
姸 四二〇
10 ○建 四二一
○県 四二一
○研 四二一
○倹 四二三
倦 四二三
○兼 四二三
▼兼 四二三
○剣 四二三
娟 四二三
悁 九九
○拳 四二三
▼拳 四二三
枅 四二四
涓 四二四
狷 四二四
痃 四二四
虔 四二四
○軒 四二四
11 △乾 三一一
○健 四二四
▼圈 四二六
惓 四二五
掀 三五九
捲 四二五
牽 四二五
眷 四二六
▼硏 四二一
12 ○険 四二六
喧 四二六
○圏 四二六
○堅 四二七
愃 四二七
○検 四二七
硯 四二八
絢 四二九
萱 四二九
13 ○間 一三八
△勧 二四〇
○嫌 四二九
▼嫌 四二九
愆 四二九
慊 四二九
暄 四二九
○献 四三〇
筧 四三〇
○絹 四三〇
腱 四三〇

蒹 四三〇　蜎 四三一　蜆 四三一　○遣 四三一　鉗 四三一　鉉 四四五　14 慳 四三一　搴 四三一　歉 四三二　甄 四三二　箝 二四三　綣 四三二　蜷 四三二　▼遣 四三一　15 ▼儉 四三二　▼劍 四三三　○権 四三二　澗 二四五　△監 二四五　16 嶮 四三三　○憲 四三三　▼縣 四二一　諠 四三三　○賢 四三三

▼險 四二六　黔 四三四　17 壎 四三四　▼檢 四二七　臉 四三四　○謙 四三四　▼謙 四三四　謇 四三五　蹇 四三五　○鍵 四三五　18 瞼 四三五　△簡 二四九　○繭 四三五　繝 四三五　羂 四三五　○顕 四三五　○験 四三六　鵑 四三六　19 ▼勸 二四〇　▼繭 四三五　20 ▼勸 二四〇　○懸 四三六　▼獻 四三〇　騫 四三七

21 ▼權 四三三　譴 四三七　22 ▼權 四三三　鰹 四三七　23 ▼顯 四三五　▼驗 四三六　24 鹼 四三七　26 顴 四三七

ゲン

4 ○元 四三七　○幻 四三八　5 ○玄 四三九　7 芫 四三九　△見 四一八　○言 四三九　阮 四四〇　8 呟 四四〇　○弦 四四一　9 姸 四三〇　彦 四四一　▼彦 四四一　△研 四二一　○限 四四一　10 ○原 四四一

△拳 四三三　▼拳 四三三　痃 四四四　眩 四四二　11 偐 二五五　△患 二三三　○現 四四二　○眼 二五五　▼研 四二一　絃 四四三　○舷 四四四　衒 四四四　訝 一六五　12 ○減 四四四　硯 四二八　13 ○嫌 四二九　▼嫌 四二九　○源 四四五　鉉 四四五　14 愿 四四五　16 螈 四四五　諺 四四五　△還 二四八　17 ○厳 四四五

18 ▼還 二四八　繝 四三五　○験 四三六　20 ▼嚴 四四五　22 儼 四四六　23 ▼驗 四三六

【こ】

コ

3 ○己 四四六　4 ○戸 四四六　▼戸 四四六　△火 一三五　5 乎 四四六　○去 三一四　○古 四四七　△巨 三一四　▼巨 三一四　6 冱 四四八　夸 四四八　7 估 四四八　杞 二六四　沍 四六三

8 刳 四四八　○呼 四四八　呱 四四九　○固 四四九　姑 四四九　▼孤 四五一　△居 三一五　▼弧 四五二　怙 四四九　○拠 三一六　沽 四四九　○股 四五〇　○虎 四五〇　9 ○孤 四五一　○弧 四五二　○故 四五二　○枯 四五三　炬 三一六　狐 四五三　胡 四五四　10 ○個 四五五　涸 四五五　○庫 四五五　罟 四五五

胯 四五五　11 扈 四五五　涸 四五六　瓠 四五六　○虚 三一七　蛄 四五六　袴 四五六　△許 三一八　12 壺 四五六　○湖 四五六　琥 四五七　菰 四五七　▼虛 三一七　觚 四五七　詁 四五七　辜 四五七　○雇 四五七　▼雇 四五七　13 瑚 四五七　痼 四五七　○誇 四五七　賈 四五八　跨 四五八　鈷 四五八

○鼓 四五八　14 滬 四五八　滸 四五九　△箇 一五八　箍 四五九　15 糊 四五九　蝴 四五九　踞 三一九　16 ▼據 三一六　醐 四六八　○錮 四五九　鴣 四五九　18 瞽 四五九　餬 四五九　21 ○顧 四五九　▼顧 四五九　23 蠱 四五九

こ

3 ○子 五九五　○小 七三六　4 ○木 一四二四　5 仔 五九九　7 △児 六三三　妓 二八六

8 ▼兒 六三三
10 △娘 一四六五
○粉 一三五五
△蚕 五八六
11 ○黄 五〇二
12 ▼黃 五〇二
24 ▼蠶 五八六

ゴ
4 ○五 四六〇
○互 四六二
○午 四六二
△牛 三一二
6 伍 四六二
冱 四四八
▼冴 四六二
△后 四七九
7 冴 四六二
○呉 四六三
吾 四六三
忤 四六三
沍 四六三
9 ○後 四六三
胡 四五四
10 唔 四六六
圄 四六六
○娛 四六六
○悟 四六六
茣 四六六
11 圉 三一〇
晤 四六六
梧 四六六
牾 四六六
12 ○御 三二一
○期 二七六
△棊 二七七
13 瑚 四五七
○碁 四六六
蜈 四六七
14 寤 四六七
○語 四六七
○誤 四六七
15 篌 五一二
16 醐 四六八
17 檎 三六四
18 麌 三七二
20 ○護 四六八
鼯 四六八
21 ▼護 四六八
22 齬 四六八

こい
10 ○恋 一六〇三
13 稠 一〇四九
16 ○濃 一二一二
18 鯉 一五六一
23 ▼戀 一六〇三

こいし
20 礫 一六〇一

こいしい
10 ○恋 一六〇三
23 ▼戀 一六〇三

こいねがう
7 △希 二六三
11 △庶 七二八
12 △幾 二七六
16 冀 二八二
覦 一五〇四
17 覬 一二八四

コウ
3 ○口 四六八
○工 四七一
4 亢 四七一
○公 四七一
○勾 四七三
○孔 四七三
5 ○功 四七四
叩 四七四
△句 三六六
△尻 七八七
○巧 四七四
○広 四七五
弘 四七六
○甲 四七六
6 亙 四七七
亘 四七七
○交 四七七
○仰 三四五
伉 四七八
○光 四七八
○向 四七九
○后 四七九
△合 五一八
○好 四八〇
扣 四八一
扛 四八一
○江 四八一
○考 四八一
7 ○行 四八二
亨 四八三
佝 三六七
劫 三一八
匣 四八三
吼 三六七
吭 四八三
○坑 四八三
○孝 四八四
宏 四八四
○抗 四八四
○攻 四八四
○更 四八五
杠 四八五
汞 四八五
肛 四八六
肓 四八六
8 佼 四八六
○効 四八六
呷 四八六
△岡 一二〇
△岬 一四五三
○幸 四八六
庚 四八七
怯 三二一
○拘 四八七
昂 四八七
杲 四八七
昊 四八八
杭 四八八
狗 三六七
狎 四八八
矼 四八八
○肯 四八八
肴 四八八
肱 四八八
苟 四八八
9 ○侯 四八八
○厚 四八九
咬 四八九
哄 四八九
哈 五二〇
垢 四八九
姮 四九〇
巷 四九〇
○後 四六三
○恒 四九〇
▼恆 四九〇
恰 四九〇
恍 四九〇
△拷 五二〇
枸 三六九
○洪 四九一
洽 四九一
洸 四九一
△狭 三三三
狡 四九一
○皇 四九一
○紅 四九二
缸 四九三
胛 四九三
○荒 四九三
△虹 一一九六
○郊 四九四
▼降 四九八
○香 四九四
10 ○候 四九五
倖 四九五
倥 四九五
冓 四九五
△剛 五二〇
哽 四九六
哮 四九六
▼效 四八六
晃 四九六
○格 一九七
△桁 四〇八
○校 四九六
栲 四九六
桄 四九六
浩 四九七
烋 四九七
▼狹 三三三
盍 四九七
紘 四九七
羔 四九七
○耕 四九七
○耗 一四八〇
耿 四九七
胱 四九七
○航 四九七
蚣 四九八
訌 四九八
○貢 四九八
逅 四九八
○降 四九八

11 ○高 四九九　凰 一一五　寇 五〇一　○康 五〇一　悾 五〇二　○控 五〇二　晧 五〇二　○梗 五〇二　淆 五〇二　皎 三三八　皐 五〇二　袷 五〇二　釦 五〇二　○黄 五〇二
12 傚 五〇四　○喉 五〇五　徨 五〇五　○慌 五〇五　惶 五〇五　○港 五〇五　▼港 五〇五　猴 五〇五　皓 五〇六　▼皓 五〇六

○硬 五〇六　窖 五〇六　○絞 五〇六　絳 五〇六　絖 五〇六　絎 五〇七　腔 五〇七　蛤 五〇七　蛟 五〇七　隍 五〇七　○項 五〇七　▼黄 五〇二
13 塙 二〇〇　媾 五〇七　幌 五〇八　搆 五〇八　○溝 五〇八　▼溝 五〇八　溘 五〇八　滉 五〇八　煌 五〇八　粳 五〇八　△蓋 一九二　蒿 五〇八

觥 五〇八　詬 五〇九　△較 二〇〇　逭 五〇九　○鉱 五〇九　鉤 五〇九　閘 五〇九
14 頏 五一〇　慷 三一一　摎 五一〇　敲 五一〇　○構 五一〇　▼構 五一〇　槁 五一〇　槓 五一〇　槔 五一〇　熕 五一〇　犒 五一〇　睾 五一一　箜 五一一　○綱 五一一　膏 五一一　誥 五一一　△豪 五二二

遘 五一一　○酵 五一二　閤 五一二　閧 五一二
15 ▼廣 四七五　撓 一一六六　△横 一一六　○稿 五一二　篁 五一二　篌 五一二　膠 五一二　蝗 五一二　靠 五一二　餃 五一三
16 嚆 五一三　▼横 一一六　篝 五一三　縞 五一三　○興 五一三　薨 五一四　○衡 五一四　○鋼 五一四　闀 五一四
17 磽 五一四

糠 五一四　藁 五一四　覯 五一五　○講 五一五　▼講 五一五　○購 五一五　▼購 五一五　鍠 五一六　鮫 五一六　鴻 五一六　鵁 五一六　鴿 五一六
18 壙 五一六　簧 五一六　鎬 五一六　闔 五一六　鵠 五一六
19 曠 五一六　羹 五一七　鏗 五一七
20 礦 五一七　鰉 五一七
21 纊 五一七　纐 五一七

22 鱇 五一七
23 攪 五一七　▼鑛 五〇九
25 黌 五一八

こう
3 ○乞 五一八
4 丐 一六七
9 ○神 七九六
10 ○恋 一六〇三　▼神 七九六
15 ○請 八六九　▼請 八六九
23 ▼戀 一六〇三

ゴウ
5 ○号 五一八
6 ○合 五一八
7 劫 三二八　吽 五二〇　△迎 四〇四
8 昂 四八七　▼迎 四〇四
9 哈 五二〇　○拷 五二〇　▼降 四九八

10 ○剛 五二〇　△格 一九七　栲 四九六　△降 四九八
11 ○強 三三五　敖 五二一　毫 五二一　盒 五二一　○郷 三三九
13 ○傲 五二一　△楽 二〇五　○業 三四六　▼號 五一八　▼鄕 三三九　▼鄉 三三九
14 嗷 五二一　慠 五二一　○豪 五二一
15 ▼樂 二〇五　熬 五二二　遨 五二二
17 壕 五二二　濠 五二三　螯 五二三

18 嚙 五二三
21 囂 五二三　轟 五二三
24 黌 五二三　鼇 五二三

こうがい
12 笄 三九六

こうし
19 犢 一一七一

こうじ
9 柑 二一九
13 糀 五二三
14 △酵 五一二
19 麴 二九三
22 糵 四一七

こうぞ
13 楮 一〇五二

こうのとり
28 鸛 二五三

こうばしい
7 芬 一三五四

こうべ
9 △首 六七六
16 △頭 一一五四

25 顴 一六二三

こうむる
10 ○被 一二八一
13 蒙 一四八二

こうり
11 梱 五三七

こえ
7 ○声 八五二
8 ○肥 一二七六
17 ▼聲 八五二

こえる
7 △沃 一五三八
8 ○肥 一二七六
12 ○越 九三
○超 一〇六三
跋 一二五四
13 腴 一五〇四
逾 一五〇四
14 膏 五一一
趙 一〇六五
16 踰 一五〇四

こおり
5 ○氷 一三〇二
10 △郡 三八五

こおる
5 △氷 一三〇二
6 冱 四四八
7 沍 四六三
10 凅 四五五
○凍 一四一

こおろぎ
12 蛩 三三九
蛬 三四〇

こがす
12 ○焦 七五五

こがね
8 △金 三五五
19 鏐 一五七二

こがらし
6 凩 五二四

こがれる
12 ○焦 七五五

コク
5 △可 一三八
○石 八七三
7 ○克 五二四
○告 五二四
○谷 五二四
8 ○刻 五二五
○国 五二五
9 剋 五二六
10 哭 五二六
11 ▼國 五二五
斛 五二七
梏 五二七
○黒 五二七
12 ▼黑 五二七
14 ○穀 五二八
○酷 五二八
15 槲 五二八
▼穀 五二八
17 轂 五二八
18 鵠 五一六

こく
6 △扱 一一五
7 ▼扱 一一五
8 △放 一四〇〇

こぐ
13 楫 六九五
14 榜 一四二〇
漕 九四五

ゴク
12 ○極 三四九
14 ○獄 五二八

こけ
8 苔 九七九
莓 一三一〇
20 蘚 九二三

こける
10 △倒 一四一
11 △転 一二六
12 △痩 九四一
15 ▼瘦 九四一
18 ▼轉 一二六

こげる
12 ○焦 七五五

ここ
6 此 六〇三
9 兹 六一四

こごえる
10 ○凍 一四一

ここに
3 于 六九
9 爰 九八
兹 六一四
11 焉 一〇〇

12 粤 九三

ここの
2 ○九 二九

ここのつ
2 ○九 二九

こごまる
8 △屈 三七七

こごる
16 △凝 三四七

こころ
4 ○心 七八八
9 △衷 一〇四八
10 △胸 三三四
11 △情 七七五
▼情 七七五
12 腑 一三一二
13 △意 三五
△腹 一三四五

こころざし
7 ○志 六〇七

こころざす
7 ○志 六〇七

こころみる
13 ○試 六二三

14 嘗 七五九
15 △課 一六〇

こころよい
7 ○快 一七〇
11 逞 一〇九四

ござ
13 莝 五三九

こさめ
16 濛 一四八二
霎 七六四

こし
7 △来 一五四四
8 ▼來 一五四四
12 △越 九三
13 ○腰 一五三三
15 輦 一六〇七
17 輿 一五二三

こしかけ
8 牀 七四五
14 榻 一一五二

こしき
17 甑 九四九
轂 五二八

こじき
4 丐 一六七

こしらえる
9 拵 九六七

こじり
21 鐺 一一五八

こじる
7 抉 四二一

こじれる
8 拗 一五二六

こす
12 ○越 九三
○超 一〇六三
13 逾 一五〇四
14 漉 一六二三
16 踰 一五〇四
18 濾 一六一〇

こすい
9 狡 四九一

こずえ
8 杪 一三〇八
11 梢 七五一
梶 一二九〇
15 △標 一三〇六

こする
8 刮 二二一
12 揩 一七九
15 △摩 一四三六
17 △擦 五七三
19 櫟 一六〇一

こせつく
24 齷 二三

こそげる
8 刮 二二一

こぞって
10 △挙 三一六
17 ▼擧 三一六

こぞる
10 △挙 三一六
17 ▼擧 三一六

こたえ
12 ○答 一二四九

こたえる
7 △対 九七八
○応 一一二
9 荅 一二四〇
12 △堪 二三四
○答 一二四九
14 ▼對 九七八

17 ▼應 一二三
こだま 11 硏 一五二
こだわる 8 △拘 四八七
こち 17 鮲 五一九　18 鯒 五一九
コツ 3 △乞 五一八　兀 五一九　7 汨 一三七四　8 忽 五三〇　矻 五三〇　10 笏 五三〇　○骨 五三〇　11 △堀 一四三一　惚 五三一　13 ○滑 二一五　14 榾 五三一　21 鶻 五三一
ゴツ 3 兀 五一九
こて 19 鏝 一四五〇　21 鐺 一一五八
こと 7 ○言 四三九　8 ○事 六三四　10 ○殊 六七七　11 ○異 三　12 ○琴 三六〇　▼異 三　14 箏 九四五　16 縡 五六〇
ごと 6 △毎 一四三八　7 ▼每 一四三八
ことごとく 6 △尽 八一七　9 咸 二二九　殄 一一四　11 悉 六四八　畢 一二九七　14 ▼盡 八一七　竭 四一四　16 儘 八二一　殫 一〇二〇
ことさらに 9 △故 四五二
ごとし 6 △如 七三三　7 △似 六三三　8 △若 六六六
ことづかる 10 △託 一〇〇二
ことば 6 △舌 八八九　7 △言 四三九　12 喙 一七八　△詞 六二〇　13 △辞 六三九　14 △語 四六七　19 ▼辭 六三九
ことぶき 7 ○寿 六八一　14 ▼壽 六八一
ことほぐ 7 △寿 六八一　14 ▼壽 六八一
こども 13 竪 六八二
ことわざ 16 諺 四四五
ことわり 11 △理 一五五七
ことわる 11 ○断 一〇二三　13 △辞 六三九　17 △謝 六六〇　18 ▼斷 一〇二三　19 ▼辭 六三九
こな 8 △抹 一四四三　10 ○粉 一三五五
こながき 15 糕 八二一　17 糝 五九〇
こなす 15 △熟 七一〇
こなもち 16 麨 一四一二
こなれる 15 △熟 七一〇
こねる 10 捏 一二〇五
この 3 之 五九四　6 此 六〇三　9 △是 八四二　11 這 六五八　12 斯 六一八
このしろ 16 鮗 五三二
このむ 6 ○好 四八〇　13 △楽 二〇五　15 ▼樂 二〇五
このような 10 恁 八一九
こばこ 15 匳 一六〇七
こはぜ 15 鞐 五三二
こばむ 7 △抗 四八四　8 ○拒 三一六　▼拒 三一六
ごばん 13 楸 六九五
こび 12 媚 一二九一
こひつじ 10 羔 四九七
こびる 12 媚 一二九一　15 諂 一一一八
こぶ 15 瘤 一五七二　16 瘻 一六一八　18 贅 八七二　22 癭 九〇
こぶし 10 ○拳 四二三　▼拳 四二三
こぶね 13 △艇 一〇九六　艀 一三三二　17 艚 九四九
こぼつ 12 △堕 九七四　13 △毀 二七九　15 ▼墮 九七四
こぼれる 13 溢 五七　△零 一五九六
こま 8 狛 一二三九　15 ○駒 五三二　20 齣 七一三
こまい 13 榀 五三二
こまいぬ 8 狛 一二三九
こまか 5 仔 五九九　11 ○細 五五四
こまかい 11 △密 一四五四　○細 五五四　13 稡 一二二九　14 綢 一〇四九　16 △緻 一〇三五　17 縷 一五八九　20 孅 九一二
こまぬく 3 叉 五四一　9 拱 三三二
こまねく 3 叉 五四一　9 拱 三三二
ごまめ 23 鱓 九一三
こまやか 16 △濃 一二二二
こまる 7 ○困 五三四
こみち 8 △径 三八八　10 ▼徑 三八八　11 逕 三九五　17 蹊 四〇一
こむ 5 ○込 五三三　6 ▼込 五三三　11 ○混 五三七
こむら 12 腓 一二八四
こめ 6 ○米 一三七一
こめあげざる 21 籔 九五二

こめぐら
13 稟 一五八五

こめる
5 ○込 五三三
6 ▼込 五三三
13 罨 一二五一

こも
12 菰 四五七
16 △薦 九一〇

こもごも
6 △交 四七七

こもの
13 竪 六八二
15 廝 六二五

こもる
22 ○籠 一六二〇

こもん
14 閧 三九九

こやし
8 ○肥 一二七六

こやす
8 ○肥 一二七六

こよみ
14 ○暦 一六〇〇
16 ▼曆 一六〇〇

こらえる
8 怺 五三三
12 △堪 二三四

こらしめる
18 ○懲 一〇六八
19 ▼懲 一〇六八

こらす
16 ○凝 三四七
18 ○懲 一〇六八
19 ▼懲 一〇六八

こり
11 梱 五三七

ごり
17 鮴 五三三

こりる
18 ○懲 一〇六八
19 ▼懲 一〇六八

こる
16 ○凝 三四七
樵 七六三

これ
3 之 五九四
6 伊 二五
此 六〇三
9 △是 八四二
11 惟 三一三
焉 一〇〇
這 六五八
12 斯 六一八
14 △維 三七

ころ
4 △比 一二七三
11 ○頃 五三三

ころがす
11 ○転 一二一六
18 ▼轉 一二一六

ころがる
11 ○転 一二一六
17 輾 一二一九
18 ▼轉 一二一六

ころげる
11 ○転 一二一六
18 ▼轉 一二一六

ころす
6 夷 二五
10 ○殺 五七一
虔 四二四
11 ▼殺 五七一
12 弑 六一八
13 戡 二四三
誅 一〇四九
15 劉 一五七三
戮 一五六三
16 殪 八九
17 獮 九一〇

ころぶ
11 ○転 一二一六
18 ▼轉 一二一六

ころも
6 ○衣 二六
8 衫 五八五
9 衲 一二六一

こわ
7 ○声 八五二
17 ▼聲 八五二

こわい
8 ○怖 一三二六
10 △恐 三三三
11 △強 三三五

こわす
16 ○壊 一八四
19 ▼壞 一八四

こわれる
16 ○壊 一八四
19 ▼壞 一八四

コン
4 ○今 五三四
6 艮 五三四
7 ○困 五三四
△近 三五四
8 坤 五三五
○昆 五三五
昏 五三五
▼近 三五四
○金 三五五
9 ○建 四二一
很 五三五
○恨 五三五
狠 五三六
10 悃 五三六
○根 五三六
衮 五三七
11 ○婚 五三七
崑 五三七
梱 五三七
○混 五三七
○痕 五三八
○紺 五三八
菎 五三八
12 棍 五三九
渾 五三九
焜 五三九
13 壼 五三九
溷 五三九
○献 四三〇
蒟 五三九
跟 五三九
14 滾 五三九
褌 五三九
○魂 五四〇
16 ○墾 五四〇
諢 五四〇
17 ○懇 五四〇
18 鯀 五四〇
19 鯤 五四〇
20 ▼獻 四三〇
鶤 五四一
21 齦 三六六

ゴン
6 艮 五三四
7 △含 二五三
○言 四二九
8 欣 三五五
12 ○勤 三六〇
△琴 三六〇
13 ▼勤 三六〇
15 ○権 四三三
16 諢 五四〇
17 ○厳 四四五
懃 三六四
20 ▼嚴 四四五
21 ▼權 四三三
22 ▼權 四三三

【さ】

サ
3 叉 五四一
5 乍 五四一
○左 五四一
6 ○再 五四九
扠 五四二
7 些 五四二
○佐 五四二
○作 五六四
岔 五四二
○沙 五四二
8 苴 七一七
9 ○査 五四三
柤 五四三
炸 五六六
○砂 五四三
10 ○茶 一〇三九
○唆 五四四
娑 五四四
○差 五四四
紗 五四五
莎 五四五
11 做 五六七
梭 五四五
釵 五五六
12 渣 五四五
○詐 五四五
靫 五五八
13 嗟 五四五
嗄 五四六
嵯 五四六

14 搓 五四六
蓑 五四六
溠 五四六
槎 五四六
瑳 五四六
瑣 五四六
15 磋 五四六
16 簑 五四六
鮓 五四七
17 蹉 五四七
18 ○鎖 五四七
鯊 五四七

さ
3 △小 七三六
6 △早 九二九
9 △狭 三三三
10 ▼狹 三三三

ザ
7 坐 五四七
10 ○座 五四八
○挫 五四八

サイ
3 ○才 五四八
4 ○切 八八一
6 ○再 五四九
犲 五五〇
○西 八五一
7 △材 五六二
○災 五五〇
8 ○妻 五五〇
○采 五五一
△斉 八五六
9 哉 五五一
柴 五五一
洒 五五一
○砕 五五一
10 砌 八五八
倅 五五二
○宰 五五二
晒 五五二
○栽 五五二
栖 八五九
○殺 五七一
眥 八五九
砦 五五二
△衰 八二九
豺 五五二
○財 五六二
11 啐 五五二
崔 五五二
○彩 五五三
○採 五五三
▼殺 五七一
○済 五五三
淬 五五四
猜 五五四
○祭 五五四
○細 五五四
○菜 五五五
釵 五五六
12 ○斎 五五六
○最 五五六
焠 五五七
犀 五五七
○裁 五五七
靫 五五八
13 ○債 五五八
○催 五五八
○塞 五五八
○歳 五五九
滓 六二二
▼碎 五五一
腮 五五九
蓑 五四六
14 ○載 五五九
摧 五六〇
寨 五六〇
綵 五六〇
蔡 五六〇
○際 五六〇
▼齊 八五六
16 儕 五六〇
簑 五四六
縡 五六〇
17 擠 八七〇
▼濟 五五三
賽 五六〇
▼齋 五五六
18 臍 八七〇
顋 五六一
20 鰓 五六一
21 躋 八七〇
齎 八七〇
22 灑 五六一
霽 八七一
23 曬 五六一
纔 五六一
齏 八七一

さい
11 ○埼 五六一
14 骰 一二五二

ザイ
6 ○在 五六一
7 ○材 五六二
10 ○剤 五六二
○財 五六二
13 ○罪 五六三
16 ▼劑 五六二
17 薺 八七〇

さいころ
14 骰 一二五二
17 賽 五六〇

さいとり
4 △牙 一六一

さいなむ
8 △苛 一四六
14 嘖 五六八

さいわい
6 △休 三〇三
8 ○幸 四八六
9 △祉 六一〇
▼祉 六一〇
10 倖 四九五
烋 四九七
△祥 七四八
祚 九二〇
11 ▼祥 七四八
禄 一六二三
12 祺 二七九
13 禎 一〇九六
△福 一三四四
▼祿 一六二三
▼禎 一〇九六
14 ▼福 一三四四
禧 二八四

ざえ
3 △才 五四八

さえぎる
13 遏 一五
14 ○遮 六六〇
15 ▼遮 六六〇
16 壅 一五三六
徼 三四一
閼 一五

さえずる
10 哢 一六一六
11 啅 一〇〇二
21 囀 一一一九

さえる
6 冱 四四八
▼冴 四六二
7 冴 四六二

さお
9 竿 二三〇
12 棹 一一四七

さおさす
7 找 一四一
12 棹 一一四七

さか
7 ○坂 一二六三
△阪 一二六三
8 坡 一二一五
陂 一二七七
9 ○逆 二九八
10 ▼逆 二九八
○酒 六七八
15 嶝 一一五二

さが
8 △性 八五四
9 △相 九三三

さかい
7 圻 二六三
9 垓 一九〇
垠 三六五
△封 一三三八
△界 一七七
10 畛 七九九
11 △域 四一
竟 三三八
陲 八三一
12 堺 一七九
14 ○境 三四〇
16 徼 三四一
19 疆 三四三

さかえる
9 ○栄 八五
14 ▼榮 八五

さかき
14 榊 五六四

さかさま
10 △倒 一一四一

さかしい

7 伶 一五九三
9 俐 一五五七
10 悧 一五五七
16 △賢 四三三
18 黠 二二六

さがす
10 ○捜 九三六
△索 五六六
11 ○探 一〇一四
13 ▼搜 九三六

さかずき
5 卮 五九九
8 ○杯 一三三三
9 盃 一三二四
12 觚 四五七
13 盞 五八八
17 △爵 六六五
鍾 七六六
18 ▼爵 六六五
觴 七六六

さかだる
21 罍 一五四六

さかな
8 肴 四八八
11 ○魚 三三〇
17 鮭 四〇一

さかのぼる
8 泝 九一九
14 ○遡 九二六

さかほこ
18 鋋 五六四

さかみち
15 嶝 一一五二

さかもり
13 飫 一五三三
16 燕 一〇七
23 讌 一〇九

さからう
7 忤 四六三
9 ○逆 二九八
10 ▼逆 二九八
11 牾 四六六

さかる
11 ○盛 八六一
12 ▼盛 八六一

さがる
3 ○下 一三

さかん
5 卉 二五九
6 △壮 九二九
7 ▼壯 九二九
8 △旺 一一四
昌 七四四
9 郁 四二
10 奘 九三六
晟 八五九
殷 六四
11 ▼晟 八五九
○盛 八六一
△隆 一五七一
12 ▼盛 八六一
翕 三一〇
▼隆 一五七一
14 赫 二〇一
15 曄 一五三五
16 熹 二八三
熾 六六六
17 懋 一四三三
19 藹 七
22 驕 三四四
29 △鬱 七六

さかんに
8 祁 二六七

さき
6 ○先 八九五
尖 八九七
9 △前 九一四
11 △埼 五六一
○崎 五六四
21 曩 一一六七

さぎ
24 鷺 一六二三

さきがけ
14 魁 一八四

さきに
6 △向 四七九
19 嚮 三四二
疇 一〇五〇
21 曩 一一六七

さきばらい
18 蹕 一二九八

サク
5 ○冊 五七〇
▼册 五七〇
7 ○作 五六四
9 ○削 五六五
○昨 五六五
○柵 五六六
柞 五六六
炸 五六六
10 朔 五六六
窄 五六六
○索 五六六
11 做 五六七
12 ○策 五六七
○酢 五六七
13 ○搾 五六七
△数 八三五
筴 三四〇
14 筰 五六八
嘖 五六八
愬 九二六
槊 五六八
15 ▼數 八三五
醋 五六八
16 縒 六三六
○錯 五六八
17 簀 五六八
22 齪 五六九
28 鑿 五六九

さく
8 剳 四四八
拆 一〇〇二
△放 一四〇〇
△析 八七六
9 ○咲 五六九
炸 五六六
10 △剖 一四一七
12 ○割 二二三
▼割 二二三
屠 一二一八
○裂 一六〇三
15 劈 一三七三
撕 八六九
磔 一〇〇二
17 擘 一二四三

さくら
10 ○桜 一一五
21 ▼櫻 一一五

さぐる
11 ○探 一〇一四
13 摸 一四七八
逭 一〇九七
16 諜 一〇六八

ざくろ
14 榴 一五七二

さけ
10 ○酒 六七八
17 鮭 四〇一
19 麴 二九三

さげがみ
14 髦 一四二〇

さけがめ
22 罎 一一八二

さげすむ
11 貶 一三八一
14 ○蔑 一三七六

さけぶ
5 ▼叫 三一八
△号 五一八
6 ○叫 三一八
12 △喚 二二四
喊 二二四
13 ▼號 五一八
14 嘖 五六八
16 噭 五一三

さける
8 拚 一二六三
9 炸 五六六
12 ○裂 一六〇三
13 躱 九七二
辟 一三七二
16 ○避 一二八六
17 ▼避 一二八六
19 △爆 一二四五

さげる
3 ○下 一三
12 ○提 一〇九五

さこ
11 谾 五六九

ささ
11 笹 五六九

ささえる
4 ○支 五九七

ささげる
11 捧 一四〇六
13 △献 四三〇
20 ▼獻 四三〇

さざなみ
14 漣 一六〇六

ささやか
11 △細 五五四

ささやく
18 聶 七六六
21 囁 七六七
ささら
12 筅 九〇四
17 簓 九一〇
ささる
8 ○刺 六〇九
さし
4 △尺 六六三
15 緡 一三一七
さじ
2 匕 一二七二
8 枇 一二七六
11 匙 六一七
さしあし
17 蹐 八八〇
さしがね
10 矩 三六九
▼矩 三六九
さしずばた
15 麾 二八二
さしはさむ
7 夾 三一九
9 △挟 三三二
10 ▼挾 三三二
△挿 九三六
珥 六三八
12 ▼插 九三六
16 縉 八〇九
さしまねく
15 麾 二八二
さしわたし
8 △径 三八八
10 ▼徑 三八八
さす
3 叉 五四一
4 △止 五九七
6 扠 五四二
8 ○刺 六〇九
△注 一〇四六
9 ○指 六一二
10 △射 六五七
○差 五四四
○挿 九三六
12 ▼插 九三六
14 箚 五七二
17 螫 八八〇
鍼 八一一
18 △鎖 五四七
さすが
13 遉 一〇九七
さすがに
13 遉 一〇九七
さずかる
11 ○授 六八二
さずける
11 ○授 六八二
さする
15 △摩 一四三六
17 △擦 五七三
さぞ
15 嘸 一三三六
さそう
14 ○誘 一五一五
さそり
15 蝎 二一六
蝲 一五四九
18 蠆 九八七
19 蠍 二一六
さだか
8 ○定 一〇八九
さだまる
8 ○定 一〇八九
さだめ
11 掟 七七六
12 △運 八〇
13 ▼運 八〇
さだめる
7 △折 八八二
8 ○定 一〇八九
9 △訂 一〇九二
11 △断 一〇二三
12 奠 一一一七
15 △蔽 一三七〇
18 ▼斷 一〇二三
20 騭 一〇七二
さち
8 ○幸 四八六
10 △祥 七四八
11 ▼祥 七四八
サツ
4 扎 五七〇
5 ○冊 五七〇
▼册 五七〇
○札 五七一
8 ○刷 五七一
○刹 五七一
9 ○拶 五七一
10 ○殺 五七一
11 剳 一一四五
▼殺 五七一
紮 五七二
14 ○察 五七二
箚 五七二
蔡 五六〇
颯 五七二
15 ○撮 五七二
撒 五七三
17 ○擦 五七三
薩 五七三
サッ
6 ○早 九一九
さつ
12 鈔 七五七
13 楮 一〇五二
ザツ
14 ○雑 五七三
18 ▼雜 五七三
さつき
11 皐 五〇二
さつまふじ
7 芫 四三九
さて
6 扠 五四二
扨 五七四
11 偖 六五七
さと
7 ○里 一五五六
11 △郷 三三九
12 △落 一五四七
13 ▼鄉 三三九
▼鄕 三三九
15 閭 一五七三
さとい
8 怜 一五九五
10 △哲 一一〇四
△敏 一三一六
11 ▼敏 一三一六
12 智 一〇三三
14 聡 九四七
15 慧 四〇〇
17 嶷 二九〇
▼聰 九四七
18 黠 二一六
さとうきび
14 蔗 六六〇
19 藷 七三二
さとす
12 △喩 一五〇三
16 ○諭 一五〇四
▼諭 一五〇四
20 譬 一二八七
さとり
12 △覚 一一九
20 ▼覺 一一九
さとる
2 △了 一五七三
10 ○悟 四六六
11 聆 一五九六
12 惺 八六二
△暁 三四六
△覚 一一九
13 △解 一八二
14 寤 四六七
15 諒 一五八一
16 ▼曉 三四六
諳 二四
20 ▼覺 一一九
さながら
8 △宛 一六
さなぎ
13 蛹 一五三四
さなだ
13 絛 一一五一
さね
5 △札 五七一
8 △実 六五一
10 △核 一九八
14 ▼實 六五一
さば
19 鯖 八七〇
23 鰺 八
さばく
10 捌 一二五〇
12 ○裁 五五七
16 磧 八七九
さばける
10 捌 一二五〇
さび
11 ○寂 六六七
15 銹 六九六

16 錆 七六四
さびしい
10 莫 一三九三
11 ○寂 六六七
淋 一五八四
12 △寒 二三五
愀 六九三
13 寞 二四四
14 寥 一五七九
さびる
11 △寂 六六七
15 銹 六九六
16 錆 七六四
さびれる
11 ○寂 六六七
さぶらう
8 △侍 六三五
10 △候 四九五
さま
14 △態 九八五
○様 一五三四
15 ▼樣 一五三四
さます
7 ○冷 一五九三
12 ○覚 一九九
16 △醒 八六九
20 ▼覺 一九九
さまたげる
7 ○妨 一四一四
13 碍 一九二
19 礙 一九四
さまよう
7 彷 一三九七
8 佯 一五二六
9 徊 一七三
11 徘 一二二六
逍 七五三
12 徨 五〇五
遥 一五三一
14 ▼遙 一五三一
さむい
6 沍 四四八
8 冽 一六〇二
9 洌 一六〇二
10 △凄 八五八
凊 八五九
11 淒 八六一
12 ○寒 二三五
13 滄 九四三
15 凜 一五八五
さむらい
3 △士 五九四
8 ○侍 六三五
さめ
17 鮫 五一六
さめる
7 ○冷 一五九三
12 ○覚 一九九
14 寤 四六七
15 褪 九八六
16 △醒 八六九
20 ▼覺 一九九
さや
8 苻 一三二六
10 莢 三三五
16 鞘 七六四
さやか
11 △清 八六〇
▼淸 八六〇
さら
5 ○皿 五七五
7 ○更 四八五
11 盒 五二二
13 △新 八〇六
さらい
8 杷 一三一六
さらう
10 浚 七一六
11 掠 一五六五
12 渫 八八六
17 濬 七一七
23 攫 二〇三
さらける
19 曝 一三四五
さらす
10 晒 五五二
11 晞 二七四
臬 三三八
14 △漂 一三〇六
15 △暴 一四二一
19 曝 一三四五
23 曬 五六一
さらばえる
19 曝 一三四五
さる
5 ○去 三一四
△申 七九〇
8 △狙 九一九
12 猴 五〇五
13 ○猿 一〇一二
△違 三一七
▼違 三一七
17 △謝 六六〇
ざる
10 笊 九三七
されこうべ
21 髏 一六一二
23 髑 一一七五
ざれる
15 △戯 二八九
17 ▼戲 二八九
さわ
7 ○沢 一〇〇〇
沛 一二三三
11 皐 五〇二
14 睾 五一一
16 ▼澤 一〇〇〇
17 隰 六五〇
18 藪 九五〇
さわがしい
15 閙 一二五三
16 噪 九四八
闃 五一四
20 譟 九五二
躁 九五二
さわぐ
15 閙 一二五三
16 噪 九四八
闃 五一四
18 擾 七七九
○騒 九五一
20 譟 九五二
躁 九五二
▼騷 九五一
さわす
15 醂 一五八六
ざわつく
18 △騒 九五一
20 ▼騷 九五一
さわやか
11 ○爽 九三七
さわら
13 椹 一〇七五
20 鰆 七一八
さわる
13 ○触 七八四
14 ○障 七六〇
20 ▼觸 七八四
サン
3 ○三 五七六
○山 五八一
6 汕 五八四
7 刪 五八四
△杉 八三七
8 芟 五八四
○参 五八四
戔 八九七
疝 八九七
衫 五八五
9 珊 五八五
閂 五八五
10 ○桟 五八五
○蚕 五八六
11 ▼參 五八四
○惨 五八六
△斬 五九三
○産 五八七
▼產 五八七
12 ○傘 五八七
孱 九〇三
○散 五八七
▼棧 五八六
跚 五八八
13 盞 五八八
粲 五八八
蒜 五八九
14 嶄 五九三
▼慘 五八六
○算 五八九
蔘 八〇八
○酸 五八九
15 撒 五七三
撰 九〇七
槧 五九三
潸 五九〇
潺 九〇八
糂 八二一
16 ○賛 五九〇
簒 五九〇
餐 五九〇
17 燦 五九〇
糝 五九〇

18 竄 五九三　簪 八一二　繖 五九〇　儳 五九四　19 ▼贊 五九〇　鏨 五九四　20 巉 五九四　懺 五九四　簒 五九一　霰 五九一　21 饌 九一二　驂 五九一　22 攢 五九一　讃 五九一　24 ▼蠶 五八六　讒 五九四　25 纘 五九一　27 鑽 五九一　29 爨 五九一

ザン

8 戔 八九七　10 ○残 五九二　11 ○惨 五八六　○斬 五九三

12 ▼殘 五九二　14 塹 五九三　嶄 五九三　▼慘 五八六　△漸 九一七　15 慙 五九三　○暫 五九三　槧 五九三　18 竄 五九三　19 儳 五九四　鏨 五九四　20 巉 五九四　懺 五九四　24 讒 五九四

さんしょううお

19 鯢 四〇五

【し】

シ

3 之 五九四　○士 五九四　○子 五九五　尸 五九六

巳 五九七　4 ○支 五九七　○止 五九七　○氏 五九八　5 ○仕 五九八　仔 五九九　卮 五九九　○史 五九九　○司 五九九　只 五九九　○四 六〇〇　○市 六〇一　○矢 六〇二　○示 六二八　6 弛 六〇三　○旨 六〇三　朿 六〇三　○次 六二九　此 六〇三　○死 六〇四　○糸 六〇五　○自 六三〇　○至 六〇六　△芝 六五三

7 ○伺 六〇六　△似 六三三　址 六〇六　○志 六〇七　孜 六〇七　沚 六〇七　○私 六〇七　豕 六〇八　阯 六〇八　8 ○使 六〇八　侈 六〇九　△侍 六三五　○刺 六〇九　呰 六〇九　○姉 六〇九　○始 六一〇　△抵 一〇九一　○枝 六一〇　泗 六一〇　○祉 六一〇　祀 六一一　○肢 六一一　苡 二一九　9 俟 六一一

咨 六一一　咫 六一一　○姿 六一一　屍 六一一　屎 六一二　○思 六一二　恃 六三六　○指 六一二　○施 六一三　△是 八四二　△柿 一九五　枳 二六七　▼祉 六一〇　△茨 五八　茲 六一四　10 △食 七八一　△差 五四四　○師 六一四　○恣 六一四　疵 六一五　眥 八五九　砥 六一五　祠 六一五　祗 六一五

○紙 六一五　翅 六一六　耆 二六九　○脂 六一六　舐 六一六　虒 六一六　蚩 六一六　偲 六一七　11 匙 六一七　徙 六一七　梓 六一七　梔 六一七　瓷 六一七　畤 六一七　笥 六一七　耜 六一七　○視 六一七　趾 六一八　啻 六一八　12 廁 六一八　弑 六一八　揣 六一八　斯 六一八　△滋 六三八

痣 六一九　竢 六一九　粢 六一九　▼絲 六〇五　○紫 六一九　▼視 六一八　覗 六二〇　觜 六二〇　○詞 六二〇　貲 六二〇　○歯 六二〇　13 ○嗣 六二一　嗜 六二一　嗤 六二三　塒 六二三　孳 六二八　滓 六二三　獅 六二三　肆 六二三　蒔 六二三　蓍 六二三　蜍 七三六　○詩 六二三　○試 六二三

○資 六二四　○飼 六二四　△漬 一〇八三　14 △磁 六三九　緇 六二四　○誌 六二四　○雌 六二四　▼飼 六二四　15 嘴 六二五　幟 六二五　廝 六二五　○摯 六二五　撕 八六九　○賜 六二五　△質 六五〇　輜 六二六　駟 六二六　駛 六二六　髭 六二六　魳 六二六　16 ▼齒 六二〇　熾 六二六　△積 八七九　篩 六二六

縒 六二六
○諮 六二七
謚 六二七
錙 六二七
錫 六六五
鴟 六二七
17 鮨 六二七
鵄 六二七
18 贄 六二七
19 △識 六四二
鯔 六二七
21 鰤 六二八
齎 八七〇
22 鷙 六二八

ジ
2 △二 一九三
5 弍 一九五
○仕 五九八
△尼 一九五
○示 六二八
6 ○地 一〇六
○字 六二八
○寺 六二八
△弐 一九五
○次 六二九
而 六二九
○耳 六二九
○自 六三〇
7 ○似 六三三
○児 六三三
8 ○事 六三四
○侍 六三五
▼兒 六三三
怩 六三五
○治 六三五
9 峙 六三六
恃 六三六
○持 六三六
茲 六一四
10 ○時 六三六
珥 六三八
○除 七三五
11 瓷 六一七
畤 六一七
痔 六三八
12 ○滋 六三八
▼貳 一九五
13 塒 六三三
孶 六三八
○慈 六三八
蒔 六三三
輀 六三九
○辞 六三九
雉 一〇三四
馳 一〇三五
14 爾 六三九
○磁 六三九
15 ○餌 六四〇
16 膩 六四〇
18 臑 六四〇
邇 六四〇
19 ○璽 六四〇
▼辭 六三九

じ
13 ○路 一六一〇

しあわせ
8 ○幸 四八六

シイ
12 弑 六一八

しい
12 △椎 一〇七七

しいする
12 弑 六一八

しいたげる
9 ○虐 二九八

しいて
16 憖 三六六

しいな
9 秕 一二七九

しいる
8 罔 一四八〇
11 ○強 三三五
12 詆 一〇九六
14 誣 一三三三
16 彊 三四一

しお
2 △入 一一九
6 汐 八七五
11 鹵 一六〇九
13 ○塩 一〇一
15 ○潮 一〇六六
24 ▼鹽 一〇一

しおから
9 胥 七三七
17 醢 一八六

しおからい
14 滷 一六一〇
20 鹹 二五一

しおき
6 △刑 三八七

しおけ
20 鹹 二五一
24 鹼 四三七

しおち
11 鹵 一六〇九

しおつち
18 瀉 六六一

しおり
10 栞 三三一
15 撓 一一六

しおれる
11 △萎 三四

しか
11 ○鹿 六四一

じか
8 △直 一〇六九

しかし
8 △併 一三六七
10 ▼併 一三六七
12 △然 九一七

しかして
6 而 六二九

しかと
14 聢 六四二
15 △確 二〇二

しかばね
3 尸 五九六
9 屍 六一一

しかめる
18 蹙 七一〇
19 嚬 一三一五
24 顰 一三一五

しかも
6 而 六二九
12 △然 九一七

しがらみ
9 △柵 五六六

しかり
9 兪 一五〇三
12 △然 九一七

しかる
5 ○叱 六四六
8 呵 一四四
咄 一七五
9 咤 九七二
11 △喝 二一三
12 ▼喝 二一三
訶 一五三
詆 一〇九六
14 誚 七六〇
16 嘯 七六三

しかるに
6 而 六二九

しかれども
6 而 六二九

シキ
4 仄 九五六
6 ○式 六四二
○色 七八〇
9 △拭 七八一
18 ○織 七八五
△職 七八五
19 ○識 六四二

しぎ
16 鴫 六四二
23 鷸 五八

ジキ
8 ○直 一〇六九
9 ○食 七八一

しきい
16 閾 四一

しきがわら
14 甃 六九六
16 甎 九一〇
18 甓 一三七四

しきみ
11 梱 五三七
梻 六四三
13 壼 五三九
軾 七八四
15 樒 一四五五

しきもの
9 茵 六三

しきりに
4 仍 七七一
9 荐 九〇一
10 △連 一六〇三
11 △累 一五九〇
▼連 一六〇三
16 △薦 九一〇
▼頻 一三一四
17 △頻 一三一四

しきる
16 ▼頻 一三一四
17 △頻 一三一四
しく
5 △布 一三一四
6 △如 七三二
8 △若 六六六
9 △施 六一三
衍 九八
13 溥 一三三三
△頒 一二六七
15 播 一二一九
○敷 一三三三
△舗 一三九一
▼舖 一三九一
鋪 一三九一
16 △薦 九一〇
17 藉 六六〇
20 △籍 八八一
ジク
6 △肉 一一九五
7 宍 一一九六
忸 六四三
8 竺 一一六八
10 衄 六四三
△逐 一〇三七
11 舳 六四三
▼逐 一〇三七
12 ○軸 六四三
しぐさ
9 △科 一四八
しげる
6 阡 八九七
8 ○茂 一四七八
9 茲 六一四
茸 七七四
12 △滋 六三八
葆 一三八九
13 孳 六三八
稠 一〇四九
蒼 九四四
14 蔭 六七
15 蕃 一二七二
蕪 一三三七
16 △繁 一二六八
薈 一六二八
17 ▼繁 一二六八
29 △鬱 七六
しこ
17 △醜 六九七
しごく
6 △扱 一五
7 ▼扱 一五
しごとば
15 廠 七六一
しこり
13 痼 四五七
16 △凝 三四七
しころ
16 錏 四
錣 一一〇六
20 鐚 四
しさる
9 △退 九八一
10 ▼退 九八一
11 逡 七七
しし
6 △肉 一一九五
7 宍 一一九六
11 猊 四〇四
13 獅 六三二
15 貎 四〇四
16 △獣 七〇五
19 ▼獸 七〇五
しじ
14 榻 一一五二
じじ
9 △祖 九二〇
10 ▼祖 九二〇
13 爺 一四九五
ししびしお
17 醢 一八六
18 醤 七六六
しじみ
13 蜆 四三二
しず
14 ○静 八六八
15 賤 九〇八
16 ▼靜 八六八
しずか
9 恬 一一一三
11 △寂 六六七
12 惺 八六二
△間 二三八
△閑 二三九
13 寘 二四四
14 寥 一五七九
○静 八六八
16 澹 一〇二〇
蕭 七六四
▼靜 八六八
17 謐 二九八
闃 四〇八
しずく
10 涓 四二四
11 雫 九七四
14 ○滴 一一〇一
19 瀝 一六〇一
しずまる
14 ○静 八六八
16 ▼靜 八六八
18 ○鎮 一〇七六
▼鎭 一〇七六
しずむ
7 ○沈 一〇七二
汨 一三七四
△没 一四三〇
▼沒 一四三〇
11 淪 一五八五
12 湮 六六
湛 一〇一六
湎 一三八六
しずめる
7 ○沈 一〇七二
14 ○静 八六八
16 ▼靜 八六八
18 ○鎮 一〇七六
▼鎭 一〇七六
した
3 ○下 一三
6 ○舌 八八九
18 簀 五一六
したう
14 ○慕 一三九四
したうち
8 咄 一一七五
9 咤 九七二
したがう
6 △伏 一三四二
8 △服 一三四二
9 徇 七一九
10 ○従 七〇四
△殉 七一九
11 婉 九九
▼從 七〇四
扈 四五五
△率 九六五
△陪 一二二一
12 △循 七二〇
△随 八三三
△順 七二一
13 跟 五三九
14 ▼賓 一三一四
15 △賓 一三一四
△遵 七二三
16 ▼遵 七二三
▼隨 八三三
△隷 一五九八
17 ▼隸 一五九八
18 蹤 七六六
したがえる
10 ○従 七〇四
11 ▼從 七〇四
したがき
15 △稿 五二三
したしい
16 ○親 八一〇
したしむ
16 ○親 八一〇
したたか
11 △健 四二四
△強 三三五
したためる
14 △認 一二〇三
したたらせる
14 漉 一六二三
したたり
18 霤 一五七二
したたる
11 淋 一五八四
13 溜 一五七一
14 ○滴 一一〇一
漓 一五五九
19 瀝 一六〇一
したばかま
14 褌 五三九
したやく
12 掾 一〇〇
しだれる
6 朶 九七三
8 △垂 八二七
シチ

2 ○ 七 六四四
5 △ 叱 六四六
15 ○ 質 六五〇

シツ
2 △ 七 六四四
5 ○ 叱 六四六
○ 失 六四六
8 △ 卓 一〇〇一
9 ○ 室 六四七
10 桎 六四七
○ 疾 六四七
11 ○ 執 六四八
悉 六四八
12 ○ 湿 六四九
蛭 六四九
13 ○ 嫉 六四九
瑟 六四九
14 ○ 漆 六四九
15 △ 膝 一二九四
蝨 六五〇
○ 質 六五〇
16 嘯 七六三
17 ▼ 濕 六四九
蟋 六五〇
隰 六五〇
19 櫛 六五一
20 騭 一〇七三

ジツ
4 ○ 日 一一九七
8 ○ 実 六五一
9 昵 六五二
衵 六五二
14 ▼ 實 六五一

ジッ
2 ○ 十 六九九

しっかり
15 △ 確 二〇三

しつけ
16 躾 六五三

しつらえる
11 △ 設 八八五

しで
8 △ 垂 八二七

しと
7 △ 尿 一二〇一

しとぎ
12 粢 六一九

しとね
9 茵 六三
11 袵 八一九
13 蓐 七八六
15 褥 七八六

しとみ
14 蔀 一四一〇

しとやか
11 婉 九九
△ 淑 七〇八

しな
9 ○ 品 一三二三
△ 科 一四八
△ 級 三〇七
10 ▼ 級 三〇七
12 △ 階 一八一

しなう
15 撓 一一六六

しなびる
11 △ 萎 三四

しなやか
5 冉 九二三
10 娟 四三三
娜 九七四
12 靭 八二〇
13 嫋 七七七
17 △ 繊 九一〇
23 ▼ 纖 九一〇

しぬ
6 ○ 死 六〇四
7 △ 没 一四三〇
▼ 沒 一四三〇
8 殂 九一九
殁 一四三〇
13 隕 六〇七
14 殞 六〇七
16 殪 八九
薨 五一四
18 斃 一三七一

しの
17 篠 七六五

しのぎ
18 鎬 五一六

しのぐ
10 凌 一五七六
11 △ 陵 一五七八
15 駕 一六六

しのだけ
13 筱 七五八
14 箘 三六三

しのばせる
7 ○ 忍 一二〇三
▼ 忍 一二〇三

しのびごと
13 誄 一五九一

しのぶ
7 ○ 忍 一二〇三
▼ 忍 一二〇三
10 荵 一二〇三
11 偲 六一七
14 △ 慕 一三九四

しのぶぐさ
10 荵 一二〇三

しば
6 ○ 芝 六五三
9 柴 五三一
15 蕘 七七八
17 篳 一二九八

しばし
15 △ 暫 五九三
16 霎 七六四

しばしば
9 亟 三四九
荐 九〇一
13 △ 数 八三五
14 屢 一五八九
15 ▼ 數 八三五
24 驟 六九八

しばたく
17 ▼ 瞬 七一八
18 △ 瞬 七一八

しばたたく
17 ▼ 瞬 七一八
18 △ 瞬 七一八

しばらく
4 △ 少 七四〇
5 △ 且 二一七
8 姑 四四九
9 臾 一五〇三
11 △ 頃 五三三
12 △ 須 八二三
15 △ 暫 五九三

しばる
11 梏 五二七
△ 累 一五九〇
12 絏 八八六
16 ○ 縛 一二四四
17 縻 一二九三
縲 一五九一

しび
17 鮪 四〇

しびれ
13 痺 一二八四
痲 一四三六

しびれる
11 △ 麻 一四三五
13 痿 三六
痹 一二八四
痺 一二八四
痲 一四三六

しぶ
11 ○ 渋 七〇四
15 ▼ 澁 七〇四

しぶい
11 ○ 渋 七〇四
15 ▼ 澁 七〇四

しぶき
8 沫 一四四四
18 瀑 一二四五

しぶる
11 ○ 渋 七〇四
14 慳 四三三
15 ▼ 澁 七〇四

しべ
15 蕊 八三四

しぼむ
10 凋 一〇五七
11 △ 萎 三四

しぼり
21 纈 四〇九
纐 五一七

しぼりぞめ
21 纈 四〇九

しぼる
12 ○ 絞 五〇六
13 ○ 搾 五六七

しま
6 △ 州 六八五
9 洲 六八七
10 ○ 島 一二四三
14 嶋 一二五二
16 嶼 七三一
縞 五一三

しまう
2 △ 了 一五七三

11 △終 六九一 ▼終 六九一
しまる 11 ○閉 一三六九 12 ○絞 五〇六 15 ○締 一〇九七
しみ 9 ○染 八九九 12 犂 一五五八 24 蠹 一一三〇
しみる 7 沁 七九一 9 ○染 八九九 10 △凍 一一四一 △浸 七九八 14 滲 八〇八
しめ 15 △標 一三〇六
しめす 5 ○示 六二八 7 △呈 一〇八八 12 ○湿 六四九 16 諜 一〇六八 17 ▼濕 六四九

22 覿 一一〇三
しめる 5 ○占 八九五 11 ○閉 一三六九 12 ○湿 六四九 ○絞 五〇六 15 △緊 三六三 ○締 一〇九七 17 ▼濕 六四九
しも 3 ○下 一一三 17 ○霜 九五〇
しもがさ 11 痔 六三八
しもと 11 笞 一〇三三 13 楚 九二五
しもべ 5 △台 九九七 7 皁 九三一 8 △卒 九六四 10 俾 一二八〇 奚 三九一 12 ▼虜 一五七三

13 △虜 一五七三 14 僮 一一六五 △僕 一四一八 臧 九五五 ▼臺 九九七 16 △隸 一五九八 17 ▼隸 一五九八
しもやしき 9 △荘 九三五 10 ▼莊 九三五 11 ▼莊 九三五 14 墅 七一九
シャ 3 叉 五四一 5 ○写 六五五 7 △沙 五四二 ○社 六五五 ○車 六五五 ▼邪 六六一 8 姐 九一八 炙 六五六 ▼社 六五五 ○者 六五六 ○舎 六五六

▼舎 六五六 △邪 六六一 9 △卸 一二八 柘 六五七 洒 五五一 ○砂 五四三 ▼者 六五六 10 △借 六六四 娑 五四四 ○射 六五七 紗 五四四 11 偖 六五七 ○捨 六五七 ▼捨 六五八 ○斜 六五八 ○赦 六五八 這 六五八 12 奢 六五九 ○煮 六五九 畬 一五二三 13 ▼煮 六五九 鉈 六五九 14 蔗 六六〇 ○遮 六六〇

15 ▼寫 六五五 ▼遮 六六〇 16 ▼赭 六六〇 17 藉 六六〇 ○謝 六六〇 18 瀉 六六一 21 麝 六六二 22 灑 五五一 鷓 六六一
ジャ 7 △社 六五五 ▼邪 六六一 8 ▼社 六五五 ○邪 六六一 11 ○蛇 六六一 12 惹 六六八 17 闍 一一三〇 21 麝 六六二
シャク 3 勺 六六二 4 ○尺 六六二 5 ○石 八七三 6 妁 六六三 芍 六六三

7 △折 八八二 杓 六六三 灼 六六四 8 ○赤 八七五 ○昔 八七六 9 斫 六六四 10 ○借 六六四 迹 八七七 ○酌 六六四 ▼酌 六六四 11 △惜 八七八 △責 八七八 ○釈 六六五 13 △跡 八七九 14 綽 六六五 16 △積 八七九 錫 六六五 17 ○爵 六六五 踖 八八〇 18 ▼爵 六六五 蹟 八八〇 19 爍 六六六 繳 六六六 20 ▼釋 六六五

21 嚼 六六六 癪 六六六 23 鑠 六六六
しゃく 10 笏 五二〇
ジャク 5 △石 八七三 8 ○若 六六六 10 ○弱 六六七 ▼弱 六六七 11 ○寂 六六七 △笛 一一〇一 △著 一〇五一 雀 六六八 12 惹 六六八 ○着 一〇四〇 ▼著 一〇五一 13 搦 六六八 蒻 六六九 ▼著 一〇五一 19 鵲 六六九 20 △籍 八八一 21 鶸 六六九
しゃくう

7 杓 六六三
しゃくり 16 噦 一四
しゃくる 16 噦 一四
じゃこうじか 21 麝 六六二
しゃち 19 鯱 六六九
しゃちほこ 19 鯱 六六九
しゃっくり 16 噦 一四
しゃべる 12 喋 一〇六一 喃 一一九一
しゃも 20 鶤 五四一
しゃれこうべ 21 髏 一六一二 23 髑 一一七五
シュ 4 ○手 六六九 5 ○主 六七三

6 ○守 六七四
○朱 六七五
△舟 六八五
8 侏 六七五
○取 六七五
9 烓 六七六
○狩 六七六
茱 六七六
○首 六七六
10 ○修 六八九
△株 二一八
○殊 六七七
○珠 六七七
芻 八三五
○酒 六七八
11 娶 六七九
娵 九三八
掫 九三八
陬 八三五
12 棕 六七九
蛛 一〇四一
○衆 六九三
△須 八三三
13 △数 八三五
溲 六九五
○腫 六七九
鄹 八三六
14 ○種 六七九
銖 六八〇
15 撞 一一五二
▼數 八三五
諏 六八〇
○趣 六八〇
△鋳 一〇四九
16 △輸 一五〇四
▼輸 一五〇四
麈 六八〇
17 趨 八三六
20 繻 六八〇
△鐘 七六七
22 ▼鑄 一〇四九
鬚 六八〇

ジュ
2 △入 一一九
6 戍 六八〇
7 ○寿 六八一
8 △乳 一二〇〇
▼乳 一二〇〇
○受 六八一
○呪 六八二
10 ○従 七〇四
11 ▼從 七〇四
○授 六八二
△訟 七五二
12 ○就 六九三
13 竪 六八二
頌 七五九
14 ▼壽 六八一
綬 六八三
聚 六九六
誦 七六〇
銖 六八〇
○需 六八三
16 ○儒 六八三
儔 一〇五〇
○樹 六八三
17 嬬 六八四
孺 六八四
懦 九七六
濡 六八四
18 臑 六四〇
19 襦 六八四
20 繻 六八〇
蠕 九一八
23 顬 六八四
鷲 六九八

シュウ
4 ○収 六八四
5 ▼充 七〇一
○囚 六八五
△汁 七〇一
6 △充 七〇一
○州 六八五
▼收 六八四
○舟 六八五
7 ○秀 六八六
8 △呪 六八二
○周 六八六
▼周 六八六
○宗 六八七
岫 六八七
帚 九三一
泅 六八七
9 ○拾 六八七
柊 六八七
洲 六八七
○祝 七〇七
○秋 六八八
○臭 六八九
酋 六八九
10 ○修 六八九
▼祝 七〇七
▼臭 六八九
○袖 六九〇
11 售 六九一
○執 六四八
娶 六七九
△崇 八三五
掫 九三八
△渋 七〇四
○終 六九一
▼終 六九一
○羞 六九二
○習 六九二
▼習 六九二
脩 六九二
菘 八三五
○週 六九二
12 啾 六九三
○就 六九三
愀 六九三
揖 一五二三
湫 六九三
△痩 九四一
萩 六九三
葺 六九三
○衆 六九三
▼週 六九二
○集 六九四
13 嵩 八三五
○愁 六九五
楸 六九五
楫 六九五
楢 一五一五
溲 六九五
綉 六九五
蒐 六九五
遒 六九六
○酬 六九六
14 慴 七六〇
甃 六九六
箒 九四五
聚 六九六
15 ▼澁 七〇四
▼痩 九四一
皺 六九六
緝 六九六
△踪 九四八
銹 六九六
16 褶 一〇六八
輯 六九六
17 螽 六九七
○醜 六九七
鍬 七六六
隰 六五〇
18 鞦 六九七
19 繡 六九七
○蹴 六九七
20 鰍 六九八
鰌 六九八
21 龝 六九八
22 ○襲 六九八
23 讐 六九八
鷲 六九八
24 驟 六九八

ジュウ
2 △入 一一九
○十 六九九
4 ○中 一〇四二
什 七〇〇
廿 七〇一
5 ▼充 七〇一
○汁 七〇一
6 ○充 七〇一
戎 七〇一
7 ○住 七〇一
忸 六四三
狃 七〇二
9 ○拾 六八七
○柔 七〇二
○重 七〇二
10 ○従 七〇四
紐 一〇四八
11 ▼從 七〇四
○渋 七〇四
△習 六九二
▼習 六九二
12 揉 七〇五
絨 七〇五
鈕 一〇四九
14 ○銃 七〇五
15 ▼澁 七〇四

粿 七〇五　16 ○獣 七〇五　○縦 七〇六　蹂 七〇六　△頭 一二五四　17 ▼縦 七〇六　18 鞣 七〇六　19 ▼獣 七〇五

しゅうと　8 姑 四四九　13 舅 三一〇

しゅうとめ　8 姑 四四九

シュク　6 夙 七〇六　8 ○叔 七〇七　9 ○祝 七〇七　10 俶 七〇七　▼祝 七〇七　11 ○宿 七〇七　○淑 七〇八　倏 七〇九　○粛 七〇九　菽 七〇九　12 粥 七〇九　13 ▼肅 七〇九　14 蓿 七〇九　15 槭 八七九　17 ○縮 七〇九　謖 七八五　18 蹙 七一〇　19 △蹴 六九七　22 鬻 四二　齪 五六九

ジュク　11 孰 七一〇　14 ○塾 七一〇　15 ○熟 七一〇

しゅくば　11 △郵 一五二一

シュツ　5 ○出 七一一　朮 七一四　8 △卒 九六四　9 恤 七一四　11 △率 九六五　△術 七一四　17 蟀 七一三　20 齣 七一三

ジュツ　5 朮 七一四　6 戌 七一四　8 ○述 七一四　9 恤 七一四　▼述 七一四　11 ○術 七一四

シュン　6 ○旬 七一九　7 吮 八九七　9 ○俊 七一四　徇 七一九　恂 七一九　○春 七一五　洵 七一九　荀 七一九　10 △准 七一九　峻 七一六　悛 七一六　浚 七一六　隼 七一六　11 逡 七一七　12 皴 七一七　竣 七一七　筍 七二一　▼舜 七一七　13 惷 七一七　△準 七二三　舜 七一七　詢 七二三　遁 一一八〇　雋 七一七　馴 七二三　14 蓴 七二三　15 儁 七一七　蕣 七一七　諄 七二三　△遵 七二三　醇 七二三　16 ▼遵 七二三　17 濬 七一七　▼瞬 七一八　駿 七一七　18 ○瞬 七一八　19 蹲 九六九　20 鰆 七一八　21 蠢 七一八

ジュン　6 ○巡 七一八　○旬 七一九　7 ▼巡 七一八　9 徇 七一九　恂 七一九　洵 七一九　○盾 七一九　荀 七一九　10 ○准 七一九　○殉 七二〇　○純 七二〇　隼 七一六　11 惇 七二〇　淳 七二〇　12 ○循 七二〇　筍 七二一　閏 七二一　○順 七二一　13 楯 七二一　○準 七二三　詢 七二三　遁 一一八〇　馴 七二三　14 蓴 七二三　15 ○潤 七二三　諄 七二三　○遵 七二三　醇 七二三　16 ▼遵 七二三　19 鶉 七二三

じゅんさい　8 茆 一四一六　14 蓴 七二三

ショ　5 △且 二一七　○処 七二四　7 疋 一二九七　○初 七二四　8 抒 七二四　咀 九一八　○所 七二五　▼所 七二五　杵 七二六　沮 七二七　苴 七二七　9 俎 九一九　胥 七二七　10 恕 七二五　○書 七二七　梳 九二〇　疽 七二八　砠 七二八　11 ○庶 七二八　渚 七二八　▼處 七二四　蛆 七二八　△野 一四九二　12 ○暑 七二八　▼渚 七二八　△疎 九二四　疏 九二五　絮 七三六　舒 七三六　詛 七二九　黍 七二九　13 ▼暑 七二八　○署 七二九　睢 七二九　鼠 九二六　14 墅 七二九　○緒 七二九　▼署 七二九　蔗 六六〇　蔬 九二六　15 ▼緒 七二九　○諸 七三〇　鋤 七三六　16 嶼 七三一　▼諸 七三〇　17 曙 七三一　薯 七三一　18 ▼曙 七三一　19 藷 七三一　20 齟 九二七

ジョ　3 ○女 七三一　6 ○如 七三二　汝 七三三　7 ○助 七三三　○序 七三四　抒 七三四　8 杼 一〇五一　9 ○叙 七三四　茹 七三五　10 ○徐 七三五

恕 七三五
○除 七三五
11 ▼敍 七三四
12 絮 七三六
舒 七三六
13 勦 七三六
蜍 七三六
15 鋤 七三六
17 薯 七三一

ショウ

3 ○上 七六八
○小 七三六
4 ○井 八四二
○升 七四〇
○少 七四〇
5 ○召 七四一
○正 八四四
○生 八四六
6 丞 七四一
○匠 七四一
庄 七四一
7 劭 七四二
○声 八五二
妝 九三〇
○床 七四二
○抄 七四二
○肖 七四二
▼肖 七四二
8 梛 九三一
妾 七四三
○姓 八五三
○尚 七四三
▼尚 七四三
○性 八五四
○招 七四三
○承 七四三
○昇 七四四
昌 七四四
○松 七四四
○沼 七四五
炒 七四五
牀 七四五
邵 七四五
○青 八五四
▼青 八五四
9 △乗 七七二
△咲 五六九
庠 七四五
拯 七七三
○政 八五七
○昭 七四五
○星 八五七
○省 八五八
○相 九三二
△荘 九三五
10 ▼乘 七七二
倡 七四六
哨 七四六
○宵 七四六
▼宵 七四六
○将 七四六
峭 七四七
○従 七〇四
悚 七四七
悄 七四七
○消 七四七
▼消 七四七
浹 七四八
▼渉 七五一
烝 七七四
○症 七四八
○祥 七四八
○称 七四九
秤 七四九
○笑 七四九
▼莊 九三五
蚣 四九八
陞 七五〇
11 ○商 七五〇
○唱 七五一
娼 七五一
▼將 七四六
▼從 七〇四
捷 七五一
△接 八八四
旌 八五九
梢 七五一
○渉 七五一
淒 七五一
淌 七五二
○清 八六〇
▼清 八六〇
猖 七五二
▼祥 七四八
○章 七五二
笙 七五二
○紹 七五二
春 七五二
菖 七五二
菁 八六二
▼莊 九三五
○訟 七五二
逍 七五三
12 ○勝 七五三
▼勝 七五三
廂 七五三
愀 六九三
○掌 七五三
敞 七五四
○晶 七五四
椒 七五四
棲 七五四
湫 六九三
湘 七五四
△湯 一二四八
○焼 七五四
○焦 七五五
猩 八六三
甥 八六三
○硝 七五五
▼硝 七五五
稍 七五六
竦 七五六
○粧 七五六
翔 七五六
▼翔 七五六
△葉 一五三二
○装 九四一
○証 七五六
○詔 七五七
○象 七五七
鈔 七五七
13 ○傷 七五七
剿 九四二
勦 九四二
○奨 七五八
△摂 八八六
搶 九四三
楫 六九五
○照 七五八
睫 七五八
筱 七五八
筲 九四三
△聖 八六四
△腫 六七九
腥 八六五
蛸 七五八
▼裝 九四一
○詳 七五九
鉦 八六六
頌 七五九
14 △像 九五四
嘗 七五九
▼奬 七五八
嶂 七五九
○彰 七五九
慴 七六〇
慵 一五三四
摺 七六〇
摏 七六〇
△種 六七九
▼稱 七四九
箏 九四五
○精 八六六
▼精 八六六
蔣 七六〇
裳 七六〇
誚 七六〇
誦 七六〇
○障 七六〇
韶 七六一
15 廠 七六一
○憧 七六一
慫 七六一
憔 七六一
樟 七六一
樅 七六一
橾 九四八
殤 七六一
漿 七六一
璋 七六二
瘡 九四八
△箱 一二四六
蕉 七六二
○衝 七六二
△請 八六九
▼請 八六九
諍 九四八
○賞 七六二
銷 七六三
霄 七六三
餉 七六三

16 嘯 七六三　樵 七六三　橡 七六三　橦 一一五四　▼燒 七五四　瘴 七六三　△縦 七〇六　蕭 七六四　薔 七六四　踵 七六四　錆 七六四　霎 七六四　鞘 七六四
17 ○償 七六四　燮 七六五　檣 七六五　牆 七六五　○礁 七六五　篠 七六五　▼縱 七〇六　聳 七六五　▼聲 八五二　襄 七七九　蹌 九四九　鍬 七六六　鍾 七六六
18 聶 七六六　觴 七六六　蹤 七六六　醬 七六六　鎗 九五一　鬆 七六六　鮹 七六七
19 瀟 七六七　簫 七六七　艢 七六七　▼證 七五六　鏘 七六七　鯖 八七〇
20 ○鐘 七六七
21 囁 七六七　懾 七六七　▼攝 八八七
22 鱆 七六七
23 鷦 七六七
26 鱶 七六八
27 顳 七六八

ジョウ
3 ○上 七六八　○丈 七七〇
4 仍 七七一　○冗 七七一
5 仗 七七一
6 丞 七四一　△兆 一〇五四　○成 八五〇
7 ▼成 八五〇　○条 七七一　杖 七七二　○状 七七二
8 ○定 一〇八九　帖 一〇五五　▼狀 七七二　△長 一〇五五
9 ○乗 七七二　○城 七七二　拯 七七三　○浄 七七三　茸 七七四　△貞 一〇九二
10 ▼乘 七七二　▼城 七七二　奘 九三六　△娘 一四六五　烝 七七四
11 ○剰 七七四　○常 七七四　○情 七七五　▼情 七七五　掟 七七六　▼條 七七一　▼淨 七七三　○盛 八六一
12 ▼剩 七七四　○場 七七七　○畳 七七七　▼盛 八六一
13 嫋 七七七　△溺 一一〇三　牒 一〇六三　絛 一一五一　○蒸 七七七　△誠 八六五
14 嘗 七五九　滌 一一〇三　▼誠 八六五　○静 八六八
15 ○縄 七七八　蕘 七七八　諚 七七八　鄭 一〇九八
16 ○壌 七七八　○嬢 七七八　橈 一一六六　△濃 一二二三　遶 七七八　○錠 七七八　▼靜 八六八
17 嬲 七七九　襄 七七九
18 擾 七七九　穣 七七九　繞 七七九　聶 七六六　蟯 三四七
19 瀞 八七〇　▼繩 七七八
20 ▼壤 七七八　▼孃 七七八　攘 七七九　○譲 七七九　○醸 七七九
21 囁 七六七　饒 七八〇
22 ▼疊 七七七　禳 七八〇　▼穰 七七九
24 ▼讓 七七九　▼釀 七七九
25 躡 七八〇
26 鑷 七八〇
27 顳 七六八　驤 七八〇

じょう
4 允 六一
11 △尉 三一
12 掾 一〇〇

しょうが
16 薑 三四二

しょうのふえ
11 笙 七五二
19 簫 七六七

しょうぶ
11 菖 七五二

ショク
4 仄 九五六
6 △式 六四二　○色 七八〇
7 △即 九五六
8 昃 七八一
9 ▼卽 九五六　▼即 九五六　○拭 七八一　○食 七八一
11 △側 九六〇　埴 七八二
12 喞 七八三　寔 七八三　△属 九六二　惻 九六一　○植 七八三　○殖 七八三　粟 九六三
13 嗇 七八三　△続 九六三　蜀 七八三　○触 七八四　軾 七八四　○飾 七八四
14 ▼飾 七八四
15 ○嘱 七八四　禝 七八五　稷 七八五　蝕 七八五
16 薔 七六四
17 燭 七八五　謖 七八五
18 穡 七八五　○織 七八五　○職 七八五
19 △識 六四二
20 ▼觸 七八四
21 ▼屬 九六二　▼續 九六三
22 贖 七八六
24 ▼囑 七八四
26 矚 七八六

ジョク
10 △匿 一一六八　○辱 七八六
13 溽 七八六　蓐 七八六

15 褥 七八六
16 △濁 一〇〇三
縟 七八六
しら
5 ○白 一二三三
しらかげ
21 驃 一三〇八
しらげよね
13 粲 五八八
しらげる
14 △精 八六六
▼精 八六六
じらす
12 △焦 七五五
しらせ
9 △訃 一三一七
しらせる
8 △知 一〇三〇
12 △報 一四〇七
しらべる
8 △劾 一九〇
9 按 二二
△査 五四三
12 △検 四二七

13 △詮 九〇五
15 △監 二四五
○調 一〇六七
▼調 一〇六七
17 ▼檢 四二七
18 鞫 二九三
19 覈 二〇三
しらみ
15 蝨 六五〇
しり
5 ○尻 七八七
9 △後 四六三
17 臀 一一二四
しりがい
9 紂 一〇四八
18 鞦 六九七
しりごみする
13 遁 一一八〇
しりぞく
7 △却 二九六
9 ○退 九八一
10 ▼退 九八一
11 屛 一三六八
逡 七一七

しりぞける
5 △斥 八七二
7 △却 二九六
9 ○退 九八一
10 ▼退 九八一
11 屛 一三六八
貶 一三八一
17 擯 一三一四
黜 一〇五〇
21 鐫 九一二
闢 一三七四
しりのあな
7 肛 四八六
しる
5 ○汁 七〇一
8 ○知 一〇三〇
9 △津 七九六
11 △液 九二
14 △察 五七二
15 漿 七六一
18 瀋 八二三
19 △識 六四二
しるし
6 ○印 六二

8 △表 一三〇三
10 △症 七四八
11 △章 七五三
13 瑞 八三四
14 △徴 一〇六四
幟 六二五
▼徵 一〇六四
△標 一三〇六
17 徽 二八三
18 △験 四三六
19 △璽 六四〇
23 ▼驗 四三六
24 識 八一三
しるす
6 △印 六二
7 △志 六〇七
9 △紀 二六七
10 ○記 二七〇
12 △款 二三七
13 △署 七二九
△載 五五九
14 箚 五七二
▼署 七二九
△誌 六二四

△銘 一四七二
15 △標 一三〇六
16 △録 一六二三
▼錄 一六二三
19 △識 六四二
△譜 一三三四
しるべ
15 △導 一一六五
△標 一三〇六
16 ▼導 一一六五
しれる
13 △痴 一〇三三
19 ▼癡 一〇三三
じれる
12 △焦 七五五
しろ
5 ○代 九九六
○白 一二三三
9 ○城 七七二
10 ▼城 七七二
しろい
5 ○白 一二三三
10 △素 九二〇
△華 一一五一

11 晧 五〇二
皎 三三八
12 皓 五〇六
▼皓 五〇六
▼華 一一五一
13 晳 八七八
15 皚 一九三
18 鵠 五一六
しろがね
14 △銀 三六五
19 鏐 一五七二
20 鐐 一五八二
しろぎぬ
8 帛 一二三八
16 縞 五一三
しろつち
11 堊 三
しろみず
15 潘 二六七
しわ
12 皺 七一七
15 皺 六九六
19 襞 一三七四
しわい

7 吝 一五八三
しわがれる
13 嗄 五四六
しわぶき
9 咳 一九〇
18 謦 四〇一
しわぶく
9 咳 一九〇
しわむ
15 皺 六九六
しわる
15 撓 一一六六
シン
4 ○心 七八八
5 ○申 七九〇
7 ○伸 七九一
岑 七九一
忱 七九一
沁 七九一
○臣 七九一
○芯 七九二
○身 七九二
○辛 七九三
辰 七九四

8 △参 五八四
呻 七九四
抻 七九四
△枕 一四四〇
9 ○信 七九四
○侵 七九五
▼侵 七九五
哂 七九六
怎 九一九
○津 七九六
矧 七九六
○神 七九六
10 ○唇 七九八
○娠 七九八
宸 七九八
○振 七九八
晋 七九八
▼晉 七九八
○浸 七九八
眕 七九九
疹 七九九
○真 七九九
▼眞 七九九
▼神 七九六

秦 八〇一
袗 八〇一
訊 八一九
○針 八〇一
11 ▼參 五八四
晨 八〇二
○深 八〇二
△清 八六〇
▼清 八六〇
○紳 八〇三
脣 八〇三
○進 八〇三
12 ○森 八〇四
○診 八〇四
軫 八〇四
▼進 八〇三
13 嗔 八〇四
○寝 八〇四
○慎 八〇五
▼愼 八〇五
斟 八〇六
○新 八〇六
罧 八〇七
△腎 八二〇
蓁 八〇七
蜃 八〇八
14 ▼寢 八〇五
榛 八〇八
槙 八〇八
▼槇 八〇八
滲 八〇八
蔘 八〇八
賑 八〇八
15 ○審 八〇八
潭 一〇一九
瞋 八〇九
箴 八〇九
蕈 八〇九
○請 八六九
▼請 八六九
○震 八〇九
16 縉 八〇九
臻 八〇九
○薪 八〇九
○親 八一〇
17 縿 五九〇
鍼 八一二
駸 八一三
齔 八二三
18 瀋 八二三
簪 八二三
19 譖 八二三
20 鐔 一〇二一
21 襯 八二三
贐 八二二
鷏 八二三
23 鱏 八二二
24 讖 八二三
ジン
2 ○人 八一三
3 ○刃 八一七
4 ○仁 八一七
壬 八一七
5 仞 八一七
6 △任 一二〇二
○尽 八一七
○迅 八一八
7 △妊 一二〇二
△忍 一二〇三
▼忍 一二〇三
△沈 一〇七二
○臣 七九一
▼迅 八一八
9 ○甚 八一八
○神 七九六
紉 八一九
荏 八一九
10 恁 八一九
▼神 七九六
荵 一二〇三
訒 八一九
○陣 八一九
11 袵 八一九
△陳 一〇七四
12 ○尋 八一九
▼尋 八一九
靭 八二〇
13 椹 一〇七五
稔 八二〇
○腎 八二〇
蜃 八〇八
△賃 一〇七五
14 塵 八二〇
▼盡 八一七
△認 一二〇三
15 潯 八二二
糂 八二二
蕈 八〇九
蕁 八二二
16 儘 八二二
18 燼 八二二
21 贐 八二二
23 鱏 八二二
しんがり
13 △殿 一二二三
しんぎ
12 △軸 六四三
じんこう
15 樒 一四五五
しんし
22 籡 八二二
じんだて
10 △陣 八一九

【す】

ス
3 ○子 五九五
5 ○主 六七三
△司 五九九
6 ○守 六七四
△州 六八五
△朱 六七五
7 △寿 六八一
8 △周 六八六
▼周 六八六
10 ○素 九二〇
芻 八三五
11 笥 六一七
12 ○須 八三三
13 ○数 八三五
鼠 九二六
14 ▼壽 六八一
15 ▼數 八三五
諏 六八〇
16 麈 六八〇
18 雛 八三六
19 蘇 九二七
22 鬚 六八〇
す
6 ○州 六八五
9 洲 六八七
10 笊 九三七
11 ▼巢 九三八
○巣 九三八
12 ○酢 五六七
14 △酸 五八九
15 樔 九四八
醋 五六八
17 簀 五六八
18 醢 四〇一
鬆 七六六
19 簾 一六〇八
ズ
4 △手 六六九
7 ○図 八三三
杜 一二二五
○豆 一二三八
8 ○事 六二四
△受 六八一
10 △徒 一二二六
荳 一二四四
△途 一二二七
11 ▼途 一二二七
逗 一二四六
12 厨 一〇四八
14 ▼圖 八三三
16 ○頭 一二五四
…ず
4 △不 一三一七
5 弗 一三四九
すあし
13 跣 九〇六
14 跿 一二三〇
スイ
4 ○水 八二三
5 ○出 七一一
6 △西 八五一
7 ○吹 八二七
8 ○垂 八二七
○炊 八二八
9 ○帥 八二八
10 祟 八二九
○粋 八二九
○衰 八二九
11 崔 五五二
彗 八二九
悴 八二九
○推 八二九
捶 八三〇
△率 九六五
萃 八三〇

△術 七一四
○醉 八三〇
12 陲 八三一
惴 八三三
△椎 一〇七七
觜 六三〇
○遂 八三二
13 瘁 八三二
○睡 八三二
綏 八三二
▼遂 八三二
14 榱 八三二
▼粹 八二九
翠 八三一
15 ○穂 八三三
膵 八三三
△誰 一〇二一
▼醉 八三〇
16 錘 八三三
錐 八三三
隧 八三三
17 燧 八三三
▼穗 八三二
雖 八三三
18 邃 八三三
騅 八三三

すい
12 △酢 五六七
14 ○酸 五八九

ズイ
12 惴 八三三
○随 八三三
隋 八三四
13 瑞 八三四
15 蕊 八三四
16 隧 八三三
▼隨 八三三
19 ○髄 八三四
23 ▼髓 八三四

ずいむし
16 螟 一四七三

スウ
8 ○枢 八三四
10 芻 八三五
11 ○崇 八三五
菘 八三五
陬 八三五
13 嵩 八三五
○数 八三五
鄒 八三六
15 ▼數 八三五
▼樞 八三四
皺 六九六
17 趨 八三六
18 雛 八三六

すう
6 吃 二九四
○吸 三〇三
7 ▼吸 三〇三
吮 八九七
8 呷 四八六
12 △喫 二九五
▼喫 二九五
14 嗽 九四四

すえ
5 ○末 一四四二
8 △季 二六六
杪 一三〇八
11 △陶 一二四六
12 △葉 一五三一
13 裔 八七
14 甄 四三三

すえる
11 ○据 八三七
21 饐 四〇

すが
11 菅 三三

すかす
10 ○透 一一四四
11 ▼透 一一四四
17 賺 一〇二〇

すがた
8 △采 五五一
9 ○姿 六二一
△風 一三三八

すがめ
9 眇 一三〇九

すがめる
9 眇 一三〇九

すがる
16 縋 一〇七八
19 攀 一三六九

すがれる
6 △尽 八一七
14 ▼盡 八一七

すき
10 郤 四〇六
11 耜 六一七
12 犂 一五五八
13 耡 七三六
○隙 四〇六
14 △銭 九〇六
銛 九〇七
銚 一〇六五
15 鋤 七三六
16 ▼錢 九〇六
17 鍬 七六六

すぎ
7 ○杉 八三七
12 椙 八三七

すきぐし
16 篦 一三七一

すきま
10 郤 四〇六
17 罅 一六〇
25 舋 三六五

すぎる
12 軼 五七
○過 一五三
13 溢 五七
16 ▼過 一五三
邁 一四三九

スク
11 △宿 七〇七

すく
6 ○好 四八〇
7 △抄 七四二
8 △空 三七二
10 梳 九二〇
○透 一一四四
11 ▼透 一一四四
12 犂 一五五八
△結 四一二
13 耡 七三六
14 漉 一六二三
15 鋤 七三六
16 耨 一一六六

すぐ
8 △直 一〇六九

ずく
14 銑 九〇七

すくいあみ
15 樔 九四八

すくう
6 匡 三一八
汕 五八四
7 △抄 七四二
抔 一三九七
9 拯 七七三
10 △振 七九八
11 掬 二九二
○救 三〇八
△済 五五三
15 樔 九四八
17 ▼濟 五五三
20 贍 九一三

すくない
4 ○少 七四〇
13 尠 九〇四
14 △寡 一五七
歉 四三三
17 △鮮 九一一

すくむ
12 竦 七五六

すくもむし
15 蝎 二一六

すぐる
15 △選 九〇九
16 ▼選 九〇九

すぐれる
4 尤 一五〇六
8 △卓 一〇〇一
△茂 一四七八
9 △俊 七一四
10 俶 七〇七
桀 四一三
11 ▼偉 三四
△逸 五六
12 △偉 三四
▼傑 四一四
△勝 七五三
▼勝 七五三
▼逸 五六
13 △傑 四一四
雋 七一七
14 犖 一五四九
瑰 一八三
髦 一四二〇
15 儁 七一七
16 穎 八九
17 ○優 一五一七
駿 七一七

22 儻 一二五八

すけ 4 △介 一六七　7 △佐 五四二　○助 七三三　9 亮 一五七六　12 弼 一二九七　14 輔 一三九一

すげ 11 菅 一二二

すける 10 ○透 一二四四　11 ▼透 一二四四

すげる 10 △挿 九三六　12 ▼插 九三六

すごい 10 △凄 八五八　11 淒 八六一

すこし 4 ○少 七四〇　7 些 五四二　11 毫 五二一　12 稍 七五六

すごす 12 ○過 一二五三　13 ▼過 一二五三

すこぶる 14 頗 一三一九

すごむ 10 △凄 八五八

すこやか 11 ○健 四二四

すごろく 14 槊 五六八

すさ 7 苆 八三八

すさび 12 △遊 一二五三　13 ▼遊 一二五三

すさぶ 9 △荒 四九三　12 △遊 一二五三　13 ▼遊 一二五三

すさまじい 10 △凄 八五八　11 淒 八六一　15 凜 一五八五

すさむ 9 △荒 四九三

すさる 9 △退 九八一　10 ▼退 九八一

すし 16 鮓 五四七　17 鮨 六二七

すじ 7 △条 七七一　△系 三八八　10 △脈 一四五六　11 ▼條 七七一　△理 一五五七　12 ○筋 三六一　△統 一一五〇　13 腱 四三〇　△腺 九〇五　14 綫 九〇六　15 △線 九〇八

ずし 22 竈 一二五八

すす 13 煤 一二三三

すず 13 ○鈴 一五九六　16 錫 六六五　21 鐸 一〇〇三　23 鑞 一六二一　27 鑾 一五五五

すすき 6 芒 一四一四　16 △薄 一三四二

すずき 27 鱸 一六一三

すすぐ 9 洒 五五一　10 浣 一三一　11 △雪 八八五　14 漱 九四五　滌 一二〇三　酳 六七　15 漑 一九三　16 澣 二四七　澡 九四八　盥 二四七　17 △濯 一〇〇三

すすける 13 煤 一二三三

すずしい 10 凊 八五九　11 ○涼 一五七七

すずな 11 菘 八三五

すすむ 8 迪 一一〇〇　9 ▼迪 一一〇〇　10 晋 七九八　▼晉 七九八　陟 一〇七二　11 ○進 八〇三　12 ▼進 八〇三　14 △漸 九一七　17 餤 一〇二一

すずむ 11 ○涼 一五七七

すずめ 11 雀 六六八

すすめる 8 侑 一五〇八　9 △奏 九三一　10 烝 七七四　11 △羞 六九二　○進 八〇三　12 ▼進 八〇三　13 ○勧 二四〇　△奨 七五八　14 ▼奬 七五八　慂 一五三四　酳 六七　15 慫 七六一　16 ○薦 九一〇　17 聳 七六五　餤 一〇二一　19 ▼勸 二四〇　20 ▼勸 二四〇　21 饋 二八五

すずり 12 硯 四二八

すすりなく 11 啜 八八四　欷 二七四　16 歔 三三〇

すする 9 哈 五二〇　11 啜 八八四　13 歃 九四三　14 酳 六七　19 歠 八八九

すそ 12 裙 三八三　13 裔 八七　○裾 八三九

すだく 12 △集 六九四

すだま 15 △魅 一四五二　18 魍 一四八二　魎 一五八二　21 魑 一〇三五

すたる 12 ○廃 一三三八　15 ▼廢 一三三八

すだれ 14 箔 一二四一　19 簾 一六〇八

すたれる 6 △朽 三〇四　12 ○廃 一三三八　15 ▼廢 一三三八

ずつ 8 △宛 一六

ずつう 14 瘋 一三四一

すっぽん 25 鼈 一三七六

すでに 3 已 二四　10 ○既 二六九　11 ▼既 二六九　▼既 二六九

すてる 8 △委 二八　拌 一三六三　10 捐 九九　11 ○捨 六五七　▼捨 六五八　13 △棄 二七八　15 △撤 一一〇六　△遺 三八　16 ▼遺 三八　18 擲 一二〇三

すな 7 △沙 五四二

9 ○ 砂 五四三

すなお
6 △ 朴 一四一七
11 淳 七二〇
12 △ 順 七一二
14 愿 四四五
16 樸 一四一九

すなどる
14 △ 漁 三一六

すなはら
13 △ 漠 一二四四

すなわち
2 乃 九八七
7 △ 即 九五六
9 △ 便 一三八五
△ 則 九五九
▼ 卽 九五六
▼ 卽 九五六
10 迺 九九八
11 △ 曽 九二九
12 ▼ 曾 九二九
14 輒 一〇六五

すね
11 脛 三九四
13 骭 二四三
18 臑 六四〇

すねる
8 拗 一五二六

すのこ
17 簀 五六八
18 簞 一一一九

すばしり
18 鮏 八四〇

すばやい
13 剽 一三〇六
勦 九四二
14 慓 一三〇六

すばる
9 昴 一四一六

すべ
11 △ 術 七一四

すべからく…べし
12 △ 須 八一三

すべて
3 △ 凡 一四二四
6 ○ 全 九一三
▼ 全 九一三
11 △ 都 一一一八
12 惣 九四〇
渾 五三九
▼ 都 一一一八
14 △ 総 九四五
17 ▼ 總 九四五
18 闔 五一六

すべる
5 辷 八四〇
11 △ 部 一三一六
12 ○ 統 一一五〇
馭 三一六
13 ○ 滑 二一五
14 △ 総 九四五
綜 九四七
綰 一六三二
17 ▼ 總 九四五
24 攬 一五五四

すぼむ
10 窄 五六六

すぼめる
16 歙 三一三

すまう
7 ○ 住 七〇一

すます
11 ○ 済 五五三
15 ○ 澄 一〇六六
17 ▼ 濟 五五三

すみ
7 △ 角 一九六
9 ○ 炭 一〇一三
11 陬 八二五
12 嵎 三七五
○ 隅 三七五
隈 一六六八
14 ○ 墨 一四一八
15 ▼ 墨 一四一八

すみか
10 栖 八五九
12 棲 八六三

すみやか
9 亟 三四九
10 ○ 速 九六〇
11 倏 七〇九
▼ 速 九六〇
17 遽 三一〇
19 蹶 四一五

すみれ
11 菫 三六〇

すむ
7 ○ 住 七〇一
10 栖 八五九
11 ○ 済 五五三
△ 清 八六〇
▼ 清 八六〇
12 棲 八六三
15 ○ 澄 一〇六六
17 ▼ 濟 五五三

すめらぎ
9 △ 皇 四九一

すもも
7 李 一五五六

する
8 ○ 刷 五七一
△ 抹 一四四三
9 △ 為 三〇
11 掏 一二四五
12 揩 一七九
13 搨 一二五一
▼ 爲 三〇
14 摺 七六〇
15 △ 摩 一四三六
16 擂 一五四五
17 △ 磨 一四三七
○ 擦 五七三
23 鑢 一五七三

ずるい
9 狡 四九一

するどい
6 尖 八九七
7 兌 九七三
△ 利 一五五五
12 犀 五五七
14 銛 九〇七
15 ○ 鋭 八八
▼ 銳 八八
19 鏃 九六三

するめ
19 鰑 九二

すれる
17 ○ 擦 五七三

すわえ
13 楚 九二五

すわる
7 坐 五四七
10 ○ 座 五四八
11 ○ 据 八三七

スン
3 ○ 寸 八四〇
6 吋 一二三六
17 駿 七一七

【せ】

セ
5 ○ 世 八四三
9 ○ 施 六二三
13 △ 勢 八六四

せ
9 ○ 背 一二一四
10 △ 畝 七八
△ 脊 八七七
19 ○ 瀬 八四二
▼ 瀨 八四二

ゼ
9 ○ 是 八四二

セイ
4 ○ 井 八四二
5 ○ 世 八四三
○ 正 八四四
○ 生 八四六
6 ○ 成 八五〇
○ 西 八五一
7 ○ 声 八五二
▼ 成 八五〇
8 ○ 制 八五三
△ 妻 五五〇
○ 姓 八五三
○ 征 八五三
○ 性 八五四
○ 青 八五四
▼ 靑 八五四
○ 斉 八五六
9 △ 城 七七二
○ 政 八五七
○ 星 八五七
洒 五五一
○ 牲 八五八
○ 省 八五八
砌 八五八
穽 八五八
10 倩 九〇一
○ 凄 八五八
清 八五九
△ 剤 五六二

▼城 七一二
晟 八五九
栖 八五九
皆 八五九
脆 八七一
○逝 八五九
11 ○情 七七五
▼情 七七五
悽 八五九
旌 八五九
▼晟 八五九
晢 八八五
△済 五五三
○清 八六〇
▼清 八六〇
凄 八六一
○盛 八六一
菁 八六二
▼逝 八五九
12 ▼壻 八六二
○婿 八六二
惺 八六二
掣 八六二
○晴 八六三
▼晴 八六三
棲 八六三
毳 八七一
犀 五五七
猩 八六三
甥 八六三
▼盛 八六一
△税 八七一
▼税 八七一
貰 八六三
13 ○勢 八六四
○歳 五五九
睛 八六四
靖 八六四
▼靖 八六四
筬 八六四
筮 八七一
○聖 八六四
腥 八六五
蛻 八七一
○誠 八六五
鉦 八六六
14 ○精 八六六
▼精 八六六
蜻 八六七
○製 八六七
▼誠 八六五
○誓 八六八
○静 八六八
▼齊 八五六
15 嘶 八六九
撕 八六九
○請 八六九
▼請 八六九
16 儕 五六〇
▼劑 五六二
噬 八七一
○整 八六九
橇 三四二
○醒 八六九
錆 七六四
▼靜 八六八
17 擠 八七〇
▼濟 五五三
▼聲 八五二
薺 八七〇
18 臍 八七〇
贅 八七二
19 瀞 八七〇
鯖 八七〇
鶺 八七〇
21 躋 八七〇
齎 八七〇
22 霽 八七一
23 齏 八七一

せい
9 ○背 一二三四
10 △脊 八七七

ゼイ
10 脆 八七一
12 毳 八七一
○税 八七一
▼税 八七一
13 筮 八七一
蛻 八七一
蚋 八七一
14 △誓 八六八
○説 八八八
16 噬 八七一
橇 三四二
18 贅 八七二

せおいおび
16 襁 三四二
17 繦 三四二

せがれ
10 倅 五五二
11 悴 八二九
躮 八七二

セキ
3 ○夕 八七二
4 △尺 六六三
5 ○斥 八七二
○石 八七三
6 汐 八七五
7 ○赤 八七五
8 △刺 六〇九
○昔 八七六
○析 八七六
炙 六五六
△舎 六五六
▼舍 六五六
10 △射 六五七
○席 八七七
○脊 八七七
迹 八七七
○隻 八七七
11 ○寂 六六七
○惜 八七八
○戚 八七八
淅 八七八
○責 八七八
△釈 六六五
12 晰 八七八
跖 八七八
勣 八七八
13 晳 八七八
蓆 八七八
裼 八七九
○跡 八七九
碩 八七九
14 蜥 八七九
△適 一二〇一
槭 八七九
15 △潟 二一一〇
瘠 八七九
▼適 一二〇一
磧 八七九
16 ○積 八七九
錫 六六五
17 ○績 八八〇
18 藉 六六〇
螫 八八〇
蹐 八八〇
躄 七一〇
蹟 八八〇
蹠 八八一
20 ○籍 八八一
▼釋 六六五
齣 七一三
21 鶺 八八一

せき
9 咳 一九〇
12 喘 九一六
堰 一〇〇
14 嗽 九四四
○関 二四四
19 ▼關 二四四

せきばらい
18 謦 四〇一

セク
22 齪 五六九

せく
9 咳 一九〇
△急 三〇六
▼急 三〇六
12 喘 九一六
堰 一〇〇
13 △塞 五五八
14 嗽 九四四

せぐくまる
14 跼 三五〇

セチ
11 △設 八八五
13 ○節 八八七
15 ▼節 八八七
▼節 八八七

ゼチ
12 △絶 八八九

セツ
4 ○切 八八一
6 △舌 八八九
7 ○折 八八二
○刹 五七一
8 ○拙 八八三
泄 八八三
9 洩 八六
○窃 八八三
10 屑 八八四

○殺 五七一
浙 八八四
11 啜 八八四
○接 八八四
晢 八八五
梲 八八五
▼殺 五七一
紲 八八五
○設 八八五
○雪 八八五
12 掣 八六二
椄 七五四
渫 八八六
絏 八八六
△絶 八八九
13 ○摂 八八六
楔 八八七
△準 七三二
○節 八八七
14 截 八八八
○説 八八八
15 ▼節 八八七
▼節 八八七
緤 八八九
16 辥 八八九
17 褻 八八九
19 歠 八八九
21 ▼攝 八八七
22 ▼竊 八八三
鱈 八八九
26 鑷 七八〇

ゼツ
6 ○舌 八八九
12 ○絶 八八九

ぜに
14 ○銭 九〇六
15 △幣 一三七〇
▼幣 一三七〇
16 ▼錢 九〇六

せばまる
9 ○狭 三三三
10 ▼狹 三三三
窄 五六六

せばめる
9 ○狭 三三三
10 ▼狹 三三三

せぼね
12 △椎 一〇七七
14 脊 一五七三

せまい
7 阨 四
9 ○狭 三三三
陋 一六一六
10 ▼狹 三三三
窄 五六六
陜 三三五
12 湫 六九三
13 隘 七
14 褊 一三八二

せまる
8 ○迫 一三三九
9 △促 九五九
拮 二九五
△拶 五七一
▼迫 一三三九
12 窘 三六一
13 遒 六九六
逼 一三九八
16 △薄 一二四二
17 遽 三三〇
18 蹙 七一〇
19 瀕 三三五

せみ
14 蜩 一〇六五
18 蟬 九一二

せめぐ
18 鬩 四〇八

せめる
7 ○攻 四八四
11 ○責 八七八
12 訶 一五三
13 誅 一〇四九
14 誚 七六〇
18 謫 一〇〇三
19 譏 二八五
20 △譲 七七九
21 譴 四三七
24 ▼讓 七七九

せり
7 芹 三五四
25 糴 一〇六九

せりふ
5 △白 三三三

せる
8 △迫 一三三九
9 ▼迫 一三三九
20 ○競 三四三

ゼロ
13 △零 一五九六

せわしい
6 △忙 一四三三

セン
3 ○千 八九一
△山 五八一
○川 八九三
○仙 八九四
5 仟 八九五
刋 八九五
○占 八九五
6 亘 四七七
○先 八九五
△全 九一三
▼全 九一三
尖 八九七
舛 八九七
阡 八九七
7 △串 三七六
吮 八九七
芟 五八四
8 戔 八九七
沾 一一一三
疝 八九七
苫 八九八
9 △前 九一四
○宣 八九八
○専 八九八
○染 八九九
洒 五五一
○浅 九〇〇
○泉 九〇〇
○洗 九〇〇
穿 九〇一
茜 九〇一
荐 九〇一
倩 九〇一
10 ○扇 九〇一
▼扇 九〇一
旃 九〇一
○栓 九〇一
栴 九〇一
栫 九〇一
涎 九〇二
閃 九〇二
陝 九〇二
11 剪 九〇二
▼專 八九八
○旋 九〇二
▼淺 八九九
痊 九〇二
笘 九〇三
○船 九〇三
釧 九〇三
12 △善 九一五
喘 九一六
孱 九〇三
愃 四二七
揃 九〇三
殘 九〇三
筌 九〇四
筅 九〇四
13 亶 一〇一七
僉 九〇四
僊 九〇四
尠 九〇四
○戦 九〇四
○煎 九〇五
△禅 九一七
○羨 九〇五
○腺 九〇五
○詮 九〇五
○践 九〇六
跣 九〇六
雋 七一七
僭 九〇六
14 塹 五九三
摶 一〇一七
煽 九〇六
○箋 九〇六
綫 九〇六
○銭 九〇六
銑 九〇七
銓 九〇七
銛 九〇七
嬋 九〇七
15 撰 九〇七
槧 五九三
○潜 九〇七
▼潛 九〇七
潺 九〇八
璇 九〇八
箭 九〇八
○線 九〇八

翦 九〇八　賤 九〇八　▼踐 九〇六　○選 九〇九　○遷 九〇九　16 篡 五九〇　▼戰 九〇四　擅 九〇九　遲 九一〇　甎 九一〇　磚 九一〇　△膳 九一八　○薦 九一〇　▼選 九〇九　▼遷 九〇九　▼錢 九〇六　17 氈 九一〇　獮 九一〇　▼禪 九一七　篯 九一〇　○纖 九一〇　餞 九一一　○鮮 九一一　18 濺 九一一

琰 九二一　瞻 九二一　△繕 九一八　蟬 九二一　19 簽 九二一　羶 九二二　蟾 九二二　譛 八二三　20 孅 九二三　蘚 九二三　譫 九二三　贍 九二二　闡 九二二　霰 五九一　21 殲 九二三　鐫 九二三　饌 九二三　22 癬 九二三　顫 九二三　23 籤 九二三　▼纖 九一〇　鱓 九二三　24 韆 九二三

ゼン

5 冉 九二三　6 ○全 九二三　▼仝 九二三　8 苒 九一四　9 ○前 九一四　△単 一〇二二　△染 八九九　荐 九〇一　10 涎 九〇二　11 △軟 一一九一　12 ○善 九一五　喘 九一六　▼單 一〇二二　○然 九一七　13 ○禅 九一七　△羨 九〇五　14 ○漸 九一七　△銭 九〇六　髯 九一八　15 嬋 九〇七　賤 九〇八　16 擅 九〇九　△燃 一二〇九　○膳 九一八

▼錢 九〇六　17 ▼禪 九一七　18 ○繕 九一八　蟬 九二一　20 蠕 九一八　贍 九二二

せんき　8 疝 八九七　13 痳 一五八五

センチグラム　14 瓱 九一八

センチメートル　15 糎 九一八

センチリットル　14 竰 九一八

ぜんまい　16 薇 一二九二

【そ】

ソ

5 △処 七二四　足 一二九七　7 △初 七二四

8 咀 九一八　姐 九一八　岨 九一九　徂 九一九　△所 七一五　▼所 七一五　沮 七一七　泝 九一九　○狙 九一九　○阻 九一九　9 俎 九一九　怎 九一九　○祖 九二〇　胥 七一七　胙 九二〇　10 梳 九二〇　疽 七一八　砠 七一八　▼祖 九二〇　祚 九二〇　○租 九二〇　○素 九二〇　11 ○措 九二三　△曽 九二九

○粗 九二三　○組 九二四　▼處 七一四　蛆 七一八　12 ▼曾 九二九　甦 九二四　○疎 九二四　疏 九二五　詛 七一九　○訴 九二五　△酢 五六七　酥 九二五　13 ○塑 九二五　○想 九四二　楚 九二五　勦 七三六　鼠 九二六　14 愬 九二六　蔬 九二六　○遡 九二六　15 噌 九四七　醋 五六八　16 △錯 五六八　18 ○礎 九二七

19 蘇 九二七　20 齟 九二七　33 麤 九二七

ゾ　11 ○曽 九二九　12 ▼曾 九二九

ソウ

3 中 一一〇四　4 卅 九二七　○双 九二八　△爪 一〇八五　5 匆 九二八　匝 九二八　6 ○争 九二八　○壮 九二九　庄 七四一　△扱 一五　○早 九二九　艸 九三〇　7 ▼壯 九二九　妝 九三〇　宋 九三〇　▼扱 一五　找 一四一

△抄 七四二　抓 九三一　皁 九三一　○走 九三一　8 扨 九三一　○宗 六八七　帚 九三一　炒 七四五　▼爭 九二八　牀 七四五　9 哈 五二〇　○奏 九三一　怎 九一九　怱 九三三　○相 九三三　○草 九三四　○荘 九三五　○送 九三五　10 ○倉 九三六　叟 九三六　奘 九三六　○捜 九三六　○挿 九三六　○桑 九三七

笊 九三七
▼荘 九三五
蚤 九三七
▼送 九三五
11 偬 九三七
○爽 九三七
娵 九三八
崢 九三八
▼巣 九三八
○巣 九三八
○掃 九三八
▼掃 九三八
掫 九三八
○曹 九三九
○曽 九三九
淙 九三九
○窓 九三九
▼荘 九三五
12 ○創 九三九
○喪 九四〇
廂 七五三
惣 九四〇
▼插 九三六
▼曾 九三九

棕 六七九
棗 九四一
湊 九四一
○痩 九四一
稍 七五六
▼窗 九三九
△粧 七五六
○葬 九四一
葱 九四一
○装 九四一
鈔 七五七
13 ○僧 九四二
剿 九四二
勦 九四二
△奨 七五八
嫂 九四二
○想 九四二
愴 九四三
▼搜 九三六
搔 九四三
搶 九四三
歃 九四三
溲 六九五
滄 九四三

筲 九四三
膆 九四四
蒼 九四四
▼装 九四一
14 ▼僧 九四二
嗾 九四四
嗽 九四四
△増 九五四
▼奬 七五八
○層 九四四
△憎 九五四
慥 九五五
槍 九四五
漕 九四五
漱 九四五
箒 九四五
箏 九四五
粽 九四五
○総 九四五
綜 九四七
聡 九四七
臧 九五五
蔟 九六三
○遭 九四七

15 颯 五七二
噌 九四七
▼增 九五四
▼層 九四四
▼憎 九五四
○槽 九四七
槡 九四八
▼瘦 九四一
瘡 九四八
△箱 一二四六
△蔵 九五五
諍 九四八
○踪 九四八
▼遭 九四七
16 噪 九四八
懆 九四八
○操 九四八
澡 九四八
艙 九四九
艘 九四九
薔 七六四
輳 九四九
錚 九四九
霎 七六四

17 ○燥 九四九
甑 九四九
簇 九四九
糟 九四九
▼總 九四五
▼聰 九四七
艚 九四九
▼藏 九五五
蹌 九四九
○霜 九五〇
18 叢 九五〇
藪 九五〇
▼藏 九五五
○贈 九五五
鎗 九五一
▼雙 九二八
○騒 九五一
鬆 七六六
鮹 七六七
19 △繰 三八〇
△臓 九五五
○藻 九五三
▼贈 九五五
鏘 七六七

20 孀 九五三
譟 九五三
躁 九五三
▼騷 九五一
21 囃 九五三
竈 九五二
籔 九五二
▼臟 九五五
贓 九五六
鐺 一二五八
22 ▼臓 九五五
鰺 九五二

そう
8 ○沿 九七
11 △副 一三四三
○添 一二一五
12 △傍 一四一九
17 嬪 一三一四
19 瀕 一三一五

ゾウ
10 奘 九三六
○造 九五三
11 △曹 九三九
△曽 九三九
▼造 九五三
12 ▼曾 九三九
○象 七五七
14 ○像 九五四
○増 九五四
○憎 九五四
慥 九五五
臧 九五五
○雑 五七三
15 ▼增 九五四
▼憎 九五四
○蔵 九五五
16 橡 七六三
17 艚 九四九
▼藏 九五五
18 ▼藏 九五五
○贈 九五五
▼雜 五七三
19 ○臓 九五五
▼贈 九五五
21 ▼臟 九五五
贓 九五六
22 ▼臟 九五五

そうのこと
14 箏 九四五

そうろう
10 ○候 四九五

そえ
18 儲 一〇五二

そえうま
21 驂 五九一

そえのり
21 驂 五九一

そえる
11 ○添 一二一五

そぎ
8 枌 一三五五

ソク
4 仄 九五六
7 ○即 九五六
○束 九五七
○足 九五七
8 昃 七八一
9 ○促 九五九
○則 九五九
▼卽 九五六
▼即 九五六
10 ○息 九五九

（ソク・続き）
- ○捉 九五九
- ○速 九六〇
- 11 ○側 九六〇
- ▼速 九六〇
- 12 喞 七八三
- 惻 九六一
- ○測 九六一
- 粟 九六三
- 13 ○塞 五五八
- △数 八三五
- △触 七八四
- 14 嗽 九四四
- 熄 九六一
- 蔟 九六三
- 15 ▼數 八三五
- △趣 六八〇
- 17 燭 七八五
- 簇 九四九
- 趨 八三六
- 19 鏃 九六三
- 20 ▼觸 七八四
- 26 矚 七八六

そぐ
- 9 △削 五六五

（ソク・続き）
- 10 △殺 五七一
- 11 ▼殺 五七一

ゾク
- 9 ○俗 九六一
- 11 ○族 九六二
- 12 ○属 九六二
- 粟 九六三
- 13 ○続 九六三
- ○賊 九六三
- 14 蔟 九六三
- 17 簇 九四九
- 19 鏃 九六三
- 21 ▼屬 九六二
- ▼續 九六三

そげる
- 10 △殺 五七一
- 11 ▼殺 五七一

そこ
- 8 ○底 一〇九〇
- 17 臀 一二一四
- 18 礑 一二五六

そこなう
- 8 戔 八九七
- △毒 一一七二
- 10 △害 一一九〇
- ▼害 一一九〇
- △残 五九二
- 12 ▼殘 五九二
- 13 △傷 七五七
- ○損 九六八
- △賊 九六三
- 15 銷 七六二
- 23 蠱 四五九
- 24 蠹 一一三〇

そこねる
- 13 ○損 九六八

そしり
- 17 謗 一四三三

そしる
- 8 △刺 六〇九
- 呰 六〇九
- △非 一二七七
- 10 疵 六一五
- 11 貶 一三八一
- 12 詛 七三九
- 詆 一〇九六
- 13 △毀 二七九
- 詬 五〇九
- 14 誚 七六〇
- 誣 一三三三
- 15 誹 一三八六
- 17 謗 一四三三
- 19 譏 二八五
- 譖 八一二
- 24 讒 五九四

そそぐ
- 7 △沃 一五三八
- 8 ○注 一〇四六
- 9 洒 五五一
- 11 淙 九三九
- 淋 一五八四
- △雪 八八五
- 12 喞 七八三
- 13 溲 六九五
- 15 漑 一九三
- 澆 三四七
- 潑 一二五三
- 16 盥 二四七
- 18 瀉 六六一
- 濺 九二一
- 19 瀝 一六〇一
- 20 灌 二五一
- 22 灑 五六一

そそのかす
- 10 ○唆 五四四
- 14 嗾 九四四

そぞろに
- 7 坐 五四七
- 14 △漫 一四四九

そだつ
- 7 ▼育 四二
- 8 ○育 四二

そだてる
- 7 ▼育 四二
- 8 ○育 四二

ソツ
- 8 ○卒 九六四
- 9 △帥 八一八
- 10 倅 五五二
- 11 啐 五五二
- 猝 九六五
- ○率 九六五

そで
- 10 ○袖 六九〇

そと
- 5 ○外 一八八

そなえもの
- 21 饌 九一二

そなえる
- 8 ○供 三一〇
- △具 三七一
- 9 峙 六三六
- 12 ○備 一三九〇
- 奠 一一一七
- 16 △膳 九一八
- 21 饌 九一二

そなわる
- 8 △具 三七一
- 12 ○備 一三九〇
- 13 △該 一九二
- △詮 九〇五

そね
- 10 埆 一九七

そねむ
- 8 △妬 一一二六
- 11 猜 五五四
- 13 △嫉 六四九

その
- 8 其 二六四
- 苑 九七
- 9 囿 一五〇九
- 12 厥 四一二
- 13 ○園 一〇一
- △該 一九二
- 14 爾 六三九
- 16 薗 一〇七

そば
- 8 岨 九一九
- 11 △側 九六〇
- 12 △傍 一四一九

そばかす
- 15 瘢 一二六七

そばだつ
- 4 仄 九五六
- 6 屹 二九五
- 8 岨 九一九
- 9 峙 六三六
- 11 崛 三七七
- 17 聳 七六五

そばだてる
- 12 欹 二三五

そびえる
- 12 竦 七五六
- 17 聳 七六五

そびやかす
- 12 竦 七五六
- 17 聳 七六五

そま
- 7 杣 九六五

そまる
- 9 ○染 八九九

そむく
- 4 △反 一二五七
- 5 △北 一四二三
- 6 舛 八九七
- 8 乖 一七二
- ▼孤 四五一
- 9 刺 一五四九
- 叛 一二六四
- △孤 四五一
- ○背 一二二四
- △負 一三一七
- 10 △倍 一二三〇
- △畔 一二六四
- ▼畔 一二六四
- 12 辜 四五七
- 13 詭 二七九

そむける

9 ○背 一三四
ぞめく
18 △騒 九五二
20 ▼騷 九五一
そめる
7 ○初 七二四
9 ○染 八九九
10 涅 一一〇七
そもそも
7 △抑 一五三八
そよぐ
13 嫋 七七七
△戦 九〇四
16 ▼戰 九〇四
そら
4 △天 一一〇七
8 △宙 一〇四五
昊 四八八
旻 一三一六
○空 三七二
15 霄 七六三
そらす
4 ○反 一二五七
11 △逸 五六
12 ▼逸 五六
そらんじる
13 △暗 三二
16 諳 二四
諷 一三四一
そらんずる
14 誦 七六〇
そり
12 毳 八七一
16 橇 三四二
17 艝 九六六
18 轌 九六六
そる
4 ○反 一二五七
9 剃 一〇九一
10 剔 一一〇〇
16 薙 一〇九八
それ
4 △夫 一三三二
8 其 二六四
12 厥 四一二
それがし
9 △某 一四一七
それる
11 △逸 五六
12 ▼逸 五六
そろい
7 △対 九七八
12 揃 九〇三
14 ▼對 九七八
そろう
12 揃 九〇三
そろえる
12 揃 九〇三
ソン
3 △寸 八四〇
6 ○存 九六六
忖 九六六
7 ○村 九六七
邨 九六七
9 拵 九六七
洒 五五一
10 ○孫 九六七
栫 九〇一
12 ○尊 九六七
▼尊 九六七
巽 九六八
▼巽 九六八
13 ○損 九六八
14 ○遜 九六八
15 噂 九六九
16 樽 九六九
19 蹲 九六九
23 鱒 九六九
ゾン
6 ○存 九六六
23 鱒 九六九

【た】

タ
3 △大 九八七
4 ○太 九七六
5 ○他 九六九
6 ○多 九七〇
朶 九七三
7 佗 九七二
△妥 九七三
岔 四二二
○汰 九七三
8 侘 九七二
沱 九七四
9 陀 九七四
咤 九七二
柁 九七四
粏 九七二
10 茶 一一二七
11 △唾 九七四
舵 九七四
△蛇 六一
12 △惰 九七五
詑 九七二
跎 九七二
13 綏 八三一
詫 九七二
躱 九七二
鉈 六五九
14 △駄 九七五
15 駝 九七五
16 駞 九七五
22 驒 一〇二一
た
4 ○手 六六九
5 ○田 一一三〇
9 咫 六二一
15 △誰 一〇二一
ダ
3 △大 九八七
5 ○打 九七二
6 朶 九七三
7 兌 九七三
○妥 九七三
△那 一一八三
8 沱 九七四
陀 九七四
9 柁 九七四
10 娜 九七四
拿 九七四
茶 一一二七
11 ○唾 九七四
梛 九七四
舵 九七四
○蛇 六一
雫 九七四
12 ○堕 九七四
○惰 九七五
跎 九七二
13 椯 九七五
14 ○駄 九七五
15 ▼墮 九七四
16 駝 九七五
駞 九七五
17 懦 九七六
20 糯 九七六
21 儺 一一八三
22 驒 一〇二一
ダース
5 △打 九七二
タイ
3 ○大 九八七
4 ○太 九七六
5 ○代 九九六
○台 九九七
7 ○体 九七七
兌 九七三
呆 一三九六
○対 九七八
△汰 九七二
8 岱 九七九
苔 九七九
9 △帝 一〇九一
○待 九八〇
○怠 九八〇
殆 九八〇
○耐 九八一
○胎 九八一
○退 九八一
10 ○帯 九八二
○泰 九八三
▼退 九八一
11 ○堆 九八三
▼帶 九八二
梯 一〇九四
紿 九八三
○袋 九八三
○逮 九八四
12 ○替 九八四
棣 一〇九五
詒 九八四
○貸 九八四
▼逮 九八四
○隊 九八四
▼隊 九八四
13 ○滞 九八五
瑇 九八五
碓 九八五
14 ▼對 九七八
○態 九八五

▼滞 九八五
腿 九八五
▼臺 九九七
蔕 九八五
颱 九八五
15 褪 九八六
駘 九八六
16 △諦 一〇九八
頽 九八六
黛 九八六
17 ○戴 九八六
擡 九八六
薹 九八六
▼黛 九八六
18 薹 九八七
鎚 一〇七八
20 鐓 九八七
23 ▼體 九七七
24 靆 九八七

たい
19 鯛 一〇六九
▼鯛 一〇六九

ダイ
2 乃 九八七
3 ○大 九八七
4 ○内 一八三
▼內 一八三
△太 九七六
○代 九九六
5 ○台 九九七
7 ○弟 一〇八九
8 △奈 一八三
10 悌 一〇九三
迺 九九八
11 ○第 九九八
12 △提 一〇九五
棣 一〇九五
睇 一〇九六
14 ▼臺 九九七
15 駘 九八六
16 醍 九九八
餒 九九九
17 擡 九八六
薹 九八六
18 ○題 九九九

だい
8 牀 七四五

だいこん
14 蔔 一三四六

だいだい
16 橙 一一五四

たいふう
14 颱 九八五

たいまつ
8 苣 三一六
9 炬 三一六

たいら
5 ○平 一三六三
▼平 一三六三
6 玕 四一八
8 坦 一〇一二

たいらか
6 夷 二五

たいらげる
6 夷 二五

たえ
7 △妙 一四五六
10 栲 四九六

たえる
5 伃 五九九
9 ○耐 九八一
12 △勝 七五三
▼勝 七五三
○堪 二三四
○絶 八八九

たおさ
15 稯 七八五

たおす
10 ○倒 一一四一
16 殪 八九

たおやか
11 婀 三
13 嫋 七七七
14 綽 六六五

たおやめ
11 娵 九三八

たおれる
4 仆 一三三三
7 沛 一三三三
10 ○倒 一一四一
15 僵 三四〇
16 殪 八九
18 斃 一三七一
19 蹶 四一五
顚 一一一九

たか
10 ○高 四九九
24 鷹 一五三七

たが
14 箍 四五九

たかい
3 兀 五二九
4 亢 四七一
6 △危 二六〇
7 岌 三〇四
8 尭 三四五
昂 四八七
杲 四八七
穹 三〇六
10 倬 一〇〇二
峻 七一六
△軒 四二四
○高 四九九
11 崟 三六五
崔 五五二
△崇 八二五
崢 九三八
崚 一五七六
△隆 一五七一
12 喬 三三九
▼堯 三四五
敞 七五四
△貴 二七一
▼隆 一五七一
13 嵬 一八二
嵩 八二五
14 皋 五一一
17 嶷 二九〇
褱 七七九
18 魏 二九一
21 巍 二九一

たがい
4 ○互 四六二

たがいに
7 佚 五六
8 △迭 一一〇四
9 ▼迭 一一〇四
10 △逓 一〇九三
14 ▼遞 一〇九三

たがう
10 △差 五四四
11 △爽 九三七
13 △違 三七
▼違 三七
15 靠 五一二
17 繆 一三〇二

たがえる
13 △違 三七
▼違 三七

たかつき
7 △豆 一一三八
20 鐙 一一五八

たかどの
11 △堂 一一六三
13 △楼 一六一八
14 △閣 二〇一
15 ▼樓 一六一八

たがね
19 鏨 五九四
27 鑽 五九一

たがねる
14 綰 一六三

たかぶる
4 亢 四七一
8 昂 四八七

たかまる
10 ○高 四九九

たかむしろ
18 簟 一一一九

たかむら
15 篁 五一二

たかめる
10 ○高 四九九

たがやす
7 佃 一一一三
10 ○耕 四九七
13 耡 七三六
△農 一二一一

たから
8 ○宝 一三九八
10 △財 五六二
11 △貨 一五一
12 葆 一三八九
貲 六二〇
13 △資 六二四
14 褢 一五八
20 ▼寶 一三九八
21 齎 八七〇

たからか
10 △朗 一六一六
11 ▼朗 一六一六

たかる

12 △集 六九四
たき
13 ○滝 一〇〇〇
18 瀑 一二四五
19 ▼瀧 一〇〇〇
たきぎ
15 蕘 七七八
16 ○薪 八〇九
たぎる
14 滾 五三九
タク
6 ○宅 一〇〇〇
托 一〇〇〇
7 ○択 一〇〇〇
○沢 一〇〇〇
8 ○卓 一〇〇一
○拓 一〇〇一
拆 一〇〇二
9 ○度 一一三三
柝 一〇〇二
10 倬 一〇〇二
啄 一〇〇二
○託 一〇〇二
11 ▼啄 一〇〇二
啅 一〇〇二
琢 一〇〇二
12 棹 一二四七
▼琢 一〇〇二
15 磔 一〇〇三
魄 一二四三
16 ▼擇 一〇〇〇
▼澤 一〇〇〇
17 擢 一〇〇三
18 ○濯 一〇〇三
戳 一〇〇三
謫 一〇〇三
21 鐸 一〇〇三
たく
8 ○炊 八二八
9 炷 六七六
12 焚 一三五六
16 △薫 三八三
17 ▼薫 三八三
18 ▼薫 三八三
ダク
13 搦 六六八
15 ○諾 一〇〇三
16 ○濁 一〇〇三
だく
8 ○抱 一三九九
▼抱 一三九九
16 △擁 一五三六
たぐい
4 △双 九二八
△比 一二七三
6 伉 四七八
8 △例 一五九四
10 △倫 一五八四
△般 一二六四
11 △偶 三七五
13 △彙 三一五
15 耦 三七六
17 △醜 六九七
18 ▼雙 九二八
○類 一五九一
△類 一五九一
19 疇 一〇五〇
▼類 一五九一
たぐう
4 △匹 二九六
たぐえる
18 △類 一五九一
19 ▼類 一五九一
たくましい
11 逞 一〇九四
たくましくする
11 逞 一〇九四
たくみ
3 △工 四七一
5 ○巧 四七四
6 △伎 二五九
△匠 七四一
たくむ
3 △工 四七一
5 △巧 四七四
たくらむ
6 △企 二五九
たくる
14 綰 一六三三
たぐる
14 綰 一六三三
たくわえる
9 峙 六三六
10 △畜 一〇二七
12 △貯 一〇五二
13 ○蓄 一〇二七
16 △積 八七九
薀 八二三
18 儲 一〇五二
19 蘊 八二三
たけ
3 ○丈 七七〇
6 ○竹 一〇三六
8 ○岳 二〇五
9 茸 七七四
11 △菌 三五九
15 篁 五一二
蕈 八〇九
17 ▼嶽 二〇五
たけがき
10 笆 一三一八
たけかご
17 篗 一六二九
たけし
8 △武 一三三五
9 ▼赳 三〇八
10 悍 三二〇
赳 三〇八
11 △健 四二四
△猛 一四八一
15 毅 二八一
22 驍 三四七
たけなわ
12 酣 二三七
13 筰 五六八
17 闌 一五五二
たけのかわ
12 筍 七二一
たけのこ
12 筍 七二一
たけやぶ
15 篁 五一二
たけりくるう
11 猖 七五二
たける
8 △長 一〇五五
10 哮 四九六
15 獗 四一四
17 闌 一五五二
たこ
5 凧 一〇〇四
9 胝 一〇三一
12 胼 一三八二
13 蛸 七五八
18 鮹 七六七
22 鱆 七六七
たし
12 △達 一〇〇六
13 ▼達 一〇〇六
たしか
14 慥 九五五
15 ○確 二〇三
たしかめる
15 ○確 二〇三
たしなみ
13 嗜 六二三
たしなむ
10 耆 二六九
13 嗜 六二三
たしなめる
12 窘 三六一
たす
7 ○足 九五七
20 贍 九二三
だす
5 ○出 七二一
たすかる
7 ○助 七三三
たすき
22 襷 一〇〇四
たすけ
7 佑 一五〇八
9 祐 一五一一
10 倅 五五二
▼祐 一五一一
12 弼 一二九七
13 裨 一二八四
たすける
4 △介 一六七
5 △右 六九
6 丞 七四一
7 △佐 五四二
佑 一五〇八
○助 七三三
△扶 一三三五
8 侑 一五〇八
9 拯 七七三
毘 一二七八
△相 九三三
祐 一五一一
10 ▼祐 一五一一
11 掖 九一

12 △救 三〇八
翊 一五三九
弼 一二九七
△援 一〇〇
▼援 一〇〇
掾 一〇〇
△補 一三八九
13 裨 一二八四
△資 六二四
14 輔 一三九一
15 △賛 五九〇
17 幫 一四一二
△翼 一五四〇
18 ▼翼 一五四〇
19 ▼贊 五九〇
22 讃 五九一

たずさえる
13 ○携 三九八

たずさわる
13 ○携 三九八

たずねる
7 找 一四一
10 △原 四四一
訊 八一九
11 △討 一二四四
△問 一四九〇
○訪 一四〇六
12 ○尋 八一九
▼尋 八一九
△温 一三〇
13 ▼溫 一三〇
19 繹 九二

ただ
5 只 五九九
6 伊 二五
7 △但 一〇〇五
10 △徒 一二二六
祇 六一五
11 △唯 一五〇五
惟 三三
12 啻 六一八

たたえる
10 △称 七四九
12 湛 一〇一六
13 頌 七五九
14 ▼稱 七四九
15 歎 一〇一九
△賛 五九〇
19 ▼贊 五九〇
22 讚 五九一

たたかいとる
26 鬭 三一一

たたかう
13 ○戦 九〇四
16 ▼戰 九〇四
鬨 五一四
18 ○闘 一二五七
20 ▼鬪 一二五七

たたき
14 敲 五一〇

たたく
5 叩 四七四
6 扣 四八一
8 △殴 一一一四
12 △款 二三七
13 搗 一一五一
14 敲 五一〇
15 ▼毆 一一一四
17 擣 一一五五

ただし
7 ○但 一〇〇五

ただしい
4 △方 一三九五
5 ○正 八四四
9 △是 八四二
△貞 一〇九二
14 △端 一〇一七
17 謇 四三五

ただす
4 尹 六一
5 ○正 八四四
6 匡 三一八
7 △批 一二七五
糺 三〇五
8 ▼糾 三〇八
9 △糾 三〇八
△訂 一〇九二
10 △格 一九七
11 △規 二七四
12 △弾 一〇二四
董 一一五一
13 飭 一〇七二
△督 一一七〇
15 ▼彈 一〇二四
△縄 七七八
△質 六五〇
18 鞫 二九三
19 ▼繩 七七八

たたずむ
7 佇 一〇五〇
10 站 一〇一四
竚 一〇五一

ただちに
8 △径 三八八
○直 一〇六九
10 ▼徑 三八八
11 逕 三九五

ただに
12 啻 六一八

たたみ
12 ○畳 七七七
22 ▼疊 七七七

たたむ
12 ○畳 七七七
14 摺 七六〇
22 ▼疊 七七七

ただよう
14 ○漂 一三〇六
漾 一五三四
20 飄 一三〇八

たたり
10 祟 八二九

たたる
10 祟 八二九

ただれ
21 爛 一五五四

ただれる
17 糜 一二九三
19 靡 一二八七
21 爛 一五五四

タチ
12 △達 一〇〇六
13 ▼達 一〇〇六
21 闥 一〇〇七

たち
8 △性 八五四
12 △達 一〇〇六
13 △資 六二四
▼達 一〇〇六
15 △質 六五〇
16 舘 二四七
△館 二四八
17 ▼館 二四八

ダチ
12 △達 一〇〇六
13 ▼達 一〇〇六

たちばな
16 橘 二九六

たちまち
5 乍 五四一
8 奄 九六
忽 五三〇
11 掩 九九
倏 七〇九
13 溘 五〇八
20 驀 一二四五

たちもとおる
8 彽 一〇九〇
14 裴 一三九
15 跑 一〇三五
19 躇 一〇五三
21 躊 一〇五〇
22 躑 一一〇三

だちょう
16 駝 九七五

タツ
8 怛 一〇〇七
10 哳 一〇〇六
11 梲 八八五
△脱 一〇〇七
▼脫 一〇〇八
12 ○達 一〇〇六
13 ▼達 一〇〇六
14 △奪 一〇〇八
靼 一〇一九
16 撻 一〇〇七
17 燵 一〇〇七
19 獺 一〇〇九
21 闥 一〇〇七
22 韃 一〇〇七

たつ
5 ○立 一五六二
7 辰 七九四
9 ○建 四二一
殄 一一一四
△発 一二五〇
△祝 七〇七
10 ▼祝 七〇七
站 一〇一四
△起 二七〇
○竜 一五六九
11 ○断 一〇二三

△経 三九三
12 ▼發 一二五〇
○絶 八八九
○裁 五五七
釿 三六一
13 剿 九四二
勦 九四二
竪 六八二
▼經 三九三
遏 一一五
14 截 八八八
16 ▼龍 一五六九
17 謖 七八五
18 ▼斷 一〇二三
19 蹶 四一五

ダツ
8 妲 一〇〇七
怛 一〇〇七
11 捺 一一八八
○脱 一〇〇七
▼脫 一〇〇八
14 ○奪 一〇〇八
19 獺 一〇〇九
22 韃 一〇〇七

たっとい
12 ○尊 九六七
▼尊 九六七
○貴 二七七

たっとぶ
8 △尚 七四三
▼尚 七四三
11 △崇 八三五
12 ○尊 九六七
▼尊 九六七
○貴 二七七

たづな
22 轡 一三八七
24 羈 二八六

たつみ
12 巽 九六八
▼巽 九六八

たて
3 △干 三一一
7 杆 三三五
9 ○盾 七一九
11 鹵 一六〇九
13 楯 七二一
竪 六八二

16 ○縦 七〇六
舘 二四七
△館 二四八
17 ▼縱 七〇六
▼館 二四八

たで
14 蓼 一五八〇

たていと
11 △経 三九三
13 ▼經 三九三

たてがみ
25 鬣 一五八二

たてふだ
14 榜 一四二〇

たてまつる
3 △上 七六八
8 ○奉 一三九八
13 △献 四三〇
20 ▼獻 四三〇

たてる
5 △冊 五七〇
▼册 五七〇
○立 一五六二
8 △沸 一三五〇

9 ○建 四二一
△点 一二一四
11 △閉 一三六九
12 △植 七八三
16 △樹 六八三
17 ▼點 一二一四

たとえ
20 譬 一二八七

たとえる
8 ○例 一五九四
12 △喩 一五〇三
20 譬 一二八七

たどる
7 辿 一二一三

たな
8 △店 一二一三
9 △架 一四七
10 △桟 五八五
12 ▼棧 五八六
○棚 一〇〇九
▼棚 一〇〇九
14 △閣 二〇一

たなごころ
12 △掌 七五三

たに
7 ○谷 五二四
10 峪 一五三九
11 △渓 三九三
13 ▼溪 三九三
15 澗 二四五
17 壑 二〇六
谿 四〇一

だに
17 蟎 一〇一〇

たにがわ
17 谿 四〇一

たにみず
15 澗 二四五

たぬき
10 狸 一五五七
12 猯 一〇一六

たね
9 胤 六三
14 ○種 六七九

たのしい
12 △愉 一五〇三
▼愉 一五〇三
13 ○楽 二〇五

15 ▼樂 二〇五

たのしむ
7 佚 五六
10 △娯 四六六
△宴 九八
豈 一九一
11 聊 一五七七
12 △愉 一五〇三
▼愉 一五〇三
酣 二三七
13 ○楽 二〇五
14 僖 二七九
槃 一三六七
15 嬉 二八一
▼樂 二〇五
熙 二八一
16 懌 九二

たのむ
6 托 一〇〇〇
8 怙 四四九
9 恃 六三六
△負 一三二七
10 倚 三一
12 馮 一三〇五

15 △嘱 七八四
16 憑 一三〇七
▼賴 一五四六
○頼 一五四六
24 ▼囑 七八四

たのもしい
16 ▼賴 一五四六
○頼 一五四六

たば
7 ○束 九五七

たばこ
10 莨 一六一七

たばねる
17 繃 一四一二

たび
9 ○度 一一一三
10 ○旅 一五七二
19 襪 一三七六
22 羇 二八六
23 韈 一三七六
24 羈 二八六

たびびと
22 羇 二八六
24 羈 二八六

たぶさ
16 髻 四〇一

たぶらかす
14 誑 三四〇

たべもの
15 △餌 六四〇
16 餐 五九〇

たべる
9 ○食 七八一

たぼ
15 髱 一四一一

たま
3 △丸 二五三
5 ○玉 三五一
6 圭 三八七
10 珪 三九二
△珠 六七七
11 ○球 三〇九
12 ○弾 一〇二四
13 瑶 一五三三
14 ▼瑤 一五三三
△魂 五四〇
15 ▼彈 一〇二四
璋 七六二

璇 九〇八
○霊 一五九七
18 瓊 四〇一
△璧 一三七三
24 ▼靈 一五九七
たまう
12 △給 三一〇
15 △賜 六二五
賚 一五四五
18 釐 一五六〇
たまき
17 △環 二四八
21 鐶 二五二
たまご
7 ○卵 一五五一
11 蛋 一〇一五
たましい
9 △神 七九六
10 ▼神 七九六
14 ○魂 五四〇
15 △霊 一五九七
魄 一二四二
24 ▼靈 一五九七
だます
16 瞞 一四五〇
17 賺 一〇二〇
19 騙 一三八三
たまたま
11 △偶 三七五
12 △遇 三七五
13 ▼遇 三七五
14 △適 一一〇一
15 ▼適 一一〇一
たまもの
15 △賜 六二五
賚 一五四五
16 錫 六六五
たまや
15 廟 一三一一
たまる
12 △堪 二三四
渟 一〇九六
13 溜 一五七一
19 瀦 一〇五三
だまる
15 ○黙 一四八五
16 ▼默 一四八五
たまわる
12 △給 三一〇
15 ○賜 六二五
たみ
5 ○民 一四五七
8 氓 一四一六
11 萌 一四一八
たむし
22 癬 九一二
たむろ
4 △屯 一一七九
6 戍 六八〇
ため
9 △為 三〇
12 ▼爲 三〇
13 溜 一五七一
ためいき
12 喟 二七六
ためし
8 △例 一五九四
ためす
13 ○試 六二三
18 △験 四三六
23 ▼驗 四三六
ためらう
11 逡 七一七
15 踟 一〇三五
19 躇 一〇五三
21 躊 一〇五〇
ためる
12 揉 七〇五
13 溜 一五七一
15 撓 一一六六
16 檠 四〇〇
17 ○矯 三四二
たもつ
6 △存 九六六
9 ○保 一三八八
12 葆 一三八九
たもと
9 袂 一三七二
たやす
12 ○絶 八八九
たゆむ
6 弛 六〇三
たより
9 △信 七九四
○便 一三八五
△音 一一二八
たよる
10 △耗 一四八〇
訊 八一九
11 △問 一四九〇
11 聊 一五七七
16 ▼賴 一五四六
○頼 一五四六
たら
22 鱈 八八九
たらい
14 槃 一二六七
16 盥 二四七
たらす
8 ○垂 八二七
14 誑 三四〇
たりる
7 ○足 九五七
20 贍 九一二
たる
7 ○足 九五七
16 樽 九六九
だるい
9 △怠 九八〇
16 懈 一八五
たるき
11 桷 一九八
13 椽 一二一八
14 榱 八三二
たるむ
6 弛 六〇三
たれ
11 孰 七一〇
15 △誰 一〇一一
だれ
15 ○誰 一〇一一
19 疇 一〇五〇
たれがみ
14 髦 一四二〇
15 髫 一〇六八
たれひも
13 緌 八三二
たれる
7 △低 一〇八八
8 ○垂 八二七
帖 一〇五五
14 △滴 一一〇一
たわける
15 △戯 二八九
17 ▼戲 二八九
たわごと
20 譫 九一二
21 囈 四〇五
たわむ
15 撓 一一六六
16 橈 一一六六
たわむれ
10 △俳 一二三五
16 △諧 一八六
諢 五四〇
たわむれる
7 △弄 一六一五
11 娭 六四
13 詼 一八三
15 ○戯 二八九
16 謔 二九九
17 ▼戲 二八九
たわめる
15 撓 一一六六
たわら
10 ○俵 一三〇四
タン
4 ○丹 一〇一一
5 ○反 一二五七
△丼 一一八三
○旦 一〇一二
6 △団 一〇二一
7 △但 一〇〇五
8 坦 一〇一二
怛 一〇〇七
○担 一〇一二
9 ○単 一〇一二
△段 一〇二二
○炭 一〇一三
眈 一〇一三
○胆 一〇一三
10 疸 一〇一四
站 一〇一四
耽 一〇一四
袒 一〇一四
11 啖 一〇一四
○探 一〇一四
○淡 一〇一五
蛋 一〇一五
△貪 一一八一
酖 一〇一五
12 ▼單 一〇一二

9 胄 一〇四八

ちち
4 ○父 一二三三
8 ○乳 一二〇〇
▼乳 一二〇〇

ちちしる
13 △酪 一五四九

ちぢまる
17 ○縮 七〇九

ちぢむ
15 △緊 三六三
17 ○縮 七〇九

ちぢめる
17 ○縮 七〇九

ちぢらす
17 ○縮 七〇九

ちぢれる
17 ○縮 七〇九

チツ
8 帙 一〇三八
10 ○秩 一〇三八
11 ○窒 一〇三八
15 膣 一〇三九
17 蟄 一〇三九

ちどり
17 鵆 一〇三九

ちなみ
6 △因 六二

ちなむ
6 △因 六二

ちぬる
25 釁 三六五

ちのふえ
16 篪 一〇三五

ちのみご
9 孩 一九〇
17 孺 六八四

ちびる
7 禿 一一六八

ちまき
14 粽 九四五

ちまた
7 △岐 二六三
9 巷 四九〇
12 △街 一一九一
14 閧 五一二
24 衢 三七一

チャ
9 ○茶 一〇三九

ちゃ
9 茗 一四七一

チャク
11 △著 一〇五一
12 ○着 一〇四〇
▼著 一〇五一
13 ▼著 一〇五一
14 ○嫡 一〇四一
18 擲 一一〇三
謫 一〇〇三
19 躇 一〇五三

チュ
12 蛛 一〇四一
13 誅 一〇四九
15 △駐 一〇五〇

チュウ
4 丑 一〇四一
○中 一〇四二
6 ○仲 一〇四四
○虫 一〇四四
7 ○沖 一〇四五
狆 一〇四五
△肘 一二九五
8 ○宙 一〇四五
○忠 一〇四五
○抽 一〇四六
○注 一〇四六
9 胄 一〇四七
○昼 一〇四七
○柱 一〇四七
紂 一〇四八
冑 一〇四八
○衷 一〇四八
10 紐 一〇四八
○酎 一〇四八
11 偸 一一四五
惆 一〇四八
▼晝 一〇四七
紬 一〇四八
12 厨 一〇四八
蛛 一〇四一
註 一〇四八
鈕 一〇四九
13 稠 一〇四九
誅 一〇四九
14 綢 一〇四九
15 ○鋳 一〇四九
○駐 一〇五〇
16 儔 一〇五〇
17 蟄 一〇三九
鍮 一〇五〇
18 ▼蟲 一〇四四
19 疇 一〇五〇
20 籌 一〇五〇
21 籀 一〇五〇
躊 一〇五〇
22 ▼鑄 一〇四九

チュツ
5 朮 七一四
17 黜 一〇五〇

チュン
4 △屯 一一七九

チョ
7 佇 一〇五〇
8 杼 一〇五一
苧 一〇五一
10 竚 一〇五一
11 猪 一〇五一
紵 一〇五一
○著 一〇五一
12 ▼猪 一〇五一
▼著 一〇五一
○貯 一〇五二
13 楮 一〇五二
▼著 一〇五一
14 ○緒 七二九
15 樗 一〇五二
△箸 二四六
▼緒 七二九
18 儲 一〇五二
19 瀦 一〇五三
躇 一〇五三

チョウ
2 ○丁 一〇五三
4 ○弔 一〇五四
5 ○庁 一〇五四
△打 九七二
6 ○兆 一〇五四
吊 一〇五四
△灯 一一三七
7 ○町 一〇五四
疔 一〇五五
8 佻 一〇五五
帖 一〇五五
沾 一一一三
○長 一〇五五
9 ○挑 一〇五七
昶 一〇五七
迢 一〇五七
○重 七〇二
10 冢 一〇五七
凋 一〇五七
挺 一〇九三
晁 一〇五八
釘 一〇九三
啚 一〇五八
11 ○帳 一〇五八
○張 一〇五八
○彫 一〇五八
悵 一〇五九
掉 一一四五
梃 一〇九四
○眺 一〇五九
窕 一〇五九
笘 九〇三
○釣 一〇五九
▼釣 一〇五九
○頂 一〇五九
○鳥 一〇六〇
12 喋 一〇六一
△塚 一〇八〇
幀 一〇九五
△提 一〇九五
○朝 一〇六一
渫 八八六
△畳 七七七
脹 一〇六二
裎 一〇九六
貂 一〇六三
○貼 一〇六三
○超 一〇六三
13 ▼塚 一〇八〇
牒 一〇六三
稠 一〇四九
○腸 一〇六三
誂 一〇六四
○跳 一〇六四
14 ○徴 一〇六四
暢 一〇六五
漲 一〇六五
肇 一〇六五
▼肈 一〇六五
蔦 一〇六五

蜩 一〇六五
趙 一〇六五
輒 一〇六五
銚 一〇六五
15 ○嘲 一〇六六
▼徴 一〇六四
○潮 一〇六六
○澄 一〇六六
蝶 一〇六七
○調 一〇六七
▼調 一〇六七
髫 一〇六八
16 ▼燈 一一三七
褶 一〇六八
諜 一〇六八
雕 一〇六八
17 ○聴 一〇六八
18 ○懲 一〇六八
19 寵 一〇六九
▼懲 一〇六八
鯛 一〇六九
▼鯛 一〇六九
20 鰈 一〇六九
齠 一〇六九
22 ▼疊 七七七
25 ▼聽 一〇六八
▼廳 一〇五四
糶 一〇六九

ちょうせんにんじん
14 蔘 八〇八

チョク
8 ○直 一〇六九
9 ○勅 一〇七二
10 △値 一〇三一
○捗 一〇七二
陟 一〇七二
11 ▼敕 一〇七二
13 飭 一〇七二
20 躅 一〇七二
騭 一〇七二

ちらかす
12 ○散 五八七

ちらかる
12 ○散 五八七

ちらす
12 ○散 五八七

ちり
10 埃 五
14 塵 八三〇

ちりとり
14 箕 二八〇

ちりばめる
12 嵌 二三六
19 鏤 一六一九

ちる
12 ○散 五八七
渙 二三七
15 銷 七六二

チン
6 △灯 一一三七
7 ○沈 一〇七二
8 抻 七九四
△枕 一四四〇
9 △亭 一〇九一
○珍 一〇七四
10 ○朕 一〇七四
砧 一〇七四
11 △陣 八一九
酖 一〇一五
12 ○陳 一〇七四
湛 一〇一六
趁 一〇七五
13 椿 一〇七五
椹 一〇七五
○賃 一〇七五
14 碪 一〇七五
15 鴆 一〇七五
16 ▼燈 一一三七
17 △繊 九一〇
18 ○鎮 一〇七六
▼鎭 一〇七六
闖 一〇七六
23 ▼纖 九一〇

ちん
7 狆 一〇四五

ちんがり
10 △租 九二〇

【つ】

ツ
10 ○通 一〇七八
11 ▼通 一〇七八
12 ○都 一一二八
▼都 一一二八

つ
9 ○津 七九六

ツイ
7 ○対 九七八
9 ○追 一〇七六
10 ▼追 一〇七六
11 △堆 九八三
12 ○椎 一〇七七
△隊 九八四
▼隊 九八四
14 ▼對 九七八
槌 一〇七八
15 ○墜 一〇七八
▼墜 一〇七八
16 縋 一〇七八
18 鎚 一〇七八

ついえる
12 ○費 一二八四
15 △弊 一三七〇
▼弊 一三七〇
△潰 一八四

ついず
6 △次 六二九

ついたち
10 朔 五六六

ついたて
11 屏 一三六八

ついで
7 △序 七三四
10 △倫 一五八四
△秩 一〇三八
11 △第 九九八

ついに
8 △卒 九六四
11 竟 三三八
△終 六九一
▼終 六九一
12 △遂 八三一
13 ▼遂 八三一

ついばむ
10 啄 一〇〇二
11 ▼啄 一〇〇二
啅 一〇〇二

ついやす
12 ○費 一二八四
17 麋 一二九三

ツウ
10 ○通 一〇七八
11 ▼通 一〇七八
12 ○痛 一〇八〇

つえ
7 杖 七七三
9 枴 一七四
11 梲 八六五
梃 一〇九四
12 棍 五三九
△策 五六七

つか
7 △束 九五七
9 垤 一一〇四
10 △柄 一三六七
冢 一〇五七
11 埠 一三三〇
12 ○塚 一〇八〇
13 塋 八七
▼塚 一〇八〇
14 塿 一六一八
15 鋏 三四一
19 龔 一六一九

つが
9 栂 一一六七
15 樛 三一一

つがい
12 △番 一二七〇

つかう
8 ○使 六〇八
13 ○遣 四三一
14 ▼遣 四三一

つがう
12 △番 一二七〇

つかえ
12 痞 一二八三

つかえる
4 △支 五九七
5 ○仕 五九八
8 △事 六三四
9 宦 二二九
11 閊 一〇八一
12 痞 一二八三

つがえる
12 △番 一二七〇

つかさ
5 △司 五九九
6 △吏 一五五五
8 △官 二二七
△牧 一四二七
9 宦 二二九

8 △附 一三三六
9 柎 一三三七
△点 一二一四
11 淹 九九
12 ○就 六九三
○着 一〇四〇
△貼 一〇六三
13 跟 五三九
14 ○漬 一〇八三
17 ▼點 一二一四

つげる
7 ○告 五二四
9 △訃 一三一七
△赴 一三一八
11 △控 五〇二
14 △語 四六七
誥 五二一

つごもり
11 晦 一七八

つじ
6 辻 一〇八三

つた
14 蔦 一〇六五
22 蘿 一五四三

つたう
6 ○伝 一二二一
13 ▼傳 一二二一

つたえる
6 ○伝 一二二一
13 ▼傳 一二二一
20 臚 一六二一

つたかずら
22 蘿 一五四三

つたない
8 ○拙 八八三

つたわる
6 ○伝 一二二一
13 ▼傳 一二二一

つち
3 ○土 一二三一
6 △地 一〇二六
8 坤 五三五
12 △椎 一〇七七
14 槌 一〇七八
16 △壌 七七八
18 鎚 一〇七八
20 ▼壤 七七八
鐓 九八七

つちかう
11 ○培 一二三一
17 糞 一三五七

つちぐもり
22 霾 一二三二

つちくれ
13 △塊 一八一

つちのえ
5 戊 一三九一

つちのと
3 △己 四四六

つちぶえ
17 壎 四二四

つちふる
22 霾 一二三二

つちやま
10 砠 七二八

つつ
10 △砲 一四〇五
▼砲 一四〇五
12 ○筒 一二五〇
14 △銃 七〇五

つつが
10 恙 一五二九

つづく
13 ○続 九六三
18 蟬 九二一
19 △譜 一三三四
21 ▼續 九六三

つづける
13 ○続 九六三
21 ▼續 九六三

つつしむ
8 劼 二一一
9 恪 一九七
矜 三三三
10 △恭 三三四
悛 七一六
祇 六二五
虔 四二四
11 寅 六四
△肅 七〇九
△斎 五五六
12 △敬 三九五
欽 三六〇
竦 七五六
13 傴 七三
飭 一〇七二
○慎 八〇五
▼愼 八〇五
▼敬 三九五
▼肅 七〇九
14 兢 三四〇
愨 二〇一
愿 四四五
17 聳 七六五
○謹 三六四
▼齋 五五六
18 ▼謹 三六四
蹙 七一〇
22 齪 五六九

つつましい
13 △慎 八〇五
▼愼 八〇五

つつましやか
13 △慎 八〇五
▼愼 八〇五

つづまやか
9 △約 一四九七
▼約 一四九七
10 △倹 四三三
15 ▼儉 四三三

つつみ
8 坡 一三一五
苞 一四〇四
陂 一三七七
12 ○堤 一〇九五
堡 一四〇七
13 塘 一一五一
14 裹 一五八

つづみ
13 ○鼓 四五八

つつむ
5 ○包 一三九六
▼包 一三九六
8 苞 一四〇四
12 △温 一三〇
葆 一三八九
13 ▼溫 一三〇
14 裹 一五八
19 韞 八三
韜 一二五七

つづめる
9 △約 一四九七
▼約 一四九七

つづら
12 △葛 二一四

つづる
14 綴 一〇九七
15 輟 一二〇六

つづれ
16 褸 一五八九
19 襤 一五五三

つて
6 △伝 一二二一
13 ▼傳 一二二一

つと
8 苴 七二七
苞 一四〇四
15 髱 一四一一

つどう
12 ○集 六九四

つとに
6 夙 七〇六

つとまる
11 ○務 一四五九
12 ○勤 三六〇
13 ▼勤 三六〇

つとめ
7 △役 一四九六
18 △職 七八五

つとめる
2 △力 一五八二
4 仂 一六二一
7 劭 七四二
○努 一二三三
8 孜 六〇七
劼 二一一
9 ▼勉 一三八六
10 △勉 一三八六
11 勖 三四九
○務 一四五九
△強 三三五
12 ○勤 三六〇
閔 一三一六
13 ▼勤 三六〇
孳 六三八
黽 一三八六
16 彊 三四一
邁 一四三九
17 懃 三六四
懋 一四二三

つな
10 △索 五六六

14 ○綱 五一一
つながる
19 繋 四〇二
23 攣 一六〇九
つながれる
11 婁 一五八九
つなぐ
7 △系 三八八
9 △係 三八九
11 婁 一五八九
紲 八八五
絆 一二六五
12 △絡 一五四六
14 △維 三七
綰 一六三三
15 緤 八八九
17 縻 一二九三
縲 一五九一
19 繋 四〇二
24 羈 二八六
つね
6 △毎 一四三八
7 ▼毎 一四三八
9 △恒 四九〇
▼恆 四九〇
11 ○常 七七四
△庸 一五三〇
12 △尋 八一九
▼尋 八一九
▼雅 一六五
13 △雅 一六五
18 彝 四〇
つねに
9 △恒 四九〇
▼恆 四九〇
つねる
7 抓 九三一
つの
7 ○角 一九六
つのさかずき
13 觥 五〇八
つのとら
10 虒 六一六
つのよもぎ
10 莪 一六五
つのる
12 ○募 一三九三
つば
11 ○唾 九七四
17 鍔 二〇六
20 鐔 一〇二一
つばき
13 椿 一〇七五
つばさ
10 翅 六一六
17 ○翼 一五四〇
18 ▼翼 一五四〇
つばめ
16 燕 一〇七
つぶ
11 ○粒 一五七〇
17 螺 一五四二
顆 一六〇
つぶさに
8 △具 三七一
11 悉 六四八
12 △備 一二九〇
つぶす
15 ○潰 一八四
つぶて
20 礫 一六〇一
つぶやく
8 呟 四四〇
つぶらか
4 △円 九五
13 ▼圓 九五
つぶる
15 瞑 一四七三
つぶれる
15 ○潰 一八四
つぼ
8 坩 二二六
○坪 一〇八五
▼坪 一〇八五
12 壺 四五六
つぼね
7 △局 三四九
つぼみ
10 莟 二五五
16 蕾 一五四五
つぼむ
10 窄 五六六
16 蕾 一五四五
つま
4 ○爪 一〇八五
8 △具 三七一
8 ○妻 五五〇
9 △室 六四七
13 褄 一〇八五
17 嬬 六八四
つまこ
8 孥 一一二三
帑 一一二三
つましい
9 △約 一四九七
▼約 一四九七
10 △倹 四二三
15 ▼儉 四二三
つまずく
12 跎 九七二
跌 一〇四
跋 一二五四
13 △頓 一一八〇
17 蹉 五四七
19 蹶 四一五
22 躓 一〇三五
つまだつ
12 竦 七五六
つまだてる
11 跂 二七五
18 翹 三四七
つまばさむ
20 顰 四一五
つまびらか
11 孰 七一〇
13 △詳 七五九
15 △審 八〇八
16 △諦 一〇九八
つまみ
12 鈕 一〇四九
つまむ
7 抓 九三一
8 拈 一二〇八
14 △摘 一一〇一
15 △撮 五七二
つまる
13 ○詰 二九六
つみ
12 辜 四五七
13 ○罪 五六三
つみする
18 謫 一〇〇三
つむ
7 抓 九三一
11 剪 九〇二
13 稔 八二〇
○詰 二九六
14 ○摘 一一〇一
16 ○積 八七九
蕰 八三
錘 八三二
19 蘊 八三
つむぎ
11 紬 一〇四八
つむぐ
10 ○紡 一四一七
11 紬 一〇四八
15 緝 六九六
17 △績 八八〇
つむじかぜ
12 猋 一三〇五
17 颶 三七二
20 飄 一三〇八
21 飆 一三〇八
つめ
4 ○爪 一〇八五
5 △甲 四七六
10 蚤 九二七
つめたい
7 ○冷 一五九三
8 冽 一六〇二
つめる
13 ○詰 二九六
つもる
16 ○積 八七九
つや
7 △沢 一〇〇〇
12 釉 一五一四
16 ▼澤 一〇〇〇
19 ○艶 一〇一八
24 ▼艷 一〇一八
つゆ
5 △汁 七〇一
21 ○露 一六二一
つよい
8 侃 二二六
9 勁 三八九
△勇 一五〇九
10 倔 三七七
△剛 五二〇
勍 三九一
11 ○強 三三五

梟 三三八
13 △梗 五〇二
逎 六九六
14 △豪 五二一
15 毅 二八一
16 彊 三四一
禦 三三六
21 驃 一三〇八
22 驕 三四四
驍 三四七

つよまる
11 ○強 三三五

つよめる
11 ○強 三三五

つら
9 ○面 一四七五

つらい
7 △辛 七九三
14 △酸 五八九

つらつら
10 倩 九〇一
15 △熟 七一〇

つらなる
6 △列 一六〇一
9 洛 一五四六
10 ○連 一六〇三
11 牽 四二五
▼連 一六〇三
14 瑣 五四六
△綿 一四七七
17 聯 一六〇八
19 繹 九二
△羅 一五四三
△麗 一五九九

つらぬく
7 △串 三七六
9 △洞 一二六一
穿 九〇〇
11 ○貫 二三四

つらねる
6 △列 一六〇一
10 △展 一一一五
○連 一六〇三
11 △排 一二二七
▼連 一六〇三
△陳 一〇七四
13 肆 六二二
15 劉 一五七二
17 聯 一六〇八
19 繹 九二

つりばり
13 鉤 五〇九

つる
6 吊 一〇五四
8 ○弦 四四一
11 絃 四四三
○釣 一〇五九
▼釣 一〇五九
13 鉉 四四五
14 蔓 一四五〇
21 ○鶴 一〇八六
23 攣 一六〇九

つるぎ
10 ○剣 四二三
15 ▼劍 四二三
鋏 三四一

つるす
6 吊 一〇五四

つるばみ
16 橡 七六三

つれあい
4 仇 三〇一
7 △対 九七八
10 △配 一二二六
11 逑 三一〇
14 ▼對 九七八
21 儷 一六〇〇

つれる
10 ○連 一六〇三
11 ▼連 一六〇三

つわもの
5 仗 七一一
6 戎 七〇一
7 △兵 一三六五
9 △軍 三八四
13 賁 一二八四

つんざく
15 劈 一三七三
17 擘 一二四三

【て】

て
4 弖 一〇八七
○手 六六九

デ
7 ○弟 一〇八九

てあし
8 △肢 六二一

てあつい
12 腆 一一一七

テイ
2 ○丁 一〇五三
5 叮 一〇八七
△庁 一〇五四
△打 九七二
汀 一〇八七
6 △灯 一一三七
7 ○体 九七七
○低 一〇八八
○呈 一〇八八
○廷 一〇八八
○弟 一〇八九
△町 一〇五四
8 ○定 一〇八九
○底 一〇九〇
彽 一〇九〇
○抵 一〇九一
○邸 一〇九一
9 ○亭 一〇九一
○剃 一〇九一
○帝 一〇九一
柢 一〇九二
洟 三〇
牴 一〇九二
○訂 一〇九二
○貞 一〇九二
酊 一〇九二
10 剔 一一〇〇
○庭 一〇九二
悌 一〇九三
挺 一〇九三
涕 一〇九三
○逓 一〇九三
釘 一〇九三
11 ○停 一〇九三
○偵 一〇九四
掟 七七六
梯 一〇九四
梃 一〇九四
△第 九九八
羝 一〇九四
△袋 九八三
逞 一〇九四
12 △頂 一〇五九
啼 一〇九四
○堤 一〇九五
幀 一〇九五
○提 一〇九五
△替 九八四
棣 一〇九五
渟 一〇九六
睇 一〇九六
○程 一〇九六
▼程 一〇九六
裎 一〇九六
[舟氐] 一〇九六
詆 一〇九六
13 碇 一〇九六
禎 一〇九六
○艇 一〇九六
蜓 一〇九七
裼 八七九
遉 一〇九七
髢 一〇九七
鼎 一〇九七
14 △態 九八五
▼禎 一〇九六
綴 一〇九七
蔕 九八五
▼遞 一〇九三
酲 一〇九七
15 ○締 一〇九七
鄭 一〇九八
霆 一〇九八
16 ▼燈 一一三七
薙 一〇九八
○諦 一〇九八
赬 一〇九八
蹄 一〇九八
醍 九九八
17 △錠 七七八
△聴 一〇六八
18 騁 一〇九八
嚔 一〇九八
△題 九九九
鵜 一〇九九
19 蟶 一〇九九
22 ▼聽 一〇六八
23 ▼體 九七七
25 ▼廳 一〇五四

デイ

7 佞 一二〇四
8 ○泥 一〇九九
14 △寧 一三〇五
17 瀰 一一〇〇
19 禰 一一〇〇

ておの
12 釿 三六一

デカグラム
7 瓧 一一〇〇

てかせ
11 梏 五一七

てがた
8 △券 四一〇
▼劵 四一〇

てがみ
9 柬 一一一〇
12 戔 九〇三
14 △箋 九〇六
15 緘 二四六
18 鯉 一五六一
19 牘 一一七一

デカメートル
8 籵 一一〇〇

デカリットル
7 竍 一一〇〇

テキ
7 狄 一一〇〇
8 ○的 一一〇〇
迪 一一〇〇
9 ▼廸 一一〇〇
10 俶 七〇七
剔 一一〇〇
荻 一一〇〇
11 ○笛 一一〇一
逖 一一〇一
14 △嫡 一〇四一
○摘 一一〇一
○滴 一一〇一
○適 一一〇一
15 ○敵 一一〇一
▼適 一一〇一
17 擢 一〇〇三
18 擲 一一〇三
19 鏑 一一〇三
21 △躍 一四九九
22 糴 一一〇三
覿 一一〇三
躑 一一〇三

デキ
13 ○溺 一一〇三
14 滌 一一〇三

できもの
7 疔 一〇五五
14 △瘍 一五三五

でく
11 △梗 五〇二
13 △塑 九二五
17 傀 一五四六

てぐるま
15 輦 一六〇七

てこ
7 杆 二二五
11 梃 一〇九四
14 槓 五一〇

でこ
5 △凸 一一七五

デシグラム
9 瓰 一一〇三

デシメートル
10 △粉 一三五五

デシリットル
9 竕 一一〇四

てすり
9 柤 五四三
10 △軒 四二四
17 闌 一五五二
18 檻 二四九
20 △欄 一五五四
21 ▼欄 一五五四
檽 一六〇〇

でたらめ
9 胡 四五四

テツ
3 屮 一一〇四
7 佚 三六
8 ○迭 一一〇四
9 咥 一一〇四
垤 一一〇四
姪 一一〇四
▼迭 一一〇四
10 ○哲 一一〇四
11 啜 八八四
12 耋 一一〇四
蛭 六四九
跌 一一〇四
13 畷 一一〇四
14 ○鉄 一一〇四
綴 一〇九七
銕 一一〇六
15 ○徹 一一〇六
○撤 一一〇六
輟 一一〇六
16 錣 一一〇六
18 餮 一一〇七
19 轍 一一〇七
21 ▼鐵 一一〇四

デツ
10 捏 一二〇五
涅 一一〇七

てのひら
12 △掌 七五三

てら
6 ○寺 六二八
8 △刹 五七一

てらう
11 衒 四四四

てらす
13 ○照 七五八

てる
13 ○照 七五八
15 △輝 二八二

でる
5 ○出 七二一

てれる
13 ○照 七五八

テン
4 ○天 一一〇七
7 佃 一一二三
甸 一一二三
8 辿 一一一三
○典 一一一三
○店 一一一三
忝 一一一三
沾 一一一三
9 恬 一一一三
畋 一一二三
殄 一一一四
○点 一一一四
10 ○展 一一一五
11 唸 一一一五
○添 一一一五
淀 一一一五
甜 一一一六
○転 一一一六
12 奠 一一一七
腆 一一一七
覘 一一一八
△貼 一〇六三
13 ○塡 一一一八
椽 一一一八
○殿 一一二三
鈿 一一二三
△電 一一二三
14 槙 八〇八
▼槇 八〇八
15 廛 一一一八
碾 一一一八
篆 一一一八
諂 一一一八
16 澱 一一二三
霑 一一一八
覥 一一一九
17 輾 一一一九
▼點 一一一四
18 癜 一一一九
簟 一一一九
▼轉 一一一六
19 顚 一一一九
21 囀 一一一九
纏 一一一九
22 鷆 八一二
巓 一一二〇
躔 一一二〇
24 癲 一一二〇

てん
12 貂 一〇六三

デン
5 ○田 一一二〇
6 ○伝 一一二一
7 佃 一一二三
甸 一一二三
8 拈 一二〇八
9 畋 一一二三
11 △捻 一二〇八
淀 一一二五
△粘 一二〇九
12 奠 一一一七
13 ▼傳 一一二一
○殿 一一二三
鈿 一一二三
○電 一一二三
15 撚 一二〇九

16 碾 一二一八　澱 一二一三　鮎 一二一三
17 臀 一二一四　輾 一二一九
18 癜 一二一九
21 鶇 八二三

【と】

ト
3 ○土 一二一三
4 ○斗 一二一四
6 ○吐 一二一四
7 兎 一二一五　○図 八二三　抖 一二一八　杜 一二一六　肚 一二一六
8 ○妬 一二一六
9 ○度 一二二三
10 ○徒 一二一六　茶 一二一七　蚪 一二一七
11 ○途 一二一七　兜 一二四五　菟 一二一八　▼途 一二一七　○都 一二一八
12 堵 一二一八　屠 一二一八　○渡 一二一九　○登 一二四九　▼都 一二一八
13 ○塗 一二一九
14 ▼圖 八二三　睹 一二二〇　跿 一二二〇
16 覩 一二二〇　○賭 一二二〇　○頭 一二五四
17 鍍 一二二〇　闍 一二二〇
24 蠹 一二二〇

と
2 ○十 六九九
4 ○戸 四四六　▼戶 四四六

ド
3 ○土 一二二一
5 ○奴 一二二二
7 ○努 一二二二
8 呶 一二二二　孥 一二二二　帑 一二二二　弩 一二二二
9 ○度 一二二三　○怒 一二二四
15 駑 一二二四

と（続）
5 △外 一八八
8 △門 一四八八
10 砥 六二五

とい
11 ○問 一四九〇
15 樋 一一五三

といし
10 砥 六二五
14 厲 一五九七

トウ
2 △丁 一〇五三　○刀 一二二四
4 △斗 一二二四
5 ○冬 一二二五　叨 一二二五
6 夲 一二二六　吋 一二二六　△同 一二五九　○当 一二二六　○灯 一二二七
7 ○投 一二二七　抖 一二二八　○豆 一二二八
8 ○到 一二二九　宕 一二二九　帑 一二二三　沓 一二二九　○東 一二二九
9 苳 一二四〇　俑 一五一七　恫 一二四〇　△洞 一二六一　△胆 一〇三三　荅 一二四〇
10 ○逃 一二四〇　○倒 一二四一　○党 一二四一　○凍 一二四二　○唐 一二四三　套 一二四三　○島 一二四三　○桃 一二四三　桐 一二六一　疼 一二四四　○納 一二三〇　△胴 一二六一　荳 一二四四　蚪 一二一七　○討 一二四四　▼逃 一二四〇　○透 一二四四
11 偸 一二四五　兜 一二四五　剳 一二四五　△動 一二六二　啅 一〇〇二　△堂 一二六二　○悼 一二四五　掏 一二四五　掉 一二四五　桶 一二四五　淌 七五二　淘 一二四五　○盗 一二四五　萄 一二六三　▼透 一二四四　逗 一二四六　○陶 一二四六
12 ○塔 一二四七　○搭 一二四七　揄 一五〇三　○棟 一二四七　棹 一二四七　棠 一二四七　○湯 一二四八　△痛 一〇八〇　○痘 一二四八　○登 一二四九　▼盗 一二四五　△童 一二六三　○答 一二四九　○等 一二四九　○筒 一二五〇　○統 一二五〇　董 一二五一
13 ○道 一二六三　塘 一二五一　搗 一二五一　搨 一二五一　滔 一二五一　溏 一二五一　▼當 一二三六　條 一二五一　罩 一二五一　▼道 一二六三
14 僮 一二六五　嶋 一二五二　慟 一二六五　榻 一二五二　○稲 一二五二　箚 五七二　綯 一二五二　○読 一二七四　骰 一二五二
15 △嘲 一〇六六　嶝 一二五三　幢 一二五三　撞 一二五三　撓 一二六六　樋 一二五三　縢 一二五三　▼稻 一二五二　蕩 一二五三　○踏 一二五三　鬧 一二五三
16 橙 一二五四　橦 一二五四　▼燈 一二三七　瞠 一二六六　○糖 一二五四　縢 一二五四　螗 一二五四　○頭 一二五四
17 擣 一二五五　檔 一二五五　濤 一二五五　盪 一二五五　△瞳 一二六六　磴 一二五五　▼膽 一〇三三　螳 一二五六　○謄 一二五六　▼謄 一二五六

蹈 一二五六
鍮 一〇五〇
鞜 一二五六
檮 一二五六
18 櫂 一二五六
礑 一二五六
艟 一二六六
○藤 一二五六
襠 一二五六
○鬪 一二五七
鞳 一二五七
鬔 一二五七
禱 一二五七
19 蟷 一二五七
韜 一二五七
鶇 一二五八
竇 一二五八
20 鐙 一二五八
○騰 一二五八
▼騰 一二五八
▼鬪 一二五七
▼黨 一二四一
籐 一二五八
21 鐺 一二五八
黱 一二五八
22 儻 一二五八
▼讀 一二七四
饕 一二五八
24 蠹 一二五八

とう
6 △存 九六六
10 娉 三六八
訊 八一九
11 ○問 四九〇
△訪 四〇六
13 聘 一三六九
詢 七二二
15 諏 六八〇
16 △諮 六二七
17 薹 九八六

ドウ
4 △内 一八三
▼内 一八三
6 ○同 一五九
8 呶 一二三三
9 恫 一二四〇
○洞 一二六一
衲 一二六一
10 △悩 一三一〇
桐 一二六一
○胴 一二六一
△能 一三一〇
11 ○動 一二六二
○堂 一二六二
△脳 一三一一
萄 一二六三
12 ▼惱 一三一〇
棠 一二四七
○童 一二六三
○道 一二六三
○働 一二六五
13 ▼腦 一三一一
△農 一三一一
▼道 一二六三
14 僮 一二六五
慟 一二六五
○銅 一二六五
15 儂 一二六五
○導 一二六五
幢 一二五三
△憧 七六一
撞 一二五二
撓 一二六六
鬧 一二五三
16 ▼導 一二六五
橈 一二六六
瞠 一二六六
耨 一二六六
獰 一二六六
17 ○瞳 一二六六
膿 一三一二
蹈 一二五六
18 檸 一二〇五
臑 六四〇
艟 一二六六
20 鐃 一二六七
21 曩 一二六七
22 囊 一三二三

どうぎ
19 襦 六八四

とうげ
9 ○峠 一二六七

とうしん
9 炷 六七六

とうしんぐさ
7 △芯 七九二

とうとい
12 ○尊 九六七
▼尊 九六七
○貴 二七七

とうとぶ
8 △尚 七四三
▼尚 七四三
11 △崇 八三五
12 ○尊 九六七
▼尊 九六七
○貴 二七七

とうな
11 菘 八三五

とうまる
13 蜀 七八三
20 鸀 五四一

とお
2 ○十 六九九
4 什 七〇〇
9 △拾 六八七

とおい
7 迂 七〇
9 茫 一四一七
迥 三九一
迢 一〇五七
11 △悠 一五一一
逖 一二〇一
12 遥 一五三一
13 ○遠 一〇三三
遐 一五六
14 敻 三九九
▼遠 一〇三三
▼遙 一五三一
15 緬 一四七七
17 藐 一三一一
18 邃 八三三

とおす
10 ○通 一〇七八
11 ▼通 一〇七八
12 △疎 九二四
疏 九二五

とおる
7 亨 四八三
10 浹 七四八
○通 一〇七八
△透 一二四四
11 ▼通 一〇七八
▼透 一二四四
12 △疎 九二四
疏 九二五
△達 一〇〇六
13 ▼達 一〇〇六
14 暢 一〇六五
15 △徹 一二〇六
16 △融 一五一六

とが
8 咎 三〇五
9 栂 一二六七
△科 一四八
12 △過 一五三
13 ▼過 一五三
15 樛 三一一
18 謫 一〇〇三

とかきぼし
9 奎 三九〇

とかす
11 △釈 六六五
13 ○溶 一五三三
煬 一五三三
○解 一八二
14 熔 一五三四
15 銷 七六二
19 爍 六六六
20 ▼釋 六六五
23 鑠 六六六

とがた
10 枡 四二四
20 櫨 一六二一

とがめ
8 咎 三〇五
21 譴 四三七

とがめる
4 尤 一五〇六
8 咎 三〇五
21 譴 四三七

とがる
6 尖 八九七

とき
7 辰 七九四
8 △刻 五二五
9 △秋 六八八
10 ○時 六三六
11 晨 八〇二
△斎 五五六
12 △期 二七六
15 鴇 一四一一

16 闃 五一四
17 鴾 一一六八
鴇 一四三三
▼齋 五五六
21 龝 六九八

とぎ
7 伽 一四一

ときあかし
14 △箋 九〇六

ときあかす
12 註 一〇四八

トク
7 禿 一一六八
8 竺 一一六八
9 △独 一一七二
10 ○匿 一一六八
啄 一〇〇二
○特 一一六八
11 ▼啄 一〇〇二
○得 一一六九
13 ○督 一一七〇
14 ○徳 一一七〇
慝 一一七一
○読 一一七四
15 ▼德 一一七〇
16 ▼獨 一一七二
○篤 一一七二
18 瀆 一一七二
19 牘 一一七二
犢 一一七二
20 竇 一一五八
22 ▼讀 一一七四
23 髑 一一七五
24 纛 一一五八
27 黷 一一七一

とく
5 △弁 一三八四
10 梳 九二〇
△疾 六四七
11 △訳 一四九七
△釈 六六五
12 詁 四五七
13 ○溶 一五三三
○解 一八二
14 ○説 八八八
15 △論 一六二三
20 ▼譯 一四九七
▼釋 六六五
21 ▼辯 一三八四

とぐ
9 ○研 四二一
10 砥 六一五
11 ▼硏 四二一
14 厲 一五九七
16 △磨 一四三七
19 礪 一五九九

ドク
8 ○毒 一一七二
9 ○独 一一七二
10 △特 一一六八
14 ○読 一一七四
16 ▼獨 一一七二
22 ▼讀 一一七四
23 髑 一一七五

どく
17 螫 八八〇

とぐろ
13 塒 六二三

どくろ
25 顱 一六一三

とげ
6 朿 六〇三
8 △刺 六〇九
12 棘 三五〇
14 蔕 九八五

とける
7 △冶 一四九一
12 渙 二二七
13 ○溶 一五三三
○解 一八二
14 熔 一五三四
15 銷 七六二
16 △融 一五一六
23 鑠 六六六

とげる
12 ○遂 八二三
13 ▼遂 八二三

とこ
7 ○床 七四二
8 牀 七四五
11 ○常 七七四

とこしえ
5 △永 八四

とこしばり
16 輹 一三四七

ところ
5 △処 七一四
6 △地 一〇二六
8 ○所 七一五
▼所 七一五
11 △域 四一
▼處 七一四

とざす
11 ○閉 一三六九
18 △鎖 五四七

とし
6 ○年 一二〇六
7 △利 一五五五
△寿 六八一
8 庚 四八七
祀 六一一
9 茲 六一四
10 △敏 一三一六
△疾 六四七
祚 九二〇
11 ▼敏 一三一六
13 △歳 五五九
稔 八二〇
△載 五五九
14 ▼壽 六八一
17 △齢 一五九八
20 ▼齡 一五九八

とじいと
15 △編 一三八二
▼編 一三八二

とじこもる
17 蟄 一〇三九

とじなわ
15 緘 二四六

どじょう
19 鯲 一一七五
20 鰍 六九八
鰌 六九八

としより
5 艾 一九〇
9 △眉 一二八九
10 叟 九三六
旄 一四一七
耆 二六九
耄 一四八〇
12 耋 一二〇四

とじる
7 杜 一一二五
9 △封 一三三八
11 ○閉 一三六九
12 翕 三一〇
13 鉗 四三二
14 綴 一〇九七
15 緘 二四六
16 噤 三六三
縢 一一五四
18 闔 五一六
25 鑰 一四九九

とせ
6 △年 一二〇六
13 △歳 五五九

とち
8 杼 一〇五一
9 ○栃 一一七五
16 橡 七六三

トツ
5 ○凸 一一七五
7 吶 一一七五
8 咄 一一七五
○突 一一七六
9 柮 一一七六
▼突 一一七六
11 訥 一一七六
13 △頓 一一八〇

ドツ
7 吶 一一七五
8 肭 一一七七

とつぐ
9 △姻 六三
10 △帰 二六八
13 ○嫁 一五五
18 ▼歸 二六八

とって
12 鈕 一〇四九

とて
8 迚 一一七七

とても
8 迚 一一七七

とど
13 椴 一〇一七

とどく
8 ○届 一一七七
▼屆 一一七七
12 △達 一〇〇六
13 ▼達 一〇〇六

とどける
8 ○届 一一七七

▼屆 一一七七
とどこおる
12 湫 六九三
13 ○滞 九八五
14 ▼滯 九八五
15 △稽 四〇〇
17 濡 六八四
ととのう
15 ○調 一〇六七
▼調 一〇六七
16 ○整 八六九
△諧 一八六
ととのえる
7 △均 三五三
8 △斉 八五六
13 飭 一〇七二
14 ▼齊 八五六
15 ○調 一〇六七
▼調 一〇六七
16 ○整 八六九
とどまつ
13 椴 一〇一七
とどまる
4 △止 五九七
7 △住 七〇一
10 △留 一五六八
11 △停 一〇九三
淹 九九
紮 五七二
逗 一一四六
12 渟 一〇九六
13 △頓 一一八〇
15 △駐 一〇五〇
とどめる
4 △止 五九七
8 △拘 四八七
13 △禁 三六一
遏 一一五
15 △稽 四〇〇
輟 一一〇六
とどろく
21 轟 五二三
となえる
9 徇 七一九
10 倡 七四六
△称 七四九
11 ○唱 七五一
14 ▼稱 七四九
誦 七六〇
となり
15 ▼鄰 一五八七
▼隣 一五八七
16 ○隣 一五八六
となる
15 ▼鄰 一五八七
▼隣 一五八七
16 ○隣 一五八六
との
13 ○殿 一一三三
どの
13 ○殿 一一三三
とばす
9 ○飛 一二七九
どばと
17 鴿 五一六
とばり
11 帷 三
△帳 一〇五八
12 幄 一一
幃 三四
13 幎 一三七四
とび
14 鳶 一〇五
16 鴟 六二七
17 鵄 六二七
とびいし
8 矼 四八八
とびひ
10 疱 一四〇五
とびら
12 ○扉 一二八三
▼扉 一二八三
18 闔 五一六
とぶ
7 △沖 一〇四五
9 ○飛 一二七九
10 △軒 四二四
12 翔 七五六
▼翔 七五六
13 ○跳 一〇六四
14 蜚 一二八五
16 翰 二四七
20 騫 四三七
どぶ
13 △溝 五〇八
▼溝 五〇八
どぶがい
10 蚌 一四一八
どぶろく
18 醪 一六一九
とぼける
9 恍 四九〇
11 惚 五三一
とぼし
6 △灯 一一三七
16 ▼燈 一一三七
とぼしい
4 ○乏 一四一三
14 匱 二七九
とぼす
6 △灯 一一三七
16 ▼燈 一一三七
とぼそ
8 △枢 八三四
15 ▼樞 八三四
とぼる
9 △点 一二一四
17 ▼點 一二一四
とま
8 苫 八九八
17 篷 一四一二
とまる
4 ○止 五九七
8 ○泊 一二三九
10 ○留 一五六八
11 △停 一〇九三
17 蹇 四三五
とみ
12 ○富 一三三〇
とみに
13 △頓 一一八〇
とむ
12 ○富 一三三〇
とむらう
4 ○弔 一〇五四
とめる
4 ○止 五九七
8 ○泊 一二三九
10 ○留 一五六八
12 渟 一〇九六
13 遏 一一五
とも
4 ○友 一五〇五
6 ○共 三一七
7 △伴 一二六二
▼伴 一二六二
8 ○供 三三〇
朋 一四〇一
9 △侶 一五七二
11 舳 六四三
14 △僚 一五七九
鞆 一一七八
22 艫 一六一二
ともえ
4 巴 三一五
ともがら
10 們 一四八九
△徒 一一一六
11 △曹 九三九
15 △輩 一二三九
16 儕 五六〇
儔 一〇五〇
ともし
6 △灯 一一三七
16 ▼燈 一一三七
ともしび
6 △灯 一一三七
9 炬 三一六
炷 六七六
16 檠 四〇〇
▼燈 一一三七
17 燭 七八五
ともしびたて
16 檠 四〇〇
ともす
6 △灯 一一三七
16 ▼燈 一一三七
ともづな
27 纜 一五五五
ともなう
7 ○伴 一二六二
▼伴 一二六二
ともに
6 △同 一二五九
10 倶 三六九
11 偕 一七八
ともる
9 △点 一二一四
17 ▼點 一二一四
どもる
6 吃 二九四
7 吶 一一七五

11 訥 一七六
17 謇 四三五

とや
13 塒 六二二

とよ
13 △豊 一四〇八
18 ▼豐 一四〇八

どよめき
9 哄 四八九

とら
8 ○虎 四五〇
11 寅 六〇四

どら
16 錚 九四九
20 鐃 一二六七
27 鑼 一五四四

とらえる
4 △勾 四七三
5 △囚 六八五
8 △拘 四八七
10 圄 四六六
○捉 九五九
拿 九七四
○捕 一三八九
11 △執 六四八
△逮 九八四
12 ▼逮 九八四
13 禽 三六二
15 緝 六九六
16 擒 三六三
19 繫 四〇二

とらわれる
5 △囚 六八五
10 ○捕 一三八九

とり
7 酉 一五〇八
11 ○鳥 一〇六〇
13 禽 三六二
19 △鶏 四〇三
21 ▼鷄 四〇三

とりあみ
7 罕 二三五

とりいれ
13 嗇 七八三
18 穡 七八五

とりいれる
18 △穫 二〇三
穡 七八五
19 ▼穫 二〇三

とりかご
15 樊 一二六七

とりかぶと
11 菫 三六〇

とりこ
9 俘 一三一七
12 ▼虜 一五七三
13 △虜 一五七三
16 擒 三六三

とりしまる
17 △轄 二一六
▼轄 二一六
24 覊 二八六

とりしらべる
17 鞫 二九三

とりで
9 △柵 五六六
10 砦 五五三
12 堡 一四〇七
△塁 一五九〇
13 △塞 五五八
14 寨 五六〇
18 ▼壘 一五九〇

とりもち
23 黐 一〇三六

とりわけ
10 △特 一二六八

とる
3 弋 一五三八
7 △把 一二一五
8 ○取 六七五
△征 八五三
秉 一三六七
△采 五五一
9 俘 一三一七
10 △剟 一二四〇
△捉 九五九
○捕 一三八九
○執 六四八
11 ○採 五五三
捫 一四九〇
12 △盗 一二四五
▼盜 一二四五
13 搦 六六八
△摂 八八六
搏 一三四一
14 搴 四三一
15 ○撮 五七二
△摯 六二五
撈 一六一八
16 簒 五九〇
△操 九四八
21 ▼攝 八八七
24 攬 一五五四

ドル
5 弗 一三四九

とろ
19 瀞 八七〇

どろ
8 ○泥 一〇九九
11 淤 一一〇
13 △塗 一二三九
17 濘 一三〇五

とろきぼし
12 觜 六二〇

とろける
15 蕩 一二五三
17 盪 一二五五

トン
4 ○屯 一二七九
5 △丼 一二八三
6 ○団 一〇二二
7 呑 一二八一
沌 一二七九
9 瓲 一二七九
11 惇 七二〇
○豚 一二七九
12 敦 一二八〇
13 △鈍 一二八一
遁 一二八〇
○頓 一二八〇
飩 一二八〇
14 ▼團 一〇二二
15 褪 九八六
遯 一二八〇
16 噸 一二八一
暾 一二八一
燉 一二八一

とん
11 ○問 一四九〇

ドン
6 △灯 一二三七
7 呑 一二八一
11 ○貪 一二八一
12 ○鈍 一二八一
13 飩 一二八〇
14 嫩 一二八二
15 緞 一〇一九
遯 一二八〇
16 ○曇 一二八二
▼燈 一二三七
19 壜 一二八二
22 罎 一二八二

どん
5 ○丼 一二八三

どんぐり
7 皁 九三二
8 杼 一〇五一

とんび
14 鳶 一〇五

どんぶり
5 ○丼 一二八三

【な】

ナ
7 ○那 一二八三
8 ○奈 一二八三
9 ○南 一二九〇
10 娜 九七四
拿 九七四
○納 一二一〇
11 梛 九七四
20 糯 九七六
21 儺 一二八三

な
6 ○名 一四六六
9 茹 七三五
11 ○菜 五五五
14 蔬 九二六

ナイ
2 乃 九八七
4 ○内 一二八三
▼內 一二八三
8 △奈 一二八三
10 迺 九九八

ない
3 ○亡 一四二二
4 毋 一三三五
7 △没 一四三〇
▼沒 一四三〇
8 罔 一四八〇
10 莫 一三九三

12 ○無 一四五九
ないがしろ
14 △蔑 一三七六
なう
14 綯 一一五二
なえ
8 ○苗 一三〇九
10 秧 一一一五
なえぐ
17 蹇 四二五
なえる
11 ○萎 三四
13 瘻 三六
なお
4 仍 七七一
8 △尚 七四三
▼尚 七四三
12 △猶 一五二二
▼猶 一五二二
なお…ごとし
5 △由 一五〇二
12 △猶 一五二二
▼猶 一五二二
なおす
8 ○治 六二五
○直 一〇六九
なおる
8 ○治 六二五
○直 一〇六九
なか
4 ○中 一〇四二
6 ○仲 一〇四四
ながあめ
11 △淫 六四
15 潦 一六一八
16 霖 一五八七
19 霪 六八
ながい
5 ○永 八四
8 ○長 一〇五五
10 △修 六八九
11 曼 一四四八
脩 六九二
12 遥 一五三一
14 夐 三九九
▼遙 一五三一
ながいき
9 胡 四五四
ながえ
17 轅 一〇八
なかご
8 △茎 三八九
10 ▼莖 三八九
11 ▼莖 三八九
ながさ
11 袤 一四一九
ながしめ
9 眄 一三八五
10 俔 四〇四
12 睇 一〇九六
13 睥 一三六九
なかす
7 沚 六〇七
ながす
10 ○流 一五六六
△配 一三二六
18 謫 一〇〇三
なかだち
12 △媒 一三三一
なかば
5 ○半 一三五九
▼半 一三五九
△央 二一
なかま
8 朋 一四〇一
10 △党 一一四一
14 夥 一五七
17 幫 一四一二
20 ▼黨 一一四一
ながめる
9 眄 一三八五
11 ○眺 一〇五九
12 △詠 八七
ながら
5 乍 五四一
ながらえる
6 △存 九六六
なかれ
4 勿 一四八六
毋 一三三五
10 莫 一三九三
ながれ
12 旒 一五七一
ながれる
10 ○流 一五六六
14 漓 一五五九
ながわずらい
13 痼 四五七
16 △錮 四五九
なぎ
6 凪 一一八六
11 梛 九七四
なぎさ
5 汀 一〇八七
7 沚 六〇七
11 渚 七二八
12 ▼渚 七二八
なきはは
7 妣 一二七五
なく
6 牟 一四一四
8 呱 四四九
○泣 三〇五
10 哭 五二六
涕 一〇九三
11 喉 一五九五
12 喑 六六
啾 六九三
喞 七八三
啼 一〇九四
14 ○鳴 一四七三
20 嚶 一一八
なぐ
6 凪 一一八六
8 △和 一六二四
16 薙 一〇九八
なぐさむ
15 ○慰 三七
なぐさめる
15 ○慰 三七
なぐる
8 ○殴 一一四
9 挌 一九七
15 △撲 一四二九
▼毆 一一四
なげうつ
18 擲 一一〇三
8 抛 一四〇〇
18 擲 一一〇三
なげかわしい
13 ○嘆 一〇一七
14 ▼嘆 一〇一七
なげく
6 吁 三六七
9 咨 六一一
10 唏 二六八
11 欷 二七四
12 喟 二七六
13 嗚 一一〇
嗟 五四五
○嘆 一〇一七
△慨 一九二
愾 一九二
14 ▼嘆 一〇一七
▼慨 一九二
▼慨 一九二
慷 五一〇
慟 一一六五
15 歎 一〇一九
なげる
7 ○投 一一三七
8 抛 一四〇〇
なこうど
6 妁 六六三
なごむ
8 ○和 一六二四
なごやか
8 ○和 一六二四
なさけ
11 ○情 七七五
▼情 七七五
眷 四二六
なし
11 ○梨 一一八七
なじむ
9 昵 六五二
なじる
13 △詰 二九六
14 駁 一二四四
16 駮 一二四三
なす
5 △生 八四六
6 ○成 八五〇
7 △作 五六四
▼成 八五〇
8 茄 一四七
9 △為 三〇
11 做 五六七
△済 五五三
12 △就 六九三
▼爲 三〇
17 ▼濟 五五三

なずな 17 薺 八七〇
なすび 8 茄 一四七
なずむ 8 △泥 一〇九九
なする 17 △擦 五七三
なぞ 17 ○謎 一二八八
なぞらえる 10 △准 七一九 13 △準 七二三 14 僭 九〇六 17 △擬 二九〇
なた 5 屶 一二八八 13 鉈 六五九
なだ 9 △洋 一五二七 22 灘 一〇二六
なだめる 9 宥 一五〇九
ナツ 11 捺 一二八八
ナッ 10 ○納 一三一〇
なつ 10 ○夏 一四八
なつかしい 16 ○懐 一八五 19 ▼懷 一八五
なつかしむ 16 ○懐 一八五 19 ▼懷 一八五
なつく 16 ○懐 一八五 19 ▼懷 一八五
なつける 16 ○懐 一八五 19 ▼懷 一八五
なつご 16 螈 四四五
なつぜみ 15 蝘 一〇七 16 螗 一二五四
なつめ 12 棗 九四一 13 晳 八七八
なでる 8 拊 一三三六 11 捫 一四九〇 15 撫 一三三七
など 7 抔 一三九七 12 △等 一二四九
なな 2 ○七 六四四
ななつ 2 ○七 六四四
ななめ 11 ○斜 六五八
なに 7 ○何 一四〇 7 △那 一二八三 9 曷 二二二 10 奚 三九一
なにがし 9 △某 一四一七
なの 2 ○七 六四四
なびかす 19 靡 一二八七
なびく 19 靡 一二八七
なふだ 8 △刺 六〇九 9 柬 二三〇 14 △箋 九〇六
なぶる 17 嬲 七七九
なべ 14 銚 一〇六五 17 ○鍋 一二八八 18 鎬 五二六
なま 5 ○生 八四六
なまぐさ 12 葷 三八二
なまぐさい 13 腥 八六五 19 羶 九一二
なまける 9 ○怠 九八〇 16 懈 一八五
なまじ 16 憖 三六六
なまじいに 16 憖 三六六
なます 17 膾 一八六 23 齏 八七一 24 鱠 一八七
なまず 15 鮎 一二八八 18 癜 一二一九 19 鯰 一三〇九
なますにする 17 膾 一八六
なまめかしい 7 △冶 一四九一 △妖 一五二六 15 嬌 三四〇 19 △艶 一〇八 24 ▼艷 一〇八
なまり 11 訛 一五二 13 ○鉛 一〇四 19 譌 一六〇
なまる 11 訛 一五二 12 △鈍 一二八一 19 譌 一六〇
なみ 3 △凡 一四三四 8 ○並 一三六六 8 ○波 一二一六 10 △浪 一六一六 ▼竝 一三六六 17 濤 一二一五 20 瀾 一五五四
なみする 14 △蔑 一三七六
なみだ 8 泗 六一〇 泪 一五九〇 9 洟 一三〇 10 涕 一〇九三 10 ○涙 一五九〇 11 ▼淚 一五九〇
なみだつ 20 瀾 一五五四
なめしがわ 10 韋 三一 14 靼 一〇一九 鞄 一四一〇 18 鞣 七〇六
なめす 18 鞣 七〇六
なめらか 13 ○滑 二一五 16 膩 六四〇
なめる 7 吮 八九七 10 舐 六一六 11 啐 五五二 14 嘗 七五九
なや 14 墅 七一九
なやます 10 ○悩 一三一〇 12 ▼惱 一三一〇
なやみ 17 艱 二四九
なやむ 4 △屯 一一七九 8 疚 三〇六 10 ○悩 一三一〇 12 ▼惱 一三一〇 16 懊 一一七 17 艱 二四九 蹇 四三五
なら 9 枹 一四〇四 13 楢 一五一五
ならう 7 狃 七〇二 8 △効 四八六 10 ○倣 一四〇四 ▼效 四八六 11 ○習 六九二 ▼習 六九二 12 傚 五〇四 △閑 二三九 13 肄 三六 15 嫺 二四四 嫻 二四五
ならす 7 △均 三五三 13 馴 七二三 14 ○慣 二四二 ○鳴 一四七三

18 擾 七七九

ならびに
8 ○並 一三六六
10 ▼竝 一三六六

ならぶ
4 △双 九二八
△比 一二七三
5 弍 一一九五
6 伉 四七八
8 ○並 一三六六
△併 一三六七
幷 一三六七
10 ▼倂 一三六七
▼竝 一三六六
△配 一二二六
15 耦 三七六
18 ▼雙 九二八
△離 一五六〇
駢 一三八三
19 △麗 一五九九
21 儷 一六〇〇

ならべる
6 △列 一六〇一
8 ○並 一三六六
10 ▼竝 一三六六
18 駢 一三八三
29 驪 一五六一

ならわし
9 △俗 九六一
△風 一三三八
14 △慣 二四二

なり
3 也 一四九一
7 △形 三八七

なる
5 △生 八四六
6 ○成 八五〇
7 ▼成 八五〇
9 △為 三〇
10 △造 九五三
11 ▼造 九五三
12 △就 六九三
▼爲 三〇
14 ○鳴 一四七三

なれしか
17 糜 一二九三

なれる
7 △串 三七六
忸 六四三
狃 七〇二
8 泄 八八三
狎 四八八
13 馴 七三二
14 ○慣 二四二
15 △熟 七一〇
16 諳 二一四
17 褻 八八九

なわ
8 ○苗 一三〇九
9 紉 八一九
10 △索 五六六
14 綯 一一五二
15 ○縄 七七八
17 縲 一五九一
19 ▼繩 七七八

なわて
13 畷 一一〇四

ナン
7 ○男 一〇二三
9 ○南 一一九〇
10 ○納 一二一〇
11 ○軟 一一九一
12 喃 一一九一
13 楠 一一九二
煖 一〇二五
18 ○難 一一九二
19 ▼難 一一九二

なん
7 ○何 一四〇

なんじ
2 乃 九八七
3 △女 七三一
6 汝 七三三
而 六二九
8 △若 六六六
10 迺 九九八
14 爾 六三九

なんぞ
7 △那 一一八三
8 △奈 一一八三
9 曷 二二二
胡 四五四
10 奚 三九一
烏 七二
11 △庸 一五三〇
12 渠 三一九
14 △寧 一三〇五

なんぞ…ざる
10 盍 四九七

なんなんとする
8 △垂 八二七

【に】

ニ
2 ○二 一一九三
4 ○仁 八一七
5 弍 一一九五
○尼 一一九五
6 ○弐 一一九五
7 ○児 六三三
8 ▼兒 六三三
12 ▼貳 一一九五
14 爾 六三九
16 膩 六四〇
18 邇 六四〇

に
4 △丹 一〇二一
10 ○荷 一一五一
18 瓊 四〇一

にい
13 ○新 八〇六

にえ
8 △沸 一三五〇
15 △摯 六二五
銋 一一九五
18 贄 六二七

にえる
12 ○煮 六五九
13 ▼煮 六五九
15 △熟 七一〇

にお
13 鳰 一一九五

においざけ
10 鬯 一〇五八

におう
4 ○匂 一一九五
9 ○臭 六八九
10 ▼臭 六八九

にがい
8 ○苦 三六七

にがす
9 ○逃 一二四〇
10 ▼逃 一二四〇

にがな
8 △苦 三六七
10 荼 一一二七

にかよう
7 彷 一三九七
8 彿 一三五〇

にがり
14 滷 一六一〇

にがる
8 ○苦 三六七

にかわ
15 膠 五一三

にかわする
15 膠 五一三

にきび
10 皰 一四〇五
14 靤 一四一〇

にぎやか
10 殷 六四
14 賑 八〇八

にぎる
7 △把 一二一五
12 ○握 一二

にぎわう
14 賑 八〇八

ニク
6 ○肉 一一九五
7 宍 一一九六
10 △辱 七八六

にくい
14 ○憎 九五四
15 ▼憎 九五四
18 △難 一一九二
19 ▼難 一一九二

にくしみ
14 ○憎 九五四
15 ▼憎 九五四

にくむ
10 △疾 六四七
11 △悪 九
12 ▼惡 九
13 △嫉 六四九
14 ○憎 九五四
15 ▼憎 九五四
17 △醜 六九七

にくらしい
14 ○憎 九五四
15 ▼憎 九五四

にぐるま
15 輜 六二六

にげる
3 △亡 一四一二
5 △北 一四二三
9 ○逃 一一四〇
10 ▼逃 一一四〇
11 逋 一三八九
15 遯 一一八〇
18 竄 五九三

にこげ
12 毳 八七一

にごす
16 ○濁 一〇〇三

にごりざけ
18 醪 一六一九

にごる
7 △汰 九七二
11 淆 五〇二
12 渾 五三九
13 溷 五三九
16 ○濁 一〇〇三

にし
6 ○西 八五一

にじ
17 螺 一五四二
9 ○虹 一一九六
16 霓 四〇五

にしき
16 ○錦 三六三

にじむ
8 △泌 一二九七
14 滲 八〇八

にじゅう
4 廿 七〇一

にじる
26 躪 一五八九

にしん
19 鯡 一三八七
20 鰊 一六〇八

にせ
11 偐 二五五
○偽 二八七
14 ▼僞 二八七
19 贋 二五八

にせもの
11 偐 二五五

ニチ
4 ○日 一一九七

にな
14 蜷 四三三
15 蝸 一一五九
17 螺 一五四二
21 蠡 一六〇〇

になう
7 佗 九七二
8 ○担 一〇二三
10 △荷 一一五一
14 鞅 一二一六
16 ▼擔 一〇二三
20 贏 九〇

にび
12 △鈍 二八一

にぶい
12 ○鈍 二八一
14 銖 六八〇
15 駘 九八六
駑 一二三四

にぶる
12 ○鈍 二八一

にべ
18 鮸 一三八六

ニャ
8 △若 六六六

ニャク
8 ○若 六六六
10 △弱 六六七
▼弱 六六七
13 蒻 六六九

にやす
12 ○煮 六五九
13 ▼煮 六五九

ニュ
8 △乳 一三〇〇
▼乳 一三〇〇

ニュウ
2 ○入 一一九
8 ○乳 一三〇〇
▼乳 一三〇〇
9 ○柔 七〇二

ニョ
3 ○女 七三一
6 ○如 七三二
9 茹 七三五

ニョウ
3 ○女 七三一
4 仍 七一
7 ○尿 一三〇一
10 △娘 一四六五
13 △溺 一一〇三
14 △寧 一三〇五
16 橈 一一六六
遶 七七八
18 繞 七七九
20 鐃 一一六七
21 饒 七八〇

にら
12 韮 三一〇
16 薤 一八五

にらぐ
11 淬 五五四
12 焠 五五七

にらむ
9 盻 三九〇
眈 一〇一三
10 俾 一二八〇
眥 八五九
13 睚 一九二
睨 四〇四
睥 一三六九

にる
7 亨 四八三
○似 六三三
△肖 七四二
▼肖 七四二
11 烹 一四〇六
12 ○煮 六五九
13 ▼煮 六五九
△煎 九〇五
14 髣 一四一〇
15 △熟 七一〇
鬻 一三五〇
16 燗 一五五二
18 臑 六四〇
19 △類 一五九一
▼類 一五九一
21 爛 一五五四

にれ
8 枌 一三五五
13 楡 一五〇四

にわ
7 △廷 一〇八八
10 ○庭 一〇九二
13 △園 一〇一

にわうめ
12 棣 一〇九五

にわか
9 俄 一六四
10 倅 五五二
△倉 九三六
11 猝 九六五
13 溘 五〇八
15 △暴 一四一二
16 霍 二〇二
17 遽 三三〇
24 驟 六九八

にわかあめ
18 瀑 一三四五

にわかに
8 △卒 九六四
9 △勃 一四三〇

にわざくら
12 棣 一〇九五

にわたずみ
15 潦 一六一八

にわとり
19 ○鶏 四〇三
21 ▼鷄 四〇三

ニン
2 ○人 八二三
3 △刃 八一七
4 △仁 八一七
壬 八一七
6 ○任 一三〇二
7 ○妊 一三〇三
○忍 一三〇三
▼忍 一三〇三
9 姙 一三〇三
荏 八一九
10 恁 八一九
荵 一三〇三
11 袵 八一九
13 稔 八二〇
14 ○認 一三〇三

にんじん
14 蔘 八〇八

にんにく
13 蒜 五八九

【ぬ】

ヌ

5 △奴 一一三三
8 弩 一一三三
9 △怒 一一三四
15 鴑 一一三四

ぬいとり
12 黹 一〇三三
13 綉 六九五
17 黻 一三五〇
19 繡 六九七
19 黼 一三三四

ぬう
12 絎 五〇七
黹 一〇三三
16 ○縫 一四一一
17 ▼縫 一四一一

ぬえ
19 鵺 一四九五

ぬか
13 粳 五〇八
17 糠 五一四

ぬかす
6 △吐 一一二四
7 ○抜 一二五三
8 ▼拔 一二五三

ぬかずく
13 △頓 一一八〇
18 △額 一二〇七

ぬかみそ
10 粏 九七二

ぬかる
7 ○抜 一二五三
8 ▼拔 一二五三
10 倥 四九五
17 濘 一二〇五

ぬかるみ
17 濘 一二〇五

ぬき
11 △貫 一二三四
15 ▼緯 四〇
16 △緯 四〇

ぬきあし
17 蹐 八八〇

ぬきんでる
10 挺 一〇九三
17 擢 一〇〇三

ぬく
4 扎 五七〇
7 ○抜 一二五三
8 △抽 一〇四六
▼拔 一二五三
10 挺 一〇九三
11 △貫 一二三四
17 擢 一〇〇三
26 鑷 七八〇

ぬぐ
11 ○脱 一〇〇七
▼脫 一〇〇八

ぬくい
12 △温 一二三〇
13 ▼溫 一二三〇

ぬぐう
9 ○拭 七八一
12 揩 一一七九

ぬくまる
12 △温 一二三〇
13 ▼溫 一二三〇

ぬくめる
12 △温 一二三〇
13 ▼溫 一二三〇

ぬけがら
13 蛻 八七一

ぬける
7 ○抜 一二五三
8 ▼拔 一二五三

ぬげる
11 ○脱 一〇〇七
▼脫 一〇〇八

ぬさ
8 帛 一二三八
15 △幣 一三七〇
▼幣 一三七〇

ぬし
5 ○主 六七三

ぬすみみる
12 睇 一〇九六

ぬすむ
9 △窃 八八三
11 偸 一二四五
○盗 一二四五
12 ▼盜 一二四五
20 攘 七七九
22 ▼竊 八八三

ぬた
20 饅 一四五〇

ぬなわ
8 茆 一四一六
14 蓴 七二三

ぬの
5 ○布 一三一四

ぬのこ
10 袍 一四〇五
13 △褐 一二一五
14 ▼褐 一二一五

ぬま
8 ○沼 七四五

ぬめ
12 絖 五〇六

ぬめる
13 △滑 一二一五

ぬる
13 ○塗 一二一九
25 釁 三六五

ぬるい
12 △温 一二三〇
13 ▼溫 一二三〇
15 △緩 一二四六

ぬるで
10 栲 四九六

ぬれぎぬ
10 冤 九八

ぬれる
17 濡 六八四

【ね】

ネ
10 涅 一一〇七
19 禰 一一〇〇

ね
3 △子 五九五
9 柢 一〇九二
○音 一一二八
○値 一〇三一
10 ○根 五三六

ネイ
7 佞 一三〇四
14 ○寧 一三〇五
17 嚀 一三〇五
濘 一三〇五
18 檸 一三〇五

ねえ
8 姐 九一八

ねがう
14 僥 三四七
16 覦 一五〇四
17 歆 二四八
覬 二八四
19 ○願 二五八

ねかす
13 ○寝 八〇四
14 ▼寢 八〇五

ねぎ
12 葱 九四一

ねぎらい
14 犒 五一〇

ねぎらう
7 △労 一六一五
12 ▼勞 一六一五
14 犒 五一〇

ねぐら
13 塒 六二三

ねこ
11 ○猫 一三一〇

ねじ
11 捩 一五九五

ねじける
8 拗 一五二六

ねじる
11 △捻 一二〇八
捩 一五九五

ねずみ
13 鼠 九二六

ねだい
8 牀 七四五
12 筐 三三九
14 榻 一一五二

ねたむ
8 ○妬 一一二六
9 ▼冐 一四一六
△冒 一四一六
10 恪 一五八四
11 猜 五五四
13 △嫉 六四九

ネツ
10 捏 一二〇五
涅 一一〇七
15 ○熱 一二〇五

ねばる
11 ○粘 一二〇九

ねぶる
10 舐 六一六

ねむい

10 ○眠 一四五八

ねむる
10 ○眠 一四五八
13 △睡 八三二

ねもと
8 苞 一四〇四
9 柢 一〇九二
11 趾 六二八
14 蔕 九八五

ねや
14 閨 三九九

ねらう
8 ○狙 九一九

ねりぎぬ
14 △練 一六〇六
15 ▼練 一六〇六

ねる
12 寐 一二九一
13 ○寝 八〇四
14 煉 一六〇五
▼寢 八〇五
○練 一六〇六
15 ▼練 一六〇六
16 △錬 一六〇七
17 ▼錬 一六〇七

ネン
5 冉 九一三
6 ○年 一二〇六
8 ○念 一二〇八
拈 一二〇八
11 ○捻 一二〇八
○粘 一二〇九
△軟 一一九一
12 ○然 九一七
13 稔 八二〇
15 撚 一二〇九
16 ○燃 一二〇九
鮎 一二一三
17 輾 一二一九
19 鯰 一二〇九

ねんごろ
5 叮 一〇八七
10 殷 六四
14 △寧 一二〇五
慇 六七
綣 四三三
15 諄 七三三
鄭 一〇九八
17 嚀 一二〇五
懃 三六四
○懇 五四〇

【の】

の
2 乃 九八七
3 之 五九四
10 迺 九九八
11 ○野 一四九二
16 篦 一三七一

ノウ
4 △内 一一八三
▼内 一一八三
9 衲 一一六一
10 ○悩 一三一〇
○納 一三一〇
○能 一三一〇
11 ○脳 一三一一
12 ▼惱 一三一〇
13 瑙 一三一一
▼腦 一三一一
○農 一三一一
15 儂 一一六五
16 ○濃 一三一三
17 膿 一三一三
21 曩 一一六七
22 囊 一三一三

のう
12 喃 一一九一

のえんどう
16 薇 三九三

のがす
9 ○逃 一二四〇
10 ▼逃 一二四〇

のがれる
7 佚 五六
9 ○逃 一二四〇
10 ▼逃 一二四〇
11 逋 一三八九
13 遁 一二八〇
14 △遜 九六八
15 遯 一二八〇
18 竄 五九三

のがん
15 鴇 一四二一

のき
6 △宇 六九
10 宸 七九八
○軒 四二四
11 柖 一五七三
17 檐 一〇八
18 霤 一五七二
19 簷 一〇八
21 櫺 一六〇〇

のぎ
5 禾 一三九
6 芒 一四一四
9 △秒 一三〇九

のく
6 △仰 三四五
9 △退 九八一
10 ▼退 九八一

のける
9 △退 九八一
10 ▼退 九八一
△除 七三五

のこ
16 鋸 一三二〇

のこぎり
16 鋸 一三二〇

のこす
10 ○残 五九二
12 ▼殘 五九二
詒 九八四
貽 三五
15 △遺 三八
16 ▼遺 三八

のこり
18 燼 八三二

のこる
10 ○残 五九二
12 ▼殘 五九二
15 △遺 三八
16 ▼遺 三八

のし
15 熨 三八

のす
7 △伸 七九一
15 熨 三八

のせる
9 ○乗 七三二
10 ▼乘 七三二
12 △搭 一二四七
13 ○載 五五九
14 △駄 九七五
17 輿 一五三三

のぞく
5 △去 三一四
7 抒 七三四
10 耘 八〇
○除 七三五
11 △控 五〇二
12 覗 六二〇
覘 一二一八
15 撥 一二五三
16 窺 二八三
18 闚 四一四

のぞむ
10 莅 一五五七
11 ○望 一四一八
16 覦 一五〇四
17 歛 二四八
瞰 二四九
覬 二八四
18 ○臨 一五八七

のたまう
9 △宣 八九八

のたまわく
4 曰 九三

のち
6 △后 四七九
9 ○後 四六三

ノット
10 浬 一五五七
13 △節 八八七
15 ▼節 八八七
▼節 八八七

のっとる
6 △式 六四二
8 △法 一四〇二
9 △則 九五九
△律 一五六四
13 △楷 一八二
14 △模 一四七八
16 △憲 四三三

のど
4 亢 四七一
7 吭 四八三
9 △咽 六三
12 ○喉 五〇五
13 頏 五〇九
19 嚥 一〇八

20 朧 一〇九
ののしる
12 詈 一五五九
13 詬 五〇九
15 ○罵 一三三三
のばす
7 ○伸 七九一
▼延 九六
8 ○延 九六
抻 七九四
12 舒 七三六
のはら
18 壙 五一六
のび
18 癹 九二一
のびやか
10 窈 一五二九
のびる
7 ○伸 七九一
▼延 九六
8 ○延 九六
9 衵 一〇五七
洩 八六
10 莚 九九
圐 一〇五八
12 覃 一〇一七
14 暢 一〇六五
20 羸 九〇
のべがね
14 箔 一二四一
のべる
6 聿 五六
7 ○伸 七九一
▼延 九六
抒 七三四
8 ○延 九六
○述 七一四
9 △叙 七三四
△宣 八九八
▼述 七一四
10 △展 一二一五
11 ▼敍 七三四
△陳 一〇七四
12 舒 七三六
14 暢 一〇六五
△演 一〇五
のぼす
3 ○上 七六八
のぼせる
3 ○上 七六八
のぼらせる
10 陞 七五〇
陟 一〇七二
21 躋 八七〇
のぼり
15 幟 六二五
幡 一二六七
のぼる
3 ○上 七六八
4 △升 七四〇
8 ○昇 七四四
10 陞 七五〇
陟 一〇七二
12 ○登 一二四九
17 襄 七七九
20 驚 一〇七二
△騰 一一五八
▼騰 一一五八
21 躋 八七〇
25 躡 七八〇
のみ
3 已 二四
6 △耳 六二九
10 蚤 九三七
27 鑽 五九一
28 鑿 五六九
のみもの
15 漿 七六一
のむ
7 呑 二八一
8 △服 一三四二
9 △咽 六三
12 △喫 二九五
▼喫 二九五
○飲 六六
13 ▼飲 六六
16 餐 五九〇
19 嚥 一〇八
歠 八八九
のり
5 △礼 一五九二
6 △式 六四二
8 △典 一一一三
△法 一四〇二
范 一三六四
9 △則 九五九
△度 一一三三
△律 一五六四
△紀 二六七
10 矩 三六九
▼矩 三六九
11 笵 一三六五
12 △規 二七四
△程 一〇九六
▼程 一〇九六
13 △楷 一八二
15 △儀 二八九
△範 一三六七
糊 四五九
16 △憲 四三三
18 彝 四〇
▼禮 一五九二
のりこえる
20 驀 一三四五
のりもの
15 駕 一六六
のる
7 △伸 七九一
9 ○乗 七七二
△祝 七〇七
10 ▼乘 七七二
▼祝 七〇七
12 △搭 一二四七
馭 三一六
13 ○載 五五九
15 駕 一六六
18 △騎 二八四
20 驀 一三四五
のろ
19 麕 三六五
のろい
12 詛 七二九
△鈍 一一八一
15 駑 一一三四
のろう
8 ○呪 六八二
9 △祝 七〇七
10 ▼祝 七〇七
12 詛 七二九
のろし
11 烽 一四〇六
17 燧 八三三
ノン
13 △暖 一〇二五
▼暖 一〇二五
14 嫩 一一八二

【は】

ハ
4 巴 一三一五
5 叭 一三一五
7 △伯 一三三八
○把 一三一五
8 芭 一三一九
坡 一三一五
怕 一三一五
杷 一三一六
○波 一三一六
爬 一三一六
陂 一二七七
9 哈 五二〇
○派 一三一七
玻 一三一七
10 ○破 一三一七
笆 一三一八
耙 一三一八
袙 一三五四
11 菠 一三一九
12 琶 一三一九
△番 一二七〇
葩 一三一九
跛 一三一九
14 頗 一三一九
15 播 一三一九
19 簸 一三一九
○覇 一三一九
は
3 ○刃 八一七
4 △牙 一六一
6 ○羽 六九
▼羽 六九
12 ○葉 一五三一
○歯 六二〇
14 ○端 一〇一七
15 ▼齒 六二〇
バ
7 芭 一三一九
10 ○馬 一三二〇
11 ○婆 一三二一
△麻 一四三五
13 痲 一四三六

14 麼 一四三六
15 瑪 一四六六
碼 一四六六
16 ○罵 一二二二
△磨 一四三七
蟇 一二二二
21 △魔 一四三七

ば
12 ○場 七七七

ハイ
7 吠 一二二三
坏 一二二三
孛 一二二三
沛 一二二三
8 佩 一二二三
佛 一二五〇
○拝 一二二三
○杯 一二二三
9 ▼拜 一二二三
△派 一二一七
盃 一二二四
○背 一二二四
○肺 一二二五
胚 一二二五
10 ○俳 一二二五
△倍 一二三〇
悖 一二二五
旆 一二二六
珮 一二二六
11 ○配 一二二六
△培 一二三一
徘 一二二六
○排 一二二七
○敗 一二二七
12 ○廃 一二二八
湃 一二二八
焙 一四〇七
牌 一二二八
琲 一二八三
13 碚 一二二八
稗 一二二九
14 裴 一二二九
15 ▼廢 一二二八
○輩 一二二九
霈 一二二九
16 憊 一二二九
17 癈 一二二九
18 擺 一二二九

はい
6 ○灰 一七〇
▼灰 一七〇

バイ
6 △毎 一四二八
7 吠 一二二三
○売 一二二九
▼每 一四二八
8 △貝 一八七
△妹 一四二八
△枚 一四二八
玫 一二三〇
苺 一二三〇
9 △昧 一四二八
10 ○倍 一二三〇
△唄 一七五
○梅 一二三〇
狽 一二三一
眛 一四二九
11 ○培 一二三一
▼梅 一二三〇
○陪 一二三一
12 ○媒 一二三一
○買 一二三二
13 楳 一二三二
煤 一二三二
15 ▼賣 一二二九
○賠 一二三二
16 邁 一四二九
22 霾 一二三二
23 黴 一二三二

はいたか
21 鷂 一五三七

はいる
2 ○入 一一一九

はう
8 爬 一二二六
9 匍 一三八八
11 匐 一三四二
跂 二七五
這 六五八

はえ
7 ▼延 九六
8 △延 九六
9 ○栄 八五
14 ▼榮 八五
17 鮠 一九二
19 蠅 一五三七
鰙 一二五六

はえる
5 ○生 八四六
9 ○映 八五
○栄 八五
14 ▼榮 八五

はか
8 △果 一四四
13 塋 八七
○墓 一三九四
15 △墳 一三五六
16 ▼墳 一三五六

はかす
10 捌 一二五〇

はがす
10 ○剝 一二四〇

ばかす
4 ○化 一三五

はかどる
10 △捗 一〇七二

はかない
15 儚 一四二二

はかなむ
15 儚 一四二二

はがね
16 ○鋼 五一四

はかま
11 袴 四五六

はかみち
6 阡 八九七
13 △羨 九〇五

はからう
9 ○計 三九一
11 △措 九二三

はかり
10 秤 七四九
14 銓 九〇七
16 △衡 五一四

ばかり
11 △許 三一八

はかりごと
11 △略 一五六五
12 揆 二七六
△策 五六七
13 猷 一五一五
筴 三四〇
16 △謀 一四二三
17 謨 一三九五
20 籌 一〇五〇

はかる
5 仞 八一七
6 忖 九六六
7 ○図 八二三
8 △画 一六三
咨 六二一
9 △度 一一二三
癸 二六七
○計 三九一
10 △料 一五七六
△称 七四九
11 △商 七五〇
△略 一五六五
12 揆 二七六
揣 六一八
○測 九六一
▼畫 一六三
△評 一三〇五
▼評 一三〇五
○量 一五七八
13 鈞 三六一
猷 一五一五
詢 七二三
14 ▼圖 八二三
▼稱 七四九
銓 九〇七
15 △権 四二三
△課 一六〇
諏 六八〇
16 △衡 五一四
○諮 六二七
○謀 一四二三
17 △擬 二九〇
謨 一三九五
20 籌 一〇五〇
△議 二九二
21 ▼權 四二三
22 ▼權 四二三

はがれる
10 ○剝 一二四〇

はぎ
11 脛 三九四
12 萩 六九三
13 骭 二四二

ハク
5 ○白 一二三三
6 △朴 一四二七

△百 一三〇〇
7 ○伯 一二三八
8 佰 一二三八
帛 一二三八
怕 一二三五
○拍 一二三九
○泊 一二三九
狛 一二三九
○迫 一二三九
9 柏 一二四〇
珀 一二四〇
▼迫 一二三九
陌 一二四〇
10 ○剝 一二四〇
11 粕 一二四〇
○舶 一二四〇
12 ○博 一二四〇
13 搏 一二四一
雹 一二四一
14 箔 一二四一
膊 一二四一
駁 一二四四
15 魄 一二四二
16 樸 一四二九
璞 一二四二
△縛 一二四四
○薄 一二四二
薜 一三七一
駮 一二四三
17 擘 一二四三
檗 一二四三
19 △爆 一二四五

はく
6 ○吐 一一一四
8 佩 一二三三
△刷 五七一
帚 九三一
△欧 一一四
9 哇 五
穿 九〇〇
11 彗 八二九
○掃 九三八
▼掃 九三八
12 喀 一九
14 嘔 一一六
箒 九四五
15 噓 三一九
△噴 一三五六
▼歐 一一四
16 ▼噴 一三五六
○履 一五五九
18 瀉 六六一
25 躡 七八〇

はぐ
9 矧 七九六
10 ○剝 一二四〇
11 △接 八八四
15 褫 一〇三五

バク
7 ○麦 一二四三
9 陌 一二四〇
10 △脈 一四五六
莫 一三九三
11 ▼麥 一二四三
12 ○博 一二四〇
13 寞 一二四四
○幕 一四三九
摸 一四七八
○漠 一二四四
獏 一二四四
貊 一二四四
14 △膜 一四四〇
駁 一二四四
15 ○暴 一四二一
16 ○縛 一二四四
蟇 一二三三
駮 一二四三
擘 一二四三
17 藐 一三一一
貘 一二四五
18 瀑 一二四五
19 曝 一二四五
○爆 一二四五
20 驀 一二四五

はぐき
21 齦 三六六
24 齶 二〇七

はぐくむ
7 孚 一三一五
▼育 四二
8 ○育 四二
10 △哺 一三八八

はぐさ
10 莠 一五二一

ばくち
9 奕 九一

はぐれる
11 △逸 五六
12 ▼逸 五六

はげ
7 禿 一一六八

はげしい
6 △迅 八一八
7 ▼迅 八一八
10 △烈 一六〇二
14 厲 一五九七
15 △劇 四〇六
16 ○激 四〇七

はげます
7 ○励 一五九四
11 勖 三四九
16 ▼勵 一五九四
△激 四〇七
17 ▼勵 一五九四

はげむ
7 ○励 一五九四
14 厲 一五九七
16 ▼勵 一五九四
17 ▼勵 一五九四

はける
10 捌 一二五〇

はげる
7 禿 一一六八
10 ○剝 一二四〇

ばける
4 ○化 一三五

はこ
2 匚 一二九五
7 匣 四八三
8 函 一二三六
11 笥 六一七
12 筐 三三九
13 筥 三一九
14 匱 二七九
15 篋 三四一
○箱 一二四六
櫃 二八四
18 簞 一〇三一

はこぶ
12 ○運 八〇
13 △搬 一二六六
▼運 八〇
14 漕 九四五

はざま
9 △峡 三三二
10 ▼峽 三三二
12 硲 一二四六
△間 二三八

はさまる
9 ○挟 三三二
10 ▼挾 三三二

はさみ
15 鋏 三四一
17 螯 五三三

はさみとる
6 扠 五四二

はさむ
7 夾 三三九
8 拑 二一七
9 ○挟 三三二
10 ▼挾 三三二
△挿 九三六
11 剪 九〇二
12 ▼插 九三六
13 筴 三四〇
鉗 四三一
14 箝 二四三
15 翦 九〇八
鋏 三四一

はし
11 梁 一五七六
12 觜 六二〇
13 筴 三四〇
14 ○端 一〇一七
15 嘴 六二五
○箸 一二四六
16 ○橋 三四一

はじ
9 垢 四八九
10 ○恥 一〇三二
△辱 七八六
11 △羞 六九二
13 媿 二七八
詬 五〇九
15 慙 五九三

はしか
10 疹 七九九

はしがき
7 △序 七三四

はじかみ
12 椒 七五四
16 薑 三四二

はじく
12 △弾 一〇二四
15 ▼彈 一〇二四
はしけ
13 艀 一三三二
はじける
9 炸 五六六
12 △弾 一〇二四
15 ▼彈 一〇二四
はしご
11 梯 一〇九四
12 △階 一八一
はした
14 △端 一〇一七
はしたか
21 鷂 一五三七
はしため
11 婢 二八二
はしばみ
14 榛 八〇八
はじまる
8 ○始 六一〇
はじめ
1 △一 四四
4 △元 四三七
7 ○初 七二四
甫 一三八七
8 孟 一四七九
9 △祖 九二〇
胚 一二三五
△首 六七六
10 ▼祖 九二〇
14 △端 一〇一七
肇 一〇六五
▼肈 一〇六五
△鼻 一二九二
▼鼻 一二九二
はじめて
7 ○初 七二四
はじめる
8 刱 九三一
○始 六一〇
10 俶 七〇七
△造 九五三
11 ▼造 九五三
12 △創 九三九
14 肇 一〇六五
▼肈 一〇六五
はしゃぐ
17 △燥 九四九
はしら
9 ○柱 一〇四七
13 楹 八七
はじらう
10 ○恥 一〇三三
はしる
7 ○走 九三一
8 △奔 一四三三
9 ▼奔 一四三三
11 △逸 五六
12 犇 一四三四
猋 一三〇五
▼逸 五六
迸 一四〇八
17 趨 八三六
蹌 九四九
騁 八一二
24 驟 六九八
27 驤 七八〇
はじる
7 忸 六四三
8 怩 六三五
10 ○恥 一〇三三
11 △羞 六九二
12 赧 一〇一七
13 愧 二七八
15 慙 五九三
16 瞞 一四五〇
覗 一一一九
はす
7 芙 一三三六
8 茄 一四七
10 △荷 一五一
11 △斜 六五八
13 蓮 一六〇六
15 ▼蓮 一六〇六
18 藕 三七六
はず
12 筈 二一四
はずかしい
10 ○恥 一〇三三
はずかしめ
10 △辱 七八六
11 △羞 六九二
はずかしめる
8 忝 一一一三
10 ○辱 七八六
11 △羞 六九二
12 詆 一〇九六
13 詬 五〇九
15 戮 一五六二
20 巇 一三七六
はずす
5 ○外 一八八
はずみ
12 △弾 一〇二四
15 ▼彈 一〇二四
16 △機 二八二
はずむ
12 ○弾 一〇二四
15 ▼彈 一〇二四
はずれる
5 ○外 一八八
はぜ
18 鯊 五四七
20 櫨 一六一一
はせる
13 馳 一〇三五
15 駛 六二六
17 騁 一〇九八
はぜる
19 △爆 一二四五
はた
7 罕 二三五
9 ○畑 一二四七
10 △将 七四六
旃 九〇一
旆 一三二六
旄 一四一七
畠 一二四八
秦 八〇一
11 △側 九六〇
▼將 七四六
旌 八五九
12 △傍 一四一九
14 ○旗 二八〇
○端 一〇一七
15 幢 一一五二
幡 一二六七
16 ○機 二八二
18 旛 一二六八
21 鰭 二八五
はだ
6 ○肌 一二四八
15 △膚 一三三四
20 臚 一六一一
はたあし
12 旒 一五七一
はだえ
6 △肌 一二四八
15 △膚 一三三四
はたおりむし
17 螽 六九七
はだか
12 裎 一〇九六
13 ○裸 一五四二
はたかざり
10 旄 一四一七
はたがしら
7 △伯 一二三八
19 △覇 一二一九
はだかる
12 △開 一七九
はだぎ
8 衫 五八五
10 袢 一二六五
12 裙 三八三
13 褂 一八二
17 襞 八八九
19 襦 六八四
21 襯 八二三
はたく
5 叩 四七四
はたけ
9 ○畑 一二四七
疥 一七七
10 圃 一三八九
畠 一二四八
はだける
12 △開 一七九
はたざお
7 杠 四八五
16 橦 一二五四
はだし
13 跣 九〇六
14 跿 一二三〇
はたじるし
14 綮 三九九
はたす
8 ○果 一四四
はたと
18 礑 一二五六

13 摶 一二四一

はばむ
8 沮 七二七
○阻 九一九

はびこる
9 衍 九八
10 莚 九九
11 扈 四五五
13 滔 一二五一
14 蔓 一四五〇
20 瀰 一二九三

はぶく
9 ○省 八五八
11 △略 一五六五

はべる
8 △侍 六三五

はま
10 ○浜 一二三三
17 ▼濱 一二三三

はまぐり
10 蚌 一四一八
12 蛤 五〇七

はますげ
10 莎 五四五

16 薜 八八九

はまち
15 魬 一二六八

はまびし
17 薺 八七〇

はむ
9 △食 七八一

はめこむ
12 嵌 二三六

はめる
12 嵌 二三六
13 △塡 二一八

はも
24 鱧 一六〇〇

はや
17 鮠 一九三
19 鰙 一二五六

はやい
6 夙 七〇六
○早 九二九
△迅 八一八
7 ▼迅 八一八
10 △疾 六四七
蚤 九三七
○速 九六〇
11 偈 四一三
捷 七五一
猝 九六五
▼速 九六〇
12 湍 一〇一六
15 △鋭 八八
▼鋭 八八
駃 六二六
16 霍 二〇二
鴥 五七
17 趨 八三六
18 簪 八一二
20 飄 一三〇八
24 驟 六九八
27 驤 七八〇

はやし
8 ○林 一五八三
21 囃 九五二

はやす
5 ○生 八四六
9 △映 八五
△栄 八五
14 ▼榮 八五
21 囃 九五二

はやせ
12 湍 一〇一六
22 灘 一〇三六

はやて
14 颯 五七二

はやぶさ
10 隼 七一六
21 鶻 五三一

はやまる
6 ○早 九二九
10 ○速 九六〇
11 ▼速 九六〇

はやめる
6 ○早 九二九
10 ○速 九六〇
11 ▼速 九六〇

はやる
11 △逸 五六
12 ▼逸 五六

はら
7 肚 一二三六
9 △胞 一四〇四
▼胞 一四〇四
10 ○原 四四一
13 ○腹 一三四五

ばら
12 △散 五八七
16 薔 七六四

はらい
10 祓 一三五〇
22 禳 七八〇

はらう
5 ○払 一三四九
8 ▼拂 一三四九
10 祓 一三五〇
11 △除 七三五
△掃 九三八
▼掃 九三八
14 禊 三九九
箒 九四五
15 蕩 一一五三
17 糞 一三五七
褰 七七九
18 擽 一五六五
20 攘 七七九
22 禳 七八〇

はらおび
14 鞅 一一六

はらか
20 鰉 一三五七

はらご
19 鯡 一三八七

はらす
12 ○晴 八六三
▼晴 八六三
13 ○腫 六七九

はらのむし
12 蛔 一七九

はらばう
9 匍 一三八八
11 匐 一三四三

はらむ
5 孕 一五二四
7 △妊 一三〇二
9 姙 一三〇三
△胎 九八一
胚 一三二五
10 △娠 七九八

はららご
19 鯡 一三八七

はらわた
12 腑 一三三二
13 △腸 一〇六三
19 △臓 九五五
21 ▼臟 九五五
22 ▼臟 九五五

はり
10 ○針 八〇一
11 梁 一五七六
14 榛 八〇八
15 箴 八〇九
17 鍼 八一一

はりあう
7 △抗 四八四

はりつけ
10 桀 四一二
12 辜 四五七
15 磔 一〇〇二

はりねずみ
13 △彙 三五
15 蝟 三八

はりふだ
14 △箋 九〇六

はる
9 ○春 七一五
11 ○張 一〇五八
12 ○貼 一〇六三
15 △撲 一四二九

はるか
8 杳 一五二七
9 眇 一三〇九
茫 一四一七
迥 三九一
迢 一〇五七
11 △悠 一五二一
逖 一一〇一
12 渺 一三一一
遥 一五三一
13 遐 一一六
14 敻 三九九
▼遙 一五三一
15 緬 一四七七
遼 一五八一
16 ▼遼 一五八一
17 藐 一三一一

はれもの
10 疽 七二八
13 △腫 六七九
15 瘤 一五七二

23 癰 一五三七

はれる
7 肛 四八六
8 肬 一五〇九
12 ○晴 八六三
▼晴 八六三
脹 一〇六二
13 ○腫 六七九
22 霽 八七一

ハン
3 ○凡 一四三四
4 ○反 一二五七
5 ○半 一二五九
▼半 一二五九
○氾 一二六一
○犯 一二六一
6 ○帆 一二六一
○汎 一二六一
▼汎 一二六一
7 ○伴 一二六二
▼伴 一二六二
○判 一二六二
▼判 一二六二
○坂 一二六三
扮 一二五四
汳 一二六三
△返 一三七八
8 ○阪 一二六三
拌 一二六三
○板 一二六三
○版 一二六三
范 一二六四
▼返 一三七八
9 叛 一二六四
胖 一二六四
10 ○班 一二六四
○畔 一二六四
▼畔 一二六四
○般 一二六四
袢 一二六五
11 笵 一二六五
絆 一二六五
○販 一二六五
12 ○斑 一二六五
△番 一二七〇
鈑 一二六五
○飯 一二六六
13 ○搬 一二六六
○煩 一二六六
○頒 一二六七
▼飯 一二六六
14 槃 一二六七
15 幡 一二六七
樊 一二六七
潘 一二六七
瘢 一二六七
△盤 一二七一
磐 一二六七
○範 一二六七
蕃 一二七二
鈑 一二六八
16 燔 一二六八
○繁 一二六八
膰 一二六八
17 ▼繁 一二六八
18 旛 一二六八
繙 一二六八
△翻 一四三四
▼翻 一四三四
○藩 一二六九
蟠 一二七二
蹣 一二六九
19 攀 一二六九
20 礬 一二七二
23 鷭 一二六九

バン
3 ○万 一四四五
6 卍 一二六九
7 ○伴 一二六二
▼伴 一二六二
○判 一二六二
▼判 一二六二
△坂 一二六三
8 ○板 一二六三
10 挽 一二六九
袢 一二六五
11 ▼晩 一二七〇
曼 一四四八
絆 一二六五
12 ○晩 一二七〇
△満 一四四八
○番 一二七〇
▼萬 一四四五
○蛮 一二七一
鈑 一二六五
13 ▼萬 一四四五
14 幔 一四四九
△慢 一四四九
槃 一二六七
▼滿 一四四八
△漫 一四四九
蔓 一四五〇
輓 一二七一
15 播 一二一九
○盤 一二七一
磐 一二六七
蕃 一二七二
飯 一二六八
16 瞞 一四五〇
17 縵 一四五〇
18 旛 一二六八
蟠 一二七二
謾 一四五〇
蹣 一二六九
19 鏝 一四五〇
20 礬 一二七二
饅 一四五〇
21 鬘 一四五〇
22 鰻 一四五〇
23 鷭 一二六九
25 ▼蠻 一二七一

はんぎ
11 梓 六一七
15 槧 五九三

はんぞう
13 楾 一二七二

【ひ】

ヒ
2 匕 一二七二
4 ○比 一二七三
5 丕 一二七三
○皮 一二七四
6 ○妃 一二七四
7 ○否 一二七四
妣 一二七五
屁 一二七五
庇 一二七五
○批 一二七五
8 ▼卑 一二七八
坡 一二一五
○彼 一二七五
怫 一三五〇
○披 一二七六
枇 一二七六
○泌 一二九七
△沸 一三五〇
狒 一二七六
○肥 一二七六
陂 一二七七
○非 一二七七
9 ○卑 一二七八
胐 一二七八
毘 一二七八
砒 一二七九
秕 一二七九
○飛 一二七九
10 俾 一二八〇
匪 一二八〇
○疲 一二八〇
▼祕 一二八一
○秘 一二八一
紕 一二八一
○被 一二八一
11 婢 一二八二
菲 一二八二
12 △備 一二九〇
○悲 一二八二
○扉 一二八三
▼扉 一二八三
斐 一二八三
琲 一二八三
痞 一二八三
脾 一二八四
腓 一二八四
○費 一二八四
跛 一二一九
13 痺 一二八四
痹 一二八四
▼碑 一二八五
蓖 一二八四
裨 一二八四
賁 一二八四
辟 一二七二
14 榧 一二八四
○碑 一二八五
緋 一二八五
翡 一二八五
蜚 一二八五
鄙 一二八五
鞁 一二八六

15 ○罷 一二八六
誹 一二八六
髴 一三五〇
16 糒 一二九三
○避 一二八六
霏 一二八六
17 嚊 一二八七
臂 一二八七
▼避 一二八六
18 髀 一二八七
19 羆 一二八七
靡 一二八七
鞴 一三四八
鯡 一二八七
鵯 一二八七
20 譬 一二八七
21 贔 一二八七
22 轡 一二八七

ひ
4 ○日 一一九七
○火 一三五
5 ○氷 一三〇二
6 ○灯 一一三七
7 辰 七九四

8 杼 一〇五一
11 △乾 二三一
梭 五四五
12 △陽 一五三一
15 樋 一一五三
16 ▼燈 一一三七
17 檜 一八六
燬 二八四
20 曦 二九二

ビ
5 △未 一四五一
7 ○尾 一二八八
8 △味 一四五二
△弥 一四九五
枇 一二七六
9 弭 一二八九
毘 一二七八
○眉 一二八九
○美 一二八九
11 梶 一二九〇
12 ○備 一二九〇
媚 一二九一
寐 一二九一
嵋 一二九一
琵 一二九一
13 ○微 一二九一
14 ○鼻 一二九二
▼鼻 一二九二
15 △魅 一四五二
16 糒 一二九三
薇 一二九三
17 ▼彌 一四九五
瀰 一二〇〇
麋 一二九三
縻 一二九三
糜 一二九三
19 靡 一二八七
鞴 一三四八
20 瀰 一二九三
23 黴 一二三三

ヒイ
21 贔 一二八七

ひいき
24 贔 一二八六

ひいでる
7 ○秀 六八六
8 △英 八五

ひいらぎ
9 柊 六八七

ひうち
17 燧 八三三

ひえ
13 稗 一二三九

ひえる
7 ○冷 一五九三

ひがい
20 鰉 五一七

ひかえる
5 叩 四七四
6 扣 四八一
11 ○控 五〇二

ひがし
8 ○東 一一三九

ひがむ
15 僻 一三七三

ひかり
6 ○光 四七八

ひかる
10 耿 四九七
12 釉 一五一四
13 暉 二七八
20 曦 二九二

6 ○光 四七八
9 炯 三九〇
10 晃 四九六
耿 四九七
12 皓 五〇六
▼皓 五〇六
13 暉 二七八
15 熙 二八一
19 爍 六六六

ひき
4 ○匹 一二九六
5 疋 一二九七

ひきいる
9 △帥 八二八
10 △将 七四六
11 ▼將 七四六
○率 九六五
13 △督 一一七〇

ひきうす
15 磑 一九三
17 輾 一一一九

ひきがえる
16 蟇 一二三三
19 蟾 九二三

ひきつけ
17 癇 二四八

ひきつる
12 痙 三九六
23 攣 一六〇九
28 攣 一六〇九

ひきとめる
9 臾 一五〇三

ひく
4 ○引 六一
6 扞 二二四
曳 八四
7 ▼延 九六
汲 三〇五
8 △延 九六
△抽 一〇四六
△拉 一五四二
9 △退 九八一
10 拿 九七四
挽 一三六九
▼退 九八一
11 掎 二七四
曼 一四四八
牽 四二五
△貫 二三四
12 ○弾 一〇二四
惹 六六八
△援 一〇〇
▼援 一〇〇
掣 八六二
覃 一〇一七
13 搆 五〇八
14 輓 一三七一
15 ▼彈 一〇二四
碾 一一一八
19 攀 一二六九
22 彎 一六三三
轢 一六〇一

ひくい
7 ○低 一〇八八
8 ▼卑 一二七八
9 △卑 一二七八
12 湫 六九三
13 矮 一六二八

ひぐま
19 羆 一二八七

ひくまる
7 ○低 一〇八八

ひくめる
7 ○低 一〇八八

ひぐらし
14 蜩 一〇六五

ひげ
14 髯 九一八
15 髭 六二六
22 鬚 六八〇

ひけらかす
11 衒 四四四

ひける
4 ○引 六一

ひこ
9 彦 四四一
▼彥 四四一

ひご
23 籤 九二三

ひこばえ
13 肄 三六
19 孼 四一六
20 櫱 四一六

ひざ
15 ○膝 一三九四

ひざかけ

17 黻 一三五〇
ひさぎ
13 楸 六九五
ひさぐ
11 △販 一二六五
12 粥 七〇九
22 鬻 四一二
ひさげ
12 △提 一〇九五
ひさご
11 匏 一四〇五
瓠 四五六
17 瓢 一三〇七
18 簞 一〇二一
21 蠡 一六〇〇
ひさし
7 庇 一二七五
8 阿 一
11 梠 一五七三
12 廂 七五三
15 廡 一三三六
17 檐 一〇八
19 簷 一〇八
ひさしい
3 ○久 三〇〇
7 △寿 六八一
8 △弥 一四九五
11 淹 九九
14 ▼壽 六八一
17 ▼彌 一四九五
21 曩 一一六七
ひざまずく
13 跪 二七九
ひし
11 菱 一五七八
ひじ
7 ○肘 一二九五
8 肱 四八八
17 臂 一二八七
ひしお
17 醢 一八六
18 醬 七六六
ひじかけ
2 几 二五九
ひしぐ
8 △拉 一五四二
ひしめく
12 犇 一四二四
ひしゃく
4 △斗 一一二四
7 杓 六六三
15 璋 七六二
ひしゃげる
8 △拉 一五四二
ひじり
13 △聖 八六四
ひずむ
9 歪 一六二七
ひぜん
9 疥 一七
10 痂 一五一
22 癬 九一二
ひぞう
12 脾 一二八三
ひそか
7 △私 六〇七
10 ▼祕 一二八一
△秘 一二八一
11 △陰 六五
ひそかに
9 △窃 八八三
11 △密 一四五四
12 △間 二二八
22 ▼竊 八八三
ひそみ
19 嚬 一三三五
24 顰 一三三五
ひそむ
15 ○潜 九〇七
▼潛 九〇七
ひそめる
19 嚬 一三三五
24 顰 一三三五
ひた
8 △直 一〇六九
ひだ
14 摺 七六〇
16 褶 一〇六八
19 襞 一三七四
びた
20 鐚 四
ひたい
18 ○額 二〇七
ひたき
21 鶲 一一九
ひたす
7 沁 七一
10 ○浸 七九八
11 淹 九九
涵 二三三
13 溲 六九五
ひたぶる
13 △頓 一一八〇
ひだり
5 ○左 五四一
ひたる
10 ○浸 七九八
ひだるい
21 饑 二八五
ヒチ
17 篳 一二九八
ヒツ
4 ○匹 一二九六
5 ○必 一二九六
足 一二九七
8 ○泌 一二九七
11 畢 一二九七
12 弼 一二九七
○筆 一二九七
13 逼 一二九八
17 篳 一二九八
謐 一二九八
18 蹕 一二九八
19 鵯 一二八七
ひつ
14 匱 二七九
18 櫃 二八四
ビツ
11 △密 一四五四
14 △蜜 一四五五
15 樒 一四五五
17 謐 一二九八
ひつぎ
9 柩 三〇七
12 椁 一一九
△棺 二三七
15 槨 二〇一
ひつぎぐるま
13 輀 六三九
ひっさげる
10 挈 四一二
12 △提 一〇九五
ひつじ
5 △未 一四五一
6 ○羊 一五五五
ひつじさる
8 坤 五三五
ひづめ
16 蹄 一〇九八
ひでり
7 旱 二三五
15 魃 一二五五
ひと
1 ○一 四四
2 ○人 八一二
4 弌 五六
ひとえ
8 衫 五八五
9 △単 一〇二二
10 袗 八〇一
12 ▼單 一〇二二
裎 一〇九六
17 襌 一〇二〇
22 襴 一五五四
ひとえに
11 △偏 一三八一
▼偏 一三八一
ひとがた
9 俑 一五二七
11 △偶 三七五
ひとしい
7 △均 三五三
8 △斉 八五六
12 ○等 一一四九
鈞 三六一
14 ▼齊 八五六
ひとつ
1 ○一 四四
4 弌 五六
7 △壱 五六
9 △単 一〇二二
10 △特 一一六八
△隻 八七〇
12 ▼單 一〇二二
▼壹 五六
ひとまわり
12 朞 二七七
ひとみ
11 眸 一四一八
13 睛 八六四
17 ○瞳 一一六六
ひとや

7 牢 一六二五
8 囹 一五九五
10 圄 四六六
11 圉 三二〇
14 △獄 五二八
ひとり
3 子 四〇九
8 ▼孤 四五一
9 △孤 四五一
○独 一一七三
10 △特 一一六八
16 ▼獨 一一七三
ひとりもの
13 煢 三九八
ひな
9 俚 一五五七
14 鄙 一二八五
18 雛 八三六
ひなた
12 △陽 一五三一
ひなびる
14 鄙 一二八五
ひねる
8 拈 一二〇八

11 △捻 一二〇八
捫 一四九〇
△陳 一〇七四
15 撚 一二〇九
ひのえ
5 △丙 一三六三
ひのき
17 檜 一八六
ひのくち
13 閘 五〇九
ひのし
15 熨 三八
ひので
13 暘 一五三二
ひのと
2 △丁 一〇五三
ひばち
8 △炉 一六〇九
20 ▼爐 一六〇九
ひひ
8 狒 一二七六
ひび
12 皸 七一七
14 皹 三八三

17 罅 一六〇
ひびき
19 △韻 六八
22 籟 一五四六
ひびく
19 嚮 三四二
20 ○響 三四四
22 ▼響 三四四
▼響 三四四
ひま
10 郤 四〇六
12 △閑 二三九
13 ○暇 一五五
遑 五〇九
△隙 四〇六
ひめ
9 ▼姬 二九九
10 ○姫 二九九
12 △媛 一〇〇
▼媛 一〇〇
17 嬪 三一四
ひめがき
15 僻 三七三
ひめる

10 ▼祕 二八一
○秘 二八一
ひも
10 紐 一〇四八
14 綬 六八三
23 纓 九〇
ひもとく
18 繙 二六八
ひもろぎ
9 胙 九二〇
16 燔 二六八
膰 二六八
ひや
7 ○冷 一五九三
ひやかす
7 ○冷 一五九三
ヒャク
6 ○百 一三〇〇
8 佰 一三三八
19 襞 一三七四
ビャク
5 ○白 一三三三
9 柏 一二四〇
21 闢 一三七四

ひやす
7 ○冷 一五九三
ヒュウ
11 彪 一三〇二
ビュウ
17 繆 一三〇二
18 謬 一三〇二
ひよ
19 鵯 二八七
ヒョウ
5 △平 一三六三
▼平 一三六三
○氷 一三〇二
7 ○兵 一三六五
杓 六六三
8 凭 一三〇三
怦 一三九九
○拍 一三三九
苹 一三六七
○表 一三〇三
10 ○俵 一三〇四
豹 一三〇四
11 彪 一三〇二
殍 一三〇五

12 ○票 一三〇五
猋 一三〇五
○評 一三〇五
▼評 一三〇五
馮 一三〇五
13 剽 一三〇六
14 嫖 一三〇六
慓 一三〇六
○漂 一三〇六
15 ○標 一三〇六
16 憑 一三〇七
鮃 一三七一
17 瓢 一三〇七
縹 一三〇八
20 飄 一三〇八
21 飆 一三〇八
驃 一三〇八
22 鰾 一三〇八
ひょう
13 雹 二四一
ビョウ
5 ○平 一三六三
▼平 一三六三
7 △妙 一四五六

8 杪 一三〇八
○苗 一三〇九
9 眇 一三〇九
○秒 一三〇九
10 ○病 一三〇九
11 屏 一三六八
弸 四〇六
○描 一三一〇
○猫 一三一〇
萍 一三六九
12 渺 一三一一
15 廟 一三一一
緲 一三一一
鉼 一三一一
16 錨 一三一一
17 藐 一三一一
ひょうしぎ
9 柝 一〇〇二
ヒョク
12 愎 一三四四
13 逼 二九八
ひよこ
18 雛 八三六
ひよどり

19 鵯 二八七
ひよみのとり
7 酉 一五〇八
ひら
4 △片 一三七六
5 ○平 一三六三
▼平 一三六三
8 △枚 一四三八
ひらがね
20 鐐 一五八二
ひらく
8 △拓 一〇〇一
拆 一〇〇二
△披 一二七六
9 昜 一五一七
△発 一二五〇
10 △挨 五
11 △啓 三九二
▼啓 三九二
12 ▼發 一二五〇
○開 一七九
13 辟 一三七二
16 △墾 五四〇
18 擺 一二二九

20 闠 九一二
21 闞 一三七四
22 攤 一〇二一
ひらける
12 ○開 一一七九
17 豁 二一六
21 闢 一三七四
ひらたい
9 扁 一三八〇
ひらめ
16 鮃 一三七一
ひらめく
10 閃 九〇二
ひる
3 ○干 二二一
4 △午 四六二
8 △放 一四〇〇
9 ○昼 一〇四七
11 ▼晝 一〇四七
12 蛭 六四九
13 蒜 五八九
19 簸 一二一九
ひるがえす
18 ○翻 一四三四
▼翻 一四三四
ひるがえる
15 幡 一二六七
翩 一三八三
18 ○翻 一四三四
▼翻 一四三四
20 飄 一三〇八
ひるすぎ
8 昃 七八一
ひるむ
8 怯 三三一
ひれ
21 鰭 二八五
ひろ
5 仭 八一七
12 △尋 八一九
▼尋 八一九
ひろい
5 ○広 四七五
弘 四七六
6 △汎 一三六一
▼汎 一三六一
7 宏 四八四
汪 一一二
泛 一二六三
9 恢 一一七四
△洋 一五二七
茫 一四一七
衍 九八
10 旁 一四〇四
浩 四九七
紘 四九七
11 扈 四五五
曼 一四四八
淹 九九
12 △博 一二四〇
敞 七五四
△裕 一五一二
13 △寛 二四〇
滉 五〇八
△漠 一二四四
溥 一三三二
14 ▼寬 二四〇
廓 二〇一
15 ▼寬 二四〇
▼廣 四七五
熙 二八一
17 豁 二一六
闊 二一六
19 曠 五一六
瀚 二五一
20 瀰 一二九三
ひろう
9 ○拾 六八七
ひろがり
11 袤 一四一九
ひろがる
5 ○広 四七五
△氾 一二六一
8 △拡 一九六
9 衍 九八
15 ▼廣 四七五
18 ▼擴 一九六
ひろげる
5 ○広 四七五
8 △拡 一九六
10 △展 一二一五
14 廓 二〇一
15 ▼廣 四七五
18 ▼擴 一九六
ひろまる
5 ○広 四七五
15 ▼廣 四七五
20 闡 九一二
ひろめる
5 ○広 四七五
弘 四七六
15 ▼廣 四七五
ひわ
21 鶸 六六九
ヒン
6 牝 一三一二
9 ○品 一三一二
10 ○浜 一三一三
11 彬 一三一三
○貧 一三一三
12 斌 一三一四
13 稟 一五八五
14 ▼賓 一三一四
15 ○賓 一三一四
16 ▼頻 一三一四
17 嬪 一三一四
擯 一三一四
▼濱 一三一三
○頻 一三一四
18 檳 一三一五
殯 一三一五
19 嚬 一三一五
瀕 一三一五
蘋 一三一五
20 繽 一三一五
24 顰 一三一五
鬢 一三一七
ビン
8 旻 一三一六
泯 一三一六
9 ○便 一三八五
10 ○敏 一三一六
秤 七四九
紊 一三六二
罠 一三一六
11 ▼敏 一三一六
○瓶 一三一六
○貧 一三一三
12 閔 一三一六
13 愍 一三一六
▼甁 一三一六
黽 一三八六
15 憫 一三一七
緡 一三一七
16 ▼頻 一三一四
17 △頻 一三一四
18 檳 一三一五
24 顰 一三一五
鬢 一三一七
びん
19 壜 一二八二
22 罎 一二八二

【ふ】

フ
4 ○不 一三一七
仆 一三二二
○夫 一三二二
○父 一三二三
○付 一三二三
5 ○布 一三二四
6 缶 二三四
7 △否 一二七四
孚 一三二五
巫 一三二五
○扶 一三二五
▼步 一三八七
甫 一三八七
芙 一三二六
8 咐 一三二六
坿 一三二六
○府 一三二六
○怖 一三二六
拊 一三二六
斧 一三二六
○歩 一三八七
苻 一三二六
○附 一三二七
○阜 一三二七
9 俘 一三二七
俛 一三八五
柎 一三二七
枹 一四〇四
罘 一三二七
○訃 一三二七
○負 一三二八
○赴 一三二八
○風 一三二八
10 俯 一三二八
△峰 一四〇四
○浮 一三二八

▼浮 一三一八 郛 一三三〇 11 △釜 二八 埠 一三三〇 ○婦 一三三〇 ▼婦 一三三〇 桴 一三三〇 殍 一三〇五 ○符 一三三〇 脯 一三八九 趺 一三三〇 逋 一三八九 12 傅 一三三〇 ○富 一三三〇 ○普 一三三一 腑 一三三二 △補 一三八九 13 溥 一三三二 艀 一三三二 蒲 一三九〇 蜉 一三三二 鳬 一三三二 14 孵 一三三二 榑 一三三二

○腐 一三三三 誣 一三三三 輔 一三九一 15 撫 一三一七 ○敷 一三三三 ○膚 一三三四 △鋪 一三九一 ▼鋪 一三九一 ○賦 一三三四 麩 一三三四 16 餔 一三九一 鮒 一三三四 17 賻 一三三四 18 △覆 一三四七 19 ○譜 一三三四 黼 一三三四

ふ 12 △斑 一二六五

ブ 3 △亡 一四一二 4 ○不 一三一七 ○分 一三五八 △夫 一三三二 母 一三三五

7 巫 一三三五 ▼歩 一三八七 8 ○侮 一三三五 坿 一三三六 ○奉 一三九八 ○武 一三三五 ○歩 一三八七 △附 一三三六 9 ▼侮 一三三五 柎 一三三七 10 △負 一三三七 △捕 一三八九 △浮 一三一八 11 ▼浮 一三一八 △務 一四五九 ○部 一三三六 12 ○無 一四五九 葡 一三八九 13 艀 一三三二 蒲 一三九〇 14 ▼舞 一三三七 蔀 一四一〇 誣 一三三三 15 嘸 一三三六

廡 一三三六 憮 一三三七 撫 一三三七 ○舞 一三三七 蕪 一三三七 16 錻 一三三八 19 △霧 一四六四 黼 一三四八 鵡 一四六四 20 鶩 一四二九

フィート 7 呎 一三三八

ふいご 19 鞴 一三四八 24 鑪 一六三三

フウ 4 ○夫 一三三三 6 △汎 一二六一 ▼汎 一二六一 9 ○封 一三三八 罘 一三三七 △負 一三三七 ○風 一三三八 10 △浮 一三一八

▼浮 一三一八 11 △副 一三四三 12 ○富 一三三〇 馮 一三〇五 13 楓 一三四一 艀 一三三二 14 瘋 一三四一 16 諷 一三四一 18 △覆 一三四七

ブウ 14 鳳 一四一〇

ふえ 9 竽 七一二 11 笙 七五二 ○笛 一一〇一 14 △管 二四三 17 龠 一四九九 18 簧 五一六 19 簫 七六七 22 籟 一五四六 23 鰾 一三〇八 籥 一四九九

ふえる 12 ○殖 七八三

14 ○増 九五四 15 ▼増 九五四 蕃 一三七二

ふか 26 鱶 七六八

ふかい 7 汪 一一三 8 泓 一一四 穹 三〇六 9 △洞 一一六一 10 浚 七一六 11 ○深 八〇二 窕 一〇五九 12 淵 一一〇〇 湛 一〇一六 窖 五〇六 覃 一〇一七 15 潭 一〇一九 16 澳 四二 17 濬 七一七 18 邃 八三三

ふかす 7 ○更 四八五 13 △蒸 七七七

ふかまる 11 ○深 八〇三

ふかめる 11 ○深 八〇三

ふき 8 苳 一二四〇 16 蕗 一六一〇

ふきん 3 △巾 一三五

フク 6 ○伏 一三四二 8 ○服 一三四二 9 茯 一三四二 11 ○副 一三四二 匐 一三四二 祓 一三四三 12 ○幅 一三四四 ○復 一三四四 愎 一三四四 13 ○福 一三四四 ○腹 一三四五 14 ▼福 一三四四 箙 一三四六 蔔 一三四六

15 ○複 一三四六 蝠 一三四七 蝮 一三四七 16 輻 一三四七 輹 一三四七 18 ○覆 一三四七 馥 一三四七 19 鞴 一三四八 20 鰒 一三四八

ふく 7 ○吹 八二七 吩 一三五四 8 呵 一一四 咐 一三一六 9 ○拭 七八一 12 葺 六九三 15 嘘 三一九 ○噴 一三五六 16 ▼噴 一三五六 濆 一三五七

ふぐ 20 鰒 一三四八

ブク 6 △伏 一三四二

9 茯 一三四三

ふくさ
11 袱 一三四三

ふくべ
11 匏 一四〇五
瓠 四五六
17 瓢 一三〇七

ふくむ
7 ○含 二五三
10 △哺 一三八八
14 銜 二四四

ふくめる
7 ○含 二五三

ふくよか
12 脹 一〇六二
16 △膨 一四二一

ふくらはぎ
12 腓 一二八四

ふくらむ
16 ○膨 一四二一

ふくれる
12 脹 一〇六二
16 ○膨 一四二一

ふくろ
11 ○袋 九八三
22 嚢 二一三

ふくろう
11 梟 三三八
16 鴟 六二七

ふくろづの
9 茸 七七四

ふける
6 ○老 一六一三
7 ○更 四八五
10 耽 一〇一四
11 △淫 六四
△深 八〇二
酖 一〇一五
12 湛 一〇一六
13 △蒸 七七七

ふご
10 畚 一四三三
13 筲 九四三

ふさ
8 ○房 一四一五
▼房 一四一五
14 △総 九四五
17 ▼總 九四五

ふさがる
7 沌 一一七九
阨 四
8 奄 九六
苑 九七
10 哽 四九六
11 △梗 五〇二
淤 一一〇
△窒 一〇三八
12 堙 六六
13 ○塞 五五八
△塡 一一一八
隘 七
15 噎 九四

ふさぐ
7 △抑 一五三八
杜 一一二五
9 柴 五五一
10 栫 九〇一
12 堙 六六
湮 六六
13 ○塞 五五八
△塡 一一一八
雍 一五三四
16 壅 一五三六
△錮 四五九
閟 一一五
29 △鬱 七六

ふし
13 ○節 八八七
罧 八〇七
15 ▼節 八八七
▼節 八八七

ふじ
18 ○藤 一二五六

ふしづけ
13 罧 八〇七

ふしど
8 臥 一六四

ふじばかま
19 蘭 一五五三
21 ▼蘭 一五五三

ふじもどき
7 芫 四三九

ふす
6 ○伏 一三四二
8 臥 一六四
10 俯 一三三八
11 偃 九九

ふすべる
18 燻 三八四

ふすま
10 衾 三五九
15 麩 一三三四
18 襖 一一八

ふせぐ
6 扞 二二四
7 △抗 四八四
○防 一四一五
8 △拒 三一六
▼拒 三一六
沮 七一七
10 捍 二三〇
11 圉 三三〇
12 △距 三一九
▼距 三一九
14 △障 七六〇
16 禦 三一六

ふせご
16 篝 五一三

ふせる
6 ○伏 一三四二
9 俛 一三八五
10 俯 一三三八
11 偃 九九

ふぞろい
16 縒 六二六

ふた
2 ○二 一一九三
4 ○双 九二八
6 △弍 一一九五
12 ▼貳 一一九五
13 ○蓋 一九二
18 ▼雙 九二八

ふだ
5 ○札 五七一
8 △版 一二六三
9 扁 一三八〇
竿 二三〇
11 △票 一三〇五
笘 九〇三
牋 九〇三
12 牌 一二二八
△策 五六七
13 牒 一〇六三
14 榜 一四二〇
△箋 九〇六
15 槧 五九三
篇 一三八二
16 諜 一〇六八
18 △簡 二四九
19 牘 一一七一
簽 九一一

ぶた
7 豕 六〇八
11 ○豚 一一七九

ふたたび
2 △又 一四四二
6 ○再 五四九
12 △復 一三四四

ふたつ
2 ○二 一一九三
4 △双 九二八
6 △両 一五七四
△弍 一一九五
8 ▼兩 一五七四
12 ▼貳 一一九五
18 ▼雙 九二八

ふたもの
11 盒 五二一

ふだんぎ
9 袓 六五二
17 褻 八八九

ふち
7 沂 二八七
8 △沿 九七
泓 一一四
9 △眉 一二八九
10 △俸 一四〇四
△秩 一〇三八
12 淵 一〇〇
禄 一六二三
稍 七五六
粟 九六三
13 ▼祿 一六二三
稟 一五八五
15 潯 八二一
潭 一〇一九
○縁 一〇六
▼緣 一〇六
16 廩 一五八六

ぶち
12 △斑 一二六五
14 駁 一二四四

16 駁 一二四三
フツ
4 △仏 一二五〇
5 弗 一二四九
○払 一二四九
7 ▼佛 一二五〇
8 彿 一二五〇
怫 一二五〇
▼拂 一二四九
○沸 一二五〇
10 祓 一二五〇
15 髴 一二五〇
17 黻 一二五〇
ブツ
4 ○仏 一二五〇
勿 一四八六
7 ▼佛 一二五〇
8 ○物 一二五一
ぶつ
5 △打 九七二
ふで
6 聿 五六
11 毫 五二一
12 ○筆 一二九七
16 翰 一二四七
ぶと
13 蚋 八七一
ふとい
4 ○太 九七六
ふところ
16 ○懐 一八五
19 ▼懷 一八五
ふとる
4 ○太 九七六
8 △肥 一二七六
ふな
6 ○舟 六八五
11 ○船 九〇三
16 鮒 一三三四
ぶな
12 椈 二九三
ふなぐら
16 艙 九四九
ふなばた
11 △舷 四四四
ふなべり
11 △舷 四四四
ふなよそおい
19 艤 二九一
ふね
6 ○舟 六八五
10 舫 一四〇五
11 舸 一五二
○船 九〇三
15 △槽 九四七
16 艘 九四九
17 篷 一四二三
ふまえる
15 ○踏 一一五三
ふまき
8 帙 一〇三八
ふみ
4 ○文 一三六〇
5 △冊 五七〇
▼册 五七〇
△史 五五九
8 △典 一一一三
10 △書 七一七
11 △章 七五二
15 篇 一三八二
△編 一三八二
▼編 一三八二
16 翰 一二四七
20 △籍 八八一
22 籙 一六三
ふみづつみ
8 帙 一〇三八
ふみにじる
16 蹂 七〇六
22 轢 一六〇一
26 躪 一五八九
ふむ
8 迪 一一〇〇
9 ▼迪 一一〇〇
12 喋 一〇六一
跖 八七八
跋 一二二四
13 △践 九〇六
15 △履 一五五九
▼踐 九〇六
○踏 一一五三
駘 九八六
16 蹂 七〇六
踵 七六四
17 藉 六六〇
蹈 一一五六
18 蹠 八六一
19 躇 一〇五三
20 △籍 八八一
躅 一〇七二
22 躔 一一二〇
25 躡 七八〇
ふもと
7 阯 六〇八
11 梺 一三五三
19 ○麓 一六二三
ふやす
12 ○殖 七八三
14 ○増 九五四
15 ▼增 九五四
ふゆ
5 ○冬 一二三五
ぶゆ
13 蚋 八七一
ぶよ
13 蚋 八七一
フラン
8 △法 一四〇二
ふり
9 △風 一三三八
ぶり
21 鰤 六二八
ブリキ
16 錻 一三三八
ふる
5 △旧 三〇二
9 ▼降 四九八
10 ○振 七九八
○降 四九八
11 掉 一一四五
13 △零 一五九六
17 ▼舊 三〇二
18 ▼舊 三〇二
ふるい
5 ○古 四四七
△旧 三〇二
9 △故 四五二
11 △陳 一〇七四
16 篩 六二六
17 ▼舊 三〇二
18 ▼舊 三〇二
ふるう
7 抖 一一三八
10 ○振 七九八
11 掉 一一四五
12 △揮 二七六
15 ○震 八〇九
16 ○奮 一三五七
篩 六二六
18 擲 一一〇三
擺 一一三九
ふるえる
15 ○震 八〇九
22 顫 九一三
ふるす
5 ○古 四四七
ふるびる
5 △旧 三〇二
17 ▼舊 三〇二
18 ▼舊 三〇二
ふるわた
16 縕 八二三
ふれ
14 誥 五二一
ふれぶみ
17 檄 四〇八
ふれる
7 △狂 三一九
8 △抵 一〇九一
9 牴 一〇九二
10 ○振 七九八
12 觝 一〇九六
13 ○触 七八四
17 嬰 八九
20 ▼觸 七八四
ふろしき
11 袱 一三四三
フン
4 ○分 一三五八
6 刎 一三五四
7 吻 一三五四
吩 一三五四
扮 一三五四
芬 一三五四
8 忿 一三五四
枌 一三五五
氛 一三五五
10 ○粉 一三五五
○紛 一三五五
12 焚 一三五六
○雰 一三五六
13 賁 一三八四

15 ○噴 一三五六
○墳 一三五六
○憤 一三五七
16 ▼噴 一三五六
▼墳 一三五六
○奮 一三五七
▼憤 一三五七
濆 一三五七
17 糞 一三五七
ブン
4 ○分 一三五八
○文 一三六〇
6 刎 一三五四
7 ▼免 一四七五
8 △免 一四七五
10 紊 一三六二
△紋 一四八九
△蚊 一六一
11 △問 一四九〇
14 ○聞 一三六二
ふんどし
14 褌 五三九

【へ】

へ
4 △戸 四四六
▼戸 四四六
7 屁 一二七五
べ
5 ○辺 一三七八
11 △部 一三三六
19 ▼邊 一三七八
ヘイ
5 ○丙 一三六三
○平 一三六三
▼平 一三六三
7 ○兵 一三六五
8 ○並 一三六六
○併 一三六七
△坪 一〇八五
▼坪 一〇八五
幷 一三六七
枋 一四〇二
秉 一三六七
苹 一三六七
9 ○柄 一三六七
炳 一三六八
10 俾 一二八〇
▼倂 一三六七
娉 一三六八
○病 一三〇九
竝 一三六六
○陛 一三六八
11 屛 一三六八
△瓶 一三一六
萍 一三六九
○閉 一三六九
12 ○塀 一三六九
敝 一三六九
△評 一三〇五
▼評 一三〇五
迸 一四〇八
13 ▼甁 一三一六
睥 一三六九
聘 一三六九
14 ▼塀 一三六九
15 僻 一三七三
○幣 一三七〇
▼幣 一三七〇
○弊 一三七〇
▼弊 一三七〇
○蔽 一三七〇
○餅 一三七一
16 嬖 一三七一
僨 一三五九
篦 一三七一
薜 一三七一
鮃 一三七一
17 ▼餠 一三七一
18 斃 一三七一
へい
17 牆 七六五
ベイ
5 △皿 五七五
6 ○米 一三七一
9 袂 一三七二
17 △謎 一一八八
19 麛 四〇五
へいか
18 燹 九二一
ページ
9 頁 四一二
ヘキ
13 辟 一三七二
14 碧 一三七二
15 僻 一三七二
劈 一三七二
16 ○壁 一三七二
18 ○璧 一三七三
甓 一三七四
○癖 一三七四
19 襞 一三七四
20 躄 一三七四
21 闢 一三七四
霹 一三七四
ベキ
7 汨 一三七四
11 覓 一三七四
13 幎 一三七四
15 冪 一三七四
18 羃 一三七四
ヘクトグラム
11 瓸 一三七四
ヘクトメートル
12 粨 一三七四
ヘクトリットル
11 竡 一三七五
へこます
5 △凹 一二
へこむ
5 △凹 一二
へさき
11 舳 六四三
22 艫 一六二二
べし
5 △可 一三八
へす
5 △圧 一四
17 ▼壓 一四
へそ
18 臍 八七〇
へた
14 蔕 九八五
へだたる
8 △阻 九一九
13 ○隔 二〇〇
20 △懸 四三六
へだてる
12 △距 三一九
▼距 三一九
13 ○隔 二〇〇
14 △障 七六〇
ベチ
7 △別 一三七五
ヘツ
25 鼈 一三七六
ベツ
7 ○別 一三七五
10 捌 一二五〇
13 △滅 一四七四
14 ○蔑 一三七六
17 瞥 一三七六
19 襪 一三七六
20 蠛 一三七六
23 韈 一三七六
25 鼈 一三七六
へっつい
21 竈 九五二
へつらう
7 佞 一二〇四
9 △便 一三八五
10 倖 四九五
15 諂 一一一八
16 諞 一三八三
諛 一五〇四
べに
9 ○紅 四九二
10 △脂 六一六
20 臙 一〇九
へび
11 ○蛇 六六一
へや
7 △坊 一四一四
8 △房 一四一五
▼房 一四一五
9 △室 六四七
14 閤 五一二
へら
16 篦 一三七一
へらす
11 貶 一三八一
12 ○減 四四四
へり
12 絎 五〇七
15 △縁 一〇六
▼緣 一〇六
へりくだる
14 △遜 九六八
17 △謙 四三四

▼謙 四三四
へる
10 △耗 一四八〇
11 ○経 三九三
12 ○減 四四四
13 △損 九六八
▼經 三九三
14 △歴 一六〇〇
15 △閲 九四
16 ▼歷 一六〇〇
ヘン
4 ○片 一三七六
5 ○辺 一三七八
7 扑 一三八五
8 ○返 一三七八
▼返 一三七八
9 ○変 一三七九
扁 一三八〇
11 ○偏 一三八一
▼偏 一三八一
貶 一三八一
12 胼 一三八二
○遍 一三八二
13 ▼遍 一三八二
14 褊 一三八二
15 篇 一三八二
○編 一三八二
▼編 一三八二
翩 一三八三
蝙 一三八三
16 諞 一三八三
18 鞭 一三八六
騈 一三八三
19 ▼邊 一三七八
騙 一三八三
20 辮 一三八七
23 ▼變 一三七九
ベン
5 ○弁 一三八四
弁 一三八四
7 ▼免 一四七五
抃 一三八五
8 △免 一四七五
泯 一三一六
9 ○便 一三八五
俛 一三八五
▼勉 一三八六
眄 一三八五
4 △面 一四七五
10 ○勉 一三八六
娩 一三八六
△眠 一四五八
11 冕 一三八六
12 湎 一三八六
13 黽 一三八六
14 △綿 一四七七
15 緬 一四七七
16 ▼辨 一三八四
△麺 一四七七
18 鞭 一三八六
騈 一三八三
鮸 一三八六
19 瓣 一三八七
20 辮 一三八七
21 ▼麵 一四七七
▼辯 一三八四
ペンス
4 △片 一三七六

【ほ】

ホ
4 △父 一三三三
5 △布 一三三四
7 ▼步 一三八七
甫 一三八七
8 咐 一三二六
○歩 一三八七
9 ○保 一三八八
匍 一三八八
10 ○哺 一三八八
圃 一三八八
○捕 一三八九
△浦 七九
△畝 七八
11 脯 一三八九
菩 一三九三
逋 一三八九
12 △部 一三三六
堡 一四〇七
葡 一三八九
葆 一三八九
○補 一三八九
13 蒲 一三九〇
14 褓 一四一〇
輔 一三九一
15 ○舗 一三九一
▼舖 一三九一
鋪 一三九一
16 餔 一三九一
19 △簿 一三九五
鞴 一三四八
黼 一三三四
ほ
4 ○火 一三五
6 ○帆 一二六一
15 ○穂 八三三
17 ▼穗 八三三
ボ
5 戊 一三九一
○母 一三九二
7 牡 一三九二
8 姆 一三九三
拇 一三九三
9 姥 一三九三
10 莫 一三九三
11 菩 一三九三
12 ○募 一三九三
13 ○墓 一三九四
媽 一三九四
14 摸 一四七八
○慕 一三九四
○暮 一三九四
○模 一四七八
17 謨 一三九五
19 ○簿 一三九五
ホイ
12 焙 一四〇七
ホウ
2 匚 一三九五
4 △乏 一四一三
○方 一三九五
5 ○包 一三九六
▼包 一三九六
6 △汎 一二六一
▼汎 一二六一
7 亨 一四八三
△判 一二六二
▼判 一二六二
呆 一三九六
△坊 一四一四
△妨 一四一四
彷 一三九七
抔 一三九七
泛 一二六三
○芳 一三九七
○邦 一三九七
△防 一四一五
8 咆 一三九八
○奉 一三九八
○宝 一三九八
庖 一三九九
怦 一三九九
△房 一四一五
▼房 一四一五
○抱 一三九九
▼抱 一三九九
抛 一四〇〇
○放 一四〇〇
朋 一四〇一
枋 一四〇二
○法 一四〇三
○泡 一四〇三
▼泡 一四〇三
△肪 一四一六
苞 一四〇四
9 △保 一三八八
○封 一三三八
枹 一四〇四
炮 一四〇四
○胞 一四〇四
▼胞 一四〇四
10 ○倣 一四〇四
○俸 一四〇四
△剖 一四一七
娉 一三六八
○峰 一四〇四
峯 一四〇四
旁 一四〇五
疱 一四〇五
皰 一四〇五
○砲 一四〇五
▼砲 一四〇五
△紡 一四一七
舫 一四〇五
蚌 一四一八
袍 一四〇五
11 匏 一四〇五
△培 一二三一
堋 一四〇五
○崩 一四〇六
▼崩 一四〇六

弸 一四〇六　捧 一四〇六　烹 一四〇六　烽 一四〇六　菠 一三一九　萌 一四一八　蚫 一九　○訪 一四〇六　逢 一四〇七　△部 一三三六　12 △傍 一四一九　○報 一四〇七　堡 一四〇七　彭 一四〇七　△棚 一〇〇九　▼棚 一〇〇九　△棒 一四二〇　焙 一四〇七　琺 一四〇八　絣 一四〇八　葆 一三八九　迸 一四〇八　13 滂 一四〇八　硼 一四〇八

蒡 一四二〇　○蜂 一四〇八　○豊 一四〇八　鉋 一四〇九　○飽 一四〇九　14 膀 一四二〇　蓬 一四〇九　蔀 一四一〇　褓 一四一〇　靤 一四一〇　鞄 一四一〇　▼飽 一四〇九　髣 一四一〇　鳳 一四一〇　15 澎 一四一〇　磅 一四一一　○褒 一四一一　鋒 一四一一　髱 一四一一　魴 一四一一　鴇 一四一一　16 ○縫 一四一一　△膨 一四一二　鮑 一四一二

麭 一四一二　17 幫 一四一二　篷 一四一二　▼縫 一四一一　繃 一四一二　▼褒 一四一一　謗 一四一二　18 ▼豐 一四〇八　19 龐 一四一二　△爆 一二四五　鵬 一四一二　20 ▼寶 一三九八

ボウ　3 ○亡 一四一二　4 ○乏 一四一三　△毛 一四七八　卯 一四一三　5 戊 一三九一　△母 一三九二　6 △矛 一四五八　○妄 一四七九　○忙 一四一三　牟 一四一四　芒 一四一四

7 呆 一三九六　○坊 一四一四　○妨 一四一四　尨 一四一四　○忘 一四一四　牡 一三九二　○防 一四一五　8 孟 一四七九　○房 一四一五　▼房 一四一五　拇 一三九三　氓 一四一六　△盲 一四八〇　罔 一四八〇　○肪 一四一六　茅 一四一六　茆 一四一六　△茂 一四七八　9 ▼冒 一四一六　厖 一四一六　昴 一四一六　○冒 一四一六　○某 一四一七　茫 一四一七

虻 一四一七　10 ○剖 一四一七　旁 一四〇四　旄 一四一七　桙 七二　△畝 七八　○紡 一四一七　耄 一四八〇　蚌 一四一八　袍 一四〇五　11 堋 一四〇五　惘 一四一八　○望 一四一八　眸 一四一八　萌 一四一八　莽 一四八一　袤 一四一九　12 ○傍 一四一九　○帽 一四一九　▼帽 一四一九　○棒 一四二〇　○貿 一四二〇　13 △夢 一四六三　滂 一四〇八

蒡 一四二〇　蒙 一四八一　黽 一三八六　14 ▼夢 一四六三　榜 一四二〇　△網 一四八一　膀 一四二〇　○貌 一四二〇　鉾 一四二〇　鋩 一四二〇　髦 一四二〇　15 儚 一四二一　○暴 一四二一　甍 一四二一　16 濛 一四八二　○膨 一四二二　蟒 一四二三　○謀 一四二三　17 懋 一四二三　曚 一四八二　朦 一四八二　檬 一四八二　謗 一四二三　鴾 一四二三

18 瀑 一二四五　曚 一四八二　魍 一四八二　19 艨 一四八二

ぼう　12 棍 五三九

ほうき　8 帚 九三一　11 彗 八二九　14 箒 九四五

ほうきぼし　7 孛 一二三三　11 彗 八二九

ほうける　10 耄 一四八〇　11 惚 五三一

ほうだて　13 楔 八八七

ぼうふら　3 孑 三二六

ほうむる　11 堋 一四〇五　12 ○葬 九四一

ほうる　8 抛 一四〇〇　○放 一四〇〇

ほえる　7 吼 三六七　吠 一二三三　8 咆 一三九八　10 哮 四九六

ほお　6 △朴 一四二七　16 ○頰 一四二三　17 臉 四三四

ほおひげ　14 髯 九一八

ほおぼね　26 顴 四三七

ほか　5 ○他 九六九　○外 一八八　7 佗 九七二　△余 一五二〇　16 ▼餘 一五二〇

ぼかし　13 暈 八二

ぼかす

16 瀆 一三五七
16 △頭 一二五四
19 ▼邊 一三七八
ほとんど
9 殆 九八〇
12 △幾 二七六
ほね
10 ○骨 五三〇
16 △骸 一九三
骼 二〇二
ほのお
8 ○炎 九七
12 焰 一〇一
ほのか
4 仄 九五六
8 彿 一三五〇
9 恍 四九〇
洸 四九一
14 髣 一四一〇
15 髴 一三五〇
ほのぐらい
17 曚 一四八二
ほのめかす
4 仄 九五六
16 諷 一三四一
ほのめく
4 仄 九五六
ほばしら
17 檣 七六五
19 艢 七六七
ほふる
12 屠 一一二八
ほぼ
11 △略 一五六五
△粗 九二三
17 斂 一六〇八
33 麤 九二七
ほまれ
13 ○誉 一五三三
20 ▼譽 一五三三
ほめる
9 △美 一二八九
13 △誉 一五三三
頌 七五九
15 ○褒 一四一一
△賛 五九〇
△賞 七六二
17 ▼襃 一四一一
19 ▼贊 五九〇
20 ▼譽 一五三三
22 讃 五九一
ほら
9 ○洞 一一六一
ぼら
19 鯔 六二七
ほらあな
8 宕 一一三九
12 嵌 二三六
13 △窟 三七八
ほらがい
17 螺 一五四二
21 蠡 一六〇〇
ほり
9 洫 三四九
11 ○堀 一四三一
12 隍 五〇七
14 塹 五九三
17 壕 五二三
濠 五二三
ほる
11 ○彫 一〇五八
○掘 三七七
勒 一六二二
14 塹 五九三
16 雕 一〇六八
19 鏨 五九四
21 鐫 九一二
ほれる
11 惚 五三一
ほろ
11 袰 一四三一
13 幌 五〇八
ぼろ
16 褸 一五八九
17 縷 一五八九
19 襤 一五五三
ほろぐるま
15 輜 六二六
ほろびる
3 △亡 一四二二
8 泯 一三一六
12 △喪 九四〇
湮 六六
13 ○滅 一四七四
17 糜 一二九三
ほろぶ
11 淪 一五八五
ほろぼす
11 剪 九〇二
12 △喪 九四〇
13 剿 九四二
勦 九四二
○滅 一四七四
誅 一〇四九
15 翦 九〇八
21 殲 九一二
ホン
4 ○反 一二五七
5 ○本 一四三三
7 △返 一三七八
8 ○奔 一四三三
▼返 一三七八
9 叛 一二六四
△品 一三一二
▼奔 一四三三
△盆 一四三五
10 畚 一四三三
11 笨 一四三四
12 犇 一四三四
13 賁 一二八四
15 △噴 一三五六
幡 一二六七
16 ▼噴 一三五六
18 繙 一二六八
○翻 一四三四
▼翻 一四三四
ボン
3 ○凡 一四三四
5 △犯 一二六一
8 △門 一四八八
9 ○盆 一四三五
11 捫 一四九〇
梵 一四三五
13 ○煩 一二六六
16 燔 一二六八
ポンド
7 听 三五三
9 △封 一三二八
15 磅 一四二一
ぼんやりする
11 惘 一四一八

【ま】

マ
10 △馬 一二三〇
11 ○麻 一四二五
13 痲 一四二六
14 嘛 一四二六
麼 一四二六
15 ○摩 一四二六
碼 一四六六
16 ○磨 一四二七
蟇 一二二二
21 ○魔 一四二七
ま
5 ○目 一四八三
10 ○真 七九九
▼眞 七九九
○馬 一二三〇
12 ○間 二二八
マイ
6 ○毎 一四二八
○米 一三七一
7 ▼每 一四二八
8 ○妹 一四二八
○枚 一四二八
玫 一二三〇
9 苺 一二三〇
○昧 一四二八
10 ○埋 一四二八
眛 一四二九
13 瑁 一四二九
16 邁 一四二九
22 霾 一二二二
まい
14 ▼舞 一三三七
15 ○舞 一三三七
まいない
13 △賂 一六〇九
14 臧 九五五
まいなう
13 △賂 一六〇九
△賄 一六二八
マイル
10 哩 一五五七
まいる
8 ○参 五八四
11 ▼參 五八四
13 衙 一六五
まう
△詣 三九九

10 眩 四四二
14 ▼舞 一三三七
15 ○舞 一三三七
まえ
9 ○前 九一四
まが
6 △曲 三四八
13 △禍 一五五
14 ▼禍 一五五
まがい
17 △擬 二九〇
まがう
10 △紛 一三五五
まがき
14 寨 五六〇
15 樊 一二六七
蕃 一二七二
17 篳 一二九八
18 △藩 一二六九
25 籬 一五六一
まかす
6 ○任 一二〇二
8 △放 一四〇〇
9 ○負 一三三七

まかせる
6 ○任 一二〇二
8 △委 二八
9 △信 七九四
まかなう
13 ○賄 一六二八
まかる
15 △罷 一二八六
まがる
4 △勾 四七三
5 △句 三六六
6 ○曲 三四八
7 迂 七〇
8 枉 一一四
9 枸 三六九
紆 七二
13 鉤 五〇九
15 樛 三一一
△盤 一二七一
22 彎 一六三三
まき
8 ▼卷 二二八
○牧 一四二七
9 ○巻 二二八

14 槙 八〇八
▼槇 八〇八
15 篇 一三八二
16 △薪 八〇九
まきば
11 圏 三二〇
まぎらす
10 ○紛 一三五五
まぎらわしい
10 ○紛 一三五五
まぎらわす
10 ○紛 一三五五
まぎれる
10 ○紛 一三五五
マク
10 莫 一三九三
13 寞 一二四四
○幕 一四三九
△漠 一二四四
14 ○膜 一四四〇
まく
8 ▼卷 二二八
9 ○巻 二二八
11 捲 四二五

13 蒔 六二三
14 慢 一四四九
15 撒 五七三
播 一二一九
17 繃 一四二三
まぐさ
10 秣 一四四四
芻 八二五
まぐさかう
10 秣 一四四四
まくら
8 ○枕 一四四〇
まくる
11 捲 四二五
まぐれ
10 △紛 一三五五
まぐろ
17 鮪 四〇
まぐわ
10 耙 一二一八
まげ
16 髷 三五一
まげて
8 枉 一一四

まける
9 ○負 一三三七
16 △輸 一五〇四
▼輸 一五〇四
まげる
6 ○曲 三四八
8 枉 一一四
9 紆 七二
13 僂 一六一七
16 橈 一一六六
まご
10 ○孫 九六七
まごころ
4 △丹 一〇一一
8 △忠 一〇四五
10 悃 五三六
まこと
4 允 六一
7 孚 一三三五
忱 七九一
8 △実 六五一
9 △信 七九四
恂 七一九
洵 七一九

△衷 一〇四八
10 悃 五三六
△真 七九九
▼眞 七九九
11 悾 五〇二
惇 七二〇
12 △款 二二七
13 亶 一〇一七
詢 七二三
○誠 八六五
14 ▼實 六五一
慤 二〇一
▼誠 八六五
15 △摯 六二五
諄 七二三
諒 一五八一
16 △諦 一〇九八
まことに
4 允 六一
8 苟 四八八
9 洵 七一九
12 寔 七八三
まこも
12 菰 四五七

14 蔣 七六〇
まさ
5 ○正 八四四
9 柾 一四四一
まさかり
5 戉 九三
13 鉞 九四
17 鍠 五一六
まさき
9 柾 一四四一
まさきのかずら
16 薜 一三七一
まさに
4 △方 一三九五
13 鼎 一〇九七
まさに…す
5 △且 二一七
10 △将 七四六
11 ▼將 七四六
まさに…べし
6 △当 一一三六
7 △応 一一三
13 ▼當 一一三六
17 ▼應 一一三

まさる
12 ○勝 七五三
▼勝 七五三
△雄 一五一四
16 △賢 四三三
17 △優 一五一七
まざる
6 ○交 四七七
11 ○混 五三七
まじえる
6 ◎交 四七七
14 綜 九四七
15 糅 七〇五
まじない
8 △呪 六八二
23 蠱 四五九
まじなう
8 △呪 六八二
まします
6 △在 五六一
7 坐 五四七
ましら
13 △猿 一〇二
まじる

6 ○ 交 四七七
7 尨 一四一四
11 淆 五〇二
○ 混 五三七
12 廁 六一八
渾 五三九
14 △ 雑 五七三
駁 一二四四
15 糅 七〇五
糂 八二一
16 △ 錯 五六八
18 ▼ 雜 五七三

まじろぐ
17 ▼ 瞬 七一八
18 △ 瞬 七一八

まじわる
6 ○ 交 四七七
8 △ 参 五八四
11 ▼ 參 五八四
崔 五五二
△ 接 八八四
13 媾 五〇七
14 △ 際 五六〇

ます
4 ○ 升 七四〇
△ 斗 一二二四
8 坿 一三三六
枡 一四四一
9 茲 六一四
10 △ 倍 一二三〇
△ 益 九一
▼ 益 九一
11 斛 五二七
12 △ 曽 九二九
▼ 曾 九二九
△ 滋 六三八
14 ○ 増 九五四
15 ▼ 增 九五四
23 鱒 九六九

まず
6 △ 先 八九五

まずい
8 △ 拙 八八三

ますがた
10 枡 四一四
20 櫨 一六一一

まずしい
11 ○ 貧 一三一三

12 △ 寒 一二五
16 寠 三七〇

ますます
9 茲 六一四
10 △ 益 九一
▼ 益 九一

ませがき
25 籬 一五六一

まぜる
6 ○ 交 四七七
10 △ 剤 五六二
11 ○ 混 五三七
14 △ 雑 五七三
16 ▼ 劑 五六二
18 ▼ 雜 五七三
23 攪 五一七

また
2 ○ 又 一四四二
3 也 一四九一
叉 五四一
6 亦 九〇
8 ○ 股 四五〇
9 俣 一四四二
奎 三九〇

10 胯 四五五
12 △ 復 一三四四
13 跨 四五八
16 △ 還 二四八
17 ▼ 還 二四八

まだ
5 △ 未 一四五一

またがる
10 胯 四五五
13 跨 四五八

まだき
6 夙 七〇六

またぐ
10 胯 四五五
13 跨 四五八

またたく
9 恂 七一九
17 ▼ 瞬 七一八
18 ○ 瞬 七一八

まだら
11 彪 一三〇二
12 △ 斑 一二六五
13 △ 頒 一二六七
14 駁 一二四四

16 駮 一二四三

まだらうし
12 犂 一五五八
14 犖 一五四九

まち
7 △ 坊 一四一四
○ 町 一〇五四
9 陌 一二四〇
12 ○ 街 一九一
17 闠 一二三〇
18 襠 一一五六

マツ
5 ○ 末 一四四二
8 ○ 抹 一四四三
沫 一四四四
茉 一四四四
10 秣 一四四四
14 靺 一四四四

まつ
7 佇 一〇五〇
8 ○ 松 七四四
9 俟 六一一
○ 待 九八〇
10 △ 候 四九五

12 竚 一〇五一
竢 六一九
△ 須 八二三

まつげ
13 睫 七五八

まっしぐら
20 驀 一二四五

まったく
6 ○ 全 九二三
▼ 全 九二三

まっとうする
7 △ 完 二二五

まつり
8 祀 六一一
10 烝 七七四
祠 六二五
11 ○ 祭 五五四

まつりごと
9 ○ 政 八五七

まつりのにわ
11 畤 六一七

まつる
8 △ 奉 一三九八
祀 六一一

10 祠 六二五
11 ○ 祭 五五四
12 奠 一一一七
13 △ 献 四三〇
19 禱 一二五七
20 ▼ 獻 四三〇
21 纏 一一一九

まつわる
9 紆 七二
14 摎 三二一
綢 一〇四九
15 樛 三二一
17 繆 一三〇二
18 繞 七七九
繚 一五八二
19 繳 六六六
21 纏 一一一九

まて
17 鮴 五二九
19 蟶 一〇九九

まで
7 迄 二九五

までがい
19 蟶 一〇九九

まと
8 ○ 的 一一〇〇
9 △ 侯 四八八
18 鵠 五一六

まど
11 ○ 窓 九三九
12 ▼ 窗 九三九
15 牖 一五一六

まとい
21 纏 一一一九

まとう
9 紆 七二
12 △ 絡 一五四六
14 綢 一〇四九
裹 一五八
18 繞 七七九
繚 一五八二
21 纏 一一一九
23 纓 九〇

まどう
9 △ 迷 一四七一
10 眩 四四二
▼ 迷 一四七一
12 ○ 惑 一六三〇

まどか
4 △円 九五
13 ▼圓 九五
23 欒 一五五四
まとめる
21 纏 一二一九
まどわす
4 △幻 四三八
14 △誤 四六七
23 蠱 四五九
まな
13 △愛 五
まないた
9 俎 九一九
まなこ
5 △目 一四八三
11 ○眼 二五五
まなじり
10 眥 八五九
13 睚 一九二
まなびや
7 △序 七三四
9 庠 七四五
25 黌 五一八
まなぶ
8 ○学 二〇四
16 ▼學 二〇四
まぬかれる
7 ▼免 一四七五
8 ○免 一四七五
まねく
8 ○招 七四三
12 惹 六六八
13 聘 一三六九
まばたく
17 ▼瞬 七一八
18 △瞬 七一八
まばゆい
10 眩 四四二
まばら
12 △疎 九二四
疏 九二五
まぶし
14 蔟 九六三
まぶしい
10 眩 四四二
まぶす
13 △塗 一二二九
まぶた
18 瞼 四三五
まぼろし
4 ○幻 四三八
まま
12 △飯 一二六六
13 △継 三九八
▼飯 一二六六
16 儘 八二一
20 ▼繼 三九八
まみ
12 猯 一〇一六
まみえる
7 △見 四一八
15 △謁 九四
16 ▼謁 九四
18 覲 三六五
まみれる
13 △塗 一二二九
まむし
15 蝮 一三四七
まめ
7 ○豆 一二三八
8 △実 六五一
9 胝 一〇三一
10 荳 一二一四
11 莢 七〇九
14 ▼實 六五一
まめがら
11 萁 二七四
まもり
5 仗 七七一
20 △護 四六八
21 ▼護 四六八
まもる
6 ○守 六七四
戍 六八〇
7 △防 一四一五
8 秉 一三六七
10 捍 二三〇
16 △擁 一五三六
△衛 八九
▼衞 八九
20 △護 四六八
21 ▼護 四六八
まゆ
9 ○眉 一二八九
16 黛 九八六
17 麋 一二九三
▼黛 九八六
18 ○繭 四三五
19 ▼繭 四三五
まゆげ
13 蛾 一六五
まゆずみ
16 黛 九八六
17 ▼黛 九八六
まゆみ
8 枋 一四〇二
17 檀 一〇二〇
まよう
9 ○迷 一四七一
10 ▼迷 一四七一
まり
11 毬 三〇九
16 鋺 一〇七
17 鞠 二九三
まる
3 ○丸 二五三
まるい
3 ○丸 二五三
4 ○円 九五
6 △団 一〇二二
13 ▼圓 九五
14 ▼團 一〇二二
摶 一〇一七
16 圜 二四六
23 欒 一五五四
まるた
7 △材 五六二
まるまげ
16 髷 三五一
まるめる
3 ○丸 二五三
14 摶 一〇一七
まれ
4 △少 七四〇
7 △希 二六三
12 稀 二七七
まれに
7 罕 三二五
まろ
18 麿 一四四五
▼麿 一四四五
まろうど
9 △客 二九七
14 ▼賓 一三一四
15 △賓 一三一四
まろぶ
11 △転 一二一六
18 ▼轉 一二一六
まろやか
4 △円 九五
13 ▼圓 九五
まわす
6 ○回 一六八
9 廻 一七三
まわり
8 ○周 六八六
▼周 六八六
まわる
6 ○回 一六八
△巡 七一八
7 ▼巡 七一八
9 廻 一七三
10 迴 一七八
マン
3 ○万 一四四五
6 卍 一二六九
8 孟 一四七九
11 曼 一四四八
12 ○満 一四四八
▼萬 一四四五
13 ▼萬 一四四五
14 慢 一四四九
○慢 一四四九
▼滿 一四四八
○漫 一四四九
蔓 一四五〇
15 幡 一二六七
16 瞞 一四五〇
17 縵 一四五〇
18 懣 一四五〇
謾 一四五〇
蹣 一二六九
19 鏝 一四五〇
20 饅 一四五〇
21 鬘 一四五〇
22 鰻 一四五〇
まんじ
6 卍 一二六九

【み】

ミ
5 ○未 一四三一
8 ○味 一四三二
△弥 一四九五
9 弭 一二八九
○眉 一二八九
△美 一二八九
13 △微 一二九一
15 ○魅 一四五二
17 ▼彌 一四九五
瀰 一一〇〇
麋 一二九三
19 靡 一二八七
23 黴 一三三三

み
3 ○三 五七六
△子 五九五
巳 五九七
7 ○身 七九二
8 ○実 六五一
10 躬 三〇八
11 △深 八〇二
12 △御 三二一
14 ▼實 六五一
箕 二八〇

みうち
8 △門 一四八八
11 △戚 八七八
眷 四二六

みえる
7 ○見 四一八

みお
16 澪 一五九八

みおろす
17 瞰 二四九

みか
18 甕 一一八

みがく
7 △攻 四八四
9 △研 四二一
10 砥 六一五
11 琢 一〇〇二
▼研 四二一
12 ▼琢 一〇〇二
14 瑳 五四六
15 瑩 八八
磋 五四六
16 擂 一五四五
○磨 一四三七
19 礪 一五九九

みかづき
9 朏 一二七八

みかど
9 △帝 一〇九一

みかん
9 柑 二一九

みき
13 ○幹 二四〇
16 翰 二四七

みぎ
5 ○右 六九

みぎり
9 砌 八五八

みぎわ
5 汀 一〇八七
7 △沙 五四二
沚 六〇七
11 △涯 一九一
渚 七二八
12 ▼渚 七二八
14 滸 四五九
15 潯 八二一
潭 一〇一九
16 潰 一三五七
19 瀕 一三一五
20 瀲 一六〇八

みくるま
13 軺 一六一〇

みこ
7 巫 一三三五
14 覡 四〇六

みこと
8 △命 一四六八
12 △尊 九六七
▼尊 九六七

みことのり
9 △勅 一〇七二
11 ▼敕 一〇七二
12 ○詔 七五七
14 誥 五一一

みごもる
5 孕 一五二四
7 △妊 一二〇二
9 姙 一二〇三
10 △娠 七九八

みさお
13 △節 八八七
15 ▼節 八八七
▼節 八八七
16 ○操 九四八

みさき
8 ○岬 一四五三

みさご
13 雎 七二九
20 鶚 二〇七

みささぎ
11 ○陵 一五七八

みじかい
8 侏 六七五
12 ○短 一〇一六
13 矮 一六二八

みじめ
11 ○惨 五八六
14 ▼慘 五八六

みず
4 ○水 八二三
13 瑞 八三四

みずうみ
12 ○湖 四五六

みずかき
19 蹼 一四二九

みずがね
7 汞 四八五

みずから
6 ○自 六三〇
10 躬 三〇八
16 △親 八一〇

みずたで
16 薔 七六四

みずたまり
19 瀦 一〇五三

みずち
12 蛟 五〇七
13 蜃 八〇八

みずのえ
4 壬 八一七

みずのと
9 癸 二六七

みずら
16 髫 四〇一
23 鬟 二五二

みせ
8 ○店 一一一三
13 肆 六二三
15 廛 一一一八
△舗 一三九一
▼舖 一三九一
鋪 一三九一

みせる
7 ○見 四一八

みそ
4 卅 九二七

みぞ
9 洫 三四九
12 渠 三一九
13 ○溝 五〇八
▼溝 五〇八
17 壑 二〇六
18 瀆 一一七一
20 竇 一一五八

みそか
11 晦 一七八

みそぎ
14 禊 三九九

みそさざい
23 鷦 七六七

みそっぱ
17 齔 八一二
20 齠 一〇六九

みそなわす
25 臠 一六〇九

みぞれ
15 霄 七六三
16 霙 八九

みたす
5 ▼充 七〇一
6 △充 七〇一
12 ○満 一四四八
14 ▼滿 一四四八

みだす
7 ○乱 一五五〇
10 紊 一三六二
11 梏 五二七
△淫 六四
淆 五〇二
13 ▼亂 一五五〇
猾 二二五
23 攪 五一七

みたまや
13 △寝 八〇四
14 ▼寢 八〇五
15 廟 一三一一

19 禰 一二〇〇
みだら
9 姦 二二九
11 婬 六四
○淫 六四
△淫 六四
12 猥 一六二七
蛙 三
14 嫖 一三〇六
みだり
9 胡 四五四
みだりに
5 叨 一一三五
6 △妄 一四七九
7 △乱 一五五〇
10 △浪 一六一六
12 猥 一六二七
13 ▼亂 一五五〇
14 △漫 一四四九
18 △濫 一五五二
みだれる
7 ○乱 一五五〇
10 悖 一二三五
狼 一六一七
紜 八〇
△紛 一三五五
紊 一三六二
蚩 六一六
訌 四九八
13 ▼亂 一五五〇
惷 七一七
溷 五三九
猾 二一五
15 撓 一一六六
撩 一五八一
樊 一二六七
△潰 一八四
蕪 一三三七
16 駭 一九三
18 擾 七七九
△濫 一五五二
19 龐 一四一二
20 攘 七七九
21 飆 一三〇八
みち
6 △行 四八二
阡 八九七
8 △径 三八八
迪 一二〇〇
9 ▼迪 一二〇〇
陌 一二四〇
10 △倫 一五八四
▼徑 三八八
△途 一一二七
11 逕 三九五
▼途 一一二七
馗 二七五
12 揆 二七六
○道 一一六三
13 △塗 一一二九
猷 一五一五
△路 一六一〇
▼道 一一六三
16 隧 八三三
17 蹊 四〇一
24 衢 三七一
みちびく
8 迪 一二〇〇
9 ▼迪 一二〇〇
15 ○導 一一六五
牖 一五一六
16 ▼導 一一六五
17 擯 一三一四
みちる
5 ▼充 七〇一
6 △充 七〇一
8 △実 六五一
9 盈 八六
11 弸 一四〇六
12 ○満 一四四八
13 △塞 五五八
溢 五七
14 ▼實 六五一
▼滿 一四四八
17 瀰 一一〇〇
ミツ
11 ○密 一四五四
14 ○蜜 一四五五
15 樒 一四五五
みつ
3 ○三 五七六
5 ▼充 七〇一
6 △充 七〇一
14 褌 五三九
みつぎ
10 △租 九二〇
12 △税 八七一
▼稅 八七一
15 △調 一〇六七
▼調 一〇六七
△賦 一三三四
みつぐ
10 ○貢 四九八
みっつ
3 ○三 五七六
みつめる
16 瞠 一一六六
みてぐら
15 △幣 一三七〇
▼幣 一三七〇
みとめる
14 ○認 一二〇三
みどり
14 碧 一三七二
○緑 一五八三
▼綠 一五八三
翠 八三一
みな
9 咸 二三九
○皆 一七
胥 七二七
13 僉 九〇四
みなぎる
14 漲 一〇六五
みなごろし
19 鏖 一一八
みなしご
8 ▼孤 四五一
9 △孤 四五一
みなと
12 ○港 五〇五
▼港 五〇五
湊 九四一
みなみ
9 ○南 一一九〇
みなもと
13 ○源 四四五
みにくい
9 △侵 七九五
▼侵 七九五
10 莠 一五一一
蚩 六一六
13 △寝 八〇四
14 ▼寢 八〇五
17 ○醜 六九七
みね
7 岑 七九一
8 岫 六八七
10 ○峰 一四〇四
峯 一四〇四
11 崟 三六五
12 椒 七五四
14 嶂 七五九
17 嶺 一五九八
22 巒 一五五四
みの
13 蓑 五四六
16 簑 五四六
みのむし
13 蜆 四三一
みのり
15 △稼 一五八
みのる
8 ○実 六五一
13 稔 八二〇
14 ▼實 六五一
18 穣 七七九
22 ▼穰 七七九
みはり
10 哨 七四六
みはる
16 瞠 一一六六
みまかる
16 薨 五一四
みまわり
23 邏 一五四三
みまわる
23 邏 一五四三
みみ
6 ○耳 六二九
みみきる
17 馘 二〇三
みみず
10 蚓 六四
17 螾 六八
みみだま
10 珥 六三八
みみなぐさ
8 苓 一五九五
みめよい
9 姶 一一四
みや

ミャク
10 ○ 宮 三〇八

ミャク
10 ○ 脈 一四五六

みやこ
7 邑 一五〇八
8 △ 京 三三〇
△ 府 一三三六
9 洛 一五四六
10 △ 師 六一四
11 ○ 都 一二二八
12 ▼ 都 一二二八
15 △ 畿 二八一

みやつこ
10 △ 造 九五三
11 ▼ 造 九五三

みやび
12 ▼ 雅 一六五
13 △ 雅 一六五

みやびやか
12 ▼ 雅 一六五
13 △ 雅 一六五
15 嫺 二四四
嫻 二四五

みゆき
8 △ 幸 四八六

ミョウ
6 ○ 名 一四六六
7 ○ 妙 一四五六
8 ○ 命 一四六八
○ 明 一四六九
△ 苗 一三〇九
9 眇 一三〇九
茗 一四七一
10 ○ 冥 一四七一
11 △ 猫 一三一〇
14 暝 一四七二
△ 銘 一四七二
△ 鳴 一四七三
15 瞑 一四七三
16 螟 一四七三
17 藐 一三一一

ミリグラム
9 瓱 一四五七

ミリメートル
10 粍 一四五七

ミリリットル
9 竓 一四五七

みる
7 ○ 見 四一八
9 △ 看 二三〇
眄 一三八五
11 △ 視 六一七
12 ▼ 視 六一八
○ 診 八〇四
13 △ 督 一一七〇
14 △ 察 五七二
睹 一一三〇
15 △ 監 二四五
16 覩 一一三〇
17 瞰 二四九
瞥 一三七六
覯 五一五
△ 覧 一五五二
18 瞿 三七〇
瞻 九一一
△ 観 二五〇
21 ▼ 覽 一五五二
22 覿 一一〇三
24 ▼ 觀 二五〇
25 ▼ 觀 二五〇
26 矚 七八六

みわける
14 甄 四三三

ミン
5 ○ 民 一四五七
8 旻 一三一六
△ 明 一四六九
泯 一三一六
10 ○ 眠 一四五八
罠 一三一六
12 閔 一三一六
13 愍 一三一六
15 憫 一三一七
緡 一三一七

【む】

ム
3 △ 亡 一四二二
4 毋 一三三五
5 ○ 矛 一四五八
6 牟 一四一四
8 ○ 武 一三三五
11 ○ 務 一四五九
眸 一四一八
12 ○ 無 一四五九
13 ○ 夢 一四六三
14 ▼ 夢 一四六三
▼ 舞 一三三七
15 鉾 一四二〇
嘸 一三三六
憮 一三三七
△ 舞 一三三七
16 蕪 一三三七
○ 謀 一四二三
17 鴾 一四二三
19 ○ 霧 一四六四
鵡 一四六四

む
4 ○ 六 一六二

むい
4 ○ 六 一六二

むかう
6 ○ 向 四七九
7 △ 対 九七八
14 ▼ 對 九七八
△ 遡 九二六
19 嚮 三四二

むかえる
7 ○ 迎 四〇四
8 ▼ 迎 四〇四
9 △ 逆 二九八
10 ▼ 逆 二九八
11 逢 一四〇七
17 邀 一五三六

むかし
8 ○ 昔 八七六
19 曩 一〇五〇

むかつく
16 噦 九四

むかばき
16 縢 一一五四

むぎ
7 ○ 麦 一二四三
11 ▼ 麥 一二四三

むぎこ
16 △ 麺 一四七七
20 ▼ 麵 一四七七

むく
6 ○ 向 四七九
10 △ 剝 一二四〇
12 椋 一五七八
19 嚮 三四二

むくいぬ
7 尨 一四一四

むくいる
8 侑 一五〇八
12 ○ 報 一四〇七
13 △ 酬 六九六
19 疇 一〇五〇
23 讐 六九八

むくげ
12 毳 八七一
▼ 舜 七一七
13 舜 七一七
15 槿 三六二
蕣 七一七

むぐら
12 葎 一五六四

むくろ
16 △ 骸 一九三
18 軀 三七〇

むける
6 ○ 向 四七九

むこ
10 倩 九〇一
12 ▼ 壻 八六二
○ 婿 八六二

むごい
7 △ 忍 一二〇三
▼ 忍 一二〇三
8 △ 苛 一四六
9 △ 虐 二九八
11 △ 惨 五八六
14 ▼ 慘 五八六
△ 辣 一五四九
△ 酷 五二八

むこう
6 ○ 向 四七九

むささび
20 鼯 四六八

むさぼる
5 叨 一一三五
6 △ 毎 一四三八
牟 一四一四
7 ▼ 毎 一四三八
8 沓 一一三九
9 ▼ 冒 一四一六
△ 冒 一四一六
11 婪 一五五一
△ 渇 二二三
○ 貪 一一八一

12 愒 一七九
15 ▼渴 二二三
15 歆 二五七
18 餮 一二〇七
22 饕 一二五八
むし
6 ○虫 一〇四四
18 ▼蟲 一〇四四
むしあつい
13 溽 七八六
むじな
9 狢 一九七
13 貉 二〇〇
むしば
24 齲 七三
むしばむ
15 蝕 七八五
24 蠹 一一三〇
むしる
8 毟 一四六五
9 挘 一四六五
むしろ
8 苫 八九八
10 △席 八七七
莚 九九
莞 二二一
13 筵 一〇三
蒻 六六九
蓆 八七八
蒲 一三九〇
むす
14 △寧 二〇五
10 烝 七七四
13 ○蒸 七七七
19 餾 一五七二
むずかしい
18 ○難 一一九二
19 ▼難 一一九二
むずかる
15 △憒 一三五七
16 ▼憒 一三五七
むすぶ
9 紉 八一九
11 掬 二九二
12 ○結 四一二
14 綰 一六三二
15 △締 一〇九七
むすぼれる
9 紆 七三
むすめ
3 △女 七三一
10 ○娘 一四六五
16 △嬢 七七八
20 ▼孃 七七八
むせぶ
9 △咽 六三
10 哽 四九六
15 噎 九四
21 饐 四〇
むせる
15 噎 九四
むだ
4 △冗 七一
10 △徒 一二六
18 贅 八七二
むち
9 荊 三九〇
11 捶 八三〇
笘 九〇三
笞 一〇三二
12 △策 五六七
13 楚 九二五
14 敲 五一〇
18 鞭 一三八六
22 韃 一〇〇七
むちうつ
11 捶 八三〇
掠 一五六五
笞 一〇三二
14 榜 一四二〇
16 撻 一〇〇七
18 鞭 一三八六
22 韃 一〇〇七
むつ
4 ○六 一六二一
むつき
14 褓 一四一〇
16 襁 三四二
17 繦 三四二
むっつ
4 ○六 一六二一
むつぶ
13 △睦 一四二七
むつまじい
13 △睦 一四二七
むつむ
13 △睦 一四二七
むな
10 ○胸 三三四
12 ○棟 一一四七
むながい
14 鞅 一一六
鞦 三八六
23 纓 九〇
むなぎ
11 桴 一三三〇
むなしい
7 △沖 一〇四五
8 △空 三七二
11 △虚 三一七
12 ▼虛 三一七
隍 五〇七
14 廓 二〇一
廖 一五七九
17 豁 二一六
18 壙 五一六
19 曠 五一六
むなもと
7 肓 四八六
むね
6 匈 三一八
○旨 六〇三
8 △宗 六八七
10 ○胸 三三四
12 ○棟 一一四七
17 膺 一五三六
18 △襟 三六四
むべ
8 △宜 二八七
むら
7 ○村 九六七
邨 九六七
邑 一五〇八
10 △党 一一四一
13 ○群 三八五
20 ▼黨 一一四一
むらがる
13 △蜂 一四〇八
14 蔟 九六三
15 蝟 三八
17 簇 九四九
18 叢 九五〇
19 麕 三六五
22 攢 五九一
むらさき
12 ○紫 六一九
むらざと
6 庄 七四一
むらす
13 ○蒸 七七七
むれ
13 ○群 三八五
むれる
13 ○群 三八五
○蒸 七七七
むろ
9 ○室 六四七
13 榁 一四六五
14 窩 一五八
むろあじ
20 鰘 一四六六

【め】

メ
6 △米 一三七一
10 △馬 一三〇
14 瑪 一四六六
15 碼 一四六六
め
3 ○女 七三一
屮 一一〇四
4 夊 一四九一
5 ○目 一四八三
6 牝 一三一二
8 ○芽 一六四
▼芽 一六四
11 △眼 二五五
14 ○雌 六二四
めあわす
8 △妻 五五〇
めあわせる
3 △女 七三一
メイ
6 ○名 一四六六
8 ○命 一四六八
○明 一四六九
9 茗 一四七一
○迷 一四七一
10 ○冥 一四七一
▼迷 一四七一
13 溟 一四七二

○盟 一四七二
酩 一四七二
14 暝 一四七二
○銘 一四七二
○鳴 一四七三
15 瞑 一四七三
16 螟 一四七三
17 △謎 一一八八

めい
9 姪 一一〇四

メートル
6 △米 一三七一

めかけ
8 妾 七四三

めかす
12 △粧 七五六

めくじら
19 鯢 四〇五

めぐみ
10 △恩 一二九
11 眷 四二六
19 寵 一〇六九

めぐむ
8 △芽 一六四
▼芽 一六四
9 恤 七一四
10 ○恵 三九一
11 萌 一四一八
12 ▼惠 三九一
13 煦 三七〇
19 寵 一〇六九

めぐらす
6 △回 一六八
9 廻 一七三
16 圜 二四六
遶 七七八
18 繞 七七九
繚 一五八二

めくる
11 捲 四二五

めぐる
5 匝 九二八
6 ○巡 七一八
7 ▼巡 七一八
8 △周 六八六
▼周 六八六
9 廻 一七三
徇 七一九
10 紆 七三
浹 七四八
△般 一二六四
11 迴 一七八
△旋 九〇二
△週 六九二
12 △循 七二〇
△運 八〇
▼週 六九二
13 匯 一八一
▼運 八〇
14 斡 一五
槃 一二六七
15 樛 三一一
△盤 一二七一
16 圜 二四六
徼 三四一
遶 七七八
17 嬰 八九
△環 二四八
輾 一二一九
18 繞 七七九
繚 一五八二
蟠 一二七二
22 躔 一二二〇
23 邐 一五四三

めし
12 ○飯 一二六六
13 ▼飯 一二六六

めしつかい
15 廝 六二五

めしつぶ
17 糝 五九〇

めしびつ
13 笥 九四三
16 盧 一六一〇

めす
5 ○召 七四一
6 牝 一三一二
13 聘 一三六九
辟 一三七二
14 △徴 一〇六四
○雌 六二四
15 ▼徵 一〇六四

めずらしい
8 △奇 二六五
9 ○珍 一〇七四
13 畸 二七九
14 瑰 一八三

メツ
13 ○滅 一四七四

めっき
17 鍍 一一三〇

めでたい
13 瑞 八三四
17 禧 二八四

めでる
13 △愛 五
15 △賞 七六二

めどぎ
13 筴 三四〇
筮 八七一
蓍 六二三

めどはぎ
13 蓍 六二三

めとる
10 娉 一三六八
11 娶 六七九
13 聘 一三六九

めばえ
11 萌 一四一八

めばえる
3 屮 一一〇四

めまい
10 眩 四四二
13 暈 八二

めもり
9 △度 一一三三

メン
7 ▼免 一四七五
8 ○免 一四七五
沔 一三一六
俛 一三八五
9 眄 一三八五
○面 一四七五
12 棉 一四七七
湎 一三八六
14 ○綿 一四七七
15 瞑 一四七三
緬 一四七七
16 ○麵 一四七七
18 鮸 一三八六
20 ▼麪 一四七七

めん
14 △雌 六二四

【も】

モ
5 △母 一三九二
8 姆 一三九三
○茂 一四七八
9 姥 一三九三
10 莫 一三九三
12 △募 一三九三
13 媽 一三九四
摸 一四七八
14 麼 一四三六
○模 一四七八
17 懋 一四二二
謨 一三九五

も
9 △面 一四七五
12 ○喪 九四〇
△最 五五六
裙 三八三
14 裳 七六〇
19 ○藻 九五二

モウ
3 ○亡 一四一二
4 ○毛 一四七八
6 ○妄 一四七九
△忙 一四一三
7 △忘 一四一四
8 孟 一四七九
氓 一四一六
○盲 一四八〇
罔 一四八〇
9 ▼冒 一四一六
△冒 一四一六
茫 一四一七
虻 一四一七
10 旄 一四一七
耄 一四八〇
○耗 一四八〇
11 惘 一四一八
○望 一四一八
○猛 一四八一
莽 一四八一
13 蒙 一四八一
14 ○網 一四八一
鋩 一四二〇
髦 一四二〇

15 僜 一四二一
甍 一四二一
16 濛 一四八二
蟒 一四二三
17 曚 一四八二
朦 一四八二
檬 一四八二
18 矇 一四八二
魍 一四八二
19 艨 一四八二
もうける
11 ○設 八八五
18 儲 一〇五二
20 贏 九〇
もうしぶみ
14 箚 五七二
もうす
5 ○申 七九〇
△白 一一二三
9 △首 六七六
11 △啓 三九二
▼啓 三九二
13 稟 一五八五
もうせん
17 氈 九一〇
もうでる
13 ○詣 三九九
もえさし
18 燼 八三二
もえのこり
18 燼 八三二
もえる
8 △炎 九七
11 萌 一四一八
12 焔 一〇一
△然 九一七
16 ○燃 一二〇九
もがさ
10 疱 一四〇五
皰 一四〇五
12 △痘 一二四八
モク
4 ○木 一四二四
5 ○目 一四八三
7 沐 一四八五
8 △牧 一四二七
苜 一四八五
13 △睦 一四二七
14 △墨 一四二八
15 ▼墨 一四二八
○黙 一四八五
16 穆 一四二九
▼默 一四八五
もく
7 杢 一四八六
もくげ
15 槿 三六二
もぐさ
5 艾 一九〇
もくめ
6 朸 一五八三
もぐら
22 鼴 一〇九
もぐらもち
22 鼴 一〇九
もぐる
15 ○潜 九〇七
▼潜 九〇七
もし
6 △如 七三二
8 △若 六六六
22 儻 一二五八
もじ
14 綟 一五九七
もしくは
8 ○若 六六六
もじり
14 綟 一五九七
もじる
11 捩 一五九五
もす
16 ○燃 一二〇九
もず
15 鴃 四〇七
20 鶪 四〇六
もすそ
12 裙 三八三
14 裳 七六〇
もたい
9 瓮 一一五
缸 四九三
18 甕 一一八
20 罌 一一九
もだえる
12 悶 一四九〇
18 懣 一四五〇
もたげる
17 擡 九八六
もだす
15 △黙 一四八五
16 ▼默 一四八五
もたらす
21 齎 八七〇
もたれる
8 凭 一三〇三
15 靠 五二二
モチ
4 勿 一四八六
もち
11 △望 一四一八
12 粢 六一九
15 ○餅 一三七一
17 ▼餠 一三七一
23 黐 一〇三六
もちあげる
17 擡 九八六
もちあわ
5 朮 七一四
もちいる
5 △以 二四
○用 一五二四
11 △庸 一五三〇
12 △須 八二三
もちごめ
20 糯 九七六
もちもの
21 齎 八七〇
モツ
7 △没 一四三〇
▼沒 一四三〇
8 ○物 一三五一
もつ
6 △有 一五〇六
9 △保 一三八八
○持 六三六
もっこ
10 畚 一四三三
18 簣 二八四
もって
5 △以 二四
△用 一五二四
もっとも
4 尤 一五〇六
12 ○最 五五六
もっぱら
9 ○専 八九八
11 ▼專 八九八
13 亶 一〇一七
14 摶 一〇一七
15 醇 七三三
もつれ
17 縺 一六〇八
もつれる
17 縺 一六〇八
もてあそぶ
7 ○弄 一六一五
8 △玩 二五四
14 ▼舞 一三三七
15 翫 二五七
△舞 一三三七
もてなす
11 △接 八八四
12 △遇 三七五
13 ▼遇 三七五
22 饗 三四四
もと
3 ○下 一一三
4 ○元 四三七
5 △旧 三〇二
○本 一四三三
9 △故 四五二
10 △原 四四一
△素 九二〇
11 ○基 二七三
△許 三一八
13 △資 六二四
14 △酵 五二二
15 △質 六五〇
17 ▼舊 三〇二
18 ▼舊 三〇二
もとい
7 阯 六〇八
11 ○基 二七三
もどき
17 △擬 二九〇
もどす
7 ○戻 一五九四
8 ▼戾 一五九四
もとどり
16 髻 四〇一
もとめる
3 △干 三二

7 ○求 一三〇四
9 △要 一五二八
10 △索 五六六
11 覓 一三七四
12 △須 八二三
14 僥 三四七
△需 六八三
16 徼 三四一
17 邀 一五三六

もとより
8 △固 四四九
10 △素 九二〇

もとる
7 忤 四六三
△戻 一五九四
8 乖 一七二
怫 一三五〇
▼戾 一五九四
9 剌 一五四九
很 五三五
狠 五三六
10 悖 一三二五
12 愎 一三四四
17 繆 一三〇二

もどる
7 ○戻 一五九四
8 ▼戾 一五九四

もぬけ
13 蛻 八七一

もぬける
13 蛻 八七一

もの
8 ○物 一三五一
○者 六五六
9 ▼者 六五六

ものいみ
8 △斉 八五六
11 △斎 五五六
14 ▼齊 八五六
17 ▼齋 五五六

ものうい
14 慵 一五三四
19 嬾 一五五三
懶 一五五三

ものぐさい
19 懶 一五五三

ものさし
4 △尺 六六三

もののけ
14 △精 八六六
▼精 八六六
15 △魅 一四五二
18 魍 一四八二
魎 一五八二
21 魑 一〇三五

もののふ
8 △武 一三三五

もみ
9 籾 一四八七
△紅 四九二
12 粟 九六三
15 樅 七六一

もみじ
11 椛 一四八八

もむ
12 揉 七〇五
13 搓 五四六

もめる
12 揉 七〇五

もも
6 △百 一三〇〇
8 △股 四五〇
10 ○桃 一一四三
12 脾 一二八三
14 腿 九八五
18 髀 一二八七

ももひき
11 袴 四五六

もや
24 靄 七

もやいぶね
10 舫 一四〇五

もやう
10 舫 一四〇五

もやし
11 萌 一四一八
22 糵 四一七

もやす
16 ○燃 一二〇九

もよい
13 △催 五五八

もよおす
13 ○催 五五八

もらう
12 貰 八六三

もらす
8 泄 八八三
12 渫 八八六
14 ○漏 一六一八

もり
6 ○守 六七四
7 杜 一一二五
12 傅 一三三〇
○森 八〇四
14 銛 九〇七

もる
11 ○盛 八六一
12 ▼盛 八六一
14 ○漏 一六一八

もれる
8 沮 七一七
泄 八八三
9 洩 八六
14 ○漏 一六一八

もろ
4 △双 九二八
15 △諸 七三〇
16 ▼諸 七三〇
18 ▼雙 九二八

もろい
10 脆 八七一

もろこし
10 △唐 一一四二

もろみ
18 醪 一六一九

もろもろ
10 烝 七七四
11 △庶 七二八
15 △諸 七三〇
黎 一五九八
16 ▼諸 七三〇

モン
4 ○文 一三六〇
8 ○門 一四八八
們 一四八九
10 ○紋 一四八九
11 ○問 一四九〇
捫 一四九〇
12 悶 一四九〇
14 ○聞 一三六二
16 瞞 一四五〇
18 懣 一四五〇

もん
18 闕 四一四

もんめ
4 匁 一四九一

【や】

ヤ
3 也 一四九一
7 ○冶 一四九一
▼邪 六六一
8 ○夜 一四九一
△邪 六六一
9 耶 一四九二
10 △射 六五七
11 ○野 一四九二
12 揶 一四九四
13 椰 一四九五
爺 一四九五
14 墅 七二九
19 鵺 一四九五

や
2 ○八 一二四八
3 也 一四九一
5 乎 四四六
○矢 六〇二
7 △谷 五二四
8 ○弥 一四九五
9 哉 五五一
○屋 一一二
10 ○家 一四九
15 箭 九〇八
16 輻 一三四七
17 ▼彌 一四九五
歟 一五二三

ヤード
15 碼 一四六六

やいと
7 灸 三〇五
灼 六六四

やいば
3 △刃 八一七

やかた
16 舘 二四七
○館 二四八
17 ▼館 二四八

やがて
24 軈 一四九六

やかましい
12 喧 四二六

16 諠 四三三
21 囂 五三三
やから
11 △族 九六二
12 △属 九六二
15 △輩 一三二九
21 ▼屬 九六二
やきはた
12 畬 一五三三
やきもの
14 △磁 六三九
ヤク
4 ○厄 一四九六
7 ○役 一四九六
扼 一四九六
阨 四
9 奕 九一
○疫 九一
○約 一四九七
▼約 一四九七
10 ○益 九一
▼益 九一
11 ○訳 一四九七
軛 一四九七
12 葯 一四九七
13 搤 一四九八
隘 七
16 ○薬 一四九八
17 龠 一四九九
18 ▼藥 一四九八
19 ▼藥 一四九八
20 ▼譯 一四九七
21 ○躍 一四九九
23 籥 一四九九
25 鑰 一四九九
やく
7 灼 六六四
8 △妬 一二一六
炙 六五六
炬 三一六
9 炷 六七六
炮 一四〇四
10 烙 一五四六
12 焠 五五七
○焼 七五四
△焦 七五五
焚 一三五六
13 煬 一五三三
16 ▼燒 七五四
燔 一二六八
燎 一五八一
17 燬 二八四
18 燻 三八四
やくしょ
16 廨 一八四
やぐら
13 △楼 一六一八
15 ▼樓 一六一八
19 櫓 一六二一
やくわり
13 △署 七三九
14 ▼署 七三九
やけ
6 △宅 一〇〇〇
やける
12 ○焼 七五四
16 ▼燒 七五四
17 燬 二八四
やさしい
8 ○易 九〇
9 △柔 七〇二
17 ○優 一五一七
やし
13 椰 一四九五
やしき
8 △邸 一〇九一
11 △第 九九八
15 廛 一二一八
やしなう
8 △牧 一四二七
10 △畜 一〇三七
13 豢 二四二
△飼 六二四
14 ▼飼 六二四
15 頤 三九
16 ○養 一五三五
舗 一三九一
17 鞠 一二九三
やじり
19 鏃 九六三
鏑 一一〇三
やしろ
7 ○社 六五五
8 ▼社 六五五
15 廟 一三一一
やす
6 扠 五四二
やすい
6 ○安 一九
8 △易 九〇
9 恬 一一三
10 △泰 九八三
11 △康 五〇一
13 △廉 一六〇五
▼廉 一六〇五
靖 八六四
▼靖 八六四
14 △寧 一三〇五
15 賤 九〇八
やすまる
6 ○休 三〇三
やすむ
6 ○休 三〇三
10 △息 九五九
13 歇 四一四
やすめる
6 ○休 三〇三
やすらか
7 △妥 九七三
9 恬 一一三
10 晏 二二
△泰 九八三
13 祺 二七九
綏 八三二
16 △穏 一三一
17 謐 一三九八
19 ▼穩 一三一
やすり
23 鑢 一五七三
やすんじる
6 △安 一九
9 △保 三八八
13 靖 八六四
▼靖 八六四
やすんずる
9 恬 一一三
13 綏 八三一
鳩 三二一
やせち
10 埆 一九七
やせる
12 ○痩 九四一
13 △毀 二七九
15 瘠 八七九
▼瘦 九四一
19 羸 一五九二
やち
11 萢 一五〇〇
やつ
2 ○八 一二四八
5 △奴 一一三
やつがれ
14 △僕 一四二八
やっこ
5 △奴 一一三
やつす
16 窶 三七〇
やっつ
2 ○八 一二四八
やつれる
11 悴 八二九
萃 八三〇
13 瘁 八三二
15 憔 七六一
16 窶 三七〇
やど
8 △舎 六五六
▼舍 六五六
11 ○宿 七〇七
やとう
10 倩 九〇一
12 ○雇 四五七
▼雇 四五七
13 傭 一五三二
△賃 一〇七五
やどす
11 ○宿 七〇七
やどる
6 △次 六二九
8 △舎 六五六
▼舍 六五六
11 ○宿 七〇七
12 寓 三七五
14 僑 三四〇
やな
11 梁 一五七六
17 簗 一五〇〇
やなぎ
9 ○柳 一五六五
13 楊 一五三二
やなぐい
14 箙 一三四六

やに
10 △脂 六六

やね
9 △屋 一一

やはず
12 筈 二一四

やぶ
18 藪 九五〇

やぶさか
7 吝 一五八三
10 悋 一五八四
13 嗇 七八三

やぶる
10 ○破 一二一七
11 △敗 一二一七
硅 三九三
12 敝 一三六九

やぶれる
13 △毀 二七九
16 △壊 一八四
19 ▼壞 一八四
10 ○破 一二一七
11 ○敗 一二一七
12 敝 一三六九

13 △毀 二七九
15 △弊 一三七〇
▼弊 一三七〇
16 △壊 一八四
19 ▼壞 一八四

やま
3 ○山 五八一

やまあい
10 陜 三三五

やまい
10 疵 六一五
△疾 六四七
○病 一三〇九
11 痒 一五三〇
13 痾 三

やまいぬ
6 犲 五五〇
10 豺 五五二

やまかい
10 陜 三三五

やまかご
19 轎 三四三

やまぐわ
9 柘 六五七

やましい
8 疚 三〇六
10 △疾 六四七

やまと
10 倭 一六二六

やまなし
7 杜 一一二五
12 棠 一一四七

やまなみ
22 巒 一五五四

やまのいも
16 蕷 一五二三

やまびこ
11 谺 一五二

やまびと
13 僊 九〇四

やみ
13 △暗 二三
17 ○闇 一五〇一

やむ
3 已 二四
4 △止 五九七
8 疚 三〇六
10 △疾 六四七
○病 一三〇九
訖 二九五
11 痒 一五三〇
13 歇 四一四
14 厲 一五九七
熄 九六一
21 鰥 二五二

やめる
4 △止 五九七
6 △休 三〇三
7 ▼免 一四七五
8 △免 一四七五
9 弭 一二八九
11 偃 九九
12 △廃 一二二八
△痛 一〇八〇
13 △寝 八〇四
歇 四一四
○辞 六三九
14 ▼寢 八〇五
15 ▼廢 一二二八
△罷 一二八六
輟 一一〇六
19 ▼辭 六三九

やもお
9 矜 三三三
21 鰥 二五二

やもめ
14 △寡 一五七
18 釐 一五六〇
20 孀 九五二
21 鰥 二五二

やや
7 △良 一五七五
12 稍 七五六
14 △漸 九一七

ややもすれば
11 △動 一一六二

やらい
9 △柵 五六六

やり
14 槍 九四五
18 鎗 九五一
22 鑓 一五〇一

やる
6 △行 四八二
13 △遣 四三一
14 ▼遣 四三一

やわらか
9 ○柔 七〇二
荏 八一九
11 ○軟 一一九一
18 臑 六四〇

やわらかい
9 ○柔 七〇二
10 脆 八七一
11 ○軟 一一九一
12 毳 八七一

やわらぐ
8 ○和 一六二四
怡 二九
10 豈 一九一
凱 一九一
12 雍 一五三四
13 煕 二八一
15 △調 一〇六七
▼調 一〇六七
16 穆 一四二九
△諧 一八六
輯 六九六
17 △優 一五一七
21 雝 一五三七

やわらげる
8 ○和 一六二四
9 △柔 七〇二
15 緝 六九六
17 燮 七六五

【ゆ】

ユ
5 ○由 一五〇二
8 ○油 一五〇二
9 兪 一五〇三
柚 一五一〇
臾 一五〇三
12 ○喩 一五〇三
○愉 一五〇三
▼愉 一五〇三
揄 一五〇三
渝 一五〇三
萸 一五〇三
13 ○遊 一五一三
愈 一五〇三
楡 一五〇四
瑜 一五〇四
腴 一五〇四
逾 一五〇四
14 ▼遊 一五一三
雍 一五三四
瘉 一五〇四
15 蝓 一五〇四
16 覦 一五〇四
○諭 一五〇四
▼諭 一五〇四
諛 一五〇四
踰 一五〇四
○輸 一五〇四
▼輸 一五〇四
18 ○癒 一五〇五
▼癒 一五〇五
鼬 一五一八

ゆ
12 ○湯 一一四八

ゆあみ
10 △浴 一五三九

ユイ
5 ○由 一五〇二
11 ○唯 一五〇五
惟 三二

15 ○遺 三八
16 ▼遺 三八

ユウ
2 △又 一四四二
4 ○友 一五〇五
尤 一五〇六
5 ○右 六九
△幼 一五二四
○由 一五〇二
6 ○有 一五〇六
7 佑 一五〇八
邑 一五〇八
酉 一五〇八
8 侑 一五〇八
△油 一五〇二
肬 一五〇九
9 ○勇 一五〇九
囿 一五〇九
宥 一五〇九
○幽 一五一〇
柚 一五一〇
疣 一五一一
祐 一五一一
10 悒 一五一一
涌 一五一九
▼祐 一五一一
莠 一五一一
11 ○悠 一五一一
蚰 一五一一
○郵 一五一一
12 揖 一五一二
○湧 一五一二
游 一五一二
○猶 一五一二
▼猶 一五一二
○裕 一五一二
○遊 一五一三
釉 一五一四
○雄 一五一四
13 楢 一五一五
猷 一五一五
▼遊 一五一三
14 △熊 三七八
○誘 一五一五
15 ○憂 一五一五
牖 一五一六
蕕 一五一六
蝣 一五一六
16 ○融 一五一六
17 ○優 一五一七
鮪 四〇
黝 一五一八
18 鼬 一五一八

ゆう
3 ○夕 八七二
12 ○結 四一二

ゆうめし
16 餔 一三九一

ゆえ
9 ○故 四五二

ゆか
7 ○床 七四二
8 牀 七四五
14 榻 一二五二

ゆがけ
4 夬 一六七

ゆがむ
9 歪 一六二七

ゆかり
15 △縁 一〇六
▼縁 一〇六

ゆき
11 衕 一五一八
○雪 八八五

ゆぎ
12 靫 五五八

ゆきなやむ
12 趁 一〇七五

ゆく
3 之 五九四
于 六九
5 △去 三一四
6 △如 七三三
○行 四八二
△往 一一三
8 △征 八五三
徂 九一九
10 ○逝 八九九
11 ▼逝 八九九
14 △適 一二〇一
15 ▼適 一二〇一
16 邁 一四三九

ゆげ
7 △汽 二六四

ゆごて
19 韜 一二五七

ゆさぶる
12 ○揺 一五三〇
13 ▼搖 一五三〇

ゆず
9 柚 一五一〇

ゆすぶる
12 ○揺 一五三〇
13 ▼搖 一五三〇

ゆする
12 ○揺 一五三〇
13 ▼搖 一五三〇

ゆずる
12 巽 九六八
▼巽 九六八
揖 一五一二
13 △禅 九一七
14 △遜 九六八
16 擅 九〇九
17 ▼禪 九一七
20 攘 七七九
○譲 七七九
24 ▼讓 七七九

ゆたか
8 △阜 一三一七
9 胖 一二六四
10 般 六四
12 愃 四二七
△裕 一五一二
13 腴 一五〇四
○豊 一四〇八
17 △優 一五一七
18 穣 七七九
▼豐 一四〇八
21 饒 七八〇
22 ▼穰 七七九

ゆたかにする
21 饒 七八〇

ゆだねる
8 ○委 二八

ゆだめ
14 榜 一四二〇
16 檠 四〇〇

ゆでる
9 茹 七三五

ゆはず
9 弭 一二八九

ゆばり
7 △尿 一二〇一
13 溲 六九五
△溺 一二〇三

ゆばりぶくろ
14 膀 一四二〇

ゆび
9 ○指 六二三

ゆみ
3 ○弓 三〇一

ゆみがた
17 隆 一五七二

ゆみぶくろ
19 韜 一二五七

ゆめ
7 △努 一一三三
13 ○夢 一四六三
14 ▼夢 一四六三

ゆらぐ
12 ○揺 一五三〇
13 ▼搖 一五三〇
16 撼 二四六

ゆる
12 ○揺 一五三〇
13 ▼搖 一五三〇

ゆるい
15 ○緩 二四六
18 鬆 七六六

ゆるがす
16 撼 二四六

ゆるがせ
8 忽 五三〇

ゆるぐ
12 ○揺 一五三〇
13 ▼搖 一五三〇

ゆるす
4 予 一五二〇
允 六一
7 ▼免 一四七五
8 侑 一五〇八
△免 一四七五
△放 一四〇〇
9 宥 一五〇九
10 △准 七一九
△原 四四一
△容 一五二九
恕 七三五
11 ○許 三一八
△赦 六五八
△釈 六六五

12 貫 八六三
16 △縦 七〇六
17 ▼縱 七〇六
△聴 一〇六八
20 ▼釋 六六五
22 ▼聽 一〇六八
ゆるむ
6 弛 六〇三
15 ○緩 二四六
ゆるめる
15 ○緩 二四六
16 △縦 七〇六
17 ▼縱 七〇六
ゆるやか
12 舒 七三六
13 △寛 二四〇
頌 七五九
14 ▼寬 二四〇
綽 六六五
15 ▼寬 二四〇
○緩 二四六
17 縵 一四五〇
22 攤 一〇二一
ゆれる
12 ○揺 一五二〇
13 ▼搖 一五二〇
ゆわえる
12 ○結 四二二

【よ】

ヨ
3 ○与 一五一九
4 ○予 一五二〇
予 一五二〇
7 ○余 一五二〇
余 一五二〇
10 舁 一五二二
11 唹 一一〇
淤 一一〇
12 畬 一五二二
13 ▼與 一五一九
○誉 一五二三
○預 一五二三
飫 一五二三
16 蕷 一五二三
▼豫 一五二〇
▼餘 一五二〇
17 歟 一五二三
輿 一五二三
20 ▼譽 一五二三
よ
5 ○世 八四三
○代 九九六
○四 六〇〇
8 ○夜 一四九一
よあけ
11 晨 八〇二
よい
5 △令 一五九二
△可 一三八
6 价 一六八
△休 三〇三
△吉 二九四
△好 四八〇
7 △利 一五五五
○良 一五七五
8 △佳 一四四
△宜 二八七
9 △美 一二八九
10 俶 七〇七
○宵 七四六
▼宵 七四六
11 △淑 七〇八
12 ○善 九一五
13 △義 二八八
馴 七二二
14 嘉 一五六
臧 九五五
15 △儀 二八九
△慶 三九九
誼 二九〇
△霊 一五九七
17 徽 二八三
22 懿 四〇
24 ▼靈 一五九七
ヨウ
3 幺 一五一四
4 夭 一五一四
5 孕 一五一四
○幼 一五一四
△永 八四
○用 一五一四
6 ○羊 一五一五
7 ○妖 一五一六
8 佯 一五一六
怏 一一三
拗 一五一六
杳 一五一七
殀 一五一七
俑 一五一七
9 △勇 一五〇九
咬 四八九
姚 一五一七
昜 一五一七
○洋 一五一七
臾 一五〇三
○要 一五一八
頁 四一二
10 ○容 一五一九
恙 一五一九
涌 一五一九
窈 一五一九
11 ○庸 一五二〇
痒 一五二〇
窕 一〇五九
12 △陶 一一四六
○揚 一五二〇
○揺 一五二〇
△湧 一五一二
○葉 一五二一
遥 一五二一
○陽 一五二一
13 傭 一五二二
傜 一五二二
▼搖 一五二〇
暘 一五二二
楊 一五二二
○溶 一五二三
煬 一五二三
瑶 一五二三
○腰 一五二三
蓉 一五二四
蛹 一五二四
雍 一五二四
頌 七五九
14 厭 一〇四
慂 一五二四
慵 一五二四
○様 一五二四
榕 一五二四
漾 一五二四
熔 一五二四
▼瑤 一五二三
○瘍 一五二五
○踊 一五二五
▼遙 一五二一
銚 一〇六五
15 △影 八七
曄 一五二五
▼樣 一五二四
○窯 一五二五
○養 一五二五
16 壅 一五二六
徼 三四一
○擁 一五二六
○謡 一五二六
踴 一五二六
17 膺 一五二六
▼謠 一五二六
邀 一五二六
18 ○曜 一五二六
瀁 一五二七
燿 一五二七
19 蠅 一五二七
20 癢 一五二七
耀 一五二七
21 廱 一五二七
瓔 一五二七
鷂 一五二七
23 癰 一五二七
纓 九〇
靨 一五二七
24 鷹 一五二七
よう
2 ○八 一二四八
9 茗 一四七一
酊 一〇九二
11 ○酔 八三〇
13 酩 一四七二
14 酲 一〇九七
15 ▼醉 八三〇
21 醺 三八四
ようやく
12 稍 七五六
14 △漸 九一七
よぎ
10 衾 三五九
よぎる
12 △過 一一三
13 ▼過 一一三
ヨク

3 弋 一五三八
7 ○抑 一五三八
杙 一五三八
○沃 一五三八
10 峪 一五三九
○浴 一五三九
11 ○欲 一五三九
○翌 一五三九
▼翌 一五三九
翊 一五三九
15 慾 一五四〇
16 薏 一五四〇
閾 四一
17 ○翼 一五四〇
18 ▼翼 一五四〇
よく
7 △克 五二四
10 △能 一二一〇
よくする
10 △能 一二一〇
よける
10 △除 七三五
16 △避 一二八六
17 ▼避 一二八六

よこ
15 ○横 一一六
16 ▼橫 一一六
よこいと
15 ▼緯 四〇
16 △緯 四〇
よこぎ
10 桄 四九六
よこしま
6 奸 二三三
7 佞 一二〇四
邪 六六一
8 △邪 六六一
9 姦 二二九
13 辟 一三七二
△違 三七
▼違 三七
14 慝 一一七一
24 讒 五九四
よごす
6 ○汚 一〇九
よこたわる
15 △横 一一六
16 ▼橫 一一六

よこめ
12 睇 一〇九六
よごれる
6 ○汚 一〇九
9 垢 四八九
よし
5 ○由 一五〇二
12 葭 一一五三
13 葦 三六
19 蘆 一六一一
よしみ
6 △好 四八〇
13 媾 五〇七
15 誼 二九〇
よじる
11 捩 一五九五
19 攀 一二六九
よしんば
16 △縦 七〇六
17 ▼縱 七〇六
よす
4 △止 五九七
よすが
6 △因 六二

9 △便 一三八五
15 △縁 一〇六
▼緣 一〇六
よせなべ
19 鯖 八七〇
よせる
11 ○寄 二七三
12 寓 三七五
よそう
12 △装 九四一
13 ▼裝 九四一
よそおい
7 妝 九三〇
よそおう
7 妝 九三〇
扮 一三五四
12 △粧 七五六
○装 九四一
13 ▼裝 九四一
よたか
21 鷏 八二三
よだれ
10 涎 九〇二
よつ

5 ○四 六〇〇
よつぎ
9 冑 一〇四八
14 △嫡 一〇四一
よっつ
5 ○四 六〇〇
よど
11 淀 一一一五
16 澱 一一三三
よどむ
11 淀 一一一五
16 澱 一一三三
よなげる
7 △沙 五四二
△汰 九七二
11 淅 八七八
淘 一二四五
よね
6 △米 一三七一
よびな
5 △号 五一八
13 ▼號 五一八
よぶ
8 ○呼 四四八

12 △喚 二三四
よまわり
11 掫 九三八
よみ
12 詁 四五七
よみがえる
12 甦 九二四
19 蘇 九二七
よみする
14 嘉 一五六
よむ
10 △訓 三八二
12 ○詠 八七
詁 四五七
14 誦 七六〇
○読 一一七四
21 籒 一〇五〇
22 ▼讀 一一七四
よめ
11 娵 九三八
13 ○嫁 一五五
よもぎ
5 艾 一九〇
8 苹 一三六七

11 萍 一三六九
13 蒿 五〇八
14 蓬 一四〇九
16 蕭 七六四
より
6 △自 六三〇
15 撚 一三〇九
16 縒 六二六
よりどころ
8 △拠 三一六
16 ▼據 三一六
よる
4 仍 七一
5 仗 七一
△由 一五〇二
6 ○因 六二
7 △択 一〇〇〇
8 △依 二八
凭 一三〇三
○夜 一四九一
△拠 三一六
阿 一
9 拵 九六七
10 倚 三一

11 ○寄 二七三
旁 一四〇四
12 馮 一三〇五
13 搓 五四六
15 撚 一三〇九
△縁 一〇六
▼緣 一〇六
△選 九〇九
靠 五一二
16 憑 一三〇七
▼據 三一六
▼擇 一〇〇〇
縒 六二六
17 ▼選 九〇九
藉 六六〇
よろい
5 △甲 四七六
8 函 二二六
9 冑 一〇四七
18 鎧 一九三
よろいぐさ
8 芷 一五六五
12 葯 一四九七
よろう

18 鎧 一九三
よろこび
17 禧 二八四
27 驩 二五三
よろこぶ
7 兌 九七三
忻 三三四
8 怡 二九
欣 三五五
10 △悦 九三
▼悅 九三
12 ○喜 二七五
△喩 一五〇三
△款 三三七
△賀 一六五
14 僖 二七九
△説 八八八
15 △慶 三九九
△歓 二四五
熙 二八一
16 懌 九二
熹 二八三
20 懽 二五一
21 ▼歡 二四五
22 ▼歡 二四五
24 讙 二五二
27 驩 二五三
よろしい
8 △宜 二八七
よろしく…べし
8 △宜 二八七
よろず
3 △万 一四四五
12 ▼萬 一四四五
13 ▼萬 一四四五
よろめく
17 蹌 九四九
18 蹣 三六九
よわい
10 ○弱 六六七
▼弱 六六七
脆 八七一
12 孱 九〇三
△歯 六三〇
13 △歳 五五九
15 ▼齒 六三〇
17 嬬 六八四
懦 九七六
19 △齢 一五九八
羸 一五九二
20 ▼齡 一五九八
よわまる
10 ○弱 六六七
▼弱 六六七
よわめる
10 ○弱 六六七
▼弱 六六七
よわる
10 ○弱 六六七
▼弱 六六七
19 羸 一五九二
よん
5 ○四 六〇〇

【ら】

ラ
8 ○拉 一五四二
12 喇 一五四九
13 ○裸 一五四二
15 蝸 一五九
17 螺 一五四二
19 ○羅 一五四三
21 蠡 一六〇〇
騾 一五四三
22 蘿 一五四三
23 邏 一五四三
27 鑼 一五四四
ら
12 △等 一一四九
ライ
5 ○礼 一五九二
7 ○来 一五四四
8 ▼來 一五四四
11 莱 一五四四
13 ○雷 一五四五
14 綟 一五九七
15 磊 一五四五
16 賚 一五四五
擂 一五四五
蕾 一五四五
▼賴 一五四六
○頼 一五四六
17 儡 一五四六
癘 一五九八
18 ▼禮 一五九二
19 △瀬 八四二
▼瀨 八四二
20 藾 一五四六
糲 一五九九
醴 一五九九
21 癩 一五四六
罍 一五四六
22 籟 一五四六
ラク
9 洛 一五四六
10 烙 一五四六
珞 一五四六
12 ○絡 一五四六
○落 一五四七
13 ○楽 二〇五
○酪 一五四九
14 犖 一五四九
15 ▼樂 二〇五
16 駱 一五四九
18 擽 一五六五
らくだ
15 駝 九七五
16 駱 一五四九
ラチ
10 埒 一五四九
ラツ
8 △拉 一五四二
9 剌 一五四九
10 埒 一五四九
12 喇 一五四九
溂 一五四九
14 ○辣 一五四九
15 蝲 一五四九
20 糲 一五九九
らっきょう
16 薤 一八五
らば
21 騾 一五四三
ラン
7 ○乱 一五五〇
○卵 一五五一
10 △浪 一六一六
11 婪 一五五一
12 △嵐 一八
13 ▼亂 一五五〇
16 燗 一五五二
17 ○覧 一五五二
闌 一五五二
18 ○濫 一五五二
○藍 一五五三
19 嬾 一五五三
懶 一五五三
蘭 一五五三
檻 一五五三
20 ○欄 一五五四
瀾 一五五四
籃 一五五四
21 ▼欄 一五五四
爛 一五五四
▼蘭 一五五三
▼覽 一五五二
22 巒 一五五四
襴 一五五四
23 欒 一五五四
24 攬 一五五四
25 欖 一五五四
27 纜 一五五五
鑾 一五五五
30 鸞 一五五五

【り】

リ
6 ○吏 一五五五
7 ○利 一五五五
李 一五五六
○里 一五五六
9 俚 一五五七
俐 一五五七
茘 一五五七
10 哩 一五五七
悧 一五五七
栗 一五六四
浬 一五五七
狸 一五五七
莅 一五五七
莉 一五五七
11 △梨 一一八七
○理 一五五七
12 犂 一五五八
○痢 一五五八
裡 一五五八
詈 一五五九
13 蜊 一五五九
○裏 一五五九
14 漓 一五五九

○璃 一五五九
15 ○履 一五五九
黎 一五九八
16 罹 一五六〇
18 釐 一五六〇
○離 一五六〇
鯉 一五六一
19 △麗 一五九九
21 蠡 一六〇〇
25 籬 一五六一
29 驪 一五六一

リキ
2 ○力 一五八二
4 仂 一六二一
6 朸 一五八三
16 篥 一五六五

リク
4 △六 一六二一
11 ○陸 一五六一
13 勠 一五六二
14 蓼 一五八〇
15 戮 一五六二

リチ
9 ○律 一五六四

リツ
5 ○立 一五六二
9 ○律 一五六四
10 栗 一五六四
11 ○率 九六五
12 葎 一五六四
13 ○慄 一五六四
16 篥 一五六五

リットル
5 △立 一五六二

リャク
11 掠 一五六五
○略 一五六五
14 △暦 一六〇〇
△歴 一六〇〇
16 ▼曆 一六〇〇
▼歷 一六〇〇
18 擽 一五六五

リュウ
5 ○立 一五六二
8 苙 一五六五
9 ○柳 一五六五
10 ○流 一五六六
▼琉 一五七〇
○留 一五六八
○竜 一五六九
11 琉 一五七〇
笠 一五七〇
○粒 一五七〇
○隆 一五七一
12 旒 一五七一
犂 一五五八
○硫 一五七一
▼隆 一五七一
13 溜 一五七一
14 榴 一五七二
15 劉 一五七三
瘤 一五七三
16 ▼龍 一五六九
17 窿 一五七三
18 嚠 一五七二
瀏 一五七二
霤 一五七二
19 鏐 一五七三
餾 一五七三

リョ
7 △呂 一六〇九
9 ○侶 一五七三
10 ○旅 一五七二
11 梠 一五七三
12 ▼虜 一五七三
13 絽 一六〇九
○虜 一五七三
14 膂 一五七三
15 ○慮 一五七三
閭 一五七三
18 濾 一六一〇
19 廬 一六一〇
櫚 一六一一
20 臚 一六一一
23 鑢 一五七三
26 驢 一六一三

リョウ
2 ○了 一五七三
5 △令 一五九二
6 ○両 一五七四
7 ○良 一五七五
8 ▼兩 一五七四
苓 一五九五
9 亮 一五七六
10 倆 一五七六
凌 一五七六
○料 一五七六
△竜 一五六九
11 崚 一五七六
掠 一五六五
梁 一五七六
○涼 一五七七
○猟 一五七七
羚 一五九六
聊 一五七七
聆 一五九六
菱 一五七八
○陵 一五七八
12 喨 一五七八
椋 一五七八
○量 一五七八
13 楞 一五七九
稜 一五七九
粱 一五七九
裲 一五七九
14 ○僚 一五七九
寥 一五七九
廖 一五七九
○漁 三一六
綾 一五七九
蓼 一五八〇
踉 一五八〇
○領 一五八〇
15 ○寮 一五八〇
撩 一五八一
諒 一五八一
輛 一五八一
遼 一五八一
○霊 一五九七
16 燎 一五八一
▼遼 一五八一
▼龍 一五六九
17 嶺 一五九八
○療 一五八一
○瞭 一五八一
繆 一三〇二
18 ▼獵 一五七七
○糧 一五八二
繚 一五八二
魎 一五八二
19 壟 一六一九
鏐 一五七二
隴 一六一九
20 鐐 一五八二
21 櫺 一六〇〇
23 鷯 一五八二
24 ▼靈 一五九七
25 鬣 一五八二
26 鑞 一五八二

リョク
2 ○力 一五八二
4 仂 一六二一
6 朸 一五八三
14 ○緑 一五八三
▼綠 一五八三
16 △録 一六二三
▼錄 一六二三
22 籙 一六二三

リン
7 吝 一五八三
8 侖 一六二三
○林 一五八三
9 ○厘 一五八四
10 ○倫 一五八四
悋 一五八四
△竜 一五六九
11 淋 一五八四
淪 一五八五
12 琳 一五八五
13 痳 一五八五
稟 一五八五
○鈴 一五九六
14 綾 一五七九
綸 一五八五
15 凜 一五八五
○輪 一五八六
▼鄰 一五八七
醂 一五八六
▼隣 一五八七
16 廩 一五八六
懍 一五八六
○隣 一五八六
霖 一五八七
▼龍 一五六九
17 燐 一五八七
18 ○臨 一五八七
19 藺 一五八八
22 驎 一五八八
23 ▼麟 一五八八
24 鱗 一五八八
麟 一五八八
26 躪 一五八九

りんびょう
11 淋 一五八四
13 痳 一五八五

【る】

ル
10 ○流 一五六六
▼琉 一五七〇
○留 一五六八
11 婁 一五八九
琉 一五七〇
12 △硫 一五七一
13 僂 一六一七
14 塿 一六一八
屢 一五八九
○瑠 一五八九
16 瘻 一六一八
褸 一五八九
17 簍 一六一九
縷 一五八九
螻 一六一九
19 廬 一六一〇
鏤 一六一九
22 △籠 一六二〇

ルイ
8 泪 一五九〇
10 ○涙 一五九〇
11 ▼淚 一五九〇
○累 一五九〇
12 ○塁 一五九〇
13 誄 一五九一
16 瘰 一五九一
17 縲 一五九一
18 ▼壘 一五九〇
○類 一五九一
19 羸 一五九二
▼類 一五九一

るつぼ
8 坩 二三六
12 堝 一五三

【れ】

レイ
5 ○令 一五九二
○礼 一五九二
7 伶 一五九三
○冷 一五九三
○励 一五九四
○戻 一五九四
○例 一五九四
8 囹 一五九五
怜 一五九五
▼戾 一五九四
苓 一五九五
9 玲 一五九五
荔 一五五七
10 莉 一五五七
11 唳 一五九五
捩 一五九五
羚 一五九六
聆 一五九六
蛉 一五九六
12 犂 一五五八
13 ○鈴 一五九六
○零 一五九六
14 厲 一五九七
綟 一五九七
15 ○霊 一五九七
黎 一五九八
16 ▼勵 一五九四
澪 一五九八
○隷 一五九八
鴒 一五九八
17 ▼勵 一五九四
嶺 一五九八
癘 一五九八
▼隸 一五九八
○齢 一五九八
18 ▼禮 一五九二
藜 一五九九
19 礪 一五九九
○麗 一五九九
20 糲 一五九九
蠣 一五九九
醴 一五九九
▼齡 一五九八
21 儷 一六〇〇
櫺 一六〇〇
蠡 一六〇〇
24 ▼靈 一五九七
鱧 一六〇〇
29 驪 一五六一

レキ
14 ○暦 一六〇〇
16 ○歴 一六〇〇
▼曆 一六〇〇
▼歷 一六〇〇
18 擽 一五六五
19 櫟 一六〇一
瀝 一六〇一
20 櫪 一六〇一
礫 一六〇一
21 癧 一六〇一
22 轢 一六〇一
24 靂 一六〇一

レツ
6 ○列 一六〇一
○劣 一六〇二
8 冽 一六〇二
9 洌 一六〇二
10 ○烈 一六〇二
11 捩 一五九五
12 ○裂 一六〇三

レン
10 ○恋 一六〇三
○連 一六〇三
11 ▼連 一六〇三
13 ○廉 一六〇五
▼廉 一六〇五
楝 一六〇五
煉 一六〇五
蓮 一六〇六
14 漣 一六〇六
○練 一六〇六
15 匳 一六〇七
▼練 一六〇六
▼蓮 一六〇六
輦 一六〇七
16 憐 一六〇七
薐 一六一九
○錬 一六〇七
17 斂 一六〇八
縺 一六〇八
聯 一六〇八
賺 一〇二〇
18 ▼鍊 一六〇七
△鎌 二一八
▼鎌 二一八
19 簾 一六〇八
蠊 一六〇八
鏈 一六〇八
20 瀲 一六〇八
鰊 一六〇八
23 ▼戀 一六〇三
攣 一六〇九
25 臠 一六〇九
28 癴 一六〇九

れんじ
21 櫺 一六〇〇

【ろ】

ロ
7 ○呂 一六〇九
8 ○炉 一六〇九
9 △侶 一五七二
10 △旅 一五七二
11 梠 一五七三
鹵 一六〇九
12 ▼虜 一五七三
13 絽 一六〇九
△虜 一五七三
○賂 一六一〇
○路 一六一〇
輅 一六一〇
14 滷 一六一〇
15 膂 一五七三
閭 一六一〇
魯 一六一〇
16 盧 一六一〇
蕗 一六一〇
18 濾 一六一〇
19 廬 一六一〇
櫓 一六一一
櫚 一六一一
蘆 一六一一
20 櫨 一六一一
▼爐 一六〇九
臚 一六一一
21 艪 一六一一
○露 一六一一
髏 一六一二
22 艫 一六一二
23 轤 一六一二
鑢 一五七三
24 鑪 一六一二
鷺 一六一二
25 顱 一六一三
26 驢 一六一三
27 鱸 一六一三

ロウ 6 ○老 一六二三 7 ○労 一六二五 ○弄 一六二五 牢 一六二五 8 △拉 一五四二 9 ○郎 一六二六 陋 一六二六 10 哢 一六二六 ○朗 一六二六 ○浪 一六二六 狼 一六一七 莨 一六一七 ▼郎 一六二六 11 婁 一五八九 ▼朗 一六二六 琅 一六一七 12 ▼勞 一六二五 ○廊 一六一七 13 僂 一六一七 ▼廊 一六一七 楞 一五七九 ○楼 一六一八 △滝 一〇〇〇
稜 一五七九 14 塿 一六一八 摺 七六〇 榔 一六一八 ○漏 一六一八 踉 一五八〇 15 撈 一六一八 ▼樓 一六一八 潦 一六一八 16 瘻 一六一八 窶 三七〇 蔞 一六一八 薐 一六一九 螂 一六一九 褸 一五八九 17 癆 一六一九 簍 一六一九 縷 一五八九 螻 一六一九 18 ○糧 一五八二 醪 一六一九 19 壟 一六一九 龐 四一二 櫟 一六〇一
▼瀧 一〇〇〇 臘 一六一九 蘢 一六一九 鏤 一六一九 隴 一六一九 20 朧 一六二〇 瓏 一六二〇 21 蠟 一六二〇 ○露 一六二一 髏 一六二二 22 ○籠 一六二〇 聾 一六二一 23 鑞 一六二一
ロク 4 仂 一六二一 ○六 一六二一 6 朸 一五八三 肋 一六二三 7 △谷 五二四 10 烙 一五四六 11 △陸 一五六一 勒 一六二三 △鹿 一六四一 12 禄 一六二三
13 碌 一六二三 ▼祿 一六二三 14 漉 一六二三 ○緑 一五八三 ▼綠 一五八三 16 ○録 一六二三 ▼錄 一六二三 18 轆 一六二三 19 ○麓 一六二三 22 簶 一六二三
ろくろ 12 鈞 三六一
ろば 26 驢 一六二三
ロン 7 △乱 一五五〇 8 侖 一六二三 11 崙 一六二三 淪 一五八五 13 ▼亂 一五五〇 15 ○論 一六二三

【わ】

ワ 8 ○和 一六二四 9 哇 五 10 倭 一六二六 12 萵 一六二七 蛙 三 13 ○話 一六二七 14 窪 一六二七
わ 7 ○我 一六二二 15 ○輪 一五八六 17 △環 二四八 21 鐶 二五二
ワイ 9 歪 一六二七 12 猥 一六二七 隈 一六二八 13 匯 一八一 矮 一六二八 ○賄 一六二八 16 薈 一六二八 18 穢 一六二八
わが 7 吾 四六三
わかい 4 夭 一五二四 △少 七四〇 7 △妙 一四五六 8 △叔 七〇七 ○若 六六六 13 △稚 一〇三四 14 嫩 一一八二
わかさぎ 19 鰙 一二五六
わかじに 4 夭 一五二四 5 △札 五七一 8 殀 一五二七 15 殤 七六一
わかす 8 ○沸 一三五〇
わかつ 4 ○分 一三五八 7 △別 一三七五 14 劃 二〇〇 15 △賦 一三三四
わがねる 14 綰 一六二二
わかる 4 ○分 一三五八 7 △判 一三六二 ▼判 一三六二 13 △解 一八二
わかれみち 24 衢 三七一
わかれる 4 ○分 一三五八 7 ○別 一三七五 △岐 二六三 8 △析 八七六 9 △派 一三一七 11 訣 四二二
わき 10 ○脇 一六二九 11 掖 九一 △液 九二 12 △傍 一四一九 腋 九二
わきあがる 15 滕 一一五三
わきのした 12 腋 九二
わきばさむ 11 掖 九一
わきばら 19 孼 四一六
わきまえる 5 △弁 一三八四 16 ▼辨 一三八四
ワク 8 或 一六二九 12 ○惑 一六三〇 19 蠖 二〇三
わく 8 ○枠 一六三〇 ○沸 一三五〇 9 洶 三三二 10 框 三三四 涌 一五二九 12 ○湧 一五二二 15 滕 一一五三 16 潰 一三五七 20 △欄 一五五四 21 ▼欗 一五五四
わけ 11 ○訳 一四九七

12 詰 四五七
20 ▼譯 一四九七
わげ
16 髷 三五一
23 鬟 二五二
わける
4 ○分 一三五八
夬 一六七
5 △弁 一三八四
7 △判 一二六二
▼判 一二六二
△別 一三七五
8 △析 八七六
10 △剖 一四一七
△班 一二六四
11 △部 一三三六
12 揀 二三七
13 △頒 一二六七
16 ▼辨 一三八四
わざ
3 △工 四七一
6 △伎 二五九
7 ○技 二八七
△芸 四〇三
11 △術 七一四
13 △幹 二四〇
○業 三四六
18 ▼藝 四〇三
19 ▼藝 四〇三
わざおぎ
7 伶 一五九三
妓 二八六
10 倡 七四六
△俳 一二二五
17 △優 一五一七
わざと
14 △態 九八五
わざわい
4 △凶 三二六
△厄 一四九六
夭 一五二四
7 △妖 一五二六
○災 五五〇
8 氛 一三五五
9 殃 一一五
10 △害 一九〇
▼害 一九〇
13 △禍 一一五
14 厲 一五九七
匽 一一七一
▼禍 一一五
19 孼 四一六
わし
15 儂 一一六五
16 雕 一〇六八
23 鷲 六九八
わずか
3 △寸 八四〇
4 △尺 六六三
10 涓 四二四
11 毫 五二一
13 ○僅 三六一
14 銖 六八〇
16 錙 六二七
23 纔 五六一
わずかに
23 纔 五六一
わずらう
11 ○患 二三三
13 ○煩 一二六六
わずらわしい
8 △苛 一四六
16 △繁 一二六八
17 ▼繁 一二六八
18 擾 七七九
21 罥 五二三
わずらわす
11 △累 一五九〇
13 ○煩 一二六六
わすれぐさ
12 萱 四二九
わすれる
7 ○忘 一四一四
15 △遺 三八
16 ▼遺 三八
わた
12 棉 一四七七
絖 五〇六
絮 七三六
13 △腸 一〇六三
14 ○綿 一四七七
21 纊 五一七
わたいれ
10 袍 一四〇五
12 絮 七三六
18 襖 一一八
21 纊 五一七
わだかまる
15 △盤 一二七一
磐 一二六七
18 蟠 一二七二
わたくし
7 ○私 六〇七
わたし
7 ○私 六〇七
わたす
11 △済 五五三
12 ○渡 一一二九
17 ▼濟 五五三
わだち
9 △軌 二六七
19 轍 一一〇七
わたどの
12 △廊 一六一七
13 ▼廊 一六一七
わたる
6 亙 四七七
亘 四七七
8 △弥 一四九五
杭 四八八
9 △度 一一一三
10 ▼涉 七五一
△航 四九七
11 △済 五五三
△渉 七五一
竟 三三八
12 ○渡 一一二九
△絶 八八九
17 ▼彌 一四九五
▼濟 五五三
19 躇 一〇五三
わな
10 罠 一三一六
16 蹄 一〇九八
18 羂 四三五
わに
20 鰐 二〇七
わび
7 佗 九七二
8 侘 九七二
13 詫 九七二
わびしい
7 佗 九七二
8 侘 九七二
わびる
7 佗 九七二
8 侘 九七二
13 詫 九七二
わめく
12 △喚 二三四
わら
10 芻 八三五
12 稈 二三七
15 △稿 五一二
17 藁 五一四
わらう
7 听 三五三
8 呵 一四四
9 哂 七九六
咥 一二〇四
10 ○笑 七四九
11 啞 三
唹 一一〇
嗤 六二三
13 粲 五八八
わらび
15 蕨 四一四
わらべ
12 ○童 一一六三
14 僮 一一六五
わらわ
8 妾 七四三
12 △童 一一六三
わり
12 ○割 二一三
▼割 二一三
わりあい
11 △率 九六五
わりあてる
15 △課 一六〇
わりご
18 簞 一〇二一
わりふ
8 △券 四二〇
▼劵 四二〇
9 △契 三九〇
▼契 三九〇
11 △符 一三三〇
わる
8 拌 一二六三
12 ○割 二一三
▼割 二一三

わるい
4 △凶 三六
6 兇 三七
匈 三八
7 △否 二七四
8 △毒 一七三
△非 二七七
9 秕 二七九
11 ○悪 九
12 ▼惡 九
14 慝 二七一
17 獰 二六六
18 穢 一六八

わるがしこい
9 狡 四九一
13 猾 二一五
16 獪 一八五
18 黠 二一六

わるもの
10 匪 二八〇
12 棍 五三九
13 △賊 九六三

わるよい
14 酲 一〇九七

われ
4 予 一五二〇
7 余 一五二〇
吾 四六三
○我 一六二
10 △俺 一八
△朕 一〇七四
15 儂 一六五

われる
10 △破 二一七
12 ○割 二一三
▼割 二一三

ワン
11 △貫 二三四
12 椀 一六二三
○湾 一六二三
○腕 一六二三
13 碗 一六二三
14 綰 一六二三
22 彎 一六二三
25 ▼灣 一六二三

わん
8 盂 七〇

【を】

を
5 乎 四四六

部首索引

① この辞典に収録した漢字の親字・旧字のすべてを、ほぼ『康熙字典』に沿って分類し、**部首配列順**（表見返し）にならべた。
② 見出しに各部の部首を掲げ、そこに含まれる偏(へん)や旁(つくり)などを添えた。
③ 所属部首のわかりにくい漢字は、それぞれまちがえやすい部首の最初に総画数順に掲げ、正しい部首とページを示した。
④ 同じ部首に属する漢字は、部首内画数順に配列した。
⑤ 漢字の種別を次のように示した。
赤文字…常用漢字（「所属部首のわかりにくい漢字」欄は除く）
黒文字…常用漢字表にない漢字
▼………親字欄に掲げた旧字
　旧字のすぐ下には、掲載している親字を添えた。
⑥ 漢字の上の算用数字は部首内画数、下の漢数字は掲載ページを示す。

〔一 いち〕

漢字	部首	ページ
二	二	一一九三
才	手	五四八
五	二	四六〇
互	二	四六二
天	大	一一〇七
友	又	一五〇五
瓦	瓦	一六一
正	止	八四四
旦	日	一〇一二
亘	二	四七七
再	冂	五四九
死	歹	六〇四
百	白	一三〇〇
吏	口	一五五五
亜	二	一
更	曰	四八五
否	口	一二七四
甫	用	一三八七
画	田	一六三
函	凵	一二二六
事	亅	六三四
夏	夂	一四八
爾	爻	六三九

画数	漢字	ページ
0	一	四
1	七	六四四
	丁	一〇五三
2	下	一三三
	三	五七六
	上	七六八
	丈	七七〇
3	万	一四四五
	与	一五一九
	弌	五六
	丐	一六七
	丑	一〇四一
4	不	一三一七
	且	二一七
	丘	三〇二
	世	八四三
	丕	一二七三
5	丙	一三六三
	丞	七四一
	両	一五七四
7	並	一三六六

〔丨 ぼう・たてぼう〕

漢字	部首	ページ
弔	弓	一〇五四
旧	日	三〇二
巨	工	三一四
甲	田	四七六
出	凵	七一一
申	田	七九〇
半	十	一二五九
由	田	一五〇二

画数	漢字	ページ
2	丫	一
3	中	一〇四二
4	丱	三三三
6	串	三七六

〔丶 てん〕

漢字	部首	ページ
之	ノ	五九四
勺	勹	六六二
凡	几	一四三四
以	人	二四
永	水	八四
氷	水	一三〇二
州	川	六八五
良	艮	一五七五
為	火	三〇

画数	漢字	ページ
2	丸	二五三
3	丹	一〇一一
4	主	六七三
	丼	一一八三

〔ノ の・はらいぼう〕

漢字	部首	ページ
九	乙	二九九
丸	丶	二五三
及	又	三〇一
千	十	八九一
升	十	七四〇
壬	士	八一七
屯	屮	一一七九
毛	毛	一四七八
夭	大	一五二四
失	大	六四六
朱	木	六七五
舌	舌	八八九
年	干	一二〇六
有	月	一五〇六
系	糸	三八八
采	釆	五五一
垂	土	八二七
重	里	七〇二

画数	漢字	ページ
1	乂	一八八
2	乃	九八七
	久	三〇〇
3	之	五九四
	乏	一四一三
4	乎	四四六
	乍	五四一
7	乖	一七二
8	乗	七七二
9	▼乘（乗）	七七二

〔乙・乚 おつ〕

漢字	部首	ページ
丸	丶	二五三
孔	子	四七三
礼	示	一五九二
胤	肉	六三

画数	漢字	ページ
0	乙	一二五
1	九	二九九
2	乞	二一八
	也	一四九一
6	乱	一五五〇
7	乳	一二〇〇
	▼乳（乳）	一二〇〇
10	乾	二三一
12	▼亂（乱）	一五五〇

〔亅 はねぼう〕

漢字	部首	ページ
丁	一	一〇五三
于	二	六九

画数	漢字	ページ
1	了	一五七三
3	予	一五二〇
	予	一五二〇
5	争	九二八

7 事 六三四

【二 に】

干→干 三二
三→一 五七六
元→儿 四三七
仁→人 八一七
天→大 一一〇七
夫→大 一三三三
示→示 六二八
井→丶 一一八三
平→干 一三六三
未→木 一四五一
来→木 一五四四

0 二 一一九三
1 于 六九
2 云 八〇
五 四六〇
互 四六二
井 八四二
3 式 一一九五
4 亙 四七七
亘 四七七
5 亜 一
些 五四二
6 ▼亞 (亜) 一
7 亟 三四九

【亠 なべぶた・けいさんかんむり】

文→文 一三六〇
六→八 一六二一
玄→玄 四三九
市→巾 六〇一
充→儿 七〇一
育→肉 四二
妾→女 七四三
斉→齊 八五六
卒→十 九六四
夜→夕 一四九一
哀→口 四
変→夊 一三七九
高→高 四九九
衰→衣 八二九
畜→田 一〇三七
恋→心 一六〇三
牽→牛 四二五
毫→毛 五三一
斎→齊 五五六
率→玄 九六五
烹→火 一四〇六
蛮→虫 一二七一
棄→木 二七八
雍→隹 一五三四
裏→衣 一五五九
膏→肉 五一一
豪→豕 五三一
褒→衣 一四一一

1 亡 一四一三
2 亢 四七一
4 亦 九〇
亥 一九〇
交 四七七
5 亨 四八三
6 京 三三〇
享 三三〇
7 亭 一〇九一
亮 一五七六
11 亶 一〇一七

【人 ひと】 亻 にんべん 𠆢 ひとやね

化→匕 一二五
囚→囗 六八五
合→口 五一八
全→入 九三
含→口 二五三
坐→土 五四七
巫→工 一三五
臥→臣 一六四
舎→舌 六五六
念→心 一二〇八
命→口 一四六八
脩→肉 六九二
舗→舌 一三九一

0 人 八二三
2 介 一六七
仇 三〇一
今 五三四
什 七〇〇
仍 七七一
仁 八一七
仄 九五六
仆 一三三
仏 一三五〇
仂 一六二
3 以 二四
仕 五九八
仔 五九九
仗 七七一
仞 八一七
仙 八九四
仟 八九五
他 九六九
代 九九六
付 一三三三
令 一五九二
4 伊 二五
仮 一三九
会 一六七
价 一六八
企 二五九
伎 二五九
休 三〇三
仰 三四五
件 四一八
伍 四六二
伉 四七八
仲 一〇四四
伝 一一二一
任 一一〇二
伐 一二五三
伏 一三四二
5 位 二七
佚 五六
何 一四〇
伽 一四一
佝 三六七
估 四四八
佐 五四二
作 五六四
伺 六〇六
似 六三三
住 七〇一
伸 七九一
佗 九七二
体 九七七
但 一〇〇五
佇 一〇五〇
低 一〇八八
佃 一一二三
佞 一二〇四
伯 一二三八
伴 一二六二
▼伴 (伴) 一二六二
▼佛 (仏) 一三五〇
佑 一五〇八
余 一五二〇
余 一五二〇
伶 一五九三
6 依 二八
価 一四四
佳 一四四
侃 二二六
佶 二九五
供 三三〇
佼 四八六
使 六〇八
侈 六〇九
侍 六三五
侏 六七五
侘 九七二
佻 一〇五五
佩 一一三三
佰 一二二八
侮 一三三五
併 一三六七
侑 一五〇八
佯 一五二六
▼來 (来) 一五四四
例 一五九四
侖 一六二三
7 俤 一一二七
俄 一一六四
侠 三三二
俥 三八〇
係 三八九
俔 四二〇
侯 四八八
俟 六一一
俊 七一四
信 七九四
侵 七九五
▼侵 (侵) 七九五
俎 九一九
促 九五九
俗 九六一
俘 一三二七

▼侮（侮）一三三五　便 一三八五　俛 一三八五　保 一三八八　俣 一四四二　俑 一五二七　俚 一五五七　俐 一五五七　侶 一五七二
8　倚 三二　俺 一二八　倨 三一六　俱 三六九　倔 三七七　倪 四〇四　倹 四二二　倦 四二二　個 四五五　候 四九五　倖 四九五　倥 四九五　倅 五五二　借 六六四　修 六八九

俶 七〇七　倡 七四六　倩 九〇一　倉 九三六　倬 一〇〇二　値 一〇三一　倒 一一四一　俳 一二二五　倍 一二三〇　俾 一二八〇　俵 一三〇四　俯 一三一八　▼倂（併）一三六七　倣 一四〇四　俸 一四〇四　們 一四八九　倆 一五七六　倫 一五八四　倭 一六二六
9　偓 九　▼偉（偉）三四　偃 九九　▼假（仮）一三九　偕 一七八

偐 二五五　偽 二八七　偶 三七五　偈 四二二　健 四二四　做 五六七　偲 六一七　偖 六五七　偬 九三七　側 九六〇　停 一〇九三　偵 一〇九四　偸 一一四五　偏 一三八一
10　▼偏（偏）一三八一　偉 三四　傀 一七八　▼傑（傑）四一四　傚 五〇四　傘 五八七　備 一二九〇　傅 一三三〇　傍 一四一九
11　傴 七三

僅 三六一　傾 三九七　傑 四一四　傲 五二一　債 五五八　催 五五八　傷 七五七　僉 九〇四　僊 九〇四　僧 九四二　▼傳（伝）一一二一　働 一一六五　傭 一五三三　僂 一六一七
12　僖 二七九　▼僞（偽）二八七　僑 三四〇　僥 三四七　僭 九〇六　▼僧（僧）九四二　像 九五四　僮 一一六五　僕 一四二八　僚 一五七九

13　億 一二三　▼價（価）一四四　儀 二八九　僵 三四〇　▼儉（倹）四二三　儁 七一七　儂 一一六五　僻 一三七三　儚 一四二一
14　儕 五六〇　儒 六八三　儘 八二一　儔 一〇五〇
15　償 七六四　優 一五一七　儡 一五四六
16　儲 一〇五二
17　儳 五九四
19　儺 一一八三　儷 一六〇〇
20　儼 四四六　儻 一一五八

【儿・儿　ひとあし・にんにょう】
完→宀 二三五　禿→禾 一一六八　売→士 一二三九　亮→亠 一五七六
1　兀 五二九
2　允 六二　元 四三七
3　兄 三八六　▼充（充）七〇一
4　兇 三三七　光 四七八　充 七〇一　先 八九五　兆 一〇五四
5　克 五二四　児 六三三　兌 九七三　兎 一一二五　▼兔（免）一四七五
6　▼兒（児）六三三　免 一四七五

8　党 一二四一
9　兜 一二四五
12　兢 三四〇

【入　いる】
込→辵 五三三　鳰→鳥 一一九五
0　入 一一九九
2　内 一一八三　▼內（内）一一八三
4　全 九一三　▼全（全）九一三
6　▼兩（両）一五七四
7　兪 一五〇三

【八　はち】ハ　は
分→刀 一三五八　只→口 五九九　呉→口 四六三　谷→谷 五二四　兌→儿 九七三　酋→酉 六八九　盆→皿 一四三五

翁→羽 一一五　釜→金 二一八　真→目 七九九　貧→貝 一三一三　奠→大 一一一七　爺→父 一四九五　興→臼 五一三　輿→車 一五一三
0　八 一二四八
2　公 四七一
4　六 一六二一　共 三一七
5　兵 一三六五
6　其 二六四　具 三七一　典 一一一三
8　兼 四一三　▼兼（兼）四一三
14　冀 二八二

【冂　どうがまえ・けいがまえ・まきがまえ】
丹→丶 一〇一一　内→入 一一八三

丙→一 一三六三
用→用 一五二四
向→口 四七九
同→口 一一五九
両→一 一五七四
岡→山 一一一〇
周→口 六八六
罔→网 一四八〇

2 円 九五
3 冊 五七〇
▼冊（冊） 五七〇
冉 九一三
4 再 五四九
5 冏 三八七
7 冑 一〇四七
▼冒（冒） 一四一六
8 冓 四九五
9 冕 一三八六

【冖 わかんむり・ひらかんむり】
軍→車 三八四
2 冗 七七一
3 写 六五五
7 冠 一一一七
8 冤 九八
冢 一〇五七
冥 一四七一
13 冪 一三七四

【冫 にすい】
次→欠 六二九
馮→馬 一三〇五
3 冬 一一三五
4 冱 四四八
▼冴（冴） 四六二
5 冴 四六二
冶 一四九一
冷 一五九三
6 冽 一六〇二
8 凅 四五五
准 七一九
凄 八五八
凊 八五九
凋 一〇五七
凍 一一四一
凌 一五七六
13 凜 一五八五
14 凝 三四七

【几 つくえ】
冗→冖 七七一
夙→夕 七〇六
風→風 一三三八
鳳→鳥 一四一〇
0 几 二五九
1 凡 一四三四
3 処 七二四
凧 一〇〇四
4 凩 五二四
凪 一一八六
6 凭 一三〇三
9 凰 一一五
10 凱 一九一

【凵 うけばこ・かんがまえ】
兇→儿 三一七
画→田 一六三
幽→幺 一五二〇
2 凶 三三六
3 凹 一一一
出 七二一
6 凸 一二七五
函 一三六

【刀 かたな・りりっとう】
召→口 七四一
忍→心 一二〇三
倒→人 一二四一
側→人 九六〇
測→水 九六一
0 刀 一一三四
1 刃 八一七
2 刈 二三〇
切 八八一
分 一三五八
3 刊 二二三
刋 八九五
4 刑 三八七
刔 四一〇
刎 一三五四
列 一六〇一
5 刪 五八四
初 七二四
判 一二六二
▼判（判） 一二六二
別 一三七五
利 一五五五
6 刮 二二一
券 四二〇
▼劵（券） 四二〇
刳 四四八
刻 五二五
刷 五七一
刹 五七一
刺 六〇九
制 八五三
刱 九三一
到 一一三九
7 剄 三八九
剋 五二六
削 五六五
前 九一四
則 九五九
剃 一〇九一
剌 一五四九
8 剞 二六八
剣 四二三
剛 五二〇
剤 五六二
剔 一一〇〇
剝 一二四〇
剖 一四一七
9 剰 七七四
剪 九〇二
剳 一一四五
副 一三四三
10 剴 一九一
割 二一三
▼割（割） 二一三
▼剩（剰） 七七四
創 九三九
11 剿 九四二
12 剽 一三〇六
劃 二〇〇
13 劇 四〇六
▼劍（剣） 四二三
劈 一三七三
劉 一五七三
14 ▼劑（剤） 五六二

【力 ちから】
幼→幺 一五二四
男→田 一〇三三
協→十 三三一
脅→肉 三三五
脇→肉 一六一九
働→人 一一六五
0 力 一五八二
3 加 一三七
功 四七四
4 劣 一六〇二
5 劫 三一八
劬 三六七
助 七三三
劭 七四二
努 一一一三
励 一五九四
労 一六一五
6 劾 一九〇
劼 二一一
効 四八六
7 勁 三八九
勅 一〇七二
▼勉（勉） 一三八六
勃 一四三〇
勇 一五〇九
8 勍 三九一
勉 一三八六
9 勘 二二三
勖 三四九
動 一一六二
務 一四五九
10 勤 三六〇
勝 七五三
▼勝（勝） 七五三
募 一三九三
▼勞（労） 一六一五
11 勧 二四〇
▼勤（勤） 三六〇
勢 八六四
勣 八七八
勦 九四二
飭 一〇七三
勠 一五六二
13 勲 三八三
14 ▼勳（勲） 三八三
▼勵（励） 一五九四
15 ▼勵（励） 一五九四
17 ▼勸（勧） 二四〇
18 ▼勸（勧） 二四〇

占→卜 八九五　回→口 一六八　如→女 七三二　舌→舌 八八九　杏→木 三三九　局→尸 三四九　串→丨 三七六　谷→谷 五二四　邑→邑 一五〇八　舎→舌 六五六　尚→小 七四三　知→矢 一〇三〇　倉→人 九三六　営→ッ 八七　鳴→鳥 一四七三

0 口 四六八　2 右 六九　可 一三八　叺 二一八　叶 三一七　▼叫（叫） 三一八　句 三六六　古 四四七　号 五一八

3 史 五九九　司 五九九　只 五九九　叱 六四六　召 七四一　台 九九七　叮 一〇八七　叨 一一三五　叭 一二一五　各 一九五　吉 二九四　吃 二九四　吸 三〇三　叫 三一八　吁 三六七　向 四七九　后 四七九　合 五一八　吊 一〇五四　吐 一一二四　吋 一一三六　同 一一五九　名 一四六六　吏 一五五五

4 吘 二二〇　含 二五三　▼吸（吸） 三〇三　听 三五三　吟 三六五　吼 三六七　君 三八一　呉 四六三　吾 四六三　吭 四八三　吽 五二〇　告 五二四　吹 八二七　吮 八九七　呈 一〇八八　吶 一一七五　呑 一一八一　吠 一二三三　否 一二七四　呎 一三二八　吻 一三五四　吩 一三五四　呆 一三九六　吝 一五八三

呂 一六〇九　5 咏 八四　呵 一四四　咎 三〇五　呟 四四〇　呼 四四八　呱 四四九　呷 四八六　呰 六〇九　呪 六八二　周 六八六　▼周（周） 六八六　呻 七九四　咀 九一八　呶 一一三三　咄 一一七五　咐 一三二六　咆 一三九八　味 一四五二　命 一四六八　和 一六二四　6 哀 四　哇 五　咽 六三

咳 一九〇　咢 二〇五　咸 二三九　咬 四八九　哄 四八九　哈 五二〇　哉 五五一　咲 五六九　咨 六二一　咫 六二一　哂 七九六　咤 九七二　咥 一一〇四　品 一一三三　7 員 六三　唄 七五　哥 一四八　哦 一六四　唏 二六八　唔 四六六　哽 四九六　哮 四九六　哭 五二六　唆 五四四

哨 七四六　唇 七九八　啄 一〇〇三　唽 一〇〇六　哲 一〇〇四　唐 一二四三　哺 一三八八　哩 一五五七　哢 一六一六　8 啞 三　唹 一一〇　啀 一九一　喝 二一三　唧 二三三　啓 三九二　▼啓（啓） 三九二　啐 五五二　售 六九一　商 七五〇　唱 七五一　啜 八八四　唾 九七四　▼啄（啄） 一〇〇二　啅 一〇〇二

啖 一〇一四　唸 一二一五　問 一四九〇　唯 一五〇五　唳 一五九五　9 喑 六　喙 一七八　喀 一九九　▼喝（喝） 二三三　喚 二三四　喊 二三四　喜 二七五　喟 二七六　喫 二九五　▼喫（喫） 二九五　喬 三三九　喰 三八〇　喧 四二六　喉 五〇五　啻 六一八　啾 六九三　喞 七八三　善 九一五　喘 九一六

喪 九四〇　▼單（単） 一〇二三　喋 一〇六二　啼 一〇九四　喃 一一九一　喩 一五〇三　喇 一五四九　喨 一五七八　10 嗚 一一〇　嘩 一一五　嗅 三一〇　嗟 五四五　嗄 五四六　嗣 六二一　嗜 六二一　嗤 六二三　嗇 七八三　嗔 八〇四　嘆 一〇一七　11 嘔 一一六　嘉 一五六　嗷 五二一　嘖 五六八　嘗 七五九

嗾 九四四
嗽 九四四
▼嘆（嘆） 一〇一七
嘛 一四三六
12 噎 九四
噁 一一〇
器 二八一
嘘 三一九
嘴 六二五
嘱 七八四
嘶 八六九
噌 九四七
噂 九六九
嘲 一〇六六
嘸 一三三六
噴 一三五六
13 噯 七
噫 三九
噦 九四
▼器（器） 二八一
噤 三六三
噶 五一三
嘯 七六三
噬 八七一

噪 九四八
噸 一一八一
噺 一二五五
▼噴（噴） 一三五六
14 嚇 二〇三
嚀 一二〇五
嚊 一二八七
嚙 五二三
15 嚔 一〇九八
嚠 一五七二
16 嚥 一〇八
嚮 三四二
嚬 一三三五
17 嚶 一一八
▼嚴（厳） 四四五
18 囈 四〇五
囂 五二三
嚼 六六六
囁 七六七
囃 九五二
囀 一一九
19 囊 一二一三
21 ▼囑（嘱） 七八四

【囗 くにがまえ】
田→田 一二一〇
2 四 六〇〇
囚 六八五
3 因 六二
回 一六八
団 一〇二一
4 囲 二七
囮 一四一
困 五三四
図 八二三
5 固 四四九
国 五二五
囹 一五九五
6 囿 一五〇九
7 圄 四六六
圃 一三八九
8 圉 三一〇
▼圈（圏） 四二六
▼國（国） 五二五
9 ▼圍（囲） 二八
圏 四二六
10 ▼圓（円） 九五
園 一〇一
11 ▼圖（図） 八二三
▼團（団） 一〇二一
13 圜 二四六

【土 つち】 ⺏ つちへん・どへん
去→厶 三一四
至→至 六〇六
寺→寸 六二八
庄→广 七四一
吐→口 一一二四
卦→卜 一四四
幸→干 四八六
封→寸 一三三八
盍→皿 四九七
0 土 一一二三
2 圧 一四
圦 六〇
3 圭 三八七
在 五六一
地 一〇二六
4 坎 二二四
圻 二六三
均 三五三
坑 四八三
坐 五四七
址 六〇六
坏 一三一三
坂 一二六三
坊 一四一四
5 坩 二二六
尭 三四五
坤 五三五
垂 八二七
坦 一〇一二
坪 一〇八五
▼坪（坪） 一〇八五
坡 一二一五
坿 一三一六
6 垓 一九〇
垣 一九五
垠 三六五
型 三八九
垢 四八九
城 七七二
垤 一一〇四
7 埃 五
埇 一九七
▼城（城） 七七二
埋 一四三八
埒 一五四九
8 埀 三
域 四一
基 二七三
埼 五六一
執 六四八
埴 七八二
堆 九八三
堂 一一六二
培 一二一一
埠 一三三〇
堋 一四〇五
堀 一四三一
9 堙 六六
堰 一〇〇
堝 一五三
堺 一七九
堪 二三四
▼堯（尭） 三四五
堅 四二七
場 七七七
堕 九七四
塚 一〇八〇
堤 一〇九五
堵 一一二八
塔 一一四七
塀 一三六九
報 一四〇七
堡 一四〇七
塁 一五九〇
10 塋 八七
塩 一〇一
塊 一八一
塙 二〇〇
塞 五五八
塒 六二三
塑 九二五
▼塚（塚） 一〇八〇
塡 一一一八
塗 一一二九
塘 一一五一
墓 一三九四
11 境 三四〇
塹 五九三
塾 七一〇
墅 七二九
塵 八二〇
増 九五四
▼塀（塀） 一三六九
墨 一四二八
塿 一六一八
12 墟 三一九
▼增（増） 九五四
▼墮（堕） 九七四
墜 一〇七八
▼墜（墜） 一〇七八
墳 一三五六
▼墨（墨） 一四二八
13 壊 一八四
墾 五四〇
壌 七七八
壇 一〇二六
▼墳（墳） 一三五六
壁 一三七三
壅 一五三六
14 ▼壓（圧） 一四
壑 二〇六
壙 四三四
壕 五二二

15 壙 五一六
▼壘（塁） 一五九〇
16 ▼壞（壊） 一八四
壜 一一八二
壟 一六一九
17 ▼壤（壌） 七七八

[士 さむらい]

仕↓人 五九八
吉↓口 二九四
志↓心 六〇七
喜↓口 二七五
嘉↓口 一五六

0 士 五九四
1 壬 八一七
3 壮 九二九
4 壱 五六
声 八五二
▼壯（壮） 九二九
売 一一二九
9 ▼壹（壱） 五六
壺 四五六
▼壻（婿） 八六二
10 壼 五三九

11 ▼壽（寿） 六八一

[夂・夊 ふゆがしら・ちすいにょう]

夊

処↓几 七二四
冬↓冫 一一三五
各↓口 一九五
条↓木 七一一
咎↓口 三〇五
愛↓心 五
慶↓心 三九九
憂↓心 一五一五

6 変 一三七九
7 夏 一四八
11 夐 三九九

[夕 た・ゆうべ]

死↓歹 六〇四
舛↓舛 八九七
名↓口 一四六六

0 夕 八七二
2 外 一八八
3 夙 七〇六

5 多 九七〇
夜 一四九一
10 夢 一四六三
11 夥 一五七
▼夢（夢） 一四六三

[大 だい]

犬↓犬 四一七
因↓囗 六二
尖↓小 八九七
臭↓自 六六九
春↓日 七一五
美↓羊 一三八九
泰↓水 九八三
器↓口 二八一
樊↓木 一二六七

0 大 九八七
1 夬 一六七
太 九七六
天 一一〇七
夫 一三三三
夭 一五二四
2 央 一一一
失 六四六

夲 一一三六
3 夷 二五
夸 四四八
4 夾 三一九
5 奄 九六
奇 二六五
奈 一一八三
奉 一三九八
奔 一四二三
6 奕 九一
奐 二二九
契 三九〇
▼契（契） 三九〇
奎 三九〇
奏 九二一
▼奔（奔） 一四二三
7 奚 三九一
奘 九三六
套 一一四三
8 爽 九二七
9 奥 一一六
奢 六五九
奠 一一一七
10 ▼奧（奥） 一一六

奨 七五八
11 ▼奬（奨） 七五八
奪 一〇〇八
13 奮 一三五七

[女 おんな 女 おんなへん]

安↓宀 一九
汝↓水 七三三
努↓力 一一三三
怒↓心 一一二四
要↓襾 一五一八

0 女 七三一
2 奴 一一一三
3 奸 二二三
好 四八〇
妁 六六三
如 七三二
妃 一二七四
妄 一四七九
4 妓 二八六
妝 九三〇
妥 九七三
妊 一二〇二

妣 一二七五
妨 一四一四
妙 一四五六
妖 一五一六
5 委 二八
姑 四四九
妻 五五〇
姉 六〇九
始 六一〇
妾 七四三
姓 八五三
姐 九一八
妲 一〇〇七
妬 一一二六
姆 一三九三
妹 一四三八
6 娃 五
威 二九
姨 二九
姻 六三
姶 一一四
姦 二二九
姜 三三二
姸 四二〇

姮 四九〇
姿 六一一
姪 一二〇四
姙 一二〇三
▼姬（姫） 一二九九
姥 一三九三
姚 一五二七
7 娥 一六四
娟 四一三
娯 四六六
娑 五四四
娠 七九八
娜 九七四
姫 一二九九
娉 一三六八
娩 一三八六
娘 一四六五
8 婀 三
婬 六四
婉 九九
婚 五三七
娶 六七九
娼 七五一
娵 九三八

婆 一二二一
婢 一二八二
婦 一三三〇
▼婦（婦） 一三三〇
婪 一五五一
婁 一五八九
9 媛 一〇〇
▼媛（媛） 一〇〇
婿 八六二
媒 一三三一
媚 一二九一
10 媼 一一六
嫁 一五五
嫌 四二九
▼嫌（嫌） 四二九
媾 五〇七
嫉 六四九
嫋 七七七
嫂 九四二
媽 一三九四
11 嫣 一〇五
嫗 一一六
嫡 一〇四一
嫩 一一八二

部首 索引

土・士・夂・夕・大・女

12
嫖 一三〇六
嫺 二四四
嫻 二四五
嬉 二八一
嬌 三四〇
嬋 九〇七
13
嬢 七七八
嬖 一三七一
14
嬰 八九
嬶 一九五
嬬 六八四
嬲 七七九
嬪 一三一四
16
嬾 一五五三
17
▼孃（嬢） 七七八
孅 九一二
孀 九五二

【子 こ】子 こへん

好→女 四八〇
孜→攵 六〇七
李→木 一五五六
享→亠 三三〇
乳→乙 一二〇〇
孱→尸 九〇三

0
了 三一六
孑 四〇九
子 五九五
1
孔 四七三
2
孕 一五二四
3
字 六二八
存 九六六
4
孝 四八四
孛 一三三三
孚 一三三五
5
学 二〇四
季 二六六
▼孤（孤） 四五一
孥 一一三三
孟 一四七九
6
孩 一九〇
孤 四五一
7
孫 九六七
8
孰 七一〇
10
孳 六二八
11
孵 一三三二
13
▼學（学） 二〇四
14
孺 六八四
16
孽 四一六

【宀 うかんむり】

穴→穴 四〇九
字→子 六二八
牢→牛 一六一五
突→穴 一一七六
窃→穴 八八三
案→木 二二
窓→穴 九三九
塞→土 五五八
寨→木 五六〇
蜜→虫 一四五五
賓→貝 一三一四
窯→穴 一五三五
憲→心 四三三
蹇→足 四三五
賽→貝 五六〇

3
安 一九
宇 六九
守 六七四
宅 一〇〇〇
4
完 二二五
宏 四八四
宋 九三〇
宍 一一九六
5
宛 一六
官 二二七
宜 二八七
実 六五一
宗 六八七
宙 一〇四五
定 一〇八九
宕 一一三九
宝 一三九八
6
宦 二二九
客 二九七
室 六四七
宣 八九八
宥 一五〇九
7
宴 九八
家 一四九
害 一九〇
▼害（害） 一九〇
宮 三〇八
宰 五五二
宵 七四六
▼宵（宵） 七四六
宸 七九八
容 一五二九
8
寅 六四
寄 二七三
寇 五〇一
寂 六六七
宿 七〇七
密 一四五四
9
寒 二三五
寓 三七五
寔 七八三
寐 一二九一
富 一三三〇
10
寛 二四〇
寝 八〇四
寞 一二四四
11
寡 一五七
▼寬（寛） 二四〇
寤 四六七
察 五七二
▼實（実） 六五一
▼寢（寝） 八〇五
寧 一二〇五
寥 一五七九
12
▼寬（寛） 二四〇
▼寫（写） 六五五
審 八〇八
寮 一五八〇
13
寰 二四六
16
寵 一〇六九
17
▼寶（宝） 一三九八

【寸 すん】

付→人 一三三三
守→宀 六七四
団→口 一〇二一
肘→肉 一二九五
耐→而 九八一
辱→辰 七八六
討→言 一一四四
奪→大 一〇〇八
樹→木 六八三

0
寸 八四〇
3
寺 六二八
4
寿 六八一
対 九七八
6
専 八九八
封 一三三八
7
射 六五七
将 七四六
8
尉 三二
▼將（将） 七四六
▼專（専） 八九八
尋 八一九
9
▼尋（尋） 八一九
尊 九六七
▼尊（尊） 九六七
11
▼對（対） 九七八
12
導 一一六五
13
▼導（導） 一一六五

【小・⺌ しょう】

光→儿 四七八
劣→力 一六〇二
肖→肉 七四二
毟→毛 一四六五
県→目 四二二
省→目 八五八
党→儿 一一四一
雀→隹 六六八
常→巾 七七四
堂→土 一一六二
掌→手 七五三
棠→木 一二四七
嘗→口 七五九
裳→衣 七六〇
賞→貝 七六二

0
小 七三六
1
少 七四〇
3
尖 八九七
当 一一三六
5
尚 七四三
▼尙（尚） 七四三
10
尠 九〇四

【尢 だいのまげあし】

1
尤 一五〇六
4
尨 一四一四
9
就 六九三

【尸 かばね・しかばね】

戸→戸 四四六
咫→口 六一一
昼→日 一〇四七
尉→寸 三二

犀↓牛 五五七
辟↓辛 一三七二

0 尸 五九六
尹 六一
1 尺 六六三
2 尻 七八七
尼 一一九五
3 尽 八一七
4 局 三四九
尿 一二〇一
屁 一二七五
尾 一二八八
5 居 三三五
屈 三七七
届 一一七七
▼屆（届） 一一七七
6 屋 一一三
屍 六一一
屎 六一二
7 屑 八八四
展 一一二五
8 屏 一三六八
9 孱 九〇三
属 九六二
11 屠 一二一八
層 九四四
屢 一五八九
12 ▼層（層） 九四四
履 一五五九
18 ▼屬（属） 九六二
21 屭 二八六

［屮 てつ］

蚩↓虫 六一六

0 屮 一二〇四
1 屯 一一七九

［山 やま］ 山 やまへん

出↓凵 七二一
仙↓人 八九四
缶↓缶 三二四
炭↓火 一〇一三
幽↓幺 一五二〇
豈↓豆 一九一
密↓宀 一四五四

0 山 五八一
2 屶 二八八
3 屹 二九五
4 岐 二六三
岌 三〇四
岔 五四二
岑 七九一
5 岡 一一〇
岳 二〇五
岩 二五四
岸 二五四
岫 六八七
岨 九一九
岱 九七九
岬 一四五三
6 峡 三三二
峙 六三六
峠 一一六七
7 峨 一六五
▼峽（峡） 三三二
峻 七一六
峭 七四七
島 一一四三
峰 一四〇四
峯 一四〇四
峪 一五三九
8 崖 一九一
崟 三六五
崛 三七七
崑 五三七
崔 五五二
崎 五六四
崇 八三五
崢 九三八
崩 一四〇六
▼崩（崩） 一四〇六
崚 一五七六
崙 一六二三
9 嵐 一八
嵌 二三六
嵒 二五六
嵎 三七五
嵋 一二九一
10 嵬 一八二
嵯 五四六
嵩 八三五
11 嶇 三七〇
嶄 五九三
嶂 七五九
嶋 一一五二
12 嶢 三四七
嶝 一一五二
13 嶬 二九〇
嶮 四三三
嶼 七三一
14 ▼嶽（岳） 二〇五
嶷 二九〇
嶺 一五九八
17 巌 二五八
巉 五九四
18 巍 二九二
19 巓 一一二〇
巒 一五五四
20 ▼巖（巌） 二五八

［川 かわ］ 巛 まげかわ

災↓火 五五〇
訓↓言 三八二
順↓頁 七二一

0 川 八九三
3 州 六八五
巡 七一八
4 ▼巡（巡） 七一八
8 ▼巢（巣） 九三八

［工 え・たくみ］ 工 たくみへん

功↓力 四七四
江↓水 四八一
式↓弋 六四二
虹↓虫 一一九六
貢↓貝 四九八
項↓頁 五〇七

0 工 四七一
巨 三一四
2 ▼巨（巨） 三一四
巧 四七四
左 五四一
4 巫 一三三五
7 差 五四四

［己 おのれ］

改↓攵 一七一
忌↓心 二六三
巻↓卩 三一八
紀↓糸 二六七
記↓言 二七〇

配↓酉 一一二六

0 已 二四
己 四四六
巳 五九七
1 巴 一二一五
6 巷 四九〇
9 巽 九六八
▼巽（巽） 九六八

［巾 はば］ 巾 はばへん・きんべん

凧↓几 一〇〇四
吊↓口 一〇五四

0 巾 三五三
2 市 六〇一
匝 九二八
布 一三一四
3 帆 一二六一
4 希 二六三
5 帚 九三一
帙 一〇三八
帖 一〇五五
帑 一一三三
帛 一二三八
6 帥 八二八
帝 一〇九一
7 帰 二六八
師 六一四
席 八七七
帯 九八二
8 帷 三一
常 七七四
▼帶（帯） 九八二
帳 一〇五八
9 幄 一一
幃 三四
幀 一〇九五
幅 一三四三
帽 一四一九
▼帽（帽） 一四一九
10 幌 五〇八
幎 一三七四
幕 一四三九
11 幗 一二〇一
幔 一四四九
12 幟 六二五
幢 一一五二
幡 一三六七

幣 一三七〇
▼幣（幣） 一三七〇
14 幫 一四一二

【干 かん・いちじゅう】
于↓二 六九
午↓十 四六二
刊↓刀 一三二
旱↓日 一三五
罕↓网 一三五
肝↓肉 一三五
竿↓竹 一三〇
栞↓木 一三一
軒↓車 四四四
0 干 一二二
2 平 一三六三
▼平（平） 一三六三
3 刋 四一八
年 一二〇六
5 幸 四八六
幷 一三六七
10 幹 一四〇

【幺 よう・いとがしら】
玄↓玄 四三九
郷↓邑 三三九
畿↓田 二八一
0 幺 一五二四
1 幻 四三八
2 幼 一五二四
6 幽 一五一〇
9 幾 二七六
11 麼 一四三六

【广 まだれ】
応↓心 一一二
席↓巾 八七七
唐↓口 一一四二
鹿↓鹿 六四一
麻↓麻 一四三五
塵↓土 八二〇
腐↓肉 一三三三
麼↓幺 一四三六
麾↓麻 二八二
慶↓心 三九九
摩↓手 一四三六
磨↓石 一四三七
麿↓麻 一四四五
靡↓非 一三八七
魔↓鬼 一四三七
鷹↓鳥 一五三七
2 広 四七五
庁 一〇五四
3 庄 七四一
4 序 七三四
床 七四二
庇 一二七五
5 庚 四八七
底 一〇九〇
店 一一一三
府 一三一六
庖 一三九九
6 庠 七四五
7 度 一一三三
庫 四五五
座 五四八
庭 一〇九二
8 庵 二三
康 五〇一
庶 七二八
庸 一五三〇
9 廁 六一八
廂 七五三
廃 一三二八
廊 一六一七
10 廈 一五五
廉 一六〇五
▼廉（廉） 一六〇五
▼廊（廊） 一六一七
11 廓 二〇一
廖 一五七九
12 ▼廣（広） 四七五
廝 六二五
廠 七六一
廛 一一一八
▼廢（廃） 一三二八
廟 一三一一
廡 一三三六
13 廨 一八四
廩 一五八六
16 龐 一四一二
廬 一六一〇
18 廱 一五三七
22 ▼廳（庁） 一〇五四

【廴 えんにょう・いんにょう】
4 ▼延（延） 九六
廷 一〇八八
5 延 九六
6 廻 一七三
建 四二二

【廾・廾 こまぬき・にじゅうあし】
升↓十 七四〇
奔↓大 一四三三
葬↓艸 九四一
算↓竹 五八九
鼻↓鼻 一二九二
2 弁 一三八四
弁 一三八四
4 弄 一六一五
12 弊 一三七〇
▼弊（弊） 一三七〇
15 彝 四〇

【弋 しきがまえ】
戈↓戈 一三五
代↓人 九九六
武↓止 一三三五
0 弋 一五三八
3 式 六四二
弐 一一九五
9 弑 六一八

【弓 ゆみ・弓 ゆみへん】
穹↓穴 三〇六
躬↓身 三〇八
粥↓米 七〇九
疆↓田 三四三
0 弓 三〇一
1 引 六一
弔 一〇五四
2 弖 一〇八七
弘 四七六
3 弗 一三四九
弛 六〇三
4 弟 一〇八九
5 弦 四四一
▼弧（弧） 四五二
弩 一一一三
6 弥 一四九五
弧 四五二
7 弭 一三八九
弱 六六七
▼弱（弱） 六六七
8 強 三三五
張 一〇五八
弸 一四〇六
9 弾 一〇二四
弼 一二九七
12 ▼彈（弾） 一〇二四
13 彊 三四一
14 ▼彌（弥） 一四九五
19 彎 一六二三

【彐・彑・彐 けいがしら】
尹↓尸 六一
互↓二 四六二
丑↓一 一〇四一
君↓口 三八一
帚↓巾 九三二
帰↓巾 二六八
書↓曰 七二七
粛↓聿 七〇九
尋↓寸 八一九
彝↓廾 四〇
8 彗 八二九
10 彙 二五

【彡 さんづくり】
杉↓木 八二七
参↓厶 五八四
衫↓衣 五八五
須↓頁 八三二
膨↓肉 一四一二
4 形 三八七
6 彦 四四一
▼彥（彦） 四四一
8 彩 五五三
彫 一〇五八
彪 一三〇二
彬 一三一三
9 彭 一四〇七
11 彰 七五九
12 影 八七

【彳 ぎょうにんべん】
行↓行 四八二
衙↓行 四四四

街↓行 一九一　衙↓行 一六五　衝↓行 七六二　衛↓行 八九　衡↓行 五一四　徽↓黒 一一二三　衢↓行 三七一
4 彷 一三九七　役 一四九六
5 往 一一三　径 三八八　征 八五三　徂 九一九　彽 一〇九〇　彼 一二七五　彿 一三五〇
6 徊 一七三　後 四六三　很 五三五　徇 七一九　待 九八〇　律 一五六四
7 ▼徑（径） 三八八　従 七〇四
8 徐 七三五　徒 一一二六　徙 六一七　▼從（従） 七〇四　得 一一六九　徘 一二二六
9 御 三三一　徨 五〇五　循 七一〇　復 一三四四
10 微 一二九一　徭 一五三二
11 徴 一〇六四　徳 一一七〇
12 ▼徵（徴） 一〇六四　徹 一一〇六　▼德（徳） 一一七〇
13 徼 三四一
14 徽 二八三

【⺍ つかんむり】
労↓力 一六二五　学↓子 二〇四　栄↓木 八五
6 単 一〇二二
8 巣 九三八
9 営 八七
14 厳 四四五
覚↓見 一九九　誉↓言 一五三三

【心 こころ】 忄 りっしんべん　⺗ したごころ
芯↓艸 七九二　窓↓穴 九三九　蕊↓艸 八三四
0 心 七八八
1 必 一二九六
3 応 一一三　忌 二六三　志 六〇七　忖 九六六　忍 一二〇三　▼忍（忍） 一二〇三　忙 一四一三　忘 一四一四
4 快 一七〇　忻 三五四　忤 四六三　忽 五三〇　忸 六四三　忱 七九一　忠 一〇四五　忝 一一一三　念 一二〇八　忿 一三五四
5 怡 二九　怨 九八　怏 一一三　怪 一七二　急 三〇六　▼急（急） 三〇六　怯 三三一　怙 四四九　怺 五三三　思 六二二　怩 六二五　性 八五四　怎 九一九　怱 九三二　怠 九八〇
怛 一〇〇七　怒 一一三四　怕 一二一五　怖 一三三六　怫 一三五〇　怦 一三九九　怜 一五九五
6 恚 三一　恩 一二九　悔 一七三　恢 一七四　恪 一九七　恟 三三二　恊 三三二　恐 三三三　恭 三三四　恵 三九一　恒 四九〇　▼恆（恒） 四九〇　恰 四九〇　恍 四九〇　恨 五三五　恣 六一四　恃 六三六
恤 七一四　恂 七一九　恕 七三五　恁 八一九　息 九五九　恥 一〇三二　恬 一一一三　恫 一二四〇　恙 一五二九　恋 一六〇三
7 悪 九　悦 九三　▼悅（悦） 九三　悁 九九　▼悔（悔） 一七三　悍 二三〇　患 二三三　悟 四六六　悃 五三六　悉 六四八　悛 七一六　悚 七四七　悄 七四七　悌 一〇九三
悩 一二一〇　悖 一三二五　悒 一五二一　悠 一五二一　悧 一五五七　悋 一五八四
8 ▼惡（悪） 九　惟 三一　悸 二七四　惧 三七一　▼惠（恵） 三九一　惓 四二五　悾 五〇二　惚 五三一　惨 五八六　惹 六六八　惇 七二〇　情 七七五　▼情（情） 七七五　悴 八二九　悽 八五九　惜 八七八　惣 九四〇　惆 一〇四八
悵 一〇五九　悼 一一四五　悲 一三八二　惘 一四一八　悶 一四九〇　惑 一六三〇
9 愛 五　意 三五　愒 一七九　愕 二〇五　感 二四一　愚 三七一　愃 四二七　愆 四二九　慌 五〇五　惶 五〇五　慈 六三八　愀 六九三　愁 六九五　惷 七一七　惴 八三三　惺 八六二　想 九四二　惻 九六一

惰 九七五　▼惱(悩) 一二〇　愍 一三六　愎 一三四四　愉 一五〇三　▼愉(愉) 一五〇三　愈 一五〇三　10 慇 六七　慍 八二　慨 一九二　愾 一九二　慤 二〇一　愧 二七八　慊 四二九　愿 四四五　慎 八〇五　▼愼(慎) 八〇五　愬 九二六　愴 九四三　態 九八五　慝 一一七一　慕 一三九四　慂 一五三四　慄 一五六四

11 慰 三七　▼慨(慨) 一九二　▼慨(慨) 一九二　慣 二四二　慶 三九九　慧 四〇〇　慳 四三一　慷 五一〇　慠 五二一　▼慘(惨) 五八六　慙 五九三　慴 七六〇　慫 七六一　憎 九五四　慥 九五五　慟 一一六五　慓 一三〇六　慢 一四四九　憂 一五一五　慵 一五三四　慾 一五四〇　慮 一五七三　12 憖 三六六　憬 四〇〇

憩 四〇〇　憲 四三三　憧 七六一　憔 七六一　▼憎(憎) 九五四　憚 一〇一九　憊 一二二九　憑 一三〇七　憫 一三一七　憮 一三三七　憤 一三五七　13 懌 九二　▼應(応) 一一二　懊 一一七　憶 一二二　懐 一八五　懈 一八五　憾 二四六　懃 三六四　懇 五四〇　懆 九四八　憺 一〇二〇　▼憤(憤) 一三五七　懋 一四二二

懍 一五八六　憐 一六〇七　懦 九七六　懲 一〇六八　14 懣 一四五〇　15 ▼懲(懲) 一〇六八　16 ▼懷(懐) 一八五　懸 四三六　懶 一五五三　17 懽 二五一　懺 五九四　18 懿 四〇　懼 三七一　懾 七六七　19 ▼戀(恋) 一六〇三

［戈 ほこ・ほこづくり・ほこがまえ］

伐→人 一二五三　威→女 一九　咸→口 二三九　哉→口 五五一　栽→木 五五二　幾→幺 二七六

裁→衣 五五七　載→車 五五九　盞→皿 五八八　臧→臣 九五五　畿→田 二八一

0 戈 一三五　1 戉 九三　戊 一三九一　2 戍 六八〇　戎 七〇一　戌 七一四　成 八五〇　3 我 一六二　戒 一七〇　▼成(成) 八五〇　4 戔 八九七　或 一六二九　7 戛 二二三　戚 八七八　8 戟 四〇六　9 戡 二四二　戦 九〇四　10 截 八八八　11 戯 二八九

戮 一五六二　12 ▼戰(戦) 九〇四　13 ▼戲(戯) 二八九　戴 九八六　14 戳 一〇〇三

［戶・戸 と］ 戸 とだれ・とかんむり

肩→肉 四二〇　啓→口 三九二　雇→隹 四五七　肇→聿 一〇六五

0 戸 四四六　▼戶(戸) 四四六　3 戻 一五九四　4 所 七二五　▼所(所) 七二五　房 一四一五　▼房(房) 一四一五　▼戾(戻) 一五九四　5 扁 一三八〇　6 扇 九〇一　▼扇(扇) 九〇一　7 扈 四五五

8 扉 一二八三　▼扉(扉) 一二八三

［手 て］ 扌 てへん

0 才 五四八　手 六六九　1 扎 五七〇　2 打 九七二　払 一三四九　3 扱 一五　扞 二二四　扣 四八一　扛 四八一　扠 五四二　扨 五七四　托 一〇〇〇　4 ▼扱(扱) 一五　找 一四一　技 二八七　抉 四一一　抗 四八四　抒 七三四　抄 七四二

承 七四三　折 八八二　抓 九三一　択 一〇〇〇　投 一一三七　抖 一一三八　把 一二一五　抜 一二五三　批 一二七五　扶 一三一五　扮 一三五四　抃 一三八五　抔 一三九七　扼 一四九六　5 抑 一五三八　押 一一三　拐 一七三　拡 一九六　拑 二二七　拠 三一六　拒 三一六　▼拒(拒) 三一六　拘 四八七　招 七四三

抻 七九四　拙 八八三　拓 一〇〇一　拆 一〇〇二　担 一〇一二　抽 一〇四六　抵 一〇九一　拈 一二〇八　拝 一二二三　▼拜（拝） 一二二三　拍 一二三九　▼拔（抜） 一二五三　拌 一二六三　披 一二七六　拊 一三三六　▼拂（払） 一三四九　拇 一三九三　抱 一三九九　▼抱（抱） 一三九九　拋 一四〇〇　抹 一四四三　拗 一五二六　拉 一五四二

6
按 二一　挌 一九七　括 二一一　拮 二九五　挙 三一六　挟 三三二　拱 三三二　挂 三九〇　挈 四一二　拳 四二三　▼拳（拳） 四二三　拷 五二〇　拶 五七一　指 六一二　持 六三六　拾 六八七　拯 七七三　拭 七八一　拵 九六七　拿 九七四　挑 一〇五七　捞 一四六五

7
挨 五　捐 九九　捍 二三〇　▼挾（挟） 三二二　挫 五四八　振 七九八　捜 九三六　挿 九三六　捉 九五九　捗 一〇七二　挺 一〇九三　捏 一二〇五　捌 一二五〇　挽 一二六九　捕 一三八九

8
掖 九一　掩 九九　掛 二〇八　掎 二七四　掬 二九二　掀 三五九　掘 三七七　掲 三九二　捲 四二五　控 五〇二　採 五五三　捨 六五七　▼捨（捨） 六五八　授 六八二　捷 七五一　掌 七五三　掟 七七六　推 八二九　捶 八三〇　据 八三七　掣 八六二　接 八八四　措 九二三　掃 九三八　▼掃（掃） 九三八　掫 九三八　探 一〇一四　掏 一一四五　掉 一一四五　捺 一一八八　捻 一二〇八　排 一二二七　描 一三一〇　捧 一四〇六　捫 一四九〇　掠 一五六五　捩 一五九五

9
握 一一　援 一〇〇　▼援（援） 一〇〇　掾 一〇〇　揩 一七九　換 二三六　揀 二三七　揮 二七六　揆 二七六　▼揭（掲） 三九二　揣 六一八　揉 七〇五　揃 九〇三　▼插（挿） 九三六　提 一〇九五　搭 一一四七　揶 一四九四　揄 一五〇三　揖 一五一二　揚 一五三〇　揺 一五三〇

10
携 三九八　搴 四三一　搆 五〇八　搓 五四六　搾 五六七　摂 八八六　▼搜（捜） 九三六　搔 九四三　搶 九四三　損 九六八　搗 一一五一　搨 一一五一　搏 一二四一　搬 一二六六　摸 一四七八　搤 一四九八　▼搖（揺） 一五三〇

11
摑 二〇一　摎 三一一　撃 四〇七　摧 五六〇　摯 六二五　摺 七六〇　摏 七六〇　摶 一〇一七　摘 一一〇一　摩 一四三六

12
撮 五七二　撒 五七三　撕 八六九　撰 九〇七　撤 一一〇六　撞 一一五二　撓 一一六六　撚 一二〇九　播 一二一九　撥 一二五三　撫 一三三七　撲 一四二九　撩 一五八一　撈 一六一八

13
撼 二四六　▼據（拠） 三一六　▼擧（挙） 三一六　擒 三六三　▼擊（撃） 四〇七　擅 九〇九　操 九四八　▼擇（択） 一〇〇〇　撻 一〇〇七　▼擔（担） 一〇一二　擘 一二四三　擁 一五三六　擂 一五四五

14
擱 二〇三　擬 二九〇　擦 五七三　擠 八七〇　擡 九八六　擢 一〇〇三　擣 一一五五　擯 一三一四

15
▼擴（拡） 一九六　擾 七七九　擲 一一〇三　擺 一三一九　攀 一三六九　擽 一五六五

17
攘 七七九

18
▼攝（摂） 八八七

19
攢 五九一　攤 一〇二一　攣 一六〇九

20 攫 二〇三
攬 五一七
21 攬 一五五四

【支 し・えだにょう】
伎 ↓人 二五九
岐 ↓山 二六三
翅 ↓羽 六一六
鼓 ↓鼓 四五八
0 支 五九七

【攵 のぶん】 攴 ぼくづくり
牧 ↓牛 一四二七
枚 ↓木 一四三八
致 ↓至 一〇三二
倣 ↓人 一四〇四
赦 ↓赤 六五八
微 ↓彳 一二九一
徴 ↓彳 一〇六四
徹 ↓彳 一一〇六
撤 ↓手 一一〇六
徽 ↓彳 二八三
厳 ↓⺍ 四四五
轍 ↓車 一一〇七
黴 ↓黒 一三三三
2 ▼收（収） 六八四
3 改 一七一
攻 四八四
孜 六〇七
4 放 一四〇〇
5 故 四五二
政 八五七
畋 一一二三
6 ▼效（効） 四八六
敏 一三一六
7 救 三〇八
教 三三七
▼敎（教） 三三七
敖 五二一
▼敍（叙） 七三四
▼敕（勅） 一〇七二
敗 一二一七
▼敏（敏） 一三一六
8 敢 二二七
敬 三九五
散 五八七
敞 七五四
敦 一一八〇
敝 一三六九
9 ▼敬（敬） 三九五
数 八二五
10 敲 五一〇
11 ▼數（数） 八二五
敵 一一〇二
敷 一三三三
12 整 八六九
13 斂 一六〇八
14 斃 一三七一

【文 ぶん】
対 ↓寸 九七八
吝 ↓口 一五八三
斉 ↓齊 八五六
紊 ↓糸 一三六二
紋 ↓糸 一四八九
斎 ↓齊 五五六
0 文 一三六〇
8 斑 一二六五
斐 一二八三
斌 一三一四

【斗 とます】
科 ↓禾 一四八
蚪 ↓虫 一二二七
魁 ↓鬼 一八四
0 斗 一一二四
6 料 一五七六
7 斛 五二七
斜 六五八
9 斟 八〇六
10 斡 一五

【斤 きん】 斤 おのづくり
近 ↓辶 三五四
祈 ↓示 二六六
欣 ↓欠 三五五
所 ↓戸 七二五
析 ↓木 八七六
晰 ↓日 八七八
漸 ↓水 九一七
0 斤 三五三
1 斥 八七二
4 斧 一三二六
5 斫 六六四
7 斬 五九三
断 一〇二三
8 斯 六一八
9 新 八〇六
14 ▼斷（断） 一〇二三

【方 ほう】 方 ほうへん・かたへん
彷 ↓彳 一三九七
防 ↓阜 一四一五
放 ↓攵 一四〇〇
房 ↓戸 一四一五
肪 ↓肉 一四一六
紡 ↓糸 一四一七
訪 ↓言 一四〇六
0 方 一三九五
4 於 一一〇
5 施 六一三
6 旃 九〇一
旆 一二二六
旁 一四〇四
旄 一四一七
旅 一五七二
7 旌 八五九
旋 九〇二
族 九六二
8 旒 一五七一
10 旗 二八〇
14 旛 一三六八

【无・旡 なし・ぶ・すでのつくり】
慨 ↓心 一九二
概 ↓木 一九三
漑 ↓水 一九三
5 既 二六九
7 ▼旣（既） 二六九
▼旣（既） 二六九

【日 ひ】 日 ひへん・にちへん
亘 ↓二 四七七
者 ↓老 六五六
香 ↓香 四九四
量 ↓里 一五七八
0 日 一一九七
1 旧 三〇二
旦 一〇一二
2 旭 三四八
旨 六〇三
旬 七一九
早 九二九
3 旱 二二五
旰 二二五
4 易 九〇
旺 一一四
昂 四八七
杲 四八七
昊 四八八
昆 五三五
昏 五三五
昇 七四四
昌 七四四
昃 七八一
昔 八七六
旻 一三一六
明 一四六九
杳 一五二七
5 映 八五
昨 五六五
昵 六五二
春 七一五
昭 七四五
是 八四二
星 八五七
昼 一〇四七
昶 一〇五七
昴 一四一六
昧 一四三八
昜 一五二七
6 晏 二
晃 四九六
晒 五五二
時 六三六
晋 七九八
▼晉（晋） 七九八
晟 八五九
晁 一〇五八
7 晦 一七八
晞 二七四
晤 四六六
晧 五〇二
晨 八〇二
▼晟（晟） 八五九
晢 八八五

画数	字	参照	頁
	▼晝	昼	一〇四七
	▼晩	晩	一二七〇
8	暁		三四六
	景		三九六
	暑		七二八
	晶		七五四
	晴		八六三
	▼晴	晴	八六三
	晰		八七八
	智		一〇三二
	晩		一二七〇
	普		一三三一
9	暗		二二
	暈		八二
	暇		一五五
	暉		二七八
	暄		四二九
	▼暑	暑	七二八
	暖		一〇二五
	▼暖	暖	一〇二五
	暘		一五三二
10	暢		一〇六五
	暮		一三九四
	暝		一四七二
	暦		一六〇〇
11	暫		五九三
	暴		一四二一
	曄		一五三五
12	曁		二八二
	▼曉	暁	三四六
	暹		九一〇
	暾		一一八一
	曇		一一八二
	▼曆	暦	一六〇〇
13	曖		七
	曙		七三一
	曚		一四八二
14	▼曙	曙	七三一
	曜		一五三六
15	曠		五一六
	曝		一三四五
16	曦		二九二
17	曩		一一六七
19	曬		五六一

字	部首	頁
甲	→田	四七六
申	→田	七九〇

【曰 ひらび・いわく】

字	部首	頁
由	→田	一五〇二
昌	→日	七四四
量	→里	一五七八

画数	字	参照	頁
0	曰		九三
2	曳		八四
3	曲		三四八
	更		四八五
4	沓		一一三九
5	曷		二二
6	冒		一四一六
7	書		七一七
	曹		九三九
	曽		九三九
	曼		一四四八
8	最		五五六
	▼曾	曽	九三九
	替		九八四
9	▼會	会	一六七

字	部首	頁
肖	→肉	七四二
育	→肉	四三
肩	→肉	四二〇

【月 つき】 月 つきへん

字	部首	頁
肯	→肉	四八八
青	→青	八五四
前	→刀	九一四
冑	→冂	一〇四七
胄	→肉	一〇四八
脅	→肉	三三五
骨	→骨	五三〇
宵	→宀	七四六
能	→肉	一二一〇
豚	→豕	一一七九
勝	→力	七五三
謄	→言	一一五六
鵬	→鳥	一四一二
騰	→馬	一一五八

画数	字	参照	頁
0	月		四一五
2	有		一五〇六
4	服		一三四二
	朋		一四〇一
5	朏		一二七八
6	朔		五六六
	朕		一〇七四
7	朗		一六一六
	望		一四一八
	▼朗	朗	一六一六
8	期		二七六
	朞		二七七
	朝		一〇六一
13	朦		一四八二
16	朧		一六二〇

【木 き】 木 きへん

字	部首	頁
困	→囗	五二四
床	→广	七四二
呆	→口	一三九六
采	→釆	五五一
牀	→爿	七四五
乗	→ノ	七七二
相	→目	九二二
巣	→ツ	九二八
彬	→彡	一三一三
麻	→麻	一四二五
渠	→水	三一九
集	→隹	六九四
焚	→火	一三五六
禁	→示	三六一
築	→竹	一〇三八

画数	字	頁
0	木	一四二四
1	札	五七一
	朮	七一四
	本	一四三二
	末	一四四二
	未	一四五一
2	机	二六〇
	朽	三〇四
	朿	六〇三
	朱	六七五
	朶	九七三
	朴	一四二七
	杤	一五八三
3	杆	二二五
	杞	二六四
	杏	三九
	杠	四八五
	材	五六二
	杓	六六三
	条	七七一
	杖	七七二
	杉	八三七
	束	九五七
	杣	九六五
	村	九六七
	杜	一一二五
	杢	一四八六
	杙	一五三八
	来	一五四四
	李	一五五六
4	枉	一一四
	果	一四四
	杭	四八八
	枝	六一〇
	杵	七二六
	松	七四四
	枢	八三四
	析	八七六
	杼	一〇五一
	東	一一三九
	杷	一二一六
	杯	一二三三
	板	一二六三
	枇	一二七六
	杪	一三〇八
	枌	一三五五
	枋	一四〇二
	枚	一四三八
	枕	一四四〇
	枅	一四四一
	林	一五八三
	枠	一六三〇
5	栄	八五
	架	一四七
	枷	一四七
	柯	一四七
	枴	一七四
	柿	一九五
	柑	二一九
	柬	二三〇
	枳	二六七
	柩	三〇七
	枸	三六九
	枯	四五三
	査	五四三
	柤	五四三
	柴	五五一
	柵	五六六
	柞	五六六
	柘	六五七
	柊	六八七
	柔	七〇二
	染	八九九

部首 索引

日・曰・月・木

部首索引

木

▼樺（樺） 一五七
橄 二四七
機 二八二
橘 二九六
橋 三四一
橇 三四二
檠 四〇〇
樹 六八三
樵 七六三
橡 七六三
樽 九六九
橙 一一五四
橦 一一五四
橈 一一六六
樸 一四二九
13
檐 一〇八
檜 一八六
橿 三四二
槿 三五一
檎 三六四
檄 四〇八
▼檢（検） 四二七
檣 七六五
檀 一〇二〇

檔 一一五五
檗 一二四三
檬 一四八二
14
檻 二四九
櫃 二八四
檮 一一五六
櫂 一一五六
檸 一二〇五
檳 一三一五
15
櫛 六五一
櫟 一六〇一
櫓 一六二一
櫚 一六二一
16
麓 一六二三
櫱 四一六
欄 一五五四
櫪 一六〇一
櫨 一六二一
17
▼櫻（桜） 一一五
欅 三二〇
▼權（権） 四三二
▼欄（欄） 一五五四
櫺 一六〇〇
18
▼權（権） 四三二

19
欒 一五五四
21
欖 一五五四

［欠 あくび・かける］
坎→土 二二四
吹→口 八二七
炊→火 八二八
軟→車 一一九一
嗽→口 九四四
漱→水 九四五
0
欠 四〇九
欠 四〇九
2
次 六二九
4
欧 一一四
欣 三五五
7
欸 五
欷 二七四
欲 一五三九
8
欹 三五
款 二三七
欺 二八八
欽 三六〇
9
歇 四一四
歃 九四三
10
歌 一五七
歉 四三二
11
▼歐（欧） 一一四
歓 二四五
歎 一〇一九
12
歙 三一二
歔 三一〇
13
歛 二四八
歟 一五三三
15
歠 八八九
17
▼歡（歓） 二四五
18
▼歡（歓） 二四五

［止 とめる］
企→人 二五九
凪→几 一一八六
些→二 五四二
址→土 六〇六
肯→肉 四八八
祉→示 六二〇
柴→木 五五一
砦→石 五五二
紫→糸 六一九
雌→隹 六二四

頻→頁 一三一四
0
止 五九七
1
正 八四四
2
此 六〇三
3
▼步（歩） 一三八七
4
武 一三三五
歩 一三八七
5
歪 一六二七
9
歳 五五九
10
歴 一六〇〇
12
▼歷（歴） 一六〇〇
14
▼歸（帰） 二六八

［歹・歺 かばねへん・いちたへん・がつへん］
夙→夕 七〇六
列→刀 一六〇二
烈→火 一六〇二
裂→衣 一六〇三
2
死 六〇四
4
歿 一四三〇
殀 一五二七
5
殃 一一五
殆 九八〇
殄 一一一四
6
残 五九二
殊 六七七
殉 七一九
7
殍 一三〇五
8
▼殘（残） 五九二
殖 七八三
10
殞 六七
11
殤 七六一
12
殪 八九
殫 一〇二〇
14
殯 一三一五
17
殲 九一二

［殳 るまた・ほこづくり］
投→手 一一三七
没→水 一四三〇
役→彳 一四九六
股→肉 四五〇
疫→疒 九一
般→舟 一二六四
設→言 八八五
穀→禾 五二八
轂→車 五二八
4
殴 一一四
5
段 一〇二三
6
殷 六四
殺 五七一
7
殻 一九九
▼殺（殺） 五七一
8
▼殼（殻） 一九九
9
毀 二七九
殿 一一二三
11
▼毆（殴） 一一四
毅 二八一

［毋 なかれ・ははのかん］
苺→艸 一三三〇
晦→日 一七八
貫→貝 二二四
0
毋 一三三五
1
母 一三九二
2
毎 一四三八
3
▼每（毎） 一四三八
4
毒 一一七二

［比 ならびひ・くらべる］
此→止 六〇三

批→手 一二七五
昆→日 五三五
皆→白 一七七
琵→玉 一二九一
0
比 一二七三
5
毘 一二七八

［毛 け］
尾→尸 一二八八
耄→老 一四八〇
耗→耒 一四八〇
麾→麻 二八二
0
毛 一四七八
4
毟 一四六五
7
毬 三〇九
毫 五二一
8
毳 八七一
毯 一〇一五
13
氈 九一〇

［氏 うじ］
昏→日 五三五
底→广 一〇九〇
邸→邑 一〇九一

柢→木 一〇九二
牴→牛 一〇九二
羝→羊 一〇九四
觝→角 一〇九六
詆→言 一〇九六

0 氏 五九八
1 民 一四五七
4 氓 一四一六

【气 きがまえ】

汽→水 二六四

2 気 二六〇
4 氛 一三五五
6 ▼氣（気） 二六〇

【水 みず】
氵 さんずい
氺 したみず

尿→尸 一二〇一
沓→曰 一二三九
染→木 八九九
洒→酉 六七八
婆→女 一二二一
梁→木 一五七六

塗→土 一二一九
鴻→鳥 五一六

0 水 八二三
1 永 八四
氷 一三〇二
2 求 三〇四
汁 七〇一
汀 一〇八七
氾 一三六一
3 汚 一〇九
汗 二二四
江 四八一
汞 四八五
汕 五八四
汝 七三三
汐 八七五
池 一〇二九
汎 一三六一
▼汎（汎） 一三六一
4 汪 一一二
汽 二六四
沂 二八七
汲 三〇五
決 四一一
沍 四六三
沙 五四二
沚 六〇七
沁 七九一
汰 九七二
沢 一〇〇〇
沖 一〇四五
沈 一〇七二
沌 一一七九
沛 一二一二
泛 一二六三
汨 一三七四
没 一四三〇
▼沒（没） 一四三〇
沐 一四八五
沃 一五三八
5 泳 八四
沿 九七
泓 一一四
河 一四五
泣 三〇五
況 三三一
沽 四四九
泗 六一〇
治 六三五
泅 六八七
沮 七二七
沼 七四五
泄 八八三
泉 九〇〇
泝 九一九
沱 九七四
泰 九八三
注 一〇四六
泥 一〇九九
沾 一一一三
波 一二一六
泊 一二三九
泌 一二九七
泯 一三一六
沸 一三五〇
法 一四〇二
泡 一四〇三
▼泡（泡） 一四〇三
沫 一四四四
油 一五〇二
泪 一五九〇
6 洟 三〇
洩 八六
海 一七四
活 二二二
洶 三三二
洫 三四九
洪 四九一
洽 四九一
洸 四九一
洒 五五一
洲 六八七
洵 七一九
浄 七七三
津 七九六
浅 八九九
洗 九〇〇
洞 一一六一
派 一二一七
洋 一五二七
洛 一五四六
洌 一六〇二
7 浦 七九
▼海（海） 一七四
浣 二三一
涓 四二四
浩 四九七
浚 七一六
消 七四七
▼消（消） 七四七
浹 七四八
▼涉（渉） 七五一
浸 七九八
浙 八八四
涎 九〇二
涕 一〇九三
涅 一一〇七
浜 一三一三
浮 一三二八
▼浮（浮） 一三二八
涌 一五二九
浴 一五三九
浬 一五五七
流 一五六六
涙 一五九〇
浪 一六一六
8 淫 六四
液 九二
淹 九九
淤 一一〇
涯 一九一
渇 二一三
涵 二二三
渓 三九三
涸 四五六
淆 五〇二
混 五三七
済 五五三
淬 五五四
渋 七〇四
淑 七〇八
淳 七二〇
渚 七二八
渉 七五一
淁 七五一
淌 七五二
▼淨（浄） 七七三
深 八〇二
清 八六〇
▼淸（清） 八六〇
淒 八六一
淅 八七八
▼淺（浅） 八九九
淙 九三九
淡 一〇一五
添 一一一五
淀 一一一五
淘 一一四五
涼 一五七七
淋 一五八四
淪 一五八五
▼淚（涙） 一五九〇
9 渥 一二
渭 三五
湮 六六
淵 一〇〇
湲 一〇一
温 一三〇
渦 一五三
▼渴（渇） 二一三
渙 二一七
渠 三一九
減 四四四
湖 四五六
港 五〇五
▼港（港） 五〇五
渾 五三九
渣 五四五

滋 六二八
湿 六四九
湫 六九三
▼渚（渚） 七一八
湘 七五四
渫 八八六
湊 九四一
測 九六一
湛 一〇一六
湍 一〇一六
渟 一〇九六
渡 一一一九
湯 一一四八
湃 一三一八
渺 一三一一
湎 一三八六
満 一四四八
渝 一五〇三
湧 一五一二
游 一五一二
溂 一五四九
湾 一六三二

10
溢 五七
▼溫（温） 一三〇

滑 二一五
漢 二四二
▼溪（渓） 三九三
源 四四五
溝 五〇八
▼溝（溝） 五〇八
溘 五〇八
滉 五〇八
溷 五三九
滓 六二二
溲 六九五
準 七三二
溽 七八六
滄 九四三
滞 九八五
滝 一〇〇〇
溺 一一〇三
滔 一一五一
溏 一一五一
滕 一一五三
漠 一二四四
溥 一三三二
滂 一四〇八
溟 一四七二

滅 一四七四
溶 一五三三
溜 一五七一

11
演 一〇五
▼漢（漢） 二四二
漁 三三六
滬 四五八
滸 四五九
滾 五三九
漆 六四九
漿 七六一
滲 八〇八
漸 九一七
漕 九四五
漱 九四五
▼滯（滞） 九八五
漲 一〇六五
漬 一〇八三
滴 一一〇一
滌 一一〇三
漂 一三〇六
▼滿（満） 一四四八
漫 一四四九
漾 一五三四

漓 一五五九
漣 一六〇六
滷 一六一〇
漏 一六一八
漉 一六二三

12
潰 一八四
漑 一九三
潟 二一〇
澗 二四五
澆 三四七
潔 四一四
▼潔（潔） 四一四
潸 五九〇
▼澁（渋） 七〇四
潤 七二二
潯 八二一
潜 九〇七
▼潛（潜） 九〇七
潺 九〇八
潭 一〇一九
潮 一〇六六
澄 一〇六六
潑 一二五三
潘 一二六七

澎 一四一〇
潦 一六一八

13
澳 四二
澼 二四七
激 四〇七
澡 九四八
▼澤（沢） 一〇〇〇
濁 一〇〇三
澹 一〇二〇
澱 一一二三
濃 一一二二
濆 一三五七
濛 一四八二
澪 一五九八

14
濠 五二三
▼濟（済） 五五三
▼濕（湿） 六四九
濡 六八四
濬 七一七
濯 一〇〇三
濔 一一〇〇
濤 一一五五
濘 一二〇五
▼濱（浜） 一三一三

15
瀉 六六一
瀋 八一二
濺 九一一
瀆 一一七一
瀑 一二四五
瀁 一五三七
濫 一五五二
瀏 一五七二
濾 一六一〇

16
瀛 九〇
瀚 二五一
瀟 七六七
瀬 八四二
▼瀨（瀬） 八四二
瀞 八七〇
▼瀧（滝） 一〇〇〇
瀦 一〇五三
瀕 一三一五
瀝 一六〇一

17
灌 二五一
瀰 一二九三
瀾 一五五四
瀲 一六〇八

19
灑 五六一

22
灘 一〇二六
▼灣（湾） 一六三三

［火 ひ］

火 ひへん
灬 れっか・れんが

畑→田 一二四七
羔→羊 四九七
黒→黒 五二七
庶→广 七二八
蒸→艸 七七七
蔦→艸 一〇六五
勲→力 三八三
黙→黒 一四八五
窯→穴 一五三五
薫→艸 三八三

0
火 一三五

2
灰 一七〇
▼灰（灰） 一七〇
灯 一一三七

3
灸 三〇五
災 五五〇
灼 六六四

4
炎 九七
炙 六五六
炒 七四五
炊 八二八
炉 一六〇九

5
為 三〇
炬 三一六
炯 三九〇
炸 五六六
炷 六七六
炭 一〇一三
点 一一一四
炳 一三六八
炮 一四〇四

6
烏 七二
烋 四九七
烝 七七四
烙 一五四六
烈 一六〇二

7
焉 一〇〇
烹 一四〇六
烽 一四〇六

8
焰 一〇一
焜 五三九
焠 五五七

界 一七　畑 一二四七　5 畝 七八　畛 七九九　畜 一〇三七　畠 一二四八　畔 一二六四　▼畔（畔）一二六四　畚 一四三三　留 一五六八　6 異 三　畦 三九三　時 六一七　畢 一二九七　略 一五六五　7 ▼異（異）三　▼畫（画）一六三　畳 七七七　番 一二七〇　畲 一五二三　8 畸 二七九　畷 一二〇四　▼當（当）一一三六　10 畿 二八一

14 疆 三四三　疇 一〇五〇　17 ▼疊（畳）七七七

【疋 ひき】 𤴔 ひきへん
胥↓肉 七二七　蛋↓虫 一〇一五　楚↓木 九二五
0 疋 一二九七　7 疎 九二四　疏 九二五　9 疑 二八八

【疒 やまいだれ】
2 疔 一〇五五　3 疚 三〇六　疝 八九七　4 疫 九一　疥 一一七　疣 一五一一　5 痂 一五一　疳 二三一　痃 四二四

疵 六一五　疾 六四七　疽 七二八　症 七四八　疹 七九九　疸 一〇一四　疼 一二一四　疲 一二八〇　病 一三〇九　疱 一四〇五　6 痍 三三　痕 五三八　痔 六三八　痊 九〇二　痒 一五三〇　7 痙 三九六　痣 六一九　痩 九四一　痛 一〇八〇　痘 一一四八　痞 一二八三　痢 一五五八　8 痾 三　痿 三六

痼 四五七　瘁 八三一　痰 一〇一七　痴 一〇三三　痹 一二八四　痺 一二八四　痲 一四三六　痳 一五八五　9 瘧 二九九　瘋 一三四一　瘉 一五〇四　瘍 一五三五　10 瘟 一三一　瘠 八七九　▼瘦（痩）九四一　瘡 九四八　瘢 一二六七　瘤 一五七二　11 瘴 七六三　瘰 一五九一　瘻 一六一八　12 癇 二四八　癌 二五七　癈 一三二九

療 一五八一　癘 一五九八　癆 一六一九　13 癜 一一一九　癖 一三七四　癒 一五〇五　▼癒（癒）一五〇五　14 ▼癡（痴）一〇三三　15 癢 一五三七　16 癨 二〇三　癪 六六六　癩 一五四六　癧 一六〇一　17 癭 九〇　癬 九二　18 癰 一五三七　19 癲 一一二〇　23 攣 一六〇九

【癶 はつがしら】
4 癸 二六七　発 一二五〇　7 登 一一四九　▼發（発）一二五〇

【白 しろ】
伯↓人 一二三八　帛↓巾 一二三八　泊↓水 一二三九　狛↓犬 一二三九　迫↓辵 一二三九　珀↓玉 一二四〇　畠↓田 一二四八　袙↓衣 一二五四　習↓羽 六九二　粕↓米 一二四〇　舶↓舟 一二四〇　楽↓木 一〇五　魄↓鬼 一二四二
0 白 一二三三　1 百 一三〇〇　2 皁 九三一　3 的 一一〇〇　4 皆 一一七　皇 四九一　6 皎 三三八　皐 五〇二　7 皖 二三七

皓 五〇六　▼皓（皓）五〇六　8 晳 八七八　10 皚 一九三

【皮 けがわ・ひのかわ】
坡↓土 一二一五　彼↓彳 一二七五　披↓手 一二七六　陂↓阜 一二七七　玻↓玉 一二一七　疲↓疒 一二八〇　被↓衣 一二八一　跛↓足 一二一九　頗↓頁 一二一九　鞁↓革 一二八六
0 皮 一二七四　5 皰 一四〇五　7 皴 七一七　9 皸 三八三　10 皺 六九六

【皿 さら】
血↓血 四一〇

孟↓子 一四七九　蓋↓艸 一九二　藍↓艸 一五五三　蠱↓虫 四五九
0 皿 五七五　3 盂 七〇　4 盈 八六　盃 一二二四　盆 一四二五　5 益 九一　▼益（益）九一　盍 四九七　6 盒 五二一　盛 八六一　盗 一一四五　7 ▼盛（盛）八六一　▼盜（盗）一一四五　8 盞 五八八　盟 一四七二　9 ▼盡（尽）八一七　10 監 二四五　盤 一二七一　11 盥 二四七　盧 一六一〇

12 盪 一二五五

[目 め] 目 めへん

貝→貝 一八七
見→見 四一八
具→八 一三七一
冒→日 一四一六
着→羊 一〇四〇
鼎→鼎 一〇九七

0 目 一四八三
3 直 一〇六九　盲 一四八〇
4 看 二三〇　盻 三九〇　県 四二一　盾 七一九　省 八五八　相 九三二　眈 一〇一三　眉 一二八九　眇 一三〇九　眄 一三八五
5 眩 四四二　真 七九九　▼眞(真) 七九九　眥 八五九　眛 一四三九　眠 一四五八
6 眼 二五五　眷 四二六　眺 一〇五九　眸 一四一八
7 睇 一〇九六
8 睚 一九二　睨 四〇四　睫 七五八　睡 八三一　睛 八六四　督 一一七〇　睥 一三六九　睦 一四二七
9 睾 五一一　睹 一一三〇
10 瞎 二二六　瞋 八〇九　瞑 一四七三
11 瞠 一一六六
12 瞞 一四五〇　瞰 二四九　▼瞬(瞬) 七一八　瞳 一一六六　瞥 一三七六　瞭 一五八一
13 瞿 三七〇　瞼 四三五　瞽 四五九　瞬 七一八　瞻 九一二　矇 一四八二
15 矍 二〇三
21 矚 七八六

[矛 ほこ]

茅→艸 一四一六
柔→木 七〇二
務→力 一四五九

0 矛 一四五八
4 矜 三三三

[矢 や] 矢 やへん

侯→人 四八八
疾→疒 六四七
智→日 一〇三三
雉→隹 一〇三四
疑→疋 二八八

0 矢 六〇二
2 矣 二八
3 知 一〇三〇
4 矧 七九六
5 矩 三六九　▼矩(矩) 三六九
7 短 一〇一六
8 矮 一六〇八
12 矯 三四二

[石 いし] 石 いしへん

岩→山 二五四
拓→手 一〇〇二
妬→女 一一二六
宕→宀 一一三九
斫→斤 六六四

0 石 八七三
3 矼 四八八　矻 五三〇
4 研 四二一　砂 五四三　砕 五五一　砌 八六八　砒 一二七九
5 砦 五五二　砥 六一五　砠 七一八　砧 一〇七四　破 一二一七　砲 一四〇五　▼砲(砲) 一四〇五
6 硅 三九三　▼研(研) 四二一
7 硯 四二八　硬 五〇六　硝 七五五　▼硝(硝) 七五五　硲 二四六　硫 一五七一
8 碍 一九二　碁 四六六　▼砕(砕) 五五一　碓 九八五　碇 一〇九六　碚 一三一八　▼碑(碑) 一二八五　硼 一四〇八　碌 一六二三　碗 一六二三
9 碣 四一四　磁 六三九　碩 八七九　碪 一〇七五　碑 一二八五　碧 一三七二
10 磑 一九三　確 二〇二　磋 五四六　磔 一〇〇二　碾 一一一八　磐 一三六七　磅 一四一一　碼 一四六六　磊 一五四五
11 磬 四〇〇　磧 八七九
12 磚 九一〇　磨 一四三七　磯 二八四　磽 五一四　礁 七六五　磴 一一五五
13 礒 二九一　礎 九二七　礑 一一五六
14 礙 一九四　礪 一五九九
15 礦 五一七　礬 一二七二　礫 一六〇一

[示 しめす] 示・ネ しめすへん

宗→宀 六八七
奈→大 一一八三
斎→齊 五五六
視→見 六一七
崇→山 八三五

0 示 六二八
1 礼 一五九二
3 祁 二六七　祀 六一一　社 六五五　▼社(社) 六五五
4 祈 二六六　▼祈(祈) 二六六　祇 二八七　祉 六一〇　▼祉(祉) 六一〇
5 祠 六一五　祗 六一五　祝 七〇七　▼祝(祝) 七〇七　神 七九六　▼神(神) 七九六　祟 八二九　祖 九二〇　▼祖(祖) 九二〇　祚 九二〇　▼祕(秘) 一二八一　祓 一三五〇　祐 一五二一　▼祐(祐) 一五二一
6 祭 五五四

画数	字	ページ
6	笠	一五七〇
	筈	二一四
	筐	三三九
	筋	三六一
	笄	三九六
	策	五六七
	筍	七二一
	筌	九〇四
	筅	九〇四
	筑	一〇三七
	答	一一四九
	等	一一四九
	筒	一一五〇
	筏	一二五四
	筆	一二九七
7	筳	一〇三
	筥	三一九
	筴	三四〇
	筧	四三〇
	筰	五六八
	筱	七五八
	筬	八六四
	筮	八七一
	節	八八七
	筲	九四三
8	箇	一五八
	管	二四三
	箝	二四三
	箕	二八〇
	箘	三六二
	箍	四五九
	箜	五一一
	箚	五七二
	算	五八九
	箋	九〇六
	箒	九四五
	箏	九四五
	箔	一二四一
	箙	一三四六
9	篋	三四一
	篁	五二二
	篌	五二二
	箴	八〇九
	▼節（節）	八八七
	▼節（節）	八八七
	箭	九〇八
	篆	一二一八
	箱	一二四六
10	箸	一二四六
	範	一二六七
	篇	一三八二
	篝	五一三
	簑	五四六
	篩	六二六
	篪	一〇三五
	築	一〇三八
	▼築（築）	一〇三八
	篤	一一七一
	篦	一三七一
	篥	一五六五
11	簀	五六八
	篠	七六五
	篣	九一〇
	簇	九四九
	篳	一二九八
	篷	一四二二
	簗	一五〇〇
	簍	一六一九
12	簡	二四九
	簣	二八四
	簧	五一六
	簪	八一二
	簞	一〇二二
	簟	一一一九
13	簷	一一〇八
	簫	七六七
	簽	九一二
	簸	一二一九
	簿	一三九五
	簾	一六〇八
14	籍	八八一
	籌	一〇五〇
	籃	一五五四
15	籔	九五二
	籒	一〇五〇
	籘	一一五八
16	籆	八二一
	籟	一五四六
	籠	一六二〇
	籙	一六二三
17	籤	九一三
	籥	一四九九
19	籬	一五六一

［米　こめ］
米　こめへん

参照		ページ
迷	↓辵	一四七一
料	↓斗	一五七六
粛	↓聿	七〇九
鬻	↓鬲	四二

画数	字	ページ
0	米	一三七一
2	籵	一一〇〇
3	粁	三五三
	籴	三七九
	籾	一四八七
4	粋	八二九
	粃	九七二
	粉	一三五五
	粍	一四五七
5	粗	九二三
	粘	一二〇九
	粕	一二四〇
	粒	一五七〇
6	粤	九三
	粢	六一九
	粥	七〇九
	粧	七五六
	粟	九六三
	粨	一三七四
7	粳	五〇八
	糀	五二三
	粲	五八八
	粱	一五七九
8	▼粹（粋）	八二九
	精	八六六
	▼精（精）	八六六
	粽	九四五
9	糊	四五九
	糅	七〇五
	糂	八二一
	糎	九一八
10	糖	一一五四
	糒	一二九三
11	糠	五一四
	糝	五九〇
	糟	九四九
	糜	一二九三
	糞	一三五七
12	糧	一五八二
14	糯	九七六
	糲	一五九九
16	糱	四一七
	糴	一一〇三
19	糶	一〇六九

［糸　いと］
糸　いとへん

参照		ページ
徽	↓彳	二八三
羅	↓网	一五四三
轡	↓車	一二八七

画数	字	ページ
0	糸	六〇五
1	糺	三〇五
2	系	三八八
	▼糾（糾）	三〇八
3	紆	七二
	紀	二六七
	級	三〇七
	糾	三〇八
	紅	四九二
	紉	八一九
	紂	一〇四八
	約	一四九七
	▼約（約）	一四九七
4	紜	八〇
	▼級（級）	三〇七
	紘	四九七
	紗	五四五
	索	五六六
	紙	六一五
	純	七二〇
	素	九二〇
	紐	一〇四八
	納	一二一〇
	紕	一二八一
	紛	一三五五
	紊	一三六二
	紡	一四一七
	紋	一四八九
5	経	三九三
	絅	三九四
	絃	四四三
	紺	五三八
	細	五五四
	紮	五七二
	終	六九一
	▼終（終）	六九一
	紹	七五二
	紳	八〇三
	紲	八八五
	組	九二四
	給	九八三
	紬	一〇四八

紵 一〇五一　絆 一二六五　累 一五九〇
6 絵 一七九　給 三一〇　結 四一二　絢 四二九　絞 五〇六　絳 五〇六　絖 五〇六　絎 五〇七　▼絲（糸） 六〇五　紫 六一九　絨 七〇五　絮 七三六　絏 八八六　絶 八八九　統 一一五〇　絣 一四〇八　絡 一五四六
7 綛 二一〇　▼經（経） 三九三　継 三九八　絹 四三〇

綉 六九五　綏 八三一　続 九六三　絛 一一五一　絽 一六〇九
8 維 三七　綺 二八〇　綦 二八一　綮 三九九　綣 四三三　綱 五一一　綵 五六〇　緇 六二四　綽 六六五　綬 六八三　緒 七二九　綫 九〇六　総 九四五　綜 九四七　綻 一〇一九　綢 一〇四九　綴 一〇九七　綯 一一五二　緋 一二八五

綿 一四七七　網 一四八一　綾 一五七九　緑 一五八三　▼綠（緑） 一五八三　綸 一五八五　緱 一五九七　練 一六〇六　綰 一六二三
9 ▼緯（緯） 四〇　縁 一〇六　▼緣（縁） 一〇六　縅 一二六　緩 二四六　緘 二四六　緊 三六三　緝 六九六　▼緖（緒） 七二九　縄 七七八　緤 八八九　線 九〇八　緞 一〇一九　締 一〇九七　緲 一三一一

緡 一三一七　編 一三八二　▼編（編） 一三八二　緬 一四七七　▼練（練） 一六〇六
10 緯 四〇　縊 四〇　縕 八三　▼縣（県） 四二一　縞 五二三　縡 五六〇　縒 六二六　縦 七〇六　縟 七八六　縉 八〇九　緻 一〇三五　縋 一〇七八　縢 一一五四　縛 一二四四　繁 一二六八　縫 一四一一
11 繈 三四二　▼縱（縦） 七〇六　縮 七〇九

績 八八〇　繊 九一〇　▼總（総） 九四五　▼繁（繁） 一二六八　縻 一二九三　繆 一三〇二　縹 一三〇八　▼縫（縫） 一四一一　繃 一四二三　縵 一四五〇　縷 一五八九　縲 一五九一　縺 一六〇八
12 繧 八三　繭 四三五　繝 四三五　繖 五九〇　繞 七七九　織 七八五　繕 九一八　繙 一二六八　繚 一五八二
13 繹 九二　▼繪（絵） 一七九

繰 三八〇　繫 四〇二　▼繭（繭） 四三五　繳 六六六　繡 六九七　▼繩（縄） 七七八
14 纃 二一〇　▼繼（継） 三九八　纂 五九一　繻 六八〇　繽 一三一五　辮 一三八七
15 纐 四〇九　纊 五一七　纈 五一七　▼續（続） 九六三　纏 一一一九
17 纓 九〇　纔 五六一　▼纖（繊） 九一〇
18 纛 一一五八
19 纘 五九一
21 纜 一五五五

【缶 ほとぎ】
0 缶 二三四　缶 二三四
3 缸 四九三
4 ▼缺（欠） 四〇九
11 罅 一六〇
14 罌 一一九
15 罍 一五四六
16 罎 一一八二
17 ▼罐（缶） 二三四
18 ▼罐（缶） 二三四

【网・罒 あみがしら・あみめ・よこめ】
岡→山 二一〇　買→貝 二二三　詈→言 一五五九　蜀→虫 七八三
3 罕 二二五　罔 一四八〇
4 罘 一三一七
5 罟 四五五　罠 一三一六

8 罨 二三　罫 三九九　罪 五六三　署 七二九　罧 八〇七　置 一〇三四　罩 一一五一
9 ▼署（署） 七二九　罰 一二五五
10 罵 一二二二　罷 一二八六
11 罹 一五六〇
13 羂 四三五　羃 一三七四
14 羆 一二八七　羅 一五四三
17 羇 二八六
19 羈 二八六

【羊 ひつじ】
洋→水 一五二七　差→工 五四四　祥→示 七四八　恙→心 一五二九

翔↓羽 七五六　善↓口 九二五　詳↓言 七五九　養↓食 一五三五　鮮↓魚 九二一

0 羊 一五二五
2 羌 三三二
3 美 一二八九
4 羔 四九七
5 羞 六九二　羝 一〇九四　羚 一五九六
6 着 一〇四〇
7 義 二八八　群 三八五　羨 九〇五
9 羯 二二六
10 羲 二九〇
13 羹 五一七　羶 九一二　羸 一五九二

扇↓戸 九〇一

【羽・羽 はね】

勠↓力 一五六二　戮↓戈 一五六二

0 羽 六九　▼羽（羽） 六九
4 翁 一二五　▼翁（翁） 一二五　翅 六一六
5 習 六九二　▼習（習） 六九二　翌 一五三九　▼翌（翌） 一五三九　翊 一五三九
6 翕 三一〇　翔 七五六　▼翔（翔） 七五六
8 翠 八三一　翡 一三八五
9 翫 二五七　翦 九〇八　翩 一三八三
10 翰 二四七
11 翳 八九　翼 一五四〇
12 翹 三四七　翻 一四三四　▼翻（翻） 一四三四　▼翼（翼） 一五四〇
14 耀 一五三七

【老・耂 おいかんむり・おいがしら】

孝↓子 四八四　煮↓火 六五九

2 考 四八一　老 一六一三
4 耆 二六九　者 六五六　耄 一四八〇
5 ▼者（者） 六五六
6 耋 一二〇四

【而 しかして・しこうして】

需↓雨 六八三

0 而 六二九
3 耐 九八一

【耒・耒 すきへん・らいすき】

4 耘 八〇　耕 四九七　耙 一三一八　耗 一四八〇
5 耜 六一七
7 耡 七三六
9 耦 三七六
10 耨 一一六六

【耳 みみ】
耳 みみへん

取↓又 六七五　弭↓弓 一三八九　耶↓邑 一四九二　恥↓心 一〇三二

0 耳 六二九
4 耴 四九七　耽 一〇一四
5 聊 一五七七　聆 一五九六
6 聒 二一四
7 聖 八六四　聘 一三六九
8 聢 六四二　聚 六九六　聡 九四七　聞 一三六二
11 聳 七六五　▼聲（声） 八五二　▼聰（聡） 九四七　聴 一〇六八　聯 一六〇八　聶 七六六
12 職 七八五
16 ▼聽（聴） 一〇六八　聾 一六二一

【聿・⺺ ふでづくり】

建↓廴 四二一　律↓彳 一五六四　書↓曰 七一七　健↓人 四一四　筆↓竹 一二九七

0 聿 五六
6 粛 七〇九
7 肄 三六　肆 六二三
8 ▼肅（粛） 七〇九　肇 一〇六五　▼肇（肇） 一〇六五

【肉 にく】
月 にくづき

有↓月 一五〇六　宍↓宀 一一九六　服↓月 一三四二　朋↓月 一四〇一　朕↓月 一〇七四　豚↓豕 一一七九　勝↓力 七五三　謄↓言 一一五六　騰↓馬 一一五八

0 肉 一一九五
2 肌 一二四八　肋 一六二三
3 ▼育（育） 四二　肝 二一五　肛 四八六　肓 四八六　肖 七四二　▼肖（肖） 七四二　肚 一一二六　肘 一二九五
4 育 四二　肩 四二〇　▼肩（肩） 四二〇　股 四五〇　肯 四八八　肴 四八八　肱 四八八　肢 六二一　肭 一一一七　肥 一二七六　肪 一四一六　肬 一五〇九
5 胃 三〇　胤 六三　胡 四五四　胛 四九三　胥 七二七　胙 九二〇　胎 九八一　胆 一〇一三　胝 一〇三一　冑 一〇四八　背 一二三四　肺 一二二五　胚 一二二五　胖 一二六四　胞 一四〇四　▼胞（胞） 一四〇四
6 胸 三三四　脅 三三五　胯 四五五　胱 四九七　脂 六一六　脆 八七一　脊 八七七　胴 一一六一　能 一二一〇　脈 一四五六　脇 一六二九
7 脚 二九七　脛 三九四　脩 六九二　脣 八〇三　脱 一〇〇七　▼脱（脱） 一〇〇八　脳 一二一一　脯 一三八九

腋 九二
腔 五〇七
脹 一〇六二
腆 一一一七
脾 一二八三
腓 一二八四
腑 一三二三
腐 一三二三
胼 一三八二
腕 一六二二
9 腱 四三〇
腮 五五九
腫 六七九
腎 八二〇
腥 八六五
腺 九〇五
腠 九四四
腸 一〇六三
▼腦 脳 一二一一
腹 一三四五
腴 一五〇四
腰 一五三三
10 膃 一一六
膈 二〇一
膏 五一一
腿 九八五
膊 一二四一
膀 一四二〇
膜 一四四〇
膂 一五七三
11 膠 五一二
膵 八三三
膣 一〇三九
膝 一二九四
膚 一三三四
12 膩 六四〇
膳 九一八
膰 一二六八
膨 一四二一
13 臆 一二三
膾 一八六
臉 四三四
▼膽 胆 一〇一三
臀 一一一四
膿 一一二二
臂 一二八七
膺 一五三六
14 臑 六四〇
臍 八七〇
15 臓 九五五
臘 一六一九
16 臙 一〇九
臚 一六一一
17 ▼臟 臓 九五五
18 ▼臟 臓 九五五
19 臠 一六〇九

［臣・臣 しん］
堅 ↓土 四一七
腎 ↓肉 八二〇
監 ↓皿 二四五
緊 ↓糸 三六三
蔵 ↓艸 九五五
賢 ↓貝 四三三
覧 ↓見 一五五二
0 臣 七九一
2 臥 一六四
8 臧 九五五
11 臨 一五八七

［自 みずから］
息 ↓心 九五九
鼻 ↓鼻 一二九二
0 自 六二〇
3 臭 六八九
4 ▼臭 臭 六八九

［至 いたる］
到 ↓刀 一一三九
室 ↓宀 六四七
倒 ↓人 一一四一
窒 ↓穴 一〇三八
0 至 六〇六
3 ▼致 致 一〇三三
4 致 一〇三三
8 ▼臺 台 九九七
10 臻 八〇九

［臼 うす］
叟 ↓又 九二六
鼠 ↓鼠 九二六
輿 ↓車 一五一三
0 臼 三〇四
2 臾 一五〇三
4 舁 一五一三
5 舂 七五二
6 ▼與 与 一五一九
7 舅 三一〇
10 興 五一三
11 ▼舊 旧 三〇二
12 ▼舊 旧 三〇二

［舌 した］
乱 ↓乙 一五五〇
刮 ↓刀 二一一
甜 ↓甘 二一六
辞 ↓辛 六三九
0 舌 八八九
2 舎 六五六
▼舍 舎 六五六
4 舐 六一六
6 舒 七三六
9 舗 一三九一
▼舖 舗 一三九一
10 舘 二四七

［舛・舛・舛 まいあし］
桀 ↓木 四一二
0 舛 八九七
6 舜 七一七
▼舜 舜 七一七
8 舞 一三三七
▼舞 舞 一三三七

［舟 ふね］
舟 ふねへん
磐 ↓石 一三六七
盤 ↓皿 一三七二
0 舟 六八五
4 航 四九七
般 一二六四
舫 一四〇五
5 舸 一五二
舷 四四四
舳 六四三
船 九〇三
舵 九七四
舶 一二四〇
7 艇 一〇九六
艀 一三三二
10 艙 九四九
艘 九四九
11 艚 九四九
艝 九六六
12 艟 一一六六
13 艤 二九一
艢 七六七
艨 一四八二
15 艦 二五一
艪 一六一二
16 艫 一六一三

［艮 ねづくり・こんづくり］
限 ↓阜 四四一
退 ↓辵 九八一
根 ↓木 五三六
痕 ↓疒 五三八
0 艮 五三四
1 良 一五七五
11 艱 二四九

［色 いろ］
絶 ↓糸 八八九
0 色 七八〇
13 艶 一〇八
18 ▼艷 艶 一〇八

［艸 くさ］
艹・艹 くさかんむり・そうこう
惹 ↓心 六六八
募 ↓力 一三九三
墓 ↓土 一三九四
幕 ↓巾 一四三九
夢 ↓夕 一四六三
慕 ↓心 一三九四
暮 ↓日 一三九四
甍 ↓瓦 一四二一
繭 ↓糸 四三五
0 艸 九三〇
2 艾 一九〇
3 芋 五九
芝 六五三
芍 六六三
芒 一四一四
4 芸 八〇
花 一四一
▼芽 芽 一六四
芥 一七二
苅 一九〇

5

芹 三五四　芸 四〇三　芫 四三九　芟 五八四　芯 七九二　芻 八三五　苆 八三八　芭 一二一九　芙 一三二六　芬 一三五四　芳 一三九七　苡 二九　英 八五　苑 九七　苛 一四六　茄 一四七　芽 一六四　苣 三一六　苦 三六七　茎 三八九　苟 四八八　若 六六六　苴 七二七　苫 八九八

6

苒 九一四　苔 九七九　苧 一〇五一　苳 一一四〇　苺 一二三〇　范 一二六四　苗 一三〇九　苻 一三二六　苹 一三六七　苞 一四〇四　茅 一四一六　茆 一四一六　茉 一四四四　茂 一四七八　苜 一四八五　苙 一五六五　苓 一五九五　茨 五八　茵 六三　茴 七四　荊 三九〇　荒 四九三　茲 六一四　茱 六七六

7

荀 七一九　茹 七三五　茸 七七四　荏 八一九　茜 九〇一　荐 九〇一　草 九三四　荘 九三五　茶 一〇三九　荅 一二四〇　茯 一三四三　茫 一四一七　茗 一四七一　荔 一五五七　莚 九九　荷 一五一　華 一五一　莪 一六五　莞 二三一　荅 二五五　莢 三三五　▼莖（茎） 三八九　▼莖（茎） 三八九　莫 四六六

8

莎 五四五　▼莊（荘） 九三五　▼莊（荘） 九三五　荻 一一〇〇　荼 一一二七　荳 一一四四　菍 一二〇三　莫 一三九三　莠 一五一一　莅 一五五七　莉 一五五七　萇 一六一七　菴 三　萎 三四　▼華（華） 一五一　菓 一五二　菅 二三三　萁 二七四　菊 二九二　菌 三五九　菫 三六〇　菎 五三八　菜 五五五　菽 七〇九

9

菖 七五二　萃 八三〇　菘 八三五　菁 八六二　著 一〇五一　菟 一一二八　萄 一一六三　菠 一二一九　菲 一二八二　萍 一三六九　菩 一三九三　萌 一四一八　莽 一四八一　萢 一五〇〇　萊 一五四四　萎 一五七八　葭 一五三　萼 二〇五　葛 二一四　葵 二七七　韮 三一〇　葷 三八二　萱 四二九　菰 四五七

10

萩 六九三　葺 六九三　葬 九四一　葱 九四一　▼著（著） 一〇五一　▼著（著） 一〇五一　董 一一五一　葩 一三一九　葡 一三八九　葆 一三八九　▼萬（万） 一四四五　▼萬（万） 一四四五　葯 一四九七　萸 一五〇三　葉 一五三一　落 一五四七　葎 一五六四　萵 一六二七　葦 三六　蓋 一九二　蒹 四三〇　蒿 五〇八　蓙 五二九　蒟 五三九

11

蓑 五四六　蒜 五八九　蒔 六二三　蓍 六二三　蒻 六六九　蒐 六九五　蒸 七七七　蓐 七八六　蓁 八〇七　蓆 八七八　蒼 九四四　蓄 一〇三七　蓖 一二八四　蒲 一三九〇　蒡 一四二〇　蒙 一四八一　蓉 一五三四　蓮 一六〇六　蔭 六七　蔚 七六　蔡 五六〇　蔗 六六〇　蓿 七〇九　蓴 七二三

12

蔣 七六〇　蔘 八〇八　蔬 九二六　蔟 九六三　蔕 九八五　蔦 一〇六五　蔔 一三四六　蔑 一三七六　蓬 一四〇九　蔀 一四一〇　蔓 一四五〇　蓼 一五八〇　▼蓮（蓮） 一六〇六　蕎 三四一　蕀 三五一　蕨 四一四　蕣 七一七　蕉 七六二　蕘 七七八　蕈 八〇九　蕁 八二一　蕊 八三四　蔵 九五五　蕩 一一五三

蕃 一二七　蕪 一三七　蔽 一三七〇　蕕 一五一六
13 薀 八三　薗 一〇七　薙 一八五　薑 三四二　薫 三八三　薊 四〇〇　薨 五一四　蕭 七六四　薔 七六四　薪 八〇九　薛 八八九　薦 九一〇　薙 一〇九八　薄 一二四二　薇 一二九三　薜 一三七一　薬 一四九八　蕷 一五二三　薏 一五四〇　蕾 一五四五

蕗 一六一〇　䕡 一六一八　薐 一六一九　薈 一六二八
14 ▼薰（薫） 三八三　▼薰（薫） 三八三　藁 五一四　薩 五七三　藉 六六〇　薯 七三一　薺 八七〇　▼藏（蔵） 九五五　▼藏（蔵） 九五五　薹 九八六　藐 一三一一
15 藕 三七六　▼藝（芸） 四〇三　▼藝（芸） 四〇三　藪 九五〇　藤 一一五六　藩 一二六九　▼藥（薬） 一四九八　▼藥（薬） 一四九八　藍 一五五三

藜 一五九九
16 藹 七　蘊 八三　藷 七三一　蘇 九二七　藻 九五二　蘋 一三一五　藾 一五四六　蘭 一五五三　藺 一五八八　蘆 一六一一　蘢 一六一九
17 蘚 九一二　▼蘭（蘭） 一五五三
19 蘿 一五四三

【虍・虍 とらがしら・とらかんむり】

彪→彡 一三〇二　膚→肉 一三三四　慮→心 一五七三　盧→皿 一六二〇

2 虎 四五〇
3 虐 二九八
4 虔 四二四　虒 六一六
5 虚 三一七　▼處（処） 七二四
6 ▼虛（虚） 三一七　▼虜（虜） 一五七三
7 虞 一二四　▼號（号） 五一八　虜 一五七三
11 虧 二八四

【虫 むし】 虫 むしへん

独→犬 一一七二　触→角 七八四　繭→糸 四三五

0 虫 一〇四四
3 虹 一一九六　虻 一四一七
4 蚓 六四　蚊 一六一　蚣 四九八　蚕 五八六　蚩 六一六

蚤 九二七　蚪 一一一七　蚌 一四一八
5 蚫 一九　蚶 二二四　蚯 三〇九　蛍 三九四　蛄 四五六　蛇 六六一　蛆 七一八　蛋 一〇一五　蚰 一五一一　蛉 一五九六
6 蛙 三　蛯 九四　蛔 一七九　蛞 二一五　蛩 三三九　蛬 三四〇　蛤 五〇七　蛟 五〇七　蛭 六四九　蛛 一〇四一　蛮 一二七一

7 蜒 一〇三　蛾 一六五　蜎 四三一　蜆 四三一　蜈 四六七　蜍 七三六　蛸 七五八　蜀 七八三　蜃 八〇八　蛻 八七一　蜹 八七一　蜑 一〇一七　蜓 一〇九七　蜉 一三三二　蜂 一四〇八　蛹 一五三四　蜊 一五五九
8 蜴 九二　蜿 一〇五　蜷 四三二　蜻 八六七　蜥 八七九　蜘 一〇三五　蜩 一〇六五

蜚 一三八五　蜜 一四五五
9 蝟 三八　蝘 一〇七　蝦 一五九　蝸 一五九　蝌 一五九　蝎 二一六　蝴 四五九　蝗 五一二　蝨 六五〇　蝕 七八五　蝶 一〇六七　蝠 一三四七　蝮 一三四七　蝙 一三八三　蝓 一五〇四　蝣 一五一六　蝲 一五四九
10 ▼螢（蛍） 三九四　螈 四四五　螗 一一五四　蟇 一二三三　蟒 一四二二

螟 一四七三　融 一五一六　螂 一六一九
11 螾 六八　螯 五二三　蟋 六五〇　螽 六九七　蟀 七一三　螫 八八〇　蟎 一〇一〇　蟄 一〇三九　螳 一一五六　螺 一五四二　螻 一六一九
12 蟯 三四七　蟪 四〇一　蟬 九一一　蠆 九八七　▼蟲（虫） 一〇四四　蟠 一二七二
13 蟹 一八七　蠖 二〇三　蠍 二一六　蟻 二九一

蟾 九二　蟶 一〇九九　蟷 一二五七　蠅 一五三七　蠊 一六〇八
14 蠑 九〇　蠕 九一八　蠣 一五九九
15 蠢 七一八　蠡 一六〇〇　蠟 一六二〇
17 蠱 四五九
18 ▼蠶(蚕) 五八六　蠹 一一三〇
19 ▼蠻(蛮) 一二七一

【血 ち】
0 血 四一〇
4 衄 六四三
6 衆 六九三
14 衊 一三七六

【行 ぎょう　行 ぎょうがまえ・ゆきがまえ】
銜→金 二一四
0 行 四八二
3 衍 九八
5 衒 四四四　術 七一四
6 街 一九一
7 衙 一六五
9 衝 七六二
10 衛 八九　▼衞(衛) 八九　衡 五一四
18 衢 三七一

【衣 ころも　ネ ころもへん】
初→刀 七二四　依→人 二八　哀→口 四
0 衣 二六
2 表 一三〇三
3 衫 五八五　衷 一〇四八
4 衿 三五九　衾 三五九　衮 五三七　衵 六五二　衰 八二九　衲 一一六一　袂 一三七二
5 袈 三八六　袖 六九〇　袗 八〇一　袋 九八三　袒 一〇一四　袙 一二五四　袢 一二六五　被 一二八一　袍 一四〇五　袤 一四一九　袰 一四三一
6 袾 二一九　袿 三九五　袴 四五六　袷 五〇二　裁 五五七　袵 八一九　装 九四一　袱 一三四三　裄 一五一八　裂 一六〇三
7 裔 八七　裘 三一〇　裙 三八三　裟 五四六　▼裝(装) 九四一　裎 一〇九六　補 一三八九　裕 一五一二　裡 一五五八　裏 一五五九
8 裹 一五八　褂 一八二　褐 二一五　裳 七六〇　裾 八三九　製 八六七　裼 八七九　褄 一〇八五　裴 一二一九　裨 一二八四　裸 一五四二　裲 一五七九
9 ▼褐(褐) 二一五　褌 五三九　複 一三四六　褊 一三八二　褓 一四一〇　褒 一四二一
10 褞 八三　褥 七八六　褪 九八六　褫 一〇三五
11 褷 三四二　襄 七七九　褻 八八九　褶 一〇六八　▼襃(褒) 一四二一　褸 一五八九
12 襌 一〇二〇
13 襖 一一八　襟 三六四　襠 一二五六　襞 一三七四
14 襦 六八四　襪 一三七六　襤 一五五三
15 襭 四一五
16 襲 六九八　襯 八二二
17 襷 一〇〇四　襴 一五五四

【襾・西・覀 おおいかんむり・にし】
栗→木 一五六四　票→示 一三〇五　粟→米 九六三　賈→貝 四五八
0 西 八五一
3 要 一五二八
6 覃 一〇一七
12 覆 一三四七
13 覈 二〇三　覇 一二一九

【見 みる】
現→玉 四四二　硯→石 四二八　寛→宀 二四〇　筧→竹 四三〇
靦→面 一二一九
0 見 四一八
4 規 二七四　視 六一七　覓 一三七四
5 覚 一九九　▼視(視) 六一八　覗 六二〇　覘 一一一八
7 覡 四〇六
9 親 八一〇　覩 一一三〇　覦 一五〇四
10 覬 二八四　覯 五一五　覧 一五五二
11 観 二五〇　覲 三六五
13 ▼覺(覚) 一九九
14 ▼覽(覧) 一五五二
15 覿 一一〇三
17 ▼觀(観) 二五〇
18 ▼觀(観) 二五〇

【角 かく・つの　角 つのへん】
斛→斗 五二七
0 角 一九六
5 觚 四五七　觜 六二〇　觝 一〇九六
6 解 一八二　觥 五〇八　触 七八四
11 觴 七六六
13 ▼觸(触) 七八四

【言 げん　言 ごんべん】
獄→犬 五二八
0 言 四三九
2 計 三九一　訂 一〇九二　訃 一三三七
3 記 二七〇　訖 二九五　訓 三八二

訐 四一二　訌 四九八　訊 八一九　託 一〇〇二　討 一二四四
4 訛 一五二　訝 一六五　許 三一八　訣 四一二　訟 七五二　設 八八五　訥 一一七六　訪 一四〇六　訳 一四九七
5 詠 八七　訶 一五三　詁 四五七　詐 五四五　詞 六二〇　詛 七二九　証 七五六　詔 七五七　診 八〇四　訴 九二五
詑 九七二　詒 九八四　註 一〇四八　詆 一〇九六　評 一三〇五　▼評（評） 一三〇五　詈 一五五九
6 詼 一八三　該 一九二　詭 二七九　詰 二九六　詣 三九九　誇 四五七　詬 五〇九　詩 六一三　試 六一三　詢 七一三　詳 七五九　誠 八六五　詮 九〇五　詫 九七二　誅 一〇四九　誂 一〇六四　誉 一五二二
誄 一五九一　話 一六二七
7 誨 一八三　誡 一八四　誑 三四〇　語 四六七　誤 四六七　誥 五一一　誌 六二四　誚 七六〇　誦 七六〇　▼誠（誠） 八六五　誓 八六八　説 八八八　▼誕（誕） 一〇一九　読 一一七四　認 一三〇三　誣 一三三三　誘 一五一五
8 謁 九四　課 一六〇　誼 二九〇　諏 六八〇　諄 七一三
諸 七三〇　諚 七七八　請 八六九　▼請（請） 八六九　諍 九四八　諾 一〇〇三　誰 一〇一一　誕 一〇一九　談 一〇二六　調 一〇六七　▼調（調） 一〇六七　諂 一一一八　誹 一二八六　諒 一五八一　論 一六二三
9 諳 二四　謂 四〇　▼謁（謁） 九四　諧 一八六　諤 二〇六　諫 二四七　謔 二九九　諠 四三三　諺 四四五
諢 五四〇　諮 六二七　諡 六二七　▼諸（諸） 七三〇　諜 一〇六八　諦 一〇九八　諷 一三四一　諞 一三八三　謀 一四二二　諭 一五〇四　▼諭（諭） 一五〇四　諛 一五〇四　謡 一五三六
10 諱 二八四　謹 三六四　謙 四三四　▼謙（謙） 四三四　謇 四三五　講 五一五　▼講（講） 五一五　謝 六六〇　謖 七八五　謄 一一五六　▼謄（謄） 一一五六
謎 一一八八　謐 一二九八　謨 一三九五　謗 一四二二　▼謠（謡） 一五三六
11 謳 一一八　譁 一六〇　鞫 二九三　▼謹（謹） 三六四　謦 四〇一　謫 一〇〇三　謬 一三〇二　謾 一四五〇　譌 一六〇
12 譏 二八五　警 四〇二　譎 四一五　識 六四二　▼證（証） 七五六　譖 八一二　譚 一〇二一　譜 一三三四
13 議 二九二　▼警（警） 四〇二
護 四六八　譲 七七九　譫 九二二　譟 九五二　譬 一二八七　▼譯（訳） 一四九七　▼譽（誉） 一五二二
14 譴 四三七　▼護（護） 四六八
15 讃 五九一　▼讀（読） 一一七四
16 讌 一〇九　讐 六九八　▼變（変） 一三七九
17 讙 二五二　讒 五九四　▼讓（譲） 七七九　讖 八一二

【谷 たに】
欲→欠 一五三九
0 谷 五二四
4 谺 一五二
10 豁 二一六　谿 四〇一

【豆 まめ】
短→矢 一〇一六　登→癶 一二四九　頭→頁 一二五四
0 豆 一一三八
3 豈 一九一
6 豊 一四〇八
8 豌 一〇七
11 ▼豐（豊） 一四〇八

【豕 ぶた・いのこ】
啄→口 一〇〇二　逐→辶 一〇三七　琢→玉 一〇〇二
0 豕 六〇八
4 豚 一一七九
5 象 七五七
6 豢 二四二
7 豪 五二一
9 ▼豫（予） 一五二〇

【豸・豸 むじなへん】

墾↓土 五四〇
懇↓心 五四〇
3 豺 五五二
豹 一三〇四
5 貂 一〇六三
6 貉 二〇〇
貊 一二四四
7 貌 一四二〇
8 貎 四〇四
10 貘 一二四五

【貝 かい・こがい】 貝 かいへん
則↓刀 九九九
員↓口 六三
唄↓口 七五
敗↓攵 一三七
嬰↓女 八九
0 貝 一八七
2 貞 一〇九二
負 一三一七
3 貢 四九八
財 五六二
4 貨 一五二
貫 二三四
責 八七八
貪 一二八一
販 一三六五
貧 一三一三
貶 一三八一
5 貽 三五
賀 一六五
貴 二七七
貲 六二〇
貰 八六三
貸 九八四
貯 一〇五二
貼 一〇六三
▼貳(弐) 一一九五
買 一三三二
費 一二八四
貿 一四二〇
6 賈 四五八
資 六二四
賊 九六三
賃 一〇七五
賁 一二八四
賂 一六〇九
賄 一六二八
7 賑 八〇八
▼賓(賓) 一三一四
8 賛 五九〇
賜 六二五
質 六五〇
賞 七六二
賤 九〇八
▼賣(売) 一二二九
賠 一三三二
賓 一三一四
賦 一三三四
賚 一五四五
9 賢 四三三
賭 一一三〇
▼賴(頼) 一五四六
10 購 五一五
▼購(購) 五一五
賽 五六〇
賺 一〇二〇
賻 一三三四
11 贄 六二七
贅 八七二
贈 九五五
12 贇 六八
贋 二五八
▼贊(賛) 五九〇
▼贈(贈) 九五五
13 贏 九〇
贍 九一二
14 贐 八二一
贓 九五六
贔 一二八七
15 贖 七八六

【赤 あか】
嚇↓口 二〇三
0 赤 八七五
4 赦 六五八
5 赧 一〇一七
7 赫 二〇一
9 赭 六六〇
赬 一〇九八

【走 はしる】 走 そうにょう
0 走 九三一
2 ▼赳(赳) 三〇八
3 赴 一三三八
起 二七〇
赳 三〇八
5 越 九三
超 一〇六三
趁 一〇七五
7 趙 一〇六五
8 趣 六八〇
10 趨 八三六

【足 あし】 足 あしへん
促↓人 九五九
捉↓手 九五九
0 足 九五七
4 跂 二七五
趾 六一八
趺 一三三〇
5 跏 一五三
距 三一九
▼距(距) 三一九
跚 五八八
跖 八七八
跎 九七二
跌 一二〇四
跛 一三一九
跋 一二五四
6 跪 二七九
跫 三四〇
跨 四五八
跟 五三九
跡 八七九
践 九〇六
跣 九〇六
跳 一〇六四
路 一六一〇
7 跼 三五〇
跿 一一三〇
踊 一五三五
踉 一五八〇
8 踝 一一六〇
踑 二八二
踞 三一九
▼踐(践) 九〇六
踪 九四八
踟 一〇三五
踏 一一五三
9 蹂 七〇六
踵 七六四
蹄 一〇九八
踰 一五〇四
踴 一五三六
10 蹊 四〇一
蹇 四三五
蹉 五四七
蹐 八八〇
蹌 九四九
蹈 一一五六
11 蹙 七一〇
蹤 七六六
蹟 八八〇
蹠 八八一
蹣 一二六九
蹕 一二九八
12 蹻 三四三
蹶 四一五
蹴 六九七
蹲 九六九
躇 一〇五三
蹼 一四二九
13 躁 九五二
躅 一〇七二
躄 一三七四
14 躋 八七〇
躊 一〇五〇
躍 一四九九
15 躓 一〇三五
躑 一一〇三
躔 一一二〇
18 躡 七八〇
19 躪 一五八九

【身 み】
射↓寸 六五七
0 身 七九二
3 躬 三〇八
4 躮 八七二
6 躱 九七二
9 躾 六五三
11 軀 三七〇
17 軈 一四九六

【車 くるま】 車 くるまへん
庫↓广 四五五
斬↓斤 五九三

塹 ↓土 五九三
擊 ↓手 四〇七
暫 ↓日 五九三

0 車 六五五
1 軋 一四
2 軌 二六七
軍 三八四
3 軒 四二四
4 転 一一一六
軟 一一九一
軛 一四九七
5 軼 五七
軻 一五三
軽 三九六
6 軸 六四三
軫 八〇四
較 二〇〇
載 五五九
輀 六三九
軾 七八四
輊 一〇二四
輅 一六一〇
7 ▼輕 軽 三九六
輒 一〇六五
輓 一二七一
輔 一三九一
8 輝 二八二
輜 六二六
輟 一一〇六
輩 一二二九
輛 一五八一
輪 一五八六
輦 一六〇七
輯 六九六
輳 九四九
9 輻 一三四七
輹 一三四七
輸 一五〇四
10 ▼輸 輸 一五〇四
轅 一〇八
轄 二一六
▼轄 轄 二一六
轂 五二八
輾 一一一九
輿 一五二三
11 轌 九六六
▼轉 転 一一一六
轆 一六二三
12 轎 三四三
轍 一一〇七
13 轗 二五一
14 轟 五三三
15 轡 一二八七
轢 一六〇一
16 轤 一六二三

【辛 からい】

宰 ↓宀 五五二
辮 ↓糸 一三八七

0 辛 七九三
5 辜 四五七
6 辞 六三九
辟 一三七二
7 辣 一五四九
9 ▼辨 弁 一三八四
12 ▼辭 辞 六三九
14 ▼辯 弁 一三八四

【辰 しんのたつ】

唇 ↓口 七九八
宸 ↓宀 七九八
晨 ↓日 八〇二
蜃 ↓虫 八〇八
震 ↓雨 八〇九

0 辰 七九四
3 辱 七八六
6 農 一二二一

【辵・辶・辶 しんにょう・しんにゅう】

巡 ↓川 七一八
導 ↓寸 一一六五
暹 ↓日 九一〇

1 辷 八四〇
2 込 五三三
▼込 込 五三三
辻 一〇八三
辺 一三七八
3 迂 七〇
迄 二九五
迅 八一八
▼迅 迅 八一八
辿 一一二三
4 近 三五四
▼近 近 三五四
迎 四〇四
▼迎 迎 四〇四
迚 一一七七
返 一三七八
▼返 返 一三七八
5 迦 一四八
迥 三九一
述 七一四
▼述 述 七一四
迢 一〇五七
迪 一一〇〇
▼迪 迪 一一〇〇
迭 一一〇四
▼迭 迭 一一〇四
迫 一二三九
▼迫 迫 一二三九
6 迴 一七八
逆 二九八
▼逆 逆 二九八
逅 四九八
迹 八七七
送 九三五
▼送 送 九三五
退 九八一
▼退 退 九八一
迺 九九八
追 一〇七六
▼追 追 一〇七六
逃 一一四〇
▼逃 逃 一一四〇
迷 一四七一
▼迷 迷 一四七一
7 逑 三一〇
逕 三九五
逧 五六九
這 六五八
逡 七一七
逍 七五三
逝 八五九
▼逝 逝 八五九
造 九五三
▼造 造 九五三
速 九六〇
▼速 速 九六〇
逐 一〇三七
▼逐 逐 一〇三七
通 一〇七八
▼通 通 一〇七八
逓 一〇九三
逞 一〇九四
逖 一一〇一
途 一一二七
▼途 途 一一二七
透 一一四四
▼透 透 一一四四
逗 一一四六
逋 一三八九
逢 一四〇七
連 一六〇三
▼連 連 一六〇三
8 逸 五六
▼逸 逸 五六
逵 二七八
週 六九二
▼週 週 六九二
進 八〇三
▼進 進 八〇三
逮 九八四
▼逮 逮 九八四
迸 一四〇八
9 遏 一五
適 一五
▼違 違 三七
運 八〇
▼運 運 八〇
過 一五三
▼過 過 一五三
遐 一五六
遇 三七五
▼遇 遇 三七五
遑 五〇九
遒 六九六
遂 八三一
▼遂 遂 八三一
達 一〇〇六
▼達 達 一〇〇六
遅 一〇三三
遉 一〇九七
道 一一六三
▼道 道 一一六三
遁 一一八〇
逼 一二九八
遍 一三八二
▼遍 遍 一三八二
逾 一五〇四
遊 一五一三
▼遊 遊 一五一三

遥 一五三一 / 10 違 三一七 / 遠 一〇三 / ▼遠（遠） 一〇三 / 遣 四三一 / ▼遣（遣） 四三一 / 遘 五二一 / 遡 九二六 / 遜 九六八 / ▼遞（逓） 一〇九三 / ▼遙（遥） 一五三一 / 11 遨 五三二 / 遮 六六〇 / ▼遮（遮） 六六〇 / 遭 九四七 / ▼遭（遭） 九四七 / 適 一一〇一 / ▼適（適） 一一〇一 / 遯 一一八〇 / 12 遺 三八 / ▼遺（遺） 三八 / 遵 七二三 / ▼遵（遵） 七二三 / 遶 七七八

選 九〇九 / ▼選（選） 九〇九 / 遷 九〇九 / ▼遷（遷） 九〇九 / ▼遲（遅） 一〇三三 / 邁 一四三九 / 遼 一五八一 / ▼遼（遼） 一五八一 / 13 邂 一八六 / 還 二四八 / ▼還（還） 二四八 / 遽 三三〇 / 避 一二八六 / ▼避（避） 一二八六 / 邀 一五三六 / 14 邇 六四〇 / 邃 八三三 / 15 ▼邊（辺） 一三七八 / 19 邏 一五四三

［邑・阝 おおざと］

祁↓示 二六七

0 邑 一五〇八 / 4 ▼邪（邪） 六六一

邨 九六七 / 那 一一八三 / 邦 一三九七 / 5 邯 二二七 / 邱 三〇六 / 邪 六六一 / 邵 七四五 / 邸 一〇九一 / 6 郁 四二 / 郊 四九四 / 耶 一四九二 / 7 郎 一六一六 / 郢 八六 / 郡 三八五 / 郤 四〇六 / 郛 一三三〇 / ▼郎（郎） 一六一六 / 8 郭 一九九 / 郷 三三九 / 都 一一二八 / 部 一三三六 / 郵 一五一一 / 9 鄂 二〇五 / ▼都（都） 一一二八

10 ▼鄉（郷） 三三九 / ▼鄕（郷） 三三九 / 鄒 八三六 / 11 鄙 一二八五 / 12 鄲 一〇二〇 / 鄭 一〇九八 / ▼鄰（隣） 一五八七

［酉 ひよみのとり・こよみのとり］

酉 とりへん

0 酉 一五〇八 / 2 酋 六八九 / 酊 一〇九二 / 3 酌 六六四 / ▼酌（酌） 六六四 / 酒 六七八 / 酎 一〇四八 / 配 一二二六 / 4 酔 八三〇 / 酖 一〇一五 / 5 酣 二三七 / 酢 五六七 / 酥 九二五

6 酬 六九六 / 酩 一四七二 / 酪 一五四九 / 7 酳 六七 / 酵 五一二 / 酷 五二八 / 酸 五八九 / 8 酲 一〇九七 / 醋 五六八 / 醇 七二三 / ▼醉（酔） 八三〇 / 醂 一五八六 / 9 醐 四六八 / 醒 八六九 / 醍 九九八 / 10 醢 一八六 / 醜 六九七 / 11 ▼醫（医） 二七 / 醯 四〇一 / 醬 七六六 / 醪 一六一九 / 12 醱 一二五三 / 13 醵 三三〇 / 醸 七七九

醴 一五九九 / 14 醺 三八四 / 17 ▼釀（醸） 七七九 / 18 釁 三六五

［釆 のごめ］

釆 のごめへん

悉↓心 六四八
番↓田 一二七〇

1 采 五五一 / 4 釈 六六五 / 5 釉 一五一四 / 13 ▼釋（釈） 六六五

［里 さと］

里 さとへん

俚↓人 一五五七
厘↓厂 一五八四
埋↓土 一四三八
黒↓黒 五二七
理↓玉 一五五七
童↓立 一一六三
墨↓土 一四二八
默↓黒 一四八五

0 里 一五五六 / 2 重 七〇二 / 4 野 一四九二 / 5 量 一五七八 / 11 釐 一五六〇

［金 かね］

金 かねへん

欽↓欠 三六〇

0 金 三五五 / 2 釜 二一八 / 針 八〇一 / 釘 一〇九三 / 3 釦 五〇二 / 釵 五五六 / 釧 九〇三 / 釣 一〇五九 / ▼釣（釣） 一〇五九 / 4 鈞 三六一 / 釿 三六一 / 鈔 七五七 / 鈕 一〇四九 / 鈍 一一八一 / 鈑 一二六五

5 鉞 九四 / 鉛 一〇四 / 鉅 三一九 / 鉗 四三一 / 鉉 四四五 / 鈷 四五八 / 鉱 五〇九 / 鉤 五〇九 / 鉈 六五九 / 鉦 八六六 / 鉄 一一〇四 / 鈿 一一二三 / 鉢 一二五〇 / 鉋 一四〇九 / 鈴 一五九六 / 6 銜 二四四 / 銀 三六五 / 銖 六八〇 / 銃 七〇五 / 銭 九〇六 / 銑 九〇七 / 銓 九〇七 / 銛 九〇七 / 銚 一〇六五

銕 一一〇六
銅 一一六五
鉾 一四二〇
銛 一四二〇
銘 一四七三

7
鋭 八八
▼銳（鋭） 八八
錺 二〇九
鋏 三四一
銹 六九六
鋤 七三六
銷 七六二
鋳 一〇四九
錵 一一九五
鋲 一三一一
鋪 一三九一
鋒 一四二一

8
錏 四
鋺 一〇七
鋸 三二〇
錦 三六三
錮 四五九
鋼 五一四
錯 五六八
錙 六二七
錫 六六五
錆 七六四
錠 七七八
錘 八三三
錐 八三三
▼錢（銭） 九〇六
錚 九四九
錣 一一〇六
錨 一三一一
錻 一三三八
錬 一六〇七
録 一六二三
▼錄（録） 一六二三

9
鍔 二〇六
鍵 四三五
鍠 五一六
鍬 七六六
鍾 七六六
鍼 八一一
鍛 一〇二〇
鍮 一〇五〇
鍍 一一三〇
鍋 一一八八
▼鍊（錬） 一六〇七

10
鎰 五七
鎧 一九三
鎹 二一〇
鎌 二一八
▼鎌（鎌） 二一八
鎬 五一六
鎖 五四七
[illegible] 五六四
鎗 九五一
鎮 一〇七六
▼鎭（鎮） 一〇七六
鎚 一〇七八
鎺 一二五六

11
鏖 一一八
鏡 三四三
鏗 五一七
鏨 五九四
鏘 七六七
鏃 九六三
鏑 一一〇三
鏝 一四五〇
鏐 一五七二
鏈 一六〇八

12
鏤 一六一九
鐚 四
鐘 七六七
鐓 九八七
鐔 一〇二一
鐙 一一五八
鐃 一一六七
鐐 一五八二
鐶 二五二

13
鐶 九一二
鐸 一〇〇三
▼鐵（鉄） 一一〇四
鐺 一一五八

14
▼鑄（鋳） 一〇四九
鑓 一五〇一

15
鑑 二五三
▼鑛（鉱） 五〇九
鑠 六六六
鑢 一五七三
鑯 一六二一

16
鑪 一六一二

17
鑰 一四九九

18
鑷 七八〇

19
鑽 五九一

鑼 一五四四
鑾 一五五五

20
钁 二〇四
鑿 五六九

【長 ながい】

帳→巾 一〇五八
張→弓 一〇五八
脹→肉 一〇六二

0
長 一〇五五

【門 もん・もんがまえ】

問→口 一四九〇
悶→心 一四九〇
聞→耳 一三六二

0
門 一四八八

1
閂 五八五

2
閃 九〇二

3
閊 一〇八一
閉 一三六九

4
開 一七九
間 二三八
閑 二三九
閏 七二一

5
閔 一三一六
閘 五〇九

6
閣 二〇一
関 二四四
閨 三九九
閤 五一二
閧 五一二
閥 一二五五

7
閲 九四
閭 一五七三

8
閼 一五
閾 四一
閻 一〇七
閹 一〇八

9
闊 二一六
闃 四〇八
闍 一一三〇
闇 一五〇一
闌 一五五二

10
闕 四一四
闔 五一六
闖 一〇七六
闘 一一五七

11
▼關（関） 二四四

12
闡 九一二

13
闥 一〇〇七
闢 一三七四

【阜 おか】
阝 こざとへん

墮→土 九七四
墜→土 一〇七八

0
阜 一三一七

3
阡 八九七

4
阨 四
阮 四四〇
阯 六〇八
阪 一二六三
防 一四一五

5
阿 一
阻 九一九
陀 九七四
陂 一二七七
附 一三三六

6
限 四四一
▼降（降） 四九八
陌 一二四〇
陋 一六一六

7
院 六四
陥 二三一
陜 三三五
降 四九八
除 七三五
陞 七五〇
陣 八一九
陝 九〇二
陟 一〇七二
陛 一三六八

8
陰 六五
▼陷（陥） 二三一
険 四二六
陲 八三一
陬 八三五
陳 一〇七四
陶 一一四六
陪 一三二一
陸 一五六一
隆 一五七一
陵 一五七八

9
階 一八一
隅 三七五
隍 五〇七

随 八三三　陏 八三四　隊 九八四　▼隊（隊） 九八四　陽 一五三二　▼隆（隆） 一五七一　隈 一六二八　10 隂 七　隕 六七　隗 一八三　隔 二〇〇　隙 四〇六　11 隠 六七　際 五六〇　障 七六〇　12 ▼隣（隣） 一五八七　13 ▼險（険） 四二六　隧 八三二　▼隨（随） 八三三　隣 一五八六　14 ▼隱（隠） 六七　隰 六五〇　16 隴 一六一九

【隶・隶 れいづくり】
康↓广 五〇一　逮↓辵 九八四
8 隷 一五九八　9 ▼隸（隷） 一五九八

【隹 ふるとり】
惟↓心 三三　推↓手 八二九　堆↓土 九八三　唯↓口 一五〇五　焦↓火 七五五　椎↓木 一〇七七　準↓水 七三三　截↓戈 八八八　誰↓言 一〇一一　錐↓金 八三三　瞿↓目 三七〇
2 隼 七一六　隻 八七七　3 雀 六六八　4 ▼雅（雅） 一六五　雁 二五六
雇 四五七　▼雇（雇） 四五七　集 六九四　雄 一五一四　5 雅 一六五　雋 七一七　睢 七二九　雉 一〇三四　雍 一五三四　6 雑 五七三　雌 六二四　8 霍 二〇二　雕 一〇六八　9 雖 八三三　10 ▼雜（雑） 五七三　雛 八三六　▼雙（双） 九二八　難 一一九二　離 一五六〇　11 ▼難（難） 一一九二

【雨 あめ】 ⻗ あめかんむり・あまかんむり
漏↓水 一六二八
曇↓日 一一八二　濡↓水 六八四
0 雨 七〇　3 雪 八八五　雫 九七四　4 雲 八一　雰 一三五六　5 電 一一二二　雹 一二四一　雷 一五四五　零 一五九六　6 需 六八三　7 霄 七六三　震 八〇九　霆 一〇九八　霈 一二二九　霊 一五九七　8 霙 八九　霓 四〇五　霎 七六四　霑 一一一八　霏 一二八六　霖 一五八七　9 霞 一六〇
霜 九五〇　10 霤 一五七二　11 霪 六八　霧 一四六四　12 霰 五九一　13 霹 一三七四　露 一六一一　14 霽 八七一　霾 一二二三　16 靄 七　靆 九八七　▼靈（霊） 一五九七　靂 一六〇一　17 靉 七

【青・靑 あお】
情↓心 七七五　清↓水 八六〇　晴↓日 八六三　精↓米 八六六　請↓言 八六九
0 青 八五四　▼靑（青） 八五四　6 静 八六八　8 ▼靜（静） 八六八

【非 あらず・ひ】
俳↓人 一二二五　徘↓彳 一二二六　排↓手 一二二七　悲↓心 一二八二　扉↓戸 一二八三　斐↓文 一二八三　罪↓网 五六三　蜚↓虫 一二八五　輩↓車 一二二九
0 非 一二七七　7 靠 五一二　11 靡 一二八七

【面 めん】
0 面 一四七五　5 靤 一四一〇　7 靦 一一一九　14 靨 一五三七

【革 かくのかわ・つくりがわ】 革 かわへん
0 革 一九七　2 勒 一六二二　3 靫 五五八　靱 八二〇　4 靴 一五六　5 鞅 一一六　靼 一〇一九　鞆 一一七八　鞁 一二八六　鞄 一四一〇　靺 一四四四　6 鞋 七　鞍 三三　鞏 三四一　鞐 五三二　7 鞘 七六四　8 鞠 二九三　鞜 一一五六　9 鞨 二二六　鞦 六九七　鞣 七〇六　鞳 一二五七　鞭 一三八六　10 鞴 一三四八
13 韃 一〇〇七　14 韈 一三七六　15 韆 九一三

【韋・韋 なめしがわ】
偉↓人 三四　葦↓艸 三六　違↓辵 三七　緯↓糸 四〇　衛↓行 八九
0 韋 三二　8 韓 二五〇　▼韓（韓） 二五一　10 韞 八三　韜 一二五七

【韭 にら】
14 韲 八七一

【音 おと】
諳↓言 二四　闇↓門 一五〇一
0 音 一二八　5 韶 七六一

10 韻 六八
11 響 三四四
13 ▼響（響） 三四四
▼響（響） 三四四

［頁・頁 おおがい］
傾→人 三九七
煩→火 一二六六
碩→石 八七九
穎→禾 八九
瀬→水 八四二
0 頁 四一二
2 頃 五三三
頂 一〇五九
3 項 五〇七
順 七一二
須 八二三
4 頑 二五六
頏 五〇九
頌 七五九
頓 一一八〇
頒 一二六七
預 一五二三
5 頗 一二一九
6 領 一五八〇
頤 三九
頡 四一四
7 頷 二五七
頸 四〇一
頽 九八六
頭 一二五四
▼頻（頻） 一三一四
頰 一四二三
頼 一五四六
8 顆 一六〇
頻 一三一四
9 額 二〇七
顎 二〇七
顔 二五七
▼顏（顔） 二五七
顕 四三五
顋 五六一
題 九九九
類 一五九一
10 願 二五八
顚 一一九
▼類（類） 一五九一
12 顧 四五九
▼顧（顧） 四五九
13 顫 九一三
14 ▼顯（顕） 四三五
顬 六八四
15 顰 一三一五
16 顱 一六一三
17 顴 四二七
18 顳 七六八

［風 かぜ］
嵐→山 一八
0 風 一三二八
3 颪 一一八
5 颯 五七二
颱 九八五
8 颶 三七二
11 飄 一三〇八
12 飆 一三〇八

［飛 とぶ］
0 飛 一二七九

［食 しょく］ 飠・食 しょくへん
喰→口 三八〇
蝕→虫 七八五
0 食 七八一
2 飢 二七一
▼飢（飢） 二七一
4 飲 六六
▼飲（飲） 六六
飩 一一八〇
飯 一二六六
▼飯（飯） 一二六六
飫 一五三三
5 飴 三七
飼 六二四
▼飼（飼） 六二四
飾 七八四
▼飾（飾） 七八四
飽 一四〇九
▼飽（飽） 一四〇九
6 餃 五一三
餌 六四〇
餉 七六三
餅 一三七一
養 一五三五
7 餓 一六六
▼餓（餓） 一六六
餐 五九〇
餒 九九九
餔 一三九一
▼餘（余） 一五二〇
8 餡 二四
館 二四八
▼館（館） 二四八
餞 九一一
餤 一〇二一
▼餠（餅） 一三七一
9 餬 四五九
餮 一一〇七
10 饂 八三
餽 二八五
餾 一五七二
11 饉 三六五
饅 一四五〇
12 饐 四〇
饋 二八五
饑 二八五
饒 七八〇
饌 九一二
13 饗 三四四
饕 一一五八

［首 くび］
導→寸 一二六五
0 首 六七六
2 馗 二七五
8 馘 二〇三

［香 か・かおり］
0 香 四九四
9 馥 一三四七
11 馨 四〇三

［馬 うま］ 馬 うまへん
罵→网 一二三
篤→竹 一一七一
羈→网 二八六
0 馬 一二二〇
2 馭 三一六
馮 一三〇五
3 馴 七二二
馳 一〇三五
4 駅 九二
駆 三七〇
駄 九七五
駁 一二四四
5 駕 一六六
駈 三七〇
駒 五三三
駟 六二六
駛 六二六
駝 九七五
駘 九八六
駐 一〇五〇
駑 一一三四
6 駭 一九三
駮 一二四三
駱 一五四九
7 騂 二四九
駿 七一七
駸 八一二
騁 一〇九八
8 騎 二八四
騏 二八五
験 四三六
騅 八三三
騒 九五一
騈 一三八三
9 騙 一三八三
10 騫 四三七
▼騷（騒） 九五一
騖 一〇七二
騰 一一五八
▼騰（騰） 一一五八
驀 一二四五
11 ▼驅（駆） 三七〇
驂 五九一
驃 一三〇八
騾 一五四三
12 驚 三四四
驕 三四四
驍 三四七
驒 一〇二一
驎 一五八八
13 ▼驛（駅） 九二
▼驚（驚） 三四四
▼驗（験） 四三六
14 驟 六九八
16 驥 二八六
驢 一六一三
17 驩 二五三

【龍・竜 りゅう】

滝 ↓水 一〇〇〇
寵 ↓宀 一〇六九
壟 ↓土 一六一九
朧 ↓月 一六二〇
襲 ↓衣 六九八
籠 ↓竹 一六二〇
聾 ↓耳 一六二一

0 竜 一五六九
▼龍 竜 一五六九
6 龕 二五八

【龜・亀 かめ】

0 亀 二七五
▼龜 亀 二七五

【龠 やく】

0 龠 一四九九

総画索引

①この辞典に収録した漢字の親字・旧字のすべてを**総画数順**に配列した。
②同じ画数の中では、部首配列順にならべた。
③漢字の種別を次のように示した。
赤文字…常用漢字
黒文字…常用漢字表にない漢字
▼……親字欄に掲げた旧字
旧字のすぐ下には、掲載している親字を添えた。
④漢字の上に、所属する部の部首を、各部の最初の漢字にのみ示した。
⑤漢字の下の漢数字は掲載ページを示した。
⑥次の部首は、新字体と旧字体で、字形は似ているが画数が異なる。

〈新字体〉	〈旧字体〉	〈新字体〉	〈旧字体〉
歹…5画	歹…4画	外…7画	外…6画
瓜…6画	瓜…5画	韋…10画	韋…9画
内…4画	内…5画	黄…11画	黄…12画
臣…7画	臣…6画		

⑦「くさかんむり」に属する漢字は、旧字を除き、原則として「艹」の三画にした。

一画

部首	漢字	ページ
一	一	四四
乙	乙	一二五

二画

部首	漢字	ページ
一	七	六四四
	丁	一〇五三
ノ	乂	一八八
	乃	九八七
乙	九	二九九
亅	了	一五七三
二	二	一一九三
人	人	八二二
入	入	一一九
八	八	一二四八
几	几	二五九
刀	刀	一一三四

三画

部首	漢字	ページ
力	力	一五八二
匕	匕	一二七二
匚	匚	一三九五
十	十	六九九
卜	卜	一四二四
又	又	一四四二
一	下	一三二
	三	五七六
	上	七六八
	丈	七七〇
	万	一四四五
	与	一五一九
丨	丫	一
丶	丸	二五三
ノ	久	三〇〇
	之	五九四
乙	乞	五一八
	也	一四九一
二	于	六九
亠	亡	一四二二
儿	兀	五二九
几	凡	一四三四
刀	刃	八一七
勹	勺	六六二
十	千	八九一
又	及	三〇一
	叉	五四一
口	口	四六八
土	土	一一三一
士	士	五九四
夕	夕	八七二
大	大	九八七
女	女	七三一
子	孑	三二六
	孒	四〇九
	子	五九五
寸	寸	八四〇
小	小	七三六
尸	尸	五九六
屮	屮	一一〇四
山	山	五八一
川	川	八九三
工	工	四七一
己	已	二四
	己	四四六
	巳	五九七
巾	巾	三五三
干	干	一二一
幺	幺	一五二四
弋	弋	一五三八
弓	弓	三〇一
手	才	五四八

四画

部首	漢字	ページ
一	弌	五六
	丐	一六七
	丑	一〇四一
	不	一三一七
丨	中	一〇四二

総画索引 一—四画

部首	字	頁
、	丹	一〇一一
ノ	乏	一四一三
亅	予	一五二〇
	予	一五二〇
二	云	八〇
	互	四六〇
	五	四六二
	井	八四二
亠	亢	四七一
人	介	一六七
	仇	三〇一
	今	五三四
	什	七〇〇
	仍	七七一
	仁	八一七
	仄	九五六
	仆	一三一三
	仏	一三五〇
	仂	一六二一
儿	允	六一
	元	四三七
入	内	一一八三
	▼內（内）	一一八三
八	公	四七一
	六	一六二一
冂	円	九五
冖	冗	七一
凵	凶	三三六
刀	刈	二三〇
	切	八八一
	分	一三五八
勹	勾	四七三
	匂	一一九五
	勿	四八六
	匁	一四九一
匕	化	一一三五
匸	区	三三六
	匹	一二九六
十	午	四六二
	廿	七〇一
	升	七四〇
	卅	九二七
厂	厄	一四九六
又	▼及（及）	三〇一
	収	六八四
	双	九二八
	反	一二五七
	友	一五〇五
士	壬	八一七
大	夬	一六七
	太	九七六
	天	一一〇七
	夫	一三一三
	夭	一五二四
子	孔	四七三
小	少	七四〇
尢	尤	一五〇六
尸	尹	六一
	尺	六六三
屮	屯	一一七九
己	巴	一三一五
幺	幻	四三八
弓	引	六一
	弔	一〇五四
	弖	一〇八七
心	心	七八八
戈	戈	一三五
戸	戸	四四六
	▼戶（戸）	四四六
手	扎	五七〇
	手	六六九
支	支	五九七
文	文	一三六〇
斗	斗	一一二四
斤	斤	三五三
方	方	一三九五
日	日	一一九七
曰	曰	九三
月	月	四一五
木	木	一四二四
欠	欠	四〇九
	欠	四〇九
止	止	五九七
毋	毋	一三三五
比	比	一二七三
毛	毛	一四七八
氏	氏	五九八
水	水	八三三
火	火	一一五
爪	爪	一〇八五
父	父	一三三三
片	片	一三七六
牙	牙	一六一
牛	牛	三三二
犬	犬	四一七
玉	王	一一〇

五画

部首	字	頁
一	且	二一七
	丘	三〇二
	世	八四三
	丕	一二七三
	丙	一三六三
丨	丱	二三二
、	主	六七三
	丼	一一八三
ノ	乎	四四六
	乍	五四一
二	弍	一一九五
人	以	二四
	仕	五九八
	仔	五九九
	仗	七一一
	仞	八一七
	仙	八九四
	仟	八九五
	他	九六九
	代	九九六
	付	一三二三
	令	一五九二
儿	兄	三八六
	▼充（充）	七〇一
冂	冊	五七〇
	▼册（冊）	五七〇
	冉	九一三
冖	写	六五五
冫	冬	一一三五
几	処	七二四
	凧	一〇〇四
凵	凹	一一一
	出	七一一
	凸	一一七五
刀	刊	二二三
	刋	八九五
力	加	一一三七
	功	四七四
勹	匆	九二八
	包	一三九六
	▼包（包）	一三九六
匕	北	一四二三
十	卉	二五九
	半	一二五九
	▼半（半）	一二五九
卜	占	八九五
卩	卯	四七四
	卮	五九九

	囗																	口	ム	
因	四	叭	叨	叮	台	召	叱	只	司	史	号	古	句	▼叫 叫	叶	叺	可	右	去	卯
六八五	六〇〇	一三一五	一一三五	一〇八七	九九七	七四一	六四六	五九九	五九九	五九九	五一八	四四七	三六六	三一八	三一七	二一八	一三八	六九	三一四	一四一三

幺		干			巾				工	山		尸	子	女			大	夕		土
幼	▼平 平	平	布	匝	市	左	巧	▼巨 巨	巨	岁	尼	尻	孕	奴	夲	失	央	外	圦	圧
一五一四	一三六三	一三六三	一三一四	九一八	六〇一	五四一	四七四	三一四	三一四	一一八八	一一九五	七八七	一五一四	一一一三	一一三六	六四六	一一一	一八八	六〇	一四

毋	止					木		日	斤		手		戈	心		弓		廾		广
母	正	未	末	本	朮	札	旦	旧	斥	払	打	戊	戉	必	弗	弘	弁	弁	庁	広
一三九二	八四四	一四五一	一四四二	一四三二	七一四	五七一	一〇一二	三〇二	八七二	一三四九	九七二	一三九一	九三	一二九六	一三四九	四七六	一三八四	一三八四	一〇五四	四七五

皿	皮	白	疋				田	用	生	甘	瓦	玉	玄	犬					水	氏
皿	皮	白	疋	由	田	申	甲	用	生	甘	瓦	玉	玄	犯	氷	氾	汀	汁	永	民
五七五	一二七四	一二三三	一二九七	一五〇二	一一二〇	七九〇	四七六	一五二四	八四六	一二二三	一一六一	三五一	四三九	一二六一	一三〇二	一二六一	一〇八七	七〇一	八四	一四五七

	二	亅		一
亘	亙	争	両	丞
四七七	四七七	九二八	一五七四	七四一

六画

		辵	艸	立	穴	禾		示	石	矢	矛	目
辺	辷	込	艾	立	穴	禾	礼	示	石	矢	矛	目
一三七八	八四〇	五三三	一九〇	一五六二	四〇九	一三九	一五九二	六二八	八七三	六〇二	一四五八	一四八三

	儿																人			亠
光	兇	伏	伐	任	伝	仲	伉	伍	件	仰	休	伎	企	价	会	仮	伊	交	亥	亦
四七八	三一七	一三四二	一二五三	一二〇二	一二一一	一〇四四	四七八	四六二	四一八	三四五	三〇三	二五九	二五九	一六八	一六七	一三九	二五	四七七	一九〇	九〇

卩	十		匚	勹	力				刀		几		冫	冂	八		入			
印	卍	匠	匡	匈	劣	列	刎	刔	刑	凪	凩	▼冴 冴	冱	再	共	▼全 全	全	兆	先	充
六二	一二六九	七四一	三一八	三一八	一六〇二	一六〇一	一三五四	四一〇	三八七	一一八六	五二四	四六二	四四八	五四九	三一七	九一三	九一三	一〇五四	八九五	七〇一

	土			口															口	
在	圭	团	回	因	吏	名	同	吋	吐	吊	合	后	向	吁	叫	吸	吃	吉	各	危
五六一	三八七	一〇二一	一六八	六三	一五五五	一四六六	一一五九	一一三六	一一二四	一〇五四	五一八	四七九	四七九	三六七	三一八	三〇三	二九四	二九四	一九五	二六〇

	小	寸				宀		子						女		大		夕	士	
当	尖	寺	宅	守	宇	安	存	字	妄	妃	如	妁	好	奸	夸	夷	多	夙	壮	地
一一三六	八九七	六二八	一〇〇〇	六七四	六九	一九	九六六	六二八	一四七九	一三七四	七三三	六六三	四八〇	三三三	四四八	二五	九七〇	七〇六	九二九	一〇二六

			手				戈		心	弓		弋	广		干	巾		川	山	尸
扛	扣	扞	扱	成	戌	戎	戍	忙	忖	弛	弐	式	庄	年	幵	帆	巡	州	屹	尽
四八一	四八一	二二四	一五	八五〇	七一四	七〇一	六八〇	一四一三	九六六	六〇三	一一九五	六四二	七四一	一二〇六	四一八	一三六一	七一八	六八五	二九五	八一七

歹	止	欠							木	月		曰				日	攵			
死	此	次	朸	朴	朶	朱	束	朽	机	有	曲	曳	早	旬	旨	旭	▼收 収	托	扨	扠
六〇四	六〇三	六二九	一五八三	一四二七	九七三	六七五	六〇三	三〇四	二六〇	一五〇六	三四八	八四	九二九	七一九	六〇三	三四八	六八四	一〇〇〇	五七四	五四二

米	竹	白	瓜	犬		牛			火									水	气	母
米	竹	百	瓜	犲	牟	牝	灯	▼灰 灰	灰	▼汎 汎	汎	池	汐	汝	汕	江	汗	汚	気	毎
一三七一	一〇三六	一三〇〇	一四〇	五五〇	四一四	三一二	一一三七	一七〇	一七〇	一二六一	一二六一	一〇二九	八七五	七三三	五八四	四八一	二三四	一〇九	二六〇	一四三八

艮	舟	舛	舌	臼	至	自			肉	聿	耳	而		老		羽	羊		缶	糸
艮	舟	舛	舌	臼	至	自	肋	肌	肉	聿	耳	而	老	考	▼羽 羽	羽	羊	缶	缶	糸
五三四	六八五	八九七	八八九	三〇四	六〇六	六三〇	一六二三	二四八	一一九五	五六	六二九	六二九	一六一三	四八一	六九	六九	一五二五	二三四	二三四	六〇五

二	乙	丨			阜			辵	西	衣	行	血	虫				艸	色
亜	乱	串	**七画**	阡	辻	迅	▼込 込	西	衣	行	血	虫	芒	艸	芍	芝	芋	色
一	一五五〇	三七六		八九七	一〇八三	八一八	五三三	八五一	二六	四八二	四一〇	一〇四四	一四一四	九三〇	六六三	六五三	五九	七八〇

些 五四二
亠 亨 四八三
人 位 二七
佚 五六
何 一四〇
伽 一四一
佝 三六七
估 四四八
佐 五四二
作 五六四
伺 六〇六
似 六三三
住 七〇一
伸 七九一
佗 九七二
体 九七七
但 一〇〇五
佇 一〇五〇
低 一〇八八
佃 一二二三
佞 一二〇四

伯 一二二八
伴 一二六二
▼伴（伴） 一二六二
▼佛（仏） 一三五〇
佑 一五〇八
余 一五二〇
余 一五二〇
伶 一五九三
儿 克 五二四
児 六三三
兌 九七三
兎 一一二五
▼免（免） 一四七五
八 兵 一三六五
冂 冏 三八七
冫 冴 四六二
冶 一四九一
冷 一五九三
刀 删 五八四
初 七二四
判 一二六二

▼判（判） 一二六二
別 一三七五
利 一五五五
力 劫 三一八
劬 三六七
助 七三三
劭 七四二
努 一一三三
励 一五九四
労 一六一五
勹 甸 一一三三
匚 匣 四八三
匸 医 二七
卩 却 二九六
即 九五六
卵 一五五一
口 吽 二二〇
含 二五三
▼吸（吸） 三〇三
听 三五三
吟 三六五

吼 三六七
君 三八一
呉 四六三
吾 四六三
吭 四八三
吘 五二〇
告 五二四
吹 八二七
吪 八九七
呈 一〇八八
吶 一一七五
呑 一一八一
吠 一二二三
否 一二七四
呎 一三三八
吻 一三五四
吩 一三五四
呆 一三九六
吝 一五八三
呂 一六〇九
囗 囲 二七

囮 一四一
困 五三四
図 八二二
土 坎 二二四
圻 二六三
均 三五三
坑 四八三
坐 五四七
址 六〇六
坏 一二二二
坂 一二六三
坊 一四一四
士 壱 五六
声 八五二
▼壮（壯） 九二九
売 一二一九
大 夾 三一九
女 妓 二八六
妝 九三〇
妥 九七三
妊 一二〇二

妣 一二七五
妨 一四一四
妙 一四五六
妖 一五五六
子 孝 四八四
孛 一三二二
孚 一三二五
宀 完 二二五
宏 四八四
宋 九三〇
宍 一一九六
寸 寿 六八一
対 九七八
尢 尨 一四一四
尸 局 三四九
尿 一二〇一
屁 一二七五
尾 一二八八
山 岐 二六三
岌 三〇四
岔 五四二

岑 七九一
川 ▼巡（巡） 七一八
工 巫 一三二五
巾 希 二六三
广 序 七三四
床 七四二
庇 一二七五
廴 ▼延（延） 九六
廷 一〇八八
廾 弄 一六一五
弓 弟 一〇八九
彡 形 三八七
彳 彷 一三九七
役 一四九六
心 応 一一二
快 一七〇
忌 二六三
忻 三五四
忤 四六三
志 六〇七
忸 六四三

部首	字	番号
	忱	七九一
	▼忍（忍）	一二〇三
	忍	一二〇三
	忘	一四一四
戈	我	一六二
	戒	一七〇
	▼成（成）	八五〇
戸	戻	一五九四
手	▼扱（扱）	一五
	找	一四一
	技	二八七
	抉	四一一
	抗	四八四
	抒	七三四
	抄	七四二
	折	八八二
	抓	九三一
	択	一〇〇〇
	投	一二三七
	抖	一二三八
	把	一二一五

部首	字	番号
	抜	一二五三
	批	一二七五
	扶	一二二五
	扮	一二五四
	扑	一三八五
	抔	一三九七
	扼	一四九六
	抑	一五三八
攴	改	一七一
	攻	四八四
	孜	六〇七
日	旱	二二五
	旰	二二五
曰	更	四八五
木	杆	二二五
	杞	二六四
	杏	三三九
	杠	四八五
	材	五六二
	杓	六六三
	条	七七一

部首	字	番号
	杖	七七二
	杉	八三七
	束	九五七
	杣	九六五
	村	九六七
	杜	一二二五
	杢	一四八六
	杙	一五三八
	来	一五四四
	李	一五五六
止	▼歩（歩）	一三八七
母	▼毎（毎）	一四三八
水	汪	一一二
	汽	二六四
	沂	二八七
	求	三〇四
	汲	三〇五
	決	四一一
	沍	四六三
	汞	四八五
	沙	五四二

部首	字	番号
	沚	六〇七
	沁	七九一
	汰	九七二
	沢	一〇〇〇
	沖	一〇四五
	沈	一〇七二
	沌	一一七九
	沛	一二二二
	泛	一二六三
	汨	一三七四
	没	一四三〇
	▼沒（没）	一四三〇
	沐	一四八五
	沃	一五三八
火	灸	三〇五
	災	五五〇
	灼	六六四
牛	牡	一三九二
	牢	一六一五
犬	狂	三二九
	狃	七〇二

部首	字	番号
	状	七七二
	狆	一〇四五
	狄	一一〇〇
玉	玖	三〇五
瓦	瓲	一一〇〇
用	甫	一三八七
田	男	一〇二三
	町	一〇五四
疒	疔	一〇五五
白	皁	九三一
矢	矣	二八
示	社	六五五
禾	私	六〇七
	秀	六八六
	禿	一一六八
穴	究	三〇五
立	竍	一一〇〇
糸	糺	三〇五
	系	三八八
网	罕	二二五
肉	▼育（育）	四二

部首	字	番号
	肝	二二五
	肛	四八六
	肓	四八六
	肖	七四二
	▼肖（肖）	七四二
	肚	一一二六
	肘	一二九五
臣	臣	七九一
艮	良	一五七五
艸	芸	八〇
	花	一四一
	芥	一七二
	苅	一九〇
	芹	三五四
	芸	四〇三
	芫	四三九
	芟	五八四
	芯	七九二
	苆	八三八
	芭	一二一九
	芙	一三二六

部首	字	番号
	芬	一三五四
	芳	一三九七
見	見	四一八
角	角	一九六
言	言	四三九
谷	谷	五二四
豆	豆	一一三八
豕	豕	六〇八
貝	貝	一八七
赤	赤	八七五
走	走	九三一
足	足	九五七
身	身	七九二
車	車	六五五
辛	辛	七九三
辰	辰	七九四
辵	迂	七〇
	迄	二九五
	近	三五四
	迎	四〇四
	▼迅（迅）	八一八

部首	字	頁
	辿	一一一一
	返	一三七八
邑	邪（邪）	六六一
	邨	九六七
	那	一八三
	邦	一三九七
	邑	一五〇八
酉	酉	一五〇八
里	里	一五五六
阜	阨	四
	阮	四四〇
	阯	六〇八
	阪	一二六三
	防	一四一五
麦	麦	一二四三

八画

部首	字	頁
一	並	一三六六
ノ	乖	一七二
乙	乳	一二〇〇
	乳（乳）	一二〇〇
亅	事	六二四
二	亞（亜）	一
亠	京	三三〇
	享	三三〇
人	依	二八
	佃	一四四
	佳	一四四
	侃	二三六
	佶	二九五
	供	三三〇
	佼	四八六
	使	六〇八
	侈	六〇九
	侍	六三五
	侏	六七五
	侘	九七二
	佻	一〇五五
	佩	一三二二
	佰	一三三八
	侮	一三三五
	併	一三六七
	侑	一五〇八
	佯	一五二六
	來（来）	一五四四
	例	一五九四
	侖	一六二三
儿	兒（児）	六二三
	免	一四七五
入	兩（両）	一五七四
八	其	二六四
	具	三七一
	典	一一一三
冫	冽	一六〇二
几	凭	一三〇三
凵	函	二二六
刀	刮	二一一
	券	四二〇
	券（券）	四二〇
	剖	四四八
	刻	五二五
	刷	五七一
	刹	五七一
	刺	六〇九
	制	八五三
	刱	九三一
	到	一二三九
力	劾	一九〇
	劼	二一一
	効	四八六
十	協	三三一
	卒	九六四
	卓	一〇〇一
	卑（卑）	一二七八
卜	卦	一四四
卩	卷（巻）	三二八
厶	参	五八四
又	取	六七五
	受	六八一
	叔	七〇七
口	咏	八四
	呵	一四四
	咎	三〇五
	呟	四四〇
	呼	四四八
	呱	四四九
	呷	四八六
	呰	六〇九
	呪	六八二
	周	六八六
	周（周）	六八六
	呻	七九四
	咀	九一八
	呶	一一三三
	咄	一一七五
	咐	一三二六
	咆	一三九八
	味	一四五二
	命	一四六八
	和	一六二四
囗	固	四四九
	国	五二五
	囹	一五九五
土	坩	二二六
	尭	三四五
	坤	五三五
	垂	八二七
	坦	一〇一二
	坪	一〇八五
	坪（坪）	一〇八五
	坡	一二一五
	坿	一三三六
夕	夜	一四九一
大	奄	九六
	奇	二六五
	奈	一一八三
	奉	一三九八
	奔	一四三三
女	委	二八
	姑	四四九
	妻	五五〇
	姉	六〇九
	始	六一〇
	妾	七四三
	姓	八五三
	姐	九一八
	妲	一〇〇七
	妬	一一二六
	姆	一三九三
	妹	一四三八
子	学	二〇四
	季	二六六
	孤（孤）	四五一
	孥	一一三三
	孟	一四七九
宀	宛	一六
	官	二二七
	宜	二八七
	実	六五一
	宗	六八七
	宙	一〇四五
	定	一〇八九
	宕	一一三九
	宝	一三九八
小	尚	七四三
	尚（尚）	七四三

尸
居 三一五
屈 三七七
届 一一七
▼屆（届） 一一七
山
岡 一二〇
岳 二〇五
岩 二五四
岸 二五四
岫 六八七
岨 九一九
岱 九七九
岬 一四五三
巾
帚 九三一
帙 一〇三八
帖 一〇五五
帑 一一三三
帛 一三三八
干
幸 四八六
幷 一三六七
广
庚 四八七
底 一〇九〇

店 一一三
府 一三六
庖 一三九九
廴
延 九六
弓
弦 四四一
▼弧（弧） 四五二
弩 一一三
弥 一四九五
彳
往 一一二
径 三八八
征 八五三
徂 九一九
彽 一〇九〇
彼 一二七五
佛 一二五〇
心
怡 二九
快 一一三
怪 一七二
怯 三三一
怙 四四九
忽 五三〇

怺 五三三
怩 六三五
性 八五四
怛 一〇〇七
忠 一〇四五
忝 一一一三
念 一三〇八
怕 一二一五
怖 一三一六
怫 一三五〇
忿 一三五四
怦 一三九九
怜 一五九五
戈
戔 八九七
或 一六二九
戶
所 七二五
▼所（所） 七二五
房 四一五
▼房（房） 四一五
▼戾（戻） 一五九四
手
押 一一三

拐 一七三
拡 一九六
拑 二二七
抝 三一六
拒 三一六
▼拒（拒） 三一六
拘 四八七
招 七四三
承 七四三
抻 七九四
拙 八八三
拓 一〇〇一
拆 一〇〇二
担 一〇一二
抽 一〇四六
抵 一〇九一
拈 一二〇八
拜 一二二三
拍 一二三九
▼拔（抜） 一二五三
拌 一二六三

披 一二七六
拊 一三二六
▼拂（払） 一三四九
拇 一三九三
抱 一三九九
▼抱（抱） 一三九九
抛 一四〇〇
抹 一四四三
拗 一五二六
拉 一五四二
攵
放 一四〇〇
斤
斧 一三二六
方
於 一一〇
日
易 九〇
旺 一一四
昂 四八七
杲 四八七
昊 四八八
昆 五三五
昏 五三五
昇 七四四

昌 七四四
昃 七八一
昔 八七六
旻 一三一六
明 一四六九
杳 一五二七
曰
沓 一一三九
月
服 一三四二
朋 一四〇一
木
枉 一一四
果 一四四
杭 四八八
枝 六一〇
杵 七二六
松 七四四
枢 八三四
析 八七六
杼 一〇五一
東 一一三九
杷 一三一六
杯 一二三

板 一二六三
枇 一二七六
杪 一三〇八
枌 一三五五
枋 一四〇二
枚 一四三八
枕 一四四〇
枡 一四四一
林 一五八三
枠 一六三〇
欠
欧 一一四
欣 三五五
止
武 一三三五
步 一三八七
歹
殁 一四三〇
殀 一五二七
殳
殴 一一四
毋
毒 一一七二
毛
毟 四六五
氏
氓 四一六
气
氛 一三五五

部首	字	頁
水	泳	八四
	沿	九七
	泓	一一四
	河	一四五
	泣	三〇五
	況	三三一
	沽	四四九
	泗	六一〇
	治	六三五
	泅	六八七
	沮	七一七
	沼	七四五
	泄	八八三
	泝	九一九
	沱	九七四
	注	一〇四六
	泥	一〇九九
	沾	一二一三
	波	一三一六
	泊	一三三九
	泌	一三九七
	泯	一三一六
	沸	一三五〇
	法	一四〇二
	泡	一四〇三
	▼泡（泡）	一四〇三
	沬	一四四四
	油	一五〇二
	泪	一五九〇
火	炎	九七
	炙	六五六
	炒	七四五
	炊	八二八
	炉	一六〇九
爪	▼爭（争）	九二八
	爬	一二一六
爿	牀	七四五
片	版	一二六三
牛	物	一三五一
	牧	一四二七
犬	狗	三六七
	狎	四八八
	▼狀（状）	七七二
	狙	九一九
	狛	一二三九
	狒	一二七六
玉	玩	二五四
	玫	一二三〇
瓦	瓩	三五三
田	画	一六三
疒	疚	三〇六
	疝	八九七
白	的	一一〇〇
皿	盂	七〇
目	直	一〇六九
	盲	一四八〇
矢	知	一〇三〇
石	矼	四八八
	矻	五三〇
示	祈	二六六
	祁	二六七
	祉	六一〇
	祀	六二一
	▼社（社）	六五五
禾	秉	一三六七
穴	穹	三〇六
	空	三七二
	突	一一七六
立	竏	三五三
竹	竺	一一六八
米	料	一一〇〇
糸	▼糾（糾）	三〇八
网	罔	一四八〇
羊	羌	三三三
老	者	六五六
肉	育	四二
	肩	四二〇
	▼肩（肩）	四二〇
	股	四五〇
	肯	四八八
	肴	四八八
	肱	四八八
	肢	六一一
	肭	一一七七
	肥	一二七六
	肪	一四一六
	肬	一五〇九
臣	臥	一六四
舌	舍	六五六
	▼舍（舎）	六五六
艸	苡	二九
	英	八五
	苑	九七
	苛	一四六
	茄	一四七
	芽	一六四
	▼芽（芽）	一六四
	苣	三一六
	苦	三六七
	茎	三八九
	苟	四八八
	若	六六六
	苴	七二七
	苫	八九八
	苒	九一四
	苔	九七九
	苧	一〇五一
	苳	一一四〇
	苺	一二三〇
	范	一二六四
	苗	一三〇九
	苻	一三一六
	苹	一三六七
	苞	一四〇四
	茅	一四一六
	茆	一四一六
	茉	一四四四
	茂	一四七八
	苜	一四八五
	苙	一五六五
	苓	一五九五
虍	虎	四五〇
衣	衫	五八五
	表	一三〇三
車	軋	一四
辵	▼近（近）	三五四
	▼迎（迎）	四〇四
	述	七一四
	迪	一一〇〇
	迭	一一〇四
	迚	一一七七
	迫	一二三九
	▼返（返）	一三七八
邑	邯	二二七
	邱	三〇六
	邪	六六一
	邵	七四五
	邸	一〇九一
釆	采	五五一
金	金	三五五
長	長	一〇五五
門	門	一四八八
阜	阿	一
	阻	九一九
	陀	九七四
	陂	一二七七
	附	一三三六

部首	字	頁
	阜	一三七
雨	雨	七〇
青	青	八五四
	▼青（靑）	八五四
非	非	一二七七
齊	斉	八五六

九画

部首	字	頁
ノ	乗	七二
二	亟	三四九
亠	亭	一〇九一
	亮	一五七六
人	俤	一二七
	俄	一六四
	俠	三三二
	俥	三八〇
	係	三八九
	俔	四二〇
	侯	四八八
	俟	六一一
	俊	七一四
	信	七九四
	侵	七九五
	▼侵（侵）	七九五
	俎	九一九
	促	九五九
	俗	九六一
	俘	一三一七
	▼侮（侮）	一三三五
	便	一三八五
	俛	一三八五
	保	一三八八
	俣	一四四二
	俑	一五二七
	俚	一五五七
	俐	一五五七
	侶	一五七二
入	兪	一五〇三
冂	冑	一〇四七
	▼冒（冒）	一四一六
冖	冠	二三七
刀	剄	三八九
	剋	五二六
	削	五六五
	前	九一四
	則	九五九
	剃	一〇九一
	剌	一五四九
力	勁	三八九
	勅	一〇七二
	▼勉（勉）	一三八六
	勃	一四三〇
	勇	一五〇九
勹	匍	一三八八
十	南	一一九〇
	卑	一二七八
卩	卸	一一八
	巻	二一八
	▼卽（即）	九五六
	▼卽（即）	九五六
厂	厚	四八九
	厖	一四一六
又	厘	一五八四
	叙	七三四
	叛	一二六四
口	哀	四
	哇	五
	咽	六三
	咳	一九〇
	咢	二〇五
	咸	二三九
	咬	四八九
	哄	四八九
	哈	五二〇
	哉	五五一
	咲	五六九
	咨	六一一
	咫	六一一
	哂	七九六
	咤	九七二
	咥	一二〇四
	品	一三一二
口	囿	一五〇九
土	垓	一九〇
	垣	一九五
	垠	三六五
	型	三八九
	垢	四八九
	城	七七二
	垤	一一〇四
夂	変	一三七九
大	奕	九一
	奐	二二九
	契	三九〇
	▼契（契）	三九〇
	奎	三九〇
	奏	九三一
	▼奔（奔）	一四三三
女	娃	五
	威	二九
	姨	二九
	姻	六三
	始	二一四
	姦	二二九
	姜	三三三
	姸	四二〇
	姮	四九〇
	姿	六一一
	姪	一二〇四
	姙	一三〇三
	▼姫（姬）	一二九九
	姥	一三九三
	姚	一五二七
子	孩	一九〇
	孤	四五一
宀	宦	二二九
	客	二九七
	室	六四七
	宣	八九八
	宥	一五〇九
寸	専	八九八
	封	一三二八
尸	屋	一二一
	屍	六一一
	屎	六一三
山	峡	三三二
	峙	六二六
	峠	一一六七
己	巷	四九〇
巾	帥	八二八
	帝	一〇九一
幺	幽	一五一〇
广	庠	七四五
	度	一一三三
廴	廻	一七三
	建	四二一
弓	弧	四五二
	弭	一二八九
彡	彦	四四一
	▼彦（彥）	四四一
彳	徊	一七三
	後	四六三
	很	五三五
	徇	七一九
	待	九八〇
	律	一五六四

総画索引

九画

ッ
単 一〇一二
心
怨 九八
悔 一七三
恢 一七四
恪 一九七
急 三〇六
▼急（急） 三〇六
恟 三三二
恊 三三二
恒 四九〇
▼恆（恒） 四九〇
恰 四九〇
恍 四九〇
恨 五三五
思 六一二
恃 六三六
恤 七一四
恂 七一九
怎 九一九
怱 九三二
怠 九八〇

恬 一一一三
怒 一一二四
恫 一二四〇
戸
扁 一三八〇
手
按 二二
挌 一九七
括 二一一
拮 二九五
挟 三三二
拱 三三二
挂 三九〇
拷 五二〇
拶 五七一
指 六一二
持 六三六
拾 六八七
拯 七七三
拭 七八一
拵 九六七
挑 一〇五七
▼拜（拝） 一二三三

捞 一四六五
攵
故 四五二
政 八五七
畋 一二二三
斤
斫 六六四
方
施 六一三
日
映 八五
昨 五六五
昵 六五二
春 七一五
昭 七四五
是 八四二
星 八五七
昼 一〇四七
昶 一〇五七
昴 一四一六
昧 一四三八
曰
昜 一五二七
曷 二二三
冒 一四一六
月
朏 一二七八

木
栄 八五
架 一四七
枷 一四七
柯 一四七
枴 一七四
柿 一九五
柑 二一九
柬 二三〇
枳 二六七
柩 三〇七
枸 三六九
枯 四五三
査 五四三
柤 五四三
柴 五五一
柵 五六六
柞 五六六
柘 六五七
柊 六八七
柔 七〇二
染 八九九

柁 九七四
柝 一〇〇二
柱 一〇四七
柢 一〇九二
栂 一一六七
栃 一一七五
柮 一一七六
柏 一二四〇
柎 一三一七
柄 一三六七
枹 一四〇四
某 一四一七
柾 一四四一
柚 一五一〇
柳 一五六五
止
歪 一六二七
歹
殃 一一五
殆 九八〇
殄 一一一四
殳
段 一〇二三
比
毘 一二七八

水
洟 三〇
洩 八六
海 一七四
活 二一二
洶 三三二
洫 三四九
洪 四九一
洽 四九一
洸 四九一
洒 五五一
洲 六八七
洵 七一九
浄 七七三
津 七九六
浅 八九九
泉 九〇〇
洗 九〇〇
洞 一一六一
派 一二一七
洋 一五二七
洛 一五四六

洌 一六〇二
火
為 三〇
炬 三一六
炯 三九〇
炸 五六六
炷 六七六
炭 一〇一三
点 一一一四
炳 一三六八
炮 一四〇四
爪
爰 九八
牛
牲 八五八
牴 一〇九二
犬
狢 一九七
狭 三三三
狐 四五三
狡 四九一
狠 五三六
狩 六七六
独 一一七二
玉
珂 一四七

	白		癶			疒			田	甘				瓦						
皇	皆	発	癸	疣	疥	疫	畑	界	畏	甚	瓱	瓲	瓰	瓮	玲	珀	玻	珍	珊	珈
四九一	一七七	一二五〇	二六七	一五一一	一七七	九一	一二四七	一七七	三〇	八一八	一四五七	一一七九	一一〇三	一一五	一五九五	一二四〇	一三一七	一〇七四	五八五	一四七

示					石	矢	矛										目			皿
▼祈 祈	砒	砌	砕	砂	研	矧	矜	眄	眇	眉	眈	相	省	盾	県	盻	看	盆	盃	盈
二六六	一二七九	八五八	五五一	五四三	四二一	七九六	三三三	一三八五	一三〇九	一二八九	一〇一三	九三二	八五八	七一九	四二一	三九〇	一三〇	一四三五	一二四	八六

米		竹		立				穴				禾		内						
粁	竿	竽	竓	竕	▼突 突	穿	窃	穽	秒	秕	秋	科	禺	禹	祐	祖	神	祝	▼祉 祉	祇
三五三	二三〇	七二	一四五七	一一〇四	一一七六	九〇〇	八八三	八五八	一三〇九	一二七九	六八八	一四八	三七一	七三	一五一一	九二〇	七九六	七〇七	六一〇	二八七

				肉	而	老	羊	网	缶									糸		
胥	胛	胡	胤	胃	耐	▼者 者	美	罘	缸	▼約 約	約	紂	紉	紅	糾	級	紀	紆	籾	粂
七二七	四九三	四五四	六三	三〇	九八一	六五六	一二八九	一三一七	四九三	一四九七	一四九七	一〇四八	八一九	四九二	三〇八	三〇七	二六七	七三	一四八七	三七九

						艸	臼	至	自											
茱	茲	荒	荊	茴	茵	茨	臾	▼致 致	臭	▼胞 胞	胞	胖	胚	肺	背	胄	胝	胆	胎	胙
六七六	六一四	四九三	三九〇	七四	六三	五八	一五〇三	一〇三三	六八九	一四〇四	一四〇四	一二六四	一二一五	一二一五	一二一四	一〇四八	一〇二一	一〇一三	九八一	九二〇

		衣	行		虫	虍														
衷	衵	衿	衍	虻	虹	虐	茘	茗	茫	茯	荅	茶	荘	草	荐	茜	荏	茸	茹	荀
一〇四八	六五二	三五九	九八	一四一七	一一九六	二九八	一五五七	一四七一	一四一七	一三四三	一一四〇	一〇三九	九三五	九三四	九〇一	九〇一	八一九	七七四	七三五	七一九

								辵		車		走		貝			言	襾		
▼迪 迪	追	迢	退	送	▼述 述	迥	逆	迦	軍	軌	赴	▼赳 赳	負	貞	訃	訂	計	要	袂	衲
一一〇〇	一〇七六	一〇五七	九八一	九三五	七一四	三九一	二九八	一四八	三八四	二六七	一三一八	三〇八	一三一七	一〇九二	一三一七	一〇九二	三九一	一五二八	一三七二	一一六一

風	頁	音	革	面				阜	門	里		酉				邑				
風	頁	音	革	面	陋	陌	▼降（降）	限	門	重	酊	酋	郎	耶	郊	郁	迷	▼迫（迫）	逃	▼迭（迭）
一三三八	四一二	一二八	一九七	一四七五	一六一六	一二四〇	四九八	四四一	五八五	七〇二	一〇九二	六八九	一六一六	一四九二	四九四	四二	一四七一	一二三九	一二四〇	一二〇四

												人	ノ			香	首	食	飛
倅	倥	倖	候	個	倦	倹	倪	倔	倶	倨	俺	倚	▼乗（乘）	**十画**		香	首	食	飛
五五二	四九五	四九五	四九五	四五五	四二三	四二三	四〇四	三七七	三六九	三一六	一二八	三一	七七二			四九四	六七六	七八一	一二七九

倭	倫	倆	們	俸	倣	▼併（倂）	俯	俵	俾	倍	俳	倒	値	倬	倉	倩	倡	俶	修	借
一六二六	一五八四	一五七六	一四八九	一四〇四	一四〇四	一三六七	一三二八	一三〇四	一二八〇	一二三〇	一二二五	一二四一	一〇三一	一〇〇二	九三六	九〇一	七四六	七〇七	六八九	六六四

						刀							冫			冖	冂		八	儿
剖	剥	剔	剤	剛	剣	剞	凌	凍	凋	凊	凄	准	凅	冥	冢	冤	冓	▼兼（兼）	兼	党
一四一七	一二四〇	一一〇〇	五六二	五二〇	四二三	二六八	一五七六	一一四一	一〇五七	八五九	八五八	七一九	四五五	一四七一	一〇五七	九八	四九五	四二三	四二三	一二四一

														口	又	厂	匸	匚		力
哲	哳	啄	唇	哨	唆	哭	哮	哽	唔	唏	哦	哥	唄	員	叟	原	匿	匪	勉	勍
一一〇四	一〇〇六	一〇〇二	七九八	七四六	五四四	五二六	四九六	四九六	四六六	二六八	一六四	一四八	七五	六三	九三六	四四一	一一六八	一二八〇	一三八六	三九一

					女			大	夂					土		囗				
娜	娠	娑	娯	娟	娥	套	奘	奚	夏	埒	埋	▼城（城）	埇	埃	圃	圄	哢	哩	哺	唐
九七四	七九八	五四四	四六六	四二三	一六四	一二四三	九三六	三九一	一四八	一五四九	一四三八	七七二	一九七	五	一三八九	四六六	一六一六	一五五七	一三八八	一二四二

	山		尸		寸										宀	子				
▼峡（峽）	峨	展	屑	将	射	容	宸	▼宵（宵）	宵	宰	宮	▼害（害）	害	家	宴	孫	娘	娩	娉	姫
三三二	一六五	一一一五	八八四	七四六	六五七	一五二九	七九八	七四六	七四六	五五二	三〇八	一九〇	一九〇	一四九	九八	九六七	一四六五	一三八六	一三六八	一二九九

峻 七一六
峭 七四七
島 一一四三
峰 一四〇四
峯 一四〇四
峪 一五三九
工 差 五四四
巾 帰 二六八
師 六一四
席 八七七
帯 九八二
广 庫 四五五
座 五四八
庭 一〇九二
弓 弱 六六七
▼弱（弱） 六六七
彳 ▼徑（径） 三八八
従 七〇四
徐 七三五
徒 一一二六
心 恚 三一

悦 九三
▼悦（悦） 九三
悁 九九
恩 一二九
▼悔（悔） 一七三
悍 二三〇
恐 三三三
恭 三三四
恵 三九一
悟 四六六
悃 五三六
恣 六一四
悛 七一六
恕 七三五
悚 七四七
悄 七四七
恁 八一九
息 九五九
恥 一〇三三
悌 一〇九三
悩 一二一〇

悖 一二三五
悒 一五一一
恙 一五二九
悧 一五五七
恪 一五八四
恋 一六〇三
戸 扇 九〇一
▼扇（扇） 九〇一
手 挨 五
捐 九九
捍 二三〇
挙 三一六
▼挾（挟） 三三三
挈 四一二
拳 四二三
▼拳（拳） 四二三
挫 五四八
振 七九八
捜 九三六
挿 九三六
捉 九五九

拿 九七四
捗 一〇七二
挺 一〇九三
捏 一二〇五
捌 一二五〇
挽 一二六九
捕 一三八九
攵 ▼效（効） 四八六
斗 敏 一三一六
料 一五七六
方 旃 九〇一
旆 一三一六
旁 一四〇四
旋 一四一七
旅 一五七二
旡 既 二六九
日 晏 二一
晃 四九六
晒 五五二
時 六三六
晋 七九八

▼晉（晋） 七九八
晟 八五九
晁 一〇五八
曰 書 七二七
月 朔 五六六
朕 一〇七四
朗 一六一六
木 案 二一
桙 七二
桜 一一五
格 一九七
核 一九八
栫 二一〇
株 二一八
桓 二三一
栞 二三一
桔 二九五
框 三三四
栩 三六九
桂 三九二
桁 四〇八

桀 四一三
枅 四二四
校 四九六
栲 四九六
桄 四九六
根 五三六
栽 五五二
桟 五八五
桎 六四七
栖 八五九
栓 九〇一
栴 九〇一
栫 九〇一
梳 九二〇
桑 九三七
桃 一一四三
桐 一一六一
梅 一二三〇
栗 一五六四
歹 残 五九二
殊 六七七

殉 七一九
殳 殷 六四
殺 五七一
气 ▼氣（気） 二六〇
水 浦 七九
▼海（海） 一七四
浣 二三一
涓 四二四
浩 四九七
浚 七一六
消 七四七
▼消（消） 七四七
浹 七四八
▼涉（渉） 七五一
浸 七九八
浙 八八四
涎 九〇二
泰 九八三
涕 一〇九三
涅 一一〇七
浜 一三一三

	浮		一三三八
	浮	浮	一三三八
	涌		一五二九
	浴		一五三九
	浬		一五五七
	流		一五六六
	涙		一五九〇
	浪		一六一六
火	烏		七二
	烋		四九七
	烝		七七四
	烙		一五四六
	烈		一六〇二
牛	特		一二六八
犬	狭	狭	三三三
	狷		四二四
	狽		一二三一
	狸		一五五七
	狼		一六一七
玉	珪		三九二
	珥		六二八
	珠		六七七
	珮		一三一六
	班		一三六四
	珞		一五四六
	琉	琉	一五七〇
田	畝		七八
	畛		七九九
	畜		一〇三七
	畠		一二四八
	畔		一三六四
	畔	畔	一三六四
	畚		一四三三
	留		一五六八
疒	痂		一五一
	疳		二三一
	痃		四二四
	疵		六一五
	疾		六四七
	疽		七二八
	症		七四八
	疹		七九九
	疸		一〇一四
	疼		一二一四
	疲		一二八〇
	病		一三〇九
	疱		一四〇五
皮	皰		一四〇五
皿	益		九一
	益	益	九一
	盍		四九七
目	眩		四四二
	真		七九九
	眞	真	七九九
	眥		八五九
	眛		一四三九
	眠		一四五八
矢	矩		三六九
	矩	矩	三六九
石	砦		五五二
	砥		六一五
	砠		七二八
	砧		一〇七四
	破		一二一七
	砲		一四〇五
	砲	砲	一四〇五
示	祠		六一五
	祇		六一五
	祝	祝	七〇七
	祥		七四八
	神	神	七九六
	祟		八二九
	祖	祖	九二〇
	祚		九二〇
	祕	秘	一二八一
	祓		一三五〇
	祐	祐	一五一一
禾	秧		一一五
	秬		三一七
	称		七四九
	秤		七四九
	秦		八〇一
	租		九二〇
	秩		一〇三八
	秘		一二八一
	秣		一四四四
穴	窄		五六六
	窈		一五二九
立	站		一〇一四
	竚		一〇五一
	竝	並	一三六六
竹	笈		三〇八
	笏		五三〇
	笑		七四九
	笊		九三七
	笆		一二一八
米	粋		八二九
	粃		九七二
	粉		一三五五
	粍		一四五七
糸	紜		八〇
	級	級	三〇七
	紘		四九七
	紗		五四五
	索		五六六
	紙		六一五
	純		七二〇
	素		九二〇
	紐		一〇四八
	納		一二一〇
	紕		一二八一
	紛		一三五五
	紊		一三六二
	紡		一四一七
	紋		一四八九
缶	缺	欠	四〇九
网	罟		四五五
	罠		一三一六
羊	羔		四九七
羽	翁		一一五
	翁	翁	一一五
	翅		六一六
老	耆		二六九
	耄		一四八〇
耒	耘		八〇
	耕		四九七
	耙		一二一八
	耗		一四八〇
耳	耿		四九七
	耽		一〇一四
肉	胸		三三四
	脅		三三五
	胯		四五五
	胱		四九七
	脂		六一六
	脆		八七一
	脊		八七七
	胴		一一六一
	能		一二一〇
	脈		一四五六
	脇		一六二九
自	臭	臭	六八九
至	致		一〇三
臼	舁		一五三
舌	舐		六一六
舟	航		四九七
	般		一二六四

																			艸	
莉	莅	莠	莫	葱	荳	荼	荻	▼莊	芻	莎	莫	▼莖	莢	荅	莞	莪	華	荷	莛	舫
								荘				茎								
一五五七	一五五七	一五一一	一三九三	一三〇三	一二四四	一二一七	一二〇〇	九三五	八三五	五四五	四六六	三八九	三三五	二五五	二三一	一六五	一五一	一五一	九九	一四〇五

								衣	血								虫		虍	
被	袢	袙	袒	衰	袗	袖	衮	衾	衄	蚌	蚪	蚤	蚩	蚕	蚣	蚊	蚓	虒	虔	莨
一三八一	一二六五	一二五四	一〇一四	八二九	八〇一	六九〇	五三七	三五九	六四三	一四一八	一二一七	九三七	六一六	五八六	四九八	一六一	六四	六一六	四二四	一六一七

	辵	辰	車	身		走		貝		豸	豆								言	
▼逆	迴	辱	軒	躬	赳	起	財	貢	豹	豺	豈	討	託	訊	訌	許	訓	訖	記	袍
逆																				
二九八	一七八	七八六	四二四	三〇八	三〇八	二七〇	五六二	四九八	一三〇四	五五二	一九一	一二四四	一〇〇二	八一九	四九八	四一二	三八二	二九五	二七〇	一四〇五

			邑																	
郛	郤	郡	郢	連	▼迷	透	▼逃	途	逓	通	▼追	逐	迺	▼退	速	造	▼送	迹	逝	逅
					迷		逃				追			退			送			
一三三〇	四〇六	三八五	八六	一六〇三	一四七一	一二四四	一二四〇	一二一七	一〇九三	一〇七八	一〇七六	一〇三七	九九八	九八一	九六〇	九五三	九三五	八七七	八五九	四九八

隹										阜	門			金					酉	
隼	陛	陟	陝	陣	陞	除	降	陜	陥	院	閃	釘	針	釜	配	酎	酒	▼酌	酌	▼郎
																		酌		郎
七一六	一三六八	一〇七二	九〇二	八一九	七五〇	七三五	四九八	三三五	二三一	六四	九〇二	一〇九三	八〇一	二一八	一二二六	一〇四八	六七八	六六四	六六四	一六一六

							人	乙		龍	鬼	鬯	高	骨	馬	食	韋
偶	偽	修	偕	▼假	偃	▼偉	偓	乾	**十一画**	竜	鬼	鬯	高	骨	馬	飢	韋	隻
				仮		偉												
三七五	二八七	二五五	一七八	一三九	九九	三四	九	二三一		一五六九	二七一	一〇五八	四九九	五三〇	一三一〇	二七一	三一	八七七

	力				刀	几	冂	儿												
勖	勘	副	剳	剪	剰	凰	冕	兜	▼偏	偏	偸	偵	停	側	偬	偖	偲	做	健	偈
									偏											
三四九	二二三	一三四三	一二四五	九〇二	七七四	一一五	一三八六	一二四五	一三八一	一三八一	一二四五	一〇九四	一〇九三	九六〇	九三七	六五七	六一七	五六七	四二四	四一二

総画索引

十一画

部首	字	頁
	動	一一六二
	務	一四五九
勹	匐	一三四三
	匏	一四〇五
ヒ	匙	六一七
匚	▼區（区）	三六六
ム	▼參（参）	五八四
ロ	啞	三
	唹	一一〇
	啀	一九一
	喝	二一三
	啣	二三三
	啓	三九二
	▼啓（啓）	三九二
	啐	五五二
	售	六九一
	商	七五〇
	唱	七五一
	啜	八八四
	唾	九七四
	▼啄（啄）	一〇〇二
	啅	一〇〇二
	啖	一〇一四
	唸	一一一五
	問	一四九〇
	唯	一五〇五
	喉	一五九五
口	圉	三一〇
	▼圈（圏）	四二六
	▼國（国）	五二五
土	堊	三
	域	四一
	基	二七三
	埼	五六一
	執	六四八
	埴	七八二
	堆	九八三
	堂	一一六二
	培	一二三一
	埠	一三三〇
	堋	一四〇五
	堀	一四三二
大	爽	九三七
女	婀	三
	婬	六四
	婉	九九
	婚	五三七
	娶	六七九
	娼	七五一
	娵	九三八
	婆	一二二一
	婢	一二八二
	婦	一三三〇
	▼婦（婦）	一三三〇
	婪	一五五一
	婁	一五八九
子	孰	七一〇
宀	寅	六四
	寄	二七三
	寇	五〇一
	寂	六六七
	宿	七〇七
	密	一四五四
寸	尉	三一
	▼將（将）	七四六
	▼專（専）	八九八
尸	屛	一三六八
山	崖	一九一
	崟	三六五
	崛	三七七
	崑	五三七
	崔	五五二
	崎	五六四
	崇	八三五
	崢	九三八
	崩	一四〇六
	▼崩（崩）	一四〇六
	崚	一五七六
	崙	一六二三
川	▼巢（巣）	九三八
巾	帷	三一
	常	七七四
	▼帶（帯）	九八二
	帳	一〇五八
广	庵	三
	康	五〇一
	庶	七二八
	庸	一五三〇
弓	強	三三五
	張	一〇五八
	弸	一四〇六
ヨ	彗	八二九
彡	彩	五五三
	彫	一〇五八
	彪	一三〇二
	彬	一三一三
彳	徙	六一七
	▼從（従）	七〇四
	得	一一六九
	徘	一二二六
⺍	巣	九三八
心	悪	九
	惟	三
	患	二三三
	悖	二七四
	惧	三七一
	惓	四二五
	悾	五〇二
	惚	五三一
	惨	五八六
	悉	六四八
	惇	七二〇
	情	七七五
	▼情（情）	七七五
	悴	八二九
	悽	八五九
	惜	八七八
	惆	一〇四八
	悵	一〇五九
	悼	一一四五
	惘	一四一八
	悠	一五一一
戈	戛	二一三
	戚	八七八
戸	扈	四五五
手	掖	九一
	掩	九九
	掛	二〇八
	掎	二七四
	掬	二九二
	掀	三五九
	掘	三七七
	掲	三九二
	捲	四二五
	控	五〇二
	採	五五三
	捨	六五七
	▼捨（捨）	六五八
	授	六八二
	捷	七五一
	掟	七七六
	推	八二九
	捶	八三〇
	据	八三七
	接	八八四
	措	九二三
	掃	九三八

							攵													
▼敏	敗	▼敕	▼敍	敖	▼敎	教	救	捩	掠	捫	捧	描	排	捻	捺	掉	掏	探	掫	▼掃
敏		勅	叙		教															掃
一三一六	一三二七	一〇七二	七三四	五二一	三三七	三三七	三〇八	一五九五	一五六五	一四九〇	一四〇六	一三一〇	一三二七	一二〇八	一一八八	一一四五	一一四五	一〇一四	九三八	九三八

		曰									日		旡			方		斤		斗
曼	曽	曹	▼晩	▼晝	晢	▼晟	晨	晧	晤	晞	晦	▼旣	▼既	族	旋	旌	断	斬	斜	斛
			晩	昼		晟						既	既							
一四四八	九三九	九三九	一二七〇	一〇四七	八八五	八五九	八〇二	五〇二	四六六	二七四	一七八	二六九	二六九	九六二	九〇二	八五九	一〇二三	五九三	六五八	五二七

																		木		月
梨	桶	梃	梯	梛	梲	▼條	梢	梻	梔	梓	梭	梱	梏	梗	梧	梟	桷	械	▼朗	望
						条													朗	
一一八七	一一四五	一〇九四	一〇九四	九七四	八八五	七七一	七五一	六四三	六一七	六一七	五四五	五三七	五二七	五〇二	四六六	三三八	一九八	一七八	一六一六	一四一八

				水		毛		殳	歹			欠								
涯	淤	淹	液	淫	毫	毬	▼殺	殼	殍	欲	欷	欸	梁	梠	椛	梵	梺	桴	梶	▼梅
							殺													梅
一九一	一一〇	九九	九二	六四	五二一	三〇九	五七一	一九九	一三〇五	一五三九	二七四	五	一五七六	一五七三	一四八八	一四三五	一三五三	一二三〇	一二九〇	一二三〇

淅	淒	▼淸	清	深	▼淨	淌	淁	渉	渚	淳	淑	渋	淬	済	混	淆	涸	渓	涵	渇
		清			浄															
八七八	八六一	八六〇	八六〇	八〇二	七七三	七五二	七五一	七五一	七二八	七二〇	七〇八	七〇四	五五四	五五三	五三七	五〇二	四五六	三九三	二三三	二一三

					犬		牛			火										
猝	猖	倏	猜	猊	猗	牾	牽	烽	烹	焉	▼淚	淪	淋	涼	淘	淀	添	淡	淙	▼淺
											涙									浅
九六五	七五二	七〇九	五五四	四〇四	三三	四六六	四二五	一四〇六	一四〇六	一〇〇	一五九〇	一五八五	一五八四	一五七七	一一四五	一一一五	一一一五	一〇一五	九三九	八九九

		田		生	甘			瓦	瓜						玉	玄				
畤	畦	異	▼產	産	甜	瓸	瓶	瓷	瓠	琅	琉	理	琢	現	球	率	猟	猛	猫	猪
			産																	
六一七	三九三	三二	五八七	五八七	一一一六	一三七四	一三一六	六一七	四五六	一六一七	一五七〇	一五五七	一〇〇二	四四二	三〇九	九六五	一五七七	一四八一	一三一〇	一〇五一

部首	字	旧字体等	頁
	畢		一二九七
	略		一五六五
疒	痍		三三
	痕		五三八
	痔		六三八
	痊		九〇二
	痒		一五三〇
白	皎		三三八
	皐		五〇二
皿	盒		五二一
	盛		八六一
	盗		一一四五
目	眼		二五五
	眷		四二六
	眺		一〇五九
	眸		一四一八
石	硅		三九三
	▼研	研	四二一
示	祭		五五四
	▼祥	祥	七四八
	票		一三〇五
禾	移		三三
穴	窓		九三九
	窒		一〇三八
	窕		一〇五九
立	竟		三三八
	章		七五二
	竡		一三七五
竹	笳		一五二
	笹		五六九
	笥		六一七
	笙		七五二
	笘		九〇三
	第		九九八
	答		一〇三二
	笛		一一〇一
	笵		一二六五
	符		一三三〇
	笨		一四三四
	笠		一五七〇
米	粗		九二二
	粘		一二〇九
	粕		一二四〇
	粒		一五七〇
糸	経		三九三
	絅		三九四
	絃		四四三
	紺		五三八
	細		五五四
	紮		五七二
	終		六九一
	▼終	終	六九一
	紹		七五二
	紳		八〇三
	絏		八八五
	組		九二四
	給		九八三
	紬		一〇四八
	紵		一〇五一
	絆		一二六五
	累		一五九〇
羊	羞		六九二
	羝		一〇九四
	羚		一五九六
羽	習		六九二
	▼習	習	六九二
	翌		一五三九
	▼翌	翌	一五三九
	翊		一五三九
耒	耜		六一七
耳	聊		一五七七
	聆		一五九六
聿	粛		七〇九
肉	脚		二九七
	脛		三九四
	脩		六九二
	脣		八〇三
	脱		一〇〇七
	▼脱	脱	一〇〇八
	脳		一一一一
	脯		一三八九
臼	舂		七五二
舟	舸		一五二
	舷		四四四
	舳		六四三
	船		九〇三
	舵		九七四
	舶		一二四〇
艸	菴		二三
	萎		三四
	菓		一五二
	菅		二三三
	萁		二七四
	菊		二九二
	菌		三五九
	菫		三六〇
	▼莖	茎	三八九
	菎		五三八
	菜		五五五
	菽		七〇九
	菖		七五二
	萃		八三〇
	菘		八三五
	菁		八六二
	▼莊	荘	九三五
	著		一〇五一
	菟		一一二八
	萄		一一六三
	菠		一二一九
	菲		一二八二
	萍		一三六九
	菩		一三九三
	萌		一四一八
	莽		一四八一
	萢		一五〇〇
	莱		一五四四
	菱		一五七八
虍	虚		三一七
	▼處	処	七二四
虫	蚫		一九
	蚶		二三四
	蚯		三〇九
	蛍		三九四
	蛄		四五六
	蛇		六六一
	蛆		七二八
	蛋		一〇一五
	蚰		一五一一
	蛉		一五九六
行	衒		四四四
	術		七一四
衣	袢		二一九
	袈		三八六
	袿		三九五
	袴		四五六
	袷		五〇二
	袛		八一九
	袋		九八三
	袱		一三四三
	袤		一四一九
	袰		一四三一
	衎		一五一八
見	規		二七四
	視		六一七
	覓		一三七四
言	訛		一五二
	訝		一六五

部首	字	異体	頁
	許		三一八
	訣		四一二
	訟		七五二
	設		八八五
	訥		一一七六
	訪		一四〇六
	訳		一四九七
谷	谺		一五二
豕	豚		一二七九
貝	貨		一五二
	貫		一二二四
	責		八七八
	貪		一二八一
	販		一三六五
	貧		一三一三
	貶		一三八一
赤	赦		六五八
足	跂		二七五
	趾		六一八
	趺		一二三〇
身	躮		八七二
車	転		一一一六
	軟		一一九一
	輒		一四九七
辵	逸		五六
	逑		三一〇
	逕		三九五
	逧		五六九
	這		六五八
	週		六九二
	逡		七一七
	逍		七五三
	進		八〇三
	▼逝	逝	八五九
	▼造	造	九五三
	▼速	速	九六〇
	逮		九八四
	▼逐	逐	一〇三七
	▼通	通	一〇七八
	逞		一〇九四
	逖		一一〇一
	▼途	途	一一二七
	▼透	透	一一四四
	逗		一一四六
	逋		一三八九
	逢		一四〇七
	▼連	連	一六〇三
邑	郭		一九九
	郷		三三九
	都		一一二八
	部		一三三六
	郵		一五二一
酉	酔		八三〇
	酖		一〇一五
釆	釈		六六五
里	野		一四九二
金	釦		五〇二
	釵		五五六
	釧		九〇三
	釣		一〇五九
	▼釣	釣	一〇五九
門	閊		一〇八一
	閉		一三六九
阜	陰		六五
	▼陥	陷	二三一
	険		四二六
	陲		八三一
	陬		八三五
	陳		一〇七四
	陶		一一四六
	陪		一三一一
	陸		一五六一
	隆		一五七一
	陵		一五七八
隹	雀		六六八
雨	雪		八八五
	雫		九七四
革	勒		一六二二
頁	頃		五三三
	頂		一〇五九
食	▼飢	飢	二七一
首	馗		二七五
魚	魚		三三〇
鳥	鳥		一〇六〇
鹵	鹵		一六〇九
鹿	鹿		六四一
麥	▼麥	麦	二四三
麻	麻		一四三五
黄	黄		五〇二
黒	黒		五二七
齊	斎		五五六
龜	亀		二七五

十二画

部首	字	異体	頁
人	偉		三四
	傀		一七八
	▼傑	傑	四一四
	傚		五〇四
	傘		五八七
	備		一三九〇
	傅		一三三〇
	傍		一四一九
几	凱		一九一
刀	剴		一九一
	割		二一三
	▼割	割	二一三
	▼剩	剰	七七四
	創		九三九
力	勤		三六〇
	勝		七五三
	▼勝	勝	七五三
	募		一三九三
	▼勞	労	一六一五
十	博		一二四〇
卩	卿		三九五
厂	厥		四一二
	厨		一〇四八
口	喑		六六
	喙		一七八
	喀		一九九
	▼喝	喝	二一三
	喚		二三四
	喊		二三四
	喜		二七五
	喟		二七六
	喫		二九五
	▼喫	喫	二九五
	喬		三三九
	喰		三八〇
	喧		四二六
	喉		五〇五
	啻		六一八
	啾		六九三
	喞		七八三
	善		九一五
	喘		九一六
	喪		九四〇
	▼單	単	一〇一二
	喋		一〇六一
	啼		一〇九四
	喃		一一九一
	喩		一五〇三
	喇		一五四九
	喨		一五七八
囗	▼圍	囲	二八
	圏		四二六

十二画

部首	字	下段字	頁
土	堙		六六
	堰		一〇〇
	堝		一五三
	堺		一七九
	堪		二三四
	▼堯	尭	三四五
	堅		四二七
	場		七七七
	堕		九七四
	塚		一〇八〇
	堤		一〇九五
	堵		一一二八
	塔		一一四七
	塀		一三六九
	報		一四〇七
	堡		一四〇七
	塁		一五九〇
士	▼壹	壱	五六
	壺		四五六
	▼壻	婿	八六二
大	奥		一一六
	奢		六五九
	奠		一一一七
女	媛		一〇〇
	▼媛	媛	一〇〇
	婿		八六二
	媒		一二三一
	媚		一二九一
宀	寒		二三五
	寓		三七五
	寔		七八三
	寐		一二九一
	富		一三三〇
寸	尋		八一九
	▼尋	尋	八一九
	尊		九六七
	▼尊	尊	九六七
尢	就		六九三
尸	孱		九〇三
	属		九六二
	屠		一一二八
山	嵐		一一八
	嵌		二三六
	嵒		二五六
	嵎		三七五
	嵋		一二九一
己	巽		九六八
	▼巽	巽	九六八
巾	幄		一一
	幃		三四
	幀		一〇九五
	幅		一三四三
	帽		一四一九
	▼帽	帽	一四一九
幺	幾		二七六
广	廁		六一八
	廂		七五三
	廃		一三二八
	廊		一六一七
弋	弑		六一八
弓	弾		一〇二四
	弼		一二九七
彡	彭		一四〇七
彳	御		三三一
	徨		五〇五
	循		七二〇
	復		一三四四
⺍	営		八七
心	▼惡	悪	九
	惕		一七九
	愕		二〇五
	▼惠	恵	三九一
	愃		四二七
	慌		五〇五
	惶		五〇五
	惹		六六八
	愀		六九三
	惴		八三三
	惺		八六二
	惣		九四〇
	惻		九六一
	惰		九七五
	▼惱	悩	一二一〇
	悲		一二八二
	愎		一三四四
	悶		一四九〇
	愉		一五〇三
	▼愉	愉	一五〇三
	惑		一六三〇
戈	戟		四〇六
戸	扉		一二八三
	▼扉	扉	一二八三
手	握		一一
	援		一〇〇
	▼援	援	一〇〇
	掾		一〇〇
	揩		一七九
	換		二三六
	揀		二三七
	揮		二七六
	揆		二七六
	▼揭	掲	三九二
	揣		六一八
	揉		七〇五
	掌		七五三
	掣		八六二
	揃		九〇三
	▼插	挿	九三六
	提		一〇九五
	搭		一一四七
	揶		一四九四
	揄		一五〇三
	揖		一五一二
	揚		一五三〇
	揺		一五三〇
攵	敢		二三七
	敬		三九五
	散		五八七
	敞		七五四
	敦		一一八〇
	敝		一三六九
文	斑		一二六五
	斐		一二八三
	斌		一三一四
斤	斯		六一八
方	旒		一五七一
日	暁		三四六
	景		三九六
	暑		七二八
	晶		七五四
	晴		八六三
	▼晴	晴	八六三
	晰		八七八
	智		一〇三二
	晩		一二七〇
	普		一三三一
曰	最		五五六
	▼曾	曽	九三九
	替		九八四
月	期		二七六
	朞		二七七
	朝		一〇六一
木	椏		三
	椅		三四
	椁		一九九
	棺		二三七
	棋		二七七

十二画

椈 二九三
極 三四九
棘 三五〇
椚 三七八
検 四二七
棍 五三九
▼棧 栈 五八六
棕 六七九
椒 七五四
椄 七五四
植 七八三
森 八〇四
椙 八三七
棲 八六三
棗 九四一
棚 一〇〇九
▼棚 棚 一〇〇九
椎 一〇七七
棣 一〇九五
棟 一二四七
棹 一二四七

棠 一二四七
棒 一四二〇
棉 一四七七
椋 一五七八
椀 一六三三
欠
欹 三五
款 二三七
欺 二八八
欽 三六〇
歹
残 五九二
▼殘 残 七八三
殳
殖 一九九
▼殼 殻 八七一
毛
毳 一〇二五
毯 二三
水
渥 三五
渭 六六
湮 一〇〇
淵 一〇一
溇 一三〇
温 一五三
渦

▼渴 渇 二一三
渙 二三七
渠 三一九
減 四四四
湖 四五六
港 五〇五
▼港 港 五〇五
渾 五三九
渣 五四五
滋 六三八
湿 六四九
湫 六九三
▼渚 渚 七二八
湘 七五四
渫 八八六
湊 九四一
測 九六一
湛 一〇一六
湍 一〇一六
渟 一〇九六
渡 一二二九

湯 一一四八
洴 一三二八
渺 一三一一
湎 一三八六
満 一四四八
渝 一五〇三
湧 一五一二
游 一五一二
溂 一五四九
湾 一六三三
火
焰 一〇一
焜 五三九
焠 五五七
煮 六五九
焼 七五四
焦 七五五
然 九一七
焚 一三五六
焙 一四〇七
無 一四五九
爪
▼爲 為 三〇

片
牋 九〇三
牌 一三二八
牛
犀 五五七
犇 一四三四
犂 一五五八
犬
猴 五〇五
猩 八六三
猫 一〇一六
▼猪 猪 一〇五一
猋 一三〇五
猶 一五一二
▼猶 猶 一五一二
猥 一六二七
玉
瑛 八七
琴 三六〇
琥 四五七
▼琢 琢 一〇〇二
琶 一三一九
琲 一三八三
琵 一三九一
珐 一四〇八

生
琳 一五八五
甥 八六三
甦 九二四
田
▼異 異 三二
▼畫 画 一六三
畳 七七七
番 一二七〇
畬 一五一二
疋
疎 九二四
疏 九二五
疒
痤 三九六
痣 六一九
痩 九四一
痛 一〇八〇
痘 一一四八
痞 一三八三
痢 一五五八
癶
登 一一四九
▼發 発 一二五〇
白
皖 二三七
皓 五〇六

▼皓 皓 五〇六
皮
皴 七一七
皿
▼盛 盛 八六一
▼盜 盗 一二四五
目
睇 一〇九六
矢
短 一〇一六
石
硯 四二八
硬 五〇六
硝 七五五
▼硝 硝 七五五
硲 一二四六
硫 一五七一
示
禄 一六二二
禾
稈 二三七
稀 二七七
稍 七五六
税 八七一
▼税 税 八七一
程 一〇九六
▼程 程 一〇九六
穴
窘 三六一

十二画

窖 五〇六　▼窗（窓） 九三九　【立】竢 六一九　竣 七一七　竦 七五六　童 一一六三　【竹】筈 二一四　筐 三三九　筋 三六一　筓 三九六　策 五六七　筍 七二一　筌 九〇四　筅 九〇四　筑 一〇三七　答 一一四九　等 一一四九　筒 一一五〇　筏 一二五四　筆 一二九七　【米】粤 九三

粢 六一九　粥 七〇九　粧 七五六　粟 九六三　粨 一三七四　【糸】絵 一七九　給 三一〇　結 四一二　絢 四二九　絞 五〇六　絳 五〇六　絖 五〇六　絎 五〇七　▼絲（糸） 六〇五　紫 六一九　絨 七〇五　絮 七三六　絏 八八六　絶 八八九　統 一一五〇　絣 一四〇八

絡 一五四六　【羊】着 一〇四〇　【羽】翕 三一〇　翔 七五六　▼翔（翔） 七五六　【老】耋 一一〇四　【耳】聒 二一四　【肉】腋 九二　腔 五〇七　脹 一〇六二　腆 一一一七　脾 一二八三　腓 一二八四　腑 一三二二　胼 一三八二　腕 一六三二　【舌】舒 七三六　【舛】▼舜（舜） 七一七　【艸】▼華（華） 一五一　葭 一五三　萼 二〇五

葛 二一四　葵 二七七　韮 三一〇　菫 三八二　萱 四二九　菰 四五七　萩 六九三　葺 六九三　葬 九四一　葱 九四一　▼著（著） 一〇五一　董 一一五一　葩 一二一九　葡 一三八九　葆 一三八九　▼萬（万） 一四四五　葯 一四九七　萸 一五〇三　葉 一五三一　落 一五四七　葎 一五六四

萵 一六二七　【虍】▼虚（虚） 三一七　▼虜（虜） 一五七三　【虫】蛙 三　蛯 九四　蛔 一七九　蛞 二一五　蛩 三三九　蛬 三四〇　蛤 五〇七　蛟 五〇七　蛭 六四九　蛛 一〇四一　蛮 一二七一　【血】衆 六九三　【行】街 一九一　【衣】裙 三八三　裁 五五七　装 九四一　裎 一〇九六　補 一三八九

裕 一五一二　裡 一五五八　裂 一六〇三　【襾】覃 一〇一七　【見】覚 一九九　▼視（視） 六一八　覗 六二〇　覘 一一一八　【角】觚 四五七　觜 六二〇　觝 一〇九六　【言】詠 八七　訶 一五三　詁 四五七　詐 五四五　詞 六二〇　詛 七二九　証 七五六　詔 七五七　診 八〇四　訴 九二五

詑 九七二　詒 九八四　註 一〇四八　詆 一〇九六　評 一三〇五　▼評（評） 一三〇五　詈 一五五九　【豕】象 七五七　【豸】貂 一〇六三　【貝】貽 三五　賀 一六五　貴 二七七　貲 六二〇　貰 八六三　貸 九八四　貯 一〇五二　貼 一〇六三　▼貳（弐） 一一九五　買 一二三二　費 一二八四　貿 一四二〇

赤 赧 一〇一七
走 越 九三
超 一〇六三
趁 一〇七五
足 跏 一五三
距 三一九
▼距（距） 三一九
跚 五八八
跖 八七八
跎 九七二
跌 一二〇四
跛 一二一九
跋 一二五四
車 軼 五七
軻 一五三
軽 三九六
軸 六四三
軫 八〇四
辛 辜 四五七
辵 ▼逸（逸） 五六
運 八〇
過 一五三
逵 二七八
遇 三七五
▼週（週） 六九二
▼進（進） 八〇三
遂 八三一
▼逮（逮） 九八四
達 一〇〇六
遅 一〇三三
道 一一六三
遍 一三八二
迸 一四〇八
遊 一五一三
遥 一五三一
邑 鄂 二〇五
▼都（都） 一一二八
酉 酣 二二七
酢 五六七
酥 九二五
釆 釉 一五一四
里 量 一五七八
金 鈞 三六一
釿 三六一
鈔 七五七
鈕 一〇四九
鈍 一一八一
鈑 一二六五
門 開 一七九
間 二三八
閑 二三九
閏 七二一
閔 一三一六
阜 階 一八一
隅 三七五
隍 五〇七
随 八三三
隋 八三四
隊 九八四
▼隊（隊） 九八四
陽 一五三一
▼隆（隆） 一五七一
隈 一六二八
隹 ▼雅（雅） 一六五
雁 二五六
雇 四五七
▼雇（雇） 四五七
集 六九四
雄 一五一四
雨 雲 八一
雰 一三五六
革 靱 五五八
靫 八二〇
頁 項 五〇七
順 七二一
須 八二二
風 颪 一一八
食 飲 六六
飯 一二六六
馬 馭 三二六
馮 一三〇五
黄 ▼黄（黄） 五〇二
黍 黍 七二九
黒 ▼黒（黒） 五二七
黹 黹 一〇三三
齒 歯 六二〇

十三画

乙 ▼亂（乱） 一五五〇
亠 亶 一〇一七
人 傴 七三
僅 三六一
傾 三九七
傑 四一四
傲 五二一
債 五五八
催 五五八
傷 七五七
僉 九〇四
僊 九〇四
僧 九四二
▼傳（伝） 一一二一
働 一一六五
傭 一五三二
僂 一六一七
刀 剿 九四二
剽 一三〇六
力 勧 二四〇
▼勤（勤） 三六〇
勢 八六四
勣 八七八
勦 九四二
飭 一〇七二
勠 一五六二
匚 匯 一八一
口 嗚 一一〇
嘩 一五五
嗅 三一〇
嗟 五四五
嗄 五四六
嗣 六二一
嗜 六二一
嗤 六二二
嗇 七八三
嗔 八〇四
嘆 一〇一七
口 ▼圓（円） 九五
園 一〇一
土 塋 八七
塩 一〇一
塊 一八一
塙 二〇〇
塞 五五八
塒 六二三
塑 九二五
▼塚（塚） 一〇八〇
塡 一一一八
塗 一一二九
塘 一二五一
墓 一三九四
士 壼 五三九
夕 夢 一四六三
大 ▼奥（奥） 一一六
奨 七五八
女 媼 一一六
嫁 一五五

総画索引

十三画

部首	漢字	番号
	嫌	四二九
	▼嫌（嫌）	四二九
	媾	五〇七
	嫉	六四九
	嫋	七七七
	嫂	九四二
	嫣	一三九四
子	孳	六三八
宀	寛	二四〇
	寢	八〇四
	寞	一二四四
小	尠	九〇四
山	嵬	一八二
	嵯	五四六
	嵩	八三五
巾	幌	五〇八
	幎	一三七四
	幕	一四三九
干	幹	二四〇
广	廈	一五五
	廉	一六〇五

部首	漢字	番号
	▼廉（廉）	一六〇五
	▼廊（廊）	一六一七
ヨ	彙	三五
彳	微	一二九一
	徭	一五三二
心	愛	五
	意	三五
	慍	八二
	慨	一九二
	愾	一九二
	感	二四一
	愧	二七八
	愚	三七一
	愆	四二九
	慊	四二九
	慈	六三八
	愁	六九五
	惷	七一七
	慎	八〇五
	▼愼（慎）	八〇五
	想	九四二

部首	漢字	番号
	愴	九四三
	愍	一三一六
	愈	一五〇三
	慄	一五六四
戈	戡	二四二
	戦	九〇四
手	携	三九八
	搆	五〇八
	搓	五四六
	搾	五六七
	搦	六六八
	摂	八八六
	▼搜（捜）	九三六
	搔	九四三
	搶	九四三
	損	九六八
	搗	一一五一
	搨	一一五一
	搏	一二四一
	搬	一二六六
	摸	一四七八

部首	漢字	番号
	搤	一四九八
	▼搖（揺）	一五三〇
攵	▼敬（敬）	三九五
	数	八三五
斗	斟	八〇六
斤	新	八〇六
日	暗	二三
	暈	八二
	暇	一五五
	暉	二七八
	暄	四二九
	▼暑（暑）	七二八
	暖	一〇二五
	▼暖（暖）	一〇二五
	暘	一五三二
曰	▼會（会）	一六七
木	榲	八七
	楷	一八二
	楽	二〇五
	棄	二七八
	業	三四六

部首	漢字	番号
	榀	五三二
	楸	六九五
	楫	六九五
	楯	七二一
	楔	八八七
	楚	九二五
	楕	九七五
	椵	一〇一七
	楮	一〇五二
	椿	一〇七五
	椹	一〇七五
	椽	一一一八
	楠	一一九二
	楳	一二三二
	楾	一二七二
	楓	一三四一
	榁	一四六五
	椰	一四九五
	楡	一五〇四
	楢	一五一五
	楊	一五三二

部首	漢字	番号
	榜	一五七九
	楝	一六〇五
	楼	一六一八
欠	歇	四一四
	歆	九四三
止	歳	五五九
殳	毀	二七九
	殿	一一二二
水	溢	五七
	▼溫（温）	一三〇
	滑	二一五
	漢	二四二
	▼溪（渓）	三九三
	源	四四五
	溝	五〇八
	▼溝（溝）	五〇八
	溘	五〇八
	滉	五〇八
	溷	五三九
	滓	六二二
	溲	六九五

部首	漢字	番号
	準	七二三
	溽	七八六
	滄	九四三
	滞	九八五
	滝	一〇〇〇
	溺	一一〇三
	滔	一一五一
	溏	一一五一
	漠	一二四四
	溥	一三三二
	滂	一四〇八
	溟	一四七二
	滅	一四七四
	溶	一五三三
	溜	一五七一
火	煙	一〇一
	▼煙（煙）	一〇一
	煥	二四二
	煦	三七〇
	煢	三九八
	煌	五〇八

十三画

	▼煮	煮	六五九
	照		七五八
	煎		九〇五
	煖		一〇二五
	煤		一二三二
	煩		一二六六
	煬		一五三三
	煉		一六〇五
父	爺		一四九五
片	牒		一〇六三
犬	猿		一〇二
	猾		二一五
	献		四三〇
	獅		六二二
	獏		一二四四
	猷		一五一五
玉	瑕		一一五
	瑚		四五七
	瑟		六四九
	瑞		八三四
	瑇		九八五
	瑙		一二一一
	瑁		一四三九
	瑜		一五〇四
	瑶		一五三三
瓦	▼瓶	瓶	一三一六
田	畸		二七九
	畷		一一〇四
	▼當	当	一一三六
疒	痾		三
	痿		三六
	痼		四五七
	瘁		八三一
	痰		一〇一七
	痴		一〇三三
	痹		一二八四
	痺		一二八四
	痳		一四三六
	痲		一五八五
白	皙		八七八
皿	盞		五八八
	盟		一四七二
目	睚		一九二
	睨		四〇四
	睫		七五八
	睡		八三一
	睛		八六四
	督		一一七〇
	睥		一三六九
	睦		一四二七
矢	矮		一六二八
石	碍		一九二
	碁		四六六
	▼碎	砕	五五一
	碓		九八五
	碇		一〇九六
	碚		一二一八
	▼碑	碑	一二八五
	硼		一四〇八
	碌		一六二二
	碗		一六三三
示	禍		一五五
	祺		二七九
	禁		三六一
	禅		九一七
	禎		一〇九六
	福		一三四四
	▼祿	禄	一六二二
内	禽		三六二
禾	稔		八二〇
	稚		一〇三四
	稠		一〇四九
	稗		一二一九
	稜		一五七九
	稟		一五八五
穴	窟		三七八
立	竪		六八二
	靖		八六四
	▼靖	靖	八六四
竹	筵		一〇三
	筥		三一九
	筴		三四〇
	筧		四三〇
	筰		五六八
	筱		七五八
	筬		八六四
	筮		八七一
	節		八八七
	筲		九四三
米	粳		五〇八
	糀		五二三
	粲		五八八
	粱		一五七九
糸	綛		二一〇
	▼經	経	三九三
	継		三九八
	絹		四三〇
	綉		六九五
	綏		八三一
	続		九六三
	絛		一一五一
	絽		一六〇九
网	罨		二三
	罫		三九九
	罪		五六三
	署		七二九
	罧		八〇七
	置		一〇三四
	罩		一一五一
羊	義		二八八
	群		三八五
	羨		九〇五
耒	耡		七三六
耳	聖		八六四
	聘		一三六九
聿	肄		三六
	肆		六二二
	▼肅	粛	七〇九
肉	腱		四三〇
	腮		五五九
	腫		六七九
	腎		八二〇
	腥		八六五
	腺		九〇五
	腠		九四四
	腸		一〇六三
	▼腦	脳	一二一一
	腹		一三四五
	腴		一五〇四
	腰		一五三三
臼	舅		三一〇
	▼與	与	一五一九
舛	舜		七一七
舟	艇		一〇九六
	艀		一二三二
艸	葦		三六
	蓋		一九二
	蒹		四三〇
	蒿		五〇八
	蓙		五二九
	蒟		五三九
	蓑		五四六
	蒜		五八九
	蒔		六二二
	蓍		六二三
	蒻		六六九
	蒐		六九五

部首	字	新字体	頁
	蒸		七七七
	蓐		七八六
	蓁		八〇七
	蓆		八七八
	蒼		九四四
	蓄		一〇三七
	▼著	著	一〇五一
	蓖		一二八四
	蒲		一三九〇
	蒡		一四二〇
	▼萬	万	一四四五
	蒙		一四八一
	蓉		一五三四
	蓮		一六〇六
虍	虞		一二四
	▼號	号	五一八
	虜		一五七三
虫	蜒		一〇三
	蛾		一六五
	蛸		四三一
	蜆		四三一
	蜈		四六七
	蜍		七三六
	蛸		七五八
	蜀		七八三
	蜃		八〇八
	蛻		八七一
	蜹		八七一
	蜑		一〇一七
	蜓		一〇九七
	蜉		一三三三
	蜂		一四〇八
	蛹		一五三四
	蜊		一五五九
行	衙		一六五
衣	裔		八七
	裃		一八二
	褐		二一五
	袞		三一〇
	裟		五四六
	裾		八三九
	裼		八七九
	▼裝	装	九四一
	褄		一〇八五
	裨		一二八四
	裸		一五四二
	裏		一五五九
	裲		一五七九
角	解		一八二
	觥		五〇八
	触		七八四
言	詼		一八三
	該		一九二
	詭		二七九
	詰		二九六
	詣		三九九
	誇		四五七
	詬		五〇九
	詩		六二三
	試		六二三
	詢		七二二
	詳		七五九
	誠		八六五
	詮		九〇五
	詫		九七二
	誅		一〇四九
	誂		一〇六四
	誉		一五二三
	誄		一五九一
	話		一六二七
豆	豊		一四〇八
豕	豢		二四二
豸	貉		二〇〇
	貊		一二四四
貝	賈		四五八
	資		六二四
	賊		九六三
	賃		一〇七五
	賁		一三八四
	賂		一六〇九
	賄		一六二八
足	跪		二七九
	跫		三四〇
	跨		四五八
	跟		五三九
	跡		八七九
	践		九〇六
	跣		九〇六
	跳		一〇六四
	路		一六一〇
身	躱		九七二
車	較		二〇〇
	載		五五九
	輀		六三九
	軾		七八四
	輊		一〇三四
	輅		一六一〇
辛	辞		六三九
	辟		一三七二
辰	農		一二一一
辵	遏		一五
	遖		一五
	違		三七
	▼違	違	三七
	▼運	運	八〇
	遠		一〇三
	▼過	過	一五三
	遐		一五六
	▼遇	遇	三七五
	遣		四三一
	遑		五〇九
	遒		六九六
	▼遂	遂	八三一
	▼達	達	一〇〇六
	遉		一〇九七
	▼道	道	一一六三
	遁		一一八〇
	逼		一二九八
	▼遍	遍	一三八二
	逾		一五〇四
	▼遊	遊	一五一三
邑	▼鄉	鄉	三三九
	▼鄕	鄉	三三九
	鄒		八三六
酉	酬		六九六
	酩		一四七二
	酪		一五四九
金	鉞		九四
	鉛		一〇四
	鉅		三一九
	鉗		四三一
	鉉		四四五
	鈷		四五八
	鉱		五〇九
	鉤		五〇九
	鉈		六五九
	鉦		八六六
	鉄		一一〇四
	鈿		一一二二
	鉢		一二五〇
	鉋		一四〇九
	鈴		一五九六
門	閘		五〇九
阜	隘		七
	隕		六七
	隗		一八三
	隔		二〇〇

部首	字	頁
	隙	四〇六
隹	雅	一六五
	雋	七一七
	睢	七二九
	雉	一〇三四
	雍	一五三四
雨	電	一一二三
	雹	一二四一
	雷	一五四五
	零	一五九六
革	靴	一五六
頁	頑	二五六
	頏	五〇九
	頌	七五九
	頓	一一八〇
	頒	一二六七
	預	一五三三
食	▼飲（飲）	六六
	飼	六二四
	飾	七八四
	飩	一一八〇
	▼飯（飯）	一二六六
	飽	一四〇九
	飫	一五三三
馬	馴	七二三
	馳	一〇三五
骨	骭	二四二
髟	髢	一〇九七
魚	魞	九五
鳥	鳩	三一一
	鳰	一一九五
	鳧	一三三三
黽	黽	一三八六
鼎	鼎	一〇九七
鼓	鼓	四五八
鼠	鼠	九二六

十四画

部首	字	頁
人	僖	二七九
	▼僞（偽）	二八七
	僑	三四〇
	僥	三四七
	僭	九〇六
	▼僧（僧）	九四二
	像	九五四
	僮	一一六五
	僕	一四二八
	僚	一五七九
儿	兢	三四〇
刀	劃	二〇〇
匚	匱	二七九
厂	厭	一〇四
	厩	三一一
	厲	一五九七
口	嘔	一一六
	嘉	一五六
	嗷	五二一
	嘖	五六八
	嘗	七五九
	嗾	九四四
	嗽	九四四
	▼嘆（嘆）	一〇一七
	嘛	一四三六
	▼圖（図）	八三三
	▼團（団）	一〇二一
土	境	三四〇
	塹	五九三
	塾	七一〇
	墅	七二九
	塵	八二〇
	増	九五四
	▼塀（塀）	一三六九
	墨	一四二八
	塿	一六一八
士	▼壽（寿）	六八一
夊	夐	三九九
夕	夥	一五七
	▼夢（夢）	一四六三
大	▼奬（奨）	七五八
	奪	一〇〇八
女	嫣	一〇五
	嫗	一一六
	嫡	一〇四一
	嫩	一一八二
	嫖	一三〇六
子	孵	一三三二
宀	寡	一一五七
	▼寬（寛）	二四〇
	寤	四六七
	察	五七二
	▼實（実）	六五一
	▼寢（寝）	八〇五
	寧	一二〇五
	寥	一五七九
寸	▼對（対）	九七八
尸	層	九四四
	屢	一五八九
山	嶇	三七〇
	嶄	五九三
	嶂	七五九
	嶋	一一五二
巾	幗	二〇一
	幔	一四四九
幺	麼	一四三六
广	廓	二〇一
	廖	一五七九
彡	彰	七五九
彳	徵	一〇六四
	德	一一七〇
心	慇	六七
	▼慨（慨）	一九二
	▼慨（慨）	一九二
	慤	二〇一
	慣	二四二
	慳	四三一
	愿	四四五
	慷	五一〇
	慠	五二一
	▼慘（惨）	五八六
	慴	七六〇
	愬	九二六
	憎	九五四
	慥	九五五
	態	九八五
	慟	一一六五
	慝	一一七一
	慓	一三〇六
	慕	一三九四
	慢	一四四九
	慂	一五三四
	慵	一五三四
戈	截	八八八
手	摑	二〇一
	摎	三一一
	搴	四三一
	摧	五六〇
	摺	七六〇
	摏	七六〇
	摶	一〇一七
	摘	一一〇一
攵	敲	五一〇
斗	斡	一一五
方	旗	二八〇
日	暢	一〇六五
	暮	一三九四
	暝	一四七二

部首	字	新字体	頁
	暦		一六〇〇
木	▼榮	栄	八五
	榎		一五七
	樺		一五七
	槐		一八三
	概		一九三
	構		五一〇
	▼構	構	五一〇
	槁		五一〇
	槓		五一〇
	槔		五一〇
	榾		五三一
	槎		五四六
	寨		五六〇
	榊		五六四
	槊		五六八
	榛		八〇八
	槙		八〇八
	▼槇	槙	八〇八
	榱		八三一
	槍		九四五
	槌		一〇七八
	榻		一一五二
	槃		一二六七
	榧		一二八四
	榑		一三三二
	榜		一四二〇
	模		一四七八
	様		一五三四
	榕		一五三四
	榴		一五七二
	榔		一六一八
欠	歌		一五七
	歎		四三二
止	歴		一六〇〇
歹	殞		六七
水	演		一〇五
	▼漢	漢	二四二
	漁		三三六
	滬		四五八
	滸		四五九
	滾		五三九
	漆		六四九
	滲		八〇八
	漸		九一七
	漕		九四五
	漱		九四五
	▼滯	滞	九八五
	漲		一〇六五
	漬		一〇八三
	滴		一一〇一
	滌		一一〇三
	漂		一三〇六
	▼滿	満	一四四八
	漫		一四四九
	漾		一五三四
	漓		一五五九
	漣		一六〇六
	滷		一六一〇
	漏		一六一八
	漉		一六二三
火	熊		三七八
	熕		五一〇
	煽		九〇六
	熄		九六一
	熔		一五三四
爻	爾		六三九
牛	犒		五一〇
	犖		一五四九
犬	獄		五二八
玉	瑰		一八三
	瑳		五四六
	瑣		五四六
	瑪		一四六六
	▼瑤	瑶	一五三三
	璃		一五五九
	瑠		一五八九
瓦	甄		四三二
	甃		六九六
	甌		九一八
疋	疑		二八八
疒	瘧		二九九
	瘋		一三四一
	瘉		一五〇四
	瘍		一五三五
皮	皸		三八三
皿	▼盡	尽	八一七
目	睾		五一一
	睹		一一三〇
石	碣		四一四
	磁		六三九
	碩		八七九
	碪		一〇七五
	碑		一二八五
	碧		一三七二
示	▼禍	禍	一五五
	禊		三九九
	▼禎	禎	一〇九六
	▼福	福	一三四四
禾	穀		五二八
	種		六七九
	▼稱	称	七四九
	稲		一五二
穴	窩		一五八
	窪		一六二七
立	竭		四一四
	竮		九一八
	端		一〇一七
竹	箇		一五八
	管		二四三
	箝		二四三
	箕		二八〇
	箘		三六二
	箍		四五九
	箜		五一一
	箚		五七二
	算		五八九
	箋		九〇六
	箒		九四五
	箏		九四五
	箔		一二四一
	箙		一三四六
米	▼粹	粋	八二九
	精		八六六
	▼精	精	八六六
	粽		九四五
糸	維		三七
	綺		二八〇
	綦		二八一
	緊		三九九
	綣		四三三
	綱		五一一
	綵		五六〇
	緇		六二四
	綽		六六五
	綬		六八三
	緒		七二九
	綫		九〇六
	総		九四五
	綜		九四七
	綻		一〇一九
	綢		一〇四九
	綴		一〇九七
	綯		一一五二
	緋		一二八五
	綿		一四七七
	網		一四八一

綾 一五七九　緑 一五八三　▼緑（緑）一五八三　綸 一五八五　綟 一五九七　練 一六〇六　綰 一六三二　【网】▼署（署）七二九　罰 一二五五　【羽】翠 八三一　翡 一二八五　【耳】聢 六四二　聚 六九六　聡 九四七　聞 一三六二　【聿】肇 一〇六五　▼肇（肇）一〇六五　【肉】膃 一二六　膈 二〇一　膏 五二一　腿 九八五

膊 一二四一　腐 一三三三　膀 一四二〇　膜 一四四〇　膂 一五七三　【臣】臧 九五五　【至】▼臺（台）九九七　【舛】▼舞（舞）一三三七　【艸】蔭 六七　蔚 七六　蔡 五六〇　蔗 六六〇　蓿 七〇九　蓴 七一三　蔣 七六〇　蓼 八〇八　蔬 九二六　蔟 九六三　蔕 九八五　蔦 一〇六五　蔔 一三四六

蔑 一三七六　蓬 一四〇九　蔀 一四一〇　蔓 一四五〇　蔘 一五八〇　【虫】蜴 九二　蜿 一〇五　蜷 四三二　蜻 八六七　蜥 八七九　蜘 一〇三五　蜩 一〇六五　蜚 一二八五　蜜 一四五五　【衣】裹 一五八　▼褐（褐）二一五　褌 五三九　裳 七六〇　製 八六七　裴 一二二九　複 一三四六

褊 一三八二　褓 一四一〇　【見】覡 四〇六　【言】誨 一八三　誡 一八四　誑 三四〇　語 四六七　誤 四六七　誥 五二一　誌 六二四　誚 七六〇　誦 七六〇　▼誠（誠）八六五　誓 八六八　説 八八八　▼誕（誕）一〇一九　読 一一七四　認 一二〇三　誣 一三三三　誘 一五一五　【豕】豪 五二一

【豸】貌 一四二〇　【貝】賑 八〇八　▼賓（賓）一三一四　【赤】赫 二〇一　【走】趙 一〇六五　【足】跼 三五〇　跿 一二三〇　踊 一五三五　踉 一五八〇　【車】▼輕（軽）三九六　輒 一〇六五　輓 一二七一　輔 一三九一　【辛】辣 一五四九　【辵】▼遠（遠）一〇二三　▼遣（遣）四三一　遘 五二一　遮 六六〇　遡 九二六　遭 九四七　遜 九六八

▼遞（逓）一〇九三　適 一一〇一　▼遙（遥）一五三一　【邑】鄙 一二八五　【酉】酳 六七　酵 五一二　酷 五二八　酸 五八九　酲 一〇九七　【金】銜 二四四　銀 三六五　銖 六八〇　銃 七〇五　銭 九〇六　銑 九〇七　銓 九〇七　銛 九〇七　銚 一〇六五　銕 一一〇六　銅 一一六五　鉾 一四二〇

鋩 一四二〇　銘 一四七二　【門】閣 二〇一　関 二四四　閨 三九九　閤 五一二　閧 五一二　閥 一二五五　【阜】隠 六七　際 五六〇　障 七六〇　【隹】雑 五七三　雌 六二四　【雨】霈 六八三　【青】静 八六八　【面】靤 一四一〇　【革】鞅 一一一六　靼 一〇一九　鞆 一一七八　鞁 一二八六　鞄 一四一〇

部首	字	新字体	頁
	靺		一四四四
音	韶		七六一
頁	頗		一二一九
	領		一五八〇
風	颯		五七二
	颱		九八五
食	飴		三七
	▼飼	飼	六二四
	▼飾	飾	七八四
	▼飽	飽	一四〇九
馬	駅		九二
	駆		三七〇
	駄		九七五
	駮		一二四四
骨	骰		一一五二
髟	髯		九一八
	髪		一二五二
	髣		一四一〇
	髦		一四二〇
鬼	魁		一八四
	魂		五四〇
鳥	鳶		一〇五
	鳳		一四一〇
	鳴		一四七三
鼻	鼻		一二九二
	▼鼻	鼻	一二九二
齊	▼齊	斉	八五六

十五画

部首	字	新字体	頁
人	億		一三
	▼價	価	一四四
	儀		二八九
	僵		三四〇
	▼儉	倹	四二三
	儁		七一七
	儂		一一六五
	僻		一三七三
	僊		一四二一
冖	冪		一三七四
冫	凜		一五八五
刀	劇		四〇六
	▼劍	剣	四二三
	劈		一三七三
	劉		一五七二
力	勲		三八三
匚	匳		一六〇七
口	噎		九四
	噁		一一〇
	器		二八一
	嘘		三一九
	嘴		六二五
	嘱		七八四
	嘶		八六九
	噌		九四七
	噂		九六九
	嘲		一〇六六
	嘸		一三三六
	噴		一三五六
土	墟		三一九
	▼增	増	九五四
	▼墮	堕	九七四
	墜		一〇七八
	▼墜	墜	一〇七八
	墳		一三五六
	▼墨	墨	一四二八
女	嫺		二四四
	嫻		二四五
	嬉		二八一
	嬌		三四〇
	嬋		九〇七
宀	▼寬	寛	二四〇
	▼寫	写	六五五
	審		八〇八
	寮		一五八〇
寸	導		一一六五
尸	▼層	層	九四四
	履		一五五九
山	嶢		三四七
	嶝		一一五二
巾	幟		六二五
	幢		一一五二
	幡		一二六七
	幣		一三七〇
	▼幣	幣	一三七〇
广	▼廣	広	四七五
	廝		六二五
	廠		七六一
	廛		一二一八
	▼廢	廃	一三一八
	廟		一三一一
	廡		一三三六
廾	弊		一三七〇
	▼弊	弊	一三七〇
弓	▼彈	弾	一〇二四
彡	影		八七
彳	▼徵	徴	一〇六四
	徹		一一〇六
	▼德	徳	一一七〇
心	慰		三七
	慶		三九九
	憬		四〇〇
	慧		四〇〇
	慙		五九三
	憧		七六一
	慫		七六一
	憔		七六一
	▼憎	憎	九五四
	憚		一〇一九
	憫		一三一七
	憮		一三三七
	憤		一三五七
	憂		一五一五
	慾		一五四〇
	慮		一五七三
戈	戯		二八九
	戮		一五六二
手	撃		四〇七
	撮		五七二
	撒		五七三
	摯		六二五
	撕		八六九
	撰		九〇七
	撤		一一〇六
	撞		一一五二
	撓		一一六六
	撚		一二〇九
	播		一二一九
	撥		一二五三
	撫		一三三七
	撲		一四二九
	摩		一四三六
	撩		一五八一
	撈		一六一八
攵	▼數	数	八三五
	敵		一一〇二
	敷		一三三三
日	暫		五九三
	暴		一四二一
	曄		一五三五
木	横		一一六
	▼概	概	一九三
	▼槪	概	一九三
	槨		二〇一
	▼樂	楽	二〇五
	樫		二〇九
	槻		二八一

		欠																		
		▼	▼	▼									▼							
歎	歓	歐	樓	樣	樬	標	樊	樋	樗	樸	槽	槭	樞	樅	樟	槧	槲	権	槿	槮
		欧	楼	様									枢							
一〇一九	二四五	一一四	一六一八	一五三四	一四五五	一三〇六	一二六七	一一五三	一〇五二	九四八	九四七	八七九	八三四	七六一	七六一	五九三	五二八	四三三	三六二	三一一

																	水		殳	歹
				▼					▼		▼								▼	
澄	潮	潭	潺	潛	潜	潯	漿	潤	澁	潸	潔	潔	澆	澗	潟	漑	潰	毅	毆	殤
				潜					渋		潔								殴	
一〇六六	一〇六六	一〇一九	九〇八	九〇七	九〇七	八二一	七六一	七三三	七〇四	五九〇	四一四	四一四	三四七	二四五	二一〇	一九三	一八四	二八一	一一四	七六一

		疒	田	瓦				玉	犬	片					火					
▼																				
瘦	瘠	瘟	畿	甍	璇	璋	瑾	瑩	獗	牖	熱	熟	熬	熙	熨	潦	澎	潘	潑	滕
痩																				
九四一	八七九	一三一	二八一	一四二二	九〇八	七六二	三六三	八八	四一四	一五一六	一二〇五	七一〇	五三三	二八一	三八	一六一八	一四一〇	一二六七	一二五三	一一五三

禾	示									石			目		皿	皮	白			
稼	禝	磊	碼	磅	磐	碾	磔	磋	確	磑	瞑	瞋	瞎	盤	監	皺	皚	瘤	瘢	瘡
一一五八	七八五	一五四五	一四六六	一四一一	一二六七	一一一八	一〇〇二	五四六	二〇二	一九三	一四七三	八〇九	二一六	一二七一	二四五	六九六	一九三	一五七二	一二六七	九四八

米												竹		穴						
							▼	▼							▼			▼		
糊	篇	範	箸	箱	篆	箭	節	節	箴	篌	篁	篋	窯	窮	稻	穂	稷	穀	稿	稽
							節	節							稲			穀		
四五九	一三八二	一二六七	一二四六	一二四六	一一一八	九〇八	八八七	八八七	八〇九	五二二	五一二	三四一	一五三五	三一一	一一五二	八三三	七八五	五二八	五一二	四〇〇

																	糸			
▼									▼						▼		▼			
編	編	緡	緲	締	緞	線	緤	縄	緖	緝	緊	緘	緩	縅	緣	縁	緯	糎	糂	糅
編									緒						縁		緯			
一三八二	一三八二	一三一七	一三一一	一〇九七	一〇一九	九〇八	八八九	七七八	七二九	六九六	三六三	二四六	二四六	一二六	一〇六	一〇六	四〇	九一八	八二一	七〇五

			艸	舛		舌					肉	耒			羽	羊		网		
					▼														▼	
蕣	蕨	蕀	蕎	舞	舖	舗	膚	膝	膣	膵	膠	耦	翩	翦	翫	羯	罷	罵	練	緬
					舗														練	
七一七	四一四	三五一	三四一	一三三七	一三九一	一三九一	一三三四	一二九四	一〇三九	八三二	五一二	三七六	一三八三	九〇八	二五七	二一六	一二八六	一二二二	一六〇六	一四七七

部首	字	異体	頁
	蕉		七六二
	蕘		七七八
	蕈		八〇九
	蕁		八二一
	蕊		八三四
	蔵		九五五
	蕩		一一五三
	蕃		一二七二
	蕪		一三三七
	蔽		一三七〇
	蕕		一五一六
	▼蓮	蓮	一六〇六
虫	蜎		三八
	蝘		一〇七
	蝦		一五九
	蝸		一五九
	蝌		一五九
	蝎		二一六
	蝴		四五九
	蝗		五一二
	蝨		六五〇
	蝕		七八五
	蝶		一〇六七
	蝠		一三四七
	蝮		一三四七
	蝙		一三八三
	蝓		一五〇四
	蝣		一五一六
	蝲		一五四九
行	衝		七六二
衣	褞		八三
	褥		七八六
	褪		九八六
	褫		一〇三五
	褒		一四一一
言	謁		九四
	課		一六〇
	誼		二九〇
	諏		六八〇
	諄		七二三
	諸		七三〇
	諚		七七八
	請		八六九
	▼請	請	八六九
	諍		九四八
	諾		一〇〇三
	誰		一〇一一
	誕		一〇一九
	談		一〇二六
	調		一〇六七
	▼調	調	一〇六七
	諂		一一一八
	誹		一二八六
	諒		一五八一
	論		一六二三
豆	豌		一〇七
豸	貌		四〇四
貝	賛		五九〇
	賜		六二五
	質		六五〇
	賞		七六二
	賤		九〇八
	▼賣	売	一二二九
	賠		一二二二
	賓		一三一四
	賦		一三三四
	賚		一五四五
走	趣		六八〇
足	踝		一六〇
	踑		二八二
	踞		三一九
	▼踐	践	九〇六
	踪		九四八
	踟		一〇三五
	踏		一一五三
車	輝		二八二
	輜		六二六
	輟		一一〇六
	輩		一二二九
	輛		一五八一
	輪		一五八六
	輦		一六〇七
辵	遺		三八
	遨		五二二
	▼遮	遮	六六〇
	遵		七二三
	選		九〇九
	遷		九〇九
	▼遭	遭	九四七
	▼適	適	一一〇一
	遯		一一八〇
	遼		一五八一
邑	鄲		一〇二〇
	鄭		一〇九八
	▼鄰	隣	一五八七
酉	醋		五六八
	醇		七二三
	▼醉	酔	八三〇
	醂		一五八六
金	鋭		八八
	▼鋭	鋭	八八
	[illegible]		二〇九
	鋏		三四一
	銹		六九六
	鋤		七三六
	銷		七六二
	鋳		一〇四九
	鋶		一一九五
	鋲		一三一一
	鋪		一三九一
	鋒		一四一一
門	閲		九四
	閭		一五七三
阜	▼隣	隣	一五八七
雨	霄		七六三
	震		八〇九
	霆		一〇九八
	霈		一二二九
	霊		一五九七
非	靠		五一二
革	鞋		七
	鞍		二三
	鞏		三四一
	鞐		五三二
頁	頤		三九
	頡		四一四
食	餓		一六六
	餃		五一三
	餌		六四〇
	餉		七六三
	餅		一三七一
	養		一五三五
馬	駕		一六六
	駈		三七〇
	駒		五三二
	駟		六二六
	駛		六二六
	駝		九七五
	駘		九八六
	駐		一〇五〇
	駑		一一三四
髟	髭		六二六
	髫		一〇六八
	▼髮	髪	一二五二
	髴		一三五〇
	髱		一四一一
門	鬧		一一五三

鬼 魄 一二四二
魃 一二五五
魅 一四五二
魚 魳 六二六
魣 一一八八
魬 一二六八
魴 一四一一
魯 一六一〇
鳥 鴉 四
鴃 四〇七
鴆 一〇七五
鴇 一四一一
麦 麩 一三三四
麻 麿 二八二
黍 黎 一五九八
黒 黙 一四八五
齒 齒（歯） 六二〇

十六画

人 儕 五六〇
儒 六八三
儘 八二一
儔 一〇五〇
八 冀 二八二
冫 凝 三四七
刀 劑（剤） 五六二
力 勳（勲） 三八三
勵（励） 一五九四
ム 篡 五九〇
又 叡 八八
口 噯 七
噫 三九
噦 九四
器（器） 二八一
噤 三六三
噶 五一三
嘯 七六三
噬 八七一
噪 九四八
噸 一一八一
嘶 一二五五
噴（噴） 一三五六
口 圜 二四六
土 壊 一八四
墾 五四〇
壌 七七八
壇 一〇二六
墳（墳） 一三五六
壁 一三七三
壅 一五三六
大 奮 一三五七
女 嬢 七七八
嬖 一三七一
子 學（学） 二〇四
宀 寰 二四六
寸 導（導） 一一六五
山 嶬 二九〇
嶮 四三三
嶼 七三一
广 廨 一八四
廩 一五八六
弓 彊 三四一
彳 徼 三四一
心 懌 九二
懊 一一七
憶 一二二
懐 一八五
懈 一八五
憾 二四六
憖 三六六
憩 四〇〇
憲 四三三
懆 九四八
憺 一〇二〇
憊 一二二九
憑 一三〇七
憤（憤） 一三五七
懍 一五八六
憐 一六〇七
戈 戰（戦） 九〇四
手 撼 二四六
據（拠） 三一六
擒 三六三
擅 九〇九
操 九四八
擇（択） 一〇〇〇
撻 一〇〇七
擔（担） 一〇一三
擁 一五三六
播 一五四五
文 整 八六九
日 暨 二八二
曉（暁） 三四六
暹 九一〇
暾 一一八一
曇 一一八二
曆（暦） 一六〇〇
木 横（横） 一一六
樺（樺） 一五七
橄 二四七
機 二八二
橘 二九六
橋 三四一
橇 三四二
檠 四〇〇
樹 六八三
樵 七六三
橡 七六三
樽 九六九
橙 一一五四
橦 一一五四
橈 一一六六
樸 一四二九
欠 歙 三一二
歔 三二〇
止 歷（歴） 一六〇〇
歹 殪 八九
殫 一〇二〇
水 澳 四二
澣 二四七
激 四〇七
澡 九四八
澤（沢） 一〇〇〇
濁 一〇〇三
澮 一〇二〇
澱 一一一三
濃 一三一二
濆 一三五七
濛 一四八二
澪 一五九八
火 燕 一〇七
熹 二八三
熾 六二六
燒（焼） 七五四
燈（灯） 一一三七
燉 一一八一
燃 一三〇九
燔 一三六八
燗 一五五二
燎 一五八一
犬 獪 一八五
獲 二〇二
獸 七〇五
獨（独） 一一七二
玉 璞 一三四二
瓦 甌 一一七

	甎		九一〇
疒	瘴		七六三
	瘵		一五九一
	瘻		一六一八
皿	盥		二四七
	盧		一六一〇
目	瞠		一一六六
	瞞		一四五〇
石	磬		四〇〇
	磧		八七九
	磚		九一〇
	磨		一四三七
示	禦		三二六
禾	穎		八九
	穏		一三一
	積		八七九
	穆		一四二九
穴	窺		二八三
	窶		三七〇
竹	篝		五一三
	簑		五四六
	篩		六二六
	篪		一〇三五
	築		一〇三八
	▼築	築	一〇三八
	篤		一一七一
	篦		一三七一
	篥		一五六五
米	糖		一一五四
	糒		一二九三
糸	緯		四〇
	縊		四〇
	縕		八三
	▼縣	県	四二一
	縞		五一三
	縡		五六〇
	縒		六二六
	縦		七〇六
	縟		七八六
	縉		八〇九
	緻		一〇三五
	縋		一〇七八
	縢		一二五四
	縛		一二四四
	繁		一二六八
	縫		一四二一
网	罹		一五六〇
羊	羲		二九〇
羽	翰		二四七
耒	耨		一一六六
肉	膩		六四〇
	膳		九一八
	膰		一二六八
	膨		一四二一
至	臻		八〇九
臼	興		五一三
舌	舘		二四七
舟	艙		九四九
	艘		九四九
艸	薀		八三
	薗		一〇七
	薤		一八五
	薑		三四二
	薫		三八三
	薊		四〇〇
	薨		五一四
	蕭		七六四
	薔		七六四
	薪		八〇九
	薛		八八九
	薦		九一〇
	薙		一〇九八
	薄		一二四二
	薇		一二九三
	薜		一三七一
	薬		一四九八
	蕷		一五二三
	薏		一五四〇
	蕾		一五四五
	蕗		一六一〇
	蕅		一六一八
	薐		一六一九
	薈		一六二八
虫	▼螢	蛍	三九四
	螈		四四五
	螗		一一五四
	蟇		一三二三
	蟒		一四二三
	螟		一四七三
	融		一五一六
	螂		一六一九
行	衛		八九
	▼衞	衛	八九
	衡		五一四
衣	褫		三四二
	褶		一〇六八
	褸		一五八九
見	親		八一〇
	覩		一一三〇
	覦		一五〇四
言	諳		二四
	謂		四〇
	▼謁	謁	九四
	諧		一八六
	諤		二〇六
	諫		二四七
	謔		二九九
	諠		四三三
	諺		四四五
	諢		五四〇
	諮		六二七
	諡		六二七
	▼諸	諸	七三〇
	諜		一〇六八
	諦		一〇九八
	諷		一三四一
	諞		一三八三
	謀		一四二三
	諭		一五〇四
	▼諭	諭	一五〇四
	諛		一五〇四
	謡		一五二六
豕	▼豫	予	一五二〇
貝	賢		四二三
	賭		一一三〇
	▼賴	頼	一五四六
赤	赭		六六〇
	赬		一〇九八
足	蹂		七〇六
	踵		七六四
	蹄		一〇九八
	踰		一五〇四
	踴		一五三六
身	躾		六五三
車	輯		六九六
	輳		九四九
	輻		一三四七
	輹		一三四七
	輸		一五〇四
	▼輸	輸	一五〇四
辛	▼辨	弁	一三八四
辵	▼遺	遺	三八
	還		二四八
	▼遵	遵	七二三
	遶		七七八
	▼選	選	九〇九
	▼遷	遷	九〇九

部首	字	参照	頁
	▼遲	遅	一〇二三
	避		一二八六
	邁		一四三九
	▼遼	遼	一五八一
酉	醐		四六八
	醒		八六九
	醍		九九八
金	錏		四
	鋺		一〇七
	鋸		三二〇
	錦		三六三
	錮		四五九
	鋼		五一四
	錯		五六八
	錙		六二七
	錫		六六五
	錆		七六四
	錠		七七八
	錘		八三二
	錐		八三二
	▼錢	銭	九〇六
	錚		九四九
	錣		一一〇六
	錨		一三二一
	錻		一三三八
	錬		一六〇七
	録		一六二三
	▼錄	録	一六二三
門	閼		一五
	閾		四一
	閻		一〇七
	閹		一〇八
阜	▼險	険	四二六
	隧		八三三
	▼隨	随	八三三
	隣		一五八六
隶	隷		一五九八
隹	霍		二〇二
	雕		一〇六八
雨	霙		八九
	霓		四〇五
	霎		七六四
	霑		一二一八
	霏		一二八六
	霖		一五八七
青	▼靜	静	八六八
面	靦		一一一九
革	鞘		七六四
頁	頷		二五七
	頸		四〇一
	頹		九八六
	頭		一一五四
	▼頻	頻	一三一四
	頬		一四二三
	頼		一五四六
食	▼餓	餓	一六六
	館		二四八
	餐		五九〇
	餒		九九九
	餔		一三九一
	▼餘	余	一五二〇
馬	駭		一九三
	駮		一二四三
	駱		一五四九
骨	骸		一九三
	骼		二〇二
髟	髷		三五一
	髺		四〇一
門	鬩		五一四
魚	鮄		四三
	鮇		六一
	鮖		二〇九
	鮗		五三二
	鮓		五四七
	鮎		一一二三
	鮒		一三三四
	鮃		一三七一
	鮑		一四二二
鳥	鴃		五七
	鴛		一〇八
	鴨		一一七
	鴦		一一八
	鴣		四五九
	鴟		六二七
	鴫		六四二
	鴕		九七五
	鴒		一五九八
鹿	麈		六八〇
麥	麭		一四一二
	麺		一四七七
黑	黔		四三四
	黛		九八六
	▼默	黙	一四八五
龍	▼龍	竜	一五六九
龜	▼龜	亀	二七五

十七画

部首	字	参照	頁
人	償		七六四
	優		一五一七
	儡		一五四六
力	▼勵	励	一五九四
又	燮		七六五
口	嚇		二〇三
	嚀		一二〇五
	嚊		一二八七
土	▼壓	圧	一四
	壑		二〇六
	壎		四三四
	壕		五二三
女	嬰		八九
	嬶		一九五
	嬬		六八四
	嬲		七七九
	嬪		一三一四
子	孺		六八四
山	▼嶽	岳	二〇五
	嶷		二九〇
	嶺		一五九八
巾	幫		一四一二
弓	▼彌	弥	一四九五
彳	徽		二八三
ッ	厳		四四五
心	▼應	応	一一二
	懃		三六四
	懇		五四〇
	懦		九七六
	懋		一四二三
戈	▼戲	戯	二八九
	戴		九八六
手	擱		二〇三
	擬		二九〇
	▼擧	挙	三一六
	▼擊	撃	四〇七
	擦		五七三
	擠		八七〇
	擡		九八六
	擢		一〇〇三
	擣		一一五五
	擘		一二四三
	擯		一三一四
攵	斂		一六〇八
日	曖		七
	曙		七三一
	曚		一四八二
月	朦		一四八二
木	檐		一〇八

部首	字	新字体	頁
	檜		一八六
	橿		三四二
	樺		三五一
	檎		三六四
	檄		四〇八
	▼檢	検	四二七
	檣		七六五
	檀		一〇二〇
	檔		一一五五
	檗		一二四三
	檬		一四八二
欠	歛		二四八
	歟		一五二三
毛	氈		九一〇
水	濠		五二三
	▼濟	済	五五三
	▼濕	湿	六四九
	濡		六八四
	濬		七一七
	濯		一〇〇三
	瀰		一一〇〇

部首	字	新字体	頁
	濤		一二五五
	濘		一二〇五
	▼濱	浜	一三三三
火	燠		四二
	▼營	営	八七
	燬		二八四
	燦		五九〇
	燭		七八五
	燧		八二三
	燥		九四九
	燵		一〇〇七
	燐		一五八七
爪	爵		六六五
爿	牆		七六五
牛	犠		二九一
犬	▼獲	獲	二〇二
	獮		九一〇
	獰		一一六六
玉	環		二四八
瓜	瓢		一三〇七
瓦	甑		九四九

部首	字	新字体	頁
疒	癇		二四八
	癌		二五七
	癈		一三三九
	療		一五八一
	癘		一五九八
	癆		一六一九
皿	盪		一一五五
目	瞰		二四九
	▼瞬	瞬	七一八
	瞳		一一六六
	瞥		一三七六
	瞭		一五八一
矢	矯		三四二
石	磯		二八四
	磽		五一四
	礁		七六五
	磴		一一五五
示	禧		二八四
	▼禪	禅	九一七
禾	▼穗	穂	八三二
穴	窿		一五七二

部首	字	新字体	頁
竹	簣		五六八
	篠		七六五
	簓		九一〇
	簇		九四九
	篳		一二九八
	篷		一四一二
	簗		一五〇〇
	簍		一六一九
米	糠		五一四
	糝		五九〇
	糟		九四九
	糜		一二九三
	糞		一三五七
糸	繦		三四二
	▼縱	縦	七〇六
	縮		七〇九
	績		八八〇
	繊		九一〇
	▼總	総	九四五
	▼繁	繁	一二六八
	縻		一二九三

部首	字	新字体	頁
	繆		一三〇二
	縹		一三〇八
	▼縫	縫	一四一一
	繃		一四二二
	縵		一四五〇
	縷		一五八九
	縲		一五九一
	縺		一六〇八
缶	罅		一六〇
羽	翳		八九
	翼		一五四〇
耳	聳		七六五
	▼聲	声	八五二
	▼聰	聡	九四七
	聴		一〇六八
	聯		一六〇八
肉	臆		一二三
	膾		一八六
	臉		四三四
	▼膽	胆	一〇一三
	臀		一一二四

部首	字	新字体	頁
	膿		一二一三
	臂		一二八七
	膺		一五三六
臼	▼舊	旧	三〇二
舟	艚		九四九
	艝		九六六
艮	艱		二四九
艸	▼薰	薫	三八三
	藁		五一四
	薩		五七三
	藉		六六〇
	薯		七三一
	薺		八七〇
	▼藏	蔵	九五五
	臺		九八六
	貌		一三三一
虍	虧		二八四
虫	螾		六八
	螫		五二三
	蟋		六五〇
	螽		六九七

部首	字	新字体	頁
	蟀		七一三
	蟞		八八〇
	蟎		一〇一〇
	蟄		一〇三九
	螳		一一五六
	螺		一五四二
	螻		一六一九
衣	襄		七七九
	褻		八八九
	襌		一〇二〇
	▼襃	褒	一四二一
見	覬		二八四
	覯		五一五
	覧		一五五二
言	諱		二八四
	謹		三六四
	謙		四三四
	▼謙	謙	四三四
	謇		四三五
	講		五一五
	▼講	講	五一五

部首	字	異体	頁
	謝		六六〇
	謖		七八五
	謄		一二五六
	▼謄	謄	一二五六
	謎		一一八八
	謚		一二九八
	謨		一三九五
	謗		一四二二
	▼謠	謡	一五三六
谷	豁		一二一六
	谿		四〇一
豸	貘		一二四五
貝	購		五一五
	▼購	購	五一五
	賽		五六〇
	賺		一〇二〇
	賻		一三三四
走	趨		八三六
足	蹊		四〇一
	蹇		四三五
	蹉		五四七
	蹐		八八〇
	蹌		九四九
	蹈		一二五六
車	轅		一〇八
	轄		二一六
	▼轄	轄	二一六
	轂		五二八
	輾		一一一九
	輿		一五二三
辵	邂		一八六
	▼還	還	一二四八
	遽		一三三〇
	▼避	避	一二八六
	邀		一五三六
酉	醢		一八六
	醜		六九七
金	鍔		二〇六
	鍵		四三五
	鍠		五一六
	鍬		七六六
	鍾		七六六
	鍼		八二一
	鍛		一〇二〇
	鍮		一〇五〇
	鍍		一一三〇
	鍋		一一八八
	▼鍊	錬	一六〇七
門	闊		二一六
	闃		四〇八
	闍		一一三〇
	闇		一五〇一
	闌		一五五二
阜	▼隱	隠	六七
	隰		六五〇
隶	▼隸	隷	一五九八
隹	雖		八三三
雨	霞		一一六〇
	霜		九五〇
革	鞠		二九三
	鞜		一一五六
韋	▼韓	韓	二五一
頁	顆		一一六〇
	頻		一三二四
風	颶		三七二
食	餡		二四
	▼館	館	二四八
	餞		九二一
	餤		一〇二一
	▼餅	餅	一三七一
首	馘		二〇三
馬	騂		二四九
	駿		七一七
	駸		八二二
	騁		一〇九八
魚	鮟		二四
	鮪		四〇
	鮱		一二〇
	鮠		一九三
	鮭		四〇一
	鮫		五一六
	鮲		五二九
	鮴		五三三
	鮨		六二七
	鮮		九二一
	鴻		五一六
	鵁		五一六
	鴿		五一六
	鵄		六二七
	鵆		一〇三九
	鴾		一一六八
	鴾		一四二二
鹿	麋		一二九三
黑	▼黛	黛	九八六
	黜		一〇五〇
	▼點	点	一二一四
	黝		五一八
黹	黻		一三五〇
鼻	鼾		二四九
齊	▼齋	斎	五五六
齒	齔		八一二
	齡		一五九八
龠	龠		一四九九

十八画

部首	字	異体	頁
人	儲		一〇五二
又	叢		九五〇
口	嚙		五二三
	嚔		一〇九八
	嚠		一五七二
土	壙		五一六
	▼壘	塁	一五九〇
廾	彝		四〇
心	懲		一〇六八
	懣		四五〇
戈	戳		一〇〇三
手	▼擴	拡	一九六
	擾		七七九
	擲		一一〇三
	擺		一二二九
	擽		一五六五
攵	斃		一三七一
斤	▼斷	断	一〇二三
方	旛		一一六八
日	▼曙	曙	七三二
	曜		一五三六
木	檻		二四九
	櫃		二八四
	檮		一一五六
	櫂		一一五六
	檸		一二〇五
	檳		一三一五
止	▼歸	帰	二六八
歹	殯		一三一五
水	瀉		六六一
	瀋		八一二
	濺		九二一
	瀆		一一七一
	瀑		一二四五
	瀁		一五三七
	濫		一五五二
	瀏		一五七二
	濾		一六一〇
火	燻		三八四

索総
引画

十八画

部首	漢字	新字体	頁
	燼		八二二
	燹		九一一
	燿		一五三七
爪	▼爵	爵	六六五
犬	▼獵	猟	一五七七
玉	瓊		四〇一
	璧		一三七三
瓦	甕		一一八
	甓		一三七四
疒	癜		一二一九
	癖		一三七四
	癒		一五〇五
	▼癒	癒	一五〇五
目	瞿		三七〇
	瞼		四三五
	瞽		四五九
	瞬		七一八
	瞻		九一一
	矇		一四八二
石	礒		二九一
	礎		九二七
	礑		一一五六
示	▼禮	礼	一五九二
禾	穫		二〇三
	穠		七七九
	穡		七八五
	穢		一六二八
穴	竅		三四二
	竄		五九三
竹	簡		二四九
	簣		二八四
	簧		五一六
	簪		八二二
	簟		一〇二一
	簞		一一一九
米	糧		一五八二
糸	繧		八三
	繭		四三五
	繝		四三五
	繖		五九〇
	繞		七七九
	織		七八五
	繕		九一八
	繙		一二六八
	繚		一五八二
网	羂		四三五
	羃		一三七四
羽	翹		三四七
	翻		一四三四
	▼翻	翻	一四三四
	▼翼	翼	一五四〇
耳	聶		七六六
	職		七八五
肉	臑		六四〇
	臍		八七〇
臣	臨		一五八七
臼	▼舊	旧	三〇二
舟	艟		一一六六
艸	藕		三七六
	▼薰	薫	三八三
	▼藝	芸	四〇三
	藪		九五〇
	▼藏	蔵	九五五
	藤		一一五六
	藩		一二六九
	▼藥	薬	一四九八
	藍		一五五三
	藜		一五九九
虫	蟯		三四七
	蟪		四〇一
	蟬		九一一
	蠆		九八七
	▼蟲	虫	一〇四四
	蟠		一二七二
衣	襖		一一八
	襟		三六四
	襠		一一五六
襾	覆		一三四七
見	観		二五〇
	覲		三六五
角	觴		七六六
言	謳		一一八
	譁		一六〇
	鞫		二九三
	▼謹	謹	三六四
	謦		四〇一
	謫		一〇〇三
	謬		一三〇二
	謾		一四五〇
豆	▼豐	豊	一四〇八
貝	贄		六二七
	贅		八七二
	贈		九五五
足	蹙		七一〇
	蹤		七六六
	蹟		八八〇
	蹠		八八一
	蹣		一二六九
	蹕		一二九八
身	軀		三七〇
車	轌		九六六
	▼轉	転	一一一六
	轆		一六二三
辵	邇		六四〇
	邃		八三三
酉	▼醫	医	二七
	醢		四〇一
	醬		七六六
	醪		一六一九
里	釐		一五六〇
金	鎔		五七
	鎧		一九三
	鎹		二一〇
	鎌		二一八
	▼鎌	鎌	二一八
	鎬		五一六
	鎖		五四七
	⿰金逆		五六四
	鎗		九五一
	鎮		一〇七六
	▼鎭	鎮	一〇七六
	鎚		一〇七八
	鎺		一二五六
門	闕		四一四
	闔		五一六
	闖		一〇七六
	闘		一一五七
隹	▼雜	雑	五七三
	雛		八三六
	▼雙	双	九二八
	難		一一九二
	離		一五六〇
雨	霤		一五七二
革	鞨		二一六
	鞦		六九七
	鞣		七〇六
	鞳		一一五七
	鞭		一三八六
韋	韓		二五〇
頁	額		二〇七
	顎		二〇七
	顔		二五七
	▼顏	顔	二五七
	顕		四三五
	顋		五六一
	題		九九九
	類		一五九一

食 餬 四五九
餮 一一〇七
香 馥 一三四七
馬 騎 二八四
騏 二八五
験 四三六
騅 八三三
騒 九五一
騈 一三八三
骨 髀 一二八七
髟 鬆 七六六
門 鬩 四〇八
鬼 魏 一二九一
魍 一四八二
魎 一五八二
魚 鯏 七四
鯎 七四
鯑 二一〇
鯒 五二九
鯀 五四〇
鯊 五四七
鮹 七六七
鯥 八四〇
鮸 一三八六
鯉 一五六一
鳥 鵤 四一
鵝 一六七
鵟 二〇八
鵑 四三六
鵠 五一六
鵜 一〇九九
鹿 麌 三七二
麻 麿 一四四五
▼麿（麿） 一四四五
黒 黠 二一六
鼓 鼕 一一五七
鼠 鼬 一五一八

十九画

人 儳 五九四
力 ▼勸（勧） 二四〇
嚥 一〇八
口 嚮 三四二
嚬 一三一五
土 ▼壞（壊） 一一八四
壚 一一八二
壟 一六一九
女 孅 一五五三
子 孼 四一六
宀 寵 一〇六九
广 龐 一四一二
廬 一六一〇
心 ▼懷（懐） 一一八五
▼懲（懲） 一〇六八
懶 一五五三
手 攀 一二六九
日 曠 五一六
曝 一二四五
木 櫛 六五一
櫟 一六〇一
櫓 一六一一
櫚 一六一一
麓 一六二三
欠 歠 八八九
水 瀛 九〇
瀚 二五一
瀟 七六七
瀬 八四二
▼瀨（瀬） 八四二
瀞 八七〇
▼瀧（滝） 一〇〇〇
瀦 一〇五三
瀕 一三一五
瀝 一六〇一
火 爍 六六六
爆 一二四五
片 牘 一一七一
牛 犢 一一七一
犬 ▼獸（獣） 七〇五
獺 一〇〇九
玉 璽 六四〇
瓜 瓣 一三八七
田 疆 三四三
疇 一〇五〇
疒 ▼癡（痴） 一〇三三
石 礙 一一九四
礪 一五九九
示 禰 一一〇〇
禱 一一五七
禾 ▼穩（穏） 一一三一
▼穫（穫） 二〇三
竹 簷 一一〇八
簫 七六七
簽 九一一
簸 一二一九
簿 一三九五
簾 一六〇八
糸 繹 九二
▼繪（絵） 一一七九
繰 三八〇
繫 四〇二
▼繭（繭） 四三五
繳 六六六
繡 六九七
▼繩（縄） 七七八
网 羆 一二八七
羅 一五四三
羊 羹 五一七
羶 九一二
羸 一五九二
肉 臓 九五五
臘 一六一九
舟 艤 二九一
艢 七六七
艨 一四八二
色 艶 一〇八
艸 藹 七
蘊 八三
▼藝（芸） 四〇三
藷 七三一
蘇 九二七
藻 九五二
蘋 一三一五
▼藥（薬） 一四九八
藾 一五四六
蘭 一五五三
藺 一五八八
蘆 一六一一
蘢 一六一九
虫 蟹 一八七
蠖 二〇三
蠍 二一六
蟻 二九一
蟾 九一二
蟶 一〇九九
蟷 一一五七
蠅 一五三七
蠊 一六〇八
衣 襦 六八四
襞 一三七四
襪 一三七六
襤 一五五三
襾 覈 二〇三
覇 一三一九
言 譌 一六〇
譏 二八五

部首	字	▼	新字体	頁
	警			四〇二
	譎			四一五
	識			六四二
	證	▼	証	七五六
	譛			八一二
	譚			一〇二一
	譜			一三三四
貝	贇			六八
	贋			二五八
	贊	▼	賛	五九〇
	贈	▼	贈	九五五
足	蹻			三四三
	蹶			四一五
	蹴			六九七
	蹲			九六九
	躇			一〇五三
	蹼			一四二九
車	轎			三四三
	轍			一〇七
辛	辭	▼	辞	六三九
辵	邊	▼	辺	一三七八
酉	醱			一二五三
金	鏖			一一八
	鏡			三四三
	鏗			五一七
	鏨			五九四
	鏘			七六七
	鏃			九六三
	鏑			一一〇三
	鏝			一四五〇
	鏐			一五七二
	鏈			一六〇八
	鏤			一六一九
門	關	▼	関	二四四
阜	隴			一六一九
隹	難	▼	難	一一九二
雨	霪			六八
	霧			一四六四
非	靡			一二八七
革	鞴			一三四八
韋	韞			八三
	韜			一一五七
音	韻			六八
頁	願			二五八
	顚			一一一九
	類	▼	類	一五九一
食	饂			八三
	餽			二八五
	餾			一五七二
馬	騙			一三八三
骨	髄			八三四
魚	鯣			九二
	鯨			四〇五
	鯢			四〇五
	鯤			五四〇
	鯔			六二七
	鯱			六六九
	鯖			八七〇
	鯛			一〇六九
	鯛	▼	鯛	一〇六九
	鯵			一一七五
	鯰			一二〇九
	鰭			一二五六
	鯡			一二八七
鳥	鶍			四三
	鶎			二九三
	鶏			四〇三
	鵲			六六九
	鶉			七二三
	鶄			八七〇
	鶇			一一五八
	鵯			一二八七
	鵬			一四二二
	鵡			一四六四
	鵺			一四九五
鹿	麒			二八五
	麕			三六五
	麑			四〇五
	麗			一五九九
麥	麴			二九三
黹	黼			一三三四

二十画

部首	字	▼	新字体	頁
力	勸	▼	勧	二四〇
口	嚶			一一八
	嚴	▼	厳	四四五
土	壤	▼	壌	七七八
女	孃	▼	嬢	七七八
	孅			九一二
	孀			九五二
宀	寶	▼	宝	一三九八
山	巌			二五八
	巉			五九四
心	懽			二五一
	懸			四三六
	懺			五九四
手	攘			七七九
日	曦			二九二
月	朧			一六二〇
木	櫱			四一六
	欄			一五五四
	櫪			一六〇一
	櫨			一六一一
水	灌			二五一
	瀰			一二九三
	瀾			一五五四
	瀲			一六〇八
火	爐	▼	炉	一六〇九
牛	犧	▼	犠	二九一
犬	獻	▼	献	四三〇
玉	瓏			一六二〇
疒	癢			一五三七
目	矍			二〇三
石	礦			五一七
	礬			一二七二
	礫			一六〇一
穴	竇			一一五八
立	競			三四三
竹	籍			八八一
	籌			一〇五〇
	籃			一五五四
米	糯			九七六
	糲			一五九九
糸	繽			二一〇
	繼	▼	継	三九八
	纂			五九一
	繻			六八〇
	繽			一三二五
	辮			一三八七
缶	罌			一一九
羽	耀			一五三七
肉	臙			一〇九
	臚			一六一一
艸	蘚			九一二
虫	蠑			九〇
	蠕			九一八
	蠣			一五九九
血	衊			一三七六
衣	襭			四一五
見	覺	▼	覚	一九九
角	觸	▼	触	七八四
言	議			二九二
	警	▼	警	四〇二
	護			四六八
	讓			七七九
	譫			九二

部首	字	新字	頁
	譟		九五二
	譬		一二八七
	▼譯	訳	一四九七
	▼譽	誉	一五三三
貝	贏		九〇
	贍		九一二
足	躁		九五二
	躅		一〇七二
	躄		一三七四
車	轗		二五一
酉	醵		三二〇
	釀		七七九
	醴		一五九九
釆	▼釋	釈	六六五
金	鐚		四
	鐘		七六七
	鐓		九八七
	鐔		一〇二一
	鐙		一一五八
	鐃		一一六七
	鐐		一五八二
門	闡		九一二
雨	霰		五九一
音	響		三四四
風	飄		一三〇八
食	饉		三六五
	饅		一四五〇
香	馨		四〇三
馬	騫		四三七
	▼騷	騒	九五一
	騭		一〇七二
	騰		一二五八
	▼騰	騰	一二五八
	驀		一二四五
鬥	▼鬪	闘	一二五七
魚	鰄		四〇
	鰕		一六〇
	鰐		二〇七
	鰔		二五一
	鰉		五一七
	鰓		五六一
	鰍		六九八
	鰌		六九八
	鰆		七一八
	鰈		一〇六九
	鰚		一二五七
	鰒		一三四八
	鰘		一四六六
	鰊		一六〇八
鳥	鶚		二〇七
	鵙		四〇六
	鷤		五四一
	鶇		一〇八三
	鶩		一四二九
鹵	鹹		二五一
麥	▼麵	麺	一四七七
黑	黥		四〇五
	▼黨	党	一一四一
鼠	鼯		四六八
齒	齣		七一三
	齟		九二七
	齠		一〇六九
	▼齡	齢	一五九八

二二画

部首	字	新字	頁
人	儺		一一八三
	儷		一六〇〇
口	囈		四〇五
	囂		五二三
	嚼		六六六
	囁		七六七
	囃		九五二
	囀		一一一九
尸	▼屬	属	九六二
山	巍		二九二
广	廱		一五三七
心	懼		三七一
	懾		七六七
手	▼攝	摂	八八七
日	曩		一一六七
木	▼櫻	桜	一一五
	欅		三二〇
	▼權	権	四三三
	▼欄	欄	一五五四
	櫺		一六〇〇
欠	▼歡	歓	二四五
歹	殲		九一二
火	爛		一五五四
玉	瓔		一五三七
疒	癨		二〇三
	癪		六六六
	癩		一五四六
	癧		一六〇一
禾	穐		六九八
穴	竈		九五二
竹	籔		九五二
	籓		一〇五〇
	籐		一一五八
糸	纇		四〇九
	纊		五一七
	纈		五一七
	▼續	続	九六三
	纏		一一一九
缶	罍		一五四六
肉	▼臟	臓	九五五
舟	艦		二五一
	艪		一六一一
艸	▼蘭	蘭	一五五三
虫	蠢		七一八
	蠡		一六〇〇
	蠟		一六二〇
衣	襯		八一三
見	▼覽	覧	一五五二
言	譴		四三七
	▼護	護	四六八
貝	贐		八二一
	贓		九五六
	贔		一二八七
足	躋		八七〇
	躊		一〇五〇
	躍		一四九九
車	轟		五二三
辛	▼辯	弁	一三八四
酉	醺		三八四
金	鐶		二五二
	鐫		九一二
	鐸		一〇〇三
	▼鐵	鉄	一一〇四
	鐺		一一五八
門	闥		一〇〇七
	闢		一三七四
雨	霹		一三七四
	露		一六一一
頁	顧		四五九
	▼顧	顧	四五九
風	飆		一三〇八
食	饐		四〇
	饋		二八五
	饑		二八五
	饒		七八〇
	饌		九一二
馬	▼驅	駆	三七〇
	驂		五九一
	驃		一三〇八
	騾		一五四三
骨	髏		一六一二

部首	字	新字体	頁
髟	鬘		一四五〇
鬼	魑		一〇三五
	魔		一四三七
魚	鰯		六〇
	鰮		一三三
	鰥		一二五二
	鰭		二八五
	鰤		六一八
	鰧		一五八
	鰰		二四八
鳥	鶯		一一九
	鶲		一一九
	▼鷄	鶏	四〇三
	鷁		四〇八
	鶻		五三一
	鶸		六六九
	鷆		八一二
	鶺		八八一
	鶴		一〇八六
	鷂		一五三七
鹿	麝		六六二
黒	黯		二四
齊	齎		八七〇
歯	齦		三六六
	齧		四一七

二二画

部首	字	新字体	頁
人	儼		四四六
	儻		一一五八
口	囊		一三一三
山	巓		一一二〇
	巒		一五五四
弓	彎		一六三二
心	懿		四〇
手	攢		五九一
	攤		一〇二一
木	▼權	権	四三二
欠	▼歡	歓	二四五
水	灑		五六一
	灘		一〇二六
田	▼疊	畳	七七七
疒	癭		九〇
	癬		九一二
示	禳		七八〇
禾	▼穰	穣	七七九
穴	▼竊	窃	八八三
竹	籖		八二一
	籟		一五四六
	籠		一六二〇
	籙		一六二三
米	糵		四一七
	糴		一一〇三
缶	罎		一一八二
网	羇		二八六
耳	▼聽	聴	一〇六八
	聾		一六二一
肉	▼臟	臓	九五五
舟	艫		一六一二
艸	蘿		一五四三
衣	襲		六九八
	襷		一〇〇四
	襴		一五五四
見	覿		一一〇三
言	讃		五九一
	▼讀	読	一一七四
貝	贖		七八六
足	躓		一〇三五
	躑		一一〇三
	躔		一一二〇
車	轡		一二八七
	轢		一六〇一
金	▼鑄	鋳	一〇四九
	鑓		一五〇一
雨	霽		八七一
	霾		一二三二
革	韃		一〇〇七
音	▼響	響	三四四
	▼響	響	三四四
頁	顫		九一三
食	饗		三四四
	饕		一一五八
馬	驚		三四四
	驕		三四四
	驍		三四七
	驒		一〇二一
	驎		一五八八
髟	鬚		六八〇
鬲	鬻		四二
魚	鰹		四三七
	鰊		五一七
	鱆		七六七
	鱈		八八九
	鰺		九五二
	鰾		一三〇八
	鰻		一四五〇
鳥	鷗		一一九
	鷙		六二八
	鷓		六六一
鼠	鼴		一〇九
歯	齬		四六八
	齪		五六九
龍	龕		二五八

二三画

部首	字	新字体	頁
山	▼巖	巌	二五八
心	▼戀	恋	一六〇三
手	攫		二〇三
	攪		五一七
	攣		一六〇九
日	曬		五六一
木	欒		一五五四
疒	癰		一五三七
竹	籤		九一三
	籥		一四九九
糸	纓		九〇
	纔		五六一
	▼纖	繊	九一〇
缶	▼罐	缶	二二四
虫	蠱		四五九
言	讌		一〇九
	讐		六九八
	▼變	変	一三七九
車	轤		一六一二
辵	邏		一五四三
金	鑑		二五二
	▼鑛	鉱	五〇九
	鑠		六六六
	鑢		一五七三
	鑞		一六二一
面	靨		一五三七
革	韈		一三七六
韭	韲		八七一
頁	▼顯	顕	四三五
	顬		六八四
馬	▼驛	駅	九二
	▼驚	驚	三四四
	▼驗	験	四三六
骨	▼髓	髄	八三四
	▼體	体	九七七
	髑		一一七五
髟	鬟		二五二
魚	鱇		八
	鱠		九三

鱚 二九四
鱏 八二一
鱓 九一三
鱒 九六九
鳥 鷊 五八
鷲 六九八
鷦 七六七
鷭 一二六九
鷯 一五八二
鹿 ▼麟（麟） 一五八八
黍 黐 一〇三六
黒 黴 一二三二

二四画

口 ▼囑（嘱） 七八四
尸 屭 二八六
手 攬 一五五四
疒 癲 一一二〇
糸 纛 一一五八
缶 ▼罐（缶） 二三四
网 羈 二八六
色 ▼艷（艶） 一〇八
虫 ▼蠶（蚕） 五八六
蠹 一一三〇
行 衢 三七一
見 ▼觀（観） 二五〇
言 讙 二五二
讒 五九四
▼讓（譲） 七七九
讖 八二二
身 軈 四九六
酉 ▼釀（醸） 七七九
金 鑪 一六二二
雨 靄 七
靆 九八七
▼靈（霊） 一五九七
靂 一六〇一
革 韆 九一三
頁 顰 一三一五
馬 驟 六九八
髟 鬢 一三一七
鬼 魘 一〇九
魚 鱠 一八七
鱟 五二三
鱩 一二四八
鱗 一五八八
鱧 一六〇〇
鳥 鷽 二〇三
鷹 一五三七
鷺 一六二二
鹵 ▼鹽（塩） 一〇一
鹼 四三七
鹿 麟 一五八八
黽 鼇 五二三
齒 齷 一二
齲 七三
齶 二〇七

二五画

广 ▼廳（庁） 一〇五四
木 欖 一五五四
水 ▼灣（湾） 一六三二
竹 籬 一五六一
米 糶 一〇六九
糸 纘 五九一
肉 臠 一六〇九
虫 ▼蠻（蛮） 一二七一
見 ▼觀（観） 二五〇
足 躡 七八〇
酉 釁 三六五
金 鑰 一四九九
雨 靉 七
頁 顱 一六一三
髟 鬣 一五八二
黄 黌 五一八
黽 鼈 一三七六

二六画

目 矚 七八六
足 躪 一五八九
金 鑷 七八〇
頁 顴 四三七
馬 驥 二八六
驢 一六一三
門 鬮 三一二
魚 鱶 七六八
鱵 一五八二
黒 黶 一〇九

二七画

糸 纜 一五五五
金 鑽 五九一
鑼 一五四四
鑾 一五五五
頁 顳 七六八
馬 驩 二五三
驤 七八〇
魚 鱸 一六一三
黒 黷 一一七一

二八画

疒 癴 一六〇九
金 钁 二〇四
鑿 五六九
鸚 一一九
鳥 鸛 二五三

二九画

火 爨 五九一
馬 驪 一五六一
鬯 鬱 七六

三十画

鳥 鸞 一五五五

三三画

鹿 麤 九一七

あ 安 ア 阿

ア【丫】(3) 丨2 1 0106/2126
音 ア
訓 あげまき
意味 ①ふたまた。木のまた。②あげまき。つのがみ。昔の子どもの髪形。

ア【亜】(7) 二5 常 準2 1601/3021
旧字《亞》(8) 二6 1/準1 4819/5033
音 ア
訓 外つぐ
筆順 一 丅 丆 丙 亞 亜 亜

意味 ①つ(次)ぐ。準じる。第二番目。「亜熱帯」「亜流」②無機酸で酸素原子が少ない。「亜硫酸」③「亜細亜(アジア)」の略。「亜州」「東亜」④外国語の音訳に用いる。「亜米利加(アメリカ)」「亜爾然丁(アルゼンチン)」

書きかえ 「堊(ア)」の書きかえ字として用いられるものがある。

下つき 欧亜(オウア)・東亜(トウア)・白亜(ハクア)・流亜(リュウア)

【亜鉛】アエン 金属元素の一つ。青色を帯びた銀白色で合金の材料。屋根・樋(とい)などに使われるトタン板は鉄板に亜鉛をめっきしたもの。

【亜鉛華】アエンカ 亜鉛の酸化したもの。白色の粉末で医薬品や顔料・化粧品などに用いる。

【亜寒帯】アカンタイ 寒帯と温帯の間にある気候帯。冬は長く低温だが短い夏にはかなり高温となる。およそ緯度四〇度から六六度の地域に分布する。

【〈亜細亜〉】アジア 六大州の一つ。東半球の北部を占め、ヨーロッパとともにユーラシア大陸をつくる。

【亜将】アショウ 近衛(このえ)の中将、少将の唐名。将につぐ意から。

【亜聖】アセイ 聖人につぐ徳のあるりっぱな人。一般に、孔子につぐ孟子(モウシ)または顔回(ガンカイ)を指す。参考 大

【亜熱帯】アネッタイ 熱帯と温帯の間にある気候帯。中国南部・ブラジル南部などが含まれる。およそ緯度二〇度から三〇度。

【〈亜▲弗利加〉】アフリカ 六大州の一つ。ヨーロッパの南に位置し、東はインド洋、西は大西洋に面する。密林や砂漠が多い。表記「阿弗利加」とも書く。

【亜麻】アマ アマ科の一年草。中央アジア原産。夏、青紫や白色の小花をつける。種子から亜麻仁油(アマニユ)をとり、茎から繊維をとる。由来「亜麻」は漢名から。アサ(麻)に亜(つ)ぐ意。

【〈亜米利加〉・〈亜墨利加〉】アメリカ ①南北アメリカ大陸の総称。②アメリカ合衆国の略称。北アメリカ大陸中央部とアラスカ・ハワイを含む連邦共和国。首都はワシントン。表記「米国」とも略記する。

【〈亜▲剌比亜〉・〈亜▲拉▲毘亜〉】アラビア 西南アジアにある世界最大の半島。サウジアラビアが大半を占める。

【亜流】アリュウ ①一流をまねるだけで独創性のないもの。また、そのような人。②同じ流派に属する人。

【亜硫酸】アリュウサン 亜硫酸ガスを水で溶いたもの。漂白剤・殺菌剤として使われる。

【〈亜▲爾然丁〉】アルゼンチン 南アメリカ南東部の大西洋に面した共和国。牧畜が盛ん。首都はブエノスアイレス。

【亜鈴】アレイ 鉄や木の柄の両端に球形のおもりをつけた体操用具。筋肉の強化に使われる。ダンベル。「体操用具の―を使って鍛錬する」

【△亜ぐ】つ-ぐ 地位や順位がすぐ下である。二番目である。「東京に―ぐ大都会」

ア【▲亞】(8) 二6 4819/5033 ▼亜の旧字(一)

ア【阿】(8) 阝5 準1 1604/3024
音 ア
訓 くま・おもねる・よる・ひさし・お

意味 ①川や山などの曲がったところ。隈(くま)。「山阿」「水阿」②おもねる。へつらう。「阿諛(アユ)」「曲学阿世」③よる。よりかかる。④のき。ひさし。「四阿(シア・あずまや)」⑤親しみをこめて呼ぶときにつける接頭語。「阿母」⑥女子の名の上につける愛称。「阿国(おくに)」「阿千(おセン)」⑦梵語(ボンゴ)や外国語の音訳に用いる。「阿弥陀(アミダ)」「阿弗利加(アフリカ)」「阿片(アヘン)」⑧「阿波(あわ)の国」の略。参考「阿」の偏が片仮名の「ア」になった。

下つき 山阿(サンア)・四阿(シア・あずまや)

【▲阿▲吽】アウン ①梵語(ボンゴ)の最初の開口音と最後の閉口音。すべての物事の始まりと終わりを指す。②吐く息と吸う息。「―の呼吸」③寺社の山門に置かれている一対の仁王像や狛犬(こまいぬ)の顔つき。一方は口を開き、他方は閉じている。

【▲阿▲吽の呼吸】二人以上で何かをするときに、互いの調子や気持ちが一致すること。「夫婦の―で難局を乗りきる」

【▲阿▲魏】アギ セリ科の多年草。イラン・アフガニスタン原産。茎の先に黄色い小花をつける。茎からとれる液を固めて駆虫剤などにする。

【▲阿▲嬌】アキョウ ①美しい女性。美人。②中国、漢の武帝の妻。

【▲阿▲候▲鯛】アコウだい フサカサゴ科の海魚。▼赤魚鯛(あこうだい)(八七六)

【▲阿▲漕】あこぎ 非常に欲張りで無情なようす。「―な借金取り」由来 三重県津市の阿漕ヶ浦は禁漁地であったが、ある漁師が何度もそこで密漁を重ねて捕らえられた伝説から。

『▲阿▲漕が浦に引く網(あみ)』人にかくれてすること

あ ア

も、たび重なると人に知れ渡ってしまうということのたとえ。

【阿古屋貝】あこやがい　ウグイスガイ科の二枚貝。表は黒褐色で、内面には美しい真珠色の光沢がある。真珠養殖の母貝に用いる。シンジュガイ。由来 昔、阿古屋（現在の愛知県半田市付近の浜）で多くとれたことから。

【阿含】アゴン　仏 ①釈迦（シャカ）の説いた教え。②小乗仏教。また、小乗経典の総称。

【阿闍梨】アジャリ　仏 ①徳が高く、弟子を教え導くことのできる僧。②天台宗・真言宗での僧の位。由来 梵語（ボンゴ）の音訳。参考「アザリ」とも読む。

【阿修羅】アシュラ　①インド古代の鬼神の名。戦いを好む。②仏 八部衆の一つ。仏教の守護神。参考「アスラ」とも読む。

〔阿修羅（アシュラ）〕

【〈阿育〉王・〈阿輸迦〉王】アショーカオウ　インドのマガダ国のマウリア朝第三代の王。紀元前三世紀ころ、初めてインドを統一。仏教を保護し広めた。参考「阿育」は「アイク」とも読む。

【阿僧祇】アソウギ　①数えきれないほどの大きな数。②数の単位。一〇の五六乗。また、一〇の六四乗。

【〈阿茶羅〉漬】アチャラづけ　ダイコン・レンコン・カブなどの野菜をきざみ、唐辛子・甘酢で漬けたもの。由来「アチャラ」はポルトガル語の料理名で、ポルトガル人が伝えたことから。

【阿堵】アト　①あれ。これ。それ。このもの。中国、六朝（リクチョウ）・唐代の俗語。②「阿堵物（アトブツ）」の略。

【阿堵物】アトブツ　銭の異名。故事 中国、晋（シン）の王衍（オウエン）が、「銭」の語を嫌って代用したという故事から。参考 このものの意。

【阿耨観音】アノクカンノン　仏 三十三観音の一つ。海難にあったときに念じると無事に航海を続けられるという。岩にすわる姿をしている。

【阿婆擦れ】アバずれ　ういういしさがなくなり、自分勝手であつかましいこと。特に、そういう女性。

【阿鼻叫喚】アビキョウカン　悲惨な状況に陥り、苦しみ、泣き叫ぶさま。「爆発現場は―の巷（ちまた）と化した」由来「阿鼻」は仏教でいう八大地獄の一つで、無間（ムゲン）地獄のこと。「叫喚」は苦しみのためにわめき叫ぶ声。〈『法華経（ホケキョウ）』〉

【阿鼻地獄】アビジゴク　仏 八大地獄の一つ。凶悪犯罪を犯した者が落ちる最も苦しい地獄。苦しさのあまり阿鼻叫喚するという。

【阿附迎合】アフゲイゴウ　相手に気に入られようとして、へつらい、こびること。「阿附」は、人の機嫌をとり、へつらいしたがう、「迎合」は、人の気に入るように調子を合わせる意。表記「阿附」は「阿付」とも書く。類 阿諛追従（アユツイショウ）・阿諛便佞（アユベンネイ）・世辞追従（セジツイショウ）

【〈阿弗利加〉】アフリカ　六大州の一つ。ヨーロッパの南に位置し、東はインド洋、西は大西洋に面する。密林や砂漠が多い。表記「亜弗利加」とも書く。

【阿片】アヘン　ケシの実からとれる麻薬。主成分のモルヒネは鎮痛作用があるが、乱用すると有害。表記「鴉片」とも書く。

【阿片窟】アヘンクツ　阿片を吸飲させる秘密の場所。

【阿母】アボ　①母を敬い親しんで呼ぶ語。おかあさん。対 阿父　②乳母（うば）を親しんで呼ぶ語。

【阿呆・阿房】アホウ　愚かなこと。また、そのようなさま。愚か者。ばか。あほ。

【阿房鳥】アホウどり　アホウドリ科の鳥。由来 無人島にいて人を恐れないため、容易に捕獲できたことからという。▼信天翁（あほうどり）（七九四）

【阿呆陀羅経】アホダラキョウ　江戸時代に起こった俗謡。経文をまねて時事を風刺し、木魚をたたいてうたい歩いた。

【阿弥陀】アミダ　①仏 西方浄土にいて、人々を極楽に導くとされる慈悲深い仏。阿弥陀仏。②「阿弥陀籤（くじ）」の略。何本かの縦線に横線を加えてひく籤。

【『阿弥陀も銭（ぜに）で光る』】　金の力は絶大であるというたとえ。仏のご利益でさえも、供える金銭の多少によって決まるということから。類 地獄の沙汰（サタ）も金次第

【阿媽】アマ　東南アジア・中国などで、外国人に雇われている現地の女性。参考「アマ」とも読む。

【阿諛】アユ　相手に気に入られるよう機嫌をとること。へつらうこと。おべっか。

【『阿諛追従（アユツイショウ）』】　相手に気に入られようとして、こびへつらうこと。「追従」はこびへつらうこと。類 阿諛曲従（アユキョクショウ）・阿諛追随（アユツイズイ）・世辞追従（セジツイショウ）

【阿羅漢】アラカン　仏 すべての煩悩を絶ち、悟りの境地に達した人。小乗仏教では最高の地位とされる。

【〈阿刺吉〉】アラキ　江戸時代、オランダ人が伝えた酒。蒸留酒にチョウジ・ニッケイなどで香気をつけたもの。エジプトやインドなどで常用する。

【阿頼耶識】アラヤシキ　仏 人間の心の奥深くにある意識。すべて

の心のはたらきのもとになるもの。種子識（シュウジシキ）。参考「阿頼耶」は梵語（ボンゴ）で住居・休む場所の意で、個性や自我に愛着することを表すともいう。

【〈阿波〉】（あわ）旧国名の一つ。現在の徳島県全域にあたる。阿州。

『〈阿波〉に吹く風は讃岐（さぬき）にも吹く』風俗や流行はひとつの土地から他の土地へ、また、上の者から下の者へ移りやすいというたとえ。「讃岐」は今の香川県。

【阿亀】（おかめ）額が広くて鼻が低く、下膨れの女の面。また、そのような顔立ちの女性。阿多福。

【阿菊虫】（おきくむし）アゲハチョウ類のさなぎの俗称。尾部を木の枝に固定し、胸部は枝にかけた一本の糸でつっている。由来「播州（バンシュウ）皿屋敷」のお菊が後ろ手に縛られた姿に似ていることから。

【阿多福】（おたフク）①おかめ。②顔立ちの悪い女性。女性をののしっていう語。

【阿る】（おもねる）相手に気に入られようとして振る舞う。「権力者に―るような発言」類媚（こ）びる・諂（へつら）う

【〈阿蘭陀〉】（オランダ）ヨーロッパ北西部の立憲君主国。首都はアムステルダム。表記「和蘭」とも書く。

【〈阿利布〉・〈阿利襪〉】（オリーブ）モクセイ科の常緑小高木。地中海沿岸原産。日本では小豆島（しょうどしま）で栽培。初夏、淡黄色で香りのよい花をつける。果実からオリーブ油をとる。

【阿】（くま）山や川の曲がって入りこんでいる所。表記「隈」とも書く。

ア【唖】★ (11) 口 8 準1 1508 / 2F28
音 ア・アク
訓 ああ・わらう

〔唖☆〕1602 / 3022

意味 ①言葉の不自由な人。「聾唖（ロウア）」②ああ。驚いて上げる声。また、カラスの鳴く声。「唖唖」③わらう。笑い声。
下つき 嘔唖（オウア）・盲唖（モウア）・聾唖（ロウア）

【唖唖】（アア）①カラスなどの鳴く声。②幼児の話す片言。参考「アクアク」と読めば笑い声の意。

【唖者】（アシャ）言葉の不自由な人。言葉が話せない人。

【唖然】（アゼン）驚きあきれて口もきけないさま。「―として言葉もでない」参考「アクゼン」と読めば、大声で笑うさま。

『唖然失笑（アゼンシッショウ）』あっけにとられて、思わず笑ってしまうさま。「失笑」は自然に笑いが出ること。

ア【堊】(11) 土 8 1 5233 / 5441
音 ア・アク
訓 しろつち・いろつち

意味 ①しろつち。白色の土。しっくい。「白堊（ハクア）」②いろつち。土。③塗る。
書きかえ「亜（ア）」に書きかえられるものがある。
下つき 赭堊（シャアク）・丹堊（タンア）・黝堊（ユウアク）

ア【婀】(11) 女 8 1 5320 / 5534
音 ア
訓 たおやか

意味 たおやか。しなやかで美しいさま。「婀娜（アダ）」

【婀娜】（アダ）美しくしとやかなさま。また、女性の粋（いき）で色っぽいさま。「―っぽい女」「―めいた身のこなし」

【婀やか】（たおやか）姿形がしなやかで美しいさま。また、動作が優美なさま。

ア【椏】(12) 木 8 1 5983 / 5B73
音 ア
訓 きのまた

意味 木の枝が分かれるところ。きのまた。「三椏（みつまた）」

ア【蛙】★ (12) 虫 6 準1 1931 / 333F
音 ア・ワ
訓 かえる・みだら

意味 ①かえる。かわず。「井蛙」②みだら。下品。「蛙声」参考「ア（圭（ケイ））」の音はカエルの鳴き声を表す。
下つき 井蛙（セイア）・青蛙（セイア）

【蛙声】（アセイ）①カエルの鳴く声。②みだらな音楽。

【蛙鳴蟬噪】（アメイセンソウ）①騒々しいこと。カエルやセミが騒がしく鳴くことから。②無駄な議論や内容の乏しい文章。「噪」はやかましく鳴く意。〈蘇軾（ソショク）の詩〉参考「蟬噪蛙鳴」ともいう。類蛙鳴雀噪（アメイジャクソウ）・驢鳴犬吠（ロメイケンバイ）

【〈蛙手〉】（かえで）カエデ科の落葉高木の総称。由来葉がカエル（蛙）の手を広げた形に似ていることから。▼楓（かえで）（一三四一）

【蛙】（かえる）無尾目の両生類の総称。水辺などにすみ、小さい虫を食べる。幼生は「おたまじゃくし」で、水中にすむが、変態して陸に上がる。季春 参考「かわず」とも読む。

『蛙の子は蛙』子は親に似るものだということ。また、凡人の子は凡人であるというたとえ。類瓜（うり）の蔓（つる）に茄子（なすび）はならぬ 対鳶（とび）が鷹（たか）を生む

『蛙の面（つら）に水』どんなことをされてもまったく平気でいるさま。カエルの顔に水をかけても平気でいることから。「彼には何を言っても―だ」類石に灸（キュウ）・馬の耳に念仏・牛の角を蜂（はち）が刺す

【蛙股】（かえるまた）寺社建築などで、梁（はり）の上に置いて重さを支える装飾的な受け木。由来カエルが股をひろげたような形から。

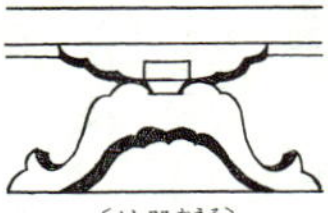
〔蛙股（かえるまた）〕

【蛙】（かわず）①カエルの別称。季春 ②カジカガエルの別称。

ア【痾】(13) 疒 8 1 6562 / 615E
音 ア
訓 やまい

意味 やまい。ながわずらい。こじれて長びいている病気。「宿痾」

下つき 旧痾(キュウア)・宿痾(シュクア)・積痾(セキア)・沈痾(チンア)

【痾】やまい こじらせてしまった病気。

ア【鴉】(15) 鳥 4 1 8277 726D 音 ア 訓 からす

〔鴉〕

意味 ①からす。カラス科の鳥の総称。②くろ。黒い色のたとえ。参考「ア(牙ガ)」の音はカラスの鳴き声を表す。

下つき 寒鴉(カンア)・暁鴉(ギョウア)・乱鴉(ランア)

【鴉雀無声】アジャク ムセイ ひっそりとして、声一つしないこと。静寂なさまをいう。カラスやスズメなどの鳴き声が聞こえない意から。〈蘇軾(ソショク)の詩〉

【鴉巣生鳳】アソウ セイホウ 愚かな親からすぐれた子が生まれるたとえ。また、貧しい家からすぐれた人物が出るたとえ。カラスの巣に鳳(おおとり)が生まれる意から。〈『五灯会元(ゴトウエゲン)』〉類 鳶(とび)が鷹(たか)を生む

【鴉片】アヘン ケシの実からとれる麻薬。表記「阿片」とも書く。

【鴉鷺】アロ ①カラスとサギ。②黒色と白色。類①②烏鷺(ウロ)

【鴉】からす カラス科の鳥の総称。▼烏(からす)(七三)

〈鴉葱〉しらいとそう ユリ科の多年草。山地に自生。初夏、細長い花茎を直立させ、純白の小花を穂状につける。六片の花弁のうち、四片は長さ約一センチメートルの糸状となる。表記「白糸草」とも書く。

ア【錏】(16) 金 8 1 7891 6E7B 音 ア 訓 しころ

意味 しころ。かぶとや頭巾(ズキン)のたれ。類 錣(ア)

【錏】しころ 兜(かぶと)や頭巾(ずきん)の左右・後方に垂れて首を保護している部分。表記「錣」とも書く。

【錏屋根】しころやね 母屋の屋根から一段低く差し出された屋根。由来 兜(かぶと)の錏に似ているところから。

ア【錣】(20) 金 12 1 7928 6F3C 音 ア 訓 しころ・びた

意味 ①しころ。かぶとや頭巾(ズキン)のたれ。類 錏(ア) ②びた。品質の悪い銭。「錣銭(びたセン)」「錣一文(イチモン)」

【錣】しころ 兜(かぶと)や頭巾(ずきん)の左右・後方に垂れて首を保護している部分。表記「錏」とも書く。

【錣】びた 「錣銭(びたセン)」に同じ。

【錣一文】びた イチモン きわめて少ないお金のたとえ。錣銭一文の意。「—負けられない」

【錣銭】びたセン ①室町中期から明治初期にかけて使われた粗悪な銭貨。びた。②使い古した硬貨。「—を選ぶ」

ああ【于】(3) 二 1 4818 5032 ▼ウ(六九)

ああ【吁】(6) 口 3 5062 525E ▼ク(三六七)

ああ【欸】(11) 欠 7 6123 5D37 ▼アイ(五)

ああ【噫】(16) 口 13 5164 5360 ▼イ(三九)

アイ【阨】(7) 阝 4 1 7985 6F75 音 アイ・ヤク 訓 せまい・ふさがる・くるしむ

意味 一アイ せまい。また、せまく険しい所。「阨狭(アイキョウ)」類 狭・隘(アイ) 二ヤク ふさがる。くるしむ。行きづまる。「阨困(ヤクコン)」類 隘(ヤク)(▼アイ)

下つき 一 狭阨(キョウアイ)・嶮阨(ケンアイ) 二 窮阨(キュウヤク)

【阨狭】アイキョウ 山などがせまって土地が狭くなっていること。狭苦しいさま。

【阨がる】ふさがる 行き詰まる。詰まる。通れなくなる。「渓谷を進むこと—百里なり」

アイ【哀】(9) 口 6 常 3 1605 3025 音 アイ 訓 あわれ・あわれむ 外 かなしい・かなしむ

筆順

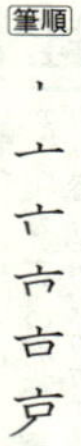

意味 ①あわれ。あわれむ。いつくしむ。「哀矜(アイキョウ)」「哀憐(アイレン)」類 憐 ②かなしい。かなしむ。うれい。「哀悼」「悲哀」対 楽

下つき 挙哀(キョアイ)・顧哀(コアイ)・悲哀(ヒアイ)・余哀(ヨアイ)

【哀哀父母】アイアイ フボ 苦労を重ねた父母の死をかなしみ、その恩に報いることができなかったことをなげく語。親孝行な子が親を思慕する真情を表したもの。「哀哀」は深くかなしむさま。〈『詩経』〉

【哀咽】アイエツ むせび泣き。「病室から—の声がもれてきた」

【哀婉】アイエン あわれみを帯びてしとやかなさま。

【哀歌】アイカ かなしい心情を詠んだ詩歌。悲歌。エレジー。類 哀詩

【哀感】アイカン ものがなしい感じ。どことなくかなしそうなようす。「—が漂う人」

【哀歓】アイカン かなしみとよろこび。「人生の—を描く」類 哀楽

【哀願】アイガン 相手の同情をさそうように、あわれっぽく頼みこむこと。「生活費の援助を—する」

【哀毀骨立】アイキ コツリツ あまりのかなしさに、身がやせ細り、骨ばかりになること。父母との死別などで非常にかなしむことのたとえ。「哀毀」はかなしみのためにやせ細る意。「骨立」は肉が落ちて骨と皮ばかりになる意。〈『世説新語(セセツシンゴ)』〉参考「哀毀」は「毀瘠(キセキ)・形銷(ケイショウ)・羸瘠(ルイセキ)」ともいう。

【哀矜懲創】アイキョウ チョウソウ 人に懲罰を与えるには、相手を思いや

る心が必要であるということ。「哀矜」はかなしみ哀れむこと。「懲創」はこらしめること。〈蘇軾(ソショク)の文〉

【哀史】アイシ かなしい出来事を記した物語や歴史。「女工―」

【哀糸豪竹】アイシゴウチク うらがなしい音を出す琴と力強い音を出す竹笛。この二つの楽器が織りなし奏(かな)でる音色が人の心にしみ渡るさま。「糸」は琴、「竹」は竹笛の意。〈杜甫(トホ)の詩〉

【哀愁】アイシュウ ものがなしくうれいを帯びた感じ。「後ろ姿に―が漂う」

【哀傷】アイショウ 心が苦しくなるほど深くかなしむこと。特に、人の死を悼みかなしむこと。「―歌を詠(よ)む」

【哀惜】アイセキ 人の死などをかなしみおしむこと。「親友が急死し、―の念に耐えない」 類 哀悼

【哀切】アイセツ ひどくあわれでかなしげなこと。また、そのようす。「―な音色」

【哀訴】アイソ 相手の同情をひくように切々と訴えること。

【哀調】アイチョウ ものがなしい調子。かなしみを帯びた音調。「―を帯びた笛の音だ」

【哀悼】アイトウ 人の死をかなしみいたむこと。「友の死に―の意を表す」

【哀鳴啾啾】アイメイシュウシュウ 鳥や虫などがかなしそうに鳴くさま。「哀鳴」は鳥や獣が鳴くさま。「啾啾」は鳥や虫などが低い声で鳴くさま。

【哀憐】アイレン 弱い人などをあわれむこと。あわれみの気持ち。「―の情」

【哀話】アイワ かなしくあわれな物語。かわいそうな話。

【哀れむ】あわれむ かわいそうに思う。気の毒に思い同情する。「生き物を―む優しい心をもつ」

【△哀しい】かなしい ふびんで胸がしめつけられる思いである。せつない。

アイ【哇】(9) 口 6 1 5087 5277 音 アイ・ア・ワ 訓 はく

意味 ①吐く。②こびへつらう声。みだらな声。

アイ【娃】(9) 女 6 準1 1603 3023 音 アイ・ア 訓 うつくしい

意味 うつくしい。みめよい。美人。「娃鬟(アイカン)」

下つき 宮娃(キュウアイ)

アイ【★埃】(10) 土 7 1 5228 543C 音 アイ 訓 ほこり・ちり

意味 ①ほこり。ちり。小さなごみ。「塵埃(ジンアイ)」②俗世間。俗事。③「埃及(エジプト)」の略。

下つき 涓埃(ケンアイ)・黄埃(コウアイ)・塵埃(ジンアイ)・氛埃(フンアイ)

【埃氛】アイフン ほこりっぽい空気。また、俗世間のよごれた空気。「氛」は気・空気の意。

【〈埃及〉】エジプト アフリカ北東部の共和国。古代エジプト文明発祥の地で、ピラミッドやスフィンクスなどの遺跡が多い。首都はカイロ。

【埃】ほこり 空中を舞う細かいちり。「―がたちこめている」「叩(はた)けば―が出る」

【埃茸】ほこりたけ ホコリタケ科のキノコ。山野の日陰に自生。成熟すると上部に穴があき、ほこりのような胞子を出す。若いものは食用。キツネノチャブクロ。

アイ【挨】(10) 扌 7 常 2 1607 3027 音 アイ 訓 外おす・ひらく

筆順

意味 ①おす。ひらく。おしのける。「挨拶(アイサツ)」②せまる。近づく。

【挨拶】アイサツ ①人と顔を合わせたり別れたりする時の社交的な言葉や動作。「朝の―」②公的な席で謝意や祝意を述べること。またその言葉。「来賓の―」③返事。うけこたえ。「何の―もない」

【挨拶は時の氏神(うじがみ)】争い事の仲裁をしてくれる人は救いの神だから、仲裁にしたがったほうがよいという教え。参考 この「挨拶」は古い言葉で、仲裁の意をもつ。類 仲裁は時の氏神

アイ【欸】(11) 欠 7 1 6123 5D37 音 アイ 訓 ああ

意味 ①ああ。なげく声。②はい。ええ。そう。肯定・同意の語。

【欸】ああ 嘆くときに出る声。また、うらむ声。

【欸乃】アイダイ ①船頭のかけ声。また、櫓(ろ)のきしむ音。②舟歌。③きこりの歌。参考「アイナイ」とも読む。

アイ【愛】(13) 心 9 常 教 7 1606 3026 音 アイ 訓 外めでる・おしむ・まな・かなしい・いとしい・うい

筆順

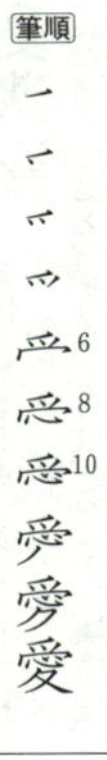

意味 ①あいする。かわいがる。いつくしむ。「愛育」「愛児」「寵愛(チョウアイ)」②異性を恋いしたう。「愛慕」「求愛」「恋愛」③めでる。好む。したしむ。「愛好」「愛用」「親愛」④おしむ。「愛惜」「割愛」⑤大切にする。「愛護」「愛蔵」「自愛」⑥まな。かわいがっている意の接頭語。「愛子(まなご)」「愛弟子(まなデシ)」「愛娘(まなむすめ)」⑦かなしい。いとしい。切ないほどかわいい。うい。⑧「愛蘭(アイルランド)」の略。

下つき 恩愛(オンアイ)・割愛(カツアイ)・敬愛(ケイアイ)・慈愛(ジアイ)・純愛(ジュンアイ)・情愛(ジョウアイ)・信愛(シンアイ)・溺愛(デキアイ)・博愛(ハクアイ)・汎愛(ハンアイ)・偏愛(ヘンアイ)

【愛煙家】アイエンカ たばこを好む人。「近頃は―の肩身が狭い」

【愛多ければ憎しみ至る】アイおおければにくしみいたる 度を越した愛情を受けることが多いと、必ず他の人

あ アイ

から憎まれるようになる。〈『亢倉子（コウソウシ）』〉

【愛屋烏に及ぶ】アイオクウにおよぶ 愛情が深いことのたとえ。故事 人を愛すると、その人の家の屋根にいるカラスまでかわいいと思うようになるという故事から。〈『説苑（ゼイエン）』〉参考「屋烏の愛」ともいう。

【愛玩・愛翫】アイガン かわいがったり大切にしたりして心の慰みとすること。「─動物」

【愛敬・愛嬌】アイキョウ ①にこやかでかわいらしく、相手に好感を与える態度や表情。②相手を喜ばせようとしてするちょっとしたしぐさやにこやかな振る舞い。「ほんのご─」「─を振りまく」参考 古くは「アイギョウ」と読み、慈愛に満ちた仏の相の意。中世以降、清音化するにつれて「嬌」の字も当てられるようになり、現在の意をもつようになった。

【愛顧】アイコ 目をかけてひきたてること。ひいきにすること。「日ごろのご─に報いるつもりです」

【愛護】アイゴ かわいがって大切に保護すること。「動物─運動」

【愛好】アイコウ 好ましく思って愛情をそそぐこと。「ジャズ─家の集い」

【愛児】アイジ 慈（いつく）しみ、大切に育てている子ども。いとしご。「─を失った悲しみ」

【愛日】アイジツ ①暖かい冬の日光。また、冬の日を惜しむこと。〈『春秋左氏伝』〉対 畏日（イジツ） ②時間を大切にすること。また、時を惜しんで親孝行をすること。〈『揚子法言（ヨウシホウゲン）』〉

【愛着】アイジャク 仏 煩悩を捨て切れず、物事に執着すること。特に、男女間の感情を断ち切れないこと。参考「アイチャク」と読めば別の意になる。

【愛妾】アイショウ 気に入り、かわいがっているめかけ。

【愛称】アイショウ 本当の名前とは別に、親しみをこめて言う呼び名。ニックネーム。「列車は─で呼ばれることがある」

【愛唱】アイショウ 好きな歌を折にふれて歌うこと。好んで歌うこと。「母の─歌を合唱する」

【愛誦】アイショウ 詩歌や文章を好んで口ずさんだり、節をつけて吟じたりすること。「漢詩を─する」

【愛情】アイジョウ ①相手をいとおしみ、大切に思う心持ち。「─をこめて育てる」②異性を恋い慕う気持ち。「友人の兄に─を抱く」

【愛嬢】アイジョウ かわいがり大切にしている娘。まなむすめ。

【愛人】アイジン ①愛している異性。恋人。②情婦または情夫。情人。

【愛する】アイ-する ①愛情をそそぎ、かわいがる。いつくしみ、大切にする。「幼子を─する」「祖国を─する」②異性に対して愛情を抱く。心がひかれ、慕わしく思う。③価値を認めてその存在を好む。「モーツァルトを─してやまない」

『愛して其（そ）の悪を知り憎みて其の善を知る』 愛憎のために理性を失ってはならず、物事の善悪・長短を冷静に見きわめるべきだという教え。〈『礼記（ライキ）』〉

【愛惜】アイセキ 大切にして、傷つけたりするのを惜しむこと。「故人が─した器」

【愛染明王】アイゼンミョウオウ 仏 密教で、愛欲をつかさどる仏。全身赤色で、三つの目と六本の腕をもつ。怒りの顔つきをしている。

【愛想】アイソ ①相手に好感を与える顔つきや態度。「─のよい人」②相手の機嫌をとるような態度や言葉。おせじ。「─笑い」「お─を言う」③相手に対する好意。親近感。「─をつかす」④飲食店などの勘定。参考「アイソウ」とも読む。

『愛想尽（づ）かしも金から起きる』 女が男につれなく、冷たくなるのは、金銭上の問題が原因であることが多いということ。類 金の切れ目が縁の切れ目

【愛憎】アイゾウ 愛することと憎むこと。「絶ちがたい─の念」

【愛蔵】アイゾウ 大切にしまっておくこと。「恩師から贈られた─本」

【愛着】アイチャク 心がひかれて離れがたいこと。「住みなれた家に─を感じる」参考「アイジャク」と読めば別の意になる。

【愛撫】アイブ ①いとおしみ、やさしくなでること。②いつくしみかわいがること。

【愛別離苦】アイベツリク 仏 愛する者との別れのつらさ。親子・兄弟・夫婦など愛する人と別れる苦しみや悲しみ。八苦の一つ。参考 語構成は「愛別離」+「苦」。

【愛欲】アイヨク ①異性に対する強い欲望。「─に溺（おぼ）れる」類 情欲 ②仏 心が現実の欲望に執着すること。妻子などを愛すること。書きかえ「愛慾」の書きかえ字。

【愛慾】アイヨク ▶書きかえ 愛欲

〈愛蘭〉アイルランド ①イギリス本国グレートブリテン島の西にある島。②①の大部分を占める共和国。首都はダブリン。

【愛憐】アイレン いつくしみかわいがること。あわれんで情けをかけること。

〈愛発〉関 あらちのせき 越前（えちぜん）（現在の福井県東部）の愛発山の近辺にあった関所。古代北陸道の要衝で、鈴鹿（すずか）・不破（ふわ）とともに三関と呼ばれた。

【愛しい】いと-しい ①かわいくてたまらない。恋しい。「─いわが子」②かわいそうだ。気の毒だ。

【愛し子】いとしご かわいがって大切にしている子ども。

【愛い】う-い かわいい。殊勝な。心がけのよい。「─い奴（やつ）じゃ」参考 古く、目下の者を褒めるときに用いた。

【〈愛▲迪生〉】エジソン アメリカの発明家。電信機・電話機・蓄音機・白熱灯・映写機などを次々に発明した。取得した特許は一三〇〇以上という。

【△愛しむ】おしむ もったいなくて大切に思う。手放しがたくていとおしむ。「花を摘みとるのを―む」

【△愛弟子】まなデシ 特にかわいがっている教え子。期待をよせてかわいがっている弟子。

【△愛娘】まなむすめ かわいがっている娘。大切にしている娘。「―が嫁ぐ」

【△愛▲逢月】めであいづき 陰暦七月の異名。由来 七夕の牽牛ケンギュウ星と織女星が互いに愛して逢あう月の意から。

【△愛でる】めでる ①愛する。いつくしむ。特に、その美しさやすばらしさを愛好する。「花を―でる」②ほめる。心が動かされる。

アイ【隘】(13) 阝10 1 8007/7027

音 アイ・ヤク
訓 せまい・けわしい・ふさがる

意味 ㈠アイ ①せまい。土地にゆとりがない。度量が小さい。「隘路」「狭隘」②けわしい。「険隘」③いやしい。㈡ヤク ふさぐ。ふさがる。さまたげる。

下つき ㈠険隘ケンアイ・湫隘シュウアイ・褊隘ヘンアイ

【▲隘路】アイロ ①せまくて通行が困難な道。②物事を実行する上での妨げ。支障。さしさわり。「この制度が業界発展の―となった」

【▲隘い】せまい ①面積・幅などの空間が少ない。②心のゆとりがない。度量がない。

アイ【★鞋】(15) 革6 1 8062/705E

音 アイ・カイ
訓 くつ

意味 くつ。わらじ。「鞋底」

下つき 青鞋セイアイ・草鞋ソウアイ・ソウカイ・わらじ・芒鞋ボウアイ・ボウカイ

【▲鞋】くつ はきもの。短いくつ。わらじ。また、宮中ではく、くつ。

【〈▲鞋底魚〉】したびらめ ウシノシタ科の海魚。由来 形が鞋くつの底に似ていることから。▼舌鮃したびらめ(八八九)

アイ【噯】(16) 口13 1 1523/2F37

音 アイ
訓 おくび・ああ

意味 ①おくび。げっぷ。「噯気アイキ・おくび」類 噫イ ②ああ。嘆く声。

【〈▲噯気〉・▲噯】おくび 胃の中にたまったガスが口の外へ出たもの。げっぷ。「本心は―にも出さない」表記「噫気」とも書く。参考「噯気」は「アイキ」とも読む。

【〈▲噯気〉にも出さぬ】心の底に秘めていて、それらしいそぶりも見せないこと。「彼は別荘をもっていることを―さない」

アイ【曖】(17) 日13 常 2 5903/5B23

音 アイ
訓 外 かげる・くらい・おおう

筆順 

意味 ①かげる。日がかげって暗い。「曖曖」②おおう。おおいかくす。

【曖昧】アイマイ はっきりしないさま。確かでないさま。「―な返事」

【曖昧模▲糊】アイマイモコ 物事がはっきりとしないさま。あやふやなさま。「曖昧」も「模糊」も、ぼんやりとしているさま。表記「模糊」は「糢糊」とも書く。類 朦朧模糊モウロウモコ 対 明明白白

【△曖い】くらい 日が雲でおおわれ、光が少ないために物が見えにくい。はっきりしない。けじめがつかない。

アイ【藹】(19) ⺾16 1 7329/693D

音 アイ
訓 おだやか・おおい・さかん

意味 ①おだやか。心がなごむさま。「藹然」類 靄アイ ②おおい。さかん。草木が盛んに茂るさま。

【▲藹▲藹】アイアイ ①なごやかなさま。「和気―」②草木が盛んに茂るさま。盛んなさま。表記 ①「靄靄」とも書く。

【▲藹然】アイゼン ①勢いよく盛んなようす。②気持ちが穏やかなさま。③雲が集まるさま。

アイ【★靄】(24) 雨16 1 8043/704B

音 アイ
訓 もや

意味 ①もや。かすみ。「靄然」②なごやかなさま。「靄靄」類 藹アイ

下つき 山靄サンアイ・淡靄タンアイ・暮靄ボアイ

【▲靄▲靄】アイアイ ①もやや雲が集まり、たなびくさまが満ちているさま。②打ちとけてなごやかな気分のさま。「和気―」表記 ②「藹藹」とも書く。

【▲靄然】アイゼン ①もや、霧などがたなびくさま。②気持ちや表情がなごやかなさま。「和気―」

【▲靄】もや 空気中に細かい水滴などが立ちこめて遠くのものがかすんで見える現象。霧よりも見通しはよい。「―が立ちこめる」

アイ【靉】(25) 雨17 1 8047/704F

音 アイ
訓

意味 雲がたなびくさま。「靉靆アイタイ」

【▲靉▲靉】アイアイ ①雲が盛んにたなびくさま。②樹木が盛んに茂って、色濃く暗いさま。

【▲靉▲靆】アイタイ ①雲がたなびいているさま。②雲が空をおおって暗いさま。③暗く陰気なさま。

あい【△間】(12) 門4 教 2054/3456 ▼カン(二三八)

あい【藍】(18) ⺾15 常 4585/4D75 ▼ラン(一五五三)

あいだ【間】(12) 門4 教 2054/3456 ▼カン(二三八)

あう【会う】(6) 人4 教 1881/3271 ▼カイ(一六七)
あう【合う】(6) 口3 教 2571/3967 ▼ゴウ(五一八)
あう【▲逢う】(11) 辶7 1609/3029 ▼ホウ(一四〇七)
あう【△遇う】(12) 辶9 常 2288/3678 ▼グウ(三七五)
あう【遭う】(14) 辶11 常 3388/4178 ▼ソウ(九四七)
あう【▲遘う】(14) 辶10 ▼コウ(五一一)
あう【▲覯う】(17) 見10 ▼コウ(五一五)
あう【▲邂う】(17) 辶13 7816/6E30 ▼カイ(一八六)
あう【▲覿う】(22) 見15 7522/6B36 ▼テキ(一一〇三)

同訓異義 あう

【合う】両方がぴったりとあわさる。向かいあう。「気が合う」「勘定が合う」「似合う」「間に合う」「話し合う」「馬が合う」「目が合う」「割に合わない仕事」

【会う】人と人が顔をあわせる。あるところに集まる。「出会う」「駅で友達に会う」「対面に立ち会う」「会うは別れの始め」

【▲逢う】お互いに行きあう。「公園で彼女と逢う」「二人の出逢い」

【遭う】ばったり出あう。そういう目にあう。「交通事故に遭う」「夕立に遭う」「盗難に遭う」「反対に遭う」「ひどい目に遭う」

【△遇う】思いがけなく出あう。「幸運に遇う」

【▲邂う】めぐりあう。思いがけず出あう。「邂逅(カイコウ)」

【▲遘う】お互いに行きあう。「逢う」に近い。

あえ【▲饗】(22) 食13 2234/3642 ▼キョウ(三四四)
あえぐ【▲喘ぐ】(12) 口9 5135/5343 ▼ゼン(九一六)
あえて【△肯えて】(8) 肉4 常 2546/394E ▼コウ(四八八)

あえて【△敢えて】(12) 攵8 常 2026/343A ▼カン(二三七)
あえない【△敢えない】(12) 攵8 常 2026/343A ▼カン(二三七)
あえる【△和える】(8) 口5 教 4734/4F42 ▼ワ(一六二四)
あお【青】(8) 青0 教 3236/4044 ▼セイ(八五四)
あお【▲碧】(14) 石9 4243/4A4B ▼ヘキ(一三七二)
あお【▲襖】(18) 衤13 1808/3228 ▼オウ(一一八)
あおい【青い】(8) 青0 教 3236/4044 ▼セイ(八五四)
あおい【▲葵】(12) 艹9 1610/302A ▼キ(二七七)
あおい【▲蒼い】(13) 艹10 3383/4173 ▼ソウ(九四四)
あおぐ【仰ぐ】(6) 亻4 常 2236/3644 ▼ギョウ(三四五)
あおぐ【△扇ぐ】(10) 戸6 常 3280/4070 ▼セン(九〇一)
あおぐろい【▲黝い】(17) 黒5 8359/735B ▼ユウ(一五一八)

あおさば【⿰魚悳】(23) 魚12 国 1 音訓 あおさば・さば
意味 あおさば。サバの別称。鯖(さば)。表記「青鯖」とも書く。

あおのく【△仰く】(6) 亻4 常 2236/3644 ▼ギョウ(三四五)
あおり【▲煽り】(14) 火10 3290/407A ▼セン(九〇六)
あおる【▲呷る】(8) 口5 5078/526E ▼コウ(四八六)
あおる【▲煽る】(14) 火10 3290/407A ▼セン(九〇六)
あか【△丹】(4) 丶3 常 3516/4330 ▼タン(一〇一一)
あか【△朱】(6) 木2 常 2875/3C6B ▼シュ(六七五)
あか【赤】(7) 赤0 教 3254/4056 ▼セキ(八七五)
あか【▲垢】(9) 土6 2504/3924 ▼コウ(四八九)
あか【▲絳】(12) 糸6 6912/652C ▼コウ(五〇六)
あか【▲緋】(14) 糸8 4076/486C ▼ヒ(一二八五)

同訓異義 あか

【△紅】うすあか。桃色がかったあか色。「紅い頬(ほお)」「深紅(シンク)の優勝旗」

【赤】中くらいのあか色。あか色の通称。「赤電話」「赤毛の犬」「赤ら顔」「赤トンボ」

【△朱】濃いあか色。また、黄色がかったあか色。「朱く塗った門の柱」「朱い印肉」

【▲緋】絹のあか色。鮮やかなあか色。「燃えるように緋いドレス」

【▲絳】濃いあか色。「緋」に近い。

【△丹】丹砂の色。白色を帯びた朱色。

【▲赭】赤土色。ベンガラ色。

【▲赬】二度染めのあか色。

あか【▲赭】(16) 赤9 7664/6C60 ▼シャ(六六〇)
あか【▲赬】(16) 赤9 *8921/7935* ▼テイ(一〇九八)
あかい【赤い】(7) 赤0 教 3254/4056 ▼セキ(八七五)
あかい【△紅い】(9) 糸3 教 2540/3948 ▼コウ(四九二)
あかい【▲赫い】(14) 赤7 1950/3352 ▼カク(二〇一)
あかがね【▲銅】(14) 金6 教 3828/463C ▼ドウ(一一六五)
あかぎれ【▲皹】(14) 皮9 6617/6231 ▼クン(三八三)
あかざ【▲藜】(18) 艹15 7328/693C ▼レイ(一五九九)
あかし【△証し】(12) 言5 教 3058/3E5A ▼ショウ(七五六)
あかす【明かす】(8) 日4 教 4432/4C40 ▼メイ(一四六九)
あがた【△県】(9) 目4 教 2409/3829 ▼ケン(四一一)
あかつき【暁】(12) 日8 常 2239/3647 ▼ギョウ(三四六)
あかつち【▲赭】(16) 赤9 7664/6C60 ▼シャ(六六〇)
あがなう【△購う】(17) 貝10 常 2556/3958 ▼コウ(五一五)
あがなう【▲贖う】(22) 貝15 7662/6C5E ▼ショク(七八六)

あかね【▲茜】(9) 艹6 1611/302B ▼セン(九〇一)
あがめる【△崇める】(11) 山8 常 3182/3F72 ▼スウ(八三五)
あからむ【明らむ】(8) 日4 教 4432/4C40 ▼メイ(一四六九)
あからめる【赤らめる】(7) 赤0 教 3254/4056 ▼セキ(八七五)
あからめる【▲赧める】(12) 赤5 7663/6C5F ▼タン(一〇一七)
あかり【△灯】(6) 火2 教 3784/4574 ▼トウ(一一三七)
あかり【明かり】(8) 日4 教 4432/4C40 ▼メイ(一四六九)
あがる【上がる】(3) 一2 教 3069/3E65 ▼ジョウ(七六八)
あがる【▲昂がる】(8) 日4 2523/3937 ▼コウ(四八七)
あがる【△騰がる】(20) 馬10 常 3813/462D ▼トウ(一一五八)
あがる【▲驤がる】(27) 馬17 8172/7168 ▼ジョウ(七八〇)
あかるい【明るい】(8) 日4 教 4432/4C40 ▼メイ(一四六九)
あき【秋】(9) 禾4 教 2909/3D29 ▼シュウ(六八八)
あきぞら【▲旻】(8) 日4 5865/5A61 ▼ビン(一三三六)
あきたりない【▲歉りない】(14) 欠10 6130/5D3E ▼ケン(四三二)
あきたりる【▲慊りる】(13) 忄10 5636/5844 ▼ケン(四二九)
あぎと【▲顋】(18) 頁9 8091/707B ▼サイ(五六一)
あぎと【▲鰓】(20) 魚9 8252/7254 ▼サイ(五六一)
あきなう【商う】(11) 口8 教 3006/3E26 ▼ショウ(七五〇)
あきなう【△販う】(11) 貝4 常 4046/484E ▼ハン(一二六五)
あきなう【▲賈う】(13) 貝6 7643/6C4B ▼コ(四五八)
あきらか【明らか】(8) 日4 教 4432/4C40 ▼メイ(一四六九)
あきらか【▲杲らか】(8) 日4 5862/5A5E ▼コウ(四八七)
あきらか【▲亮らか】(9) 亠7 4628/4E3C ▼リョウ(一五七六)
あきらか【△昭らか】(9) 日5 教 3028/3E3C ▼ショウ(七四五)

あきらか【▲炯らか】(9) 火5 6355/5F57 ▼ケイ(三九〇)
あきらか【▲炳らか】(9) 火5 ▼ヘイ(一三六八)
あきらか【△哲らか】(10) 口7 常 3715/452F ▼テツ(一一〇四)
あきらか【▲晃らか】(10) 日6 2524/3938 ▼コウ(四九六)
あきらか【▲晢らか】(11) 日7 5881/5A71 ▼セツ(八八五)
あきらか【△晶らか】(12) 日8 常 3029/3E3D ▼ショウ(七五四)
あきらか【▲煥らか】(13) 火9 6369/5F65 ▼カン(二四二)
あきらか【△彰らか】(14) 彡11 常 3020/3E34 ▼ショウ(七五九)
あきらか【▲燦らか】(17) 火13 2724/3B38 ▼サン(五九〇)
あきらか【△瞭らか】(17) 目12 常 4638/4E46 ▼リョウ(一五八一)
あきらか【△顕らか】(18) 頁9 常 2418/3832 ▼ケン(四三五)
あきらか【▲曠らか】(19) 日15 5905/5B25 ▼コウ(五一六)

同訓異義 **あきらか**

【明らか】光りかがやいてあかるい。はっきりしているさま。「明らかな満月」「原因を明らかにする」「火を見るよりも明らか」「明らかに間違っている」「明らかな証拠」

【△昭らか】日の光が照らしてあかるい。「明らか」とほぼ同じ。

【△哲らか】言動がはっきりして適切なさま。

【△彰らか】はっきりと目立ったさま。「表彰(ヒョウショウ)」

【△顕らか】はっきりあらわれるさま。「顕現(ケンゲン)」「顕在(ケンザイ)」「顕示(ケンジ)」

【△晶らか】澄みきってかがやくさま。「結晶(ケッショウ)」

【▲晢らか】あかるくさわやか。けじめがはっきりしたさま。

【△瞭らか】はっきりとよく見えるさま。「明瞭(メイリョウ)」


あきらめる【諦める】(16) 言9 常 3692/447C ▼テイ(一〇九八)

あきる【▲倦きる】(10) 亻8 2381/3771 ▼ケン(四二二)
あきる【飽きる】(13) 食5 常 4316/4B30 ▼ホウ(一四〇九)
あきる【▲厭きる】(14) 厂12 1762/315E ▼エン(一〇四)
あきれる【▲呆れる】(7) 口4 4282/4A72 ▼ホウ(一三九六)
あきれる【▲惘れる】(11) 忄8 5617/5831 ▼ボウ(一四一八)

アク【偓】

(11) 亻9 準1 0166/2162

訓 音 アク かかわる

意味 かかわる。こだわる。こせこせする。「偓促(アクセク)」

アク【悪】

(11) 心7 教 常 8 1613/302D

訓 音 アク・オ(高) わるい (外)あし・にくむ・いずくんぞ

旧字《惡》(12) 心8 1/準1 5608/5828

筆順 一 丅 丙 币 亜 亜 亜 悪 悪 悪 悪 11

意味 ①わるい。正しくない。あし。「悪行」「悪事」「極悪」対善 ②みにくい。美しくない。「悪声」「醜悪」③そまつな。へたな。品質がよくない。「悪銭」「悪文」「粗悪」④ひどい。はげしい。「悪戦苦闘」⑤にくむ。いやがる。「嫌悪(ケンオ)」「憎悪(ゾウオ)」⑥いずくんぞ。疑問や反語の助字。

下つき 害悪(ガイアク)・凶悪(キョウアク)・険悪(ケンアク)・好悪(コウオ)・極悪(ゴクアク)・邪悪(ジャアク)・醜悪(シュウアク)・羞悪(シュウオ)・賤悪(センオ)・俗悪(ゾクアク)・劣悪(レツアク)

【悪意】アクイ ①わるい心。いじわるな気持ち。「―を抱く」対善意 ②わるい意味。わるく解釈すること。「―にとる」

【悪衣悪食】アクイアクショク 粗末な衣服や食べ物。参考「悪食」は「アクジキ」とも読み、粗末な食べ物という意味のほかに、いかもの食い（ふつうの人の食べないものを食べること）の意味がある。《『論語』》類節衣縮食・粗衣糲食(ソイレイショク) 対暖衣飽食

【悪因悪果】アクインアッカ 仏 わるい行為には必ずわるい報いや結果が生じるということ。類 悪因苦果《アクインクカ》 対 善因善果《ゼンインゼンカ》

【悪運】アクウン ①わるい運命。めぐりあわせがわるいこと。不運。「―が続く」対 幸運 ②わるいことをしてもその報いを受けずにすむ強い運勢。「―が強い」

【悪疫】アクエキ 悪性の流行病。「―の発生をおさえる」

【悪縁】アクエン ①わるい関係。わるい因縁。「―を断つ」②離れようとしても離れられない男女の関係。腐れ縁。

〖悪縁契《ちぎ》り深し〗 わるい縁ほど結びつきが強く、なかなか断ち切れないものだということ。類 悪女の深情け・腐れ縁は離れず

【悪逆無道】アクギャクムドウ 人の道にはずれたひどい悪事。参考「無道」は「ブドウ・ブトウ」とも読む。類 悪逆非道《アクギャクヒドウ》・極悪非道《ゴクアクヒドウ》・大逆無道《タイギャクムドウ》

【悪行】アクギョウ わるいおこない。悪事。「―無道」対 善行《ゼンコウ》 参考「アッコウ」とも読む。

【悪業】アクゴウ 仏 わるいおこない。特に、前世での悪事。参考「アクギョウ」と読めば、わるいしわざ・わるい職業の意になる。

【悪妻は百年の不作】アクサイはヒャクネンのフサク わるい妻をもつと、一生苦労して不幸なことになるということ。参考「百年」は「六十年」ともいう。

【悪事】アクジ ①わるいこと。わるいおこない。②不吉なこと。災難。対 ①②善事・好事

〖悪事千里を走る〗 わるいおこないやわるい評判は、すぐ世間に広まるということ。〈『北夢瑣言《ホクボウサゲン》』〉参考「悪事千里」「悪事千里を行く」ともいう。類 悪い噂《うわさ》は翼を持つ 対 好事門を出でず

【悪食】アクジキ ①人がふつう食べないものを好んで食べること。②粗末な食事。類 粗食 参考「アクショク」とも読む。

【悪質】アクシツ ①性質がわるいさま。「―な手口」②品質がわるいさま。「―な商品が出回る」対 良質

【悪臭】アクシュウ わるいにおい。不快なにおい。「工場からの―に悩まされる」対 芳香

【悪習】アクシュウ わるい習慣や風俗。「その―が汚職事件を生んだ」

【悪所】アクショ ①山道などで、険しく危険が多いところ。類 難所 ②遊郭。

【悪△尉】アクじょう 能で、恐ろしい顔をした翁《おきな》の面。

【悪女の深情け】アクジョのふかなさけ 器量や性格のわるい女ほど愛情が深く、嫉妬心《シットシン》が強いものだということ。

【悪酔強酒】アクスイキョウシュ 願っていることと実行することが相反すること。酒に酔うことをやめようと思いながらも、つい無理に酒を飲んでしまうことから。〈『孟子《モウシ》』〉

【悪性】アクセイ 病気などの性質がわるいこと。「―腫瘍《シュヨウ》」対 良性

【悪政】アクセイ 民衆のことを考えず、民衆を苦しめるわるい政治。対 善政

【悪銭】アクセン ①品質のわるい貨幣。あくぜに。②不正な手段で手に入れた金銭。あぶくぜに。

〖悪銭身に付かず〗 不正な手段で得た金は、とかくつまらないことに使ってしまうから、すぐになくなってしまうものだという戒め。類 あぶく銭は身につかない

【悪戦苦闘】アクセンクトウ 強敵相手の死にものぐるいの苦しい戦い。転じて、困難を乗り切るために必死に努力すること。「―の結果やっと成功した」類 千辛万苦《センシンバンク》

【悪相】アクソウ ①恐ろしい人相。凶悪な顔つき。②不吉な兆候。「―が現れる」

【悪態】アクタイ わるくち。にくまれぐち。「忠告されて―をつく」

【悪太郎】アクタロウ いたずらな子どもや乱暴狼藉《ロウゼキ》をはたらく男をののしっていう語。参考 人名ふうにいった語。

【悪党】アクトウ 悪人。わるもの。また、その集団。「―をこらしめる」

【悪童】アクドウ いたずらっ子。「お寺が―たちの遊び場だった」

【悪徳】アクトク 道徳にそむいたわるいおこない。不正な考え。「―業者」対 美徳

【悪に強ければ善にも強し】アクにつよければゼンにもつよし 大悪人と呼ばれる者は、いったん悔い改めると、生まれ変わったような善人になるということ。

【悪人正機】アクニンショウキ 仏 親鸞《しんらん》の浄土真宗の中心となる教えで、阿弥陀仏《アミダブツ》の本願は、悪人を救うことにあるとする説。したがって、悪人こそ仏の救いを受ける対象であるということ。「正機」は、仏の教法を受ける条件を正しくもっている意。〈『歎異抄《タンニショウ》』〉

【悪婆】アクバ ①歌舞伎《カブキ》の役柄の名。中年で性悪な女性の役。②意地悪な老女。

【悪罵】アクバ ひどく悪口を言うこと。相手を罵倒すること。

【悪筆】アクヒツ ①字が下手なこと。また、下手な字。対 達筆・能筆 ②つくりのわるい筆。

【悪評】アクヒョウ 好ましくない批評。わるい評判。「―がたつ」類 不評 対 好評

【悪平等】アクビョウドウ それぞれの個性や特質を無視して一律に同じ扱いをするため、かえって不公平であること。形式だけの平等で、ほんとうは不平等になっていること。

【悪風】アクフウ わるい風俗や風習。「―に流されてしまう」対 良風・美風

【悪弊】アクヘイ よくない風習。「社内の―除去が改革の第一歩だ」類 悪習

【悪癖】アクヘキ わるいくせ。よくない習慣。「―が健康を害する」類 悪習

【悪法も▲亦法なり】アクホウもまたホウなり　どんなにわるい法律でも、法は法だからそれにしたがわなければならないということ。由来 古代ギリシャの哲学者ソクラテスが述べた言葉。彼は悪法にしたがって毒を飲み、自決したと伝えられている。

【悪木盗泉】アクボクトウセン　清廉潔白(セイレンケッパク)な人は、わずかな悪にもけっして身を近づけないということ。故事 中国、北周の寇儁(コウシュン)は高潔な人物で、どんなに疲れていてもわるい木の木陰で休んだり、どんなにのどが渇いていても、盗泉というわるい名がついた泉の水を飲んではならないと家人を戒めた故事から。〈『周書』〉

【悪魔】アクマ　①人心をまどわし、悪の道に誘う魔物。②人間とは思えないような悪事をする人。冷酷で凶悪な人。

【悪夢】アクム　①不吉な恐ろしいゆめ。②現実とは思えないような恐ろしいことや不快なできごと。

【悪名】アクメイ　わるい評判。わるいうわさ。「―高い代官」対 美名 参考「アクミョウ」とも読む。

【悪役】アクヤク　①演劇などで悪人の役。またそれを演じる人。②人から憎まれる立場や役割。

【悪用】アクヨウ　本来の用途や目的に反して、わるいことに利用すること。「議員の立場を―する」対 善用

【悪辣】アクラツ　やり方があくどいこと。ひどく悪質でたちのわるいこと。「―な手段」

【悪霊】アクリョウ　人間にたたる霊魂。もののけ。「―にとりつかれる」類 怨霊(オンリョウ)

【△悪し】あ―し　「悪(わる)い」の古い言い方。現在では複合語などに多く用いる。「善し―し」「良かれ―しかれ」「―しき習慣」

【△悪し様】あしざま　わるいよう。わるいふう。また、実際よりもわるく言ったり解釈したりするさま。「人を―に言う」

【悪化】アッカ　わるくなること。「景気がますます―する」対 好転

【悪貨】アッカ　地金の品質が劣っている貨幣。対 良貨

『悪貨は良貨を駆逐する』　わるい人や物が世にはびこると、よい人や物が世間の片隅におしやられてしまうたとえ。由来 悪質な貨幣が流通するようになると、良質な貨幣は貯蔵され、悪質な貨幣だけが市場に流通するという「グレシャムの法則」から。

【悪漢】アッカン　悪事をはたらく男。わるもの。「―をこらしめる」

【悪鬼】アッキ　①人にたたる鬼。魔物。類 怨霊(オンリョウ)　②仏道をさまたげ、人を悪に向かわせる悪神。

【悪口雑言】アッコウゾウゴン　口ぎたなくあれこれ悪口を言うこと。また、その言葉。さんざんにののしること。類 罵詈讒謗(バリザンボウ)・罵詈雑言

【〈悪戯〉】いたずら　①人を困らせるようなふざけた行い。「甥(おい)の―に手をやく」②自分のしたことを謙遜(ケンソン)していう語。「ちょっと―して焼いたケーキです」

【悪寒】オカン　熱が出たときに感じるぞくぞくした寒気。「―を覚える」「風邪をひいたのか―がする」

【悪血】オケツ　病気などで変質した血液。毒物や廃物のまじった血液。

【悪阻】オソ　「悪阻(つわり)」に同じ。

【悪露】オロ　出産後しばらくの間、子宮から出る血液・リンパ液などの分泌物。おりもの。

【〈悪阻〉】つわり　妊娠初期に起こる、吐き気や食欲不振などの症状。参考「オソ」とも読む。

【△悪む】にく―む　不快に感じていやだと思う。ひどくいやがる。むかつく。「銅臭を―む」対 好む

【悪い】わる―い　①道徳や法律など社会的規範にはずれている。「―いことをして捕まる」②品質・程度などが劣っている。「―い商品を買った」③状態や調子が思わしくない。好ましくない。「成績が―い」「風邪で具合が―い」④相手にすまないと思う。気の毒だ。「―いけれど一緒に行けない」

【悪気】わるギ　憎しみやいじわるの心。悪意。「―があったわけではない」

【悪口】わるくち　人や物をけなしたりののしったりしてわるく言うこと。またその言葉。類 悪舌 参考「わるぐち・アッコウ」とも読む。

【悪擦れ】わるずれ　世の中で人にもまれ、悪賢くなること。類 世間擦れ

【悪巧み】わるだくみ　わるい計略。人を窮地に追いこむようなたくらみ。「―に引っかかるな」

【悪▲怯れる】わるびれる　自信がなくておどおどする。気おくれしてはにかむ。「―れたところが少しもない」

アク【▲幄】(12) 巾 9　1　5474 / 566A　音 アク　訓 とばり

意味 とばり。上からおおったり、周りを囲んだりする幕。「幄舎」

下つき 帷幄(イアク)

【▲幄舎】アクシャ　四方に柱を立てて棟を渡し、上部と周囲に幕を張った仮の建物。儀式などの際、屋外に造る。幄屋(アクのや)。

【▲幄屋】アクのや　「幄舎」に同じ。

【▲幄】とばり　①屋根のように上からおおった幕。②比喩(ヒユ)的に用いて、ものを隔てたりおおい隠したりするもののたとえ。「夜の―がおりる」

アク【▲惡】(12) 心 8　5608 / 5828　▼悪の旧字(九)

アク【握】(12) 扌 9　常　4　1614 / 302E　音 アク　訓 にぎる

筆順 一 十 才 扌 扌 扌 护 护 拒 掘 握 握 (8, 11)

意味 ①にぎる。つかむ。「握手」「握力」 ②自分のものにする。「掌握」「把握」

下つき 一握(イチアク)・拳握(ケンアク)・捲握(ケンアク)・掌握(ショウアク)・把握(ハアク)

【握手】(アクシュ) ①あいさつなどのために互いに手をにぎりあうこと。「勝負を終えて―をする」 ②仲直りすること。和解すること。「二大陣営の―」

【握髪吐哺】(アクハツトホ) すぐれた人材を求めるのに熱心なこと。また、賢人の助言を求めるのに熱心なことのたとえ。故事 古代中国の周公旦(シュウコウタン)は、賢人の訪問を受けると、洗髪中ならば洗っている髪を握って、食事中ならば食べ物を吐き出して、待たせないですぐに面会したという故事から。〈『韓詩外伝(カンシガイデン)』〉 参考「吐哺握髪(トホアクハツ)」ともいう。類 一饋十起(イッキジッキ)

【握力】(アクリョク) 手で物をにぎりしめる力。「速球投手は―が強い」

【握り潰す】(にぎりつぶす) ①手でつかんで力を加え、押しつぶす。②意見や提案・反論などを、表面化せずうやむやにする。「新しい計画は無残にも―された」

【握る】(にぎる) ①手の指を内側に曲げる。またそのようにして物をつかむ。「再会を期し、手を―り合った」「ハンドルを―る」 ②権力や秘密などを自分のものにする。支配下におく。「財布を―る(金銭管理の権限をもつ)」 ③手の中で形づくる。「すしを―る」

アク【渥】 (12) 氵9 準1 1615/302F 音 アク 訓 あつい・うるおい

意味 ①あつい。てあつい。こい。「渥恩」「優渥」 ②うるおう。うるおい。つや。

下つき 優渥(ユウアク)

【渥恩】(アクオン) 手あつい恩恵。厚恩。類 渥恵

【渥い】(あつい) 恩恵が行き渡っている。手あつい。

アク【齷】 (24) 歯9 1 8389/7379 音 アク 訓 こせつく

意味 ①こまかい。せまい。②こせつく。こせこせする。また、さしせまっている。「齷齪(アクセク)」

【齷齪】(アクセク) 心にゆとりをもてず、目先のことだけに追われてせわしなく物事を行うさま。「二年間、終始―していた」 表記「偓促」とも書く。参考「アクサク」とも読む。

あく【空く】 (8) 穴3 教 2285/3675 ▼クウ(三七二)

あく【開く】 (12) 門4 教 1911/332B ▼カイ(一七九)

あくた【芥】 (7) 艹4 1909/3329 ▼カイ(一七二)

あくび【欠】 (4) 欠0 2371/3767 ▼ケツ(B)(四〇九)

あぐむ【倦む】 (10) 亻8 2381/3771 ▼ケン(四二二)

あくる【明くる】 (8) 日4 教 4432/4C40 ▼メイ(一四六九)

あけ【朱】 (6) 木2 常 2875/3C6B ▼シュ(六七五)

あげつらう【論う】 (15) 言8 教 4732/4F40 ▼ロン(一六二三)

あけぼの【曙】 (17) 日13 2976/3D6C ▼ショ(七三二)

あげまき【丱】 (5) 丨4 4805/5025 ▼カン(二三二)

同訓異義 あける・あかす

【開ける】閉じていたものをひらく。「ワインを開けて飲む」「窓を開ける」「店を開ける」

【空ける】からにする。「飲んで一升瓶を空ける」「家を空ける」「空き地」「席を空ける」

【明ける】あかるくなる。期間が終わる。「夜が明ける」「休み明け」「年が明ける」

【明かす】隠れていたものをあきらかにする。夜を過ごす。「秘密を明かす」「鼻を明かす」「夜を明かす」「泣き明かす」

あける【明ける】 (8) 日4 教 4432/4C40 ▼メイ(一四六九)

あける【空ける】 (8) 穴3 教 2285/3675 ▼クウ(三七二)

あげる【上げる】 (3) 一2 教 3069/3E65 ▼ジョウ(七六八)

あげる【扛げる】 (6) 扌3 5712/592C ▼コウ(四八一)

あげる【挙げる】 (10) 手6 教 2183/3573 ▼キョ(三二六)

あげる【揚げる】 (12) 扌9 常 4540/4D48 ▼ヨウ(一五三〇)

あげる【蹻げる】 (19) 𧾷12 9240/7C48 ▼キョウ(三四三)

同訓異義 あげる・あがる

【上げる】下から上へ移動させる。「あげる」の表記として広く用いる。「物の上げ下ろし」「浮き上がる」「効果が上がる」「雨上がり」「仕事を上げる」「スピードを上げる」

【挙げる】高く持ちあげる。事をおこす。「手を挙げる」「結婚式を挙げる」「全力を挙げて戦う」「犯人を挙げる」

【揚げる】高くかかげる。浮かべる。「国旗を揚げる」「天ぷらを揚げる」「たこ揚げ」

【扛げる】重い物をかついで持ちあげる。

【蹻げる】爪先(つまさき)で立って背を高くする。

【騰がる】高くあがる。物価があがる。「野菜の値が騰がる」

【昂がる】日があがる。気がたかぶる。「意気が昂がる」「激昂(ゲキコウ)」

あご【頤】 (15) 頁6 8085/7075 ▼イ(三九)

あご【頷】 (16) 頁7 8087/7077 ▼ガン(二五七)

あご【顎】 (18) 頁9 常 1960/335C ▼ガク(二〇七)

あこがれる【憧れる】 (15) 忄12 常 3820/4634 ▼ショウ(七六一)

あこがれる【憬れる】 (15) 忄12 常 5661/585D ▼ケイ(四〇〇)

あこめ【衵】 (9) 衤4 7450/6A52 ▼ジツ(六五二)

あこめ【▲衵】(10) 衤5 7458/6A5A ▼バツ(一二四)
あさ【▲晁】(10) 日6 5874/5A6A ▼チョウ(一〇五八)
あさ【麻】(11) 麻0 常 4367/4B63 ▼マ(一四三五)
あさ【朝】(12) 月8 教 3611/442B ▼チョウ(一〇六一)
あざ【字】(6) 子3 教 2790/3B7A ▼ジ(六二八)
あざ【▲痣】(12) 疒7 6560/615C ▼シ(六一九)
あざ【▲黶】(26) 黒14 8365/7361 ▼エン(一〇九)
あさい【浅い】(9) 氵6 教 3285/4075 ▼セン(八九九)
あざける【嘲る】(15) 口12 常 5162/535E ▼チョウ(一〇六六)
あざな【△字】(6) 子3 教 2790/3B7A ▼ジ(六二八)
あざなう【△糾う】(9) 糸3 常 2174/356A ▼キュウ(三〇八)
あさひ【▲旭】(6) 日2 1616/3030 ▼キョク(三四八)
あざみ【▲薊】(16) 艹13 7309/6929 ▼ケイ(四〇〇)
あざむく【欺く】(12) 欠8 常 2129/353D ▼ギ(二八八)
あざむく【▲謾く】(18) 言11 7584/6B74 ▼マン(一四五〇)
あざやか【鮮やか】(17) 魚6 常 3315/412F ▼セン(九一一)
あさり【▲蜊】(13) 虫7 7377/696D ▼リ(一五五九)
あさり【▲鯏】(18) 魚7 国 8237/7245 ▼うぐい(七四)
あさる【△漁る】(14) 氵11 教 2189/3579 ▼ギョ(三三六)
あし【足】(7) 足0 教 3413/422D ▼ソク(九五七)
あし【△悪し】(11) 心7 教 1613/302D ▼アク(九)
あし【脚】(11) 月7 常 2151/3553 ▼キャク(二九七)
あし【▲趾】(11) 𧾷4 7670/6C66 ▼シ(六一八)
あし【▲葭】(12) 艹9 7251/6853 ▼カ(一五三)
あし【▲葦】(13) 艹10 1617/3031 ▼イ(三六)
あし【▲蘆】(19) 艹16 7335/6943 ▼ロ(一六一一)
あじ【味】(8) 口5 教 4403/4C23 ▼ミ(一四五一)
あじ【▲鰺】(22) 魚11 8245/724D ▼ソウ(九五一)
あしおと【▲跫】(13) 足6 ▼キョウ(三四〇)
あじか【▲簣】(18) 竹12 6847/644F ▼キ(二八四)
あした【△旦】(5) 日1 常 3522/4336 ▼タン(一〇一二)
あした【▲晨】(11) 日7 5879/5A6F ▼シン(八〇一)
あした【△朝】(12) 月8 教 3611/442B ▼チョウ(一〇六一)
あしぶえ【▲笳】(11) 竹5 6787/6377 ▼カ(一五一)
あじわう【味わう】(8) 口5 教 4403/4C23 ▼ミ(一四五一)
あずかる【△与る】(3) 一2 常 4531/4D3F ▼ヨ(一五一九)
あずける【預ける】(13) 頁4 教 4534/4D42 ▼ヨ(一五二二)
あずさ【▲梓】(11) 木7 1620/3034 ▼シ(六一七)
あずち【▲垜】(11) 土8 ▼ホウ(一四〇五)
あずま【△東】(8) 木4 教 3776/456C ▼トウ(一一三九)
あせ【汗】(6) 氵3 常 2032/3440 ▼カン(二二四)
あぜ【△畔】(10) 田5 常 4042/484A ▼ハン(一二六四)
あぜ【▲畛】(10) 田5 6527/613B ▼シン(七九九)
あぜ【▲畦】(11) 田6 2345/374D ▼ケイ(三九三)
あせる【焦る】(12) 灬8 常 3039/3E47 ▼ショウ(七五五)
あせる【▲褪せる】(15) 衤10 7484/6A74 ▼タイ(九八六)
あそびめ【▲娼】(11) 女8 3011/3E2B ▼ショウ(七五一)
あそぶ【▲敖ぶ】(11) 攵7 5836/5A44 ▼ゴウ(五二一)
あそぶ【▲游ぶ】(12) 氵9 6266/5E62 ▼ユウ(一五一二)
あそぶ【遊ぶ】(12) 辶9 教 4523/4D37 ▼ユウ(一五一三)
あそぶ【▲遨ぶ】(15) 辶11 7811/6E2B ▼ゴウ(五三一)
あだ【▲仇】(4) 亻2 2156/3558 ▼キュウ(三〇一)
あだ【△徒】(10) 彳7 教 3744/454C ▼ト(一一二六)
あだ【▲寇】(11) 宀8 5368/5564 ▼コウ(五〇一)
あだ【▲讐】(23) 言16 2918/3D32 ▼シュウ(六九八)
あたい【価】(8) 亻6 教 1833/3241 ▼カ(一四四)
あたい【△直】(8) 目3 教 3630/443E ▼チョク(一〇六九)
あたい【値】(10) 亻8 教 3545/434D ▼チ(一〇三一)
あたう【△能う】(10) 肉6 教 3929/473D ▼ノウ(一二三〇)
あたえる【与える】(3) 一2 常 4531/4D3F ▼ヨ(一五一九)
あたえる【▲予える】(4) 亅3 4529/4D3D ▼ヨⒷ(一五二〇)
あたかも【△宛も】(8) 宀5 常 1624/3038 ▼あてる(一六)
あたかも【▲恰も】(9) 忄6 1970/3366 ▼コウ(四九〇)
あたたかい【温かい】(12) 氵9 教 1825/3239 ▼オン(一三〇)

同訓異義 **あたたかい・あたためる**

【暖かい】気温がほどよく高い。「寒」の対。「暖かい日和」「暖かい地方」「暖かい部屋」

【温かい】物の温度がほどよく高い。思いやりがある。「冷」の対。「温かい風呂」「温かいスープ」「温かい情け」「温かいもてなし」「ふところが温かい」

【▲煖かい】熱があってあたたかい。

【暖める】気温をほどよく上げる。「室内を暖める」「ビニールハウスが日光で暖められる」

【温める】物の温度をほどよく上げる。冷たさをやわらげる。「おでんを温める」「足を温める」「旧交を温める」「企画を温める」

【▲煖める】「暖める」にほぼ同じ。

【▲煦める】火であたためる。

あたたかい【暖かい】(13) 日9 教 3540 4348 ▼ダン(一〇二五)
あたたかい【▲燠かい】(17) 火13 6390 5F7A ▼イク(四二)
あたたまる【暖まる】(13) 日9 教 3540 4348 ▼ダン(一〇二五)
あたためる【温める】(12) 氵9 教 1825 3239 ▼オン(一三〇)
あたためる【▲煖める】(13) 火9 6375 5F6B ▼ダン(一〇二五)
あたためる【▲煦める】(13) 灬9 6372 5F68 ▼ク(三七〇)
あたま【頭】(16) 頁7 教 3812 462C ▼トウ(一一五四)
あたらしい【新しい】(13) 斤9 教 3123 3F37 ▼シン(八〇六)
あたり【辺り】(5) 辶2 教 4253 4A55 ▼ヘン(一三七八)
あたる【△中たる】(4) 丨3 教 3570 4366 ▼チュウ(一〇四一)
あたる【当たる】(6) 小3 教 3786 4576 ▼トウ(一一三六)
あたる【△抵たる】(8) 扌5 常 3681 4471 ▼テイ(一〇九一)

同訓異義 あたる・あてる

【当たる】両方がぶつかりあう。あてはまる。ほか、広く用いる。「投げた球が壁に当たる」「焚き火に当たる」「くじに当たる」「罰が当たる」「一人当たりの量」

【△中たる】的に命中する。体の害になる。「的に中たる」「天気予報が中たる」「フグに中たる」「食中たり」「暑さに中たる」

【△抵たる】価値がそれに相当する。「家書万金に抵たる」「抵当」

【充てる】あてはめる。充当する。「補助要員に充てる」「賞与も生活費に充てる」「店舗の二階を住居に充てる」

【宛てる】届け先を指定する。「市長に宛てて手紙を出す」

アツ【圧】(5) 土2 教 常 6 1621 3035
音 アツ 外オウ
訓 外おさえる・おす・へす

旧字《壓》(17) 土14 1/準1 5258 545A

筆順 一 厂 厂 圧 圧

意味 ①おさえる。おす。おさえつける。「圧迫」「圧力」「鎮圧」 ②おさえつける力。「気圧」「血圧」「電圧」
下つき 威圧・高圧・指圧・水圧・制圧・弾圧・低圧・抑圧

【圧延】アツエン 金属に圧力をかけておし延ばし、板や棒・管状に加工すること。
【圧巻】アッカン 書物や映画、演劇などのなかで最もすばらしい部分。「ラストシーンが―だ」 故事 昔、中国の官吏登用試験(科挙)で最も優秀な答案用紙(巻)を一番上に載せた故事から。〈『文章弁体』〉
【圧搾】アッサク ①圧力をかけてしぼること。「大豆を―して油を採る」 ②物体や気体に圧力を加え、体積を小さくすること。「ポンプで―空気を送る」 類 圧縮
【圧殺】アッサツ ①おしつけて殺すこと。②相手の意見や行動をむりやりおさえつけること。「反対意見を―する」
【圧死】アッシ 重い力におしつぶされて死ぬこと。「パンダの子は親の下敷きになって―することがある」
【圧縮】アッシュク ①圧力を加えて、物体や気体をおしちぢめること。②文章などをちぢめて短くすること。「原文を半分に―する」
【圧勝】アッショウ 大差をつけて勝つこと。圧倒的な勝利。「選挙で―する」
【圧制】アッセイ 権力や暴力などで人の言動を束縛すること。「―政治が人民を苦しめる」
【圧政】アッセイ 権力で人民の自由をおさえつける政治。「圧制政治」の略。「暴君の―」
【圧倒】アットウ ①おしたおすこと。②きわめてすぐれた力量で相手を一方的に負かすこと。「―的多数で可決された」「口数で―する」
【圧迫】アッパク ①強い力でおさえつけること。「腹部を―される」 ②相手に威圧感を与えること。「少数民族を―して奥地へ追いやる」 ③おびやかすこと。「家計を―する」
【圧伏・圧服】アップク 力でおさえつけて服従させること。
【圧力】アツリョク ①物質をおしつける力。②他人の意志をおさえつける強い力。「権力にものを言わせて―をかけてきた」
【△圧状】オウジョウ 強制して書かせた文書。人に圧力をかけて書かせた書状。
【△圧さえる】おーさえる 上から力を加えて動かないようにする。
【△圧▲鮓】おしずし 型の中に鮨飯を詰め、味付けした魚やそぼろなどの具をのせて、おし蓋でおして作る鮨。大阪鮨。季夏 表記「押鮨」とも書く。
【△圧す】おーす ①上から下へ、また、中心にむかって力を加える。②相手を圧倒する。他をしのぐ。「―されっぱなしの試合だった」
【△圧し折る】へしおーる ①強くおしつけて折る。「枝を―る」 ②勢いをくじく。屈服させる。「調子付いた男の鼻を―る」
〈圧面〉べしみ 能面の一つ。下あごが大きく張り、上下の唇を強く食いしばり、目をむいた形相の面。天狗や鬼神・鬼畜に扮するときに用いる。
【△圧す】へーす ①力を加える。強くおしつける。「押し合いへし合いして初詣をすませた」 ②圧倒する。

アツ【★軋】(8) 車1 1 7734 6D42
音 アツ
訓 きしる・きしむ

意味 ①きしる。きしむ。擦れあって音をたてる。「軋轢」 ②くわしい。こまかい。「軋辞」
【▲軋▲轢】アツレキ 関係が悪くなること。不和。仲がこじれること。「名コンビの二人に―が生じた」

【軋む】きしーむ 物と物とが擦れあって音をたてる。「床がーむ」「木戸がーむ」

【軋る】きしーる 物と物とがこすれあって摩擦音を出す。「急停車に車輪がーる」表記「轢る」とも書く。

アツ【遏】(13) 辶9 1 7801 6E21 音 アツ 訓 とどめる・とめる・たつ・さえぎる

意味 とどめる。とめる。た(絶)つ。さえぎる。「遏雲」「遏絶」

下つき 禁遏キンアツ・防遏ボウアツ・擁遏ヨウアツ・抑遏ヨクアツ

【遏雲の曲】アツウンのキョク 空を流れる雲をとめるほどのすばらしい音楽、また歌声。「遏」は、とめる意。故事 中国、秦シンの薛譚セツタンは、秦青シンセイという名人に歌を習っていた。少し習っただけなのに、すっかり修得したつもりになった薛譚は故郷へ帰ることにした。その別れの宴で秦青が別離の歌をうたった。するとその歌声は空を流れる雲をとめるほどすばらしかった。薛譚はおのれの未熟を恥じ、秦青のもとへ戻ったという故事から。《列子》

【遏止】アッシ おしとどめること。とめること。類遏絶

【遏絶】アツゼツ ①おしとどめて物事をさせないこと。類遏止 ②たちきること。一族を絶滅させること。

【遏める】とどーめる おしとどめる。押さえて防ぎとめる。

アツ【斡】★ (14) 斗10 準1 1622 3036 音 アツ・カン 訓 めぐる・つかさどる

意味 ㊀アツ めぐる。めぐらす。まわる。まわす。「斡旋」㊁カン つかさどる。管理する。

【斡旋】アッセン 交渉事などで、両者がうまくいくようにとりもつこと。「一の労をとる」類周旋

【斡る】めぐーる くるりとまわる。円を描いてまわる。

アツ【閼】(16) 門8 1 7968 6F64 音 アツ・ア・エン 訓 ふさぐ・さえぎる

意味 ①ふさぐ。ふさがる。さえぎる。「抑閼」類遏アツ ②「閼氏エンシ・アッシ」は漢代の匈奴キョウドの皇后の称号。

【閼伽】アカ 仏前に供える水。また、それを入れる容器。由来 梵語ボンゴの音訳から。

【閼伽棚】アカだな 仏に供える水や花などを置くたな。

【閼ぐ】ふさーぐ さえぎる。入り口を閉じてさえぎる。「バリケードを築いて門をーぐ」

アツ【壓】(17) 土14 5258 545A ▼圧の旧字(一四)

あつい【厚い】(9) 厂7 教 2492 387C ▼コウ(四八九)

あつい【惇い】(11) 忄8 3855 4657 ▼ジュン(七二〇)

あつい【淳い】(11) 氵8 2963 3D5F ▼ジュン(七二〇)

あつい【暑い】(12) 日8 教 2975 3D6B ▼ショ(七二八)

あつい【渥い】(12) 氵9 1615 302F ▼アク(一二)

同訓異義 あつい

【暑い】気温が高い。「寒」の対。「盆地の夏は暑い」「室内が暑い」「暑苦しい」

【熱い】物や体などの温度が高い。心が高ぶっている。「冷」の対。「熱い味噌ミソ汁」「熱い湯に入る」「二人は熱い仲」「熱い思いがとどく」「熱い声援を送る」

【厚い】物にあつみがある。人情が深い。「薄」の対。「厚い壁」「厚化粧」「手厚いもてなし」

【篤い】真心があって人情が深い。病気が重い。「信仰に篤い」「篤い病に伏す」

【渥い】手厚いさま。

【惇い】人柄が穏やかである。

【淳い】人情が深い。まじめである。

あつい【亶い】(13) 亠11 4825 5039 ▼タン(一〇一七)

あつい【熱い】(15) 灬11 教 3914 472E ▼ネツ(一二〇五)

あつい【篤い】(16) 竹10 常 3838 4646 ▼トク(一一七一)

あつかう【扱】(6) 扌3 常 4 1623 3037 音 外キュウ・ソウ 訓 あつかう 外こく・しごく

旧字《扱》(7) 扌4 1/準1

筆順 一 十 扌 扌 扨 扱

意味 ①あつかう。㋐操作する。用いる。「扱い慣れた機械」㋑仕事として受けもつ。担当する。「警察で扱う問題だ」㋒待遇する。みなす。「大人として扱う」②こく。しごく。

【扱き下ろす】こきおーろす ①悪いところをとりあげてさんざんにけなす。ひどく悪く言う。②しごきおとす。

【扱く】こーく 手や物ではさんでこすりおとす。むしりおとす。しごく。「稲をーく」

【扱き帯】しごきおび ①着物をはしょるときに用いる女性用の腰帯。②並幅の布をそのまま使った帯。しごいてしめるところからついた名。

【扱く】しごーく ①長いものなどを片方の手で持ち、もう一方の手ではさんで強く引く。②厳しく鍛える。また、暴力をふるって痛めつける。「部活で徹底的にーかれた」

あつかう【扱】(7) 扌4 ▼扱の旧字(一五)

あっぱれ【適】(13) 辶9 国 1 7808 6E28 音 訓 あっぱれ

意味 あっぱれ。えらい。みごとだ。りっぱな行動や態度をほめるときの語。「適な行いに喚声があがる」表記「天晴れ」とも書く。参考 感動の気持ちを表す

「あはれ」の転。「適」は、南へ行くと天が晴れて明るく輝いている意の「天晴れ」を表した国字。

あつまる【▲萃まる】(11) ⺾8 7236/6844 ▼スイ（八三〇）
あつまる【▲湊まる】(12) 氵9 4411/4C2B ▼ソウ（九四一）
あつまる【▲聚まる】(14) 耳8 7060/665C ▼シュウ（六九六）
あつまる【▲攢まる】(22) 扌19 8506/7526 ▼サン（五九一）
あつめる【集める】(12) 隹4 教 2924/3D38 ▼シュウ（六九四）
あつめる【▲蒐める】(13) ⺾10 2915/3D2F ▼シュウ（六九五）
あつめる【▲輯める】(16) 車9 2920/3D34 ▼シュウ（六九六）
あつめる【▲鍾める】(17) 金9 3065/3E61 ▼ショウ（七六六）
あつめる【▲纂める】(20) 糸14 2728/3B3C ▼サン（五九一）
あつもの【▲羹】(19) 羊13 7029/663D ▼コウ（五一七）
あつらえる【▲誂える】(13) 言6 7548/6B50 ▼チョウ（一〇六四）
あて【△宛】(8) 宀5 常 1624/3038 ▼あてる（一六）
あでやか【▲艶やか】(19) 色13 常 1780/3170 ▼エン（一〇八）
あてる【充てる】(6) 儿4 常 2928/3D3C ▼ジュウ（七〇一）

あてる【宛】
(8) 宀5 常 2 1624/3038
音 外エン
訓 あてる 外あて・ずつ・あたかも・さながら

筆順 丶 丷 宀 宂 宄 宛 宛 宛

意味 ①あて。あてる。あてはめる。「宛先」②ずつ。「三個宛」③あたかも。さながら。「宛然」④曲がる。くねらせる。「宛延」「宛転」

【△宛も】あたか-も　まるで。さながら。「―真夏のような暑さだ」

【△宛】あて　①名あて。送り先を表す。「会社―に願います」②ずつ。あたり。割りあてを表す。「一人―二個」

【〈宛行〉】あてがい　与える側が一方的に割りあてて与えること。また、そのもの。表記「充行」とも書く。

【〈宛行〉扶△持】あてがいブチ　雇用主が一方的に額を決めて支払う給料。由来 江戸時代に主君が家来に与えた扶持米から。

【△宛先】あてさき　届け先。郵便物などの送り先の住所や氏名。

【△宛て字】あてジ　単語を漢字で表すときに、漢字本来の意味とは無関係に、その音訓だけを借りて示すこと。また、その漢字。「素寒貧（スカンピン）」「美事（みごと）」など。表記「宛字・当て字」とも書く。

【△宛てる】あ-てる　郵便物の届け先などを指定する。「父に―てて手紙を書く」

【△宛然】エンゼン　そっくりそのままであるさま。まさにそのもの自身であるさま。

【△宛転】エンテン　①ゆるやかな曲線を描くさま。特に、まゆが美しく弧を描いているさま。「―として大河は下る」②話などがよどみなく進むさま。参考「エンデン」とも読む。

【△宛ら】さなが-ら　まるで。ちょうど。あたかも。「―夢を見ているようだ」「実戦―の訓練が行われた」

【△宛】ずつ　①同じ数を割りあてることを表す。「一人二個―配る」②同じ数量を繰り返すことを表す。「少し―歩けるようになる」

あと【▲址】(7) 土4 5214/542E ▼シ（六〇六）
あと【後】(9) 彳6 教 2469/3865 ▼ゴ（四六三）
あと【▲迹】(10) 辶6 7781/6D71 ▼セキ（八七七）
あと【痕】(11) 疒6 常 2615/3A2F ▼コン（五三八）
あと【跡】(13) 𧾷6 常 3255/4057 ▼セキ（八七九）
あと【▲墟】(15) 土12 5250/5452 ▼キョ（三一九）
あと【▲蹟】(18) 𧾷11 3256/4058 ▼セキ（八八〇）
あと【▲蹤】(18) 𧾷11 7707/6D27 ▼ショウ（七六六）

同訓異義 あと
【後】うしろ。ある時点よりのち。「前」の対。「後から行く」「後退（あとじさ）りする」「後の祭り」「後片付け」「後を引く」「後釜（あとがま）」「後を頼む」
【跡】残されたしるし。あとかた。「子どもの足跡」「跡をくらます」「跡取り息子」「苦心の跡」
【痕】傷のあと。物のあとかた。「手術の痕」「車についた弾の痕」
【▲址】建物の土台。建物のあったあと。「城址（ジョウシ）」
【▲迹】「跡」にほぼ同じ。
【▲蹟】「跡」に同じ。
【▲墟】もと建物などがあった、荒れはてたあと。「廃墟（ハイキョ）」

あな【△孔】(4) 子1 常 2506/3926 ▼コウ（四七三）
あな【穴】(5) 穴0 教 2374/376A ▼ケツ（四〇九）
あな【坑】(7) 土4 常 2503/3923 ▼コウ（四八三）
あな【▲坎】(7) 土4 5212/542C ▼カン（二三四）
あな【▲嵌】(12) 山9 5440/5648 ▼カン（二三六）
あな【▲壙】(18) 土15 5261/545D ▼コウ（五一六）
あな【▲竅】(18) 穴13 6765/6361 ▼キョウ（三四一）
あな【▲竇】(20) 穴15 6769/6365 ▼トウ（一一五八）
あなぐら【▲窖】(12) 穴7 6760/635C ▼コウ（五〇六）
あなどる【侮る】(8) 亻6 常 4178/496E ▼ブ（一三三五）
あなどる【△慢る】(14) 忄11 常 4393/4B7D ▼マン（一四四九）
あに【兄】(5) 儿3 教 2327/373B ▼ケイ（三八六）
あに【△昆】(8) 日4 常 2611/3A2B ▼コン（五三五）
あに【▲豈】(10) 豆3 7617/6C31 ▼ガイ（一九一）
あによめ【▲嫂】(13) 女10 ▼ソウ（九四二）

あね【姉】(8) 女5 教 2748 3B50 ▼シ(六〇九)
あね【▲姐】(8) 女5 1625 3039 ▼ソ(九一八)
あばく【△発く】(9) 癶4 教 4015 482F ▼ハツ(一二五〇)
あばく【▲訐く】(10) 言3 7532 6B40 ▼ケツ(四一三)
あばく【暴く】(15) 日11 教 4329 4B3D ▼ボウ(一四二一)
あばら【▲肋】(6) 月2 4730 4F3E ▼ロク(一六三二)
あばれる【暴れる】(15) 日11 教 4329 4B3D ▼ボウ(一四二一)
あひる【▲鶩】(20) 鳥9 8315 732F ▼ボク(一四二九)
あびる【浴びる】(10) 氵7 教 4565 4D61 ▼ヨク(一五三九)
あぶ【▲虻】(9) 虫3 1626 303A ▼ボウ(一四一七)
あぶく【△泡】(8) 氵5 常 4302 4B22 ▼ホウ(一四〇三)
あぶない【危ない】(6) 㔾4 教 2077 346D ▼キ(二六〇)
あぶみ【▲鐙】(20) 金12 3810 462A ▼トウ(一一五八)
あぶら【油】(8) 氵5 教 4493 4C7D ▼ユ(一五〇二)
あぶら【△肪】(8) 月4 常 4335 4B43 ▼ボウ(一四一六)
あぶら【脂】(10) 月6 常 2773 3B69 ▼シ(六一六)
あぶら【▲膏】(14) 肉10 2549 3951 ▼コウ(五一一)

同訓異義　あぶら

【油】常温で液状のあぶら。「油で揚げる」「油絵」「油を売る」「火に油をそそぐ」「油照り」

【脂】動物の肉の中に固まっているあぶら。こってりしたあぶら。「脂が乗る」「脂ぎった顔」「ブタ肉の脂身」

【△肪】肉のあぶら。体内のあぶらの固まったもの。「脂肪（シボウ）」

【▲膏】あぶらののった白い肉。獣のあぶら。半練り状にしたもの。「膏薬（コウヤク）」

あぶる【▲炙る】(8) 火4 6353 5F55 ▼シャ(六五六)
あぶる【▲炮る】(9) 火5 6360 5F5C ▼ホウ(一四〇四)
あぶる【▲焙る】(12) 火8 6368 5F64 ▼ホウ(一四〇七)
あぶる【▲煬る】(13) 火9 6376 5F6C ▼ヨウ(一五三三)
あふれる【▲溢れる】(13) 氵10 1678 306E ▼イツ(五七)
あま【尼】(5) 尸2 常 3884 4674 ▼ニ(一一九五)
あま【▲蜑】(13) 虫7 7373 6969 ▼タン(一〇一七)
あまい【甘い】(5) 甘0 常 2037 3445 ▼カン(二三二)
あまい【▲甜い】(11) 甘6 3728 453C ▼テン(一一一六)
あまえる【甘える】(5) 甘0 常 2037 3445 ▼カン(二三二)
あまざけ【▲醴】(20) 酉13 7852 6E54 ▼レイ(一五九九)
あまだれ【▲霤】(18) 雨10 8037 7045 ▼リュウ(一五七二)
あまつさえ【△剰え】(11) 刂9 常 3074 3E6A ▼ジョウ(七七四)
あまねく【△周く】(8) 口5 教 2894 3C7E ▼シュウ(六八六)
あまねく【△普く】(12) 日8 常 4165 4961 ▼フ(一三三一)
あまねく【△遍く】(12) 辶9 常 4255 4A57 ▼ヘン(一三八二)
あまねし【▲洽し】(9) 氵6 6210 5E2A ▼コウ(四九一)
あまねし【▲浹し】(10) 氵7 6221 5E35 ▼ショウ(七四八)
あまねし【▲溥し】(13) 氵10 6280 5E70 ▼フ(一三三一)
あまやかす【甘やかす】(5) 甘0 常 2037 3445 ▼カン(二三二)
あまる【余る】(7) 人5 教 4530 4D3E ▼ヨ(一五二〇)
あまる【△剰る】(11) 刂9 常 3074 3E6A ▼ジョウ(七七四)
あまる【▲贏る】(20) 貝13 ▼エイ(九〇)
あみ【▲罔】(8) 网3 7008 6628 ▼モウ(一四八〇)
あみ【▲罟】(10) 罒5 7010 662A ▼コ(四五五)

あみ【▲罨】(13) 罒8 7012 662C ▼アン(二三)
あみ【網】(14) 糸8 常 4454 4C56 ▼モウ(一四八一)
あみ【△羅】(19) 罒14 常 4569 4D65 ▼ラ(一五四三)
あむ【編む】(15) 糸9 教 4252 4A54 ▼ヘン(一三八二)
あむ【▲辮む】(20) 糸14 6980 6570 ▼ベン(一三八七)
あめ【天】(4) 大1 教 3723 4537 ▼テン(一一〇七)
あめ【雨】(8) 雨0 教 1711 312B ▼ウ(七〇)
あめ【▲飴】(14) 食5 1627 303B ▼イ(三七)
あめ【△糖】(16) 米10 教 3792 457C ▼トウ(一一五四)
あや【△文】(4) 文0 教 4224 4A38 ▼ブン(一三六〇)
あや【△紋】(10) 糸4 常 4470 4C66 ▼モン(一四八九)
あや【△彩】(11) 彡8 常 2644 3A4C ▼サイ(五五三)
あや【▲斐】(12) 文8 4069 4865 ▼ヒ(一二八三)
あや【▲絢】(12) 糸6 1628 303C ▼ケン(四二九)
あや【▲綾】(14) 糸8 1629 303D ▼リョウ(一五七九)
あや【▲綺】(14) 糸8 6926 653A ▼キ(二八〇)
あや【▲綵】(14) 糸8 6929 653D ▼サイ(五六〇)
あやうい【危うい】(6) 㔾4 教 2077 346D ▼キ(二六〇)
あやうい【▲殆うい】(9) 歹5 4356 4B58 ▼タイ(九八〇)
あやかる【△肖る】(7) 肉3 常 3051 3E53 ▼ショウ(七四二)
あやぎぬ【▲綵】(14) 糸8 6929 653D ▼サイ(五六〇)
あやしい【妖しい】(7) 女4 常 4537 4D45 ▼ヨウ(一五二六)
あやしい【怪しい】(8) 忄5 常 1888 3278 ▼カイ(一七二)
あやしい【△異しい】(11) 田6 教 1659 305B ▼イ(三二)
あやしい【▲賤しい】(15) 貝8 7645 6C4D ▼セン(九〇八)

同訓異義 あやしい

【怪しい】たいへん不思議なさま。疑わしいさま。「怪しい男が来る」「怪しい人影」「あの二人は怪しい」「雲行きが怪しい」「足下が怪しい」

【妖しい】人をまどわすようなさま。「妖しい美しさをもつ女性」「妖しい姿」

【△異しい】ふつうとはちがうさま。「異様(イヨウ)」「挙動の異しい男」

あやしむ【怪しむ】(8) 忄5 常 1888/3278 ▼カイ(一七二)
あやつる【操る】(16) 扌13 教 3364/4160 ▼ソウ(九四八)
あやぶむ【危ぶむ】(6) 卩4 教 2077/346D ▼キ(二六〇)
あやまち【過ち】(12) 辶9 教 1865/3261 ▼カ(一五三)
あやまち【▲愆ち】(13) 心9 5620/5834 ▼ケン(四二九)
あやまつ【過つ】(12) 辶9 教 1865/3261 ▼カ(一五三)
あやまる【▲訛る】(11) 言4 7534/6B42 ▼カ(一五二)
あやまる【▲愆る】(13) 心9 5620/5834 ▼ケン(四二九)
あやまる【誤る】(14) 言7 教 2477/386D ▼ゴ(四六七)
あやまる【謝る】(17) 言10 教 2853/3C55 ▼シャ(六六〇)

同訓異義 あやまつ・あやまる

【過つ】うっかりして失敗する。「過って皿を割ってしまった」「過ちを正す」「男女の過ち」

【誤る】やりそこなう。まちがえる。「計算を誤る」「見通しを誤る」「身を誤る」

【謝る】まちがいなどをわびる。「期限に遅れ、手をついて謝る」

【▲謬る】いいまちがう。すじ道がちがう。「謬った説」「誤謬(ゴビュウ)」

【▲訛る】本来の意味が変わっていて、まちがえる。

【▲愆る】本筋からはみでる。

あやまる【▲謬る】(18) 言11 4121/4935 ▼ビュウ(一三〇二)
あやめる【△危める】(6) 卩4 教 2077/346D ▼キ(二六〇)
あゆ【▲鮎】(16) 魚5 1630/303E ▼デン(一一一三)
あゆむ【歩む】(8) 止4 教 4266/4A62 ▼ホ(一三八七)
あら【粗】(11) 米5 常 3338/4146 ▼ソ(九三三)
あらい【荒い】(9) 艹6 常 2551/3953 ▼コウ(四九三)
あらい【▲悍い】(10) 忄7 5591/577B ▼カン(二三〇)
あらい【▲笨い】(11) 竹5 6792/637C ▼ホン(一四三四)
あらい【粗い】(11) 米5 常 3338/4146 ▼ソ(九三三)
あらい【▲麤い】(33) 鹿22 9476/7E6C ▼ソ(九二七)
あらう【▲沐う】(7) 氵4 6184/5D74 ▼モク(一四八五)
あらう【洗う】(9) 氵6 教 3286/4076 ▼セン(九〇〇)
あらう【▲洒う】(9) 氵6 6215/5E2F ▼サイ(五五一)
あらう【▲浣う】(10) 氵7 6217/5E31 ▼カン(二三一)
あらう【▲滌う】(14) 氵11 6294/5E7E ▼デキ(一一〇三)
あらう【▲澣う】(16) 氵13 6321/5F35 ▼カン(二四七)
あらう【▲澡う】(16) 氵13 6322/5F36 ▼ソウ(九四八)
あらう【△濯う】(17) 氵14 常 3485/4275 ▼タク(一〇〇三)
あらう【▲盪う】(17) 皿12 6627/623B ▼トウ(一一五五)
あらがう【△抗う】(7) 扌4 常 2519/3933 ▼コウ(四八四)
あらかじめ【△予め】(4) 亅3 教 4529/4D3D ▼ヨ(一五二〇)
あらがね【△鉱】(13) 金5 教 2559/395B ▼コウ(五〇九)
あらき【▲樸】(16) 木12 6087/5C77 ▼ボク(一四二九)

あらし【嵐】

(12) 山9 常 2 4582/4D72 訓 あらし 音 外ラン

筆順
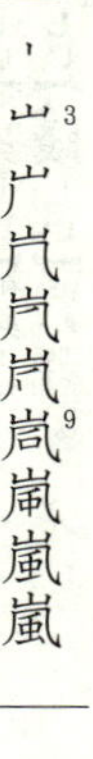

意味 ①あらし。激しく吹く風。「山嵐」「春嵐」 ②山にたちこめる気。もや。「嵐気」「青嵐」
下つき 煙嵐(エンラン)・渓嵐(ケイラン)・翠嵐(スイラン)・砂嵐(すなあらし)・青嵐(セイラン)・夕嵐(セキラン)・山嵐(やまあらし)

【嵐】あらし ①激しく吹く風。②暴風雨。③激しく揺れ動くことのたとえ。「倒産の―」「―のような拍手」
【嵐の前の静けさ】大きな異変や重大事が起こる直前の、それを予感させるような気味の悪いほど平穏な状態。暴風雨の来る前などに、一時的に物音が静まることからいう。
【△嵐影湖光】ランエイ ココウ もやに包まれた山の姿と光る湖面の景色。山と湖の調和した美しい風景の形容。「嵐」は山の気・山の風の意。類山紫水明
【△嵐気】ランキ 山のなかの、ひんやりとうるおった空気。山中に立つもや。山気。

あらず【△非ず】(8) 非0 教 4083/4873 ▼ヒ(一二七七)
あらず【▲匪ず】(10) 匚8 4059/485B ▼ヒ(一二八〇)
あらそう【争う】(6) 亅5 教 3372/4168 ▼ソウ(九二八)
あらた【新た】(13) 斤9 教 3123/3F37 ▼シン(八〇六)
あらたか【▲灼】(7) 火3 2862/3C5E ▼シャク(六六四)
あらたま【▲璞】(16) 王12 6489/6079 ▼ハク(一二四二)
あらためる【改める】(7) 攵3 教 1894/327E ▼カイ(一七一)
あらためる【△更める】(7) 曰3 常 2525/3939 ▼コウ(四八五)
あらためる【△革める】(9) 革0 教 1955/3357 ▼カク(一九七)
あらためる【▲悛める】(10) 忄7 5602/5822 ▼シュン(七一六)
あらためる【△検める】(12) 木8 教 2401/3821 ▼ケン(四二七)

同訓異義 **あらためる**

【改める】今までのものを変えて新しくする。良いものに変える。ほか、広く用いる。「規則を改める」「心を改める」「日を改めて訪ねる」

【△革める】思いきって新しく変える。「革新」「政治を革める」

【△更める】新しいものと入れ替える。「更新」

【▲悛める】自分のまちがった心をあらためる。「改悛」「過失を悛める」

あらと【▲礪】(19) 石14 6674/626A ▼レイ(一五九九)

あららぎ【▲蘭】(19) 艹16 4586/4D76 ▼ラン(一五五三)

あられ【▲霰】(20) 雨12 8039/7047 ▼サン(五九一)

あらわ【△露】(21) 雨13 常 4710/4F2A ▼ロ(一六一一)

あらわす【表す】(8) 衣2 教 4129/493D ▼ヒョウ(一三〇三)

あらわす【著す】(11) 艹8 教 3588/4378 ▼チョ(一〇五一)

あらわれる【現れる】(11) 王7 教 2429/383D ▼ゲン(四四二)

あらわれる【△彰れる】(14) 彡11 常 3020/3E34 ▼ショウ(七五九)

あらわれる【△顕れる】(18) 頁9 常 2418/3832 ▼ケン(四三五)

同訓異義 **あらわれる**

【現れる】それまで見えなかったものが姿を見せる。「暗がりから人が現れる」「回復の徴候が現れる」「才能が現れる」「救世主が現れる」

【表れる】心のなかにあるものが外に示される。「顔色に表れる」「言葉に表れる」「効果が表れる」

【△露れる】隠れていたものがむきだしになる。「大昔の地層が露れる」「悪事が露れる」

【△顕れる】世の中の人に知られるようになる。「名が顕れる」「真価が顕れる」

【△彰れる】広く世にあらわれる。「顕彰」

あらわれる【△露れる】(21) 雨13 常 4710/4F2A ▼ロ(一六一一)

あり【▲蟻】(19) 虫13 2134/3542 ▼ギ(二九一)

ありづか【▲垤】(9) 土6 5225/5439 ▼テツ(一一〇四)

ある【在る】(6) 土3 教 2663/3A5F ▼ザイ(五六一)

ある【△存る】(6) 子3 教 3424/4238 ▼ソン(九六六)

ある【有る】(6) 月2 教 4513/4D2D ▼ユウ(一五〇六)

ある【▲或る】(8) 戈4 1631/303F ▼ワク(一六一九)

あるいは【▲或いは】(8) 戈4 1631/303F ▼ワク(一六一九)

あるく【歩く】(8) 止4 教 4266/4A62 ▼ホ(一三八七)

あるじ【△主】(5) 丶4 教 2871/3C67 ▼シュ(六七三)

あれる【荒れる】(9) 艹6 常 2551/3953 ▼コウ(四九三)

あれる【▲蕪れる】(15) 艹12 4183/4973 ▼ブ(一三三七)

あわ【泡】(8) 氵5 常 4302/4B22 ▼ホウ(一四〇三)

あわ【▲沫】(8) 氵5 4387/4B77 ▼マツ(一四四四)

あわ【▲粟】(12) 米6 1632/3040 ▼ゾク(九六三)

あわ【▲粱】(13) 米7 6877/646D ▼リョウ(一五七九)

あわい【淡い】(11) 氵8 常 3524/4338 ▼タン(一〇一五)

あわす【▲醂す】(15) 酉8 7846/6E4E ▼リン(一五八六)

あわせ【▲袷】(11) 衤6 1633/3041 ▼コウ(五〇二)

あわせる【合わせる】(6) 口3 教 2571/3967 ▼ゴウ(五一八)

あわせる【併せる】(8) 亻6 常 4227/4A3B ▼ヘイ(一三六七)

あわせる【▲幷せる】(8) 干5 9492/7E7C ▼ヘイ(一三六七)

あわせる【▲勠せる】(13) 力11 5013/522D ▼リク(一五六二)

あわただしい【慌ただしい】(12) 忄9 常 2518/3932 ▼コウ(五〇五)

あわただしい【▲遽しい】(17) 辶13 7817/6E31 ▼キョ(三三〇)

あわてる【慌てる】(12) 忄9 常 2518/3932 ▼コウ(五〇五)

あわび【蚫】

(11) 虫5 国 1 7359/695B 訓 音 ホウ あわび

意味 あわび。ミミガイ科の巻貝。食用。「磯の蚫の片思い」 表記「鮑・鰒」とも書く。 参考 昔は動物すべてを「虫」としたことから、虫偏がついている。「蛤」「蛙」などもその例。

あわび【▲鮑】(16) 魚5 8226/723A ▼ホウ(一四一二)

あわび【▲鰒】(20) 魚9 8256/7258 ▼フク(一三四八)

あわれむ【哀れむ】(9) 口6 常 1605/3025 ▼アイ(四)

あわれむ【▲恤れむ】(9) 忄6 5585/5775 ▼ジュツ(七一四)

あわれむ【▲矜れむ】(9) 矛4 6666/6262 ▼キョウ(三三三)

あわれむ【▲閔れむ】(12) 門4 7960/6F5C ▼ビン(一三一六)

あわれむ【▲愍れむ】(13) 心9 5630/583E ▼ビン(一三一六)

あわれむ【▲憫れむ】(15) 忄12 5666/5862 ▼ビン(一三一七)

あわれむ【▲憐れむ】(16) 忄13 4689/4E79 ▼レン(一六〇七)

アン【安】

(6) 宀3 教 常 8 1634/3042 訓 音 アン やすい 外 やすんじる・いずくんぞ

筆順 丶 丷 宀 宀 安 安

意味 ①やすらかである。落ち着いている。心配がない。「安住」「安泰」「安堵」 対 危 ②値段がやすい。「安価」 ③たやすい。簡単である。「安易」「安直」 ④たのしむ。甘んじる。「安逸」 ⑤おく。すえる。「安置」 ⑥いずくんぞ。疑問・反語の助字。 参考「安」の草書体が平仮名の「あ」になった。

下つき 慰安・久安・治安・恬安・偸安・平安・目安

【〈安芸〉】あき 旧国名の一つ。現在の広島県西部にあたる。芸州(ゲイシュウ)。

【〈安房〉】あわ 旧国名の一つ。現在の千葉県南部にあたる。房州(ボウシュウ)。

【安易】アンイ ①たやすくできるさま。「―な方策」②いいかげんなさま。なげやりなさま。「―に考えてはいけない」

【安▲佚】アンイツ ▼書きかえ 安逸

【安逸】アンイツ 気楽に、のんびりと楽しむこと。何もしないで遊び暮らすこと。「―を貪(むさぼ)る」「―に毎日を送る」 書きかえ 「安佚」の書きかえ字。

【安価】アンカ ①値段が安いこと。類廉価 対高価 ②程度が低いこと。安っぽいこと。「―な正義感で事を起こすな」

【安▲臥】アンガ 楽な姿勢をとって横たわること。ゆったりとして横になること。

【安閑】アンカン ①心安らかに暮らすさま。②危険が迫ったときに何もせずにのんびりしていること。「受験が近いのに―としている」

【安危】アンキ 安全であるか危険になるかということ。「―をかけたプロジェクト」

【安気】アンキ 心配事もなく心が安らかなさま。気楽なさま。「―に暮らす」

【安居楽業】アンキョラクギョウ 地位や住居など、置かれた環境に心安らかに順応し、自分の仕事を楽しんですること。転じて、善政が行われていることのたとえ。《漢書(カンジョ)》 類安家楽業・安土楽業

【安△居】アンゴ 仏 夏の一定期間、僧が一か所にこもって修行に専念すること。類夏安居(ゲアンゴ)・夏籠(げご)もり 季夏 参考「アンキョ」と読めば平穏に生活する意。

【安康】アンコウ 世の中がよく治まっていて平穏無事なこと。類安泰

【安国】アンコク 平和でよく治まっている国。また、そのように国を治めること。

【安産】アンザン 母子ともに無事に出産を終えること。「―祈願」対難産

【安車▲蒲輪】アンシャホリン 老人をいたわり、手あつくもてなすことのたとえ。古代中国の車は立って乗るようにできていたが、「安車」は、特に老人や婦人用に座れるように作った車。「蒲輪」は、蒲(がま)の穂で車輪を包み、ゆれないようにしたもの。《漢書(カンジョ)》

【安住】アンジュウ ①なんの心配もなく安心して住むこと。「―の地」②現在の状態に満足して向上心をなくすこと。「職場の待遇に―する」

【安心】アンシン 心が安らかでなんの不安や心配もないこと。参考「アンジン」と読めば仏教語で信仰で心が不動の境地に至る意。

【安心立命】アンシンリツメイ 仏を信じることで心に迷いがなくなり、どんなことにも心を乱されないこと。《景徳伝灯録》 参考 仏教では「アンジンリュウミョウ」と読む。類安心決定(アンジンケツジョウ)

【安静】アンセイ 病気療養などのため、体を休めて静かに寝ていること。「手術直後は絶対―だ」

【安全】アンゼン 危なくないこと。危害が加わるおそれのないこと。無事なこと。「交通―運動」「家内―」対危険

【安息】アンソク 苦労や心配事もなく、心安らかに体を休めること。

【安息日】アンソクニチ 仕事をしないで宗教上の儀式を行う日。ユダヤ教では土曜日、キリスト教では日曜日。参考「アンソクび・アンソクジツ」とも読む。

【安泰】アンタイ 危険や心配事もなく、無事でやすらかなこと。「国家の―を祈願する」類安康・安寧

【安宅正路】アンタクセイロ 「仁」と「義」のこと。「安宅」は居心地のよい家のことで、安らかな身の置き場所の意から「仁」にたとえる。「正路」は正しい道のことで、人の歩むべき道の意から「義」にたとえる。《孟子(モウシ)》

【安置】アンチ 場所を決めて大切に据えること。特に神仏の像や遺体などに使われることが多い。

【安着】アンチャク ①無事に到着すること。「―の知らせが届いた」②落ち着くこと。また、落ち着かせること。

【安直】アンチョク ①簡単で手軽なさま。「―な方法」②金をかけずにたやすく手に入れることができるさま。

【安定】アンテイ ①はなはだしい変動もなく落ち着いていること。「収入が―する」②物理や化学で、物質に外的変化を加えたとき、もとの状態に戻ろうとすること。

【安▲堵】アンド ①安心すること。「―の胸をなでおろす」②鎌倉・室町時代、幕府や領主から土地の所有権を認められたこと。「本領―」表記「案堵」とも書く。

【安に居て危を思う】アンにいてキをおもう 世の中が平和なときでも、危険や災難を想定して常に用心が必要であるという教え。《春秋左氏伝》類治に居て乱を忘れず

【安△養浄土】アンニョウジョウド 仏 阿弥陀(アミダ)仏のいる、まったく苦痛のない世界。極楽浄土の別称。由来 阿弥陀の浄土に住めれば、心やすらかに身を養うことができることから。類安楽浄土

【安寧】アンネイ 世の中が安らかで平和なこと。「社会の―が保たれている」類安泰

【安寧秩序】アンネイチツジョ 世の中の秩序が保たれ、あまり不安がなく、落ち着いていること。「―を乱す事件」

【安穏】アンノン 変わりなくおだやかなさま。「―にすごす毎日です」類平穏 参考「アンオン」とも読む。

【安穏無事】アンノンブジ 変わったこともなく、穏やかなさま。世の中や日

日の暮らしが穏やかなさま。「ひたすら一家の—を願う」 類 平穏無事

【安否】アンピ ①無事でいるかどうか。「登山者の—を確かめる」 ②日常のようす。消息。「手紙で—をたずねる」

【安分守己】アンブンシュキ 自分の身のほどをよくわきまえて生きること。「安分」は、現在の身分や境遇に満足する意。「守己」は、自分の身を持し、高望みをしないこと。 類 知足安分

【安本丹】アンポンタン あほう。ばか。愚か者。人をののしっていう語。

【安眠】アンミン ぐっすりとねむること。「—妨害」「騒音がひどくて—できない」

【安楽死】アンラクシ 死に直面していて助かる見込みのない患者の苦痛を和らげ、楽に死なせること。

【安楽浄土】アンラクジョウド 仏 極楽浄土のこと。阿弥陀(アミダ)仏のいるという安楽の世界。また、すべてに満ち足りていることのたとえ。 類 安養浄土(アンニョウジョウド)

【△安んぞ】いずくーんぞ どうして。…であろうか、そうではない。漢文調の文で、下に推量の語を伴い、疑問・反語を表す。「—知らん」 表記 「焉んぞ」とも書く。

【〈安石▲榴〉】ざくろ ザクロ科の落葉小高木。 由来 「安石榴」は漢名から。 ▼石榴(ざくろ)(八七四)

【安い】やすーい ①価格が低い。金額が少ない。「物価がーい」 ②不安や無理がなく心が穏やかである。「心ーい」 ③いかにも軽い感じである。 表記 ①「廉い」とも書く。

『安きこと泰山(タイザン)の△如(ごと)し』 泰山のようにどっしりと落ち着いてゆるぎないさま。「泰山」は、中国山東省にある中国一の名山。〈『漢書(カンジョ)』〉

【安手】やすで ①価格の低いほうのもの。「—の品」 ②安っぽいこと。低級なこと。

【安物】やすもの 値段の安い品物。安価で品質の悪いもの。

『安物買いの銭(ぜに)失い』 値段が安いからといって買うと、粗悪品だったり使いにくかったりして、結局は損をすることになるという戒め。

【安安】やすやす きわめて簡単に。いともたやすく。「—と塀をとび越えた」

【安らぎ】やすらぎ 気持ちが穏やかで安心しきっていること。

【△安んじる】やすーんじる ①安心する。また、安心させる。「—じて仕事を任せる」「人心を—じる」 ②不平や不満をもたない。満足する。「置かれた立場に—じる」

アン【行】 (6) 行 0 教 2552 3954 ▼コウ(四八二)

アン【▲杏】 (7) 木 3 1641 3049 ▼キョウ(三三九)

アン【★按】 (9) 扌 6 準1 1636 3044 音 アン 訓 おさえる・しらべる・かんがえる

意味 ①おさえる。なでる。もむ。「按摩」 ②しらべる。問いただす。考える。「按察」 ③順序よく並べる。

下つき 糾按(キュウアン)・検按(ケンアン)・巡按(ジュンアン)

【〈▲按察使〉・〈▲按察〉】あぜち 奈良時代、地方行政を監察した官職。 参考 「按察使」は「アンサツシ」、「按察」は「アンサツ」とも読む。

【▲按針】アンジン 船の安全な航海を職務とする責任者。航海士。

【▲按排・▲按配】アンバイ ちょうどよくなるように並べたり、物事を処理したりすること。「全員に仕事を—する」 表記 「案配」とも書く。

【▲按分】アンブン ▼ 書きかえ 案分(二二)

【▲按摩】アンマ 筋肉をもみほぐして血行をよくすることによって、疲労を回復したり病気を治したりする療法。またそれを職業とする人。「温泉で—を頼む」

【▲按える】おさーえる ①上から押すようにして手をあてる。 ②なでる。さする。

アン【晏】 (10) 日 6 1 5871 5A67 音 アン 訓 おそい・やすらか

意味 ①おそい。「晏駕(アンガ)」「晏起」 ②やすらか。おだやか。「晏如」

【晏▲駕】アンガ 天子が逝去すること。天子の柩(ひつぎ)を乗せた車が日暮れてから出発する意。一説に、天子が死んで、朝廷へのおでましがないのを遠まわしにいった語。 類 崩御(ホウギョ)

【▲晏起】アンキ 朝、おそくまで寝ていること。朝ねぼうすること。

【▲晏如】アンジョ 安らかなさま。安心して落ち着いているさま。

【▲晏い】おそーい ①時刻・時期が過ぎている。時間が経過している。 ②夜が更けている。 表記 ②「晩い」とも書く。

アン【案】 (10) 木 6 教 常 7 1638 3046 音 アン 訓 外 かんがえる・つくえ

筆順 丶 丶 宀 宀 安 安 安 宰 宰 案

意味 ①かんがえる。かんがえ。計画。「案出」「考案」「思案」 ②下書き。「案文」「草案」 ③つくえ。おぜん。物をのせる台。「案下」

下つき 劾案(ガイアン)・勘案(カンアン)・几案(キアン)・愚案(グアン)・懸案(ケンアン)・香案(コウアン)・成案(セイアン)・草案(ソウアン)・創案(ソウアン)・断案(ダンアン)・提案(テイアン)・腹案(フクアン)・翻案(ホンアン)・立案(リツアン)

【案下】アンカ 手紙のわきづけの一種。あて名に書き添えて相手への敬意を表す語。 類 机下 参考 もとはつくえの下・つくえのそばの意。

【案外】アンガイ 予想とちがって。意外にも。思いのほか。「売上げが—少なかった」

【案件】アンケン ①問題とされている事柄。 類 議案 ②訴訟事件。

【案出】(アンシュツ) よい考えを編み出すこと。考え出すこと。

【案ずる】(アンずる) ①あれこれと考えをめぐらす。工夫をこらす。「一計を一ずる」 ②心配する。気にする。「そんなに一ずることはない」

『案ずるより産むが△易し(やすし)』 物事は実際にやってみると、事前にあれこれと心配していたよりも案外たやすくいくものだということ。お産は気がかりなものだが、心配していたよりも案外軽くすむ場合が多いことから。

【案頭】(アントウ) つくえの上。つくえの付近。類 案上

【案▲牘】(アントク) 調査を必要とする書類。また、広く文書や手紙。

【案内】(アンナイ) ①先導して連れていくこと。また、説明しながら連れ歩くこと。「水先一」「鎌倉を一する」 ②詳細や事情を知らせること。またその知らせ。「会社一」「一状」 ③取り次ぐこと。「受付で一を請う」 ④事情を承知していること。「ご一のとおり」

【案の定】(アンのジョウ) 思ったとおり。予想したとおり。「一、彼が犯人だった」

【案配】(アンバイ) ちょうどよいように物を並べること。物事を具合よく処理すること。表記「按排・按配」とも書く。

【案分】(アンブン) 基準となる数量に比例して物を分配すること。比例配分。書きかえ「按分」の書きかえ字。

【案文】(アンブン) もとになる文章。下書き文。「報告書の一を練る」

〈案山子〉(かかし) ①農作物を荒らす鳥獣をおどすため田畑に立てる人形。季秋 ②見かけだけで役に立たない人のたとえ。表記「鹿驚」とも書く。参考「かがし」とも読む。

【△案】(つくえ) 読んだり書いたりするときに使う台。表記「机」とも書く。

アン 【★庵】 (11) 广 8 準1 1635 3043 音 アン 訓 いおり

意味 ①いおり。草ぶきの小屋。茶室などの小さな家。「庵室」「草庵」 ②文人の雅号や屋号などに添える語。「芭蕉(ばしょう)庵」 類 ①②菴

下つき 草庵(ソウアン)・茅庵(ボウアン)

〈▲庵室〉(あぜち) ①江戸時代、奈良での一般寺院の呼称。奈良で寺というのは興福寺のことで、混乱を防ぐためにできた別称。②寺におかれていた手習所。

【▲庵室】(アンシツ) 出家者や世捨て人の住む質素なすまい。いおり。参考「アンジツ・アンジチ」とも読む。

【▲庵主】(アンシュ) 庵室の主人。庵室に住む僧。特に尼僧をいうことが多い。参考「アンジュ」とも読む。

【▲庵】(いおり) 草や木、竹などで作った粗末な小屋。特に、僧侶(ソウリョ)や隠者が暮らす質素なすまい。草庵(ソウアン)。いお。「山里に一を結ぶ」 表記「菴」とも書く。

アン 【菴】 (11) 艹 8 1 7231 683F 音 アン 訓 いおり

意味 ①いおり。草ぶきの小屋。②雅号や屋号などに添える語。類 ①②庵(アン)

【▲菴】(いおり) 草や木などで作った粗末な家。いお。表記「庵」とも書く。

アン 【暗】 (13) 日 9 常 教 8 1637 3045 音 アン 訓 くらい 外 やみ・そらんじる

筆順

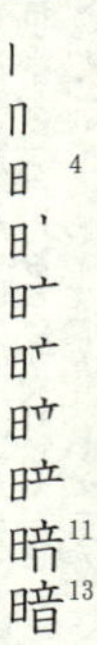

意味 ①くらい。くらがり。やみ。「暗雲」「暗黒」「暗室」 対 明 ②隠れていて見えない。「暗渠(アンキョ)」「暗礁」 ③あんに。ひそかに。「暗殺」「暗躍」 ④道理にくらい。おろか。「暗愚」「暗君」 ⑤そらでおぼえる。「暗記」「暗唱」 ⑥だまる。「暗黙」

書きかえ 「闇(アン)」の書きかえ字として用いられるものがある。⑤「諳(アン)」の書きかえ字。

下つき 明暗(メイアン)・冥暗(メイアン)・幽暗(ユウアン)・溶暗(ヨウアン)・冷暗(レイアン)

【暗暗裏・暗暗▲裡】(アンアンリ) だれにも気づかれずに。こっそり。「一に事を運ぶ」

【暗鬱】(アンウツ) 気がふさいでくらいさま。気分が沈みこんでうっとうしいさま。「一な空模様」

【暗雲】(アンウン) ①今にも雨が降ってきそうなくらい雲。②険悪な状況に陥りそうな気配。「一が漂う国際情勢」

『暗雲低迷』(アンウンテイメイ) 黒い雲が低くたれこめているさま。転じて、よくないことが起こりそうな前途不安な状況のこと。

【暗影】(アンエイ) ①くらいかげ。②不安や不吉の前兆。「一が漂う」 書きかえ「暗翳」の書きかえ字。

【暗▲翳】(アンエイ) ▼書きかえ 暗影

【暗記】(アンキ) 何も見なくても言えるように、そらで覚えこむこと。ひたすら記憶すること。「お祝いの挨拶(アイサツ)を一する」

【暗▲渠】(アンキョ) 水面が見えないようにふたをしたり地下につくったりした水路。「遊歩道の下は一になっている」 対 明渠

【暗愚】(アング) 物事の道理がわからずおろかなこと。また、そのような人。「一な主君に仕えて苦労した」

【暗剣殺】(アンケンサツ) 九星の方位の一つ。子や召使に殺されるおそれのある最凶の方位。

【暗号】(アンゴウ) 外部に内容がもれないように、当事者だけがわかるよう取り決めた秘密の通信用の記号や符号。「一を解読する」

【暗合】(アンゴウ) 思いがけなく一致すること。偶然の一致。

【暗香疎影】アンコウソエイ 夜、どこからともなく漂ってくる花の香りと月の光に照らされて、まばらに映る木々の影の意。梅についていうことが多い。〈林逋（リンポ）の詩〉

【暗黒】アンコク ①まっくらなこと。くらやみ。②精神や社会・時代などが乱れたり自由を束縛されたりして、希望がもてないこと。

【暗殺】アンサツ だれにも気づかれずに、つけねらった人物を殺すこと。

【暗算】アンザン 計算器や筆記用具などを使わないで頭の中だけで計算すること。

【暗示】アンジ ①相手が感付くようにそれとなくほのめかすこと。ヒント。類示唆 対明示 ②相手が意識せずにそう思いこむよう仕向けること。「―にかける」

【暗室】アンシツ 写真の現像や生物・化学の実験などのために、外からの光が入らないようにしてある部屋。

【暗唱】アンショウ 記憶している詩歌などを何も見ずに言うこと。そらんじること。「詩を―する」 書きかえ 「暗誦」の書きかえ字。

【暗誦】アンショウ ▼書きかえ 暗唱

【暗礁】アンショウ 水面に出ていないために見えず、船の通行に障害となる岩。「船が―に乗り上げる」

【暗然】アンゼン ①悲しくて気が重く、心が晴れないさま。②暗いさま。表記「闇然・黯然」とも書く。

【暗送秋波】アンソウシュウハ かげでこっそり取り入ること。また、こっそりと色目をつかうこと。「暗送」はひそかに送る意。「秋波」は色目・流し目のこと。

【暗澹】アンタン ①将来の見通しがたたず絶望的なさま。「―たる社会」②くらくて恐ろしげなさま。「―たる海の色」

【暗中飛躍】アンチュウヒヤク 人に気づかれないように、ひそかに活動すること。「―する情報部員」参考 略して「暗躍」ともいう。

【暗中模索】アンチュウモサク くらやみの中で手探りで探し求めること。転じて、手がかりがなにもないままいろいろなことをやってみること。〈隋唐嘉話（ズイトウカワ）〉「―の状態」表記「模索」は「摸索」とも書く。類五里霧中

【暗転】アンテン ①演劇などで幕をおろさずに舞台をくらくして次の場面を変えること。②物事や状況がよい状態から悪い状態に変わること。「事態が―する」

【暗闘】アントウ おおやけにされることなく、ひそかに裏で争うこと。「経営責任をめぐり役員会を二分する―が続いた」

【暗に】アンに はっきりと表現せずに、それとなく。遠まわしに。「―ほのめかす」

【暗譜】アンプ 楽譜を覚えこんで、見なくても演奏できるようにすること。

【暗幕】アンマク 部屋をくらくしたり、明かりが外にもれないようにしたりするために張る幕。

【暗黙】アンモク だまっていて、自分の意思表示をしないこと。「―の了解」

【暗夜】アンヤ 月や星の明かりもなくまっくらな夜。やみよ。「―の礫（つぶて）」「―に光明を見る」 書きかえ 「闇夜」の書きかえ字。

【暗躍】アンヤク 世間に知られないようにひそかに策略をたてて行動すること。「暗中飛躍」の略。「企業の買収に―する」

【暗喩】アンユ 修辞法で、「…のようだ」と比喩言葉を用いず、直接それだと言ってたとえる方法。「時は金なり」「雪の肌」など。隠喩。メタファー。対直喩・明喩

【暗涙】アンルイ だれにもわからないようにこっそりと流すなみだ。また、心のなかで泣くこと。「―にむせぶ」

【暗い】くらい ①光が少なくて物がよく見えない。「スタンドをつけないと―い」②黒っぽい。黒ずんでいる。③陰気である。「性格が―い」④希望がもてない。「見通しが―い」⑤知識が乏しい。「社会情勢に―い」

【暗がり】くらがり ①くらい所。②人目につかない場所。「―で密談する」

【暗闇】くらやみ ①まっくらで何も見えない状態。また、そのような場所。②人目につかないところ。「世の―を渡り歩く」③希望がもてない状態。「不況が続き、先は―だ」

【△暗んじる】そらんじる 何も見ないで言えるようにする。そらで覚える。暗記する。「漢詩を―じる」「円周率を―じる」表記「諳んじる」とも書く。

〈暗闘〉・〈暗争〉だんまり 歌舞伎（カブキ）で、くらやみの中で無言でさぐりあい、立ち回りをする動作。また、その場面。表記「黙り」とも書く。

【△暗】やみ 光が少なくて何も見えない状態や場所。表記「闇」とも書く。

アン【罨】 (13) 罒 8 1 7012 662C 音 アン・エン 訓 あみ・おおう

意味 ①あみ。魚や鳥をとるあみ。②おおう。かぶせる。「罨法」類奄（エン）・掩（エン）

【罨】あみ 鳥や魚に上からかぶせてとらえる道具。

【罨法】アンポウ 炎症や痛みなどを和らげるために、患部を冷やしたり温めたりする治療方法。

アン【★鞍】 (15) 革 6 準1 1640 3048 音 アン 訓 くら

意味 くら。人や荷物をのせるために、ウシやウマの背につける道具。「鞍上」

【鞍上人無く鞍下馬無し】アンジョウひとなくアンカうまなし 鞍（くら）の上の乗り手がすぐれた乗馬の技で、鞍の下のウマと一体と

なって見えるように疾走するさま。また、乗馬に限らず巧みな操作ぶりをたたえるのにも用いる。

【鞍馬】アンバ ウマの背をかたどった台に二個の取っ手をつけた体操用具。また、それを用いて行う体操競技。由来 鞍馬（鞍（くら）をおいたウマ）に形が似ていることから。参考「くらま」と読めば京都の地名・山名。

【鞍部】アンブ 山の尾根が少しくぼんでいるところ。コル。

【鞍】くら 人や荷物を乗せるために牛馬の背につける道具。

【鞍替え】くらがえ 職業・勤務先や思想など、それまでやってきたものや所属していたところを別のものにかえること。「政党の―が激しく、政局が安定しない」由来 もとは芸妓（ゲイギ）や遊女が属する店をかえることをいった。

【鞍掛け馬の稽古】くらかけうまのケイコ 実際には役に立たない無駄な修行のたとえ。「鞍掛け馬」は木馬のこと。木馬で乗馬の練習をしても、実際の役には立たないことから。類 畳の上の水練

アン【諳】(16) 言 9 1 7562 6B5E 音 アン 訓 そらんじる・さとる・なれる

意味 ①そらんじる。そらでおぼえる。「諳記」「諳誦（アンショウ）」②さとる。なれる。熟達する。

書きかえ「暗」に書きかえられるものがある。

【諳記】アンキ 何も見なくても言えるように、そらで覚えこむこと。表記「暗記」とも書く。

【諳誦】アンショウ 記憶している物事をそらで言うこと。表記「暗唱」とも書く。参考「アンジュ」とも読む。

【諳んじる】そらんじる 何も見ないで言えるように覚える。そらで覚える。暗記する。表記「暗んじる」とも書く。

アン【闇】(17) 門 9 常 1639 3047 ▼やみ（一五〇一）

アン【餡】(17) 食 8 1 8118 7132 音 アン・カン

意味 ①あんこ。アズキなどの豆類を煮てつぶし、砂糖を加えた食べ物。「餡蜜（アンミツ）」「白餡」②まんじゅうやもちの中に入れるもの。「肉餡」③葛粉（くず）などでとろみをつけた汁。「葛餡」

下つき 葛餡（くずアン）・白餡（しろアン）・肉餡（ニクアン）

【餡掛け】アンかけ 葛粉（くず）やかたくり粉でとろみをつけた餡をかけた料理。

【餡転餅】アンころもち 小豆（あずき）餡などでまわりをくるんだ餅。あんころ。あんもち。

【餡蜜】アンミツ 寒天・ゆでたエンドウマメ・果物などをまぜあわせて蜜をかけたみつまめに小豆（あずき）餡をのせたもの。

アン【鮟】(17) 魚 6 国 1 8229 723D 音 アン

意味 あんこう（鮟鱇）。アンコウ科の海魚。

【鮟鱇】アンコウ アンコウ科の海魚の総称。沿岸の海底にすむ。全長一メートルにもおよび、大きな頭と大きく開く口をもつ。前頭部に小魚をおびきよせるための突起がある。食用。「―の吊（つ）るし切り」季冬

【鮟鱇の待ち食い】働きもせずに利益を得ようとするたとえ。由来 アンコウは海の底で、ただじっとしていて大口を開け、小魚が口の中へ入って来るのを待ち受けていることから。

【鮟鱇形】アンコがた 相撲で、腹の突き出た力士。対 ソップ形 由来 魚のアンコウの形に似ているところからともいう。

アン【黯】(21) 黒 9 1 8363 735F 音 アン 訓 くろい・くらい・いたましい

意味 ①くろい。くらい。「黯然」②いたましい。心がふさぐ。

【黯然】アンゼン ①悲しみでくらく沈んでいるさま。②くらいさま。表記「暗然・闇然」とも書く。

【黯い】くらい 奥深くて表にあらわれてこない。陰気である。また、気がめいるさま。

【黯い】くろい 黒色である。きわめてくろい。まっくろ。

あんず【杏】(7) 木 3 1641 3049 ▼キョウ（三二九）

い 以 イ 伊

イ【已】(3) 己 0 1 5465 5661 音 イ 訓 やむ・すでに・のみ・はなはだ

意味 ①やむ。やめる。類 止 ②すでに。もはや。「已然」対 未 ③のみ。だけ。ばかり。④はなはだ。参考「已・己（コ）・巳（シ）」は別字。

下つき 既已（すでに）・業已（すでに）・而已（のみ）

【已然】イゼン すでにそうなっていること。もはや終わっていること。

【已に】すでに ①以前から。先に。もう。「音楽会は―始まっていた」②もはや。今となってはもう。「―万事休すだ」③まちがいなく。現に。「これが―何よりの証拠となる」表記「既に」とも書く。

【已む】やむ 続いていたことが終わる。とまる。「太鼓の音が―む」「―んぬるかな」

イ【以】(5) 人 3 常 教 7 1642 304A 音 イ 訓 外 もって・もちいる

筆順 丨 レ レ丶 以

意味 ①…から。…より。時間・範囲・方向の起点を示す語。「以来」「以往」「以内」「以上」「以西」②

もって。…を。…によって。目的・手段・原因を示す語。「以心伝心」③もってする。もちいる。使う。④おもう。おもうに。⑤ゆえ。理由。参考「以」の草書体が平仮名の「い」になった。

下つき 所以（ゆえん）

【以往】イオウ ある時期よりあと。以後。このかた。「明治維新—」

【以降】イコウ それよりあと。基準となるものを含む。「四月—の支出を調べる」類以後

【以身殉利】イシンジュンリ 小人は利益のために、聖人は天下のために自分の身を犠牲にするが、どちらも同じように愚かしいことだということ。利益のために身を捨てることへの戒め。〈『荘子（ソウジ）』〉

【以心伝心】イシンデンシン 言葉や文字によらず、心と心で通じ合うこと。もと禅宗の語で、師から弟子へ悟りの境地を心から心へ伝えること。〈『景徳伝灯録』〉

〈以色列〉イスラエル アジア南西部の地中海沿岸にある共和国。アラブ諸国に囲まれ紛争が絶えない。首都はエルサレム（国際的には未承認）。

【以毒制毒】イドクセイドク 逆効果をねらって、悪を制するために他の悪を用いるたとえ。毒を消すのに他の毒を用いる意から。〈『普灯録』〉参考「毒を以（も）って毒を制す」ともいう。類以毒攻毒・以夷制夷（イイセイイ）

〈以為〉おもえらく 思うことには。参考漢文訓読に用いる語。

〈以来〉このかた その時から現在にいたるまで。「卒業して—会っていない」参考「イライ」とも読む。

【以△て】もって ①…を用いて。「書面を—報告する」②…の理由で。「記録保持者を—知られる」③意を強める言い方。「実に—ゆゆしき行いだ」④…を限度として。「五時を—閉館する」

【以△ての外】もってのほか ①思いもよらないこと。②とんでもないこと。

「責任を転嫁するとは—だ」

イ【伊】(6) イ 4 準1 1643 304B 音 イ 訓 これ・かれ・ただ

意味 ①これ。この。②かれ。かの。「伊輩」③ただ。これ。語調を整える助字。④「伊太利（イタリア）」の略。「伊語」「伊国」参考「伊」の偏が片仮名の「イ」になった。

下つき 木乃伊（みいら）

〈伊弉諾尊〉・〈伊邪那岐命〉いざなぎのみこと 記紀神話で、伊弉冉尊（いざなみのみこと）とともに国土や神々を生んだ男神。

〈伊弉冉尊〉・〈伊邪那美命〉いざなみのみこと 記紀神話で伊弉諾尊（いざなぎのみこと）とともに国土や神々を生んだ女神。

【伊豆】いず 旧国名の一つ。現在の静岡県伊豆半島と東京都の伊豆七島。豆州（ズシュウ）。

〈伊曽保〉・〈伊蘇普〉イソップ 紀元前六世紀ころの古代ギリシャの寓話（グウワ）作家。『イソップ物語』の作者といわれる。

〈伊太利〉イタリア ヨーロッパ南部の共和国。地中海に突き出した長靴形の半島と付近の島々からなる。首都はローマ。

〈伊吹〉いぶき ヒノキ科の常緑小高木。山地に自生。生け垣や盆栽にも用い、多くの品種がある。材は鉛筆や器具材などに広く用いられる。ビャクシン。

【伊予柑】いよかん ミカンの一種。果実は多汁で、独特の香りと甘みがある。濃いだいだい色で大きく、表面は光沢があり、でこぼこしている。季春 由来山口県で発見されたが、伊予（愛媛県）で栽培されたことから。

【伊蘭】イラン クマツヅラ科の高木。インドの熱帯に自生。参考香気を放つセンダンを菩提（ボダイ）にたとえるのに対して、この木は悪臭を放つので、煩悩にたとえられる。

【伊呂波】イロハ ①いろは歌の最初の三文字で、いろは歌四七文字の総称。②物事の初歩。「料理の—を教わる」

【伊△部焼】いんべやき 岡山県で産する備前焼のうち、特に伊部地方の焼物。黒褐色で釉（うわぐすり）を用いない。また、広く備前焼をもいう。

【伊】かれ 三人称の代名詞。人を指す語。

【伊】これ 自分の近く、または直前に述べた言葉を指すときに用いる語。

【〈伊達〉】だて ①おとこぎを見せようとすること。「おとこ—」②派手に見栄（みえ）を張ること。「—や酔狂でやっているのではない」

【〈伊達〉の薄着（うすぎ）】着ぶくれして不格好にならないように、寒いときでもやせがまんをして薄着でいること。「—で風邪をひく」

【〈伊達〉巻】だてまき ①女性が和装のとき帯の下にしめる幅のせまい帯。②魚のすり身と卵をまぜて焼き、すだれで巻いた食品。

イ【夷】★ (6) 大 3 準1 1648 3050 音 イ 訓 えびす・えみし・たいらか・たいらげる・ころす

意味 ①えびす。㋐未開の異民族。「夷狄（イテキ）」「東夷」㋑えみし。えぞ（蝦夷）。㋒七福神の一人。恵比寿。②たいらか。おだやか。③たいらげる。平定する。「夷滅」④ころす。ほろぼす。⑤うずくまる。⑥おごる。おごりたかぶる。参考昔、中国では、東西南北の異民族をそれぞれ「夷」「戎（ジュウ）」「蛮」「狄」と呼んだ。

下つき 九夷（キュウイ）・険夷（ケンイ）・四夷（シイ）・醜夷（シュウイ）・焼夷（ショウイ）・征夷（セイイ）・創夷（ソウイ）・坦夷（タンイ）・東夷（トウイ）・明夷（メイイ）・陵夷（リョウイ）

【夷険一節】イケンイッセツ 順境にあるときも逆境にあるときも、けっして節操を変えないこと。「夷険」は土地の平らな所と険しい所の意で、転じて順境と逆境のこと。「節」は節操の意で節義を守ること。〈欧陽脩（オウヨウシュウ）の文〉

い イ

【夷則】イソク ①音楽の十二律の一つ。九番目の音。②陰暦七月の異名。

【夷狄】イテキ ①未開人、または野蛮人。えびす。②外国人をさげすみ、敵視していう語。由来 昔、中国で東方の蛮族を「夷」、北方の蛮族を「狄」といったことから。

【夷蛮戎狄】イバンジュウテキ 中国周辺部の異民族の総称。漢民族が異民族を見下して呼んだ言葉で、「東夷・南蛮・西戎・北狄」の略。〈『礼記』〉

【夷滅】イメツ 逆らう者を平らげ、ほろぼすこと。一族を皆殺しにすること。夷殺。

【夷を以て夷を攻む】イをもってイをせむ 自国の武力を用いないで外国どうしを戦わせ、自国の安全と利益を図る外交政策のこと。「夷」は異民族、外国のこと。〈王安石の文〉参考「攻む」は「制す」ともいう。

【夷】えびす ①古代に東北から北海道にかけて居住し、朝廷にしたがわなかった人々。えみし。また、(京から見て)東国の荒々しい武士。②未開の地の人。③商売繁盛と福の神。七福神の一人。表記 ③「恵比須・恵比寿・戎」とも書く。

【夷講】えびすコウ 夷を祭って商売繁盛を祈る行事。陰暦一〇月二〇日に行うことが多いが、地方によって異なる。季冬

【夷回し】えびすまわし 夷人形を操ってタイを釣り上げる所作などをして見せた芸人。兵庫県西宮市の恵比寿神社を本拠地とした。季新年 参考「夷舁き」ともいう。

【〈夷守〉】ひなもり 古代、九州など辺境の要地を守ること。また、その人。

イ【衣】

(6) 衣 0 常 教 7 1665 3061

音 イ 外エ
訓 ころも 中 外きぬ・きる

筆順 丶 亠 ナ 衣 衣 衣

意味 ①ころも。きぬ。身にまとうもの。また、特に上半身にまとうもの。「衣服」「衣冠」「法衣」②きる。身につける。「衣錦」「衣帯」「衣帛」③おおう。おおい。参考「衣」の草書体が平仮名の「え」になった。

下つき 羽衣・客衣・更衣・黒衣・戎衣・寝衣・征衣・僧衣・地衣・着衣・法衣・麻衣・浴衣

【衣蛾】イガ ヒロズコガ科のガ。成虫は約一・五センチメートル。幼虫は毛織物などを食害する。

【衣冠盛事】イカンセイジ 名家に生まれてさまざまな功績をあげ、その家の名声を引き継ぐこと。また、その者。〈『新唐書』〉

【衣冠束帯】イカンソクタイ 昔の貴族や官僚の礼装。「束帯」は朝廷での公事や儀式に着用する正装で、「衣冠」はその略装。

【衣錦尚絅】イキンショウケイ 才能や徳を、外にあらわに出さないこと。「絅」は薄いうちかけ、「尚」は加える意。にしきを着て、その上に薄絹をかけるという意から。〈『中庸』〉

【衣錦の栄】イキンのエイ 成功して故郷に錦を飾る栄誉。「―に輝く」〈欧陽脩の文〉類 衣錦還郷 対 衣繡夜行

【衣桁】イコウ 室内に立てて着物などを掛けておく和式家具。ころもかけ。衣紋掛。細い木を鳥居のように組み合わせた形をしている。

〔衣桁〕

【衣装】イショウ ①衣服。着物。「花嫁―」「派手な―」②俳優や舞踊家などが役の上で着るもの。「舞台―」書きかえ「衣裳」の書きかえ字。

【衣裳】イショウ ▼書きかえ 衣装

【衣装櫃】イショウびつ 衣服を入れてしまっておくための、ふたのついた大形の箱。

【衣食】イショク ①着る物と食べる物。「―住」②生活。暮らし。「―には不自由しない」

【衣食足りて礼節を知る】人は生活にゆとりができて、はじめて礼儀や節操をわきまえることができるようになるということ。〈『管子』〉参考「礼節」は「栄辱」ともいう。

【衣帯中賛】イタイチュウサン 中国、南宋の忠臣文天祥が獄中で死に臨み、帯の中に書き残した辞世の言葉。故事 元軍に敗れた文天祥は、獄中三年、ついに降伏せず処刑された。忠節を守り通した文天祥が死に際し、「孔子や孟子など聖賢の教えは、つまるところ仁義の道である。この教えをはずかしめないように願う」と、その真情を記したという故事から。〈『宋史』〉参考 語構成は「衣帯中」+「賛」。

【衣帯不解】イタイフカイ 一つのことに不眠不休で専念すること。衣服の着替えもしないで、仕事に熱中すること。〈『漢書』〉類 昼夜兼行・不眠不休

【衣鉢】イハツ ①仏 師の僧が弟子に与える袈裟と鉢。転じて宗義。奥義。②学問・芸術などで、師が弟子に伝える奥義。「師の―を継いで精進する」故事 達磨大師が、教えを授けた弟子の慧可に、釈迦から伝えられた袈裟を鉢とともに与えた故事から。〈『正宗記』〉参考「エハツ」とも読む。

【衣鉢相伝】イハツソウデン ①仏 師から弟子に伝える教法や奥義のこと。②先人の事業などを継ぐこと。また、正しい仏法を継ぐこと。「相伝」は代々伝える意。

【衣を解き食を推す】イをときショクをおす 人に恩恵をほどこすこと。自分の衣服を脱いで人に着せ、自分の食物を食べさせる意から。故事 中国、楚の項王

が漢の韓信（カンシン）を味方に引き入れようとしたとき、韓信は「漢王はかつて自分の衣服を私に着せ、自分の食事を私に食べさせてくれた。大恩を受けた漢王を裏切るわけにはいかない」と断った故事から。『史記』

【衣紋】エモン ①衣服・衣装を作法どおりにきちんと着ること。また、衣装。身なり。②和服の襟の合わせ目あたり。「―を繕う」参考「イモン」とも読む。

【衣紋竹】エモンだけ 竹でできた衣服をつるすための道具。季夏

【衣更着】きさらぎ 陰暦二月の異名。季春 由来 寒さのために衣を更に（重ねて）着ることから。表記「如月・更衣」とも書く。

【衣】きぬ 衣類。着物。「歯に―を着せぬもの言い（思うことをはっきりと言う言い方）」

【衣▲笠】きぬがさ ①絹を張った柄（え）の長いかさ。昔、貴人が外出の際、後方からさしかけたもの。②仏像の上にかざす天蓋（テンガイ）。表記「絹傘」とも書く。

〈衣被〉きぬかつぎ サトイモの子いもを皮つきのままゆでた食べ物。季秋

【衣衣】きぬぎぬ 男女が一夜を共にし、迎えた朝。また、その朝の別れ。表記「後朝」とも書く。参考 もとは、それぞれの衣服の意。

【衣擦れ】きぬずれ 着物や衣服が体の動きによって擦れ合うこと。また、その音。「かすかな―の音」

【衣】ころも ①体に着るもの。衣類。特に上着。②僧・尼の着る衣服。法衣（ホウエ）。僧衣。③揚げものや菓子などの外側の皮。

【衣更え・衣替え】ころもがえ 季節に応じて衣服をかえること。現在では、六月一日と一〇月一日に制服などを夏向き・冬向きに切り換える行事。「―の季節がやってきた」季夏

〈衣魚〉しみ シミ科の昆虫の総称。家の中の暗い所にすむ。体長約一センチメートルで、銀白色。衣類や紙類などを食いあらす。シミムシ。季夏 表記「紙魚・蠹魚」とも書く。

イ【位】 (7) イ 5 常 教 7 1644 304C 音 イ 訓 くらい

筆順 ノ イ 亻' 亻亠 伫 位

意味 ①くらい。階級。等級。「位階」「位次」「地位」②いる場所。あるべき場所。方角。「位置」「方位」③人を敬っていう語。「各位」

下つき 各位（カクイ）・勲位（クンイ）・爵位（シャクイ）・譲位（ジョウイ）・水位（スイイ）・単位（タンイ）・方位（ホウイ）・本位（ホンイ）・霊位（レイイ）

【位階】イカイ 国家に功績のあった人に与えられる栄典の一種。一位から八位まであり、それぞれに正と従がある。「従三位（ジュサンミ）の―を賜る」類官位

【位相】イソウ ①言語学で、地域・職業・階級・年齢・性別などによる言葉のちがい。②物理学で、周期運動において、一周期のうちのある状態や位置。

【位置】イチ ①物の場所。「机を並べる―」②人の地位。立場。「会社での―」

【位▲牌】イハイ 死者の戒名（カイミョウ）を書いて仏壇にまつる木の札。

【位】くらい ①身分や階級。「国王の―に就く」②人や作品などの等級。「―をつける」③十進法で一〇倍ごとにつける名称。「百の―」

イ【医】 (7) 匚 5 常 教 8 1669 3065 音 イ 訓 外 いやす・くすし

旧字《醫》 (18) 酉11 1/準1 7848 6E50

筆順 一 丆 ㄷ 三 矢 医

意味 ①いやす。病気を治す。「医方」「医療」②くすし。病気を治す人。医者。「名医」「軍医」「侍医」

下つき 軍医（グンイ）・侍医（ジイ）・獣医（ジュウイ）・主治医（シュジイ）・女医（ジョイ）・典医（テンイ）・巫医（フイ）・名医（メイイ）

【医院】イイン 医師が病気の診察・治療を行う所。診療所。参考 病院よりも小規模なものをいう。

【医師】イシ けがや病気の診察・治療を職業とする人。医者。

【医者の薬も▲匙加減】イシャのくすりもさじカゲン 何事もほどよいことが大切だというたとえ。どんなによい薬でも、分量や調合が適切でないと効きめがない意から。

【医者の不養生】イシャのフヨウジョウ 人にはりっぱなことを言いながら、自分では実行していないたとえ。人に養生を説く医者が、自分は案外不養生をしていることから。類紺屋（コウや）の白袴（しろばかま）

【医食同源】イショクドウゲン 医薬も食事も、ともに人の健康を維持するためのもので、その根源は同じであるとする考え方。ふだんの食事に注意することが、病気予防の最善の策であるということ。

【医伯】イハク 医者。尊敬の気持ちをこめた言い方。類国手・名医

【医は仁術】イはジンジュツ 医術というものは患者に仁徳をほどこす術であり、損得にとらわれずに人を救うのが医者の道であるということ。

【医薬】イヤク ①病気の治療と、予防のために用いる薬品。②医療と調剤。また、医師と薬剤師。「―分業」

【▲医やす】いやす 病気や傷、体の不調などを治す。「病を―やす」

【医療】イリョウ 医術により病気や傷を治療すること。「災害地へ―品を送る」

イ【囲】 (7) 口 4 常 教 6 1647 304F 音 イ 訓 かこむ・かこう

い イ

旧字《圍》 (12) 口9 1/準1 5203 5423

筆順 丨冂冂冃冃冄井井囲

意味 ①かこむ。かこう。とりまく。「包囲」 ②まわり。「周囲」「胸囲」 ③かぎり。境界。「範囲」

下つき 外囲ガイイ・胸囲キョウイ・四囲シイ・周囲シュウイ・重囲ジュウイ・障囲・範囲ハンイ・包囲ホウイ

【囲碁】イゴ 碁。また、碁を打つこと。「趣味として―を楽しむ」

【囲障】イショウ 法律用語で、隣接した建物の所有者が敷地の境界の上に設置する塀や柵サク。建物の所有者が協力しあって設置するのが原則。「―設置権」

【囲繞】イニョウ まわりをとりかこむこと。かこいめぐらすこと。「釈尊を弟子たちが―する」 参考「イジョウ」とも読む。

【囲繞地】イニョウチ ①袋地(他人の所有地にかこまれ、私道だけで公道に通じる土地)をかこんでいる土地。②他の一国に完全にかこまれている領土。 参考「イジョウチ」とも読む。

【囲炉裏】イロリ 床を四角に掘り、炊事や暖房用の火を燃やす所。 季冬 表記「炉・鑪」とも書く。 参考「囲炉裏」は当て字。

【囲う】かこ-う ①何かでまわりをとりまく。「式場を幕で―う」 ②ひそかにかくまう。「逃亡犯を―う」 ③たくわえておく。「冬に備えて野菜を―う」

【囲む】かこ-む ①まわりをとりまく。「野次馬が―む」 ②囲碁・将棋・マージャンなどをする。「一局―む」

イ【矣】 (7) 矢2 1 6667 6263 音イ 訓

意味 漢文の助字。句の最後につけて断定・推量・詠嘆などを表す。…である。…だなあ。…だろう。

イ【依】 (8) イ6 常 4 1645 304D 音イ・エ高 訓外よる

筆順 ノイイ'仁佇佗依依

意味 ①よる。たよる。よりかかる。「依存」「依託」「依頼」 ②そのまま。もとのまま。「依然」 ③はっきりしない。ぼんやりしている。「依依」「依稀」

下つき 因依イイン・帰依キエ・憑依ヒョウイ

【依稀】イキ ①ぼんやりとして、はっきりしないさま。②よく似ているさま。

【依拠・依△據】イキョ よりどころとすること。また、よりどころ。

【依△怙地】イコジ あくまでも自分の主張を通そうとする、かたくなな態度。片意地。 類頑固 表記「意固地」とも書く。 参考「エコジ」とも読む。

【依然】イゼン もとのままで変わらないさま。「旧態―とした考え方」

【依存】イソン たよること。ほかに寄り掛かっていること。「原料を外国に―する」「親に―せずに自立する」 参考「イゾン」ともいう。

【依託】イタク ①まかせて頼むこと。「―販売」 ②もたせかけること。「―射撃」 表記①「委託」とも書く。

【依頼】イライ 人に何かを頼むこと。「原因の究明を専門家に―する」

【依△怙】エコ ①特定の者だけをひいきすること。不公平。②頼りとなるもの。父母。

【依△怙△贔△屓】エコヒイキ 特定の者だけに肩入れし、公平でないこと。「贔屓」は気に入った者を特にかわいがること。

【△依代】よりしろ 神の寄りつくもの。神霊が宿るとされる媒体。大きな岩や樹木など。 表記「憑代」とも書く。

【△依る】よ-る ①陰に隠れる。また、よりかかる。②たよる。手段とする。③したがう。よりどころとする。「先例に―って処理する」

イ【委】 (8) 女5 教 常 8 1649 3051 音イ 訓ゆだねる 外まかせる・くわしい・おく・すてる

筆順 ノ二千禾禾秂委委

意味 ①ゆだねる。まかせる。「委員」「委譲」「委嘱」 ②くわしい。こまかい。「委曲」「委細」「委悉イシツ」 ③おく。さし出す。④すてる。すておく。「委棄」

下つき 信委シンイ

【委△蛇】イイ ①うねり曲がって長く続くさま。②ゆったりと落ちついているさま。③身を曲げてしたがうさま。 参考「イダ」とも読む。

【委棄】イキ ①物事をほうっておくこと。②法律用語で、権利を放棄して、他人の自由にまかせること。

【委曲】イキョク 詳しいこと。こまかい事柄。「―を尽くす」 類委細 参考「つばら」とも読む。

【委細】イサイ ①詳しいこと。こまごまとしたこと。「―かまわず」「―面談」 類詳細・委曲 ②こまかいことすべて。万事。「―承知した」

【委△悉】イシツ こまごまと詳しいこと。 類委細・委曲

【委順】イジュン ①自然の成り行き。②成り行きにまかせること。特に、死をいう。

【委譲】イジョウ 権利などを他にまかせてゆずること。「行政の権限を―する」

【委嘱】イショク 特定の仕事を外部に頼み、まかせること。「専門家に―する」 類委託

【委託・委△托】イタク ゆだねてまかせること。「研究を大学に―する」 類委嘱 対受託

【委任】イニン ①ゆだねまかせること。「全権を―する」 ②法律上の行為や事務処理を相手方に委託し、相手が承知することで成立する契

約。「―状」

【委付】イフ 仕事をゆだねてまかせること。まかせて引き渡すこと。

【△委しい】くわ-しい ことこまかなさま。つぶさなさま。すみずみまで行き届いているさま。「芸能に―い」

〈委曲〉つばら 詳しいこと。ことこまかいこと。つばらか。 表記「詳ら」とも書く。 参考「イキョク」とも読む。

【△委せる】まか-せる ①なすがままにさせる。いいなりになる。「成り行きに―せる」 ②他人にゆだねる。一任する。「代表者に―せる」

【委ねる】ゆだ-ねる ①他人にまかせる。委任する。「専門家に判断を―ねる」 ②何かに身をささげる。打ち込む。「スポーツの振興に身を―ねる」

イ【怡】(8) 忄5 1 5562 575E 音 イ 訓 よろこぶ・やわらぐ

意味 ①よろこぶ。たのしむ。「怡怡」「怡然」 ②やわらぐ。「怡顔」「怡色」

【▲怡▲怡】イイ 喜び楽しむさま。なごやかに楽しむさま。「―として笑う」

【▲怡悦】イエツ 楽しみ喜ぶこと。喜んで満足すること。

【▲怡然】イゼン ①なごやかに喜び楽しむさま。にこにこするようす。 ②すなおなさま。心がなごみ、にこやかな顔つきで

【▲怡ぶ】よろこ-ぶ 楽しむ。気持ちが和らぐ。

イ【易】(8) 日4 教 1655 3057 ▼エキ(九〇)

イ【苡】(8) ⺾5 1 7179 676F 音 イ・シ 訓

意味 草の名に用いる字。「薏苡(ヨクイ・ヨクシ)(はとむぎ)」

イ【威】(9) 女6 常 4 1650 3052 音 イ 訓 外 おどす

筆順 丿 厂 𠂆 反 厌 厍 威 威 威

意味 ①おどす。おびやかす。「威圧」「威嚇」 ②いかめしい。おごそかな。「威厳」「威風」 ③いきおい。人を恐れさせる力。「威勢」「権威」

下つき 脅威(キョウイ)・権威(ケンイ)・皇威(コウイ)・国威(コクイ)・示威(ジイ)・神威(シンイ)・武威(ブイ)・猛威(モウイ)・稜威(リョウイ)・霊威(レイイ)

【威圧】イアツ 強い力や権力によっておさえつけること。「軍事力で―する」

【威ありて△猛からず】イありてたけからず 威厳はあるが人間的な温かさが感じられ、けっして荒々しくないこと。 由来 孔子の人柄を弟子が評した言葉。〈『論語』〉

【威嚇】イカク 力を見せつけておどすこと。おどかし。「銃で敵を―する」

【威儀】イギ おごそかでいかめしい容姿や振る舞い。「―を正して式典に臨む」 類 威容

【威厳】イゲン 堂々としていて、相手をおそれさせるさま。おごそかでりっぱなさま。「―のある態度」 類 威光・威風

【威光】イコウ 自然に人がおそれ敬い、したがうような力。「強大な―を放つ」 類 威厳

【威信】イシン 威光と信用。威厳があって信頼されること。「―にかかわる言動」「―を傷つける」

【威勢】イセイ ①人をおそれさせ、したがわせる力。「―に圧倒される」 ②元気で勢いがあること。「―のよい掛け声」

【威丈高】いたけだか 相手を威圧するような態度をとるさま。「―に話す」 表記「居丈高」とも書く。

【威張る】いば-る 偉そうな態度をとる。強がって見せる。「家の中だけ―る人」

【威武】イブ 権威と武力。転じて、勇ましく威勢のよいこと。

【威風】イフウ 威勢のあるさま。いかめしくてりっぱなさま。「―あたりを払う」

【威風堂堂】イフウドウドウ 威厳に満ちあふれてりっぱなさま。「堂堂」は雄大でりっぱなさま。 類 威風凜凜(イフウリンリン)・威武堂堂・耀武揚威(ヨウブヨウイ)

【威服・威伏】イフク 威圧的な態度でおどしてしたがわせること。

【威容】イヨウ 威厳を感じさせるりっぱなようす。堂々とした姿。「エベレストの高峰が―を誇っている」

【威▲稜】イリョウ 天子のすぐれた御威光。みいつ。稜威。

【威力】イリョク 相手をおそれさせ、服従させる強い力。すばらしい性能。「巨大資本の―」「新型エンジンの―を見せつける」

【威令】イレイ 威力のある命令。「全国に―が行き渡る」

【△威す】おど-す 力づくでおそれさせる。おびやかす。「相手国を軍事力で―す」

〈威霊仙〉くがいそう ゴマノハグサ科の多年草。 由来「威霊仙」は漢名からの誤用。▼九蓋草(クガイソウ)(三〇〇)

〈威内▲斯〉ベニス ベネチアの英語名。イタリア北東部にある港湾都市。「水の都」として有名。

イ【姨】(9) 女6 1 5309 5529 音 イ 訓 おば

意味 おば。母方の姉妹。また、妻の姉妹。「姨子」「姨母」

【▲姨】おば ①母の姉妹。母方の伯母(おば)・叔母(おば)。 ②妻の姉妹。特に、妻の妹。 参考「姑(おば)」は父方の姉妹。

【▲姨捨山】おばすてやま 長野盆地にある冠着(かむりき)山の別名。観月の名所。うばすてやま。 由来 妻にそそのかされて養母である老女をこの山に捨てた男が、折からの名月に照らされて後悔に堪えず、翌朝連れ帰ったという伝説から。『大和物語』『今昔物語集』などに見える。

イ【洟】(9) 氵6 1 6206 5E26

音 イ・テイ
訓 はな・はなじる・なみだ

意味 ①はな。はなじる。はなみず。類 泗 ②なみだ。類 涕

下つき 唾洟・涕洟

【洟】はな 鼻の中にある粘液。鼻汁。鼻水。「―も引っかけない（相手にしない）」

イ【為】(9) 灬5 常 4 1657 3059

音 イ
訓 外 なす・する・ため・つくる・なる

旧字《爲》(12) 爪8 1/準1 6410 602A

筆順 ヽソ为为為為為為為

意味 ①なす。する。行う。「為政」「行為」「人為」②ため。ために。「為我」③まねする。いつわる。「作為」④つくる。設ける。⑤なる。…となる。…になる。

参考 「為」の草書体が平仮名の「ゐ」になった。

下つき 云為・営為・敢為・行為・作為・所為・人為・当為・無為・有為

【為政】イセイ 政治を行うこと。「―の中心となる大物政治家」

【為体】エタイ 正体。本当の姿。「―が知れない」表記「得体」とも書く。

【〈為替〉】かわせ 現金の代わりに手形や証書などで送金する方法。また、その手形や証書などの総称。「郵便―で代金の支払いをする」「外国―市場」

【〈為着〉せ】しきせ ①季節ごとに使用人に衣服を与えること。また、その衣服。②一方的に与えられる事柄。会社や上司から与えられるきまりきった仕事など。表記「仕着せ・四季施」とも書く。参考「お」をつけて用いることが多い。

【〈為手〉】して 何かを行う人。何かを上手にする人。やりて。「相談の―がない」表記「仕手」とも書く。

【〈為出来〉す】しでかす ふつうでは考えられないようなことをしてしまう。「とんでもないことを―した」

【〈為所〉】しどころ しなければならない場合。やりがいのある局面。「ここがまんの―だ」

【為る】する ①物事を行う。「仕事をする」②ある状態にならせる。「彼女を幸せにする」③役割をつとめる。「委員をする」④仮定して考える。みなす。「彼が合格だとすれば」⑤何かが感じられる。「寒けがする」「味がする」⑥その値段である。「十万円する時計」⑦時がたつ。「しばらくすると彼が来た」

【為ん方無い】せんかたない なすべき方法がない。仕方がない。「今さら悔やんでも―いことだ」表記「詮方無い」とも書く。

【為】ため ①利益になること。役立つこと。「君の―に忠告する」②目的を表す。「将来の―に勉強する」③…のせいで。原因・理由を表す。「風邪の―欠席する」

【〈為体〉】ていたらく みっともないありさま。情けない状態。ざま。「なんという―だ」表記「体たらく」とも書く。

【為す】なす ①行う。する。「相手の―すがまま」②思う。みなす。

【為せば成る】なせばなる その気になって頑張れば、どんなことでもできないことはないということ。由来 米沢藩主の上杉鷹山の歌「なせばなるなさねばならぬ何事もならぬは人のなさぬなりけり」から。

【為る】なる ①到達する。できあがる。「大人に―る」「新装―ったデパート」②他のものにかわる。「雨が雪に―る」③あるはたらきをする。「心の糧に―る」

【〈為人〉】ひととなり 生まれつきそなわっている性質。天性。人柄。「―をうかがわせる態度」

イ【畏】(9) 田4 常 2 1658 305A

音 イ
訓 おそれる 外 かしこい・かしこまる

筆順 丨口田田田田畏畏畏

意味 ①おそれる。敬服する。「畏懼」「畏縮」「畏怖」②かしこい。おそれおおい。おそれうやまう。「畏敬」「畏友」「畏愛」③かしこまる。つつしむ。参考 女性が手紙の結びに用いる「かしこ」は、「畏し（おそれおおい）」の意。

下つき 怖畏・憂畏

【畏懼】イク 勢いなどをおそれ、おののくこと。類 畏憚・恐懼

【畏敬】イケイ 崇高なものや偉大な人物をおそれうやまうこと。「―の念を抱く」

【畏日】イジツ 光の強い真夏の太陽のこと。また夏の日。故事 中国、晋の趙衰と趙盾の人物評を求められた賈季が「趙衰は冬の太陽で、趙盾は夏の太陽です」と答えたという『春秋左氏伝』の文に、晋の杜預が「冬の太陽は親しむべきで、夏の太陽はおそれるべきである」という注を付したことから。対 愛日

【畏怖】イフ おそれること。体が震えるほどのおそれを感じること。「―の念を抱く」

【畏友】イユウ 尊敬する友人。「―の山田博士」参考 友人を尊敬していう語。

【畏れる】おそれる うやまいかしこまる。「神をも―れぬ所業」

【畏くも】かしこくも おそれおおくも。もったいなくも。「―陛下自らのお言葉」

【畏まる】かしこまる ①おそれいって、つつしんだ態度をとる。特に、正座する。「新入社員が―って座る」②つつしんで承知する。「―りました」

イ【胃】(9) 肉5 常 教 5 1663 305F

音 イ
訓

筆順

意味 ①い。いぶくろ。消化器官の一つ。「胃液」「胃腑(フ)」「胃壁」 ②こころ。「心胃」「洗胃」

下つき 心胃(シンイ)・洗胃(センイ)・腸胃(チョウイ)

【胃潰瘍】イカイヨウ 胃の粘膜が傷つき、ただれたりくずれたりする病気。

【胃癌】イガン 胃の組織に生じる悪性腫瘍(シュヨウ)。「―の早期発見率が高まる」

【胃痙攣】イケイレン 胃やその付近が急にはげしく痛む症状。しゃく。

【胃酸】イサン 胃液中に含まれる酸。おもに塩酸。「―過多症」

イ【倚】(10) イ 8 1 4865 5061 音 イ・キ 訓 よる・たのむ

意味 ①よる。よりかかる。「倚門」 ②たのむ。たよりにする。「倚信」 ③かたよる。「偏倚」 ④障害をもつ。「倚人(キジン)」 類 畸(キ)

下つき 依倚(イイ)

【倚子】イシ 貴人や高官のみが使用を許された腰掛け。中国から伝来し、四角い座部に四本の脚がつき、ひじ掛けと鳥居形の背もたれがついている。参考 禅宗の僧が多く用いたことから、「子」は唐音の「ス」で発音され、その後「椅子」と書くようになった。

【倚藉】イシャ 頼ること。たのみとすること。よりかかること。

【倚信】イシン 信用して頼ること。たのみとして信任すること。

【倚る】よ-る もたれる。よりかかる。体をもたせかける。「木の幹に―る」

イ【恚】(10) 心 6 1 5575 576B 音 イ 訓 いかる・うらむ

意味 いかる。うらむ。「恚恨」「恚怒」「恚憤」

下つき 慙恚(ザンイ)・瞋恚(シンイ)・震恚(シンイ)・怫恚(フツイ)・忿恚(フンイ)

い イ

イ【韋】★ (10) 韋 0 1 8074 706A 音 イ 訓 なめしがわ

〔韋〕

意味 ①なめしがわ。毛と脂肪を取り除いてやわらかくした動物のかわ。「韋革」「韋脂」「韋帯」 類 革 対 皮 ②やわらかい。

【韋駄天・韋陀天】イダテン ①仏 仏法の守護神。足が非常に速いといわれる。②足の非常に速い人のたとえ。

【韋駄天走り】イダテンばしり 韋駄天のように、ものすごい速さで走ること。

【韋編】イヘン 書物。書籍。由来「韋」は、なめしがわの意。古代中国で、文字を記した竹の札(竹簡)を革ひもで綴(と)じ合わせ書物としたことから。

〖韋編三絶〗イヘンサンゼツ 同じ書物を繰り返し読むこと。また、学問に熱心なたとえ。故事 孔子は晩年、『易経』を愛読し、何度も読み返したため、その本をつづったなめしがわのひもが何度も切れてしまったという故事から。「三」は数の多いことをいう。《『史記』》

イ【偉】(11) イ 9 ▼偉の旧字(三四)

イ【唯】(11) 口 8 常 4503 4D23 ▼ユイ(一五〇五)

イ【尉】(11) 寸 8 常 準2 1651 3053 音 イ 訓 外 じょう

筆順
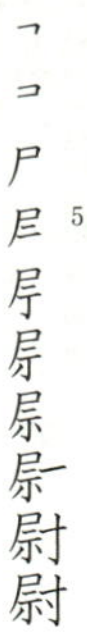

意味 ①軍隊で階級の一つ。「尉官」 ②じょう。律令(リツリョウ)制で衛門府(エモンフ)・兵衛府(ヒョウエフ)の三等官。

下つき 衛尉(エイイ)・准尉(ジュンイ)・少尉(ショウイ)・大尉(タイイ・ダイイ)・中尉(チュウイ)・廷尉(テイイ)・都尉(トイ)

【尉】じょう ①律令(リツリョウ)官制で、衛府(エフ)の第三位の官。②能楽で翁(おきな)のこと。また、その能面。対 姥(うば) ③炭火が燃えつきたあとの白い灰。

【尉鶲】じょうびたき ヒタキ科の小鳥。日本に冬鳥として渡来。全長約一四センチメートル。羽に白斑(ハクハン)があることから「紋付き鳥」ともいう。雄はのどが黒、胸腹部が赤褐色で美しい。季 秋

【尉面】じょうメン 老翁を表す能面の総称。三光尉、笑(わら)い尉、朝倉尉などがある。

イ【帷】★ (11) 巾 8 1 5473 5669 音 イ 訓 とばり・かたびら

意味 ①とばり。かたびら。たれまく。「帷幄(アク)」「帷幕(バク・マク)」 ②ひきまく。まんまく。「帷裳(ショウ)」 ③かたびら。裏をつけない着物。「帷子(かたびら)」

下つき 羅帷(ライ)・簾帷(レンイ)

【帷幄】イアク ①上から垂らしたりまわりを囲ったりする幕。また、幕を張りめぐらした場所。②戦場で、作戦計画を立てるところ。本陣。参謀本部。「策を―の中にめぐらす」類 ①②帷帳・帷幕

〖帷幄の臣〗イアクのシン 常に大将のそばにいて作戦計画を立てる部下のこと。参謀。

【帷帳】イチョウ ①垂れ幕。とばり。②戦場で、幕で囲み作戦計画を立てるところ。類 ①②帷幄(アク)・帷幕

【帷幕】イバク ①垂らした仕切り布。とばり。幕。引き幕。②作戦計画を立てるところ。類 ①②帷幄(アク)・帷帳 ③婦人の居室。参考「イマク」とも読む。

〈帷子〉かたびら ①裏をつけない着物。ひとえもの。②麻・絹などで仕立てたひとえもの。季 夏 ③昔、几帳(キチョウ)などに使った薄い絹布。④経かたびら。参考「かたびら」は袷(あわせ)の片ひらの意。

【帷】とばり 室内を仕切るために垂れ下げる布。たれぎぬ。たれぬの。また、おおい隠すもの

のたとえ。「夜の―がおりる」表記「帳」とも書く。

イ【惟】(11) 忄8 準1 1652 3054 音 イ・ユイ 訓 おもう・これ・ただ

意味 ①おもう。よく考える。「思惟」②はい。承諾の返事。「惟惟」③これ。発語の言葉。類維 ④ただ。もっぱら。「惟一ユイイツ」類②④唯

下つき 思惟シイ・伏惟フクイ

【惟う】おもう よく考える。意識を一点に集中して考える。

【〈惟神〉】かんながら 神のみこころのままに。神のおぼしめしのままに。表記「随神」とも書く。

【〈惟神〉の道】かんながらのみち 神代から伝わる日本固有の神道。

【惟れ日も足らず】これひもたらず 朝から夜までかかってもなお時間が足りないこと。物事に夢中で取り組むあまり、一日が短いことをいう。〈書経〉

【惟】ただ ただ…だけ。ほかのことではなく、ひたすらそのことだけ。限定の意に用いる。表記「唯」とも書く。

【惟一】ユイイツ ただこれ一つ。これ以外にはないこと。表記「唯一」とも書く。

イ【猗】(11) 犭8 1 6440 6048 音 イ・ア 訓 ああ・うつくしい

意味 ①ああ。感嘆の声。「猗嗟サイ・ああ」類欹イ ②うつくしい。「猗猗」③たおやか。なよやか。すなお。「猗靡イビ」

【猗頓の富】イトンのとみ 巨万の富、莫大バクダイな財産のこと。由来 中国、春秋時代、魯の猗頓という男が陶朱トウシュ公の教えを受け、猗氏という土地でウシやヒツジを飼って大いに財をなしたという故事から。《史記》

イ【異】(11) 田6 常 5 1659 305B 音 イ 訓 こと 外 あやしい

旧字《異》(12) 田7 1/準1

筆順 丨 冂 冂 田 田 田 甲 畀 畀 異 11

意味 ①ことなる。ことにする。別の。ほかの。「異郷」「異人」「異性」対同 ②ふつうとちがう。めずらしい。「異才」「異常」「異変」「縁は異なもの」③正しくない。「異教」「異端」④あやしい。あやしむ。「怪異」⑤むほん。「異心」

下つき 怪異カイ・奇異キイ・災異サイ・神異シンイ・珍異チンイ・特異トクイ・別異ベツイ・変異ヘンイ・妖異ヨウイ・霊異レイイ

【異しい】あやしい 不思議なさま。ふつうとちがって変なさま。

【異域の鬼】イイキのキ 外国にいて、祖国に帰れないまま死んだ人。「異域」は外国・異国のこと、「鬼」は死者の魂の意。〈李陵リリョウの文〉

【異観】イカン めずらしいながめ。ふつうとちがった情景。「―を呈する」

【異義】イギ 他とちがった意味。また、意味がちがうこと。「同音―語」対同義

【異議】イギ ①ほかとちがった意見。反対意見。「だれも―を唱えなかった」②法律上の処分に対する反対や不服の意思表示。「―の申し立てをする」類異論・異存

【異教】イキョウ 自分の信仰しているものとはちがう宗教。特に、キリスト教で、他宗教を指していう。「―の徒」類異宗・邪教

【異郷】イキョウ 故郷から遠くはなれた土地。外国。他国。「―の土になる」類異国・他郷・他国 対故郷

【異境】イキョウ 自分の故郷でないよその土地。他国。外国。類異土

【異形】イギョウ ふつうとはちがう怪しげな姿や形。「―の男」

【異口同音】イクドウオン 多くの人が口をそろえて、同じことを言うこと。また、大勢の意見や考えが一致すること。「皆が―に叫んだ」類異口同辞・異口同声

【異訓】イクン 漢字を訓読みするときの、ほかの読み方。類別訓

【異国情緒】イコクジョウチョ 異国的な風物がかもしだす雰囲気や気分。エキゾチシズム。参考「情緒」は「ジョウショ」とも読む。類異国情調

【異彩】イサイ ふつうとはちがい、特に目立つようす。「芸能界で―を放つ」

【異質】イシツ 性質が他とちがっていること。「―の文化」対同質

【異臭】イシュウ 変なにおい。いやなにおい。「―が漂う」類悪臭

【異称】イショウ 本名とはちがう別の呼び名。類別称・異名

【異状】イジョウ いつもとはちがった状態。特別な状態。「―を呈する」「全員―なし」

【異常】イジョウ ふつうとはちがっていること。「性格が―な人物」「―な努力を傾注する」対正常

【異色】イショク ふつうとちがった特色があること。「―の存在」

【異心】イシン 裏切ろうとする心。ふたごころ。「―を抱いだく」

【異人】イジン ①外国人。特に、西洋人を指す。「―館」②ちがう人。別人。「同名―」

【異数】イスウ ほかにほとんど例がないこと。「―の昇進を果たす」類異例

【異姓】イセイ 姓がちがうこと。また、ちがう苗字。対同姓

【異性】イセイ ①男女・雌雄の異なること。②男性が女性を、女性が男性を指していう語。③性質のちがうこと。対①～③同性

【異説】イセツ 一般とはちがった説。「―を唱える」対通説・定説

【異相】イソウ ふつうの人とちがった人相や姿。類異形イギョウ

い イ

【異装】イソウ ふつうの人とはちがった服装。また、規則に反する服装。

【異存】イゾン 他とちがった意見。反対意見や不服。「―はない」類 異議・異論

【異体】イタイ ①ふつうとはちがった姿や形。類 異風 ②標準とちがう字体。俗字や略字など。「―字」対 正体《セイタイ》 ③別のからだや個体。「雌雄―」対 同体 参考 ①「イテイ」とも読む。

〖異体同心〗イタイドウシン からだはそれぞれ別であっても、心は一つであること。類 一心同体・形影一如《ケイエイイチニョ》

【異端】イタン その社会や時代で正統とされる思想・学説・宗教などからはずれていること。また、その説。「その学説は―視された」「文学界の―児」類 邪道・外道 対 正統

〖異端邪説〗イタンジャセツ 正統からはずれている思想・宗教・学説などのこと。〈『宋史《ソウシ》』〉類 異端邪宗《イタンジャシュウ》

【異土】イド 異国の地。外国。また、故郷以外の場所。異郷。

【異同】イドウ ちがっている点。「蛾《ガ》と蝶《チョウ》の―を調べる」類 差異 参考「同」は添え字で意味をもたない。

【異動】イドウ 職場や地位、住所などが変わること。「人事―」「連絡先の―」

【異腹】イフク 父は同じで母がちがうこと。腹ちがい。対 同腹

【異物】イブツ ①ふつうとはちがうもの。②外から体内に入ったものや、体内で自然にできたもので体の組織となじまないもの。誤って飲みこんだものや結石など。

【異聞】イブン めずらしい話。変わった話。「―奇譚」類 逸聞・風聞

【異分子】イブンシ 仲間と思想や行動などがちがっていて集団になじまない者。「―の活動を封じる」

【異変】イヘン ①変化。②ふつうとは変わった出来事。「暖冬―」

【異邦】イホウ 外国。異国。「近年―人が多くなった」類 異土・異国

【異本】イホン ①もとは同じ書物だが、書き写すときなどにちがう部分ができてしまった本。対 定本《テイホン》 ②めずらしい本。

【異名】イミョウ ①本名以外の名。本来のものとは ちがう呼び名。別名。「弥生《やよい》は三月の―」「昆虫博士の―を取る」類 異称 ②あだ名。参考「イメイ」とも読む。

【異様】イヨウ ふつうとちがっているさま。「―な雰囲気」

【異類中行】イルイチュウギョウ 仏 仏が、人々を迷いから救うために、俗世間に身を投じること。また、禅僧が修行者を教え導くために、さまざまな方法を用いること。〈『景徳伝灯録』〉参考 語構成は「異類中」+「行」。

【異例】イレイ それまでに例のない、めずらしいこと。また、いつもとちがっていること。「―の出世をする」「―の措置」

【異路同帰】イロドウキ 方法や手段がちがっていても、同じ結果になるたとえ。道筋はそれぞれ異なっていても、行き着く先は同じである意から。〈『淮南子《エナンジ》』〉類 殊塗同帰《シュトドウキ》

【異論】イロン 他の人とちがっていたり対立していたりする意見。「―を唱える」類 異議・反論・異存

【異】こと 他とちがっていること。別のこと。「考えを―にする」

【異なる】ことなる ちがっている。同じでない。「各人が―る考えをもつ」

イ【痍】(11) 疒 6 1 6556 / 6158

音 イ
訓 きず・きずつく・きずつける

意味 きず。きずつく。きずつける。「傷痍」
下つき 傷痍《ショウイ》・創痍《ソウイ》・瘡痍《ソウイ》

【▲痍】きず 刃物などで切ってできた皮膚の損傷。きりきず。

イ【移】(11) 禾 6 教 常 6 1660 / 305C

音 イ
訓 うつる・うつす

筆順 ノ ニ 千 禾 禾 秒 移 移 移 移 6

意味 ①うつる。場所・位置がかわる。「移転」「移動」「移住」 ②うつす。動かす。かえる。「移管」「移送」「移植」 ③まわしぶみ。回覧する文書。「移文」
下つき 推移《スイイ》・遷移《センイ》・転移《テンイ》・変移《ヘンイ》

【移管】イカン 管理や管轄を他へ移すこと。「権限を県から市に―する」

【移行】イコウ 状態が移って行くこと。「新制度に順次―する」「―措置」類 推移

【移項】イコウ 数学の等式・不等式で、一方の辺の項の符号を変えて他方の辺へ移すこと。「右辺の x を左辺へ―する」

【移住】イジュウ 外国やよその土地に移りすむこと。「南米に―する」類 移転

【移出】イシュツ 国内の他の土地に、また本国から植民地に貨物を送ること。対 移入 参考 外国に送る場合は「輸出」を用いる。

【移譲】イジョウ 他にゆずること。「車を―する」参考「委譲」と書けば、権利・権限などを他にまかせゆだねること。

【移植】イショク ①植物を別の場所に植えかえること。「苗木を―する」②医学で、体の生きた組織や臓器を移しかえること。「心臓を―する手術」

【移籍】イセキ 所属・本籍を他へ移すこと。「プロ野球選手が新球団へ―する」類 転籍

【移送】イソウ 人や物を他の場所へ移し送ること。「犯人を管轄の警察署へ―する」

【移調】イチョウ 楽曲全体の形式を変えないで、別の高さに移すこと。

【移転】イテン ①場所や住所を変えること。引っ越し。「事務所を―する」②権利を他に移すこと。「所有権の―」

【移動】イドウ　動いて位置を変えること。移し動かすこと。「車を―する」

【移入】イニュウ　①移し入れること。「感情―」②国内のある所から他の所に、また、植民地から本国に貨物を入れること。対移出　参考②外国から入れる場合は「輸入」を用いる。

【移風易俗】イフウエキゾク　風俗や習慣を改め、よいほうへ移し変えること。「易」は移し変える意。〈『孝経』〉

【移木の信】イボクのシン　約束を確実に実行することのたとえ。故事　中国、秦(シン)の商鞅(ショウオウ)が新法を人民が信用しないことを懸念し、都の南門の木を北門に移した者に賞金を与えると布告。実行した者に約束通り賞金を与えたので、人々の信頼を得、秦国内に統一的な法令を施行できたという故事から。〈『史記』〉　参考「徙木(シボク)の信」ともいう。

【移民】イミン　よその国に移り住むこと。また、その人。類移住

【移り香】うつりが　他の人や物から移り残ったかおり。類残り香　参考「うつりか」とも読む。

【移る】うつ-る　①位置・地位・所属などが変わる。移動する。「住居を―る」②時間が経過する。「時代が―る」③色やかおり、病気などが他のものに伝わる。「風邪が―る」④関心などが他のものに変わる。「流行が―る」

〈移・徙〉わたまし　①貴人の転居を敬っていう語。②神輿(みこし)の渡御(とぎょ)。表記「渡座」とも書く。

イ【萎】(11) 艹8　常　2　1664　3060

音　イ
訓　なえる　外しおれる・しなびる・しぼむ・つかれる

筆順　一 艹 艹 艹 芉 芙 茉 萎 萎

意味　なえる。しおれる。しなびる。しぼむ。ぐったりする。つかれる。「萎縮」「萎靡(ビ)」

【萎縮】イシュク　しぼんで小さくなること。また、元気がなくなること。「筋―症」「気持ちが―する」

【萎靡】イビ　なえてしおれること。元気がなくなること。「士気が―する」類萎縮

【萎靡沈滞】イビチンタイ　機能が衰え、活気や勢いがなくなってしまうこと。草木がなえしぼみ、水流がよどむ意から。

【萎れる】しお-れる　①草花が水分をなくしてぐったりする。「日照りつづきで花が―れる」②人が元気をなくし、しょんぼりする。「大差で敗れ、―れる」

【△萎びる】しな-びる　水分や生気を失いしわがよる。「レタスが―びる」

【△萎む】しぼ-む　①草花が水分をなくして小さくなる。「花が―む」②張りがなくなって縮む。「希望が―む」

【萎える】な-える　①気力や体力がなくなる。「気持ちが―える」②草花などがしおれる。③衣服などがよれよれになる。

イ【偉】(12) イ10　常　4　1646　304E

旧字《偉》(11) イ9　1/準1

音　イ
訓　えらい　外すぐれる

筆順　亻 亻 伫 伫 佮 偉 偉 偉 偉

意味　①えらい。すぐれている。「偉人」「偉功」「偉徳」②大きい。さかんな。りっぱな。「偉観」「偉容」

下つき　魁偉(カイ)・奇偉(キ)・卓偉(タク)・雄偉(ユウ)

【偉観】イカン　すばらしいながめ。「山頂から見る日の出は実に―だ」類壮観

【偉業】イギョウ　すぐれた仕事や業績。「世界的な―を達成する」

【偉勲】イクン　すばらしい手柄。大きな手柄。「―を立てる」類偉功

【偉功】イコウ　大きな手柄。りっぱな業績。「彼の―を賞賛する」類偉勲

【偉効】イコウ　ききめが著しいこと。すぐれた効果や効能。「―を奏する」

【偉才】イサイ　非常にすぐれた才能。また、その持ち主。類英才・俊才

【偉丈夫】イジョウフ　体格がりっぱでたのもしそうな男。参考「イジョウブ」とも読む。

【偉人】イジン　常人にはとうていできないすぐれた仕事をした人。りっぱな人。「建国の父といわれる―」

【偉大】イダイ　すぐれてりっぱなさま。「彼は―な政治家だ」

【偉容】イヨウ　堂々としてりっぱなようす。「高層ビルが―を誇っている」

【偉い】えら-い　①堂々としていてりっぱである。また、人柄や行動などがりっぱですぐれている。「彼の態度は実に―い」②地位・身分が高い。「財界の―い人」

【偉物】えらブツ　すぐれた人。手腕のある人。やり手。「明治維新の―」「あの人はなかなかの―だ」類敏腕家・辣腕(ラツワン)家

イ【▲圍】(12) 囗9　5203　5423　▼囲の旧字(二八)

イ【幃】(12) 巾9　1　5475　566B

音　イ
訓　とばり

意味　①とばり。たれまくの一種。「幃帳」類帷(イ)　②香ぶくろ。「佩幃(ハイ)」

下つき　佩幃(ハイ)・屏幃(ヘイ)

【▲幃▲幔】イマン　「幃(とばり)」に同じ。

【▲幃】とばり　まわりを囲んだり、空間を仕切ったりする幕。

イ【椅】(12) 木8　常　2　1656　3058

音　イ

筆順 十 木 木 杧 枎 柞 椅 椅 椅 椅

意味 いす。こしかけ。「椅几(キイ)」「椅子(イス)」 類倚(イ) 参考 日本では「橋」の意にも用い、「天椅立(あまのはしだて)」と書くことがある。

【椅子】イス ①背もたれのある腰かけ。②地位。ポスト。「教授の―が空く」

イ【欹】(12) 欠8 1 6126 5D3A 音 イ・キ 訓 ああ・そばだてる・かたむける

意味 ①ああ。感嘆の声。「欹歟(イヨ)」 類猗(イ) ②そばだてる。かたむける。「欹危」

イ【渭】(12) 氵9 1 6247 5E4F 音 イ 訓

意味 中国の川の名。渭水。「渭陽」

イ【▲爲】(12) 爫8 6410 602A ▼為の旧字(三〇)

イ【▲異】(12) 田7 ▼異の旧字(三二)

イ【貽】(12) 貝5 1 7638 6C46 音 イ 訓 のこす・おくる

意味 ①のこす。伝えのこす。「貽訓(イクン)」「貽厥(イケツ)」 類詒(イ)(▼タイ) ②おくる。あたえる。

【▲貽貝】イがい イガイ科の二枚貝。浅海の岩礁に付着する。殻は黒褐色で長卵形。長さは約一五センチメートル。地方により、カラスガイ、セトガイなどとも呼ばれる。食用。季春 表記「淡菜」とも書く。

【▲貽謀】イボウ 子孫のためによい計画を残すこと。また、その計画。

イ【彙】(13) 彐10 常 2 5535 5743 音 イ 訓 外あつめる・たぐい・はりねずみ

筆順 ㇐ ㇉ 彑 彑 彔 㣇 ... 彙

意味 ①あつめる。あつまる。「彙報」「彙集」 ②たぐい。なかま。「語彙」「品彙」 ③はりねずみ。 類蝟(イ)

下つき 語彙(ゴイ)・字彙(ジイ)・辞彙(ジイ)・品彙(ヒンイ)

【彙報】イホウ 資料を分類して種類別にまとめた報告。「年度別の―を発行する」

【彙類】イルイ ①同種、また同程度のもの。同類。たぐい。②類に分けてまとめること。分類。類別。

イ【意】(13) 心9 教 常 8 1653 3055 音 イ 訓 外こころ・おもう

筆順 丶 亠 亣 立 立 产 音 音 音 音 意 意 意

意味 ①こころ。きもち。思い。考え。「意外」「意志」「悪意」 ②内容。わけ。「意義」「意味」「会意」

下つき 悪意(アクイ)・鋭意(エイ)・下意(カイ)・我意(ガイ)・雅意(ガイ)・御意(ギョイ)・敬意(ケイ)・決意(ケツイ)・故意(コイ)・好意(コウイ)・極意(ゴクイ)・懇意(コンイ)・賛意(サンイ)・旨意(シイ)・謝意(シャイ)・主意(シュイ)・神意(シンイ)・誠意(セイイ)・善意(ゼンイ)・他意(タイ)・弔意(チョウイ)・如意(ニョイ)・不意(フイ)・翻意(ホンイ)・留意(リュウイ)

【意外】イガイ 思いのほか。「―な結果が出る」 類予想外・意想外

【意気】イキ 気持ち。気概。積極的な心持ち。「人生―に感ず」「―があがる」

【意気軒▲昂】イキケンコウ 意気込みが盛んで、威勢のいいさま。「軒昂」は高くあがる意。「―たる姿」 類意気衝天 対意気阻喪・意気消沈

【意気自如】イキジジョ 急な出来事にもあわてず、心が落ち着いていて平静なさま。「自如」は平気で動ずることがない意。《史記》 類意気自若(イキジジャク)・泰然自若

【意気消沈】イキショウチン 元気をなくし、しょげかえること。「消沈」は気力がなくなること。「連敗して―する」 表記「消沈」は「銷沈」とも書く。 類意気阻喪・垂頭喪気(スイトウソウキ) 対意気軒昂(イキケンコウ)・意気衝天

【意気衝天】イキショウテン 意気込みが、このうえなく盛んなこと。「衝天」は天を突き上げる意で、勢いの盛んなことのたとえ。 類意気軒昂(イキケンコウ) 対意気消沈・意気阻喪

【意気阻喪】イキソソウ 意気込みがくじけ、元気を失い、勢いがなくなること。「阻喪」は気力を失うこと。 表記「阻喪」は「沮喪」とも書く。 類意気消沈・垂頭喪気(スイトウソウキ) 対意気軒昂(イキケンコウ)・意気衝天

【意気投合】イキトウゴウ 互いの気持ちが、ぴったり合うこと。「投合」は一致する意。「初対面で―する」 類情意投合

【意気揚揚】イキヨウヨウ 得意で誇らしげに振舞うさま。「揚揚」は得意なさま。《史記》「優勝杯を手に―と退場する」

【意義】イギ ①言葉の表す内容。わけ。意味。「本来の―」 ②事柄のもつ重要性。価値。「―のある仕事に従事する」

〈意気地〉いくじ 自分の考えをつらぬこうとする気力。「―がない」

【意見と餅はつくほど練れる】イケンともちはつくほどねれる 餅は、つけばつくほど練れて良質の餅になるように、人も他人の意見をよく聞けば聞くほど得るところが多くなるということ。 類人の言い条と餅はつくほどよし

【意向】イコウ どうするかについての考え。おもわく。「先方の―を打診する」 書きかえ「意嚮」の書きかえ字。

【意▲嚮】イコウ ▼書きかえ 意向

【意在言外】イザイゲンガイ 自分の思いや考えをはっきりいわずに、言外ににおわせること。また文章で、考えを直接表現せず、行間に含ませること。 類意味深長・微言大義(ビゲンタイギ)

【意志】イシ 何かを積極的にしたいという気持ち。「―の強い人」 類意向・意図

【意志薄弱】イシハクジャク 意志が弱く、決断力や忍耐力が非常に乏し

いこと。類薄志弱行・優柔不断 対意志堅固

【意思】イシ 心のなかの思いや考え。「―を表示する」「―の疎通をはかる」

『意思表示』イシヒョウジ ①自分の考えをあきらかに示すこと。②法律上の効果を発生させるために、意思をはっきりおもてに表すこと。「契約取り消しの―をする」

【意地】イジ ①自分が思ったことを通そうとする強い気持ち。「こればかりは―を通したい」②気立て。性格。「―が悪い」③物欲や食欲。「食い―が張る」「―きたない」

【意識】イシキ ①自分のおかれた状況がはっきりわかる心の状態。「―を失う」②物事についてのはっきりとした認識。「社会人としての―が高い」「罪の―がない」

【意趣】イシュ ①考え。意向。おもわく。②うらみ。「―返し」「―を晴らす」

【意匠】イショウ ①工夫をめぐらすこと。趣向。「―を凝らした作品が完成した」②物を美しくみせるための形・模様・色彩などの考案。デザイン。「新製品の―登録を申請する」

【意地悪】イジわる 気立てが悪いこと。また、その人。「―な態度」

【意想外】イソウガイ 思いもよらないこと。「―の出来事」類予想外・意外

【意中】イチュウ 心のうち。気持ち。考え。「―の人」「―を明かす」

【意図】イト 何かをしようと考えること。おもわく。ねらい。「結果は―とは異なる」「―をさぐる」類企画・計画

【意到筆随】イトウヒツズイ 詩や文を作るとき、自分の思うままに筆が進むこと。参考「意到心随」ともいう。

【意馬心猿】イバシンエン 煩悩や欲情などで心が乱れ、おさえがたいこと。ウマが走り回り、サルが騒ぎたてるのは制しがたいことから。「意」は心のこと。《参同契サンドウケイ》
参考「心猿意馬」ともいう。

【意表】イヒョウ 思いがけないこと。考えていなかったこと。「相手の―をつく」類意外・予想外

【意味】イミ ①言葉の表す内容。「熟語の―」②表現や行為などの意図・目的・理由など。「読書の―」③物事のねうち。価値。「―のある仕事」

『意味深長』イミシンチョウ 人の言動や文章表現が奥深いさま。また、表現の裏に別の意味が含まれていること。「まことに―な言葉である」類意在言外

【意訳】イヤク 原文の一語一語にとらわれず、全体の意味を重んじて訳すこと。対直訳・逐語訳

【意欲】イヨク 自分から積極的に何かをしようとする気持ち。「強い―をもって仕事に取り組む」

【△意う】おもう あれとこれと自分の心中でおもいをめぐらす。おしはかる。憶測する。

【△意】こころ ①こころざし。②心中のおもい。気持ち。考え。③わけ。意味。

イ【痿】(13) 疒8 1 6563 615F
音イ 訓なえる・しびれる
意味 ①なえる。しおれる。力がなくなる。「痿弱」類萎イ ②しびれる。「痿痺ヒ」

【▲痿える】なえる 力が抜ける。気力や体力を失って弱る。「気力が―えてしまう」

イ【肄】(13) 聿7 1 7071 6667
音イ 訓ならう・ひこばえ
意味 ①ならう。練習する。「肄業」②ひこばえ。切り株から出た芽。
下つき 教肄キョウイ・習肄シュウイ

【▲肄う】ならう 学ぶ。何度もくり返し練習する。

イ【★葦】(13) 艹10 準1 1617 3031
音イ 訓あし・よし

〔葦〕
意味 ①あし。よし。水辺に生えるイネ科の多年草。「葦笥イシ」「葦車」「葦汀テイ」②小さい舟のたとえ。「一葦」
下つき 一葦イチイ・枯葦コイ・蒲葦ホイ

【▲葦】あし イネ科の多年草。水辺に自生。高さ二～三メートルになり、茎ですだれをあむ。「人間は考える―である」季秋 表記「蘆・葭」とも書く。
参考「よし」とも読む。

【▲葦鹿】あしか アシカ科の哺乳ホニュウ動物。▼海驢あしか(一七四)

〈▲葦牙〉あしかび アシの若い芽。葦角あしづの。

【▲葦毛】あしげ ウマの毛色で、白い毛のなかに黒色や茶色の毛がまじっているもの。

【▲葦原の国】あしはらのくに 日本の古い呼び名。葦原の中つ国。葦原の瑞穂みずほの国。

【▲葦笛】あしぶえ ①アシの葉をまるめて作った草笛。②アシの茎で作った、たて笛。ケーナ。

【▲葦】よし アシの別称。由来「あし」が「悪あし」に通じることから、それをきらって「善よし」と言い換えたもの。▼葦あし

『▲葦の髄ズイから天を覗のぞく』 非常に限られた知識や経験で、大きな問題について勝手な判断をしてしまうたとえ。類管くだを以もって天を窺うかがう・針の穴から天を覗く

【▲葦▲鴨】よしがも カモ科の鳥。北海道で繁殖し、冬は本州に渡る。全長約五〇センチメートル。雄は頭が光沢のある黒緑色で、最も内側の風切り羽は長く美しい。ミノガモ。ミノヨシ。季冬

〈▲葦▲雀〉・【▲葦切】よしきり ヒタキ科の鳥。アシの中にすみ、「ギョギョシ」とやかましく鳴く。ギョウギョウシ。ヨシワラスズメ。季夏 表記「葭切」とも書く。

い イ

【葦簀・葦簾】よしず アシの茎で編んだすだれ。日よけなどに用いる。よしすだれ。「—張り」季夏 表記「葭簀」とも書く。

イ【違】

(13) 辶10 常 4 1667 3063

旧字《違》(13) 辶9 1/準1

音 イ
訓 ちがう・ちがえる 外 たがう・たがえる・さる・よこしま・かい

筆順

意味 ①ちがう。異なる。「違算」「違式」「違和」②たがう。そむく。したがわない。「違憲」「違背」「違約」③さる。離れる。④よこしま。悪いこと。「非違」

下つき 依違（イ）・乖違（カイ）・差違（サ）・相違（ソウ）・非違（ヒ）

【違憲】イケン 憲法の規定に反すること。憲法違反。対合憲

【違勅】イチョク 天子の命令にしたがわないこと。

【違背】イハイ 規則・約束・命令などに背くこと。類違反・背反

【違反・違叛】イハン 法律・協定・約束などにしたがわないこと。「交通法規に—する」類違背・背反

【違犯】イハン 法律に反して罪をおかすこと。参考「イボン」とも読む。

【違法】イホウ 法律に背くこと。「路上駐車は—だ」類不法・無法 対合法・適法

【違約】イヤク 契約・約束を破ること。「—のないよう念を押す」

【違和感】イワカン ①周囲としっくりせずに、ちぐはぐな感じがすること。「最近の流行に—を覚える」②心や体の調子が正常ではなく、どこか変なこと。「腰に—がある」

【違う】たがう ①くいちがう。一致していない。ちがう。②はずれる。そむく。「約束に—う行為」参考①「ちがう」よりも少し古風な使い方。

【違い棚】ちがいだな 二枚の板を段ちがいに取り付けた棚。床の間や地袋（じぶくろ）の上などにしつらえることが多い。

【違う】ちがう ①比べる対象と同じでない。異なる。「二人の趣味はまったく—う」「—う道を探す」②合わない。正しくない。「鍵（かぎ）が—う」

【違える】ちがえる ①かえる。ちがうようにする。「学年ごとに色を—える」②合わないようにする。「見解を—える」③まちがえる。誤る。「番号札を取り—える」④正常でなくする。痛める。「首の筋を—えて痛い」⑤交わらせる。交差させる。「行き—える」

イ【維】

(14) 糸8 常 4 1661 305D

音 イ
訓 外 つなぐ・これ

筆順

意味 ①つなぐ。ささえる。たもつ。「維持」②すじ。糸。「繊維」③つな。大もとになるもの。「維綱」「国維」④これ。次の語を強調する言葉。「維新」類惟（イ）

下つき 乾維（ケン）・皇維（コウ）・綱維（コウ）・国維（コク）・坤維（コン）・四維（シ）・水維（スイ）・繊維（セン）・地維（チ）・天維（テン）

【維綱】イコウ ①おおづな。②おおづなでつなぐこと。③おおもとになるもの。人の守るべき法則。おきて。

【維持】イジ 同じ状態でもちこたえること。保つこと。「現在の水準を—する」

【維新】イシン ①すべてが改まって新しくなること。②明治維新。参考①特に、政治的なことについて用いる。

〈維納〉ウィーン オーストリア共和国の首都。ドナウ川の南岸にあり、中部ヨーロッパの文化の中心。音楽の都として有名。

【維ぐ】つなぐ つなを張ってささえとめる。転じて、体制を引きしめる。つなぎとめる。

【維摩経】ユイマギョウ 仏大乗経典の一つ。古代インドの長者、維摩が在家のまま大乗の立場や根本的精神を戯曲的手法で説いたもの。参考「ユイ」は呉音。

イ【飴】★

(14) 飠5 準1 1627 303B

音 イ
訓 あめ

〔飴〕

意味 あめ。あまみのある食品。「水飴（みずあめ）」

下つき 水飴（みずあめ）・綿飴（わたあめ）

【飴】あめ ①米・いもなどのでんぷんを麦芽（バクガ）で糖分に変えて作った甘味食品。「—をしゃぶる」②人を喜ばせてだますもの。「—をなめさせて味方につける」

【飴と鞭】あめとむち 甘やかす一方で厳しく締めつける支配や指導の方法。「—を使い分ける」由来社会主義運動に対して、譲歩（飴）と弾圧（鞭）を併用したドイツのビスマルクの政策を評した言葉から。

【飴細工】あめザイク ①あめで動物などの形を作ったもの。②見かけはりっぱだが、内容の伴わないもののたとえ。

【飴煮】あめに 魚などを水あめ・砂糖・醤油（ショウユ）などで甘辛く煮ること。また、そのように煮た食べ物。

【飴坊】あめんぼ アメンボ科の昆虫の総称。あめに似た甘い臭気を出すことから。由来 ▼水黽（あめんぼ）（八三）

イ【慰】

(15) 心11 常 3 1654 3056

音 イ
訓 なぐさめる・なぐさむ

筆順

意味 ①なぐさめる。いたわる。「慰謝」「慰安」「慰労」②なぐさむ。気が晴れる。もてあそぶ。「自慰」

下つき 安慰（アン）・弔慰（チョウ）

【慰安】イアン 日ごろの苦労をいたわり、気晴らしをさせること。「会社の—旅行に参加

い イ

する」類慰労

慰謝・慰藉 イシャ 同情して、なぐさめいたわること。

慰謝料・慰藉料 イシャリョウ ▼書きかえ 慰謝料

慰謝料 イシャリョウ 生命・身体・自由・名誉・財産などが侵害されたとき、その精神的損害をつぐなうために支払われる金銭。 書きかえ「慰藉料」の書きかえ字。

慰撫 イブ やさしくなぐさめて、人の心をやわらげること。

慰問 イモン 病人や被災者などを訪ねてなぐさめること。「老人ホームを—する」

慰留 イリュウ なだめて思いとどまらせること。「辞表を提出した社員を—する」

慰霊祭 イレイサイ 死んだ人の魂をなぐさめるための祭り。

慰労 イロウ 苦労をなぐさめ、いたわること。「ボランティアの人々を—する」「—会」類慰安

慰む なぐさむ ①心が晴れる。気がまぎれる。「心—む音楽」②おもちゃにする。③もてあそぶ。

慰める なぐさめる ①苦しみや悲しみなどを忘れさせ、心をなごやかにさせる。②いたわる。なだめる。「傷心の友を—める」

イ【熨】

(15) 火11 1 6381 5F71 音 イ・ウツ 訓 ひのし・のす・のし・おさえる

意味 ①ひのし（火熨）。炭火の熱でしわをのばすひしゃく形の器具。②のす。おさえてのばす。「湯熨」③のし。「熨斗鮑」の略。祝い事などの進物に添える。④おさえる。「熨帖」

下つき 湯熨・火熨

〈熨斗〉・熨 のし ①「火熨斗」の略。炭火の熱でしわをのばす器具。②「熨斗鮑」の略。③②の形式化したもの。紅白の色紙を折り、熨斗鮑に模した黄色い紙を入れて進物に添える。印刷したものや「のし」と書いて代用するものもある。「菓子折に—を添える」由来 ③中に熨斗鮑を小さく切ってはさんだことからという。

〈熨斗〉鮑・〈熨斗〉蚫 のしあわび アワビの肉を薄く細長くのばして干したもの。古く儀式用の肴に用い、のち進物に添えた。うちあわび。あわびのし。

〈熨斗〉目 のしめ 練貫（縦と横に性質の異なる絹糸を使った絹織物）の一種。袖と腰に縞模様の出る織り方で、武士の礼装用の小袖に用いた。現在は能狂言や歌舞伎の衣装に用いる。

熨す のす 熱を加えて布地のしわをのばしたり折り目をつけたりする。「アイロンでしわを—す」

熨 ひのし 柄のついた底の平らなひしゃく形の器具。中に炭火を入れて用い、布地のしわをのばしたり、折り目をつけたりする。表記「火熨斗」とも書く。

イ【緯】

(15) 糸9 ▼緯の旧字(四〇)

イ【蝟】

(15) 虫9 1 7386 6976 音 イ 訓 はりねずみ・むらがる

意味 ①はりねずみ。ハリネズミ科の哺乳動物。全身に針のような毛があり、ネズミに似る。「蝟縮」②むらがる。むらがり集まる。類①②彙

蝟集 イシュウ 物が一か所にあつまること。「事故現場に見物人が—する」類雲集・密集

蝟 はりねずみ ハリネズミ。ハリネズミ科の哺乳動物。▼針鼠(八〇二)

イ【遺】

(15) ⻌12 常 教 5 1668 3064 音 イ・ユイ(中) 訓 (外)のこす・のこる・わすれる・すてる

旧字《遺》(16) ⻌12 1/準1

筆順 口 中 虫 虫 冑 冑[10] 貴[12] 貴 遺 遺

意味 ①のこす。のこる。「遺影」「遺産」「遺書」②おとす。ぬけおちる。わすれる。「遺算」「遺失」「遺漏」③すてる。「遺棄」④残ったもの。もれたもの。「拾遺」「補遺」⑤おくる。やる。「遺贈」類饋

下つき 欠遺・拾遺・補遺

遺愛 イアイ 故人が生前大事にしていたもの。「父の—の花瓶を飾る」

遺詠 イエイ ①死にのぞんでよんだ詩歌。類辞世 ②故人ののこした未発表の詩歌。

遺影 イエイ 故人の生前の写真や肖像画。「—を自室に飾る」

遺戒・遺誡 イカイ 故人がのこしたいましめ。類遺訓 参考「ユイカイ」とも読む。

遺骸 イガイ 死んだ人の体。なきがら。類遺体・死体

遺憾 イカン 思っていたようにならず、心残りのさま。「目標を達成できないのは—である」「—ながら私の手には負えない」類残念

『遺憾千万』 イカンセンバン 思いどおりにならず、非常に残念なこと。このうえなく心残りであること。類残念至極

遺業 イギョウ 故人がのこした事業や仕事。「—を継ぐ」「先人の—をたたえる」

遺訓 イクン 故人がのこした教えや言葉。「先代の—が掲げてある」類遺戒

遺賢 イケン 才能に恵まれながら認められず、民間に埋もれている人。「野に—なし」

遺構 イコウ 古い建造物で現在ものこっているもの。また、古代の都市や建造物のあとにのこった礎石や土台など。

遺稿 イコウ 故人ののこした未発表の原稿。「作家の—が新たに発見された」類遺文

遺骨 イコツ 死んだ人の骨。おこつ。「—が郷里に帰る」

【遺恨】イコン いつまでも忘れられないうらみ。心に残るうらみ。「―を晴らす」「―試合」類宿恨

【遺作】イサク 故人ののこした未発表の作品。「―の油絵をしみじみと眺める」

【遺産】イサン ①故人がのこした財産。「父の―を相続する」②前代の人々がのこした業績。「世界文化―」

【遺志】イシ 故人が生前もっていたこころざし。また、果たせなかったこころざし。「父の―を継ぐ」

【遺▲址】イシ 昔、城や建物などがあったあと。「礎石ばかりの草深い―に立つ」類遺跡・旧跡・古跡・古址

【遺児】イジ 親が死んであとにのこされた子。わすれがたみ。類遺子

【遺失】イシツ 金品を落としたり、置き忘れたりしてなくすこと。「車内の―物が多い」類紛失

【遺習】イシュウ 現在ものこっている古くからの習慣や風習。「封建時代の―」

【遺臭万載】イシュウバンサイ 悪名や悪評を後世までのこすこと。「臭」は悪臭のことで、悪い評判のたとえ。「万載」は万年のことで、いつまでもの意。〈『晋書(シンジョ)』〉対垂名竹帛(スイメイチクハク)

【遺書】イショ ①死後のために書き残す文書。書き置き。類遺言状 ②後世にのこされた著述や書物。類遺著

【遺臣】イシン ①先代の君主から仕えている家来。②王朝や主家が滅びたあとにのこった家臣。

【遺制】イセイ 現在までのこっている昔の制度。古い制度。

【遺跡】イセキ 人類の生活や文化、事件のあった場所などのあと。「古代の―を発掘する」類遺址(シ)・古址・旧址・史跡 書きかえ「遺蹟」の書きかえ字。

【遺▲蹟】イセキ ▼書きかえ 遺跡

【遺贈】イゾウ その人の死後、遺言によって財産を他人に譲り渡すこと。「市に所蔵絵画を―する」類贈与

【遺族】イゾク 人が死亡したあとにのこされたその親族。類遺家族

【遺伝】イデン 動植物で、親の形態や性質が遺伝子のはたらきによって子孫に伝えられること。

【遺徳】イトク 死後になおのこっている人徳。故人の恩徳・めぐみ。「―をしのぶ」

【遺髪】イハツ 死んだ人の頭髪。特に、かたみにする頭髪をいう。

【遺品】イヒン ①故人がのこした品物。生前使っていた品物。かたみ。「祖母の―を整理する」②遺失物。忘れ物。類①②遺物

【遺風】イフウ ①古くから伝わる風習・習慣。②後世に伝えられる故人の教え。「あの店は先代の―を受け継いでいる」

【遺風残香】イフウザンコウ 昔のすぐれた人物や、良い風俗のなごり。類遺風余香

【遺物】イブツ ①かたみ。類遺品 ②現存する過去の時代のもの。「前世紀の―」

【遺文】イブン ①現存する古い時代の文献。「平安時代の―が展示されている」②故人が残した生前の文書。

【遺芳】イホウ ①後までのこる香り。類遺薫 ②死後までのこる名誉・業績。特に、すぐれた詩文や書画。③故人の書きのこした書画。類遺墨

【遺忘】イボウ わすれること。類忘却

【遺墨】イボク 死後にのこした書や絵画。また、故人の筆跡。類遺芳

【遺命】イメイ 故人の言いのこした命令。故人の指示したこと。類遺令 参考「ユイメイ」とも読む。

【遺留】イリュウ ①持ち物を置き忘れること。「―品」②財産などを死後にのこすこと。「―分を算定する」

【遺漏】イロウ もれ落ちること。見落とすこと。手ぬかり。「計画を万事―なくやり遂げた」類欠漏・脱漏

【△遺す】のこす ①あとにとどめる。とりのこす。死後にのこす。②後世にまで伝える。「後世に―す」

【遺言】ユイゴン 死後のために言いのこす言葉。「―を家族に伝える」参考法律では「イゴン」と読む。

イ【頤】

(15) 頁6 1 8085 7075 音 イ 訓 おとがい・あご・やしなう

意味 ①おとがい。あご。「頤使」②やしなう。育てる。「頤養」

下つき 解頤(カイ)・期頤(キイ)・朶頤(ダイ)

【▲頤】あご ①口の上下にある器官。②下あご。おとがい。「―が外れる」

【▲頤使・▲頤指】イシ 人をあごで使うこと。いばって人に指図すること。「上役の―に甘んじる」

【▲頤】おとがい あご。特に、下あご。「―が落ちる(おいしいたとえ)」「―を叩(たた)く(おしゃべりを非難した言い方)」参考少し古風な言い方。

【▲頤を解く】あごがはずれるほど大笑いすること。「解く」は、はずすの意。

イ【噫】

(16) 口13 1 5164 5360 音 イ・アイ 訓 ああ・おくび

意味 ①ああ。嘆きの声。驚きの声。「噫乎(ああ)」「噫嗚(オイ)」②おくび。げっぷ。「噫気(アイキ)」類噯(アイ)

【▲噫】ああ 悲しみ嘆く声。おお。「―なんと悲しいことよ」

【▲噫気】アイキ 胃にたまったガスが口から出たもの。げっぷ。表記「噯気」とも書く。参考「おくび」とも読む。

イ【緯】(16) 糸10 常 4 1662 305E
音 イ
訓 外 よこいと・ぬき

旧字《緯》(15) 糸9 1/準1

筆順 7 12 … 緯

意味 ①よこいと。ぬき。織物の横糸。「経緯」②よこ。南北に対して東西の方向。「緯線」「緯度」 対 ①②経 ③未来記。予言書。

下つき 経緯(ケイイ)・南緯(ナンイ)・北緯(ホクイ)

【緯度】イド 赤道を〇度、南北の極を九〇度として、赤道からある地点までの角度。赤道を境にして北緯と南緯がある。「極地に近づくほど―は高くなる」 対 経度

【緯武経文】イブケイブン 文化と軍事の両方を重んじて国を治めること。「緯」は横糸、「経」は縦糸。武を横糸、文を縦糸として美しい布を織る意から。《『晋書(シンジョ)』》 参考「経文緯武」ともいう。

【△緯糸】ぬきいと 織物のよこ糸。ぬき。

【△緯・〈緯糸〉】よこ よこいと ぬきいと 織物で横に織りこむ糸。よこ糸。ぬき糸。よこ。 対 経(たていと)
表記「横糸」とも書く。

イ【縊】(16) 糸10 1 6948 6550
音 イ
訓 くびる・くびれる

意味 首を絞める。くびる。首をくくる。「縊殺」「縊死」

【縊殺】イサツ ひもやなわなどで首を絞めて殺すこと。絞殺。

【縊死】イシ 首をくくって死ぬこと。首つり。「死因は―らしい」

【縊る】くびる ①ひもや手で首を絞めて殺す。②しばり首にする。絞首刑にする。

【縊れる】くびれる 首をくくって死ぬ。首つり自殺をする。「―れて死ぬ」

イ【謂】★ (16) 言9 準1 1666 3062
音 イ
訓 いう・いい・いわれ

意味 ①いう。述べる。となえる。「所謂(イショ・いわゆる)」「称謂」②いい。いわれ。理由。③思う。考える。

下つき 所謂(イショ)

【謂】いい わけ。いわれ。…ということ。「文学は人生の―だという」 参考「…の謂」という使い方が多い。

【謂う】いう 相手に語りかける。告げる。述べる。批評する。

【謂う勿かれ今日学ばずとも来日ありと】いうなかれコンニチまなばずともライジツありと 今日学ばなくても明日があるからなどといって怠けてはならない。学問は寸暇を惜しんでやるべきであるという戒め。〈朱熹(シュキ)の文〉

【謂れ】いわれ ①理由。わけ。「苦情をもちこまれる―はない」「―のない非難」②由来。由緒。いわく。「寺の―を知る」

イ【△遺】(16) 辶12 ▼遺の旧字(三八)

イ【鮪】(17) 魚6 準1 4378 4B6E
音 イ・ユウ
訓 まぐろ・しび

意味 ①まぐろ。しび。サバ科の大形の魚。②(中国で)チョウザメの一種。

【鮪】しび マグロの別称。特に、クロマグロの大形のものをいう。

【鮪節】しびぶし マグロの身を煮て乾燥し、かつお節のように作った保存食品。まぐろぶし。

【鮪】まぐろ サバ科マグロ属の海魚の総称。体長一～三メートル。紡錘(ボウスイ)形で背面が青黒色の回遊魚。肉は食用。 季 冬

イ【彝】(18) 彐15 1 5519 5733
音 イ
訓 つね・のり

〔彛〕 5520 5734

意味 ①宗廟(ソウビョウ)に供える祭器。「彝器」②つね。のり(法)。人のつねに守るべき不変の道。「彝訓」「彝憲」「彝倫」

【彝器】イキ 宗廟(ソウビョウ)(祖先のみたまや)に常に供えてある儀式用の器物。

【彝倫】イリン 人として守るべき道理・倫理。常に守るべき不変の道。

イ【△醫】(18) 酉11 7848 6E50 ▼医の旧字(二七)

イ【鰄】(20) 魚9 1 8258 725A
音 イ
訓 かいらぎ

意味 かいらぎ。東南アジア原産のサメ類の皮。

【鰄】かいらぎ 南海にすむサメ類で、アカエイに似た魚の背皮。刀剣のつかやさや、装飾品などに用いる。 表記「梅花皮」とも書く。

イ【饐】(21) 食12 1 8130 713E
音 イ・エツ
訓 すえる・むせぶ

意味 ①すえる。食物がくさる。②むせぶ。むせる。

【饐える】すえる 食物が腐ってすっぱくなる。「―えた臭い」「暑さのため飯が―える」

イ【懿】(22) 心18 1 5684 5874
音 イ
訓 よい・うるわしい

意味 よい。りっぱな。うるわしい。特に、女性の徳をほめる語。「懿業」「懿親」「懿績」

【懿旨】イシ 皇后や皇太后・太皇太后の指示。

【懿徳】イトク 非常にすぐれた徳。特に、女性のすぐれた品性・人格。

【懿しい】うるわしい りっぱである。すぐれている。整っていてよい。

【懿い】よい 充実していて満足できる。りっぱである。

い【井】(4) 二2 教 1670/3066 ▼セイ(八四二)
い【▲亥】(6) 亠4 1671/3067 ▼ガイ(一九〇)
い【▲莞】(10) 艹7 2048/3450 ▼カン(三三一)
い【▲猪】(11) 犭8 3586/4376 ▼チョ(一〇五一)
い【▲藺】(19) 艹16 7334/6942 ▼リン(一五八八)
いい【△飯】(12) 食4 教 4051/4853 ▼ハン(一二六六)
いい【▲謂】(16) 言9 1666/3062 ▼イ(四〇)
いう【▲云う】(4) 二2 1730/313E ▼ウン(八〇)
いう【▲曰う】(4) 曰0 5909/5B29 ▼エツ(九三)
いう【言う】(7) 言0 教 2432/3840 ▼ゲン(四三九)
いう【△道う】(12) 辶9 教 3827/463B ▼ドウ(一一六三)
いう【▲謂う】(16) 言9 1666/3062 ▼イ(四〇)

同訓異義 いう

【言う】思うことを言葉に表す。語る。「反対意見を言う」「言うに言われぬ事情」「言って聞かせる」「言わぬが花」
【▲云う】呼ぶ。同類・同格を表す。「小夜と云う娘」「山と云う山が真っ赤に色づく」「颪(おろし)と云う北風」「三月を弥生(やよい)とも云う」
【▲謂う】人に話しかける。批評していう。名づける。「明日有りと謂う勿(なか)れ」「謂わば人災だ」
【▲曰う】口に出してものをいう。人の言葉などの引用に用いる。「古事記で曰うところの」
【△道う】語る。ものをいう。「言う」に近い。「報道」

いえ【△宇】(6) 宀3 教 1707/3127 ▼ウ(六九)
いえ【家】(10) 宀7 教 1840/3248 ▼カ(一四九)
いえども【▲雖も】(17) 隹9 7413/6A2D ▼スイ(八二三)

いえる【癒える】(18) 疒13 常 4494/4C7E ▼ユ(一五〇五)
いおり【▲庵】(11) 广8 1635/3043 ▼アン(三三)
いおり【▲菴】(11) 艹8 7231/683F ▼アン(三三)
いおり【▲廬】(19) 广16 5510/572A ▼ロ(一六一〇)
いが【▲毬】(11) 毛7 6160/5D5C ▼キュウ(三〇九)
いかす【生かす】(5) 生0 教 3224/4038 ▼セイ(八四六)
いかす【△活かす】(9) 氵6 教 1972/3368 ▼カツ(二一二)
いかずち【△雷】(13) 雨5 常 4575/4D6B ▼ライ(一五四五)
いかずち【▲霆】(15) 雨7 8029/703D ▼テイ(一〇九八)
いかだ【▲桴】(11) 木7 5979/5B6F ▼フ(一三三〇)
いかだ【▲筏】(12) 竹6 4021/4835 ▼バツ(一二五四)
いかだ【▲槎】(14) 木10 6044/5C4C ▼サ(五四六)
いがた【▲熔】(14) 火10 4548/4D50 ▼ヨウ(一五三四)
いかつい【△厳つい】(17) ⺍14 教 2423/3837 ▼ゲン(四四五)
いがむ【▲啀む】(11) 口8 5117/5331 ▼ガイ(一九一)
いかめしい【△厳しい】(17) ⺍14 教 2423/3837 ▼ゲン(四四五)
いからす【▲瞋らす】(15) 目10 6651/6253 ▼シン(八〇九)
いかり【▲碇】(13) 石8 3686/4476 ▼テイ(一〇九六)
いかり【▲錨】(16) 金8 4137/4945 ▼ビョウ(一三一一)
いかる【▲忿る】(8) 心4 5561/575D ▼フン(一三五四)
いかる【怒る】(9) 心5 常 3760/455C ▼ド(一一三四)
いかる【▲嗔る】(13) 口10 5149/5351 ▼シン(八〇四)
いかる【▲慍る】(13) 忄10 5618/5832 ▼ウン(八二)
いかる【▲愾る】(13) 忄10 5633/5841 ▼ガイ(一九二)
いかる【▲瞋る】(15) 目10 6651/6253 ▼シン(八〇九)

いかる【鵤】(18) 鳥7 国 1 8303/7323 訓 音 いかる・いかるが

意味 いかる。いかるが。アトリ科の鳥。体は灰色で、黄色い大きなくちばしをもつ。 表記「斑鳩」とも書く。▼斑鳩(一二六五)

いかん【△奈】(8) 大5 教 3864/4660 ▼ナ(一一八三)

イキ【域】(11) 土8 教 常 5 1672/3068 訓 音 イキ 外 さかい・ところ

筆順 一 十 土 圤 圻 垣 垣 垣 域 域 域 (6)

意味 ①さかい。土地のくぎり。「域内」「区域」「地域」 ②くに。ところ。国土。「異域」 ③あるかぎられた範囲。「音域」「芸域」「名人の域に達する」

下つき 異域(イイキ)・塋域(エイイキ)・海域(カイイキ)・彊域(キョウイキ)・浄域(ジョウイキ)・職域(ショクイキ)・西域(セイイキ)・声域(セイイキ)・聖域(セイイキ)・絶域(ゼツイキ)・辺域(ヘンイキ)・流域(リュウイキ)・領域(リョウイキ)・霊域(レイイキ)

【△域】さかい ①土地の区切り。境界。②区切られた場所。区切られた中。

イキ【★閾】(16) 門8 1 7971/6F67 訓 音 イキ・ヨク しきい・くぎる

意味 ①しきい。しきみ。出入り口の境界の横木。「門閾」 ②かぎる。くぎる。「閾下」「識閾」

下つき 門閾(モンイキ)・識閾(シキイキ)

【▲閾下】イキカ 刺激が弱すぎて反応が起こらない状態。また、意識にのぼらない無意識の状態。「―知覚」

【▲閾値】イキチ 反応を起こすための最小限の刺激値。限界値。 参考「しきいチ」とも読む。

【▲閾】しきい 門の下にあって、内外を区切る横木。しきみ。

いき【息】(10) 心6 教 3409/4229 ▼ソク(九五九)

いき【粋】(10) 米4 常 3172 3F68 ▼スイ（八二九）

いきおい【勢い】(13) 力11 教 3210 402A ▼セイ（八六四）

いきどおる【憤る】(15) 忄12 常 4216 4A30 ▼フン（一三五七）

いきる【生きる】(5) 生0 教 3224 4038 ▼セイ（八四六）

いきる【△活きる】(9) 氵6 教 1972 3368 ▼カツ（二三二）

いきる【△熱る】(15) 灬11 教 3914 472E ▼ネツ（一二〇五）

同訓異義 いきる・いける

【生きる】命を保つ。生活する。「一人で生きる」「筆一本で生きる」「生き甲斐（がい）」

【△活きる】本来の力を発揮する。効力がある。「生きる」とも書く。「才能が活きる仕事」「その一語で文章が活きる」「活きた教訓」

【△熱る】熱くなる。勢い込む。「侮（あなど）られて熱り立つ」「草熱（くさいきれ）」

【△活ける】草花や木の枝を花器にさす。「生ける」とも書く。「秋の山草を活ける」「活け花」

【△埋ける】長もちさせるために土や灰の中に埋める。「ネギを埋ける」「炭火を灰に埋ける」

イク【▲育】(7) 肉3 ▼育の旧字（四二）

イク【育】

(8) 肉4 教 常 8 1673 3069

音 イク 訓 そだつ・そだてる・はぐくむ

旧字《育》(7) 肉3 1/準1

筆順 丶 亠 亠 云 产 育 育 育

意味 ①そだてる。やしなう。はぐくむ。「育英」「育成」「養育」②そだつ。成長する。「成育」「発育」

下つき 愛育（アイイク）・化育（カイク）・訓育（クンイク）・薫育（クンイク）・生育（セイイク）・成育（セイイク）・知育（チイク）・徳育（トクイク）・発育（ハツイク）・扶育（フイク）・撫育（ブイク）・養育（ヨウイク）

【育英】イクエイ ①才能ある青少年を教育すること。②青少年が学業に専心できるように経済上の援助をすること。「—資金を受ける」

【育成】イクセイ 一人前に育てあげること。「人材の—を図る」類養成

【育苗】イクビョウ 苗床（なえどこ）で、農作物や草花の苗や苗木を育てること。

【育てる】そだ—てる ①小さいものが成長して大きくなるように世話をする。「ひよこを—てる」②才能や資質を伸ばすよう教え導く。「子ども会のリーダーを—てる」

【育む】はぐく—む ①親鳥が羽の中にひなを抱いて育てる。②大切に育てる。養育する。③物事が発展するように守り育てる。「夢を—む」
由来 ひなを羽でおおい包む意の「羽（は）包（くく）む」から。

イク【郁】

(9) 阝6 準1 1674 306A

音 イク 訓 かぐわしい・さかん

意味 ①さかんなようす。文化が高い。「郁郁」「郁文」②かぐわしい。香りが高い。「馥郁（フクイク）」

下つき 馥郁（フクイク）・芬郁（フンイク）・紛郁（フンイク）

【▲郁▲郁】イクイク ①香りが高いさま。「—とした梅林を歩く」②文化・文物の盛んなさま。「—たる文化を感じる」

【▲郁▲郁青青】イクイクセイセイ 草木が青々と生い茂り、花がよい香りを一面に漂わせているさま。岸辺に生えたヨロイグサやフジバカマについていった語。《『岳陽楼記』》

【▲郁しい】かぐわ—しい 盛んに香るさま。香気のつよいさま。「—い菊の香り」

【〈▲郁▲李〉】にわうめ バラ科の落葉小低木。中国原産。春、淡紅色の花を多数つける。果実は球形で赤く熟し食用。コウメ。季春 由来「郁李」は漢名から。表記「庭梅」とも書く。

【〈▲郁子〉】むべ アケビ科のつる性常緑低木。暖地の山地に自生。実はアケビに似るが、完熟しても裂けない。食用。トキワアケビ。季秋 表記「野木瓜」とも書く。参考「うべ」とも読む。

イク【澳】

(16) 氵13 1 6320 5F34

音 イク・オウ 訓 くま・おき・ふかい

意味 ①くま（隈）。水が奥深く入りこんだ所。「隈澳（ワイイク）」②おき。岸から遠く離れた水上。沖合。③ふかい。④「澳太利亜（オーストリア）」の略。

下つき 隈澳（ワイイク）

【澳】おき ①海や湖の岸から遠く離れている水上。「—行く舟」②人里から遠い田畑や原野の辺り。

【澳】くま 川や湖の水が陸地に奥深く入り込んだ所。また、その水際。

【〈澳門〉】マカオ 中国広東省の南部にある港湾都市。一八八七年から一九九九年までポルトガルの植民地。

イク【燠】

(17) 火13 1 6390 5F7A

音 イク・オウ 訓 あたたかい・あつい・おき

意味 ①あたたかい。あつい。②いたみ思う声。③おき。赤く熱した炭火。

【燠かい】あたた—かい 火の熱であたたかい。暖気がこもって気持ちのよいさま。「火鉢に手をかざすと—い」

【燠】おき 火勢が盛んになり赤く熱した炭火。また、薪（まき）が炎を出して燃えたのち、赤くなっているもの。おきび。「—が赤く残る」

イク【鬻】

(22) 鬲12 1 6888 6478

音 イク・シュク 訓 かゆ・ひさぐ

意味 ①かゆ。水を多く入れて炊いたごはん。②ひさぐ。売る。「鬻売（イクバイ）」③養い育てる。類育 参考「粥（シュク）」の本字。

下つき 衒鬻（ゲンイク）

【鬻ぐ】ひさ—ぐ 物を売る。商いをする。「春を—ぐ（売春する）」

いく【逝く】(10) 辶7 常 3234 4042 ▼セイ（八五九）

いく【幾】(12) 幺9 常 2086 3476 ▼キ（二七六）

いくさ【▲軍】(9) 車2 教 2319/3733 ▼グン(三八四)
いくさ【▲戦】(13) 戈9 教 3279/406F ▼セン(九〇四)
いくさぶね【△艦】(21) 舟15 常 2047/344F ▼カン(二五一)
いぐるみ【▲弋】(3) 弋0 5521/5735 ▼ヨク(一五三八)
いけ【池】(6) 氵3 教 3551/4353 ▼チ(一〇二九)
いけにえ【△牲】(9) 牛5 常 3223/4037 ▼セイ(八五八)
いけにえ【△犠】(17) 牛13 常 2130/353E ▼ギ(二九一)
いける【生ける】(5) 生0 教 3224/4038 ▼セイ(八四六)
いける【△活ける】(9) 氵6 教 1972/3368 ▼カツ(二二二)
いける【△埋ける】(10) 土7 常 4368/4B64 ▼マイ(一四三八)
いこう【△憩う】(16) 心12 常 2338/3746 ▼ケイ(四〇〇)
いさお【△功】(5) 力3 教 2489/3879 ▼コウ(四七四)
いさお【△勲】(15) 力13 常 2314/372E ▼クン(三八三)
いさおし【△勲】(15) 力13 常 2314/372E ▼クン(三八三)
いさかい【▲諍い】(15) 言8 7558/6B5A ▼ソウ(九四八)
いさぎよい【△潔い】(15) 氵12 教 2373/3769 ▼ケツ(四一四)
いさご【△砂】(9) 石4 教 2629/3A3D ▼サ(五四三)

いさざ【魚尓】(16) 魚5 国 1 音訓 いさざ

意味 いさざ。ハゼ科の淡水魚。琵琶(びわ)湖特産。

いささか【▲些か】(7) 二5 2619/3A33 ▼サ(五四二)
いささか【▲聊か】(11) 耳5 7056/6658 ▼リョウ(一五七七)
いざなう【△誘う】(14) 言7 常 4522/4D36 ▼ユウ(一五一五)
いさむ【勇む】(9) 力7 教 4506/4D26 ▼ユウ(一五〇九)
いさめる【▲諍める】(15) 言8 7558/6B5A ▼ソウ(九四八)
いさめる【▲諫める】(16) 言9 7561/6B5D ▼カン(二四七)
いさり【△漁り】(14) 氵11 教 2189/3579 ▼ギョ(三一六)
いし【石】(5) 石0 教 3248/4050 ▼セキ(八七三)
いしずえ【△礎】(18) 石13 常 3335/4143 ▼ソ(九二七)
いしだたみ【▲甃】(14) 瓦9 6512/612C ▼シュウ(六九六)
いしぶみ【△碑】(14) 石9 常 4074/486A ▼ヒ(一二八五)
いしぶみ【▲碣】(14) 石9 6682/6272 ▼ケツ(四一四)
いしゆみ【▲弩】(8) 弓5 5524/5738 ▼ド(一一三三)
いじる【△弄る】(7) 廾4 常 4714/4F2E ▼ロウ(一六一五)

いすか【鶍】(19) 鳥8 国 1 9427/7E3B 音訓 いすか

意味 いすか。アトリ科の鳥。上下のくちばしが湾曲してくいちがっている。

【鶍の▲嘴(はし)】いすかのはし 物事がくいちがって、思いどおりにならないたとえ。「―の食い違い」「する事なす事―」 由来 イスカ(鶍)は、嘴(くちばし)が上下湾曲していて、ぴったり合わないことから。

いずくんぞ【△安んぞ】(6) 宀3 教 1634/3042 ▼アン(一九)
いずくんぞ【▲曷んぞ】(9) 曰5 5911/5B2B ▼カツ(二二二)
いずくんぞ【▲烏んぞ】(10) 灬6 1708/3128 ▼ウ(七一)
いずくんぞ【▲焉んぞ】(11) 灬7 6365/5F61 ▼エン(一〇〇)
いずくんぞ【△寧んぞ】(14) 宀11 常 3911/472B ▼ネイ(一二〇五)
いずみ【泉】(9) 水5 教 3284/4074 ▼セン(九〇〇)
いずれ【△何れ】(7) 亻5 教 1831/323F ▼カ(一四〇)
いずれ【▲孰れ】(11) 子8 5357/5559 ▼ジュク(七一〇)
いそ【▲磯】(17) 石12 1675/306B ▼キ(二八四)
いそ【▲礒】(18) 石13 6706/6326 ▼ギ(二九一)
いそがしい【忙しい】(6) 忄3 常 4327/4B3B ▼ボウ(一四一三)
いそがしい【▲匆しい】(5) 勹3 5018/5232 ▼ソウ(九二八)
いそぐ【急ぐ】(9) 心5 教 2162/355E ▼キュウ(三〇六)
いそしむ【△勤しむ】(12) 力10 教 2248/3650 ▼キン(三六〇)
いた【板】(8) 木4 教 4036/4844 ▼ハン(一二六三)
いたい【痛い】(12) 疒7 教 3643/444B ▼ツウ(一〇八〇)
いたく【△甚く】(9) 甘4 常 3151/3F53 ▼ジン(八一八)
いだく【抱く】(8) 扌5 常 4290/4A7A ▼ホウ(一三九九)
いだく【△懐く】(16) 忄13 常 1891/327B ▼カイ(一八五)
いだく【△擁く】(16) 扌13 常 4542/4D4A ▼ヨウ(一五三六)
いたす【△効す】(8) 力6 教 2490/387A ▼コウ(四八六)
いたす【致す】(10) 至4 常 3555/4357 ▼チ(一〇三一)
いたずらに【△徒に】(10) 彳7 教 3744/454C ▼ト(一一二六)
いただき【頂】(11) 頁2 教 3626/443A ▼チョウ(一〇五九)
いただき【▲顚】(19) 頁10 9403/7E23 ▼テン(一一一九)
いただき【▲巓】(22) 山19 5460/565C ▼テン(一一二〇)
いただく【頂く】(11) 頁2 教 3626/443A ▼チョウ(一〇五九)
いただく【△戴く】(17) 戈13 常 3455/4257 ▼タイ(九八六)
いたち【▲鼬】(18) 鼠5 8376/736C ▼ユウ(一五一八)
いたむ【▲怛む】(8) 忄5 5569/5765 ▼ダツ(一〇〇七)
いたむ【悼む】(11) 忄8 常 3773/4569 ▼トウ(一一四五)
いたむ【△惨む】(11) 忄8 常 2720/3B34 ▼サン(五八六)
いたむ【▲悽む】(11) 忄8 5614/582E ▼セイ(八五九)
いたむ【▲悵む】(11) 忄8 5616/5830 ▼チョウ(一〇五九)

いたむ【△戚む】(11) 戈7 常 3244/404C ▼セキ(八七八)
いたむ【▲惻む】(12) 忄9 5628/583C ▼ソク(九六一)
いたむ【痛む】(12) 疒7 教 3643/444B ▼ツウ(一〇八〇)
いたむ【傷む】(13) 亻11 教 2993/3D7D ▼ショウ(七五七)
いたむ【▲愴む】(13) 忄10 5640/5848 ▼ソウ(九四三)

同訓異義 **いたむ**

【痛む】体や心に苦しみを感じる。「奥歯が痛む」「良心が痛む」「宴会続きで懐が痛む」
【傷む】傷がつく。物が腐る。「電灯のコードが傷む」「年月を経て家が傷む」「庭木が風で傷む」
【悼む】人の死を嘆き悲しむ。「友の死を悼む」
【△惨む】むごたらしさに心をいためる。
【▲悽む】心が切られるようにいたむ。
【△戚む】心配して心がいたむ。

いためる【▲炒める】(8) 火4 6354/5F56 ▼ショウ(七四五)
いためる【傷める】(13) 亻11 教 2993/3D7D ▼ショウ(七五七)
いためる【▲撓める】(15) 扌12 5790/597A ▼ドウ(一一六六)
いたる【至る】(6) 至0 教 2774/3B6A ▼シ(六〇六)

同訓異義 **いたる**

【至る】目指すところや、ある段階まで達する。「大事に至る」「深夜に至る会議」「至れり尽くせりのもてなし」「至らない者ですが」
【△到る】ある場所に行き着く。到着する。「源流に到る渓谷」「北極からヨーロッパへ到る航路」「右の道は港に到る」
【△格る】物事の本質に突き当たる。
【△造る】あるところまでとどく。行き着く。くっつく。「造詣(ゾウケイ)」
【△詣る】高いところまで行き着く。「造詣(ゾウケイ)」

いたる【△到る】(8) 刂6 常 3794/457E ▼トウ(一一三九)
いたる【△格る】(10) 木6 教 1942/334A ▼カク(一九七)
いたる【△造る】(10) 辶7 教 3404/4224 ▼ゾウ(九五三)
いたる【△詣る】(13) 言6 常 2356/3758 ▼ケイ(三九九)
いたわしい【△痛わしい】(12) 疒7 教 3643/444B ▼ツウ(一〇八〇)
いたわる【△労る】(7) 力5 教 4711/4F2B ▼ロウ(一六一五)

イチ【一】(1) 一0 教 常 10 1676/306C 音 イチ・イツ 訓 ひと・ひとつ(外) はじめ

筆順 一

意味 ①ひとつ。数の名。ひとたび。「一列」「一度」「一個」 ②はじめ。もっともすぐれている。「一番」「一流」「第一」 ③ひとつにする。すべて。全部。「一括」「一様」「均一」 ④あるひとつの。「一説」「一夜」「一例」 ⑤わずか。ちょっと。「一刻」「一瞬」「一笑」 ⑥もっぱら。ただそれだけ。「一意」「一散」「専一」 参考 金銭の証書などでは、まちがいを防ぐために「一」のかわりに「壱」を用いる。

下つき 画一(カクイツ)・帰一(キイツ)・均一(キンイツ)・合一(ゴウイツ)・混一(コンイツ)・純一(ジュンイツ)・随一(ズイイチ)・専一(センイツ)・第一(ダイイチ)・統一(トウイツ)・同一(ドウイツ)・不一(フイツ)・万一(マンイチ)・唯一(ユイイツ)

【一▲葦】イチイ 小舟のたとえ。一艘(ソウ)の小舟。由来「葦」は植物のアシで、一枚のアシの葉、またアシ一束の意から。

【一意攻苦】イチイコウク いちずに心を打ちこんで考えこむこと。「一意」は一つのことに心をそそぐこと。「攻苦」は苦難と戦うこと。《『本朝虞初新志(ホンチョウグショシンシ)』》

【一意専心】イチイセンシン ほかのことを考えず、心を集中すること。《『新語』》「―開発に取り組む」 参考「専心一意」ともいう。類 一心不乱・専心専意・全心全意

【一衣帯水】イチイタイスイ わずかなへだたりのたとえ。一筋の帯のように細く長い川や海。転じて、二つのものが、その間に狭い隔てがあるだけで、きわめて近接していること。《『南史』》「日韓両国は―の間にある」 参考 語構成は「一」+「衣帯」+「水」。

【一韻到底】イチイントウテイ 漢詩の韻の踏み方の一法で、最初から最後まで同じ韻を用いること。

【一栄一辱】イチエイイチジョク 人は種々の要因から、栄誉に輝くこともあれば恥辱にまみれることもあるということ。類 栄枯盛衰

【一円】イチエン その付近一帯。全域。「北関東―を豪雨が襲った」

【一応・一往】イチオウ ①とりあえず。ひとまず。ひととおり。「書類は―預かっておこう」「被疑者の取り調べは―終わった」 ②一度。一回。参考 昔は「一往」と書いたが、現在は「一応」が一般的。

【一往一来】イチオウイチライ 行ったり来たりすること。行き来すること。「一」は、あるときはの意。《『荀子(ジュンシ)』》

【一押し二金三男】イチおしニかねサンおとこ 女心をとらえるには、押しの強いことが第一で、金の力や男っぷりのよさは、二の次三の次であるということ。

【一概に】イチガイに ひとまとめに。一様に。おしなべて。ひっくるめて。「―そう決めつけてはいけない」「―悪いとばかり言えない」「―否定はできない」 参考 下に打ち消しの語をつけて使う場合が多い。

【一月三舟】イチガツサンシュウ 仏 仏の教えは一つであるのに、とらえ方でさまざまな意味に解釈されるということ。一つの月が、舟の動き方でいろいろな方向に動くように見

えることから。『華厳経疏演義鈔』 参考「一月」は「イチゲツ」とも読む。

【一丸】イチガン ひとかたまり。人や物が一つにまとまること。「―となって不況を乗り切った」

【一眼】イチガン ①片方の目。一つの目。②片目。類独眼・隻眼

【一義的】イチギテキ ①一つだけの意味や解釈であること。対多義的 ②第一番に重要であること。根本的。

【一牛鳴地】イチギュウメイチ 距離がきわめて近いこと。一匹のウシの鳴き声が聞こえるほどに近い距離の意から。類一牛吼地 参考語構成は「一牛鳴」+「地」。

【一具】イチグ ①道具類・衣類・甲冑などのひとそろい。一式。「武将の甲冑―」②雅楽の一形式。序・破・急の楽章を備えた曲。

【一隅】イチグウ 一つのすみ。片すみ。「古都の―に居を構える」

【一夏】イチゲ 仏僧侶が寺院にこもって修行する夏の期間。陰暦四月一六日から七月一五日の九〇日間。「一夏九旬」の略。季夏

【一芸は道に通ずる】イチゲイはみちにツウずる 一つの技芸に秀でて、その奥義をきわめた者は、他の方面でも物事の真の道理がわかるようになる。

【一元】イチゲン ①物事の根本は一つであること。「―論では説明できない」「機構を―化する」対多元 ②一つの年号。「一世―」③数学で、未知数が一個であること。「―二次方程式」対多元

【一元描写】イチゲンビョウシャ 小説の中の人物の心理や事件の描写は、主人公一人の視点でするべきだという小説作法。岩野泡鳴が提唱した。対多元描写

【一見】イチゲン 初めて会うこと。初対面。特に旅館・料亭で初めての客をいう。「―の客はことわられる」対馴染み 参考「イッケン」と読めば別の意になる。

【一言一行】イチゲンイッコウ 一つの言葉と一つの行い。ちょっとした言行のこと。『顔氏家訓』類一挙一動

【一弦琴・一絃琴】イチゲンキン 琴の一種。約一・一メートルの胴に一本の弦を張った琴。中国から伝来。独弦琴。須磨琴。

【一言〈居士〉】イチゲンこじ 何事にも自分の意見をひとこと言わないと気がすまない人。「伯父は―だ」参考「一言」は「イチゴン」とも読む。

【一見識】イチケンシキ しっかりした、ひとかどのりっぱな考え。すぐれた見識。「彼は歌舞伎について―をもっている」参考「イッケンシキ」とも読む。

【一期】イチゴ 生まれてから死ぬまでの間。一生涯。参考仏教語から出た言葉。

【一期一会】イチゴイチエ 一生にただ一度だけ会うこと。また、生涯に一回限りであること。由来もと茶道の心構えを表した言葉で、どの茶会でも一生に一度のものと心得て、主客ともに誠をつくすべきであるという意から。『茶湯一会集』

【一伍一什】イチゴイチジュウ 物事の始めから終わりまで。全部。一から十までという意から。類一部始終

【一毫】イチゴウ ほんの少し。わずか。「―のすきもない人物」参考「毫」は細い毛の意。一本の細い毛筋の意から。

【一業所感】イチゴウショカン 仏多くの人々が前世における同じ業によって、現世でそれに相当する同じ果報を得ること。

【一言半句】イチゴンハンク ほんのわずかな言葉。ちょっとした短い言葉。参考「一言」は「イチゲン」とも読む。類片言隻句・片言隻語 対千言万語

【一言芳恩】イチゴンホウオン たったひとこと声をかけられたことを恩に感じ、感謝すること。また、その人を主人と仰ぐこと。参考「一言」は「イチゲン」とも読む。

【一事】イチジ 一つの事柄。一つの物事。「問題はこの―に尽きる」「忘れ得ぬ―」

【一事が万事】イチジがバンジ 一つの事柄を見れば、他のすべての事を推測できるということ。

【一時】イチジ ①ある限られた時。しばらく。しばしの間。少しの間。「―中断する」②過去のある短い時。かつて。その当時。「―はどうなることかと気が重かった」③その場限り。その時だけ。臨時。「―しのぎに服の破れをかがる」

【一時流行】イチジリュウコウ 俳諧の語で、常に新味を求め、時に応じて変化を重ねてゆくこと。転じて、その時々の世の好みに合わせた一時的な新しさのこと。対不易流行

【一字三礼】イチジサンライ 写経は敬虔な態度で行われるべきだということ。由来写経するとき、一字書写するたびに、三度仏に向かって礼拝したことから。

【一字千金】イチジセンキン 非常にりっぱな文章や文字のこと。一字が千金もの価値がある意から。故事中国、秦の呂不韋が、『呂氏春秋』を著したとき、その自信のほどを示し「一字でも添削できた者には千金を与えよう」と言った故事から。『史記』

【一日千秋】イチジツセンシュウ 非常に待ち遠しく思うたとえ。一日が千年にも感じられるほど、人や物事が早く来て欲しいと待ち望む気持ちが強いこと。「娘の帰国を―の思いで待つ」参考「一日」は「イチニチ」とも読む。類一日三秋・一刻千秋

【一日作さざれば一日食らわず】イチジツなさざればイチジツくらわず 一日仕事をしなければ、その一日は食事をしないこと。仕事の大切さを説いた言葉。故事中国、唐の懐海禅師は、仕事をするときはだれよりも一生懸命にがんばっ

た。あるとき、気の毒に思った主任が、仕事の道具を隠して休ませようとしたが、懐海は食事をとるのも忘れてその道具を探しまわったという故事から。《『五灯会元』》

【一日の長】イチジツのチョウ 人よりもやや経験が長く、知識が豊かで、技能がすぐれていること。少し年齢が上の意から。

【一日再び晨なり難し】イチジツふたたびあしたなりがたし 一日に朝が二度来ることはないという意で、少しでも時間を惜しんで勉学に励むべきだという戒め。〈陶潜の詩〉

【一字不説】イチジフセツ 仏 仏の教えは言葉では表せないほど奥深く自ら体得することによってのみ悟ることができるということ。したがって釈迦も一字も説いていないという意から。《『楞伽経』》 参考「不説一字」ともいう。類 不立文字

【一汁一菜】イチジュウイッサイ きわめて質素な食事のたとえ。おかずも汁物も一品の意から。類 節衣縮食・粗衣粗食 対 食前方丈・炊金饌玉

【一樹の蔭一河の流れも他生の縁】イチジュのかげイチガのながれもタショウのエン ともに同じ木陰で雨宿りをし、ともに同じ川の水を飲むのも、すべて前世からの因縁があるのだから、出会いは大事にしなければならないということ。表記「他生」は「多生」とも書く。類 袖振り合うも多生の縁

【一樹百穫】イチジュヒャッカク 人材の育成は、非常に大きな利益をもたらすものであること。また、百年の計を達成するには人材を育てなければならないたとえ。《『管子』》

【一巡】イチジュン 一回まわること。ひとめぐりすること。「打者—の猛反撃」類 一周

【一助】イチジョ わずかな助け。少しの足し前。「理解を得るための—とする」

【一上一下】イチジョウイチゲ その場に応じて適切に対応すること。上がり下がりする意から。《『呂氏春秋』》

【一場春夢】イチジョウのシュンム 人生の栄華のはかないことのたとえ。わずかの間に消えてしまう春の夜の夢の意から。《『侯鯖録』》類 邯鄲の夢

【一陣】イチジン ①風雨などがひとしきり吹きつけること。「—の風」②軍の陣立てで第一の陣。類 先陣

【一新紀元】イチシンキゲン 新しい時代が始まる最初の年。古い物事がすべて改まり、新鮮な時代が始まること。参考 語構成は「一」+「新紀元」。

【一塵法界】イチジンホッカイ 仏 わずか一つの塵の中にも、全宇宙が含まれているということ。《『円悟仏果禅師語録』》

【一途】イチズ ひとつのことに身も心も打ちこむさま。ひたすら。ひたむき。「ひとりの人を—に思い続ける」

【一生面】イチセイメン 新しく切り開いた方向。新しく工夫や方法を編み出した方面。新機軸。「バイオテクノロジーに—を見いだす」

【一族】イチゾク 同じ血統で同じ氏族につながる人々。「平家—が栄華を極める」類 血族・同族・一門

【一族郎党】イチゾクロウトウ 血縁関係にある同族とその家来。また、有力者とその取り巻きなどについてもいう。「—を引き連れて参加した」表記「郎党」は「郎等」とも書く。参考「郎党」は「ロウドウ」とも読む。類 一家眷族

【一存】イチゾン 一人だけの考え・判断。「私の—で決めてもよいものかどうか」類 独断

【一朶】イチダ ①花のついているひと枝。「—の藤」②ひとかたまり。ひと群れ。「—の白雲」

【一大決心】イチダイケッシン 非常に重大な決意。「—をして会談に臨む」

【一大事】イチダイジ 重大な事態。放っておけないたいへんな出来事。

【一諾千金】イチダクセンキン いったん承諾したことは必ず守らなければならないということ。故事 中国、楚の季布は、一度承諾したことは必ず実行し、人々から「黄金百斤を得るより、季布の一度の承諾を得るほうが価値がある」といわれた故事から。《『史記』》類 季布一諾 対 軽諾寡信

【一団和気】イチダンのワキ 和やかな雰囲気のこと。また、親しみやすい態度をいう。《『伊洛淵源録』》類 一堂和気

【一段落】イチダンラク ①文章の一つの区切り。②物事がひと区切りつくこと。「仕事が—してほっとした」

【一同】イチドウ ①その場に居合わせるすべての人。「—着席する」②組織や仲間に加わる全員。「会員—賛成する」

【一堂】イチドウ ①一つの堂。一つの建物。②一つの場所。「昔の仲間が—に会した」

【一読三嘆】イチドクサンタン すばらしい詩文などを読み、深く感銘すること。一度読んで何度も感嘆する意から。類 一唱三嘆

【一頓挫】イチトンザ 順調だった物事の進行や勢いが、中途でくじけること。「事故で工事が—するはめになった」

【一難去って又一難】イチナンさってまたイチナン 一つの災難をなんとか切り抜けたとたんに、また別の災難がやってくること。類 前門の虎後門の狼

【一に看病二に薬】イチにカンビョウニにくすり 病気を治すには、まず何よりも心のこもった看病が大切で、薬はその次であるということ。類 薬より養生

【一日の計は朝にあり】イチニチのケイはあしたにあり 一日の計画は、朝のうちに立てるべきだということ。何事も初めが大切であり、しっかりした計画を

立てて行動すべきだという教え。参考「一日」は「イチジツ」とも読む。

【一如】イチニョ ①仏真理はどのような現れ方をしても一つであること。②一つのもので、分けられないこと。一体であること。「身心—の境地」「物心—」

【一人当千】イチニントウセン 非常に大きな力があること。一人の力が千人の力にも相当する意から。参考「当千」は「トウゼン」とも読む。類一騎当千

【一年草】イチネンソウ 「一年生草本」の略。発芽したその年のうちに、生長・開花・結実して枯れる植物。イネやアサガオなど。対多年草

【一年の計は元旦にあり】イチネンのケイはガンタンにあり 一年間の計画は、元旦に立てるべきであるということ。心改まる年初に、しっかりした計画を立てて着実に実行せよという教え。「元旦」は元日の朝、または一月一日の意。

【一念発起】イチネンホッキ ①ある事を成し遂げようと決心すること。「—して猛練習に励む」②仏仏道に入り、悟りをひらこうと決意すること。《歎異抄(タンニショウ)》類一念発心・一心発起・感奮興起

【一暴十寒】イチバクジッカン 何事も継続してやらなければ成果は上がらないというたとえ。気まぐれの戒め。一日暖めて一〇日冷やす意で、これではどんな植物でも育たないことから。「暴」は「曝」と同じで、日にさらして暖める意。《孟子(モウシ)》参考「十寒一暴」ともいう。

【〈一八〉】いちはつ アヤメ科の多年草。由来アヤメ科の中で最初に咲くので「いちはつ(一初)」と呼んだことから。▼鳶尾(いちはつ)(一〇六)

【一罰百戒】イチバツヒャッカイ 罪を犯した者を一人罰して、他の人々が同じ罪を犯さないように戒めること。一つの罰で百人の戒めとする意から。

【一姫二太郎】イチひめニタロウ 子どもをもつなら、最初は育てやすい女の子、次に男の子の順序で生むのが理想的だということ。

【一病息災】イチビョウソクサイ まったく病気知らずの人よりも、持病の一つくらいある人のほうが健康に気を配り、かえって長生きするということ。参考「無病息災」をもじった言葉。

【一部始終】イチブシジュウ 物事の始めから終わりまで。その詳しい事柄のすべて。書物の最初から最後までの意から。「事件の—を語る」類一伍一什(イチゴイチジュウ)

【一富士二鷹三〈茄子〉】イチフジニたかサンなすび 初夢に見ると縁起がよいとされるものは、一番に富士山、二番目にタカ、三番目にナスであるということ。由来徳川家康の居城があった駿河(するが)の国(静岡県)の名物をあげたとする説や、「富士」は最高峰、「鷹」は物をつかみ取る、「茄子」は「成す」に通じるからという説などがある。

【一瞥】イチベツ ちらりと見ること。「—もせずに通り過ぎた」類瞥見・一見

【一別以来】イチベツイライ 別れてからこのかた。この前会って以来。参考「一別来」ともいう。

【一望千頃】イチボウセンケイ 一目ではるかかなたまで見渡せること。広広とした見晴らしのよい景色のたとえ。参考「頃」は面積の単位で、時代によって異なるが、周代の一頃は約一八二アール。類一望千里・一望無垠(イチボウムギン)

【一望無垠】イチボウムギン 一目ではるかかなたまで見渡せること。見晴らしのよいたとえ。「無垠」は果てしないこと。類一望千頃・一望千里

【一木一草】イチボクイッソウ 一本の木や一本の草のこと。きわめてわずかなもののたとえにいう。「—も見あたらぬ砂漠」参考「一草一木」ともいう。

【一枚岩】イチマイいわ ①一枚の板のように大きく広い岩。②結束が強く、容易にゆるぎそうにない組織・集団。「—の団結が急成長の原動力となった」

【一枚看板】イチマイカンバン ①一座の中の代表的な役者。②団体などの中心人物。③一着しかない衣服。一張羅。

【一抹】イチマツ 絵筆のほんの一はけ。転じて、わずかなこと。ほんの少々。「—の寂しさを覚える」

【一味同心】イチミドウシン 同じ目的を果たすために集まり、心を一つにして力を合わせること。また、その仲間。類一味徒党・一丘(イッキュウ)の貉(カク)

【一味徒党】イチミトトウ 同じ志や目的のために仲間となること。また、その仲間。悪い仲間についていうことが多い。類一味同心・一味郎党

【一脈】イチミャク どこかつながりがあること。ひと筋。ひと続き。「—相通ずる」

【一網打尽】イチモウダジン 犯人などを一度で全員捕らえること。一網であたりのすべての魚を捕まえる意から。「悪人一味は—に検挙された」類一網無遺

【一毛不抜】イチモウフバツ きわめて物惜しみの強いこと。非常にけちで利己的な人のたとえ。自分のためにならなければ毛一本すら抜こうとしない意から。《孟子(モウシ)》

【一目散】イチモクサン わき目もふらず、必死に走るさま。「いたずらが見つかって—に逃げた」

【一目十行】イチモクジュウギョウ 書物を読むことが非常に速いこと。一目見ただけで、すぐに一〇行の文字を読み取ることができる意。故事中国、梁(リョウ)の簡文帝は、幼少より理解力にすぐれ、読書も一目で一〇行ずつ読んだという故事から。《梁書(リョウショ)》

【一目瞭然】 イチモク リョウゼン　ひとめ見ただけで、はっきりと分かること。「二人の差は―だ」 表記 「瞭然」は「了然」とも書く。 類 一目即了

【一物】 イチ モツ　①一つのもの。②心中にあって口に出すのをはばかるもの。わだかまり。たくらみ。「胸に―ある男だ」③男根や金銭などを婉曲(エンキョク)的にいう語。

【一文】 イチ モン　①江戸時代に流通した銅の穴あき銭一枚分。一番価値の低い通貨。②わずかな金銭。また、安っぽい物事のたとえ。「鐚(びた)―たりとも出さない」

〖一文▲吝(おし)みの百知らず〗　目先のわずかな損得にこだわり、あとで大損をする愚に気づかないたとえ。たった一文の銭を惜しんだために、あとで百文の損失を招くという意から。 類 一文儲(もう)けの百失い・一文吝みの百損・安物買いの銭失い

【一文半銭】 イチモン ハンセン　ごくわずかな金銭のこと。「文」「銭」は昔の小銭の単位。 参考 「半銭」は「きなか」とも読む。 類 一銭一厘

〖一文不通〗 イチモン フツウ　一つの文字も知らず、読み書きがまったくできないこと。 類 一字不識

【一門】 イチ モン　①家族。また、同族の人々。「壇の浦に沈む平家―」 類 一族 ②仏 同じ宗旨の人々。③学問・芸術・武道などで、同じ師の流れをくむ人々。「柳生(ヤギュウ)―の剣名」 類 同門

【一問一答】 イチモン イットウ　一つの問いに対して、一つの答えをする会話。また、質問と答えを繰り返すこと。〈『春秋左氏伝』〉

【一躍】 イチ ヤク　①一回とぶこと。ひととび。②途中を飛ばして一足とびに進むこと。一挙に出世すること。「新人賞で―有名になる」

【一夜十起】 イチヤ ジッキ　人間は私情や私心に左右されやすいたとえ。 故事 中国、後漢の第五倫(ダイゴリン)は、兄の子が病気のときは看病のために一晩に一〇回起きても自分の寝床にもどれば安眠できたが、わが子の病気の際は、一度も看病に行かなかったものの一睡もできなかったという故事から。〈『後漢書(ゴカンジョ)』〉

【一夜漬】 イチヤ づけ　①一晩でつけた漬物。即席づけ。②一晩だけでやる、間に合わせの勉強や仕事。「―の試験勉強では無理だ」

【一▲揖】 イチ ユウ　軽くおじぎをすること。一礼すること。「帽子をとり―する」

【一遊一予】 イチユウ イチヨ　遊んだり楽しんだりすること。「予」は楽しみの意。〈『孟子(モウシ)』〉

【一葉】 イチ ヨウ　①一枚の葉。②紙や写真のように薄い材質のものの一枚。「手紙に写真が―添えてあった」③一艘(ソウ)の小舟。

〖一葉知秋〗 イチヨウ チシュウ　わずかな現象から物事の大勢を察知すること。一枚のキリの葉が落ちるのを見て、秋が来たことに気づく意から。〈『淮南子(エナンジ)』〉 類 梧桐一葉(ゴドウイチヨウ)

〖一葉目を▲蔽(おお)えば泰山(タイザン)を見ず〗　些細(ササイ)なことに心がおおわれると、物事の道理が見えなくなってしまうこと。また、耳目による判断はあてにはならないということ。一枚の葉が目をさえぎっただけで、泰山(中国の名山)さえ見えなくなる意から。〈『鶡冠子(カツカンシ)』〉

【一様】 イチ ヨウ　みな同じようすであること。「人々は―に押し黙っている」 対 多様

【一陽来復】 イチヨウ ライフク　①冬が終わり、春が来ること。また、新年。「―を寿(ことほ)ぐ」②悪いことが続いたあと、幸運に向かうこと。③陰暦一一月。また、冬至のこと。〈『易経』〉

【一翼】 イチ ヨク　①一つのつばさ。②全体の中での一つの役割。また、一つの持ち場。「大事業の―を担う」 類 一端

【一覧】 イチ ラン　①ひととおり目を通すこと。「解説書を―する」②全体を一目で分かるよう簡略にまとめたもの。一覧表。 類 便覧

【一理】 イチ リ　一つの理屈。一応の道理。「相手方の言い分にも―ある」

【一利一害】 イチリ イチガイ　よいこともあるが、悪いこともあること。利益もあるが、損害もあること。〈『元史』〉 類 一長一短・一得一失

【一律】 イチ リツ　①同じ調子で変化のないこと。「千篇(センペン)―」②一様で例外のないさま。「―に費用を負担する」

【一流】 イチ リュウ　①一つの分野で第一等の地位。他より抜きんでてすぐれていること。「―のホテル」②他に類のない独特な流儀。「あの人―の考え方」③学問・芸術・武道などの一つの流派。「国学の―を究める」

【一粒万倍】 イチリュウ マンバイ　少しのものから多くの利益を得るたとえ。一粒の種から万倍もの収穫を得ることができる意から。また、わずかなものでも粗末にしてはならないという戒め。〈『報恩経』〉

【一両日】 イチリョウ ジツ　いちにちふつか。一日または二日。一、二日。「―中にうかがいます」

【一了百了】 イチリョウ ヒャクリョウ　根本の一つを知れば、すべてを知ることができること。〈『伝習録』〉 類 一了百当

【一▲縷】 イチ ル　①一本の糸。②ごくわずかなこと。ひとすじのつながり。「―の望み」

【一▲蓮▲托生】 イチレン タクショウ　①事のよしあしにかかわらず仲間として行動や運命をともにすること。②仏 死後、極楽浄土に往生し、同じハス(蓮)の花の上に生まれ変わること。 表記 「托生」は「託生」とも書く。

【一労永逸】 イチロウ エイイツ　長く安楽な生活は、その前にたいへんな苦労を重ねなければ得られないということ。 故事 中国、後漢の竇憲(トウケン)が難敵を破り、班固(ハンコ)に自分の功績をたたえる銘を作らせた。班固はその中で「このたび

の遠征は、一度苦労して長い安逸を得、しばらく心身を費やして、長く安楽にいられるものである」と言った故事から。〈班固(ハンコ)の文〉 類 一労久逸・暫労永逸(ザンロウエイイツ)

【一六銀行】イチロク ギンコウ 質屋。参考 一と六を足すと七(しち)となり、「質」と同音になることから。

【一路平安】イチロ ヘイアン 旅立つ人を見送るとき、道中の無事を祈っていう言葉。類 一路順風

【一を聞いて十を知る】イチをきいて ジュウをしる 才知にすぐれ、洞察力に富むことのたとえ。たった一つのことを聞いただけで、その全体が分かる意から。〈『論語』〉 対 一を識(し)りて二を知らず

【一を△識りて二を知らず】イチをしりて ニをしらず 見識が狭く、応用力がないことのたとえ。物事の一部だけを知っていて、そのほかのことは知らない意から。類 井の中の蛙(かわず)大海を知らず

【一荷】イッカ ①一つの荷物。②天秤棒(テンビンボウ)の前後に振り分けて一人で担えるだけの荷物。③釣りで、一本の釣り糸に二本以上の釣り針をつけ、一度に二匹の魚を釣ること。

【一過】イッカ さっと通り過ぎること。「台風―、雲一つない晴天」

【一▲顆】イッカ 丸くて小さいもの一つ。一粒(ひとつぶ)。「あんず―」

【一介】イッカイ 取るに足りない者。つまらない一個。「―のサラリーマンにすぎない」 参考 「介」は「芥(カイ)(ちり)」と同意で、わずかの意。

【一角】イッカク ①片隅(かたすみ)。一隅。②一つの角(かど)。「三角形の―」 ③一本のつの。④イッカク科の哺乳(ホニュウ)動物。北極海にすむ。二メートルに達する雄の牙(きば)は漢方で解熱剤とされる。ウニコール。

【一郭・一▲廓】イッカク ①一つの囲いの中。②同じものが集まっている地域。「この町の魚市場となっている―」

【一▲攫千金】イッカク センキン 一度にたやすく大きな利益を得ること。「―を夢みる」 表記 「一攫」は「一獲」とも書く。参考 「一攫」は一つかみの意。

【一家言】イッカ ゲン ①その人だけの独特な主張や意見。②ひとかどの見識を備えた意見。「日本料理について―もつ人」 由来 中国、前漢の司馬遷(シバセン)が『史記』の序文の中で、本文に書きもらした事柄などをおぎなって、独自の見識を示したと述べた言葉から。参考 一家を成した人の言葉の意。

【一家▲眷族】イッカ ケンゾク 家族と血族関係にある親族。「眷族」は血縁の者。一族とその従者や部下をいうこともある。類 一族郎党・妻子眷族

【一家団▲欒】イッカ ダンラン 家族が集まって、楽しくむつまじくすること。「団欒」は、集まって輪をつくること。類 親子団欒・家族団欒

【一括】イッカツ 一つにくくること。ひとまとめに扱うこと。「文房具を―購入する」

【一喝】イッカツ 大声で、ひと声しかりつけること。「しっかりしろと父に―された」

【一角・一△廉】イッ かど 「一角(ひとかど)」に同じ。

【一家は遠のく▲蚤は近寄る】イッカはとおのく のみはちかよる 落ちぶれた生活のこと。一族の者は離れ、ノミには食われるという意から。

【一巻】イッ カン ①巻物・書物・フィルムなどの一つ。巻数が複数ある書物などの第一巻め。最初の一巻。②「―の終わり(結末がつくこと)」

【一貫】イッ カン ①尺貫法で重さを計る単位。一貫は三・七五キログラム。②一つの方法や態度を始めから終わりまで貫くこと。「―した姿勢を保つ」

【一環】イッ カン ①鎖を形づくっているものの一つ。②緊密な関係をもつ多くの物事の中の一つ。「教育の―としての読書感想文」

【一閑張】イッカン ばり 漆器の一つ。木型に和紙や布を張り重ね、抜き取って表面に漆を塗ったものと、木地に和紙を張って漆を塗ったものがある。茶道具や箱などに用いる。

【一▲揆】イッ キ ①心を一つにすること。団結すること。②室町時代から江戸時代にかけて、領主や代官など支配者の圧政に対し、武装して一斉に立ち上がった農民や一向宗徒たちの集団。また、その行為。「土―」「百姓―」

【一▲簣】イッ キ 石や土を運ぶための竹やわらで編んだかご一つ。また、それに一杯分のわずかな土。「簣」は、もっこ・あじかの意。「―の功(仕事を完成する最後の努力)」

【一喜一憂】イッキ イチユウ 情勢の変化に伴って、そのつど喜んだり心配したりすること。「子どもの成績に―する」

【一騎討ち・一騎打ち】イッキ うち ①敵と味方が一騎ずつで戦うこと。②一対一で勝負すること。「保守と革新―の選挙区」

【一気▲呵成】イッキ カセイ 文章をひと息に書き上げること。また、仕事を一気に仕上げてしまうこと。「―に手紙を認(したた)めた」〈『詩藪(シソウ)』〉 類 一瀉千里(イッシャセンリ)

【一▲掬】イッ キク ①両手で、水などを一回すくうこと。ひとすくい。②わずかなことのたとえ。「―の涙すらない」

【一騎当千】イッキ トウセン 一人で千人の敵を相手にできるほど強いこと。また、人並みはずれた能力のたとえ。「―のつわもの」 類 一人当千(イチニントウセン)

【一▲饋に十たび△起つ】イッキに とたびたつ 賢者を求めることに熱心なたとえ。一回の食事の間に、一〇回も席を立つという意から。「一饋」は、一回の食事。故事 古代中国の夏(カ)の禹王(ウオウ)は、善政のために賢者を熱心に求め、一回の食事の間に一〇回も席を立って、訪ねてきた賢者に会ったという故事か

い イチ

ら。〈『淮南子(エナンジ)』〉参考「一饋十起(イッキジッキ)」ともいう。また「一饋に七たび起つ」ともいう。類握髪吐哺(アクハツトホ)

【一球入魂】イッキュウニュウコン　野球で、一球一球に全力を傾注すること。参考野球から生まれた造語。類全力投球

【一虚一盈】イッキョイチエイ　あるときは空になり、あるときは満ちること。常に変化して予測がしにくいことのたとえ。〈『晋書(シンジョ)』〉類一虚一実

【一挙一動】イッキョイチドウ　一つ一つの動作や振る舞い。「―を見守る」類一挙手一投足

【一興】イッキョウ　ちょっとした楽しさ。それ相応のおもしろみ。「古物商をのぞいて歩くのも―だ」

【一驚】イッキョウ　おどろき。びっくりすること。「ずばぬけたセンスに―を喫した」

【一挙手一投足】イッキョシュイットウソク　①手をあげたり足を動かしたりする一つ一つの動作。「―も見逃すまいとする真剣な目差(まなざ)し」②少しばかりの労力。

【一挙両失】イッキョリョウシツ　一つの行動で、同時に二つのことがだめになること。〈『戦国策』〉対一挙両得・一石二鳥

【一挙両得】イッキョリョウトク　一つのことをして、同時に二つの利益を得ること。また、少ない労力で多くの利益を得ること。〈『晋書(シンジョ)』〉類一挙両全・一石二鳥　対一挙両失

【一薫一蕕十年なお臭あり】イックンイチユウジュウネンなおシュウあり　よいことはすぐ消え、悪いことはいつまでも残るということ。また、善人の勢力は衰え、悪人が栄えるたとえ。一本の薫(香りのよい草)と一本の蕕(悪臭を放つ草)とを一緒に置いておくと、よい香りは消え、悪臭だけが一〇年間も残る意から。〈『春秋左氏伝』〉

【一計】イッケイ　一つのはかりごと。くわだて。「―を案ずる」類一策

【一見】イッケン　①一度見ること。「あの風景は―の価値がある」②ちらっと見ること。ちょっと見たところ。「―紳士のようだ」参考「イチゲン」と読めば別の意になる。

【一犬形に吠ゆれば百犬声に吠ゆ】イッケンかたちにほゆればヒャッケンこえにほゆ　だれか一人がいいかげんなことを言うと、他の人はそれを事実と思いこみ、世間に言いふらすようになるたとえ。一匹のイヌが物影におびえて吠えると、他の百匹のイヌがその声につられて吠えだす意から。〈『潜夫論』〉参考「形に吠え声に吠ゆ」ともいう。

【一軒家・一軒屋】イッケンや　①人家のない所に一軒だけ建つ家。「野中の―」②独立家屋。一戸建て。

【一件落着】イッケンラクチャク　一つの事柄や事件が解決すること。「犯人の自首によって―した」

【一己】イッコ　自分ひとり。自分自身だけ。「私―の判断ではどうにもならない」

【一顧】イッコ　ちょっと心に留めて見ること。また、ちょっと振り返って見ること。「―だにしていない」

〖一顧傾城〗イッコケイセイ　絶世の美人のたとえ。美人がひとたび振り返っただけで、君主がその色香に惑わされて国を滅ぼしてしまうということ。〈『漢書(カンジョ)』〉類一顧傾国・傾城傾国・一笑千金

【一考】イッコウ　少し考えてみること。一度考えてみること。「―の価値がある」

【一向に】イッコウに　まるで。さっぱり。まったく。下に打ち消しを伴う場合が多い。「その癖は―直らない」参考「ひたすらに」と読めば別の意になる。

【一口両舌】イッコウリョウゼツ　前に言った内容とちがうことを平気で言うこと。一つの口に二枚の舌があるという意から。二枚舌。

【一刻千金】イッコクセンキン　楽しい時や大切な時が過ぎやすいのを惜しんでいうたとえ。わずかな時間でも千金の値打ちがあるという意から。〈蘇軾(ソショク)の詩〉参考「千金一刻」ともいう。

【一刻者・一国者】イッコクもの　頑固で自説を曲げない人。一本気で融通のきかない人。「祖父は―の職人」

【一献】イッコン　①一杯の酒。②杯に一回つぐこと。転じて酒をふるまうこと。「お礼に―さしあげたい」

【一斤染め】イッコンぞめ　紅花一斤(六〇〇グラム)で絹二反を染めること。また、そうして染めたもの。

【一切】イッサイ　①すべて。何もかも全部。「―の関係を断ち切る」②まったく。全然。あとに打ち消しの語を伴う。「―手出しはしない」

〖一切合切〗イッサイガッサイ　何もかも残さずすべて。「災害で―失った」表記「合切」は「合財」とも書く。

〖一切衆生〗イッサイシュジョウ　仏この世に生を受けたすべてのもの。生きとし生けるもの。類一切有情(イッサイウジョウ)

【一再】イッサイ　一度二度。一、二回。「救われたのは―にとどまらない」

【一策】イッサク　一つのはかりごと。もくろみ。「窮余の―」類一計

【一昨日】イッサクジツ　おととい。きのうの前日。

【一札】イッサツ　一通の証文。一枚のかきつけ。「―とる」「―入れる」

【一盞】イッサン　一つのさかずき。また、一杯の酒。「―を傾ける」

【一粲】イッサン　白い歯を見せてひと笑いすること。「―を博す(自作の詩文などを贈るときのへりくだった言い方。どうぞお笑いくださいの意)」類一笑

【一矢】イッシ 一本の矢。「―を報いる(反撃する)」類一箭イッセン

【一糸】イッシ 一本のいと。ごくわずかなもののたとえ。「―乱れず整然と行進が続いた」「―まとわぬ赤裸」

【一指】イッシ 一本のゆび。「―を染める(少しだけかかわりをもつ)」「―だに触れず」

【一式】イッシキ ひとそろい。必要なもの全部。「釣り道具―」

【一死七生】イッシシチショウ 仏天上界で一度死んで、七度この世に生まれ変わる意。転じて、何度も生まれ変わること。類七死七生

【一子相伝】イッシソウデン 学問や技芸の奥義を、わが子一人だけに伝授し、他にはもらさないこと。類父子相伝・一家相伝

【一視同仁】イッシドウジン すべての人を差別せず平等に愛すること。〈韓愈カンユの文〉参考「同仁一視」ともいう。類一視の仁・兼愛無私

【一紙半銭】イッシハンセン 一枚の紙と半文の銭。ごくわずかなもののたとえ。類一銭一厘・一文半銭

【一死報国】イッシホウコク 命をかけて国のために力を尽くすこと。類七生報国

【一▲瀉千里】イッシャセンリ ①物事が一気にはかどるたとえ。川の水が傾斜地を流れ出すと、たちまち千里も走る意から。「―にかたづく」②文章や弁舌がよどみないことのたとえ。「―に書きあげる」類一気呵成イッキカセイ

【一▲炷】イッシュ ①線香や香をひとくゆりさせること。②一本の灯心。

【一蹴】イッシュウ ①難なく勝利を決めること。②相手の願いや要求をまったくとり合わないではねつけること。「―されてしまう」

【一周忌】イッシュウキ 人が死んで一年めの命日。また、その日に行う法要。「―の法要を営む」参考「一年忌・一回忌」ともいう。

【一宿一飯】イッシュクイッパン 旅先などで、ほんの少し世話になること。一泊させてもらい、一食を振る舞われる意。「―の恩義」類一飯の恩・一飯の報い

【一瞬】イッシュン まばたきをするくらいのわずかな時間。瞬間。「―にして光が消えた」

【一緒・一所】イッショ ①物事を一つに集めること。また、集まること。ひとまとめ。「団体の荷物を―に置く」「二人は―になる(結婚する)」②同じ行動をとること。「―に旅行する」③同じであること。「彼と好みが―だ」参考本来は「一所」を用いた。「一緒」は「一所」の転。

【一生】イッショウ ①生まれてから死ぬまで。「―独身で過ごす」類生涯・終生 対半世 ②辛くも命が助かること。「九死に―を得る」

〖一生懸命〗イッショウケンメイ 命がけで物事にあたること。本気で物事に打ちこむさま。参考「一所懸命」から転じた言葉。

【一笑】イッショウ ①にっこり笑うこと。ひと笑い。「破顔―」「―に付す(笑ってとりあわない)」②笑う種にする。「―を買う(笑いものになる)」

〖一笑千金〗イッショウセンキン わずかなほほえみが千金にも値すること。それほどの美人のたとえ。参考「千金一笑」ともいう。類一顧傾城イッコケイセイ

【一▲觴一詠】イッショウイチエイ 酒を飲みながら詩を作り、歌って風流を楽しむこと。「觴」はさかずきのこと。故事中国、東晋の王羲之オウギシが同好の仲間と曲水の宴を催し、酒を飲んでは、詩を作って楽しんだという故事から。《蘭亭集序》参考「一詠一觴」ともいう。

【一将功成りて万骨枯る】イッショウコウなりてバンコツかる 功名が上に立つ者だけに与えられ、その下で働く者の労苦が顧みられないことを嘆く言葉。一人の将軍が功名を立てたかげには、一万人もの兵士の犠牲があるのだという意から。〈曹松の詩〉

【一唱三嘆】イッショウサンタン すぐれた詩文を賞賛する言葉。詩文を一度詠ょみ上げる間に、何度も感嘆する意から。《礼記ライキ》「―に値する名作」表記「一唱」は「一倡」、「三嘆」は「三歎」とも書く。類一読三嘆

【一升の餅に五升の取り粉】イッショウのもちにゴショウのとりこ 主となる事柄よりも、それに関連することのほうが多くなるたとえ。一升の餅をつくのに、五升の取り粉が必要になる意から。

【一触即発】イッショクソクハツ 非常に緊迫した状態や状況のこと。ちょっと触れただけで、すぐ爆発しそうな状態の意から。「両者は―の関係だ」類一髪千鈞イッパツセンキン・危機一髪・刀光剣影

【一身】イッシン ①自分ひとりの体。自分自身。「会の運営を―に引き受ける」②全身。「両親の慈しみを―に受ける」

【一新】イッシン すべてを新しくすること。新しくなること。「面目を―する」

【一身上】イッシンジョウ 個人の身の上や境遇に関すること。「―の都合で会社を辞める」

【一進一退】イッシンイッタイ 進んだり退いたりすること。また、状態がよくなったり悪くなったりすること。「病状は―で安心できない」

【一心一徳】イッシンイットク 大勢の人が、共通の利益のために心を一つにして団結すること。「徳」は、「利益」の意。参考「一徳一心」ともいう。類一心一計・一致団結・同心合力

【一心同体】イッシンドウタイ 二人以上の気持ちが、一つにまとまること。「夫婦は―」類異体同心・寸歩不離

【一心不乱】イッシンフラン 一つのことに心を集中し、他のことに心を乱

されないこと。「—に勉強する」類一意専心

【一睡】イッスイ　ちょっと眠ること。ひとねむり。「昨夜は—もしていない」

【一酔千日】イッスイセンニチ　非常にうまい酒のこと。また、酒がよいものであるたとえ。ひと酔いしただけで気持ちよくなり、千日も眠る意から。故事 劉玄石（リュウゲンセキ）という者が千日酒という強い酒を買った。その酒の飲酒の限度をいうのを忘れた酒屋は、千日たったころ、玄石を訪ねたが、家人は玄石が酔って眠っているのを死んだと思い、すでに葬ったという。そこで棺を開けたところ、玄石が大きなあくびをして目をさましたという故事から。《『博物志』》

【一炊の夢】イッスイのゆめ　▼邯鄲（カンタン）の夢（二二七）

【一寸先は闇】イッスンさきはやみ　すぐ目の前が真っ暗闇で何も見えないように、将来のことはまったく予測できないたとえ。「一寸」は約三センチメートル。

【一寸逃れ】イッスンのがれ　その場だけをうまくつくろって、困難な状況を切り抜けること。いっときのがれ。「—の言い訳」類一時凌（しの）ぎ

【一寸の光陰軽んずべからず】イッスンのコウインかろんずべからず　たとえわずかな時間でも無駄に過ごしてはならないという戒め。「光陰」は時間の意。〈朱熹（シュキ）の詩〉

【一寸丹心】イッスンのタンシン　うそ偽りのない真心のこと。自分の真心を謙遜（ケンソン）していう言葉。〈杜甫（トホ）の詩〉参考「丹心一寸」ともいう。類一寸赤心

【一寸の虫にも五分の魂】イッスンのむしにもゴブのたましい　どんなに小さく弱い者でも、それ相応の意地をもっているので侮（あなど）ってはいけないということ。体長わずか一寸の虫でもその半分の五分の魂があるという意から。「一寸」は約三センチメートル。

【一斉】イッセイ　同時に同じ事をするさま。いちどき。「サイレンが—に鳴る」

【一世一代】イッセイチダイ　①一生のうち、ただ一度のこと。「—の大事業」②歌舞伎（カブキ）役者や能役者が引退を前に、得意の芸を演じること。「—の名演技」参考「一世」は「イッセイ」とも読む。類一世一度

【一世を風靡する】イッセイをフウビする　ある時代に広く流行し、大きな影響力をもつ。「—した名演奏家」

【一夕】イッセキ　①一夜。一晩。「一朝—」②ある夜。ある晩。「—の歓談を楽しむ」

【一石】イッセキ　①石一つ。「—を投じて新たな波紋を起こす」②碁の一手。参考「イッコク」と読めば容量の単位で、一〇斗（約一八〇リットル）。

【一石二鳥】イッセキニチョウ　一つの行為で二つの利益を得ること。一つの石を投げて、二羽の鳥を落とす意から。「—の名案」類一挙両得 対一挙両失

【一席】イッセキ　①宴会・茶会などのひと催し。「—設ける」②演説・講演、また講談・落語などの一回で聴く話。「—伺う」「お笑いを—」③第一位。「佳作—」類首席

【一隻眼】イッセキガン　①片方だけの目。隻眼。②物事を見抜くすぐれた観察眼。ひとかどの見識。「抜群の—をそなえる」

【一殺多生】イッセツタショウ　仏 大きな利益のために小さな害をなすこと。多くの人を生かすためには、一人を殺すのもやむをえないという仏教的な考え方。参考「一殺」は「イッサツ」とも読む。

【一刹那】イッセツナ　非常に短い時間。「目を離した—に事は起こった」類一瞬 対劫（ゴウ）

【一閃】イッセン　①電光などが、ぴかっと光ること。「白刃—」②さっとひらめくこと。また、そのひらめき。「妙案が脳裏に—した」参考「閃」は、一瞬見えてすぐに隠れる意。

【一戦】イッセン　一回のたたかい。一回のいくさ。ひと勝負。「宿敵と—を交える」

【一線】イッセン　①一本の線。②はっきりとした区切り。境界となるところ。「—を越える」「—を画する」③学問・芸術・ビジネス・運動などあらゆる分野で活動する最前線。第一線。「—で活躍する」

【一銭一厘】イッセンイチリン　ごくわずかな金銭、きわめてわずかなことのたとえ。「一銭」は一円の一〇〇分の一、「一厘」は一銭の一〇分の一。類一文半銭

【一銭を笑う者は一銭に泣く】イッセンをわらうものはイッセンになく　わずかな金だからといって粗末に扱う者は、いつかそのわずかな金のために泣く羽目になるということ。たとえどんなに小額でも、金銭は大切にせよという戒め。参考「一銭」は一円の一〇〇分の一。昔よく使われていた貨幣。

【一双】イッソウ　二つで一組になっているもの。「六曲—の屏風（ビョウブ）」類一対

【一掃】イッソウ　一つ残らずはらいのけること。すっかりきれいにすること。「在庫品を—する」

【一層】イッソウ　①層になっているものの一つ。②さらに勢いが強くなるさま。ますます。ひとしお。さらに。「成績が上がり—努力する」

【一帯】イッタイ　①そのあたり全域。「地域—が停電した」②ひとつらなり。ひとつづき。「山並み—は新緑に彩られている」

【一体分身】イッタイブンシン　仏 仏が人々を救うために、さまざまに化身して現れること。また、一つのものがいくつかに分かれること。参考「分身」は「フンジン」とも読む。

【一旦】イッタン　①ひとたび。いちど。「作業を—中止する」類一朝 ②ひとまず。しばらくの間。「争いが—治まる」

【一端】イッタン　①片方のはし。一方のはし。「縄の—を木に結ぶ」②一部分。中身の一

部。「心の―をのぞかせる」

【一致】イッチ ぴったり一つになること。同じになること。「指紋が―する」

【一治一乱】イッチイチラン 世の中が治まったかと思うとまた乱れ、乱れたかと思うとまた治まること。〈『孟子（モウシ）』〉 類 治乱興亡（チランコウボウ）

【一知半解】イッチハンカイ ちょっと知っているだけで、十分には理解していないこと。なまかじり。「―の知識」〈『滄浪詩話（ソウロウシワ）』〉 類 言者不知（ゲンシャフチ）・半知半解

【一籌】イッチュウ 一つの数取り。「―を輸する（ひけをとる）」 参考「籌」は勝負を争うときに用いる得点を数える竹の棒。

【一丁】イッチョウ 豆腐や料理、また、刃物・ろうそく・駕籠（かご）など細長いものの一つ。 書きかえ「一挺」の書きかえ字。

【一挺】イッチョウ ▼ 書きかえ 一丁

【一朝】イッチョウ ①あるあさ。ある日。②わずかな間。わずかな時。「インカ帝国は―にして滅亡した」③ひとたび。「―事あれば応じる覚悟」 類 一旦（イッタン）・一度

【一朝一夕】イッチョウイッセキ わずかな期間、きわめて短い時間のたとえ。「―には解決できない難問」 類 一旦一夕（イッタンイッセキ）

【一朝富貴】イッチョウフウキ 思いがけず、急に裕福で高貴な身分になること。「一朝」は、ある朝突然に、思いもよらずの意。

【一張一弛】イッチョウイッシ 厳しく接したり、優しく接したりして、人をほどよく扱うこと。弓の弦を強く張ったり、ゆるめたりする意から。〈『礼記（ライキ）』〉 参考「一弛一張」ともいう。 類 緩急自在

【一長一短】イッチョウイッタン 人や物事について、長所もあり、短所もあるということ。 参考「一短一長」ともいう。 類 一利一害・一得一失

【一超直入】イッチョウジキニュウ 仏 ひとたび迷いを超越できれば、ただちに悟りの境地に入ることができるということ。「直入」は、ただちに（悟りに）入る意。

【一張羅・一帳羅】イッチョウラ ①たった一枚きりの晴れ着。もっているなかで最も上等の着物。②一枚しかもっていない、着替えのない着物。

【一対】イッツイ 二つで一組とされているもの。「―の茶碗（チャワン）を買った」 類 一双

【一手】イッテ ①碁や将棋などで、石や駒（こま）を一回動かすこと。ひと手。②他人にまかせず自分ひとりだけですること。独占して行うこと。「―販売の権利を得る」③ただ一つの方法・手段。「押しの―で契約に成功する」

【一丁字】イッテイジ 一個の文字。一字。「目に―もない（文字を知らない）」 参考「丁」は「个（カ）（箇）」の誤用という。

【一丁字を識（し）らず】たった一つの文字さえ知らないの意で、読み書きのできない無学な人のこと。 参考「一丁字もない・目に一丁字なし」ともいう。

【一擲】イッテキ 一度にすべてを投げ打つこと。思い切って投げ捨てること。「乾坤（ケンコン）―」

【一擲千金】イッテキセンキン 一度に惜し気もなく大金を使うこと。また、大事を思い切って実行することのたとえ。一回の勝負に大金を賭（か）ける意から。〈呉象之（ゴショウシ）の文〉 参考「千金一擲」ともいう。

【一徹】イッテツ 頑固に思ったことを通そうとすること。かたくななこと。「老舗（しにせ）の味を―に守る」「老いの―」

【一天】イッテン ①空。空全体。空一面。「―にわかにかき曇る」②全世界。世界中。天下。 参考「一」は天を強める語。また、語調を整える意味もある。

【一天四海】イッテンシカイ 全世界のこと。「一天」は天下のすべて、「四海」は四方の海の意から。〈『平家物語』〉

【一天万乗】イッテンバンジョウ 天下を治める天子、または天皇のこと。「一天万乗の君」の略。

【一点】イッテン ①一つの点。一つの事柄。「この―だけが信じられない」②物品や得点の数え方で、一つ。「展覧会に絵画を―搬入する」「試合は―差で勝った」③ごくわずかなこと。ほんのすこし。「心に―のくもりもない」

【一転】イッテン ①ひとまわりすること。一回転。②いっぺんに様変わりすること。がらりと変わること。「心機―」「話題が―する」 類 一変

【一点一画】イッテンイッカク 漢字の一つの点と一つの筆画のこと。「―もおろそかにしない」 類 一措一画（イッソイッカク）

【一点張り】イッテンばり 一つの意見で押し切ること。押し通すこと。「できないの―で頼みようがない」 類 一本槍（やり）

【一途】イット ①一つの方針・手段・原則。②一方向に進むこと。「株価は下落の―をたどる」 参考「イチズ」と読めば別の意になる。

【一党】イットウ ①一つの政党・党派。「社会主義国の多くは―制だ」②仲間。一味。

【一統】イットウ ①一つにまとめること。統一。②一つにまとまった全体。一同。「一門―」

【一頭】イットウ ①ウシ・ウマなど大形の動物の一つ。一匹。「ゾウ―、カバ―」②一つのあたま。あたま一つ。

【一頭地を抜く】他の人よりも一段とすぐれていること。他の人より頭一つ分だけ抜けでている意から。 参考「抜く」は「擢（ぬき）んず・出（だ）す」ともいう。

【一刀三礼】イットウサンライ 仏 仏像を彫刻する態度が敬虔（ケイケン）であること。仏像を彫るとき、一彫りごとに三度礼拝する意から。 類 一刻三礼・一刀三拝

【一刀両断】イットウリョウダン 物事をすみやかに処理すること。また、物

事をずばりと決断すること。一太刀で物を真っ二つに断ち切る意から。〈『朱子語類』〉「難問を—に解決する」

【一時】イッとき ①ある時期。その時。「—は回復も危ぶまれた」②しばらくの間。ちょっとの間。「ほんの—の辛抱だ」「—雨が降った」③昔の時間の単位。現在の二時間。参考①②「ひととき・イチジ」とも読む。

【一得一失】イットクイッシツ 一方で利益があると他の一方で損失があること。利益と損失がともにあることのたとえ。参考「一失一得」ともいう。類一利一害・一長一短

【一徳一心】イットクイッシン ▼一心一徳《イッシンイットク》

【一登竜門】イットリュウモン その時代の有力者に引き立てられれば、その人の価値は世の中から一〇倍にも評価されるということ。〈李白《リハク》の詩〉

【一派】イッパ ①学問・芸術・宗教・武術などでもとの系列から離れた一つの流れ。「—を興《おこ》す」類分派 ②一つの派閥。仲間。

【一杯】イッパイ ①一つの容器の上まで入る分量。②ある範囲中全部。全体に満ちていること。「庭—に花が咲いている」③たくさん。数量が多いさま。「林檎《リンゴ》を—いただいた」④限度ぎりぎり。ありったけ。「これで精—だ」「制限時間—」⑤酒などを飲むこと。「帰りにちょっと—いこう」

【一敗】イッパイ 一回負けること。「三勝—で予選を通過した」

『一敗地に△塗《まみ》れる』 再起不能となるほど、徹底的に打ち負かされること。戦いで完全に敗北し、死者の遺体が泥まみれになる意から。〈『史記』〉

【一髪千▲鈞を引く】イッパツセンキンをひく 非常に危険なことをするたとえ。一本の髪の毛で、千鈞もの重い物をひっぱる意から。「鈞」は中国古代の重さの単位で、一鈞は約七キログラム。〈韓愈《カンユ》の文〉類危きこと累卵《ルイラン》の如《ごと》し

【一半】イッパン 二つに分けたものの一つ。半分。なかば。「あなたにも—の責任はある」

【一斑】イッパン 物事の一部分。「組織の—を知り得たにすぎない」参考ヒョウの毛皮にあるまだらの一つの意。

『一斑を見て全▲豹《ゼンピョウ》を▲卜《ボク》す』 物事のごく一部分からその全体を推し量るたとえ。ヒョウの毛皮の一つのまだら模様を見ただけで、そのヒョウの毛皮全体を推察する意から。〈『晋書《シンジョ》』〉

【一般】イッパン ①共通している条件が、広く社会に当てはまること。普遍。「今年の米の作柄は—に悪い」対特別・特殊 ②ありふれていること。ふつう。「—の参加者」③同様。似ていること。

【一飯千金】イッパンセンキン わずかな恩でも、その恩を忘れず、十分な恩返しをするたとえ。一度受けた食事の恵みは、千金に値する恩があるという意。故事中国、漢の韓信《カンシン》は、貧しかった若いころ、ある老婆に数十日間、食事の世話になった。のちに出世した韓信は、恩を忘れず、その老婆に千金を与えたという故事から。〈『史記』〉類一飯の恩

【一▲臂】イッピ ①片方のひじ。片腕。②わずかな手助け。「—の労をとる」

【一匹・一▲疋】イッぴき ①獣・魚・虫などの一つ。②人間ひとりを強めていう語。「男—名がすたる」③昔の貨幣単位で、銭《ぜに》一〇文。④反物二反。「絹—」

【一匹▲狼】イッぴきおおかみ ①群れから離れ単独で行動するオオカミ。②集団に属さず、独自の行動をとる人。「政界の—」

【一筆】イッピツ ①墨を継ぎ足さないで一気に書くこと。ひとふで。②同じ人の筆跡。同筆。③ちょっとしたためること。また、その文。「—啓上」④土地登記簿上の一区画の土地。

『一筆抹殺』イッピツマッサツ すべてを消し去ってしまうこと。よく考えずに、この世の事実や存在を全面的に否定すること。「抹殺」は塗り消す意。類一筆勾消《イッピツコウショウ》

【一▲顰一笑】イッピンイッショウ 顔に表れるわずかな表情。ちょっと顔をしかめたり、ちょっと笑ったりすること。〈『韓非子《カンピシ》』〉表記「一顰」は「一嚬」とも書く。参考「一笑一顰」ともいう。

【一風】イップウ 独自のもち味。ほかのものとちがった趣。「—変わった人」

【一服】イップク ①粉薬のひとつつみ。また特に、毒薬ひとつつみ。「一回—服用」「—盛る(毒を入れる)」②茶やたばこを一回飲むこと。「食後の—」③ひとやすみ。「そろそろ—しよう」

【一幅】イップク 書画の掛軸の一つ。「—の絵のような風景」

【一▲碧万△頃】イッペキバンケイ 海や湖の水が、見渡すかぎり青々と広がっているさま。「頃」は面積の単位で、「万頃」はきわめて広いたとえ。〈『岳陽楼記』〉

【一変】イッペン がらりと変わること。また、すっかり変えること。「相手の態度が—した」類一転・激変・急変

【一遍】イッペン ①一度。一回。「—遊びにきてください」②もっぱらそれだけであること。ひととおりの。「通り—(形だけ)の説明」

【一辺倒】イッペントウ 一つのもの、一つの方向にだけかたよること。「防御—の試合でははがゆい思いだ」由来中国の毛沢東の論文の語から。

【一片氷心】イッペンヒョウシン 俗塵《ゾクジン》に染まっていない澄みきった心。清く美しい心のこと。ひとひらの氷のように清く澄んだ心の意から。〈王昌齢の詩〉表記「氷心」は「冰心」とも書く。

【一本気】イッポンギ 純粋でひたむきな性格。「—な好青年」

【一本釣り】イッポンづり ①竿《さお》一本で釣る漁法。「カツオの—」②一人ず

つ説得して味方にすること。

【一本独▲鈷】イッポンドッコ 両端がとがり杵の形をした独鈷をかたどった模様を一筋に連ねた博多織。また、その帯。

【一本▲槍】イッポンやり ①槍一本で敵に勝つこと。②一つの考えや手段で押し通すこと。「技術力―では限界がある」類一点張り

【〈一角獣〉】ウニコール ①西洋の想像上の動物。ユニコーン。②哺乳動物イッカクの別称。また、その牙から作った解毒剤。③②の薬に、にせ物が多かったことから、うそ。

【〈一昨日〉】おととい きのうの前の日。おとつい。参考「イッサクジツ」とも読む。

【〈一昨年〉】おととし 去年の前の年。前前年。参考「イッサクネン」とも読む。

【〈一昨昨日〉】さきおととい 一昨日の前の日。いっさくさくじつ。さきおとつい。三日前の日。

【〈一昨昨年〉】さきおととし 一昨年の前の年。いっさくさくねん。三年前の年。

【〈一寸〉】ちょっと ①時間・分量などが少し。「―お待ちください」「塩を―入れる」②こころみに。「―調べてみる」③かなり。ある程度。「―うるさい人」「―飲める口」④簡単に。「―できない」表記「鳥渡」とも書く。

【〈一日〉】ついたち 月の最初の日。対晦日・晦 表記「朔日・朔」とも書く。

【〈一葉〉】はらん ユリ科の多年草。由来「一葉」は漢名から。▼葉蘭(一五三二)

【〈一向〉】ひたすら そのことだけに心を向けるさま。「―努力する」表記「只管」とも書く。参考「イッコウ」と読めば別の意になる。

【一泡】ひとあわ 不意を突かれ、驚きあわてること。「―吹かせる(あっと言わせる)」

【一重】ひとえ ①ものがかさならないで、それ一枚のこと。「紙―の差で助かる」②花弁がかさなり合っていないこと。「―のバラが好き」類単弁 対八重

【一抱え】ひとかかえ 周囲に両手をまわしてちょうど抱えられる大きさ。「―もある太い幹」

【一角・一△廉】ひとかど ①他のものよりひときわすぐれていること。「あの店の主人は―の人物だ」②人や物が評価に恥じない能力や内容をもつこと。一人前。「―の働きをする」参考①「イッかど」とも読む。

【一△絡げ】ひとからげ たくさんのものを一つにたばねたり、まとめたりすること。また、その一つ。「十把―」

【一際】ひときわ きわだって。一層。一段と。「―美しい婦人」

【一▲齣】ひとくさり 話などのまとまったひと区切り。「―感想を述べる」由来語り物・謡物などの一段落の意から。参考「ひとこま」と読めば別の意になる。

【一▲癖】ひとくせ ①一つのくせ。②どことなく普通と違っている性格。油断のできない人物だと感じさせる性格。「―ありそうな面構え」

【〈一行〉】ひとくだり ①文章のいちぎょう。②文章や話の、ある一部分。

【一越〈縮▲緬〉】ひとこしちりめん 横糸に、右撚り糸と左撚り糸を交互に織りこんだ縮緬。表面に現れるしぼ(しわ)が普通より細かくなる。

【一▲齣】ひとこま 映画や演劇などの短いひと区切り。の一場面。「歴史の―」「その戯曲の―を忘れられない」参考「ひとくさり」と読めば別の意になる。

一場面。転じて、一般的なできごと

【一△入】ひとしお いっそう。ひときわ。「感動も―である」由来染め物を一度染め汁に入れることから。

【一塩】ひとしお 魚などに薄く塩をふること。また、塩をふったもの。「―のサンマ」類薄塩・甘塩

【一△頻り】ひとしきり しばらくの間、盛んに続くようす。「風が―強く吹く」「おしゃべりが―続いた」類一時・一時

【一筋縄】ひとすじなわ ①一本の縄。②ふつうの方法・手段。「この仕事は―ではいかない」

【一▲揃い・一△具】ひとそろい 一組そろうこと。一式。

【一▲溜り】ひとたまり 少しの間一か所にとどまること。しばらくもちこたえること。「―もない」

【一つ】ひとつ ①数の名で、いち。自然数の基になるもの。②同じであること。同じもの。「目標を―にする」「―釜の飯」③一方。一面。「―には環境問題がある」④上の語の意味を強める。さえ。「お礼―言えない」⑤ともかく。ちょっと。ためしにどうか。「―考えてみます」「ここは―よろしく」

【一△番い】ひとつがい 二つのものが組み合わさって一対になったもの。特に、動物の雌雄一対。「―の鳥が庭木に巣を作った」

【一粒種】ひとつぶだね 大切なひとりっ子。「私の―です」

【一連】ひとつら ①一続きに並ぶもの。ひとつらなり。②程度が同じさま。同列。③ひたむきなこと。一途。

【一時】ひととき 「一時」に同じ。

【一△年】ひととせ ①いちねん。一年間。②過去の中のある年。先年。

【一握り】ひとにぎり 片手を握っただけの分量。転じて、ごくわずかの分量。「エリートはほんの―の人たちだけだ」

【一旗】ひとはた 一本の旗。「―揚げる(事業を起こして成功する)」

【一肌】ひとはだ 「―脱ぐ」の形で、力を入れて援助する。力を貸す。

【一花】ひとはな 一つの花。花一輪。「―咲かせる(成功してひとしきり栄える)」

【一△捻り】ひとひねり ①一回ひねること。②一工夫すること。「この企画はあと―するとよくなる」③相手を簡単に負かすこと。「あんな弱い相手は―だ」

【一片・一△枚】ひとひら 薄く平たいもの、一つ。いちまい。「紙―」「―の雪」「―の花びら」

【一△先ず】ひとまず まだ終わりではないが、一応。さしあたって。「―寝よう」

【一▲纏め】ひとまとめ 一つにまとめること。「ごみを―にして捨てる」

【一△節切】ひとよぎり 昔の管楽器で尺八の一種。由来 竹の節を一つだけ入れて作ったことから。

【〈一人〉】ひとり いちにん。一個の人。参考「独り」と書けば、単身、また、仲間がいない意に用いられる。

【〈一人静〉】ひとりしずか センリョウ科の多年草。山野に自生。高さ二〇センチメートル。茎の上部に二対の葉が輪生のようにつき、早春その間から一本の花穂を出して白く小さい花をつける。糸状の雄しべが特徴。季春

【一渡り・一△渉り】ひとわたり 全体を通してざっとやってみること。ひととおり。

【〈一▲揃〉】ピンぞろ ①二個のさいころの目に、そろって一が出ること。②ひとえの着物を二枚重ねて着るのをあざけっていう語。参考「ピン」はポルトガル語から。

イチ【弌】(4) 一 3 1 4801 5021 音 イチ・イツ 訓 ひと・ひとつ

意味 ひとつ。数の名。

イチ【壱】(7) 士 4 常 4 1677 306D 音 イチ 外イツ 訓 外ひとつ

旧字《壹》(12) 士 9 1/準1 5269 5465

筆順 一 十 士 士 声 声 壱

意味 ①ひとつ。数の名。②みな。すべて。もっぱら。ひとえに。「壱意」「壱是シイッ」類①②一 ③「壱岐いきの国」の略。「壱州」参考 金銭の証書などでは、まちがいを防ぐために、「一」のかわりに「壱」を用いる。

【〈壱岐〉】いき 旧国名の一つ。現在の長崎県壱岐市。九州と朝鮮半島との間に、対馬つしまとともに飛び石状にある島。壱州イッシュウ。

【〈壱越〉調】いちこつチョウ 雅楽の六調子の一つ。十二律の一番目、壱越を主音とする調子。

【△壱つ】ひとつ 数の名。いち。表記「一つ」とも書く。

イチ【逸】(11) 辶 8 常 1679 306F ▼イツ(五六)

イチ【壹】(12) 士 9 5269 5465 ▼壱の旧字(五六)

いち【市】(5) 巾 2 教 2752 3B54 ▼シ(六〇一)

いちい【▲櫟】(19) 木 15 6111 5D2B ▼レキ(一六〇一)

いちご【▲苺】(8) 艹 5 7185 6775 ▼バイ(一二三〇)

いちじるしい【著しい】(11) 艹 8 教 3588 4378 ▼チョ(一〇五一)

イツ【一】(1) 一 0 教 1676 306C ▼イチ(四四)

イツ【乙】(1) 乙 0 常 1821 3235 ▼オツ(一二五)

イツ【聿】(6) 聿 0 1 7070 6666 音 イツ・イチ 訓 ふで・のべる・おさめる

意味 ①ふで。類筆 ②の(述)べる。おさ(修)める。③すばやい。「聿越」「聿修」

【▲聿】ふで 軸の先に毛の束のついた、文字や絵をかくのに使う道具。

イツ【佚】(7) 亻 5 1 4837 5045 音 イツ・テツ 訓 うしなう・のがれる・たのしむ・たがいに

意味 ①うしなう。やりそこなう。「佚書」「散佚」類失・軼ツイ ②のがれる。かくれる。「佚民」「佚老」③たのしむ。あそぶ。やすんずる。「佚楽」「佚遊」「安佚」類①～③逸 ④うつくしい。なまめかしい。⑤ゆるい。自由な。「佚宕テットウ」⑥たがいに。かわるがわる。

下つき 安佚アンイツ・遺佚イイツ・淫佚インイツ・散佚サンイツ・奢佚シャイツ・放佚ホウイツ・亡佚ボウイツ・奔佚ホンイツ・遊佚ユウイツ

【▲佚文】イツブン 散逸して伝わっていない文章。また、一部だけ残っている文章。表記「逸文」とも書く。

【▲佚民】イツミン 世を逃れて隠れ住んでいる人。また、気ままな暮らしを楽しむ人。隠者インジャ。表記「逸民」とも書く。

【▲佚遊】イツユウ 気ままに遊ぶこと。好きなことをして遊び怠けること。「―の日を重ねる」表記「逸遊」とも書く。

【▲佚楽】イツラク 気のむくままに遊び楽しむこと。表記「逸楽」とも書く。

【▲佚を△以て労を待つ】イツをもってロウをまつ 十分に休息して英気を養い、遠方から攻めて来る疲れきった敵を迎え討つ意で、孫子の説いた必勝法。「佚」は楽にして休む、「労」は疲労の意。〈孫子〉

イツ【逸】(11) 辶 8 常 準2 1679 306F 音 イツ 外イチ 訓 外はしる・うしなう・それる・そらす・はぐれる・すぐれる・はやる

旧字《逸》(12) 辶 8 1/準1 9257 7C59

筆順 ノ ク ク 各 各 免 免 免 逸 逸 10

意味 ①はしる。にげる。にがす。「逸機」「後逸」「奔逸」②かくれる。うしなう。世に知られない。「逸事」「逸書」「隠逸」③それる。はずれる。わがまま。みだら。「逸脱」「淫逸インイツ」「放逸」④足がはやい。抜きんでている。すぐれる。「逸材」「逸出」「逸足」⑤気楽に楽しむ。「逸楽」「逸労」「安逸」類②⑤佚 ⑥外国語の音訳に用いられる。「独逸ドイツ」

下つき 安逸・隠逸・後逸・散逸・秀逸・卓逸・放逸・亡逸・奔逸

【逸早く】イチはやーく 真っ先に。だれよりも早く。「ー駆けつける」参考 文語形容詞「いちはやし」の連用形から。

【逸物】イチモツ とび抜けてすぐれている人や物。「文武両道のーとうたわれる」参考「イチブツ・イツブツ」とも読む。

〖逸物の鷹も放さねば捕らず〗 どんなにすぐれたものでも、実際に活用しなければ何の役にも立たないということのたとえ。すぐれたタカでも、放たなければ獲物を捕らないという意から。類 百貫の鷹も放さねば知れぬ

【逸機】イッキ よい機会をのがすこと。特に、スポーツで得点のチャンスを失うこと。

【逸群】イツグン 才能などが他の人よりも目立ってすぐれていること。類 抜群

【逸材】イツザイ すぐれた才能をもつ人。「十年に一人のー」類 逸才・逸足

【逸史】イッシ 正史に書きもらされた、歴史上の事実。また、それを記した書物。

【逸出】イッシュツ ①逃れ去ること。にげ去ること。②抜きんでていること。とび抜けてすぐれていること。

【逸する】イッする ①のがす。失う。「好機をーすることなかれ」②はずれる。「常軌をーする」

【逸足】イッソク ①足が速いこと。類 駿足 ②すぐれた才能をもった人物。類 逸材

【逸脱】イツダツ ①本筋から外れること。「人は常道をーしてはならない」②まちがえて抜かすこと。

【逸品】イッピン 最上の品物や作品。「ーぞろいのコレクション」類 絶品

【逸民】イツミン 俗世間を逃れて、気ままに暮らしている人。「太平のー」表記「佚民」とも書く。

【逸楽】イツラク 気ままに遊び楽しむこと。また、その楽しみ。「ーにふける」表記「佚楽」とも書く。

【逸話】イツワ ある人や事柄に関する、世間にあまり知られていない興味深い話。エピソード。「人のよさを物語るーが多い」

【逸れる】それる 道筋や目標からはずれる。「話がわき道にーれる」

【逸れる】はぐれる ①連れの人を見失って離れる。②機会を失う。しそこなう。「食いーれる」

【逸る】はしる 逃げる。逃げていなくなる。また、取り逃がす。

【逸る】はやる ①あせる。「心がーる」②勇み立つ。「血気にーる」

イツ【軼】(12) 車 5 1 7737 6D45 音 イツ 訓 すぎる・うせる

意味 ①すぎる。はなれる。それる。「奔軼」②すぐれる。まさる。「軼材」「軼倫」③人に知られない。「軼事」「軼書」類 ①～③逸 ④うせる。散る。⑤もれる。あふれる。

下つき 超軼・奔軼

【軼詩】イッシ 現存する『詩経』に収められていない詩。表記「逸詩」とも書く。

【軼事】イツジ 世にあまり知られていない、隠れた事実。表記「逸事」とも書く。

【軼ぎる】すーぎる ①前の車を追い越す。②突き出る。おかす。じゃまをする。③はなれる。それる。④抜きんでる。すぐれる。まさる。

イツ【逸】(12) ⻌ 8 9257 7C59 ▼逸の旧字(五六)

イツ【溢】(13) 氵 10 準1 1678 306E 音 イツ 訓 あふれる・みちる・こぼれる・すぎる・おごる

〔溢〕

意味 ①あふれる。満ちてこぼれる。「溢溢」「溢血」「溢水」②あまりある。度をこす。すぎる。「溢喜」「溢利」③おごる。

下つき 横溢・驕溢・充溢・満溢

【溢れる】あふーれる いっぱいになって外にこぼれる。こぼれるほどいっぱいに満ちる。「涙がーれる」

【溢蚊】あぶれか 最盛期を過ぎて元気のなくなったカ。季 秋 参考「残る蚊・後れ蚊」ともいう。

【溢決】イッケツ 川などの水があふれ、堤が切れること。

【溢水】イッスイ 水が外にあふれ出ること。水をあふれさせること。「河川がーして被害が出た」

【溢水管】イッスイカン 堤防を越えてあふれ出た水を流す管。

【溢美】イツビ 非常に美しいさま。また、ほめすぎること。類 過賞・過褒 対 溢悪

【溢泌】イッピツ 植物の茎を切ったときに水分が出る現象。類 出液

【溢利】イツリ 余分の利益。利益を取りすぎていること。

【溢れる】こぼーれる いっぱいになって容器からあふれておちる。

【溢ちる】みーちる あふれるほどいっぱいになる。空間にものがつまる。

イツ【鴥】(16) 鳥 5 1 音 イツ 訓 はやい

〔鴪〕8282 7272

意味 はやい。鳥の速く飛ぶさま。参考「鴥隼」は、はやぶさのこと。

イツ【鎰】(18) 金 10 1 7913 6F2D 音 イツ 訓 かぎ

意味 ①金貨の重さの単位。二〇両、または二四両・三〇両。②かぎ(鍵)。

【▲鎰】かぎ ①戸締まりの道具。②なべ・やかんなどをかける自在かぎ。参考 ①「鑰ヤク」の誤用とされる。

【▲鎰取】かぎとり ①律令リツリョウ制で中務なかつかさ省に属し、朝廷の倉のかぎをつかさどった役。典鑰テンヤク。②神社のかぎを預かり、祭りをつかさどる家柄。

【▲鎰役】かぎヤク 江戸時代に、自在かぎ一個で一世帯を目安に、世帯を単位として課された税。類竈役かまどヤク 表記「鉤役」とも書く。

イツ【鷸】(23) 鳥12 1 8327 733B 音 イツ 訓 しぎ・かわせみ

意味 ①しぎ(鴫)。水辺にすむシギ科の鳥。「鷸蚌イツボウ」②かわせみ(翡翠)。水辺にすむカワセミ科の鳥。「鷸冠」

【▲鷸▲蚌】イツボウ シギとハマグリ。または、シギとドブガイ。

【▲鷸▲蚌の争い】利益をめぐって両者が争っている間に、第三者に利益を横取りされて共倒れに終わってしまう愚かさのたとえ。故事 シギとハマグリとが餌えさの取り合いで争っているうちに、両方とも漁師に捕まってしまったという故事から。《『戦国策』》「両者とも―で元も子もなくなった」類漁夫の利

【▲鷸】しぎ シギ科とその近縁の科の鳥の総称。水辺にすむ。日本では渡りの途中の春と秋にみられる。くちばしとあしが長い。季秋 表記「鴫」とも書く。

【〈▲鷸子〉】つぶり カイツブリの別称。カイツブリ科の鳥で、沼や川にすむ。潜水が巧みで、小魚を捕食する。

いつく【△斎く】(11) 斉3 常 2656 3A58 ▼サイ(五五六)
いつくしむ【▲慈しむ】(13) 心9 常 2792 3B7C ▼ジ(六三八)
いつつ【五つ】(4) 二2 教 2462 385E ▼ゴ(四六〇)
いつわる【偽る】(11) 亻9 常 2122 3536 ▼ギ(二八七)
いつわる【△詐る】(12) 言5 常 2630 3A3E ▼サ(五四五)
いつわる【▲詭る】(13) 言6 7544 6B4C ▼キ(二七九)
いつわる【△矯る】(17) 矢12 常 2226 363A ▼キョウ(三四二)
いつわる【▲譎る】(19) 言12 7589 6B79 ▼ケツ(四一五)

同訓異義 いつわる
【偽る】事実とはちがうことをいう。嘘うそをいう。ほか、広く用いる。「経歴を偽る」「本心を偽る」
【△詐る】嘘うそをついてだます。「詐欺サギ」「申告を詐る」「子どもを詐る」
【▲詭る】悪だくみで人をだます。こじつける。「詭弁キベン」
【△矯る】事実を曲げる。

いてる【△凍てる】(10) 冫8 常 3764 4560 ▼トウ(一一四一)
いと【糸】(6) 糸0 教 2769 3B65 ▼シ(六〇五)
いと【▲絃】(11) 糸5 2430 383E ▼ゲン(四四三)
いと【▲綸】(14) 糸8 6937 6545 ▼リン(一五八五)
いとう【▲厭う】(14) 厂12 1762 315E ▼エン(一〇四)
いとぐち【△緒】(14) 糸8 常 2979 3D6F ▼ショ(七二九)
いとけない【△幼い】(5) 幺2 教 4536 4D44 ▼ヨウ(一五二四)
いとけない【△稚い】(13) 禾8 常 3553 4355 ▼チ(一〇三四)
いとしい【△愛しい】(13) 心9 教 1606 3026 ▼アイ(五)
いとなむ【営む】(12) ⺍9 教 1736 3144 ▼エイ(八七)
いとま【△暇】(13) 日9 常 1843 324B ▼カ(一五五)
いとま【▲遑】(13) 辶9 7803 6E23 ▼コウ(五〇九)
いどむ【挑む】(9) 扌6 常 3609 4429 ▼チョウ(一〇五七)
いな【否】(7) 口4 教 4061 485D ▼ヒ(一二七四)
いな【稲】(14) 禾9 常 1680 3070 ▼トウ(一一五二)
いな【▲鯔】(19) 魚8 8243 724B ▼シ(六二七)
いながら【▲坐ら】(7) 土4 2633 3A41 ▼ザ(五四七)
いなご【▲蝗】(15) 虫9 7391 697B ▼コウ(五一二)
いなご【▲螽】(17) 虫11 ▼シュウ(六九七)
いなずま【△電】(13) 雨5 教 3737 4545 ▼デン(一一一三)
いななく【▲嘶く】(15) 口12 5161 535D ▼セイ(八六九)
いにしえ【△古】(5) 口2 教 2437 3845 ▼コ(四四七)
いぬ【犬】(4) 犬0 教 2404 3824 ▼ケン(四一七)
いぬ【▲戌】(6) 戈2 5692 587C ▼ジュツ(七一四)
いぬ【▲狗】(8) 犭5 2273 3669 ▼ク(三六七)
いぬい【△乾】(11) 乙10 常 2005 3425 ▼カン(二三二)
いね【▲禾】(5) 禾0 1851 3253 ▼カ(一三九)
いね【稲】(14) 禾9 常 1680 3070 ▼トウ(一一五二)
いのこ【▲豕】(7) 豕0 7621 6C35 ▼シ(六〇八)
いのしし【▲猪】(11) 犭8 3586 4376 ▼チョ(一〇五一)
いのち【命】(8) 口5 教 4431 4C3F ▼メイ(一四六八)
いのる【祈る】(8) ネ4 常 2107 3527 ▼キ(二六六)
いのる【▲禱る】(19) 示14 8935 7943 ▼トウ(一一五七)

いばら【茨】(9) 艹6 常 教 7 1681 3071 音 外シ 訓 いばら 外くさぶき

筆順
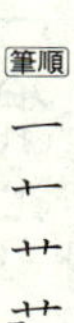

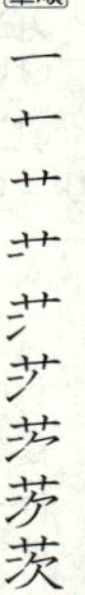

意味 ①いばら。うばら。とげのある低木の総称。「茨棘シキョク」②ふく。屋根をふく。また、くさぶき。かや。「茅茨ボウシ」③

【茨】いばら ①とげのある低木の総称。バラ・カラタチなど。「―の道（困難の多い前途）」季夏 ②植物のとげ・はり。
下つき 棘茨キョクシ・楚茨ソシ・茅茨ボウシ

『茨に棘とげあり』見た目の美しいものには、かえって恐ろしいものが隠れていることのたとえ。

いばら【▲荊】(9) 艹6 2353/3755 ▼ケイ(三九〇)
いばら【▲棘】(12) 木8 5989/5B79 ▼キョク(三五〇)
いばら【▲楚】(13) 木9 3331/413F ▼ソ(九二五)
いばり【△尿】(7) 尸4 常 3902/4722 ▼ニョウ(一二〇一)
いびき【▲鼾】(17) 鼻3 8377/736D ▼カン(二四九)
いびつ【▲歪】(9) 止5 4736/4F44 ▼ワイ(一六二七)
いぶかしい【▲訝しい】(11) 言4 7535/6B43 ▼ガ(一六五)
いぶかる【▲訝る】(11) 言4 7535/6B43 ▼ガ(一六五)
いぶす【▲燻す】(18) 火14 6378/5F6E ▼クン(三八四)
いぼ【▲肬】(8) 月4 7079/666F ▼ユウ(一五〇九)
いま【今】(4) 人2 教 2603/3A23 ▼コン(五三四)
いましめる【戒める】(7) 戈3 常 1892/327C ▼カイ(一七〇)
いましめる【▲飭める】(13) 力11 5012/522C ▼チョク(一〇七二)

同訓異義 **いましめる**
【戒める】前もって注意する。過ちをしないように気をつけさせる。「無断欠勤を戒める」「浪費を戒める」「はやる心を戒める」「戒めを守る」
【▲誡める】言葉で注意をうながす。「戒める」とほぼ同じ。
【△警める】はっとさせて注意をうながす。取り締まる。「警告」「警戒」「警察」「世を警める」
【▲箴める】ちくりと人の心を刺していましめる。

いましめる【▲誡める】(14) 言7 7551/6B53 ▼カイ(一八四)
いましめる【▲箴める】(15) 竹9 6830/643E ▼シン(八〇九)
いましめる【△警める】(19) 言12 教 2357/3759 ▼ケイ(四〇二)
います【▲坐す】(7) 土4 2633/3A41 ▼ザ(五四七)
います【△座す】(10) 广7 教 2634/3A42 ▼ザ(五四八)
いまだ【△未だ】(5) 木1 教 4404/4C24 ▼ミ(一四五一)
いまわしい【忌まわしい】(7) 心3 常 2087/3477 ▼キ(二六三)
いみな【▲諱】(17) 言10 7565/6B61 ▼キ(二八四)
いむ【忌む】(7) 心3 常 2087/3477 ▼キ(二六三)
いむ【▲諱む】(17) 言10 7565/6B61 ▼キ(二八四)

いも【芋】(6) 艹3 常 4 1682/3072 訓 音 いも 外ウ

筆順 一 十 艹 艹 芏 芋

意味 いも。さといも。また、いも類の総称。「芋粥ウシュク・いもがゆ」「芋頭ウトウ・いもがしら」
下つき 親芋おやいも・子芋こいも・里芋さといも・藷芋ショウ・種芋たねいも

【芋頭】いもがしら ①サトイモの塊茎。親いも。いも頭かしら。②茶道の用具の水指みずさしや茶入れの形の一つ。①に似ることから。

【芋粥】いもがゆ ①ヤマノイモをアマズラの汁で煮たかゆ。②サツマイモを入れて煮たかゆ。「米が乏しくなり―でしのいだ」季冬 参考「ウシュク」とも読む。

【芋▲幹・芋△茎】いもがら サトイモの葉柄を干したもの。食用。季秋 参考「芋茎」は「ずいき」とも読む。

【芋▲蔓】いもづる ヤマノイモやサツマイモなど、イモ類のつる。

【芋▲蔓式】いもづるシキ 芋のつるを引っ張ると芋がずるずると連なって出てくるように、次々と続いて関連するものが現れ出ること。「―に共犯者の名が明らかになった」

【芋の煮えたもご存じない】いものにえたもごゾンじない 世間知らずのおっとりした者をあざけったり、からかったりしていう言葉。芋が煮えたかどうかの区別もつかないようなお坊ちゃん育ち・お嬢さん育ちの意から。

【芋虫】いもむし ①チョウやガの幼虫で、毛のないものの総称。特に、サツマイモとサトイモにつくスズメガ科の幼虫。葉を食害する。季秋 ②張り子で作ったいもむし状のものに重りを入れ、割った竹の上をころがすおもちゃ。たわらがえり。

【〈芋茎〉・〈芋苗〉】ずいき サトイモの葉柄。干したものがいもがらで、食用にする。季秋

【〈芋茎〉祭】ずいきまつり 京都の北野天満宮で一〇月一日～四日に行われる神事。ずいきで屋根をふき、野菜・米・麦などで飾った神輿みこしを担いで回る。表記「瑞饋祭」とも書く。

いも【△妹】(8) 女5 教 4369/4B65 ▼マイ(一四三八)
いも【▲薯】(17) 艹14 2982/3D72 ▼ショ(七三二)
いも【▲藷】(19) 艹16 2983/3D73 ▼ショ(七三二)
いもうと【妹】(8) 女5 教 4369/4B65 ▼マイ(一四三八)
いや【△否】(7) 口4 教 4061/485D ▼ヒ(一二七四)
いや【△弥】(8) 弓5 常 4479/4C6F ▼や(一四九五)
いや【嫌】(13) 女10 常 2389/3779 ▼ケン(四一九)
いや【▲厭】(14) 厂12 1762/315E ▼エン(一〇四)
いやしい【卑しい】(9) 十7 常 4060/485C ▼ヒ(一二七八)
いやしい【▲陋しい】(9) 阝6 ▼ロウ(一六一六)
いやしい【▲鄙しい】(14) 阝11 7833/6E41 ▼ヒ(一二八五)
いやしい【▲賤しい】(15) 貝8 7645/6C4D ▼セン(九〇八)

同訓異義 いやしい

【卑しい】品性が劣る。卑屈である。貧しい。ほか、広く用いる。「根性が卑しい」「卑しい目つき」「金に卑しい男」「卑しん坊」「人品卑しからぬ紳士」

【▲賤しい】身分や地位が低い。「賤しい身分」「職業に貴い、賤しいはない」

【▲陋しい】場所や心が狭い。みすぼらしい。「陋屋(ロウオク)」「陋しい僧侶(ソウリョ)」

【▲鄙しい】田舎じみている。洗練されていない。「鄙しい言葉遣い」

いやしくも【▲苟も】(8) 艹5 7181/6771 ▼コウ(四八八)
いやしめる【卑しめる】(9) 十7 常 4060/485C ▼ヒ(一二七八)
いやす【医やす】(7) 匸5 教 1669/3065 ▼イ(二七)
いやす【療やす】(17) 疒12 常 4637/4E45 ▼リョウ(一五八一)
いよいよ【△弥】(8) 弓5 常 4479/4C6F ▼ヤ(一四九五)
いよいよ【▲愈】(13) 心9 4492/4C7C ▼ユ(一五〇三)
いよいよ【▲逾】(13) 辶9 7807/6E27 ▼ユ(一五〇四)
いらか【▲甍】(15) 瓦10 6516/6130 ▼ボウ(一四二一)

いり【圦】
(5) 土2 国 1 5209/5429 音 訓 いり

意味 いり。堤に埋めて、用水・下水の流れを調節する樋(とい)。水門。「圦の口を開ける」

いりえ【△湾】(12) 氵9 常 4749/4F51 ▼ワン(一六三二)
いる【入る】(2) 入0 教 3894/467E ▼ニュウ(一一九九)
いる【△冶る】(7) 冫5 常 4474/4C6A ▼ヤ(一四九一)
いる【居る】(8) 尸5 教 2179/356F ▼キョ(三二五)
いる【▲炒る】(8) 火4 6354/5F56 ▼ショウ(七四五)
いる【要る】(9) 覀3 教 4555/4D57 ▼ヨウ(一五二八)
いる【射る】(10) 寸7 教 2845/3C4D ▼シャ(六五七)
いる【煎る】(13) 灬9 常 3289/4079 ▼セン(九〇五)
いる【▲熬る】(15) 灬11 6382/5F72 ▼ゴウ(五三二)
いる【鋳る】(15) 金7 常 3582/4372 ▼チュウ(一〇四九)

同訓異義 いる

【入る】中へ進む。はいる。慣用表現や接尾語的に多く用いる。「気に入る」「堂に入る」「悦に入る」「入り用」「恐れ入る」「泣き寝入り」「消え入りそうな声」

【居る】ずっとその場所に存在する。「父が家に居る」「森には小鳥が居る」「居ても立ってもいられない」

【射る】矢を弓で放つ。的に当てる。「矢を射る」「的を射た批評」「彼女の心を射る」

【鋳る】金属を溶かして型に流しこみ、器物をつくる。「鍋(なべ)を鋳る」「鋳物(いもの)」「鋳型(いがた)」

【△冶る】金属を溶かす。「冶金(ヤキン)」

【要る】必要である。「独立するには金が要る」「この仕事には若いセンスが要る」「愛があれば何も要らない」「要らぬお世話だ」

【▲炒る】鍋(なべ)などで熱してほぐす。油でいためる。「胡麻(ごま)を炒る」「炒り豆」

【煎る】鍋(なべ)などで水分がなくなるまで煮詰める。心を悩ます。「豆腐を煎る」「茶を煎る」「煎り卵」「息子の進学で肝を煎る」

【▲熬る】水を入れないで強火でいりつける。「煎る」に近い意。「焙烙(ホウロク)で熬る」

いれずみ【▲黥】(20) 黒8 8361/735D ▼ゲイ(四〇五)
いれる【入れる】(2) 入0 教 3894/467E ▼ニュウ(一一九九)
いれる【△容れる】(10) 宀7 教 4538/4D46 ▼ヨウ(一五一九)
いれる【△納れる】(10) 糸4 教 3928/473C ▼ノウ(一二一〇)
いれる【▲淹れる】(11) 氵8 6227/5E3B ▼エン(九九)
いろ【色】(6) 色0 教 3107/3F27 ▼ショク(七八〇)
いろどる【彩る】(11) 彡8 常 2644/3A4C ▼サイ(五五三)
いろり【△炉】(8) 火4 常 4707/4F27 ▼ロ(一六〇九)
いろり【▲鑪】(24) 金16 7946/6F4E ▼ロ(一六一二)
いわ【岩】(8) 山5 教 2068/3464 ▼ガン(二五四)
いわ【▲磐】(15) 石10 4056/4858 ▼ハン(一二六七)
いわう【祝う】(9) 礻5 教 2943/3D4B ▼シュク(七〇七)
いわお【▲巌】(20) 山17 2064/3460 ▼ガン(二五八)
いわく【▲曰く】(4) 曰0 5909/5B29 ▼エツ(九三)

いわし【★鰯】
(21) 魚10 国 準1 1683/3073 音 訓 いわし

〔鰯〕

意味 ①いわし。イワシ科の海魚の総称。ふつう、マイワシをさす。類 鰮(いわし) ②さびた刀。「赤鰯」

下つき 赤鰯(あかいわし)

【▲鰯網で鯨捕る】いわしあみでくじらとる 思いがけない幸運や、意外に多くの収穫を得るたとえ。類 兎(うさぎ)の罠(わな)に狐(きつね)がかかる

【▲鰯鯨】いわしくじら ナガスクジラ科のヒゲクジラ。全長約二〇メートル。北太平洋・北大西洋・南極海に分布。背部は黒く、腹部は白い。鼻孔から出す噴気は四メートルにも達する。春、日本近海にも来てイワシなどの小魚を捕食。

【▲鰯雲】いわしぐも 白い小さな雲が魚のうろこのように群がり、空一面に広がったもの。巻積雲の俗称。うろこぐも。さばぐも。季 秋

参考 イワシの大漁の兆しといわれる。

【▲鰯の頭も信心から】いわしのあたまも シンジンから
イワシの頭のようにつまらないものでも、それを信心の対象とする人にとっては、非常に尊く思われるということ。由来 節分の夜、イワシの頭の部分をヒイラギの枝に刺して門口につけると、悪鬼を追い払うことができるという風習から。

いわし【▲鰮】(21) 魚10 8259 725B ▼オン(一三二)

いわな【鮇】(16) 魚5 国 1 音 訓 いわな

意味 いわな(岩魚)。サケ科の淡水魚。形はマスに似て細長い。

いわや【△窟】(13) 穴8 常 2302 3722 ▼クツ(三七八)

いわれ【▲謂れ】(16) 言9 1666 3062 ▼イ(四〇)

いわんや【△況んや】(8) 氵5 常 2223 3637 ▼キョウ(三三二)

イン【允】(4) 儿2 準1 1684 3074 音 イン 訓 まこと・まことに・ゆるす・じょう

意味 ①まこと。まことに。「允文允武(インブンインブ)」 ②ゆるす。みとめる。「允可」「允許」 ③公平である。また、つり合う。「允当」 ④じょう。律令(リツリョウ)制で、主殿寮(とのもりょう)などの判官。
下つき 平允(ヘイイン)

【▲允可】インカ 聞き入れて許すこと。許し。許可。類允許

【▲允許】インキョ 許すこと。許可。「―を得てただちに帰国した」類允可

【▲允当】イントウ 正しく、道理にかなうこと。また、ぴたりとあてはまること。

【▲允】じょう 律令(リツリョウ)制で主殿寮(とのもりょう)などの判官。次官(すけ)の下で、公文書の審査などをつかさどった。

【▲允に】まことに 明らかに。本当に。いかにも。

【▲允す】ゆるす 相手の意見を聞き入れて認める。許可する。

イン【★尹】(4) 尸1 1 5390 557A 音 イン 訓 おさ・おさめる・ただす

意味 ①おさめる。ただす。②おさ。長官。「令尹」 ③いん。律令(リツリョウ)制で、弾正台(ダンジョウダイ)の長官。
下つき 関尹(カンイン)・令尹(レイイン)

イン【引】(4) 弓1 教 常 9 1690 307A 音 イン 訓 ひく・ひける

筆順 ㇕ コ 弓 引

意味 ①ひく。ひっぱる。ひきのばす。「引力」「牽引(ケンイン)」「延引」 ②みちびく。連れていく。「引率」「引導」 ③ひきうける。負う。「引責」「承引」 ④よそからもってくる。「引証」「引用」「引例」 ⑤まねく。さそいよせる。「引見」「誘引」 ⑥しりぞく。さがる。「引退」
下つき 延引(エンイン)・援引(エンイン)・吸引(キュウイン)・牽引(ケンイン)・拘引(コウイン)・強引(ゴウイン)・索引(サクイン)・承引(ショウイン)・導引(ドウイン)・誘引(ユウイン)

【引見】インケン 身分・地位の高い人が、下の者を呼びだして会うこと。類引接・接見

【引証】インショウ 事実を引用して証拠とすること。例を引いて証明すること。「文献からの―」類挙証

【引接・引△摂】インジョウ 仏 仏が衆生(シュジョウ)を救い極楽へ導くこと。参考「引接」は「インセツ」と読めば面会する意。

【引責】インセキ 責任を自分の身に引き受けること。「―辞任する」

【引率】インソツ 引き連れて行くこと。率いること。「生徒を―して遠足に行く」

【引退】インタイ 現役の地位や職業を退くこと。「政界を―する」類勇退

【引致】インチ 無理に連れていくこと。特に、容疑者・被告人などを強制的に裁判所・警察署などの機関へ出頭させること。類勾引(コウイン)

【引導】インドウ ①仏 仏道に導くこと。②葬儀の際、死者が成仏できるように、僧が法語を唱えること。

【引導を渡す】インドウをわたす 最終的な宣告をして相手にあきらめさせること。由来 死者を葬るとき、導師の僧が経を唱え、死者の霊を悟りの道へ導く儀式から。

【引喩】インユ 修辞法の一つ。故事・ことわざ・古人の言葉などを引用して、自分の言いたいことを表現すること。

【引用】インヨウ 他人の文章や言葉などを、自分の文書や話の中に引いて用いること。

【引かれ者の小唄】ひかれもののこうた 絶体絶命の状況に追いこまれた者が、あえて負け惜しみや強がりをいうことのたとえ。「引かれ者」は、裸馬(はだかうま)に乗せられ、刑場へ引かれて行く重罪人のこと。由来 江戸時代、刑場へ引かれて行く罪人が、強がりを見せて小唄などを口ずさんだことから。

【引き写す】ひきうつす 他人の文章などをそっくりまねて書く。書き写す。

【引金・引△鉄】ひきがね ①ピストルなどで、指で引いて弾丸を発射させる金具。②物事を引き起こすきっかけ。「ささいな争いが大事件の―となった」

【引き際】ひきぎわ ①身を引く時期。身の引き方。「人間―が肝心だ」 ②退社まぎわ。「―に仕事を言いつけられた」

【引き▲攣る】ひきつる ①筋肉などがつる。けいれんする。②やけどなどのため、傷跡の皮膚が縮れたり、引っぱられたりする。③表情・声などが硬くこわばる。「恐怖で―った声」

【引出物】ひきでもの 祝宴などで、主催者が客に贈る品物。引き物。由来 昔、ウマを庭に引き出して贈ったことから。

【引きも切らず】ひきもきらず ひっきりなしに。途切れることのないさま。「参拝客が―訪れる」

【引艾】ひきよもぎ ゴマノハグサ科の半寄生一年草。由来 ヨモギによく寄生することから。▼陰行草(六)

【引く】ひ-く ①ひっぱる。ひきよせる。ひきずる。②ひきのばす。ひろげる。長くする。③ひっこむ。しりぞく。「身を―く」「納豆が糸を―く」④引き入れる。みちびく。「水道を―く」⑤気持ちをひきつける。「注意を―く」⑥多くの中から選び出す。「くじを―く」⑦自分の身体に受け入れる。「風邪を―く」⑧線をえがく。⑨へらす。「五から三を―く」参考 本来は弓をひく意。

【引く手】ひくて ①誘ってくれる人。「―あまた(誘い手が多い)」②舞いの手振りで手を引く所作。対 差す手

【引け目】ひけめ 自分が相手より劣った立場にあると感じること。また、その気持ち。劣等感。「―を感じる」

【引ける】ひ-ける ①気後れする。「気が―ける」②その日の勤務・授業などが終わり、退出する。「役所が―ける」

【△引△板】ひた 田畑に張り渡して、鳥などを追うしかけ。細い竹の管を板にぶらさげ、ひけば鳴るようにしたもの。鳴子。季秋 参考「ひきいた」が変化したもの。

【△引剝ぎ】ひはぎ 通行人をおどし、衣類・金品などをはぎとること。また、その人。追いはぎ。参考「ひきはぎ」が変化したもの。

イン【印】(6) 卩 4 常 教 7 1685 3075 音 イン 訓 しるし 外 しるす

筆順 ′ ｢ F E 印 印

意味 ①いん。はんこ。「印影」「印章」「印鑑」②しるす。しるし。「印象」③版で刷る。「印刷」「印本」④仏 指でいろいろな形を作って、悟りの内容を示すこと。「印契」「印呪」⑤「印度」の略。「中印」

下つき 押印・官印・金印・検印・実印・調印・捺印・封印・拇印・法印・烙印

【印・顆】インカ 印材に、姓名・官職名などを彫ったもの。印章。印判。

【印鑑】インカン ①あらかじめ役所に登録した、特定の印。実印。「―登録証明書を受け取る」②印。印章。はんこ。

【印形】インギョウ ①印。印章。はんこ。印判。②印鑑

【印契】インゲイ 仏 指をいろいろな形に折り曲げて、宗教的理念を象徴的に表すもの。印相。印。

【印刷】インサツ 文字・絵などの版面にインクをつけ、紙・布などに刷ること。また、その技術。「年賀状をまとめて―する」

【印紙】インシ ①手数料・税金などを納めた証明となる証票。多く、収入印紙を指す。②郵便切手の俗称。

【印字】インジ タイプライターやワープロなどで、紙に文字や符号を打ち出すこと。また、その文字や符号。

【印璽】インジ 国璽(日本国の印)と御璽(天皇の印)の総称。類 玉璽

【印・綬】インジュ 古代中国で、天子から授けられた官職任命の印とそれを下げるひも。

『印・綬を解く』官職をやめること。辞任すること。〈漢書〉参考 本来、印綬を体からはずすことをいい、官職に就くことを「印綬を佩びる」という。

【印章】インショウ 印。はんこ。印形。印判。参考「章」は印に彫った文字の意。

【印象】インショウ 対象物が人の心に与える感じや影響。「―に残る」「第一―」

【印象批評】インショウヒヒョウ 芸術作品などの評価において、客観的な基準によらず、その作品が自分に与える印象によって批評すること。

【印税】インゼイ 発行者が著者や作曲者などに、発行物の定価・部数などに応じて、一定の割合で払う報酬金。

【印・鈕】インチュウ 印章のつまみの部分。シシ・トラ・カメなど、動物の形が多い。

〈印度〉インド ①アジア南部インド半島の大部分を占める共和国。首都はニューデリー。②インド半島一帯の地域名。参考 古くは「天竺」と称した。

【印判】インバン 印。印章。はんこ。印形。対 花押

【印本】インポン 印刷した書物。類 版本

【印籠】インロウ 古くは印と印肉、のちには薬などを入れ、腰に下げる小さな箱。江戸時代の武士が裃を着けたときの装身具。参考「一具」「一具」と数える。

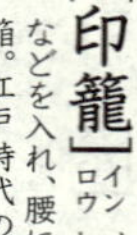
〔印籠〕

〈印籠決〉いんろうじゃくり 戸障子の合わせ目の作り方。一方を凹形にし、もう一方を凸形にして、すき間ができないようにかみ合わせるもの。

【印】しるし 押しあててつけためじるし。また、他のものと区別するための符号。「車に駐車違反の―をつけられた」

【△印す】しる-す しるしをつける。形跡を残す。「足跡を―す」

イン【因】(6) 口 3 常 教 6 1688 3078 音 イン 訓 よる 高 外 ちなむ・ちなみ・よすが

筆順 丨 冂 冂 円 因 因

意味 ①もと。事の起こり。由来。「因子」「原因」対 果 ②よる。たよる。もとのままに従う。「因習」「因襲」③ちなむ。由来する。④よすが。わけ・理由。⑤「因幡の国」の略。「因州」

下つき 悪因・遠因・起因・近因・原因・成因・善因・素因・病因・要因

【〈因▲幡〉】いなば 旧国名の一つ。現在の鳥取県東部。因州(インシュウ)。

【因果】インガ ①原因と結果。②仏前世に犯した行為の報い。特に、悪行の報いとして現れる不幸な事柄。「なんの―でこんなひどい目にあうのだろう」③不幸・不運なさま。「―なことに雨まで降ってきた」

【因果応報】インガオウホウ 仏人の行為の善悪に応じて、その報いが必ず現れること。よい行いをすればよい報いがあり、悪い行いをすれば悪い報いがあるということ。類悪因悪果・善因善果

【因果を含める】やむを得ない事情を十分に説明して納得させ、心を決めさせること。原因と結果の道理を説いて言い含める意から。「―めて家業を継がせる」

【因機説法】インキセッポウ 仏その場その場に適した説法を行い、仏法の真理を悟らせること。類応機接物・応病与薬

【因業】インゴウ ①仏報いの原因となる行為。多くは不幸の原因となる悪い行いをいう。②頑固で思いやりのないこと。無情。冷酷。「ずいぶん―な人だ」「―親父(おやじ)」

【因子】インシ ①ある結果を成り立たせるもとになる要素。要因。ファクター。②数学で、一つの項をいくつかの整数や整式の積で表したときの一つ一つの整数や式。因数。

【因習】インシュウ 古くから伝わるならわし・しきたり。多く、悪い場合についていう。類因襲・旧習・旧慣

【因循】インジュン ①古くからの慣習にしたがうだけで改めようとしないこと。②いつまでもぐずぐずして思い切りの悪いこと。「―な態度に業(ゴウ)を煮やす」

【因循▲姑息】インジュンコソク 古い慣習にとらわれたまま改めようとせず、その場しのぎに終始するさま。「―な手段」類因循苟且(インジュンコウショ)

【因小失大】インショウシツダイ 小さな利害にこだわり、かえって大きな損失をすること。類貪小失大(タンショウシツダイ) 対枉尺直尋(オウセキチョクジン)

【因縁】インネン ①仏結果をもたらす因(原因)と縁(作用)。物事に定められた運命。②運命的に結ばれた関係。「―浅からぬものを感じた」②由来。いわれ。③いいがかり。「―をつける」

【△因み】ちなみ ①関係があること。縁。ゆかり。②約束すること。特に婚約。③親しい交わり。

参考「因に」は、ついでに言えばという意。

【△因む】ちなむ ある物事との関係をもとに他の物事をする。関連する。由来する。「夏に―んだ行事を催す」

【因る】よる 原因となる。起因する。もとづく。ふまえる。「この成功は平素の訓練に―る」

イン【咽】(9) 口 6 常 2 1686 3076 音イン 外エツ・エン 訓のど・むせぶ・のむ

筆順 ｌ ｎ ロ 叩 叩 呮 咽 咽 咽

意味 ①のど。「咽喉(インコウ)」「咽頭」類嚥 ②のむ。のみくだす。「咽下(エンカ・エンゲ)」類①②嚥 ③むせぶ。声がつまる。ふさがる。「咽塞(エッソク)」「嗚咽(オエツ)」

下つき 哀咽(アイエツ)・嗚咽(オエツ)・哽咽(コウエツ)・幽咽(ユウエツ)

【咽喉】インコウ 咽頭と喉頭。のど。転じて、大切な部分。急所。要地。「―を扼(ヤク)する(要所を押さえる)」参考「エンコウ」とも読む。

【咽頭】イントウ 鼻腔(ビコウ)・口腔(コウコウ)と食道・気管の間のじょうご状の部分。口の奥、のどの上部にあたる。

【△咽下】エンカ 口の中の物を飲み込むこと。「異物を―したが無事だった」表記「嚥下」とも書く。参考「エンゲ」とも読む。

【△咽】のど ①食道と気道に通じるところ。咽喉(インコウ)。②物事の重要なところ。急所。類咽喉

【△咽む】のむ かたまりなど、つかえた物をのみくだす。ぐっとのみこむ。表記「嚥む」とも書く。

【△咽ぶ】むせぶ ①飲食物や煙などで息がつまりそうになる。②感情がこみ上げて声がつまる。「あまりの嬉(うれ)しさに涙に―ぶ」③風や水の音が激しく泣くように聞こえる。

イン【姻】(9) 女 6 常 準2 1689 3079 音イン 訓外とつぐ

筆順 く 女 女 如 如 奴 姻 姻 姻

意味 ①とつぐ。嫁に行く。よめいり。「婚姻」②結婚によってできた親類。「姻戚(インセキ)」「姻族」

下つき 婚姻(コンイン)

【姻戚】インセキ 結婚によって新たにできた親類。類姻族

【姻族】インゾク 結婚で親類となった者。婚姻によってできた親戚(シンセキ)。類姻戚

イン【胤】(9) 肉 5 準1 1693 307D 音イン 訓たね

意味 ①たね。血すじ。子孫。「胤裔(インエイ)」②あとを継ぐ。「胤嗣」

下つき 後胤(コウイン)・皇胤(コウイン)・枝胤(シイン)・帝胤(テイイン)・落胤(ラクイン)

【▲胤】たね 血統を受け継ぐ子孫。また、先祖代々つながる血筋。

イン【茵】(9) 艹 6 1 7201 6821 音イン 訓しとね・しきもの

意味 しとね。しきもの。「茵蓐(インジョク)」「茵褥(インジョク)」「茵席」

【▲茵】しとね すわったり寝たりするときに下に敷くもの。敷き物。ふとん・座ぶとんなど。「草の―」

イン【音】(9) 音 0 教 1827 323B ▼オン(一二八)

イン【員】(10) 口 7 教 常 8 1687 3077 音イン 訓外かず

筆順 丶 冂 口 … 員

意味 ①かず。人や物の数。「員外」「員数」②係の人。所属する人。「委員」「随員」③はば。まわり。「幅員」

下つき 委員・会員・各員・客員・議員・欠員・雇員・冗員・剰員・職員・定員・満員・役員・吏員

【員外】イン 定められた数に入らないこと。定員以外。定数以外。員数外。対員内
ガイ

参考「インゲ」とも読む。

【員数】イン 人や物の数。ある枠内の一定の数。
ズウ
参考「インズ」とも読む。

【員子】イン 中国から伝わった金銀。転じて、金
ツウ
銭。ぜに。表記「銀子」とも書く。

【員】かず 物のかず。人のかず。一定の枠に入る物や人のかず。

イン【殷】★ (10) 殳 6 1 6154 5D56

音 イン・アン
訓 さかん・おおい・ゆたか・にぎやか・ねんごろ・あかい

意味 ①さかん。おおい。ゆたかに富む。にぎやか。「殷賑」「殷盛」②ねんごろ。深い。「殷勤」「殷憂」③なりひびく。音の強く響くさま。「殷殷」「殷雷」④中国王朝の名。⑤あかい。赤黒い色。「殷紅」

下つき 朱殷

【殷殷】イン 鐘・雷・鉄砲などの音がとどろくさ
イン
ま。「―たる砲声」

【殷鑑遠からず】インカン とおからず 戒めとすべき失敗の前例は、わざわざ遠くに求めなくてもすぐ身近なところにあるということ。「殷」は中国の古代王朝名。「鑑」はかがみ、手本の意。殷が鑑とすべき手本は、まさにすぐ前の王朝夏の暴政であったことから。〈『詩経』〉

【殷墟文字】インキョ モジ 殷墟で発見された、カメの甲や獣の骨に刻まれた甲骨文字。占い用に使われた。殷墟は、中国河南省にある殷代の遺跡。紀元前一四～一一世紀に殷の都があった。

【殷賑】イン シン 非常ににぎやかで、活気にあふれること。「―を極める」類繁華

【殷盛】イン セイ 物事が非常に盛んなこと。きわめて繁盛していること。

【殷富】イン プ 栄えて豊かなこと。「―なること窮まりなし」

【殷ん】さか ―ん 多くて豊かなようす。中身が充実しているさま。

イン【蚓】(10) 虫 4 1 7346 694E

音 イン
訓 みみず

意味 みみず(蚯蚓)。類螾

下つき 蚯蚓・春蚓

【蚓】みみ ず 貧毛類の環形動物の総称。▼蚯蚓(三〇九)

イン【院】(10) 阝 7 教 常 8 1701 3121

音 イン
訓 外 かき・かこい

筆順 ７ ３ 阝 … 院

意味 ①かき。かきね。かこい。土べい。類垣②かきねをめぐらした庭や建物。宮殿・役所・寺・学校など。「院長」「院落」「寺院」③上皇や法皇などの敬称。また、その御所。「院参」「院政」「院宣」

下つき 医院・学院・議院・寺院・書院・僧院・道院・尼院・病院・分院・本院

【院外団】インガイ ダン 国会議員以外の政党員で構成され、議会外で活動を行う集団。

【院号】イン ゴウ ①上皇や皇太后などに与えられた尊称。「後鳥羽―」②戒名で「院」の字のあるもの。

【院政】イン セイ ①上皇や法皇が天皇に代わって自分の御所(院)で政治を行ったこと。一〇八六(応徳三)年白河上皇にはじまる。②現役を退いた人が陰で実権を握り、実際の指示を出すこと。「相談役に退いて―を敷く」

【院宣】イン ゼン 院政で、上皇や法皇の命令を文書にしたもの。院の宣旨。

イン【婬】(11) 女 8 1 5321 5535

音 イン
訓 みだら・たわむれる

意味 みだら。たわむれる。おぼれる。「婬逸」類淫

【婬風】イン プウ みだらな風潮・風俗。表記「淫風」とも書く。

【婬奔】イン ポン 性に関してだらしのないさま。色ごのみ。表記「淫奔」とも書く。

【婬欲】イン ヨク 性的欲望。四欲の一つ。色欲。「―におぼれる」表記「淫欲」とも書く。

【婬乱】イン ラン 色欲におぼれ乱れるさま。表記「淫乱」とも書く。

【婬ら】みだ ―ら 男女間の関係が、乱れているようす。性的節度をわきまえないさま。

イン【寅】(11) 宀 8 準1 3850 4652

音 イン
訓 とら・つつしむ

意味 ①とら。十二支の第三。動物ではトラ。方位では東北東。時刻では午前四時およびその前後二時間。「寅月」▼干支順位表(一六六〇) ②つつしむ。

【寅】とら ①十二支の三番目。②昔の時刻で、現在の午前四時ころ。また、その前後二時間。「―の刻」③昔の方角の名。東北東。

イン【淫】(11) 氵 8 常 2 1692 307C

音 イン
訓 みだら 高 外 あふれる・ふける・ほしいまま・みだす・みだら・おおきい・ながあめ

〔淫〕

筆順 丶 2 氵 … 淫

意味 ①ひたす。ひたる。あふれる。「淫淫」「淫水」類浸・霑 ②ふける。おぼれる。度をこす。「淫雨」「淫

酒」類湛・耽③みだら。みだれる。みだす。「淫乱」「姦淫」「邪淫」④ほしいまま。わがまま。⑤おおきい。はなはだしい。⑥ながあめ。「淫雨」

下つき 姦淫・荒淫・邪淫・書淫・浸淫

【淫佚・淫逸】イン イツ ①男女の関係が乱れていること。みだらなこと。「―に流れる」②遊興にふけること。酒や女性を相手に遊び怠けること。

【淫虐】イン ギャク みだらで残酷なこと。「―な事件で正視するにしのびない」

【淫雨】イン ウ いつまでも降り続く雨。作物に害を与える長雨。類霖雨

【淫行】イン コウ 性的に乱れたおこない。ふしだらな行為。

【淫祀・淫祠】イン シ いかがわしいものを神としてまつりあがめること。また、その信仰。「―邪教のたぐい」

【淫辞】イン ジ ①みだらな言葉。②でたらめな言葉。邪説。

【淫する】イン―する 夢中になる。度が過ぎる。おぼれる。ふける。「酒に―する」

【淫蕩】イン トウ 酒や異性とのみだらな遊びにふけること。「―な生活」

【淫売】イン バイ 女性が体を売って金品を得ること。また、それを職業とする女性。売春。

【淫靡】イン ビ 男女の関係や風俗などが乱れているさま。

【淫風】イン プウ 性に関するみだらな風習・風潮。表記「婬風」とも書く。

【淫奔】イン ポン 性的な関係にだらしのないさま。多く、女性についていう。類淫乱・尻軽 表記「婬奔」とも書く。

【淫乱】イン ラン 色欲におぼれてみだらなさま。類淫奔 表記「婬乱」とも書く。

【淫猥】イン ワイ 下品で、性欲をそそるようなみだらなさま。卑猥。類猥褻

【淫ら】みだ-ら 性に関してだらしのないようす。ふしだら。「―な心」参考「淫ら」とも。

イン【陰】(11) 阝8 常 4 1702 3122 音イン 外オン・アン 訓かげ・かげる 外くらい・ひそか

筆順 ㇇ 了 阝 阝丿 阝𠆢 阝今 阝今 险 陰 陰 陰 11

意味 一イン ①かげ。日かげ。物におおわれているところ。「陰影」「樹陰」②人目につかない。人知れず。ひそか。ひそかに。「陰険」「陰徳」「陰謀」③くらい。「陰気」「陰湿」④消極的な。静的な。マイナスの。「陰性」「陰陽」対①～④陽 ⑤時間。「光陰」「寸陰」二アン 喪に服す間、住む小屋。「諒陰」

書きかえ「蔭」の書きかえ字として用いられるものがある。

下つき 一光陰・山陰・樹陰・寸陰・夕陰・太陰・中陰・夜陰・緑陰 二諒陰

【陰陰】イン イン ①薄暗いようす。②もの寂しく陰気なようす。

【陰陰滅滅】インインメツメツ 暗く陰気で気がめいるさま。また、陰気でもの寂しいさま。気分や雰囲気についていう。

【陰雨】イン ウ ①暗い曇り空から雨が降ること。②いつまでも陰気に降り続く長雨。

【陰鬱】イン ウツ 空模様や気分などがはればれしないこと。陰気でうっとうしいこと。類暗鬱・憂鬱

【陰影】イン エイ ①光の当たらない部分。かげ。②物事の微妙な変化や趣。ニュアンス。書きかえ「陰翳」の書きかえ字。

【陰翳】イン エイ ▼書きかえ 陰影

【陰火】イン カ 夜、墓場などで燃える怪しい火。火の玉。鬼火。狐火。

【陰画】イン ガ 写真で、現像したフィルムに現れた画像。印画をつくる原版。明暗・白黒が実物とは逆になっている。ネガ。対陽画

【陰気】イン キ 天候や雰囲気・性格などが暗く、はればれとしないようす。対陽気

【陰極】イン キョク 一対の電極のうち、電位が低く電流が流れこむほうの極。マイナス。対陽極

【陰険】イン ケン 表面はよく見せかけているが、心の内に悪意を抱いているさま。類腹黒

【陰惨】イン サン 陰気でむごたらしいこと。「今考えても―な事件だった」

【陰湿】イン シツ 暗くてじめじめしていること。「―ないじめ」

【陰森】イン シン ①樹木が生い茂って暗いようす。②薄暗くてもの寂しいようす。

【陰性】イン セイ ①消極的で陰気なこと。②医療の検査で、病原体などが存在する反応がないこと。対①②陽性

【陰徳】イン トク 世間に知られずになされた、りっぱな行い。対陽徳

【陰徳あれば陽報あり】隠れた善行を積んでいる者には、必ずいつかよい報いがあるということ。〈『淮南子』〉類積善の家には必ず余慶あり・善因善果

【陰部】イン ブ 体表面にあらわれている、男女の生殖器。かくしどころ。

【陰蔽】イン ペイ 人の所在や事の真相などをおおい隠すこと。「事件を―する」対暴露

【陰謀】イン ボウ ひそかにたくらむ悪い計画。わるだくみ。「首相失脚の―を企てる」表記「隠謀」とも書く。

【陰約】イン ヤク 人に隠れてひそかにとり交わす約束。「取引の裏で―が結ばれていたらしい」類密約

【陰陽】イン ヨウ ①易学で、世の中のすべてのものの根元となる陰と陽の気。相反する性質をもつ。②電気・磁気の陰極と陽極。マイナスとプラス。参考①「オンヨウ・オンミョウ」とも読む。

【陰陽五行】インヨウ ゴギョウ 中国、漢の時代に流行した世界観。万物をつくりだす陰・陽の二気と、木・火・土・金・水の五行のかかわりあいによって、自然の異変や人事の吉凶な

どを説明するもの。日本の陰陽道（オンヨウドウ）もこの流れをくんでいる。参考「陰陽」は「オンヨウ・オンミョウ」とも読む。

【陰暦】インレキ 月の満ち欠けを基準として作った暦。太陰暦。旧暦。対陽暦

【△陰陽師】オンヨウジ 律令（リツリョウ）制で、宮中の陰陽寮に属して、陰陽道によって天文・地相・占いなどをつかさどった職。中世以降、民間で加持祈禱（カジキトウ）をする者を指す。参考「オンミョウジ」とも読む。

【△陰陽家】オンヨウケ 陰陽道をつかさどる家柄。また、その人。参考「オンミョウケ・インヨウカ」とも読む。

【△陰陽道】オンヨウドウ 古代中国から伝わった陰陽五行説に基づく学問。天文や暦・占いなどを研究し、吉凶を占う。参考「オンミョウドウ」とも読む。

【陰】かげ ①日光のあたらない所。ひかげ。②物に隠れて直接見えない所。③人の目につかない所。「―ながら感謝している」

【陰に居て枝を折る】世話になった人を傷つけるような仕打ちをするたとえ。木陰で涼んでいた者が、陰をつくってくれた木の枝を折ってしまう意から。類恩を仇（あだ）で返す

【陰口】かげぐち 本人のいないところで言う悪口。「―をたたく」

【陰膳】かげゼン 家を長い間離れている人の無事を祈り、留守番の者が供える食膳。「―を据える」

【陰△乍ら】かげながら 当人に知られることなく。表立たないようにして。ひそかに。「―ご成功をお祈りいたします」

【陰〈日向〉】かげひなた ①日の当たる所と当たらない所。②人前に出ると言葉や態度が変わること。「―なく働く」類裏表（うらおもて） ③裏に回ったり表に出たりして援助すること。「―になって助ける」

【陰弁慶】かげベンケイ 身内には強がって見せるが、他人の前では意気地がないこと。類内弁慶

【陰紋】かげモン 紋の表し方の一つ。輪郭だけを線で描いたもの。略礼装用。

【陰る】かげる ①光がさえぎられて暗くなる。くもる。「この場所は午後になると―る」②日が傾く。③表情が暗くなる。「顔色が―る」④状態が悪くなる。「財務状況が―る」

〈陰△蝨〉つぶじらみ ケジラミの別称。ケジラミ科のシラミで、カニに似る。

〈陰地△蕨〉はなわらび フユノハナワラビの別称。ハナヤスリ科の多年草。冬、花のように見える新芽を出す。由来「陰地蕨」は漢名から。表記「花蕨」とも書く。

〈陰行草〉ひきよもぎ ゴマノハグサ科の半寄生一年草。山野に自生。茎は約五〇センチメートル。葉はヨモギに似て羽状。夏、上方の葉のわきに黄色い唇形の花をつける。由来「陰行草」は漢名から。表記「引艾」とも書く。

〈陰△嚢〉ふぐり ①睾丸（コウガン）。きんたま。②松かさ。松ふぐり。参考①「インノウ」とも読む。

〈陰核〉へのこ ①睾丸（コウガン）。②陰茎。

イン【喑】(12) 口9 1 0414 242E 音イン 訓なく

意味 ①な(泣)く。②声を失って、話すことができない。「喑唖（インア）」③だまる。口をつぐむ。「喑黙」④しかる。どなる。

イン【堙】(12) 土9 1 〔堙〕5237 5445 音イン 訓ふさぐ・ふさがる・うずめる・うずもれる

意味 ①ふさぐ。ふさがる。うずめる。うずもれる。「堙塞（インソク）」「堙鬱（インウツ）」類湮（イン） ②ほろびる。「堙廃」「堙滅」

【△堙滅】インメツ うずもれてなくなること。ほろびること。また、消えてなくなること。表記「隠滅・湮滅」とも書く。

【△堙ぐ】ふさぐ 土をかぶせて隠す。うずめる。おおって見えなくする。

イン【湮】(12) 氵9 1 〔湮〕6248 5E50 音イン 訓しずむ・ほろびる・ふさぐ

意味 ①しずむ。しずめる。うずもれる。ほろびる。「湮沈」「湮没」「湮滅」②ふさぐ。ふさがる。「湮鬱（インウツ）」「湮厄（インヤク）」類堙（イン）

【△湮滅】インメツ あとかたもなく消えること。あとが残らないように、消すこと。「証拠を―する」表記「隠滅・堙滅」とも書く。

【△湮む】しずむ 水の中に落ちてしばらく浮いてこない。また、うずもれる。

【△湮ぐ】ふさぐ 水をせきとめて通れなくする。とどこおらせる。

イン【飲】(12) 食4 教 常 8 1691 307B 音イン 外オン 訓のむ

旧字《飲》(13) 食4 1/準1 6127 5D3B

筆順 𠆢 今 今 今 𩙿 食 𩙿 飲 飲

意味 ①のむ。のみこむ。のみもの。「飲酒」「飲料」「吸飲」②こらえる。感情をかくす。「飲泣」「飲恨」

下つき 愛飲（アイイン）・燕飲（エンイン）・吸飲（キュウイン）・牛飲（ギュウイン）・鯨飲（ゲイイン）・試飲（シイン）・痛飲（ツウイン）・泥飲（デイイン）・暴飲（ボウイン）・夜飲（ヤイン）・溜飲（リュウイン）

【飲灰洗胃】インカイセンイ 心の奥底から改心すること。灰を飲んで胃の中の汚れを洗い清める意から。故事 中国、斉（セイ）の高帝が、罪を犯した笠景秀（リュウケイシュウ）について荀伯玉（ジュンハクギョク）に問うたところ、「彼は、もし悔い改めるのを許していただけるならば刀を呑（の）んで腸を削り、灰を飲ん

で胃を清めましょう、と申しております」と答えた故事から。《『南史』》類呑刀刮腸（ドントウカッチョウ）

【飲河満腹】インカマンプク 人にはそれぞれ分があり、分に応じて満足すべきことをいう。モグラが大河の水を飲んでも、小さな腹を満たしただけで満足するという意から。《『荘子』》類飲河の願い・偃鼠飲河（エンソインガ）

【飲至策勲】インシサックン 勝ち戦のあと、祖先の廟（ビョウ）の前で報告し、祝杯をあげ、戦功を竹の札（策）に書き記すこと。《『春秋左氏伝』》

【飲酒】インシュ 酒を飲むこと。「―運転」参考 仏教では「オンジュ」と読む。

【飲食】インショク 飲むことと食べること。また、食べ物と飲み物。参考 仏教では「オンジキ」と読む。

【飲水思源】インスイシゲン 物事の基本を忘れてはならないたとえ。また、人から受けた恩を忘れてはいけないという戒め。水を飲むとき、その水源のことを思う意から。類飲水懐源 対得魚忘筌（トクギョボウセン）

【飲料】インリョウ 飲むためのもの。飲み物。「清涼―水」「―タンク」

【飲み△止し】のみさし 飲んでいる途中でやめること。また、その飲み物。飲みかけ。「―のコップにビールを注ぐ」

【飲み代】のみしろ 飲んだ酒の代金。酒代（さかダイ）。「今月は―がかさんだ」

【飲む】のむ 液体をのどに通す。特に、酒を口にする。「帰りがけに友人と―んだ」

【飲△兵△衛】のんベエ 酒を飲むのが好きな人。大酒を飲む人。類飲助（のみすけ）参考 人の名前のようにいった語。

イン【隕】★ (13) 阝10 1 8008 7028

音 イン 訓 おちる・おとす・しぬ・うしなう

意味 ①おちる。転がりおちる。おとす。ふる。「隕泗（インシ）」「隕石」②しぬ。殺す。類①②殞（イン） ③うしなう。

【隕石】インセキ 流星が大気中で燃え切らず、地球上に落ちてきたもの。

【▲隕ちる】おちる 高いところからまっすぐおちる。また、転がりおちる。

イン【▲韵】(13) 音4 8081 7071 ▼韻の異体字(六八)

イン【▲飮】(13) 飠4 6127 5D3B ▼飲の旧字(六六)

イン【慇】(14) 心10 1 5632 5840

音 イン 訓 いたむ・ねんごろ

意味 ①いたむ。心をいためる。「慇慇」②ねんごろ。ていねい。「慇懃（インギン）」

【▲慇▲懃】インギン ①ねんごろなこと。礼儀正しくていねいなこと。「―に答える」「―無礼」②うれえいたむさま。③よしみ。特に、男女の思慕の情。「―を通ず」

【▲慇▲懃無礼】インギンブレイ あまりにていねいすぎて、かえって無礼になること。また、うわべは礼儀正しくていねいでも、実は尊大で相手を見下げているさま。「―にも程がある」「―な態度」

イン【殞】(14) 歹10 1 6146 5D4E

音 イン 訓 しぬ・おちる・おとす

意味 ①しぬ。命をおとす。「殞没」「殞命」②おちる。おとす。類①②隕（イ）

【▲殞ちる】おちる 高いところからおちる。また、穴におちる。

【▲殞ぬ】しぬ 死の世界におちる。命をおとす。命を終える。

イン【蔭】★ (14) ⺾11 準1 1694 307E

音 イン 訓 かげ・おかげ・おおう・しげる

意味 ①かげ。こかげ。「緑蔭」類陰 ②おかげ。助け。「庇蔭（ヒイン）」③おおう。しげる。かくす。かばう。

書きかえ ①「陰」に書きかえられるものがある。

下つき 恩蔭（オンイン）・木蔭（こかげ）・資蔭（シイン）・樹蔭（ジュイン）・庇蔭（ヒイン）・涼蔭（リョウイン）・緑蔭（リョクイン）

【▲蔭位】オンイ 律令（リツリョウ）制で、父祖の位階によってその子孫も自動的に位階を授けられる制度。また、その位階。三位（サンミ）以上の者および親王・諸王の子と孫、五位以上の者の子は、二一歳になると一定の位階を賜った。いんい。参考 父祖のお蔭（かげ）で子孫が位を賜う意。

【▲蔭】かげ ①草木におおわれて日光のあたらない所。こかげ。②他人の助け。「あなたのお―で助かった」

イン【酳】(14) 酉7 1 7842 6E4A

音 イン 訓 すすぐ・すすめる・あまり・すする

意味 ①すすぐ。酒で口をすすぐ。②酒を供える。酒をすすめる。③あまり。④すする。少し飲む。

イン【隠】(14) 阝11 常 4 1703 3123

音 イン (外)オン 訓 かくす・かくれる

旧字《隱》(17) 阝14 1/準1 8012 702C

筆順

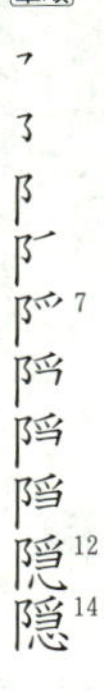

意味 ①かくれる。おおわれる。かくれ住む。「隠逸」「隠居」「隠遁（イントン）」②かくす。おおいかくす。「隠語」「隠滅」「隠蔽（インペイ）」対①②顕 ③あわれむ。うれえる。「惻隠（ソクイン）」類慇（イン） ④おもおもしい。「隠然」⑤「隠岐（おき）の国」の略。「隠州（オンシュウ）」

下つき 索隠（サクイン）・雪隠（セッチン）・惻隠（ソクイン）・退隠（タイイン）・幽隠（ユウイン）

【隠逸】インイツ 俗世間を逃れてかくれ住むこと。類隠遁（イントン）

【隠居】インキョ 職をやめ、家督を譲って、のんびり暮らすこと。一般に老人を指す。「ご―さん」類隠栖（インセイ）・隠退

【隠見・隠顕】インケン 見えかくれすること。「波間に―する」参考「インゲン」とも読む。

【隠元豆】インゲンまめ マメ科のつる性一年草。夏、白や黄色の花をつける。未熟

い イン

なさやと熟した種子を食用にする。季秋 由来 中国、明の僧、隠元によって伝えられたことからという。

【隠語】イン ゴ 特定の集団内でのみ通用する特別な意味をもった語。「さつ（警察）」「もく（たばこ）」など。類符丁

【隠士】イン シ 俗世間を逃れてひっそりと生活をしている人。類隠者・隠遁者 参考「インジ」とも読む。

【隠者】イン ジャ 俗世間との関係を絶って、山奥などにかくれて暮らす人。「―の文学は中世に多い」類隠士・隠遁者

【隠▲棲・隠▲栖】イン セイ 俗世間から離れて静かに生活すること。類隠遁・隠居

【隠然】イン ゼン 表立ってはいないが、陰で実質的な力を握っているさま。「―たる勢力」

【隠退】イン タイ 社会活動から退いて静かに生活をすること。「郷里に―する」類隠居

【隠匿】イン トク ことさらにかくすこと。秘密にすること。「品物は倉庫に―されていた」類隠蔽・蔵匿

【隠▲遁】イン トン 俗世間を逃れてひそやかに暮らすこと。類隠棲・隠逸・隠居

【隠忍自重】インニン ジチョウ 怒りなどをじっとこらえて、軽々しい行動をしないこと。「―の日々」対軽挙妄動

【隠微】イン ビ はっきりと外に現れず、かすかでわかりにくいこと。

【隠蔽】イン ペイ おおいかくすこと。「汚職の―工作」類隠匿 対暴露

【隠滅】イン メツ あとかたもなくなくなること。また、なくしてしまうこと。「証拠の―をたくらむ」表記「堙滅・湮滅」とも書く。

【隠喩】イン ユ 「…のようだ」などの比喩を表す言葉を用いず、たとえだけをいう修辞法。「君の目は節穴だ」の類。類暗喩 対直喩

【〈隠岐〉】おき 旧国名の一つ。現在の島根県の一部。日本海上の群島。隠州。

【▲隠田】オン デン 中世から近世にかけて、国家や領主に納めない田畑。忍び田。かくしだ。「―百姓」類隠地

【▲隠亡】オン ボウ 昔、死人の火葬・埋葬をしたり、墓所を守ったりした職業の人。

【▲隠密】オン ミツ ①人目をしのんで物事をこっそり行うこと。②昔、情報収集の役目をした下級の武士。間者。忍びの者。

【隠す】かく-す ①人目に触れないようにする。しまいこむ。かくまう。②知られないようにする。「何事も―すことなく打ち明けよう」

【隠すより現る】かくし事は、かくそうとすればするほど、かえって人に知れやすいということ。参考「隠すことは現る・隠せばいよいよ現る」ともいう。

【〈隠処〉・隠れ家】かくれが ①世間から逃れてかくれ住む家・場所。②陰になって見えない所。

【隠れ▲蓑】かくれみの ①着ると体が見えなくなるという、想像上の、みの。②本来の姿や目的などを隠すための手段。「子どものためという―てあちこち出歩く」

【隠れる】かく-れる ①外から見えなくなる。②人目につかないようにする。③官職につかず民間にいる。「―れた人材を発掘する」④身分の高い人が死ぬ。

【隠れん坊】かくれんボウ 一人が鬼になり、かくれている仲間を見つけ出す子どもの遊び。かくれんぼ。「よく―をして遊んだ」

イン【螾】(17) 虫11 1 8777 776D 音イン 訓みみず

意味 みみず（蚯蚓）。類蚓

イン【▲隱】(17) 阝14 8012 702C ▼隠の旧字（六七）

イン【贇】(19) 貝12 1 7654 6C56 音イン 訓

意味 均整がとれて美しいさま。

イン【霪】(19) 雨11 1 8038 7046 音イン 訓ながあめ

意味 ながあめ。一〇日以上も降り続く雨。「霪雨」

イン【韻】(19) 音10 常 準2 1704 3124 音イン 訓外ひびき・おもむき

〔韵〕 1 8081 7071

筆順 2 4 9 12 14 17 19

意味 ①ひびき。おと。ね。「松韻」「余韻」②おもむき。ようす。風流。「韻士」「風韻」③いん。㋐漢字の字音で、初めの子音を除いた音。「韻母」対声 ㋑詩歌で、句や行の初めと終わりに置く同じ種類の音。「韻文」「韻律」「押韻」

下つき 押韻・音韻・換韻・気韻・脚韻・畳韻・神韻・声韻・仄韻・通韻・頭韻・風韻・無韻・和韻

【韻鏡十年】インキョウ ジュウネン 理解することが非常に難しいことのたとえ。「韻鏡」は唐代末の漢字の音韻を研究した書物。その内容は難解をきわめ、理解するのに一〇年はかかるという意から。

【韻致】イン チ 風雅なおもむき。上品で風流なさま。類風韻・風致

【韻文】イン ブン 韻律のある文章。韻を踏んでいる文。「―と散文を区別する」対散文

【韻律】イン リツ 詩歌の音楽的な調子。リズム。「―に富んだ詩」

【▲韻】ひびき 心地よく耳に聞こえる調和した音。音のひびき。また、物事のおもむき。「松に吹く風の―」

イン【▲鸚】(28) 鳥17 8332 7340 ▼オウ（一一九）

インチ【▲吋】(6) 口3 1705 3125 ▼トウ（一一三六）

う 宇 ウ 宇

ウ【于】★ (3) 二1 [1] 4818 5032 音 ウ・ク 訓 ここに・ああ・ゆく

意味 ①ここに。語調をととのえる語。②…に。…において。…より。場所・比較を表す。③ああ。詠嘆の声。類 吁ク ④いく。ゆく。「于役」「于帰」 参考「干カン」とは別字。

下つき 友于ユウ

【于・〈于嗟〉】ああ 驚きや嘆きを表す語。表記「吁嗟」とも書く。

【于役】ウエキ 君命によって、使者として他国に行ったり、国境の警備などに行ったりすること。参考 役にゆくの意。

【于に】ここに このところに。このときに。「―帰とつぐ」 参考 語を発するとき、場所・対象を示し句調をととのえる役目をする。

ウ【右】(5) 口2 常 教 [10] 1706 3126 音 ウ・ユウ 訓 みぎ 外 たすける

筆順 ノ ナ 𠂇 右 右

意味 ①みぎ。みぎがわ。「右岸」「右舷ゲン」 ②そば。わき。かたわら。たすける。「座右」「右筆ユウヒツ」 類 佑ウ ③上位。たっとぶ。おもんじる。「右職ユウショク」「右武ユウブ」 ④保守的な思想傾向。「右傾」「右翼」 対 ①④左 参考 ④フランス革命のとき、国民議会で保守的な穏健派が右側の席を占めたことから。

下つき 極右キョクウ・左右サユウ・座右ザユウ

【右往左往】ウオウサオウ あわてふためいて、右へ行ったり左へ行ったりすること。秩序をなくして混乱するさま。「大きな揺れに皆―した」 参考「左往右往」ともいう。類 周章狼狽シュウショウロウバイ 対 泰然自若タイゼンジジャク

【右岸】ウガン 川の下流に向かって右側の岸辺。対 左岸

【右顧左眄】ウコサベン 周囲の情勢などを気にして、なかなか決断ができないこと。右を見たり左を見たりする意から。参考「左眄右顧」ともいう。類 左見右見とみこうみ・首鼠両端シュソリョウタン

【右近】ウコン 「右近衛府ウコンエフ」の略。宮中の警護に当たった役所。「―の橘たちばな、左近の桜」 対 左近

【右翼】ウヨク ①右側のつばさ。②隊列を組んだりして左右に広がったりしている物の右側。③保守的・国粋的なものを重んじる思想傾向。④野球で、本塁から見て右側の外野。また、そこを守る選手。対 ①～④左翼 由来 ③フランス革命後の国民議会で、保守派が議長席からみて右側に座ったことから。

【右ける】たすける 手だすけをする。かばう。特に、神や仏がすくいたすける。

【右】みぎ 人が北を向いたとき、東にあたる側。「―を見て左を見てから渡る」 対 左

【〈右手〉】めて ①ウマの手綱たづなをとるほうの手。みぎの手。②右のほう。右側。対 ①②弓手ゆんで 表記「馬手」とも書く。

【右筆】ユウヒツ 貴人に仕え、文筆に携わる人。また、その役。表記「祐筆」とも書く。

【右文左武】ユウブンサブ 学問と武術を尊ぶこと。文武両道をかね備えること。「―の気風」 類 左文右武

ウ【宇】(6) 宀3 常 教 [5] 1707 3127 音 ウ 訓 外 のき・いえ

筆順 丶 丷 宀 宀 宀 宇

意味 ①のき。ひさし。やね。いえ。「殿宇」「堂宇」「廟宇ビョウ」 ②そら。天。無限の空間。「宇宙」 ③天下。天地四方。世界。「宇内ダイ」 ④こころ。精神。度量。「気宇」「眉宇ビ」 参考「宇」の冠が片仮名の「ウ」に、草書体が平仮名の「う」になった。

下つき 一宇イチウ・屋宇オクウ・気宇キウ・器宇キウ・大宇タイウ・宅宇タクウ・殿宇デンウ・杜宇トウ・堂宇ドウウ・眉宇ビウ・廟宇ビョウウ

【宇】いえ 大きな屋根におおわれた建物。大きな建築物。

【宇内】ウダイ あめのした。天下。世界。「―万国広しといえども」

【宇宙】ウチュウ ①すべての天体とそれをおおう全空間。また、地球の大気圏外。「―開発の時代」「―工学」 ②存在する空間と時間のすべて。天地万物。森羅万象。③哲学で、万物を統一している秩序ある世界。コスモス。

【宇】のき 屋根の端で、外壁より張り出している部分。屋内の日除よけや雨除けとなる。表記「軒」とも書く。

ウ【有】(6) 月2 教 4513 4D2D ▼ユウ（一五〇六）

ウ【羽】(6) 羽0 常 教 [9] 1709 3129 音 ウ 中 訓 は・はね

旧字《羽》(6) 羽0 1/準1

筆順 丁 习 羽 羽 羽 羽

意味 ①はね。つばさ。「羽毛」「羽化」「翼羽」 ②鳥などを数える語。③「出羽でわの国」の略。「羽州」「羽前」

下つき 尾羽おは・合羽カッぱ・積羽セキウ・切羽セッぱ・手羽てば・毛羽モウウ・けば・鱗羽リンウ

【羽化】ウカ 昆虫が幼虫またはさなぎから変態して成虫になること。「―して成虫になる」

【羽化登仙】ウカトウセン 酒に酔って心地よい気分になること。体に羽が生え、仙人になって空を飛ぶ意から。〈蘇軾ソショクの文〉「―の気分」

う

ウ

【羽觴】ウショウ スズメが羽を広げた形のさかずき。酒杯。「—を飛ばす（酒盛りをする）」類羽爵 参考「觴」はさかずきの意。

【羽旄】ウボウ キジの羽とヤク（旄牛）の尾で作った竿先につける飾り。はたかざり。さしずばた。

【羽毛】ウモウ 鳥類の体の表面に生えている柔らかい羽。「—が抜けかわる」

【羽織】はおり 和装で、着物の上に着る丈の短い衣服。「—袴で出迎える」

【羽交い締め】はがいじめ ①相手の背後から脇を通して両手をさしこみ、強くしめ上げて動けないようにすること。②両腕を背後に交差させ、鳥の羽を閉じたように縛ること。

【羽子板】はごいた 羽根を打って遊ぶための、柄のついた長方形の板。表に押し絵をしたり、絵を描いたりして装飾を施す。「役者絵の—」季新年

【羽衣】はごろも 天人が着て空を飛ぶという、鳥の羽でできた薄く軽い衣。あまのはごろも。

【羽尺】はジャク 和装で、大人の羽織が仕立てられる程度の長さの反物。羽尺地。対着尺

【羽蝨】はじらみ ハジラミ目の昆虫の総称。鳥類や哺乳類に寄生して羽毛や皮膚に食いつく。ハムシ。

【羽繕い】はづくろい 鳥が、くちばしで羽をきれいに整えること。

【羽・羽根】はね ①鳥の翼。「—を広げる」②昆虫やコウモリなどの飛ぶための器官。③鳥の羽毛。④矢につける鳥のはね。矢羽根。⑤機械などにつく翼状のもの。⑥「羽子」に同じ。表記②「翅」とも書く。

【羽子】はね 羽子板でついて遊ぶはね。はご。「—つき」季新年 表記「羽・羽根」とも書く。参考ムクロジの実の種に鳥の羽をつけて作る。

【〈羽隠虫〉】はねかくし ハネカクシ科の昆虫の総称。体長〇・五〜二五ミリ。物にとまるとき、短い前ばねの下に後ろばねをたたんでかくす。表記「隠翅虫」とも書く。

【〈羽撃〉く】はばたく ①鳥が両方の翼を広げて上下に強く動かす。②人が社会へ出ていくことや活発に行動することのたとえ。「明日へ—く若者たち」

【羽二重】はぶたえ なめらかで光沢のある薄い絹織物。礼服や胴裏地などに用いる。

【羽振り】はぶり ①社会的に通用する、人の地位・勢力・経済力などの程度。威勢。「業界で—がいい」②羽の形・ようす。③鳥が羽をばたばたとふるわせること。はばたき。

【羽斑蚊】はまだらか カ科の昆虫の総称。体長約五ミリ。はねに黒褐色の斑紋があり、尾を上げてとまる。雌にマラリアを媒介するものがある。季夏 表記「翅斑蚊」とも書く。

【羽目】はめ ①建物の壁で、板を縦または横に並べて張ったもの。羽目板。②追いこまれた状態。追いつめられた立場。「また幹事をやる—になった」表記②「破目」とも書く。

ウ【芋】(6) ⺾3 常 1682 3072 ▼いも(五九)

ウ【迂】(7) ⻌3 準1 1710 312A 音ウ 訓まがる・とおい

〔迂〕

意味 ①まがる。とおまわりする。とおい。まわりくどい。「迂遠」「迂回」「迂曲」類紆 ②うとい。にぶい。実情に合わない。「迂闊」「迂愚」

【迂遠】ウエン 遠まわし。まわりくどいさま。「—な言いまわし」「—な議論が続く」

【迂回・迂迴】ウカイ 遠まわりすること。まわり道すること。「工事中なので—する」対直行

【迂闊】ウカツ 注意力が足りずに、うっかりしているさま。「—な行動をとる」

【迂曲】ウキョク ①うねうねと曲がりくねるさま。②遠回しなこと。「—の弁解」表記「紆曲」とも書く。

【迂愚】ウグ 世事にうとく、おろかなこと。「大人になっても—な者は多い」

【迂生】ウセイ わたくし。自分。類小生・愚生 参考世情にうといおろか者の意。男性が手紙などで自分をへりくだっていう語。

【迂叟】ウソウ わたくし。類老生 参考世情にうとい老人の意。老年の男性が手紙などで自分のことをへりくだっていう語。

【迂直の計】ウチョクのケイ 遠回りのようだが、実際には最も効果的な手段のこと。「迂」は遠回りすること、「直」は直行する意。由来迂回して敵を安心させ敵の油断に乗じて一気に攻めこむ戦法から。〈『孫子』〉類急がば回れ

【迂路】ウロ 回り道。遠回りの道。迂回路。「—を取り、満開の花を眺める」

ウ【盂】(8) 皿3 1 6619 6233 音ウ 訓はち・わん

意味 ①はち。わん。飲食物を盛る器。②梵語の音訳に用いられる。「盂蘭盆」

下つき 腎盂

【盂蘭盆】ウラボン 仏 七月または八月の一三日から一五日にかけて、先祖の霊を迎え供養する行事。盆。類精霊会

【盂】はち 飯など飲食物を盛る、中央がくぼんだ器。わん。表記「鉢」とも書く。

ウ【雨】(8) 雨0 教 常 10 1711 312B 音ウ 訓あめ・あま

筆順 一丅丆币雨雨雨雨

意味 あめ。あめふり。また、あめのように降り注ぐ

もの。「雨期」「雨月」「雨矢」

[下つき] 暗雨(アンウ)・陰雨(インウ)・煙雨(エンウ)・甘雨(カンウ)・恵雨(ケイウ)・好雨(コウウ)・降雨(コウウ)・豪雨(ゴウウ)・山雨(サンウ)・慈雨(ジウ)・驟雨(シュウウ)・宿雨(シュクウ)・弾雨(ダンウ)・梅雨(バイウ・つゆ)・白雨(ハクウ)・風雨(フウウ)・暴雨(ボウウ)・沐雨(モクウ)・雷雨(ライウ)・緑雨(リョクウ)・霖雨(リンウ)

【雨△間】あまあい 雨がしばらく降りやんでいる間。「—をみて出掛ける」[参考]「あまま・あめま」とも読む。

【雨脚・雨足】あまあし ①雨が降り移っていく状態。「—が遠のく」②降るさまが線のように見える雨。「—が白く激しい」[参考]「あめあし」とも読む。

【雨覆い】あまおおい ①雨にぬれないようにかぶせる物。あまよけ。②刀のさやの峰側についている金具。

【雨▲蛙】あまがえる アマガエル科のカエル。体長約四センチメートル。四肢に吸盤があり木にのぼる。緑色の背は環境により茶褐色に変化する。[季]夏 [由来]雨が降る前によく鳴くことから。

『雨▲蛙が鳴くと雨』アマガエルがにぎやかに鳴く翌日は雨が降るという、天候に関する俗説。

【雨▲笠】あまがさ 雨の降っているときに頭にかぶる笠。

【雨〈合羽〉】あまガッパ 雨降りに衣服の上に着る、マント状の防水服。

【雨具】あまグ 雨をよけるために使う用具や衣服の総称。傘やレインコート・雨ぐつなど。「ハイキングに—を持参する」

【雨▲曝し】あまざらし 戸外にほうっておき、雨にぬれるままにしておくこと。「—の材木」[類]野曝し

【雨垂れ石を▲穿つ】あまだれいしをうがつ どんなに小さな力でも、根気よく続ければ、いつかは必ず成功するというたとえ。雨垂れも長い間同じ所に落ち続ければ、石に穴をあけてしまう意から。[参考]「雨垂れ」は「点滴」ともいう。[類]牛の歩みも千里

【雨垂れは三△途の川】あまだれはサンズのかわ 雨垂れが落ちる軒下から一歩外へ出ると、どんな危険が待ちかまえているか分からないから用心せよという戒め。「三途の川」は、あの世へ行く途中にあるという川。[類]男子家を出(い)ずれば七人の敵あり

【雨▲樋】あまどい 屋根に降った雨水を軒先で受け、地面に流れるようにした、とい。

【〈雨▲疏〉・雨▲捌】あまはけ 雨水がとどこおらないでよく流れること。また、そのようにした所。

【雨△催い】あまもよい 今にも雨が降り出しそうな空模様。あめもよい。雨模様。

【雨△避け・雨△除け】あまよけ ①物が雨でぬれるのを防ぐための、おおい。また、そのための屋根や庇(ひさし)。あまおおい。②雨でぬれないようにしばらく待つこと。あまやどり。

【雨】あめ ①上昇した水蒸気が空中で冷却され、水滴となって地上に降ってくるもの。②①の降る天候。雨天。「天気予報は—だ」③絶え間なく落ちてくるもの。「弾丸の—」「涙の—」

『雨△塊(つちくれ)を破らず』世の中が平穏無事であることのたとえ。雨が静かに降り、土の塊をこわさずに染(し)みこんでいく意から。〈『塩鉄論』〉[類]吹く風枝を鳴らさず

『雨晴れて▲笠(かさ)を忘れる』苦しい時期が過ぎてしまうと、そのときに助けてくれた人の恩義も忘れてしまうものだということ。雨がやむと、笠のありがたみを忘れてしまう意から。[類]喉元(のどもと)過ぎれば熱さを忘れる

『雨降って地(ジ)固まる』雨が降ったあとは、地面が固く締まるように、もめごとなどのあとは、かえって物事が落ち着いてよい結果が生まれるというたとえ。

『雨を冒(おか)し▲韮(にら)を▲剪(き)る』友人の来訪を喜び、誠心誠意もてなすこと。[故事]中国、後漢の郭林宗(カクリンソウ)の家へ、ある夜、雨のなかを友人が訪ねて来た。林宗は雨にぬれながら畑へ行きニラを切り、餅(もち)を作って友人にご馳走(チソウ)したという故事から。〈『郭林宗別伝』〉

【雨▲霰】あめあられ ①雨とあられ。②弾丸や矢などが激しく飛んでくる形容。「—と矢が射掛けられる」

【〈雨虎〉・雨降】あめふらし アメフラシ科の軟体動物。磯にすむ。ナメクジに似るが大きく、体長約三〇センチメートル。さわると紫色の液を出すが毒はない。

【雨域】ウイキ 雨が降る地域。また、降っている地域。「—が広がる」

【雨過天晴】ウカテンセイ 物事の状況がよいほうへ向かうたとえ。雨がやみ、空が晴れ渡る意から。「—の気分」[表記]「天晴」は「天青」とも書く。

【雨期・雨季】ウキ 一年のうち、とりわけ降水量の多い期間・季節。[対]乾期・乾季

【雨奇晴好】ウキセイコウ 雨天でも晴天でも、それぞれ趣のあるすばらしい景色が見られるということ。〈蘇軾(ソショク)の詩〉[参考]「晴好雨奇」ともいう。

【雨後】ウゴ 雨のやんだあと。雨上がり。「—の空に虹(にじ)がかかる」

『雨後の▲筍(たけのこ)』同じような物事が、次から次へ続いて起こることのたとえ。雨が降ったあとは、たけのこが次々に生えてくることから。

【雨滴】ウテキ あまだれ。あまつぶ。雨のしずく。「単調な—の音が聞こえる」

【雨天順延】ウテンジュンエン 行事などの予定の日に雨が降ったら、晴れるまで日程を一日ずつ順にのばすこと。

【雨波貝】ウバがい バカガイ科の二枚貝。▼姥貝(うばがい)(一三九三)

【雨露】ウロ ①あめとつゆ。あめつゆ。「―をしのぐ」②大きな恵み。恩恵。「―の恩」

〖雨露霜雪〗ウロソウセツ 気象がさまざまに変化すること。また、人生におけるさまざまな困難のたとえ。「―に耐え抜く」類艱難辛苦(カンナンシンク)・櫛風沐雨(シップウモクウ)

【〈雨久花〉】みずあおい ミズアオイ科の一年草。沼地に自生。葉はハート形。夏から秋、花茎を立てて紫色の六弁花をつける。季夏 由来「雨久花」は漢名からの誤用。表記「水葵・浮薔」とも書く。

【〈雨打〉】ゆた 昔の日本建築で、屋根の下につけた庇(ひさし)状のもの。裳階(もこし)。表記「雪打」とも書く。

ウ【禹】(9) 内4 1 6727 633B

音 ウ
訓

意味 古代中国の夏(カ)王朝を開いた伝説上の王の名。

下つき 舜禹(シュンウ)・大禹(タイウ)

【禹行舜趨】ウコウシュンスウ うわべをまねるだけで実質が伴っていないこと。見かけだけ禹のように歩き、舜のように走っても、聖人の徳は備えていないたとえ。「禹」「舜」は、中国古代の伝説上の聖天子。「趨」は、走ること。〈『荀子(ジュンシ)』〉参考「禹歩舜趨」ともいう。

ウ【竽】(9) ⺮3 1 8957 7959

音 ウ
訓 ふえ

意味 ふえ。笙(ショウ)の一種。古くは三六管あったが、後世は一九管。「竽笙」参考「竿(カン)(さお)」は別字。

下つき 瑟竽(シツウ)

ウ【紆】(9) 糸3 1 6894 647E

音 ウ
訓 まがる・まげる・めぐる・まとう・まつわる・むすぼれる

意味 ①まがる。まげる。めぐる。「紆回」「紆曲」類迂 ②まとう。まつわる。③むすぼれる。気がふさぐ。

下つき 鬱紆(ウツウ)

【紆曲】ウキョク ①うねうねと曲がりくねるさま。②遠回しなこと。「―の弁解」表記「迂曲」とも書く。

【紆余】ウヨ ①川や丘などがくねりながら続くようす。②才気があるうえに、落ち着きのあるさま。

〖紆余曲折〗ウヨキョクセツ ①道が曲がりくねっていること。②事情が込み入っていて複雑なこと。「―の末、解決した」類曲折浮沈・盤根錯節・複雑多岐

【紆がる】まがる ①回り道をする。遠回りをする。②まわりくどい。③かがめる。

ウ【胡】(9) 肉5 2453 3855 ▼コ(四五四)

ウ【桙】(10) 木6 1 5966 5B62

音 ウ・ボウ
訓 ほこ

意味 ①飲食物などを入れる器。入れもの。②ほこ。武器の一種。

ウ【烏】★ (10) 灬6 準1 1708 3128

音 ウ・オ
訓 からす・くろい・いずくんぞ・なんぞ

意味 ①からす。カラス科の鳥の総称。「烏喙(カイ)」「烏合」「烏集」②黒い。③ああ。感嘆・嘆息の声。「烏乎(アア)」類嗚(オ) ④いずくんぞ。なんぞ。「烏有」⑤日。太陽。「烏兎(ウト)」参考カラスは全身真っ黒で目がどこにあるかわからないことから、「鳥」の字の目の部分の一画を外して「烏」とした。また⑤は、月にはウサギが、太陽にはカラスがいるという伝説による。

下つき 金烏(キンウ)・慈烏(ジウ)

【〈烏賊〉】いか 頭足類コウイカ目とツツイカ目の軟体動物の総称。近海に広く分布。あしが一〇本で円筒状。敵にあうと腹部から墨を出して逃げる。食用。季夏 由来イカが死んだふりをして海面に浮き、カラスがついばみに来ると巻きついて餌食(ジキ)にすることからという。表記「墨魚」とも書く。

【烏んぞ】いずくんぞ どうして。なんで。「―有らんや」参考漢文を訓読みにした語で、「いずくにぞ」の転。下に推量の語をつけて反語の意を表す。

【烏竜茶】ウーロンチャ 中国産の茶。生葉を発酵途中で釜煎(かまい)りし、もんで乾燥したもの。由来カラスのように黒く、竜の爪のように曲がって仕上がることから。参考中国語から。

【烏焉魯魚】ウエンロギョ 文字の書き誤りのこと。「烏」と「焉」、「魯」と「魚」の字形が似ていて、まちがいやすいことから。〈『事物異名録』〉類烏焉成馬・魯魚亥豕(ロギョガイシ)・魯魚章草・魯魚帝虎(ロギョテイコ)

【烏喙】ウカイ ①カラスのくちばし。②①に似た突き出た口つき。欲深い人相のたとえ。

【烏合の衆】ウゴウのシュウ まるでカラスの群れのように、統制も規律もなく寄り集まった群衆のこと。〈『後漢書(ゴカンジョ)』〉類烏集の交わり

【烏骨鶏】ウコッケイ ニワトリの一種。東アジア原産。羽毛は白または黒で、絹糸に似る。皮・肉・骨は暗紫色。天然記念物。観賞用。

【烏盞】ウサン 黒色の釉(うわぐすり)をかけた天目茶碗(テンモクジャワン)の一種。献茶用。表記「胡盞」とも書く。

【烏鵲】ウジャク ①カササギ。②カササギとカラス。参考「ウシャク」とも読む。

〖烏鵲の智〗ウジャクのチ 遠い先のことばかり心配して身近な危険を考えないこと。カササギが強風を避けて低い枝に巣を作るのはよいとしても、そのためにひなや卵が危険にさらされることを忘れていることから。〈『淮南子(エナンジ)』〉

【烏集】ウシュウ カラスのように、がやがやと秩序もなく集まること。類烏合

〖烏集の交わり〗ウシュウのまじわり 嘘(うそ)が多く、自分の利益のためにすぐ争いを起こす

ような交際。また、相手を選ばずに結びついた交わり。『管子』

【烏頭】ウズ トリカブトの根茎。リュウマチなどの鎮痛剤や麻酔剤に用いる。有毒なアコニチンを含む。附子(ブシ・ブス)。由来 カラスの頭に似た形をしていることから。

【烏鳥の私情】ウチョウのシジョウ 子が親に養われて育った恩を忘れずに、孝養をつくす情愛のたとえ。由来 カラスは、生まれた子に母親が六〇日間口うつしに食物を与え、子は成長後六〇日間、親に口から食物を与えて養うという伝説から。〈李密(リミツ)の文〉

【烏兎】ウト ①太陽と月。②月日。年月。由来 太陽にはカラス、月にはウサギがすんでいるという中国の伝説から。〈張衡(チョウコウ)の文〉

【烏兎匆匆】ウトソウソウ 月日があわただしく過ぎ去るさま。「匆匆」は急ぐさま。あわただしいさま。類 烏飛兎走・兎走烏飛・露往霜来

【烏文木】ウブンボク コクタンの別称。▼黒檀(コクタン)(五三七)

【烏薬】ウヤク クスノキ科の常緑低木。中国原産。暖地に野生化している。春、多数の淡黄色の小花をつける。根は連球状で香気があり、漢方で健胃薬などにする。テンダイウヤク。

【烏有】ウユウ 何もないこと。類 皆無 参考 烏(いずく)んぞ有らんや(どうしてあるだろうか)の意。

【烏有に帰す】ウユウにキす 何もかもなくなってしまうこと。特に、火事で丸焼けになり、すべてを失うことにいう。参考「帰す」は「属す」ともいう。類 灰燼(カイジン)に帰す

〈烏魯木斉〉ウルムチ 中国、新疆(シンキョウ)ウイグル自治区の区都。天山山脈の北麓(ホクロク)にあり、経済・文化・交通の要地。

【烏鷺】ウロ ①カラスとサギ。②①の羽の色から、黒と白。転じて囲碁の別称。「一の勝敗を決する」

【烏鷺の争い】ウロのあらそい 囲碁の勝負のこと。黒いカラス(烏)、白いサギ(鷺)をそれぞれ黒と白の碁石に見立てたことから。

〈烏帽子〉えぼし 昔、元服した男子の用いた帽子の一種。現在では、神官の装束に見られる。「一を着せる(誇張して言う)」「亭主の好きな赤一」参考「えぼし」は「えぼうし」のちぢまった形。

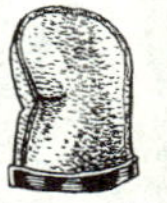
〔烏帽子(えぼし)〕

【烏滸】オコ 愚かなこと。ばかげたさま。「一な話」表記「尾籠・痴」とも書く。

【烏滸がましい】オコがましい ①なまいきだ。出すぎている。「私が言うのも一いのですが」②しゃくにさわる。ばかばかしい。「口にするのも一い」

【烏】からす カラス科の鳥の総称。全体に黒色。雑食性。人里近くに群れをつくってすむ。鳥類の中では知能が高い。鳴き声や色から不吉な鳥とされる。表記「鴉・慈鳥」とも書く。

【烏の行水】からすのギョウズイ よく洗いもせず、さっさと入浴をすませてしまうこと。カラスの短い水浴びのようすから。「温泉に来て一とはあきれる」

【烏口】からすぐち 墨などで線を引くときに使う、くちばし状の製図用具。

【烏羽色】からすばいろ カラスのぬれた羽のような、真っ黒で青みを帯びたつややかな色。また、黒色。

〈烏竹〉くろちく ハチクの変種。小形のタケで、観賞用・細工用に栽培。幹が細く、外皮が紫色を帯びた黒色。表記「黒竹」とも書く。

〈烏豆〉くろまめ ダイズの一種。豆の皮が黒いもの。正月料理などに用いる。季 秋 表記「黒豆」とも書く。

〈烏樟〉くろもじ クスノキ科の落葉低木。由来「烏樟」は漢名から。▼黒文字(くろもじ)(五三七)

〈烏芋〉くわい オモダカ科の多年草。由来「烏芋」は漢名から。▼慈姑(くわい)(六三八)

〈烏木〉こくたん カキノキ科の常緑高木。由来「烏木」は漢名から。▼黒檀(コクタン)(五三七)

〈烏臼〉なんきんはぜ トウダイグサ科の落葉高木。由来「烏臼」は漢名から。▼南京櫨(なんきんはぜ)(一一九〇)

〈烏玉〉・〈烏珠〉ぬばたま ヒオウギの種子。球形で黒く光沢がある。▼射干玉(ぬばたま)(六五七)

ウ【傴】(13) 亻11 1 4893 507D 音 ウ 訓 かがむ・つつしむ

意味 ①かがむ。背を曲げる。②背中の曲がる病気。「傴僂(ウル・ウロウ)」③かわいがる。④つつしむ。うやうやしくする。

【傴む】かがむ 腰が曲がり、体が前に傾く。背をまるめる。かがまる。

〈傴僂〉せむし 背骨が弓なりにまがって、前かがみになる病気。また、その病気の人。参考「くぐせ・ウル・ウロウ」とも読む。

ウ【優】(17) 亻15 教 4505 4D25 ▼ユウ(一五一七)

ウ【齲】(24) 歯9 1 8390 737A 音 ウ・ク 訓 むしば

意味 ①むしば。「齲歯」②歯が痛む。「齲痛」

【齲歯】ウシ 「齲歯(むしば)」に同じ。

【齲蝕症】ウショクショウ 齲歯(むしば)の別称。

【齲・〈齲歯〉】むしば 口内の細菌が作り出した乳酸によって歯の組織が侵食される病気。また、その歯。表記「虫歯」とも書く。参考「齲歯」は「ウシ」とも読む。

う【卯】(5) 卩3 1712 312C ▼ボウ(一四一三)

う【▲鵜】(18) 鳥7 1713/312D ▼テイ(一〇九九)

ウイ【△外】(5) 夕2 教 1916/3330 ▼ガイ(一八八)

ウイ【茴】(9) 艹6 1 7202/6822 音 ウイ・カイ 訓

意味 草の名に用いられる字。「茴香(ウイキョウ)」

【▲茴香】ウイキョウ セリ科の多年草。南ヨーロッパ原産。独特な芳香がある。夏、枝先に黄色い小花を多数つける。実は香味料・薬用・香油などにする。フェンネル。

うい【初】(7) 刀5 教 2973/3D69 ▼ショ(七二四)

うい【△愛い】(13) 心9 教 1606/3026 ▼アイ(五)

うい【憂い】(15) 心11 常 4511/4D2B ▼ユウ(一五一五)

うえ【上】(3) 一2 教 3069/3E65 ▼ジョウ(七六八)

うえ【▲筌】(12) 竹6 6805/6425 ▼セン(九〇四)

うえじに【▲殍】(11) 歹7 6143/5D4B ▼ヒョウ(一三〇五)

うえる【△芸える】(7) 艹4 教 2361/375D ▼ゲイ(四〇三)

うえる【△栽える】(10) 木6 常 2647/3A4F ▼サイ(五五二)

うえる【飢える】(10) 食2 常 2118/3532 ▼キ(二七一)

うえる【植える】(12) 木8 教 3102/3F22 ▼ショク(七八三)

同訓異義 **うえる**

【飢える】食物が乏しくて腹がへる。ほか、広く用いる。「食糧難で飢える」「飢え死にする」「愛情に飢えた少女」「活字に飢える」

【△餓える】食物が不足して体がやせ細る。「飢える」のひどい状態をいう。「餓死(ガシ)」「飢えども餓えず」

【▲饉える】作物が凶作でうえる。「飢饉(キキン)」

【▲餒える】食物が足りなくて体が疲れる。

【▲饑える】穀物が不作でうえる。

うえる【△種える】(14) 禾9 教 2879/3C6F ▼シュ(六七九)

うえる【△餓える】(15) 食7 常 1878/326E ▼ガ(一六六)

うえる【△樹える】(16) 木12 教 2889/3C79 ▼ジュ(六八三)

うえる【▲餒える】(16) 食7 8115/712F ▼ダイ(九九九)

うえる【▲饉える】(20) 食11 8128/713C ▼キン(三六五)

うえる【▲饑える】(21) 食12 8132/7140 ▼キ(二八五)

うお【魚】(11) 魚0 教 2191/357B ▼ギョ(三三〇)

うがい【▲嗽】(14) 口11 5154/5356 ▼ソウ(九四四)

うがい【▲漱】(14) 氵11 6291/5E7B ▼ソウ(九四五)

うかがう【伺う】(7) 亻5 常 2739/3B47 ▼シ(六〇六)

うかがう【▲俔う】(9) 亻7 4855/5057 ▼ケン(四二〇)

うかがう【△候う】(10) 亻8 教 2485/3875 ▼コウ(四九五)

うかがう【△偵う】(11) 亻9 常 3669/4465 ▼テイ(一〇九四)

うかがう【▲覗う】(12) 見5 3933/4741 ▼シ(六三〇)

うかがう【▲覘う】(12) 見5 7513/6B2D ▼テン(一一一八)

同訓異義 **うかがう**

【伺う】ひそかにようすを見る。多くは、「聞く」「尋ねる」「訪れる」の謙譲語に用いる。「先輩の武勇伝を伺う」「道順を伺う」「先生の部屋に伺う」

【窺う】そっとようすを見る。ひそかに待ちうける。ほか、広く用いる。「窓から室内を窺う」「妻の顔色を窺う」「家庭の温かみが窺える文面」「好機を窺う」「真意は窺い知れない」

【覗う】のぞいてようすを見る。

【△候う】そっとようすを見る。ご機嫌をうかがう。「斥候(セッコウ)」

【△偵う】ようすをさぐる。「偵察(テイサツ)」「探偵(タンテイ)」

【覘う】じっとようすを見る。

うかがう【▲窺う】(16) 穴11 1714/312E ▼キ(二八三)

うがつ【▲穿つ】(9) 穴4 3292/407C ▼セン(九〇〇)

うがつ【▲鑿つ】(28) 金20 7956/6F58 ▼サク(五六九)

うかぶ【▲泛かぶ】(7) 氵4 6202/5E22 ▼ハン(一二六三)

うかぶ【浮かぶ】(10) 氵7 常 4166/4962 ▼フ(一三二八)

うかる【受かる】(8) 又6 教 2885/3C75 ▼ジュ(六八一)

うかれる【浮かれる】(10) 氵7 常 4166/4962 ▼フ(一三二八)

うきくさ【▲萍】(11) 艹8 7244/684C ▼ヘイ(一三六九)

うきぶくろ【▲鰾】(22) 魚11 8268/7264 ▼ヒョウ(一三〇八)

うく【浮く】(10) 氵7 常 4166/4962 ▼フ(一三二八)

うぐい【鯏】(18) 魚7 国 1 8237/7245 音 訓 うぐい・あさり

意味 ①うぐい(石斑魚)。コイ科の淡水魚。繁殖期には腹部に三本の赤い縦じまが現れる。食用。②あさり(浅蜊)。マルスダレガイ科の二枚貝。浅海の砂にすむ。食用。類 蜊(リ)

【▲鯏】あさり (八九九) マルスダレガイ科の二枚貝。▼浅蜊(あさり)

うぐい【鯎】(18) 魚7 国 1 9443/7E4B 音 訓 うぐい

意味 うぐい(石斑魚)。コイ科の淡水魚。繁殖期には腹部に三本の赤い縦じまが現れる。食用。

うぐいす【▲鶯】(21) 鳥10 8284/7274 ▼オウ(一一九)

うけたまわる【承る】(8) 手4 教 3021/3E35 ▼ショウ(七四三)

うける【△享ける】(8) 亠6 常 2193/357D ▼キョウ(三三〇)

うける【受ける】(8) 又6 教 2885/3C75 ▼ジュ(六八一)

うける【△承ける】(8) 手4 教 3021/3E35 ▼ショウ(七四三)

うける【▲稟ける】(13) 禾8 6740/6348 ▼リン(一五八五)

うける【請ける】(15) 言8 常 3233/4041 ▼セイ(八六九)

同訓異義 うける

【受ける】他から与えられてうけとめる。さずかる。ほか、広く用いる。「ボールを受ける」「荷物を受け取る」「検定を受ける」「受付」

【請ける】引きうける。保証する。「仕事を請ける」「工事を請け負う」「下請け業者」「身請け」「請け書」

【△享ける】天からさずかる。良いものを与えられる。「この世に生を享ける」「恩恵を享ける」

【△承ける】引きうける。引き継ぐ。「継承(ケイショウ)」「申し出を承ける」「家業を承け継ぐ」「前任者の後を承ける」

【▲禀ける】上の人から与えられる。さずかる。

うごかす【▲撼かす】(16) 扌13 5794/597E ▼カン(二四六)
うごく【動く】(11) 力9 教 3816/4630 ▼ドウ(一一六二)
うごく【▲盪く】(17) 皿12 6627/623B ▼トウ(一一五五)
うごめく【▲蠢く】(21) 虫15 7433/6A41 ▼シュン(七一八)
うさぎ【▲兎】(7) 儿5 3738/4546 ▼ト(一一二五)
うさぎうま【▲驢】(26) 馬16 8170/7166 ▼ロ(一六一三)
うし【▲丑】(4) 一3 1715/312F ▼チュウ(一〇四一)
うし【牛】(4) 牛0 教 2177/356D ▼ギュウ(三二一)
うじ【氏】(4) 氏0 教 2765/3B61 ▼シ(五九八)
うじ【▲蛆】(11) 虫5 7355/6957 ▼ショ(七一八)
うしお【△潮】(15) 氵12 教 3612/442C ▼チョウ(一〇六六)
うしとら【▲艮】(6) 艮0 2617/3A31 ▼コン(五三四)
うしなう【失う】(5) 大2 教 2826/3C3A ▼シツ(六四六)
うしなう【△喪う】(12) 口9 常 3351/4153 ▼ソウ(九四〇)

うしろ【後ろ】(9) 彳6 教 2469/3865 ▼ゴ(四六三)
うす【臼】(6) 臼0 常 1717/3131 ▼キュウ(三〇四)
うす【▲碓】(13) 石8 1716/3130 ▼タイ(九八五)
うす【▲碾】(15) 石10 6690/627A ▼テン(一一一八)
うず【渦】(12) 氵9 常 1718/3132 ▼カ(一五三)
うすい【△淡い】(11) 氵8 常 3524/4338 ▼タン(一〇一五)
うすい【▲菲い】(11) 艹8 7243/684B ▼ヒ(一二八二)
うすい【▲澆い】(15) 氵12 6304/5F24 ▼ギョウ(三四七)
うすい【薄い】(16) 艹13 常 3986/4776 ▼ハク(一二四二)
うすぎぬ【▲紗】(10) 糸4 2851/3C53 ▼サ(五四五)
うずく【▲疼く】(10) 疒5 6554/6156 ▼トウ(一一四四)
うずくまる【▲踞る】(15) 足8 7687/6C77 ▼キョ(三一九)
うずくまる【▲蹲る】(19) 足12 7713/6D2D ▼ソン(九六九)
うずたかい【▲堆い】(11) 土8 常 3447/424F ▼タイ(九八三)
うすづく【▲舂く】(11) 臼5 7146/674E ▼ショウ(七五二)
うずまる【△埋まる】(10) 土7 常 4368/4B64 ▼マイ(一四三八)
うずまる【△塡まる】(13) 土10 常 1556/2F58 ▼テン(一一一八)
うすめる【薄める】(16) 艹13 常 3986/4776 ▼ハク(一二四二)
うずもれる【△埋もれる】(10) 土7 常 4368/4B64 ▼マイ(一四三八)
うずら【▲鶉】(19) 鳥8 8308/7328 ▼ジュン(七三三)
うすらぐ【薄らぐ】(16) 艹13 常 3986/4776 ▼ハク(一二四二)
うせる【△失せる】(5) 大2 教 2826/3C3A ▼シツ(六四六)
うそ【▲嘘】(15) 口12 8407/7427 ▼キョ(三一九)
うそ【▲鷽】(24) 鳥13 8331/733F ▼カク(二〇三)
うそぶく【▲嘯く】(16) 口13 5166/5362 ▼ショウ(七六三)

うた【唄】

(10) 口7 常 2 1720/3134
音 外バイ
訓 うた

筆順 丨 ㄇ 口 口丨 叮 叩 呾 咀 唄 唄

意味 ①うた。民謡。俗謡。「長唄」 ②仏の功徳をほめたたえる歌。「唄頌(バイショウ)」「梵唄(ボンバイ)」

下つき 歌唄(カバイ)・小唄(こうた)・地唄(ジうた)・手毬唄(てまりうた)・長唄(ながうた)・端唄(はうた)・梵唄(ボンバイ)

【唄】うた ①仏 仏の功徳をたたえるうた。声明(ショウミョウ)など。②民謡や俗謡。小唄・長唄など。

うた【歌】(14) 欠10 教 1846/324E ▼カ(一五七)
うたい【謡】(16) 言9 常 4556/4D58 ▼ヨウ(一五三六)
うたう【△吟う】(7) 口4 常 2267/3663 ▼ギン(三六五)

同訓異義 うた・うたう

【歌】歌詞をもつ音楽の総称。和歌。短歌。「歌を聴く」「思い出の歌」「歌を詠む」「歌合わせ」「歌は世につれ世は歌につれ」

【唄】民謡や俗曲など邦楽の通称。「長唄」「小唄」「地唄」「舟唄」

【歌う】節と拍子をつけて声を出す。ほか、広く用いる。「唱歌を歌う」「歌い手」「感動を詩に歌う」「小鳥が歌う鎮守の森」

【謡う】能楽の歌詞に節をつけてうたう。「謡曲を謡う」「謡(うた)いを謡う」

【▲謳う】強調して述べる。ほめたたえる。「謳歌(オウカ)」「選挙公約に謳う」「憲法の前文に謳う」「故人の徳を謳う」「謳い文句」

【△唱う】節をつけてはっきりとうたう。先導してうたう。「三唱」「唱和」

【△詠う】声を長くのばして詩歌をうたう。「吟詠(ギンエイ)」

【△吟う】詩歌を口ずさむ。「吟行(ギンコウ)」「吟詠」

うたう【▲哥う】(10) ロ7 5107/5327 ▼カ(一四八)
うたう【▲哦う】(10) ロ7 5108/5328 ▼ガ(一六四)
うたう【△唱う】(11) ロ8 教 3007/3E27 ▼ショウ(七五一)
うたう【△詠う】(12) 言5 常 1751/3153 ▼エイ(八七)
うたう【▲嘔う】(14) ロ11 5150/5352 ▼オウ(一一六)
うたう【歌う】(14) 欠10 教 1846/324E ▼カ(一五七)
うたう【謡う】(16) 言9 常 4556/4D58 ▼ヨウ(一五三六)
うたう【▲謳う】(18) 言11 7580/6B70 ▼オウ(一一八)
うたがう【△嫌う】(13) 女10 常 2389/3779 ▼ケン(四二九)
うたがう【疑う】(14) 疋9 教 2131/353F ▼ギ(二八八)
うたぐる【△疑る】(14) 疋9 教 2131/353F ▼ギ(二八八)
うたげ【△宴】(10) 宀7 常 1767/3163 ▼エン(九八)
うたた【△転た】(11) 車4 教 3730/453E ▼テン(一一一六)
うだつ【▲梲】(11) 木7 8572/7568 ▼セツ(八八五)
うだる【▲茹だる】(9) 艹6 7207/6827 ▼ジョ(七三五)
うち【内】(4) 入2 教 3866/4662 ▼ナイ(一一八三)
うち【△衷】(9) 衣3 常 3579/436F ▼チュウ(一〇四八)
うち【△家】(10) 宀7 教 1840/3248 ▼カ(一四九)
うち【△裏】(13) 衣7 教 4602/4E22 ▼リ(一五五九)
うちぎ【▲袿】(11) 衤6 7463/6A5F ▼ケイ(三九五)

ウツ【蔚】(14) 艹11 準1 1722/3136 音 ウツ・イ 訓

意味 ①おとこよもぎ。キク科の多年草。②草木のさかんにしげるさま。「蔚然」 類 鬱

下つき 蒼蔚

【▲蔚▲蔚】ウツウツ ①草木がこんもりと生い茂るさま。②心がふさいで気分が晴れないさま。「―として楽しまない」

【▲蔚然】ウツゼン ①草木の生い茂るさま。「―とした大樹」 類 鬱蒼 ②雲や光・物事などの多く盛んなこと。 表記「鬱然」とも書く。

ウツ【▲欝】(26) 木22 ▼鬱の異体字(七六)

ウツ【鬱】(29) 鬯19 常 2 6121/5D35 音 ウツ 訓 外 しげる・ふさぐ・さかん

〔欝〕 準1

筆順

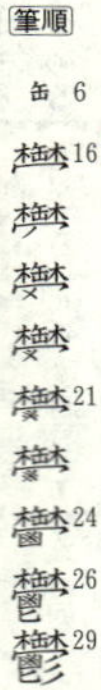

意味 ①しげる。草木がむらがりしげる。「鬱蒼」 類 蔚 ②ふさぐ。ふさがる。気がはればれしない。「鬱屈」「鬱積」「憂鬱」 ③物事のさかんなさま。「鬱勃」 ④かおりぐさ。かおり。

下つき 暗鬱・陰鬱・積鬱・躁鬱・沈鬱・幽鬱・悒鬱・憂鬱・抑鬱

【△鬱金】ウコン ①ショウガ科の多年草。熱帯アジア原産。葉は大きくバショウに似る。根茎は止血剤や黄色の染料となる。 季 秋 ②①の根で染めた色。あざやかな黄色。

【鬱鬱】ウツウツ ①心にかかることがあって晴れ晴れしないこと。「家に籠もって―とした日を送る」 類 鬱快・鬱屈・鬱悒 ②草木が深く茂っていること。 類 鬱然

【鬱▲怏】ウツオウ 心がふさいで晴れないさま。「―とした日々を送る」 類 鬱鬱・鬱屈・鬱悒

【鬱屈】ウックツ 心がふさぎ、晴れ晴れしないこと。「―した暗い日々を過ごす」 類 鬱鬱・鬱快・鬱悒

【鬱血】ウッケツ 体の組織や器官の一部分に、静脈血がたまること。

【鬱結】ウッケツ 気分がふさぎ、心が晴れないこと。 類 鬱屈

【鬱▲乎】ウッコ ①草木の盛んに茂るさま。②物事の盛んなさま。

【鬱散】ウッサン 気分を晴らすこと。気晴らし。うさばらし。

【鬱積】ウッセキ やり場のない不平不満が晴らされずに心にたまること。「不満が―する」

【鬱然】ウツゼン ①草木が生い茂ったさま。 類 鬱蒼 ②物事の盛んなこと。③心が晴れないさま。 類 鬱鬱・鬱快・鬱屈 表記 ①②「蔚然」とも書く。

【鬱▲蒼】ウッソウ 暗く感じられるほど草木が生い茂るさま。「―とした森の小道」 類 鬱然・蔚然

【鬱陶しい】ウットウ-しい 心がふさぎ晴れないさま。わずらわしく思うさま。「―い天気が続く」

【鬱病】ウツビョウ 悲しい気分に陥り、気がふさいで不安な精神状態になる精神障害。躁鬱病の鬱の状態。 対 躁病

【鬱憤】ウップン 心に積もり積もった怒りや不満。恨み。「平素の―をぶちまける」

【鬱勃】ウツボツ 意気盛んなさま。元気なようす。「―たる闘志」

【鬱▲悒】ウツユウ 心にかかることがあり気がふさぐこと。 類 鬱鬱・鬱快・鬱屈

〈鬱金香〉チューリップ ユリ科の多年草。小アジア原産。春、花茎の先に赤・白・黄色などのつりがね形の花をつける。 季 春 由来「ウッコンコウ」とも読む。 参考「鬱金香」は漢名からの誤用。

【△鬱ぐ】ふさ-ぐ 気がめいる。心が沈んで憂鬱になる。「長雨で気が―ぐばかりだ」

うつ【打つ】(5) 扌2 教 3439/4247 ▼ダ(九七二)
うつ【△伐つ】(6) 亻4 常 4018/4832 ▼バツ(一二五三)
うつ【▲抃つ】(7) 扌4 5723/5937 ▼ベン(一三八五)
うつ【△征つ】(8) 彳5 常 3212/402C ▼セイ(八五三)

うつ【△拍つ】(8) 扌5 常 3979/476F ▼ハク(一二三九)
うつ【▲拊つ】(8) 扌5 5735/5943 ▼フ(一三二六)
うつ【△殴つ】(8) 殳4 常 1805/3225 ▼オウ(一二一四)
うつ【△拷つ】(9) 扌6 常 2573/3969 ▼ゴウ(五二〇)
うつ【▲挌つ】(9) 扌6 5740/5948 ▼カク(一九七)
うつ【△射つ】(10) 寸7 教 2845/3C4D ▼シャ(六五七)
うつ【討つ】(10) 言3 教 3804/4624 ▼トウ(一一一四)
うつ【▲搏つ】(13) 扌10 5783/5973 ▼ハク(一二四一)
うつ【撃つ】(15) 手11 常 2366/3762 ▼ゲキ(四〇七)
うつ【▲擣つ】(17) 扌14 5814/5A2E ▼トウ(一一五五)

同訓異義 うつ

【打つ】ぶつける。たたく。実行する。ほか、広く用いる。「頭を打つ」「釘(くぎ)を打つ」「電報を打つ」「蕎麦(そば)を打つ」「ストを打つ」「興行を打つ」「心を打つ」

【△拍つ】手をたたく。「拍手(ハクシュ)」「柏手(かしわで)を拍つ」

【▲搏つ】手のひらでたたく。繰り返しうつ。「脈を搏つ」「羽を搏つ」

【▲拊つ】軽く手のひらでたたく。

【△殴つ】杖(つえ)などで人をうつ。なぐる。「殴打(オウダ)」

【撃つ】弾(たま)などを発射させる。攻める。「猟銃を撃つ」「撃ち殺す」「迎え撃つ」

【△射つ】弓で矢を放つ。弾をうち放つ。「撃つ」と同じように用いる。「射撃(シャゲキ)」「矢を射つ」

【討つ】相手を攻め滅ぼす。殺す。「宿敵を討つ」「義士の討ち入り」「仇(あだ)を討つ」「討ち死にする」「不意を討たれる」「夜討ち朝駆け」「闇討(やみう)ちに遭う」

【△征つ】武力でこらしめる。「征伐(セイバツ)」

【△伐つ】罪人をうち殺す。敵を攻める。「討伐(トウバツ)」

【▲擣つ】木槌(きづち)で布をうつ。「砧(きぬた)を擣つ」

うつくしい【▲佼しい】(8) 亻6 2483/3873 ▼コウ(四八六)
うつくしい【▲妍しい】(9) 女6 9490/7E7A ▼ケン(四二〇)
うつくしい【▲姚しい】(9) 女6 5313/552D ▼ヨウ(一五二七)
うつくしい【美しい】(9) 羊3 教 4094/487E ▼ビ(一二八九)
うつける【△空ける】(8) 穴3 教 2285/3675 ▼クウ(三七二)
うつける【△虚ける】(11) 虍5 常 2185/3575 ▼キョ(三二七)
うつす【写す】(5) 冖3 教 2844/3C4C ▼シャ(六五五)
うつす【△謄す】(17) 言10 常 3805/4625 ▼トウ(一一五六)

同訓異義 うつす・うつる

【写す】もとの姿などを他の表面にそのまま、または似せて表す。「泣き顔を写真に写す」「級友のノートを写す」「書類を写す」「引き写す」

【映す】ものの姿や影を鏡や水面などに投影する。映像を画面に表す。「晴れ着姿を鏡に映す」「録画を映す」「スライドを壁に映す」

【△謄す】原本どおりに書きうつす。「謄写版(トウシャバン)」「謄本(トウホン)」「原簿を謄す」

【写る】写真に姿などが現れる。透き通って見える。「写真にじゃまな人が写る」「よく写るカメラ」「裏の文字が写る」

【映る】ものの姿や影が鏡や水面などに現れる。色などの配合がよい。「障子に人影が映る」「この服によく映るネクタイ」「富士には月見草がよく映る」「少年の目に映ったアフリカ」

【移る】動いて別の場所へ行く。時間が経過する。ほか、広く用いる。「海辺の町に移る」「移り気な男」「世の移り変わり」

【△遷る】もとの場所や地位をはなれて他へうつる。「遷都(セント)」「左遷(サセン)」

【▲徙る】場所を変える。

【〈感染〉(うつ)る】病気や色などが他のものに伝わる。「風邪が感染る」

うったえる【△訟える】(11) 言4 常 3057/3E59 ▼ショウ(七五二)
うったえる【訴える】(12) 言5 常 3342/414A ▼ソ(九二五)
うったえる【▲愬える】(14) 心10 5639/5847 ▼ソ(九二六)
うつつ【△現】(11) 王7 教 2429/383D ▼ゲン(四四二)
うつばり【▲梁】(11) 木7 4634/4E42 ▼リョウ(一五七六)
うつぶす【▲俯す】(10) 亻8 4877/506D ▼フ(一三二八)
うつぼ【▲靫】(12) 革3 8054/7056 ▼サイ(五五八)
うつぼ【▲鱓】(23) 魚12 9452/7E54 ▼セン(九一三)
うつむく【▲俯く】(10) 亻8 4877/506D ▼フ(一三二八)
うつる【映る】(9) 日5 教 1739/3147 ▼エイ(八五)
うつる【▲徙る】(11) 彳8 5548/5750 ▼シ(六一七)
うつる【移る】(11) 禾6 教 1660/305C ▼イ(三三)
うつる【△遷る】(15) 辶12 常 3311/412B ▼セン(九〇九)
うつろ【△空ろ】(8) 穴3 教 2285/3675 ▼クウ(三七二)
うつろ【△虚ろ】(11) 虍5 常 2185/3575 ▼キョ(三二七)
うつわ【器】(15) 口12 教 2079/346F ▼キ(二八一)
うで【腕】(12) 月8 常 4751/4F53 ▼ワン(一六三二)
うてな【△台】(5) 口2 教 3470/4266 ▼ダイ(九九七)
うてな【▲萼】(12) 艹9 7253/6855 ▼ガク(二〇五)
うとい【疎い】(12) 𤴔7 常 3334/4142 ▼ソ(九二四)
うとい【▲疏い】(12) 𤴔7 3333/4141 ▼ソ(九二五)
うとむ【疎む】(12) 𤴔7 常 3334/4142 ▼ソ(九二四)
うない【▲髫】(15) 髟5 8190/717A ▼チョウ(一〇六八)
うながす【促す】(9) 亻7 常 3405/4225 ▼ソク(九五九)
うなぎ【▲鰻】(22) 魚11 1723/3137 ▼マン(一四五〇)

うなされる【▲魘される】(24) 鬼14 8222/7236 ▼エン(一〇九)
うなじ【△項】(12) 頁3 常 2564/3960 ▼コウ(五〇七)
うなじ【△領】(14) 頁5 教 4646/4E4E ▼リョウ(一五八〇)
うなずく【▲頷く】(16) 頁7 8087/7077 ▼ガン(二五七)
うなり【▲唸り】(11) 口8 5125/5339 ▼テン(一一一五)
うなる【▲唸る】(11) 口8 5125/5339 ▼テン(一一一五)

うね【畝】

(10) 田5 常 準2 3206/4026
音 外ホ・ボウ
訓 うね 外せ

筆順 丶 亠 亠 亩 亩 亩 亩 畂 畝 畝

意味 ①うね。畑のうね。②土地の面積の単位。日本では一反の一〇分の一。約一アール。中国周代では約一・八二アール。

【畝】うね ①畑で作物を栽培する際、一定の間隔をおいて土を細長く盛り上げた所。「畑の一に種をまいた」②波や地形などで、線状に小高く連なっているところ。

【△畝目返し】うのめがえし 布地を堅固にするために表裏を合わせて、耕地の畝のように間をおいて幾筋にも刺し縫いすること。また、その縫い方。うのめ。

うね【▲畦】(11) 田6 2345/374D ▼ケイ(三九三)
うね【▲壟】(19) 土16 5266/5462 ▼ロウ(一六〇九)
うね【▲疇】(19) 田14 6538/6146 ▼チュウ(一〇五〇)
うば【▲姥】(9) 女6 1724/3138 ▼ボ(一三九三)
うば【▲媼】(13) 女10 5328/553C ▼オウ(一一六)
うばう【奪う】(14) 大11 常 3505/4325 ▼ダツ(一〇〇八)
うばう【▲褫う】(15) 衤10 7485/6A75 ▼チ(一〇三五)
うばう【▲簒う】(16) 厶14 ▼サン(五九〇)

うぶ【△生】(5) 生0 教 3224/4038 ▼セイ(八四六)
うぶ【△産】(11) 生6 教 2726/3B3A ▼サン(五八七)
うべなう【△肯う】(8) 肉4 常 2546/394E ▼コウ(四八八)
うべなう【△諾う】(15) 言8 常 3490/427A ▼ダク(一〇〇三)
うま【△午】(4) 十2 教 2465/3861 ▼ゴ(四六二)
うま【馬】(10) 馬0 教 3947/474F ▼バ(一二一〇)
うまい【△巧い】(5) 工2 常 2510/392A ▼コウ(四七四)
うまい【△甘い】(5) 甘0 常 2037/3445 ▼カン(二三二)
うまい【△旨い】(6) 日2 常 2761/3B5D ▼シ(六〇三)

同訓異義 うまい

【△旨い】食べ物の味がよい。物事に悪い点がない。都合がよい。「メバルは煮付けが旨い」「旨い具合に留守だ」「旨い話に乗るな」「旨味のない仕事を請ける」

【甘い】口に含んでおいしい。「甘い料理」「野菜の甘煮」

〈美味〉い「甘い」と同じ。「甘い」と紛らわしいため、この表記が用いられる。「不味い」の対。

【△巧い】じょうずである。技術がたくみである。「絵が巧い」「女性を口説くのが巧い」「巧く切り抜ける」

〈上手〉い「巧い」に同じ。「下手い」の対。

うまや【▲厩】(14) 厂12 1725/3139 ▼キュウ(三一一)
うまや【△駅】(14) 馬4 教 1756/3158 ▼エキ(九二)
うまれる【生まれる】(5) 生0 教 3224/4038 ▼セイ(八四六)
うみ【海】(9) 氵6 教 1904/3324 ▼カイ(一七四)
うみ【▲溟】(13) 氵10 6282/5E72 ▼メイ(一四七二)
うみ【▲膿】(17) 月13 3931/473F ▼ノウ(一二一二)

うみ【▲瀛】(19) 氵16 ▼エイ(九〇)
うむ【生む】(5) 生0 教 3224/4038 ▼セイ(八四六)
うむ【▲倦む】(10) 亻8 2381/3771 ▼ケン(四三一)
うむ【▲娩む】(10) 女7 4258/4A5A ▼ベン(一三八六)
うむ【産む】(11) 生6 教 2726/3B3A ▼サン(五八七)
うむ【△熟む】(15) 灬11 教 2947/3D4F ▼ジュク(七一〇)
うむ【△績む】(17) 糸11 教 3251/4053 ▼セキ(八八〇)
うむ【▲膿む】(17) 月13 3931/473F ▼ノウ(一二一二)

同訓異義 うむ

【生む】新しく世につくり出す。子を出産する。「日本が生んだ世界的音楽家」「世界新記録を生む」「悪い結果を生む」「生みの親」「生まれ変わる」

【産む】母体から子や卵を外へ出す。土地や施設などが物をつくり出す。「浅瀬に卵を産む」「産みの苦しみ」「盆地が産んだ甘い果実」

【▲娩む】子をうみおとす。「分娩」

【▲倦む】あきる。いやになる。「喜寿を迎えて、語源研究に倦むことを知らない」「倦まずたゆまず努める」

【△熟む】果実などがじゅくす。うれる。「渋柿が真っ赤に熟む」

【▲膿む】傷やでき物などがうみをもつ。「傷が膿んで疼く」

【△績む】麻などの繊維を細く裂いて、長くより合わせる。

うめ【梅】(10) 木6 教 3963/475F ▼バイ(一二三〇)
うめく【▲呻く】(8) 口5 5081/5271 ▼シン(七九四)
うめる【埋める】(10) 土7 常 4368/4B64 ▼マイ(一四三八)
うもれる【埋もれる】(10) 土7 常 4368/4B64 ▼マイ(一四三八)

うやうやしい【恭しい】(10) 小6 常 2219/3633 ▼キョウ(三四)

うやまう【敬う】(12) 攵8 教 2341/3749 ▼ケイ(三五五)

うら【浦】(10) 氵7 常 準2 1726/313A 音 外ホ 訓 うら

筆順

意味 うら。うみべ。また、海や湖が陸地に入りこんだ所。入り江。「曲浦」「津津浦浦」

下つき 曲浦（キョクホ）

【浦】うら ①海や湖などが陸地に入りこんだ所。浦曲（うらわ）。入り江。「小舟のつながれた―」「田子の―」 ②海辺。浜辺。「―の苫屋（とまや）」

【浦風】うらかぜ 海辺を吹く風。海岸沿いの村や入り江を吹く風。

【浦里】うらざと 海辺の村。海岸の近くにある村。類 漁村

【〈浦塩▲斯徳〉】ウラジオストク ロシア連邦、沿海州南端部の日本海に臨む港湾都市。シベリア鉄道の終点。軍港・漁業基地だが、冬季は結氷する。

【〈浦回〉・〈浦▲廻〉・〈浦曲〉】うらみ 海岸が湾曲して入りこんだ所。入り江。参考「うらわ」とも読む。

うら【裏】(13) 衣7 教 4602/4E22 ▼リ(一五五九)

うらなう【▲卜う】(2) 卜0 4346/4B4E ▼ボク(一四二四)

うらなう【占う】(5) 卜3 常 3274/406A ▼セン(八九五)

うらなう【▲筮う】(13) ⺮7 6814/642E ▼ゼイ(八七一)

うらむ【恨む】(9) 忄6 常 2608/3A28 ▼コン(五三五)

うらむ【△怨む】(9) 心5 常 1769/3165 ▼エン(九八)

うらむ【▲慍む】(13) 忄10 5618/5832 ▼ウン(八二)

うらむ【△憾む】(16) 忄13 常 2024/3438 ▼カン(二四六)

同訓異義 うらむ

【△怨む】かたきとしてうらめしく思う。うらみがもっとも強い。「恩」の対。「子どものとき受けた仕打ちを怨む」「怨み骨髄に徹す」「恩も怨みも無い」

【▲慍む】胸に怒りをもってうらめしく思う。

【恨む】根深くいつまでも残念に思う。「怨む」の書きかえともするなど、広く用いる。「上司を恨む」「人の恨みを買う」「恨みつらみ」「恨みを晴らす」

【△憾む】思いどおりにならなくて残念に思う。「恨む」よりうらみが弱い。「遺憾（イカン）」「無知を憾む」「デザイン面に憾みが残る」「憾むらくは一言多いことだ」

うらめしい【恨めしい】(9) 忄6 常 2608/3A28 ▼コン(五三五)

うらやむ【羨む】(13) 羊7 常 3302/4122 ▼セン(九〇五)

うらら【△麗ら】(19) 鹿8 常 4679/4E6F ▼レイ(一五九九)

うららか【△麗らか】(19) 鹿8 常 4679/4E6F ▼レイ(一五九九)

うり【▲瓜】(6) 瓜0 1727/313B ▼カ(一四〇)

うる【売る】(7) 士4 教 3968/4764 ▼バイ(一二三九)

うる【▲售る】(11) 口8 5120/5334 ▼シュウ(六九一)

うる【得る】(11) 彳8 教 3832/4640 ▼トク(一一六九)

うるう【▲閏】(12) 門4 1728/313C ▼ジュン(七二二)

うるおう【潤う】(15) 氵12 常 2965/3D61 ▼ジュン(七二二)

うるおう【▲霑う】(16) 雨8 8033/7041 ▼テン(一一一八)

うるおす【▲涵す】(11) 氵8 6230/5E3E ▼カン(二三三)

うるさい【△煩い】(13) 火9 常 4049/4851 ▼ハン(一二六六)

うるし【漆】(14) 氵11 常 2831/3C3F ▼シツ(六四九)

うるち【▲粳】(13) 米7 6875/646B ▼コウ(五〇八)

うるむ【潤む】(15) 氵12 常 2965/3D61 ▼ジュン(七二二)

うるわしい【麗しい】(19) 鹿8 常 4679/4E6F ▼レイ(一五九九)

うるわしい【▲懿しい】(22) 心18 5684/5874 ▼イ(四〇)

うれい【愁い】(13) 心9 常 2905/3D25 ▼シュウ(六九五)

うれい【憂い】(15) 心11 常 4511/4D2B ▼ユウ(一五一五)

うれえる【▲恤える】(9) 忄6 5585/5775 ▼ジュツ(七一四)

うれえる【▲悒える】(10) 忄7 5605/5825 ▼ユウ(一五一一)

うれえる【△患える】(11) 心7 常 2021/3435 ▼カン(二三二)

うれえる【△戚える】(11) 戈7 常 3244/404C ▼セキ(八七八)

うれえる【▲閔える】(12) 門4 7960/6F5C ▼ビン(一三一六)

うれえる【愁える】(13) 心9 常 2905/3D25 ▼シュウ(六九五)

うれえる【憂える】(15) 心11 常 4511/4D2B ▼ユウ(一五一五)

うれえる【▲憫える】(15) 忄12 5666/5862 ▼ビン(一三一七)

同訓異義 うれえる

【愁える】思い悩む。もの寂しく思う。「不運を愁える」「身の上を愁える」「母の死を愁える」「愁いに沈む」

【憂える】悪いことが起こりはしないかと心配する。ほか、広く用いる。「国際的な孤立を憂える」「事件の再発を憂える」「後顧の憂いを残す」

【△患える】災難などに遭って思い悩む。「内憂外患（ナイユウガイカン）」

【▲恤える】いろいろと気にかける。

【△戚える】くよくよと思いわずらう。

【▲憫える】こまごまと心配して心を痛める。

【▲悒える】気が沈んで晴れない。

うれしい【▲嬉しい】(15) 女12 2082/3472 ▼キ(二八一)

うれる【売れる】(7) 士4 教 3968/4764 ▼バイ(一二三九)

うれる【熟れる】(15) 灬11 教 2947/3D4F ▼ジュク(七一〇)

うろ【△空】(8) 穴3 教 2285/3675 ▼クウ(三七二)

うろ【△洞】(9) 氵6 常 3822/4636 ▼ドウ(一一六一)

うろ【△虚】(11) 虍5 常 2185/3575 ▼キョ(三一七)

うろこ【▲鱗】(24) 魚13 4658/4E5A ▼リン(一五八八)

うわぐすり【▲釉】(12) 釆5 7856/6E58 ▼ユウ(一五一四)

うわさ【▲噂】(15) 口12 1729/313D ▼ソン(九六九)

ウン【★云】(4) 二2 準1 1730/313E 音 ウン 訓 いう

意味 ①いう。いわく。…という。「云為(ウンイ)」「云云(ウンヌン)」②ここに。語調をととのえる語。

【▲云う】いう 述べる。述べている。…ということだ。人の言葉や書物の引用・伝聞などに用いる。類 曰(いわ)く

【▲云為】ウンイ 言うことと、すること。言行。しわざ。「動静―」

【▲云▲爾】ウンジ 以上のとおりである。参考 文の末尾に書き、その文章の内容を強調し、しめくくる語。漢文では「しかいう・しかり」と訓読みする。

【▲云▲云】ウンヌン ①引用文や語句のあとを省いたり伏せたりするときに用いる語。これこれ。しかじか。「内容―はあとにする」②とやかく言うこと。批評・批判すること。「道徳を―する」参考「ウンヌン」は「ウンウン」の転。

【〈▲云▲爾〉】しかいう 文章の最後に用いて、上に述べたとおりであるという意味を表す。参考「ウンジ」とも読む。

【〈▲云▲云〉】しかじか 長い語句を省略するとき、かわりに用いる語。「かくかく―」表記「然然」とも書く。参考「ウンヌン」とも読む。

ウン【▲吽】(7) 口4 5063/525F ▼ゴウ(五一〇)

ウン【芸】(7) 艹4 1 音 ウン 訓 くさぎる

意味 ①ミカン科の多年草。ヘンルーダ。かおりぐさ。香草で、書物の虫よけに用いる。「芸香」「芸帙(ウンチツ)」②くさぎる。草を刈る。「芸夫(ウンプ)」類 耘(ウン) 参考 もとは「芸」という形で、「芸(藝)(ゲイ)」は別の字。

【▲芸閣】ウンカク 書庫。また、書斎。由来 書物の虫よけに芸香を用いたことから。

ウン【紜】(10) 糸4 1 6902/6522 音 ウン 訓 みだれる

意味 みだれる。物が多くてごたごたする。「紜紜」

ウン【耘】(10) 耒4 1 7049/6651 音 ウン 訓 くさぎる・のぞく

意味 ①くさぎる。田畑の雑草を取り除く。「耘芸」「耘耕」類 芸(ウン) ②のぞく。悪いものを除く。

下つき 耕耘(コウウン)

【△耘る】くさぎる 田や畑の草を取る。除草する。

ウン【△温】(12) 氵9 教 1825/3239 ▼オン(一三〇)

ウン【運】(12) 辶9 教 常 8 1731/313F 音 ウン 訓 はこぶ 外 めぐる・さだめ

字 旧《運》(13) 辶9 1/準1

筆順 丶 冖 冖 冝 冝 宣 軍 軍 渾 運 運

意味 ①はこぶ。うつす。「運送」「運搬」「運輸」②めぐる。まわる。うごく。「運行」「運動」③めぐらす。動かす。する。「運営」「運転」「運用」④めぐりあわせ。さだめ。「運気」「運勢」「幸運」

下つき 悪運(アクウン)・海運(カイウン)・開運(カイウン)・家運(カウン)・幸運(コウウン)・水運(スイウン)・世運(セウン)・聖運(セイウン)・天運(テンウン)・非運(ヒウン)・不運(フウン)・武運(ブウン)・文運(ブンウン)・命運(メイウン)・陸運(リクウン)

【運営】ウンエイ 機構・組織などを動かしていくこと。「会の―を任せる」「―方針を発表する」類 経営

【運河】ウンガ 水上交通・灌漑(カンガイ)・排水などの目的で、陸地を人工的に掘って造った水路。「スエズ―」

【運気】ウンキ ①自然現象に現れるという人間の運勢。「―は根気(運がよいか悪いかは根気による)」②陰陽道(オンヨウドウ)や漢方で、天地・人体をつらぬいて存在するという五運と六気。

【運休】ウンキュウ 運転や運航をとりやめること。「運転休止」「運航休止」の略。「台風のため連絡船が―となった」

【運斤成風】ウンキンセイフウ 神業(かみわざ)のようなすばらしい技術。また、それをもつ職人。「運斤」は斧(おの)を振るうこと。「成風」は風を起こす意。故事 鼻の先にしっくいをつけてしまった左官屋が、大工の石(セキ)に取ってくれるよう頼んだ。石は手斧(ちょうな)を自由に振るい、鼻を傷つけることなく、しっくいをきれいに削り落としたという故事から。《『荘子(ソウジ)』》類 匠石運斤・神工鬼斧(シンコウキフ)

【運行】ウンコウ ①列車や路線バスが一定の道筋にしたがって動くこと。「夏ダイヤで―する」②天体がそれぞれきまった軌道を進むこと。「彗星(スイセイ)の―を記録する」

【運航】ウンコウ 船や航空機が定まった航路を進むこと。「一日一便―される」

【運根鈍】ウンコンドン 成功するには、運が強いこと、根気があること、ねばり強いことの三つが必要であるという教え。参考「運鈍根」ともいう。

【運算】ウンザン 数式のとおりに計算して、値を出すこと。類 演算

【運針】ウンシン ①裁縫で針の運び方。縫い方。②縫い目をそろえて、まっすぐに縫うこ

と。「―を練習する」

【運勢】ウンセイ その人のもっている幸・不幸のまわり合わせ。運。「―を占う」

【運賃】ウンチン 交通機関の利用に伴う料金。「鉄道―の改定があった」

【運転】ウンテン ①車両・船舶・機械などを動かすこと。また、動くこと。「安全第一で―する」②活用すること。運用すること。「会社の―資金」③歳月や季節が移りめぐること。回りめぐること。「天体の―」

【運鈍根】ウンドンコン 「運根鈍(ウンコンドン)」に同じ。

【運は天にあり】ウンはテンにあり 人の運は天命によって定まっているものだから、人間の力ではどうすることもできないものだということ。また、結果は天の決めるところだから、最善を尽くして天命を待つのみだということ。参考「運は」は「命は・富貴(フウキ)は」ともいう。類 運否天賦(ウンプテンプ)

【運搬】ウンパン 物を運ぶこと。運び移すこと。類 運送・輸送・搬送

【運筆】ウンピツ 筆づかい。字や絵をかく筆などの動かし方。また、筆の運び方。

【運△否天賦】ウンプテンプ 人の運命は天の定めによるものであるということ。また、運を天にまかせること。「運否」は運のあるなしの意。「天賦」は、天からの割り当ての意。類 運は天にあり・命(メイ)は天にあり

【運命】ウンメイ ①人間の意志ではどうすることもできないめぐりあわせ。運。「―的な出会い」類 宿命・天命 ②将来。これからのなりゆき・身の上。「―をかける」

【運輸】ウンユ 旅客や貨物を運ぶこと。類 輸送・運搬・運送

【運用】ウンヨウ そのものの機能をうまく生かして使うこと。「資金を―する」類 活用

【運用の妙(ミョウ)は一心に存(ソン)す】 戦術や規則は、知っているだけでは役に立たず、それをいかに臨機応変に運用するかという、人の心一つにかかっているということ。〈『宋史(ソウシ)』〉参考「存す」は「あり」ともいう。

【運ぶ】はこ-ぶ ①物を移し動かす。運搬する。「本を車で―んだ」②物事を推し進める。推進する。「議事を真剣に―ぶ」③何かを使って動作をする。「足を―ぶ」「筆を―ぶ」「箸(はし)を―ぶ」④はかどる。物事が進展する。「会は順調に―ぶ」「事がうまく―ぶ」

【△運る】めぐ-る ぐるぐる回る。回りながら進んでいく。動き移る。「時は―り、春になる」

ウン【雲】(12) 雨 4 常 教 9 1732 3140 音 ウン 訓 くも

筆順 一 冖 冖 币 雨(6) 雨(8) 雫 雪 雲 雲

意味 ①くも。空に浮かぶくも。「雲霞(ウンカ)」「雲海」「雲泥」②くものようなさま。「雲水」「雲散」「星雲」③身分の高いさま。「雲客」「雲上」④そら。「青雲」⑤「出雲(いずも)の国」の略。「雲州」

下つき 煙雲(エンウン)・景雲(ケイウン)・行雲(コウウン)・紫雲(シウン)・祥雲(ショウウン)・瑞雲(ズイウン)・星雲(セイウン)・層雲(ソウウン)・暮雲(ボウン)・乱雲(ランウン)

〈雲珠〉うず 儀式用のウマにつける宝珠(ホウジュ)の形をした飾り。

〈雲丹〉うに アカウニ・バフンウニ・ムラサキウニの卵巣を塩と酒でつけた食品。

【雲▲翳】ウンエイ くもり。空一面雲におおわれて暗くなること。

【雲煙過眼】ウンエンカガン 物事に深く執着しないこと。雲やかすみが瞬時に目の前を通り過ぎて行くように、深く心にとどめないこと。「―の境地」参考「煙雲過眼」ともいう。類 虚静恬淡(キョセイテンタン)・行雲流水・無欲恬淡(ムヨクテンタン)

【雲煙▲縹▲渺】ウンエンヒョウビョウ 雲やかすみが遠くにたなびくさま。表記「縹渺」は「縹緲・縹眇」とも書く。

【雲▲霞】ウンカ 雲と霞(かすみ)。雲や霞のように人がたくさん集まることのたとえ。「―のごとき群集」

【雲海】ウンカイ 飛行機や高山など高い所から見下ろすと、雲が一面に広がり海のように見えること。

【雲客】ウンカク ①「雲上人(ウンジョウびと)」に同じ。「卿相(ケイショウ)―」②雲の中の人。仙人。隠者。

【雲漢】ウンカン あまのがわ。銀河。「―はるかなり」類 天漢・天河

【雲▲鬟】ウンカン ①豊かで美しいまげ。美しく結った髪。女性の髪を雲にたとえた語。②遠くに見える山。

【雲気】ウンキ 雲や霧の移り動くようす。また、空中にただようとされた一種の気。参考 昔、天文家や兵法家が天候や吉凶を知る材料とした。

【雲▲霓】ウンゲイ 雲と虹(にじ)。また、虹。一説に、雲と虹はともに雨が降る前兆であることから、雨のことともいう。

【雲△華焼】ウンゲやき 焼くときの操作で器の表面に、雲がかかったようなぼやけた黒斑(コクハン)のむらを出す焼き方。また、その手法で焼いた陶器。

【雲行雨施】ウンコウウシ 天子の恩恵がすみずみまで広く行き渡るたとえ。雲が流れ動いて雨を降らせ、万物を潤(うるお)す意から。〈『易経』〉

【雲合霧集】ウンゴウムシュウ 多くのものが一時に群がり集まること。雲や霧が急激に立ちこめる意から。〈『史記』〉「―する仲間」類 雲屯霧集(ウントンムシュウ) 対 雲散霧消

【雲桟】ウンサン 山の高みに懸けられた、雲まで届くかと思われる懸け橋。

【雲散霧消】ウンサンムショウ 雲が散り、霧が消えるように、あとかたもなく消え去ること。「疑惑が―する」類 雲散鳥没・雲消雨散・煙消霧散 対 雲合霧集

【雲集】ウンシュウ 雲が寄り集まるように、人や物がたくさん群がり集まること。類蝟集 対雲散

『雲集霧散』ウンシュウムサン 多くのものが雲や霧のように、集まったり散ったりするさま。また、たくさんのものが、集まったかと思うと、またあっという間に消え去ること。〈班固の文〉類離合集散

【雲壌月▲鼈】ウンジョウゲツベツ 二つのもののちがいが、いやへだたりがあまりに大きいこと。天と地、月とすっぽんのようにちがいすぎる意から。「雲壌」は天地のこと。「月鼈」は月とすっぽんのこと。類雲壌懸隔

【雲上人】ウンジョウびと ①宮中の人。貴族。皇族。②昔、宮中清涼殿の殿上の間にのぼることを許された四位・五位の人、および六位の蔵人。雲の上人。類雲客

【雲蒸△竜変】ウンジョウリョウヘン 英雄が風雲に乗じ、機を得て活躍すること。「雲蒸」は雲が群がり起こること。「竜変」は、ヘビが竜に変化して、天高くのぼっていく意。〈『史記』〉類雲蒸竜騰

【雲心月性】ウンシンゲッセイ 名声や利益を求めず、超然としていること。雲や月のように清らかな心をもっている人のたとえ。類無欲恬淡

【雲水】ウンスイ ①雲と水。②仏修行のため諸国をめぐり歩く僧。雲や水のように一か所にとどまらないことから。行脚僧。参考多く禅宗の僧についていう。

【雲▲梯】ウンテイ ①昔、中国で城を攻めるのに使った長いはしご。②体育遊具の一つ。金属製で、はしご状のものが水平に、高さ二メートルほどの支柱で固定されている。両腕で懸垂してはしごを渡る。

【雲泥の差】ウンデイのサ 非常に大きなちがいのあることのたとえ。天の雲と地の泥とは、かけ離れたちがいがあることから。〈『後漢書』〉「優勝と準優勝には―がある」類雲泥万里・月と鼈

【雲泥万里】ウンデイバンリ 非常に大きな差異があること。天にある雲と地にある泥とでは、万里もかけ離れている意から。〈『後漢書』〉類雲泥の差・雲泥万天

【雲▲鬢】ウンビン 女性の豊かな髪の美しさを雲にたとえた言葉。転じて、美しい女性。「―花顔金歩揺」〈白居易の詩〉

【雲△母】ウンモ 花崗岩の中に含まれている、うすくはがれやすい六角板状の結晶。電気の絶縁体などに用いる。参考「きらら」とも読む。

【雲竜型】ウンリュウがた 相撲で、横綱の土俵入りの型の一つ。せり上がるとき、左手を曲げ右手を横に伸ばす。対不知火型

【雲竜井▲蛙】ウンリュウセイア 地位や賢愚の差がはなはだしいことのたとえ。雲かける竜と井戸の中のカエルの意から。参考「雲竜」は「ウンリョウ」とも読む。類雲壌月鼈・雲壌懸隔

〈雲母〉きら 「雲母」に同じ。由来きらきら光ることから。

【雲】くも ①空中に上昇した水蒸気が冷えて水滴や氷晶となり集まって浮かんでいるもの。②ひろがったりたなびいたりするもののたとえ。③とらえ所のないもの。「―をつかむような話」④晴れ晴れとしないさま。「心の―を吹き飛ばす」⑤高い地位。「―の上の人」

【雲脚・雲足】くもあし ①雲が流れて動くようす。雲行き。「―が速い」②雨雲が重く低く垂れて見えるさま。③雲形に作った、机・椅子などのあし。

【雲居・雲井】くもい ①雲のあるあたり。転じて、空または遠い所や高い所。②雲。③禁中。宮中。参考「井」は当て字。

【雲隠れ】くもがくれ ①月などが雲に隠れること。②人の姿が見えなくなること。行方をくらますこと。「人ごみのなかに―した」

【雲助】くもすけ 江戸時代、街道筋や宿場などで、かごかきや荷物の運搬に従事した人足。由来住所不定で雲のようにさまようからとも、蜘蛛のように網を張って客を待つからともいう。

〈雲▲雀〉ひばり ヒバリ科の小鳥。スズメよりやや大きく、褐色に黒い斑点がある。頭頂の羽毛が冠状に立つ。春、畑や野原に巣をつくり、空高く舞い上がってさえずる。季春 表記「告天子」とも書く。

『〈雲▲雀〉の口に鳴子』ひばりのくちになるこ いつまでも続くおしゃべりのたとえ。よくさえずるヒバリの口に、けたたましい音を出す鳴子をつける意から。「鳴子」は、田畑の作物を荒らす鳥を追い払うのに使う道具。

〈雲脂〉ふけ 頭皮の分泌物が乾いてうろこ状になってはがれ落ちたもの。表記「頭垢」とも書く。

【雲△呑】ワンタン 小麦粉をこねて薄くのばした皮でひき肉・きざみネギを包み、ゆでてスープに入れた中国料理。表記「餛飩」とも書く。参考「ワンタン」は中国語から。

ウン【慍】(13) 忄10 1 5618 5832 音ウン・オン 訓いかる・うらむ

意味①いきどおる。いかる。「慍色」②うらむ。不平不満に思う。

【▲慍る】いかる 心中に不満がつもりつもって、むっとする。

【▲慍む】うらむ 胸に不平不満がつかえ、怒りを感じて人をうらむ。

ウン【暈】★ (13) 日9 1 5884 5A74 音ウン 訓かさ・めまい・くらむ・ぼかす・ぼける・ぼかし・くま

意味①かさ。太陽や月のまわりにうすく現れる光の輪。「日暈」「月暈」②めまい。くらむ。目がくらむ。「船暈」「眩暈」③ぼかす。ぼける。ぼかし。くま。

下つき 眩暈・酒暈・日暈

【暈繝】ウンゲン 同系色による彩色法。色の並びをだんだんと濃くしていく方法。表記「繧繝」とも書く。

【暈繝錦】ウンゲンにしき 暈繝彩色の手法をとりいれた織物。表記「繧繝錦」とも書く。

【暈繝縁】ウンゲンべり 暈繝錦で作った畳のへり。表記「繧繝縁」とも書く。

【暈】かさ 太陽や月の周りに現れる光の輪。ウン。類光環

【暈】くま 光や色彩の濃い部分と薄い部分とが接するあたり。ぼかし。また、色の濃い部分を指す場合もある。表記「隈」とも書く。

【暈取り】くまどり ①日本画の手法で、遠近や凹凸を濃淡で表すもの。ぼかし。②歌舞伎などで、役柄を誇張するため顔に赤・青・黒の彩色を施すこと。また、その模様。くま。「顔に―をする」表記「隈取り」とも書く。

【暈し】ぼかし ①ぼかすこと。②日本画などで、色合いを次第に薄くしていく技法。

【暈す】ぼかす ①色合いや線などを次第に薄くぼんやりとさせる。②話の内容をはっきりさせずにあいまいにする。

ウン【運】(13) ⻌9 ▼運の旧字(八〇)

ウン【褞】(15) 衤10 1 7482 6A72 音ウン・オン 訓

意味 わたいれ。ぬのこ。どてら。うわぎ。「褞褐」

【褞袍】どてら 綿を入れた広袖の着物。季冬 表記「縕袍」とも書く。

ウン【縕】(16) 糸10 1 9018 7A32 音ウン・オン 訓ふるわた・おくぶかい

意味 ①ふるわた。古い綿。くず麻。「縕袍」②おくぶかい。おく深い所。「縕奥」類蘊

【縕袍】どてら 綿を入れた広袖の着物。防寒また、寝具として用いる。丹前。季冬 表記「褞袍」とも書く。

ウン【薀】(16) 艹13 1 7305 6925 音ウン・オン 訓つむ・たくわえる

意味 ㊀ウン つむ。たくわえる。「薀蓄」㊁オン 水草の「薀藻(きんぎょも)」に用いられる字。

【薀蓄】ウンチク 深く研究し、身にたくわえた知識。「―を傾ける」表記「蘊蓄」とも書く。

ウン【繧】(18) 糸12 国 1 6966 6562 音ウン 訓

意味 彩色の様式の一つ。ぼかし模様。「繧繝」

【繧繝】ウンゲン 同系統の色を濃いものからしだいに淡いものへ並べていく彩色法。また、そのような紋様の織物。

【繧繝錦】ウンゲンにしき 繧繝彩色により、赤・黄・緑・紫などの色糸を用い、花菱形や菱形模様を縦位置、等間隔に織り出した錦。表記「暈繝錦」とも書く。

【繧繝縁】ウンゲンべり 繧繝錦の畳のへり。また、繧繝縁をつけた上等な畳。表記「暈繝縁」とも書く。

ウン【蘊】(19) 艹16 1 7330 693E 音ウン 訓つむ・たくわえる

意味 ①つむ。たくわえる。「蘊蓄」②おく深い。おくそこ。おだやか。「蘊奥」「蘊藉」

下つき 五蘊・余蘊

【蘊奥】ウンオウ 学問・知識、また、技芸などの奥深いところ。「書道の―を究める」類極意・奥義 参考「ウンノウ」とも読む。

【蘊藉】ウンシャ 気持ちが広くおだやかなさま。余裕のあるさま。表記「温藉」とも書く。

【蘊蓄】ウンチク 深く研究し、身にたくわえた知識。「―を傾ける」表記「薀蓄」とも書く。

ウン【韞】(19) 韋10 1 音ウン 訓つつむ・おさめる・かくす

意味 つつむ。おさめる。かくす。「韞価」「韞玉」類蘊

ウン【饂】(19) 飠10 国 1 8127 713B 音ウン 訓

意味 「ウドン(饂飩)」に使われる字。

【饂飩】ウドン 小麦粉をこねて薄くのばし、細く切ったものをゆでた食品。参考「ウドン」は「ウンドン」を略したもの。「ワンタン」と読めば別な食べ物。

え 衣 エ 江

エ【会】(6) 𠆢4 教 1881 3271 ▼カイ(一六七)

エ【回】(6) 口3 教 1883 3273 ▼カイ(一六八)

エ【依】(8) 亻6 常 1645 304D ▼イ(二八)

エ【廻】(9) 廴6 1886 3276 ▼カイ(一七三)

エ【恵】(10) 心6 常 2335 3743 ▼ケイ(三九一)

エ【絵】(12) 糸6 教 1908 3328 ▼カイ(一七九)

エ【慧】(15) 心11 2337 3745 ▼ケイ(四〇〇)

エ【壊】(16) 土13 常 1885 3275 ▼カイ(一八四)

エ【衛】(16) 行10 教 1750 3152 ▼エイ(八九)

エ【穢】(18) 禾13 6750 6352 ▼ワイ(一六二八)

え【兄】(5) 儿3 教 2327 373B ▼ケイ（三八六）

え【江】(6) 氵3 常 2530 393E ▼コウ（四八一）

え【画】(8) 田3 教 1872 3268 ▼ガ（一六三）

え【柄】(9) 木5 常 4233 4A41 ▼ヘイ（一三六七）

え【柯】(9) 木5 5941 5B49 ▼カ（一四七）

え【重】(9) 里2 教 2937 3D45 ▼ジュウ（七〇二）

え【餌】(15) 飠6 常 1734 3142 ▼ジ（六四〇）

エイ【永】

(5) 水1 常 教 6 1742 314A

音 エイ 外ヨウ
訓 ながい 外とこしえ

筆順 丶 亅 ㇇ 永 永

意味 ①ながい。距離・時間がながい。「永日」「永年」「永続」 ②とこしえに。限りなく。いつまでも。「永久」「永世」「永眠」

下つき 安永(アンエイ)・寛永(カンエイ)・日永(ひなが)

【永永無窮】エイエイムキュウ 永久に果てることなく続くさま。また、時の果てしなく長いことのたとえ。《史記》 類 未来永劫(エイゴウ)

【永遠】エイエン いつまでもながく果てしないこと。とこしえ。類 永久・永劫・悠久

【永久】エイキュウ 時が限りなく続くこと。いつまでも変わらないこと。「—の眠り」 類 永遠・永劫(エイゴウ)・悠久 参考「とわ・とこしえ」とも読む。

【永訣】エイケツ とわの別れ。死別。「ついに—の朝となった」 類 永別

【永劫】エイゴウ 考えられないほどながい年月。「未来—」 類 永遠・永久 参考 仏教では「ヨウゴウ」と読む。「劫」は古代インドで天文学的な最も長い時間の単位。

【永劫回帰】エイゴウカイキ 宇宙は永遠に循環運動を繰り返すものであるから、人間にとって重要なのは、今の一瞬一瞬を充実させることにあるとする思想。ドイツの哲学者ニーチェの根本思想。参考「永遠回帰」ともいう。

【永日】エイジツ 昼の間がながい、春の日。永き日。日永(ひなが)。季 春 類 春日・遅日

【永字八法】エイジハッポウ 「永」の一字に、漢字の筆づかいの基本となる八通りの筆法が含まれているという書の教え。

【永住】エイジュウ 一つの土地に死ぬまで住むこと。「アメリカ—権を取得する」

【永垂不朽】エイスイフキュウ 名声や功績などが末長く後世に伝えられ、決して滅びないこと。《春秋左氏伝》「—の名作」 参考「永存不朽」ともいう。

【永世】エイセイ 限りなく続く年月。限りない世。「将棋の—名人」「スイスは—中立国」 類 永代・永久

【永続】エイゾク いつまでもながく続くこと。ながつづき。類 持続・存続

【永代】エイタイ ながい年月。限りなく続いている世。「—供養」 類 永世・永久 参考「エイダイ」とも読む。

【永代供養】エイタイクヨウ 故人の冥福(メイフク)を祈るため毎年、忌日や彼岸などに寺で継続して行う供養。

【永別】エイベツ 二度と会うことのない別れ。ながの別れ。特に、死別。「親友との—を悲しむ」 類 永訣(エイケツ)

【永眠】エイミン 永遠にねむる意で、死ぬこと。類 永逝・逝去

〈永久〉とわ いつまでも変わらないこと。「—の誓い」「—の別れ」 類 永遠 参考「とこしえ・エイキュウ」とも読む。

【永い】ながーい ある時点からある時点までの時間差が大きい。時が限りなくながく続く。「春の日は—い」「—い眠りにつく」 参考「永」は、おもに時間に用いるが、「長」よりながい。「長」は物体や空間すべての尺度に用いる。

【永年】ながネン ながい歳月。多年。「—の努力が報われる」 表記「長年」とも書く。

【永の別れ】ながのわかれ ①とてもながい間、会わないでいること。永久の別れ。②死に別れ。

エイ【曳】★

(6) 日2 準1 1740 3148

音 エイ
訓 ひく

意味 ひく。ひっぱる。ひきずる。「曳曳」「曳航」

下つき 揺曳(ヨウエイ)

【曳航】エイコウ 船が他の船を引いて航行すること。「座礁した船が—されて行く」

【曳光弾】エイコウダン 弾道や着弾点がよくわかるように、明るい光を発しながら飛ぶ弾丸。

【曳船】エイセン 自力航行できない船を引いていく船。曳航船。参考「ひきふね」とも読む。

【曳く】ひーく ①物をひきずる。後ろに長くひきずる。②ひっぱる。ひきよせる。「浜で地曳網を—く」

エイ【咏】

(8) 口5 1 5073 5269

音 エイ
訓 うたう・うた

意味 ①うたう。声を長く引いて詩歌をうたう。また、そのうた。「吟咏」 ②声に出して感動する。「咏歎(エイタン)」

エイ【泳】

(8) 氵5 常 教 8 1743 314B

音 エイ
訓 およぐ

筆順 丶 丷 氵 汀 汾 泳 泳

意味 およぐ。およぎ。「泳者」「泳法」 参考 水の中にもぐっておよぐのが「泳」、水面をおよぐのが「游(ユウ)」とする説がある。

下つき 遠泳(エンエイ)・競泳(キョウエイ)・水泳(スイエイ)・独泳(ドクエイ)・背泳(ハイエイ)・游泳(ユウエイ)・力泳(リキエイ)

【泳ぐ】およーぐ ①手足やひれなどを動かして、水面や水中を進む。「クロールでーぐ」②およいでいるような動作をする。「からだがーぐ」③障害などをかきわけてたくみに進む。「群衆の間をーぐ」「世の荒波をーぐ」

エイ【英】(8) 艹5 常 教 7 1749 3151

音 エイ 訓 外はなぶさ・はな・ひいでる

筆順 一 十 艹 艹 芇 芇 苎 苂 英

意味 ①はなぶさ。はな。②ひいでる。すぐれる。「英傑」「英才」③「英吉利(イギリス)」の略。「英語」「英国」

下つき 華英(カエイ)・群英(グンエイ)・俊英(シュンエイ)・石英(セキエイ)・落英(ラクエイ)

〈英吉利〉イギリス ヨーロッパ大陸の北西、大西洋上にあるグレートブリテン島とアイルランド島の北部、また付近の島々からなる立憲連合王国。首都はロンドン。参考「英国」とも略称する。

〈英倫〉・〈英蘭土〉イングランド イギリスのグレートブリテン島の中・南部を占める地方の名。同国の主要地域。

【英華発外】エイカハツガイ 内面に潜んでいたすぐれた才能や美しさなどが表面に現れ出ること。「英華」は美しい花・すぐれたものの意。「発外」は外に出ること。〈『礼記(ライキ)』〉

【英気】エイキ すぐれた気性。活発な才気。「ーを養う」「ーあふれる人物」

【英傑】エイケツ 才知にあふれ実行力を備えた人物。類英雄

【英絢】エイケン 美しさが抜きんでていること。きらびやかで美しいこと。

【英才】エイサイ 秀(ひい)でた才能。また、その人。「ー教育」類秀才・俊才 対鈍才 書きかえ「穎才」の書きかえ字。

【英姿】エイシ すぐれた姿。勇ましくりっぱな姿。「雄々しいー」

【英俊】エイシュン 才知が抜きんでていること。また、その人物。俊英。

【英俊豪傑】エイシュンゴウケツ 人並みはずれた才知と能力・胆力を合わせもったすぐれた人物のこと。〈『淮南子(エナンジ)』〉「彼は、まれに見るーだ」

【英断】エイダン すぐれた決断。思い切りよく判断して物事を決めること。「両首脳のーによって和平が成立した」

【英知】エイチ すぐれた才や知恵。深い理性。「ーあふれる人物」書きかえ「叡智」の書きかえ字。

【英邁】エイマイ 才能・知識が非常にすぐれていること。「ーな君主」類英明

【英名】エイメイ すばらしい評判。名声。ほまれ。「ーを馳(は)せる」

【英明】エイメイ 才知にすぐれ物事の道理に明るいこと。類英邁(エイマイ)

【英雄】エイユウ 才知・武勇ともにすぐれている人。また、人にはとてもできないようなことをなしとげる人。「人々にーとしてあがめられている」類英傑・豪傑

【英雄欺人】エイユウギジン 英雄は才知にもたけているので、ふつうの人が思いもよらない手段や行動をとるものであるということ。〈『唐詩選』〉「ーのはかりごと」

【英霊】エイレイ ①すぐれた人の霊魂。②死者の霊。特に戦死者の霊に対する敬称。

【△英】はなぶさ 小さな花が集まって房状に垂れさがって咲くもの。「藤(ふじ)の花がー長く咲いている」表記「花房」とも書く。

【△英でる】ひいーでる 才能が抜きんでている。他のものより特にすぐれている。「漢学にーでる」

〈英斤〉ポンド ヤード・ポンド法の質量の単位。表記「封度」とも書く。

〈英里〉マイル ヤード・ポンド法の距離の単位。一マイルは約一・六キロメートル。表記「哩」とも書く。

エイ【映】(9) 日5 常 教 5 1739 3147

音 エイ 訓 うつる・うつす・はえる中 外はやす

筆順 丨 冂 日 日 日' 旿 旿 映 映

意味 ①うつる。うつす。うつしだす。「映画」「映写」「映像」②はえる。照りかがやく。「反映」③はやす。引き立てる。ほめる。

下つき 陰映(インエイ)・残映(ザンエイ)・照映(ショウエイ)・上映(ジョウエイ)・夕映(セキエイ)・反映(ハンエイ)・余映(ヨエイ)

〈映日果〉いちじく クワ科の落葉小高木。▼無花果(いちじく)(一四九)

【映る】うつーる ①光が反射して、鏡・水面・壁などの上に姿や形が現れる。「水面に月がーる」②色彩が調和している。似合う。「セーター姿にあのスカーフがよくーる」③スクリーンやテレビ画面に画像が現れる。

【映写】エイシャ 映画・スライド・ビデオなど画像をスクリーンにうつし出すこと。

【映像】エイゾウ ①光線にうつし出された物体の姿形。「悲惨なーが目に飛びこんできた」②画面にうつし出されたものや人。「宇宙から地球へーを送る」③頭の中に浮かべたもの。イメージ。「幼い時のー」

【映える】はーえる ①照りかがやく。「夕陽(ゆうひ)にーえる雪の山々」②調和して美しい。あざやかに引き立つ。「美しい景色が湖面にーえる」

エイ【栄】(9) 木5 常 教 7 1741 3149

旧字《榮》(14) 木10 1/準1 6038 5C46

音 エイ 訓 さかえる・はえ高・はえる高 外はやす

筆順 丶 丷 ⺍ 𣥂 𣥂 学 栄 栄

え エイ

意味 ①さかえる。さかんになる。さかんにする。「栄華」「清栄」「繁栄」対枯 ②さかえ。はえ。ほまれ。名誉。「栄位」「栄冠」「栄光」対辱 ③はやす。引き立てる。ほめる。
下つき 共栄・虚栄・光栄・枯栄・清栄・尊栄・繁栄

【栄華】エイガ 権力や財力をわがものとして、はなやかにさかえること。「ありし日の―をしのばせる」

【栄華秀英】エイカシュウエイ 草木の花の総称。「栄」は草の花、「華」は木の花、「秀」は花が咲かずに実をつけるもの、「英」は花が咲いても実を結ばないもの。〈『爾雅』〉参考「栄華」は「エイガ」とも読む。

【栄冠】エイカン 輝かしい勝利をたたえて与えられるかんむり。「―を勝ち取る」「優勝の―に輝く」

【栄光】エイコウ ①輝かしいほまれ。「―の美酒」類光栄・名誉・栄誉 ②めでたい光。縁起のよい光。類瑞光

【栄枯盛衰】エイコセイスイ 人・家・国などが、栄えたり衰えたりすること。「―はこの世の常だ」類栄枯浮沈・盛者必衰

【栄辱】エイジョク ほまれとはずかしめ。名誉と恥辱。「衣食足りて―を知る」

【栄進】エイシン より高い地位に進むこと。出世すること。類栄達・昇進

【栄達】エイタツ 高い地位にのぼること。出世すること。類栄進・昇進

【栄典】エイテン ①めでたい儀式。はえある式典。②国家に対する功労者の栄誉をたたえるため、国から与えられる位階や勲章。栄典の授与は、内閣責任による天皇の国事行為の一つ。

【栄転】エイテン 今よりも上の地位を得て、転任すること。「支社長に―した」類栄進・栄達・昇進 対左遷

【栄誉】エイヨ はえあるほまれ。「受賞の―に輝く」類名誉

【栄養】エイヨウ あらゆる生物が生命を維持し、成長・活動するために必要な成分を取り入れること。また、その成分。

【栄耀】エイヨウ 高い地位につき、おごりたかぶったりぜいたくな生活をすること。参考「エヨウ」とも読む。

【栄耀栄華】エイヨウエイガ 富や権勢を背景に、ぜいたくを尽くすこと。また、おごりたかぶること。「―をきわめる」

【栄耀の餅の皮】エイヨウのもちのかわ 度を越したぜいたくに慣れ、餅を食べるのにも皮をむく意から。参考「栄耀に餅の皮を剝く」ともいう。

【栄える】さかえる 盛んになる。繁盛する。繁栄する。「国が―える」

【栄螺】さざえ リュウテンサザエ科の巻貝。日本近海の岩礁にすむ。こぶし状で、太いとげのような突起をもつものが多い。食用。季春 表記「拳螺」とも書く。

【栄蘭】たこのき タコノキ科の常緑小高木。▼露兜樹（一六二二）

【栄え】はえ 名誉。ほまれ。栄光。「―ある優勝杯を手にした」

エイ【洩】
(9) 氵6 準1 1744 314C 音 エイ・セツ 訓 もれる・のびる

意味 ①もれる。もらす。「漏洩」類泄 ②のびる。「洩洩」
下つき 漏洩

【洩れる】もれる ①水分が少しずつしみ出る。「尿が―れる」②情報や光・音・ガスなどが外部に流れ出る。「秘密が―れる」

エイ【盈】
(9) 皿4 準1 1746 314E 音 エイ 訓 みちる

意味 ①みちる。みたす。あふれる。「盈盈」「盈満」対虚・虧 ②あまる。「盈余」類贏
下つき 衍盈・満盈

【盈盈】エイエイ ①水がいっぱいに満ちるさま。②女性の姿のたおやかで美しいようす。

【盈虧】エイキ ①月が満ちたり欠けたりすること。類盈虚 ②栄えることと衰えること。栄枯。参考「盈」は満ちる、「虧」は欠ける意。

【盈虚】エイキョ 満ちることとからっぽのことから、繁栄と衰退。また、月の満ち欠け。

【盈月】エイゲツ 十五夜の月。満月。対虧月

【盈満】エイマン ①いっぱいになること。満ち足りていること。②富や権力がきわめて大きいこと。

【盈ちる】みちる しだいにいっぱいになる。みちあふれる。たっぷりとある。

エイ【郢】
(10) 阝7 1 7827 6E3B 音 エイ

意味 中国、春秋時代の楚の都。「郢曲」参考 郢は享楽的な都であったという。そのため、「俗・みだら」の意に使われることがある。

【郢曲】エイキョク ①催馬楽・風俗歌・今様など中世・中古の歌謡・流行歌の総称。②低俗な音楽。俗曲。由来 昔、中国、楚の都郢で歌われた俗曲の意から。

【郢書燕説】エイショエンセツ こじつけて、もっともらしく言うこと。故事 昔中国で、郢の人が燕の大臣に手紙を書いたとき、暗いので灯火を持つ者に「燭を挙げよ」と言ったのを、誤ってそのまま書いてしまった。手紙を受け取った燕の大臣はそれを見て、これは「賢人を登用せよ」という意味であるとこじつけ、その通り実行したところ国がよく治まったという故事から。〈『韓非子』〉

【郢斧】エイフ 詩文の添削を頼むときに使う語。故事 郢の大工の名人石が、人の鼻についた壁土を斧ひとふりでけがもなく削りとった故事から。〈『荘子』〉

エイ【営】(12) ⺍9 常 教 6 1736 3144 音 エイ 訓 いとなむ

旧字《營》(17) 火13 1/準1 5159 535B

筆順

意味 ①いとなむ。はかる。仕事をする。「営営」「営業」「営利」②つくる。こしらえる。「営繕」「営巣」「造営」③軍隊がとどまる所。陣地。とりで。「営倉」「陣営」「兵営」

下つき 運営・官営・軍営・経営・公営・国営・宿営・陣営・造営・屯営・兵営・本営・野営・柳営・露営

【営む】いとな-む ①生活のための仕事として行う。経営する。「印刷会社を―む」②計画どおり物事を行う。「三回忌の法事を―む」

【営為】エイイ いとなむこと。仕事。目的をもった行為。

【営営】エイエイ 一生懸命に励むさま。「―として築きあげた事業」類孜孜

【営業】エイギョウ 利益を得るよう事業をいとなむこと。また、その事業・いとなみ。「―案内」類商売

【営繕】エイゼン 建物を建築したり、修繕したりすること。「―課」「―係が修理する」

【営倉】エイソウ 旧日本軍で、隊の規律違反をして罰せられた兵士が留置されるところ。また、その罪に課せられる罰。「―入り」「重―」

【営巣】エイソウ 動物が巣を作ること。「親鳥が―に励む時期だ」

【営農】エイノウ 農業をいとなむこと。「父は―を誇りにしている」

【営利】エイリ 利益を得ること。また、利益を得るために活動すること。「―事業」

【営林】エイリン 森林の保護・育成、木材の伐採や搬出など林業をいとなむこと。「―署」

エイ【景】(12) 日8 教 2342 374A ▼ケイ(三九六)

エイ【瑛】(12) ⺩8 準1 1745 314D 音 エイ

意味 玉の光。水晶などの美しい透明な玉。「玉瑛(水晶の別名)」

下つき 玉瑛

エイ【詠】(12) 言5 常 3 1751 3153 音 エイ 訓 よむ高 外うたう・ながめる

筆順

意味 ①うたう。声を長く引いて詩歌をうたう。ながめる。「吟詠」「朗詠」②よむ。詩歌を作る。また、詩歌。「詠進」「詠物」「題詠」③声に出して感動する。「詠嘆」

下つき 遺詠・歌詠・吟詠・高詠・題詠・賦詠・朗詠

【詠う】うた-う ①声を長くのばして詩歌をうたう。②和歌や詩を作る。

【詠歌】エイカ ①和歌をよむこと。また、その和歌。②仏浄土宗の信徒や巡礼がうたう、仏をほめたたえる歌。和讃。ごえいか。参考「エイガ」とも読む。

【詠唱】エイショウ ①節をつけて、詩歌をうたうこと。②オペラやオラトリオの中の叙情的な独唱歌曲。アリア。

【詠進】エイシン 和歌を作って宮中や神社に献上すること。特に、歌会始の勅題に和歌を作って差し出すこと。「―歌」

【詠草】エイソウ 和歌や詩歌の作品。また、その原稿。類歌稿

【詠嘆・詠歎】エイタン 深く感動すること。また、感動を声に出したり言葉に表したりすること。「自然の美に―する」類感嘆

【詠む】よ-む 和歌や俳句などを作る。「惜別の情を―んだ歌が多い」

エイ【塋】(13) 土10 1 5242 544A 音 エイ 訓 はか・つか

意味 はか。墓地。つか。「塋域」

下つき 丘塋・先塋・家塋・墳塋

【塋域】エイイキ はかば。一般の土地と区別されている墓地。

【塋】はか 遺骨や遺体を葬る所。周囲を囲んだ墓所。墓地。はかば。

エイ【楹】(13) 木9 1 6019 5C33 音 エイ 訓 はしら

意味 ①はしら。丸く太いはしら。「楹書」「楹棟」「楹聯」②家屋の並びを数える語。

【楹】はしら 丸くて太いはしら。家屋の床から天井までまっすぐに立てられた太いはしら。

エイ【裔】(13) 衣7 1 7467 6A63 音 エイ 訓 すえ・あとつぎ・すそ

意味 ①すえ。子孫。あとつぎ。「裔孫」「後裔」②すそ。もすそ。衣類のすそ。③はて。辺境。

下つき 遠裔・後裔・荒裔・四裔・冑裔・苗裔・末裔・来裔

【裔孫】エイソン 遠い末の子孫。子や孫よりもあとの血筋。類末裔・後裔 対先祖・元祖・初祖

【裔】すえ ①つながっているもののはし。果て。②血筋の遠い人々。あとつぎ。子孫。

エイ【榮】(14) 木10 6038 5C46 ▼栄の旧字(八五)

エイ【影】(15) 彡12 常 4 1738 3146 音 エイ 外ヨウ 訓 かげ

筆順

意味 ①かげ。光がさえぎられてできる黒いかげ。「月影」「影響」「陰影」②ひかり。日月などのひかり。「月影」「光影」③光に映し出されたすがた。かたち。「影像」「印影」「撮影」④まぼろし。

下つき 暗影(アンエイ)・遺影(イエイ)・印影(インエイ)・陰影(インエイ)・面影(おもかげ)・形影(ケイエイ)・月影(ゲツエイ・つきかげ)・幻影(ゲンエイ)・撮影(サツエイ)・写影(シャエイ)・射影(シャエイ)・真影(シンエイ)・投影(トウエイ)・倒影(トウエイ)

[影△青] インチン 白色の生地(きじ)に青みがかった透明の釉(うわぐすり)をかけた中国の磁器。
参考「インチン」は中国語から。

[影印] エイイン 書籍を写真に撮り、それを製版・印刷すること。「芭蕉(ばしょう)真筆の―本」

[影響] エイキョウ あるものが他にはたらきやつながりを及ぼすこと。また、それによる結果。「周囲に―を与える」「―力を発揮する」類 波及・余波

[影供] エイグ 神仏、また故人の絵や像に供物(モツ)をそなえてまつること。みえいく。みえく。「―歌合」

[影像] エイゾウ ①かげの形。物のかげ。②絵画や写真にあらわれた人物や神仏の姿。類 肖像

[影] かげ ①太陽・月・灯火の光。「月―」②物体に光を当てたとき、光源の反対側に現れる黒い形。「水面に―を落とす」③姿。おもかげ。「湖面に富士の―が広がる」④不安な兆し。「しのび寄る病魔の―」

[影の形に従うが△如(ごと)し] かげが常について回って離れないように、両者がいつも一緒にいて離れないさま。《管子》

[影を▲摶(う)つ] 影法師を打っても何も得られないこと。また、いくら労力をついやしても、得るところのないたとえ。《管子》

[影絵・影△画] かげエ ①紙を切り抜いたり、手を組み合わせたりして、背後から光を当てて、できた形を楽しむ遊び。②白地に黒一色で、かげの形に描いた絵。

[影法師] かげボウシ 光が当たることで、地面や障子に映る人のかげ。「長い―ができる」

[影身] かげみ かげが離れることのないように、いつも付き添っていて離れないこと。「―に寄り添う」「―になって助ける」

[影武者] かげムシャ ①敵を欺くため、大将などと同じ服装をさせた身代わりの武士。②表に出ず、裏で実際に指図する人。「背後に―が動く」類 黒幕

[影△向] ヨウゴウ 仏 神仏が仮の姿となって、この世に現れること。

エイ【瑩】
(15) 玉10 1 6482 6072
音 エイ 訓 あきらか・みがく

意味 ①あきらか。あざやか。つややか。玉の美しい色。「瑩潤」「瑩沢」②みがく。「瑩磨」

[▲瑩徹] エイテツ 明るく透きとおっていること。澄みわたっていること。

エイ【鋭】
(15) 金7 常 4 1752 3154
音 エイ 訓 するどい 外 はや

旧字《銳》(15) 金7 1/準1

筆順 𠆢(2) 亼(4) 今 余(7) 金 金 金 鉛(13) 鋭 鋭

意味 ①するどい。先がとがっている。よく切れる。「鋭角」「鋭鋒(ホウ)」「鋭利」対 鈍 ②つよい。勢いがある。「鋭意」「鋭気」「精鋭」③はやい。すばやい。さとい。かしこい。「鋭敏」

下つき 気鋭(キエイ)・新鋭(シンエイ)・精鋭(セイエイ)・尖鋭(センエイ)

[鋭意] エイイ 一生懸命に励むこと。気を集中して努めること。「河川の復旧作業に―努力する」

[鋭角] エイカク ①数学で、直角より小さい角度。対 鈍角 ②鋭い角度。また、鋭い物事のたとえ。「山頂が―にとがって見える」

[鋭気] エイキ 鋭くて強い気性。また、そのような意気込み。「―あふれる行動」「強敵の―をくじく」

[鋭敏] エイビン ①才知が鋭く判断がすばやいこと。「―な頭脳の持ち主」類 鋭利・明敏 対 遅鈍 ②物事・状態を鋭く感じとるさま。感覚の鋭いこと。「―な神経の持ち主だ」「時流を―にかぎつける」類 敏感 対 鈍感

[鋭▲鋒] エイホウ ①鋭くとがった鋒先(ほこさき)。②鋭い攻撃。特に言論による攻撃にいう。「―をかわす」

[鋭利] エイリ ①鋭く切れるさま。「―なナイフ」②頭の働きがよいさま。「才知ある―な頭脳」類 鋭敏

[鋭い] するどい ①物の先がとがっているさま。「―い槍(やり)先」②よく切れるさま。「―いナイフをにぎる」③はげしく迫るさま。つきささるような勢い。すばやい。「―い質問が続出した」「―い目つき」④頭脳の働きが活発で判断力がすぐれている。「―い洞察力を備える」

エイ【叡】
(16) 又14 準1 1735 3143
音 エイ 訓 かしこい

意味 ①あきらか。さとい。かしこい。「叡才」「叡達」②天子・天皇に関する尊敬語。「叡感」「叡旨」「叡覧」

下つき 聡叡(ソウエイ)・比叡(ヒエイ)

[▲叡算] エイサン 天子・天皇の年齢。類 聖寿・宝算

[▲叡断] エイダン 天子・天皇の決断。「―を仰ぐ」「―が下る」

[▲叡△智] エイチ ▼書きかえ 英知(八五)

[▲叡聞] エイブン 天子・天皇がきくこと。「―に達する」類 叡聴・天聴

[▲叡覧] エイラン 天子・天皇が見ること。「―に供する」類 天覧

[▲叡慮] エイリョ 天子・天皇の考え・気持ち。天子・天皇の配慮。「―を拝す」

エイ【殪】 (16) 歹12 1 6148 5D50 音 エイ 訓 たおす・たおれる・ころす・しぬ

意味 ①たおす。たおれる。ころす。死ぬ。②うずめる。うめる。

【殪す】 たおーす 人や動物を一撃で殺す。一矢・一発でしとめる。「一撃のもとに―す」

【殪れる】 たおーれる 息がつまって死ぬ。たおれ死ぬ。「凶刃(キョウジン)に―れる」

エイ【穎】 ★ (16) 禾11 準1 1747 314F 音 エイ 訓 ほさき・すぐれる

〔頴〕☆ 1748 3150

意味 ①ほさき(穂先)。のぎ。また、ほさきのように先のとがったもの。②すぐれている。さとい。かしこい。「穎悟」「穎才」「穎哲」

【穎悟】 エイゴ すぐれて賢いこと。さとりのはやいこと。また、そのさま。表記「英悟」とも書く。

【穎才】 エイサイ ▼書きかえ 英才(八五)

【穎脱】 エイダツ 才能が群を抜いてすぐれていること。由来 袋に入れた錐(きり)の先が布を突き抜けて外に出るという意から。

【穎哲】 エイテツ 人並み以上にすぐれて賢いこと、また、その人。

【穎敏】 エイビン 才知鋭く、物事への理解・判断がすぐれていること。「―な頭脳に敬服する」類 明敏 対 愚鈍・遅鈍 表記「鋭敏」とも書く。

〈穎割れ〉 かいわれ ダイコンやカブなどの、芽を出したばかりのもの。食用。カイワリナ。季 秋 表記「貝割れ」とも書く。

エイ【衛】 (16) 行10 常 教 6 1750 3152 音 エイ 外 エ 訓 外 まもる

旧字《衞》(16) 行10 1/準1 7444 6A4C

筆順 2 4 9 11 15 衛

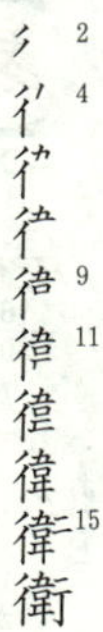

意味 ①まもる。ふせぐ。また、まもる人。「衛士」「衛生」「衛兵」②まわる。「衛星」③中国、周代の国名。

下つき 禁衛(キンエイ)・警衛(ケイエイ)・後衛(コウエイ)・護衛(ゴエイ)・自衛(ジエイ)・守衛(シュエイ)・宿衛(シュクエイ)・親衛(シンエイ)・前衛(ゼンエイ)・防衛(ボウエイ)・門衛(モンエイ)

【衛視】 エイシ 国会で、院内の警護や監視に当たる職員。

【衛戍】 エイジュ 軍隊が長い間同じ地にとどまって警備にあたること。

【衛生】 エイセイ 日常を清潔に保って健康に留意し、病気の予防・治療に努めること。「台所の―に気をつけよう」

【衛星】 エイセイ ①惑星の周囲を公転する天体。地球を回る月など。「人工―」②中心になるものをとりまいて、密接な関係をもつもの。「―国」

【衛卒】 エイソツ 護衛・警護にあたる下級の兵士。または従者。

【衛兵】 エイヘイ 警備や監視を任務とした兵士。類 番兵・衛卒

【衛士】 エジ 律令(リツリョウ)制で、衛門府に属し宮中の警護や行幸の供などに当たった兵士。参考「エイシ」とも読む。

【衛府】 エフ 律令(リツリョウ)制で、宮中の警護などに当たった役所の総称。左近衛府、右近衛府、また左・右衛門府、左・右兵衛府の六衛府。

【衛る】 まもーる 周囲を囲んで外から害されないようにする。ふせぐ。

エイ【霙】 (16) 雨8 1 8036 7044 音 エイ 訓 みぞれ

意味 ①みぞれ。雨まじりの雪。②あられ(霰)。ゆき。

【霙】 みぞれ 雨まじりの雪。氷雨(ひさめ)。「宵のうちに―はあがった」

【霙酒】 みぞれざけ 清酒の中に麴(こうじ)をすこし入れ、麴が浮かんでいるようすをみぞれに見立てた酒。

エイ【嬰】 ★ (17) 女14 準1 1737 3145 音 エイ 訓 あかご・めぐる・ふれる

意味 ①みどりご。あかご。ちのみご。「嬰児」②めぐる。めぐらす。とりまく。「嬰城」③ふれる。さわる。④音楽で半音高くすること。「嬰羽」対 変

下つき 退嬰(タイエイ)

【嬰記号】 エイキゴウ 音楽で、もとの音を半音高くすることを示す記号。シャープ(♯)。対 変記号

【嬰児】 エイジ ①「嬰児(みどりご)」に同じ。②生まれてから三歳くらいまでの子ども。類 幼児

〈嬰児〉 みどりご 生まれて間もない子ども。ちのみご。あかんぼう。「―は母に抱かれて眠っている」類 乳児 表記「緑児」とも書く。参考「エイジ」とも読む。

エイ【營】 (17) 火13 5159 535B ▼営の旧字(八七)

エイ【翳】 ★ (17) 羽11 1 7042 664A 音 エイ 訓 かざす・かざし・かげる・かげり・くもり・かすむ

意味 ①きぬがさ。羽毛で飾った絹ばりの傘。②かざし。舞うときに持つ羽飾り。③かざす。おおう。④かげる。かげ。かげり。くもり。「暗翳」「陰翳」「翳翳」⑤かすむ。目がはっきり見えなくなる。「底翳(そこひ)」

下つき 暗翳(アンエイ)・陰翳(インエイ)・雲翳(ウンエイ)・底翳(そこひ)・蒙翳(モウエイ)

【翳】 かげ ①光があたらない暗い所。かげり。くもり。②どこか暗い感じ。「―のある人」

【翳る】 かげーる ①光がさえぎられ暗くなる。かげになる。「雲が出て日が―る」②夕暮れに近づき太陽が西に傾く。「秋の日は―るのが早い」③表情がくもる。「詳しい話を聞き表情が―る」

【翳す】 かざーす ①頭上に掲げる。「旗を―して先頭に立つ」②物の上にさしかける。「火鉢に手を―す」③額のあたりにおおいかける。「―す手が透けて見えた」

【翳み目】かすみめ 視力が衰えて、物がかすんではっきり見えない目。また、そのような眼病。

【翳む】かすむ 物がぼやけて見えにくくなる。「目が—んで遠くがよく見えない」

エイ【瀛】(19) 氵16 1 6342 5F4A 音 エイ 訓 うみ

意味 ①うみ。大海。「瀛海」「瀛表」②さわ(沢)。また、池や沼。

下つき 大瀛(タイエイ)・東瀛(トウエイ)

【瀛】うみ 大きく広いうみ。大海。おおうなばら。「水を満々とたたえた—」

【瀛海】エイカイ 大きなうみ。おおうなばら。「—に舟を浮かべる」

エイ【蠑】(20) 虫14 1 7430 6A3E 音 エイ

意味 生き物の名に用いられる字。「蠑螈(エイゲン・いもり)」「蠑螺(さざえ)」

〈蠑螈〉いもり イモリ科の両生類。▼井守(いもり)(八四二)

エイ【贏】(20) 貝13 1 7655 6C57 音 エイ 訓 あまる・もうける・かつ・のびる・になう

意味 ①あまる。みちる。あまり。「贏財」「贏余」類 盈(エイ) ②もうける。もうけ。「贏利」③か(勝)つ。「輸贏(ユエイ・シュエイ)」対 輸 ④のびる。ゆるむ。⑤つつむ。⑥になう。負担する。

下つき 輸贏(ユエイ・シュエイ)・余贏(ヨエイ)

【贏る】あまる 必要以上に残る。財貨がありあまる。もうけが残る。

【贏輸】エイシュ 勝ちと負け。類 勝敗・勝負 参考「贏」は勝つ、「輸」は負ける意。「エイユ」とも読む。

【贏得】エイトク 利益を得ること。獲得すること。もうけ。

【贏利】エイリ ありあまるほどのもうけ。類 利益・利得

【贏つ】かつ 賭(か)けや競争で相手を負かす。勝負事にかってもうける。

エイ【癭】(22) 疒17 1 8861 785D 音 エイ 訓 こぶ

意味 ①首すじにできるこぶ。「癭瘤(エイリュウ)」②樹木のふしこぶ。「柳癭」

エイ【纓】(23) 糸17 1 6987 6577 音 エイ・ヨウ 訓 ひも・むながい・まとう

意味 ①ひも。冠のひも。「纓冠」②むながい。ウマの胸をおおう革。③まとう。めぐらす。類 嬰(エイ)

下つき 冠纓(カンエイ)・組纓(ソエイ)・立纓(リュウエイ)

えい【鱏】(23) 魚12 9450 7E52 ▼ジン(八二二)

えがく【画く】(8) 田3 教 1872 3268 ▼ガ(一六三)

えがく【描く】(11) 扌8 常 4133 4941 ▼ビョウ(一三一〇)

エキ【亦】(6) 亠4 準1 4382 4B72 音 エキ 訓 また

意味 ①また。…もまた。②わき。わきのした。類 腋(エキ)

【亦】また …もまた。…もやはり。またまた。「彼も—人の子といえよう」「私も—釣りは好きです」参考 あることが他にも及ぶ場合や並列の場合に用いる。

エキ【役】(7) 彳4 教 4482 4C72 ▼ヤク(一四六六)

エキ【易】(8) 日4 常 教 6 1655 3057 音 エキ・イ 訓 やさしい 外 かえる・かわる・やすい・あなどる

筆順 丨 冂 日 日 旦 昜 易 易

意味 ㊀エキ ①かえる。かわる。とりかえる。「改易」「交易」「不易」②うらない。「易学」「易占」「易断」③儒教の経典。五経の一つ。㊁イ ①やさしい。やすい。てがる。やすらか。「易易」「簡易」「容易」対 難 ②あなどる。「慢易」

下つき ㊀改易(カイエキ)・交易(コウエキ)・不易(フエキ)・辟易(ヘキエキ)・変易(ヘンエキ)・貿易(ボウエキ) ㊁安易(アンイ)・簡易(カンイ)・軽易(ケイイ)・難易(ナンイ)・平易(ヘイイ)・慢易(マンイ)・容易(ヨウイ)

【易易】イイ たやすいさま。困難や問題がないさま。「そんなことは—たるものだ」類 容易

【易往易行】イオウイギョウ 仏 容易な修行で容易に極楽往生できると説く浄土宗の他力本願の教え。類 易往易修・易行易修 対 難行苦行

【易簀】エキサク 賢者が死ぬこと。「易」は替える、「簀」は寝床の下に敷く竹のすのこの意。故事 孔子の弟子の曽子(ソウシ)が死ぬ間際、家老からもらったりっぱなすのこを、身分にふさわしくないといって替えさせ、息を引きとったという故事から。〈『礼記(ライキ)』〉

【易者】エキシャ 算木・筮竹(ゼイチク)などを使い、易で占うことを職業とする人。「大道—」類 八卦見(ハッケみ)・占い師・売卜者(バイボクシャ)

【易者身の上知らず】エキシャみのうえしらず 他人のことについてはあれこれ言えても、いざ自分のこととなると、正しい判断がつかないたとえ。類 紺屋(コウや)の白袴(しろばかま)

【易筮】エキゼイ 筮竹を使い易で吉凶を占うこと。類 易占

【易姓革命】エキセイカクメイ 王朝が交代すること。天子は天命で決まるもので、天子に徳がなくなれば天命は他の人に下り、王朝は交代するという古代中国の政治思想。〈『史記』〉

【易しい】やさしい たやすい。容易である。わかりやすい。「仕組みは至ってーい」対難しい

【易い】やすい たやすい。簡単である。手軽だ。やさしい。「ーきに流れる」対難い

【易易】やすやす 非常にたやすいさま。簡単に物事が行われるさま。

エキ【奕】(9) 大6 1 5285/5475 音 エキ・ヤク 訓 おおきい・うつくしい・かさなる・いご・ばくち・うれえる

意味 ①おおきい。さかん。うつくしい。②かさなる。続く。「奕世」「奕代」類亦・繹 ③いご(囲碁)。ばくち。「博奕」④うれえる。

下つき 赫奕カク・博奕バク・ばくち

【奕奕】エキエキ ①大きいさま。②美しく光り輝くさま。盛んなさま。③世代などの重なるさま。次々と連なるさま。「ーたる山峰」④うれえるさま。

【奕世】エキセイ 代々。よよ。世を重ねること。類奕葉・累世・累代

【奕葉】エキヨウ 「奕世」に同じ。

【奕棋】エッキ 囲碁。また、碁をうつこと。「晩年、ーを楽しむ」

エキ【疫】(9) 疒4 常 準2 1754/3156 音 エキ・ヤク高

筆順 丶 亠 广 疒 疒 疒 疒 疫 疫

意味 えやみ。悪性の流行病。「疫鬼」「疫病」「疫癘エキレイ」

下つき 悪疫アク・検疫ケン・疾疫シツ・防疫ボウ・免疫メン

【疫学】エキガク 地域や団体など環境・条件により発生する集団的傷病を研究する学問。現在では感染症から公害問題などにまで研究対象が広げられている。

【疫病】エキビョウ 悪性の流行病。広範囲に感染する病気。えやみ。「人々はーに苦しんだ」参考「ヤクビョウ」とも読む。

【疫痢】エキリ 幼児のかかる急性の感染症。赤痢菌によって引き起こされ、高熱・嘔吐オウト・けいれんなどを伴う。

【疫癘】エキレイ 悪性の感染症。疫病。はやりやまい。えやみ。

〈疫病〉えやみ ①流行病の昔の言い方。②おこり。マラリアのような熱病。表記②「瘧」とも書く。参考①「エキビョウ」とも読む。

〈疫病草〉えやみぐさ リンドウの古名。由来 葉を疫病の薬として用いたことから。表記「瘧草」とも書く。

【疫病神】ヤクビョウがみ ①疫病を流行させるという神。「ーにとりつかれる」②その人が加わると必ず悪い結果をまねくと、皆から嫌われる人。「あいつはーだ」

エキ【益】(10) 皿5 教 常 6 1755/3157 音 エキ・ヤク高 訓 外ます・ますます

旧字《益》(10) 皿5 1/準1

筆順 丶 丷 䒑 䒑 产 产 竒 益 益 益

意味 ①ます。加わる。みちあふれる。「増益」類溢 ②ためになる。役にたつ。「益虫」「実益」「有益」③もうけ。とく。「収益」「受益」「利益」対損 ④ますます。

下つき 実益ジツ・収益シュウ・受益ジュ・潤益ジュン・増益ゾウ・損益ソン・便益ベン・有益ユウ・利益リ

【益者三友】エキシャサンユウ 交際して有益な三種類の友人のこと。「三友」は正直な人・誠実な人・博識な人。《論語》参考 略して「益友」ともいう。対損者三友

【益虫】エキチュウ 人間生活に役立つ昆虫の総称。害虫の天敵となったり、受粉の媒介をしたりする。対害虫

【益鳥】エキチョウ 人間生活に役立つ鳥の総称。害虫を捕食するツバメなど。対害鳥

【益子焼】ましこやき 栃木県益子町で生産される陶器。土瓶・茶器・皿など、日常品が中心。近年は民芸品としても有名。

【益す】ます 数量が多くなる。不足分を加えていっぱいにする。「売上をーす」

【益・〈益益〉】ますます よりいっそう。いよいよ。程度が前より増していくさま。「多多ー弁ず」

〈益荒男〉ますらお 強く勇ましく、りっぱな男性。ますらおのこ。対手弱女たおやめ 表記「丈夫・大夫」とも書く。

〈益母草〉めはじき シソ科の二年草。由来「益母草」は漢名から。参考「ヤクモソウ」とも読む。▼目弾はじき(一四八四)

【益体】ヤクタイ 役立つこと。整った状態にあること。「ーもない話」「ーもない事に首を突っこむ」参考 多く「ーもない」の形で使われ、つまらないこと、役に立たないことの意。

〈益無〉しようなし 無益である。無駄である。つまらない。参考「ヤクなし」とも読む。

エキ【掖】(11) 扌8 1 5753/5955 音 エキ 訓 わきばさむ・わき・たすける

意味 ①わきばさむ。わきのしたにはさみ持つ。②わき。わきのした。類腋 ③たすける。よいほうに導く。「誘掖」④宮殿正門の両わきにある小門。また、宮殿。「掖垣エキエン」

下つき 宮掖キュウ・仙掖セン・誘掖ユウ

【掖廷】エキテイ 宮中正殿わきにある御殿。天子のきさきのすまい。後宮。

【掖門】エキモン 宮殿・寺社などの正門の両わきにある小さな門。

【掖】わき わきのした。腕のつけねの下側の部分。表記「腋」とも書く。

【掖む】わきばさ-む　わきのしたにはさんで持つ。たばさむ。「かばんを―む」

エキ【液】(11) 氵8 常 教6 1753 3155 音 エキ 訓 外 しる・わき

筆順 、 氵 氵 汁 汁 汸 液 液 液 3

意味 ①しる。つゆ。水状のもの。「液化」「液晶」「液体」②わき。わきのした。類掖(エキ)

下つき 胃液(イエキ)・果液(カエキ)・原液(ゲンエキ)・樹液(ジュエキ)・精液(セイエキ)・唾液(ダエキ)・粘液(ネンエキ)・廃液(ハイエキ)・溶液(ヨウエキ)

【液雨】エキウ　一一月中旬に降る雨。しぐれ。立冬後一〇日めを入液、小雪(ショウセツ)の日を出液とし、この間に降る雨のこと。

【液化】エキカ　気体が圧縮や冷却によって液体に変化すること。「―天然ガス」参考 固体が融解して液体になる場合にも使うことがある。

【液汁】エキジュウ　草木の茎や葉・果実などから出るしる。つゆ。

【液晶】エキショウ　「液状結晶」の略。液体と固体の中間の状態にある物質。電圧や温度変化に敏感に反応するため、電子計算機・パソコン・テレビなどの画像表示に用いる。「―パネル」「―表示が多くなった」

【液冷】エキレイ　水などの液体を使って冷却する方式。「―式エンジン」

エキ【腋】★ (12) 月8 1 7094 667E 音 エキ 訓 わき・わきのした

意味 わき。わきのした。「腋芽」「腋臭」類亦(エキ)・掖(エキ)

下つき 両腋(リョウエキ)

【腋下】エキカ　わきのした。わき。腕のつけねの下側の部分。

【腋窩】エキカ　わきのしたのくぼみ。えきわ。

【腋芽】エキガ　葉のつけねから出る芽。側芽の一種。わきめ。

【腋気】エキキ　「腋臭(わきが)」に同じ。

【腋】わき　「腋下(エキカ)」に同じ。表記「掖」とも書く。

〈腋臭〉わきが　わきのしたの汗が細菌の作用で不快な臭いを放つこと。また、その症状。腋気(エキキ)。表記「狐臭・胡臭」とも書く。参考「エキシュウ」とも読む。

エキ【蜴】(14) 虫8 1 7378 696E 音 エキ 訓

意味 「蜥蜴(セキエキ)(とかげ)」として用いられる字。

エキ【駅】(14) 馬4 常 教8 1756 3158 音 エキ 訓 外 うまや

旧字《驛》(23) 馬13 1/準1 8167 7163

筆順 丨 厂 爫 丐 馬 馬 馬 馬 馬 馭 駅 5 10

意味 ①えき。鉄道の停車場。「駅員」「駅頭」「駅弁」②はやうま。つぎうま。宿場ごとに用意して乗り継ぐウマ。また、舟や車など。「駅馬」③うまや。馬継ぎ場。宿場。「駅亭」「駅伝」「宿駅」

下つき 宿駅(シュクエキ)・亭駅(テイエキ)・飛駅(ヒエキ)・絡駅(ラクエキ)

【駅】うまや　昔、街道に沿って三〇里(一六キロメートル)ごとに置かれた施設。ウマや人夫をそろえて旅人の便をはかった。類宿場

【駅舎】エキシャ　①鉄道で、駅の建物。「―は昔と変わらなかった」②「駅亭」に同じ。

【駅亭】エキテイ　①街道にあった宿駅の建物。類駅舎 ②近世の宿場のやど。旅館。

【駅逓】エキテイ　①宿駅から宿駅へ荷物などを輸送すること。うまつぎ。類宿継(シュクつぎ)・駅伝 ②郵便の旧名。

【駅伝】エキデン　①「駅伝競走」の略。長い道のりを数区間に分け、各チームが一人一区間ずつを走り、総所要時間を競う競技。②「駅逓①」に同じ。③昔、宿場間で乗り継ぎに使ったウマ。

〈駅馬〉はゆま　昔、役人が公用で旅をするとき、乗り継ぎのために各駅に用意された早馬(はやうま)。

エキ【懌】(16) 忄13 1 5668 5864 音 エキ 訓 よろこぶ・たのしむ

意味 よろこぶ。よろこばせる。たのしむ。「欣懌(キンエキ)」

下つき 欣懌(キンエキ)

【懌ぶ】よろこ-ぶ　かたくなな心がほどけて気持ちがやわらぐ。

エキ【繹】(19) 糸13 1 6972 6568 音 エキ 訓 たずねる・つらねる・つらなる

意味 ①引く。引き出す。「演繹」「紬繹(チュウエキ)」②たずねる。きわめる。「尋繹」③つらねる。つらなる。「絡繹」

下つき 演繹(エンエキ)・尋繹(ジンエキ)・紬繹(チュウエキ)・絡繹(ラクエキ)

【繹ねる】たず-ねる　物事のいわれを探りたずねる。一つずつ引き出して吟味する。

エキ【鰑】(19) 魚8 1 8240 7248 音 エキ 訓 するめ

意味 するめ。イカを開いて干したもの。

【鰑】するめ　イカの胴を縦に開いて内臓を取り去り、広げた形で天日干しにしたもの。「酒の肴(さかな)に―をあぶる」「―を嚙(か)む」

〈鰑烏賊〉するめいか　イカの一種。日本近海に分布。胴長は三〇センチメートルほどで、胴の先にひし形のひれがある。刺身やするめ・塩辛などにする。

エキ【驛】(23) 馬13 8167 7163 ▼駅の旧字(九二)

えくぼ【靨】(23) 面14 8052 7054 ▼ヨウ(一五三七)

えぐる【刔る】(6) 刂4 4969 5165 ▼ケツ(四一〇)

えぐる【抉る】(7) 扌4 5717 5931 ▼ケツ(四一一)

えぐる【刳る】(8) 刂6 4974 516A ▼コ(四四八)

えぐる【▲剔る】(10) 刂8 4981/5171 ▼テキ(一一〇〇)

えさ【▲餌】(15) 飠6 常 1734/3142 ▼ジ(六四〇)

えそ【鱛】(23) 魚12 国 1 9383/7D73 音 訓 えそ

意味 えそ(狗母魚)。エソ科の海魚の総称。

えだ【▲朶】(6) 木2 5920/5B34 ▼ダ(九七三)

えだ【△条】(7) 木3 教 3082/3E72 ▼ジョウ(七七一)

えだ【枝】(8) 扌4 教 2762/3B5E ▼シ(六一〇)

えだち【▲徭】(13) 彳10 5552/5754 ▼ヨウ(一五三一)

エツ【★曰】(4) 曰0 1 5909/5B29 音 エツ 訓 いう・いわく・のたまわく

意味 ①いう。のたまう。②いわく。のたまわく。③いわれ。わけ。

【▲曰う】いう 語る。話す。人の言葉を引用するときや発言内容を示すときに用いる。

【▲曰く】いわく ①言うよう。言うことには。「本人—く—」「—言い難し」②いわれ。こみいった事情。わけ。「—ありげな人々」

【▲曰く言い難し】いわくいいがたし 簡単には言い表せない。言葉では説明しにくいということ。

【▲曰わく】のたまわく おっしゃるよう。おっしゃることには。「孔子—」 参考「いわく」の尊敬語。

エツ【戉】(5) 戈1 1 5690/587A 音 エツ 訓 まさかり

意味 まさかり。武器の一つ。類 鉞(エツ) 参考「戊(ボ)」「戌(ジュツ)」「戍(ジュ)」は別字。

【▲戉】まさかり 大きな刃のついた古式の武器。大きなおの。表記「鉞」とも書く。

エツ【△咽】(9) 口6 常 1686/3076 ▼イン(六三)

エツ【悦】(10) 忄7 常 3 1757/3159 音 エツ 訓 外よろこぶ

旧字《悅》(10) 忄7 1/準1

筆順 丶 丷 忄 忄' 忄'' 忄ロ 忄口 忄兑 悦

意味 よろこぶ。うれしく思う。楽しむ。「悦目」「悦楽」「喜悦」「悦に入る」

下つき 喜悦(キエツ)・法悦(ホウエツ)・満悦(マンエツ)・愉悦(ユエツ)・和悦(ワエツ)

【悦楽】エツラク よろこび楽しむこと。心から満足できる楽しさに浸ること。「目を閉じて—に酔う」類 歓楽・享楽

【△悦ぶ】よろこ—ぶ 心がほぐれて楽しい。心からうれしく思う。

エツ【粵】(12) 米6 1 6869/6465 音 エツ・オチ 訓 ここに・ああ

意味 ①ここに。発語の語。②ああ。嘆息の声。③中国古代の百粵の地。

【▲粵に】ここ—に 言葉や文章の言い出しに用いる語。そこで。さて。このように。

エツ【越】(12) 走5 常 4 1759/315B 音 エツ 外オチ・オツ 訓 こす・こえる 外こし

筆順 土 キ 扌 走 走 赱 赱 越 越 (3)

意味 ①こす。こえる。とびこえる。「越境」「越権」「越年」②すぐれる。抜きんでている。「卓越」「優越」③中国、春秋時代の国名。「越州」「越前」④南方の諸種族。「越南(ベトナム)」⑤「越(こし)の国」の略。

下つき 僭越(センエツ)・卓越(タクエツ)・檀越(ダンオツ・ダンエツ)・超越(チョウエツ)・優越(ユウエツ)・踰越(ユエツ)

【越境】エッキョウ 国境をこえること。また、定められた境界をこえること。「—入学」

【越権】エッケン 与えられた権限以上のことに口を出すこと。「—行為をしてはならない」「反対意見を封じるとは議長の—だ」

【越▲俎の罪】エッソのつみ 他人の職分や権限を侵す罪。「俎」は神への供物(クモツ)をのせる台のことで、料理人の領分の意。由来 中国古代の尭(ギョウ)帝が許由(キョユウ)に天下を譲ろうとしたとき、許由が「人は分を守ることが大切で、料理人の腕が悪いからといって、神主がそれに代わることはしない」と断ったという伝説から。〈『荘子(ソウジ)』〉

【越中▲褌】えっちゅうふんどし 和装の男性下着の一つ。幅三六(センチ)、長さ一(メートル)ほどの布にひもをつけたT字形のもの。由来 細川越中守(えっちゅうのかみ)または日根野越中守の創始とも、芸妓(ゲイギ)の越中が考案したものともいわれる。

【越鳥南枝に巣くう】エッチョウナンシにすくう 故郷をなつかしみ、忘れがたい気持ちが非常に強いこと。中国南方の越で生まれた鳥は、北国へ渡っても故郷により近い南側の枝に巣をつくる意から。由来 ゆえあって別れた男女の切ない心をうたった古詩から。〈『文選(モンゼン)』古詩十九首〉類 胡馬(コバ)北風に依る

【越冬】エットウ 冬をこすこと。冬をすごすこと。「南極—隊」

【越年】エツネン 年をこして新しい年を迎えること。年越し。「山小屋で—する」参考 古くは「オツネン」と読む。

【△越度】オチド あやまち。過失。失敗。表記「落度」とも書く。

【△越階】オッカイ 位階をとび越えて昇進すること。越任(オツニン)。

【△越訴】オッソ 正規の手続きをふまないで、直接役所などに訴えること。江戸時代の直訴(ジキソ)など。

【越える】こ—える ①障害物などをすぎて向こう側へ行く。「国境を—える」②順序や時期・程度をすぎる。度をすごす。「年を—える」「体力の限界を—える」

【〈越▲橘〉】こけもも ツツジ科の常緑小低木。由来「越橘」は漢名からの誤用。▼苔桃(こけもも)(九八〇)

【△越】こし 北陸道の古称。越前・越中・越後に分かれている。越の国。越路(こしじ)。

【△越路】こしじ ①「越(こし)」に同じ。②越の国へ行く道。参考 歌枕(うたまくら)として和歌に詠まれる。

【〈越▲瓜〉】しろうり ウリ科のつる性一年草。マクワウリの変種。インド原産で、古く中国より渡来。果実は長い楕円(ダエン)形で、皮は白緑色。奈良づけなどに用いる。季夏 由来「越瓜」は漢名から。表記「白瓜」とも書く。

【〈越南〉】ベトナム インドシナ半島の東部にある社会主義共和国。主産業は農業で、特に米づくりが盛ん。首都はハノイ。

エツ【鉞】
(13) 金5 1 7872 6E68 音 エツ 訓 まさかり

意味 まさかり。大きなおの。類 戉(エツ)

下つき 斧鉞(フエツ)

【鉞】まさかり 大きなおの。木を切り倒す道具で、古代中国では武器のほかに帝王の権力を示す装飾品としても用いられた。表記「戉」とも書く。

エツ【噎】
(15) 口12 1 5157 5359 音 エツ・イツ 訓 むせぶ・むせる・ふさがる

意味 ①むせぶ。むせる。食物がのどにつかえる。類 咽(エツ) ②ふさがる。心配や悲しみのあまり胸がつまる。

【噎鬱】エツウツ 気がふさいで晴れないさま。

【噎ぶ】むせぶ ①飲食物がのどにつかえるなどして息苦しくなる。「酒の香りに―ぶ」②喜びや悲しみで胸がいっぱいになりのどがつまる。むせび泣く。「感涙に―ぶ」表記「咽ぶ」とも書く。

【▲噎せる】むせる 煙や飲食物がのどにつかえてせきこむ。「粉薬を飲んだら―せてしまった」

エツ【謁】
(15) 言8 常 準2 1758 315A 音 エツ 訓 外まみえる

旧字《謁》(16) 言9 1/準1 9215 7C2F

筆順 4 7 謁

意味 まみえる。身分の高い人に会う。「謁見」「拝謁」

下つき 参謁(サンエツ)・私謁(シエツ)・上謁(ジョウエツ)・請謁(セイエツ)・拝謁(ハイエツ)

【謁見】エッケン 身分の高い人に会うこと。「法王に―する」

【△謁える】まみえる おめにかかる。許可を得て身分の高い人に会う。「国王に―え親書を手渡した」

エツ【閲】
(15) 門7 常 3 1760 315C 音 エツ 訓 外けみする・へる

筆順 4 8 10 13 閲

意味 ①けみする。しらべる。かぞえる。「閲覧」「校閲」「査閲」②へ(経)る。過ごす。経過する。「閲歴」③いえがら。「閥閲」

下つき 簡閲(カンエツ)・観閲(カンエツ)・検閲(ケンエツ)・査閲(サエツ)・親閲(シンエツ)

【閲読】エツドク 書物や文書などを調べながら注意深く読むこと。「文献を―する」類 閲覧

【閲兵】エッペイ 元首や司令官などが、軍隊を整列させて検閲すること。「―式」類 観兵

【閲覧】エツラン 書物や新聞などを調べながら見ること。「図書館の―室で本を読んでいる」類 閲読

【閲歴】エツレキ 人がそれまでに経験してきた学業や職業などの事柄。「豊富な―のある人物」類 経歴・履歴

【△閲する】けみする ①よく目を通して調べる。点検する。閲読する。②年月をついやす。順々に経過する。「もはや五年を―する」参考「エッする」とも読む。

エツ【噦】
(16) 口13 1 1521 2F35 音 エツ 訓 しゃっくり・しゃくり・しゃくる・むかつく

意味 ①しゃっくりをする。しゃくりあげる。②吐き気がする。むかつく。

【▲噦る】しゃくる ①しゃっくりをする。②しゃくり上げながら泣く。「いつまでも泣き―る子ども」

【▲噦り】しゃっくり 横隔膜のけいれんから、空気を強く吸いこむ反射運動。「―が止まらない」表記「吃逆」とも書く。参考「しゃくり・さくり」とも読む。

エツ【▲謁】(16) 言9 9215 7C2F ▼謁の旧字(九四)

えにし【△縁】(15) 糸9 常 1779 316F ▼エン(一〇六)

えのき【▲榎】(14) 木10 1761 315D ▼カ(一五七)

えび【蛯】
(12) 虫6 国 1 7366 6962 音 訓 えび

意味 えび(海老・蝦)。エビ科の節足動物。参考 老人の腰のように曲がっていることから、この字ができた。

えび【▲蝦】(15) 虫9 1860 325C ▼カ(一五九)

えび【▲鰕】(20) 魚9 8249 7251 ▼カ(一六〇)

えびす【▲夷】(6) 大3 1648 3050 ▼イ(二五)

えびす【▲戎】(6) 戈2 2931 3D3F ▼ジュウ(七〇一)

えびす【▲狄】(7) 犭4 6431 603F ▼テキ(一一〇〇)

えびす【▲胡】(9) 肉5 2453 3855 ▼コ(四五四)

えびす【△蛮】(12) 虫6 常 4058 485A ▼バン(一二七一)

えびす【▲貊】(13) 豸6 7629 6C3D ▼バク(一二四四)

えびら【▲箙】(14) 竹8 ▼フク(一三四六)

えむ【笑む】(10) ⺮4 教 3048 3E50 ▼ショウ(七四九)

えやみ【▲癘】(17) 疒12 6586 6176 ▼レイ(一五九八)

えら【▲顋】(18) 頁9 8091 707B ▼サイ(五六一)

えら【▲鰓】(20) 魚9 8252 7254 ▼サイ(五六一)

えらい【偉い】(12) 亻10 常 1646 304E ▼イ(三四)

えらい【△豪い】(14) 豕7 常 2575 396B ▼ゴウ(五二一)

えらぶ【△択ぶ】(7) 扌4 常 3482 4272 ▼タク(一〇〇〇)

えらぶ【▲柬ぶ】(9) 木5 5943 5B4B ▼カン(二三〇)

えらぶ【▲揀ぶ】(12) 扌9 5767 5963 ▼カン(二三七)

えらぶ【▲撰ぶ】(15) 扌12 3281 4071 ▼セン(九〇七)

えらぶ【選ぶ】(15) ⻌12 教 3310 412A ▼セン(九〇九)

えらぶ【△簡ぶ】(18) ⺮12 教 2042 344A ▼カン(二四九)

同訓異義 えらぶ

【選ぶ】多くの中から目的に合ったものを取り出す。ほか、広く用いる。「学級委員を選ぶ」「自分に合う仕事を選ぶ」「手段を選ばない」

【▲撰ぶ】詩歌などを集め、編集して書物にまとめる。「勅撰チョクセン」「『古今和歌集』を撰ぶ」

【△択ぶ】善し悪しをより分ける。「二者択一ニシャタクイツ」「手段を択ばない」「人を択ぶ」

【△簡ぶ】より分けてすぐれたものを取り出す。「択ぶ」より、もっとよいものをえらびぬく意をもつ。「簡抜カンバツ」

【▲揀ぶ】そろえておいて、よいものを取り出す。「選ぶ」にほぼ同じ。

えり【▲衿】(9) 衤4 2262 365E ▼キン(三五九)

えり【魞】(13) 魚2 国 1 9432 7E40 訓 音 えり

意味 えり。漁具の一つ。竹簀たけすを川や湖の魚の通る所にしかけて魚を導き入れ、捕らえる装置。「―を仕掛ける」

参考 魚が入ることから、この字ができた。

〔魞えり〕

えり【△領】(14) 頁5 教 4646 4E4E ▼リョウ(一五八〇)

えり【襟】(18) 衤13 常 2263 365F ▼キン(三六四)

える【得る】(11) 亻8 教 3832 4640 ▼トク(一一六九)

える【△選る】(15) ⻌12 教 3310 412A ▼セン(九〇九)

える【獲る】(16) 犭13 常 1945 334D ▼カク(二〇二)

同訓異義 える

【得る】手に入れる。…できる。ほか、広く用いる。「食料を得る」「名誉を得る」「利益を得る」「九死に一生を得る」「やむを得ず欠席する」「なし得ない」

【獲る】鳥や獣などをとらえる。「狩りでウサギを獲る」「獲物えもの」

【△選る】多くの中からより分ける。「よる」とも読む。「選り分ける」「精鋭を選り抜く」「友達の選り好みが激しい」「選りすぐった逸品」

エン【円】(4) 冂2 教 常 10 1763 315F 訓 音 エン まるい 外まどか・つぶらか・まろやか

旧字《圓》(13) 口10 1/準1 5204 5424

筆順 丨冂円円

意味 ①まる。まるい。「円周」「円陣」「円盤」 ②満ちている。まどか。なめらか。おだやか。「円滑」「円熟」「円満」 ③あたり一帯。「関東一円」 ④つぶら。つぶらか。まるくてかわいい。 ⑤えん。日本の貨幣の単位。「円高」「円安」

下つき 一円イチエン・楕円ダエン・半円ハンエン・方円ホウエン

【円価】エンカ 国際市場における、円の貨幣価値。外国貨幣と日本円との交換価値。

【円貨】エンカ 日本の貨幣。円単位の貨幣。「―手形を発行する」

【円蓋】エンガイ 半球形の天井。ドーム。「―のある大きな教会」

【円滑】エンカツ 物事がとどこおりなく進むさま。「会議は―に進められた」

【円丘】エンキュウ ①傾斜がゆるやかで、頂上がまるい丘。②円形の塚。

【円月】エンゲツ ①まるい月。類満月 ②琵琶ビワの胴にある響孔。

【円光】エンコウ ①円形の光。月や日の光。②仏や菩薩ボサツなどの頭の後ろからまるく差す光。後光ゴコウ。

【円▲匙】エンシ 小型のシャベル。参考「エンピ」と誤読され、慣用化している。

【円熟】エンジュク 人格・知識・技芸などが十分に発達し、豊かさをもつこと。「演技に―味がでてきた」類熟達・成熟

【円陣】エンジン ①円形の陣立て。②多くの人が集まり、まるく並ぶこと。「キックオフの前に―を組む」

【円▲錐】エンスイ 円周上のすべての点と、この円と同一平面上にない一定点とを結んでできる立体。底が円で、先がとがった立体。

【円卓】エンタク まるいテーブル。「―会議」「仲よく―を囲んで話そう」

【円建て】エンだて ①外国為替相場で、外国通貨の一定単位を基準として、円貨の相当額を決める方式。②輸出入品の価格を、円貨で表示すること。

【円頂黒衣】エンチョウコクイ 僧の姿かたち。また、僧のこと。髪をそり落としたまるい頭と、墨染めの衣の意から。

え

えむ―エン

【円転滑脱】エンテン カツダツ　物事をすらすら処理していくこと。角立てずなめらかに運ぶ意から。「—な人」類円滑洒脱（エンカツシャダツ）

【円頭方足】エントウ ホウソク　人間のこと。「円頭」はまるい頭、「方足」は四角い足の意。〈『淮南子（エナンジ）』〉類円首方足・円顱方趾（エンロホウシ）

【円盤】エン バン　①平たくてまるい形のもの。②円盤投げに用いる木製の運動用具。③レコード盤。

【円舞曲】エンブ キョク　四分の三拍子の優美で軽快なダンス曲。ワルツ。

【円木警△枕】エンボク ケイチン　勉学に懸命に励むたとえ。「警枕」は眠りこまないよう工夫した枕（まくら）。故事 中国、宋の司馬光は学問に熱中し、眠りこむと枕が転がってすぐ目が覚めるように、丸木を枕にして勉学に励んだという故事から。〈『資治通鑑（シジツガン）』〉類懸頭刺股（ケントウシコ）

【円満】エン マン　①不満がなく、満ち足りているさま。「紛争を—に解決する」②人柄が穏やかなさま。類温厚

【円満具足】エンマン グソク　すべてが十分に満ち足りていて、少しも不足がないこと。「—の表情」

〈円規〉コン パス　円などを描くのに用いる製図用具。ぶんまわし。

【円△か】つぶら -か　まるいさま。まるくてかわいいさま。「目を—にする」

【円居】まど い　①人がまるく座ること。車座（くるまざ）。②人が親しく集まること。団欒（ダンラン）。表記「団居」とも書く。

【円△か】まど -か　①まるいさま。「—な月」②おだやかなさま。「—な人物」

【円い】まる -い　①円形である。②角ばっていない。性格などが穏やかなさま。参考特に、平面的なものに用いる。

【円△やか】まろ やか　①まるいようす。②穏やかで心地よいさま。「—な味」

〈円座〉わろ うだ　わらなどで編んだひもを渦巻き状にした敷物。表記「藁蓋」とも書く。参考「エンザ」とも読む。

エン【▲延】(7) 廴 4　▼延の旧字（九六）

エン【★奄】(8) 大 5　準1　1766 / 3162
音 エン
訓 おおう・たちまち・ふさがる

意味 ①おおう。「奄有」類掩（エン）②たちまち。にわかに。「奄忽（エンコツ）」「奄然」③ふさがる。気力がなくなる。「奄奄」

【▲奄▲奄】エン エン　息が今にも途絶えてしまいそうなようす。「気息—」

【▲奄然】エン ゼン　①ぴったり合うさま。②おおわれて、暗いさま。③にわかに。たちまち。④息もたえだえなさま。類奄奄

【▲奄有】エン ユウ　おおうように、残らず自分のものにすること。特に、土地をすべて自分のものにすること。「四海を—する」表記「掩有」とも書く。

【▲奄う】おお -う　上からかぶせて隠す。表記「掩う」とも書く。

【▲奄ち】たちま -ち　にわかに。またたく間に。

エン【△宛】(8) 宀 5　常　1624 / 3038　▼あてる（一六）

エン【延】(8) 廴 5　常　教　5　1768 / 3164
音 エン
訓 のびる・のべる・のばす　外 ひく・はえ

旧字《延》(7) 廴 4　1/準1

筆順 一 丅 下 正 正 㢟 延

意味 ①のばす。のびる。ひろがる。「延長」「延命」「蔓延（マンエン）」②時間や期日がのびて遅れる。「延期」「延滞」「順延」③ひく。ひきいれる。まねく。「延見」④のべ。同一のものの重複を含めて数えること。

下つき 順延（ジュンエン）・遷延（センエン）・遅延（チエン）・蔓延（マンエン）

【延引】エン イン　物事が予定より遅れ、長引くこと。「長雨で工事が—しそうだ」類遅延・遅滞 参考「エンニン」とも読む。

【延延】エン エン　物事が途切れることなく長く続くようす。

【延会】エン カイ　①会議・会合などの日取りを先にのばすること。②国会などで、予定されていた議事が終わらず、次回にもち越すこと。「議会の—を宣告する」

【延期】エン キ　予定の日時・期限などをのばすこと。「雨のため遠足が—になる」

【延▲頸挙▲踵】エンケイ キョショウ　人の来訪を待ちわびるさま。また、すぐれた人物の出現を待ち望むこと。首を伸ばし、つま先立って待ち望む意から。〈『呂氏春秋（リョシシュンジュウ）』〉類延頸鶴望（エンケイカクボウ）・鶴立企佇（カクリツキチョ）

【延見】エン ケン　呼び寄せて面会すること。類引見・接見

【延▲胡索】エンゴ サク　ケシ科多年草の総称。山野に自生。地下に塊茎をもつ。春、紅紫色の横向きの花を開く。漢方で塊茎を鎮痛剤にする。ヤブエンゴサク・ジロボウエンゴサクなど。

【延焼】エン ショウ　火事が火元から他の場所に燃え広がること。類類焼

【延伸】エン シン　時間・距離などをのばすこと。また、のびること。「ホームの—工事が終了した」類延長

【延髄】エン ズイ　中枢神経の一部。脳の最下端にあり、脊髄（セキズイ）に続く部分。肺・心臓・血管などの働きを調節している。

【延性】エン セイ　物体が限界を超えても破壊されずに引きのばされる性質。類展性 参考 針金などをのばすときにこの性質を用いる。金属板などをのばすときは「展性」を用いる。

【延滞】エン タイ　支払い・納入などが、予定の期日より遅れてとどこおること。「期限までに支払い、—しません」

【延着】エンチャク 電車・飛行機・荷物などが遅れて到着すること。「急行列車が―した」対早着

【延長】エンチョウ ①長さや時間などを、のばすこと。また、のびること。「―戦にもつれこんだ」対短縮 ②鉄道などの全体の長さ。「―三〇キロメートルのローカル線」③形はちがっても内容的に続いていること。「修学旅行は授業の―だ」

【延年転寿】エンネンテンジュ ①年齢を重ね、ますます長生きをすること。②もと仏教語で、修行や仏の加護により、寿命をのばすこと。類延年益寿

【延納】エンノウ 金銭や物品などを、期日が過ぎてから納めること。納付を延期すること。「授業料を―する」

【延袤】エンボウ 土地の広さや、長さ。「―万里に連なる長城」参考「延」は東西、「袤」は南北の広がりの意。

【延命息災】エンメイソクサイ 無事に長生きすること。長生きを願う言葉。参考「延命」は「エンミョウ」とも読む。また「息災延命」ともいう。類無事息災・無病息災

【延びる】のびる ①物事や時間が長くのびる。長引く。「平均寿命が―びる」「会合が予定より―びる」

【延べ】のべ ①同じものが重複していても、それぞれを一つの単位として数えた合計。「―一〇日の仕事」「―人数」②のばすこと。また、のばしたもの。「金の―板」

【延段】のべダン 庭の敷石の一種。園路の一部として、切石と自然石を組み合わせて一定の幅で敷きつめたもの。

【延べる】のべる ①物をうすく平らに広げる。また、長くする。②期間や時間を長引かせる。「予定を繰り―べる」③水などを加えてうすめる。④布団などを広げて敷く。「床(とこ)を―べる」

【〈延根〉】はいね ①生えのびた草木のね。②蓮根(レンコン)の別称。表記「這根」とも書く。

【〈延縄〉】はえなわ 一本の長い縄に、釣り針をたくさんつけた糸を垂らして魚をとる漁具。「―漁業」

【△延いては】ひいては それから引き続いて。それが原因となって。意味を押し広げていうと。

【△延く】ひく ひっぱりこむ。また、人を導いてひき入れる。まねく。「客を―く」

〔延縄(はえなわ)〕

エン【沿】(8) 氵5 常 教 5 1772 3168 音 エン 訓 そう 外 ふち

筆順 丶 冫 氵 氵 氵几 氵几 沿 沿

意味 ①そう。水流や道路などによりそう。「沿岸」「沿道」「沿線」②よる。したがう。「沿革」③ふち。へり。

【沿海】エンカイ ①海にそった陸地。②陸地にそった海。「―漁業」類近海・①②沿岸 対遠海・遠洋

【沿革】エンカク 物事の移りかわり。変遷。「資料館で町の―を調べた」

【沿岸】エンガン ①海・川・湖にそった陸地。②陸地に近い海・川・湖。

【沿線】エンセン 鉄道線路・バスなどの路線にそった地帯。「車窓から―の風景を眺める」

【沿道】エンドウ 道路にそった所。道ばた。「―からマラソン選手を応援する」

【〈沿階草〉】じゃのひげ ユリ科の多年草。由来「沿階草」は漢名から。▼蛇の鬚(じゃのひげ)（六六二）

【沿う】そう ①そばから離れないように進む。「川に―ってまっすぐ進む」②基準などに外れずしたがう。「方針に―う」

エン【炎】(8) 火4 常 3 1774 316A 音 エン 訓 ほのお 外 もえる

筆順 丶 丷 火 火 炏 炎 炎

意味 ①ほのお。燃え上がる火。「火炎」②もえる。燃え上がる。「炎焼」「炎上」③焼けるようにあつい。「炎暑」「炎天」「炎熱」④痛み・はれ・熱をともなう症状。「炎症」「脳炎」「肺炎」

書きかえ「焔(エン)」の書きかえ字。

下つき 胃炎(イエン)・火炎(カエン)・肝炎(カンエン)・光炎(コウエン)・脳炎(ノウエン)・肺炎(ハイエン)・鼻炎(ビエン)・陽炎(ヨウエン・かげろう)

【炎炎】エンエン 火が盛んに燃え上がるさま。「―と燃え盛る」

【炎暑】エンショ 真夏の焼けつくようなきびしい暑さ。類酷暑 季夏

【炎症】エンショウ 細菌の侵入など外からの刺激に対する体の防御反応。赤く腫(は)れたり熱をもったりして痛みを伴う。「傷口が―を起こす」

【炎上】エンジョウ 火が燃え上がること。特に、大きな建造物が燃えること。「寺院の金堂が―する」

【炎帝】エンテイ ①火の神。②夏を支配する神。太陽。季夏

【炎天】エンテン 焼けつくように暑い夏の空。また、その天気。「―下で白球を追う」季夏

【炎熱】エンネツ 焼けつくような真夏のきびしい暑さ。「―地獄」類暑熱

【炎】ほのお ①気体が燃えるときに出る、火の先の部分。「一面―の海となる」②怒りや嫉妬(シット)の激しい感情のたとえ。「怒りの―が燃え上がる」表記「焔」とも書く。

エン【苑】(8) 艹5 準1 1781 3171 音 エン・オン・ウツ 訓 その・ふさがる

意味 一エン ①その。庭園。「苑台(エンダイ)」類園 ②物事の集まるところ。特に、文学者・芸術家の集まり。「芸

え エン

苑」「説苑」「文苑」 ㊁ウツ。ふさがる。つもる。

下つき ㊀外苑・学苑・御苑・芸苑・神苑・説苑・内苑・文苑・鹿苑

【▲苑地】エンチ ▼書きかえ 園地(一〇二)

【▲苑】その ①草花・野菜・果樹などを植えるためのひと囲いの土地。②ある限られた場所・世界。「神の―」 表記「園」とも書く。

エン【△咽】(9) 口6 常 1686 / 3076 ▼イン(六三)

エン【△垣】(9) 土6 常 1932 / 3340 ▼かき(一九五)

エン【怨】

(9) 心5 常 2 1769 / 3165 音 エン高・オン 訓 外うらむ・うらみ

筆順 ノクタ夕夗夗怨怨怨

意味 うらむ。うらみ。あだ。かたき。「怨恨」「怨霊」

下つき 仇怨・閨怨・猜怨・私怨・宿怨・積怨・憤怨

【△怨み骨髄に入る】うらみコツズイにいる 心の底から相手を深くうらむこと。「骨髄」は骨のしんのこと。〈史記〉 参考「入る」は「徹す」ともいう。

【△怨みに報ゆるに徳を△以てす】うらみにむくゆるにトクをもってす ひどい仕打ちをされ、うらまずにはいられない相手にも博愛の心で恩恵を施すこと。〈老子〉

【△怨む】うらむ 他人におさえられ、思うようにできなくて気が晴れない。残念で不満がつのる。

【怨言】エンゲン うらみの言葉。うらみごと。「―を浴びせる」 類怨語

【怨恨】エンコン うらむこと。うらみ。「―による殺人と見なした」

【怨▲嗟】エンサ うらんでなげき悲しむこと。「会場は―の声につつまれた」

【怨女】エンジョ 独り身でいる自分を哀れに思ってなげく女性。

【怨府】エンプ 多くの人のうらみが集まっていく人や物事。

【怨望】エンボウ うらみに思うこと。うらみ。「その処遇を―する者が無きにしも非ず」

【怨▲讐】オンシュウ うらんで仇とすること。参考「エンシュウ」とも読む。

【怨親平等】オンシンビョウドウ 敵も味方もすべて同じように処遇すること。もと仏教語で、敵対した者も親しい者も、うらみや恩をこえて、同じように極楽往生させること。「怨親」は、自分に害を加える者と味方してくれる者の意。類一視同仁・兼愛無私

【怨憎会苦】オンゾウエク 仏うらみ憎む者とも会わなければならない苦しみのこと。仏教でいう「八苦」の一つ。参考語構成は「怨憎会」+「苦」。

【怨敵】オンテキ うらみを抱いている敵。かたき。類仇敵

【怨念】オンネン 深くうらみに思う気持ち。「長年の―を晴らす」 類遺恨

【怨霊】オンリョウ うらみを抱いて死んだ人の霊。たたりをなす、死者の霊。

エン【爰】

(9) 爫5 1 6409 / 6029 音 エン 訓 ここ△に・かえる

意味 ①ここに。ここにおいて。②かえる。とりかえる。「爰書」 類換 ③ゆるい。ゆるやか。「爰爰」

【▲爰に】ここに ①この場合に。この時に。②話題転換を示す。さて。それで。

【▲爰△許】ここもと ①自分に一番近いものを指し示す語。ここ。このあたり。②自身をへりくだっていう語。当方。表記「此許」とも書く。

エン【衍】

(9) 行3 1 6207 / 5E27 音 エン 訓 はびこる・あふれる・しく・ひろがる・あまり・ひろい・おおきい

意味 ①はびこる。あふれる。「蔓衍」 ②しく。ひろげる。ひろがる。「衍義」「敷衍」 ③あまり。余分な。「衍字」「衍文」 類羨 ④ひろい。おおきい。

下つき 大衍・敷衍・墳衍・蔓衍

【▲衍義】エンギ 意味をおし広めて詳しく説明すること。また、その説明されたもの。

【▲衍字】エンジ 文中に誤って入った余計な文字。類衍文

【▲衍文】エンブン 文中に誤って入った不要な文。類衍字

【▲衍▲曼流▲爛】エンマンリュウラン 悪がはびこり、社会全体に広がっていくこと。「衍曼」は広がり、はびこるさま。〈史記〉 表記「衍曼」は「衍漫」とも書く。

エン【△俺】(10) 亻8 常 1822 / 3236 ▼おれ(一二八)

エン【★冤】

(10) 冖8 1 4945 / 514D 音 エン 訓 ぬれぎぬ・あだ

〔寃〕〔冤〕 5367 / 5563

意味 ①ぬれぎぬ。無実の罪を受ける。「冤獄」「冤罪」「冤死」 ②うらみ。あだ。「冤家」「讐冤」 参考 ウサギ(兎)がおおい(冖)の中で身を縮めているさまを示すことから、「かがむ・ぬれぎぬ」の意を表す。

下つき 結冤・煩冤

【▲冤▲枉】エンオウ 「冤罪」に同じ。参考「冤」も「枉」も、無実の罪の意。

【▲冤鬼】エンキ 無実の罪で処刑された人の、うらみのこもった亡霊。

【▲冤罪】エンザイ 無実の罪。ぬれぎぬ。「全くの―だ」「―を晴らす」 類冤枉

エン【宴】

(10) 宀7 常 3 1767 / 3163 音 エン 訓 外うたげ・たのしむ

筆順 丶 丶丶 宀 宀 宀 宀 官 宴 宴 宴

え エン

意味 ①うたげ。さかもり。「宴会」「宴席」「酒宴」②たのしむ。くつろぐ。「宴楽」類①②燕・讌

下つき 嘉宴・賀宴・歓宴・曲宴・饗宴・賜宴・酒宴・祝宴・招宴

【△宴】うたげ 人が集まり、飲食しながら楽しむ会。宴会。酒宴。「春の—を開く」

【宴安】エンアン くつろいで、気ままに遊び楽しむこと。類宴居

【宴会】エンカイ 「宴(うたげ)」に同じ。

【宴酣】エンカン 酒宴がたけなわになること。

【宴席】エンセキ 宴会をする席・場所。「受賞を祝う—につらなる」

【宴楽】エンラク 酒宴を開いて遊び楽しむこと。また、その酒宴。

エン【悁】(10) 忄7 1 5590 577A 音 エン・ケン 訓 いかる・あせる

意味 ㊀エン ①うれえる。②いかる。「悁恚」「忿悁」㊁ケン いらだつ。あせる。「悁急」

エン【捐】(10) 扌7 1 5748 5950 音 エン 訓 すてる・あたえる・かう

意味 ①すてる。すてさる。「捐館」「捐棄」「捐廃」②あたえる。救済のために金品を出す。「義捐」「出捐」③かう。金銭で官位を得る。「捐官」「捐納」

下つき 棄捐・義捐・出捐

【捐館】エンカン 身分の高い人の死。由来 住んでいた館をすてる意から。

【捐納】エンノウ 金品を寄付して官職を得ること。類捐官 由来 中国、漢代に財政を補うために、人民に金品を納めさせて官職を与えるなどして優遇したことから。

【捐てる】すてる いらないものを取り除く。また、すてさる。

エン【▲烟】(10) 火6 6361 5F5D ▼煙(煙の旧字)の異体字(一〇一)

エン【莚】(10) 艹7 1 7215 682F 音 エン 訓 むしろ・のびる・はびこる

意味 ①むしろ。ガマ・わら・竹などで編んだ敷物。また、座席・会場。「莚席」類筵 ②のびる。はびこる。「莚蔓」類延

【▲莚】むしろ ①わら・イグサなどを編んで作った敷物。②座席。「宴(うたげ)の—」

エン【偃】(11) イ9 1 4880 5070 音 エン 訓 ふす・ふせる・やめる・おごる

意味 ①ふす。ふせる。うつぶせになる。たおれる。「偃臥」②やめる。戦いをやめる。「偃武」③いこう。やすむ。「偃息」④せく。せきとめる。⑤おごる。高ぶる。

下つき 息偃・仆偃

【偃月】エンゲツ 弓張り月。また、半月に至らない月。類弦月

【偃月刀】エンゲツトウ 刃の部分が弓張り月の形をしている中国古代の武器。なぎなたに似る。

【▲偃▲蹇】エンケン ①高くそびえるさま。②おごりたかぶるさま。③世俗を超越していること。

【▲偃▲鼠】エンソ モグラの別称。表記「鼴鼠」とも書く。▼土竜(一一三)

【偃息】エンソク 寝ころんで休むこと。いこうこと。類偃憩

【偃武】エンブ 武器をしまい、使わないこと。戦争をやめること。

【偃武修文】エンブシュウブン 戦争をやめ、学問や教育によって平和な世の中にすること。「修文」は文徳を修める意。〈『書経』〉類偃武恢文

【〈偃松〉】はいまつ マツ科の常緑低木。由来「偃松」は漢名から。▼這松(六五八)

【▲偃せる】ふせる ①体を低くしてうつぶせになる。②道具を置いて休む。

エン【★婉】(11) 女8 1 5322 5536 音 エン 訓 うつくしい・したがう・しとやか

意味 ①うつくしい。しなやかで美しい。しとやか。あでやか。「婉然」「婉転」「妖婉」②したがう。すなお。「婉順」「婉容」③おだやか。ものやわらか。遠まわし。「婉曲」「婉語」

下つき 淑婉・清婉・幽婉・優婉・妖婉

【婉曲】エンキョク 遠まわしに表現すること。「—に断る」

【▲婉然】エンゼン 女性がしとやかで美しいさま。「—と微笑む」

【▲婉▲娩聴従】エンベンチョウジュウ 心が穏やかで優しく、人の言うことに素直にしたがうさま。「婉娩」は穏やかで素直な意。〈『礼記』〉参考「婉娩」は「エンバン」とも読む。

【婉容】エンヨウ しとやかな姿。穏やかでおとなしい態度。

【婉麗】エンレイ 姿や文章が、しとやかで美しいこと。「—な文章」

エン【掩】(11) 扌8 準1 1770 3166 音 エン 訓 おおう・かばう・たちまち

意味 ①おおう。おおいかくす。「掩蓋」「掩蔽」②かばう。かくまう。「掩護」③不意におそう。「掩撃」「掩襲」④たちまち。にわか。

【掩蓋】エンガイ ①おおい。②敵の弾を防ぐために、塹壕の上をおおうもの。

【掩護】エンゴ ▼書きかえ 援護(一〇〇)

【掩蔽】エンペイ ①おおい隠すこと。②月が他の星をさえぎり隠す現象。類星食

【▲掩う】おおう 物をかくしたり保護したりするために、上からかぶせる。「耳を—う」

エン【淹】(11) 氵8 1 6227 5E3B 音 エン 訓 ひたす・つける・ひろい・とどまる・ひさしい・いれる

意味 ①ひたす。水につける。「淹浸」②とどまる。とどこおる。「淹滞」「淹留」③大きい。ひろい。深い。「淹通」「淹博」④ひさしい。⑤いれる。

下つき 滞淹(タイエン)

【淹れる】いーれる 湯をそそいで飲み物をつくる。「茶を―れる」

【淹滞】エンタイ ①物事が順調に進まず、とどこおること。②能力のある者が、いつまでも下の地位にとどまっていること。

【淹留】エンリュウ 同じ場所に長くとどまること。類 滞留・滞在

エン【焉】★ (11) 灬7 1 6365 5F61 音 エン 訓 いずくんぞ・これ・ここに

意味 ①いずくんぞ。なんぞ。②これ。ここに。③状態を表す形容の語。「忽焉(コツエン)」「終焉」④句末に用いる助字。

【焉んぞ】いずくんぞ どうして。なんで。あとに推量の語を伴い、反語の意を表す。「鶏を割くに―牛刀を用いん」表記「安んぞ」とも書く。参考「いずくにぞ」の転じた語。

エン【堰】★ (12) 土9 準1 1765 3161 音 エン 訓 せき・いせき・せく

意味 せき。いせき。土を積んで水の流れをせきとめるもの。また、せきとめる。せく。「堰塞(エンソク)」「堰堤」

【堰塞】エンソク 土砂などを用いて水の流れをせきとめること。「―湖」表記「偃塞」とも書く。

【堰堤】エンテイ 川の水や砂などをせきとめるために造った堤防。ダム。「―を築く」

【堰】せき 水流を止めたり、調節したりするために、川や湖などの流れ口に造るしきり。「土を積んで―を造る」「―を切って落とす」

【堰く】せーく ①流れをさえぎる。「川を―きとめる」②物事や人の間を隔てる。特に、男女の間をさえぎって会えないようにする。「思いが―かれてさらに募る」

エン【媛】 (12) 女9 教 常 7 4118 4932 音 エン(中) 訓 (外)ひめ

旧字《媛》 (12) 女9 1/準1

筆順 く 女 女 女 女 女 6 女 女 婬 9 婬 婬 媛

意味 ①美しい。たおやか。②美しい女性。たおやめ。「歌媛」「才媛」「淑媛」③ひめ。身分の高い女性の名にそえる敬称。対 彦(ひこ)

下つき 歌媛(カエン)・才媛(サイエン)・嬋媛(センエン)・名媛(メイエン)

【媛】ひめ しとやかで美しい女性。また、身分の高い人の娘。表記「姫」とも書く。

エン【援】 (12) 扌9 常 4 1771 3167 音 エン 訓 (外)たすける・ひく

旧字《援》 (12) 扌9 1/準1

筆順 一 十 扌 扌 扌 扌 6 扌 扌 扌 9 扌 扌 援

意味 ①たすける。すくう。力をかす。「援護」「援助」「支援」②ひく。ひきよせる。ひき上げる。「援引」「援用」「援拠」

下つき 応援(オウエン)・救援(キュウエン)・後援(コウエン)・支援(シエン)・声援(セイエン)

【援引】エンイン 自説を裏付ける証拠として、他の文献などを引用すること。「多数の資料を―する」類 援用

【援軍】エングン ①応援の軍勢。「―を待つ間に敗れる」②加勢の仲間。「大売り出しの期間中―を頼む」

【援護】エンゴ ①困っている人を助けること。「―の手をさし伸べる」類 援助・救援 ②敵の攻撃から味方を守ること。書きかえ「掩護」の書きかえ字。

【援護射撃】エンゴシャゲキ ①敵の攻撃から味方を守るために行う射撃。②当事者でない者が、他の人の言動を助けるために発言したり行動したりすること。

【援助】エンジョ 助けること。「発展途上国に人的・物的な―をする」類 援護・救援

【援用】エンヨウ 自分の説を証明するために、他の文献などを引用すること。「最新の学説を―する」類 援引

【援ける】たすーける 困っている人に力を添えて手伝う。すくう。

エン【掾】 (12) 扌9 1 5765 5961 音 エン 訓 たすける・したやく・じょう

意味 ①たすける。②したやく。属官。「掾史」③じょう。律令(リツリョウ)制の国司の三等官。

【掾】じょう ①律令(リツリョウ)制の官職の一つ。②江戸時代以降、浄瑠璃(ジョウルリ)の太夫(たゆう)に国名とともに与えられた称号。「豊竹越前―」

エン【淵】★ (12) 氵9 準1 4205 4A25 音 エン 訓 ふち・ふかい・おくぶかい

〔渕〕 6228 5E3C

意味 ①ふち。水を深くたたえている所。「深淵」「淵海」②物の多く集まっている所。「淵叢(エンソウ)」③ふかい。おくぶかい。静まりかえる。「淵淵」「淵然」

下つき 海淵(カイエン)・九淵(キュウエン)・深淵(シンエン)・天淵(テンエン)・竜淵(リュウエン)

【淵源】エンゲン 物事の起源。「教育の―に立ちかえる」類 根源・本源

【淵叢・淵藪】エンソウ 物事の多く寄り集まるところ。活動の中心地。由来「淵」は魚が、「叢・藪」は鳥獣が集まる所の意から。

【淵】ふち ①川などで、水が深くよどんでいる所。対 瀬 ②簡単に抜け出せない困難な境遇。「絶望の―に立つ」

【淵瀬】ふちせ ①川などの流れの淵と浅い所。②世の中はたえず移り変わっていて、定まらないことのたとえ。

由来 ②「世の中は何か常なるあすか川昨日のふちぞ今日は瀬になる」〈『古今集』〉などから。

エン【湲】(12) 氵9 1 6251/5E53 音 エン・カン 訓

意味 水がゆるやかにめぐる。「湲湲（エンエン）」「潺湲（センカン）」

エン【★焰】(12) 火8 準1 8749/7751 音 エン 訓 ほのお・もえる

〈焔〉1775/316B

意味 ①ほのお。ほむら。②もえる。もえ上がる。

書きかえ 「炎」が書きかえ字。

エン【園】(13) 囗10 教 常 9 1764/3160 音 エン 外オン 訓 その(中) 外にわ

筆順 

意味 ①その。にわ。はたけ。「園芸」「桑園」「農園」②ある目的のために設けた一定の区域とその施設。「学園」「公園」「庭園」

下つき 花園（カエン・はなぞの）・学園（ガクエン）・公園（コウエン）・菜園（サイエン）・荘園（ショウエン）・桑園（ソウエン）・造園（ゾウエン）・庭園（テイエン）・田園（デンエン）・農園（ノウエン）・梅園（バイエン）・楽園（ラクエン）・梨園（リエン）

【園芸】エンゲイ 草花・野菜・果樹などの植物を植え育てること。

【園地】エンチ ①公園・庭園になっている土地。②律令（リツリョウ）制で、宅地に付属した畑地。

書きかえ 「苑地」の書きかえ字。

【園】その ①草花・野菜・果樹などを植えるひと囲いの土地。②ある限られた場所・世界。「学びの―」 表記 「苑」とも書く。

エン【▲圓】(13) 囗10 5204/5424 ▼円の旧字（九五）

エン【塩】(13) 土10 教 常 7 1786/3176 音 エン 外アン 訓 しお

旧字《鹽》(24) 鹵13 1/準1 8337/7345

筆順 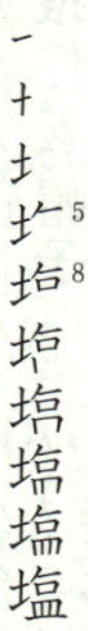

意味 ①しお。「塩田」「食塩」「岩塩」②しおづけにする。「塩蔵」③気体元素の一つ。塩素。またその略。「塩酸」④酸と塩基の中和で生じる化合物。塩類。

参考 もともと、天然のしおを「鹵（ロ）」、人造のしおを「塩」と区別していた。

下つき 海塩（カイエン）・岩塩（ガンエン）・山塩（サンエン）・食塩（ショクエン）・製塩（セイエン）・石塩（セキエン）・米塩（ベイエン）

【△塩梅】アンバイ ①料理の味加減。「味噌（ミソ）汁の―」②体の調子。「傷の―はいかがですか」③ぐあい。つごう。「いい―に雨がやんだ」 由来 昔、塩と梅酢（うめず）で料理の味つけをしたことから。

【塩干魚・塩乾魚】エンカンギョ 塩漬けにして乾燥させた魚。

【塩基】エンキ 酸を中和して塩（エン）をつくる化合物。大部分は金属の水酸化物。苛性（カセイ）ソーダなど。

【塩素】エンソ 気体元素の一つ。刺激臭を発する黄緑色の有毒な気体。酸化力が強く、漂白・殺菌剤などに用いる。

【塩蔵】エンゾウ 塩漬けにして保存すること。また、そうして作った食品。

【塩】しお ①塩化ナトリウムを主成分とする白色の結晶体。海水・岩塩からとる。②塩味。塩かげん。「―があまい」

【塩尻】しおじり 塩田で、円錐（エンスイ）形に盛り上げた砂。ここに海水をかけて塩分を付着させ、天日で乾燥させて塩をとる。

【塩瀬】しおぜ 絹織物の一種。厚地の羽二重。多く帯地に用いる。

〈塩汁〉しょっつる イワシやハタハタを塩づけにして発酵させ、にじみ出た汁でつくった調味料。秋田特産。「―鍋（なべ）」 季 冬 表記 「醢汁」とも書く。

エン【煙】(13) 火9 常 4 1776/316C 音 エン 外けぶる 訓 けむる・けむり・けむい

旧字《煙》(13) 火9 1/準1

〈烟〉1 6361/5F5D

筆順 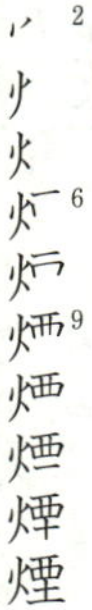

意味 ①けむり。けむ。けむる。けぶる。「煙突」「煙火」「煙幕」②けむりのようなもの。かすみ。もや。「煙雨」「煙霞」「煙霧」③すす。「煤煙」「油煙」④たばこ（煙草）。「喫煙」「禁煙」「紫煙」⑤けむい。けむたい。

下つき 雲煙（ウンエン）・喫煙（キツエン）・禁煙（キンエン）・嫌煙（ケンエン）・香煙（コウエン）・紫煙（シエン）・硝煙（ショウエン）・人煙（ジンエン）・水煙（スイエン・みずけむり）・炊煙（スイエン）・煤煙（バイエン）・噴煙（フンエン）・砲煙（ホウエン）・油煙（ユエン）・狼煙（ロウエン・のろし）

【煙雨】エンウ けむるように降る細かい雨。「―にかすむ町並み」

【煙火】エンカ ①食物を煮炊きする煙。かまどの火。②のろし。類 烽火（ホウカ）③花火。

【煙▲霞】エンカ ①もやとかすみ。②かすんで見える景色。山水の風景。

〖煙▲霞の▲痼疾〗エンカのコシツ 自然を愛する心が非常に強く、自然の美しさを求めて旅行にあけくれることのたとえ。「痼疾」は、なかなか治らない病のこと。〈『新唐書（シントウジョ）』〉 参考 「痼疾」は「癖（へキ）」ともいう。

【煙硝】エンショウ ①煙の出る火薬。また、広く火薬。「―の扱いには注意しよう」②硝酸カリウム。硝石。 参考 「塩硝・焔硝」とも書く。

【煙▲塵】エンジン ①煙とちり。特に、煙突から出る煙に含まれているちりやすす。②兵馬が往来するために起こる砂煙。転じて、戦乱。

【煙突】エントツ 物体の燃焼を助ける筒形の装置。煙を外に出したり通風をよくしたりす

え エン

え エン

る。「昔の工場地帯は―が林立していた」

【煙波▲縹▲渺】エンパ ヒョウビョウ 海や湖などで、水面がもやでけむり、空と水面の境がはっきりとしないさま。表記「縹渺」は「縹緲・縹眇」とも書く。

【煙幕】エンマク ①敵から味方の行動を隠すためにめぐらす煙。②真意を隠すための行動。「―を張る」

【煙霧】エンム ①煙のような霧やもや。「晩秋の―が草原を包む」②排気ガスや煤煙（バイエン）などが原因で、大気中に多量の粉塵（フンジン）が浮遊し、白っぽく濁って見える現象。住民の健康に害を及ぼす。スモッグ。

【煙滅】エンメツ 煙が消えてなくなること。また、煙のようにあとかたもなく消えうせること。由来「湮滅（インメツ）」の誤りから。

〈煙管〉キセル ①きざみタバコをつめ、火をつけて吸う道具。②鉄道で、途中の一部の区間をただ乗りする不正乗車。由来②キセルは両端だけに金具を使い、中間が竹でできていることから。

〔煙管（キセル）〕

【△煙】けむ 「煙（けむり）」の略。「―に巻く」

【煙い】けむい 煙が立ちこめて、涙が出たり息苦しくなったりするさま。

【煙り】けむり ①物が焼けたり燃えたりするときに立ちのぼる気体。「―が目にしみる」②①のように見えるもの。「水―のあがる滝壺（たきつぼ）」

【煙る】けむる ①煙が立ちこめる。②かすんで見える。「雨に―る山なみ」

〈煙草〉タバコ ①ナス科の多年草。温帯では一年草。南米原産。葉は先のとがった卵形で大きく、ニコチンを含む。②①の葉を乾燥させてきざみ、火をつけて煙を吸う嗜好（シコウ）品。表記「莨」とも書く。

〈煙火〉はなび 火薬を玉にしたり、紙によりこんだりして火をつけ、光や音を楽しむもの。季夏 表記「花火」とも書く。参考「エンカ」とも読む。

エン 【猿】

(13) 犭10 常 準2 1778 316E

音 エン 訓 さる 外 ましら

筆順 ノ ｸ 犭 犭 犴 狤 猜 猿 猿 猿

意味 さる。ましら。サルの総称。「猿猴（エンコウ）」「猿狙（エンソ）」「犬猿」

下つき 犬猿（ケンエン）・心猿（シンエン）・夜猿（ヤエン）・野猿（ヤエン）

〈猿公〉えてこう サルを擬人化した語。えてきち。由来「えて」は「得て」で、サルが「去る」に通じることを忌（い）んでいう。

【猿▲猴】エンコウ ①サル類の総称。特に、テナガザルのこと。②河童（かっぱ）の別称。

【猿▲猴月を取る】欲にかられ、身のほど知らずのことをして命まで落とすたとえ。また、無知で無謀な振る舞いのたとえ。故事サルたちが、井戸の水に映った月を取ろうとしたところ、木の枝が折れてみな井戸に落ち、溺（おぼ）れ死んだという故事から。〈僧祇律（ソウギリツ）〉参考「猿猴捉月（エンコウソクゲツ）」ともいう。

【猿人】エンジン 人類最古の祖先と考えられる化石人類の総称。アウストラロピテクスなど。約四〇〇～一五〇万年前にいたとされる。

【猿▲臂】エンピ サルの臂（ひじ）の意から、長く伸ばした腕。「―をのばす」

【猿】さる ①霊長目でヒト科を除く哺乳（ホニュウ）動物の総称。知能が高い。②ずるがしこい人。③自在かぎをとめる道具。④雨戸の桟にとりつけ、鴨居（かもい）・敷居の穴に差しこんで、戸締まりする道具。

【猿に〈▲烏帽子〉】えぼし 見かけだけで、中身が伴わないことのたとえ。サルに烏帽子をかぶせても、サルが貴人になれるわけではないということから。

【猿に木登り】サルに木登りを教える意で、相手の知りつくしていることをわざわざ教えるという無駄をするたとえ。類釈迦（シャカ）に説法・河童（かっぱ）に水練

【猿の尻笑い】自分の欠点に気づかないで、他人の欠点をあざ笑う愚かさのたとえ。サルが他のサルの尻が赤いといって嘲笑（チョウショウ）する意から。類目糞（めくそ）鼻糞を笑う

【猿も木から落ちる】その道に熟達した者でも、ときには失敗することもあるというたとえ。木登りが上手なサルも、ときには誤って木から落ちることがある意から。類河童（かっぱ）の川流れ・弘法（こうぼう）にも筆の誤り

〈猿麻▲桛〉さるおがせ サルオガセ科の地衣類の総称。▼松蘿（さるおがせ）（七四四）

【猿楽】さるガク ①軽業（かるわざ）や滑稽（コッケイ）な物まねなどの中世の芸能。これを職業とする者が神社の祭礼などで興行し、座を結んだ。鎌倉時代に演劇化してのちに能と狂言となる。②能楽の旧称。表記「申楽・散楽」とも書く。

【猿▲轡】さるぐつわ 声を立てさせないために、口に押しこんだりかませたりする布や手ぬぐい。

【猿芝居】さるしばい ①サルを調教して、寸劇をさせる見世物。②すぐに見破られてしまうような浅はかな企て。

【猿知恵】さるヂエ 気がきいているようで実は間がぬけている考え。浅はかな知恵。「―だと笑われた」

【猿捕茨】さるとりいばら ユリ科のつる性落葉低木。山野に自生。茎にとげ、葉柄に巻きひげがある。初夏、黄緑色の小花が咲き、晩秋、赤い実を結ぶ。サンキライ。カカラ。

【猿引・猿▲曳】さるひき サルに芸をさせて見物料をとる見世物。猿回し。季新年

【猿股】さるまた 腰から股をおおう、男性用の短い下着。

【猿〈真似〉】さるまね 深く考えることなく、うわべだけ他人のまねをすること。

【〈猿子〉】ましこ ①サルの別称。②アトリ科の小鳥の総称。北方に多く、大きさや形はスズメに似る。雄はふつう赤色。季秋

【△猿】ましら サルの古い呼び方。

エン【★筵】(13) ⺮7 1 6807 6427 音エン 訓むしろ

意味 ①むしろ。竹などを編んで作った敷物。「筵席」②せき。座席。場所。「満筵」

下つき 開筵・饗筵・経筵・瓊筵・講筵・四筵・舞筵

【▲筵席】エンセキ むしろ。敷物。座席。転じて、宴会の席。「―に加わる」

【▲筵】むしろ ①わら・イグサなどを編んで作った敷物。②座席。

エン【△羨】(13) 羊7 常 3302 4122 ▼セン(九〇五)

エン【蜒】(13) 虫7 1 7367 6963 音エン

意味 ①細長い形の動物の名に用いる字。「蜒蚰(なめくじ)」「祝蜒(やもり)」「蚰蜒(げじげじ)」②うねうねとヘビがうねるさま。「蜿蜒」

【▲蜒▲蜒】エンエン うねうねと長く続くようす。表記「蜿蜒・蜿蜿」とも書く。

エン【遠】(13) ⻍10 教 常 9 1783 3173 音エン・オン高 訓とおい 外おち

旧字《遠》(14) ⻍10 1/準1

筆順 十 土 吉 … 遠 遠

意味 ①とおい。距離や時間がへだたっている。「遠隔」「遠景」「永遠」②縁や関係が薄い。親しくない。「遠因」「遠戚」「疎遠」③奥深い。けだかい。「深遠」「幽遠」④とおざける。とおざかる。「遠慮」「敬遠」⑤おち。あちら。⑥「遠江(とおとうみ)の国」の略。「遠州」参考「遠」の草書体が平仮名の「を」になった。

下つき 永遠・久遠・敬遠・高遠・深遠・疎遠・僻遠・幽遠・遼遠

【遠因】エンイン 間接的な原因。「その問題が事件の―となった」対近因

【遠泳】エンエイ 海や川などで、長距離を泳ぎ続けること。また、その競技。

【遠隔】エンカク 遠く離れていること。「―地から通勤する人が多い」

【遠忌】エンキ 死者に対する三年以上の年忌。参考「オンキ」とも読む。

【遠近法】エンキンホウ 絵画で、肉眼で見るのと同じように距離感を描きだす技法。透視図法。パースペクティブ。

【遠景】エンケイ ①遠くの景色。②絵や写真などの画面で遠くにある部分。バック。「―に山を配する」対近景

【遠交近攻】エンコウキンコウ 遠い国と友好関係を結び、背後からけん制しながら近い国を攻める外交政策。中国、戦国時代の范雎が秦の昭王に進言した戦略。昭王はこの方策で天下統一を実現した。《『史記』》

【遠山】エンザン 遠くの山。遠くに見える山。「―の眉(美人の眉のたとえ)」

【遠視】エンシ 目の網膜の後方で像を結ぶため、近くのものがはっきりと見えない状態。また、そのような目。凸レンズで矯正する。遠眼。対近視

【遠称】エンショウ 遠く離れた事物・場所・方角などを指す代名詞。「あれ」「あそこ」「あちら」など。対近称・中称

【遠心力】エンシンリョク 円運動の際に中心から遠ざかろうとする力。

【遠水近火を救わず】エンスイキンカをすくわず いかに有用なものであっても、遠方にあるものでは急場の役には立たないたとえ。《『韓非子』》類遠い親戚より近くの他人

【遠征】エンセイ ①敵を倒すために遠くまで出かけること。「ナポレオンのロシア―」②試合・探検・登山などのために、遠くに出かけること。「海外―の途につく」

【遠大】エンダイ 志や計画の規模が大きく、将来まで考えているさま。「―な理想」

【遠望】エンボウ 遠くを望み見ること。遠見。「―がきく」

【遠謀】エンボウ 遠い先のことまで綿密に考えを及ぼすこと。また、そうしたはかりごと。「深慮―」

【遠来】エンライ 遠くからやって来ること。「―の客をもてなす」

【遠雷】エンライ 遠くのほうで鳴る雷。「―を聞いて雨じまいをする」季夏

【遠慮】エンリョ ①言動を控えめにすること。辞退すること。「―しないで食べなさい」②将来を見通して考えること。「深謀―」③江戸時代、武士や僧に科した自宅謹慎の刑罰。

【遠慮会釈】エンリョエシャク 相手を思いやり、つつましく控えめにすること。一般には「遠慮会釈もない」と否定の表現を用いることが多い。対傍若無人

【遠慮近憂】エンリョキンユウ 遠い将来のことまで考えをめぐらせておかないと、必ず身近なところに心配ごとが起こるということ。《『論語』》参考「遠慮なければ近憂あり」ともいう。

【遠慮は無沙汰】エンリョはブサタ 先方に遠慮して訪問をひかえてばかりいると、疎遠になり、かえって礼を失することになるから、遠慮もほどほどにせよという教え。

【遠慮ひだるし〈▲伊達〉寒し】 見えを張ってやせ我慢するのもいい加減にせよとい

うこと。「ひだるし」はひもじいの意。遠慮して食べなければひもじくなるし、伊達の薄着でいれば寒い思いをしなければならない意から。

【〈遠方〉】おちかた 遠くのほう。遠くへだたった所。参考「エンポウ」とも読む。

【〈遠近〉】おちこち あちらこちら。遠い所と近い所。表記「彼方此方」とも書く。

【遠忌】オンキ ①仏 一般に、一三回忌以上の二五年忌・五〇年忌などの遠い年忌。遠関日。②宗祖などの遺徳をたたえるため、五〇年忌以後五〇年ごとに行う年忌法会(ホウエ)。参考 宗派によっては「エンキ」ともいう。

【遠国奉行】オンゴクブギョウ 江戸幕府の直轄する要地に置いた奉行の総称。京都・大坂・駿府(すんぷ)・伏見・長崎・浦賀などの諸奉行。伏見奉行は大名から、他は旗本から任ぜられた。

【遠志】オンジ ヒメハギ科の多年草イトヒメハギの漢名。中国原産。根は薬用。

【遠流】オンル 流罪の中で最も重い刑。佐渡・伊豆(いず)など京都から遠い地に追放された。

【遠い】とおい ①距離のへだたりが大きい。「―くの町」②時間のへだたりが大きい。「―い昔」③関係がうすい。「―い親戚」④性質・内容が似ていない。「プロにはほど―い」⑤目や耳のはたらきがにぶい。「耳が―い」

『遠い親戚(シンセキ)より近くの他人』いざというときには、遠方に住んでいる親戚よりも、近くにいる他人のほうが頼りになるということ。

『遠きを知りて近きを知らず』他人のことはよく分かるが、自分のことについてはあまり分からないということ。また、遠大な物事にはりっぱな見識をもっているが、身近な物事にはうといこと。〈『淮南子(エナンジ)』〉類 灯台下(もと)暗し

『遠くて近きは男女の仲』男と女の仲は、まったく縁がないように見えても、意外に結ばれやすいものだということ。

【遠縁】とおエン 遠い血縁。また、その人。「―の人に世話になる」

【遠△離る】とおざかる ①ある場所から遠くにはなれてゆく。遠のく。「実家から―る」「台風が―る」②親しくなくなる。おろそかになる。うとくなる。「親戚付き合いが―る」

【〈遠江〉】とおとうみ 旧国名の一つ。現在の静岡県西部。遠州(エンシュウ)。由来 京の都に近い琵琶(びわ)湖を「近江(おうみ)」というのに対して、都から遠い浜名湖を「遠江」といったことから。

【遠△退く】とおのく ①遠ざかる。遠くに離れて行く。「足音が―く」「危険が―く」②疎遠になる。絶えて久しくなる。「客足が―く」「優勝が―く」

【遠見】とおみ ①遠くまでみわたすこと。遠くからみること。遠目。②高い所から、遠くの敵の動きをうかがいみはること。③演劇などの背景画で、遠景を描いたもの。

エン【鉛】(13) 金5 常 4 1784 3174 音 エン 訓 なまり 外 おしろい

筆順 2 4 7 鉛

意味 ①なまり。金属元素の一つ。「鉛管」「鉛版」「鉛筆」②おしろい。なまりを原料とする顔料。「鉛華」「鉛白」

下つき 亜鉛(アエン)・黒鉛(コクエン)・蒼鉛(ソウエン)

【鉛華】エンカ おしろい。類 鉛白 由来 昔、おしろいの原料に鉛を用いたことから。

【鉛管】エンカン 鉛で作った管。おもに、水道管・ガス管に用いる。

【鉛槧】エンザン 詩や文章を書くこと。由来 古代中国で、槧(木の札)に鉛粉で文字を書いたことから。

【鉛黛】エンタイ ①おしろいとまゆずみ。②化粧。類 粉黛

【鉛直】エンチョク ①地球の重力の方向。物体をつり下げた糸の示す方向。また、その方向に向いていること。②ある直線・平面に垂直な方向。また、その方向に向いていること。「―線」

【鉛刀一割】エントウイッカツ ①凡庸な人でも時には力を発揮できるときがあるということ。鉛でつくった切れ味の悪い刀でも、一度は物を切ることができる意から。多くは自分の微力を謙遜(ケンソン)していう語。②鉛でできた刀は、一度しか使えないことから、一度しか使えず二度と役に立たないこと。〈『後漢書(ゴカンジョ)』〉類 鉛刀一断

【鉛毒】エンドク ①鉛に含まれている毒素。②鉛の毒による中毒症。貧血や消化器・神経に異状をきたす。

【鉛白】エンパク 塩基性炭酸鉛を主成分とする、白色顔料。有毒。かつて、おしろいに用いていた。

【鉛筆】エンピツ 黒鉛の粉末と粘土を混ぜて焼き固めた芯(シン)を、木の軸に通した筆記用具。「赤―で記号を囲む」

【鉛】なまり 金属元素の一つ。灰青色でやわらかく、重い。融点が低く、酸・アルカリに強いため、用途が広い。有毒。

エン【厭】★(14) 厂12 準1 1762 315E 音 エン・オン・ヨウ 訓 いとう・あきる・いや・おさえる

意味 ①いとう。いやがる。にくむ。「厭世」「厭離」「嫌厭」②あきる。満足していやになる。③おさえる。おさえつける。

下つき 倦厭(ケンエン)・嫌厭(ケンエン)

【厭きる】あきる 十分過ぎていやになる。うんざりする。「小言は聞き―きた」

【厭う】いとう ①いやがる。避ける。「労を―い安きにつく」②体をいたわる。大事にする。「お体お―いください」

【厭】いや ①不愉快に思うようす。好まないさま。②これ以上したくない気持ち。「仕事が―になる」

【▲厭気】いやケ もういやだと思う気持ち。気が進まないこと。「勉強に―がさす」表記「嫌気」とも書く。参考「いやキ」とも読む。

【▲厭味】いやミ ①相手に不快感を与えること。「―のないものごし」「二枚目ぶった―な奴」②いやがらせの言動。皮肉。あてこすり。また、それから受ける嫌悪感。「―を言う」表記「嫌味」とも書く。

【▲厭悪】エンオ 嫌い、憎むこと。ひどくいやがること。類嫌悪(ケンオ)

【▲厭忌】エンキ いやがり、嫌うこと。忌み嫌うこと。「因習を―する」

【▲厭▲倦】エンケン あきていやになること。参考「厭」も「倦」もいやになる意。

【▲厭世】エンセイ 夢や希望を失い、この世がいやになること。対楽天

【▲厭世観】エンセイカン この世は不幸と不合理に満ちたもので、生きる価値がないという悲観的な人生観。ペシミズム。

【▲厭戦】エンセン 戦争を嫌うこと。「国民に―気分が蔓延(マンエン)する」対好戦

【▲厭▲飫】エンヨ ①食べ飽きる。また、十分に満足する。②愛想を尽かす。うんざりする。

【▲厭離】オンリ 仏けがれた現世を嫌い、離れること。「俗世を―し山に入る」参考「エンリ」とも読む。

【▲厭離▲穢土】オンリエド 仏この世をけがれたものとして、嫌い、離れること。「穢土」はけがれた国土、現世の意。対欣求浄土(ゴングジョウド)

エン【嫣】(14) 女11 1 5333 5541 音エン 訓

意味 ①美しい。「嫣紅」②あでやかにほほえむさま。「嫣然」

【▲嫣然】エンゼン あでやかににっこりと笑うさま。参考「艶然」とも書く。

エン【演】(14) 氵11 教 常 6 1773 3169 音エン 訓外のべる・おこなう

筆順 演

意味 ①のべる。ひきのばす。おしひろめる。説く。「演繹(エンエキ)」「演義」「演説」②おこなう。技芸などをおこなう。「演技」「演芸」「演奏」③ならう。練習する。実習する。「演算」「演習」

下つき 講演(コウエン)・出演(シュツエン)・上演(ジョウエン)・独演(ドクエン)・熱演(ネツエン)

【演▲繹】エンエキ ①一つのことから他のことへおし広げて述べること。②一般的な原理から特殊な原理を論理によって導き出すこと。「―法で理論を組み立てる」対①②帰納

【演歌】エンカ ①明治・大正時代に、大道芸として街頭で歌われた流行歌。②哀調を帯びた日本風の歌謡曲。「―歌手を目指す」

【演技】エンギ ①観客の前でわざを見せること。また、そのわざ。「迫真の―」「すばらしい―を見せた」②うわべだけでして見せる行動・動作。「彼の―にすっかりだまされた」

【演義】エンギ ①事実をわかりやすく説明すること。また、その記述。②中国、元・明代に盛んだった通俗的な歴史小説。「三国志―」

【演芸】エンゲイ 演劇・音楽・舞踏・落語・手品などの大衆的な芸能。

【演劇】エンゲキ 脚本と演出にしたがって、俳優が舞台の上で演技する芸術。芝居。「―部の舞台発表を見た」

【演算】エンザン 計算すること。「コンピューターの―スピードが高まる」類運算

【演習】エンシュウ ①実際の状況を想定して行う、実地訓練。「運動会の予行―」②教師の指導のもとに、研究・討議する学習法。ゼミナール。

【演出】エンシュツ ①脚本に基づき、俳優の演技や舞台装置・効果などを指導し、映画や演劇などをつくること。「―家」②大会や行事などを計画どおり進行させること。「生徒の―による卒業式を挙行する」

【演じる】エンじる ①演技をする。演奏をする。②役割をはたす。「国際社会で小さな外交官を―じた」③人目につくことをしでかす。「醜態を―じた」

【演説・演舌】エンゼツ 多くの人の前で、自分の意見や主張を述べること。また、その話。「立候補者の―を聞く」類講演・講話・弁論

【演奏】エンソウ 音楽をかなでること。「友達と―会に出かけた」

【演題】エンダイ 演説や講演などの題目。「講演の―によって人出が異なる」

【演壇】エンダン 演説や講演をする人が立つ一段高くなった所。

【△演し物】だしもの 芝居などで上演する作品。表記「出し物」とも書く。

【△演べる】のべる 説明する。自分の考えなどをおしひろめる。

エン【蜿】(14) 虫8 1 7379 696F 音エン 訓

意味 動物がうねうねと進むさま。「蜿蜒」

【▲蜿▲蜒・▲蜿▲蜿】エンエン ①ヘビなどがうねり進むようす。②うねうねと長く続くようす。表記「蜒蜒」とも書く。

【▲蜿▲蜒長蛇】エンエンチョウダ ヘビのように、うねうねと長く続いているさま。「―の列」類紆余委蛇(ウヨイダ)

エン【▲遠】(14) 辶10 ▼遠の旧字(一〇三)

エン【★鳶】(14) 鳥3 準1 3848 4650 音エン 訓とび・とんび

意味 ①とび(鴟)。とんび。タカ科の大形の鳥。「鳶肩」②とび色。トビの羽に似た茶色。③「鳶口(とびぐち)」「鳶職(とびショク)」の略。

下つき 紙鳶（シエン）・風鳶（フウエン）

【〈鳶尾〉】（いちはつ） アヤメ科の多年草。中国原産。葉は剣形。晩春、紫色や白色のアヤメのような花をつける。季夏 由来「鳶尾」は漢名から。表記「一八」とも書く。参考 葉が剣形のため火災を防ぐという俗信から、わら屋根に植えた。

【鳶肩】（エンケン） トビの姿に似た形の肩。いかりがた。

【鳶飛魚躍】（エンピギョヤク） 万物が自然の本性にしたがって生き、自由に楽しみを得ていることのたとえ。また、君主の恩徳が広く及ぶことのたとえ。トビが空に飛び、魚が淵（ふち）におどる意から。〈『詩経』〉

【鳶】（とび） ①タカ科の鳥。大形で、茶褐色。くちばしは鋭く、下に曲がっている。海岸・平地に多く、魚や動物の死肉を食べる。とんび。②「鳶職」の略。③「鳶口」の略。表記 ①「鴟・鵄」とも書く。

『鳶が鷹（たか）を生む』 ごく平凡な親からすぐれた才能をもつ子が生まれるたとえ。対 蛙（かえる）の子は蛙

【鳶口】（とびぐち） トビのくちばしに似た鉄の鉤（かぎ）を棒の先につけた道具。物をひっかけたり、引き寄せたりするのに用いる。

〔鳶口（とびぐち）〕

【鳶職】（とびショク） ①土木・建築工事で高い所の仕事を専門にする人。とび。②江戸時代の火消し人足。

【鳶】（とんび） ①「鳶（とび）①」に同じ。②和服の上に着る、男性用の袖口（そでぐち）の広い外套（ガイトウ）。

『鳶に油揚げを攫（さら）われる』 大切な物を不意に横取りされてしまうことのたとえ。トビが獲物の油揚げを見つけ、上空からさっと急降下してさらっていくさまから。

『鳶の子は鷹（たか）にならず』 平凡な親からは平凡な子が生まれるもので、非凡な子は生まれないことのたとえ。類 蛙（かえる）の子は蛙

エン【縁】(15) 糸 9 常 4 1779 316F
音 エン
訓 ふち 外 へり・よる・えにし・ゆかり・よすが

旧字《緣》(15) 糸 9 1/準1 9013 7A2D

筆順 ６ 糹糹糹紀紀紀紀絽絽縁縁

意味 ①ふち。へり。物のまわり。「縁海」「縁側」「縁辺」②よる。ちなむ。もとづく。「縁語」「由縁」③ゆかり。つながり。「縁故」「縁者」「血縁」「金に縁がない」④特に仏教で、物事が生ずる原因。めぐりあわせ。「縁起」「縁日」「因縁」

下つき 合縁（あいエン）・因縁（インネン）・奇縁（キエン）・機縁（キエン）・血縁（ケツエン）・宿縁（シュクエン）・内縁（ナイエン）・復縁（フクエン）・無縁（ムエン）・由縁（ユエン）

【縁】（えにし） えん。ゆかり。特に、男女間の結びつき。「不思議な—で結ばれる」

【縁葛】（エンかずら） 縁側の板を支えるため、下にある柱と柱の間の上部に渡した横木。

【縁框】（エンがまち） 縁側の外側に取り付けた横木。

【縁側】（エンがわ） ①座敷の外側につくられた細長い板敷き。②カレイやヒラメのひれのつけねにある肉。

【縁起】（エンギ） ①物事が起こる前のきざし。「—が悪い」「—をかつぐ」類 前兆 ②社寺・宝物などの起源や由来を記したもの。

【縁故】（エンコ） ①あることによって生じた、人と人とのつながり。つて。「—を頼って就職する」②血縁・親戚（シンセキ）関係。

【縁者】（エンジャ） 血縁や婚姻によって、縁のつながっている人。親戚（シンセキ）。

【縁戚】（エンセキ） 縁続き。親類。親戚。「血縁者が多く—関係が複雑だ」

【縁台】（エンダイ） 夕涼みなどのときに使う、木や竹で作った細長い腰掛け。「—に座って庭をながめる」

【縁談】（エンダン） 縁組みの相談。特に、結婚の縁組みをすすめるための相談。「姉の—がまとまりそうだ」

【縁なき衆生は度し難し】（エンなきシュジョウはドしがたし） 人の忠告を聞き入れようとしない者は救いようがないということ。「縁」は仏縁、「衆生」はすべての生き物、「度す」は迷いから救い、悟りを開かせる意。

【縁日】（エンニチ） 神社や寺で、祭りや供養の行事が開かれる日。参詣（サンケイ）人目当ての露店でにぎわう。

【縁の切れ目は子で繋ぐ】（エンのきれめはこでつなぐ） 夫婦仲が冷たくなり、別れそうになっても、子どもの存在が切れそうになった縁をつなぎとめてくれるということ。類 子は鎹（かすがい）

【縁は異なもの】（エンはイなもの） 男と女の縁はどこでどう結びつくかわからない不思議なものだということ。参考「縁は異なもの・縁は味なもの」ともいう。

【縁辺】（エンペン） ①物のまわり。②婚姻による親族。縁故のある人。

【縁由】（エンユ） ①ゆかり。類 縁故 ②法律で、人が意志を決定するに至った理由。動機。参考「エンユウ」とも読む。

【縁】（ふち） 物のへり。はし。「めがねの—」「赤い—どり」参考「へり」とも読む。

【縁】（へり） ①ふち。はし。②畳・ござなどの端にそってつける細長い布。「畳の—」参考「ふち」とも読む。

【縁】（ゆかり） つながりや関係があること。また、そのつながりや関係。縁故。「先祖—の土地」表記「所縁」とも書く。

【縁】（よすが） ①たよりや助けとなるもの。手がかり。「亡き父をしのぶ—とする」②たよりとする人。「身を寄せる—とする」

【縁る】よ―る ①原因となる。由来する。「煙草(タバコ)に―る火事」②物事の性質・内容に関係する。ちなむ。もとづく。

エン【蝘】(15) 虫9 1 8763 775F 音 エン 訓 なつぜみ

意味 ①なつぜみ。セミの一種。②「蝘蜓(エンテイ)（やもり）」として用いられる字。

〈蝘蜓〉とかげ トカゲ科の爬虫(ハチュウ)類の総称。▼蜥蜴(とかげ)(八七九)

エン【豌】(15) 豆8 1 7618 6C32 音 エン

意味 「豌豆(エンドウ)」として用いられる字。

【豌豆】エンドウ マメ科の二年草。葉は羽状複葉で、先端は巻きひげとなる。若いさやと種子は食用。エンドウマメ。季夏

『豌豆は日陰でもはじける』年ごろになれば、だれでも性に目覚めるということ。また、事が成るには時間が必要だが、時節がくればおのずと達せられるものだということ。日陰で育ったエンドウでさえ、時期になれば自然に実って、種がはじけることから。

エン【燕】★ (16) 灬12 準1 1777 316D 音 エン 訓 つばめ・さかもり・くつろぐ

意味 ①つばめ。ツバメ科の渡り鳥。つばくろ。「燕雀(エンジャク)」「海燕」②さかもり。「燕楽」③やすんじる。くつろぐ。「燕居」類安・偃(エン)②③宴・讌(エン)④中国、春秋戦国時代の国名。「燕趙(エンチョウ)」

下つき 海燕(カイエン)・帰燕(キエン)・春燕(シュンエン)・飛燕(ヒエン)

【燕窩】エンカ 中国料理の食材となるアナツバメの巣。類燕巣(エンソウ)

【燕頷虎頸】エンガンコケイ 遠国の諸侯となる人相。ツバメのような頷(あご)とトラのような頸(くび)をもつ相のこと。故事 後漢の班超(ハンチョウ)は、ツバメのような頷とトラのような頸をしていた。占い師に遠方で諸侯になる相だといわれて戦いにむかった班超は、みごと戦功をあげ、遠方の定遠侯に封じられたという故事から。《後漢書(ゴカンジョ)》類燕頷虎頭(エンガンコトウ)

【燕頷投筆】エンガントウヒツ 一大決心をして志を立てること。また、文筆をやめて武の道に進むこと。「燕頷」は武勇に秀でた人物の骨相のこと、「投筆」は筆を投げ捨てる意。

【燕居】エンキョ 仕事をせずに、くつろいで過ごすこと。また、暇で家にいること。

【燕脂】エンジ ①黒みを帯びた赤色。えんじ色。「―色の上着がよく似合う」②ベニバナを原料とした赤色顔料。表記「臙脂」とも書く。

【燕雀】エンジャク ①ツバメやスズメのような小鳥。②度量の小さいつまらない人物のたとえ。対鴻鵠(コウコク)

『燕雀安(いずく)んぞ鴻鵠(コウコク)の志を知らんや』小人物には、大人物の雄大な志がわからないというたとえ。「鴻鵠」は大きな鳥の意で、大人物のたとえ。故事 中国の楚王陳勝(チンショウ)が若いころ、農耕仲間に「おたがい富貴になっても忘れないようにしよう」と言ったところ、雇い主が「小作人のお前が富貴になんかなれるものか」と嘲笑した。陳勝はため息をつき、「ツバメやスズメのような小さい鳥に、どうして大きい鳥の心の中がわかるものか」と言った故事から。《史記》

【燕石】エンセキ ①にせもの。②価値のないもの。由来 ①中国の燕山から出る石の意で、玉(ギョク)に似ているがにせものであることから。

【燕麦】エンバク イネ科の一年草。実は細長く、飼料のほかオートミールとして食用にする。オートムギ。季夏

【燕尾服】エンビフク 男性が公式の夜会などに着る洋装礼服の一種。由来 上着の後ろがツバメの尾に似ていることから。

【燕楽】エンラク 酒宴を開いて遊興すること。また、その酒宴。表記「宴楽」とも書く。

〈燕子花〉かきつばた アヤメ科の多年草。由来「燕子花」は漢名からの誤用。▼杜若(かきつばた)(一一二五)

【燕】つばめ ツバメ科の鳥。日本へは春渡来し、秋に南方へ渡る。背は紫黒色で腹は白色。尾は二つに割れる。ツバクラメ。ツバクラ。ツバクロ。「―返し」季春 表記「乙鳥」とも書く。

『燕幕(バク)に巣くう』非常に不安定な状態、また、危険なことのたとえ。いつはずされるか分からない幕の上にツバメが巣をつくることから。

【燕去月】つばめさりづき 陰暦八月の異名。季秋

エン【薗】(16) 艹13 準1 1782 3172 音 エン・オン 訓 その

意味 その。にわ。はたけ。

エン【鋺】(16) 金8 1 7892 6E7C 音 エン 訓 かなまり・まり

意味 ①かなまり。金属製のわん。②はかりざら。はかりの、物をのせる皿。参考「まり」は、わん(円形の器)の意。

【鋺】かなまり 金属製のわん。酒や水などを盛る器。表記「金鋺」とも書く。

【鋺】まり 酒や水などを盛る円形の器。「―に酒を盛って飲む」

エン【閻】★ (16) 門8 1 7969 6F65 音 エン

意味 ①村里の門。②つややか。みめうるわしい。類艶(エン)③梵語(ボンゴ)の音訳に用いられる。「閻魔」

【閻浮提】エンブダイ ①仏須弥山(シュミセン)の南方海上にあるという大陸の名。諸仏が出現するとされた。もとはインドを指したが、のちに人間の住む世界を指す。②この世。現世。

【閻浮の塵】エンブのちり この世のちり。俗世におけるけがれた事

物。「閻浮」は、「閻浮提」の略。

【閻魔】エンマ 死者の生前の罪を裁き、罰するという地獄の王。閻魔大王。

〈閻魔蟋蟀〉えんまこおろぎ コオロギの一種。体長約二・五センチメートルと大きく、黒褐色で光沢がある。晩夏、雄は「コロコロリ」と美声で鳴く。

【閻魔帳】エンマチョウ ①死者の生前の善悪が書いてあり、閻魔大王がそれを見て審判を下すという帳面。②教師が受け持ちの生徒の成績・品行などを記しておく帳面。③警察官がもっている手帳。

【閻魔参】エンマまいり 陰暦の一月と七月の一六日に閻魔堂へ参拝すること。この日は地獄の釜も開きで、亡者も責め苦を免れるという。使用人のいる家では藪入りと称して休暇を与えた。閻魔詣。

【閻魔虫】エンマむし エンマムシ科の甲虫の総称。体は黒色で丸く、触角の先端はひしゃく状。動物の死体や糞に集まる。ハエの幼虫などを捕食。

エン【閹】
(16) 門 8 1 7970 6F66 音 エン 訓

意味 ①門番。しもべ。めしつかい。②宮刑を受け、後宮に仕える者。宦官。「閹尹」「閹官」「閹奴」③こびへつらう。「閹然」

【閹人】エンジン 昔、中国で宮廷に仕えるために去勢された男性。類宦官

エン【鴛】
(16) 鳥 5 準1 1785 3175 音 エン 訓 おしどり

意味 おしどり。カモ科の鳥。「鴛鴦」 参考 雄を「鴛」、雌を「鴦」という。

【鴛鴦】エンオウ 「鴛鴦(おしどり)」に同じ。

【鴛鴦の契り】夫婦仲がきわめてむつまじいことのたとえ。オシドリは、いつも雌雄が一緒にいることから夫婦仲のよいたとえに用いられる。「―浅からず」

〈鴛鴦〉おしどり ①カモ科の鳥。水辺にすむ。雌は地味な灰褐色。雄はオレンジ色の飾り羽があり、美しい。雌雄の仲がよい。季冬 ②夫婦仲のよいたとえ。「―夫婦」 参考「エンオウ」とも読む。

エン【檐】
(17) 木 13 1 6089 5C79 音 エン・タン 訓 のき・ひさし

意味 のき。ひさし。「檐宇」「檐滴」「屋檐」

下つき 屋檐・笠檐

【檐】のき 屋根の下の端の、外に張り出した部分。ひさし。表記「簷」とも書く。

エン【轅】
(17) 車 10 1 7755 6D57 音 エン 訓 ながえ

意味 ながえ。車の前方に二本出ているかじぼう。「轅下」「轅門」

下つき 軒轅・車轅

【轅下】エンカ ①車の轅の下。②人に使われること。部下。門下。

【轅門】エンモン ①軍門。②役所の外門。由来 昔、中国の戦陣で、車の轅を向かい合わせて門にしたことから。

【轅】ながえ 牛車などの前に長くさし出した二本の棒。その先に軛(ウシやウマの首にあてる横木)を渡してウシなどに車を引かせた。

エン【嚥】★
(19) 口 16 1 5175 536B 音 エン 訓 のむ・のど

意味 ①のむ。のみこむ。「嚥下」②のど。類臙 類①②咽

【嚥下】エンカ のみこむこと。「丸薬を―する」 表記「咽下」とも書く。 参考「エンゲ」とも読む。

【嚥む】のむ つかえた物をのみくだす。のみこむ。 表記「咽む」とも書く。

エン【簷】
(19) ⺮ 13 1 6851 6453 音 エン 訓 のき・ひさし

意味 のき。ひさし。また、ひさしのように垂れる形をしたもの。「簷宇」「簷雨」「簷溜」 類檐

下つき 屋簷・飛簷

【簷滴】エンテキ のきからしたたり落ちる雨だれ。 表記「檐滴」とも書く。

【簷】のき 屋根の下の端の、建物より外に突出している部分。 表記「檐」とも書く。

エン【艶】
(19) 色 13 常 2 1780 3170 音 エン(高) 訓 つや (外)なまめかしい・あでやか・うらやむ

旧字《艷》(24) 色 18 1/準1 7170 6766

筆順 2 4 6 10 13 17

意味 ①なまめかしい。あでやかで美しい。いろつやがある。「艶姿」「艶態」「艶容」②つや。男女の恋愛に関すること。「艶書」「艶聞」③うらやむ。「艶羨」

下つき 婉艶・華艶・嬌艶・繊艶・芳艶・豊艶・妖艶

【艶姿】あですがた なまめかしく美しい姿。 参考「エンシ」とも読む。

【艶やか】あでやか なまめいて美しいさま。「―に装う」

【艶書】エンショ 恋慕の気持ちを書きつづった手紙。恋文。ラブレター。

【艶笑】エンショウ ①あでやかに笑うこと。②話などが好色的なおかしさを含んでいること。「―小咄」

【艶色】エンショク なまめかしく、あでやかな顔かたち。類艶容

【艶然】エンゼン あでやかににっこりと笑うさま。 表記「嫣然」とも書く。

【艶美】エンビ あでやかで美しいこと。また、そのさま。類艶麗

【艶福家】 エンプクカ 多くの女性からもてはやされる男性。

【艶聞】 エンブン 男女関係のつやっぽいうわさ。浮き名。「―を流す」

【艶冶】 エンヤ なまめかしく美しいこと。あでやかなさま。「―な舞い姿」

【艶陽】 エンヨウ ①はなやかな晩春のころ。②若々しく美しいこと。

【艶麗】 エンレイ あでやかで美しいこと。なまめかしいさま。類 艶美（エンビ）

【艶】 つや ①物の表面の光沢。「みがいて―を出す」②若い張りのある美しさ。「―のある声」③おもしろみや味わい。「―のある話」④男女の色事に関すること。「―種」

【艶消し】 つやけし ①表面の光沢をなくすこと。また、その処理をしたもの。②つやっぽさがないこと。色気や味わいのないさま。また、そうした言動。

【艶事】 つやごと 男女間の情事に関する事柄。色事。「―には言及しない」

【艶種】 つやだね 男女間の情事に関する話題。「あの男の―には事欠かない」

【艶艶】 つやつや つやがよくて、美しいさま。「―したリンゴ」

【艶やか】 つややか つや― 潤（うるお）いがあって、美しいさま。光沢があって、美しいさま。「―な黒髪」

【△艶かしい】 なまめかしい なまめ― あでやかで美しい。色っぽい。「夕涼みの浴衣姿が―い」 参考 多く女性についていう。

エン **【臙】** (20) 月16 1 7135 6743 音 エン 訓 のど・べに

意味 ①のど。類 咽（イン）・嚥（エン） ②べに。鮮やかな紅色の顔料。「臙脂」

【▲臙脂】 エンジ ①黒みを帯びた濃い赤色。エンジ色。紅。「―色の上着がよく似合う」②ベニバナを原料とした赤色顔料。表記「燕脂」とも書く。

エン **【鼴】** (22) 鼠9 1 音 エン 訓 もぐら・もぐらもち

〔鼹〕 9484 7E74

意味 もぐら（鼴鼠（エンソ））。モグラ科の哺乳（ホニュウ）動物。もぐらもち。

〈▲鼴▲鼠〉 もぐら モグラ科の哺乳（ホニュウ）動物の総称。▼土竜（もぐら）（一一三三）

エン **【讌】** (23) 言16 1 7607 6C27 音 エン 訓 さかもり

意味 ①くつろぐ。うちとけて語り合う。「讌語」「讌坐（エンザ）」②さかもり。「讌飲」「讌会」類 ①②宴・燕（エン）

下つき 寿讌（ジュエン）

エン **【▲艷】** (24) 色18 7170 6766 ▼艶の旧字（一〇八）

エン **【魘】** (24) 鬼14 1 8222 7236 音 エン 訓 うなされる・おそわれる

意味 うなされる。おそろしい夢におびえる。「魘夢」

下つき 夢魘（ムエン）

【▲魘される】 うなされる うな― 恐ろしい夢におびえて、眠ったまま苦しそうにうなる。「悪夢に―れる」

【▲魘われる】 おそわれる おそ― 恐ろしい夢を見て苦しめられる。うなされる。「こわい夢に―れる」

エン **【▲鹽】** (24) 鹵13 8337 7345 ▼塩の旧字（一〇一）

エン **【黶】** (26) 黒14 1 8365 7361 音 エン 訓 ほくろ・あざ

意味 ①ほくろ。あざ。「黶子」②とじこもるさま。「黶然」

【黶】 あざ 皮膚にできる赤・青・紫色などのまだら。「膝（ひざ）の打ち身が―になる」表記「痣」とも書く。

【〈▲黶子〉・▲黶】 ほくろ 皮膚の表面にできる、黒い小さな斑点（ハンテン）。表記「黒子」とも書く。

えんじゅ **【▲槐】** (14) 木10 6039 5C47 ▼カイ（一八三）

お 於 オ 於

オ **【汚】** (6) 氵3 常 4 1788 3178 音 オ 訓 けがす（高）・けがれる（高）・けがらわしい（高）・よごす・よごれる・きたない

筆順 、 : 氵 氵 汚 汚

意味 ①よごす。よごれる。「汚染」「汚損」「汚濁」②けがす。けがれる。「汚職」「汚名」③きたない。「汚水」「汚物」

下つき 臭汚（シュウオ）・点汚（テンオ）・卑汚（ヒオ）

【汚職】 オショク 公職にある人が地位や職務を悪用し、不正に個人の利益を図ること。参考「瀆職（トクショク）」を言いかえた語。

【汚辱】 オジョク 恥をかかせること。恥。はずかしめ。「―を受ける」類 恥辱

【汚水】 オスイ よごれたきたない水。下水など。「―処理場」対 浄水

【汚染】 オセン ①よごれにそまること。②空気・水などが、ガス・細菌・放射能など有毒物質でよごれること。また、よごすこと。「大気―が問題になっている都市」「環境―」

【汚損】 オソン よごれたり傷ついたりすること。よごしたりこわしたりすること。「借りた本を―した」

【汚濁】 オダク よごれてにごること。「水質―」参考 仏教では「オジョク」と読む。

お

オーオウ

【汚点】オテン ①よごれがぽつんとついたところ。しみ。「シャツについた―」②不名誉なできごと。きず。「人生に―を残さない」

【汚瀆】オトク ①けがれること。また、けがすこと。「神域を―する行為」②きたない溝。どぶ。参考「瀆」は溝の意、また、けがす意。

【汚物】オブツ 大小便など、きたないもの。また、よごれたもの。

【汚名】オメイ 不名誉な評判。「―を返上する」「―を着せられる」類悪名・悪評

【汚吏】オリ 不正を行う役人。汚職を行う官吏。「暴君―がのさばる」

【汚穢】オワイ ①よごれていること。けがれていること。②大小便。糞尿(フンニョウ)。参考「オアイ」とも読む。

【汚い】きたな-い ①よごれているさま。不潔なさま。「―い部屋」②卑劣である。ずるい。正当でない。「―い金に手を出すな」「やり方が―い」③下品で不快な感じである。「―い表現」④けちである。「金に―い」

【汚す】けが-す ①美しいもの、清いものをきたなくする。「清純な心を―す」②地位や名誉を傷つける。「名を―すような行為」③地位や席につくことをへりくだっていう語。「末席を―す」④暴力などで女性をはずかしめる。

【汚らわしい】けがら-わしい ①きたならしくて自分までよごれる気がする。不愉快だ。「聞くのも―い話だ」「―い金」②下品だ。「―いしぐさ」

【汚す】よご-す ①きたなくする。けがす。「着物を―した」②不正を行う。「手を―して得た金」③料理で、味噌(ミソ)や胡麻(ゴマ)などであえる。「胡麻で―したいんげん」

オ【和】(8) 口5 教 4734/4F42 ▼ワ(一六二四)

オ【於】(8) 方4 準1 1787/3177 音 オ 訓 おいて・おける

意味 ①おいて。おける。時間や場所を表す。②ああ。嘆息・感嘆の声。「於乎(ああ)」類烏(ウ)・嗚(オ) 参考「於」の草書体の偏が片仮名の「オ」に、草書体が平仮名の「お」になった。

【於いて】おいて ①何かが行われる場所や時間を示す。…にて。…で。「欧米に―開催される会議」「高度経済成長期に―」②関係する範囲を示す。…に関して。…について。「医療に―偉業を成す」

【於ける】おける ①場所・時間を示す。…での。…の場合の。「議会に―発言が注目される」「災害時に―対応」②関係分野・範囲を示す。…に関しての。…に対する。「情操教育に―音楽の効用」

【於転婆】オテンバ 若い娘がしとやかさに欠け、活発に行動すること。また、その娘。「―娘」類御侠(おきゃん) 表記「御転婆」とも書く。参考「転婆」だけでも用いる。

【於菟】オト ①トラの別称。②ネコの別称。

オ【烏】(10) 灬6 1708/3128 ▼ウ(七二)

オ【唹】(11) 口8 1 音 オ・ヨ 訓 わらう

〔唹〕5116/5330

意味 わらう。わらい声。

オ【悪】(11) 心7 教 1613/302D ▼アク(九)

オ【淤】(11) 氵8 1 音 オ・ヨ 訓 どろ・おり・ふさがる

〔淤〕6243/5E4B

意味 どろ。おり。どろでふさがる。「淤泥」

【淤】どろ 水などの底に沈んだおり。たまって積もったどろ。

オ【嗚】(13) 口10 1 5143/534B 音 オ 訓 ああ・なげく

意味 ①ああ。嘆息・感嘆の声。「嗚咽(オエツ)」「嗚乎(ああ)」②なげく。いたむ。

〈嗚呼〉ああ ①何かに驚き・喜び・悲しみなどを感じたときに発する語。「―、びっくりした」②対等または目下の人に対して軽く返事をする語。「―わかった」

【嗚咽】オエツ 息を詰まらせながら泣くこと。むせび泣き。「病室から―がもれる」

オ【噁】(15) 口12 1 音 オ・アク 訓 いかる

意味 一オ いかる。二アク 鳥の声を表す。

お【尾】(7) 尸4 常 4088/4878 ▼ビ(一二八八)

お【苧】(8) 艹5 3587/4377 ▼チョ(一〇五二)

お【雄】(12) 隹4 常 4526/4D3A ▼ユウ(一五一四)

お【緒】(14) 糸8 常 2979/3D6F ▼ショ(七二九)

おい【笈】(10) ⺮4 2172/3568 ▼キュウ(三〇八)

おい【甥】(12) 生7 1789/3179 ▼セイ(八六三)

おいて【於いて】(8) 方4 1787/3177 ▼オ(一一〇)

おいる【老いる】(6) 耂2 教 4723/4F37 ▼ロウ(一六一三)

オウ【王】(4) 王0 教 常 10 1806/3226 音 オウ 訓 外 きみ

筆順 一 丅 干 王

意味 ①きみ。一国の君主。「王宮」「王朝」「国王」②最も力のある者。第一人者。「王座」「王者」

下つき 花王(カオウ)・勤王(キンノウ)・君王(クンノウ)・賢王(ケンオウ)・国王(コクオウ)・親王(シンノウ)・帝王(テイオウ)・天王(テンノウ)・仁王(ニオウ)・法王(ホウオウ)・魔王(マオウ)・明王(ミョウオウ)・

竜王（リュウオウ）・輪王（リンオウ）

【王胤】オウイン 王の子孫。

【王冠】オウカン ①王がかぶる冠（かんむり）。「—を戴（いただ）く」②栄誉のしるしとしてかぶる冠。「—を手にする」③瓶の口をふさぐ金属でできたふた。「ビール瓶の—を抜く」

【王業】オウギョウ 王が行う国を治める事業。

【王侯】オウコウ 王と諸侯。「—貴族」

『王侯将相寧んぞ種有らんや』オウコウショウショウいずくんぞシュあらんや 王・諸侯・将軍・宰相になるのに、どうして血筋や家柄の別があるのだろうか、いや、そのようなものはない。各自の才能や努力で決まるのだということ。〈『史記』〉

【王佐】オウサ 王の政務をたすけること。王の補佐。「—の臣」

【王座】オウザ ①王のすわる席。また、その地位。類玉座・王位 ②第一の地位。「世界—決定戦」類首位

【王師】オウシ ①王がもつ軍隊。類王旅 ②王の先生。

【王子】オウジ ①王の息子。対王女 ②昔、皇族で親王（シンノウ）の称号を下されていない男子。

【王者】オウジャ ①王である人。②仁徳（ジントク）をもって国を治める人。対覇者 ③各分野で最も力のある人。「女子マラソンの—」参考古くは「オウシャ」とも読んだ。

【王水】オウスイ 濃塩酸と濃硝酸を三対一の割合で混合した液。金や白金など、普通の酸では溶けない貴金属も溶かすことができる。由来金属の王とされる金を溶かすことから。

【王制】オウセイ 王が国を治める政治制度。類王政・君主制

【王政】オウセイ 国王・天子が行う政治。また、その政体。君主政体。

『王政復古』オウセイフッコ ①武家政治や共和政治などから、再びもとの君主政治に戻ること。②日本の明治維新。一八六八（慶応三）年一月三日、討幕派による王政復古の大号令によって江戸幕府が廃され、政権が朝廷に戻ったことをいう。

【王朝】オウチョウ ①国王や天皇が政治を行う宮廷・朝廷。②同じ王家の系列。また、その系列の人々が支配する期間。「ロシアのロマノフ—」③「王朝時代」の略。日本では奈良・平安時代、特に平安時代をいう。「—絵巻」

【王道】オウドウ ①王者の仁徳をもとに人民を治める政治の方法。対覇道 ②王が通るような楽な道。近道。安易な方法。「学問に—なし」参考①儒家が理想とした政治思想で、孟子（モウシ）によって説かれた。

『王道楽土』オウドウラクド 仁徳に基づく公平で思いやりのある政治が行われている、平和で理想的な土地のこと。

【王覇】オウハ 王道と覇道。また、王者と覇者。参考覇道は武力で天下を治めること。

【王妃】オウヒ ①王の妻。「イギリス—」②皇族のなかで、王の称号をもつ者の配偶者。

【王父】オウフ ①亡くなった祖父の尊敬語。②王の父。対①②王母

〈王瓜〉からすうり ウリ科のつる性多年草。山野に自生。夏の夕方、白いレース状の花をつけ、卵形の赤い実を結ぶ。季秋 由来「王瓜」は漢名からの誤用。表記「烏瓜・老鴉瓜」とも書く。

〈王余魚〉かれい カレイ科の海魚の総称。由来「王余魚」は漢名から。▼鰈（かれい）（一〇六九）

【王】きみ 一国の君主。天子。参考『日本書紀』の古訓などでは、「王・女王」を「おおきみ」と読む。「額田王（ぬかたのおおきみ）」など。

〈王不留行〉どうかんそう ナデシコ科の一年草。由来「王不留行」は漢名から。▼道灌草（どうかんそう）（一一六四）

【王八】ワンパ 人をののしる語。こんちくしょう。由来中国、五代の前蜀（ゼンショク）の王建が無法者で、若いころから盗みをはたらくなど悪事を行い、村人から賊王八と呼ばれたことからという。〈『新五代史』〉表記「忘八・亡八」とも書く。参考読みは中国語から。「オウハチ」とも読む。

オウ 【凹】

(5) 凵 3 常 準2 1790 317A 音 オウ 訓 外 くぼむ・へこむ・へこます

筆順 凹

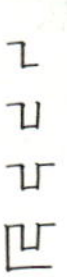

意味 くぼむ。へこむ。へこます。「凹凸」「凹版」「指で凹ます」対凸

下つき 凸凹（でこぼこ）

【凹凸】オウトツ ①でっぱったりへこんだりしていること。でこぼこ。「—のはげしい坂道」②均等でないこと。

【凹版】オウハン インクがついて印刷される部分がへこんでいる印刷版。グラビア版。対凸版 参考地図や紙幣・証券類の印刷に用いる。

【凹む】くぼむ 落ちこんで、周囲よりも低くなる。へこむ。「目が—む」

【凹む】へこむ ①表面の一部分が、周囲より低くなる。落ちこむ。「車体が—む」②くじける。精神的に落ちこむ。「そんなことで—むようではいけない」③損をする。「株で—んだ」

オウ 【央】

(5) 大 2 常 教 8 1791 317B 音 オウ 訓 外 なかば

筆順 央

意味 ①なかば。まんなか。「震央」「中央」②尽きる。やむ。「未央（ビオウ・ミオウ）」

下つき 震央（シンオウ）・中央（チュウオウ）

【央ば】なかば まんなか。中心。

お オウ

オウ【応】(7) 心 3 常 教 6 1794 317E 音 オウ 訓 こたえる 外 まさに…べし

旧字《應》(17) 心13 1/準1 5670 5866

筆順 丶 亠 广 广 応 応 応

意味 ①こたえる。うけこたえる。「応酬」「応答」「呼応」対 呼 ②したがう。状況に合った動きをする。「応急」「感応」「順応」 ③ふさわしい。「応分」「相応」 ④まさに…べし。

下つき 一応・感応・供応・饗応・呼応・順応・照応・相応・即応・対応・適応・内応・反応・報応

【応援】オウエン ①力を貸すこと。「この仕事には—が必要だ」類 加勢 ②運動競技などで、声を出したり楽器演奏をしたりして、味方の選手をもりたてること。「力強い—合戦」

【応機接物】オウキセツモツ 仏 相手の性格や能力に応じて、さまざまの手段で適切に指導・教化すること。類 因機説法・応病与薬・善巧方便

【応急】オウキュウ 急場をしのぐ間に合わせ。「—処置を施す」「けがの—手当て」

【応急措置】オウキュウソチ 急場の間に合わせに行う仮の処置。「鉄道ダイヤ混乱の—をとる」類 応急処置・緊急措置

【応化】オウゲ 仏 仏が衆生を救うために、さまざまなものに姿を変えて現れること。参考「オウケ」とも読む。

【応護】オウゴ 仏 仏や菩薩が祈願にこたえて衆生を守ること。類 加護 表記「擁護」とも書く。

【応手】オウシュ ①碁や将棋で、相手の打った手に対して打ち返す手。②物事の対応策。

【応需】オウジュ 需要や要求に応じること。「病院から入院—の連絡があった」

【応酬】オウシュウ ①相手のしたことに対してやり返すこと。また、やりとりすること。「野次の—」「議論の—」 ②手紙などへの返し。

【応召】オウショウ ①呼び出しに応じること。②在郷軍人(非常時にのみ召集される軍人)が召集を受け、指定場所に行き軍隊に入ること。「—兵」

【応じる】オウ—じる ①こたえる。受け入れる。「注文に—じる」 ②適合する。当てはまる。「年齢に—じた服装」

【応制】オウセイ 勅命にしたがって詩文を作ること。また、その詩文。類 応詔 参考「制」は天子の命令の意。

【応接】オウセツ 人を迎えて相手をすること。「—室に客を通す」類 応対

【応接に暇あらず】オウセツにいとまあらず 来客に追われどおしで、ゆっくり応対するひまもないこと。また、物事が次から次へと起こり、非常に多忙であること。〈『世説新語』〉

【応戦】オウセン 敵の攻撃に対して戦うこと。「—しても勝ち目はない」類 抗戦

【応対】オウタイ 相手をして受け答えや対処をすること。「受付の—がよい」類 応接

【応諾】オウダク 人からの頼みや申し込みを受け入れること。「迷わず—する」類 承諾

【応答】オウトウ 相手の問いかけに答えること。受け答え。「質疑—」

【応病与薬】オウビョウヨヤク 仏 人の個性や理解力など、それぞれの状況に応じて適切な指導をすること。病気の程度に合わせて、それに適した薬を与える意から。〈『維摩経』〉類 因機説法・応機接物・善巧方便

【応分】オウブン 身分や能力などにふさわしいこと。分相応なこと。「—の寄付」対 過分

【応募】オウボ 募集に対して応じること。「予想を上回る—があった」

【応用】オウヨウ 理論・知識などを、必要に合わせて実際に用いること。「—を利かせる」「—力学」

【応える】こた—える ①他からのはたらきかけを受けて、反応を示す。応じる。「期待に—える」 ②外部からの刺激などを強く感じる。「お説教がずいぶん—えたようだ」「寒さが—える」

【応に】まさ—に 「応に…べし」の形で、きっと…だろう。当然…すべきだ。「—あの男を罰すべきだ」

オウ【汪】(7) 氵 4 1 6174 5D6A 音 オウ 訓 ひろい・ふかい・おおきい・いけ

意味 ①ひろい。ふかい。水が深く広いさま。また、おおきい。「汪然」「汪洋」 ②さかん。盛大なさま。 ③いけ。水たまり。

【汪溢】オウイツ 満ちあふれること。「元気が—する」表記「横溢」とも書く。

【汪汪】オウオウ ①水がゆったりと広がっているさま。転じて、度量の大きいさま。②目に涙をいっぱいためているさま。

【汪然】オウゼン ①水が深く広いさま。②水や涙がしきりに流れるさま。

【汪洋】オウヨウ 海や川などの水が深く広々と限りのないさま。ゆったりとしたさま。「—と広がる海」

オウ【往】(8) 彳 5 常 教 6 1793 317D 音 オウ 訓 外 ゆく・いにしえ

筆順 ノ ク 彳 彳 彳 往 往 往

意味 ①ゆく。いく。すすむ。「往還」「往診」「往路」対 来・復 ②むかし。いにしえ。以前に。かつて。「已往」「既往」「古往」 ③のち。あと。おり。「以往」「往往」

下つき 已往・帰往・既往・古往

【往き来】いき—き ①行くことと来ること。「車の—が激しい道路」 ②つきあい。「隣近所と親しく—する」参考「ゆきき」とも読む。

【往往】オウオウ よくあること。しばしば。ときどき。「そういう事故は―にして起こる」

【往還】オウカン ①人や車などが行き来すること。行き帰り。類往復 ②通り道。街道。「鎌倉―」類①②往来

【往古】オウコ 遠く過ぎ去った昔。大昔。いにしえ。類往昔(オウセキ)・往時

【往古来今】オウコライコン 大昔から今にいたるまで。「来今」は今からのちのこと。参考「古往今来」ともいう。類古今往来

【往歳】オウサイ 過ぎ去った年。過去。昔。「―を顧みる」「―に盛んだった行事をしのぐ」類往年

【往事▲渺▲茫として△都て夢に似たり】オウジビョウボウとしてすべてゆめににたり 過ぎ去った昔のことは、もうかすかではっきりとめもなく、すべて夢のようであるということ。「往事」は過ぎ去った昔のこと。「渺茫」は遠くかすかではっきりしないさま。〈白居易の詩〉

【往時】オウジ 過ぎ去ったとき。昔。「―の勢いはない」類往古・往日(オウジツ)・往年 対近時

【往生】オウジョウ ①仏死後、極楽浄土に生まれ変わること。②死ぬこと。「大―」③あきらめること。「いい加減に―しなさい」④処置に困ること。「子どもが泣いて―した」類閉口・困却

〖往生素懐〗オウジョウソカイ 仏仏教に帰依し、死後は極楽浄土に生まれ変わりたいという平素からの願いのこと。類往生本懐(オウジョウホンカイ)

【往生際】オウジョウぎわ ①死にぎわ。②あきらめ。「―が悪い」

【往診】オウシン 医師が患者の家に出向き、診療すること。対宅診

【往昔】オウセキ 過ぎ去った昔。いにしえ。「―、繁栄をほこった都」類往古・往時

【往年】オウネン 過ぎ去った昔。一時代前。「―の名女優」「―の活躍」類往歳・往時

【往復】オウフク ①行きと帰り。また、行ったり来たりすること。行き来。「一四〇キロの道のり」「学校と駅を―するバス」②交際。「長年親しく―する」③手紙のやりとり。「―書簡」④「往復切符」の略。対①④片道

【往訪】オウホウ 訪ねていくこと。訪ねること。「―の折にご報告します」類訪問 対来訪

【往亡日】オウモウニチ 凶日の一つ。陰陽道(オンヨウドウ)で外出・旅行・出陣などを忌み嫌う日。年に一二日ある。

【往来】オウライ ①人や車などが、行ったり来たりすること。行き来。「―の多い道」②道。通り。「―で騒ぐと迷惑だ」③音信。訪問。つき合い。「―が絶える」④「往来物」の略。昔、実生活に必要な事柄を手紙文の形で記した書物。寺子屋の教科書とされた。

【往路】オウロ 行きの道。「―は車を使う」「母校が駅伝の―で優勝した」対復路・帰路

【△往きがけの駄賃】ゆきがけのダチン ある仕事をするついでに別の仕事をして金品を得ること。由来昔、馬子が荷物を受け取りに行くついでに、空馬(からうま)に別の荷物を積んで運び、駄賃をかせいだことから。

【△往き大名の帰り△乞食】ゆきダイミョウのかえりコジキ 無計画な金の使い方をしたために、あとでどうにもならなくなって困るたとえ。旅行の際、行きは大名のように豪勢に金を使い、そのため帰りには金が無くなって、乞食のようにみじめになる意から。表記「往き」は「行き」とも書く。

【△往く】ゆく ①その場から離れて進む。立ち去る。「通りの向こうへ―く」②目的の場所におもむく。「歯医者に―く」③季節や月日が過ぎ去る。「夏が―く」参考「いく」とも読む。

〖△往く者は追わず〗自分のもとを去ろうとする者は、無理に引きとめたりはせず、本人の意志にまかせるということ。あとに「来(きた)る者は拒まず」と続く。〈『孟子(モウシ)』〉

参考「往く者」は「去る者」ともいう。

オウ【怏】(8) 忄5 1 5573 5769

音 オウ・ヨウ
訓 うらむ

意味 うらむ。満足しない。「怏怏」

【▲怏▲怏】オウオウ 心に不平や不満があって、元気のないさま。「―として楽しまず」

オウ【押】(8) 扌5 常 4 1801 3221

音 オウ高
訓 おす・おさえる

筆順 一 十 扌 … 押

意味 ①おす。㋐おさえる。とりおさえる。「押収」「押領」㋑判をおす。署名する。「押印」「押字」「花押」②韻をふむ。「押韻」

下つき 花押(カオウ)・署押(ショオウ)・判押(ハンオウ)

【押印】オウイン はんこを押すこと。「書類に―した」類捺印(ナツイン)

【押韻】オウイン 詩歌、特に漢詩で、決まった位置に同一または類似の音を置くこと。韻を踏むこと。頭韻・脚韻などがある。「漢詩の―」

【押収】オウシュウ 裁判所や検察官などが、裁判の証拠となる物品を差し押さえて取りあげること。「証拠品を―する」

【押送】オウソウ 刑事被告人や受刑者を、監視をつけてほかの場所に移すこと。類護送

【押▲捺】オウナツ はんこやそれに代わるものを押すこと。「指紋の―」類捺印・押印

【押領使】オウリョウシ 平安時代の官名の一つ。当初は兵員の移送を行い、のちに諸国の凶徒を鎮圧した。

【押さえる】おさえる ①上から力を加えて物が動かないようにする。「紙を―える」②手に入れてはなさない。とらえる。つかむ。「動かぬ証拠を―えた」「要点を―える」

【押し△競▲饅△頭】おしくらマンジュウ 子どもが大勢集まって「押

しくらまんじゅう押されて泣くな」と言いながら、たがいに押し合う遊び。おしくらべ。季冬

【押し並べて】おしなべて 全体として同じように。「各店の売り上げは―よかった」類概して・総じて

【押す】おす ①物に手前側から力を加えて向こうへ動かす。「ドアを―す」対引く ②上から力を加えて押さえる。「背中のつぼを―す」③印章や箔などを物に写す。「印を―す」④無理をして強行する。おしきる。「病気を―して旅に出た」⑤確認する。「念を―す」「だめを―す」表記②「圧す」③「捺す」とも書く。

【押っ取り刀】おっとりがたな 取るものも取りあえず急いでかけつけるさま。「―でかけつける」由来急用で、刀を腰にさすひまもなく手に持って急ぐさまから。

【押っ圧す】おっぺす おしつぶす。参考「おしへす」の転。

【押っ放り出す】おっぽりだす 「ほうりだす」を強めた言い方。「宿題を―して遊びに行く」

オウ【旺】(8) 日 4 常 2 1802 3222 音 オウ 訓 外さかん

筆順 丨 冂 月 日 日一 日丁 旺 旺

意味 ①さかん。さかんなさま。「旺盛」②美しい。光を放って美しく輝く。

【旺盛】オウセイ 気力・体力などに勢いがあり、さかんなさま。「元気―」「―な食欲」

【旺ん】さかん 勢いに満ち満ちているようす。

オウ【枉】(8) 木 4 1 5930 5B3E 音 オウ 訓 まがる・まげる・まげて

意味 ①まがる。まげる。無理にする。「枉屈」「枉道」「枉法」②無実の罪。「冤枉」「誣枉」③まげて。わざと。④むだに。いたずらに。

下つき 冤枉・邪枉・誣枉

【枉駕】オウガ 乗り物の進路を変えてわざわざ訪ねて来ること。相手の来訪を敬っていう語。御来駕。「―来臨」類枉車・枉顧

【枉屈】オウクツ ①体をかがめ、謙虚な態度で来訪すること。②道理をまげて抑えつけられ、屈すること。

【枉顧】オウコ 貴人が乗り物の方向を変えて自分を顧みる意から、人の来訪を敬っていう語。類枉駕

【枉死】オウシ 災いにあったり殺害されたりして死ぬこと。非業の死。「彼の―はくやしくてならない」表記「横死」とも書く。

【枉法】オウホウ 都合よく法をまげて解釈すること。法律を悪用すること。

【枉法徇私】オウホウジュンシ 法律を悪用して私利私欲に走ること。また、法をまげて解釈し、身勝手に振る舞うこと。「徇私」は私利にとらわれる意。

【枉げて】まげて 無理にでも。道理をゆがめても。「―御了承ください」

【枉げる】まげる ①ゆがめる。無理に変える。「法を―げるなどとんでもない」②無理におさえる。「本心を―げて従う」

オウ【欧】(8) 欠 4 常 3 1804 3224 音 オウ 訓 外はく

旧字《歐》(15) 欠11 1/準1 6131 5D3F

筆順 一 フ ヌ 区 区' 区ケ 欧

意味 ①はく。もどす。類嘔 ②「欧羅巴」の略。「欧州」「欧米」

下つき 西欧・中欧・東欧・南欧・北欧

【欧化】オウカ ヨーロッパ風になること。また、そのさま。「―思想」「―主義」類西洋化

【欧州】オウシュウ 「欧羅巴州」の略。「―各国を訪ねる」

【欧文】オウブン ヨーロッパで用いられる文字。また、それを使って書かれた文章。「―タイプライター」対和文・邦文

【欧く】はく 食べた物や血液などを口から出す。

〈欧羅巴〉ヨーロッパ 六大州の一つ。ユーラシア大陸の北西部をなす半島状の大陸と島々。欧州。

オウ【殴】(8) 殳 4 常 3 1805 3225 音 オウ高 訓 なぐる 外うつ・たたく

旧字《毆》(15) 殳11 1/準1 6156 5D58

筆順 一 フ ヌ 区 区' 区几 殴 殴

意味 なぐる。う(打)つ。たたく。「殴撃」「殴殺」「殴傷」「殴打」

【殴つ】うつ 手やつえなどで強い力でなぐる。「暴漢を捕らえて―ち倒す」

【殴殺】オウサツ なぐり殺すこと。「―された死体が発見された」類撲殺

【殴打】オウダ ひどくなぐること。「頭を―する」「顔面を―された」

【殴る】なぐる ①げんこつや棒などかたいもので強く打つ。「―る蹴るの大騒ぎ」②あらっぽく物事を行う。「書き―った文字」

オウ【泓】(8) 氵 5 1 6187 5D77 音 オウ 訓 ふかい・きよい・ふち

意味 ふかい。水が深く清い。また、水の深い所。ふち。「泓泓」「泓涵」「泓量」

オウ【姶】(9) 女 6 準1 1608 3028 音 オウ 訓 みめよい

意味 美しい。みめよい。しずか。

オウ【殃】(9) 歹5 1 6142 5D4A 音 オウ 訓 わざわい

意味 わざわい。わざわいする。「殃禍」

下つき 禍殃カオウ・咎殃キュウオウ・余殃ヨオウ

【殃禍】オウカ わざわい。災難。災厄。「—に見舞われる」類 災禍

【殃い】わざわい 災厄。天罰。神のとがめ。

【殃い池魚ギョに及ぶ】関係のない者がまきぞえになって、思いがけない災難にあうこと。故事 中国、宋ソウの景公が、罪人が珠玉を池に投げこんだというので、下臣に池の水をさらって探させたところ、珠玉はなく、池の魚がみんな死んでしまったという故事から。〈『呂氏春秋リョシシュンジュウ』〉

オウ【瓮】(9) 瓦4 1 6505 6125 音 オウ 訓 かめ・もたい

意味 口の大きなかめ。もたい。類 甕オウ

【瓮】もたい 酒などを入れる口の大きなかめ。表記「甕」とも書く。

オウ【皇】(9) 白4 教 2536 3944 ▼コウ(四九一)

オウ【桜】(10) 木6 教 常 6 2689 3A79 音 オウ高 訓 さくら

旧字《櫻》(21) 木17 1/準1 6115 5D2F

筆順 一 十 才 木 木 木' 木'' 桜 桜 桜

意味 ①さくら。バラ科の落葉高木。「桜花」「観桜」②(中国で)ゆすらうめ。バラ科の落葉低木。「朱桜」

下つき 姥桜うばざくら・観桜カンオウ・残桜ザンオウ・芝桜しばざくら・葉桜はざくら・山桜やまざくら

【桜花爛漫】オウカランマン 満開になったサクラの花がみごとに咲き乱れているさま。

【桜桃】オウトウ ①セイヨウミザクラの別称。また、その果実。さくらんぼう。季 夏 ②ユスラウメの別称。▼山桜桃ゆすらうめ(五八四)

【桜】さくら バラ科の落葉高木の総称。春、白色や淡紅色の花を開く。ソメイヨシノ・シダレザクラ・ヤマザクラなど種類も多い。材は建築・家具用。日本の国花。季 春

【桜切る馬鹿バカ梅切らぬ馬鹿】サクラは枝を切ると腐りやすく、ウメは枝を適度に切らないと花が咲かなくなる意で、庭木の手入れの方法の教え。

【桜鯎】さくらうぐい サクラの咲くころにとれるウグイ。ウグイはコイ科の淡水魚。食用。由来 腹部が赤みを帯びることから。季 春

【桜蝦・〈桜海老〉】さくらえび サクラエビ科のエビ。桜色をした体長五センチメートルくらいの小エビ。干して食用とする。発光器があり、ヒカリエビともいう。

【桜前線】さくらゼンセン 日本各地のサクラの開花日を地図に示し、同時期を線で結んだもの。気温の上昇につれて北上する。

【桜蓼】さくらたで タデ科の多年草。水辺に自生。秋、色がサクラに似た花を穂状につけるが、花びらはなく、萼ガクが花びら状になる。

【桜肉】さくらニク 馬肉の別称。由来 桜色をしていることから。

【〈桜府〉】サクラメント アメリカ合衆国カリフォルニア州の州都。農業・畜産が盛ん。

【〈桜桃〉】さくらんぼ サクラの果実の総称。特に、セイヨウミザクラの果実。食用。季 夏 参考「オウトウ」とも読む。

オウ【秧】(10) 禾5 1 6731 633F 音 オウ 訓 なえ・うえる

意味 ①イネや草木のなえ。「秧田」「秧稲」②うえる。栽培する。

下つき 挿秧ソウオウ・抽秧チュウオウ

【秧歌】オウカ 中国の農村で広く行われる、もと田植え歌の民間舞踊。参考 中国語で「ヤンコ」という。伴奏に銅鑼ドラと太鼓を用いる。

【〈秧鶏〉】くいな クイナ科の鳥の総称。▼水鶏くいな(八三)

オウ【翁】(10) 羽4 常 準2 1807 3227 音 オウ 訓 外 おきな

旧字《翁》(10) 羽4 1/準1

筆順 ノ 八 公 公 爷 爷 翁 翁 翁 翁

意味 おきな。男の老人の敬称。「翁媼オウオウ」対 媼

下つき 家翁カオウ・岳翁ガクオウ・漁翁ギョオウ・禿翁トクオウ・野翁ヤオウ

【翁媼】オウオウ おじいさんとおばあさん。

【翁】おきな ①年をとった男性。また、その敬称。「竹取たけとりの—」対 媼おうな ②能楽で使用する老人の面。また、その面をつけて舞うめでたい能楽の演目。参考 ②正式の能会では、最初に演じられる。

【翁草】おきなぐさ キンポウゲ科の多年草。低山の草地に自生。春に暗赤紫色の花が咲き、のちに白色の花柱が羽毛状にのびる。季 春 由来 白い花柱を翁(老人)の白髪に見立てたことから。表記「白頭翁」とも書く。

オウ【凰】(11) 几9 準1 4964 5160 音 オウ・コウ 訓 おおとり

意味 おおとり。聖王の世に現れるという想像上のめでたい鳥。参考「おおとり」は、雄を「鳳ホウ」、雌を「凰」といい、両方で「鳳凰」と呼ぶ。

【凰】おおとり 鳳凰ホウオウの雌。中国の想像上の霊鳥で、徳の高い天子が現れ、天下が平安なときに出現するという。類 鵬ホウ

オウ【黄】(11) 黄0 教 1811 322B ▼コウ(五〇二)

オウ【奥】

(12) 大 9 常 4 1792 317C
音 オウ 高
訓 おく 外くま

旧字《奧》(13) 大10 1/準1 5292 547C

筆順
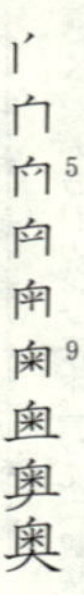

意味 ①家のおくまった部屋。おく深い所。「奥底」「奥地」②おく深く、知り難いこと。「奥義(オウギ)」「奥旨(オウシ)」「奥妙(オウミョウ)」③「陸奥(むつ)の国」の略。「奥州(オウシュウ)」 参考 もともと「奥」は家の南西のすみで、ここに神をまつった。なお、高貴な人の妻を指して「奥方」と呼ぶのは、奥の建物に住んでいることから。

下つき 蘊奥(ウンオウ)・蘊奥(ウンノウ)・淵奥(エンオウ)・禁奥(キンオウ)・玄奥(ゲンオウ)・弘奥(コウオウ)・深奥(シンオウ)・枢奥(スウオウ)・堂奥(ドウオウ)・秘奥(ヒオウ)・幽奥(ユウオウ)

【奥義】オウギ 学術・武術・芸術などの最も奥深くに秘められた大事な事柄。「剣の―を窮める」 類 極意・神髄・秘伝 参考 「おくギ」とも読む。

【奥】おく ①内へ深く入った所。「箱の―にしまう」②家の中で家族が日常いる所。「客を―へ通す」③表に現れない所。「胸の―に秘めた思い」④他人の妻。もと、身分の高い人の妻。「―さま」⑤東北地方。「―の細道への旅に出る」

【奥書】おくがき ①書物の最後に、発行年月日・筆者名・由来などを記した文。類 奥付 ②官公庁の書類の最後に、記載事項が正しいことを証明した文。③芸能の奥義を伝授するときの証書。

【奥方】おくがた 身分の高い人の妻に対する敬称。類 夫人・令室・令閨(レイケイ)

【奥津▵城】おくつき 墓。墓所。「―所(どころ)」 参考 「つ」は「の」の意で、奥深く外部からさえぎられた霊域の意。「おきつき」とも読む。

【奥付】おくづけ 書物の最後に、発行年月日・編著者名・発行者名・印刷者名などを記したもの。または、そのページ。類 奥書

【奥手】おくて ①おそく実るイネの品種。対 早稲(わせ) 季 秋 ②開花や成熟がおそい草木や野菜・果物。③心身の成熟がおそい人。「彼は―だ」 対 ②③早生(わせ) 表記 ①「晩稲」②③「晩生」とも書く。

【奥伝】おくデン 師匠・先生から奥義を伝授されること。「―を授かる」類 奥許し

【奥床しい】おくゆかしい 気品があり心がひかれる。慎み深くひかえめである。「―い振る舞い」

【奥行】おくゆき ①表から裏までの距離。「この庭園は―がある」対 間口 ②知識・経験・思考などの深さ。「―のある研究」

オウ【▵奧】

(13) 大10 5292 547C

▼奥の旧字(一一六)

オウ【媼】

(13) 女10 1 5328 553C
音 オウ
訓 おうな・うば

意味 おうな。年老いた女。「媼嫗(オウウ)」 対 翁

下つき 翁媼(オウオウ)・村媼(ソンオウ)・老媼(ロウオウ)

【▵媼】うば 老いた女性。おうな。類 婆(ばば) 表記 「姥」とも書く。

【▵媼】おうな 年をとった女性。老女。対 翁(おきな) 表記 「嫗」とも書く。

オウ【★嘔】

(14) 口11 1 5150 5352
音 オウ・ク
訓 はく・うたう

意味 一オウ ①は(吐)く。もどす。「嘔血」「嘔心」「嘔吐」類 欧 ②うたう。子どもや鳥の声。また、やかましい声。「嘔啞(オウア)」「嘔歌」「嘔吟」類 謳(オウ) ③むかつく。二ク やしなう。いつくしみ育てる。

【▵嘔う】うたう ①節をつけてうたう。②ほめたたえてうたう。表記 「謳う」とも書く。

【〈▵嘔吐〉く】えずく 一度食べた物を口から出す。はく。もどす。

【▵嘔▵啞▵嘲▵哳】オウアチョウタツ やかましく騒ぎたてたり、さえずったりすること。調子はずれで聞き苦しい乱雑な音のこと。〈白居易の詩〉 参考 「嘲哳」は「トウタツ」とも読む。

【▵嘔気】オウキ はきけ。はきたい気分。「―をもよおす」

【▵嘔吐】オウト 胃の中に入っているものを口からはいてもどすこと。

オウ【嫗】

(14) 女11 1 5334 5542
音 オウ・ウ
訓 おうな・あたためる

意味 ①おうな。年老いた女。「翁嫗(オウウ)」「老嫗(ロウウ)」②あたためる。「煦嫗(クウ)」類 煦

下つき 翁嫗(オウウ)・媼嫗(オウウ)・煦嫗(クウ)・老嫗(ロウウ)

【▵嫗】おうな 年老いた女性。対 翁(おきな) 表記 「媼」とも書く。

オウ【鞅】

(14) 革 5 1 8057 7059
音 オウ
訓 むながい・はらおび・きずな・になう・うらむ

意味 ①むながい。牛馬の首につける革ひも。「羈鞅(キオウ)」②はらおび。ウマの腹に締める帯。③きずな。④になう。「鞅掌」⑤うらむ。不平に思う。「鞅鞅」類 怏(オウ) ⑥「鞅罔(オウモウ)」は、わるがしこい。

下つき 羈鞅(キオウ)・馬鞅(バオウ)

【▵鞅掌】オウショウ 休みをとれないほど忙しく働くこと。

【▵鞅】むながい 馬具の一つで、ウマの胸から鞍(くら)にかけわたすひも。

オウ【横】

(15) 木11 教 常 8 1803 3223
音 オウ 外コウ
訓 よこ 外よこたわる

旧字《橫》(16) 木12 1/準1 8616 7630

筆順

意味 ①よこ。東西・左右の方向。「横断」類 衡 対 縦 ②よこたわる。よこたえる。「横臥(オウガ)」③よこしま。ほしいまま。わがまま。「横行」「横着」「横暴」④思いがけない。「横禍」「横死」⑤あふれる。みちる。「横溢(オウイツ)」

下つき 縦横ジュウオウ・専横センオウ

【横溢】オウイツ ①水などが満ちあふれること。②満ちあふれるほど盛んなこと。「元気―」表記「汪溢」とも書く。

【横臥】オウガ 体を横にして寝ること。横たわること。類側臥

【横隔膜・横膈膜】オウカクマク 哺乳ホニュウ動物の胸腔キョウコウと腹腔との境にあり、弓形をした筋肉の膜。呼吸作用を助ける役目がある。

【横議】オウギ 勝手気ままに議論をすること。また、その議論。「縦談―」

【横痃】オウゲン 「横痃よこね」に同じ。

【横行】オウコウ ①悪いことが世間で多く行われること。「自動車泥棒が―する」②遠慮することもなく自由に歩きまわること。

〔横行闊歩〕オウコウカッポ 勝手気ままに歩き回ること。また、思うままに振る舞うさま。類跳梁跋扈チョウリョウバッコ

【横死】オウシ 思いもよらない災難にあって死ぬこと。不慮の死。「―を遂げる」

【横恣・横肆】オウシ わがままなこと。気ままなこと。

【横隊】オウタイ 横に並んだ隊列。「四列―で整列する」対縦隊

【横断】オウダン ①横に断ち切ること。「―面」②東西方向に通り抜けること。「大陸―鉄道」対①②縦断 ③道路・線路・川などを横切ること。渡ること。「―歩道」

【横着】オウチャク しなければならないことをせずに、なまけて楽をしていること。「―をするな」「―者」

【横転】オウテン ①横に倒れること。「列車の―事故」②右または左に回転すること。

【横被】オウヒ 仏僧尼の着る法衣ホウエで、七条以上の袈裟ケサをつけるとき、右肩にかける長方形の布。

【横柄】オウヘイ えらそうにしているようす。「―な態度をとる」類高慢・傲慢ゴウマン・尊大 表記「押柄・大柄」とも書く。

【横暴】オウボウ 勝手気ままを乱暴に押しとおすさま。「彼の―は許せない」

【横流】オウリュウ 水が定まった道筋以外にあふれ出して流れること。

【横領】オウリョウ 他人や公共の金品を不法なやり方で自分のものにすること。横取りすること。「公金―事件が発覚した」類着服

〈横笛〉ようじょう よこぶえ。由来「オウテキ」と読むと「王敵」に通じるので避けて読み替えたものという。

【横】よこ ①上下に対して水平、南北に対して東西、または前後に対して左右の方向・長さ。「首を―に振る」②年齢・階級・程度などが同列であること。「―並び」「―一線」対①②縦 ③かたわら。わき。側面。「会長の―に立つ」④関係のない方面。「―から口を出す」

【横車】よこぐるま ①道理に合わないことを無理やり押し通すこと。「―を押す」②棒やなぎなたなどを横に振り回す武道の技。由来①縦に押すべき車を、無理やり横に押す意から。

【横縞】よこじま 横にはしった縞模様。対縦縞 参考 多く、織物についていう。

【横綱】よこづな ①相撲で、力士の最上の地位。②白麻で編み、四手シデを垂らした太いしめ縄。土俵入りのとき、①の力士が化粧回しの上に付ける。③同類中で、最もすぐれた人や物。「地酒の―」

【横手】よこで 左右に開いた両手を合わせて打つこと。「―を打つ(感心したときなどに両手を打つ)」参考「よこて」と読めば側面の意。

〈横痃〉・【横根】よこね 性病などにより、股もものつけねのリンパ節が炎症を起こして腫はれたもの。参考「横痃」は「オウゲン」とも読む。

【横這い】よこばい ①横にはうこと。②物価や相場などが、上下に変動のない状態を続けること。「株価は―のままだ」③ヨコバイ科およびその近縁の昆虫の総称。ウンカに似ていて、イネなどに害をもたらす。季秋

【横槍】よこやり ①人の話や仕事に関係のない第三者がわきから口を出すこと。「―が入る」類容喙ヨウカイ ②二人が戦っているとき、別の人が横から槍をつき出すこと。

〔横槍を入れる〕関係のない者が、人の話や仕事にわきから口出ししたり文句をつけたりすること。由来戦場で双方の軍が戦っているときに、別の軍が横から槍で襲いかかる意から。

【横恋慕】よこレンボ 配偶者や恋人がいる人に、横合いから恋をすること。

オウ【歐】(15) 欠11 6131 5D3F ▼欧の旧字(一一四)

オウ【毆】(15) 殳11 6156 5D58 ▼殴の旧字(一一四)

オウ【懊】(16) 忄13 1 5669 5865 音 オウ 訓 なやむ・うらむ

意味 ①なやむ。もだえる。「懊悩」②うらむ。「懊恨」

下つき 鬱懊ウツオウ

【懊悩】オウノウ 心の奥で、悩みもだえること。「―を訴える」類煩悶ハンモン・苦悩

【懊む】なやむ 心の奥でうれえもだえる。ひそかに心を痛めて苦しむ。

オウ【橫】(16) 木12 8616 7630 ▼横の旧字(一一六)

オウ【甌】(16) 瓦11 1 6514 612E 音 オウ 訓 かめ・ほとぎ・はち

意味 ①かめ。小さいかめ。ほとぎ。「瓦甌ガオウ」②はち。「酒甌」

下つき 瓦甌ガオウ・酒甌シュオウ

オウ【鴨】★ (16) 鳥5 準1 1991 337B 音 オウ 訓 かも

意味 かも・あひるの総称。カモ科の水鳥。「鴨脚」

「鴨黄」 参考 かもを「野鴨」、あひるを「家鴨」と呼んで区別する。

下つき 家鴨(カオウ・あひる)・黄鴨(コウオウ)・鳧鴨(フオウ)・野鴨(ヤオウ)

【〈鴨脚樹〉】いちょう イチョウ科の落葉高木。由来「鴨脚」は漢名より。葉の形がカモ(鴨)のあしに似ていることから。▼銀杏(いちょう)(三六五)

【鴨】かも ①カモ科の鳥のうち、比較的小形なものの総称。日本では秋に北方から渡来し、春に帰るものが多い。肉は美味。「—の脛(はぎ)(短いもののたとえ)」季冬 ②勝負事で負かしやすい相手。お人好しで利用しやすい人。「さんざん—にされた」表記「鳬」とも書く。

【鴨が葱(ねぎ)を〈背負〉(しょ)って来る】 好都合なことが重なり、ますます都合がよくなるたとえ。鴨鍋(なべ)の主材料のカモが、これまた鴨鍋に欠かせないネギを背負ってやって来る意から。

【鴨の水搔(か)き】 のんびりしているように見える人にも、人知れぬ苦労があるたとえ。カモはのんびりと泳いでいるように見えるが、水中では休まず足で水を搔いていることから。

【鴨居】かもい 戸や障子・ふすまなどを立てるために溝を入れた横木のうち、上側のもの。「—に頭をぶつける」対 敷居(しきい)

【鴨嘴・〈鴨嘴獣〉】かものはし カモノハシ科の哺乳(ホニュウ)動物。オーストラリアにすむ原始的な動物。体長は約五〇センチメートルで、あしは短く水かきがある。卵で生まれ、乳で育つ。由来 嘴(くちばし)がカモ(鴨)に似ていることから。

【鴨頭】コウトウ 吸い物に入れるユズの皮などの種々の薬味。表記「香頭」とも書く。参考「鴨」は誤読による当て字。

【〈鴨舌草〉】こなぎ ミズアオイ科の一年草。由来「鴨舌草」は漢名からの誤用。▼小水葱(こなぎ)(七三八)

【〈鴨跖草〉】つゆくさ ツユクサ科の一年草。道端に自生。夏、青色の小さい一日花をつける。カマツカ。ボウシバナ。季秋 由来「鴨跖草」は漢名より。花の色がカモ(鴨)の頭に似ていることから。表記「露草」とも書く。

オウ【鴦】(16) 鳥 5 準1 8283 7273 音 オウ 訓 おしどり

意味 おしどり。カモ科の水鳥。参考 雄を「鴛(エン)」、雌を「鴦」といい、両方で「鴛鴦」と呼ぶ。

オウ【應】(17) 心13 5670 5866 ▼応の旧字(一一二)

オウ【甕】(18) 瓦13 1 6517 6131 音 オウ 訓 かめ・もたい・みか

意味 酒や水を入れるかめ。もたい。みか。「甕天」類 瓮(オウ)

【甕天】オウテン かめの中の天地。転じて狭い世間の意で、見識の狭いことのたとえ。

【甕】かめ 水や酒などを入れる大きな器。「—に藤(ふじ)をさす」表記「瓮」とも書く。

【甕】もたい 「甕(みか)」に同じ。

【甕菜】ヨウサイ ヒルガオ科のつる性多年草。熱帯アジア原産。秋、白または紅色の花が咲く。茎・葉は食用で、特に中国料理に用いる。

オウ【襖】(18) 衤13 準1 1808 3228 音 オウ 訓 ふすま・あお・わたいれ

〔襖〕

意味 ①ふすま。からかみ。②うわぎ。あお。昔の衣服。「素襖」③わたいれ。

下つき 素襖(スオウ)

【襖】あお ①両わきの開いた上着で、昔の武官の礼服。②「狩襖(かりあお)」の略で、「狩衣(かりぎぬ)」に同じ。昔、貴族が常用した略服で、のちに武家の礼服となった。類 襖子(あおシ)

【襖】ふすま 木で骨組みを作り、その裏表に紙や布などをはった和室用の建具(たてグ)。襖障子。類 唐紙(からかみ) 季冬

【襖絵】ふすまエ ふすまに描いた絵。「狩野(かのう)派の—」参考 平安時代には障子絵(ショウジエ)といった。

オウ【謳】(18) 言11 1 7580 6B70 音 オウ 訓 うたう・うた

意味 うたう。うた。「謳詠」「謳歌」「謳吟」類 嘔(オウ)

【謳う】うたう ①節をつけてうたう。②多くの人に知らせるよう強調して述べる。「憲法に—われている平和主義」③ほめたたえる。皆がもてはやす。「不世出と—われる名人」

【謳歌】オウカ ①声をそろえて多くの人がほめたたえること。類 礼賛・賞賛・賛美 ②恵まれた環境や状況にあることを十分に楽しむこと。「青春を—する」由来 もと、君主の徳を皆でほめたたえる歌の意から。

オウ【鏖】(19) 金11 1 7918 6F32 音 オウ 訓 みなごろし

意味 みなごろし。みなごろしにする。「鏖殺」「鏖戦」

【鏖殺】オウサツ みなごろしにすること。

【鏖戦】オウセン 敵をみなごろしにするまで、死力を尽くして戦うこと。

【鏖】みなごろし 一人も残さずに殺すこと。表記「皆殺し」とも書く。

オウ【嚶】(20) 口17 1 5177 536D 音 オウ 訓 なく

意味 鳥が鳴く。「嚶嚶」「嚶鳴」

【嚶嚶】オウオウ ①鳥が互いに鳴き合うさま。②友人どうしが声を出してはげまし合うこと。

【嚶鳴】オウメイ ①鳥が互いに鳴き交わすこと。②仲間を求め合うこと。

オウ【罌】(20) 缶14 1 7002 / 6622 音 オウ 訓 かめ・もたい

意味 腹部が大きく、口の小さなまるいかめ。もたい。「罌缶」

下つき 壺罌・湯罌・杯罌・浮罌・木罌

【〈罌粟〉】けし ケシ科の二年草。由来「罌粟」は漢名より。実の形が罌(口のすぼんだかめ)に似ていて、種子がアワ(粟)のように細かいことから。▼芥子(一七二)

【罌】もたい 胴がふくらみ、口のすぼまったまるいかめ。類 缶

オウ【櫻】(21) 木17 6115 / 5D2F ▼桜の旧字(一二五)

オウ【鶯】★ (21) 鳥10 準1 8284 / 7274 音 オウ 訓 うぐいす

〔鴬〕1809 / 3229

意味 うぐいす。ヒタキ科の小鳥。「鶯衣」「鶯燕」「鶯歌」

下つき 暁鶯・黄鶯・残鶯・晩鶯・老鶯

【鶯】うぐいす ①ヒタキ科の小鳥。山地にすみ、冬は平地に移る。背は緑褐色で、腹は白色。春、「ホーホケキョ」と美しい声で鳴く。ハルツゲドリ。ウタヨミドリ。キョウヨミドリ。ハナミドリ。季春 ②声の美しい女性のたとえ。「―嬢」 参考 ①古くから詩歌に詠まれてきたため、別称が多い。

【『鶯鳴かせたこともある』】今は年老いてしまったが、若いころにはウメが枝にウグイスをとまらせて鳴かせるように、男性からもてはやされたこともあったということ。

【鶯餅】うぐいすもち 和菓子の一種。あんを餅で包み、表面に鶯色(灰色がかった黄緑色)のきな粉をまぶしたもの。

【鶯語】オウゴ ウグイスの鳴き声。

【鶯舌】オウゼツ ①ウグイスの声。②美しい声のたとえ。

【鶯遷】オウセン ①ウグイスが深い谷から出て、高い木に移ること。②試験の合格・出世・転居などを祝う語。「友の―を祝う」

オウ【鶲】(21) 鳥10 1 8316 / 7330 音 オウ 訓 ひたき

意味 ひたき。ヒタキ科の小鳥。

【鶲】ひたき ヒタキ科の小鳥の総称。キビタキ・オオルリ・ジョウビタキ・ルリビタキなど。飛びながら空中の昆虫を捕食する。季秋 表記「火焼」とも書く。

オウ【鷗】★ (22) 鳥11 準1 9469 / 7E65 音 オウ 訓 かもめ

〔鴎〕☆ 1810 / 322A

意味 かもめ。カモメ科の鳥。「鷗州」「鷗渚」「鷗盟」

下つき 海鷗・渚鷗・水鷗・白鷗

【鷗盟】オウメイ ①隠居すること。②世俗から離れた風流なつきあい。参考 カモメを友とする意から。

【鷗】かもめ カモメ科の鳥。日本には冬にシベリア方面から渡来する。体は白色で青灰色の長い翼をもつ。群れをなして港や河口などにすみ、魚類や昆虫を捕食する。

オウ【鷹】(24) 鳥13 3475 / 426B ▼ヨウ(一五三七)

オウ【鸚】★ (28) 鳥17 準1 8332 / 7340 音 オウ・イン

意味 おうむ(鸚鵡)。オウム科の鳥。「鸚猩」

【鸚哥】インコ オウム科の鳥のなかで、小形で羽の美しいものの総称。熱帯原産で、飼い鳥にされる。表記「音呼」とも書く。

【鸚鵡】オウム オウム科の鳥のなかで、大形で尾の短いものの総称。熱帯原産。くちばしは太く先がかぎ形に曲がっている。人の言葉や他の動物の鳴き声をよくまねる。「―返し(言われた言葉をそのまま言い返すこと)」

【『鸚鵡能く言えども飛鳥を離れず』】オウムがいかに人の言葉をうまくまねて話せるといっても、鳥であることになんら変わりはない。また、人がいくら言葉巧みに話せても、礼にはずれていたりすれば鳥獣と同じであるということ。〈『礼記』〉

【鸚鵡貝】オウムがい オウムガイ科の軟体動物。熱帯海域にすむ。巻貝のような殻をもち、その中に体を収める。由来 形がオウムのくちばしに似ていることから。

おう【生う】(5) 生0 教 3224 / 4038 ▼セイ(八四六)

おう【負う】(9) 貝2 教 4173 / 4969 ▼フ(一三二七)

おう【追う】(9) 辶6 教 3641 / 4449 ▼ツイ(一〇七六)

おう【逐う】(10) 辶7 常 3564 / 4360 ▼チク(一〇三七)

同訓異義 おう

【追う】先に行くものをおいかける。あとから進む。ほか、広く用いる。「犯人を追う」「流行を追う」「仕事に追われる」

【逐う】あとをおいかける。順番に進む。「駆逐」「順を逐って進む」「字を逐って解釈する」

【負う】背に物をのせる。身に受ける。「負うた子に教えられる」「傷を負う」「名にし負う」「責任を負う」「借金を負う」

おうぎ【扇】(10) 戸6 常 3280 / 4070 ▼セン(九〇一)

おうご【朸】(6) 木2 5922 / 5B36 ▼リョク(一五八三)

おうち【棟】(13) 木9 6034 / 5C42 ▼レン(一六〇五)

おうち【樗】(15) 木11 3584 / 4374 ▼チョ(一〇五二)

おうな【▲媼】(13) 女10 5328 553C ▼オウ(一一六)
おうな【▲嫗】(14) 女11 5334 5542 ▼オウ(一一六)
おおい【多い】(6) 夕3 教 3431 423F ▼タ(九七〇)
おおい【▲稠い】(13) 禾8 6739 6347 ▼チュウ(一〇四九)
おおい【△蔽い】(15) 艹12 常 4235 4A43 ▼ヘイ(一三七〇)
おおいに【大いに】(3) 大0 教 3471 4267 ▼ダイ(九八七)
おおう【▲奄う】(8) 大5 1766 3162 ▼エン(九六)
おおう【△冒う】(9) 曰5 常 4333 4B41 ▼ボウ(一四一六)
おおう【▲盍う】(10) 皿5 6620 6234 ▼コウ(四九七)
おおう【△被う】(10) 衤5 常 4079 486F ▼ヒ(一二八一)
おおう【▲屛う】(11) 尸8 9491 7E7B ▼ヘイ(一三六八)
おおう【▲掩う】(11) 扌8 1770 3166 ▼エン(九九)
おおう【△蓋う】(13) 艹10 常 1924 3338 ▼ガイ(一九二)
おおう【△蔽う】(15) 艹12 常 4235 4A43 ▼ヘイ(一三七〇)
おおう【覆う】(18) 襾12 常 4204 4A24 ▼フク(一三四七)

同訓異義 おおう

【覆う】すっぽりと上からかぶせてつつむ。ほか、広く用いる。「頭から毛布で覆う」「覆面」「日覆い」
【△被う】上から全体をかぶせる。「晴れ着で身を被う」「山が雪に被われる」
【△蔽う】間をさえぎり隠す。「遮蔽」「雑草に蔽われた畑」「隠蔽」「贈賄の事実は蔽うべくもない」
【△蓋う】ふたをするようにおおう。広く行きわたらせる。「棺を蓋う」「名声天下を蓋う」
【▲掩う】手で隠す。「事故の惨状は目を掩うばかりだ」「耳を掩うほどの騒音」

おおかみ【▲狼】(10) 犭7 4721 4F35 ▼ロウ(一六一七)
おおきい【大きい】(3) 大0 教 3471 4267 ▼ダイ(九八七)
おおきい【▲丕きい】(5) 一4 4803 5023 ▼ヒ(一二七三)
おおきい【△巨きい】(5) 工2 常 2180 3570 ▼キョ(三三四)
おおきい【▲傀きい】(12) 亻10 4890 507A ▼カイ(一七八)
おおきい【▲碩きい】(14) 石9 3257 4059 ▼セキ(八七九)
おおじ【▲逵】(12) 辶8 7792 6D7C ▼キ(二七八)
おおじか【▲麋】(17) 鹿6 8340 7348 ▼ビ(一二九三)
おおせ【仰せ】(6) 亻4 常 2236 3644 ▼ギョウ(三四五)
おおせる【△遂せる】(12) 辶9 常 3175 3F6B ▼スイ(八三一)
おおづつ【砲】(10) 石5 常 4304 4B24 ▼ホウ(一四〇五)
おおづつ【▲熕】(14) 火10 国 6380 5F70 ▼コウ(五一〇)
おおとり【▲凰】(11) 几9 4964 5160 ▼オウ(一一五)
おおとり【▲鳳】(14) 鳥3 4317 4B31 ▼ホウ(一四一〇)
おおとり【▲鴻】(17) 鳥6 2567 3963 ▼コウ(五一六)
おおとり【▲鵬】(19) 鳥8 4318 4B32 ▼ホウ(一四一二)

おおぼら【鮱】(17) 魚6 国 1 9342 7D4A 訓 音 おおぼら

意味 おおぼら。ボラ科の海魚。ボラの成長しきったもの。参考 ボラの老成したものの意味で「老」がついている。

おおむね【△概ね】(14) 木10 常 1921 3335 ▼ガイ(一九三)
おおやけ【公】(4) 八2 教 2488 3878 ▼コウ(四七一)
おか【丘】(5) 一4 常 2154 3556 ▼キュウ(三〇二)

おか【岡】(8) 山5 常 教 7 1812 322C 訓 音 おか 外 コウ

〔堽〕 1 5246 544E

筆順 丨冂冂冂冈罔岡岡

意味 ①おか。小高い土地。「岡阜」「岡陵」②そば。かたわら。「岡目」

【岡】おか ①小高くなっている所で、山より低いもの。②かたわら。「—惚れする」表記 ①「丘」、②「傍」とも書く。

【岡っ引き】おかっぴき 江戸時代、町奉行所の同心などの配下となって、犯人の探索や逮捕にあたった人。めあかし。「—根性(やたらと人を疑う性質)」

【岡▲惚れ】おかぼれ ①他人の恋人をわきから好きになること。横恋慕。②相手の心がわからないのに恋すること。片思い。表記「傍惚れ」とも書く。

【岡目八目】おかめハチモク はたで見ているほうが当事者よりも情勢を正確に判断できること。由来 囲碁をかたわらで見ていると、実際に打っている人より八目先まで手が読める意から。表記「岡目」は「傍目」とも書く。

【岡持ち】おかもち ふたと取っ手のついた平たいおけ。出前などで、食べ物や食器などを運ぶのに用いる。

【岡焼き】おかやき 他の男女が仲がいいのをねたみ、焼きもちを焼くこと。おかやきもち。「二人で歩いていたら—半分で冷やかされた」表記「傍焼き」とも書く。

【△岡阜】コウフ 小高いおか。「阜」もおか・つちやまの意。「城跡のある—に登る」

おか【△阜】(8) 阜0 教 4176 496C ▼フ(一三一七)
おか【△陸】(11) 阝8 教 4606 4E26 ▼リク(一五六一)
おか【△陵】(11) 阝8 常 4645 4E4D ▼リョウ(一五七八)
おか【▲隴】(19) 阝16 8015 702F ▼ロウ(一六一九)

同訓異義　おか

【丘】まわりより土地が小高くなっている所。ほか、広く用いる。「丘に登る」「港を望む丘」
【△阜】高く盛り上がった土の山。
【▲陵】中央が盛り上がった大きなおか。
【岡】山の尾根が平らでかたい台地。
【△陸】水におおわれていない所。「陸に上がった河童（かっぱ）」

おかす【△干す】(3) 干0 教 2019/3433 ▼カン（一二一）
おかす【犯す】(5) 犭2 教 4040/4848 ▼ハン（一三六一）
おかす【▲奸す】(6) 女3 5301/5521 ▼カン（一三三）
おかす【侵す】(9) 亻7 常 3115/3F2F ▼シン（七九五）
おかす【冒す】(9) 曰5 常 4333/4B41 ▼ボウ（一四一六）

同訓異義　おかす

【犯す】法律や道徳などに反する。他の領分を踏み越える。ほか、広く用いる。「罪を犯す」「協定を犯して操業する」「婦女を犯す」
【侵す】しだいに入りこむ。他人の権利や権限をそこなう。「領海を侵す」「著作権を侵す」「言論の自由が侵される」
【冒す】困難なことをあえてする。無理に押し切って進む。「危険を冒して突き進む」「冒瀆（ボウトク）」「尊厳を冒す」
【△干す】障害を越えて突き進む。「干渉」
【▲奸す】道理をおかす。婦女をおかす。

おがむ【拝む】(8) 扌5 教 3950/4752 ▼ハイ（一二一三）
おき【沖】(7) 氵4 教 1813/322D ▼チュウ（一〇四五）
おき【▲澳】(16) 氵13 6320/5F34 ▼イク（四二）
おき【▲熾】(16) 火12 6385/5F75 ▼シ（六三六）
おき【▲燠】(17) 火13 6390/5F7A ▼イク（四二）
おぎ【▲荻】(10) 艹7 1814/322E ▼テキ（一一〇〇）
おきて【▲掟】(11) 扌8 5761/595D ▼ジョウ（七七六）
おきな【▲叟】(10) 又8 5055/5257 ▼ソウ（九三六）
おきな【△翁】(10) 羽4 常 1807/3227 ▼オウ（一一五）
おぎなう【補う】(12) 衤7 教 4268/4A64 ▼ホ（一三八九）
おきる【起きる】(10) 走3 教 2115/352F ▼キ（二七〇）

オク【屋】

(9) 尸6 常 教 8 1816 3230
音 オク
訓 や 外 いえ・やね

筆順 ㇕ コ 尸 尸 层 层 层 屖 屋

意味 ①いえ。すまい。「屋舎」「家屋」「社屋」 ②やね。「屋上」「屋溜（オクリュウ）」 ③職業や商店の名につける語。や。「屋号」

下つき 家屋（カオク）・金屋（キンオク）・空屋（クウオク）・社屋（シャオク）・小屋（ショウオク・こや）・書屋（ショオク）・草屋（ソウオク・くさや）・問屋（とんや・といや）・長屋（ながや）・廃屋（ハイオク）・破屋（ハオク）・部屋（へや）・茅屋（ボウオク）

【屋宇】オクウ　いえ。家屋。すまい。

【屋▲烏】オクウ　屋根にとまっているカラス。「愛―に及ぶ（人を愛すると、その家の屋根にいるカラスまで好きになる）」

【屋舎】オクシャ　家屋。たてもの。多く、大きな建築物を指す。「―は荒れ果て、昔の姿をとどめてはいない」

【屋上】オクジョウ　①屋根の上。「月が―に皓々（コウコウ）と照る」 ②ビルなどの建物の屋根の上を平らにした所。「デパートの―ビアガーデン」「―庭園」

『屋上屋（オク）を架（カ）す』屋根の上にさらに屋根をつくることで、無駄なこと、よけいなことをするたとえ。参考「屋下に屋を蓋（ガイ）す」ともいう。

【屋内】オクナイ　建物の中。「―競技場」「―プール」類 室内 対 屋外

【屋▲梁落月】オクリョウラクゲツ　心の底から友人を思うこと。「屋梁」は家のはり・屋根の意。故事 中国、唐の杜甫（トホ）が、友人李白（リハク）の南方に配流されたのを思いやり、「夜空に落ちかかった月の光が屋根を照らしているが、それはまるであなたの顔を照らし出しているような気がする」と詠じた詩句から。〈杜甫（トホ）の詩〉 参考「落月屋梁」ともいう。類 空梁落月（クウリョウラクゲツ）

【屋漏に▲愧じず】オクロウにはじず　人の見ていない所でも、良心に恥じるような行いはしないこと。「屋漏」は、部屋の西北の隅で、一番奥まった人目につかない所の意。〈『詩経』〉

【屋】や　①いえ。建物。「空き―」「二階―」「―主」 ②商店や職業の名前につける語。また、それに従事する人。「すし―」「政治―」

【屋形】やかた　①貴族や豪族のすまい。転じて、身分の高い人。「お―様」 ②船や車の上に設けた屋根の形の覆い。「―船で花火見物をする」表記 ①「館」とも書く。

【屋形船】やかたぶね　屋根をとりつけた船。江戸時代以降、川遊びなどに用いる。「納涼―」

【屋号】やゴウ　①商店の呼び名。店の呼び名。 ②歌舞伎（カブキ）役者などの家の呼び名。三河屋・音羽（おとわ）屋など。

【屋敷】やしき　①家屋の建っている敷地。「家―を売り払う」 ②敷地が広く、大きくりっぱな構えの家。「蔵―を設けた」類 邸宅 表記 ②「邸」とも書く。

【屋台・屋体】やタイ　①屋根をつけ、移動できるようにした物売りの台。「―のおでん屋」 ②祭礼などに用いる舞台。「囃子（はやし）―」 ③舞台で使う、家を表す大道具。「―崩しの演出」 ④「屋台骨（ぼね）」の略。

【屋台骨】やタイぼね ①屋台の骨組み。②柱・梁などの家屋の骨組み。③一家を支える資力や中心になるもの。「―が傾く」「大店の―を支える」

【屋根・△屋】やね ①建物や乗り物などの上部につけられた、風雨や日光などを防ぐための覆い。「茅葺き―」②もっとも高いところのたとえ。「世界の―ヒマラヤ山脈」

オク【億】
(15) イ13 常 教 7 1815 322F 音 オク 訓 外 おしはかる

筆順 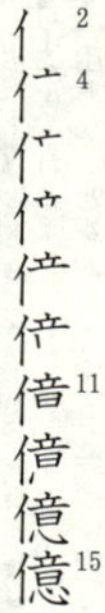

意味 ①数の名。おく。一万の一万倍。また、数のきわめて多いこと。「億載」「億兆」「巨億」②おしはかる。「億測」「億断」類憶オ・臆ク ③安んじる。「供億」

下つき 供億キョウ・巨億キョ・累億ルイ

【△億る】おしはかる 推測する。あれこれと思いめぐらす。

【億△劫】オックウ 面倒くさくて物事をする気になれないさま。「微熱があり家事は―だ」

由来 仏教語の「億劫コウ（無限の時間）」が転じたもので、時間が長くてやりきれない意から。

オク【憶】
(16) 忄13 常 4 1817 3231 音 オク 訓 外 おぼえる・おもう

筆順 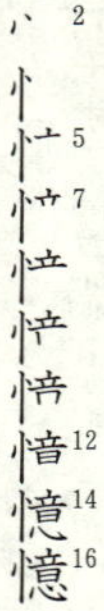

意味 ①おぼえる。忘れない。「記憶」②おもう。おもいだす。「追憶」③おしはかる。「憶測」「憶断」

書きかえ ③「臆オ」の書きかえ字として用いられるものがある。

下つき 記憶キ・追憶ツイ

【憶説】オクセツ 事実に基づかない、推測や仮定に基づく意見。「素人の―だ」類仮説

書きかえ 「臆説」の書きかえ字。

【憶測】オクソク 根拠もなく、いいかげんに推測をすること。また、その推測。「―でものを言ってはいけない」「さまざまな―を呼んでいる」

書きかえ 「臆測」の書きかえ字。

【憶断】オクダン 確かな根拠もないのに勝手に判断すること。表記「臆断」とも書く。

【憶念】オクネン 心の中に深く思いこんで、いつまでも忘れない考え。類執念 表記「臆念」とも書く。

【△憶える】おぼえる 頭の中に残しておく。記憶する。「故郷の風景はいつまでも―えている」

【△憶う】おもう いつまでも心の中に思って忘れない。また、あれこれと思いおこす。

オク【臆】
(17) 月13 常 2 1818 3232 音 オク 訓 外 おしはかる

筆順 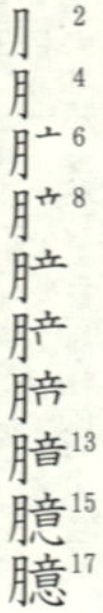

意味 ①おしはかる。「臆測」「臆断」②おくする。おじける。「臆病」「臆面」③むね。胸の内。「胸臆」

書きかえ ①「憶」に書きかえられるものがある。

下つき 怯臆キョウ・胸臆キョウ

【臆する】オクする 気おくれする。おじける。「人前で―せず話す」「暴力に―することなく立ち向かう」

【臆説】オクセツ ▼書きかえ 憶説（一二三）

【臆測】オクソク ▼書きかえ 憶測（一二三）

【臆度】オクタク おしはかること。「これらは―の域を脱しない意見だ」類憶測

【臆断】オクダン 確かな根拠もなく憶測で判断すること。また、その判断。「―を下す」

表記 「憶断」とも書く。

【臆病】オクビョウ 少しのことでもこわがること。また、そういう性格。「―者」「―風に吹かれる」類小心

【臆面】オクメン 気おくれしたようす。「―もなく（遠慮したり恥ずかしがったりすることなく）話す」

【臆見】オッケン 憶測による考えや意見。当て推量の意見。参考「オクケン」とも読む。

〈臆虫〉おめむし ワラジムシの別称。ワラジムシ科の甲殻類。落ち葉やごみの下などにすむ。

おく【△居く】(8) 尸5 教 2179 356F ▼キョ（三二五）

おく【△舎く】(8) 舌2 教 2843 3C4B ▼シャ（六五六）

おく【△措く】(11) 扌8 常 3328 413C ▼ソ（九二三）

おく【奥】(12) 大9 常 1792 317C ▼オウ（一一六）

おく【置く】(13) 罒8 教 3554 4356 ▼チ（一〇三四）

おく【▲擱く】(17) 扌14 5808 5A28 ▼カク（二〇三）

おくび【▲噯】(16) 口13 1523 2F37 ▼アイ（七）

おくぶかい【▲邃い】(18) 辶14 ▼スイ（八三三）

おくみ【▲衽】(11) 衤6 7452 6A54 ▼ジン（八一九）

おくりな【▲諡】(16) 言9 7575 6B6B ▼シ（六三七）

おくる【送る】(9) 辶6 教 3387 4177 ▼ソウ（九三五）

同訓異義 **おくる**

【送る】人の出発を見おくる。目的の所に持って行く。ほか、広く用いる。「荷物を送る」「友達を駅まで送る」「使者を送る」「見送る」「送り仮名」「憂鬱ユウウツな日々を送る」

【贈る】人に物や位などを与える。「花束を贈る」「結婚祝を贈る」「空海は死後に弘法大師の称号を贈られた」

【▲餽る】食物や金品をおくる。

【▲饋る】「餽る」とほぼ同じ。

おくる【△輸る】(16) 車9 教 4502/4D22 ▼ユ(一五〇四)
おくる【贈る】(18) 貝11 常 3403/4223 ▼ゾウ(九五五)
おくる【▲餽る】(19) 食10 8125/7139 ▼キ(二八五)
おくる【▲饋る】(21) 食12 8131/713F ▼キ(二八五)
おくれる【後れる】(9) 彳6 教 2469/3865 ▼ゴ(四六三)
おくれる【遅れる】(12) 辶9 常 3557/4359 ▼チ(一〇三三)

同訓異義 **おくれる**

【遅れる】一定の時刻や時期よりあとになる。進み方がおそくなる。「電車が遅れる」「学校に遅れる」「開発の遅れた地域」「婚期が遅れる」「遅れ馳(ば)せながら謝罪する」

【後れる】人よりあとになる。人のあとから行く。「みんなとは後れて出発する」「他社に後れを取るな」「後れ毛」「気後れする」

おけ【▲桶】(11) 木7 1819/3233 ▼トウ(一一四五)
おけ【△槽】(15) 木11 常 3369/4165 ▼ソウ(九四七)
おけら【▲朮】(5) 木1 5918/5B32 ▼ジュツ(七一四)
おける【▲於ける】(8) 方4 1787/3177 ▼オ(一一〇)
おこ【△痴】(13) 疒8 常 3552/4354 ▼チ(一〇三三)
おこす【▲熾す】(16) 火12 6385/5F75 ▼シ(六三六)
おこす【興す】(16) 臼10 教 2229/363D ▼コウ(五二三)
おこぜ【▲鰧】(21) 魚10 9368/7D64 ▼トウ(一一五八)
おごそか【△荘か】(9) 艹6 常 3381/4171 ▼ソウ(九二五)
おごそか【厳か】(17) 〃14 教 2423/3837 ▼ゲン(四四五)
おごそか【▲儼か】(22) 亻20 4923/5137 ▼ゲン(四四六)
おこたる【怠る】(9) 心5 常 3453/4255 ▼タイ(九八〇)
おこたる【△惰る】(12) 忄9 常 3438/4246 ▼ダ(九七五)
おこたる【△慢る】(14) 忄11 常 4393/4B7D ▼マン(一四四九)
おこたる【▲懈る】(16) 忄13 5672/5868 ▼カイ(一八五)
おこたる【▲嬾る】(19) 女16 5347/554F ▼ラン(一五五三)
おこたる【▲懶る】(19) 忄16 5681/5871 ▼ラン(一五五三)

同訓異義 **おこたる**

【怠る】心がゆるみだらける。ほか、広く用いる。「怠惰(タイダ)」「仕事を怠る」「注意を怠る」

【惰る】緊張がとれてだらける。だらしない。「惰眠(ダミン)」「惰性」

【△慢る】心がたるんで締まりがない。いいかげんにしておく。「怠慢(タイマン)」

【▲懈る】緊張がとけてだらける。

【▲懶る】ものぐさで人をあてにする。

おこなう【行う】(6) 行0 教 2552/3954 ▼コウ(四八二)
おこり【▲瘧】(14) 疒10 6574/616A ▼ギャク(二九九)
おこる【怒る】(9) 心5 常 3760/455C ▼ド(一一三四)
おこる【起こる】(10) 走3 教 2115/352F ▼キ(二七〇)
おこる【興る】(16) 臼10 教 2229/363D ▼コウ(五二三)

同訓異義 **おこる**

【起こる】物事が新たに始まる。発生する。「事件が起こる」「静電気が起こる」「発作が起こる」

【興る】勢いが盛んになる。物事が盛んな状態になる。「新しい産業が興る」「国が興る」

【▲熾る】炭火が盛んに燃えるようになる。「紙を燃やすと炭が熾る」「七輪の火が熾る」

【怒る】腹をたてる。しかる。「侮辱されて怒りだす」「父はごまかすとすぐ怒る」

おごる【▲侈る】(8) 亻6 4844/504C ▼シ(六〇九)
おごる【▲倨る】(10) 亻8 4866/5062 ▼キョ(三一六)
おごる【▲敖る】(11) 攵7 5836/5A44 ▼ゴウ(五二一)
おごる【▲奢る】(12) 大9 5290/547A ▼シャ(六五九)
おごる【△傲る】(13) 亻11 常 4894/507E ▼ゴウ(五二一)
おごる【▲驕る】(22) 馬12 8165/7161 ▼キョウ(三四四)

同訓異義 **おごる**

【▲奢る】分をわきまえずにぜいたくをする。人にごちそうする。「美食家で口が奢っている」「上司の奢りで飲む」

【▲侈る】むだづかいをする。ぜいたくをする。「奢る」に近い意。「奢侈(シャシ)」

【▲驕る】自分の勢力や財力・才能などを誇り、人を見下す。「驕る平家は久しからず」

【△傲る】偉そうにして人を見下す。増長する。「傲慢(ゴウマン)」「傲岸(ゴウガン)」

【▲倨る】偉そうに構えていばる。「倨傲(キョゴウ)」

おさ【△長】(8) 長0 教 3625/4439 ▼チョウ(一〇五五)
おさ【▲酋】(9) 酉2 2922/3D36 ▼シュウ(六八九)
おさ【▲筬】(13) 竹7 ▼セイ(八六四)
おさえる【△圧さえる】(5) 土2 教 1621/3035 ▼アツ(一四)
おさえる【抑える】(7) 扌4 常 4562/4D5E ▼ヨク(一五三八)
おさえる【▲扼える】(7) 扌4 5715/592F ▼ヤク(一四九六)
おさえる【△制える】(8) 刂6 教 3209/4029 ▼セイ(八五三)
おさえる【押さえる】(8) 扌5 常 1801/3221 ▼オウ(一一三)
おさえる【▲按える】(9) 扌6 1636/3044 ▼アン(二一)
おさない【幼い】(5) 幺2 教 4536/4D44 ▼ヨウ(一五一四)

おさめる【収める】(4) 又2 教 2893/3C7D ▼シュウ(六八四)
おさめる【▲艾める】(5) 艹2 7172/6768 ▼ガイ(一九〇)
おさめる【△攻める】(7) 攵3 常 2522/3936 ▼コウ(四八四)
おさめる【治める】(8) 氵5 教 2803/3C23 ▼ジ(六三五)
おさめる【修める】(10) 亻8 教 2904/3D24 ▼シュウ(六八九)
おさめる【納める】(10) 糸4 教 3928/473C ▼ノウ(一二一〇)
おさめる【△理める】(11) 王7 教 4593/4D7D ▼リ(一五五七)
おさめる【▲脩める】(11) 肉7 7091/667B ▼シュウ(六九二)
おさめる【△領める】(14) 頁5 教 4646/4E4E ▼リョウ(一五八〇)
おさめる【△蔵める】(15) 艹12 教 3402/4222 ▼ゾウ(九五五)
おさめる【▲斂める】(17) 攵13 5844/5A4C ▼レン(一六〇八)
おさめる【▲釐める】(18) 里11 7858/6E5A ▼リ(一五六〇)

同訓異義 おさめる

【収める】整理して中に入れる。手に入れる。ほか、広く用いる。「肌着を箪笥(タンス)に収める」「全集に収める」「成果を収める」「丸く収める」

【納める】きちんと入れるべき所に入れる。終わりにする。「税金を納める」「注文の品物を納める」「怒りを胸に納める」「仕事納め」

【△蔵める】隠してしまっておく。「貯蔵」

【修める】学問などを身につける。行いを正しくする。「学業を修める」「素行が修まらない」「フランス語を修める」

【▲脩める】「修める」とほぼ同じ。

【△攻める】深く学ぶ。研究する。「専攻」

【治める】乱れを鎮(しず)め落ち着かせる。支配する。「紛争を治める」「国を治める」「水を治める」

【▲斂める】多くのものをひとところにまとめる。引き締める。「収斂(シュウレン)」

【△理める】すじ道を立てて整える。「整理」

おしい【惜しい】(11) 忄8 常 3243/404B ▼セキ(八七八)
おしえる【△訓える】(10) 言3 教 2317/3731 ▼クン(三八二)
おしえる【教える】(11) 攵7 教 2221/3635 ▼キョウ(三三七)
おしえる【▲誨える】(14) 言7 7550/6B52 ▼カイ(一八三)
おじける【△怖じける】(8) 忄5 常 4161/495D ▼フ(一三一六)
おしはかる【△億る】(15) 亻13 教 1815/322F ▼オク(一二二)
おしむ【▲吝しむ】(7) 口4 5071/5267 ▼リン(一五八三)
おしむ【惜しむ】(11) 忄8 常 3243/404B ▼セキ(八七八)
おしむ【▲嗇しむ】(13) 口10 5207/5427 ▼ショク(七八三)
おしむ【△愛しむ】(13) 心9 教 1606/3026 ▼アイ(五)
おしむ【▲慳しむ】(14) 忄11 5644/584C ▼ケン(四三二)

同訓異義 おしむ

【惜しむ】残念に思う。大切にする。ほか、広く用いる。「別れを惜しむ」「名残(なごり)惜しい」「寸暇を惜しむ」「名を惜しむ」

【△愛しむ】大切に思い手放さない。いとおしむ。「散る花を愛しむ」「行く春を愛しむ」

【▲嗇しむ】物をみだりに出さない。浪費しない。「吝嗇(リンショク)」

【▲吝しむ】ものおしみする。けちである。「金を吝しむ」「骨身を吝しむ」「出し吝しみする」

【▲慳しむ】「吝しむ」とほぼ同じ。

おす【△圧す】(5) 土2 教 1621/3035 ▼アツ(一四)
おす【▲牡】(7) 牜3 1820/3234 ▼ボ(一三九二)
おす【押す】(8) 扌5 常 1801/3221 ▼オウ(一一三)
おす【推す】(11) 扌8 教 3168/3F64 ▼スイ(八二九)
おす【▲捺す】(11) 扌8 3872/4668 ▼ナツ(一一八八)
おす【雄】(12) 隹4 常 4526/4D3A ▼ユウ(一五一四)
おす【▲擠す】(17) 扌14 5811/5A2B ▼セイ(八七〇)

同訓異義 おす・おさえる

【押す】ものに触れて向こうへ動かそうと力を加える。ほか、広く用いる。「車を押す」「相手を押し出す」「責任を押しつける」「念を押す」「押すな押すなの大盛況」

【△圧す】上からおしつけて重みをかける。おさえつける。「ローラーで圧し延ばす」「寝圧しする」

【▲捺す】手でおさえつける。「捺印(ナツイン)」「捺染(ナッセン)」「判を捺す」

【推す】人にすすめる。おしはかる。前へおしだす。「推薦」「その作品を大賞に推す」「推して知るべし」「計画を推し進める」

【▲擠す】並んでおしあう。おしのける。

【抑える】勢いのあるものを無理におさえつける。「物価上昇を抑える」「感情を抑える」「社員の要求を抑える」「出費を抑える」

【▲按える】手で上からおさえる。「按摩(アンマ)」

おそい【▲晏い】(10) 日6 5871/5A67 ▼アン(二二)
おそい【△晩い】(12) 日8 教 4053/4855 ▼バン(一二七〇)
おそい【遅い】(12) 辶9 常 3557/4359 ▼チ(一〇三三)
おそう【襲う】(22) 衣16 常 2917/3D31 ▼シュウ(六九八)

おそれ【虞】

(13) 虍7 常 準2 2283/3673

訓 おそれ　音 外 グ

筆順 丨 ト ト 广 广 庐 庐 虐 虐[9] 虞 虞 虞[13]

意味 ①おそれる。うれえる。おそれ。また、うれい。心配。「不虞」「憂虞」「善良な風俗を害する虞がある」 ②中国古代の王朝の名。

類 懼(ク)

下つき 不虞（フグ）・憂虞（ユウグ）

【虞舜】グシュン 中国の皇帝、舜の別称。中国の古代説話に出てくる五帝の一人。

【虞犯】グハン 罪をおかすおそれのあること。「―少年」

【虞犯少年】グハンショウネン 性格・環境・行状などから考え、将来犯罪をおかして刑法に触れるおそれのある未成年者。

【虞美人草】グビジンソウ ヒナゲシの別称。季 夏 由来 中国、秦（シン）代末の楚（ソ）王、項羽に愛された虞美人という美女が、漢軍に包囲されて自決したときの血から生じたという伝説から。▼雛罌粟（ひなげし）（八三六）

おそれる【怖れる】(8) 忄5 常 4161/495D ▼フ（一三二六）
おそれる【怕れる】(8) 忄5 5570/5766 ▼ハ（一二一五）
おそれる【恟れる】(9) 忄6 5579/576F ▼キョウ（三三二）
おそれる【畏れる】(9) 田4 常 1658/305A ▼イ（三〇）
おそれる【恐れる】(10) 心6 常 2218/3632 ▼キョウ（三三三）
おそれる【悚れる】(10) 忄7 5594/577E ▼ショウ（七四七）
おそれる【悸れる】(11) 忄8 5609/5829 ▼キ（二七四）
おそれる【惶れる】(12) 忄9 5621/5835 ▼コウ（五〇五）
おそれる【惴れる】(12) 忄9 5624/5838 ▼ズイ（八三三）
おそれる【竦れる】(12) 立7 6780/6370 ▼ショウ（七五六）
おそれる【慄れる】(13) 忄10 常 5643/584B ▼リツ（一五六四）
おそれる【慴れる】(14) 忄11 5650/5852 ▼ショウ（七六〇）
おそれる【懍れる】(16) 忄13 5678/586E ▼リン（一五八六）
おそれる【瞿れる】(18) 目13 6658/625A ▼ク（三七〇）
おそれる【懾れる】(21) 忄18 5687/5877 ▼ショウ（七六七）
おそれる【懼れる】(21) 忄18 5686/5876 ▼ク（三七一）

同訓異義 **おそれる**

【恐れる】こわがる。悪いことが起こりはしないかと心配する。ほか、広く用いる。「失敗を恐れる」「死を恐れる」「恐る恐る進む」

【畏れる】すぐれたものに対して敬いしたがう。おそれはばかる。「畏れ敬う」「神をも畏れぬ森林破壊工事」「後生畏るべし」「畏れ多い」

【怖れる】おじける。びくびくする。「恐れる」とほぼ同じ。「恐怖」「子どもが高い所を怖れる」「暗闇を怖れる」

【懼れる】あやぶむ。おどおどする。「失敗を懼れる」「不正の発覚を懼れる」「勇者は懼れず」

【悸れる】おそれて胸がどきどきする。

【惶れる】心が動揺しておどおどする。

【悚れる】ぞっとして身をすくませる。

【慴れる】おそれてびくびくする。

【懾れる】身をちぢませておじける。

【慄れる】おそろしくてふるえる。「戦慄（センリツ）」

おそろしい【恐ろしい】(10) 心6 常 2218/3632 ▼キョウ（三三三）
おそわる【教わる】(11) 攵7 教 2221/3635 ▼キョウ（三三七）
おそわれる【魘われる】(24) 鬼14 8222/7236 ▼エン（一〇九）
おだてる【煽てる】(14) 火10 3290/407A ▼セン（九〇六）
おだやか【穏やか】(16) 禾11 常 1826/323A ▼オン（一三一）
おちいる【陥る】(10) 阝7 常 2057/3459 ▼カン（二三二）
おちる【堕ちる】(12) 土9 常 3436/4244 ▼ダ（九七四）
おちる【落ちる】(12) 艹9 教 4578/4D6E ▼ラク（一五四七）
おちる【隕ちる】(13) 阝10 8008/7028 ▼イン（六七）
おちる【零ちる】(13) 雨5 常 4677/4E6D ▼レイ（一五九六）
おちる【殞ちる】(14) 歹10 6146/5D4E ▼イン（六七）
おちる【墜ちる】(15) 土12 常 3638/4446 ▼ツイ（一〇七八）

同訓異義 **おちる**

【落ちる】上から下へ移動する。程度が下がる。ほか、広く用いる。「木の実が落ちる」「色が落ちる」「成績が落ちる」「落ち目になる」「穴に落ちる」「日が落ちる」

【墜ちる】重いものが下におちる。「墜落（ツイラク）」「飛行機が墜ちる」「巨星墜つ」

【隕ちる】高い所から下へおちる。「隕石（インセキ）」

【零ちる】しずくがおちる。おちぶれる。「零落（レイラク）」

【堕ちる】崩れおちる。おちぶれる。「堕落（ダラク）」「地獄に堕ちる」「俗に堕ちる」

オツ【乙】

(1) 乙0 常 3 1821/3235

訓音 オツ 外 イツ 外 きのと・おと

筆順 乙

意味 ①きのと。十干の第二。「乙夜（イツヤ・オツヤ）」▼干支順位表（一六六〇）②物事の順位の二番目。「乙種」③邦楽で、甲より一段低い音。④幼い、愛らしい意に用いられる接頭語。「乙女」「乙姫」 参考 ②の意味から「乙甲（めりかり）」「乙張（めりはり）」という語ができ、またしぶい低音ということで「乙な味」「乙にすます」などという言葉ができた。

【乙夜】イツヤ 一夜を五つに分けた、その二番目。現在の午後九時から一一時ごろ。亥（い）の刻にあたる。「―の覧（中国、唐の文宗が昼間多忙なため夜に読書をしたことから、天子が書物を読むこと）」 類 二更（ニコウ）

【乙】おと ①同性の年下のきょうだい。また、末子。対 兄（え） ②幼いさま。若くて美しいさまを表す語。「―女」③狂言面の一つ。若い醜女の面。おかめ。おたふく。表記 ①「弟」とも書く。

【乙子】おとご 最後に生まれた子。すえっ子。表記「弟子」とも書く。

【△乙子月】おとごづき 陰暦一二月の異名。末子を乙子ということから。

【△乙姫】おとひめ ①妹の姫。また、若い姫。対兄姫(えひめ) ②竜宮(リュウグウ)に住むという伝説の美しい姫。表記「弟姫」とも書く。

〈乙女〉おとめ ①年若いむすめ。少女(ショウジョ)。「―心は微妙に揺れる」 ②未婚のむすめ。類処女 表記「少女」とも書く。

【△乙】きのと 十干の第二番目。方角では東。五行では木。対甲(きのえ) 参考「木の弟(と)」の意。

〈乙鳥〉つばめ ツバメ科の鳥。由来「乙鳥」は漢名から。▼燕(つばめ)(一〇七)

【乙甲】めりかり 音の高低。また、強弱。めりはり。由来 邦楽で、基本より下がる音を「めり」、上がる音を「かり」ということから。表記「減上」とも書く。

〈乙張〉り めりはり ①楽器の音や声の調子を上げ下げすること。類抑揚(ヨクヨウ)・乙甲(めりかり) ②ゆるめることと張ること。強弱をつけること。「―の利いた文章に仕上げる」「生活に―をつける」 表記「減り張り」とも書く。

オツ【膃】(14) 月10 1 7112 672C 音 オツ 訓

意味 ①肥えてやわらかい。「膃肭(オツドツ)」 ②アシカ科の哺乳(ホニュウ)動物「膃肭臍(おっとせい)」に用いられる字。

【▲膃▲肭▲臍】おっとせい アシカ科の哺乳(ホニュウ)動物。北太平洋にすむ。体は流線形で、あしはひれ状。毛皮や肉を利用する。由来「膃肭」はアイヌ語「オンネウ」の中国での音訳、「臍」は陰茎を臍(ほぞ)(へそ)と呼んで、薬用にしたことから。表記「海狗」とも書く。

おっと【夫】(4) 大1 教 4155 4957 ▼フ(一三三)
おと【△乙】(1) 乙0 常 1821 3235 ▼オツ(一二五)
おと【音】(9) 音0 教 1827 323B ▼オン(一二八)
おとうと【弟】(7) 弓4 教 3679 446F ▼テイ(一〇八九)

おとがい【▲頤】(15) 頁6 8085 7075 ▼イ(三九)
おどかす【脅かす】(10) 肉6 常 2228 363C ▼キョウ(三三五)
おとこ【△夫】(4) 大1 教 4155 4957 ▼フ(一三三)
おとこ【男】(7) 田2 教 3543 434B ▼ダン(一〇三)
おどし【▲縅】(15) 糸9 国 6947 654F ▼おどす(一二六)
おとしいれる【陥れる】(10) 阝7 常 2057 3459 ▼カン(二三二)
おとしめる【▲貶める】(11) 貝4 7642 6C4A ▼ヘン(一三八一)
おとす【▲貶とす】(11) 貝4 7642 6C4A ▼ヘン(一三八一)
おとす【落とす】(12) 艹9 教 4578 4D6E ▼ラク(一五四七)
おどす【△威す】(9) 女6 常 1650 3052 ▼イ(二九)
おどす【脅す】(10) 肉6 常 2228 363C ▼キョウ(三三五)

同訓異義 おどす

【脅す】相手が不利になるようなことを言ってこわがらせる。ほか、広く用いる。「刃物で脅す」「秘密をつかんで脅す」「脅し文句」
【△威す】力を見せつけて相手をこわがらせる。おそれしたがわせる。「威圧」「敵を威す」「軍事力で隣国を威す」
【△嚇す】大声を立てて相手をこわがらせる。「威す」に近い意。「威嚇(イカク)」

おどす【縅】(15) 糸9 国 1 6947 654F 訓 おどす・おどし 音

意味 おどす。よろいの札(さね)を糸や革でつづり合わせる。また、その糸や革ひも。おどし。

下つき 緋縅(ひおどし)

【▲縅】おどし よろいの札(さね)(革板の小片)を糸や細い革ひもでつなぎ合わせること。また、そのもの。「唐綾(からあや)―」 参考「緒通し」の意。「縅」は国字で、もとは相手をおどす意の「威」を当てた。

おどす【△嚇す】(17) 口14 常 1937 3345 ▼カク(二〇三)
おとずれる【訪れる】(11) 言4 教 4312 4B2C ▼ホウ(一四〇六)
おとなう【△訪う】(11) 言4 教 4312 4B2C ▼ホウ(一四〇六)
おとり【▲囮】(7) 口4 ▼カ(一四一)
おとる【劣る】(6) 力4 常 4684 4E74 ▼レツ(一六〇二)
おどる【△跳る】(13) 足6 常 3623 4437 ▼チョウ(一〇六四)
おどる【踊る】(14) 足7 常 4557 4D59 ▼ヨウ(一五三五)
おどる【躍る】(21) 足14 常 4486 4C76 ▼ヤク(一四九九)

同訓異義 おどる

【踊る】音楽に合わせて体を動かす。人の意のままに操られる。「リズムに乗って踊る」「二人でダンスを踊る」「笛吹けど踊らず」「黒幕に踊らされて党主選に立つ」
【躍る】勢いよくとびはねる。躍動する。心がわくわくする。「川面(かわも)で魚が躍る」「字が躍る」「躍り上がって喜ぶ」「胸が躍る」
【△跳る】はね上がっておどる。「跳躍(チョウヤク)」

おどろ【▲棘】(12) 木8 5989 5B79 ▼キョク(三五〇)
おとろえる【衰える】(10) 衣4 常 3174 3F6A ▼スイ(八一九)
おどろかす【驚かす】(22) 馬12 常 2235 3643 ▼キョウ(三四四)
おどろく【▲愕く】(12) 忄9 5619 5833 ▼ガク(二〇五)
おどろく【▲駭く】(16) 馬6 8147 714F ▼ガイ(一九三)
おどろく【驚く】(22) 馬12 常 2235 3643 ▼キョウ(三四四)
おなじ【同じ】(6) 口3 教 3817 4631 ▼ドウ(一一五九)
おに【鬼】(10) 鬼0 常 2120 3534 ▼キ(二七一)
おの【△斤】(4) 斤0 常 2252 3654 ▼キン(三五三)

おの【▲斧】(8) 斤4 4164/4960 ▼フ(一三三六)
おのおの【各】(6) 口3 教 1938/3346 ▼カク(一九五)
おのこ【△男】(7) 田2 教 3543/434B ▼ダン(一〇二三)
おのずから【△自ら】(6) 自0 教 2811/3C2B ▼ジ(六三〇)
おののく【△慄く】(13) 忄10 常 5643/584B ▼リツ(一五六四)
おののく【△戦く】(13) 戈9 教 3279/406F ▼セン(九〇四)
おのれ【己】(3) 己0 教 2442/384A ▼コ(四四六)
おば【▲姨】(9) 女6 5309/5529 ▼イ(一九)
おび【帯】(10) 巾7 教 3451/4253 ▼タイ(九八二)
おびえる【▲怯える】(8) 忄5 2217/3631 ▼キョウ(三三一)
おびえる【△脅える】(10) 肉6 常 2228/363C ▼キョウ(三三五)
おびく【△誘く】(14) 言7 常 4522/4D36 ▼ユウ(一五一五)
おびただしい【▲夥しい】(14) 夕11 5278/546E ▼カ(一五七)
おびやかす【▲劫かす】(7) 力5 2569/3965 ▼キョウ(三三八)
おびやかす【脅かす】(10) 肉6 常 2228/363C ▼キョウ(三三五)
おびやかす【▲剽かす】(13) 刂11 4987/5177 ▼ヒョウ(一三〇六)
おびる【▲佩びる】(8) 亻6 4848/5050 ▼ハイ(一二三一)
おびる【帯びる】(10) 巾7 教 3451/4253 ▼タイ(九八二)
おぼえる【覚える】(12) 見5 教 1948/3350 ▼カク(一九九)
おぼえる【△憶える】(16) 忄13 常 1817/3231 ▼オク(一一三)
おぼしい【△思しい】(9) 心5 教 2755/3B57 ▼シ(六一二)
おぼれる【▲湎れる】(12) 氵9 6262/5E5E ▼ベン(一三八六)
おぼれる【溺れる】(13) 氵10 常 3714/452E ▼デキ(一一〇三)
おぼろ【▲朦】(17) 月13 5915/5B2F ▼モウ(一四八二)
おぼろ【▲朧】(20) 月16 5916/5B30 ▼ロウ(一六二〇)

おみ【△臣】(7) 臣0 教 3135/3F43 ▼シン(七九一)
おも【△主】(5) 丶4 教 2871/3C67 ▼シュ(六七三)
おも【面】(9) 面0 教 4444/4C4C ▼メン(一四七五)
おもい【重い】(9) 里2 教 2937/3D45 ▼ジュウ(七〇二)
おもう【△念う】(8) 心4 教 3916/4730 ▼ネン(一二〇八)
おもう【思う】(9) 心5 教 2755/3B57 ▼シ(六一二)
おもう【▲惟う】(11) 忄8 1652/3054 ▼イ(三一)
おもう【△意う】(13) 心9 教 1653/3055 ▼イ(三五)
おもう【△想う】(13) 心9 教 3359/415B ▼ソウ(九四二)
おもう【△憶う】(16) 忄13 常 1817/3231 ▼オク(一一三)
おもう【△懐う】(16) 忄13 常 1891/327B ▼カイ(一八五)

同訓異義 おもう

【思う】こまごまと考える。いろいろとおもいをめぐらす。ほか、広く用いる。「嬉(うれ)しく思う」「思う存分遊ぶ」「思いの丈(たけ)を書く」「思い切って転職する」「思いもよらない」「思わぬ事故」「思い遣(や)り」

【△想う】心に浮かべる。心が引かれる。「幼いころを想う」「亡き母を想う」「想い出」

【▲惟う】心を集中してよく考える。「思惟(シイ)」「我、ひそかに惟うに」

【△憶う】心におもって忘れない。「記憶(キオク)」「亡き母を憶う」「別れた恋人を憶う」「過ぎし日のことを憶う」

【△懐う】心にとどめ大切におもう。なつかしくおもい慕う。「親を懐う」「遠い故郷を懐う」

【△念う】心の中でじっと考える。「仏を念う」

【△意う】心の中でおもいはかる。


おもがい【▲羈】(24) 罒19 7019/6633 ▼キ(二八六)

おもかげ【★俤】(9) 亻7 国 1 4863/505F 訓 音 おもかげ
意味 おもかげ。ようす。「母の俤が浮かぶ」 参考 人と、その弟が似ていることからできた字。「おもかげ」は「面影」の意。

おもて【表】(8) 衣2 教 4129/493D ▼ヒョウ(一三〇三)
おもて【面】(9) 面0 教 4444/4C4C ▼メン(一四七五)

同訓異義 おもて

【表】ものの外側・上部・前方などに当たる部分。抽象的な意味など、広く用いる。「紙幣の表」「畳表」「家の表で遊ぶ」「表向きの用事」「江戸表からの噂(うわさ)」「表沙汰(おもてザタ)になる」

【面】人の顔。平らなものの表面。「面を上げる」「面を伏せる」「水の面」「矢面に立つ」「湖の面をわたる風」

おもねる【▲阿る】(8) 阝5 1604/3024 ▼ア(一)
おもむき【趣】(15) 走8 常 2881/3C71 ▼シュ(六八〇)
おもむく【赴く】(9) 走2 常 4175/496B ▼フ(一三三八)
おもむく【△趣く】(15) 走8 常 2881/3C71 ▼シュ(六八〇)
おもむく【▲趨く】(17) 走10 3186/3F76 ▼スウ(八三六)
おもむろ【△徐】(10) 彳7 常 2989/3D79 ▼ジョ(七三五)
おもり【▲錘】(16) 金8 3178/3F6E ▼スイ(八三三)
おもんじる【重んじる】(9) 里2 教 2937/3D45 ▼ジュウ(七〇二)
おもんぱかる【△慮る】(15) 心11 常 4624/4E38 ▼リョ(一五七三)
おや【△祖】(9) ネ5 教 3336/4144 ▼ソ(九二〇)
おや【親】(16) 見9 教 3138/3F46 ▼シン(八一〇)
おやゆび【▲拇】(8) 扌5 5737/5945 ▼ボ(一三九三)

およぐ【泳ぐ】(8) 氵5 教 1743/314B ▼エイ(八四)
およぐ【▲游ぐ】(12) 氵9 6266/5E62 ▼ユウ(一五一二)
およそ【△凡そ】(3) 几1 常 4362/4B5E ▼ボン(一四三四)
および【及び】(3) 又1 常 2158/355A ▼キュウ(三〇一)
およぶ【及ぶ】(3) 又1 常 2158/355A ▼キュウ(三〇一)
およぶ【△逮ぶ】(11) 辶8 常 3465/4261 ▼タイ(九八四)
およぶ【▲曁ぶ】(16) 日12 ▼キ(二八二)
おり【折】(7) 扌4 教 3262/405E ▼セツ(八八二)
おり【▲滓】(13) 氵10 6272/5E68 ▼シ(六三一)
おり【▲澱】(16) 氵13 3735/4543 ▼デン(一一一三)
おり【▲檻】(18) 木14 6103/5D23 ▼カン(二四九)
おりる【下りる】(3) 一2 教 1828/323C ▼カ(一三一)
おりる【降りる】(10) 阝7 教 2563/395F ▼コウ(四九八)

同訓異義 おりる

【下りる】上から下へ移動する。物が上から下へ動く。「山から下りる」「屋根から下りる」「石段を下りる」「幕が下りる」「許可が下りる」「年金が下りる」

【降りる】自分の意志で、上から下へ移動する。乗り物から外へ出る。「階下へ降りて客に会う」「電車を降りる」「役員を降りる」「月面に降りる」「開発プロジェクトから降りる」

おる【△処る】(5) 几3 教 2972/3D68 ▼ショ(七二四)
おる【折る】(7) 扌4 教 3262/405E ▼セツ(八八二)
おる【△居る】(8) 尸5 教 2179/356F ▼キョ(三二五)
おる【織る】(18) 糸12 教 3105/3F25 ▼ショク(七八五)

おれ【俺】(10) 亻8 常 2 1822/3236 訓音 おれ 外エン 外われ

筆順 ノ 亻 亻 仵 伬 佮 侑 俺 俺

意味 おれ。われ。自分の俗称。

[俺]おれ 男性が同輩や目下の人と話すとき、自分をさしていう語。「—とお前の仲だ」

おれる【折れる】(7) 扌4 教 3262/405E ▼セツ(八八二)
おろか【▲呆か】(7) 口4 4282/4A72 ▼ホウ(一三九六)
おろか【△疎か】(12) ⺪7 常 3334/4142 ▼ソ(九二四)
おろか【愚か】(13) 心9 常 2282/3672 ▼グ(三七一)
おろか【△痴か】(13) 疒8 常 3552/4354 ▼チ(一〇三三)
おろし【卸】(9) 卩7 常 1823/3237 ▼おろす(一二八)

おろし【颪】(12) 風3 国 1 8104/7124 訓音 おろし

意味 おろし。山からふきおろす風。「赤城颪が吹きつける」 参考「ふき下ろす風」の意からできた字。

おろす【下ろす】(3) 一2 教 1828/323C ▼カ(一三一)

おろす【卸】(9) 卩7 常 3 1823/3237 訓音 おろす・おろし 外シャ

筆順 ノ 𠂉 𠂉 午 年 缶 缶 卸 卸

意味 おろす。問屋から小売商人に売り渡す。「卸商」

[卸]おろし 問屋から小売店に商品をまとめて売ること。「—売り業者から直接買った」

[△卸任]シャニン 任務を辞めること。類 卸仕・卸事

おろそか【△疎か】(12) ⺪7 常 3334/4142 ▼ソ(九二四)

おわる【△了わる】(2) 亅1 常 4627/4E3B ▼リョウ(一五七三)
おわる【△卒わる】(8) 十6 教 3420/4234 ▼ソツ(九六四)
おわる【▲訖わる】(10) 言3 7531/6B3F ▼キツ(二九五)
おわる【▲畢わる】(11) 田6 4113/492D ▼ヒツ(一二九七)
おわる【▲竟わる】(11) 立6 8079/706F ▼キョウ(三三八)
おわる【終わる】(11) 糸5 教 2910/3D2A ▼シュウ(六九一)
オン【▲苑】(8) 艹5 1781/3171 ▼エン(九七)
オン【怨】(9) 心5 常 1769/3165 ▼エン(九八)

オン【音】(9) 音0 教 常 10 1827/323B 訓音 オン・イン中 おと・ね 外たより

筆順 ` 亠 亣 亣 立 产 音 音 音

意味 ①おと。物のひびき。ふし。ねいろ。「音階」「音楽」「音曲」 ②こえ。口で発するおと。「音韻」「音声」「音便」 ③おん。漢字の字音。「音訳」「漢音」「呉音」 対訓 ④知らせ。たより。おとずれ。消息。「音信」「音書(インショ)」「音問」

下つき 楽音(ガクオン)・漢音(カンオン)・吃音(キツオン)・玉音(ギョクオン)・呉音(ゴオン)・語音(ゴオン)・子音(シイン)・声音(セイオン)・清音(セイオン)・促音(ソクオン)・濁音(ダクオン)・単音(タンオン)・唐音(トウオン)・撥音(ハツオン)・鼻音(ビオン)・表音(ヒョウオン)・訃音(フイン)・福音(フクイン)・母音(ボイン)・拗音(ヨウオン)・和音(ワオン)

[音呼]インコ オウム科の鳥の中で、小形で羽の美しいものの総称。参考「鸚哥」(一一九)

[音物]インモツ ①贈り物。類 進物 ②わいろ。参考「インブツ」とも読む。

[音]おと ①物が動いたり触れあったりしたときに耳に伝わって聞こえる響き。「鐘の—が鳴り響く」「雨—が屋根を打つ」 ②評判。うわさ。たより。「—に聞く恐妻家」

[音沙汰]おとサタ 便り。連絡。「何の—もない」 類 消息 参考「音」「沙汰」ともに便りの意。

【音域】オンイキ 楽器や声などで出すことができる音の高低の範囲。「—が広い声」

【音韻】オンイン ①漢字の頭の子音(シイン)(音)とそれ以外の母音(ボイン)(韻)。②言語を構成する音声。「—変化」

【音階】オンカイ 音楽に用いる音を一定の音程で高さの順に並べたもの。ドレミの類。

【音楽】オンガク 表現したいことを音の組み合わせで表す芸術。器楽や声楽など。

【音感】オンカン 音に対する感覚。音程・音色などを聞き分ける能力。「—のよい少女」「絶対—の持ち主」

【音響】オンキョウ 音のひびき。「—効果のよいコンサートホール」「—設備」

【音曲】オンギョク 近世に起こった日本の楽曲や歌曲の総称。特に、三味線などに合わせてうたう俗曲など。「歌舞—」

【音訓】オンクン 漢字の音と訓。音は中国語音をもとにした読み方、訓は漢字にもともとの日本語の意味を当てはめた読み方。たとえば、「春」の音は「シュン」、訓は「はる」。

【音叉】オンサ U字形をした鋼鉄の棒に台や柄(え)をつけた道具。たたくと一定の振動数の単音が出る。楽器の調律や音の実験などに使用される。

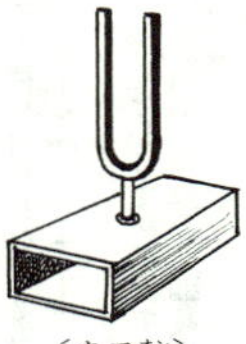

〔音叉(オンサ)〕

【音声】オンジョウ ①人の声。「大—で呼ばわる」②雅楽で、管弦の音。参考 ①「オンセイ」とも読む。

【音信】オンシン 手紙や電話などによる便り・連絡。「とうと—もとだえた」類 消息 参考「インシン」とも読む。

『音信不通』オンシンフツウ 便りや連絡がまったくないこと。消息がつかめないこと。

【音声】オンセイ ①人間が発声器官を使って出す音。人の声。②スピーカーなどから流れてくる音や声。「—多重放送」参考 ①「オンジョウ」とも読む。

【音節】オンセツ 語を構成する要素としての音の単位。発音するときの一つずつのまとまった音の最小単位。参考 日本語では、かな一字が一音節を表す。

【音痴】オンチ ①音の正しい認識や発声ができないこと。特に、歌を正しく歌えないこと。また、その人。類 音聾(オンロウ) ②ある方面のことに感覚がにぶいこと。また、その人。「方向—」

【音調】オンチョウ ①音の高低の調子。②音楽のふしや調子。③話す声の高低・アクセント・イントネーション。「温かみのある—」④詩歌の調子・リズム。

【音通】オンツウ ①日本語で、ある語の音節が五十音図の同行・同段のほかの音とかわること。「さけだる」が「さかだる」に、「のく」が「どく」になるなど。②漢字で同音の字を共通の意として用いること。「讃」と「賛」など。

【音程】オンテイ 二つの音の高低のへだたり。「—を合わせる」「—が狂う」

【音吐】オント 声の出し方。また、その音声。こわね。「—朗朗」

『音吐朗朗』オントロウロウ 声量が豊かで、音声がはっきりしているさま。また、声がさわやかなさま。「—と声明文を読む」類 音吐清朗

【音頭】オンド ①多人数で歌うとき、先に歌って調子をとること。また、その人。②歌につれて大勢で踊る民族舞踊の一つ。また、その歌。③人の先に立ち大勢をあとに続かせることのたとえ。「部長の—で乾杯をする」由来「音頭(オンドウ)(雅楽の合奏で管楽器類の主席奏者)」の転じた語。

【音読】オンドク ①言葉や文章を声に出して読むこと。対 黙読 ②漢字を音読みすること。対 訓読

【音盤】オンバン 蓄音器で再生する録音盤。レコード。ディスク。

【音便】オンビン 発音しやすいように、単語の一部の音が別の音に変化すること。イ音便・ウ音便・促音便・撥(ハツ)音便の四つがある。「泣きて」が「泣いて」、「行きて」が「行って」など。

【音符】オンプ ①音の高低・長短を形や楽譜上の位置で表す記号。②漢字・かなにつける補助記号。濁音符「゛」、半濁音符「゜」、促音符「っ」、長音符「ー」、反復音符「々・ゝ」など。③漢字で字音を表す部分。「泳」や「詠」の「永(エイ)」など。類 声符

【音譜】オンプ 曲を音符などの記号で書き表したもの。類 楽譜

【音律】オンリツ ①音の高低やリズム。「—を整える」②①を一定の原理によって規定したもの。

【音】ね ①美しいおとや声。「笛の—」「虫の—」②泣き声。「—を上げる(弱音(よわね)をはく)」「—に泣く(声を立てて泣く)」

【音色】ねいろ その音がもつ独特な感じ・性質。「ピアノの—」「哀(かな)しい—」参考「オンショク」とも読む。

【音締め】ねじめ 琴・三味線などの弦を巻きしめて、調子を合わせること。また、そうして調えられたときに出る、美しくさえた音。

オン【恩】

(10) 心 6 常 教 5
1824
3238
音 オン
訓 外 めぐみ

筆順 丨 冂 冃 冃 冃 因 因 恩 恩 恩

意味 めぐみ。いつくしみ。「恩愛」「恩義」「恩恵」

下つき 旧恩(キュウオン)・君恩(クンオン)・厚恩(コウオン)・国恩(コクオン)・私恩(シオン)・師恩(シオン)・慈恩(ジオン)・謝恩(シャオン)・主恩(シュオン)・仁恩(ジンオン)・大恩(ダイオン)・朝恩(チョウオン)・天恩(テンオン)・報恩(ホウオン)

【恩威並行】オンイヘイコウ 恩賞と刑罰とが、あわせて行われること。人を使う場合には、適切な賞罰が必要だということ。

類恩威並用・信賞必罰(シンショウヒツバツ)

【恩義】オン ギ 恩返ししなければならない義理。「彼には何の―もない」「―に篤(あつ)い人」

【恩▲誼】オン ギ ▼書きかえ 恩義 書きかえ「恩誼」の書きかえ字。

【恩給】オン キュウ 旧法で、ある年数以上勤めて退職した公務員や旧軍人軍属に対し、また死亡後に遺族に対し、国家が支給した金。参考 軍人恩給以外は共済年金に切り替えられた。

【恩恵】オン ケイ 与えられて幸福や利益となる恵み。情け。「自然の―を受ける」「―に浴する」類恩沢

【恩顧】オン コ 目上の人が情けをかけてひきたてること。「日ごろの―に報いる」類贔屓(ヒイキ)・愛顧

【恩師】オン シ かつて教えを受け、恩のある先生。世話になった先生。

【恩賜】オン シ 天皇・主君からいただくこと。また、そのもの。「―の銀杯」

【恩赦】オン シャ 情けあるはからいにより、刑罰を免除・軽減すること。大赦・特赦・減刑など五種。「―で釈放される」参考 内閣が決定し天皇が認証して行われる。

【恩▲讐】オン シュウ 恩恵と恨み。情けと仇(あだ)。「―を越えて手を握りあう」

【恩賞】オン ショウ てがらのあった者に対し、金品・地位・領土などの褒美を与えること。また、その褒美。

【恩情】オン ジョウ 情けある心。いつくしみの心。「―で許してもらう」「―をかける」

【恩人】オン ジン 助けてくれた人。恩をかけてくれた人。「一生の―」

【恩沢】オン タク 恵み。「―を施す」類恩恵 参考「沢」はうるおいの意。

【恩地】オン チ 鎌倉・室町時代、家臣のてがらに対する恩賞として与えた土地。類恩賞地・恩領

【恩▲寵】オン チョウ 神や主君などの恵み。いつくしみ。

【恩典】オン テン 情けある処置・はからい。「―に浴する」由来「恩を施す式典」の意から。

【恩愛】オン ナイ ①他人に対する情け。いつくしみ。②親子・夫婦間などの愛情。参考「オンアイ」の転。

【恩を▲仇で返す】オンを あだでかえす 恩を受けた人に害を加えるような、ひどい仕打ちをすること。参考「情けを仇で返す」「恩を仇」ともいう。類後足で砂をかける 対仇を恩で報ずる・恩を以て怨(うら)みに報ず

【恩を△以て△怨みに報ず】オンをもって うらみにホウず うらみのある者に対しても、広い心で恩愛をもって報いること。類仇(あだ)を恩で報ずる 対恩を仇で返す

〈恩頼〉・〈恩▲賚〉 みたま のふゆ 神または天皇の恩恵・加護などを敬っていう語。

オン【△陰】(11) 阝8 常 1702 3122 ▼イン(六五)

オン【温】(12) 氵9 常 教 8 1825 3239
音 オン 外ウン
訓 あたたか・あたたかい・あたたまる・あたためる 外ぬくい・ぬるい・ぬくめる・ぬくまる・たずねる・つつむ

旧字《溫》(13) 氵10 1/準1 8692 767C

筆順 氵 氵 沪 泪 泪 渭 温 温 温

意味 ①あたたかい。あたためる。あたたまる。ぬくもり。「温床」「温暖」「保温」対冷 ②おだやか。やさしい。「温厚」「温順」「温和」 ③たずねる。ならう。「温故」「温習」 ④つつむ。つつみこむ。

下つき 寒温(カンオン)・気温(キオン)・検温(ケンオン)・恒温(コウオン)・高温(コウオン)・室温(シツオン)・常温(ジョウオン)・水温(スイオン)・体温(タイオン)・地温(チオン)・低温(テイオン)・適温(テキオン)・微温(ビオン)・氷温(ヒョウオン)・保温(ホオン)

【温かい】あたた -かい ①物の温度がほどよい高さである。「―いお湯」 ②愛情が満ちていて情け深い。対①②冷たい ③金銭が満足できるほどにある。「ふところが―い」対寒い

【温める】あたた -める ①物の温度を適度な高さまで上げる。「手をお湯に入れて―める」対冷ます・冷やす ②途絶えていたつきあいを回復する。「旧交を―める」 ③こっそりと自分のものにする。「拾った物を―める」 ④しばらく自分の手もとにおく。「計画を―めておく」

【△温気】ウン キ むっとするようなあたたかい空気。むし暑い空気。

【△温州】ウン シュウ 中国浙江(セッコウ)省南部の都市。絹織物などが特産で、茶やミカンの集散地。参考「オンシュウ」とも読む。

【△温州△蜜▲柑】ウンシュウ ミカン ミカンの一品種。日本原産。一般にミカンと呼ばれているもの。酸味と種が少なく、美味。由来 ミカンの産地として有名な中国の都市「温州(ウンシュウ)」の名をとって命名されたといわれる。

【温雅】オン ガ おだやかで上品なこと。おくゆかしいこと。

【温顔】オン ガン あたたかみのある、おだやかな顔。類温容

【温厚篤実】オンコウ トクジツ 人柄がおだやかでやさしく、誠実で親切なこと。参考「篤実温厚」ともいう。類温柔敦厚(オンジュウトンコウ)

【温故知新】オンコ チシン 昔の事柄を調べて、新たな知識や道理を会得(エトク)すること。また、すでに習得したことをあらためて学びなおして、新しい知恵を得ること。古いものをたずね求めて、そこから新しい意義や価値を見いだす意から。『論語』「―の心がけで古典を読む」参考「故(ふる)きを温(たず)ねて新しきを知る」と訓読する。

【温▲藉】オン シャ 心が広く包容力があること。参考「ウンシャ」とも読む。

【温石】オン ジャク ①あたためた軽石などを布に包んでふところに入れ、体をあたため

るもの。季冬 ②①をぼろで包んだことから、衣服がみすぼらしい人をあざけっていう語。

【温習】オンシュウ 繰り返し学ぶこと。おさらい。「日本舞踊の―会」

【温柔】オンジュウ おだやかですなおなさま。「―な性格」類温和柔順

〔温柔▲敦厚〕オンジュウトンコウ おだやかでやさしく、人情深いこと。孔子が、儒教の基本的な古典といわれる『詩経』の教化の力を評した語。『詩経』の詩は古代の純朴な民情が素直に歌われており、これが人を感動させ、共感を呼ぶ力をもつと説いたもの。《『礼記(ライキ)』》類温良篤厚

【温順】オンジュン ①おとなしく素直なこと。「―な人柄」②気候がおだやかなこと。「―な風土」

【温床】オンショウ ①生長を早めるため、人工的に温度を高めた苗床(なえどこ)。対冷床 ②よくない物事や風潮が発生しやすい環境。「悪の―」

【温情】オンジョウ あたたかく思いやりのある、やさしい心。「―判決が下る」「―に満ちた言葉」類厚情

【温▲清定省】オンセイテイセイ 親に孝養を尽くす心がけを説いたもの。冬は暖かく夏は涼しく過ごせるように気を配り、夜には寝床を整え、朝にはご機嫌をうかがう意。《『礼記(ライキ)』》参考「定省温清」ともいう。類扇枕温衾(センチンオンキン)・冬温夏清(トウオンカセイ)

【温泉】オンセン ①地熱で熱せられてわき出る地下水。類出湯(いでゆ) ②①を入浴などに利用する施設。また、その施設のある地域。参考 ①わが国では、セ氏二五度以上の温度があるか、一定の鉱物を成分として含むものをいう。

【温存】オンゾン ①使わずに大事に残しておくこと。「力を―する」②よくない状態を改めないままにしておくこと。「悪習を―する」

【温帯】オンタイ 地球上の、寒帯と熱帯との間の温暖な地帯。緯度による区分では、緯度二三・二七度(回帰線)から六六・三三度(極圏)までの地域。「―低気圧」

【温暖】オンダン 気候があたたかいこと。「―前線」「地球の―化が進む」対寒冷

【温度】オンド あつさ・冷たさの度合いを数値で表したもの。

【温△突】オンドル 朝鮮半島や中国東北部で用いられる暖房装置。家の床下につくったみぞに、燃やした火の煙を通して部屋を暖めるもの。季冬 参考 朝鮮語から。

【温容】オンヨウ やさしくおだやかな顔。「―だが威厳もある」類温顔

【温良恭倹譲】オンリョウキョウケンジョウ 温和でやさしくおだやかに、人を敬ってつつましく応対すること。孔子が人と接するときの態度をいう語。《『論語』》

【温和】オンワ ①性質がおだやかなようす。「―な人柄」②寒暑の差が少なく、気候がおだやかなさま。「―な地方」類温暖

【△温ねる】たずねる 復習する。よみがえらせる。「故(ふる)きを―ねて新しきを知る」(▼温故知新(オンコチシン))

【△温い】ぬくい 心地よくあたたかい。ぬくもりを感じる。「水が―い」季春

【△温灰】ぬくばい あたたまった灰。

【△温める】ぬくめる あたためる。「体をお風呂(ふろ)で―める」「スープを―める」

【△温い】ぬるい ①適度な温度から少し低い。「お茶が―い」②対処がゆるやかだ。手ぬるい。「処分が―い」

【△温む】ぬるむ ①冷たいものが、少しあたたかくなる。「水―む季節」②あたたかいものが、少し冷める。「茶が―む」

オン【△飲】(12) 食4 教 1691 307B ▼イン(六六)

オン【▲溫】(13) 氵10 8692 767C ▼温の旧字(一三〇)

オン【遠】(13) 辶10 教 1783 3173 ▼エン(一〇三)

オン【▲厭】(14) 厂12 1762 315E ▼エン(一〇四)

オン【△隠】(14) 阝11 常 1703 3123 ▼イン(六七)

オン【瘟】(15) 疒10 1 6573 6169 音 オン 訓 えやみ

意味 えやみ。はやりやまい。悪性の感染症。

【▲瘟病】オンビョウ 急性の発熱性感染症。高熱を発し流行するもの。

オン【穏】(16) 禾11 常 3 1826 323A 音 オン 訓 おだやか 外やすらか

旧字《穩》(19) 禾14 1/準1 6751 6353

筆順 2 ニ 千 禾 禾 和 秤 9 稃 稃 稃 穏 16

意味 おだやか。やすらか。ゆったりしている。「穏便」「穏健」「穏当」

下つき 安穏(アンノン)・深穏(シンオン)・静穏(セイオン)・不穏(フオン)・平穏(ヘイオン)

【穏やか】おだやか ①やすらかで静かなさま。「海が―だ」②心が落ち着いているさま。「―な性格」③言動が穏当であるさま。「―でない発言」

【穏健】オンケン 言動などが極端にならず、おだやかで健全なようす。「―な思想」「―派が支持を集める」対過激

【穏当】オントウ おだやかで道理にかなっているようす。「―な発言」「不―な行動が不信をまねく」類至当・妥当

【穏婆】オンバ 産婆。助産婦。とりあげばば。

【穏便】オンビン おだやかに、事を荒だてないようにするさま。「事件は―に解決された」

【穏和】オンワ おだやかで、やわらいでいること。「―な表現」

オン【▲穩】(19) 禾14 6751 6353 ▼穏の旧字(一三一)

オン【鰮】 (21) 魚10 1 8259/725B 音 オン 訓 いわし

〔鰮〕 8260/725C 意味 魚の名。いわし(鰯)。

【▲鰮】いわし イワシ科の海魚の総称。マイワシ・カタクチイワシ・ウルメイワシなど。群れをなして海面近くを泳ぐ。季秋 表記「鰯」とも書く。

おん【御】 (12) 彳9 常 2470/3866 ▼ギョ(三三一)

おん【△雄】 (12) 隹4 常 4526/4D3A ▼ユウ(一五二四)

おんな【女】 (3) 女0 教 2987/3D77 ▼ジョ(七三二)

おんな【△婦】 (11) 女8 教 4156/4958 ▼フ(一三三〇)

か 加 カ 加

カ【下】 (3) 一2 常 教 10 1828/323C 音 カ・ゲ 訓 した・しも・もと 中・さげる・さがる・くだる・くだす・くださる・おろす・おりる

筆順 一丁下

意味 ①した。しも。うしろ。場所・身分・程度が低い。「下流」「下品」「臣下」 ②もと。ほとり。高いもののそば。「閣下」「城下」 ③くだる。さがる。おろす。低いほうに動く。また、動かす。「下賜」「下車」「降下」 対①③上

下つき 以下・嚥下・屋下・階下・閣下・貴下・却下・月下・言下・降下・傘下・城下・臣下・足下・直下・天下・殿下・幕下・卑下・部下・陛下・目下・門下・李下・廊下

【△下火・△下▲炬】アコ 禅宗で火葬のとき、導師が遺体に点火する儀式。参考「ア」は唐音。「下火」は、「したび」と読めば別の意になる。

【下りる】おーりる ①上のほうから下のほうへ移動する。「階段を一りる」「幕が一りる」 ②役所などから、許可や支給品が与えられる。「免許が一りる」「助成金が一りる」 ③錠がかかる。「錠前が一りる」 ④体の外へ出る。「寄生虫が一りる」

〈下風〉おろし 山から吹き下ろす強い風。「赤城(あかぎ)一」 表記「颪」とも書く。

【下ろす】おーろす ①下のほうへ移す。「腰を一す」「看板を一す」 ②錠をかける。「錠を一す」 ③神仏にささげた物をさげる。「お供えものを一す」 ④切りとる。「枝を一す」 ⑤そりおとす。「髪を一す」 ⑥体の外に出す。「回虫を一す」「子を一す」 ⑦魚を切り分ける。「三枚に一す」 ⑧おろし金でする。「大根を一す」 ⑨新品を使い始める。「仕立て一しの服」 ⑩引き出す。「預金を一す」

【下意上達】カイジョウタツ 下の者の考えや気持ちが上の者によく通じること。「下意」は下位にある者の気持ち・考え。対上意下達(ジョウイカタツ)

【下学上達】カガクジョウタツ 身近で初歩的なことから学んで、次第に深い道理に通じること。「下学」は日常の卑近なことから学び始める意。《『論語』》 類下学の功

【下愚】カグ きわめておろかなこと。また、そういう人。類至愚(シグ) 対上知(ジョウチ)

【下弦】カゲン 満月から次の新月になる間の月。月の入りのときに弓の弦(つる)を下向きにしたような形にみえる。「一の月」 対上弦

【下限】カゲン 下や終わりのほうの限界。「株価が一を割る」 対上限

【下降】カコウ 下にさがること。低いほうへおりること。「売り上げが一ぎみだ」 対上昇

【下肢】カシ 人のあし。脚部。また、動物の後ろあし。対上肢

【下賜】カシ 身分の高い人が下の者に金品を与えること。「お見舞い金が一された」 対献上

【下情】カジョウ 一般庶民の実情。しもじものようす。類民情・世情

【下層】カソウ ①いくつも重なっているもののうち、下のほう。「マンションの一階に住む」 ②社会や組織の中で、地位や生活水準が低い階級。「一社会」 対①②上層

【下▲腿】カタイ ひざから足首までの部分。すね。対上腿

【下達】カタツ 上の者の意思や命令を、下位の者に伝えること。「上意一」 対上達

【下▲膊】カハク ひじと手首の間の部分。類前膊 対上膊

【下▲婢】カヒ 召使の女性。雇われて雑事や炊事をする女性。類下女

【下付】カフ 政府・役所などが国民に書類や金品をわたすこと。「認可証を一する」

【下風】カフウ ①かざしも。②他の者より低い地位にあること。「一に立つ(人におくれをとる)」

【下命】カメイ ①下の者に命令をくだすこと。また、その命令。②お申し付け。お言いつけ。「御(ゴ)一を受ける」 参考②「御」をつけて用いる。

【下問】カモン ①目下の者に物事をたずねること。類下聞(カブン) ②他人から受けた質問をへりくだっていう語。「御(ゴ)一に答える」 参考②「御」をつけて用いる。

『下問を恥じず』 目下の者に教えてもらうことを恥ずかしがらないこと。《『論語』》

【下陵上替】カリョウジョウタイ 世の中の乱れたさま。「陵」はしのぐ、乗り越える、「替」はすたれ衰える意。下の者が上をしのぎ、上の者が衰えること。《『春秋左氏伝』》「一の乱世」

【下文】くだしぶみ 上位者から下位者にくだした公文書。院宮(イングウ)・検非違使(ケビイシ)庁・幕府・寺

か オン—カ

社などが出した。

【下る】くだ-る ①低い方へ移る。おりる。「坂を―る」②上の人から命令などが出される。「判決が―る」③負けてしたがう。降参する。「敵軍に―る」④中央から地方へ行く。「東北へ―る」⑤下痢をする。「腹が―る」⑥時が移り現代に近づく。「時代が―る」⑦基準とする数量に足りない。下まわる。「犠牲者は百人を―らない」

【下界】ゲカイ ①天上から見た、人間の住む世界。類人間界・娑婆 対天上界 ②山や飛行機など高い所から見おろした地上。

【下下】ゲゲ ①身分の低い人。「―の者」②著しく劣っていること。対上上 参考①「しもじも」とも読む。

【下血】ゲケツ 内臓の疾患などにより、消化管内に出た血が肛門から出ること。

【下戸】ゲコ 酒の飲めない人。また、酒のきらいな人。対上戸

『下戸の建てた蔵は無い』酒の飲めない者は酒代がかからないから財産を残しそうなものだが、そのような話も聞かない。酒飲みが自己弁護にいう言葉。表記「蔵」は「倉」とも書く。

【下向】ゲコウ ①高いほうから低いほうへ移動すること。②都から地方へ行くこと。類下国 ③寺や神社に参拝して帰ること。

【下克上】ゲコクジョウ 身分の下の者が上の者をおしのけ、地位や権力を手にすること。参考「下、上に剋つ」の意。南北朝末期から戦国時代にかけて、下級階層が台頭した実力主義の風潮をいった語。書きかえ「下剋上」の書きかえ字。

【下剋上】ゲコクジョウ ▼書きかえ 下克上

【下根】ゲコン 仏生まれつき性根が劣っており、仏道修行の力が足りない人。類下機 対上根

【下座】ゲザ ①末席。類末座 対上座 ②芝居などで、舞台に向かって左のほう。③芝居・寄席などで、囃子方の控える場所。④昔、貴人に対し、座を下がって平伏して行った敬礼。参考①②「しもザ」とも読む。

【下剤】ゲザイ 便通をよくするための飲み薬。くだしぐすり。

【下策】ゲサク まずい策略。へたなはかりごと。類拙策 対上策

【下食日】ゲジキニチ 陰陽道で、天狗星が下界に下って食を求めるという日。この日は悪日として、沐浴・剃髪・種まきなどを忌んだ。

【下宿】ゲシュク 部屋代や食費などを支払い、他人の家の部屋を借りて住むこと。また、その家。「―を探す」「―人」

【下手人】ゲシュニン 自ら手をくだして殺人を犯した者。「―を挙げる」

【下女】ゲジョ 家庭内の雑用をしてもらうために雇った女性。類下婢 対下男

【下乗】ゲジョウ ①神社・寺の境内への車やウマの乗り入れを禁じること。②貴人への礼儀として、ウマからおりること。類①②下馬

【下衆・下種・下司】ゲス ①品性がなく心のいやしい人。「―のかんぐり」②身分の低い人。対上種・上衆

『下衆の後知恵』愚かな者の知恵は事が済んでから浮かぶので役に立たないこと。参考「下衆の知恵は後から」「下衆の後思案」ともいう。類虚仮の後思案

【下世話】ゲセワ 世間で人々がよく口にする言葉や話。また、低俗なこと。

【下賤】ゲセン 身分が低く、いやしいこと。「―の身」類卑賤・下衆

【下足】ゲソ すし屋などでイカの足のこと。参考「下足」の略。

【下足】ゲソク ①人が集まる場所でぬいだ履物。②「下足番」の略。①の番をする役目の人。

【下駄】ゲタ ①厚手の板に二枚の歯と鼻緒をつけた履物。「―を預ける(他人に一切をまかせる)」②印刷物の校正刷りで、必要な活字がないときに入れる伏せ字。げたの歯形(〓)をしている。

『下駄も阿弥陀も同じ木の切れ』尊卑のちがいはあっても、根本は同じであることのたとえ。下駄も、ありがたい阿弥陀様の木仏も、もとをただせば同じ木であることにかわりはない意から。参考「阿弥陀」は「仏」ともいう。

【下知】ゲチ ①命令すること。また、命令。さしず。②鎌倉・室町時代の裁判の判決。また、判決文。参考「ゲジ」とも読む。

【下手物】ゲてもの ①日常用いる粗末な品物。安物。対上手物 ②風変わりとされるもの。いかもの。「―趣味」

【下男】ゲナン 雑用などをする下働きの男性。類下僕・下部 対下女

【下馬評】ゲバヒョウ 第三者があれこれとする評判。また、世間の評判。「新人作家の名が―に上がる」由来昔、供の者たちが門前で下馬して主人を待つ間、いろいろな評判をし合ったことから。

【下卑る】ゲビ-る 下品でいやしく見える。「―た口元が気になる」

【下品】ゲヒン 品格がなく、いやしいさま。「―な食べ方」対上品 参考「ゲボン」と読めば別の意になる。

【下僕】ゲボク 下働きをする召使の男性。類下男・下部

【下品】ゲボン ①仏極楽往生するときの九つの階級のうち最下位の三つ。下品上生・下品中生・下品下生をいう。②下等の階級。参考「ゲヒン」と読めば別の意になる。

【下野】ゲヤ ①官職をやめ、民間人になること。②政権を失い野党となること。

か
カ

【下落】ゲラク ①物価や株価などが下がること。対騰貴 ②等級や価値などが下がること。対上昇

【下痢】ゲリ 大便が固まらずに、液状またはそれに近い状態で排泄(ハイセツ)されること。

【下劣】ゲレツ 性質・ものの考え方・行動がいやしく品のないさま。「やり口が―だ」

【下郎】ゲロウ ①人に使われている身分の低い男性。類下人 ②男性をののしっていう語。類野郎

【下﨟】ゲロウ ①昔、僧家で修行の年数が少ない僧。②勤めてから年数が少なく、身分の低い者。対①②上﨟・中﨟 ③身分の低い人。「―徳人(トクニン)(身分は低いが金持ちの人)」

【下端・下破】さがりは ①能・狂言で、演者の登場の囃子(はやし)の一つ。②歌舞伎(カブキ)で、貴人の出入りなどに用いる囃子の一つ。参考「下端」は「さがりば」と読めば、平安時代以降、女性の額の髪を肩付近で切ったさまの意になる。

【下がる】さがる ①下方や後方へ移る。低くなる。「成績が―る」「気温が―る」「物価が―る」②下のほうにたれる。「カーテンが―る」③時代が現代に近づく。「時代が―る」④地位の高い人の所から退く。「総理官邸から―る」⑤京都の町中で、南へ行く。「二条通りを―った所」由来⑤京都御所が北の方角にあったことから。

【下緒】さげお 刀の鞘(さや)につける組みひも。刀を帯に結びつけるためのもの。さげ。

【〈下枝〉】しずえ 木の下のほうの枝。したえだ。したえ。対上枝(ほつえ)

【下】した ①位置が低い所。低い方向。しも。「坂の―」②内側。「セーターの―のシャツ」③地位・等級などが低いこと。「人事異動であの人の―についた」④年が若いこと。「弟は三歳―です」⑤技術や能力で劣ること。「将棋の腕前は私が―だ」対①～⑤上 ⑥すぐあと。直後。「笑う―からもう泣き出す」⑦心の奥底。「笑顔の―に野望を秘めている」

【下請】したうけ 「下請負」の略。引き受けた仕事の一部あるいは全部を、さらに他の人が引き受けること。また、その人。「―に出す」

【下襲】したがさね ①束帯(ソクタイ)のときの内着。うしろの裾(すそ)を長く引く。②下着。

【下心】したごころ ①表面には出さずに、心中で思っていること。おもに、悪いことにいう。「―が見え見えだ」②ことわざ・格言などの裏の意味。類寓意(グウイ) ③漢字の部首名の一つ。「恭」「慕」などの脚の部分や、「思」「恩」などの下部をいう。

【下拵え】したごしらえ ①前もって準備しておくこと。類下準備 ②ざっと作っておくこと。「料理の―をする」

【下地】したジ ①物事の土台・基礎。類素地(ソジ) ②本来もっている能力。「音楽の―がある」類素質 ③醤油(ショウユ)。④壁や塗り物などの地(ジ)となるもの。由来③吸い物のもとになるものの意から。

【下手】したて ①下のほう。特に川の下流。対上手 ②へりくだること。「―に出る」③地位がより低いこと。能力の劣ること。④相撲で、組んだとき相手の差し手の下からまわしを取る技。「―投げ」対③④上手(うわて) 参考①「しもて」とも読む。「へた」と読めば別の意になる。

【下穿き】したばき 腰から下で、肌に直接つける下着。

【下張り・下貼り】したばり 上張りの下地として紙などをはること。また、その紙など。「ふすまの―」対上張り

【下火】したび ①火の勢いが弱くなること。「山火事が―になる」②盛んだった勢いが衰えること。「ブームが―になる」③下からあてる火。「―でするめを焼く」④茶道の炭手前(すみてまえ)で、前もって風炉(フロ)や炉に入れておく火。参考「アコ」と読めば別の意になる。

【下】しも ①「下(した)」に同じ。②一連のものの末の部分。「―半期」③部下。人民。④官位・身分・階級の低い者。⑤下流。かわしも。⑥末席。末座。⑦大小便。「―の世話をする」

【〈下総〉】しもうさ 旧国名の一つ。現在の千葉県北部と茨城県南部。参考「しもふさ・しもつふさ」とも読む。

【下肥】しもごえ 人の大小便を肥料にしたもの。

【下座】しもザ ①下位の人がすわる席。類末席 ②芝居などで、舞台に向かって左のほう。対①②上座(かみザ) 参考「ゲザ」とも読む。

【下下】しもじも 身分の低い人々。また、一般庶民。「―の生活」

【〈下野〉】しもつけ ①旧国名の一つ。現在の栃木県。野州(ヤシュウ)。②バラ科の落葉低木。山野に自生。夏、枝先に淡紅色の小花を半球状につける。花弁より長い雄しべが目立つ。季夏 由来②①の地方で発見されたことから。

【〈下野草〉】しもつけそう バラ科の多年草。山野に自生。夏、茎の上部にシモツケに似た淡紅色の小花を密につける。季夏

【下手】しもて ①下のほう。特に川の下流。対上手(うわて・かみて) ②芝居などで観客席から見て舞台の左側。対上手(かみて) 参考①「したて」とも読む。「へた」と読めば別の意になる。

【〈下手〉】へた ①技術などが劣っていること。「妹は料理が―だ」「―の横好き」対上手(じょうず) ②考えの足りないこと。「―に手を出しては危険だ」参考「したて・しもて」と読めば別の意。

『〈下手〉な〈鍛冶〉屋(かじや)も一度は名剣』 技術がつたなくても、長い間同じことを繰り返していれば、まれにはよい仕事ができることもあるということ。類下手な鉄砲も数撃てば当たる

『〈下手〉な鉄砲も数撃てば当たる』 下手でも何度もやっていれば、まぐれでうまくいくこともあるたとえ。類下手な鍛冶屋(かじや)も一度は名剣

『〈下手〉の考え休むに似たり』

よい考えも出ないのにいつまでも考えているのは時間の無駄で、まったく効果のないこと。

【〈下手〉の道具調べ】仕事のできない者に限って、道具にこだわるものだということ。参考「下手の道具立て」ともいう。類下手の伊達道具 対弘法筆を択ばず

【〈下手〉の長糸〈上手〉の小糸】裁縫の下手な者は、必要以上に長い糸を針につけるが、上手な者は必要最小限の糸をつけて手際よく縫い物をするということ。

【〈下手〉の横好き】下手だがそのことをするのが好きで熱心なこと。おもに自分の趣味などを謙遜していう語。

【下】もと ①草木の根もと。また、ものの下のあたり。「足—」「旗の—に集まる」②支配や影響の及ぶところ。「人間は法の—に平等である」

カ【化】
(4) 匕 2 教 常 8 1829 323D

音 カ・ケ中
訓 ばける・ばかす 外かわる・かえる

筆順 ノ イ イ' 化

意味 ①ばける。ばかす。かわる。かえる。別のものになる。「化身」「変化」「老化」②教え導く。影響を及ぼす。「感化」「教化」「陶化」③天地自然が万物を生成する。「化育」「化工」④異なる物質が結合して新しい物質になる。「化合」

下つき 悪化・羽化・王化・感化・帰化・教化・硬化・純化・消化・浄化・進化・俗化・退化・転化・電化・陶化・同化・軟化・孵化・文化・変化

【〈化野〉】あだしの ①京都市の小倉山のふもとにある野。平安時代に、火葬場があった。②火葬場・墓場。表記「徒野・仇野」とも書く。

【化育】カイク 天地自然が、万物をつくり育てること。「生生—」

【化学】カガク 自然科学の一部門。物質の性質・構造や、物質相互間の変化・作用などを研究する学問。「—反応」「—繊維」

【化合】カゴウ 複数の物質が化学反応を起こして結合し、別の物質となること。水素と酸素とで水になるなど。「—物」

【化する】カする ①形や性質が変わってほかのものになる。変わる。また、変える。②教え導かれて変わる。また、感化する。「徳をもって人を—する」「廃墟と—する」

【化成】カセイ ①育て生長させること。②形を変えて他の物になること。また、生長すること。③化合して他の物質になること。「—肥料」

【化石】カセキ ①地質時代の動植物の死体・遺跡が地層中の岩石に残ったもの。「工事現場から—が発見された」②進歩・発展・変化がなく、昔のままであることのたとえ。「生きた—」

【化繊】カセン 「化学繊維」の略。化学合成を応用してつくった人工繊維。ナイロンなど。

【化▲膿】カノウ 傷などが炎症をおこして膿をもつこと。「—した傷口が痛む」

【△化わる】かわる 形や性質が違うものになる。

【化生】ケショウ ①仏四生の一つ。母胎や卵からでなく、超自然的に忽然と生まれ出ること。また、神仏が形・姿を変えて現れること。化身。②ばけること。ばけもの。類変化 参考「カセイ」と読めば、形を変えて新しく生まれる意。

【化粧】ケショウ ①口紅やおしろいなどで顔を美しく飾ること。「うっすらと—する」②外観をきれいにすること。「壁を—する」表記「仮粧」とも書く。参考①「けわい」とも読む。

【化身】ケシン ①仏衆生を救うため、神仏が姿・形を変えてこの世に現れること。また、そのもの。「白鳥は女神の—だった」類化仏 ②芝居で妖怪。また、そのときの隈取。

【化俗】ケゾク 仏世俗の人々を教え導き、感化すること。

【化仏】ケブツ 仏①「化身」に同じ。②光背・天蓋などに表現された小仏像。

【〈化粧〉】けわい 「化粧」に同じ。

【化ける】ばける ①姿・形を変えて別のものになる。「狸が和尚に—ける」②素性をかくしたり姿・形を変えたりして、別人を装う。なりすます。「美しい女に—ける」

カ【戈】
(4) 戈 0 1 5689 5879

音 カ
訓 ほこ・いくさ

意味 ①ほこ。武器の一種。「戈甲」「戈矛」②いくさ。戦争。「干戈」

下つき 干戈・盾戈・兵戈・鋒戈・矛戈

【▲戈法】カホウ 筆法の一つ。筆を斜め右下に運び、上にはねる。戈脚。

【〈▲戈壁〉】ゴビ モンゴルから中国北部に広がる高原の大砂漠。ゴビ砂漠。

【▲戈】ほこ 武器の一種。両刃の刀に長い柄をつけた、やりに似たもの。「—先が鈍る(攻撃の勢いが弱まる)」

カ【火】
(4) 火 0 教 常 10 1848 3250

音 カ 外コ
訓 ひ・ほ高

筆順 丶 丷 ⺌ 火

意味 ①ひ。ほのお。「火気」「火炎」「発火」②あかり。ともしび。「漁火」「灯火」③もえる。やく。「火災」「火事」④もえるような激しい感情。「情火」⑤いそぐ。さしせまる。「火急」⑥五行の一つ。⑦七曜の一つ。火曜。

下つき 行火・引火・鬼火・炬火・漁火・失火・出火・消火・耐火・炭火・着火・鎮火・灯火・発火・噴火・兵火・放火・砲火・防火・野火・烈火

【〈火酒〉】ウォッカ ロシア原産のアルコール度の高い蒸留酒。オオムギ・ライムギ・ト

ウモロコシなどを原料とする。

【火炎】カエン 大きなほのお。「—放射器」 書きかえ 「火焔」の書きかえ字。

【火▲焔】カエン ▼書きかえ 火炎

【火▲焔菜】カエンサイ アカザ科の二年草。サトウダイコンの一種。葉柄は濃赤色。根は暗紅色でカブに似る。サラダやボルシチなどに使用。季秋

【火気】カキ ①火があること。火のけ。「—厳禁」②火の勢い。「消火薬剤の散布で—がやっと衰えた」類火勢・火力

【火器】カキ ①火ばちなど、火を入れる道具。②火薬を用いて弾丸を発射する鉄砲などの武器の総称。「—弾薬」

【火急】カキュウ 差し迫っていて、急がなければならないこと。切迫していること。「—の用」類至急

【火牛の計】カギュウのケイ ウシの角に剣を、尾には油に浸したアシの束を結んで火をつけ、それを敵陣に放って相手がひるむすきに敵陣に兵を進める戦術。由来 中国、戦国時代、斉(セイ)の田単(デンタン)が燕(エン)の軍に対して用いた戦術から。《史記》 参考 木曽義仲(よしなか)も同様の戦術で平氏の軍を破った。

【火△坑】カキョウ 仏 ①火の燃えさかる穴。②欲の恐ろしさをたとえた語。参考「カコウ」とも読む。

【〈火光〉】かぎろい ①明け方、東の空にちらちら光る日の光。曙光(ショコウ)。②かげろう。表記「陽炎」とも書く。

【火口】カコウ 溶岩や火山灰などが噴出する所。火山の噴火口。「—湖」

【火災】カサイ 火事。また、火事による災害。類火難 「—予防月間」

【火砕流】カサイリュウ 火山の噴火で、溶岩がくだけて高温のガスや火山灰と混じり合い、急速に斜面を流れ落ちる現象。毎時一〇〇キロメートルを超えることもある。

【火事】カジ 建物・山林・船舶などが焼ける災害。類火災・火難 季冬

【火事後(あと)の▲釘(くぎ)拾い】 大きな損や浪費をしたあとで、細かな倹約をしても無駄であるたとえ。

【火事と▲喧▲嘩(ケンカ)は江戸の花】 火事とけんかは江戸の特色をよくあらわしている名物であること。由来 江戸は過密都市で火事が多く、人は気短でけんかも多かったことから。

【火定】カジョウ 仏 ①体から火を出すこと。類火生(カショウ) ②修行者が火の中に身を投げて死ぬこと。対水定・土定

【火勢】カセイ 火の燃える勢い。「—が激しくなる」類火力

【火▲箭】カセン ①昔の戦いで、火をつけて射た矢。類火矢 ②艦船で空中に打ち上げて使用する、信号用の火具。

【火▲葬】カソウ 死体を焼いて、その骨を拾って葬ること。「—に付す」類荼毘(ダビ)

【火宅】カタク 仏 現世。娑婆(シャバ)。悩み・苦しみに満ちたこの世を、火事で燃える家にたとえた語。

【火中】カチュウ ①火の中。②火の中に物を入れて焼くこと。

【火中の▲栗(くり)を拾う】 他者や全体の利益のために自分が危険をおかすたとえ。由来 もと、フランスのことわざ。サルがネコをおだてて囲炉裏の中のクリを拾わせ、ネコは大やけどを負ったというイソップの寓話(グウワ)から。

【火▲遁】カトン 忍術の一種。火を利用して姿を隠す術。

【〈火魚〉】かながしら ホウボウ科の海魚。沿岸の海底にすむ。頭骨が発達してかたく、形はホウボウに似るがやや小さい。美味。季冬 表記「金頭・鉄頭・方頭魚」とも書く。

【火難】カナン 火による災い。火が原因で起こる災難。「—の相」類火災

【火薬】カヤク 熱・衝撃・摩擦などのわずかな刺激によって爆発する薬物。

【火炉】カロ ①火の熱で暖をとるもの。いろり・火鉢・ストーブなど。②ボイラーの燃料を燃やす装置。

【火△燵】こたつ 熱源の上にやぐらを置き、ふとんをかけて手足を暖める器具。季冬 表記「炬燵」とも書く。

【火】ひ ①物質が酸素と化合して燃焼する現象。また、そのときに出る熱・光・ほのお。「ろうそくに—をつける」「鍋(なべ)を—に掛ける」②炭火。また、たき火。「—にあたる」③火事。火災。「—を出す」④火打ちの火。切り火。⑤わきあがる情熱。「胸の—は消えない」

【火の無い所に煙は立たぬ】 ほんの少しでもその事実がなければ、うわさが立つはずがないということ。対飲まぬ酒に酔う

【火を避けて水に陥(おちい)る】 一つの災難をやっと逃れたと思ったら、次の災難に遭ってしまうたとえ。類一難去ってまた一難・前門の虎(とら)、後門の狼(おおかみ)

【火を△以(もっ)て火を救う】 害を除こうとして、かえって害を大きくしてしまうたとえ。害を増すだけで何の益にもならないたとえ。火で火を消そうとする意から。《荘子(ソウジ)》類水を以て水を救う・火を救うに薪(たきぎ)を以てす

【火足・火脚】ひあし 火が燃え広がる速さ。火のまわり。「風が強いので—が速い」

【火▲炙り・火▲焙り】ひあぶり ①火にあぶって焼くこと。②昔、罪人を柱にしばり焼き殺した刑罰。類火刑

【火▲搔】ひかき ①火をかきだす道具。おきかき。②木製の柄(え)がついた金属製容器で、

炭火を持ち運ぶ道具。十能ジュウノウ。

【火切り・火▲鑽り】ひきり 枯れたヒノキなどの木口に棒を当て、勢いよく回して火をおこすこと。また、その道具。表記「燧」とも書く。

【火皿】ひざら ①火縄銃の火薬を入れる所。②キセル・パイプのタバコを詰める所。③ストーブ・ボイラーなどで燃料を燃やす、下の鉄の格子の部分。

【火△焼】ひたき ヒタキ科の小鳥の総称。由来「ヒッヒッ」という鳴き声が火打ち石を打つ音に似ていることから。▼鶲ひたき(一一九)

【火△焼屋・火▲焚屋】ひたきや 平安時代、宮中で庭火やかがり火をたいて夜の番をしていた小屋。

【火種】ひだね ①火をおこすもとにする火。②騒動のもとになるもの。「戦争の―」

【火△点し頃】ひともしごろ 日が暮れてあかりをつけるころ。夕方。

【火縄】ひなわ タケ・ヒノキの皮の繊維や木綿もめん糸で縄をない、よく燃えるように硝石を吸収させたもの。点火用。「―銃」

【火の車】ひのくるま ①仏生前に悪いことをした人を地獄に運ぶという、火の燃えている車。②経済状態が苦しいこと。「家計は―」参考①「火車カシャ」の訓読み語。

【火〈▲熨斗〉】ひのし 中に炭火を入れ、その熱によって衣服のしわをのばし、形を整えるひしゃく形の金属製器具。

【火の手】ひのて ①燃え上がる火。また、その勢い。②物事のはげしい勢い。「攻撃の―が上がる」

【火の見▲櫓】ひのみやぐら 火事を発見するために設けたやぐら。火の見。

【火の元】ひのもと ①火災の起こる原因。「―は台所」②火のある所。「―用心」

【火箸】ひばし 炭火を挟む金属製のはし。

【火鉢】ひばち 灰を入れた上に炭火を置いて、室内や手を暖めたり、湯などをわかしたりする道具。「―にあたる」「長―を囲む」季冬

【火花】ひばな ①飛び散る火。火の粉。②放電するとき、電極から発する光。スパーク。

【火伏せ・火防】ひぶせ 火災をふせぐこと。特に、火災をふせぐ神仏の力。ひよけ。

【火蓋】ひぶた 火縄銃の火皿を覆う真鍮シンチュウ製のふた。「―を切る(戦い・競技などが始まる)」

【火△除け】ひよけ ①火事の延焼を防ぐこと。また、その設備。「―地」②火事予防。また、そのための神仏のお札。「―のお守り」類火伏せ

【火影】ほかげ ①火の、特に灯火の光。ともしび。②灯火にうつしだされた姿。表記「灯影」とも書く。

【火串】ほぐし ①たいまつを挟む木。②のろしの台に立てる杙くい。

【火筒・火△銃】ほづつ 「銃砲」の古い言い方。「―の響きが遠のく」

【火照る】ほてる 体や顔などが熱くなる。また、熱く感じる。「顔が―る」

【火△床】ほど ①囲炉裏の中央の火をたく所。②レンガやコンクリートで造った、簡単な金属鍛冶かじ用の炉。

【火屋】ほや ①香炉・手あぶりなどの上を覆う網状のふた。②ランプ・ガス灯などの火を覆うガラス製の筒。③「火葬場」の別称。参考「ひや」とも読む。

【〈火傷〉】やけど 火や熱湯などに触れて、皮膚などが傷つき炎症を起こすこと。また、その傷。表記「焼傷・焼処」とも書く。参考「カショウ」とも読む。

カ

【加】

(5) カ 3 教 常 7 1835 3243

音 カ
訓 くわえる・くわわる

筆順 フカカ加加

意味 ①くわえる。ふやす。多くなる。ほどこす。「加速」「加味」対減 ②くわわる。仲間に入る。「加入」「加盟」「参加」③たし算。「加減」「加算」④「加賀国」の略。「加州」⑤「加奈陀カナダ」の略。「日加」⑥「加州カリフォルニア」の略。参考「加」の偏が片仮名の「カ」に、草書体が平仮名の「か」になった。

下つき 参加サンカ・追加ツイカ・添加テンカ・倍加バイカ・付加フカ・冥加ミョウガ・累加ルイカ

【加圧】カアツ より高い圧力を加えること。対減圧

【〈加加▲阿〉】カカオ アオギリ科の常緑高木。熱帯南アメリカの原産。幹に直接ウリ状の大きな実をつける。種子はココアやチョコレートの原料。

【加冠】カカン 昔、男子が元服して初めて冠をかぶること。ういこうぶり。また、元服の人に冠をかぶらせる役の人。

【加減】カゲン ①加えることと減らすこと。②適度に調節すること。また、その程度。「塩味の―をみる」③足し算と引き算。「―乗除」④物事の状態や具合・調子。また、健康状態。「陽気の―で頭痛がする」「うつむき―に歩く」「―が悪い」

【加護】カゴ 神仏が守り助けること。「神のご―がありますように」

【加工】カコウ 原料・材料や他の製品に手を加え、新しい製品を作ること。「―食品」

【加算】カサン ①数や量を足し加えること。「乗り越し料金を―する」②足し算。類加法 対減算

【加▲餐】カサン 食事に注意して養生すること。また、健康を祝う語。「くれぐれもご―ください」参考食を加える意から。手紙文などに用いる。

【加持祈▲禱】カジキトウ 病気や災難などを除くために神仏に祈ること。

「加持」は災難を除くよう、仏の加護を祈ること。「祈禱」は神仏に祈ること。

【加重】カジュウ ①重さの加わること。また、加えること。「負担が―される」対軽減 ②刑罰を重くすること。参考「カチョウ」とも読む。

【加除】カジョ 加えることと除くこと。加えたり除いたりすること。

【加勢】カセイ 人に力を貸すこと。また、その人。類助太刀(すけだち)・助勢

【加速度】カソクド ①単位時間に速度が変化する割合。②物事の進行がしだいに速くなること。「―をつける」

〈加答児〉カタル 粘膜が細菌などによって赤くただれたりして、多量の粘液を分泌する症状。「大腸―」由来「カタル」はオランダ語から。

【加担】カタン 味方になり助けること。力になること。表記「荷担」とも書く。

〈加特力〉カトリック キリスト教の一派。カトリック教会。また、その信仰や信者。

〈加奈陀〉カナダ 北アメリカ北部にある連邦共和国。国土は広いが大部分は寒冷地。公用語は英語とフランス語。首都はオタワ。

【加熱】カネツ 熱を加えて温度を高くすること。「殺菌のため、―処理する」

〈加比丹〉カピタン ①江戸時代、長崎の出島におかれたオランダ商館の館長。②江戸時代、日本に来た外国船の船長。参考ポルトガル語で、仲間の長の意。

【加筆】カヒツ 文章や絵などに書き足したり、手直ししたりすること。「原稿に―する」

【加俸】カホウ 正規の本俸に加えて支給される給与。類加給

【加味】カミ ①食べ物に味をつけ加えること。②物事に別の要素をつけ加えること。「営業成績に普段の勤務態度を―して評価する」

〈加密爾列〉カミルレ キク科の一年草。ヨーロッパ原産。薬用に栽培。夏、中央が黄色で周囲が白色のキクに似た頭花をつける。乾燥花は発汗・鎮静剤とする。カミツレ。カモミール。

【加盟】カメイ 団体や同盟に加入すること。「―団体の増加」対脱退

【加薬】カヤク ①漢方で、主となる薬に補助薬を加えること。また、その薬。②ネギ・唐辛子・大根おろしなど料理に風味を添えるもの。類薬味 ③五目ご飯やうどんに入れる肉や野菜などの具。「名物の―うどん」

【加薬飯】カヤクめし いろいろの材料を加えた五目飯。おもに関西でいう。

〈加州〉カリフォルニア アメリカ合衆国の太平洋岸にある州。同国では人口が最も多い州で、農業や工業が盛ん。州都はサクラメント。

【加療】カリョウ 病気や傷の治療を施すこと。「三か月間―を続ける」

【加える】くわ-える ①添える。つけたす。「塩と胡椒(コショウ)を―える」②数量・程度を増す。増やす。加算する。「定価に消費税を―える」③与える。及ぼす。また、施す。「打撃を―える」「治療を―える」④仲間に入れる。「社員に―える」

【加わる】くわ-わる ①程度・数量がさらに増す。増える。「速度が―る」②つけたされる。重なる。「新たな仕事が―る」③仲間に入る。参加する。「野球チームに―る」

カ【可】 (5) 口 2 常 教 6 1836 3244

音 カ 外コク
訓 外よい・べし

筆順 一 丆 𠮛 𠮛 可

意味 ①よい。よいと許す。「可決」「許可」「認可」対否 ②できる。「可逆」「可能」「可変」③べし。するべきである。④…ばかり。ほど。

下つき 印可(インカ)・許可(キョカ)・裁可(サイカ)・認可(ニンカ)・不可(フカ)

〈可惜〉あたら もったいないことに。残念なことに。「―多くの時間を無駄にした」参考「あったら」とも読む。漢字の意味に当てた語。

〈可笑〉しい おか-しい ①おもしろい。笑いたくなる。「彼の話は―くてつい吹き出してしまう」②変だ。あやしい。「あの人は―いから注意したほうがいい」

【可汗】カカン 突厥(トッケツ)・回鶻(ウイグル)・鮮卑(センピ)などの北方遊牧民族で君主をいう語。ハン。参考「コクカン」とも読む。

【可及的】カキュウテキ できるだけ。なるべく。「―すみやかに処理する」

【可決】カケツ 提出された議案を、よいと認めて決定すること。「法案を―する」対否決

【可視】カシ 肉眼で見えること。「―光線」対不可視

【可塑性】カソセイ 個体に圧力を加えて形を変え、その圧力を取っても元の形に戻らない性質。粘土・プラスチックなど。

【可燃】カネン 燃えやすいこと。また、燃やせること。「―物」「―ごみ」対不燃

【可能】カノウ 実現・実行できること。ありうること。「―な限り出席したい」「―性にかける」対不可能

【可否】カヒ ①物事のよしあし。良いか悪いか。「―を論じ合う」類是非 ②賛成と反対。「―を問う」類賛否 ③できるかできないか。「参加の―を集計する」

【可変】カヘン 変えることができること。また、変わることのできること。「―翼」対不変

【可憐】カレン かわいらしいさま。愛らしくいじらしいさま。「―な少女」

【可愛い】かわい-い ①小さくて愛くるしい。「―い小鳥」②深く愛して大切に思うさま。「―い初孫」

『可愛い子には旅をさせよ』自分の子が本当にかわいいなら、世間に出して世の辛さ、厳しさ

を体験させたほうがよいということ。参考「可愛い子」は「思う子・いとしい子」ともいう。類獅子の子落とし 対甘い子に甘草

『可愛さ余って憎さが百倍』かわいいと思う心が強かっただけに、いったん憎いと思えば憎しみが何倍にも強くなるということ。

【可哀相・可哀想】カワイソウ 気の毒で同情をさそうさま。ふびんなさま。「—な孤児」

【可愛らしい】カワイらしい 小さくてかわいい。見るからに愛らしい。「—い小さな手」

〈可成〉なるべく できるだけ。なるたけ。「—欠席のないように」表記「成る可く」とも書く。

【可し】べし ①当然するはずのことを示す語。…しなければならない。…するものだ。「親切は進んですーし」②意志を表す語。…するつもりだ。…しよう。「浮動票を獲得すーく奔走する」③命令を表す語。…しなさい。「すぐに取りかかるーし」④(「べからず」の形で)禁止を表す語。…するな。「ゴミを捨てるーからず」⑤可能を表す語。…できる。…できそうだ。「勝利は望むーくもない」⑥確実な推量・予定を表す語。きっと…するだろう。…するようだ。「上空は好天なるーし」

〈可坊〉べらぼう ①ばかげているさま。また、程度がひどいさま。「—な値段をつけられる」②人をあざけりのしる語。たわけ。あほう。由来江戸時代、見世物にされた、サルに似たあごをもつ奇人の呼び名から。表記「便乱坊・篦坊」とも書く。

【可い】よい ①おおむねよい。さしつかえない。よしとする。②適当である。ほどよい。

カ【禾】(5) 禾0 準1 1851 3253 音カ 訓いね・のぎ

意味 ①いね。わら。また、穀物の総称。「禾稼」「禾穀」「禾苗」②のぎ(芒)。穀物の穂先の毛。

下つき 晩禾バンカ

【禾】いね ①イネ科の一年草。▼稲(一二五二) ②穀物の総称。

【禾穎】カエイ イネの穂。いなほ。「秋風に—がそよぐ」

【禾稼】カカ 穀物。穀類。

【禾穀】カコク ①イネ。②イネ・ムギ・アワ・ヒエ・キビなどの穀物の総称。「—豊かな土地」

【禾黍】カショ イネとキビ。「—油油ユウユウ(イネやキビがつややかに生長しているさま)」

【禾穂】カスイ 禾穀カコク類の穂。イネ科植物の穂。類禾穎カエイ

【禾本科】カホンカ イネ科の旧称。イネ・ムギ・タケなどを含む。

【禾】のぎ イネ・ムギなどの実の外皮先端にある堅い毛。表記「芒」とも書く。

【禾偏】のぎヘン 漢字の部首の一つ。「秋」「稲」などの「禾」の称。由来「禾」を「ノ」「木」と書くことから。

カ【仮】(6) 亻4 教 常 6 1830 323E 音カ・ケ(中) 訓かり (外)かす

旧字《假》(11) 亻9 1/準1 4881 5071

筆順 ノ イ 仁 仃 仮 仮

意味 ①かり。かりの。かりに。「仮装」「仮定」「仮病ケビョウ」②かりる。かす。かしあたえる。「仮借」

〈仮寝〉うたたね 寝るつもりもないのに、ついうとうとと寝ること。表記「転た寝」とも書く。参考「かりね」とも読む。

【仮寓】カグウ 一時的に住むこと。また、その家。かりずまい。「知人の家に—する」

【仮構】カコウ ①実際にはないことを、かりにあるとすること。フィクション。類虚構 ②かりにこしらえた構造物。

【仮死】カシ 意識がなく呼吸も止まり、死んでいるかのように見える状態。「—状態で救出した」

【仮借】カシャ 漢字の六書リクショの一つ。字の意味に関係なく、同音の字をかりて用いるもの。「号令」の「令」(命令の意)をかりて、長官の意の「県令」に用いるなど。参考「カシャク」と読めば別の意になる。

【仮借】カシャク ①かりること。②許すこと。見逃すこと。多く、否定の形で用いる。「—ない追及を続けた」類容赦 参考「カシャ」と読めば別の意になる。

【仮称】カショウ かりにつけた名称。また、かりに名付けること。

【仮す】かす ①かりに与える。②見逃す。許す。

【仮睡】カスイ 少し眠ること。かりね。うたたね。「—ですっきりした」類仮眠

【仮性】カセイ 症状・性質が、その病気の症状に似ていること。「—近視」対真性

【仮設】カセツ ①一時的な間に合わせとして設けること。「—住宅」②実在しないものを想像で作り出してみること。③「仮定」に同じ。

【仮説】カセツ ある事実・現象を統一的に説明できるよう、かりに立てた理論。「—なしに科学は進歩し得ない」

【仮葬】カソウ かりにほうむること。また、その葬儀。対本葬

【仮装】カソウ ①かりに他のものの姿をすること。かりの扮装フンソウ。「—行列に参加する」②かりに装備すること。また、その装備。

【仮想】カソウ 実在しないことを、かりに想定すること。「—敵国のシミュレーション」

【仮託】カタク かこつけること。ことよせること。「小説の主人公に—する」

【仮定】カテイ ①事実とは関係なく、かりにそうと定めること。②現象などの説明のため、かりに想定すること。③数学・論理学などで、ある推理の出発点となる条件・命題。類仮設

〈仮名〉かな 漢字から生まれた日本固有の表音文字。対真名(まな) 参考一字で一音節。一般的にかたかなとひらがなをいう。「かりな」の転じた「かんな」の「ん」が無表記となりできた語。「カメイ」と読めば、本名を伏してつけた、かりの名の意。また、「ケミョウ」と読めば別の意になる。

【仮泊】カハク 船が港や沖合で臨時に停泊すること。「船は一晩港外に―した」

【仮眠】カミン 少しの間眠ること。かりね。「―を取る」類仮睡

【仮面】カメン さまざまなものの顔をかたどって作り、顔につけるもの。「カーニバルの―」「彼は―をかぶっている（本心を見せない）」

【仮】かり ①一時的な間に合わせ。「―住まい」②本物ではないこと。にせ。「―の姿」

【仮▲標】かりしめ 草刈り場を占有したしるしに立てる板や棒。表記「刈標」とも書く。

【仮初】かりそめ ①一時の間に合わせ。その場限りのこと。「―の住居」②ちょっとしたこと。「―の病気」③かるはずみなこと。「―の行動」④本気でないこと。「―の恋」表記「苟且」とも書く。

【仮名】ケミョウ 本名のほかにかりにつけた名。特に、元服のときにつける名。参考「かな・カメイ」と読めば別の意。

【仮病】ケビョウ 病気にかかっているふりをすること。「―を使って欠席した」

【仮▲令】ケリョウ ①たとえば。たとえてみると。②およそ。たいがい。③たまたま。偶然。④かりそめ。いいかげんなこと。そのさま。参考「仮令(たとい)」の音読み。③は下に「…ばこそ」を多く伴う。

〈仮令〉たとい かりに。もし。「―この身が滅んでも君を守る」表記「縦令」とも書く。参考「たとえ」とも読む。

〈仮漆〉ニス ワニスの略。樹脂をアルコールなどで溶いた、光沢のある透明な塗料。

〈仮面▲梟〉めんふくろう メンフクロウ科の鳥。ヨーロッパやアフリカにすむ。顔は白くハート形。表記「面梟」とも書く。

カ【瓜】★ (6) 瓜 0 準1 1727 313B 音カ 訓うり

〔瓜〕

意味 うり。ウリ科の植物の総称。「瓜瓠(カコ)」「瓜時」

下つき 烏瓜(からすうり)・胡瓜(コカ・きゅうり)・糸瓜(シカ・へちま)・西瓜(スイカ)・甜瓜(テンカ・まくわうり)・冬瓜(トウガン)・南瓜(ナンカ・かぼちゃ)・破瓜(ハカ)・木瓜(ボッカ・ぼけ)

【▲瓜】うり ウリ科の植物の総称。また、その果実。シロウリ・マクワウリ・キュウリ・スイカ・カボチャなど。「―二つ（顔がそっくりなこと）」季夏

【▲瓜の皮は大名に▲剝かせよ柿の皮は▲乞食(コジキ)に▲剝かせよ】ウリの皮は厚く、カキの皮は薄くむくのがよいということ。ウリは皮の近くが堅くてまずいので何事にも鷹揚(オウヨウ)な大名に厚目にむかせ、カキは皮近くに甘味があるので物を惜しむ乞食にむかせろということ。類瓜の皮は厚く剝け梨(なし)の皮は薄く剝け

【▲瓜の▲蔓に〈▲茄子〉(なすび)はならぬ】平凡な親から非凡な才能をもつ子は生まれないたとえ。また、子は親に似るものだということ。類蛙(かえる)の子は蛙 対鳶(とび)が鷹(たか)を生む

【▲瓜▲実顔】うりざねがお ウリの種のように、色が白くて面長(おもなが)な顔。「―の美人」由来「瓜実」はウリの種。その形が細長いことから。参考昔の、美人の顔型の一つ。

【▲瓜▲蠅】うりばえ ウリハムシの別称。ハムシ科の甲虫。ウリ類の害虫で、幼虫は根を、成虫は葉を食べる。季夏 表記「守瓜」とも書く。

【▲瓜田】カデン ウリを作っている畑。

【▲瓜田に▲履(くつ)を▲納(い)れず】人に疑われるようなことはするなということ。ウリ畑でくつをはきなおすとウリを盗んでいると疑われるおそれがあることから。〈古楽府(コガフ)―君子行〉参考「李下(リカ)に冠(かんむり)を正さず」と続く。類瓜田李下(カデンリカ)

【▲瓜呂根】カロコン キカラスウリの根からとった白色の粉。解熱・利尿など薬用。天花粉。

カ【何】(7) イ 5 常 教 9 1831 323F 音カ㊥ 訓なに・なん㊀いずれ・いずく

筆順 ノ イ 亻一 仃 佰 何 何

意味 ①なに。どれ。いずれ。どの。②どこに。いずく。どうして。どれほど。③になう。類荷

下つき 如何(いかん)(奈何(いかん))・誰何(スイカ)

〈何如〉・〈何若〉・〈何奈〉いかん ①事の次第。「理由の―によらず」②どのようであるか。また、どのように。「―せん（どうしようもないことに）、火の回りが速すぎた」表記「如何・奈何」とも書く。

〈何処〉いずこ どこ。どちら。「―も同じ悩み」参考「いずく・どこ」とも読む。

【▲何れ】いずれ ①どれ。どちら。どこ。「―の意見が正しいか」②どちらにしても。どのみち。「―明かされることだ」③近いうちに。ちかぢか。「―また来ます」

【▲何れ〈▲菖▲蒲〉(あやめ)か〈▲杜若〉(かきつばた)】どれもがすぐれて美しく、優劣をつけがたいこと。また、選びだすのに困ること。アヤメとカキツバタは、本来は別の植物だが、似ていて区別がつけがたいことから。

〈何時〉いつ はっきりしない時を表す語。どのとき。いつか。

〈何首烏〉つるどくだみ タデ科のつる性多年草。中国原産。各地に野生化している。葉はハート形でドクダミに似る。根は塊状になる。由来「何首烏」は漢名より。中国、唐代の何首烏カシュウという人が、この草の根を煎センじて飲み長生きをしたという伝説から。

〈何奴〉どいつ 「どの人・どれ」の乱暴な言い方。「―もこいつも」

〈何処〉・〈何所〉どこ 不定・不明・疑問の場所を指す語。「―の馬の骨かわからない男」「―が痛いのですか」参考「何処」は「いずこ」とも読む。

〈何方〉どちら ①方向を問う語。どっち。「南は―ですか」②場所を問う語。どこ。「―にお出かけですか」③どなた。だれ。「―様でしょうか」④どれ。いずれ。「―がよいですか」参考「どっち・どなた・いずかた」とも読む。

〈何方〉どなた ①どちら様。②方向を問う語。どちら。「―からお越しですか」参考①「だれ」のていねいな言い方。

〈何故〉なぜ わけや疑問を問う語。どうして。なにゆえ。「―泣くのか」「―毎日遅刻するのですか」

【何】なに ①わからない物事をいう語。「―がよいだろうか」②関係のある物事の名を一つ一つあげずに広くいう語。「電話も―もできなかった」③明確に伝えなくても相手にわかっている物事をいう語。「いつもの―を買ってきてくれ」④まったく。全然。「―一つわかっていない」⑤問い返すときにいう語。「―、結婚するのか」⑥自分の意にそぐわないときや相手の言い分を否定するときにいう語。「―、知るものか」参考④下に打ち消しの語を伴う。

【何でも来いに名人なし】器用に何でもこなす人は、一芸に秀でた名人にはなれないということ。類多芸は無芸

〈何某〉なにがし ①人名・地名・数量などがはっきりわからないときやわざとぼかすときに用いる語。「京都の―という人」「―かの金を渡す」②昔、男性が自分のことをへりくだっていうのに用いた語。それがし。表記「某」とも書く。

〈何卒〉なにとぞ ①相手に懇願するときに用いる語。どうか。どうぞ。ぜひとも。「―お許し下さい」「―よろしく」②どうにかして。なんとかして。

【何分】なにブン ①なんらか。いくらか。「―のご協力をお願いします」②何といっても。どうも。「―体調がすぐれない」③どうぞ。なにとぞ。「―よろしく」

【何故】なにゆえ 「何故なぜ」に同じ。「―ここに君がいるのか」

【何△等】なんら 少しも。全然。「―関係ない」参考「なにら」の音便。下に打ち消しの語を伴う。

カ【伽】

(7) イ 5 準1 1832 3240

音 カ・ガ・キャ 訓 とぎ

意味 ①とぎ。たいくつをなぐさめること。「夜伽」②梵語ボンの音訳に用いられる。「伽陀カダ」「伽羅キャラ」「阿伽アカ」

下つき 阿伽アカ・僧伽ソウギャ・頻伽ビンガ・瑜伽ユガ・夜伽よとぎ

【▲伽▲陀】カダ 仏経文の中で、韻文の形で仏徳をたたえ教理を説いた詩句。偈ゲ。

【▲伽藍】ガラン 寺院の建造物。特に、大きな寺院で僧房も含む建物の総称。「七堂―」「―配置」

【▲伽羅】キャラ ①ジンコウの別称。▼沈香ジンコウ(一〇七三)②①からとった香料。最高の沈香とされる。「―枕まくらに香を仕込む」参考「伽羅」は梵語ボンで、黒沈香を指す「多伽羅」の略。

【▲伽羅の仏に▲箔ハクを置く】よいものを、いっそうよくすることのたとえ。名木の伽羅で作った仏像を、さらに箔で飾り立てるという意から。「箔」は金・銀などの金属をたたいて薄くのばしたもの。

【▲伽羅▲蕗】キャラぶき フキの茎を、醤油ショウユで黒に近い茶色の伽羅色になるまで煮詰めた食品。

【▲伽】とぎ ①話の相手をして退屈をなぐさめること。「病床の老母の―に孫の話をする」②寝所にはべること。また、その人。夜伽。

カ【囮】

(7) 口 4 1

〔囮〕5189 5379

音 カ 訓 おとり

意味 おとり。鳥を誘い寄せて捕らえるために使う同類の鳥。おびき出すための手段。参考にせもの(化)をかこい(囗)に入れているさまを表す。

【▲囮】おとり ①鳥獣をおびき寄せ、捕らえるためにつないでおく同類の鳥獣。②人を誘い出すために使う物や人。「―捜査で犯人を追いつめる」参考招鳥おとりの意から。

【▲囮捜査】おとりソウサ 警察関係者が囮となり、犯人を現行犯逮捕する捜査方法。「―を行った」

カ【找】

(7) 扌 4 1 5718 5932

音 カ・ソウ 訓 さおさす・たずねる

意味 一カ さおさす。舟をこぐ。二ソウ たずねる。たずねさがす。

カ【花】

(7) 艹 4 教 常 10 1854 3256

音 カ (外)ケ 訓 はな

筆順 一 十 卄 艹 艹 芢 花

意味 ①はな。草木のはな。「花粉」「花弁」類華 ②はなの形。はなのように美しいさま。「花押」「花燭」

下つき 桜花オウカ・開花カイカ・火花ひばな・菊花キッカ・供花キョウカ・献花ケンカ・燭花ショッカ・生花セイカ・造花ゾウカ・万花バンカ・百花ヒャッカ・風花フウカ・名花メイカ・綿花メンカ・落花ラッカ・梨花リカ

【花鶏】(あとり) アトリ科の小鳥。シベリアなどで繁殖し、秋に日本に渡来する。スズメよりやや大きく、頭と背は黒色、腹は白色。季秋

〈花▲魁〉(おいらん) ①遊郭で位の高い遊女。②遊女。女郎(ジョロウ)。太夫(たゆう)。

〈花▲魁草〉(おいらんそう) クサキョウチクトウの別称。ハナシノブ科の多年草で、赤紫色などの花を多数つける。季夏 由来 華やかな花の姿を、着飾った花魁に見立てたことから。

〈花仙〉(かいどう) バラ科の落葉小高木。▼海棠(カイドウ)(一七六) 由来「花仙」は漢名から。

【花押】カオウ 古文書などで、自分の名をくずして図案化し、筆で書いた判。のちに自署の下に書くようになった。書き判。「末尾に―を記す」表記「華押」とも書く。

【花街】カガイ 遊郭のある所。いろまち。類遊里・花柳 参考「はなまち」とも読む。

【花冠】カカン 花の花弁全体。萼(ガク)の内側にあってめしべ・おしべを保護する。花びら。

【花▲卉】カキ ①花の咲く草。②観賞するために栽培する植物。「―園芸」参考「卉」は草の総称。

【花器】カキ 花を生ける容器。花生け。花入れ。「花瓶は―の一つの形」

【花紅柳緑】カコウリュウリョク 花はくれない、柳はみどり。春のきれいな景色の形容。転じて、色とりどりの装いの形容。また、人の手を加えていない自然のままの美しさの形容。参考「柳緑花紅」ともいう。

【花車方】カシャがた 歌舞伎(カブキ)の役柄の一つ。女形のうち年増・老女など年のいった役。また、その役者。表記「華車方」とも書く。

【花▲燭】カショク はなやかなともし火。「―の典(結婚式)」表記「華燭」とも書く。

【花心】カシン 「花蕊(カズイ)」に同じ。

【花信】カシン 花の咲いた知らせ。また、花の見頃を知らせる便り。花便り。

か

カ

【花穂】カスイ 穂の形に多数の花が咲くもの。イネ・カンナなど。

【花▲蕊】カズイ 花のしべ。おしべ・めしべの総称。花心(カシン)。

【花▲氈】カセン 毛氈。「花毛氈(はなモウセン)」の略。花模様の美しい毛氈。参考「はなセン」とも読む。

【花壇】カダン 土を盛り上げたり、柵(サク)をしたりして、草花を植える所。類花畑 季秋

【花朝月夕】カチョウゲッセキ 春秋の心地よい季節の形容。また、春秋の季節の楽しいひとときのこと。春の花咲く朝と秋の名月さえる夕べ。また、それを愛(め)でる意。のち陰暦二月一五日を花朝、八月一五日を月夕というようになった。〈『旧唐書(クトウジョ)』〉類花晨月夕(カシンゲッセキ)・花朝月夜(カチョウゲツヤ)

【花鳥▲諷詠】カチョウフウエイ 自然とそれにまつわる人事をそのまま客観的に詠ずるべきとする俳句理論。「諷詠」は詩歌を作ること。参考俳人の高浜虚子が提唱し、ホトトギス派の基本理念となった語。

【花鳥風月】カチョウフウゲツ 自然の風景・風物。自然の美しさの形容。また、自然を題材とした詩歌をたしなむ風流にもたとえる。類春花秋月・雪月風花

【花道】カドウ いけばな。表記「華道」とも書く。参考「はなみち」と読めば、別の意になる。

【花瓶】カビン ガラスや陶器でつくった、花を生けるつぼ形・筒形の器。「―に花をさす」

【花粉】カフン 種子植物のおしべの葯(ヤク)の中にできる、粉状の生殖細胞。虫や風などに運ばれ、めしべの柱頭について受精を行う。

【花弁】カベン 「花弁(はなびら)」に同じ。

【花▲圃】カホ 花ばたけ。「南房総―めぐりの旅」類花園 季秋

【花▲洛】カラク 花の都。特に、京都をいう。表記「華洛」とも書く。参考「洛」は中国の古都、洛陽の意。

【花柳界】カリュウカイ 芸者や遊女の社会。いろまち。遊里。花柳の巷(ちまた)。「―に通じた粋人」

〈花梨〉(かりん) バラ科の落葉小高木。中国原産。春、淡紅色の花をつけ、楕円(ダエン)形で黄色い実を結ぶ。砂糖づけや果実酒にするほか、せき止めなどの薬にする。キボケ。季秋

〈花▲櫚〉(かりん) マメ科の高木。東南アジア原産。材は紅褐色で美しく、細工物・建具などに用いる。カリンボク。

【花林糖】カリントウ 菓子の一種。小麦粉に砂糖などを混ぜて練り、油で揚げて黒砂糖などをまぶしたもの。

【△花車】キャシャ 形・姿などが、ほっそりとして上品なようす。か細い感じ。表記「華奢・華車」とも書く。参考「カシャ」と読めば、茶屋の女主人などの意。

【△花▲籠】ケこ 法要のとき、仏前にまき散らす花を入れる容器。表記「華筥」とも書く。

【△花▲鬘】ケマン 仏 仏前を飾る金属製の仏具で、花鳥を透かし彫りにしたもの。表記「華鬘」とも書く。

〈花▲柏〉(さわら) ヒノキ科の常緑高木。▼椹(さわら)(一〇七五) 由来「花柏」は漢名から。

〈花▲楸樹〉(ななかまど) バラ科の落葉小高木。▼七竈(ななかまど)(六四五) 由来「花楸樹」は漢名から。

【花】はな ①種子植物の枝や茎の先端にある生殖器官。ふつう、萼(ガク)・花冠・おしべ・めしべからなる。②サクラの花。季春 ③盛んではなやかなこと。また、その時。「―の顔(かんばせ)」「青春時代は人生の―だ」④よい評判を得ること。また、得たもの。「―をもたせる」⑤「生け花」の略。⑥芸人への祝儀(シュウギ)。芸者の揚げ代。花代。表記③〜⑥「華」とも書く。由来⑥花の枝につけて渡したことから。

【花の下より鼻の下】 花の下で花を愛(め)でるより、鼻の下にある口に物を入れるほうが大切だということ。類

花より団子

【花は折りたし梢(こずえ)は高し】欲しいものがあっても手に入りにくいたとえ。また、物事の思うようにならないたとえ。

【花は桜木、人は武士】花ではサクラが、人では武士が最もすぐれているということ。参考「人は武士、花は桜」ともいう。類木は檜(ひのき)人は武士

【花発(ひら)きて風雨多し】花の咲く時節には、とかく風や雨が多いということ。転じて、好機には邪魔が入りやすく、世の中はとかく思うようにならないものであるたとえ。〈于武陵(ウブリョウ)の詩〉類月に叢雲(むらくも)花に風・花に嵐(あらし)

【花より団子(ダンご)】風流より実益をとることのたとえ。また、風流を解さない人のたとえ。類花の下より鼻の下・色気より食い気

【花嵐】はなあらし ①サクラが咲くころに吹いて花を散らす強い風。②サクラの花びらが盛んに散るさま。類花吹雪 季①②春

【花合わせ】はなあわせ ①花ガルタで、持ち札と同じ花の札を合わせ取って得点を競う遊び。②平安時代の物合わせの一つ。左右二組に分かれてサクラの花を持ち寄り和歌を詠(よ)み、それらの優劣を競う。花くらべ。花いくさ。

【花筏】はないかだ ①花びらが散り、水に流れていくのを筏に見立てた語。②花の枝を折り添えた筏の模様。③ミズキ科の落葉低木。山地に自生。初夏、葉の中央に淡緑色の花が咲き、黒く球形の実を結ぶ。季春

【花卯木・花空木】はなうつぎ 花の咲いたウツギ。卯の花。季夏

【花形】はながた ①花の形・模様。②はなやかで、世にもてはやされる人や物。「―選手の登場で会場が沸き返る」

【花筐】はながたみ 花をつんで入れるかご。花かご。

【花鰹】はながつお 薄く削ったかつおぶし。

【花曇り】はなぐもり サクラの花の咲くころに多い天候で、薄曇りの状態。季春

【花言葉・花詞】はなことば 花ごとにその特徴などを踏まえて、特定の意味をもたせたもの。バラは「純愛」、白ユリは「純潔」など。

【花菖蒲】はなショウブ アヤメ科の多年草。葉は細長く剣形。初夏、白・紫色などの大形の花が咲く。観賞用。季夏

【花蘇芳】はなズオウ マメ科の落葉低木。中国原産。観賞用に庭に植える。葉はハート形。春、葉より先に紅紫色の蝶(チョウ)形花を密につける。季春 表記「紫荊」とも書く。

【花菅】はなすげ ユリ科の多年草。中国原産。葉は線形でかたく根生する。夏に淡紫色の小花を穂状につける。根茎は解熱剤となる。表記「知母」とも書く。

【花薄】はなすすき ①穂の出たススキ。尾花。季秋 ②襲(かさね)の色目の一種。表は白、裏は薄い縹(はなだ)色。

【花代】はなダイ 芸者や遊女と遊ぶための代金。花(はな)。類揚げ代・玉代(ギョクダイ)

【花電車】はなデンシャ 祝賀・記念などの行事のために、花や豆電球などで飾って走らせた市街電車。

【花盗人は風流のうち】はなぬすびとはフウリュウのうち 花(特にサクラの花)を手折り盗むのは花を愛(め)でる風流心からであり、とがめることもないということ。参考花の枝を折った言い訳に使われる。

【花残月】はなのこりづき 陰暦四月の異名。参考「はなのこしづき」とも読む。

【花鋏】はなばさみ 草木の花や小枝を切るはさみ。

【花冷え】はなびえ 春、サクラの花の咲くころに戻ってくる寒さ。

【〈花弁〉・花片】はなびら 花冠の各片。がくの内側にあって、めしべ・おしべを保護する。参考「花弁」は「カベン」とも読む。

【花房】はなぶさ 小さな花が集まり、ふさになって咲くもの。「藤(ふじ)の―が美しい」季春

【花見】はなみ 花、特にサクラの花を見て遊び楽しむこと。類桜狩り 季春

【花実】はなみ ①花と実。②名と実(ジツ)。名声と実績。「死んで―が咲くものか」

【花道】はなみち ①劇場で、舞台の延長として客席に設けられた細長い通路。②相撲で、力士が土俵に入・退場する通路。③人に惜しまれて引退する場面。「―を飾る」参考「カドウ」と読めば、別の意になる。

【花御堂】はなみドウ 仏四月八日の花祭りに、釈迦(シャカ)降誕像を安置する花で飾った小さな堂。

【〈花潜〉】はなむぐり ①ハナムグリ科の昆虫の総称。②①の一種。背は緑色で小さい白斑(ハクハン)がある。花粉や蜜(ミツ)をえさにする。

【花婿】はなむこ 結婚したばかりの男性。また、近く結婚する男性。類新郎 対花嫁

【花椰菜・花野菜】はなヤサイ カリフラワーの別称。球状に密集した白いつぼみを食べる。季冬

【花鑢】はなやすり ハナヤスリ科のシダ植物。原野に自生。葉は卵状長楕円(ダエン)形。由来胞子穂の形がやすりに似ることから。表記「瓶爾小草」とも書く。

【花嫁】はなよめ 結婚したばかりの女性。また、近く結婚する女性。「純白の―衣装」類新婦 対花婿

【花輪・花環】はなわ 造花・生花を輪のように並べて作ったもの。慶弔の意を表すためなどに用いる。

【花▲蕨】はなわらび　フユノハナワラビの別称。ハナヤスリ科の多年草。冬、花のような新芽を出す。表記「陰地蕨」とも書く。

〈花瑠瑠〉ホノルル　アメリカ合衆国ハワイ州の州都。オアフ島南岸にある保養地で、太平洋の空と海の交通の要地。

カ【価】(8) イ6 教 常 6 1833 3241 音 カ 訓 あたい 高

旧字《價》(15) イ13 1/準1 4911 512B

筆順 ノ亻亻一亻丅亻厅価価価価

意味 ①ねだん。あたい。「価格」「価額」「定価」 ②ねうち。「声価」「真価」「評価」

下つき 安価・株価・原価・減価・高価・市価・時価・真価・正価・声価・単価・地価・定価・特価・売価・買価・評価・物価・米価・廉価

【価】あたい　物の値段。「商品に―をつける」参考「値」と書けば、物の値打ち・数量の意。

【価格】カカク　物の価値を金額で表したもの。「適正―」類値段・価額

【価額】カガク　物の値打ちに相当する金額。「財産の―」「課税―」類価格 参考「価格」は物の値打ちの貨幣による表示一般を指し、「価額」は表示された金額そのものを指す。

【価値】カチ　①ある物事がどれほど役に立つか、また重要かの度合い。ものの値打ち。「―が高い」「―観の相違」 ②経済学で、財貨がもつ値打ち。使用の目的に役立つものを使用価値、交換に役立つものを交換価値という。 ③哲学で、客観的によいと評価されるもの。特に真・善・美など普遍的な絶対的価値。

カ【佳】(8) イ6 常 3 1834 3242 音 カ 訓 外 よい

筆順 ノ亻仁什仕佳佳佳

意味 ①よい。美しい。「佳人」「佳麗」 ②すぐれている。「佳作」「佳境」 ③めでたい。「佳日」「佳節」

下つき 絶佳・麗佳

【佳境】カキョウ　①最もおもしろいと感じるところ。「話はいよいよ―に入った」類妙所 ②とても景色のよい場所。

【佳▲肴】カコウ　うまい料理。おいしい酒のさかな。ごちそう。「海浜の宿で―を得た」

【佳作】カサク　①できばえのすぐれた作品。類佳品 ②入選には及ばないが、次にすぐれた作品。「選外―に選ばれた」

【佳日】カジツ　めでたい日。縁起のよい日。類吉日・佳節・佳辰

【佳▲什】カジュウ　詩歌のすばらしい作品。参考「什」は詩編の意。

【佳▲辰】カシン　よい日がら。めでたいことを行う日。類吉日 表記「嘉辰」とも書く。

【佳人】カジン　容貌の美しい女性。美人。「才子―」

〖佳人薄命〗カジンハクメイ　美人はとかく薄幸であること。また、美人はとかく短命であること。すぐれた人にもいう。〈蘇軾の詩〉類美人薄命・才子多病

【佳節】カセツ　めでたい日。祝日。類佳日

【佳▲饌】カセン　すばらしい料理。ごちそう。表記「嘉饌」とも書く。

【佳話】カワ　心の温まるよい話。美談。「キツネにまつわる―」

【△佳い】よい　①美しい。形などがすぐれている。すばらしい。めでたい。「―い縁談」 ②好ましい。おいしい。

カ【卦】(8) ト6 準1 2321 3735 音 カ・ケ 訓 うらなう・うらない

意味 ①うらかた(占形)。易で吉凶を判断するもとなるもの。「卦兆」「卦体」 ②うらなう。また、うらない。「卦辞」

下つき 有卦・八卦・本卦

【▲卦辞】カジ　八卦を組み合わせた、六四卦について説明した言葉。

【▲卦兆】カチョウ　占いに現れた形。「古代は―で国が動いた」類占形・卦象

【▲卦体】ケタイ　奇妙なさま。変なさま。不思議なさま。特に関西で用いる語。「―な話」「―な人」参考「ケタイ」と読めば易の用語で、占いの結果の意。

カ【△和】(8) ロ5 教 4734 4F42 ▼ワ(一六二四)

カ【★呵】(8) ロ5 1 5074 526A 音 カ 訓 しかる・わらう・ふく

意味 ①しかる。せめる。「呵叱」「呵責」類訶 ②わらう。大声を出す。「呵呵」「呵欠」 ③ふく。息をふきかける。「呵筆」

下つき 叱呵

【▲呵▲呵】カカ　からからと笑う声。また、大声で笑うさま。

〖▲呵▲呵大笑〗カカタイショウ　大声で笑うこと。また、そのさま。〈『晋書』〉「腹の底から―する」参考「大笑」は「ダイショウ」とも読む。

【▲呵△責】カシャク　きびしくとがめること。責めて苦しめること。「良心の―に堪えかねる」

【▲呵る】しかる　相手の欠点を強くとがめる。大声でしかりつける。

【▲呵う】わらう　わっはっはと声を出してわらう。

カ【果】(8) 木4 教 常 7 1844 324C 音 カ 訓 はたす・はてる・はて 外 くだもの・おおせる・はか

筆順 丨 冂 日 旦 甲 果 果

意味 ①くだもの。草木の実。「果実」「果樹」「青果」類菓 ②はたす。成し遂げる。おおせる。「逃げ果せる」③はて。できばえ。「結果」「効果」「釣果」④思いきってする。思いきりがいい。「果鋭」「果敢」「果断」⑤はたして。思ったとおり。「果然」⑥原因があって生ずるもの。むくい。「因果」対因 ⑦はか。物事の進みぐあい。

下つき 因果・結果・効果・成果・青果・戦果・釣果

【果敢】カカン 勇敢なさま。思い切りがいいようす。「勇猛―」「―に敵を攻撃する」

【果毅】カキ 決断力があり、意志が強いこと。

【果菜類】カサイルイ 果実の部分を食用とする野菜類。ナス・トマト・カボチャなど。対葉菜類・根菜類

【果実】カジツ ①植物の実。くだもの。②法律で、元物から生じる収益物。鉱物などの天然果実、利息・家賃などの法定果実がある。

【果樹】カジュ くだものがなる木。特に、果実を収穫するために栽培する木。「―園」

【果汁】カジュウ くだものをしぼった汁。ジュース。「―一〇〇パーセントのジュース」

【果然】カゼン 予想どおり。はたして。案の定。「―誤りだった」

【果断】カダン 思い切って実行すること。「―な行動をとる」類英断

【果糖】カトウ 果実や蜂蜜に多量に含まれる糖分。白色粉末で水に溶けやすく、砂糖より甘味が強い。「くだものは―を含む」

【果肉】カニク 果実の種と皮の間にある、やわらかい肉質の部分。

【果報】カホウ ①仏前世での行いによって受けるむくい。類冥加・冥利 ②運に恵まれていること。しあわせ。「―者」類幸運

【果報は寝て待て】あせらず自然に幸福な時機がやってくるのを待てということ。類待てば海路の日和あり 対蒔かぬ種は生えぬ

【果物】・【果】くだもの 木や草にできる果実で食用となるもの。水菓子。「新鮮な―」表記「菓」とも書く。参考「木の(だ)物」の意。

【果】はか 仕事などの進みぐあい。はかどりの程度。「仕事の―が行く」「なかなか―が行かない」表記「捗」とも書く。

【果無い】・【果敢無い】はかない 頼りなく、消えてなくなりやすい。もろくて長続きしない。「―い夢」「希望が―く消えた」表記「儚い」とも書く。

【果無む】・【果敢無む】はかなむ はかなく頼りないと思う。「世を―む」表記「儚む」とも書く。

【果たし合い】はたしあい 恨みや争い事などの決着をつけるため、互いに死ぬ覚悟で戦うこと。類決闘

【果たして】はたして ①思っていたとおり。案の定。「―実験は成功した」②本当に。実際に。「―彼女は来るだろうか」

【果たす】はたす ①なしとげる。「目的を―す」②殺す。しとめる。「一命を―す」③すっかり…してしまう。…し尽くす。動詞の連用形について用いる。「財産を使い―す」

【果てしない】はてしない きりがない。終わりがなく続くさま。「―い大空」「―い宇宙の謎」

【果てる】はてる ①終わる。きわまる。「宴が―てる」②死ぬ。「戦場で―てる」③すっかり…する。…し終わる。動詞の連用形について用いる。「精も根もつき―てる」「疲れ―てる」

カ【河】(8) 氵5 常 教 6 1847 324F 音 カ 訓 かわ

筆順 丶 冫 氵 汀 沪 河 河

意味 ①かわ。大きな川。「河川」「運河」「氷河」②天の川。「銀河」③川の名。黄河。「河北」「河南」「江河」④「河内の国」の略。「河州」参考 中国では、揚子江(長江)を「江」、黄河を「河」と呼ぶ。

下つき 運河・銀河・懸河・江河・黄河・山河・星河・大河・渡河

【河海は細流を択ばず】カカイはサイリュウをえらばず 大人物は度量が大きく、あらゆる人を包容するたとえ。人も他人の意見を広く聞かないと大成しないという戒め。黄河や大海は小さな川もすべて受け入れてあの深さをなしていることから。〈『戦国策』〉類泰山(太山)は土壌を譲らず

【河漢の言】カカンのゲン 言葉が果てしなくとりとめのないこと。また、誇大表現や虚言のこと。「河漢」は天の川のことで、天の川が遠い空にあることから。〈『荘子』〉

【河渠】カキョ 水流の通路。川と掘割。

【河魚の腹疾】カギョのフクシツ 国が腐敗して内部から崩壊するたとえ。「腹疾」は腹の病気で、魚の腐敗は腹中から起こることから。〈『春秋左氏伝』〉類河魚の患・河魚の疾

【河口】カコウ 川の流れが、海や湖に注ぐ所。川口。類川尻 参考「かわぐち」とも読む。

【河港】カコウ 河口または川岸に造られた港。河口港。対海港

【河山帯礪】カザンタイレイ 永く変わらない固い誓約のこと。また、国が永遠に栄えることのたとえ。「河」は黄河、「山」は泰山、「礪」は砥石。黄河が帯のように細くなり、泰山がすり減って砥石のように平らになっても変わらないという意。〈『史記』〉表記「礪」は「厲」とも書く。類帯厲の誓い

【〈河岸〉】かし ①舟から人や物をあげおろしする川の岸。②川岸にたつ市場。特に、魚市場。「魚―」③物事をする場所。特に、飲食などをする所。「―を変えて飲む」参考「かわぎし」と読めば、川の岸の意になる。

【河鹿】かじか カ 「カジカガエル」の略。アオガエル科のカエル。渓流にすみ、初夏、雄は美しい声で鳴く。季夏

【河床】カショウ 川の底。参考「かわどこ」とも読む。

【河清を俟つ】カセイをまつ 実現しそうもない望みをいだくたとえ。広大な黄河の濁った流れが澄んで清くなるのをまつ意から。〈春秋左氏伝〉

【河川】カセン 大小の川の総称。「大雨で―が増水した」「―工事」

【河川敷】カセンじき 河川法で、その河川の一部とされている河岸(かわぎし)の敷地。「―で遊ぶ」参考「カセンしき」とも読む。

【河太郎】ガタロ 河童(かっぱ)の別称。西日本でいう。表記「川太郎」とも書く。参考「かわタロウ」とも読む。

【〈河童〉】かっぱ ①想像上の動物。体は人間の四～五歳ほどで、甲羅をつけ、頭に水を入れた皿がある。②泳ぎのうまい人。③①の好物とされることから、キュウリのこと。由来 河にすむ童(わっぱ)(あばれんぼうの子ども)の意から。

【〈河童〉に塩を誂える】見当はずれの注文をするたとえ。海でとれる塩を川にすむかっぱに注文する意から。

【〈河童〉に水練】よく知り尽くした人に教える愚かさのたとえ。「水練」は水泳の練習。類釈迦(シャカ)に説法

【〈河童〉の川流れ】どんな達人でも時には失敗することもあるたとえ。泳ぎの達者なかっぱでも、時には流れに押し流されることもある意。類弘法(こうぼう)も筆の誤り・猿も木から落ちる

【〈河童〉の屁】たやすくできることのたとえ。また、取るに足りないことのたとえ。へのかっぱ。水中でするかっぱの屁は勢いがないからとも、「木端(こっぱ)の火」からの転ともいう。

【河図洛書】カトラクショ ①中国、古代の伝説で、「河図」は黄河から出た竜馬(リュウメ)の背の図案で、「洛書」は洛水という川から出た神亀(シンキ)の背の文字。②得がたい図書のたとえ。

【河馬】カバ カバ科の哺乳(ホニュウ)動物。アフリカの川や湖にすむ。大きい口、丸い胴、短く太い四肢をもち、体長四メートル、体重四トンに達するものもある。夜間に地上で草を食べる。由来「河馬」は漢名から。

【河畔】カハン 川のほとり。川岸。川端。「―を散歩する」

【河梁の別れ】カリョウのわかれ 人と別れること。特に親しい人を見送るつらい別れ。「河梁」は河に架けられた橋。故事 匈奴(キョウド)に捕らわれていた漢の李陵(リリョウ)が、先に郷里に帰る蘇武(ソブ)に「手を携(たずさ)えて河梁に上る…」という惜別の詩を送ったことから。〈李陵の詩〉類河梁の誼(よしみ)

【河】かわ 大きな川や水路。参考「河」は、もと黄河(コウガ)を表した。転じて大きな川に用いる。

【河鵜】かわう ウ科の鳥。▼川鵜(かわう)(八四)

【〈河内〉】かわち 旧国名の一つ。現在の大阪府南東部。河州(カシュウ)。

【〈河貝子〉】かわにな カワニナ科の巻貝。▼川蜷(かわにな)(八四)

【〈河原〉】かわら 川辺の、水が流れていない小石や砂の多い所。表記「川原」とも書く。参考「かわはら」の転。

【〈河骨〉】こうほね スイレン科の多年草。沼や小川に自生。夏、茎の先に黄色い花を一つつける。季夏 由来 川に生え、太くて白い根が骨のように見えることから。表記「川骨」とも書く。

【〈河内〉】ハノイ ベトナム社会主義共和国の首都。ソンコイ川沿岸にあり、水陸交通の要地。

【〈河豚〉】ふぐ フグ科の海魚の総称。日本近海に約四〇種が分布。体は長い卵形で腹部が大きい。卵巣や肝臓に毒をもつものが多いが、肉は美味。季冬 由来「河豚」は漢名より。ブタ(豚)のように美味であることから。表記「鰒」とも書く。

【〈河豚〉食う無分別、食わぬ無分別】毒があるのもかまわずフグを食うのも無分別だが、かといっておいしいフグを食わないのも無分別だという意。類河豚汁を食わぬたわけに食うたわけ

【〈河豚〉にも中(あ)たれば鯛(たい)にも中たる】安全だと思っていても思わぬ害をこうむることがあるたとえ。フグには毒があるといって恐れるが、時には毒のないタイで中毒することもある意。

【〈河豚〉は食いたし、命は惜しし】おいしいフグは食べたいが命も惜しいこと。結果を恐れて、なかなか行動に移せないことのたとえ。

カ【苛】(8) 艹5 常 2 1855/3257

音 カ

訓 外 からい・きびしい・むごい・わずらわしい・いらだつ・さいなむ・いじめる

筆順 一 十 艹 艹 芇 苎 苛 苛

意味 ①からい。きびしい。むごい。とがめる。「苛虐」「苛酷」「苛政」②こまかい。わずらわしい。③いらだつ。いらいらする。④さいなむ。⑤いじめる。

下つき 煩苛(ハンカ)

【苛苛】いらいら 思いどおりにいかず、気があせって落ち着かないようす。じりじり。「気がせいて―する」

か カ

【苛立つ】いらだつ 思いどおりにならなくて、心が落ち着かない。いらいらする。「神経が―つ」類急く

【苛虐】カギャク いじめ苦しめること。むごく扱うこと。

【苛酷・苛刻】カコク 思いやりがなく、きびしいこと。むごいようす。「―な刑罰」

【苛察】カサツ 細かい事柄まで、きびしく取り調べること。

【苛政】カセイ 人民を苦しめるむごい政治。類悪政・暴政・虐政・圧政

『苛政は虎よりも猛し』むごい政治が人民を苦しめるのは、人食いトラよりも激しく恐ろしいということ。むごい政治を戒める語。故事 孔子が、家族を次々に人食いトラに殺された婦人に「どうしてここを去らないのか」と尋ねたところ、婦人は「ここには苛酷な政治がないから」と答えた故事から。《『礼記』》

【苛税】カゼイ 重くきびしい税。類重税

【苛性〈曹達〉】カセイソーダ 水酸化ナトリウムの俗称。

【苛烈】カレツ きびしくはげしいこと。「―な戦い」類猛烈・激烈・酷烈・峻烈

【苛斂】カレン 税金・年貢などを、きびしく取り立てること。類苛求

『苛斂誅求』カレンチュウキュウ 税金などを情け容赦なく取り立てること。「斂」は集める、「誅」は責める意。類頭会箕斂

【苛む】さいなむ ①きびしくとがめてしかる。きつくせめる。「良心に責め―まれる」②いじめて悩ます。苦しめる。「不安に―まれる」

カ【茄】(8) ⺾5 準1 1856 3258

音 カ 訓 なす・なすび・はす

意味 ①なす。なすび。ナス科の一年草。食用。②はす(蓮)。はちす。類荷

【〈茄子〉・茄】なす ナス科の一年草。インド原産。葉は楕円形で、夏から秋にかけて紫色の花が咲く。濃紫色の実は丸形や長楕円形など多様。食用。季夏 由来「茄子」は漢名から。参考「なすび」とも読む。

【〈茄子〉紺】なすコン ナスの実の色に似た、濃い紫がかった紺色。

『〈茄子〉の花と親の意見は千に一つも仇はない』なすびのはなとおやのイケンはセンにひとつもあだはない ▼親の意見と茄子の花は千に一つも仇はない(八一〇)

カ【架】(9) 木5 常 3 1845 324D

音 カ 訓 かける・かかる 外 たな

筆順 フ カ か 加 加 加 架 架 架

意味 ①かける。かけわたす。「架橋」「架空」「架設」②たな。物をのせる台。「架蔵」「書架」③ころもかけ。「衣架」

下つき 衣架・画架・高架・銃架・書架・担架・筆架

【架橋】カキョウ 橋をかけること。また、その橋。「―結合」

【架空】カクウ ①空中にかけ渡すこと。②想像で作り出すこと。また、そのもの。「―の人物」「―の物語」類虚構 対実在

【架ける】かける 物と物の間にかけ渡す。「橋を―ける」「ビルの間にはしごを―ける」

【架設】カセツ かけ渡して設置すること。橋や電線など空中を渡す工事をすること。「電話を―する」

【架線】カセン 送電線・電話線などをかけ渡すこと。また、その線。「―が切れる」参考 鉄道関係では「ガセン」ともいう。

【架】たな 物を載せたりかけたりするようにした台。

カ【枷】(9) 木5 1 5940 5B48

音 カ 訓 かせ・くびかせ・からさお

意味 ①かせ。くびかせ。罪人の首や手足にはめる刑具。「枷鎖」②からさお。穀物の穂を打って実を落とす農具。

下つき 足枷・首枷・手枷・連枷

【枷鎖】カサ 罪人につける刑具で、くびかせとくさり。

【枷】かせ ①刑具の一種。首や手足につけて自由を奪うもの。「―をはめる」②行動を束縛するもの。「子が―となる」類①②桎梏

【枷】からさお 刈り取った豆類・穀類などをたたいて、その実やもみをとる道具。表記「殻竿・唐棹・連枷」とも書く。

【枷】くびかせ 罪人の首にはめて、自由を奪う刑具。表記「首枷・頸枷」とも書く。

カ【柯】(9) 木5 1 5941 5B49

音 カ 訓 え・えだ・くき

意味 ①え。斧の柄。「斧柯」②えだ。木の枝。「柯条」「柯葉」③くき。草の茎。

下つき 枝柯・庭柯・伐柯・斧柯

【柯】え 斧の柄。刃のついた鉄片を先のほうにとりつけた木の枝。

カ【珂】★(9) 王5 準1 1849 3251

音 カ

意味 ①しろめのう。宝石の一つ。②くつわ貝。くつわ貝の飾り。「鳴珂」

カ【珈】(9) 王5 1 6461 605D

音 カ 訓 かみかざり

意味 ①かみかざり。玉をたれさげたかんざしの一種。②「コーヒー」の音訳。参考「コーヒー」の表記は「珈琲」が定着しているが、中国では「咖啡」と書く。

〔<珈琲>〕コーヒー コーヒーノキの種子を煎(い)った粉。また、それを熱湯で抽出した飲み物。

カ【科】(9) 禾 4 常 教 9 1842 324A 音 カ 訓 外 とが・しな・しぐさ

筆順 ノ 二 千 千 禾 禾 禾 科 科

意味 ①分類されたもの。区分。種類。等級。「科学」「科目」「専科」②とが。つみ。あやまち。「科役」「科料」③きまり。おきて。「科条」④しぐさ。俳優の動作や表情。「科白」

下つき 医科・学科・眼科・教科・罪科・正科・専科・前科・百科・分科・法科・本科・予科・理科

【科役】カエキ 田畑などに課せられた租税(科)と公共の工事に労力を提供する夫役(役)。類科傜

【科学】カガク ①対象を体系的に研究し、その原理・法則を見つけだそうとする学問。②自然現象を対象とする学問。自然科学。

【科挙】カキョ 昔、中国で行われた官吏の登用試験。隋・唐代に制定、清朝末の廃止まで、約一三〇〇年間行われた。参考 科目ごとに合格者をあげる意。

〔科挙圧巻〕カキョアッカン ▶圧巻(二四)

【科する】カする 法律によって処分する。刑罰を加える。「罰金を—する」

【科目】カモク ①小さく区分した個々の項目。「勘定—」②学科・教科の区分。「選択—」表記 ②「課目」とも書く。

【科料】カリョウ 軽い犯罪を犯した者に金銭を出させる刑罰。罰金より軽い。参考「過料」と区別するために「とがリョウ」とも読む。

【△科】しな 思わせぶりなしぐさ。なまめかしいようす。「—を作る」

【△科木】しなのき シナノキ科の落葉高木。日本特産で、山地に自生。初夏に黄白色の小花が咲く。花・実は薬用。材は器材用。皮は布・縄・紙などの原料となる。

〈科白〉せりふ ①役者が劇の中で話す言葉。②言い方。ものいい。また、決まり文句。「彼の得意の—が出た」表記「台詞」とも書く。

【△科】とが ①とがめなければならない行い。あやまち。②罪となる行い。法律上の罪。「盗みの—で捕らえられた」③非難される欠点。短所。

【△科人】とがニン 法律上、罪を犯した人。「—が引き立てられる」類罪人

カ【★迦】(9) 辶 5 準1 1864 3260 音 カ 訓

〔迦〕

意味 ①であう。めぐりあう。②梵語の音訳に用いられる。「釈迦」

下つき 釈迦・莫迦

【△迦△葉仏】カショウブツ 過去七仏の第六番目の仏。釈迦の直前に出現した。

【△迦陵△頻△伽】カリョウビンガ 仏 声が美しいもののたとえ。美声のたとえ。由来 もと極楽浄土にすみ、比類なき美声で鳴くという鳥の名といわれるが、諸説ある。仏教語で梵語を音写したもの。

カ【哥】(10) 口 7 1 5107 5327 音 カ 訓 うた・うたう

意味 うた。うたう。「和哥」類歌

下つき 和哥

【△哥う】うたう 言葉に節をつけて声に出す。表記「歌う」とも書く。

〈△哥△薩克〉コサック ロシア南東部に住むトルコ族とスラブ族の混血人種。騎兵として、帝政ロシアのシベリア征伐や辺境防備に活躍した。参考「コザック・カザーク」とも読む。

〈△哥倫比亜〉コロンビア 南アメリカ北西部にある共和国。農業が盛んでコーヒーの産地。首都ボゴタ。

カ【夏】(10) 夂 7 常 教 9 1838 3246 音 カ・ゲ 中 訓 なつ

筆順 一 丆 丆 百 百 百 百 頁 夏 夏

意味 ①なつ。四季の一つ。「夏季」「夏日」「夏至」対冬 ②昔の中国の自称。類華 対夷 ③中国最古の王朝の名。「夏暦」④大きい。さかんな。「夏屋」

下つき 炎夏・華夏・残夏・消夏・初夏・盛夏・仲夏・常夏・晩夏・孟夏・立夏

【夏雲奇峰】カウンキホウ 夏の入道雲が大空に作るめずらしい峰の形。〈陶潜の詩〉

【夏下冬上】カカトウジョウ 炭火のおこし方。火種を夏は下に、冬は上にしかけると火がつきやすいということ。

【夏季】カキ 夏の季節。「—施設の利用」「—オリンピック」対冬季

【夏期】カキ 夏の期間。「—集中講義」「—限定商品」対冬期

【夏虫疑氷】カチュウギヒョウ 見識の狭い者が自分の狭い知識以外のものを信じようとしないたとえ。夏の虫は他の季節を知らず、冬の氷を信じないことから。〈『荘子』〉類井蛙の見・井底の蛙・尺沢の鯢

【夏炉冬扇】カロトウセン 季節はずれで役に立たない物のたとえ。また、無用な事物、役に立たない言動のたとえ。夏の火鉢と冬の扇の意。〈『論衡』〉表記「夏炉」は「夏鑪」とも書く。参考「冬扇夏炉」ともいう。類六菖十菊

【夏安△居】ゲアンゴ 仏 陰暦の四月一六日から三か月間、僧が一定の場所にこもって修行をすること。類安居・夏籠もり・夏行

【夏書】げがき 夏安居(げあんご)の間に、経文を写すこと。また、その写した経文。

【夏籠もり】げごもり 「夏安居(げあんご)」に同じ。

【夏至】げし 二十四節気の一つ。陽暦では六月二二日ころ。太陽が最も北に寄り、北半球では昼の時間が最も長い。対冬至

【夏越】なごし 「夏越の祓(はらえ)」の略。表記「名越」とも書く。

【夏越の月】なごしのつき 陰暦六月の異名。由来陰暦六月三〇日に神社で夏越の祓(はらえ)が行われたことから。

【夏越の祓】なごしのはらえ 六月三〇日に各神社で行われる、災いをはらう神事。参詣(さんけい)者は茅(ち)の輪をくぐり、人の形をした形代(かたしろ)で体をなでて清める。水無月(みなづき)祓。表記「名越の祓」とも書く。

【夏】なつ 四季の一つ。一年で最も日が長く気温も高くなる季節。わが国では一般的に六月から八月までを指し、暦上では五月六日ころの立夏から八月七、八日ころの立秋前日まで。対冬 季夏

『夏の小袖(こそで)』 季節はずれで役に立たない物のたとえ。「小袖」は絹の綿入れのこと。

【夏枯れ】なつがれ 夏に商店・興行場などで、売れ行きや客数が減ること。対冬枯れ

【夏蚕】なつご 夏季に孵化(ふか)し、飼育されるかいこ。季夏

【夏木立】なつこだち 夏の、葉を青々と茂らせた木立。季夏

【夏初月・夏端月】なつはづき 陰暦四月の異名。季夏 由来夏の初めの月の意から。

【夏痩せ】なつやせ 夏、暑さに負けて食欲がおちるなどして、体がやせること。

カ【家】

(10) 宀 7 教 常 9 1840 3248

音 カ・ケ 訓 いえ・や 外 うち

筆順 丶 丷 宀 宀 宁 宇 家 家 家 家

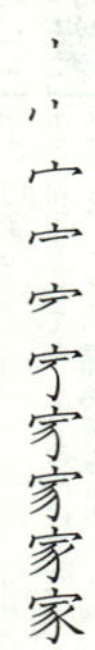

意味 ①すまい。人の住む建物。住居。「家屋」「家財」「家宅」 ②血縁の集まり。一族。「家運」「家系」「良家」 ③学問や技術の流派。また、専門にする人。「諸子百家」

下つき 王家(オウケ)・画家(ガカ)・旧家(キュウカ)・後家(ゴケ)・婚家(コンカ)・在家(ザイケ)・作家(サッカ)・実家(ジッカ)・借家(シャクや)・酒家(シュカ)・儒家(ジュカ)・出家(シュッケ)・商家(ショウカ)・書家(ショカ)・人家(ジンカ)・生家(セイカ)・大家(タイカ・おおや)・檀家(ダンカ)・伝家(デンカ)・農家(ノウカ)・廃家(ハイカ)・武家(ブケ)・分家(ブンケ)・本家(ホンケ)・民家(ミンカ)・良家(リョウカ・リョウケ)・隣家(リンカ)

【家鴨】あひる カモ科の鳥。マガモを家畜として改良したもの。翼が小さく飛ぶことはできないが泳ぎは巧み。卵と肉は食用。表記「鶩」とも書く。

【家】いえ ①人の住む建物。②自分や家族が住む所。自宅。わがや。③家庭。「―をもつ」④先祖代々続いた血族の集団。家系。「―を継ぐ」⑤旧民法で、戸主とその家族の集団。

『家貧しくして孝子顕(あらわ)れ、世乱れて忠臣を識(し)る』 家が貧しいと親の苦労がわかるので孝行な子になり、また、世が混乱したときには真の忠義の臣がわかること。逆境のときに真価を発揮する人があらわれること。〈『宝鑑(ホウカン)』〉

『家貧しければ良妻を思い、国乱るれば良相(リョウショウ)を思う』 困難なことが起こると人はそれを救ってくれる者の出現を望むものであるということ。貧乏なときは内助の功を発揮する賢い妻を望み、国が乱れれば、危急を救う賢い宰相の出現を望む意。〈『史記』〉

【家柄】いえがら ①家の地位。家の格式。「―がよい」類家格 ②家の格式が高いこと。「―の生まれ」類名家・名門

【家路】いえじ 自分の住む家に帰る道。帰りみち。「―につく」類帰路

【家壁蝨】いえだに オオサシダニ科のダニ。体長は約〇・七ミリメートルで、ネズミに寄生するが、人体にも移行し血を吸う。季夏

【家苞】いえづと 自分の家へ持ち帰るみやげ。参考「苞」はわらなどで食品を包んだもの。転じて、みやげ。

【家元】いえもと 芸道で、その流派をまとめ、正統を伝えて免状などを与える家。また、その家の当主。類宗家(ソウケ)

【家】うち ①自分の家。家庭。「―に帰る」②家屋。「古い―が一軒建っている」

【家船】えぶね 船を住居として漁業や行商をしていた人々。かつて長崎県や瀬戸内海に多かった。

【家運】カウン 一家の運命・運勢。「―が傾く」「―隆盛」

【家屋】カオク 人の住む建物。「地震で多くの―が倒壊した」

【家給人足】カキュウジンソク 生活が豊かで安定していること。どの家もどの人も満ち足りている意から。〈『淮南子(エナンジ)』〉

【家居】カキョ ①家にこもっていること。類籠居(ロウキョ) ②住居。参考①「いえい」とも読む。

【家郷】カキョウ ふるさと。類故郷・郷里

【家業】カギョウ ①家の生計を立てている職業。「―を手伝う」②先祖代々の職業。「―を継ぐ」

【家禽】カキン 食用や卵を得るために、または愛玩(アイガン)用に家で飼う鳥類。ニワトリ・アヒルなど。対野禽(ヤキン)

【家具】カグ 日常生活のために、家の中に備える道具。机・たんすなど。類調度・家什(カジュウ)

【家訓】カクン その家に代々伝わる教え・戒め。「わが家の―」類家憲・庭訓(テイキン) 参考「カキン」とも読む。

【家兄】カケイ 自分の兄を、他人に対してへりくだっていう語。類舎兄・愚兄(グケイ)

【家系】カケイ 先祖から現在までのその家の系統。類家柄・血統

【家鶏野△鶩】カケイヤボク 古いものや見慣れたものを嫌い、新しいものや珍しいものを好むたとえ。家で飼っているニワトリを嫌って、野生のアヒルを好む意から。故事 中国、晋(シン)の庾翼(ユヨク)は、王羲之(オウギシ)と並び称される書の大家だったが、やがて王羲之の名声のみが上がり、取り残された庾翼が、友人への手紙で自分をニワトリにたとえて嘆いた故事から。〈『太平御覧(タイヘイギョラン)』〉

【家憲】カケン その家の家族・子孫が守るべきおきて。類家訓・庭訓(テイキン)

【家財】カザイ ①家にある道具類。家具・衣類など。「―道具」②一家の財産。類身代(シンダイ)

【家作】カサク ①家をつくること。また、つくった家。家作(やづく)り。②他人に貸すためにつくった家。貸家。

【家事】カジ ①日常生活に必要な家の中の仕事。炊事・洗濯など。「―に勤(いそ)しむ」②家庭内の事情。

【家書】カショ ①自分の家族からの手紙。類家信 ②自分の家の蔵書。

『家書万金に△抵(あ)たる』 自分の家族からの手紙は何よりもうれしいということ。「抵」は相当する意。〈杜甫(トホ)の詩〉

【家常茶飯】カジョウサハン ごくありふれていること。ふだんの家庭の食事の意から。類日常茶飯

【家信】カシン 「家書①」に同じ。

【家人】カジン 自分の家族。特に、主人以外の人。「―を紹介します」

【家政】カセイ ①家事全般を処理すること。また、その方法。「―学を専攻する」②一家のくらしむき。

【家相】カソウ 住む人の運勢に吉凶を及ぼすとされる、家の位置・方角・構造などのありかた。「―が悪い」

【家蔵】カゾウ 自分の家の物であること。また、その物。

【家族】カゾク 血縁や婚姻関係で構成され、生計を共にする人々。夫婦・親子など。「核―化が進む」

【家畜】カチク 生活に役立てるため、家や農園で飼う動物。ウシ・ウマ・ブタ・ニワトリ・イヌなど。「―を飼う」

【家中】カチュウ ①家の中。「―くまなく捜す」②家族全員。③昔の大名の家来。家臣。「藩の―の者」

【家長】カチョウ ①一家のあるじ。主人。②旧民法での戸主。

【家庭】カテイ 夫婦・親子など、一つの家で共に生活する人々の集まり。また、その場所。「楽しい―にしたい」

【家伝】カデン その家に代々伝えられていること。また、そのもの。「―の妙薬」

【家電】カデン 「家庭用電気器具」の略。家庭で使う電気器具。「―製品」

【家督】カトク ①家を継ぐ人。あとつぎ。②家の跡目。「―を継ぐ」③旧民法で、戸主の地位。また、戸主の権利と義務。「―相続」

【家徒四壁】カトシヘキ 非常に貧しいさま。「家(いえ)徒(ただ)四壁立つのみ」の略。家の中に何もなく、ただ四方の壁があるだけの意から。〈『史記』〉類家徒壁立・環堵蕭然(カントショウゼン)

【家内】カナイ ①家の中。②家族。「―安全」③他人に自分の妻をいう語。類女房

【家風】カフウ その家独特の気風・習慣。「―に合わない」

【家宝】カホウ その家に代々伝わる宝。その家の大切な品。

【家僕】カボク 雑用をしてもらうために雇う人。下男。しもべ。類従僕・下僕

【家名】カメイ ①一家の名称・通称。②一家の名誉。「―をあげる」参考①「カミョウ」とも読む。

【家門】カモン ①家の門。②一家・一族の全体。一家一門。「―の誉れ」③家の地位・格式。類家柄

【家紋】カモン 家の紋所。それぞれの家に決められたしるし。紋章。徳川家の三つ葉葵(あおい)の紋など。

【家△禄】カロク ①武家社会で、主君が家臣に与えた俸禄(ホウロク)。江戸時代にはほとんど世襲化し、家に与えられたことによる称。②明治初めに、華族・士族の家に与えられた俸禄。

【△家司】ケイシ ①平安時代以降、親王・摂関・大臣など三位(サンミ)以上の家の事務を行った職員。②鎌倉・室町幕府の政所(まんどころ)・問注所・侍所(さむらいどころ)などの職員の総称。参考「ケシ」の転じた語。

【家来】ケライ ①主君に仕える人。特に、武家の臣。類家臣 ②召使い。従者。表記古くは「家礼・家頼」とも書いた。

〈家△猪〉ぶた イノシシ科の哺乳(ホニュウ)動物。イノシシ(猪)を家畜にしたことから。由来「家猪」は漢名より。▼豚(一一七九)

【家】や 人の住む建物。いえ。「空き―」「わが―」類家屋

【家捜し】やさがし ①家の中をくまなくさがすこと。②住む家をさがすこと。いえさがし。

【家尻】やじり 家・蔵などの裏手。「―切り(裏手の壁を破って入る盗賊)」

【家並み】やなみ ①家が並んでいるようす。また、その並んだ家々。「古い―が続く町」②並んでいる家ごと。軒(のき)並み。参考「いえなみ」とも読む。

【家主】やぬし ①貸家の持ち主。おおや。②一家の主人。あるじ。

【家守】やもり ヤモリ科の爬虫(ハチュウ)類の総称。▼守宮(六七五)

カ【痂】(10) 疒5 1 6548 6150 音 カ・ケ 訓 かさぶた・ひぜん

意味 ①かさぶた。傷などが治るにつれて表面をおおうかたい皮。②ひぜん。皮膚病の一種。類 疥

【▲痂】かさぶた 傷・できものなどが治るにつれて、その上にできるかたい皮。「―がはがれる」

【▲痂皮】カヒ 傷が治るときにできるかたい皮。かさぶた。

カ【荷】(10) 艹7 教 常 8 1857 3259 音 カ 中 訓 に 外 になう・はす

筆順 一 十 艹 艹 芢 芢 苮 苮 荷 荷

意味 ①に。にもつ。「集荷」「出荷」②になう。物をかつぐ。身に引き受ける。「荷担」「負荷」類 何 ③はす(蓮)。はちす。スイレン科の多年草。

下つき 重荷・在荷・集荷・出荷・入荷・初荷・負荷・船荷

【荷重】カジュウ ①トラックなどの貨物の重さ。②力。また、構造物や機械に外部から加わる力。また、構造物がたえられる限界の重さ。「橋の―を測定する」

【荷▲葉座】カショウザ 仏像を安置するハスの葉の形をした台座。

【荷担】カタン ①仲間になり、力を貸して助けること。「悪事に―する」類 加勢・左袒 ②荷物をになうこと。荷をかつぐこと。表記 ①「加担」とも書く。

【荷葉】カヨウ ①ハスの葉。②練り香の一種。ハスの花の香りに似せて作った香料。

【〈荷包▲牡丹〉】けまんそう ケシ科の多年草。由来「荷包牡丹」は漢名から。▼華鬘草(一五二)

【荷】に ①運び移す品物。にもつ。「船の積み―」②責任。負担。「新人には―が重い仕事だ」「現役を退いて肩の―が下りた」

【荷▵轄】にくさび 波の当たりを和らげるために、和船の船べりを覆うもの。むしろ・縄などで作る。

【荷▲拵え】にごしらえ 荷作りをすること。「今月中に引越の―をすませる」

【荷駄】にダ ウマで運ぶ荷物。

【▵荷う】になう ①かつぐ。肩にかけて運ぶ。②自分の責任として引き受ける。「二十一世紀を―う若人」

【荷物】にモツ ①持ち運んだり、運送したりする品物。に。②多く「お―」の形で、負担になるもの。やっかいもの。「会のお―になる」

【荷役】にヤク 船の貨物などの上げ下ろしをすること。また、その仕事に携わる人。

カ【華】(10) 艹7 常 3 1858 325A 音 カ・ケ 高 外 ゲ 訓 はな 外 しろい

旧字《華》(12) 艹8 1/準1

筆順 一 十 艹 艹 芈 芈 苹 苹 華 華

意味 ①はな。草木の花。「華道」「華容」「散華」類 花 ②はなやか。美しい。さかえる。「華美」「華麗」「栄華」③しろい。また、おしろい。白い粉。「鉛華」④中国の自称。「華夷」「華僑」「中華」

下つき 英華・栄華・鉛華・京華・月華・豪華・国華・散華・昇華・精華・中華・繁華・浮華・文華・蓮華

【華▲僑】カキョウ 外国に定住している中国人。特に、中国商人。参考「僑」は仮住まいの意。

【華甲】カコウ 数え年六一歳の呼称。類 還暦 参考「華」の字は六つの十と一に分けられ、「甲」は十干の第一番目。

【華氏】カシ 温度の目盛りの一種。一気圧における水の氷点を三二度、沸点を二一二度としたもの。記号はF 対 摂氏 由来 考案者のドイツの物理学者ファーレンハイトの漢名「華倫海」から。

【華▲奢】カシャ 派手でぜいたくなこと。はなやかにおごること。参考「キャシャ」と読めば別の意になる。

【華▲胥】カショ 平和で自由な理想郷。華胥の国。「―の夢(楽しい、めでたい夢)」由来 中国古代伝説上の天子、黄帝が昼寝の夢の中で、命令する者もなく欲に目がくらむ者もいない自然な治世が行われている理想郷に遊んだ。目覚めてそのように政治を行ったところ、果たしてよく治まったという伝説から。《列子》

【華▲胥の国に遊ぶ】よい気持ちで昼寝をすること。

【華▲燭】カショク しび。婚礼の席などの、はなやかなともしび。表記「花燭」とも書く。

【華▲燭の典】結婚式。「典」は儀式の意。「―をあげる」

【華族】カゾク 明治時代に、皇族の下、士族の上に置かれた身分の一つ。公・侯・伯・子・男の五爵位をもつ人とその家族。一九四七(昭和二二)年に廃止。

【華▲冑】カチュウ 貴い家柄。名門。参考「冑」は世継ぎ・血筋の意。

【華道】カドウ 草木の花や枝を整えて花器に生け、美を表現する技術・作法。いけばな。表記「花道」とも書く。

【華美】カビ はなやかで美しいようす。また、ぜいたくで派手なさま。「―な服装」

【華麗】カレイ はなやかで美しいようす。「―な舞台」類 華美・絢爛

【▵華▲奢・▵華車】キャシャ 上品で、姿形に弱々しさや細さを感じさせるようす。ほっそりとして美しいようす。「―なからだつき」表記「花車」とも書く。参考「カシャ」と読めば別の意になる。

【華▲筥】ケコ 法要のとき、仏前にまき散らす花を入れる容器。はなざら。表記「花籠」

か カ

とも書く。

【華厳宗】ケゴンシュウ　仏 華厳経に基づいた大乗仏教の一宗派。日本での総本山は奈良の東大寺。

【華足】ケソク　①華形の装飾のある机・台などの脚。②仏 仏への供物を盛る器。また、その供物。表記「花足」とも書く。

【華▲鬘】ケマン　仏 ①仏堂の欄間などを飾る装飾具。花鳥などを透かし彫りにした、うちわ形の金銅製・革製のもの。②古代インドで、生花をつなぎ、首や体にかけて装飾としたもの。表記「花鬘」とも書く。

【華▲鬘草】ケマンソウ　ケシ科の多年草。中国原産。春、花茎の片側に淡紅色でうちわ形の花を数個垂れ下げる。タイツリソウ。季春 由来 花の形が仏殿の装飾用の華鬘に似ていることから。表記「荷包牡丹」とも書く。

【華】はな　①美しくはなやかなこと。また、そのもの。「あの人には―がある」「キャンパスの―」②最もよい時期。「あの忙しい時代が―だった」表記「花」とも書く。

【華華しい】はなばなしい　たいへんはなやかであるようす。見事で人目を引くようす。「―いデビューを飾る」「近年―く活躍している」表記「花花しい」とも書く。

【華やか】はなやか　①いろどりが豊かで、花のように美しいようす。「―な装い」②勢いが盛んで、きわだっているようす。「―な踊り」表記「花やか」とも書く。

【華やぐ】はなやぐ　はなやかになる。はなばなしくなる。「―いだ雰囲気に包まれる」表記「花やぐ」とも書く。

【〈華盛頓〉・〈華府〉】ワシントン　アメリカ合衆国の首都。州に入らず、コロンビア特別区をつくる。国会議事堂・ホワイトハウスなどがある。

カ【▲假】(11) イ 9　4881/5071　▼仮の旧字(一三九)

カ【笳】(11) ⺮ 5　1　6787/6377　音 カ　訓 あしぶえ

意味 あしぶえ(蘆笛)。アシの葉を巻いて管にした笛。「胡笳(コカ)」類 葭(カ)

下つき 胡笳(コカ)・悲笳(ヒカ)・暮笳(ボカ)

【▲笳】あしぶえ　アシの葉を巻いて作った笛。参考 古代中国の北方・西方に住む異民族の胡人が用いた。

カ【舸】(11) 舟 5　1　7155/6757　音 カ　訓 ふね・おおぶね

意味 ふね。大きな船。「舸艦」

下つき 軽舸(ケイカ)・小舸(ショウカ)・走舸(ソウカ)

カ【菓】(11) 艹 8　常　4　1859/325B　音 カ　訓 外 くだもの

筆順 一 十 艹 艹 芇 苩 荁 萆 菓 菓

意味 ①かし。おかし。間食用の食品。「菓子」「茶菓」②くだもの。木の実。類 果

下つき 茶菓(サカ)・製菓(セイカ)・氷菓(ヒョウカ)・名菓(メイカ)・銘菓(メイカ)

【菓子】カシ　もち米粉・小麦粉・砂糖・あんなどで作った、間食用の食べ物。「洋―」参考 古くは果物の意。今でも「水菓子」という。

【△菓】くだもの　食用となる植物の実。水菓子。フルーツ。類 果実 表記「果物」とも書く。

カ【訛】★(11) 言 4　1　7534/6B42　音 カ　訓 あやまる・なまる・なまり・いつわる

意味 ①あやまる。あやまり。「訛誤(カゴ)」「訛伝」「訛謬」②言葉がなまる。なまり。方言。「訛音」「訛語」③いつわる。うそ。類 偽

【▲訛る】あやまる　まちがえる。いつわる。

【▲訛音】カオン　なまった発音。なまり。参考「カイン」とも読む。

【▲訛言】カゲン　①「訛語」に同じ。②いつわりを言うこと。またその言葉。いつわりのうわさ。「―を伝布する」類 流言(リュウゲン)

【▲訛語】カゴ　共通語と比べて、発音にちがいのある言葉。なまった言葉。類 訛言(カゲン)

【▲訛伝】カデン　まちがって伝えること。また、その言い伝え。類 誤伝

【〈訛声〉】だみごえ　①濁って耳ざわりな声。「―で人を脅す」②なまった声。表記「濁声」とも書く。

【▲訛】なまり　標準語・共通語ではなく、地方独特の、発音や抑揚。「関西―」

【▲訛は国の手形】話す言葉のなまりで、その人の故郷がわかるということ。

【▲訛る】なまる　言葉や発音が、ある地域独特の言い方になる。共通語とちがう発音をする。「七をヒチと―る」

カ【谺】(11) 谷 4　1　音 カ　訓 こだま・やまびこ

〔谺〕7614/6C2E

意味 ①こだま。やまびこ。②谷が深く広いさま。

【▲谺】こだま　①樹木に宿る精霊。木の精。②声や音が山・谷などに反響すること。やまびこ。「足音が―する」表記「木霊」とも書く。

【▲谺】やまびこ　①山の神。山の精霊。②山・谷などに声や音が反響すること。こだま。「―が応(こた)える」表記「山彦」とも書く。

カ【貨】(11) 貝 4　教 常　7　1863/325F　音 カ　訓 外 たから

筆順 ノ イ イ 化 化 作 侉 皆 貨 貨

意味 ①たから。価値のあるもの。「貨宝」「財貨」②おかね。「貨幣」「金貨」「通貨」③しなもの。商品。

か　カ

「貨車」「貨物」「雑貨」

下つき 悪貨(アッカ)・外貨(ガイカ)・金貨(キンカ)・銀貨(ギンカ)・硬貨(コウカ)・財貨(ザイカ)・雑貨(ザッカ)・滞貨(タイカ)・通貨(ツウカ)・銅貨(ドウカ)・貝貨(バイカ)・百貨(ヒャッカ)・物貨(ブッカ)・良貨(リョウカ)

【貨財】カザイ 貨幣と財物。金銭と価値のあるもの。類財産・財貨

【貨車】カシャ 貨物を運送する鉄道車両。コンテナ車・タンク車など。対客車

【貨殖】カショク 財産を増やすこと。「―の才で財を成す」類利殖

【貨幣】カヘイ 商品交換の仲立ちとして社会に流通するもの。硬貨・紙幣など。おかね。「―価値」

【貨物】カモツ ①物資。特に、貨車・トラック・船などで運送する荷物。②「貨物列車」の略。貨物を運ぶために編成した列車。

【△貨】たから ①金銭。②価値ある品物。商品として扱う品物。

カ【堝】(12) 土 9 1 5238 5446 音カ 訓るつぼ

意味 るつぼ。金属を溶かすために用いる器。「坩堝」

下つき 坩堝(カンカ・るつぼ)

【▲堝】るつぼ ①金属を溶かすのに用いる耐火性の土製容器。②いろいろな人やものが入りまじる状態のたとえ。特に、人々が興奮し熱狂する状態のたとえ。「サッカー場は興奮の―と化した」表記「坩堝」とも書く。

カ【渦】(12) 氵 9 常 準2 1718 3132 音カ(高) 訓うず

筆順 2 丶 氵 氵 汀 沪 沪 沪 渦 渦 渦 11

意味 ①うず。うずまき。うずまく。「渦旋」「渦中」②うずまき状のもの。「渦紋」

下つき 戦渦(センカ)

【渦】うず ①中心に向かってらせん状に巻きこむ水の流れ。「海水が―を巻く」②なかなか抜け出せないほど混乱している状態。「事件の―に巻きこまれた」

【渦潮】うずしお うずを巻きながら流れる海水。「鳴門(なると)海峡は―で有名だ」

【渦巻く】うずまく ①水などがうずになって回る。「濁流が―く」②感情などが入り乱れる。「賛否両論が―いた」

【渦中】カチュウ ①うずの中。②もめごとや混乱した事件のまっただなか。「―の人物に取材が殺到した」

【渦紋】カモン うず巻きの模様。うず巻き形。「絵柄は斬新(ザンシン)な―の模様だ」

カ【▲華】(12) 艹 8 ▼華の旧字(一五一)

カ【葭】(12) 艹 9 1 7251 6853 音カ 訓あし・よし・あしぶえ

意味 ①あし。よし。イネ科の多年草。「葭簀(よしず)」②あしぶえ。アシで作った笛。類笳(カ)

【▲葭】あし イネ科の多年草。▼葦(あし)(三六)参考「よし」とも読む。

【▲葭】よし 「葭(あし)」に同じ。

【▲葭▲簀】よしず アシの茎で編んだすだれ。日除(ひよ)けなどに使う。よしすだれ。「―を張る」表記「葦簀」とも書く。

カ【★訶】(12) 言 5 1 7537 6B45 音カ 訓しかる・せめる

意味 しかる。大声でしかる。せめる。とがめる。「訶詰」「訶叱」「訶辱」類呵(カ)

【▲訶△梨▲勒】カリロク シクンシ科の落葉高木。インドシナ半島などに自生。白い花が群がって咲く。果実は薬用。

【▲訶る】しかる 大声でどなりつけてとがめる。表記「呵る」とも書く。

カ【★跏】(12) 足 5 1 7672 6C68 音カ 訓あぐら

意味 あぐら。あぐらをかく。足を前に組んですわる。「跏趺(カフ)」

下つき 結跏(ケッカ)

【▲跏▲坐】カザ 「跏趺(カフ)」に同じ。

【▲跏▲趺】カフ 「結跏趺坐(ケッカフザ)」の略。座禅をするときの足の組み方。類跏坐 参考「跏」は足の裏、「趺」は足の甲の意。

カ【軻】(12) 車 5 1 7738 6D46 音カ

意味 物事がうまく進まないさま。「轗軻(カンカ)」

下つき 轗軻(カンカ)

カ【過】(12) 辶 9 教 常 6 1865 3261 音カ 訓すぎる・すごす・あやまつ(高)・あやまち(高) (外)よぎる・とが

旧字《過》(13) 辶 9 1/準1

筆順 丨 冂 冂 冋 冎 円 咼 咼 咼 過 過 9

意味 ①とおりすぎる。よぎる。「過客」「看過」「通過」②時がすぎる。時がたつ。「過去」「過日」「過程」③度がすぎる。はなはだしい。「過激」「過信」④しくじる。あやまち。つみ。「過誤」「過言」「過失」

下つき 一過(イッカ)・看過(カンカ)・経過(ケイカ)・罪過(ザイカ)・小過(ショウカ)・大過(タイカ)・超過(チョウカ)・通過(ツウカ)

【過ち】あやまち ①物事のやりそこない。まちがい。失敗。「単なる―だ」②つみ。とが。

《過ちは好む所にあり》失敗は自分の好きなことや得意なことをしているときに起こりがちであるという戒め。〈『淮南子(エナンジ)』〉

《過ちを△文(かざ)る》過失を犯したとき、その場をとりつくろってごま

かすこと。《『論語』》

【過つ】あやまーつ ①やりそこなう。まちがえる。「進むべき道をーつ」②気づかずに過失や罪を犯す。

『過ちて改めざる是(これ)を過ちと謂(い)う』過失を犯して改めないのが本当のあやまちであるということ。あやまちを犯したらすぐに改めよという戒め。《『論語』》

『過ちては則(すなわ)ち改むるに憚(はばか)ること勿(なか)れ』過失を犯したとわかったら改めるのにためらってはならない。《『論語』》

【過客】カカク ①通りすぎて行く人。旅人。「月日は百代(ハクタイ)のーにして」類行人(コウジン)・遊子・旅客 ②訪ねて来た人。来客。参考「カキャク」とも読む。

【過激】カゲキ 度を超して、はげしいようす。「ーな運動はかえって健康によくない」類激烈・酷烈 対穏健

【過言】カゲン 「過言(ゴン)」に同じ。

【過去】カコ ①過ぎ去った時。現在より前。類昔・往時・既往 ②仏前世。過去世(カコゼ)。③文法で、現在よりも以前に起こった動作や状態を表す語法。対①～③現在・未来

【過誤】カゴ あやまり。あやまち。「ーを犯す」類過失・失策

【過酷】カコク 度を超して、ひどいようす。きびしすぎること。「ーな労働」

【過言】カゴン 誇張していうこと。言いすぎ。「世界一と言ってもーではない」参考「カゲン」とも読む。

【過失】カシツ ①不注意による失敗。あやまち。「自分のーで迷惑をかけた」類失策・失態・粗相 ②法律で、注意を怠り結果を予見できなかったこと。「ー傷害罪」対故意

【過日】カジツ 過ぎ去った日。このあいだ。多く、手紙文などで用いる。「ーお伺(うかが)いした折」類先日

【過重】カジュウ 重量や負担が限度を超えて重すぎること。「ーな期待」類過度

【過小】カショウ 小さすぎること。また、そのようす。対過大

【過少】カショウ 少なすぎること。また、そのようす。対過多

【過剰】カジョウ 多すぎてあまること。必要以上であること。「ー生産」類余剰 対過少

『過剰防衛(カジョウボウエイ)』自分を守るための行為が、法律上の正当防衛の限度を超えること。対正当防衛

【過信】カシン 高く評価して信じすぎること。「体力をーする」

【過疎】カソ ①非常にまばらなこと。②地域での人口などが少なすぎること。「ー地帯」対①②過密

【過多】カタ 多すぎること。「情報ー」「胃酸ー」類過剰 対過少

【過怠】カタイ ①あやまち。おこたり。過失。②あやまちへの償い。「ー金」

【過大】カダイ 大きすぎること。「ーな期待をかけられる」類過分 対過小

【過程】カテイ 物事が進行・発展していく段階。経過の道すじ。プロセス。「研究ー」

【過度】カド 程度を超えていること。ゆきすぎ。「ーの疲労」対適度

【過渡期】カトキ 新しい状態に移って行く途中の時期。まだ新しいものが確立していない状態。「子どもから大人へのー」

【過熱】カネツ ①熱しすぎること。対過冷 ②液体を沸騰させずに、沸騰点以上に熱すること。③度を超して、激しくなること。「ー気味の応援合戦」

【過半】カハン 半分より多いこと。「砂漠が国土のーを占める」類大半

【過般】カハン さきごろ。このあいだ。「ー依頼の件」類過日・先般 対今般

【過敏】カビン 感受性が強すぎるようす。敏感すぎるようす。「神経ー」

【過不及】カフキュウ 多すぎたり少なすぎたりすること。「ーなし(ちょうどよい)」類過不足

【過不足】カフソク 多すぎることと足りないこと。「引き出物をーなく準備する」類過不及

【過分】カブン 分にすぎること。身分不相応なさま。「ーの報酬」対応分

【過褒】カホウ ほめすぎること。類過賞

【過保護】カホゴ 必要以上に大切に面倒をみること。「一人っ子でーに育った」

【過密】カミツ ①こみすぎていること。「ーダイヤ」②人口などがある地域に集中しすぎていること。「ー都市」対①②過疎

【過料】カリョウ 行政上、法令違反者に支払わせる金銭。刑罰ではない。参考刑法上の「科料」と区別して、「あやまちリョウ」とも読む。

【過労】カロウ 働きすぎて疲れがたまること。「ー死が問題になっている」

【過ぎる】すーぎる ①通り越す。経由する。「川をーぎて海へ行く」②時がたつ。過去になる。「約束の時間がーぎる」③度を超す。まさる。「勝手がーぎる」「身にーぎた女房」④「…すぎる」の形で、限度を超える。「よくばりーぎる」

『過ぎたるは猶(なお)及ばざるが如(ごと)し』ゆきすぎは足りないのと同じであるということ。孔子が二人の門人を比べて中庸の大切さを教えた言葉。《『論語』》

【過ごす】すーごす ①時間を費やす。「楽しい夜をーした」②暮らす。「この家で二年ーす」③適度を超える。「酒をーす」④「…すごす」の形で、そのままにしておく。また、程度を超える。

「見ーす」「やりーす」

【過】とが 失敗をすること。あやまち。やりそこない。つみ。

【過る】よぎ-る ①通りすぎる。通過する。「不安が胸をーる」②横切る。「道をーる」

カ【嘩】★

(13) 口10 準1 1862 325E 音 カ 訓 かまびすしい

〔嘩〕

意味 かまびすしい。さわがしい。類 譁カ

下つき 喧嘩ケン カ

【嘩しい】かまびす-しい やかましく騒ぎたてるさま。やかましい。表記「譁しい」とも書く。

カ【嫁】

(13) 女10 常 3 1839 3247 音 カ㊥ 訓 よめ・とつぐ

筆順
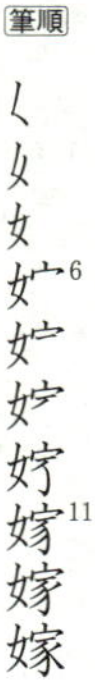

意味 ①とつぐ。よめにいく。また、よめ。「嫁帰」「嫁資」対 娶シュ ②罪や責任をなすりつける。「転嫁」

下つき 許嫁キョ カ・降嫁コウ カ・婚嫁コン カ・再嫁サイ カ・転嫁テン カ

【嫁鶏随鶏】カケイ ズイケイ 妻が夫にしたがうたとえ。また、妻が夫のもとで安んじていることのたとえ。めんどりが、おんどりにしたがう意から。「嫁鶏」はめんどり。〈許有壬キョユウジンの詩〉類 夫唱婦随

【嫁娶】カ シュ よめに出すことと、よめをもらうこと。結婚すること。

【嫁する】カ-する ①「嫁とつぐ」に同じ。②よめに行かせる。とつがせる。③他になすりつける。「責任を部下にーする」

【嫁ぎ鳥】とつぎ どり 「嫁ぎ教え鳥」の略。セキレイの別称。▼鶺鴒セキ レイ(八八一)

【嫁ぐ】とつ-ぐ よめに行く。縁づく。嫁カする。「末娘のーぐ日が近い」

【嫁】よめ ①息子の妻。「ー姑しゅうとめの仲」②結婚相手の女性。対①②婿むこ

【嫁菜】よめ な キク科の多年草。山野や道端に自生。初秋に薄紫色の頭花をつける。若葉は食用。季 春 表記「鶏児腸」とも書く。

カ【廈】

(13) 广10 1 5492 567C 音 カ 訓 いえ

〔厦〕5047 524F

意味 いえ。大きい家。また、家や門のひさし。

下つき 大廈タイ カ

〈廈門〉アモイ 中国福建省南東部にある港湾商工業都市。古くは海賊や密貿易の拠点。一八四二年、南京ナンキン条約で五港の一つとして開港。

カ【暇】

(13) 日9 常 4 1843 324B 音 カ 訓 ひま ㊀いとま

筆順

意味 ひま。いとま。休み。「暇逸」「暇日」「休暇」

下つき 閑暇カン カ・賜暇シ カ・小暇ショウ カ・寸暇スン カ・余暇ヨ カ

【暇】いとま ①用事がないこと。ひま。②休むこと。休暇。③職をやめること。また、やめさせること。④離縁。⑤別れ。また、そのあいさつ。「ーを告げる」類 辞去

【暇乞い】いとま ごい ①別れを告げること。また、そのあいさつ。「ーをして宿をあとにした」②休み・辞職などのいとまを願い出ること。

【暇日】カ ジツ ひまな日。用事のない日。仕事の休みの日。「ーはごろ寝で過ごすに限る」

【暇】ひま ①物事を行う時間。「休むーがない」「完成にはーがかかる」②仕事がなく、手のあいている時間や状態。「ーをもてあます」「喫茶店でーを潰つぶす」③休み。休暇。「ーを取る」④主従関係や夫婦の縁を絶つこと。「ーを出す」

カ【瑕】★

(13) 王9 1 6476 606C 音 カ 訓 きず・あやまち

意味 ①きず。あやまち。「瑕疵シ カ」「瑕瑜ユ カ」類 過 ②なんぞ。いずくんぞ。類 何・遐カ・胡コ

下つき 細瑕サイ カ・疵瑕シ カ・小瑕ショウ カ・微瑕ビ カ

【瑕瑾】カ キン きず。欠点。短所。参考「瑾」は美しい玉の意で、きずの意に用いるのは誤用。本来は「瑕釁」と書く。

【瑕釁】カ キン ①きず。あやまち。過失。②人に対するうらみ。仲たがい。参考「釁」は物のこわれた割れ目などの意。

【瑕疵】カ シ ①きず。欠点。「ーのある商品だ」②法的に欠陥や欠点があり、完全な条件を備えていない状態。

【瑕】きず ①玉にあるきず。ひび。欠点。「玉にーあり」②あやまち。

カ【禍】

(13) ネ9 常 準2 1850 3252 音 カ 訓 ㊀わざわい・まが

旧字《禍》(14) 示9 1/準1 8931 793F

筆順

意味 わざわい。まが。ふしあわせ。「禍根」対 福

下つき 殃禍オウ カ・奇禍キ カ・黄禍コウ カ・災禍サイ カ・惨禍サン カ・水禍スイ カ・舌禍ゼッ カ・戦禍セン カ・筆禍ヒッ カ・輪禍リン カ

【禍殃】カ オウ 思いがけないわざわい。類 災難・災禍・禍害

【禍根】カ コン わざわいの起こるもと。「ーを残す」類 禍因・禍源

【禍災】カ サイ 災難。災害。災禍。わざわい。類 禍難・禍殃オウ

【禍難】カ ナン 「禍災」に同じ。

【禍福】カ フク わざわいと、しあわせ。「ーをほしいままにする」

【禍福▲倚伏】カフクイフク わざわいと幸いは、かわるがわるやってくるものだということ。「倚伏」はわざわいの中に福、福の中にわざわいがひそむという意。〈『老子』〉 類 禍福相倚カフクソウイ

【禍福得喪】カフクトクソウ わざわいにあったり幸いにあったり、出世して位を得たり、失ったりすること。「得喪」は得ることと失うこと。〈蘇軾ソショクの文〉

『禍福は△糾あざえる縄なわの△如ごとし』 幸福とわざわいは順繰りにやってくるということ。「糾える縄」は、よりあわせた縄。〈『漢書カンジョ』〉 参考 「禍福」は「吉凶」ともいう。 類 塞翁サイオウが馬

『禍福は門なし、△唯ただ人の△召まねく所』 わざわいや幸福はその人自身が招くものだということ。禍福がやってくる一定の入り口があるのではなく、その人の行為の善悪が招くのだという意。〈『春秋左氏伝』〉 表記 「召く」は「招く」とも書く。 類 禍福同門・福善禍淫フクゼンカイン

【△禍】まが よこしまなこと。よくないこと。わざわい。禍事まがごと。

【△禍神】まがかみ わざわいを起こす神。わざわいをなす神。 類 悪神・邪神

【△禍言】まがごと 不吉な言葉。縁起のよくない言葉。 対 善言よごと

【△禍事】まがごと 不吉なこと。縁起のよくないこと。凶事。 対 善事よごと

【△禍△禍しい】まがまが-しい ①縁起が悪い。いまわしい。「―い出来事」 ②にくらしい。いまいましい。

【△禍い】わざわい 神のとがめ。思いがけず受けるふしあわせ。災厄。

『△禍いを転じて福と△為なす』 わざわいをうまく処理して幸福に変えること。〈『史記』〉 類 災いを転じて祥と為す・禍いに因よりて福を為す

カ【▲過】 (13) 辶9 ▼過の旧字(一五三)

カ【遐】 (13) 辶9 1 7802 6E22 音 カ 訓 とおい・はるか

意味 ①とおい。はるか。「遐域」「遐陬カスウ」「遐齢」 対 邇ジ ②なんぞ。いずくんぞ。 類 何・瑕カ

下つき 荒遐コウカ・升遐ショウカ・登遐トウカ

【遐壌】カジョウ 遠くへだたった土地。遠い国。

【▲遐い】とお-い 道のへだたりがある意で、はるか。距離がかけ離れているさま。

カ【靴】 (13) 革4 常 準2 2304 3724 音 カ高 訓 くつ

筆順 一 廾 廿 苎 苎 革 革 靪 靪 靴 (3, 7)

意味 くつ。革で作ったくつ。「軍靴」

下つき 雨靴あまぐつ・上靴うわぐつ・革靴かわぐつ・軍靴グンカ・製靴セイカ・短靴タンぐつ・泥靴どろぐつ・長靴ながぐつ

【靴】くつ 履き物の一種。革・ゴム・布などで作った、足をつつむもの。

『靴を隔てて▲痒かゆきを▲掻かく』 ▼隔靴掻痒カッカソウヨウ(二〇〇)

【靴擦れ】くつずれ くつ 足に合わない靴と皮膚とがすれること。また、すれてできた傷。「山登りで―ができた」

【靴▲篦】くつべら 靴をはくとき足が入りやすいように、かかとに当てるへら。

カ【嘉】 (14) 口11 準1 1837 3245 音 カ 訓 よい・よみする

意味 ①よい。めでたい。りっぱな。さいわいする。「嘉慶」「嘉日」「嘉節」 類 佳 ②よみする。ほめる。「嘉尚」「嘉賞」「嘉納」

下つき 静嘉セイカ・珍嘉チンカ

【〈▲嘉魚〉】いわな サケ科の淡水魚。▼岩魚いわな(二五四)

【▲嘉▲肴】カコウ うまい酒のさかな。おいしい料理。「松の内の―に飽きる」 表記 「佳肴」とも書く。

『▲嘉▲肴有りと▲雖いえども食らわずんばその△旨うまきを知らず』 聖人のすぐれた道も学ばなければそのよさを知ることはできないたとえ。また、すぐれた人物も、用いてみなければその器量を知ることはできないたとえ。〈『礼記ライキ』〉

【▲嘉日】カジツ めでたい日。よい日。「―の挙式」 類 吉日 表記 「佳日」とも書く。

【▲嘉尚】カショウ ほめたたえること。賞賛すること。「―にあずかる」

【▲嘉祥】カショウ めでたいことの前ぶれ。よろこばしいしるし。 類 吉兆・吉祥・嘉瑞カズイ・瑞祥

【▲嘉▲辰】カシン めでたい日。よい日がら。「辰」は日のこと。「―の門出」 類 佳日・吉日・吉辰 表記 「佳辰」とも書く。

『▲嘉▲辰令月』カシンレイゲツ めでたい日と月のこと。よい日とよい月の意。

【▲嘉▲瑞】カズイ 「嘉祥カショウ」に同じ。

【▲嘉節】カセツ めでたい日。祝日。「天長の―」 類 嘉日・賀節 表記 「佳節」とも書く。

【▲嘉▲禎】カテイ めでたいこと。さいわい。幸せ。 類 吉禎

【▲嘉納】カノウ ①進言をよろこび聞き入れること。②献上物などをうれしく受け取ること。「御―にあずかる」

【▲嘉い】よ-い ①おいしい。味がよい。②めでたい。③りっぱ。美しい。

【▲嘉する】よみ-する 神や上位の者が、人間や下位の者の言動を褒める。よしとす

る。「永い間の貢献を―する」

カ【夥】(14) 夕11 1 5278 546E 音 カ 訓 おびただしい・おおい・なかま

意味 ①おびただしい。おおい。「夥多」②くみ。なかま。「夥伴」

【▲夥しい】おびただしい ①非常に多い。「―い数」②はなはだしい。はげしい。「腹の立つこと―い」

【▲夥多】カタ 非常に多いこと。おびただしいこと。

カ【寡】(14) 宀11 常 準2 1841 3249 音 カ 訓 外すくない・やもめ

筆順 宀 宀 宀 宀 宙 宣 寘 寡 寡

意味 ①すくない。「寡占」「寡黙」「衆寡」対多・衆 ②ひとり者。やもめ。つれあいをなくした人。「寡夫」「寡婦」対鰥 ③力や徳が少ない。また、自分や自分の主君を謙遜していう語。「寡学」「寡君」「寡徳」

参考 一般に「やもめ」は夫をなくした女性で、妻をなくした男性は「やもお」と呼ぶが、「やもめ」「おとこやもめ」と呼ぶこともある。

下つき 簡寡・鰥寡・孤寡・衆寡・女寡・多寡・豊寡

【寡居】カキョ 夫または妻を失った人が、独りで暮らすこと。やもめぐらし。

【寡言】カゲン 口数が少ないこと。無口。「―実行」類寡黙 対多言

【寡作】カサク 作家・芸術家などが少ししか作品を作らないこと。「―で知られる作家」対多作

【寡占】カセン 少数の企業が、ある商品市場の大部分を支配すること。「―市場」

【寡頭政治】カトウセイジ 少数の支配者が統治権を握って行う政治。「寡頭」は少数のかしらの意。

【寡夫】カフ 妻と死別して、再婚していない男性。男やもめ。類寡男・鰥夫 対寡婦

【寡婦】カフ 「寡婦(やもめ)」に同じ。

【寡聞】カブン 自分の知識や見聞が少ないこと。へりくだったときに用いる。「事の真偽は―にして知らない」

【寡聞少見】カブンショウケン 見識が狭く知識がわずかしかないこと。〈『漢書』〉類寡見鮮聞

【寡黙】カモク 口数の少ないこと。寡言。「彼は―だが、誠実な男だ」

【寡欲】カヨク 欲が少ないこと。「今時珍しく―な人です」類少欲 対多欲

【寡廉鮮恥】カレンセンチ 心が清廉でなく、恥知らずなこと。「寡」「鮮」ともに少ない意。「廉」は心が清く正しいこと。〈『史記』〉類厚顔無恥

【△寡ない】すくない たっぷりとはない。人数が多くない。

【〈寡男〉】やもお 妻を亡くした男性。男やもめ。対寡婦 表記「鰥夫」とも書く。

【〈寡婦〉・△寡】やもめ 夫を亡くした女性。未亡人。類後家 対寡男・鰥夫 表記「孀」とも書く。参考「寡婦」は「カフ」とも読む。また、「やもめ」という表現は男性にも使うが、その場合は「鰥・鰥夫」と書く。

カ【榎】★ (14) 木10 準1 1761 315D 音 カ 訓 えのき

意味 ①えのき。ニレ科の落葉高木。②ひさぎ。きささげ。ノウゼンカズラ科の落葉高木。

【▲榎】えのき ニレ科の落葉高木。初夏に淡黄色の小花を多数つける。材は家具・まき用。江戸時代、街道の一里塚に植えた。

【▲榎草】えのきぐさ トウダイグサ科の一年草。道端に自生。高さ四〇センチメートルくらい。葉はエノキに似る。夏から秋に淡褐色の花をつける。

カ【樺】(14) 木10 準1 1982 3372 音 カ 訓 かば

旧字【樺】(16) 木12 1/準1

意味 ①かば。かばのき。カバノキ科の落葉高木。「樺燭」②かば色。赤みを帯びた黄色。

下つき 白樺

【▲樺】かば ①カバノキ科の樹木の総称。特に、シラカバを指す。②「樺色」の略。

【▲樺色】かばいろ 赤みを帯びた黄色。ガマの穂の色。表記「蒲色」とも書く。参考「樺色」は当て字。

【〈▲樺太〉】からふと サハリンの日本語名。北海道の北にある南北に細長い島。かつては日本人も住んでいたが第二次世界大戦後はロシア連邦の領土。

カ【歌】(14) 欠10 教 常 9 1846 324E 音 カ 訓 うた・うたう

〔謌〕1 7572 6B68

筆順 一 可 可 哥 哥 哥 歌 歌

意味 ①うた。うたう。「歌曲」「歌劇」「歌手」②特に、やまとうた。わか(和歌)。「歌人」「歌聖」「詠歌」

下つき 哀歌・詠歌・謳歌・凱歌・狂歌・軍歌・国歌・詩歌・唱歌・聖歌・短歌・長歌・挽歌・悲歌・牧歌・連歌・和歌

【歌】うた ①節をつけてうたうもの。歌詞のついた音楽。②和歌。短歌。「―を詠む」表記①「唄」とも書く。

【歌合わせ】うたあわせ 左右二組に分かれて詠んだ歌を、一組ずつ組み合わせて判者が優劣を決めて競った遊び。平安時代、貴族の間で流行した。

【歌う】うたう ①節をつけて声に出す。「歌を—う」②和歌や詩などを作る。「人生を—う」③さえずる。「小鳥が—う」 表記 ①「唄う・謡う」②「詠う」とも書く。

【歌垣】うたがき 古代、豊作を予祝して男女が集まり歌を掛け合いながら踊った遊び。求婚の行事でもあった。かがい。

【歌沢】うたざわ 歌謡の一つ。「歌沢節」の略。江戸末期に流行した端唄をもとにしてできた三味線音楽。表記「哥沢」とも書く。

【歌枕】うたまくら ①和歌に多く詠まれてきた名所。②枕詞・名所など、和歌をつくるとき必要なものを集めて解説した書物。

【歌妓】カギ 酒宴などで、歌や踊りで興を添える職業の女性。うたいめ。類芸妓・歌姫

【歌曲】カキョク ①歌の節。うた。②クラシック音楽で、人の声で歌うための楽曲。

【歌劇】カゲキ 歌唱を中心とし、管弦楽を伴った舞台劇。オペラ。

【歌詞】カシ ①歌謡曲・歌劇など節をつけてうたう歌の文句。②和歌に使う言葉。

【歌集】カシュウ ①和歌を集めた本。②歌謡曲・歌曲などを集めた本。「愛唱—」

【歌唱】カショウ 歌をうたうこと。また、その歌。「—力のある歌手」

【歌壇】カダン 和歌をつくる人たちの社会。また、その仲間。

【歌唄】カバイ 仏をたたえて歌うこと。また、その歌。

【歌舞伎】カブキ 「歌舞伎芝居」の略。江戸時代の歌舞伎踊りに始まり、演劇として確立。民衆の間に流行して発達・完成した日本独特の演劇。

【歌謡】カヨウ 節をつけてうたう歌の総称。うたいもの・語りものをはじめ、民謡・童謡・俗謡など。「記紀—」「—曲を聞く」

〈歌留多〉カルタ 絵や文字を書いた長方形の札。また、それを使った遊び・ばくち。花札・いろはガルタ・トランプなど。季新年 表記「加留多・骨牌」とも書く。参考「カルタ」はポルトガル語から。いずれも当て字。

カ【禍】(14) 礻9 8931 793F ▼禍の旧字(一五)

カ【窩】★ (14) 穴9 1 6761 635D 音 カ 訓 あな・むろ・いわや・かくす

意味 ①あな。くぼみ。むろ。いわや。すみか。「窩家」「腋窩」「山窩」②物をかくす。かくまう。かくす所。「窩蔵」

下つき 腋窩・燕窩・眼窩・心窩・蜂窩

〈窩主〉けいず ①盗賊をかくまったり、盗品を隠したりすること。また、その者やそれを行っている宿。②隠語で、盗品を買い取る商人。参考「カシュ」とも読む。

〈窩主買〉けいずかい 盗品と知りながら売買すること。また、その人。故買。表記「系図買」とも書く。

カ【箇】(14) 竹8 常 4 1853 3255 音 カ 外コ 訓

筆順 ノ ケ 竹 竹 笛 笛 筒 箇 箇

意味 ①物を数えるのに用いる語。類個 ②物事を一つ一つ指す語。この。これ。あの。あれ。「好箇」

下つき 好箇・這箇・真箇・別箇

【箇所】カショ そのものが存在する所。場所。「故障—の点検」表記「個所」とも書く。

【箇条】カジョウ いくつかに分けて書いた一つ一つの事柄。「—書き」類条項・項目 表記「個条」とも書く。

【箇箇】ココ ひとつひとつ。それぞれ。「—の問題」表記「個個」とも書く。

【箇数】コスウ 一つ、二つと数えられる物のかず。「在庫の—をチェックする」表記「個数」とも書く。

カ【裹】(14) 衣8 1 7471 6A67 音 カ 訓 つつむ・つつみ・まとう・たから

意味 ①つつむ。まとう。つつみ。「裹革」「包裹」②草の実。類果 ③たから(宝)。「国裹」

下つき 国裹・包裹

【裹頭】カトウ 僧の頭を袈裟などで包み、目だけを出した装い。かしらづつみ。

【裹む】つつむ くるむ。まとう。

カ【價】(15) 亻13 4911 512B ▼価の旧字(一四)

カ【稼】(15) 禾10 常 準2 1852 3254 音 カ高 訓 かせぐ 外みのり・うえる

筆順 二 千 禾 禾 稼 稼 稼 稼 稼

意味 ①かせぐ。かせぎ。働き。「稼業」「稼人」②うえる。穀物を植える。「稼穡」

下つき 耕稼・農稼

【稼業】カギョウ 生活費をかせぐための職業。仕事。商売。なりわい。「力士—はきびしい」類生業

【稼穡】カショク 穀物の植えつけと刈り取り。農業。類耕作・農作・農事

【稼ぐ】かせぐ ①生活のために働く。②働いて収入を得る。「学費を—ぐ」「日銭を—ぐ」③自分が有利になるように行動する。「時間を—ぐ」「点数を—ぐ」

【稼ぐに追いつく貧乏なし】かせぐにおいつくビンボウなし しっかり働いていれば、貧乏することはないということ。対稼ぐに追い抜く貧乏神

【稼ぐに追い抜く貧乏神】かせぐにおいぬくビンボウがみ いくら働いても貧乏から抜け出せないこと。対稼ぐに追いつく貧乏なし

か カ

【稼働・稼動】カドウ ①かせぎ働くこと。「女性の―人口が急増している」類就労・就働 ②機械を動かすこと。また、機械が動くこと。「―台数」

カ【蝦】★ (15) 虫9 準1 1860 325C 音 カ・ガ 訓 えび・がま

意味 ①えび(海老)。形の大きなエビ。類鰕(カ) ②がま。カエルの一種。ひきがえる。「蝦蟇(ガマ)」

〈蝦夷〉えぞ ①北海道の古称。②古代、東北地方から北海道にかけて住み、朝廷に服従しなかった民族。参考②「えみし」とも読む。

〈蝦夷菊〉えぞぎく キク科の一年草。中国原産。観賞用に栽培される。葉は卵形で縁は粗いのこぎり状。夏から秋、紅・紫・青紫色などの頭花をつける。アスター。季夏 表記「藍菊」とも書く。

〈蝦夷菫〉えぞすみれ エイザンスミレの別称。スミレ科の多年草。山地に自生。葉は細かく切れ込む。表記「胡菫菜」とも書く。

【蝦】えび エビ科の甲殻類の総称。▼海老(えび)(一七五)

〖蝦踊れども川を出(い)でず〗人にはそれぞれ天分が定まっていることのたとえ。川にすむエビはどんなにはねても、川から出ることができない意。表記「蝦」は「海老」、「踊れども」は「跳れども」とも書く。参考「川」は「斗(ト)」ともいう。

〖蝦で鯛(たい)を釣る〗わずかな負担や労力、または、品物で、多くの利益を得るたとえ。表記「蝦」は「海老」とも書く。

【蝦蔓】えびづる ブドウ科のつる性落葉低木。山野に自生。夏に淡い黄緑色の花が咲く。果実は黒紫色で、食用。葉の裏の綿毛を集めてもぐさを作る。エビカズラ。季秋

【蝦根】えびね ラン科の多年草。春に外が紫色で中央が白または淡紅色の花をつける。地下茎は節が多く、エビの形に似る。季春 表記「海老根」とも書く。

〈蝦夷〉えみし 「蝦夷(えぞ)②」に同じ。

【蝦蟇】ガマ ヒキガエルの別称。季夏 ▼蟇蛙(ひきがえる)(一二三二)

【蝦蟇口】がまぐち 口金のついた小銭入れ。由来 開けたときの形がガマの口に似ていることから。

【蝦蟇腫】ガマシュ 唾液腺(ダエキセン)がつまり、分泌液がたまってできる舌の下の腫れ物。由来 重症になると、あごの下まではれて、ガマ(蝦蟇)の腹のように見えることからといわれる。

〈蝦蛄〉しゃこ シャコ科の甲殻類。浅い海の底に穴を掘ってすむ。形はエビに似る。食用。季夏 表記「青竜蝦」とも書く。

〈蝦虎魚〉はぜ ハゼ科の魚の総称。▼鯊(はぜ)(五四七)

カ【蝸】★ (15) 虫9 1 7387 6977 音 カ・ラ 訓 かたつむり・にな

意味 ㊀カ かたつむり。「蝸角」「蝸牛」「蝸舎」 ㊁ラ にし。にな。巻貝の名。「蝸螺(ラ)」類螺

【蝸角】カカク ①カタツムリのつの。②狭い場所・境遇。

【蝸牛】カギュウ 「蝸牛(かたつむり)」に同じ。

〖蝸牛角上の争い〗きわめてささいなつまらない争いのこと。故事 カタツムリの左の角に領土をもつ触(ショク)氏と右の角の蛮(バン)氏が領土を取り合ったという故事から。カタツムリの角の上の争いの意。〈荘子(ソウジ)〉類蛮触の争い 参考「蝸角の争い」「蝸牛角上」ともいう。

【蝸牛管】カギュウカン 聴覚の中心器官で、内耳の一部。カタツムリの殻に似たらせん状の器官。管内はリンパ液で満たされている。かたつむり管。

【蝸舎】カシャ 「蝸廬(カロ)」に同じ。

〈蝸牛〉かたつむり 腹足類の軟体動物で陸にすむ巻貝の総称。湿気の多い所を好み、草木の葉を食う。頭に二対の触角をもち、長いほうの先に目がある。デデムシ。季夏 由来「蝸牛」は漢名より。殻が渦(うず)を巻き、ウシのような角があることから。参考「カギュウ・でんでんむし」とも読む。

【蝸廬】カロ 「蝸牛廬(カギュウロ)」の略。カタツムリの殻のように狭い家。自分の家をへりくだっていう語。類蝸舎

〖〈蝸牛〉が〈日和〉を知る〗でてむしがひよりをしる 自分の身分や立場をわきまえないで振る舞うことのたとえ。カタツムリが、できない天気の予測をする意から。

〈蝸螺〉にな 細長い巻貝の総称。カワニナ・ウミニナ・イソニナなど。食用・飼料用。季春 表記「蜷」とも書く。

〈蝸牛被〉まいまいかぶり オサムシ科の甲虫。日本特産。体は黒色で、頭・胸は細長く腹は長楕円(ダエン)形。由来 カタツムリ(蝸牛)の殻に頭を入れて肉を食うことから。表記「舞舞被」とも書く。

カ【蝌】(15) 虫9 1 7388 6978 音 カ 訓

意味 「蝌蚪(カト)(おたまじゃくし)」に用いられる字。

〈蝌蚪〉おたまじゃくし カエルの幼生。卵からかえってカエルになるまでの間。足はなく、尾だけで泳ぐ。季春 表記「御玉杓子」とも書く。参考「カト」とも読む。

【蝌蚪】カト ①「蝌蚪(おたまじゃくし)」に同じ。②「蝌蚪文字(カトモジ)」の略。中国の古代文字の一種。書体がおたまじゃくしに似ている。表記②「科斗」とも書く。

カ【課】(15) 言 8 常 教 7 1861 325D 音 カ 訓 外 わりあてる・はかる・こころみる

筆順 亠 2 訁 4 言 7 訂 訂 訳 11 課 課 課

意味 ①わりあてる。わりあて。「課役」「課税」「課程」②はかる。こころみる。ためす。「考課」③事務分担の区分。「課長」

下つき 学課ガッ・考課コウ・日課ニッ・賦課フ・放課ホウ

【課外】カガイ 規定の学科・課程以外のもの。「―活動」

【課業】カギョウ 学校や職場などで割り当てられた学科や作業。

【課口】カコウ 律令リツリョウ制で、庸・雑徭ゾウヨウの課役を負担する男子。正丁セイテイ・次丁・少丁などの総称。類課丁

【課する】カ-する ①割り当てる。「税を―する」②言いつけてさせる。「宿題を―する」

【課税】カゼイ 税金を割り当てること。また、その税金。「―額」

【課題】カダイ ①問題を課すること。また、その問題。「夏休みの―」②解決しなくてはならない問題。「政治上の―」③任務。

【課徴金】カチョウキン ①租税以外に、国が国民から徴収する金銭。手数料・特許料・罰金など。②違法なカルテルによって不当な利益を得た企業から、行政措置として国が徴収する金銭など。「輸入―」

【課程】カテイ ある期間に割り当ててさせる学業・作業の内容や順序。「高校の―を修了する」「教育―」

【課目】カモク 課せられた項目。特に、学校などで学ぶ個々の学科。「今日の一時間目の―は数学だ」

カ【踝】(15) 足 8 1 7686 6C76 音 カ 訓 くるぶし・かかと・くびす

意味 ①くるぶし。足首の両側にまるくつき出た部分。②くびす。きびす。かかと。③はだし。すあし。「踝跣カセン」

【踝】くるぶし 足首の内・外両側にある骨の突起。くろぶし。つぶぶし。つぶなぎ。「転倒して―を強く打った」

カ【樺】(16) 木 12 ▼樺の旧字(一五七)

カ【罅】(17) 缶 11 1 7001 6621 音 カ 訓 ひび・すきま

意味 ひび。土器のわれめ。すきま。ひびがはいる。「罅隙カゲキ」「罅漏」

下つき 縫罅ホウカ

【罅】ひび ①陶磁器・ガラスなどの表面にできる細かい割れ目。②対人関係がそこなわれること。「二人の友情に―が入る」

【罅割れる】ひびわ-れる ひびが入って裂ける。「花瓶が―れる」

カ【謌】(17) 言 10 7572 6B68 ▼歌の異体字(一五七)

カ【△鍋】(17) 金 9 常 3873 4669 ▼なべ(一一八八)

カ【霞】(17) 雨 9 準1 1866 3262 音 カ 訓 かすみ・かすむ

意味 ①かすみ。かすむ。また、かすみ状のもの。②朝やけ。夕やけ。また、その美しい色彩。「霞光」「霞彩」「雲霞」

下つき 雲霞ウン・煙霞エン・紅霞コウ・彩霞サイ・夕霞セッ・赤霞セッ・朝霞チョウ・花霞はながすみ・春霞はるがすみ

【霞】かすみ ①山のふもとなどに細かい水滴が集まって煙のようにたなびき、遠方がぼんやりと見える現象。季春 ②はっきりと物が見えないこと。③「霞網」の略。小鳥を捕らえるため、細い糸で作った網。季秋 参考 ①多く春のものをいい、秋のものは「霧」という。

【霞初月】かすみそめづき 陰暦正月の異名。

【霞む】かす-む ①霞かすみが立ちこめて、遠方が白くぼんやり見える。②はっきり見えなくなる。「目が―む」③他に圧倒されて、存在が目立たなくなる。「彼は社内で―んでいる」

カ【★顆】(17) 頁 8 1 8089 7079 音 カ 訓 つぶ

意味 ①つぶ(粒)。小さいつぶ状のもの。「顆粒」②つぶ状のものを数える語。

【顆粒】カリュウ ①つぶ状のもの。「―状の薬」②トラコーマで目の結膜にできる小さなつぶ。

【顆】つぶ ①小さくてまるいもの。②①を数える単位。

カ【譁】(18) 言 11 1 音 カ 訓 かまびすしい

〔譁〕7586 6B76

意味 かまびすしい。やかましい。「譁笑」「譁然」

下つき 喧譁ケン・諠譁ケン

【譁しい】かまびす-しい やかましく騒ぎたてるさま。やかましい。表記「嘩しい」とも書く。

カ【譌】(19) 言 12 1 7587 6B77 音 カ 訓 あやまる・なまる・なまり・いつわる

意味 ①あやまる。あやまり。「譌謬カビュウ」②言葉がなまる。なまり。方言。「譌音カオン」③いつわる。うそ。

【譌】なまり 標準語・共通語ではなく、地方独特の、発音や抑揚。

カ【鰕】(20) 魚 9 1 8249 7251 音 カ 訓 えび

意味 ①えび(海老)。類蝦カ ②さんしょううお(山椒魚)。③めくじら。雌のクジラ。類鯢ゲイ

【鰕】えび エビ科の甲殻類の総称。▼海老えび(一七五)

か【乎】(5) ノ4 2435 3843 ▼コ（四四六）

か【香】(9) 香0 教 2565 3961 ▼コウ（四九四）

か【蚊】(10) 虫4 常 準2 1867 3263

音 か 外ブン
訓 か

筆順 丶 口 口 中 虫 虫 虫 虫亠 虫ナ 蚊

意味 か。カ科の昆虫。「蚊脚」「蚊声」「蚊帳（ブンチョウ・かや）」「蚊の鳴くような声」 参考 ブンブン（文）と飛ぶ虫の意からできた字。

〈蚊母樹〉いすのき マンサク科の常緑高木。暖地の山に自生し、高さは約二〇メートル（メートル）になる。葉は厚く長い楕円（ダエン）形で、春に深紅色の小花をつける。材は堅く家具などに利用。由来「蚊母樹」は漢名から。

【蚊燻し】かいぶし 「蚊遣（かや）り」に同じ。

【蚊喰鳥】かくいどり コウモリの別称。季夏 ▼蝙蝠（こうもり）（一三八三）

【蚊柱】かばしら 夏の夕方に力が縦に長く群がって飛び、空中に柱のように見える現象。「―が立つ」季夏

〈蚊帳〉・蚊屋 かや 力を防ぐために寝床の上をおおう、麻や木綿でつくった寝具。四隅をひもでつり下げて用いる。「―の外（仲間はずれにされること）」季夏 参考「蚊帳」は「かチョウ・ブンチョウ」とも読む。

〈蚊帳吊草〉かやつりぐさ カヤツリグサ科の一年草。道端に自生。葉は線形で、茎は三角柱状。初夏、茎の先に黄褐色の穂を出す。季夏 由来 茎を二人で両端から裂くと四辺形ができ、蚊帳を吊ったように見えることから。表記「莎草」とも書く。

【蚊遣り】かやり 力を追い払うため、煙をくゆらせること。古くから香料・木片などをたいた。かいぶし。「―香」季夏

【蚊遣火】かやりび 力を追い払うためにたく火。蚊火。「―の煙をくゆらす」

【蚊虻】ブンボウ カとアブ。小さいもの・つまらないもののたとえ。

【蚊虻牛羊を走らす】ブンボウギュウヨウをはしらす 弱小なものが強大なものを制すること。また、ささいなことが原因で大事件や災害を引き起こすこと。カやアブのような小虫でも多数集まって血を吸うと、それを嫌って大きなウシやヒツジも逃げる意から。〈『説苑（ゼイエン）』〉 参考「蚊虻走牛」ともいう。

【蚊虻の労】 取るに足りない技能のたとえ。〈『荘子（ソウジ）』〉

【蚊雷】ブンライ 多くの力が集まって鳴く大きな音。蚊鳴（かなり）。

〈蚊母鳥〉よたか ヨタカ科の鳥。▼怪鴟（よたか）（一七二）

か【鹿】(11) 鹿0 教 2815 3C2F ▼しか（六四一）

ガ【牙】(4) 牙0 常 2 1871 3267

〔牙〕

音 ガ 高ゲ
訓 きば 外 は・さいとり

筆順 一 ㄷ 牙 牙

意味 ①きば。動物の前歯と奥歯の間にある大きな鋭い歯。「牙爪（ガソウ）」「牙牌（ガハイ）」 ②は（歯）。「歯牙」 ③天子や将軍の旗。また、その旗の立っている陣営。「牙旗（ガキ）」「牙城」「牙門（ガモン）」 ④さいとり。仲買。「牙郎」

下つき 犬牙（ケンガ）・高牙（コウガ）・歯牙（シガ）・爪牙（ソウガ）・象牙（ゾウゲ）・大牙（タイガ）・毒牙（ドクガ）・萌牙（ホウガ）

【牙音】ガオン 中国音韻学の用語。発音分類の一つで軟口蓋（ナンコウガイ）の破裂音と鼻音。

【牙行】ガコウ 中国で、商取引の仲買業者。また、その組合。商業の発展に伴って、宋・明・清代に発達した。

【牙城】ガジョウ ①城内で、大将のいる所。本丸。本拠。「敵の―に迫る」 ②ある組織・勢力の中心。「保守の―を崩した」

【牙籌】ガチュウ ①昔、中国で、計算に用いた象牙（ゾウゲ）製の棒。かずとり。 ②そろばん。また、計算。

【牙保】ガホ ①仲買人。 ②盗品の仲介をすること。「―罪」

【牙虫】ガむし ガムシ科の甲虫。池・沼などにすむ。体は約三センチメートル（センチメートル）の舟形で黒色。

【牙】きば 哺乳（ホニュウ）動物の鋭く大きな歯。犬歯・門歯が発達したもの。「―を剝（む）く（敵意を抱いて立ち向かう）」 類 歯牙

〈牙床〉くれどこ 古代、中国の胡床（コショウ）という腰掛けをまねして作った椅子（イス）。表記「呉床」とも書く。

【牙舎利】ゲシャリ 仏の遺骨である、舎利のうちの歯。

【牙彫】ゲチョウ 動物の牙を用いた細工物。象牙が多い。参考「ゲぼり」とも読む。

〈牙婆〉すあい 物品の売買の仲介をする人。また、その手数料。仲介料。類 才取 表記「数間（サイとり）」とも書く。

【牙】は ①犬歯。糸切り歯。 ②歯の総称。

ガ【瓦】(5) 瓦0 常 2 2004 3424

音 ガ 高
訓 かわら 外 かわらけ・グラム

筆順 一 丆 T 瓦 瓦

意味 ①かわら。かわらけ。粘土を一定の形に固めて焼いたもの。「瓦解」「瓦石」「瓦礫（ガレキ）」 ②グラム。重さの単位。参考 ②から転じて、キログラムは「瓩」、ミリグラムは「瓱」で表す。「瓩」も「瓱」も国字。また、似たような音訳に用いられているものに「瓦斯（ガス）」がある。

下つき 陶瓦（トウガ）・銅瓦（ドウガ）

か ガ

【瓦解】ガカイ 一部分の崩れから、組織全体が崩れること。「幕府の―」類崩壊 由来屋根がわらは、一部が落ちるとその勢いで残りのかわらも崩れ落ちることから。

【瓦経】ガキョウ 表面に経文を刻んだかわら。平安末期、仏法を永く伝えるために地中に埋めた。参考「かわらギョウ」とも読む。

〈瓦▲斯〉ガス ①気体。「毒―」②プロパンガス・天然ガスなど燃料用の気体。③ガソリン。「―欠」④濃い霧。⑤おなら。⑥「瓦斯糸」「瓦斯織り」の略。

【瓦石】ガセキ ①かわらと石。②転じて、価値のないもの。類瓦礫(ガレキ) 参考「ガシャク」とも読む。

【瓦全】ガゼン 何もしないで、身の安全だけを守り生きていること。対玉砕 由来かわらのようなつまらないものが保存される意から。

【瓦△落】ガラ 取引相場が急に落ちること。暴落。「―落ち」

【瓦落多】ガラクタ 役に立たない、または値打ちのない雑多な道具や品物。表記「我楽多」とも書く。ともに当て字。

【瓦▲礫】ガレキ ①かわらと小石。「―の中から再び起(た)つ」②値うちのない、つまらないもの。「―の山」

【瓦】かわら ①粘土を一定の形に固めて、かまで焼いたもの。屋根をふくのに使う。②価値のないもの。

『瓦も磨(みが)けば玉(たま)となる』素質のない者でも努力を重ねれば、すぐれた者になることができるたとえ。

【瓦▲葺き】かわらぶき かわらで屋根をふくこと。また、その屋根。

【△瓦】グラム メートル法の質量の単位。一瓦(グラム)は、国際キログラム原器の一〇〇〇分の一。

ガ【▲伽】(7) イ5 1832/3240 ▼カ(一四一)

ガ【我】(7) 戈3 常 教5 1870 3266 音ガ中 訓われ・わ中

筆順 ノ 二 千 手 我 我 我

意味 われ。わが。自分。自分の。「我見」「我慢」「自我」「我を張る」

下つき 自我(ジガ)・小我(ショウガ)・大我(タイガ)・彼我(ヒガ)・物我(ブツガ)・忘我(ボウガ)・没我(ボツガ)・無我(ムガ)

【我】ガ 自分の考えや意志。わがまま。「―を通す」「いつまでも―を張るな」

【我意】ガイ 自分の考えどおりにしようとする気持ち。わがまま。我(ガ)。「―を捨てる」

【我執】ガシュウ ①我意にとらわれること。②仏永遠不滅の自我が存在すると考え、それに執着すること。また、欲望を捨てきれないこと。類我見

【我田引水】ガデンインスイ 自分の都合のいいように考えたり、事を進めたりすること。我が田に水を引くこと。自分の田だけに水を引き入れる意から。類手前勝手

【我慢】ガマン ①たえしのぶこと。「食べたいのを―する」類辛抱 ②大目に見ること。「もう一度だけ―してやる」類堪忍 ③仏自分を偉いと思い、他人を軽蔑(ケイベツ)すること。類高慢

【我武者羅】ガムシャラ 向こう見ずに、ひたすら突き進むこと。また、血気にはやること。「―に仕事をする」由来「我武者」だけでも同じ意。「我貪(ガむさぼり)」から転化した当て字といわれる。

【我楽多】ガラクタ 使い道や値打ちのない品物・道具。表記「瓦落多」とも書く。ともに当て字。

【我利】ガリ 自分に都合がよいこと。また、自分だけの利益。私利。「―我欲」「―をむさぼる」

『我利我利(ガリガリ)』ひたすら自分の利益を追い求めるさま。また、その人。「―亡者(モウジャ)(ひどい利己主義者)」

【我流】ガリュウ 正式の流儀に合わない、自分独特の流儀。自己流。「あのタレントの書は―だ」

【我が家楽の釜▲盥】わがいえラクのかまだらい 釜をたらいの代わりに使うような貧乏な生活でも、我が家がいちばん気楽であること。参考「釜盥」は「金盥(かなだらい)」ともいう。

【我が心石に匪ず転ず△可からず】わがこころいしにあらずテンずべからず 意志がきわめて固いこと。また、自分の心は何ものも変えられないたとえ。私の心は石ではないから転がすことはできないという意。〈『詩経』〉

【我が輩】わがハイ ①われ。自分。「彼は―の弟分だ」②われわれ。われら。参考古風で尊大な言い方。

【我が▲儘】わがまま 自分の思うようにすること。周囲の事情も考えないで勝手気ままにすること。身勝手。「―な行動」

【我が身を▲抓って人の痛さを知れ】わがみをつねってひとのいたさをしれ 自分のこととして他人のことを考えよ。人と同じ痛みを味わってはじめて、人の痛みを知り思いやることができるということ。

【我が物顔】わがものがお 自分のものであるというように振る舞うこと。遠慮のないようす。「―に歩き回る」

【我が物と思えば軽し▲笠の雪】わがものとおもえばかろしかさのゆき 自分の利益になることだと思えば苦労も負担に感じないということ。笠に積もった雪も自分のものと思えば軽いものだという意。〈其角(きかく)の句から〉

【我】われ ①自分自身。自我。「―を見失う」②自分のほう。③おのれ。わたくし。自称の人称

代名詞。「―は海の子」④おまえ。おのれ。対称の人称代名詞。「―は何者だ」

【我より古（いにしえ）を作（な）す】昔のやり方にこだわらずに自分で新しい方法を考え出して、後世の規範・手本とすること。自分から模範となる先例をつくる意。《宋史》参考「古」は「故（コ）」ともいう。

【我勝ちに】われがちに　先を争って。「―逃げる」類我先に

【我褒め】われぼめ　自分で自分をほめること。「―が過ぎる」類自慢・自画自賛

【我毛香】われもコウ　バラ科の多年草。▼吾亦紅（われもこう）（四六二）

【我等】われら　①私たち。われわれ。自称の人称代名詞。「我」の複数。「―の誇り」②おまえたち。おまえら。対称の人称代名詞。

ガ【画】(8) 田 3 常 教 9 1872 3268

旧字《畫》(12) 田 7 1/準1 6533 6141

音 ガ・カク

訓 外 え・えがく・かく・かぎる・はかる

筆順 一 丅 冂 币 而 亩 画 画

意味 ㊀ガ ①え。「画面」「絵画」「版画」②えがく。かく。「画家」「画工」「画才」㊁カク ①かぎる。くぎる。さかい。「画一」「画然」「画定」②はかる。考えをめぐらす。「画策」「企画」「計画」③漢字を構成する点や線。「画数」「字画」「点画」

書きかえ ㊁①「劃（カク）」の書きかえ字。

下つき ㊀映画（エイガ）・絵画（カイガ）・戯画（ギガ）・原画（ゲンガ）・書画（ショガ）・図画（ズガ）・版画（ハンガ）・秘画（ヒガ）・描画（ビョウガ）・壁画（ヘキガ）・漫画（マンガ）・名画（メイガ）・洋画（ヨウガ）・録画（ロクガ）㊁企画（キカク）・区画（クカク）・計画（ケイカク）・参画（サンカク）・字画（ジカク）・点画（テンカク）・筆画（ヒッカク）

【画】え　①物の姿や形をえがいたもの。絵画。②映画・テレビなどの画像。

【画く】えがく　物の形を写して、絵画にする。物の形象を絵にあらわす。

【画韋】えがわ　文様を染めたなめしがわ。表記「絵革」とも書く。

【画架】ガカ　絵をかくときに、カンバスや画板を立てかける台。イーゼル。

【画家】ガカ　絵をかくことを職業とする人。えかき。類画人・画工

【画境】ガキョウ　①絵に表現される画家の境地。「―を開く」②絵をかくときの心境。

【画一的】カクイツテキ　一様で特色のないようす。型にはまったようす。「―な教育」表記「劃一的」とも書く。

【画策】カクサク　はかりごとを立てること。たくらむこと。「裏で―する」

【画然】カクゼン　区別がはっきりしているようす。「―とした相違」書きかえ「劃然」の書きかえ字。

【画定】カクテイ　区切りをはっきりとつけ、範囲を定めること。「境界の―」表記「劃定」とも書く。

【画工闘牛の尾を誤りて牧童に笑わる】ガコウトウギュウのおをあやまりてボクドウにわらわる　無学な者でもそのことに精通している者であれば、たずねて教えを受けるべきだということのたとえ。また、専門家でも誤ることがあるたとえ。故事 蜀（ショク）の人、杜（ト）が大切にしていた絵を、たまたま牛飼いの子どもが見て、ウシは闘うとき尾を後ろ足の間に入れるのに、この絵では尾を振り上げていると笑われた故事から。〈蘇軾（ソショク）の文〉

【画材】ガザイ　①絵の題材。絵をえがく対象。②絵をえがく道具。絵の具・筆など。

【画讃・画賛】ガサン　絵に書き添える詩句・文章。讃。

【画商】ガショウ　絵画の売買を職業とする人。また、その店。

【画帖】ガジョウ　①多くの絵を集めて、とじ合わせた本。「錦絵（にしきエ）の―を繰る」類画集②絵をかくための帳面。スケッチブック。類画帳

【画脂鏤氷】ガシロウヒョウ　苦労や努力をしても無駄なことのたとえ。また、力を無用なところに用いること。「画脂」はあぶらに絵をかく、「鏤氷」は氷に彫刻する意。《塩鉄論》参考「画脂」は「カクシ」とも読む。類凋氷画脂（チョウヒョウガシ）

【画仙紙・画箋紙】ガセンシ　白色大判で、縦長の書画用紙。もと、中国産。表記「雅仙紙」とも書く。

【画像】ガゾウ　①絵にかいた肖像。②スクリーン・テレビなどにうつる映像。

【画蛇添足】ガダテンソク　無用なものをつけ足すこと。「画蛇」は「ガジャ」とも読む。▼蛇足（ダソク）（六六二）

【画壇】ガダン　画家たちの社会。また、その仲間。「―にデビューする」

【画期】カッキ　ある段階が終わって次の段階に進むこと。また、その区切り。

【画期的】カッキテキ　新しい時代を開くほど、すぐれているさま。画時代的。エポックメーキング。「―な発明」書きかえ「劃期的」の書きかえ字。

【画伯】ガハク　①画家の敬称。②すぐれた画家。類画聖 参考「伯」はかしらの意。

【画眉】ガビ　①まゆずみでまゆをかくこと。また、かいたまゆ。まゆびき。②美人。

【画鋲】ガビョウ　絵などを壁や板にとめるために使う、びょう。

【画幅】ガフク　絵画を表装したもの。掛け軸にしてある絵。絵画の軸物（ジクもの）。「墨絵の―を広げる」

【画餅】ガベイ　絵にかいたもち。実際に役に立たないもののたとえ。無駄。参考「ガヘイ」とも読む。

【画餅に帰す】ガベイにキす　思案したことが、実際には行われなかったり失敗に終わったりして無駄になること。

か
ガ

【画舫】ガホウ 絵をかいたり色を塗ったりして、美しく飾った遊覧船。

【画竜点睛】ガリョウテンセイ 物事の最も大切なところ。物事を完成するための最後の大切な仕上げ。故事 中国、南朝梁の画家、張僧繇が寺に竜をえがき、飛び去るといってひとみをかき入れなかった。その話を信用しない人々が無理にひとみをかかせたところ、はたして竜が天に昇ったという故事から。〈『歴代名画記』〉 参考 一般には「画竜点睛を欠く」と用いて、最後の大切な仕上げが不十分なことをいう。

【画廊】ガロウ ①絵画などを陳列する所。ギャラリー。②画商の店。

【画る】はかる ①図面を引いて考える。筋をつけて、ほどよいところをきわめる。②計画する。

ガ【臥】(8) 臣2 準1 1873 3269 音 ガ 訓 ふす・ふしど

意味 ふす。横たわる。また、ふしど。ねま。「臥起」「臥室」「臥床」

下つき 安臥・横臥・仰臥・高臥・酔臥・独臥・病臥・伏臥

【臥床・臥牀】ガショウ ①ねどこ。②床に入って寝ること。特に、病気で寝込むこと。

【臥薪嘗胆】ガシンショウタン 目的達成のため機会を待ち、苦労を耐え忍ぶこと。故事 中国、春秋時代、呉王夫差が父の仇である越王勾践を討つため、薪の上に寝て復讐心をかき立ててのちにこれを破り、敗れた勾践は苦い胆を嘗めて敗戦の恥を忘れず、のちに呉を滅ぼした故事から。参考『史記』『呉越春秋』などの記述から「臥薪」と「嘗胆」を組み合わせた語。「臥薪」を勾践のこととする説もある。〈『十八史略』〉 類 坐薪懸胆

【臥榻】ガトウ 寝台。ねどこ。ベッド。

【臥竜】ガリョウ 世間に知られていない大人物。故事 中国、三国時代、蜀の諸葛孔明を、潜んでいる竜にたとえたことから。参考「ガリュウ」とも読む。

【臥竜鳳雛】ガリョウホウスウ 〈『三国志』〉 ▼伏竜鳳雛

【臥梁】ガリョウ レンガ・石材などの組積造で、壁体の頂部を固める鉄筋コンクリート造りのはり。

〈臥亜〉ゴア ①インドの西海岸にある州。ポルトガルの植民地であった一六世紀ころは、貿易やカトリック宣教の拠点として栄えた。②江戸時代にオランダ人によって伝えられたインド産の織物。

〈臥所〉・〈臥処〉ふしど 夜寝るところ。寝床。寝室。

【臥待月】ふしまちづき 陰暦八月一九日の夜の月。寝待月。対 立待月・居待月 季 秋 由来 夜おそくに出るので寝床に臥して待つ意から。

【臥す】ふす ①からだを横にする。また、うつぶせに寝る。②病気で床につく。「祖母は半年も病床に―している」

ガ【芽】(8) 艹5 教 常 7 1874 326A 音 ガ 訓 め 外 めぐむ

旧字《芽》(8) 艹4 1/準1

筆順 一 十 卄 艹 芏 芓 芽 芽

意味 ①め。草木のめ。「発芽」「胚芽」「緑芽」②めぐむ。めばえる。「萌芽」

下つき 腋芽・出芽・新芽・豆芽・肉芽・胚芽・麦芽・発芽・萌芽・幼芽

【芽】め ①植物の葉・枝・花に生長する部分。②卵の黄身のひなになる部分。胚。③発展する可能性をもつもののたとえ。「悪の―をつむ」

【芽む】めぐむ 芽がふくらむ。芽を出しかかる。「草が―む」類 芽生える・萌える・角ぐむ 季 春

【芽生える】めばえる ①「芽む」に同じ。②起こり始める。「恋が―える」

ガ【俄】(9) イ7 準1 1868 3264 音 ガ 訓 にわか・にわか

意味 にわか。たちまち。急に。「俄然」「俄雨」

【俄然】ガゼン 急なさま。にわかに。だしぬけに。「彼女の声援に―勇気がわいてきた」類 突然

【俄か】にわか ①急に変化したり、起こったりするさま。だしぬけ。「―に風が強くなった」②すぐに反応するさま。すぐさま。「―には賛成しかねる」「―仕込み」類 突如・突然・不意

【俄雨】にわかあめ 急に降りだして、すぐにやむ雨。類 夕立・驟雨

【俄狂言】にわかキョウゲン 即興の狂言。茶番狂言。座興に行うこっけいなにわか。「―を演じる」表記「仁輪加狂言」とも書く。

【俄長者は俄乞食】にわかチョウジャはにわかコジキ 急に金持ちになった者は、大損して貧乏になるのも早いということ。

【俄成金】にわかなりキン 急に大金持ちになること。また、その人。類 俄大尽・俄長者・俄分限

ガ【哦】(10) 口7 1 5108 5328 音 ガ 訓 うたう

意味 うたう。口ずさむ。吟ずる。

【哦う】うたう 口ずさむ。吟ずる。

ガ【娥】(10) 女7 1 5314 552E 音 ガ 訓 うつくしい

意味 ①美しい。みめよい。「青娥」「嫦娥」②月に

住むという美女の名(姮娥コウガ)に用いられる字。また、そのことから、月の異名。「娥影」

下つき 青娥セイガ・仙娥センガ・嬪娥ヒンガ

【娥娥】ガガ 女性の顔形の美しいさま。きわだった目鼻立ちの美人の形容。

【娥眉】ガビ ①形の美しいまゆ。②女性の顔立ちの美しいさま。美人。表記「蛾眉」とも書く。

ガ【峨】★ (10) 山7 準1 1869 3265 音 ガ 訓 けわしい

〔峩〕5422 5636

意味 けわしい。けわしく高い山。「峨峨」

下つき 巍峨ギガ・嵯峨サガ

【峨峨】ガガ ①山や岩壁などが、高くけわしくそびえ立つさま。「一たる山並み」②姿かたちがりっぱなさま。

【峨眉山】ガビサン 中国四川省中部にある山。標高三〇九九メートル。天台山・五台山とともに中国仏教三代霊山の一つで、景勝の地。表記 山の姿がガの触角の形をしたまゆに似ていることから「蛾眉山」とも書く。

ガ【莪】(10) 艹7 1 7216 6830 音 ガ 訓 つのよもぎ

意味 ①つのよもぎ。ヨモギ(キク科の多年草)の一種。「菁莪セイガ」②きつねあざみ。アザミ(キク科の多年草)の一種。

下つき 菁莪セイガ

ガ【訝】★ (11) 言4 1 7535 6B43 音 ガ・ゲン 訓 いぶかる・いぶかしい

〔訝〕

意味 ①いぶかる。疑う。あやしむ。「怪訝カイガ・ケゲン」②人を迎える。迎えてねぎらう。「訝賓ガヒン」

下つき 怪訝カイガ・ケゲン

【訝しい】いぶかしい あやしい。うたがわしい。不審なさま。「一い点がある」

【訝る】いぶかる あやしむ。うたがわしく思う。不審に思う。「どぎまぎした様子を一る」

ガ【畫】(12) 田7 6533 6141 ▼画の旧字(一六三)

ガ【賀】(12) 貝5 教 常 7 1876 326C 音 ガ 訓 外 よろこぶ

筆順 マ カ カ 加 加 加 加 智 賀 賀 10

意味 ①よろこぶ。祝う。よろこび。「賀詞」「賀頌ガショウ」「賀状」②「加賀の国」の略。「賀州」

下つき 恭賀キョウガ・謹賀キンガ・慶賀ケイガ・参賀サンガ・祝賀シュクガ・朝賀チョウガ・年賀ネンガ・拝賀ハイガ・表賀ヒョウガ・奉賀ホウガ・来賀ライガ

【賀筵・賀宴】ガエン 祝賀の宴会の席。祝宴。「盛大な一を開く」

【賀詞】ガシ 新年・長寿の祝いなどのときにのべる、祝いの言葉。類 賀辞・祝辞

【賀春】ガシュン 新年を祝うこと。類 賀正 参考 年賀状に書く言葉で「新春おめでとう」の意。

【賀正】ガショウ 新年を祝うこと。類 賀春 参考 年賀状に書く言葉で「お正月おめでとう」の意。「ガセイ」とも読む。

【賀状】ガジョウ ①祝いの手紙。②年賀状。「一を出す」季 新年

【賀表】ガヒョウ めでたいことがあったとき、祝いの気持ちを表して差し上げる文。

【賀ぶ】よろこぶ 物や言葉を贈って祝福する。祝う。ことほぐ。

ガ【雅】(12) 隹4 ▼雅の旧字(一六五)

ガ【蛾】★ (13) 虫7 準1 1875 326B 音 ガ・ギ 訓 まゆげ・あり

意味 一ガ ①が。鱗翅リンシ類の昆虫のうち、チョウ以外のものの総称。②まゆげ。「蛾翠ガスイ」「蛾眉ガビ」二ギ あり(蟻)。「蛾賊」

下つき 一 翠蛾スイガ・青蛾セイガ・双蛾ソウガ・飛蛾ヒガ

【蛾眉】ガビ ①ガの触角のような、三日月形の美しいまゆ。美人のまゆの形容。②美人。③三日月。表記「娥眉」とも書く。

ガ【衙】★ (13) 行7 1 7443 6A4B 音 ガ 訓 つかさ・まいる

意味 ①つかさ。天子のいる所。宮城。「衙内」「衙兵」②兵営。役所。「衙府」「衙門」③あつまる。まいる。「衙参」

下つき 官衙カンガ・公衙コウガ・正衙セイガ・退衙タイガ

【衙門】ガモン ①役所。官庁。②役所・兵営の門。

ガ【雅】(13) 隹5 常 4 1877 326D 音 ガ 訓 外 みやび・みやびやか・つね

旧字《雅》(12) 隹4 1/準1

筆順 一 ｒ 工 于 牙 牙 牙 邪 邪 雅 7 13

意味 ①みやび。みやびやか。おくゆかしい。「雅趣」「高雅」「優雅」対 俗 ②正しい。正統な。「雅楽」「雅言」③つね。つねに。もとより。

下つき 温雅オンガ・閑雅カンガ・高雅コウガ・古雅コガ・儒雅ジュガ・清雅セイガ・端雅タンガ・典雅テンガ・博雅ハクガ・風雅フウガ・文雅ブンガ・優雅ユウガ

〈雅典〉アテネ ギリシャ共和国の首都。古代ギリシャ文化の中心地。パルテノン神殿など遺跡が多い。

〈雅楽頭〉うたのかみ 律令リツリョウ制で宮廷音楽を担当した雅楽寮うたリョウの長官。

〈雅楽寮〉うたリョウ 律令リツリョウ制で宮廷音楽を担当した役所。参考「ガガクリョウ」とも読む。

【雅楽】ガガク 宮廷楽舞の総称。日本古来の楽舞と、中国・朝鮮から伝来した楽舞からな

る。神楽・催馬楽・唐楽・高麗楽など。「―は日本独特の音楽である」

【雅語】ガゴ ①みやびやかで正しい言葉。②和歌などに使われた、奈良・平安時代の言葉。類歌語・①②雅言 対①②俗語・俗言・俚言

【雅号】ガゴウ 文人・書家・画家などが、本名以外につける風流な別名。号。類筆名

【雅趣】ガシュ 風雅で上品なおもむき。「―豊かな庭園」類風趣・雅味・雅致

【雅▲馴】ガジュン 文章や言葉づかいなどが上品で正しく、よくねれていること。「高僧の書は重厚かつ―である」

【雅人深致】ガジンシンチ 風流な人の奥深く風情のあるおもむき。「雅人」は世俗を離れた風流な人、また、高尚な志の人。「致」はおもむき・風趣の意。〈『晋書』〉

【雅俗折衷】ガゾクセッチュウ 風雅なものと卑俗なものをほどよく取捨して用いること。また、地の文は文語体、会話は口語体を使った雅俗折衷の文体のこと。

【雅致】ガチ 上品で風流なおもむき。「―に富む」類雅趣・雅味

【雅味】ガミ 上品で優美なおもむき・味わい。類雅趣・雅致

【雅量】ガリョウ 広くおおらかな度量。寛大な心。「―を示す」類広量

【△雅】つね 平素から。つねづね。もともと。かねがね。「―と変わらず」

【△雅】みやび 上品で優美なこと。洗練された感覚。「―を競う」類風雅・風流

【△雅やか】みやびやか 上品で優美なさま。都ふうに洗練されたようす。「―な舞」類風雅・優雅

ガ【▲蝦】(15) 虫9 1860 325C ▼カ(一五九)

ガ【餓】(15) 食7 常 3 1878 326E 音ガ 訓外うえる

旧字《餓》(16) 食7 1/準1

筆順

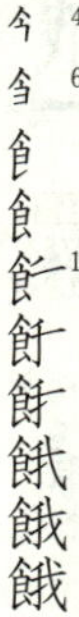

意味 うえる。うえ。ひもじい。「餓死」「飢餓」

下つき 寒餓・飢餓・凍餓

【△餓える】うえる ①ひどくひもじくなる。食物が不足してやせる。②欠乏を感じてひどく欲しがる。「娯楽に―える」

【餓鬼】ガキ ①仏生前の罪の報いで餓鬼道に落ちた亡者。②仏六道の一つで「餓鬼道」の略。現世で欲の深かった者が死後に行くといわれ、うえとかわきに苦しむ所。③子どもをののしる言葉。「なまいきな―だ」

【餓鬼に▲苧殻】なんの頼りにもならないたとえ。また、なんの意味もないことのたとえ。「苧殻」は皮をはいだ麻の茎。うえてやせた餓鬼が折れやすい麻の茎をふりまわす意から。対鬼に金棒

【餓鬼の断食】当たり前のことなのに特別のことをしているように見せること。もともとうえに苦しむ餓鬼が断食の修行をしている意から。

【餓鬼の目に水見えず】欲しいと望みすぎるあまり、求めるものが近くにあるのに気づかないたとえ。また、物事に夢中になりすぎると肝心なものを見失いがちであるたとえ。うえに苦しみ渇望する餓鬼は、そばに水があっても目に入らない意から。

【餓鬼も人数】取るに足りない者でも時には何かの役に立つこともあるたとえ。また、取るに足りない者でも大勢集まるとあなどりがたいたとえ。類蟻も軍勢 参考「人数」は「ニンズウ・ニンジュ」とも読む。

【餓死】ガシ 食物がなくて、うえて死ぬこと。うえじに。「冬山であやうく―するところだった」

【△餓える】かつえる ①ひどく腹がへる。うえる。「食糧に―える」②欠乏を感じてひどく欲しがる。「愛情に―える」

【餓狼】ガロウ うえたオオカミ。危険なもののたとえ。「―の群れ」「眼光は鋭く―のようだ」

ガ【★駕】(15) 馬5 準1 1879 326F 音ガ 訓のる・のりもの・しのぐ

意味 ①ウマや車に乗る。あやつる。あつかう。「駕御」「駕跨」②乗り物。「駕籠」「駕輿」③他人の乗り物や外出の敬称。「枉駕」「来駕」④しのぐ。のりこえる。「駕軼」「凌駕」

下つき 晏駕・枉駕・鶴駕・車駕・宸駕・聖駕・仙駕・駐駕・晩駕・別駕・鳳駕・輿駕・来駕・竜駕・凌駕

【▲駕御・▲駕▲馭】ガギョ ①ウマを自由に使いこなすこと。②思いのままに人を使うこと。

【〈▲駕籠〉】かご 昔の乗り物の一つ。竹・木などでつくった箱形のものに棒を通して前後でかつぎ、人を乗せて運ぶ。

【〈▲駕籠〉に乗る人担ぐ人そのまた〈草▲鞋〉を作る人】世間には多くの職種・階級があり、その境遇もさまざまであること。また、この世はもちつもたれつであるたとえ。

【〈▲駕籠〉▲舁】かごかき 駕籠をかつぐ人。かごや。

【〈▲駕籠〉▲舁〈▲駕籠〉に乗らず】いつも仕事などで扱っていながら自分のためには使わないたとえ。また、人に尽力するだけで自分のことがいつも後回しになるたとえ。類紺屋の白袴

【▲駕る】のる ①ウマや馬車にのる。②牛馬などを扱いこなす。

ガ【▲餓】(16) 飠7 ▼餓の旧字(一六六)

ガ【▲鵝】(18) 鳥7 1 8301 7321 音ガ 訓がちょう

〔鵞〕8302 7322

意味 がちょう。カモ科の水鳥。「鵝黄」「鵝毛」 参考 ガーガー(我)と鳴く鳥の意からできた字。

【▲鵝口▲瘡】ガコウソウ 口内炎の一種。乳児の口やのどの粘膜に、白い斑点(ハンテン)を生じる病気。

【▲鵝鳥】ガチョウ カモ科の鳥で、ガンを飼いならしたもの。アヒルより大きく、上くちばしのつけ根にこぶがある。肉・卵は食用。

【▲鵝毛】ガモウ ①ガチョウの羽毛。②白くて非常に軽いもののたとえ。雪など。

カイ【丐】(4) 一3 1 4802 5022 音カイ 訓こう・こじき

意味 こう。ねだる。ものごいをする。また、こじき。「丐子」「丐取」「丐命」 類乞(キツ)

下つき 乞丐(キッカイ)

【▲丐う】こ-う 人に物などをねだり求める。ものごいをする。

カイ【介】(4) 人2 常 4 1880 3270 音カイ 訓外たすける・すけ

筆順 ノ 人 介 介

意味 ①間にはいる。なかだちをする。「介在」「仲介」「媒介」②たすける。つきそう。「介護」「介抱」「介錯(カイシャク)」③心にかける。「介意」④かたいもの。よろい。こうらや貝がら。「介士」「介殻」「魚介」⑤すけ。昔の官名。国司の次官。 参考「介」の草書体が片仮名の「ケ」になった。

下つき 一介(イッカイ)・魚介(ギョカイ)・狷介(ケンカイ)・紹介(ショウカイ)・清介(セイカイ)・仲介(チュウカイ)・媒介(バイカイ)・厄介(ヤッカイ)

【介意】カイイ 気にかけること。心配すること。 参考「意(こころ)に介(はさ)む」の意。

【介護】カイゴ 老人や病人などを介抱・看護し世話をすること。「―保険制度」「退職して老母の―に専念する」 類介助

【介在】カイザイ 両者の間に存在していること。「両者に―する壁を取り除く」

【介▲錯】カイシャク ①付き添って世話をすること。 類後見・介添え ②切腹する人の後ろにいて首をはねること。また、その役の人。「―人」

【介助】カイジョ 老人・病人・身体障害者などの、身の回りの世話をすること。 類介護

【介する】カイ-する ①間に入れる。仲立ちとする。「人を―して頼む」②心にかける。気にする。「こまかいことは意に―しない」

【介添え】カイぞえ 付き添って世話をすること。また、その人。「花嫁の―役」 類後見・介錯(カイシャク) 由来「掻(か)き添え」の変化した語。

【介入】カイニュウ 第三者が、争いやもめごとなどの間に割りこむこと。立ち入って干渉すること。「他国が内政に―してきた」

【介抱】カイホウ ①助けて世話をすること。②病人や負傷者などの面倒をみること。「負傷者を―した」 類介護・看病

【△介】すけ 律令(リツリョウ)制で四等官第二位。地方の長官である国司を補佐する次官。

【△介党▲鱈】すけとうだら タラ科の海魚。北太平洋や日本海に分布。タラより細長い。卵巣を塩漬けしたものは「たらこ」と呼ばれる。食用。メンタイ。スケソウダラ。 季冬

【△介ける】たす-ける 人の間に入って世話をする。介添えする。介助する。

カイ【夬】(4) 大1 1 5279 546F 音カイ・ケツ 訓ゆがけ・わける・きめる

意味 ①ゆがけ。弓を引くとき、指を傷つけないために用いる革の手袋。②わける。きめる。「夬夬」 類決

カイ【会】(6) 人4 教 常 9 1881 3271 音カイ・エ高 訓あう 外あつまる・あつめる

旧字《會》(13) 日9 1/準1 4882 5072

筆順 ノ 人 亼 亼 会 会

意味 ①あう。であう。「会見」「会談」「会話」②あつまる。あつめる。一つに合わせる。あつまり。「会議」「会合」「会社」③心にかなう。さとる。「会得(エトク)」「会心」④とき。おり。「機会」⑤かぞえる。「会計」

下つき 一会(イチエ)・宴会(エンカイ)・学会(ガッカイ)・機会(キカイ)・議会(ギカイ)・協会(キョウカイ)・教会(キョウカイ)・国会(コッカイ)・再会(サイカイ)・際会(サイカイ)・散会(サンカイ)・参会(サンカイ)・司会(シカイ)・社会(シャカイ)・集会(シュウカイ)・商会(ショウカイ)・照会(ショウカイ)・盛会(セイカイ)・総会(ソウカイ)・脱会(ダッカイ)・都会(トカイ)・納会(ノウカイ)・法会(ホウエ)・密会(ミッカイ)・面会(メンカイ)・流会(リュウカイ)・例会(レイカイ)

【会う】あ-う ①人と顔を合わせる。一か所に集まって対面する。「友人に―いに行く」②偶然に人と出あう。「山中で知人に―う」

【会▲厭】エエン のどの入り口にあり、食物が気管に入るのを防ぐ器官。喉頭蓋(コウトウガイ)。

【会合衆】エゴウシュウ 室町時代、市政自治組織を指導した特権的商人層。都市は合議制によって運営された。特に、堺(さかい)は有名。 類納屋衆・三十六人衆

【会式】エシキ 寺院で行う法会(ホウエ)。特に日蓮宗で、日蓮上人(ショウニン)の命日一〇月一三日とその前日に行う法会。おえしき。 類御命講(オメイコウ)・御影供(オメイク) 季秋

【会釈】エシャク ①軽く頭を下げておじぎをすること。「軽く―して別れた」②おもいやり。「彼は遠慮―もない奴だ」③仏仏典などを理解し解釈すること。

【会者定離】エシャジョウリ 仏この世は無常なもので、会えば必ず離れる運命にあるということ。「定」は必ずの意。《遺教経(ユイキョウギョウ)》 類生者必滅(ショウジャヒツメツ)

【会得】エトク 物事の意味をよく理解して自分のものとすること。「パソコン操作を―する」類知得

【会意】カイイ 漢字の六書(リクショ)の一つ。二つ以上の字を合わせて一つの字形を作り、その意味を合成すること。「木」と「木」で「林」、「人」と「木」で「休」など。

【会期】カイキ 会議・集会などが開かれている期間。特に、国会の開会から閉会までの期間。「―を延長する」

【会計】カイケイ ①金銭・物品の出入りの計算や管理をすること。また、その担当者。「町内会の―を担当する」②代金の支払い。勘定。「そろそろお―をお願いします」

【会稽の恥】カイケイのはじ 他人から受けた忘れがたい屈辱。故事 中国、春秋時代、越王勾践(コウセン)は会稽山の戦闘で呉王夫差(フサ)に敗れ、さまざまな屈辱を味わったという故事から。「会稽」は中国の浙江(セッコウ)省にある山。《史記》参考 それを晴らすことを「会稽の恥を雪(すす)ぐ」という。▶臥薪嘗胆(ガシンショウタン)(二四〇)

【会見】カイケン 前もって時間や場所を約束して人に会うこと。ふつう、公式の場合に用いる。「定例の記者―を開く」

【会衆】カイシュウ 会合に集まった大勢の人。参会者。参考「エシュ」と読めば仏教語で、説法・法会(ホウエ)に集まった人々の意。

【会食】カイショク 集まって一緒に食事をすること。「友人たちと―する」

【会心】カイシン うまくいったと満足すること。「―の笑みを浮かべる」「―の作品」

【会する】カイ―する ①集まる。また、集める。「一堂に―する」②一つになる。「分かれた川が再び―する」③会う。「旧友に―する」

【会席】カイセキ ①集会・会合の席。②連歌・俳諧(ハイカイ)の席。③「会席料理」の略。酒宴の席で出す、本膳(ホンゼン)料理を簡単にした料理。参考③「懐石料理」は茶席で茶を出す前の、簡単な料理。

【会葬】カイソウ 葬式に参列すること。「葬儀場は―者の列がつらなっていた」「―御礼」

【会談】カイダン 公的に会って話し合うこと。「日米首脳―を開く」

【会頭】カイトウ 大きな組織の代表。ふつう、会議所などの長をいう。類会長

【会同】カイドウ 会議などのために人が集まること。「―を開く」類会合

【会堂】カイドウ ①集会のため、おもに公共団体が建てた建造物。②キリスト教の教会堂。類教会・礼拝堂

【会盟】カイメイ 各国の使臣や諸侯が集まって盟約を結ぶこと。また、その盟約。

【会友】カイユウ ①同じ会の仲間。類会員 ②正式な会員ではないが、その会に深く関係する人。また、その人に与えられる資格・称号。

【会話】カイワ 相手と話をすること。また、その話。「―文」類会談・対話 対独話

カイ【价】

(6) 亻4 1 4835 5043 音カイ 訓よい

意味 ①よ(善)い。すぐれている。「价人」②おおきい。

カイ【回】

(6) 口3 常 教 9 1883 3273 音カイ・エ(高) 訓まわる・まわす 外めぐらす

筆順

意味 ①まわす。まわる。めぐる。めぐらす。「回送」「回覧」②かえる。もとにもどす。「回顧」「回収」「回生」③ひとまわり。度数。「回忌」「回数」「毎回」

書きかえ 「廻(カイ)」の書きかえ字。また、「恢(カイ)・迴(カイ)・蛔(カイ)」の書きかえ字として用いられるものがある。

下つき 迂回(ウカイ)・巡回(ジュンカイ)・初回(ショカイ)・旋回(センカイ)・奪回(ダッカイ)・撤回(テッカイ)・転回(テンカイ)・徘回(ハイカイ)・挽回(バンカイ)・毎回(マイカイ)

〈回鶻〉ウイグル 中国の唐から元・宋にかけての時代にモンゴル高原などで活躍したトルコ系の民族。その後内乱などで四散し、現在は新疆(シンキョウ)ウイグル自治区の主要な構成民族。参考「カイコツ」とも読む。

【回向】エコウ 仏 ①自分が修めた善行・功徳(クドク)を他人に施して、自分も極楽往生を願うこと。②死者のために布施(フセ)を行い、経を読み、その冥福(メイフク)を祈ること。「墓に参り―をする」類供養 表記「廻向」とも書く。

【回忌】カイキ 毎年めぐってくる命日。一回忌・三回忌・七回忌など。類年忌・周忌 参考 三回忌以降は亡くなった年を含めて数える。

【回帰】カイキ ひとめぐりして、もとに戻ること。「永劫(エイゴウ)―」「北―線」

【回議】カイギ 担当者が議案を作って関係者にまわし、意見を聞いて承認を求めること。類稟議(リンギ)

【回教】カイキョウ 七世紀初め、マホメットがアラビアで起こした宗教。アラーの神を信仰し、コーランを聖典とする。イスラム教。由来 回鶻(ウイグル)民族を経て中国に伝わり、回回(フイフイ)教と称したことから。

【回訓】カイクン 外国駐在の大使・領事などの問い合わせに本国政府が回答として出す訓令。また、その訓令を発すること。対請訓

【回顧】カイコ 過ぎ去ったことを思い返すこと。「―録を出版する」

【回航】カイコウ ①あちこちをめぐって航海すること。類周航・巡航 ②他の港や特定の所へ船をまわすこと。表記「廻航」とも書く。

【回光△反照】カイコウヘンショウ 人が死ぬ間際に一時もちなおすこと。また、物事が滅びる直前に一瞬勢いを回復すること。

【回山倒海】カイザントウカイ 勢いが非常に盛んなこと。山を転がし海をひっくり返す意。《魏書(ギショ)》類抜山蓋世(バツザンガイセイ)

【回収】カイシュウ ①手放した物や使用済みの品物などを集め戻すこと。「アンケートの―」「欠陥商品の―を始める」②方々をまわって集めること。「資金を―する」

【回春】カイシュン ①年があらたまり、春が再びめぐってくること。②若返ること。特に老人にいう。「―薬」③病気が治ること。類回復

【回章】カイショウ ①「回文(カイブン)①」に同じ。②返事の手紙。類回書 表記「廻章」とも書く。

【回状】カイジョウ 「回文(カイブン)①」に同じ。

【回心】カイシン ①過去を悔い改めて信仰の道に戻ること。②以前の思いに戻ること。参考 仏教では「エシン」と読み、まちがった心を改めて仏道に帰依する意。

【回診】カイシン 病院で、医師が病室の入院患者を診察してまわること。「院長の―日」

【回生】カイセイ 生き返ること。また、生き返らせること。「起死―のホームラン」類蘇生(ソセイ)

【回船】カイセン 旅客や貨物を沿岸輸送してまわる船。特に江戸時代に発達した菱垣(ひがき)廻船・樽(たる)廻船など。表記「廻船」とも書く。

【回線】カイセン ①電話・電信の回路。②電流・磁気の通路。電気回路など。

【回送】カイソウ ①送られてきた手紙や荷物を他の場所に送りなおすこと。類転送 ②自動車や電車などを空車のまま他へまわすこと。書きかえ「廻送」の書きかえ字。

【回想】カイソウ 昔のことを思い起こすこと。「―にふける」「―録」類追想・回顧

【回漕】カイソウ 船による荷物の輸送。「産物を―する」類回船・運漕・海運 表記「廻漕」とも書く。

【回虫】カイチュウ カイチュウ科の線虫で、寄生虫。卵が生の野菜などについて人や家畜の体内に入り、胃や腸でひも状の成虫となる。書きかえ「蛔虫」の書きかえ字。

【回天】カイテン 世の中のありさまをすっかり変えること。衰えた勢いを盛り返すこと。「―の事業」由来 天を回転させる意から。表記「廻天」とも書く。

【回天事業】カイテンジギョウ 世の中の情勢を一変させるほどの大きな事業。類図南鵬翼(トナンホウヨク)

【回転】カイテン ①くるくるまわること。「―鮨(ずし)」②物体が一つの線・点を軸として円運動をすること。③頭脳がすばやくはたらくこと。「頭の―がはやい」④商品を売った金銭で次の商品を作ったり仕入れたりすること。「―資金」⑤スキーの「回転競技」の略。書きかえ「廻転」の書きかえ字。

【回答】カイトウ 質問や要求に対して答えること。「アンケートに―する」「質問状を読んで―を出した」類返事・返答 参考「解答」と書けば、疑問・問題を解いて答えを出す意。

【回避】カイヒ 身をかわして逃れること。直面を避けること。まぬかれること。「戦争―の努力をする」類忌避・逃避

【回付】カイフ 書類などを他にまわして渡すこと。また、送り届けること。「原稿を―する」類回送・送達 表記「廻附」とも書く。

【回復】カイフク ①失ったり悪くなったりした状態がもとどおりになること。「天候の―を待って山頂に向かった」②病気がよくなること。表記②「快復」とも書く。書きかえ「恢復」の書きかえ字。

【回文】カイブン ①順にまわして読む文書。まわしぶみ。類回章・回状 ②前から読んでも後ろから読んでも同じになる文章・文句。「たけやぶやけた」など。表記①「廻文」とも書く。参考「カイモン」とも読む。

【回遊】カイユウ ①あちこちを旅してまわること。②魚が季節の移りかわりや産卵などのために、群れをなして遠距離移動をすること。表記②「回游」とも書く。

【回覧】カイラン ①用件を書いたものを順にまわして見ること。「―板」②あちこちを見てまわること。表記「廻覧」とも書く。

【回礼】カイレイ ①お礼にまわること。②年始のあいさつまわり。季新年

【回路】カイロ ①電流・磁気の流れる道筋。「集積―」②生体内の物質・エネルギーの循環経路。サイクル。

【回廊】カイロウ ①建物を取り囲む長く折れ曲がった廊下。②建物と建物をつなぐ屋根つき通路。「寺院の―」書きかえ「廻廊」の書きかえ字。

【回禄の災い】カイロクのわざわい 火災にあうこと。「回禄」は火の神、また、火事の意。

【〈回青橙〉】だいだい ミカン科の常緑小高木。暖地で栽培。初夏、香りのある白色の花をつける。球形の果実は正月の飾りに用いる。季冬 由来「回青橙」は漢名より。冬に黄色く熟した実をとらずにおくと春に再び緑色に戻ることから。表記「橙・臭橙」とも書く。参考 年を越しても実があることから「代々」の繁栄を祈って正月の飾りに用いる。

【〈回回〉教】フイフイキョウ 「回教(カイキョウ)」に同じ。

【回し者】まわしもの 情報収集や工作のために敵方に入りこむ者。スパイ。類間諜(カンチョウ)・間者(カンジャ)・密偵

【回り諄い】まわりくどい 直接的でなく、遠まわしでわずらわしい。「―い説明でいらいらする」

【回る】まわる ①物体が点や軸を中心に輪を描く。回転する。「扇風機が―る」②あちこち移動し、もとに戻る。ひとまわりする。「回覧板が―る」「諸国を―る」③遠まわりの道を行く。「急がば―れ」類迂回(ウカイ)する ④場所・立場などを転ずる。「裏方に―る」「敵に―る」⑤すみずみまで行き届く。行き渡る。「知恵が―る」⑥機能が十分にはたらく。「よく舌が―る男だ」⑦時刻を過ぎる。「定刻を―る」表記「廻る」とも書く。

【△回らす】めぐらす ①ぐるりとまわす。②後ろに向ける。「首(こうべ)を―す」③まわりを囲ませる。「垣根を―す」「幕を―す」表記「廻らす」とも書く。

カイ【灰】

(6) 火 2 常 教 5 1905 3325 音 カイ(中) 訓 はい

旧字《灰》(6) 火 2 1/準1

筆順 一 厂 𠂇 𠂎 灰 灰

意味 ①はい。はいにする。はいになる。ほろびる。「灰汁(あく)」「灰身」「灰燼(カイジン)」 ②活気のないもの。静かなさま。「灰心」

下つき 降灰(コウカイ)・死灰(シカイ)・石灰(セッカイ)・冷灰(レイカイ)

〈灰汁〉あく ①灰を水に入れてできる上澄み液。②植物に含まれる渋み。「ゴボウの―抜き」③料理の材料を煮込むときに出る泡状のもの。「スープの―を取る」④人の性質や文章のしつこさ。「―の強い人」

〈灰酒〉あくざけ 酸化を防ぐために灰汁(あく)を入れてつくる酒。糖分を多く含み、赤くてみりんに似る。飲料・調味料として用いる。熊本特産。赤酒(あかざけ)。

【灰燼】カイジン 灰と燃えかす。「―に帰(き)す(すべてあとかたもなくなる)」

【灰心喪気】カイシンソウキ 失意のあまり元気をなくすこと。「灰心」は火の消えた灰のように元気のない心。「喪気」は元気をなくす意。参考「灰心喪意」ともいう。類意気阻喪 対意気軒昂(イキケンコウ)・意気衝天

【灰白色】カイハクショク 灰色がかった白色。白色に近く、明るい灰色。

【灰】はい 物が燃えつきたあとに残る粉末状のもの。「火事ですべてが―になった」

【灰〈神楽〉】はいかぐら 火の気がある灰の中に湯や水などをこぼしたとき、勢いよく舞い上がる灰けむり。「―が立つ」

【灰△被ぎ】はいかつぎ ①炭火などが燃えるにつれ白い灰におおわれること。②茶の湯に用いる茶碗(チャワン)の一種。灰をかぶったような趣のある焼き物。信楽(しがらき)・丹波・備前焼などに多い。参考「はいかずき」ともいう。

【灰墨】はいずみ ごま油・菜種油などを燃やしたときの煙かす。にかわをまぜて墨を作る。また、眉墨(まゆずみ)・塗料・薬用としても用いる。参考「掃墨(はきずみ)」の当て字。

【灰△均し】はいならし 火ばちなどの灰を平らにする金属製の道具。灰かき。

カイ【快】

(7) 忄 4 常 教 6 1887 3277 音 カイ (外)ケ 訓 こころよい

筆順 ˊ 忄 忄 忄 快 快

意味 ①こころよい。気持ちがよい。よろこばしい。「快活」「快挙」「快調」 ②病気が治る。「快気」「快癒」 ③はやい。すみやかに。「快足」「快速」 参考「こころよい」は「心良い」からできた語。

下つき 軽快(ケイカイ)・豪快(ゴウカイ)・全快(ゼンカイ)・壮快(ソウカイ)・爽快(ソウカイ)・痛快(ツウカイ)・不快(フカイ)・明快(メイカイ)・愉快(ユカイ)

【快活】カイカツ 言葉や動作がはきはきしていて、元気がよいこと。「―な性格」類活発 書きかえ「快闊」の書きかえ字。

【快闊】カイカツ ▼書きかえ 快活

【快感】カイカン 気持ちがよい感じ。「―にひたる」参考精神的にも肉体的にも用いる。

【快気】カイキ ①病気が治ること。「―祝いをする」②気分がよいこと。

【快挙】カイキョ 胸のすくようなすばらしい行動。「人類初の―を成し遂げる」

【快哉】カイサイ 痛快この上もないこと。「―を叫ぶ」参考「快なる哉(かな)」の意。

【快捷】カイショウ 言動がすばやいこと。類敏捷(ビンショウ)

【快晴】カイセイ 空がすっきりとよく晴れていること。気象学では雲の量が〇から一の天気を指す。

【快速】カイソク ①気持ちがよいほど速いこと。②主な駅だけに停車し、各駅停車より速い電車。おもに近距離を走り、特別料金は徴収しない。参考「快足」と書けば、すばらしく足が速い意になる。

【快諾】カイダク 気持ちよく承知すること。二つ返事。「要求を―した」類欣諾(キンダク)

【快調】カイチョウ 具合よく気持ちのよいこと。調子よく事が進むこと。「―に仕事がはかどる」類好調

【快適】カイテキ 心地よく感じること。とても気持ちのよいさま。「―な生活に満足する」「―なスピードで走る」

【快刀乱麻を断つ】カイトウランマをたつ こじれたことを手際よく処理し、明快に解決すること。「快刀」は切れ味のいい刀。「乱麻」はもつれた麻の意。《『北斉書』》類一刀両断

【快方】カイホウ 病気やけがなどが回復に向かうこと。なおりかかること。「―に向かう」

【快癒】カイユ 病気やけががすっかりなおること。「難病がついに―した」類全快・全治・完治・本復

【快楽】カイラク 気持ちがよく楽しいこと。特に、官能的な欲望が満たされたときの満足感。「―主義」類逸楽・悦楽・享楽 参考「ケラク」と読めば仏教上の楽しみ・喜びの意になる。

【快い】こころよい ①気持ちがよい。「―く承諾する」「川を渡る風は―い」②楽しい。愉快である。「―い一時(ひととき)を過ごす」

カイ【戒】

(7) 戈 3 常 4 1892 327C 音 カイ 訓 いましめる

筆順 一 二 テ 开 戒 戒 戒

意味 ①いましめる。さとす。つつしむ。「戒告」「訓戒」「自戒」 ②用心する。警備する。「戒厳」「戒心」

「警戒」③いましめ。特に、宗教上のおきて。「戒壇」「戒律」「破戒」
書きかえ「誡」の書きかえ字。
下つき 遺戒・教戒・訓戒・警戒・厳戒・斎戒・自戒・十戒・受戒・哨戒・女戒・懲戒・破戒

【戒める】 いまし-める ①非常事態に備えて用心する。②あやまちをしないように注意を与える。③自らの行いをつつしむ。ひかえる。「自らを―める心構えが必要だ」

【戒厳令】 カイゲンレイ 戦争・事変など非常事態の際、軍隊に治安維持のため立法・行政・司法の三権全部または一部の行使をゆだねることを布告する命令。「―をしく」

【戒告】 カイコク ①教えいさめること。②行政上の義務を果たすよう要求する通知。類催告 ③公務員などに対する懲戒処分の一つ。職務違反のとき、本人に直接言い渡しをすること。類譴責(ケンセキ)
書きかえ「誡告」の書きかえ字。

【戒心】 カイシン 油断しないで注意すること。用心すること。類自戒・警戒

【戒壇】 カイダン 仏僧尼に戒律を与える儀式を行うために設けた壇。

【戒飭】 カイチョク 注意を与えて行いをつつしませること。また、自らをいましめつつしむこと。**参考**「飭」は、いましめる・ただす意。

【戒名】 カイミョウ ①仏門に入った者が師から与えられる名。②死者につける名。類①法名・法号 対①②俗名

【戒律】 カイリツ ①仏僧尼の守るべき徳目や修行上の規則。「厳しい―を守る」類律法 ②宗教上のおきて。規則。

カイ【改】

(7) 攵 3 常 教 7 1894 327E
音 カイ
訓 あらためる・あらたまる

筆順 フ コ 己 己' 己𠂉 改 改

か カイ

意味 ①あらためる。あらたまる。前からのものをやめて新たにやりかえる。「改革」「改心」「改新」②しらべる。検査する。「改札」
下つき 更改・修改・変改

【改める】 あらた-める ①新しいものにする。「規則を―める」②悪いところをよいものに変える。改善する。「良くない態度を―める」③きちんとした態度をとる。「言葉を―める」

【改悪】 カイアク 改めた結果、かえって前よりも悪くすること。また、悪くなること。「憲法―が危ぶまれる」対改善 **参考** 漢文では悪いことを改める意もある。

【改印】 カイイン 印鑑を変えること。特に、役所・銀行・取引先などに届け出ている印鑑を新しいものに変えること。

【改易】 カイエキ 江戸時代、官職や身分を取り上げた刑罰。武士の身分を除籍し屋敷・領地を没収した。切腹より軽く、蟄居(チッキョ)より重い。

【改革】 カイカク 制度や習慣などの悪いところをあらため、よいものにすること。「税制の―に着手する時だ」類変革

【改過自新】 カイカジシン 過ちを改めて気分をあらたにすること。〈『漢書(カンジョ)』〉類改過作新

【改元】 カイゲン 元号を改めて新しくすること。「昭和から平成への―」類改号

【改悟】 カイゴ 自分の非をさとり、改めること。「―の情が著しい」類改心

【改刪】 カイサン 文字・語句などを削って直すこと。**参考**「刪」は削る意。

【改竄】 カイザン 公文書・証書などの文字や語句を都合のよいように書きかえること。「調書を―する」

【改宗】 カイシュウ これまで信仰していた宗教・宗派を他に変えること。宗旨がえ。「キリスト教徒に―を迫った」

【改修】 カイシュウ 土木・建築物などを手直しすること。「堤防を―した」類修理

【改悛】 カイシュン 今までの悪行を悔いて、心を入れかえること。「―の情が顕著である」類悔悟

【改心】 カイシン 過ちをさとって心を入れかえること。「―して出直す」類改悟

【改正】 カイセイ 法令・規則などを適切なものに直すこと。「法律の―」類改定・改善・是正

【改姓】 カイセイ 姓を変えること。また変えた姓。「結婚により―した」

【改善】 カイゼン 悪い点を改めて、よくすること。「生活態度を―する」類改良 対改悪

【改組】 カイソ 団体などの組織をくみ変えること。編成がえ。「学部を―する」

【改装】 カイソウ ①飾りや設備などを変えること。模様がえ。「店内の―で売り上げを増やす」類新装 ②荷造りをしなおすこと。

【改造】 カイゾウ 構造・組織などを新しくつくり直すこと。「内閣―に着手する」

【改築】 カイチク 建物の一部または全部を建て直すこと。「校舎の―」

【改鋳】 カイチュウ あらためて鋳造すること。鋳直し。「貨幣を―する」

【改定】 カイテイ これまでのきまりを新しくすること。「料金の―」

【改訂】 カイテイ 書物・文書の内容などを改め、直すこと。「新しく―された本がよい」類更訂・再訂

【改頭換面】 カイトウカンメン 表面上変わったようでも、内実は変わらないたとえ。古い顔が新しい顔に変わる意から。〈寒山の詩〉類改頭換尾

【改廃】 カイハイ 改めることとやめること。法律・制度の改正や廃止。「法規の―」

【改名】 カイメイ 名前を変えること。また、その変えた名前。「―することで運気の上昇をはかる」

【改良】 カイリョウ 欠点や不備な点をよくすること。手を加えてさらによいものを作り

出すこと。「品種の―」類改善

カイ【芥★】(7) 艹 4 準1 1909 3329 音 カイ・ケ 訓 からし・あくた

意味 ①からしな。アブラナ科の二年草。また、その種子を粉にした香辛料。からし。「芥子（カイシ・からし）」②小さいもの。こまかいもの。また、あくた。ごみ。「芥舟」「塵芥（ジンカイ）」「繊芥」

下つき 拾芥（シュウカイ）・塵芥（ジンカイ）・繊芥（センカイ）・草芥（ソウカイ）・厨芥（チュウカイ）・土芥（ドカイ）

【芥】あくた ちり。くず。細かいごみ。「ちり―のように扱う」

【芥蔕】カイタイ ①とてもわずかなこと。②ほんのすこしのわだかまり。由来「あくた」と「へた」、または「からし粒」と「小さなとげ」の意から。

【〈芥子〉・芥】からし カラシナの種子を粉にしたもの。黄色くて辛い。香辛料として用いる。表記「辛子」とも書く。参考「ケシ」と読めば別の意になる。

【〈芥子菜〉・芥菜】からしな アブラナ科の二年草。春に小さな黄色い花が咲く。葉は辛味があり、漬物にする。種子からからしをとる。季春

【芥子】ケシ ケシ科の二年草。東ヨーロッパ原産。初夏、白・紅・紫色などの美しい花をつける。種子は食用。未熟な果実から阿片（アヘン）をとる。由来「芥子」はカラシナのことだが、種子が似ているので転用され、さらに誤読された。表記「罌粟・罌子粟」とも書く。参考「からし」と読めば別の意になる。

【芥子粒】ケシつぶ ①ケシの種子。②非常に小さいもののたとえ。「渡り鳥は―ほどの大きさになって消えた」

【芥子繡い】ケシぬい 日本刺繡（シシュウ）の刺し方の一つ。表地に細かい点のような針目を出す。

【〈芥虫〉】ごみむし ゴミムシ科の甲虫の総称。▼塵芥虫（ごみむし）（八二〇）

カイ【乖★】(8) ノ 7 1 4810 502A 音 カイ 訓 そむく・もとる

意味 ①そむく。もとる。はなれる。さからう。へだたる。「乖異」「乖背」「乖離」②こざかしい。

【乖異・乖違】カイイ 意見・態度などが互いに食い違うこと。気が合わないこと。

【乖背】カイハイ 道理にそむくこと。類背馳（ハイチ）

【乖離】カイリ ①わかれはなれること。「理想と現実の―に悩む」②心が合わなくなってそむきはなれること。「人心が―する」類乖隔・離反

【乖戻】カイレイ 道理に逆らい、そむくこと。類背戻

【乖く】そむく 道理に反する。本来の道からそれる。逆らう。「人の道に―く」

カイ【届△】(8) 尸 5 教 3847 464F ▼とどける（一一七）

カイ【怪】(8) 忄 5 常 3 1888 3278 音 カイ 外ケ 訓 あやしい・あやしむ

筆順 丶 忄 忄 忆 怪 怪 怪 怪

意味 ①あやしい。信用できない。ふしぎな。「怪傑」「怪力」「奇怪」②あやしいもの。ばけもの。もののけ。「怪談」「妖怪」

下つき 奇怪（キカイ）・幻怪（ゲンカイ）・醜怪（シュウカイ）・物怪（ブッカイ・もののけ）・妖怪（ヨウカイ）

【〈怪士〉】あやかし 男の亡霊や怨霊（オンリョウ）などを表す能面。

【怪しい】あやしい ①実体がわからず気味が悪い。「―い人物を見かけた」②いつもとちがう感じがして変だ。異様である。「―い空気が流れている」③信用できず疑わしい。また、不十分でおぼつかない。「彼の言うことは―い」「その計算は―い」④望まない状態になりそうだ。「なんだか雲行きが―い」

【怪しむ】あやしむ どこか変だと思う。不思議に思う。疑問に思う。「人を信じて―まない」

【怪異】カイイ ①不思議であやしいこと。「―な物語」類怪奇 ②ばけもの。類妖怪（ヨウカイ）・変化（ヘンゲ）

【怪火】カイカ ①不思議な火。火の玉・狐火（きつねび）・鬼火など正体不明の火。②原因不明の火事。不審火。

【怪訝】カイガ 「怪訝（ケゲン）」に同じ。

【怪漢】カイカン 動作・行動のあやしい男。類怪人 参考「快漢」と書けば、気持ちのさっぱりした男らしい男の意になる。

【怪奇】カイキ 不思議であやしいこと。「―な事件が多発する」類怪異・奇怪

【怪気炎・怪気焰】カイキエン 調子がよすぎて、信じがたい盛んな意気。「―をあげる」

【怪傑】カイケツ 不思議な人物。すぐれた腕前や特別な能力をもった

【怪死】カイシ 原因のわからない死。また、その死に方。「―事件を糾明（キュウメイ）する」類変死

【怪獣】カイジュウ ①正体不明の不思議なけだもの。②恐竜などをモデルに創作された奇妙な巨大動物。映画・テレビ・漫画などで活躍。

【怪談】カイダン 幽霊やばけものを扱った、恐ろしくて不思議な話。「四谷―」

【怪鳥】カイチョウ あやしい鳥。見なれない不思議な鳥。鳥のばけもの。類怪禽（カイキン）参考「ケチョウ」とも読む。

【怪盗】カイトウ 正体のわからない不思議な盗賊。「―ルパン」

【怪童】カイドウ 体が飛び抜けて大きく、腕力の強い子ども。

【怪物】カイブツ ①正体のわからない不思議な生物。特に、体が大きく力の強いばけもの。

「―を退治する」②特定の分野で、けたはずれの実力・才能をもつ人物。「財界の―」

【怪文書】カイブンショ　出所不明のあやしい文書。機密の暴露や攻撃・中傷を目的としたもの。「―が出回る」

【怪力】カイリキ　ふつうでは考えられない、きわめて強い力。「―無双」 参考「カイリョク」とも読む。

【怪力乱神】カイリキランシン　人知の及ばない不思議な現象や、超自然的な物事のたとえ。「怪」は不思議なこと、「力」は超人的な武勇、「乱」は倫理をみだす行為、「神」は鬼神。「―を語らず」《論語》

【怪腕】カイワン　人並みはずれた腕前・腕力。すごうで。「―を振るう」

【△怪我】ケガ　①思いがけない、また、不注意による負傷。②あやまち。過失。「―の功名」

〖△怪我の功名〗ケガのコウミョウ　まちがったり何気なくしたりしたことが、かえって好結果をもたらすこと。

【△怪△訝】ケゲン　理由・事情がわからず合点がいかないこと。あやしみ、いぶかしく思うこと。「―な面持ち」「―な顔をする」 類 怪疑・不審 参考「カイガ」とも読む。

【△怪しからぬ】けしからぬ　不都合である。許しがたい。無礼でよくない。けしからん。「―やつだ」

【△怪鳥】ケチョウ　「怪鳥(カイチョウ)」に同じ。 表記「化鳥」とも書く。

〈怪△鴟〉よたか　ヨタカ科の鳥。タカに似るが、夜行性でカなどの虫を食べる。カスイドリ。 季 夏 表記「夜鷹・蚊母鳥」とも書く。

カイ【拐】(8) 扌5 常 準2 1893 327D 音 カイ 訓 外 かたる・かどわかす

筆順 一 十 扌 扌 扣 扣 拐 拐

か
カイ

意味 かたる。かどわかす。だましとる。「拐去」「拐帯」「拐騙(カイヘン)」

下つき 誘拐(ユウカイ)

【拐引】カイイン　言葉巧みに誘い、どこかに連れていくこと。かどわかすこと。 類 誘拐

【拐取】カイシュ　法律用語。誘拐し、暴行や脅迫を用いて人質とすること。 参考 誘拐と略取を合わせた語。

【拐帯】カイタイ　預かった金銭・物品などを持ち逃げすること。「市の公金を―する」

【△拐る】かたる　他人の金品などをだまし取る。詐欺をはたらく。

【△拐す】かどわかす　女性・子どもなどをだまして連れ去る。むりやり連れて行く。誘拐する。「幼児を―す」 表記「勾引かす」とも書く。

カイ【廻】★ (9) 廴6 準1 1886 3276 音 カイ・エ 訓 まわす・まわる・めぐる・めぐらす

意味 まわす。ぐるりとまわる。めぐる。めぐらす。「廻看」「廻風」

書きかえ「回」が書きかえ字。

下つき 輪廻(リンネ)

【廻向】エコウ　仏 ①布施を行い経を読むなど供養をして、死者の冥福(メイフク)を祈ること。②自分の積んだ功徳を他人に施すこと。 表記「回向」とも書く。

【廻旋】カイセン　①ぐるぐるまわること。ぐるぐるまわすこと。 類 旋回 ②植物の茎が支柱などに巻きつきながら生長すること。 表記「回旋」とも書く。

【廻船問屋】カイセンどんや　江戸時代に、船主と荷主の間で荷物の取次をした業者。船主を兼ねる者もいた。 類 回漕店 参考「カイセンどいや」とも読む。

【▲廻送】カイソウ ▼書きかえ 回送(一六九)

【▲廻天】カイテン　世の中の形勢をがらりと変えること。 表記「回天」とも書く。

【▲廻転】カイテン ▼書きかえ 回転(一六九)

【▲廻風】カイフウ　渦を巻いて吹く風。つむじ風。 類 旋風 表記「回風」とも書く。

【▲廻覧】カイラン　①順にまわして見ること。②あちらこちら見てまわること。 表記「回覧」とも書く。

【▲廻廊】カイロウ ▼書きかえ 回廊(一六九)

【▲廻り灯籠】まわりドウロウ　内外二重に作った灯籠で、外側に映る影絵が回って見えるもの。切り抜きをはった内枠が、中心に立てたろうそくの熱により回転する。走馬灯。

【▲廻る】まわる　①円を描くようにぐるぐる動く。②あちこちめぐって戻る。③まわり道をする。 表記「回る」とも書く。

【▲廻る】めぐる　①ぐるりとまわる。まわってもとに戻る。循環する。「血が―る」②まわりを取り囲む。「山裾(やますそ)を―る深い霧」 表記「回る」とも書く。

カイ【徊】★ (9) 彳6 1 5543 574B 音 カイ 訓 さまよう

意味 さまよう。行きつもどりつする。「徘徊(ハイカイ)」

下つき 低徊(テイカイ)・徘徊(ハイカイ)

カイ【悔】(9) 忄6 常 3 1889 3279 音 カイ 外 ケ 訓 くいる・くやむ・くやしい

旧字《悔》(10) 忄7 1/準1 8448 7450

筆順 ノ 八 忄 忄 忙 忙 悔 悔 悔

意味 くいる。くやむ。くやしく思う。くい。「悔過」「悔悟」「悔恨」

下つき 後悔(コウカイ)・懺悔(ザンゲ)・追悔(ツイカイ)

【悔過】カカ　過ちをくいること。「ケカ」と読み、過ちを懺悔(ザンゲ)する意 参考 仏教では

になる。

【悔悟】カイゴ 過去の過ちをくい改めること。「良心の声を聞き―の念にかられる」類悔悛カイシュン・悔恨

【悔恨】カイコン 後悔して残念に思うこと。「―の涙を流す」「深い―の情にさいなまれる」類悔悟

【悔▲悛】カイシュン キリスト教で、自分が過去に犯した罪を神に告げ、わびて許しを得ること。

【悔いる】くいる 自分のしたことを反省し心を痛める。後悔する。くやむ。「今となっては―いるばかりだ」

【悔しい】くやしい 取り返しがつかず残念だ。思いどおりにならず腹立たしい。「接戦の末敗れて―しい」表記「口惜しい」とも書く。

【悔やむ】くやむ ①くやしく思う。過ぎたことを思い返し残念に思う。後悔する。「失敗を―む」②人の死を悲しみ、惜しむ。悼む。「恩師の死を―む」

カイ【★恢】(9) 忄6 準1 1890 327A 音 カイ 訓 ひろい・おおきい

〔恢〕

意味 ①ひろい。おおきい。「恢恢」「恢奇」「恢然」②かえる。もどる。「恢復」

書きかえ 「回」に書きかえられるものがある。

【▲恢▲恢】カイカイ 大きくてひろいようす。また、ゆったりしているさま。「天網―疎にして漏らさず」〈魏書ギショ〉

【▲恢弘・▲恢▲宏】カイコウ ひろくて大きいさま。また、ひろげて盛んにすること。制度・事業などに用いる。

【▲恢復】カイフク ▼書きかえ 回復(一六九)

【▲恢い】ひろい 中があいていて大きい。志が大きい。また、心がひろい。

カイ【枴】(9) 木5 1 5942 5B4A 音 カイ 訓 つえ

〔枴〕

意味 つえ(杖)。「鉄枴」

【▲枴】つえ 体をもたせかけるような、木でできた老人のつえ。

カイ【海】(9) 氵6 常 教 9 1904 3324 音 カイ 訓 うみ

旧字《海》(10) 氵7 1/準1 8673 7669

筆順 丶 冫 氵 氵' 汇 汇 海 海 海

意味 ①うみ。「海岸」「海洋」「航海」対陸 ②うみのように、広く大きい。また、多くのものが集まる所。「海恕カイジョ」「雲海」「学海」参考「うみ(潮海)」に対して、真水のうみを「みずうみ(湖)」という。

下つき 雲海ウンカイ・沿海エンカイ・外海ガイカイ・そとうみ・学海ガッカイ・苦海クカイ・公海コウカイ・航海コウカイ・四海シカイ・樹海ジュカイ・深海シンカイ・絶海ゼッカイ・大海タイカイ・内海ナイカイ・うちうみ・領海リョウカイ・臨海リンカイ

〈海▲豹〉あざらし アザラシ科の哺乳ホニュウ動物の総称。寒帯の海にすむ。足はひれ状で、オットセイに似る。皮と脂肪を利用。季春 由来「海豹」は漢名より。体にヒョウ(豹)に似た斑点ハンテンがあることから。表記「水豹」とも書く。

〈海▲驢〉・〈海馬〉あしか アシカ科の哺乳ホニュウ動物の総称。太平洋に広く分布。足はひれ状で、オットセイに似る。一夫多妻で群れをなしてすむ。由来「海驢」は漢名より。海にすむロバ(驢)の意。表記「葦鹿」とも書く。

〈海▲鰻〉あなご アナゴ科の海魚の総称。ウナギに似て、鱗うろこ・腹びれがなく円柱状。食用。季夏 表記「穴子」とも書く。

〈海人〉あま 海で魚介類をとることなどを仕事にしている人。漁師。表記「蜑」とも書く。

〈海女〉あま 海にもぐって貝や海藻をとることを仕事にしている女性。季春 参考 男性の場合は「海士」と書く。

〈海髪〉いぎす 紅藻類イギス科の海藻。各地の潮間帯の岩や他の海藻に生える。糊のりの原料や刺身のつまに用いる。由来 毛髪状に分枝することから。表記「髪菜」とも書く。参考「おごのり」と読めば別の海藻。

〈海参〉いりこ ナマコの腸はらわたを取り除き、ゆでて干したもの。中国料理の高級材料。ほしこ。ほしなまこ。表記「熬海鼠・煎海鼠」とも書く。

〈海豚〉いるか クジラ類のうち小形のハクジラの総称。体長は一～五メートルで口先がとがり、背は黒色、腹は白色。知能が高い。季冬 由来「海豚」は漢名より。

〈海路〉うなじ 海上の船の通る道。航路。うみじ。対陸路くがじ 参考「カイロ」とも読む。

〈海原〉うなばら 広々とした海。「大―にこぎだす」「雄大な―の景色」

〈海▲栗〉・〈海胆〉うに ウニ類の棘皮キョクヒ動物の総称。海底の岩の間にすみ、クリ(栗)のいがのようなとげをもつ。卵巣は食用。季春 参考「雲丹うに」と書けば、卵巣を塩漬けにした食品。

【海】うみ ①地球上の陸地以外の塩水をたたえた広い場所。地球表面積の約四分の三を占める。「―の幸」対陸 ②湖水の大きなもの。「鳰におの―(琵琶びわ湖)」③あたり一面に広がったもの。「火の―」④すずりなどの水をためる所。参考 一般に平面的に広大なものをたとえる。

『海の事は舟子ふなこに問え山の事は〈▲樵夫〉きこりに問え』何事も専門家に尋ねるのがよいということ。「舟子」は水夫の意。類 病は医者、歌は公家くげ

【海千山千】うみセンやまセン いろいろな経験を積んで、物事の裏表を知り尽くしていること。また、ずる賢くしたたかな人のたとえ。由来 海に千年、山に千年すんだヘビは竜になるという言い伝えから。類 海千河千・千軍万馬・百戦錬磨

【〈海索麵〉】うみぞうめん ①軟体動物のアメフラシ・ウミウシなどの卵の俗称。②紅藻類ベニモズク科の海藻。塩漬けまたは乾燥したものを三杯酢で食べる。

【海筍】うみたけ ニオガイ科の二枚貝。内海の泥の中にすむ。殻は長い楕円(ダエン)形で薄くもろい。長い水管を食用にする。

【海鳴り】うみなり 海上から響いてくる遠雷のような音。台風や津波などで生じたうねりが海岸近くでくずれるときに出る。

【海辺】うみべ 海のほとり。海に近い所。類 海岸・海浜・海際 対 山辺(やまべ) 参考「カイヘン」とも読む。

【海坊主】うみボウズ ①インド洋・太平洋などにすむアオウミガメの別称。②海に現れるという坊主頭の大きなばけもの。

【〈海酸漿〉】うみほおずき テングニシ・ナガニシなど海産の巻貝の卵嚢(ランノウ)。子どもが口の中で鳴らして遊ぶ。季 夏 表記「竜葵」とも書く。

【海蛍】うみほたる ウミホタル科の甲殻類。体長は約三ミリメートルで、楕円(ダエン)形の灰白色。青色の発光物質を分泌する。

【〈海鷂魚〉】えい エイ目の軟骨魚の総称。体はひし形で平たく、長い尾をもつ。季 夏 由来「海鷂魚」は漢名より。ハシタカ(鷂)に形が似ることから。表記「鱝」とも書く。

【〈海老〉】えび エビ科の甲殻類の総称。海または川にすむ。体は殻におおわれ、一〇本の足と四本の触角をもつ。食用。由来 姿を腰の曲がった長いひげの老人に見立てたことから。表記「蝦・鰕・蛯」とも書く。

【〈海髪〉】おごのり 紅藻類オゴノリ科の海藻。磯の岩などに生え、さしみのつまや寒天の原料に用いる。オゴ。季 春 由来 よく枝分かれするさまが、乱れた髪のように見えることから。表記「江籬」とも書く。参考「いぎす」と読めば別の海藻。

【〈海狗〉】おっとせい アシカ科の哺乳(ホニュウ)動物。由来「海狗」は漢名から。▼膃肭臍(おっとせい)(二三六)

【海域】カイイキ 区切られた範囲の海。「北太平洋―」参考「水域」よりも広い範囲をいう。

【海員】カイイン 船長を除く、船で働く乗組員の総称。「―組合」類 船員・水夫

【海運】カイウン 船で客や物資を海上輸送すること。類 水運 対 陸運

【海淵】カイエン 海溝の中で、特に深い所。グアム島のマリアナ海溝の中のビーチャジ海淵・チャレンジャー海淵など。

【海闊天空】カイカツテンクウ 海や空がはてしなく広がっているさま。また、気性がさっぱりとして心がからっと広いこと。参考「天空海闊」ともいう。

【海峡】カイキョウ 陸地と陸地に挟まれた狭い海。「津軽―」類 海門・瀬戸・水道

【海溝】カイコウ 海底が特に深くみぞ状にくぼんだ所。水深六〇〇〇メートル以上をいうことが多い。「日本―」

【海山】カイザン 海洋底からそびえる海中の山。ほぼ円錐(エンスイ)形で独立したものが多い。類 海丘 参考「ウミヤマ」と読めば海と山の意になる。

【海市】カイシ 蜃気楼(シンキロウ)の古風な言い方。季 春 由来 海上の蜃気楼が、時に町並みを写し、海上に町があるように見えることから。日本では富山県魚津海岸のものが有名。

『海市蜃楼』カイシシンロウ 蜃気楼(シンキロウ)のこと。また、現実性に乏しい考えや理論、実体や根拠のない物事のたとえ。「海市」「蜃楼」はともに蜃気楼のこと。由来「蜃」はオオハマグリの意で、古代中国ではオオハマグリが吐き出す息で蜃気楼ができると思われていた。《隋唐遺事》参考「蜃楼海市」ともいう。類 空中楼台・砂上の楼閣

【海事】カイジ 艦艇・商船・漁船、また、航海・海運・漁労など海に関するあらゆる事項。「―裁判」

【海獣】カイジュウ 海中にすむ哺乳(ホニュウ)動物の総称。クジラ・イルカ・アザラシなど。

【海嘯】カイショウ ①海鳴り。②満潮時に海水が河川をさかのぼる際、押し寄せてできる高い波。高潮。③地震で起きる津波の旧称。参考 ③「つなみ」とも読む。

【海上】カイジョウ 海の上。海面。「―輸送の利用拡大を図る」対 陸上

【海食・海蝕】カイショク 潮流・海流・波などが海岸の陸地を削り、変化させること。「―作用」

【海図】カイズ 海の深浅、潮流の方向、海底の状況、灯台・港湾の位置などを記した地図。航海用に使われる。

【海誓山盟】カイセイサンメイ 海山のように永遠に変わらない固い誓い。おもに男女の愛情についていう。類 海約山盟・山海の盟

【海草】カイソウ ①海中に生えている種子植物の総称。アマモ・タチアマモ・ウミヒルモなど。②「海藻」に同じ。

【海藻】カイソウ 海中に生える緑藻類・褐藻類・紅藻類など藻類の総称。ノリ・コンブ・ワカメなど食用とするものが多い。

【海賊】カイゾク 海上で他の船を襲い、金品などの財貨を奪う盗賊。「―版(著作権者の許可を得ないで、無断で複製したもの)」

【海内】カイダイ ①国内。対 海外 ②天下。「名を―にとどろかす」類 四海 参考「カイナイ」とも読む。

『海内の奇士』カイダイのキシ この世で比べるものがないほどすぐれた人物。また、この世で類のない風変わりな人。《後漢書(ゴカンジョ)》

【海内無双】カイダイムソウ 世の中に並ぶものがないほどすぐれていること。「無双」は二つとない、並ぶものがない意。〈東方朔の文〉類天下無双・挙世無双

【海中より盃中に溺死する者多し】カイチュウよりハイチュウにデキシするものおおし 海中で溺れて死ぬ者よりも、酒に溺れて死ぬ者のほうが多いということ。

【海道】カイドウ ①海岸沿いの道路。対山道 ②海上の船の道。航路。③「東海道」の略。「━一の大親分」

【海棠】カイドウ バラ科の落葉小高木。中国原産で庭木にする。春、長い花柄の先に淡紅色の美しい花が咲く。ハナカイドウ。季春 由来「海棠」は漢名から。表記「花仙」とも書く。

『海棠睡り未だ足らず』 美人が酔って眠ったあと目覚めて、まだ寝不足でなよなよとなまめかしいさま。中国、唐の玄宗皇帝が楊貴妃を評した言葉。〈冷斎夜話〉

【海難】カイナン 船舶が航海中に起こした事故。衝突・機関故障・火災・転覆など。「━救助に向かう」

【海抜】カイバツ 平均海水面から測った土地の高さ。「━高度」類標高 参考日本では東京湾の平均潮位を海抜〇メートルとする。

【海浜】カイヒン 海岸。はまべ。また、海のそばの土地。「━を散歩する」

【海堡】カイホウ 海岸防備のため、海上に築いたとりでや砲台。

【海綿】カイメン ①「海綿動物」の略。水中の岩や石に固着して生活する下等な無脊椎動物。②海綿動物の骨格。弾力があり、繊維状で水分をよく吸収するため、事務用品・化粧用・医療用などに使用。スポンジ。

【海洋】カイヨウ 大きい海。広い海。「━開発」類大洋 対大陸

【海容】カイヨウ 海がどんなものでも受け入れるように、寛大な心で人の罪や過ちなどを許すこと。「失礼をご━願います」類容赦・寛恕 参考おもに手紙文に用いる。

【海流】カイリュウ 一定の方向に移動する海水の大きな流れ。暖流と寒流がある。

【海嶺】カイレイ 海底地形の一つで、山脈状に高まった所。急斜面をもつ海底山脈。

【海路】カイロ ①海上で船舶の通る道。それを利用した海洋航路。「待てば━の日和あり」類水路 対陸路・空路 ②船旅。参考①「うなじ・うみじ」とも読む。

〈海金砂〉かにくさ カニクサ科のつる性シダ植物。由来「海金砂」は漢名から。▼蟹草(一八七)

〈海州常山〉くさぎ クマツヅラ科の落葉小高木。由来「海州常山」は漢名から。▼臭木(六八九)

〈海月〉くらげ 腔腸動物のうち浮遊生活をするものの一群の総称。▼水母(八三一)

〈海鼠子〉このこ ナマコの卵巣を干した食品。酒の肴として珍重。季冬

〈海鼠腸〉このわた ナマコのはらわたを塩漬けにした食品。

〈海象〉・〈海馬〉せいうち セイウチ科の哺乳動物。北極海沿岸などに群れをなしてすむ。足はひれ状。体長約三メートル。二本の長いきばをもつ。由来「海象・海馬」は漢名より。きばのあるところがゾウに似ていること、また、姿がウマに似ていることから。

〈海燕〉たこのまくら ウニ類の棘皮動物。体は平たく長径約一〇センチの楕円形。とげは短い。管足の出る穴が花のような模様をつくる。マンジュウガイ。表記「蛸枕」とも書く。

〈海馬〉たつのおとしご ヨウジウオ科の海魚。由来「海馬」は漢名より。頭がウマに似ていることから。▼竜の落とし子(一五六九)

〈海鏡〉つきひがい ツキヒガイ科の二枚貝。浅海の砂底にすむ。食用。季春 由来円形で平たく、滑らかで光沢がある殻を鏡に見立てたことから。表記「月日貝」とも書く。

〈海嘯〉つなみ 海底地震や噴火により、急に海岸をおそう高い波。表記「津波・津浪」とも書く。参考「カイショウ」とも読む。

〈海石榴市〉つばいち かつて奈良県桜井市金屋・三輪付近にあった市場。由来市場の街路樹にツバキを植えたことからとも。「つばきいち」の転。表記「椿市」とも書く。

〈海石榴〉つばき ツバキ科の常緑高木。由来「海石榴」は漢名から。▼椿(一〇七五)

〈海螺〉つぶ エゾバイ科の巻貝で食用となるものの総称。

〈海馬〉とど アシカ科の哺乳動物。太平洋の北部にすみ、春、北海道付近まで現れる。アシカに似るが大きく、雄は体長約三メートル。体は褐色。表記「胡獱」とも書く。

〈海桐花〉とべら トベラ科の常緑低木。暖地の海岸に自生。葉はかたくて光沢がある。初夏、白色の花をつける。悪臭があるため、節分にこの木の枝を扉に挟んで魔除けとした。由来「海桐花」は漢名からの誤用。

〈海鼠〉なまこ ナマコ類の棘皮動物の総称。海底にすむ。体は円筒形で、背にいぼのような突起が多数ある。食用。季冬

〈海苔〉のり ①紅藻類・緑藻類で水中の岩について、こけ状をしているものの総称。季春 ②アサクサノリなどを薄くすいて干した食品。「東京土産の浅草━」

〈海牙〉ハーグ オランダ南西部の都市。王宮・政府機関の所在地で、実質上の首都。国際司法裁判所がある。

〈海地〉ハイチ 西インド諸島、イスパニョーラ島の西部にある共和国。首都はポル

トープランス。

【〈海狸〉】ビーバー ビーバー科の哺乳動物。北アメリカ・ヨーロッパにすむ。全長一メートルほどで、後ろ足に水かきがある。前歯で木をかじり倒して川の水をせき止め、その中央や岸に穴を掘って巣をつくる。毛皮は良質。参考「カイリ」とも読む。

【〈海星〉・〈海盤車〉】ひとで ヒトデ類の棘皮動物の総称。海底にすむ。体は平たく、星形または五角形で、いぼのような突起がある。貝類を食べる。表記「人手」とも書く。

【〈海蛆〉】ふなむし フナムシ科の甲殻類の総称。海辺に群れをなしてすむ。体は褐色で小判形。季夏 表記「船虫」とも書く。

【〈海蘿〉】ふのり 紅藻類フノリ科の海藻の総称。▼布海苔(一三三五)

【〈海扇〉】ほたてがい イタヤガイ科の二枚貝。海底の砂地にすむ。養殖も盛ん。殻は大きく扇形をしている。食用で、特に貝柱が大きく美味。季夏 表記「帆立貝」とも書く。

【〈海鞘〉】ほや ホヤ類の原索動物の総称。海中の岩などに固着。赤茶色の厚い皮でおおわれ、食用になるものもある。季夏 表記「老海鼠」とも書く。

【〈海人草〉・〈海仁草〉】まくり 紅藻類フジマツモ科の海藻。珊瑚礁などに生え、よく枝分かれして扇状に開く。回虫駆除薬となる。カイニンソウ。

【〈海松〉】みる 緑藻類ミル科の海藻。浅い海の岩に生える。茎は濃い緑色の円柱形で、扇状に枝分かれしている。食用。ミルメ。季夏 表記「水松」とも書く。

【〈海松貝〉】みるがい ミルクイガイの別称。ミルクイ。バカガイ科の海産二枚貝。季冬 由来 水管の先に海藻のミルが着生し、それがミルを食べているように見えることから。表記「水松貝」とも書く。

【〈海松布〉】みるめ 「海松」に同じ。表記「水松布」とも書く。参考「め」は海藻の意。和歌などでは「見る目」にかけて用いる。

【〈海布〉】め 食用にする海藻の総称。ワカメやアラメなど。

【〈海蘊〉・〈海雲〉】もずく 褐藻類モズク科の海藻。由来「海蘊・海雲」は漢名より。▼水雲(八二七)

【〈海獺〉・〈海猟〉】らっこ イタチ科の哺乳動物。由来「海獺」は漢名より。▼猟虎(一五七七)

【〈海神〉・〈海若〉】わたつみ ①海をおさめる神。海の神。対山神 ②海。海原。表記「綿津見」とも書く。参考「わた」は海、「み」は神の意。「つ」は格助詞。「わだつみ」とも読む。

カイ【界】(9) 田 4 教 常 8 1906 3326 訓 音 カイ 外 さかい

筆順

意味 ①さかい。くぎり。くぎる。「境界」「限界」「臨界」②あたり。一帯。「界域」「界隈」③さかいの中。ある範囲の社会。「業界」「下界」「世界」

下つき 眼界・境界・業界・苦界・下界・限界・財界・三界・視界・塵界・政界・世界・俗界・天界・法界

【界繫】カイケ 仏 迷いの世界である、欲界・色界・無色界の三界のいずれかに束縛され、自由にならないこと。

【界雷】カイライ 寒冷前線に伴う強い上昇気流によって発生する雷。前線雷。参考 特に多く発生する春先のものは春雷と呼ばれる。

【界隈】カイワイ そのあたり一帯。近所。「古老はこの—に詳しい」類 近辺・付近

【△界】さかい 二つに分けたわかれめの部分。物と物が接している部分。しきりめ。くぎり。

か
カイ

カイ【疥】(9) 疒 4 1 6546 614E 訓 音 カイ ひぜん・はたけ・おこり

意味 ①ひぜん。はたけ。皮膚病の一種。「疥癬」②おこり。マラリア。

【疥癬】カイセン 疥癬虫の寄生によって起こる感染性の皮膚病。小さい吹き出物ができてひどくかゆい。皮癬。

【△疥】はたけ 皮膚病の一種。顔や首などに丸く白い粉をふいたような斑点ができるもの。「顔に—ができた」

カイ【皆】(9) 白 4 常 4 1907 3327 訓 音 カイ みな

筆順

意味 みな。だれもかれも。ことごとく。「皆既」「皆無」「皆目」

下つき 悉皆

【皆既食】カイキショク 太陽の全面が月に隠される皆既日食と、月の全面が地球の影の中に入る皆既月食の総称。「十年ぶりの—」対 部分食 書きかえ「皆既蝕」の書きかえ字。

【皆既蝕】カイキショク ▼書きかえ 皆既食

【皆勤】カイキン 一定の期間中、休日以外一日も休まずに出席または出勤すること。「三年間—で表彰される」

【皆済】カイサイ 借金の返済や支払い、物品の納入などをすっかりすますこと。「借入金を—する」類 完済

【皆伝】カイデン 芸道・武道などで、師から奥義をすべて伝えられること。また、その資格。奥許し。「免許—」類 奥伝

【皆兵】カイヘイ 国民すべてが、一定の年齢に達したとき兵役に服する義務をもつこと。「国民—」

【皆無】カイ ム 全然ないこと。まったくないこと。ゼロ。「前例は―である」類 絶無

【皆目】カイ モク 全然。まるで。まったく。「―見当がつかない」参考 下に打ち消しの語を伴って用いる。

【皆】みな 残らず全部。すべて。みんな。一同。「食料は―尽きた」「―は元気か」参考 副詞的にも代名詞的にも使う。

カイ【▲悔】(10) 忄7 8448 7450 ▼悔の旧字(一七三)

カイ【▲海】(10) 氵7 8673 7669 ▼海の旧字(一七四)

カイ【廻】(10) 廴6 1 7779 6D6F 音 カイ 訓 まわる・めぐる

意味 ①まわる。めぐる。めぐらす。②さける。回避する。

書きかえ 「回」に書きかえられるものがある。

カイ【▲偕】(11) 亻9 1 4883 5073 音 カイ 訓 ともに

意味 ①ともに。みな。いっしょに。「偕偶」「偕行」「偕楽」②ととのう。かなう。類 諧

【▲偕行】カイ コウ ①ともに行くこと。②一緒に行くこと。

【▲偕楽】カイ ラク ともに楽しむこと。多くの人と一緒に楽しむこと。

【▲偕老】カイ ロウ ともに老いること。夫婦が仲良く老年まで連れ添うこと。「―同穴」

【▲偕老同穴】カイロウ ドウケツ 夫婦の契りが固く、仲むつまじいたとえ。むつまじく年老い、死後は同じ墓に入る意から。〈『詩経』〉「穴」は墓穴。

【▲偕に】とも みんなで一緒に。連れ立って。心を―に合わせて。

カイ【★晦】(11) 日7 準1 1902 3322 音 カイ 訓 みそか・つごもり・くらい・くらます

【晦】

意味 ①みそか。つごもり。陰暦で月の最終日。「晦日」「晦朔」対 朔 ②くらい。「晦冥」対 明 ③くらます。「晦渋」「韜晦」

下つき 昏晦・韜晦・冥晦

【▲晦▲朔】カイ サク ①月の最終日と月の第一日。みそかとついたち。また、一か月間。②朝と晩。

【▲晦渋】カイ ジュウ 文章や語句などが難しくてわかりにくいこと。「―な表現に戸惑う」類 難解

【▲晦蔵】カイ ゾウ ①自分の才能や知識などを目立たぬように隠すこと。類 韜晦 ②物資や資源などがうずもれていること。

【▲晦冥・▲晦▲暝】カイ メイ くらいこと。まっくらになること。くらやみ。「天地―」

【▲晦い】くら-い ①月の出ないやみ夜でくらい。②はっきりしない。また、よくわからないさま。

【▲晦ます】くら-ます ①見つからないようにする。人にわからないように隠す。「行方を―す」②あざむく。ごまかす。「天を―し地を動かす」「人目を―す」

【〈▲晦日〉・▲晦】つごもり 「晦日みそか」に同じ。由来 月の隠れる「月隠つきごもり」の意から。参考 一二月三一日を大晦日おおつごもりという。

【〈▲晦日〉・▲晦】みそか 毎月の最終日。月末。対 一日ついたち・朔日 表記 「三十日」とも書く。参考 「みそか」は「三十日」の意。「つごもり」とも読む。

カイ【械】(11) 木7 常 教 7 1903 3323 音 カイ 訓 外 からくり・かせ

筆順 一 十 木 木 杧 杧 械 械 械 械

意味 ①しかけ。からくり。道具。「器械」「機械」②かせ。罪人の手足にはめて自由をうばう刑具。「械繋」

下つき 器械・機械・手械

【械▲繋】カイ ケイ 罪人にかせをはめて、牢屋に入れること。参考 「繋」はつなぐ意。

【△械】かせ 罪人の手足や首にはめて、体の自由を奪う刑具。「子は三界の首―」類 桎梏

表記 「枷」とも書く。

カイ【傀】(12) 亻10 1 4890 507A 音 カイ 訓 おおきい・くぐつ

意味 ①おおきい。りっぱな。「傀偉」「傀然」②あやしい。もののけ。③くぐつ。でく。操り人形。「傀儡」

【▲傀きい】おお-きい 偉大なさま。りっぱで目立つさま。

【▲傀▲儡】カイ ライ ①「傀儡くぐつ①」に同じ。②他人に操られる者。「―政権」

【▲傀▲儡師】カイライ シ ①人形つかい。江戸時代には正月に各戸の門口で人形を操り、金品をもらって歩いた。くぐつまわし。季 新年 ②他人を陰で操る者。参考 ①「くぐつシ」とも読む。

【〈▲傀▲儡〉・〈▲傀▲儡子〉】くぐつ ①操り人形。でく。「祭りに―回しが来た」②平安時代以降、各地を放浪した芸人。男は曲芸をしたり人形を操ったりし、女は流行の歌謡曲を歌うなどした。参考 ①「傀儡」は「カイライ」とも読む。

カイ【喙】(12) 口9 1 5128 533C 音 カイ 訓 くちばし・ことば

意味 くちばし。くち。ことば。「烏喙」「容喙」

下つき 烏喙・長喙・鳥喙・容喙

【喙】くちばし 鳥類などの口先の、角質のさやでおおわれ突き出た部分。突き出した口。「―が黄色い（経験が浅い人）」

カイ【堺】★ (12) 土9 準1 2670 3A66 音 カイ 訓 さかい

意味 土地のさかい。くぎり。参考 一説に「界」の異体字。

【堺】さかい ①土地のくぎり。しきり。さかいめ。②区域。

カイ【愒】(12) 忄9 1 1259 2C5B 音 カイ・カツ・ケイ 訓 むさぼる・おどす・いこう

意味 ㊀カイ むさぼる。欲張る。「玩愒」㊁カツ おどす。「恫愒」類 喝 ㊂ケイ いこう。休む。

下つき ㊀玩愒 ㊁恫愒

【愒る】むさぼる 度を超して欲張る。飢えてがつがつするように欲しがる。

カイ【揩】(12) 扌9 1 5766 5962 音 カイ 訓 する・こする・ぬぐう

意味 ①する。こする。「揩摩」「揩磨」「揩鼓」②ぬぐう。ふきとる。

【揩鼓】カイコ 昔、雅楽に用いられた打楽器の一種。胴の両側に革をはり、ひもで締めたもの。こすったりはじいたりして音を出す。参考「すりつづみ」とも読む。

【揩う】ぬぐう ふきとる。こすりとってきれいにする。「涙を―う」

カイ【絵】(12) 糸6 常 教 9 1908 3328 音 カイ・エ 訓

旧字《繪》(19) 糸13 1/準1 6973 6569

筆順 く 幺 幺 糸 糸 糸 紒 紒 絵 絵 絵

意味 いろどり。もよう。線や色で姿や形をえがいたもの。また、えがくこと。「絵画」「絵師」「絵馬」

下つき 油絵・口絵・挿絵・下絵・図絵・錦絵・蒔絵

【絵柄】エがら 絵の模様や図案。「素晴らしい―の陶磁器」

【絵言葉・絵△詞】エことば ①絵や絵巻物の内容の説明文。②絵巻物の詞書。また、詞書のある絵巻物。

【絵図】エズ ①絵。②家屋・土地・庭などの平面図。③絵地図。「江戸の―」

【絵姿】エすがた 絵に描かれている人の姿。肖像。類 絵像・画像

【絵草紙・絵双紙・絵草子】エゾウシ ①江戸時代、世間の出来事を絵入りで説明した印刷物。瓦版。②江戸時代に流行した女性・子ども向きの絵入り読み物。表紙の色で赤本・黒本・青本・黄表紙などと呼ばれた。草双紙。③錦絵。

【絵空事】エそらごと 実際にはありもしないこと。うそいつわり。由来 画家が想像を加えて絵を描くことから。

【絵に描いた餅】エにかいたもち 役に立たない物事のたとえ。また、実現しそうもない計画のたとえ。類 画餅

【絵羽】エば ①「絵羽羽織」の略。絵羽模様のついた女性用の羽織。外出用・訪問用。②「絵羽模様」の略。身頃から袖までひとつづきの絵が描かれている模様。女性の訪問着や羽織などに用いられる。

【絵馬】エマ 願いごとをするときやそれがかなったときのお礼に神社や寺に奉納する絵の額。「舟の―が多い神社」由来 ウマの代わりにウマの絵を奉納したことから。

【絵巻】エまき 「絵巻物」の略。物語・伝説・社寺縁起などを絵と詞書で表した巻物。

【絵画】カイガ 造形美術の一種。ものの形や印象を点・線・面・色などで描いたもの。絵。画。「―を鑑賞する」類 図画

カイ【蛔】(12) 虫6 1 7360 695C 音 カイ 訓 はらのむし

意味 はらのむし。寄生虫の一種。カイチュウ。

書きかえ 「回」に書きかえられるものがある。

【蛔虫】カイチュウ ▼書きかえ 回虫(一六九)

カイ【街】(12) 行6 教 1925 3339 ▼ガイ(一九一)

カイ【開】(12) 門4 常 教 8 1911 332B 音 カイ 訓 ひらく・ひらける・あく・あける 外 はだかる・はだける

筆順 丨 ｢ ｢ ｢ 門 門 門 閂 閂 開

意味 ①ひらく。あく。あける。「開花」「開口」「展開」②はじまる。はじめる。「開会」「開業」「開始」対 ①②閉 ③ひらける。土地をきりひらく。文化を高める。「開運」「開花」「開発」

下つき 公開・散開・切開・全開・疎開・打開・展開・半開・満開・未開

【開く】あく ①閉じていたものがひらく。「窓が―く」②活動を停止していたものが動き始める。「店が―く」

【開いた口へ△牡△丹餅】あいたくちへぼたもち なんの苦労もなく思いがけない幸運を得ることのたとえ。参考「開けた口へ餅」ともいう。

【開け△閉て】あけたて 戸・扉・障子などをあけたりしめたりすること。開閉。「襖の―にまで煩く言う」

【開けて悔しき玉手箱】あけてくやしきたまてばこ 予想や期待などがはずれてがっかりするたとえ。由来 浦島太郎が竜宮からもらってきた玉手箱を開けたところ、ただ白い煙が出ただけだったことから。参考「玉手箱」は「浦島の子」ともいう。

【開運】カイウン いい方向に運が開けること。幸運に向かうこと。「―のお守り」「―グッズの売上げは上々だ」

【開化】カイカ 人々の知識が高まり文化が進み、社会が進歩すること。「文明—」類開明

【開花】カイカ ①草木の花が咲くこと。「桜の—前線が北上する」②物事が熟して盛んになること。成果が現れること。「音楽家としての才能が—する」

【開架】カイカ 図書館の閲覧形式の一つ。書棚を閲覧者に開放し、自由に本を取り出して利用できるようにしたもの。類接架 対閉架

【開▲豁】カイカツ ①広々とひらけて、眺めのよいようす。「天空—」②心が広く、さっぱりしているようす。「—な気性」

【開眼】カイガン 見えなかった目が見えるようになること。また、見えるようにすること。「—手術」参考「カイゲン」と読めば、新たに作った仏像に目を入れて魂を迎えること。

【開巻有益】カイカンユウエキ 読書はたいへんためになるものだということ。「開巻」は書物を開くこと。転じて、読書。

【開基】カイキ ①物事のもとを開くこと。②寺院を創建すること。また、その人。参考 通常は「開山」と同義だが、宗派によって、寺院創建を経済的に支える在家信者をいうこともある。

【開▲渠】カイキョ ①地上に露出し、上部をあけ放した水路。類明渠 対暗渠 ②鉄道の下を横切る水路・道路。

【開業】カイギョウ ①事業や商売を新しく始めること。対廃業・閉業 ②店を開いて営業していること。「—中」類①②開店 対①②閉店

【開襟・開▲衿】カイキン ①襟元を折り襟にして開くこと。また、その開いた襟。「—シャツ」②心をうちあけること。

【開眼供養】カイゲンクヨウ 仏新たにつくった仏像に目を入れて仏の魂を迎える儀式。

【開▲闔】カイコウ ①開くことと閉じること。「五寸の鍵—を制す」〈『淮南子(エナンジ)』〉類開閉 ②平安時代以降、書物の出納や文書を扱った役人。参考「カイゴウ」とも読む。

【開口一番】カイコウイチバン 話し始める最初に。口を開くやいなや。

【開国】カイコク ①初めて国をつくること。類建国 ②外国との交際・通商を始めること。「ペリーが幕府に—を迫る」対鎖国

【開墾】カイコン あらたに山林や原野を切り開いて田畑にすること。「祖父が—した土地」類開拓

【開催】カイサイ 会合・式典・催し物を開き行うこと。「展覧会の—にこぎつける」

【開削】カイサク 山野を切り開いて道路・トンネル・運河などを通すこと。「用水路の—工事」書きかえ「開鑿」の書きかえ字。

【開▲鑿】カイサク ▼書きかえ 開削

【開山】カイサン ①仏寺院を開創した僧。また、宗派の開祖。類宗祖・祖師 ②物事の創始者。類元祖 由来 ①山を開いて堂宇を創建したことから。参考「日の下—」は、武芸の達人、また、相撲の横綱の別称。「カイザン」と読めば、山開きの意になる。

【開示】カイジ ①内容を明らかに見せること。「情報の—を進める」類明示 ②公開の法廷で内容を示すこと。「拘留理由—請求」参考①「カイシ」とも読む。

【開心見誠】カイシンケンセイ 真心から人に接し、隠し立てをしないこと。「開心」は胸の中を開き真心を示す意。「見誠」は誠意を表すこと。〈『後漢書(ゴカンジョ)』〉

【開設】カイセツ 施設や設備を新しくつくること。また、そこで仕事を始めること。「臨時の郵便局を—する」類新設 対閉鎖

【開祖】カイソ ①学問・武道・芸道などで、一流派を開いた人。②宗教の一宗派の創始者。「真言宗の—」類教祖・開山・祖師・宗祖

【開拓】カイタク ①荒地や山野を切り開いて耕地・道路などをつくること。「山麓(サンロク)の—事業」類開墾 ②新しい分野・進路を切り開くこと。「新しい研究分野を—する」

【開帳】カイチョウ ①寺院で、いつもは見せない秘仏などを収めた厨子(ズシ)を開いて、参拝者に拝ませること。「本尊—を目当ての参拝客でにぎわう」類開龕(カイガン)・開扉 季春 ②とばくの座を開くこと。表記②「開張」とも書く。

【開張】カイチョウ ①あけ広げること。また、チョウ・ガなどがはねを開いたときの長さ。②「開帳②」に同じ。

【開陳】カイチン 大勢の前で自分の意見や考えを述べること。「見解を—する」

【開通】カイツウ 道路・鉄道・電信・電話などが通じて、利用できるようになること。「新しい高速道路が—する」

【開発】カイハツ ①天然資源や土地などを使用可能にし、生活・産業に役立てること。「国土—」②新しい製品について研究し、実用化すること。「新商品の—」③スイスのペスタロッチが創始した教育法。問答法などによって児童・生徒に自発的に理解させるもの。「知能—」

【開披】カイヒ 封書を開いて中を見ること。「信書—罪」類開封

【開▲闢】カイビャク ①天地が開いた始まり。この世の始まり。類創世 ②物事の始まり。「—以来の出来事」

【開票】カイヒョウ 投票箱をあけて、投票結果を集計すること。「即日—なので夜半には選挙の結果が判明する」

【開封】カイフウ ①封筒を開くこと。「手紙を—する」②封筒の一部を少し切り取って内部が見えるようにした郵便物。また、封をしていない郵便物。開き封。

【開腹】カイフク 手術のために腹部を切り開くこと。「—手術」

【開物成務】カイブツセイム 万物を開発し、事業を成就させること。また、人の知識を開いて成功に導くこと。「務」は事業の意。

『易経』

【開平】カイヘイ 数学で、平方根を求めること。また、その計算方法。

【開閉】カイヘイ 開くことと閉めること。開いたり閉まったりすること。あけたて。「扉の―は静かに」

【開放】カイホウ ①戸や窓をあけはなしたままにすること。②制限などを設けないで、自由に出入りしたり利用したりすること。オープン。「一般市民への校庭―を実現する」対①②閉鎖 参考「解放」と書けば心身の束縛や制限を取り除いて自由にする意。

【開幕】カイマク ①幕があいて、映画・演劇などが始まること。また、始めること。「―を告げるベル」類開演 ②物事が始まること。また、始めること。「オリンピックの―」対①②閉幕

【開明】カイメイ 人々の知識が進んで文化も進歩すること。世の中が開けること。「―思想」文明開化。

【開立】カイリュウ 数学で、ある数や整式の立方根を求めること。また、その計算方法。参考「カイリツ」とも読む。

【開かる】はだ-かる ①手足を大きく広げて人の前に立つ。たちふさがる。「真正面に立ち―る」②着衣の合わせ目が乱れて広がり開く。はだける。「胸が―る」

【開ける】はだ-ける 着衣の合わせ目などが乱れて広がり開く。また、大きくあけ広げる。はだかる。「着物の裾が―ける」

【開く】ひら-く ①閉じていたものやふさがっていたものがあく。また、あける。見通せるようになる。「戸が―く」「紙包みを―」②先がひろがる。ひらける。よくなる。「運を―く」③差が大きくなる。離れる。「点差が―く」④開拓する。きりひらく。「荒野を―く」⑤始まる。始める。開催する。「店を―く」「音楽会を―く」⑥花が咲く。⑦数学で、平方根・立方根などを求める。⑧体を引いて構える。「体を―く」

【開ける】ひら-ける ①しまっていたもの、ふさがっていたものがあく。よい方向に向かう。「運が―ける」②邪魔がなくなる。見晴らしがきくようになる。「視界が―ける」「進路が―ける」③文化・文明が進み近代化する。開花する。「社会が―ける」④世情・人情に通じ、物わかりがよい。「彼は―けた人だ」

カイ【階】(12) 阝9 常 教 8 1912 332C
音 カイ
訓 外きざはし・はし・しな

筆順 9 12

意味 ①かいだん。きざはし。はしご。「階前」「階段」「階梯」②建物の層。「地階」③等級。しな。くらい。「階位」「階級」「職階」

下つき 位階・越階・音階・官階・職階・段階・地階・土階

【階級】カイキュウ ①地位・身分などの等級。段階。②社会における家柄・身分・財産などが同じ集団。「労働者―」類階層

【階前万里】カイゼンバンリ 遠くのことが手近にあるかのように分かること。天子が地方の政治状況を宮殿の階段の前にあるかのようによく知っていて、臣下は天子を欺くことができないこと。《『新唐書』》

【階層】カイソウ ①建物の上下の重なり。②社会の構成員を地位・財産・職業などで分類した場合のそれぞれの集団。「知識―」類階級

【階段】カイダン ①建物のちがう階に行くための、段になった通路。類階梯 ②一定の順序に沿って進む過程・等級。「重役への―をのぼる」

【階梯】カイテイ ①階段。はしご。②学問・芸術などを学ぶための順序。特に、初歩の段階。手引き。「花道―」

【階】きざはし 上り降りするためにつくった段。階段。だんだん。きだはし。「石の―を上り湖を眺める」表記「段階」とも書く。

【階】しな 等分にわけたものや重ねたものの一つ一つ。等級。

【階隠し】はしかくし 寝殿や社殿の正面の階段をおおうために、柱を二本立てて突き出させた庇。参考社殿の場合は向拝とも いう。

カイ【匯】(13) 匚11 1 5027 523B
音 カイ・ワイ
訓 めぐる

意味 ①めぐる。水がめぐりあつまる。②かわせ(為替)。「匯兌」

【匯る】めぐ-る 水が循環する。まわって集まる。

カイ【塊】(13) 土10 常 3 1884 3274
音 カイ
訓 かたまり 外つちくれ

筆順 3 9

意味 ①つちくれ。かたまり。「塊茎」「塊状」「大塊」②ひとり。ひとりぼっち。

下つき 金塊・血塊・石塊・大塊・団塊・土塊・肉塊・氷塊・磊塊

【塊茎】カイケイ 地下茎が養分をたくわえてかたまり状になったもの。ジャガイモ・サトイモなど。

【塊】かたまり ①かたまったもの。かたまること。「雪の―を投げる」②ある程度のまとまり。「肉の―」③性質・傾向などが異常に強いこと。「あの人は欲の―だ」

【塊打ち】くれうち すき起こした土のかたまりを砕くこと。

【塊】つちくれ 土のかたまり。「―と化した」表記「土塊」とも書く。

〈塊芋〉ほどいも マメ科のつる性多年草。山野に自生。夏、黄緑色の花を多数つける。根は地中をはい、球形のかたまりをつくる。根は食用。ホドイモ。表記「土芋」とも書く。

カイ【嵬】(13) 山10 1 5444 564C
音 カイ・ガイ・ギ
訓 たかい・おおきい

意味 ①けわしい。類隗カイ ②たかくおおきい。「嵬峨ガイ」③あやしい。「嵬説」類怪

下つき 磊嵬ライカイ

カイ【會】(13) 曰9 4882 5072

▼会の旧字(一六七)

カイ【楷】(13) 木9 常 2 6020 5C34
音 カイ
訓 外のり・のっとる

筆順 十 木 朴 朴 朴 栱 楷 楷 楷 楷

意味 ①かいの木。ウルシ科の落葉高木。孔子の墓に植えたといわれる。②のり。てほん。「楷式」「楷模」③書体の一つ。「楷書」対行・草

下つき 模楷モカイ・隷楷レイカイ

【楷書】カイショ 漢字の書体の一つ。点や画を崩さない最も標準的な書き方。隷書から転化したもの。「―体」類真書・正書 対行書・草書

カイ【褂】(13) 衤8 1 7472 6A68
音 カイ
訓 うちかけ・はだぎ

意味 うちかけ。また、はだぎ。ひとえのはだぎ。

カイ【解】(13) 角6 教 常 6 1882 3272
音 カイ・ゲ高
訓 とく・とかす・とける 外ほどく・ほどける・ほぐれる・ほつれる・さとる・わかる

筆順 ⺈ 角 角 角 角 角 解 解 解 解

意味 ①わける。ばらばらにする。「解散」「解体」「分解」②ほどく。ときはなす。なくす。「解雇」「解除」「解毒ゲドク」③さとる。わかる。ときあかす。「解釈」「解説」「了解」④下から上に差し出した文書。「解状ゲジョウ」「解文ゲぶみ」

下つき 瓦解ガカイ・寛解カンカイ・曲解キョッカイ・見解ケンカイ・誤解ゴカイ・詳解ショウカイ・図解ズカイ・正解セイカイ・精解セイカイ・俗解ゾッカイ・注解チュウカイ・読解ドッカイ・難解ナンカイ・半解ハンカイ・氷解ヒョウカイ・分解ブンカイ・弁解ベンカイ・明解メイカイ・理解リカイ・了解リョウカイ・例解レイカイ

【解衣推食】カイイスイショク 人に慈悲を施すたとえ。また、人を重用するたとえ。故事▼衣を解とき食を推おす(三六)

【解禁】カイキン 規制や法令で禁止していたことを解除し、自由にすること。「鮎あゆ漁が―された」

【解決】カイケツ 問題・事件などを、整理したり解いたりして決着がつくこと。かたづくこと。「未―の事件」

【解雇】カイコ 雇い主が、雇っていた者を一方的にやめさせること。労働契約を破棄すること。「使用人を―する」類馘首カクシュ・罷免ヒメン・免職 対雇用

【解悟】カイゴ 道理などをさとること。気づくこと。思いあたること。

【解語の花】カイゴのはな 美人のたとえ。言葉を解する花の意。唐の玄宗が楊貴妃ヨウキヒを指していった語。〈『開元天宝遺事』〉

【解散】カイサン ①集まっていた人が別れ、ちりぢりになること。類散会 対集合 ②衆議院や地方の議会で、任期終了前に全議員の資格を解くこと。③会社・団体などがその活動をやめること。「同好会を―する」

【解釈】カイシャク 物事や言葉の意味を考え、解き明かすこと。わかりやすく説明すること。また、その説明。「文意を―するのが難しい」「古文の―」類解説

【解除】カイジョ ①禁止や制限をやめて、もとの状態に戻すこと。「武装―」類解禁 ②一度成立した契約などを破棄して、契約前と同じ状態にすること。類解消

【解紓】カイジョ 蚕の繭を解きほぐして繭糸をつくること。また、そのほぐれ具合。参考「紓」はのばし広げる意。この工程の善し悪しが、繭糸の良否を決めるという。

【解消】カイショウ ①それまでの取り決めや関係などを取り消すこと。「婚約を―する」②それまでの状態がなくなること。「交通渋滞が―する」「不安の―」

【解職】カイショク 命令によって職務をやめさせること。類免職・解雇

【解析】カイセキ ①物事を細かく解き分け、論理的に明らかにすること。「レーダーによる雨量の―」②数学の「解析学」の略。関数について研究する学問。

【解説】カイセツ 物事の内容や周囲の状況などを分析し、わかりやすく説明すること。また、その説明。「ニュース―」

【解体】カイタイ ①組み立ててあるものをばらばらにすること。また、ばらばらになること。「財閥は―された」類分解 ②生物の体を切り開いて中を調べること。類解剖

【解題】カイダイ ①問題を解くこと。②書物の成立年代・著者・内容などについて解説すること。「源氏物語の―」表記②「開題」とも書く。

【解凍】カイトウ 保存のため冷凍しておいたものをもとの状態に戻すこと。対冷凍

【解答】カイトウ 疑問や問題を解いて答えを出すこと。また、その答え。「問題の正しい―を教える」参考「回答」と書けば、質問や要求に対しての単なる返答の意になる。

【解読】カイドク わかりにくい文字・文章や難解な暗号などを解いて読むこと。「古代の文字を―する」類判読

【解任】カイニン 職務や任務をやめさせること。類免職・解職・罷免ヒメン

【解放】カイホウ 束縛を解いて自由にすること。「民族―運動」対束縛 参考「開放」と書けば、制限などを設けずに自由にできるようにする意になる。

【解剖】カイボウ ①生体の形態や構造・死因などを調べるため、体を切り開くこと。「死体を―する」類解体・腑分ふわけ ②物事を細かく分析して

調べること。「心理―」

【解明】カイメイ 不明な点を調べてはっきりさせること。「事故原因を―する」

【解纜】カイラン 纜(ともづな)を解いて船が港を出ること。ふなで。「纜」は船尾にあって船をつなぎとめる綱。類出帆・出港・出航

【解夏】ゲゲ 一定期間こもって修行をする安居(アンゴ)が終わること。また、その最終日。夏解(げあき)。

【解せない】ゲーせない どうしてもわからない。理解できない。納得できない。「どうにも―せない問題だ」

【解脱】ゲダツ 仏煩悩の束縛を解いて悟りを開くこと。「厳しい修行をして―する」参考「カイダツ」と読めば、首枷(くびかせ)・手枷・足枷などの刑具をはずして解放する意になる。

【解毒剤】ゲドクザイ 体内にある毒を消したり弱めたりする薬。どくけし。

【解熱】ゲネツ 高熱を下げること。「―剤を飲んで楽になった」

【解る】さと―る からまりがほぐれるようにわかる。通じる。

【解く】と―く ①ばらばらにする。ほどく。「結び目を―く」「宿舎で荷物を―く」「髪を―く」②取り除く。自由にする。「交通規制を―く」「契約を―く」③気持ちをしずめる。「緊張を―く」「怒りを―く」④答えを出す。明らかにする。「疑惑を―く」「怒りを―く」⑤職をやめさせる。「任を―く」

【解し織り】ほぐしおり 絣(かすり)織物の一種。粗く練り糸を入れて仮織りした布に模様を染め、再び織機にかけて練り糸を抜き本織りしたもの。ほぐしがすり。

【解す】ほぐ―す ①かたまりや結んだものをばらばらにする。とく。「焼き魚の身を―す」②固くなったものを柔らかくする。「気分を―す」「肩凝りを―す」

【解れる】ほぐ―れる もつれたもの、凝り固まったものなどがゆるむ。ほどける。「もつれた糸が―れる」「気分が―れる」

【解れる】ほつ―れる 結び目・縫い目などがほどける。「着物の裾(すそ)が―れる」

【解く】ほど―く ①結んだり編んだりしたものや、もつれているものを解き放す。「紐(ひも)を―く」②願(ガン)ほどき(願がかない神社へお礼参り)をする。

【解る】わか―る 理解する。物事の詳細をくみとる。明らかに知る。さとる。

カイ【詼】

(13) 言6 1 7543 6B4B

音 カイ 訓 たわむれる・おどける

意味 たわむれる。おどける。あざける。からかう。「詼諧(カイカイ)」「詼謔(カイギャク)」「詼笑」

【詼諧】カイカイ おどけること。たわむれ。冗談。類諧謔(カイギャク)

カイ【隗】

(13) 阝10 1 8009 7029

音 カイ 訓 けわしい

意味 けわしい。高い。「隗然」類嵬(カイ)

【隗より始めよ】カイよりはじめよ 言い出した者から始めよ。また、物事を手近なところから始めるたとえ。故事 中国、戦国時代、燕(エン)の昭王(ショウオウ)が賢人を招く方法を郭隗(カクカイ)に相談したところ、隗が「まず私を登用してください。それを知って私よりすぐれた人物が多く集まってくるでしょう」と答えたという故事から。《『戦国策』》

カイ【槐】

(14) 木10 1 6039 5C47

音 カイ 訓 えんじゅ

意味 ①えんじゅ。マメ科の落葉高木。「槐樹」②三公。朝廷で三公の座る席を三本の槐(えんじゅ)を植えて示したことから。「槐位」「槐棘」「槐門」

下つき 三槐(サンカイ)・台槐(タイカイ)

【槐】えんじゅ マメ科の落葉高木。夏に黄白色の蝶(チョウ)形の花を開き、秋にソラマメに似た実を結ぶ。庭木や街路樹に用いられ、材は建築・器具用。花・実は漢方薬となる。カイジュ。季夏

【槐安の夢】カイアンのゆめ ▼南柯の夢(ナンカのゆめ)(一一九〇)

【槐位】カイイ 中国、周代の最も高い三公の地位。類槐鼎(カイテイ)・三槐 由来 周代、朝廷にエンジュを三本植え、その正面が三公の席であったことから。参考「三公」とは太師・太傅(タイフ)・太保または司馬・司徒・司空の三つの官位。

【槐棘】カイキョク ①エンジュといばら。②「槐門棘路」の略。

【槐樹】カイジュ ①エンジュの別称。▼槐(えんじゅ)②エンジュのある所。槐(えんじゅ)の座の意から三公、また大臣の別称。

【槐門】カイモン 中国、周代の最も高い三つの官位である三公の別名。

【槐門棘路】カイモンキョクロ 政界の最高幹部のこと。由来 もとは中国、周代の三公九卿(キュウケイ)の意。「三公」は臣下で最高位の三人の官吏。九卿は九人の大臣。朝廷で三公が位置する所には三本のエンジュを植え、九卿の位置する所には九本の棘(いばら)を植えたことから。類三槐九棘(サンカイキュウキョク)

〈槐葉蘋〉さんしょうも サンショウモ科の一年生シダ植物。由来「槐葉蘋」は漢名から。▼山椒藻(サンショウも)(五八二)

カイ【瑰】

(14) 王10 1 6483 6073

音 カイ 訓 すぐれる・めずらしい・おおきい

意味 ①美しい玉。「瑰瓊(カイケイ)」②すぐれる。めずらしい。おおきい。「瑰偉」「瑰意」「瑰姿」

下つき 瓊瑰(ケイカイ)・玫瑰(マイカイ・はまなす)

【瑰麗】カイレイ 珍しく、きれいなこと。美しくすぐれていること。

カイ【誨】

(14) 言7 1 7550 6B52

音 カイ 訓 おしえる・おしえ

意味 おしえる。おしえさとす。おしえ。「誨育」「誨言」「誨授」

下つき 誡誨(カイカイ)・教誨(キョウカイ)・訓誨(クンカイ)・慈誨(ジカイ)

【誨える】おしえる　言葉でていねいにおしえさとす。わからない人にわからせる。

カイ【誡】(14) 言7　1　7551　6B53　音 カイ　訓 いましめる・いましめ

意味 いましめる。言葉で注意する。いましめ。「誡誨(カイカイ)」「訓誡」

書きかえ 「戒」が書きかえ字。

下つき 教誡(キョウカイ)・訓誡(クンカイ)・厳誡(ゲンカイ)・自誡(ジカイ)・女誡(ジョカイ)

【誡める】いましめる　①悪い点を言葉で注意する。教えさとす。②自分の行動を反省する。表記「戒める」とも書く。

【誡告】カイコク　▼書きかえ 戒告(一七一)

カイ【魁】(14) 鬼4　準1　1901　3321　音 カイ　訓 かしら・さきがけ・おおきい

意味 ①かしら。おさ。さきがけ。「魁首」「巨魁」②大きい。すぐれる。「魁偉」「大魁」類 傀(カイ)・瑰(カイ)③北斗七星のひしゃくの頭部をなす四つの星。また、その第一星。「魁星」「斗魁」

下つき 花魁(カイ・おいらん)・巨魁(キョカイ)・渠魁(キョカイ)・首魁(シュカイ)・大魁(タイカイ)

【魁偉】カイイ　顔つきや体格がふつうの人より大きくてりっぱなさま。「容貌(ヨウボウ)—」

【魁傑】カイケツ　①体がたくましくりっぱなこと。②すぐれた能力の持ち主。類 奇傑

【魁梧】カイゴ　体が大きくりっぱなこと。類 魁偉

【魁首】カイシュ　集団のかしら。特に、悪者のかしら。類 首魁

【魁】かしら　集団の統率者。首領。類 首魁(シュカイ)・巨魁　表記「頭」とも書く。

【魁】さきがけ　先頭。第一番目。「—となって攻め込む」表記「先駆け・先駈け」とも書く。

カイ【潰】(15) 氵12　常　2　3657　4459　音 カイ　訓 つぶす・つぶれる　外 ついえる・みだれる

筆順 潰

意味 ①ついえる。つぶれる。みだれる。「潰決」「潰瘍(カイヨウ)」②敗れる。敗れてちりぢりになる。「潰散」「潰走」「潰滅」

書きかえ 「壊」に書きかえられるものがある。

下つき 決潰(ケッカイ)・全潰(ゼンカイ)・倒潰(トウカイ)・破潰(ハカイ)・崩潰(ホウカイ)

【潰走】カイソウ　戦いに敗れて秩序なくばらばらに逃げること。軍の陣形をくずして逃げること。類 敗走・潰散　表記「壊走」とも書く。

【潰滅】カイメツ　▼書きかえ 壊滅(一八四)

【潰瘍】カイヨウ　皮膚や粘膜の組織の一部が深部まで崩れてただれること。また、その状態。「胃—」

【潰乱】カイラン　▼書きかえ 壊乱(一八四)

【潰える】ついえる　①崩れる。こわれる。「堤防が—える」②つぶれる。だめになる。実現できなくなる。「永年の夢が—え去った」「計画が—える」③負ける。戦いに敗れる。

【潰し】つぶし　①力を加えて押し崩すこと。②金属製品を溶かして地金(じがね)にすること。「—が利(き)く(他のことをする能力がある)」③あいている時間を埋めること。「暇—」

【潰す】つぶす　①力を加え形を崩す。こわす。「卵を—す」「会社を—す」②役に立たなくする。滅ぼす。「声を—す」③金属製品を溶かして地金(じがね)にする。鋳(い)つぶす。「指輪を—す」④あいた所や時間を埋める。「絵の具で塗り—す」「喫茶店で暇を—す」

カイ【鞋】(15) 革6　8062　705E　▼アイ(七)

カイ【壊】(16) 土13　常　4　1885　3275　音 カイ　外 エ　訓 こわす・こわれる　外 やぶる・やぶれる

旧字《壞》(19) 土16　1/準1　5253　5455

筆順 壊

意味 こわす。こわれる。やぶる。やぶれる。「壊死(エシ)」「壊走」「壊滅」

書きかえ 「潰(カイ)」の書きかえ字として用いられるものがある。

下つき 毀壊(キカイ)・決壊(ケッカイ)・残壊(ザンカイ)・全壊(ゼンカイ)・損壊(ソンカイ)・頽壊(タイカイ)・倒壊(トウカイ)・敗壊(ハイカイ)・破壊(ハカイ)・半壊(ハンカイ)・不壊(フエ)・崩壊(ホウカイ)

【壊死】エシ　体の細胞や組織の一部が死んだ状態。局所の死。「歯骨の内側が—する」

【壊疽】エソ　壊死した細胞が脱落したり、腐敗したりしたもの。類 脱疽(ダッソ)

【壊血病】カイケツビョウ　ビタミンCの欠乏で起こる病気。疲れやすく、貧血や出血などの症状がある。

【壊走】カイソウ　戦いに敗れ、ばらばらになって逃げること。「算を乱して—する」類 敗走　表記「潰走」とも書く。

【壊頽】カイタイ　整っていたものがこわれ、崩れること。「綱紀の—」類 崩壊

【壊滅】カイメツ　こわれてすっかりなくなること。「地震で町が—する」類 敗滅・全滅　書きかえ「潰滅」の書きかえ字。

【壊乱】カイラン　組織や秩序などが、崩れ乱れること。「風俗—」書きかえ「潰乱」の書きかえ字。

【壊す】こわす　①物の本来の姿を損なう。力を加えて形を崩す。「危険な建物をとり—す」②組織や制度を崩す。

【壊れる】やぶれる　いままで保たれていたものが、こわれる。形になっていたものがばらばらに崩れる。「友情が—れる」

カイ【廨】(16) 广13　1　5508　5728　音 カイ　訓 やくしょ

意味 やくしょ(役所)。官庁。「公廨」
下つき 官廨・公廨

カイ【懐】 (16) 忄13 常 準2 1891 / 327B

音 カイ
訓 ふところ高・なつかしい高・なつかしむ高・なつく高・なつける高 外 おもう・いだく

旧字《懷》(19) 忄16 1/準1 5671 / 5867

筆順 丶 忄 忄 忄 忄 忄 忄 懐 懐 懐 懐 懐 懐 懐 懐 懐 (2 5 7 10)

意味 ①おもう。おもい。「懐感」「懐疑」「本懐」②なつかしい。なつかしむ。「懐旧」「懐郷」「懐古」③なつく。なつける。したしむ。「懐柔」「懐慕」④ふところ。「懐剣」「懐紙」「懐中」⑤いだく。身にもつ。「懐胎」「懐妊」

下つき 詠懐・雅懐・感懐・旧懐・胸懐・襟懐・述懐・所懐・素懐・追懐・悲懐・包懐・本懐

【△懐く】いだ-く ①ふところに入れる。②ある考えや感情を心にもつ。

【△懐う】おも-う 心にとどめておもい慕う。なつかしむ。「故郷を―う」

【懐疑】カイギ 疑いをもつこと。また、その疑い。「―の念を抱く」「―論」

【懐旧】カイキュウ 昔あったことをなつかしく思うこと。「―談に花が咲く」類懐古

【懐郷】カイキョウ 故郷をなつかしむこと。「―の念にかられる」類望郷・郷愁・里心(さとごころ)

【懐剣】カイケン ふところに入れて持ち歩く護身用の短刀。守り刀。ふところがたな。「―を抜く」

【懐古】カイコ 昔をふりかえってなつかしく思うこと。「―の情を禁じ得ない」「青春時代を―する」類懐旧・追懐・追想

【懐紙】カイシ ①ふところに入れておく和紙。ふところ紙。②和歌や連歌を正式に書き記す紙。

【懐柔】カイジュウ 言葉をうまくあやつって自分の思いどおりにさせること。手なずけて抱きこむこと。「反対派をうまく―する」

【懐石】カイセキ 茶の湯の席で、茶を飲む前に食べる簡単な料理。「―料理」参考「懐石」は本来禅僧が腹を温めるために使った温石(オンジャク)のことで、腹を温めて一時空腹を忘れる意。また、「会席料理」は本膳(ホンゼン)料理を簡単にしたもので別のもの。

【懐胎】カイタイ 「懐妊」に同じ。

【懐中】カイチュウ ふところの中。また、ふところに入れること。「―が寂しい」「―電灯」

【懐妊】カイニン 子をはらむこと。みごもること。類懐胎・妊娠

【懐抱】カイホウ ①ふところに抱くこと。②考え・計画などを心にもつこと。また、その考え・計画。「秘策を―する」類①②抱懐

【懐裏・懐▲裡】カイリ ①ふところ。②心のなか。胸のうち。「―穏やかならず」

【懐炉】カイロ 衣類の内側に入れて、体を温める器具。「使い捨て―」季冬

〈懐香〉くれのおも ウイキョウの古名。表記「呉母」とも書く。▼茴香(ウイキョウ)(七四)

【懐かしい】なつ-かしい 昔が思い出されて恋しい。しみじみと心がひかれるさま。「子どものころが―い」「―い人」

【懐かしむ】なつ-かしむ なつかしく思う。しのぶ。「故郷の山野を―む」

【懐く】なつ-く 子どもや動物などがなれて親しくなる。なずく。「犬が人に―く」

【懐】ふところ ①着物と胸の間。「―に手を入れる」②温かく迎え入れてくれる所。「母の―」③もので囲まれ深くなった所。「山の―に囲まれた山村」④所持金。「―が寒い」⑤内部。内側。また、心のなか。胸中。「敵の―に飛びこむ」「―を見すかす」

【懐刀】ふところがたな ①ふところに入れておく護身用の小さい刀。懐剣。「―を忍ばせる」②内密の相談などにあずかる、信頼のおける有能な部下。「社長の―」

【懐手】ふところで ①両手を着物のふところに入れること。②人任せにして何もしないこと。「―で暮らす」

カイ【懈】 (16) 忄13 1 5672 / 5868

音 カイ・ケ
訓 おこたる・なまける・だるい

意味 おこたる。なまける。だるい。「懈意」「懈怠」

下つき 怠懈

【▲懈る】おこた-る 気持ちがゆるむ。やらなければいけないことをしないでなまける。「早朝訓練を―る」

【▲懈惰】カイダ 「懈怠(ケダイ)」に同じ。

【▲懈怠】ケダイ ①心がゆるんでおこたること。なまけること。「―の心を見破られる」類懈惰・怠懈 ②仏教で修行をおこたること。対精進 参考「ケタイ」とも読む。①「カイタイ」とも読む。

【▲懈い】だる-い 疲れや発熱などで、動くのがおっくうである。かったるい。「体が―いので出かけたくない」

カイ【獪】 (16) 犭13 1 6454 / 6056

音 カイ
訓 わるがしこい

意味 わるがしこい。ずるい。「獪猾」「狡獪」

下つき 狡獪・老獪

【▲獪い】わるがしこ-い 悪いことによく考えがまわるようす。悪知恵がある。ずるい。表記「悪賢い」とも書く。

カイ【薤】 (16) 艹13 1 7306 / 6926

音 カイ
訓 らっきょう・おおにら・にら

意味 らっきょう。ユリ科の多年草。おおにら。にら。「薤露」

【▲薤露▲蒿里】カイロコウリ 「薤露」「蒿里」ともに葬送のときの挽歌(バンカ)の曲名。転じて、人生のはかないことのたとえ。

故事 中国、漢の田横が自殺したとき、門人がこれを悼んで作った曲を、のちに李延年がこの二曲に分けたとされる。貴人用の挽歌「薤露」はニラの上に降りた朝露の意で、すぐに消えてしまうこと。庶民用の挽歌「蒿里」は山の名で、人が死ぬと霊魂がそこに集まるという。〈『古今注』〉

【▲薤】らっきょう ユリ科の多年草。参考「おおにら」とも読む。▼辣韮(一五四九)

カイ【諧】(16) 言9 常 2 7563 6B5F
音 カイ
訓 外 やわらぐ・かなう・ととのう・たわむれ

筆順 言 … 諧 (4 7 16)

意味 ①やわらぐ。やわらげる。「諧和」②かなう。ととのう。調和する。「諧調」③おどける。また、たわむれ。「諧謔」「諧語」

下つき 詼諧・歓諧・調諧・俳諧・和諧

【諧▲謔】カイギャク ちょっとした冗談。おどけ。しゃれ。ユーモア。おどけた話や言葉。「一小説」類詼諧

【諧調】カイチョウ ①文章・色彩・音楽などの調和がよくとれていること。②こころよい調べ。ハーモニー。

【諧和】カイワ ①なごやかに親しむこと。仲よくすること。「万民一」類協調 ②音楽の調子がよくととのって心地よいこと。参考「カイカ」とも読む。

【▲諧う】かなう 調和する。音楽などの調子がよくあう。

【▲諧う】ととのう 調和する。他とうまく調子があう。他とのバランスがとれる。

カイ【★檜】(17) 木13 準1 5956 5B58
音 カイ
訓 ひのき・ひ

〔桧〕4116 4930

意味 ひのき。ヒノキ科の常緑高木。「檜皮」

下つき 翌檜

【▲檜扇】ひおうぎ ①ヒノキの薄い板で作った扇。②アヤメ科の多年草。葉は剣状で根元から扇を開いたような形に広がる。夏、斑点のある黄赤色の花をつける。球形で黒色の種子は「ぬばたま」という。カラスオウギ。季夏 表記 ②「射干」とも書く。

【▲檜垣】ひがき ①ヒノキの薄い板を斜めに編んで作った垣根。②衣服の模様の一つ。①の編み目模様。

【▲檜・▲檜木】ひのき ヒノキ科の常緑高木。日本特産で山地に自生するが、植林もする。材は黄白色で、光沢と芳香がある。水に強く堅いなどすぐれた材質で建材・家具・彫刻などに重用。ヒ。由来 火を起こしやすい「火の木」の意から。表記「扁柏」とも書く。

【▲檜舞台】ひのきブタイ ①ヒノキの薄い板を張った能楽・歌舞伎の舞台。②自分の腕前を広く世間に見せる晴れの場所。「政治の一に立つ」

【▲檜葉】ひば ①ヒノキの葉。②園芸で、ヒノキ科に属する植物の総称。③アスナロ・ヒノキアスナロの別称。

【▲檜物師】ひものシ ヒノキの材で細工をする人。ひものだくみ。

〈▲檜▲柏〉びゃくしん イブキの別称。▼伊吹(二五)

〈▲檜皮〉ひわだ ①ヒノキの皮。②「檜皮葺き」の略。③襲の色目の一つ。昔、衣服を重ねるときの色合いで表は黒ずんだ紅色、裏は淡い藍色。

〈▲檜皮〉色 ひわだいろ ①黒みがかった赤紫の染め色。②縦糸は浅葱色、横糸には赤色を用いた織り色。

〈▲檜皮〉▲葺き ひわだぶき ヒノキの皮で屋根を葺くこと。また、その屋根。

カイ【膾】(17) 月13 1 7126 673A
音 カイ
訓 なます・なますにする

意味 ①細く刻んだ肉。「膾炙」②なます。細く切って酢につけた魚肉。③なますにする。なますに作る。

下つき 魚膾・炙膾

【▲膾▲炙】カイシャ 広く世間に知れわたること。「人口に一する(世間の評判になる)」由来「膾」はなます、「炙」はあぶり肉。ともに美味で人々に好まれることから。

【▲膾】なます 生の魚介類や野菜を細かく刻んで酢にひたした料理。「羹に懲りて一を吹く」表記「鱠」とも書く。参考 もとは「膾」は鳥獣の肉、「鱠」は魚肉を細かく切ったものをいった。

カイ【邂】(17) ⻌13 1 7816 6E30
音 カイ
訓 あう

意味 あう。めぐりあう。「邂逅」

【▲邂う】あう 思いがけなく出あう。めぐりあう。「期せずして一う」

【▲邂▲逅】カイコウ 思いがけず出あうこと。運命的な出あい。めぐりあい。「親子は二十年ぶりに一した」

カイ【醢】(17) 酉10 1 7847 6E4F
音 カイ
訓 しおから・ひしお・ししびしお

意味 しおから。ししびしお。魚肉などを塩づけにして発酵させた食品。

〈▲醢汁〉しょっつる イワシやハタハタを塩づけにして発酵させ、にじみ出た汁でつくった調味料。秋田特産。「一鍋」季冬 表記「塩汁」とも書く。

【▲醢】ひしお 肉を塩・麹・酒などで漬けて熟成した、塩辛のような食品。肉びしお。参考「ししびしお」ともいう。

カイ【▲壊】(19) ±16 5253 5455 ▼壊の旧字(一八四)

か カイ

カイ【▲懐】(19) 忄16 5671 5867 ▼懐の旧字（一八五）

カイ【▲繪】(19) 糸13 6973 6569 ▼絵の旧字（一七九）

カイ【★蟹】(19) 虫13 準1 1910 332A 音 カイ 訓 かに

〔蠏〕7423 6A37

意味 かに。甲殻類の一種。「蟹眼」「蟹甲」「蟹行」

下つき 岩蟹（いわがに）・蝦蟹（えびがに）・毛蟹（けがに）・笹蟹（ささがに）・細蟹（ささがに）・沢蟹（さわがに）・藻屑蟹（もくずがに）

【▲蟹眼】カイガン ①カニの目。②湯が沸き始めたときに出る小さな泡。また、その状態の沸き具合。由来 ②カニの目に似ていることから。参考 ②大きい泡は「魚眼」という。

【▲蟹行】カイコウ ①カニのように横ばいに歩くこと。②「蟹行文字」の略。左から右へ横書きに書く欧米などの文字。横文字。

【▲蟹】かに 十脚目の短尾亜目に属する甲殻類の総称。硬い甲羅をもち横幅が広い。五対のあしの一対ははさみ状であとは歩脚。多くは横に歩き、海底・海浜・清流などにすむ。種類が多く、食用になるものも多い。季 夏 参考 タラバガニ・ヤシガニなどはヤドカリの仲間。

〖▲蟹の横▲這い〗他からは不自由なように見えても、本人にはそれが最も適しているということ。はたからは不思議に見えるが、カニは横に歩くのがいちばん自然であることから。

〖▲蟹は甲羅に似せて穴を掘る〗人は、身分や力量などにふさわしい言動をするべきだということ。また、分相応な願望をもつべきだということのたとえ。

【▲蟹草】かにくさ カニクサ科のつる性シダ植物。山地に自生。茎は地中をはい、地上部はすべて葉で、つるに見えるのは葉柄。ツルシノブ。表記「海金砂」とも書く。

【▲蟹屎】かにばば 新生児が生後初めてする黒くねばねばした便。胎便。かにくそ。

【▲蟹股】がにまた 両足が外側に曲がっていること。また、その人。O脚。

〈▲蟹足腫〉ケロイド やけどや切り傷のあとにできる赤みがかった皮膚のひきつれ。参考「カイソクシュ」とも読む。

カイ【鱠】(24) 魚13 1 8270 7266 音 カイ 訓 なます

意味 なます。参考 一説に「膾（カイ）」の異体字。

〈▲鱠残魚〉しらうお シラウオ科の海魚。体長約一〇センチメートルで、うろこがなく半透明。春、河口をさかのぼって産卵する。ゆでると白くなる。食用。季 春 由来「鱠残魚」は漢名より。表記「銀魚・白魚」とも書く。

【▲鱠】なます 生の魚や野菜を酢であえた料理。表記「膾」とも書く。

かい【貝】(7) 貝 0 常 教 10 1913 332D 音 外バイ 訓 かい

筆順 丨冂冃目目貝貝

意味 かい。かいがら。「貝貨」「貝錦（バイキン）」「貝勒（バイロク）」

下つき 赤貝（あかがい）・螺貝（ラバイ）

【貝殻】かいがら 貝類の外側の硬い殻。貝の身を保護している。「海岸で―を拾う」「―細工」表記「介殻」とも書く。

〖貝殻で海を測（はか）る〗自分の狭い見識で大きなことを議論するたとえ。また、見識が非常に狭いことのたとえ。貝殻で海の水をすくって海の容量をはかる意から。参考「貝殻」は「蛤（はまぐり）・蜆（しじみ）」ともいう。

【貝殻虫】かいがらむし カイガラムシ科の昆虫。雌は分泌物から貝殻状のものを作る。リンゴ・ナシ・カキなどに寄生する害虫。蠟（ロウ）などの原料となるものもある。

【貝塚】かいづか 縄文時代など古代の人類が捨てた貝殻などが堆積（タイセキ）してできた遺跡。土器・石器・人骨・獣骨などが混じって発掘される。全世界で見られる。「この付近は―の跡だ」

【貝柱】かいばしら ①二枚貝の両方の貝殻を閉じる働きをする筋肉。類 肉柱・閉殻筋 ②ホタテガイなどの①を煮て干した食品。はしら。

【貝▲櫓】かいやぐら 蜃気楼（シンキロウ）。由来 中国で、蜃（オオハマグリ）が気を吐いて楼閣を描くと考えられていた。その「蜃楼」を訓読したもの。

【貝〈寄風〉】かいよせ 陰暦二月二〇日ころに吹く西風。季 春 由来 貝を海岸に吹き寄せる風の意から。

【△貝】バイ ①エゾバイ科の巻貝。北海道南部より南の浅海の砂地にすむ。肉は食用。貝殻は細工用。②①の殻の形に似せて作った鉄製のこま。貝独楽（ベイごま）。

【△貝貨】バイカ 貝殻で作った昔の貨幣。タカラガイなどの貝殻製で貴重品とされる。参考 古代中国や北米・アフリカなど広い地域の諸民族に使用された。

【△貝▲髷】バイまげ 髪の結い方の一つ。かんざしを頭髪の中央に立て、それに貝のように髪を巻きこんだもの。

【△貝回し】バイまわし 貝独楽（ベイごま）を回して競う遊び。ばいうち。

【△貝母】バイモ ユリ科の多年草。中国原産。春につり鐘状の花をつける。観賞用。鱗茎（リンケイ）はせき止め剤。アミガサユリ。

【△貝▲勒】バイロク 貝殻で飾ったウマのくつわ。

【△貝〈独楽〉】ベイごま 巻貝のバイの殻に鉛を溶かしこんで作ったこま。また、鉄などでそれに似せて作ったこま。参考「バイごま」とも読む。

かい【△効】(8) 力6 教 2490 387A ▼コウ（四八六）

かい【▲櫂】(18) 木14 6105 5D25 ▼トウ（一一五六）

ガイ【乂】(2) ノ 1 1 4809/5029 音 ガイ 訓 かる・おさめる

意味 ①かる。草をかる。類刈 ②おさめる。おさまる。「乂安」「乂寧」類①②艾 ③すぐれる。かしこい人。「俊乂」参考 草刈りばさみの形からできた字。

下つき 俊乂

【▲乂安】ガイアン 世の中が治まって安らかなこと。表記「艾安」とも書く。

ガイ【△刈】(4) リ 2 常 2002/3422 ▼かる(三二〇)

ガイ【外】(5) タ 2 教 常 9 1916/3330 音 ガイ・ゲ中 外ウ 訓 そと・ほか・はずす・はずれる 外と

筆順 ノ ク タ タ| 外

意味 ①そと。そとがわ。ほか。よそ。「外観」「外交」「国外」対内 ②のぞく。はずれる。とおざける。「除外」「疎外」 ③正式ではない。「外伝」「外典」「外道」 ④母方の身内。「外戚」

下つき 案外・意外・員外・屋外・海外・圏外・言外・郊外・国外・在外・除外・心外・疎外・天外・等外・度外・法外・望外・野外・例外・論外

【△外郎】ウイロウ ①「外郎薬」の略。江戸時代、小田原名物の丸薬。胃腸・心臓などの慢性疾患をはじめ広く万病に効くとして重宝された。②「外郎餅」の略。うるち米などの粉に、水や砂糖を混ぜて蒸した菓子。由来 ①中国から日本に帰化した陳外郎が伝えたことから。

〈外障〉うわひ 瞳の表面にくもりができて物が見えなくなる病気。対内障・底翳 表記「上翳」とも書く。

【外延】ガイエン 論理学で、ある概念にあてはまる事物の範囲。「昆虫の—はチョウ、トンボ、カブトムシ、セミ、ハチなどである」対内包

【外▲苑】ガイエン 皇居や神社などの外側にある広い庭園。対内苑

【外貨】ガイカ ①外国の貨幣。「—準備高」対邦貨 ②外国からの輸入品・貨物。

【外角】ガイカク ①多角形の一辺とその隣の辺の延長線とがつくる角。②野球で、ホームベース上の、打者から遠い側。アウトコーナー。「—寄りにボールを投げこむ」対①②内角

【外郭】ガイカク ①外囲い。外側を囲むもの。「—団体」対内郭 ②物事の輪郭。おおよそのところ。「事件の—が見えてきた」参考「郭」は城や町を囲む壁の意。書きかえ「外廓」の書きかえ字。

【外▲廓】ガイカク ▼書きかえ 外郭

【外患】ガイカン 外部から圧力や攻撃を受ける心配。特に、外国の侵略を受けるおそれ。「内憂—で苦労する」類外憂 対内患

【外観】ガイカン 外側から見たようす。表面的なみかけ。みてくれ。うわべ。「—だけはすばらしい建物だ」類外見

【外気】ガイキ 家の外の空気。屋外の空気。「窓をあけて—を入れる」

【外局】ガイキョク 内閣の統轄する省の内局などの系統外にあって、特殊な事務を処理する機関。文部科学省の文化庁、財務省の国税庁など。対内局

【外勤】ガイキン 販売・勧誘・集金・配達など職場外での仕事を任務とすること。また、その人。外まわり。対内勤

【外見】ガイケン 外から見たようす。みかけ。うわべ。「—を飾る」類外観

【外交】ガイコウ ①外国との交際。外国との交渉。「—を再開する」「—政策」対内政 ②会社で、外部に出て営業の交渉や販売をすること。「生命保険の—員」

『外交辞令』ガイコウジレイ 外交上・社交上の儀礼的な言葉。また、口先だけのお世辞や形だけの愛想を言うこと。「彼の言葉は単なる—に過ぎない」類社交辞令

【外▲寇】ガイコウ 敵が外国から攻めこんでくること。また、その軍隊。

【外巧内嫉】ガイコウナイシツ うわべはうまくとりつくろっているが、内心ではねたんでいること。「外巧」は外面の飾り立てが巧みなこと。「嫉」はねたむ意。〈『漢書』〉

【外債】ガイサイ 「外国債」の略。国外で募集するその国の公債や社債。対内債

【外史】ガイシ 国家や政府の監修ではなく、民間で書かれた歴史書。類野史 対正史

【外資】ガイシ 国内事業に投資される外国資本。「—の導入に力を入れる」

【外車】ガイシャ 外国の会社が製造し、外国から輸入した自動車。

【外需】ガイジュ 自国商品の国外からの需要。また、国外での需要。対内需

【外柔内剛】ガイジュウナイゴウ 外見はものやわらかでおとなしそうだが、実際は意志が強いこと。参考「内剛外柔」ともいう。対内柔外剛

【外商】ガイショウ ①店内ではなく外で注文を取り、商品を販売すること。「デパートの—部」②外国の商人や商社。

【外傷】ガイショウ 外からの力によって体に受けた傷。切り傷・打撲傷・やけどなど。参考 骨折や内臓破裂などにもいう。

【外▲甥】ガイセイ 妻の兄弟姉妹の息子。また、嫁いだ姉妹の生んだ男の子。

【外戚】ガイセキ 母方の親類。対内戚 参考「ゲシャク」とも読む。

【外装】ガイソウ ①品物の外側の包装。②建造物などの外側の設備・装飾。「レストランの—工事」対内装

【外孫】ガイソン 嫁いだ娘が生んだ子。対内孫 参考「そとまご」とも読む。

【外注・外▲註】ガイチュウ 外部の業者などに仕事を注文すること。

「―に出す」

【外敵】ガイテキ 外部や外国から攻撃してくる敵。「―を防ぐ」「―から卵を守る親鳥」

【外電】ガイデン 外国からのニュースを伝える電報や電信。「―が届く」

【外灯】ガイトウ 門灯など家の外に取り付けたあかり。屋外灯。「庭の―」

【外套】ガイトウ 寒さや雨を防ぐため、衣服の上に着る厚手の服。オーバーコート。「―を羽織(はお)る」季冬

【外泊】ガイハク ふだん生活している以外の所に泊まること。「無断で―する」

【外侮】ガイブ 外国や外部の人から見下げられ、ばかにされること。「このような―はたまらない」

【外聞】ガイブン ①外部に知られること。世間のうわさ、評判。「―をはばかる」②世間に対する体裁。世間体。「恥も―もない」

【外報】ガイホウ 外国からの通信や電報。「新聞社の―部」

【外貌】ガイボウ ①顔かたち。目鼻だち。②外面的なようす。みかけ。類外見・外観

【外野】ガイヤ ①野球場で、内野の後方。②「外野手」の略。③「外野席」の略。対①～③内野 ④その事に直接関係のないまわりの人々。局外者。「―は口出しするな」

【外遊】ガイユウ 外国に旅行すること。「イギリスに―する」

【外用】ガイヨウ 薬を、皮膚や粘膜に直接塗ったり貼(は)ったりすること。「肌のかぶれに―薬を塗る」対内用

【外洋】ガイヨウ 陸地から離れた広々として大きい海。そとうみ。類外海(ガイカイ) 対内洋

【外来】ガイライ ①外国または外部から来ること。「―語」②「外来患者」の略。通院して診察・治療を受ける患者。

【外科】ゲカ 手術などで体の外傷・できもの・内臓疾患などを治す、医学の一部門。「整形―」対内科

【外宮】ゲクウ 三重県伊勢(いせ)市にある伊勢神宮の一つ。豊受(とようけ)大神宮。対内宮(ナイクウ)

【外陣】ゲジン 社寺の本殿や本堂で神体・本尊を安置した内陣の外側にあり、一般の人が参拝する所。対内陣 参考「ガイジン」とも読む。

【外題】ゲダイ ①書物や経巻(キョウカン)の表紙に記す題名。対内題 ②歌舞伎(カブキ)・浄瑠璃(ジョウルリ)の題目。参考②おもに京都や大坂で使われ、江戸では「名題(なダイ)」といった。

【外題学問(ゲダイガクモン)】うわべだけの学問。書名には通じているが、内容はよく知らないえせ学問のこと。類本屋学問

【外典】ゲテン 仏仏教経典以外の書物。日本では、おもに儒教の書物をいった。対内典 参考「ゲデン」とも読む。

【外道】ゲドウ ①仏仏教以外の宗教。また、それを信じる人。対内道 ②真理にはずれた道・説。また、それを説く人。類邪道 ③人をののしっていう語。人でなし。④釣りで、目的とちがってとれた魚。⑤人に災難をもたらすもの。

【外面似菩薩内心如夜叉】ゲメンジボサツナイシンニョヤシャ 仏外見は菩薩のように柔和でやさしいが、内面は夜叉のように残忍であること。「夜叉」は人を害する悪鬼。参考「似菩薩」は「如菩薩(ニョボサツ)」ともいう。

【外連】ケレン ①芝居などで、受けをねらった宙乗りや早変わりなどの派手な演出・演技。②ごまかし。はったり。「何の―もない」

【外連味】ケレンミ 受けねらいのはったりやごまかし。「―のない芸」

〈外方〉そっぽ よそのほう。ほかのほう。「―を向く(賛成や協力をしない)」

【外】そと ①仕切りや囲みで区切られた以外の部分。「窓の―は雪景色だった」②表にあらわれている部分。表面。「感情を―に出さない」③建物や敷地の外部。戸外。屋外。「―で遊ぶ」④その人が属さない別の場所。よそ。「仕事を―に出す」「―に食事に行く」

【外海】そとうみ 湾などに対し、外に広がる海。類外洋 対内海 参考「ガイカイ」とも読む。

【外面】そとづら ①ものの表面。見せかけ。「―だけきれいにしておく」②外部の人に見せる顔つきや態度。「―がいい人」対内面(うちづら) 参考①「ガイメン・ゲメン」とも読む。

【外法】そとのり 物の厚みを加えて外側から外側までを測った寸法。「箱の―を測る」対内法(うちのり)

【外堀・外濠】そとぼり 城の外を囲むほり。また、二重になっているほりの外側のほり。「―を埋める(周囲の障害から順番に取りのぞいていく)」対内堀

【外様】とざま ①将軍の一族や代々仕えてきた家臣以外の大名または武士。特に江戸時代、関ヶ原の戦い以後に徳川家にしたがった大名。外様大名。対親藩・譜代 ②直系でない人。傍系。「人事異動で初の―社長が誕生した」

【外様大名(とざまダイミョウ)】一六〇〇(慶長五)年の関ヶ原の戦い以後、徳川家の臣下になった大名。対譜代大名

【外つ国】とつくに 日本以外の国。よその国。外国。類異国・他国 参考「つ」は「の」の意。

【外の面】とのも 家の外側。戸外。「―に霞(かす)む山々を望む宿」

【外山】とやま 人里に近い低い山。ふもとに近い山。端山(はやま)。「―の霞(かすみ)」対深山(みやま)

【外す】はずす ①動かして離す。とりさる。「メガネを―す」「ドアのロックを―す」②とおざける。除外する。「メンバーから―す」③とらえそこなう。逸する。「機会を―す」「矢が的(まと)を―す」④その場所から離れる。「席を―す」

【外】ほか ①一定範囲のそと。基準を超えたところ。「思いの―の出来ばえ」②それ以外。「歩く―ない」③別の場所。よそ。「―の国に行く」

【外居】ほかい 食物などを入れて、戸外へ運ぶ容器。円筒形の塗物で三本の脚は反っているものが多い。旅に出るときは必需品を収める。表記「行器」とも書く。

【〈外持〉】ほまち ①臨時の収入。②へそくり。表記「帆待」とも書く。

ガイ【艾】(5) 艹2 1 7172 6768 音 ガイ 訓 よもぎ・もぐさ・としより・かる・おさめる

意味 ①よもぎ。キク科の多年草。②もぐさ。ヨモギの葉を干して灸(キュウ)に使うもの。③としより。老人。頭髪がもぐさの色に似ていることから。「艾髪」「耆艾(キガイ)」④かる。草をかる。類 刈 ⑤おさめる。おさまる。「艾安」「艾康」類 ④⑤乂(ガイ)

下つき 耆艾(キガイ)・蒿艾(コウガイ)・沛艾(ハイガイ)・蓬艾(ホウガイ)・幼艾(ヨウガイ)

【艾める】おさーめる 世の中を安らかにする。また、安定した状態にする。

【艾安】ガイアン 世の中がおさまって平安なこと。表記「乂安」とも書く。

【艾年】ガイネン 五〇歳。頭髪がヨモギ(艾)の葉のように白くなる年であることから。

【艾る】かーる 余計に伸びた草などをかり取る。表記「刈る・乂る」とも書く。

【艾】もぐさ ①ヨモギの葉を干してもみ、綿状にしたもの。灸(キュウ)に使う。「ーに火をつける」②ヨモギの別称。

【艾】よもぎ キク科の多年草。▼蓬(よもぎ)(一四〇)

ガイ【亥】(6) 亠4 準1 1671 3067 音 ガイ 訓 い

意味 い。十二支の第一二。動物ではイノシシ。方位では北北西、時刻では午後一〇時およびその前後二時間。「亥月(陰暦一〇月の異名)」▼干支順位表(一六〇)

【亥】い ①十二支の一二番目。イノシシ。②昔の時刻で、現在の午後一〇時およびその前後二時間。「ーの刻」③昔の方角の名。ほぼ北北西。

【亥の子】いのこ ①「亥の子の祝い」の略。陰暦の一〇月の亥の日の亥の刻に、餅(もち)を食べて祝う行事。無病息災や子孫繁栄を祈ったともいう。②「亥の子餅」の略。亥の子の祝いに食べる、その年の新米で作った餅。

【亥豕の誤り】ガイシのあやまり 文字の書き誤りのこと。「亥」と「豕」の字形が似ているので書き誤りやすいことから。《呂氏春秋(リョシシュンジュウ)》参考「亥豕の譌(カ)」ともいう。類 魯魚亥豕(ロギョガイシ)・魯魚章草・三豕渡河

ガイ【苅】(7) 艹4 準1 2003 3423 音 ガイ 訓 かる

意味 かる。かりとる。草などをかる。

ガイ【劾】(8) 力6 常 準2 1915 332F 音 ガイ 訓 外 しらべる・あばく

意味 とりしらべる。ただす。あばく。罪をあばいて訴える。「劾案」「劾弾」

下つき 糾劾(キュウガイ)・告劾(コクガイ)・奏劾(ソウガイ)・弾劾(ダンガイ)

筆順 丶 亠 亡 亥 亥 亥 刻 劾

【劾奏】ガイソウ 官吏の罪悪を調べて、君主に奏上すること。

ガイ【咳】★(9) 口6 準1 1917 3331 音 ガイ・カイ 訓 せき・せく・しわぶき・しわぶく

意味 ①せき。しわぶき。せきばらい。「咳気」「咳嗽(ガイソウ)」「咳唾(ガイダ)」②幼児が笑う。「咳嬰(ガイエイ)」類 孩(ガイ)

下つき 謦咳(ケイガイ)・声咳(セイガイ)・労咳(ロウガイ)

【咳気】ガイキ せきの出る病気。かぜ。参考「ガイケ」とも読む。

【咳嗽】ガイソウ 急にせきこむこと。せき。しわぶき。

【咳唾】ガイダ ①せきとつば。せきばらい。②目上の人の言葉を敬っていう語。

【咳唾△珠を成す】ガイダたまをなす 権勢が盛んでその言葉が尊ばれること。また、詩文の才が豊かでその言葉が美しいこと。せきやつばが美しい珠になる意から。《晋書(シンジョ)》

【咳く】しわぶーく せきをする。せきばらいをする。「ーいて私語をいさめる」

【咳】せき のどや気管が刺激されて起こる、短く強い呼気。しわぶき。「ーばらい」季 冬

【咳く】せーく せきをする。しわぶく。「苦しそうにーきこむ」

ガイ【垓】(9) 土6 1 5222 5436 音 ガイ・カイ 訓 さかい・はて

意味 ①さかい。きわみ。はて。国のはて。②数の名。京の一万倍。

【垓下】ガイカ 地名。今の中国安徽(アンキ)省霊璧(レイヘキ)県の南東。楚(ソ)の項羽が漢の劉邦(リュウホウ)の軍勢に囲まれ、最期の運命の迫ったことを悟った所。

ガイ【孩】(9) 子6 1 5356 5558 音 ガイ・カイ 訓 あかご・ちのみご

意味 ①ちのみご。幼児。「孩児」「孩嬰(ガイエイ)」「孩提」②幼児が笑うこと。類 咳(ガイ)

下つき 嬰孩(エイガイ)・提孩(テイガイ)・幼孩(ヨウガイ)

【孩児】ガイジ ①幼児。みどりご。孩子。②仏 幼児の戒名につける語。

【孩提】ガイテイ 乳児。また、二、三歳の幼児。参考「提」は抱かれる意。

【孩】ちのみご 赤子。乳を飲んでいる子。赤ん坊。表記「乳飲み子」とも書く。

ガイ【害】(10) 宀7 常 教 7 1918 3332 音 ガイ 外 カイ 訓 外 そこなう・わざわい

旧字《害》(10) 宀7 1/準1

筆順 丶 丶 宀 宀 宀 宝 宝 宝 害 害

意味 ①そこなう。傷つける。こわす。「害悪」「害虫」「傷害」 対 益 ②さまたげる。「障害」「阻害」「妨害」 ③わざわい。災難。「干害」「水害」「公害」 対 利

下つき 加害・干害・寒害・危害・公害・災害・殺害・自害・傷害・障害・侵害・水害・霜害・阻害・損害・迫害・被害・風害・弊害・妨害・要害・利害・冷害

【害悪】ガイアク 他の害となる悪いこと。害毒。「子どもの社会に—を及ぼす事件」

【害する】ガイ—する ①そこなう。悪くする。「気分を—する」「健康を—する」 ②殺す。 ③さまたげる。じゃまをする。「進歩を—する」「街の景観を—する」

【害虫】ガイチュウ 人間・家畜・農作物・樹木などに害を与える虫。ダニ・アブラムシ・ハエなど。 対 益虫

【害毒】ガイドク 心身や社会に悪い影響を与えるもの。害悪。「—となる書物」

【△害なう】そこ—なう 傷つける。さまたげる。害する。「煙草の吸いすぎは健康を—う」「友好関係を—う」

ガイ【豈】 (10) 豆 3 1 7617 6C31

音 ガイ・キ
訓 あに・やわらぐ・たのしむ

意味 ①あに。反語の助字。なんで。どうして。 ②やわらぐ。たのしむ。「豈弟」

【▲豈】あに ①どうして。なんで。下に反語の助詞「や」を伴う。「—図らんや」 ②決して。下に打ち消しの語を伴う。「—よくもあらず」

【▲豈弟】ガイテイ 楽しみやわらぐこと。おだやかなさまの意。 参考「弟」は

ガイ【啀】 (11) 口 8 1 5117 5331

音 ガイ
訓 いがむ

意味 いがむ。イヌがかみあう。言い争う。

【▲啀む】いが—む ①イヌが歯をむき出して、かみ合う。 ②激しい口調でくってかかる。「兄弟で—み合う」

ガイ【崖】 (11) 山 8 常 2 1919 3333

音 ガイ
訓 がけ

〔崕〕 準1 5429 563D

筆順 丨 山 山 屵 屵 岸 岸 崖 崖 崖 崖

意味 ①がけ。切り立った所。「崖岸」「崖谷」「断崖」 ②かどだつ。人と和合しない。「崖異」

下つき 懸崖・絶崖・断崖

【崖岸】ガイガン 水辺の高所にある切り立った所。岸の切り立ったがけ。

【崖】がけ 山や岸などの、切り立った所。「けわしい—に登る」

ガイ【▲崕】 (11) 山 8 5429 563D ▼崖の異体字(一九一)

ガイ【涯】 (11) 氵 8 常 準2 1922 3336

音 ガイ
訓 外 みぎわ・はて

筆順 丶 冫 氵 汇 沪 沪 沪 涯 涯 涯 涯

意味 ①みぎわ。きし。「津涯」「水涯」「浜涯」 ②はて。かぎり。きわみ。「涯際」「天涯」「無涯」

下つき 境涯・際涯・生涯・津涯・水涯・天涯・浜涯・辺涯・無涯

【涯際】ガイサイ 物事の行き止まりになる所。はて。きわまり。 類 際涯

【△涯】はて 物事の尽きる所。いちばん端。きわまり。限り。「空の—」

ガイ【凱】 (12) 几 10 準1 1914 332E

音 ガイ・カイ
訓 かちどき・やわらぐ

意味 ①かちどき。戦いに勝って叫ぶ声。「凱歌」「凱旋」 ②やわらぐ。楽しむ。なごやかなさま。「凱沢」「凱弟」「凱風」

下つき 奏凱・八凱

【▲凱歌】ガイカ 勝ちいくさを祝ってうたう歌。かちどき。「—を奏する」

【▲凱旋】ガイセン ①戦いに勝って帰ること。「—門」 ②成功して帰って来ること。「—公演」 参考「旋」は戻る意。 類 凱陣

【▲凱風】ガイフウ 初夏に吹く心地よいそよ風。南風。 参考「凱」はやわらぐ意。

【▲凱】かちどき 戦いに勝ったとき、一斉にあげる喜びの叫び声。鬨の声。「大いに—を上げる」 表記「勝鬨」とも書く。

【▲凱らぐ】やわ—らぐ なごやかに楽しむ。うちとけてなごむ。

ガイ【剴】 (12) 刂 10 1 4983 5173

音 ガイ

意味 ①きる。こする。 ②あたる。あてはまる。「剴切」

【▲剴切】ガイセツ ぴたりとあうこと。適切なこと。本来は地面すれすれに草を切る意。

ガイ【▲葢】 (12) 艹 9 7268 6864 ▼蓋の異体字(一九二)

ガイ【街】 (12) 行 6 教 常 7 1925 3339

音 ガイ・カイ 中
訓 まち 外 ちまた

筆順 丿 彳 彳 彳 行 行 往 徍 徍 街 街 街

意味 まち。まちすじ。まちなか。ちまた。「街巷」「街路」「街道」

下つき 花街・市街

【街▲衢】ガイク 人家などの立ち並ぶ土地。まち。ちまた。「整然とした—」 参考「衢」は四方に通じる道の意。

【街▲娼】ガイショウ 街頭に立って客を誘う売春婦。まちの娼婦。

【街談▲巷説】ガイダンコウセツ 世間のうわさ。ちまたの話。「街談」「巷説」ともにまちのうわさの意。〈『漢書』〉 類 街談巷議・流言蜚語

【街道】カイドウ ①主要な地を結ぶ大きな道路。また、大通り。「五―」②人生行路。人生を歩む道。「出世―をまっしぐら」

【街灯】ガイトウ 道路のわきに設けた電灯。街路灯。「―がともる」

【街頭】ガイトウ まちの路上。まちかど。「雨の中で―演説を聞く」「―募金」

【街路】ガイロ まちなかの道路。市街地の道路。「―樹としてイチョウを植える」

【街】まち 商店などが立ち並んだ、にぎやかな地域。市街。「―の灯(あか)り」

【街角】まちかど ①街路の曲がり角。②まちの通り。街頭。「―でタクシーを拾う」「―で布教に努める」 表記「町角」とも書く。

ガイ【慨】(13) 忄10 常 3 1920 3334 音 ガイ 外カイ 訓 外なげく・いきどおる

旧字《慨》(14) 忄11 1/準1 8460 745C

旧字《慨》(14) 忄11 1/準1

筆順 2 6 10

意味 なげく。いきどおる。なげき。「慨世」「慨然」「慨嘆」 類 愾(ガイ)

下つき 感慨(カンガイ)・慷慨(コウガイ)・憤慨(フンガイ)

【慨世】ガイセイ 世の中のありさまをなげき、心配すること。「―の念に駆られる」

【慨然】ガイゼン ①憤り、憂えるさま。「―として語る」②心を奮い起こすさま。気力を奮い立たせるさま。「―たる意気」

【慨嘆・慨△歎】ガイタン ひどくなげかわしく思い、憤ること。「―に堪えない」「現代の世情を―する」

【△慨く】なげ-く 憂え悲しんでため息をつく。「汚職事件の増加を―く」

ガイ【愾】(13) 忄10 1 5633 5841 音 ガイ・カイ・キ 訓 なげく・いかる

意味 ①なげく。ため息をつく。ため息。「愾然」②いきどおる。いかる。うらむ。「憤愾」 類 ①②慨

下つき 敵愾(テキガイ)・憤愾(フンガイ)

【△愾る】いか-る 息をはずませておこる。いきどおる。うらむ。

ガイ【睚】(13) 目8 1 6642 624A 音 ガイ 訓 まなじり・にらむ

意味 ①まなじり。まぶた。②にらむこと。「睚眥(ガイサイ)」

【△睚△眥】ガイサイ ちょっとにらむこと。「万目―」

【△睚△眥の△怨み】ガイサイのうらみ ほんのわずかなうらみ。ちょっとにらまれた程度のうらみの意から。「一飯の徳も必ず償い―も必ず報ゆ」《史記》

【△睚】まなじり 目じり。まぶた。「―をつりあげる」 表記「眥」とも書く。

ガイ【碍】(13) 石8 準1 1923 3337 音 ガイ・ゲ 訓 さまたげる

意味 ①さまたげる。じゃまをする。「碍管」「障碍」②ささえる。ささえ。「碍子」

下つき 障碍(ショウガイ)・妨碍(ボウガイ)・無碍(ムゲ)

【碍子】ガイシ 電線を絶縁して電柱に固定するための陶磁器製や合成樹脂製の器具。

【△碍げる】さまた-げる じゃまをする。じゃまをしてとめる。さえぎる。

ガイ【蓋】(13) 艹10 常 2 1924 3338 音 ガイ 外コウ 訓 ふた 外おおう・おおい・かさ・けだし

〔蓋〕準1 7268 6864

筆順 3 12

意味 ①おおう。かぶせる。「蓋世」②かさ。ふた。おおい。「蓋棺」「天蓋」③けだし。思うに。考えてみると。「蓋然」

下つき 円蓋(エンガイ)・華蓋(カガイ)・傾蓋(ケイガイ)・天蓋(テンガイ)・頭蓋(トウガイ・ズガイ)・火蓋(ひぶた)・無蓋(ムガイ)・有蓋(ユウガイ)

【△蓋う】おお-う 上からふたをするように、おおいかぶせる。「球場を―う熱気」

【蓋棺】ガイカン 棺(ひつぎ)にふたをすること。人の死についていう。

【蓋世】ガイセイ 世の中をおおいつくすほど、気力が盛んなこと。「抜山(バツザン)―」

【蓋世の才】意気盛んで、世の中を圧倒するほどの才能・才知。〈蘇軾(ソショク)の文〉 参考「才」は「材」ともいう。

【蓋然性】ガイゼンセイ 何かが起こる確実性の度合い。

【△蓋】かさ 上からかぶせるおおい。ふた。また、体や屋根などにかぶせる、草で編んだおおい。とま。

【△蓋し】けだ-し おそらく。思うに。「―名言である」 参考 推定する気持ちを表す語。

【蓋】ふた ①入れ物の口をおおいふさぐもの。②巻貝類の口をおおうもの。「サザエの―」

ガイ【該】(13) 言6 常 3 1926 333A 音 ガイ 外カイ 訓 外かねる・そなわる・その

筆順 2 4 7

意味 ①かねる。そなわる。かねそなえる。あまねく。ことごとく。「該究」「該洽(ガイコウ)」「該博」②あたる。あてはまる。「該当」③その。指定する言葉。「該案」「該日」「該地」

下つき 当該(トウガイ)・博該(ハクガイ)

【該当】ガイトウ 一定の条件などにあてはまること。「名簿から―者を探す」

【該博】ガイハク 学問や知識が非常に広いさま。「―な知識を誇る」

ガイ【△慨】(14) 忄11 8460 745C ▼慨の旧字(一九二)

ガイ【△慨】(14) 忄11 ▼慨の旧字(一九二)

ガイ【概】(14) 木10 常 3 1921 3335 音 ガイ 外 カイ 訓 外 おおむね

旧字《槪》(15) 木11 1/準1 8604 7624

旧字《槪》(15) 木11 1/準1

筆順 4 7

意味 ①おおむね。おおよそ。だいたい。あらまし。「概括」「概況」「概要」②ようす。おもむき。「気概」

下つき 一概・気概・梗概・勝概・節概・大概

【△概ね】おおむね だいたい。おおよそ。あらまし。「天気は―良好」

【概括】ガイカツ 大まかに全体の要点をとらえてまとめること。「みんなの意見を―する」

【概観】ガイカン だいたいのありさま。また、物事の全体を大まかに観察すること。「その時代を―する」「世界の情勢を―する」

【概況】ガイキョウ だいたいのようす。あらまし。「天気―」「事件の―を伝える」

【概算】ガイサン 大まかに計算をすること。おおよその計算。「予算の―要求」

【概数】ガイスウ はんぱの数を省いた、おおよその数や量。

【概説】ガイセツ 全体の内容を大まかに説明すること。また、その説明。

【概念】ガイネン ①個々の事物から共通点をとりだしてつくられた、一般性をもつ観念。②あるものに対して、頭に思い浮かべる本質的な内容やイメージ。「既成―」由来 英語・フランス語のconceptの訳語としてつくられた哲学用語。

【概評】ガイヒョウ 全体の内容を大まかに批評すること。また、その批評。「審査会の―」

【概要】ガイヨウ 全体のあらまし。だいたいの内容。大要。概略。「計画の―を説明する」

【概略】ガイリャク 物事のあらまし。大略。概要。「関係者に事件の―を述べる」

【概論】ガイロン 全体の内容のあらましを論じること。また、その論説。「文学―」「―賛成、各論反対の多い政策」

ガイ【▲槪】(15) 木11 8604 7624 ▼概の旧字(一九三)

ガイ【▲槪】(15) 木11 ▼概の旧字(一九三)

ガイ【★漑】(15) 氵12 準1 6284 5E74 音 ガイ・カイ 訓 そそぐ・すすぐ

〔漑〕〔漑〕

意味 ①そそぐ。そそぎこむ。「灌漑」②すすぐ。洗う。「滌漑」

下つき 灌漑・澡漑・滌漑

【▲漑ぐ】そそぐ 田畑や器などに水をいっぱいに引き入れる。

ガイ【皚】(15) 白10 1 6613 622D 音 ガイ 訓 しろい

意味 しろい。霜や雪などの白いさま。「皚皚」

【▲皚▲皚】ガイガイ 雪や霜などで、あたり一面が白く見えるさま。「白―たる銀世界」

ガイ【磑】(15) 石10 1 6686 6276 音 ガイ 訓 うす・いしうす・ひきうす

意味 ①うす。いしうす。ひきうす。うすでひく。②高く積み重なるさま。

ガイ【駭】(16) 馬6 1 8147 714F 音 ガイ・カイ 訓 おどろく・おどろかす・みだれる

意味 ①おどろく。おどろかす。「駭愕」「駭世」②みだれる。はげしい。「駭浪」

下つき 驚駭・震駭・怖駭

【▲駭く】おどろく びっくりしておびえる。びくっとする。

ガイ【骸】(16) 骨6 常 2 1928 333C 音 ガイ 外 カイ 訓 外 むくろ・ほね

筆順 2 6 10 12

意味 むくろ。ほね。なきがら。からだ。「骸軀」「骸骨」「形骸」

下つき 遺骸・乞骸・形骸・骨骸・残骸・死骸・衰骸・亡骸

【骸骨】ガイコツ 類 白骨 ①肉が落ちて骨だけになった死骸。②体の骨組み。骨格。

【骸骨を乞う】ガイコツをこう 辞職を願い出ること。故事 中国、春秋時代、斉の晏嬰は、東阿地方で善政をしていたが、主君の斉公に悪政であると責められ、失望のあげく、「主君に差し出した自分の体の骸骨だけでも返して欲しい」と願い出たという故事から。《晏子春秋》 表記「乞う」は「請う」とも書く。

【△骸】むくろ 骨だけが残った死人の体。また、死体。なきがら。「―にすがりついて泣く」

ガイ【鮠】(17) 魚6 1 8230 723E 音 ガイ 訓 はや・はえ

意味 はや。はえ。コイ科の淡水魚。

【▲鮠】はや コイ科の淡水魚。おもに関東ではウグイ、関西ではオイカワの別称に用いる。季 春 参考「はえ」とも読む。

ガイ【★鎧】(18) 金10 準1 1927 333B 音 ガイ・カイ 訓 よろい・よろう

意味 よろい。よろいを着る。よろう。「鎧冑」

【▲鎧袖一触】ガイシュウイッショク 相手をいともたやすく打ち負かしてしまうたとえ。鎧の袖がわずかに触れただけで、相手を打ち負かす意。《日本外史》

【▲鎧】よろい 昔、戦場で身を守るためにつけた金属製の武具。「―兜の勇ましい姿」参考 一領・一着と数える。「甲」と書けば革製のよろいの意。

【▲鎧草】よろいぐさ セリ科の多年草。本州の山地に自生。葉は羽状複葉。夏に白色の五弁の小花をつける。根は薬用となる。

【▲鎧戸】よろいど ①室内の採光や通風のために、何枚もの幅のせまい板を一定の傾斜をもたせて横に取り付けた戸。がらり戸。②幅のせまい鉄板を、並べてつないだ巻き上げ式の戸。シャッター。

ガイ【礙】

(19) 石14 1 6708 6328

音 ガイ・ゲ
訓 さまたげる

意味 ①さまたげる。さえぎる。進行のじゃまをして止める。「障礙」「妨礙」「無礙ゲ」②ささえる。ささえ。

かいがらぼね【▲胛】(9) 月5 7080 6670 ▼コウ(四九三)
かいこ【蚕】(10) 虫4 教 2729 3B3D ▼サン(五八六)
かいな【△腕】(12) 月8 常 4751 4F53 ▼ワン(一六三三)
かいばおけ【▲櫪】(20) 木16 6114 5D2E ▼レキ(一六〇一)
かいらぎ【▲鰄】(20) 魚9 8258 725A ▼イ(四〇)
かいり【▲浬】(10) 氵7 1929 333D ▼リ(一五五七)
かう【△支う】(4) 支0 教 2757 3B59 ▼シ(五九七)
かう【交う】(6) 亠4 教 2482 3872 ▼コウ(四七七)
かう【△畜う】(10) 田5 常 3560 435C ▼チク(一〇三七)
かう【買う】(12) 貝5 教 3967 4763 ▼バイ(一二三一)
かう【飼う】(13) 食5 教 2784 3B74 ▼シ(六二四)

同訓異義 かう
【交う】たがいに…し合う。まじわるように…する。動詞の連用形につけて用いる。「海峡を船が行き交う」「蝶チョウが飛び交う」「筋交い」「斜交はすかいに横切る」
【△支う】物にあてがって、ささえる。鍵かぎなどをかける。「心張シンばり棒を支う」「突っ支い棒」「閂かんぬきを支う」

かえす【返す】(7) 辶4 教 4254 4A56 ▼ヘン(一三七八)
かえって【△反って】(4) 又2 教 4031 483F ▼ハン(一二五七)
かえって【△却って】(7) 卩5 常 2149 3551 ▼キャク(二九六)
かえで【▲楓】(13) 木9 4186 4976 ▼フウ(一三四一)
かえで【▲槭】(15) 木11 6069 5C65 ▼セキ(八七九)
かえりみる【省みる】(9) 目4 教 3042 3E4A ▼セイ(八五八)
かえりみる【▲眷みる】(11) 目6 6639 6247 ▼ケン(四二六)
かえりみる【顧みる】(21) 頁12 常 2460 385C ▼コ(四五九)

同訓異義 かえりみる
【顧みる】後ろをふりかえる。過去を考えてみる。回顧する。気にかける。心配する。「後ろを顧みず歩いた」「顧みて他を言う」「苦労したころを顧みる」「仕事に追われ家族を顧みない」「歴史を顧みる」
【省みる】自分の心や行いをふりかえってよく考える。「反省」「我が身を省みる」「省みて恥じるところがない」
【▲眷みる】ふりかえる。目をかける。

かえる【△反る】(4) 又2 教 4031 483F ▼ハン(一二五七)
かえる【△更える】(7) 曰3 常 2525 3939 ▼コウ(四八五)
かえる【帰る】(10) 巾7 教 2102 3522 ▼キ(二六八)
かえる【△復る】(12) 彳9 教 4192 497C ▼フク(一三四四)
かえる【換える】(12) 扌9 常 2025 3439 ▼カン(二三六)
かえる【替える】(12) 曰8 常 3456 4258 ▼タイ(九八四)
かえる【▲蛙】(12) 虫6 1931 333F ▼ア(三)
かえる【▲孵る】(14) 子11 5359 555B ▼フ(一三三二)
かえる【△還る】(16) 辶13 常 2052 3454 ▼カン(二四八)

同訓異義 かえる
【帰る】人がもとの場所にもどる。「家に帰る」「故郷に帰る」「客が帰る」「バスで帰る」「帰らぬ人」

【△還る】行った先からもどる。もとの状態にもどる。「宇宙から還る」「昔に還る」「生きて還る」「俗人に還る」「自然に還る」「土に還る」

【△復る】来た道を引きかえす。もとの状態にもどる。「復帰」「同じ道を復る」「もとの学校に復る」

【返る】もとの状態になる。もとの場所にもどる。ひっくりかえる。「正気に返る」「初心に返る」「生き返る」「貸した本が返る」「答えが返る」「振り返る」「沸き返る」

【△反る】表と裏が逆になる。上下が逆になる。倒れる。「軍配が反る」「小舟が反る」「コップが反る」「花立てが反る」

【▲孵る】卵がひなや幼虫などになる。「孵化フカ」「卵が孵ってひよこになる」

がえんじる【△肯じる】(8) 肉4 常 2546 394E ▼コウ(四八八)
かお【顔】(18) 頁9 教 2073 3469 ▼ガン(二五七)
かおり【香り】(9) 香0 教 2565 3961 ▼コウ(四九四)
かおり【▲馨り】(20) 香11 1930 333E ▼ケイ(四〇三)
かおる【香る】(9) 香0 教 2565 3961 ▼コウ(四九四)

同訓異義 かおる
【香る】よいにおいがする。鼻で感じる場合に、広く用いる。「梅の花が香る」「熟うれた果物が香る」「土の香りがする」

【薫る】よいかおりが漂う。比喩ユ的な意でも用いる。「風薫る五月」

【▲馨る】よいかおりが遠くまで漂う。よい評判が遠くまで伝わる。「故人の徳が永遠に馨る」

【▲馥る】ふくよかなかおりがする。「馥郁フクイク」

かおる【薫る】(16) 艹13 常 2316 3730 ▼クン(三八三)
かおる【▲馥る】(18) 香9 8138 7146 ▼フク(一三四七)

かか【嬶】(17) 女14 国 1 5346 554E 訓 音 かか・かかあ

意味 かか。かかあ。妻。類 嚊ヒ 参考 鼻息のあらい女の意からできた字。

【▲嬶天下】かかあデンカ 妻が夫よりも権力をもち、いばっていること。妻が家庭の実権を握っていること。「上州名物—に空っ風」対 亭主関白 表記「嚊天下」とも書く。

かかあ【▲嚊】(17) 口14 5171 5367 ▼ヒ(一二八七)
かかえる【抱える】(8) 扌5 常 4290 4A7A ▼ホウ(一三九九)
かかげる【掲げる】(11) 扌8 常 2339 3747 ▼ケイ(三九二)
かかげる【▲搴げる】(14) 手10 5775 596B ▼ケン(四三一)
かがし【嗅がし】(13) 口10 常 5144 534C ▼キュウ(三一〇)
かかと【▲踵】(16) 𧾷9 7691 6C7B ▼ショウ(七六四)
かがみ【鏡】(19) 金11 教 2232 3640 ▼キョウ(三四三)
かがみ【△鑑】(23) 金15 常 2053 3455 ▼カン(二五二)
かがむ【△屈む】(8) 尸5 常 2294 367E ▼クツ(三七七)
かがむ【▲傴む】(13) 亻11 4893 507D ▼ウ(七三)
かがむ【▲跼む】(14) 𧾷7 7682 6C72 ▼キョク(三五〇)
かがめる【▲僂める】(13) 亻11 4904 5124 ▼ロウ(一六一七)
かがやく【▲焜く】(12) 火8 6367 5F63 ▼コン(五三九)
かがやく【▲暉く】(13) 日9 5886 5A76 ▼キ(二七八)
かがやく【▲煌く】(13) 火9 6374 5F6A ▼コウ(五〇八)
かがやく【▲赫く】(14) 赤7 1950 3352 ▼カク(二〇一)
かがやく【輝く】(15) 車8 常 2117 3531 ▼キ(二八二)
かがやく【△曜く】(18) 日14 教 4543 4D4B ▼ヨウ(一五三六)
かがやく【▲燿く】(18) 火14 6402 6022 ▼ヨウ(一五三七)
かがやく【▲耀く】(20) 羽14 4552 4D54 ▼ヨウ(一五三七)
かかり【係】(9) 亻7 教 2324 3738 ▼ケイ(三八九)
かかり【掛】(11) 扌8 常 1961 335D ▼かける(二〇八)
かがり【▲篝】(16) 𥫗10 6832 6440 ▼コウ(五一三)
かがりび【▲燎】(16) 火12 6389 5F79 ▼リョウ(一五八一)
かかる【係る】(9) 亻7 教 2324 3738 ▼ケイ(三八九)
かかる【▲斯かる】(12) 斤8 2759 3B5B ▼シ(六一八)
かかる【▲罹る】(16) 罒11 5677 586D ▼リ(一五六〇)
かかる【▲繫かる】(19) 糸13 9494 7E7E ▼ケイ(四〇二)
かがる【▲縢る】(16) 糸10 ▼トウ(一一五四)
かかわる【△拘わる】(8) 扌5 常 2520 3934 ▼コウ(四八七)
かかわる【△係わる】(9) 亻7 教 2324 3738 ▼ケイ(三八九)
かかわる【関わる】(14) 門6 教 2056 3458 ▼カン(二四四)

かき【垣】(9) 土6 常 準2 1932 3340 訓 音 かき 外 エン

筆順 一 十 土 圢 圻 垣 垣 垣 垣

意味 ①かき。かきね。かこい。「垣墻エンショウ」②役所。

下つき 掖垣エキエン・宮垣キュウエン・禁垣キンエン・牆垣ショウエン・女垣ジョエン・藩垣ハンエン・籬垣リエン

【△垣▲籬】エンリ 竹や柴しばなどで目をあらく編んで作った垣。まがき。

【〈垣内〉】かいと ①垣根の中。②小集落。また、その中の一区画。

【△垣△外】かいと 垣根の外。屋敷や村落の囲いの外。

【△垣間見る】かいまみる 物のすき間からこっそり見る。ちらっと見る。

【垣根】かきね ①家や敷地の囲い。転じて、間を隔てるもの。「お隣と—越しに話す」「心の—を取り払って話し合う」②①の根もと。

【〈垣衣〉】しのぶぐさ ①シノブ・ノキシノブなどシダ植物の別称。②ワスレグサの別称。表記「忍草」とも書く。

かき【柿】(9) 木5 常 2 1933 3341 訓 音 かき 外 シ

筆順 一 十 才 木 木' 木ᅩ 杧 柿 柿

意味 かき。カキの木。カキノキ科の落葉高木。また、その実。「熟柿」

下つき 熟柿ジュクシ・渋柿しぶがき

【柿】かき カキノキ科の落葉高木。初夏に淡黄色の花を開く。果実は黄赤色で食用。季 秋

【柿渋】かきしぶ 渋柿からしぼりとった液体。木・麻・紙などに塗って防腐剤とする。

かき【▲墻】(17) 爿13 6415 602F ▼ショウ(七六五)
かき【▲蠣】(20) 虫14 7358 695A ▼レイ(一五九九)
かぎ【▲鉤】(13) 金5 7876 6E6C ▼コウ(五〇九)
かぎ【鍵】(17) 金9 常 2416 3830 ▼ケン(四三五)
かぎ【▲鎰】(18) 金10 7913 6F2D ▼イツ(五七)
かぎ【▲鑰】(25) 金17 7948 6F50 ▼ヤク(一四九九)
かぎる【限る】(9) 阝6 教 2434 3842 ▼ゲン(四四一)

カク【各】(6) 口3 教 常 7 1938 3346 訓 音 カク おのおの 高

筆順 ノ ク 夂 夂 各 各

意味 おのおの。めいめい。それぞれ。「各位」「各論」

【各・〈各各〉】おのおの めいめい。それぞれ。一人一人。「―の席に着く」

【各位】カクイ 大勢の人に対して、その一人一人を敬っていう語。みなさま。みなさまがた。「読者―」

【各員】カクイン 集団の中の一人一人。おのおの。「―の一層の努力を望む」

【各自】カクジ めいめい。それぞれ個人。「費用は―で負担する」

【各人各様】カクジンカクヨウ 人それぞれにやり方などがちがうこと。

【各般】カクハン いろいろ。さまざま。それぞれの方面。諸般。「―の事情」

【各論】カクロン 全体の中の、一つ一つの項目についての論説。対総論

【各戸】カッコ 一つ一つの家。それぞれの家。一軒一軒。「―に配る」

【各個】カッコ 一つ一つ。一人一人。それぞれ。「―撃破（敵のおのおのを撃ち破ること）」

カク【角】(7) 角0 常 教 9 1949 3351 音 カク 訓 かど・つの 外 すみ・くらべる

筆順 ノ ク 𠂊 丹 角 角 角

意味 ①動物のつの。「角笛」②突き出たもの。かどのあるもの。かど。すみ。また、方形。「角材」「角巾」「口角」③交わる二つの直線が作る図形。交わり方。「角度」「鋭角」「直角」④くらべる。競う。「角逐」「角界」「角力」⑤将棋の駒の一つ。「角行」

下つき 鋭角エイカク・仰角ギョウカク・互角ゴカク・触角ショッカク・折角セッカク・総角ソウカク・あげまき・頭角トウカク・鈍角ドンカク・方角ホウガク・街角まちかど・稜角リョウカク

【角帯】カクおび 二つ折りにして、芯シンを入れて堅く仕立てた幅の狭い男性用の帯。

【角界】カクカイ 相撲の社会。参考「角」は角力すもうの意。「カッカイ」とも読む。

【角材】カクザイ 断面が四角な木材。「―を組み合わせて椅子イスを作った」

【角質】カクシツ 鱗うろこ・爪つめ・髪の毛などを形成する主成分。ケラチン。

【角錐】カクスイ 多角形の底面と、同一の頂点をもつ二等辺三角形の側面とでつくられた立体。三角錐・四角錐など。

【角逐】カクチク 互いに競争すること。「業界での―は極めて激しい」参考「角」は競う、「逐」は追う意。

【角觝・角抵】カクテイ ①力をくらべること。②「角力すもう」に同じ。

【角度】カクド ①角の大きさ。角の度数。②物事を見る方向。観点。「―を変えて見る」

【角膜】カクマク 眼球の外側の前面にある透明な膜。「―移植の手術」

【角】かど ①物のすみ。また、端のとがった所。「教室の―」「机の―に足をぶつけた」②道の曲がりめ。曲がりかど。「―の本屋」③とげとげしい態度や性質。「―のある言い方」

【角番】かどバン ①囲碁や将棋などで、負けが決まる最後の対局。②相撲で、負け越すとその地位を失う場所。

【角屋敷】かどやしき 曲がりかどにあって、二面が道に面している屋敷。

【〈角鷹〉】くまたか タカ科の巨大な鳥。高山にすみ、ウサギや鳥などを捕食する。季冬 表記「熊鷹」とも書く。

【角べる】くら-べる 力くらべをする。力や技で競り合う。

【角】すみ ①囲まれた空間のかど。「重箱の―をつつく」②中央ではない狭い所。すみっこ。「部屋の―」

【角櫓】すみやぐら 城郭のすみに立てた櫓。表記「隅櫓」とも書く。

【〈角力〉】すもう 裸でまわしをつけた二人が土俵の上で組み合う競技。日本の国技。季秋 表記「相撲」とも書く。

【角】つの ①動物の頭部にあるかたい突起物。「トナカイの―」②物の上や表面に突き出ているもの。「金平糖コンペイトウの―」

【角を矯ためて牛を殺す】少しの欠点を直そうとして、かえって全体を駄目にしてしまうたとえ。曲がったつのを直そうとしてウシを殺してしまう意から。〈『玄中記』〉類矯枉過直キョウオウカチョク・庇葉傷枝ヒヨウショウシ

【角隠し】つのかくし 結婚式で、和装の花嫁が高島田に結った髪を囲うようにつける白い布。

【角ぐむ】つのぐむ アシやススキなどの草木がつののように芽を出す。

【角蟬】つのぜみ ツノゼミ科の昆虫。日本各地の山地にすむ。体は黒く小形でセミに似る。胸部には背面にのびるつの状の突起がある。

【角盥】つのだらい 左右に二本ずつ、つののような柄えのついた盥。多くは漆塗りの日用具。手や顔を洗ったり、口すすぎなどに用いた。

【角樽】つのだる 大きな二つの柄えをつけた、祝儀用の朱または黒塗りの酒樽。柄樽。

【角笛】つのぶえ 動物のつので作った笛。漁師や牧童などが用いる。

【〈角髪〉・〈角子〉】みずら 上代の男性の髪の結い方。髪を頭上で左右に分け、耳のあたりで輪を作って結んで垂らしたもの。表記「鬟・髻」とも書く。

〔角髪みずら〕

【〈角鴟〉】みみずく フクロウ科の鳥のうち、頭部に耳状の羽毛をもつものの総称。▼木菟みみずく（一四六）

カク【拡】(8) 扌5 常 教 5 1940 3348 音 カク 訓 外 ひろがる・ひろげる

旧字《擴》(18) 扌15 1/準1 5818 5A32

筆順 一 十 扌 扌 扩 扩 拡 拡

意味 ひろがる。ひろげる。ひろめる。「拡散」「拡大」「拡張」

下つき 軍拡(グンカク)

【拡散】カクサン ①広く散らばること。「核—防止条約」②濃度の異なる物質が混じり合って、全体が均一の濃度になる現象。

【拡充】カクジュウ 規模などをひろげて、内容を充実させること。「規模を—する」

【拡声器】カクセイキ 音声を大きくし、遠くまで聞こえるようにする機器。ラウドスピーカー。

【拡大】カクダイ ひろげて大きくすること。また、ひろがって大きくなること。「事業の—計画」「紛争の—」対縮小 表記「郭大・廓大」とも書く。

【拡張】カクチョウ 範囲や規模などをおしひろげて大きくすること。「店舗を—する」

【拡幅】カクフク 道路などの幅をひろげること。「道路の—工事が始まる」

【△拡げる】ひろ-げる 広くする。拡大する。おしひろげる。「活躍分野を—げる」

カク【画】(8) 田3 教 1872 3268 ▼ガ(一六三)

カク【客】(9) 宀6 教 2150 3552 ▼キャク(二九七)

カク【恪】
(9) 忄6 1 5577 576D
音 カク
訓 つつしむ

意味 つつしむ。つつしみ。「恪守」「恪遵」「恪励」

【▲恪勤】カクゴン ①「恪勤者」の略。平安時代、親王や大臣に仕えた武士。また、鎌倉時代、宿直(とのい)をつとめた下級武士。②「恪勤(カッキン)」に同じ。参考「カクゴ」とも読む。

【▲恪守】カクシュ 規則などを忠実に守ること。

【▲恪遵・▲恪循】カクジュン つつしんでしたがい行うこと。

【▲恪勤】カッキン まじめにつとめること。職務に励むこと。「精励—する」参考「カクゴン」とも読む。

【▲恪む】つつし-む 物事をまじめにする。きちょうめんに物事を行う。

カク【挌】
(9) 扌6 1 5740 5948
音 カク
訓 うつ・なぐる

意味 う(撃)つ。なぐる。「挌殺」「挌闘」

書きかえ「格」に書きかえられるものがある。

【▲挌つ】う-つ なぐり合う。つかみ合いなぐり合って戦う。

【▲挌殺】カクサツ 手でうち殺すこと。なぐり殺すこと。表記「格殺」とも書く。

【▲挌闘】カクトウ ▼書きかえ 格闘(一九八)

カク【狢】
(9) 犭6 1 6434 6042
音 カク
訓 むじな

意味 むじな。タヌキに似た動物。類貉(カク)

【▲狢】むじな ①アナグマの別称。②タヌキの別称。「一つ穴の—(悪事をたくらむ同類)」季①②冬 表記「貉」とも書く。参考②アナグマとタヌキを混同しての呼称。

カク【革】
(9) 革0 教 常 5 1955 3357
音 カク
訓 かわ 中 外 あらたまる・あらためる

筆順 一 十 廾 廿 廿 芦 芦 苎 革

意味 ①かわ。なめしがわ。「皮革」対皮 ②あらたまる。あらためる。新しくする。「革新」「革命」「改革」

下つき 沿革(エンカク)・帯革(おびかわ)・改革(カイカク)・皮革(ヒカク)・変革(ヘンカク)

【△革める】あらた-める 古いものを思いきって新しくする。「制度を—めるのは反対だ」参考 皮から毛を取り除いてすっきりと変わる意。

【革質】カクシツ 革のように堅い性質。植物の表皮などについていう。「—の果皮」

【革新】カクシン これまでの組織・制度・慣習などをあらためて新しくすること。改新。「—的」「保守派と—派が対立する」対保守

【革正】カクセイ あらためて正すこと。改正。

【革命】カクメイ ①国家や社会の体制を根本から変えること。「—家」②物事が根本的に大きく変化すること。「産業—」「—的な大発明」

【革】かわ 動物の皮をなめしたもの。なめしがわ。「—の財布」「電車のつり—」

〈革▲茸〉こうたけ イボタケ科のキノコ。秋、広葉樹林下などに群生する。黒褐色でラッパ形。乾くと特有の香りがあり、食用。カワタケ。シシタケ。表記「茅蕈・香茸・皮茸」とも書く。

カク【埆】
(10) 土7 1 5229 543D
音 カク
訓 そね・やせち

意味 そね。やせち。石の多いやせた土地。「墝埆(コウカク)」

下つき 墝埆(コウカク)

カク【格】
(10) 木6 教 常 6 1942 334A
音 カク・コウ 高 外 キャク・ゴウ
訓 外 いたる・ただす・うつ

筆順 一 十 オ 木 木 杪 枚 柊 格 格

意味 ①おきて。きまり。のり。「格式」「規格」「別格」②おもむき。ようす。ねうち。身分。「格調」「資格」「品格」③いたる。いたす。きわめる。また、ただす。④線を方形に組み合わせたもの。また、ほねぐみ。「格子」「骨格」⑤うつ。なぐる。「格殺」「格闘」⑥はばむ。そむく。くいちがう。「扞格(カンカク)」⑦文中の語の他の語に対する文法的関係。「主格」

書きかえ ⑤「挌(カク)」の書きかえ字として用いられるものがある。

下つき 価格(カカク)・扞格(カンカク)・規格(キカク)・厳格(ゲンカク)・合格(ゴウカク)・骨格(コッカク)・資格(シカク)・失格(シッカク)・主格(シュカク)・人格(ジンカク)・正格(セイカク)・性格(セイカク)・体格(タイカク)・同格(ドウカク)・破格(ハカク)・品格(ヒンカク)・風格(フウカク)・別格(ベッカク)

【格る】いたる 物事の本質に行き着く。きわめる。達する。

【格外】カクガイ ①規格や基準から大きくはずれているさま。②規格や基準より劣っている品。「―の商品」

【格言】カクゲン 人生についての教えや戒めを、簡潔に表した言葉。金言。箴言(シンゲン)。

【格差】カクサ 資格・等級・価格などの差。「―をつける」「賃金―」

【格殺】カクサツ なぐり殺すこと。表記「挌殺」とも書く。

【格式】カクシキ ①身分・家柄などに基づくきまりや作法。また、身分や家柄。「―張った挨拶(アイサツ)」②「格式(キャクシキ)」に同じ。

【格段】カクダン 程度の差が非常に大きいさま。「両者の技量には―の差がある」

【格致日新】カクチニッシン 物事の本質を追究して知識を高め、日々向上していくこと。「格致」は「格物致知」の略。「日新」は日々向上すること。▼格物致知(カクブツチチ)

【格調】カクチョウ 芸術作品などがもっている風格や調子。「―高い文章」

【格闘】カクトウ ①組み合ってたたかうこと。組み討ち。とっくみあい。「―技」②物事に必死になって取り組むこと。「数学の難問と―する」書きかえ「挌闘」の書きかえ字。

【格納】カクノウ 航空機などを一定の場所に納め入れること。倉庫などにしまい入れること。「―庫」

【格物】カクブツ 『大学』の八条目にある言葉。諸説があるが、朱子学では「物にいたる」と読み、物の道理をきわめようとすること。陽明学では「物をただす」と読み、自分の心をただして対象に向かうこと。

【格物致知】カクブツチチ 物事の本質をつきつめて理解し、知識や学問を深めること。《『大学』》参考 解釈をめぐり諸説がある。「格致・致知格物」ともいう。

【格別】カクベツ ①普通とはちがっているさま。とりわけ。格段。「―変わったこともない」②ともかくとして。別として。「雨の日は―だが、それ以外は自転車で通う」

【格安】カクやす 品質のわりに価格が安いこと。価格が特に安いこと。「―物件」

【格率】カクリツ ①世の中で自明とされる行為や論理の基準。また、それを表現したもの。格言。準則。②哲学で、カントのいう主観的な行為の規則。

【格好】カッコウ ①姿や形。「―を気にする」②体裁。「失敗して―が悪い」③ちょうど合っているさま。ころあい。「キャンプに―の場所だ」表記「恰好」とも書く。

【格】キャク 律令(リツリョウ)を修正するための臨時の法令。また、それを編纂(ヘンサン)したもの。

【格式】キャクシキ 律令(リツリョウ)を補助する法令(格)とその施行細則(式)。参考「カクシキ」とも読む。

【格子】コウシ ①細い角材を、縦横に間をあけて方形に組み合わせたもの。「古風な―窓」②「格子戸」の略。③「格子縞(じま)」の略。

【格子縞】コウシじま 縦横に線を交差した格子状の模様。また、その織物。

【格天井】ゴウテンジョウ 格子のように桟(サン)を組んで、板をはった天井。

【格縁】ゴウぶち 格天井の各区画を仕切るように組まれた角材。

【格す】ただす 道理や法則に合うように、行いを正しくする。あやまちを改める。

カク【核】

(10) 木 6 常 準2 1943 334B 音 カク 訓 外 さね

筆順 一 十 才 木 木' 杧 杧 柼 核 核

意味 ①さね。果実のたね。「核果」②物事の中心。重要なところ。かなめ。「核心」「中核」③物体・細胞・原子などの中心にあるもの。「地核」「結核」「原子核」④「核兵器」の略。

下つき 結核(ケッカク)・肴核(コウカク)・精核(セイカク)・地核(チカク)・中核(チュウカク)

【核家族】カクカゾク 一組の夫婦と、その未婚の子どもからなる家族。

【核酸】カクサン 有機塩基・糖・燐酸(リンサン)からなる高分子化合物。生物体において遺伝や蛋白質(タンパクシツ)合成に重要な役割を果たす。

【核心】カクシン 物事の中心となる重要な部分。「事件の―に触れる」「―を突く」

【核弾頭】カクダントウ ミサイルなどの先端に取り付ける核爆発装置。「―を配備する」

【核分裂】カクブンレツ ①細胞分裂の過程で起こる核の分裂。②ウランなどの重い原子核が、中性子などと衝突して分裂する現象。大きなエネルギーを放出する。対 核融合

【核兵器】カクヘイキ 核分裂や核融合により放出される大きなエネルギーを利用して開発された兵器。原子爆弾・水素爆弾など。

【核融合】カクユウゴウ 複数の軽い原子核が融合し、一つの重い原子核になる反応。大きなエネルギーを放出する。対 核分裂

【核果】カッカ 実に堅い核をもつ果物。ウメ・モモなど。類 石果 参考「カクカ」とも読む。

【核】さね ①果物の中心にある堅い部分。種(たね)。「梅は食うとも―食うな」②板をつなぎ合わせるために、片方の板に作る細長い突起。参考 ①「カク」とも読む。

【核太棗】さねぶとなつめ クロウメモドキ科の落葉低木。ナツメの原種。枝にとげがあり、葉は長卵形。夏に淡黄緑色の小花をつける。実が小さいわりに核が大きい。種子は薬用。表記「酸棗」とも書く。

カク【桷】

(11) 木 7 1 5968 5B64 音 カク 訓 たるき

意味 ①たるき(垂木)。屋根板を支えるために、棟か

ら軒にわたす角材。②ずみ。バラ科の落葉小高木。ひめかいどう。参考①で、丸いたるきの場合、「椽(テン)」という。

【▲桷】たるき 屋根板を支えるために、棟から軒にわたす長い角材。表記「垂木」とも書く。

カク【殻】(11) 殳 7 常 準2 1944 334C 音 カク 訓 から
旧字《殼》(12) 殳 8 1/準1 6155 5D57

筆順 十 士 声 声 壳 壳 壳 殻 殻 殻

意味 から。物の表面をおおっているから。

下つき 外殻(ガイカク)・甲殻(コウカク)・耳殻(ジカク)・蟬殻(センカク)・地殻(チカク)・皮殻(ヒカク)・卵殻(ランカク)

【殻】から ①貝や木の実などの外側をおおって中身を包んでいる堅いもの。転じて、外界から自分を隔てるもののたとえ。「ヒヨコが卵の―を破る」「自分の―に閉じこもる」②中身がなくなった外側の部分。用済みになったもの。「弁当の―」「蟬(せみ)の抜け―」「南京豆(ナンキンまめ)の―」③豆腐を作るときに豆乳をとったのこり。おから。

【殻▲竿】からざお 刈りとったイネやムギなどの穂を打って、実をとる農具。

カク【▲脚】(11) 月 7 常 2151 3553 ▼キャク(二九七)

カク【郭】(11) 阝 8 常 3 1952 3354 音 カク 訓 外くるわ

筆順 亠 亠 亨 亨 享 享 享 郭 郭

意味 ①くるわ。かこい。また、かこいを設けた一定の場所。「郭門」「城郭」②大きい。ひろびろとしたさま。「郭大」

書きかえ 「廓(カク)」の書きかえ字。

下つき 一郭(イッカク)・外郭(ガイカク)・胸郭(キョウカク)・山郭(サンカク)・城郭(ジョウカク)・遊郭(ユウカク)・輪郭(リンカク)

【郭清】カクセイ それまでにたまった不正や害になるものを取り除き、清めること。粛清。表記「廓清」とも書く。

【郭大】カクダイ 広げて大きくすること。また、広がって大きくなること。「勢力を―する」表記「拡大」とも書く。書きかえ「廓大」の書きかえ字。

【郭公】カッコウ カッコウ科の鳥。渡り鳥で日本には五月ころ渡来。巣を作らず、他の鳥の巣に卵を生む。ハトより小形で、灰褐色。カンコドリ。季夏 由来 呼び名は「カッコー」の鳴き声から。

【▲郭】くるわ ①遊郭。遊里。「―通い」②城やとりでの外囲い。③囲まれた場所。一区画の地域。表記「廓・曲輪」とも書く。

〈郭公〉ほととぎす ホトトギス科の鳥。▼杜鵑(ほととぎす)(一二三六)

〈郭公花〉ほととぎす ユリ科の多年草。▼杜鵑草(ほととぎす)(一二三六)

カク【★喀】(12) 口 9 1 5129 533D 音 カク 訓 はく

意味 は(吐)く。のどにつかえたものをはく。「喀喀」「喀血」「喀痰(カクタン)」

【▲喀▲痰】カクタン たんをはくこと。また、はき出したたん。「―検査」

【▲喀血】カッケツ 血をはくこと。特に肺や気管支の血をはくこと。「結核で―する」

【▲喀く】はく のどにつかえたものを、口から外に出す。「胸の病が高じて、血を―くようになった」

カク【椁】(12) 木 8 1 5986 5B76 音 カク 訓 ひつぎ・うわひつぎ

意味 ひつぎ。棺をおおう外囲い。うわひつぎ。そとかん。対棺

カク【▲殼】(12) 殳 8 6155 5D57 ▼殻の旧字(一九九)

カク【覚】(12) 見 5 教 常 7 1948 3350 音 カク 訓 おぼえる・さます・さめる 外さとる・さとり
旧字《覺》(20) 見 13 1/準1 7520 6B34

筆順 ヽ ヽヽ ⺍ ⺍ 㓁 骨 骨 覚 覚 覚

意味 ①おぼえる。記憶する。気づく。「感覚」「錯覚」②さとす。さとる。道理を知る。「覚悟」「先覚」「本覚」③さめる。目をさます。「覚醒」

下つき 感覚(カンカク)・嗅覚(キュウカク)・幻覚(ゲンカク)・才覚(サイカク)・錯覚(サッカク)・視覚(シカク)・自覚(ジカク)・触覚(ショッカク)・先覚(センカク)・大覚(ダイカク)・知覚(チカク)・聴覚(チョウカク)・直覚(チョッカク)・統覚(トウカク)・発覚(ハッカク)・不覚(フカク)・本覚(ホンカク)・味覚(ミカク)

【覚書】おぼえがき ①忘れないように書いておくもの。メモ。②略式の外交文書。

【覚える】おぼ-える ①心にとどめる。記憶する。「よく名前を―えている」②学んで身につける。「仕事を―える」③感じる。意識する。「ドキュメンタリーに感動を―える」「痛みを―える」表記①「憶える」とも書く。

【覚▲束ない】おぼつか-ない ①疑わしい。確かでない。はっきりしない。「電車事故の復旧は―い」②心もとない。頼りない。「酔って足もとが―い」

【覚悟】カクゴ ①よくないことを予測したり重大な事柄を目前にしたりして心構えをすること。「―を決めて立ち上がった」「失敗は―の上」②仏迷いを脱して真理をさとること。

【覚者】カクシャ 仏自ら真理をさとっていて、他者をもさとらせる者。

【覚醒】カクセイ ①目がさめること。目をさますこと。②迷いからさめて自分の非に気がつくこと。

【覚道】カクドウ 仏仏法の真理をさとる道。さとりへの道。類悟道

【覚弥】カクや 細かく刻んだ漬物。塩や醤油(ショウユ)をかけて食べた。由来 江戸時代の料理人

の岩下覚弥が始めたとも、また高野山で隔夜堂を守る歯の弱い老僧のためのものともいう。

【覚り】(さとり) 理解すること。気がつくこと。「彼は―がはやい」

【覚る】(さとる) はっきりと知る。また、はっと思いあたる。感づく。「自分の非を―る」

【覚める】(さめる) ①眠っている状態から意識のある状態になる。起きる。「怖い夢で目が―めた」②正気に返る。「失敗して目が―めた」

カク【塙】(13) 土10 準1 4025/4839 音 カク・コウ 訓 かたい・はなわ

意味 ㊀カク かたい。かたい土。㊁コウ 石の多いやせ地。類 磽(コウ) ㊂はなわ 山のさし出た所。

【塙い】(かたい) 土がかわいて、しっかりとかたまっているさま。

【塙】(はなわ) 山のつき出た所。山の小高い所。「―に立つマツの木が霞(かす)んで見える」

カク【貉】(13) 豸6 1 7627/6C3B 音 カク 訓 むじな

意味 むじな。タヌキに似た動物。類 狢(カク)

【貉】(むじな) ①アナグマの別称。②タヌキの別称。季 ①②冬 表記「狢」とも書く。参考 ②アナグマとタヌキを混同しての呼称。

カク【較】(13) 車6 常 4 1951/3353 音 カク 外 コウ 訓 外 くらべる

筆順

意味 ①くらべる。つきあわせる。「較差」「較正」「比較」②あきらか。いちじるしい。「較然」「較著」③ほぼ。おおむね。あらまし。「較略」「大較」

下つき 計較(ケイコウ)・詮較(センコウ)・大較(タイコウ)・比較(ヒカク)

【較差】(カクサ) 最高と最低、または最大と最少との差。ひらき。「盆地では、一日の気温の―が大きい」参考「カクサ」は慣用読みで、本来は「コウサ」と読む。

【較べる】(くらべる) 二つ以上のものを照らし合わせて、優劣や差異をしらべる。比較する。「成績を―べる」

【較著】(コウチョ) きわだってはっきりしていること。いちじるしいこと。類 顕著

【較量】(コウリョウ) くらべてはかること。比較しておしはかること。表記「校量」とも書く。参考「キョウリョウ」とも読む。

カク【隔】(13) 阝10 常 3 1954/3356 音 カク 訓 へだてる・へだたる

筆順

意味 ①へだてる。へだたる。はなす。はなれる。「隔絶」「隔離」「疎隔」②間をおいて。一つおいて次の。「隔世」「隔月」「隔年」

下つき 遠隔(エンカク)・間隔(カンカク)・懸隔(ケンカク)・疎隔(ソカク)

【隔意】(カクイ) へだてがあってうちとけない心。「―のない仲」類 隔心

【隔岸観火】(カクガンカンカ) 他人の災難を眺めているだけで救おうとしないこと。類 拱手傍観(キョウシュボウカン)

【隔月】(カクゲツ) ひと月おき。「講演会は―に開催します」「―発行の雑誌」

【隔日】(カクジツ) 一日おき。なか一日をへだてること。「―に出勤する」

【隔週】(カクシュウ) 一週間おき。「―土曜休業が原則です」

【隔心】(カクシン) うちとけない心。へだて心。「―をいだく」類 隔意

【隔世】(カクセイ) 時代や世代がへだたっていること。「昔を思うと―の感がある」

〖隔世遺伝〗(カクセイイデン) 形質が、世代をへだてて祖先のもっていた遺伝のちの世代に現れる現象。特に、祖父母から孫に遺伝することにいう。

【隔絶】(カクゼツ) 遠くへだたり、他とのつながりがないこと。関係が絶たれていること。「文明から―された地」

【隔年】(カクネン) 一年おき。「―に発行する」「―に開かれる大会」

【隔壁】(カクヘキ) 物体と物体の間をへだてる壁。しきり。「防火―」

【隔膜】(カクマク) ①生物体における組織や器官などをへだてる膜状のしきり。②横隔膜。表記 ②「膈膜」とも書く。

【隔離】(カクリ) ①他からへだてて離しておくこと。へだたり。「世間から―されて育つ」②悪性の感染症患者を他の人から離して、一定の場所におくこと。「―病棟」

【隔靴掻痒】(カッカソウヨウ) 思いどおりにいかず、はがゆく、もどかしいこと。靴をへだててかゆいところをかく意から。〈『景徳伝灯録』〉表記「掻痒」は「掻癢」とも書く。参考「靴を隔てて痒(かゆ)きを掻(か)く」と訓読する。類 掉棒打星(トウボウダセイ) 対 麻姑掻痒(マコソウヨウ)

【隔てる】(へだてる) ①間に物をおいてしきる。さえぎる。「塀に―てられて見えない」②時間的・空間的な距離をおく。「五年の歳月を―てて再会した」③分ける。ひきはなす。「二人の仲を―てる」「生死を―てる」

カク【劃】(14) 刂12 準1 1936/3344 音 カク 訓 くぎる・わかつ

意味 ①かぎる。くぎる。わかつ。区分けする。②文字の画。

書きかえ「画」が書きかえ字。

【劃一】(カクイツ) 全体を一様に統一すること。「―化する」表記「画一」とも書く。

【劃一的】(カクイツテキ) 全体が一様にそろっているさま。変化や特色のないさま。「―な考え方」表記「画一的」とも書く。

【劃する】(カクする) はっきりと区切る。区別する。表記「画する」とも書く。

【▲劃然】カクゼン ▼書きかえ 画然(一六三)

【▲劃定】カクテイ 区切りをつけて、はっきりと定めること。「国境を—する」 表記「画定」とも書く。

【▲劃期的】カッキテキ ▼書きかえ 画期的(一六三)

カク【幗】(14) 巾11 1 5478 566E 音 カク 訓 かみかざり

意味 女性が髪を包む布。髪飾り。「巾幗」

下つき 巾幗キンカク

カク【廓】★ (14) 广11 準1 1939 3347 音 カク 訓 くるわ・むなしい・ひろい・ひろげる

意味 ①くるわ。かこい。かこいを設けた一定の場所。②大きい。ひろい。むなしい。また、ひろびろとしたさま。「廓然」③ひろげる。「廓大」

書きかえ 「郭」が書きかえ字。

【廓清】カクセイ これまでの不正を取り除き、清めること。「企業の腐敗を—する」 表記「郭清」とも書く。

【廓然】カクゼン ①むなしいさま。②心が広くて、からりとしているさま。わだかまりのないさま。

【▲廓然大公】カクゼンタイコウ 私意や偏りがなく、心がからりとして大いに公平であること。学ぶべき聖人の心、また聖人の道を学ぶ者の心構えをいう語。「大公」は大いに公平なこと。表記「大公」は「太公」とも書く。

【▲廓大】カクダイ ▼書きかえ 郭大(一九九)

【▲廓▲寥】カクリョウ 広大でがらんとして、もの寂しいさま。

【▲廓】くるわ ①遊郭。「—の面影が残る地区」②城などの外囲い。③外囲いを設けた一区域。表記「郭・曲輪」とも書く。

カク【愨】(14) 心10 1 5634 5842 音 カク 訓 つつしむ・まこと

意味 ①つつしむ。「謹愨」 類 恪 ②まこと。「誠愨」

下つき 誠愨セイカク

【▲愨む】つつしむ 物事をいいかげんにせず、心をかたく保つ。堅実な態度で物事を行う。

【▲愨】まこと 誠実で飾り気がないこと。義理堅く、まじめなこと。

カク【摑】★ (14) 扌11 準1 8489 7479 音 カク 訓 つかむ

〔掴〕 3647 444F

意味 ①つかむ。にぎる。②たたく。手のひらで打つ。

【▲摑む】つかむ ①手で物をしっかりにぎって持つ。「腕を—む」②手に入れる。「大金を—む」「チャンスを—む」

カク【膈】(14) 月10 1 7113 672D 音 カク

意味 胸腔と腹腔との間。横隔膜。また、胸のうち。こころ。「膈膜」「肝膈」「胸膈」

【膈膜】カクマク 胸腔と腹腔を分離している筋肉性の膜。横隔膜。表記「隔膜」とも書く。

カク【赫】(14) 赤7 準1 1950 3352 音 カク 訓 あかい・かがやく・さかん

意味 ①あかい。あかるい。②かがやく。さかんな。「赫赫」「赫灼」「赫然」③いかる。「赫怒」 類 嚇 ④あつ(熱)い。あぶる。参考 大きい火(赤)を二つ並べて、光の輝くさまを表している字。

下つき 輝赫キカク・顕赫ケンカク

【▲赫い】あかい 燃え盛る火のように真っ赤であるさま。

【▲赫く】かがやく あかあかと光る。あかく光り輝く。「太陽が濃緑の葉の間に—く」

【▲赫▲赫】カクカク ①あかく光り輝くさま。「—たる陽光」②功名などが著しく盛んなさま。「—たる戦果」参考「カッカク」とも読む。

【▲赫▲灼】カクシャク あかあかと盛んに光り輝くさま。「—たる太陽」

【▲赫然】カクゼン ①かっと怒るさま。②輝きが盛んなさま。③物事が盛んなさま。

【▲赫怒】カクド かっとなって怒ること。激怒すること。「口が過ぎて友を—させた」 表記「嚇怒」とも書く。

【▲赫▲奕】カクヤク ①光り輝くさま。「光明—として」②物事が盛んで美しいさま。参考「カクエキ」とも読む。

カク【閣】(14) 門6 常 教 5 1953 3355 音 カク 訓 外 たかどの・たな

筆順

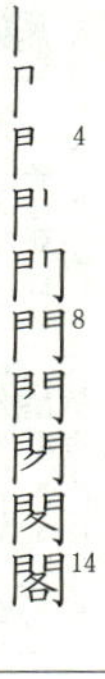

意味 ①たかどの。二階建ての家。「金閣」「仏閣」「楼閣」②かけはし。「閣道」③たな。物をのせる台。④「内閣」の略。「閣議」「閣僚」「組閣」

下つき 金閣キンカク・銀閣ギンカク・層閣ソウカク・組閣ソカク・台閣タイカク・内閣ナイカク・入閣ニュウカク・飛閣ヒカク・仏閣ブッカク・楼閣ロウカク

【閣議】カクギ 内閣が職務を行うために、内閣総理大臣が主宰する国務大臣の会議。「予算案が—決定され、衆議院に送られた」

【閣僚】カクリョウ 内閣を構成する各国務大臣。閣員。「新—の氏名を発表する」

【閣下】カッカ 地位の高い人を敬っていう語。「大統領—」参考 閣(たかどの)の下の意。

【△閣】たかどの 高く造った御殿。類 楼閣・高楼 表記「高殿」とも書く。

カク【槨】(15) 木11 1 6058 5C5A 音 カク 訓 ひつぎ・うわひつぎ

意味 ひつぎ。棺をおおう外囲い。うわひつぎ。そとかん。「棺槨」

か カク

カク【確】(15) 石10 常 教 6 1946 334E 音 カク 訓 たしか・たしかめる 外 しかと・しっかり・かたい

筆順 一 石 矿 矿 砶 砗 碎 碓 碓 確 5 7 14

意味 ①たしか。まちがいがない。たしかめる。「確実」「確認」「確率」②かたい。しっかりしている。「確執」「確信」「確固」

下つき 正確(セイカク)・精確(セイカク)・的確(テキカク)・適確(テキカク)・明確(メイカク)

【確言】カクゲン はっきりと言いきること。また、その言葉。「―を避ける」

【確執】カクシツ 自分の意見を主張して譲らないこと。また、そこから起こる不和。「嫁と姑(しゅうとめ)の―」参考「カクシュウ」とも読む。

【確実】カクジツ 確かでまちがいのないこと。しっかり信用できること。「当選―」「―かどうかは分からない」

【確守】カクシュ しっかりと守り通すこと。「命令を―する」

【確証】カクショウ 確かな証拠。「汚職の―をつかむ」「―を得る」

【確信】カクシン かたく信じて疑わないこと。また、その心。確かな自信。「成功を―する」

【確然】カクゼン 確かなさま。はっきりと定まっているさま。確固。「―たる事実」

【確定】カクテイ はっきりと決まること。また、決めること。「採用が―する」「―申告」

【確度】カクド 確かさの度合い。確からしさ。「―の高い情報」

【確答】カクトウ はっきりした返事をすること。また、その返事。「―を得る」「―を避ける」「―を迫る」

【確認】カクニン ①はっきりと認めること。また、はっきり確かめること。「身元を―する」「契約の前に書類を再―した」②法律で、特定事実を公式に認めること。

【確聞】カクブン はっきりと聞くこと。信用できることを聞くこと。「―した所によれば」

【確保】カクホ しっかり手に入れ、手もとにもっておくこと。「食料を―する」「地位を―する」

【確報】カクホウ 確かな知らせ。確実な情報。「成功の―を待つ」

【確約】カクヤク はっきりと約束すること。また、確かな約束。「―はできない」「―を得る」

【確立】カクリツ 簡単には動かないように、しっかりとうち立てること。また、しっかり定まって動かないこと。「制度を―する」「自我の―」

【確率】カクリツ 事柄の起こり得る確かさの度合い。また、それを表した数値。

【△確い】かたい しっかりしていて動かないさま。しっかりと固まっているさま。「当選は―い」

【確固・確▲乎】カッコ しっかりしていて動かされないさま。しっかりと定まっているさま。「―たる信念」「―たる証拠」

【確固不抜】カッコフバツ 意志がしっかりしていて動じないさま。「不抜」は動かせない意。

【△確と】しかと ①はっきりと。確かに。「―は見えなかった」②しっかりと。かたく。「―手を握りしめる」

【△確り】しっかり ①堅固なさま。簡単にゆるがないさま。「地盤が―している」②性質や考え方などが堅実で信頼できるさま。「―者」③気丈なさま。「気を―もて」④物事を十分に行うさま。「―勉強する」⑤市場に活気があり、相場が下落しないようす。

【確か】たしか ①はっきりしていてまちがいのないさま。「―に受け取った」②しっかりしていて信用できるさま。「今でも腕は―なものだ」「気は―だ」③たぶん。おそらく。「―この道だった」

【確かめる】たしかめる あやふやな点を調べてはっきりさせる。念入りに確認する。「真実を―める」「気持ちを―める」

カク【獲】(16) 犭13 常 4 1945 334D 音 カク 訓 える

旧字《獲》(17) 犭14 1/準1

筆順 ノ 犭 犭 犷 犷 犷 犷 獲 獲 6 8 14 16

意味 え(得)る。手に入れる。つかまえる。「獲得」「捕獲」「漁獲」

下つき 漁獲(ギョカク)・採獲(サイカク)・拿獲(ダカク)・捕獲(ホカク)・乱獲(ランカク)

【獲物】えもの ①漁や狩りでとる魚や鳥獣。また、とったもの。「逃した―は大きい」②戦いや勝負事などでえた物。

【獲る】える ①漁や狩りで獲物をつかまえる。②戦ってうばいとる。手に入れる。

【獲得】カクトク 努力して手に入れること。「優勝杯を―する」

【獲▲麟】カクリン ①絶筆。また、物事の終わり。②孔子の死。転じて、臨終。故事 孔子が『春秋』を著したとき、「魯(ロ)の哀公が西方に狩りをして麟を獲た」と書いて世を去った故事から。「麟」は「麒麟(キリン)」の意で、想像上の神獣。

カク【霍】(16) 隹8 1 8025 7039 音 カク 訓 にわか・はやい

意味 にわか。はやい。すみやか。「霍霍」「霍然」

【霍乱】カクラン 日射病。また、暑気あたりによって吐きくだしをする病気。「鬼の―」

【▲霍か】にわか すばやいさま。たちまち。「―に黒雲がわく」

〈▲霍公鳥〉ほととぎす ホトトギス科の鳥。▼杜鵑(ほととぎす)(一二六)

カク【骼】(16) 骨6 1 8178 716E 音 カク 訓 ほね

意味 ほね。ほねぐみ。

下つき 骨骼(コッカク)

カク【嚇】 (17) 口14 常 準2 1937 3345 音 カク 訓 外いかる・おどす・おどかす

筆順

意味 ①いかる。大声でしかる。「嚇叱(カクシツ)」「嚇怒」類 赫(カク) ②おどす。おどかす。「威嚇」「恐嚇」

下つき 威嚇(イカク)・恐嚇(キョウカク)・脅嚇(キョウカク)・叱嚇(シッカク)

【嚇す】おど-す どなる。どなってこわがらせる。威嚇(イカク)する。「大声で―す」

【嚇怒】カクド かっとなって怒ること。激怒すること。表記「赫怒」とも書く。

カク【擱】 (17) 扌14 1 5808 5A28 音 カク 訓 おく

意味 おく。さしおく。やめる。「擱筆」

【擱く】お-く 動きをとめる。やめる。また、手をはなす。放置する。「筆を―く」

【擱座・擱坐】カクザ ①船が浅瀬に乗りあげること。座礁。「船が暗礁に―した」②戦車などがこわれて動けなくなること。

【擱筆】カクヒツ 筆をおく。特に、文章を書き終えて筆を下におく。「これにて―致します」対 起筆

カク【獲】 (17) 犭14 ▼獲の旧字(二〇二)

カク【馘】 (17) 首8 1 8137 7145 音 カク 訓 みみきる・くびきる

意味 ①耳を切る。敵を殺した証拠として左耳を切りとる。「馘耳」「俘馘(フカク)」②首を切る。「斬馘(ザンカク)」③解雇する。「馘首」

下つき 斬馘(ザンカク)・俘馘(フカク)

【馘首】カクシュ 雇い主が雇っている人をやめさせること。首切り。解雇。免職。

カク【擴】 (18) 扌15 5818 5A32 ▼拡の旧字(一九六)

カク【穫】 (18) 禾13 常 3 1947 334F 音 カク 訓 外かる・とりいれる

旧字《穫》(19) 禾14 1/準1

筆順

意味 か(刈)る。穀物をかりとる。とりいれる。手中におさめる。「収穫」

下つき 刈穫(ガイカク)・耕穫(コウカク)・収穫(シュウカク)・秋穫(シュウカク)

カク【穫】 (19) 禾14 ▼穫の旧字(二〇三)

カク【蠖】 (19) 虫13 1 7431 6A3F 音 カク・ワク

意味 「尺蠖(セッカク)」(しゃくとりむし)に用いられ、ちぢめる・しりぞくの意を表す字。「蠖屈」

下つき 尺蠖(セキカク・セッカク)

カク【覈】 (19) 襾13 1 7510 6B2A 音 カク 訓 しらべる・あきらかにする・かんがえる・きびしい

意味 ①しらべる。あきらかにする。かんがえる。「覈論」「検覈」②きびしい。「覈論」

下つき 検覈(ケンカク)・考覈(コウカク)・推覈(スイカク)

【覈べる】しら-べる 事実を明らかにする。調査してたしかめる。

カク【矍】 (20) 目15 1 6663 625F 音 カク 訓 あわてる・いさむ

意味 ①あわてる。おどろく。きょろきょろ見まわす。「矍視」②いさむ。はやる。元気である。「矍鑠(カクシャク)」

【矍鑠】カクシャク 年をとっても心身ともに元気なさま。「―たる老夫婦」故事 中国、後漢の光武帝が、老臣の馬援(バエン)の元気盛んなことを評した故事から。『後漢書(ゴカンジョ)』

カク【覺】 (20) 見13 7520 6B34 ▼覚の旧字(一九九)

カク【癨】 (21) 疒16 1 6589 6179 音 カク

意味 「癨乱(暑気あたり)」に用いられる字。

カク【鶴】 (21) 鳥10 常 3665 4461 ▼つる(一〇八六)

カク【攪】 (23) 扌20 5788 5978 ▼コウ(五一七)

カク【攫】 (23) 扌20 1 5828 5A3C 音 カク 訓 つかむ・さらう

意味 ①つかむ。わしづかみにする。「一攫千金」②さらう。かすめとる。「人攫い」

【攫取】カクシュ つかみとること。手に入れること。表記「獲取」とも書く。

【攫う】さら-う ①不意をついて奪い去る。「子どもを―う」②全部持ち去る。独り占めにする。「人気を―う」「話題を―う」

【攫む】つか-む わしづかみにする。つかみとる。「一度で千金を―む」

カク【鷽】 (24) 鳥13 1 8331 733F 音 カク・ガク 訓 うそ

意味 ①うそ。アトリ科の小鳥。②カラス科の鳥。さんじゃく(山鵲)。

【鷽】うそ アトリ科の小鳥。スズメよりやや大きい。背は青灰色で尾は黒く、雄のほおは紅色。口笛のような声で鳴く。季 春

【鷽替】うそかえ 前年の罪やけがれを託した木製のウソを、今年の幸運をいただくために替える正月の神事。福岡太宰府(ダザイフ)・東京亀戸(カメイド)などの天満宮や大阪の道明寺などで行われる。

【鷽鳩大鵬を笑う】ガクキュウタイホウをわらう つまらない者には大人物の志がわからないたとえ。

小さいハトが、おおとりが天高く舞い上がるのを笑う意。「鷽鳩」は小さいハト。一説にイカル。「大鵬」は、おおとり。伝説上の霊鳥で、九万里も舞い上がるという。〈『荘子(ソウジ)』〉

カク【钁】(28) 金20 1 7955/6F57 音 カク 訓 くわ

意味 くわ。農具の一種。

【钁丁(くわよぼろ)】古代、朝廷の田畑を耕すために集められた成年男子。表記「鍬丁」とも書く。参考「くわよほろ」とも読む。

かく【此く】(6) 止2 2601/3A21 ▼シ(六〇三)

かく【爬く】(8) 爪4 6408/6028 ▼ハ(一二一六)

かく【書く】(10) 曰6 教 2981/3D71 ▼ショ(七二七)

かく【舁く】(10) 臼4 ▼ヨ(一五三二)

かく【描く】(11) 扌8 常 4133/4941 ▼ビョウ(一三一〇)

かく【斯く】(12) 斤8 2759/3B5B ▼シ(六一八)

かく【掻く】(13) 扌10 8486/7476 ▼ソウ(九四三)

同訓異義 かく

【書く】文字などを記す。文章で表す。ほか、広く用いる。「手紙を書く」「小説を書く」「書き取る」

【描く】絵や図に表す。えがく。「人物画を描く」「図面を描く」

【画く】えがく。「描く」とほぼ同じ。

【舁く】二人以上でものを担ぎ上げる。「駕籠(かご)を舁く」「神輿(みこし)を舁く」

【掻く】爪(つめ)を立ててこする。切り取る。寄せ集める。外に出す。「背中を掻く」「寝首を掻く」「落ち葉を掻く」「汗を掻く」「いびきを掻く」「琴を掻きならす」

かぐ【嗅ぐ】(13) 口10 常 5144/534C ▼キュウ(三二〇)

ガク【学】(8) 子5 教 常 10 1956/3358 音 ガク 訓 まなぶ

旧字《學》(16) 子13 1/準1 5360/555C

筆順 、 ゛ ⺍ 〻 ⺍ 学 学 学

意味 ①まなぶ。研究する。また、まなぶ人。「学生」「学問」「独学」 ②体系化された知識。「学芸」「学術」「学説」 ③まなびや。教育の機関・施設。「学園」「学校」「通学」

下つき 医学(イガク)・化学(カガク)・科学(カガク)・官学(カンガク)・漢学(カンガク)・共学(キョウガク)・曲学(キョクガク)・苦学(クガク)・見学(ケンガク)・好学(コウガク)・後学(コウガク)・語学(ゴガク)・国学(コクガク)・在学(ザイガク)・雑学(ザツガク)・史学(シガク)・耳学(ジガク)・修学(シュウガク)・就学(シュウガク)・儒学(ジュガク)・奨学(ショウガク)・進学(シンガク)・碩学(セキガク)・先学(センガク)・浅学(センガク)・哲学(テツガク)・篤学(トクガク)・独学(ドクガク)・博学(ハクガク)・晩学(バンガク)・美学(ビガク)・文学(ブンガク)・勉学(ベンガク)・法学(ホウガク)・無学(ムガク)・遊学(ユウガク)

【学位】ガクイ 一定の学術を修め、論文が認められた人に与えられる称号。学士・修士・博士がある。「―論文」

【学際】ガクサイ いくつかの学問分野にまたがること。「―的な協力」

【学士】ガクシ ①大学の学部卒業者に授与される学位。また、その人。②学者。学問を専門とする人。

【学資】ガクシ 学業を続けるために必要な費用。学費・通学費・生活費など。

【学識】ガクシキ ①学問と見識。②学問から得た見識。「―経験者」

【学術】ガクジュツ ①学問と芸術。学芸。②専門的な学問。「―書」「―会議」

【学生】ガクショウ ①律令(リツリョウ)制下、大学寮や国学(郡司の子弟の学校)・寺院などで学問をする者。②仏道を学ぶ僧。参考「ガクセイ」と読めば、学業を修める者の意。

【学殖】ガクショク 学問をして身につけた知識や素養。「豊かな―」

【学籍】ガクセキ その学校に在学していることを示す籍。「文学部に―を置く」「―簿」

【学窓】ガクソウ 学問を修める所。学校。学舎(まなびや)。「―を巣立つ」参考「学舎の窓」の意。

【学知利行】ガクチリコウ 学ぶことによって知り、ためになるとして行うこと。「学知」は人のふみ行うべき道を後天的に学んで理解すること。「利行」は役に立つと認識して実践する意。人倫の道に至る三つの道程の一つ。〈『中庸』〉参考 三つの道程とは「学知利行・困知勉行・生知安行」のことで、どの道筋も方法がちがうだけで結果は同じであると説く。

【学童】ガクドウ 小学校の児童。小学生。「―保育」「―疎開」

【学派】ガクハ 学問上の流派。「ユング―」「新しい―を興す」

【学閥】ガクバツ 同じ学校の出身者や、同じ学派の学者によってつくられる派閥。「当社には―は存在しない」

【学府】ガクフ 学問をする人が集まる所。学校。「最高―に学ぶ」

【学若し成らずんば死すとも還らず】ガクもしならずんばシすともかえらず 志を立てて故郷を出てきたからには、学問が成就しなければ死んでも帰らない。学問成就の決意をいう句。〈釈月性(シャクゲッショウ)の詩〉類 人間(ジンカン)到る処(ところ)青山(セイザン)有り

【学問に王道無し】ガクモンにオウドウなし 学問をするのに安易な道はなく、だれでも等しく通らねばならない過程があるということ。「王道」は王者のための特別な道の意。由来 ユークリッドがエジプト王の「幾何学を学ぶのに簡単な方法はないか」との問いに「幾何学に王道なし」と答えたことから。

【学齢】ガクレイ ①義務教育を受ける、満六歳から満一五歳までの期間。「―期の子をもつ親」②小学校に入学する年齢。「娘が―に達する」

【学歴】ガクレキ 学業に関しての経歴。「―偏重（ヘンチョウ）の社会」

【学割】ガクわり 「学生割引」の略。学生や生徒に限り、運賃や入場料などを割り引くこと。

【学科】ガッカ ①学問・学術の科目。「得意な―は数学です」類教科 ②大学で、学問を専門分野で分けた科目。「日本文―」「経済―」

【学課】ガッカ 学校において学習すべき課程。学問の課程。

【学会】ガッカイ 同じ分野の学者などで組織された、学術研究を目的につくられた団体。また、その会合。「―で論文を発表する」

【学界】ガッカイ 学問や学者の世界。「―で認められる」「―展望」

【学監】ガッカン 学務をつかさどり、学長補佐および学生を監督する役。また、その人。

【学究】ガッキュウ 学問研究に専念すること。また、その人。「―肌」「―の徒」

【学級】ガッキュウ 学校で、授業のために、生徒を一定の人数に組分けしたもの。クラス。組。「―経営」「―新聞を発行する」

【学兄】ガッケイ 学問上の友人を敬っていう語。参考 手紙などで男性同士で使う。

〈学舎〉まなびや 校舎。みんなで勉強をする場所。学校。「思い出の―を訪ねる」参考「ガクシャ」とも読む。

【学ぶ】まな-ぶ ①教えてもらっておぼえる。教わる。「仕事を―ぶ」「技術を―ぶ」「本から―ぶ」②学問をする。勉強する。「大学で経済学を―ぶ」③見習ってまねをする。「友人の熱意に―ぶ」④経験して知恵や知識を得る。「失敗に―ぶ」

【学びて思わざれば則（すなわ）ち罔（くら）し】教えを受けただけで自分で思索しなければ、学んだことの本当の意味は理解できないということ。《論語》

【学ぶに暇（いとま）あらずと謂（い）う者は暇ありと雖（いえど）も亦（また）学ぶ能（あた）わず】学問をする時間がないという者は、たとえ時間があっても学ぶことはできない。時間がないことを口実に学問をしようとしない者を戒める言葉。《淮南子（エナンジ）》

か

ガク

ガク【岳】(8) 山 5 常 3 1957 3359 音 ガク 訓 たけ

旧字《嶽》(17) 山14 1/準1 5454 5656

筆順 ノ 厂 F 斤 丘 乒 岳 岳

意味 ①高大な山。「山岳」「富岳」②妻の父母の呼称に用いる。「岳父」「岳母」「岳翁」参考「丘」と「山」を重ねて高大な山を表している字。

下つき 巨岳（キョガク）・山岳（サンガク）・富岳（フガク）・連岳（レンガク）

【岳父】ガクフ 妻の父親。しゅうと。「―の三回忌法要を行う」対岳母

【岳陽楼】ガクヨウロウ 中国、岳陽市の城の西の楼門。洞庭湖に面していて絶景の地として有名。多くの文人がここへ登り、詩文を作った。

【岳麓】ガクロク 山のふもと。裾野（すその）。特に、富士山のふもと。

【岳】たけ 高く大きな山。高大な山。高山。「谷川―に登る」

【岳樺】だけかんば カバノキ科の落葉高木。高山に自生。シラカバに似るが、それより高所に分布。早春、新葉に先立って淡黄褐色の雄穂・雌穂をつける。材は彫刻・細工用。

ガク【咢】(9) 口 6 1 5088 5278 音 ガク 訓 いいあらそう・おどろく

意味 ①いいあらそう。②おどろく。「咢然」③鼓を打つ。④おそれずに直言する。「咢咢」類諤（ガク）・②④愕（ガク）・鄂（ガク）⑤高くつき出るさま。

ガク【愕】★ (12) 忄 9 1 5619 5833 音 ガク 訓 おどろく

意味 ①おどろく。おどろきあわてる。「愕然」②おそれず直言する。「愕愕」類諤（ガク）・①②咢（ガク）・鄂（ガク）

【愕く】おどろ-く びっくりする。心があわてふためく。表記「咢く」とも書く。

【愕愕】ガクガク 遠慮なく正しいことを言うさま。おそれることなく直言するさま。表記「諤諤」とも書く。

【愕然】ガクゼン はなはだしくおどろくさま。「それを聞いて―とした」

ガク【萼】★ (12) 艹 9 1 7253 6855 音 ガク 訓 うてな・はなぶさ

意味 うてな。花びらを包んで支える器官。はなぶさ。「花萼」類鄂（ガク）

下つき 花萼（カガク）・紅萼（コウガク）・緑萼（リョクガク）

【萼】うてな 花の最も外側にあって、花を保護し支えているもの。花のがく。由来 物をのせる「台（うてな）」の意から。

ガク【鄂】(12) 阝 9 1 7831 6E3F 音 ガク

意味 ①中国、春秋時代の楚（ソ）の地名。②かぎり。はて。③おどろく。④おそれず直言する。「鄂鄂」類諤（ガク）・③④咢（ガク）・愕（ガク）⑤うてな。類萼（ガク）

下つき 棣鄂（テイガク）

ガク【楽】(13) 木 9 教 常 9 1958 335A 音 ガク・ラク 外ゴウ・ギョウ 訓 たのしい・たのしむ 外かなでる・このむ

旧字《樂》(15) 木11 1/準1 6059 5C5B

筆順 ′ 亻 白 白 泊 泊 泊 泊 楽 楽

意味 ㊀ガク ①音楽。「器楽」②かなでる。演奏する。「楽器」「楽譜」「奏楽」㊁ラク ①こころよい。た

のしい。たのしむ。「楽園」「安楽」「娯楽」対苦 ②らく。たやすい。「楽勝」③興行の最終日。三ゴウ このむ。求める。こい願う。愛する。「楽欲」「愛楽」

下つき 一音楽・雅楽・器楽・弦楽・猿楽・神楽・声楽・奏楽・田楽・能楽・舞楽・邦楽・洋楽・和楽 二哀楽・安楽・逸楽・悦楽・快楽・偕楽・歓楽・享楽・気楽・行楽・後楽・極楽・娯楽・道楽・独楽・文楽・遊楽 三三楽

【楽劇】ガクゲキ ドイツのワグナーが提唱した、管弦楽・声楽・演劇を融合した音楽劇。

【楽士】ガクシ 音楽を演奏することを職業とする人。楽師。

【楽師】ガクシ ①「楽士」に同じ。②宮廷で雅楽の演奏をする人。宮内庁式部職楽部の職員。類楽人・伶人

【楽人】ガクジン 「楽師」に同じ。

【楽隊】ガクタイ パレードや式典などで、さまざまな楽器で合奏する一団。音楽隊。

【楽団】ガクダン 音楽を合奏する集団。バンド。「市民交響—」

【楽典】ガクテン 楽譜を読み書きするための原理や規則。また、それを記した書物。

【楽譜】ガクフ 楽曲を符号を用いて書き表したもの。「彼女は—を見ずに歌うことができる」類音譜・譜面

【楽屋】ガクや ①劇場などで、出演者が準備や休憩をする部屋。「—入り」②物事の内幕。内情。楽屋裏。「—話」

【楽器】ガッキ 音楽を演奏するための器具。管楽器、弦楽器、打楽器など。

【△楽府】ガフ 漢詩の古体詩の一つ。定型詩と異なり、長短の句を交えて自由に抑揚や変化をつけたもの。由来 もとは中国漢代の音楽をつかさどる役所の意で、そこで採集された詩。

【楽しい】たのしい 心が満ち足りて愉快である。「—いひとときを過ごす」

【楽しみ尽きて悲しみ来る】たのしみつきてかなしみきたる 楽しみも極度に達するとかえって悲しみの情がわいてくること。また、楽しみは永遠には続かないこと。楽しみの後に悲しみがおそってくること。参考「悲しみ」は「憂え」ともいう。

【楽しむ】たのしむ ①楽しいと感じ、心が満ち足りる。「人生を—む」②好きなことをして心を愉快にさせる。「釣りを—む」③期待して喜ぶ。「子供の成長を—む」

【〈楽車〉】だんじり 祭りのとき、飾りをつけて引き歩く車。特に、関西方面の言い方。だし。やま。表記「檀尻・山車」とも書く。

【楽隠居】ラクインキョ 子に跡目を譲り、隠居して安楽に生活すること。また、その人。「—の身」

【楽園】ラクエン 悩みや苦しみのない、平和で楽しみに満ちた所。パラダイス。「この世の—」類楽土・極楽

【楽髪】ラクがみ 安楽にしていると、頭髪の伸びが早いということ。「苦爪—(苦労すると爪の伸びが早く、楽をすると髪の伸びが早い)」

【楽勝】ラクショウ 楽に勝つこと。「—ムードを覆された」類大勝 対辛勝

【楽天家】ラクテンカ 何事もよいほうに明るく考える人。オプティミスト。対厭世家

【楽土】ラクド 苦しみや心配事がなく、楽しく暮らせる土地。「王道—を夢見る」類楽園

【楽は苦の種、苦は楽の種】ラクはクのたね、クはラクのたね 楽は苦を、苦は楽を生むもとになること。今は苦しくても、のちの楽につながるからじっと耐えなければいけないということ。

【楽日】ラクび 興行の最後の日。千秋楽。楽。「—を迎える」

【楽焼】ラクやき ①ろくろを使わず手で形を作り、低温で焼いた陶器。②素焼きの陶器に客が絵や文字をかいて焼きあげるもの。由来 ①創始者が豊臣秀吉から「楽」の金印を賜ったことからという。

【楽楽】ラクラク ①気楽なさま。「—と暮らす」②たやすいさま。「難しい曲を—と弾く」

【楽観】ラッカン 物事の成り行きをよいほうに考えて心配しないこと。「—的な考え」「前途を—する」対悲観

ガク【▲樂】(15) 木11 6059 5C5B ▼楽の旧字(二〇五)

ガク【▲學】(16) 子13 5360 555C ▼学の旧字(二〇四)

ガク【★諤】(16) 言9 1 7564 6B60 音ガク 訓

意味 おそれず直言する。遠慮なく言う。「諤諤」類咢・愕・鄂

【▲諤▲諤】ガクガク 正しいと思うことを遠慮せずに述べるさま。直言するさま。「千人の諾諾は一士の—に如かず」「侃侃—」表記「愕愕」とも書く。

ガク【壑】(17) 土14 1 5259 545B 音ガク 訓たに・みぞ

意味 たに。みぞ。「壑谷」

下つき 山壑・大壑

ガク【▲嶽】(17) 山14 5454 5656 ▼岳の旧字(二〇五)

ガク【鍔】(17) 釒9 準1 3655 4457 音ガク 訓つば

意味 ①刀のつば。「鍔際」「鍔元」②刀の刃。きっさき。

下つき 金鍔・銀鍔

【▲鍔】つば ①刀の柄と刀身の間の、持つ手を保護する平たい金具。②帽子のひさし。「—の広い帽子」③釜の胴に薄く突き出て竈にかけるようになった部分。表記「鐔」とも書く。参考 もとは刀の刃の意。

【鍔競り合い・鍔△迫り合い】つばぜりあい ①互いに相手の刀を鍔で受けとめたまま押し合うこと。②互いに譲らず、激しく争うこと。「両者―を演じている」

ガク【額】(18) 頁9 常 教6 1959 335B 音 ガク 訓 ひたい 外 ぬかずく

筆順

意味 ①ひたい。おでこ。ぬか。「前額」②がく。書画などをおさめて、門・壁などに掲げておくもの。また、そのわく。「額縁」「勅額」「扁額(ヘンガク)」③たか。量。お金の数値。「価額」「差額」「定額」

下つき 価額(カガク)・巨額(キョガク)・金額(キンガク)・減額(ゲンガク)・高額(コウガク)・差額(サガク)・残額(ザンガク)・少額(ショウガク)・税額(ゼイガク)・全額(ゼンガク)・前額(ゼンガク)・総額(ソウガク)・増額(ゾウガク)・多額(タガク)・定額(テイガク)・篆額(テンガク)・半額(ハンガク)・満額(マンガク)

【額縁】ガクぶち ①書画などを飾るためにはめるわく。額。「賞状を―に入れて飾る」②窓や出入り口のまわりにつける飾りの木。

【額面】ガクメン ①書画を入れた額。掛け額。②「額面価格」の略。公債や証券などに書かれた金額。「―割れ」③表面上の意味。「話を―どおりに聞く」

【△額突く・△額△衝く】ぬかずく 額(ひたい)を地面につけておがむ。また、そのようにおじぎをする。「神前に―く」 表記「叩頭く」とも書く。

【額】ひたい まゆと髪の生えぎわとの間。おでこ。「―に汗して働く」「―を集めて相談する」「猫の―ほどの庭」

ガク【顎】(18) 頁9 常 2 1960 335C 音 ガク 訓 あご

筆順

意味 あご。「上顎」

下つき 下顎(カガク・したあご)・上顎(ジョウガク・うわあご)

【顎】あご ①人や動物の口の上下にある、物をかんだり発声したりするのに使う器官。②下あご。おとがい。「―で使う(高慢な態度で人に命令する)」「―を外す(大いに笑う)」「―をなでる(得意なようす)」

【顎振り三年】尺八で、あごを振って音を調節できるまでに三年かかるということ。尺八の修業の厳しさをいう語。参考「首振り三年」ともいう。

ガク【鰐】★ (20) 魚9 準1 4744 4F4C 音 ガク 訓 わに

意味 ①わに。ワニ目の爬虫(ハチュウ)類の総称。鰐魚。②わにざめ。サメ(鮫)・フカ(鱶)の古名。

【▲鰐魚】ガクギョ 「鰐(わに)」に同じ。

【▲鰐】わに ①ワニ目の爬虫(ハチュウ)類の総称。熱帯の川や湖にすむ。全身がかたいうろこ状の皮でおおわれ、あしは短く鋭い歯と強力な尾をもつ。肉食性。「―皮の財布」「沼地に大きな―が棲(す)んでいる」②サメ類の古名。

【▲鰐口】わにぐち ①社殿や仏堂の軒につるし、参拝者が綱で打ち鳴らす、金属製で偏平な円形の道具。②口の形が横に広い人をあざけっていう語。

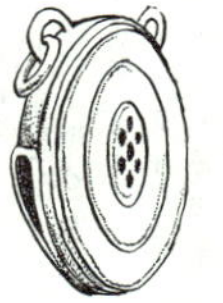

〔鰐口(わにぐち)〕

ガク【鶚】(20) 鳥9 1 8313 732D 音 ガク 訓 みさご

意味 みさご。タカ科の大形の鳥。水辺にすみ、急降下して魚を捕らえる。うおたか(魚鷹)。「鶚視」「鶚書」「鶚薦」

【▲鶚】みさご タカ科の鳥。▼雎鳩(みさご)(七二九)

ガク【齶】(24) 歯9 1 8391 737B 音 ガク 訓 はぐき

意味 はぐき(歯茎)。類 齦(ギン)

【▲齶】はぐき 歯の根もとを包んでいる肉の部分。類 歯肉・歯齦(シギン) 表記「歯茎」とも書く。

かくす【隠す】(14) 阝11 常 1703 3123 ▼イン(六七)
かくまう【△匿う】(10) 匚8 常 3831 463F ▼トク(一一六八)
かくれる【隠れる】(14) 阝11 常 1703 3123 ▼イン(六七)
かくれる【▲蟄れる】(17) 虫11 7415 6A2F ▼チツ(一〇三九)
かくれる【▲竄れる】(18) 穴13 6766 6362 ▼ザン(五九三)
かぐわしい【△芳しい】(7) 艹4 常 4307 4B27 ▼ホウ(一三九七)
かぐわしい【▲郁しい】(9) 阝6 1674 306A ▼イク(四二)
かけ【△賭】(16) 貝9 常 3750 4552 ▼ト(一一三〇)
かげ【陰】(11) 阝8 常 1702 3122 ▼イン(六五)
かげ【▲蔭】(14) 艹11 1694 307E ▼イン(六七)
かげ【影】(15) 彡12 常 1738 3146 ▼エイ(八七)
かげ【▲翳】(17) 羽11 7042 664A ▼エイ(八九)

同訓異義 かげ

【影】日・月・灯火などの光。光によってできたものの形。「月影」「星影」「障子に映る影」「影絵」「見る影もない」「噂(うわさ)をすれば影」「影武者」

【陰】物にさえぎられて光や風の当たらないところ。「日陰」「建物の陰に隠れる」「陰で悪口を言う」「陰になり日向(ひなた)になり」「陰干し」

【▲蔭】草木のかげ。人からの恩恵。「コーチのお蔭で優勝できた」「お蔭様で」

【▲翳】物におおわれたかげ。「陰」に近い意。

がけ【崖】(11) 山8 常 1919 3333 ▼ガイ(一九一)

かけい【▲筧】(13) ⺮7 6810/642A ▼ケン(四三〇)

かけす【鵥】(18) 鳥7 国 1 音 訓 かけす

意味 かけす。カラス科の鳥。他の鳥の鳴き声をよくまねる。参考 巣を杯の形に懸けるように作ることから「かけす」の名がある。また、カシの実を好むので「樫鳥(かしどり)」ともいう。

かけはし【△桟】(10) 木6 常 2723/3B37 ▼サン(五八五)

かける【欠ける】(4) 欠0 教 2371/3767 ▼ケツ(四〇九)

かける【▲挂ける】(9) 扌6 5744/594C ▼ケイ(三九〇)

かける【架ける】(9) 木5 常 1845/324D ▼カ(一四七)

かける【掛】(11) 扌8 常 3 1961/335D 音 訓 かける・かかる・かかり

筆順 一 十 扌 扌 扌 扌 挂 挂 掛 掛 9

意味 ①かける。かかる。つりさげる。②かかわる。かかり。「掛員」類 係 ③かけ。金銭の支払いをあとでする売買。掛売り。

【掛かり】かかり ①最初の部分。ひっかかり。「エンジンの—が悪い」「魚の—がいい」②必要な費用・経費。「—がかさむ」③建物などのつくり。構造。「舞台の—」④関係すること。かかわり。「—切りになる」

【掛売り】かけうり 即金ではなく、代金をあとで受け取る約束で品物を売ること。類 貸売り 対 掛買い

【掛替え】かけがえ 予備のために備えておく同種のもの。かわり。ひかえ。「人間の命は—のないものだ」

【掛乞い】かけごい 掛売りの代金を取り立てて回ること。また、その人。掛取り。「—に歩く」類 掛集め・集金人 季 冬

【掛△詞】かけことば 修辞法の一つ。同音を利用して、一つの言葉に二つの意味をもたせるもの。「秋の野に人まつ虫の…」の「まつ」は「人待つ」と「松虫」を兼ねるなど。和歌や謡曲などに多くみられる。表記「懸詞」とも書く。

【掛軸】かけジク 装飾・鑑賞用に床(とこ)の間などにかける軸に表装した書画。掛け物。

【掛▲矧ぎ・掛△接ぎ】かけはぎ 二枚の布の継ぎ目がわからないようにつなぎ合わせる縫い方。かけつぎ。

【掛ける】かける ①つるしたり、置いたりする。「絵を壁に—ける」「鍋(なべ)を火に—ける」②かぶせる。「毛布を—ける」③高く上げる。「帆を—けて走る」④閉ざす。「かぎを—ける」⑤はかる。「てんびんに—ける」⑥ゆだねる。「医者に—ける」「会議に—ける」⑦気にする。「心に—ける」⑧かけ算をする。⑨かけ値をする。⑩作用を及ぼす。「誘いを—ける」⑪…し始める。…しそうになる。「書き—ける」「倒れ—ける」

【掛△錫】カシャク 仏 僧が行脚(アンギャ)の途中で他の寺に滞在すること。転じて、僧堂に籍をおいて修行をすること。由来 錫杖(シャクジョウ)を僧堂の鉤(かぎ)に掛けておく意から。表記「挂錫」とも書く。参考「カ」は慣用音。

【〈掛絡〉・〈掛落〉・〈掛羅〉】から ①仏 禅僧が肩に掛けて前に垂れるようにつける略式の袈裟(ケサ)。②根付け。また、根付けのついた印籠(インロウ)など。由来 ①掛けて身に絡(まと)う意から。

かける【▲翔る】(12) 羽6 7038/6646 ▼ショウ(七五六)

かける【駆ける】(14) 馬4 常 2278/366E ▼ク(三七〇)

かける【賭ける】(16) 貝9 常 3750/4552 ▼ト(一一三〇)

かける【▲虧ける】(17) 虍11 7344/694C ▼キ(二八四)

かける【▲闕ける】(18) 門10 7977/6F6D ▼ケツ(四一四)

かける【懸ける】(20) 心16 常 2392/377C ▼ケン(四三六)

同訓異義 かける・かかる

【掛ける】つりさげる。上にのせる。作動させる。費やす。ほか、広く用いる。「表札を掛ける」「はしごを掛ける」「やかんを火に掛ける」「電話を掛ける」「時間を掛ける」

【架ける】一方から他方へかけわたす。「橋を架ける」「縄を架ける」「島々を結ぶ架け橋」

【懸ける】つりさげる。託する。気持ちを向ける。「命を懸ける」「優勝が懸かる」「賞金を懸ける」「望みを懸ける」「両国の懸け橋」

【賭ける】金品を勝利の賞として争う。危険や困難を覚悟で事にあたる。「お金を賭けて勝負する」「賭け事」「野球に青春を賭ける」「社運を賭けた一大プロジェクト」

【駆ける】人や動物が走る。馬に乗って走る。「子供が駆ける」「駆け足」「荒野を駆ける」「駆け出しの記者」「駆けつける」

【▲翔る】鳥のように空を自由に飛ぶ。「大空を翔る鳥」「世界を翔る翼(つばさ)」

【係る】関係する。「本件に係る訴訟」「係りの人」「生死に係わる事故」「係り結び」

【▲罹る】病気になる。「風疹(フウシン)に罹る」

かげる【陰る】(11) 阝8 常 1702/3122 ▼イン(六五)

かげる【▲翳る】(17) 羽11 7042/664A ▼エイ(八九)

かご【▲筐】(12) ⺮6 6794/637E ▼キョウ(三三九)

かご【▲籃】(20) ⺮14 6855/6457 ▼ラン(一五五四)

かご【籠】(22) ⺮16 常 6838/6446 ▼ロウ(一六二〇)

かこい【▲埒い】(10) 土7 5231/543F ▼ラチ(一五四九)

かこう【囲う】(7) 口4 教 1647/304F ▼イ(二七)

かこつ【△託つ】(10) 言3 常 3487/4277 ▼タク(一〇〇二)

かこつ【▲喞つ】(12) 口9 5136/5344 ▼ショク(七八三)

かこつける【△託ける】(10) 言3 常 3487/4277 ▼タク(一〇〇二)

かこむ【囲む】(7) 口4 教 1647/304F ▼イ(二七)

かさ【▲疽】(10) 疒5 6552/6154 ▼ショ(七二八)

かさ【▲笠】(11) 竹5 1962/335E ▼リュウ(一五七〇)

かさ【傘】(12) 人10 常 2717/3B31 ▼サン(五八七)

かさ【△量】(12) 里5 教 4644/4E4C ▼リョウ(一五七八)

かさ【▲嵩】(13) 山10 3183/3F73 ▼スウ(八三五)

かさ【▲暈】(13) 日9 5884/5A74 ▼ウン(八二)

かさ【△蓋】(13) 艹10 常 1924/3338 ▼ガイ(一九二)

かさ【▲瘡】(15) 疒10 6576/616C ▼ソウ(九四八)

同訓異義 かさ

【傘】雨や日光をさえぎるために手でさす、柄(え)のついたかさ。「雨傘」「日傘」「アメリカの核の傘に頼る」

【笠】雨や日光をさえぎるために頭にかぶるかさ。「菅(すげ)の笠」「陣笠」「電灯の笠」「松茸(まつたけ)の笠」「自分の地位を笠に着て物を言う」

【暈】太陽や月のまわりにできる光の輪。「月の暈」

【瘡】皮膚にできるできもの。「瘡蓋(かさぶた)」

【嵩】物の大きさや容積・体積。「荷物の嵩が張る」「川の水嵩が増す」

【量】入れ物などの容積。人の力や大きさ。「茶碗(チャワン)一杯の量」「力量」

かささぎ【▲鵲】(19) 鳥8 8307/7327 ▼ジャク(六六九)

かざす【▲翳す】(17) 羽11 7042/664A ▼エイ(八九)

かさなる【△累なる】(11) 糸5 常 4663/4E5F ▼ルイ(一五九〇)

かさね【△襲】(22) 衣16 常 2917/3D31 ▼シュウ(六九八)

かさねる【重ねる】(9) 里2 教 2937/3D45 ▼ジュウ(七〇二)

かさねる【▲套ねる】(10) 大7 3769/4565 ▼トウ(一一四三)

かさねる【△複ねる】(14) 衤9 教 4203/4A23 ▼フク(一三四六)

かさねる【△襲ねる】(22) 衣16 常 2917/3D31 ▼シュウ(六九八)

かさぶた【▲痂】(10) 疒5 6548/6150 ▼カ(一五一)

かさむ【▲嵩む】(13) 山10 3183/3F73 ▼スウ(八三五)

かざり【錺】(15) 金7 国 1 7905/6F25 訓 音 かざり

意味 かざり。金属でかざる。「錺職人」

【▲錺職】かざりショク 金属のかんざしや金具などの細かい細工をする職人。錺師。表記「飾職」とも書く。

かざる【△文る】(4) 文0 教 4224/4A38 ▼ブン(一三六〇)

かざる【飾る】(13) 食5 常 3094/3E7E ▼ショク(七八四)

かし【★樫】(15) 木11 国 準1 1963/335F 訓 音 かし

意味 かし。ブナ科の常緑高木の総称。材質が堅く、器具材・建築材などに用いられる。参考 堅い木の意を表している字。

かし【▲橿】(17) 木13 1964/3360 ▼キョウ(三四二)

かじ【▲柁】(9) 木5 3440/4248 ▼ダ(九七四)

かじ【▲梶】(11) 木7 1965/3361 ▼ビ(一二九〇)

かじ【▲舵】(11) 舟5 3441/4249 ▼ダ(九七四)

かじ【▲楫】(13) 木9 6023/5C37 ▼シュウ(六九五)

かじ【▲橈】(16) 木12 6086/5C76 ▼ドウ(一一六六)

かじか【鮖】(16) 魚5 国 1 8227/723B 訓 音 かじか

意味 かじか(鰍)。カジカ科の淡水魚。参考 石の多い所にすむ意を表している字。

かじか【▲鰍】(20) 魚9 1966/3362 ▼シュウ(六九八)

かじかむ【▲悴む】(11) 忄8 5612/582C ▼スイ(八二九)

かしぐ【△炊ぐ】(8) 火4 常 3170/3F66 ▼スイ(八二八)

かしぐ【△傾ぐ】(13) 亻11 常 2325/3739 ▼ケイ(三九七)

かしぐ【▲爨ぐ】(29) 火25 6406/6026 ▼サン(五九一)

かしこい【賢い】(16) 貝9 常 2413/382D ▼ケン(四三三)

かしこまる【△畏まる】(9) 田4 常 1658/305A ▼イ(三〇)

かしずく【▲傅く】(12) 亻10 4892/507C ▼フ(一三三〇)

かしましい【▲姦しい】(9) 女6 2015/342F ▼カン(二三九)

かしら【▲頁】(9) 頁0 4239/4A47 ▼ケツ(四一二)

かしら【△首】(9) 首0 教 2883/3C73 ▼シュ(六七六)

かしら【▲魁】(14) 鬼4 1901/3321 ▼カイ(一八四)

かしら【頭】(16) 頁7 教 3812/462C ▼トウ(一一五四)

かじる【▲嚙る】(18) 口15 1526/2F3A ▼ゴウ(五三三)

かじる【▲齧る】(21) 齒6 8386/7376 ▼ゲツ(四一七)

かしわ【▲柏】(9) 木5 3980/4770 ▼ハク(一二四〇)

かしわ【▲槲】(15) 木11 6064/5C60 ▼コク(五二八)

かす【△仮す】(6) 亻4 教 1830/323E ▼カ(一三九)

かす【▲粕】(11) 米5 3984/4774 ▼ハク(一二四〇)

かす【貸す】(12) 貝5 教 3463/425F ▼タイ(九八四)

かす【▲滓】(13) 氵10 6272/5E68 ▼シ(六三一)

かす【▲糟】(17) 米11 3376/416C ▼ソウ(九四九)

かす【▲藉す】(17) 艹14 7320/6934 ▼シャ(六六〇)

かず【△員】(10) 口7 教 1687/3077 ▼イン(六三)

かず【数】(13) 攵9 教 3184/3F74 ▼スウ(八三五)

かすか【△幽か】(9) 幺6 常 4509/4D29 ▼ユウ(一五一〇)

かすか【△微か】(13) 彳10 常 4089/4879 ▼ビ(一二九一)

かすがい【鎹】
(18) 金10 国 1 7917/6F31 訓 音 かすがい

意味 かすがい。材木などの合わせ目をつなぐための、両端の曲がったくぎ。転じて、二つのものをつなぐはたらきをするもの。「子は鎹」

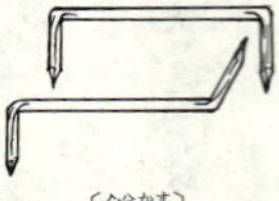
〔鎹(かすがい)〕

かずける【△被ける】(10) 衤5 常 4079/486F ▼ヒ(一二八一)

かずとり【▲籌】(20) ⺮14 6854/6456 ▼チュウ(一〇五〇)

かずのこ【鯑】
(18) 魚7 国 1 8238/7246 訓 音 かずのこ

意味 ニシンの卵。また、それを乾燥したり塩漬けにしたりした食品。かずのこ(数の子)。「新年に子孫繁栄を願って鯑を食べる」 参考 「かずのこ」は鯡(かど)の子の意。

かすみ【▲霞】(17) 雨9 1866/3262 ▼カ(一六〇)

かすむ【▲翳む】(17) 羽11 7042/664A ▼エイ(八九)

かすむ【▲霞む】(17) 雨9 1866/3262 ▼カ(一六〇)

かすめる【▲掠める】(11) 扌8 4611/4E2B ▼リャク(一五六五)

かずら【△葛】(12) 艹9 常 1975/336B ▼カツ(二二四)

かずら【▲鬘】(21) 髟11 8203/7223 ▼マン(一四五〇)

かすり【▲絣】(12) 糸6 6919/6533 ▼ホウ(一四〇八)

かすり【綛】
(13) 糸7 国 1 訓 音 かすり・かせ

〔綛〕6925/6539

意味 ㊀かすり ところどころかすったような模様をおいた織物。また、その模様。「綛模様」 類 絣(ホウ)・纃(かすり) ㊁かせ つむぎ糸を巻きとる道具。類 桛(かせ)

【▲綛(かすり)】かせ ①つむいだ糸を巻き取る道具。かせ木。「紡いだ糸を—に巻き取る」 ②①からはずした糸。 ③一定の枠(わく)に一定の回数だけ糸を巻いて、束ねたもの。かせ糸。また、それを数える語。

表記 ①「桛」とも書く。

かすり【纃】
(20) 糸14 国 1 6977/656D 訓 音 かすり

意味 かすり。ところどころかすったような模様をおいた織物。また、その模様。「纃模様」 類 絣(ホウ)・綛(かすり)

かすれる【▲掠れる】(11) 扌8 4611/4E2B ▼リャク(一五六五)

かすれる【△擦れる】(17) 扌14 常 2704/3B24 ▼サツ(五七三)

かせ【▲枷】(9) 木5 5940/5B48 ▼カ(一四七)

かせ【桛】
(10) 木6 国 1 8566/7562 訓 音 かせ

意味 かせ。つむぎ糸を巻きとる道具。「桛糸」「桛木」 類 綛(かせ)

かせ【△械】(11) 木7 教 1903/3323 ▼カイ(一七八)

かせ【▲綛】(13) 糸7 国 ▼かすり(二一〇)

かぜ【風】(9) 風0 教 4187/4977 ▼フウ(一三三八)

かせぐ【稼ぐ】(15) 禾10 常 1852/3254 ▼カ(一五八)

かぞえる【△計える】(9) 言2 教 2355/3757 ▼ケイ(三九一)

かぞえる【数える】(13) 攵9 教 3184/3F74 ▼スウ(八三五)

かぞえる【△算える】(14) ⺮8 教 2727/3B3B ▼サン(五八九)

かた【方】(4) 方0 教 4293/4A7D ▼ホウ(一三九五)

かた【片】(4) 片0 教 4250/4A52 ▼ヘン(一三七六)

かた【形】(7) 彡4 教 2333/3741 ▼ケイ(三八七)

かた【肩】(8) 肉4 常 2410/382A ▼ケン(四二〇)

かた【型】(9) 土6 教 2331/373F ▼ケイ(三八九)

かた【△模】(14) 木10 教 4447/4C4F ▼モ(一四七八)

かた【潟】
(15) 氵12 教 常 7 1967/3363 訓 音 かた 外 セキ

筆順 氵 氵 氵 氵 氵 沪 沪 泊 泊 泻 泻 潟 潟 (3, 15)

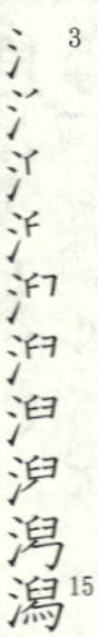

意味 ①ひがた。遠浅の海岸で、潮の満ち干によって隠れたり現れたりする所。 ②砂丘などによって外海から隔てられた海や湖。また、湾。「潟湖」「潟口」

下つき 干潟(ひがた)

同訓異義 かた

【形】目に見える姿・かたち・格好。手本。借金などの抵当。「波形」「ハート形のチョコレート」「自由形」「跡形もない」「形どおりのあいさつ」「畑を形に借金する」

【型】ある決まったかたちをつくる元になるもの。規範になる形式や手本。「鋳型(いがた)」「自動車の新型」「大型の車」「血液型」「型にはまる」「型破りな行動」「うるさ型」「紋切り型」

かたい【固い】(8) 口5 教 2439/3847 ▼コ(四四九)

かたい【堅い】(12) 土9 常 2388/3778 ▼ケン(四二七)

かたい【硬い】(12) 石7 常 2537/3945 ▼コウ(五〇六)

かたい【▲塙い】(13) 土10 4025/4839 ▼カク(二〇〇)

かたい【△確い】(15) 石10 教 1946/334E ▼カク(二〇二)

かたい【▲鞏い】(15) 革6 ▼キョウ(三四一)

かたい【▲艱い】(17) 艮11 7169/6765 ▼カン(二四九)

かたい【難い】(18) 隹10 教 3881/4671 ▼ナン(一一九二)

同訓異義 かたい

【固い】強くしっかりしていて形が変わらない。外から侵されたりしない。かたくなである。「ひもを固く結ぶ」「土を固める」「固い握手」「固い約束」「信念が固い」「地盤が固い」「頭が固い」「緊張して動きが固くなった」

【堅い】中が充実していて壊れにくい。しっかりしていて確実である。「堅い材木」「実が堅い」「堅い守備」「身持ちが堅い」「口が堅い」「手堅い商売」「勝利は堅い」

【硬い】材質が密で形が変わらない。かたくるしい。「軟」の対。「硬い岩石」「手触りの硬い布」「硬いご飯」「硬い土を耕す」「表情が硬い」「文章が硬い」「緊張して硬くなる」

【▲鞏い】丈夫でこわれない。「鞏固(キョウコ)」

【△確い】しっかりしていてたしかである。かたまって動かない。「確固」「確立」

【難い】むずかしい。「想像に難くない」「言うは易(やす)く行うは難し」

かたがた【▲旁】(10) 方6 5853/5A55 ▼ホウ(一四〇四)

かたき【▲仇】(4) イ2 2156/3558 ▼キュウ(三〇一)

かたき【敵】(15) 攵11 教 3708/4528 ▼テキ(一一〇三)

かたくな【△頑】(13) 頁4 常 2072/3468 ▼ガン(二五六)

かたじけない【▲忝い】(8) 小4 5559/575B ▼テン(一一一三)

かたじけない【△辱い】(10) 辰3 常 3111/3F2B ▼ジョク(七八六)

かたしろ【▲尸】(3) 尸0 5389/5579 ▼シ(五九六)

かたち【形】(7) 彡4 教 2333/3741 ▼ケイ(三八七)

かたち【△状】(7) 犬3 教 3085/3E75 ▼ジョウ(七七二)

かたち【△容】(10) 宀7 教 4538/4D46 ▼ヨウ(一五二九)

かたち【△象】(12) 豕5 教 3061/3E5D ▼ショウ(七五七)

かたち【△像】(14) イ12 教 3392/417C ▼ゾウ(九五四)

かたち【△貌】(14) 豸7 常 4338/4B46 ▼ボウ(一四二〇)

かたつむり【▲蝸】(15) 虫9 7387/6977 ▼カ(一五九)

かたどる【△象る】(12) 豕5 教 3061/3E5D ▼ショウ(七五七)

かたどる【△像る】(14) イ12 教 3392/417C ▼ゾウ(九五四)

かたな【刀】(2) 刀0 教 3765/4561 ▼トウ(一一三四)

かたまり【塊】(13) 土10 常 1884/3274 ▼カイ(一八一)

かたまる【固まる】(8) 口5 教 2439/3847 ▼コ(四四九)

かたみ【▲筐】(12) 竹6 6794/637E ▼キョウ(三三九)

かたむく【▲仄く】(4) 人2 4828/503C ▼ソク(九五六)

かたむく【▲昃く】(8) 日4 5864/5A60 ▼ショク(七八一)

かたむく【傾く】(13) イ11 常 2325/3739 ▼ケイ(三九七)

かためる【固める】(8) 口5 教 2439/3847 ▼コ(四四九)

かたよる【偏る】(11) イ9 常 4248/4A50 ▼ヘン(一三八一)

かたよる【▲僻る】(15) イ13 4240/4A48 ▼ヘキ(一三七三)

かたらう【語らう】(14) 言7 教 2476/386C ▼ゴ(四六七)

かたる【△拐る】(8) 扌5 常 1893/327D ▼カイ(一七三)

かたる【語る】(14) 言7 教 2476/386C ▼ゴ(四六七)

かたる【△談る】(15) 言8 教 3544/434C ▼ダン(一〇二六)

かたる【▲騙る】(19) 馬9 8157/7159 ▼ヘン(一三八三)

かたわら【▲旁ら】(10) 方6 5853/5A55 ▼ホウ(一四〇四)

かたわら【△脇ら】(10) 月6 常 4738/4F46 ▼わき(一六二九)

かたわら【△側ら】(11) イ9 教 3406/4226 ▼ソク(九六〇)

かたわら【傍ら】(12) イ10 常 4321/4B35 ▼ボウ(一四一九)

かちどき【▲凱】(12) 几10 1914/332E ▼ガイ(一九一)

カッ【合】(6) 口3 教 2571/3967 ▼ゴウ(五一八)

カツ【刮】

(8) 刂6 1 4973/5169

音 カツ

訓 けずる・こする・こそげる

意味 ①けずる。けずり除く。そぐ。「刮削」 ②こする。「刮目」

【▲刮目】カツモク 目をこすってよく見ること。注意してよく見ること。注目すること。「―に値(あたい)する仕事」

【▲刮目して相待(あいま)つ】人や物事が著しく進歩・成長するのを期待して待ち望むこと。また、今までとちがった見方で相手を見直すこと。故事 中国、三国時代、呉の呂蒙(リョモウ)が孫権の忠告で学問に励み、進歩のはやさで魯粛(ロシュク)を驚嘆させ、魯粛が「りっぱな男は三日見ないだけで、もう目を見開いて見なくてはならないものだ」と言ったという故事から。〈『三国志』〉

【▲刮る】けずーる 刃物などで少しずつそぎ取る。えぐるようにこそげる。

【▲刮げる】こそーげる こすりけずって取る。また、表面に付着している物をかきとってはがす。「靴の泥をへらでーげる」

カツ【劼】

(8) 力6 1 5004/5224

音 カツ

訓 つつしむ・つとめる

意味 ①つつしむ。かたく引き締める。②つとめる。力を尽くす。

カツ【括】

(9) 扌6 常 準2 1971/3367

音 カツ

訓 外くくる・くびる・くびれる

筆順 一 十 扌 扌 扩 扞 扦 括 括

意味 ①くくる。まとめる。くびる。「括弧」「括約」 ②やはず。矢の上端の弦を受ける所。類 筈(カツ)

下つき 一括(イッカツ)・概括(ガイカツ)・総括(ソウカツ)・統括(トウカツ)・包括(ホウカツ)

【括弧】カッコ 数式や文章などを囲んで、他との区別をつける記号。「 」( ) [ ] など。「文章の会話部分を―でくくる」

【括約】カツヤク くくりしめること。ひとまとめにすること。

【括約筋】カツヤクキン 拡大・収縮する輪状の筋肉。肛門(コウモン)・尿道など体外に開く端にあり、内容物の通過調節をする。

【△括△袴】くくりばかま すそをひもでくくるようにした袴(はかま)。直衣(のうし)・狩衣(かりぎぬ)などに着ける指貫(さしぬき)など。

【△括る】くくる ①しばる。たばねる。「袋の口を―る」「髪を―る」②ひとまとめにする。総括する。「括弧で―る」「話を―る」

【△括る】くびる 物体の中ほどを細くしめる。ひきしめる。

【△括れる】くびれる 物の一部分が細く狭(せば)まる。「胴体が―れている」

カツ【曷】(9) 曰5 1 5911 5B2B 音カツ 訓なに・なんぞ・いずくんぞ・いつ

意味 なに。なんぞ。いずくんぞ。どうして。いつ。疑問・反語を表す。「曷若(いかん)」「曷為(なんすれぞ)」

【▲曷んぞ】いずくんぞ どうして。なんで。疑問や反語の意を表す語。

【▲曷】なに なんであるか。疑問・反語の意を表す語。

【▲曷ぞ】なんぞ どうして。なんで。しばしば「…せざる」と反語的に用いる。

カツ【活】(9) 氵6 常 教 9 1972 3368 音カツ 訓(外)いきる・いける・いかす

筆順 丶 冫 氵 氵 汘 汘 汘 活 活

意味 ①いきる。いかす。「活殺」「活用」「生活」対死 ②勢いよく動く。いきいきとしている。「活気」「活発」「快活」③気絶した人の息を吹き返らせる術。

下つき 快活(カイカツ)・死活(シカツ)・自活(ジカツ)・生活(セイカツ)・復活(フッカツ)

【△活かす】いかす ①命を助ける。生きさせる。②生きかえらせる。③役立てる。有効に使う。「持ち味を―す」

【△活きる】いきる ①命を保つ。②暮らす。生活する。③効果・効力を発揮する。また、役立つ。「その一語で文章が―きる」

【△活花】いけばな 木の枝や草花を形よく花器にさす技術。表記「生花」とも書く。

【△活ける】いける 草木の花や枝などを、形を整えて花器にさす。「花を―ける」表記「生ける」とも書く。

【活眼】カツガン 物事の真相を見抜く鋭い眼力。道理を正しく理解する見識。「―を開いて相手を見抜く」

【活気】カッキ 活動のもとになる気力。いきいきとしたようす。元気。「歳末で市場が―づく」「―のある町」類生気

【活況】カッキョウ 商取引などが盛んで、活気のあるさま。「株式市場が―を呈する」類好況・盛況

【活計】カッケイ 生活すること。また、そのための手段や方法。生活の糧(かて)。暮らしむき。家計。生計。「―を立てる」参考「たつき」とも読む。

【活劇】カツゲキ ①格闘場面の多い映画や芝居。「―映画のスター」②乱闘。

【活殺】カッサツ 生かすことと殺すこと。生かしたり殺したりすること。

〔活殺自在〕カッサツジザイ 他を自分の思うとおりに扱うこと。生かすも殺すも意のままであること。類生殺与奪

【活字】カツジ ①活版印刷に使う金属製の文字の型。「―を組む」②雑誌・書籍などの印刷された文字。「―ばなれ」

【活写】カッシャ ありのままをいきいきと写し出すこと。「世相を―する」

【活性】カッセイ ①物質が化学反応を起こしやすくなっている状態。「―炭(タン)で冷蔵庫を脱臭する」②いきいきして活発なありさま。「社会の―化をはかる」

【活着】カッチャク さし木や移植をした植物が根づいて生長すること。

【活動】カツドウ ①盛んに動いたり、働いたりすること。「地域の―家」「就職―」「火山―の休止」②「活動写真」の略。映画の旧称。

【活発】カッパツ 元気で勢いのあるさま。「―な少年」「―に発言する」書きかえ「活潑」の書きかえ字。

【活▲潑】カッパツ ▼書きかえ 活発

【活▲潑▲潑地】カッパツハッチ 物事の勢いが非常に盛んなさま。「活潑潑」は魚がぴちぴちとはね上がるさま。《中庸章句》表記「潑潑」は「発発」とも書く。参考「カッパツパッチ・カツハツハッチ」とも読む。語構成は「活」+「潑潑」+「地」。

【活弁】カツベン 「活動写真弁士」の略。無声映画で、せりふの代弁や画面の説明をする人。

【活▲惚】かっぽれ ①江戸時代末期から明治時代にかけて流行した俗謡と踊り。②歌舞伎(カブキ)舞踊の一つで、常磐津(ときわず)の曲。由来「カッポレカッポレ甘茶でカッポレ」という囃子詞(はやしことば)から。参考「活惚」は当て字。

【活躍】カツヤク 盛んに活動すること。目ざましい働きをすること。「野球大会で―した」

【活用】カツヨウ ①いかして使うこと。利用すること。「余暇の―」②国文法で、用言・助動詞の語尾が語形変化すること。「―形」

【活力】カツリョク 活動するためのもとになる力。活動力。バイタリティー。エネルギー。「―をたくわえる」類精力

【活路】カツロ 追いつめられた状態を切り開く方法。生きのびるみち。「―を見出す」

〈活計〉たつき ①「活計(カッケイ)」に同じ。②手段。てがかり。表記「方便」とも書く。参考「たずき」とも読む。

カツ【喝】(11) 口 8 常 準2 1969/3365 音 カツ 訓 外 しかる・おどす

旧字《喝》(12) 口 9 1/準1 1512/2F2C

筆順 喝

意味 ①しかる。おどす。「喝破」「一喝」「恫喝《ドウカツ》」②大声をあげる。「喝采《カッサイ》」

下つき 威喝《イカツ》・一喝《イッカツ》・恐喝《キョウカツ》・虚喝《キョカツ》・叱喝《シッカツ》・大喝《ダイカツ》・恫喝《ドウカツ》

[喝△火]《カッコ》 仏 禅寺で就寝前に火の用心を呼びかけること。また、その僧。

[喝采]《カッサイ》 歓声をあげたり、拍手をしたりしてほめそやすこと。「ステージが終わり拍手—を浴びた」

[喝△食]《カッシキ》 ①「喝食行者《アンジャ》」の略。大衆に声で食事を知らせる役僧。②「喝食姿」の略。もとどりを結んで垂らし、肩のあたりで切った童子の髪形。③能面の一つ。半僧半俗の若者の男面。前髪のイチョウの形が特徴。④歌舞伎《カブキ》の女形のかつらの一つ。もとどりを結んで後ろに垂らした髪形。

[喝破]《カッパ》 ①正しい道理を明らかにして説くこと。「従来の誤りを—した」②大声でしかりつけること。

[△喝る]《しかる》 大声でどなりつける。大声を出して押しとどめる。

カツ【戛】(11) 戈 7 1 5694/587E 音 カツ 訓 ほこ・うつ

〔戞〕5701/5921

意味 ①ほこ。②うつ。たたく。③こすれあう。金属や石がふれあって鳴る。また、その音。「戛然」

[▲戛▲戛]《カツカツ》 金石など硬い物の触れ合う音。「—と馬蹄《バテイ》の音が響く」

[▲戛然]《カツゼン》 金石など硬い物が触れ合うときの高く鋭い音。また、そのようす。

カツ【渇】(11) 氵 8 常 準2 1973/3369 音 カツ 高 訓 かわく 外 むさぼる

旧字《渴》(12) 氵 9 1/準1 8688/7678

筆順 渇

意味 ①かれる。水がなくなる。「渇水」「枯渇」類 竭《ケツ》 ②のどがかわく。「飢渇」③むさぼる。ひどくほしがる。「渇仰《カツゴウ・カツギョウ》」「渇望」

下つき 飢渇《キカツ》・枯渇《コカツ》・涸渇《コカツ》・焦渇《ショウカツ》

[渇愛]《カツアイ》 ひどく好むこと。また、激しい愛着をもつこと。

[渇仰]《カツゴウ》 ①仏 仏道を深く信仰すること。②人や物事を仰ぎ慕うこと。強くあこがれ慕うこと。参考「カツギョウ」とも読む。

[渇水]《カッスイ》 雨が降らないため、水がかれること。「—期」対 豊水

[渇する]《カッする》 ①のどがかわく。②水がかれる。③欠乏し、はげしく欲しがる。「肉親の愛情に—する」

『渇して井《い》を▲穿《うが》つ』 事が起こってから急に準備しても間に合わない、また、手遅れであることのたとえ。のどがかわいて急に井戸を掘る意から。類 盗人を見て縄を綯《な》う

『渇すれども盗泉の水を飲まず』 どんなに困っても悪人の助けを借りたり、悪事や不正に手を染めたりしないたとえ。故事 孔子はのどがかわいても、「盗泉」という名の泉の水は、嫌って飲まなかったという故事から。〈陸機の詩〉参考 あとに「熱しても悪木の陰に息《いこ》わず」と続く。

[渇望]《カツボウ》 のどがかわいて水を欲しがるように、強くのぞむこと。「平和を—する」

[渇く]《かわく》 ①のどにうるおいがなくなる。また、水がかれる。「—いたのどをうるおす」②心にうるおいとなるものを欠き、強く欲する。「音楽が—いた人の心をうるおす」

カツ【割】(12) 刂 10 教 常 5 1968/3364 音 カツ 中 訓 わる・わり・われる・さく 中

旧字《割》(12) 刂 10 1/準1

筆順 割

意味 ①わる。分ける。さく。「割愛」「割譲」「割腹」②わり。比率。特に、一〇分の一のわりあい。

下つき 断割《ダンカツ》・分割《ブンカツ》・烹割《ホウカツ》

[割愛]《カツアイ》 惜しみながら、手放したり省略したりすること。「時間の関係で—する」

[割拠]《カッキョ》 実力者たちが、それぞれの本拠地で勢力を張ること。「群雄—」

[割譲]《カツジョウ》 所有する土地や物の一部を譲ること。「領土を—する」

[割賦]《カップ》 代金を分割して支払うこと。分割払い。月賦・年賦など。「—販売」参考「わっぷ」とも読む。

[割腹]《カップク》 腹を切って死ぬこと。「—自殺を企てる」類 切腹

[割▲烹]《カッポウ》 ①食べ物を調理すること。また、料理。「—着」②日本風の料理を出す飲食店。「大衆—」参考「烹」は煮る意。

[割▲烹着]《カッポウぎ》 料理をするときに上に着るうわっぱり。また、家事をするときにつける袖《そで》のついた前かけ。

[割礼]《カツレイ》 性器の包皮などの一部を切除する風習。宗教儀礼や通過儀礼として世界各地で行われる。

〈割符〉《さいふ》 鎌倉・室町時代における為替《かわせ》手形。切符《きっぷ》。参考「わりフ・わっプ」とも読む。

【割く】さく ①刃物で切り開く。「魚の腹を―く」②一部を分けて他に与える。「貴重な時間を―いてもらう」「領土を三つに―く」

【割】わり ①割ること。「スイカ―」②「割合」に同じ。③損得の度合い。「―が悪い」「―に合う」④割り当てること。「部屋―」⑤一〇分の一を表す単位。「打率が三―のバッター」

【割合】わりあい ①歩合。比率。「十人に一人の―」②…に比べて。…にしては。わり。「年の―に元気だ」③比較的。思いのほか。「問題は―易しかった」

【割印】わりイン 二枚の書類が一連のものである証明に、両方にまたがって印を押すこと。また、その印。「契約書に―を押す」

【割勘】わりカン 各自が等しい額を負担して勘定を支払うこと。また、各自が自分の代金を支払うこと。「割り前勘定」の略。

【割稽古】わりゲイコ 茶道の稽古で、手順の基本部分を分けて行うこと。袱紗(フクサ)の所作では、たたみ方・付け方・さばき方など。

【割高】わりだか 品質や分量のわりに値段が高いこと。「一個買いは―になる」対割安

【割注・割▲註】わりチュウ 本文中に、注を二行に小さく割り書きすること。また、その注。

【割引】わりびき ①一定の価格より、何割か安くすること。値引き。「―券」対割増 ②「手形割引」の略。③物事をひかえめに見積もること。

【割膝】わりひざ 左右の膝頭を少し開いてすわること。また、その膝。

【割安】わりやす 品質や分量のわりには値段が安いこと。対割高

【割る】わる ①力を加えるなどしてこわす。「皿を―る」②全体をいくつかに分ける。また、分配する。「飲食代金を頭数で―る」③押し分ける。「氷を―りながら船が進む」④割り算をする。⑤心の中をさらけ出す。「腹を―って話す」⑥ある数量・割合以下になる。「入場者が百人を―る」

カツ【▲喝】(12) 口9 1512 / 2F2C ▼喝の旧字(二三)

カツ【▲渇】(12) 氵9 8688 / 7678 ▼渇の旧字(二三)

カツ【★筈】(12) 竹6 準1 4006 / 4826 音 カツ 訓 やはず・はず

意味 ①やはず。矢の先の弦を受けるところ。類括 ②ゆはず(ユハズ)。弓の両端の弦をかけるところ。③当然のすじみち。道理。「手筈」

下つき 手筈(てはず)・矢筈(やはず)・弓筈(ゆはず)

【▲筈】はず ①弓の両端にある弦(つる)をかける部分。弓筈(ゆはず)。②「筈(やはず)①」に同じ。③当然そうあるべきこと。道理。「そんな―はない」参考③弓の弦は合うのが当然であることから。

【▲筈】やはず ①矢の上端にある、弓の弦(つる)をかける部分。はず。②①をかたどった模様。③棒の先を二股(ふたまた)にして、掛軸などを掛け下ろすときに使う道具。表記「矢筈」とも書く。

カツ【聒】(12) 耳6 1 7058 / 665A 音 カツ 訓 かまびすしい・おろか

意味 ①かまびすしい。やかましい。「聒然」②おろかなさま。

下つき 叫聒(キョウカツ)・噪聒(ソウカツ)

【▲聒しい】かまびすしい やかましい。音などがうるさい。「―く鳴く鳥」

〈▲聒▲聒児〉くつわむし クツワムシ科の昆虫の総称。由来「聒聒児」は漢名より。鳴き声が聒(かまびす)しいことから。▼轡虫(くつわむし)(二六七)

カツ【葛】(12) 艹9 常 2 1975 / 336B 音 カツ 訓 くず高 外かたびら・かずら・つづら

筆順 艹 艹 芇 芇 苩 芦 葛 葛 葛 葛

〔葛〕

意味 ①くず。マメ科のつる性多年草。②かたびら。くずで作った布。「葛衣」「葛巾(カッキン)」③かずら。つる草の総称。つづら。「葛籠(つづら)」

下つき 裘葛(キュウカツ)・瓜葛(カッコ)

【▲葛】かずら つる性植物の総称。かずらぐさ。つる草。つづら。

【葛根湯】カッコントウ 乾燥したクズの根・マオウ・ショウガなどを材料とした風邪に用いる漢方薬。

【葛藤】カットウ ①心に相反する欲求が生じ、迷い悩むこと。ジレンマ。②人と人が争い憎みあうこと。もめごと。悶着(モンチャク)。参考カズラ(葛)とフジ(藤)のつるがからまり合って解けない意から。「つづらふじ」と読めば植物名。

【葛】くず ①マメ科のつる性多年草。山野に自生。初秋、紅紫色の花が総状に咲く。根から葛粉(くずこ)を採り、茎から葛布(くずフ)を作る。秋の七草の一つ。季秋 ②葛粉。

【葛餅】くずもち 葛粉を材料とした餅菓子。きな粉や蜜(ミツ)をかけて食べる。季夏

【葛湯】くずゆ 葛粉に砂糖を加え、熱湯を注いでかきまぜた食べ物。季冬

【▲葛】つづら ツヅラフジなど山野に自生するつる性の植物の総称。かずら。つる草。

〈葛籠〉つづら ツヅラフジで編んだ、衣服などを入れる箱形のかご。のちには竹やヒノキの細い薄板で編み、上に紙を張った。

【▲葛▲箙】つづらえびら ツヅラフジで編んだ箙。公卿(クギョウ)を護衛する武官などが用いたもの。参考「箙」は矢を入れて背に負う武具の意。

【▲葛折】つづらおり つづらのつるのように、曲がりくねった坂道。表記「九十九折」とも書く。

【▲葛藤】つづらふじ ツヅラフジ科のつる性落葉植物。山野に自生。夏に薄緑色の花が咲く。つるは強く長く、かごなどを編む。根・茎は鎮痛・消炎・利尿剤など薬用とする。参考「カットウ」と読めば別の意になる。

カツ【蛞】(12) 虫 6 1 7361 695D 訓 音 カツ おたまじゃくし

意味 おたまじゃくし。「蛞螻(カツロウ)」は、おけら。参考「蛞蝓(カツユ)」は、なめくじ、

【〈蛞蝓〉】なめくじ ナメクジ科の軟体動物。カタツムリに似るが殻はない。湿気を好み、草花や野菜を食害。ナメクジラ。「蛇も一生―も一生」季夏 由来「蛞蝓」は漢名から。

【〈蛞蝓〉に塩】苦手なものの前に出て縮みあがり、何もできなくなるたとえ。由来ナメクジに塩をかけるとしぼみ縮むことから。類蛭(ひる)に塩

カツ【滑】(13) 氵10 常 3 1974 336A 訓 音 カツ・コツ すべる・なめらか 外ぬめる

筆順 丶 冫 氵 氵 氵 氵 氵 氵 氵 氵 滑 滑 滑

意味 [一]カツ ①すべる。「滑空」「滑降」「滑走」②なめらか。ぬらぬらする。ぬめる。「滑剤」「円滑」「潤滑」[二]コツ みだす。みだれる。「滑稽(コッケイ)」

下つき [一]円滑(エンカツ)・柔滑(ジュウカツ)・潤滑(ジュンカツ)・平滑(ヘイカツ)

【滑空】カックウ 発動機を使わず、気流に乗って空を飛ぶこと。空中滑走。「―機(グライダー)」

【滑降】カッコウ ①スキーなどですべり降りること。「頂上付近より―した」②「滑降競技」の略。スキー競技の一種。

【滑車】カッシャ 円板の周りの溝に綱などをかけて回転させ、力の方向や大きさを変える装置。重い物を引き上げるときなどに使う。「―で岩石を動かした」

【滑翔】カッショウ ①鳥が羽ばたきをしないで空を飛ぶこと。②上昇気流に乗って、すべるように飛ぶこと。

【滑走】カッソウ 地上・水上・氷上をすべるように走ること。また、すべって進むこと。「飛行機が―して飛び立った」

【滑沢】カッタク ①なめらかでつやのあること。「―剤」②言葉がなめらかで、言いまわしがたくみなこと。

【滑脱】カツダツ なめらかで、変化が自在なさま。「円転―」

【滑落】カツラク 高い所からすべり落ちること。「登山で―事故が起こる」

【滑稽】コッケイ ①おもしろおかしいさま。また、おどけたさま。「―なしぐさ」②ばかばかしく、くだらないさま。「―な話」

【滑稽▲洒脱】コッケイシャダツ 機知に富み、弁舌さわやかに会話を操り、俗気がなくさっぱりとしていること。「―な文章で読者を魅了する」類軽妙洒脱

【滑る】すべる ①物の上をなめらかに動く。「氷の上を―る」②つるつるして足元が不安定になり、バランスをくずす。「雨の日に―って転ぶ」③すべすべしてつかみそこなう。「手が―って皿を落とす」④うっかりしゃべる。「口が―る」⑤試験に落ちる。

【滑子】なめこ モエギタケ科のキノコ。ブナの朽ち木や切り株などに群生。かさは茶褐色で、粘液におおわれる。食用に栽培もする。「―汁」季冬

【滑らか】なめらか ①すべすべしたさま。つるつるしたさま。「―な肌触り」②すらすらと、とどこおりのないさま。「―な英語で外国人と話す」

【△滑△滑】ぬめぬめ なめらかで、湿ってつやのあるようす。「―としたカタツムリ」

【△滑る】ぬめる ぬるぬるする。粘液状ですべる。「里芋が―る」

カツ【猾】(13) 犭10 1 6449 6051 訓 音 カツ わるがしこい・みだれる・みだす

意味 ①わるがしこい。ずるい。「猾賊」「猾民」「狡猾(コウカツ)」②みだす。みだれる。

下つき 獪猾(カイカツ)・奸猾(カンカツ)・狡猾(コウカツ)・老猾(ロウカツ)

【▲猾い】わるがしこい 悪い面に知恵が働くようす。ずるい。「あの子供は―いところがある」表記「悪賢い」とも書く。

カツ【褐】(13) 衤8 常 準2 1976 336C 訓 音 カツ 外ぬのこ

旧字《褐》(14) 衤9 1/準1 9179 7B6F

筆順 ラ 衤 衤 衤 衤 衤 褐 褐 褐

意味 ①ぬのこ。あらい布のそまつな衣服。「褐衣」②こげ茶色。黒ずんだ茶色。「褐色」「褐炭」

下つき 裘褐(キュウカツ)・皮褐(ヒカツ)

【△褐色】かちいろ 黒く見えるほど濃い藍(あい)色。参考「勝ち色」に通じるので、縁起をかつぎ武具などを染めるのに用いられた。「カチ」は呉音。「カッショク」と読めば別の意になる。

【△褐衣】かちえ 狩衣(かりぎぬ)のわきを縫いつけたような中世ころの衣服。下級武官などが着用。かちあお。参考「カチぎぬ」とも読む。「カチ」は呉音。

【△褐△冠】かちかぶり 褐衣(カチエ)に冠をつけた装束。冠には細纓(ほそエイ)がつく。蔵人(くろうど)が着用。参考「カチ」は呉音。

【褐寛博】カツカンパク ①粗末なだぶだぶの衣服。②身分の低い卑しい人。無頼漢。参考「褐」は粗末な服、「寛博」はひろくゆるやかなことの意。

【褐色】カッショク 黒みがかった茶色。「日焼けした―の肌」参考「カチいろ」と読めば別の意になる。

【褐藻】カッソウ 茶色の海藻類。葉緑素のほかに褐色の色素を多く含む。コンブ・ワカメ・ヒジキなど。

【褐炭】カッタン 質のよくない暗褐色の石炭。燃やすとすすが多く出る。

【褐変】カッペン ①植物の一部が病気などで褐色に変わること。②食品が加工中や保存中に褐色に変わること。

カツ【▲褐】(14) 衤9 9179 7B6F ▼褐の旧字(二一五)

カツ【瞎】(15) 目10 1 6650 6252 音 カツ 訓 くらい

意味 ①片方の目が見えないこと。②くらい。道理にくらいこと。

カツ【羯】(15) 羊9 1 7027 663B 音 カツ 訓 えびす

意味 ①えびす。中国の異民族の一つ。「羯鼓」②去勢したヒツジ。

【羯鼓】カッコ ①雅楽に使う両面太鼓。台にのせ、両手にばちを持ってたたく。②能・狂言・歌舞伎で使う小太鼓。胸や腰につけて、ばちで打ちながら舞う。由来 中国の山西省の異民族、五胡の一つである羯が用いた鼓の意から。

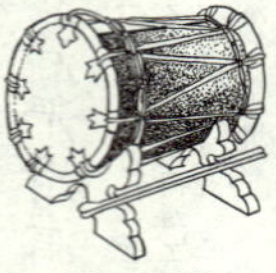

〔羯鼓カッコ①〕

【羯磨】カツマ 仏 ①作業。働き。②儀式や作法。特に、修行者の受戒や懺悔。③「羯磨金剛」の略。三鈷を十字形に組み合わせた密教の法具。

カツ【蝎】(15) 虫9 1 7389 6979 音 カツ 訓 さそり・きくいむし・すくもむし

意味 ①さそり。サソリ目の節足動物の総称。「蛇蝎」類 蠍 ②てらむし。カミキリムシの幼虫。きくいむし。すくもむし。参考「蝎虎」はやもり(守宮)。

下つき 蛇蝎

【蝎】さそり サソリ目の節足動物の総称。▼蠍(二一七)

カツ【豁】(17) 谷10 1 音 カツ 訓 ひらける・ひろい・むなしい

〔豁〕7615 6C2F

意味 ①ひらける。「豁然」②ひろい。度量が大きい。「豁如」③うつろ。むなしい。「空豁」

下つき 開豁・空豁

【▲豁如】カツジョ 心が広いさま。また、心がさっぱりとしたさま。

【▲豁然】カツゼン ①ひろびろと開けるさま。「―と眼前が開く」②疑いや迷いが突然解けるさま。「―と悟る」参考 仏教語では「カツネン」とも読む。

【▲豁然大悟】カツゼンタイゴ 迷いや疑いがにわかに解けて真理を悟ること。「豁然」はからっと開けるさま。

【▲豁達】カッタツ 心が広く、物事にこだわらないようす。「自由―な気質」表記「闊達」とも書く。

【▲豁ける】ひら―ける ①からっと開けている。②通じている。

【▲豁い】ひろ―い ①ひろびろしているようす。②度量が大きい。

カツ【轄】(17) 車10 常 準2 1977 336D 音 カツ 訓 外くさび・とりしまる

旧字《轄》(17) 車10 1/準1

筆順 亘 車 車 軒 軒 軒 轄 轄 轄 轄 (6・9・14)

意味 ①くさび。車輪を軸にとめるもの。「車轄」②とりしまる。とりまとめる。「管轄」

下つき 管轄・所轄・直轄・統轄・分轄

【△轄】くさび 車軸の先端に差しこみ、車輪がはずれないようにしたもの。「―を刺す(まちがいが起こらないよう、あらかじめ念を押す)」

カツ【★闊】(17) 門9 1 7972 6F68 音 カツ 訓 ひろい・うとい

〔濶〕7973 6F69

意味 ①ひろい。面積が広い。心が広い。「闊然」「闊達」②うとい。まわり遠い。「迂闊」「疎闊」「離闊」

下つき 迂闊・快闊・久闊・広闊・疎闊

【▲闊達】カッタツ 心が広く、物事にこだわらないようす。「―に振る舞う」表記「豁達」とも書く。

【▲闊達自在】カッタツジザイ 心が広く細事にこだわらないさま。なにものにもとらわれず、のびのびしているさま。類 自由闊達

【▲闊歩】カッポ ①大股で堂々と歩くこと。「町中を―する」②いばって歩くこと。傍若無人に行動すること。「政界を―する」

【▲闊葉樹】カツヨウジュ 広葉樹の旧称。広く平たい葉をつける樹木。対 針葉樹

【▲闊い】ひろ―い ①ひろびろとしている。②こせこせしないで大らかである。

カツ【鞨】(18) 革9 1 8066 7062 音 カツ 訓 かわぐつ

意味 ①はきもの。くつ。かわぐつ。②「靺鞨」(中国東北部にいたツングース系民族)として用いられる字。

カツ【黠】(18) 黒6 1 8360 735C 音 カツ 訓 わるがしこい・さかしい・さとい

意味 ①わるがしこい。「黠児」類 慧 ②さとい。かしこい。さかしい。ずるい。「狡黠」

下つき 奸黠・狡黠

【▲黠▲鼠】カッソ ネズミ。参考 ネズミの性格が悪賢いと思われたことから。

カツ【蠍】(19) 虫13 1 7424 6A38 音 カツ・ケツ 訓 さそり

意味 さそり。サソリ目の節足動物の総称。「蛇蠍(ダカツ)」
類 蝎(ツカ)

【▲蠍】さそり サソリ目の節足動物の総称。熱帯や亜熱帯にすむ。頭部に一対のはさみ、胸部には四対のあしをもつ。腹部は後ろに行くほど細くなり、先端に毒針がある。季夏 表記「蝎・蠆」とも書く。

【▲蠍座】さそりざ 黄道（天球上の太陽の通り道）における第九の星座。夏、天の川の中に見える。首星はアンタレス。

かつ【且】

(5) 一 4 常 準2 1978 336E
音 外ショ
訓 かつ 外しばらく ・まさに…す

筆順 丨 冂 月 月 且

意味 ①かつ。さらに。一方で…し、一方で…する。「必要且つ十分な条件」②しばらく。ひとまず。③まさに…せんとす。…しそうだ。

下つき 苟且(コウショ)・姑且(コショ)

【且且】かつがつ ①かろうじて。やっと。ともかくも。②不十分ながら。とりあえず。

【△且に】まさ―に 今にも。きっと。漢文訓読で「まさに…す」と再読し、近い将来を表す。

かつ【△克つ】(7) 儿5 常 2578 396E ▼コク(五二四)

同訓異義 かつ

【勝つ】相手を負かす。その傾向が強く出る。「負」の対。「試合に勝つ」「勝ち気な女性」「甘みの勝った煮付け」「食い気が勝つ」

【△克つ】欲望などの感情をおさえつける。「克服」「誘惑に克つ」「己に克つ」「病気に克つ」「悲しみに克つ」

【▲剋つ】力を尽くして相手を負かす。耐えぬく。「克つ」とほぼ同じ。「下剋上(ゲコクジョウ)」

【▲捷つ】すばやく勝利や成功をおさめる。

【▲戡つ】切り殺して戦いにかつ。「戡定(カンテイ)」

かつ【▲剋つ】(9) 刂7 4978 516E ▼コク(五二六)
かつ【▲捷つ】(11) 扌8 3025 3E39 ▼ショウ(七五一)
かつ【勝つ】(12) 力10 教 3001 3E21 ▼ショウ(七五三)
かつ【▲戡つ】(13) 戈9 5702 5922 ▼カン(二四二)
かつ【▲贏つ】(20) 貝13 ▼エイ(九〇)
ガッ【合】(6) 口3 教 2571 3967 ▼ゴウ(五一八)
ガツ【月】(4) 月0 教 2378 376E ▼ゲツ(四一五)
かつお【▲鰹】(22) 魚11 1979 336F ▼ケン(四三七)
かつぐ【担ぐ】(8) 扌5 教 3520 4334 ▼タン(一〇一二)
かつぐ【▲舁ぐ】(10) 臼4 ▼ヨ(一五二二)
かつて【△曽て】(11) 曰7 常 3330 413E ▼ソウ(九三九)
かつて【▲嘗て】(14) 口11 3008 3E28 ▼ショウ(七五九)
かつら【▲桂】(10) 木6 2343 374B ▼ケイ(三九二)
かつら【▲鬘】(21) 髟11 8203 7223 ▼マン(一四五〇)
かて【糧】(18) 米12 常 4640 4E48 ▼リョウ(一五八二)
かてる【▲糅てる】(15) 米9 6882 6472 ▼ジュウ(七〇五)
かど【角】(7) 角0 教 1949 3351 ▼カク(一九六)
かど【門】(8) 門0 教 4471 4C67 ▼モン(一四八八)
かど【△廉】(13) 广10 常 4687 4E77 ▼レン(一六〇五)
かど【▲稜】(13) 禾8 4639 4E47 ▼リョウ(一五七九)
かどわかす【△拐す】(8) 扌5 常 1893 327D ▼カイ(一七三)
かな【▲乎】(5) ノ4 2435 3843 ▼コ(四四六)
かな【▲哉】(9) 口6 2640 3A48 ▼サイ(五五一)
かなう【▲叶う】(5) 口2 1980 3370 ▼キョウ(三三七)
かなう【協う】(8) 十6 教 2208 3628 ▼キョウ(三三一)

かなう【△適う】(14) 辶11 教 3712 452C ▼テキ(一一〇一)
かなう【△敵う】(15) 攵11 教 3708 4528 ▼テキ(一一〇二)
かなう【△諧う】(16) 言9 常 7563 6B5F ▼カイ(一八六)
かなえ【▲鼎】(13) 鼎0 3704 4524 ▼テイ(一〇九七)
かなしい【△哀しい】(9) 口6 常 1605 3025 ▼アイ(四)
かなしい【悲しい】(12) 心8 教 4065 4861 ▼ヒ(一二八二)
かなしむ【悲しむ】(12) 心8 教 4065 4861 ▼ヒ(一二八二)
かなでる【奏でる】(9) 大6 教 3353 4155 ▼ソウ(九三一)
かなまり【▲鋺】(16) 金8 7892 6E7C ▼エン(一〇七)
かなめ【要】(9) 襾3 教 4555 4D57 ▼ヨウ(一五二八)
かならず【必ず】(5) 心1 教 4112 492C ▼ヒツ(一二九六)
かに【▲蟹】(19) 虫13 1910 332A ▼カイ(一八七)
かね【金】(8) 金0 教 2266 3662 ▼キン(三五五)
かね【△鉄】(13) 金5 教 3720 4534 ▼テツ(一一〇四)
かね【▲鉦】(13) 金5 3064 3E60 ▼セイ(八六六)
かね【鐘】(20) 金12 常 3066 3E62 ▼ショウ(七六七)
かねぐら【▲帑】(8) 巾5 5470 5666 ▼ド(一一三三)
かねて【△予て】(4) 亅3 教 4529 4D3D ▼ヨ(一五二〇)
かねる【兼ねる】(10) 八8 常 2383 3773 ▼ケン(四二二)
かの【彼】(8) 彳5 常 4064 4860 ▼ヒ(一二七五)
かのえ【▲庚】(8) 广5 2514 392E ▼コウ(四八七)
かのと【△辛】(7) 辛0 常 3141 3F49 ▼シン(七九三)
かば【▲樺】(14) 木10 1982 3372 ▼カ(一五七)
かばう【▲庇う】(7) 广4 4063 485F ▼ヒ(一二七五)
かばね【△姓】(8) 女5 常 3211 402B ▼セイ(八五三)

かばん【▲鞄】(14) 革5 1983/3373 ▼ホウ(一四一〇)

かび【▲黴】(23) 黒11 8364/7360 ▼バイ(一二三一)

かぶ【株】(10) 木6 常 教 5 1984/3374 音 外シュ 訓 かぶ

筆順 一 十 才 木 木' 木' 杵 株 株 株

意味 ①きりかぶ。くいぜ。また、何本にも分かれている、樹木の根。「株塊」「株根」「守株」②江戸時代、金で売買できた職業や営業上での特権や資格。③「株式」「株券」などの略。「株主」

下つき 親株おや・子株こ・枯株コ・根株コン・守株シュ・新株シン・古株ふる

【株式】かぶシキ ①株式会社の資本を構成する単位。②会社に対する出資者である株主がもつ、権利と義務。株主権。③株式会社が発行する有価証券で、売買や譲渡ができるもの。株券。

【株主】かぶぬし 株式会社の出資者で、株式のもち主。所有する株数に応じて配当を受ける。「―総会を開催する」

【株を守って▲兎を待つ】かぶをまもってうさぎをまつ 古いしきたりにとらわれて融通のきかないたとえ。また、偶然の幸運をあてにするたとえ。故事 中国、春秋時代、宋ソウの農夫が偶然にウサギが切り株にぶつかって死んだのを見て、同じ事が起こるものと仕事もせず切り株を見張って過ごしたため、田畑が荒れ果てた故事から。〈『韓非子カンピシ』〉 参考「守株待兎シュシュタイト」ともいう。

【△株】シュ ①切り株。木を切ったあとに残った部分。②草木を数える語。

かぶと【△甲】(5) 田0 常 2535/3943 ▼コウ(四七六)

かぶと【▲冑】(9) 冂7 4941/5149 ▼チュウ(一〇四七)

かぶと【▲兜】(11) 儿9 1985/3375 ▼トウ(一一四五)

かぶとがに【▲鱟】(24) 魚13 9385/7D75 ▼ゴウ(五三三)

かぶら【▲蕪】(15) 艹12 4183/4973 ▼ブ(一三三七)

かぶらや【▲鏑】(19) 金11 3713/452D ▼テキ(一一〇三)

かぶり【△頭】(16) 頁7 教 3812/462C ▼トウ(一一五四)

かぶる【△被る】(10) 衤5 常 4079/486F ▼ヒ(一二八一)

かべ【△壁】(16) 土13 常 4241/4A49 ▼ヘキ(一三七三)

かま【△缶】(6) 缶0 常 2044/344C ▼カン(二二四)

かま【釜】(10) 金2 常 2 1988/3378 音 外フ 訓 かま

筆順 ノ ハ グ 父 父 斧 斧 斧 釜 釜

意味 かま。飲食物を煮る道具。「釜中」

〈釜殿〉かなえどの 宮中や将軍家の大奥にあった、湯や膳ゼンを準備するための建物。また、そこに仕えた人。かないど。表記「鼎殿」とも書く。

【釜】かま 飯をたいたり湯をわかしたりする金属製の器。鍋なべよりも底が深く、周囲につばがある。炊事や茶席で使う。

【釜の座】かまのザ 中世、京都にあった鋳物師の集団。また、その同業組合。参考「かまんザ」とも読む。

【釜飯】かまめし 一人分の小さな釜の中に鶏とり肉・魚介類・野菜などの具を米と一緒に入れ、味をつけて炊きこんだごはん。

【△釜▲竈】フソウ かまと、かまど。転じて、炊事道具。「山小屋に―を設しつらえる」参考「竈」はかまどの意。

【△釜中の魚】フチュウのうお のがれられない死が目前に迫っているたとえ。かまの中で煮られる直前の魚の意から。〈『資治通鑑シジツガン』〉 類 釜底游魚フテイユウギョ

かま【▲窯】(15) 穴10 常 4550/4D52 ▼ヨウ(一五三五)

かま【鎌】(18) 金10 常 2 1989/3379 音 外レン 訓 かま

旧字《鎌》(18) 金10 1/準1

筆順 4 8 11 16 鎌 (stroke order)

意味 かま。草を刈る農具。「鎌首」

【鎌】かま 草刈りなどに用いる農具。柄えの先に三日月形の刃が付いていて、手前に引いて刈り切る。

【鎌▲鼬】かまいたち 覚えもないのに、鎌で切ったような裂傷ができる現象。風で空気中に真空が生じ、それが人体に触れると起こるという。厳寒時などに多い。鎌風。季冬 由来 昔は目に見えないイタチのしわざと考えられていた。

【鎌首】かまくび 鎌のように曲がった首。おもに、ヘビが攻撃姿勢をとったときのようすをいう。「ヘビが―をもたげている」

【鎌△柄】かまつか ①鎌の柄え。②コイ科の淡水魚。河川の砂底にすむ。体は細長い円筒形で、一対の口ひげがある。全体に褐色で、背に暗褐色の斑点ハンテンがある。食用。スナモグリ。③ウシコロシの別称。バラ科の落葉小高木。④ハゲイトウの別称。季秋 ▼雁来紅はげいとう(二五六) ⑤ツユクサの別称。季秋 ▼鴨跖草つゆくさ(二八) 由来 ②形状が湾曲していて鎌の柄に似ていることから。③材を鎌の柄に用いることから。

【△鎌利】レンリ 鎌のようにするどいこと。

がま【▲蒲】(13) 艹10 1987/3377 ▼ホ(一三九〇)

かまう【△構う】(14) 木10 教 2529/393D ▼コウ(五一〇)

かます【叺】(5) 口2 国 1 5061/525D 音 訓 かます

意味 かます。穀物などを入れるのに用いる、むしろで作った袋。「叺に入れて運ぶ」 参考 口から入れる意を表す字。

かます【▲魳】(15) 魚4 9337/7D45 ▼シ(六二六)
かまち【▲框】(10) 木6 5958/5B5A ▼キョウ(三三四)
かまど【▲竈】(21) 穴16 6762/635E ▼ソウ(九五二)
かまど【▲爨】(29) 火25 6406/6026 ▼サン(五九一)
かまびすしい【▲呶しい】(8) 口5 5083/5273 ▼ド(一一三三)
かまびすしい【▲喧しい】(12) 口9 2386/3776 ▼ケン(四二六)
かまびすしい【▲聒しい】(12) 耳6 7058/665A ▼カツ(二二四)
かまびすしい【▲嘩しい】(13) 口10 1862/325E ▼カ(一五五)
かまびすしい【▲諠しい】(16) 言9 7567/6B63 ▼ケン(四三三)
かまびすしい【▲譁しい】(18) 言11 ▼カ(一六〇)
かまびすしい【▲囂しい】(21) 口18 5179/536F ▼ゴウ(五三三)
かまびすしい【▲讙しい】(24) 言17 7612/6C2C ▼カン(二五二)
かみ【上】(3) 一2 教 3069/3E65 ▼ジョウ(七六八)
かみ【△守】(6) 宀3 教 2873/3C69 ▼シュ(六七四)
かみ【神】(9) 衤5 教 3132/3F40 ▼シン(七九六)
かみ【紙】(10) 糸4 教 2770/3B66 ▼シ(六二五)
かみ【髪】(14) 髟4 常 4017/4831 ▼ハツ(一二五一)

かみしも【裃】
(11) 衤6 国 1 7465/6A61 訓 音 かみしも

意味 かみしも。江戸時代の武士の礼服。参考 上下そろいの衣(衤)の意を表す字。

〔裃かみしも〕

かみなり【雷】(13) 雨5 常 4575/4D6B ▼ライ(一五四五)
かむ【▲咀む】(8) 口5 5082/5272 ▼ソ(九一八)
かむ【▲咬む】(9) 口6 5091/527B ▼コウ(四八九)
かむ【▲噬む】(16) 口13 5167/5363 ▼ゼイ(八七一)
かむ【▲嚙む】(18) 口15 1526/2F3A ▼ゴウ(五三三)
かむ【▲嚼む】(21) 口18 5180/5370 ▼シャク(六六六)
かむ【▲齧む】(21) 歯6 8386/7376 ▼ゲツ(四一七)
かむる【△冠る】(9) 冖7 常 2007/3427 ▼カン(二三七)
かむろ【▲禿】(7) 禾2 3837/4645 ▼トク(一一六八)
かめ【△瓶】(11) 瓦6 常 4151/4953 ▼ビン(一三一六)
かめ【亀】(11) 亀0 常 2121/3535 ▼キ(二七五)
かめ【▲甕】(18) 瓦13 6517/6131 ▼オウ(一一八)
かも【▲鳧】(13) 鳥2 8274/726A ▼フ(一三三二)
かも【▲鴨】(16) 鳥5 1991/337B ▼オウ(一一七)
かもじ【▲髢】(13) 髟3 8186/7176 ▼テイ(一〇九七)
かもしか【▲羚】(11) 羊5 7025/6639 ▼レイ(一五九六)
かもす【▲醱す】(19) 酉12 9290/7C7A ▼ハツ(一二五三)
かもす【醸す】(20) 酉13 常 3090/3E7A ▼ジョウ(七七九)
かもめ【▲鷗】(22) 鳥11 9469/7E65 ▼オウ(一一九)
かや【▲茅】(8) 艹5 1993/337D ▼ボウ(一四一六)
かや【▲茆】(8) 艹5 7191/677B ▼ボウ(一四一六)
かや【▲萱】(12) 艹9 1994/337E ▼ケン(四二九)
かや【▲榧】(14) 木10 6050/5C52 ▼ヒ(一二八四)
かゆ【▲粥】(12) 米6 2001/3421 ▼シュク(七〇九)
かゆ【▲糜】(17) 米11 6886/6476 ▼ビ(一二九三)

かゆ【▲餬】(18) 食9 8123/7137 ▼コ(四五九)
かゆい【▲痒い】(11) 疒6 6558/615A ▼ヨウ(一五三〇)
かゆい【▲癢い】(20) 疒15 6588/6178 ▼ヨウ(一五三七)
かよう【通う】(10) 辶7 教 3644/444C ▼ツウ(一〇七八)
かよわい【▲孅い】(20) 女17 5349/5551 ▼セン(九一二)
から【空】(8) 穴3 教 2285/3675 ▼クウ(三七二)
から【唐】(10) 口7 常 3766/4562 ▼トウ(一一四二)
から【殻】(11) 殳7 常 1944/334C ▼カク(一九九)
から【△幹】(13) 干10 教 2020/3434 ▼カン(二四〇)
から【△漢】(13) 氵10 教 2033/3441 ▼カン(二四二)
から【△韓】(18) 韋8 常 2058/345A ▼カン(二五〇)
がら【柄】(9) 木5 常 4233/4A41 ▼ヘイ(一三六七)
からい【辛い】(7) 辛0 常 3141/3F49 ▼シン(七九三)
からい【▲鹹い】(20) 鹵9 8336/7344 ▼カン(二五一)
からくり【△機】(16) 木12 教 2101/3521 ▼キ(二八二)
からげる【▲紮げる】(11) 糸5 6907/6527 ▼サツ(五七二)
からげる【△絡げる】(12) 糸6 常 4577/4D6D ▼ラク(一五四六)
からさお【▲枷】(9) 木5 5940/5B48 ▼カ(一四七)
からす【▲烏】(10) 灬6 1708/3128 ▼ウ(七二)
からす【▲鴉】(15) 鳥4 8277/726D ▼ア(四)
からだ【体】(7) 亻5 教 3446/424E ▼タイ(九七七)
からだ【▲軀】(18) 身11 9242/7C4A ▼ク(三七〇)
からびる【△枯びる】(9) 木5 常 2447/384F ▼コ(四五三)
がらみ【▲搦み】(13) 扌10 5778/596E ▼ジャク(六六八)
からむ【絡む】(12) 糸6 常 4577/4D6D ▼ラク(一五四六)

からむし【▲苧】(8) ⺾5 3587/4377 ▼チョ(一〇五一)
からめる【▲搦める】(13) 扌10 5778/596E ▼ジャク(六六八)
かり【仮】(6) イ4 教 1830/323E ▼カ(一三九)
かり【▲畋り】(9) 攵5 5834/5A42 ▼デン(一一一二)
かり【狩り】(9) 犭6 常 2877/3C6D ▼シュ(六七六)
かり【△猟り】(11) 犭8 常 4636/4E44 ▼リョウ(一五七七)
かり【雁】(12) 隹4 2071/3467 ▼ガン(二五六)
かり【△債り】(13) イ11 常 2636/3A44 ▼サイ(五五八)
かり【▲蒐り】(13) ⺾10 2915/3D2F ▼シュウ(六九五)
かりもがり【▲殯】(18) 歹14 6150/5D52 ▼ヒン(一三三五)
かりる【借りる】(10) イ8 教 2858/3C5A ▼シャク(六六四)
かりる【▲藉りる】(17) ⺾14 7320/6934 ▼シャ(六六〇)

かる【刈】(4) 刂2 常 4 2002/3422 音 外ガイ・カイ 訓 かる

筆順 ノ メ 刈 刈

意味 かる。かりとる。草をかる。「刈穫」「芟刈サンガイ」
類 乂ガイ・艾ガイ 参考 はさみ(乂)と刀(刂)とからできている字。
下つき 芟刈サンガイ・斬刈ザンガイ

【刈▲葱】かりぎ ネギの一変種。葉は細く柔らかい。秋に種をまき、夏に刈って食べる。ナツネギ。季夏

【刈安】かりやす ①イネ科の多年草。山地に自生。葉は細く、ススキに似る。茎・葉は干して黄色の染料とする。②「刈安染め」の略。カリヤスで染めた色。また、そのもの。表記「青茅」とも書く。

【刈る】かる ①取り除く。切り取る。「庭の雑草を―る」②切りそろえる。「髪を―る」表記「苅る」とも書く。

【刈▲萱】かるかや イネ科の多年草。山野に群生。葉は細長く、秋に褐色の穂を出す。髭根ひげねから、たわしなどを作る。メガルカヤ。季秋

かる【▲艾る】(5) ⺾2 7172/6768 ▼ガイ(一九〇)
かる【▲芟る】(7) ⺾4 7176/676C ▼サン(五八四)
かる【狩る】(9) 犭6 常 2877/3C6D ▼シュ(六七六)
かる【△猟る】(11) 犭8 常 4636/4E44 ▼リョウ(一五七七)
かる【駆る】(14) 馬4 常 2278/366E ▼ク(三七〇)
かるい【軽い】(12) 車5 教 2358/375A ▼ケイ(三九六)
かれ【▲伊】(6) イ4 1643/304B ▼イ(二五)
かれ【彼】(8) 彳5 常 4064/4860 ▼ヒ(一二七五)
かれい【▲鰈】(20) 魚9 8255/7257 ▼チョウ(一〇六九)
かれいい【▲餉】(15) 飠6 8114/712E ▼ショウ(七六三)
かれる【枯れる】(9) 木5 常 2447/384F ▼コ(四五三)
かれる【▲涸れる】(11) 氵8 6233/5E41 ▼コ(四五六)
かれる【▲嗄れる】(13) 口10 5146/534E ▼サ(五四六)
かれる【▲槁れる】(14) 木10 6041/5C49 ▼コウ(五一〇)

同訓異義 かれる
【枯れる】草木が水分を失う。熟練の結果、余分なものが取れて深みが出る。「塩害で木が枯れる」「冬枯れ」「枯れ山水」「芸が枯れる」
【▲涸れる】水がなくなって干あがる。才能などが尽きる。「井戸水が涸れる」「地下水が涸れる」「財源が涸れる」「情熱が涸れる」
【▲槁れる】水分を失ってひからびる。
【▲嗄れる】声がかすれる。しわがれる。「喋しゃべり過ぎて声が嗄れる」「泣き声が嗄れる」

かろやか【軽やか】(12) 車5 教 2358/375A ▼ケイ(三九六)

ガロン【呏】(7) 口4 国 1 音 訓 ガロン

意味 ガロン。容量の単位。一ガロンはイギリスで約四・五リットル、アメリカと日本で約三・八リットル。

かわ【川】(3) 川0 教 3278/406E ▼セン(八九三)
かわ【皮】(5) 皮0 教 4073/4869 ▼ヒ(一二七四)
かわ【河】(8) 氵5 教 1847/324F ▼カ(一四五)
かわ【革】(9) 革0 教 1955/3357 ▼カク(一九七)

同訓異義 かわ
【皮】動物や植物の表面をおおっているもの。物事を包んでいるもの。「毛皮」「果物の皮」「杉皮すぎかわ」「面の皮が厚い」「化けの皮が剝はがれる」
【革】動物の皮の、毛を取って柔らかくしたもの。なめしがわ。「革靴かわぐつ」「革の財布」「電車の吊つり革」「革張りの本」

がわ【側】(11) イ9 教 3406/4226 ▼ソク(九六〇)
かわうそ【▲獺】(19) 犭16 6460/605C ▼ダツ(一〇〇九)
かわかす【乾かす】(11) 乙10 常 2005/3425 ▼カン(二三一)
かわく【乾く】(11) 乙10 常 2005/3425 ▼カン(二三一)

同訓異義 かわく
【乾く】水分や湿気がなくなる。「湿」の対。「洗濯物が乾く」「空気が乾く」「土が乾いてほこりが舞う」「乾いた感性」
【渇く】のどに潤いがなくなり、水分が欲しくなる。比喩ひゆ的にも用いる。「のどが渇く」「心の渇きをいやす」「渇望カツボウ」
【△燥く】火でかわく。水分がなくなり、軽くなる。「乾燥」

かわく【▲晞く】(11) 日7 5875/5A6B ▼キ(二七四)
かわく【渇く】(11) 氵8 常 1973/3369 ▼カツ(二二三)
かわく【△燥く】(17) 火13 常 3371/4167 ▼ソウ(九四九)
かわごろも【▲裘】(13) 衣7 7468/6A64 ▼キュウ(三二〇)
かわす【交わす】(6) 亠4 教 2482/3872 ▼コウ(四七七)
かわす【▲躱す】(13) 身6 7730/6D3E ▼タ(九七二)
かわや【▲廁】(12) 广9 5490/567A ▼シ(六一八)
かわら【瓦】(5) 瓦0 常 2004/3424 ▼ガ(一六一)
かわら【▲甎】(16) 瓦11 6515/612F ▼セン(九一〇)
かわら【▲甓】(18) 瓦13 6518/6132 ▼ヘキ(一三七四)
かわる【△化わる】(4) 匕2 教 1829/323D ▼カ(一三五)
かわる【代わる】(5) 亻3 教 3469/4265 ▼ダイ(九九六)
かわる【変わる】(9) 夂6 教 4249/4A51 ▼ヘン(一三七九)

同訓異義 かわる・かえる

【変わる】状態や位置が前と違ったものになる。ふつうと異なる。「花の色が変わる」「移り変わる」「心変わり」「変わり者」
【▲渝わる】中身が入れかわる。変質する。
【代わる】入れかわる。他のもののかわりとする。「社長が代わる」「命に代えられない」「身代わり」「挨拶に代えて書状を送る」
【替える】別のものに取りかえる。「振り替え休日」「替え玉」「日替わり定食」「部屋の模様替え」「手を替え品を替え」
【換える】物と物とを取りかえる。「交換」「獲物を金に換える」「急行に乗り換える」「新しい住所に書き換える」「言い換える」
【△更える】今までのものをすべて新しくする。「更迭」「契約を更える」「衣更え」

かわる【替わる】(12) 曰8 常 3456/4258 ▼タイ(九八四)
かわる【▲渝わる】(12) 氵9 6265/5E61 ▼ユ(一五〇三)

カン【干】(3) 干0 教 常 5 2019/3433

音 カン
訓 ほす・ひる㊥ おかす・かかわる㊥・もとめる・たて

筆順 一 二 干

意味 ①ほす。ひる。かわく。「干拓」「干瓢」「干天」 類 乾 対 満 ②おかす。かかわる。「干渉」「干犯」「干与」 ③もとめる。「干誉」「干禄」 ④たて(盾)。また、ふせぐ、まもる。「干戈」「干城」 ⑤いくらか。少し。「若干」 ⑥みき。えとのじっかん(十干)。「干支」 対 支 ⑦てすり。「欄干」 類 杆 参考「于」は別の字。

書きかえ 「ひでり」の意では、「旱」の書きかえ字。

下つき 支干・十干・若干・水干・満干・闌干・欄干

【〈干支〉】え と 十干と十二支を組み合わせたもの。甲子・乙丑・丙寅など六〇種の組み合わせがある。年月・時刻・方角などに用いる。由来「兄」と「弟」の意から。参考「カンシ」とも読む。▼干支順位表(一六六〇)

【△干す】おか-す 障害を越えて突き進む。他の領域を害する。押し掛けて求めかかわる。

【干▲戈】カン カ ①たてとほこ。また、武器。②戦争。「―を交える(戦争をする)」

【干害】カン ガイ ひでりのための水不足で起こる、農作物などの被害。「今年は―で不作だ」 書きかえ「旱害」の書きかえ字。

【干渉】カン ショウ ①他人のことに立ち入って口をはさむこと。「子どもへの過―はいけない」 ②一国が他国の内政・外交などに口出しすること。「内政―」 ③光波・音波などで二つの波が同一点で重なったとき、互いに強めあったり弱めあったりする現象。「光の―を観測する」

【干将▲莫△邪】カンショウ バクヤ 名剣の名。「干将」は、中国、春秋時代、呉の刀鍛冶の名。「莫邪」は、その妻の名。故事 呉王の闔閭に刀作りを命じられた干将は最初はなかなかはかどらなかったが、莫邪が頭髪と爪を切って炉に入れたところ、鉄がよく溶け、ついに名剣を作り上げたという故事から。〈『呉越春秋』〉

【干拓】カン タク 遠浅の海や湖沼などに堤防・水門を造って排水し、その土地を農地や宅地などにすること。「―工事」

【干潮】カン チョウ 潮がひき、海面が最も低くなる状態。ひきしお。「―時の水位を記録した」 対 満潮

【干天】カン テン ひでりが続く空。季 夏 書きかえ「旱天」の書きかえ字。

【『干天の慈雨』】ひでり続きのときに雨が降るように、困り果てたときに救われるたとえ。また、待望していたことが実現するたとえ。

【干▲魃】カン バツ 長い間、雨が降らないこと。水が涸れ。ひでり。「―に見舞われる」 表記「旱魃」とも書く。

【干犯】カン パン 干渉して、他の権利をおかすこと。「領空権を―する」 類 侵犯

【干▲瓢】カン ピョウ ユウガオの果肉をひものように薄くむいて乾燥させた食品。水でもどして使う。表記「乾瓢」とも書く。

【干満】カン マン 潮のみちひき。干潮と満潮。みちひ。「潮の―を観測する」

【干与】カン ヨ 関係すること。たずさわること。「計画に―する」 参考「関与」とも書く。

【干▲禄】カン ロク ①禄(武士の給与)を求めること。仕官を望むこと。②天からの福を求めること。天の恵みを願うこと。

【干上がる】ひ あ-がる ①完全に乾く。「田が―る」 ②貧しくて生活に困る。「顎が―る」 表記「乾上がる」とも書く。

【干菓子】ひがし 水分の少ない和菓子。らくがん・しおがまなど。対生菓子(なまがし)。表記「乾菓子」とも書く。

【干潟】ひがた 遠浅の海でひき潮のときに現れる浅瀬。「—に鳥が集まる」季春

【干▲涸びる・干△枯びる】ひからびる ①すっかり水分がなくなる。「枯れて—びた花」②うるおいや生気が失われる。「—びた表情」表記「乾涸びる・乾枯びる」とも書く。

【干▲鱈】ひだら タラを薄塩にしてほしたもの。干し鱈。季春

【干葉】ひば ①枯れて乾燥した葉。②ダイコンの葉や茎をほして、食用としたもの。表記「乾葉」とも書く。

【干△乾し】ひぼし 食べる物がなく、飢えてやせること。「このままでは—になる」

【干物】ひもの 魚介類などをほして保存がきくようにした食品。表記「乾物」とも書く。

【干る】ひる ①水分が蒸発する。かわく。ひあがる。②潮がひいて海底が現れる。「潮の—るの待って渡る」③つきる。おわる。

【干△飯】ほしいい 貯蔵・携行用として、蒸した米をほしたもの。水にひたせばすぐに食べられた。ほしい。季夏 表記「乾飯・糒」とも書く。

【干す】ほす ①日光・風・熱などに当ててかわかす。②液体を残らずなくす。「貯水槽の水を—す」「水を飲み—す」③仕事などを与えない。「あの役者は—されている」

カン【丱】(5) 丨4 1 4805 5025 音カン・ケン 訓あげまき

意味 あげまき。子どもの髪形の一種。転じて、おさない。「丱角」「丱女」「丱童」

下つき 童丱(ドウカン)

【▲丱】あげまき 昔の子どもの髪形。髪を左右に分けて巻き上げ、耳の上で輪を作るもの。また、その髪型の子ども。表記「揚巻・総角」とも書く。

【▲丱女】カンジョ 髪をあげまきに結った少女。また、幼女。

カン【刊】(5) 刂3 常 教 6 2009 3429 音カン 訓(外)けずる・きざむ

筆順 一 二 干 刊 刊

意味 ①書物を出版する。「刊行」「刊本」「発刊」②けずる。きる。ほる。「刊誤」「刊定」参考「刋(セン)」は別字。

下つき 季刊(キカン)・既刊(キカン)・休刊(キュウカン)・近刊(キンカン)・月刊(ゲッカン)・週刊(シュウカン)・旬刊(ジュンカン)・新刊(シンカン)・創刊(ソウカン)・増刊(ゾウカン)・日刊(ニッカン)・年刊(ネンカン)・廃刊(ハイカン)・発刊(ハッカン)・未刊(ミカン)

【刊行】カンコウ 書物などを印刷して、広く世に出すこと。出版。発行。「この雑誌は隔月に—される」「政府—物」

【刊本】カンポン 刊行された本。印刷して出版された書物。

【△刊む】きざむ 木や石に文字などをほりつける。「版木を—む」

【△刊る】けずる 訂正する箇所をこそげる。けずりとる。「版木の誤字を—って修正する」

カン【甘】(5) 甘0 常 4 2037 3445 音カン 訓あまい・あまえる・あまやかす (外)うまい

筆順 一 十 廾 廿 甘

意味 ①あまい。おいしい。うまい。「甘美」「甘露」②あまんじる。満足する。「甘受」「甘心」

下つき 酸甘(サンカン)・旨甘(シカン)・辛甘(シンカン)・肥甘(ヒカン)

【甘い】あまい ①糖分の味がするさま。また、塩気が足りず味の薄いさま。「—い物が好きだ」「味付けが—い」②人の心を快くさせるさま。「—い言葉をささやく」③きびしくない。ゆるい。「あの先生は採点が—い」「ネジの締め方が—い」「見通しが—い」

【甘い物に▲蟻が付く】 利益になりそうな物事には人がむらがるたとえ。

【甘える】あまえる ①人の好意や愛情によりかかる。「厚意に—える」②人なつっこく、なれなれしくする。「犬が飼い主に—える」

【甘皮】あまかわ ①木や果実などの内側にある薄い皮。甘肌。対粗皮(あらかわ) ②爪(つめ)の根もとの柔らかく薄い皮。

【甘口】あまくち ①甘味の強いもの。「煮物を—につくる」②あまい味を好むこと。また、その人。対①②辛口 ③人を喜ばせるうまい言葉。甘言(カンゲン)。「—にのり、財産を失う」

【甘酒】あまざけ もち米の粥(かゆ)に麹(こうじ)を加え、発酵させたあまい飲物。また、酒粕(さけかす)に砂糖や水を加えたあまい飲物。一夜酒(ひとよざけ)。季夏 表記「醴」とも書く。

【甘▲鯛】あまだい アマダイ科の海魚。体は平たく長い。美味。タイとは別種。季冬

【甘茶】あまチャ ①ユキノシタ科の落葉低木。山地に自生。六月ごろアジサイに似た花が咲く。②①やアマチャヅルの葉を蒸してもみ、それを乾かして作る茶。四月八日の灌仏会(カンブツエ)に釈迦(シャカ)の生誕像に注ぐ。また、功徳(クドク)があるとされ、家に持ち帰り飲用する。季春 表記①「土常山」とも書く。

【甘茶▲蔓】あまチャづる ウリ科のつる性多年草。山地に自生。秋に黄緑色の小花をつける。葉は五枚の小葉からなる複葉で甘味があり、甘茶にする。ツルアマチャ。表記「絞股藍」とも書く。

【甘党】あまトウ 甘味を好む人。特に、酒類よりもあまいものが好きな人。対辛党

〈甘野老〉あまどころ ユリ科の多年草。山野に自生。葉はササの葉形。初夏、白色で細長い釣鐘形の花を垂れ下げる。由来根茎が甘く、またトコロ(野老)に似ていることから。

【甘納豆】あまナットウ アズキやインゲンマメなどの豆類を砂糖で煮詰め、さ

らに砂糖をまぶした菓子。

【〈甘海苔〉】 あまのり 紅藻類ウシケノリ科の海藻の総称。アサクサノリ・スサビノリなど。海水のかかる岩に生え、赤紫色または黒紫色で紙状。食用。季春 表記「紫菜」とも書く。

【甘干】 あまぼし ①渋柿の皮をむいて干したもの。②魚の生干し。

【甘やかす】 あまやかす 過度にあまえさせる。十分なしつけをせず、わがままにさせる。「子どもを—して育てるのはよくない」

【甘い】 うまい ①おいしい。あまい。「—い料理」②こころよい。好ましい。「—い話に乗る」表記「旨い」とも書く。①「美味い」とも書く。

【甘煮】 うまに 肉・魚・野菜を砂糖・醬油・みりんなどであまく濃いめに煮た料理。表記「旨煮」とも書く。

【甘苦】 カンク ①あまいことと にがいこと。②楽しみと苦しみ。苦楽。「—をともにする」

【甘言】 カンゲン 相手の気を引くための巧みな言葉。「相手の—にだまされた」「—で誘う」対苦言

『甘言蜜語』 カンゲンミツゴ 相手の気を引いて取り入るためのあまい言葉。類甘言美語 おせじ。「蜜語」は蜜のようにあまい言葉。

【甘汞】 カンコウ 塩化第一水銀の別称。無色の結晶で、水に溶けにくい。下剤などの薬用に用いる。

【甘酸】 カンサン ①あまいこととすっぱいこと。②楽しみと苦しみ。苦楽。「人生の—を味わう」

【甘受】 カンジュ ①あまんじて受けること。与えられた物事を、やむをえないものとして受け入れること。「いかなる非難も—せざるを得ない」②こころよく受けること。

【甘蔗】 カンショ 「甘蔗」に同じ。参考「カンショ」は慣用読み。

【甘藷・甘薯】 カンショ 「甘藷」に同じ。

【甘井先ず竭く】 カンセイまずつく 才能のある者ほど先に憂き目にあうということのたとえ。うまい水の出る井戸には人が群れて、たちまちくみ尽くして水がかれてしまうということから。〈『荘子』〉参考「甘井先竭」ともいう。

【甘草】 カンゾウ マメ科の多年草。中国原産。夏に蝶形で薄紫色の花が咲く。根は甘味があり、甘味料や漢方薬に利用。季夏

【甘美】 カンビ ①舌がとろけるように、あまくて味がよいこと。②心をうっとりさせるほど、快いこと。「—なメロディーを聴く」

【甘藍】 カンラン ①キャベツの別称。アブラナ科の一年草または二年草。葉は重なり合って球状になり、食用。タマナ。季夏 ②ハボタンの別称。アブラナ科の二年草。キャベツの変種で葉は波状にちぢれ、冬には白・黄・紫に変色する。観賞用。

【甘露】 カンロ ①あまくて味がよいこと。おいしいこと。「栗の—煮」②中国古来の伝説で、仁政が行われるしるしとして、天が降らすというあまい露。

【〈甘藷〉】 さつまいも ヒルガオ科のつる性多年草。中南米原産。葉はハート形。肥大した塊状の根はでんぷんに富み、あまく食用。リュウキュウイモ。カライモ。季秋 由来「甘藷」は漢名から。表記「薩摩芋」とも書く。参考「カンショ」とも読む。

【〈甘蔗〉】 さとうきび イネ科の多年草。▼砂糖黍（五四四） 参考「カンショ」とも読む。

【〈甘露子〉】 ちょろぎ シソ科の多年草。由来「甘露子」は漢名から。▼草石蚕（九三五）

【〈甘蕉〉】 バナナ バショウ科の多年草。熱帯で栽培。葉は大きく楕円形。果実は黄色く熟し、香りがよくあまい。食用。季夏

カン **【甲】** (5) 田0 常 2535 3943 ▼コウ（四七六）

カン **【奸】** ★ (6) 女3 1 5301 5521 訓 おかす・よこしま 音 カン

意味 ①おかす。みだらな異性関係をもつ。「奸夫」「奸婦」②よこしま。悪がしこい。また、悪人。「奸猾」「奸曲」「奸計」類①②姦

下つき 漢奸・斬奸・佞奸

【奸す】 おかす ①してはならないことをする。正しい道をみだす。②男女の間で不義をかわす。

【奸悪】 カンアク 心がねじまがっていて性悪なさま。また、そのような人。表記「姦悪」とも書く。

【奸詐】 カンサ いつわりの多いこと。悪だくみ。表記「姦詐」とも書く。

【奸商】 カンショウ 不正な手段で利益を得る商人。悪徳商人。ずるがしこい商人。表記「姦商」とも書く。

【奸臣】 カンシン 心がねじけて悪がしこい家臣。腹黒い家臣。表記「姦臣」とも書く。

【奸賊】 カンゾク 心のよこしまな悪人。悪者。表記「姦賊」とも書く。

【奸佞】 カンネイ 心がねじけて悪がしこく、人にこびへつらうさま。また、そのような人。「—な臣下」表記「姦佞」とも書く。

『奸佞邪智』 カンネイジャチ 心がねじけて、ずるがしこく立ちまわること。また、その人。「邪智」は悪知恵。参考「邪智奸佞」ともいう。類奸佞邪心

【奸婦】 カンプ ①悪知恵にたけた女性。類毒婦 ②夫以外の男と密通する女。表記「姦婦」とも書く。

【奸物】 カンブツ 悪知恵にたけた人物。悪知恵のはたらく、ひねくれ者。表記「姦物」とも書く。

【奸雄】 カンユウ 悪知恵にたけた英雄、また、豪傑。「乱世に現れた—の一人だ」表記「姦雄」とも書く。

カン【扞】(6) 扌3 1 5710 592A 音 カン 訓 ふせぐ・おおう・ひく

意味 ①ふせぐ。まもる。「扞格」「扞城」②おおう。「蔽扞」③ひく。ひきしぼる。ひきのばす。「扞弓」④あらい。気があらい。「扞馬」 類 悍

下つき 拒扞・障扞

【扞格】カン カク 互いに相手をこばみ、受け入れないこと。「―を来す」 表記 「捍格」とも書く。 参考 「扞」「格」ともに、こばむ意。

【扞禦】カン ギョ ふせぎ守ること。 類 防御 表記 「捍禦」とも書く。 参考 「扞」「禦」ともに、ふせぐ意。

【扞ぐ】ふせ-ぐ 攻撃をさえぎる。盾をつき出してふせぎ守る。

カン【汗】(6) 氵3 常 4 2032 3440 音 カン 訓 あせ

筆順 丶 冫 氵 氵一 氵二 汗

意味 ①あせ。あせをかく。「汗顔」「汗疹」「発汗」②モンゴル・トルコ族の長の称号。可汗。

下つき 脂汗・驚汗・血汗・羞汗・盗汗・寝汗・発汗・流汗・冷汗

【汗】あせ ①皮膚の汗腺から出る分泌液。体温調節などの役目をする。「額に―して働く」 季夏 ②物の表面につく水滴。「冷水の入ったグラスが―をかく」③労苦のたとえ。「―の結晶」

【汗手貫】あせ てぬき 汗で、袖口が汚れるのを防ぐもの。ウマの毛・クジラのひげなどで作る。僧などが用いる。

【汗塗れ】あせ まみれ 汗でぐっしょりとぬれること。また、そのようす。「山登りで―になった」 類 汗水漬・汗みどろ

【汗水漬】あせ みずく 汗でびっしょりぬれたさま。汗みどろ。「―になって働く」 季夏

【〈汗疹〉・〈汗肬〉】あせ も 汗をかいたままにしたことで、皮膚にできる赤い小さな湿疹。あせぼ。 季夏 参考 「汗疹」は「カンシン」とも読む。

【〈汗衫〉】かざ み ①昔、汗とり用に着た麻の単の短い衣。②平安時代以降、貴族の童女などが夏に着た正装用の上着。

【汗顔】カン ガン 非常に恥ずかしく、顔から汗が出ること。きわめて恥じること。「このたびの不始末は―の至りです」 類 赤面

【汗牛充棟】カンギュウ ジュウトウ 蔵書が非常に多いことのたとえ。牛車に積んで運ぶとウシが汗だくになり、家に積むと棟木まで届いてしまうほど本が多い意から。〈柳宗元の文〉 類 載籍浩瀚

【汗腺】カン セン 皮膚の中にあり、汗を出して体温調節をする管状の腺。

【汗馬】カン バ ①ウマを走らせて汗をかかせること。また、走って汗をかいたウマ。「―の労」②中国、漢代の西域産の名馬。

【汗馬の労】カンバのロウ 物事を成功させるために奔走する苦労。また、物を遠くに運ぶ労苦。もとは、ウマを駆けて戦場で奔走する労苦の意。〈韓非子〉 参考 「汗馬の功」ともいう。

【汗疱】カン ポウ 皮膚病の一種。手足の指の間などに小さい水疱ができる。水虫。

カン【缶】(6) 缶0 常 準2 2044 344C 音 カン 外 フ 訓 外 かま・ほとぎ

旧字《罐》(23) 缶17 1/準1 7005 6625

(A) 旧字《罐》(24) 缶18 1/準1

〔鑵〕 1 7949 6F51

(B)【缶】 1 2044 344C

筆順 丿 𠂉 𠂉 午 缶 缶

意味 (A)カン [罐] かま。かん。ブリキなどの金属製の容器。また、「かんづめ(缶詰)」の略。「汽缶」「薬缶」 (B)フ [缶] ほとぎ。もたい。口をつぼんだ素焼きの器。「撃缶」 参考 本来別の意味の二つの字を「缶」にまとめた。(A)オランダ語・英語の「カン」の音訳。

下つき (A)汽缶・薬缶 (B)撃缶

【缶】かま 高温・高圧の蒸気を発生させる金属製容器。エンジンを動かしたり暖房に使用したりする。ボイラー。汽缶。

【缶焚き】かま たき 蒸気を発生させるかまをたくこと。また、それをする人。ボイラーマン。

【缶詰】カン づめ ①加工した食品などを金属容器に密封し、加熱・殺菌して長期間の保存を可能としたもの。「夕食の材料に―を買う」②仕事をするためや思いがけない事情のために、ある場所にとじこめられること。「作家をホテルに―にする」「車内に―になる」

【缶】ほと ぎ 酒や水などを入れた、胴が太く口の小さい土製のかめ。古代中国では打楽器としても用いた。

カン【坎】(7) 土4 1 5212 542C 音 カン 訓 あな

〔埳〕

意味 ①あな。くぼみ。あなに落ちる。「坎穽」②なやむ。くるしむ。「坎軻」 類 轗 ③易の八卦の一つ。水・悩みなどを表す。

書きかえ ①「陥」に書きかえられるものがある。

【坎】あな ①地面に掘った、くぼんだ所。穴。 表記 ②「陥」とも書く。

【坎軻】カン カ ①車がつかえて、行き悩むさま。②志を得ないで、不遇であるさま。世に認められず、思うようにならないさま。 表記 ②「轗軻」とも書く。

【坎日】カン ニチ 陰陽道で、諸事を凶とする日。外出などを控えるとされる。

カン【完】(7) 宀 4 常 教 7 2016 3430 音 カン 訓 外まっとうする

筆順 ′ ′′ 宀 宀 宁 宇 完

意味 ①まったい。欠けたところがない。「完全」「完備」「完璧」 ②まっとうする。やりとげる。「完結」「完成」「完了」

下つき 修完(シュウカン)・補完(ホカン)・未完(ミカン)

【完結】カンケツ 一連の作業や続き物の作品などが、すべて終わること。「十回で―する連載小説」「連続ドラマの―編」

【完工】カンコウ 工事が完了すること。工事を完成させて終わること。類竣工(シュンコウ) 対起工

【完済】カンサイ 借金や債務などをすべて返すこと。「父の借金をやっと―する」類皆済

【完熟】カンジュク 植物の果実や種子が完全に熟すこと。特に、食べられるものに対して使う。「―した果物」類成熟 対未熟

【完遂】カンスイ 最後までやりとおすこと。物事を完全になし遂げること。「任務を―する」

【完成】カンセイ すべてができあがること。また、完全に仕上げること。「長編小説の―」

【完全】カンゼン 欠点や不足がなにもないこと。条件がすべてそろっていること。「論文を―に仕上げる」類完璧(カンペキ)・万全

『完全無欠』カンゼンムケツ どこから見ても欠点や不足がまったくないこと。完璧(カンペキ)なさま。「―の人間などいない」類金甌無欠(キンオウムケツ)・十全十美

【完治】カンチ 病気やけがが完全に治ること。類全治・全快 参考「カンジ」とも読む。

【完備】カンビ すべて不足なく備わっていること。また、不足なく備えること。「冷暖房―のマンション」類具備 対不備

【完膚】カンプ ①傷一つない皮膚。②欠点や傷のない部分。「―なきまでに(徹底的に)打ちのめす」

【完封】カンプウ ①完全に相手の活動を封じこめること。②球技で、相手のチームに一点も与えずに勝つこと。シャットアウト。「―勝利」

【完璧】カンペキ 欠点や不足がまったくなく、りっぱなこと。完全なこと。傷のない完全な宝玉の意。「仕事を―になし遂げる」

故事 中国、戦国時代、趙(チョウ)の恵文王は天下の宝石である和氏(カシ)の璧(たま)を手に入れたが、大国の秦(シン)がそれを一五の町と交換しようと申し出た。趙ではだまされるのを恐れて考えあぐねていたところ、趙の臣の藺相如(リンショウジョ)が「もし約束が破られたら璧を持ち帰りましょう」といい、果たして危機を脱して璧を無事持ち帰った故事から。〈『史記』〉

【完本】カンポン 二冊以上に分かれている書物で、欠本がなくすべてそろっているもの。丸本(まるホン)。「『夏目漱石(なつめそうせき)全集』の―を手に入れる」対欠本・端本(はホン)

【完了】カンリョウ ①完全に終わること。すべて終えること。「出発の準備を―した」類終了 対未了 ②動作・作用が終わったこと。また、その結果が続いていることを表す語法。「―形」

【△完うする】まっとうする 完全にやりとげる。完全に果たす。「職務を―する」「天寿を―する」

〈完骨〉みみせせ 耳の後ろの小高い部分。また、その骨。参考「せせ」とも読む。

カン【★旱】(7) 日 3 1 5861 5A5D 音 カン 訓 ひでり・かわく

意味 ①ひでり。「旱殃(カンオウ)」「旱魃(カンバツ)」 ②かわく。「旱稲(カントウ)」類乾 ③水がないこと。陸地。「旱路」

書きかえ 「干」に書きかえられるものがある。

下つき 炎旱(エンカン)・枯旱(コカン)・水旱(スイカン)・大旱(タイカン)

【▲旱害】カンガイ ▼書きかえ 干害(二二一)

【▲旱天】カンテン ▼書きかえ 干天(二二一)

【▲旱▲魃】カンバツ 長い期間雨が降らず、水がかれてしまうこと。ひでり。類干天 表記「干魃」とも書く。

【▲旱】ひでり 「旱魃(カンバツ)」に同じ。「―が続いて作柄に影響しそうだ」季夏

【▲旱に不作無し】ひでりにフサクなし ひでりの年は干害もあるが、全体としては豊作であること。類旱魃(カンバツ)に飢饉(キキン)なし

カン【旰】(7) 日 3 1 音 カン 訓 くれる・おそい

意味 くれる。日がくれる。夕方。また、おそい。「旰食」「旰昃(カンショク)」

【▲旰れる】くれる 日が沈む。太陽が沈んであたりが暗くなる。

カン【杆】(7) 木 3 1 5924 5B38 音 カン 訓 てこ・たて

〈桿〉5969 5B65

意味 ①てこ(梃)。てこ棒。「槓杆(コウカン)」 ②たて(盾)。「槍杆(ソウカン)」 ③てすり。「欄杆」類②③干

下つき 槓杆(コウカン)・槍杆(ソウカン)・欄杆(ランカン)

【▲杆菌】カンキン 棒状や円筒形の細菌の総称。結核菌・赤痢菌・大腸菌など。バチルス。

カン【罕】(7) 网 3 1 7007 6627 音 カン 訓 とりあみ・まれに・はた

意味 ①とりあみ。鳥をとるあみ。②まれに。たまに。③はた(旗)。「旌罕(セイカン)」

【▲罕に】まれに めったにないさま。ごく珍しいさま。「子は―利を言う」

カン【肝】(7) 月 3 常 3 2046 344E 音 カン 訓 きも

筆順 丿 刀 月 月 月一 月二 肝

か カン

意味 ①きも。五臓の一つ。かんぞう(肝臓)。「肝炎」「肝油」②こころ。「肝銘」③かなめ。「肝要」
下つき 心肝(シンカン)・忠肝(チュウカン)・鉄肝(テッカン)・肺肝(ハイカン)

【肝炎】カンエン 肝臓の炎症。ウイルス性や中毒性などがある。多く、黄疸(オウダン)を伴う。

【肝心】カンジン きわめて大切なさま。「何事も辛抱が一です」類肝要 参考 肝(きも)と心、肝臓と腎臓はともに人間には欠かせないものであることから。書きかえ「肝腎」の書きかえ字。

【肝腎】カンジン ▼書きかえ 肝心

【肝臓】カンゾウ 内臓器官の一つ。腹腔(フクコウ)の右上部、横隔膜の下にある大きな分泌器官。胆汁(タンジュウ)を分泌するほか、養分の貯蔵、有害物質の解毒作用などのはたらきをする。きも。

【肝胆】カンタン ①肝臓と胆嚢(タンノウ)。②心のなか。心の底。また、真実の心。まごころ。「一を傾けて話し合う」

【肝胆相(あい)照らす】互いに心から理解しあって深くつきあうこと。心の底を互いに照らし合う意。「彼と僕とは一仲だ」

【肝胆を砕(くだ)く】心を尽くすこと。物事を懸命に行うこと。

【肝胆を△披(ひら)く】心の底まで打ち明けること。親しい仲の形容。「一いて話す」

【肝▲蛭】カンテツ カンテツ科の扁形(ヘンケイ)動物。ヒツジ・ウシなど草食動物の肝臓に寄生して成虫になる。卵は動物の糞(フン)とともに排出され、水中で幼虫となり、モノアラガイの体内に入り増殖、のちにそこを出て水中を泳ぎ草葉に付着する。

【肝脳地に△塗る】カンノウチにまみる 戦場などのむごたらしい死に方や殺され方の形容。死者の肝臓や脳みそが泥まみれになっている意から。忠義を尽くしてどんな犠牲もいとわない意気を示すときにも用いられる。《史記》

【肝▲膿瘍】カンノウヨウ 細菌感染などにより、うみが肝臓にたまる疾患。

【肝斑】カンパン 皮膚病の一種。皮膚に褐色のしみが出る。婦人の顔面に多い。

【肝銘】カンメイ 忘れられないほど、心に深く感じること。「深い一を受ける」「彼の話は多くの人に一を与えた」表記「感銘」とも書く。

【肝油】カンユ タラなどの魚類の肝臓からとったあぶら。脂肪・ビタミンA・ビタミンDなどを豊富に含み、薬用とする。

【肝要】カンヨウ 非常に大切なこと。「非常事態には落ち着きが一だ」「何事にも忍耐が一である」類肝心・重要

【肝】きも ①肝臓。②内臓全体。五臓六腑(ゴゾウロップ)。はらわた。「あわやと一を冷やした」③精神の宿る所。精神力。きもったま。「彼は一のすわった男だ」「深く一に銘(メイ)ずる」

【肝煎り】きもいり ①間に立って世話をすること。また、その人。取りもち。「有志の一で同期会を開く」②江戸時代の村の長である、庄屋(ショウヤ)と名主(なぬし)。庄屋は関西で、名主は関東で使われた称。

【肝吸い】きもすい ウナギの肝を入れた吸い物。「一つきの鰻重(うなジュウ)」

【肝玉・肝△魂】きもだま 肝と魂。転じて、気力。胆力。きもったま。「なんて一が小さい奴(やつ)だ」参考「肝魂」は「きもだましい」とも読む。

カン【侃】

(8) イ 6 準1 2006 3426 音 カン 訓 つよい

意味 正しくつよい。また、のびのびとやわらぎ楽しむ。「侃諤(カンガク)」「侃侃」

【▲侃▲侃】カンカン 気性が強くひたむきなさま。剛直。「一の議論でまわりを圧倒する」

【▲侃▲侃▲諤▲諤】カンカンガクガク 遠慮することなく大いに議論し、直言するさま。「諤諤」は、はばからずに直言する意。「一の討論会」類議論百出

カン【★函】

(8) 凵 6 準1 4001 4821 音 カン 訓 はこ・いれる・よろい

〔函〕 4966 5162

意味 ①はこ。手紙を入れるはこ。ふばこ。「函使」②いれる。「函丈」③よろい。「函人(カンジン)」類甲
下つき 玉函(ギョッカン)・投函(トウカン)・表函(ヒョウカン)・瑶函(ヨウカン)

【▲函谷関】カンコクカン 中国、河南省北西部にあった関所。長安と洛陽(ラクヨウ)の間の要所で、新旧二関ある。孟嘗君(モウショウクン)の故事で有名。

【▲函丈】カンジョウ 先生に対する敬称。先生や目上の人への手紙で宛名(あてな)の下に添えて用いる。由来『礼記(ライキ)』に見える「座間(ザカン)に丈を函(い)れる」の師と弟子の席の間に一丈(約三メートル)の距離をおく意から。

【▲函数】カンスウ ある数yが他の数xの変化に対応して法則的に変化するとき、xに対するyのこと。また、その対応関係。表記「関数」とも書く。

【▲函】はこ 物を入れる、ふたのある容器。中に物をしまう入れ物。櫃(ひつ)。

【▲函△迫】はこせこ 懐(ふところ)にはさみもつ装身具の一種。江戸時代、奥女中や中流以上の女性が紙入れとして使用。現在でも礼装のときなどに使われる。表記「筥迫・筥狭子」とも書く。

カン【▲巻】(8) 己 6 5043 524B ▼巻の旧字(三八)

カン【坩】

(8) 土 5 1 5216 5430 音 カン 訓 つぼ・るつぼ

意味 つぼ。るつぼ。土製のつぼ。「坩堝(カンカ)」

【▲坩】つぼ 中に物を入れる土製の容器。また、陶製の入れ物。るつぼ。

〈▲坩▲堝〉るつぼ ①金属などを入れて溶かす耐熱性の容器。②大勢の人が熱狂した状態のたとえ。「会場は興奮の一と化した」③種々のものが入り混じる状態のたとえ。「人種の一」

参考「カンカ」とも読む。

カン【官】(8) 宀 5 常 教 7 2017 3431 音 カン 訓 外つかさ・おおやけ

筆順 丶 丶 宀 宀 宁 官 官 官

意味 ①つかさ。おおやけ。国家の機関。役目。役人。「官位」「官庁」「任官」②生物体で特定の働きをする部分。「官能」「器官」「五官」

下つき 学官(ガッカン)・器官(キカン)・技官(ギカン)・教官(キョウカン)・警官(ケイカン)・高官(コウカン)・五官(ゴカン)・士官(シカン)・仕官(シカン)・次官(ジカン)・上官(ジョウカン)・大官(タイカン)・代官(ダイカン)・長官(チョウカン)・任官(ニンカン)・判官(ハンガン・ホウガン)・免官(メンカン)

【官▲衙】カンガ 役所。官庁。参考「官」「衙」ともに役所の意。

【官学】カンガク ①官立の学校。対私学 ②その時代の政府が承認した学問。中国、漢代の儒学、江戸時代の朱子学など。

【官官接待】カンカンセッタイ 公務員どうしが、公金を使ってもてなし合うこと。「官官」は役人どうしの意。

【官許】カンキョ 政府が出す許可。「―を請願する」類公許・勅許

【官軍】カングン 政府側・朝廷側に味方する軍。「勝てば―、負ければ賊軍」対賊軍

【官権】カンケン 政府や官吏の権力。官庁などの権限。「―を濫用する」

【官憲】カンケン ①役所。官庁。②役人。官吏。特に、警察官。「―の追及を逃れる」

【官公庁】カンコウチョウ 中央官庁と地方公共団体の役所。行政庁。

【官舎】カンシャ 政府や地方自治体が造った公務員用の住宅。公務員住宅。類公舎

【官署】カンショ 政府関係の仕事をする諸機関の総称。国の役所。類官庁

【官職】カンショク ①国家公務員としての職務と地位。「―を退く」②官と職。類①②公職

【官製】カンセイ 政府が製造していること。また、そのもの。対私製

【官尊民卑】カンソンミンピ 政府や官吏、また官営の事業を尊び、民間人や民間の事業を卑しむこと。

【官庁】カンチョウ 国家の政務を取り扱う機関や役所。各省庁・都道府県庁など。「霞が関(かすみがせき)の―街」類官署

【官邸】カンテイ 大臣・長官などの高級官吏に、その在任中、国が提供する住宅。「首相―で会議をする」類公邸 対私邸

【官途】カント ①官吏の職務や地位。「―に就(つ)く」類官位 ②官吏になること。

【官能】カンノウ ①感覚を起こす諸器官のはたらき。②性的な快さの感覚。「―的な女優」

【官府】カンプ ①朝廷。政府。②官庁。役所。参考「官符」なら、「太政官(ダイジョウカン)符」の略。

【官辺】カンペン 政府・役所に関係すること。官庁方面。「―筋による情報」類公辺

【官房】カンボウ 内閣・各省や都道府県庁などに置かれる内局の一つ。その長官に直属し、人事・会計・文書などの事務をとる。「内閣―長官」

【官報】カンポウ ①法令・予算・人事など、国民に広く知らせるために政府が出す日刊の機関紙。②官公庁が発する公用の電報。

【官吏】カンリ 役所に勤務して公務を行う人。役人。特に、国家公務員。「―になって調査の仕事をする」

【官立】カンリツ 政府が設立・運営すること。また、その施設。「―の機関」類国立 対私立

【官僚】カンリョウ 官庁で公務に従事する者。官吏。役人。特に、行政の中心となる上級公務員。「―主導の事業」

【官僚的】カンリョウテキ ①官僚にありがちな、権力や権威をふりかざして事を行うさま。官僚に特有の好ましくない性質・気風のあるさま。②万事に形式的で、高圧的なさま。「―な態度にがまんならない」

【△官】つかさ ①役所。官庁。②役目。つとめ。官職。③役人。官吏。

カン【拑】(8) 扌 5 1 5726 593A 音 カン・ケン 訓 はさむ・つぐむ

意味 ①はさむ。手ではさむ。②口をつぐむ。「拑口」

類 緘(カン)・①②箝(カン)・鉗(ケン)

カン【邯】(8) 阝 5 1 7824 6E38 音 カン 訓

意味 昆虫、また都市の名「邯鄲(カンタン)」に用いられる字。

【▲邯▲鄲】カンタン ①カンタン科の昆虫。山地にすむ。体は細長く、淡い黄緑色。雄は「ルルルル」と美しく鳴く。季秋 ②中国河北省の都市名。昔、都として栄えた。

【▲邯▲鄲の歩み】自分の本来のものを忘れて、やたらと他人のまねをして、両方ともうまくいかなくなるたとえ。故事 中国、戦国時代、田舎の少年が趙(チョウ)の都の邯鄲に行き、その地の人の歩き方をまねたがうまくいかず、故郷に帰るとき故郷の歩き方すら忘れて這(は)って帰ったという寓話(グウワ)から。〈『荘子(ソウジ)』〉参考「邯鄲学歩」ともいう。

【▲邯▲鄲の夢】人の世の栄華がはかないたとえ。故事 中国、唐代、盧生(ロセイ)という若者が邯鄲の町で道士の呂翁(リョオウ)から出世がかなうという枕(まくら)を借りて寝たところ、栄華に満ちた一生を送る夢を見、目覚めると宿屋の主人に頼んでおいた黄粱(コウリョウ)(アワ)がまだ炊き上がらないような短い時間だったという故事から。〈『枕中記(チンチュウキ)』〉参考「一炊の夢・黄粱の夢・盧生の夢・邯鄲の枕」ともいう。

【▲邯▲鄲師】カンタンシ 客が眠っている間にその金品を盗む者。枕(まくら)さがし。由来「邯鄲の夢」から。

カン【冠】(9) 冖 7 常 3 2007 3427 音 カン 訓 かんむり 外かむる

筆順 ′ 冖 冖 冖 冖 冗 冠 冠 冠

意味 ①かんむり。「冠位」「冠帯」「衣冠」 ②成人のしるしにかんむりをつける。「冠者」「冠礼」 ③かむる。かぶる。かぶせる。「冠省」「冠水」 ④もっともすぐれている。第一。「冠軍」「冠首」「冠絶」 ⑤漢字の構成部分の一つ。「草冠」

下つき 衣冠・栄冠・王冠・加冠・花冠・玉冠・金冠・挂冠・鶏冠・弱冠・戴冠・宝冠・無冠・礼冠

【△冠木門】かぶきモン 二本の柱の上のほうを貫く横木を渡した、屋根のない門。

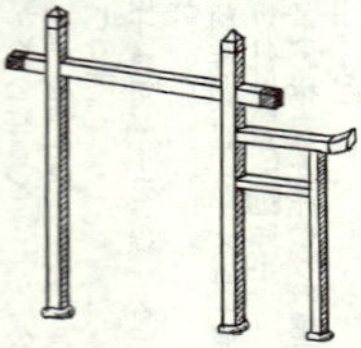

〔冠木門かぶきモン〕

【△冠付】かむりづけ 江戸時代に流行した雑俳の一つ。題として出された冠(上の句五文字)に、中の句・下の句をつけること。笠付。

【△冠る】かむ-る 冠をつける。また、頭にかぶる。「王冠をーる」「烏帽子をーる」 参考 成人のしるしとして冠をつけたことから、成年になる意もある。

【冠蓋相望む】カンガイあいのぞ-む 使者が次々に送り出されるさま。使者の冠と使者を乗せた車のおおいが順々に見える意。《戦国策》 類 冠蓋相属す・冠蓋絶えず

【冠婚葬祭】カンコンソウサイ 慶弔の儀式の総称。「冠」は元服、「婚」は婚礼、「葬」は葬儀、「祭」は先祖の祭りの儀式。「ーの簡素化」

【冠詞】カンシ 西ヨーロッパ言語の品詞の一つ。名詞の前に置き、意味を限定する。数・性などにより語形変化するものもある。

【冠者】カンジャ ①狂言で、大名の若い召使。従者。「太郎ー」 ②昔、元服して冠をつけた少年。転じて若者。 ③昔、六位で官位のない人。 参考「カジャ」とも読む。

【冠省】カンショウ 手紙において、時候のあいさつや前文などを省くこと。また、そのときに書く語。

【冠水】カンスイ 大水のため、田畑・作物などが水をかぶること。「台風で田畑がーした」

【冠雪】カンセツ 雪が降り積もり、山野をおおうこと。また、その雪。「富士山の初ー」

【冠絶】カンゼツ とび抜けて、すぐれていること。最もひいでること。「世界にーする偉業」 類 卓絶

【冠前絶後】カンゼンゼツゴ 群を抜いてすぐれている、また非常に珍しいことの形容。これまでで最高であり、これからもないであろうの意。 類 空前絶後

【冠不全】カンフゼン 心臓の冠状動脈の血行が妨げられ、十分な酸素が供給されない状態。狭心症や心筋梗塞の原因となる。

【冠▲冕】カンベン ①かんむり。「冕」は礼装用のかんむり。 ②第一位。首位。「海内ー」 ③地位の高い役人。高官。

【冠】かんむり ①頭にかぶるものの総称。また、特に衣冠・束帯をつけたときのかぶりもの。 ②漢字の部首のうち、上部にかぶせるもの。たけかんむり・くさかんむりなど。 参考 ①「かむり」とも読む。

【冠履】カンリ ①冠とはきもの。 ②上位と下位。「ー顚倒」

【冠履倒易】カンリトウエキ 前後の順序が乱れること。上下の地位や立場が逆であるさま。「倒易」はさかさまになる意。《後漢書》 類 冠履顚倒・本末転倒

【冠履を貴(とう)んで頭足(トウソク)を忘る】 根本を忘れて末節のことにこだわること。冠は頭あってのもの、靴は足あってのものなのに、頭足を忘れて冠や靴を重んじることから。《淮南子》

カン【巻】 (9) 己6 教 常 5 2012 342C 訓音 カン 外ケン まく・まき

旧字《卷》 (8) 己6 1/準1 5043 524B

筆順 丶 丷 丷 兰 半 关 类 卷 巻

意味 ①まく。とりまく。おさめる。「巻雲」「巻懐」「席巻」 類 捲 ②まきもの。書物。また、それらを数える語。「巻頭」「圧巻」

下つき 圧巻・開巻・下巻・上巻・席巻・全巻・万巻・別巻

【〈巻▲柏〉】いわひば イワヒバ科のシダ植物。山地の岩に自生。茎の先から多くの枝を出し、うろこ状の葉が密生する。乾燥すると内側に巻きこみ、湿気を帯びると開く。 季 夏 由来「巻柏」は漢名から。 表記「岩檜葉」とも書く。

【〈巻耳〉】おなもみ キク科の一年草。道端に自生。葉は広三角形で縁はのこぎり状。実は楕円形でとげがあり、他のものにくっつく。漢方では実を解熱・鎮痛薬とする。 季 秋 参考「みみなぐさ」と読めば別の植物になる。

【〈巻丹〉】おにゆり ユリ科の多年草。▼鬼百合(一七二) 由来「巻丹」は漢名から。

【巻軸】カンジク ①巻物。 ②巻物の軸に近い、終わりの部分。巻末。巻尾。 対 巻首・巻頭 ③巻物や書物の中で、すぐれた句や詩歌。

【巻首】カンシュ 巻物や書物の初めの部分。 類 巻頭 対 巻末・巻尾

【巻子本】カンスボン 印刷した紙や書き写した紙などを横長について、軸に巻いた書物。 類 巻物 参考 綴じた冊子本より古い装丁。

【巻▲帙】カンチツ ①書物の巻と、巻を包む帙(和本のいたみを防ぐため、厚紙に布を張ったおおい)。 ②書物。

【巻頭】カントウ ①「巻首」に同じ。「ーを飾る言葉」 ②物事の初め。

【巻末】カン マツ 書物や巻物などの終わりの部分。巻尾。「―付録」対巻頭・巻首

【巻▲雲】ケン ウン 上層雲の一種で、白くて薄いすじ状の雲。高度五〇〇〇メートルから一万三〇〇〇メートルにできる。表記「絹雲」とも書く。参考「まきぐも」とも読む。

【巻▲繊】ケン チン ①中国から禅僧が伝えた料理。ゴボウ・ニンジン・シイタケなどを味付けし、湯葉で巻いて油で揚げたもの。②「巻繊汁（じる）」の略。くずした豆腐と野菜を油でいためたものを実にしたすまし汁。季冬 参考「チン」は唐音。

〈巻子〉へ そ つむいだ糸を環状に巻いたもの。おだまき。表記「綜麻」とも書く。

【巻】まき ①巻くこと。また、その程度。「ネジの―が強すぎる」②巻物や書物。また、その内容の区分。『源氏物語』夕霧の―」③巻物・書物を数える語。参考③「カン」とも読む。

【巻紙】まき がみ ①半切（ハンセツ）紙を横長につなぎ合わせて巻いたもの。毛筆で手紙を書くときに使う。「―にしたためた書状」②物を巻き包む紙。「紙煙草（かみタバコ）の―」

【巻き舌】まき じた 舌の先をまくようにする、勢いのよい言い方。「―でまくしたてる」

【巻き添え】まき ぞえ 他人の事件などに関係して、迷惑や損害をこうむること。かかりあい。「上司の失敗の―を食う」

【巻物】まき もの ①書画などを横長に表装して、軸に巻いたもの。類軸物・巻軸・巻子本（カンスボン） ②軸に巻いた反物（タンもの）。

【巻▲藁】まき わら 巻き束ねたわらで、弓の的など武術の練習に使うもの。

【巻く】まく ①長い物の一端を中に入れ、丸くまとめる。「毛糸を―く」「すばらしい技術に舌を―いた」②ぐるぐる回す。回しながらからみつける。「包帯を―く」「時計のネジを―く」③取り囲む。「城を―く」表記「捲く」とも書く。

〈巻耳〉みみな ぐさ ナデシコ科の二年草。畑や道端に自生。葉は長い楕円（ダエン）形。春から夏、白い五弁花をつける。由来「巻耳」は漢名より。和名は葉の形がネズミの耳に似ていることから。表記「耳菜草・苓」とも書く。参考「おなもみ」と読めば別の植物になる。

カン 【咸】★ (9) 口 6 1 5089 5279

音 カン 訓 みな・ことごとく

意味 みな。ことごとく。あまねく。

【▲咸】みな ことごとく。おしなべて。すべて。

カン 【奐】 (9) 大 6 1 5286 5476

音 カン 訓 あきらか・おおきい

意味 ①かえる。とりかえる。類換 ②あきらか。ひかりかがやく。類煥 ③おおきい。さかんなさま。

下つき 輪奐（リンカン）

「輪奐」

カン 【姦】★ (9) 女 6 準1 2015 342F

音 カン 訓 みだら・よこしま・かしましい

意味 ①みだら。男女間の不義。女性をおかす。「姦淫（カンイン）」「姦通」「相姦」②わるがしこい。よこしま。「姦計」「大姦」類①②奸（カン） ③かしましい。おしゃべりでうるさい。やかましい。

下つき 強姦（ゴウカン）・相姦（ソウカン）・大姦（タイカン）・輪姦（リンカン）・和姦（ワカン）

【▲姦しい】かしま-しい やかましい。さわがしい。うるさい。「娘たちが―い」

【▲姦悪】カン アク 心がねじけて悪いこと。また、そのような人。表記「奸悪」とも書く。

【▲姦淫】カン イン 男女間の倫理に反した性的関係。「―罪」類姦通

【▲姦計】カン ケイ わるだくみ。人を陥れる悪いはかりごと。「―をめぐらす」類悪計・奸策 表記「奸計」とも書く。

【▲姦賊】カン ゾク 心のよこしまな悪人。悪者。「―を討つ」表記「奸賊」とも書く。

【▲姦通】カン ツウ ①男女が倫理に反した性的関係をもつこと。類姦淫（カンイン） ②配偶者のある者、特に夫のある妻がほかの異性と肉体関係をもつこと。「―罪」類密通

【▲姦▲佞】カン ネイ 心がねじけて悪賢く、人にこびへつらうこと。また、そのような人。「―の徒」類奸悪 表記「奸佞」とも書く。参考「佞」は、へつらうこと・よこしまなことの意。

【▲姦夫】カン プ 夫のある女性と肉体関係をもった男性。間男（まおとこ）。対姦婦

【▲姦ら】みだ-ら 男女関係が乱れているさま。ふしだらなさま。猥褻（ワイセツ）。淫猥（インワイ）。「―な行為」

カン 【宦】★ (9) 宀 6 1 5365 5561

音 カン 訓 つかえる・つかさ

意味 ①つかえる。役人になる。「宦海」「宦事」②つかさ。官職。「遊宦」③去勢されて朝廷の奥に仕える者。「宦官」

下つき 閹宦（エンカン）・仕宦（シカン）・游宦（ユウカン）・遊宦（ユウカン）

【▲宦官】カン ガン 昔、中国などで去勢されて後宮（コウキュウ）に仕えた男の役人。

【▲宦遊】カン ユウ ①役人になって他郷に行くこと。②仕官のため、郷里を遠く離れること。表記「官遊」とも書く。

カン 【柑】★ (9) 木 5 準1 2027 343B

音 カン 訓 みかん・こうじ

意味 みかん。こうじ。ミカン科の小高木。「柑橘（カンキツ）」「柑子」

下つき 金柑（キンカン）・蜜柑（ミカン）

【▲柑▲橘類】カンキツ ルイ ミカン科のミカン・キンカン属の果樹、またはその果実の総称。ミカン・レモン・ダイダイなど。

〈▲柑子〉こう じ ①「柑子蜜柑（ミカン）」の略。酸味が強く実が小さい。季秋 ②「柑子色」の略。赤みをおびた黄色。だいだい色。

【▲柑】みか ん ミカン科の常緑小高木。初夏に白い花が咲く。初冬に黄赤色で球形の果実をつける。果実は食用、果皮は香味・薬用。季冬 表記「蜜柑」とも書く。

カン【東】(9) 木 5 1 5943 5B4B 音 カン 訓 えらぶ・えりわける・てがみ・なふだ

意味 ①えらぶ。えりわける。類 揀(カン) ②てがみ。「書東」 ③ふだ。なふだ。類 ②③簡

[▲東ぶ] えらーぶ えり分けて取り出す。より分ける。表記「揀ぶ」とも書く。

[〈▲東▲蒲塞〉] カンボジア インドシナ半島の南東部にある国。住民はおもにクメール人で仏教徒。アンコールワットなどの遺跡がある。首都はプノンペン。表記「東埔寨」とも書く。

カン【看】(9) 目 4 常 教 5 2039 3447 音 カン 訓 外 みる

筆順 一 二 三 手 手 看 看 看 看

意味 みる。注意してよくみる。「看過」「看護」

[〈看督長〉] かどのおさ 平安時代、罪人の逮捕や牢獄(ロウゴク)の看守をした役人。

[看過] カンカ ①あやまちや不正などを大目にみて、見逃すこと。「不正を—してはならない」 ②気づかずに見落とすこと。「まちがいを—する」

[看貫] カンカン ①品物の目方をはかって、重さを定めること。②「看貫秤(ばかり)」の略。西洋製の秤。台秤。

[看△経] カンキン 仏 ①声を出さずに、経文を読むこと。②声を出して経を読むこと。類 読経(ドキョウ)・誦経(ズキョウ)

[看護] カンゴ 病人やけが人の世話や手当てをすること。「手厚い—を受ける」「—師」類 看病・介抱

[看守] カンシュ ①見守ること。見張ること。また、その役目にあたる人。②刑務所などで、囚人の監督や所内の警備などに従事する役。また、その人。刑務官。

[看取] カンシュ みてとること。物事の事情などを見抜くこと。「悪事のたくらみを—する」 表記「観取」とも書く。

[看破] カンパ 見破ること。物事の真相などを見抜くこと。「事前に意図を—する」

[看板] カンバン ①宣伝や案内のために店名・社名・商品名などを、人目につくようにかかげる板。「—に傷がつく」 ②人目をひくもののたとえ。また、表向きの名目。「店の—娘」「日米友好を—とする」 ③その日の営業を終わらせること。閉店。「もう—の時間だ」

[看病] カンビョウ 病人につきそい世話をすること。「病人の—をする」類 看護・介抱

[〈看麦娘〉] すずめのてっぽう イネ科の二年草。田の畦(あぜ)などに自生。春、淡緑色の花穂を円柱状につける。スズメノマクラ。スズメノヤリ。季 春 由来「看麦娘」は漢名より。和名は、小さな花穂をスズメの使う鉄砲に見立てたことから。表記「雀鉄砲」とも書く。

[△看取る] みとーる 病気の人の世話をする。看病する。「母を最期まで—る」

[△看▲做す] みなーす みて、そうときめる。それと判定したり仮定したりする。「起立しない者は反対と—す」 表記「見做す」とも書く。

[△看る] みーる ①じっとみつめる。よくみる。観察する。②見守る。見張る。見舞う。 参考 もとは、手をかざしてみる意。

カン【★竿】(9) ⺮ 3 準1 2040 3448 音 カン 訓 さお・ふだ

意味 ①さお。「竿頭」「竹竿(カン・チッ・たけざお)」 ②ふだ。竹のふだ。「竿牘(カントク)」類 簡

下つき 竹竿(カン・チッ・たけざお)・釣竿(チョウカン)

[▲竿首] カンシュ 打ち首になった人の首を木にかけてさらすこと。さらし首。類 梟首(キョウシュ)・獄門

[▲竿灯] カントウ 秋田市の七夕祭。長い丸竹に横竹を張り、そこに提灯(チョウチン)を九段につり下げたもの。各町内で、太鼓の音に合わせ掛け声をかけながら練り歩き競う。

[▲竿頭] カントウ さおの先。さおの先端。「百尺—一歩を進む」

[▲竿▲牘] カントク ①文書。書類。②書簡。てがみ。ふみ。表記「簡牘」とも書く。参考「カンドク」とも読む。

[▲竿] さお ①かけざお。枝葉を取り去ったタケの棒。「物干し—」 ②たんす・のぼり・ようかんなど、細長いものを数える語。

[▲竿竹で星を打つ] さおだけでほしをうつ ①不可能なことをする愚かさのたとえ。②思うようにいかないもどかしさのたとえ。参考「打つ」は「搗(か)つ」ともいう。

カン【★悍】(10) 忄 7 1 5591 577B 音 カン 訓 あらい・あらあらしい・たけし

意味 あらい。あらあらしい。たけだけしい。たけし。「悍馬」「悍婦」「悍勇」

下つき 凶悍(キョウカン)・勁悍(ケイカン)・軽悍(ケイカン)・剛悍(ゴウカン)・精悍(セイカン)・粗悍(ソカン)・剽悍(ヒョウカン)・暴悍(ボウカン)・猛悍(モウカン)・雄悍(ユウカン)

[▲悍い] あらーい 気性が激しく、たけだけしい。気が強い。「彼は気性が—い」

[▲悍然] カンゼン あらあらしく、たけだけしいさま。強く、手ごわいさま。「馬賊の一団が—として襲来する」

[▲悍馬] カンバ 気性があらく扱いにくいウマ。あばれウマ。あらウマ。表記「駻馬」とも書く。

[▲悍婦] カンプ はなはだしく気性のあらい女。じゃじゃうま。

カン【捍】(10) 扌 7 1 5750 5952 音 カン 訓 ふせぐ・まもる

意味 ふせぐ。まもる。「捍禦(カンギョ)」

[▲捍格] カンカク 互いに相手をこばみ、受け入れないこと。表記「扞格」とも書く。参考「捍」「格」ともに、こばむ意。

【捍▲禦】カンギョ ふせぎ守ること。表記「扞禦」とも書く。参考「禦」もふせぐ意。

カン【★桓】(10) 木6 準1 2028 343C 音 カン 訓

意味 ①しるしとして立てた木。また、まわりにめぐらした木。②いさましいさま。ぐるぐるめぐるさま。「桓表」

下つき 三桓サンカン・盤桓バンカン

カン【栞】(10) 木6 1 5957 5B59 音 カン 訓 しおり

意味 しおり。山を歩くとき、木の枝を折るなどして目印にしたもの。また、読みかけの書物の間にはさむもの。案内・てびき。

【▲栞】しおり ①読みかけの書物に目印としてはさむもの。「落ち葉を―にする」②物事についての案内書。手引き。「旅の―」由来「枝シ折り」の意から。

カン【浣】(10) 氵7 1 6217 5E31 音 カン 訓 あらう・すすぐ

意味 あらう。すすぐ。「浣衣」「浣雪」「浣腸」参考 中国、唐代、官吏が一〇日に一度沐浴モクヨクの休暇を与えられたことから、休暇・一〇日間の意も表す。

【▲浣熊】あらいぐま アライグマ科の哺乳ホニュウ動物。北アメリカにすみ、雑食性でタヌキに似る。由来 食物を水であらって食べる習性から。表記「洗い熊」とも書く。

【▲浣う】あらう 衣服や体の汚れを落とす。表記「澣う」とも書く。

【▲浣衣】カンイ 衣服をあらうこと。また、あらった衣服。表記「澣衣」とも書く。

【▲浣濯】カンタク あらいすすぐこと。類 洗濯 表記「澣濯」とも書く。

【▲浣腸】カンチョウ 便通をうながしたり、腸をあらったり、栄養を補給したりするために、薬液を肛門コウモンから直腸・大腸に注入すること。表記「灌腸」とも書く。

カン【疳】(10) 疒5 1 6549 6151 音 カン 訓

意味 ①小児の慢性胃腸病。「脾疳ヒカン」②性病の一種。「下疳」③寄生虫や消化不良などのために起こる小児のひきつけ・貧血症・神経過敏症。「疳性」「疳積」類 癇カン

下つき 下疳ゲカン・脾疳ヒカン

カン【莞】(10) 艹7 準1 2048 3450 音 カン 訓 い・むしろ

意味 ①い(藺)。イグサ科の多年草。また、ふとい(太藺)。カヤツリグサ科の多年草。②むしろ。③にっこり笑うさま。「莞爾カンジ」「莞然」

【▲莞】い イグサ科の多年草。▼藺い(一五八八)

【▲莞▲爾】カンジ にっこりとほほえむさま。にこやかに笑うさま。「―として笑いながら立ち去った」類 莞然

【▲莞然】カンゼン 「莞爾カンジ」に同じ。

カン【陥】(10) 阝7 常 準2 2057 3459 音 カン 訓 おちいる・おとしいれる高

旧字《陷》(11) 阝8 1/準1 7992 6F7C

筆順 ㇇ 了 阝 阝' 阝ク 阝⺈ 阝臼 陥 陥 陥

意味 ①おちいる。おちこむ。攻めおとされる。おとしいれる。だます。「陥穽カンセイ」「陥没」「陥落」②欠ける。不足する。あやまち。「欠陥」「失陥」

書きかえ ①「坎」の書きかえ字として用いられるものがある。

下つき 欠陥ケッカン・攻陥コウカン・構陥コウカン・失陥シッカン

【陥る】おちいる ①落ちこむ。中に落ちる。「くぼみに―る」②計略にかかる。「相手の策略に―る」③攻め落とされる。陥落する。「城が―る」④悪い状態になる。「自己嫌悪に―る」

【陥れる】おとしいれる ①だまして苦しい立場に追いこむ。「人を―れるような行為」②城などを攻め落とす。「大坂城を―れる」③落として入れる。

【陥▲穽】カンセイ ①落とし穴。わな。②人を陥れる計略。「詐欺師の仕掛けた―にはまる」参考「穽」は、獣を生け捕る落とし穴の意。

【陥没】カンボツ 物の一部がくぼむこと。表面にくぼみができること。「大地震で地盤が―する」「頭蓋ズガイ骨の―」類 陥落・陥入

【陥落】カンラク ①穴などに落ちること。②土地の一部が落ちくぼむこと。類 陥没・陥入 ③攻め落とされること。「城が―した」④順位・地位などが下がること。「首位から―した」

カン【乾】(11) 乙10 常 4 2005 3425 音 カン 外ケン 訓 かわく・かわかす 外ほす・ひ・いぬい

筆順 一 十 𠆢 古 吉 卓 卓 卓 乾 乾 (6)

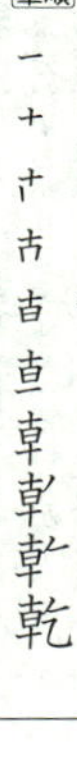

意味 一カン ①かわく。かわかす。ほす。「乾燥」「乾田」「乾杯」類 旱カン ②うわべだけの。義理の。「乾笑」
二ケン ①易の八卦ハッケの一つ。天、また天子を表す。「乾元」「乾像」「乾徳」対 坤コン ②いぬい。北西の方角。「乾位」

【▲乾】いぬい 昔の方角の名。戌いぬと亥いの中間の方角。北西。表記「戌亥」とも書く。

【▲乾門】いぬいモン 皇居の門の一つ。皇居の北西に位置する門。

【〈乾煎〉り】からいり 水や油を入れないで材料を煎ること。また、その料理。「おからの―」

【〈乾鮭〉】からざけ サケの腸わたを取り除き、陰干しした食品。季 冬

【〈乾咳〉】からせき 痰タンの出ないせき。参考「からぜき」とも読む。

〈乾っ風〉からっかぜ 冬、雨や雪を伴わないで強く吹く乾いた風。関東地方に多い。「上州名物—」季冬 表記「空っ風」とも書く。

〈乾拭〉き からぶき つやを出すために、家具などを乾いた布でふくこと。つやぶき。「机の上を—する」

〈乾飯〉かれいい 「乾飯(ほしいい)」に同じ。表記「餉」とも書く。

【乾かす】かわかす 日光・火・風などにあてて、湿気や水気を取り除く。乾燥させる。「ぬれたシャツを—す」

【乾く】かわく ①水分や湿気がなくなる。「涙が—く」「秋の—いた風が肌に心地よい」②うるおいがない。感傷的でない。「—いた感性」

【乾期・乾季】カンキ 一年中で特に雨の少ない時期や季節。亜熱帯・熱帯地方で、雨がほとんど降らない秋から春までの間。対雨期・雨季

【乾繭】カンケン 保存のために乾燥させ、中の蛹(さなぎ)を殺したまゆ。対生繭(セイケン) 表記「干繭」とも書く。

【乾湿】カンシツ 乾いていることと湿っていること。乾燥と湿気。「—計を用いて湿度を測定する」

【乾漆】カンシツ ①うるしの液を長い間貯蔵し、乾いてかたまりとなったもの。漢方薬の一種。②奈良時代に中国から伝わった工芸技術の一つ。うるしで麻布をはり合わせて固め、上塗りをして仕上げる。仏像の製作などに用いられた。「本尊は—の観音像である」

【乾性】カンセイ 空気中ですぐ乾く性質。また、水分の含有量が少ない性質。対湿性

【乾癬】カンセン 慢性皮膚病の一種。紅斑(コウハン)の上に、銀白色のうろこのような細片をつける。多く、頭部やひじ・ひざなどに生じる。

【乾燥】カンソウ ①水分が少なくなり、乾くこと。また、乾かすこと。「—した冬の空気」「洗濯物を—させる」②うるおいやおもしろみのないこと。「無味—」

【乾田】カンデン 排水がよく、乾燥させて畑としても使える水田。対湿田

【乾杯】カンパイ 祝福のために杯を上げたり触れ合わせたりして、酒を飲み干すこと。また、そのときのかけ声。「勝利を祝して—する」

【乾板】カンパン 写真の感光板の一種。ガラス・樹脂などの透明な板に感光乳剤を塗り、暗室で乾かしたもの。対湿板

【乾瓢】カンピョウ ユウガオの果肉をひものように薄くむいて、乾燥させた食品。水でもどして使う。表記「干瓢」とも書く。

【乾布】カンプ 乾いている布。「健康のため、毎朝—摩擦をする」

【乾麺】カンメン 干して固くしためん類。干しうどん・そうめんなど。

【乾留】カンリュウ 空気をさえぎって固体を高温で熱し、その後冷却して分解した成分を回収すること。書きかえ「乾溜」の書きかえ字。

【乾溜】カンリュウ ▼書きかえ 乾留

【乾】ケン 易の八卦(ハッケ)の一つ。天・剛健・帝王・男性・竜などを象徴し、北西の方向に配する。対坤(コン)

【乾綱】ケンコウ ①天の法則。②君主の大権。参考「乾」は天・天子の意。

【乾坤】ケンコン ①天と地。空と大地。「悠然として—の間に遊ぶ」類霄壌(ショウジョウ) ②陽と陰。③方角で、北西の戌亥(いぬい)と南西の未申(ひつじさる)。由来「乾」も「坤」も易の卦(ケ)から。

【乾坤一擲】ケンコンイッテキ 運を天に任せて、一か八(バチ)かの大勝負をすること。天下をかけて一度さいころを振って大ばくちをする意。「一擲」は一度さいころを投げる意。〈韓愈(カンユ)の詩〉

【乾闥婆】ケンダツバ 仏 八部衆の一つ。帝釈天(タイシャクテン)に仕え、音楽を奏する。香を食し、虚空を飛行するという。表記「健達縛」とも書く。

【乾徳】ケントク ①常に努力するというりっぱな徳。②天子の徳。君主たる者の徳。対坤徳(コントク)

〈乾分〉・〈乾児〉こぶん 親分にしたがう者。手下。部下。対親分 表記「子分」とも書く。

〈乾酪〉チーズ ウシなどの乳を酵素で凝固させ、発酵させた食品。たんぱく質・脂肪などが豊富。参考「カンラク」とも読む。

【乾魚】ひうお ほしうお。魚の干物。表記「干魚」とも書く。参考「ほしうお・ひざかな」とも読む。

【乾菓子】ひがし 水分の少ない和菓子。表記「干菓子」とも書く。

【乾涸びる・乾枯びる】ひからびる ①水分がすっかりなくなる。「蜜柑(ミカン)が—びる」②うるおいや生気が失われる。「—びた肌」表記「干涸びる・干枯びる」とも書く。

【乾声】ひごえ 声がしわがれて出ないこと。表記「干声」とも書く。

【乾反る】ひぞる ①乾いてそり返る。「障子が—る」②すねる。表記「干反る」とも書く。

【乾葉】ひば ①枯れて乾燥した葉。②ダイコンの葉や茎を干して、食用としたもの。季冬 表記「干葉」とも書く。

【乾物】ひもの 魚や貝などを干した食品。「アジの—」表記「干物」とも書く。

【乾飯】ほしいい 保存用に、米をむしてかわかしたもの。水にひたし、柔らかくして食べる。表記「干飯・糒」とも書く。参考「かれいい・かれい」とも読む。

〈乾鰯〉ほしか 脂肪をしぼったイワシを干した肥料。表記「干鰯」とも書く。

【乾柿】ほしがき 渋柿の皮をむき、軒下につるすなどして乾燥させ、甘くしたもの。つる

しがき。季秋 表記「干柿」とも書く。

【△乾草】ほしくさ 刈り取った草を干したもの。家畜の飼料などに用いる。対生草(なまくさ) 季夏 表記「干草」とも書く。

〈△乾海△鼠〉ほしこ ナマコの腸(はらわた)を取り除き、ゆでて干した食品。いりこ。表記「干海鼠」とも書く。

【△乾△肉】ほしじし 干した鳥獣の肉。ほしし。表記「干肉」とも書く。

【△乾す】ほ-す ①日光や風などにあてて、湿気や水気を取り除く。「布団を―す」②液体を残らず取り去る。「ため池の水を―す」③仕事などを与えない。「仕事から―されている」

カン【勘】(11) カ 9 常 3 2010 342A 音 カン 訓 外 かんがえる

筆順 一 十 卄 甘 甘 其 甚 甚 甚 勘 勘

意味 ①かんがえる。調べる。くらべる。「勘案」「勘校」「勘合」類監・鑑 ②罪をただす。「勘当」③直感で判断する心のはたらき。第六感。「山勘」

下つき 検勘(ケンカン)・校勘(コウカン)・勅勘(チョッカン)・山勘(やまカン)

【△勘解由使】カゲユシ 平安時代、国司交替の処理のために置かれた令外(リョウゲ)の官。新任者が前任者から引き継いだことを証明する解由状の審査などを行った。

【勘案】カンアン いろいろな事情を考え合わせること。「両者の意見を―する」

【△勘える】かんが-える つきあわせて調べる。かんがえ合わせて、よく取り調べる。

【勘気】カンキ 悪事や失敗を犯し、君主や親などからとがめを受けること。また、そのとがめ。「皇帝の―をこうむる」

【勘考】カンコウ よくかんがえること。じっくりとかんがえること。類考慮・思案

【勘定】カンジョウ ①金額や数をかぞえること。②代金を払うこと。また、その代金。「―をすませて店を出る」③あらかじめ見積もること。「損得―」「欠席者を―に入れる」類①③計算 ④簿記で、増加と減少を記入する借方・貸方の二つの欄をもった計算単位。「―科目」

【勘定合って銭(ぜに)足らず】理屈と実際が一致しないたとえ。計算は合っているが、実際のお金が不足する意から。

【勘違い】カンちがい まちがって思いこむこと。かんがえちがい。思いちがい。「うっかり―をした」

【勘亭流】カンテイリュウ 書体の一種。筆太(ふでぶと)で丸みがある。歌舞伎(カブキ)の看板や相撲の番付を書くときに用いる。由来 江戸時代に中村座の岡崎屋勘六が始めたことから。勘亭は勘六の号。

【勘当】カンドウ 素行や品行が悪いなどの理由で、主人・親・師匠などが、家来・子・弟子などの縁を切って追い出すこと。「思い切って息子を―する」類義絶

【勘所】カンどころ ①三味線・琴などの弦楽器で、一定の音を出すために弦を押さえる位置。②物事をうまく実行するうえでの大切な点。急所(キュウショ)。「―をはずすな」表記②「肝所」とも書く。

【勘弁】カンベン 他人のあやまちや要求などを許すこと。「その行いは―ならぬ」類堪忍・容赦 参考「弁」はわきまえる意。

【勘問】カンモン 取り調べて罪を問いただすこと。責め問うこと。

〈勘事〉こうじ ①とがめて遠ざけること。勘当。②拷問すること。

カン【啣】(11) 口 8 1 5118 5332 音 カン・ガン 訓 くわえる

意味 ふくむ。物を口に入れる。くわえる。

カン【患】(11) 心 7 常 準2 2021 3435 音 カン 外 ゲン 訓 わずらう 高 外 うれえる・うれい

筆順 丶 口 口 吕 吕 串 串 串 患 患 患

意味 ①うれえる。うれい。心配。「患害」「患苦」「内患」②わずらう。病気にかかる。災い。「患禍」「患者」「疾患」

下つき 外患(ガイカン)・急患(キュウカン)・近患(キンカン)・苦患(クゲン)・後患(コウカン)・国患(コッカン)・疾患(シッカン)・重患(ジュウカン)・水患(スイカン)・大患(タイカン)・内患(ナイカン)・病患(ビョウカン)・風患(フウカン)・憂患(ユウカン)・罹患(リカン)

【△患える】うれ-える 心配する。案ずる。「将来を―える」

【患苦】カンク 心配して苦しむこと。なやみと苦しみ。「―の末に光明を見いだす」

【患者】カンジャ 病人やけが人。おもに、医師や病院から見ていう。「面会謝絶の―」

【患部】カンブ 病気や傷のある、体の部分。「―を切除する」

【患う】わずら-う 病気になる。「胸を―い、入院している」「長く―う」

カン【★涵】(11) 氵 8 1 6230 5E3E 音 カン 訓 ひたす・うるおす・いれる

意味 ①ひたす。ひたる。うるおう。「涵泳」「涵濡(カンジュ)」「涵養」②いれる。用いる。

下つき 潜涵(センカン)

【△涵す】うるお-す 水気を含ませる。水にひたして水分をしみこませる。

【涵養】カンヨウ 自然に心にしみこむように育てること。徐々に育成していくこと。「道徳心を―する」

【△涵す】ひた-す たっぷりと水につける。ざぶりと水に入れる。十分にうるおす。

カン【★菅】(11) 艹 8 準1 3191 3F7B 音 カン 訓 すげ・すが

意味 ①すげ。すが。カヤツリグサ科の植物。葉で笠(かさ)や蓑(みの)を作る。「菅笠(すげがさ)」②かるかや。イネ科の多年草。また、カルカヤで編んだもの。

【菅蓋】カンガイ 竹の骨にスゲで編んだかさ。朝儀・祭会用。大嘗祭では、天皇が悠紀殿・主基殿に渡御のとき、頭上にさしかける。参考「すげがさ」とも読む。

【菅垣・菅掻】すががき ①和琴、または雅楽の箏の奏法の一つ。②三味線の奏法の一つ。③江戸時代、吉原の遊女が客待ちに弾いた三味線の曲。転じて、遊里の場面の下座音楽。表記「清掻」とも書く。

【菅薦】すがこも スゲで編んだむしろ。参考「薦」は目をあらく編んだむしろの意。

〈菅麻〉すがそ スゲを細く裂いたもの。祓の際、身のけがれをはらい清めるのに使う。

【菅畳】すがだたみ スゲの葉を編んで作った畳。

【菅】すげ カヤツリグサ科の多年草。湿地や水辺に自生。葉は細長く先がとがり、花は穂状。葉を笠・蓑などの材料にする。

【菅笠】すげがさ スゲの葉を編んで作った笠。季夏 参考「菅蓋」と書けば別の意になる。

カン【蚶】(11) 虫5 1 7352 6954 音カン 訓あかがい

意味 あかがい。きさ。フネガイ科の二枚貝。

カン【貫】(11) 貝4 常 3 2051 3453 音カン 外ワン 訓つらぬく 外ぬき・ぬく・ひく

筆順 ㇗ロ毌毌毌毌貫貫貫貫貫 8

意味 ㊀カン ①つらぬく。やりとおす。「貫通」「貫流」「縦貫」②にんべつ(人別)。戸籍。「郷貫」「籍貫」③ならわし。「旧貫」類慣 ④貨幣・重さ・俸禄の単位。貨幣の一貫は銭一〇〇〇文。近世では九六〇文。重さの一貫は一〇〇〇匁。三・七五キログラム。俸禄の一貫は一〇石。㊁ワン ひく。弓を引きしぼる。「貫弓」

下つき ㊀一貫・横貫・郷貫・指貫・縦貫・通貫・突貫・本貫・名貫・目貫

【貫首・貫主】カンジュ ①天台宗における最高位の僧。のちに各宗派の総本山などの管主の呼称となった。管長。②かしらになる人。統領。参考「カンズ・カンシュ」とも読む。

【貫穿】カンセン つらぬきとおすこと。学問などを深くきわめること。参考「貫」も「穿」も穴をあける・つらぬく意。

【貫通】カンツウ 突きぬけ通ること。また、通すこと。「地下道がようやく―した」

【貫徹】カンテツ つらぬきとおすこと。やりとおすこと。「あくまで初志を―する」

【貫入】カンニュウ ①つらぬき入ること。②マグマが地層などに入ること。③陶磁器の表面に出る細かいひび。「一面に―の入った陶器の壺」表記③「貫乳」とも書く。

〈貫木〉かんぬき ①閉めた門や戸を開かないように固定させるための横木。②相撲の技の一つ。もろざしになった相手の両腕をかかえこんでしめるもの。表記「閂」とも書く。

【貫流】カンリュウ 川などがつらぬいて流れること。「平野の中央を―する川」

【貫禄】カンロク 身にそなわった風格や重々しさ。「―のある人物」

【貫く】つらぬく ①物の端から端まで通す。また、反対側まで突き通す。「弾丸がドアを―く」②最後まで成し遂げる。やりぬく。「意志を最後まで―く」

【貫】ぬき 建物の柱と柱を横につらぬいてとめる木材。「柱から柱へ―を渡す」

【貫く】ぬく 穴に通す。突き通す。突きぬける。つらぬく。

〈貫衆〉やぶそてつ オシダ科のシダ植物。由来「貫衆」は漢名から。▼藪蘇鉄(九五一)

カン【陷】(11) 阝8 7992 6F7C ▼陥の旧字(一三二)

カン【喚】(12) 口9 常 3 2013 342D 音カン 訓外よぶ・さけぶ・わめく

筆順 3 口口'口ᐟ口ᐟ吶吶咆喚喚喚

意味 ①よぶ。よびよせる。よびおこす。「喚起」「喚問」②さけぶ。わめく。「喚声」「喚呼」

下つき 叫喚・呼喚・召喚・招喚

【喚起】カンキ 呼び起こすこと。呼びかけて意識させること。「世論を―する」「注意を―する」

【喚呼】カンコ 呼び叫ぶこと。大声で叫ぶこと。「人々の―する声を聞く」類喚叫

【喚声】カンセイ 呼び叫ぶ声。また、驚いたり興奮したりして出す大声。「応援団の―があがった」

【喚問】カンモン 議会や裁判所など公的な場所に呼び出して、問いただすこと。「証人として国会に―する」

【喚ぶ】よぶ ①叫んで人に声をかける。②声をかけて呼び寄せる。また、声をかけて感情を呼び起こす。

【喚く】わめく 大声で叫ぶ。大きな声をあげる。「大声で泣き―く」

カン【喊】(12) 口9 1 5131 533F 音カン 訓さけぶ

意味 さけぶ。とき(鬨)の声をあげる。「喊声」

下つき 吶喊

【喊声】カンセイ 大きなわめき声。鬨の声。「―をあげて敵陣に突っ込む」

【喊ぶ】さけぶ ①大声を張りあげる。②鬨の声をあげる。

カン【堪】(12) 土9 常 準2 2014 342E 音カン 高 外タン 訓たえる 外こらえる・こたえる・たまる

筆順 3 … 堪

意味 ①たえる。こらえる。「堪忍」②うちかつ。すぐれる。「堪能」

【堪忍】カンニン ①こらえしのぶこと。我慢すること。「ここが—のしどころだ」類忍耐 ②怒りをおさえて、他人のあやまちなどを許すこと。「これ以上—できない」類勘弁

〖堪忍は一生の宝〗じっと我慢して辛いことにも耐えることは一生を通じての宝になること。類短気は損気

〖堪忍袋の緒(お)が切れる〗こみ上げる怒りを我慢できなくなって爆発させること。堪忍をしまった袋がふくらみ、袋の口をしばったひもが切れる意から。

【△堪える】こたーえる たえる。こらえる。もちこたえる。「百年は—える造り」参考「こたえられない」の形で、我慢できないほどすばらしいの意に用いる。「おいしくて—えられない」など。

【△堪え性】こらえショウ 忍耐づよく我慢する気力や性分。忍耐力。「—がない」

【△堪える】こらーえる ①我慢する。たえしのぶ。「傷の痛みを—える」②感情をおさえて、外からはわからないようにする。「怒りを—える」

【堪える】たーえる ①我慢する。「聞くに—えないうわさ」②もちこたえる。「会社は倒産の危機に—えた」③値する。それだけの価値がある。「横綱の地位に—える実績を残す」

【△堪る】たまーる 我慢できる。こらえられる。あとに打ち消し・反語を伴って用いる。「—りかねて逃げ出す」「おかしくて—らない」

【△堪航能力】タンコウノウリョク 船舶が安全な航海にたえられる能力。船舶の種類・構造・設備、ほかに航海の長短や季節などにより異なる。

【△堪能】タンノウ ①技術・学芸にすぐれていること。「語学に—な人」②十分に満足すること。「秋の味覚を—する」参考①「カンノウ」の慣用読み。②「足(た)んぬ(満ち足りた)」が転じたもの。「堪能」は当て字。

カン【寒】(12) 宀 9 教 常 8 2008 3428

音 カン
訓 さむい ・まずしい 外 さびしい・いやしい

筆順 丶 宀 … 寒 10 12

意味 ①さむい。つめたい。ぞっとする。「寒色」「寒心」「寒冷」対暑 ②さびしい。まずしい。いやしい。「寒煙」「寒酸」「寒村」③かん。二十四節気の一つ。立春前のほぼ三〇日間。「寒中」「寒梅」「大寒」

下つき 悪寒(オカン)・飢寒(キカン)・苦寒(クカン)・厳寒(ゲンカン)・向寒(コウカン)・酷寒(コッカン)・極寒(ゴッカン)・小寒(ショウカン)・耐寒(タイカン)・大寒(ダイカン)・避寒(ヒカン)・貧寒(ヒンカン)・防寒(ボウカン)・余寒(ヨカン)・夜寒(よさむ)

【寒煙】カンエン もの寂しく立つけむり。さむざむとしたもや。

【寒気】カンキ 気温が低くさむいこと。さむさ。また、冷たい空気。「—が強まる」「—が部屋に流れこむ」対暖気・暑気

【寒菊】カンギク 菊の品種の一つ。霜に強く、冬に小形で黄色い花が咲く。観賞用。季冬

【寒忌竹】カンキチク タデ科の多年草。南太平洋ソロモン諸島原産。茎は平らな帯状でサボテンに似る。夏、節々に緑白色の花をつける。観賞用。

【寒▲檠】カンケイ さむざむとした冬のともしび。寒灯。参考「檠」はともしびの意。

【寒稽古】カンゲイコ 一年で最もさむい寒(カン)の時期に行う武道・芸事などの練習。季冬

【寒月】カンゲツ 冷え冷えとした光を放つ冬の月。さえた冬の月。季冬

【寒▲暄】カンケン さむさとあたたかさ。「—を叙す(時候のあいさつをする)」類寒暖 参考「暄」はあたたかい意。

【寒江独釣】カンコウドクチョウ 冬の川で雪のなか一人で釣りをすること。また、その人の姿。もと柳宗元の詩「江雪」のなかで詠(うた)われ、のちに多く画題となった。

【寒肥】カンごえ 寒中に作物に与える肥料。参考「カンごやし」とも読む。

【寒▲垢離】カンゴリ 心身を清めるため、寒中に冷水を浴びて神仏に祈ること。寒行(カンギョウ)。季冬

〖〈寒復習〉〗かんざらい 寒中の早朝などに芸事の復習や練習をすること。寒げいこ。季冬

【寒▲晒し】カンざらし ①寒中、布や食品を水や空気にさらすこと。また、さらしたもの。「—の蕎麦(そば)」②「寒晒し粉」の略。寒中にもち米を水に浸し、陰干しにして粉にしたもの。白玉粉。

【寒山】カンザン ①冬枯れのもの寂しい山。②中国唐代の高僧の名。季①②冬

〖寒山拾得〗カンザンジットク 唐の高僧、寒山と拾得。文殊(モンジュ)・普賢菩薩(フゲンボサツ)の生まれ変わりといわれ、奇行が多く、詩人としても有名で、しばしば画題とされる。

【寒士】カンシ ①貧しい人。②中国、南北朝時代の身分で、士階層の下級に属する階層。

【寒色】カンショク 青系統の色。さむい感じを与える色。青または「—系のカーテンで室内を涼しく見せる」対暖色・温色

【寒心】カンシン 恐ろしさや心配のために、ぞっとすること。「オゾンホールの拡大は—にたえない」

【寒▲蟬】カンセン 秋に鳴くセミ。ヒグラシなど。季秋 参考「カンぜみ」とも読む。

【寒村】カンソン 貧しく寂しそうな村。さびれた村。「山間(やまあい)の—」

【寒帯】カンタイ 気候帯の一つで、非常に寒冷な地帯。北緯・南緯それぞれ六六度三三分から両極までの地帯。対温帯・熱帯

【寒▲柝】カンタク 冬の夜に打ち鳴らす拍子木。また、その音。季冬

【寒▲煖・▲饑飽】カンダンキホウ さむさ、あたたかさ、飢え、満腹感という日常の苦しみや楽しみ。「饑飽」は飢えることと、あきるほど食う意。〈白居易の文〉「―をともにした仲」表記「寒煖」は「寒暖」とも書く。

【寒天】カンテン ①冬のさむそうな空。寒空(さむぞら)。「―に月がさえわたる」類冬天 ②テングサを煮て、汁を凍らせて乾かしたもの。食用・工業用・医学研究用に用いる。

【寒灯】カントウ ①さむそうに感じられる冬の夜のともしび。②光の寂しげな灯火。薄暗い明かり。季①②冬

【寒に〈▲帷子〉土用に布子】カンにかたびらドヨウにぬのこ ①季節はずれで役に立たないたとえ。物事があべこべで無意味なたとえ。②季節に合った衣服が着られないことから、貧乏のたとえ。「帷子」は夏に着る単衣(ひとえ)の衣、「布子」は綿入れのこと。

【寒波】カンパ 冬、冷たい気団の移動により、気温が急激に低下する現象。「日本中が―に襲われる」対熱波 季冬

【寒梅】カンバイ 冬のウメ。寒中に咲くウメ。早咲きのウメ。類早梅(ソウバイ) 季冬

【寒日照り・寒▲旱】カンひでり 寒中に長く雨が降らないこと。日照りが続くこと。季冬

【寒参り・寒△詣り】カンまいり 寒中の三〇日間、神社や寺に毎夜参詣(サンケイ)すること。また、その人。かんもうで。季冬

【寒慄】カンリツ ①恐れおののくこと。ぞっとすること。「闇(やみ)の中でなんともいえぬ―を覚えた」②さむさで鳥肌がたつこと。

【寒流】カンリュウ まわりの海水より水温が低い海流。高緯度地域から赤道に向かって流れる千島海流・リマン海流など。対暖流

【寒冷】カンレイ さむくつめたいこと。また、そのさま。「―前線」

【寒冷▲紗】カンレイシャ 目があらく、きわめて薄く織った綿布や麻布。蚊帳(かや)・造花・カーテン・裏打ちなどに用いる。

【寒露】カンロ ①二十四節気の一つ。秋分のあとで陽暦の一〇月八日ごろ。②晩秋から初冬のころの露。季秋

【寒い】さむ-い ①気温が低い。また、気温が低く感じられ、快くない。ひえる。対暑い ②とぼしい。「懐(ふところ)が―い」対暖かい ③恐ろしさなどで、ぞっとする。「現状のひどさに背筋が―くなる」

【寒気】さむケ ①さむい感じ。さむさ。②発熱や恐ろしさのために感じる、気持ちの悪いさむさ。悪寒(オカン)。参考①「カンキ」とも読む。

【寒寒】さむざむ ①いかにもさむそうなさま。「冬の―とした空」②何もなく殺風景なさま。「机が一つあるだけの―とした部屋」

【寒空】さむぞら さむそうな冬の空。また、冬のさむい気候。冬空(ふゆぞら)。「―に雪がちらつく」季冬 参考「カンクウ」とも読む。

【〈寒▲蟬〉】つくつくぼうし セミ科の昆虫。体は細長く、はねは透明。夏の終わりころに「ツクツクオーシ」と鳴く。ホウシゼミ。季秋

カン【★嵌】(12) 山 9 1 5440 5648 音カン 訓はめる・はめこむ・ちりばめる・あな・ほらあな・けわしい

意味 ①はめる。はめこむ。ちりばめる。「嵌工」「嵌入」②あな。ほらあな。くぼみ。「嵌空」「嵌谷」類坎 ③けわしい。「嶄嵌(ザンカン)」

下つき 象嵌(ゾウガン)

【▲嵌】あな 深いくぼみ。また、奥深いほらあな。山の中のくぼ地やほらあな。

【▲嵌工】カンコウ 象眼・埋め木細工・寄せ木細工などをする職人。また、その細工。

【▲嵌頓】カントン 腸・子宮などの内臓器官が組織から押し出され、そのまま腫(は)れあがった状態。ヘルニア。

【▲嵌入】カンニュウ はまり込むこと。また、はめ込むこと。

【▲嵌まり役】はまりヤク その人にぴったりあった役。適役。

【▲嵌め殺し】はめころし 障子やガラス窓などを開閉したり取り外したりできないように取りつけること。また、その建具。「―の窓」参考「はめごろし」とも読む。

【▲嵌める】は-める ぴったりと合うように入れる。「型に―める」

カン【換】(12) 扌 9 常 3 2025 3439 音カン 訓かえる・かわる

筆順 一 十 扌 扌 扚 拚(7) 捡(9) 換 換 換

意味 かえる。かわる。とりかえる。「換言」「交換」

下つき 移換(イカン)・改換(カイカン)・可換(カカン)・交換(コウカン)・互換(ゴカン)・兌換(ダカン)・置換(チカン)・転換(テンカン)・変換(ヘンカン)

【換える】か-える ①とりかえる。交換する。「背に腹は―えられない」「新品と―える」②中身をすっかり入れかえる。改める。「新しい部品に―える」

【換気】カンキ 汚れた空気を外に出し、新鮮な空気を取り入れること。「台所の―扇」「部屋の―に留意する」

【換金】カンキン 物品や証券などを売って現金にかえること。「金券を―する」「―作物」対換物

【換言】カンゲン ほかの言葉でいいかえること。「実用的とは―すれば使いやすいことだ」類別言

【換骨奪胎】カンコツダッタイ 他人の詩文や着想・表現などをうまく使い、さらに工夫を凝らして自分独自のものを作ること。また、先人の作品に手を入れて作りかえ、新しい発想のもののように見せかけること。骨をとりかえ胎

盤を奪い取って自分のものとする意から。『冷斎夜話(レイサイヤワ)』

【換算】カンサン ある単位の数量を別の単位に計算しておきかえること。また、その計算。「円をドルに—する」 参考「カンザン」とも読む。

カン【揀】(12) 扌9 1 5767 5963 音 カン 訓 えらぶ・わける

意味 えらぶ。よりわける。「揀選」「揀択」「揀別」

【揀ぶ】えらぶ 数ある中から、よいものをえらんで抜きだす。

カン【敢】(12) 攵8 常 3 2026 343A 音 カン 訓 外あえて

筆順 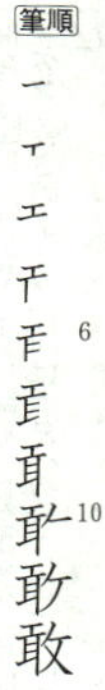

意味 あえて。思いきってする。「敢然」「敢闘」

下つき 果敢(カカン)・勇敢(ユウカン)

【敢えて】あえて ①しいて。思い切って。困難や抵抗があるのに行うさま。「—苦しい道を選ぶ」②特別に。とりたてて。あとに打ち消しの語を伴う。「—言うまでもない」

【敢えない】あえない はかない。あっけない。もろい。「—い最期」

【敢為】カンイ 押し切って行うこと。また、そのさま。「—の気性」類敢行

【敢行】カンコウ 障害・困難・懸念(ケネン)などをものともせず、思い切って行うこと。「嵐(あらし)をついて出発を—した」類決行・強行・断行

【敢然】カンゼン 困難や抵抗を恐れずに、思い切って向かっていくさま。「悪に対して—と立ち向かう」類決然

【敢闘】カントウ 恐れず勇ましく戦うこと。「両者の—をたたえる」

カン【棺】(12) 木8 常 準2 2029 343D 音 カン 訓 外ひつぎ

筆順 

意味 ひつぎ。かんおけ(棺桶)。死体をおさめる箱。「棺槨(カンカク)」「入棺」

下つき 座棺(ザカン)・出棺(シュッカン)・石棺(セッカン)・寝棺(ねカン)・納棺(ノウカン)

【棺桶】カンおけ 死者を入れて葬るのに用いる木箱。ひつぎ。「—に片足を突っこむ(死期が近い)」

【棺槨・棺椁】カンカク 内と外と二重になった、ひつぎ。参考「棺」は遺体を入れる内箱で、「槨・椁」は棺を入れる外箱。

【棺を蓋いて事定まる】カンをおおいてことさだまる 死んでから初めてその人物の評価が定まること。また、生前の評価は利害などがからんで当てにならないこと。『晋書(シンジョ)』

【棺】ひつぎ 遺体を納めて葬る箱。棺桶(カンおけ)。かん。表記「柩」とも書く。

カン【款】(12) 欠8 常 準2 2030 343E 音 カン 訓 外まこと・よろこぶ・たたく・しるす

筆順 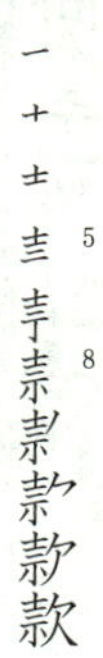

意味 ①まこと。まごころ。「款誠」②心からよろこぶ。たのしむ。「款待」③たたく。門をたたいて案内を求める。④きざむ。しるす。また、しるした文字。「款識」「落款」⑤法令・規約・証書などの箇条書き。また、予算の文書分類の単位の一つ。

下つき 交款(コウカン)・懇款(コンカン)・借款(シャッカン)・条款(ジョウカン)・通款(ツウカン)・定款(テイカン)・約款(ヤッカン)・落款(ラッカン)

【款識】カンシ 鐘や鼎(かなえ)に刻んだ文字。凹字(陰刻)を款、凸字(陽刻)を識という。

【款待】カンタイ 客を心から親切にもてなすこと。「手厚い—を受ける」表記「歓待」とも書く。

【款談】カンダン うちとけて楽しく話し合うこと。また、その話し合い。「しばらく御—ください」表記「歓談」とも書く。

〈款冬〉ふき キク科の多年草。▼蕗(ふき)(一六〇)

【款】まこと まごころ。うそのない、うちとけた心。また、心の底からうちとけたさま。

〈款冬〉やまぶき バラ科の落葉低木。由来 フキの漢名「款冬」の誤用から。▼山吹(やまぶき)(一五八四)

カン【渙】(12) 氵9 1 6250 5E52 音 カン 訓 とける・ちる・あきらか

意味 ①と(解)ける。ときはなつ。ちる。また、水のさかんに流れるさま。「渙渙」「渙然」②あきらか。つややか。「渙爛(カンラン)」類煥

【渙散】カンサン とけて、ばらばらに散り広がること。

【渙発】カンパツ 詔勅(ショウチョク)を、天下に広く告げ知らせること。「大詔—」

【渙ける】とける 氷が水になり、広がる。氷がとける。散る。

カン【皖】(12) 白7 1 6610 622A 音 カン 訓 あきらか

意味 ①あきらか。②中国、春秋時代の国名。また、安徽(アンキ)省の別名。

カン【稈】(12) 禾7 1 6735 6343 音 カン 訓 わら

意味 わら。イネ・麦などの穀物のくき。「麦稈」

下つき 禾稈(カカン)・麦稈(バッカン・むぎわら)

【稈】わら イネや麦などの茎を干したもの。穀物の茎。

カン【酣】(12) 酉5 1 7839 6E47 音 カン 訓 たけなわ・たのしむ

意味 ①物事のまっさかり。たけなわ。「酣春」「酣

か カン

賞」「酣戦」②たのしむ。酒を飲んで楽しむ。「酣宴」「酣歌」「酣酔」

下つき 酒酣(シュカン)

【▲酣春】カンシュン 春まっさかり。春たけなわ。春の盛り。

【▲酣酔】カンスイ 酒を飲み、気持ちよく酔うこと。また、すっかり酒に酔うこと。

【▲酣】たけなわ 酒宴が最高潮のとき。転じて、物事の勢いが最も盛んなとき。まっさかり。まっさいちゅう。「宴も―になった」「春―」

カン 【間】 (12) 門 4 教 常 9 2054 3456

音 カン・ケン
訓 あいだ・ま 外 はざま・あい・うかがう・ひそか・しずか

筆順
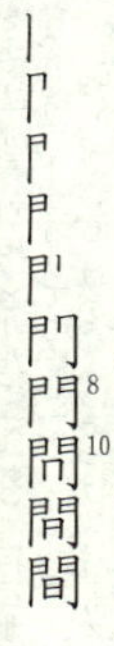

意味 一 カン・ケン ①物と物とのあいだ。すきま。「間隔」「間隙」「瞬間」 ②すきをねらう。うかがう。「間者」「間諜」 ③ひそかに。こっそりと。「間行」 ④ひま。ゆとり。のどか。しずか。「間雲」「間暇」「間居」 類 閑 ⑤部屋。また、部屋を数える語。「居間」
二 ケン 長さの単位。一間は六尺(約一・八メートル)。「間竿」

下つき 一 雲間・期間・行間・居間・空間・区間・月間・時間・週間・瞬間・人間・等間・年間・昼間・眉間・民間・夜間・欄間・離間・林間

【△間】あい ①物と物のあいだ。すきま。 ②中間の時間帯。あいま。「幕―」 ③「間狂言」の略。

【△間語り】あいがたり 能楽で、狂言方が受け持つ間狂言の語り。間。

【△間▲鴨】あいがも マガモとアオクビアヒルとの雑種。食用。 表記「合鴨」とも書く。

【△間着】あいぎ ①上着と下着のあいだに着る衣服。 ②春や秋の、寒暑の季節のあいだに着る衣服。間服。 表記「合着」とも書く。

【△間狂言】あいキョウゲン 一曲の能の中で、狂言方が登場して演ずる部分。また、その役。曲の主題や筋などを語る。間。

【△間遮】あいシャ 将棋で攻撃を防ぐため、駒を自分と相手の駒のあいだに打つこと。間駒。間。

【間】あいだ ①二つのものにはさまれた空間。また、その中間点。「家と駅の―は一キロメートルある」 ②ひと続きの時間や空間。「学校にいる―」「冬休みの―」 ③結びつき。かかわり合い。「夫婦の―は他人には分からない」

【間柄】あいだがら ①人と人との関係。「師弟の―」 ②血族・親類などの関係。「親子の―」

【△間の手】あいのて ①邦楽で、唄の間に入れる三味線などの演奏部分。 ②唄や踊りの間に入れる掛け声や手拍子。 ③会話などに他の者がはさむ言葉や掛け声。「―を入れる」 表記「合いの手・相の手」とも書く。

【△間服】あいふく 「間着」に同じ。 表記「合服」とも書く。

【間一髪】カンイッパツ 物事が非常に差し迫っていること。髪の毛一本ほどのわずかなすきまの意。「―のところで救われる」

【間隔】カンカク へだたり。二つのもののあいだの距離や時間。「一センチメートル―で線を引く」「十分―で発車する」

【間居】カンキョ ①静かな住居。 ②することが何もなく暇なこと。「小人―して不善をなす」 ③俗世を離れ、心静かに暮らすこと。 表記「閑居」とも書く。

【間隙】カンゲキ ①すきま。あいだ。「雨の―を縫って出かける」 ②仲たがい。へだたり。「二人の友情に―が生じる」

【間欠】カンケツ 一定の時間をおいて起こったり、やんだりすること。「―泉」 書きかえ 「間歇」の書きかえ字。

【間▲歇】カンケツ ▼ 書きかえ 間欠

【間欠泉】カンケツセン 一定の時間をへだてて周期的に、熱湯やガスを噴き上げる温泉。宮城県の鬼首温泉などが有名。

【間語】カンゴ ①静かに話すこと。 ②むだ話。 表記「閑語」とも書く。

【間作】カンサク ①作物の畝のあいだに他の作物を栽培すること。 ②次の作物を植えるまでに、短期間で収穫できる他の作物を栽培すること。また、その作物。 参考「あいサク」とも読む。

【間者】カンジャ ひそかに敵のようすを探る者。まわしもの。スパイ。間諜。

【間色】カンショク 原色を混合してできる色。中間色。「―系のブラウス」

【間食】カンショク 食事と食事の間に物を食べること。また、その食べ物。あいだぐい。おやつ。「健康のために―を控える」

【間接】カンセツ ①あいだに人や物をへだてて対すること。 ②遠回しなこと。 対 ①②直接

【間然】カンゼン 非難されるような欠点のあること。 参考「間」はすきまの意。

『間然する無し』 非難するところが一つもない。〈『論語』〉

【間奏曲】カンソウキョク 大曲の間やオペラの幕あいなどに演奏する短い楽曲。また、そのような独立した小曲。「幕あいに―が流れる」

【間断】カンダン 絶え間。切れ目。「―なく車の流れが続く」

【間▲諜】カンチョウ ひそかに敵のようすを探る者。スパイ。間者。

【間道】カンドウ 主要な道からはずれたわき道。抜け道。 対 本道

【間伐】カンバツ 森林などで木の発育を助けるため、不要な木を伐採すること。すかしぎり。「―材」

【間髪を△容れず】カンハツをいれず すぐに反応すること。すぐに。あいだに細い髪の毛をも入れる余地がない意から。〈『説苑』〉 参考 語構成は「間」＋

「髪を容れず」。

【間】ケン ①尺貫法の長さの単位。一間は六尺で、約一・八二メートル。②日本建築で柱と柱のあいだ。③碁盤・将棋盤の目。「一一飛び」「四一飛車」

【間竿・間棹】ケンざお ①検地などの測量に用いるため、一間ごとにしるしを付けた竿。②大工用の一間以上の長い物差し。尺杖（シャクづえ）。

【間縄】ケンなわ 種まきや植えつけなどの間隔を整えるため、一間ごとにしるしをつけた縄。類間尺

【△間】はざま ①物と物のすきま。物事と物事のあいだ。「生と死の一」②谷あい。谷間。③矢や弾丸などを放つために、城壁にあけられた穴。銃眼。表記「狭間・迫間」とも書く。

【間】ま ①時間的・空間的なあいだ。すきま。間隔。「知らぬ一に過ぎてしまった」「一をあける」②ころあい。おり。「一が悪い」「一をうかがう」③部屋。室。「応接一」「仏一」④演劇や音楽などで、せりふとせりふ、動作と動作、音と音の時間的間隔。「一の取り方がよい」

【間合】まあい ①適当な間隔。「一をつめる」②ころあい。時機。「一をはかる」

【間男】まおとこ 夫のある女性が他の男性とひそかに情を交わすこと。また、相手の男性。類間夫（まぶ）・情夫

【間際】まぎわ 物事が起こる直前。「出発一」表記「真際」とも書く。

【間口】まぐち ①土地・家屋などの前面の幅。「一九尺奥行二間（ケン）」対奥行き ②知識や活動の範囲。事業の領域。「商売の一を広げる」

【間尺】まシャク ①建築物・工作物の寸法。間（ケン）と尺。②計算。割合。「一に合わない（損になる）」

【間△怠っこい】まだるっこい じれったい。もどかしい。「一い仕事ぶりだ」参考「まだるい」を強めた語。

【間近】まぢか 距離的・時間的にすぐそこに迫っているさま。「入試一」対間遠

【間遠】まどお 時間的・空間的にへだたっているさま。対間近

【間引く】まびく ①密生した作物の間隔をあけるため、一部を抜き取る。②貧しく養育困難なために生まれたばかりの子どもを殺す。③あいだを省く。「電車の一き運転」

【間夫】まブ 情夫。特に、遊女の情夫。類間男（まおとこ）

【間間】まま ときどき。時として。時には。「人にはまちがいが一ある」

【△間直し】まんなおし ①不運を幸運に変えようとする行い。縁起直し。②不漁のとき、豊漁を願う酒宴などの行事。験（ゲン）直し。表記「真直し」とも書く。

カン【閑】(12) 門 4 常 準2 2055 / 3457

音 カン
訓 外 ひま・しずか・ならう

筆順 丨 冂 冂 冂 門 門 門 門 門 閂 閑 閑

意味 ①ひま。いとま。「閑職」「閑人」「小閑」対忙 ②のどか。しずか。「閑散」「閑静」「森閑」類①②間 ③なおざり。おろそか。「閑却」「等閑」④ならう。なれる。

下つき 安閑（アンカン）・小閑（ショウカン）・森閑（シンカン）・清閑（セイカン）・等閑（トウカン・なおざり）・農閑（ノウカン）・有閑（ユウカン）

【閑雲野△鶴】カンウンヤカク なんの拘束もなく自由にのんびりと暮らすたとえ。また、隠者の心境の形容。「閑雲」は静かに空に浮かぶ雲。「野鶴」は原野に悠々と遊ぶ鶴。〈『全唐詩話』〉類閑雲孤鶴・孤雲野鶴

【閑暇】カンカ 何もすることがない状態。ひま。てすき。

【閑雅】カンガ ①しとやかで奥ゆかしいようす。「一な振る舞い」②静かで風情（フゼイ）のあるさま。「一な邸宅」

【閑却】カンキャク いいかげんにして、放っておくこと。なおざりにすること。「この事実は一できない」「今や一を許さない事態だ」類等閑

【閑居】カンキョ ①静かで落ちついた住居。②することがなくひまなこと。③世俗から離れてのんびりと暮らすこと。表記「間居」とも書く。

【閑語】カンゴ ①ゆったりと静かに語らうこと。また、その話。②無駄話をすること。また、その話。類①②閑談・閑話

【閑古鳥】カンコどり カッコウの別称。季夏 ▼郭公（カッコウ）(一九九)

〖閑古鳥が鳴く〗人の来訪がなく、ひっそりとしているさま。また、客がなく商売が繁盛しないこと。静かな山でカッコウが鳴く情景から。類門前雀羅（モンゼンジャクラ）対門前市を成す

【閑散】カンサン ひっそりとしていること。また、することもなくひまなこと。「店内は一としている」

【閑日月】カンジツゲツ ①用事や仕事のないひまな時期。「一を送る」②あくせくせず、心に余裕のあること。「英雄一あり」

【閑寂】カンジャク 静かで趣のあるさま。また、ひっそりとしていてものさびしいこと。「山奥の一な庵（いおり）」

【閑職】カンショク 仕事が少なく、ひまな職務。重要でない役職。「一にある」対激職

【閑人】カンジン ①用事のない人。ひまじん。②世俗を離れて暮らす人。

【閑静】カンセイ 静かでひっそりとしたさま。「一な住宅街が続く」

【閑談】カンダン 「閑話」に同じ。

【閑文字】カンモジ 無駄な字句や文章。無益な言葉。「一を連ねただけの小説」参考「カンモンジ」とも読む。

【閑話】カンワ ①静かに語らうこと。また、その話。②無駄話。「一休題」類①②閑談 表記「間話」とも書く。

【閑話休題】カンワキュウダイ　それはさておき。それた話題を戻すときに用いる。「休題」は話すのをやめる意。〈『水滸伝スイコデン』〉

【閑か】しずか　ひまで、のんびりしているさま。ひっそりとして落ちついているさま。

【閑】ひま　なにもすることがない時間。用事がなくのんびりしていること。また、休暇。休み。「―をつぶす」

カン【勧】(13)力11 常 4 2011 342B　音 カン 外ケン　訓 すすめる
旧字《勸》(20)力18 1/準1
旧字《勸》(19)力17 1/準1 5016 5230

筆順 3 11 勧

意味 すすめる。はげます。「勧学」「勧誘」
下つき 懲勧チョウカン・誘勧ユウカン

【勧学院の雀は蒙求を囀る】カンガクインのすずめはモウギュウをさえずる　ふだん見慣れたり聞き慣れたりしているものはひとりでに覚えるものであるたとえ。由来 勧学院にとまるスズメは、そこの学生が『蒙求』を読むのを聞き覚えてさえずる意から。「勧学院」は平安時代、藤原ふじわら氏の子弟を教育するための学校。「蒙求」は唐の李瀚リカンの著。有名な故事逸話を四字句で記し、二つずつ対にして覚えやすくした書。類 門前の小僧習わぬ経を読む

【勧業】カンギョウ　産業を発展させるよう奨励すること。「―博覧会」

【勧告】カンコク　物事を実行するよう説きすすめること。「医師の―にしたがい入院した」「辞職を―する」

【勧奨】カンショウ　そうするようにすすめ、励ますこと。積極的にすすめること。「転職を―する」「貯蓄を―する」類 奨励

【勧請】カンジョウ　①神仏の出現を願うこと。「田の神を―する」②神仏の分霊を神社や寺に移し、迎えまつること。

【勧進】カンジン　仏 ①仏教を説き、信仰をすすめること。②寺院・仏像の建立コンリュウや修理のために寄付を募ること。また、募る人。類 ①②勧化カンゲ

【勧善懲悪】カンゼンチョウアク　善行を奨励し悪行を懲らしめること。また、そのようにして悪い行いをしないように仕向けること。〈『漢書カンジョ』〉参考「善を勧め悪を懲らす」と訓読する。「懲悪勧善」ともいう。類 遏悪揚善アツアクヨウゼン

【勧懲】カンチョウ　「勧善懲悪」の略。

【勧誘】カンユウ　すすめて、さそうこと。「サークル活動に―する」類 勧奨

【勧める】すすめる　繰り返しうながす。うながし励ます。「一層の精進を―める」「熱心に入会を―める」

カン【寛】(13)宀10 常 準2 2018 3432　音 カン　訓 外 ひろい・ゆるやか・くつろぐ
旧字《寬》(15)宀12 1/準1
旧字《寬》(14)宀11 1/準1 4758 4F5A

筆順 6 11 寛

意味 ①ひろい。心がひろい。ゆとりがある。「寛恕カンジョ」「寛大」「寛容」②ゆるやか。ゆったりしている。「寛座」③くつろぐ。のんびりとする。

【寛闊】カンカツ　①心や性格がおおらかで、ゆったりしていること。「彼は―な男だ」②振る舞いが派手であること。

【寛厳】カンゲン　寛大と厳格。ゆるやかなことと、きびしいこと。

【寛厚】カンコウ　心がひろく、おだやかなこと。寛大と温厚。「彼は人柄が―で、人望がある」

【寛恕】カンジョ　①あやまち・罪などをとがめずに許すこと。「過去のあやまちを―する」②心がひろく思いやりがあること。

【寛舒】カンジョ　心がゆるやかで、のびのびしていること。心が大きいこと。

【寛仁】カンジン　心がひろく、思いやりのあるさま。類 寛大 参考「カンニン」と読めば、平安時代の後一条天皇のときの年号。

【寛仁大度】カンジンタイド　心がひろくて慈悲深く、度量が大きいこと。また、その人。「大度」は度量の大きいこと。〈『漢書カンジョ』〉

【寛大】カンダイ　心がひろく、ゆったりしていること。他人に厳しくせず、度量の大きいさま。「―な処置をお願いします」類 寛容・寛仁

【寛裕】カンユウ　心がひろく、ゆったりしていること。度量が大きく、よく人を受け入れるさま。「―な態度で臨む」類 寛大・寛弘カンコウ

【寛容】カンヨウ　心がひろく、よく人を受け入れること。他人のあやまちをとがめずに許すこと。「無理な要求を―に聞き入れる」類 寛大

【寛ぐ】くつろぐ　心身ともに楽にする。ゆったりする。「温泉で―ぐ」

【寛い】ひろい　①こせこせしないで、ゆとりがある。大らかである。「―い心の持ち主」②スペースがゆったりしているさま。「―い部屋」

【寛やか】ゆるやか　①厳しくなく、ゆったりしているさま。おおまかなさま。「監視の目が―になる」②のんびりしているさま。「―な気持ちで過ごす」

カン【幹】(13)干10 教 常 6 2020 3434　音 カン　訓 みき 外 から・わざ

筆順 一 十 古 4 6 12 幹

意味 ①みき。物事の主要な部分。もと。「幹枝」「幹線」「幹部」②はたらき。わざ。うでまえ。「幹才」
下つき 基幹キカン・躯幹クカン・語幹ゴカン・骨幹コッカン・根幹コンカン・才幹サイカン・枝幹シカン・主幹シュカン・本幹ホンカン

【幹】から　①草木の中心になる部分。みき。くき。②矢の柄え。類 箆の

か
カン

【△幹竹】からたけ ハチク・マダケの別称。「―割り（たてに勢いよく切りさくこと）」

【幹国の器】カンコクのうつわ 国を治める器量・才能。また、それをもつ人。「幹国」は国を治めること。〈『後漢書ゴカンジョ』〉

【幹事】カンジ ①組織の中心となり、事務の処理などに当たること。また、その人。②団体や会合などの世話人。「社内旅行の―を務める」

【幹線】カンセン 道路・鉄道・通信などで主要地点を結び、中心となる線。「―道路」類本線 対支線

【幹部】カンブ 会社や団体などで重要な地位につき、活動の中心となる人。「党の―」類首脳・中枢

【幹】みき ①樹木の、茎にあたる部分。根の上にあり、枝や葉をつけるもとの部分。「大木の―」②物事の中心となる重要な部分。「再建計画の―となる事業」

カン【感】 (13) 心 9 常 教 8 2022 3436 訓 音 カン

筆順 ノ 厂 厂 后 后 咸 咸 咸 感 感 感（5, 11, 13）

意味 ①かんじる。(ア)心が動く。心にひびく。心に受ける。「感化」「感慨」「予感」(イ)知覚する。「感覚」「感触」「快感」②染まる。かかる。また、「感冒」の略。「感染」「流感」

下つき 音感オンカン・快感カイカン・共感キョウカン・好感コウカン・五感ゴカン・語感ゴカン・雑感ザッカン・私感シカン・色感シキカン・実感ジッカン・情感ジョウカン・所感ショカン・触感ショッカン・体感タイカン・直感チョッカン・痛感ツウカン・同感ドウカン・鈍感ドンカン・肉感ニッカン・反感ハンカン・万感バンカン

【感化】カンカ 影響を与えて、行いや考えを変化させること。「教師の―を受ける」

【感懐】カンカイ 心に感じ思うこと。「―を述べる」「名画を見て―を抱く」類感慨

【感慨】カンガイ 身にしみて感じること。また、その思い。「―もひとしおだ」「―深い作品」

【感慨無量】カンガイムリョウ 深く感じて、しみじみとする情がはかりしれないこと。「久しぶりの再会に―です」参考 略して「感無量」ともいう。

【感覚】カンカク ①目・鼻・耳・舌・皮膚などにより、外からの刺激を感じること。また、その刺激により生じる意識。「寒さで指先の―がなくなる」②物事を感じとる心のはたらき。センス。「新しい―の持ち主」

【感泣】カンキュウ 深く感動して涙を流すこと。心に深く感じて泣くこと。「友人の厚情に―する」

【感興】カンキョウ 興味が起こること。また、その気持ち。おもしろみを感じること。「雑音に―を殺そがれる」「―がわく」

【感激】カンゲキ 強く感じて、心を打たれること。はなはだしく感動すること。「恩師のはげましに―する」類感動・感銘

【感光】カンコウ 物質が、光の作用により化学変化を起こすこと。「写真フィルムが―する」「―紙」

【感作】カンサ 医学で、生体を抗原に対して反応しやすい状態にすること。「スギ花粉の減―療法」

【感謝】カンシャ 自分が受けた行為を、ありがたく思うこと。また、その意を表して礼を言うこと。「友人の尽力に―する」「―の意を表す」

【感受性】カンジュセイ 外からの刺激・印象によって、感動をよびさます能力。「―の豊かな人」

【感傷】カンショウ 物事に感じやすいこと。特に、寂しさや悲しさを強く感じること。「昔を思い―にひたる」

【感状】カンジョウ 功績、特に戦功をほめて与える賞状。

【感情】カンジョウ 物事に感じて引き起こされる、喜怒哀楽などの心の動き。「―を害する」「―的になる」

【感触】カンショク ①刺激を受けて皮膚に起こる感じ。手ざわり。肌ざわり。「ざらっとした―」類感覚・触感 ②相手の態度などから受ける感じ。「面接で良い―を得る」

【感じる】カンじる ①刺激を受けて脳が知覚する。「痛みを―じる」②心にある感情を抱く。「美しいと―じる」

【感心】カンシン ①心に深く感じること。「相手の作品に―する」類感服 ②行いがりっぱでほめるべきさま。「彼の努力に―した」

【感性】カンセイ ①物を感じ取る直観的能力。「彼女の絵画に対する―はすぐれている」対理性・悟性 ②感受性。「豊かな―」

【感染】カンセン ①病原体が体内に入り、病気がうつること。「赤痢に―する」②ある物事に感化・影響され、それに染まること。かぶれること。「周囲の悪癖に―する」

【感想】カンソウ ある物事に対し、心に浮かんだ思い。「読書―文」類所感

【感嘆・感△歎】カンタン 感心して、ほめたたえること。非常に感心すること。「あまりの美しさに―する」類賞嘆

【感知】カンチ 感じ取って知ること。気づくこと。「危機を―する」類察知

【感電】カンデン 電流が体に流れ、ショックを受けること。「―死」

【感度】カンド 刺激に反応する程度・度合い。「―の良いアンテナ」

【感動】カンドウ 物事に心を強く動かされること。「恩師の激励に―を覚える」類感激・感銘

【感得】カントク 真理・道理などを感じて悟ること。「世の中の無常を―する」

【感応】カンノウ ①心が物事に感じて反応すること。②仏神仏信仰の心が通じて、そのしるしが現れること。③電気・磁気が、その電界・磁界内に入った物体に及ぼす作用。類誘導

【感△佩】カンパイ 恩などに深く感謝して忘れないこと。「厚意に―する」「―措おく能あたわ

ず」参考「佩」は帯につける飾り玉の意から、身に帯びること。

【感服】カンプク 深く感心して心からしたがうこと。「師の学識に―する」「―の至り」類敬服・心服

【感奮】カンプン 深く感じて奮い立つこと。類発奮・奮起

〔感奮興起〕カンプンコウキ 深く心を揺り動かされて奮い立つこと。類感奮激厲

【感冒】カンボウ おもにウイルスによって起こる呼吸器系の炎症の総称。また、特にインフルエンザ。発熱・頭痛・悪寒・のどの痛みなどの症状を伴う。「流行性の―に気をつけよう」

【感銘】カンメイ 忘れられないほど、深く心に感じること。「多くの人に―を与えた」類感激・感動 表記「肝銘」とも書く。

【感涙】カンルイ 感動して流す涙。「再会を果たして―にむせんだ」

カン【戡】(13) 戈9 1 5702 5922 音カン 訓かつ・ころす

意味 か(勝)つ。ころす。敵をみな殺しにする。「戡定」

【▲戡つ】かつ 相手を斬り殺してかつ。征伐する。敵を平らげる。

【▲戡定】カンテイ 戦いに勝って、敵を平定すること。

カン【漢】(13) 氵10 常 教 8 2033 3441 音カン 訓外おとこ・から

旧字《漢》(14) 氵11 1/準1 8705 7725

筆順 2 8 11

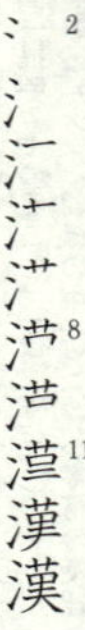

意味 ①中国の川の名。漢水。「漢口」「漢中」②天の河。「雲漢」「星漢」③おとこ(男)。「悪漢」「凶漢」「暴漢」④中国の王朝の名。また、中国に関することがら。あや。から。「漢学」「漢語」

下つき 悪漢アッカン・雲漢ウンカン・凶漢キョウカン・巨漢キョカン・銀漢ギンカン・好漢コウカン・酔漢スイカン・星漢セイカン・痴漢チカン・天漢テンカン・暴漢ボウカン・和漢ワカン

〈漢織〉あやはとり 雄略天皇の時代に、中国から渡来したといわれる機織りの技術者。

〈漢人〉あやひと 古代、中国から渡来した人々。また、その子孫。漢氏(あやうじ)。

【▲漢】から ①中国の古称。中国古代の王朝名から。②中国やその他の外国から渡来したことを表す語。接頭語的に用いる。参考②「唐獅子(からジシ)」「唐絹(からぎぬ)」など、多く「唐」の字を用いる。

【▲漢心・▲漢▲意】からごころ 漢籍を読み、中国の文化・思想に心酔した心。近世の国学者が用いた語。対大和心(やまとごころ)

【▲漢▲才】からざえ 漢学の才能。漢学に通じること。参考「カンサイ・カンザイ・カンざえ」とも読む。

【▲漢竹】からたけ 中国から渡来したタケ。カンチク・マダケ・ハチクなど。表記「唐竹」とも書く。

【漢音】カンオン 漢字の音の一種。唐代の長安付近の音が、遣唐使などによって伝えられたもの。「日」を「ジツ」、「兄」を「ケイ」と読む類。参考漢字の音には、ほかに呉音・唐音などがある。

【漢▲奸】カンカン 中国で、敵に通じる者。スパイ。売国奴。

【漢語】カンゴ ①日本語のうち、中国から入ってきて音読する語。また、それにならい日本で作った字音で読む語。対和語 ②中国語。

【漢詩】カンシ 中国の詩。また、それをまねて作った詩。多く五言または七言で、平仄(ヒョウソク)・押韻(オウイン)などの規則がある。絶句・律詩・古詩など。類唐歌(からうた) 対大和歌(やまとうた)

【漢籍】カンセキ 中国の書籍。漢文で書かれた書物。類漢書

【漢土】カンド 昔の中国の称。多く、他国から呼ぶ場合に用いる。唐土(もろこし)。

【漢文】カンブン ①中国の文章・文学。特に、古い時代の漢字だけの文章。②日本で①にならって書いたもの。対①②和文

【漢方】カンポウ 中国から日本へ伝わった医術。「―薬」対和方 参考現代中国語では、中国伝統の医術のことは「中医」と称する。

〈漢▲堡〉ハンブルク ドイツ北部の工業都市。エルベ川下流にあり、貿易港としても有名。

カン【煥】(13) 火9 1 6369 5F65 音カン 訓あきらか・かがやく

意味 あきらか。かがやく。光り輝くさま。「煥発」「煥然」類渙(カン)

【▲煥らか】あきらか 火の光がまわりに広がり輝くさま。

【▲煥然】カンゼン あきらかなさま。光り輝くさま。

【▲煥発】カンパツ 火が燃えるように、輝き現れること。「才気―」

カン【豢】(13) 豕6 1 7622 6C36 音カン 訓やしなう

意味 やしなう。家畜を飼う。また、家畜。「豢圉(カンギョ)」「豢擾(カンジョウ)」「豢養」

【▲豢う】やしなう 家畜を飼育する。家畜に穀物を与えて育てる。

カン【▲鉗】(13) 金5 7873 6E69 ▼ケン(四三一)

カン【骭】(13) 骨3 1 8176 716C 音カン 訓はぎ・すね・あばら

意味 ①はぎ。すね(脛)。②あばら。

カン【▲寛】(14) 宀11 4758 4F5A ▼寛の旧字(二四〇)

カン【慣】(14) 忄11 常 教 6 2023 3437 音カン 訓なれる・ならす 外ならわし

筆順 丶 忄 忄 忄 忄 忄 怛 悝 悝 慣 慣 慣 慣 慣

意味 ①なれる。ならす。「慣性」「慣用」②ならわし。しきたり。「慣行」「慣習」「慣例」

下つき 旧慣キュウカン・習慣シュウカン

【慣行】カンコウ ①古くから行われてきたしきたり。ならわし。「―にならう」類慣習 ②日常的に続いている事柄。「朝礼が毎日の―になっている」類習慣

【慣習】カンシュウ ある社会一般に通じる、古くから行われてきたしきたりやならわし。「―にしたがう」「―法」類慣例・慣行

【慣熟】カンジュク 物事になれて、上手になること。うまくこなせるようになること。「自動車の運転に―する」類習熟 対未熟

【慣性】カンセイ 物体が外からの力を受けない限り、その状態を変えない性質。「―の法則」「ブレーキをかけても、―によってすぐには止まれない」類惰性ダセイ

【慣用】カンヨウ 使いなれること。習慣として、広く一般に用いられること。「―句」「―されている方法で行う」

【慣用手段】カンヨウシュダン 習慣として広く用いられる手立て。

【慣例】カンレイ いつもそうすることになっている事柄。ならわし。「―にしたがって、最年長者が乾杯の音頭をとる」「―化した行事」類先例・慣習・慣行

【△慣】ならわし いつもそうすることになっているやりかた。きまり。しきたり。慣習。風習。「我が家の―」「四季の年中行事と―」表記「習わし」とも書く。

【慣れる】なーれる ①習慣となる。「習うより―れよ」②繰り返して行い、うまくなる。「英会話に―れる」「旅―れた人」

カン【▲漢】(14) 氵11 8705 7725 ▼漢の旧字(二四二)

カン【管】(14) 竹8 教 常 7 2041 3449 音 カン 訓 くだ 外 ふえ・つかさどる

筆順 ノ ㇐ ㇑ 竹 竹 竺 竿 管 管 管

意味 ①くだ。空中の細長いつつ。「管見」「気管」「血管」②ふえ。楽器の一つ。「管弦」「金管」「木管」③つかさどる。とりしまる。「管轄」「管理」「所管」④ふで。筆の軸。「彩管」

下つき 煙管エン・きせる・鉛管エン・気管キ・金管キン・血管ケッ・鋼管コウ・彩管サイ・所管ショ・信管シン・吹管スイ・鉄管テッ・土管ド・配管ハイ・筆管ヒッ・保管ホ・木管モッ

【管轄】カンカツ 官庁・機関などが権限によって支配すること。また、その範囲。「ごみ収集の―が都から区に移った」類所管・所轄

【管楽器】カンガッキ 管くだに息を吹きこんで、空気を振動させて音を出す楽器。吹奏楽器。木管楽器と金管楽器に分かれる。フルート・トランペット・笛・尺八など。

【管窺蠡測】カンキレイソク 狭い見識で物事をおしはかるたとえ。「管窺」は細い管くだを通して天を見る、「蠡測」は小さいひさごで大きな海の水の量をはかる意。〈東方朔トウボウサクの文〉類井の中の蛙かわず大海を知らず

【管区】カンク 管轄する区域。官庁や機関が管理する区域。「―気象台」

【管見】カンケン ①狭い見聞・見識。管くだの穴を通して物を見る意から。②自分の見識を謙遜ケンソンしていう言葉。「―によれば」類管窺カンキ

【管弦楽】カンゲンガク 管楽器・弦楽器・打楽器による大規模な演奏。また、それによる音楽。オーケストラ。「―団による演奏を聴く」書きかえ「管絃楽」の書きかえ字。

【管▲絃楽】カンゲンガク ▼書きかえ 管弦楽

【管財】カンザイ 財産や財務を管理すること。「破産―人」

【管掌】カンショウ 受けもった仕事を監督し、取り扱うこと。権限をもって仕事や事務をつかさどること。「財政事務を―する」「組合―健康保険」類管理

【管制】カンセイ ①国家が非常時などに、ある物事の自由な活動・使用を強制的に管理・制限すること。「報道―を敷く」②航空機の航行・発着などを管理・規制すること。「―塔の指示で着陸する」

【管仲随馬】カンチュウズイバ 先人の知恵・経験を重んじるたとえ。故事 中国、春秋時代、名宰相の管仲が戦いの帰途に道に迷ったが、老馬を放し、そのあとにしたがって、帰路を見いだした故事から。〈韓非子カンピシ〉

【管中▲豹を▲窺う】カンチュウヒョウをうかがう 見識の非常に狭いたとえ。管くだの穴からヒョウ(豹)を見る意で、一つの斑紋ハンモンしか見えないことから。〈晋書ジンショ〉類全豹一斑ゼンピョウイッパン

【管▲鮑の交わり】カンポウのまじわり 利害を超えた親密な友情、交際のこと。故事 中国、春秋時代、斉の管仲と鮑叔牙ホウシュクガは無二の親友で、ともに商売をしたとき、管仲が分け前を余分にとっても鮑は管が貧乏なことを知っていて非難せず、管を宰相の位に推挙したのも鮑であったなど、二人の利害を超えた親密な交際は生涯続いたという故事から。〈史記〉

【管理】カンリ 処理や保守・運営を行うこと。全体に気を配り、とりしきること。「重要書類を―する」「品質―を厳重に行う」

【管】くだ ①細長い筒。パイプ。②機はたを織るとき、横糸を巻いて杼ひに入れる芯シン。③糸車の錘つむにさして、引き出した糸を巻きつける軸。

カン【箝】(14) 竹8 1 6815 642F 音 カン・ケン 訓 はさむ・くびかせ・つぐむ

意味 ①はさむ。②くびかせ。自由をうばう。「箝制」③とざす。つぐむ。木片を口にくわえさせて声を出させない。「箝口」

【箝口】カン コウ ①口をつぐんで、ものを言わないこと。②何も言わせないこと。①「緘口」とも書く。表記「鉗口・拑口」とも書く。参考「ケンコウ」の慣用読み。

【箝口令】カンコウ レイ ある事柄について発言を禁止する命令。「―が敷かれる」表記「鉗口令」とも書く。

【箝制】カン セイ 自由を奪うこと。束縛して自由にさせないこと。

【箝む】はさ‐む 物をはさみこんで、動かなくする。

カン【銜】(14) 金 6 1 7882 6E72 音 カン・ガン 訓 くつわ・ふくむ・くわえる・くらい

意味 ①くつわ(轡)。くつばみ。ウマの口にふくませ、手綱をつける金具。「銜勒(カンロク・ガンロク)」②ふくむ。物を口に入れる。「銜枚(カンバイ)」③くらい(位)。「官銜」

下つき 馬銜(カン・ばみ)

【銜】くつわ ウマの口にくわえさせて、手綱(たづな)をつける金具。「―をならべて討ち死にする」

【銜える】くわ‐える 口または歯で軽くはさんで支え保つ。「煙草(タバコ)を―える」「指を―えて見つめる」

【銜む】ふく‐む ①口にくわえる。「遠山を―み長江を呑(の)む」②お受けする。③心に留める。根にもつ。

カン【関】(14) 門 6 常 教 7 2056 3458 音 カン 訓 せき・かかわる 外 からくり・かんぬき

旧字《關》(19) 門11 1/準1 7980 6F70

筆順 4 8 10 12

意味 ①せきしょ(関所)。出入り口。「関門」「関税」「難関」②つなぎめ。物と物とをつなぎとめるしかけ。からくり。「関節」「機関」③かかわる。あずかる。「関係」「関与」「連関」④かんぬき。かんぬきをかけてとざす。「関鍵(カンケン)」「門関」⑤せき。相撲取りの名の下につける敬称。

下つき 海関(カイカン)・機関(キカン)・郷関(キョウカン)・玄関(ゲンカン)・税関(ゼイカン)・摂関(セッカン)・相関(ソウカン)・難関(ナンカン)・門関(モンカン)・連関(レンカン)

【関わる】かか‐わる ①関係する。「命に―る問題」②たずさわる。「現在―っている事業」

【関係】カン ケイ ①物と物とが、つながりやかかわりをもつこと。また、そのつながり。「仕事に―する資料」「生産と消費の―」類関連・関与 ②人と人との間柄。「叔父と姪(めい)の―」

【関鍵】カン ケン ①かんぬきとかぎ。②門や玄関の戸締まり。③物事の大切な部分。要点。急所。

【関渉】カン ショウ かかわり合うこと。口出しすること。表記「干渉」とも書く。

【関雎の化】カンショの カ 夫婦の仲がよくて礼儀正しく、家庭が円満であることのたとえ。文王と后妃の仲むつまじいようすを歌ったものといわれる『詩経』の詩から。参考 単に「関雎」ともいう。「関雎」は、「関関(カンカン)たる雎鳩(ショキュウ)」の略。「関関」は、和らいださま。「雎鳩」は、雌雄の仲がよいというミサゴ。

【関心】カン シン 心にかけること。興味をもつこと。「宇宙飛行に強い―をもつ」「芸術には無―である」「―事」

【関数】カン スウ ある数yが他の数xの変化に対応して法則的に変化するとき、xに対するyのこと。また、その関係。表記「函数」とも書く。

【関税】カン ゼイ 外国と輸出入する貨物に対してかけられる税金。日本では輸入税を指す。「―自主権」

【関節】カン セツ 骨と骨のつなぎ目で、動くことができる部分。「―炎」

【関知】カン チ 物事に関係すること。あずかり知ること。「そのことには一切―しない」

【関頭】カン トウ 物事の重大な分かれ目。せとぎわ。「生死の―に立つ」

【関東炊き】カントウ だき 関東の煮込みおでんのことを関西でいう語。関東煮。季冬

【関白】カン パク ①天皇を補佐して政務を執り行う令外(リョウゲ)の官。八八七(仁和(ニンナ)三)年藤原基経(もとつね)をこの任にあて、以後藤原一族がその地位を独占した。例外は豊臣秀吉(とよとみひでよし)・秀次(ひでつぐ)のみ。②権力・威力が強く、いばっているもののたとえ。「亭主―」

【関門】カン モン ①関所の門。また、関所。②通過するのが難しい所。また、必ず通らなければならない所。「入試という―を突破する」

【関鑰】カン ヤク ①かんぬきと錠。門戸の戸締まり。類関鍵(カンケン) ②出入りの要所。

【関与】カン ヨ 物事に関係すること。たずさわること。「経営には―しない」類関知・参与 表記「干与」とも書く。

【関連】カン レン つながりやかかわりがあること。「汚職に―する問題」「―事項を列挙する」類関係・連関

【関】せき ①人の行動などをさえぎるもの。へだて。しきり。「人目の―」「心の―」②関所。「箱根の―」

【関所】せき しょ ①昔、国境や交通の要所をさえぎって、通行者を改めたり税などをとったりした所。②通るのが困難な場所のたとえ。

【関取】せき とり 相撲で、十両以上の力士。また、その力士の敬称。

【関の山】せきの やま できる最大の限度。精いっぱい。「これくらいが―だ」

【関守】せき もり 昔、関所をまもった役人。関所の番人。

【関脇】せき わけ 相撲の番付で、三役の一つ。大関の次、小結の上の位。また、その力士。

カン【嫺】(15) 女12 1 5338 5546 音 カン 訓 みやびやか・ならう

意味 ①みやびやか。しとやか。「嫺雅」②ならう。

なれる。類慣

【▲嫺う】なら-う ①物事に熟達する。②物事になれてまごつかない。

【▲嫺やか】みやび-やか 動作がしとやかで美しく、上品であるさま。

カン【嫺】(15) 女12 1 5339 5547 音 カン 訓 みやびやか・ならう

意味 ①みやびやか。しとやか。②ならう。なれる。

カン【▲寛】(15) 宀12 ▼寛の旧字(二四〇)

カン【歓】(15) 欠11 常 4 2031 343F 音 カン 訓 外 よろこぶ

旧字《歡》(22) 欠18 1/準1

旧字《歡》(21) 欠17 1/準1 6136 5D44

筆順 歓

意味 よろこぶ。たのしむ。めでる。よしみ。親しみ。「歓迎」「歓呼」「交歓」「歓を尽くす」類懽・驩

下つき 哀歓・旧歓・欣歓・結歓・交歓・合歓・至歓・悲歓

【歓喜】カンキ 心からよろこぶこと。大きなよろこび。「合格通知に―する」「―の歌声が響く」参考「カンギ」と読めば、仏法を聞いてよろこびを感じること。

【歓喜天】カンキテン 仏教守護の神。象頭人身の像で、夫婦和合・安産・子宝・財宝の神。単身と双身とがある。

【歓迎】カンゲイ よろこんで迎えること。よろこんで受け入れること。「―会を開く」「新入生を―する」類歓待 対歓送

【歓呼】カンコ よろこびのあまり大声を出すこと。また、その声。「―の声をあげる」類歓声

【歓心】カンシン うれしく思う心。よろこぶ気持ち。「減税で有権者の―を買う」

【歓声】カンセイ よろこびのあまりあげる大声。よろこびの声。「全員で勝利の―をあげる」類歓呼

【歓送】カンソウ 祝いはげまして、人の出発を見送ること。「―会」「転勤する同僚を―する」対歓迎

【歓待】カンタイ よろこんで客をもてなすこと。「思わぬ―を受ける」類歓迎 表記「款待」とも書く。

【歓談】カンダン 人とうちとけて楽しく話すこと。また、その話。「旧友と―する」「食後の―を楽しむ」表記「款談」とも書く。

【歓天喜地】カンテンキチ 非常によろこぶこと。「歓天」は天を仰いでよろこぶこと、「喜地」は地にうつむいてよろこぶこと。《『水滸伝』》類欣喜雀躍・狂喜乱舞

【歓楽】カンラク よろこび楽しむこと。「―街」「―に明け暮れる」類快楽・享楽・悦楽

【歓楽極まりて哀情多し】楽しみがきわまったときには、かえって悲しみの情がわき上がってくること。〈漢武帝の文〉

【▲歓ぶ】よろこ-ぶ 声を合わせ、にぎやかによろこぶ。なごやかに楽しむ。「旧友の再訪を―び迎える」

カン【★澗】(15) 氵12 準1 2034 3442 音 カン・ケン 訓 たに・たにみず

〔澗〕

意味 たに。たにみず。たにがわ。「澗水」「澗声」

下つき 渓澗・山澗・清澗・碧澗・幽澗

【澗谷】カンコク 山と山の間のくぼんだ所。また、谷川。類澗渓

【澗水】カンスイ 谷あいを流れる水。谷川の水。谷川の流れ。

【澗泉】カンセン 谷あいからわき出るいずみ。谷あいの水。類谷泉

【▲澗】たに 山と山との間にある深くくぼんだ所。

カン【監】(15) 皿10 常 4 2038 3446 音 カン 外 ケン 訓 外 みる・かんがみる・しらべる

筆順 監

意味 ①みる。みはる。とりしまる。しらべる。「監視」「監督」「総監」②ろうや。「監獄」「監房」「収監」③てほん。かんがみる。類鑑

下つき 技監・舎監・収監・総監・統監

【監禁】カンキン 閉じこめて行動の自由をうばうこと。「人質を―する」類拘禁・軟禁

【監獄】カンゴク 刑務所・拘置所の旧称。刑事被告人・自由刑の受刑者・死刑の確定者などを拘禁する施設。

【監査】カンサ 経営・会計などを監督し、検査すること。また、その人。「会社の会計を―する」「―役」

【監察】カンサツ 行政・経営などの業務について不正がないよう、調べて取り締まること。「―官」「親会社の―をうける」

【監視】カンシ 人の行動を警戒し見張ること。また、その人。「―の目を光らせる」

【監事】カンジ ①団体などで庶務を担当する役。また、その人。②法人の業務や会計などを監督する役。また、その機関や人。

【監修】カンシュウ 書籍の著述・編集などを責任をもって監督すること。また、その人。「辞書の―に当たる」

【監▲寺】カンス 禅寺で、住職に代わって寺の事務を監督し、僧を統率する役職。

【監督】カントク 人の上に立ち、全体を指揮・管理すること。また、その機関や人。「―官庁」「工事現場を―する」「野球チームの―」

【監房】カンボウ 刑務所・拘置所で囚人を入れておく部屋。

【△監物】《ケンモツ》 律令《リツリョウ》制度で中務《なかつかさ》省に属し、金銭・物品の出納を担当した官職。

【△監る】《みーる》 ①上から下を見下ろす。②見張る。取り締まる。「敵の動向を—る」

カン【緩】(15) 糸9 常 3 2043/344B 音 カン 訓 ゆるい・ゆるやか・ゆるむ・ゆるめる 外 ぬるい

筆順 6
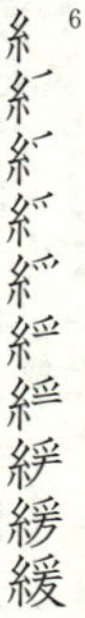

意味 ゆるい。ゆるやか。ゆるむ。ゆるめる。「緩急」「緩慢」「弛緩《シカン》」

下つき 寛緩《カンカン》・弛緩《シカン》・除緩《ジョカン》・舒緩《ジョカン》・遅緩《チカン》

【緩急】《カンキュウ》 ①ゆるやかなこととときびしいこと。おそいこととはやいこと。「文章に—をつける」「時勢の—を察する」②さしせまった状態。急であること。「一旦《イッタン》—あれば、すぐさま参上します」

『緩急自在』《カンキュウジザイ》 状況に応じて早めたり、おくらせたりして、思うままにあやつること。類 一張一弛《イッチョウイッシ》

【緩△頬】《カンキョウ》 ①顔色を和らげること。また、顔色を和らげて婉曲《エンキョク》に話すこと。②「緩頬を煩わす」の略。自分のことを人に託して話してもらうこと。

【緩行】《カンコウ》 ①ゆっくり進むこと。類 徐行 ②列車が各駅に停車しながら進むこと。類 鈍行 対 急行

【緩衝】《カンショウ》 対立するものの間にあって、その衝突・不和を和らげること。また、そのもの。「両国の国境に—地帯を設ける」

【緩怠】《カンタイ》 ①ゆるみおこたること。なまけること。また、そのさま。なおざり。②手ぬかり。過失。科《とが》。類 過怠 ③無作法。失礼。不届き。

【緩慢】《カンマン》 ①動作・速度などがおそいさま。のろいさま。「—な動作」②てぬるいこと。また、そのさま。「政府の処置は—だ」

【緩和】《カンワ》 きびしさ・はげしさなどの程度がゆるやかになること。また、ゆるやかにすること。「規制が—される」

【△緩い】《ぬる―い》 やり方などがきびしくない。ゆるやかだ。ゆるい。「手—い処置」

【△緩火】《ぬるび》 火力の弱い火。とろ火。「—で豆を煮る」

【緩い】《ゆる―い》 ①規則などがきびしくない。「管理が—い」②しまっていない。「ズボンが—い」③急でない。「—い坂」④おそい。のろい。「流れの—い川」

【緩む】《ゆる―む》 ①しまっていたものがゆるくなる。「ひもの結び目が—む」②張りがなくなる。「試験が終わって気が—む」③きびしさなどがやわらぐ。「日ごとに寒さが—んでくる」「監視の目が—む」

【緩やか】《ゆる―やか》 ①しまっていないさま。②なだらかなさま。「—なカーブ」③ゆったりとしているさま。「落葉が川を—に流れていく」④くつろいださま。

【緩緩】《ゆるゆる》 ①ゆっくり。「—と進む」②ゆったり。のんびり。「—と休む」③ゆるんでいるさま。「ズボンが—だ」

カン【緘】(15) 糸9 1 6940/6548 音 カン 訓 とじる・とじなわ・てがみ

意味 ①とじる。ふさぐ。手紙などに封をする。「緘口」「封緘」②とじなわ。箱が開かないようにしばるなわやひも。③てがみ。「緘札」「緘書」

下つき 開緘《カイカン》・啓緘《ケイカン》・封緘《フウカン》・瑶緘《ヨウカン》

【▲緘口】《カンコウ》 口を閉じてものを言わないこと。表記「箝口・鉗口・拑口」とも書く。

【▲緘する】《カン―する》 ①手紙などに封をする。②口を閉じる。だまる。

【▲緘黙】《カンモク》 口を閉じてしゃべらないこと。だまりこむこと。「—症」

【▲緘じる】《と―じる》 ①口をつぐむ。②中に物を入れて封をする。

カン【圜】(16) 口13 1 5208/5428 音 カン・エン 訓 めぐる・めぐらす・まるい

意味 一カン めぐる。めぐらす。かこむ。「圜繞《カンジョウ》」「圜流」二エン まる。まるい。

下つき 二 大圜《タイエン》

【▲圜▲繞】《カンジョウ》 ぐるりと取り囲む。

【▲圜い】《まる―い》 円形・球形であるさま。表記「円い」とも書く。参考「圜」には、大地をまるく取り巻く天空の意もある。

【▲圜る】《めぐ―る》 ①まわってもとの場所にかえる。循環する。②まわりを取り囲む。

カン【寰】(16) 宀13 1 5378/556E 音 カン

意味 ①宮殿を囲むかきね。また、領地。②天下。世界。「寰海」「寰中」

下つき 塵寰《ジンカン》

【▲寰宇】《カンウ》 天下。世界。「寰」も「宇」も天下の意。類 宇内《ウダイ》

カン【憾】(16) 忄13 常 準2 2024/3438 音 カン 訓 外 うらむ

筆順 2 9 14 16
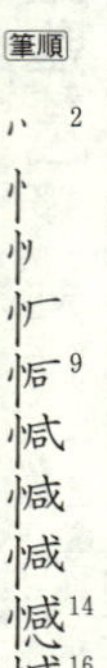

意味 うらむ。うらみ。心残りに思う。「憾怨《カンエン》」「憾悔」「遺憾」

下つき 遺憾《イカン》

【△憾む】《うら―む》 思いどおりにならないことを惜しく思う。残念に思う。心残りに思う。

カン【撼】(16) 扌13 1 5794/597E 音 カン 訓 うごかす・ゆるがす・ゆらぐ

意味 うごかす。ゆるがす。ゆらぐ。ゆれうごく。「撼動」「震撼」

下つき 震撼《シンカン》・揺撼《ヨウカン》

【▲撼かす】うごかす 物や人の心に衝撃を与えて、揺り動かす。揺さぶる。「その映像は世界中の人々の心を―した」参考手で持って揺すり動かす意から。

カン【橄】(16) 木12 1 6077 5C6D 音カン 訓

意味 植物名「橄欖」に用いられる字。

【▲橄▲欖】カンラン ①カンラン科の常緑高木。中国南部原産。花は黄白色、実は楕円形で蜜づけや塩づけにして食べる。ウオノホネヌキ。②オリーブの誤訳。「―油」

カン【澣】(16) 氵13 1 6321 5F35 音カン 訓あらう・すすぐ

意味 あらう。すすぐ。「澣衣」「澣濯」類浣 参考唐代、官吏が一〇日に一度沐浴の休暇を与えられたことから、休暇・一〇日の意も表す。

下つき 下澣・上澣・湫澣・中澣

【▲澣う】あらう 水を流して衣服や体をあらう。すすぐ。表記「浣う」とも書く。

【▲澣衣】カンイ 衣服をすすぎあらうこと。また、その衣服。表記「浣衣」とも書く。

【▲澣濯】カンタク 衣服などをすすぎあらうこと。表記「浣濯」とも書く。

カン【盥】(16) 皿11 1 6625 6239 音カン 訓たらい・すすぐ・そそぐ

意味 ①すすぐ。あらう。そそぐ。「盥洗」「盥漱」「盥浴」②たらい。手足などを洗う器。参考うつわ(皿)の水を両手ですくっている形からできた字。

下つき 濯盥・沃盥

【▲盥▲漱】カンソウ 手を洗い、口をすすぐこと。「漱」は口をすすぐ意。

【▲盥▲沐】カンモク ①手や髪を洗うこと。②風呂に入ること。湯あみ。類入浴・沐浴

【▲盥】たらい ①顔や手足を洗う容器。②湯や水を入れて、行水や洗濯などに使用する丸く平たい容器。由来「てあらい(手洗)」の変化したもの。

【▲盥、半切を笑う】自分とあまりちがわない相手をばかにすること。「半切」はたらいに似た底の浅いおけ。類五十歩百歩・目糞鼻糞を笑う

【▲盥回し】たらいまわし ①物事や人を、次々に他の場所や人に送り渡すこと。「案件を―にする」②仰向けになって足を上げ、足の裏を使ってたらいを回す曲芸。

カン【★翰】(16) 羽10 準1 2045 344D 音カン 訓とぶ・ふで・ふみ・みき

〔翰〕

意味 ①鳥の名。やまどり。また、鳥のはね。②とぶ。高く速く飛ぶ。「翰如」「翰飛」③ふで。「翰墨」④ふみ。手紙。文章。また、文士。「翰苑」「翰林」「書翰」⑤みき。はしら。「藩翰」類幹 参考③④昔、鳥の羽毛で筆を作ったことから。

書きかえ ④「簡」に書きかえられるものがある。

下つき 玉翰・手翰・書翰・宸翰・藩翰・筆翰・芳翰

【▲翰▲苑】カンエン ①手紙や文書。②「翰林院」に同じ。参考「苑」は物事の集まる場所の意。

【▲翰藻】カンソウ 詩歌や文章。「中国古典文学の豊かな―」

【▲翰墨】カンボク ①筆と墨。「―を座右に置く」②書画・詩文を書くこと。また、その書画・詩文。③広く文学に関係すること。

【▲翰林】カンリン ①学者・文人の仲間。②「翰林院」の略。参考文書が集まっているところの意から。

【▲翰林院】カンリンイン ①中国で唐代に設けられた官庁の一つ。初め学士院といい、学者・文人に詔勅などを作らせた。類翰苑 ②「アカデミー」の訳語。学問・芸術において指導的な役割をする人の団体。

【▲翰】ふで ①文字を書くふで。②①で書いた手紙や文章。由来「翰」はヤマドリの羽の意。昔はヤマドリの羽毛でふでを作ったことから。

カン【舘】(16) 舌10 準1 2060 345C 音カン 訓やかた・たて・たち

意味 ①やかた。やしき。②やど。やどや。

【舘】たち ①貴族や役人の宿舎または邸宅。②小さい城。「衣川の―」参考「たて」とも読む。

【舘】やかた ①貴族・豪族などの住居。屋敷。②貴人や中世の大名の敬称。「お―さま」

カン【★諫】(16) 言9 準1 7561 6B5D 音カン 訓いさめる

〔諌〕 2050 3452

意味 いましめる。さとす。いさめる。忠告。「諫言」「諫死」「諫説」

下つき 規諫・強諫・極諫・苦諫・至諫・正諫・切諫・忠諫・直諫・諷諫

【▲諫める】いさめる 多く目上の人に対して、欠点や過ちを改めるように忠告する。「王に国政を正すように―める」「上司の非を―める」

【▲諫言】カンゲン 目上の人の過失や欠点を改めるように言うこと。また、その言葉。「上司に―する」

【▲諫止】カンシ いさめて思いとどまらせること。「愚挙を―する」

【▲諫死】カンシ 死んで君主などをいさめること。また、死を覚悟していさめること。

【▲諫臣】カンシン 主君の過ちをいさめる、臣下や家来。特に忠誠な者をいう。「―を遠ざける」

【▲諫争・▲諫▲諍】カンソウ 面と向かって、主君を争ってまでいさめること。

カン【還】(16) 辶13 常 準2 2052 3454
音 カン 外ゲン
訓 外かえる・かえす・また

旧字《還》(17) 辶13 1/準1

筆順 罒 罒 罒 睘 睘 睘 睘 睘 還 還

意味 ①かえる。かえす。ひきかえす。もとへもどる。「還元」「還俗(ゲンゾク)」「返還」 対往 ②また。なおまた。ふたたび。継続を示す助字。

下つき 往還(オウカン)・凱還(ガイカン)・帰還(キカン)・召還(ショウカン)・償還(ショウカン)・生還(セイカン)・送還(ソウカン)・奪還(ダッカン)・返還(ヘンカン)・奉還(ホウカン)

【還る】かえ-る 行った先から戻る。回ってもとに戻る。「故郷に―る」

【還御】カンギョ 天皇・上皇・皇后などが行幸(ギョウコウ)先から帰ること。類還幸(カンコウ)

【還元】カンゲン ①もとの状態に戻すこと。また、戻ること。「利益を消費者に―する」 ②化学で、酸化された物質から酸素を取り去り、もとへ戻すこと。あるいは物質が水素と化合する反応。対酸化

【還幸】カンコウ 天皇が行幸(ギョウコウ)先から皇居に帰ること。類還御 対行幸

【還付】カンプ 国や政府が、一時所有したり借りたりしていた金銭を、もとの持ち主へ戻すこと。「―金」

【還流】カンリュウ ①水や空気の流れがもとの方向へ戻ること。②蒸留で発生した蒸気が冷やされて凝縮し、再びもとに戻ること。また、その液。表記①「環流」とも書く。

【還暦】カンレキ 六〇年で干支(えと)が再び生まれたときのものに還(かえ)ることから、数え年で六一歳のこと。本卦(ホンケ)がえり。「―を迎える」

【△還俗】ゲンゾク 出家した僧や尼が、再び世俗の人間にかえること。

【△還礼】ワンレイ 禅家で、礼を返すこと。参考「ワン」は唐音。

カン【館】(16) 食8 常 教 8 2059 345B
音 カン
訓 やかた 外たて・たち

旧字《館》(17) 食8 1/準1

筆順 𠆢 今 今 自 自 食 飠 飣 飵 館 館

意味 ①やかた。やしき。「館第」 ②やど。やどや。「旅館」 ③人の集まる建物。また、公共の施設。「館長」「会館」「休館」

下つき 捐館(エンカン)・会館(カイカン)・学館(ガッカン)・旧館(キュウカン)・宮館(キュウカン)・公館(コウカン)・菜館(サイカン)・商館(ショウカン)・新館(シンカン)・第館(テイカン)・分館(ブンカン)・別館(ベッカン)・本館(ホンカン)・洋館(ヨウカン)・旅館(リョカン)

【△館】たち ①貴族や役人の宿舎または邸宅。②小さい城。「衣川(ころもがわ)の―」 参考「たて」とも読む。

【館】やかた ①貴族・豪族などの住居。屋敷。②貴人や中世の大名の敬称。「お―さま」

カン【歛】(17) 欠13 1 6134 5D42
音 カン
訓 のぞむ・ねがう・あたえる

意味 ①のぞむ。ねがう。物ごい。「歛丐(カンカイ)」 ②あたえる。

カン【環】(17) 王13 常 4 2036 3444
音 カン
訓 外たまき・わ・めぐる

筆順 丅 王 王 珊 珊 環 環 環 環 環

意味 ①たまき。輪の形をした玉。「環佩(カンパイ)」 ②わ。輪の形。「環礁」「環状」 類鐶(カン) ③めぐらす。めぐる。まわる。かこむ。「環境」「環繞(カンジョウ)」

下つき 回環(カイカン)・玉環(ギョッカン)・金環(キンカン)・耳環(ジカン・みみわ)・循環(ジュンカン)・旋環(センカン)・刀環(トウカン)・佩環(ハイカン)・連環(レンカン)

【環境】カンキョウ ①人間や他の生物の周囲にあり、影響を与える外界や状況。「市民の―を守る」「経済的に恵まれた―で育つ」 ②コンピューターが作動するためのシステムに必要な種々の条件。「―を設定する」

【環視】カンシ 多くの人がまわりを取り囲んで見ていること。多数の人が注目していること。「衆人―の中で演説をする」

【環礁】カンショウ 輪の形に発達して、海面を囲んでいる珊瑚礁(サンゴショウ)。

【環状】カンジョウ 輪のような形や状態。「―列石(ストーンサークル)」「地下鉄の―線」「都心を―に取り巻く高速道路」

【環△堵△蕭然】カントショウゼン 家が狭く、ものさびしいさま。みすぼらしいさま。「環堵」は家のまわりの垣根(かき)の意から、狭い家の意。「蕭然」はものさびしいさま。〈陶潜の文〉 類家徒四壁

【環流】カンリュウ ①流れがもとのほうへ戻ること。②いくつかの海流が形づくる、大きな海の動き。また、大気の循環。表記①「還流」とも書く。

【△環】たまき 古代の腕飾りの一つ。玉・貝・鈴など、ひもを通して腕に巻きつけたもの。類釧(くしろ) 表記「鐶」とも書く。

【△環る】めぐ-る ①ぐるりととりまく。かこむ。「山が町のまわりをぐるりと―っている」 ②ぐるりとまわる。「大阪を―る環状線」

【△環】わ 細長いものを曲げて、円形にしたもの。また、その形。「指―」「―をつくって取り囲む」 表記「鐶」とも書く。

カン【癇】(17) 疒12 1 6582 6172
音 カン
訓 ひきつけ

意味 ①ひきつけ。発作的に筋肉がひきつる病気。類疳(カン) ②感情がはげしく、すぐかっとなる気質。「癇癪(カンシャク)」「癇症」「癇癖」

下つき 癲癇(テンカン)

【△癇△癪】カンシャク 感情をおさえきれず、怒りやすい性質。また、その発作。癇癪玉。「―を起こす」 類癇癖(カンペキ)

【癇癪玉】カンシャクだま ①「癇癪」に同じ。②子どものおもちゃで、砂を混ぜた火薬を紙に包んだもの。地面に投げつけると大きな音をたてる。

【癇性・癇症】カンショウ ①怒りやすい性質。癇癪持ち。②病的なほどきれい好きなこと。潔癖なさま。

【癇癖】カンペキ 感情をおさえきれず、怒りやすい性質。また、その発作。疳癖。「―が強い」類癇癪

カン【瞰】(17) 目12 1 6655 6257 音カン 訓みる・みおろす・のぞむ

意味 みる。みおろす。ながめる。のぞむ。「瞰下」「瞰望」

下つき 下瞰・鳥瞰・俯瞰

【瞰下】カンカ 高い所から見下ろすこと。類瞰視・下瞰

【瞰視】カンシ 高い所から下方をながめること。類瞰下

【瞰臨】カンリン 高い所から見下ろすこと。類瞰下

【瞰る】みーる のぞくようにして、高い所から下方を見下ろす。

カン【艱】(17) 艮11 1 7169 6765 音カン 訓かたい・けわしい・なやむ・くるしむ・なやみ

意味 ①かたい。むずかしい。けわしい。「艱険」「艱渋」「艱阻」②なやむ。くるしむ。なやみ。くるしみ。「艱苦」「艱難」「辛艱」

下つき 苦艱・険艱・時艱・辛艱・阻艱

【艱い】かたーい 困難でつらい。やりにくく、むずかしい。

【艱苦】カンク つらいことと苦しいこと。艱難と辛苦。

【艱険】カンケン ①山道などの険しい所。難所。②悩みと苦しみ。困難。

【艱難】カンナン 困難に出あい、悩み苦しむこと。難儀。「天歩―」「―に打ち勝つ」類苦難

【艱難辛苦】カンナンシンク 困難にあって非常に苦労すること。類粒粒辛苦・千辛万苦・七難八苦

【艱難汝を玉にす】カンナンなんじをたまにす 人は困難や苦労を乗り越えてりっぱになっていくということ。

【艱む】なやーむ 困難にぶつかり、苦しむ。「事業の失敗に―む」

カン【還】(17) 辶13 ▼還の旧字(二四八)

カン【韓】(17) 韋8 ▼韓の旧字(二五一)

カン【館】(17) 食8 ▼館の旧字(二四八)

カン【駻】(17) 馬7 1 8151 7153 音カン 訓あらうま

意味 あらうま。あばれ馬。「駻突」「駻馬」

【駻馬】カンバ 気性のはげしいウマ。あばれウマ。表記「悍馬」とも書く。

カン【鼾】(17) 鼻3 1 8377 736D 音カン 訓いびき

意味 いびき。ねいき。「鼾睡」「鼾声」「鼾息」

下つき 鼻鼾

【鼾】いびき 睡眠中に、呼吸とともに鼻や口から出る雑音。「―をかく」

【鼾睡】カンスイ いびきをかきながら眠ること。

【鼾声】カンセイ いびきの音。「布団に入るや否や―百雷のごとし」

カン【檻】(18) 木14 1 6103 5D23 音カン 訓おり・いたがこい・てすり

意味 ①おり。いたがこい。罪人や獣を入れるかこい。「檻車」「檻穽」「檻送」②てすり。「欄檻」

下つき 獣檻・折檻・欄檻・牢檻

【檻】おり 猛獣や罪人などを入れておく、鉄のさくなどで囲った入れ物またはへや。「動物園の―の中のライオン」

【檻猿籠鳥】カンエンロウチョウ ▼籠鳥檻猿(一六〇)

【檻車】カンシャ 罪人を乗せて運ぶための檻の形をした車。

【檻穽】カンセイ 檻と落とし穴。参考「穽」は獣を生け捕るために仕掛ける穴の意。

【檻送】カンソウ 囚人や罪人を檻に入れたまま送ること。

カン【簡】(18) 竹12 教 常 5 2042 344A 音カン 外ケン 訓外ふだ・えらぶ

筆順

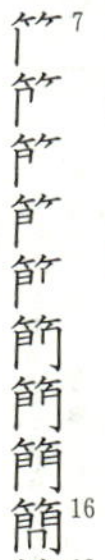

意味 ①文字をしるした木や竹のふだ。転じて、書物・手紙・文書。「簡策」「簡書」「木簡」②てがるな。おおまかな。「簡易」「簡素」「簡単」③つつましい。つづまやか。「倹簡」④えらぶ。よりわける。「簡択」「簡抜」「簡練」類揀

書きかえ ①手紙の意では、「翰」の書きかえ字。

下つき 易簡・狂簡・錯簡・手簡・書簡・竹簡・煩簡・木簡・了簡・料簡

【簡ぶ】えらーぶ 善し悪しをより分ける。すぐれてよいほうを取る。えりぬく。

【簡易】カンイ 手軽で簡単なこと。たやすいようす。「―書留」「―な解説を施す」

【簡閲】カンエツ 人員などを集め、数え調べること。えらび調べること。「―点呼」

【簡勁】カンケイ 言葉や文章が簡潔で力強いこと。また、そのさま。「彼の文章は―ですぐれている」

【簡潔】カンケツ 簡単で要領よくまとまっていること。また、そのさま。「―な案内書」「内容を―にまとめる」類簡明

【簡札】カン サツ ①昔、文字を記すために用いた竹や木のふだ。②文書。手紙。類簡牘 参考「簡」は文字を記す竹のふだ、「札」は木のふだ。

【簡素】カン ソ 飾り気がなく、質素なこと。また、そのさま。「結婚式を―にする」「―なたたずまいの家」

【簡単】カン タン ①こみいっていないさま。難しくないさま。「試験は―だった」「問題は―に解決した」対複雑 ②時間や手数がかからないさま。手軽。「―な解説」表記②「簡短」とも書く。

【簡▲牘】カン トク ①文書。書類。②書簡。手紙。類簡札 表記「竿牘」とも書く。参考「簡」は文字を記す竹のふだ、「牘」は木のふだの意。「カンドク」とも読む。

【簡抜】カン バツ 必要な物や人をえらびぬくこと。類選抜

【簡便】カン ベン 手軽で便利なさま。「―な方法を取る」類簡略

【簡朴・簡▲樸】カン ボク 手軽で素朴であること。簡潔で飾りがないこと。「―な石仏が野辺に佇む」類簡素

【簡明】カン メイ 簡単ではっきりしているさま。簡単明瞭。「―な表現」

【簡約】カン ヤク 要点をおさえて簡単にすること。手短にまとめること。「演説内容を―に記述する」

【簡略】カン リャク 細かい点をはぶき、簡単にすること。「手順を―にする」類簡潔・簡便

【△簡】ふだ 昔、紙がなかった時代に文字を記した細長い竹片。竹簡。

カン【観】(18) 見11 教 常 7 2049 3451 音 カン 訓 外 みる

旧字《觀》(25) 見18 1/準1

旧字《観》(24) 見17 1/準1 7523 6B37

筆順 3 11 13 18 観

か カン

意味 ①みる。くわしくみる。ながめる。「観客」「観測」「参観」②かんがえる。ものの見かた。考え方。「観念」「主観」「達観」③かたち。すがた。ありさま。「偉観」「奇観」「美観」

下つき 異観・偉観・外観・概観・奇観・客観・旧観・参観・主観・静観・壮観・達観・直観・内観・拝観・悲観・美観・傍観・遊観・来観

【観閲】カン エツ みて調べること。特に、軍隊などで高官が部隊を検閲すること。「―式」

【観桜】カン オウ サクラの花をみて楽しむこと。花見。「―に趣向を凝らす」季春

【観感興起】カンカン コウキ 目にみ、心に感動して奮い立つこと。

【観客】カン キャク 演劇や試合などを見物する人。類観衆

【観劇】カン ゲキ 演劇をみること。「歌舞伎座へ―に行く」

【観月】カン ゲツ 月を観賞すること。月見。「―の宴を楽しむ」季秋

【観光】カン コウ 旅先で名所や旧跡などを見物してまわること。「―地」「―旅行」

【観察】カン サツ 物事の状態や変化のようすを詳しくみること。「毎日向日葵を―する」「保護―処分」

【観衆】カン シュウ 演劇や試合などを見物する大勢の人々。「五万を超える大―」

【観照】カン ショウ ①主観を交えずに観察し、その本質をみきわめること。「自然―」②芸術作品を直観的にとらえて味わうこと。

【観賞】カン ショウ みて楽しむこと。「―用植物」「名月を―する」

【観世流】カンゼ リュウ 能楽シテ方の五流派の一つ。観阿弥を祖とし、代々足利将軍の保護を受け、以来、上方を中心として全国に広まった。

【観戦】カン セン 戦いや試合のようすをみること。「野球―」

【観相】カン ソウ 人相や手相をみて、その人の性質や運勢を判断すること。「―学」

【観想】カン ソウ ①仏観法の一つ。精神を集中して、思いを凝らすこと。②静かに眺めること。「人生を―する」

【観測】カン ソク ①自然現象の推移や変化を観察・測定すること。「気象―」「天体の―」②事柄のなりゆきを推測すること。「希望的―」

【観点】カン テン 物事を観察したり考察したりする場合の立場や見方。見地。「―を変えた意見」

【観念】カン ネン ①物事についての考え。「固定―」「時間の―のない人」②哲学で事物を意識した場合、そこにあらわれる意識内容。理念。イデア。③仏心を集中して仏法の真理について考えること。④あきらめること。覚悟。「もう―した」

【観音】カン ノン 仏観世音菩薩の略称。大慈大悲の徳をそなえ、人々の悩みを救う菩薩で、阿弥陀仏の左脇に立つ。

【観▲楓】カン プウ もみじを観賞すること。もみじがり。季秋

【観望】カン ボウ ①風景などを遠くまで見渡すこと。「阿蘇の大―」②事のなりゆきをうかがうこと。「政治情勢を―する」

【観法】カン ボウ ①仏心に真理を思い浮かべ、念じる方法。観心・観想・観念など。②人相をみる法。参考①「カンボウ」とも読む。

【観葉植物】カンヨウ ショクブツ 葉の形や色を観賞の対象とする植物。ポトス・オリヅルラン・ハゲイトウなど。

【観覧】カン ラン 景色・演劇・展示品などを見物すること。「遊園地で―車に乗った」

【△観る】み-る ①広く見渡す。「瀬戸の夕映えを―る」②見物する。「文楽を―る」③念を入れてみる。

カン【韓】(18) 韋8 常 2 2058 345A 音 カン 訓 外 から

旧字《韓》(17) 韋8 1/準1

筆順

意味 ①いげた(井桁)。井戸のわく。②中国、戦国時代の国名。③朝鮮半島南部の古称。大韓民国。「韓国」

下つき 三韓サン・辰韓シン・馬韓バ・弁韓ベン

【韓】から ①朝鮮の古称。②中国または外国から伝わったことを示す語。「韓物」「韓芋」など。表記 ①「加羅・伽羅」、②「唐・漢」とも書く。

【韓紅】からくれない 深く美しい紅色。由来 韓から伝来した紅の意から。表記「唐紅」とも書く。

【韓衣】からころも ①中国風の衣服。②りっぱな衣服をほめていう語。③「ひも」「すそ」「きる」「たつ」「かえす」など、衣服に関する語にかかる枕詞まくらことば。表記「唐衣」とも書く。

【韓信の股くぐり】カンシンのまたくぐり 大きな目的のために、一時の屈辱に耐え忍ぶことのたとえ。韓信匍匐カンシンホフク。故事 中国、漢代の名将韓信が若いとき、無頼の少年に「臆病オクビョウ風に吹かれて長剣をぶら下げているが、それでおれを刺してみろ。できなければ俺の股をくぐれ」と辱められたが、韓信はじっと耐えて股をくぐり、のちに大人物になった故事から。〈『史記』〉

カン【勸】(19) 力17 5016 5230 ▼勧の旧字(二四〇)

カン【瀚】(19) 氵16 1 6343 5F4B 音 カン 訓 ひろい

意味 ひろい。「瀚海」「瀚瀚」

下つき 浩瀚コウ

カン【羹】(19) 羊13 7029 663D ▼コウ(五一七)

カン【關】(19) 門11 7980 6F70 ▼関の旧字(二四四)

カン【勸】(20) 力18 ▼勧の旧字(二四〇)

カン【懽】(20) 忄17 1 5685 5875 音 カン 訓 よろこぶ

意味 よろこぶ。たのしむ。よろこび。「懽呼」「懽娯」

カン【灌】(20) 氵17 準1 6285 5E75 音 カン 訓 そそぐ

〔潅〕2035 3443

意味 ①そそぐ。水が流れこむ。「灌漑カンガイ」「灌水」「灌浸」②むらがり生える。「灌木」「灌莽カンモウ」

下つき 漑灌ガイカン・澆灌ギョウカン・浸灌シンカン・澡灌ソウカン・沃灌ヨッカン

【灌漑】カンガイ 農地に人工的に水を引いて、土地をうるおすこと。「一用水」

【灌頂】カンジョウ ①仏密教で仏門に入るときや昇進するときなどに、香水コウズイを頭上にそそぐ儀式。②邦楽や和歌の道で、極意や秘法を伝授すること。

【灌水】カンスイ 農作物などに、水をそそぎかけること。

【灌仏会】カンブツエ 仏釈迦シャカの降誕の陰暦四月八日(現在は陽暦)、釈迦像に香湯・甘茶・五色の水をかけて供養する行事。花祭り。灌仏。類仏生会ブッショウエ・降誕会コウタンエ 季春

【灌木】カンボク 低木の旧称。ふつう、人の身長以下の高さの樹木。対喬木キョウボク

【灌ぐ】そそぐ 水を引いて流しこむ。水をそそぎかける。「水田に水を一ぐ」

カン【轗】(20) 車13 1 7762 6D5E 音 カン 訓

意味 車が行きなやむさま。転じて、人の不遇・失意のさま。「轗軻カンカ」

【轗軻】カンカ ①道が平坦でないさま。②志を得られないこと。世に入れられず不遇なこと。「一数奇」表記 ②「坎軻」とも書く。

【轗軻不遇】カンカフグウ 世の中に受け入れられず行き悩むさま。思いどおりに事が運ばず、地位や境遇に恵まれないさま。

カン【鰔】(20) 魚9 1 8250 7252 音 カン 訓 かれい

意味 ①ぎぎ。コイ科の淡水魚。②かれい。カレイ科の海水魚。

カン【鹹】(20) 鹵9 1 8336 7344 音 カン 訓 しおからい・からい・しおけ

意味 しおからい。しおけ。「鹹苦」「鹹水」

〈鹹草〉あしたば セリ科の多年草。伊豆諸島など暖地の海岸に自生。葉は大きく羽状でやわらかく、食用。今日つんでも明日にはもう葉が出るといわれるほど発育が速い。ハチジョウソウ。季夏 由来「鹹草」は漢名から。表記「明日葉」とも書く。

【鹹湖】カンコ 塩分を含んだ湖。水一リットル中に五〇〇ミリグラム以上の塩分を含むもの。鹹水湖。類塩湖 対淡水湖

【鹹水】カンスイ 塩分を含んでいる水。海水。「サロマ湖は一湖である」対淡水

【鹹い】からい しおからさが強い。しょっぱい。「関東は味付けが一い」

【鹹漬】からづけ ふつうよりしおからくつけた漬物。

【鹹味】カンミ しおからい味。塩気。また、しおからい食品。

【鹹い】しおからい 塩分が強い。しょっぱい。から一い。「一い味付けを好む」対甘い 表記「塩辛い」とも書く。

カン【歡】(21) 欠17 6136 5D44 ▼歓の旧字(二四五)

カン【艦】(21) 舟15 常 準2 2047 344F 音 カン 訓 外いくさぶね

筆順

意味 いくさぶね。戦闘用の船。「艦船」「艦隊」

下つき 旗艦キカン・巨艦キョカン・軍艦グンカン・船艦センカン・戦艦センカン・砲艦ホウカン・母艦ボカン・僚艦リョウカン

【△艦】いくさぶね 軍隊がもつ、戦闘力を備えた船。昔は、石や矢を防ぐため四方を板で囲って造った。類軍艦・軍船・兵船

【艦橋】カンキョウ 軍艦の上甲板で、指揮をとるために一段高く造られた所。ブリッジ。参考広く船舶一般に、船長が航海の指揮・見張りをする所をも指す。

【艦船】カンセン 軍艦と船舶。

【艦隊】カンタイ 二隻以上の軍艦で編制された海上部隊。類船隊

【艦艇】カンテイ 大小さまざまな軍事用船舶の総称。「艦」は大型のもの、「艇」は小型のものをいう。「—が基地に集結している」

カン【鐶】(21) 金13 1 7934 6F42 音カン 訓たまき・わ・かなわ

意味 たまき。わ。かなわ。金属でできた輪。「玉鐶」「金鐶」

下つき 玉鐶ギョクカン・金鐶キンカン・指鐶シカン

【▲鐶付】カンつき 茶釜チャがまの部分の名称。釜の上げ下ろしに用いる鐶をつける所で、左右に一つずつある。形は鬼面・松笠まつかさ・遠山など。

【▲鐶】たまき 古代の腕飾りの一種。玉や貝にひもを通し、輪にして腕にまいたもの。表記「環」とも書く。

【▲鐶】わ 金属製の輪。指輪など。表記「環」とも書く。

カン【鰥】(21) 魚10 1 8261 725D 音カン 訓やもお・やもめ・やむ

意味 ①大魚の名。「魴鰥ホウカン」類鯤コン ②やもお。妻のない男。男やもめ。「鰥寡カンカ」「鰥居」「鰥夫」対寡 ③や(病)む。なやむ。

下つき 魴鰥ホウカン

【▲鰥寡】カンカ 妻を失った男と夫を失った女。参考「寡」は夫に死なれた女の意。

『▲鰥寡孤独』カンカコドク 身よりのない人々のこと。「孤」はみなしご、「独」は子のない老人のこと。いずれも身よりのない寂しい人の意。〈『孟子モウシ』〉

【〈▲鰥夫〉・▲鰥】やもめ 妻を亡くした男。類寡夫カフ 対寡婦やもめ 参考「やもお」とも読む。

カン【▲歡】(22) 欠18 ▼歓の旧字(二四五)

カン【▲鑒】(22) 金14 7940 6F48 ▼鑑の異体字(二五二)

カン【▲罐】(23) 缶17 7005 6625 ▼缶の旧字(二三四)

カン【鑑】(23) 金15 常 4 2053 3455 音カン 訓かんがみる高 かがみ外

〔鑒〕1 7940 6F48

筆順 2 4 8 12 15 18 20 23

意味 ①かがみ。手本。模範。いましめ。「鑑戒」「明鑑」②かんがみる。見わける。照らしあわせて見る。「鑑査」「鑑札」「鑑別」

下つき 印鑑インカン・殷鑑インカン・亀鑑キカン・図鑑ズカン・年鑑ネンカン・宝鑑ホウカン・名鑑メイカン・明鑑メイカン・門鑑モンカン

【△鑑】かがみ ①金属製のかがみ。②てほん。模範。「彼の行動は警官の—である」③いましめ。おしえ。

【鑑戒】カンカイ いましめ。いましめとすること。表記「監戒」とも書く。

【鑑みる】かんがみる 先例や実例に、照らしあわせて考える。「前例に—みて決めた」「時局に—みる」

【鑑査】カンサ 芸術品などをよく調べて、評価をすること。「応募作を—する」「文化財—官」

【鑑札】カンサツ 営業や行為などを許可し、警察・役場・同業組合などが発行する証票。免許証・許可証など。「—のついた書画」

【鑑識】カンシキ ①善悪・良否・真偽などを見分けること。また、その力。②警察の犯罪捜査で指紋・血痕ケッコン・筆跡などを科学的に調べること。また、担当する部署や人。

【鑑賞】カンショウ 芸術作品や文学作品をよく味わい理解すること。「室内楽を—する」

【鑑定】カンテイ 真偽・良否・価値などを見きわめること。目利ききすること。「価値の有無を—する」

【鑑別】カンベツ 鑑定して見分けること。目利きき。類鑑定・識別

カン【鬟】(23) 髟13 1 8205 7225 音カン 訓わげ・みずら

意味 ①わげ。あげまき。頭上でたばねた髪の結い方。「翠鬟スイカン」②みずら。上代の成人男子の髪の結い方。③こしもと。めしつかい。

下つき 丫鬟アカン・雲鬟ウンカン・花鬟カカン・小鬟ショウカン・垂鬟スイカン・翠鬟スイカン・双鬟ソウカン

【▲鬟】みずら 古代、男子の髪の結い方の一種。髪を左右に分け、両耳のわきで輪を作り束ねたもの。表記「角髪・角子・髻」とも書く。参考「みみつら」の転じた語。

【▲鬟】わげ 髪を頭の上で束ねて結んだ婦人の髪形。表記「髷」とも書く。

カン【▲罐】(24) 缶18 ▼缶の旧字(二三四)

カン【▲觀】(24) 見17 7523 6B37 ▼観の旧字(二五〇)

カン【讙】(24) 言17 1 7612 6C2C 音カン 訓かまびすしい・よろこぶ

意味 ①かまびすしい。やかましい。「讙譁カンカ」類喧ケン・諠ケン ②よろこぶ。「讙謡」類歓・驩カン

【▲讙しい】かまびすしい やかましい。そうぞうしい。さわがしい。

カン【▲觀】(25) 見18 ▼観の旧字(二五〇)

カン【▲鑵】(25) 金17 7949 6F51 ▼罐(缶の旧字)の異体字(二二四)

カン【驩】(27) 馬17 1 8173 7169 音 カン 訓 よろこぶ・よろこび

意味 よろこぶ。よろこび。「驩然」「交驩」 類 歓・讙(カン)

下つき 欣驩(キンカン)・交驩(コウカン)

【▲驩ぶ】よろこ-ぶ にぎやかにうれしがる。うれしがり声をあげて楽しむ。 表記「歓ぶ・讙ぶ」とも書く。

カン【鸛】(28) 鳥17 1 8333 7341 音 カン 訓 こうのとり

意味 こうのとり。こうづる。コウノトリ科の鳥。「鸛鵲(カンジャク)」 参考 西洋では人間の赤ん坊を運んでくる鳥とされる。

【▲鸛】こうのとり ①コウノトリ科の鳥。羽毛は白く翼の大部分は黒色。形はツルに似る。アジア東部にすむ。日本では特別天然記念物に指定されたが絶滅。コウヅル。②ベニハシコウノトリの略。くちばしが紅色の西洋のコウノトリのこと。「―は赤ん坊を運んでくる」

かん【神】(9) ネ5 教 3132 3F40 ▼シン(七九六)

かん【▲燗】(16) 火12 6383 5F73 ▼ラン(一五五二)

ガン【丸】(3) 丶2 教 常 9 2061 345D 音 ガン 訓 まる・まるい・まるめる 外 たま

筆順 ノ 九 丸

意味 ①まるい。まるいもの。たま。「丸剤」「丸薬」「砲丸」②ひとかたまり。そのまますべて。「丸太」「丸裸」「一丸」③人・イヌ・刀・船などの名に添える語。「牛若丸」

下つき 一丸(イチガン)・睾丸(コウガン)・銃丸(ジュウガン)・弾丸(ダンガン)・飛丸(ヒガン)・砲丸(ホウガン)・本丸(ホンまる)

【丸薬】ガンヤク 練り合わせて小さくまるめた薬。球状の薬。

【丸い】まる-い 球形または円形をしているさま。「―いボール」「背中が―い」

〖丸い卵も切りようで四角〗 物事は扱い方・やり方・言い方で円満にもなり、角も立つたとえ。

【丸腰】まるごし ①武士などが腰に刀をさしていないこと。②武器を身につけていないこと。「―では勝ち目がない」

【丸損】まるゾン すべて損してしまうこと。利益がまったくないこと。「見込みが外れて―だ」 対 丸儲(もう)け

【丸太】まるタ 外皮をむいただけの木材。丸太ん棒。「ログハウスは―でつくる」

【丸太ん棒】まるタンボウ ①「丸太」に同じ。②役に立たない者をののしっていう語。

【丸寝】まるね 衣服を身につけたまま眠ること。まろね。 類 転寝(ごろね)

【丸▲呑み】まるのみ ①かまないで飲みこむこと。②理解しないで覚えること。うのみ。「先生の教えを―する」③そっくり受け入れること。「要求を―する」

【丸坊主】まるボウズ ①頭髪をすべて刈ってしまうこと。また、その頭。②山などの木がすべてなくなること。また、木が葉をすべて落としてしまうこと。「―の木」

【丸干し】まるぼし そのままの形で干すこと。「イワシの―」

【丸丸】まるまる ①すっかり。すべて。まるごと。「賞金を―手にした」②よく太っているようす。「―とした子ども」

【丸める】まる-める ①球状にする。②人を言いくるめる。まるめこむ。「相手を―めて譲歩させる」③頭髪を剃(そ)る。出家する。「頭を―める」

ガン【元】(4) 儿2 教 2421 3835 ▼ゲン(四三七)

ガン【含】(7) 口4 常 4 2062 345E 音 ガン 外 カン・ゴン 訓 ふくむ・ふくめる

筆順 ノ 人 亼 今 今 含 含

意味 ①口の中にふくむ。「含哺(ガンポ)」「含味」 類 銜(カン) ②あわせもつ。つつみもつ。「含情」「含蓄」

下つき 内含(ナイガン)・包含(ホウガン)・容含(ヨウガン)

〈含羞草〉おじぎそう マメ科の一年草。ブラジル原産。葉は夜になったり物に触れたりすると、閉じて垂れ下がる。ネムリグサ。 季 夏 由来「含羞草」は漢名からで、葉が垂れ下がるさまが、羞(は)じらっているように見えることから。 表記「御辞儀草」とも書く。

【含▲糊】ガンコ 言葉や態度がはっきりしないこと。にえきらないこと。

【含羞】ガンシュウ はずかしがること。はじらい。「―の風情」

【含笑】ガンショウ ①笑いをふくむこと。ほほえむこと。②花が咲き始めること。

【含▲嗽・含▲漱】ガンソウ 水などで口の中をすすぐこと。うがい。

【含蓄】ガンチク ①中にふくみ、たくわえること。②内容が豊かで、深い意味が込められていること。「―のある言葉が身にしみた」

【含哺鼓腹】ガンポコフク 人々が豊かで平和な世を楽しむこと。「含哺」は食物を口にふくむ、「鼓腹」は食に飽きて腹つづみを打つ意。〈『十八史略』〉 類 鼓腹撃壌

【含味】ガンミ ①食物を口の中にふくみ、よく味わうこと。②物事の意味をよく考え、味わうこと。 表記 ②「玩味」とも書く。

【含有】ガンユウ 成分としてふくんでいること。「ビタミンCを多量に―する食品」

【含む】ふく-む ①要素・性質として内部にある。「硫黄(いおう)分を―んだ温泉」②口の中に入れている。「水を―む」③恨みや怒りを心の中につつ

みこむ。「何か—むところがある」④心の中をそぶりにあらわす。「憂いを—んだ微笑」

【含める】ふく—める ①物の中に一緒に入れる。「彼を—めても五人だ」②深く言い聞かせる。「噛(か)んで—める」「因果を—める」③意味や内容を、文章などに織り込む。

ガン【岩】(8) 山 5 常 教 9 2068 3464 音 ガン 訓 いわ

筆順 丨 山 山 山 屵 屵 岩 岩

意味 ①いわ。いわお。大きな石。「岩塩」「岩礁」「岩壁」②「岩代(いわしろ)の国」の略。参考 山にある石の意を表し、もと「巖(巌)(ガン)」の俗字。

下つき 奇岩(ガン)・砂岩(サガン)・溶岩(ヨウガン)・礫岩(レキガン)

【岩】いわ 石の大きいもの。岩石。「—の多い登山道」類巌(いわお)

【〈岩座〉】いわくら ①神のお座りになる所。②山の中の大きな岩石。表記「磐座」とも書く。

【岩〈清水〉】いわしみず 岩の間から湧(わ)き出る冷たい水。季夏

【岩田帯】いわたおび 妊娠した女性が腹に巻く白い布。参考 五か月目の戌(いぬ)の日から巻く風習がある。

【〈岩煙草〉】いわたばこ イワタバコ科の多年草。山地の湿気を帯びた岩壁に生える。葉はタバコに似て楕円(ダエン)形。若葉は食用・胃腸薬になる。季夏 表記「苦苣苔」とも書く。

【〈岩魚〉】いわな サケ科の淡水魚。渓流釣りの代表的な魚。暗緑色の地に赤みがかった斑点(ハンテン)がある。季夏 表記「嘉魚」とも書く。

【〈岩▲棠子〉・岩梨】いわなし ツツジ科の常緑小低木。山地に自生。茎は地をはう。早春、淡紅色で鐘形の花をつけ、直径一センチメートルほどの実を結ぶ。実は甘くナシに似る。季夏 由来「岩棠子」は漢名から。

【岩▲檜葉】いわひば イワヒバ科のシダ植物。▼巻柏(いわひば)(三八)

【岩室】いわむろ 岩をくり抜いたり、積み重ねたりしてつくった住居。類岩屋 表記「石室」とも書く。

【岩屋】いわや ①岩にできたほら穴。岩穴。岩窟(ガンクツ)。②岩に穴を掘ったり、岩にできたほら穴を住居にしたもの。類岩室・石室(いわむろ)

【〈岩曲〉】いわだわ 岩が水の流れに沿って曲がり、水がよどんでいる所。

【岩塩】ガンエン 粒状または立方体の結晶をした塩化ナトリウム。岩石の層から天然にとれる塩。類山塩(やまじお)・石塩(いしじお)

【岩窟】ガンクツ 岩にできた横穴。類岩屋・岩穴 表記「巌窟」とも書く。

【岩▲漿】ガンショウ 地底の深い所で、鉱物が地熱によりどろどろに溶けているもの。マグマ。

【岩礁】ガンショウ 海中にかくれている大きな岩。類暗礁

【岩乗】ガンジョウ ①すぐれて強健なウマ。②人や物が丈夫で強いこと。表記②「頑丈」とも書く。

【岩盤】ガンバン 岩石でできた地中にある硬い地盤。「—を掘削(クッサク)する」

【岩▲菲】ガンピ ナデシコ科の多年草。中国原産。葉はやや硬く長卵形。夏に黄赤色の五弁花が咲く。白色やしぼりもある。観賞用。季夏

【岩壁】ガンペキ 壁のように、けわしく切り立った岩。「急な—をよじ登る」表記「巌壁」とも書く。

ガン【岸】(8) 山 5 常 教 8 2063 345F 音 ガン 訓 きし 外 かどだつ

筆順 丨 山 山 山 屵 屵 岸 岸

意味 ①きし。みずぎわ。「岸頭」「岸壁」「護岸」②けわしい。かどだつ。「岸傑」「偉岸」

下つき 沿岸(エン)・海岸(カイ)・河岸(ガン・かし)・湖岸(コ)・護岸(ゴ)・此岸(シ)・対岸(タイ)・彼岸(ヒ)

【岸壁】ガンペキ ①港や川岸に船を横付けできるようにコンクリートや石でつくった埠頭(フトウ)。「—に汽船が停泊している」②壁のように、けわしく切り立った岸。

【岸】きし ①川や海、湖の水面と陸地とが接している部分。水際(みぎわ)。②土地の切り立った所。山ぎし。崖(がけ)。

【岸辺】きしべ 岸の近く。岸のほとり。「湖の—で遊ぶ」

ガン【玩】(8) 王 4 常 2 2065 3461 音 ガン 訓 外 もてあそぶ・あじわう

筆順 一 T 干 王 王 玗 玗 玩

意味 ①もてあそぶ。めでる。なぐさみものにする。「玩具」「玩好」「玩弄(ガンロウ)」②あじわう。深く味わう。「玩詠」「玩索」「玩味」類①②翫(ガン)

下つき 愛玩(アイ)・賞玩(ショウ)・珍玩(チン)

【〈玩具〉】おもちゃ ①「玩具(ガング)」に同じ。②なぐさみもの。「—にする」

【玩具】ガング 子どもの遊び道具。「—店で働く」参考「おもちゃ」とも読む。

【玩読】ガンドク 意味をよく考えながら味わって読むこと。

【玩物喪志】ガンブツソウシ 珍しいものに心を奪われてもてあそび、大切な志や正しい心を忘れてしまうたとえ。《書経》参考「物を玩(もてあそ)べば志を喪(うしな)う」ともいう。この前に「人を玩(もてあそ)べば徳を喪(うしな)う」とある。

【玩味】ガンミ ①食物をよくかんで十分味わうこと。「—して食べる」②物事をよく考え味わうこと。特に、芸術作品や文章の意味を深く考えること。「熟読—」表記「翫味」とも書く。②「含味」とも書く。

【玩弄】ガンロウ もてあそぶこと。ばかにしたり、なぐさみものにしたりすること。「―物」類愚弄 表記「翫弄」とも書く。

【△玩ぶ】もてあそ‐ぶ ①手の中でころがして遊ぶ。大切にして楽しむ。②なぐさみものにする。おもちゃにする。「人の心を―ぶ」

ガン【荅】(10) 艹 7 1 7217 6831 音 ガン 訓 つぼみ・はなしべ

意味 つぼみ。しべ(蕊)。はなしべ。

【▲荅】つぼみ ①花が咲く前のふくらんだ状態。「桜の―」②前途有望だが、まだ一人前にならない年ごろ。また、その人。「あたら―を散らす」表記「蕾」とも書く。

ガン【偐】(11) 亻 9 1 4884 5074 音 ガン・ゲン 訓 にせ・にせもの

意味 にせ。にせもの。類贋

【▲偐】にせ 本物をまねて作ったもの。まがいもの。いんちき。「―紫田舎源氏」表記「贋」とも書く。

ガン【眼】(11) 目 6 常 教 6 2067 3463 音 ガン・ゲン高 訓 まなこ中 外め

筆順 丨 冂 月 目 目 目ヿ 目ヨ 目ヨ 眼 眼 眼

意味 ①め。まなこ。まなざし。「眼下」「眼球」「眼光」②目のようについている穴。「銃眼」「方眼」③物事を見ぬく力。「眼識」「心眼」④目のつけどころ。かなめ。「主眼」

下つき 遠眼・開眼・魚眼・近眼・具眼・検眼・銃眼・主眼・心眼・酔眼・正眼・青眼・隻眼・洗眼・象眼・単眼・着眼・点眼・独眼・肉眼・白眼・複眼・方眼・裸眼・竜眼・老眼

【眼下】ガンカ 高い所から見た目の下。「―に広がる景色」

【眼▲窩】ガンカ 頭骨前面にある、眼球が入っているくぼみ。

【眼界】ガンカイ ①目に見える範囲。「―を過ぎる」類視界 ②考えの及ぶ範囲。

【眼▲瞼】ガンケン 眼球の上下をおおい、開閉する部分。まぶた。

【眼▲瞼縁炎】ガンケンエンエン まぶたのふちに出る炎症。

【眼孔】ガンコウ ①眼球の入っているあな。類眼窩 ②見識の範囲。

【眼光】ガンコウ ①目のかがやき。目の光。「―の鋭い人」「―人を射る」②物事を見抜く力。観察力。洞察力。

『眼光▲炯▲炯』ガンコウケイケイ 目が鋭く光るさま。すべてを見通しているようで人を圧倒する目。「炯炯」は鋭く光り輝くさま。類双眸炯炯

『眼光紙背に徹す』ガンコウシハイにテッす 読書力・洞察力の高いこと。目の光が紙の裏まで貫くかのように、書物の真意を鋭くくみ取る意から。

【眼高手低】ガンコウシュテイ 目は肥え知識も豊富であれこれ批評するが、実際にはそれをこなす能力や実力がないこと。また、理想は高いが実力が伴わないこと。「眼高」は見る力がある、目が肥える、「手低」は技量などの実力がない意。類志大才疎

【眼識】ガンシキ 物事の価値を見きわめる能力。識見。めきき。「絵画を鑑定する―がある」「―のある経営者」

【眼疾】ガンシツ 目の疾患。眼病。「―を患う」

【眼▲睛】ガンセイ ①ひとみ。くろめ。②眼球。まなこ。また、目。

【眼前】ガンゼン 目のあたり。目の前。「―を横切る」類目前

【眼帯】ガンタイ 眼病の人が目の保護のためにあてるガーゼなどの布。

【眼底】ガンテイ 眼球の内側の後ろの部分。「―出血」「―検査」

【眼目】ガンモク 物事の最も重要な部分。要点。主眼。「新事業の―」

【眼力】ガンリキ 物事の真偽や善悪などを見きわめる力。「僧侶の―はすごい」参考「ガンリョク」とも読む。

【〈眼子菜〉】ひるむしろ ヒルムシロ科の多年草。▼蛭蓆(六四九) 由来「眼子菜」は漢名から。

【〈眼間〉】まなかい 目と目の間。目の先。目の前。表記「目交」とも書く。

【眼】まなこ ①黒目。ひとみ。②眼球。目玉。また、目。「寝ぼけ―で歩くな」③見通す力。眼力。④視野。視線。参考「め」とも読む。

【〈眼指〉・〈眼差〉】まなざし ものを見る目つき。視線。「優しい―」表記「目指・目差」とも書く。

【△眼】め ①物を見る器官。目玉。まなこ。「青い―」②目つき。「―で合図を送る」③見ること。見えること。また、そのさま。「よく―にする看板」「見た―がよい」④視力。「―が悪くなる」⑤監視。注目。「人の―が集まる」⑥視点。鑑識力。「骨董を見る―がある」

【〈眼旗魚〉・△眼▲梶木】めかじき メカジキ科の海魚。暖海に分布。大形で全長三メートルほどになる。目が大きく、体は紡錘形。上あごが剣状に突き出ている。食用。

【〈眼鏡〉】めがね ①視力を整えたり、目を保護したりするための器具。「―の度を合わせる」②物を見分ける力。「―が狂う」「―にかなう」参考①「ガンキョウ」とも読む。

【△眼路】めじ 目で見渡せる範囲。見通せる限り。「―に入る」類視界・視野 参考「目路」とも書く。

【△眼△仁奈】めジナ メジナ科の海魚。北海道以南の沿岸に分布。全長五〇センチメートルほどの楕円形で、青黒色。磯釣りの対象魚。食用。

グレ。

【眼撥】めバチ　サバ科の海魚。マグロの一種で全長約二メートル。体は太く、目が大きい。肉は淡い紅色で、春と秋が美味。若魚は「ダルマ」と呼ぶ。

【眼張】めばる　フサカゴ科の海魚。各地の沿岸に分布。目が大きく、体色は灰赤色・灰黒色などで、すむ場所により異なる。海釣りの対象魚。美味。季春

ガン【嵒】(12) 山9　1　5441 5649　音ガン　訓いわ・いわお・けわしい

意味 ①いわ。いわお。大きな石。②山がけわしい。「嶄嵒ザンガン」「岑嵒シンガン」

ガン【雁】★ (12) 隹4　準1　2071 3467　音ガン　訓かり

〔鴈〕8278 726E

意味 かり。かりがね。カモ科の鳥の総称。「雁影」「雁行」「帰雁」

下つき 帰雁キガン・鴻雁コウガン・孤雁コガン・落雁ラクガン・旅雁リョガン

【雁】かり　ガンの別称。詩歌でよくうたわれる渡り鳥。V字形などに並んで飛ぶ習性がある。カリガネ。季秋

【雁股】かりまた　先端が二股に開いた矢じり。また、それをつけた矢。

【雁瘡】ガンがさ　慢性湿疹シッシンの一種。非常にかゆく治りにくい。由来ガンの渡来するころ発病し、去るころに治ることから。参考「ガンソウ」とも読む。

【雁が飛べば石亀も地団駄】ガンがとべばいしがめもジダンダ　自分の分ブンもわきまえず、むやみに人のまねをするたとえ。ガンが飛ぶのを見てイシガメも飛ぼうとするが、できずに何度も地面を踏んでくやしがる意。表記「地団駄」は「地団太」とも書く。参考「石亀の地団駄」ともいう。

【雁木】ガンぎ　①桟橋サンばしや土手などの階段。②雪の多い地方で、民家の軒からひさしを張り出して下を通路としたもの。季冬 参考ガンの列のように、斜めにぎざぎざした形から。

【雁首】ガンくび　①キセルの頭の部分。②人の首または頭の俗語。「―をそろえる」参考①形がガンの頭に似ることから。

【雁行】ガンコウ　空を飛ぶガンの行列。また、そのように斜めに並んで行くこと。

【雁字搦め】ガンジがらめ　①縄・ひもなどを、左右から何重にも巻きからめること。「―に縛りあげる」②たくさんの精神的束縛を受けて、身動きがとれないこと。

【雁書】ガンショ　手紙。故事中国、漢代、匈奴キョウドに捕らえられ死んだと伝えられた蘇武ソブを釈放させるため、漢王朝は使者を送り「ガンを射落としたところ、その足に手紙が結ばれていて、蘇武の居場所が書いてあった」といわせた故事から。《漢書》類雁信・雁札・雁帛ガンパク

【雁皮】ガンピ　①ジンチョウゲ科の落葉低木。暖地の山地に自生。夏に黄色い小花を多くつける。樹皮の繊維は上質の和紙の原料となる。②「雁皮紙」の略。

【雁皮紙】ガンピシ　ガンピの樹皮の繊維を原料とした和紙。薄く丈夫で防湿性にもすぐれる。

【雁擬】ガンもどき　豆腐に刻んだニンジンや糸昆布などを混ぜて揚げた食品。ひりゅうず。参考ガンの肉に味を似せたものの意。

〈雁来紅〉はげいとう　ヒユ科の一年草。インド原産。観賞用に栽培。細長い葉が多数つき、初秋に赤や黄色に色づき美しい。季秋 由来「雁来紅」は漢名より。ガン(雁)が北方から来るころに色づくことから。表記「葉鶏頭」とも書く。参考「ガンライコウ」とも読む。

ガン【頑】(13) 頁4　常　準2　2072 3468　音ガン　訓外かたくな

筆順 ニ 2　テ 元 … 頑 11 頑

意味 ①かたくな。ゆうずうがきかない。「頑固」「頑迷」②強い。じょうぶな。「頑健」「頑丈」参考「頑張る」は「我を張る」の当て字。

下つき 冥頑メイガン

【頑な】かたくな　①がんこで、自分の考えや意見・態度などをなかなか変えようとしないさま。「―に心を閉ざす」②ぎこちなく偏屈なさま。「―に断り続ける」

【頑強】ガンキョウ　①意志が強く、簡単には屈しないさま。「―に自説を主張する」②体ががっしりとして力強いさま。「トレーニングで鍛えた―な体型」

【頑愚】ガング　かたくなで、おろかなこと。また、そのさま。わからずや。「人類の―なる歴史」

【頑健】ガンケン　体型ががっしりとして丈夫なさま。「―な体の持ち主だ」

【頑固】ガンコ　①周囲を無視して、自分の考えや態度を守ろうとすること。かたくな。「―に拒絶する」類強情 ②病気などが、しつこくいつまでも続くさま。「―な風邪」

〔頑固一徹〕ガンコイッテツ　自分の考えや態度を変えようとせず、最後まで押し通すさま。

【頑丈】ガンジョウ　人や物ががっしりとしていて強いさま。丈夫でしっかりしているさま。「―な家具」「―な体」

【頑是ない】ガンゼない　幼くて善悪や是非の区別がつかない。「まだ―い子どもだった」

【頑癬】ガンセン　「頑癬たむし」に同じ。

【頑として】ガンとして　強く自分の考えを主張して、他の意見を聞き入れないさま。「―承知しない」

か　ガン

【頑迷】ガンメイ 頑固で道理のわからないこと。かたくな。「―な父」類頑蒙

【頑迷固陋】ガンメイコロウ 視野が狭く頑固で柔軟性に欠け、正しい判断ができないこと。また、頭が古くかたくなであること。類冥頑不霊・狷介固陋

【頑冥不霊】ガンメイフレイ 頑固で道理に暗く、頭のはたらきが鈍いこと。参考「冥頑不霊」ともいう。

【頑陋】ガンロウ かたくなで卑しいさま。道理をわきまえず卑劣なこと。「―な人間」

〈頑癬〉たむし 白癬の一種で、糸状菌の寄生により起こる皮膚病。青年男子に多く、陰部や内股にでき、かゆみが激しい。表記「田虫」とも書く。参考「ガンセン」とも読む。

ガン【翫】(15) 羽 9 準1 2069 3465 音 ガン 訓 もてあそぶ・あなどる・むさぼる

〔翫〕

意味 ①もてあそぶ。めでる。「翫物」「翫弄」②深く味わう。「翫賞」「翫味」類①②玩 ③あなどる。④むさぼる。

【翫賞】ガンショウ 美術品・文学作品などを味わい楽しむこと。観賞。賞翫。

【翫味】ガンミ ①食物をよくかんで味わうこと。②物事の意味をよく考え味わうこと。表記「玩味」とも書く。

【翫弄】ガンロウ もてあそぶこと。なぐさみものにすること。表記「玩弄」とも書く。

【翫ぶ】もてあそぶ ①手の中でころがして遊ぶ。大事にして楽しむ。②なぐさみものにする。表記「玩ぶ」とも書く。

ガン【頷】(16) 頁 7 1 8087 7077 音 ガン・カン 訓 あご・うなずく

意味 ①あご。おとがい。「竜頷」②うなずく。ききいれる。「頷首」

下つき 燕頷・竜頷

【頷】あご 口の下側の器官。したあご。おとがい。

【頷く】うなずく 理解・承諾の意を表すために、首をたてに動かす。「鷹揚に―く」

【頷聯】ガンレン 漢詩で、律詩の第三句・第四句。対句をなす。前聯。対起聯・頸聯・尾聯

ガン【癌】(17) 疒 12 準1 2066 3462 音 ガン

意味 がん。体内や皮膚にできる悪性の腫瘍。また、難点・大きな障害。

下つき 胃癌・舌癌・乳癌・肺癌

【癌腫】ガンシュ 上皮性の悪性腫瘍の総称。皮膚・粘膜などの組織を破壊し、各所に転移する。

ガン【顔】(18) 頁 9 教 常 9 2073 3469 音 ガン 訓 かお 外 かんばせ

旧字《顏》(18) 頁 9 1/準1 8090 707A

筆順 亠 立 产 彦 彦 彦 顔 顔 顔 (2 4 9 11 16 18)

意味 ①かお。かおつき。かんばせ。「顔面」「童顔」「破顔」②いろどり。「顔料」

下つき 温顔・汗顔・厚顔・紅顔・笑顔・洗顔・天顔・童顔・拝顔・破顔

【顔】かお ①目・鼻・口などのある、頭部の前面。②顔だち。顔かたち。また、顔つき。表情。「美しい―」「嬉しそうな―」③物事の表面。おもて。④代表・象徴するもの。「大学の―」⑤体面。面目。「―をつぶす」⑥知名度や信用があること。「―が広い」

【顔色】かおいろ ①顔の色つや。血色。②心の動きが現れた顔のようす。表情。「急に―が変わる」

【顔貌・顔容】かおかたち 顔のつくり。顔のようす。顔つき。容貌。参考「顔貌」は「ガンボウ」とも読む。

【顔馴染み】かおなじみ 何度も会って、顔を見知っていること。「―の客」類顔見知り

【顔触れ】かおぶれ ①参加する人々。メンバー。「すばらしい―」②顔見世興行。

【顔見世】かおみせ ①人々に初めて顔を見せること。②「顔見世興行」の略。一座の役者が総出であいさつをし、演じる芝居。類顔触れ 季冬

【顔役】かおヤク ある地域や団体で名前が知られ、支配力や影響力のある者。ボス。「その土地の―」類実力者・有力者

【顔厚忸怩】ガンコウジクジ 非常に恥じ入ること。恥ずかしくて堪えられないさま。厚かましい者の顔にさえ、恥じる色が出ている意から。「忸怩」は心に恥じて身をちぢめること。〈『書経』〉

【顔常山の舌】ガンジョウザンのした 過酷な目にあっても、なお国家や主君に忠誠を尽くすこと。故事 中国、唐代、玄宗の忠臣の顔杲卿は反乱軍の安禄山に捕らえられてもなお安禄山を罵倒しつづけ、ついにその舌を切られたが、それでも罵倒をやめなかった故事から。「顔常山」は常山(河北省)の太守であった顔杲卿のこと。〈文天祥の詩〉

【顔色無し】ガンショクなし ①驚きや恐れ・恥じらいなどのために、顔が青ざめること。②圧倒されて元気を失うこと。「敵は―だ」由来 中国、唐の玄宗と楊貴妃の恋愛を描いた白居易の「長恨歌」から。宮中の美女たちも、楊貴妃のこのうえない美しさの前では「顔色無し」とうたう。

【顔】かんばせ ①顔つき。容貌。「花の―」②体面。面目。「何の―あって旧友に会えよう」参考「かほばせ」の音便化したもの。

【顔貌】ガンボウ 「顔貌(かお)かたち」に同じ。「いかつい—の男」 類面貌

【顔料】ガンリョウ ①物を着色する物質。水や油などに溶けないもので、塗料・インク・化粧品などの材料。②絵の具。染料。

ガン【★贋】(19)貝12 準1 2070 3466 音ガン 訓にせ

意味 にせ。にせもの。「贋作」「贋造」 類偐(ガン)

【▲贋作】ガンサク すぐれた芸術作品などのにせものを作ること。また、そのにせもの。 類贋造・偽作

【▲贋造】ガンゾウ 本物そっくりに似せてつくること。また、そのにせもの。 類偽造・変造・贋作(ガンサク)

【▲贋物】ガンブツ にせもの。まがいもの。贋造物。 対真物(シンブツ)

【▲贋】にせ 本物とそっくりにつくること。また、そのつくったもの。「—の一万円札」 表記「偐」とも書く。

【▲贋札】にせサツ 本物そっくりにつくった紙幣。 表記「偽札」とも書く。 参考「ガンサツ」とも読む。

ガン【願】(19)頁10 常 教 7 2074 346A 音ガン 訓ねがう

筆順 一 厂 厂 戸 盾 原 原 原 願 願 願 (5 7 10 12 14 17 19)

意味 ねがう。のぞむ。いのり。「願望」「願力」

下つき 哀願(アイ)・祈願(キ)・懇願(コン)・志願(シ)・宿願(シュク)・出願(シュツ)・誓願(セイ)・請願(セイ)・大願(タイ)・嘆願(タン)・念願(ネン)・悲願(ヒ)・発願(ホツ)・本願(ホン)・満願(マン)

【願書】ガンショ ①許可を得るために提出する書類。「入学—」 ②神仏への願いごとを書いた書面。 類願文(ガンモン)

【願望】ガンボウ 実現するように、願いのぞむこと。また、その願い。 類希望・念願

【願文】ガンモン ①仏や菩薩(ボサツ)の本願を書き表したもの。②神仏への願いごとを書きつけた文書。発願文。

【願力】ガンリキ ①神仏に願をかけ、その加護によって得る力。また、その願。目的を遂げようとする精神力。念力。②浄土宗・浄土真宗で、人々を救済しようとする阿弥陀仏(アミダブツ)の誓いの力。本願の力。

【願う】ねがう ①望み求める。「平和を—う」 ②神仏に祈願する。「家内安全を—う」 ③役所などに申請する。請願する。「国の認可を—う」

【願ったり▲叶ったり】ねがったりかなったり すっかり思いどおりになること。希望どおりにいくこと。

ガン【巌】(20)山17 準1 2064 3460 音ガン 訓いわ・いわお・けわしい

旧字《巖》(23)山20 1/準1 5462 565E

意味 ①いわ。いわお。大きな石。「巌窟(ガンクツ)」「巌穴」「巌頭」 類岩 ②けわしい。「巌阻」「巌巒(ガンラン)」 ③がけ。「巌崖」

下つき 怪巌(カイ)・奇巌(キ)・嶄巌(ザン)

【▲巌】いわお 大きな岩石。地表に高く突き出た大きな岩。

【▲巌下の電】ガンカのデン 眼光が明るく輝いて鋭いさま。 由来 中国、西晋(セイシン)の政治家王戎(オウジュウ)の眼光を、裴楷(ハイカイ)がいわおの下の暗がりできらめく稲妻のようだと評した言葉から。〈『晋書(シンジョ)』〉

【▲巌▲巌】ガンガン 山や岩などがけわしくそびえたつさま。

【▲巌窟】ガンクツ 岩にできた横穴。岩屋。岩穴。「—に潜む虎」 表記「岩窟」とも書く。

【▲巌頭】ガントウ 大きな岩の上。高く突き出た岩の突端。「—に初日を拝む」

【▲巌壁】ガンペキ 岩が壁のように、けわしく切り立った所。 表記「岩壁」とも書く。

【▲巌しい】けわしい 岩が高くがけのように切り立っているさま。「—しい岩肌が美しい景観を生み出している」

ガン【龕】(22)龍6 1 8392 737C 音ガン・カン 訓ずし・かつ

意味 ①仏像などをおさめるずし(厨子)。仏壇。また、寺の塔。塔の下の部屋。「龕灯」「龕室」 ②か(克)つ。かちとる。

下つき 啓龕(ケイ)・石龕(セキ)・仏龕(ブツ)・竜龕(リュウ)

【龕灯】ガンドウ ①仏壇のともしび。灯明(トウミョウ)。②「龕灯提灯(チョウチン)」の略。鉄・ブリキなどでつりがね形に作り、中に回転できるろうそく立てをつけ、前面だけを照らす提灯。 表記②「強盗」とも書く。 参考「ガントウ」とも読む。

ガン【▲巖】(23)山20 5462 565E ▼巌の旧字(二五八)
かんがえる【考える】(6)耂2 教 2545 394D ▼コウ(四八一)
かんがえる【△勘える】(11)力9 常 2010 342A ▼カン(二三三)
かんがえる【△稽える】(15)禾10 常 2346 374E ▼ケイ(四〇〇)
かんがみる【鑑みる】(23)金15 常 2053 3455 ▼カン(二五二)
かんざし【▲釵】(11)金3 7864 6E60 ▼サイ(五五六)
かんざし【▲鈿】(13)金5 7879 6E6F ▼デン(一一二二)
かんざし【▲簪】(18)⺮12 ▼シン(八一二)
かんじき【▲橇】(16)木12 6082 5C72 ▼キョウ(三四二)
かんじき【▲檋】(17)木13 1560 2F5C ▼キョク(三五一)
かんな【▲鉋】(13)金5 7880 6E70 ▼ホウ(一四〇九)
かんなぎ【▲巫】(7)工4 5464 5660 ▼フ(一三三五)
かんなぎ【▲覡】(14)見7 7514 6B2E ▼ゲキ(四〇六)
かんぬき【▲閂】(9)門1 7957 6F59 ▼サン(五八五)
かんばしい【芳しい】(7)⺾4 常 4307 4B27 ▼ホウ(一三九七)

かんばしい【△香しい】(9) 香0 教 2565 3961 ▼コウ(四九四)

かんばしい【▲馥しい】(18) 香9 8138 7146 ▼フク(一三四七)

かんばせ【△顔】(18) 頁9 教 2073 3469 ▼ガン(二五七)

かんむり【冠】(9) 冖7 常 2007 3427 ▼カン(二三七)

かんむり【▲冕】(11) 冂9 4943 514B ▼ベン(一三八六)

き 幾 キ 幾

キ【★几】(2) 几0 1 4960 515C 音 キ 訓 つくえ・ひじかけ

意味 ①つくえ。物をのせる台。「几案」 類 机 ②ひじかけ。③部屋を仕切る道具。「几帳」

下つき 案几・椅几・浄几

【▲几案】キアン 机(つくえ)。文書などをのせる台。「几」「案」ともに机の意。類 案几・卓机 表記「机案」とも書く。

【▲几下】キカ おそば。手紙のあて名の脇付(わきづけ)に書いて、相手への敬意を表す語。類 案下 表記「机下」とも書く。

【▲几帳】キチョウ 昔、室内に立てた道具。台の上に立てた二本の棒に横木を渡し、そこに布をかけた。表記「木丁」とも書く。

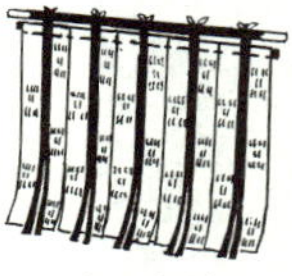

〔几帳(キチョウ)〕

【▲几帳面】キチョウメン ①物事の細かいところまで気を配り、きちんとするさま。「—な性格」②器具や柱などの角を削り、両側に刻みを入れた面。由来 ②の細工が几帳で多く用いられたことから。また、②が非常に念の入った細工であることから①の意になった。

【▲几】つくえ 物をのせる脚の付いた四角い台。表記「机」とも書く。

キ【己】(3) 己0 教 2442 384A ▼コ(四四六)

キ【★卉】(5) 十3 1 5035 5243 音 キ 訓 くさ・さかん

〔卉〕

意味 ①くさ。草の総称。「花卉」②さかん。「卉然」

参考 三つのくさを合わせてすべての草の意を表している字。

下つき 花卉(カキ)・珍卉(チンキ)・芳卉(ホウキ)

【▲卉】くさ 草の総称。

キ【企】(6) 人4 常 3 2075 346B 音 キ 訓 くわだてる 外 たくらむ

筆順 ノ 𠆢 个 个 企 企

意味 ①くわだてる。事を始める。「企画」「企図」「発企」②あこがれる。待ち望む。「企及」「企望」 類 跂

下つき 鶴企(カクキ)

【企画】キカク 物事を行うための計画を立てること。また、その内容。もくろみ。「—会議を開く」 書きかえ「企劃」の書きかえ字。

【企▲劃】キカク ▼書きかえ 企画

【企及】キキュウ 努力をして追いつくこと。肩を並べること。「凡人の—するところではない」 類 匹敵

【企業】キギョウ 営利を目的とし、生産・販売・サービスなどの経済活動を継続的に行う組織体。「中小—」「—経営」

【企図】キト くわだてはかること。事を行うためにくわだて。もくろみ。「海外進出を—する」 類 計画

【企てる】くわだてる 物事を計画する。思い立って準備する。もくろむ。「新事業を—てている」「密航を—てる」

【企む】たくらむ 計画する。もくろむ。くわだてる。おもに悪事や秘密などに用いる。「国王の暗殺を—む」「完全犯罪を—む」「よからぬことを—む」

キ【伎】(6) 亻4 常 2 2076 346C 音 キ 外 ギ 訓 外 わざ・たくみ

筆順 ノ 亻 仁 什 伎 伎

意味 ①わざ。うでまえ。たくみ。「伎巧」「伎能」 類 技 ②わざおぎ。芸人。「伎楽」

下つき 歌舞伎(カブキ)

【△伎楽】ギガク 仮面をかぶり、楽器演奏に合わせて無言で踊る劇。古代インドで発生し、わが国へは百済(くだら)から伝えられたという。「印度伝来の—を奏する」 類 呉楽(くれがく)

【△伎楽面】ギガクメン 伎楽に用いる仮面。後頭部まで覆うように大きく作られている。

【△伎芸】ギゲイ 歌舞や音曲などの芸能。また、そのわざ。

【△伎芸天】ギゲイテン 福徳をつかさどる天女。美しく、伎芸にすぐれるという。

【△伎能】ギノウ 物事を行う腕前。わざ。表記「技能」とも書く。

【△伎▲癢に堪えず】ギヨウにたえず 技能のすぐれた者が、腕前を見せたくてむずむずすること。「伎癢」は腕が鳴る意。〈『通俗編』〉 表記「伎癢」は「技癢」とも書く。

【△伎▲倆】ギリョウ ▼書きかえ 技量(二八七)

【△伎】わざ 巧みな技能。細かい細工。腕前。才能。表記「技」とも書く。

キ【危】

(6) 㔾 4 教 常 5 2077 346D

音 キ
訓 あぶない・あやうい㊥・あやぶむ㊥
㊕あやめる・たかい

筆順 ノ ク 厃 产 㔾 危

意味 ①あぶない。あやうい。「危機」「危険」「危篤」対安 ②あやぶむ。おそれる。「危疑」「危惧(キグ)」 ③あやうくする。そこなう。「危害」 ④たかい。正しい。

下つき 安危(アンキ)・傾危(ケイキ)

「危坐(キザ)」「危言」「危峰」

【危ない】 あぶ-ない ①危険である。「車が多くて―い道」 ②生命や地位などがおびやかされている。「患者の容態はかなり―い」「部長の首が―い」 ③悪い状態になりそうである。「当選できるか―い」 ④不安である。確かでない。信用できない。「―い手つき」「彼の言うことは―い」 参考「危(あぶ)うい」ともいう。

『危ない橋を渡る』 危険な方法や手段をとる。特に、法律や規則などに触れるおそれのある行為をする。また、身の危険をおかして物事を行う。対石橋を叩(たた)いて渡る

【危うい】 あや-うい 「危(あぶ)ない」に同じ。

【危うく】 あや-うく ①やっとのことで。「―助かった」「―難をのがれる」 ②もう少しで。「―車にはねられるところだった」

【危ぶむ】 あや-ぶむ ①不安に思う。なりゆきを心配する。「無事かどうか安否が―まれる」 ②疑う。「無理な計画を―む声が多い」

【危△める】 あや-める 危害を加える。特に、殺傷する。「人を―める」

【危害】 キガイ 生命や身体を損なうような危難と損害。「熊(くま)が登山者に―を加える」「人体に―を及ぼすウイルス」

【危機】 キキ あぶない場面や状況・時期。ピンチ。「―を脱する」「―に直面する」

『危機一髪(キキイッパツ)』 非常にあぶないせとぎわのたとえ。「一髪」は一本の髪の毛ほどのすきまの意で、ほんのわずかなちがいできわめて危険な状況に陥りそうなことをいう。〈韓愈(カンユ)の文〉「―のところで命が助かる」類一髪千鈞(イッパツセンキン)

【危急】 キキュウ 危険や災難が目前に迫っていること。「―を救う」

『危急存亡(ソンボウ)の△秋(とき)』 危険が迫っていて、生き残るか滅びるかがかかった重要な時期のこと。「存亡」は、存在することと、滅亡すること。「秋」は収穫の季節であることから、大事な時期の意。〈諸葛亮(ショカツリョウ)『前出師表(ゼンスイシのヒョウ)』〉

【危局】 キキョク 危険の迫った場面・状況。「ある物事の―に直面する」類危地

【危惧】 キグ 心配し恐れること。気がかり。「―の念を抱く」類懸念・危懼(キク)

【危険】 キケン あぶないこと。また、その恐れのあること。「少々の―は意に介さない」「彼は―人物だ」類危殆(キタイ) 対安全

【危言危行】 キゲンキコウ ①言葉や行いを厳しく慎むこと。②言葉を正しくし品行のある行いをすること。〈『論語』〉 参考「危」は、①のとき厳正にする意。「言を危(はげ)しくし行いを危しくす」と訓読する。②は気高く保つ意。「言を危(たか)くし行いを危くす」と訓読する。

【危座・危△坐】 キザ 正しくかしこまってすわること。類正座・端座

【危△檣】 キショウ 高い帆柱。マスト。

【危△殆】 キタイ 非常にあぶないこと。「―に瀕(ヒン)した国家」類危険・危急 参考「危」も「殆」もあぶない意。

【危地】 キチ あぶない場所。差し迫った場面や状況。「―に飛びこむ」類危局・窮地

【危篤】 キトク 病気やけがが重く、命があぶないこと。「―状態を脱した」「―に陥る」

【危難】 キナン 命にかかわるようなあぶないこと。「思いがけず―に遭う」類災難

【危峰】 キホウ 高くけわしいみね。そそりたつ山。類危嶺(キレイ)

キ【机】

(6) 木 2 教 常 5 2089 3479

音 キ㊥
訓 つくえ

筆順 一 十 才 木 机 机

意味 つくえ。「机案」「机下」「机上」類几(キ)

下つき 床机(ショウギ)・浄机(ジョウキ)・書机(ショキ)・文机(ふづくえ)

【机下】 キカ 手紙のあて名に添える脇付(わきづけ)の尊敬語。相手の机の下に差し出す意で、相手のあて名の左下に書く。類案下・侍史 表記「几下」とも書く。

【机上】 キジョウ 机のうえ。「―の空論ではなんの役にも立たない」

【机辺】 キヘン 机のそば。机のあたり。「―に書物を置く」

【机】 つくえ ①飲食の器を載せる台。食卓。②本を読んだり、字を書いたりする台。文机(ふづくえ)。デスク。「―の上を整理する」 表記「几」とも書く。

キ【気】

(6) 气 2 教 常 10 2104 3524

旧字《氣》(10) 气 6 1/準1 6170 5D66

音 キ・ケ
訓 ㊕いき

筆順 ノ ㇒ 𠂉 气 気 気

意味 ①くうき。すいじょうき。「気化」「気体」「大気」 ②天地間に生じる自然現象。また、一年を二四に分けた一期間。「気候」「気象」「磁気」 ③いき。呼吸。「気管」「気息」「呼気」 ④ようす。けはい。おもむき。「気運」「気品」「景気」 ⑤におい。「香気」「臭気」 ⑥心のはたらき。意識。性質。「気力」「気分」「短気」

下つき 意気(イキ)・陰気(インキ)・英気(エイキ)・鋭気(エイキ)・堅気(かたギ)・活気

活気（カッキ）・換気（カンキ）・鬼気（キキ）・吸気（キュウキ）・狂気（キョウキ）・景気（ケイキ）・血気（ケッキ）・香気（コウキ）・呼気（コキ）・語気（ゴキ）・根気（コンキ）・才気（サイキ）・殺気（サッキ）・士気（シキ）・磁気（ジキ）・湿気（シッケ）・臭気（シュウキ）・蒸気（ジョウキ）・正気（ショウキ）・生気（セイキ）・大気（タイキ）・短気（タンキ）・通気（ツウキ）・電気（デンキ）・人気（ニンキ・ひとケ）・熱気（ネッキ）・覇気（ハキ）・勇気（ユウキ）・陽気（ヨウキ）・和気（ワキ）・悪気（わるギ）

【〈気吹戸〉】 いぶきど　神が罪やけがれを吹き払う所。

【〈気質〉】 かたぎ　同じ身分・職業・環境・年齢などに共通して現れる、特有の性質や気風。「職人—」「昔—」 参考 「キシツ」とも読む。

【△気触れる】 カぶ-れる　①薬品や漆などの刺激によって、皮膚がはれてかゆくなる。②影響を受けて夢中になる。感化される。「西洋の音楽に—れる」

【気】 キ　①気体。空気・息など。「澄んだ山の—」②暑さ寒さなどの自然現象。③気質。気性。「—が荒い」④気分や精神。心のはたらき。「—が弱い」「—をまぎらす」「—を入れる」⑤感触や香り。「—の抜けたビール」

【気合】 キあい　①精神を集中して勢いよく事にあたること。また、そのときの気力や掛け声。「—を入れる」「—を掛ける」②事を行うときの呼吸。いき。「—が合う」

【気圧】 キアツ　①大気の圧力。「低—」②気体の圧力の単位。一気圧は約一〇一三ヘクトパスカル。

【気韻】 キイン　芸術作品などに現れる、上品なおもむき。品格のあるさま。

『気韻生動』 キインセイドウ　絵画や文章などに生き生きとした気品や情趣があふれていること。 由来 中国、六朝（リクチョウ）時代、斉の画家謝赫（シャカク）が画を論じた書の中で、六つの規範である六法の第一に挙げたと伝えられる語。〈『輟耕録（テッコウロク）』〉

【気宇】 キウ　心のもち方。心の広さ。度量。 表記 「器宇」とも書く。 参考 「宇」は、度量の意。

『気宇壮大』 キウソウダイ　心構えや発想などが大きくりっぱなこと。 類 気宇軒昂（キウケンコウ）・気宇雄豪

【気鬱】 キウツ　気分がふさぐこと。気が沈むこと。「仕事のことを考えると—になる」 類 憂鬱（ユウウツ）

【気運】 キウン　物事が一定方向に向かっていく動き。時勢のなりゆき。「改革の—が高まる」「独立への—がみなぎる」

【気鋭】 キエイ　意気込みや気力がするどいこと。意気盛んなこと。「新進—の作家」

【気炎】 キエン　燃えるような盛んな意気。意気込みの盛んなこと。「大いに—をあげた」 類 気勢 書きかえ 「気焔」の書きかえ字。

『気炎万丈』 キエンバンジョウ　他を圧倒するほど意気盛んなこと。「万丈」は、非常に高いことの形容。多く、意気盛んな談論についていう語。

【気▲焰】 キエン　▼ 書きかえ 気炎

【気負う】 キお-う　意気込む。勇み立つ。「勝とうと—う」「あまり—いすぎるな」

【気後れ・気遅れ】 キおくれ　心がひるむこと。おじけづくこと。「相手の勢いに—した」「恐ろしさで—する」

【気重】 キおも　①気分が引き立たないこと。気分が晴れないこと。気が沈むこと。「—な旅行」②相場が引き立たず、株式の取引が活発でないこと。

【気化】 キカ　液体の蒸発・沸騰や、固体の昇華によって気体になること。「—熱」 対 液化

【気概】 キガイ　困難などに負けない強い心。積極的な精神。「最後までやりとおす—をもつ」 類 意気地・気骨

【気▲嵩】 キがさ　①負けん気な性質。勝ち気。②心の大きさ。 参考 「嵩」は容積の意。

【気軽】 キがる　気持ちがあっさりしているようす。気さく。「—に引き受ける」

【気管】 キカン　脊椎（セキツイ）動物が呼吸をするとき、のどから肺へ空気の通るくだ。「大声の出しすぎで—を痛める」「—支炎」

【気球】 キキュウ　空気より軽い気体や熱した空気を入れ、空に高く揚げる球形の袋。宣伝・観測用など。「熱—」

【気胸】 キキョウ　①胸膜腔（キョウマクコウ）に空気・ガスがたまる状態。肺が押し縮められ、呼吸困難になる。②「気胸療法」の略。肺結核の治療法の一つ。胸膜腔に空気を送りこんで回復を早める。

【気位】 キぐらい　自分の品位を保とうとする心のもち方。「—の高い人」 類 自尊心

【気孔】 キコウ　植物の葉の裏などの表皮にある、無数のごく小さな穴。呼吸作用や炭酸同化作用などのために空気や水蒸気が通る。「植物は葉の—で呼吸する」

【気候】 キコウ　ある一定の地域の気象の平均状態。温度・湿度・風速・晴雨などの長期間にわたる観測から総合したもの。「温暖な—」 類 天候・天気

【気心】 キごころ　その人に備わっている気質。気だて。「—の知れた友達」 類 気性

【気骨】 キコツ　たやすく曲げることのない強い気性。信念を曲げない強い気質。「亡父は—のある人だった」 類 反骨・気概 参考 「キぼね」と読めば別の意になる。

【〈気障〉】 きざ　服装や言動などが不自然に気取っていて、嫌な感じを与えること。「—な仕草」「—な野郎だ」 由来 「気障（きざわ）り」の略という。

【気散じ】 キサンじ　①気をまぎらわすこと。気晴らし。「—に散歩する」②気楽なこと。のんき。「—な日々を送る」

【気質】 キシツ　①気性。気だて。心だて。「おだやかな—」②人の性格を特徴づけるような感情的傾向。神経質・多血質など。 類 ①②性質 ③「気質（かたぎ）」に同じ。

【気性】 キショウ　生まれもった性質。気だて。気象。「おだやかな—の人だ」 類 気質

【気象】 キショウ　①晴雨・気温・気圧・風など大気中に起こる現象。「—情報」 類 天気 ②「気性」に同じ。

【気丈】キジョウ 困難や悲惨な目にあっても、気持ちがしっかりしていること。気が強いこと。「―な祖母」「母親の葬儀で―に振る舞う」類気丈夫・心丈夫

【気色】キショク ①心の内面が現れた顔色や表情。ようす。「―をうかがう」②気持ち。気分。「―が悪い」参考①「ケシキ」とも読む。

【気随】キズイ 自分の思うままに振る舞うこと。また、そのさま。わがまま。類気儘(きまま)

〔気随気儘〕キズイキまま 思いのままに振る舞うこと。また、そのさま。「―な生活」

【気勢】キセイ 元気のよい勢い。はりきった気持ち。意気込み。「選手が―を揚げた」「先制攻撃を受け、―をそがれた」類威勢

【気絶】キゼツ 一時的に意識がなくなること。気を失うこと。類失神

【気忙しい】キぜわしい ①気持ちがせかされて落ち着かない。「年末の―い時期」②せっかちなさま。「―い人だ」

【気息】キソク いき。呼吸。息づかい。「―を整える」

〔気息奄奄〕キソクエンエン 息も絶え絶えで今にも死にそうなさま。転じて、物事が今にも滅びそうなさま。「奄奄」は息絶え絶えのさま。

【気体】キタイ 物質の状態の一つ。決まった形や体積がなく、自由に流動する物質。空気・ガスなど。対固体・液体

【気遣い】きづかい ①気をつかうこと。心遣い。「どうぞお―なく」②好ましくないことが起こる心配。「被害が拡大する―はない」

【気付】キづけ 郵便物を相手の住所でなく立ち寄り先などに送るとき、あて先の下に書く語。参考「キつけ」とも読むが、この場合は、元気を取り戻させる意もある。

【気っ風】キップ その人の行動からうかがえる気性。気だて。心意気。気前。「―のいい人」由来「気風(キフウ)」の転。

【気褄】きづま 機嫌。気分。「―を合わせる(相手の機嫌をとる)」

【気転】キテン 時と場に応じたすばやい心のはたらき。「―の利(き)いた受け答え」表記「機転」とも書く。

【気筒】キトウ 原動力機関の主要な円筒形の部分。シリンダー。「六―のエンジン」表記「汽筒」とも書く。

【気嚢】キノウ ①鳥類の体内にあり、肺に続く空気の入った袋。体を軽くして浮かせ、呼吸を助ける。②気球などのガスを入れる袋。

【気迫・気魄】キハク 恐れずに立ち向かう強い精神力・意気込み。「全身に―が満ちている」類気力・気概

【気品】キヒン 上品な趣。けだかさ。「―が漂う婦人」「―のある絵」類品格

【気稟】キヒン 生まれながらの気質。類天性

【気風】キフウ 気性。気だて。特に、ある地域や集団に共通する気質。「山村の穏やかな―」「東北人のねばり強い―」類気性

【気分】キブン ①心持ち。心の状態。「―がいい」類機嫌 ②全体に漂う感じ。おもむき。「お祭り―」類雰囲気

【気泡】キホウ 液体や固体の中に、空気などの気体が入ってできる粒状のもの。あわ。

【気骨】キぼね あれこれと心を遣うこと。気苦労。「―が折れる」参考「キコツ」と読めば別の意になる。

【気前】キまえ ①気性。気だて。②金品を惜しげもなく使う心意気。「―よく振る舞う」

【気紛れ】キまぐれ ①一定の考えをもたず、気分しだいで心が変わりやすいこと。思いつきで動くこと。「―なやつ」②変わりやすく予測がしにくいこと。「―な天気」

【気儘】キまま 自分の思うとおりに振る舞うこと。また、そのさま。気の向くまま。「―な一人旅」類気随・勝手

【気味】キミ ①感じ。気持ち。「―が悪い」類気分 ②ある傾向やようすを帯びている状態。「最近疲れ―だ」「政情不安の―がある」参考接尾語的に用いるときは「ギミ」と読む。

【気短】キみじか 怒りっぽいこと。せっかち。「―な人」類短気・性急 対気長

【気密】キミツ 気体を通させないよう密閉されていること。「―室」

【気脈】キミャク 互いの気持ちや意思のつながり。「―を通じる(ひそかに意思を通じ合う)」由来「血液の通る筋道」の意から。

〈気宇仙〉きゅうせん ベラ科の海魚。各地の沿岸に分布。雄は青みを帯びるのでアオベラ、雌は赤みを帯びるのでアカベラと呼ぶ。食用。表記「求仙・九仙」とも書く。

【気楽】キラク ①心配や苦労のないこと。また、そのさま。「―な老後」②物事を気にかけないこと。また、そのさま。のんき。「―な人」

【気流】キリュウ 温度や地形などの影響で起こる、大気中の空気の流れ。「上昇―」「乱―に巻きこまれた飛行機」

【気力】キリョク 物事を成しとげようとする精神力。「―を充実させる」類精力・気迫

【気疎い】けうとい うとましく不愉快である。いとわしい。「あいつに会うのは―い」

【気圧される・気押される】けおされる 気持ちのうえで圧倒される。相手の勢いに押される。「相手の弁説に―される」「会場の広さに―される」

【気色】ケシキ ①気配。きざし。「雨はやむ―もない」②態度や表情などに現れたようす。そぶり。「反省する―もない」参考②「キショク」とも読む。

【気色ばむ】ケシキばむ 怒りなどの感情を表情や態度に表す。「傲慢(ゴウマン)な態度に

思わずー」

【気配】ケハイ ①状況などから感じられる雰囲気。それらしいようす。「後ろに人のーがする」「春のーがする」②株式市場の景気や相場。「売りー」 参考 ①「ケワイ」とも読む。

キ【肌】(6) 月2 常 4009 4829 ▼はだ(二四八)

キ【圻】(7) 土4 1 5213 542D 音 キ 訓 きし・さかい

意味 ①王城の周囲一〇〇〇里四方の土地。類 畿 ②きし。さかい。へり。「圻岸」③はて。かぎり。類 垠

キ【岐】(7) 山4 常 教 7 2084 3474 音 キ 中 ギ 外 訓 外 わかれる・ちまた

筆順 丨 山 山 山一 山十 岐 岐

意味 わかれる。ふたまた。えだみち。「岐路」

下つき 多岐・分岐・両岐

〈岐嶷〉いこよか 姿や形が堂々としていてりっぱなさま。

〈岐路〉えだみち ①本通りから分かれた細い道。②物事の本筋を外れること。また、外れたところ。「議論がーにそれる」 表記「枝道」とも書く。 参考「キロ」と読めば別の意になる。

【岐路】キロ 分かれ道。その選択により、大きく変わるような場面・状況。「人生のーに立っている」 参考「えだみち」と読めば別の意になる。

『岐路亡羊』キロボウヨウ ▼亡羊の嘆(一四三)・多岐亡羊(九七〇)

【岐】ちまた ①分かれ道。②分かれ目。「生死のーをさまよう」③町なか。世間。「ーの声」④物事が行われる場所。「戦乱のーと化す」 由来 ①「道の股」の意から。 表記 一般には「巷」と書く。

【岐れる】わかーれる 道や筋道がふたまたになる。 由来 山のえだ道の意から。

キ【希】(7) 巾4 常 教 7 2085 3475 音 キ 外 ケ 訓 外 まれ・こいねがう

筆順 ノ メ 产 产 肴 希 希

意味 ①まれ。珍しい。すくない。「希少」「希代」「希有」②のぞむ。こいねがう。「希求」「希望」③うすい。まばら。「希釈」「希薄」④「希臘」の略。

書きかえ ①「稀」の書きかえ字。

下つき 古希

【希塩酸】キエンサン 水で濃度を薄めた塩酸。無色透明で消化剤・殺菌剤などに使う。 表記「稀塩酸」とも書く。

【希求】キキュウ 強く願い望むこと。こい願うこと。「平和をーする」 類 熱望・切望 表記「冀求」とも書く。

【希元素】キゲンソ 地球上にごく少量しか存在しないと思われていた元素。希ガス類元素やチタン・ウランなど。希有元素。 書きかえ「稀元素」の書きかえ字。

【希覯】キコウ めったに見ることができないこと。「ー本」 表記「稀覯」とも書く。 参考「覯」は思いがけなく出会う意。

【希釈】キシャク 溶液に水などの溶媒を加えて濃度を薄めること。 書きかえ「稀釈」の書きかえ字。 参考「釈」はとかす・うすめる意。

【希少】キショウ 非常に少ないこと。めったにないこと。「ー価値のある品」 書きかえ「稀少」の書きかえ字。

【希世】キセイ 世の中にめったに出現しないこと。 類 希代・絶世 表記「稀世」とも書く。

【希代】キタイ ①「希世」に同じ。②非常に奇妙なこと。世にも不思議なこと。「ーなことを言う」 参考「キダイ」とも読む。 書きかえ「稀代」の書きかえ字。

【希薄】キハク ①液体や気体の濃度・密度がうすいこと。「山の高い所では酸素がーになる」②熱意や意欲などが乏しいこと。「人情がーになった」 書きかえ「稀薄」の書きかえ字。

【希望】キボウ ①こうあってほしいと願い求めること。のぞみ。「ーをかなえる」 類 願望・期待 ②将来への見通し。「ーがもてる業界」 表記「冀望」とも書く。

〈希臘〉ギリシャ ヨーロッパ南東部の共和国。バルカン半島南端部とエーゲ海の島々からなる。古代ギリシャ文明発祥の地。首都はアテネ。

【希硫酸】キリュウサン 水で濃度を薄めた硫酸。 対 濃硫酸 書きかえ「稀硫酸」の書きかえ字。

【希有】ケウ きわめてまれなこと。たぐいなく珍しいさま。「ーな出来事」 類 希代・希世・希少 表記「稀有」とも書く。

【希う】こいねがーう 強く望む。こうあってほしいと切望する。

〈希伯来〉ヘブライ ①他民族がイスラエル民族をいうときに用いた名称。ヘブル。②パレスチナにあった古代王国の名称。

【希】まれ 非常に少ないさま。めったになく珍しいこと。 表記「稀」とも書く。

キ【忌】(7) 心3 常 3 2087 3477 音 キ 訓 いむ 高・いまわしい 高

筆順 フ コ 己 己 己 忌 忌

意味 ①いむ。いまわしい。きらう。「忌避」「忌憚」「禁忌」②いみ。喪に服すること。「忌中」「忌引」③死者の命日。「忌日」「年忌」

下つき 遠忌・回忌・禁忌・嫌忌・周忌・年忌・満忌

【忌ま忌ましい】いまいまーしい くやしくて腹立たしい。しゃくにさわる。「あんな奴にだまされるとはーい」

【忌まわしい】いまわしい ①不吉である。「―い夢」②いやな感じである。不愉快である。「―い思い出は忘れたい」

【忌明け】いみあけ 一定期間の喪もが終わること。いみあき。参考「キあけ」とも読む。

【忌み詞・忌み言葉】いみことば ①不吉にして使わない語。婚礼での「切る」「去る」「終わる」など。②①のかわりに使う語。「梨なしの実」を「ありの実」、「すり鉢」を「当たり鉢」など。

【忌み名】いみな ①死後に、生前の業績などでつけた称号。諡おくりな。②死んだ人の生前の名前。本名。③身分の高い人の本名。表記「諱」とも書く。

【忌む】いむ ①不吉なことやけがれたことを嫌い避ける。「結婚式は仏滅の日を―む」②憎み嫌う。憎み遠ざける。「不正を―み嫌う」

【△忌地】いやジ 同じ土地に同じ作物を毎年作ると、生育が悪くなり収穫が減ること。参考「いやチ」とも読む。表記「厭地」とも書く。

〈忌▲瓮〉いわいべ 神に供えるための神酒みきを入れる神聖な容器。表記「斎瓮」とも書く。

【忌▲諱】キイ いみ嫌うこと。おそれ嫌うこと。「―に触れる(目上の人の機嫌を損ねる)」参考「キキ」の慣用読み。

【忌▲憚】キタン いみはばかること。遠慮すること。「―のない意見を求める」参考多く、「…ない」「…なく」の形で用いる。

【忌中】キチュウ 家族が死んで喪もに服している間。ふつう死後四九日間慎んでいる期間をいう。類喪中

【忌日】キニチ 人が死んだ日と同じ日付の毎年毎月の日。類命日・忌辰キシン 参考「キジツ」とも読む。

【忌避】キヒ ①嫌ってさけること。類回避 ②訴訟の当事者が公平な裁判を期待できないとき、その裁判官の裁判を断ること。

【忌引】キびき 近親者が死んだとき、勤めや学校を休んで喪もに服すること。また、その休暇。

【忌服】キブク 近親者が死んだことで一定の期間、喪もに服すること。「―が明ける」類服喪・服忌ブッキ

〈忌忌〉しい ゆゆしい ①放っておけないほど重大である。「それは―き問題だ」②不吉である。表記「由由しい」とも書く。

キ【杞】(7) 木3 1 5925 5B39 音キ・コ 訓くこ・おうち・かわやなぎ

意味 ①くこ。ナス科の落葉低木。②おうち。センダン科の落葉高木。「杞梓キシ」③かわやなぎ。こりやなぎ。ヤナギ科の落葉低木。「杞柳」④中国、周代の国の名。「杞憂」

下つき 枸杞クコ

【▲杞憂】キユウ 心配しなくてもいいことを、むやみに憂え心配すること。「心配は―に終わった」故事 古代中国、杞の国に天地が崩れて身の置き所がなくなったらどうしようかと、寝食も忘れるほど憂えた者があった故事から。〈『列子』〉

キ【汽】(7) 氵4 常 教9 2105 3525 音キ 訓外ゆげ

筆順 丶 冫 氵 氵 汁 汽 汽

意味 ゆげ。水蒸気。「汽車」「汽船」「汽笛」

【汽缶】キカン 蒸気を発生させるかま。ボイラー。

【汽車】キシャ 蒸気機関車が引いて線路の上を走る列車。客車・貨車などがある。

【汽船】キセン 蒸気の力で走る船。蒸気船。また、機械力によって航行する大型の船の総称。対帆船

【汽笛】キテキ 蒸気の力で鳴らすふえ。「―を鳴らす」

キ【★其】(8) ハ6 準1 3422 4236 音キ 訓その・それ

意味 ①その。それ。人や物を指す語。②それ。語気を強めたり、語調を整えたりするために添える助字。

〈▲其奴〉そいつ そのやつ。それ。相手側の人や物をぞんざいにいう語。参考「そやつ」とも読む。

〈▲其処〉・〈▲其所〉そこ ①相手のいる場所。また、その近く。②今、話題になっている事柄や場所。その点。「―が難しい」

〈▲其方▲此方〉そちこち あちらこちら。ほうぼう。「―に人がいる」

〈▲其方〉そちら ①相手のいる方向や場所。そこ。「―へ伺います」②相手の近くにあるもの。それ。「―を見せてください」③あなた。その人。「―様もお元気で」参考「そっち」とも読む。①③「そなた・そち」とも読む。

〈▲其方〉△退け】そっちのけ かまわず放っておくこと。問題にしないこと。「勉強を―にして遊ぶ」

〈▲其方〉そなた ①その方面。②おまえ。目下の者を呼ぶ語。参考「そち・そちら」とも読む。

【▲其の】その ①聞き手に近い所にある事物や人を指す語。「―人はだれですか」②すぐ前に述べた事柄を指す語。「―話は困る」③言葉に詰まったときなど、次へのつなぎの語。「つまり、―」

【▲其の子を知らざれば▲其の友を△視よ】その人のことを知りたければ、その友人を見ると人柄がよくわかるということ。〈『荀子ジュンシ』〉

【▲其の手は桑名くわなの焼き▲蛤はまぐり】その手は食わない。由来 言葉遊びで「食わない」を「桑名」にかけ、その桑名の名物である「焼き蛤」と続

けたもの。「桑名」は三重県の地名。

【其文字】ソモジ あなた。そなた。おまえ。参考「そなた」の「そ」に「もじ」を付けた女房詞(ことば)。

【其】それ ①聞き手に近い事物を指す語。「―を取ってください」②前に述べたことを指す語。「―については知っている」③その時。その事。「―以来」

【其限・其切】それきり ①それかぎり。それっきり。「―連絡がない」②それで全部。それだけ。「所持金は―だ」参考「それぎり」とも読む。

キ【奇】

(8) 大5 常 4 2081 3471

音 キ

訓 外めずらしい・くし・あやしい

筆順 一ナ大太夳夵奇奇

意味 ①めずらしい。ふつうでない。(ア)あやしい。ふしぎな。「奇術」「奇跡」「奇妙」(イ)特にすぐれた。「奇偉」「奇才」「奇麗」(ウ)思いがけない。くしくも。「奇禍」「奇遇」「奇襲」「奇をてらう」②はんぱ。二で割り切れない。「奇数」対偶

書きかえ「畸」の書きかえ字。また、「綺」の書きかえ字として用いられるものがある。

下つき 怪奇(カイキ)・好奇(コウキ)・数奇(スウキ)・珍奇(チンキ)・猟奇(リョウキ)

【奇異】キイ 普通と変わっているさま。「―な感じを与える」類奇妙・異様

【奇縁】キエン 不思議な巡り合わせ。思いがけないつながり。「合縁(あいえん)―」

【奇貨】キカ ①めずらしい物品。②意外な利益を得られそうな物品や機会。「経済不況を―とした商品の開発」

『奇貨居くべし』絶好の機会はうまく利用すべきであるというたとえ。めずらしい品物は買い取っておけば後日大きな利益を生む意から。故事 中国の戦国時代末、秦(シン)の子楚(シソ)(始皇帝の父)が趙(チョウ)国で人質になっていたとき、豪商の呂不韋(リョフイ)が子楚を将来役に立つ人物と見込んで援助し、のち子楚が趙王となると呂不韋はその大臣となった故事から。《史記》

【奇禍】キカ 思いがけない災難。思わぬ不幸。「旅先で旅館の火事という―に遭う」

【奇怪】キカイ ①不思議であやしいこと。変わっていて気味の悪いこと。また、そのさま。「―な事件が続発している」②けしからぬこと。不都合なこと。「―な言い草」

【奇怪千万】キカイセンバン ふつうでは考えられないほど不思議なこと。また、非常にけしからぬこと。「千万」は程度がはなはだしい意。類奇奇怪怪

【奇観】キカン 変わっためずらしい眺め。ほかでは見られないすばらしい風景。「天下の―」類奇勝

【奇岩・奇巌】キガン めずらしい形の大きな岩。「―怪石」

【奇奇怪怪】キキカイカイ 常識では考えられないほど不思議なこと。「奇」と「怪」をそれぞれ重ねて強調した語。参考「怪怪奇奇」ともいう。

【奇矯】キキョウ 言行が変わっていること。風変わりなこと。また、そのさま。「―な振る舞いが目立つ」類奇抜・奇異・突飛

【奇遇】キグウ 思いがけなく出会うこと。思いもよらない不思議な巡り合わせ。「ここで会うとは―だ」

【奇形】キケイ ①普通とちがった形。めずらしい形。②動植物で、遺伝子や発育の異常から生じる正常でない形。書きかえ「畸形」の書きかえ字。

【奇計】キケイ だれも思いつかないような、巧みな計画。「―を巡らす」類奇策

【奇警】キケイ 並はずれて、思いもよらないこと。「―な行動」類奇抜

【奇行】キコウ 普通とちがう変わった行動。風変わりな行い。「―の持ち主」

【奇才】キサイ 世にもまれな、すぐれた才能。また、その人。「天下の―」

【奇策】キサク だれも思いつかないような、巧みな策略。類奇計

【奇策妙計】キサクミョウケイ 奇抜で人の意表をつく、すぐれたはかりごと。参考「妙計奇策」ともいう。

【奇習】キシュウ 変わった風習や習慣。めずらしいならわし。

【奇襲】キシュウ 相手の思いもつかない方法で、不意をついて攻めること。不意打ち。「―攻撃が成功する」

【奇術】キジュツ ①手品。仕掛けや手さばきで人の目をくらまし、不思議なことが起こったように見せる芸。類魔術 ②不思議なわざ。

【奇勝】キショウ ①思いがけない勝利。②「奇観」に同じ。表記①「奇捷」とも書く。

【奇人】キジン 言行や性質が普通の人とちがい、変わっている人。類変人 表記「畸人」とも書く。

【奇瑞】キズイ めでたいことの前兆として起こる現象。類吉兆・瑞相(ズイソウ)

【奇数】キスウ 二で割り切れない整数。一・三・五など。対偶数

【奇声】キセイ 奇妙な声。聞きなれない調子はずれの声。「―を発する」

【奇跡】キセキ 常識では考えられない不思議な出来事。「神の―」「―の復活」書きかえ「奇蹟」の書きかえ字。

【奇蹟】キセキ ▼書きかえ 奇跡

【奇想曲】キソウキョク 形式にこだわらず、自由な気分で作られた器楽曲。カプリッチオ。類狂想曲 表記「綺想曲」とも書く。

【奇想天外】キソウテンガイ 思いもよらないような奇抜なこと。「奇想、天外より来たる(落つ)」の略。「奇想」は奇抜な考え、「天

外」ははるかかなたの空で、思いもよらない所の意。「―な計画を立てる」類斬新新奇抜

【奇態・奇体】キタイ 変わっているさま。不思議なさま。「―な事件」類奇妙・奇怪

【奇▲譚】キタン 言い伝えや物語。「譚」は話・物語の意。「異聞―を収集する」類奇談

【奇談】キダン めずらしい不思議な話。おもしろく不思議な話。「山岳―」類奇話・奇譚 書きかえ「綺談」の書きかえ字。

【奇知・奇▲智】キチ 普通とちがう知恵。奇抜な才知。

【奇△天烈】キテレツ 不思議で珍妙なさま。非常に風変わりなさま。「奇妙―」参考「奇天烈」は当て字。

【奇特】キトク 特にすぐれて感心なさま。「休日も仕事をする―な人だ」類殊勝 参考「キドク」とも読む。

【奇抜】キバツ ①思いもよらないほど変わっていること。風変わり。「―な服装」類突飛 ②抜きんでてすぐれていること。「―な発想で人を引きつけた」

【奇病】キビョウ 変わった病気。めずらしい病気。原因や治療法がわからない病気にいう。類難病

【奇聞】キブン めずらしい話。変わったうわさ。「珍聞―」類奇談・珍談

【奇癖】キヘキ 普通と変わった奇妙なくせ。「―の持ち主」

【奇峰】キホウ めずらしい形のみね。「―の眺めを楽しむ」

【奇妙】キミョウ ①普通では考えられない不思議なこと。「―な宇宙現象」「―な事件に遭う」②変わっているさま。「―な発想」

【奇麗】キレイ ①美しいさま。「―な服」②清らかでけがれがないさま。「心の―な人」③整っているさま。「足なみが―にそろう」④いさぎよいさま。あとに残さないようす。「―さっぱり忘れる」表記「綺麗」とも書く。

【△奇し】くし ①めずらしい。②すぐれたさま。③不思議な。思いもよらない。

【△奇しくも】くしくも 不思議にも。あやしくも。「旧友に―巡り会えた」

【△奇しい】めずら-しい 普通とは異なるさま。変わっているさま。

き キ

キ【季】(8) 子 5 常 教 7 2108 3528 音 キ 訓 外 すえ

筆順 一 ニ 千 禾 禾 秂 季 季

意味 ①とき。時節。ある一定の期間。「季節」「雨季」②春夏秋冬の終わりの月。また、時代の終わり。「季世」「澆季」③兄弟の中の最年少者。すえ。すえっこ。「季子」「季女」対②③孟

下つき 雨季・乾季・澆季・四季・叔季・節季・年季

【季刊】キカン 雑誌などを年に春夏秋冬の四回刊行すること。また、その刊行物。「―誌」

【季語】キゴ 俳句や連歌などで季節を表すため、読みこむように定められた四季・新年の言葉。類季題

【季子】キシ 兄弟の中で末の子。すえっこ。類末子・季児

【季春】キシュン ①春の末。春の三か月を三春といい、孟春・仲春・季春に分けた一つ。類晩春・暮春 対季夏・季秋・季冬 ②陰暦三月の異名。季①②春

【季世】キセイ 末の世。道徳・風俗などの衰えた時代。類末世

【季節】キセツ 一年を天候の推移によって分けたもの。春夏秋冬の四季や、雨季・乾季など。シーズン。「新緑の―」類時節・時候

【季題】キダイ ①「季語」に同じ。②俳句などで、題目として作者に課された季語。

【季立て】キだて 俳諧で、季語を分類配列すること。

【季布の一諾】キフのイチダク 決して裏切らない堅い約束や誓約のこと。「一諾」は一度承諾する意。由来 中国の漢代、楚の名将季布は一度した約束は決して破らなかったことから。〈『史記』〉参考「季布に二諾無し」「季諾」ともいう。類一諾千金 対軽諾寡信

【季寄せ】キよせ 俳諧で季語を集めて分類した書物。歳時記の簡単なもの。

【△季】すえ ①末の子。②四季それぞれの三か月の終わりの月。③世の終わり。末年。

キ【祈】(8) ネ 4 常 4 2107 3527 音 キ 訓 いのる

旧字《祈》(9) ネ 4 1/準1 8923 7937

筆順 、 ラ ネ ネ ネ' 祈 祈 祈

意味 いのる。神仏に願う。「祈願」「祈求」「祈念」

【祈る】いのる ①神仏に願う。「母校の優勝を―る毎日」②心から望む。「ご健勝を―る」

〈祈狩〉り うけいがり 吉凶を獲物によって占うためにする狩り。

【祈願】キガン 神仏に祈り願うこと。「娘の合格を―する」類祈念・誓願

【祈▲禱】キトウ 神仏に祈りをささげること。また、その儀式。「加持―」類祈願

【祈念】キネン 神仏に心をこめて祈ること。「平和を―して石像を建てる」類祈願

〈祈年〉としごい その年の収穫を神に祈ること。参考「キネン」とも読む。「年」は稲などの穀物やその収穫の意。

〈祈年〉祭 としごいのまつり 陰暦二月四日に五穀豊穣などを祈って神祇官や国司の役所で行われた祭り。季春 参考「キネンサイ」とも読む。

【△祈ぎ事】ねぎごと　神仏に願いをかける事柄。願いごと。

キ
【★祁】
(8) 礻3　準1　2323 / 3737
音 キ
訓 おおいに・おおきい・さかんに

〔祁〕

意味 おおいに。おおきい。さかんに。「祁寒」

【▲祁寒】キカン　たいへん寒いこと。きびしい寒さ。類 酷寒

【▲祁山】キザン　中国、甘粛(カンシュク)省西和県の西北にある山。参考 中国、三国時代、蜀(ショク)の諸葛亮(ショカツリョウ)が魏(ギ)と激戦をくりひろげた古戦場として有名。

キ
【枳】
(9) 木5　1　5944 / 5B4C
音 キ・シ
訓 からたち

意味 一 キ からたち。ミカン科の落葉低木。「枳殻」
二 シ えだ。枝のように分かれたもの。

下つき 一 棘枳(キョクキ)・荊枳(ケイキ)

【〈▲枳殻〉・▲枳】からたち　ミカン科の落葉低木。中国原産。とげが多く、生け垣にする。春、白色の五弁花をつけ、球形の実を結ぶ。実は芳香があり黄熟するが、食用にはならない。
由来「枳殻」は漢名から。和名は、唐(から)(中国の古称)から渡来したタチバナの意。表記「枸橘」とも書く。

【▲枳▲棘】キキョク　①とげのあるカラタチといばら。②悪者・じゃまものののたとえ。参考「棘」はいばらの意。

【『▲枳▲棘は▲鸞▲鳳(ランポウ)の▲棲(す)む所に△非(あら)ず』】りっぱな人は自分の居場所を選ぶたとえ。また、すぐれた人は低い地位に甘んじるべきではないことのたとえ。とげのある枳棘のなかには、鸞鳥(ランチョウ)や鳳凰(ホウオウ)のような鳥はすまない意から、「枳棘」は悪い場所や低い地位のたとえ。「鸞鳳」は鸞鳥と鳳凰で、ともに神鳥。転じて、すぐれた人のたとえ。〈『後漢書(ゴカンジョ)』〉

【▲枳▲枸・▲枳△句】キコウ　カラタチの曲がってこぶのようになった枝。また、カラタチ。

【▲枳実】キジツ　カラタチの実(み)。黄色に熟し、芳香がある。薬用となる。

キ
【癸】
(9) 癶4　1　6603 / 6223
音 キ
訓 みずのと・はかる

意味 ①みずのと。十干の第一〇。「癸亥(キガイ)」▼干支順位表(一六〇) ②はかる。類 揆(キ)

【▲癸】みずのと　十干の第一〇番目。方角では北。五行では水。「一の祭」対 壬(みずのえ) 参考「水の弟(と)」の意。

キ【▲祈】(9) 礻4　8923 / 7937
▼祈の旧字(二六六)

キ
【紀】
(9) 糸3　教 常　6　2110 / 352A
音 キ
訓 外 のり・しるす・おさめる

筆順 ㄑ 幺 幺 糸 糸 糸 糸 紀 紀

意味 ①のり。きまり。すじみち。「紀綱」「軍紀」「風紀」②とし。年代。「紀元」「紀年」「世紀」③しるす。順序立てて記録する。「紀行」「紀要」④おさめる。秩序を立てて進める。⑤「日本書紀」の略。「記紀」⑥「紀伊(きい)の国」の略。「紀州」

下つき 官紀(カンキ)・記紀(キキ)・軍紀(グンキ)・経紀(ケイキ)・皇紀(コウキ)・校紀(コウキ)・綱紀(コウキ)・世紀(セイキ)・西紀(セイキ)・年紀(ネンキ)・風紀(フウキ)・芳紀(ホウキ)

【紀元】キゲン　歴史上の年数を数える基準となる年。西暦ではキリストの誕生年を元年とする。

【紀行】キコウ　旅行中の折々のことを記した文。道中記。旅日記。「修学旅行の一文」

【紀綱】キコウ　国を治める制度。おきて。また、取り締まること。類 綱紀 参考「紀」は小づな、「綱」は大づなの意。

【紀伝体】キデンタイ　歴史の記述法の一つ。天子の伝記である本紀(ホンギ)、重要人物の伝記である列伝などが中心。中国では『史記』、日本では『大鏡』など。対 編年体・紀事本末体

【紀年】キネン　紀元から数えた年数。

【紀要】キヨウ　大学や研究所などで定期的に出す、学術研究論文の刊行物。参考 要点を記録する意。

【紀律】キリツ　①集団の中で決められた行動の規準。きまり。「学校の一」②一定の秩序・順序。「一ある生活」表記「規律」とも書く。

【△紀す】しるす　順序だてて書く。記録する。

【△紀】のり　きまり。おきて。類 法

キ
【軌】
(9) 車2　常　3　2116 / 3530
音 キ
訓 外 わだち

筆順 一 厂 冂 百 亘 亘 車 車 軌

意味 ①わだち。車の通ったあと。また、車輪のあいだ。「軌条」「軌跡」「広軌」②すじみち。のり。てほん。「軌範」「常軌」

下つき 儀軌(ギキ)・狭軌(キョウキ)・広軌(コウキ)・車軌(シャキ)・常軌(ジョウキ)・同軌(ドウキ)・不軌(フキ)

【軌条】キジョウ　線路。レール。「一の交換を行う」

【軌跡】キセキ　①車の通ったあと。わだち。類 車軌 ②先人の行いのあと。前例。また、人がたどってきた人生のあと。「わが半生の一」類 ①②軌轍(キテツ) ③幾何学で、一定の条件を満たす点の集合によってできる図形。

【軌▲轍】キテツ　①「軌跡」に同じ。②法則。手本。

【軌道】キドウ　①車の通る道。特に、列車などが通る線路。②天体や物体が一定の法則で動く道すじ。「人工衛星が一に乗る」③物事が進む一定の方向や道筋。「計画を一修正する」「仕事が

—に乗る」

【軌範】キハン 行為・判断などの基準や手本。「道徳—」類模範 表記「規範」とも書く。

【軌を一にす】キをイツにす ①行き方・やり方・立場などが同じであること。②天下が統一され、世の中の秩序がととのっていること。由来 ①前に通った車の轍(わだち)と同じ所を通る意から。〈韓愈(カンユ)の詩〉②車の両輪の間隔が同じであることから。《『北史』》

【△軌】わだち 車の通ったあとに残る車輪のあと。

キ【剞】(10) リ 8 1 4980/5170 音 キ 訓 きざむ

意味 きざむ。ほる。「剞刻(キコク)」

キ【唏】(10) ロ 7 1 5109/5329 音 キ 訓 なげく

意味 なげく。すすり泣く。「唏噓(キキョ)」類欷(キ) 参考「晞(キ)」は別字。

下つき 噓唏(キョキ)

キ【△姫】(10) 女 7 常 4117/4931 ▼ひめ(一二九九)

キ【帰】(10) 巾 7 教 常 9 2102/3522 音 キ 訓 かえる・かえす 外 とつぐ・おくる

旧字《歸》(18) 止14 1/準1 6137/5D45

筆順 丨 刂 刂 刂 刂 刂 帰 帰 帰 帰

意味 ①かえる。かえす。「帰郷」「帰心」「復帰」②あるべき所におさまる。行きつく。おちつく。「帰一」「帰依」「帰属」③とつぐ。嫁に行く。「帰嫁」④おくる(贈)る。

下つき 依帰(イキ)・回帰(カイキ)・不帰(フキ)・復帰(フッキ)・来帰(ライキ)

【帰る】かえ-る もとの場所や状態に戻る。引き返す。「家に—る」「客が—る」

【帰一】キイツ 多くの物事が一つになること。「結局はこの一点に—する」類帰着

【帰依】キエ 仏 神仏を信仰して、その教えにしたがいすがること。「仏道に—する」

【帰依三宝】キエサンボウ 仏 仏門に入りその教えにしたがうこと。「三宝」は尊ぶべき三つの宝の意で、仏(釈迦(シャカ))・法(仏の教え)・僧(教えを広める僧侶(ソウリョ))のこと。

【帰化】キカ ①他国へ移住し、国籍を得て、その国民となること。②生物が人間の媒介で他の地域に運ばれ、野生化して繁殖すること。「—植物」参考 もとは君主の徳に感化されて服従する意。

【帰嫁】キカ よめ入りすること。とつぐこと。「他家へ—する」

【帰△臥】キガ 官職を辞して故郷に帰り、静かに暮らすこと。

【帰化植物】キカショクブツ 外国原産の植物が、他の国の気候風土に適して野生化し繁殖すること。日本ではブタクサ・セイタカアワダチソウ・オオイヌノフグリなど。

【帰還】キカン 遠方や戦地などから戻ること。「宇宙船が無事—した」「派遣団が—する」

【帰館】キカン やかたに戻ること。また、わが家に戻ること。類帰宅

【帰休】キキュウ 家に戻って休むこと。特に、勤労者が会社の都合で一定期間勤務を離れて家にいること。「一時—」

【帰郷】キキョウ 故郷に戻ること。「正月の—は久しぶりだ」類帰国・帰省 対出郷(シュッキョウ)

【帰去来】キキョライ 官職をやめて故郷に戻るため、その地を去ること。由来 中国の詩人、陶潜(トウセン)の「帰去来辞」から。参考「かえりなん、いざ」と訓読する。

【帰結】キケツ 最後に落ち着くこと。また、その結論や結果。「当然の—」類帰着・結着

【帰航】キコウ 船や飛行機が戻って行くこと。また、その航路。「任務を終えて—する」類復航 対往航

【帰港】キコウ 船が出発した港に戻ること。「遠洋航海から—した」対出港

【帰△忌日】キコニチ 陰陽道(オンヨウドウ)で、縁起の悪い神が支配するとして遠出・帰宅・結婚などを嫌った日。

【帰参】キサン ①留守にしていた人が戻ってくること。②武士などが、一度暇をとった主人のもとに再び仕えること。「—がかなう」

【帰順】キジュン 反抗をやめて、おとなしくしたがうこと。「武器を捨てて—する」類帰服

【帰心】キシン 故郷や家に戻りたいと思う心。「—矢のごとし」

【帰△趨】キスウ 帰着すること。行き着くところ。「勝敗の—は予断を許さない」類帰結 参考「趨」はおもむく意。

【帰する】キ-する ①結果として落ち着く。「努力も水の泡と—する」②他のせいにする。「過ちの責任を人に—する」③仏 帰依(キエ)する。

【帰省】キセイ 故郷に帰ること。「—列車はひどく混んでいた」季夏 類帰郷 参考「省」には安否を問う意がある。

【帰巣性】キソウセイ 動物が遠く離れていても、巣や生まれた場所に戻るという本能。類帰家性・回帰性

【帰属】キゾク ①つきしたがい、属すること。「—意識が薄い」②財産や権利などが、特定の国・団体や人のものになること。「領土の—問題」

【帰宅】キタク 自分の家に戻ること。類帰館

【帰着】キチャク ①帰りつくこと。「ただいま—しました」②議論などがさまざまな経過の末、結論に落ちつくこと。類帰結・帰趨(キスウ)

【帰朝】キチョウ 外国から日本に帰ること。「—報告会」類帰国 参考 昔は、君主の命令で他国や遠地に行った者が朝廷に帰る意。

【帰途】キト 「帰路」に同じ。「会社からの―、立ち寄った店」

【帰投】キトウ 航空機・艦船や兵員などが基地に帰り着くこと。参考「投」はいたる意。

【帰納】キノウ 具体的事実から共通点を求めて、一般的な原理や法則を導き出すこと。「―法」対演繹

【帰馬放牛】キバホウギュウ ▼牛を桃林の野に放つ(三三二)

【帰帆】キハン ①帰っていく帆掛け船。②国や港に帰る船。

【帰服・帰伏】キフク つきしたがって支配下に入ること。降伏してしたがうこと。「王への―を誓う」類降参・帰順

【帰命頂礼】キミョウチョウライ 仏頭を地につけて礼拝し、心から仏に帰依すること。「帰命」は仏の教えを信じ、命をささげて仏にしたがう厚い信心のこと。「頂礼」は頭を地につけて礼拝すること。類南無三宝

【帰路】キロ 帰り道。また、戻る途中。「―、交通渋滞に遭う」類帰途・復路 対往路

キ【既】(10) 无5 常 3 2091 347B 音キ 訓すでに

旧字《既》(11) 旡7 1/準1 8511 752B

旧字《既》(11) 旡7 1/準1

筆順 … 既

意味 ①すでに。もはや。物事がすんでしまったこと。「既往」「既成」「既知」対未 ②つくす。つきる。「既食」

下つき 皆既・終既・蝕既

【既往症】キオウショウ 今は治っているが、以前かかったことのある病気。

【既往は▲咎めず】キオウはとがめず 過ぎたこと、終わったことはとがめないということ。これから先の言行を慎むよう戒める言葉。《論語》

【既刊】キカン 書籍や雑誌がすでに刊行されていること。また、その刊行物。「雑誌の―号」対未刊

【既決】キケツ ①すでに決まっていること。「―事項」②裁判の判決がすでに確定していること。「―囚」対①②未決

【既婚】キコン すでに結婚していること。「―者」対未婚

【既済】キサイ ①必要な手続きなどを、すでにすませたこと。処理のすんだこと。「―の書類」類既決 ②金品などの借りをすでに返してあること。「借金の―分」対未済

【既遂】キスイ ①すでに成しとげたこと。②刑法上の犯罪が完全に行われること。類① ②未遂

【既成】キセイ すでに出来上がって、成り立っていること。「―事実を作り上げた」「―政党」「―概念にしばられる」

【既製】キセイ 注文ではなく、商品としてすでに出来上がっていること。レディーメード。「―品を購入する」「―服」

【既存】キソン すでに存在していること。「―の設備を利用する」「―のデータ」参考「キゾン」ともいう。

【既達】キタツ 公文書などですでに通知したこと。「―の件」

【既知】キチ すでに知っていること。また、知られていること。「―の事実」対未知

【既定】キテイ すでに決まっていること。「―の手順にしたがう」対未定

【既倒】キトウ すでに倒れていること。「狂瀾を―に廻らす」〈韓愈の文〉

【既得権】キトクケン すでに得ている権利。特に、法律上正当に得た権利。「―を奪う内容」

【既望】キボウ 陰暦一六日の夜。また、その夜の月。いざよい。特に、八月一六日にいう。季秋 参考「望」は十五夜の満月で、すでにそれを過ぎた意。

【既に】すでに ①前に。また、前から。「会は―終わった」「名前は―知られている」②もはや。もう。「―手遅れだ」③まちがいなく。現に。表記「已に」とも書く。

【△既の事に】すんでのことに もう少しのところで。「―助かった」「―火事を出すところだった」

キ【▲氣】(10) 气6 6170 5D66 ▼気の旧字(二六〇)

キ【★耆】(10) 老4 1 7045 664D 音キ・シ 訓おいる・としより・おさ・たしなむ

意味 一キ おいる。年をとる。また、としより。おさ。長老。「耆徳」「耆老」 二シ たしなむ。好む。「耆欲」

【▲耆旧】キキュウ 年寄り。特に、慕われている老人。参考「耆」は六〇歳のこと。

【▲耆儒】キジュ 年取った儒学者。学徳の備わった老学者。

【▲耆宿】キシュク 経験豊かで学徳の備わった老人。「歌舞伎界の―」類宿老

【▲耆徳】キトク 学徳の高い老人。類宿徳

【▲耆婆▲扁▲鵲】ギバヘンジャク 名医のたとえ。由来「耆婆」は古代インドの名医で、釈迦の弟子、「扁鵲」は古代中国の名医であったことから。

【▲耆老】キロウ ①老人。②年老いて徳の高い人。参考「耆」は六〇歳、「老」は七〇歳の意。

【〈▲耆那〉教】ジャイナキョウ 紀元前六世紀ころ、インドでマハービーラにより開かれた宗教。苦行・禁欲・不殺生の実践を説く。参考「ジナキョウ」とも読む。

【▲耆欲】シヨク 好きな物。このみ。また、好き勝手にしたいと思う心。表記「嗜欲」とも書く。

き キ

【▲耆む】たしな-む 親しんで味わう。特に好む。愛好する。「酒を―む」

キ【記】(10) 言 3 常 教 9 2113 352D 音 キ 訓 しるす

筆順 、 亠 亠 亖 言 言 言 訁 訂 記

意味 ①しるす。かきとめる。「記載」「記録」「筆記」類紀 ②かきつけたもの。ふみ。また、しるし。「記号」「手記」③おぼえる。心にとどめる。「記憶」「暗記」④「古事記」の略。「記紀」

下つき 暗記アンキ・雑記ザッキ・手記シュキ・書記ショキ・戦記センキ・速記ソッキ・注記チュウキ・追記ツイキ・転記テンキ・伝記デンキ・登記トウキ・特記トッキ・筆記ヒッキ・付記フキ・簿記ボキ・明記メイキ・銘記メイキ・列記レッキ・連記レンキ

【記憶】キオク 経験したことや覚えたことを忘れずにいること。また、その内容。ものおぼえ。「―喪失」「コンピューターの―装置」

【記号】キゴウ ある事柄や意味を表すしるし。広くは文字・言語・身振りなど、物事の意味を伝えるすべてのもの。狭くは文字以外の符号類。「元素―」

【記載】キサイ 書物・書類などに書いてのせること。また、その文や内容。「―事項に誤りはない」類掲載

【記事】キジ 事実をしるすこと。特に、新聞や雑誌などに、事実を伝える目的で書きしるすこと。また、その文章。「三面―」

【記者】キシャ 文章を書く人。特に、新聞や雑誌などの記事を取材・執筆・編集する人。「―会見」「雑誌―」

【記述】キジュツ 文章に書きしるすこと。また、その文章。「―式問題」

【記章】キショウ ①身分・職業などを示すため、衣服や帽子などに付けるしるし。校章・社章などのバッジ。②記念として関係者に渡すしるし。メダル。書きかえ ①「徽章」の書きかえ字。

【記帳】キチョウ 帳簿・帳面に記入すること。「売り上げを―する」「受付で―する」

【記念】キネン ①思い出に残しておくこと。また、そのもの。かたみ。「卒業の―品」②過去を思い出し、記憶を新たにすること。「開校百年の―誌」

【記念碑】キネンヒ ある出来事や人物を記念して建てる碑。「―の除幕式」

【記問の学】キモンのガク あらかじめ質問を察し、ただ書物や古人の説を暗記して講釈するだけで、自分では真に理解していない学問。〈『礼記ライキ』〉

【記録】キロク ①事実を残すために文章・映像としてとどめておくこと。また、そのもの。「戦争を―したフィルム」②競技などの成績。特に、その最高のもの。レコード。「世界新―」

【記す】しる-す ①書きとめる。②心にきざみこむ。覚える。「しっかりと脳裏に―した」

キ【起】(10) 走 3 常 教 8 2115 352F 音 キ 訓 おきる・おこる・おこす 外たつ

筆順 一 十 土 キ キ 未 走 走 起 起

意味 ①おきる。たつ。立ちあがる。「起床」「躍起」②おこす。はじめる。「起工」「想起」③おこる。おこり。はじまり。「起因」「起源」「縁起」

下つき 縁起エンギ・喚起カンキ・決起ケッキ・興起コウキ・再起サイキ・想起ソウキ・提起テイキ・突起トッキ・奮起フンキ・蜂起ホウキ・発起ホッキ・勃起ボッキ・躍起ヤッキ・隆起リュウキ

【起き上がり小△法師】おきあがりこボシ 底に重りをつけた、だるまの形をしたおもちゃ。倒してもすぐに起き上がる。不倒翁フトウオウ。参考「おきあがりこボウシ」とも読む。

【起きる】お-きる ①立ち上がる。②目を覚ます。「朝五時に―きる」③「起こる」に同じ。「事件が―きる」

【起きて半畳ハンジョウ寝て一畳】必要以上の富貴を望まない、また望んであくせくすべきではないというたとえ。起きているときは畳たた半畳で十分生活でき、寝るときも一畳あれば十分であるという意。参考「起きて三尺寝て六尺」ともいう。

【起こす】お-こす ①立たせる。「倒れた人を抱き―す」②目を覚まさせる。③掘り返す。「田を―す」④はじめる。生じさせる。「反対運動を―す」「やる気を―す」「火を―す」

【起こる】お-こる はじまる。発する。生じる。「電気が―る」「やる気が―る」

【起案】キアン もとになる案や文を作ること。原案を作ること。「―者」類発案・起草

【起因】キイン ある事柄を起こす直接の原因となること。また、その原因。起こり。表記「基因」とも書く。

【起▲臥】キガ 起きることと寝ること。日々の生活。起き伏し。「―を共にした友」類起居

【起▲龕】キガン 禅宗の葬儀で、棺ひつを送り出すこと。また、その儀式。参考「龕」は棺の意で、ほかに入龕・移龕・鎖龕・転龕などに用いる。

【起居】キキョ ①立つことと座ること。立居振る舞い。類挙止・挙措 ②日々の生活。「―注(中国で、皇帝の起居や言行を記録した文書)」類起臥キガ 参考「たちい」とも読む。

【起源・起原】キゲン 物事の始まり。起こり。みなもと。「人類の―を探る」類始原・淵源エンゲン

【起工】キコウ 工事などを始めること。「―式」類着工 対竣工シュンコウ・完工

【起稿】キコウ 原稿を書き始めること。「応募原稿をようやく―した」類起草 対脱稿

【起債】キサイ ①国・公共団体・企業などが、資金集めのために債券を発行すること。②負債をおこすこと。借金をすること。

【起算】キサン ある点を初めとして数え始めること。「四月一日から―する」

【起死回生】キシカイセイ 絶望的な状況を、一気によい方向へ立て直すこと。「起死」「回生」ともに瀕死ヒンシの病人を生き返らせる意。「―のホームラン」

【起床・起牀】キショウ 寝床から起きること。「決まった時刻に―する」対就寝・就床

【起△請】キショウ ①背信やいつわりのないことを神仏に誓うこと。また、その文書。特に、君臣や男女間でかわす固い約束。「―文モン」類誓文・誓紙 ②物事を計画し、それを実行するために上級の官庁に願い出ること。またその文書。

【起承転結】キショウテンケツ 文章などの構成法。また、物事の展開の仕方や順序のこと。参考本来は漢詩の四句からなる絶句の構成法。起句(第一句)で歌い起こし、承句(第二句)でこれを承うけ、転句(第三句)で視点を転じ趣を変え、結句(第四句)で詩意全体をおさめ結ぶ。類起承転合

【起訴】キソ 裁判所に訴えをおこすこと。特に、刑事事件で検察官が公訴を提起すること。「―猶予」「検察官が―状を朗読した」

【起草】キソウ もとになる文案を書くこと。草案・草稿を書き始めること。「案文を―する」類起稿

【起点】キテン 物事の始まるところ。出発点。「東海道本線の―は東京駅」対終点

【起動】キドウ 動き始めること。特に、機械などが運転を始めること。「掘削機が―する」「コンピューターが―する」類始動

【起爆】キバク 火薬・爆弾に爆発をおこさせること。「―剤」「―装置」

【起筆】キヒツ 文章などを書き始めること。書き起こし。対擱筆カクヒツ

【起伏】キフク ①地面が高くなったり低くなったりしていること。「―の激しい町」②勢いや感情などの揺れ動きや変化。「青年時代は感情の―が激しい」

【起用】キヨウ より重要な役目や地位に人を取り立てること。「若手を―する」類登用

【起立】キリツ 立ち上がること。座った状態から立つこと。「―、礼」対着席

【△起居】たちい 立ったり座ったりすること。ふだんの動作。「―振る舞い」表記「立居」とも書く。参考「キキョ」とも読む。

【△起つ】たつ ①立ち上がる。身を起こす。②行動を起こす。「祖国のために―つ」③出発する。飛び立つ。「明日の朝―ちます」

【△起り破風】むくりハフ 上面が凸形の曲線をなす破風。「破風」は、屋根の切妻にある飾りの板。対反り破風ソリハフ

キ【飢】(10) 食 2 常 準2 2118 3532 音キ 訓うえる

旧字《飢》(11) 食 2 1/準1

筆順 ノ 𠆢 亽 今 今 今 食 食 飣 飢

意味 ①うえる。うえ。ひもじい。「飢餓」「飢渇」②穀物が実らない。「飢饉キキン」

書きかえ 「饑キ」の書きかえ字として用いられるものがある。

下つき 餓飢ガキ・調飢チョウキ・凍飢トウキ

【飢える】うえる ①食物が少なくひどく腹が減る。食べ物がなく苦しむ。「―える難民を救おう」②望むものが得られず苦しむ。激しく求める。「知識に―える」表記「饑える」とも書く。

【飢えては食を△択えらばず】困窮したら不平を言っている余裕はなく、どんなことでもありがたく思うたとえ。空腹のときは、食べ物をえらんではいられない意から。類飢えたる者は食を為なし易やすし

【飢餓】キガ 食べ物が少なくてうえること。「―に苦しむ国」「―で多くの人が死亡した」書きかえ「饑餓」の書きかえ字。

【飢渇】キカツ 食べ物や飲み物が少なくて苦しむこと。空腹やのどのかわき。「山中に孤立して―に苦しんだ」表記「饑渇」とも書く。

【飢△饉】キキン ①農作物が極度に不作で食べ物が不足し、多くの人が苦しむこと。類凶作 ②必要なものが極度に不足して苦しむこと。「水―」表記「饑饉」とも書く。

キ【鬼】(10) 鬼 0 常 4 2120 3534 音キ 訓おに

筆順 ノ 丨 白 白 甶 由 鬼 鬼 鬼 鬼

意味 ①おに。かいぶつ。ばけもの。もののけ。悪神。「鬼気」「鬼畜」「鬼面」②死者のたましい。「鬼哭キコク」「鬼籍」「霊鬼」③人間わざとは思われない。すぐれた。「鬼才」

下つき 悪鬼アッキ・餓鬼ガキ・人鬼ジンキ・百鬼ヒャッキ・霊鬼レイキ

【鬼】おに ①想像上の怪物。人間のような裸体に皮のふんどしを締め、角・きばがあり恐ろしい顔をしている。「―の面」②勇猛な人。また、恐ろしい人。無慈悲な人。一つの事に専念して夢中になっている人。「―軍曹」「仕事の―」③死者の霊魂。④名詞に冠して、無慈悲なものや巨大なもののたとえ。「―コーチ」「―ひとで」

【鬼が出るか蛇ジャが出るか】次にどのような運命や出来事などが待ち構えているか予測できないこと。由来からくり人形師の口上から出た語。

【鬼に金棒かなボウ】もともと強いうえに、さらに強さを増すこと。参考「金棒」は「鉄杖テツジョウ」ともいう。

【鬼の居ぬ間に洗濯】怖い人や気兼ねする人のいない間に、くつろいで好きなことをすること。

【鬼の△霍乱カクラン】ふだん丈夫な人が珍しく病気になることをひやかしていう語。「霍乱」は、日射病や急性腸炎など、夏に起こ

りがちな病気の古称。

【鬼の空念仏(そらネンブツ)】無慈悲な人が、表向きは慈悲深く振る舞うこと。また、柄にもなく、おとなしく殊勝げに振る舞う人をからかっていう語。参考「鬼の念仏」ともいう。

【鬼の目にも涙】無慈悲な人やふだん厳しい人でも、時として哀れみの情を起こして涙を流すことがあるたとえ。

【鬼も十八、番茶も出花(でばな)】女の子は少々器量が悪くても年ごろになれば娘らしくなり、それなりに魅力も出てくるものだというたとえ。醜い鬼でも年ごろにはそれなりに美しくなり、番茶でも入れたてならよい香りがする意から。

【鬼薊】(おにあざみ) ①キク科の多年草。山地に自生。夏から秋に紫紅色の頭花をつける。ヤマアザミ。季秋 ②大形のアザミ類の総称。

【鬼殻焼】(おにがらやき) 料理の一種。イセエビやクルマエビを殻のついたまま、つけ焼きにしたもの。

【鬼瓦】(おにがわら) ①屋根の棟の両端につける魔除(よ)けの飾り瓦。②こわい顔の形容。由来①獣面や鬼面が多かったことから。

【鬼子】(おにご) ①親に似ていない子。おにっこ。②鬼に似てみにくい子。また、乱暴な子。③生まれたときから歯がはえている子。

【鬼矢幹】(おにのやがら) ラン科の多年草。雑木林に生える腐生植物。葉はうろこ状に退化している。初夏、茎の上部に黄褐色の壺形(つぼがた)の花を穂状につける。根茎はイモ状で、漢方では強壮・鎮痛薬として用いる。由来まっすぐ伸びた茎を鬼の使う矢に見立てたことから。

【鬼蓮】(おにばす) スイレン科の一年草。暖地の池沼に自生。全体に鋭いとげが密生。葉は円形で直径二メートル以上になる。夏、水面に紫色の花を開く。種子は食用。由来巨大な葉と鋭いとげを鬼に見立てたことから。

【鬼婆】(おにばば) ①老女姿の鬼。②情け知らずな老婆。いじわるな老婆をののしっていう語。おにばばあ。

【鬼火】(おにび) 墓地や湿地で闇夜(やみよ)などに燃えて浮いている青白い光。狐火(きつねび)。人骨などのリンが自然発火して光る。類燐火(リンカ)

【鬼遣らい】(おにやらい) 昔、宮中で大晦日(おおみそか)の夜に疫病(ヤクビョウ)の鬼を追い払うために行われた儀式。のちに民間で節分の行事となった。追儺(ツイナ)。季冬

【〈鬼蜻蜓〉】(おにやんま) オニヤンマ科のトンボ。各地に分布。体長一〇センチメートルほどで、日本で最大のトンボ。体は黒地に黄色い横じまがある。季秋

【〈鬼百合〉】(おにゆり) ユリ科の多年草。山野に自生。夏、黒紫色の斑点(ハンテン)のある黄赤色の花をつける。鱗茎(リンケイ)は食用。季夏 由来ヒメユリと比較して大きいことから。表記「巻丹」とも書く。

【鬼気】(キキ) ぞっとするような気配。気味悪く恐ろしい気配。「—迫るようす」

【鬼哭】(キコク) 浮かばれない死者の魂が恨めしげに泣くこと。また、その声。

【鬼哭啾啾(キコクシュウシュウ)】非業の死を遂げて浮かばれない亡霊の泣き声が、恨めしげに響くさま。また、鬼気迫るものすごい気配が襲い来るさま。「啾啾」はしくしくと泣く形容。

【鬼才】(キサイ) 人間ばなれした、すぐれた才能。また、その持ち主。参考もとは、中唐の詩人、李賀(リガ)を評した語。

【鬼子母神】(キシモジン) 安産と幼児保護の女神。鬼神の妻で人の子を奪って食べていたが、釈迦(シャカ)の戒めで仏教に帰依(キエ)し子育ての神になったという。参考「キシボジン」とも読む。

【鬼出電入】(キシュツデンニュウ) 出入りが速くて出没が予測できないこと。鬼神のように奔放自在で、いなずまのように素早く出没する意。〈『淮南子(エナンジ)』〉類神出鬼没

【鬼女】(キジョ) ①女の姿をした鬼。②鬼のようにむごい女。無慈悲な女。

【鬼神】(キシン) ①荒々しく恐ろしい神。②目に見えない神秘的な霊的存在。③死者や祖先の霊魂。参考「キジン」とも読む。①「おにがみ」とも読む。

【鬼籍】(キセキ) 死者の姓名・戒名・死亡日などを記した帳面。過去帳。「—に入る(亡くなる)」類鬼録・点鬼簿

【鬼胎】(キタイ) ①恐れ。心配。「—を抱く」②胎児をおおう膜が異常に発育する病気。胞状(ホウジョウ)鬼胎。表記②「奇胎」とも書く。

【鬼畜】(キチク) 鬼と畜生。無慈悲で恥知らずな者のたとえ。「—にも劣る行為」

【鬼魅】(キミ) ばけもの。妖怪。変化(ヘンゲ)。類魑魅(チミ) 参考「キビ」とも読む。

【鬼面】(キメン) 鬼の顔。また、鬼に似せた仮面。転じて、恐ろしい顔や見せかけ。類鬼臉(キケン)

【鬼面人を嚇(おど)す】見せかけの威力で人をおどしつけるたとえ。参考「嚇す」は「驚かす」ともいう。

【鬼面仏心(キメンブッシン)】見た目は恐ろしそうだが心はとてもやさしいこと。また、そのような人。対人面獣心

【鬼門】(キモン) ①陰陽道(オンヨウドウ)で、鬼が出入りするとして忌(い)み嫌う方角。丑寅(うしとら)、北東の方角。「—除(よ)け」②苦手な人や事柄。行くとよいことのない場所など。「あの家は—だ」

【〈鬼頭魚〉】(しいら) シイラ科の海魚。暖海に分布。体長は二メートル近くになる。体は青緑色で黒く小さな斑点(ハンテン)があり、大きな背びれをもつ。夏に美味。季夏 表記「勒魚」とも書く。

【〈鬼鍼草〉】(せんだんぐさ) キク科の一年草。暖地の湿地に自生。葉はセンダンに似て羽状複葉。秋、黄色い頭花をつける。種子に

き キ

は逆向きのとげがあり、衣服などにくっつく。由来「鬼鍼草」は漢名から。表記「栴檀草」とも書く。

〈鬼灯〉ほおずき ナス科の多年草。由来「鬼灯」は漢名から。▼酸漿(ほおずき)(五六九)

キ【基】(11) 土 8 常 教 6 2080 3470 音 キ 訓 もと(中)・もとい(高)

筆順 一 十 廿 甘 其 其 其 其 基 基 基

意味 ①もとづく。もとい。もと。よりどころ。「基因」「基礎」「基本」 ②化学変化のときに、一つの原子のように反応する原子の集まり。「塩基」

下つき 塩基(エンキ)・開基(カイキ)・弘基(コウキ)・洪基(コウキ)・根基(コンキ)

【基因】キイン 物事の起こる根本の原因。もともとの起こり。表記「起因」とも書く。

【基幹】キカン 組織や体系の中心になるもの。おおもと。「わが国の—産業の発展に寄与」類根幹

【基金】キキン ①事業の経済的基盤となる資金。目的のための積み立て金や準備金。②ファンド。また、その運用機関。「国際通貨—」

【基▲址・基▲阯】キシ 土台。いしずえ。もとい。類基礎

【基軸】キジク 物事の基幹や中心となるもの。「米ドルは国際的な—通貨だ」

【基準】キジュン もととなる標準。他と比べるときのよりどころ。「建築—を設ける」

【基礎】キソ ①建築物の土台。いしずえ。「—工事」類基址(キシ) ②物事の成立するもととなるもの。「—的なことを大事にしたい」「生活の—を固める」類基本

【基調】キチョウ ①思想や行動などのもとになる基本的な考えや傾向。「—演説」②絵画・装飾などで中心となる色。「白を—とした明るい部屋」③楽曲の基本となる音階。類主調

【基底】キテイ ①思想・行動などの基礎になっている事柄。類根底・基本 ②基礎となる底面。「ダムの—」

【基点】キテン 距離の測定や作図のときの、もととなる点や場所。

【基盤】キバン 物事の成立するもとをなしているもの。「生活の—」類土台・基礎・基本

【基本】キホン 物事のよりどころになるもの。おおもと。「—に立ち返る」「—的人権」類根本・基礎

〈基督〉キリスト ①救世主。②キリスト教の教祖、イエス＝キリストのこと。

【基】もと ①基礎。土台。「国の—を築いた人」②根本。根源。根拠。「実績を—に推論する」参考「もとい」とも読む。

【基】もとい 「基(もと)」に同じ。由来「本居」の意から。

【基肥】もとごえ 作物の種まきや苗の移植に先立って田畑に施す肥料。ねごえ。類原肥(ゲンピ) 対追肥(おいごえ) 表記「元肥」とも書く。参考「キヒ」とも読む。

【基づく】もとづく ①もとになって起こる。はじまる。「誤解に—く両者の対立」②よりどころとする。「経験に—いて実行する」

キ【△埼】(11) 土 8 教 2675 3A6B ▼さい(五六一)

キ【寄】(11) 宀 8 常 教 6 2083 3473 音 キ 訓 よる・よせる

筆順 丶 宀 宀 宀 宀 宀 宀 寄 寄 寄 寄

意味 ①よる。たちよる。「寄港」「寄航」②身をよせる。たよる。「寄宿」「寄留」③あずける。おくる。「寄稿」「寄進」「寄贈」④集まる。集める。「寄席(よせ)」

下つき 数寄(スキ)・託寄(タッキ)

【寄金】キキン お金を寄付すること。また、その金。寄付金。

【寄▲寓】キグウ ①他人の家に一時的に身を寄せること。「親戚(シンセキ)の家に—する」類寄宿・寄留 ②仮住まい。類寓居(グウキョ)・仮寓(カグウ)

【寄稿】キコウ 新聞や雑誌などに載せるため、依頼された原稿を書き送ること。また、その原稿。「雑誌に短編小説を—した」

【寄宿】キシュク ①他人の家に一時的に住むこと。類寄寓(キグウ) ②学校・会社などの宿舎で生活すること。「—生活」「—舎」

【寄食】キショク 他人の家に寝泊まりして、食事の世話になること。居候(いそうろう)。「友人の家に—する」類寄宿

【寄進】キシン 神社や寺などに金品を寄付すること。「本堂修復のための—」類奉納・喜捨

【寄生】キセイ ①生物が他の生物にとりつき、その養分を吸い取って生息すること。「—虫」②他人に頼って生活すること。「企業に—する総会屋」

【寄贈】キゾウ 物品を相手におくり与えること。「母校に桜の木を—する」類贈呈・贈与・寄付 対受贈 参考「キソウ」とも読む。

【寄託】キタク ①金品を人に預けて、その保管や処理などを頼むこと。「遺品を記念館に—する」類委託 ②民法で、受託者が寄託者から物品を受け取り、これを保管する契約。

【寄付・寄附】キフ 公共団体や社寺の事業・活動などに役立てるために、金品を贈ること。類寄贈・寄進

【寄与】キヨ 国家や社会に対して役に立つこと。「文化に—した功績」「世界平和に—する活動」類貢献 参考贈りあたえる意。

【寄留】キリュウ ①一時的に他の土地や他人の家に身をよせること。仮住まい。「被災のため祖母の家に—する」類寄宿・寄寓(キグウ) ②旧法で、本籍地以外の所に九〇日以上居住すること。「—届」

〈寄居虫〉やどかり ヤドカリ科・オカヤドカリ科・ホンヤドカリ科などの甲殻類の総称。浅海にすむ。巻貝の殻に入り、成長すると殻を取り替える。季春 表記「宿借り」とも書く。

【〈寄生木〉】やどりぎ ①ヤドリギ科の常緑小低木。落葉広葉樹の枝に寄生する。早春に黄色の小花を咲かせ、赤または淡黄色の実を結ぶ。②他の樹木に寄生し、栄養をもらって育つ植物。表記「宿木」とも書く。

【〈寄生蜂〉】やどりばち ハチ類のうち、他の昆虫やその卵に産卵し、孵化した幼虫がそれを食べて成長するものの総称。表記「宿蜂」とも書く。参考「キセイばち」とも読む。

【寄越す】よこ-す ①こちらに送ってくる。こちらに渡す。「手紙を―す」②こちらに何かを仕向けてくる。「言って―す」

【〈寄席〉】よせ 「寄せ席」の略。落語・講談・浪曲などの大衆芸能を上演する場所。「―で落語を演じる」

【寄せ木細工】よせぎザイク 色・木目のちがう竹や木の細片を組み合わせ、模様を表した細工。類埋め木細工

【寄せ棟】よせむね 建築で、一番高い大棟から四隅に向かって、四面の屋根が広がっている形式。「―造」

【寄せる】よ-せる ①近づける。「車を路肩に―せる」②集める。「客を―せる」「紙くずを―せる」③傾ける。「同情を―せる」④預ける。送る。「一文を―せられた」⑤頼りにしてまかせる。「兄の家に身を―せる」

【〈寄人〉】よりゅうど ①平安時代以後、朝廷の記録所や和歌所などの職員。②鎌倉・室町幕府の政所・問注所・侍所などの職員。参考「よりうど」とも読む。

【寄る】よ-る ①近づく。「火のそばに―る」②集まる。「三人―れば文殊の知恵」③かたよる。「道の右に―って歩く」④訪れる。「友人宅に立ち―る」⑤もたれかかる。頼る。⑥重なる。積もる。「小じわが―る」

『寄らば大樹の陰』よらばタイジュのかげ 人に頼るなら勢力のある人に頼ったほうが有利であるというたとえ。

き
キ

【〈寄方〉・寄辺】よるべ 頼りにして身を寄せる人や場所。頼りになる親類など。「―のない身」

キ【崎】(11) 山 8 教 2674 3A6A ▼さき(五六四)

キ【悸】(11) 忄 8 1 5609 5829 音キ 訓おそれる

意味 おそれや驚きなどで胸がどきどきする。「悸慄」「心悸」「動悸」

下つき 心悸・動悸

【悸れる】おそ-れる おそれ驚き、胸がどきどきする。胸騒ぎがする。

【悸悸】キキ おそれ驚き、胸騒ぎがするさま。「胸中―として暗闇の中を進んだ」

キ【掎】(11) 扌 8 1 5754 5956 音キ 訓ひく

意味 ひく。ひっぱる。ひきとめる。「掎角」

【掎角】キカク ①前後から敵を攻撃すること。②両雄が相対して争うこと。由来 シカを捕獲するとき、後ろからあしを引くのを「掎」、前からつのをつかむのを「角」ということから。〈『春秋左氏伝』〉

【掎止】キシ 後ろから引き止める。

【掎く】ひ-く ひっぱる。後ろから引き止める。足をひっぱる。

キ【既】(11) 旡 7 8511 752B ▼既の旧字(二六九)

キ【既】(11) 旡 7 ▼既の旧字(二六九)

キ【晞】(11) 日 7 1 5875 5A6B 音キ 訓かわく・さらす・ほす

意味 かわく。かわかす。さらす。ほす。日に当てる。

参考「唏」は別字。

【晞く】かわ-く 日に当たってかわく。露や湿気などが日の光に当たって少なくなる。

キ【欷】(11) 欠 7 1 6124 5D38 音キ 訓なげく・すすりなく

意味 なく。なげく。すすり泣く。「欷泣」「欷歔」

類 唏

下つき 歔欷

【欷泣】キキュウ すすり泣くこと。むせび泣くこと。類欷歔

【欷歔】キキョ 「欷泣」に同じ。類歔欷・嘘唏

キ【其】(11) 艹 8 1 9104 7B24 音キ 訓まめがら

意味 ①まめがら。豆の実をとったあとの枝や茎。②おぎ(荻)に似た草の一種。箙を編む材料にした。

下つき 豆其

キ【規】(11) 見 4 教 常 6 2112 352C 音キ 訓外のり・ただす

筆順 一 ニ チ 夫 夫 扣 知 8 規 規 規

意味 ①のり。きまり。てほん。「規則」「規範」「法規」②ただす。いましめる。「規諫」「規制」③コンパス。ぶんまわし。「規矩」対矩

下つき 会規・軍規・校規・常規・定規・新規・正規・内規・法規

【規格】キカク 物事の標準となるきまり。特に、製品の形・寸法・品質などについて決められた標準。「日本工業―」「―に合った製品」「―外の商品」

【規矩】キク 規準となる規則。手本。参考「規」は円形を描くコンパス、「矩」は方形を描くかぎ型の定規。

『規矩準縄』キクジュンジョウ 物事や行為の標準・法則となるもののたとえ。「準」は水平を測る水準器、「縄」は直線を引く墨縄。〈『孟子』〉類規矩縄墨

【規準】キジュン 判断や行動の手本となる標準。したがうべき規則。参考「規」は円を描くコンパス、「準」は傾斜を測る水準器をさす。

【規正】キセイ きまりによって不都合な点を正しく直すこと。「政治献金を―する」

【規制】キセイ きまりによって制限すること。また、そのきまり。「交通―が行われている」「自主―」

【規制緩和】キセイカンワ 政府が経済活動の活性化をはかるため、さまざまな許可・認可の制度などを廃止したり、法律上の規定を緩めたりすること。対規制強化

【規則】キソク ①行為や手続きなどの規準となるきまり。ルール。「就業―を守る」「会の―を改める」類規約・規律・規定 ②物事の秩序。

【規定】キテイ ①物事を規則として定めること。また、その定め。「―の料金」②法令の条文として定めること。また、その個々の条文や条項。

【規程】キテイ ①定めた規則。②法令。定められた一連の条項全体。③役所などで、内部で取り決めた事務上の規則。「文書処理―」

〈規那〉キナ アカネ科の常緑高木。南米原産の薬用植物。樹皮から製するキニーネは解熱・健胃薬。また、マラリアの特効薬。キナノキ。参考「キナ」はオランダ語から。

〈規尼▲涅〉キニーネ キナの樹皮からとれるアルカロイドの一種。解熱・鎮痛・健胃薬とする。特に、マラリアの特効薬。

【規範】キハン ①物事の手本。類模範 ②人が行動や判断・評価をするときの基準。「社会の―にしたがって行動する」表記「軌範」とも書く。

【規模】キボ 物事の構えや仕組みの大きさ。スケール。「大―農場を営む」「―を縮小する」

【規約】キヤク 組織・団体などが相談して決めたきまり。「組合―」類規則

【規律】キリツ ①集団で、行動などの規準として定められたおきて。のり。「―を守る」②一定の秩序やきまり。「―正しい生活をする」表記「紀律」とも書く。

【△規す】ただ-す ゆがみやひずみを直す。また、いましめる。

【△規】のり 手本とするべき法則。きまり。おきて。

キ【跂】(11) ⻊4 1 7669 6C65 音キ・ギ 訓つまだてる・はう

意味 ①つまだつ。つまだてる。かかとをあげて遠くを見る。「跂踵キショウ」「跂望」②はう。はって歩く。「跂行」

キ【▲飢】(11) 飠2 ▼飢の旧字(二七一)

キ【馗】(11) 首2 1 8136 7144 音キ 訓みち

意味 みち。九方に通じる道。

下つき 鍾馗ショウキ

キ【亀】(11) 亀0 常 2 2121 3535 音キ 外キュウ・キン 訓かめ 外あかぎれ

旧字《龜》(16) 龜0 1/準1 8393 737D

筆順 ノ ク 勹 争 争 争 鱼 鱼 鱼 亀

意味 一キ かめ。カメ目の爬虫ハチュウ類の総称。また、かめの甲。「亀鶴」「亀鑑」「亀卜キボク」二キン ひび。あかぎれ。「亀手」

下つき 一神亀シンキ・筮亀ゼイキ

【亀】かめ カメ目の爬虫ハチュウ類の総称。水陸両生生活をするものが多い。胴は甲羅におおわれ、四肢や頭などをその中に入れて身を守る。「鶴つるは千年、―は万年」参考 万年も長生きすると信じられ、ツルとともに縁起のよい動物とされる。

【亀の甲より年の▲劫コウ】人が年齢とともに積んでいく経験の深さのたとえ。年長者の経験は尊重すべきだという教え。長寿の象徴であるカメの「甲コウ」と年の「劫コウ」をかけたしゃれ。「劫」は非常に長い時間の意。参考「劫」は「功」ともいう。

【亀の年を鶴つるが羨うらやむ】欲望の果てしないことのたとえ。千年の寿命を保つといわれるツルでさえ、万年生きるといわれるカメをうらやむ意から。

【亀鑑】キカン 行為や判断の基準となる模範。手本。見本。「教育者の―とされた人物だ」類亀鏡キケイ 由来「亀」は吉凶を占い、「鑑」は鏡で身を映して反省するもので、ともに教訓となるものであることから。〈『旧唐書クトウジョ』〉

【亀手】キシュ あかぎれの手。寒さなどで亀甲キッコウ模様のように、ひび割れた手。参考「キンシュ」とも読む。

【亀▲筮】キゼイ カメの甲羅と筮竹ゼイチク(占いに使う竹製の細い棒)。また、それを使う占い。

【亀甲】キッコウ ①カメの甲羅。「―文字」類亀殻 ②「亀甲形」の略。カメの甲羅のように六角形、また、それが四方に並んだ模様。

【亀▲卜】キボク カメの甲羅を焼いてそのひび割れで吉凶を占うこと。また、その占い。「古代、―で吉凶を判じた」

【亀毛▲兎角】キモウトカク この世にあり得ない物事のたとえ。カメの甲羅に毛は生えないし、ウサギの頭には角は出ないことから。参考「兎角亀毛」ともいう。類烏白馬角ウハクバカク・亀毛蛇足

【亀裂】キレツ ひび割れ。さけめ。転じて、人間関係のひび。「花びんに―が入る」「グループ内に―が生じる」

キ【喜】(12) 口9 常 教 6 2078 346E 音キ 訓よろこぶ

筆順 一 十 士 吉 吉 吉 吉 吉 壴 喜 喜

意味 よろこぶ。うれしがる。いわう。さいわい。「喜

悦」「喜劇」「歓喜」類嬉 対怒・悲・憂

下つき 歓喜・狂喜・驚喜・欣喜・随喜・悲喜・憂喜

【喜悦】キエツ 心からよろこぶこと。「喜」「悦」ともによろこぶの意。「―満面」類歓喜

【喜喜】キキ 非常によろこぶさま。とても楽しげなさま。「―として戯れる」表記「嬉嬉」とも書く。

【喜劇】キゲキ ①こっけいなおもしろさで人生の真実を表現する芝居。コメディー。「文化祭で―を演じることになった」②こっけいな出来事。対①②悲劇

【喜捨】キシャ 寺社や貧しい人に、金品を進んで差し出すこと。類寄進・施与

【喜寿】キジュ 七七歳のこと。また、その祝い。喜の字の祝い。由来「喜」の草書体「㐂」が七十七に見えるところから。参考同様に、八八歳を「米寿」、九〇歳を「卒(卆)寿」、九九歳を「白寿」という。

【喜色満面】キショクマンメン 顔いっぱいに喜びの表情があふれているようす。「合格して―の笑みを浮かべる」類春風満面

【喜怒哀楽】キドアイラク 人のもつさまざまな感情で、喜び・怒り・哀しみ・楽しみ。「―がすぐ顔に出る」

【喜ぶ】よろこ-ぶ うれしく思う。楽しく思う。めでたいと思う。「検定試験の合格を―ぶ」「友人の婚約を―ぶ」

キ【喟】(12) 口 9 1 5132 5340 音キ 訓なげく・ためいき

意味 なげく。ためいき。ため息をつく。「喟喟」「喟然」

【喟然】キゼン ため息をつくさま。嘆息するさま。「―として嘆く」

キ【幾】(12) 幺 9 常 4 2086 3476 音キ 訓いく 外ほとんど・きざし・こいねがう

筆順 く 幺 幺 幺 𢆶 6 𢆶 𢇁 𢇁 幾 幾 幾 幾

意味 ①いく。いくつ。いくら。「幾何」「幾微」②ほとんど。ちかい。③きざし。けはい。「庶幾」④こいねがう。「庶幾」参考「幾」の草書体の省略形が片仮名の「キ」に、草書体が平仮名の「き」になった。

下つき 庶幾

【幾重】いくえ ①多く重なっていること。また、その重なり。「―にも取り囲む」②何度も重ねて。「―にもおわびいたします」

【幾多】いくタ 数が多いこと。たくさん。「―の困難を乗り越えてきた」

〈幾人〉いくたり ①どれほどの人数。何人。②多くの人数。「―もの味方」参考「いくニン」とも読む。

【幾年】いくとせ ①どれほどの年数。何年。「国を出てから―か」②多くの年数。参考「いくネン」とも読む。

〈幾許〉・〈幾何〉いくばく ①どのくらい。どれほど。「―かのお金(少しばかりのお金)」②「―もない」の形で、いくらもない。「余命―もない」参考「幾何」は「キカ」と読めば別の意になる。

【幾久しく】いくひさ-しく いつまでも変わりなく。末長く。「―お幸せに」

【幾分】いくブン ①いくらか。ある程度。少し。「―涼しくなった」②一部分。

【幾ら】いく-ら ①どれほど。どれくらい。「値段は―ですか」②「―もない」の形で、少ない。「残金は―もない」③どんなに。たとい。「―泣いても知らないよ」

【幾何】キカ 「幾何学」の略。数学の一部門で、図形や空間の性質を研究する学問。解析幾何学・位相幾何学など。参考「いくばく」と読めば別の意になる。

【幾う】こいねが-う 願い望む。「安静を―う」

【幾ど】ほとん-ど あと少しのところで。もう少しで。「歩いた距離は―二十キロになる」「―成功するかにみえた」

キ【揮】(12) 扌 9 常 教 5 2088 3478 音キ 訓外ふるう

筆順 一 十 扌 扌 扌' 扌冖 扌冖 8 揎 揎 10 揮 揮

意味 ①ふるう。ふりまわす。「揮毫」「発揮」②ちる。まきちらす。「揮発」

下つき 毫揮・指揮・発揮

【揮毫】キゴウ 毛筆で書画をかくこと。「色紙に―する」参考「揮」はふるう、「毫」は毛筆の意。

【揮発】キハツ 常温で液体が気体になること。「―性薬品」「―油で汚れをふく」

【揮う】ふる-う ①手や手に持つ物をふり回す。動かす。②力などを十分に現す。「自慢の腕を―う」③書画をかく。「絵筆を―って描く」④ふり払う。ふり落とす。「涙を―う」

キ【揆】(12) 扌 9 1 5768 5964 音キ 訓はかる・はかりごと・みち・つかさ

意味 ①はかる。はかりごと。「揆度」②みち。やりかた。③つかさ(官)。役人。また、宰相。

下つき 一揆・測揆・百揆

【揆】はかりごと 物事の方法などを考えて計画すること。くわだて。

【揆る】はか-る はかり考える。やり方や方法を考える。

キ【期】(12) 月 8 常 教 8 2092 347C 音キ・ゴ高 訓外とき・ちぎる・きめる

筆順 一 十 廾 甘 甘 5 其 其 8 其 期 期 期 期

意味 ①とき。おり。定められた時。「期間」「任期」

き キ

②ちぎる。きめる。約束する。「期約」③ねがう。あてにする。「期待」「所期」④ひとめぐり。「期月」「期年」

下つき 一期・延期・学期・最期・死期・時期・所期・早期・短期・長期・定期・任期・末期・満期・予期

【期月】キゲツ ①前もって決められた期限の月。②満一か月。

【期限】キゲン 前もって決められた時期や期間の限度。「定期券の―が切れる」

【期日】キジツ 前もって決められた日。約束の日限。「提出の―を守る」

【期首】キシュ 定められたある期間や期限の初め。対期末

【期する】キ-する ①期限・時期を決める。「来春を―して実行」②期待する。「再会を―して別れる」③決心する。「深く心に―する」

【期成】キセイ ある物事を必ず成し遂げようとめざすこと。「―同盟」

【期待】キタイ あることやある状態になることを、あてにして待つこと。「成功を―する」「―に応えて優勝する」類待望・嘱望

【期末】キマツ 定められたある期間や期限の終わり。「―テスト」対期首 参考「期」は、日時の一まわりの意。

キ【朞】(12) 月8 1 5914 5B2E 音キ 訓ひとまわり

意味 とき。ひとまわり。ひとめぐり。「朞月」「朞年」

【朞年】キネン 満一か年。一周年。表記「期年」とも書く。

キ【棋】(12) 木8 常 3 2093 347D 音キ 外ゴ 訓

〔棊〕1 5987 5B77

筆順

意味 碁・将棋。また、碁盤・将棋盤や碁石・こま(駒)。「棋客」「棋士」「棋布」

下つき 囲棋・奕棋・将棋・象棋

【棋客】キカク 「棋士」に同じ。参考「キキャク」とも読む。

【棋局】キキョク ①碁盤、または将棋盤。②囲碁や将棋の局面。

【棋士】キシ 囲碁や将棋を職業としている人。類棋客

【棋▲峙】キジ 碁石を並べたように、多くが並び立つこと。転じて、各地に英雄や豪傑が割拠して相対すること。参考「峙」はそそりたつ意。

【棋譜】キフ 囲碁や将棋で、対局の手順を数字や符号で書きとめた記録。「―に残された名勝負」

【△棋】ゴ 囲碁。表記「碁」とも書く。

キ【▲棊】(12) 木8 5987 5B77 ▼棋の異体字(二七七)

キ【稀】(12) 禾7 準1 2109 3529 音キ・ケ 訓まれ・うすい

意味 ①まれ。めずらしい。すくない。「稀有」②うすい。まばら。「稀薄」対稠・濃

書きかえ 「希」が書きかえ字。

下つき 依稀・古稀

【▲稀元素】キゲンソ ▼書きかえ 希元素(二六三)

【▲稀▲覯本】キコウボン 数が少なく珍しい本。めったに見られない本。「古本市で―が展示される」類稀書・稀本・珍本 参考「覯」は見る意。

【▲稀釈】キシャク ▼書きかえ 希釈(二六三)

【▲稀少】キショウ ▼書きかえ 希少(二六三)

【▲稀疎】キソ まれなこと。まばらなこと。また、そのさま。表記「希疎」とも書く。

【▲稀代】キタイ ▼書きかえ 希代(二六三)

【▲稀薄】キハク ▼書きかえ 希薄(二六三)

【▲稀硫酸】キリュウサン ▼書きかえ 希硫酸(二六三)

【▲稀有】ケウ まれで珍しいこと。めったにないこと。「―な例」表記「希有」とも書く。

【▲稀】まれ 数がきわめて少ないさま。非常に珍しいさま。「世にも―な大天才」表記「希」とも書く。

キ【葵】(12) 艹9 準1 1610 302A 音キ 訓あおい

意味 あおい。アオイ科の植物の総称。「蜀葵」

下つき 向日葵・山葵・蜀葵

【▲葵】あおい ①アオイ科の植物の総称。タチアオイ・モミジアオイ・ゼニアオイなど。季夏 ②紋所の名。フタバアオイの葉を図案化したもの。多種あるが、三葉葵は徳川氏の紋として有名。

【▲葵祭】あおいまつり 京都の上賀茂・下鴨両神社の祭り。祭礼は、昔は四月の中酉の日、今は五月一五日に行う。賀茂の祭り。石清水祭を南祭りというのに対し、北祭りともいう。由来 冠・牛車などをアオイカズラで飾ったことから。

【▲葵向】キコウ アオイの花が、日の光のほうに向くこと。転じて、君主や目上の人の徳を、あおぎ慕うこと。類葵傾・葵傾向日

キ【貴】(12) 貝5 教 常 5 2114 352E 音キ 訓たっとい(中)・とうとい(中)・たっとぶ(中)・とうとぶ(中) 外たかい

筆順
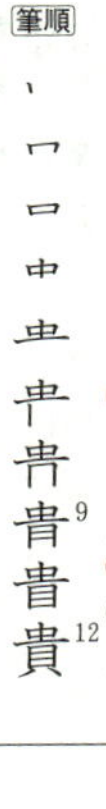

意味 ①たっとい。とうとい。身分や価値が高い。「貴人」「高貴」「騰貴」対賤 ②たっとぶ。とうとぶ。大切にする。③相手への敬意を表す語。「貴下」

き キ

「貴君」「貴殿」
下つき 高貴・尊貴・騰貴・富貴

【〈貴人〉】あてびと 身分の高い人。上品な人。貴族。参考「キジン・キニン・うまひと」とも読む。

【〈貴方〉】あなた ①同輩や目下の人を呼ぶ語。②女性が親しい相手を呼ぶ語。また、夫婦が互いを呼ぶ語。多く、妻が夫を呼ぶ。表記場合によって「貴男・貴女」とも書く。参考古くは、目上の人への敬称として使われていた。

【貴意】キイ 相手の気持ちや意見をいう敬称。お考え。御意見。多く、手紙に用いる。「―にしたがいます」

【貴下】キカ 相手に対する敬称。あなた。男性が同輩または年下に対して、おもに手紙などで用いる。類貴君

【貴簡・貴翰】キカン 相手の手紙に対する敬称。お手紙。「拝復、―拝受致しました」類貴書

【貴金属】キキンゾク 化学作用を起こしにくく、産出量の少ない貴重な金属。金・銀・白金など。対卑金属

【貴君】キクン 「貴下」に同じ。

【貴兄】キケイ 相手に対する敬称。あなた。男性が同輩または親しい先輩に対して、おもに手紙などで用いる。類貴殿

【貴顕】キケン 身分が高く有名なこと。また、その人。類貴紳

【貴顕紳士】キケンシンシ 身分が高く、世に名声が顕れている人。貴紳。

【貴公】キコウ おまえ。そこもと。きみ。男性が同輩または目下に対して用いる。参考もとは武士などが目上の人に対して用いた。

【貴耳賤目】キジセンモク ▼耳を貴び目を賤しむ(六三〇)

【貴酬】キシュウ 返信の手紙の脇付で、相手への敬意を表す語。ご返事。類貴答

【貴嬢】キジョウ 未婚の女性に対する敬称。あなた。おもに手紙で用いる。

【貴紳】キシン 「貴顕紳士」の略。

【貴賤】キセン とうといこととといやしいこと。身分の高い人と低い人。「老若―を問わず」「職業に―はない」

【貴族】キゾク ①家柄や身分が高く、国から特典を与えられている上流階級。また、その階級に属する人。②比喩的にある特権をもつ人。「独身―」「労働―」

【貴重】キチョウ 非常に大切であるさま。価値が高いこと。「―品」類重要・重大

【貴殿】キデン 相手に対する敬称。あなた。男性が同輩またはやや先輩に対して、おもに手紙などで用いる。類貴兄

【貴賓】キヒン 身分・地位の高い客。「中央の―席に案内された」

【貴婦人】キフジン 家柄や血筋がよく、身分の高い家の女性。転じて、優雅で気品が漂うもののたとえ。「海の―(豪華客船)」

【△貴い】たかい 「貴い」に同じ。

【貴い】とうとい ①身分や価値が高く、うやまうべきである。大切である。「交通事故で―い命を失う」②数が少なくて値段が高い。ねうちがある。「―い宝」参考「たっとい・たかい」とも読む。

【貴ぶ】とうとぶ ①あがめ、うやまう。②重んじる。大切にする。「学問を―ぶ」参考「たっとぶ」とも読む。

キ【逵】(12) ⻌8　1　7792　6D7C　音キ　訓おおじ・おおどおり

意味 おおじ。おおどおり。四方八方に分かれる道。「逵路」

下つき 大逵

【逵】おおじ ①幅の広い道。大通り。目抜き通り。②四方八方に通じる道。表記「大路」とも書く。

キ【愧】(13) 忄10　1　5635　5843　音キ　訓はじる・はじ

意味 はずかしめる。はじる。はじ。「愧死」

下つき 慙愧・羞愧・赧愧

【愧死】キシ はずかしさのあまり死ぬこと。また、死にたくなるほどはずかしいこと。類慙死

【愧赧】キタン 深くはじて赤面すること。「―の念を抱く」

【愧】はじ 自分の見苦しい行為などについての引け目。

【愧じる】はじる 自分の見苦しい行いなどをはずかしく思う。

キ【暉】(13) 日9　1　5886　5A76　音キ　訓ひかり・かがやく・ひかる

意味 ①ひかり。日のひかり。「春暉」②かがやく。ひかる。あきらか。「暉暉」

下つき 春暉・夕暉・朝暉・晩暉・落暉

【暉く】かがやく ひかりかがやく。表記「輝く」とも書く。

【暉暉】キキ 日のかがやくさま。照りかがやくさま。表記「輝輝」とも書く。

【暉】ひかり 日のひかり。太陽のひかり。

キ【棄】(13) 木9　常　3　2094　347E　音キ　訓(外)すてる

筆順

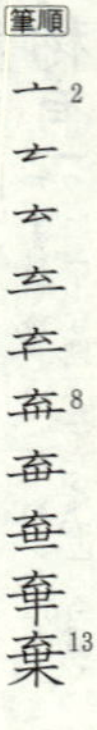

意味 すてる。ほうりだす。しりぞける。「棄却」

下つき 委棄・遺棄・捐棄・自棄・唾棄・投棄・廃棄・破棄・放棄

【棄捐】キエン ①捨てて用いないこと。②「棄捐令」の略。江戸時代、幕府が旗本・家

人などが札差(ふださし)などから借りた金・米などの返済を免除したこと。類徳政

【棄却】キキャク ①捨てて取り上げないこと。「議案をーする」類却下 ②訴えを受けた裁判所が審理し、不適当な訴訟内容をしりぞけ無効とすること。「裁判所は上告をーした」

【棄権】キケン 権利を捨てること。特に、選挙権のある人が投票しないこと。「選挙でーしないようにしよう」

【△棄てる】すーてる 投げ出して用いない。見放す。しりぞける。

キ【毀】 (13) 殳 9 常 2 5244 544C
音 キ
訓 外 こぼつ・やぶる・やぶれる・そしる・やせる

筆順

意味 ①こぼつ。やぶる。やぶれる。こわれる。そこなう。「毀損」「破毀」 ②そしる。けなす。「毀誉」類譏 ③きずつく。「毀傷」 ④やせる。やつれる。「哀毀」

下つき 棄毀(キキ)・詆毀(テイキ)・破毀(ハキ)

【毀壊】キカイ こわれくずれること。くずしこわすこと。「信頼をーする」類破壊

【毀棄】キキ やぶりすてること。こわして役に立たないようにすること。「ー罪」

【毀傷】キショウ いためきずつけること。「身体をーする」

【毀損】キソン 物や信用・価値などをきずつけそこなうこと。「名誉ー」

【毀謗】キボウ そしること。けなすこと。「匿名でーされた」類誹謗(ヒボウ)

【毀誉】キヨ けなすことと、ほめること。そしりとほめ言葉。

【毀誉褒▲貶】キヨホウヘン ほめたりけなしたりすること。また、賞賛したり非難したりする世間の評判。「褒」はほめる、「貶」はけなす意。

【△毀つ】こぼーつ ①こわす。やぶる。 ②そりとる。けずる。

【△毀る】そしーる 他人のことを悪く言う。非難する。けなす。

キ【畸】 (13) 田 8 1 6535 6143
音 キ
訓 あまり・めずらしい

意味 ①区切りをしたあとの残りの田。 ②のこり。あまり。はんぱ。 ③めずらしい。 ④体形に障害がある。

書きかえ 「奇」が書きかえ字。

【▲畸形】キケイ ▼書きかえ 奇形(二六五)

【▲畸人】キジン 変わり者。風変わりな人。類変人 表記「奇人」とも書く。

キ【祺】 (13) 礻 8 1 6718 6332
音 キ
訓 さいわい・やすらか

意味 ①さいわい。めでたい。「祺祥」類禧(キ) ②やすらか。心が落ちついてやすらかなさま。「祺然」

キ【詭】 (13) 言 6 1 7544 6B4C
音 キ
訓 いつわる・あざむく・そむく・あやしい

意味 ①いつわる。あざむく。そむく。「詭計」「詭弁」 ②あやしい。ふつうでない。「詭異」「詭激」

下つき 怪詭(カイキ)・譎詭(ケッキ)

【▲詭る】いつわーる たぶらかす。でたらめを言ってだます。あざむく。

【▲詭計】キケイ 人をだます計略。ペテン。「ーを巡らす」類詭策・詭謀・偽計

【▲詭激】キゲキ 言行が並はずれてはげしいこと。「ーな言論」類矯激(キョウゲキ)

【▲詭詐】キサ いつわり、あざむくこと。いつわり。うそ。類譎詐(ケッサ)

【▲詭策】キサク 「詭計」に同じ。

【▲詭道】キドウ 人をだます手段。いつわりの方法。

【▲詭弁】キベン いつわりを正しいように思わせて人をあざむく弁論。道理に合わないこじつけ。「ーを弄(ロウ)する」

【▲詭謀】キボウ 「詭計」に同じ。

【▲詭妄】キモウ いつわり。でたらめ。参考「キボウ」とも読む。

キ【跪】 (13) 𧾷 6 1 7678 6C6E
音 キ
訓 ひざまずく

意味 ひざまずく。「跪拝」「跪伏」

下つき 長跪(チョウキ)・拝跪(ハイキ)

【▲跪座・▲跪▲坐】キザ ひざまずいてすわること。「畳の上にかしこまってーする」

【▲跪像】キゾウ ひざまずいた姿の像。

【▲跪拝】キハイ ひざまずいておがむこと。類拝跪・跪伏

【▲跪く】ひざまーずく 両ひざを地や床につけてももを立て、身をかがめる。敬意などを表す。「神仏の前にーく」

キ【僖】 (14) 亻 12 1 4905 5125
音 キ
訓 よろこぶ・たのしむ

意味 よろこぶ。たのしむ。類喜・嬉(キ)

【▲僖ぶ】よろこーぶ 楽しく思う。よいことがあって、心地よく感じる。表記「喜ぶ」とも書く。

キ【匱】 (14) 匚 12 1 5028 523C
音 キ・ギ
訓 ひつ・はこ・とぼしい

意味 ①ひつ。はこ。大きな箱。類櫃(キ) ②とぼしい。「匱乏」

下つき 乏匱(ボウキ)

【匱乏】キボウ 衣食などの足りないこと。欠乏すること。由来 物を入れるひつのなかが乏しい意から。

【▲匱】ひつ ①ふたのある大きい箱。②めしびつ。おひつ。おはち。表記「櫃」とも書く。

キ【旗】(14) 方10 常 教 7 2090 347A 音キ 訓はた

筆順 亠 方 方 於 旂 旃 旃 旃 旗 旗

意味 はた。はたじるし。「旗下」「旗手」「国旗」

下つき 軍旗グンキ・校旗コウキ・国旗コッキ・弔旗チョウキ・白旗ハッキ・しろはた・反旗ハンキ・半旗ハンキ

〈旗魚〉かじき マカジキ科とメカジキ科の海魚の総称。熱帯から温帯の外洋に分布。体はマグロに似るが、上あごが長く突き出ている。カジキマグロ。食用。季冬 表記「梶木」とも書く。

【旗下】キカ ①将軍直属の家来。旗本。②配下にあること。また、その人。類部下 表記②「麾下」とも書く。

【旗艦】キカン 艦隊の司令官が乗っていて、指揮をとる軍艦。「―大和」由来マストに将旗を掲げることから。

【旗鼓】キコ ①軍旗と、軍の進退の合図として用いられた太鼓。②軍隊。軍勢。「―相当あいたる(敵対する両軍の勢力が互角である)」

【旗鼓堂堂】キコドウドウ 軍隊などの隊列が整然として威厳があるさま。類旌旗堂堂セイキドウドウ

【旗▲幟】キシ ①昔、戦場で自分の存在をはっきりさせるために立てた、はたとのぼり。はたじるし。②態度。主義主張。

【旗▲幟鮮明】キシセンメイ 主義主張や態度などがはっきりしていること。はたじるしが鮮明なことからいう。

【旗手】キシュ ①はたを持つ役目の人。はた持ち。②活動の先頭に立つ人のたとえ。「平和運動の―」

【旗亭】キテイ ①旅館。②料理屋。由来昔、中国で目印に旗を立てたことから。

【旗門】キモン スキーの回転競技で、コースを示すために立てられた一対の旗。

【旗】はた 布や紙などで作り、主として竿さおにつけて掲げるもの。文字や図案などを描き、団体や国などの象徴として、または祝い・飾り・目印などとして用いる。のぼり。「―を揚げる(事業などを起こす)」

【旗色】はたいろ 勝負や争いの形勢。優劣の状況。「―が悪い」由来戦場で軍旗のひるがえる勢いのようすから。

【旗頭】はたがしら 一団の長。集団の指導者。リーダー。「ゲーム業界の―」「一方の―として有名だ」

【旗差物・旗指物】はたさしもの 昔、戦場でよろいの背に目印にさした小はた。

【旗印・旗▵標】はたじるし ①戦場で目じるしとして、はたにかいた文字や紋所。②行動の目標として掲げる主義・主張・理念。標語。「反戦の―のもとに」

【旗日】はたび 国民の祝祭日。由来国旗を掲げて祝うことから。

【旗本】はたもと ①陣中で、大将のいる本営。②江戸時代、将軍家直属の家臣。禄高ロクだか一万石未満で、将軍に直接会うことが許された武士。「―八万騎」

キ【★箕】(14) ⺮8 準1 4407 4C27 音キ 訓み・ちりとり

意味 み。穀物の殻・ごみなどを除く道具。また、ちりとり。「箕帚キソウ」「箕斂キレン」

【箕山の志】キザンのこころざし 世俗の名利を捨てて隠れ住み、自分の節操を守ること。故事中国古代、伝説上の聖天子堯ギョウのとき、許由キョユウと巣父ソウホという人物が世俗の名利を嫌って、節操を守るため箕山に隠れ住んだという故事から。「箕山」は山の名で所在については諸説がある。〈『三国志』〉参考「志」は「節」ともいう。

【▲箕▲帚・▲箕▲箒】キソウ ちりとりと、ほうき。また、掃除すること。参考「キシュウ」とも読む。

【▲箕】み 穀物をふるって、もみ殻やごみなどをより分ける道具。「籾もみを―でふる」

キ【綺】(14) 糸8 1 6926 653A 音キ 訓あや・うつくしい・いろう

意味 ①あや。あやぎぬ。あや織りの絹。「綺羅」「錦綺」②うつくしい。きらびやか。はなやか。「綺雲」「綺語」「綺麗」③いろう。干渉する。

書きかえ 「奇」に書きかえられるものがある。

下つき 錦綺キンキ・羅綺ラキ・綾綺リョウキ

【▲綺】あや ①いろいろな模様。また、それを織り出した絹織物。あや絹。②つや。美しい輝き。華やかなこと。「目も―な衣装」

【綺語】キゴ ①小説や詩文などの美しい言葉。また、表面だけを飾った言葉。「狂言―(物語や小説などを卑しめていう語)」②仏十悪の一つ。巧みに飾ったいつわりの言葉。参考「キギョ」とも読む。

【綺想曲】キソウキョク 自由な形式で、変化に富んだ器楽曲。カプリッチオ。類狂想曲 表記「奇想曲」とも書く。

【綺談】キダン ▼書きかえ 奇談(二六六)

【綺羅】キラ ①あやぎぬと、薄ぎぬ。転じて、美しい衣服。また、それを身につけた人。「―をまとう」②華やかに着飾るさま。また、栄華をきわめるさま。

【綺羅星】キラぼし ①きらきらと輝くたくさんの星。美しい星。②すぐれた人が連なっているさま。「園遊会では各界の名士が―のごとく並ぶ」由来「綺羅、星のごとく」を誤って続けて読んだことから。

【綺麗】キレイ ①美しいこと。「―な人」「―な曲」②清潔なこと。「―な下着」③ごまかしがなく、いさぎよいこと。「―に清算する」「―な

進退」④残りのないこと。「—に食べる」表記「奇麗」とも書く。

キ【綦】(14) 糸8 1 9009 7A29 音キ 訓あやぎぬ

意味 ①あやぎぬ。もえぎ色の絹。また、もえぎ色。「綦巾(キキン)」②くつのかざり。くつひも。

キ【器】(15) 口12 教 常 7 2079 346F 音キ 訓うつわ㊥

旧字《器》(16) 口13 1/準1 1522 2F36

筆順
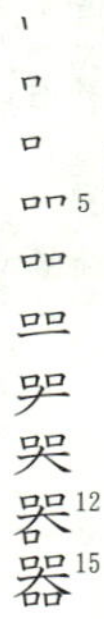

意味 ①うつわ。いれもの。「容器」②心の広さ。才能。「器才」「器量」③道具。「器械」「器物」④体内で特定のはたらきをもつ組織。「器官」「臓器」

下つき 火器・楽器・機器・凶器・計器・才器・祭器・磁器・什器・銃器・小器・食器・神器・石器・臓器・大器・茶器・鉄器・陶器・銅器・土器・鈍器・武器・宝器・用器・容器・利器

【器】うつわ ①入れ物。容器。②才能。人物。度量。「たいへん—が大きい人物だ」

【器械】キカイ ①道具。器具。「—体操」②簡単なつくりの機械。「測定—」「工作—」

【器楽】キガク 楽器だけで演奏する音楽。重奏や管弦楽など。対声楽

【器官】キカン いくつかの組織が集まって生物体を構成し、特定の形態と生理機能をもつ部分。胃・心臓など。「呼吸—」

【器具】キグ ①道具。②簡単な構造の機器。「電気—」

【器材】キザイ 器具と材料。また、器具を作るための材料。「建設—」「観測用の—」

【器質】キシツ 細胞により構成される、器官の形状的な性質。

【器物】キブツ うつわや道具などの総称。「—を破損する」

【器△皿】キベイ 食べ物を盛る皿や小鉢。食器。「陳列されていた—を収納する」

【器用】キヨウ ①細かい仕事もうまくやりとげること。何事もうまくやりとげるさま。「手先の—な人」②要領よく立ち回るさま。「—に世渡りする男」

〔器用貧乏〕キヨウビンボウ 器用なために多方面に手を出し、どれも中途半端で大成しないこと。器用なため、他人から重宝がられて自分では大成しないこと。

【器量】キリョウ ①才能や人徳。「社長にふさわしい—のある人」「政治家としての—に欠ける」類才量 ②顔だち。容貌。おもに女性に用いる。「—のいい娘」類容姿

キ【嬉】(15) 女12 準1 2082 3472 音キ 訓うれしい・たのしむ・あそぶ

意味 ①うれしい。よろこばしい。②たのしむ。よろこぶ。あそぶ。「嬉嬉」「嬉戯」「嬉遊」

下つき 娯嬉・春嬉・遊嬉

【嬉しい】うれしい 心がうきうきとして喜ばしい。「合格の—い電報」対悲しい

【嬉嬉】キキ 喜びたのしむさま。「—として仕事に励む」

【嬉戯】キギ あそびたわむれること。たのしくあそびまわること。「—する童子の絵」類遊戯

【嬉笑】キショウ よろこんでわらうこと。

【嬉遊・嬉△游】キユウ たのしみあそぶこと。あそびたわむれる。

【嬉しむ】たのしむ あそびたわむれる。あそびよろこぶ。

キ【槻】(15) 木11 準1 3648 4450 音キ 訓つき

意味 つき。ニレ科の落葉高木。ケヤキの一種。

【槻】つき ニレ科の落葉高木。ケヤキの一種。山野に自生。古くから弓の材料とされた。ツキノキ。ツキゲヤキ。

キ【毅】(15) 殳11 準1 2103 3523 音キ 訓つよい・たけし

意味 つよい。意志がつよい。思いきりがよい。「毅然」「毅勇」

下つき 英毅・果毅・弘毅・剛毅・豪毅・沈毅

【毅然】キゼン 自分の信念をきっぱりと貫き、物事に動じないさま。「—とした態度で相手の要求を断る」類断固・屹然

【毅し】たけし 意志が固く、事に当たって動じないさま。くじけたりへこたれたりしないさま。つよい。

【毅い】つよい 「毅(たけ)し」に同じ。

キ【煕】(15) 灬11 1 8406 7426 音キ 訓ひかる・ひろい・やわらぐ・よろこぶ・たのしむ・ああ

〔熙〕6370 5F66 〔熈〕6371 5F67

意味 ①かがやく。ひかる。「光煕」②ひろい。ひろまる。③おこる。さかん。④やわらぐ。「煕朝」類怡 ⑤よろこぶ。たのしむ。たわむれる。「煕笑」類嬉 ⑥ああ。なげく声。

下つき 光煕・緝煕・雍煕

【煕煕】キキ なごやかに楽しみ合うさま。ゆったりと楽しげなさま。「衆人—として楽しむ」

【煕る】ひかる ひかりを放つ。ひかりかがやく。また、ひかりが穏やかに広がる。

キ【畿】(15) 田10 常 2 2106 3526 音キ 訓㊕みやこ

き キ

筆順　幺 ３ 幺幺 ６ 幺幺 … ９ … 畿 畿

意味 みやこ。首都。また、都を中心とした天子の直属の地域。「畿内」

下つき 王畿《オウキ》・近畿《キンキ》・京畿《ケイキ》・帝畿《テイキ》・邦畿《ホウキ》

【畿内】《キナイ》 山城《やましろ》・大和《やまと》・河内《かわち》・和泉《いずみ》・摂津《せっつ》の五か国の総称。五畿内。参考「キダイ」とも読む。「畿」は、都から近い地域の意。

【△畿】《みやこ》 ①帝都。②中国、周代の制度で、天子の居城のある地から五〇〇里以内の天子の直轄地。

キ【踑】 (15) ⻊8 1

音 キ
訓 あぐら

意味 ①あと。あしあと。②なげずわり。あぐら。「踑踞《キキョ》」

キ【輝】 (15) 車8 常 4 2117 / 3531

音 キ
訓 かがやく 外 てる

筆順 ３ … ８ … 13 輝

意味 かがやく。かがやき。かがやかしい。「輝映」「輝光」 類 暉《キ》

下つき 光輝《コウキ》・星輝《セイキ》・清輝《セイキ》

【輝く】《かがや-く》 ①まぶしい光を放つ。「太陽が―く」②生き生きする。ひかる。「目が―く」③名声や名誉があって華々しく見える。「文化功労者の栄誉に―く」「連続優勝に―く」表記「暉く」とも書く。

キ【麾】 (15) 麻4 1 6164 / 5D60

音 キ
訓 さしずばた・さしまねく

意味 ①さしずする。また、軍勢の指揮をとる旗。さしずばた。「麾下」②さしまねく。手でまねく。③ふる。ふるう。

下つき 軍麾《グンキ》・指麾《シキ》・旌麾《セイキ》

【▲麾▲鉞】《キエツ》 大将のさしず旗と、まさかり。

【▲麾下】《キカ》 大将の直属の部下。将軍直属の家来。「―の将兵数万」参考 大将の指図する旗のもとの意。

【▲麾扇】《キセン》 軍配《グンバイ》うちわ。大将が軍隊の指揮に用いたうちわ形の道具。類 軍扇

【▲麾く】《さしまね-く》 手で指示をする。手で合図して指揮をとる。「家来を―く」

キ【冀】 (16) ハ14 1 4935 / 5143

音 キ
訓 こいねがう

意味 こいねがう。そうなってほしいと願う。「冀幸」 類 覬《キ》

下つき 希冀《キキ》・僥冀《ギョウキ》

【▲冀求】《キキュウ》 こうあってほしいと強く願い求めること。こいねがうこと。「平和を―する」 類 熱望・切望 表記「希求」とも書く。

【▲冀望】《キボウ》 あることをかなえたいと願いのぞむこと。また、そののぞみ。表記「希望」とも書く。

【▲冀う】《こいねが-う》 こうあってほしいと強く望む。切に願う。

キ【▲器】 (16) 口13 1522 / 2F36 ▼器の旧字(二八一)

キ【暨】 (16) 日12 1

音 キ
訓 およぶ・いたる

〔暨〕 5890 / 5A7A

意味 ①およ(及)ぶ。いた(至)る。②および。ともに。③つよい。いさましい。

【▲暨ぶ】《およ-ぶ》 ある場所や時点まで至る。また、達する。

キ【機】 (16) 木12 教 常 7 2101 / 3521

音 キ
訓 はた 中 外 からくり・きざし・はずみ・おり

筆順 木 ４ … ７ … 10 機 機 機

意味 ①はた。布を織るきかい。「機業」②からくり。しかけ。細かいしくみ。「機関」「機器」③かなめ。だいじな部分。「機軸」「機密」④きざし。きっかけ。はずみ。しおどき。「機会」「好機」⑤おり。わな。「機穽《キセイ》」⑥心のはたらき。物事のはたらき。「機転」「機動」「心機」⑦「飛行機」の略。「機首」「機長」

下つき 危機《キキ》・契機《ケイキ》・好機《コウキ》・時機《ジキ》・織機《ショッキ》・心機《シンキ》・枢機《スウキ》・戦機《センキ》・待機《タイキ》・転機《テンキ》・投機《トウキ》・動機《ドウキ》・無機《ムキ》・有機《ユウキ》・臨機《リンキ》

【〈機関〉・△機】《からくり》 ①人形や器具を動かすために、糸・ぜんまいなどを使って作ったしかけ。「―芝居」②機械などが動くしくみ。③たくみにしくまれた計略。たくらみ。「事件の―をあばく」表記「絡繰」とも書く。参考「機関」は「キカン」と読めば別の意になる。

【機運】《キウン》 時の巡り合わせ。物事を行うのにちょうどよいチャンス。「―が熟する」類 時機

【機縁】《キエン》 ①きっかけ。「入賞を―に画家を志す」類 機会 ②仏 仏の教えを受ける縁が生じること。また、その縁。

【機会】《キカイ》 物事をするのにちょうどよい時。しおどき。チャンス。「絶好の―」「雇用の―均等」類 好機

【機械】《キカイ》 動力によって仕事を行う装置。また、しかけのある器具など。「―による大量生産」「―的に処理する(型にはまって単調に処理する)」

【機関】《キカン》 ①電力・火力などのエネルギーを動力に変える装置。原動機。発動機。「蒸気―」②ある目的・仕事を達成するために作られた組織や団体。「報道―」参考「からくり」と読めば別の意になる。

【機器】《キキ》 機械・器械・器具の総称。「情報―」表記「器機」とも書く。

【機宜】 キギ 時機に応じていること。ちょうどよい期間。「―を得た発言」類時宜

【機具】 キグ 機械と器具・道具の総称。「農―を手入れする」

【機嫌】 キゲン ①心の状態。愉快・不愉快などの気分。「―が悪い」「上―だ」②よい気分であること。「今日はご―ですね」③生活や健康のようす。安否。「御―を伺う」参考もとは「譏嫌」と書き、仏教語ではそしりきらう意から、快・不快などの気分のこと。

【機巧】 キコウ ①上手なしかけ。たくみな細工。②いろいろ知恵や工夫を巡らすこと。「―を弄(ロウ)する」

【機甲】 キコウ 近代兵器や機械化された装備で武装すること。兵器の機械化と車両の装甲。「―部隊」

【機構】 キコウ ①機械の内部の構造。メカニズム。②組織を組み立てているしくみ。「行政―の改革」類①②組織・構造・構成

【機才】 キサイ 機敏な才気。すばやく働く才気。「―が利く」

【機材】 キザイ 機械材料。また、機械と材料。「必要な―をそろえる」

【機軸】 キジク ①車輪などの心棒や軸。②組織や団体の活動の中心。「組織の―となる部署」③構想。方式。「企画に新―を打ち出した」

【機銃】 キジュウ 「機関銃」の略。引き金を引いている間、自動的に弾丸が連射される銃。マシンガン。「―掃射を浴びる」

【機先】 キセン 物事がまさに起ころうとする矢先。また、起こそうとする直前。「―を制する(先手を取る)」

【機知】 キチ 時と状況に応じてすばやくはたらく才知。ウイット。「―に富む」類機転・頓智(トンチ) 書きかえ「機智」の書きかえ字。

【機知機略】 キチキリャク その場に応じて巧みにはたらく才知やはかりごと。

【機知縦横】 キチジュウオウ その場に応じた適切な策略を自在にはたらかせ用いること。類機略縦横

【機▲智】 キチ ▼書きかえ 機知

【機転】 キテン 時と場合に応じてすばやく知恵や頭脳がはたらくこと。「なかなか―のきく人だ」類機知 表記「気転」とも書く。

【機動】 キドウ ①時と場合に応じてすばやく行動すること。「―性を発揮する」②軍隊で戦略・戦術上のすばやい行動。

【機能】 キノウ そのものがもっているはたらきや作用。また、それを発揮すること。「心臓の―障害」「多―の新製品」「十分に―しない」類性能

【機帆船】 キハンセン 発動機と帆の両方を備えている小型の船。

【機微】 キビ 外からはわかりにくい、微妙な心の動き。また、情趣。「人情の―に通じる」

【機敏】 キビン 状況に応じての動きがすばやいこと。「―に行動する」類敏速・敏捷(ビンショウ)

【機▲鋒】 キホウ ①刀剣などの切っ先。ほこさき。②鋭い攻撃の勢い。「―をかわす」

【機密】 キミツ 重要な秘密。特に政治・軍事上、もらしてはいけない秘密。「国の最高―」

【機雷】 キライ 「機械水雷」の略。水中で、敵の艦船が接触すると爆発するようにしかけた武器。

【機略】 キリャク 時と場に応じた巧みなはかりごと。「―を弄(ロウ)する」

【機略縦横】 キリャクジュウオウ その場に応じた策略を自在に巡らし用いること。類機知縦横・知略縦横

【機】 はた 布を織る道具。織機(おりキ・ショッキ)。「―織り」「―屋」「―を織る音が響く」

キ【熹】
(16) 灬12 1 6384 5F74
音 キ
訓 あぶる・さかん・よろこぶ

意味 ①あぶる。やく。②さかん。火がさかんにおこる。③かすか。ほのかな光。「熹微」④よろこぶ。類喜

キ【★窺】
(16) 穴11 準1 1714 312E
音 キ
訓 うかがう・のぞく

意味 うかがう。のぞく。ねらう。「窺管」「窺測」

下つき 管窺(カンキ)

【▲窺う】 うかがう ①こっそりのぞく。のぞき見る。②そっとようすをさぐる。察知する。「相手の顔色を―う」③ひそかに機会や時期を待ち受ける。「交替の時期を―う」

【▲窺管】 キカン 管(くだ)をのぞくこと。細い管を通して天を見ることから、見識の狭いことのたとえ。参考「管を以(もっ)て天を窺(うかが)う・用管窺天(ヨウカンキテン)」に同じ。

【▲窺見】 キケン うかがい見ること。のぞき見ること。

【▲窺知】 キチ うかがい知ること。「敵の行動を―する」類察知

【▲窺く】 のぞく 小さなすきまや穴などからそっと見る。中のようすをうかがう。

キ【▲龜】
(16) 龜0 8393 737D
▼亀の旧字(二七五)

キ【★徽】
(17) 彳14 準1 2111 352B
音 キ
訓 よい・しるし

〔徽〕

意味 ①よい。美しい。清らか。「徽音」「徽言」②しるし。はたじるし。「徽章」

【▲徽章】 キショウ ▼書きかえ 記章(二七〇)

【▲徽】 しるし はたじるし。また、組みひもなどの小さいしるし。全体を代表する、小さいしるし。由来糸やひもを小さく結んでしるしとしたことから。

【▲徽い】 よい こまやかで美しい。小さくて美しい。りっぱで美しい。

キ【燬】(17) 火13 1 6391 5F7B 音キ 訓ひ・やく・やける

意味 ①ひ。はげしい火。②やく。やける。やきつくす。「燬然」

キ【磯】(17) 石12 準1 1675 306B 音キ 訓いそ

意味 いそ。石や岩の多い波打ちぎわ。「磯辺」

下つき 荒磯・漁磯・苔磯・釣磯

〈磯魚〉いさな 磯の近くにすむ魚。参考「いそな」の転じたもの。

【磯】いそ 海や湖などで、石や岩の多い波うちぎわ。「荒―・―釣り」

【磯の鮑の片思い】いそのあわびのかたおもい 自分が思い慕うだけで相手はその気がない恋のたとえ。由来 アワビは巻貝の一種だが、二枚貝の片側だけのように見えることから。参考「鮑の片思い」ともいう。

【磯際で船を破る】いそぎわでふねをやぶる 完成や成就を目前にして失敗すること。船が港の近くまで来て難破する意から。参考「破る」は「わる」とも読む。また、「磯際」は「磯端」ともいう。

【磯巾着】いそギンチャク イソギンチャク目の腔腸動物の総称。浅海の岩に付着し、柔らかく円筒形。周囲に伸ばした花弁状の触手で獲物を体の中に包みこむ。季春 由来 刺激によってしぼむ姿が、巾着をしぼった形に似ることから。表記「菟葵」とも書く。

〈磯蚯蚓〉・【磯目】いそめ イソメ科の環形動物の総称。海岸の砂泥地にすむ。ミミズに似るが、短いあしをたくさんもつ。釣りのえさに用いる。由来 磯にすむミミズ(蚯蚓)の意。

〈磯城〉しき ①石で築いた砦や城。②周囲を石で築いた祭場。表記「城」とも書く。

【磯馴松】そなれまつ 海からの強い潮風のため、枝や幹が低く傾いて生えた松。そなれ。参考「いそなれまつ」の転。

キ【禧】(17) 礻12 1 6722 6336 音キ 訓さいわい・めでたい・よろこび

意味 さいわい。めでたい。よろこび。「新禧」類祺

【禧い】さいわい めでたいこと。よろこばしいこと。よろこび。

キ【虧】(17) 虍11 1 7344 694C 音キ 訓かける・かく

意味 かける。欠け落ちる。「虧損」対盈

下つき 盈虧・傾虧・頽虧

【虧ける】かける なくなる。そこない失われる。こわれて少なくなる。

【虧盈】キエイ 欠けることと満ちること。満ち欠け。「潮は月の―にしたがう」類盈虚

【虧損】キソン 欠き、そこなうこと。物が欠けて悪い状態になること。

キ【覬】(17) 見10 1 7517 6B31 音キ 訓のぞむ・ねがう・こいねがう

意味 のぞむ。ねがう。こいねがう。「覬幸」類冀

【覬覦】キユ 身分不相応のことをのぞみねがうこと。また、そのようなのぞみやもくろみ。参考「覬」「覦」ともに身分不相応なことをねがう意。

【覬む】のぞむ 過分なことをねがい求める。また、ひそかに身分不相応なことをもくろみ、うかがう。

キ【★諱】(17) 言10 1 7565 6B61 音キ 訓いむ・いみな

〔諱〕

意味 ①いむ。いみきらう。避ける。はばかる。「諱忌」「諱言」②いみな。参考 生存中のなまえを「名」といい、死んでからは「いみな(諱)」という。

下つき 忌諱・不諱・偏諱

【諱】いみな ①亡くなった人の生前の名。②死者を尊んでおくる名。類諡 ③身分の高い人の実名。由来「忌み名」の意から。

【諱む】いむ 口に出すのをはばかる。口に出すのを嫌って避ける。おそれ避ける。

【諱忌】キキ いみきらうこと。おそれ避けること。また、その事柄。類忌諱

キ【★櫃】(18) 木14 1 6104 5D24 音キ 訓ひつ・はこ

意味 ひつ。はこ。ふたつきの箱。「米櫃」類匱

下つき 米櫃・炭櫃・飯櫃

【櫃】ひつ ①ふたのある大きい箱。おもに衣服や書物を入れる。②めしびつ。表記「匱」とも書く。

キ【歸】(18) 止14 6137 5D45 ▼帰の旧字(二六八)

キ【簣】(18) ⺮12 1 6847 644F 音キ 訓あじか・もっこ

意味 あじか。もっこ。土を運ぶための竹のかご。

【簣】あじか 土を運ぶのに使う竹製のかご。参考「もっこ」とも読む。

キ【騎】(18) 馬8 常3 2119 3533 音キ 訓㊕のる

筆順 5 10 13 17 騎

意味 ①のる。ウマに乗る。「騎乗」「騎馬」②ウマに乗った兵士。また、ウマに乗った兵士を数える語。「騎将」「単騎」

下つき 軽騎・従騎・単騎・鉄騎・歩騎

【騎虎】キコ トラの背中にまたがって乗ること。

【騎虎の勢い】物事にはずみがついて、途中でやめられなくなるたとえ。途中でやめるにやめられず、がむしゃらに突き進むほかはない形容。由来 いったんトラの背に乗ってしまった者は勢いも激しく、途中で降りれば食われるので、もはや降りられない意から。《『隋書』》類 騎虎下（くだ）り難し

【騎士】キ ①ウマに乗った武士。②中世ヨーロッパの武士の一階級。領主につきしたがい、騎士道を重んじた。ナイト。

【騎射】キシャ ①ウマに乗って弓を射ること。また、その競技。流鏑馬（やぶさめ）。対 歩射（ブシャ） ②ウマに乗ることと弓を射ること。また、その腕前。

【騎乗】キジョウ ウマに乗ること。「先頭で―する」類 乗馬

【騎馬】キバ ウマに乗ること。また、乗った人。「大通りを―の列が通る」「―隊」類 乗馬

【騎馬戦】キバセン 騎馬の戦闘を模した遊戯。三、四人が一組になって敵味方に分かれ、上に乗った者を落としたり鉢巻きや帽子を取ったりするもの。

【騎兵】キヘイ ウマに乗った兵士。ウマにまたがって戦う兵隊。「―隊」

【△騎る】のーる ウマに乗る。ウマにまたがる。

キ【騏】(18) 馬8 1 8154 7156 音 キ 訓

意味 ①すぐれたウマ。青黒い色をしたウマ。駿馬（シュンメ）。「騏驥（キキ）」「騏驎（キリン）」②青黒色。

下つき 驥騏（キキ）・竜騏（リュウキ）

【▲騏▲驎】キリン ①太平の世に現れるという中国の想像上の動物。②すぐれたウマ。表記 ①「麒麟」とも書く。

【▲騏▲驎の▲躓き】つまずき どんなにすぐれた人でも、時には失敗やまちがいがあるたとえ。類 弘法（コウボウ）も筆の誤り・猿も木から落ちる

【▲騏▲驎も老いては▲駑馬に劣る】どんなにすぐれた人でも年をとれば能力が衰えて、凡人にも及ばなくなるたとえ。「駑馬（ドバ）」は足ののろいウマ。《『戦国策』》

キ【譏】(19) 言12 1 7588 6B78 音 キ 訓 そしる・せめる

意味 そしる。とがめる。せめる。「譏議」

下つき 刺譏（シキ）・誹譏（ヒキ）

【▲譏る】そしーる 落ち度や欠点を見つけて悪く言う。相手の欠点をせめ、とがめる。

キ【餽】(19) 飠10 1 8125 7139 音 キ 訓 おくる

意味 ①まつる。死者の霊に食物を供えてまつる。②おくる。おくりもの。食物や金品を贈る。「餽遺」類 饋（キ）

【▲餽る】おくーる 物品をおくり供える。特に、食物をおくる。表記「饋る」とも書く。

キ【麒】(19) 鹿8 準1 8342 734A 音 キ 訓 きりん

意味 きりん。①中国の想像上の動物。聖人が世に出る前に現れるという。②キリン科の哺乳（ホニュウ）動物。ジラフ。③非常にすぐれた人のたとえ。「麒麟児（キリンジ）」

【▲麒▲麟】キリン ①中国古代の想像上の動物。聖人が現れ善政が行われる前兆として出現するという。体はシカ、尾はウシ、ひづめはウマに似る。②キリン科の哺乳（ホニュウ）動物。アフリカの草原に群れてすむ。首とあしが非常に長い。草食。表記 ①「騏驎」とも書く。

〔麒麟（キリン）①〕

【▲麒▲麟児】キリンジ 将来が楽しみとされる、人並はずれたすぐれた才能をもつ少年。類 鳳雛（ホウスウ）

キ【饋】(21) 飠12 1 8131 713F 音 キ 訓 おくる・おくりもの・すすめる

意味 ①おくる。食物や金品を贈る。おくりもの。「饋遺」「饋糧」②すすめる。神仏に食物を供える。貴人に食事をすすめる。また、たべもの。食事。「饋食」「饋饌（キセン）」類 ①②餽（キ）

【▲饋る】おくーる 食物・金品をおくり届ける。食物をおくり供える。表記「餽る」とも書く。

キ【饑】(21) 飠12 1 8132 7140 音 キ 訓 うえる・ひだるい

意味 ①穀物が実らない。食物が不足する。「饑饉（キキン）」②うえる。ひもじい。ひだるい。「饑窮」「饑溺（キデキ）」

書きかえ「飢」に書きかえられるものがある。

【▲饑える】うーえる 穀物が不作で、食べ物が足りず苦しむ。

【饑餓】キガ ▼書きかえ 飢餓（二七一）

【饑渇】キカツ うえとかわき。飲食物が乏しいこと。表記「飢渇」とも書く。

【▲饑▲饉】キキン 天候異変などによって作物が実らないために、食糧不足になること。表記「飢饉」とも書く。

キ【鰭】(21) 魚10 準1 4141 4949 音 キ 訓 ひれ・はた

意味 ひれ。魚のひれ。はた。「背鰭」

下つき 尾鰭（おびれ）・尻鰭（しりびれ）・背鰭（せびれ）・腹鰭（はらびれ）・胸鰭（むなびれ）

【▲鰭】ひれ 魚類など水生動物の体から突き出した平たい板状、または膜状の器官。背びれ・尾びれなど。参考「はた」とも読む。

【▲鰭小▲鯛】ひれこだい タイ科の海魚。南日本の海底にすむ。体形はチダイに似る。体色は美しい赤色。エビスダイ。食用。

【▲鰭酒】ひれざけ 焼いたフグなどのひれを入れた熱燗（あつかん）の日本酒。香味を楽しむ。季 冬

キ【羇】(22) 罒17 1 7020 6634 音キ 訓たび・たびびと

意味 ①たび。また、たびびと。②おもがい。馬具の一種。

【羇寓】キグウ 旅をして宿泊すること。類旅寓・旅泊 表記「羈寓」とも書く。

【羇愁】キシュウ 旅で感じるわびしさ。旅のうれい。類旅愁・羈思・客思・客愁 表記「羈愁」とも書く。

【羇旅】キリョ たび。たびびと。表記「羈旅」とも書く。

キ【屭】(24) 尸21 1 音キ 訓ひいき

〔屓〕5394 557E

意味 力を出す。ひきたてる。「贔屓」

キ【羈】(24) 罒19 1 7019 6633 音キ 訓おもがい・たづな・つなぐ・とりしまる・たび・たびびと

意味 ①おもがい。くつわを固定するためにウマの頭の上からかける組みひも。②たづな。また、つなぐ。つなぎとめる。とりしまる。「羈束」「羈留」③たび。たびびと。

下つき 繋羈

【羈】おもがい ウマの頭部からくつわにかけてつけるひも。対鞦 表記「面繋・羇」とも書く。

【羈束】キソク つなぎとめること。束縛すること。類拘束 表記「羇束」とも書く。

【羈絆】キハン ①つなぎとめること。また、そのもの。②行動を拘束するものや事柄。きずな。「世の—を脱する」「音楽は人を地上の—から切り放す」類束縛・桎梏 表記「羇絆」とも書く。参考「絆」は牛馬の足をつなぐ綱の意。

【羈縻】キビ ①つなぎとめること。つなぎとめるもの。類束縛 ②中国が歴代、異民族を統治するのに用いた政策。相手の有力者をうまく手なずけて自治を許し、武力によることなく間接的に治めること。「—政策」参考「羈」はウマのおもがい、「縻」はウシの鼻づなで、ともにつなぎとめる意。

【羈軛】キヤク 牛馬をつなぎとめる道具。転じて、自由を制限すること。「旧社会の—を打破する」類束縛 参考「軛」は牛馬のくびにあてて車を引かせる横木。くびき。

【羈旅】キリョ ①たび。たびびと。②和歌などの部立ての一つ。旅人の気持ちをうたったもの。表記「羇旅」とも書く。

【羈】たづな ウマをあやつるために、くつわにつけたひも。表記「手綱」とも書く。

【羈ぐ】つなぐ つなぎとめる。自由を拘束する。

キ【驥】(26) 馬16 1 8171 7167 音キ 訓

意味 一日に千里を走るという名馬。駿馬。また、才能のすぐれた人のたとえ。「驥足」「驥尾」参考 良馬の産地である冀のウマの意を表す字。

下つき 騏驥・駿驥・良驥・老驥

【驥、塩車に服す】キ、エンシャにフクす すぐれた人物がしかるべき地位を与えられず、つまらない仕事をさせられるたとえ。才能ある者が世に認められないたとえ。一日に千里走る名馬が塩を運ぶ車を引かされている意から。《戦国策》類大器小用・大材小用

【驥足】キソク 才能のすぐれた人物のたとえ。由来 駿馬の足の意から。

『驥足を展ばす』すぐれた人がその才能を十分に発揮すること。参考「展ばす」は「展ぶ」ともいう。

【驥尾】キビ すぐれた人物の後ろ。由来 駿馬のしっぽの意から。

『驥尾に付す』すぐれた人にしたがって物事を成しとげること。また、愚者も賢者にしたがっていれば思いのほか志をとげることができるたとえ。多く、自分の行動をへりくだっていう言葉。《史記》表記「付」は「附」とも書く。参考「付す」は「付く」ともいう。

同訓異義 き

【木】地上に常に枯れない幹をもつ植物。建築や道具などの材料にする材木。「木を植える」「木に登る」「木で作った箱」「木で鼻を括る」「木に竹を接ぐ」

【樹】植物としての立ち木。「樹木」「樹を植える」「樹が茂る」

【柝】拍子木。「柝が入る」

き【木】(4) 木0 教 4458 4C5A ▼ボク(一四二四)

き【生】(5) 生0 教 3224 4038 ▼セイ(八四六)

き【城】(9) 土6 教 3075 3E6B ▼ジョウ(七七二)

き【柝】(9) 木5 5949 5B51 ▼タク(一〇〇二)

き【黄】(11) 黄0 教 1811 322B ▼コウ(五〇二)

き【樹】(16) 木12 教 2889 3C79 ▼ジュ(六八三)

ギ【伎】(6) 亻4 常 2076 346C ▼キ(二五九)

ギ【妓】★ (7) 女4 準1 2124 3538 音ギ 訓わざおぎ・あそびめ・こ

意味 わざおぎ。女の芸人。あそびめ。こ。「妓楽」「妓女」「娼妓」「舞妓」

下つき 愛妓・艶妓・歌妓・官妓・芸妓・娼妓・美妓・舞妓・名妓・老妓

【妓院】ギイン 遊女屋。遊郭の茶屋。類妓楼・妓館・娼家

【妓楽】ギガク 妓女の演奏する音楽。

【妓女】ギジョ ①平安時代末期、歌や舞など芸能を演じた女性。白拍子。②芸

き キ—ギ

者や遊女。

〈▲妓夫〉ぎゅう　遊女屋で客引きをする者。牛太郎。妓夫太郎。

【▲妓楼】ギロウ　遊女をやとい、客の相手をさせた店。遊女屋。類妓院・妓館・娼家(ショウカ)

ギ【技】(7) 扌4 教 常 6 2127 353B 音ギ 訓わざ㊥

筆順 一 十 扌 扌 扌 扌 抆 技

意味 わざ。てなみ。うでまえ。「技芸」「競技」

下つき 演技(エン)・球技(キュウ)・競技(キョウ)・国技(コク)・実技(ジツ)・神技(シン)・特技(トク)・秘技(ヒ)・美技(ビ)・妙技(ミョウ)

【技官】ギカン　特別な技芸や学術に関する知識や技能をもち、それらに関する仕事を受けもっている国家公務員。

【技芸】ギゲイ　わざ。技術。特に、美術や工芸などのわざ。

【技工】ギコウ　手で加工をする技術。また、その技術をもつ人。「歯科—士」

【技巧】ギコウ　①技術の上手なこと。たくみなわざ。「—派の投手」②芸術作品などの制作や表現に用いる特別な手法。テクニック。「—をこらした文章」

【技師】ギシ　専門的な技術をもって仕事をする人。エンジニア。「放射線—」

【技術】ギジュツ　①物事をたくみに行うわざ。「確かな運転—」②科学の理論を実際の生活や仕事に役立てるわざ。「—は日進月歩だ」

【技能】ギノウ　技術的な腕前。技術上の能力。「—検定」類技量・力量・手腕

【技量】ギリョウ　物事を行う手なみ。腕前。類力量・技能・手腕 書きかえ「伎倆」の書きかえ字。

【技】わざ　①腕前。技術。技能。「すぐれた—の持ち主」②相撲や柔道で、相手に仕掛ける術。「—をかける」「背負い投げの—ありで勝つ」

き
ギ

ギ【沂】(7) 氵4 1 6175 5D6B 音ギ・キ・ギン 訓ふち・ほとり

意味 ①中国の川の名。沂水。②ふち。きし。ほとり。

ギ【宜】(8) 宀5 常 準2 2125 3539 音ギ 訓(外)よろしい・よい・むべ・よろしく…べし

筆順 丶 丷 宀 宀 宁 宜 宜 宜

意味 ①よろしい。よい。都合がよい。「宜春」「適宜」②むべ。うべ。当然である。③よろしく…べし。…するのがよい。

下つき 機宜(キ)・時宜(ジ)・適宜(テキ)・禰宜(ネ)・便宜(ベン)

【△宜】むべ　もっともなことである。なるほど。当然。参考「うべ」とも読む。

〈宜候〉ようそろ　①船が航行中、まっすぐに進めという号令の言葉。②「よろしい」の意で、船乗りが用いるかけ声。また、はやし言葉。表記「良候」とも書く。由来「よろしくそうろう」の転じたもの。

【△宜しい】よろしい　①「よい」のていねいな言い方。「まことに—いお見立てと存じます」②さしつかえない。また、ふさわしい。適当である。「行っても—い」「具合が—い」

ギ【★祇】(9) 礻4 準1 2132 3540 音ギ 訓くにつかみ

〔祇〕

意味 くにつかみ。土地のかみ。「神祇」参考天のかみ「神」に対し、特に地のかみを「祇」という。

下つき 雨祇(ウ)・山祇(サン)・神祇(シン)・水祇(スイ)・地祇(チ)

【▲祇△園精舎】ギオンショウジャ　昔、インドの須達(シュダツ)長者が釈迦(シャカ)とその弟子のために、修行道場として建てた寺院で、釈迦が説法した所。祇園。

【▲祇△園祭】ギオンまつり　京都の八坂神社の祭礼。七月一七日から二四日まで行われる。山鉾(やまぼこ)の巡行で有名。平安時代、疫病の流行を鎮めるために行われたのが最初という。祇園会(ギオンエ)。季夏

ギ【偽】(11) 亻9 常 準2 2122 3536 音ギ 訓いつわる・にせ㊉

旧字《僞》(14) 亻12 1/準1 4906 5126

筆順 ノ 亻 亻 伊 伊 伊 偽 偽 偽 偽 偽 11

意味 ①いつわる。だます。「偽悪」「偽証」「偽善」②にせ。にせもの。「偽作」「虚偽」「真偽」対①②真 ③人のしわざ。作為。

下つき 奸偽(カン)・虚偽(キョ)・邪偽(ジャ)・真偽(シン)

【偽る】いつわる　本物ににせる。うわべをとりつくろって見せかける。うそを言う。「経歴を—る」

【偽悪】ギアク　わざと悪人のように見せかけたり、振る舞ったりすること。参考「偽善」の対義語としてつくられた語。

【偽作】ギサク　①他人の作品に見せかけてにせものを作ること。また、その作品。にせもの。「書画・骨董(コットウ)の—者」類贋作(ガンサク) ②法律用語で、他人の著作権をおかすこと。

【偽書】ギショ　本物らしく書いたにせの書物・手紙。類偽筆

【偽称】ギショウ　うその名前や身分を言うこと。また、その名前や身分。「弁護士と—する」類詐称

【偽証】ギショウ　①うその証明をすること。②法廷で、宣誓をした証人がうその証言をすること。「—罪に問われる」

【偽善】ギゼン　善人のように振る舞うこと。また、よい行いをしているように見せかけること。「彼はまったくの—者だ」対偽悪

【偽装】ギソウ　人の目をごまかすために、他のものとまぎらわしい色や形・格好にすること。人の目をごまかす態度・行動などをとること。また、カムフラージュ。「—工作をする」表記「擬装」とも書く。

【偽造】ギゾウ　本物らしくにせものをつくること。「—紙幣が出回る」類贋造（ガンゾウ）

【偽筆】ギヒツ　他人の筆跡をまねて書くこと。また、その書いたもの。対真筆・真跡

【偽名】ギメイ　名前をいつわること。また、にせの名前。「—を名乗る」対本名

〈偽瓢虫〉てんとうむしだまし　①テントウムシダマシ科の昆虫の総称。テントウムシに似る。体は半球形で、赤黄色の地に黒い斑点（ハンテン）がある。季夏　②ニジュウヤホシテントウの別称。ナス・ジャガイモ・トマトなどの害虫。

【偽】にせ　本物のように見せかけて作ること。また、そのもの。「—の小切手をつかまされた」「—学者」類似非（えせ）　表記「贋」とも書く。

【偽物】にせもの　本物に見せかけて作った物。まがい物。偽造品。「—をつかまされる」表記「贋物」とも書く。

【偽者】にせもの　ある人に見せかけた別人。他人になりすましている人。また、身分・職業をいつわっている人。表記「贋者」とも書く。

ギ【欺】(12) 欠 8 常 3 2129 353D　音 ギ 外キ　訓 あざむく

筆順 一 十 廾 甘 苴 其 其 其' 欺 欺

意味 あざむく。だます。「欺瞞（ギマン）」

下つき 詐欺（サギ）・自欺（ジギ）・誕欺（タンギ）・詆欺（テイギ）・謾欺（マンギ）

【欺く】あざむく　①だます。「敵を—く計画」②まちがって意識させる。それと思わせる。「雪を—く白い肌」

【欺瞞】ギマン　あざむき、だますこと。「その言動は—に満ちている」類瞞着（マンチャク）

【欺罔】ギモウ　人の目をくらまし、あざむくこと。「世を—する」参考「キモウ・ギボウ」とも読む。

ギ【義】(13) 羊 7 常 教 6 2133 3541　音 ギ　訓 外よい

筆順 丷 丷 䒑 兰 兰 羊 羊 義 義 義

意味 ①人としてふみ行うべき道。利欲を捨てて、道理にしたがって行動すること。「義人」「信義」②わけ。意味。「義解」「字義」③血縁のない者が結ぶ親族関係。「義父」④実物の代わりになる物。「義歯」

下つき 異義（イギ）・意義（イギ）・奥義（オウギ・オクギ）・恩義（オンギ）・疑義（ギギ）・教義（キョウギ）・講義（コウギ）・字義（ジギ）・主義（シュギ）・信義（シンギ）・仁義（ジンギ）・正義（セイギ）・大義（タイギ）・忠義（チュウギ）・定義（テイギ）・道義（ドウギ）・徳義（トクギ）・不義（フギ）・本義（ホンギ）・名義（メイギ）・類義（ルイギ）

【義捐金・義援金】ギエンキン　慈善・災害救済などのために出す寄付金。「被災地に—を送る」参考「捐」は与える・寄付する意。

【義挙】ギキョ　正義のために事を起こすこと。また、その行為や計画。類美挙

【義侠】ギキョウ　強いものをくじき、弱いものを助けること。男だて。「—心」

【義兄弟】ギキョウダイ　①血縁はないが、兄弟の約束を交わした間柄。「—の契りを結ぶ」②配偶者の兄弟。また、自分の姉妹の夫。

【義士】ギシ　①正義を重んじる人。類義人　②「赤穂（あこう）義士（赤穂浪士）」の略。

【義肢】ギシ　事故などで失った手・足のかわりにつける人工の手・足。義手・義足。参考「肢」はもとから分かれた部分のこと。

【義歯】ギシ　抜けたり抜いたりした部分に入れる人工の歯。入れ歯。

【義絶】ギゼツ　肉親・君臣などの縁を断ち切ること。類義断・勘当

【義賊】ギゾク　金持ちから金品を盗み、貧しい人々に分け与える盗賊。「—ねずみ小僧」

【義太△夫】ぎだゆう　「義太夫節（ぶし）」の略。浄瑠璃（ジョウルリ）の一派。古浄瑠璃をもとに各種の音曲を取り入れて、竹本義太夫が始めたもの。「—語り」「娘—」

【義憤】ギフン　正義や人道的立場から発する怒り。「—に駆られた行動」「—を感じる」類公憤　対私憤

【義民】ギミン　正義や人道のために身を投げ出してはたらく人。特に、百姓一揆（イッキ）の指導者などをいう。類義人

【義務】ギム　人として当然行うべきこと。また、法律上定められた、しなければならないこと。「納税の—」類責務　対権利

【義勇】ギユウ　①正義を守ろうとする心・勇気。「—軍」②忠義と勇気。

【義理】ギリ　①物事の道理、正しい筋道。「—にはずれた行い」②人間関係や社会的な立場からしなければならないこと。「—を欠くのはよくない」「—で出席する」③血縁同様の関係をもつこと。「—の親子」

【義烈】ギレツ　正義や忠義の気持ちが強いこと。「—の士」

【義を見て△為ざるは勇無きなり】ギをみてせざるはユウなきなり　人としてなすべき正義を見過ごして何もしようとしないのは、本当の勇気がない意気地なしである。〈『論語』〉参考「せざる」は「為（な）さざる」ともいう。

【△義い】よい　正しい。道徳や道理にかなっているさま。また、私利にとらわれず、筋道をたてるさま。また、忠義の心に厚い。

ギ【▲僞】(14) イ 12 4906 5126　▼偽の旧字（二八七）

ギ【疑】(14) 疋 9 常 教 5 2131 353F　音 ギ　訓 うたがう 外うたぐる

筆順 3 5 7 9

意味 うたがう。うたがい。あやしい。「疑念」

下つき 懐疑・危疑・嫌疑・猜疑・質疑・信疑・大疑・遅疑・容疑

【疑う】うたがう ①信じない。不審に思う。あやしく思う。うたぐる。「彼を犯人だと─う」「聞いた話を─う」②あやぶむ。不安に思う。「成功を─う」

【△疑る】うたぐる 「疑う」に同じ。参考 少し俗な言い方。

【疑義】ギギ 疑わしい意味や事柄。内容がはっきりせずに思い惑うこと。「─を追究する」「その証言には重大な─がある」

【疑懼】ギク 疑いおそれること。類 疑怖 参考「懼」はびくびくしておそれる意。

【疑獄】ギゴク ①証拠などが明確でなく判決の出しにくい事件。②政治がらみの規模の大きな贈収賄事件。参考「獄」は裁判の意。

【疑似】ギジ 本物と似ていて区別をつけにくいこと。「─コレラ」「─体験」表記「擬似」とも書く。

【疑事無功】ギジムコウ 疑いながら事を行うようでは成功は期待できないということ。いったん決めたら断固として行うべしという戒め。《『戦国策』》類 疑行無名

【疑心】ギシン 疑いの気持ち。あやしく思う心。類 疑念・疑懐

【疑心暗鬼を生ず】疑いの心があると、なんでもないことにまで不安や恐怖を覚えるたとえ。「暗鬼」は闇夜の亡霊の意で、一度疑い始めると、ありもしない亡霊まで見えるように感じる意。《『列子』》類 杯中蛇影・風声鶴唳

【疑団】ギダン 心中にわだかまって解けない疑念。胸につかえている疑いのしこり。「胸中の─が氷解する」

【疑点】ギテン 疑わしいところ。疑問点。「─を指摘する」

【疑念】ギネン 本当かどうかと疑う心。「従来の方針に─を抱く」類 疑惑・疑心

【疑問】ギモン 疑わしい事柄。また、わからない事柄。「─がわく」「─点を調査する」

【疑惑】ギワク 疑いあやしむこと。また、その疑い。「─の人物が浮上する」「─を招く」類 疑念・疑心

ギ【儀】(15) イ13 常 4 2123 3537

音 ギ 訓 外 のり・よい

筆順 4 8 15

意味 ①作法。礼法。また、それによる行動。「儀礼」「行儀」②規準となるもの。のり。手本。「儀刑」「儀範」③よい。正しい。④天体測量の器械。「天球儀」⑤こと。ことがら。「公儀」

下つき 威儀・行儀・公儀・婚儀・仕儀・祝儀・葬儀・典儀・内儀・難儀・律儀・略儀・流儀・礼儀

【儀式】ギシキ 神事・祭事・公事・慶弔事などで、一定の作法・形式にのっとった行事。結婚式・葬式・起工式・結納など。「─は厳かに執り行われた」「─張る」類 式典

【儀仗】ギジョウ 儀式に用いる形式的・装飾的な武器。参考「仗」は武器の意。

【儀仗兵】ギジョウヘイ 儀礼や護衛のために、貴人・賓客などにつける兵隊。特に、式典などで活動する。

【儀典】ギテン 儀式に関してのきまり。「式は─にのっとって粛々と進行した」類 典例

【儀表】ギヒョウ 手本。模範。「人の─となる」参考「表」も手本の意。

【儀法】ギホウ きまり。規定。特に、礼法や儀式などのきまり。「─にしたがって厳粛に行われる式典」類 儀典

【儀容】ギヨウ 礼儀にかなった姿や態度。類 容儀・礼容

【儀礼】ギレイ 定まった形式で行われる礼法・礼式。類 礼儀 参考「ギライ」と読めば、経書(儒教の基本的古典)の一つで、周代の冠婚葬祭の儀礼を記した書物。

【儀礼的】ギレイテキ 形式だけで内実のないさま。「─なあいさつ」類 形式的

【△儀】のり ①手本。模範。②きまり。法則。③礼儀作法。

ギ【戯】(15) 戈11 常 4 2126 353A

旧字《戲》(17) 戈13 1/準1 5706 5926

音 ギ 外 ゲ 訓 たわむれる 高 外 ざれる・たわける

筆順 8 11 14

意味 ①たわむれる。あそぶ。ふざける。「戯画」「遊戯」②しばい。演技。「戯曲」「戯文」

下つき 悪戯・演戯・球戯・児戯・遊戯

【戯画】ギガ ①遊び半分で描いた絵。②世の中を風刺したり、誇張したりして描いた滑稽な絵。「鳥獣─」「現代の世相を─化した絵」

【戯謔】ギギャク たわむれ。ふざけること。おどけること。参考「戯」「謔」ともにたわむれる意。

【戯曲】ギキョク 演劇の上演のために書かれた台本や脚本。また、その様式で書かれた文学作品。由来 中国で、演劇は歌と音楽が中心であったことから。

【戯評】ギヒョウ 漫画・戯文などで、世の中を批評すること。

【戯文】ギブン ①たわむれに書いた文章。②中国、南宋の戯曲。南曲。

【△戯作】ゲサク ①たわむれに書いた作品。②江戸時代後期に書かれた通俗小説の総称。黄表紙・洒落本・談義本など。参考「ギサ

き ギ

ク」とも読む。

【戯歌】ざれうた ①滑稽(コッケイ)味のある和歌。ふざけて作った歌。俳諧(ハイカイ)歌。②狂歌。

【戯言】ざれごと ふざけていう言葉。たわむれに口にする言葉。冗談。参考「ギゲン」とも読む。

【戯事】ざれごと たわむれにすること。ふざけてすること。冗談ごと。いたずら。

【戯れる】ざれる たわむれる。ふざける。参考「じゃれる」とも読む。

【戯け者】たわけもの ばかもの。おろかもの。多く、上位の者が下位の者をののしるときに用いる語。

【戯ける】たわける ばかげたことをする。ふざける。また、常識にはずれたことをする。「―けたことを言うな」

【戯言】たわごと たわけた言葉。ばかげた言葉。いいかげんな発言。「そんな―をだれが信じるか」類妄言(モウゲン・ボウゲン)

【戯れる】たわむれる ①遊び楽しむ。「子犬がまりに―れる」②ふざける。おどける。③みだらなことをする。

〈戯奴〉わけ ①自分を卑下していう語。わたくしめ。②目下の人を親しみを込めていう語。そち。おまえ。

ギ【誼】(15) 言8 準1 2135 3543 音ギ 訓よしみ・よい

意味 ①よしみ。親しみ。「交誼」「友誼」②よい。正しいすじみち。「仁誼」類義

下つき 恩誼(オンギ)・交誼(コウギ)・厚誼(コウギ)・情誼(ジョウギ)・友誼(ユウギ)

【誼】よしみ ①親しいつきあい。交情。「―を結ぶ」②なんらかのつながり。ゆかり。縁故。「同郷の―で協力しよう」

ギ【嶬】(16) 山13 1 5452 5654 音ギ 訓けわしい

意味 けわしい。山が高く険しいさま。

ギ【羲】(16) 羊10 1 7028 663C 音ギ 訓

意味 人の姓名に用いられる字。「羲和(ギカ・ギワ)」「王羲之(オウギシ)」「伏羲(フッキ)」

【羲和】ギカ ①中国の古代伝説上の人物で、羲氏と和氏。暦法を定めたといわれる。②太陽を運行させる御者(ギョシャ)。転じて、太陽。日月。参考「ギワ」とも読む。

ギ【嶷】(17) 山14 1 5456 5658 音ギ・ギョク 訓たかい・さとい

意味 ①たかい。高く抜きんでているさま。「嶷立」②さとい。かしこい。

【嶷然】ギョクゼン ひときわ高くそびえているさま。ひときわすぐれているさま。

【嶷い】さとい かしこい。子どもに知恵がついてかしこいさま。

ギ【戲】(17) 戈13 5706 5926 ▼戯の旧字(二八九)

ギ【擬】(17) 扌14 常 準2 2128 353C 音ギ 訓外なぞらえる・はかる・まがい・もどき

筆順 一 十 扌 扌 … 擬 擬 擬 擬

意味 ①なぞらえる。まねる。にる。にせる。「擬音」「模擬」②はかる。おしはかる。「擬議」「擬度」③まがい。もどき。にせ。

下つき 比擬(ヒギ)・模擬(モギ)

〈擬蟻〉ありもどき 外見がアリに似た甲虫の総称。落ち葉の下などにすむ。マツにつく害虫を捕食するアリモドキカッコウムシやサツマイモを食害するアリモドキゾウムシなどがいる。表記「蟻擬」とも書く。

〈擬蟹〉かにむし カニムシ目の節足動物の総称。落ち葉の下などにすむ。サソリに似るが尾はなく、カニのようなはさみをもつ。アトジサリ。表記「蟹虫」とも書く。

【擬音】ギオン 本物に似せて作った人工の音。特に、演劇や放送などの効果音。「―効果」

【擬議】ギギ ①あれこれとよく考えること。②ためらうこと。類躊躇(チュウチョ)

【擬古】ギコ 昔のやり方や風習などをまねて取り入れること。「―的な方法」「―詩」

【擬古文】ギコブン 古い時代の文体や表現などをまねて作った文。特に、江戸時代に平安時代の作品を模範として書かれた文章。

【擬似】ギジ 本物と区別がつかないほどよく似ていること。「宇宙旅行の―体験」表記「疑似」とも書く。

【擬餌鉤・擬餌針】ギジばり えさの代わりに形や色を似せた擬似餌(ギジえ)をつけた釣りばり。毛ばりの類。

【擬人法】ギジンホウ 人間以外のものを人間になぞらえて表現する技法。「風がささやく」「膝(ひざ)が笑う」のような表現。

【擬制】ギセイ 法律用語で、性質の異なるものを同一のものとみなして、同じ扱いをすること。窃盗罪で電気を物とみなす類。参考本来は、なぞらえさだめる意。

【擬勢】ギセイ ①見せかけの勢い。強がり。「―を張る」類虚勢 ②動物が敵を威嚇するときにとる姿勢。

【擬製】ギセイ 本物に似せて作ること。また、そのもの。「―豆腐」類模造・模作

【擬声語】ギセイゴ 声や音を表現した言葉。「ザアザア」「ワンワン」など。類擬音語

【擬装】ギソウ 人の目をごまかすために、他のものとまぎらわしい色や形にしたり、まぎらわしい態度や行動をとったりすること。カムフラージュ。「―工作」表記「偽装」とも書く。

【擬態】ギタイ ①形や状態などを他のものに似せること。②動物が敵から身を守るため

に、形や色などを周囲の環境に似せること。「枯れ葉に―する虫」

【擬態語】ギタイゴ 物事のようすや状態を感覚的にそれらしく表した言葉。「にこにこ」「ぎっしり」「そわそわ」など。

〈擬宝珠〉ぎぼうし ユリ科の多年草の総称。山地に自生。夏、淡紫色または白色のラッパ形の花をつける。季夏 由来 花の形が欄干(らんかん)の擬宝珠(ぎぼうし)に似ているからとも、ネギの花に似ているので葱帽子(ぎぼうし)からともいう。参考「ぎぼし」とも読む。

〈擬宝珠〉ぎぼし ①橋の欄干(らんかん)の柱の上などにつける、丸くて先のとがったネギの花のような形の飾り。②ネギの花。ねぎぼうず。由来 宝珠(ほうじゅ)(上がとがり炎の形をした玉)擬(もど)きである意の擬宝珠(ぎほうじゅ)が転じたもの。参考「ぎぼうし」とも読む。

【擬える】なぞら-える ①まねる。似せる。②同じようにみなす。見立てる。「人生を登山に―える」

【擬い】まが-い 本物に似せて作られたもの。にせもの。「―品」

【擬物】まがいもの 本物に似せてある物。にせもの。「―と鑑定された」表記「紛い物」とも書く。

【擬き】もど-き 名詞の下について、そのものによく似ているものの意を表す語。「がん―」「梅―」「芝居―のせりふ」

ギ【犠】(17) 牛13 常 3 2130 353E 音 ギ 外キ 訓 外いけにえ

旧字《犧》(20) 牛16 1/準1 6426 603A

筆順 丿 ⺈ 牛 牜 牜䒑 牜羊 犠 犠 犠 犠 (2 8 10 12)

意味 神前に供える動物。いけにえ。転じて、他人のために身を捨てること。「犠牲」「犠打」

下つき 芻犠(スウギ)・牲犠(セイギ)

〈犠牲〉・〈犠〉いけにえ ①人や動物を生きたまま神に供えること。また、そのもの。②自分の命や大切なものをなげすてて尽くすこと。表記「生贄」とも書く。参考「犠牲」は「ギセイ」とも読む。

【犠牲】ギセイ ①「犠牲(いけにえ)」に同じ。②戦争や災難などで命を奪われたり大きな被害を受けたりすること。「洪水の―になる」「―者」

【犠打】ギダ 「犠牲打」の略。野球で、打者自身がアウトになる間に、走者を進塁させるための打撃。バントや大きな外野フライなど。「―により一点をあげる」

ギ【礒】(18) 石13 1 6706 6326 音 ギ 訓 いそ

意味 ①いわ。いわお。岩石のつき出るさま。②いそ(磯)。石の多い波打ちぎわ。

【礒】いそ 岩や石の多い波打ちぎわ。表記「磯」とも書く。

ギ【魏】★ (18) 鬼8 1 8218 7232 音 ギ 訓 たかい

意味 ①高く大きいさま。「魏魏」「魏然」類巍(ギ) ②中国の王朝。また、国の名。「魏志」「魏書」

下つき 後魏(コウギ)・象魏(ショウギ)・西魏(セイギ)・東魏(トウギ)・北魏(ホクギ)

【魏魏】ギギ 山や岩が高く大きいさま。表記「巍巍」とも書く。

ギ【艤】(19) 舟13 1 7163 675F 音 ギ 訓 ふなよそおい

意味 ふなじたく。ふなよそい。ふなよそおい。船を整備し、出航の用意をすること。「艤装」

【艤舟】ギシュウ 船を出す準備をすること。船出の用意。ふなよそい。

【艤装】ギソウ 船の完成後、航海に必要な装備を取り付けて就航の準備をすること。また、その装備。ふなよそい。類船装

ギ【蟻】★ (19) 虫13 準1 2134 3542 音 ギ 訓 あり・くろ

意味 ①あり。アリ科の昆虫の総称。「蟻穴」②くろ。黒い。黒色。

下つき 螻蟻(ロウギ)

【蟻】あり アリ科の昆虫の総称。土中や樹中に巣穴を作り、女王アリを中心に集団で生活する。体は小さく、黒色または赤褐色。季夏

【蟻の穴から堤(つつみ)も崩れる】小さなことを見過ごすと、そのことが大事を引き起こすもとになること。小さな過失や油断を見過ごすと大事に到るたとえ。〈『韓非子(カンピシ)』〉

【蟻の思いも天に届く】たとえ微力な者であっても、一心に念願すれば願いがかなうたとえ。参考「届く」は「登る・昇る」ともいう。

【蟻の熊野(くまの)参り】アリが行列して行くことを、熊野に参拝する多くの人の行列にたとえたもの。転じて、多くの人が列をなして往来すること。「熊野」は和歌山県にある熊野三社。

【蟻の這(は)い出る隙(すき)もない】アリのような微小なものがはい出るすき間がないほど、少しのすきもなく警備などが厳重なたとえ。

【蟻も軍勢】つまらない人でもたくさんいたほうがよいということ。類餓鬼も人数(ニンズ)・枯れ木も山の賑(にぎ)わい

【蟻地獄】ありジゴク ①ウスバカゲロウの幼虫。乾いた砂地にすり鉢状の穴を作ってその底に隠れ、落ちてくるアリなどの体液を吸う。季夏 ②①が作ったすり鉢状の穴。

【蟻通】ありどおし ①アカネ科の常緑小低木。山地に自生。葉と茎の間に長いとげがある。初夏に白色の小花をつける。②能の曲目の一つ。四番目物。世阿弥(ぜあみ)作。蟻通明神の怒りに触れた

紀貫之(きのつらゆき)が献歌をしてその怒りを解く。由来 ①アリを突き通すほど鋭いとげがあることから。表記 ①「虎刺」とも書く。

【▲蟻▲擬】ありもどき 外見がアリに似た甲虫の総称。▼擬蟻(ありもどき)(二九〇)

【▲蟻酸】ギサン ハチやアリの毒腺(ドクセン)の中にある刺激性の酸。刺されると、はれや痛みが起こる。

【▲蟻集・▲蟻▲聚】ギシュウ アリが群がるように集まること。

【▲蟻△塚・▲蟻▲冢】ギチョウ アリが巣を作るとき、運び出した土が山のように積み上げられたもの。また、木の葉や土で塚(つか)のように積み上げられたアリの巣。蟻の塔。類 蟻垤(ギテツ) 参考「ありづか」とも読む。

ギ【曦】(20) 日16 1 5907 5B27 音 ギ・キ 訓 ひ・ひかり

意味 ひ。ひかり。日の色。太陽の光。

下つき 赫曦(カクギ)

ギ【▲犧】(20) 牛16 6426 603A ▼犠の旧字(二九一)

ギ【議】(20) 言13 教 常 7 2136 3544 音 ギ 訓 外 はかる

筆順 言 言 言 言 詳 詳 詳 詳 議 議 議 (7 11 13)

意味 ①はかる。論じ合う。思いめぐらす。「議会」「議事」「談議」②意見。言説。「異議」③「議員」の略。「県議」

下つき 異議(イギ)・会議(カイギ)・閣議(カクギ)・協議(キョウギ)・決議(ケツギ)・建議(ケンギ)・抗議(コウギ)・合議(ゴウギ)・参議(サンギ)・衆議(シュウギ)・審議(シンギ)・詮議(センギ)・争議(ソウギ)・代議(ダイギ)・談議(ダンギ)・朝議(チョウギ)・討議(トウギ)・動議(ドウギ)・発議(ハツギ)・評議(ヒョウギ)・物議(ブツギ)・謀議(ボウギ)・密議(ミツギ)・論議(ロンギ)・和議(ワギ)

【議案】ギアン 会議で話し合うために出す原案。「―を審議する」類 案件

【議員】ギイン 国会や地方自治体の議会の構成員で、住民や国民の意志を代表して議決に加わる権利をもつ人。「国会―」

【議会】ギカイ 公選された議員で構成され、法律の制度や国・地方自治体の政策を審議・決定する合議制の機関。「県―」「―制民主主義」

【議決】ギケツ 会議で合議により決定すること。また、その決定事項。「公害調査案を―する」類 決議

【議事】ギジ 会議を開いて話し合うこと。また、その内容や事柄。「―録」「国会―堂」

【議場】ギジョウ 会議をする場所。会議場。「傍聴のため―に入る」

【議席】ギセキ 議場内に定められている議員の席。転じて、議員としての資格。「衆議院の―を獲得する」

【議題】ギダイ 会議で話し合う題目・問題。「役員会の―」

【議定】ギテイ 会議で決定すること。また、その事柄。「―書に調印する」

【議論】ギロン 意見や批評を述べ合うこと。また、その意見や批評。類 討論・論議

【議論百出】ギロンヒャクシュツ さまざまな意見が出て、論議が行われること。「会議は―て混乱をきわめた」類 議論沸騰・議論紛紛・甲論乙駁(コウロンオツバク)

【△議る】はかる 手段や対策を講じるために、筋道をたてて話し合う。論じる。「この問題は会議に―ったほうがよい」

ギ【巍】(21) 山18 1 5459 565B 音 ギ 訓 たかい

意味 たかい。山が高くて大きいさま。抜きんでているさま。「巍峨(ギガ)」「巍巍」「巍然」

【▲巍▲峨】ギガ 山などの高くそびえるさま。そびえ立ってけわしいさま。

【▲巍▲巍】ギギ 山などが高く大きいさま。「―としてそびえるアルプス」表記「魏魏」とも書く。

【▲巍然】ギゼン ①山が高くそびえ立つさま。「―たる山容」②人物がひときわすぐれているさま。

きえる【消える】(10) 氵7 教 3035 3E43 ▼ショウ(七四七)

きおう【△競う】(20) 立15 教 2205 3625 ▼キョウ(三四三)

キク【★掬】(11) 扌8 準1 2137 3545 音 キク 訓 すくう・むすぶ

意味 すくう。くむ。むすぶ。両手ですくいあげる。「掬飲」「掬水」

下つき 一掬(イッキク)

【▲掬する】キクする ①両手ですくいあげる。②心情や意図・情趣などを察する。「温情を―する」

【▲掬う】すくう 両手をまるくして水などをくみあげる。「沢の水を―って飲む」

キク【菊】(11) 艹8 常 3 2138 3546 音 キク 訓

筆順 一 艹 艹 芍 芍 芍 芍 菊 菊 菊 (3)

意味 きく。キク科の多年草。「菊水」「残菊」

下つき 寒菊(カンギク)・小菊(こギク)・残菊(ザンギク)・春菊(シュンギク)・白菊(しらギク)・野菊(のギク)・晩菊(バンギク)・雛菊(ひなギク)・乱菊(ランギク)

【菊△戴】きくいただき ヒタキ科の小鳥。亜高山帯の針葉樹林にすみ、冬は平地に移動。背面は暗緑色。雄の頭上に、キクの花に似た黄色の羽毛がある。季 秋 表記「鶎」とも書く。

【菊の〈被綿〉】きくのきせわた 重陽(チョウヨウ)の節句(陰暦九月九日)の前日にキクの花に綿をかぶせ、キクの香りや露をしみこませたもの。菊の綿。着せ綿。季 秋 参考 重陽の節句にこの綿で体をなでると長生きするとされた。

【菊判】キクバン ①印刷用紙の昔の規格寸法。縦九三・九センチ、横六三・六センチ。②書籍

の判型の一つ。縦約二二センチメートル、横約一五センチメートル。

由来 ①輸入された当初、キクの花の商標がついていたことからという。

キク【椈】 (12) 木8 1 5988 5B78 音 キク 訓 ぶな

意味 木の名。①かしわ。このてがしわ。②ぶな。

キク【鞠】 (17) 革8 準1 2139 3547 音 キク 訓 まり・やしなう・かがむ・とりしらべる

意味 ①まり。けまりに使うまり。「鞠戯」類毬キュウ ②やしなう。そだてる。「鞠育」類畜 ③おさない。「鞠子」④かがむ。身をかがめてつつしむ。「鞠躬キッキュウ」⑤とりしらべる。ただす。「鞠断」類鞫キク

下つき 育鞠イク・蹴鞠シュウ・けまり

【鞠育】キクイク 養い育てること。大切に育てること。類鞠養・養育

【鞠問】キクモン 罪を問いただすこと。「捕らえて―する」類訊問ジンモン・鞠訊

【鞠躬】キッキュウ 体をかがめて謹しみ、尊敬の気持を示すこと。参考「キクキュウ」とも読む。

【鞠躬尽瘁】キッキュウジンスイ 心を尽くして、力の限りつとめ励むこと。「尽瘁」は力を尽くす意。〈諸葛亮ショカツリョウの文〉

【鞠躬如】キッキュウジョ 体をかがめてつつしみかしこまるさま。「―として貴賓室に入る」

【鞠】まり けまり。革製の丸い玉。また、それを用いたまりつき。

キク【鞫】 (18) 言11 1 7581 6B71 音 キク 訓 ただす・しらべる・きわめる・きわまる

意味 ただす。しらべる。罪状を追及する。きわめる。また、きわまる。「鞫訊キクジン」類糾・窮・鞠キク

下つき 推鞫スイキク・逮鞫タイキク

【鞫訊】キクジン 罪を取り調べてただすこと。類鞠問 表記「鞠訊」とも書く。

キク【麴】 (19) 麦8 準1 9479 7E6F 音 キク 訓 こうじ・さけ

〔麹〕 2577 396D

意味 こうじ。米や麦を蒸して、こうじかびを生じさせたもの。また、さけ(酒)。「麴院」「麴車」

【麴院】キクイン 酒をつくる所。酒坊。

【麴塵】キクジン ①こうじに生えるちりのようなかび。②こうじのかびのような色。薄い緑を帯びた黄色。山鳩やまばと色。天皇の袍ほうの色で禁色とされた。

【麴】こうじ 米・麦・豆などを蒸して、こうじ菌を入れて増殖させたもの。醤油ショウユ・味噌ミソ・酒などをつくるのに用いる。「―漬をつくる」表記「糀」とも書く。

【麴菌】こうじキン 子嚢シノウ菌類コウジカビ科のかび。でんぷんを糖化し、たんぱく質を分解する。コウジカビ。季夏

きく【利く】 (7) 刂5 教 4588 4D78 ▼リ(一五五五)

きく【効く】 (8) 力6 教 2490 387A ▼コウ(四八六)

同訓異義 きく(1)

【利く】十分なはたらきをする。可能である。ものをいうなど、広く用いる。「左手が利く」「利き腕」「気が利く」「無理が利く」「ブレーキが利く」「顔が利く」「融通が利く」「口を利く」「保存が利く食品」

【効く】ききめがある。よい作用が現れる。「薬が効く」「宣伝が効いてよく売れる」

きく【聞く】 (14) 耳8 教 4225 4A39 ▼ブン(一三六二)

きく【聴く】 (17) 耳11 常 3616 4430 ▼チョウ(一〇六八)

同訓異義 きく(2)

【聞く】音や声を自然に耳で感じる。言われたことに従う。問う。「物音を聞く」「うわさは聞き流す」「親の忠告を聞く」「聞く耳を持たぬ」「聞くは一時の恥聞かぬは一生の恥」

【聴く】耳をそばだててきく。音色を味わう。「市民の声を聴く」「音楽を聴く」「講義を聴く」「聴き耳を立てる」

きくいただき【鵴】 (19) 鳥8 国 1 訓 きくいただき

意味 きくいただき(菊戴)。ヒタキ科の小鳥。

きくいむし【蠹】 (24) 虫18 7437 6A45 ▼ト(一一三〇)

きこえる【聞こえる】 (14) 耳8 教 4225 4A39 ▼ブン(一三六二)

きこり【樵】 (16) 木12 3033 3E41 ▼ショウ(七六三)

きさき【后】 (6) 口3 教 2501 3921 ▼コウ(四七九)

きさき【妃】 (6) 女3 常 4062 485E ▼ヒ(一二七四)

きざし【兆し】 (6) 儿4 教 3591 437B ▼チョウ(一〇五四)

きざす【兆す】 (6) 儿4 教 3591 437B ▼チョウ(一〇五四)

きざす【萌す】 (11) 艹8 4308 4B28 ▼ボウ(一四一八)

きざはし【陛】 (10) 阝7 教 4237 4A45 ▼ヘイ(一三六八)

きざはし【階】 (12) 阝9 教 1912 332C ▼カイ(一八一)

きざむ【刊む】 (5) 刂3 教 2009 3429 ▼カン(二三二)

きざむ【刻む】 (8) 刂6 教 2579 396F ▼コク(五二五)

きざむ【契む】 (9) 大6 常 2332 3740 ▼ケイ(三九〇)

きし【岸】 (8) 山5 教 2063 345F ▼ガン(二五四)

きじ【雉】 (13) 隹5 8021 7035 ▼チ(一〇三四)

きしむ【軋む】 (8) 車1 7734 6D42 ▼アツ(一四)

きしる【▲軋る】(8) 車1 7734 6D42 ▼アツ(一四)

きす【鱚】(23) 魚12 国 1 8269 7265 音 訓 きす

意味 きす。キス科の海魚。

きず【▲疵】(10) 疒5 6551 6153 ▼シ(六一五)

きず【▲痍】(11) 疒6 6556 6158 ▼イ(三三)

きず【△創】(12) 刂10 教 3347 414F ▼ソウ(九三九)

きず【傷】(13) 亻11 教 2993 3D7D ▼ショウ(七五七)

きず【▲瑕】(13) 王9 6476 606C ▼カ(一五五)

同訓異義 きず

【傷】けがなどで体の一部を損じること。欠点。ほか、広く用いる。「頭に傷を負う」「心の傷を癒す」「古傷が痛む」

【△創】刃物によるきず。切りきず。「刀創」「果たし合いで創を負う」

【▲疵】物についたきず。欠点。「柱の疵」「商品に疵がつく」「疵物」

【▲瑕】宝石のきず。欠点。「そそっかしいのが玉に瑕」「経歴に瑕がつく」「古瑕を暴かれる」

【▲痍】切り傷。刀きず。「傷痍」

きずく【築く】(16) ⺮10 教 3559 435B ▼チク(一〇三八)

きずな【▲紲】(11) 糸5 6908 6528 ▼セツ(八六五)

きずな【▲絆】(11) 糸5 6911 652B ▼ハン(一二六五)

きそう【競う】(20) 立15 教 2205 3625 ▼キョウ(三四三)

きた【北】(5) ヒ3 教 4344 4B4C ▼ホク(一四三三)

きたえる【鍛える】(17) 金9 常 3535 4343 ▼タン(一〇二〇)

きたす【来す】(7) 木3 教 4572 4D68 ▼ライ(一五四四)

きたない【汚い】(6) 氵3 常 1788 3178 ▼オ(一〇九)

きたない【▲穢い】(18) 禾13 6750 6352 ▼ワイ(一六二八)

きたる【来る】(7) 木3 教 4572 4D68 ▼ライ(一五四四)

キチ【吉】(6) 口3 常 3 2140 3548 音 キチ・キツ 訓 外よい

筆順 一 十 士 士 吉 吉

意味 よい。めでたい。さいわい。「吉事」「吉報」「不吉」 対凶

下つき 小吉・大吉・貞吉・不吉

〈吉方〉えほう その年の干支に基づいて決められる、縁起がよいとされる方角。対塞がり 季新年 表記「恵方」とも書く。

【吉事】キチジ めでたい事柄。縁起のよいこと。類慶事 対凶事 参考「キツジ・よごと」とも読む。

【吉日】キチジツ めでたい日。物事をするのに縁起のよい日。「大安―」 類吉辰・佳日・吉旦 対凶日 参考「キチニチ・キツジツ」とも読む。

【吉例】キチレイ めでたいしきたり。「―初売り」 類嘉例 参考「キツレイ」とも読む。

【吉凶】キッキョウ 縁起のよいことと悪いこと。「おみくじを引いて―を占う」

【吉凶禍福】キッキョウカフク 幸いと災い。めでたいことと縁起のよくないこと。参考「凶」「禍」ともに災いの意。

【吉凶は△糾える縄の△如し】 ▼禍福は糾える縄の如し(一五六)

【吉祥】キッショウ めでたいきざし。よいしるし。類瑞祥・吉兆 参考「キチジョウ」とも読む。

【吉祥天】キッショウテン 福徳を与えるとされる女神。吉祥天女。鬼子母神の子で、毘沙門天の妃とされる。参考「キチジョウテン」とも読む。

【吉▲辰】キッシン めでたい日。よい日。類吉日・佳辰 参考「辰」は日・時節の意。

【吉△左右】キッソウ ①よい便り。喜ばしい知らせ。②よいか悪いか、どちらかの便り。参考「左右」は知らせ・便りの意。

【吉相】キッソウ ①よいことのある前ぶれ。類吉兆 ②よい人相。めでたい顔立ち。対凶相

【吉旦】キッタン 「吉日」に同じ。

【吉兆】キッチョウ よいことのある前ぶれ。めでたいきざし。類瑞兆・吉相・吉祥

【吉報】キッポウ よい知らせ。喜ばしい便り。「合格の―が届く」 類快報・吉左右 対凶報

〈吉備奈▲仔〉きびなご ニシン科の海魚。▼黍魚子(七二九)

〈吉丁虫〉たまむし タマムシ科の甲虫。本州以南に分布。体は長楕円形。緑色の地に紅紫色のたてじまがある。金属光沢があり、美しいことから装飾に用いる。季夏 表記「玉虫」とも書く。

【△吉い】よい めでたいさま。幸いである。喜ばしい。「―い縁談」

【△吉事】よごと 「吉事」に同じ。

【△吉言】よごと 天皇の御代が長く繁栄するように祝って述べる言葉。表記「寿詞」とも書く。

キツ【△乞】(3) 乙2 常 2480 3870 ▼こう(五一八)

キツ【吉】(6) 口3 常 2140 3548 ▼キチ(二九四)

キツ【★吃】(6) 口3 準1 2141 3549 音 キツ 訓 どもる・くう・すう

意味 ①どもる。言葉がつかえる。「吃音」 ②飲む。くう。食べる。す(吸)う。

書きかえ ②「喫」に書きかえられるものがある。

【吃音】キツオン 言語障害の一種。言葉がつかえてなめらかに話せない状態。どもること。また、その声。

【吃吃】キツキツ 笑うさま。ひかえめな笑い。また、そのような笑い声の形容。

【吃水】キッスイ ▼書きかえ 喫水(二九五)

【〈吃逆〉】しゃっくり 横隔膜がけいれんを起こし、急に空気を吸いこむことで声門が開き音を発する現象。表記「噦り」とも書く。参考「キツギャク」とも読む。

【吃る】ども-る 言葉を発するときに第一音がつまったり、何度も同じ音を繰り返したりする。

【〈吃驚〉】びっくり 不意の出来事におどろくさま。表記「喫驚」とも書く。参考「キッキョウ」とも読む。

キツ【屹】★ (6) 山 3 1 5408 5628 音 キツ 訓 そばだつ

意味 そばだつ。けわしい。山が高くそびえ立つ。「屹屹」「屹然」「屹立」

【屹屹】キツキツ 山が高くそびえるさま。けわしくそびえ立つさま。

【屹然】キツゼン ①山などが高くそびえ立つさま。②周囲に影響されることなく、孤高を保っているさま。類毅然(キゼン)

【屹度】キット ①必ず。確かに。「―うまくいくだろう」「―来てくださいね」②きびしく。きっぱりと。表情に強い感情を表すさま。「―にらみつける」表記「急度」とも書く。

【屹立】キツリツ ①山やがけが高くそびえ立つさま。②すっくと立ち動かないさま。

【屹つ】そばだ-つ 山などが高くそびえ立つ。けわしくそそり立つ。

キツ【迄】★ (7) 辶 3 準1 4388 4B78 音 キツ 訓 いたる・およぶ・まで

〔迄〕

意味 ①いたる。およぶ。類曁(キ) ②まで。

キツ【佶】(8) 亻 6 1 4843 504B 音 キツ

意味 ①すこやか。かたい。「佶屈」②ただしい。よい。

【佶屈】キックツ ①物や体の一部が折れ曲がって伸びないこと。②文字や文章が、堅苦しくてわかりにくいこと。表記「詰屈」とも書く。

キツ【拮】★ (9) 扌 6 1 5741 5949 音 キツ・ケツ 訓 はたらく・せまる

意味 ①はたらく。「拮据(キッキョ)」②せまる。せめる。はりあう。「拮抗」

【拮据】キッキョ 手や口を動かして、忙しく働くこと。参考「拮」も「据」も忙しく働く意。「ケッキョ」とも読む。

【拮抗】キッコウ 力や勢力がほぼ同じで、互いに張り合うこと。表記「頡頏」とも書く。参考「ケッコウ」の慣用読み。

キツ【桔】(10) 木 6 準1 2143 354B 音 キツ・ケツ

意味 植物の名「桔梗(ケッコウ・キキョウ)」や「桔槔(キッコウ・ケッコウ)(はねつるべ)」に用いられる字。

【桔梗】キキョウ キキョウ科の多年草。山野に自生。初秋、青紫色または白色の釣鐘形の花をつける。秋の七草の一つ。季秋 由来「桔梗」は漢名から。

【桔槔】キッコウ 横木の端につけた重りを利用して他方の端のつるべをはね上げ、井戸水をくみ上げる装置。はねつるべ。参考「ケッコウ」とも読む。

キツ【訖】(10) 言 3 1 7531 6B3F 音 キツ 訓 おわる・やむ・いたる

意味 ①おわる。おえる。とまる。やむ。②いたる。およぶ。類迄(キツ)

【訖わる】お-わる おわりになる。おしまいになる。行きついてやむ。

キツ【喫】(12) 口 9 常 3 2142 354A 音 キツ 訓 外のむ・すう・くう

旧字《喫》(12) 口 9 1/準1

筆順 口 口´ 口十 口キ 口圭 口丰刀 口丰刀 口丰刀 口契 喫 (3)

意味 ①のむ。「喫茶」②すう。「喫煙」③くう。食べる。かむ。「満喫」④こうむる。身に受ける。「喫驚」

書きかえ「吃(キ)」の書きかえ字として用いられるものがある。

下つき 満喫(マンキツ)

【喫煙】キツエン タバコを吸うこと。「―室」「今日は―を控えている」対禁煙

【喫驚】キッキョウ 「喫驚(びっくり)」に同じ。表記「吃驚」とも書く。

【喫緊】キッキン さし迫って大切なこと。「―の問題」表記「吃緊」とも書く。

【喫茶】キッサ ①茶を飲むこと。「社内に―コーナーができた」②「喫茶店」の略。「ジャズ―」参考①「キッチャ」とも読む。

【喫水】キッスイ 水に浮かぶ船の水中に沈んでいる部分。船の最下部から水面までの距離。船脚(ふなあし)。「―線」書きかえ「吃水」の書きかえ字。

【喫する】キッ-する ①飲食する。吸い飲む。「茶を―する」「煙草(タバコ)を―する」②よくない事柄を身に受ける。こうむる。「惨敗を―する」

【喫飯】キッパン 食事をすること。また、生活をすること。表記「吃飯」とも書く。

【喫む】の-む 酒や茶をのむ。吸う。「キセルで煙草(タバコ)を―む」

【〈喫驚〉】びっくり 突然の出来事におどろくようす。「―して立ち止まる」表記「吃驚」とも書く。参考「キッキョウ」とも読む。

キツ【詰】(13) 言6 常 4 2145 354D 音 キツ高 訓 つめる・つまる・つむ 外なじる

筆順 一 ニ 言 言 言 言 言一 言十 言士 詰 詰 詰

意味 ①つめる。つまる。つむ。つめ。②なじる。せめる。といつめる。「詰窮」「詰問」③まがる。かがむ。「詰屈」

下つき 難詰ナンキツ・面詰メンキツ・論詰ロンキツ

【詰屈】キックツ ①かがんで伸びないこと。②文章や文字が、堅苦しくて読みにくいこと。表記「佶屈」とも書く。

【詰責】キッセキ とがめてせめること。なじってせめること。類詰問

【詰問】キツモン 厳しく責めて問いただすこと。「遅刻の理由を―する」

【詰まる】つ―まる ①いっぱいになる。ふさがる。「予定が―る」「下水口が―る」②間隔が縮まる。残り少なくなる。おしせまる。「日が―る」③追いつめられる。窮する。「資金繰りに―る」「返答に―る」

【詰む】つ―む ①すき間がなくなる。つまる。②将棋で、王将の逃げ道がなくなる。転じて、勝負が決まる。または一方が勝つ。「将棋は力の差ですぐ―んでしまった」

【詰襟】つめえり 洋服で、襟の立っているもの。また、その襟。学生服など。「―の制服に制帽姿」対折襟

【詰腹】つめばら 強制されて切腹すること。転じて、強制的に辞職させられること。「不祥事による―を切らされた」

【詰める】つ―める ①ふさぐ。空きがないようにする。ゆとりなく満たす。間隔を縮める。「蜜柑ミカンを箱に―める」「席を―める」②絶え間なく続ける。「根コンを―めて仕事する」③尽きるところまで進む。追いこんで止まる。「地位をのぼり―める」④ある場所で待機する。「本部に―める」⑤倹約する。節約する。「暮らしを―」

【詰る】なじ―る 責める。問いつめて、とがめる。「親友の裏切りを―る」

キツ【橘】(16) 木12 準1 2144 354C 音 キツ 訓 たちばな

意味 たちばな。①ミカン科の常緑小高木。また、ミカン類の総称。「橘柚キツユウ」②四姓(源・平・藤フジ・橘)の一つ。

下つき 柑橘カンキツ・枸橘クキツ・からたち・香橘コウキツ

【橘中の楽しみ】キッチュウのたのしみ 囲碁や将棋をする楽しみ。故事 昔、中国の巴邛ハキョウというところで、ある人が家の庭の大きな橘たちばなの実を割ってみると、二人の老人がその中で碁を楽しんでいたという故事から。〈幽怪録〉

【橘】たちばな ①ミカン科の常緑小高木。初夏、白色の五弁花をつける。実は黄熟するが、酸味が強く、食用には適さない。②古来、食用にするミカン類の総称。

きつね【狐】(9) 犭6 2449 3851 ▼コ(四五三)
きぬ【衣】(6) 衣0 教 1665 3061 ▼イ(二六)
きぬ【帛】(8) 巾5 5471 5667 ▼ハク(一二三八)
きぬ【絹】(13) 糸7 教 2408 3828 ▼ケン(四三〇)
きぬがさ【繖】(18) 糸12 6968 6564 ▼サン(五九〇)
きぬた【砧】(10) 石5 2146 354E ▼チン(一〇七四)
きぬた【碪】(14) 石9 6684 6274 ▼チン(一〇七五)
きね【杵】(8) 木4 2147 354F ▼ショ(七二六)
きのえ【甲】(5) 田0 常 2535 3943 ▼コウ(四七六)
きのこ【茸】(9) 艹6 3491 427B ▼ジョウ(七七四)
きのこ【菌】(11) 艹8 常 2261 365D ▼キン(三五九)
きのこ【蕈】(15) 艹12 ▼シン(八〇九)
きのと【乙】(1) 乙0 常 1821 3235 ▼オツ(一二五)
きば【牙】(4) 牙0 常 1871 3267 ▼ガ(一六一)
きはだ【檗】(17) 木13 6101 5D21 ▼ハク(一二四三)
きび【黍】(12) 黍0 2148 3550 ▼ショ(七二九)
きび【稷】(15) 禾10 6745 634D ▼ショク(七八五)
きびしい【酷しい】(14) 酉7 常 2583 3973 ▼コク(五二八)
きびしい【厳しい】(17) ⺍14 教 2423 3837 ▼ゲン(四四五)
きまる【極まる】(12) 木8 教 2243 364B ▼キョク(三四九)
きみ【公】(4) 八2 教 2488 3878 ▼コウ(四七一)
きみ【王】(4) 王0 教 1806 3226 ▼オウ(一一〇)
きみ【君】(7) 口4 教 2315 372F ▼クン(三八一)
きみ【卿】(12) 卩10 2210 362A ▼ケイ(三九五)
きめる【決める】(7) 氵4 教 2372 3768 ▼ケツ(四一一)
きめる【極める】(12) 木8 教 2243 364B ▼キョク(三四九)
きも【肝】(7) 月3 常 2046 344E ▼カン(二三五)
きも【胆】(9) 月5 常 3532 4340 ▼タン(一〇一三)
キャ【脚】(11) 月7 常 2151 3553 ▼キャク(二九七)

キャク【却】(7) 卩5 常 4 2149 3551 音 キャク 訓 外しりぞく・しりぞける・かえって

〔卻〕 1 5042 524A

筆順 一 十 土 去 去 去卩 却

意味 ①しりぞく。さがる。「退却」②しりぞける。かえす。「却下」「返却」③かえって。予想に反して。④(動詞のあとにつけて)…しおわる。…してしまう。「焼却」「売却」

下つき 閑却・困却・棄却・消却・焼却・償却・退却・脱却・売却・返却・忘却・没却・滅却・冷却

【却って】かえって 逆に。反対に。予期に反して。「そんなことをしたら―手間がかかる」

【却走】キャクソウ しりぞき走ること。逃げ戻ること。

【却下】キャッカ 願いや訴えを受けつけずに返すこと。しりぞけること。「申請を―する」「弁護側の主張は―された」 類 棄却

【却行】キャッコウ あとずさりすること。じりじり後退すること。

【却く】しりぞく 後ろに引き下がる。あとずさりする。引っこむ。

【却ける】しりぞける ①押し戻す。つきかえす。断る。こばむ。「請願を―ける」 ②やめさせる。遠ざける。「要職から―ける」「秘書を―けて話をする」

キャク【▲卻】(9) 卩7 5042 524A ▼却の異体字(二九六)

キャク【客】(9) 宀6 教 常 8 2150 3552 音 キャク・カク㊥ 訓 外 まろうど

筆順 丶 宀 宀 宀 宊 灾 客 客 客

意味 ①招かれてきた人。まろうど。「客間」「来客」 ②商売の相手。料金を払う人。「客車」「顧客」 ③たび。たびびと。「客死」 ④自己に対するもの。「客観」「客体」 対 ①④主 ⑤ひと。…する人。「墨客」「論客」 ⑥過ぎ去ったことを表す。「客年」

下つき 観客・侠客・剣客・顧客・刺客・主客・酒客・上客・常客・乗客・食客・先客・珍客・賓客・来客・旅客・論客

【客員】カクイン 正式の所属でなく、客としての待遇を受ける人。「―教授」 対 正員 参考「キャクイン」とも読む。

【客▲寓】カクグウ ①客となって身を寄せること。また、その家。 ②旅先の仮住まい。 参考「寓」は仮住まいの意。

【客歳】カクサイ 「客年」に同じ。 参考「キャクサイ」とも読む。

【客舎】カクシャ 旅人の泊まる宿屋。旅先の宿。 類 旅館 参考「キャクシャ」とも読む。

【客年】カクネン 昨年。去年。 類 客歳 参考「キャクネン」とも読む。

【客▲臘】カクロウ 去年の一二月。昨年末。 類 旧臘 参考「臘」は陰暦一二月の意。

【客気】カッキ 一時的に勇んではやる気持ち。「―にかられて殴りつけた」 類 血気 参考「カクキ・キャッキ」とも読む。

【客演】キャクエン 役者や音楽家などが、自分の所属団体以外の興行に招かれて臨時に出演すること。

【客死】キャクシ 旅先で死ぬこと。「フランスで―した」 参考「カクシ」とも読む。

【客体】キャクタイ ①意志や行為・作用などの対象・相手となるもの。 ②主体と無関係に外界に存在するもの。 類 客観 対 ①②主体 参考「カクタイ」とも読む。

【客種】キャクだね 客の種類や人柄。「―が悪い店」 類 客層・客筋

【客土】キャクド 土壌改良のために質のちがう土を入れること。また、その土。 参考「カクド」とも読む。

【客観】キャッカン ①主観の認識や行為の対象となるもの。 ②「客体」に同じ。 対 ①②主観 表記「カッカン」とも読む。

【客観的】キャッカンテキ 個人の考え(主観)にとらわれず、だれが見ても妥当と見えるようす。「―に判断しても彼女に非がある」 対 主観的

【〈客人〉・▲客】まろうど 訪ねてくる人。訪問客。 由来「まらひと」の転じたもの。まれに来る人の意から。 表記「賓」とも書く。 参考「まれびと」とも読む。

【客▲実】まろうどざね 客の中で最も大事な人。主になる客。正客。主賓。 表記「賓実」とも書く。

キャク【▲格】(10) 木6 教 1942 334A ▼カク(一九七)

キャク【脚】(11) 月7 常 4 2151 3553 音 キャク・キャ㊥ 外 カク 訓 あし

筆順 丿 刀 月 月 肚 肚 胠 胠 胠 脚 脚 (4)

意味 ①あし。すね。「脚力」 ②足のように下にあって、支えとなるもの。「橋脚」 ③あしば。立場。身分。「失脚」 ④あしのついている道具を数える語。 ⑤漢字の構成部分の一つ。「偏旁冠脚」

下つき 行脚・橋脚・健脚・三脚・失脚・馬脚・飛脚・立脚

【脚】あし ①膝からくるぶしまでの部分。すね。 ②物を下から支えるもの。「机の―」

【〈脚結〉】あゆい 古代の男性が動きやすいように袴を膝頭の下で結んだひも。 対 手結 表記「足結」とも書く。

【脚気】カッケ ビタミンB1の欠乏が原因で起こる病気。倦怠感や手足のしびれ、むくみなどを伴う。 季 夏

【脚韻】キャクイン 詩歌で、句や行の最後に同じ音の語を使って韻をそろえること。また、その韻。「―を踏む」 対 頭韻

【脚色】キャクショク ①小説や実話などを映画・演劇などに上演できる形に書き直すこと。 類 劇化 ②事実を誇張したり、作り話を入れたりしておもしろくすること。「彼の話は―が多い」

【脚線美】キャクセンビ すらりとしたあしの曲線の美しさ。多く、女性に用いる。

【脚注・脚▲註】キャクチュウ 書物の本文の下につけられた注釈。「―を

き

キャク

参照して口語訳する」対頭注

【脚本】キャクホン 映画や演劇などのせりふや動作・舞台装置などを記した冊子。シナリオ。「新しい劇の―を書いた」類台本

【脚力】キャクリョク 歩いたり走ったりするあしの力。「―がある」「―を鍛える」

【脚立・〈脚▲榻〉】キャたつ 二つの小型のはしごの上端を組み合わせ、八の字形に開いて使う踏み台。「―に上がって棚の上を整理する」

【脚下照顧】キャッカショウコ 身近なことに気をつけること。自分の足元をよくよく見ること。自分のことをよく反省すること。もと禅家の語で、他に向かって悟りを求めず、まず自分の本性をよく見よということ。参考「照顧脚下」ともいう。

【脚光】キャッコウ 舞台の前の下方から出演者に当てる照明。フットライト。「歌手として―を浴びる（大勢の人に注目される）」

【脚▲絆・脚半】キャハン 昔、旅行や作業のとき、あしを守り動きやすくするためにすねに当てたり巻きつけたりした布。ゲートル。

ギャク【虐】

(9) 虍 3 常 3 2152 / 3554

音 ギャク
訓 しいたげる高 外むごい

筆順 丨 ト ト 广 卢 卢 虍 虐 虐

意味 しいたげる。いじめる。むごいめにあわせる。むごい。「虐待(ギャクタイ)」

下つき 残虐(ザンギャク)・自虐(ジギャク)・大虐(タイギャク)・暴虐(ボウギャク)

【虐殺】ギャクサツ むごたらしい手口で人を殺すこと。類惨殺(ザンサツ)

【虐使】ギャクシ 思いやりなく、人をひどくこき使うこと。類酷使

【虐政】ギャクセイ 人民を苦しめるむごい政治。「―に屈せず立ち上がる」類苛政(カセイ)

【虐待】ギャクタイ いじめるなど、ひどい扱いをすること。むごたらしい扱い。「幼児―」「動物を―してはいけない」

【虐げる】しいたげる むごたらしく扱う。また、不当にいじめる。「―げられた民衆」

ギャク【逆】

(9) 辶 6 教 常 6 2153 / 3555

音 ギャク 外ゲキ
訓 さか・さからう 外むかえる・あらかじめ

旧字《逆》(10) 辶 6 1/準1

筆順 丶 丷 䒑 䒑 屰 屰 屰 逆 逆

意味 ①さかさま。順序や方向が反対である。「逆風」「逆行」 ②さからう。道理にそむく。「逆賊」「反逆」 ③のぼせる。「逆上」 ④むかえる。「逆旅(ゲキリョ)」 ⑤あらかじめ。まえもって。「逆睹(ギャクト)」

対 ①②順 類 ④迎

下つき 悪逆(アクギャク)・凶逆(キョウギャク)・順逆(ジュンギャク)・大逆(タイギャク)・莫逆(バクギャク)・反逆(ハンギャク)・暴逆(ボウギャク)

【逆縁】ギャクエン 仏 ①悪事がかえって仏道に入る縁となること。②親が子の、年長者が年少者の、また生前敵対した相手の弔いや供養をすること。「―ほど親不孝なことはない」対①② 順縁 ③無縁の者が死者の供養をすること。

【逆▲鞘】ギャクざや 買い値が売り値より高いなど、二つの価格の差が本来あるべき状態と逆転していること。精算取引や中央銀行の公定割引歩合などにいう。対順鞘

【逆算】ギャクサン 順序が本来とは反対で、後ろから前にさかのぼって計算すること。

【逆修】ギャクシュ 仏 ①生前に死後の幸福を祈って仏事を行うこと。また、生前に法名を受け、墓に朱書きすること。類予修 ②年長者が年少者の冥福(メイフク)を祈ること。

【逆襲】ギャクシュウ 攻められていた者が、逆に攻撃すること。「―に転じる」

【逆取順守】ギャクシュジュンシュ 道理にはずれた方法で目的を達成したあと、道理にしたがって守ること。由来 中国古代、殷(イン)の湯王(トウオウ)と周の武王が道理にそむいて、武力により天下を取ったが、天子になってからは道にしたがってよい政治を行ったことから。〈『史記』〉

【逆上】ギャクジョウ 激しい怒りや悲しみなどで頭に血がのぼること。興奮して理性や分別がつかなくなること。「―して殴りかかる」

【逆接】ギャクセツ 前の文・句に対して反対の意味の文・句があとに接続すること。「しかし」「ところが」などの接続詞を用いる。対順接

【逆説】ギャクセツ 真理に反しているようで、実は真理を言い当てている表現。パラドックス。「負けるが勝ち」の類。「―的な表現」

【逆賊】ギャクゾク 国家や主君などにそむく悪人。反逆者。類逆徒

【逆転】ギャクテン ①物事のなりゆきや優劣・順序などがそれまでと反対になること。「急に形勢が―した」②それまでと反対の方向に回転すること。「―の発想」類反転

【逆▲睹】ギャクト あらかじめ見通しをつけること。「―しがたい結末」類予測・予想 参考「ゲキト」とも読む。「睹」は見る意。

【逆風】ギャクフウ 進む方向から吹いてくる風。向かい風。転じて、不利な情勢のたとえ。「―のなかを出航する」「―をものともせず市長選に立候補する」対順風

【逆用】ギャクヨウ 本来とは反対の目的に利用すること。「相手の力を―する戦術」

【逆流】ギャクリュウ 逆の方向に流れること。また、その流れ。「海水が川に―する」

【逆浪】ギャクロウ 逆風によって起こる大波。参考「ゲキロウ」と読めば、世の中が混乱する意もある。「さかなみ」とも読む。

【逆境】ギャッキョウ 不運で思うように行かず、苦労の多い身の上。不運な境遇。「―にもめげない強い精神」「―に耐える」対順境

【逆行】ギャッコウ ①反対の方向に進むこと。あと戻り。「時代の流れに―する」②地球

から見て、惑星が天球上を東から西に動くこと。対①②順行

【逆旅】ゲキリョ 宿屋。旅館。参考「逆」はむかえる、「旅」は旅人の意。

【逆鱗】ゲキリン 天子の怒り。また、目上の人の激しい怒り。由来竜のあごの下に一枚だけ逆さに生えたウロコがあり、それに人が触れると、竜が怒ってその人を殺すという中国古代の伝説から。天子を竜にたとえていう。《韓非子》

【逆鱗に触れる】実力者や目上の人のひどい怒りを買うこと。「将軍の―」

【逆上がり】さかあがり 器械体操の一種。鉄棒にぶら下がって両足を上にあげ、腕を曲げながら反動をつけて体を後ろに回転させて尻のほうから上がるもの。尻上がり。

【逆恨み】さかうらみ ①恨みに思っている人から逆に恨まれること。②人の好意を悪く解して、逆に恨むこと。「忠告に対して―する」

【逆髪】さかがみ ①さかだった髪。「風にあおられ―になる」②髪を乱した化け物。

【逆子・逆児】さかご 母胎内の赤ん坊がふつうとは逆に足を下にしていること。また、その体勢のまま産まれる子。

【逆様】さかさま 順序や位置などが反対であること。また、そのさま。ぎゃく。さかさ。さかしま。「―に落ちる」

【逆立ち】さかだち ①両手を地について、両足を上に伸ばして立つこと。倒立。「どう―しても(どんなに無理をして頑張っても)」②上下の位置が反対になっていること。「本が―している」類①②鯱立ち

【逆手】さかて ①通常の向きとは逆に握ること。「鉄棒を―に握る」対順手 ②相手の攻撃をかわし、それを逆に利用して攻めること。「相手の意見を―にとる」参考「ギャクて」とも読む。

【逆撫で】さかなで ①相手の気にさわるような言動をすること。「遺族の神経を―するような報道」②毛の生えている方向とは逆の向きになでること。

【逆波・逆浪】さかなみ 「逆浪」に同じ。

【逆巻く】さかまく ①波がわき上がるように荒立つ。流れに逆らってはげしい波が起こる。「船が―く波を乗り越える」②煙や火などがはげしく巻き上がる。「―く戦火の中」

【〈逆戟〉・逆叉】さかまた シャチの別称。イルカ科の哺乳動物。背は黒色、腹は白色。背びれは直立する。

【逆〈虎落〉】さかもがり 「逆茂木」に同じ。

【逆茂木】さかもぎ 敵の侵入を防ぐため、とげのある木の枝などを並べて垣根のようにしたもの。逆虎落。類鹿砦

【逆夢】さかゆめ 夢で見たのと逆のことが現実に起こる夢。対正夢

【逆らう】さからう ①相手の言うことにそむく。反抗する。「生まれて初めて親に―う」②情勢や流れと逆の方向に進もうとする。「人の流れに―って歩く」

【逆艪・逆艫】さかろ 船の前と後ろの両方に艪をつけ、どちらにも進めるようにしたもの。

【〈逆上〉せる】のぼせる ①頭に血がのぼり、ぼうっとする。上気する。「風呂で―せる」②理性を失い血迷う。「―せて事件を起こす」③他をかえりみないほど熱中する。夢中になる。「あんな男に―せてどうする」「人気アイドルに―せる」④思いあがる。「主任になったくらいで―せるな」

ギャク【逆】(10) 辶6 ▼逆の旧字(二九八)

ギャク【瘧】(14) 疒9 1 6574 616A 音 ギャク 訓 おこり

意味 おこり。わらわやみ。マラリア。「瘧疾」

【〈瘧草〉】えやみぐさ ①リンドウの古名。②オケラの別称。由来①葉を瘧の薬としたことから。表記「疫病草」とも書く。

【瘧】おこり 一定の周期で発熱し、強い悪寒を伴う病気。マラリア性の熱病。わらわやみ。季夏

【瘧疾】ギャクシツ 「瘧」に同じ。

ギャク【★謔】(16) 言9 1 7566 6B62 音 ギャク 訓 たわむれる

意味 たわむれる。おどける。ふざける。「謔笑」

下つき 諧謔・戯謔・嘲謔

【謔れる】たわむれる 冗談を言う。ふざける。おどける。

きゃん【俠】(9) 亻7 1426 2E3A ▼キョウ(三三二)

キュウ【九】(2) 乙1 教 常 10 2269 3665 音 キュウ・ク 訓 ここの・ここのつ 外あまた

筆順 ノ 九

意味 ①ここのつ。数の名。「九曜」「九輪」②数量の多いこと。あまた。「九死」「九拝」

下つき 重九・陽九

【九夷】キュウイ 古代中国で、東方の九種類の異民族。また、多くの異民族の総称。

【九夏三伏】キュウカサンプク 夏の最も暑い土用のころのこと。また、夏。「九夏」は夏の九〇日間。「三伏」は初伏(夏至後の三番目の庚の日)・中伏(夏至後四番目の庚の日)・末伏(立秋後の最初の庚の日)。

【九官鳥】キュウカンチョウ ムクドリ科の鳥。東南アジア原産で、愛玩用に飼育する。全身は黒く、くちばしとあしは黄色。よく人の言葉をまねる。

【九牛の一毛】キュウギュウのイチモウ 多くの中のきわめてわずか

な部分。また、取るに足りないささいなこと。多くの牛の中の一本の毛の意から。「九」は数の多いことをいう。〈司馬遷の文〉 類 滄海の一粟

【九竅】 キュウキョウ 人体にある九つのあな。口が一つ、目・鼻・耳が各二つ、大小便の二つ。類 九穴 参考 「竅」は、人体のあなの意。

【九皐】 キュウコウ 奥深い沢。「鶴—に鳴き、声天に聞こゆ」 参考 「皐」は、沢の意。

【九死に一生を得る】 キュウシにイッショウをうる ほとんど助かる見込みのない命が、かろうじて助かること。十のうち九までが死ぬ意。類 十死一生・万死九生

【九州】 キュウシュウ ①古代中国で、全土を九つの州に分けたもの。転じて、中国全土。②日本列島で本州の西南に位置する九州地方。

【九仞】 キュウジン きわめて高いこと。参考 「仞」は長さや高さの単位。中国、周代では一仞は七尺で、約一五七・五センチメートル。

『九仞の功を一簣に虧く』 最後のわずかな努力を怠ったために、それまでの努力が台無しになるたとえ。高い山を築くのに、完成を目前にしてあと一もっこの土盛りの作業をやめてしまえば山はできない意から。「簣」は土を載せて運ぶ竹製のかご、もっこ。由来 中国、周の召公が兄の武王をいさめた言葉から。〈書経〉 参考 「九仞の功」「九仞一簣」「一簣の功」ともいう。

【九星】 キュウセイ 陰陽道で運勢などを占うのに用いる、一白・二黒・三碧・四緑・五黄・六白・七赤・八白・九紫の九つの星。これに五行や方位を組み合わせ、人の生まれた年にあてはめて吉凶を判断する。

【九重】 キュウチョウ ①幾重にも重なること。また、その重なり。「—の天(天の最も高い所)」②天子の宮殿。宮殿が九つの門の奥にあったことからいう。類 宮中・宮城 参考 「ここのえ・クジュウ」とも読む。

【九腸寸断】 キュウチョウスンダン 非常につらくて悲しいことの形容。▼断腸(一〇二四)

【九鼎大呂】 キュウテイタイリョ 貴重なもの、重要な地位や名声などのたとえ。「九鼎」は、中国古代、夏の禹王が九州(中国全土)から銅を献上させて作った鼎で、天子の象徴でもある。「大呂」は、周王朝の大廟に供えた大つり鐘。いずれも非常に貴重なもの。〈史記〉 類 一言九鼎

【九天】 キュウテン ①天の高い所。九重の天。②宮中。③古代中国で、天を中央と八方の九つに分けて呼んだもの。④仏教で地を中心に回る九つの天体。参考 ④「クテン」とも読む。

【九拝】 キュウハイ ①敬意や謝意を表し、何度も頭を下げること。「三拝—する」②手紙の末尾に用い、敬意を表す語。

【九蓋草】 クガイソウ ゴマノハグサ科の多年草。山地に自生。葉が四～八枚ずつ輪生し、九段ほどつく。夏、淡紫色のトラノオに似た花穂を円錐状につける。由来 葉が九段ほど輪生することから。表記 「威霊仙」とも書く。

【九九】 クク 一から九までの数字を順にかけ合わせて積を並べた表。また、その数え方。

【九献】 クコン ①三三九度。酒を三献ずつ三度さすこと。②女房詞で酒。

【九年母】 クネンボ ミカン科の常緑低木。インドシナ原産。暖地で栽培。夏、香りの高い白色の花をつけ、香気と甘味のある黄色の果実を結ぶ。食用。季 冬 表記 「香橘」とも書く。

【九分九厘】 クブクリン ほとんど完全に近いようす。「—大丈夫だ」「—でき上がった」 由来 十分に一厘足りないだけの意から。類 十中八九

【九品】 クホン 仏 極楽往生する際に、生前の行いによって受ける九つの階位。上品・中品・下品の三品をそれぞれさらに上生・中生・下生に分ける。

【九曜】 クヨウ 「九曜星」の略。日月火水木金土の七曜星に計都など二星を加えた九つの星。陰陽家が運命を占うのに用いた。

【九輪】 クリン 仏 寺院の塔の先端に施された装飾で、水煙と露盤の間につける九つの輪。類 相輪

【九】 ここの ①ここのつ。ここのたび。数の名。九回。②いくつも。多数。「—重」 参考 ①数字を数えるとき、「この」とも読む。

【〈九十〉・〈九十路〉】 ここのそじ 九〇。特に、年齢を数えるときに用いる。

【九つ】 ここのつ ①一の九倍。八つより一つ多い数。②九歳。③昔の時刻の名で、午前と午後の一二時ごろ。ここのつどき。

【〈九十九〉】 つくも ①「九十九髪」の略。②フトイの別称。カヤツリグサ科の多年草。池沼に生える。表記 「江浦草」とも書く。

【〈九十九〉髪】 つくもがみ 年老いた女性の白髪。由来 水草のツクモに似ているからとも、九十九を「百」の字に一画足りない「白」として白髪にたとえたからともいう。表記 「江浦草髪」とも書く。

【〈九十九〉折】 つづらおり 幾重にも折れ曲がって続く坂道。「—の山道の奥深くまで分け入る」 由来 ツヅラフジのつるのように幾重にも曲がりくねっていることから。表記 「葛折」とも書く。

【〈九面芋〉】 やつがしら サトイモの一品種。親芋を中心に小芋がたくさんできて大きな塊となる。茎と芋は食用。季 秋 表記 「八頭」とも書く。

キュウ 【久】

(3) ノ 2 常 教 6

2155 / 3557

音 キュウ・ク(高)

訓 ひさしい

筆順 ノ ク 久

意味 ひさしい。長い間。「久遠」「永久」参考「久」の二画目までが片仮名の「ク」に、草書体が平仮名の「く」になった。

下つき 永久・恒久・持久・耐久・地久・長久・悠久

【久▲闊】キュウカツ 長い間会わないこと。久しく便りをしないこと。「―をわびる」参考「闊」は間があいている意。

【久離】キュウリ 江戸時代、連帯責任から逃れるため、親族に迷惑をかけるような素行の悪い子弟の縁を切ったこと。勘当。「―を切る」表記「旧離」とも書く。

【久遠】クオン 時が果てしなく続くこと。「―の理想を求める」類 永遠・永久

【久方振り】ひさかたぶり ひさしぶり。しばらくぶり。「―の帰省」

【久しい】ひさ-しい ①時間が長い間続くさま。また、古くからのようす。「幾―く栄える」②ひさしぶりであるさま。しばらくたっている。「会わなくなって―い」

【久久】ひさびさ 長い月日を隔てているようす。ひさしぶり。「―に母校を訪れる」

キュウ【及】(3) 又 1 常 4 2158 355A 音 キュウ 訓 およぶ・および・およぼす

旧字《及》(4) 又 2 1/準1

筆順 ノ 乃 及

意味 ①およぶ。追いつく。およぼす。「及第」「言及」②および。ならびに。

下つき 言及・追及・波及・普及・論及

【及び】およ-び ならびに。また。名詞を並列するときに用いる語。「岩手―山形などの東北」

【及び腰】およびごし ①中腰で手を伸ばして物を取ろうとする、不安定な姿勢。「―になる」②どっちつかずの態度。中途半端であること。「―で応対する」

【及びもつかない】およ-びもつかない とてもかなわない。並ぶこともできない。「―いすごい記録だ」

【及ぶ】およ-ぶ ①ある時点・数量・段階・範囲・場所などに達する。至る。「子どもにまで被害が―ぶ」「その才能は常人の―ぶところではない」「―ばずながら協力致します」②匹敵する。対等の水準になる。「彼に―ぶ者はいない」③何とかできる。かなう。「―ばぬ恋」

【及第】キュウダイ 試験などに合格すること。一定の条件を満たすこと。対 落第

【及落】キュウラク 及第と落第。合格と不合格。合否。「―を決定する会議」

〈及己〉ふたりしずか センリョウ科の多年草。山地の林下に自生。初夏、花穂を二本出し、白い小花を多数つける。由来「及己」は漢名。表記「二人静」とも書く。

キュウ【弓】(3) 弓 0 教 常 9 2161 355D 音 キュウ㊥ 訓 ゆみ

筆順 フ コ 弓

意味 ①ゆみ。「弓馬」「洋弓」②ゆみの形をしたもの。「弓状」「弓形」

下つき 強弓・胡弓・大弓・半弓・洋弓・楊弓・良弓

【弓▲箭】キュウセン ①「弓矢」に同じ。②弓矢をとる身。武士。「―の家に生まれる」参考「箭」は矢の意。

【弓道】キュウドウ 武道の一つで、弓を射る技術。弓術。類 射芸・射術

【△弓場】ゆば 弓を練習する所。弓庭。参考「ゆみば」とも読む。

【△弓▲筈・〈弓▲弭〉】ゆはず 弓の両端の、弦をかける部分。参考「ゆみはず」とも読む。

【弓】ゆみ ①竹などに弦を張って矢を射る道具。②①を用いて矢を射るわざ。弓術。「―の使い手」③①の形のように曲がったもの。特に、バイオリンなどの弦楽器の弦をこすって音を出すもの。

【弓折れ▲箭尽く】ゆみおれやつく 戦いに敗れること。また、力尽きてどうにもならないこと。表記「箭」は「矢」とも書く。

【弓弦】ゆみづる 弓に張る撚り糸。つる。参考「ゆづる」とも読む。

【弓△形】ゆみなり 弦を張った弓のような形。「―に反る」参考「ゆみがた」とも読む。

【弓張り月】ゆみはりづき 弓の形をした月。上弦と下弦がある。類 弦月 季 秋

【弓矢】ゆみや ①弓と矢。弓または矢。②武器や武具。③戦争。類 ①〜③弓箭 参考「キュウシ」とも読む。

【△弓手】ゆんで 左の手。左のほう。対 馬手・右手 由来 弓を左手で持ったことから。表記「左手」とも書く。

キュウ【★仇】(4) イ 2 準1 2156 3558 音 キュウ 訓 あだ・かたき・つれあい

意味 ①あだ。かたき。うらみ。「仇恨」「仇敵」②つれあい。相手。類 逑

下つき 復仇

【▲仇】あだ ①「仇」に同じ。②ひどい仕打ち。悪意。「恩を―で返す」

【▲仇も情けも我が身より出る】他人から受けるひどい仕打ちも思いやりも、もとは日ごろの自分の態度の結果であるということ。

【▲仇を恩にして報ずる】うらみごとのある人に、かえって情けをかけること。類 怨みに報ゆるに徳を以てす 対 恩を仇で返す

【▲仇討ち】あだうち ①主君や親などを殺害した者を殺してうらみを晴らすこと。「曽

我が兄弟の―」②負けた相手に仕返しをすること。「ホームランで前の対戦の―をした」参考「かたきうち」とも読む。

【仇】かたき キュウ うらみのある相手。憎い相手。「親の―と憎む」「―討ち」参考「あだ」とも読む。

【仇怨】キュウエン うらみ。また、あだ。「永年の―の思いをはらす」類怨恨

【仇敵】キュウテキ 憎いかたき。うらみのあるかたき相手。あだ。「ついに―を倒す」類仇讐キュウシュウ

キュウ【及】(4) 又2 ▼及の旧字(三〇一)

キュウ【丘】(5) 一4 常 4 2154 3556 音キュウ 訓おか

筆順 ノ 亻 亻 斤 丘

意味 おか。小高い土地。また、墓。「丘陵」

下つき 円丘エンキュウ・砂丘サキュウ・段丘ダンキュウ・陵丘リョウキュウ

【丘】おか 土地の小高くなった所。小高い山。「―の上に白い家が見える」

【丘壑】キュウガク ①丘と谷。②世俗を離れた隠者の住む別天地。また、隠者になること。「―の美なる別天地を旅す」

【丘垤】キュウテツ 小さな山。小さな丘。参考「垤」は丘や蟻塚ありづかの意。

【丘阜】キュウフ 「丘陵キュウリョウ」に同じ。参考「丘」「阜」ともに、おかの意。

【丘陵】キュウリョウ 丘。小高い所。起伏のなだらかな小山。「その古墳は―地帯にある」類丘阜キュウフ

キュウ【旧】(5) 日1 常 教 6 2176 356C 音キュウ 訓外ふるい・もと・ふる・ふるびる

旧字《舊》(18) 臼12 1/準1

旧字《舊》(17) 臼11 1/準1 7149 6751

筆順 丨 ＝ 𠃊 旧 旧

意味 ①ふるい。以前の。もとの。「旧字」「旧跡」対新 ②もと。むかし。過去。「懐旧」「復旧」③ふる。長い年月を経ている。ふるびる。④古いなじみ。「旧知」「旧交」⑤旧暦のこと。「旧盆」

下つき 懐旧カイキュウ・耆旧キキュウ・故旧コキュウ・守旧シュキュウ・新旧シンキュウ・倍旧バイキュウ・復旧フッキュウ

【旧痾】キュウア 以前かかった古い病気。また、昔から治らない病気。類持病・宿痾 参考「痾」は、なかなか治らない病気の意。

【旧悪】キュウアク 以前に犯した悪事。過去の悪い行い。「―が露見する」

【旧雨今雨】キュウウコンウ 古い友人と新しい友人。由来「雨」と「友」の中国での漢字音が通じることから、しゃれていったもの。〈杜甫トホの詩〉

【旧怨】キュウエン 昔のうらみ。古いあだ。「―は水に流した」

【旧恩】キュウオン 昔の恩。かつて世話になった恩義。「―に報いる」

【旧家】キュウカ ①古くから続いている由緒ある家柄。「彼女は―の出身だ」類名門 ②かつて住んでいた家。

【旧懐】キュウカイ 昔のことをなつかしむこと。また、その気持ち。「―の情」類懐旧

【旧慣】キュウカン 昔からのならわし。古い習慣。慣例。類旧習

【旧観】キュウカン 昔のありさま。以前の姿。「―に復する」

【旧誼】キュウギ ふるいよしみ。昔のなじみ。「竹馬チクバの友が―を頼って上京してきた」類旧好

【旧居】キュウキョ もと住んでいた家。以前のすまい。類旧宅 対新居

【旧交】キュウコウ 昔からの交際。古くからのつきあい。「―を温める」

【旧址・旧趾】キュウシ 歴史上知られた出来事や建物などがあった所。類旧跡・旧蹟キュウセキ

【旧主】キュウシュ ①もと仕えていた主君・主人。類旧君 対新主 ②前代の君主。

【旧習】キュウシュウ 昔からのしきたり。古くから続いている風習。類旧慣

【旧跡】キュウセキ 歴史的に知られた出来事や建築物などのあったあと。類旧址・旧趾キュウシ 書きかえ「旧蹟」の書きかえ字。

【旧蹟】キュウセキ ▼書きかえ 旧跡

【旧態依然】キュウタイイゼン 昔のままで少しも進歩しないさま。「―としたやり方」類十年一日ジュウネンイチジツ

【旧宅】キュウタク もと住んでいた家。以前の住居。類旧居 対新宅

【旧知】キュウチ 古くからの知り合い。昔なじみ。「―の仲」類旧友

【旧冬】キュウトウ 昨年の冬。多く、手紙文で新年になって用いる。類昨冬・客冬カクトウ・旧臘キュウロウ 季新年

【旧套】キュウトウ 昔ながらの古い形式・習慣。また、ありきたりの手段・形式。「―を固守する」類旧態・旧習 参考「套」は古くさい意。

【旧套墨守】キュウトウボクシュ 古いしきたりやその形式・方法などを固く守り続けること。また、そのために融通のきかないこと。「墨守」は固く守ること。類因循守旧 対吐故納新トコノウシン

【旧年】キュウネン 去年。昨年。新年のあいさつなどに使う。類客年・旧臘キュウロウ 対新年 参考「ふるとし」とも読む。

【旧聞】キュウブン 以前に聞いた話。古い話。「―に属する」

【旧弊】キュウヘイ ①古くからある悪いしきたり。「―を打破する」②昔ながらの習慣や考え方にとらわれているさま。「―なものの考え方」

「父は—で頑固だ」類因循

【旧法】キュウホウ ①今は廃止されている古い法律・法令。②古い方法。対①②新法

【旧盆】キュウボン 陰暦で行われる盂蘭盆(ウラボン)。八月一三日から一五日に先祖の供養をする。季秋 参考 七月に行われる地域もある。

【旧約聖書】キュウヤクセイショ キリスト教聖典の一つ。もとユダヤ教の聖典で、キリスト(救世主)の出現を予言している。全三九巻。旧約全書。対新約聖書 参考「旧約」は、神の人間に対する以前からの契約の意。

【旧友】キュウユウ 古くからずっと交際のある友達。昔なじみ。類旧知

【旧遊】キュウユウ ①以前に訪れたことがある土地。「—の地」類曽遊(ソウユウ) ②以前一緒に遊んだ友人。

【旧来】キュウライ 昔から。以前からずっと続いていること。「—の悪習」類従来

【旧暦】キュウレキ 太陰暦の別称。太陽暦に対し、月の運行をもとにして作られたもの。一八七二(明治五)年以前に使われていた。陰暦。対新暦・太陽暦

【旧臘】キュウロウ 去年の暮れ。去年の一二月。多く、年始のあいさつなどにいう。類旧冬 参考「臘」は陰暦一二月のこと。

【旧事紀】クジキ 神代から推古天皇までの事跡を記した一〇巻からなる歴史書。序には蘇我馬子(そがのうまこ)らの撰(セン)とあるが、平安時代ごろの成立と推定されている。先代旧事本紀(センダイクジホンギ)。旧事本紀。

【△旧い】ふるい ①昔の。以前からの。古びた。②もともとの。

【△旧年】ふるとし ①「旧年(キュウネン)」に同じ。②新年・立春に対し、暮れていく年。年内。

【△旧びる】ふるびる 古い感じがするようになる。時代遅れになる。「—びた建物」

【△旧】もと むかし。以前。以前の状態。

き キュウ

キュウ【休】 (6) 亻4 教 常 10 2157 3559 音 キュウ 訓 やすむ・やすまる・やすめる 外 いこう・やめる・さいわい・よい

筆順 ノ 亻 仁 什 休 休

意味 ①やすむ。いこう。くつろぐ。「休憩」「休息」②やめる。中止する。「休戦」「休刊」③さいわい。よろこび。「休戚(キュウセキ)」④よい。りっぱな。

下つき 運休(ウンキュウ)・帰休(キキュウ)・公休(コウキュウ)・週休(シュウキュウ)・代休(ダイキュウ)・定休(テイキュウ)・年休(ネンキュウ)・半休(ハンキュウ)・不休(フキュウ)・無休(ムキュウ)・遊休(ユウキュウ)・臨休(リンキュウ)・連休(レンキュウ)

【休暇】キュウカ 休日以外の公認されている休み。「有給—で旅行した」「冬季—」

【休刊】キュウカン 新聞・雑誌などの発行を一時やめること。「—日(ビ)」「雑誌の—」

【休閑地】キュウカンチ ①土地を休ませるために、しばらく耕作をやめている田畑。②空き地。

【休業】キュウギョウ 営業や仕事を休むこと。「臨時—をする」「本日—」

【休憩】キュウケイ 仕事・運動などを一時やめて休むこと。「—をとる」類休息

【休止】キュウシ 運動や活動などがとまること。また、とめること。「機械の運転を一時的に—する」

【休祥】キュウショウ めでたいしるし。めでたい前兆。類吉祥・吉兆 参考「休」「祥」ともに、めでたい意。

【休職】キュウショク 職業をもつ人が、身分をそのままにして一定期間仕事を休むこと。「出産のため—する」

【休心・休神】キュウシン 安心すること。おもに手紙文で用いる。「ご—ください」類安心・休意

【休診】キュウシン 病院や医院が診療を休むこと。「本日—」

【休戚】キュウセキ 喜びと悲しみ。幸いと不幸。参考「戚」は悲しむ意。

【休戦】キュウセン 話し合いの上、戦争を一時中止すること。「—協定」類停戦

【休息】キュウソク 仕事や運動などを一時やめて疲れをいやすこと。「風呂(フロ)に入って—する」類休憩

【休題】キュウダイ それまでの話題を一時やめること。話すことを一時休むこと。「閑話—(それはさておき)」

【休眠】キュウミン ①動植物が一定期間、発育や活動を休むこと。冬眠など。②一時活動を停止すること。「—状態の団体」

【休養】キュウヨウ 心身を休めて活力を養うこと。類静養・保養

【休まる】やすまる 心身が落ち着き、楽になる。疲労がとれる。「事件が解決して心が—った」

【休む】やすむ ①仕事や動きをやめて、心身を楽にする。②欠席する。欠勤する。「風邪で仕事を—む」③続けて行ってきたことを一時やめる。「朝の散歩をしばらく—む」④眠るために床に入る。「先に—みます」

キュウ【吸】 (6) 口3 教 常 5 2159 355B 音 キュウ 訓 すう

旧字《吸》 (7) 口4 1/準1

筆順 丨 口 口 叨 吸 吸

意味 すう。息をすう。すいこむ。「吸引」「吸気」対呼

下つき 呼吸(コキュウ)

【吸引】キュウイン ①吸いこむこと。「—力の強い掃除機」②人の関心を引きつけること。「客の—をはかる」

【吸気】キュウキ ①吸いこんだ息。対呼気 ②蒸気機関などで、蒸気や混合気体を吸

いこむこと。また、その気体。対排気

【吸血鬼】キュウケツキ ①夜、人の生き血を吸うという魔物。バンパイア。②血を絞るように、人を苦しめる者のたとえ。

【吸収】キュウシュウ 外部から吸いこみ取り入れること。また、取り入れて自分のものとすること。「―合併」「知識を―する」「腸で栄養分を―する」

【吸着】キュウチャク 吸いつくこと。また、吸いつけられること。「―力」

【吸入】キュウニュウ ①吸いこむこと。②病気の治療のため、薬品や酸素などの気体を口や鼻から吸いこませること。「酸素―」

【吸盤】キュウバン ①動物が他のものに吸いつくための器官。タコやイカのあしなどにあるもの。②物を壁面などに吸着させる、ゴムやプラスチックなどで作られたもの。

【吸風飲露】キュウフウインロ 仙人などの清浄な生活のこと。五穀を食べず、風を吸い露を飲むような生活の意。〈荘子〉

【吸飲み・吸△呑み】すいのみ 長い吸い口のついた、急須の形の容器。病人が寝たままで水や薬などを飲むときに使う。

【吸う】すう ①気体や液体を、鼻や口から体内に引き入れる。「山の空気を―いこむ」②引きこむ。また、しみこませる。「汗を―った下着」「大地が水を―う」

キュウ【朽】(6) 木2 常 4 2164 3560 音キュウ 訓くちる 外すたれる

筆順 一十才木朽朽

意味 ①くちる。くさる。「朽壊」「朽木」②すたれる。ほろびる。「不朽」「老朽」

下つき 衰朽・不朽・腐朽・老朽

【朽索】キュウサク くち果てた縄。腐った縄。「―六馬を馭するが如し（腐った縄で六頭のウマを操るように、困難で危険なことのたとえ）」〈書経〉 参考「索」は縄・綱の意。

【朽廃・朽敗】キュウハイ 腐って役に立たないこと。「―した建物」

【朽木は△雕るべからず】キュウボクはえるべからず 心の腐った人や怠け者は教育しても無駄であることのたとえ。腐った木は彫刻することができない意から。「雕」は彫る意。〈論語〉 参考「糞土の牆は杇るべからず（腐った土塀は塗り直しができない）」と続く。朽木糞牆

【朽木】くちき ①枯れて腐った木。②世に知られずに、不遇のまま一生を終わる人のたとえ。「―で果てる」類埋もれ木

【朽葉】くちば ①枯れて腐った落葉。季冬 ②「朽葉色」の略。赤みがかった黄色。

【朽ちる】くちる ①古くなり、腐って役に立たなくなる。「―ちかかった橋」②勢いや名声などが衰える。③世に知られないまま死ぬ。「異郷で―ちる」

【△朽れる】すたれる 滅びる。おとろえる。役に立たなくなる。「―れることのない作品」「校舎が―れてきた」

キュウ【臼】(6) 臼0 常 2 1717 3131 音キュウ 訓うす

筆順 ′ 亻 仃 臼 臼 臼

意味 うす。穀物をつく、石または木の道具。また、うすの形をしたもの。「臼歯」「臼杵」

下つき 石臼・茶臼・脱臼

【臼】うす ①餅をついたり、穀物をついて精白したりする道具。搗き臼。②「碾き臼」の略。上下に重ねられた石の上側の石をまわして穀物を粉にする道具。

【臼歯】キュウシ 哺乳動物の口の奥の上下にあり、臼のような形の平らな歯。奥歯。参考「うすば」とも読む。

キュウ【△吸】(7) 口4 ▼吸の旧字(三〇三)

キュウ【岌】(7) 山4 1 5409 5629 音キュウ・ギュウ 訓たかい

意味 たかいさま。山が高いさま。「岌岌」

【△岌△岌】キュウキュウ ①山が高くけわしいさま。②見るからに危険なさま。

キュウ【求】(7) 水2 常 教 7 2165 3561 音キュウ 訓もとめる 外グ

筆順 一十才才求求求

意味 ①もとめる。さがしもとめる。「求職」「求人」「求道」②ほしがる。「求愛」「希求」「請求」

下つき 希求・欣求・請求・探求・誅求・追求・要求・欲求

【求愛】キュウアイ 異性に愛情を求めること。「動物が―行動をとる」「―する」

【求刑】キュウケイ 裁判で検察官が、被告に一定の刑罰を科するよう裁判官に請求すること。「―どおりの判決」

【求婚】キュウコン 結婚してほしいと申し込むこと。プロポーズ。

【求職】キュウショク 仕事を探し求めること。就職先を探すこと。「―が求人を上回る」「―活動」対求人

【求心力】キュウシンリョク 物体が円運動しているとき、中心に向かって働く力。転じて、一つのものに他の多くのものが集まってくる力。類向心力 対遠心力

【求道】キュウドウ 真理や正しい道理を求めること。特に、宗教上の真理を求めて修行すること。「―心」参考仏教では「グドウ」と読む。

【求肥】ギュウヒ 水で練った白玉粉を蒸し、砂糖と水あめを混ぜて熱を加えながら練った和菓子。表記「牛皮」とも書く。

【求法】グホウ 仏 仏法を願いもとめること。悟りをもとめること。類 求道(グドウ) 表記「弘法」と書けば、仏法を世にひろめる意。

【求める】もとめる ①さがす。「職を―める」②要求する。「補償を―める」③望み、ほしがる。願い、自ら追う。「幸福を―める」④買う。「衣料品を―める」

キュウ【汲】(7) 氵4 準1 2166 3562 音 キュウ 訓 くむ・ひく

〔汲〕

意味 ①くむ。くみあげる。「汲水」②いそがしい。せわしい。「汲汲」③ひく。ひっぱる。みちびく。

【汲汲】キュウキュウ 他を顧みるゆとりがなく、一心につとめるさま。小さなことにあくせくするさま。「保身に―とする」

【汲む】くむ ①容器を水面におろして水をくみあげる。また、容器に水などを移し入れる。「井戸水を―む」「水道の水をバケツに―む」②流派や思想などを継承する。「表現主義の流れを―む音楽家」

キュウ【灸】(7) 火3 準1 2168 3564 音 キュウ 訓 やいと

意味 きゅう。やいと。皮膚の上にもぐさを置いて焼き、その熱で病気を治す方法。参考「炙(シャ)」は別の字。

下つき 温灸(オンキュウ)・鍼灸(シンキュウ)

【灸師】キュウシ もぐさなどの熱刺激による漢方療法を行う人。

【灸治】キュウジ もぐさなどの熱刺激による漢方の治療。灸をすえる治療。

【灸点】キュウテン ①灸をすえる箇所に墨で記す点。②灸をすえること。参考 ②「点」は、火をつける意。

【灸】やいと 漢方療法の一つ。もぐさを体の表面のつぼ(急所)に置いて焼き、その熱刺激により治療するもの。「―をすえる」参考「焼処(やきと)」の音便。「キュウ・やいと」とも読む。

【灸花】やいとばな ヘクソカズラの別称。季 夏 由来 花の内側の色が赤く、灸(キュウ)をすえたあとに似ることから。▼屁糞葛(へくそかずら)(二三五)

キュウ【玖】(7) 王3 準1 2274 366A 音 キュウ・ク

意味 ①黒色の美しい石。②「九」の代用字。証書などで用いることがある。

〈玖馬〉キューバ 中央アメリカの西インド諸島のキューバ島とその周辺の島からなる共和国。砂糖とタバコが主産業。首都はハバナ。

キュウ【究】(7) 穴2 教 常 8 2170 3566 音 キュウ 訓 きわめる(中) 外 ク 外 きわまる

筆順

意味 きわめる。きわまる。つきつめる。きわみ。「究極」「究明」「追究」

下つき 学究(ガッキュウ)・研究(ケンキュウ)・考究(コウキュウ)・講究(コウキュウ)・探究(タンキュウ)・追究(ツイキュウ)・討究(トウキュウ)・論究(ロンキュウ)

【究極】キュウキョク 物事をつきつめて、最後に行き着くところ。つまるところ。類 究竟(クッキョウ) 表記「窮極」とも書く。

【究明】キュウメイ 道理・真理などを、つきつめ調べて明らかにすること。「真相を―する」「食中毒の原因を―する」

【究理】キュウリ 物事の道理をきわめること。表記「窮理」とも書く。

【究める】きわめる 最後までつきつめる。深く研究して本質をつかむ。「真実を―める努力をする」「学問を―める」

【究竟】クキョウ ①仏 最上の境地。無上。「―覚(最高最上の悟り)」②「究竟(クッキョウ)」に同じ。

【究竟】クッキョウ ①物事をきわめて尽くすこと。つまるところ。結局。類 畢竟(ヒッキョウ) ②もっともすぐれているさま。③非常に都合のよいこと。「―の隠れ家(ガ)」参考「クキョウ」とも読む。①「キュウキョウ」とも読む。

キュウ【糺】(7) 糸1 1 6893 647D 音 キュウ 訓 あざなう・ただす

意味 ①あざなう。よる。あわせる。あつめる。②ただす。しらべる。「糺弾」「糺明」

書きかえ「糾」が書きかえ字。

【糺弾】キュウダン ▼書きかえ 糾弾(三〇八)

【糺明】キュウメイ ▼書きかえ 糾明(三〇八)

【糺す】ただす あやまちや罪などを問いただす。取り調べる。「事の真偽を―す」表記「糾す」とも書く。

キュウ【咎】(8) 口5 1 5075 526B 音 キュウ 訓 とが・とがめ・とがめる

意味 とが。罪。あやまち。とがめ。とがめる。「咎殃(キュウオウ)」「咎戒」

下つき 災咎(サイキュウ)・罪咎(ザイキュウ)・天咎(テンキュウ)

【咎】とが ①あやまち。罰せられるような行い。つみ。「強盗の―で逮捕された」②天がくだす罰(バチ)。わざわい。

【咎人】とがにん 罪を犯した人。罪人。表記「科人」とも書く。

【咎める】とがめる ①あやまちや欠点を非難する。なじる。「違反者を厳しく―める」②あやしんでたずねる。「警備員に―められる」③悪いことをしたと思い、心が痛む。「気が―める」「良心が―める」

キュウ【泣】(8) 氵5 教 常 7 2167 3563 音 キュウ(中) 訓 なく

き キュウ

筆順 丶 冫 氵 氵 汁 汁 泣 泣

意味 なく。涙を流してなく。また、涙。「感泣」「号泣」「涕泣(テイキュウ)」

下つき 哀泣(アイキュウ)・感泣(カンキュウ)・号泣(ゴウキュウ)・哭泣(コクキュウ)・涕泣(テイキュウ)・悲泣(ヒキュウ)

【泣訴】キュウソ 苦しみや窮状を泣いて訴えること。「生活難を―する」類 哀訴

【泣▲涕】キュウテイ 涙を流して泣くこと。類 涕泣 参考「泣」「涕」ともに涙を流して泣く意。

【泣き▲噦る】なきじゃくーる しゃくり上げて泣く。「―るばかりで訳がわからない」

【泣き面に蜂】なきつらにはち 不運や不幸が重なること。「定期券を忘れたうえに財布を落とすなんて―だ」参考「泣き面」は、「泣きっ面」ともいう。

【泣き寝入り】なきねいり ①泣きながら眠りこむこと。②不当なことに対して不満に思いながらも、がまんしてあきらめること。「仕方なく―する」

【泣く】なーく ①涙を流す。「映画に感動して―く」②嘆き苦しむ。「身の不幸を―く」③やむをえず承知する。「ここはひとつ―いてもらいたい」参考「泣」は目から出る水の粒の涙で、もとは声を立てずになく意。

【泣いて馬▲謖(バショク)を斬(き)る】全体の規律のためには私情をはさまず、規則に従って信頼する者や大切な者を処分すること。転じて、天下の法は私情で曲げられないたとえ。多く、心ならずも信頼する部下に対し処分を下すときに用いる。故事 中国の三国時代に諸葛亮(ショカツリョウ)が、信頼する部下の馬謖が命令にそむいて戦いに敗れたとき、私情を捨てて処刑した故事から。《三国志》参考「泣いて」は「涙を揮(ふる)って」ともいう。

【泣く子と地頭(ジトウ)には勝てぬ】道理の通じない相手には何を言ってもしかたないというたとえ。聞き分けなく泣く子どもと、強引に税を取りたてる地頭にはしたがうしかない意。「地頭」は、鎌倉幕府で荘園の管理と税の徴収に当たった職。参考「勝てぬ」は「勝たれぬ」ともいう。

【泣く子は育つ】よく泣く子はよく成長するということ。大きな声で泣くのは元気のいい証拠ということから。

【泣く泣くも良い方を取る形見(かたみ)分け】泣きながらも形見分けではいい物を取ること。どんなに悲しい時でも、欲だけは忘れない人間の浅ましさをいった言葉。

キュウ【疚】(8) 疒3 1 6544 614C 音 キュウ 訓 やましい・やむ・なやむ

意味 ①やましい。気がとがめる。②やむ。なやむ。ながわずらい。「衰疚」

【疚しい】やまーしい 良心に恥じるところがあり、うしろめたい。気がとがめる。「心に―しいところがある人」

【疚む】やーむ 病気になる。ながわずらいをする。「大病を―む」

キュウ【穹】(8) 穴3 1 6754 6356 音 キュウ 訓 おおぞら・あな・おおきい・たかい・ふかい

意味 ①弓形。丸天井。ドーム形。「穹窿(キュウリュウ)」②そら。おおぞら。天。③あな(穴)。④おおきい。「穹石」⑤たか(高)い。⑥ふかい。「穹谷」

下つき 青穹(セイキュウ)・蒼穹(ソウキュウ)・天穹(テンキュウ)

【▲穹▲窿】キュウリュウ ①大空。天空。②弓形または半球状のもの。アーチ形。円天井・ドームなどおもに建造物についていう。

【穹▲廬】キュウロ 梁(はり)が弓なりのモンゴル族のテント状の移動式住宅。ゲル。

キュウ【▲糾】(8) 糸2 ▼糾の旧字(三〇八)

キュウ【★邱】(8) 阝5 1 7825 6E39 音 キュウ 訓 おか

意味 おか。「邱山」「邱陵」類 丘

キュウ【急】(9) 心5 常 教 8 2162 355E 音 キュウ 訓 いそぐ 外 せく

旧字《急》(9) 心5 1/準1

筆順 ノ ク ク 刍 刍 刍 急 急 急

意味 ①いそぐ。せく。進みかたがはやい。「急務」「急用」「至急」対 緩 ②さしせまっている。「急迫」「火急」「緊急」③にわかに。とつぜん。「急激」「急死」「急変」④傾斜などの度合いがきつい。「急坂」⑤雅楽・能楽などの曲の最後の部分。「序破急」⑥「急行」の略。「特急」

下つき 応急(オウキュウ)・火急(カキュウ)・緩急(カンキュウ)・危急(キキュウ)・救急(キュウキュウ)・緊急(キンキュウ)・早急(サッキュウ・ソウキュウ)・至急(シキュウ)・性急(セイキュウ)・特急(トッキュウ)・不急(フキュウ)・猛急(モウキュウ)

【急ぐ】いそーぐ 物事をはやくしようとする。また、はやく行こうとする。「駅へ―ぐ」

【急がば回れ】急いでいるときには、危険がある近道や安易な方法を避け、遠回りでも安全な道や方法を選んだほうが、かえって得策であるということ。

〈急度〉きっと ①必ず。確かに。「彼は―来る」②表情や態度がきびしいさま。「悪人を―にらみつける」表記「屹度」とも書く。

〈急焼〉きびしょ「急須(キュウス)」に同じ。

【急患】キュウカン 病気や事故で、すぐに手当てをしなければならない患者。

【急▲遽】キュウキョ 大急ぎで。あわただしく。突然に。物事をするようす。「―予定を変

更する」参考「遽」はあわただしい意。

【急激・急劇】キュウゲキ 変化や動きが突然ではげしいさま。「山の天候は―に変化する」「容態が―に悪くなる」

【急行】キュウコウ ①急いで行くこと。「母の緊急手術で病院に―した」②電車やバスなどが主要な駅にのみ停車すること。また、その電車・バス。「―列車」対緩行・鈍行

【急告】キュウコク 急いで知らせること。また、その知らせ。類急報

【急▲拵え】キュウごしらえ 間に合わせに短期間でつくること。また、そのもの。「―の仮設住宅」類急造

【急▲霰】キュウサン 急に降り出すあられ。また、その音。「―のごとき拍手」

【急襲】キュウシュウ 不意に敵をおそうこと。「敵を―する」類奇襲

【急▲峻】キュウシュン 傾斜が急でけわしいこと。また、そのようす。「―な山」

【急所】キュウショ ①体の中で、打撃を受けると命にかかわる大事な所。「弾丸は―をはずれた」②物事の大切な部分。「問題の―をつかんだ」類要所・要点

【急進】キュウシン ①急いで進むこと。②理想や目的などを早期に成しとげようとして、行動を急ぐこと。「―勢力」対①②漸進

【急須】キュウス 取っ手や注ぎ口のついた茶を入れる器具。きびしょ。参考「須」は用いるの意で、急に用いるものの意。

【急性】キュウセイ 急に発症し、早く進行する病気の性質。「―胃炎」対慢性

【急逝】キュウセイ 突然死ぬこと。「―の悲報に驚く」類急死

【急先▲鋒】キュウセンポウ さまざまな活動の場で先頭に立ち、勢いよく進む人。「前衛芸術の―」

【急速】キュウソク 動きや変化がすみやかなさま。すばやいさま。「科学技術の―な進歩」「視力が―に衰える」

【急▲湍】キュウタン 川の流れが速く浅い所。早瀬。「―を下る」類急流・急灘

【急▲灘】キュウダン 「急湍」に同じ。

【急追】キュウツイ 激しい勢いで追いかけること。「敵を―する」類猛追

【急転直下】キュウテンチョッカ 事態や情勢が急に変化して、物事が解決に向かうこと。「直下」は、まっすぐに落ちる意。「事件は―解決した」

【急騰】キュウトウ 値段や価値が急に上がること。「野菜の値段が―した」対急落

【急難】キュウナン 急にふりかかった災難。差し迫った困難。「―を逃れる」

【急派】キュウハ 急いで派遣すること。急いで使者などを送ること。「事故現場にカメラマンを―する」

【急場】キュウば 急いで対処しなければならない状況。「―しのぎ」類危急

【急迫】キュウハク 状況や局面などが差しせまること。せっぱ詰まること。「事態は―している」類切迫

【急坂】キュウハン 傾斜の急な坂。「―を上がった所に灯台がある」類峻坂

【急変】キュウヘン ①急に状況やようすが変わること。「病状が―する」類急転・激変 ②急に起こる出来事。また、普通でない出来事。「普段から―の事態に備える」

【急募】キュウボ 急いで募集すること。「パートタイマーを―する」

【急報】キュウホウ 急いで知らせること。また、急な知らせ。「―が届く」類急告

【急落】キュウラク 値段や価値が急に下がること。「株価が―した」類暴落 対急騰

【急流勇退】キュウリュウユウタイ いさぎよく官職などを辞めること。急流を勇敢に徒歩で渡る意で、仕事などが順調なうちに機を見て官職などをきっぱりと辞し去ること。《『名臣言行録』》参考「勇退」だけで使われることが多い。

【△急く】せく ①急いでしようとあせる。心がはやる。「気が―く」②急に激しくなる。「全速力で走ったので、息が―く」

【△急いては事を仕損じる】物事をあまり急いでやると配慮が行き届かず、失敗しやすいものだということ。類急がば回れ

キュウ【★柩】(9) 木 5 1 5945 5B4D 音 キュウ 訓 ひつぎ

意味 ひつぎ。死体を入れる箱。「柩車」

下つき 霊柩

【▲柩車】キュウシャ 「霊柩車」の略。死体を納めるひつぎを乗せて運ぶ車。

【▲柩】ひつぎ 死体を納めて葬る箱。棺桶。おかん。表記「棺」とも書く。

キュウ【級】(9) 糸 3 常 教 8 2173 3569 音 キュウ 訓 外 しな・くび

旧字《級》(10) 糸 4 1/準1

筆順 く 幺 幺 糸 糸 糸 紗 級 級

意味 ①しな。くらい。順序。段階。「級差」「進級」②組。クラス。学年。「級友」「学級」③くび。討ち取った首。「首級」

下つき 階級・下級・学級・高級・首級・昇級・上級・初級・進級・中級・低級・等級・同級・特級

【級数】キュウスウ 数学で、法則にしたがって一定の順に並べた数を和の記号(加法記号)で順に結んだもの。等差級数・等比級数など。

【△級】しな くらい。順序。次第。段階。参考「級」は機織りで、次々に追いかけて糸をつぎ足

すことから順序の意となった。

キュウ【糾】(9) 糸 3 常 準2 2174 356A 音 キュウ 訓 外 あざなう・ただす

旧字《糺》(8) 糸 2 1/準1

筆順 く 幺 幺 糸 糸 糸 糸 糾 糾

意味 ①あざなう。よる。あわせる。あつめる。「糾合」②もつれる。からみつく。「紛糾」③ただす。しらべる。「糾弾」「糾明」「糾問」

書きかえ 「糺(キュウ)」の書きかえ字。

下つき 紛糾(フンキュウ)

【糾う】あざな-う 糸などをより合わせる。縄をなう。「禍福は―える縄のごとし」

【糾合】キュウゴウ 寄せ集めて一つにまとめること。表記「鳩合」とも書く。

【糾弾】キュウダン 罪悪・失敗などを問いただして責めたてること。「今更失敗を―しても仕方ない」類 糾明 書きかえ「糺弾」の書きかえ字。

【糾明】キュウメイ 罪悪・不正などを問いただして明らかにすること。「汚職を―する」類 糾問・糾弾 書きかえ「糺明」の書きかえ字。

【糾問】キュウモン 罪悪・不正を問いただすこと。「犯人を―する」類 糾明・糾弾 表記「糺問」とも書く。

【糾す】ただ-す あやまちや罪などを問いただす。取り調べる。「賄賂(ワイロ)の実態を―す」表記「糺す」とも書く。

キュウ【赳】(9) 走 2 ▼赳の旧字(三〇八)

キュウ【宮】(10) 宀 7 教 常 8 2160 355C 音 キュウ・グウ 中・ク 高 訓 みや 外 いえ

筆順 丶 丶 宀 宀 宀 宀 宮 宮 宮 宮

意味 ①みや。神を祭るところ。「宮司」「神宮」②天子・天皇や皇族の住むところ。「宮城(キュウジョウ)」「王宮」③皇族。皇室。皇居。「中宮」「東宮」④いえ。大きい屋敷。⑤東洋音楽で、五音の一つ。⑥五刑の一つ。去勢する刑罰。「宮刑」

下つき 行宮(アングウ)・王宮(オウキュウ)・外宮(ゲクウ)・月宮(ゲッキュウ)・後宮(コウキュウ)・皇宮(コウグウ)・参宮(サングウ)・神宮(ジングウ)・中宮(チュウグウ)・東宮(トウグウ)・内宮(ナイクウ)・迷宮(メイキュウ)・離宮(リキュウ)・竜宮(リュウグウ)

【宮闕】キュウケツ 宮城(キュウジョウ)の門。転じて、宮城・皇居。参考「闕」は、正門の両側にある物見台の意。

【宮室】キュウシツ ①天子・天皇のいる宮殿。②天子・天皇。天皇の一族。皇族。類 皇室

【宮中】キュウチュウ ①宮殿の中。皇居の中。類 禁中 ②神宮の境内。

【宮廷】キュウテイ 天皇や国王などの住む所。また、その社会。「―詩人」類 宮中

【宮殿】キュウデン ①天皇や国王などの住む建物。御殿。皇居。「バッキンガム―」②神を祭る社殿。みや。

【宮司】グウジ 神社で最も位の高い神官。一般神社の主管者。

【宮内庁】クナイチョウ 皇室や天皇の国事行為に関する、すべての事務などを処理する役所。

【宮】みや ①神社。「お―参りをする」②皇居。③皇族。特に、親王や親王家の尊称。「―様」

【宮家】みやケ ①皇族で宮号を賜って独立した家。②親王や諸王などの家。

【宮仕え】みやづかえ ①宮中に仕えること。②貴人に仕えること。③役所や会社に勤めること。「すまじきものは―」

キュウ【笈】★ (10) 竹 4 準1 2172 3568 音 キュウ 訓 おい

〔笈〕

意味 おい。書物などを入れて背負う、竹で編んだ箱。

下つき 書笈(ショキュウ)

【笈】おい 書物・衣類などを入れて背負う脚付きの箱。修験者や行脚僧(アンギャソウ)などが用いるおいばこ。「修験者が―を背負う」参考「キュウ」とも読む。

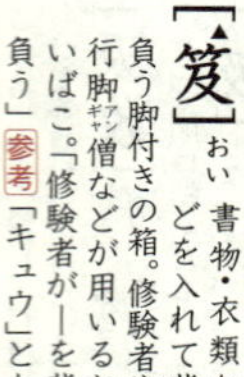

〔笈(おい)〕

【笈を負う】キュウをおう 勉学のため、故郷から他郷に行くこと。他郷に遊学すること。由来 笈(おい)を背負って他郷に行く意から。

キュウ【級】(10) 糸 4 ▼級の旧字(三〇七)

キュウ【赳】(10) 走 3 1 7666 6C62 音 キュウ 訓 たけし

旧字《赳》(9) 走 2 1/準1

意味 たけし。たけだけしい。強い。勇ましい。「赳赳」

キュウ【躬】★ (10) 身 3 1 7727 6D3B 音 キュウ 訓 み・みずから

意味 ①み。からだ。②みずから。自分で。「躬化」

下つき 鞠躬(キッキュウ)・聖躬(セイキュウ)・直躬(チョッキュウ)

【躬行】キュウコウ 自分から実際に行うこと。「実践―する」

【躬】み からだ。身体。特に、折りまげたりかがまったりした体。

【躬ら】みずか-ら 自分で。自分自身で。「天は―助くる者を助く」

キュウ【救】(11) 攵 7 教 常 6 2163 355F 音 キュウ 外 グ・ク 訓 すくう 外 たすける

筆順 一 十 才 才 求 求 求 求 求 救 救

意味 すくう。たすける。まもる。「救援」「救急」「救命」

下つき 匡救(キョウキュウ)・防救(ボウキュウ)

【救援】キュウエン 困ったり苦しんだりしている状態からすくい助けること。「被災者に―の手をさしのべる」「遭難者の―」類援助・救助

【救急】キュウキュウ 急に起こった災難をすくうこと。特に、負傷や急病の人に対する応急手当など。「―車」「―病院」

【救護】キュウゴ 負傷者や急病人を救助し、保護・看護すること。「けが人の―にあたる」類救助・救援

【救荒】キュウコウ 凶作や飢饉(キキン)で苦しむ人をすくうこと。「―作物」

【救国】キュウコク 国を危難からすくうこと。「―の英雄と称賛される」

【救済】キュウサイ 災害・不幸などで苦しむ人をすくい助けること。「難民の人たちを―する」参考「救」「済」ともに、すくい助ける意。

【救出】キュウシュツ 危険な状態から助け出すこと。「人質を―する」類救助

【救恤】キュウジュツ 困っている人たちに物品などを恵み助けること。「―金(義捐(ギエン)金)」「被災者を―する」類救援 参考「恤」は、あわれみ金品を与えて助ける意。

【救助】キュウジョ 危険な状態からすくい助けること。「事後現場での―活動」「人命―」類救援・救出

【救世】キュウセイ 世の中の人々をすくうこと。参考 仏教では「クセ」と読む。

『救世済民(キュウセイサイミン)』 世の中をすくって良くし、人々を苦しみから助けること。「済民」は民衆を助ける意。

【救世主】キュウセイシュ ①人々を救済する人。すくい主。②組織や会社などをたて直したりすくったりするはたらきをした人。「チームの―」参考 ①キリスト教ではイエス=キリストをいう。

き キュウ

【救命】キュウメイ 人の命をすくうこと。人の命を助け守ること。「―具」「―ボートに乗り移る」

【救世】クセ 仏 ①俗世間の苦しみから人々をすくうこと。②「救世観世音菩薩(カンゼオンボサツ)」の略。また、仏や菩薩の通称。参考「グセ・クゼ・グゼ」とも読む。

【救う】すくう ①力を貸して困難や危険な状況から助け出す。抜け出させる。「傷ついた小鳥を―う」「悪の道から―う」「福祉政策によって貧困者を―う」②苦しみをなくす。「人生相談で悩みから―われた」

キュウ【毬】 (11) 毛 7 1 6160 5D5C 訓 まり・いが 音 キュウ

意味 ①まり。けまり。「毬子」類鞠(キク) ②まりのようにまるいもの。「毬果」「花毬」③いが。果実を包むとげのある外皮。「毬栗(いが)」

下つき 花毬(カキュウ)・蹴毬(シュウキュウ)・打毬(ダキュウ)・手毬(てまり)

【毬】いが クリなどの実を包んでいる、たくさんのとげの生えた外皮。

【毬栗】いがぐり ①いがのついたままのクリの実。季秋 ②「毬栗頭(あたま)」の略。頭髪を短く刈った頭。

『毬栗も内から割れる』 だれでも年ごろになれば、自然と色気づくことのたとえ。特に女性についていう。毬栗も時期がくれば自然と内側からはじけ割れる意から。

〈毬打〉・〈毬杖〉 ぎっちょう 木製のまりを打つ長い柄(え)のついた槌(つち)。また、これを用いる正月の遊技。参考「ぎちょう」とも読む。

【毬果】キュウカ 球形や円錐(エンスイ)形の複果の一種。多数の木質の鱗片(リンペン)が重なり丸くなる。マツ・スギ・モミなど。

【毬場】キュウジョウ 蹴鞠(けまり)やクリケットなどの球技をする場所。

【毬】まり 球技などの球。また、球のように丸いもの。参考 本来は、毛で包まれたまりの意。

【毬藻】まりも 緑藻類シオグサ科の淡水藻。湖などに自生。緑色の糸状細胞がもつれ、球形になる。阿寒(あかん)湖のものは特別天然記念物。

キュウ【球】 (11) 王 7 常 教 8 2169 3565 訓 たま 音 キュウ

筆順 一 丅 王 4 王一 玗 玗 球 球 球

意味 ①たま。丸い形をしたもの。「球根」「地球」②まり。ボール。「球技」「卓球」③「野球」の略。「球場」「球団」

下つき 眼球(ガンキュウ)・気球(キキュウ)・血球(ケッキュウ)・蹴球(シュウキュウ)・水球(スイキュウ)・卓球(タッキュウ)・地球(チキュウ)・庭球(テイキュウ)・天球(テンキュウ)・電球(デンキュウ)・排球(ハイキュウ)・半球(ハンキュウ)・野球(ヤキュウ)・籠球(ロウキュウ)

【球技】キュウギ ボールを使って行う競技の総称。野球・サッカー・テニスなど。「―大会」「得意な―はサッカーだ」

【球戯】キュウギ ①ボールを用いてする遊び。②たまつき。ビリヤード。

【球根】キュウコン 多年生植物の地下にある根や茎などが、養分を蓄えるために球状になったもの。ユリ・ダリアなど。

【球団】キュウダン 野球やサッカーのプロチームをつくり、その試合を見せるのを事業とする団体。

【球】たま ①丸い形状のもの。地球・電球など。②まり。ボール。「速い―を投げる」

キュウ【蚯】 (11) 虫 5 1 7353 6955 訓 音 キュウ

意味 「蚯蚓(キュウイン)(みみず)」に用いられる字。

〈蚯蚓〉みみず 貧毛類の環形動物の総称。細長い円筒形で、地中にすむ。釣り餌(え)や生薬に用いる。「―腫(ば)れ(細長い赤い腫れ)」「―のたくったよう(下手な字のたとえ)」季夏

由来「蚯蚓」は漢名より。体を引いて通ったあとが丘のようになることから。和名は、目がないので「めみえず」が変化したものという。表記「蚓」とも書く。参考「キュウイン」とも読む。

キュウ【逑】(11) 辶 7 1 7783 6D73 音 キュウ 訓 あつめる・あう・つれあい

意味 ①あつまる。あつめる。あ(合)う。類 糾 ②つれあい。たぐい。「好逑」類 仇(キュウ)

下つき 好逑(コウキュウ)

【逑】つれあい 配偶者。連れ添っている相手。「―との仲は、人がうらやむほどだ」表記「連れ合い」とも書く。

キュウ【給】(12) 糸 6 常 教 7 2175 356B 音 キュウ 訓 外 たまう・たまわる

筆順 ㄑ 幺 幺 糸 糸 紒 紒 給 給 給

意味 ①たす。足りないものをたす。「給油」「供給」「補給」②たまわる。あたえる。「給付」「支給」③てあて。「給料」「月給」「高給」④世話をする。つかえる。「給仕」

下つき 恩給(オンキュウ)・官給(カンキュウ)・供給(キョウキュウ)・月給(ゲッキュウ)・減給(ゲンキュウ)・支給(シキュウ)・自給(ジキュウ)・需給(ジュキュウ)・昇給(ショウキュウ)・日給(ニッキュウ)・配給(ハイキュウ)・俸給(ホウキュウ)・有給(ユウキュウ)

【給金】キュウキン 給料として支払われる金銭。類 給与・俸給

【給源】キュウゲン 供給するみなもと。供給源。「エネルギーの―」

【給仕】キュウジ ①飲食の世話をすること。また、その人。「―が膳(ゼン)を運んでくる」②職場で雑用をすること。また、その人。

【給食】キュウショク 学校などで、全員に同じ食事を出すこと。また、その食事。「学校―」

【給費】キュウヒ 費用を支給すること。また、その費用。特に、国や団体などから支給される学費など。「―生として夜間大学に通う」

【給付】キュウフ 金品を与えたり渡したりすること。特に、国や団体などが支給・交付するもの。「医療補助の現金―」

【給与】キュウヨ ①金品を与えること。また、その金品。類 給付・支給 ②「給料」に同じ。

【給料】キュウリョウ 勤務や労働に対して、雇い主から支払われる報酬。月給・日給など。サラリー。類 賃金・俸給・給与

【△給う】たまう ①お与えになる。くださる。「与える」「授ける」の尊敬語。②…なさる。お…になる。動作に対する敬意を表す語。「お召しーう」③男性が軽い命令をするときに用いる語。「帰りーえ」参考「たもう」と発音することも多い。

キュウ【翕】(12) 羽 6 1 7037 6645 音 キュウ 訓 おこる・さかん・あつまる・あつめる・とじる

意味 ①おこる。多くのものが、いっせいにおこる。②さかん。勢いがよい。③あつまる。あつめる。「翕合」「翕然」④とじる。参考 鳥が羽を合わせて飛び立つようすを表す字。

【▲翕合】キュウゴウ 合わせ集めること。また、集まること。「諸侯を―する」類 聚合(シュウゴウ)

【▲翕如】キュウジョ 声調や楽器の音律がよく合うさま。

【▲翕然】キュウゼン 多くのものが一斉に集い合うさま。

キュウ【★韮】(12) 艹 9 準1 3903 4723 音 キュウ 訓 にら

〔韭〕8076 706C

意味 にら。ユリ科の多年草。参考 地面に群がり生えるニラの形を表した字。

【▲韮】にら ユリ科の多年草。アジア原産で野菜として栽培。葉は平たい線形で、特有のにおいがある。秋、半球状にたくさんの小花をつける。食用。季 春

キュウ【嗅】(13) 口 10 常 2 5144 534C 音 キュウ 訓 かぐ

筆順 口 口′ 叩 咱 咱 咱 喤 嗅 嗅 嗅

意味 においをかぐ。さぐる。「嗅覚」

【嗅がし】かがし 鳥獣が田畑を荒らすのを防ぎ、作物などを守るため、嫌うにおいをかがせるもの。おどし。参考 転じて「案山子(かかし)・鹿驚(かかし)」と書いて、藁(わら)などで人の形を作り田畑に立てたものを表すようになった。

【嗅ぐ】かぐ ①鼻でにおいを感じ取る。②知られにくいこと、隠されていることなどをさぐる。「事情を―ぎまわる」

【嗅覚】キュウカク においに対する感覚。視・聴・嗅・味・触の五感の一つ。「犬はすぐれた―をもつ」類 臭覚

キュウ【★舅】(13) 臼 7 1 7147 674F 音 キュウ 訓 しゅうと・おじ

意味 ①しゅうと。夫の父。また、妻の父。「舅姑(キュウコ)」対 姑 ②おじ。母の兄弟。また、妻の兄弟。

下つき 外舅(ガイキュウ)・姑舅(コキュウ)・叔舅(シュクキュウ)

【▲舅▲姑】キュウコ しゅうととしゅうとめ。配偶者の父母。

【▲舅】しゅうと 夫あるいは妻の父。対 姑(しゅうとめ)

【▲舅の物で相婿(あいむこ)もてなす】他人の持ち物でちゃっかりと人に自分の義理を果たすこと。自分のふところを痛めずに、他人に振る舞うこと。「相婿」は姉妹の夫どうしの呼び名。参考「物」は「酒」ともいう。類 人の牛蒡(ゴボウ)で法事する

キュウ【裘】(13) 衣 7 1 7468 6A64 音 キュウ 訓 かわごろも

意味 かわごろも。毛皮の衣。「裘葛(キュウカツ)」

下つき 葛裘(カッキュウ)・軽裘(ケイキュウ)・狐裘(コキュウ)・羊裘(ヨウキュウ)

【裘】かわごろも ①毛皮で作った衣服。かわぎぬ。②僧衣。また、僧のこと。

【裘葛】キュウカツ 冬に着る毛皮の衣と、夏に着る葛(くず)の繊維で織ったひとえの着物。季冬 転じて、冬から夏まで。一年の意。「—を易(か)う」

【裘代】キュウタイ 僧衣の一種。法皇や門跡(モンゼキ)、また は参議以上で法体(ホッタイ)の人が参内のときに着用。俗人の直衣(のうし)に当たる。

キュウ【鳩】(13) 鳥 2 準1 4023 4837 音 キュウ・ク 訓 はと・あつめる・あつまる・やすんずる

意味 ①はと。ハト科の鳥の総称。「鳩居」「鳩舎」②あつめる。あつまる。「鳩合」「鳩首」類糾 ③やすんずる。やすらか。「鳩民」

下つき 斑鳩(ハンキュウ・いかるが)・蒙鳩(モウキュウ)

【〈鳩酸草〉】かたばみ カタバミ科の多年草。由来「鳩酸草」は漢名から。▼酢漿草(かたばみ)(五六七)

【鳩居鵲巣】キュウキョジャクソウ ①女性が嫁いできた夫の実家をわが家とすること。②粗末な家に住むこと。仮住まい。③他人の地位を横取りするたとえ。〈『詩経』〉由来 巣作りのうまいカササギの巣に巣作りの下手なハトが入ってすみつく意から。参考「鵲巣鳩居」ともいう。①②「鳩居」ともいう。類鵲巣鳩占

【鳩合】キュウゴウ 一つに寄せ集めること。また、集まること。「同志を—する」表記「糾合」とも書く。

【鳩舎】キュウシャ ハトを飼う小屋。鳩(はと)小屋。

【鳩首凝議】キュウシュギョウギ 人が寄り集まって熱心に相談する意。「鳩首」は人々が額を寄せる意。「凝議」は熱心に相談する意。参考「鳩首協議」ともいう。

【鳩杖】キュウジョウ 頭部にハトの飾りのついた老人の箸(はし)・つえ。故事 ハトは飲食のときむせないということから、老人がむせないようにと、天子から功労のある老臣に箸を賜った故事から。〈『後漢書(ゴカンジョ)』〉参考「はとづえ」とも読む。

【鳩尾】キュウビ ①「鳩尾(みぞおち)」に同じ。②「鳩尾の板」の略。

【鳩尾の板】キュウビのいた 鎧(よろい)の部分の名称。左胸部を保護する薄い鉄製の板。長方形で飾りがある。

【鳩摩羅什】クマラジュウ 中国、南北朝時代初期、長安で多くの仏典を漢訳した西域のクチャ国の僧。『妙法蓮華経』『維摩(ユイマ)経』などを漢訳した。

【鳩】はと ハト科の鳥の総称。目は丸く、胸がふくらむ。野生種のキジバトや飼育もされるドバトなど種類が多い。平和の象徴とされる。飛ぶ力と帰巣性が強く、伝書鳩としても用いられる。

『鳩に三枝の礼あり烏(からす)に反哺(ハンポ)の孝あり』 親に対して礼儀と孝行を尽くすこと。ハトは親と同じ木に止まるときに三本下の枝にとまり、カラスは育ててくれた親の恩に報いるために、えさを運んで口移しにして老いた親に食べさせて養う意。「反哺」は食物を口移しに食べさせる意。

『鳩に豆鉄砲』 突然のことでびっくりして目をぱちくりさせたり、きょとんとしたりするさま。参考「鳩が豆鉄砲を食らったよう」ともいう。

【鳩羽色】はとばいろ ハトの羽の色のように、黒みがかった淡い紫色。

【鳩笛】はとぶえ ハトの鳴き声に似た音を出す、ハトの形をした土製の笛。

【鳩胸】はとむね ハトの胸のように、前に張り出ている胸。また、その人。

【鳩目】はとめ とじひもを通すために紙や靴などにあける小さい穴。また、そこにはめる丸い金具。由来 形がハトの丸い目に似ていることから。

【〈鳩尾〉】みぞおち 胸の中央、胸骨の下のくぼんだ部分。急所の一つ。類心窩(シンカ) 参考「みずおち・キュウビ」とも読む。

キュウ【厩】(14) 厂12 準1 1725 3139 音 キュウ 訓 うまや

〔廐〕5494 567E 〔廏〕5493 567D 〔廄〕

意味 うまや。馬小屋。「厩舎」

【厩】うまや 「厩舎(キュウシャ)」に同じ。表記「馬屋」とも書く。

【厩舎】キュウシャ ①ウマを飼う所。馬小屋。うまや。「—に馬を引き入れる」②競走馬の訓練をする所。

【厩肥】キュウヒ 家畜の糞尿(フンニョウ)と藁(わら)を混ぜて腐らせた肥料。参考「うまやごえ」とも読む。

キュウ【摎】(14) 扌11 1 5787 5977 音 キュウ・コウ 訓 まつわる

意味 ①くびる。くくる。類絞 ②まつわる。めぐる。

キュウ【樛】(15) 木11 1 6060 5C5C 音 キュウ 訓 まがる・まつわる・めぐる・つが・とが

意味 ①まがる。まがりくねる。まつわる。めぐる。うねる。「樛木」②つき(槻)の木。また、つがの木。とがの木。

キュウ【窮】(15) 穴10 常 準2 2171 3567 音 キュウ 訓 きわめる(高)・きわまる(高)

筆順 宀 3 穴 5 … 11 窮

意味 ①きわめる。きわまる。つきつめる。「窮極」「窮理」類究 ②行きづまる。身動きできない。苦しむ。「窮地」「困窮」

下つき 困窮(コンキュウ)・貧窮(ヒンキュウ)・無窮(ムキュウ)

【窮猿投林】キュウエン トウリン 困っているときは、あれこれとえり好みをしてなどいられないたとえ。林の中に追いつめられたサルは、どの木に登ろうかなどと考えている余裕がない意から。『晋書(シンジョ)』

【窮境】キュウキョウ 追いつめられて苦しい立場。どうにもならないような境遇。「―に立たされる」類苦境・窮地

【窮極】キュウキョク 物事をつきつめて、最後に行き着くところ。結局のところ。類終極 表記「究極」とも書く。

【窮屈】キュウクツ ①狭いため、また小さいため自由に動けないさま。「―な座席」②雰囲気・考え方など、かたくるしくのびのびできないさま。「意地を通せば―だ」③金銭などが不足してゆとりのないようす。「―な財政」

【窮策】キュウサク 「窮余の一策」に同じ。

【窮山幽谷】キュウザン ユウコク 奥深くて静かな山と谷。「窮」「幽」ともに奥深い意。類深山幽谷

【窮死】キュウシ 生活や病気で苦しみ、困窮のうちに死ぬこと。

【窮状】キュウジョウ 困り果てて苦しんでいる状態。「被災地の―を訴える」

【窮する】キュウ―する ①行き詰まって困る。困り果てて苦しむ。「返答に―する」②金品がなくて、生活に苦しむ。

『窮すれば通ず』どうにもならないところまで行き詰まれば、意外に活路が開けるものであるということ。『易経』

【窮措大】キュウソダイ 貧しい書生。貧乏な学者。参考「措大」は、書生のこと。

【窮▲鼠猫を▲嚙む】キュウソ ねこをかむ 弱者も追いつめられ必死になれば、強者に思いもよらない力で抵抗し勝つこともあるということ。追いつめられたネズミがネコに嚙みつく意。『塩鉄論』参考「窮鼠嚙猫(キュウソゴウビョウ)」ともいう。もと「猫」は「狸(リ)(野猫)」という。

【窮地】キュウチ 追いつめられた苦しい立場や状況。「どうにか―を脱する」「相手を―に追いこむ」類窮境・苦境

【窮追】キュウツイ ①どこまでも追いつめること。②問いつめること。つきつめて、たずねること。

【窮鳥懐に入れば猟師も殺さず】キュウチョウふところにいれば リョウシもころさず 追いつめられた人が助けを求めてくれば、これを見捨てないのが人の道であるということ。参考もとは「窮鳥懐に入る」で、困って助けを求めに来た人のたとえ。『顔氏家訓』

【窮途末路】キュウト マツロ ぎりぎりまで追いつめられて、苦境から逃れようもない状態。また、苦境に陥って困り果てること。「窮途」は行き詰まりの道、「末路」は道の尽きるところの意。

【窮年累世】キュウネン ルイセイ 自分の生涯から子々孫々まで。「窮年」は一生涯、「累世」は代々の意。

【窮迫】キュウハク 追いつめられて、どうにもならないこと。困り果てること。特に、経済的なことをいう。類困窮・窮困・窮乏

【窮乏】キュウボウ ひどく貧乏で、生活に苦しむこと。類窮迫

【窮民】キュウミン 貧しく生活に苦しんでいる人々。類貧民

【窮余】キュウヨ 苦しんでそのあげくの果て。苦しまぎれ。

『窮余の一策』追いつめられて困り果て、苦しまぎれに思いついた手段や方法。窮策。「―で現状を打開した」類苦肉の策

【窮理】キュウリ 物事の道理をきわめること。表記「究理」とも書く。

【窮まる】きわ―まる ①追いつめられる。行き詰まる。「進退―る」②果てる。尽きる。「宇宙は―りなく広大である」

【窮める】きわ―める 最後まで行きつめる。このうえないところまで達する。「真理を―めたい」表記「究める」とも書く。

キュウ【歙】(16) 欠12 1 6132 5D40
音 キュウ・キョウ
訓 あわせる・すぼめる・おそれる

意味 ①すう。息をすいこむ。類吸 ②あ(合)う。あわせる。③ちぢめる。すぼめる。「歙肩」④おそれる。⑤おびやかす。

キュウ【▲舊】(17) 臼11 7149 6751 ▼旧の旧字(三〇二)

キュウ【▲舊】(18) 臼12 ▼旧の旧字(三〇二)

キュウ【鬮】(26) 門16 1 8213 722D
音 キュウ
訓 たたかいとる・くじ

意味 ①とる。たたかいとる。②くじ(籤)。おみくじ。

【▲鬮】くじ 吉凶を占ったり、物事を決めたりする方法。または、それに用いる紙片や木片。「―を引く」

ギュウ【牛】(4) 牛0 常 教 9 2177 356D
音 ギュウ 外ゴ
訓 うし

筆順 ノ 𠂉 二 牛

意味 ①うし。ウシ科の哺乳(ホニュウ)動物。「牛車」「牧牛」②星の名。二十八宿の一つ。ひこぼし。「牽牛(ケンギュウ)星」

下つき 役牛(エキギュウ)・蝸牛(カギュウ)・牽牛(ケンギュウ)・水牛(スイギュウ)・闘牛(トウギュウ)・肉牛(ニクギュウ)・乳牛(ニュウギュウ)・牧牛(ボクギュウ)・和牛(ワギュウ)

〈牛宿〉いなみぼし 二十八宿(古代中国で、天球を黄道に沿って二八区に分けた星座)の一つ。山羊(やぎ)座の西部に位置する。表記「稲見星」とも書く。参考「ギュウシュク」とも読む。

〈牛膝〉いのこずち ヒユ科の多年草。山野に自生。夏から秋、緑色の花穂をつける。実は人の衣服や動物の毛にくっつく。漢方では

根を利尿や強精薬にする。季秋 由来「牛膝」は漢名より。太い節をウシの膝に見立てたことから。

【牛】うし ウシ科の哺乳動物で、家畜化されたもの。乳・肉・皮を利用する。「―を馬に乗り換える（有利なほうを取る）」参考「ゴシツ」とも読む。

【牛に対して琴を弾ず】なんの効果もなく無駄なことのたとえ。ウシに向かって風雅な琴の音を弾いて聞かせる意から。類馬の耳に念仏

【牛に引かれて善光寺参り】思いがけないことや他人からの誘いなどによって、よい方向に導かれること。また、自分の意志から始めたのではないのに知らない間にそのことに熱心になること。由来信心のない老婆がさらしていた布を角にかけて走り去ったウシを追いかけ、知らない間に善光寺に着き、その後厚く信心を起こしたという説話から。「善光寺」は長野市にある寺。参考「参り」は「詣り」とも書く。

【牛の歩みも千里】何事もなまけずに努力を重ねれば、最後には成果が得られるというたとえ。足ののろいウシでも歩みを重ねれば、やがて千里にも至ることから。類雨垂れ石を穿つ

【牛の角を蜂が刺す】なんとも感じない、なんの反応もないたとえ。また、なんの効果もないたとえ。類牛の角に虻

【牛は牛連れ馬は馬連れ】似たものどうしが集まるたとえ。また、似たものどうしが集まれば調和がとれてうまくいくたとえ。類同類相求む・類は友を呼ぶ

【牛を桃林の野に放つ】戦争が終わり平和になるたとえ。故事中国古代、周の武王が殷の紂王を討伐したのち、軍用のウマを華山の南方に帰し、ウシを桃林の野に放って再び戦争をしないことを示した故事から。「桃林」は河南省にある地名。《書経》参考「馬を華山の陽に帰す」のあとに続く句。

【〈牛津〉】オックスフォード イギリスのロンドンの北西、テムズ川に面した都市。オックスフォード大学がある。

【〈牛筋草〉】おひしば イネ科の一年草。由来「牛筋草」は漢名から。▼雄日芝（一五一四）

【△牛車】ギッシャ 昔、ウシに引かせた乗用の車。おもに平安時代、貴族の間で使われた。

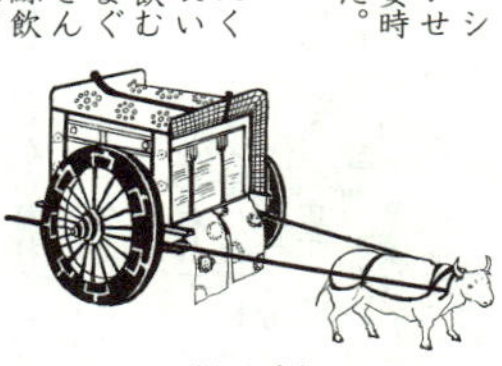
〔牛車ギッシャ〕

【牛飲馬食】ギュウインバショク むやみにたくさん飲み食いすること。ウシが水を飲むように、また、ウマがまぐさを食うようにたくさん飲み食いする意。類鯨飲馬食・暴飲暴食・痛飲大食

【牛鬼蛇神】ギュウキダシン きわめてみにくく、奇怪なもののたとえ。また、人柄がいやしく心がねじけている人のたとえ。「牛鬼」は頭がウシの形の鬼神。「蛇神」は顔が人で体がヘビの神。〈杜牧の文〉

【牛▲驥同▲皁】ギュウキドウソウ 賢者と愚者が同じ待遇を受けるたとえ。賢者が粗略な待遇を受けるたとえ。「驥」は一日に千里走る名馬。「皁」は、かいばおけ。足ののろいウシと足の速い駿馬が同じかいばおけのえさを食う意。《史記》

【牛後】ギュウゴ ウシのしり。転じて、強大なもののあとに付きしたがうこと。「鶏口と為るも―と為る無かれ」《史記》

【牛首を△懸けて馬肉を売る】ギュウシュをかけてバニクをうる 見せかけはりっぱでも実質が伴わないたとえ。また、言行が一致しないたとえ。看板として牛頭を掲げながら実際は馬肉を売る意から。《晏子春秋》類羊頭を懸けて狗肉を売る

【牛耳る】ギュウジる 組織や団体の中心となり主導権を握る。由来「牛耳を執る」から生じた語。

【牛耳を執る】ギュウジをとる 同盟の盟主となること。また、団体や党派の中心人物となり、組織を意のままに動かすこと。故事中国、春秋戦国時代、諸侯が和平の盟約を結ぶとき、会合の主導権を握る者がいけにえのウシの耳を切り、諸侯たちがその血をすすって盟約の誓いとした故事による。《春秋左氏伝》

【牛▲鼎鶏を▲烹る】ギュウテイにわとりをにる 大きな才能をもつ人には、小さな仕事は適さないたとえ。ウシを煮るほどの大きなかなべは、ニワトリを煮るのに適さない意から。《史記》

【牛刀】ギュウトウ ウシを切り裂くのに使う大きな刀。「割鶏―（とるに足りないことを大げさな方法で処理することへの戒め）」

【牛歩】ギュウホ ①ウシの歩み。②ウシが歩くように、進み方がのろいこと。「審議引きのばしのための―戦術をとる」

【牛酪】ギュウラク 牛乳の脂肪分を固めて作った食品。バター。

【△牛王】ゴオウ ①「牛王宝印」「牛王宝命」の略。社寺で出す厄よけの護符。特に、和歌山県熊野神社のものは有名。②中国で、ウシの肝に含まれるという薬。

【△牛黄】ゴオウ ウシの腸や胆などにできる結石。漢方薬として珍重される。ウシの玉。

【△牛△膝】ゴシツ 「牛膝いのこずち」に同じ。

【△牛頭】ゴズ ウシの頭をもち、体は人間の形をした地獄の番人。

【△牛頭△馬頭】ゴズメズ 仏地獄の獄卒のこと。頭がウシやウマで、体は人間という地獄の鬼。

【〈牛尾魚〉】こち コチ科の海魚。暖海の砂底にすむ。上下に平たく、頭と口は大きく、尾は細い。食用。季夏 由来「牛尾魚」は漢名から。表記「鯒・鮲」とも書く。

【△牛△蒡】ゴボウ キク科の二年草。ヨーロッパ・シベリア原産。葉はハート形で大きい。根は地中に垂直に長く伸びて、食用。由来「牛蒡」は漢名より。根がウシの尾に似ることから。

【△牛△蒡抜き】ゴボウぬき ①ゴボウを土から抜くように一気に引き抜くこと。②座りこみの人などを一人ずつ引き抜くこと。③競走で数人の相手を次々に追い抜くこと。

【〈牛尾菜〉】しおで ユリ科のつる性多年草。山野に自生。夏、黄緑色の小花を球状につける。若芽は形も味もアスパラガスに似て、「山菜の女王」といわれるほど美味。由来「牛尾菜」は漢名より。若芽の形がウシの尾に似ることから。

【〈牛△縻〉】はなづら ウシの鼻に通す環。鼻綱(はなづな)。表記「鼻縻」とも書く。

【〈牛皮凍〉】へくそかずら アカネ科のつる性多年草。由来「牛皮凍」は漢名から。▼屁糞葛(へくそかずら)(一二七五)

キョ【去】

(5) ム 3 常 教 8 2178 356E 音 キョ・コ 訓 さる 外 ゆく・のぞく

筆順 一 十 土 去 去

意味 ①さる。ゆく。たちさる。「去来」「過去」対来 ②のぞく。とりさる。「去勢」「撤去」③死ぬ。「死去」「逝去」④漢字音の四声の一つ。「去声」

下つき 過去(カコ)・死去(シキョ)・辞去(ジキョ)・消去(ショウキョ)・除去(ジョキョ)・逝去(セイキョ)・退去(タイキョ)・撤去(テッキョ)

【去就】キョシュウ ①去ることと留まること。②事にあたっての態度。行動のとり方。「今後の―が注目される」類進退

【去声】キョショウ 漢字の四声の一つ。「送・宋(ソウ)」以下三〇韻、すべて仄字(ソクジ)。現代中国語の発音では、最初が強くあとが弱い。参考「キョセイ」とも読む。

【去勢】キョセイ ①動物の生殖腺(セイショクセン)を取り除くこと。②抵抗する気力を奪うこと。

【去来】キョライ ①去ることと来ること。ゆきき。②心に思い浮かんだり、消えたりすること。「思い出が脳裏に―する」

【〈去年〉】こぞ 昨年。特に年の始めに、前の年を振り返って使うことが多い。季新年 参考「キョネン」とも読む。

【去嫌】さりきらい ①連歌・俳諧(ハイカイ)用語で、禁制の一つ。同季・同字や類似した語は一定の句を隔てて用い、変化させる。嫌物(きらいもの)。②好き嫌い。えりごのみ。

【去る】さる ①ある場所や立場から離れる。「官界を―る」②空間的・時間的にへだたる。「今を―ること七年前」③消えてなくなる。「老衰でこの世を―る」

【去る者は追わず】自分から離れていこうとする者は無理には引き留めないということ。由来もとは「往(ゆ)く者は追わず、来(きた)る者は拒(こば)まず」の句から。〈『孟子(モウシ)』〉

【去る者は日に疎(うと)し】親しかった人も、離れてしまうとしだいに疎遠になっていくたとえ。また、死んだ人は時とともに忘れられていくたとえ。〈『文選(モンゼン)』古詩十九首〉参考「日」は「日日(ひび)」ともいう。

キョ【巨】

(5) エ 2 常 4 2180 3570 音 キョ 外 コ 訓 外 おおきい・おおい

旧字《巨》(5) エ 2 1/準1

筆順 一 厂 戸 巨

意味 ①おおきい。「巨人」「巨大」②おおい。はなはだ多い。「巨額」「巨万」「巨富」③すぐれた。偉大な。「巨星」「巨匠」

【△巨きい】おおきい ①端から端までの隔たりがはなはだしい。大きさや数量がきわめて大きい。②偉大ですぐれている。

【巨億】キョオク きわめて多くの数量や金額。「―の資産を残す」参考「巨万」よりも多くの数量を表す。

【巨△魁】キョカイ 悪い集団のかしら。類頭目・首領 表記「渠魁」とも書く。

【巨額】キョガク 数量や金額が非常に多いこと。「空港新設には―の資金が必要だ」類多額

【巨漢】キョカン 人並みはずれて体の大きい男。「―を武器に柔道で活躍する」類巨人

【巨材】キョザイ ①非常に大きな材木。②偉大なオ能。また、その人。

【巨刹】キョサツ きわめて大きな寺院。「刹」は寺院の意。類大伽藍(ダイガラン)

【巨視的】キョシテキ ①人間の感覚で見分けられる程度の大きさを対象とするさま。肉眼的。②全体的・総合的にとらえるさま。マクロ的。対微視的

【巨匠】キョショウ 芸術など専門の分野で非常にすぐれている人。「横山大観は日本画の―である」類大家(タイカ)・泰斗(タイト)

【巨星】キョセイ ①恒星の中で、ひときわ形や光度の大きいもの。対矮星(ワイセイ) ②ひときわ輝く偉大な人物。

【巨多】キョタ きわめて数が多いこと。表記「許多」とも書く。参考「コタ」とも読む。

【巨大】キョダイ きわめて大きいこと。また、そのもの。「―なビルが建ち並ぶ」対微小

【巨頭】キョトウ ①きわめて大きな頭。②政界、財界などで大きな実権をもつ人。

【巨△擘】キョハク ①親指。②集団の中で、特に目立ってすぐれた人。かしらの人。参考「擘」は親指、また、いちばんすぐれたものの意。

【巨費】キョヒ きわめて多額な費用。「新しい施設に―を投じる」

【巨富】キョフ きわめて多額な財産。また、それを築いた人。類巨財

【巨歩】キョホ ①大股(おおまた)に歩くこと。②大きな功績。「歴史に―を残す」

【巨砲】キョホウ ①大きい大砲。②野球で、強打者のたとえ。

【巨万】キョマン 数量が非常に多いこと。おもに、金銭や財産などにいう。「―の富を築く」

【巨利】キョリ きわめて多額な利益。大きな儲(もう)け。「相場で―をつかむ」類巨益・大利

【巨△細】コサイ ①大きいことと小さいこと。また、大きいことから小さいことまですべて。一部始終。いっさい。「―もらさずチェック」類細大 ②こまかく詳しいこと。詳細。類①②委細 参考「キョサイ」とも読む。

〈巨頭鯨〉ごんどうくじら イルカ科の歯クジラの総称。マゴンドウ・ハナゴンドウなど。頭が大きく丸い。季冬

キョ【居】(8) 尸5 教 常 6 2179 356F 音キョ 外コ 訓いる 外おる・おく

筆順 ㄱ コ 尸 尸 尸 尸 居 居

意味 ①いる。おる。すわる。「起居」②住む。また、住む所。「居宅」「居留」「住居」③いながら。そのまま。「居然」

下つき 安居(アンキョ)・隠居(インキョ)・閑居(カンキョ)・起居(キキョ)・群居(グンキョ)・穴居(ケッキョ)・皇居(コウキョ)・雑居(ザッキョ)・住居(ジュウキョ)・蟄居(チッキョ)・転居(テンキョ)・同居(ドウキョ)・独居(ドッキョ)・入居(ニュウキョ)・別居(ベッキョ)

【居合】いあい 剣法の一つ。座った姿勢から、すばやく刀を抜いて相手を切りつけるわざ。居合抜き。

【居食い】いぐい 働かないで、手持ちの財産で生活すること。「―で身代限り」類徒食・座食

【居△曲】いぐせ 能で、地謡(じうたい)が曲を謡うときシテが舞わないで座ったままで演技をすること。対舞曲(まいぐせ)

【居〈心地〉】いごこち ある場所や地位にいるときに感じる気分。そこにいるときの気持ち。「新しい家は―が良い」

【居職】いジョク 自宅にいて仕事をする職業。裁縫師・印判師など。対出職(でジョク)

【居△竦まる】いすくまる 恐怖や驚きのため、その場に座ったまま動けなくなる。いすくむ。参考「いずくまる」とも読む。

【居住まい】いずまい 座ったときの姿勢。「―を正す」

【居据わる・居座る】いすわる ①座ったまま動かないでいる。②地位や位置などが変わらずにいる。「何年も役員の座に―る」

【居候】いそうろう 他人の家においてもらい、衣食の面倒をみてもらうこと。また、その人。類食客

〖居候の三杯目〗 居候は肩身が狭く、何事につけても遠慮がちになるたとえ。居候はご飯のお代わりでも三杯目になると遠慮してそっと差し出すことから。由来川柳の「居候三杯目にはそっと出し」から。

【居丈高】いたけだか 人を威圧するような態度。「―になる」「―な物言い」表記「威丈高」とも書く。参考「居丈」は、座ったときの背の高さの意。

【居た△堪れない】いたたまれない その場に我慢していられない。「―くなって席を立つ」

【居抜き】いぬき 住宅や商店・工場などを、設備や家具などをそのまま残した状態で売ったり貸したりすること。「この店を―で売る」

【居〈囃子〉】いばやし 能の略式演奏の一つ。一曲の主要部分を抜き出して、座ったまま囃子を入れて演奏する。対舞囃子(まいばやし)

【居間】いま 家族が常時くつろぐ部屋。類居室

【居待月】いまちづき 陰暦の一八日の月。特に、八月一八日の月。居待ちの月。対立待月・寝待月 参考月の出が遅くなるので座って待つ意。

【居る】いる ①その場所に存在する。また、留まっている。住んでいる。「いつまでも同じ場所に―る」②補助動詞。動作や作用、状態の継続を表す。「雪が降って―る」「店が開いて―る」参考現代表記ではふつう、ひらがなにする。

【居留守】いるす 家にいるのに、いないふりをすること。「―を使う」

【△居く】おく ①積み蓄える。おいておく。②いさせる。住まわせる。「留守番を―く」

【△居る】おる 「居(い)る」の古風な言い方。また、改まった言い方。「まだ家に―ります」

【居敬窮理】キョケイキュウリ 心を専一にして振る舞いを慎み、物事の道理をきわめて、正確な知識を得ること。朱子学における修養の目標をいう。「居敬」は慎み深い態度で身を保つ内的な修養、「窮理」は物事の道理をきわめ、正しい知識を身につける外的な修養の意。〈『朱子語類』〉

【居住】キョジュウ 決まった場所に住むこと。また、そのすまい。「―地」

【居所】キョショ ①身をおく所。②法律で、本拠ではないが、ある期間継続して住む場所。参考①「いどころ」とも読む。

【居常】キョジョウ 日ごろ。ふだん。平生(ヘイゼイ)。「江戸城における家康の―」

【居然】キョゼン ①じっとして動かないさま。いながら。「―とした姿勢」②することがなく退屈なさま。つれづれ。「―と一日を過ごす」

【居宅】キョタク ①日常住んでいる家。すまい。②家にいること。在宅。

【居中】キョチュウ 両者の中間に立つこと。間に立ってかたよらないこと。

【居中調停】キョチュウチョウテイ 法律で、第三国が紛争中の二国の間に入り平和的解決を図ること。転じて仲直りの仲介をいう。

【居は気を移す】キョはキをうつす 居場所や境遇などは人の気分や気持ちを変えるということ。転じて、地位や身分が人柄を変えること。〈『孟子(モウシ)』〉

【居留】キョリュウ 一時的にその地にとどまり住むこと。「―地」

【〈居士〉】こじ ①在家のままで仏門に入った男性。②男性の戒名につける称号の一つ。対①②大姉

【〈居士〉△衣】こじエ 羽織状の隠者や僧の着る道服(ドウフク)の一種。こじごろも。

キョ【拠】(8) 扌5 常 4 2182 3572 音 キョ・コ 訓 外 よる・よりどころ

旧字《據》(16) 扌13 1/準1 5801 5A21

筆順 一 十 扌 扌 扨 扨 拠 拠

意味 ①よる。たよる。たてこもる。「依拠」「占拠」「割拠」②よりどころ。あかし。「根拠」「証拠」③つのる。金銭を出しあう。「拠出」

下つき 依拠(イキョ)・割拠(カッキョ)・群拠(グンキョ)・根拠(コンキョ)・準拠(ジュンキョ)・証拠(ショウコ)・占拠(センキョ)・典拠(テンキョ)・本拠(ホンキョ)・論拠(ロンキョ)

【拠金】キョキン 目的をもって必要な金銭を出し合うこと。また、その金銭。表記「醵金」とも書く。

【拠出】キョシュツ なんらかの事業、寄付のために金品を出し合うこと。表記「醵出」とも書く。

【拠点】キョテン 活動の足場となる重要な場所。「―を確保する」

【拠り所・△拠】よりどころ ①頼り。また、頼みとするところ。②あることがらの成り立つもととなるもの。類根拠

【△拠る】よ-る ①もとづく。よりどころとする。②場所を占める。たてこもる。「城に―って敵を防ぐ」

【△拠ん所無い】よんどころな-い しかたがない。やむをえない。「―い事情で遅刻した」参考「よりどころない」の転。

キョ【拒】(8) 扌5 常 準2 2181 3571 音 キョ 訓 こばむ 外 ふせぐ

旧字《拒》(8) 扌5 1/準1

筆順 一 十 扌 扌 扩 折 拒 拒

意味 こばむ。ことわる。よせつけない。「拒絶」「拒否」

下つき 抗拒(コウキョ)・峻拒(シュンキョ)

【拒絶】キョゼツ 要求や希望などを受けつけないこと。「申し入れを―する」類拒否

【拒否】キョヒ 要求や希望を断ること。「参加を―する」類拒絶 対承諾

【拒む】こば-む ①ことわる。拒否する。「返答を―む」②はばむ。ふせぐ。「大自然は一行の進入を―んだ」

【△拒ぐ】ふせ-ぐ こばみとどめる。そばに寄せつけないようにする。「守りを固めて敵の侵入を―ぐ」

キョ【苣】(8) 艹5 1 7180 6770 音 キョ 訓 たいまつ・ちさ・ちしゃ

意味 ①たいまつ。類炬(キョ) ②野菜の「萵苣(カキョ・ちさ・ちしゃ)」に用いられる字。

キョ【★炬】(9) 火5 1 6357 5F59 音 キョ・コ 訓 かがりび・たいまつ・やく・ともしび

意味 ①かがりび。たいまつ。「炬眼」「炬光」類苣(キョ) ②やく。たく。③ともしび。

下つき 火炬(カキョ)・松炬(ショウキョ)・蠟炬(ロウキョ)

【炬火】キョカ かがり火。たいまつ。類炬燭(キョショク) 参考「コカ」とも読む。

【炬燭】キョショク 「炬火(キョカ)」に同じ。

【炬燵】コタツ 暖房器具の一つ。炭火などの熱源の上にやぐらをかぶせ、上を布団でおおったもの。「―で猫が丸くなっている」季冬 表記「火燵」とも書く。

【炬燵で〈河豚〉汁】こたつでふぐじる 安全を心がけながら一方で危険なことをするたとえ。のんびりしながら、毒にあたる危険のあるフグを食べることから。

キョ【倨】(10) 亻8 1 4866 5062 音 キョ 訓 おごる

意味 ①おごる。あなどる。「倨気」②足を投げ出してすわる。「箕倨(キキョ)」

下つき 箕倨(キキョ)・傲倨(ゴウキョ)

【倨る】おご-る えらそうに振る舞い、威張る。横柄な態度をとる。

【倨傲】キョゴウ おごりたかぶること。威張って気ままであること。類傲慢

キョ【挙】(10) 手6 常 教 7 2183 3573 音 キョ 訓 あげる・あがる 外 こぞる・こぞって

旧字《擧》(17) 手13 1/準1 5809 5A29

筆順 ヽ ヽヽ ⺍ 兴 兴 兴 兴 挙 挙

意味 ①あげる。もちあげる。「挙火」「挙手」②物事を起こす。おこなう。くわだてる。「挙行」「挙式」「壮挙」③数えあげる。並べて示す。「枚挙」「列挙」④とりたてる。人をとりたてて用いる。「挙用」「推挙」⑤とらえる。「検挙」⑥ふるまい。身のこなし。「挙

動」「快挙」⑦あげて。こぞって。「挙国」「挙党」

下つき 一挙・快挙・科挙・愚挙・軽挙・検挙・再挙・推挙・選挙・壮挙・大挙・暴挙・枚挙・列挙

【挙げ句】あげく 結局のところ。「悩んだ―告白した」由来 連歌や俳諧(ハイカイ)で前半を発句というのに対して、後半を挙げ句といったことから。表記「揚げ句」とも書く。

【挙げる】あげる ①下から上に動かす。「手を―げる」②とりおこなう。行動を起こす。「華燭(カショク)の典を―げる」「兵を―げる」③選び示す。とりあげる。「例を―げて説明する」④めぼしい人をとりたてる。召しあげる。「大統領候補に―げる」

【挙棋不定】キョキフテイ 方針を立てないまま行動すること。また、物事を行うのになかなか決心がつかないこと。「挙棋」は碁石や将棋の駒(こま)をつまみあげること。「不定」はつまみあげたまま打つ所が決まらない意。《春秋左氏伝》

【挙行】キョコウ 行事を正式にとり行うこと。「卒業式を―する」

【挙国一致】キョコクイッチ 国中の者が心を一つにして団結すること。「―内閣」

【挙止】キョシ 立ち居振る舞い。普段の動作。類挙動・挙措・起居

【挙止進退】キョシシンタイ 日常の立ち居振る舞いや身の処し方。類挙措進退・行住坐臥(ギョウジュウザガ)

【挙式】キョシキ 結婚式など式をとりおこなうこと。式をあげること。

【挙手】キョシュ 意志表示などのために片手をあげること。「賛成の―」「―の礼」

【挙証】キョショウ 証拠をあげて示すこと。「―責任」類立証

【挙世】キョセイ 世の中の人みんながこぞって。世をあげて。世界中。

【挙措】キョソ 立ち居振る舞い。動作。「―進退」類挙止・挙動・起居

【挙措失当】キョソシットウ 事にあたって対応のしかたが適当でないこと。「失当」は適切を欠く意。類挙止失当

【挙足軽重】キョソクケイチョウ ある人物の言動や態度が全体に大きな影響を及ぼすこと。また、そうした重要な人物。対立する二者の間にあって、ある者が足を上げてどちらかに一歩踏み出せば勢力の軽いか重いか、その優劣が決まることから。《後漢書(ゴカンジョ)》

【挙党】キョトウ 党員全員が団結して事に当たること。党をあげて取りくむこと。党全体。多く、政党についていう。「総選挙に向けて―一致の体制を固める」類全党

【挙動】キョドウ 立ち居振る舞い。動作。「―不審な男」類挙止・挙措・起居

【挙兵】キョヘイ 兵を起こし、軍事行動をとること。旗上げ。

【挙用】キョヨウ 能力を認め、引き上げて用いること。類登用・起用

【▵挙る】こぞる 残らず一緒にする。一斉にそろう。皆でまとまる。「家族―ってサッカーファン」

〈挙尾虫〉しりあげむし シリアゲムシ科の昆虫の総称。山林にすむ。はねは細長く、美しい斑紋(ハンモン)をもつ種類が多い。雄の尾の先にははさみ状の突起があり、サソリのように上に曲げている。由来「挙尾虫」は漢名から。

キョ【秬】(10) 禾 5 1 6732 6340 音 キョ 訓 くろきび

意味 くろきび。実が黒いきび。「秬酒」

キョ【▵据】(11) 扌 8 常 3188 3F78 ▼すえる(八三七)

キョ【虚】(11) 虍 5 常 3 2185 3575 音 キョ・コ高 訓 外むなしい・うつろ・うろ・うつける

旧字《虛》(12) 虍 6 1/準1 9146 7B4E

筆順 丨 ト 卜 广 卢 卢 虍 虍 虚 虚

意味 ①むなしい。中身がない。から。うつろ。「虚無」「虚空」対盈(エイ) ②うわべだけの。実がない。うそ。「虚栄」「虚礼」対実 ③邪心をもたない。すなお。「謙虚」④よわい。よわる。「虚弱」「虚脱」

下つき 盈虚・空虚・謙虚・静虚

【▵虚ける】うつける ①中がからっぽになる。②魂が抜けたようにぼんやりとする。表記「空ける」とも書く。

【虚貝】うつせがい ①肉がなくなってからっぽになった貝。貝殻。②ツメタガイの別名。砂の中にすむ巻貝。二枚貝の殻に穴を開けて肉を食す。ウツボガイ。

【▵虚▵蟬】うつせみ セミの抜け殻。また、セミ。季夏 表記「空蟬」とも書く。

【▵虚ろ】うつろ 中がからなさま。転じて、精気が抜けてぼんやりしているようす。「―な目つき」表記「空ろ」とも書く。

【▵虚】うろ 中が空洞になっているところ。あな。「木の―」表記「空・洞」とも書く。

【虚】キョ ①実がないこと。から。②油断。すき。「相手の―に乗じる」③邪念・私欲のないこと。④事実でないこと。うそ。

【虚栄】キョエイ 実質が伴わないのに外面だけよく見せようとすること。みえ。「―心」

【虚往実帰】キョオウジッキ 大いなる感化や徳化を受けるたとえ。行くときは何も知らず虚心に出かけるが、帰りには大いに得るところがあり充実して帰る意から。《荘子(ソウジ)》

【虚偽】キョギ うそ。いつわり。「法廷で―の証言をする」類虚妄 対真実

【虚気平心】キョキヘイシン 心をむなしくして落ち着けること。また、その心境。類無念無想

【虚業】キョギョウ うわべは仕事をしているように見えても実質のない事業。「―家」

参考「実業」をもじった語。

【虚虚実実】キョキョジツジツ 互いに策略を尽くして必死に戦うこと。また、うそやまことを織りまぜて互いに腹を読み合うこと。「虚」「実」を重ねて強調した語。「―のかけひき」

【虚言】キョゲン 「虚言（そらごと）」に同じ。「―癖」

【虚構】キョコウ 事実でないことを事実のように作り上げること。フィクション。

【虚実】キョジツ ①うそと真実。②あることとないこと。「歴史の―」

【虚実皮膜】キョジツヒマク 芸術は事実と虚構との微妙な境界に成立するものであること。「皮膜」は皮膚と粘膜、転じて区別できないほどの微妙なちがいの意。江戸時代の近松門左衛門の唱えた芸術論。参考「皮膜」は「ヒニク」とも読む。

【虚弱】キョジャク 体がひよわで病気がちなこと。「―体質」類脆弱・羸弱

【虚飾】キョショク 中身を伴わず外見だけを飾ること。「―にまみれた実像」

【虚心】キョシン 心をからにして、ありのままを受け入れること。「先輩の忠告を―に聞く」類無心

【虚心△坦懐】キョシンタンカイ 心にわだかまりがなく、気持ちが素直でさっぱりしていること。「坦懐」は心が穏やかでこだわらないこと。平静な心境をいう。「―に意見を聞く」類虚心平気・明鏡止水・光風霽月

【虚数】キョスウ 実数でない複素数。負数の平方根。対実数

【虚勢】キョセイ 見かけだけの勢い。強がり。空元気。「彼は―を張っている」類虚威

【虚静△恬淡】キョセイテンタン 心にわだかまりがなく静かで落ち着いているさま。「恬淡」はあっさりしていて私心のないこと。「虚静」は心に先入観やわだかまりがないこと。『荘子』類虚無恬淡・無欲恬淡

【虚像】キョゾウ ①作られた見せかけの姿。②レンズや鏡によって発散された光線が、あたかもそこから出ているように見えるときの物体の像。実際の像の位置とは異なる。対①②実像

【虚脱】キョダツ 気力がなくなりうつろになること。「落胆のあまり―状態になる」

【虚誕】キョタン まったくのでたらめ。おおげさなつくりごと。「―の説」類虚言

【虚堂懸鏡】キョドウケンキョウ 心をむなしくして公平、また無心にものを見るたとえ。何もない部屋に鏡をかける意から。『宋史』類公平無私

【虚報】キョホウ いつわりの知らせ。まちがった情報。「―におどらされる」

【虚無】キョム ①何もなくてむなしいこと。②心を無にして何も考えないこと。

【虚名】キョメイ ①実力の伴わない名声や評判。「―に踊らされる」類虚聞 ②いつわりの名。対実名

【虚妄】キョモウ ①うそ。いつわり。類虚偽 ②迷い。迷信。

【虚礼】キョレイ 形式的なうわべだけの礼儀。「―廃止運動」

【虚霊不昧】キョレイフマイ 心にわだかまりがなく澄みきっていて、すべてが明らかにうつること。『大学』

【虚空】コクウ ①無の空間。「―をつかんでのけぞる」②大空。

【虚空蔵△菩△薩】コクウゾウボサツ 仏虚空のように無量の智慧や功徳を備えもつ菩薩。蓮華座に坐して五智宝冠をいただき、右手に宝剣を左手に如意宝珠を持つ。虚空孕菩薩。

【虚仮】コケ ①仏真実ではないこと。いつわり。②分別のないこと。愚かなこと。ばか。「―にする」

【虚仮△威し】コケおどし ①見え透いたおどし。②実質がなく、見せかけだけりっぱなこと。

【虚無僧】コムソウ 普化宗の托鉢僧。深編み笠をかぶり、尺八を吹いて諸国を行脚した。薦僧。梵論子。

〈虚言〉そらごと 本当ではない言葉。うそ。いつわり。表記「空言」とも書く。参考「キョゲン」とも読む。

〈虚事〉そらごと 本当ではないこと。つくりごと。「絵―」表記「空事」とも書く。

【△虚しい】むなしい ①中身や実体がない。また、からっぽである。「心を―くする」②かいがない。無駄な。表記「空しい」とも書く。

キョ【許】(11) 言 4 教 常 6 2186 3576

音 キョ 外コ
訓 ゆるす 外ばかり・もと

筆順 、 ニ 亖 言 言 言 訂 訢 許 4

意味 ①ゆるす。ききいれる。みとめる。「許可」「許容」②ほど。ばかり。…くらい。「許多」③もと。ところ。類処

下つき 幾許・允許・官許・裁許・勅許・特許・認許・免許・黙許

〈許多〉あまた たくさん。数が多いこと。「引く手―」表記「数多」とも書く。

〈許嫁〉・〈許婚〉いいなずけ ①結婚の約束をした相手。フィアンセ。②幼少の時に双方の親どうしが結婚の約束をしておくこと。また、その当人どうし。

【許可】キョカ 願いを聞き入れて許すこと。「―証」類承認・承諾・許諾

【許諾】キョダク 願いを認め、許すこと。「本人の―を得て資料を公開する」類許可・承認・承諾 対拒絶

【許否】キョヒ 許すことと許さないこと。また、許すか許さないかということ。類諾否

【許容】キョヨウ 大目に見て、受け入れること。「カードの―限度額を超える」「―範囲」類

承認・容認・黙認

【許り】ばか-り ①大まかな程度や範囲を示す語。…くらい。…ほど。「米を十キロ(グラム)―運ぶ」②物事を限定する語。…だけ。…のみ。「駄作―の応募作品」「口―達者になった」③直前に動作が完了して間もない状態。「今仕上がった―だ」

【許】もと ①あたり。…のところ。「旗の―に集まれ」②支配や影響力の及ぶ範囲。「親の―から離れる」「勇将の―に馳(は)せ参じる」

【許す】ゆる-す ①願いを聞き入れ認める。承知する。「入学を―す」②罪や過失をとがめるのをやめる。「絶対に―されない行為」③相手の自由にさせる。「肌を―す」④ゆるめる。「気を―す」

キョ【渠】★
(12) 氵9 準1 2184 3574
音 キョ
訓 みぞ・おおきい・かしら・かれ・なんぞ

〔渠〕

意味 ①みぞ。ほりわり。「溝渠」②おおきい。広い。③かしら。「渠魁(キョカイ)」「渠帥」④かれ。三人称の代名詞。⑤なんぞ。疑問・反語を示す助字。

下つき 暗渠(アン)・溝渠(コウ)・水渠(スイ)・船渠(セン)

【渠魁】キョカイ 悪い集団のかしら。表記「巨魁」とも書く。

【渠】みぞ 堀。ほりわり。用水路。

キョ【虚】
(12) 虍6 9146 7B4E ▼虚の旧字(三二七)

キョ【距】
(12) 𧾷5 常 4 2187 3577
音 キョ
訓 (外)へだてる・けづめ・ふせぐ

旧字《距》(12) 𧾷5 1/準1

筆順 3 ロ ロ ロ 𧾷 𧾷 𧾷 𧾷 距 距 距

意味 ①へだてる。かけ離れる。へだたり。「距離」②けづめ。ニワトリなどのあしの後ろの突起。「鶏距」③ふせぐ。こばむ。類拒

下つき 鶏距(ケイ)・鉤距(コウ)

【距離】キョリ 二点間のへだたり・長さ。「通学の―」「車間―をとる」

【距】けづめ ①ニワトリなどキジ科の鳥の雄のあしの後方にある突起。攻撃に使われる。②ウシやウマなどのあしの後方にある突起物。表記「蹴爪」とも書く。

【距てる】へだ-てる 物と物や人と人の間をはなす。遠ざける。

キョ【筥】
(13) ⺮7 1 6808 6428
音 キョ
訓 はこ・いねたば

意味 ①はこ。丸いはこ。対筐(キョウ) ②いねたば。また、イネのたばをはかる単位。一にぎりを秉(ヘイ)、四秉を筥という。

下つき 筐筥(キョウ)

【筥】はこ 米などを入れるのに用いる竹で編んだ円筒形のかご。

【筥迫・筥狭子】はこせこ 和服礼装のときに、女性がふところに挟んで用いる装身具。もとは、布で作ったはこ形の懐紙入れ。表記「函迫」とも書く。

〔筥迫(はこせこ)〕

キョ【裾】
(13) 衤8 常 3194 3F7E ▼すそ(八二九)

キョ【鉅】
(13) 金5 1 7874 6E6A
音 キョ
訓 おおきい・おおい

意味 ①はがね。鋼鉄。②おおきい。おおい。えらい。とうとい。「鉅偉」類巨

キョ【嘘】★
(15) 口12 準1 8407 7427
音 キョ
訓 ふく・はく・うそ

〔嘘〕1719 3133

意味 ①ふく。はく。ながく息をはきだす。②なげく。すすり泣く。「嘘唏(キョキ)」③うそ。いつわり。「嘘言」

下つき 吹嘘(スイ)

【嘘】うそ ①事実でないこと。いつわり。そらごと。「―も方便」「―八百を言う」②正しくないこと。あやまり。まちがい。「―字を書く」

【嘘から出た実】うそからでたまこと 嘘のつもりでいたのが結果として本当のことになること。表記「実」は「誠」とも書く。

【嘘も方便】うそもホウベン 嘘をつくことは悪いことだが、よい結果をもたらす手段として、時には必要な場合もあるということ。

【嘘も誠も話の手管】うそもまこともはなしのてくだ 虚実をおりまぜて話すのが、うまい話術であるということ。「手管」は、人をだましてあやつる手際の意。

【嘘つきは泥棒の始まり】うそつきはどろぼうのはじまり 嘘を平気でつく人は、盗みも悪いことだと思わなくなり、やがては悪事をはたらくようになるという戒め。

キョ【墟】★
(15) 土12 1 5250 5452
音 キョ
訓 あと・おか

意味 ①あと。荒れはてたところ。「墟落」「廃墟」②大きなおか。

下つき 殷墟(イン)・旧墟(キュウ)・廃墟(ハイ)

【墟】あと 昔あった建物などがなくなり、くぼみだけが残って荒れ果てた場所。「古代文明のあった―」

キョ【踞】
(15) 𧾷8 1 7687 6C77
音 キョ・コ
訓 うずくまる・おごる

意味 ①うずくまる。かがむ。「踞侍」②おごる。おごりたかぶる。「踞敖(キョゴウ)」

下つき 箕踞(キ)・蹲踞(ソン)・蟠踞(バン)

【踞る】うずくま-る ひざを曲げ、体をかがめてしゃがむ。「石畳の上に―る」「急な腹痛でその場に―る」

【▲踞座】キョザ うずくまること。しゃがむこと。「―の姿勢をとる」

キョ【▲據】(16) 扌13 5801 5A21 ▼拠の旧字(三六)

キョ【歔】(16) 欠12 1 6133 5D41 音 キョ 訓 すすりなく

意味 すすり泣く。むせび泣く。「歔欷(キョキ)」

下つき 欷歔(キキョ)

【▲歔▲欷】キョキ すすり泣くこと。むせび泣き。表記「噓唏」とも書く。参考「歔」も「欷」もともに、すすり泣く意。

【▲歔く】すすりな―く むせび泣く。息をすすりながら泣く。「物陰から―く声が聞こえてきた」

キョ【★鋸】(16) 金8 準1 2188 3578 音 キョ 訓 のこぎり・のこ

意味 のこぎり。のこ。「鋸歯」「鋸屑(キョセツ)」

下つき 糸鋸(いとのこ)・鉄鋸(テッキョ)・刀鋸(トウキョ)

【鋸歯】キョシ ①のこぎり状の歯。②植物で葉のふちが、のこぎり状に細かく切れこみとがっていること。ケヤキ・ヤマザクラなど。

【鋸▲屑】キョセツ ①材木をのこぎりで引いたときに出るくず。おがくず。②言葉や文章がよどみなく出てくるたとえ。参考①「のこくず」とも読む。

【鋸】のこぎり 木材や金属などを引き切る道具。薄い鋼板に細かい歯がついている。参考「のこ」とも読む。

【鋸▲屑】のこくず 「鋸屑(キョセツ)①」に同じ。

キョ【▲擧】(17) 手13 5809 5A29 ▼挙の旧字(三六)

キョ【★遽】(17) ⻌13 1 7817 6E31 音 キョ 訓 にわか・すみやか・あわただしい・せまる・あわてる・おそれる

意味 ①にわか。にわかに。すみやか。急に。「遽然」「急遽」②あわただしい。せまる。あわてる。うろたえる。③おそれる。おののく。類懼(ク)

下つき 急遽(キュウキョ)・惶遽(コウキョ)・卒遽(ソッキョ)

【▲遽しい】あわただ―しい ①驚いてあわてるようにばたばたして落ち着かない。せき立てられるようで、せわしないさま。「―く出勤する」「毎年のことながら年の瀬は―い」②物事や周囲の動きが激しく変化するさま。「政局の動きが―い」「雲の動きが―い」

【遽然】キョゼン 急に。にわかに。「―として足音が響く」類突然

【▲遽かに】にわ―かに 急にあわてふためいて。あわただしく。また、すみやかに。すばやく。「―空模様が怪しくなる」

キョ【醵】(20) 酉13 1 7851 6E53 音 キョ

意味 つのる。あつめる。金品を出し合う。「醵金」「醵出」

【醵金】キョキン なんらかの目的で必要な金銭を出し合うこと。また、その金銭。表記「拠金」とも書く。

【醵出】キョシュツ 金品を出し合うこと。なんらかの事業、また寄付などに出すこと。表記「拠出」とも書く。

キョ【★欅】(21) 木17 1 6116 5D30 音 キョ 訓 けやき

【欅】

意味 ①けやき。ニレ科の落葉高木。②中国原産のクルミ科の落葉高木。

【▲欅】けやき ニレ科の落葉高木。山地に自生。防風林や庭木、また街路樹などにも植栽。高さは二〇メートル以上になる。よく枝分かれして樹形が美しい。材は堅く木目も美しいので建材や家具などに広く用いる。

ギョ【圉】(11) 口8 1 5194 537E 音 ギョ・ゴ 訓 ひとや・うまかい・かう・まきば・ふせぐ

意味 ①ひとや。牢獄(ロウゴク)。「囹圉(レイギョ・レイゴ)」類圄(ゴ) ②うまかい。ウマを飼って世話をする人。「圉人」③かう。家畜などを飼う。また、まきば(牧場)。④ふせぐ。ふせぎとめる。

下つき 馬圉(バギョ)・牧圉(ボクギョ)・囹圉(レイギョ)

【▲圉】ひとや 罪人を入れておく所。ろうや。表記「圄」とも書く。

ギョ【魚】(11) 魚0 教 常 9 2191 357B 音 ギョ 訓 うお・さかな

筆順 ノ ク ク 各 角 角 角 魚 魚 10 魚

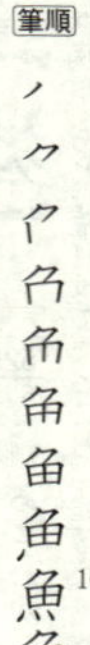

意味 うお。さかな。「魚介」「魚肉」「養魚」

下つき 香魚(あゆ)・海魚(カイギョ)・紙魚(しみ)・水魚(スイギョ)・生魚(セイギョ)・成魚(セイギョ)・鮮魚(センギョ)・池魚(チギョ)・稚魚(チギョ)・闘魚(トウギョ)・人魚(ニンギョ)・幼魚(ヨウギョ)・養魚(ヨウギョ)・鯉魚(リギョ)

【魚】うお 魚類の総称。「水清ければ―棲(す)まず」参考「さかな」とも読む。

【魚の▲釜中(フチュウ)に遊ぶが▲若(ごと)し】災いや危険が迫っているのに、のんびりとしているたとえ。魚が間もなく煮られるのに、釜(かま)の中でのんびり泳いでいる意から。〈『後漢書(ゴカンジョ)』〉表記「若し」は「如し」とも書く。参考「釜中の魚」ともいう。

【魚を得て▲筌(セン)を忘る】目的を達するとそれまで役に立ったものを忘れてしまうたとえ。魚を捕ってしまうとうれしさのあまり、筌(水中に沈めて魚を捕る竹かご)のことなど忘れてしまう意。〈『荘子(ソウジ)』〉類狡兎(コウト)死して良狗(リョウク)煮らる

【魚〈河岸〉】うおがし 魚介類を競り売りする市場。特に、東京都にある中央卸売市場をいう。河岸。「―で料理の材料を仕入れる」

【魚心あれば水心】うおごころあれば みずごころ 相手がこちらに対して好意をもてば、こちらも相応にそれに応えようと好意をもつことのたとえ。魚に水を思う気持ちがあれば、水も魚を思う気持をもつという意。参考 もと「魚、心あれば、水、心あり」というのが、それぞれ一語化して「魚心」「水心」となったもの。

【〈魚狗〉・〈魚虎〉】かわせみ カワセミ科の鳥。由来「魚狗・魚虎」は漢名から。▼翡翠(かわせみ)(二六五)

【魚蝦・魚鰕】ギョカ 魚とエビ。また、魚類一般のこと。

【魚介類・魚貝類】ギョカイルイ ①魚類と貝類。②海産物の総称。「―は健康食」

【魚眼】ギョガン ①魚の目。②「魚眼レンズ」の略。広角レンズの一種で、写角が一八〇度以上の凸レンズ。天文や気象の観測などに用いる。全天レンズ。由来 ②魚の目が一八〇度近い視野であることから。

【魚雁】ギョガン ①魚とガン。②手紙。たより。類 雁帛(ガンパク) 由来 ②「魚」はその腹中に入れて、「雁」はそのあしに結んで手紙を届けたという宋无(ソウム)の詩から。

【魚翅】ギョシ フカのひれ。中国料理の材料。ユイチー。

【魚礁】ギョショウ 魚などが多く集まる海底の岩場。表記「漁礁」とも書く。

【魚醤】ギョショウ 塩漬けにした魚の汁をこしたもの。うおじょうゆ。

【魚信】ギョシン 釣りで、魚が餌(えさ)にくいつくとき、竿(さお)に伝わってくる感じ。あたり。

【魚拓】ギョタク 魚の拓本。魚に墨を塗り、紙や布に写したもの。「―で釣果を競い合う」

【魚腹】ギョフク 魚の腹の部分。また、魚の腹の中。

『魚腹に葬(ほうむ)らる』 水におぼれて死ぬこと。また、入水(ジュスイ)すること。魚に食われて魚の腹に入る意から。〈『楚辞(ソジ)』〉

【魚鼈】ギョベツ 魚とスッポン。転じて、魚類全般をいう。「川淵(センエン)深くして―之(これ)に帰す」〈『荀子(ジュンシ)』〉

【魚網鴻離】ギョモウコウリ 求めていたものとはちがうもの。また、意外なものが得られるたとえ。魚を捕らえようと網を構えていたところにおおとり(鴻)がかかる意。「離」は網にかかる意。〈『詩経』〉

【魚目燕石】ギョモクエンセキ 本物と似ているが内実はまったくちがう無価値なもののたとえ。本物とまぎらわしい偽物。また、本物と偽物がまぎらわしいたとえ。由来「魚目」は魚の目玉。「燕石」は燕山(河北省の山名)の石。どちらも宝石に似ているが、宝石ではないことから。類 魚目混珠

【魚雷】ギョライ 「魚形水雷」の略。海戦用兵器の一つで、水中を進み目的物にぶつかると破裂する爆弾。

【魚籃】ギョラン ①「魚籠(びく)」に同じ。②「魚籃観音」の略。三十三観音の一つ。

【魚鱗】ギョリン ①魚のうろこ。また、魚類。②昔の兵法の陣形で、中央部を敵の方面に突き出し、うろこ状に陣を構えること。「―鶴翼(カクヨク)」

【魚】さかな 魚類の総称。多く、食料としての魚類をいう。「とれたての―の料理」参考「うお」とも読む。

【〈魚条〉】すわやり 昔、魚肉を細くさいて乾燥した保存食。削って食べる。すわり。表記「楚割」とも書く。

【〈魚屋〉】ととや 高麗茶碗(コウライチャワン)の一つ。赤土の上に青茶色の釉(うわぐすり)をかけたもの。由来 昔、「ととや」という堺(さかい)の商人が所有していたからとも、千利休(せんのりきゅう)が魚屋の店先で見つけたことからともいわれる。表記「斗々屋」とも書く。

【〈魚子〉】ななこ 彫金技法の一つ。金属盤に魚の卵のように細かい粒を浮き出させたもの。地紋に用いる。表記「斜子・七子」とも書く。

【〈魚虎〉】はりせんぼん ハリセンボン科の海魚。温・熱帯の海に分布。体は卵形で、体表に長いとげが密生。危険が迫ると体をふくらませてとげを立てる。ハリフグ。イガフグ。スズメフグ。由来 頭がトラに似ているからとも、とげで他の魚を害する恐ろしい魚だからともいう。表記「針千本」とも書く。

【〈魚籠〉・〈魚籃〉】びく 釣りなどのとき、とった魚を入れるかご。参考「魚籃」は「ギョラン」とも読む。

【〈魚味〉始】まなはじめ 生後初めて魚を食べさせる儀式。古くは三歳ごろ、室町時代には一〇一日目、江戸時代には一二〇日目に行われた。魚味(ギョミ)の祝。真魚(まな)の祝。表記「真菜始・真魚始」とも書く。

ギョ

【御】

(12) 彳 9 常 4 2470 / 3866

音 ギョ・ゴ
訓 おん 外 お・み・おさめる

筆順

意味 ①敬意やていねいさを表す語。「御意」「御覧」 ②天皇に関する事柄につけて敬意を表す語。「御製」「御物」「崩御」 ③あやつる。「御者」「制御」 ④おさめる。支配する。つかさどる。「御宇」「統御」 ⑤ふせぐ。まもる。「防御」

書きかえ ③④「馭(ギョ)」の書きかえ字。⑤「禦(ギョ)」の書きかえ字として用いられるものがある。

下つき 親御(おやゴ)・還御(カンギョ)・侍御(ジギョ)・出御(シュツギョ)・進御(シンギョ)・制御(セイギョ)・統御(トウギョ)・入御(ニュウギョ)・女御(ニョウゴ・ニョゴ)・崩御(ホウギョ)・臨御(リンギョ)

【△御愛想】おアイソ ①おせじ。「―を言う」 ②もてなし。「なんの―もなくてすみません」 ③勘定書き。「―をしてください」 参考「愛想」の丁寧語。

【△御居△処】おいど お尻(しり)。参考 もと、女房詞(ことば)。

【御会式】おエシキ 仏 日蓮宗で、日蓮上人の命日の一〇月一三日に行う法会。御命講。季 秋

【御▲蔭】おかげ ①神仏の加護。②人から受けた恩恵や影響。「先生の―で無事に合格できた」

【御数・〈御菜〉】おかず 主食に添えて食べる食物。副食。「ご飯に―を三品つける」由来 もと女房詞で、数々取りそろえる意から。

【〈御河童〉】おかっぱ 少女の髪形の一つ。前髪はまゆの上で、後ろ髪は耳の下あたりで切りそろえたもの。由来 河童の頭髪に似ていることから。

【御門違い】おかどちがい 訪問する家をまちがえる意から、見当ちがい。「―もはなはだしい」

【〈御内儀〉・御上】おかみ 他人の妻の敬称。参考 本来、「内儀」は身分のある人の妻をいう。また、「御上」は天皇・政府・役所などの意にもなる。

【御▲厠】おかわ 「御厠」の略。持ち運びのできる便器。おまる。表記「清器」とも書く。

【御▲俠】おきゃん 活発で少し軽率な若い女性。おてんば。「―な娘」

【御形】おギョウ ハハコグサの別称。春の七草の一つ。季 新年 参考「ゴギョウ」とも読む。▼鼠麴草(九二六)

【〈御髪〉】おぐし 他人の頭髪の敬称。参考「みぐし」とも読む。

【御九日】おクニチ 九月九日のこと。また、その日に行われる祭礼。おくんち。参考「御供日・御宮日」と書けば、単に祭りの意として用いられる。

【御包み】おくるみ 赤ん坊の全身を衣服の上からくるむ綿入れの防寒具。ねんねこ・かいまきに似るが袖がない。

【御高祖頭巾】おコソズキン 江戸後期から明治にかけて女性が用いた防寒用の頭巾。目のまわりだけを出して、頭全体をすっぽりとくるむ。季 冬

〔御高祖頭巾〕

【御籠もり】おこもり 神仏に祈願するため寺や神社にこもること。類 参籠

【御強】おこわ こわめし。赤飯。「―で子の門出を祝う」

【〈御降〉】おさがり 正月三が日に降る雨や雪。季 新年

【御▲浚い】おさらい ①学んだことが身につくように繰り返し練習すること。復習。②芸事で、習ったことを師匠の前で発表すること。「―会」類 温習

【御師】おシ ①「御祈禱師」の略。社寺で祈禱をする身分の低い神職。②大社で暦や守り札を配ったりする者。参考 伊勢神宮では「おんシ」という。

【〈御祖父〉さん】おじいさん 祖父を敬っていう語。対 御祖母さん

【御仕置き】おシおき ①悪いことをした子どもに罰を加えてこらしめること。②江戸時代、罪人を罰すること。刑罰。しおき。

【御辞儀】おジギ 頭を下げてする礼や挨拶。

【御仕着せ・御為着せ】おシきせ 商家などで主人が使用人に与える衣服。転じて、上から一方的に与えられた事柄。

【御下地】おしたジ 醬油。由来「下地」の丁寧語で、煮物や吸物の下地に用いるところから。

【御釈▲迦】おシャカ だめになること。また、だめになったもの。作りそこない。由来 地蔵を鋳るつもりの鋳物職人が、誤って釈迦を鋳たことから。

【〈御▲洒落〉】おしゃれ 服装や化粧などで身を飾ること。また、その人。「―な人」参考「おしゃれな店」のように「しゃれた」の意にも使う。

【御裾分け】おすそわけ もらったものや利益の一部を人に分け与えること。「頂き物の菓子を―する」

【御墨付】おすみつき 主君の花押のある文書。室町・江戸時代に、幕府または大名から臣下に物事を証明・保証するために与えた。「―を頂く」

【御節】おセチ 正月・五節句などに特別に作る料理。ゆでかち栗・昆布まき・てりごまめ・ゴボウ・ニンジン・レンコンなどを甘く煮たもの。参考「御節供」から。

【御膳立て】おゼンだて ①食膳をととのえること。類 配膳 ②準備すること。「会合の―をする」

【〈御母様〉】おたあさま 母を敬っていう語。宮中や公家などで用いられた。おたたさま。対 御父様 由来 母は、寝殿造の「対屋」に住んだことから。

【御▲店者】おたなもの 商家に奉公する人。番頭・手代・丁稚など。

【御旅所】おたびショ 神社の祭礼で、御輿を本宮から移して仮に安置する所。

【御▲陀仏】おダブツ ①臨終のときに南無阿弥陀仏を唱えるところから、死ぬこと。「この魚は―だ」②失敗すること。

【御為倒かし】おためごかし 表向きは相手のためを思うようなふりをして、実際は自分の利益をはかること。

【御茶を▲碾く】おチャをひく 水商売の者が客もなく暇でいる。転じて、商売などが暇である。由来 芸者や遊女は、客がないとき茶うすで葉茶をひいていたことから。

表記「碾く」は「挽く」とも書く。

【〈御汁〉・御付】おつけ　おつゆ。特に、味噌汁。由来本膳で飯に付け添える意から。

【〈御頭〉】おつむ　あたま。おもに幼児語として用いられる。「―がいい」「―てんてん」

【御手塩】おてしょ　浅く小さい皿。手塩皿。おもに女性語。由来食膳の不浄を清めるため、小皿に塩を盛った慣習から。

【御手玉】おてだま　①少女のおもちゃの一つ。小さい布袋に小豆などを入れて作り、それを投げては受けて遊ぶ。②野球で、ボールを受けるとき、グラブでしっかりつかめないで一、二度はじくこと。

【御点前・御手前】おてまえ　茶の湯の作法。また、その出来映え。

【御出座し】おでまし　他人の外出や出席、また出てくることを敬っていう語。「会長が―になる」

【御田】おデン　①鍋物料理の一つ。がんもどき・こんにゃく・はんぺん・昆布などを煮込んだもの。②田楽豆腐。特に、木の芽田楽。

【御転婆】おテンバ　若い女性が活発に動き回ること。また、その人。おきゃん。参考「転婆」は当て字。

【御伽】おとぎ　①慰めに話し相手をすること。②添い寝をすること。③死者の枕元で通夜をすること。④「御伽話」の略。参考「伽」は退屈を慰める意。

【御伽衆】おとぎシュウ　室町時代以後、主君のそばで話し相手などをした者。御咄衆。参考豊富な体験・博学・話術などを要請され、老熟の者が起用されることが多かった。江戸時代には、若殿の遊び相手として少年が起用された。

【御伽話】おとぎばなし　子どもに語り聞かせる空想的な童話・昔話。「―の中の国のようだ」

【御取越】おとりこし　親鸞の忌日（命日）である陰暦一一月二八日を引き上げて、それ以前に法事を行うこと。引上会。

【御中】おなか　腹。「―がすいた」参考もとは女性語。また、女房詞で、食事・飯（食卓のまん中に置いたので）や、綿（布団などの中に入れたので）を意味した。参考「おんチュウ」と読めば別の意になる。

【〈御祖母〉さん】おばあさん　祖母を敬っていう語。対御祖父さん

【御弾き】おはじき　少女の遊びの一つ。平たい貝殻・ガラス玉などをばらまき、指先ではじき当てて取り合いをする。また、それに使うもの。

【御端折り】おはしょり　①女性が活動しやすいように和服の裾をはしょって帯などに挟むこと。②丈長に仕立てた女性の和服を、着丈に合わせて腰の部分で折ってひもでしめること。また、その部分。

【御鉢】おハチ　①飯びつ。おひつ。②火山の火口。③順番。「―が回ってくる」

【御祓】おはらい　①神社で行う厄よけの神事。特に、六月と一二月の晦日に行う神事。②神社で出す厄よけのお札。

【御捻り】おひねり　お金を紙に包んでひねったもの。神仏に供えたり、祝儀に使ったりする。

【御披露目】おヒロめ　結婚や襲名などを広く知らせること。由来動詞の「ひろめる」から。参考「披露目」は当て字。

【御触れ】おふれ　役所から出される命令や通達。由来触れ知らせる意から。

【御火焚・〈御火焼〉】おほたき　京阪地方で行われる火祭り。陰暦一一月、社前に火をたき、供え物をし、神楽を奏する神事。季冬　参考「おひたき」とも読む。

【〈御虎子〉】おまる　幼児などが室内で用いる持ち運び可能な便器。おかわ。

【〈御巡りさん〉】おまわりさん　巡査。警察官。参考親しみをこめた言い方。「―に道を尋ねる」

【御身】おみ　①おからだ。「―お大切に」②近世の武士言葉の二人称。立場が、対等もしくは下位者を呼ぶときに使う。そなた。おまえ。参考「おんみ」とも読む。

【御御足】おみあし　他人の足に対する丁寧語。

【御御御付】おみおつけ　「味噌汁」の丁寧語。

【〈御神酒〉】おみき　①神前に供える酒。②酒のことをしゃれていう語。表記「大御酒」とも書く。

【〈御神籤〉・御御籤】おみくじ　寺社で、参拝者が吉凶などを占うために引くくじ。

【御見外れ・御見逸れ】おみそれ　①相手の能力に改めて気づき、わびる気持ちを表す語。「みごとな出来映え―いたしました」②気づかなかったり、だれだか分からなかったりしたときに使う語。参考相手を見忘れること、見過ごすことに対する謙譲語。

【御身拭い】おみぬぐい　京都市嵯峨の清涼寺釈迦堂の法会。四月一九日に釈迦本尊を、香湯で浸した布でぬぐい清める行事。この布を頂いて死後の経帷子にすると極楽往生できるといわれる。

【〈御父様〉・御申様】おもうさま　父を敬っていう語。宮中や公家などで用いた。対御母様　参考父は、寝殿造の「母屋」に住んだことから。

【御許】おもと　①貴人のそば。②女性が手紙のあて名に書き添える語。「―に」参考②「みもと」とも読む。

【御▵八つ】おやつ　間食。お三時。由来 昔の八つ時、今の午後二時から四時までの間に食べることから。

【御▵歴▵歴】おレキレキ　身分や家柄がりっぱで、学芸などのすぐれた人々。名士たち。「―が居並ぶ」

【御内】おんうち　相手の妻や家族全体にあてて手紙を出す際に、あて名に添える語。

〈御衣〉おんぞ　着る人を敬って、その衣服をいう語。お召し物。参考「みけし」とも読む。

【御▵曹司・御▵曹子】おんゾウシ　名門や資産家の子息。令息。由来「曹司」は独立前の貴族の子弟が住む部屋で、その住人の意の「曹司住み」の略から。

【御大】おんタイ　「御大将」の略。かしらとなる人や長老などを、親しみをこめて呼ぶときに用いる呼称。

【御中】おんチュウ　郵便物などのあて先が企業や団体などのときに用いる敬称。参考「おなか」と読めば別の意になる。

【御の字】おんのジ　十分にありがたいこと。感謝の気持ちがきわめて強いこと。参考「御」の字をつけたいほどのものの意。

【御▵幣焼】おんべやき　正月一五日に門松や注連縄(しめなわ)などを焼く行事。どんど焼き。類 左義長(サギチョウ)

【御意】ギョイ　①目上の人の考えや意向。「―のとおり」②ごもっとも。おっしゃるとおり。目上の人に対する返答で、「御意のとおり」の略。

【御宇】ギョウ　天子の治める御代(みよ)。治世。「明治天皇の―」参考「宇」は天下の意。

【御▵苑】ギョエン　皇室が所有する庭園。

【御忌詣】ギョキもうで　浄土宗の開祖法然(ほうねん)の年忌(ねんき)に参詣(サンケイ)すること。陰暦正月、現在は四月に七日間行われる京都の知恩院の法会(ホウエ)が有名。季 春

【御慶】ギョケイ　お祝い。およろこび。おめでとう。特に、新年を祝う語。「―帳」季 新年

【御璽】ギョジ　詔書などに押す天皇の印。現在の物は一八七四(明治七)年から用いられ、黄金製、文字は篆書(テンショ)体で刻まれている。類 玉璽

【御者】ギョシャ　馬車でウマを操り、走らせる者。書きかえ「馭者」の書きかえ字。

【御する】ギョする　①ウマを操る。②人を思いのままに動かす。「今回の相手は―しやすい」

【御製】ギョセイ　天皇の作った和歌や詩文。古くは皇族のものにもいった。

【御物】ギョブツ　皇室が所蔵する品物。「正倉院―」参考「ギョモツ・ゴモツ」とも読む。

【御名】ギョメイ　天皇の名前。おおみな。

【御意見五両堪忍十両】ゴイケンゴリョウ カンニンジュウリョウ　他人の意見や助言と自分の辛抱する心は、ともに大切なものであるということ。人の意見には五両の価値があり、辛抱する心は十両の価値がある意。類 堪忍五両思案十両

【御家人】ゴケニン　①鎌倉・室町時代、将軍直属の臣。幕府より領地の承認を受けた。②江戸時代、将軍直属で、御目見得(おめみえ)以下の臣。旗本の次に位する。類 旗本

【御幸】ゴコウ　「御幸(みゆき)」に同じ。

【御三家】ゴサンケ　①徳川将軍家の一族で、尾張(おわり)・紀伊(きい)・水戸の三家。特別な待遇を受けた。②その分野で、最も抜きんでた三者。「歌謡界の―」

【御所】ゴショ　①皇族が住んでいるところ。「東宮―(皇太子の居所)」類 皇居 ②①に住んでいる人。「―様」

【御▵諚】ゴジョウ　貴人からの命令。また、お言葉。「飽かぬは君の―(主君の命令はどんなこともいやと思わない)」

【御真影】ゴシンエイ　①高貴な人の肖像・写真。②天皇・皇后の写真。教育勅語発布前後より、宮内省から学校などに交付された。

【御神火】ゴジンカ　火山の噴火・噴煙。参考 火山を神聖視していう。

【御新造】ゴシンゾウ　①新婦。②他人の妻。大正時代ごろまで、主として中流社会で使われた。「―様」参考「ゴシンゾ」とも読む。

【御▵前】ゴゼ　①「御前(ゴゼン)②」に同じ。②人を表す語の下に添えて敬意を表す語。おもに女性に用いる。「母―」

【御前】ゴゼン　①天皇・神仏・貴人の前。「―試合」②男女の身分の高い人。「―様」「巴(ともえ)―」参考 ①「みまえ・おまえ」とも読む。②「ゴゼ」とも読む。

【御足労】ゴソクロウ　相手に出向いてもらうこと。相手の足を運ばせること。相手を敬っていう語。「―を願い、恐縮です」

【御託】ゴタク　「御託宣」の略。「―を並べる」

【御託宣】ゴタクセン　①神仏のお告げ。②偉そうにくどくどと、勝手なことやつまらないことを言うこと。ごたく。

【御▵亭】ゴテ　主人。夫。参考「ゴテイ」とも読む。

【御殿】ゴテン　①貴人の邸宅。②豪華な住宅。「―のような家」

【御破算】ゴハサン　①そろばんで、珠(たま)を払って零の状態に戻すこと。「―で願いましては」②もとの状態に戻すこと。白紙にすること。「この話は―だ」

【御法度】ゴハット　①武家時代の法律。江戸時代には禁制の意にも。「法度」の尊敬語。武家諸法度・禁中並公家諸法度(キンチュウならびにクゲショハット)など。②禁じられていること。「私用の電話は―だ」

【御無音】ゴブイン　ごぶさた。「無音」の丁寧語。多く、手紙文で使う。「日ごろ―にうち過ぎ」

【御不浄】ゴフジョウ 「便所」の丁寧語。トイレ。

【御幣】ゴヘイ 神道で、幣束を敬っていう語。神主が用いる、畳んだ和紙などを細長い木に垂らした神具。ぬさ。

【御幣担ぎ】ゴヘイかつぎ やたらに縁起をかつぐこと。迷信を気にすること。また、その人。

【御名算・御明算】ゴメイサン 珠算の読み上げ算などで、正解のときに使うほめ言葉。

【御免】ゴメン ①訪問・別れのときや軽い謝罪を表すときのあいさつの言葉。②婉曲(エンキョク)に拒否の意を表す言葉。「交際はもう—だ」③許されること。「天下—」

【御面相】ゴメンソウ 顔つき。顔立ち。「なんという—だ」参考 からかったりあざけったりしていう語。

【御用】ゴヨウ ①「用事」「用件」などの敬称。②宮中や官庁の用務。③昔、官命で犯人を逮捕すること。また、そのときの掛け声。「—になる」

【御用達】ゴヨウたし 宮中や官庁などに物品を納める商人。「宮内庁—」参考 「ゴヨウタツ・ゴヨウだち」とも読む。

【御来光】ゴライコウ ①高山や聖地などで、尊崇を集める日の出。また、その日の出を拝むこと。②高山で霧が立ちこめた日の出や日の入りのとき、陽光を背にして立つと自分の影のまわりに光環が現れる現象。ブロッケン現象。御来迎(ゴライゴウ)。季夏

【御来迎】ゴライゴウ ①仏「来迎」の尊敬語。臨終のときのお迎え。②「御来光」に同じ。参考 「ゴライコウ」とも読む。

【御利益】ゴリヤク 神仏を信じることで受ける恩恵。神仏のめぐみ。類 霊験(レイゲン)

【御料】ゴリョウ 料を敬っていう語で、天皇や貴人のお使いになるもの。飲食物・衣服・器物にいう。また、皇室財産。特に地所。「—地」

【御陵】ゴリョウ 天皇・皇后・皇太后などの墓。みささぎ。

【御寮人】ゴリョウニン 中流家庭の若い妻。おもに、関西でいった。ごりょんさん。参考 もとは、娘にもいった。

【御霊前】ゴレイゼン ①死んだ人をまつってある所の前。②みたまへの供物。また、供物に書き記す言葉。

〈御灯明〉・〈御灯〉みあかし 神仏の前に供える灯火。とうみょう。

〈御舎〉・〈御殿〉みあらか 宮殿を敬っていう語。参考 「御殿」は「ゴテン」とも読む。

〈御稜威〉・〈御厳〉みいつ 神や天皇などの御威光。

【御影供】みエイク ①故人の絵像をかかげて供養する法会(ホウエ)。多く、弘法(こうぼう)大師の忌日の三月二一日の供養をさす。②柿本人麻呂(かきのもとのひとまろ)の絵像をかかげて和歌を詠む会。季春 参考 「みエク」とも読む。

【御影石】みかげいし 花崗岩(カコウガン)。黒御影・白御影・赤御影がある。由来 兵庫県神戸市の御影から多く産出されたことから。

【御門】みかど 皇居の門。また、皇居。門を敬っていう語。

〈御薪〉みかまぎ ①律令(リツリョウ)時代、正月一五日に百官が位階に応じて朝廷に献上したまき。また、その儀式。②社寺に奉納するまき。社寺でたくまき。③江戸時代、武家で正月一五日に門の両側の柱に飾ったまき。

〈御酒〉みき 酒の美称。特に、神前に供える酒。おみき。表記 「神酒」とも書く。

【御教書】みギョウショ ①三位以上の公卿の出す奉書形式の文書。もとは私的なものが、のちに公的になった。②鎌倉・室町幕府から出される文書。室町時代以降は将軍の直状(ジキジョウ)を御判御教書と称した。

〈御首〉みぐし 「首(こうべ)」の尊敬語。

【御厨】みくりや ①神に供える食物を調える所。②神に供える食物を調進するための神社の領地。参考 「みくり」とも読む。

〈御食〉・〈御饌〉みけ ①神への供え物。類 神饌(シンセン) ②天皇の食事の材料。

〈御衣〉みけし 「御衣(おんぞ)」に同じ。

【御子】みこ ①天皇の子。②神の子。特にイエス=キリスト。

【御輿】みこし ①「輿」の尊敬語。②祭りのときに、神体や神霊を安置してかつぐ輿。おみこし。表記 ②「神輿」とも書く。

【御簾】みす 「簾(すだれ)」の敬語。また、宮殿や神殿などで用いる目の細かいすだれ。

〈御統〉みすまる 古代の装身具の一つ。多くの珠(たま)を糸でつないで輪にし、首や腕につけて飾りとしたもの。

【御館】みたち 国府の庁・領主の役所などを敬っていう語。また、その君主や領主。

【御霊・御魂】みたま 死んだ人や祖先の霊を敬っていう語。「先祖の—を祭る」

【御霊代】みたましろ 神霊のかわりにまつるもの。御神体。

【御霊屋・御霊舎】みたまや 貴人や先祖の霊をまつってあるところ。類 霊廟(レイビョウ) 参考 「おたまや」とも読む。

〈御手洗〉みたらし 神仏に参拝する前に、参詣(サンケイ)者が手や口を洗い清める場所。参考 「おてあらい」と読めば便所、また、手を洗う所の意。

【御戸代・御刀代】みとしろ 神に供えるイネを作るための田。神田。

【〈御▲哭〉】みね 大声で泣くこと。泣き叫ぶこと。また、その儀式。類哭泣(コクキュウ)

【〈御▲佩刀〉】みはかし 貴人の腰に帯びた刀を敬っていう語。参考「みはかせ」とも読む。

【御▲息所】みやすどころ ①天皇の寝所に仕える官女。②皇子や皇女を生んだ女御(ニョウゴ)や更衣(コウイ)。③皇太子妃。また、親王妃。由来 天皇の御休息所の意から。参考「みやすんどころ」の転じたもの。

【〈御幸〉】みゆき 上皇や法王、女院(ニョイン)の外出。表記 天皇の場合は特に「行幸」と書く。参考「ゴコウ」とも読む。

【▲御代・▲御世】みよ 天皇・皇帝・王などの治世。また、その在位期間。「先帝の—」

ギョ【馭】(12) 馬2 1 8139 7147 音 ギョ 訓 のる・あやつる・おさめる・すべる

意味 ①のる。ウマをあやつる。ウマに乗る。また、その人。②おさめる。す(統)べる。使いこなす。

書きかえ「御」が書きかえ字。

【▲馭者】ギョシャ ▼書きかえ 御者(三二四)

ギョ【漁】(14) 氵11 常 教 7 2189 3579 音 ギョ・リョウ 訓 外すなどる・あさる・いさり

筆順 2 10 漁 14

意味 ①すなどる。魚や貝をとる。「漁業」「大漁」②あさる。むさぼる。「漁色」参考「リョウ」は、「猟」に合わせてできた国音。

下つき 禁漁(キンリョウ)・出漁(シュツリョウ)・大漁(タイリョウ)・入漁(ニュウギョ・ニュウリョウ)・不漁(フリョウ)・豊漁(ホウリョウ)・密漁(ミツリョウ)

【漁る】あさる ①魚介類をとる。②探し回る。「毎日古書を—り続ける」③むさぼり求める。「読み—る」

【▲漁り】いさり 魚介類をとること。漁(リョウ)をすること。すなどり。あさり。「—船」

【▲漁り火】いさりび 夜、魚をおびき寄せるために船の上でたく火。漁火(ギョカ)。「沖の—が明滅する」

【漁獲】ギョカク 魚介類や海藻などの水産物をとること。また、とれたもの。「年間—量」

【漁礁】ギョショウ 魚などが多く集まる海底の岩などのある所。破船や人工のブロックを沈める場合もある。表記「魚礁」とも書く。

【漁色】ギョショク 次々と女性を追い求めること。「—家」類猟色 参考「リョウショク」とも読む。

【漁夫・漁父】ギョフ 魚介類や海藻などの水産物をとる人。漁師。参考「漁父」は「むらぎみ」と読めば別の意になる。

【漁夫の利】両者が争っているすきに第三者が労せず利益を横取りすること。故事 中国、戦国時代、趙(チョウ)が燕(エン)を攻めようとしたとき、燕の蘇代(ソダイ)が趙王に「シギ(鷸)とドブガイ(蚌)が争っているところに漁師が来て両方とも捕まえてしまった」という話をして、今趙と燕が争えば、強国秦(シン)に両国とも取られてしまうといさめた故事から。〈『戦国策』〉類鷸蚌(イツボウ)の争い・犬兎(ケント)の争い・田夫の功

【漁利】ギョリ ①漁業で得た利益。②「漁夫の利」の略。

【漁労】ギョロウ 魚介類や海藻類をとる仕事。「—長」書きかえ「漁撈」の書きかえ字。

【漁▲撈】ギョロウ ▼書きかえ 漁労

【▲漁る】すなどる 魚介類をとる。漁(リョウ)をする。いさる。「海辺で—る」

【〈漁父〉・〈漁翁〉】むらぎみ 漁民の長。近代では網主や漁業指導者をいう。表記「村君」とも書く。参考「漁父」は「ギョフ」と読めば別の意になる。

【漁師】リョウシ 海に出て魚介類や海藻類をとり、生計を立てている人。

ギョ【禦】(16) 示11 準1 2190 357A 音 ギョ 訓 ふせぐ・つよい

意味 ①ふせぐ。こばむ。「制禦」「防禦」②つよい。「彊禦(キョウギョ)」

書きかえ「御」に書きかえられるものがある。

【▲禦ぐ】ふせぐ さえぎりとどめる。くい止める。「敵の上陸を—ぐ」

きよい【▲浄い】(9) 氵6 常 3084 3E74 ▼ジョウ(七三三)

きよい【清い】(11) 氵8 教 3222 4036 ▼セイ(八六〇)

きよい【▲瀏い】(18) 氵15 6340 5F48 ▼リュウ(一五七二)

キョウ【孑】(3) 子0 1 0587 2577 音 キョウ 訓 ぼうふら

意味 ぼうふら。「孑孒(ゲッキョウ)」

キョウ【凶】(4) 凵2 常 4 2207 3627 音 キョウ 訓 外わざわい・わるい・おそれる

筆順 ノ メ 凶 凶

意味 ①わざわい。運がわるい。「凶兆」「凶報」対吉 ②心がわるい。人を傷つける。「凶悪」「凶行」③作物のできがわるい。「凶作」「凶年」対豊 ④おそれる。うれえる。

書きかえ ②「兇」の書きかえ字。

下つき 吉凶(キッキョウ)・元凶(ゲンキョウ)・荒凶(コウキョウ)・小凶(ショウキョウ)・大凶(ダイキョウ)・豊凶(ホウキョウ)・妖凶(ヨウキョウ)

【凶悪】キョウアク 残忍で非常に悪いこと。また、その人。「—事件が続発している」類極悪・猛悪 書きかえ「兇悪」の書きかえ字。

【凶禍】キョウカ わざわい。災難。類禍災 参考「凶」も「禍」もわざわいの意。

【凶漢】キョウカン 危害を及ぼす残忍な男。類悪漢・暴漢・凶徒 参考「漢」はおとこの意。書きかえ「兇漢」の書きかえ字。

【凶器】キョウキ 人を殺傷するのに用いる道具。書きかえ「兇器」の書きかえ字。

【凶行】キョウコウ 人を殺傷するような極悪な行為。「―に及ぶ」書きかえ「兇行」の書きかえ字。

【凶荒】キョウコウ 農作物がひどい不作で収穫が少ないこと。類凶飢・凶饉・凶作

【凶作】キョウサク 農作物がひどい不作で収穫が少ないこと。特に米穀についていう。「―で食糧が不足する」類凶荒・凶饉 対豊作

【凶事】キョウジ 縁起の悪い不吉なこと。不幸なできごと。わざわい。対吉事

【凶日】キョウジツ 物事をするのに縁起の悪い不吉な日。類悪日 対吉日

【凶手】キョウシュ 凶行をする者。下手人。また、そのしわざ。「暴徒の―にかかる」表記「兇手」とも書く。

【凶状】キョウジョウ 凶悪な犯罪行為の事実。罪状。「―持ち」表記「兇状」とも書く。

【凶刃】キョウジン 殺人など、凶行に用いる刃物。「悪漢が―をふるう」書きかえ「兇刃」の書きかえ字。

【凶賊】キョウゾク 凶悪者。大悪人。類凶漢・凶徒 表記「兇賊」とも書く。

【凶弾】キョウダン 暗殺者や暴漢が撃った銃弾。「暴力団員の―に倒れる」表記「兇弾」とも書く。

【凶徒】キョウト ①凶悪な者。類凶漢・凶賊 ②暴動・騒乱などを起こす仲間。類暴徒 表記「兇徒」とも書く。

【凶年】キョウネン ①ひどい不作で収穫の悪い年。「今年は稲の―だった」類凶歳 対豊年 ②大災害などのあった年。

【凶変】キョウヘン 悪い出来事。不吉な変事。「身内に―が続く」書きかえ「兇変」の書きかえ字。

【凶報】キョウホウ ①不吉な知らせ。「事故の―に接した」類凶聞 対吉報 ②死去の知らせ。類訃報・悲報・凶音

【凶暴】キョウボウ 残忍で荒々しいこと。「―性をもつ犯人」書きかえ「兇暴」の書きかえ字。

【凶会日】クエニチ 陰陽道ですべてに凶であるとする日。

【凶い】わるい ①めでたくない。不吉である。縁起がわるい。運がわるい。②心がよこしまである。

キョウ【兄】(5) 儿3 教 2327/373B ▼ケイ(三八六)

キョウ【叶】(5) 口2 準1 1980/3370 音キョウ 訓かなう

意味 かなう。思いどおりになる。参考「協」の古字。

【叶う】かなう 望み通りになる。実現する。「―わぬ恋に悩む」

【叶わぬ時の神頼み】ふだんは信心のない者が、苦しいときやせっぱ詰まったときなどに神仏に祈ること。参考「叶わぬ時」は「苦しい時」ともいう。

キョウ【叫】(5) 口2 ▼叫の旧字(三二八)

キョウ【兇】(6) 儿4 準1 2204/3624 音キョウ 訓わるい・おそれる

意味 ①わるい。おそろしい。人を傷つける。②おそれる。びくびくする。「兇懼」

書きかえ「凶」が書きかえ字。

【兇悪】キョウアク ▼書きかえ凶悪(三二六)

【兇漢】キョウカン ▼書きかえ凶漢(三二六)

【兇器】キョウキ ▼書きかえ凶器(三二七)

【兇行】キョウコウ ▼書きかえ凶行(三二七)

【兇刃】キョウジン ▼書きかえ凶刃(三二七)

【兇弾】キョウダン 暗殺者や凶徒が撃った銃弾。表記「凶弾」とも書く。

【兇徒】キョウト 凶行をはたらく者。また、その仲間。表記「凶徒」とも書く。

【兇変】キョウヘン ▼書きかえ凶変(三二七)

【兇暴】キョウボウ ▼書きかえ凶暴(三二七)

キョウ【共】(6) 八4 教 常 7 2206/3626 音キョウ 訓とも

筆順 一 十 卄 廾 共 共

意味 ①ともに。いっしょに。「共栄」「共通」②「共産主義」「共産党」の略。「防共」「反共」③ども。複数を表す接尾語。「私共」

下つき 公共・反共・防共・容共

【共益】キョウエキ 共同の利益。「―費用」

【共演】キョウエン 映画・劇・音楽などで、主役格の人が二人以上一緒に出演すること。「二大スターの―」

【共感】キョウカン 人の考えや感じ方などに自分もそのとおりだと思うこと。「彼女の生き方に―を覚える」類共鳴・同感

【共済】キョウサイ 組織などを作り、互いに助け合うこと。また、その組織。「―年金をかけている」類互助

【共催】キョウサイ 複数の団体や組織が共同で催し物を行うこと。「テレビ局と新聞社の―講演」

【共生・共棲】キョウセイ ①ともに生きていくこと。「異文化圏の人々との―」②異種の生物が害を及ぼさず、共同してすむこと。ヤドカリとイソギンチャクなど。対寄生

【共存共栄】キョウソンキョウエイ 互いに助け合って生存し、ともに栄える

こと。参考「共存」は「キョウゾン」とも読む。対弱肉強食

【共通】キョウツウ 一つの事柄が複数の物事のどれにも当てはまること。「どの国にも—する課題」

【共闘】キョウトウ 「共同闘争」の略。二つ以上の組織が、共通の目的で力を合わせて闘争すること。

【共同】キョウドウ ①複数の人が同じ物事を一緒に行うこと。「—経営の会社」②複数の人があるものについて、同じ立場や条件でつながること。「町内の—井戸」対①②単独

【共犯】キョウハン 複数の人が結託して犯罪を行うこと。また、その人々。

【共謀】キョウボウ 共同で悪事をたくらむこと。「—して会社を乗っ取る」

【共鳴】キョウメイ ①物体が他の振動体の作用を受け、同じ振動数で振動を始めること。「—器」類共振 ②他人の考え方や行動に心から同感すること。「著者の主張に—する」

【共有】キョウユウ 一つのものを複数の人や団体・組織が共同して所有すること。対専有・独占

【共用】キョウヨウ 共同で使うこと。また、一つのものを二つ以上の目的に使うこと。「—でマンションを借りている」対専用

【共和国】キョウワコク 国民の選んだ代表者によって行われる政体の国家。

【共】とも ①一緒。全部。みな。「寝食を—にした仲」「—働き」②同種の。同じ。「ズボンの—ぎれ」「スーツと—のベスト」

【共食い】ともぐい ①同じ種類の動物が互いに食い合うこと。②同類や同業の者が利益を争い、互いに損をすること。

【共倒れ】ともだおれ 競争しあったり助けあったりしたために、双方ともやっていけなくなること。ともつぶれ。「近所に同業者が多いと—になる」

キョウ【匈】★ (6) 勹 4 1 5019 5233 音 キョウ 訓 わるい・むね

意味 ①わるい。おそれる。②さわぐ。かまびすしい。みだれるさま。「匈匈」類洶キョウ ③中国北方の異民族の名。「匈奴」④むね。また、心。

【匈奴】キョウド 中国、古代の遊牧騎馬民族。紀元前三世紀から紀元後五世紀にかけてモンゴル高原一帯に活躍して、たびたび中国をおびやかした。

〈匈牙利〉ハンガリー ヨーロッパ中央部にある内陸国で、農業が盛ん。共和国。ドナウ川中流にある。首都はブダペスト。表記「洪牙利」とも書く。

キョウ【匡】(6) 匚 4 準1 2209 3629 音 キョウ 訓 ただす・すくう

意味 ①ただす。正しくする。「匡正」②すくう。たすける。「匡済」

【匡済】キョウサイ 世の中の悪や乱れをただして救うこと。

【匡正】キョウセイ ただすこと。なおすこと。「道徳の堕落を—する」

【匡弼】キョウヒツ 誤りをただし、欠けたところを補い助けること。また、その人。「弼」もただす・助ける意。類匡輔キョウホ

【匡す】ただ-す ゆがんだりはずれたりしたものを、本来の形に直す。悪いところや欠点を改めさせる。

キョウ【叫】(6) 口 3 常 4 2211 362B 音 キョウ 訓 さけぶ

字旧《呌》(5) 口 2 1/準1

筆順 丨 口 口 叫 叫 叫

意味 さけぶ。大声をあげる。「叫喚」

下つき 号叫ゴウキョウ・呼叫コキョウ・絶叫ゼッキョウ

【叫喚】キョウカン ①大声でわめき叫ぶこと。「阿鼻ビ—の巷ちまたとなる」②仏「叫喚地獄」の略。

【叫喚地獄】キョウカンジゴク 仏 八大地獄の一つ。殺生セッショウ・窃盗・邪淫ジャインなどの罪を犯した者が落ちる地獄で、熱湯や猛火などの責め苦にあうとされる。

【叫ぶ】さけ-ぶ 大きな声でわめくこと。「山頂から大声で—んだ」類絶叫

キョウ【向】(6) 口 3 教 2494 387E ▼コウ(四九一)

キョウ【劫】★ (7) 力 5 準1 2569 3965 音 キョウ・ゴウ・コウ 訓 おびやかす・かすめる

意味 ①おびやかす。おどす。かすめる。「劫奪」「劫盗」「劫掠」②梵語ボンゴの「劫波」の略。きわめて長い時間。「永劫」

下つき 永劫エイゴウ・億劫オクゴウ・成劫ジョウゴウ・万劫マンゴウ

【劫かす】おびや-かす おどかしてこわがらせる。表記「脅かす」とも書く。

【劫奪】キョウダツ おどかして奪い取ること。「夜道で金を—された」類劫掠キョウリャク 参考「コウダツ」とも読む。

【劫掠・劫略】キョウリャク おびやかして奪い取ること。類劫奪 参考「ゴウリャク」とも読む。

【劫】コウ ①仏 非常に長い時間。「—を経る」対刹那セツナ ②囲碁で同じ一目イチモクを取り合うとき、すぐに取り返しができない規則。「—を立てる」

【劫火】コウカ 仏 この世の終わりに起こるとされる、人の住む世界をすべて焼きつくすという大火。参考「ゴウカ」とも読む。

【劫初】ゴウショ 仏 この世のはじめ。対劫末

【劫末】ゴウマツ 仏 この世の終わり。対劫初

キョウ【夾】(7) 大4 1 5283 5473 音 キョウ 訓 はさむ・さしはさむ

意味 ①はさむ。さしはさむ。「夾撃」②はさまる。まじる。「夾雑」③たすける。「夾輔」

【夾撃】キョウゲキ 挟みうちにすること。「―作戦」類挟撃 表記「挟撃」とも書く。

【夾纈】キョウケチ 古代の染色法の一つ。模様を彫った二枚の板木に、布を挟んで締めつけ染めたもの。板締め染め。

【夾雑】キョウザツ いろいろなものが混じること。混合すること。「―物」

【夾侍】キョウジ 仏仏像の左右にしたがうもの。表記「脇士・脇侍・挟侍」とも書く。

【夾鐘】キョウショウ ①陰暦二月の異名。②中国の音名の一つ。十二律の第四の音。日本の音名の勝絶に当たる。

【夾竹桃】キョウチクトウ キョウチクトウ科の常緑低木。インド原産。葉はササの葉形。夏、紅色または白色の花が咲く。観賞用。季夏 由来「夾竹桃」は漢名から。

【夾む】はさむ ①物を間に入れる。「しおりを―む」②両側から押さえる。「書類をクリップで―む」

キョウ【杏】(7) 木3 準1 1641 3049 音 キョウ・アン 訓 あんず

意味 あんず。バラ科の落葉高木。からもも。「杏園」「杏林」参考「銀杏」は、イチョウの実。

【杏子・杏】アンズ バラ科の落葉高木。中国原産。春、淡紅色の花が咲き、梅に似たオレンジ色の実をつける。生食のほか、干したりジャムにしたりする。季夏

【杏仁】キョウニン アンズの種の中の胚を乾燥させたもの。薬用。参考「アンニン」とも読む。

【杏仁豆腐】キョウニンドウフ 中国料理の点心の一つ。アンズの種子を粉にして寒天で固め、シロップをかけたもの。参考「アンニンドウフ」とも読む。

【杏林】キョウリン ①アンズの林。②医師。医院。故事 中国、三国時代、呉の名医の董奉が、治療の謝礼を受けとらず、その代わりに患者にアンズの木を植えさせたところ、数年で見事な林になり、自らを董仙杏林と号したという故事から。《神仙伝》

キョウ【狂】(7) 犭4 常 4 2224 3638 音 キョウ 訓 くるう・くるおしい 外ふれる

筆順 ノ ｸ 犭 犭 犴 犴 狂

意味 ①くるう。気がちがう。「狂犬」「狂乱」②くるったように熱中する。また、熱中する人。「狂喜」「狂信」③こっけい。おどける。「狂歌」「狂言」

下つき 佯狂・粋狂・酔狂・頓狂・熱狂・発狂

【狂歌】キョウカ 滑稽や風刺を盛りこんだ短歌。江戸中期以降に流行した。戯歌。

【狂気】キョウキ 気が狂っていること。精神がふつうでないこと。また、そのような心。「―の沙汰」「―染みる」類乱心 対正気

【狂喜】キョウキ 気が狂ったかのようにひどく喜ぶこと。「―しておどり上がる」類欣喜・歓喜

【狂喜乱舞】キョウキランブ 思わずこおどりするように大喜びすること。類歓天喜地・欣喜雀躍

【狂犬】キョウケン 狂犬病にかかり、人などにむやみに嚙みつくようになったイヌ。

【狂狷】キョウケン 中庸の道に合わない行い。「狂」は理想は高いが、実行が伴わないこと。「狷」は悪を犯さぬよう意志は固いが、心が狭く世間と折り合わないこと。《論語》

【狂言】キョウゲン ①道理にはずれた言葉や行為。たわごと。②能楽の間に演じられる滑稽な芝居。③歌舞伎の演目。「当たり―」「顔見世―」④人をだますために仕組むたくらみ。「―強盗」「―誘拐」

【狂言綺語】キョウゲンキゴ 道理にはずれた言葉や表面だけを飾り立てた言葉。儒教の立場から、小説・物語・戯曲などを卑しめていう言葉。「綺語」は飾り立てた言葉の意。参考「綺語」は「キギョ」とも読む。〈白居易の文〉

【狂詩曲】キョウシキョク 形式にとらわれない自由で空想的な楽曲。一九世紀に多く作られ、叙事的・民族的な内容を表したものが多い。ラプソディー。

【狂信】キョウシン 他人があきれるほど熱心に信仰すること。判断力を失うほど激しく信じこむこと。類盲信

【狂騒・狂躁】キョウソウ 狂ったようにさわぎ立てること。大騒ぎ。「―の巷」

【狂想曲】キョウソウキョク 形式にこだわらず自由な気分で作られた、快活で機知に富む楽曲。カプリッチオ。類奇想曲

【狂飆】キョウヒョウ 荒れ狂う大風。類暴風 参考「飆」は、つむじ風の意。

【狂暴】キョウボウ ①気が狂ったようにあばれること。②常識をはずれて乱暴なこと。「―な性質の動物」表記②「凶暴」とも書く。

【狂奔】キョウホン ①狂ったように走り回ること。②ある目的のために夢中で動き回ること。「問題の解決に―する」

【狂乱】キョウラン ①気が狂って言動がふつうでなくなること。②物事が異常な状態になることのたとえ。「―物価」

【狂瀾】キョウラン ①荒れ狂う大波。②ひどく乱れて手のほどこしようもない情勢。

【狂瀾怒濤】キョウランドトウ 物事がひどく乱れているさま。「怒濤」は荒れ狂う大波。多く世の中の状況についていう。「―の世」類疾風怒濤

【狂瀾を既倒に廻らす】どうしようもなく衰えた形勢を挽回(バンカイ)すること。荒れ狂う大波が倒れ伏したのをもとに押し返す意。「既倒」はすでに倒れたこと。〈韓愈(カンユ)の文〉 参考「廻らす」は「反(かえ)す」ともいう。

【狂惑】キョウワク 心が迷って道理がわからなくなること。

【狂う】くるう ①精神状態がふつうでなくなる。発狂する。②物事に熱中する。おぼれる。「踊り―う」③正常な状態でなくなる。「時計が―う」「予定が―う」

【狂おしい】くるおしい 気がちがいそうである。くるわしい。「―いほどの恋心」

【△狂れる】ふれる 精神状態がふつうでなくなる。くるう。「気が―れる」「期待と不安で―い気持ちになる」

キョウ【京】(8) 亠6 常 教 9 2194 357E 音 キョウ・ケイ 中 外キン 訓 外みやこ

筆順 丶 亠 亠 亡 古 亨 亨 京

意味 ①天子・天皇のいるみやこ。大きなみやこ。「京師」②「京都」の略。「京洛(キョウラク)」③「東京」の略。「上京」④数の名。兆の一万倍。

下つき 帰京(キキョウ)・上京(ジョウキョウ)・帝京(テイキョウ)・入京(ニュウキョウ)・洛京(ラクキョウ)・離京(リキョウ)

【京鹿の子】キョウがのこ ①京都で染めたかのこ絞り。②和菓子の一つ。紅色の餡(アン)で包んだ餅(もち)に白インゲンをつけたもの。かのこ餅。③バラ科の多年草。シモツケソウに似る。夏、多くの赤い小花をつける。観賞用。季夏

【京劇】キョウゲキ 中国における代表的な古典劇。歌・せりふ・立ち回りなどで構成され、胡弓(コキュウ)など中国古来の楽器で伴奏がつけられている。由来 北京(ペキン)で発展したことから。参考「ケイゲキ」とも読む。

【京染】キョウぞめ 京都で作られた染め物。また、京都風の染め物についていう。京友禅や京鹿の子(キョウがのこ)など。

【京の着倒れ大△阪の食い倒れ】キョウのきだおれおおさかのくいだおれ 京都の人は着るものに、大阪の人は食べ物に破産するほどお金をかけ、ぜいたくをするということ。庶民の気風のちがいをいう言葉。参考「京は着て果て大阪は食うて果てる」ともいう。

【京上夫】キョウのぼりフ 荘園(ショウエン)領主の命令で、上洛(ジョウラク)して雑役に従事した夫役。

【京間】キョウま ①土地・建物に用いる尺度の単位の一つ。曲尺(かねジャク)の六尺五寸を一間とする。②江戸時代以後、畳の大きさを長辺は六尺三寸、短辺は三尺一寸五分とする関西風の家屋。類 江戸間・田舎間

【京】ケイ ①みやこ。京都をさす。「―師」②数の単位で、兆の一万倍。古くは一〇倍ともいう。③「東京」の略。「―浜地帯」④「京都」の略。「―阪神地方」

【京畿】ケイキ ①皇居周辺の地域。②昔、京都周辺の国々。畿内。「―八道」

【京師】ケイシ 天子の住むみやこ。帝都。京都。類 京邑(ケイユウ)

【京△洛】ケイラク 中国、古代のみやこ洛陽のこと。転じて、日本では京都。参考「キョウラク」とも読む。

【△京】みやこ 王宮や政府のある所。首都。「北京(ペキン)は今の中国の―だ」

キョウ【享】(8) 亠6 常 準2 2193 357D 音 キョウ 訓 外うける・あたる

筆順 丶 亠 亠 亡 古 亨 亨 享

意味 ①うける。うけいれる。「享受」②もてなす。ふるまう。「享宴」③供える。ささげる。「享祭」④あたる。かなう。

下つき 永享(エイキョウ)

【享受】キョウジュ 恩恵をうけ入れ、自分のものとして楽しむこと。「自由な田園生活を―する」

【△享ける】うける よいものや、よいことをうけ入れる。もてなしをうけ入れる。

【享年】キョウネン 天からうけた寿命。死んだときの年齢。行年(ギョウネン)。

【享有】キョウユウ 権利や能力・才能など無形のものを、天からうけたものとして生まれながらにもっていること。「生存権の―」

【享楽】キョウラク 思いのままに快楽を味わうこと。存分に楽しみにふけること。「―に走る」「―的」

キョウ【供】(8) 亻6 常 教 5 2201 3621 音 キョウ・ク 高 訓 そなえる・とも

筆順 ノ 亻 仁 什 世 供 供 供

意味 ①神仏にそなえる。「供物(クモツ)」「供養(クヨウ)」②すすめる。さし出す。「供応」「供出」「供託」③事情を述べる。申し立てる。「供述」「自供」④仕える。ともをする。「供奉(グブ)」

下つき 給供(キュウキョウ)・口供(コウキョウ)・提供(テイキョウ)

【供宴】キョウエン 客をもてなすための酒宴。類 供応 表記「饗宴」とも書く。

【供応】キョウオウ 酒や食事などでもてなすこと。書きかえ「饗応」の書きかえ字。

【供花】キョウカ 「供花(クゲ)」に同じ。

【供給】キョウキュウ ①求めに応じて物をあてがうこと。②販売や交換のために商品を市場に出すこと。「食糧の―が急務だ」対 ①②需要

【供出】キョウシュツ ①国の要請に応じて個人の物資などをさし出すこと。②農作物など

を政府に法定価格で売り渡すこと。

【供述】キョウジュツ 裁判官・検察官などの職務上の質問に対して、被告人や証人などが事実を述べること。また、その内容。類陳述 対尋問

【供する】キョウ-する ①そなえる。差し出す。「茶を—する」②役立てる。「参考に—する」

【供託】キョウタク 保証などのために、金銭や有価証券などを法律で定められた供託所などに預け、保管や処理を頼むこと。「法務局に—金を届ける」

【供米】キョウマイ 米を供出すること。また、その米。供出米。参考「クマイ」と読めば別の意になる。

【供与】キョウヨ 利益または利益を生むものを個人・組織・団体に与えること。「武器を—する」

【供覧】キョウラン 多くの人に見せること。観覧に供すること。類公開・展覧

【供△花・供華】クゲ 仏前や死者に花をそなえること。また、そなえる花。参考「キョウカ・クウゲ」とも読む。

【供▲笥】クゲ 仏前にそなえる菓子や果物などを盛る器。類華足ケソク

【供御】クゴ ①天皇・上皇・皇后・皇子の飲食物。②武家時代、将軍の飲食物。③「飯」の女房詞ことば。

【供奉】グブ 天皇や上皇などのおともの行列に加わること。また、その人。

【供米】クマイ 神仏にそなえる米。参考「キョウマイ」と読めば別の意になる。

【供物】クモツ 神仏に供養のため、そなえるもの。おそなえ。

【供養】クヨウ 仏や死者の霊に供物をそなえ、祈ること。「先祖の—を欠かさない」

【供える】そな-える 神仏や貴人の前に物をささげる。「仏前に花を—える」

【供】とも ①主人や目上の人に付きしたがうこと。また、その人。従者。おとも。②能狂言で、シテまたはワキの従者の役。ツレ。

キョウ【協】(8) 十 6 常 教 7 2208 3628 音キョウ 訓外かなう

筆順 一 十 十フ 十カ 协 协 協 協

意味 ①力を合わせる。「協賛」「協同」「協力」②かなう。うまく合う。「協奏」「協調」「協和」③話し合いをしてまとめる。「協議」「協定」

下つき 妥協ダキョウ・不協フキョウ

【△協う】かな-う 多くのものが一つに合わさる。和合する。あう。表記「叶う」とも書く。

【協会】キョウカイ ある目的のために集まった会員たちが力を合わせ、維持・運営していく会。

【協議】キョウギ 何人かが集まって相談すること。話し合って物事を決めること。「—離婚」類合議・相談

【協賛】キョウサン 催しの趣旨に賛同して、その実行に協力すること。また、その組織や団体。類賛助

【協商】キョウショウ ①相談し、取りはからうこと。②二つ以上の国の間で、同盟関係にならない程度で相談し合って約束すること。「英仏露三国—」参考「商」は、おしはかる・相談する意。

【協心・戮力】キョウシン リクリョク 一致協力して物事を行うこと。参考「戮力協心」ともいう。類同心協力・上下ショウカ一心

【協奏曲】キョウソウキョク 独奏楽器と管弦楽とが合奏するよう作曲された器楽曲。コンチェルト。「ピアノ—」

【協調】キョウチョウ 心を合わせて物事を行うこと。特に、利害の反する者同士が譲り合い力を合わせること。「—性のある人」

【協定】キョウテイ ①互いの活動や利益を守るため、相談して取り決めること。また、その事柄。「報道—を結ぶ」②国際間に交わされる条約の一種。条約ほど厳格な形式をとらないもの。

【協同】キョウドウ 複数の人や団体が同じ目的のために、事にあたること。「—組合」「産学—」類協力

【協約】キョウヤク ①個人と団体、団体同士が相談して約束すること。また、その約束。「労働—」②国際間で文書を交換して取り決める条約の一つの形式。類協定

【協力】キョウリョク 同じ目的のためにともに力を合わせること。「青年海外—隊」類協同

【協和】キョウワ 心を合わせて仲良くすること。「諸国民と—する」類和合

キョウ【★怯】(8) 忄 5 準1 2217 3631 音キョウ・コウ 訓おびえる・おじる・ひるむ

意味 おびえる。おそれる。おじける。おじる。ひるむ。「怯弱」

下つき 卑怯ヒキョウ

【▲怯える】おび-える びくびくとこわがる。おじおじしてひるむ。おそれる。

【怯弱】キョウジャク 臆病オクビョウで意気地のないこと。気が小さいこと。類怯懦キョウダ

【▲怯▲懦】キョウダ 「怯弱」に同じ。参考「懦」は、気が弱い意。

【怯夫】キョウフ 臆病オクビョウな男。臆病者。類懦夫ダフ

【▲怯む】ひる-む おじけづき、気力がなえる。「相手の勢いに一瞬—んだ」

キョウ【況】(8) 氵 5 常 4 2223 3637 音キョウ 訓外ありさま・いわんや

筆順 丶 冫 氵 氵口 沪 沪 況 況

意味 ①ありさま。ようす。「近況」「状況」「概況」②たとえる。くらべる。「比況」③いわんや。まして。強調の助字。

下つき 概況ガイキョウ・活況カッキョウ・近況キンキョウ・現況ゲンキョウ・好況コウキョウ・

き キョウ

実況・盛況・戦況・比況・不況

【△況んや】いわんや ましてや…はなおさらだ。「大人が持っても重い、―子どもにおいてをや」 参考 一般には「況んや…をや」と接続する。

キョウ【羌】(8) 羊 2 1 7021 6635 音 キョウ 訓 えびす

意味 えびす。中国西部にいた遊牧民族の名。「羌笛」 参考 羊（⺶）を飼う西方の人（儿）の意を表す字。

キョウ【★侠】(9) 亻 7 準1 1426 2E3A 音 キョウ 訓 おとこだて・きゃん

〔俠〕2202 3622

意味 ①おとこぎ。おとこだて。「侠客」「侠気」 ②いさみはだの女。おきゃん。おてんば。

下つき 気侠・義侠・任侠・遊侠

〈侠気〉おとこぎ 男らしい気質。損得を考えず弱い人に力を貸すような気性。「―を見せる」 対 女気 表記「男気」とも書く。 参考「キョウキ」とも読む。

【侠】きゃん ①勇み肌でいきなこと。また、その人。②おてんば。おきゃん。

【侠客】キョウカク 義理・人情や侠気を表看板に、ばくちなどで世を渡る人。博徒の親分など。渡世人。おとこだて。

【侠気】キョウキ 「侠気おとこぎ」に同じ。

【侠骨】キョウコツ 義侠心のある性質。おとこぎにあふれる気性。おとこだて。「―で鳴らした男」

キョウ【姜】(9) 女 6 1 5310 552A 音 キョウ 訓

意味 ①川の名。姜水。②はじかみ。しょうが。

キョウ【峡】(9) 山 6 常 3 2214 362E 音 キョウ 訓 外 はざま

旧字《峽》(10) 山 7 1/準1 5423 5637

筆順 丨 山 山 山 山 山 山 峡 峡

意味 ①はざま。たにあい。山と山とに挟まれた所。「峡谷」 ②細長く狭まった所。「海峡」

下つき 海峡・山峡・地峡

【峡間】キョウカン 谷間。谷あい。はざま。「―に点在する村落」

【峡谷】キョウコク 狭く深い谷間。けわしい山に挟まれた幅の狭い谷。「紅葉で美しい―」 類 渓谷

【△峡】はざま 谷あい。谷間。「鋭い刃物で割ったような―でのキャンプ」

キョウ【恟】(9) 忄 6 1 5579 576F 音 キョウ 訓 おそれる

意味 おそれる。びくびくする。「恟恟」 類 恐

【恟れる】おそ-れる おそろしくてびくびくする。恐れ心配する。

【恟恟】キョウキョウ おそろしくて生きた心地のしないさま。びくびくするさま。

【恟然】キョウゼン おそれて心がさわぐさま。びくびくするさま。 類 恟恟

キョウ【恊】(9) 忄 6 1 5580 5770 音 キョウ 訓 かなう・おびやかす

意味 ①かなう。うまく合う。類 協 ②おびやかす。

キョウ【挟】(9) 扌 6 常 準2 2220 3634 音 キョウ㊄ 訓 はさむ・はさまる 外 さしはさむ

旧字《挾》(10) 扌 7 1/準1 5749 5951

筆順 一 十 扌 扌 扌 扌 拉 挟 挟

意味 はさむ。はさまる。さしはさむ。「挟撃」

【挟撃】キョウゲキ はさみ撃ち。敵をはさんで両方から攻撃すること。「左右から―作戦をとる」 表記「夾撃」とも書く。

【△挟む】さしはさ-む ①間に入れる。割りこませる。②ある考えをひそかに心にいだく。「当局の発表に疑いを―む」

【挟み箱】はさみばこ 昔、武家が外出のとき棒を通して従者にかつがせた、衣服・用具などを入れた箱。先箱・後箱・両掛など。

【挟む】はさ-む ①間に入れる。「机を―んですわる」 ②間に入れ両方から押さえる。つまむ。「箸で―む」

キョウ【拱】(9) 扌 6 1 5742 594A 音 キョウ 訓 こまぬく・こまねく

意味 ①こまぬく。こまねく。腕組みをする。「拱手」「拱拝」 ②かかえる。

下つき 垂拱・拝拱

【拱手】キョウシュ ①手のひらを合わせて指を組んで曲げ、胸元で上下する中国古代の敬礼。②腕組みをする意から、事が起きているのに何もしないでただ見ていること。袖手シュウシュ。「―して黙視するのみ」

【△拱手傍観】キョウシュボウカン 何もせず手をこまねいて、ただ傍らで見ていること。類 袖手傍観・垂拱傍観・隔岸観火

【△拱く】こまぬ-く ①両手を重ねて胸の前に置く。腕組みをする。②何もしないでただ見ている。「友のけんかを手を―いて見ていた」 参考「こまねく」とも読む。

キョウ【洶】(9) 氵 6 1 6208 5E28 音 キョウ 訓 わく

意味 ①わく。水がわきでる。「洶湧」 ②さわぐ。どよめく。

【△洶△洶】キョウキョウ ①水がわきあがるさま。波がわき立つさま。②たくさんの人が集まって、さわぎどよめくさま。

【▲洶湧・▲洶▲涌】キョウ ユウ 水が勢いよくわき出るさま。波がわき立つ音。また、そのさま。参考「キョウヨウ」とも読む。

キョウ【狭】(9) 犭6 常 4 2225 3639

音 キョウ(高) (外)コウ

訓 せまい・せばめる・せばまる (外)さ

旧字《狹》(10) 犭7 1/準1 6437 6045

筆順 ノ 犭 犭 犭 犭 犭 犭 狭 狭

意味 ①せまい。せばめる。せばまる。「狭隘(キョウアイ)」「狭量」対広 ②さ。語調を整える接頭語。「狭衣(さごろも)」

下つき 隘狭(アイキョウ)・広狭(コウキョウ)・窄狭(サクキョウ)・偏狭(ヘンキョウ)

【狭▲隘】キョウ アイ ①土地などがせまくるしいさま。②度量がせまくて窮屈なさま。「―な心の持ち主」

【狭軌】キョウ キ 鉄道で、レールの間隔がせまい軌道。国際基準で一・四三五メートルよりせまいもの。対広軌

【狭義】キョウ ギ せまい範囲で、言葉・物事を解釈する場合の意味。「―の解釈」「酒は―には日本酒を指す」対広義

【狭▲窄】キョウ サク せまくすぼまっていること。「視野―」参考「窄」はせまい意。

【狭斜】キョウ シャ 花柳街。遊里。いろまち。由来 昔、中国の長安で遊里のあった街の道幅がせまく、ななめであったことから。

【狭小】キョウ ショウ せまく小さいさま。類狭隘(キョウアイ) 対広大

【狭心症】キョウシン ショウ 冠状動脈の硬化や狭窄(キョウサク)などの原因で心筋への血流が妨げられることにより、急に心臓に激痛のはしる病気。

【狭量】キョウ リョウ 度量がせまく小さいこと。「―な小人物だ」類偏狭 対広量

【▲狭霧】さ ぎり きり。季秋 参考「さ」は接頭語。

【▲狭衣】さ ごろも 衣服。着物。参考「さ」は接頭語。

〈狭▲匙〉せっ かい すり鉢の内側についたものを、かき落とす木製の道具。「―で腹を切る(不可能なこと)」表記「切匙」とも書く。

【▲狭縫い】せ ぬい 袋物などの縫い目のかどをせまくかがること。

【狭める】せば める せまくする。「言論の自由を―めてはならない」

【狭い】せま い ①空間が小さい。「―い庭」②範囲が小さい。「見聞が―い」③物の見方や考え方などにゆとりがない。「度量が―い」

〈狭間〉はざ ま ①物と物の間のせまくなった所。②谷間。③城壁にあけた矢や鉄砲を発射するための穴。表記「迫間・間」とも書く。

キョウ【矜】(9) 矛4 1 6666 6262

音 キョウ・キン・カン

訓 あわれむ・つつしむ・ほこる・やもお

意味 一キョウ ①あわれむ。かなしむ。「矜育」②つつしむ。うやまう。「矜厳」類敬 ③ほこる。自負する。「矜持(キョウジ)」 二キン ほこの柄(え)。 三カン やもお。妻のない男。男やもめ。

下つき 一哀矜(アイキョウ)

【▲矜れむ】あわ れむ かわいそうに思う。気の毒に思う。「みなしごを―む」

【▲矜育】キョウ イク 子どもなどをあわれんで育てる。

【▲矜持・▲矜▲恃】キョウ ジ 自分の才能や学問・力量などを信じてもつ誇り。プライド。「四番打者としての―」類自負・自尊 参考「キンジ」は慣用読み。

【▲矜▲恤】キョウ ジュツ あわれんで恵むこと。類憐恤(レンジュツ) 参考「恤」は、あわれむ意。

【▲矜▲羯羅】コン ガラ 仏不動明王の脇士(キョウジ)の八大童子の第七。制多迦(セイタカ)童子と対。表記「金伽羅」とも書く。

【▲矜る】ほこ る ①自分の力量を自負する。「己の才を―る」②他人を見下す。尊大にする。えらぶる。

キョウ【香】(9) 香0 教 2565 3961 ▼コウ(四九四)

キョウ【▲峡】(10) 山7 5423 5637 ▼峡の旧字(三三二)

キョウ【恐】(10) 心6 常 4 2218 3632

音 キョウ

訓 おそれる・おそろしい (外)こわい

筆順 一 丅 工 ヱ 巩 巩 巩 恐 恐 恐

意味 ①おそれる。こわがる。おそろしい。こわい。「恐慌」「恐怖」②おそれいる。つつしむ。かしこまる。「恐悦」「恐縮」③おどす。「恐喝」

下つき 畏恐(イキョウ)・震恐(シンキョウ)・憂恐(ユウキョウ)

〈恐▲惶〉あなか しこ ①ああ、こわい。ああ、もったいない。②「恐惶(キョウコウ)」に同じ。③決して。ゆめゆめ。表記「穴賢」とも書く。

【恐れ入▲谷の鬼子▲母神】おそれ いりやの キシモ ジン おそれ入りました。まいった。由来「恐れ入る」の「入る」を地名の「入谷」に掛け、そこに祭られる鬼子母神と続けてしゃれた言葉。「入谷」は東京都台東区にある地名。

【恐れ多い】おそれ おお い ①たいへん申し訳ない。「―いことですが…」②たいへんありがたくもったいない。

【恐れる】おそ れる ①おそれおののく。こわがる。「敵を―れてはいけない」②心配する。あやぶむ。気づかう。「病気を―れる」③かしこまる。おそれ多く思う。

【恐ろしい】おそ ろしい ①こわい。恐怖を感じる。不安である。心配である。「末―い」②非常に。ひどく。驚くほどである。程度のはなはだしいことを表す。「―い勢いで押し寄せる」

【恐悦】キョウエツ つつしんで喜ぶこと。特に、目上の人に自分の喜びをいう語。「ー至極(シゴク)に存じます」表記「恭悦」とも書く。

【恐喝・恐▲愒】キョウカツ 相手の弱点や秘密につけこんで人をおどすこと。また、おどして金品をゆすりとること。類恐嚇・脅嚇

【恐恐】キョウキョウ おそれてかしこまるさま。おそるおそる。「ー謹言(謹んで申し上げます)」類恐惶(キョウコウ)

【恐▲懼】キョウク ①おそれかしこまること。「ーして退出する」②手紙の末尾につける語。「ー謹言」「ー再拝」

【恐慌】キョウコウ ①おそれあわてること。②景気が急激に後退し、需要低下・商品の過剰・企業倒産・銀行とりつけなど、経済活動が麻痺(マヒ)すること。パニック。「世界的な大ーになった」

【恐▲惶】キョウコウ ①おそれかしこまること。②手紙の末尾に用いる語。「ー謹言」参考②「あなかしこ」とも読む。

【恐▲惶謹言】キョウコウキンゲン おそれながら謹んで申し上げる意で、手紙の終わりに書いて相手に敬意を表す語。類恐惶敬白 参考「恐恐謹言」ともいう。

【恐縮】キョウシュク 身が縮むほどおそれ入ること。ありがたい思いを相手に伝えるときに用いる語。「お越し頂いてーです」

【恐怖】キョウフ こわがること。おそろしいと思う気持ち。「ーにおののいている」「高所ー症」

【恐竜】キョウリュウ 中生代に生存した巨大爬虫(ハチュウ)類の総称。現在、化石として残る。

【△恐△恐】こわごわ おそろしいと思いながら何かをするさま。おそるおそる。「ーと犬に近づく」表記「怖怖」とも書く。

キョウ【恭】(10) 小6 常 準2 2219 3633 音キョウ 訓うやうやしい 高 外つつしむ

筆順 一 十 廾 廾 共 共 恭 恭 恭 恭

意味 うやうやしい。かしこまる。つつしむ。「恭賀」「恭謙」「恭順」

下つき 允恭(インキョウ)・温恭(オンキョウ)

【恭しい】うやうやしい 敬いつつしんで丁重なさま。「ーく頭を下げる」「目上の人にーくふるまう」

【恭悦】キョウエツ つつしんで喜ぶこと。他人、特に目上の人に自分の喜びを述べる語。「ー至極に存じます」表記「恐悦」とも書く。

【恭賀】キョウガ つつしんで祝うこと。「ー新年」類謹賀

【恭賀新▲禧】キョウガシンキ つつしんで新年を祝うこと。年賀状に用いる挨拶(アイサツ)の言葉。「新禧」は新年を祝うこと。

【恭敬】キョウケイ つつしみうやまうこと。参考「クギョウ」とも読む。

【恭倹】キョウケン 人にはうやうやしく、自分にはつつしみ深く振る舞うこと。「温良ー譲」〈論語〉

【恭謙】キョウケン つつしみ深くへりくだること。「ーな態度」

【恭順】キョウジュン つつしんでしたがうこと。心から服従すること。「ーの意を表す」

〈恭仁京〉くにきょう 七四〇(天平(テンピョウ)一二)年平城京から京都付近に遷都した聖武(しょうむ)天皇の都。七四四年難波(なにわ)宮に遷都。参考「くにのみやこ」とも読む。

〈恭菜〉ふだんそう アカザ科の一年草、または二年草。南ヨーロッパ原産。野菜として栽培。葉は大きく長卵形。由来「恭菜」は漢名より。和名は、四季を通じていつでも食用にできることから。表記「不断草」とも書く。

キョウ【▲挾】(10) 扌7 5749 5951 ▼挟の旧字(三三一)

キョウ【△校】(10) 木6 教 2527 393B ▼コウ(四九六)

キョウ【框】(10) 木6 1 5958 5B5A 音キョウ 訓かまち・わく

意味 ①かまち。床(とこ)の間やゆかの端に渡す横木。②わく。戸や窓のわく。

【▲框】かまち ①床(とこ)の間やゆかの端に渡す横木。かざりのはたらきもしている。「上がりー」②戸・障子などの周りの枠。

キョウ【▲狹】(10) 犭7 6437 6045 ▼狭の旧字(三三二)

キョウ【胸】(10) 月6 教 常 5 2227 363B 音キョウ 訓むね・むな中 外こころ

筆順 丿 月 月 月 肑 肑 胸 胸 胸 胸

意味 ①むね。腹の上の部分。「胸骨」「胸壁」②こころ。こころのうち。「胸中」「度胸」

下つき 気胸(キキョウ)・鳩胸(はとむね)・心胸(シンキョウ)・度胸(ドキョウ)

【胸臆】キョウオク ①胸。胸部。②心。心中の思い。類胸奥(キョウオウ) 参考「胸」も「臆」もむねの意。古人は考えが胸から出るとしていた。

【胸懐】キョウカイ 心の思い。胸のうち。類胸襟

【胸郭・胸▲廓】キョウカク 胸椎(キョウツイ)や肋骨(ロッコツ)や胸骨で胸を囲む、かごのような形をした骨格。類胸腔(キョウコウ)

【胸▲膈】キョウカク ①胸と腹との間。また、胸部。②転じて、胸中。気持ち。

【胸襟】キョウキン 胸のうち。心のなか。「ーを開いて語り合う」参考「襟」は胸・心の意。

【胸襟秀麗】キョウキンシュウレイ 物事に対する考え方や態度が正しくりっぱであること。「秀麗」は、すぐれて美しいさま。

【胸襟を開く】心を打ち明けること。うちとけること。

【胸▲腔】キョウコウ 胸郭の内側の空間。心臓・肺などの重要な臓器がある。参考「キョ

ウクウ」とも読む。

【胸像】キョウゾウ 胸から上の部分をかたどった彫像。または絵画。

【胸中】キョウチュウ 胸のうち。心中。心の思い。考え。類胸裏・胸底・胸奥

〖胸中に成竹(セイチク)あり〗事前に準備を整えて得た成功の見込み、成算。また、それがあること。タケを描くとき、あらかじめ心の中で描くタケの姿を完成し、一気に筆を揮(ふる)って描きあげる意から。〈蘇軾(ソショク)の文〉

【胸椎】キョウツイ 脊椎(セキツイ)の一部。頸椎(ケイツイ)と腰椎(ヨウツイ)の間にある。

【胸底】キョウテイ 心のそこ。心中。心の思い。類胸裏・胸中・胸奥

【胸壁】キョウヘキ ①敵の射撃をよけ、味方の射撃の便のために、立った人の胸の高さに築いた壁。類胸牆(キョウショウ) ②とりで。③屋上やベランダなどの周囲に巡らされた手すり壁。④胸部の内臓をとりまく外側の部分。

【胸裏・胸▲裡】キョウリ 胸のうち。心中。心の思い。類胸底・胸中・胸奥

【胸板】むないた ①胸の平らな部分。②鎧(よろい)の胴の前面で、胸をおおう鉄板。

【胸▲糞】むなくそ 「胸」を強め、卑しめていう語。「—が悪い(いまいましくて不愉快だ)」 参考「むねくそ」とも読む。

【胸倉・〈胸座〉】むなぐら 着物を着て左右の襟が重なるあたり。むながらみ。「—をつかむ」

【胸先】むなさき 胸のあたり。みぞおちのあたり。「証文を—に突きつけられた」類胸元

【胸騒ぎ】むなさわぎ 心配事や不吉な予感で、胸がどきどきして不安なこと。「転勤のうわさに—がする」「なんとなく—がする」

【胸算用】むなザンヨウ 頭の中でざっと見積もること。むなづもり。「夏の賞与を—する」類心算

【胸高】むなだか 着物の帯を胸のあたりに高くしめること。

【胸突き八丁】むなつきハッチョウ ①山の頂上に近い、勾配(コウバイ)が急になるところ。②目標に達する直前の一番苦しい時期。由来もと、富士山の頂上に至る八丁(約八七二メートル)の険しい坂道をいった語から。

【胸】むね ①首と腹との間の部分。また、女性の乳房。②体の肋骨(ロッコツ)に保護されている内部。内臓。「—が焼ける」③心。また、感情や考え。「—が痛む」

〖胸に一物(イチモツ)〗心のなかに何かたくらみを抱いていること。

【胸三寸】むねサンズン 胸のうち。心のなかの考え。「—に納める」参考「胸先三寸」ともいう。

【胸▲叩き】むねたたき 年の暮れに、胸を手でたたきながら米・銭を乞(こ)う物乞いのこと。参考「せきぞろ、そうろう」と言って歩くことから「節季候(セキぞろ)」ともいう。

キョウ【脅】(10) 肉6 常 3 2228 363C 音キョウ 訓おびやかす高・おどす・おどかす 外おびえる

筆順 フ カ カ カ 劦 劦 劦 脅 脅 脅

意味 ①おびやかす。おどす。おどかす。「脅威」「脅迫」類劫(キョウ) ②おびえる。すくむ。「脅肩(キョウケン)」類怯(キョウ) ③わき。わきばら。かたわら。類脇(キョウ)

下つき 威脅(イキョウ)・劫脅(キョウキョウ)・恐脅(キョウキョウ)・迫脅(ハッキョウ)

【脅かす】おどかす ①こわがらせる。恐れさせる。②びっくりさせる。おどろかす。「物陰から飛び出して—す」

【脅す】おどす ①こわがらせる。恐れさせる。②脅迫する。「相手の弱みにつけ込んで—す」

【△脅える】おびえる こわがる。びくびくする。不安な気持ちになる。「借金の取り立てに—える」

【脅かす】おびやかす ①おどし恐れさせる。②危うくする。「環境汚染は人類を—す」

【脅威】キョウイ 強い力や勢いで恐れさせること。また、それにより感じる恐ろしさ。「地震の—に日ごろから備えよ」類恐怖

【脅▲嚇】キョウカク おびやかしおどすこと。おどしつけること。類恐喝・脅喝

【脅迫】キョウハク ①他人にあることを行わせようと、おどしつけること。「暴力や—に屈しない」類恐喝・恫喝(ドウカツ) ②刑法で、生命・名誉・財産などに危害を加えることを示しながら人をおどすこと。参考民法の「強迫」とは区別する。

キョウ【△脇】(10) 月6 常 4738 4F46 ▼わき(一六二九)

キョウ【★莢】(10) 艹7 1 7218 6832 音キョウ 訓さや

意味 さや。豆類の種子を包む外皮。また、その形をしたもの。「薬莢」

【▲莢】さや マメ科植物の種子を包んでいる殻。「えんどうの—が裂ける」

【▲莢▲豌豆】さやエンドウ 種子がまだ熟さないうちにさやごと食用にするエンドウマメ。絹さや。季夏

キョウ【陜】(10) 阝7 1 7993 6F7D 音キョウ 訓せまい・やまあい・やまかい

意味 ①せまい。②山と山とにはさまれたせまい所。やまあい。やまかい。

キョウ【強】(11) 弓8 教常 9 2215 362F 音キョウ・ゴウ中 訓つよい・つよまる・つよめる・しいる中 外こわい・したたか・つとめる

筆順 ㇕ コ 弓 弘 弘 弘 弥 弥 強 強 強

意味 ①つよい。力がある。「強健」「頑強」②つよめ

き キョウ

る。つよまる。「強化」「強兵」③しいる。無理にさせる。「強行」「強制」④かたい。こわばる。「強飯」⑤端数を切り捨てたときに添える語。対①⑤弱 ⑥つとめる。つとめおこなう。

下つき 頑強(ガンキョウ)・屈強(クッキョウ)・堅強(ケンキョウ)・豪強(ゴウキョウ)・富強(フキョウ)・勉強(ベンキョウ)・補強(ホキョウ)・列強(レッキョウ)

【△強ち】あながーち　必ずしも。一概に。まんざら。「―うそではあるまい」参考 下に打ち消しの語を伴う。

【〈強盗〉頭巾】がんどうずきん　頭や顔を包み隠し、目だけが出るようにした頭巾。苧(からむし)頭巾。目ばかり頭巾。

【強圧】キョウアツ　強い力や権力で押さえつけること。「―的手段」

【強化】キョウカ　より強くすること。一層強めること。「―合宿」

【強▲諫】キョウカン　強くいさめること。「人道にもとる所行として殿を―した」

【強幹弱枝】キョウカンジャクシ　地方の権限をおさえて中央の権力を強くすること。もとを強くし、末端を弱くする意から。「幹」は中央政府・帝室のたとえ。「枝」は地方の諸侯のたとえ。〈『漢書(カンジョ)』〉

【強記】キョウキ　記憶力がすぐれていること。物覚えがよいこと。「博覧―」

【強▲禦】キョウギョ　①悪くて強く、善を受けつけないこと。②武勇・権力・勢力などが強いもの。

【強肩】キョウケン　肩の強いこと。特に野球でボールの威力が強く、遠くまで投げられること。また、その肩。「チーム一の―外野手」

【強健】キョウケン　体が丈夫ですこやかなこと。「身体―」類壮健・頑健 対虚弱

【強権】キョウケン　国家が国民に対してもっている司法・行政上の強い権力。特に、警察や軍隊などの強制的な権力。「―発動」

【強固】キョウコ　しっかりしているさま。強くてかたいさま。「意志―な人」類堅固・牢固(ロウコ) 書きかえ「鞏固」の書きかえ字。

【強行】キョウコウ　障害や反対を押し切って、無理やり行うこと。「悪天候の中で運動会を―する」「―採決」類決行・断行

【強攻】キョウコウ　危険や無理を承知で、強引に攻めること。「―策」類強襲

【強硬・強梗】キョウコウ　意志や態度を強く主張し、しとおそうとするさま。「―な態度」「―な手段」類強固・強情 対軟弱

【強豪・強剛】キョウゴウ　勢いが強く手ごわいこと。また、その人。「敵は名立たる―」

【強行軍】キョウコウグン　①行程を増やしたり休息を減らしたりして、無理をとおして行う行軍。②時間的に無理な計画で仕事などをすること。「―で工事を仕上げる」

【強襲】キョウシュウ　激しい勢いで襲いかかること。強引に攻めること。「―安打」類強攻

【強将の下に弱兵なし】キョウショウのもとにジャクヘイなし　強い大将の部下には、その感化によって弱い兵士はいない。〈蘇軾(ソショク)の文〉参考「強将」は「勇将」、「弱兵」は「弱卒」ともいう。

【強▲靱】キョウジン　しなやかで粘り強いさま。「―な精神、―な肉体」

【強制】キョウセイ　権力や腕力で無理に行わせること。「―的に参加させられる」「―収用」類強要

【強請】キョウセイ　①無理に頼むこと。「寄付を―する」②ゆすること。

【強壮】キョウソウ　体がたくましく勢いのあるさま。類強健・壮健 参考 中国で古く、三〇歳を壮、四〇歳を強といい、もと、三、四〇歳の心身盛んな年代の意。

【強大】キョウダイ　力や勢力が強くて大きいさま。「国家の―な権力」対弱小

【強調】キョウチョウ　①言葉や音などの調子を強めること。②強く主張すること。類力説

【強敵】キョウテキ　強い敵。手ごわい相手。類大敵・勁敵(ケイテキ) 対弱敵

【強迫】キョウハク　①無理にせまること。むりじい。「―して金を出させる」②民法で、相手に害悪の生じることを知らせて自由な意思決定を妨げること。

【強迫観念】キョウハクカンネン　いくら忘れようとしても、本人の意志に反して心に浮かぶ不快・不安な気持ち。

【強風】キョウフウ　強い風。樹木全体がゆれるほどの風。「―にあおられる」「―注意報」類暴風・大風(おおかぜ)・烈風(レップウ)

【強弁】キョウベン　道理に合わないことを、屁理屈(へりくつ)をつけて言いはること。「そんな―は通らない」

【強暴】キョウボウ　①強く乱暴なこと。②強迫して、暴行を加えること。

【強要】キョウヨウ　無理な要求をすること。むりじい。類強制

【強力】キョウリョク　力が強いこと。また、そのさま。作用が大きいこと。「―なモーター」「―な説得力」参考「ゴウリキ」と読めば別の意になる。

【強烈】キョウレツ　刺激や作用が、強く激しいさま。「―な印象をうけた」類猛烈・激烈

【強引】ゴウイン　物事を無理やり行うこと。また、そのさま。「―な商法に批判が集中した」参考「キョウイン」と読めば強くひっぱる意。

【強▲姦】ゴウカン　力ずくで女性をおかすこと。暴行。てごめ。「―罪」対和姦

【強情】ゴウジョウ　意地を張り、自分の考えを無理におしとおすこと。また、そのさま。「あの人はとても―だ」類頑固

【強訴】ゴウソ　昔、集団で強引に不満や要求を訴え出たこと。「代官に―する」

【強奪】ゴウダツ　強引に物をうばうこと。力ずくでうばい取ること。「現金を―する」参考「キョウダツ」とも読む。

【強談威迫】ゴウダン イハク 要求にしたがわせようと、強引におどしつけて話をつけようとすること。「強談」は、強い調子や態度で話をつけること。

【強突張り】ゴウ つくばり ①ひどく強情で人にしたがわないこと。②欲張りでがんこなさま。また、そういう人。表記「業突張り」とも書く。

【強盗】ゴウ トウ 暴力や脅迫で金品を奪うこと。また、その者。押しこみ。「―をはたらく」

【強飯】ゴウ ハン もちごめを蒸したもの。多く、小豆などを混ぜて赤飯とする。おこわ。参考「こわめし」とも読む。

【強欲】ゴウ ヨク 非常に欲が深いこと。類貪欲・胴欲 書きかえ「強慾」の書きかえ字。

【強▲慾】ゴウ ヨク ▼書きかえ 強欲

【強力】ゴウ リキ ①力が強いこと。また、その人。「―無双」②登山者の荷を背負い、案内などをする人。昔、修験者や山伏の荷物を運んだ従者から転じた語。

【強力犯】ゴウリキ ハン 暴行・脅迫を手段とする犯罪。殺人・強盗など。類実力犯 対知能犯

【△強い】こわ い ①強情だ。抵抗力がつよい。「情の―い人」②固く、ごわごわしている。「のりが―い」

【△強供御】こわ クゴ 「強飯」の女房詞。おこわ。

【△強△強】ごわ ごわ 布・紙などが硬くこわばって、しなやかでないさま。「―の敷布」

【△強談判】こわ ダンパン 自分の主張を通そうと強硬な態度でかけあうこと。

【△強張る】こわ ばる 柔らかいものが硬くつっぱったようになる。「緊張感で顔が―る」表記「硬張る」とも書く。

【△強持て】こわ もて 恐れられ、そのために大切に扱われること。「―のする人」

き キョウ

【△強△面】こわ もて 恐ろしい顔つき。また、相手を威圧するような態度。強硬な姿勢。「―に出る」表記「怖面」とも書く。参考「こわおもて」の転。

【強い▲肴】しい ざかな 懐石料理で、客に酒をすすめるために出す肴。すすめざかな。

【強いる】し いる 無理やりさせる。押しつける。強制する。「酒を―いる」表記「彊いる」とも書く。

【△強か】したた か ①ひとすじなわではいかないさま。「なかなか―な人物である」②ひどく。つよく。大いに。「―頭を打つ」「―酒を飲む」

【強い】つよ い ①力や能力がすぐれている。「腕力が―い」「数字に―い」②程度が激しい。「度の―い眼鏡」「風が―い」③丈夫でしっかりしている。「意志が―い」表記「彊い」とも書く。

【強気】つよ キ ①積極的な態度で事を運ぶこと。「―な発言を繰り返す」②将来、相場が値上がりすると予想すること。「市況が―を取り戻す」対①②弱気

【強吟】つよ ギン 謡曲の吟型の一つ。音程は不安定で、高低の幅も不規則。常に強く謡うとは限らない。主として、厳粛・勇壮などの表現に用いる。対弱吟

【強腰】つよ ごし 態度が強硬で、一歩も譲らないで事に臨むこと。類強気 対弱腰

【強める】つよ める 力や勢いを増すようにする。より強くする。「火力を―める」「語気を―める」対弱める

【〈強者〉】つわ もの ①非常に強い兵士。勇士。②ある方面で非常にすぐれている人。猛者。「―ぞろいの柔道部」表記「兵」とも書く。

【〈強請〉る】ねだ る ①相手の愛情などに、甘えて頼む。せがむ。「小遣いを母に―る」②無理を言って、金品を要求する。参考②「ゆする」とも読む。

【〈強請〉】ゆす り 言いがかりをつけて金品を出させること。また、そのようなことをする人。「―たかり」参考「ねだり」とも読む。

キョウ【教】(11) 攵7 教 常 9 2221 3635 音 キョウ 訓 おしえる・おそわる

旧字《教》(11) 攵7 1/準1

筆順 一 十 土 耂 耂 考 孝 孝 教 教

意味 ①おしえる。おしえみちびく。また、おそわる。「教育」「教化」「調教」②いましめ。神仏のおしえ。「教会」「教理」「宗教」

下つき 異教・回教・旧教・国教・司教・邪教・宗教・儒教・殉教・信教・新教・政教・説教・宣教・胎教・調教・布教・仏教・文教

【教える】おし える ①知識や技術などを伝えて、身につくように導く。「運転を―える」②自分の知っていることを知らせる。「電話番号を―える」③さとす。いましめる。「人の道を―える」表記③「訓える」とも書く。

【教案】キョウ アン 授業の教材・目的・方法・進行などを記した草案。学習指導案。

【教育】キョウ イク 社会で生活するための学問や知識を教え育てること。「社会―」

【教化】キョウ カ 人をよい方向へ教え導くこと。類徳化 参考「キョウケ」と読めば、衆生を教え導いて仏道に入らせる意になる。

【教会】キョウ カイ ①宗教を同じくする人々の組織。②同じ宗教の信者が礼拝などのために集まる建物。教会堂。

【教戒・教▲誡】キョウ カイ 教えいましめること。教えさとすこと。類教訓 書きかえ「教戒」は「教誨」の書きかえ字。

【教▲誨】キョウ カイ ▼書きかえ 教戒

【教義】キョウ ギ 宗教で、真理と信じられ教えている命題。ドグマ。類教理・宗旨

【教訓】キョウクン 教えさとすこと。また、その言葉や内容。「親の―を守る」 類 訓戒・教戒

【教外別伝】キョウゲベツデン 仏 悟りは言葉や経典で伝えられるものではなく、心から心へと伝えるものだということ。禅宗の語。類 以心伝心・拈華微笑（ネンゲミショウ）・不立文字（フリュウモンジ）

【教権】キョウケン ①教育上、教員が学生らに対して有する権力・権威。②宗教上の権力。特にカトリックで、教会や教皇の権力・権威。

【教護】キョウゴ 不良行為をした児童を、保護して教育すること。

【教皇】キョウコウ ローマ-カトリック教会の最高位の僧。法王。参考「キョウオウ」とも読む。

【教唆】キョウサ ①他人をけしかけること。特に、悪事をそそのかすこと。「人を―してはならぬ」②他人をそそのかして犯意を起こさせること。法律で共犯の一形式。「殺人を―する」

【教示】キョウジ 教えしめすこと。「ご―ください」参考「キョウシ」とも読む。

【教授】キョウジュ ①学問や技術を教えさずけること。「ピアノを―する」「華道の―をしている」②大学や高等専門学校で、専門分野の学問を教えたり研究したりする人。また、その職名。

【教書】キョウショ ①ローマ法王が公式に出す訓告の文書。②アメリカの大統領や州知事が、議会に提出する政治上の意見や勧告を記した文書。「一般―」

【教条】キョウジョウ 教会が公認した教義。また、それを箇条としたもの。

【教条主義】キョウジョウシュギ ①権威者の教義や思想、特に、マルクス-レーニン主義を絶対的なものと考えて現実を無視し、これを機械的に適用しようとする立場。②原理・原則をふりかざす公式主義。ドグマティズム。

【教祖】キョウソ ①宗教や宗派を起こした人。宗祖。開祖。②新たな主義や活動で一つの流れを作り出した人のたとえ。「前衛華道の―」

【教壇】キョウダン 教師が授業をする際に立つ壇。転じて、教育の場。「―に立つ（教職につく）」

【教程】キョウテイ ①学術・技芸を教えるための順序や計画。カリキュラム。②教科書。

【教典】キョウテン ①宗教の基本を記したよりどころとなる書物。②教育のよりどころとなる書物。類 教範

【教徒】キョウト ある宗教を信仰して、その教団の一員になっている人。信徒。信者。「イスラム―」

【教頭】キョウトウ 小・中・高等学校で、校長を補佐する首席教員。また、その管理職名。

【教導】キョウドウ 宗教や道徳などにより、教え導くこと。類 薫育・教化（キョウカ・キョウケ）

【教範】キョウハン 基準または手本となる教え方。また、その書物。類 教典

【教鞭】キョウベン 教師が授業に使うむち。「―を執る（教師として教える）」

【教務】キョウム ①学校などで、授業と直接かかわりのある事務。教育事務。「―課」②宗派などで、宗門上の事務。宗務。「―所」

【教諭】キョウユ ①幼稚園、小・中・高等学校、特別支援学校の正規の教員。「姉は小学校の―です」②教えさとすこと。

【教養】キョウヨウ ①広く学問や芸術などから得る考え方や心の豊かさ。②専門的学問や知識の深いこと。

【教理】キョウリ 「教義」に同じ。

【教練】キョウレン ①教えきたえること。②軍隊で、兵を訓練すること。③「軍事教練」の略。かつて学校で正科として行われた軍事訓練。

キョウ【梗】(11) 木 7 常 2528 393C ▼コウ（五〇二）

キョウ【梟】(11) 木 7 1 5970 5B66
音 キョウ
訓 ふくろう・つよい・さらす

意味 ①ふくろう。フクロウ科の鳥。「鴟梟（シキョウ）」②つよい。たけだけしい。「梟悪」「梟将」③さらす。さらしくび。「梟首」

【梟首】キョウシュ 「梟（さら）し首」に同じ。

【梟雄】キョウユウ 勇ましく強いが、残忍な人物。「乱世の―と称せられた」

【梟し首】さらしくび 昔の刑罰の一つ。打ち首にした罪人の首をさらして見せ物とすること。また、その首。梟首（キョウシュ）。表記「晒し首」とも書く。

〈梟帥〉たける 古代、ある地方で勢力があった勇猛な種族の長。表記「建」とも書く。

【梟】ふくろう フクロウ科の鳥。森林にすむ。頭は丸くて、目は大きく、くちばしが鋭い。多くは夜行性でネズミやモグラなどの小動物を捕食する。季 冬

キョウ【皎】(11) 白 6 1 6609 6229
音 キョウ・コウ
訓 しろい・きよい

意味 しろい。白く光る。あかるい。きよい。「皎月」「皎然」

【皎皎】キョウキョウ ①月の光などが明るく光るさま。「月が―と輝く」②白く清らかなさま。潔白なさま。参考「コウコウ」とも読む。

【皎潔】コウケツ 真っ白でけがれのないこと。一点のくもりもなく清潔なこと。参考「キョウケツ」とも読む。

【皎月】コウゲツ 白く澄みきって輝く月。明るい月。参考「キョウゲツ」とも読む。

【皎い】しろ-い けがれなくしろい。白く光っている。おもに、月光や雪の白さに用いる。

キョウ【竟】★ (11) 立 6 1 8079 706F
音 キョウ・ケイ
訓 おわる・きわめる・つきる・ついに・さかい・わたる

意味 ①おわる。おえる。きわめる。つきる。「竟宴」

き キョウ

②ついに。とうとう。「畢竟(ヒッキョウ)」③さかい。④わたる。連なる。

下つき 究竟(キュウキョウ)・終竟(シュウキョウ)・畢竟(ヒッキョウ)

【▲竟わる】おーわる 最後までやりとげる。最後の境界まで行きつく。

【▲竟宴】キョウエン ①神事や祭事の終了後に開く宴。②平安時代、宮中で書物の講義や和歌集の編纂などが終わったときに催された宴会。

【▲竟日】キョウジツ 一日中。終日。

【▲竟に】ついーに 最後には。結局。とうとう。「苦労を重ねてー成功した」

キョウ【経】(11) 糸5 教 2348 3750 ▼ケイ(三九三)

キョウ【郷】

(11) 阝8 教 常 5 2231 363F 音 キョウ・ゴウ㊥ 訓 ㊀さと

旧字《鄕》(13) 阝10 1/準1 9276 7C6C

旧字《鄉》(13) 阝10 1/準1

筆順 郷

意味 ①さと。むらざと。いなか。「近郷」「在郷」②ふるさと。生まれたところ。「郷里」「故郷」③ところ。場所。「異郷」「仙郷」「理想郷」④昔の行政区画の一つ。いくつかの村を合わせた地域。

下つき 異郷(イキョウ)・懐郷(カイキョウ)・帰郷(キキョウ)・近郷(キンゴウ)・故郷(コキョウ)・在郷(ザイゴウ)・水郷(スイゴウ)・仙郷(センキョウ)・同郷(ドウキョウ)・望郷(ボウキョウ)・離郷(リキョウ)

【郷関】キョウカン ①郷里の村の門。故郷と他国との国ざかい。②郷里。故郷。「志を抱いてーを出る」

【郷愁】キョウシュウ ①故郷を懐かしく思う心情。ノスタルジア。「夕焼け空を眺めてーにひたる」類懐郷・望郷 ②遠い過去にひかれる気持ち。「若き日へのー」

【郷土】キョウド ①生まれ育った土地。故郷。郷里。②地方。いなか。「旅行先でー料理に舌鼓を打つ」

【郷党】キョウトウ その人の郷里。また、そこに住む人々。

【▲郷邑】キョウユウ 村。むらざと。参考「郷」も「邑」も村・むらざとの意。

【郷里】キョウリ 生まれ育った土地。ふるさと。故郷。郷土。「ーの母に手紙を出す」

【郷】ゴウ ①いなか。村里。②昔の行政区画の一つ。郡内の村落を集めたもの。

【郷に入(い)っては郷に従え】新しい土地に来たらその土地の風俗や習慣にしたがうものだということ。類境(さかい)に入(い)りては禁を問う

【郷士】ゴウシ 江戸時代、農村に居住している武士。また、農民で武士の待遇を受けている者。平時は農業に従事する。

【郷社】ゴウシャ もと、神社の格の一つ。府県社の下で村社の上に位置する。府県または市から幣帛(ヘイハク)(献上物)をたてまつった。「産土(うぶすな)神を祭るー」類県社・村社

【△郷】さと ①むらざと。いなか。②ふるさと。「ーに帰る」③ところ。場所。「民芸のー」

キョウ【▲卿】(12) 卩10 2210 362A ▼ケイ(三九五)

キョウ【喬】

(12) 口9 準1 2212 362C 音 キョウ 訓 たかい・おごる

意味 ①たかい。そびえる。「喬岳」「喬木」②おごる。たかぶる。「喬志」「喬然」

【▲喬松】キョウショウ ①高くのびたマツ。②中国古代の不老不死の仙人、王子喬(オウシキョウ)と赤松子(セキショウシ)。「ーの寿(長命長寿)」

【▲喬木】キョウボク 高くそびえる木。特に、丈が人の身長より高く、一本の太い主幹が明らかな樹木。スギ・ケヤキなどにいう。類高木・大樹 対灌木(カンボク)

【▲喬木は風に折らる】他に抜きんでてる者はとかく人かられたみや恨みを受けて、非難や中傷をされやすいたとえ。また、人の上に立つ者は非難や中傷を受けやすいたとえ。高い木は風の影響を受けて折れやすいことから。参考「喬木」は「大木・高木」ともいう。類出る杭(くい)は打たれる

【▲喬い】たかーい まっすぐ伸びて、そびえているさま。木などがすらりと伸びているさま。

キョウ【△敬】(12) 攵8 教 2341 3749 ▼ケイ(三九五)

キョウ【筐】

(12) ⺮6 1 6794 637E 音 キョウ 訓 かご・かたみ・はこ・ねだい

〔筺〕6801 6421

意味 ①かご。かたみ。はこ。四角く編んだ竹製の容器。「筐笥(キョウシ)」対筥(キョ) ②ねだい。四角い寝台。

下つき 花筐(カキョウ・はながたみ)・頃筐(ケイキョウ)・書筐(ショキョウ)

【▲筐】かご 竹で編んだ四角い入れ物。食料・衣服・書物などを入れる。

【▲筐】かたみ 竹で編んだ目の細かい入れ物。かたま。「花ー」

【▲筐▲筥】キョウキョ 竹で編んだ四角いかごと丸いかご。参考「筥」は丸いかごの意。

【▲筐▲笥】キョウシ 手近な所に置いて用いる、四角い竹のかごやはこ。

【▲筐底】キョウテイ はこの底。はこの中。「ーに秘す(他人の目に触れないように箱の奥深くしまう)」表記「篋底」とも書く。

【▲筐】はこ 竹で作った、小さめの四角い容器。こばこ。類笥(はこ)

キョウ【蛩】

(12) 虫6 1 音 キョウ 訓 こおろぎ

〔蛬〕7362 695E

意味 ①セミのぬけがら。②いなご(蝗)。ばった。「飛蛩」③こおろぎ。「蛩声」類蛬(キョウ)

下つき 秋蛩(シュウキョウ)・飛蛩(ヒキョウ)

キョウ【蛬】(12) 虫6 1 7363 695F 音 キョウ 訓 こおろぎ・きりぎりす

意味 こおろぎ。きりぎりす。類 蛩(キョウ)

キョウ【筴】(13) 竹7 1 6809 6429 音 キョウ・サク 訓 はし・はさむ・めどぎ・はかりごと

意味 ㊀キョウ ①はし(箸)。②はさむ。類 夾(キョウ)・挟 ㊁サク ①めどぎ。占いに用いる竹の細い棒。ぜいちく(筮竹)。②はかりごと。計画。

【筴】めどぎ 占いに用いる細い竹の棒。筮竹(ゼイチク)。もとはメドハギ(マメ科の多年草)で作った。

キョウ【跫】(13) 足6 1 音 キョウ 訓 あしおと

〔跫〕7679 6C6F

意味 あしおと。人の歩く足音。「跫然」

【跫】あしおと よく響く歩く音。地を踏む音。

【跫音】キョウオン あしおと。

【跫然】キョウゼン あしおとが響いてよく聞こえるさま。一説に、喜ぶさま。

キョウ【鄕】(13) 阝10 9276 7C6C ▶郷の旧字(三元)

キョウ【鄉】(13) 阝10 ▶郷の旧字(三元)

キョウ【僑】★ (14) 亻12 準1 2203 3623 音 キョウ 訓 かりずまい・やどる

意味 ①かりずまい。身を寄せる。やどる。「僑居」②故郷を離れて外国に住む人。「華僑」

下つき 華僑(カキョウ)

【僑居】キョウキョ 仮に住むこと。また、そのすまい。たびずまい。類 寓居(グウキョ)・僑寓

キョウ【兢】(14) 儿12 1 4930 513E 音 キョウ 訓 つつしむ・おそれる

意味 つつしむ。おそれる。おそれつつしむさま。「兢兢」

【兢兢】キョウキョウ おそれてつつしむさま。おそれてわななくさま。「戦戦―」(びくびくするさま)

【兢業】キョウギョウ 「兢兢業業」の略。おそれいましめて、慎むさま。

キョウ【境】(14) 土11 教 常 6 2213 362D 音 キョウ・ケイ㊥ 訓 さかい

筆順 一 十 土 圹(5) 圹(7) 垃 垃 培 境(12) 境(14)

意味 ①さかい。くぎりめ。「境界」「越境」「国境」②土地。場所。「異境」「秘境」「辺境」③人が置かれた状態。立場。ありさま。ようす。「境遇」「境地」「苦境」

下つき 異境(イキョウ)・越境(エッキョウ)・佳境(カキョウ)・環境(カンキョウ)・逆境(ギャッキョウ)・苦境(クキョウ)・国境(コッキョウ)・順境(ジュンキョウ)・心境(シンキョウ)・進境(シンキョウ)・仙境(センキョウ)・秘境(ヒキョウ)・辺境(ヘンキョウ)・魔境(マキョウ)・老境(ロウキョウ)

【境域】キョウイキ ①土地などのさかい目。類 境界 ②ある物事の範囲の分野や内容。

【境界】キョウカイ ①土地などのさかい目。類 境域 ②物事のさかい目。参考「ケイカイ」と読めば「経界」とも書く。仏教では「キョウガイ」と読み、前世の報いによるこの世での地位や境遇の意になる。類 領域

【境涯】キョウガイ この世の人々がおかれた立場。巡り合わせた身の上。「不幸な―を語る」類 境遇

【境遇】キョウグウ 生きていくうえでの立場や環境。身の上。「恵まれた―」類 境涯

【境地】キョウチ ①到達した心の状態。「悟りの―に達する」類 心境 ②置かれている立場や状況。

【境内】ケイダイ 神社・寺院の敷地の中。「寺の―の木々が色づく」

【境】さかい ①土地などのくぎり目。②物事の分かれ目。「生死の―をさまよう」

【境に入っては禁を問う】他国や地方に入ったら、まずそこで禁止されていることをたずねることが大切であるということ。他の土地に行ったら、そこの慣習にしたがうべきであることをいう。〈『礼記(ライキ)』〉類 郷(ゴウ)に入っては郷に従え

キョウ【誑】(14) 言7 1 7552 6B54 音 キョウ 訓 たぶらかす・あざむく・たらす

意味 たぶらかす。だます。あざむく。たらす。「誑誘」

参考 でたらめ(狂)を言う意を表す字。

【誑惑】キョウワク 人を欺(あざむ)いてまどわすこと。うそを言ってまどわすこと。

【誑かす】たぶらかす うまいことを言ったり、ごまかしたりしてだます。「子どもを―してはいけない」

【誑す】たらす ①甘い言葉で誘惑してだます。「女性を―しこむ」②すかしなだめて機嫌をとる。

キョウ【僵】(15) 亻13 1 4912 512C 音 キョウ 訓 たおれる

意味 ①たおれる。死ぬ。「僵仆(キョウフ)」②こわばる。かたくなる。

【僵れる】たおれる のけぞってたおれる。あお向けにひっくり返る。

キョウ【嬌】★ (15) 女12 1 5340 5548 音 キョウ 訓 なまめかしい

意味 ①なまめかしい。あでやかで美しい。「嬌姿」「嬌声」②かわいらしい。愛らしい。「嬌児」「愛嬌」

下つき 愛嬌(アイキョウ)・阿嬌(アキョウ)

【嬌艶】キョウエン なまめいて美しいこと。あでやかなこと。

【嬌羞】キョウシュウ 女性の恥じらうさまがなまめかしいこと。「―を帯びる」

【嬌笑】キョウショウ 女性が色っぽくはなやかに笑うこと。なまめかしい笑い。

【▲嬌声】キョウセイ　女性のなまめかしい声。「―をあげる」

【▲嬌態】キョウタイ　美しくなまめかしいさま。こびを含んだ姿や動作。

【▲嬌名】キョウメイ　芸者などのなまめかしいうわさや評判。「―を馳(は)せる」

【▲嬌かしい】なまめ-かしい　こびを含んで色っぽい。女らしさがあふれて美しい。

キョウ【△慶】(15) 心11 常 2336 3744 ▼ケイ(三九九)

キョウ【篋】(15) ⺮9 1 6826 643A 音 キョウ 訓 はこ

意味 はこ。竹製の長方形のはこ。「篋笥(キョウシ)」

下つき 書篋(ショキョウ)・箱篋(ソウキョウ)

【▲篋底】キョウテイ　箱の底。表記「筐底」とも書く。

【▲篋】はこ　竹でできた長方形の入れ物。書物や衣服を入れるのに用いる。

キョウ【★蕎】(15) ⺿12 準1 2230 363E 音 キョウ 訓

意味 「蕎麦(キョウバク)(そば)」に用いられる字。

【〈▲蕎麦葉貝母〉】うばゆり　ユリ科の多年草。林の樹陰などに自生。▼姥百合(うばゆり)(一三九二)

【〈▲蕎麦〉】そば　①タデ科の一年草。中央アジア原産。穀物として栽培。夏から秋、白色の花を多数つける。実は三角形で、そば粉をとる。②そば粉に水を入れてこね、延ばして細く切った食品。そば切り。由来「蕎麦」は漢名から。和名は、「そばむぎ」の略で、実に稜(そば)(角)があることからとも、畑の傍(そば)に植えることからともいう。

【〈▲蕎麦〉の花見て蜜(ミツ)を取れ】なにごとも、時機を見て行えということのたとえ。ソバの花が咲いたあとが、蜂蜜(はちミツ)を取るのにちょうどよいときであるという意から。

【〈▲蕎麦〉▲掻き】そばがき　そば粉を熱湯でこねた餅(もち)状の食品。醬油(ショウユ)や削り節などをつけて食べる。そばねり。季冬

【〈▲蕎麦〉湯】そばゆ　①そばをゆでたあとの湯。そばつゆに入れて飲む。②そば粉を熱湯で溶いた飲み物。季冬

キョウ【★鋏】(15) 金7 1 7887 6E77 音 キョウ 訓 はさみ・はさむ・つるぎ・つか

意味 ①はさみ。物を切る道具。②やっとこ。金属をはさむ工具。かなばさみ。③つるぎ。また、つるぎのつか。「剣鋏」

下つき 剣鋏(ケンキョウ)・長鋏(チョウキョウ)・鉄鋏(テッキョウ)

【▲鋏】はさみ　①二枚の刃で物をはさみ切る道具。②切符などに穴をあける道具。③じゃんけんで二本の指をのばしてはさみの形を作るもの。ちょき。対紙・石

【▲鋏虫】はさみむし　ハサミムシ科の昆虫。地中・石の下などにすむ。体は褐色や黒褐色が多く、尾の端ははさみ状になっている。季夏

【▲鋏む】はさ-む　はさみで切る。つむ。「茶のわか葉を―む」

キョウ【鞏】(15) 革6 1 音 キョウ 訓 かたい・つかねる・かためる

〔鞏〕8063 705F

意味 ①かたい。かたくする。「鞏固」②つかねる。かたくしばる。かためる。「鞏鞏」

【▲鞏い】かた-い　しっかりしていてゆるがない。守りなどが丈夫でこわれない。

【▲鞏固】キョウコ　▼書きかえ 強固(三三六)

【▲鞏皮症】キョウヒショウ　指・手・顔の皮膚が硬化し、末梢(マッショウ)より体幹へ広がる全身性疾患。表記「強皮症」とも書く。

【▲鞏膜】キョウマク　眼球の外側の大部分を包み、前方で角膜につながる白い丈夫な膜。類白膜 表記「強膜」とも書く。

【▲鞏膜炎】キョウマクエン　眼病の一種で、鞏膜の炎症。白目の充血・疼痛(トウツウ)や異物感が起こる。表記「強膜炎」とも書く。

キョウ【彊】(16) 弓13 準1 2216 3630 音 キョウ 訓 つよい・つとめる・しいる

意味 ①つよい。類強 ②つとめる。はげむ。「自彊」

【▲彊いる】し-いる　無理やりさせる。表記「強いる」とも書く。

【▲彊い】つよ-い　力がある。がっちりしている。表記「強い」とも書く。

キョウ【徼】(16) 彳13 1 5553 5755 音 キョウ・ギョウ・ヨウ 訓 めぐる・さかい・もとめる・さえぎる

意味 ①めぐる。みまわる。「徼循」②さかい。国ざかい。「徼外」③もとめる。「徼幸」④さえぎる。

【▲徼幸】キョウコウ　まぐれ当たりの幸福を求めること。また、その幸福。こぼれざいわい。「死を免れたのは―だった」参考「ギョウコウ」とも読む。

【▲徼る】めぐ-る　見回る。巡視する。

【▲徼める】もと-める　めったに実現できないようなことを願う。待ちうけてねらう。

キョウ【橋】(16) 木12 教 常 8 2222 3636 音 キョウ 訓 はし

筆順 一 十 木 木 杧 杯 栎 桥 橋 橋 (4, 8, 11, 16)

意味 はし。川や谷などにかけわたした通路。「橋脚」「橋梁(キョウリョウ)」

下つき 石橋(いしばし)・架橋(カキョウ)・鑑橋(カンキョウ)・桟橋(サンばし)・神橋(シンキョウ)・鉄橋(テッキョウ)・土橋(どばし)・浮橋(フキョウ・うきはし)・陸橋(リッキョウ)

【▲橋頭▲堡】キョウトウホ　①橋を守るため橋のたもとに築く陣地。②川

や海から敵地に上陸するとき、そこを作戦・攻撃の拠点とする対岸の陣地。「堡」は、とりでの意。③勢力拡大のよりどころ。足場。

【橋▲梁】キョウリョウ 川や海や道路などの上に架け渡す大きな橋。かけはし。

【橋】はし 川や海や道路などの上に架け、二つの地点を交通路としてつなぐ構築物。橋梁。

【橋桁】はしげた 橋ぐいの上に渡して、橋板を支える材。

キョウ【橇】(16) 木12 1 6082 5C72 音 キョウ・ゼイ・セイ 訓 そり・かんじき

意味 ①そり。雪や氷の上をすべらせて、人や物を運ぶ道具。②かんじき。雪に埋もれないように、履物の下につける歩行用の道具。

【▲橇】かんじき 雪の上を歩くときに、足が埋まらないように木の枝などを楕円(ダエン)形にたわめて、はきものの下につける道具。季冬

〔橇(かんじき)〕

【▲橇】そり 人や荷物を載せる台の下に二本の細長い板をつけてある乗り物。多く、ウマ・イヌ・トナカイなどに引かせて、氷雪の上をすべらせる。季冬

キョウ【興】(16) 臼10 教 2229 363D ▼コウ(五三三)

キョウ【薑】(16) 艹13 1 7308 6928 音 キョウ 訓 はじかみ・しょうが

意味 はじかみ。ショウガ科の多年草。しょうが(生姜)。「薑桂(キョウケイ)」

【▲薑黄】キョウオウ ショウガ科の多年草。インド原産。ウコンに似るが、葉の裏に短い毛が密生する。春、赤みを帯びた白色の花をつける。根茎は薬用、また黄色の染料になる。ハルウコン。

【▲薑】はじかみ ショウガの別称。季秋 ▼生姜(しょうが)(八四七)

キョウ【襁】(16) 衤11 1 7486 6A76 音 キョウ 訓 むつき・せおいおび・おう

意味 ①むつき。おしめ。②せおいおび。子どもをせおうおび。「襁褓(キョウホウ)」類 ①②繈(キョウ) ③おう。せおう。「襁負」

〈▲襁▲褓〉おしめ 大小便を受けるために乳児などの股(また)に当てる布や紙。おむつ。参考「むつき」とも読む。「お」は接頭語。「しめ」は「湿(しめ)し」の略。

〈▲襁▲褓〉むつき ①「襁褓(おしめ)」に同じ。②うぶぎ。③ふんどし。

キョウ【△頰】(16) 頁7 常 9390 7D7A ▼ほお(一四三三)

キョウ【★橿】(17) 木13 準1 1964 3360 音 キョウ 訓 かし

意味 ①かし(樫)。ブナ科の常緑高木。「白橿」②もちのき。モチノキ科の常緑小高木。

【▲橿】かし ブナ科の常緑高木の総称。中部以南に自生。実は「どんぐり」と呼ばれる。材は堅く、弾力があり、建築材や器具材、炭などに用いる。表記「樫」とも書く。

キョウ【矯】(17) 矢12 常 準2 2226 363A 音 キョウ 訓 ためる高 外いつわる

筆順 ノ ト 午 矢 矢 3 矢 7 矢 9 矯 12 矯 矯 矯 17

意味 ①ためる。ただす。まっすぐにする。「矯正」「矯風」②いつわる。だます。「矯飾」③いさましい。はげしい。「矯激」

下つき 奇矯(キキョウ)・匡矯(キョウキョウ)・軽矯(ケイキョウ)

【△矯る】いつわ-る 事実を押し曲げる。「君主の命令だと-る」

【矯激】キョウゲキ 人や物事の性質が普通でなく激しいさま。「-な言動」「-な抗議活動が続く」

【矯飾】キョウショク 表面だけをいつわって飾り立てること。うわべだけの飾り。「-に満ちた人生」

【矯正】キョウセイ 欠点や悪いところを直して正しくすること。「歯並びを-する」

【矯風】キョウフウ 悪い風俗や習慣を正し直すこと。

【矯めつ▲眇めつ】ためつすがめつ いろいろな方向から、よく見るようす。「-見る」

【矯める】た-める ①曲がりやゆがみを直す。また、目的の形に曲げて整える。「植木の枝を-める」②悪いところを正して改める。「悪い癖を-め直す」

『矯めるなら若木のうち』 悪い性質や習慣などを直すには、若いうちがよいというたとえ。類 鉄は熱いうちに打て

キョウ【繈】(17) 糸11 1 音 キョウ 訓 むつき・せおいおび

〔繦〕 6958 655A

意味 ①むつき。おしめ。②せおいおび。子どもをせおうおび。「繈褓(キョウホウ)」類 ①②襁(キョウ) ③銭さし。貨幣を通して束にするひも。

キョウ【竅】(18) 穴13 1 6765 6361 音 キョウ 訓 あな

意味 あな。人体にあるあな。「竅孔」「九竅」

下つき 空竅(クウキョウ)・七竅(シチキョウ)

【▲竅】あな 気体の出入りする細い口。特に、目・耳などの人体にあるあな。

キョウ【嚮】(19) 口16 1 5176 536C 音 キョウ 訓 むかう・むく・さきに・ひびく

〔嚮〕

意味 ①むかう。むく。「嚮往」②さきに。まえに。「嚮後」類 ①②向 ③うける。もてなしを受ける。類 享(キョウ)・饗(キョウ) ④ひびく。また、ひびき。類 響

【嚮日】キョウジツ ①さきごろ。先日。往日。②太陽のほうに向くこと。

【嚮導】キョウドウ ①人々の先に立って導くこと。また、その人。②軍隊などで、整列や行進の基準とされる者。

【嚮に】さきーに 以前に。まえに。さきごろ。むかし。表記「向に」とも書く。

【嚮かう】むーかう 目標の方向におもむく。目指す方向にむく。さしむかう。面する。表記「向かう」とも書く。

キョウ【疆】★
(19) 田14 1 6537 / 6145
音 キョウ
訓 さかい・かぎる・かぎり

意味 ①さかい。かぎり。さかいをつける。かぎる。「疆宇」「疆土」②かぎり。はて。「無疆」類 ①②境

下つき 辺疆(ヘンキョウ)・無疆(ムキョウ)

【疆域】キョウイキ ①土地や領土のさかい目。国境。くにざかい。②国境の内側。

【疆界】キョウカイ 土地の境界。境域。さかい。表記「境界」とも書く。

【疆】さかい 土地と土地との区切り目。領土の区切り目。国境。表記「境」とも書く。

キョウ【蹻】
(19) ⻊12 1 9240 / 7C48
音 キョウ・キャク・キョク
訓 あげる・おごる・かんじき

意味 ①あげる。足を高くあげて歩く。②強くさかんなさま。③おごる。④わらじ。ぞうり。⑤かんじき。

【蹻げる】あーげる つま先で立つ。かかとをあげる。足を高くあげて歩く。

キョウ【轎】
(19) 車12 1 7761 / 6D5D
音 キョウ
訓 かご・やまかご・くるま

意味 ①かご。肩にかついでいくかご。やまかご。「轎子」「轎夫」②くるま。小さい車。

【轎夫】キョウフ かごを担ぐ人。かごかき。こしかき。類 輿丁(ヨテイ)

キョウ【鏡】
(19) 金11 教 常 7 2232 / 3640
音 キョウ
訓 かがみ

筆順 4 7 10 12 17

意味 ①かがみ。「鏡台」「破鏡」「明鏡」②めがね。レンズ。「眼鏡」③手本。模範。

下つき 眼鏡(ガンキョウ・めがね)・心鏡(シンキョウ)・神鏡(シンキョウ)・水鏡(スイキョウ・みずかがみ)・銅鏡(ドウキョウ)・破鏡(ハキョウ)・宝鏡(ホウキョウ)・明鏡(メイキョウ)

【鏡】かがみ ①光の反射を利用して姿・形をうつして見る道具。②酒だるのふた。参考 ①一面、二面と数える。

【鏡板】かがみいた ①天井や戸などにはめこむ表面をなめらかにした大きな板。②能舞台正面の背景となるはめ板。マツが描かれる。歌舞伎(カブキ)でも能舞台をまねて用いる。

【鏡餅】かがみもち 神仏に供える、平たく丸い大小を重ねたもち。お供え。お飾り。「正月になると床の間に―を飾る」

【鏡花水月】キョウカスイゲツ むなしくはかない幻のたとえ。また、感じ取ることはできても言葉で表現できない奥深い情趣や味わいのたとえ。詩歌などにいう。鏡に映る花と水面に映る月が目には見えても取ることができない意から。参考「水月鏡花」ともいう。類 水月鏡像

【鏡匣】キョウコウ 鏡を入れるはこ。かがみばこ。類 鏡奩(キョウレン) 参考「匣」は、蓋(ふた)付きのはこの意。

【鏡水】キョウスイ 鏡のように澄んだ水。

【鏡台】キョウダイ 引出し付きの箱の上に鏡を取りつけた化粧台。古くは手鏡を立てかける台。

【鏡奩】キョウレン 「鏡匣(キョウコウ)」に同じ。

キョウ【競】
(20) 立15 教 常 7 2205 / 3625
音 キョウ・ケイ
訓 きそう 中・せる 高 外 きおう・くらべる

筆順 2 4 8 15 18

意味 ①きそう。あらそう。「競技」「競馬」②せる。きそって値をつける。「競売」

下つき 争競(ソウキョウ)

【競い肌】きおいはだ 男気(おとこぎ)に富んだ気風。男だて。「―の若い衆」類 勇み肌

【競う】きおーう 負けまいと張り合う。勢いこんであらそう。

【競う】きそーう 互いにあらそう。張り合う。競争する。「妍(ケン)を―う(美しさやあでやかさを張り合う)」「互いに―い合う仲」

【競泳】キョウエイ 一定の距離をきめられた泳法で泳いで、その速さをきそう競技。水泳の競争。季 夏

【競技】キョウギ 互いに力や技術の優劣をきそうこと。特に、スポーツの試合をいう。

【競合】キョウゴウ ①きそい合うこと。せり合い。「他社との―」②刑法で、一つの行為がいくつかの罪名に重なること。

【競争】キョウソウ 互いに優劣や勝ち負けなどをきそい合うこと。「技術開発の―」

【競走】キョウソウ 一定の距離を走り、その速さをきそう競技。「五十(メートル)―に出る」

【競漕】キョウソウ ボートなどで一定の距離をこぎ、その速さをきそう競技。季 春

【競艇】キョウテイ 職業選手によるモーターボート競走。多く、公認の賭(か)け事の対象となる。

【競売】キョウバイ 多数の買い手に値段をつけさせ、最高値の人に売ること。せり売り。オークション。参考「ケイバイ」と読めば、法律上差し押さえた物件を入札などで売る意になる。

【競歩】キョウホ 歩く速さをきそう陸上競技。常に片方のかかとが地面についていなければならない。

【△競べる】くらべる 優劣や勝敗を張り合う。「剣の腕前を―べる」

【競馬】ケイバ 騎手を乗せた複数のウマで行う競走。多く、公認の賭け事の対象。

【競輪】ケイリン 職業選手による自転車競走。多く、公認の賭け事の対象となる。

【競取】せどり 同業者の中間に立ち、売買の取次などをして口銭を取ること。また、その人。表記「糶取・糴取」とも書く。

【競り】せり ①せりあい。きそい合い。②「競り売り」の略。競売。「古道具を―に出す」参考②「糶」とも書く。

【競る】せる ①互いに、相手に勝とうとしてあらそう。「ゴール前で―る」②せりうりで買い手があらそって値をつり上げる。③行商する。

キョウ【響】(20) 音11 常 4 2233 3641 音 キョウ 訓 ひびく

旧字《響》(22) 音13 1/準1 9386 7D76

旧字《響》(22) 音13 1/準1

筆順 3 6 8 13 16 20 響

意味 ひびく。ひびき。音や声が広がり伝わる。他に変化をもたらす。「響応」「影響」

下つき 影響・音響・残響・反響

【〈響尾蛇〉】がらがらへび クサリヘビ科の毒ヘビ。南北アメリカの草原や砂地にすむ。尾に脱皮のときにできた角質の輪が連なり、危険が近づくと激しく振って音を出す。

【〈響銅〉】さはり 銅に錫・鉛などを加えた黄白色の合金。表記「胡銅器」とも書く。

【〈響動〉む】どよむ ①音がひびきわたる。「雷鳴が―む」②大きな声で騒ぐ。参考「とよむ」とも読む。

【〈響動〉めく】どよめく ①人の声や音がひびき渡る。「歓声が―く」。②ざわざわと騒ぐ。「意外な結末に場内が―く」。③揺れ動く。「心が―く」

【響く】ひびく ①音が広がり伝わる。鳴り渡る。轟く。また、評価が世間に広まる。「鐘の音が―く」「名声が国中に―く」「部屋中に笑い声が―く」②音が物に当たって反響する。「こだまが―く」③影響をもたらす。「不景気が売り上げに―く」

キョウ【▲響】(22) 音13 9386 7D76 ▼響の旧字(三四四)

キョウ【▲響】(22) 音13 ▼響の旧字(三四四)

キョウ【★饗】(22) 食13 準1 2234 3642 音 キョウ 訓 あえ・もてなす・うける

〔饗〕〔饗〕

意味 ①あえ。もてなし。ごちそう。「饗告」②もてなす。ごちそうする。「饗応」③うける。もてなしを受ける。類②③享

【▲饗】あえ 人々が集まって宴会をすること。また、ごちそう。もてなし。饗応。

【▲饗宴】キョウエン 客をもてなすために開く宴会。もてなしの会食。

【▲饗▲筵】キョウエン 供応のためのむしろ。もてなしの席。

【▲饗応】キョウオウ ▼書きかえ 供応(三三〇)

【▲饗膳】キョウゼン 客に出すごちそう。もてなしの料理。

【▲饗す】もてなす 酒や料理を出して客をねぎらう。「土地の料理で手厚く―す」表記「持て成す」とも書く。

キョウ【驚】(22) 馬12 常 4 2235 3643 音 キョウ 訓 おどろく・おどろかす

旧字《驚》(23) 馬13 1/準1

筆順 3 5 8 11 17 22 驚

意味 ①おどろく。おどろかす。「驚異」「驚怖」類駭 ②はげしい。すばやい。「驚波」

下つき 一驚・喫驚・震驚

【驚かす】おどろかす びっくりさせる。「今回の事件には―された」

【驚く】おどろく 意外なことに出くわしてびっくりする。はっとして身をひきしめる。

【驚異】キョウイ ふつうでは考えられないほどの驚き。「―的な記録を出した」

【驚▲駭】キョウガイ 驚きおそれること。「技術の急速な進歩に―する」類驚愕

【驚▲愕】キョウガク 予期しなかった事柄に非常に驚くこと。また、驚きおそれること。「突然の訃報に接して―する」類驚駭・喫驚

【驚喜】キョウキ 予想外の出来事に、驚きよろこぶこと。思いがけない結果に、非常によろこぶこと。「合格の報に―する」

【驚嘆・驚▲歎】キョウタン すばらしいものに接し、驚いて感心すること。「演奏のすばらしさに―した」類感嘆

【驚天動地】キョウテンドウチ 世間を大いに驚かせること。天を驚かせ地を揺り動かす意から。〈白居易の詩〉「―の大事件が突発した」類撼天動地・震天動地

【驚倒】キョウトウ 倒れてしまうほど驚くこと。「あまりの奇抜なアイデアに―する」類仰天・喫驚

【驚怖】キョウフ 驚きおそれること。

キョウ【驕】(22) 馬12 1 8165 7161 音 キョウ 訓 おごる・ほしいまま・つよい・さかん

意味 ①おごる。おごりたかぶる。いばる。「驕奢」

類傲(ゴウ) ②ほしいまま。きまま。③つよい。さかん。

下つき 悍驕(カンキョウ)・矜驕(キョウキョウ)

【▲驕る】おご-る 自分の地位や財産・才能などが、他人よりもすぐれていると思い上がる。増長して気ままに振る舞う。

【▲驕る平家は久しからず】栄華や絶頂期は長くは続かないたとえ。また、権力や財力をかさにきて、思いあがって高ぶる人はその身を長く保つことができないたとえ。由来『平家物語』の冒頭にある一節「おごれる人も久しからず」から。

【▲驕▲佚・▲驕逸】キョウイツ 自分はすぐれていると威張って、勝手気ままに振る舞うこと。「―に流れる」

【▲驕△誇】キョウカ おごりほこること。参考「キョウコ」とも読む。

【▲驕傲】キョウゴウ 「驕恣(キョウシ)」に同じ。

【▲驕▲侈】キョウシ おごって贅沢(ゼイタク)をすること。類驕奢(キョウシャ)

【▲驕▲恣・▲驕▲肆】キョウシ おごり高ぶってわがままな態度をとること。類驕傲(キョウゴウ)

【▲驕児】キョウジ わがままな子ども。だだっ子。父母や年長者の教えを聞かない子。「―に手を焼く」

【▲驕▲奢】キョウシャ 財力や権勢などをたのんで贅沢(ゼイタク)を尽くすこと。「―な趣味」「富貴なれば―を生ず」類驕侈(キョウシ)

【▲驕慢】キョウマン おごりえらぶって他人を見下げること。「―な態度をとる」類高慢・尊大・傲慢(ゴウマン)

キョウ【▲驚】(23) 馬13 ▼驚の旧字(三四四)

ギョウ【仰】(6) イ4 常 4 2236 3644 音ギョウ・コウ 訓あおぐ・おおせ 高 外あおのく・のく

き　キョウ―ギョウ

筆順 ノ イ 亻 仰 仰 仰

意味 ①あおぐ。㋐あおむけになる。見上げる。のく。「仰角」「仰視」対俯(フ) ㋑あがめる。うやまう。「信仰」「渇仰」②おおせ。いいつけ。

下つき 渇仰(カツゴウ・カツギョウ)・敬仰(ケイギョウ)・景仰(ケイコウ)・賛仰(サンギョウ)・信仰(シンコウ)・俯仰(フギョウ)

【仰ぐ】あお-ぐ ①顔を上げて高いところを見る。「天を―いでなげく」②尊敬する。「終生の師と―ぐ先生に出会った」③自分より年齢や立場が上の人に、援助や助言を求める。「会長の決裁を―ぐ」④一気に飲み干す。「毒を―ぐ」

【仰いで天に▲愧じず】心に少しもやましいところがないこと。心にやましいことがなければ天に対して恥じることはない意から。《『孟子(モウシ)』》参考「天を仰いで愧じず」ともいう。

【△仰く】あおの-く あおむきになる。上を向く。参考「あおむく」の古い形。

【△仰向け】あおむけ 顔や胸、また物のおもてが上を向いている状態。対俯(うつむ)け

【仰せ】おおせ 目上の人の言いつけや命令。また、お言葉。「―にしたがいます」

【仰せ付かる】おおせつ-かる 言いつけられる。命じられる。「言い付かる」の尊敬語。「大役を―った」

【△仰る・〈仰有〉る】おっしゃ-る 「言う」の尊敬語。言われる。由来「おおせある」の縮まった「おおしゃる」がさらに転じたもの。

【仰▲臥】ギョウガ あおむけにねること。「けが人を―させ救急車を待った」対伏臥

【仰角】ギョウカク 目よりも上にある目標物と目を結ぶ線と、目の高さの水平面で作る角。対俯角(フカク)

【仰仰子】ギョウギョウシ ヨシキリの別称。季夏 由来鳴き声がやかましいことから。表記「行行子」とも書く。▼葦雀(よしきり)(三六)

【仰仰しい】ギョウギョウ-しい 表現や動作が大げさである。必要以上にものものしい。「―く言いたてる」

【仰山】ギョウサン ①大げさなさま。おおぎょう。②おもに関西で、数量がたいへん多いこと。たくさん。「―ごはんを食べる」

【仰視】ギョウシ あおぎ見ること。見上げること。「秋の星空を―する」類仰瞻(ギョウセン)

【仰天】ギョウテン 予想外のことにたいへん驚くこと。「彼の入賞には本当にびっくり―した」

【仰望】ギョウボウ ①あおぎのぞむこと。あがめ、期待すること。「平和な世界を―する」②尊敬し、したうこと。心を寄せしたうこと。「富士山を―する」類仰慕(ギョウボ)

【〈仰領〉】のけくび 襟を後ろに引いて、襟足が出るように和服を着ること。類抜衣紋(ぬきエモン)・抜襟

【△仰け反る】のけぞ-る 胸が空を向くほど、そりかえる。「驚いて―る」

ギョウ【行】(6) 行0 教 2552 3954 ▼コウ(四八二)

ギョウ【形】(7) 彡4 教 2333 3741 ▼ケイ(三八七)

ギョウ【尭】(8) 土5 準1 2238 3646 音ギョウ 訓たかい

旧字《堯》(12) 土9 1/準1 8401 7421

意味 ①たかい。けだかい。「尭尭」②中国、古代の伝説上の帝王の名。「尭舜(ギョウシュン)」

【▲尭▲尭】ギョウギョウ 山などがきわめて高いさま。

【▲尭鼓▲舜木】ギョウコシュンボク 人の忠告をよく聞き入れるたとえ。また、為政者は人の諫言(カンゲン)をよく聞くべきだというたとえ。故事 中国古代の伝説上の天子、尭帝は朝廷に太鼓を置いて自分を諫(いさ)めようとする人にこれを

打たせ、舜帝は木の札を立てて諫めの言葉をこれに書かせた故事から。〈『旧唐書クトウジョ』〉

【▲尭風▲舜雨】ギョウフウ シュンウ 尭帝や舜帝の恵みや恩沢を風雨にたとえていう語。転じて、太平の世。参考「尭」「舜」は、中国古代の伝説上の聖天子。類天下太平・尭年舜日

【▲尭い】たか－い ①山などの丈が長い。②けだかい。崇高である。

ギョウ【▲堯】(12) 土9 8401/7421 ▼尭の旧字(三四五)

ギョウ【暁】(12) 日8 常 準2 2239/3647 音ギョウ高 訓あかつき外 さとる

旧字《曉》(16) 日12 1/準1 5892/5A7C

筆順 2 4 … 暁

意味 ①あかつき。よあけ。あけがた。「暁鐘」「暁天」「早暁」②さとる。よく知っている。さとい。「暁習」「通暁」

下つき 春暁シュンギョウ・早暁ソウギョウ・通暁ツウギョウ・払暁フツギョウ

【暁】あかつき ①夜が完全に明けきらないうちの、まだほのかに暗いころ。夜明け時。あけがた。②物事が完成・実現したその時。「当選の―には」参考「明あか時とき」の転。

【暁闇】あかつきやみ 「暁闇ギョウアン」に同じ。「―に鳥の大群が舞いおりた」

【暁▲鴉】ギョウア 明けがたに鳴くカラス。あけがらす。

【暁△闇】ギョウアン あかつきに月がなく暗いこと。夜明け前のほの明るいやみ。参考「あかつきやみ」とも読む。

【暁鐘】ギョウショウ ①夜明けを告げるかね。明け方に突き鳴らすかね。また、そのかねの音。あけのかね。対晩鐘・暮鐘 ②新しい時代や物事の始まりを告げるもののたとえ。「島崎藤村しまざきとうそんの詩は近代詩の―となった」

【暁星】ギョウセイ ①夜明けの空に消え残っている星。②明けの明星ミョウジョウ。金星。

【暁天】ギョウテン 明け方の空。少し明るくなってきた空。明け方。「―の星（非常に数が少ないことのたとえ）」

【△暁る】さと－る わからなかったことが、はっきりとわかる。真理などを明白に知る。

ギョウ【業】(13) 木9 常 教 8 2240/3648 音ギョウ・ゴウ 訓わざ高 中

筆順 … 10 13 … 業

意味 ①わざ。㋐しごと。つとめ。生活のてだて。なりわい。「業務」「職業」㋑学問。技芸。「学業」「修業」②しわざ。行い。「悪業」③ごう。仏教で、報いのもととなるすべての行い。「業果」「宿業」

下つき 悪業アクギョウ・アクゴウ・偉業イギョウ・因業インゴウ・営業エイギョウ・家業カギョウ・学業ガクギョウ・勧業カンギョウ・企業キギョウ・功業コウギョウ・罪業ザイゴウ・作業サギョウ・産業サンギョウ・残業ザンギョウ・事業ジギョウ・修業シュウギョウ・シュギョウ・就業シュウギョウ・従業ジュウギョウ・宿業シュクゴウ・職業ショクギョウ・生業セイギョウ・専業センギョウ・創業ソウギョウ・操業ソウギョウ・卒業ソツギョウ・廃業ハイギョウ・罷業ヒギョウ・非業ヒゴウ・副業フクギョウ・本業ホンギョウ

【業界】ギョウカイ 同じ業種・商売に従事する人々の社会。同業者仲間。「―の情報を集める」「―紙」

【業者】ギョウシャ ①企業者。商売人。「出入りの―」②同じ種類の商売や事業を行っている人。同業者。

【業績】ギョウセキ 学術研究や事業でなし遂げた実績。りっぱな成果。「輝かしい―を残す」

【業態】ギョウタイ ①会社などの事業や営業の状態・実状。「―査察」②会社など事業体の組織の形態。

【業務】ギョウム 職業として日常行っている仕事。「―命令」

【業】ゴウ 仏 ①善悪の報いを引き起こす行為。②前世の悪行により、現世で受ける報い。「―が深い」

【業火】ゴウカ 仏 ①悪業が己の身を苦しめて滅ぼすことを火にたとえていう語。②悪業の報いとして悪人を焼くという地獄の火。

【業苦】ゴウク 仏 前世に行った悪業の報いとして、現世で受ける苦しみ。「―にさいなまれる」

【業▲曝し・業▲晒し】ゴウさらし ①前世の悪業により、この世で恥をさらすこと。また、その人。因果ざらし。②恥さらし。人をののしっていう語。「やい―め」

【業突張り】ゴウつくばり 強情で人の言うことを聞かないこと。頑固でひどく欲深いこと。また、そういう人。表記「強突張り」とも書く。

【業腹】ゴウはら 非常にくやしくて腹の立つこと。怒りにたえないこと。いまいましいこと。「弟に負けるなんて―だ」

【業病】ゴウビョウ 仏 前世の悪業の報いでかかると考えられていた難病。

【業報】ゴウホウ 仏 前世の善悪の業を原因として、受ける報い。特に、悪業による報い。業果。参考「ゴッポウ」とも読む。

〈業平竹〉なりひらだけ イネ科のタケ。西日本に自生。高さ約五メートル。茎は紅紫色。ダイミョウチク。由来 優美な形を美男子として名高い在原業平ありわらのなりひらになぞらえたことから。

【業】わざ ①おこない。なし遂げたこと。しわざ。「とても人間―とは思えない」「運命のなせる―」②仕事。職業。「代々畜産を―とする」

【業師】わざし ①相撲や柔道などで技に長たけている人。②策略やはかりごとの巧みな人。策略家。「政界の―」類策士

【業物】わざもの ①名工が鍛えた、切れ味の鋭い刀剣。②能楽で、なすべきわざの多い、難しい曲。

ギョウ【僥】(14) 亻12 1 4907 5127 音 ギョウ 訓 もとめる・ねがう

意味 もとめる。ねがう。「僥冀」「僥倖」

【僥倖】ギョウコウ 思いがけない幸運。こぼれざいわい。「―にめぐまれ難をのがれた」「勝利は―というほかはない」

ギョウ【嶢】(15) 山12 1 5450 5652 音 ギョウ 訓 けわしい

意味 けわしい。高い。

ギョウ【澆】(15) 氵12 1 6304 5F24 音 ギョウ 訓 そそぐ・うすい

意味 ①そそぐ。水をかける。「澆灌」②うすい。人情がうすい。「澆季」「澆薄」③かるがるしい。「澆詭」

【澆い】うすい 愛情の程度が弱い。人情が希薄である。対 淳い

【澆季】ギョウキ 人情や道徳意識が薄れてこの世の終わりとも感じられるほど、乱れた世の中。末世。類 澆末

【澆薄】ギョウハク 人に対して薄情なこと。人情が薄いこと。類 澆漓

【澆末】ギョウマツ 人情が薄れて、風俗が乱れた世の中。道徳の廃れた世。末世。類 澆季

【澆漓】ギョウリ 人情が薄いこと。類 澆薄 参考「澆」も「漓」も、うすい意。

【澆ぐ】そそぐ 上から液体をむらなく振り掛ける。

ギョウ【凝】(16) 冫14 常 3 2237 3645 音 ギョウ 訓 こる・こらす 外 しこり・こごる

筆順

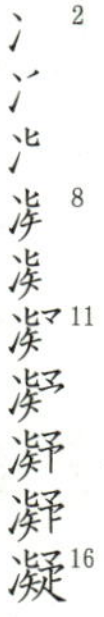

意味 ①こる。かたまる。「凝結」「凝縮」②こらす。気持ちを集中する。「凝視」「凝念」③とどこおる。動かなくなる。「凝然」「凝滞」

下つき 堅凝・凍凝

【凝議】ギョウギ 熱心に議論・相談すること。類 熟議

【凝血】ギョウケツ 体の外に流れ出た血液が固まること。また、その血液。

【凝結】ギョウケツ ①気体が液体になること。類 凝縮 ②考えなどがこり固まること。「悲しみが―する」

【凝固】ギョウコ ①液体や気体が固体に変化する現象。たとえば水が氷になること。「―点の温度を計る」対 融解 ②こり固まること。

【凝脂】ギョウシ ①こり固まった脂肪。②なめらかで白くつやのある、女性の肌。「―を洗う」

【凝視】ギョウシ 目標物をじっと見つめること。「一点を―して観察する」類 熟視

【凝集・凝聚】ギョウシュウ 液体などがこり固まってあつまること。

【凝縮】ギョウシュク ①ばらばらなものが一つにまとまって縮まること。密度が高くなること。「雲が―して雨になる」②温度を下げたり圧縮したりすると、気体が液体になること。類 凝結

【凝然】ギョウゼン じっとそのまま動かないさま。「―と立ちつくす」

【凝滞】ギョウタイ 物事がつかえて先に進まなくなること。滞って進行しなくなること。類 渋滞・停滞

【凝る】こごる 水気を含んだものが冷えて固まる。「血が―る」「―り豆腐」

【凝り性】こりショウ 一つのことに熱中する性質。また、その人。「何事にも―な人」

【凝る】こる ①一心になる。熱中する。「最近釣りに―っている」②細部にまで工夫をしたり気を配ったりする。「内装にも―っている」③血液の流れが悪くなって筋肉がかたくなる。「年齢のせいか肩が―る」

【凝っては思案に能わず】物事に熱中しすぎると、かえってよい知恵が浮かばなくなること。

【凝り】しこり ①筋肉が凝るなどしてかたくなること。また、そのかたまり。②争い事などが解決したあとも、気分がすっきりしないこと。また、その気分の原因をなすもの。わだかまり。「―を残す」「二人の―を時間が解決した」

ギョウ【曉】(16) 日12 5892 5A7C ▼暁の旧字(三四六)

ギョウ【翹】(18) 羽12 1 7043 664B 音 ギョウ 訓 あげる・つまだてる

意味 ①あげる。つまだてる。のびあがる。「翹企」「翹首」②すぐれる。ぬきんでる。「翹翹」「翹材」

【翹楚】ギョウソ 大勢のなかの、特に優秀な人材。

【翹望】ギョウボウ 首をのばして待ち望むこと。物事の実現を強く願うこと。切望。類 鶴首

【翹てる】つまだてる かかとをあげてつま先で立つ。表記「爪立てる」とも書く。

ギョウ【蟯】(18) 虫12 1 7420 6A34 音 ギョウ・ジョウ

意味 はらのむし。人に寄生する虫。ぎょうちゅう(蟯虫)。

【蟯虫】ギョウチュウ ギョウチュウ科の線虫。体は白く形は先端のとがった線状で、体長は約一センチメートル。人の肛門の周辺に産卵し、小腸や盲腸などに寄生する。参考「ジョウチュウ」とも読む。

ギョウ【驍】(22) 馬12 1 8166 7162 音 ギョウ・キョウ 訓 つよい・たけし

意味 つよい。勇ましい。たけし。「驍悍」「驍雄」類 梟

【驍将】ギョウショウ 強くて勇ましい武将。類 勇将・梟将

【▲驍名】ギョウメイ 強いという評判。武術に秀でているという名声。「―を馳(は)せる」類勇名

【▲驍雄】ギョウユウ 強く勇ましいこと。また、その人。傑出した英雄。

キョク【旭】(6) 日2 準1 1616 3030 音キョク 訓あさひ

意味 ①あさひ。朝の太陽。「旭日」「旭光」②あきらか。

【▲旭】あさひ 朝に昇る太陽。昇ったばかりの太陽の光。「水平線に―が昇る」表記「朝日」とも書く。

【旭日】キョクジツ 朝の太陽、またその光。朝日。「―旗(朝日を図案化し、旧日本海軍の軍艦などに用いた旗)」

【▲旭日昇天】キョクジツショウテン 勢いの非常に盛んなこと。朝日が勢いよく天空に昇る意。「業績の伸びは―の勢いだ」類旭日東天・破竹の勢い

【旭光】キョッコウ 朝日の光。類旭暉(キョッキ) 参考「キョクコウ」とも読む。

キョク【曲】(6) 曰2 常 教 8 2242 364A 音キョク 訓まがる・まげる 外くま・くせ・まが・かね

筆順 丨 冂 冂 巾 曲 曲

意味 ①まがる。まげる。折れまがる。「曲折」「曲線」②よこしま。正しくない。「曲学」「曲説」「歪曲(ワイキョク)」対①②直 ③くま。まがったところ。「湾曲」④こまかい。くわしい。つぶさに。「曲尽」「委曲」⑤変化のあるおもしろみ。「曲芸」⑥音楽のふし。また、作品。「曲目」「歌曲」

下つき 委曲(イキョク)・婉曲(エンキョク)・音曲(オンギョク)・歌曲(カキョク)・楽曲(ガッキョク)・戯曲(ギキョク)・屈曲(クッキョク)・作曲(サッキョク)・序曲(ジョキョク)・編曲(ヘンキョク)・名曲(メイキョク)・歪曲(ワイキョク)・湾曲(ワンキョク)

【▲曲尺】かねジャク 直角に曲がった金属製のものさし。大工や建築などで用いる。大工金(ダイクがね)。差し金。かねざし。表記「矩尺」とも書く。参考「キョクシャク」とも読む。

【曲学▲阿世】キョクガクアセイ 学問の真理を曲げて権力者や時勢に迎合すること。また、そうした人。「阿世」は世におもねること。〈『史記』〉「―の徒」参考「阿世曲学」ともいう。

【曲技】キョクギ ふつうの人にはまねのできないはなれわざ。かるわざ。類曲芸

【曲芸】キョクゲイ ①ふつうの人にはまねのできない高い技術を要するわざ。かるわざ。「―師のみごとな離れ技」類曲技 ②動物に芸を教えて客に見せるもの。「イルカの―」

【曲尽】キョクジン 小さい事柄でも、もらさずにのべつくすこと。

【曲水流▲觴】キョクスイリュウショウ 曲折した水の流れに杯を浮かべ、それが自分の前を流れ過ぎないうちに詩を作り、その杯を取り上げて酒を飲むという風雅な遊び。平安時代に朝廷で催された。「觴」は杯のこと。参考中国、東晋(トウシン)代に王羲之(オウギシ)が会稽(カイケイ)の蘭亭(ランテイ)で、文人を集めた宴が有名。類曲水の宴

【曲折】キョクセツ ①折れ曲がっていること。②物事の進み方に複雑な変化があること。また、複雑な事情があること。「紆余(ウヨ)―を経て完成した作品」

【曲直】キョクチョク ①曲がったものとまっすぐなもの。②正しくないものと正しいもの。正邪。「理非―をただす」類是非(ゼヒ)

【曲突▲徙薪】キョクトツシシン 未然に災難を防ぐたとえ。故事ある家の煙突がまっすぐになっていて、そばに薪(たきぎ)が積んであるのを見た人が、煙突を曲げて薪を他の場所に移したほうがよいと忠告したが、主人が放っておいたために火事になってしまった故事から。「徙」は移す意。〈『漢書(カンジョ)』〉

【曲馬団】キョクバダン 馬術を中心として、人や動物のさまざまな曲芸や手品などを演じてまわる芸人の一座。サーカス。

【曲▲庇】キョクヒ 道理や規則を曲げて人をかばうこと。

【曲筆】キョクヒツ 都合のいいように事実を曲げて書くこと。また、書いた文章。「事件の真相を―した記事」「舞文(ブブン)―」対直筆(チョクヒツ)

【曲論】キョクロン 真実や道理をねじ曲げた議論。正しくない議論。「―に満ちている」類曲説 対正論

【曲解】キョッカイ 人の言葉を素直に受け取らないで、わざとちがった解釈をすること。また、その解釈。「こちらの厚意を―された」

【曲▲肱】キョッコウ 肱(ひじ)を曲げて枕(まくら)の代わりにすること。貧しい生活のたとえ。「―の楽しみ(貧しいなかから見いだされる楽しみ)」

【▲曲】くせ 謡曲で、曲舞(くせまい)の節を取り入れた、一番の聴かせどころ。また、舞いどころ。

【▲曲舞】くせまい 平安末期に始まり、南北朝・室町初期に流行した歌舞。白拍子(シラビョウシ)の流れをくむといわれる芸能。また、それを演じた人。

【▲曲者】くせもの ①正体不明のあやしい者。悪者。②油断のできない者。ひとくせある者。「彼はなかなかの―だ」

〈曲輪〉くるわ ①城やとりでなどの周囲に築かれた土や石などの囲い。城郭(ジョウカク)。②外囲いを設けた一区域。③遊郭。遊里。表記「郭・廓」とも書く。

〈曲見〉しゃくみ 能面の一つ。中年の女の面で、狂女物などに用いる。由来顔の中央部がしゃくれて見えることから。

【▲曲玉】まがたま 古代の装身具の一種。一端がふくらんだ巴形(ともえがた)で、めのう・ひすい・水晶などでできている。表記「勾玉」とも書く。

【▲曲▲曲しい】まがまがしい 不吉である。縁起が悪い。「―い出来事」表記「禍禍しい」とも書く。

【曲がる】まがる ①まっすぐの状態でなくなる。弓形・くの字形・S字形などにゆがむ。②折れかがまる。しなう。「腰が―る」③方向を右か左に変える。「道は左に―る」④正しい方向・道理からはずれる。「―った根性をたたき直す」

『曲がらねば世が渡れぬ』たとえ不本意であっても、時には道理にそむいても自分を曲げて迎合しないと、この世は渡っていけないということ。

【曲物】まげもの ①スギ・ヒノキなどの薄い板を曲げて作った容器や道具。類綰物(わげもの) ②質に入れる品物。類質物(シチモツ)・質種(シチぐさ) 参考①「わげもの」とも読む。

キョク【局】

(7) 尸4 教 常 8 2241 3649 音キョク 訓外つぼね

筆順 ㇕ コ 尸 月 局 局 局

意味 ①組織などの区分。一定の職務。「局員」「当局」②区切り。限られた部分。「局所」「局地」③囲碁・将棋などの勝負。転じて、物事のなりゆきやようす。「局面」「政局」④つぼね。部屋もちの女官。

下つき 医局(イキョク)・結局(ケッキョク)・支局(シキョク)・時局(ジキョク)・終局(シュウキョク)・政局(セイキョク)・戦局(センキョク)・大局(タイキョク)・対局(タイキョク)・当局(トウキョク)・難局(ナンキョク)・部局(ブキョク)・本局(ホンキョク)・薬局(ヤッキョク)

【局限】キョクゲン 対象範囲を一部分に限ること。「一定の条件下に―する」類限定

【局地】キョクチ 限られた土地や地域。「―的な大雨に見舞われた」

【局部】キョクブ ①限られた一部分。「―麻酔」②外部生殖器。陰部。類①②局所

【局面】キョクメン ①物事の状況。一場面。なりゆき。「事態は重大な―を迎える」②囲碁・将棋などの盤の表面。また、その勝負の状況・形勢。

【△局】つぼね 宮殿などで女官に与えた部屋。また、その部屋を与えられた身分の高い女官。

き キョク

キョク【亟】

(9) 二7 1 4820 5034 音キョク・キ 訓すみやか・しばしば

意味 ①すみやか。はやい。「亟行」「亟務」②しばしば。

【▲亟やか】すみやか 手間取らずに急いで。あわただしく。すぐさま。

キョク【洫】

(9) 氵6 1 6209 5E29 音キョク・ケキ 訓みぞ・ほり

意味 田の間のみぞ(溝)。ほり(壕)。

下つき 溝洫(コウキョク)

【▲洫】みぞ 田畑をうるおすためにめぐらされた用水路。

キョク【勖】

(11) 力9 1 1470 2E66 音キョク 訓つとめる・はげます

〔勗〕 5008 5228

意味 つとめる。はげむ。はげます。「勖勉」類懋(ボウ)

【▲勖▲厲】キョクレイ 精を出して努めはげむこと。「厲」もはげむ意。

【▲勖める】つとめる はげむ。苦労をいとわず、まめに働く。

キョク【極】

(12) 木8 教 常 7 2243 364B 音キョク・ゴク中 訓きわめる中・きわまる中・きわみ中 外きめる・きまる

筆順 一 十 木 朩 朽 柯 柯 栖 極 極

意味 ①きわめる。きわまる。やりつくす。「極言」「極力」②きわみ。はて。(ア)このうえないところ。「極限」「極点」(イ)磁石や電気回路などのはし。「磁極」③きわめて。はなはだしく。「極端」「極秘」④きめる。とりきめ。「極印」

下つき 陰極(インキョク)・究極(キュウキョク)・磁極(ジキョク)・至極(シゴク)・終極(シュウキョク)・消極(ショウキョク)・積極(セッキョク)・太極(タイキョク)・電極(デンキョク)・南極(ナンキョク)・北極(ホッキョク)・陽極(ヨウキョク)・両極(リョウキョク)

〈極光〉オーロラ 北極・南極地方の高層大気中に現れる美しい光の現象。色はうすい黄緑色や青白色など。参考「キョッコウ」とも読む。

【△極まる】きまる ①結論に到達する。最終的に決定する。「―った顔ぶれ」②当初ねらったとおりの結果になる。「技が―る」③必ず…する。当然…だ。「失敗するに―っている」

【△極め】きめ きまり。約束事。とりきめ。「月―の駐車場」

【極右】キョクウ 極端な国粋主義、全体主義の政治思想。また、その思想をもつ人。対極左 参考「右」は右翼の意。

【極言】キョクゲン 極端な言い方。極端な意見。「―すれば一円の価値もない」類極論

【極限】キョクゲン ぎりぎりの地点。それ以上はない限度。「―状態」類限界

【極左】キョクサ 極端に急進的で権力を否定する政治思想。また、その思想をもつ人。対極右 参考「左」は左翼の意。

【極端】キョクタン ①物のいちばん端(はし)。類先端 ②行動や言動などがひどくかたよっていること。「―な結論が出た」③程度のはなはだしいこと。「―に緊張する」類極度

【極地】キョクチ 中心からいちばん離れている土地。特に、北極や南極。「探検隊は―に向かった」類極点

【極致】キョクチ これ以上のものはない最高の状態。「美の―を示す作品」

【極点】キョクテン ①これより先に行きようがない最終地点。②南北の緯度九〇度の地点。北極点・南極点。

【極度】キョクド これ以上はあり得ないという程度。「―の疲労」類極端

【極東】キョクトウ シベリア東部・日本・中国・朝鮮半島・インドシナ半島・フィリピンなどの総称。対中東・近東 由来ヨーロッパから見て東の果ての意からだが、明確な範囲は定まっていない。

【極力】キョクリョク 精一杯力を尽くすこと。できる限り。「—控えます」

【極論】キョクロン ①極端な意見。極端な例を持ち出して議論すること。類極言 ②徹底的に論じつくすこと。

【極刑】キョッケイ いちばん重い刑罰。死刑。「—は免れない」

【極光】キョッコウ 「極光(オーロラ)」に同じ。

【極まる】きわ-まる ①極限に達する。「無礼—る態度」②最もすぐれている。決定的である。「冬は鍋料理に—る」

【極み】きわみ 物事の行きつくところ。限り。はて。「感激の—」「ぜいたくの—だ」

【極書】きわめがき 骨董品の鑑定の証明書。鑑定状。類極札

【極める】きわ-める 物事の最上点に達する。限界までいく。「栄華を—める」「富士山の頂上を—める」

【極悪非道】ゴクアクヒドウ このうえなく悪くて道理にはずれていること。類悪逆無道・大逆無道

【極意】ゴクイ 武術や芸術などで、最高の技術を得るための最も大切な事柄。「剣の—を極める」「師より—を授かる」類奥義

【極印】ゴクイン ①江戸時代、金銀の貨幣に押した印。②消えない証拠。永久に消せないしるし。「欠陥商品の—を押される」類刻印・烙印

【極月】ゴクゲツ 陰暦一二月の異名。類師走 季冬 由来「年の極まる月」の意から。

【極彩色】ゴクサイシキ あざやかな色を何色も使った彩り。また、けばけばしい彩り。「—の絵」

【極暑】ゴクショ ひどく暑いこと。猛暑。類酷暑 対極寒 季夏

【極上】ゴクジョウ 品質や程度がきわめて上等なこと。「これは、—の品だ」「—のワイン」類最上

【極道】ゴクドウ ①ばくち・酒色などの悪行にふけること。また、その人。②品行の悪い人をののしっていう語。「—息子に手をやく」類①②放蕩 表記「獄道」とも書く。

【極秘】ゴクヒ 関係者以外には絶対にもらしてはならない秘密。「—文書」類厳秘

【極貧】ゴクヒン このうえなく貧乏で生活が苦しいこと。「—に苦しむ」類赤貧

【極太】ごくぶと きわめて太いこと。「—のサインペン」対極細

【極楽】ゴクラク ①仏「極楽浄土」の略。西方にあって阿弥陀如来がおり、苦しみのまったくないとされる世界。類西方浄土 ②心配や不安の何もない、たいへん楽しい状態や場所。パラダイス。「聞いて—、見て地獄」類天国 対①②地獄

【極楽往生】ゴクラクオウジョウ 仏この世を去って極楽浄土に生まれ変わること。また、安らかに死ぬこと。類浄土往生

【極楽浄土】ゴクラクジョウド 仏阿弥陀仏のいるという、いっさいの苦しみがなく安楽のみのある理想の世界。西方の十万億の仏土を過ぎたかなたにあるという。類安楽浄土・西方浄土・十万億土

【極楽の入り口で念仏を売る】 その道によく通じた人に必要のないことを教えるたとえ。一心に念仏を唱えて極楽往生した人に、もう念仏は必要ないことから。類釈迦に説法

キョク【棘】★

(12) 木 8 1 5989 5B79 音キョク 訓いばら・とげ・ほこ・おどろ

意味 ①いばら。とげのある低木の総称。「荊棘」②とげ。はり。「棘皮」③ほこ。武器の一種。

下つき 槐棘・枳棘・九棘・荊棘・茨棘・草棘

【棘】いばら ①バラやカラタチなど、とげのある低木の総称。②植物のとげ。「—の道(苦難の多い人生のたとえ)」表記「茨・荊」とも書く。

【棘蟹】いばらがに タラバガニ科のカニ。土佐湾から相模湾の海底にすむ。体の表面にとげがある。食用。

【棘】おどろ ①植物が乱れ茂っていること。また、そういう所。②髪の毛が乱れてもつれるようす。「—の髪」

【棘心】キョクシン ①イバラの木のしん。②育てるのに苦労する子どもを、生長しにくいイバラの木にたとえていう言葉。「凱風南よりして彼の—を吹く」〈『詩経』〉

【棘皮動物】キョクヒドウブツ 体の表面に石灰質のとげ、またはかたい殻をもつ海にすむ動物。ウニやヒトデなど。

【棘】とげ ①先のとがった、小さな突起。②植物の茎や葉に生える針のような突起。バラのとげやクリのいがなど。

【棘魚】とげうお トゲウオ科の魚の総称。淡水にすむものと海に下るものとがある。背びれにとげをもち、雄が水草で巣を作る。イトヨ・トミヨなど。

キョク【跼】

(14) 足 7 1 7682 6C72 音キョク 訓かがむ・せぐくまる

意味 かがむ。せぐくまる。ちぢむ。「跼足」

【跼む】かが-む 足や背などを曲げ、体をちぢこませる。せぐくまる。

【跼蹐】キョクセキ おそるおそる歩くこと。非常におそれるさま。「跼天蹐地」の略。

【跼躅】キョクチョク 行き悩むようす。「騏驥の—は駑馬の安歩に如かず(名馬でもためらいながら走れば、ゆっくり歩くなみのウマに及ばない)」参考「躅」はつまずく意。

【跼天蹐地】キョクテンセキチ 非常におそれてびくびくする形容。また、世をはばかり肩身を狭くして暮らすたとえ。「跼」は、おずおずと歩く意。「蹐」は、おずおずと歩く意。天は高いのに背をかがめ、地は厚いのにそっと歩く意から。〈『詩経』〉表記「跼天」は「局天」とも書く。参考「天に跼くまり地に蹐

す・跼蹐」ともいう。

【跼る】せぐくま-る 体をまげてちぢこませる。背を丸くしてかがむ。

キョク【蕀】(15) 艹12 1 7291 687B 音 キョク

意味 ユリ科の多年草「顛蕀(テンキョク)」(くさすぎかずら)に用いられる字。「蕀苑(キョクエン)」は、いとひめはぎ。

キョク【髷】★ (16) 髟6 1 8194 717E 音 キョク 訓 まげ・わげ・まるまげ

意味 ①まげ。わげ。髪をまげて束ねたもの。②まるまげ。既婚の女性の結う日本髪の一つ。

【髷】まげ 頭頂で髪の毛を束ねて結わえたもの。「—を結う」参考「わげ」とも読む。

【髷物】まげもの 男性がちょんまげを結っていた時代を題材にした、小説や演劇。「—の映画」類時代物

キョク【檋】(17) 木13 1 1560 2F5C 音 キョク・キョウ 訓 かんじき

意味 かんじきの類。氷雪の中や山などを歩くためのすべりどめのある歩行用具。

【檋】かんじき 山に登るときなどに履き物の下につける、木や鉄の突起のある滑りどめ。現在のアイゼンのようなもの。「—を履く」

ギョク【玉】(5) 玉0 常 教 10 2244 364C 音 ギョク 訓 たま

筆順 一 丅 干 王 玉

意味 ①たま。美しいたま。「玉石」「宝玉」②美しい。すぐれた。りっぱな。「玉条」「玉露」③天子や天皇に関する物事につける美称。「玉座」④人を敬って、その人に関する物事につける美称。「玉案」「玉稿」⑤ぎょく。(ア)将棋の駒(こま)の一つ。「玉将」の略。(イ)芸者。また、その揚げ代。「玉代」

下つき 金玉(キンギョク)・攻玉(コウギョク)・紅玉(コウギョク)・珠玉(シュギョク)・翠玉(スイギョク)・佩玉(ハイギョク)・璞玉(ハクギョク)・美玉(ビギョク)・碧玉(ヘキギョク)・宝玉(ホウギョク)・勾玉(まがたま)・曲玉(まがたま)

〈玉筋魚〉いかなご イカナゴ科の海魚。浅海にすむ。体長は約二〇センチメートルで、細長く、銀白色。幼魚はつくだ煮にする。コウナゴ。季春 由来「玉筋魚」は漢名から。

〈玉簪花〉ぎぼうし ユリ科の多年草の総称。由来「玉簪花」は漢名から。▼擬宝珠(ぎぼうし)(二九一)

【玉案下】ギョクアンカ 手紙で脇付(わきづけ)としてあて名の左下に記し、相手に敬意を示す語。類机下 参考「玉案」は玉で飾った机のこと。お机の下に、の意。

【玉音】ギョクオン ①天皇の言葉の敬称。「—放送」②澄んだ清らかな音。参考「ギョクイン」とも読む。

【玉座】ギョクザ 天皇・皇帝などの座る場所。「—につく」

【玉砕・玉摧】ギョクサイ 名誉や忠義などを守っていさぎよく死ぬこと。玉のごとく砕け散る意から。《北斉書》類散華(サンゲ) 対瓦全(ガゼン)

【玉巵】ギョクシ 玉のように美しくりっぱな杯。「千金の—」類玉杯

【玉璽】ギョクジ 天子の印章の尊称。類御璽(ギョジ)

【玉什】ギョクジュウ ①すぐれた詩歌。②他人の詩歌の美称。類玉詠 参考「什」は詩歌の意。

【玉章】ギョクショウ ①相手の手紙に対する敬称。「—拝受いたしました」類玉書 ②すぐれて美しい詩文。

【玉石混淆】ギョクセキコンコウ すぐれたものと劣ったものが入り混じっているたとえ。《抱朴子(ホウボクシ)》「応募作品は—だった」表記「混淆」は「混交」とも書く。類玉石雑糅(ギョクセキザツジュウ)・玉石同匱(ギョクセキドウキ)

【玉石同砕】ギョクセキドウサイ よいものも悪いものも、賢者も愚者もともに滅びてなくなること。貴重な玉と価値のない石がともに砕けてなくなる意から。類玉石同沈

【玉蟾】ギョクセン 月の異称。月に蟾(ヒキガエル)がすむという中国の伝説から。

【玉代】ギョクダイ 芸者や遊女などと遊ぶための代金。ぎょく。類花代(はなダイ)

【玉斗】ギョクト ①酒をくむのに使う、玉で作った美しい柄杓(ひしゃく)。②北斗七星。

【玉兎】ギョクト 月の異称。月にウサギがすむという中国の伝説から。

【玉杯】ギョクハイ ①玉で作った美しい杯。②杯の美称。類玉巵(ギョクシ)

【玉佩】ギョクハイ 天皇などが儀式のとき礼服につける装飾品。五色の玉を数珠(じゅず)状にひもにつけてたらすもの。

【玉帛】ギョクハク 玉と絹織物。古代中国で、諸侯や属国の王が天子に面会するときの贈り物。

【玉露】ギョクロ ①玉のように美しい露。②最上の煎茶(センチャ)。苦みが少なく甘みがある。

【玉稿】ギョッコウ 他人の原稿に対する敬称。「—をいただく」

【玉昆金友】ギョッコンキンユウ 才能や学問などにすぐれた兄弟。他人の兄弟を褒めていう語。「昆」は兄、「友」は弟。「玉」は宝玉、「金」は黄金の意で、すぐれているたとえ。《南史》参考「金友玉昆」ともいう。

〈玉蕈〉しめじ シメジ科のキノコ。▼湿地(しめじ)(六四九)

【玉】たま ①球状をした宝石や真珠。②美しいもの。また、大事にしているもの。「掌中の—」(最も大切にしているもの)③球形、またはそれに近い形のもの。「パチンコの—」

【玉に瑕】たまにきず それがなければ完全である、ほんのわずかな欠点。「あの人は短気なのが—」

『玉の杯底なきが△如し』 外見は美しくりっぱでも、実際には役に立たないもの、また、重要なところに欠点のあるもののたとえ。《『韓非子』》

『玉▲琢かざれば器を成さず』 すぐれた才能をもっていても学問や修養を怠れば、りっぱな人物になることはできないということ。美しい玉もみがいて細工しなければ、宝器とならない意から。《『礼記』》 類 玉磨かざれば光なし

『玉を▲衒いて石を▲賈る』 表面はりっぱでも内実の劣っているもののたとえ。玉と偽って無価値の石ころを売りつける意から。「衒」はひけらかすこと。また、売りこむこと。《『新唐書』》 類 牛首を懸けて馬肉を売る

『玉を△以って鳥を△抵つ』 貴重なものでも、たくさんあれば価値がなくなるたとえ。「抵」はなげうつ意。 由来 中国の崑崙山では多くの宝玉が産出するので、鳥をうち落とすのにも玉を使ったことから。《『劉子新論』》

【玉垣】たまがき 神社など神聖な場所の周囲の生け垣。 類 斎垣・瑞垣

【玉▲黍】たまきび トウモロコシの別称。 ▼玉蜀黍

【玉串】たまぐし ①神前にそなえる榊。榊に木綿(コウゾの木から繊維をとった布)や紙をつけたもの。「―料」 ②榊の美称。

〔玉串〕

『玉串奉▲奠』たまぐしホウテン 玉串を神前にそなえること。 参考 「奉奠」は謹んでそなえる意。

【玉算】たまザン そろばんを使ってする計算。 類 珠算

【〈玉章〉・玉▲梓】たまずさ ①手紙。便り。消息。②使者。使い。 由来 「たまあずさ」の転。昔、使者が梓の木に結びつけて便りを運んだことから。

【玉▲簾】たますだれ 玉で飾ったすだれ。また、すだれの美称。 類 玉垂れ 表記 「珠簾」とも書く。 参考 「ギョクレン」とも読む。

【玉▲葱】たまねぎ ユリ科の多年草。西南アジア原産。葉と茎はなかがからで円筒形。地下の鱗茎は食用。 季 夏 表記 「葱頭」とも書く。

【〈玉▲簪花〉】たまのかんざし ユリ科の多年草。中国原産。観賞用に栽培。葉は長い楕円形。晩夏、白色で芳香のある花を夜開く。 由来 「玉簪花」は漢名より。つぼみを玉でつくった簪に見立てたことから。

【玉の▲輿】たまのこし ①玉で飾ったりっぱな乗り物。②「玉の輿に乗る」の略。裕福な男性、または高貴な男性の嫁になること。 参考 ②嫁入りの際、輿に乗ったことから。 由来 「輿」は人を乗せてかつぐ昔の乗り物。

【玉虫色】たまむしいろ ①縦糸と横糸の色を変えて、見る角度や光線の具合によりさまざまな色に見えるようにした織物。また、その色調。②解釈のしかたによってどのようにも受け取れる表現。「―の与野党折衷案」 由来 タマムシのはねがさまざまな美しい色に見えることから。

【〈玉響〉】たまゆら ほんの少しの間。一瞬。 由来 玉が触れ合うかすかな音の意から。

【〈玉環菜〉】ちょろぎ シソ科の多年草。 由来 「玉環菜」は漢名から。 ▼草石蚕(九三五)

【〈玉▲蜀▲黍〉】とうもろこし イネ科の一年草。中南米原産。コムギ・イネとともに世界三大穀物の一つ。タマキビ。トウキビ。ナンバンキビ。 季 秋 由来 「玉蜀黍」は漢名から。

【〈玉鈴花〉】はくうんぼく エゴノキ科の落葉高木。山地に自生。初夏、白色の花を多数総状につけて垂れ下がる。 由来 「玉鈴花」は漢名から。 表記 「白雲木」とも書く。

【〈玉▲蘭〉】はくもくれん モクレン科の落葉高木。中国原産。早春、香りの強い大きな白色の花をつける。ハクレン。ビャクレン。 季 春 由来 「玉蘭」は漢名から。 表記 「白木蓮」とも書く。

【〈玉▲柏〉】まんねんすぎ ヒカゲノカズラ科の多年生シダ植物。深山の樹下に自生。よく分枝し、スギに似たうろこ状の小さい葉を密生。 由来 「玉柏」は漢名から。 表記 「万年杉」とも書く。

ギョク【▲嶷】(17) 山14 5456/5658 ▼ギ(二九〇)

きよめる【清める】(11) 氵8 教 3222/4036 ▼セイ(八六〇)

きらい【嫌い】(13) 女10 常 2389/3779 ▼ケン(四二九)

きらう【嫌う】(13) 女10 常 2389/3779 ▼ケン(四二九)

きらめく【▲煌めく】(13) 火9 6374/5F6A ▼コウ(五〇八)

きり【△限】(9) 阝6 教 2434/3842 ▼ゲン(四四一)

きり【▲桐】(10) 木6 2245/364D ▼ドウ(一一六一)

きり【▲錐】(16) 釒8 3177/3F6D ▼スイ(八三二)

きり【霧】(19) 雨11 常 4424/4C38 ▼ム(一四六四)

きり【▲鑽】(27) 釒19 7951/6F53 ▼サン(五九一)

きる【切る】(4) 刀2 教 3258/405A ▼セツ(八八一)

きる【△伐る】(6) 亻4 常 4018/4832 ▼バツ(一二五三)

きる【▲斫る】(9) 斤5 5849/5A51 ▼シャク(六六四)

きる【▲剪る】(11) 刀9 4982/5172 ▼セン(九〇二)

きる【斬る】(11) 斤7 常 2734/3B42 ▼ザン(五九三)

きる【着る】(12) 羊6 教 3569/4365 ▼チャク(一〇四〇)

きる【▲截る】(14) 戈10 5703/5923 ▼セツ(八八八)

きる【▲翦る】(15) 羽9 7040/6648 ▼セン(九〇八)

きる【▲鑽る】(27) 釒19 7951/6F53 ▼サン(五九一)

同訓異義　きる

【切る】刃物などで裂く。傷つける。つながっているものを分ける。区切りをつける。ほか、広く用いる。「キャベツを細く切る」「小刀で手を切る」「縁を切る」「途中で電話を切る」「水を切る」「ハンドルを切る」

【斬る】刀などで人を傷つけ、殺す。「斬り殺す」「罪人を斬る」

【△伐る】樹木をきりたおす。「杉を伐る」「伐採(バッサイ)」

【▲剪る】はさみで枝などをそろえてきる。「枝を剪って風通しをよくする」「剪定(センテイ)」

【▲斫る】斧(おの)などでたたききる。

【▲鑽る】錐(きり)で穴をあける。

【▲截る】布や紙を刃物で裂く。たつ。「布を截る」「截断(セツダン・サイダン)」

きれ【△裂】 (12) 衣 6 常 4686/4E76 ▼レツ(一六〇三)

きれる【切れる】 (4) 刀 2 教 3258/405A ▼セツ(八八一)

キログラム【瓩】 (8) 瓦 3 国 1 6504/6124 訓 音 キログラム

意味 キログラム。重さの単位。一〇〇〇グラム。参考「千グラム(瓦)」の意を表す字。

キロメートル【粁】 (9) 米 3 国 準1 2246/364E 訓 音 キロメートル

意味 キロメートル。長さの単位。一〇〇〇メートル。参考「千メートル(米)」の意を表す字。

キロリットル【竏】 (8) 立 3 国 1 6772/6368 訓 音 キロリットル

意味 キロリットル。容量の単位。一〇〇〇リットル。参考「千リットル(立)」の意を表す字。

きわ【際】 (14) 阝 11 教 2661/3A5D ▼サイ(五六〇)

きわまる【△谷まる】 (7) 谷 0 教 3511/432B ▼コク(五二四)

きわまる【極まる】 (12) 木 8 教 2243/364B ▼キョク(三四九)

きわまる【窮まる】 (15) 穴 10 常 2171/3567 ▼キュウ(三一一)

きわみ【極み】 (12) 木 8 教 2243/364B ▼キョク(三四九)

きわめる【究める】 (7) 穴 2 教 2170/3566 ▼キュウ(三〇五)

きわめる【極める】 (12) 木 8 教 2243/364B ▼キョク(三四九)

きわめる【窮める】 (15) 穴 10 常 2171/3567 ▼キュウ(三一一)

同訓異義　きわめる・きわまる

【究める】よく調べたり研究したりして本質をつかむ。「真相を究める」「民俗学を究める」「奥義を究める」

【極める】頂点・極限にまで達する。「山頂を極める」「栄華を極める」「位人臣を極める」「喜びの極み」「失礼極まりない」「極めつきの逸品(イッピン)」「感極まる」

【窮める】最後まで行き着く。行き詰まる。ほか、広く用いる。「技を窮める」「道理を窮める」「貧困を窮める」「口を窮めて言う」

【△谷まる】行き詰まって身動きがとれない。「進退谷まる」

キン【巾】 (3) 巾 0 常 2 2250/3652 訓 音 キン 外 きれ・ふきん

筆順 丨 冂 巾

意味 ①きれ。ぬのきれ。てぬぐい。ふきん。「手巾」②おおい。かぶりもの。「頭巾」参考「幅(はば)」の略字として用いることがある。

【巾▲幗】キンカク 女性の髪をおおう飾り布。また、頭巾。転じて、女性。

【巾△箱】キンソウ ①書物などをいれておく布張りの小さな箱。②「巾箱本(キンソウボン)」の略。携帯用の小さな本。

【巾着】キンチャク ①口のひもをひっぱると閉まるようにできている、布などで作った袋。また、口をひもでくくる布製の財布。②「腰(こし)巾着」の略。力のある人にべったりくっついて離れない人のたとえ。

【〈巾子〉】こじ 冠の頂上の後ろに高く突き出た部分。髪を結わえてそこに入れ、根本にかんざしをさして冠がとれないようにした。

【〈巾子〉形】こじかた 門や扉の中央に置き、左右に開くのを防ぐ石。由来「巾子」に似ていることから。

キン【今】 (4) 人 2 教 2603/3A23 ▼コン(五三四)

キン【斤】 (4) 斤 0 常 3 2252/3654 訓 音 キン 外 おの

筆順 ノ 厂 斤 斤

意味 ①おの。まさかり。「斧斤(フキン)」②重さの単位。日本では約六〇〇グラムにあたる。③食パンの一かたまりを数える語。

下つき 斧斤(フキン)

【△斤】おの 木を切ったり削ったりする、刃がついて柄(え)の曲がった道具。手おの。

キン【听】 (7) 口 4 1 5065/5261 訓 音 キン わらう・ポンド

意味 ①わらう。口を大きくあけてわらう。「听然」②ポンド。重さの単位。約四五三・六グラム。表記 ②「磅」とも書く。

【▲听】ポンド ヤード-ポンド法の重量の単位。一ポンドは約四五三・六グラム。参考 イギリス通貨のポンドは「磅」の漢字を当てる。

キン【均】 (7) 土 4 教 常 6 2249/3651 訓 音 キン 外 ひとしい・ならす・ととのえる

筆順 一 十 土 圴 均 均 均

意味 ①ひとしい。ひとしくする。ならす。「均質」「均等」類鈞 ②ととのえる。つりあっている。「均衡」「均整」

下つき 斉均・平均

【均一】キンイツ 金額・状態などがひとしく、一様であること。「かきまぜて濃度を―にする」「―料金」類均等

【均衡】キンコウ 二つ以上のものの重さや力などのつりあいがとれていること。バランス。「勢力の―を保つ」類平衡・均整・平均

【均質】キンシツ すべての部分が、同じ性質や成分・密度であること。「―な溶液」類等質

【均整・均斉】キンセイ 各部分のつりあいがとれ、整っていること。「―のとれた体」類均衡

【均霑・均沾】キンテン 利益や恩恵をみんながひとしく受けること。恩恵が均等にいきわたること。

【均等】キントウ ひとしいこと。「教育の機会―」「―に分ける」類平等・同等・均一

【均分】キンブン 平等に分けること。ひとしく分けること。「―相続」類等分

【均す】なら-す ①凹凸のあるところを平らにする。「土地を―す」②平均する。「各自の負担を―す」「得点を―すと六〇点になる」

【均しい】ひと-しい かたよりがなく一様である。平等に行き渡っている。そろっている。「どの子も―い扱いを受ける」

キン【忻】(7) 忄4 1 5555 5757 音キン 訓よろこぶ

意味 よろこぶ。たのしむ。「忻然」類欣

【忻然】キンゼン よろこんでするさま。よろこぶようす。「―として出発する」表記「欣然」とも書く。

【忻ぶ】よろこ-ぶ 心をうきうきとはずませる。笑いよろこぶ。表記「欣ぶ」とも書く。

キン【芹】(7) 艹4 準1 2260 365C 音キン 訓せり

意味 せり。セリ科の多年草。「芹献」

下つき 献芹・采芹

【芹・〈芹子〉】せり セリ科の多年草。湿地に自生。野菜として栽培もする。葉は羽状の複葉。香気があり食用。春の七草の一つ。季春 参考「水芹」とも書く。

キン【近】(7) 辶4 常 教 9 2265 3661 音キン 外コン 訓ちかい

旧字《近》(8) 辶4 1/準1

筆順 ノ 厂 斤 斤 沂 沂 近

意味 ①ちかい。へだたりが少ない。㋐距離的にちかい。「近隣」「付近」㋑時間的にちかい。「近況」「近来」㋒関係がちかい。「近因」「近似」「近親」対㋐㋑㋒遠 ②ちかづく。せまる。「近接」

下つき 遠近・最近・至近・親近・接近・側近・卑近・付近・間近・身近

〈近江〉おうみ 旧国名の一つ。現在の滋賀県。江州。由来 淡水湖を表す「淡海(あわうみ)」の転じた語。都(京都)から遠い浜名湖を「遠つ淡海」と呼んだのに対して、琵琶湖を「近つ淡海」と呼んだことから。

【近因】キンイン 事件などの直接的な原因。近い原因。対遠因

【近影】キンエイ 最近写した、その人物の写真。「本の扉にある著者―」

【近眼】キンガン 「近視」に同じ。

【近畿】キンキ 大阪・京都・奈良・和歌山・兵庫・滋賀・三重の、二府五県からなる地域。由来 畿内(歴代の皇居があった地)に近い地域の意から。

【近況】キンキョウ 最近の状況やようす。「―を知らせる」類近状

【近近】キンキン 近いうち。近日中。「―転居する」参考「ちかぢか」とも読む。

【近景】キンケイ ①近い位置にある景色。②映像や写真などで手前の景色。対①②遠景

【近郊】キンコウ 都市の周辺にある町・地域。「―農家の朝市は好評だ」対遠郊

【近郷】キンゴウ 近くの村。また、都市近郊の村里。「―の漁村で朝市を開催する」

『近郷近在』キンゴウキンザイ ①近くの村々。また、そこに住む人々。「―まで知れわたった人」②都市に近い村。

【近視】キンシ 遠方の物が網膜の前方で像を結ぶため、はっきりと見えない状態。また、そのような目。類近眼 対遠視

【近侍】キンジ 主君のそばに仕えること。また、その人。類近習・近臣

【近時】キンジ ちかごろ。最近。「―は凶悪犯罪がふえた」対往時

【近似値】キンジチ 数学で、真の値にきわめて近い値。測定値や円周率などで真の値の代わりに用いる。

【近習】キンジュ 「近侍」に同じ。参考「キンジュウ」とも読む。

【近什】キンジュウ 最近作った詩歌や文章。類近作 参考「什」は詩歌の意。

【近状・近情】キンジョウ 最近のようす。ちかごろの状況。類近況

【近所合壁】キンジョガッペキ 近くの家々。「合壁」は壁一枚はさんだ隣の家の意。

【近親】キンシン 血筋の特に近い親族。「―者だけで密葬する」

【近世】キンセイ ①近ごろの世。類近時 ②時代区分の一つで、古代・中世に続く時代。日

本では一般に江戸時代を指し、西洋ではルネサンス以後を指して「近代」と同義に用いられる。

【近接】キンセツ ①近くにあること。「学校に―した公園」類隣接 ②近づくこと。「目標地点に―する」類接近

【近代】キンダイ ①現在に近い時代。「―稀(まれ)な出来事」 ②時代区分の一つ。日本では明治維新から第二次世界大戦終結までを、西洋ではルネサンス以後、おもに一九世紀末までを指す。

【近着】キンチャク 最近到着したこと。また、近々到着すること。「―の荷物」

【近辺】キンペン その場所に近いあたり。近く。「現場―を捜索する」類付近・近傍

【近傍】キンボウ そば近く。近くのあたり。類付近・近所・近辺

【近来】キンライ 近ごろ。ここしばらくの間。「―まれにみる逸材」

【近隣】キンリン 近いところ。となり近所。「―諸国」「―に知られている人物」

【近△衛】コノエ ①「近衛府」の略。宮中の警備にあたった役所。 ②天皇の身辺を警護する軍隊。「―師団」「―兵」参考「コンエ」の転。

【近い】ちか-い ①時間・距離のへだたりが少ない。「―い将来引っ越すことになった」「職場に―い店」 ②血筋が濃い。「―い親戚(シンセキ)」 ③親しい。密接な関係である。「―い仲」 ④ほとんど同じである。「三日月に―い形」「百人に―い参加者」 ⑤近視である。「目が―い」

【近くて見えぬは▲睫(まつげ)】他人の事はよく分かるが、自分の事はよく分からないたとえ。目は、遠くは見えるが近くのまつげは見えない意から。

【近しい】ちか-しい 親しい。親密である。「あの人とは―い間柄」

【近火で手を▲焙る】ちかびでてをあぶる 目の前の小さな利益を求めるたとえ。また、当座、近くにあるものを利用するたとえ。少し離れた所に暖かい場所があるのにとりあえず近くの火鉢で手を温める意から。

【近▲惚れの早飽き】ちかぼれのはやあき ほれっぽい人は飽きるのも早いこと。また、そういう人。「近惚れ」はほれやすい意。

キン【欣】(8) 欠4 準1 2253 3655 音キン・ゴン 訓よろこぶ

意味 よろこぶ。たのしむ。「欣快」「欣喜」類忻(キン)

下つき 歓欣(カンキン)

【▲欣快】キンカイ 非常にうれしくて気分のよいこと。「まことに―の至り」類愉快

【▲欣喜】キンキ 非常によろこぶこと。「合格通知に―する」

【▲欣喜▲雀躍】キンキジャクヤク 小躍りするように大よろこびする形容。「雀躍」はスズメが飛びはねることで、小躍りしてよろこぶさま。類歓喜雀躍・欣喜踊躍(キンキヨウヤク)

【▲欣幸】キンコウ 幸せであることをよろこぶこと。よろこんで幸せだと感じること。「―の至り」

【▲欣然】キンゼン よろこんで物事を行うようす。「―として死地に赴く」表記「忻然」とも書く。

【▲欣躍】キンヤク うれしくて小躍りすること。「欣喜雀躍(キンキジャクヤク)」の略。

【▲欣△求】ゴング 仏自らすすんで仏の道を求めること。積極的に願うこと。「―大宝(ダイホウ)(よろこんで仏教の真理を求めること)」

【▲欣△求浄土】ゴングジョウド 仏死後、極楽浄土に行けるように心から願うこと。「浄土」はきよらかな極楽の地。類安楽浄土 対厭離穢土(オンリエド)

【▲欣ぶ】よろこ-ぶ うきうきとたのしむ。息をはずませてうれしがる。表記「忻ぶ」とも書く。

キン【▲近】(8) ⻌4 ▼近の旧字(三五四)

キン【金】(8) 金0 教 常 10 2266 3662 音キン・コン 訓かね・かな 外こがね

筆順 ノ 𠆢 亼 今 全 全 余 金

意味 ①かなもの。鉄・銅などの鉱物の総称。「金属」「合金」 ②きん。こがね。おうごん。「金塊」「純金」 ③りっぱな。美しい。「金言」「金剛」 ④ぜに。通貨。おかね。「金額」「貯金」 ⑤五行の一つ。 ⑥七曜の一つ。金曜。 ⑦将棋の駒(こま)の「金将」の略。

下つき 黄金(オウゴン・こがね)・換金(カンキン)・基金(キキン)・献金(ケンキン)・現金(ゲンキン)・合金(ゴウキン)・砂金(サキン)・資金(シキン)・借金(シャッキン)・純金(ジュンキン)・賞金(ショウキン)・筋金(すじがね)・税金(ゼイキン)・即金(ソッキン)・貯金(チョキン)・賃金(チンギン)・鍍金(トキン・めっき)・納金(ノウキン)・罰金(バッキン)・返金(ヘンキン)・募金(ボキン)・冶金(ヤキン)・預金(ヨキン)・料金(リョウキン)・礼金(レイキン)

〈金糸魚〉・〈金線魚〉いとより イトヨリダイ科の海魚。由来 泳ぐと糸状の尾びれが金糸を縒(よ)るように見えることから。▼糸縒鯛(いとよりだい)(六〇六)

〈金▲雀児〉・〈金▲雀枝〉エニシダ マメ科の落葉低木。ヨーロッパ原産。枝は緑色でしだれる。初夏、黄色の蝶(チョウ)形花を多数つける。季夏 参考「金雀児」は漢名から。

〈金沸草〉おぐるま キク科の多年草。由来「金沸草」は漢名から。▼旋覆花(おぐるま)(九〇二)

〈金▲襖子〉かじか アオガエル科のカエル。渓流の岩間にすむ。体は灰褐色で暗褐色の模様があり、指先に吸盤がある。初夏、雄は美しい声で鳴く。カジカ。季夏 表記「河鹿蛙」とも書く。

〈金巾〉カナキン 細い糸を使った平織りの綿織物。肌着などに用いられる。カネキン。参考「カナキン」はポルトガル語から。

【金▲釘】かなくぎ ①金属でできたくぎ。 ②「金釘流」の略。

【金釘流】かなくぎリュウ 下手な字をあざけっていう言葉。「パソコンの普及で—の人は大いに助かった」由来 金釘をつないだように見えることから。

【金屎】かなくそ ①鉄のさび。②鉄を鍛える際に飛び散るくず。③鉱石を溶かした際に浮き上がるかす。類 鉱滓コウシ・コウサイ

【金轡】かなぐつわ ①たづなをつけるためにウマの口に含ませる金属製の道具。②口止めのために贈るわいろ。「—をはめる」

【金気】かなケ ①水分中にとけて含まれている鉄分。また、その味。②新しい鍋などで湯を沸かしたときに浮かび上がる赤黒いかす。表記「鉄気」とも書く。

【金縛り】かなしばり ①動けないように強くしばること。また、しばられたように身動きできなくなること。「刃物で脅され—になる」②金の力で人の自由を奪うこと。

【金盥】かなだらい 金属でできた、たらいや洗面器。

【金槌・金鎚】かなづち ①釘などを打ちつけるための道具。ハンマー。②金槌は重くて水に沈むことから、泳ぎがまったくできない人のたとえ。「—なので水泳の授業は苦手だ」表記「鉄鎚」とも書く。

『金槌の川流れ』いつも下積みで頭の上がらないたとえ。出世の見込みのないたとえ。由来 金槌は頭が重く、川底に沈んで浮かんでこないことから。

【金壺眼】かなつぼまなこ 落ちくぼんでいる丸い目。くぼ目。

【〈金鉗〉・金箸】かなばし 鍛冶屋が、焼けた鉄をはさむのに用いる道具。かなばさみ。

【金仏】かなブツ ①金属製の仏像。対 木仏・石仏 ②感情に動かされない人。冷淡な人。非情の人。「木仏—石仏」参考「かなぼとけ」とも読む。

【金棒】かなボウ ①鉄でできた棒。「鬼に—」②鉄の輪を頭部につけた杖。夜回りや行列の際に地面をつき鳴らして歩いたもの。「—引き」表記「鉄棒」とも書く。

【〈金椀〉】かなまり 金属製のわん。表記「鋺」とも書く。参考「かなワン」とも読む。

【金葎】かなむぐら クワ科のつる性一年草。荒れ地に自生。葉と茎には小さいとげがある。夏から秋、淡緑色の小花を多数つける。ヤエムグラ。季 夏

【〈金糸雀〉】カナリア アトリ科の小鳥。大西洋カナリア諸島原産。ふつう黄色で、姿・声とも美しい。観賞用に飼育。由来「金糸雀」は漢名から。参考「キンシジャク」とも読む。

【金】かね ①金属。特に、鉄。②金銭。おかね。「—を稼ぐ」類 貨幣

『金の貸し借り不和の基』金の貸し借りは人間関係を壊し、仲たがいの原因になるということ。

『金の切れ目が縁の切れ目』金銭だけで成り立っている関係は、金銭がなくなれば途絶えてしまうということ。

『金の光は阿弥陀ほど』金銭のもつ威力・効力は、阿弥陀の霊力ほど大きいということ。

『金は三欠くに溜まる』義理・人情・交際の三つを犠牲にするほどの覚悟でなければ、金はたまらないということ。世間並みの生活をしていたのでは、金はたまるものではないことをいう。

『金は天下の回り物』金はひとところにとどまっているものではなく、世間を動き回っているものだということ。参考「回り物」は「回り持ち」ともいう。

【金蔓】かねづる 金銭を手に入れるための手段。また、金銭を継続して出してくれる人。「あいつはいい—だ」

【金持ち喧嘩せず】かねもちケンカせず 金持ちはゆとりがあって利にさとく、喧嘩をすれば損になることを知っているから、他人と争わないということ。

【〈金瘡小草〉】きらんそう シソ科の多年草。道端に自生。茎は地面をはい、葉は放射状に広がる。春、紫色の唇形花をつける。ジゴクノカマノフタ。季 春 由来「金瘡小草」は漢名から。

【金員】キンイン 金額。金高。合計金額。「多額の—を要する話」参考「員」は数の意。

【金烏玉兎】キンウギョクト 「金烏」は太陽、「玉兎」は月の異称。日と月のこと。転じて、歳月の意。由来 太陽には三本足のカラスが、月にはウサギがすんでいるという中国の伝説から。参考 略して「烏兎」ともいう。

【金甌無欠】キンオウムケツ 完全で欠点のないたとえ。特に、他国から侵略されたことのない堅固な国家のたとえ。「金甌」は黄金の瓶、「無欠」は少しの傷もない意。〈『南史』〉類 完全無欠

【金貨】キンカ 金を主成分として鋳造した貨幣。金貨幣。

【金塊】キンカイ おもに、精錬された金のかたまり。「—は船とともに海底に沈んだ」

【金科玉条】キンカギョクジョウ だれにとっても絶対的なよりどころとなる教訓や信条。本来は、人が絶対的なよりどころとすべき重要な法律の意。「科」「条」は法律や規則の条文の意。〈揚雄の文〉「師の教えを—とする」

【金額】キンガク 金銭でいくらかを具体的に示した数字。類 金高キンだか・かねだか

【金冠】キンカン ①黄金でできたかんむり。②治療した歯にかぶせる金属製のおおい。

【金柑・〈金橘〉】キンカン ミカン科の常緑低木。中国原産。夏、香りのよい白い小花をつけ、黄色の実を結ぶ。果実

き
キン

は食用・薬用。季秋 由来「金橘」は漢名から。

【金管】キン カン 金属製のラッパの総称。トランペット・トロンボーンなど。「—楽器」

【金環】キン カン ①金で作られた装飾用の輪。②古墳から発掘される古代の耳飾り。

【金簪】キン かん 「金簪(キンかんざし)」の略。金で作ったかんざし。参考「キンシン」とも読む。

【金環食・金環蝕】キンカン ショク 日食の一種。月が太陽に完全に重なり、月の外周から太陽の光が金の輪のように見える現象。

【金看板】キン カンバン ①金の文字で彫りこんだ看板。②世間に誇りをもって示す主義・技術・商品など。「行政改革を—とする」

【金玉】キン ギョク ①金と玉。黄金と宝石。②たいへん貴重ですぐれたもの。「—の声」

【金券】キン ケン ①金貨と交換することのできる紙幣。②特定の範囲内で金銭のかわりになる券。図書券や商品券など。

【金権】キン ケン 金銭などの富をもつことによって生じる権力。「—政治」

【金言】キン ゲン ①人生の教訓としたいりっぱな格言。類金句・箴言(シンゲン) ②仏仏の口から出た尊い教え。参考②「コンゲン」とも読む。

〈金海鼠〉きん こ キンコ科の棘皮(キョクヒ)動物。茨城県以北の浅海にすむ。長楕円(ダエン)形で多くは灰褐色。煮て干したものを中国料理に用いる。フジコ。季冬

【金庫】キン コ ①貨幣や貴重品を保管する金属製の箱。②国や自治体の現金を出納する機関。日本銀行など。③特定範囲の金融を扱う機関。「農林中央—」

【金鉱】キン コウ ①金を含んでいる鉱石。②金の取れる鉱脈。また、金を採掘する鉱山。

【金口木舌】キンコウ ボクゼツ すぐれた言論で社会を指導する人。木鐸(ボクタク)。

由来 口が金属製で舌(振り子)が木製の鈴の意。古代中国で法律・制令を人民に布告するのにこれを鳴らしたことから。

【金谷の酒数】キンコクの シュスウ 詩を作れない者に罰として飲ます酒の量。「酒数」は酒を飲む杯の数の意。〈李白(リハク)の詩〉

故事 中国、西晋(セイシン)の石崇(セキスウ)が洛陽(ラクヨウ)の別荘金谷園で酒宴をし、詩を作れなかった客に罰として酒三斗を飲ませたという故事から。

【金婚式】キンコン シキ 結婚後五〇年を祝う式。「伯父(おじ)夫婦の—を祝う」

【金策】キン サク 必要な金銭をそろえること。金銭の工面をすること。「—に走る」

【金鵄】キン シ 日本の建国神話に登場する金色のトビ。参考神武天皇が長髄彦(ながすねひこ)と戦ったとき、弓にとまったという。

【金鵄勲章】キンシ クンショウ 戦功のあった軍人に与えられた勲章。一九四七(昭和二二)年に廃止された。

【金枝玉葉】キンシ ギョクヨウ 天子の一族。皇族。また、高貴な人の子弟のたとえ。参考「玉葉金枝」ともいう。類金枝花萼

【金字塔】キンジ トウ ①「金字塔(ピラミッド)」に同じ。②後世に残るようなすぐれた業績や記録。「不滅の—をうちたてる」

【金紗】キン シャ ①金糸を織りこんで作った薄い布。②「金紗縮緬(チリメン)」の略。経(たて)と緯(よこ)ともに細い生糸で織った縮緬。表記「錦紗」とも書く。

【金城鉄壁】キンジョウ テッペキ 非常に堅固でつけ入るすきのないたとえ。金や鉄のように固くて堅牢(ケンロウ)な城壁の意。「—の守り」類金城湯池・湯池鉄城・難攻不落

【金城湯池】キンジョウ トウチ きわめて守りが堅固なたとえ。また、他の勢力が攻め込みにくい所。「金城」は金で築いた城。「湯池」は熱湯をたぎらせた堀の意。〈『漢書(カンジョ)』〉類金城鉄壁・湯池鉄城・難攻不落

【金子】キン ス おかねの昔の言い方。金銭・貨幣。「—五百両」

【金声玉振】キンセイ ギョクシン 才知と人徳を十分に備えていること。また、偉大な人物として大成すること。故事 古代中国では、鐘を鳴らして音楽を始め、次に糸や竹の楽器をかなで、最後に磬(ケイ)(石製の打楽器)を打って締めくくった。「金」は鐘、「玉」は磬のこと。終始一貫乱れぬさまをいう。〈『孟子(モウシ)』〉

【金石の交わり】キンセキの まじわり いつまでも変わらない固い友情のこと。〈『漢書(カンジョ)』〉類断金の交わり・管鮑(カンポウ)の交わり・刎頸(フンケイ)の交わり

【金盞花】キンセン カ キク科の二年草。南ヨーロッパ原産。春、黄色やオレンジ色のキクに似た花をつける。観賞用。由来「金盞花」は漢名より。花が黄金色で盞(さかずき)のような形をしていることから。

【金属】キン ゾク 光沢をもち、電気や熱をよく伝え、展性(たたくとのびる性質)や延性(ひっぱるとのびる性質)に富む物質の総称。金・銀・銅・鉄など。

【金高】キン だか 金銭でどのくらいになるかを集計して示した数字。類金額 参考「かねだか」とも読む。

【金打】キン チョウ 固くむすんだ約束。誓い。由来 江戸時代、約束のしるしとして、武士は刀の刃や鍔(つば)を、女子は鏡を、僧は鉦(かね)を打ち合わせたことからという。参考「かねうち」とも読む。

【金鍔】キン つば ①黄金または金色の金属で作った刀のつば。②水で練った小麦粉にあんを包み、刀のつばの形にして焼いた和菓子。

【金的】キン テキ ①円を描いた金色の的(まと)。②困難だが手にいれたいと願う目標。「—を射当てる(みんなのあこがれているものを、自分のものにする)」

【金殿玉楼】キンデン ギョクロウ 豪華できらびやかな建物のたとえ。

【金時の火事見舞い】キンときの カジみまい

酒を飲んで真っ赤な顔になるたとえ。［由来］「金時」は足柄山の金太郎で、顔の赤い金時が火事見舞いに行くと炎が映えてますます赤く見えることから。

【金団】キントン サツマイモ・インゲンマメなどをゆでてつぶし、砂糖で煮詰めてゆでたクリなどをまぜた食品。「お節料理で栗—を食べる」

【金の茶釜が七つある】キンのチャがまがななつある 大ぼらを吹くたとえ。また、自分の家が金持ちだと吹聴する言葉。

【金杯・金盃】キンパイ 金製または金めっきしたさかずき・カップ。

【金▲牌】キンパイ 金製または金めっきしてある楯やメダル。金メダル。

【金▲帛】キンパク 黄金と絹織物。［参考］「帛」は絹の織物の意。

【金▲箔】キンパク たたいて紙のように薄くのばした金。

【金腹】キンばら カエデチョウ科の小鳥。くちばしが銀色で、インド・マレー半島などにすむ。飼い鳥として江戸時代ころに輸入された。

【金肥】キンピ 化学肥料のように金銭を支払って購入する肥料。［対］堆肥 ［参考］「かねごえ」とも読む。

【金平△牛▲蒡】キンぴらゴボウ ゴボウを千切りや笹がきにし、油でいためて醤油・砂糖などで味つけした料理。

【金覆輪】キンプクリン ふちを金色でめっきしたもの。刀のさや・鞍などに用いる。［参考］「キンブクリン」とも読む。

【金▲麩羅】キンプラ ①衣にそば粉を用いたてんぷら。②金めっきの俗称。

【金粉】キンプン 金のこな。金色のこな。蒔絵などの工芸や絵画に使用。［類］金砂 ［参考］「キンこ」とも読む。

【金▲鳳△花】キンポウゲ ウマノアシガタの別称。本来は八重咲きの栽培品種をいうが、一般には一重の野生種を指す。［季］春

【金▲釦】キンボタン ①金色の金属性のボタン。②①がついていることから学生服。転じて、男子学生。［表記］「毛莨」とも書く。

【金満家】キンマンカ 大金持ち。財産家。資産家。富豪。「町で有数の—」

【金脈】キンミャク ①金の鉱脈。［類］金鉱 ②資金を出してくれる人。また、資金の出所。「—を徹底的に捜査する」

【金無▲垢】キンムク 混じりもののない金。純金。「—の仏像」

【金木▲犀】キンモクセイ モクセイ科の常緑小高木。中国原産。秋、芳香のあるオレンジ色の小花を密につける。観賞用。［季］秋

【金融】キンユウ ①金銭の動き。金銭の貸し借り。「—機関」②資金の需要と供給の関係。

【金▲襴】キンラン 錦の地に金の糸を織りこんで模様とした豪華な絹織物。［類］織金

『金▲襴▲緞子』キンランドンス 金襴と緞子。非常に高価な織物のこと。「緞子」は練り糸で織った光沢のある絹織物。「—の花嫁衣装」

【金▲襴手】キンランで 表面に赤などの色のほか金ぱくや金泥で描いた陶磁器。錦手の一つ。

【金▲蘭の契り】キンランのちぎり 固く美しい友情のこと。「金」は固いもの、「蘭」は美しいたとえ。

【金利】キンリ 貸した金や預貯金につく利子の割合。利子。利息。

【金力】キンリョク 金の力。人を支配する金銭の威力。「—にものを言わせる」［類］財力

【金鈴】キンレイ 金のすず。金色、または金属製のすず。

【金▲蓮花】キンレンカ ノウゼンハレンの別称。［季］夏 ［由来］「金蓮花」は漢名より。花が黄金色で葉がハス（蓮）に似ることから。▼凌霄葉蓮（一五七六）

【△金】こがね ①金。黄金。［対］銀・銅 ②金貨。金銭。③「金色」の略。金のように輝いて見える黄色。「—色の稲穂」［表記］「黄金」とも書く。［参考］「くがね」の転。

〈金亀子〉こがねむし ①コガネムシ科の昆虫の総称。種類が多い。②①の一種。体は広卵形で、金属光沢のある緑色。広葉樹の葉を食害する。［季］夏 ［表記］「黄金虫」とも書く。

〈金漆〉こしあぶら ①ウコギ科の落葉高木。山地に自生。葉はてのひら状の複葉。樹皮は灰色。夏に黄白色の小花を球状につけ、黒色の実を結ぶ。②①の樹脂で作った塗料。［表記］「漉油」とも書く。［参考］「ゴンゼツ」とも読む。

【金△鼓】コンク 僧が打ち鳴らす、金属性のまるくて平たい仏具。鰐口・鉦の類。［参考］「コング」とも読む。

【金剛▲杵】コンゴウショ ［仏］密教で、煩悩をくだき、悟りを表す道具。真ん中がくびれて細長く、金属製。独鈷・三鈷・五鈷の類。

【金剛石】コンゴウセキ 「金剛石」に同じ。

【金剛不△壊】コンゴウフエ 非常に堅固で、決して壊れないこと。また、志を固く守り通すこと。もと、仏の心、身体についていった語。［参考］「不壊金剛」ともいう。

【金剛力士】コンゴウリキシ ［仏］仏法を守護する、力のある二神。金剛神。仁王。「南大門の—像」

【金色】コンジキ 金のような輝きをもった色。光沢のある黄色。［類］山吹色 ［参考］「キンいろ・こがねいろ」とも読む。

【金神】コンジン 陰陽道で、その方角に対して事をなすことを忌む、方位の神。転じて、よくない方角。「—避け」

【△金△漆】ゴンゼツ 「金漆」に同じ。

【金泥】コンデイ 金ぱくの粉をにかわでといた、絵画や工芸の材料。［参考］「キンデイ」と

も読む。

【金堂】コンドウ 寺院で本尊を安置している建物。本堂。由来 金色に装飾したことから。

【金春流】こんぱるリュウ 能楽の五流の一つで最古の流派。世阿弥(ぜあみ)の影響を受けた金春禅竹が中興の祖となった。

【金▲毘羅・金比羅】コンピラ インドの鬼神。日本では香川県琴平(ことひら)にまつられ、航海の神とされる。参考 ワニの意の梵語(ボンゴ)に漢字を当てた語。

〈金平糖〉・〈金米糖〉コンペイトー ケシ粒を芯(シン)にした、とげのような突起のある砂糖菓子。由来 砂糖菓子の意のポルトガル語から。

【金輪際】コンリンザイ ①仏 大地の一番底。②二度と。絶対に。「悪いことは―いたしません」

〈金鐘児〉すずむし スズムシ科の昆虫。本州以南の草むらにすむ。初秋、雄は前ばねをすり合わせて「リーンリーン」と鳴く。季秋 由来「金鐘児」は漢名より。黄金の鐘のような声で鳴くことからという。表記「鈴虫」とも書く。

〈金剛石〉ダイヤモンド 宝石の一つ。炭素の透明の結晶で、鉱物の中で最も硬く、美しい光沢をもつ。研磨剤やガラス切りなどに用いる。ダイヤ。参考「コンゴウセキ」とも読む。

〈金▲粟▲蘭〉ちゃらん センリョウ科の常緑小低木。中国原産。葉はチャに似る。初夏、粟粒(あわつぶ)ほどの黄色い小花を穂状につける。花は香りがよく、茶の香りづけに用いる。由来「金粟蘭」は漢名から。表記「茶蘭」とも書く。

〈金魚▲蝨〉ちょう チョウ科の甲殻類。体は円盤形で、体長は約四ミリメートル。コイ・フナなどの皮膚に寄生して体液を吸う。表記「魚蝨」とも書く。

〈金線▲蛙〉とのさまがえる アカガエル科のカエル。中形で、背面は緑色または暗褐色に黒色のまだらがある。背の中央部に黄色の線が走る。表記「殿様蛙」とも書く。

〈金花虫〉はむし ハムシ科の昆虫の総称。体は楕円(ダエン)形、または円形。体色は黒・赤・黄色などで金属光沢がある。植物の葉を食害する。ウリハムシ・サルハムシなど。表記「葉虫」とも書く。

〈金糸桃〉びようやなぎ オトギリソウ科の半落葉低木。由来「金糸桃」は漢名から。▼未央柳(ビヨウやなぎ)(一四二一)

〈金字塔〉ピラミッド 石などで作られた大きな四角錐(シスイ)の建造物。古代エジプトで国王や王妃の墓として造られた。由来 横から見ると「金」の字の形をしていることから。参考「キンジトウ」とも読む。

〈金▲翅▲雀〉ひわ アトリ科の小鳥の総称。由来「金翅雀」は漢名から。▼鶸(ひわ)(六六九)

〈金▲縷梅〉まんさく マンサク科の落葉小高木。山地に自生。早春、葉より先に黄色いひも状の花が咲く。季春 由来「金縷梅」は漢名からの誤用。表記「満作」とも書く。

〈金線草〉みずひき タデ科の多年草。由来「金線草」は漢名から。▼水引(みずひき)(八二六)

〈金剛▲纂〉やつで ウコギ科の常緑低木。由来「金剛纂」は漢名から。▼八角金盤(やつで)(一二五〇)

キン【衿】(9) 衤4 準1 2262 365E 音 キン 訓 えり

意味 えり。衣服のえり。えりくび。「衿喉(キンコウ)」「開衿」
類 襟
下つき 開衿(カイキン)・青衿(セイキン)

【▲衿】えり ①衣服の首回りの部分。カラー。②人の首の後ろの部分。首筋。表記「襟」とも書く。

【▲衿▲刳】えりぐり 洋服の、首回りにそってあけた線。「―が狭くて脱ぎ着がしにくい」表記「襟刳」とも書く。参考「刳」は、くりぬく意。

【▲衿帯】キンタイ ①えりと、おび。②山や川に囲まれた要害の地。山をえりに、川をおびに見立てて言ったもの。表記「襟帯」とも書く。

キン【衾】(10) 衣4 1 7448 6A50 音 キン 訓 ふすま・よぎ

意味 ふすま。寝るときにかける夜具。かけぶとん。よぎ。ねまき。「衾褥(キンジョク)」「同衾」
下つき 衣衾(イキン)・同衾(ドウキン)

【▲衾▲褥】キンジョク ふすまと、しとね。掛けぶとんと敷きぶとん。夜具。

【▲衾】ふすま 寝るときに体に掛ける夜具。かけぶとん。季冬

【▲衾雪】ふすまゆき 白く一面につもった雪。由来 ふすまをかけたようなさまから。

キン【掀】(11) 扌8 1 5755 5957 音 キン・ケン 訓 あげる・かかげる

意味 あげる。かかげる。手で高くさしあげる。持ち上げる。「掀掀」「掀舞」

キン【△経】(11) 糸5 教 2348 3750 ▼ケイ(三九三)

キン【菌】(11) 艹8 常 準2 2261 365D 音 キン 訓 外 きのこ・たけ

意味 ①かび。ばいきん。バクテリア。「細菌」「滅菌」②きのこ。たけ。「菌蕈(キンシン)」
下つき 球菌(キュウキン)・細菌(サイキン)・殺菌(サッキン)・雑菌(ザッキン)・黴菌(バイキン)・病菌(ビョウキン)・保菌(ホキン)・無菌(ムキン)・滅菌(メッキン)

筆順 一 艹 3 … 菌

【△菌】きのこ 大形の菌類の総称。木陰や朽ちた木に生え、多くは傘の形をしている。食用になるものもある。季秋

【菌▲褶】キンシュウ キノコの傘の裏側についているひだの部分。

【菌類】キンルイ 葉緑素をもたず光合成を行わない植物の総称。カビ・キノコなど。

キン【菫】(11) 艹8 1 7233 6841 音キン 訓すみれ・とりかぶと

意味 ①すみれ。スミレ科の多年草。②とりかぶと。キンポウゲ科の多年草。毒草の一種。

【菫花色】キンカショク 紫がかった濃い青色。すみれ色。

【▲菫】すみれ スミレ科の多年草。山野に自生。春、紫色の花を横向きにつける。季春 ▼壺菫（つぼすみれ）

〈▲菫菜〉つぼすみれ スミレ科の多年草。（四五六）

キン【▲亀】(11) 亀0 常 2121 3535 ▼キ(二七五)

キン【勤】(12) 力10 常 教5 2248 3650 音キン・ゴン高 訓つとめる・つとまる 外いそしむ

旧字《勤》(13) 力11 1/準1 1472 2E68

筆順 一 艹 芇 苎 苩 堇 堇 堇 勤 勤 （3 5）

意味 ①つとめる。精を出す。いそしむ。「勤勉」「勤労」対惰 ②つとめ。仕事。「勤務」「転勤」

下つき 皆勤（カイキン）・欠勤（ケッキン）・出勤（シュッキン）・通勤（ツウキン）・転勤（テンキン）

【▲勤しむ】いそしむ 精を出す。心力を尽くす。つとめる。「勉強に―む」

【勤倹】キンケン 仕事に励み、無駄づかいや贅沢（ゼイタク）をせずに倹約すること。勤勉と倹約。

【勤倹尚武】キンケンショウブ よく働き生活を質素にし、武芸に励むこと。武士の生活態度として重んじられた。「尚」は尊ぶ意。

【勤倹力行】キンケンリッコウ 仕事に励みつつましくし、精一杯努力すること。「力行」は懸命に努力すること。類精励恪勤（セイレイカッキン）

【勤続】キンゾク 同じ勤め先に続けて勤務すること。「―三十年の表彰」

【勤惰】キンダ 熱心に励むことと怠けること。勤勉と怠惰。類勤怠

【勤怠】キンタイ 「勤惰」に同じ。

【勤王・勤皇】キンノウ 天皇に対して忠義忠誠をつくすこと。「―派の武士」類尊王（ソンノウ） 対佐幕 参考江戸時代末期に起きた幕府討伐、朝廷政権確立の運動が代表的なもの。

【勤評】キンピョウ 「勤務評定」の略。管理する上役が、組織などの職員の勤務状態や能力を評価すること。

【勤勉】キンベン 仕事や勉学に一生懸命取りくむこと。対怠惰

【勤勉は成功の母】人生で成功するには物事に一生懸命取りくみ、励むことが大切であるという教え。参考「成功」は「幸福」ともいう。

【勤務】キンム 勤めに出て仕事をすること。また、職務につくこと。

【勤労】キンロウ 生活のために、精を出して働くこと。心身をつかって仕事に励むこと。「―感謝の日」類労働

【勤行】ゴンギョウ 仏僧侶（ソウリョ）などが仏前で読経や回向（エコウ）をすること。おつとめ。

【勤める】つとめる ①職場に行って仕事をする。「貿易会社に―める」②仏道に励む。勤行（ゴンギョウ）する。

キン【欽】(12) 欠8 準1 2254 3656 音キン 訓つつしむ・うやまう

意味 ①つつしむ。うやまう。「欽仰」「欽慕」②天子・天皇に関する事柄につけて敬意を表す語。「欽定」

下つき 仰欽（ギョウキン）

【▲欽仰】キンギョウ 相手をうやまいあおぎしたうこと。類欽慕・仰慕 参考「キンゴウ」とも読む。

【▲欽羨】キンセン 相手を尊敬しつつ、うらやましく思うこと。

【▲欽定】キンテイ ①法令などを天子・天皇が制定すること。「―憲法」②君主の命令によって選定すること。「―英訳聖書」

【▲欽慕】キンボ 相手を尊敬し、したうこと。「―の念を抱く」類欽仰・仰慕

【▲欽む】つつしむ 相手を尊敬し、かしこまる。また、うやまいしたう。

キン【琴】(12) 王8 常 準2 2255 3657 音キン 外ゴン 訓こと

筆順 一 丁 千 王 玒 玨 玨 琴 琴 琴 （6 8）

意味 ①こと。弦楽器の一つ。「琴線」「弾琴」②①に似た弦楽器の通称。「提琴」「風琴」

下つき 月琴（ゲッキン）・弾琴（ダンキン）・提琴（テイキン）・鉄琴（テッキン）・風琴（フウキン）・木琴（モッキン）・洋琴（ヨウキン）・和琴（ワゴン）

【琴棋書画】キンキショガ 琴を弾き、碁を打ち、書を書き、絵を描くこと。文人の風雅な楽しみ。参考「琴棋」は「キンギ」とも読む。類琴棋詩酒

【琴▲瑟相和す】キンシツあいワす 夫婦が仲むつまじいたとえ。また、兄弟や友人の仲のよいことにもいう。「瑟」は琴の大型のもの。琴と瑟は、合奏すると音色がよく調和することから。《詩経》類比翼連理 参考「琴瑟相和・琴瑟調和・琴瑟の和」ともいう。

【琴線】キンセン ①琴の弦。②心の奥に秘められた、感動し共鳴する心情。「心の―に触れる美談」

【琴】こと 中空の桐（きり）の台に弦を張り、爪（つめ）ではじいて音を鳴らす楽器。一般的には一三弦。「美しい―の調べ」

〈琴柱〉ことじ 琴や箏（ソウ）の胴の上に立てて弦を支え、これを動かして音を調節する人の字形の道具。表記「箏柱」とも書く。

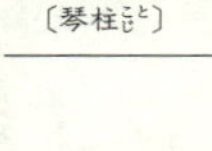

〔琴柱（ことじ）〕

【〈琴柱〉に▲膠(にかわ)す】変化に応じて融通のきかないたとえ。琴柱を膠で固定しては音の調子が変えられないことから。〈『史記』〉

キン【▲窘】
(12) 穴7 1 6759 635B
音 キン
訓 せまる・きわまる・くるしむ・たしなめる・あわただしい

意味 ①せまる。ゆきづまる。きわまる。くるしむ。「窘窮」②たしなめる。③あわただしい。急な。

下つき 窮窘(キュウキン)・困窘(コンキン)

【▲窘窮】キンキュウ 行きづまりくるしむこと。くるしみ困ること。類困窮

【窘迫】キンパク 敵に追いつめられくるしむこと。さしせまられくるしむこと。類困窮

【▲窘しむ】くるしむ 追いつめられ、非常に困った状態になる。行きづまって動きがとれなくなる。参考「窘」は、穴に閉じこめられてくるしむ意。

【▲窘める】たしなめる 言葉で穏やかに注意する。反省を促す。「悪戯(いたずら)を―められた」

キン【筋】
(12) ⺮6 教 常 5 2258 365A
音 キン
訓 すじ

筆順 ノ ト ケ ⺮ ⺮ 笋 筋 筋 筋

意味 ①動物体を構成するすじ状の組織。「筋肉」「心筋」②細長くひと続きになったもの。「青筋」③物の骨組みとなる中心部のすじ状のもの。「筋金」「鉄筋」④ものごとの道理。あらまし。「粗筋」「大筋」⑤血のつながり。血統。「家筋」「血筋」⑥素質。「手筋」⑦その方面。よりどころ。「客筋」

下つき 青筋(あおすじ)・粗筋(あらすじ)・家筋(いえすじ)・大筋(おおすじ)・川筋(かわすじ)・客筋(キャクすじ)・首筋(くびすじ)・毛筋(けすじ)・血筋(ちすじ)・手筋(てすじ)・鉄筋(テッキン)・背筋(ハイキン・せすじ)・腹筋(フッキン)・道筋(みちすじ)

【筋萎縮症】キンイシュクショウ 筋肉がしだいに萎縮する病気の総称。進行性筋ジストロフィーなど。

【筋骨】キンコツ 筋肉と骨格。体つき。「―たくましい青年だ」

【筋腫】キンシュ 筋肉組織にできる良性のはれもの。「子宮―」

【筋肉】キンニク 伸び縮みして動物の体を動かす器官。「手足の―をきたえる」

【筋力】キンリョク 筋肉の力。「練習を長く休んで腕の―が落ちた」

【筋】すじ ①細長い線。「―を引く」②小説などの流れ。「―書き」③物事の道理。「―の通った話」④筋肉の繊維。「腕の―をいためる」⑤家系。血統。「血―」⑥素質。「将棋の―がよい」⑦関係する方面。「その―からの情報」

【筋交い・筋△違い】すじかい ①斜めに交差していること。斜めの位置にあること。はすかい。「道路を―に渡る」②建物の強度を増すために、柱と柱の間に斜めに入れる補強材。

【筋金】すじがね ①支えとして物に入れる細長い金属。②きたえられており、簡単にはゆるがない考えや理論。「―入りの思想」

【筋道】すじみち ①物事の道理。条理。②物事を行うときの正しい順序。手順。「遅れた理由を―を立てて話しなさい」

キン【鈞】
(12) 金4 1 7866 6E62
音 キン
訓 ろくろ・はかる・ひとしい

意味 ①中国古代の重さの単位。三〇斤。②ろくろ。陶芸に用いる回転台。「鈞陶」③はかる。重さをはかる。④ひとしい。ひとしくする。類均

下つき 洪鈞(コウキン)・大鈞(タイキン)・陶鈞(トウキン)

【鈞しい】ひとしい まんべんなく行き渡る。公平に行き渡る。均等である。表記「均しい」とも書く。

【鈞】ろくろ 円形の陶器を作るのに回転させて用いる台。木製の円盤で下に軸がある。表記「轆轤」とも書く。

キン【▲釿】
(12) 金4 1 7867 6E63
音 キン・ギン
訓 おの・ておの・たつ・きる

意味 ①おの。ておの。「釿鋸(キンキョ)」②ちょうな。かんな。③た(断)つ。きる。おので切る。

【▲釿】ておの 材木のあら削りに使う、くわ形の大工道具。ちょうな。表記「手斧」とも書く。

キン【僅】
(13) 亻11 常 2 2247 364F
音 キン
訓 わずか

〔僅〕

筆順 亻 亻 仁 伫 件 伻 僅 僅 僅

意味 わずか。ほんの少し。「僅差」「僅少」

【僅僅】キンキン 数量が非常に少ないさま。ほんのわずか。

【僅差】キンサ ごくわずかな差。「―で勝利する」類小差 対大差

【僅少】キンショウ ほんの少し。ごくわずかなさま。「残部―」

【僅か】わずか ①数量・度合いや時間などがきわめて少ないこと。ほんの少し。②ようやく。かろうじて。「―に息をしている」

キン【▲勤】
(13) 力11 1472 2E68
▼勤の旧字(三六〇)

キン【禁】
(13) 示8 教 常 6 2256 3658
音 キン
訓 外 とどめる・いむ・いさめる

筆順 一 十 才 木 村 林 林 埜 埜 禁

意味 ①とどめる。さしとめる。「禁制」「禁令」②とじこめる。「禁固」「監禁」③いむ。いみさける。「禁忌」「禁句」④いさめる。いましめる。⑤宮中。天子や天皇の居所。「禁中」

下つき 戒禁(カイキン)・解禁(カイキン)・監禁(カンキン)・厳禁(ゲンキン)・拘禁(コウキン)・国禁

き キン

・失禁・軟禁・発禁・法禁

【禁圧】 キンアツ 権力や圧力によって発言や行動を禁止すること。「言論を―する」類弾圧

【禁遏】 キンアツ 禁止してやらせないようにすること。おしとどめること。類禁止

【禁園・禁苑】 キンエン 皇居内にある庭園。類禁庭

【禁煙】 キンエン ①たばこを吸うことを禁止すること。「駅の構内は―です」②喫煙の習慣を自分でやめること。「今年三回目の―」

【禁厭】 キンエン 「禁厭」に同じ。

【禁忌】 キンキ ①縁起が悪いとして避けられている事柄。タブー。「―を犯す」②医学的や体質的に害があるとして避けている薬の組み合わせや治療法。

【禁句】 キンク ①和歌や俳諧で使ってはいけないと決められている語句。止め句。②相手を傷つけたりするため、言ってはいけない言葉。タブー。

【禁固・禁錮】 キンコ ①一室に閉じこめて外出をゆるさないこと。類監禁・幽閉 ②刑罰の一つ。有罪者を刑務所に拘置して自由な行動を許さないこと。「―二年の刑」

【禁獄】 キンゴク 囚人を獄中に閉じこめておくこと。囚人を牢獄に拘束しておくこと。「―中の政治犯」

【禁札】 キンサツ 禁止する事柄を記した立てふだ。類制札

【禁止】 キンシ してはならないと命じてその行為をさせないこと。行為を禁じること。「駐車―」類禁制・禁遏 対許可

【禁色】 キンジキ 昔、身分・位階により着用を許されなかった衣服の色。紫・赤など。

【禁酒】 キンシュ ①酒を飲むことを禁止すること。「二十歳未満は―禁煙」②飲酒の習慣のある人が飲酒の習慣をやめること。酒断ち。「体調が悪く―している」

【禁じる】 キンじる 禁止する。してはいけないと差し止める。「喫煙を―じる」

【禁制】 キンセイ ①法規や命令で、ある行為を禁じること。また、その法規や命令。「女人―」「―を解く」類禁令 ②和歌・俳諧などで、禁じられている方式や言葉。参考「キンゼイ」とも読む。

【禁足】 キンソク 人を一定の場所にとどめて外出を禁止すること。また、外出を禁止する刑罰。「―令」

【禁則】 キンソク 禁止事項を定めた規則。「ワープロの―処理」

【禁断】 キンダン ある行為をかたく禁止すること。「―症状」

【禁治産】 キンチサン 心神喪失の状態にあり、自分で財産を管理する能力がない人に後見人をおいて、その財産を管理させること。また、その制度。参考「キンジサン」とも読む。

【禁中】 キンチュウ 宮中の門の内側。宮中。御所。類禁裏・禁廷

【禁物】 キンモツ 慎んで避けるべきこと。してはいけない物事。「病人に心配事は―だ」

【禁門】 キンモン ①厳重な警戒によって人の出入りができない門。②宮中の門。また、皇居。類禁闕・宮闕

【禁輸】 キンユ 輸入や輸出を禁止すること。輸出入禁止。「―品」

【禁厭】 キンヨウ 神仏の霊力を借りて災害や病気を防ぐこと。まじない。参考「キンエン」とも読む。

【禁欲・禁慾】 キンヨク 人間に備わっているさまざまな欲望、特に性欲をおさえること。「―生活」

【禁裏・禁裡】 キンリ 宮中。皇居。「―様（天皇）」類禁中 由来「裏・裡」は中のことで、勝手な立ち入りを禁止する意から。

【禁猟】 キンリョウ 一定の期間、特定の場所での鳥や獣の猟を禁止すること。「―区域に指定される」

【禁漁】 キンリョウ 一定の期間、特定の場所での魚介・海藻など水産物を捕ることを禁止すること。参考「キンギョ」とも読む。

【禁令】 キンレイ ある行為の禁止を定めた法令。法度。「―をしく」類禁制

【禁める】 とどめる ある行為を行わせない。先に進まないように防ぎ止める。

キン【禽】

(13) 内 8 準1 2257 3659 音 キン 訓 とり・とらえる

意味 ①とり。鳥類の総称。「家禽」「猛禽」対獣 ②鳥や獣類の総称。③とらえる。いけどる。とりこにする。いけどり。「禽獲」類擒

下つき 家禽・小禽・水禽・鳴禽・猛禽

【禽獣】 キンジュウ ①鳥とけだもの。「―にも劣る行為」②道義や恩義をわきまえない人のたとえ。

【禽獣夷狄】 キンジュウイテキ 中国周辺の異民族を卑しめていう語。「夷狄」は、えびす・未開人。類夷蛮戎狄

【禽鳥】 キンチョウ とり。鳥類。

【禽】 とり 鳥類。特に、網で捕らえる鳥。卵で生まれる温血動物で、羽をもつ。

キン【箘】

(14) 竹 8 1 6816 6430 音 キン 訓 しのだけ

意味 しのだけ（篠竹）。やだけ（箭竹・矢竹）。

キン【槿】

(15) 木 11 1 6061 5C5D 音 キン 訓 むくげ・もくげ

意味 むくげ。アオイ科の落葉低木。もくげ。「槿域」「槿花」

下つき 朝槿・木槿

【槿花】 キンカ ①ムクゲの花。②アサガオの花の古名。参考 朝咲いた花が夕方にはしぼむことから、はかないことのたとえに使う。

【槿花一日(キンカイチジツ)の栄】人の世の栄華がはかないことのたとえ。ムクゲの花は朝咲いて夕暮れにはしぼむことから。〈白居易の詩〉 参考「槿花一朝・槿花一朝の夢」ともいう。

【▲槿】むくげ アオイ科の落葉低木。インド・中国原産。夏から秋に淡紫や白色の美しい五弁花をつけ、一日でしぼむ。花と幹皮は薬用。もくげ。季秋 表記「木槿」とも書く。

キン【瑾】(15) ⺩11 1 6487 6077 音キン 訓

意味 美しい玉。「瑾瑜(キンユ)」

下つき 瑕瑾(カキン)・細瑾(サイキン)

キン【緊】(15) 糸9 常 3 2259 365B 音キン 訓 外かたい・しめる・ちぢむ・きびしい

筆順 丨 厂 𠂤 戸 臣 臣 臤 臤 緊 緊 (5 7 13 15)

意味 ①かたい。きつくしめる。かたくしまる。ひきしめる。ちぢむ。「緊縮」「緊張」「緊密」 ②さしせまる。きびしい。「緊急」「緊迫」

下つき 喫緊(キッキン)・要緊(ヨウキン)

〈緊唇〉あくち ①ひな鳥のくちばしのつけ根の黄色い部分。②幼児の口のまわりにできる湿疹(シッシン)。

【緊急】キンキュウ 重大な事が起こり、急いで対応しなければならないこと。「—手術」

【緊▲褌】キンコン 褌(ふんどし)をきつく、しっかりとしめ直すこと。

【緊▲褌一番】キンコンイチバン 気持ちをひきしめて物事にのぞむこと。大勝負の前の心構えをいう語。「一番」はここ一番という大事なときの意。

【緊縮】キンシュク ①きつくひきしめること。②財政における支出をきりつめること。「—予算」

【緊切】キンセツ ①ぴったりとついているさま。②さしせまった重大なこと。類緊迫

【緊張】キンチョウ ①心や行動がぴんと張りつめていること。「—感あふれる一瞬」対弛緩(シカン) ②関係が悪くなり、今にも争いになろうとしている状態。「両国の—が続いている」

【緊縛】キンバク かたくしばること。きつくしっかりとしばること。

【緊迫】キンパク 情勢がさしせまり、非常に緊張している状態。「—した国際情勢」

【緊密】キンミツ ①すきまなく、ぴたりとくっついているようす。②人間関係や国同士の結びつきが強いようす。「—な間柄」「加盟国と—な関係を保持する」類密接

【緊要】キンヨウ 判断・対応の必要がさしせまっていて、非常に重要なさま。「—な問題が発生する」類肝要

【緊△める】しーめる きつくひきしめる。「褌(ふんどし)を—める(気持ちをひきしめる)」

〈緊緊〉ぴしぴし ①枝などをはげしく折る音。②鞭(むち)などで強く打つ音。③手加減しないできびしく行うさま。「—と鍛える」 表記「犇犇」とも書く。 参考②③「びしびし」とも読む。

キン【噤】(16) 口13 1 5165 5361 音キン 訓つぐむ・とじる

意味 つぐむ。口をとじる。「噤閉」

【▲噤む】つぐーむ 口を閉じてものを言わない。黙る。「固く口を—む」

キン【擒】(16) 扌13 1 5802 5A22 音キン 訓とらえる・とりこ

意味 とらえる。いけどりにする。また、とりこ。「擒獲」「擒生」類禽(キン)

下つき 生擒(セイキン)・縛擒(バクキン)

【▲擒△縦】キンショウ とらえることと自由に放つこと。転じて、自在に扱うこと。

【▲擒える】とらーえる つかまえてとりこにする。手でつかまえて逃がさない。 表記「禽える」とも書く。

【▲擒】とりこ ①戦いなどでとらえられた人。捕虜。②物事に熱中して、そこから抜けられないこと。また、その人。「恋の—になる」 表記「禽」とも書く。

キン【錦】(16) 金8 常 2 2251 3653 音キン 訓にしき

筆順 𠆢 𠅆 年 金 金' 金白 金帛 錦 錦 (2 4 8 10 13)

意味 ①にしき。金糸や色糸などで模様を織り出した絹織物。「錦旗」「錦上」 ②にしきのように美しい。「錦楓(キンプウ)」 ③ほめたたえたり、敬ったりするときにつける美称。「錦心」「錦地」

下つき 衣錦(イキン)・紅錦(コウキン)・蜀錦(ショッキン)

【錦衣玉食】キンイギョクショク ぜいたくな生活。きらびやかな衣服と上等な料理の意。また、富貴な身分。〈『宋史(ソウシ)』〉

【錦▲紗】キンシャ 金糸や絹の色糸を織りこんで作った薄い布。

【錦秋】キンシュウ 木々の紅葉が錦(にしき)のように美しい秋。

【錦▲繡】キンシュウ ①錦(にしき)と、刺繡(シシュウ)を施した見事な着物。②美しく、豪華な衣服。③美しい紅葉やすぐれた詩文のたとえ。「—の山々を巡る」

【錦上に花を添える】キンジョウにはなをそえる よいもの美しいものに、さらによいもの、美しいものを加えること。「錦」「花」とも善美なもののたとえ。〈王安石の詩〉

【錦心▲繡口】キンシンシュウコウ 詩や文章の才能にすぐれていることのたとえ。「錦心」は錦(にしき)のように美しい心。「繡口」は刺繡のように美しい言葉。〈柳宗元の文〉 類錦心繡腸・錦繡

心肝

【錦地】キン チ 相手が住む土地を敬っていう語。類御地(おんち) 参考手紙などに用いる。

【錦嚢】キン ノウ ①錦(にしき)の袋。②詩の草稿を入れる袋。③他人の詩をほめる言葉。故事②中国、唐の詩人李賀(リガ)が、出先で詩ができると供のもつ錦の袋に入れた故事から。〈『新唐書』〉

〈錦葵〉ぜにあおい アオイ科の二年草。ヨーロッパ原産。観賞用に栽培。茎は一メートルほどに直立。初夏、赤紫色の五弁花をつける。季夏 由来「錦葵」は漢名から。表記「銭葵」とも書く。

【錦】にしき ①金銀、または種々の色糸で織った厚手の絹織物。②美しくりっぱなもののたとえ。「故郷に―をかざる」

【錦の御旗】にしきのみはた ①赤色の錦に日月を金銀で描いたり刺繡(シシュウ)をしたりした旗。明治維新の際に、官軍の旗じるしとして用いられた。錦旗。②自分の言動や主張などを権威づけるために、他に対して掲げる絶対的で正当な理由。類大義名分

【錦を衣て郷に還る】にしきをきてきょうにかえる 成功や出世をして故郷に帰ること。〈『南史』〉参考「故郷に錦を飾る」ともいう。

【錦絵】にしきエ 多色刷りの浮世絵の木版画の総称。類江戸絵

〈錦帯花〉はこねうつぎ スイカズラ科の落葉低木。海岸近くに自生。葉は広い楕円(ダエン)形。初夏、ラッパ形の花をつける。色は初め白く、のちに紅色に変わる。季夏 由来「錦帯花」は漢名から。表記「箱根空木」とも書く。

キン【懃】(17) 心13 1 5673 5869 音キン・ゴン 訓ねんごろ・つとめる

意味 ①ねんごろ。ていねい。「懃恪(キンカク)」「慇懃(インギン)」②つと(勤)める。「懃労」③つかれる。

下つき 慇懃(インギン)

【懃ろ】ねんごろ 心を込めてつとめるさま。ていねいなさま。「―に挨拶(アイサツ)をする」

キン【檎】(17) 木13 準1 2473 3869 音キン・ゴ 訓

意味 バラ科の落葉高木「林檎(リンゴ)」に用いられる字。

キン【謹】(17) 言10 常 準2 2264 3660 音キン 訓つつしむ

旧字《謹》(18) 言11 1/準1 9216 7C30

筆順 言 言 言 言 言 言(7) 言 言 言(10) 謹 謹

意味 つつしむ。かしこまる。「謹賀」「謹慎」

下つき 恭謹(キョウキン)・細謹(サイキン)・廉謹(レンキン)

【謹賀新年】キンガシンネン つつしんで新年を祝う挨拶(アイサツ)の語。参考年賀状などに用いる。

【謹啓】キンケイ 手紙の冒頭に書く語。「つつしんで申し上げます」の意。類拝啓 参考「謹啓」で書き出すときは「謹言」「頓首(トンシュ)」などで結ぶ。

【謹言】キンゲン 手紙の末尾におく語。「つつしんで申し上げます」の意。類敬具・敬白 参考「謹啓」で書き出したときの結びの語。

【謹厳】キンゲン うわついたところがなく、非常にまじめなこと。「―な態度」

【謹厳実直】キンゲンジッチョク きわめてつつしみ深く誠実で正しいこと。「―な人柄」類謹厳温厚・謹厳重厚

【謹告】キンコク 広告などの冒頭におく語。「つつしんでお知らせします」の意。

【謹上】キンジョウ 手紙のあて名のわきに書く語。「つつしんで差し上げます」の意。

【謹慎】キンシン ①行動を反省し、つつしむこと。「酒をやめて―しています」②出社や登校を禁止する罰。「自宅―」類禁足 ③江戸時代、一定期間、公用以外の武士の外出を禁止した刑罰。

【謹製】キンセイ 製造元がへりくだって記す語。「つつしんでお作りしました」の意。

【謹聴】キンチョウ ①相手の話をつつしんでまじめに聞くこと。類拝聴 ②演説会などで、聴衆が他の聴衆に静かに聞くことをうながす語。

【謹直】キンチョク つつしみ深く、正直でまじめなこと。きまじめ。

【謹勅・謹飭】キンチョク つつしみ深いこと。かしこまるさま。

【謹呈】キンテイ 物を贈るときに用いる語。「つつしんで差し上げます」の意。「著書を恩師に―した」

【謹む】つつしむ 敬意を表し、かしこまる。うやうやしくする。「―んで申し上げます」

キン【襟】(18) 衤13 常 準2 2263 365F 音キン(高) 訓えり (外)むね

筆順 ⺀(2) 衤 衤(7) 衤(9) 衤 襟(13) 襟(15) 襟(18)

意味 ①衣服のえり。「開襟」類衿(キン) ②むね。心の中。「襟懐」「胸襟」

下つき 開襟(カイキン)・胸襟(キョウキン)・宸襟(シンキン)

【襟】えり ①衣服の首回りの部分。カラー。「―を正す(ひきしまった気持ちになる)」②人の首の後ろの部分。くびすじ。表記「衿」とも書く。

【襟足】えりあし 頭の後ろ、えりくび付近の髪の生えぎわ。「―の美しい人」

【襟髪】えりがみ ①頭の後ろ、えりくび付近の髪。②くびすじ。えりくび。

【襟首】えりくび 首の後ろの部分。うなじ。くびすじ。「―をつかまれる」

【襟懐】キンカイ 心のなかで思っていること。胸のうち。考え。

【襟帯】キンタイ ①えりと、おび。②山や川に囲まれた要害の地。山をえりに、川をおびに見立てて言ったもの。「山河―」表記「衿帯」とも書く。

【襟度】キンド 人の意見などを受け入れられる心の広さ。類 度量

キン【覲】(18) 見11 1 7519/6B33 音 キン 訓 まみえる・あう

意味 まみえる。諸侯が天子にお目にかかる。あう。

下つき 参覲・朝覲 「覲礼」「朝覲」

【▲覲える】まみ-える お目にかかる。特に中国古代、秋に諸侯が天子にお目にかかる。

キン【▲謹】(18) 言11 9216/7C30 ▼謹の旧字(三六四)

キン【麕】(19) 鹿8 1 8343/734B 音 キン・クン 訓 のろ・くじか・むらがる

〔麇〕

意味 一 キン のろ。のろじか。くじか。シカ科の哺乳動物。 二 クン むらがる。あつまる。「麕集」類 群

【▲麕至】クンシ むらがってやって来ること。むらがり集まること。

【▲麕】のろ シカ科の哺乳動物。中国や朝鮮半島にすむ。シカより小さく角が短い。夏毛は赤褐色、冬毛は灰褐色。ノロジカ。季 冬

キン【★饉】(20) 食11 1 8128/713C 音 キン 訓 うえる

意味 うえる。うえ。作物の凶作。「飢饉」

下つき 飢饉・饑饉・凶饉

【▲饉える】う-える ひどく空腹になる。凶作で食べ物がなく苦しむ。また、うえて死ぬ。

キン【釁】(25) 酉18 1 音 キン 訓 ちぬる・ぬる・すきま・きず・きざし

〔舋〕 7855/6E57

意味 ①ちぬる。ぬる。いけにえの血を鐘や器にぬって、魂を入れる。また、けがれを除く。②すき。すきま。ひび。なかたがい。「釁隙」「釁端」③きず。欠点。④きざし。兆候。

【▲釁隙】キンゲキ 物事のすきま。また、不和。仲たがい。

【▲釁端】キンタン 争いの糸口。不和のもと。仲たがいのはじまり。「―を啓く」

ギン【吟】(7) 口4 常 準2 2267/3663 音 ギン 訓 外 うたう・うめく

筆順

意味 ①うたう。詩歌を作る。「吟詠」「吟遊」②深く味わう。よくたしかめる。「吟味」③うめく。うなる。「呻吟」

下つき 閑吟・苦吟・詩吟・呻吟・朗吟

【△吟う】うた-う 声を長く引いて、詩歌を口ずさむ。吟唱する。

【吟詠】ギンエイ ①漢詩・和歌を節をつけてうたうこと。「漢詩の―が得意」類 朗詠・吟唱 ②漢詩・和歌を作ること。また、その詩歌。

【吟興】ギンキョウ 詩歌を作りたいと思う心が、次第に高まること。類 詩興

【吟行】ギンコウ ①詩歌を口ずさみながら歩くこと。②和歌・俳句を作るために、景観のよい名所などに出かけること。「―に参加する」

【吟唱】ギンショウ 詩歌を節をつけてうたうこと。書きかえ「吟誦」の書きかえ字。

【吟▲誦】ギンショウ ▼書きかえ 吟唱

【吟▲嘯】ギンショウ ①声を長く引いて詩歌をうたうこと。②嘆き悲しんで声をあげること。類 嘆声

【吟醸】ギンジョウ 吟味した原料を用いて酒・醤油などを醸造すること。「―酒」

【吟じる】ギン-じる ①詩歌を声に出してうたう。口ずさむ。②詩歌などを作る。

【吟味】ギンミ ①内容・質などを念入りに調べること。「情報の質を―する」「―与力」類 詮議 ②罪のあるなしを問い調べること。

【吟遊詩人】ギンユウシジン 中世のヨーロッパで、フランスを中心に各地をめぐり歩き、自作の詩を吟唱・朗読した叙情詩人。

ギン【垠】(9) 土6 1 5223/5437 音 ギン 訓 かぎり・さかい・きし

意味 ①かぎり。はて。さかい。類 圻 ②きし。ほとり。類 沂

ギン【崟】(11) 山8 1 5432/5640 音 ギン 訓 たかい・みね

意味 ①たかい。高くけわしいさま。「崟崟」②みね。

ギン【銀】(14) 金6 教 常 8 2268/3664 音 ギン 訓 外 しろがね

筆順

意味 ①ぎん。しろがね。金属元素の一つ。「銀箔」「銀杯」②ぎんに似た輝きのある白色。「銀河」「銀幕」③貨幣。おかね。「銀貨」「銀行」④将棋の駒の一つ。「銀将」

下つき 金銀・純銀・水銀・賃銀・白銀・労銀・路銀

【〈銀▲杏〉】いちょう イチョウ科の落葉高木。中国原産。街路樹に多用される。葉は扇形で、秋に黄葉し美しい。実は「ぎんなん」と呼ばれ、食用。由来「銀杏」は漢名より。実がアンズ(杏)に似ることから。表記「鴨脚樹・公孫樹」とも書く。

【〈銀▲杏〉返し】いちょうがえし 江戸時代末期から大正時代に流行した女性の髪形。束ねた髪を左右二つに分けて輪をつくり、イチョウの葉の形に結ったもの。

【銀△子】インツウ 中国から渡来した金銀。転じて、かね。金銭。表記「員子」とも書

く。参考「ギンス」と読めば銀の貨幣の意もある。

【銀貨】ギンカ 銀を主成分として鋳造した貨幣。銀貨幣。

【銀河】ギンガ 夜空に光の川のように見える星の集まり。あまのがわ。類銀漢 季秋

【銀灰色】ギンカイショク 銀色がかった灰色。シルバーグレイ。

【銀漢】ギンカン あまのがわ。類銀河 季秋

【銀鉱】ギンコウ ①銀を含む鉱石。②銀の出る鉱山。類銀山・銀脈

【銀婚式】ギンコンシキ 結婚して二五年目を祝う式。「叔父(おじ)夫婦は—を迎えた」

【銀世界】ギンセカイ 一面雪におおわれて、白一色になった景色。季冬

【銀兎】ギント 月の異称。月にウサギがすむという中国の伝説から。

【銀杏】ギンナン ①イチョウの別称。②イチョウの実。悪臭のある外皮を取り去り食用にする。季秋

【銀箔】ギンパク 銀をたたいて紙のように薄くのばしたもの。「—を貼(は)る」

【銀盤】ギンバン ①銀で作った皿や盆。②氷の表面。スケートリンク。「—の女王」

【銀宝】ギンポ ニシキギンポ科の海魚。沿岸に分布。体は細長く、平たい。淡い褐色に斑紋(ハンモン)がある。背びれが頭から尾びれの基部まで連なる。てんぷらにして食べる。ウミドジョウ。季春

【銀幕】ギンマク ①白い映写用の幕。スクリーン。②映画。映画界。「—の女王」

【銀翼】ギンヨク ①飛行機のつばさ。「—を連ねて飛び去った」②飛行機。類①②鵬翼(ホウヨク)

【銀鱗】ギンリン ①銀色のうろこ。②波間に光って見える魚。「渓流に躍る—」

【銀嶺】ギンレイ 雪が積もって、銀色に照り輝く山のみね。

〈銀魚〉しらうお シラウオ科の海魚。由来「銀魚」は漢名から。▼鱠残魚(しらうお)(一八七)

【銀】しろがね ①銀(ギン)。対銅(あかがね)・鉄(くろがね)・黄金(こがね) ②銀貨(ギンカ)。③「銀色(しろがねいろ)」の略。銀色。参考白色の金属の意。

ギン【憖】(16) 心12 1 5659 585B 音ギン 訓なまじ・なまじい・なまじいに・しいて

意味 なまじ。なまじいに。気が進まないのに無理して。しいて。

【憖】なまじ ①中途半端なさま。「—の気持ちでボランティアはできない」②できもしないのに。無理に。しないほうがかえってよいさま。なまじっか。「—情けをかけたばかりに」「—口出しして後悔する」参考「生強(なまじい)」の意。「なまじい」とも読む。

ギン【齦】(21) 歯6 1 8385 7375 音ギン・コン 訓はぐき・かむ

意味 ①はぐき(歯茎)。「齦齦」②かむ。

下つき 歯齦(シギン)

【齦】はぐき 歯の根本を包む肉。表記「歯茎」とも書く。参考「齦」は、歯のあとをつけてかむ意。

く久 ク久

ク【九】(2) 乙1 教 2269 3665 ▼キュウ(二九九)

ク【久】(3) ノ2 教 2155 3557 ▼キュウ(三〇〇)

ク【口】(3) 口0 教 2493 387D ▼コウ(四六八)

ク【工】(3) 工0 教 2509 3929 ▼コウ(四七一)

ク【公】(4) 八2 教 2488 3878 ▼コウ(四七一)

ク【区】(4) 匚2 教 常 8 2272 3668 音ク 訓

旧字《區》(11) 匚9 1/準1 5031 523F

筆順 一 フ ヌ 区

意味 ①分ける。くぎる。しきりをする。「区画」「区別」②分けられた部分。しきられた場所。「区域」「学区」③まちまちであるさま。小さいさま。「区区」④行政上のくぎり。「市区」

下つき 学区(ガック)・管区(カンク)・市区(シク)・地区(チク)

【区域】クイキ 区切りをつけた一定の範囲。「—を分担してパトロールする」「水泳禁止—」類領域・地域

【区画】クカク 土地などにしきりをつけて分けること。また、その場所。「—整理」「行政—」書きかえ「区劃」の書きかえ字。

【区劃】クカク ▼書きかえ 区画

【区区】クク ①それぞれがばらばらで、まとまりがないさま。「見解が—に分かれる」「評価は—として定まらない」類個個・別別 ②小さくて取るにたりないさま。「—たる日々の問題」参考①「まちまち」とも読む。

【区分】クブン ①区切って分けること。「土地を—する」②ある性質・種類などで分けること。分類。「テーマごとに—する」

【区別】クベツ ①あるものと他のものとのちがい。「男と女の—がつかない」類差異 ②ちがいによって分けること。類類別・区分

〈区区〉まちまち 物事や見解などがそれぞれ異なること。「意見が—で収拾がつかない」参考「クク」とも読む。

ク【孔】(4) 子1 常 2506 3926 ▼コウ(四七三)

ク【功】(5) 力3 教 2489 3879 ▼コウ(四七四)

ク【句】(5) 口2 教 常 6 2271 3667 音ク 外コウ 訓外あたる・まがる

筆順 ノ勹勺句句

意味 一ク ①言葉や文章のひとくぎり。「句点」「語句」②詩歌の構成単位。「起句」「結句」③「俳句」の略。「句会」「句集」二コウ ①あたる。任務にあたる。類勾 ②ま(曲)がる。かがむ。

下つき 一佳句・起句・狂句・禁句・警句・結句・語句・字句・成句・絶句・選句・対句・俳句・発句・文句・連句

【句読点】 クトウテン 句点「。」と読点「、」。文章中の切れ目で、文を読みやすくするための符号。「―を正しくつける」

ク **【吁】** (6) 口 3 1 5062 525E 音 ク・キョ 訓 ああ・なげく

意味 ①ああ。なげき・うれい・おどろきなどのとき発する声。②なげく。うれえる。

【吁】 ああ なげき・驚き・疑いなどを感じたときの声。嘆声をあらわす擬声語。

ク **【佝】** (7) 亻 5 1 4840 5048 音 ク・コウ 訓 おろか

意味 ①背の曲がっていること。また、背の曲がった人。類傴 ②おろか。

【佝僂病】 クルビョウ ビタミンDの欠乏によって、背骨や手足の骨の発育に障害が起こる病気。

ク **【劬】** (7) 力 5 1 5002 5222 音 ク・グ 訓 つかれる

意味 つかれる。苦労する。「劬劬」「劬力」

【劬劬】 クク いそがしく苦労するようす。せっせと働くようす。

【劬労】 クロウ 苦労して働くこと。ほねおり疲れること。つかれきること。「母子―す」

【劬れる】 つかれる 苦労してくたびれる。働きすぎてつかれる。

ク **【吼】** (7) 口 4 1 5067 5263 音 ク・コウ 訓 ほえる

意味 ほえる。大声で叫ぶ。「吼号」類哮

下つき 獅子吼

【吼える】 ほえる ①獣などが大声で鳴く。②大声で叫ぶ。わめきたてる。

ク **【究】** (7) 穴 2 教 2170 3566 ▼キュウ(三〇五)

ク **【供】** (8) 亻 6 教 2201 3621 ▼キョウ(三三〇)

ク **【狗】** (8) 犭 5 準1 2273 3669 音 ク・コウ 訓 いぬ

意味 いぬ。こいぬ。また、いやしいもののたとえ。「狗肉」「走狗」

下つき 走狗・天狗・屠狗・良狗

【狗】 いぬ ①イヌ科の哺乳動物。愛玩用の小さいイヌ。②いやしいものや手先となってつかわれるもののたとえ。

〈狗母魚〉 えそ エソ科の海魚の総称。ふつう分布。体は細長く、鋭い歯がある。背面は黄褐色。上等なかまぼこの原料。季夏 由来「狗母魚」は漢名から。表記「鱛」とも書く。

【狗】 えのこ イヌの子。子犬。えのころ。表記「犬子・犬児」とも書く。

〈狗尾草〉 えのころぐさ イネ科の一年草。道端に自生。夏、緑色の花穂をつける。ネコジャラシ。季秋 由来「狗尾草」は漢名より。花穂がこいぬ(狗)の尾に似ていることから。

【狗鼠】 クソ ①イヌとネズミ。②いやしい人間、つまらない人間のたとえ。

【狗盗】 クトウ こそどろ。こぬすびと。「鶏鳴―(小策を弄する人)」由来 イヌの忍び足のように忍びこむ盗人の意から。

【狗馬の心】 クバのこころ 君主など上位の者への忠誠の心をへりくだっていう語。「狗馬」はイヌやウマのようにいやしい者の意。《『漢書』》 参考「狗馬」は「犬馬」ともいう。

【狗尾続貂】 クビゾクチョウ 劣った者がすぐれた者のあとを続けるたとえ。もとは官爵を乱発することをののしる語。故事 中国、晋代、趙王倫の一族がみな高位に登り、冠に飾りつける貂の尾が不足し、当時の人がこのままだとイヌの尾を飾りにつけるほかないとののしったことから。《『晋書』》

〈狗舌草〉 さわおぐるま キク科の多年草。山野の湿地に自生。葉はへら形。初夏、キクに似た黄色い頭花が咲く。由来「狗舌草」は漢名からの誤用。表記「沢小車」とも書く。

ク **【苦】** (8) 艹 5 教 常 8 2276 366C 音 ク 訓 くるしい・くるしむ・くるしめる・にがい・にがる 外 にがな・はなはだ

筆順 一十廾廾芒芒苦苦

意味 ①くるしい。くるしむ。「苦境」「苦痛」「四苦」②にがな。キク科の多年草。③にがい。にがにがしく思う。「苦言」「苦笑」④つとめる。ほねをおる。「苦学」「苦心」対 ①④楽 ⑤はなはだ。ひどく。「苦求」

下つき 甘苦・寒苦・業苦・刻苦・困苦・四苦・辛苦・八苦・病苦・貧苦・労苦

【苦役】 クエキ ①つらい肉体労働。②裁判で刑を受けた者が労役に服すること。懲役。

【苦海】 クカイ 仏苦しみの絶えないこの世。苦しみを海にたとえていう語。苦界。

【苦界】 クガイ ①仏苦しみの絶えないこの世。人間界。現世。苦海。②遊女の境遇。「―に身を落とす」

【苦学】 クガク 苦労して学ぶこと。働いて学資を稼ぎながら勉強すること。「―して大学を卒業する」

【苦学力行】 クガクリッコウ 生活に苦労しながら学問にはげむこと。参考「力行」は「リキコウ」とも読む。

【苦寒】クカン ①一年中で最も寒い季節。陰暦一二月の異名。②寒さに苦しむこと。③貧苦にあえぐこと。

【苦諫】クカン 目上の人を、苦言をもっていさめること。目上の人に対して、言いにくいことをはっきり言っていさめること。

【苦況】クキョウ 事業・仕事などの、苦しい状況。「―を脱する」

【苦境】クキョウ 追いつめられて、苦しく困難な環境。苦しい立場や境遇。「―に立たされる」類逆境・窮地

【苦行】クギョウ ①仏悟りを開くため、断食など欲望を抑える苦しい修行に耐えること。また、その修行。「―僧」「難行―」②つらい仕事や行為。「毎日が―の連続だ」

【苦吟】クギン 苦心して詩歌や俳句などを作ること。また、その作品。「―の末の自信作を発表する」

【苦言】クゲン 厳しい忠告の言葉。耳が痛いが、ためになる忠言。「―を呈する」対甘言

【苦△患】クゲン 仏苦しい悩み。また、苦しみと悩み。苦悩。

【苦口婆心】クコウバシン 相手を気づかって幾度も繰り返して教えさとすこと。「苦口」は、いさめの言葉。「婆心」は老婆のような慈愛に満ちた心。

【苦汁】クジュウ にがい汁。「―を嘗（な）める(つらく苦しい経験をする)」参考「にがり」と読めば別の意になる。

【苦渋】クジュウ にがく渋いこと。転じて、思いどおりにならず苦しみ悩むこと。「―に満ちた青春時代」

【苦笑】クショウ にがにがしさをかくすために、無理に笑うこと。にがわらい。「大失態に思わず―をもらす」

【苦情】クジョウ 他から害を受けたことに対する不平や不満の気持ち。また、それを表した言葉。クレーム。「隣家から―が出る」

【苦心】クシン 物事を作り出したり解決したりしようと、心をくだいて努力し苦労すること。「―の末、完成した」

【苦心惨憺】クシンサンタン あれこれ心をくだいて苦労や工夫を重ねること。「惨憺」は心を痛めるさま。表記「惨憺」は「惨澹」とも書く。類粒粒辛苦・彫心鏤骨（チョウシンルコツ）

【苦△参】クジン 生薬の一つ。クララの根を乾燥させたもので、胃の薬とされる。参考「クシン」とも読む。「くらら」と読めば植物の名。

【苦節】クセツ 苦しみに負けず、自分の信念や初志などを曲げないこと。また、その心。「―二十年にしてやっと賞をとった」

【苦戦】クセン 不利な状態で、苦しみながら戦うこと。また、その戦い。「試合は序盤から―を強いられた」

【苦楚】クソ 苦しくつらいこと。辛苦。参考「楚」は棒で打たれるつらさの意。

【苦衷】クチュウ 苦しい心のうち。つらさ。辛苦。「友の―を察する」

【苦痛】クツウ 肉体や精神で感じる、苦しみや痛み。「人前でスピーチするのは―だ」

【苦闘】クトウ ①相手の強さに、苦しみながら戦うこと。苦戦。「悪戦―しながらも勝利した」②困難に負けまいと必死に闘うこと。

【苦難】クナン 苦しみや困難。「独立への―を極めた歴史」

【苦肉の計】クニクのケイ 苦しまぎれの手段や方法のこと。「苦肉」は自分の身を傷つけ、苦しめること。敵をあざむくため自分の身をわざと傷つけたのち敵陣に逃亡し、敵の事情を探ろうとする計略の意。《『三国志演義』》参考「計」は「策」ともいう。

【苦悩】クノウ 精神的に苦しみ悩むこと。「―に満ちた人生」

【苦杯】クハイ にがい酒を入れたさかずきの意から、にがい体験。苦しい経験。「新人戦は初戦で―を嘗（な）めた」

【苦は楽の種】クはラクのたね 今の苦しさは、のちの楽しさのもとになるということ。参考「楽は苦の種、苦は楽の種」という。

【苦悶】クモン 苦しみもだえること。「急な腹痛に―の表情を浮かべる」

【苦楽】クラク 苦しみと楽しみ。苦しいことと楽しいこと。「―を共にする」「―は生涯の道連れ」

〈苦参〉くらら マメ科の多年草。山野に自生。夏、黄色の蝶（チョウ）形花を総状につける。根は漢方薬にする。季秋 由来「苦参」は漢名より。和名は、根汁が「くらくら」するほどにがいことから。参考「クジン」と読めば薬の名。

【苦慮】クリョ 事のなりゆきを心配し、いろいろ考えること。「対応に―する」

【苦しい】くるしい ①心や体が疲れたり痛んだりしてつらい。「―い胸の内」②無理があるさま。困窮しているようす。「―い返答」「財政が―い」③…しにくい。…するのがつらい。「見―い」「寝―い」

『苦しい時の神頼み』日ごろ神仏を信仰していない者が、苦境に立つと神仏の加護を願うこと。

【苦し紛れ】くるしまぎれ 苦しさのあまりに行うこと。「―の嘘（うそ）を思いつく」

【苦しむ】くるしむ ①肉体に痛みを感じる。「持病に―む」②思い悩む。つらい思いをする。「重税に―む」③困る。窮する。「理解に―む」

【苦労】クロウ 精神的や肉体的に苦しみ、あれこれ努力すること。ほねおり。「―は出世のはしご」「―性」

【苦い】にがい ①舌にいやな味を感じる。「―い薬」②不快であるさま。おもしろくない。「―い顔をする」③つらい。くるしい。「―い思い出」

【〈苦棟樹〉・苦木】にがき ニガキ科の落葉小高木。山地に自生。枝や葉はにがく、その樹液を駆虫薬や健胃薬

にする。クボク。由来「苦楝樹」は漢名から。

【苦手】にがて ①扱いにくいさま。また、その相手。その物事。不得手(ふえて)。「—な人」②得意でないさま。また、「—な分野」類不得意

【苦菜】にがな キク科の多年草。山野に自生。夏、黄色い頭花を多数つける。茎や葉は切ると苦い乳液が出る。表記「黄瓜菜」とも書く。

【苦虫】にがむし かめばにがいだろうと思われる虫。「—を嚙(か)みつぶしたような顔(不愉快な、にがにがしい表情)」

【苦艾】にがよもぎ キク科の多年草、あるいは亜低木。ヨモギに似るが芳香とにがみがある。葉及び花は生薬の苦艾(クガイ)。

【〈苦汁〉・〈苦塩〉】にがり 海水から食塩をとった残りのにがい液。塩化マグネシウムを主成分とし、豆腐の凝固剤などに用いる。にがしお。表記「滷汁」とも書く。参考「苦汁」は「クジュウ」と読めば別の意になる。

【苦る】にがーる 不愉快な顔をする。にがにがしいようすになる。「エラー続出に—る監督」

【〈苦菜〉】のげし キク科の二年草。道端に自生。葉や茎を切ると乳液が出る。春から夏、黄色の頭花をつける。ケシアザミ。由来「苦菜」は漢名から。表記「野芥子・野罌粟」とも書く。

【〈苦竹〉】まだけ イネ科のタケ。古く中国から渡来し各地に野生。竹の子は食用。材は細工・建築用。由来「苦竹」は漢名から。表記「真竹」とも書く。参考「にがたけ・クチク」とも読む。

ク【枸】(9) 木5 1 5946/5B4E 音 ク・コウ 訓 からたち・くこ・まがる

意味 ①ミカン科の落葉低木「枸橘(からたち)」、ナス科の落葉小低木「枸杞(クコ)」に用いられる字。②まがる。枝がまがる。

【〈枸橘〉】からたち ミカン科の落葉低木。▼枳殻(からたち)(二六七)

【枸杞】クコ ナス科の落葉小低木。夏、淡紫色の花が咲き、赤い実を結ぶ。若葉は食用。実は薬用。季春 参考「コウキ」とも読む。

【〈枸榾〉】ひいらぎ モクセイ科の常緑小高木。由来「枸榾」は漢名から。▼柊(ひいらぎ)(六八七)

ク【紅】(9) 糸3 教 2540/3948 ▼コウ(四九二)

ク【★倶】(10) 亻8 準1 1401/2E21 音 ク・グ 訓 ともに

〔俱〕 2270/3666

意味 ①つれだつ。ともに。みないっしょに。「倶存」「倶発」②梵語(ボン)・外国語の音訳に用いられる。「倶利迦羅(クリカラ)」「倶楽部(クラブ)」

【倶伎羅】クキラ インドにすむ鳥。▼拘耆羅(クキラ)(四八七)

【倶舎】クシャ 仏 ①仏教のいっさいの教義を収めたもの。梵語(ボン)の音訳で、包み収める意。②「倶舎宗」の略。日本の仏教八宗の一つで、仏典の倶舎論をもとにする小乗仏教。

【倶生神】クショウジン 仏 人間の誕生から死までその人の肩に乗って行動を記録し、それを閻魔(エンマ)王に報告するという神。もとはインドの神。

【〈倶楽部〉】クラブ 同じ目的や趣味をもつ人々が作った団体。また、その集会所。「記者—」参考「倶楽部」は英語の音訳で、「倶(とも)に楽しむ部」の意に当てたもの。

【倶利迦羅・倶梨伽羅】クリカラ 仏「倶利迦羅竜王」の略。不動明王の化身。岩の上の不動明王の剣に竜がまきつき、火炎におおわれた姿で表される。「—紋紋(倶利迦羅もようの入れ墨)」由来「竜」の意の梵語(ボン)に漢字を当てたもの。

【倶に】ともーに みな。そろって。一緒に。「—遊び—学ぶ」

ク【宮】(10) 宀7 教 2160/355C ▼キュウ(三〇八)

ク【庫】(10) 广7 教 2443/384B ▼コ(四五五)

ク【栩】(10) 木6 1 5959/5B5B 音 ク 訓 くぬぎ

意味 ①くぬぎ。ブナ科の落葉高木。②「栩栩然」は自由で愉快なさま。

【栩】くぬぎ ブナ科の落葉高木。▼櫟(くぬぎ)(一六〇一)

【〈栩板〉】とちいた 社殿や能舞台などの屋根を葺(ふ)くのに用いる板。

ク【矩】(10) 矢5 準1 2275/366B 音 ク 訓 さしがね・のり

旧字《矩》(10) 矢5 1/準1

意味 ①さしがね。直角の形の定規。かねじゃく。「矩尺」対規 ②四角形。「矩形」③のり。おきて。きまり。「矩度」

下つき 規矩(キク)・鉤矩(コウク)・縄矩(ジョウク)

【矩差】かねざし「矩尺(かねジャク)①」に同じ。

【矩計り】かねばかり 建物の各部の高さを正しく示す断面図。

【矩勾配】かねコウバイ 建築で、四五度の傾き。

【矩尺】かねジャク ①直角に折れ曲がった金属製のものさし。建築や木工などで用いる。かねざし。まがりじゃく。さしがね。②①が用いている長さの単位。単に尺ともいう。一尺は約三〇・三センチメートル。表記「曲尺」とも書く。

【矩形】クケイ 長方形。すべての角が直角で正方形以外の四辺形。参考「さしがた」とも読む。

【矩】さしがね「矩尺(かねジャク)①」に同じ。表記「差金・指矩」とも書く。

【矩】のり 守るべき法則。おきて。「七十にして—を踰(こ)えず(道を外れない)」《論語》

ク【貢】(10) 貝3 常 2555 3957 ▼コウ（四九八）

ク【▲區】(11) 匸9 5031 523F ▼区の旧字（三六六）

ク【△惧】(11) 忄8 常 5592 577C ▼グ（三七一）

ク【煦】(13) 灬9 1 6372 5F68 音 ク 訓 あたためる・あたたかい・めぐむ

意味 ①あたためる。あたたかい。めぐむ。「煦育」「煦嫗ク」②ひかり。日の光。

下つき 恩煦オン・吹煦スイ・和煦ワ

【▲煦める】あたためる ①蒸気であたためる。むす。②なさけをかける。めぐむ。

【▲煦▲煦】クク ①日の光などが、ぽかぽか暖かいさま。②穏やかで恵み深いさま。恵みをかけるさま。

ク【▲鴝】(13) 鳥2 4023 4837 ▼キュウ（三一二）

ク【嶇】(14) 山11 1 5447 564F 音 ク 訓 けわしい

意味 ①けわしい。山道などのけわしいさま。②あやうい。苦しむ。なやむ。

下つき 崎嶇キ

ク【駆】(14) 馬4 常 4 2278 366E 音 ク 訓 かける・かる 外 おう

旧字《驅》(21) 馬11 1/準1 8160 715C

筆順 5 10 駆

意味 ①かける。ウマが走る。ウマに乗って走る。「駆動」「疾駆」「先駆」②かる。かりたてる。おう。追いはらう。「駆使」「駆除」

下つき 疾駆シッ・先駆セン・前駆ゼン・馳駆チ・長駆チョウ

【駆け引き】かけひき 交渉などで自分が有利になるように、相手の出方や状況に応じて態度を変えること。「商売の―がうまい」由来 戦場で、時機を見て兵を進めたり退かせたりすることに用いた言葉から。

【駆ける】かける ①ウマに乗って走る。「大草原を馬が―ける」②速く走る。「子どもが全速力で校庭を―ける」表記「駈ける」とも書く。

【駆り立てる】かりたてる ①獣などを追い立てる。②人をうながして行動させる。また、無理に行かせる。「創作意欲を―てる」「戦場に―てる」表記 ①「狩り立てる」とも書く。

【駆る】かる ①獣などを追い立てる。②走らせる。「馬を―る」③多くは受身で用いて、せきたてられる。「不安に―られて眠れない」表記「駈る」とも書く。

【駆使】クシ ①自由に使いこなすこと。「最新の技術を―する」②人を追い立てて使うこと。こき使うこと。「従業員を―する」

【駆除】クジョ 害虫などを殺したり追い払ったりして、取り除くこと。「シロアリの―」

【駆潜艇】クセンテイ 敵の潜水艦を爆撃で追い払うための小型の快速艇。

【駆逐】クチク 敵の勢力などを追い払うこと。「悪貨は良貨を―する」

【駆虫剤】クチュウザイ ①害虫を退治する薬。殺虫剤。「―を散布する」②腸内の寄生虫を取り除く薬。虫くだし。「―を服用する」

【駆動】クドウ 動力を与えて機械を動かすこと。「四輪―の車で林道を登った」

ク【駈】(15) 馬5 準1 2279 366F 音 ク 訓 かける・かる

意味 ①かける。ウマが走る。ウマに乗って走る。②かる。かりたてる。追いはらう。

ク【△駒】(15) 馬5 常 2280 3670 ▼こま（五三二）

ク【窶】(16) 穴11 1 6764 6360 音 ク・ロウ 訓 やつれる・やつす・まずしい

意味 ⊟ク ①やつれる。やつす。「貧窶」②まずしい。くるしむ。⊟ロウ「甌窶オウロウ」は、塚。小さな丘。

下つき ⊟貧窶ヒン ⊟甌窶オウロウ

【▲窶す】やつす ①姿をみすぼらしく、また、目立たないように変える。「修行僧に身を―す」②やせるほど思い悩む。「恋に身を―す」

【▲窶れる】やつれる ①やせおとろえる。「―れ果てた姿」②みすぼらしくなる。

ク【瞿】(18) 目13 1 6658 625A 音 ク 訓 みる・おそれる

意味 ①みる。目を見はる。②おどろく。おそれる。「瞿瞿」「瞿然」類 懼ク

【▲瞿れる】おそれる 驚きおそれ、ぎょっとする。表記「懼れる」とも書く。

【瞿然】クゼン 目を見開いて驚くさま。びっくりして顔色を変えるさま。

〈▲瞿麦〉せきちく ナデシコ科の多年草。由来「瞿麦」は漢名から。▼石竹セキチク（八七四）

〈▲瞿麦〉なでしこ ナデシコ科の多年草。由来「瞿麦」は漢名からの誤用。▼撫子なでしこ（一三三七）

【▲瞿る】みる ①にらみつける。②猛禽モウキンが獲物を求めて見回す。③驚きみる。

ク【★軀】(18) 身11 準1 9242 7C4A 音 ク 訓 からだ・むくろ

〔躯〕2277 366D

意味 ①からだ。み。むくろ。「軀幹」「体軀」②仏像を数える語。

下つき 身軀シン・体軀タイ・長軀チョウ・病軀ビョウ・矮軀ワイ

【▲軀】からだ 身体。胴体。むくろ。参考 折り曲げることのできる身みの意。

【▲軀幹】クカン からだ。からだの骨組み。特に、胴体。「―骨」

【▲軀体】クタイ ①からだ。②建造物の骨組みなど、全体を支える部分。

【▲軀】むくろ 「軀」に同じ。

ク【★懼】(21) 忄18 1 5686 5876 音 ク・グ 訓 おそれる・おどろく

意味 おそれる。おどろく。おじける。つつしむ。「恐懼」 類 惧

下つき 畏懼・危懼・恐懼

【▲懼れる】おそ−れる 驚きびくびくする。おじけ、こわがる。

ク【▲驅】(21) 馬11 8160 715C ▼駆の旧字(三七〇)

ク【衢】(24) 行18 1 7445 6A4D 音 ク 訓 みち・ちまた・わかれみち

意味 ①みち。ちまた。広いよつつじ。「衢巷」 ②えだ。わかれみち。

下つき 街衢・九衢・広衢・交衢・康衢

【▲衢】ちまた 四方に通じる大通り。よつつじ。表記「巷」とも書く。参考「みち」とも読む。

【▲衢】みち 「衢」に同じ。

グ【▲弘】(5) 弓2 2516 3930 ▼コウ(四七六)

グ【△求】(7) 水2 教 2165 3561 ▼キュウ(三〇四)

グ【具】(8) ハ6 教 常 8 2281 3671 音 グ 訓 外 そなわる・そなえる・つぶさに・つま

筆順 丨 冂 月 月 目 旦 具 具

意味 ①そなわる。そなえる。「具眼」「具備」 ②そろっているもの。そなえつけの器物。「玩具」「道具」 ③そろい。器物を数える助数詞。 ④くわしい。つぶさに。「具現」「具申」

下つき 雨具・家具・金具・玩具・器具・敬具・工具・寝具・装具・建具・道具・農具・仏具・文具・防具・夜具・用具

【具合】グあい ①物事の状態や調子。また、健康の状態。「機械の−がよい」 ②やり方。方法。「こんな−に進めよう」 ③体裁。都合。「その格好では−が悪い」 表記「工合」とも書く。

【具眼】グガン 物事の善悪を見分ける眼をもっていること。見識があること。「−の士と尊敬される」

【具現】グゲン 具体的に、また、実際に表すこと。また、現れること。「計画を−する」

【具象】グショウ 目や耳で見たり聞いたりできる、はっきりした姿や形を備えていること。具体。「−画」 対 抽象

【具申】グシン 上の人に意見や事情などを詳しく申し述べること。類 上申・進言

【具する】グ−する ①そなえる。そろえる。 ②連れて行く。連れ立つ。「供を−する」 ③申し述べる。「自説を−する」

【具足】グソク ①物事が十分にそなわっていること。「必要な条件を−している」 ②道具や器具の総称。特に、甲冑。

【具体】グタイ 確かめられる姿や形をそなえていること。具象。「−的な考え」 対 抽象

【具陳】グチン 詳しく述べること。「事故の状況を−する」

【具備】グビ 必要なものが十分にそろっていること。「指導者の素質を−している」

【具有】グユウ 性質や資格や能力などをそなえもつこと。「広い知識を−する」

【△具わる】そな−わる 必要なものなどがそろっている。完備する。

【△具に】つぶさ−に もれなく。ことごとく。「現場を−見て回る」

グ【禺】(9) 内4 1 6728 633C 音 グ・グウ 訓 おながざる

意味 ①おながざるの一種。 ②でく。人形。 ③すみ。はじ。類 隅

グ【△紅】(9) 糸3 教 2540 3948 ▼コウ(四九二)

グ【惧】(11) 忄8 常 2 5592 577C 音 グ 外 ク 訓 外 おそれる

筆順 丶 忄 忄 怇 怞 惃 惃 惧 惧 惧

意味 おそれる。おどろく。「危惧」 類 懼

グ【△救】(11) 攵7 教 2163 355F ▼キュウ(三〇八)

グ【愚】(13) 心9 常 3 2282 3672 音 グ 訓 おろか

筆順 冂 日 旦 月 禺 禺 禺 禺 愚 愚

意味 ①おろか。つまらない。「愚鈍」「衆愚」 対 賢 ②自分に関係する事柄につけて謙譲の意を表す語。「愚見」「愚弟」

下つき 暗愚・頑愚・賢愚・衆愚・大愚・痴愚・凡愚・庸愚

【愚か】おろ−か 才知のはたらきが鈍いさま。考えが足りないさま。ばかげていること。「−な失敗を繰り返すな」

【愚挙】グキョ 考えの足りない、ばかげた行いや企て。「−に出る」

【愚見】グケン ①おろかな意見。 ②自分の意見の謙称。「−を申し上げる」

【愚考】グコウ ①おろかな考え。 ②自分の考えの謙称。「−を巡らす」

【愚公山を移す】グコウやまをうつす 根気よくひたすら努力すれば、最後には成功するという教え。故事 愚公は二つの山の北に住んでおり、不便なのでこの山を移そうとして周囲に嘲笑されたが、子孫の代までかければできると山を崩しにかかった。天帝はこれに感じて山を移してやったという故事から。《列

子』

【愚妻】グサイ 自分の妻を謙遜(ケンソン)していう語。類荊妻(ケイサイ)

【愚作】グサク ①くだらない作品。つまらない作品。②自分の作品の謙称。類①②拙作

【愚者】グシャ おろかもの。ばかもの。対賢者

〖愚者も一得(イットク)〗おろかな者でも、たまにはすぐれた考えをすることがあるということ。自分の意見を述べるときに謙遜(ケンソン)していう言葉。「得」は得失の得で、得ること。〈史記〉参考「愚者も千慮に一得あり」ともいう。対千慮の一失・知者の一失

【愚図】グズ 動作や判断がにぶいこと。また、そういう人。のろま。「―で仕事が遅れる」参考「愚図」は当て字。

【愚図つく】グズーつく ①態度や状態などがはっきり定まらない。「ここ二、三日天気が―いている」②赤ん坊や幼児などが不機嫌で泣いたり、だだをこねたりする。愚図る。

【愚図る】グズーる ①ぐずぐず不平を言う。機嫌が悪く、だだをこねる。むずかる。「赤ちゃんが―って泣く」②言いがかりをつける。

【愚生】グセイ 男性が用いる自分の謙称。手紙などで使用する。小生。類拙生

【愚息】グソク 自分の息子を謙遜(ケンソン)していう語。「―の指導をよろしく」類豚児(トンジ)

【愚痴】グチ ①言っても仕方ないことをくどくど言ってなげくこと。また、その言葉。泣き言。「今更―をこぼすな」②仏物の道理を理解する能力がないこと。

【愚直】グチョク おろかしいほど正直で、融通のきかないこと。ばか正直。「―さを買われての起用」

【愚痴る】グチーる ぐちをこぼす。泣きごとを言う。「―っても仕方がない」

【愚弟】グテイ ①おろかな弟。②自分の弟を謙遜(ケンソン)していう語。対①②愚兄

【愚禿】グトク ①おろかな僧の意から、僧が自分をいう謙称。②親鸞(しんらん)の自称。参考「禿」は、はげ頭の意。

【愚鈍】グドン おろかでにぶいこと。頭の回転も行動もにぶく、間が抜けていること。のろま。類魯鈍(ロドン)

【愚物】グブツ おろかもの。知能・思慮の足りない人。愚人。

【愚昧】グマイ おろかで道理のわからないこと。また、その人。類愚蒙(グモウ)

【愚民】グミン 判断する力のない、おろかな民衆。「―政策」

【愚問】グモン おろかな質問。つまらない質問。「―を発する」対愚答

〖愚問愚答(グモングトウ)〗実りのないつまらない問答のこと。

【愚劣】グレツ おろかで、おとっていること。また、ばかげていて、価値のないこと。「―な行為は慎むべきだ」

【愚連隊】グレンタイ 盛り場などをうろつき、ゆすりやたかりなどをする不良の集まり。参考「ぐれる」と集団の意の「連隊」をつないだもので「愚連」は当て字。

【愚弄】グロウ 人をばかにして、からかうこと。「人を―するにも程がある」「市民を―するような発言」

【愚論】グロン ①おろかな論説。つまらない議論。②自分の意見や論説の謙称。「―を述べさせていただく」

グ【△虞】(13) 虍7 常 2283 3673 ▼おそれ(二一四)

グ【颶】(17) 風8 1 8107 7127 音グ 訓つむじかぜ

意味 つむじかぜ。おおかぜ。はやて。「颶風」

【颶風】グフウ ①強風や暴風。②熱帯地方に発生する暴風雨。台風やハリケーンなど。参考古い気象用語。

グ【麌】(18) 鹿7 1 8341 7349 音グ・ゴ 訓おじか

意味 おじか(牡鹿)。

くい【▲杙】(7) 木3 5927 5B3B ▼ヨク(一五三八)

くい【▲杭】(8) 木4 2526 393A ▼コウ(四八八)

くいる【悔いる】(9) 忄6 常 1889 3279 ▼カイ(一七三)

クウ【空】(8) 穴3 教 常 10 2285 3675 音クウ 訓そら・あく・あける・から 外うつろ・すく・うつける・むなしい・あな・うろ

筆順 丶 丷 宀 宂 穴 穵 空 空

意味 ①そら。大気。「空気」「虚空」②から。中身がない。うつろ。「空位」「空腹」③むなしい。むだ。「空虚」「空費」④あな。つきぬけたあな。⑤航空に関すること。「空港」「防空」

下つき 架空(カクウ)・滑空(カックウ)・航空(コウクウ)・虚空(コクウ)・真空(シンクウ)・制空(セイクウ)・対空(タイクウ)・滞空(タイクウ)・中空(チュウクウ)・天空(テンクウ)・防空(ボウクウ)

【空き△店】あきだな ①人の住んでいない店。また、商売していない店。②人の住んでいない家。あき家。貸家。表記「明き店」とも書く。

【空く】あーく ①何もない、また、使われない状態になる。「席が―く」「手が―く」「引越しで隣が―く」②なかがからになる。「コップが―く」③欠員が生じる。「社内のポストが一つ―いた」

【空ける】あーける ①隔てを取り除く。「板に穴を―ける」②あきをつくる。「席を―ける」「皿を―ける」③暇にする。「時間を―ける」④留守にする。「海外旅行で家を―ける」

【△空柱】うつばしら 雨水を通すためになかを空洞にした柱。箱樋(はこどい)。

【△空木】うつぎ ユキノシタ科の落葉低木。山野に自生。初夏、鐘形の白い五弁花を多数つける。材はかたく、木釘(くぎ)や楊枝(ヨウジ)にする。ウノハ

ナ。カキミグサ。由来幹のなかが空（から）であることから。表記「卯木・楊櫨木」とも書く。

【△空ける】うつ−ける ①なかが空（から）になる。②魂が抜けたようにぼんやりする。

【△空▲蝉】うつせみ ①セミの抜け殻。季夏 ②セミの別称。③現世に生きる人。現世。表記③「現人・現身」とも書く。

【〈空五倍子〉・〈空▲柴〉】うつぶし ヌルデの若芽などに寄生虫がついてできるこぶ状のもの。タンニンを多く含み、染料やインクなどに用いる。昔は女性のお歯黒に用いた。五倍子（ふし）。由来中空であることから。

【△空穂】うつぼ 矢を入れて腰や背につける筒形の道具。表記「靫」とも書く。

【△空ろ】うつろ ①中身のないこと。からっぽ。②魂が抜けたようにぼんやりしていること。「眼が—になる」

【△空】うろ なかが空（から）になっているところ。空洞。ほら穴。「—のある老木」

【空】から ①なかに何もないこと。「—の箱」②中身がないさま。値打ちがないさま。見せかけであるさま。「—元気」「—威張り」

【空揚げ】からあげ 鶏肉などに、ころもをつけず小麦粉やかたくり粉を軽くまぶして油で揚げること。また、そのような料理。表記「唐揚げ」とも書く。

【空板】からいた 講釈師の前座が、客寄せのためにむやみに扇で見台（ケンダイ）を打つこと。また、その前座の人。転じて、見台の別称。

【空威張り】からいばり 実力もないのに、いばること。虚勢を張ること。

【空▲籤・空▲鬮】からくじ 何も当たらないくじ。はずれくじ。「—なしの福引」

【空元気】からゲンキ 見せかけの元気。表面だけ元気があるように見せること。「彼の明るさは—にすぎない」

【空茶】からチャ 茶請けがなくお茶だけを出すこと。また、そのお茶。

【空っ風】からっかぜ 乾燥した冷たい強風。からかぜ。「上州名物、嬶（かか）天下と—」表記「乾っ風」とも書く。

【空〈梅雨〉】からつゆ 梅雨の時期にあまり雨が降らないこと。「今年は—で稲の生育が悪い」類照り梅雨 季夏

【空手】からて ①何も持たないこと。素手。手ぶら。②中国から沖縄へ伝わった武術の一種。素手で身を守る。表記②「唐手」とも書く。

【空手形】からてがた ①商取引がないのに、資金調達のため発行する手形。融通手形。対実手形 ②実行されない約束。「—に終わる」

【空念仏】からネンブツ ①心が伴わず口先だけで唱える念仏。②実行が伴わず口先だけの主張。「公約は—に終わった」参考①「そらネンブツ」とも読む。

【空堀・空▲壕】からぼり 水のない堀。障害や通路として用いる。

【空身】からみ からだ一つ。手ぶらで同行者もいないこと。「—の気楽な旅」

【空位】クウイ ①国王の地位などがあいていること。また、その地位。②名ばかりで実質の伴わない地位。

【空▲豁・空▲闊】クウカツ 広々として開けているさま。

【空間】クウカン ①あいていて何もない所。スペース。②すべての方向への無限の広がり。「宇宙—」③哲学で、時間とともに世界を成立させる基礎形式。対時間

【空観】クウガン 仏事物はすべて仮のもので、実体をもつものではないという考え方。

【空閑地】クウカンチ 利用されていない土地。あき地。

【空虚】クウキョ ①なかに何もないさま。から。②価値や内容がなく、むなしいこと。「毎日毎日が—な生活だ」

【空空寂寂】クウクウジャクジャク 空虚で静寂なさま。煩悩などがなく、無心で執着しないさま。無我の境地。「空寂」を強調した語。もと仏教の語。

【空空漠漠】クウクウバクバク 果てしなく広いさま。また、とりとめなくぼんやりしたさま。「空漠」を強調した語。「漠漠」は広々としてはるかなさま。

【空▲閨】クウケイ 夫または妻のいない、寂しい寝室。空房。「—を守る」

【空隙】クウゲキ すきま。すき。心理的なことにもいう。「—を突いて攻める」

【空拳】クウケン ①こぶしだけで武器などを手にしないこと。素手。「徒手—」②自分一人で事にあたり、援助などを受けないこと。

【空言】クウゲン ①根拠のない話。いつわりの言葉。うそ。「—に惑わされる」類虚言 ②口先だけで実行の伴わない言葉。参考①「そらごと」とも読む。

【空耗】クウコウ 減って何もなくなること。費やしてからっぽになること。

【空谷の足音】クウコクのソクオン 予期せぬ喜びのたとえ。予期せぬ来訪者やうれしい便りがあること。訪れる人のない谷間に響く足音の意から。《荘子（ソウジ）》参考「足音」は「跫音（キョウオン）」ともいう。

【空寂】クウジャク ①宇宙の万物は、形のあるものもないものもすべてその実体は空（クウ）であること。②人影がなく、ひっそりと静かなさま。

【空襲】クウシュウ 飛行機で、空から爆弾を投下するなどして攻撃すること。

【空▲翠】クウスイ ①空にそびえる木立の緑色。②みずみずしい山気。

【空席】クウセキ ①あいた座席。「会場の—が目立つ」②欠員になっている地位や職。「教授のポストが—だ」

【空前】クウゼン これまでに例がないこと。「—の大成功」「—の偉業」

〖空前絶後〗クウゼンゼツゴ これまでに一度もなく、今後もまず起こらないほどのまれなこと。「絶後」は以降に二度とないと思われること。類曠前空後(コウゼンクウゴ)・冠前絶後

【空疎】クウソ 形だけで内容が乏しいこと。「—な議論はやめよう」

【空想】クウソウ 現実から離れて気ままに考え想像すること。また、その考えや想像。

【空即是色】クウソクゼシキ 仏 万物の真の姿は実体がなく空(クウ)であるが、それがそのままこの世に実在するものの姿でもあること。固定した実体がなく空であるからこそ、現象界の万物も成り立つということ。「空」は固定した実体のないこと。「色」はこの世の物質的存在。《般若心経(ハンニャシンギョウ)》▼色即是空(七八二)

【空中楼閣】クウチュウロウカク 根拠のないこと。現実性に欠けること。また、蜃気楼(シンキロウ)のこと。

【空▲挺】クウテイ 「空中挺進」の略。地上部隊が飛行機を使い、パラシュートなどで空から敵地に進軍すること。

【空転】クウテン ①車輪などがむだに回ること。からまわり。「プロペラが—する」②効果が一切ないまま進行すること。「国会審議が—する」

【空洞】クウドウ ①穴があき、からっぽになった所。ほらあな。②医学で、体の組織の一部が死んでなくなったためにできた穴。

【空白】クウハク ①紙面などに何も書いてない状態。「—に記入する」②何も行われないままの状態。内容が何もないさま。ブランク。「戦争中の—をうめる」

【空漠】クウバク ①果てしなく広がるさま。「—とした荒野」②つかみどころがないさま。とりとめがないさま。「—たる人生」

【空爆】クウバク 飛行機により、空中から爆撃すること。「—で一般市民が犠牲になる」

【空費】クウヒ 金や時間や労力などをむだについやすこと。むだづかい。類浪費

【空腹】クウフク 腹がすくこと。すきばら。「—をうったえる」

【空文】クウブン 役に立たない文章。特に、現実に効力のない法律や規則などの条文。死文。「—化した条文」

【空砲】クウホウ 火薬だけで実弾をつめていない銃砲。また、その発射音。「犯人を威嚇するために—を撃つ」

【空房】クウボウ ①人のいない部屋。あき間。②ひとり寝の寂しい寝室。類空閨(クウケイ)

【空輸】クウユ 「空中輸送」の略。飛行機で運ぶこと。「救援物資を—する」

【空欄】クウラン 何も書いてない空白の部分。記入するようにあけてある場所。「—に必要事項を記入せよ」

【空理空論】クウリクウロン 実情からかけ離れていて、実際には役に立たない理論や考え。

【空冷】クウレイ 「空気冷却」の略。エンジンなどを空気によって冷やすこと。対水冷

【空路】クウロ ①飛行機の飛ぶルート。航空路。②飛行機を使って行くこと。「—アメリカに赴く」

【空論】クウロン 実際には役に立たない理論や論説。「机上の—」

【△空く】すく ①ひまになる。手があく。「手が—く」②なかのものが少なくなる。「電車が—いている」「腹が—く」③つかえがとれる。さっぱりする。「胸が—く」

【空】そら ①地上の上に広がる空間。天空。②天候。空模様。③遠く離れた場所や境遇。「旅の—」④気持ち。「生きた—もない」⑤暗記すること。「—で読む」⑥落ち着かないこと。「うわの—で話を聞く」⑦うそ。⑧接頭語として語気を強める語。「—恐ろしい」

【空▲嘯く】そらうそぶく ①知らないふりをしてとぼける。しらばっくれる。類空惚(とぼ)ける ②相手をばかにした態度をとる。

【空事】そらごと いつわりの事柄。つくりごと。「絵—を並べる」

【空△薫】そらだき どこからともなくかおるように香をたくこと。

【空▲惚ける】そらとぼける 知っていながら知らないふりをする。「—けて急場を乗り切る」類空嘯(うそぶ)く

【空涙】そらなみだ 悲しくもないのに出す涙。うその涙。「彼女の—にだまされる」

【空似】そらに 血縁でない他人であるのに、顔かたちがよく似ていること。「他人の—とはいえ、そっくりで驚いた」

【空耳】そらみみ ①実際にしない音や声を、聞こえたように思うこと。②聞こえないふりをすること。「—を使う」

【空目】そらめ ①見まちがい。類僻目(ひがめ) ②見て見ぬふりをすること。③目だけを上に向けること。類上目(うわめ)

【空模様】そらもよう ①天気のようす。「雨になりそうな—だ」②事柄のなりゆき。雲行き。「あやしい—」

【△空しい】むなしい ①むだな。かいがない。「—い努力」②からっぽな。内容のない。「実現不可能な—い議論」③はかない。「—い一生」④この世にいない。「—くなる(死ぬ)」表記「虚しい」とも書く。

同訓異義 くう

【食う】食物をたべる。虫などが刺す。生計を立てる。身に受ける。ほか、広く用いる。「満腹になるまで食う」「蚊に食われる」「食うに困らぬ」「不意打ちを食う」「時間を食う」「年を食った人」「蓼(たで)食う虫も好き好き」

【▲喰う】口でたべる。「食う」を強調する意で用いる。「喰(く)らう」は、よりぞんざいな言い方。「立ち喰い」「大目玉を喰う」「大飯(おおめし)を喰らう」

【▲啖う】大口を開けてむさぼりくう。「健啖(ケンタン)」

くう【食う】(9) 食0 教 3109 3F29 ▼ショク(七八一)

くう【▲啖う】(11) 口8 5123 5337 ▼タン(一〇一四)

くう【▲喰う】(12) 口9 国 2284 3674 ▼くらう(三六〇)

グウ【宮】(10) 宀7 教 2160 355C ▼キュウ(三〇八)

グウ【偶】(11) 亻9 常 3 2286 3676
音 グウ
訓 外 たまたま・たぐい・ひとがた

筆順 亻 仴 仴 伹 伹 偶 偶 偶 偶 偶 偶

意味 ①たまたま。思いがけなく。「偶因」「偶然」「偶発」②対になる。つれあう。たぐい。「対偶」「配偶」③ひとがた。人形。「偶像」「土偶」④二で割り切れる。「偶数」 類②④耦

下つき 対偶(タイグウ)・土偶(ドグウ)・配偶(ハイグウ)・匹偶(ヒツグウ)・木偶(モクグウ・でく)

【偶因】 グウイン 偶然の事情や原因。「—が重なって起きた事故」

【偶感】 グウカン ふと感じること。ふと心に浮かんだ感想。

【偶人】 グウジン 土や木で作った人形。ひとがた。でく。「—劇」

【偶数】 グウスウ 二で割り切れる整数。「—人数なのでうまく二班になれた」 対奇数

【偶成】 グウセイ 思いがけなくできること。また、そのもの。多く、詩や文章などに使う。「—の和歌が評価された」 類偶作

【偶然】 グウゼン ①起こる原因や因果関係などが予測できないこと。思いがけないこと。たまたま。「散歩中に—友人に出会った」②思いがけなく。たまたま。「—の一致」 対必然

【偶像】 グウゾウ ①木・石・金属などで作った像。②信仰の対象として、神仏などをかたどった像。「—崇拝」③伝統的または絶対的権威として、崇拝やあこがれの対象となるもの。「—視する」

【偶像崇拝】 グウゾウスウハイ 偶像を宗教的な対象として、あがめ尊ぶこと。
参考 おもに、批判する立場からいう語。

【偶発】 グウハツ 思いがけなく起こること。「これは—的な事故ではない」

【△偶さか】 たまさか ①まれ。たまたま。めったにない機会であるさま。「—見かけることがある」②思いがけず。偶然。「—駅で旧友と再会した」 表記「適さか」とも書く。

〈偶偶〉・【△偶】 たまたま ①思いがけなく。ふと。ときおり。「—事故現場にいた」②まれに。「—道で見かける人」 表記「適」とも書く。

【△偶に】 たまに まれに。たまたま。「—休む」 表記「適に」とも書く。

グウ【★寓】(12) 宀9 準1 2287 3677
音 グウ・グ
訓 よせる・やどる・かりずまい・かこつける

意味 ①よる。身をよせる。仮住まいする。やどる。「寓居」「寄寓」②ことよせる。かこつける。「寓意」「寓話」③目をとめる。むける。「寓目」

下つき 仮寓(カグウ)・客寓(カクグウ)・帰寓(キグウ)・寄寓(キグウ)・羇寓(キグウ)・流寓(リュウグウ)・旅寓(リョグウ)

【▲寓意】 グウイ 他の物事にかこつけて、ある意味をそっと示すこと。また、その意味。アレゴリー。「—を込めた話」 類寓喩(グウユ)

【▲寓居】 グウキョ ①仮の住まい。 類仮寓(カグウ)・僑居(キョウキョ) ②自分の住居の謙称。「ぜひ—にお立ち寄りください」

【▲寓する】 グウ—する ①仮住まいをする。②ある事柄にかこつけて言う。ほのめかす。「反戦思想を—した小説」

【▲寓生】 グウセイ 人に頼って暮らすこと。また、その人。

【▲寓目】 グウモク 目をつけること。注意して見ること。「—に値する」

【▲寓話】 グウワ 教訓的な内容を動植物などの擬人化などで表した、たとえ話。イソップ童話など。

グウ【嵎】(12) 山9 1 5442 564A
音 グウ・グ
訓 くま・すみ

意味 ①山のくま。山の奥まったところ。「嵎夷(グウイ)」②すみ。 類隅

グウ【遇】(12) 辶9 常 3 2288 3678
音 グウ 外グ
訓 外 あう・もてなす・たまたま

旧字《遇》(13) 辶9 1/準1

筆順 口 日 日 月 冐 禺 禺 禺 遇 遇 遇

意味 ①あう。思いがけなくであう。「奇遇」「遭遇」②もてなす。あつかう。「待遇」「優遇」③たまたま。おりよく。 類偶

下つき 奇遇(キグウ)・境遇(キョウグウ)・厚遇(コウグウ)・処遇(ショグウ)・接遇(セツグウ)・遭遇(ソウグウ)・待遇(タイグウ)・知遇(チグウ)・特遇(トクグウ)・薄遇(ハクグウ)・不遇(フグウ)・優遇(ユウグウ)・冷遇(レイグウ)・礼遇(レイグウ)

【△遇う】 あう 思いがけなくあう。出あう。「偶然に旧友と—った」

【遇する】 グウ—する 人をもてなす。待遇する。接待する。「好条件で—する」

グウ【隅】(12) 阝9 常 準2 2289 3679
音 グウ
訓 すみ

筆順 ⺁ 阝 阝 阝 阝 阝 隅 隅 隅 隅 隅 隅

意味 ①すみ。かたすみ。かど。はて。「隅奥」②「大隅(おおすみ)の国」の略。「隅州」

下つき 一隅(イチグウ)・海隅(カイグウ)・片隅(かたすみ)・辺隅(ヘングウ)

【隅】 すみ ①かたすみ。中央ではないところ。「都会の—にひっそりと生きる」「—に置けない(あなどれない)」②囲まれた部分のかど。「部屋の四—」「重箱の—をほじくるような意見」

グウ【▲遇】(13) 辶9 ▼遇の旧字(三七五)

グウ【耦】(15) 耒 9 1 9038 7A46 音 グウ 訓 ならぶ・たぐい

意味 ①ならぶ。二人がならぶこと。また、向きあうこと。たぐい。つれあい。「耦語」 ②二で割り切れる数。「耦数」 類 ①②偶

下つき 対耦(タイグウ)・匹耦(ヒツグウ)

【▲耦】たぐい ①二人一組。つれあい。配偶者。②仲間。相手。

グウ【藕】(18) 艹15 1 7325 6939 音 グウ 訓 はす

意味 はす(蓮)。はちす。ハスの根。「藕糸」

【▲藕糸】グウシ ハスの茎や根の繊維。ハスの茎や根を折ったときに出る糸。「―の孔(あな)(きわめて小さいもののたとえ)」

【▲藕】はす スイレン科の多年草。▼蓮(はす)(一六〇六)

くが【△陸】(11) 阝8 教 4606 4E26 ▼リク(一五六一)
くき【▲岫】(8) 山5 5413 562D ▼シュウ(六八七)
くき【茎】(8) 艹5 常 2352 3754 ▼ケイ(三八九)
くぎ【▲釘】(10) 金2 3703 4523 ▼テイ(一〇九三)
くぐい【▲鵠】(18) 鳥7 2584 3974 ▼コウ(五一六)
くぐまる【△屈まる】(8) 尸5 常 2294 367E ▼クツ(三七七)
くくる【△括る】(9) 扌6 常 1971 3367 ▼カツ(二一一)
くぐる【△潜る】(15) 氵12 常 3288 4078 ▼セン(九〇七)
くける【▲絎ける】(12) 糸6 6914 652E ▼コウ(五〇七)
くさ【▲卉】(5) 十3 5035 5243 ▼キ(二五九)
くさ【草】(9) 艹6 教 3380 4170 ▼ソウ(九三四)
くさ【△種】(14) 禾9 教 2879 3C6F ▼シュ(六七九)
くさ【▲瘡】(15) 疒10 6576 616C ▼ソウ(九四八)

くさい【臭い】(9) 自3 常 2913 3D2D ▼シュウ(六八九)
くさぎる【▲耘る】(10) 耒4 7049 6651 ▼ウン(八〇)
くさす【△腐す】(14) 肉8 常 4169 4965 ▼フ(一三三三)
くさび【▲楔】(13) 木9 6024 5C38 ▼セツ(八八七)
くさび【△轄】(17) 車10 常 1977 336D ▼カツ(二一六)
くさむら【▲叢】(18) 又16 3349 4151 ▼ソウ(九五〇)
くさり【鎖】(18) 金10 常 2631 3A3F ▼サ(五四七)
くさり【▲鏈】(19) 金11 7926 6F3A ▼レン(一六〇八)
くさり【▲齣】(20) 齒5 8381 7371 ▼シュツ(七一三)
くさる【腐る】(14) 肉8 常 4169 4965 ▼フ(一三三三)

くし【串】(7) ｜6 常 2 2290 367A 音 外セン・カン 訓 くし 外つらぬく・なれる

筆順 丨 ㄇ 口 口 吕 吕 串

意味 ①くし。「丳(サン)(さしぐし)」の誤用。「玉串」「串柿」 ②つらぬく。うがつ。類 貫・穿(セン) ③なれる。類 慣

下つき 玉串(たまぐし)

【串】くし タケや鉄の細い棒の先をとがらせたもの。食べ物を突き刺し、あぶったり干したりするのに使う。

【串団子】くしダンゴ 団子を何個か串に刺し、火であぶるなどした食べ物。

くし【△奇し】(8) 大5 常 2081 3471 ▼キ(二六五)
くし【▲櫛】(19) 木15 2291 367B ▼シツ(六五一)
くじ【▲籤】(23) 竹17 6862 645E ▼セン(九一三)
くじ【▲鬮】(26) 門16 8213 722D ▼キュウ(三一二)
くじく【△挫く】(10) 扌7 常 2635 3A43 ▼ザ(五四八)
くしけずる【▲梳る】(10) 木6 ▼ソ(九二〇)

くしけずる【▲櫛る】(19) 木15 2291 367B ▼シツ(六五一)
くじける【△折ける】(7) 扌4 教 3262 405E ▼セツ(八八二)
くじける【△挫ける】(10) 扌7 常 2635 3A43 ▼ザ(五四八)
くしゃみ【▲嚔】(18) 口15 5173 5369 ▼テイ(一〇九八)
くじら【鯨】(19) 魚8 常 2363 375F ▼ゲイ(四〇五)
くしろ【▲釧】(11) 金3 2292 367C ▼セン(九〇三)
くず【▲屑】(10) 尸7 2293 367D ▼セツ(八八四)
くず【葛】(12) 艹9 常 1975 336B ▼カツ(二一四)
くすぐり【▲擽り】(18) 扌15 5822 5A36 ▼リャク(一五六五)
くすぐる【▲擽る】(18) 扌15 5822 5A36 ▼リャク(一五六五)
くすのき【▲楠】(13) 木9 3879 466F ▼ナン(一一九二)
くすのき【▲樟】(15) 木11 3032 3E40 ▼ショウ(七六二)
くすぶる【▲燻ぶる】(18) 火14 6378 5F6E ▼クン(三八四)
くすり【薬】(16) 艹13 教 4484 4C74 ▼ヤク(一四九八)
くずれる【崩れる】(11) 山8 常 4288 4A78 ▼ホウ(一四〇六)
くずれる【▲頽れる】(16) 頁7 8088 7078 ▼タイ(九八六)
くせ【△曲】(6) 曰2 教 2242 364A ▼キョク(三四八)
くせ【癖】(18) 疒13 常 4242 4A4A ▼ヘキ(一三七四)
くそ【▲屎】(9) 尸6 5393 557D ▼シ(六一二)
くそ【▲糞】(17) 米11 4221 4A35 ▼フン(一三五七)
くだ【管】(14) 竹8 教 2041 3449 ▼カン(二四三)
くだく【砕く】(9) 石4 常 2653 3A55 ▼サイ(五五二)
くだく【▲摧く】(14) 扌11 5784 5974 ▼サイ(五六〇)
くだもの【果】(8) 木4 教 1844 324C ▼カ(一四四)
くだもの【菓】(11) 艹8 常 1859 325B ▼カ(一五二)

くだり【△件】 (6) イ4 教 2379 376F ▼ケン(四一八)

くだる【下る】 (3) 一2 教 1828 323C ▼カ(一三二)

くだる【△降る】 (10) 阝7 教 2563 395F ▼コウ(四九八)

くだん【△件】 (6) イ4 教 2379 376F ▼ケン(四一八)

くち【口】 (3) 口0 教 2493 387D ▼コウ(四六八)

くちさき【▲吻】 (7) 口4 4213 4A2D ▼フン(一三五四)

くちすすぐ【▲嗽ぐ】 (14) 口11 5154 5356 ▼ソウ(九四四)

くちすすぐ【▲漱ぐ】 (14) 氵11 6291 5E7B ▼ソウ(九四五)

くちなし【▲梔】 (11) 木7 5973 5B69 ▼シ(六二七)

くちばし【▲喙】 (12) 口9 5128 533C ▼カイ(一七八)

くちばし【▲觜】 (12) 角5 7525 6B39 ▼シ(六二〇)

くちばし【▲嘴】 (15) 口12 5160 535C ▼シ(六二五)

くちびる【▲吻】 (7) 口4 4213 4A2D ▼フン(一三五四)

くちびる【唇】 (10) 口7 常 3116 3F30 ▼シン(七九八)

くちる【朽ちる】 (6) 木2 常 2164 3560 ▼キュウ(三〇四)

クツ【屈】

(8) 尸5 常 4 2294 367E

音 クツ 訓 (外)かがむ・くぐまる・こごまる

筆順 ㇆ コ 尸 尸 尸 屈 屈 屈

意味 ①かがむ。かがめる。ちぢむ。おれまがる。「屈曲」「屈折」 対伸 ②くじける。負けてしたがう。「屈辱」「屈服」 ③ゆきづまる。きわまる。「窮屈」 ④つよい。「屈強」 類倔

下つき 詰屈・窮屈・後屈・退屈・卑屈・不屈・偏屈・理屈

【△屈む】かがむ ①からだの一部分が折れ曲がる。「腰がーむ」 ②からだを曲げて姿勢を低くする。しゃがむ。「ーんで草むしりをする」

【△屈背】くぐせ 背骨が曲がり、前かがみになる病気。表記「傴僂」とも書く。

【△屈まる】くぐまる 腰を曲げ手足を縮めて丸くなる。ちぢこまる。かがまる。 参考「こごまる」とも読む。

【屈強】クッキョウ ①たくましく力が強いこと。「ーな若者」 ②強情で容易に人の言うとおりにならないさま。 表記 ①「究竟」とも書く。 ②「倔強」とも書く。

【屈曲】クッキョク 折れ曲がること。「ーして川が流れている」

【屈指】クッシ 多くのものの中で、特に指を折って数えあげるほどすぐれていること。ゆびおり。「球界ーの大投手」

【屈従】クツジュウ 自分の意志を曲げて権力や力の強い者のなすがままにしたがうこと。「恥をしのんでーする」 類屈服

【屈辱】クツジョク 屈服させられ、辱めを受けること。「大きなーを受けた」

【屈伸】クッシン かがんだりのびたりすること。かがめることと、のばすこと。のびちぢみ。「ー運動で体をあたためる」

【屈する】クッする ①体が前に折れ曲がる。かがむ。「殴られて思わずーした」 ②気力が弱まる。くじける。 ③従う。また、負ける。「相手の説得にーした」「敵の攻撃にーした」

【屈折】クッセツ ①折れ曲がること。 ②状態がゆがむこと。「ーした心理」 ③音や光などの波が他の物質に入っていく境目で、進む方向を変える現象。「光は水の中をーして進む」

【屈託】クッタク ①何かを気にしてくよくよすること。「ーのない性格が人に好かれる」 ②疲れてあきること。「ーの色が表れる」

【屈服・屈伏】クップク 相手の力や権力などをおそれ、自分の意志を曲げて従うこと。負けて服従すること。 類屈従

【△屈△輪】グリ 文様の一種。渦巻き文様を連続させたもので、寺院の建築などに用いる。ぐりん。ぐりぐり。

クツ【倔】

(10) イ8 1 4867 5063

音 クツ 訓 つよい

意味 ①つよい。意地がつよい。「倔強」 ②立ち上がる。ぬけだす。「倔起」 類崛

【倔強】クッキョウ ①たくましく力が強いこと。 ②強情で容易に人の言うとおりにならないさま。 表記「屈強」とも書く。

クツ【△堀】 (11) 土8 常 4357 4B59 ▼ほり(一四三二)

クツ【崛】

(11) 山8 1 5433 5641

音 クツ 訓 そばだつ

意味 山の高くそびえるさま。そばだつ。ぬきんでる。「崛崎」

【▲崛起】クッキ ①にわかに起こり立ち、群を抜いていること。 ②山などがそびえ立つこと。 表記「屈起」とも書く。

【▲崛つ】そばだつ 山が高くそびえ立つ。山が高く抜きんでる。

クツ【掘】

(11) 扌8 常 4 2301 3721

音 クツ 訓 ほる

筆順 一 十 扌 扌 扌 扌 掘 掘 掘

意味 ほる。ほり出す。うがつ。「掘削」「発掘」

下つき 採掘・試掘・盗掘・発掘・乱掘

【掘削】クッサク 土や岩などを掘って穴をあけること。また、土砂などを掘り取ること。 書きかえ「掘鑿」の書きかえ字。

【掘▲鑿】クッサク ▼書きかえ 掘削

【掘っ建て小屋】ほったてごや 土台を築かずに、柱を直接地面に埋めこんで建てたそまつな建物。 参考「ほりたて」から転じた語。

[掘割] ほりわり 地面を掘って水を通した所。ほり。表記「堀割」とも書く。

[掘る] ほる ①地面に穴をあける。「庭に井戸を―る」②地面に穴をあけ、地中にあるものを取り出す。「芋を―る」

クツ【窟】

(13) 穴8 常 2 2302/3722 音 クツ 訓 外 いわや・ほらあな

筆順 3 … 13 窟

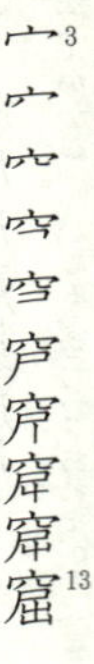

意味 ①いわや。ほらあな。「窟穴」「石窟」②人の集まる所。すみか。「巣窟」

下つき 岩窟（ガンクツ）・山窟（サンクツ）・深窟（シンクツ）・石窟（セックツ）・巣窟（ソウクツ）・洞窟（ドウクツ）・魔窟（マクツ）

[窟] いわや ①岩にあるほら穴。②岩に穴を掘って作った住居。表記「岩屋」とも書く。

くつ【▲沓】 (8) 曰4 2303/3723 ▼トウ(一一三九)

くつ【靴】 (13) 革4 常 2304/3724 ▼カ(一五六)

くつ【△履】 (15) 尸12 常 4590/4D7A ▼リ(一五五九)

くつ【▲鞋】 (15) 革6 8062/705E ▼アイ(七)

同訓異義 くつ

【靴】革で作った履き物。広く「くつ」一般を表す。「革靴」「長靴」「靴を履く」「靴磨き」

【▲沓】足を覆う履き物。おもに昔のくつに用いる。「瓜田（カデン）に沓を入れず」

【△履】履き物の総称。おもに木や布のくつをいう。「沓」にほぼ同じ。

くつがえす【覆す】 (18) 襾12 常 4204/4A24 ▼フク(一三四七)

くつろぐ【△寛ぐ】 (13) 宀10 常 2018/3432 ▼カン(二四〇)

くつわ【▲勒】 (11) 革2 8053/7055 ▼ロク(一六三一)

くつわ【▲銜】 (14) 金6 7882/6E72 ▼カン(二四四)

くつわ【▲轡】 (22) 車15 2305/3725 ▼ヒ(一二八七)

くて【▲湫】 (12) 氵9 6255/5E57 ▼シュウ(六九二)

くどい【▲諄い】 (15) 言8 7557/6B59 ▼ジュン(七三三)

くに【△邦】 (7) 阝4 常 4314/4B2E ▼ホウ(一三九七)

くに【▲邑】 (7) 邑0 4524/4D38 ▼ユウ(一五〇八)

くに【国】 (8) 口5 教 2581/3971 ▼コク(五二五)

くぬぎ【▲栩】 (10) 木6 5959/5B5B ▼ク(三六九)

くぬぎ【椚】

(12) 木8 国 1 6015/5C2F 音 訓 くぬぎ

意味 くぬぎ（櫟）。ブナ科の落葉高木。参考 門は内外の区切りを表すので、別名「くのき」に合わせて「区(門)の木」として作った国字。

くぬぎ【▲橡】 (16) 木12 3843/464B ▼ショウ(七六三)

くぬぎ【▲櫟】 (19) 木15 6111/5D2B ▼レキ(一六〇一)

くぬぎ【▲櫪】 (20) 木16 6114/5D2E ▼レキ(一六〇一)

くばる【配る】 (10) 酉3 教 3959/475B ▼ハイ(一二三六)

くび【首】 (9) 首0 教 2883/3C73 ▼シュ(六七六)

くび【▲頸】 (16) 頁7 8084/7074 ▼ケイ(四〇一)

くびかせ【▲枷】 (9) 木5 5940/5B48 ▼カ(一四七)

くびかせ【▲鉗】 (13) 金5 7873/6E69 ▼ケン(四三二)

くびき【▲軛】 (11) 車4 7735/6D43 ▼ヤク(一四九七)

くびき【△衡】 (16) 行10 常 2553/3955 ▼コウ(五一四)

くびきる【▲刎る】 (9) 刂7 4977/516D ▼ケイ(三八九)

くびす【▲跟】 (13) 𧾷6 7680/6C70 ▼コン(五三九)

くびす【▲踵】 (16) 𧾷9 7691/6C7B ▼ショウ(七六四)

くびる【△括る】 (9) 扌6 常 1971/3367 ▼カツ(二一一)

くびる【△絞る】 (12) 糸6 常 2542/394A ▼コウ(五〇六)

くびる【▲縊る】 (16) 糸10 6948/6550 ▼イ(四〇)

くびれる【△括れる】 (9) 扌6 常 1971/3367 ▼カツ(二一一)

くびれる【▲縊れる】 (16) 糸10 6948/6550 ▼イ(四〇)

くべる【△焼べる】 (12) 火8 教 3038/3E46 ▼ショウ(七五四)

くぼ【▲窪】 (14) 穴9 2306/3726 ▼ワ(一六二七)

くぼむ【△凹む】 (5) 凵3 常 1790/317A ▼オウ(一一一)

くぼむ【▲窪む】 (14) 穴9 2306/3726 ▼ワ(一六二七)

くま【▲阿】 (8) 阝5 1604/3024 ▼ア(一)

くま【▲隈】 (12) 阝9 2308/3728 ▼ワイ(一六二八)

くま【▲暈】 (13) 日9 5884/5A74 ▼ウン(八二)

くま【熊】

(14) 灬10 教 常 7 2307/3727 音 外 ユウ 訓 くま

筆順 4 6 … 14 熊

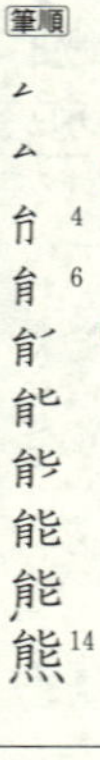

意味 くま。クマ科の哺乳（ホニュウ）動物の総称。「熊掌」「熊胆」「熊羆（ユウヒ）」

[熊] くま クマ科の哺乳（ホニュウ）動物の総称。ユーラシア・南北アメリカに分布。体は大きく、四肢は太く短い。雑食。日本にはツキノワグマとヒグマがすむ。季 冬

[〈熊谷草〉] くまがいそう ラン科の多年草。林などに自生。葉は扇形。春、唇弁が袋状にふくらんだ淡紅色の花をつける。ホテイソウ。季 春 由来 花の形を鎌倉時代の武将、熊谷直実（くまがいなおざね）が背負った母衣（ほろ）に見立てたことから。

[〈熊▲啄木鳥〉] くまげら キツツキ科の鳥。北海道と本州北部の森林の木に穴をあけてすむ。全身黒色で、雄は頭部が赤色。鳴き声が鋭い。天然記念物。

【熊▲笹】くまざさ イネ科の多年草。▼隈笹(くまざさ)（一六二八）

〈熊▲襲〉くまそ 古代、九州南部に住んでいたという種族名。人種などは不明。

【熊△葛】くまつづら クマツヅラ科の多年草。山野に自生。葉はヨモギに似る。初夏、淡紫色の花穂をつける。表記「馬鞭草」とも書く。

【熊手】くまで ①長い柄(え)の先に、クマのつめに似た鉄のつめをつけた昔の武器。②竹製の掃除道具。①の形をしており、落ち葉などをかき集めるのに使う。③酉(とり)の市などで売る、②の形をした縁起物。おかめの面や小判などをつけたもの。福徳をかき集めるとされる。

【熊の△胆】くまのい クマの胆嚢(タンノウ)を干したもの。苦味が非常に強く、胃薬などとして用いる。熊胆(ユウタン)。

〈熊川〉コモガイ 朝鮮から輸入した茶碗(チャワン)。ビワ色の釉(うわぐすり)がかかり、胴は深く、縁が反っている。由来 朝鮮半島の古い港、熊川から輸出されたことから。

〈熊猫〉パンダ パンダ科の哺乳(ホニュウ)動物。ジャイアントパンダとレッサーパンダの二種の総称。特に、中国特産のジャイアントパンダを指す。体は白く、目のまわりや耳、四肢が黒い。タケやササを食べる。

【△熊掌】ユウショウ クマの手のひらの肉。中国で美味なものの一つとされる。

くま【▲澳】(16) 氵13 6320 5F34 ▼イク（四二）

くみ【組】(11) 糸5 教 3340 4148 ▼ソ（九二四）

くみする【△与する】(3) 一2 常 4531 4D3F ▼ヨ（一五一九）

くむ【▲汲む】(7) 氵4 2166 3562 ▼キュウ（三〇五）

くむ【酌む】(10) 酉3 常 2864 3C60 ▼シャク（六六四）

くむ【組む】(11) 糸5 教 3340 4148 ▼ソ（九二四）

くむ【▲斟む】(13) 斗9 5848 5A50 ▼シン（八〇六）

同訓異義 **くむ**

【▲汲む】容器に水をすくいとる。相手の気持ちや事情を理解する。「釣瓶(つるべ)で水を汲む」「桶(おけ)に井戸水を汲む」「事情を汲んで許す」

【酌む】酒を器についで飲む。酌(シャク)をする。相手の気持ちや事情を理解する。「酒を酌み交わす」「気持ちを酌んで受け取る」

【▲斟む】酒をつぐ。相手の事情を理解する。「酌む」とほぼ同じ。「斟酌(シンシャク)」

くめ【★粂】(9) 米3 国 準1 2309 3729 訓 音 くめ

意味 姓名や地名などに用いる字。参考「久米(くめ)」を合わせて作った国字。

くも【雲】(12) 雨4 教 1732 3140 ▼ウン（八一）

くもる【曇る】(16) 日12 常 3862 465E ▼ドン（一一八二）

くやしい【悔しい】(9) 忄6 常 1889 3279 ▼カイ（一七三）

くやむ【悔やむ】(9) 忄6 常 1889 3279 ▼カイ（一七三）

くゆらす【▲燻らす】(18) 火14 6378 5F6E ▼クン（三八四）

くら【倉】(10) 人8 教 3350 4152 ▼ソウ（九三六）

くら【△庫】(10) 广7 教 2443 384B ▼コ（四五五）

同訓異義 **くら**

【倉】穀物を蓄えておく建物。ほか、広く用いる。「米を倉に納める」「米倉」「校倉造(あぜくらづくり)」

【蔵】商品や家財など大事な物をしまっておく建物。「蔵が建つ」「酒蔵(さかぐら)」「蔵出し」「お蔵入り」

【▲庫】兵車・兵器や財宝などをしまいこんでおく建物。書籍をしまっておく建物。「車庫(シャコ)」「金庫(キンコ)」「弓矢の庫」「文庫(ふみくら)」

【▲廩】米ぐら。

くら【蔵】(15) 艹12 教 3402 4222 ▼ゾウ（九五五）

くら【▲鞍】(15) 革6 1640 3048 ▼アン（一三）

くら【▲廩】(16) 广13 5509 5729 ▼リン（一五八六）

くらい【位】(7) 亻5 教 1644 304C ▼イ（一七）

くらい【▲昏い】(8) 日4 2610 3A2A ▼コン（五三五）

くらい【△幽い】(9) 幺6 常 4509 4D29 ▼ユウ（一五一〇）

くらい【△昧い】(9) 日5 常 4370 4B66 ▼マイ（一四三八）

くらい【△冥い】(10) 冖8 常 4429 4C3D ▼メイ（一四七一）

同訓異義 **くらい**

【暗い】光が少なくて物がよく見えない。陰気だ。知識が乏しい。ほか、広く用いる。「巣の中が暗くてよく見えない」「表情が暗い」「経済に暗い政治家」「見通しが暗い」「暗い色調の絵画」「暗い世相」

【△闇い】「暗い」と同じ。「暗」は「闇」の書きかえ字。「闇夜(アンヤ・やみよ)」

【▲晦い】「つごもり」の意から、月のない真っ暗闇(くらやみ)。よくわからない。物事がはっきりしない。「晦渋(カイジュウ)」

【▲昏い】日が暮れてくらい。道理がわからない。「黄昏(たそがれ)」「昏迷(コンメイ)」

【▲昧い】光が少なくてよく見えない。道理がわからない。「蒙昧(モウマイ)」

【△冥い】日がおおわれてくらい。道理がわからない。「冥想(メイソウ)」「冥土(メイド)」

【▲瞑い】「冥い」に同じ。

【▲溟い】小雨が降ってくらい。

【▲蒙い】上からおおわれてくらい。道理がわからない。「蒙昧(モウマイ)」

【▲矇い】「蒙い」に同じ。

【▲幽い】うすぐらい。ほのかではっきりしない。「幽玄(ユウゲン)」

くらい【▲昧い】(10) 日5 6638/6246 ▼マイ(一四三九)
くらい【▲晦い】(11) 日7 1902/3322 ▼カイ(一七八)
くらい【暗い】(13) 日9 教 1637/3045 ▼アン(一二)
くらい【▲溟い】(13) 氵10 6282/5E72 ▼メイ(一四七二)
くらい【▲蒙い】(13) 艹10 4456/4C58 ▼モウ(一四八一)
くらい【▲暝い】(14) 日10 5889/5A79 ▼メイ(一四七二)
くらい【▲瞑い】(15) 目10 6652/6254 ▼メイ(一四七三)
くらい【△曖い】(17) 日13 常 5903/5B23 ▼アイ(七)
くらい【△闇い】(17) 門9 常 1639/3047 ▼やみ(一五〇一)
くらい【▲矇い】(18) 目13 6662/625E ▼モウ(一四八二)
くらい【▲黯い】(21) 黑9 8363/735F ▼アン(一四)
くらう【食らう】(9) 食0 教 3109/3F29 ▼ショク(七八一)

くらう【★喰】

(12) 口9 国 準1 2284/3674 訓 音 くう・くらう

〔喰〕

意味 くう。くらう。物をたべる。参考「口で食う」の意を表す国字。

【▲喰う】くう ①物を口で食べる。「飯を―う」②好ましくないものを身に受ける。こうむる。「小言を―う」「締め出しを―う」「その手は―わない(そんな計略にはかからない)」

くらす【暮らす】(14) 日10 教 4275/4A6B ▼ボ(一三九四)
くらべる【比べる】(4) 比0 教 4070/4866 ▼ヒ(一二七三)
くらべる【△角べる】(7) 角0 教 1949/3351 ▼カク(一九六)
くらべる【△校べる】(10) 木6 教 2527/393B ▼コウ(四九六)
くらべる【△較べる】(13) 車6 常 1951/3353 ▼カク(二〇〇)
くらべる【△競べる】(20) 立15 教 2205/3625 ▼キョウ(三四三)

同訓異義 くらべる

【比べる】二つ以上のものを照らし合わせて、優劣やちがいを調べる。ほか、広く用いる。「昨日に比べて寒い」「成績を比べる」「兄弟の背の高さを比べる」
【△較べる】突き合わせてちがいなどを調べる。「比べる」にほぼ同じ。「比較」
【△校べる】「較べる」に同じ意。「校正」
【△角べる】角を突き合わす。力くらべをする。
【△競べる】勝ち負けを決める。競争する。「駆け競べ」

くらます【▲晦ます】(11) 日7 1902/3322 ▼カイ(一七八)
くらむ【▲眩む】(10) 目5 6633/6241 ▼ゲン(四四二)
グラム【△瓦】(5) 瓦0 常 2004/3424 ▼ガ(一六一)
くらわす【▲啖らわす】(11) 口8 5123/5337 ▼タン(一〇一四)
くり【▲栗】(10) 木6 2310/372A ▼リツ(一五六四)
くりや【▲庖】(8) 广5 4289/4A79 ▼ホウ(一三九九)
くりや【▲厨】(12) 厂10 3163/3F5F ▼チュウ(一〇四八)
くる【来る】(7) 木3 教 4572/4D68 ▼ライ(一五四四)
くる【▲刳る】(8) 刂6 4974/516A ▼コ(四四八)

くる【繰】

(19) 糸13 常 4 2311/372B 訓 音 くる 外 ソウ

筆順 く 幺 3 糹 糸 6 糸 糹 9 紀 12 紀 絹 15 緝 緝 繰 19

意味 くる。たぐる。順に送る。めくる。「出発日を繰り延べる」「日数を繰る」「本のページを繰る」

【繰り言】くりごと 何度も同じことを、くどくどと言うこと。特に、愚痴などをくり返すこと。また、その言葉。「―は聞きあきた」

【△繰糸】ソウシ 繭から生糸をたぐりとる作業。糸をくること。糸くり。

くるう【狂う】(7) 犭4 常 2224/3638 ▼キョウ(三一九)
くるう【▲猖う】(11) 犭8 6443/604B ▼ショウ(七五一)
くるおしい【狂おしい】(7) 犭4 常 2224/3638 ▼キョウ(三一九)
くるしい【苦しい】(8) 艹5 教 2276/366C ▼ク(三六七)
くるしむ【△困しむ】(7) 口4 教 2604/3A24 ▼コン(五三四)
くるしむ【苦しむ】(8) 艹5 教 2276/366C ▼ク(三六七)
くるしむ【▲窘しむ】(12) 穴7 6759/635B ▼キン(三六一)
くるぶし【▲踝】(15) 𧾷8 7686/6C76 ▼カ(一六〇)
くるま【車】(7) 車0 教 2854/3C56 ▼シャ(六五五)

くるま【俥】

(9) 亻7 国 1 4864/5060 訓 音 くるま

意味 くるま。人力車。参考「人(亻)がひく車」の意を表す国字。

くるむ【△包む】(5) 勹3 教 4281/4A71 ▼ホウ(一三九六)
くるめく【▲眩く】(10) 目5 6633/6241 ▼ゲン(四四二)
くるわ【▲郛】(10) 阝7 7830/6E3E ▼フ(一三三〇)
くるわ【△郭】(11) 阝8 常 1952/3354 ▼カク(一九九)
くるわ【▲廓】(14) 广11 1939/3347 ▼カク(二〇一)
くれ【▲昏れ】(8) 日4 2610/3A2A ▼コン(五三五)
くれ【▲榑】(14) 木10 6052/5C54 ▼フ(一三三二)
くれない【紅】(9) 糸3 教 2540/3948 ▼コウ(四九二)
くれる【△呉れる】(7) 口4 常 2466/3862 ▼ゴ(四六三)
くれる【▲旰れる】(7) 日3 ▼カン(二三五)
くれる【▲眩れる】(10) 目5 6633/6241 ▼ゲン(四四二)

くれる【暮れる】(14) 日10 教 4275/4A6B ▼ボ(一三九四)
くろ【△玄】(5) 玄0 常 2428/383C ▼ゲン(四三九)
くろ【▲皁】(7) 白2 8864/7860 ▼ソウ(九三二)
くろ【黒】(11) 黒0 教 2585/3975 ▼コク(五二七)
くろ【▲緇】(14) 糸8 6930/653E ▼シ(六二四)
くろい【黒い】(11) 黒0 教 2585/3975 ▼コク(五二七)
くろい【▲黎い】(15) 黍3 8353/7355 ▼レイ(一五九八)
くろい【▲黔い】(16) 黒4 8356/7358 ▼ケン(四三四)
くろい【▲黯い】(21) 黒9 8363/735F ▼アン(一二四)
くろがね【△鉄】(13) 金5 教 3720/4534 ▼テツ(一一〇四)
くろごめ【▲糲】(20) 米14 6890/647A ▼レイ(一五九九)
くろむ【▲緇む】(14) 糸8 6930/653E ▼シ(六二四)
くろむ【▲黔む】(16) 黒4 8356/7358 ▼ケン(四三四)
くわ【桑】(10) 木6 常 2312/372C ▼ソウ(九二七)
くわ【▲鍬】(17) 金9 2313/372D ▼ショウ(七六六)
くわえる【加える】(5) 力3 教 1835/3243 ▼カ(一三七)
くわえる【▲咥える】(9) 口6 5090/527A ▼テツ(一一〇四)
くわえる【▲銜える】(14) 金6 7882/6E72 ▼カン(二四四)

同訓異義 くわしい

【詳しい】細かいところまで行き届いている。つまびらか。「詳細(ショウサイ)」「解説が詳しい」「詳しい地図」「事情を詳しく話す」

【△委しい】細かいところまでつまびらか。「詳しい」にほぼ同じ意。

【△精しい】奥深く細やかに知っている。「精通」「野球に精しい」「植物に精しい」

くわしい【△委しい】(8) 女5 教 1649/3051 ▼イ(二八)
くわしい【詳しい】(13) 言6 常 3060/3E5C ▼ショウ(七五九)
くわしい【△精しい】(14) 米8 教 3226/403A ▼セイ(八六六)
くわだてる【企てる】(6) 人4 常 2075/346B ▼キ(二五九)
くわわる【加わる】(5) 力3 教 1835/3243 ▼カ(一三七)

クン【君】

(7) 口4 教 常 8 2315/372F

訓 きみ 音 クン

筆順 フ ヲ ヨ 尹 君 君 君

意味 ①国などを治める人。天子。「君主」「幼君」②年長者や敬うべき人に対してつける敬称。「父君」③同輩または目下の人の名に添える軽い敬称。「諸君」④二人称代名詞の一つ。きみ。対 僕

下つき 暗君(アンクン)・国君(コックン)・主君(シュクン)・諸君(ショクン)・忠君(チュウクン)・夫君(フクン)・父君(フクン)・暴君(ボウクン)・名君(メイクン)・明君(メイクン)・幼君(ヨウクン)

【君】きみ ①元首。天皇。君主。②自分が仕える主人。③人を敬っていう語。「いとしの―」④おもに男性が、同等または目下の者を呼ぶ称。「―、待ちたまえ」

『君、君たらずと▲雖(いえど)も、臣、臣たらざる△可(べ)からず』たとえ君主が君主らしくなくとも、臣下は臣下としての道を守らねばならないということ。〈孔安国の文〉

『君辱(はずかし)めらるれば臣死す』主君が辱めを受ければ、臣下たるものは、命をかけてこの恥をすすがなければならないということ。〈『国語』〉

【君公】クンコウ 自分が仕える主君に対する尊称。きみ。

【君侯】クンコウ 自分が仕える諸侯に対する尊称。殿様。

【君子】クンシ ①学識が高く徳行のそなわった人。りっぱな人格者。「聖人―」②身分の高い人。特に、人の上に立って政治を行う人。君主。③東洋画の題材で、ラン・キク・ウメ・タケの異称。「四―」

『君子危うきに近寄らず』君子は言動を慎み、危険なことには近づかないものだということ。

『君子に九思(キュウシ)有り』君子には熟考しなければならない九つのことがある。物をしっかりと見、正確に聞く、表情は穏やかに、姿勢はうやうやしく、言葉は誠実を心がけ、仕事は慎重に、疑問はためらわず質問し、怒るときはその後の困難な事態を思い、利得に対しては道義を考えよということ。〈『論語』〉

『君子に三戒(サンカイ)有り』君子には自戒しなければならないことが三つある。少年期の女色、壮年期の争いや喧嘩(ケンカ)、老年期の物欲。〈『論語』〉

『君子に三楽(サンラク)有り』君子には三つの楽しみがある。父母が健在で兄弟に事故がないこと。心や行いが正しく天に恥じるところがないこと。天下の英才(すぐれた才能の人)を得てこれを教育すること。〈『孟子(モウシ)』〉

『君子の過(あやま)ちは日月(ジツゲツ)の食の△如(ごと)し』君子は過ちを犯すことがあったとしても、それは日食や月食のように一時のことで、すぐにもとのすぐれた徳性に戻るものだということ。〈『論語』〉

『君子の交わりは淡(あわ)きこと水の△若(ごと)し』君子の交際は水のように淡々としているが、久しく変わることがないということ。〈『荘子(ソウジ)』〉

『君子は争う所無し』君子は他人と争うようなことは

く

くれる―クン

しないということ。《『論語』》

【君子は憂(うれ)えず懼(おそ)れず】君子はわが身を振り返ってみて恥じるところがないので、憂えることもおそれることもないということ。《『論語』》

【君子は屋漏に愧(は)じず】君子は人目に触れない奥の部屋にいても、いつも慎み深くして心に恥じるようなことはしないということ。「屋漏」は部屋の西北の隅。部屋の最も奥まった暗い所。《『詩経』》

【君子は器(き)ならず】君子は一つのことにしか役立たぬ器のようではなく、何事においても通用する才能をもつということ。《『論語』》

【君子は義に喩(さと)り小人(ショウジン)は利に喩る】君子は道義に明るく、小人は利益に明るいものだということ。君子はそれがまず道義にかなうかどうかを考え、つまらない人間は第一にそれが利益になるかどうかを考える意。《『論語』》

【君子は言に訥(トツ)なれども行いに敏(ビン)ならんと欲す】君子は口べたであっても行動のうえでは素早くありたいと思うものである。《『論語』》

【君子は其(そ)の独(ひと)りを慎む】君子は自分独りでいるときも、慎み深くするものである。《『中庸(チュウヨウ)』》

【君子は豹変(ヒョウヘン)す】君子は時の推移にしたがって自己変革を遂げ、ヒョウの毛が抜け変わるように鮮やかに面目を一新すること。転じて、節操なく考えや態度をすぐに変えること。《『易経』》類大人虎変(タイジンコヘン)

【君子万年(クンシバンネン)】徳をそなえた人は長寿であるということ。長寿を祈る語としても用いる。《『詩経』》

【君主】クンシュ 世襲による国家の統治者。皇帝。天子。「専制―」

【君臣】クンシン 君主と臣下。主君と家来。「―水魚(君臣の関係が、水と魚の関係のように親密なことをたとえた言葉)」

【君側】クンソク 君主のそば。また、君主の左右に付き添う臣下。「―の奸(カン)(君主のそばにいる悪がしこい家来)」

【君王】クンノウ 一国の君主。帝王。参考「クンオウ」の転じた語。

【君命】クンメイ 主君の命令。「―にしたがって動く」「―を辱(はずかし)めず」

【君臨】クンリン ①君主として支配すること。②ある分野で、他の者を圧倒する地位に立って勢力を示すこと。「業界に―する」

【〈君遷子〉】しなのがき カキノキ科の落葉高木。信越地方から東北地方で栽培。果実は小さくブドウの房状につく。未熟のものから柿渋(かきしぶ)をとる。食用にもする。マメガキ。ブドウガキ。センナリガキ。季秋 由来「君遷子」は漢名から。表記「信濃柿」とも書く。

クン【訓】

(10) 言 3 常 教 7 2317 3731 音 クン 外キン 訓 外おしえる・よむ

筆順 、 ニ 亠 亖 言 言 言 訁 訓 訓

意味 ①おしえる。さとす。おしえみちびく。おしえ。「訓育」「家訓」②よむ。解釈する。「訓釈」「訓注」③漢字にあてた日本のよみ。くんよみ。「訓読」「字訓」対音

下つき 遺訓(イクン)・音訓(オンクン)・家訓(カクン)・教訓(キョウクン)・国訓(コックン)・字訓(ジクン)・垂訓(スイクン)・庭訓(テイキン)・特訓(トックン)

【訓える】おしえる 物事の道理を説いて聞かせる。さとす。おしえ導く。

【訓育】クンイク おしえ育てること。特に、道徳を重んじて児童や生徒の品性を高め、豊かな社会性を養うことを目的とする教育。徳育。

【訓戒】クンカイ 物事の善悪をおしえさとし、戒めること。また、その戒め。「部下に―を垂れる」書きかえ「訓誡」の書きかえ字。

【訓誨】クンカイ おしえさとすこと。教誨。「問題があった生徒を―する」

【訓誡】クンカイ ▼書きかえ 訓戒

【訓詁】クンコ 古典などの古い字句の読みや意味の解釈をすること。「―学」参考「詁」は古語の意。

【訓告】クンコク ①上の者が下の者におしえ告げること。戒め告げること。②公務員の懲戒処分の一つ。

【訓示】クンジ 上位の者が下位の者におしえ示すこと。また、その言葉。「大臣の―」

【訓辞】クンジ おしえ戒める言葉。「社長の―を社員全員で聞く」

【訓点】クンテン 漢文を訓読するためにつけた、返り点や送り仮名などの総称。

【訓読】クンドク ①漢字に日本語の訓を当てて読むこと。「国」を「くに」、「土」を「つち」と読む類。くんよみ。対音読 ②漢文を日本語の文法に従って読むこと。

【訓蒙】クンモウ 子どもや初学者におしえさとすこと。また、その書物。参考「蒙」は知識や道理にくらい意。「キンモウ」とも読む。

【訓令】クンレイ 上位の者が下位の者に職務上の命令をくだすこと。また、その命令。

【訓練】クンレン ある事柄について習熟するよう、練習させてきたえること。「避難―」

【訓話】クンワ おしえさとす話。教訓となる話。「朝礼で校長の―があった」

【訓む】よむ 漢字に日本語の訓を当ててよむ。漢字を訓読する。

クン【葷】

(12) 艹 9 1 7256 6858 音 クン 訓 くさい・なまぐさ

意味 ①においの強い野菜。ニンニク・ニラ・ラッキョウなど。また、からい野菜。「葷菜」「葷酒」②くさい。③なまぐさ。なまぐさい肉料理など。

【▲葷菜】クンサイ においの強い野菜。ネギやニンニクなど。

【▲葷酒】クンシュ 強いにおいのある野菜と酒。また、なまぐさいものと酒。

〔▲葷酒山門に入るを許さず〕 修行のさまたげとなるくさい野菜や酒を、寺の門内に持ちこんではならない。禅寺の門の脇にこの文を刻んだ石碑が見られる。

【▲葷辛】クンシン 臭気の強い野菜と、辛みのある野菜。僧が避ける食物。

【▲葷▲羶】クンセン ニラ・ニンニクなどくさいにおいの野菜と、なまぐさい肉。

クン【裙】(12) 衤7 1 7469 6A65 音 クン 訓 も・もすそ・すそ・はだぎ

意味 ①も。もすそ。着物のすそ。②はだぎ。したぎ。

下つき 紅裙・羅裙

【▲裙子】クンシ 僧侶が身につける、ひだのある黒い袴のような衣服。類 内衣 参考「クンス」とも読む。

【▲裙帯】クンタイ ①裳と帯。②裳についている飾りの紐。参考 ②「クタイ」とも読む。

【▲裙】もすそ 裳のすそ。女性の衣服のすそ。表記「裳裾」とも書く。

〈▲裙▲蔕菜〉わかめ 褐草類コンブ科の海藻。▼若布(六六七)

クン【皸】(14) 皮9 1 6617 6231 音 クン 訓 ひび・あかぎれ

〔皹〕6616 6230

意味 ひび。ひびがきれる。あかぎれ。「皸裂」

【皸】あかぎれ 寒さのため、手足が荒れて皮膚が裂ける症状。ひびの悪化したもの。季冬

【▲皸】ひび 寒さのため、手足などの皮膚が荒れて生じる小さな裂け目。ひびわれ。「かかとに―が切れる」季冬

クン【勲】(15) 力13 常 準2 2314 372E 音 クン 訓 外いさお・いさおし

旧字《勳》(16) 力14 1/準1 5014 522E

筆順 2 6 9 13 15 … 重 動 動 勲 勲

意味 ①いさお。国や主君のために尽くしたてがら。「勲功」「勲績」「殊勲」②勲章の階位。「勲記」「勲三等」「受勲」

下つき 位勲・元勲・功勲・殊勲・受勲・叙勲・大勲・武勲

【△勲】いさお 国家や社会に力を尽くした功績。手柄。いさおし。「―を立てる」

【△勲】いさおし「勲」に同じ。

【勲記】クンキ 勲等を授ける証拠として、勲章に添えて与えられる証書。

【勲功】クンコウ ①国家や君主に尽くした手柄。功労。いさお。②手柄を立てた者へのほうび。恩賞。「―を賜る」

【勲章】クンショウ 国家や社会に功労があった人に、国が与える記章。「文化―」

【勲等】クントウ 国家・社会に功労のあった人に与えられる栄典。勲章の等級。最高位の大勲位、勲一等から勲八等まで、各等に応じた勲章があった。現在は数字を用いた等級は廃止されている。

クン【▲勳】(16) 力14 5014 522E ▼勲の旧字(三八三)

クン【薫】(16) 艹13 常 準2 2316 3730 音 クン 高 訓 かおる 外かおり・くさ・たく

旧字《薰》(18) 艹14 1/準1

旧字《薰》(17) 艹14 1/準1 9132 7B40

筆順 3 9 12 16 … 董 薫

意味 ①かおりぐさ。香草の名。特有の香りがある。②かおる。よいかおり。「薫風」「芳薫」「余薫」③いぶす。くすべる。「薫製」④人を感化する。「薫育」「薫陶」「薫化」

書きかえ「燻」の書きかえ字として用いられるものがある。

下つき 余薫

【薫り】かおり ①香草などのよいにおい。「蘭の花は―が強い」②なんとなく感じられるよい雰囲気。「文化の―」

【薫る】かおる よいにおいを放つ。香気が漂う。「風―る五月」

【薫育】クンイク 徳をもって導き育てること。徳によって感化し育てること。

【薫▲灼】クンシャク ①いぶして焼くこと。炎を出さず、けむらせて焼くこと。②勢いの盛んなたとえ。表記「燻灼」とも書く。

【薫製】クンセイ 塩漬けの獣や魚の肉を、芳香のある木屑の煙でいぶしてかおりをつけ、乾燥させた食品。「鮭の―」書きかえ「燻製」の書きかえ字。

【薫陶】クントウ 徳により感化し、すぐれた人間にすること。「恩師の―を受ける」参考 よい香をたいてかおりを染みこませ、土をこねて陶器を作る意。

【薫風】クンプウ さわやかに吹く初夏の快い風。若葉のかおりが漂ってくるような、初夏の風。「―が心地よく吹く」季夏

【薫▲蕕】クンユウ ①香気のある草と、悪臭のする草。②善人と悪人。君子と小人。また、善悪のたとえ。

〔薫▲蕕は器を同じくせず〕 善人と悪人、また、君子と小人とは、同じ場所にいることができないということのたとえ。香りのよい草と悪臭のする草

は、同じうつわには入れないという意から。〈『孔子家語(コウシケゴ)』〉

【△薫く】たく 炎を出さず、くすべる。いぶす。香などをくゆらせる。「香を―く」

クン【▲薫】(17) ⺾14 9132 7B40 ▼薫の旧字(三八三)

クン【燻】(18) 火14 1 6378 5F6E 音 クン 訓 いぶす・ふすべる・くすべる・くすぶる・やく・くゆらす

〔熏〕 6377 5F6D

意味 ①いぶす。ふすべる。くすべる。くすぶる。「燻灼(クンシャク)」②香をたいてにおいをしみこませる。③やく。あぶる。

書きかえ 「薫」に書きかえられるものがある。

【▲燻し銀】いぶしギン ①硫黄(いおう)でいぶして表面の光沢をくすませた銀。また、その渋みのある銀色。②派手さはないが、実力や実質をそなえていること。「―の芸」

【▲燻す】いぶす ①炎を出さず煙が出るように燃やす。けむらせる。「蚊遣(かや)りで木片を―す」②すすなどで黒くする。③硫黄(いおう)などを燃やして金属にくもりをつける。

【▲燻ぶる】くすぶる ①炎が燃え出さずに、けむる。「火が―る」②すすける。すすで黒くなる。③家にこもって、することもなく暮らす。「一日中家で―っている」④問題が表面化せず、はっきりと解決されないまま内部に残っている。「人事問題が社内に―る」「軍事衝突の火種が―る」

【▲燻らす】くゆらす 煙をゆるやかに立てる。くゆらせる。「葉巻を―す」

【▲燻蒸】クンジョウ ①いぶし、蒸すこと。②害虫などを殺すため、薬剤などでいぶすこと。「―剤を用いて殺虫する」

【▲燻製】クンセイ ▼書きかえ 薫製(三八三)

【▲燻柿】ふすべがき 渋柿の皮をむき、かまどの上などにつるして甘くなるまで煙でいぶしたもの。参考「くすべがき」とも読む。

【▲燻革】ふすべがわ 煙でいぶし、地を黒く染めた革。参考「くすべがわ」とも読む。

【▲燻べる】ふすべる ①煙を多く出すように燃やす。くすべる。いぶす。「薪(まき)を―べる」②すすけさせる。③けむらせて苦しめる。

クン【▲薫】(18) ⺾14 ▼薫の旧字(三八三)

クン【醺】(21) 酉14 1 7853 6E55 音 クン 訓 よう

意味 よう。酒によう。ほろよい。酒くさい。「醺然」

下つき 微醺(ビクン)・余醺(ヨクン)

【▲醺然】クンゼン 酒によって気分のよいさま。ほろよいかげん。酒によったさま。

【▲醺う】よう 少し酒を飲んで心身の感覚が普通でなくなる。ほろよいになる。

グン【軍】(9) 車2 常 教 7 2319 3733 音 グン 外クン 訓 外いくさ・つわもの

筆順 

意味 ①いくさ。たたかい。「軍記」「軍事」②つわもの。兵士の集団。「軍勢」「進軍」③軍隊に似た組織・集団。「救世軍」

下つき 援軍(エングン)・進軍(シングン)・海軍(カイグン)・官軍(カングン)・空軍(クウグン)・行軍(コウグン)・孤軍(コグン)・将軍(ショウグン)・賊軍(ゾクグン)・敵軍(テキグン)・敗軍(ハイグン)

【△軍】いくさ ①たたかい。戦争。合戦(カッセン)。「腹が減っては―はできぬ」②兵士。軍隊。

【軍役】グンエキ ①軍人として軍務に服すること。②戦争。類戦役

【軍靴】グンカ 軍隊用のくつ。軍人のはく、革でできた丈夫なくつ。「―の響き」

【軍歌】グンカ 軍隊の士気や愛国心を高めるために歌った歌。

【軍監】グンカン ①軍事の監督をする役職。また、その役目の人。②律令(リツリョウ)制のもとで、将軍や副将軍の下にあった軍団の官職名。「鎮守―」参考②「グンゲン」とも読む。

【軍艦】グンカン 軍事目的に従事する、戦闘力を備えた艦艇。「―旗」

【軍紀・軍規】グンキ 軍隊を統制するための風紀や規則。「―を乱す行動はするな」類軍律

【軍記】グンキ 戦争の話を書いた書物。「―物語」類戦記・軍書

【軍機】グンキ 軍事上の重要な秘密。軍事機密。「―をもらす」

【軍師】グンシ ①軍事上のはかりごとをめぐらし、作戦を立てる人。類参謀 ②うまくはかりごとをめぐらす人。策士。「なかなかの―だ」

【軍資金】グンシキン ①軍事にかかる費用。②計画を実現するために必要な資金。もとで。「会社を起こすには―がいる」

【軍者ひだるし、儒者寒し】グンシャひだるし ジュシャさむし 学者貧乏のこと。軍学者や儒学者は口ではりっぱなことをいうが生活は苦しいという意。「軍者」は兵法家。「ひだるい」はひもじいこと。「寒」もふところが寒いことで、貧乏の意。

【軍需】グンジュ 軍事上必要とされること。また、その物資。「―産業」「―品」

【軍縮】グンシュク 「軍備縮小」の略。軍備の規模や数量を減らすこと。「―会議」対軍拡

【軍人】グンジン 戦争に従事することを職業とする人。また、軍籍のある人の総称。

【軍勢】グンゼイ 兵隊の数などから見た軍の勢力。また、軍隊。「おびただしい―」

【軍籍】グンセキ 軍人としての地位や身分などに関する事項を登記した帳簿。類兵籍

【軍扇】グンセン 昔、武将が軍隊を指図するために用いたおうぎ。多く、骨を鉄で作って漆紙を張り、表に日輪、裏に月の形をかいた。

【軍属】グンゾク 軍人以外で、軍隊に所属し勤める人の総称。

【軍隊】グンタイ 一定の規律をもつ軍人組織。兵士の集団。「—に召集される」

【軍▲荼利】グンダリ 五大明王(ミョウオウ)の一つ。南方を守り、煩悩を取り除くとされ、ヘビが体にからみついている。軍荼利明王。参考 梵語(ボンゴ)に漢字を当てたもの。

【軍手】グンて 太い木綿糸で編んだ作業用の手袋。参考 もとは軍隊で用いたもの。

【軍配】グンバイ ①軍隊の配置や進退などの指揮をとること。転じて、指図すること。②「軍配団扇(うちわ)」の略。昔、大将が指揮をとるのに用いた。また、相撲の行司が手に持つ。「—を上げる」

【軍閥】グンバツ 軍部の上層部を中心とする政治勢力や派閥。「—政治」

【軍備】グンビ 国家を守るため、また、戦争を行うための軍事上の備え。「—を増強する」

【軍兵】グンピョウ いくさにでる兵隊。兵士。兵卒。参考「グンビョウ」とも読む。

【軍部】グンブ 陸・海・空軍の総称。軍当局。政府や民間に対していう。

【軍民】グンミン ①軍人と民間人。「戦争は—の別なく殺戮(サツリク)する」②兵卒。軍士。

【軍門】グンモン 軍営の門。軍隊の陣営の出入り口。「—に降(くだ)る(降参する)」

【軍律】グンリツ ①軍隊内の規律。軍紀。②軍人に用いる法律。軍法。

【軍旅】グンリョ ①軍隊。特に、戦場の軍隊。「数万の—が全滅した」②戦争。

〈軍鶏〉しゃも ニワトリの一種。くちばしが鋭く、首が長い。あしは太く大きな蹴爪(けづめ)をもつ。闘鶏(トウケイ)用。食用にもする。由来 シャム(タイの古称)から渡来したことから。

グン【郡】

(10) 阝7 常 教 7 2320 3734

音 グン 外 クン
訓 外 こおり

筆順 フ ヲ ヨ 尹 君 君 君 君 君ᄀ 君ろ 郡

意味 ぐん。こおり。行政区画の一つ。①日本では都道府県の下にある行政区画。「郡部」②中国、周代では県の下、秦(シン)以降は県の上。「郡県」

下つき 国郡(コクグン)・州郡(シュウグン)

【郡▲衙】グンガ 古代の郡を取り締まるための役所。参考 律令(リツリョウ)制のもとで、各国に国府、その下に郡が置かれた。

【郡部】グンブ 都道府県内の、郡に属する地域。対 市部

【△郡】こおり 郡(グン)の古称。国(現在の県)を小分けしたもの。郷・村などを含む。

【△郡奉行】こおりブギョウ 江戸時代、諸藩の職名。郡の代官を統轄し、政務を執行した。郡代。

グン【群】

(13) 羊7 常 教 7 2318 3732

音 グン
訓 むれる・むれ・むら

筆順 フ ヲ ヨ 尹 君 君 君 君' 君⺷ 君⺷ 群 (6 9 12)

意味 ①むらがる。むれる。数多く集まる。「群生」②むれ。あつまり。「群集」③多くの。いろいろの。「群雄」「群衆」

下つき 逸群(イツグン)・魚群(ギョグン)・抜群(バツグン)・離群(リグン)

【群疑満腹】グンギマンプク 多くの疑いが生じて心がいっぱいになること。また、大勢が疑問を抱くこと。〈諸葛亮(ショカツリョウ)の文〉

【群軽折軸】グンケイセツジク 小さな力も数を集めれば大きな力となるたとえ。軽いものでも数多く積めば重くなって車軸が折れてしまうことから。〈『史記』〉参考「叢軽折軸(ソウケイセツジク)」ともいう。類 積羽沈舟・積土成山

【群衆】グンシュウ 一か所に組織的にではなく、群がり集まった多くの人々。「—の前で演説する」

【群集】グンシュウ 人々や物などが群がり集まること。また、その集まり。「広場に—する人々」

【群集心理】グンシュウシンリ 群集に加わったために起こる特殊な心理状態。多くは、個人の自制心が弱まり、衝動的に他人の言動に同調しようとする心理がはたらく。

【群小】グンショウ 多くの小さいもの。多くの取るに足りないものや人。「—作家」

【群青色】グンジョウいろ あざやかな、濃い青色。藍(あい)に近い青色。「—の海」

【群生】グンセイ 同種の植物がある地域に群れて生えること。「山腹に—する高山植物」

【群▲棲】グンセイ 同種の動物がある地域に群れをなして生活すること。類 群居

【群像】グンゾウ ①絵画や彫刻で、多くの人物の構成を主題とした作品。②多くの人の姿。「青春—」

【群舞】グンブ 大勢が一緒に踊ること。また、その踊り。「バレエの—」

【群▲游】グンユウ 群れをつくって泳ぐこと。「鯉(こい)の—」参考「群遊」と書けば群がり遊ぶ意になる。

【群雄割拠】グンユウカッキョ 多くの英雄や実力者が各地に勢力を張って、互いに対立していること。また、その状態。「割拠」はそれぞれの根拠地を占有して勢力を張る意。

【群羊を駆りて猛虎を攻む】グンヨウをかりてモウコをせむ 弱い者を多く集めて強い者を攻めるたとえ。弱小の国を連合して大国を攻めるたとえ。転じて、勝ち目のないたとえ。多くの弱いヒツジを駆りたてて獰猛(ドウモウ)なトラを攻めさせる意から。〈『戦国策』〉

【群落】グンラク ①多くの村落。②同一地域内に、同じ生育条件を好む植物が群がって生えること。「湿性植物の—」

【群がる】むらがる 人や動植物が一か所に多く集まる。「特売場に客が—っている」

【群雲】むらくも 群がり集まった雲。一群の雲。表記「叢雲・村雲」とも書く。

【群雨】(むらさめ) 局地的に激しく降ってすぐにやむ雨。にわか雨。表記「叢雨・村雨」とも書く。

【群▲雀】(むらすずめ) 群れをなしているスズメ。

【群れる】(む－れる) 多くの生物が一か所に集まっている。群れをなしている。群(む)らがる。「池の小島に鳥が－れている」「駅頭に人が－れる」

け 計
ケ 介

ケ【化】(4) 匕2 教 1829/323D ▼カ(一三五)
ケ【仮】(6) 亻4 教 1830/323E ▼カ(一三九)
ケ【気】(6) 气2 教 2104/3524 ▼キ(二六〇)
ケ【△希】(7) 巾4 教 2085/3475 ▼キ(二六三)
ケ【△花】(7) 艹4 教 1854/3256 ▼カ(一四一)
ケ【▲芥】(7) 艹4 1909/3329 ▼カイ(一七三)
ケ【▲卦】(8) 卜6 2321/3735 ▼カ(一四四)
ケ【△怪】(8) 忄5 常 1888/3278 ▼カイ(一七二)
ケ【家】(10) 宀7 教 1840/3248 ▼カ(一四九)
ケ【華】(10) 艹7 常 1858/325A ▼カ(一五一)

ケ【袈】(11) 衣5 準1 2322/3736 音 ケ 訓

意味 梵語(ボンゴ)の音訳「袈裟(ケサ)」に用いられる字。

【▲袈▲裟】(ケサ) 仏 僧侶(ソウリョ)が左肩から右脇(みぎわき)にかけて、衣の上にまとう長方形の布。いくつかの布をつなぎ合わせてつくる。

『▲袈▲裟と衣は心に着よ』 袈裟も衣も、ただ身に着けているだけではだめで、心にしっかりとした覚悟を持ってこそ、正しい仏道信仰といえる。類 頭剃(そ)るより心を剃れ

【▲袈▲裟懸け】(ケサがけ) ①一方の肩からもう一方の脇(わき)の下へななめに物をつけること。②肩からななめに切り下げること。けさぎり。「－に斬(き)られた」由来 ①袈裟のように見えることから。

ケ【▲稀】(12) 禾7 2109/3529 ▼キ(二七七)
ケ【▲懈】(16) 忄13 5672/5868 ▼カイ(一八五)
ケ【懸】(20) 心16 常 2392/377C ▼ケン(四三六)
け【毛】(4) 毛0 教 4451/4C53 ▼モウ(一四七八)
け【▲笥】(11) 竹5 3158/3F5A ▼シ(六一七)
け【▲褻】(17) 衣11 7488/6A78 ▼セツ(八八九)
ゲ【下】(3) 一2 教 1828/323C ▼カ(一三一)
ゲ【牙】(4) 牙0 常 1871/3267 ▼ガ(一六一)
ゲ【外】(5) 夕2 教 1916/3330 ▼ガイ(一八八)
ゲ【夏】(10) 夂7 教 1838/3246 ▼カ(一四八)
ゲ【△華】(10) 艹7 常 1858/325A ▼カ(一五一)
ゲ【▲偈】(11) 亻9 4885/5075 ▼ケツ(四一二)
ゲ【▲碍】(13) 石8 1923/3337 ▼ガイ(一九二)
ゲ【解】(13) 角6 教 1882/3272 ▼カイ(一八二)
ゲ【△戯】(15) 戈11 常 2126/353A ▼ギ(二八九)

ケイ【兄】(5) 儿3 教 常 9 2327/373B 音 ケイ中・キョウ 訓 あに 外え

筆順 丨 ㇆ 口 尸 兄

意味 ①あに。「兄弟」「長兄」対 弟 ②同輩・友人などに対する敬称。「貴兄」

下つき 学兄(ガッケイ)・貴兄(キケイ)・義兄(ギケイ)・愚兄(グケイ)・賢兄(ケンケイ)・実兄(ジッケイ)・舎兄(シャケイ)・従兄(ジュウケイ)・大兄(タイケイ)・父兄(フケイ)

【兄】(あに) ①同じ親から生まれた、年上の男。実兄。②配偶者の、年上の男兄弟。また、姉の夫。義兄。対 ①②弟

【兄貴】(あにキ) ①弟妹が兄を親しんで呼ぶ語。②親しい間柄で、年長の者を呼ぶ語。「－分」「－風を吹かす」

【兄嫁】(あによめ) 兄の配偶者。兄の妻。表記「嫂」とも書く。

【△兄】(え) 兄弟姉妹のうち、同性の年上の人。また、年長者。対 弟(おと)

【△兄方】(えホウ) 陰陽道(オンヨウドウ)で、その年のめでたいとされる方角。干支(えと)に基づく。対 塞(ふさ)がり 季 新年 表記「恵方・吉方」とも書く。

【兄弟】(キョウダイ) ①親を同じくする子どうし。②婚姻などで義兄・義弟となった人。義兄弟。③男同士の親しい間柄で呼ぶ語。兄弟分。参考 ①②姉妹・兄妹・姉弟などの間柄でもいう。

『兄弟は他人の始まり』 肉親関係の兄弟でも互いに結婚したり家庭をもったりすると、情愛も薄れて疎遠になるということ。

【兄事】(ケイジ) 兄のように尊敬して接すること。「先輩に－する」

【兄たり難く、弟たり難し】(ケイたりがたく、テイたりがたし) 二者の力量などが伯仲していること。優劣を定めにくいこと。〈『世説新語(セセツシンゴ)』〉

【兄弟▲牆に▲鬩げども外▲其の△務りを▲禦ぐ】(ケイテイかきにせめげども そとそのあなどりをふせぐ) 仲間どうしで内輪もめしていても、外敵がくると力を合わせてこれにあたること。兄弟についていう語だが、一般に仲間にもいう。「牆」はかきね。「鬩ぐ」は言い争う、仲たがいすること。「務り」は侮辱の意。〈『詩経』〉

【兄部】(このこうべ) 中世、寺社・宮中・武家などで力仕事をした人々の長。

【兄鷂】(このり) タカ科の鳥。ハイタカの雄。参考「鷂」はハイタカの意。

【兄鷹】(しょう) 雄のタカ。対弟鷹(だい) 由来 タカは雄が雌より小さいので「小(ショウ)」の字音からという。

【兄さん】(にいさん) ①兄の敬称。②男性に呼びかける語。

【兄矢】(はや) 二本の矢を持って射るとき、先に射る矢。表記「甲矢・早矢」とも書く。

ケイ【刑】 (6) 刂 4 常 3 2326 373A 音 ケイ 外ギョウ 訓 外しおき

筆順 一 二 于 开 开 刑

意味 しおき。おきて。罰する。「刑事」「処刑」

下つき 求刑・極刑・減刑・死刑・私刑・実刑・重刑・処刑・体刑・流刑

【刑部】(ギョウブ) 「刑部省」の略。参考「ケイブ」と読めば中国の官庁名。

【刑部省】(ギョウブショウ) 律令制の八省の一つ。裁判や刑罰などをつかさどり、今の法務省にあたる役所。

【刑故無小】(ケイコムショウ) 故意に罪を犯した者には、それがたとえ小さな罪でも刑罰を科すこと。《『書経』》

【刑死】(ケイシ) 処刑されて死ぬこと。「無実の罪で―した」

【刑事】(ケイジ) ①刑法に基づいて処理される事柄や事件。「―責任を問われる」対民事 ②「刑事巡査」の略。犯罪捜査や容疑者の逮捕などにあたる巡査。

【刑場】(ケイジョウ) 死刑を行う場所。仕置場。「―の露と消える(刑に処せられ死ぬ)」

【刑罰】(ケイバツ) 国家が犯罪者に与える法律上の制裁。とがめ。「違反者に―を科する」

【刑余】(ケイヨ) 以前に刑罰を受けたことのあること。前科のあること。「―の身」

【刑】(しおき) 刑罰。また、罰の総称。表記「仕置」とも書く。

ケイ【圭】 (6) 土 3 準1 2329 373D 音 ケイ 訓 たま

意味 ①たま。天子が諸侯にあたえる、先のとがったたま。②かど。また、かどだつ。「圭角」

下つき 刀圭・土圭

【圭角】(ケイカク) ①玉のとがったかど。②言動や性格にかどがあって円満でないさま。「―が取れる」

【圭璋】(ケイショウ) 儀式で用いる尊い玉。

【圭復】(ケイフク) もらった手紙を繰り返し読むこと。故事 孔子の門人の南容が、『詩経』にある白圭の詩句を何度も繰り返し読んだ故事から。《『論語』》

【圭】(たま) 昔、中国で、天子が諸侯を封じたしるしとして授ける、かどのある玉。

ケイ【冏】 (7) 冂 5 1 4940 5148 音 ケイ・キョウ 訓 あきらか

意味 あきらか。光り輝くさま。「冏冏」類炯

ケイ【形】 (7) 彡 4 教 常 9 2333 3741 音 ケイ・ギョウ 訓 かた・かたち 外なり

筆順 一 二 于 开 开 形 形

意味 ①かた。かたち。「形式」「図形」②ありさま。すがた。「形勢」「形容」③あらわれる。あらわす。「形成」「造形」

下つき 円形・外形・奇形・原形・固形・字形・象形・図形・整形・造形・隊形・台形・地形・梯形・童形・人形・波形・変形・方形・無形・有形

【形】(かた) ①外見上のかたち。かっこう。「髪の―」②抵当・担保など保証として渡す約束をしたもの。「借金の―」

【形鋼】(かたコウ) 断面が一定の形をした棒状鋼材の総称。断面の形状から山形鋼・I形鋼・溝形鋼・T形鋼などと呼ばれる。

【形代】(かたしろ) ①祭りで、神体のかわりに据えるもの。②禊(みそぎ)・祓(はらえ)の際になでて罪や災いを移し、川に流す紙の人形(ひとがた)。季夏 ③身がわりにするもの。

【形】(かたち) ①視覚や触覚でとらえられる物のありさま。「実際の―が見えてきた」②中身を伴わない形式や様式。「―ばかりのお見舞い」③外見的な姿・態度や服装。「顔―の端正な女性」

【形見】(かたみ) ①死んだ人や別れた人が残したもので、見るたびにその人を思い出す品物。「泣く泣くも良い方を取る―分け」②思い出のもととなるもの。記念。「青春の―」

【形相】(ギョウソウ) かおつき。表情。「恐ろしい―で睨(にら)みつける」参考「ケイソウ」と読めば別の意になる。

【形影】(ケイエイ) 物の形とその影。人とその影。常に離れないもののたとえ。「―相同じ(心の正しい者は行動も正しいこと)」

【形影相弔う】(ケイエイあいとむらう) 孤独なさま。孤独でよるべのないたとえ。「弔う」はあわれみ、なぐさめること。わが身と影法師が互いにあわれみ合う意から。〈李密の文〉類形影自ら相憐れむ

【形影一如】(ケイエイイチニョ) 仲のよい夫婦のたとえ。また、心の善悪が行為に表れるたとえ。

【形骸】(ケイガイ) ①生命を失った外見だけの体。実質を失った建物などの骨組み。「―を世にさらす」②実質的な内容が失われて形だけになったもの。「法の―化」

【形而下】(ケイジカ) ①形のあるもの。物質的なもの。②哲学で、時間や空間

のうちに形をそなえて現れるもの。その存在を感覚的に知ることのできるもの。対形而上

【形式】ケイシキ ①外から見た形。外形。②内容が伴わない、うわべだけのこと。「―にとらわれる」対①②内容 ③定まった型。また、一定の手続きやり方。「―を重んじる」

【形▲而上】ケイジジョウ ①形のないもの。抽象的なもの。②哲学で、時間・空間を超越して、感覚では存在を知り得ないもの。「―学」対形而下

【形勝】ケイショウ ①地形や風景がすぐれていること。また、その土地。景勝。②城をきずいたり敵を防いだりするのに、地形が適していること。また、そういう土地。「―要害の地」

【形象】ケイショウ ①物の目に見える姿や形。②観念などを、ある表現手段で形づくったもの。「芸術的―」

【形状】ケイジョウ 物の形や状態。ありさま。「―記憶合金」

【形成】ケイセイ 一つのまとまった形に作り上げること。「人格を―する」「―外科」

【形声】ケイセイ 漢字の六書(リクショ)の一つ。意味を表す部分と、発音を表す部分とを組みあわせて別の漢字を作る方法。また、その漢字。金属を表す「金」と、音のドウを表す「同」から「銅」を作るなど。諧声(カイセイ)。象声。「―文字」

【形勢】ケイセイ 移り変わっていく物事の、その時々のようす。成り行き。「―をうかがう」「―が不利になる」

【形跡・形▲迹】ケイセキ 物事が行われたあと。跡形(あとかた)。「人が住んでいた―がある」類痕跡(コンセキ)

【形相】ケイソウ ①物の形。ようす。ありさま。②哲学で、ある事物を他の事物と区別する本質的な特徴。対質料 参考「ギョウソウ」と読めば別の意になる。

【形態】ケイタイ ①物事を外から見た形や姿。ありさまやようす。「会社の―がととのう」

け ケイ

②哲学・心理学用語で、統一体としての機能的構造をもった枠組み。ゲシュタルト。

【形単影隻】ケイタンエイセキ 独り身で孤独なこと。体一つ影一つの意から。「形」は体。「隻」は一つ。〈韓愈(カンユ)の文〉参考「影隻形単」ともいう。

【形名参同】ケイメイサンドウ 口で言うことと実績が一致していること。由来 中国、戦国時代の法家の語で、臣下の実績や行動と職分や言葉が厳しく一致しているか否かで賞罰を下すという、臣下統御の法から。「形」は実際の実績や行為の意。「名」は言葉や地位・職分、「参同」は比べ合わせて一致する意。表記「形名」は「刑名」とも書く。類刑名審合・言行一致

【形容】ケイヨウ ①事物の姿や形。ようす。②事物の状態や性質などを言葉で言い表すこと。「うまい―のしかただ」

【形▲貌・〈形姿〉】なりかたち すがたかたち。すがたや格好。なりふり。身なり。

【▲形振り】なりふり 服装や態度。身なりとふるまい。「―かまわず逃げ出す」

ケイ【系】(7) 糸1 常 教5 2347 374F 音ケイ 訓外つなぐ・すじ

筆順 一 ⺈ 幺 幺 乑 系 系

意味 ①つなぐ。つながり。つづき。「系図」「系列」「体系」②分類したまとまりや組織。「文系」「太陽系」

下つき 家系(カケイ)・山系(サンケイ)・水系(スイケイ)・大系(タイケイ)・体系(タイケイ)・直系(チョッケイ)・父系(フケイ)・傍系(ボウケイ)・母系(ボケイ)

【系図】ケイズ ①先祖代々の人名と血縁・伝承関係を記した表。類系譜 ②物事の流れ。来歴。「自然主義文学の―」

【系統】ケイトウ ①順序や法則により統一のあるつながり。「―的な学習」②一族間の血のつながり。血統。「父方の―」③同じ分野や種類に属していること。「教務―の仕事」「暖色―の服」

【系譜】ケイフ ①血縁・師弟関係などを順次記した表や記録。類系図 ②さまざまな関係により結ばれたつながり。「キリスト教の―」類系統

【系列】ケイレツ ①系統立てて並べられた一連のもの。「古典主義の―に属する」②資本や生産・販売などでの企業の結合。「―会社」

【▲系】すじ 血縁・組織関係などのひと続き。血筋や世代の続きなど。

ケイ【京】(8) 亠6 教 2194 357E ▼キョウ(三三〇)

ケイ【径】(8) 彳5 常 教7 2334 3742 音ケイ 訓外みち・こみち・さしわたし・ただちに

旧字《徑》(10) 彳7 1/準1 5545 574D

筆順 ノ ㇀ 彳 彳 径 径 径 径

意味 ①みち。こみち。ちかみち。「径路」「山径」②さしわたし。「口径」「直径」③まっすぐ。ただちに。「径行」

下つき 口径(コウケイ)・山径(サンケイ)・小径(ショウケイ)・捷径(ショウケイ)・石径(セッケイ)・直径(チョッケイ)・半径(ハンケイ)

【▲径山寺味▲噌】キンザンジミソ なめみその一種。煎(い)ったダイズとオオムギの麹(こうじ)に塩を入れ、ナスやシロウリを細かく刻んだものを加えて熟成させたもの。由来 中国の径山寺の製法が伝えられたことから。表記「金山寺味噌」とも書く。

【径行】ケイコウ 思ったことをそのまま実行すること。「直情―」

【径庭】ケイテイ 大きなへだたり。差異。「―がない」表記「逕庭」とも書く。参考「径」は狭い道、「庭」は広場の意で、そのちがいから。

【径路】ケイロ ①細い道。こみち。②通ってきた道筋。いきさつ。「感染―」「入手―をた

どる」表記②「経路」とも書く。

【△径】こみち ①幅の狭い道。細道。②よこみち。近道。表記「小道」とも書く。

【△径】みち まっすぐな道路。ちかみち。また、てっとり早い方法。

ケイ【茎】(8) 艹5 常 準2 2352 3754 訓音 ケイ くき 外なかご

旧字《莖》(11) 艹7 1/準1

旧字《莖》(10) 艹7 1/準1 7219 6833

筆順 一 十 艹 艹 芆 茎 茎 茎

意味 植物のくき。また、くきのような形をしたもの。「根茎」「花茎」

下つき 陰茎イン・塊茎カイ・花茎カ・球茎キュウ・根茎コン・歯茎はぐき・水茎みずぐき

【茎】くき 植物体を支える主要器官で、根と葉を連結して花をつける。根から吸収した水分や養分の通路。地上茎と地下茎がある。

【△茎】なかご 日本刀の柄(つか)の中に入っている部分。鑢目(やすりめ)をつけ、銘や刀工の名を刻む。こみ。表記「中子」とも書く。

ケイ【係】(9) イ7 教 常 8 2324 3738 訓音 ケイ かかる・かかり 外かかわる・つなぐ

筆順 ノ イ 仁 亻 伾 伾 係 係 係

意味 ①かかる。かかわる。「係争」「関係」②つなぐ。つながり。「係累」「係留」③かかり。仕事の受けもち。「係員」

書きかえ「繋(ケイ)」の書きかえ字として用いられるものがある。

下つき 関係カン・連係レン

【係】かかり ①その仕事に従事する役。また、その人。「図書の―」②官庁や会社などの組織で、課の下にある部署。

【係員】かかりイン ある仕事を受けもつ人。その仕事をする役目の人。担当者。「―の指示に従う」

【係る】かか-る ①関係する。かかわる。「人命に―る事故」②その人の行為による。手にかかる。「成否は本人の努力に―る」「名人に―る作品」

【△係わる】かか-わる つながりがある。関係する。かかる。「会社の設立に―る」「君の名誉に―る問題だ」

【係数】ケイスウ ①数学で、一個以上の変数の積にかけられる定数。代数式の項の中の文字に対して数字因数をいう。②物理で、ある現象の法則性を表す関係式において、その現象の固有の定数。率。「膨張―」

【係船】ケイセン 船をつなぎとめること。特に、船を動かすと損失が大きくなる場合、一時的に船を港にとめておくこと。書きかえ「繋船」の書きかえ字。

【係争】ケイソウ 互いに争うこと。特に、訴訟を起こして法廷で当事者どうしが争うこと。「子どもの親権をめぐって―中だ」書きかえ「繋争」の書きかえ字。

【係属】ケイゾク ①つながること。つながりをつけること。②「訴訟係属」の略。訴訟事件が裁判所で取り扱い中であること。「―中の事件」書きかえ「繋属」の書きかえ字。

【係留】ケイリュウ つなぎとめておくこと。「ヨットをマリーナに―する」書きかえ「繋留」の書きかえ字。

【係累】ケイルイ 心身を束縛するもの。特に、両親・妻子など、自分が世話をしなければならない親族。「―の期待に押しつぶされる」表記「繋累」とも書く。

ケイ【剄】(9) リ7 1 4977 516D 訓音 ケイ くびきる

意味 くびきる。くびをはねる。

【△剄る】くび-きる 刀剣で首をはねる。のどくびをかき切る。

ケイ【勁】(9) カ7 1 5006 5226 訓音 ケイ つよい

意味 つよい。かたい。するどい。「勁草」

下つき 簡勁カン・堅勁ケン・高勁コウ・雄勁ユウ

【△勁健】ケイケン つよくてすこやかなこと。つよくて丈夫なこと。

【△勁捷】ケイショウ つよくて動作がすばやいこと。類勁疾

【△勁草】ケイソウ 茎がしっかりしていて、強風にも折れない草。また、節操や意志の固い人のたとえ。「疾風に―を知る」

【△勁敵】ケイテキ つよい敵。類強敵

【△勁い】つよ-い 芯(シン)がしっかりして張りつめているさま。まっすぐで力強い。

ケイ【型】(9) 土6 教 常 6 2331 373F 訓音 ケイ かた

筆順 一 二 チ 开 开 刑 刑 型 型

意味 ①かた。いがた。もとになる形。「原型」②もとになるもの。てほん。「典型」③柔道・剣道・能楽などの基本の動作。

下つき 鋳型いがた・木型きがた・原型ゲン・紙型シ・典型テン・模型モ・類型ルイ

【型】かた ①同形のものを作るもととなるもの。鋳型や型紙など。「―をとる」②模範になるかたち。また、決まりきった形式。ひながた。「総会は―通りに進行した」「―にはまった挨拶(アイサツ)」「―破りの社員」③特徴をよく表している性質や形態。典型。タイプ。「同じ血液―」

【型式】かたシキ 自動車や機械などで、構造や外形などが他と区別できる特徴のある型。「新しい―の車」

け ケイ

【型紙】かたがみ 作ろうとするものの形に切り抜いた紙。「ワンピースの―」

【型破り】かたやぶり ふつうのやり方にとらわれない、独創的なようす。また、一風変わったようす。「―の性格」

〈型録〉カタログ 商品などの目録や説明書。参考「型録」は当て字。

ケイ【契】(9) 大 6 常 3 2332 3740

音 ケイ 外キツ・ケツ

訓 ちぎる高 外きざむ・わりふ

旧字《契》(9) 大 6 1/準1

筆順 一 十 キ 丰 丰フ 丰刀 丰刀 契 契

意味 ㊀ケイ ①きざむ。しるしをつける。「契機」②ちぎる。交わる。約束する。「契約」③わりふ。わりいん。「契印」「契符」㊁キツ 国の名。「契丹」㊂ケツ ①つとめ苦しむ。苦労する。②久しく会わない。「契闊」

下つき ㊀印契・交契・書契・符契・黙契

【△契む】きざむ 小刀などで文字や符号を彫りつける。しるしをつける。

【△契丹】キッタン 中国北東部にいたモンゴル系遊牧民族。唐代末から勢力をもち、遼と称した。のちに金に滅ぼされた。キタイ。

【契印】ケイイン 数枚から成る書類が関連するものであることを証明するために、二枚の紙面にまたがって押す印。割印。

【契機】ケイキ ①物事の動機。きっかけ。「人生を変える―となった」②哲学用語で、物事の変化や発展を決める本質的要素。モメント。

【契合】ケイゴウ 割符を合わせたように、ぴたりと二つのものが一致すること。

【契情】ケイセイ ①絶世の美人。傾国。②遊女。表記「傾城」とも書く。

【契約】ケイヤク ①とりきめ。約束。②二人以上の意思の合致で成立し、法律上の効果をもつ行為。「部屋を借りる―をした」

【契る】ちぎる ①固い約束を交わす。特に夫婦の約束をする。「将来を―った間柄」②男女の交わりをする。

ケイ【奎】(9) 大 6 1 5287 5477

音 ケイ・キ

訓 また・とかきぼし

意味 ㊀ケイ ①また。またぐら。②星座の名。文章をつかさどるとされる。とかきぼし。㊁キ 両足を開いて行くさま。

【▲奎宿】ケイシュク 「奎宿(とかきぼし)」に同じ。

【▲奎文】ケイブン 文学・文章のこと。

〈▲奎宿〉とかきぼし 二十八宿の一つ。星座を構成する一六の星の並び方が文の字に似ていることから、文章をつかさどる星とされる。アンドロメダ座。表記「斗掻き星」とも書く。

ケイ【挂】(9) 扌 6 1 5744 594C

音 ケイ・カイ

訓 かける

意味 かける。かかる。ひっかかる。つるす。ひっかける。「挂冠」

【▲挂ける】かける 高所にひっかける。つりさげる。表記「掛ける」とも書く。

【▲挂冠】ケイカン 官を去り職を辞すること。冠を脱いで柱などにかける意から、故事 中国、後漢の逢萌が王莽にわが子を殺され、冠を東都の城門にかけて国を去った故事から。〈『後漢書』〉表記「掛冠」とも書く。参考「カイカン」の慣用読み。

ケイ【炯】(9) 火 5 1 6355 5F57

音 ケイ

訓 ひかる・あきらか

〔烱〕6356 5F58

意味 ①ひかり(光)。また、ひかる。②あきらか。光り輝くさま。「炯眼」

【▲炯らか】あきらか ①遠くからでも輝いて見えるさま。②物事がはっきりしているさま。

【▲炯眼】ケイガン ①きらきら光る目。鋭い目つき。②物事をはっきりと見抜く鋭い眼力。「首領の―に感服した」表記②「慧眼」とも書く。

【▲炯▲炯】ケイケイ 目つきが鋭いさま。目が光るさま。「眼光は―として人を射る」

【▲炯然】ケイゼン きらきらと光り輝き、明るいさま。目つきの鋭いさま。

ケイ【盻】(9) 目 4 1 6629 623D

音 ケイ

訓 にらむ・かえりみる

意味 ①にらむ。うらみ見る。類 睨 ②かえりみる。

【▲盻む】にらむ 恨みや憎しみのこもった目で見る。

ケイ【荊】(9) 艹 6 準1 2353 3755

音 ケイ

訓 いばら・むち

〔荆〕

意味 ①いばら。とげのある低木の総称。②にんじんぼく。クマツヅラ科の落葉低木。昔、これで罪人をたたくつえやむちを作った。③しもと。むち。

下つき 柴荊・榛荊・負荊

【▲荊】いばら ①バラ・カラタチなどとげのある低木の総称。②植物のとげ。③苦しみの多いことのたとえ。「―の道」表記「棘・茨」とも書く。

〈▲荊▲棘〉おどろ ①草木が乱れ茂っていること。②髪などの乱れているようす。「髪を―に振り乱す」表記「棘」とも書く。

【▲荊▲芥】ケイガイ シソ科の一年草。中国原産で、花は生薬として解熱などに用いる。

【▲荊冠】ケイカン いばらのかんむり。イエスが十字架にかけられたとき、かぶせられたもの。転じて、受難のたとえ。

【▲荊▲棘】ケイキョク ①いばら。また、いばらなどの生えている荒れた土地。②障害になるもの。また、障害などの多い状態。③人を害しようとする心。また、その人。

【▲荊妻】ケイサイ 自分の妻の謙称。類愚妻 故事 中国、後漢の梁鴻の妻孟光が、粗末な衣服で、頭にいばらのかんざしをさして家計を助けた故事から。〈『列女伝』〉

ケイ【計】(9) 言 2 常 教 9 2355 3757 音 ケイ 訓 はかる・はからう 外 かぞえる

筆順 、 ニ 亖 亖 言 言 言 言一 計

意味 ①かぞえる。数や量などをはかる。「計算」「統計」②くわだてる。くわだて。はかりごと。「計画」「設計」③数や量をはかる器具。はかり。「時計」

参考「計」の草書体が平仮名の「け」になった。

下つき 会計・家計・姦計・合計・集計・主計・小計・生計・設計・早計・総計・大計・統計・時計・累計

【△計える】かぞ‐える 数・量の多少や出入りを調べる。「数を—える」

【計会】ケイカイ ①はからいあわせること。計画。②数えはかること。計算。会計。③一度に重なり合うこと。④困ること。⑤貧乏。

【計画】ケイカク 事を実行するにあたり、事前にその方法や手段を考えること。はかりごと。プラン。「旅行の—をたてる」

【計算】ケイサン ①数量をはかり数えること。②数学で、法則に従って数値を出すこと。③結果や展開などを予測し、それを見越して計画を立てること。「—ずく」

【計上】ケイジョウ 物事を全体の計算に組み入れること。「予算に接待費を—する」

【計数】ケイスウ ①数をかぞえること。また、計算で得た数値。②経済や経理などに関すること。「—に詳しい」

【計測】ケイソク ものさしや器械を使って重さ・長さ・容積などをはかること。「スピードガンで球速を—する」類計量

【計略】ケイリャク 計画を実現するためのはかりごと。もくろみ。「—をめぐらす」特に、相手をだまそうとする計画。類策略・謀略

【計里】ケリ チドリ科の鳥。由来「ケリリ、ケリリ」と鳴くことから。▼鳧(一三三二)

【△計】はか 仕事などの進み具合。「—が行く(作業などが順調に進む)」

【計らい】はからい はからうこと。処理。処置。「粋な—」

【計らう】はから‐う ①適切な処置をする。さばく。「注意深く取り—う」「よきに—え」②相談する。打ち合わせる。「皆と—う」③手加減をする。

【計る】はか‐る ①見積もる。計算する。「時間を—る」②計画する。「実現を—る」③相談する。「上司に—る」④推量する。「相手の気持ちを—る」⑤だます。「まんまと—られた」

ケイ【迥】(9) ⻌ 5 1 7774 6D6A 音 ケイ 訓 はるか・とおい

意味 はるか。とお(遠)い。とおくへだたっている。「迥迥」

【▲迥か】はる‐か 遠く離れているさま。距離が隔たり遠いさま。道程がはるかな意を表す。

ケイ【勍】(10) カ 8 1 5007 5227 音 ケイ 訓 つよい

意味 つよい。たけだけしい。「勍勍」「勍敵」類勁

【▲勍い】つよ‐い がっしりとして力づよい。たけだけしい。たけし。

ケイ【奚】(10) 大 7 1 5288 5478 音 ケイ 訓 なんぞ・なに・しもべ

意味 ①なんぞ。なに。疑問・反語を表す助字。類何 ②しもべ。女の奴隷。「奚奴」

【▲奚ぞ】なん‐ぞ どうして…か。なんで…か。疑問や反語を表す語。

ケイ【▲徑】(10) 彳 7 5545 574D ▼径の旧字(三六八)

ケイ【恵】(10) 心 6 常 4 2335 3743 音 ケイ・エ 訓 めぐむ

旧字《惠》(12) 心 8 1/準1 5610 582A

筆順 一 丆 戸 百 亩 亩 亩 恵 恵 恵

意味 ①めぐむ。情けをかける。めぐみ。「恵贈」②かしこい。さとい。「恵眼」「知恵」類慧

参考「恵」の草書体の変形が片仮名の「エ」に、草書体が平仮名の「ゑ」になった。

下つき 恩恵・知恵・天恵

【恵比須・恵比△寿】エビス 七福神の一人。右手に釣竿をもち、左手にタイを抱く。漁業・商業の神。表記「蛭子」とも書く。

【恵方△詣り】エホウまいり 新年の元日に、その年の吉と定められた方角に当たる神社に参詣すること。季新年

【恵贈】ケイゾウ 人から物を贈られることをいう尊敬語。手紙などで使う。「ご—にあずかりまして」類恵与・恵投

【恵存】ケイゾン 自分の著書などを贈るとき、相手の名に添える語。「お手元に置いてくだされば幸いです」の意。参考「ケイソン」とも読む。

【恵与】ケイヨ ①恵み与えること。②人から物を与えられたことをいう尊敬語。「記念品のご—を賜った」類恵贈・恵投

【恵まれる】めぐ‐まれる ①恵みや恩恵を受ける。幸運や好条件などをさずかる。「海の幸、山の幸にも—れた土地」「天気に—れる」②生まれつき、よいものを与えられている。「音楽の才能に—れる」

【恵む】めぐ‐む ①情けをかける。温かく思いやる。恩恵を与える。②気の毒に思って金品

け ケイ

を与える。ほどこす。

ケイ【桂】(10) 木 6 準1 2343 374B 音 ケイ 訓 かつら

意味 ①かつら。カツラ科の落葉高木。②香木の総称。③月に生えているという伝説上の木。転じて、月の異名。④将棋の駒の「桂馬」の略。

下つき 月桂ゲッ・肉桂ニッ

【桂】かつら ①カツラ科の落葉高木。山地に自生。春、紅色の小花をつける。材は腐りにくく、船材・建築・家具などに使用。②中国の伝説で、月にあるという木。転じて、月。

【桂剝き】かつらむき ダイコンなどの野菜のむき方の一つ。五センチメートルほどに輪切りにしたあと、外側から中心に向かって巻紙状に薄くひとつながりにむく。

【桂庵】けいあん 縁談の仲介者。また、奉公人の仲介を職業とする人。口入れ屋。由来 江戸時代の医者大和桂庵が縁談や奉公の仲介を好んでしたことから。表記「慶庵・慶安」とも書く。

【桂冠】ケイカン 「月桂冠」の略。月桂樹の葉でつくった冠。「一詩人」参考 古代ギリシャでは、アポロン神の霊木とされる月桂樹の葉で冠を作り、競技などの優勝者に与えた。

【桂玉の艱】ケイギョクのカン よそから物価の高いところに来て生活に苦しむこと。「艱」は悩む、苦しむ意。故事 中国戦国時代、遊説家の蘇秦が楚国を訪れたとき、宝玉よりも高い食べ物、桂よりも高い薪の値段に悩まされた故事から。〈『戦国策』〉

【桂秋】ケイシュウ 陰暦八月の異名。秋、よい香りのする木犀の咲く季節。

【桂殿蘭宮】ケイデンランキュウ 非常に美しい宮殿のたとえ。「桂」は香木、「蘭」は香草の名。類 金殿玉楼

【桂馬】ケイマ ①将棋の駒の一つ。前方に一目飛び越し左右斜めに進む。桂ケ。「一の高上がり（考えなしに飛び出して窮すること。また、身分不相応の高い地位に上がること）」②囲碁で一目または二目隔てて斜めに碁石を打つこと。

【桂林の一枝】ケイリンのイッシ 試験に合格したことをへりくだっていう語。また、人柄が高潔で世俗を超越しているたとえ。故事 中国、西晋の郤詵が、官吏の登用試験に抜群の成績で合格したことを、桂の一枝を得たにすぎないとたとえた故事から。〈『晋書』〉

ケイ【珪】(10) 王 6 準1 2330 373E 音 ケイ 訓 たま

意味 ①諸侯の身分を示す玉。類 圭 ②非金属元素の一つ。珪素。シリコン。「珪酸」類 硅

【珪酸】ケイサン ①珪素・酸素・水素の化合物。②二酸化珪素の通称。珪素の酸化物。粉末にして硬質ガラスなどの原料や乾燥剤などとする。表記「硅酸」とも書く。

【珪石】ケイセキ 石英を九〇パーセント以上含む岩石・鉱物の総称。ガラスや陶磁器などの原料。珪岩。表記「硅石」とも書く。

【珪素】ケイソ 非金属元素の一つ。化合物として地殻中に大量に存在する。半導体に用いる。シリコン。表記「硅素」とも書く。

【珪藻】ケイソウ 藻類の一種で、淡水や海水に生じる。単細胞から成り、分裂などによって増える。表記「硅藻」とも書く。

【珪肺】ケイハイ 珪酸を含む粉塵を長期間吸いこむために起こる慢性の肺の病気。鉱山労働者・ガラス工・陶磁器工などに多い職業病の一つ。よろけ。

ケイ【莖】(10) 艹 7 7219 6833 ▼茎の旧字（三八九）

ケイ【啓】(11) 口 8 常 3 2328 373C 音 ケイ 訓 外ひらく・もうす

旧字《啓》(11) 口 8 1/準1

筆順 一 ヨ 戸 戸 戸 戸 6 啓 啓

意味 ①ひらく。教え導く。「啓示」「啓発」②あける。先ばらいする。「啓明」「行啓」③もうす。「言う」の謙譲語。「啓上」「拝啓」

下つき 行啓ギョウ・謹啓キン・粛啓シュク・上啓ジョウ・天啓テン・拝啓ハイ・復啓フッ

【啓示】ケイジ さとし、しめすこと。特に、人間の力ではわからないことを神が教えしめすこと。黙示。「天の一を受けたと信じている」

【啓上】ケイジョウ 手紙の用語で、申し上げること。「一筆一」

【啓蟄】ケイチツ 二十四節気の一つ。三月五、六日ごろ。季春 参考 冬ごもりをした虫が、地中からはい出る意。

【啓迪】ケイテキ 教え導くこと。啓発すること。参考「啓」も「迪」も教え導く意。

【啓発】ケイハツ 一般の人の気づかない知識などを与え、よい方向に導くこと。「啓」「発」ともにひらく、ひらき導くの意。「後進を一する卓見」由来 孔子の言葉から。〈『論語』〉類 啓蒙

【啓白】ケイビャク ①つつしんで申し上げること。特に、神仏の前で申し述べること。また、その文。②経文の一部だけを読むこと。参考「ケイハク」とも読む。

【啓蒙】ケイモウ 無知な人に正しい知識をあたえて、教え導くこと。「一思想」「民主主義を一する」参考「蒙」は無知の意。

【啓く】ひらく ①あけ開く。ひろげる。②物事を理解させる。教え導く。

【啓す】もうす 申し上げる。口をひらいて自分の意見を述べる。

ケイ【掲】(11) 扌 8 常 3 2339 3747 音 ケイ 訓 かかげる

旧字《揭》(12) 扌 9 1/準1 8483 7473

筆順 一 十 才 扌 扣 扣 担 押 掲 掲 掲 (7)

意味 かかげる。①高くさしあげる。「掲揚」②目につくように示す。はり出す。「掲載」

下つき 上掲(ジョウケイ)・前掲(ゼンケイ)・表掲(ヒョウケイ)

【掲げる】かかげる ①人目につくように高くさし上げる。「国旗を―げる」②おおやけにする。書き示す。「大きな理想を―げて進む」「社説に―げる」

【掲載】ケイサイ 新聞や雑誌などに文章や写真をのせること。「論文が学会誌に―された」

【掲示】ケイジ 人々に知らせるために、文書などをかかげ示すこと。また、その文書。「―板にポスターを貼(は)る」「作品を廊下に―する」

【掲出】ケイシュツ 人目につくように掲示して見せること。「通告を―する」

【掲揚】ケイヨウ 高くかかげること。「祝日には国旗を―する」対 降納

ケイ【渓】(11) 氵8 常 準2 2344 374C 音 ケイ 訓 外 たに

旧字《溪》(13) 氵10 1/準1 6268 5E64

筆順 丶 丶 氵 氵 氵 氵 氵 氵 浮 浮 渓 (2)

意味 たに。たにがわ。「渓谷」「渓流」類 谿(ケイ)

下つき 深渓(シンケイ)・雪渓(セッケイ)

【渓▲壑の欲】ケイガクのヨク 限りない欲望のたとえ。強欲のたとえ。「渓壑」は大きな谷の意で、山の水を受け入れて尽きるときがないことからいう。表記「渓壑」は「谿壑」、「欲」は「慾」とも書く。

【渓▲澗】ケイカン 谷川。渓流。表記「谿澗」とも書く。参考「澗」は谷を流れる水の意。

【渓谷】ケイコク 谷間。山に挟まれた川が流れ、深く険しい側壁をもつ谷。「山の―には雪が残っている」表記「谿谷」とも書く。

【渓声】ケイセイ 谷間の水音。谷川のせせらぎ。「―に耳をすます」表記「谿声」とも書く。

【渓流】ケイリュウ 谷間を流れる川。また、その流れ。「―で釣りを楽しむ」表記「谿流」とも書く。

【△渓】たに 水のそそぎこむ谷間。また、その細くながった流れ。表記「谿」とも書く。

ケイ【★畦】(11) 田6 準1 2345 374D 音 ケイ 訓 あぜ・うね

意味 ①あぜ。耕地のくぎり。さかい。②うね。田畑で種をまく所。

下つき 圃畦(ホケイ)・野畦(ヤケイ)

【▲畦】あぜ ①田と田の間に土を盛って作った境界。②敷居や鴨居(かもい)の、溝と溝との間にある仕切り。表記「畔」とも書く。

『▲畦から行くも田から行くも同じ』手段や方法はちがっても、目的とするところは同じであるたとえ。また、どんなやり方をしても結果は同じであるたとえ。

【▲畦塗り】あぜぬり 畦を田の土で塗り固めること。灌漑(カンガイ)水の流れ出るのを防ぐために行う。くろぬり。季 春

【▲畦道】あぜみち 田と田の間のあぜが細い道になっているもの。「―を歩く」表記「畔道」とも書く。

【▲畦目】うなめ 甲冑(カッチュウ)の装飾。畦目縫い。

【▲畦】うね ①畑で、作物を植えたり種をまいたりするために、土を長細く平行に盛り上げたもの。②①の形に似ているもの。山脈・波・織物などにいう。表記「畝」とも書く。

ケイ【硅】(11) 石6 1 6675 626B 音 ケイ 訓 やぶる

意味 非金属元素の一つ。硅素。シリコン。類 珪(ケイ)

【▲硅酸】ケイサン ①硅素・酸素・水素の化合物。②二酸化硅素の通称。硅素の酸化物。粉末にして硬質ガラスなどの原料や乾燥剤などとする。表記「珪酸」とも書く。

【▲硅素】ケイソ 非金属元素の一つ。化合物として地殻中に大量に存在する。半導体に用いる。シリコン。表記「珪素」とも書く。

ケイ【経】(11) 糸5 教 常 6 2348 3750 音 ケイ・キョウ 中 外 キン 訓 へる 外 たていと・たつ・おさめる

旧字《經》(13) 糸7 1/準1 6920 6534

筆順 く 幺 幺 糸 糸 糸 紀 紀 経 経 経 (6)

意味 ①たていと。織物のたて糸。「経緯」②たてのすじ。上下または南北を結ぶ線。「経線」対 ①②緯 ③へる。たつ。道筋をたどる。「経過」「経験」④おさめる。いとなむ。「経営」「経理」⑤つね。つねに変わらない。「経常」「経費」⑥不変の道理を説いた書物。聖人や仏陀(ブッダ)の教えを記した書物。「経典」「経文」

下つき 看経(カンキン)・月経(ゲッケイ)・写経(シャキョウ)・神経(シンケイ)・政経(セイケイ)・説経(セッキョウ)・東経(トウケイ)・読経(ドキョウ・ドッキョウ)・納経(ノウキョウ)・諷経(フギン)

〈経緯〉いきさつ 物事の込みいった事情や経過。なりゆき。「事件の―を語る」参考「ケイイ」とも読む。

【経】キョウ 仏の教えを記した書物。経文。「山内に―を読む声が響く」

【経〈▲帷子〉】キョウかたびら 仏式の葬儀で、死者に着せる白い着物。麻などで作り縫い目の糸は留めずにおく。類 経衣(キョウエ)・寿衣(ジュイ)

【経木】キョウぎ ヒノキやスギなどを、紙のように薄く削ったもの。食品の包装に使用。由来 古く、経文を書くのに用いたことから。

【経師屋】キョウジや 書画を掛け軸に仕立てたり、屏風(ビョウブ)や襖(ふすま)をつくったりする職人。表具師。参考 昔、経文の写経をする

人を「経師」といい、のちに経文を書いた巻物を仕立てる職人をいうようになった。

【経典】 キョウ テン ①仏 仏教の教えを記した書物。②宗教の根本の教義を記した書物。キリスト教では聖書、イスラム教ではコーランをさす。参考「ケイテン」と読めば、中国の聖人や賢人の教えを記した書物の意。

【経文】 キョウ モン 経典。または、その文章。お経。「―を唱える」参考「ケイブン」と読めば、儒教の経典(ケイテン)やその文章の意。

【△経△行】 キン ヒン 仏 禅宗で、座禅中に眠気を除き心身をととのえるために一定の場所を歩くこと。参考「キン」「ヒン」は唐音。「キョウギョウ」とも読む。

【経緯】 ケイ イ ①織物の縦糸と横糸。転じて、縦と横。②地球の経線と緯線。経度と緯度。③「経緯(いきさつ)」に同じ。「これまでの―を説明する」参考①「たてぬき」とも読む。

【経営】 ケイ エイ ①組織を整えて目的達成のために物事を行うこと。特に、営利事業を営むこと。また、その仕組み。「会社―」②目的や方針を定めて組織を運営していくこと。「学級―」

【経過】 ケイ カ ①時間が過ぎていくこと。②時間をおって物事が移り変わっていくこと。なりゆき。「手術後の―を観察する」

【経験】 ケイ ケン 実際に触れたり行ったり見たり聞いたりすること。また、それにより得た知識や技術。「自分の―を話す」類体験

【経口】 ケイ コウ 口から体内に入ること。薬などを飲むこと。「―薬」

【経国】 ケイ コク 国家を治め、経営すること。「―済民(国家を経営し、民を救うこと)」

【経済】 ケイ ザイ ①生活に必要なものを生産・分配・消費する活動と、その中で営まれる社会的つながり。「―支援」②金銭のやりくり。③費用や手間のかからないこと。「不―だ」由来「経世済民」の略語で、もとは政治の意に用いたが、明治時代にeconomyの訳語として①の意に転用した。

【経常】 ケイ ジョウ 常に一定の状態で変わらないこと。「―収支」

【経世】 ケイ セイ 世の中を治めること。「―家」

【経世済民】 ケイセイ サイミン 世の中を治め、人民を苦しみから救うこと。「経」はおさめる、「済」は救済する意。参考 この語を略して「経済」というようになった。類経国済民

【経線】 ケイ セン 経度を表す線。地球の南北両極を結ぶと想定した線。子午線。対緯線

【経度】 ケイ ド 地球上の位置を示す座標の一つ。ある経線とイギリスの旧グリニッジ天文台を通る経線である本初子午線が、赤道と交わる二点を地球の中心と結んでできる角度。本初子午線を零度として、東経・西経一八〇度まである。対緯度

【経費】 ケイ ヒ ①事を行うのに必要な費用。「―がかさむ」②一定して必要な平常の費用。「必要―」

【経由】 ケイ ユ ①ある地点を通って目的地に行くこと。「大阪―広島行き」②ある機関をへて事を行うこと。「課長を―して報告書を出す」

【経理】 ケイ リ 財産の管理や会計・給与に関する事務。また、その処理。

【経略】 ケイ リャク ①国家を治めること。②四方の敵地を攻め、天下を平定すること。

【経△綸】 ケイ リン 国家を治め整えること。また、その施策。「―の才」

【経歴】 ケイ レキ これまでに経てきた事柄。特に、学業・職業・地位など。「変わった―の持ち主」類履歴

【経路】 ケイ ロ ①通り道。「通学―」②たどってきた道筋。また、行く筋道。「入手―を探る」表記「径路」とも書き、特に小道を指す。

【△経つ】 た-つ 時間が経過する。「月日が―つのは本当に早い」

【△経・〈経糸〉】 たて 織物で、縦方向に通っている長い糸。対緯(よこ)・緯糸(ぬきいと) 表記「縦糸」とも書く。

【経る】 へ-る ①時がたつ。「五十年を―ての再会」②ある地点を通過する。「京都を―て東京へ向かう」③ある段階・過程をたどる。「幾多の困難を―て完成した」

ケイ【絅】
(11) 糸5 1 6905 6525 音 ケイ 訓 うすぎぬ

意味 うすぎぬ。ひとえもの。着物の上にかける薄い布。「絅裳(ケイショウ)」

ケイ【★脛】
(11) 月7 1 7090 667A 音 ケイ 訓 すね・はぎ

意味 すね。はぎ。ひざから足首の部分。「脛骨」

下つき 鶴脛(カクケイ)

【脛巾】 ケイ キン 「脛巾(はばき)」に同じ。

【脛骨】 ケイ コツ 膝と足首との間の二本の骨のうち、内側の太い骨。

【脛】 すね 膝から足首までの部分。「親の―をかじる(親の援助を受ける)」表記「臑」とも書く。参考「はぎ」とも読む。

【〈脛△楯〉】 はいだて 鎧の付属具。腰から下につけ、股と膝をまもるもの。ひざよろい。表記「佩楯・膝甲」とも書く。

【脛】 はぎ 「脛(すね)」に同じ。

【〈脛巾〉・〈脛衣〉】 はばき 昔、旅や作業をするとき、動きやすいようにすねに巻きつけたもの。後世の脚絆(キャハン)。表記「行纏」とも書く。参考「脛巾」は「ケイキン」とも読む。

ケイ【△茎】
(11) 艹7 ▼茎の旧字(三六九)

ケイ【蛍】
(11) 虫5 常 準2 2354 3756 音 ケイ 訓 ほたる

旧字《螢》(16) 虫10 1/準1 7405 6A25

け ケイ

筆順 蛍

意味 ほたる。ホタル科の甲虫の総称。「蛍光」
下つき 飛蛍(ヒケイ)・夜蛍(ヤケイ)

【蛍光】ケイコウ ①ホタルの光。②ある物質に光や電磁波などを当てたとき、その光と違う光を出す現象。また、その光。「―塗料」

【蛍雪】ケイセツ ホタルの光と窓の雪。苦労して勉学に励むこと。苦学。類蛍窓

『蛍雪の功』ケイセツのコウ 苦労して勉学に励んだ成果。故事 中国、晋(シン)代の車胤(シャイン)は家が貧しく、灯火に使う油が買えないので、夏はホタルを集めて薄い布に入れその光で勉強し、また、孫康も貧しく冬は窓の雪明かりで勉強した故事から。《晋書(ジンジョ)》類蛍窓雪案

【蛍窓】ケイソウ ①書斎。「―雪案(家が貧乏なため、苦学すること。「案」は机の意。)」②「蛍雪」に同じ。

〈蛍蛆〉つちぼたる ホタルの幼虫。または、はねの退化した雌の成虫。水辺にすみ、尾部から光を発する。表記「地蛍」とも書く。

【蛍】ほたる ホタル科の甲虫の総称。水辺の草むらにすむ。体は楕円(ダエン)形で、腹部に発光器をもつものが多い。ヘイケボタル・ゲンジボタルなど。「―が淡い光を放つ」季夏

〈蛍烏賊〉ほたるいか ホタルイカモドキ科のイカ。富山湾で多くとれる。胴長は六センチほど。全身に多数の発光器をもち、光を発する。食用。マツイカ。季春

【蛍袋】ほたるぶくろ キキョウ科の多年草。山野に自生。夏、白色または淡紅紫色の釣鐘形の花を下向きにつける。ツリガネソウ。季夏 由来 子どもが花にホタルを入れて遊んだことからという。表記「山小菜」とも書く。

ケイ【袿】(11) 衤6 1 7463 6A5F 音ケイ 訓うちかけ・うちぎ

意味 うちかけ。うちぎ。女性の礼服。

【袿】うちぎ ①貴婦人が唐衣(からぎぬ)の下に着た衣服。②公卿(クギョウ)が直衣(のうし)や狩衣(かりぎぬ)の下に着た衣服。参考「うちき」とも読む。

【袿袴】ケイコ 一八八四(明治一七)年に制定された婦人用の和装礼服。袿(うちぎ)・単(ひとえ)・袴(はかま)・小袖(こそで)・檜扇(ひおうぎ)などからなり、宮中の儀式に着用した。

ケイ【逕】(11) ⻌7 1 7784 6D74 音ケイ 訓みち・こみち・ただちに

意味 ①みち。こみち。ちかみち。「逕路」「山逕」②まっすぐ。ただちに。「逕進」

【逕庭】ケイテイ 大きなへだたり。差異。表記「径庭」とも書く。参考「逕」は狭い道、「庭」は広場の意で、そのちがいから。

ケイ【頃】(11) 頁2 常 2602 3A22 ▼ころ(五三三)

ケイ【卿】★ (12) 卩10 準1 2210 362A 音ケイ・キョウ 訓くげ・きみ

〔卿〕〔卿〕

意味 ①くげ。政治を行う高官。大臣。「卿相」「公卿」②天子が臣下を呼ぶ語。③人に対する尊称。④めでたい。「卿雲」類慶
下つき 九卿(キュウケイ)・月卿(ゲッケイ)・公卿(コウケイ・クギョウ)・三卿(サンキョウ)・上卿(ジョウケイ)・六卿(リクケイ)

【卿】きみ ①天子・諸侯の臣で、国政をつかさどる最高の官。②特定の官庁の長官。

【卿雲】ケイウン 慶事の前兆に見られるめでたい雲。太平の世に現れるという。類瑞雲(ズイウン) 表記「慶雲・景雲」とも書く。

【卿相】ケイショウ 天子・諸侯を補佐して政治を行う臣。公卿(クギョウ)。「―雲客(ウンカク)」

ケイ【惠】(12) 心8 5610 582A ▼恵の旧字(三九一)

ケイ【揭】(12) 扌9 8483 7473 ▼掲の旧字(三九二)

ケイ【敬】(12) 攵8 教 常 5 2341 3749 音ケイ 外キョウ 訓うやまう 外つつしむ

旧字《敬》(13) 攵9 1/準1

筆順 敬

意味 うやまう。うやまいつつしむ。「敬愛」「敬意」「尊敬」
下つき 愛敬(アイキョウ・アイケイ)・畏敬(イケイ)・恭敬(キョウケイ)・失敬(シッケイ)・崇敬(スウケイ)・尊敬(ソンケイ)・忠敬(チュウケイ)・表敬(ヒョウケイ)・不敬(フケイ)

【敬う】うやまう 相手を尊び礼をつくす。尊敬する。「老人を―う」「目上の人を―う」

【敬愛】ケイアイ 尊敬と親愛の気持ちをもつこと。「―する友人」

【敬意】ケイイ 尊敬する気持ち。「―を表する」「常に―を払っている」

【敬遠】ケイエン ①うやまうように見せて、実際は嫌い遠ざけること。②意図的に苦手な物事を避けること。③野球で投手が打者との勝負を避け、意識的に四球を与えること。由来「敬して遠ざく」《論語》から。

【敬具】ケイグ つつしんで申し上げること。多く、手紙の最後に添える語。敬白。対拝啓

【敬虔】ケイケン うやまい深くつつしむこと。特に、神仏にうやまい仕えるさまにいうことが多い。「―な信徒」

【敬語】ケイゴ 相手や第三者に対して、話し手の敬意を表す語。ふつう尊敬語・謙譲語・丁寧語に分ける。「―が使えない人」

【敬して遠ざく】ケイしてとおざく 鬼神に対し、うやまいながら一定の距離を置くこと。孔子の宗教観を表す語。《論語》参考「敬遠」の由来になった語。

【敬称】ケイショウ ①氏名のあとにつけて敬意を表す語。「様・殿」など。「―を省略する」②敬意を表して氏名や事物の代わりに用いる言い

け ケイ

方。「教官・貴社」など。

【敬弔】ケイチョウ 死者を、つつしんでとむらうこと。

【敬聴】ケイチョウ 相手の話などをつつしんで聞くこと。

【敬天愛人】ケイテンアイジン 天をおそれうやまい、人を愛すること。参考 西郷隆盛が学問の目的を述べた言葉として名高い。『南洲遺訓ナンシュウイクン』

【敬白】ケイハク つつしんで申し上げること。多く、手紙の最後に添える語。敬具。「店主—」参考「白」は申す意。「ケイビャク」とも読む。

【敬服】ケイフク 心から感心して尊敬すること。「先生の熱心な指導に—している」

【敬慕】ケイボ 心から尊敬して、したうこと。「—の念を抱く」

【敬礼】ケイレイ 敬意を表し、礼をすること。特に、軍隊式の礼をいう。「国旗に—する」

【敬老】ケイロウ 老人をうやまい、いたわること。「—の精神をはぐくむ」

ケイ【景】

(12) 日 8 常 教 7 2342 374A 音 ケイ 外 エイ 訓

筆順 丨 冂 日 日 旦 旦 景 景 景 景(9)

意味 ①ありさま。ようす。けしき。「景観」「景勝」「風景」②あおぐ。したう。「景仰ケイコウ・ケイギョウ」③そえる。たす。「景品」「景物」④大きい。めでたい。「景運」「景福」

下つき 遠景エンケイ・佳景カケイ・近景キンケイ・光景コウケイ・勝景ショウケイ・場景ジョウケイ・絶景ゼッケイ・点景テンケイ・背景ハイケイ・風景フウケイ・夜景ヤケイ

【△景▲迹】キョウジャク ①行状。行跡。②推察する。おしはかる。

【景観】ケイカン けしき。風景。特に、風情のある眺め。「雄大な—」

【景気】ケイキ ①商売取引の状況。社会の経済活動の状態。「好—」「円安で—が悪い」②活動の勢い。「酒で—をつける」「祭りが—づく」

【景況】ケイキョウ ①物事の移り変わるありさま。②景気の状況。「産業界の—」

【景仰】ケイコウ 徳を慕いあおぐこと。「学問の師として—する」類景慕 参考「ケイギョウ・ケイゴウ」とも読む。

【景勝】ケイショウ 景色のすぐれていること。また、その土地。形勝。「—地を旅行する」

【景品】ケイヒン ①商品に添えて客に無料で贈る品物。おまけ。「—付きの大売り出し」②行事の参加者や競技の得点者に、記念やほうびとして贈る品。類景物

【景物】ケイブツ ①四季折々の情趣ある風物。「秋の—」②商品に添える品物。類景品

〈景色〉けしき 山川や風物など自然の眺め。風景。「—のよい白砂青松の海岸」類風光

〈景天〉べんけいそう ベンケイソウ科の多年草。山地に自生。葉は厚い。夏から秋、淡紅色の小花が密生する。季秋 由来「景天」は漢名からの誤用。和名は強くて枯れにくいことを武蔵坊弁慶べんけいにたとえたもの。表記「弁慶草」とも書く。

ケイ【★痙】

(12) 疒 7 1 6559 615B 音 ケイ 訓 ひきつる

意味 ひきつる。筋肉がひきつる。「痙攣ケイレン」

【▲痙▲攣】ケイレン 筋肉が急激に収縮し、ひきつること。ひきつり。

【▲痙る】ひきつる 筋肉が急激に収縮し、こわばる。つる。

ケイ【笄】

(12) ⺮ 6 1 音 ケイ 訓 こうがい・かんざし

〔笄〕6802 6422

意味 こうがい。かんざし。(こうがいを髪にさすことから)女子が成人に達する。対冠

下つき 玉笄ギョッケイ・金笄キンケイ

【▲笄】こうがい ①髪をかき上げたり整えたりする、箸はしに似た細長い道具。②日本髪に挿す飾り。金・銀・べっこうなどで作る。かんざし。

ケイ【軽】

(12) 車 5 常 教 8 2358 375A 音 ケイ 外 キン 訓 かるい・かろやか 中

旧字〔輕〕(14) 車 7 1/準1 7743 6D4B

筆順 一 冂 百 亘 車 軒 軽 軽 軽 軽 (3, 5)

意味 ①かるい。重量や程度が少ない。「軽減」「軽傷」②かろやか。動きがなめらかである。「軽快」「軽妙」③かるがるしい。落ち着きがない。「軽率」「軽薄」④かろんじる。あなどる。「軽視」「軽蔑ケイベツ」 対①〜④重

下つき 足軽あしがる・気軽きがる・手軽てがる・剽軽ヒョウキン・身軽みがる

【△軽尻】からじり ①江戸時代、客一人と五貫目までの荷物を載せたウマ。荷物だけのときは二〇貫目まで載せられた。②ウマに積む荷物のないこと。由来 ①四〇貫目まで載せた本馬ほんまに対して、その半分の重量しか載せないことからいう。表記「空尻」とも書く。参考「からっちり」とも読む。

【軽い】かるい ①重量が少ない。「—い朝食」②簡単な。手軽な。③軽率な。「口が—い」④軽快な。「—いステップ」⑤身分が低い。「—い地位」で動きやすい」⑥重要でない。「相手を—く見る」

【軽石】かるいし 軽く水に浮く石。溶岩が急に冷えてかたまるとき、ガスが抜けて穴が多くできた石。かかとなどをこするのに使う。

【軽軽】かるがる 重さを感じさせないさま。たやすそうなさま。「—と持ち上げる」「難局を—と乗り切る」参考「ケイケイ・きょうきょう」と読めば別の意になる。

【軽▲羹】かるかん ヤマノイモをすりおろし、米の粉や砂糖をまぜて蒸した菓子。鹿児島県の名産。

【軽口】かるくち ①滑稽(コッケイ)な話。おどけ話。「—をたたいて笑わせる」②絶妙なしゃれ。秀句・地口(ジぐち)など。③考えなしに何でもしゃべってしまうこと。また、その人。「男の—から秘密が漏れた」

【軽△籠】かるこ なわを網の目に編み、四すみに綱をつけた、石や土を運ぶ道具。もっこ。

〈軽▲衫〉カルサン 筒を太くゆったりとし、裾(すそ)を狭くした袴(はかま)の一種。カルサンばかま。参考 中世末に来日したポルトガル人のズボンをまねたもの。

【軽業】かるわざ ①危険を伴うことを身軽にこなす芸。曲芸。綱渡りなど。「—師に劣らない演技」②危険を伴う計画や事業。「そんな—では会社の危機を乗り切れない」

【軽やか】かろやか 軽そうなさま。軽快な。「—な口調」「急な坂を—に登る」

〈軽軽〉きょうきょう 「軽軽(ケイケイ)」に同じ。

【軽易】ケイイ ①簡単でたやすいこと。手軽なこと。「—な作業」類簡易 ②相手を軽んじてあなどること。類軽侮

【軽快】ケイカイ ①軽やかですばやいこと。「—に走る」「—な守備」②心がはずむさま。「—な音楽」③病気がよくなること。

【軽▲裘肥馬】ケイキュウヒバ 富貴な人の外出の装いの形容。また、たいそう富貴なさま。「軽裘」は軽くて高級な皮ごろも。「肥馬」は肥えたウマの意。〈『論語』〉参考「肥馬軽裘」ともいう。

【軽挙妄動】ケイキョモウドウ 事の是非をわきまえず、かるがるしく行動すること。「軽挙」は軽率な行い、「妄動」は考えなしに動く意。「首相の—が国際紛争をまねく」

【軽軽】ケイケイ かるがるしいさま。軽薄なさま。「—に動くな」参考「きょうきょう」とも読む。「かるがる」と読めば別の意になる。

【軽減】ケイゲン 負担や刑罰などを減らして軽くすること。「税金の—を求める」

【軽▲忽】ケイコツ よく考えもせず軽はずみなさま。そそっかしいこと。粗忽なこと。

【軽視】ケイシ 軽く見ること。軽んじること。みくびること。対重視

【軽少】ケイショウ 少しであること。わずか。いささか。類軽微・僅少(キンショウ)

【軽症】ケイショウ けがや病気の症状が軽いこと。また、軽い症状。「—で済む」対重症

【軽▲捷】ケイショウ 身軽ですばやいこと。敏捷なさま。「—な身のこなし」

【軽傷】ケイショウ 軽いきず。軽いけが。かすりきず。対重傷

【軽食】ケイショク 軽い食事。手軽で簡単にすます食事。スナック。「—をとる」

【軽装】ケイソウ 身軽で活動しやすい服装。簡単な服装。「—で出かける」

【軽▲躁】ケイソウ 軽はずみに騒ぐこと。考えがあさはかなこと。

【軽率】ケイソツ よく考えずに物事を行うさま。「とかく—な言動が多い」

【軽諾寡信】ケイダクカシン 軽率にうけあう者は信用できないということ。「軽諾」はかるがるしく承諾すること。「寡信」は信用が少ない意。〈『老子』〉

【軽▲佻】ケイチョウ 軽はずみなさま。考えが浅くうわついていること。類軽薄・軽率 表記「軽窕」とも書く。

〖軽▲佻浮薄〗ケイチョウフハク 考えや行動が軽薄でうわついているさま。「浮薄」はうわついていて、かるがるしいこと。「—な行動だ」類軽佻浮華・短慮軽率

【軽重】ケイチョウ ①軽いことと重いこと。重さの度合。②つまらないことと大切なこと。価値などの度合。参考「ケイジュウ」とも読む。

【軽度】ケイド 程度の軽いこと。「—の発作」対重度・強度

【軽輩】ケイハイ 地位や身分の低い者。未熟者。自分のことをへりくだるときにも使う。「—の身でありながら」「—者」

【軽薄】ケイハク 軽くて薄いこと。また、行動・態度などが軽はずみでうわついたようす。「—な言動を慎む」

〖軽薄短小〗ケイハクタンショウ 物が軽くて薄く、短く小さいこと。「—の商品が増えている」参考 流通の世界などで、こういった特徴の品物が人気を集めるという意で用いる産業用語。対重厚長大

【軽微】ケイビ 程度がわずかなさま。少し。「損害は幸いにして—だった」類軽少

【軽侮】ケイブ 軽んじあなどること。「—の目で見る」

【軽蔑】ケイベツ 軽んじばかにすること。見さげること。「—すべき行為」

【軽便】ケイベン 手軽で便利なさま。簡単なさま。「—鉄道」類簡便・軽易

【軽妙】ケイミョウ 軽やかで巧みなさま。あっさりと趣があるさま。「—な筆致」

〖軽妙▲洒脱〗ケイミョウシャダツ 洗練されて気がきいており、俗っぽくなくあっさりしていること。「洒脱」は俗気がなくさっぱりしているさま。「—な文章」類滑稽洒脱(コッケイシャダツ)

【軽慮浅謀】ケイリョセンボウ 浅はかな考えや計略。「軽慮」は軽はずみな考え。「浅謀」は浅はかな計略。類短慮軽率 対深慮遠謀

ケイ【傾】

(13) イ11 常 4 2325 3739

音 ケイ
訓 かたむく・かたむける
外 かしぐ・かたげる・くつがえる

筆順

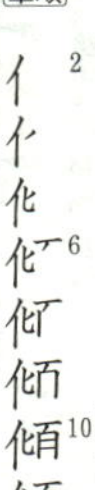

意味 ①かたむく。かたむける。ななめになる。「傾斜」「右傾」②心を寄せる。「傾聴」「傾倒」③あやうくする。「傾国」「傾城(ケイセイ)」④くつがえる。くつがえす。「傾覆」

下つき 右傾(ウケイ)・左傾(サケイ)・斜傾(シャケイ)・前傾(ゼンケイ)

[△傾ぐ]（かし-ぐ）　かたむく。斜めになる。かしがる。「軒が―いできた」「船が―ぐ」

[△傾げる]（かし-げる）　かたむける。斜めにする。「首を―げる」「とうとう頭を―げてしまった」〔参考〕「かたげる」とも読む。

[傾く]（かたむ-く）　①物が一方に動くなどして不安定になる。斜めになる。「台風で建物が―く」②ある方向の特色が強く出る。「賛成に―く」「心が―く」③太陽や月が沈みかかる。「山の端に日が―く」〔参考〕「かたぶく」とも読む。

[傾蓋の知己]（ケイガイのチキ）　少し語り合っただけなのに、古くからの友人のように打ち解けて親しくなるたとえ。また、そのような仲。「傾蓋」は車につけられたかさをかたむける意で車を止めることをいう。「知己」は自分の真価を知ってくれる親しい友人。〔故事〕孔子が偶然出会った程子（テイシ）と道端で車を止め、親しく語り合った故事から。〈『孔子家語（コウシケゴ）』〉

[傾危の士]（ケイキのシ）　詭弁（キベン）を弄（ロウ）して国を危うくするような策謀の人。また、危険人物。「傾危」はかたむけ危うくする意。

[傾向]（ケイコウ）　ある方向にかたむくこと。かたよること。また、一方向に向かうこと。「読書の―を調べる」

[傾国]（ケイコク）　美貌（ビボウ）で君主を惑わし、国をかたむけるほどの美人。絶世の美人。〈『漢書（カンジョ）』〉〔類〕傾城（ケイセイ）・傾城傾国・一顧傾国

[傾斜]（ケイシャ）　傾いてななめになること。かたむき具合。「―が急な坂道」

[傾△城]（ケイセイ）　「傾国」に同じ。

[傾注]（ケイチュウ）　①一つのことに心を集中すること。「事業に全力を―する」②容器をかたむけて液体を流しこむこと。

[傾聴]（ケイチョウ）　耳をすまして熱心に聞くこと。「―に値する意見だ」

[傾倒]（ケイトウ）　ある物事に興味をもち、夢中になること。また、心から尊敬し、慕うこと。「フランス文学に―している」

[傾覆]（ケイフク）　かたむいてひっくりかえること。〔参考〕国家や家について用いる。

[△傾れ込む]（なだれこ-む）　なだれがくずれ落ちるように、多くの人が一時にどっと入りこむ。〔表記〕「雪崩れ込む」とも書く。

ケイ【携】（13）扌10　常　3　2340／3748
〔音〕ケイ
〔訓〕たずさえる・たずさわる　㊇はなれる

〔筆順〕扌 扌 扌 扌 扌 扌 扌 扌 扌 携（3, 10）

〔意味〕①たずさえる。身につける。手にさげて持つ。「携帯」「必携」②たずさわる。手をつなぐ。関連する。「提携」「連携」③はなれる。わかれる。

〔下つき〕提携（テイケイ）・必携（ヒッケイ）・連携（レンケイ）

[携行]（ケイコウ）　持って行くこと。「毎年、梅雨時は雨傘を―する」〔類〕携帯

[携帯]（ケイタイ）　身につけて持ち歩くこと。「―電話が普及している」〔類〕携行

[携える]（たずさ-える）　①手に提げたり、身につけたりして持つ。「雨傘を―える」②連れて行く。③共に行動する。「手を―えて歩いて行く」

[携わる]（たずさ-わる）　従事する。かかわりあう。「福祉関係の仕事に―る」

ケイ【▲敬】（13）攵9　▼敬の旧字（三九五）

ケイ【▲溪】（13）氵10　6268／5E64　▼渓の旧字（三九三）

ケイ【煢】（13）火9　1
〔音〕ケイ
〔訓〕ひとりもの・うれえる

〔煢〕6373／5F69

〔意味〕①ひとり。ひとりもの。「煢煢」②うれ（憂）える。

[▲煢▲煢]（ケイケイ）　独りきりで頼るところのないさま。孤独なようす。

[▲煢然]（ケイゼン）　①孤独でたよりないさま。独りでさびしいさま。②憂えるさま。

[▲煢独]（ケイドク）　身寄りのない独り者。兄弟や子がなく孤独な者。

ケイ【継】（13）糸7　常　4　2349／3751
〔音〕ケイ
〔訓〕つぐ　㊇まま

旧字《繼》（20）糸14　1/準1　6975／656B

〔筆順〕く 幺 糸 糸 糸 糸 糸 糸 糸 継（3, 6, 8）

〔意味〕①つぐ。つなぐ。うけつぐ。「継続」「中継」②まま。血のつながりがない。「継母」「継嗣」

〔下つき〕後継（コウケイ）・承継（ショウケイ）・紹継（ショウケイ）・中継（チュウケイ）

[継起]（ケイキ）　物事が相ついで起こること。あとに続いて起こること。「凶悪犯罪の―を懸念する」

[継子]（ケイシ）　配偶者の子で、血のつながりのない子。〔対〕実子〔参考〕「ままこ」とも読む。

[継嗣]（ケイシ）　あとつぎ。あととり。相続人。後継者。「名家の―」

[継室]（ケイシツ）　後妻。継妻。のちぞい。

[継承]（ケイショウ）　先代の地位・財産・権利・義務などを受け継ぐこと。「王位―」「古来の伝統を―していく」

[継続]（ケイゾク）　それまでの状態が続くこと。また、続けること。「話し合いを―する」「永年の―的な研究が実る」

[継ぎ△接ぎ]（つぎはぎ）　①衣服の破れに別の布を当ててつくろうこと。また、その部分。②いろいろなものを寄せ集めて一つのものを作ること。「―だらけのレポート」

[継ぐ]（つ-ぐ）　①引き受ける。「家業を―ぎ力を尽くす」②あとへ付ける。続ける。「話を―ぐ」③受け伝える。「伝統芸能を―ぐ」④短いもの・破れたものなどを補いつなげる。「炭を―ぐ」

表記 ①「嗣ぐ」とも書く。

【△継】まま 血のつながりのない間柄。「―母」

【△継子】ままこ 「継子(ケイシ)」に同じ。「―扱いされる(のけものにされる)」

【△継粉】ままこ 粉を水でこねるときによく混じらず、粉がかたまりになっている部分。だま。「―ができないように気をつける」

【△継母】ままはは 血縁関係のない母。父親の再婚相手。対 継父(ままちち・ケイフ) 参考「ケイボ」とも読む。

ケイ【△經】(13) 糸7 6920 6534 ▼経の旧字(三九三)

ケイ【罫】(13) 罒8 準1 2351 3753 音 ケイ 訓

意味 ①文字をまっすぐに書くために引いた線。「罫紙」②すじめ。わく。格子(コウシ)形の線。

【△罫紙】ケイシ 文字をまっすぐに書くために、縦または横に線を引いた紙。「赤い―に書く」参考「ケがみ」とも読む。

【△罫線】ケイセン ①紙面の枠や仕切りを表す縦横の線。②「罫線表」の略。株式相場の動きを表すグラフ。

【△罫書き・△罫描き】けがき 工作物の加工の際、必要な線や印を直接工作物につけること。

ケイ【詣】(13) 言6 常 2 2356 3758 音 ケイ高 訓 もうでる 外 いたる・まいる

筆順 ニ(2) 亖(4) 言 言 言 言ヒ 訁ヒ 詣 詣(13)

意味 ①いたる。行きつく。高い域・深い域に達する。②もうでる。寺社におまいりする。「参詣」

下つき 参詣(サンケイ)・造詣(ゾウケイ)

【△詣る】いたる ①行き着く。②学問などが深い境地まで到達する。

【詣拝】ケイハイ 神社や仏閣にもうで、拝むこと。類 参詣・参拝

【△詣る】まいる 神社・寺などを訪れ拝む。おまいりする。「正月は近くの神社に―った」

【詣でる】もうでる 神社や寺に参拝する。「出雲(いずも)大社に―でる」

ケイ【境】(14) 土11 教 2213 362D ▼キョウ(三四〇)

ケイ【敻】(14) 夊11 1 音 ケイ 訓 はるか・とおい・ながい

〔敻〕5275 546B

意味 ①はるか。とおい。「敻絶」「敻然」類 迥(ケイ) ②ながい。類 長

【△敻か】はるか 距離が隔たって遠いさま。「―彼方(かなた)に灯(あか)りが見える」

ケイ【★禊】(14) 示9 1 6720 6334 音 ケイ 訓 みそぎ・はらう

意味 みそぎ。水で身を洗い清める。また、そのまつり。「禊宴」「禊事」

下つき 祓禊(フッケイ)

【△禊う】はらう 水を浴びて身を清め、罪・けがれ・災いなどを取り除く。

【△禊】みそぎ 神事の前などに川などの水で体を洗い清め、身のけがれを除くこと。季 夏

〈△禊△萩〉みそはぎ ミソハギ科の多年草。湿地に自生。夏から秋、紅紫色の小花を穂状につける。盆花として仏前に供える。ボンバナ。季 秋 表記「溝萩・千屈菜」とも書く。

ケイ【綮】(14) 糸8 1 音 ケイ 訓 はたじるし

〔綮〕6927 653B

意味 ①きめの細かい絹織物。②はたじるし。③筋肉と骨の結合する所。かなめ。急所。「肯綮」

ケイ【△輕】(14) 車7 7743 6D4B ▼軽の旧字(三九六)

ケイ【★閨】(14) 門6 1 7965 6F61 音 ケイ 訓 こもん・ねや

意味 ①こもん。宮中の小門。②ねや。婦人の寝室。また、夫婦の寝室。「閨閤(ケイコウ)」「閨房」③婦人。「閨秀」

下つき 空閨(クウケイ)・孤閨(コケイ)・深閨(シンケイ)・幽閨(ユウケイ)・令閨(レイケイ)

【△閨怨】ケイエン 夫とはなればなれの妻のうらみや悲しみ。

【△閨閤】ケイコウ ①寝室。寝所。②女性の居る部屋。また、女性。

【△閨秀】ケイシュウ 学問や芸術にすぐれた女性。「―作家」

【△閨閥】ケイバツ 妻の親戚を中心として結ばれた集団。また、その勢力。

【△閨房】ケイボウ ①寝室。特に夫婦の寝所。②女性の居る部屋。

【△閨門】ケイモン ①寝室の出入り口。②部屋の中。家庭。③家庭でのしつけ。

【△閨】ねや 寝るための部屋。寝間。特に、夫婦の寝室。

ケイ【慶】(15) 心11 常 準2 2336 3744 音 ケイ 外 キョウ 訓 外 よろこぶ・よい

筆順 亠(2) 广 户 声(6) 声 严 慶(12) 慶 慶 慶

意味 よろこぶ。いわう。めでたい。よろこび。「慶賀」「慶事」対 弔

下つき 大慶(タイケイ)・天慶(テンケイ)・同慶(ドウケイ)・余慶(ヨケイ)

【慶△庵・慶安】けいあん 結婚の世話や奉公人の紹介などをする人。また、その職業。由来 江戸時代の医者大和(やまと)慶庵が縁談の仲介をよくしたことから。表記「桂庵」とも書く。

【慶雲】ケイウン 太平の世に現れる雲。よいことの前兆の雲。類 瑞雲(ズイウン) 表記「景雲・卿雲」とも書く。

【慶賀】ケイガ めでたい事柄をよろこび祝うこと。「—の至り」類慶祝・祝賀

【慶▲讃】ケイサン 仏「慶賀称讃」の略。寺院・仏像・経巻などの完成を祝うこと。参考「キョウサン」とも読む。

【慶事】ケイジ よろこびごと。めでたいこと。祝いごと。結婚や出産など。

【慶祝】ケイシュク よろこび祝うこと。「—行事」「—の式典に出る」類祝賀・慶賀

【慶弔】ケイチョウ よろこび祝うことと、悲しみとむらうこと。「—用の礼服」

【△慶ぶ】よろこ-ぶ めでたいことを祝う。祝いことほぐ。「心からお—び申しあげます」

ケイ【憬】(15) 忄12 常 2 5661 585D 音 ケイ 訓 外あこがれる

筆順

意味 ①あこがれる。「憧憬（ショウケイ・ドウケイ）」②さとる。気がつく。「憬悟」

下つき 憧憬（ショウケイ・ドウケイ）

【憬れる】あこが-れる 遠くのものに心ひかれる。遠い存在を恋い慕う。「歌手に—れる」「結婚に—れる」

ケイ【慧】(15) 心11 準1 2337 3745 音 ケイ・エ 訓 さとい・かしこい

意味 ①さとい。かしこい。「慧悟」類恵 ②仏教で真理を見きわめる心の動き。「智慧（チエ）」参考 一説に、「慧」の草書体の省略体が片仮名の「ヱ」になったという。

下つき 穎慧（エイケイ）・黠慧（カッケイ）・智慧（チエ）

【慧可断▲臂】エカダンピ 並々ならぬ決意を示すたとえ。故事 中国、魏（ギ）の高僧慧可は、当時嵩山（スウザン）にいたインドの高僧達磨（ダルマ）に教えを請うのに自分の左腕を切り落としてまでその決意のほどを示し、達磨も入門を許した故事から。「臂」は、肘（ひじ）・腕の意。

【▲慧眼】エゲン 仏五眼の一つで、仏の知恵の目。この世の真理を見抜く心の目。参考「ケイガン」と読めば別の意になる。

【▲慧眼】ケイガン 物事の本質を見抜く鋭い眼力や見識。洞察力。「—の士」表記「炯眼」とも書く。参考「エゲン」と読めば別の意になる。

【▲慧悟】ケイゴ かしこくて悟りが早いこと。利発。「聡明（ソウメイ）—」

【▲慧敏】ケイビン かしこくて、機転がきくこと。「その場の雰囲気を—に感じ取る」

【▲慧い】さと-い 心が鋭くはたらく意で、気がきいて、知恵のあるさま。「—い息子」

ケイ【稽】(15) 禾10 常 2 2346 374E 音 ケイ 訓 外かんがえる・とどめる・とどこおる

〔稽〕

筆順

意味 ①くらべてかんがえる。「稽古」②とどまる。とどめる。とどこおる。「稽留」③ぬかずく。頭を地につけて敬礼する。「稽首」

下つき 滑稽（コッケイ）・無稽（ムケイ）

【△稽える】かんが-える 物事をつきつめてかんがえ合わす。寄せ集めて引き比べる。

【稽古】ケイコ 武芸や芸事を習うこと。また、その練習。「ピアノの—」参考 本来は、昔のことをかんがえ調べる意。

【稽首】ケイシュ ①頭が地につくほど体をまげて、礼をすること。また、その礼。②手紙の結びに用いて、相手に敬意を表す語。頓首（トンシュ）。

ケイ【憩】(16) 心12 常 3 2338 3746 音 ケイ 訓 いこい・いこう高

筆順

意味 いこう。くつろぐ。やすむ。いこい。「憩息」

下つき 休憩（キュウケイ）・小憩（ショウケイ）・流憩（リュウケイ）

【憩う】いこ-う 足を止めて、のんびりと休む。休息をとる。「日だまりの縁側で—う」

ケイ【檠】(16) 木12 1 6091 5C7B 音 ケイ 訓 ゆだめ・ためる・ともしび・ともしびたて

意味 ①ゆだめ。ためぎ。弓の曲がりを矯（た）め直す道具。②ためる。③ともしび。ともしびたて。「灯檠」

下つき 短檠（タンケイ）・灯檠（トウケイ）

【檠灯】ケイトウ 燭台（ショクダイ）にともされたともしび。灯火。

【▲檠】ゆだめ 曲がった弓を両側から引き締めて、ゆがみを直すこと。また、その道具。表記「弓矯」とも書く。

ケイ【磬】(16) 石11 1 6694 627E 音 ケイ・キン

意味 ①打ち石。中国古代の「へ」の字形の打楽器。「磬鐘」②きん。礼拝や読経のとき打ち鳴らす仏具。③体を楽器の磬の形のように折り曲げて礼をする。「磬折」④はせる。馬を走らせる。「磬控」

下つき 鐘磬（ショウケイ）・編磬（ヘンケイ）

【磬折】ケイセツ 中国古代の楽器の磬の形のように、体を折り曲げること。また、上体を深く曲げて礼をすること。

ケイ【薊】(16) 艹13 1 7309 6929 音 ケイ 訓 あざみ

意味 ①あざみ。キク科の多年草の総称。山野に自生。②中国、周代の地名。

【▲薊】あざみ キク科の多年草の総称。山野に自生。茎や葉のふちにとげがある。春から秋に紅紫色の頭花をつける。季春 由来「あざ」はとげの意で、「あざぎ（とげの多い木）」が転じたものという。

【▲薊馬】あざみうま アザミウマ目の小形の昆虫の総称。はねは細長く周縁に長いふさ

毛をもつ。はねがないものもいる。

ケイ【▲螢】(16) 虫10 7405 6A25 ▼蛍の旧字(三九四)

ケイ【★頸】(16) 頁7 準1 8084 7074 音 ケイ 訓 くび

〔頚〕 2359 375B

意味 くび。のどくび。また、物のくびにあたる部分。

下つき 鶴頸(カクケイ)・刎頸(フンケイ) 「頸椎(ケイツイ)」「頸領」

【▲頸】くび ①頭と胴体をつなぐ部分。②物のくびに似た部分。表記「首」とも書く。

【▲頸▲枷】くびかせ ①罪人のくびにかけて、体の自由をうばう木や鉄で作った道具。②自由をうばうもののたとえ。「子は三界の━」表記「首枷」とも書く。

【▲頸木】くびき ①車の轅(ながえ)の先端につけ、牛馬のくびにあてる横木。②思考や行動の自由を束縛するもの。表記「軛・衡」とも書く。

【▲頸骨】ケイコツ くびの骨。頸椎(ケイツイ)。

【▲頸椎】ケイツイ 哺乳(ホニュウ)類のくびの部分、脊椎(セキツイ)の最上部にある七個の骨。

【▲頸動脈】ケイドウミャク のどの両側を通り、頭部に血液を送る太い動脈。

【▲頸▲聯】ケイレン 律詩の中で、対句となる第五句・第六句のこと。後聯。

ケイ【★髻】(16) 髟6 1 8201 7221 音 ケイ 訓 もとどり・たぶさ・みずら

意味 ①もとどり。たぶさ。髪を頭上で束ねたもの。②みずら。両耳の辺りで輪のように束ねた、上代の成人男子の髪の結い方。

下つき 椎髻(ツイケイ)・肉髻(ニクケイ)・宝髻(ホウケイ)・螺髻(ラケイ)

【〈▲髻華〉】うず 古代、草木の花・葉・枝、また造花などを髪や冠にさして飾りとしたもの。かざし。

【▲髻】たぶさ 「髻(もとどり)」に同じ。

【▲髻】みずら 上代の男子の髪の結い方。髪を中央で左右に分けて両耳のあたりで輪に束ねる。後世の総角(あげまき)はその変形。びんずら。表記「鬟・角髪」とも書く。

【▲髻】もとどり 髪の毛を集めて束ねた部分。「━を切る」参考「たぶさ」とも読む。

ケイ【谿】(17) 谷10 1 7616 6C30 音 ケイ 訓 たに・たにがわ

意味 たに。たにがわ。「谿壑(ケイガク)」類 渓

【▲谿▲壑】ケイガク ①大きい谷。深い谷。②強い欲望。表記「渓壑」とも書く。

【▲谿水】ケイスイ 谷川。また、谷川の水。表記「渓水」とも書く。

【▲谿声】ケイセイ 谷川の水の音。表記「渓声」とも書く。

ケイ【★蹊】(17) 𧾷10 1 7694 6C7E 音 ケイ 訓 こみち・みち

意味 こみち。ほそみち。「蹊径」「成蹊」

下つき 成蹊(セイケイ)

ケイ【★鮭】(17) 魚6 準1 2690 3A7A 音 ケイ・カイ 訓 さけ・さかな

意味 さかな。①さけ。サケ科の海魚。しゃけ。②ふぐ(河豚)。魚の名。「鮭肝」

【▲鮭】さけ サケ科の海魚。北太平洋に分布し、秋に産卵のため川を上る。背面は暗青色、腹部は銀白色。肉は淡紅色で美味。卵は「筋子(すじこ)」「いくら」と呼ばれ、食用。シャケ。アキアジ。季 秋

ケイ【瓊】(18) 王14 1 音 ケイ 訓 たま・に

〔瓊〕 6491 607B

意味 たま。に。美しい玉。また、玉のように美しいもの。「瓊筵(ケイエン)」「瓊瑶(ケイヨウ)」

下つき 瑶瓊(ヨウケイ)

【▲瓊▲筵】ケイエン 玉のように美しい敷物。転じて、美しく華やかな宴席。

【▲瓊】たま 赤く光り輝く美しい玉。また、美しい色の玉。に。参考 連ねて首飾りにする。

【〈▲瓊脂〉】ところてん 海藻のテングサを煮て型に流しこんだ食品。酢醤油(すジョウユ)などで食べる。季 夏 表記「心太」とも書く。

【▲瓊】に 「瓊(たま)」に同じ。

【〈▲瓊音〉】ぬなと 玉が触れ合う音。参考「ぬ」は「玉」、「な」は助詞の「の」の意。

【〈▲瓊矛〉】ぬぼこ 玉で飾った矛。参考「ぬ」は「玉」の意。

ケイ【蟪】(18) 虫12 1 8787 7777 音 ケイ

意味 セミの一種「蟪蛄(ケイコ)」に用いられる字。

【▲蟪▲蛄は春秋を知らず】ケイコはシュンジュウをしらず 人生のはかないこと、命の短いことのたとえ。また、見識や経験の狭いたとえ。「蟪蛄」は、夏ゼミの一種で、夏期の短い間しか生きていないため春秋を知らない意。〈『荘子(ソウジ)』〉

ケイ【謦】(18) 言11 1 7582 6B72 音 ケイ 訓 しわぶき・せきばらい

意味 しわぶき。せきばらい。「謦咳(ケイガイ)」

【▲謦▲咳】ケイガイ ①せきばらい。軽いものを「謦」、重いものを「咳」という。②話したり笑ったりすること。「師の━に接する(お目にかかる)」

【▲謦】しわぶき ①せきばらい。②軽いせき。参考 楽器の磬(ケイ)の音に似た甲高いせきの意。

ケイ【醯】(18) 酉11 1 音 ケイ 訓 す

〔醯〕7849 6E51

意味 ①す(酢)。すづけ。「醯醤(ケイショウ)」②ひしお。しおから。「醯醢(ケイカイ)」

〔繋〕2350 3752

ケイ【★繋】(19) 糸13 準1 9494 7E7E

音 ケイ
訓 つなぐ・つながる・とらえる・かかる・きずな

意味 ①つなぐ。つながる。とらえる。つらねる。「繋獄」②かける。つるす。かかる。かかわる。③きずな。つな。ひも。

書きかえ 「係」に書きかえられるものがある。

下つき 械繋(カイケイ)・拘繋(コウケイ)・連繋(レンケイ)

【▲繋かる】かかーる ①ぶらさがる。②関係する。関わる。参考 ②「係る」とも書く。

【▲繋▲駕】ケイガ ①車にウマをつなぐこと。②車にウマをつないだ競走。

【▲繋囚】ケイシュウ 罪人などを捕らえて牢(ロウ)に入れること。また、入れられた人。

【▲繋船】ケイセン ▼書きかえ 係船(三八九)

【▲繋争】ケイソウ ▼書きかえ 係争(三八九)

【▲繋属】ケイゾク ▼書きかえ 係属(三八九)

【▲繋泊】ケイハク 船をつないで停泊すること。表記「係泊」とも書く。

【▲繋留】ケイリュウ ▼書きかえ 係留(三八九)

【▲繋累】ケイルイ 心や身をつなぎとめるもの。特に、両親や妻子など足手まといとなる親族。「―にしばられる」表記「係累」とも書く。

【▲繋がり】つながり ①つながること。また、そのもの。「文章の―ぐあい」②関係があること。きずな。「師弟の―」

【▲繋ぎ馬に▲鞭を打つ】つなぎうまにむちをうつ しても無駄なこと、しようとしても無理なことのたとえ。つながれたウマに鞭を打っても、走れるわけのないことから。

【▲繋ぐ】つなーぐ ①一続きにする。「二本の糸を―ぐ」②離れないようにする。「舟を岸に―ぐ」③絶えないようにする。「会食をして顔を―ぐ」

ケイ【警】(19) 言12 常 教5 2357 3759

音 ケイ 外キョウ
訓 外いましめる

旧字《警》(20) 言13 1/準1

筆順 一 艹(3) 艹 芍 苟(8) 苟 敬(10) 敬 敬(14) 警(19)

意味 ①いましめる。さとす。注意する。「警告」「警世」②まもる。そなえる。用心する。「警戒」「夜警」③すばやい。すぐれた。さとい。「警句」「警抜」④「警察」「警察官」の略。「県警」「婦警」

下つき 奇警(キケイ)・機警(キケイ)・県警(ケンケイ)・市警(シケイ)・自警(ジケイ)・巡警(ジュンケイ)・婦警(フケイ)・夜警(ヤケイ)

【△警める】いましーめる ①注意をする。教えさとす。②用心する。警戒する。

【△警策】キョウサク 仏 禅宗で座禅のとき、気のゆるみなどを戒めるために打つ細長い板。参考「策」はむちの意。「ケイサク」とも読む。

【警衛】ケイエイ 大事な人や物に付き添い、警戒し守ること。また、その人。「首相官邸の―にあたる」

【警戒】ケイカイ 好ましくないことが起こらないように用心すること。「厳しい―」

【警官】ケイカン 「警察官」の通称。警察の仕事をする国家公務員。警視・警部・巡査など。

【警句】ケイク 巧みに真理や奇抜な考えを述べる短い言葉。アフォリズム。

【警固】ケイゴ 「警護(ケイゴ)」に同じ。参考「警護」の古い言い方。

【警護】ケイゴ 非常事態に備えて、警戒し守ること。また、その人。「厳重な要人の―」

【警告】ケイコク 不都合なことが起こらないように、事前に告げて注意させること。また、その注意。「急流下りは危険だと―されている」

【警策】ケイサク ①ウマを走らせるために打つ鞭(むち)。②文章のなかで全体を引き立てる重要な語句。また、詩文・物事にすぐれていること。③「警策(キョウサク)」に同じ。

【警察】ケイサツ ①国民の生命・財産、社会の秩序と安全を保つためにおく、行政機関。「―官の指示に従う」②「警察署」の略。

【警鐘】ケイショウ ①危険を知らせ、警戒をうながすために鳴らす鐘。②警告のたとえ。いましめ。「現代社会に対する―を鳴らす」

【警乗】ケイジョウ 警察官・公安官が、鉄道や船などに乗りこんで警戒すること。

【警世】ケイセイ 世間に向かって戒め、警告を与えること。「―の言」

【警醒】ケイセイ ①他人の眠りをさますこと。②警告して迷いをさまさせること。「世人を―する」

【警笛】ケイテキ 危険などの注意を促すために鳴らす笛。また、その音。特に、車や船などについているものにいう。「―を鳴らす」

【警抜】ケイバツ 発想や着想などが、抜きんでてすぐれていること。「―な文章」

【警備】ケイビ 非常事態に対して、用心し備えること。また、その人。「城の―をする」

【警▲蹕】ケイヒツ 天子・貴人の通行や神事の際、先払いが声を掛けて人々を静めること。また、その声。みさきおい。「―の声がかかる」

【警報】ケイホウ 危険などの非常事態が迫ったとき、人々にあらかじめ警戒するように知らせること、また、その知らせ。「台風が近づいたので大雨―が出た」

【警防】ケイボウ 危険・災害・犯罪を警戒して防ぐこと。「村の―団」

【警▲邏】ケイラ 非常事態に備えて見回りをすること。また、その人。パトロール。「歳末の繁華街を―する」

ケイ【鶏】(19) 鳥8 常 3 2360 375C 訓 音 ケイ にわとり 外 とり

旧字《鷄》(21) 鳥10 1/準1 8317 7331

筆順 4 6 10 13 19

意味 にわとり。キジ科の鳥。「鶏冠」「養鶏」

下つき 家鶏カケイ・錦鶏キンケイ・軍鶏グンケイ・群鶏グンケイ・闘鶏トウケイ・野鶏ヤケイ・養鶏ヨウケイ

〈鶏魚〉いさき イサキ科の海魚。本州中部以南の沿岸に分布。全体に暗緑褐色で、幼魚は黄褐色の縦線が三本ある。釣り魚として人気があり、夏に美味。季夏 由来「鶏魚」は漢名から。表記「伊佐木」とも書く。参考「いさぎ」とも読む。

〈鶏冠木〉かえで カエデ科の落葉高木の総称。由来 葉の形がニワトリの鶏冠とさかに似ていることから。▼楓かえで(三二一)

【鶏群の一△鶴】ケイグンのイッカク 多くの凡人の中に一人だけとびぬけてすぐれた者がいること。多くのニワトリの群れの中にいる一羽のツルの意から。《晋書シンジョ》 参考「鶏群一鶴・鶏群孤鶴」ともいう。

【鶏口と△為るも牛後と△為る無かれ】ケイコウとなるもギュウゴとなるなかれ 大きな組織に隷属するよりは、小さい組織でも人の上に立つほうがよいたとえ。「鶏口」は小さな組織の長、「牛後」は大きな組織の末端の意。故事 中国、戦国時代、蘇秦ソシンが韓カンの王に「小国とはいえ一国の王であれ。大国の秦に屈して臣下に成り下がってはならぬ」と説き、六国の合従ガッショウ(連合)をすすめた故事から。《史記》▼合従連衡ガッショウレンコウ(五一九)

【鶏▲黍】ケイショ 客を手厚くもてなすこと。饗応キョウオウ。ニワトリを殺して料理し、キビを炊いてもてなしたということから。《論語》

〈鶏冠〉・鶏頭】けいとう ヒユ科の一年草。熱帯アジア原産。夏から秋に紅色や黄色などの小花を密集してつける。季秋 由来「鶏冠」は漢名より。花の色と形がニワトリの鶏冠とさかに似ていることから。

【鶏鳴】ケイメイ ①ニワトリが鳴くこと。また、その声。②一番どりの鳴く、午前二時ごろ。丑うしの刻。③夜明け。明け方。

【鶏鳴▲狗盗】ケイメイクトウ つまらない技芸のたとえ。つまらないことしかできない人のたとえ。また、一見つまらぬことでも何かの役に立つこともあるたとえ。故事 中国、戦国時代、秦シンの昭王に捕らえられた斉の孟嘗君モウショウクンが、イヌのように盗みをはたらく食客とニワトリの鳴きまねのうまい食客のはたらきで、無事脱出して帰った故事から。《史記》

【鶏▲肋】ケイロク ①たいした役には立たないが、捨てるに惜しいもの。自分の労作をへりくだって使う。②体がか弱いこと。由来 ニワトリのあばら骨で、たいして食べるところがないことから。

〈鶏冠〉とさか ニワトリやキジなどの頭の上にある肉質の冠のような突起。参考「けいとう」と読めばとさかに似た植物の意になる。

〈鶏冠菜〉・〈鶏冠海▲苔〉とさかのり 紅藻類ミリン科の海藻。太平洋沿岸の岩に生育。鮮紅色でやわらかく、食用。由来「鶏冠菜」は漢名より。色と形がニワトリの鶏冠とさかに似ていることから。

【△鶏】とり ニワトリ。また、その肉。▼鶏にわとり

【鶏合わせ】とりあわせ ニワトリを闘わせる競技。闘鶏トウケイ。季春

【鶏】にわとり キジ科の鳥。原種は東南アジアのセキショクヤケイという。頭の上に赤いとさかをもつ。古く家禽カキン化され、品種はきわめて多い。肉や卵は食用。とり。

【鶏を割くに△焉いずくんぞ牛刀を用いん】 取るに足りないことを大げさな方法で処理する必要はないことのたとえ。ニワトリをさばくのにウシを切り裂く大きな刀を使う必要はない意から。《論語》

〈鶏眼草〉やはずそう マメ科の一年草。由来「鶏眼草」は漢名から。▼矢筈草やはずソウ(六〇三)

〈鶏児腸〉よめな キク科の多年草。▼嫁菜よめな(一五五)

ケイ【競】(20) 立15 教 2205 3625 ▼キョウ(三四三)

ケイ【▲繼】(20) 糸14 6975 656B ▼継の旧字(三九八)

ケイ【▲警】(20) 言13 ▼警の旧字(四〇一)

ケイ【馨】(20) 香11 準1 1930 333E 訓 音 ケイ・キョウ かおる・かおり

意味 かおる。かおり。転じて、よい評判や感化。「馨香」

下つき 素馨ソケイ・芳馨ホウケイ

【▲馨り】かおり ①遠くまで届くような、澄んだよいにおい。かぐわしいにおい。②よい評判。よい影響。名声。表記「香り・薫り」とも書く。

【▲馨香】ケイコウ かぐわしい香り。よいにおい。また、徳化の遠方にまで及ぶことのたとえ。

ケイ【▲鷄】(21) 鳥10 8317 7331 ▼鶏の旧字(四〇三)

ゲイ【芸】(7) 艹4 教 常 7 2361 375D 訓 音 ゲイ 外 わざ・うえる

旧字《藝》(19) 艹15 1/準1

旧字《蓺》(18) 艹15 1/準1 7326 693A

筆順 一 十 艹 廾 芏 芸 芸

意味 ①身につけたわざ。技能。学問。「芸術」「武芸」②草木をうえる。「芸植」「園芸」③「安芸(あき)の国」の略。「芸州」 参考 「芸(ウン)」は別の字。

下つき 一芸・園芸・演芸・学芸・技芸・曲芸・工芸・手芸・多芸・農芸・武芸・文芸・民芸・無芸・話芸

【芸える】うーえる 種をまく。また、草木の苗をうえつけ育てる。

【芸域】ゲイイキ 身につけた芸の深さや広さ。芸の領域。「―が広い」

【芸苑】ゲイエン 学芸の世界。学者や芸術家の仲間や社会。類芸林

【芸妓】ゲイギ 「芸者」に同じ。

【芸者】ゲイシャ 三味線・踊り・歌などで、宴席に興を添える職業の女性。芸妓。芸子。

【芸術】ゲイジュツ 美を表現しようとする創作活動。また、その作品。文学・絵画・彫刻・舞踊など。

『芸術は長く人生は短し』 人の命は短く限りがあるが、芸術は作者の死んだのちも永遠に残るものであること。芸術にたゆまず努力すべきことをいう言葉。参考 古代ギリシャのヒポクラテスの言葉で、もとは、医術はきわめがたいが人生は短いので怠らずに精進すべきであるという意。

【芸当】ゲイトウ ①演芸。特に、特殊な能力・訓練を必要とする演技。類曲芸 ②危ない仕事や行為。はなれわざ。

【芸能】ゲイノウ ①映画・演劇・音楽・舞踊など、娯楽的要素の強いものの総称。「多年―界で過ごした」②芸術と技能。また、そのすぐれた才能。③生花・茶道などの芸事。

【芸は道によって賢し】ゲイはみちによってかしこし 専門家はその分野に精通していること。物事はその道にある人が、もっともよくわかっているということ。参考 「賢し」は「精(くわ)し」ともいう。類餅(もち)は餅屋

【芸は身の仇】ゲイはみのあだ 習い覚えた芸事が、かえって身を誤まる原因になるという戒め。対芸は身を助ける

【芸は身を助ける】ゲイはみをたすける 道楽で覚えたような技芸でも、何か事あるときには思わぬ役に立つものだということ。対芸は身の仇(あだ)

【芸林】ゲイリン 芸術家や文学者の仲間や社会。類芸苑

【芸】わざ ①修得した技能。②遊びに関する技術。遊芸。③学問。芸術。参考 「芸」は、草木をうえて育てる意から、自然のものに手を加える「技術」や「才能」の意を表すようになった。

ゲイ【迎】(7) ⻌ 4 常 4 2362 375E 音 ゲイ 外ギョウ・ゴウ 訓 むかえる

旧字《迎》(8) ⻌ 4 1/準1

筆順 ノ ĺ 白 卬 卬 ⻌卬 迎

意味 ①むかえる。待ち受ける。「迎賓」「歓迎」対送 ②相手の気に合うようにする。「迎合」

下つき 歓迎・送迎・奉迎・来迎・来迎

【迎撃】ゲイゲキ 敵が攻めてくるのを迎え撃つこと。類邀撃

【迎合】ゲイゴウ 自分の考えを曲げても、相手の気に入るようにすること。「大衆に―する」「他人に―ばかりするな」

【迎春】ゲイシュン 初春を迎えること。年賀状のあいさつなどに使用。季新年

【迎賓】ゲイヒン 客を迎えること。特に、外国からの重要な客のもてなし。

【迎え鐘】むかえがね 御霊(みたま)を迎えるために鳴らす鐘。盂蘭盆(ウラボン)の精霊(ショウリョウ)祭りのときに鳴らされる。季秋

【迎える】むかーえる ①来るのを待ち受ける。「玄関で友達を―える」「敵を―える」②招く。「講師を―える」③時期を待つ。「新年を―える」④気をつかう。「相手の気持ちを―える」

ゲイ【▲迎】(8) ⻌ 4 ▼迎の旧字(四〇四)

ゲイ【倪】(10) 亻 8 1 4868 5064 音 ゲイ 訓 きわ・ながしめ

意味 ①きわ。かぎり。かぎる。分ける。「端倪」②かよわい。また、おさなご。③横目でにらむ。ながしめ。「俾倪」類睨

下つき 端倪・俾倪・旄倪

ゲイ【猊】(11) 犭 8 1 6441 6049 音 ゲイ 訓 しし

意味 ①しし(獅子)。②仏の座。また、高僧の座。「猊下」

【▲猊下】ゲイカ 仏 ①高僧の敬称。また、各宗派の管長の敬称。②僧への書状の脇付(わきづけ)に用いる語。③高僧のそば。

【▲猊座】ゲイザ 仏 仏の座る場所。転じて、高僧の座。獅子(シシ)の座。

ゲイ【★睨】(13) 目 8 1 6643 624B 音 ゲイ 訓 にらむ・かたむく

意味 ①にらむ。横目で見る。「睨視」「睥睨」②かたむく。日が西にかたむく。③ようすをうかがう。

下つき 睥睨

【▲睨み▲競】にらみくら にらみくらべ。にらめっこ。

【▲睨む】にらーむ ①鋭い目つきでじっと見つめる。下からや横目でにらみつける。「―むように天を見上げた」②監視する。「当局から―まれる」③見当をつける。「怪しいと―む」

【▲睨め付ける】ねめつーける にらみつける。「物も言わずに―けてしかる」

ゲイ【貎】(15) 豸 8 1 7631 6C3F 音 ゲイ 訓 しし

意味 しし(獅子)。

ゲイ【▲霓】(16) 雨8 1 8031 703F 音 ゲイ 訓 にじ

意味 にじ。「霓裳」 参考 にじを竜とみなし、雄を「虹」、雌を「霓」という。

下つき 雲霓・紅霓・虹霓

【▲霓▲裳】ゲイショウ にじのように美しいもすそ。「裳」は腰から下にまとう衣服。天人の衣。

【▲霓▲裳羽衣】ゲイショウウイ 薄い絹などで作った女性の美しく軽やかな衣装。また、舞曲の名。天女を歌った西域伝来のものという。中国、唐の玄宗皇帝が愛した楊貴妃はこの舞を得意とした。「羽衣」は天の羽衣。鳥の羽で作り天女が着て空を飛ぶという。〈白居易の詩〉

【▲霓】にじ 色の薄いにじ。雌のにじ。参考 中国では、古くはにじを竜の一種と考え、色の鮮明なものを雄として「虹」、色の淡いものを雌として「霓」と称した。

ゲイ【▲藝】(18) ⺾15 7326 693A ▼芸の旧字(四〇三)

ゲイ【▲藝】(19) ⺾15 ▼芸の旧字(四〇三)

ゲイ【鯨】(19) 魚8 常 3 2363 375F 音 ゲイ 外 ケイ 訓 くじら

筆順 ノ ク 各(4) 角 角(7) 魚(11) 魚亠(13) 鮎(16) 鯨 鯨(19)

意味 くじら。クジラ目の哺乳動物の総称。「鯨飲」 参考 雄を「鯨」、雌を「鯢」と分けることがある。

下つき 長鯨・白鯨・捕鯨

【鯨】くじら ①クジラ目の哺乳動物の総称。魚に似た形で海にすむ。シロナガスクジラなど、種類は多い。季 冬 ②「鯨尺」の略。

【鯨尺】くじらジャク ものさしの一つ。和裁に用い、一尺を曲尺の一尺二寸五分とする。くじらさし。

け

ゲイ—けがれる

【鯨飲馬食】ゲイインバショク 一度にたくさん飲み食いすること。まるでクジラが水を飲むようにたくさん酒を飲み、ウマのようにたくさん食べる意。「—は慎むべきだ」 類 牛飲馬食・暴飲暴食・痛飲大食

【鯨▲鯢】ゲイゲイ ①クジラの雄と雌。または、小魚を食う大魚のたとえ。「鯨」は雄のクジラ、「鯢」は雌のクジラの意。②大悪人。

【鯨波】ゲイハ ①大きな波。②「鯨波(とき)」に同じ。

【鯨油】ゲイユ クジラの脂肪や骨などから得られる油。石鹸などの材料とした。

〈鯨波〉とき ①昔、合戦のとき、戦闘開始を知らせるために全軍で発した合図の声。また、戦勝のときに発する喜びの声。②多くの人が一度に発する声。表記「鬨・時」とも書く。参考「ゲイハ」とも読む。

ゲイ【▲鯢】(19) 魚8 1 8241 7249 音 ゲイ 訓 さんしょううお・めくじら

意味 ①さんしょううお(山椒魚)。「鯢魚」②めくじら。雌のクジラ。対 鯨

【▲鯢】さんしょううお サンショウウオ科・アンビストマ科・プレソドン科の両生類の総称。▼山椒魚(五八二)

ゲイ【麑】(19) 鹿8 1 8344 734C 音 ゲイ・ベイ 訓 かのこ

意味 かのこ。シカの子。「麑裘」

ゲイ【黥】(20) 黒8 1 8361 735D 音 ゲイ・ケイ 訓 いれずみ

意味 いれずみ。罪人の顔に墨を入れる刑。「黥首」

【▲黥】いれずみ 昔の刑罰の一つ。罪人の顔や腕に墨を刺し入れて前科がわかるようにしたもの。参考「入れ墨・文身・刺青」と書けば、皮膚に針などで絵や文字を描き、墨や朱をすりこんだもの。近世、博打打ちや火消しの間に広まった。

【▲黥面】ゲイメン 顔に入れ墨をすること。また、入れ墨をした顔。

ゲイ【囈】(21) 口18 1 5184 5374 音 ゲイ 訓 うわごと・たわごと

意味 うわごと。たわごと。とりとめのない言葉。「囈語」

〈▲囈語〉・▲囈〉うわごと ①熱に浮かされるなどして無意識に発する言葉。②筋道の立たないとりとめのない言葉。たわごと。表記「譫言」とも書く。参考「囈語」は「ゲイゴ」とも読む。

【▲囈語】ゲイゴ 「囈語(うわごと)」に同じ。

けがす【汚す】(6) 氵3 常 1788 3178 ▼オ(一〇九)

けがす【▲瀆す】(18) 氵15 8729 773D ▼トク(一一七一)

けがす【▲衊す】(20) 血14 ▼ベツ(一三七六)

同訓異義 けがす・けがれる

【汚す】美しいものをきたなくする。価値あるものや名誉を傷つける。「よごす」より抽象的な表現に用いる。「純真な心を汚す」「家名を汚す」「末席を汚す」

【▲瀆す】不正なことをして名誉や職務に傷をつける。「冒瀆」「尊厳を瀆す」「職を瀆す」

【▲衊す】血でよごす。はずかしめる。

【▲穢れる】美しいものがきたなくなる。「穢土」「身が穢れる」「経歴が穢れる」

【▲黷れる】泥やしみで黒くよごれる。

けがらわしい【汚らわしい】(6) 氵3 常 1788 3178 ▼オ(一〇九)

けがれる【▲穢れる】(18) 禾13 6750 6352 ▼ワイ(一六二八)

けがれる【▲黷れる】(27) 黒15 8366 7362 ▼トク(一一七一)

ケキ【鵙】(20) 鳥9 1 〔鵙〕 8306/7326 音ケキ・ゲキ 訓もず

意味 もず(百舌)。モズ科の鳥。

【▲鵙】もず モズ科の鳥。▼百舌(一三〇二)

【▲鵙の速▲贄】もずのはやにえ モズが虫やカエルをとって小枝に刺しておくもの。モズのささげる供物の意。季秋 由来 秋にモズが枝にさしておいた獲物が、春に他の鳥のえさになることから。

ゲキ【△逆】(9) 辶6 教 2153/3555 ▼ギャク(二九八)

ゲキ【郤】(10) 阝7 1 7828/6E3C 音ゲキ・ケキ 訓ひま・すき・すきま

意味 ①ひま。すき。すきま。②なかたがい。類①②隙ゲキ

下つき 内郤ナイゲキ

ゲキ【★戟】(12) 戈8 準1 2365/3761 音ゲキ・ケキ 訓ほこ

意味 ①ほこ。枝刃のあるほこ。「剣戟」②さす。つきさす。「刺戟」

下つき 剣戟ケンゲキ・交戟コウゲキ・刺戟シゲキ・矛戟ボウゲキ

【▲戟】ほこ 長い柄のついた、刃に枝のような横刃の出た武器。引っ掛ける戈カと突き刺す矛ボを合わせたもの。

【▲戟を△亡いて矛を得う】ほこをうしないてほこをう 失ったものと得たものが同じ価値で、結局は損のないたとえ。失うものもあれば得るものもあるたとえ。「戟」は、ほこの一種。〈『呂氏春秋リョシシュンジュウ』〉

ゲキ【隙】(13) 阝10 常 2 2368/3764 音ゲキ 高 外ケキ 訓すき 外ひま

け

ケキ—ゲキ

〔隙〕準1

筆順
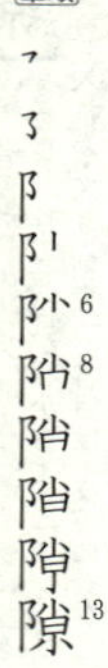

意味 ①すき。すきま。ひま。あいだ。「隙地」「間隙」②なかたがい。「争隙」類①②郤ゲキ

下つき 暇隙カゲキ・間隙カンゲキ・空隙クウゲキ・駒隙クゲキ・穴隙ケツゲキ・小隙ショウゲキ・寸隙スンゲキ・農隙ノウゲキ

【隙△駒】ゲキク 月日の過ぎさることのはやいこと、人生の短いことのたとえ。駒隙。類隙駟ゲキシ 参考 戸のすきまからちらっと見えるように、はやく走るウマの意。

【隙】すき ①気のゆるみ。油断。「攻撃しようとしたが—がない」②「隙間」に同じ。表記「透き」とも書く。

【隙間】すきま ①物と物のあいだ。「戸の—」②ひま。あき時間。類①②隙すき 表記「透き間・空き間」とも書く。

【△隙】ひま ①物と物とのわずかな空間。すきま。②人間関係に生じた気持ちのずれ。③手があいている時間。

ゲキ【覡】(14) 見7 1 7514/6B2E 音ゲキ・ケキ 訓みこ・かんなぎ

意味 みこ。かんなぎ。参考 一説に男のみこを「覡」、女のみこは「巫フ」という。

【▲覡】かんなぎ みこ。特に男性のみこ。神に奉仕することを務めとする人。

ゲキ【▲隙】(14) 阝11 ▼隙の異体字(四〇六)

ゲキ【劇】(15) 刂13 教 常 5 2364/3760 音ゲキ 訓外はげしい

筆順
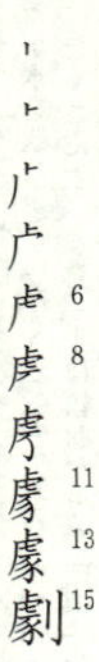

意味 ①はげしい。つよい。はなはだしい。「劇務」「劇薬」類激 ②しばい。「劇場」「演劇」

下つき 演劇エンゲキ・楽劇ガクゲキ・歌劇カゲキ・活劇カツゲキ・観劇カンゲキ・喜劇キゲキ・京劇キョウゲキ・剣劇ケンゲキ・惨劇サンゲキ・笑劇ショウゲキ・新劇シンゲキ・寸劇スンゲキ・悲劇ヒゲキ・黙劇モクゲキ・話劇ワゲキ

【劇画】ゲキガ ①絵と文による長編漫画の一種で、リアルな物語性をもつ。こっけいな「漫画」に対する語。②紙芝居の別称。

【劇作】ゲキサク 演劇の脚本を作ること。また、その脚本。「彼女は有名な—家だ」

【劇臭】ゲキシュウ 刺激が強く、いやなにおい。「—が鼻をつく」表記「激臭」とも書く。

【劇暑】ゲキショ はげしい暑さ。類酷暑・猛暑 表記「激暑」とも書く。

【劇場】ゲキジョウ 映画・演劇・舞踊などを見せるための建物。「—は客で満員であった」

【劇職】ゲキショク 休む暇もないほど忙しい職務。類劇務 対閑職 表記「激職」とも書く。

【劇震】ゲキシン ひどく揺れるはげしい地震。家屋の倒壊や地割れ・山崩れが起きる。表記「激震」とも書く。

【劇甚】ゲキジン きわめてはなはだしいこと。「地震の被害は—だ」表記「激甚」とも書く。

【劇団】ゲキダン 演劇などを上演する人たちによって結成された団体。

【劇痛】ゲキツウ はげしい痛み。「ころんだ瞬間、足首に—が走った」対鈍痛 表記「激痛」とも書く。

【劇的】ゲキテキ 演劇の場面のように感動させられるさま。ドラマチック。「試合は—な幕切れとなった」

【劇毒】ゲキドク はげしく作用する毒。きわめて強い毒。類猛毒

【劇評】ゲキヒョウ 上演された演劇に対する批評。「昨日の公演の—が新聞に載る」

【劇変】ゲキヘン ようすや態度が急激に変わること。表記「激変」とも書く。

【劇務】ゲキム きわめて忙しい仕事。過酷な職務。類劇職 表記「激務」とも書く。

【劇薬】ゲキヤク はげしい作用の薬。使い方をまちがえると命にかかわる医薬品。参考 医薬品以外のものは「劇物」という。「毒薬」に次ぐ毒性をもつ。「毒物」という。

【劇烈】ゲキレツ 非常にはげしいさま。熾烈。「情報通信業界の―な値下げ競争が始まる」表記「激烈」とも書く。

【△劇しい】はげしい ①程度がはなはだしい。ひどい。つよい。「腹の痛みが―くなる」「雨が―く降る」②きびしい。あらい。きつい。「気性の―い人」

ゲキ【撃】(15) 手11 常 4 2366 3762

音 ゲキ 外ケキ
訓 うつ

旧字《擊》(17) 手13 1/準1 8502 7522

筆順 一 日 亘 車 車 軋 軗 毄 毄 撃 (5, 14)

意味 ①手や物などで強くうつ。たたく。なぐる。「撃剣」「打撃」②弾丸をうちはなつ。「撃墜」「射撃」③敵をせめる。「撃退」「出撃」④ふれる。あたる。「目撃」

下つき 迎撃・射撃・襲撃・出撃・衝撃・進撃・打撃・追撃・電撃・突撃・排撃・反撃・砲撃・目撃・遊撃

【撃つ】うつ ①射撃する。「鉄砲の早―ち名人」②攻め滅ぼす。敵にぶつかっていく。「敵を―つ」

【撃砕・撃▲摧】ゲキサイ 物をうち砕くこと。また、敵を攻撃してうち破ること。類撃破・撃滅

【撃壌】ゲキジョウ 民衆が太平を楽しむたとえ。▼鼓腹撃壌(四五八)

【撃退】ゲキタイ うち払うこと。追い払うこと。「向かってくる敵を―する」

【撃墜】ゲキツイ 航空機などをうち落とすこと。「敵機を―する」

【撃鉄】ゲキテツ 小型の銃の撃発装置の一つ。雷管を強打し発火させる。参考「うちがね」とも読む。

【撃破】ゲキハ 相手を攻撃してうち破ること。「敵の要塞を―する」類撃砕

【撃滅】ゲキメツ 攻撃してうち滅ぼすこと。「敵の艦隊を―する」類殲滅

ゲキ【駃】(15) 鳥4 1 8280 7270

音 ゲキ・ケツ
訓 もず

〔鴂〕9404 7E24

意味 もず(百舌)。モズ科の鳥。「駃舌」

【▲駃舌】ゲキゼツ モズの鳴き声の意から、意味が分からないために、ただやかましく聞こえる外国の言葉。

【▲駃】もず モズ科の鳥。▼百舌(一三〇二)

ゲキ【激】(16) 氵13 教 常 5 2367 3763

音 ゲキ
訓 はげしい 外はげます

筆順 氵 氵 泊 泊 泊 淳 滂 滂 滂 激 (3, 6, 8, 10)

意味 ①はげしい。はなはだしい。きびしい。「激流」「過激」②はげます。ふるいたたせる。「激励」③はげしく心が動く。たかぶる。「激怒」「憤激」

下つき 過激・感激・急激・刺激・憤激

【激越】ゲキエツ 感情が高ぶって声がはげしく高いさま。荒々しいようす。類激烈

【激化】ゲキカ 前よりもはげしくなるさま。ひどくなること。参考「ゲッカ」とも読む。

【激減】ゲキゲン 急に数量が減ること。「出生率が―する」対激増

【激語】ゲキゴ はげしい口調でものを言うこと。また、その言葉。「興奮して―を放つ」

【激昂・激高】ゲキコウ いきり立つこと。ひどく興奮すること。「彼の―を買う」参考「ゲッコウ」とも読む。

【激臭】ゲキシュウ 刺激が強く、いやなにおい。「―が鼻をつく」表記「劇臭」とも書く。

【激暑】ゲキショ はげしい暑さ。類酷暑・猛暑 表記「劇暑」とも書く。

【激賞】ゲキショウ 大いにほめること。「審査員に―される」類絶賛・激賛

【激情】ゲキジョウ 突然起こったはげしい感情。「―にかられる」

【激職】ゲキショク 非常に忙しい職務。類激務 対閑職 表記「劇職」とも書く。

【激震】ゲキシン はげしい地震。家屋が倒壊し、地割れや山崩れなどが起きるほどの強さ。表記「劇震」とも書く。

【激甚】ゲキジン 非常にはげしいこと。「―な台風被害」「―災害法」類甚大 表記「劇甚」とも書く。

【激する】ゲキする ①はげしくなる。荒くなる。②はげしく突き当たる。「岩に―する荒波」③興奮する。「―した口振り」④はげまして奮い立たせる。「仲間を―する」

【激戦】ゲキセン 全力を尽くす、はげしい戦い。「―を勝ち抜く」「―区」類熱戦・死闘 表記「劇戦」とも書く。

【激増】ゲキゾウ 急に増えること。「交通事故が―する」対激減

【激▲湍】ゲキタン 岩などにはげしくあたって流れる谷川の急流。

【激痛】ゲキツウ はげしい痛み。「―が走る」対鈍痛 表記「劇痛」とも書く。

【激怒】ゲキド ひどく怒ること。また、はげしい怒り。「記者の無礼な態度に―した」類憤怒・憤激

【激動】ゲキドウ はげしく揺れ動くこと。「―する世界情勢」類激変

【激突】ゲキトツ はげしく突き当たること。はげしく対立すること。「電柱に―する」「与野党の―」

け ゲキ

【激発】ゲキハツ ①つぎつぎとはげしく起こること。「事故が―する」②奮い立たせること。「選手を―する」

【激変】ゲキヘン 状況などが急に変わること。著しく変化すること。多く、悪い状態になるときに用いる。「気象の―が大災害をもたらした」類急変 表記「劇変」とも書く。

【激務】ゲキム 非常に忙しい仕事。「大統領は―に耐える体力が要求される」類激職 表記「劇務」とも書く。

【激流】ゲキリュウ 水の勢いがきわめてはげしい流れ。類急流・奔流

【激励】ゲキレイ 元気が出るようはげますこと。「全校で選手を―した」類鼓舞・鼓吹

【激烈】ゲキレツ 非常にはげしいさま。「争いは―をきわめた」類強烈・猛烈・熾烈(シレツ) 表記「劇烈」とも書く。

【激浪】ゲキロウ はげしい波。進行が妨げられるほどに荒い波。「暴風で商船が―にもまれる」類怒濤(ドトウ)

【激論】ゲキロン 互いが自分の意見を主張し、はげしい議論をすること。また、その議論。「―を闘わす」

【激しい】はげしい ①勢いが強い。「台風の接近で風雨が―くなる」②感情表現などがむき出しであるさま。つよい。「気質の―い人」③はなはだしい。「―い寒さ」

ゲキ【撃】(17) 手13 8502/7522 ▼撃の旧字(四〇七)

ゲキ【檄】(17) 木13 1 6092/5C7C 音ゲキ・ケキ 訓ふれぶみ

意味 ふれぶみ。まわしぶみ。衆人に回し知らせる文書。「檄書」「檄文」

下つき 羽檄(ウゲキ)・飛檄(ヒゲキ)・文檄(ブンゲキ)

【檄文】ゲキブン 檄が書かれた文章。檄書。由来 中国で昔、役所が木札に書いて出したおふれの文書から。

【檄を飛ばす】ゲキをとばす 自分の主張や意見を急いで多数の人に知らせ、同調して行動するように促すこと。参考 激励する意で使うのは誤り。

【檄】ふれぶみ 自分の主張を訴え、人々に同調を呼びかける文書。参考「ゲキ」とも読む。

ゲキ【闃】(17) 門9 1 7974/6F6A 音ゲキ 訓しずか

意味 しずか。人けがない。ひっそりとした。「闃寂」「闃然」

下つき 幽闃(ユウゲキ)

【闃寂】ゲキセキ ひっそりと静かでさびしいさま。類静寂

【闃然】ゲキゼン 人けがなく、ひっそりと静かなさま。

【闃か】しずか 人けがなく、ひっそりとしているさま。

ゲキ【鬩】(18) 門8 1 8211/722B 音ゲキ・ケキ 訓せめぐ

意味 せめぐ。言い争う。仲たがいする。「鬩牆(ゲキショウ)」

【鬩牆】ゲキショウ 兄弟げんか。うちわもめ。「牆」はかきね、家の中の意。由来『詩経』の「兄弟(ケイテイ)牆(かき)に鬩(せめ)げども外(そと)其(そ)の務(あなど)りを禦(ふせ)ぐ」による言葉。

【鬩ぐ】せめぐ 互いに対抗して争う。「与野党が―ぎあう」

ゲキ【鷁】(21) 鳥10 1 8318/7332 音ゲキ

意味 サギに似た水鳥の名。「鷁首」「鷁退」参考 風波にたえてよく飛ぶので、水難よけのため、その形を船首の飾りに用いる。

【鷁首】ゲキシュ ①ゲキという鳥の頭。②水難よけのために、ゲキの頭の形を船首に刻んだり描いたりした船。「竜頭―」参考「ゲキス」とも読む。

けしかける【嗾ける】(14) 口11 5153/5355 ▼ソウ(九四四)

けす【消す】(10) 氵7 教 3035/3E43 ▼ショウ(七四七)

けす【銷す】(15) 金7 7889/6E79 ▼ショウ(七六二)

けずる【刊る】(5) 刂3 教 2009/3429 ▼カン(二三二)

けずる【刪る】(7) 刂5 4972/5168 ▼サン(五八四)

けずる【刮る】(8) 刂6 4973/5169 ▼カツ(二二一)

けずる【削る】(9) 刂7 常 2679/3A6F ▼サク(五六五)

けた【桁】(10) 木6 常 2 2369/3765 音外コウ 訓けた

筆順

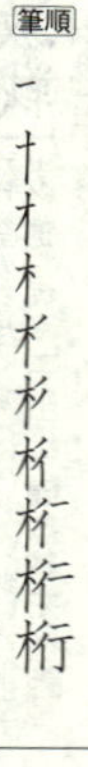

意味 ①横木をかけわたしたもの。「橋桁」②ころもかけ。「衣桁」③そろばんの珠(たま)を通す縦の棒。また、数の位どり。

下つき 井桁(いげた)・衣桁(イコウ)・橋桁(はしげた)

【桁】けた ①建物の柱や橋脚などの上にかけわたした横木。「土台から―まで板で覆う」②数の位。位どり。転じて、規模。「―がちがう(格段の差がある)」③そろばんの珠(たま)を通す棒。

【桁違い】けたちがい 程度や価値、規模などの差が非常に大きいようす。段ちがい。けたはずれ。

【桁外れ】けたはずれ 規格・標準を大きくこえていること。けたちがい。並はずれ。「―の価格に驚く」「交通量が―に多い」「―の要求は受け入れられない」

けだし【蓋し】(13) ⺾10 常 1924/3338 ▼ガイ(一九二)

けだもの【獣】(16) 犬12 常 2935/3D43 ▼ジュウ(七〇五)

ケチ【血】(6) 血0 教 2376/376C ▼ケツ(四一〇)

ケチ【結】(12) 糸6 教 2375/376B ▼ケツ(四一二)

ケチ【纈】(21) 糸15 1 6982 6572 音 ケチ・ケツ 訓 しぼり・しぼりぞめ

意味 ①しぼり。しぼりぞめ。「夾纈(キョウケチ・コウケチ)」 ②目がかすむ。かすみめ。

下つき 夾纈(キョウケチ・コウケチ)

〈纈草〉かのこそう オミナエシ科の多年草。由来「纈草」は漢名から。▼鹿の子草(かのこソウ)(六四一)

ケツ【孑】(3) 子0 1 5351 5553 音 ケツ・ゲツ 訓 ひとり

意味 ①ひとり。ひとつ。「孑立」 ②ちいさい。みじかい。③のこる。あまる。

【孑孑】ケツケツ ①孤立しているさま。また、ひとつだけ抜けでているさま。②小さいさま。③ぼうふら。参考「ゲツゲツ」とも読む。③「孑孒」の誤用から。

【孑然】ケツゼン 孤独なさま。孤立しているさま。ひとりぼっち。参考「ゲツゼン」とも読む。

〈孑孒〉・〈孑孑〉ぼうふら カの幼虫。水たまりにすむ。体長は約五ミリメートル。棒状でくねくねと動きながら上下する。ぼうふり。季夏 由来 体の動きが棒を振るのに似ていることから。表記「棒振」とも書く。参考「孑孑」は「ケツケツ」とも読む。

ケツ【欠】(4) 欠0 常 教 7 2371 3767 音 ケツ (外)ケン 訓 かける・かく (外)あくび

(A) 旧字《缺》(10) 缶4 1/準1 6994 657E

(B)【欠】1 2371 3767

筆順 ノ ク ケ 欠

意味 (A)ケツ[缺] ①かく。かける。あるべきものが足りない。「欠落」「補欠」対完 ②休む。予定をとりやめる。「欠航」「欠席」対出 (B)ケン[欠] あくび。あくびをする。「欠伸(ケンシン)」参考 本来別の意味の二つの字を「欠」にまとめた。

下つき (A)出欠(シュッケツ)・長欠(チョウケツ)・病欠(ビョウケツ)・補欠(ホケツ)

〈欠伸〉・〈欠〉あくび 疲労・眠気・退屈などのときに、自然に口が大きく開く深呼吸の一種。参考「欠伸」は「ケンシン」と読めば、あくびと背のびの意になる。

〈欠唇〉いぐち 生まれつき上くちびるがウサギの口のように縦に裂けていること。みつくち。口唇裂(コウシンレツ)。表記「兎唇」とも書く。

【欠餅】かきもち ①鏡餅を小さくくだいたもの。②餅を薄く切って干したもの。

〈欠片〉かけら ①物の欠けた部分。断片。「割れた花瓶の―」 ②ほんの少しのもののたとえ。「そんなようすは―もなかった」

【欠ける】か-ける ①一部がこわれてなくなる。「歯が―ける」「カップのふちが―ける」 ②完全な形でなくなる。そろわなくなる。「メンバーが―ける」 ③足りない。「緻密(チミツ)さに―ける」

【欠米】かんマイ 近世、年貢米の輸送時に足りなくなった米を補充するために徴収された米。由来「かけマイ」の変化したもの。

【欠員】ケツイン 定員に空きがあること。また、その足りない人数。「―を満たす」

【欠盈】ケツエイ 月が欠けることと満ちること。月のみちかけ。参考「盈」は満ちる意。

【欠陥】ケッカン 欠けていること。機能・構造などの不備な点。「―を調べる」類 不足・欠点

【欠航】ケッコウ 悪天候や事故などにより、航空・航海の定期運行を取りやめること。

【欠字】ケツジ ①あるべき文字が欠けていること。②昔、文章中で天皇や貴人の名などを書くとき、敬意を表すためにその上を一字か二字あけたこと。欠如。表記「闕字」とも書く。

【欠如】ケツジョ ①あるべきものが不足していること。「道徳意識の―」 ②「欠字」に同じ。表記「闕如」とも書く。

【欠食】ケッショク 貧困などにより食事を満足にとれないこと。「―児童」

【欠席】ケッセキ ①出るべき場に出ないこと。②学校を休むこと。対①②出席

【欠損】ケッソン ①一部が欠けて失われること。②金銭上で損をすること。赤字。

【欠点】ケッテン ①補うべきところ。短所。「誰にも―はある」類 弱点 対 美点 ②落第点。

【欠配】ケッパイ 配給・給料・配当などが止まること。また、止めること。「年末のボーナスは予想では―だ」

【欠番】ケツバン ある番号にあたる箇所が脱落していること。また、その番号。「永久―」

【欠乏】ケツボウ 必要なものが不足すること。「ビタミンが―している」

【欠本】ケッポン 全集などで巻が抜けていること。また、その欠けた本。類 端本・零本 対 完本 表記「闕本」とも書く。

【欠落】ケツラク 抜けおちること。あるべきものが、欠けていること。「判断力の―」類 脱落

【欠礼】ケツレイ 礼儀を欠くこと。あいさつをしないこと。「年賀の―をわびる」類 失礼

【欠漏】ケツロウ 必要な部分の一部が、ぬけ落ちること。また、欠けて不足している部分。もれ。類 欠落 表記「闕漏」とも書く。

【欠缺】ケンケツ 法律の規定が欠けていること。

ケツ【穴】(5) 穴0 常 教 5 2374 376A 音 ケツ (中) 訓 あな

筆順 丶 丷 宀 宂 穴

意味 ①あな。くぼんでいる所。「穴居」「墓穴」 ②鍼(はり)や灸(キュウ)をすえる人体の急所。「灸穴」 ③人に知られていない有利なところ。「穴場」 ④会計などの損失。⑤勝負などの番狂わせ。「大穴」

下つき 大穴・灸穴・虎穴・洞穴・風穴・墓穴

【穴】あな ①くぼんだ所。「―のあくほど見る」②不完全な所。欠けて空いた場所。「強打者の―を埋める」③かくれ場所。また、けもののすみか。「タヌキの巣―」④一般に知られていない場所や事柄。「法の抜け―」

【穴馬】あなうま 競馬で、番狂わせの可能性のある競走馬。ダークホース。

【穴埋め】あなうめ ①穴をうめること。②損失・欠員などをうめ合わせたり、補充したりすること。「欠損金の―」

【穴蔵・穴倉】あなぐら ①地中に穴を掘り、食料や必要な物をたくわえておく場所。②地下に掘った居住用・作業用の部屋。表記「窖」とも書く。

【穴場】あなば ①一般に知られていないよい場所。「―の温泉」②競馬・競輪などで、券の売り場。

【穴惑い】あなまどい ヘビが秋の彼岸を過ぎても、冬眠のための穴にこもらないでいること。季秋

【穴居】ケッキョ ほら穴の中に住むこと。「古代人の―生活の跡」

ケツ【刔】(6) リ 4 1 4969 5165 音 ケツ 訓 えぐる

意味 えぐる。くじる。ほじくり出す。

ケツ【血】(6) 血 0 常 教 8 2376 376C 音 ケツ 外ケチ 訓 ち

筆順 ノ 丿 白 白 皿 血

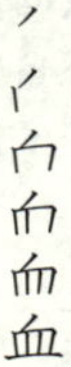

意味 ①ち。ちしお。「血液」「出血」②ちのつながり。ちを分けた間がら。ちすじ。「血族」「血統」③ちが出るほどはげしいさま。「血戦」「血路」④いきいきとさかんなさま。「血気」「熱血」

下つき 鬱血・喀血・吸血・凝血・献血・混血・採血・止血・充血・出血・純血・心血・鮮血・吐血・熱血・貧血・輸血・流血・冷血

【△血脈】ケチミャク 仏師から弟子へ受けつがれる仏法の伝統。類法統 参考「ケツミャク」とも読む。▼血脈(ケツミャク)

【血圧】ケツアツ 血管の壁に血液の流れがおよぼす圧力。「―が高い」

【血縁】ケツエン ①親子・兄弟などの血のつながり。類血脈・血筋 ②血のつながった人々。類血族 対地縁

【血管】ケッカン 血液を体内にめぐらせるための管。動脈・静脈・毛細血管など。類血脈

【血気】ケッキ ①激しい意気。盛んな勢い。ちのけ。「―にはやる若者」②血液と気力。生命維持力。

【血行】ケッコウ 血液の循環。血のめぐり。「―をよくするために毎朝散歩する」

【血痕】ケッコン 血液のついたあと。血のあと。「―が付着した凶器」

【血書】ケッショ 強い意志を示すため、自分の血で文書を書くこと。また、その文字や書状。「―で誠意を伝える」

【血漿】ケッショウ 血液から血球を取りのぞいた液体の成分。たんぱく質に富む。「―交換療法」

【血色】ケッショク ①血の色。血のような赤色。②顔の色つや。「―のいい頬」

【血清】ケッセイ 血液が固まるときに上部に分離する黄色く透きとおった液体。「―療法」

【血税】ケツゼイ ①血の出るような苦労をして納めた税金。重い税金。「国民の―」②兵役義務。身を国にささげて税とする意から。

【血栓】ケッセン 血管の中で血液が固まったもの。「脳―」

【血戦】ケッセン 血まみれになるほど、激しく戦うこと。また、その戦い。類激戦・死闘

【血相】ケッソウ 顔いろ。顔つき。おもに、怒り・驚きなどの表情。「―を変えて逃げる」

【血族】ケツゾク 同じ先祖から出て、血筋の続いている人々。法律上はこれと同じように認められた養親子なども含む。血縁の一族。「―結婚」「法定―」

【血痰】ケッタン 血のまじったたん。肺に起こる病気の症状として見られる。

【血沈】ケッチン 「赤血球沈降速度」の略。血液に固まるのを防ぐ薬品を加えて試験管に入れ、垂直に立てたときの赤血球が沈んでいく速度のこと。健康診断などに使用。類赤沈

【血統】ケットウ 先祖代々続く血のつながり。「―書付きの犬」類血筋・血縁

【血糖】ケットウ 血液中に含まれる糖類。特に、ブドウ糖。「―値が高い」

【血肉】ケツニク ①血と肉。②血筋のつながっている者。親子・兄弟。「―の争い」「―の間柄」類骨肉

【血判】ケッパン 誓約にそむかないことを示すため、指先を切って出した血で署名の下に印を押すこと。また、その印。「―状」

【血餅】ケッペイ 血液が血管外に出たとき、血球と繊維素がからみあい、黒っぽい赤色に固まったもの。

【血脈】ケツミャク ①血液が通る管。類血管 ②血のつながり。類血統・血筋 参考②「ケチミャク」とも読む。▼血脈(ケチミャク)

『血脈貫通』ケツミャクカンツウ 文章の構成などが終始一貫しているたとえ。体中に血管が通じている意から。

【血盟】ケツメイ 互いに血判を押して、固く誓うこと。「―を交わして決起する」

【血友病】ケツユウビョウ 出血しやすく、しかも血が止まりにくい病気。遺伝性で、おもに男性が発病する。

【血涙】ケツルイ 血の涙。激しい悲しみや怒りのために流れる涙。「―をしぼる」類紅涙

【血路】ケツ ロ ①敵の囲みを破って逃れる道。「―を求める」②困難なことを切り抜ける方法。「―を見いだす」類①②活路

【血】ち ①体内を流れる血液。「―のにじむような努力」②同じ祖先への血筋。血統。「―を分けた兄弟」③血気。情熱。「―が騒ぐ」

【血は水よりも濃い】人間の性質は、環境よりも遺伝によって決まることが大きいということ。また、窮地におちいったときに頼りになるのは、他人よりも血をわけた肉親であるということ。

【血を▲歃（すす）って盟を△為（な）す】固く誓い合うこと。由来 昔、中国の諸侯が盟約を結ぶとき、いけにえの血をすすったことから。一説に、口に塗ったともいう。

【血合】ちあい ブリ・カツオなどに見られる魚肉の血を含んだ黒ずんだ部分。

【血忌日】ちいみび 暦法の一つ。出血や狩猟などを忌む日。

【血▲煙】ちけむり 人を切ったときなどの、血が飛び散るようすをけむりにたとえた語。ちけぶり。「―を上げる」

【血潮・血▲汐】ちしお ①流れ出る血。②熱情。「若い―がたぎる」

【血筋】ちすじ ①親子・兄弟などの血のつながり。「芸術家の―を引く」類血統・血縁 ②体内をめぐる血液の通る道筋。血管。

【血▲腥い】ちなまぐさい ①血のにおいがすること。②血を見るような残酷なようす。「―いニュース」

【血▲糊】ちのり のりのようにねばねばした血。また、物にねばりついた血。「―が付いた凶器」

【血祭り】ちまつり ①戦いのはじめに捕虜など敵方の者を殺すこと。②手始めに最初の相手を討ちとること。「―にあげる」由来 昔中国で、出陣に際していけにえを軍神にささげ、勝利を祈ったことからいう。

【血眼】ちまなこ ①逆上によって、血走った目。②夢中になって走り回るさま。「―になって落とし物を探す」

【血△塗れ】ちまみれ 体や服などが一面血に染まるさま。血だらけ。血みどろ。「―になったボクサーの顔」

【血道】ちみち 血の通う道。「―を上げる（異性や道楽に入れこむ）」類血管・血脈

【〈血塗〉ろ】ちみどろ ①一面血に染まるさま。血まみれ。②苦闘するさま。「―の戦い」

ケツ【抉】★ (7) 扌4 1 5717 5931 音 ケツ 訓 えぐる・こじる

意味 えぐる。こじる。ほじくり出す。「抉出」

下つき 剔抉（テッケツ）

【▲抉る】えぐる ①刃物などを突き刺して回す。「木を―って巣をつくる」②物事の内部を鋭く指摘する。「事件の核心を―る」表記「剜る」とも書く。

【▲抉出】ケッシュツ 「抉剔（ケッテキ）」に同じ。

【▲抉▲剔】ケッテキ えぐりだすこと。隠れているものをほじくりだすこと。類抉出

【▲抉じる】こじる すき間や穴などに物を差しこみ強くねじる。「戸を―って開ける」

ケツ【決】(7) 氵4 教 常 8 2372 3768 音 ケツ 訓 きめる・きまる

意味 ①きめる。きまる。最終的に定める。「決議」「解決」②きっぱり。思い切って。「決起」「決然」③切れる。さける。やぶれる。「決壊」「決裂」

書きかえ ②「蹶（ケツ）・訣（ケツ）」の書きかえ字として用いられるものがある。

筆順 、 冫 氵 氵フ 氵コ 氵ユ 決

下つき 解決（カイケツ）・可決（カケツ）・既決（キケツ）・議決（ギケツ）・採決（サイケツ）・裁決（サイケツ）・自決（ジケツ）・即決（ソッケツ）・速決（ソッケツ）・対決（タイケツ）・判決（ハンケツ）・否決（ヒケツ）・表決（ヒョウケツ）・票決（ヒョウケツ）・評決（ヒョウケツ）・未決（ミケツ）

【決める】きめる ①決定する。明確に定める。「方針を―める」②そうと思いこむ。判断する。「既婚者と―めてかかる」③覚悟する。「心を―める」④決着をつける。「勝負を―める」

【決意】ケツイ 意志をしっかりと決めること。また、その覚悟。決心。「―を新たにする」「引退の―を固める」

【決河】ケッカ 川が増水し、堤防を破って流れ出すこと。「―の勢い」類決壊

【決潰】ケッカイ ▼書きかえ 決壊

【決壊】ケッカイ 堤防などが破れてくずれること。また、切りくずすこと。書きかえ「決潰」の書きかえ字。

【決起】ケッキ 決心して行動をおこすこと。「反対の―集会を開く」書きかえ「蹶起」の書きかえ字。

【決議】ケツギ 会議において、物事を決めること。また、決まった事柄。「―条項」類議決

【決行】ケッコウ 多少の無理や悪条件があっても、思いきって行うこと。「雨天―」類断行

【決済】ケッサイ 代金を払うことで売買取引を終わりにすること。支払い。「取引の―日」

【決裁】ケッサイ 権限をもつ者が、採否を決めること。「社長が―する」

【決算】ケッサン 一定期間における金銭の最終的な勘定。利益・損失の総計算。「株主に―報告する」「粉飾―」

【決死】ケッシ 死ぬ覚悟で物事を行うこと。命がけ。「―隊をつのる」「―のレスキュー作業」類必死

【決勝】ケッショウ 競技などで勝敗を最終的に決めること。また、その試合。「―戦」

【決心】ケッシン 強く心に決めること。覚悟を決めること。「―がゆらぐ」類決意

【決戦】ケッセン 最後の勝負を決める戦いをすること。また、その戦い。「―に挑む両者」

【決選】ケッセン 「決定選挙」の略。当選者が決まらないとき高得点を集めた二名以上で選挙をし、最終的に決定すること。「―投票」

【決然】ケツゼン 覚悟を決めたさま。思いきったようす。「―として動じず」

【決断】ケツダン ①きっぱり決めること。「―力に乏しい人」②事の善し悪しを裁くこと。

【決着】ケッチャク 物事のきまりがつくこと。「長期化した紛争の―がつく」類落着 表記「結着」とも書く。

【決定】ケッテイ 物事をはっきり決めること。決まること。また、決まった事柄。「―に素直に従う」類確定 対未定

【決闘】ケットウ 争いなどを解決するため、日時や方法を約束して戦うこと。果たし合い。「一対一の―で決着をつける」

【決別】ケツベツ いとまごいをしてきっぱり別れること。「長年の友人との―」書きかえ「訣別」の書きかえ字。

【決裂】ケツレツ 切れさけること。意見がまとまらず、物別れに終わること。「和平交渉は―しそうだ」

ケツ【頁】★ (9) 頁 0 準1 4239 4A47 音 ケツ・ヨウ 訓 かしら・ページ

意味 ①かしら。あたま。こうべ。②岩石の一種。「頁岩」③ページ。書物や紙の一枚。また、片面。
参考「頁」の「ヨウ」の音が、枚数を数える「葉ヨウ」の音に通じることから、「ページ」として当てられた。

【頁】かしら 人間のあたま。こうべ。表記「頭」とも書く。

【頁岩】ケツガン 堆積岩の一種。板状で薄くはがれやすい。黒色または灰色で、すずり・砥石に使う。泥板岩ともいう。

【頁】ページ 書物や帳面の紙の片面。また、それを数える数詞。

ケツ【挈】(10) 手 6 1 5745 594D 音 ケツ・ケイ 訓 ひっさげる

意味 ひっさげる。たずさえる。手にさげて持つ。「挈起」参考「挈挈」は急ぐさま。

下つき 提挈テイケツ

【挈げる】ひっさ-げる 手にひっかけて持つ。「かばんを―げて歩く」

ケツ【桔】(10) 木 6 2143 354B ▼キツ(二九五)

ケツ【桀】(10) 木 6 1 5960 5B5C 音 ケツ 訓 すぐれる・あらい・はりつけ

意味 ①とまりぎ。にわとりのとや。②すぐれる。ひいでる。類傑 ③わるがしこい。あらい。「桀黠ケツカツ」④はりつけ。柱にしばりつけて殺す。⑤中国、夏カ王朝の最後の天子。「桀紂ケッチュウ」

下つき 夏桀カケツ・雄桀ユウケツ

ケツ【缺】(10) 缶 4 6994 657E ▼欠の旧字(四〇九)

ケツ【訐】(10) 言 3 1 7532 6B40 音 ケツ 訓 あばく

意味 あばく。人の秘密などをあばきたてる。

【訐く】あば-く 人の秘密をさぐり出し、本人にむかって言う。「面とむかって―く」

ケツ【偈】★ (11) イ 9 1 4885 5075 音 ケツ・ケイ・ゲ 訓 はやい・いこう

意味 ①経文で詩句の形式をとった部分。「讃偈サンゲ」②つよい。はやい。すこやか。「偈偈ケツケツ」③いこう。やすむ。

【偈】ゲ 仏 韻文体の経文。また、仏教の教えを詩の形式で表したもの。偈頌ゲジュ。

【偈頌】ゲジュ 「偈ゲ」に同じ。参考「ゲショウ」とも読む。

ケツ【訣】★ (11) 言 4 準1 2377 376D 音 ケツ 訓 わかれる・おくぎ

意味 ①わかれる。いとまごい。「訣別」「永訣」②おくのて。おくぎ。「訣要」「秘訣」

書きかえ ①「決」に書きかえられるものがある。

下つき 永訣エイケツ・秘訣ヒケツ・要訣ヨウケツ

【訣別】ケツベツ ▼書きかえ 決別(四一一)

【訣れる】わか-れる ①思いきって別れを告げる。いとまごいする。②死別する。

ケツ【傑】(12) イ 10 ▼傑の旧字(四一四)

ケツ【厥】(12) 厂 10 1 5048 5250 音 ケツ・クツ 訓 その・それ

意味 ①まがる。まげる。ぬかずく。「厥角」類屈 ②その。それ。③中国北方の異民族の名「突厥トッケツ・トックツ」に用いられる字。

ケツ【結】(12) 糸 6 常 教 7 2375 376B 音 ケツ 外ケチ・ケイ 訓 むすぶ・ゆう中・ゆわえる中 外すく

筆順 く 幺 幺 糸 糸 糸一 糸十 紅 結 結 結

意味 ㊀ケツ・ケチ ①むすびつける。ゆわえる。つなぐ。たばねる。「結合」「結束」「団結」②実をむすぶ。しめくくる。まっとうする。「結実」「結果」「結末」③かまえる。組み立てる。「結構」④漢詩で、絶句の第四句。結句。「起承転結」㊁ケイ もとどり。髪を頭上で束ねたもの。

下つき ㊀帰結キケツ・凝結ギョウケツ・集結シュウケツ・団結ダンケツ・直結チョッケツ・締結テイケツ・凍結トウケツ・氷結ヒョウケツ・連結レンケツ・

〈結政所〉かたなしどころ 律令リツリョウ制で、政務に関する書類を処理した役所。

【結縁】ケチエン 仏 仏道に縁を結ぶこと。参考「ケツエン」と読めば、人と関係を結ぶ

意になる。

【結△願】ケチガン 仏日数を定めて行う法会・祈願などが期限に達すること。類満願 参考「ケツガン」とも読む。

【結△集】ケチジュウ 仏釈迦シャカの死後、弟子たちがその教説を編集したこと。参考「ケツジュウ」とも読む。また「ケッシュウ」と読めば別の意になる。

【結果】ケッカ ①ある行為により生じた事柄や状態。また、それにより導き出された最終的な状態。「試験の―を待つ」対原因 ②植物が実を結ぶこと。また、その実。類結実

【結界】ケッカイ 仏仏道修行のために、地域を区切って衣食住などに制限をもうけること。「女人ニョニン―」

【結核】ケッカク 結核菌によって起こる慢性の病気。特に、肺に多い。「肺―で療養生活を送る」

【結△跏△趺△坐】ケッカフザ 仏仏教の座法の一つ。左右の足の甲を反対の足の股のつけ根に引きつけて置き、両足の裏が上を向くように組む。「跏」は足の裏、「趺」は足の甲のこと。

〔結跏趺坐ケッカフザ〕

【結局】ケッキョク ①事柄の終わり。最後。類結末 ②とどのつまり。「全力で走ったが―間に合わなかった」類結句 由来もとは、囲碁で一勝負(一局)を打ち終えることから。

【結句】ケック ①詩歌の最後の句。特に漢詩で、五言・七言絶句の第四句。対起句 ②ついに。とどのつまり。類結局

【結夏】ケツゲ 仏僧が夏の三か月間こもって修行をする「夏安居ゲアンゴ」に入ること。類入安居いりアンゴ

【結語】ケツゴ 文章や話などをしめくくる、結びの言葉。

【結構】ケッコウ ①構造や組み立て。「文章の―を考える」②りっぱなこと。すばらしいこと。「―なお住まい」③十分であること。満足いくこと。「もう―です」④完全ではないがうまくいくこと。なんとか。「これだけでも―間に合う」

【結合】ケツゴウ 結びつくこと。複数の物が一つになること。「機械の―部分」

【結婚】ケッコン 男女が夫婦になること。「―指輪を交換する」類婚姻 対離婚

【結△紮】ケッサツ 血管をしばって血液の流れを止めること。参考「紮」はくくる意。

【結実】ケツジツ ①植物が実を結ぶこと。「トマトが―する」類結果 ②成果を得ること。「多年の努力が―する」

【結社】ケッシャ 目的を同じくする多くの人が集団をつくること。また、その団体。

【結集】ケッシュウ ちりぢりになっているものを、一つにまとめ集めること。また、まとめ集まること。「全党の総力を―する」参考「ケチジュウ」と読めば別の意になる。

【結晶】ケッショウ ①物質の原子が一定の規則正しい配列をすること。また、その物質。「雪の―を観察する」②苦心・愛情などがよい結果となってあらわれるもの。「努力の―」

【結縄】ケツジョウ 文字がなかったころ、縄の結び目によって記憶したり、意思の伝達をするのに役立てたこと。

【結審】ケッシン 裁判で、訴訟のすべての取り調べを終えること。審理が終わること。

【結成】ケッセイ 会や団体などをつくること。「政党の―記念パーティー」

【結石】ケッセキ 内臓の分泌液の成分から形成される石のようなかたまり。胆石など。

【結節】ケッセツ ①結ばれて節ふしができること。また、その結び目。②皮膚や体内にできるかたいはれもの。または、しこり。

【結束】ケッソク ①物を結びたばねること。②同じ志をもつ者が一つにまとまること。「―を固める」類団結

【結滞】ケッタイ 心臓の病気などから脈が不規則になること。

【結託】ケッタク ①心を合わせて助け合うこと。②悪事のために仲間をつくること。ぐるになること。「両者は―して襲撃を実行した」

【結団】ケツダン ある目的のために団体をつくること。「オリンピック選手の―式を行う」対解団

【結党】ケットウ ①徒党を組むこと。仲間をつくること。②政党を組織すること。「―の理念に立ち返る」対解党

【結氷】ケッピョウ 氷がはること。また、その氷。「オホーツク海が―した」季冬

【結膜炎】ケツマクエン 目の病気の一種。細菌などによる結膜の炎症で、目が赤くはれたりかゆくなったりする。

【結末】ケツマツ 物事や物語の終わり。最後のしめくくり。「事件は意外な―を迎えた」

【結盟】ケツメイ 同盟や誓いを結んで、仲間になること。また、その同盟や誓い。かたい約束を交わすこと。

【結露】ケツロ 空気中の水分が、冷えた壁やガラスなどの表面に水滴となってつくこと。「―したビール瓶」

【結論】ケツロン ①議論・考察されて得られた最終的な判断・意見。「―が出る」②三段論法で、前提から導かれる判断。類帰結 対前提

【△結く】すく 糸や縄を編んでつなげる。「魚をとる網を―く」

【結ぶ】むすぶ ①つなぐ。また、ひもでゆわえる。「二点を―ぶ」「髪をリボンで―ぶ」②約束する。「売買契約を―ぶ」「友好条約を―ぶ」③終わりにする。「話を―ぶ」④ある状態が生じる。「露を―ぶ」「実を―ぶ」⑤固く閉じる。「口を―ぶ」⑥仲間になる。「手を―ぶ」

【結納】ゆいノウ 婚約のしるしに両家が贈り物を取り交わすこと。また、そのもの。「吉日

け ケツ

を選んで―を交わす」

【結う】ゆ-う ①糸やひもなど細いものでむすぶ。しばる。②髪を形よくたばねる。「日本髪を―う」

【結△城△紬】ゆうきつむぎ 茨城県結城地方で産する絹織物の一種。地質ジは丈夫。

【結わえる】ゆ-わえる むすぶ。しばる。「髪を―える」「おみくじを枝に―える」

ケツ【傑】
(13) 亻11 常 準2 2370 3766
音 ケツ
訓 外 すぐれる
旧字《傑》(12) 亻10 1/準1

筆順 ノ イ 亻 亻ク 亻夕 亻夕 亻夕 亻夕 亻夕 亻夕 亻夕 傑 傑

意味 すぐれる。まさる。また、すぐれた人。「傑作」

下つき 英傑エイ・怪傑カイ・豪傑ゴウ・女傑ジョ

【傑作】ケッサク ①できばえのよい、すぐれた作品。「今世紀最大の―」②ひどくこっけいなさま。「なんとも―な話」

【傑出】ケッシュツ 他のものに比べ、抜きんでてすぐれていること。「―した人物」

【傑物】ケツブツ 飛び抜けてすぐれた人物。「創業者は―と言われる人だった」類 傑士・傑人

【△傑れる】すぐ-れる 人よりも飛び抜けている。ひいでる。まさる。

ケツ【歇】
(13) 欠9 1 6128 5D3C
音 ケツ・カツ
訓 やめる・やむ・つきる・やすむ・かれる

意味 一ケツ ①やめる。やむ。つきる。②やすむ。ひとやすみする。「歇息」③かれる。二カツ「歇驕キョウ」は、口の短い猟犬。

下つき 一間歇カン

【△歇後】ケツゴ 成語の下の語を省略し、前半だけで全体の意を表す方法。後略語。「友于兄弟(兄弟いつくしみあい仲良くする)」《論語》を「友于」のみで「兄弟仲良く」の意とするなど。

【△歇む】や-む なくなって終わる。つきる。また、とだえる。ひとやすみする。

ケツ【碣】
(14) 石9 1 6682 6272
音 ケツ
訓 いしぶみ

意味 ①つき立っている石。②いしぶみ。まるい石碑。「碣石」「墓碣」対 碑

下つき 石碣セキ・碑碣ヒ・墓碣ボ

ケツ【竭】
(14) 立9 1 6781 6371
音 ケツ
訓 つきる・つくす・かれる・ことごとく

意味 ①つきる。つくす。なくなる。なくす。かれる。「竭尽」②ことごとく。

下つき 枯竭コ

【竭尽】ケツジン 使いつくすこと。つきてなくなること。

【△竭きる】つ-きる なくなる。力や水が出つくす。つきはてる。

【竭くす】つ-くす ある限りを出す。出しつくす。「力を―す」

ケツ【潔】
(15) 氵12 教 常 6 2373 3769
音 ケツ
訓 いさぎよい 高 外 きよい
旧字《潔》(15) 氵12 1/準1

筆順 氵 氵 氵 氵 氵 洯 洯 洯 洯 潔 潔 潔

意味 いさぎよい。きよい。けがれがない。「潔白」「純潔」「清潔」

下つき 簡潔カン・高潔コウ・純潔ジュン・清潔セイ・貞潔テイ・不潔フ・廉潔レン

【潔い】いさぎよ-い ①潔白である。清らかだ。「―い人生を送る」②思い切りがよい。未練がない。「―く部屋を出る」「敗北を―く認めた」

【潔斎】ケッサイ 神事や仏事の前に心身をきよめること。ものいみ。「精進―して汚れを祓う」

【潔白】ケッパク 心や行いが正しく清らかで汚れがないこと。後ろ暗くないこと。「身の―を主張する」

【潔癖】ケッペキ 不潔や不正をひどく嫌うこと。また、そのような性質。「責任感の強い―な人」「―すぎて部下に慕われない」

ケツ【獗】
(15) 犭12 1 6453 6055
音 ケツ
訓 たける・くるう

意味 たける。くるう。暴れまわる。

下つき 猖獗ショウ

ケツ【蕨】★
(15) 艹12 準1 4747 4F4F
音 ケツ
訓 わらび

意味 わらび。イノモトソウ科のシダ植物。「蕨拳ケン」

下つき 早蕨さわらび

【△蕨】わらび イノモトソウ科のシダ植物。日当りのよい山野に自生。若葉はこぶし状に巻いていて食用にする。根茎からでんぷん(わらび粉)をとる。季 春

ケツ【頡】
(15) 頁6 1 8086 7076
音 ケツ・キツ

意味 ①まっすぐにのびた首すじ。②鳥が飛び上がる。「頡頏コウ」対 頏 ③入り乱れる。まがりくねる。

下つき 頡滑

【頡△頏】ケッコウ ①鳥が飛び上がり、また飛び降りること。②張り合うこと。人に屈しないこと。「勢力が―する」類 拮抗キッコウ 参考「キッコウ」とも読む。

ケツ【闕】
(18) 門10 1 7977 6F6D
音 ケツ
訓 もん・かける・のぞく

意味 ①もん。宮殿の門。転じて、天子の居る所。宮城。「闕庭」「宮闕」②か(欠)ける。足りない。のぞ

け ケツ

(除)く。「闕字」「闕失」 類 欠

下つき 宮闕・玉闕・禁闕・城闕・帝闕・天闕・鳳闕

【▲闕ける】かーける ①不足する。また、欠員がある。②抜け落ちている。すきまやあきがある。 表記 「欠ける」とも書く。

【▲闕▲掖】ケツエキ 御所。宮中。 参考 「掖」は、御所などで正門の左右にある小門の意。

【▲闕下】ケッカ ①宮中の門の下。②朝廷。天子。天皇。また、天子の御前。

【▲闕画】ケッカク 字画を省略して書くこと。特に、天子や貴人の名と同一文字を使用するとき、はばかってその字の一画をはぶくこと。 類 闕筆 表記 「欠画」とも書く。

【▲闕字】ケツジ ①文章中で欠けている文字。 類 脱字 ②天子や貴人に関する語は敬意を表すため、その上を一、二字分あけて書くこと。 類 闕如 表記 「欠字」とも書く。

【▲闕所】ケッショ ①鎌倉・室町時代、敗戦や謀反などによって幕府に没収された所領。②江戸時代の刑罰の一つ。死罪・追放などに付加して財産や地所を没収した。 表記 ②「欠所」とも書く。

【▲闕如】ケツジョ ①欠けていて不完全なようす。②「闕字」に同じ。 表記 「欠如」とも書く。

【▲闕文】ケツブン 文字・語句の脱落のある文章。また、その部分。 表記 「欠文」とも書く。

【▲闕漏】ケツロウ 欠けているところ。落ち。もれ。不備。 表記 「欠漏」とも書く。

ケツ【譎】(19) 言12 1 7589 6B79 音 ケツ・キツ 訓 いつわる・いつわり・あやしい

意味 ①あざむく。いつわる。いつわり。「譎詐」 ②あやしい。ふつうとちがう。「譎怪」 ③遠回しに言う。「譎諫」

下つき 怪譎・狡譎

【▲譎る】いつわーる うそをつく。あざむく。言葉でだます。わなにかける。

【▲譎詐】ケッサ いつわりあざむくこと。「暴力及び一の排斥を訴える」 参考 「キッサ」とも読む。

ケツ【蹶】(19) ⻊12 1 7712 6D2C 音 ケツ・ケイ 訓 つまずく・たおれる・たつ・すみやか

意味 ①つまずく。たおれる。「蹶失」 ②たおす。くつがえす。③はね起きる。とびたつ。「蹶然」 ④すみやか。

書きかえ ③「決」に書きかえられるものがある。

下つき 顛蹶

【▲蹶起】ケッキ ▼書きかえ 決起(四二一)

【▲蹶然】ケツゼン 驚いてはね起きるようす。あわただしいさま。「一と兵を挙げる」

【▲蹶れる】たおーれる つまずいてころぶ。足が引っ掛かってひっくり返る。

【▲蹶く】つまずーく 足を引っ掛けて、たおれそうになる。足をとられて前のめりになる。「暗がりで一く」

ケツ【襭】(20) 衤15 1 7503 6B23 音 ケツ 訓 つまばさむ

意味 つまばさむ。褄を帯にはさむ。

ケツ【▲纈】(21) 糸15 6982 6572 ▼ケチ(四一九)

ゲツ【月】(4) 月0 教 常 10 2378 376E 音 ゲツ・ガツ 訓 つき

筆順 丿 冂 月 月

意味 ①つき。天体の一つ。地球の衛星。「月光」「満月」 対 日 ②としつき。一年を一二分にした期間。「歳月」「年月」 ③七曜の一つ。月曜。

下つき 隔月・寒月・観月・弦月・歳月・残月・日月・正月・新月・水月・年月・風月・満月・蜜月・名月・臨月・朧月

【月忌】ガッキ 亡くなった人の命日にあたる毎月の日。また、その日に行う法事。

【月▲暈】ゲツウン 「月暈(つきがさ)」に同じ。

【月下氷人】ゲッカヒョウジン 男女の縁を取りもつ人。仲人。媒酌人。 由来 「月下老(人)」と「氷上人」を組み合わせた言葉。ともに縁結びの神といわれる。

【月給】ゲッキュウ 月ごとに定められた給与。月俸。サラリー。「初一で母に贈物を買う」

【月琴】ゲッキン 中国から伝わった弦楽器。円形の胴に短い棹がつき、弦が四本、琴柱が八つで、琵琶に似ている。

【月経】ゲッケイ 成熟した女性の子宮から周期的に出血する生理現象。メンス。

【月▲卿雲客】ゲッケイウンカク 公卿や殿上人のこと。また、高貴な人のこと。「月卿」は天子を日、臣下を月になぞらえたときの公卿の別称。「雲客」は雲上人・殿上人の意。 類 卿相雲客

【月▲桂冠】ゲッケイカン ①月桂樹の枝葉を輪にした冠。古代ギリシャにおいて競技の勝者に与えられた。②栄光。勝利の象徴。最高に名誉ある地位。

【月▲桂樹】ゲッケイジュ クスノキ科の常緑高木。地中海地方原産。春、淡黄色の小花をつける。葉と実は香料として用いる。

【月△虹】ゲッコウ 月の光によって見える、白い虹。 類 白虹

【月次】ゲツジ 毎月。月ごと。つきづき。「一報告」「一計画」 対 年次 参考 「つきなみ」とも読む。

【月謝】ゲッシャ 月ごとに支払う授業の謝礼金。「塾の一を納める」

【月食】ゲッショク 地球が太陽と月の間に入り、地球が太陽光をさえぎって、月の一部あるいは全部が地上から見えなくなる現象。 対 日食

書きかえ「月蝕」の書きかえ字。

【月▲蝕】ゲッショク ▼書きかえ 月食

【月旦】ゲッタン ①毎月の最初の日。ついたち。②「月旦評」の略。

【月旦評ゲッタンヒョウ】人物批評のこと。故事 中国後漢代、許劭キョショウが毎月ついたちにいとこの許靖キョセイと郷里の人物の批評をしあった故事から。〈『後漢書ゴカンジョ』〉 参考「許劭月旦」ともいう。

【月賦】ゲップ ①月割りで分割して行う支払い。月払い。「ピアノを―で買う」②月ごとの割り当て。

【月餅】ゲッペイ 焼き菓子の一つ。ゴマ・クルミ・マツの実などを混ぜたあんを小麦粉・砂糖・卵などを練った生地で包み、円形にして焼いたもの。参考 中国では中秋節(陰暦八月一五日)に食べる習わしがある。

【月▲鼈】ゲッベツ 二つのものの優劣や高低の差がはなはだしいこと。月とスッポン。類 雲泥ウンデイ 参考「鼈」はスッポンの意。

【月明】ゲツメイ 月の光が明るいこと。月あかり。また、明るい月光。季秋

【月齢】ゲツレイ ①月の満ち欠けの一周期を日数で表すこと。新月を起点のゼロとし、満月がほぼ一五日になる。②一歳未満の乳児の生後月数。

〈月代〉・〈月額〉 さかやき ①平安時代、成人男子が冠の当たる額ぎわの頭髪を半月形にそり落としたこと。また、その部分。つきしろ。②江戸時代、成人男子が額から頭の中央にかけて髪をそり落としたこと。また、その部分。

〔月代さかやき〕

【月】つき ①地球の衛星。自転しながら約一か月で地球を回る。②暦の上で、一年を一二に分ける単位。③月の光。「―が照らす」季秋 ④妊娠ニンシン期間。「―満ちて生まれた子」

【月と▲鼈すっぽん】二つのもののちがいが、比較にならないほどかけ離れているたとえ。月もスッポンも外形はともに丸いが、その実質はまったくちがっていることから。

【月に▲叢雲むらくも花に風】よいことには何かとさまたげが入るたとえ。また、この世の中の思うようにいかないことのたとえ。美しい月も厚い雲に隠され、きれいに咲いた花も風に吹かれて散ってしまう意から。参考「花に風」は「花に嵐あらし」ともいう。

【月満つれば△則すなわち▲虧かく】物事はすべて盛りをきわめると、必ず衰え始めるということ。栄華を誇り、おごりたかぶる者を戒める言葉。〈『史記』〉

【月影】つきかげ ①月の光。季秋 ②月の姿や形。③月の光に照らされた人や物の影。

【月▲暈】つきがさ 月のまわりに見える、円い光の輪。参考「暈」は日月や灯火のまわりにできる光の輪の意。「ゲツウン」とも読む。

【月△極め】つきぎめ ひと月単位で支払い額を定めて契約すること。「―の駐車料」

【月毛】つきげ ウマの毛色の一つ。赤みをおびた葦毛あしげのウマ。表記「鴇毛」とも書く。

【月並・〈月次〉】つきなみ ①新鮮でなく、ありふれていること。「―な意見」②毎月決まって行うこと。月ごと。参考「月次」は「ゲツジ」とも読む。

【月日に関守なし】つきひにせきもりなし 年月がまたたく間に流れ行くことのたとえ。流れ行く月日を引きとどめる関所の番人はいないことから。参考「送る月日に関守なし」ともいう。類 光陰矢の如ごとし

〈月不見月〉つきみずづき 陰暦五月の異名。季夏 由来 五月雨さみだれで、めったに月が見えないことから。

【月夜に釜を抜かれる】つきよにかまをぬかれる すっかり油断して大きな失敗をしてしまうことのたとえ。「抜く」はひそかに盗み取ること。月が出て明るい夜に大きな釜を盗まれてしまう意から。参考「月夜に釜」ともいう。

【月夜に背中▲炙る】つきよにせなかあぶる 方法がまわりくどくて効果のあがらないたとえ。また、手段のまちがっているたとえ。弱い月の光で背中をあぶっても、あたたまらない意から。

【月夜に△提△灯夏火鉢】つきよにチョウチンなつひばち 必要のないもの、役に立たないもののたとえ。明るい月の出た夜に提灯を使い、暑い夏に火鉢を使う意から。類 夏炉冬扇

【月夜の▲蟹】つきよのかに 見かけだおしで実質を伴わないことのたとえ。由来 カニは、月夜にはえさを探して食べることをしないために、月夜に獲れるカニは身が少ないといわれることから。

ゲツ【孽】(19) 子16 1 0590 257A 音 ゲツ 訓 ひこばえ・わきばら・わざわい

〔孽〕4755 4F57

意味 ①ひこばえ。切り株から出た芽。「孽芽ゲツガ」類 櫱ゲツ ②わきばら。めかけの生んだ子。めかけばら。庶子。「孽子」③わざわい。災難。わざわいする。「災孽」④悪い。つみ。

下つき 遺孽イゲツ・妖孽ヨウゲツ

【▲孽い】わざわい 天(自然)が下すわざわい。不吉な事柄。また、害悪。

ゲツ【櫱】(20) 木16 1 1576 2F6C 音 ゲツ 訓 ひこばえ

〔櫱〕6117 5D31

意味 ひこばえ。切り株から出た芽。「萌櫱ホウゲツ」

下つき 分櫱ブンゲツ・萌櫱ホウゲツ

【▲糵】ひこばえ 草木の切り株や根元から萌(も)え出る新芽。またばえ。「梅の―」季春

ゲツ【齧】(21) 歯6 1 8386/7376 音 ゲツ・ケツ 訓 かむ・かじる・かける

〔囓〕5187/5377

意味 ①かむ。かじる。くいこむ。「齧噬(ゲツゼイ)」 ②かける。類 欠

【▲齧る】かじ―る ①かたいものに歯を立てて、けずり取る。②物事の一部だけの知識や体験を得る。「中国語を少々―った」

【▲齧む】か―む 上下の歯を合わせて切れ目をつける。かみ切る。歯を立てて、物に傷をつける。「よく―んで食べる」

【▲齧歯類】ゲッシルイ 齧歯目の哺乳(ホニュウ)動物の総称。ネズミ・ウサギ・リスなど犬歯をもたず前歯(門歯)の発達したものの分類名。

ゲツ【糵】(22) 米16 1 音 ゲツ 訓 もやし・こうじ

意味 ①もやし。②こうじ。

【▲糵】こうじ 米、麦、大豆などを蒸してからこうじ菌を繁殖させたもの。酒・醤油(ショウユ)・味噌(ミソ)などの発酵に用いる。表記「糀・麹」とも書く。

【▲糵】もやし 米、麦、大豆などを水に浸し、光に当てないで発芽させたもの。食用。大麦のもやしはビール・飴(あめ)などの原料。「豆―」「―を炒め、主菜に添える」表記「萌やし」とも書く。

けづめ【△距】(12) 𧾷5 常 2187/3577 ▼キョ(三二九)

けなす【▲貶す】(11) 貝4 7642/6C4A ▼ヘン(一三八一)

けぬき【▲鑷】(26) 金18 7950/6F52 ▼ジョウ(七八〇)

けば【▲毳】(12) 毛8 6162/5D5E ▼ゼイ(八七一)

けみする【△閲する】(15) 門7 常 1760/315C ▼エツ(九四)

けむ【△煙】(13) 火9 常 1776/316C ▼エン(一〇一)

け ゲツ―ケン

けむい【煙い】(13) 火9 常 1776/316C ▼エン(一〇一)

けむり【煙】(13) 火9 常 1776/316C ▼エン(一〇一)

けむる【煙る】(13) 火9 常 1776/316C ▼エン(一〇一)

けもの【獣】(16) 犬12 常 2935/3D43 ▼ジュウ(七〇五)

けやき【▲欅】(21) 木17 6116/5D30 ▼キョ(三三〇)

けら【▲螻】(17) 虫11 7419/6A33 ▼ロウ(一六一九)

けり【▲鳧】(13) 鳥2 8274/726A ▼フ(一三三一)

ける【蹴る】(19) 𧾷12 常 2919/3D33 ▼シュウ(六九七)

けわしい【△阻しい】(8) 阝5 常 3343/414B ▼ソ(九一九)

けわしい【▲峻しい】(10) 山7 2952/3D54 ▼シュン(七一六)

けわしい【▲峭しい】(10) 山7 5425/5639 ▼ショウ(七四七)

けわしい【険しい】(11) 阝8 教 2417/3831 ▼ケン(四二六)

けわしい【▲嶮しい】(16) 山13 5453/5655 ▼ケン(四三三)

けわしい【▲巌しい】(20) 山17 2064/3460 ▼ガン(二五八)

ケン【▲欠】(4) 欠0 2371/3767 ▼ケツ(B)(四〇九)

ケン【犬】(4) 犬0 教 常 10 2404/3824 音 ケン 訓 いぬ

筆順 一ナ大犬

意味 ①いぬ。イヌ科の哺乳(ホニュウ)動物。「犬猿」「番犬」 ②つまらないもののたとえ。相手や自分をいやしめていう。「犬馬」 ③まわし者。スパイ。

下つき 愛犬(アイケン)・忠犬(チュウケン)・闘犬(トウケン)・番犬(バンケン)・名犬(メイケン)・猛犬(モウケン)・猟犬(リョウケン)・老犬(ロウケン)

【犬】いぬ ①イヌ科の哺乳(ホニュウ)動物。嗅覚(キュウカク)・聴覚が鋭敏で、またよく人になつくため、古くから狩猟用・番犬用・愛玩(アイガン)用などに飼われた。②つまらないもの、いやしいもののたとえ。「―侍」 ③手先。まわしもの。「権力の―」

『犬一代に▲狸(たぬき)一匹』めったにめぐりあわないことや、珍しいことのたとえ。猟犬は一生に一度ぐらいしかタヌキのような大きな獲物を捕らえることができないことから。

『犬、骨折って▲鷹(たか)の餌食(えジキ)』苦労して手に入れようとしたものを、他人に横から奪いさられることのたとえ。鷹狩ではイヌが苦労して追い出した獲物をタカに取られることから。

『犬も歩けば棒に当たる』①積極的に動き回ると災いに遭うことも多いというたとえ。②なんのとりえがない人でも、積極的に行動していれば思いもよらぬ幸運に出合うたとえ。参考 本来は①の意味だが、今ではおもに②の意味で用いる。

『犬も▲朋輩(ホウバイ)▲鷹(たか)も▲朋輩』たとえ地位や役職がちがっても、同じ主人に仕えるのであれば、同僚であることにちがいはないたとえ。鷹狩に使われるタカとイヌは、待遇や役割が異なっても、同じ主人に仕える仲間であることから。

【犬追物】いぬおうもの 鎌倉時代に始まった武士の技芸の一つ。騎馬の武士が放ったイヌを追って木製の矢を射たもの。

【犬▲榧】いぬがや イヌガヤ科の常緑低木。暖地に自生。葉は線形。種子からとった油を、昔は灯油として用いた。ヘボガヤ。由来「犬」は食べられないものの意で、カヤに似るが実に悪臭があり食べられないことから。表記「粗榧」とも書く。

【犬▲芥】いぬがらし アブラナ科の多年草。道端に自生。春から夏、黄色い十字花をつけ、線形の実を結ぶ。ノガラシ。

【犬死に】いぬじに 何の役にも立たないような死に方。また、無駄に死ぬこと。徒死。

【犬▲蓼】いぬたで タデ科の一年草。道端に自生。夏から秋、紫がかった赤い穂状の花を

つける。アカマンマ。由来食べられないタデの意。

【〈犬黄楊〉】いぬつげ モチノキ科の常緑低木。山地に自生。観賞用に庭木や盆栽にする。よく分枝し、小形で革質の葉が密生。由来「犬」は劣るものの意で、ツゲに似るがツゲより劣ることから。

【〈犬の陰嚢〉】いぬのふぐり ゴマノハグサ科の二年草。道端に自生。春、淡紅紫色の小花をつける。実は腎臓形。季春 由来実の形がイヌの陰嚢に似ることから。

【犬枇杷】いぬビワ クワ科の落葉低木。暖地の海岸に多く見られ、秋にイチジクに似た実が熟す。季夏 表記「天仙果」とも書く。

【〈犬子〉・〈犬児〉】えのころ イヌの子。えのこ。表記「狗」とも書く。

【犬猿の仲】ケンエンのなか 顔を合わせただけで争いを始めるような、非常に仲の悪い間柄のたとえ。イヌとサルは非常に仲が悪いとされることから。「二人は一で会えばけんかだ」参考「犬と猿」ともいう。

【犬牙相制す】ケンガあいセイす 二国の国境が入り組んでいて、互いに牽制しあっていることのたとえ。「犬牙」はイヌの歯のことで、入れちがいにかみあっていることから入り組んでいる状態のたとえ。《『史記』》参考「犬牙相錯す」ともいう。

【犬兎の争い】ケントのあらそい 無益な争い。また、無益な争いをして第三者に利益をもっていかれるたとえ。故事イヌがウサギを追い、ともに走り疲れて死んだのを農夫が拾った故事から。《『戦国策』》類鷸蚌の争い・漁夫の利

【犬馬】ケンバ イヌとウマ。イヌやウマのようにつまらない者の意。自分を謙遜していう。「一の労」

『犬馬の養い』親を養うのに、イヌやウマを飼うように、ただ食べさせるだけで敬う気持ちのないたとえ。《『論語』》

『犬馬の齢』イヌやウマのように取り立てて功績もなく、いたずらに年を取るたとえ。自分の年齢をへりくだっていう語。《『漢書』》

『犬馬の労』主人や他人のために力を尽くすことをへりくだっていう語。イヌやウマほどの働きの意。「一をいとわない」参考「汗馬の労」ともいう。

ケン 【件】 (6) 亻4 常 教 6 2379 376F 音ケン 訓外くだり・くだん

筆順 ノ イ 亻' 仁 仁 件

意味 ①くだり。ことがら。また、ことがらを数える語。「事件」「物件」②くだん。くだんの。

下つき 案件・雑件・事件・条件・物件・別件・用件・要件

【件】くだり ①文章の中の行・段落・章など記述の一部分。②前に述べた事柄。くだん。「その一は思い出すことができる」

【件】くだん 前に書いたり述べたりした文面や事柄。転じて「例の」の意。「依って一のごとし」「一の男」参考「くだり」の変化したもの。

ケン 【幵】 (6) 干3 1 5484 5674 音ケン 訓たいら

意味 そろえる。たいら。参考さお(干)をたいらにそろえた形からできた字。

ケン 【見】 (7) 見0 常 教 10 2411 382B 音ケン 外ゲン 訓みる・みえる・みせる 外まみえる・あらわれる

筆順 丨 冂 月 月 目 㒵 見

意味 ①みる。目でみる。みえる。「見聞」「外見」②みるところ。物のみかた。考え。立場。「見解」「見当」③まみえる。人に会う。「見参」「会見」④あらわれる。あらわす。「露見」「発見」⑤る。らる。…される。受け身の助字。

下つき 意見・引見・謁見・会見・外見・形見・後見・識見・私見・所見・先見・卓見・達見・拝見・発見・花見・偏見・物見・夢見・予見・了見・露見

【〈見風乾〉】あかしで カバノキ科の落葉高木。由来「見風乾」は漢名から。
▼赤四手(八七五)

【見解】ケンカイ 物事の見方や考え方。また、意見。「二人は一の相違でいがみ合う」

【見賢思斉】ケンケンシセイ 徳の高い賢人を見て、自分もそのようなりっぱな人と同じになりたいと思うこと。「斉」は等しい意。《『論語』》

【見参】ケンザン ①目下の者が目上の人に会うこと。「面会」の謙譲語。謁見。②目上の人が目下の者に会うこと。引見。参考「ゲンザン」ともいう。

【見識】ケンシキ ①豊富な知識や経験に基づくすぐれた観察眼や判断力。「高い一を備えた人物」類識見 ②気位。みえ。

【見所】ケンジョ 見物席。また、見物人。参考「ケンショ」とも読む。

【見性成仏】ケンショウジョウブツ 仏自分の本性を見きわめ、悟りの境地に達すること。特に禅宗でいう。類見性悟道

【見台】ケンダイ 書物や邦楽の譜面などをのせて読む台。書見台。

〔見台〕

【見地】ケンチ 物事を観察したり、判断を下すときの立場。よりどころ。「教育的一に立って考える」類観点

【見当】ケントウ ①予想。見込み。「さっぱり一がつかない」②大まかな方向。位置。③数

詞の下につけておおよその数を表す。「千人―の収容力がある」

【見番】ケンバン 芸者置屋への取り次ぎや料金の計算などの事務をした所。表記「検番」とも書く。

【見物】ケンブツ 名所や催しを見て楽しむこと。類物見 参考「みもの」と読めば、見るに値するものの意になる。

【見分】ケンブン 実際に立ち会って調べること。表記「検分」とも書く。

【見聞】ケンブン 見たり聞いたりすること。実際に体験して得た知識や経験。「―を広める」「東方―録」参考「ケンモン」とも読む。

【見幕】ケンマク 怒りで興奮した態度や表情。表記「剣幕・権幕」とも書く。

【見料】ケンリョウ ①手相や人相などを占ってもらうときの代金。②催し物などを見るための代金。見物料。

【見△える】まみ-える ①目下の者が目上の人に会う。お目にかかる。「会う」の謙譲語。「王に―える」②対面する。顔を合わせる。「戦場で相―える」

【見△出す】みいだ-す 見つけだす。さがしだす。発見する。「解決の糸口を―す」

【見△栄】みエ 他人に実際よりもよく見せようとうわべを飾ること。「―を張る」参考「見得」と書くのは当て字。

【見得】みエ 芝居で、役者が感情や動作の頂点に達したことを誇示するため、ことさら目立つポーズをとること。「―を切る」参考「見栄」と書くのは当て字。

【見△栄っ張り】みエっぱり 人によく思われようと、うわべをつくろい飾ること。また、その人。

【見える】み-える ①目に入る。視野にとらえる。②見ることが可能である。③…のようだ。そのように判断できる。「知らなかったと―える」④「来る」の尊敬語。おいでになる。

【見返し】みかえし ①見返すこと。②本の表紙と本文をつなぐために表紙の内側にはる紙。③洋裁で、袖や襟ぐりのあいた部分をしまつするときに用いる布。

【見方】みかた ①物事を見る手段。見よう。②考え方。見解。「偏った―」

【見▲縊る】みくび-る 相手の力を軽く見る。あなどる。見さげる。「相手が新人だからと―ってはいけない」

【見巧者】みゴウシャ 芝居などの見物のしかたが上手なこと。また、その人。

【見事】みごと ①すばらしいこと。巧みなさま。りっぱなさま。「―な出来ばえ」②完全なさま。「―に失敗した」表記「美事」とも書く。

【見頃】みごろ 見るのにもっともふさわしい時期。「紅葉が―です」

【見境】みさかい 物事に対する見分け。判別。識別。「善悪の―がつかない」

【見据える】みす-える ①目をすえてじっと見る。「敵を―えた」②冷静に見さだめる。「厳しい現実を―える」

【見透かす】みす-かす ①ものを隔てた向こう側をすかし見る。②隠れている物事を見とおす。見ぬく。「相手の心を―す」

【見▲窄らしい】みすぼ-らしい 外見が貧しげで見苦しい。貧相である。「―い家に住む」

【見世】みセ 商品をならべて客に見せ、売る所。商店。また、商売。表記「店」とも書く。

【見せ消ち】みせけち 字句の誤りを正すとき、訂正前の字句が読めるように、線や傍点などを示す消し方。

【見世物】みせもの ①入場料をとって曲芸や奇術、珍しいものなどを見せること。「―小屋」②たくさんの人に好奇や興味の対象として見られること。「―扱いされる」

【見せる】み-せる ①人の目に見えるようにする。「免許証を―せる」②ふりをする。つくろう。「元気に―せる」③診察してもらう。「医者に―せる」④補助動詞として、強い意志を示す。「きっと勝って―せる」

【見損なう】みそこ-なう ①見まちがえる。②誤った評価を下す。「今まで彼を―っていた」③見る機会をのがす。

【見初める】みそ-める ①初めて見る。②一目見て、その異性を好きになる。「美しい彼女を―める」

【見△逸れる】みそ-れる 見てもそれと気づかない。見忘れる。見まちがえる。「お―れしました」

【見繕う】みつくろ-う 品物を見て、数や内容がふさわしいように適当に選ぶ。「お中元を―う」

【見付】みつけ 城の外門で見張りの兵士が置かれた場所。「江戸城の赤坂―」

【見▲咎める】みとが-める 見てあやしいと思い、問いただす。「誰にも―められずに部屋に入った」

【見所・見△処】みどころ ①もっとも見ごたえのあるところ。山場。②見込み。将来性。「―のある若者」

【〈見▲蕩〉れる・〈見▲惚〉れる】みと-れる うっとりして見入る。見ほれる。「あまりの美しさに―れてしまった」

【見▲做す】みな-す 見て、そうだと決める。また、そのように扱う。「敵と―す」

【見習】みならい ①見て習い覚えること。②実地に業務や職務につき、仕事を覚えること。また、その人や身分。「板前の―期間中」

【見逃す】みのが-す ①見る機会を失う。見そこなう。「評判の映画を―した」②見ていて気がつかない。見落とす。「印刷物の誤植を―す」③大目にみる。見過ごす。「違反者を―す」

【見場】みば 外から見た感じ。外見。外観。みてくれ。「―がいい」

【見栄え・見映え】みばえ 外見がすぐれてりっぱなこと。見た目がよいこと。「—がする衣装」

【見果てぬ夢】みはてぬゆめ ①最後まで見ないで終わる夢。②果たそうと願い、実現しない理想や計画。「一生—を追う」

【見△晴かす・見▲霽かす】みはるかす 見はらす。遠くまで見渡す。「遠くの山を—す」

【見△紛う】みまがう 見あやまる。見まちがえる。「天女と—う美しさ」

【見目】みめ ①見たようす。見た目。②人の容貌(ヨウボウ)や器量。「—うるわしい」③体裁。面目。「—を気遣う」類②③眉目(ビモク)

【見目は果報の基】みめはカホウのもと 外見が美しいものには、自然と幸運が舞いこむということ。

【見目△好い】みめよい 顔立ちがよい。器量がよい。美貌(ビボウ)である。「本当に—い姉妹だ」

【見様見真△似】みヨウみまね 人のやるようすを見て、それをまねること。見ているうちに自然にできるようになること。「—で覚えた仕事」

【見る】みる ①目にうつる。みえる。「テレビを見る」②目でとらえる。調べる。「機械の具合を見る」「味を見る」③考える。判断する。「まだ子どもと見る」「晴れと見て出発する」④見てまわる。「奈良の寺を見る」⑤世話をする。「乳児を見る」⑥ある状況に出合う。「馬鹿(ばか)を見る」

【見渡す】みわたす 遠くまで広く見はらす。遠くまで望み見る。「壇上から聴衆を—す」「—す限りの雪景色」

ケン【券】(8) 刀 6 常 教 5 2384 3774 音 ケン 訓 外てがた・わりふ

旧字《劵》(8) 刀 6 1/準1

筆順 丶 丷 䒑 丷 𠔉 龹 券 券

意味 てがた。わりふ。約束のしるしとしてとりかわす木の札。ひいては、証書・切符・切手・印紙の類。「券契」「郵券」

下つき 株券(かぶケン)・金券(キンケン)・契券(ケイケン)・沽券(コケン)・債券(サイケン)・証券(ショウケン)・食券(ショッケン)・馬券(バケン)・郵券(ユウケン)・旅券(リョケン)

【券状】ケンジョウ 契約内容の書かれた文書。証文。手形。類券書

ケン【肩】(8) 肉 4 常 4 2410 382A 音 ケン高 訓 かた

旧字《肩》(8) 肉 4 1/準1

筆順 一 ㇐ ⺕ 戸 戸 肩 肩 肩

意味 かた。腕と体とが続く関節の上の部分。

下つき 強肩(キョウケン)・双肩(ソウケン)・比肩(ヒケン)・路肩(ロケン・ロかた)

【肩】かた ①首のつけねから腕のつけねまでの体の上部。「—で風を切って歩く」②①を使う動作や、その能力。「—がよい投手」③物の上部や上部にある角(かど)。

【肩入れ】かたいれ ひいきにして加勢すること。肩をもつこと。「親会社が—をする」

【肩書】かたがき ①名刺などで、氏名の上や右上に書かれる役職・地位・称号。②その人の社会的な身分・地位。「退職して—がなくなる」

【肩△衣】かたぎぬ ①昔、貧しい者が着た袖(そで)のない衣服。②かみしもの上の衣で、小袖の上に着たもの。室町時代以後の武士の礼服。

【肩車】かたぐるま ①相手を肩にまたがらせる形でのせ、かつぎ上げること。肩馬。「父親に—をねだる」②柔道で、低い姿勢から相手を肩にのせて投げる技。

【肩凝り】かたこり 血液の循環が滞り、肩の筋肉が固くなって痛むこと。「—をほぐす」

【肩透かし】かたすかし ①相撲のわざの一つで、押してくる相手の肩に手をかけて引き倒すもの。②勢いこんでくる相手の力をそらすこと。「—をくらう」

【肩肘張る】かたひじはる 肩やひじをことさらに高く張る。威張ったさま、気負ったさまにいう。「—った態度」参考「肩肘怒(いか)らす」ともいう。

【肩身】かたみ ①肩と胴体。②体面。面目。世間体。「—が狭い」

【肩甲骨・肩▲胛骨】ケンコウコツ 両肩の後ろにある、胴体と腕を結合する逆三角形の平たい骨。かいがらぼね。

【肩章】ケンショウ 制服などの肩につける徽章(キショウ)。しるし。階級や役職などを表す。

【肩癖】ケンペキ ①肩こり。首・肩の筋がつること。②あんま術。表記「痃癖」とも書く。

【肩摩▲轂撃】ケンマコクゲキ 人や車馬で往来が混み合うさま。「肩摩」は肩と肩がすれ合うこと。「轂撃」は車の轂(こしき)(車輪の中心の太くまるい部分)と轂とがぶつかりあう意。《戦国策》参考「轂撃肩摩」ともいう。

【肩▲輿】ケンヨ 肩でかつぐ駕籠(かご)。こし。参考「輿」は人をのせて運ぶかご、こしの意。

〈肩巾〉ひれ 古代、身分の高い女性が首から肩にたらして飾りにした細長く薄い布。表記「領巾」とも書く。

ケン【俔】(9) 亻 7 1 4855 5057 音 ケン 訓 うかがう

意味 ①うかがう。ぬすみ見る。②しのび。しのびの者。間者。

【俔う】うかがう こっそりと、のぞき見る。ぬすみ見る。

ケン【★姸】(9) 女 6 1 9490 7E7A 音 ケン・ゲン 訓 うつくしい

〔姸〕 5311 552B

意味 うつくしい。なまめかしい。「姸醜」「姸麗」

【姸しい】うつく-しい 女性の容姿・表情などがなまめかしいさま。あでやかなさま。

【姸姸】ケンケン あでやかでうつくしいさま。なまめかしく色っぽいさま。

【姸麗】ケンレイ あでやかでうつくしいこと。うつくしくてつややかなこと。

ケン【建】(9) 廴6 常 教 7 2390 377A 音 ケン・コン高 訓 たてる・たつ外 くつがえす

筆順 フ ヲ ヨ ヨ 聿 聿 律 律 建

意味 ①たてる。たつ。おこす。つくる。「建国」「建築」②意見を申したてる。「建議」「建白」③くつがえす。「建水ケンスイ」

下つき 再建サイケン・サイコン・創建ソウケン・土建ドケン・封建ホウケン

【建議】ケンギ ①上位の者に意見を申し立てること。また、その意見。類建白・建言 ②旧憲法で、議会が政府に意見を提出すること。

【建言】ケンゲン 政府、官庁などに意見を申し述べること。類建議・建白

【建国】ケンコク 新しく国を建てること。国家をおこすこと。「―記念の日」類立国

【建材】ケンザイ 建築に用いられる資材。建築の材料。「新―を用いた家屋」

【建盞】ケンサン 天目茶碗テンモクヂャワンの一つ。茶の湯に用いられ、中国福建省産が有名。

【建水】ケンスイ 水こぼし。茶道で、茶碗チャワンをすすいだ水を入れる器。

【建設】ケンセツ 新しく建物や組織などをつくること。「福祉都市の―」対破壊

【建造】ケンゾウ 建物や艦船などをつくること。「古代の―物を修復する」

【建築】ケンチク 建物などを建てること。また、その建てた物。「―家を志す」

【建仁寺垣】ケンニンジがき 割った竹の表面を外側にして並べ、シュロの縄で結んだ垣根。参考京都の建仁寺で初めてつくられたことから。

【建白】ケンパク 政府や官庁などに意見を申し述べること。また、その意見。類建議・建言 参考「白」は申す意。

【建蔽率・建坪率】ケンペイリツ 敷地面積に対して建物が占める面積の割合。建築基準法で制限などが定められている。

【建立】コンリュウ 仏寺院や仏像などをつくること。「この寺は奈良時代に―された」類造立

〈建蘭〉するがらん ラン科の多年草。中国原産。葉は厚く細長い。夏から秋、黄緑色などの芳香のある花をつける。オラン。由来「建蘭」は漢名から。表記「駿河蘭」とも書く。

【建網】たてあみ 定置網漁法で魚の流れを一定の方向に誘導するためにしかける網。

【建具】たてグ 障子やふすま・戸など開閉して室内を仕切るもの。「―店」

【建坪】たてつぼ 建築物の一階が占める土地の面積を坪数で表したもの。「―の広いゆったりした家」対地坪ジつぼ・延べ坪

【建値】たてね 「建値段」の略。生産者が卸売り業者に提示する販売時の希望価格。

【建前】たてまえ ①建物の骨組みを組み上げること。また、それを終えたときに行う式。むねあげ。②表面的な方針。「本音と―を使い分ける」

【建てる】た-てる ①建物を建造する。「記念館を―てた」②国家をおこす。組織をつくる。「独立して新しい国を―てる」

ケン【県】(9) 目4 常 教 8 2409 3829 音 ケン 訓 外あがた

旧字《縣》(16) 糸10 1/準1 6949 6551

筆順 丨 冂 日 月 目 旦 早 県 県

意味 ①都・道・府とならぶ日本の地方自治体。「県政」②あがた。上代、諸国にあった朝廷の領地。中世では地方官の任国。③中国の地方行政区画の一つ。かつては郡の下、現在は省の下。

下つき 近県キンケン・郡県グンケン・府県フケン

【県】あがた ①古代、諸国にあった朝廷の直轄地。のちに、豪族の領地の意にも用いる。②中世、地方官。また、その任国。③いなか。地方。

【県主】あがたぬし 諸国にあった朝廷の領地の監督官。県を統治する地方長官。

【県召】あがためし 「県召の除目ジモク」の略。平安時代に行われた、地方官を任命する儀式。

【県営】ケンエイ 県が経営、または設置・管理していること。「―の野球場」

【県令】ケンレイ ①県の長官。②旧制で県知事が出した命令。参考①もとは中国で用いた語。日本でも明治の初めに用いたが、のちに県知事に改めた。

ケン【研】(9) 石4 常 教 8 2406 3826 音 ケン 外ゲン 訓 とぐ中 外みがく

旧字《硏》(11) 石6 1/準1 8903 7923

筆順 一 丆 不 石 石 石一 石二 研 研

意味 ①とぐ。みがく。「研修」「研磨」②物事の道理をきわめる。「研究」「研鑽ケンサン」③すずり。「研北」「薬研ヤゲン」類硯

下つき 筆研ヒッケン・薬研ヤゲン

【研学】ケンガク 学問を深く修め、みがきをかけること。「―に励み合格した」

【研究】ケンキュウ 物事や問題をよく調べ考えて真理をつきつめること。また、その結論。「―の成果を発表する」

【研鑽】ケンサン 学問などを深くきわめること。地道に研究を続けること。「日々—を積んだ成果」

【研修】ケンシュウ ①学問や技術を修め、みがくこと。②仕事の執務能力を養成すること。「新人—で合宿した」

【研磨・研摩】ケンマ ①刀剣・宝石などをといで、つやを出すこと。みがくこと。「宝石を—する」②深く研究することで才能や人格をみがくこと。「絶えず言葉を吸収して文才を—する」

【研出し】とぎだし ①石などの表面をといで光沢を出すこと。また、その石。②「研出し蒔絵(まきえ)」の略。金粉・銀粉をまいて漆をぬり、木炭でといで下の金粉・銀粉が見えるようにしたもの。

【研ぐ】とぐ ①刃物を石や革などでみがいて鋭くする。「刃物を鋭く—ぐ」②すりみがいて、つやを出す。「宝石を—ぐ」③水の中でこすり洗う。「米を—ぐ」

【△研く】みがく ①物をこすって表面をなめらかにし、つやを出す。「革靴を—く」②学問や技能の上達につとめる。「語学力を—く」「腕を—く」

ケン【倹】(10) イ8 常 3 2380 3770 音 ケン 訓 外 つましい・つづまやか

旧字《儉》(15) イ13 1/準1 4913 512D

筆順 ノイ亻个伶伶伶伶倹倹

意味 ①つましい。つつましい。質素。「倹約」「節倹」②へりくだる。ひかえめにする。「恭倹」「勤倹」類 謙

下つき 恭倹(キョウケン)・勤倹(キンケン)・節倹(セッケン)

【倹素】ケンソ 地味でつましいこと。質素で飾りけがないこと。類 倹朴

【倹約】ケンヤク 金や物を無駄に使わないこと。きりつめて、質素にすること。「小遣いを—して本を買う」類 節約

【倹約と▲吝▲嗇(リンショク)は水仙(スイセン)と▲葱(ねぎ)】倹約とけちは、見かけはスイセンとネギのように似たところがあるが、実態はまったく異なるものである。「吝嗇」はけちの意。参考 ネギを女房詞(にょうぼうことば)で「ひともじ」というところから、「倹約と吝嗇は水仙と一文字(ひともじ)」ともいう。

【△倹やか】つづまやか 無駄をはぶいたようす。質素なさま。「—な生活ぶり」表記「約やか」とも書く。

【△倹しい】つましい 無駄をせず質素なさま。「一人—く暮らす」

ケン【★倦】(10) イ8 準1 2381 3771 音 ケン 訓 うむ・あきる・あぐむ・つかれる

〔倦〕

意味 ①うむ。あきる。「倦厭(ケンエン)」「倦怠」②つかれる。

下つき 疲倦(ヒケン)

【▲倦きる】あきる 疲れていやになる。長く続けてぐったりし、うんざりする。

【▲倦む】あぐむ 物事に行き詰まって、疲れる。いやになる。もてあます。「考え—む」「散逸した蔵書を探し—む」

【▲倦む】うむ 長く続けてあきる。なまける。退屈する。疲れる。「—まずたゆまず励む」「—まぬ努力が結実した」

【▲倦厭】ケンエン あきていやになること。「連続作業に—の感をもつ」

【▲倦惰】ケンダ 仕事にあきてなまけること。うんざりすること。類 倦怠

【▲倦怠】ケンタイ ①あきていやになること。「夫婦の—期」②疲れてけだるいこと。「連日残業で—を覚える」

【▲倦怠感】ケンタイカン 疲れてだるい感じ。あきていやになる感じ。「深夜の会議場に—がただよう」

【▲倦▲憊】ケンパイ あきて疲れること。類 倦疲(ケンピ)

ケン【兼】(10) 八8 常 4 2383 3773 音 ケン 訓 かねる 外 あわせる

旧字《兼》(10) 八8 1/準1

筆順 丶丷䒑⺕当当兼兼兼兼

意味 ①かねる。あわせる。二つ以上のものをあわせもつ。「兼業」「兼備」②かねて。あらかじめ。「兼日」

下つき 摂兼(セッケン)

【兼ねる】かねる ①二つ以上の働きや役割を一つのものやひとりの人が合わせもつ。行う。「町内会の役員も—ねる」「視察を—ねた旅行」②できない。難しい。「見分け—ねる」参考 ②「…兼ねる」という場合、「そうしたいがそうすることができない」の意。

【兼愛交利】ケンアイコウリ 区別なく広く人を愛し、互いに利益を分かち合うこと。「兼愛」は博愛の意ですべてを平等に愛すること。「交利」は「交(こもごも)利す」の意で、互いに利益を与え合うこと。参考「兼愛」は、中国、戦国時代の思想家・墨子の学説の中心をなす考え方。

【兼愛無私】ケンアイムシ 区別なく広く人を愛すること。「兼愛」は博愛の意ですべてを平等に愛すること。「無私」は私心がなく公平なこと。〈荘子(ソウジ)〉

【兼学】ケンガク 二種類以上の学問や宗派の教えを合わせて学ぶこと。

【兼業】ケンギョウ 本業以外に、別の仕事をすること。また、その仕事。「—農家」

【兼行】ケンコウ ①夜も休まず、二日の道のりを一日で行くこと。また、そのように急いで仕事をすること。「昼夜—で作業を進める」②同時に二つ以上のことをすること。

【兼職】ケンショク 本職以外に、別の職にもつくこと。また、その兼ねている職。類兼任・兼務・兼帯 対本職

【兼摂】ケンセツ 他の職務を兼ねつかさどること。「一大臣となった」

【兼帯】ケンタイ ①一つのものが二つ以上の役に立つこと。「朝昼一の食事をした」類兼用 ②「兼職」に同じ。

【兼任】ケンニン 「兼務」に同じ。「選手とコーチを一する」類兼職 対専任

【兼備】ケンビ 二つ以上のものを合わせもつこと。兼ねそなえること。「才色一」類兼有

【兼併】ケンペイ 二つ以上のものを合わせて、一つにすること。また、他人のものを奪い取ること。「土地を一する」

【兼務】ケンム 二つ以上の職務を兼ねること。「研究員と講師を一する」類兼任 対本務

【兼有】ケンユウ 二つ以上のものを合わせもつこと。類兼備

【兼用】ケンヨウ 一つのものを二つ以上の目的に役立たせること。また、他者と共用すること。「男女一のパジャマ」対専用

ケン【剣】(10) 刂8 常 4 2385 3775 音ケン 訓つるぎ

旧字《劍》(15) 刂13 1/準1 4988 5178

筆順 ノ 𠆢 亼 今 合 合 争 争 剣 剣

意味 ①つるぎ。また、刀を使う術。「剣士」「剣道」「剣の達人」 ②つるぎのように先のとがったもの。「剣山」 参考 もともとは、「剣」は両刃の刀を指す。

下つき 懐剣カイケン・銃剣ジュウケン・真剣シンケン・短剣タンケン・刀剣トウケン・宝剣ホウケン・木剣ボッケン

【剣客】ケンカク 剣さばきの巧みな人。剣術の達人。剣術つかい。剣士。類剣豪 参考「ケンキャク」とも読む。

【剣が峰】ケンがみね ①噴火口の周囲。②相撲で、土俵のたわらのところ。③物事の成否が決する境目。せとぎわ。「会社存亡の一に立たされる」

【剣戟】ケンゲキ ①つるぎとほこ。転じて、武器。②刀を用いての斬り合い。

【剣劇】ケンゲキ 斬り合いを見せ場とする演劇や映画。ちゃんばら劇。

【剣豪】ケンゴウ 剣術の達人。強い剣士。「一で名高い宮本武蔵」類剣客ケンカク・ケンキャク

【剣山】ケンザン 鉛などの台に櫛状に太い針を植えつけたもの。生け花で、花を挿すのに用いる。

【剣術】ケンジュツ 刀剣を用いた戦い方。剣を用いる武術。類剣法

【剣玉】けんだま 木製の玩具。一端はとがり、それ以外の端は皿形にくぼんだ十字形の柄になっており、ひもで球をつないだもの。柄に球をさしたりのせたりして遊ぶ。表記「拳玉」とも書く。

【剣突】ケンつく ひどく叱りつけること。あらあらしい小言。「一を食わせる」

【剣道】ケンドウ 防具をつけ、竹刀を用いて競技性を高めた剣術。

【剣難】ケンナン 刃物で殺されたり傷つけられる災難。「一の相があらわれている」

【剣呑】ケンのん あぶなっかしいこと。危険なさま。「一な話に用心する」表記「険呑」とも書く。参考「険難」が変化したものという。

〈剣橋〉ケンブリッジ イギリス、ロンドンから北へ約八〇キロメートルほどの所にある学園都市。ケンブリッジ大学がある。

【剣法】ケンポウ 「剣術」に同じ。

【剣幕】ケンマク 怒りや興奮でゆがんだ、ものすごい顔やはげしい態度。「父に恐ろしい一で叱られた」表記「見幕・権幕」とも書く。

【剣】つるぎ ①両刃の剣。②太刀。刀剣。

ケン【娟】(10) 女7 1 5315 552F 音ケン・エン 訓うつくしい・しなやか

意味 うつくしい。あでやか。しなやか。「娟雅」「娟娟」類妍

下つき 嬋娟センケン・センエン・便娟ベンケン・ベンエン

ケン【拳】(10) 手6 常 2 2393 377D 音ケン 外ゲン 訓こぶし

旧字《拳》(10) 手6 1/準1

筆順 丶 丷 䒑 兰 关 关 类 券 巻 拳

意味 ①こぶし。また、こぶしを使った武術。「拳闘」「鉄拳」 ②うやうやしいさま。「拳拳」 ③手や指をさまざまな形にして勝負を争う遊戯。きつねけん、じゃんけんなど。

下つき 空拳クウケン・鉄拳テッケン

【拳拳】ケンケン ①両手でささげ持つさま。②うやうやしいさま。つつしむさま。

【拳拳服膺】ケンケンフクヨウ 人の教えや言葉などを常に心に銘記して、決して忘れないこと。「服膺」は胸につける意で、心にきざんで忘れないこと。〈『中庸』〉

【拳固】ゲンコ 固くにぎった手。にぎりこぶし。げんこつ。「一でなぐる」

【拳骨】ゲンコツ にぎりこぶし。げんこ。「思わず一を振り上げる」類鉄拳

【拳銃】ケンジュウ 片手であつかえる、小型の銃。ピストル。類短銃

【拳玉】けんだま 木製の玩具。表記「剣玉」とも書く。

【拳闘】ケントウ 両手にグローブをはめ、ロープをめぐらせたリングで相手と打ち合い、勝敗を決める競技。ボクシング。

【拳匪】ケンピ 「義和団」の別称。一九世紀末、中国の山東省で組織された結社。外国

人の居留地をおそい、北京(ペキン)にあった各国公使館を包囲した。参考「団匪」ともいう。

【拳法】ケンボウ　中国の武術で、こぶしや足などを使って格闘するもの。

【△拳万】ゲンマン　約束を守るしるしに、小指をからませること。指切り。由来「拳固(ゲンコ)万回」の略からという。

【拳】こぶし　にぎりしめた手。げんこつ。「―を固める」対平手

〈拳▲螺〉さざえ　リュウテンサザエ科の巻貝。栄螺(さざえ)(八六)▼

ケン【枅】(10) 木6　1　音ケン・ケイ　訓とがた・ますがた

〈枅〉5939 5B47

意味 とがた(斗形)。ますがた。柱の上で棟木を受ける角材。

ケン【涓】(10) 氵7　1　6218 5E32　音ケン　訓しずく・わずか

意味 ①水のしずく。「涓滴」②小さい流れ。「涓流」③わずか。すこし。「涓毫(ケンゴウ)」④はらい清める。

【▲涓▲涓】ケンケン　ちょろちょろとわずかに水が流れるようす。小川などにいう。

【▲涓滴】ケンテキ　しずく。水のしたたり。転じて、小さなもの。わずかなもの。「重露―と成る」「―岩を穿(うが)つ(小さなことでも続ければ大事を成すたとえ)」

ケン【狷】(10) 犭7　1　6438 6046　音ケン　訓かたいじ

意味 心がせまい。気がみじかい。かたいじ。「狷介」「狷狭」

【▲狷介】ケンカイ　かたくなに自分の考えを守り、人と妥協(ダキョウ)しないさま。

【▲狷介孤高】ケンカイココウ　自分の意志をかたくなに守り、他人と和合しないさま。「孤高」は孤独で世間に超然としたさま。類頑迷固陋・風岸孤峭(フウガンコショウ)

【▲狷介固▲陋】ケンカイコロウ　自分の意志をかたくなに守り、世俗を受け入れないさま。また、自我を通して頑固なさま。「固陋」は視野が狭く、かたくななこと。類狷介孤高・頑迷固陋

【▲狷狭】ケンキョウ　気がみじかく、心が狭いこと。

ケン【痃】(10) 疒5　1　6550 6152　音ケン・ゲン

意味 ①筋肉のひきつる病気。「痃癖(ケンペキ)」②性病の一種「横痃(オウゲン・よこね)」に用いられる字。

【▲痃癖】ケンペキ　首から肩にかけての筋が引きつること。肩凝り。「―で腕が上がらない」表記「肩癖」とも書く。

ケン【★虔】(10) 虍4　1　7342 694A　音ケン　訓つつしむ・ころす・うばう

意味 ①つつしむ。つつしみ深い。うやうやしい。②ころす。③うばう。強奪する。

下つき 恭虔(キョウケン)・敬虔(ケイケン)

【虔む】つつしむ　緊張してつつしみ深くする。心をひきしめてかしこまる。

ケン【軒】(10) 車3 常　4　2414 382E　音ケン　訓のき 外くるま・てすり・とぶ・たかい

筆順 一 厂 戸 百 亘 車 車 軒 軒

意味 ①のき。ひさし。「軒灯」②家を数える語。また、雅号や屋号に添える語。③くるま。轅(ながえ)の高くそりあがった車。また、車の総称。「軒駕(ケンガ)」④てすり。「軒檻(ケンカン)」⑤あがる。とぶ。たかい。高くあがる。「軒軒」「軒昂(ケンコウ)」

下つき 高軒(コウケン)・飛軒(ヒケン)

【軒▲昂】ケンコウ　気力が大いに高まっているようす。ふるいたっているさま。「意気―な老人」

【軒▲輊】ケンチ　上がり下がり。軽重。高低。優劣。「ものの―を論ずる」参考 昔の中国の車で、「軒」は前部が軽く上にあがり、「輊」は重く下にさがっていたことから。

【軒】のき　建物の屋根の下端で、壁よりも外に張り出している部分。「―の風鈴がたえなる音を奏でる」

【軒忍】のきしのぶ　ウラボシ科のシダ植物。低山の樹皮や岩石に自生。葉は細長く深緑色で、裏に胞子嚢(ホウシノウ)が並ぶ。シノブグサ。ヤツメラン。季秋

【軒端】のきば　軒のはし。また、軒のあたり。「寒波で―に氷柱ができる」「七夕の笹(ささ)が―に揺れる」

ケン【△乾】(11) 乙10 常　2005 3425　▼カン(二三一)

ケン【健】(11) 亻9 常 教　7　2382 3772　音ケン　訓すこやか 中 外けし・したたか

筆順 亻 亻 亻ヨ 亻ヨ 亻ヨ 亻聿 律 律 健 健

意味 ①すこやか。体がじょうぶである。「健康」「健全」②つよい。力が強い。「剛健」「壮健」③したたか。程度がはなはだしい。「健啖(ケンタン)」「健忘」

下つき 穏健(オンケン)・頑健(ガンケン)・強健(キョウケン)・剛健(ゴウケン)・豪健(ゴウケン)・壮健(ソウケン)・保健(ホケン)・勇健(ユウケン)

〈健駄羅〉ガンダーラ　古代インドの地名。現在のパキスタン北東部ペシャワール付近。二、三世紀ころギリシャ文化の影響を受けた仏教芸術が栄えた。表記「乾陀羅」とも書く。

【△健気】けなげ　かいがいしく努力するさま。殊勝なさま。特に、年少者や弱者にいう。

【健脚】ケンキャク　足が丈夫で達者に歩くさま。「―ぶりを発揮した」

【健康】ケンコウ ①体の調子。「―状態をしらべる」②心身がすこやかなこと。「―が自慢です」類丈夫

【健在】ケンザイ ①元気に暮らしていること。「祖父は―です」②不都合なく機能・役割を果たしていること。「司令部は―です」

【健児】ケンジ 元気盛んな若者。参考「こんでい」と読めば別の意になる。

【健勝】ケンショウ 健康なこと。達者であること。「御―のことと存じます」参考多く、手紙の挨拶(アイサツ)に用いる。

【健常】ケンジョウ 心身に障害が何もないこと。「―者」

【健全】ケンゼン ①心身がすこやかなさま。「―な魂」類健康 ②物事が適切な状態で活動・運営されているさま。「―な経営」

〖健全なる精神は健全なる身体に宿る〗 精神と体とは分けることのできない一つのものであり、体が健康であれば、精神もそれに伴って健全であるということ。由来ギリシャの詩人ユベナリスの『風刺詩』から出た言葉で、今日では肉体的な健康だけでなく、精神的な健康も大切であるという意にも用いる。

【健▲啖】ケンタン たくさん食べるさま。大食。「―家」参考「啖」は口に入れて食べる意。

【健闘】ケントウ 一生懸命にたたかうこと。「―むなしく敗北する」「敵の―をたたえたい」

【健筆】ケンピツ ①文字をたくみに書くこと。類達筆・能筆 ②詩や文章を達者に書くこと。「―をふるう」

【健保】ケンポ 「健康保険」の略。社会保険の一つで、保険料を納めている被保険者と家族が病気やけがをしたときに医療費を補うもの。

【健忘】ケンボウ よくものを忘れること。忘れっぽいこと。「―症」

〈健児〉こんでい ①奈良から平安時代にかけて、国府・関所などを警備した兵士。こんに。②武家時代の中間(チュウゲン)・足軽の呼称。「健児童(わらわ)」の略。参考「ケンジ」と読めば別の意になる。

【健やか】すこ―やか 体が丈夫なさま。また、心身が健康なさま。すくやか。「子どもの―な成長を願う」「―な心」

【△健し】たけ―し のびのびと元気で力強い。おおしくしっかりしているさま。

ケン【▲圏】(11) 口8 5201 5421 ▼圏の旧字(四二六)

ケン【惓】(11) 忄8 1 5611 582B 音 ケン 訓 うむ

意味 ①つつしむ。ていねいなさま。「惓惓」②ねんごろなさま。③うむ。つかれる。

ケン【★捲】(11) 扌8 準1 2394 377E 音 ケン 訓 まく・まくる・めくる

〔捲〕

意味 ①まく。めくる。まきあげる。「席捲」類巻 ②こぶし。にぎりこぶし。「捲握」類拳(ケン) ③いさむ。いきごむ。「捲勇」

下つき 席捲(セッケン)

【▲捲土重来】ケンドチョウライ 一度敗れたり失敗したりした者が、再び勢いを盛り返して巻き返しをすること。「捲土」は砂ぼこりを巻き上げる、「重来」は再び来る意。戦に敗れた者が砂ぼこりを巻き上げるような勢いで再び攻めて来る意から。〈杜牧(トボク)の詩〉表記「捲土」は「巻土」とも書く。参考「重来」は「ジュウライ」とも読む。対一蹶不振(イッケツフシン)

【▲捲く】ま―く ①長いものの一端を中心にして小さく丸める。②からみつける。③ぐるぐるとまわす。また、まわる。④うずまき状に丸くする。表記「巻く」とも書く。

【▲捲る】まく―る ①巻いて上にあげる。「袖(そで)を―る」②めくる。③さかんな勢いで行う。「本を読み―る」

【▲捲る】めく―る おおっているものをはがしたり、ひっくりかえしたりして下のものをあらわにする。「トランプを―り運勢を占った」

ケン【★牽】(11) 牛7 準1 2403 3823 音 ケン 訓 ひく・つらなる

意味 ①ひく。ひっぱる。ひきつける。綱をつけてひく。「牽引」「牽制」②つらなる。つづく。「牽連」

下つき 拘牽(コウケン)

〈▲牽牛花〉あさがお ヒルガオ科のつる性一年草。由来「牽牛花」は漢名より。大切な牛を牽(ひ)いて行き薬草のアサガオと交換したという故事から。▼朝顔(あさがお)(一〇六一)

【▲牽引】ケンイン 物を引っぱること。引き寄せること。引き合うこと。「―車」

【▲牽牛星】ケンギュウセイ 鷲座(わしざ)のアルタイルの漢名。七夕伝説の男星。彦星(ひこぼし)。季秋

【▲牽強付会】ケンキョウフカイ 道理に合わないことでも、自分に都合がよいように理屈をこじつけること。「牽強」は無理にこじつけること。「付会」は、ばらばらなものをつなぎ合わせることから、こじつける意。表記「牽強附会・牽強傅会」とも書く。類漱石枕流(ソウセキチンリュウ)

【▲牽△牛子】ケンゴシ アサガオの別称。また、アサガオの種子を乾燥させたもの。漢方で粉末を緩下剤などにする。

【▲牽制】ケンセイ ①こちらに注意を引きつけて、相手の行動を制限すること。②野球用語で、盗塁を阻止するために投手などが野手に送球すること。

【▲牽連】ケンレン 関連があること。関係が引き続くこと。「―事件」

【▲牽▲攣▲乖隔】ケンレンカイカク 互いに心は引かれ合いながら、遠くへだたっていること。「牽攣」は互いに引かれ合うこと。「乖隔」は遠くへだたる意。「―の逆境にもめげず結ばれる」

【牽く】ひ-く 先頭に立って引っぱる。また、引き寄せる。「荷車を—く」

ケン【眷】(11) 目6 1 6639 6247 音 ケン 訓 かえりみる・めぐみ・なさけ・みうち

意味 ①かえりみる。振り返って見る。「眷想」②こいしたう。「眷恋」③めぐみ。なさけ。「恩眷」④みうち。なかま。「眷族」

下つき 恩眷オンケン・寵眷チョウケン

【眷みる】かえり-みる ①振り返って見る。②気づかう。心配する。また、目をかけ引き立てる。

【眷眷】ケンケン ①気にかけて回想するさま。②思いをよせるさま。恋いしたうさま。

【眷顧】ケンコ ①振り返って見ること。②目をかけること。引き立てること。ひいきにすること。類愛顧

【眷属・眷族】ケンゾク ①血のつながりがある者。身内。一族。親族。②目をかけている者。家来。手下。「夜叉ヤシャ王が—をしたがえてやってくる」

【眷恋】ケンレン 思いしたうこと。恋いこがれること。

ケン【研】(11) 石6 8903 7923 ▼研の旧字(四二一)

ケン【険】(11) 阝8 常 教 6 2417 3831 音 ケン 訓 けわしい

旧字《險》(16) 阝13 1/準1 8010 702A

筆順 ⁊ ß 阝 阝ノ 阝𠆢 阝亼 阝合 阝合[8] 険 険

意味 ①けわしい。山などが高く切り立っているさま。「険路」「天険」②あやうい。あぶない。「危険」「冒険」③とげとげしい。はらぐろい。よこしま。「険相」「陰険」

書きかえ ①「嶮ケン」の書きかえ字として用いられるものがある。

下つき 陰険イン・危険キ・邪険ジャ・峻険シュン・天険テン・冒険ボウ・保険ホ

【険しい】けわ-しい ①山が高く切りたっているさま。転じて、ひとかたならぬ苦労や困難があるさま。「—い山道」「前途は非常に—い」②とげとげしく、きびしい。「—い顔つき」表記①「嶮しい」とも書く。

【険隘】ケンアイ 土地がけわしく狭いこと。また、その場所。表記「嶮隘」とも書く。

【険悪】ケンアク ①物事の情勢がけわしく、先行きがあぶないこと。「空模様が—だ」「会議室に—なムードが流れる」②顔つきや態度がとげとげしいこと。「—な表情」

【険峻】ケンシュン 山などが高くてけわしいこと。表記「嶮峻」とも書く。

【険阻】ケンソ 道などがけわしいさま。また、その場所。「—な山道を登る」書きかえ「嶮岨」の書きかえ字。

【険相】ケンソウ 人相や顔つきがとげとげしく恐ろしいこと。また、そのようなさま。

【険難】ケンナン 地形がけわしく、進むのが困難なこと。転じて、つらく困難なさま。「—な人生を過ごす」表記「嶮難」とも書く。参考「ケンノン」と読めば別の意になる。

【険難・険呑】ケンノン 不安なこと。あやういさま。「彼にまかせるのは—だ」表記「剣呑」とも書く。参考「険難」は「ケンナン」と読めば別の意になる。

【険要】ケンヨウ 地勢がけわしくて、敵から攻められにくく守りやすいさま。また、そういう土地。類要害

【険路】ケンロ けわしい道。類難路 表記「嶮路」とも書く。

ケン【★喧】(12) 口9 準1 2386 3776 音 ケン 訓 かまびすしい・やかましい

意味 かまびすしい。さわがしい。やかましい。「喧嘩ケンカ」「喧騒」類諠ケン

下つき 囂喧ゴウ・塵喧ジン・紛喧フン

【喧しい】かまびす-しい やかましい。がやがやと騒がしいさま。「—い蟬みせの声が全山をおおう」表記「諠しい」とも書く。

【喧嘩】ケンカ 言い争ったり、なぐり合ったりすること。「—を売る」表記「諠譁」とも書く。

【喧喧囂囂】ケンケンゴウゴウ 多くの人がやかましく騒ぎたてるさま。参考「喧喧」「囂囂」とも、騒がしいさま。

【喧囂】ケンゴウ やかましいこと。参考「喧」「囂」とも、やかましい意。

【喧擾】ケンジョウ 騒がしく乱れること。やかましく乱すこと。参考「擾」は、みだれる意。

【喧然】ケンゼン やかましく騒ぐさま。また、うるさくののしり合うさま。類喧騒

【喧騒・喧噪】ケンソウ やかましいさま。騒がしいさま。「巷ちまたの—が聞こえる」類喧然

【喧伝】ケンデン やかましく世間に言いふらすこと。

【喧しい】やかま-しい ①不快に感じるほど音が大きい。騒がしい。②面倒でわずらわしい。決まり事などがきびしい。「人づき合いに—い土地柄」③好みがむずかしい。「食べ物に—い人」④世間で話題になっている。

ケン【圏】(12) 口9 常 4 2387 3777 音 ケン 訓 外かこい

旧字《圈》(11) 口8 1/準1 5201 5421

筆順 丨 冂 冂' 冂丷 冂䒑[4] 冂龹 冂关[6] 冂巻 圏 圏

意味 ①かこい。家畜を飼う小屋。②かぎられた区

域。範囲。「圏内」「大気圏」「暴風雨圏」③まる。まるじるし。「圏点」

下つき 安全圏(アンゼンケン)・首都圏(シュトケン)・成層圏(セイソウケン)・大気圏(タイキケン)・通勤圏(ツウキンケン)・文化圏(ブンカケン)

【圏外】ケンガイ ある事柄の及ぶ範囲の外。「合格―の成績」対圏内

【圏谷】ケンコク 氷河が山腹を浸食してできた、U字形または半球形のくぼ地。国内では日本アルプスなどに見られる。

【圏点】ケンテン 文章中の注意すべき箇所を示すために、文字の右わきにつける小さいしるし。類傍点

【圏内】ケンナイ ある事柄の及ぶ区域のなか。範囲内。「優勝―にいる」「宇宙船が大気―に突入した」対圏外

ケン【堅】

(12) 土 9 常 4 2388 3778 訓 音 ケン かたい

筆順 丨 厂 厂 戸 戸 臣 7 臤 9 臤 臤 堅

意味 かたい。しっかりしている。かたく。たしかに。「堅固」「堅実」

下つき 強堅(キョウケン)・中堅(チュウケン)・牢堅(ロウケン)

〈堅▲磐〉かきわ ①かたい岩。②永久に変わらないことを祝う言葉。「常磐(ときわ)―に栄えることを祈る」

【堅い】かたい ①中身がつまっていて、しっかりしている。「―い材木」②簡単にはくずれない。確かなさま。「―い決意」

『堅い木は折れる』日ごろ頑健な人が、急に大病にかかって倒れたり何かの拍子に急に気力をなくしたりして、意外にもろい一面を見せること。対柳に雪折れ無し

【堅気】かたぎ ①まじめで、うわついたところのないさま。そのような人柄。②地道でまじめな仕事をしていること。また、そのような人。「―の生活に戻る」

【堅苦しい】かたくるしい うちとけず、窮屈であるさま。「―い挨拶(アイサツ)は抜きにしよう」「形式的で―い話」

【堅人】かたジン 「堅物(かたブツ)」に同じ。

【堅蔵・堅造】かたゾウ 「堅物(かたブツ)」に同じ。参考 人名になぞらえた造語。

【堅物】かたブツ まじめで律儀な人。融通のきかない人。堅人。「あの人は―で困る」

【堅太り】かたぶとり 脂肪があまりなく、ひきしまった太り方。

〈堅魚〉かつお サバ科の海魚。▼鰹(かつお)(四三七)

〈堅魚〉木 かつおぎ 神社や宮殿などの棟木の上に直角に並べた装飾の木。由来 形が円柱形で鰹節(かつおぶし)に似ることから。表記「鰹木」とも書く。

〈堅塩〉きたし 精製していない固形の塩。参考「かたしお」とも読む。

【堅果】ケンカ 果皮がかたく、種子と離れやすい果実。カシやクリの実など。

【堅固】ケンゴ ①建物や守りがしっかりしていること。「―な城に拠(よ)る」類堅牢(ケンロウ) ②意志がかたく、簡単には動かないこと。「意志―な人」③体が丈夫なこと。対①～③脆弱(ゼイジャク)

【堅甲利兵】ケンコウリヘイ 強力な軍勢。堅固なよろいと鋭利な兵器の意から。「甲」はよろい、「利」は鋭いこと。「兵」は武器の意。《孟子(モウシ)》類堅甲利刃(ケンコウリジン)

【堅持】ケンジ 意志や立場をかたく守って譲らないこと。「自らの考えを―する」

【堅実】ケンジツ てがたいこと。確実であぶなげないさま。「―な経営を受け継ぐ」「―な生活設計」類着実

【堅陣】ケンジン 守りがかたくて破りにくい陣地。「―を攻めあぐねる」

【堅調】ケンチョウ 相場が上昇ぎみのこと。類硬調 対軟調

【堅忍果決】ケンニンカケツ 我慢強く堪え忍び、いったん決めると思い切って行うこと。「堅忍」は意志が強くかたく堪え忍ぶこと。「果決」は断行する意。

【堅忍質直】ケンニンシッチョク 我慢強く堪え忍び、飾り気がなく、まっすぐな気性をしていること。「質直」は飾り気がなく正直なこと。《史記》

【堅忍不抜】ケンニンフバツ かたい意志をもち、どんな困難にもじっと耐えて心を動かさないこと。「不抜」は、かたくて抜けない意。〈蘇軾(ソショク)の文〉「―の精神で臨む」類志操堅固

【堅白同異の弁】ケンパクドウイのベン こじつけや詭弁(キベン)のたとえ。故事 中国、戦国時代、趙(チョウ)の公孫竜が「かたくて白い石を目で見ると、色が白いことはわかるがかたさはわからない。手でさわると、かたさはわかるが色はわからない。だから、かたい石と白い石とは同時には成立しない」という論法で、物事の同異を説いた故事から。《公孫竜子》類白馬非馬

【堅塁】ケンルイ 守りのかたいとりで。参考「塁」は土などを積んだ防壁の意。

【堅▲牢】ケンロウ かたくて頑丈なこと。「―な仕上げの家具」類堅固 参考「堅」「牢」ともにかたい意。

『堅▲牢堅固』ケンロウケンゴ かたくて丈夫なこと。丈夫で簡単に動いたり破られたりしないこと。類堅固不抜(ケンゴフバツ)

ケン【愃】

(12) 忄 9 1 5626 583A 訓 音 ケン・セン ゆたか

意味 心が広い。こころよい。ゆたか。

ケン【検】

(12) 木 8 教 常 6 2401 3821 訓 音 ケン 外しらべる・あらためる

旧字《檢》(17) 木13 1/準1 6093 5C7D

筆順 一 十 木 朩 朩 朴 枱 枱 検 検 検

意味 ①しらべる。あらためる。「検挙」「検閲」「検査」 ②とりしまる。ただす。「検束」 ③「検察庁」「検定試験」などの略。

下つき 考検(コウケン)・実検(ジッケン)・巡検(ジュンケン)・送検(ソウケン)・探検(タンケン)・点検(テンケン)・臨検(リンケン)

【△検める】あらた-める 調べて、まちがいがないか確かめる。点検する。「本物かどうかを—める」

【△検非違使】ケビイシ 平安時代、都の治安・検察・裁判などを担当した役人。令外(リョウゲ)の官の一つ。参考「ケンビイシ」とも読む。

【△検見】ケみ 昔、米の収穫前、役人が年貢率を決めるために実り具合を調べたこと。季秋 表記「毛見」とも書く。参考「ケンみ」とも読む。

【検印】ケンイン ①検査ずみであることを表するし。②書籍の発行部数を著者が確認したことを示すために、奥付(おくづけ)に押される印。

【検疫】ケンエキ 感染症の予防のため、他の地域から来た人や動植物を検査したり、診断・消毒などをすること。「入国者の—を行う」

【検閲】ケンエツ ①規程に沿っているかどうか内容を調べること。②国が、取り締まりを目的に、新聞雑誌・出版物・映画・郵便などの内容を強制的に調べること。現憲法では禁止されている。

【検眼】ケンガン 視力を検査すること。「—をして視力の低下を防ぐ」

【検挙】ケンキョ 犯罪事実を調べるために、容疑者を警察署に連行すること。「容疑者を一斉に—する」

【△検校】ケンギョウ ①昔、盲人に与えられた最上級の官名。琵琶(ビワ)・管弦や按摩(アンマ)・鍼(はり)などを業とした盲官(モウカン)の長。②寺社の事務や僧尼を監督すること。また、その役職名。参考「ケンコウ」と読めば、調べ考える、取り調べる意になる。

【検査】ケンサ 一定の基準にしたがって適・不適や異状の有無を調べたり、等級をつけたりすること。「身体—」「電車を—する」類点検

【検索】ケンサク 必要な事柄を印刷物やパソコンなどで探し出すこと。「図書館で文献を—する」「インターネットで必要な情報を—する」

【検札】ケンサツ 電車などの車中で係員が乗客の切符を調べること。

【検察】ケンサツ ①誤りや不正を取り調べること。②犯罪を捜査し、証拠を集めて犯罪事実を明らかにし、公訴すること。

【検算】ケンザン 計算の結果を、やり直して確かめること。また、その計算。表記「験算」とも書く。

【検▲屍・検死】ケンシ 変死者の死体を取り調べること。検視。

【検視】ケンシ ①事実を詳しく調べること。②「検屍(ケンシ)」に同じ。

【検事】ケンジ ①検察官の階級の一つ。検察の事務を行う行政官。②検察官の旧称。

【検収】ケンシュウ 送り届けられた品物を調べたうえで、受け取ること。

【検出】ケンシュツ 検査して見つけ出すこと。調べて中から見つけること。「薬物を—する」「事件現場での指紋の—」

【検証】ケンショウ ①物事を実際に調べ、証明すること。「仮説の正否を—する」②裁判官が直接に現場に臨んで、証拠資料を調査すること。「殺人事件の現場—」

【検針】ケンシン 電気・ガス・水道などの使用量を示すメーターの針を調べること。

【検診】ケンシン 健康状態を調べるために診察すること。「年に一回の定期—」

【検束】ケンソク ①取り締まりを行い、自由な行動を抑制すること。②警察官などが、社会の秩序を乱すおそれがあると判断した者の自由を束縛し、警察署に連行してとめ置くこと。一九四八(昭和二三)年に廃止された行政執行法。

【検▲痰】ケンタン たんの検査。結核菌など病原菌の有無を調べる。

【検地】ケンチ 近世、田畑の境界・面積・等級・耕作者などを測量・調査したこと。「豊臣秀吉(とよとみひでよし)が行った太閤(タイコウ)—」

【検知】ケンチ 機器などを使って検査をし、故障などを知ること。「—器」

【検定】ケンテイ 一定の基準を設けて検査し、合否・等級・資格などを定めること。「漢字能力—」「—教科書」

【検討】ケントウ 物事を多方面から調べて、内容を判断すること。「問題を—する」

【検尿】ケンニョウ 尿を検査して、健康状態を診断すること。

【検番】ケンバン ①見張り番。②遊里などで、芸者置屋の取り締まりや、芸者の出先の斡旋(アッセン)を行う事務所。表記「見番」とも書く。

【検分】ケンブン 実際にその現場に立ち会って調べ、見とどけること。「実地—を行う」表記「見分」とも書く。

【検便】ケンベン 大便を検査すること。寄生虫卵・病原菌・出血などを調べて、腸の健康状態を診断する。

【検問】ケンモン 交通違反の取り締まりや犯罪捜査などのために通行者を止め、取り調べること。また、その場所。

【△検べる】しら-べる 取りしらべる。しらべあらためる。参考本来、多くの証言を集めて詳しくしらべること。

ケン ★【硯】 (12) 石7 準1 2407 3827 音 ケン・ゲン 訓 すずり

意味 すずり。墨をする道具。「硯池」「硯北」

下つき 朱硯(シュケン)・筆硯(ヒッケン)

【▲硯池】ケンチ すずりの水を溜(た)めるくぼんだ部分。類硯海

【▲硯滴】ケンテキ ①すずりに注ぐ水のしずく。②すずり用の水差し。

【硯田】ケンデン 文筆を生活の糧(かて)にすること。すずりを田にたとえた語。「—を耕す」

【硯北】ケンポク 手紙のあて名の脇(わき)に添えて敬意を表す語。「おそば」の意。類 机下・座下 由来 南向きに机に座ると、人は机上のすずりの北に位置することから。表記「研北」とも書く。

【硯】すずり 墨をするための道具。特に、中国広東省端渓(タンケイ)産のものが良質とされる。

【硯洗い】すずりあらい 七夕の前夜、子どもがすずりを洗って手習いの上達などを祈る行事。季 秋

【硯箱】すずりばこ 筆やすずりなど、書道の道具をまとめて入れる箱。

ケン【絢】(12) 糸6 準1 1628 303C 音 ケン 訓 あや

意味 あや。織物の美しい模様。「絢爛(ケンラン)」

【絢】あや 織物の美しい模様。また、模様や色合いの美しいこと。

【絢飾】ケンショク きらびやかに飾ること。美しく飾ること。

【絢爛】ケンラン ①華やかで輝くように美しいさま。「豪華—な衣装」②詩や文章の修辞が華やかで美しいさま。

ケン【萱】★ (12) 艹9 準1 1994 337E 音 ケン・カン 訓 わすれぐさ・かや

意味 ①わすれぐさ。ユリ科の多年草。「萱草」②かや。ススキ・スゲなど屋根をふくイネ科・カヤツリグサ科の植物の総称。「刈萱(かるかや)」

下つき 刈萱(かるかや)・茅萱(ちがや)・椿萱(チンケン)

【萱】かや イネ科・カヤツリグサ科の植物の総称。チガヤ、ススキ、スゲなど。屋根をふくのに用いる。表記「茅」とも書く。

【萱門】かやモン 庭園などの入り口に設けるかや葺(ぶ)きの門。表記「茅門」とも書く。

【萱草】カンゾウ ユリ科の多年草の総称。カンゾウ・ヤブカンゾウ・ニッコウキスゲなど。川原や野原に自生。葉は細長く剣形。夏、ユリに似たオレンジ色の花をつける。季 夏 参考「ケンゾウ・わすれぐさ」とも読む。

【萱堂】ケンドウ 母親の部屋。転じて母親。類 北堂 由来「萱」は中国ではワスレグサのことで、憂いを忘れるようにと母親の部屋に面してこの草を植えたことから。

ケン【間】(12) 門4 教 2054 3456 ▼カン(二三八)

ケン【嫌】(13) 女10 常 準2 2389 3779 音 ケン・ゲン 訓 きらう・いや 外 うたがう

旧字《嫌》(13) 女10 1/準1

筆順 く 女 … 6 … 11 嫌 嫌

意味 ①きらう。いやがる。にくむ。「嫌厭(ケンエン)」「嫌悪」②うたがう。うたがわしい。「嫌疑」

下つき 機嫌(キゲン)

【嫌】いや 気持ちよく思わない。欲しない。きらいだ。「—な顔をする」「それは—です」

【嫌気】いやケ うんざりして、いやだと思う気持ち。「すっかり—がさす」参考「いやキ」とも読む。

【嫌らしい】いやらしい ①不快で感じが悪いさま。「皮肉ばかり言って—い人だ」②みだらで品のないさま。「—い仕種(しぐさ)」

【嫌う】うたがう 考えが悪いほうへ向かう。気をまわしすぎて悪いことばかり連想する。

【嫌い】きらい ①きらうさま。いやだと思うさま。「セロリは—だ」「親しかった人を—になる」②よくない傾向。「安易な方に流れる—がある」③差別。区別。「身分の—なく」の形で用いる。

【嫌う】きらう 好まない。いやがる。「日焼けを—う」「知ったかぶりをして—われる」「湿気を—う食品」

【嫌煙権】ケンエンケン たばこを吸わない人が公共の場などで、喫煙者のたばこの煙によって害を受けることを拒否する権利。「—を主張する」

【嫌悪】ケンオ 憎みきらうこと。非常にいやがること。「—感を抱く」「自己—に陥る」類 憎悪

【嫌疑】ケンギ 犯罪などの悪事があったのではないかと疑うこと。疑わしいこと。「—が晴れる」「盗みの—をかけられる」類 被疑・容疑

ケン【愆】(13) 心9 1 5620 5834 音 ケン 訓 あやまる・あやまち

意味 あやまる。あやまつ。あやまち。つみ。とが。「愆怠」「愆失」

【愆ち】あやまち 心得ちがい。やりそこない。しくじり。とが。

【愆る】あやまる あるべきさまから外れ、くいちがう。しくじる。やりそこなう。

【愆戻】ケンレイ あやまち。また、法にそむいて罪を犯すこと。「戻」はもとる、道理にそむく意。

ケン【慊】(13) 忄10 1 5636 5844 音 ケン・キョウ 訓 あきたりない・あきたりる

意味 ①あきたりない。満足しない。「慊慊」類 歉(ケン) ②あきたりる。満足する。

【慊りる】あきたりる 満足する。十分であると思う。また、こころよく思う。「現状には—りない」

【慊焉】ケンエン ①あきたりなく思うさま。②満足するさま。参考「慊」には不満と満足の反対の意がある。

ケン【暄】(13) 日9 1 5887 5A77 音 ケン 訓 あたたかい

意味 あたたかい。あたたかさ。「暄寒」「暄暖」「暄風」参考「喧(ケン)」は別字。

ケン【献】(13) 犬9 常 準2 2405 3825 音 ケン・コン 訓 外ささげる・たてまつる・まつる

旧字《獻》(20) 犬16 1/準1 6459 605B

筆順 一 十 ナ 冇 内 両 南 南 南 献 献 (2 6 8)

意味 ①ささげる。たてまつる。まつる。神や目上の人に物をさしあげる。「献呈」「献納」 ②客に酒をすすめる。「献酬」 ③杯に酒をつぐ回数を数える語。「一献」 ④かしこい人。「文献」

下つき 一献(イッコン)・貢献(コウケン)・進献(シンケン)・文献(ブンケン)・奉献(ホウケン)

【献花】ケンカ 神前や霊前に花を供えること。参考 キリスト教の葬儀などで行われる。

【献芹】ケンキン ①つまらない物を贈ること。物を贈るとき謙遜(ケンソン)していう語。由来 野菜のセリのようなつまらないものを贈る意から。②君主に忠節をつくすことをへりくだっていう語。

【献金】ケンキン 目的に共感して金銭を差し出すこと。また、その金銭。「政治ー」 類 寄付・醵金(キョキン)

【献血】ケンケツ 輸血のための血液を無償で提供すること。

【献言】ケンゲン 目上の人に、意見を申しのべること。また、その意見。「校長にーする」

【献策】ケンサク 目上の人に、方策や策略などを進言すること。

【献辞】ケンジ 本を贈呈するとき、著者がその本に書く言葉。類 献詞

【献酬】ケンシュウ 酒宴などで、杯をやりとりすること。杯を酌み交わすこと。

【献上】ケンジョウ 身分や地位が上の人に物を差し上げること。「宮中へのーの品」 類 献呈・献進 対 下賜

【献じる】ケンじる 目上の人や神仏に物を差し上げる。献上する。「師に杯をーじる」「墓前に花をーじる」

【献身】ケンシン 自分の身を顧みずに他人に尽くすこと。「ー的な看護」

【献饌】ケンセン 神前に供え物をすること。対 撤饌(テッセン) 参考「饌」は供え物の意。

【献体】ケンタイ 本人の遺志により、遺体を研究用などに無償で提供すること。

【献替】ケンタイ 君主に、よいことはすすめ、悪いことはやめさせること。参考「献」は推奨する、「替」はやめさせる意。

【献呈】ケンテイ 身分の高い人や目上の人に物を差し上げること。「自著をーする」 類 献上・進呈

【献納】ケンノウ 寺社や国などに金品をすすんで納めること。類 奉納

【献杯・献盃】ケンパイ 相手に敬意を表して、杯を差し出すこと。「ーを受ける」 類 献酬

【献本】ケンポン 書物を差し上げること。また、その書物。

【献物】ケンモツ 献上品。寺社や身分の高い人に差し上げる品物。

【献】コン 酒の杯をすすめる度数。「友と一ーかたむける」 参考 客をもてなすとき、酒を三杯すすめることを「一献」という。

【献立】コンだて ①料理の種類や内容、取り合わせ。メニュー。「ー表を見て注文した」 ②物事をするための手はず。手配。「ーが整わない」

ケン【筧】(13) 竹7 1 6810 642A 音 ケン 訓 かけい・かけひ

意味 かけい。かけひ。水をひくために地上に架け渡した樋(とい)。「竹筧」

【筧】かけい 水を通すために掛け渡された竹や木の管。また、その装置。樋(とい)。「竹のー」 表記「懸樋」とも書く。

ケン【絹】(13) 糸7 常 教 5 2408 3828 音 ケン 高 訓 きぬ

筆順 く 幺 幺 糸 糸 糸 紀 絹 絹 絹 絹 (6 8 13)

意味 きぬ。きぬ糸。

下つき 純絹(ジュンケン)・正絹(ショウケン)・人絹(ジンケン)・素絹(ソケン)

【絹】きぬ 蚕の繭玉からとった糸。また、その糸で織った布。シルク。「ーのハンカチ」「ーを裂くような叫び声」

【絹漉し】きぬごし ①絹布で物をこすこと。また、絹布でこされた物。 ②「絹漉し豆腐」の略。「ーはきめが細かい」

【絹雲】ケンウン 上層雲の一種。上空、一万(メートル)前後の高さにできる薄い筋状の白雲。表記「巻雲」とも書く。

【絹糸】ケンシ ①きぬいと。 ②蚕の繭からとった繊維を精練し、より合わせて糸にしたもの。撚糸(よりいと)。

【絹紬】ケンチュウ サクサン(ヤママユガ科のガ)の繭からとった糸で織った薄地の織物。表記「繭紬」とも書く。

【絹本】ケンポン 書画をかくための絹の布。また、絹の布にかかれた書画。「ー着色の不動明王像」 対 紙本(シホン)

ケン【腱】★(13) 月9 1 7107 6727 音 ケン 訓 すじ

意味 すじ。すじのつけね。筋肉を骨に結びつけている組織。「腱鞘(ケンショウ)」

【腱鞘炎】ケンショウエン 筋肉を骨に結合させている腱を包んでいる腱鞘に起こる炎症。腫(は)れ・痛みなどを伴う。

ケン【蒹】(13) 艹10 1 7269 6865 音 ケン 訓 おぎ

意味 おぎ(荻)。イネ科の多年草。「蒹葭(ケンカ)」

【蒹葭】ケンカ ①水辺にはえるオギとアシ。「蒹」はオギ、「葭」はアシ。 ②アシの生長しきらないもの。ヒメヨシ。

ケン【蜎】(13) 虫7 準1 8750 7752 音 ケン 訓 うつくしい

意味 うつくしい。「蟬蜎(センケン)」 類 娟(ケン)

ケン【蜆】(13) 虫7 1 7368 6964 音 ケン 訓 しじみ・みのむし

意味 ①しじみ。シジミ科の二枚貝の総称。「蜆蛤(ケンコウ)」 ②みのむし。

【蜆】しじみ シジミ科の二枚貝の総称。湖沼や河川など淡水の砂地にすむ。アサリより小さく、殻は黒褐色。食用。「―汁」季春

【蜆汁】しじみじる シジミを殻のまま具にした味噌(ミソ)仕立ての汁物。黄疸(オウダン)(皮膚が黄色くなる病気)によいといわれる。季春

【蜆蝶】しじみチョウ シジミチョウ科のチョウの総称。小形で色彩が美しく、種類が多い。由来 シジミの貝殻の内側に似ていることからという。表記「小灰蝶」とも書く。

【蜆花】しじみばな バラ科の落葉低木。中国原産で、観賞用。春、白い八重の小花を多数つける。季春 由来 花がシジミの内臓に似ていることからという。表記「笑靨花」とも書く。

ケン【遣】(13) ⻌10 常 4 2415 382F 音 ケン 訓 つかう・つかわす 外 やる

旧字《遣》(14) ⻌10 1/準1

筆順 口 中 虫 冉 冉 冑 冑 遣 遣 (3 … 12)

意味 ①つかわす。さしむける。「遣外」「派遣」 ②つかう。使用する。「仮名遣い」 ③しむ。せしむ。使役の助字。

下つき 差遣(サケン)・先遣(センケン)・派遣(ハケン)・分遣(ブンケン)

【遣唐使】ケントウシ 日本から中国の唐へ、六三〇(舒明(ジョメイ)二)年から八九四(寛平(カンピョウ)六)年に中止されるまで、十数回にわたって派遣された使節。

【遣い】つかい 用事を果たすこと。また、それをする人。使者。「―を出す」

【遣う】つかう ①心をはたらかせる。気配りする。「子の安否を気―う」 ②役に立つように工夫して動かす。あやつる。「猿を―った大道芸」

【遣わす】つかわす ①行かせる。さし向ける。派遣する。「特使を外国に―した」 ②身分の高い者が物を下げ与える。また、目下の者にしてやる。「刀を―す」「取り立てて―す」

【遣らずの雨】やらずのあめ 客の帰るのを引きとめるかのように、また行く人を行かせないかのように降り出す雨。

【遣り繰り算段】やりくりサンダン 十分でないものを工夫して間に合わせること。特に、金銭にいう。遣り繰り。

【遣り手】やりて ①仕事など、物事を行う人。なり手。「その任務の―を探す」 ②物を与える人。対 貰(もら)い手 ③物事をうまく処理する人。仕事のできる人。 ④「遣り手婆(ばば)」の略。遊郭で遊女の監督をする女。

【遣戸】やりど 左右に引いて、開けたり閉めたりする戸。類 引き戸 対 開き戸

【遣羽子】やりばね 羽根つき。追い羽根。季新年

【遣り水】やりみず ①庭園に水を引き入れて、池に水がそそぐように作った小川。 ②植木鉢や植え込みに水をやること。水やり。

【遣る】やる ①進ませる。行かせる。「娘を大学へ―る」「電車を―り過ごす」 ②物を与える。「小遣(こづか)いを―る」 ③人をつかわす。送る。「外国に使者を―る」 ④行う。する。「勉強を―る」 ⑤職業とする。「父は医者を―っている」 ⑥食べる。飲む。吸う。「一ぱい―る(酒を飲む)」 ⑦暮らす。「この収入では―っていけない」

【遣る瀬ない】やるせない 思いを晴らす手段がなく、つらい。どうにも術(すべ)がなくて切ない。「―い思い」

ケン【鉗】★ (13) 金5 1 7873 6E69 音 ケン・カン 訓 くびかせ・はさむ・かなばさみ・とじる

意味 ①くびかせ。罪人の首にはめる鉄の輪。「鉗梏(ケンコク)」 ②はさむ。また、はさむ道具。かなばさみ。「鉗鎚(ケンツイ)」 ③口をつぐむ。ふさぐ。とじる。「鉗口」 類 拑(カン) ①③箝(カン)

【鉗口】カンコウ ①口をかたく閉じてものを言わないこと。 ②ある事柄を口にするのを禁じること。「―令を敷く」 表記「箝口・拑口」とも書く。①「緘口」とも書く。 参考「カンコウ」は慣用読みで、本来は「ケンコウ」と読む。

【鉗子】カンシ はさみの形をした医療器具。手術などで物をはさむのに用いる。

【鉗】くびかせ 刑具の一種。昔、罪人の首にはめて行動を束縛した金属製の輪。

ケン【慳】(14) 忄11 1 5644 584C 音 ケン・カン 訓 おしむ・しぶる

意味 ①おしむ。しぶる。けちけちする。「慳貪(ケンドン)」 ②意地が悪い。「邪慳」

下つき 邪慳(ジャケン)

【慳しむ】おしむ 物惜しみする。けちけちする。金銭や物品などを出ししぶる。

【慳貪】ケンドン ①非常にけちで欲が深いこと。 ②思いやりがなく無愛想なこと。つっけんどん。類 邪慳 参考「貪」はむさぼる意。

【慳吝】ケンリン 欲が深く、物惜しみをすること。けちんぼ。しみったれ。

ケン【搴】(14) 手10 1 5775 596B 音 ケン 訓 とる・かかげる

意味 ①とる。ぬきとる。「搴旗」 ②かかげる。持ち上げる。

【搴げる】かかげる 高く持ち上げる。また、たくし上げる。からげる。「すだれを―げる」「ズボンのすそを―げる」

【▲搴る】とる 抜きとる。持ち上げて抜く。「敵の旗をーる」

ケン【歉】(14) 欠10 1 6130 5D3E 音 ケン 訓 あきたりない・すくない

意味 ①あきたりない。満足しない。「歉然」類 慊 ②穀物が実らない。すくない。「歉歳」「凶歉」

下つき 自歉

【▲歉りない】あきたりない ものたりない。不満である。「準優勝ではーい」

ケン【甄】(14) 瓦9 1 音 ケン 訓 すえ・つくる・みわける

〔甄〕6511 612B

意味 ①すえ。やきもの。また、つくる。陶器をつくる。「甄陶」②明らかにする。みわける。調べる。「甄抜」「甄別」

【▲甄別】ケンベツ はっきりと区別すること。はっきりと見分けること。「正否を一する」

【甄】すえ やきもの。陶器。参考 火を燃やし、煙を出しながら焼いた土器の意。

ケン【綣】(14) 糸8 1 6928 653C 音 ケン 訓 ねんごろ

意味 ①まきつく。まつわる。まとわりつく。②ねんごろ。参考 糸が巻きつく意を表す字。

ケン【蜷】(14) 虫8 1 7380 6970 音 ケン 訓 にな

意味 ①にな。細長い巻貝の総称。②かがまる。まがる。「蜷曲」

【▲蜷局】ケンキョク 縮まって進まないさま。背をまるくして伸びないさま。転じて、順調でないさま。参考「とぐろ」と読めば別の意になる。

【〈▲蜷局〉】とぐろ へビなどが、渦巻き状に体を巻くこと。また、その巻いた状態。「へビがーを巻く」「店でーを巻いている」表記「塒」とも書く。参考「ケンキョク」と読めば別の意になる。

【▲蜷】にな 細長い巻貝の総称。カワニナ・ウミニナなど。食用。表記「蝸螺」とも書く。

ケン【▲遣】(14) 辶10 ▼遣の旧字(四三二)

ケン【▲倹】(15) 亻13 4913 512D ▼倹の旧字(四二二)

ケン【▲剣】(15) 刂13 4988 5178 ▼剣の旧字(四二三)

ケン【権】(15) 木11 教 常 5 2402 3822 音 ケン・ゴン 高 訓 外 いきおい・おもり・はかる・かり

旧字《權》(22) 木18 1/準1 6062 5C5E

旧字《権》(21) 木17 1/準1

筆順 

意味 ①いきおい。ちから。「権威」「権力」②おもり。はかりの分銅。「権衡」③はかる。はかりごと。もくろみ。「権謀」④けんり。「権限」「人権」⑤かり。かりそめ。便宜的な処置。「権化」⑥そえ。正に対する副のもの。「権大納言」

下つき 越権・棄権・国権・執権・実権・主権・職権・親権・人権・政権・全権・特権・版権・分権・利権

【〈権衡〉】からばかり はかり。表記「柄秤・唐秤」とも書く。参考「ケンコウ」と読めば別の意もある。

【権威】ケンイ ①人を服従させる絶対的な力。「ーを振りかざす」②ある分野で最高の水準にあると認められ、信頼性が高い人やもの。「ーある雑誌」類 泰斗・大家

【権益】ケンエキ 権利と、それに付随する利益。「国際紛争のなかで自国のーを守る」

【権限】ケンゲン ①国や公共団体が法令などに基づいて、その職権を行使できる範囲。類 職権・権能 ②個人が行使できる権利の範囲。

【権原】ケンゲン 権利の原因となるもの。法律上、ある行為を正当化する原因となるもの。

【権衡】ケンコウ ①おもりとさお。転じて、はかり。②事物を評価する基準。③物事のつりあい。「勢力のーを保つ」参考 ①「からばかり」とも読む。

【権勢】ケンセイ 権力をにぎり、勢力をふるうこと。権力と威勢。

【権高】ケンだか 気位が高く、見下すような態度で人に接するさま。「ーに振る舞う」表記「見高」とも書く。

【権道】ケンドウ 方法は正しくないが、目的に応じた便宜的なやり方。目的をとげるための便宜上の手段。

【権能】ケンノウ 権利を行使する能力と、その力の及ぶ範囲。権限と能力。

【権柄】ケンペイ ①政治上の実権。②権力で他を自分の思うままに支配すること。おさえつけること。参考「柄」はおのの柄の意。

【権柄尽く】ケンペイずく 権力に任せて他をおさえつけるように振る舞うさま。

【権謀術数】ケンボウジュッスウ 人を巧みにあざむく策略。「権謀」は、その場に応じた策略。「術数」は、はかりごと。〈朱熹の文〉「ーの限りを尽くす」「ーを巡らす」類 権謀術策・奸智術数

【権門】ケンモン 身分や位が高く、権勢のある家。類 権家

【権▲輿】ケンヨ 物事のはじめ。事柄の始まり。由来 中国で、はかりは「権」(おもり)から、車は「輿」(車台)からつくり始めたことから。〈『詩経』〉

【権利】ケンリ ①権力と利益。②法によって、一定の利益を主張し、それを得ることを認められた資格。「ーの剥奪」③ある物事をする、しないを自分の意志によって決定できる資格。「仕事を選ぶー」対 義務

【権力】ケンリョク 人を支配する力。強制し、服従させる力。「ーをにぎる」

【権官】ゴンカン 律令(リツリョウ)制で、定められた正官以外に仮に任じられた官。また、その人の意。参考「ケンカン」と読めば権力のある官職。

【権化】ゴンゲ ①仏仏や菩薩(ボサツ)が、人間や一切の生き物を救うために、仮の姿でこの世に現れること。また、そのような化身(ケシン)。類権現 ②ある性質が、具体的な形になって、人や物に現れていること。また、その人や物。「欲望の―」

【権現】ゴンゲン ①「権化①」に同じ。②神の尊号。日本の神々を、仏が仮に姿を現したものとしたことから。③徳川家康の尊称。また、そのまつられている東照宮。「東照大―」

【権妻】ゴンサイ 正妻以外の妻。めかけ。「伊藤(いとう)公の―」参考「権」はかりそめの意。明治初期の流行語。

【権▲萃】ゴンズイ ミツバウツギ科の落葉小高木。山野に自生。初夏、黄緑色の小花を多数円錐(エンスイ)状につける。表記「野鴉椿」とも書く。

【権▲瑞】ゴンズイ ゴンズイ科の海魚。中部地方以南の沿岸にすむ。ナマズに似る。黒褐色の地に二筋の黄色い線があり、口ひげと毒のとげをもつ。食用。季春

【権△兵△衛が種▲蒔きゃ▲烏が▲穿る】ごんべえがたねまきゃからすがほじくる 人が努力してなしとげたことを、すぐあとから他人が壊していくことのたとえ。また、無益な労力を費やすことのたとえ。

【△権る】はかる ①物の重さをはかる。②策略をめぐらす。物事の善し悪しを考えてうまくいくように手配する。

ケン【△監】(15) 皿10 常 2038 3446 ▼カン(二四五)

ケン【嶮】(16) 山13 1 5453 5655 音ケン 訓けわしい

意味 けわしい。山が高くけわしい。
書きかえ「険」に書きかえられるものがある。

【▲嶮しい】けわしい 登るのが困難なほど、傾斜が急なさま。「地形が―い」表記「険しい」とも書く。

【▲嶮▲隘】ケンアイ 狭くけわしいさま。「―な峡谷が続く」表記「険隘」とも書く。

【▲嶮▲峻】ケンシュン 山が高くけわしいこと。また、その場所。表記「険峻」とも書く。

【▲嶮▲岨】ケンソ ▼書きかえ 険阻(四二六)

【▲嶮難】ケンナン ①けわしくて通りにくいこと。また、その場所。②苦しくつらいさま。表記「険難」とも書く。

【▲嶮路】ケンロ 地形が切り立っていて、けわしい道。「箱根の―を越える」表記「険路」とも書く。

ケン【憲】(16) 心12 教 常 5 2391 377B 音ケン 訓外のり・のっとる

筆順
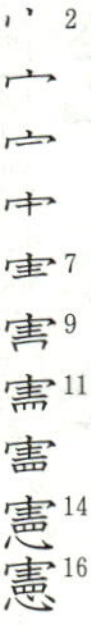

意味 ①のり。きまり。基本的なおきて。「憲法」「家憲」②役人。「憲兵」「官憲」
下つき 違憲(イケン)・家憲(カケン)・官憲(カンケン)・合憲(ゴウケン)・護憲(ゴケン)・国憲(コッケン)・大憲(タイケン)・立憲(リッケン)

【憲章】ケンショウ ①国家などが、ある理想にそって定めた基本原則。重要なおきて。「児童―を尊重しよう」②憲法の典章。

【憲政】ケンセイ 憲法にのっとって行われる政治。立憲政治。「―の常道」

【憲兵】ケンペイ もと、軍隊内で兵士の犯罪などの取り締まりを専門とした兵士。また、そこに属し、軍事警察活動を任務とした兵士。

【憲法】ケンポウ ①規範となるきまり。おきて。②国家統治の根本的原則を定めた、最も基本となる法。「日本国―を守る」

【△憲る】のっとる 手本、または基準としてしたがう。規範とする。

【△憲】のり ①おきて。守るべき事柄。②手本。模範・規範。

ケン【▲縣】(16) 糸10 6949 6551 ▼県の旧字(四二二)

ケン【諠】(16) 言9 1 7567 6B63 音ケン 訓かまびすしい・やかましい

意味 ①かまびすしい。やかましい。「諠譁(ケンカ)」「諠譟(ケンソウ)」類喧(ケン) ②わすれる。

【▲諠しい】かまびすしい 言葉や会話がやかましい。がやがやとうるさい。表記「喧しい」とも書く。

【▲諠▲譁】ケンカ ①言い争うこと。また、腕力で争うこと。②やかましく騒ぐこと。表記「喧嘩」とも書く。

ケン【賢】(16) 貝9 常 3 2413 382D 音ケン 訓かしこい 外さかしい・まさる

筆順
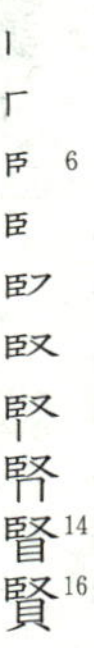

意味 ①かしこい。まさる。すぐれる。また、才知や徳のすぐれた人。「賢英」「賢者」対愚 ②相手のことがらに添える敬称。「賢察」「賢弟」
下つき 遺賢(イケン)・聖賢(セイケン)・先賢(センケン)・大賢(タイケン)・普賢(フゲン)

【賢い】かしこい ①知識や知恵がすぐれている。分別がある。「―い少年」「それも―い選択だ」②やることに抜け目がない。利口である。要領がいい。「―く立ち回る」

【賢立て】かしこだて 利口ぶること。さかしら。

【賢所】かしこどころ ①宮中にある神殿。三種の神器の一つ、八咫鏡(やたのかがみ)を安置する温明殿の別称。類内侍所(ないしどころ) ②八咫鏡の別称。参考「ケンショ」とも読む。

【賢愚】ケング かしこさとおろかさ。かしこい人とおろかな人。「精進の前に―なし」

【賢才】ケン サイ すぐれた才知。また、すぐれた才知・才能のある人。

【賢察】ケン サツ 他人の推察を敬っていう語。御推察。「苦しい胸中をご―ください」

【賢者】ケン ジャ 道理を知り、徳のあるかしこい人。「先代の住職は―のほまれ高い人だった」類賢人 対愚者

〔賢者ひだるし〈▲伊達〉だて寒し〕 俗世間に妥協しないで生きる人は、つらい目にあうということ。賢者は清貧に甘んじているのでひもじく、伊達者は粋いきがって薄着でいるので寒い思いをする意から。「ひだるし」はひもじいさま。「伊達」は「伊達の薄着」のこと。

【賢臣】ケン シン すぐれた臣下。かしこく忠実な家来。「小人に親しみ―を遠ざく」

【賢人】ケン ジン ①かしこく徳のある人。また、聖人に次ぐすぐれた人。「竹林の七―」類賢者 対愚人 ②にごり酒の別名。類賢酒 参考②清酒は「聖人」という。

【賢哲】ケン テツ ①賢人と哲人。②才知がすぐれて、物事の道理に明らかな人。

【賢夫人】ケン プジン しっかりしたかしこい妻。賢明な夫人。

【賢母】ケン ボ かしこい母。落度のないりっぱな母親。「良妻―」

【賢明】ケン メイ かしこくて、物の道理に通じていること。すぐれた判断力があること。「登頂の中止は―だった」類利口

〔賢明愚昧〕ケンメイ グマイ 知力にすぐれ道理に通じていることと、愚かで道理にくらいこと。また、そうした人。「昧」は、くらい、道理にくらい意。

【賢慮】ケン リョ ①かしこい、すぐれた考え。②他人の思慮を敬っていう語。お考え。

【賢良方正】ケンリョウ ホウセイ 賢明で行いが正しいこと。また、中国の漢・唐以来の科挙（官吏登用試験）の科目名。「賢良」はかしこく善良なこと。「方正」は行いの正しいこと。〈『漢書カンジョ』〉

〔賢を見ては▲斉しからんことを思う〕ケンをみてはひとしからんことをおもう 賢人に接したときは、見習って自分もそのような人になりたいと思う。〈『論語』〉

【▲賢木】さか き ツバキ科の常緑小高木。関東以西の山林に自生。葉は長い楕円ダエン形で厚く、光沢がある。神事に用いるため、神社に植えられる。表記「榊・楊桐」とも書く。

【▲賢しい】さか しい ①かしこい。頭がよい。②こざかしい。なまいきである。利口ぶって出過ぎたようす。「―いことを言う」

【▲賢しら】さか しら 利口ぶった態度。こざかしく鼻につくようす。「―に振る舞う」「―な物言い」

ケン【▲険】(16) 阝13 8010 702A ▼険の旧字（四二六）

ケン【黔】(16) 黒4 1 8356 7358 音ケン 訓くろい・くろむ

意味 くろい。くろくなる。くろむ。「黔首」「黔突」

【▲黔い】くろ い 黄色みを帯びた黒色をしている。くすんで黒い。

【▲黔む】くろ む 黄色みを帯びて黒くなる。すすけて黒くなる。くろずむ。

【▲黔首】ケン シュ 中国、秦シンの時代の人民。由来民衆が冠をかぶらず、黒い頭髪のままだったことから。また、黒い頭巾ズキンをかぶっていたことからともいう。のちに、人民の通称となる。

【▲黔突】ケン トツ すすけて黒くなった煙突。

【▲黔▲驢の技】ケンロの わざ 自分の腕前や技量が劣っているのを自覚せずに恥をかくこと。また、取るに足りない見かけ倒しの腕前や技量。「黔驢」は黔州ケンシュウのロバ。故事 ある人がロバのいない黔州にロバを連れて行き放した。トラは体の大きいロバを見て初めは恐れたが、蹴けるだけでほかに何もできないことを見破り、ついにロバを食い殺した故事から。〈柳宗元の文〉

ケン【壎】(17) 土14 1 1566 2F62 音ケン 訓つちぶえ

意味 つちぶえ。土を焼いてつくった卵形のふえ。

ケン【▲検】(17) 木13 6093 5C7D ▼検の旧字（四二七）

ケン【臉】(17) 月13 1 7132 6740 音ケン 訓ほお・かお

意味 ①ほお。ほおの上の部分。②かお。「花臉」

下つき 花臉カケン・紅臉コウケン

ケン【謙】(17) 言10 常 準2 2412 382C 音ケン 訓外へりくだる

旧字《謙》(17) 言10 1/準1

筆順 7 9 謙 謙 謙

意味 へりくだる。態度をひかえめにする。うやうやしくする。「謙虚」「謙譲」

下つき 恭謙キョウケン

【謙虚】ケン キョ 自分を誇らないで、へりくだること。飾らない素直な態度。「―な態度で臨む」類謙譲・謙遜ケンソン 対傲慢ゴウマン・横柄

【謙称】ケン ショウ 自分や自分の側の人や物をへりくだっていう呼び名。「小生」「愚息」「拙文」「陋屋ロウオク」など。対敬称

【謙譲】ケン ジョウ 相手を敬って、ゆずること。「―の美徳を尊ぶ」類謙遜ケンソン

【謙遜】ケン ソン へりくだること。へりくだって控え目にすること。類謙譲・謙虚 参考「謙」も「遜」もへりくだる意。

【謙抑】ケン ヨク へりくだって自分を控え目に抑えること。「―な態度」

【△謙る】へりくだ-る 相手を敬い、自分を卑下(ヒゲ)する。けんそんする。「客には―った態度をくずさない」

ケン【謇】(17) 言10 1 7573 6B69 音 ケン 訓 どもる・ただしい

意味 ①どもる。言葉がつまる。②ただしい。まっすぐ。また、直言する。「謇諤(ケンガク)」「謇謇」

【▲謇▲謇】ケンケン ①言いにくいことをはっきり言うさま。特に、目上の人に向かって正しいと思うことをそのまま言うさま。②ひどく苦しむさま。難儀するさま。表記 ②「蹇蹇」とも書く。

【▲謇る】ども-る なめらかに言えずに、言葉がつかえたり、つまったりする。

ケン【蹇】(17) 足10 1 7701 6D21 音 ケン 訓 なえぐ・なやむ・とまる・おごる

意味 ①あしなえ。足が自由に動かないこと。なえぐ。「蹇歩」②なやむ。苦しむ。「屯蹇(チュンケン)」③とどこおる。とどまる。とまる。「蹇滞」④かたい。正直なさま。「蹇諤(ケンガク)」⑤おごる。おごり高ぶるさま。⑥かたくな。すなおにしたがわない。⑦まがる。くねくね曲がるさま。

下つき 偃蹇(エンケン)・屯蹇(チュンケン)・跛蹇(ハケン)

【▲蹇▲蹇▲匪▲躬】ケンケンヒキュウ 我が身をかえりみず、主人や他人に尽くすさま。「蹇蹇」は身を苦しめ忠義を尽くすさま。「匪躬」は自分のことは考えない意。《易経》

【▲蹇む】なや-む 足がなえて歩けずに、ゆきなやむ。物事が思うように進まずに苦しむ。

ケン【鍵】(17) 金9 常 2 2416 3830 音 ケン 訓 かぎ

筆順

意味 ①かぎ。錠にさしこむ金具。転じて、重要なてがかり。「鍵関」②けん。ピアノなどの指で押す部分。「鍵盤」

下つき 関鍵(カンケン)・黒鍵(コッケン)・白鍵(ハッケン)

【鍵】かぎ ①錠前に差しこんで開閉する金具。「―をかける」②錠。戸締まりに用いる金具。「―付きの日記」③物事を解決するための重要なてがかり。手がかり。「事件の―を握る人物」

【鍵っ子】かぎっこ 両親が働きに出て家にいないため、家の鍵を持ち歩いている子ども。「核家族化で―が増える」

【鍵盤】ケンバン ①ピアノやオルガンなどの楽器で、音を出すために指でたたく鍵(ケン)が並んでいる部分。②タイプライターやパソコンなどの、指で押す部分。キーボード。キー。

ケン【★瞼】(18) 目13 1 6659 625B 音 ケン 訓 まぶた

意味 まぶた。「眼瞼」

下つき 花瞼(カケン)・眼瞼(ガンケン)

【▲瞼】まぶた 眼球を上下からおおう皮膚。「―の母(思い出に浮かぶ母の面影)」表記「目蓋」とも書く。参考「目(ま)のふた」の意。

ケン【繭】(18) 糸12 常 準2 4390 4B7A 音 ケン(高) 訓 まゆ

旧字《繭》(19) 糸13 1/準1

筆順

意味 まゆ。また、まゆからとった絹糸。「繭糸」

下つき 産繭(サンケン)

【繭糸】ケンシ ①まゆと糸。また、まゆからとった糸。②特に、絹糸。

【繭▲紬】ケンチュウ サクサンというガのまゆからとった糸で織った薄地の織物。表記「絹紬」とも書く。

【繭】まゆ 昆虫が幼虫から蛹(さなぎ)になる際、休眠中の身を守るために糸を吐いて作る殻。特に、蚕のまゆ。白色で中央のややくびれた俵形をしている。「生糸は―から作られる」季 夏

【繭玉】まゆだま 木の枝にまゆの形にした餅(もち)やだんご・千両箱・小判などの縁起物をつるした正月の飾り物。「かつては新年に―を飾って繭の多産を祈った」季 新年

ケン【繝】(18) 糸12 1 6967 6563 音 ケン・ゲン 訓

意味 あや。にしき模様。「繧繝(ウンゲン)」

下つき 繧繝(ウンゲン)・暈繝(ウンゲン)

ケン【羂】(18) 罒13 1 7016 6630 音 ケン 訓 わな・くくる

意味 ①わな。あみ。「羂索」②くくる。つなぐ。

【▲羂索】ケンサク ①鳥獣を捕らえるわな。②仏 仏や菩薩(ボサツ)が衆生(シュジョウ)を救うために用いる、五色の糸をより合わせて作った縄。

ケン【顕】(18) 頁9 常 準2 2418 3832 音 ケン 訓 外あきらか・あらわれる

旧字《顯》(23) 頁14 1/準1 8093 707D

筆順

意味 ①あきらか。はっきりしている。「顕在」「顕著」対 微 ②あらわれる。あきらかにする。あきらかになる。「顕彰」「露顕」対 隠 ③名高い。地位が高い。「顕官」「貴顕」④仏教で、密教以外の宗派。「顕教」対 密

下つき 貴顕(キケン)・表顕(ヒョウケン)・露顕(ロケン)

【△顕らか】あき-らか はっきりと見えるさま。他とまぎれずにあらわれているさま。

【△顕す】あらわ-す 広く世間に知らせる。「碑を建て、その善行を―す」

【△顕れる】あらわ-れる 見えてくる。本性などが露見する。「悪事が―れる」

【顕官】ケン カン 地位の高い官職。また、その職についている人。「貴臣―」類高官 対卑官・微官

【顕教】ケン ギョウ 仏具体的にわかりやすく説かれた仏教の教え。密教で、密教以外の宗派に対していう。類顕宗 対密教 参考「ケンキョウ」とも読む。

【顕現】ケン ゲン はっきりと形をもってあらわれること。「神の啓示が―する」

【顕在】ケン ザイ はっきりと表面にあらわれること。「不良債権が―化する」対潜在

【顕示】ケン ジ 人にわかるように明らかに示すこと。はっきりと見せること。「人は誰だれにも自己―欲がある」類明示

【顕正】ケン ショウ 仏正しい仏の道を表し示すこと。「破邪―」参考「ケンセイ」とも読む。

【顕彰】ケン ショウ 業績や善行などを世間に知らせ、たたえること。「先人の偉業を―する碑を建立コンリュウする」

【顕然】ケン ゼン あきらかなさま。はっきりしたようす。「両者のちがいは―としている」

【顕著】ケン チョ 他と比べていちじるしく目立つさま。「―な例を示す」「効果が―に表れる」

【顕微鏡】ケンビ キョウ ごく小さな物体をレンズで拡大して見る機械。

【顕要】ケン ヨウ 身分が高くて重要な地位にあること。また、その地位にある人。「―な職を務める」

【顕揚】ケン ヨウ 名声や威信を世間に広め高めること。「国威を―する」

【顕露】ケン ロ 隠していたものが、はっきりとあらわになること。秘密がばれること。類露見

ケン【験】(18) 馬8 常 教 7 2419 3833 音ケン・ゲン高 訓外しるし・あかし・ためす

旧字《驗》(23) 馬13 1/準1 8168 7164

筆順 丨 厂 F 馬(5) 馬 馬(10) 馬(12) 駘(16) 験 験

意味 ①しるし。あかし。こうか。「効験」②ためす。しらべる。こころみ。「試験」「実験」類検 ③修行・祈禱キトウによるききめ。「霊験」

下つき 経験ケイ・効験コウ・ゲン・試験シ・ケン・実験ジッ・ケン・修験シュ・ゲン・受験ジュ・ケン・体験タイ・ケン・霊験レイ・ゲン

【験算】ケン ザン 計算をやり直して答えをたしかめること。たしかめ算。表記「検算」とも書く。

【験者】ゲン ジャ 山中で、霊験レイゲンを得るため修験道シュゲンドウを修行する者。修験者。類山伏やまぶし 参考「ゲンザ」とも読む。

【△験】しるし ①ききめ。効能。効果。「薬の―が表れた」②神仏などの御利益。「お祈りの―を得る」

【△験す】ため-す こころみる。しらべる。効果の有無をみる。「真価を―す」

ケン【鵙】(18) 鳥7 1 8304 7324 音ケン 訓ほととぎす

意味「杜鵙トケン(ほととぎす)」「杜鵙花トケンカ(さつき)」に用いられる字。

ケン【▲繭】(19) 糸13 ▼繭の旧字(四三五)

ケン【懸】(20) 心16 常 準2 2392 377C 音ケン・ケ高 訓かける・かかる 外へだたる

筆順 目(5) 旦 県(9) 県 県 県 県 縣(16) 懸(18) 懸(20)

意味 ①かける。かかる。つりさげる。ぶらさげる。「懸垂」「懸賞」②遠くへだたる。かけはなれる。「懸隔」「懸絶」

下つき 倒懸トウ・ケン

【懸巣】かけ す カラス科の鳥。山林にすみ、冬は平地でも見られる。体は濃い赤褐色で、頭は白地に黒斑コクハンがある。他の鳥の鳴き声をまねる。カシドリ。季秋 由来木の上に枯れ枝などで杯形の巣を懸けることから。

【懸盤】かけ バン 儀式用の、食器をのせる膳ゼン。古くは四脚の上に折敷おしき(角形の盆)をのせたが、のちに脚が作り付けになった。

【懸▲樋】かけ ひ 水を引くために、節を抜いた竹やしんをくり抜いた木の樋とを地上にかけ渡したもの。かけどい。対埋うずみ樋 参考「かけい」とも読む。

〔懸樋かけひ〕

【懸仏】かけ ぼとけ 銅板に神仏の像を彫り、柱などにかけて拝んだもの。鎌倉・室町時代に盛んであった。

【懸ける】か-ける ①つり下げる。ひっかける。ぶら下げる。また、かかげる。②すべてをささげる。また、そのような覚悟で物事を行う。「命を―けて守り抜く」③心を向ける。「気に―ける」

【〈懸▲鉤子〉】きいちご バラ科の落葉小低木の総称。由来「懸鉤子」は漢名から。▼木苺いちご(一四二四)

【△懸魚】ゲ ギョ 切妻屋根の破風ハフに取りつけ、棟木むなぎや桁けたの先端をかくす装飾板。参考「ケンギョ」とも読む。

【懸想】ケ ソウ ほれること。異性に思いを寄せること。恋。「―文ぶみ」

【懸念】ケ ネン ①危ぶみ心にかけること。気になって心配すること。「成り行きが―される」②仏ある対象に心を集中して考え続けること。

【懸案】ケン アン 解決されずに残っている問題や事柄。そのような議案。「―を協議する」「―事項」

【懸河】ケン ガ 傾斜のはげしい土地を流れ下る川。急流。「―の弁」

【懸河の弁】よどみない弁舌。勢いがよくすらすらと流れるような話しぶり。《隋書ズイショ》

【懸崖】ケンガイ ①高く切り立ったがけ。切り岸。類絶壁 ②盆栽などで、幹や枝が根よりも下に垂れるように仕立てたもの。「ー作り」

【懸隔】ケンカク はるかにへだたっていること。二つの事物がかけ離れていること。「実際とーする」類懸絶

【懸軍万里】ケングンバンリ 軍隊が本隊と遠く離れ、敵地の奥深くまで進軍すること。また、本隊と連絡の途絶えたまま奥深く進軍すること。「懸」は、かけ離れる、よりどころがない意。「万里」は遠くの意。

【懸賞】ケンショウ 作品やクイズの答えなどを募集したり、探しものをしたりするのに、賞金をかけること。また、その賞金・賞品など。「ー金」「ーに応募する」

【懸垂】ケンスイ ①たれさがること。また、まっすぐにたれさげること。②器械体操の一種目。鉄棒などに両手でぶらさがったり、ぶらさがって両腕を屈伸させたりする運動。

【懸絶】ケンゼツ 程度の差が非常にかけ離れていること。類懸隔・隔絶

【懸吊】ケンチョウ ひっかけてつるすこと。「ランプを柱にーする」

【懸命】ケンメイ 命がけで物事にあたること。力を出し切って頑張ること。「ーの努力」

【懸腕直筆】ケンワンチョクヒツ 書道で、筆を垂直に持ち、腕を机から上げ、ひじを脇わきから離して文字を書く方法。「懸」は、かかげる意。「直筆」は筆を垂直に立てて文字を書くこと。

ケン【▲献】(20) 犬16 6459/605B ▼献の旧字(四三〇)

ケン【騫】(20) 馬10 1 8158/715A
音 ケン
訓 かける・とぶ・かかげる・あやまる

意味 ①か(欠)ける。そこなう。「騫汚」類愆ケン ②とぶ。軽くとびあがる。軽々しいさま。「騫騫」③かかげる。たくし上げる。「騫衣」④あやま(誤)る。⑤とる。ぬきとる。

ケン【▲權】(21) 木17 6062/5C5E ▼権の旧字(四三二)

ケン【譴】(21) 言14 1 7604/6C24
音 ケン
訓 せめる・とがめる・とがめ

意味 ①せ(責)める。とがめる。「譴責」②とが。とがめ。つみ。「天譴」類愆ケン
下つき 呵譴カケン・天譴テンケン

【譴責】ケンセキ ①あやまちや不正などをとがめ責めること。②かつて公務員の職務上の過失に対して与えられた懲戒処分の一つ。現在は「戒告」という。

【▲譴める】せーめる 厳しくしかる。とがめて責めたてる。「過失をーめる」

ケン【▲權】(22) 木18 ▼権の旧字(四三二)

ケン【鰹】★(22) 魚11 準1 1979/336F
音 ケン
訓 かつお

意味 ①かつお(堅魚)。サバ科の海魚。「鰹節」②(中国で)おおうなぎ。ウナギの一種。

【▲鰹】かつお サバ科の海魚。黒潮に乗って群泳する。背は青黒く、腹は銀白色で特徴的な縦じまがある。生食、または、かつお節などの加工食品にする。季夏 表記「堅魚・松魚」とも書く。由来 昔は干したもの(のちのかつお節)を食用にしたので、堅い魚であったことから「かたうお」の転じたもの。

【▲鰹節】かつおぶし カツオの身を煮て、いぶしと乾燥を何回も繰り返し、かび付けをして日に干したもの。薄くけずって食用にしたり、出汁だしをとったりする。

【▲鰹節を猫に預ける】災いの原因をつくったり、助長したりすること。類泥棒に鍵かぎを預ける

ケン【▲顯】(23) 頁14 8093/707D ▼顕の旧字(四三五)

ケン【▲驗】(23) 馬13 8168/7164 ▼験の旧字(四三六)

ケン【鹼】★(24) 鹵13 準1 9474/7E6A
音 ケン
訓 あく・しおけ
〔鹸〕☆ 2420/3834

意味 ①あく(灰汁)。灰を水にとかしたうわずみ。「鹼化」②しおけ。地質に含まれている塩分。
下つき 石鹼セッケン

ケン【顴】(26) 頁17 1 8102/7122
音 ケン・カン
訓 ほおぼね

意味 ほおぼね(頰骨)。「顴骨」

【▲顴骨】ケンコツ 両ほおの上部、目の斜め下にある骨。頰骨ほおぼね・キョウコツ。参考「カンコツ」とも読む。

ゲン【元】(4) 儿2 教 常 9 2421/3835
音 ゲン・ガン
訓 もと 外はじめ

筆順 一 二 テ 元

意味 ①もと。根本。「元金」「元素」類原 ②はじめ。はじまり。「元祖」「元日」③あたま。くび。「元服」④おさ。つかさ。第一の人。首長。「元勲」「元首」⑤年号。「元号」「改元」⑥中国の王朝名。「元寇ゲンコウ」⑦中国の貨幣単位。
下つき 改元カイゲン・下元カゲン・還元カンゲン・紀元キゲン・根元コンゲン・次元ジゲン・上元ジョウゲン・単元タンゲン・中元チュウゲン

【元金】ガンキン ①金銭の貸し借りで、利息を含まないもとの金額。類元本 対利息・利子 ②事業などを行うための資金。資本金。参考「もときん」とも読む。

【元祖】ガンソ ①一つの家系の最初の人。②ある物事を最初に始めた人。創始者。参考「ゲンソ」とも読む。

【元旦】ガンタン 一月一日。また、一月一日の朝。類元日

【元本】ガンポン ①利子や配当などを含まない元の金銭。「—割れ」類元金 ②業務上、利益や収入などを生み出すもととなる財産。

【元来】ガンライ もとから。はじめから。「—気が弱いのが難点だ」

【元利】ガンリ 元金と利息。「—合計」

【元凶】ゲンキョウ ①悪人のかしら。悪いことをくわだてた中心人物。②悪いことのもととなるもの。書きかえ「元兇」の書きかえ字。

【元兇】ゲンキョウ ▼書きかえ元凶

【元勲】ゲンクン 国家に尽くした大きな功績。また、その功績者。「維新の—」

【元寇】ゲンコウ 一二七四(文永一一)年と一二八一(弘安四)年に、中国の元軍が日本に侵攻してきた事件。文永・弘安の役。参考「寇」は外部から侵攻してくる賊の意。

【元号】ゲンゴウ 昭和・平成などという年号。古くは天災や政変などによって改められたが、現在は皇位継承があった場合のみ改められる。中国では漢代、武帝のときの「建元」、日本では六四五年の「大化」が最古とされる。

【元始】ゲンシ 物事のはじめ。もと。起こり。類原始

【元首】ゲンシュ ①国家の首長。②諸外国に対して国家の代表者。君主国では君主、共和国では大統領。

【元帥】ゲンスイ 旧日本軍における最高権力者。総大将。

【元素】ゲンソ 化学的方法で、それ以上に分解できない物質の基本的成分。化学元素。「—記号」

【元服】ゲンプク 昔、貴族や武士の男子が成人したしるしとして行った儀式。参考「元」は頭のことで、「頭に冠を服する」意。

【元老】ゲンロウ ①功労・名声があった政治家。②ある分野で功績をあげた年長者。「金融界の—」類長老

【元▲禄】ゲンロク 江戸時代中期の年号。江戸幕府五代将軍の徳川綱吉が政治を行った元禄年間を中心とする時代。幕府政治の安定期で、経済が発達し、学芸・文化が盛んとなった。

【元▲禄袖】ゲンロクそで 女性の和服のそで形の一つ。短めにした袂(たもと)に丸みをつけたもの。

【元▲禄模様】ゲンロクモヨウ 元禄時代に流行した大柄で華やかな模様。弁慶縞(ベンケイじま)・市松模様など。

【△元め】はじめ 物事の始まり。元祖。おおもと。

【〈元宝草〉】ほとけのざ シソ科の二年草。▼仏の座(一三五一)

【元】もと ①物事の起こり。また、始まりの部分。「—に戻って調べる」②原因。理由。「けがの—」③資本。元手。「—も子もなくなる」④原価。元値。「—が取れない」

【元の▲鞘(さや)に収まる】仲たがいしていた者同士が、もう一度以前のよい関係に戻ること。

【元の木▲阿△弥(もくあみ)】一度よい状態になったものが、再び以前の悪い状態に戻ること。また、それまで積み重ねてきた努力や苦労が無駄になること。故事 戦国時代、筒井順昭が病死したときに子の順慶が幼少であったので、順昭の声に似ていた盲人木阿弥を影武者に立てた。順慶が成長してのちに順昭の死を公にし、木阿弥はもとの身分に戻ったという故事から。

【元肥】もとごえ 作物を植えたり、種をまいたりする前に、その田畑にまいておく肥料。類原肥(ゲンピ) 対追肥(おいごえ)

【元締】もとじめ ①金銭の勘定をしめくくる役目。また、その人。②団体や組織をまとめる人。特に、博徒などの親分をいう。

【元帳】もとチョウ 「総勘定元帳」の略。勘定科目ごとに口座をもうけたいちばんのもとになる簿記の帳簿。類原簿

【元手】もとで 事業を始めるのに必要な資金。また、利益のもととなるもの。「体が—の職業」類資本

【元値】もとね 商品を仕入れたときの値段。「—を割る」類原価

ゲン 【幻】 (4) 幺1 常 3 2424 3838

訓音 ゲン まぼろし 外まどわす

筆順 く 幺 幺 幻

意味 ①まぼろし。実在しないのに、あるように見えるもの。「幻影」「夢幻」②まどわす。たぶらかす。「幻術」「幻惑」

下つき 変幻(ヘンゲン)・夢幻(ムゲン)

【幻影】ゲンエイ まぼろし。実際にはないものが存在するように見えるもの。また、心の中に描き出すもの。「ふと—を見た」

【幻覚】ゲンカク 現実にはあり得ないのに、あたかも存在するように感じる知覚。幻視や幻聴など。「—症状」

【幻月】ゲンゲツ 月の両側にできる光点。光の屈折による暈(かさ)の一種。

【幻視】ゲンシ 実際にはないのだが、あたかも存在するように見えること。

【幻日】ゲンジツ 太陽の両側にできる光点。光の屈折による暈(かさ)の一種。

【幻術】ゲンジュツ 人の目をくらます、ふしぎな術。「—使い」類妖術(ヨウジュツ)・魔術

【幻想】ゲンソウ 根拠のないことをあれこれと想像すること。現実にないことをあるように感じること。「—的な曲」「—を抱く」類空想

【幻聴】ゲンチョウ 現実にはあり得ないのに、あたかも聞こえるように感じること。「幻視—」

【幻灯】ゲントウ 写真フィルムや絵などに光線を当て、凸レンズで拡大して幕に写す装置。スライド。

【幻滅】ゲンメツ 幻想から覚めること。また、心に描いていたことよりも、現実のほうが悪いと知ってがっかりすること。「本性を知り―した」「名物料理に―する」 参考 幻想が消滅する意。

【幻惑】ゲンワク 人の目先をまどわすこと。 参考「眩惑」と書けば、目をくらまされ、心がまどう意になる。

【幻】まぼろし ①実際にはないのに、あたかもあるように見えるもの。②たちまち消えてしまう、はかないもの。「―のようにはかない望み」

ゲン【玄】(5) 玄 0 常 4 2428 383C 訓音 ゲン 外くろ・くろい

筆順 丶 亠 ㄊ 玄 玄

意味 ①くろ。くろい色。また、赤黒い色。天の色。「玄米」「玄黄」②ふかい。奥深い道理。「玄妙」「幽玄」③はるか。とおい。「玄孫」

下つき 淵玄・青玄・太玄・幽玄

【△玄】くろ つやのないくろい色。赤みをおびたくろ色。また、くろい色をしたもの。

【〈玄人〉】くろうと ①専門の知識・技術などにすぐれている人。専門家。本職。「―はだし（本職が恥ずかしがるほど技術などがすぐれていること）」②水商売の女性。 対①②素人

【玄奥】ゲンオウ 深遠ではかりしれないこと。また、その奥深い部分。「能の―を究める」 類秘奥

【玄関】ゲンカン ①建物の正面の入り口。「―払い（面会しないで帰すこと）」②禅寺の門。 由来②「玄」は奥深い意で、奥深い道（仏道）に入る関門の意から。

【玄黄】ゲンコウ ①天のくろい色と大地の黄色い色。転じて、天と地。また、宇宙。②ウマの病気の名。 由来②くろいウマが病気になると黄色みを帯びることから。

【玄室】ゲンシツ 古墳の中につくられた、棺を安置する部屋。

【玄裳縞衣】ゲンショウコウイ ツルの異名。ツルの白と黒の羽を、黒いはかまと白い上着にたとえた語。「玄」は黒、「縞」は白の意。「裳」ははかま、「衣」は上着。〈蘇軾の詩〉

【玄鳥】ゲンチョウ ツバメの別称。 由来 玄い鳥の意から。

【玄冬素雪】ゲントウソセツ 冬と雪。冬の非常に寒いことのたとえ。「玄冬」は冬の意。「素」は白の意。 参考「ケントウソセツ」とも読む。 季冬

【玄翁・玄能】ゲンノウ 大工や石工が用いる鉄製の大きなつち。 由来 玄翁和尚が、成仏できない霊がこもる殺生石を割るのに用いたことからという。

【玄蕃寮】ゲンバリョウ 律令制の役所の一つ。僧の監督や外国使節の接待などを行った。

【玄武】ゲンブ 青竜・白虎・朱雀とともに天の四方をつかさどる四神の一つで、北方の神。カメとヘビが一つになった姿で表され、水を守る神。 参考「ゲンム」とも読む。

【△玄圃梨】けんぽなし クロウメモドキ科の落葉高木。山野に自生。夏、淡緑色の小花を多数つけ、球形の果実を結ぶ。果実は甘く食用となる。テンポナシ。 季秋

【玄米】ゲンマイ もみを取っただけで、精白していない米。くろごめ。「―は健康によい」 対白米

【玄妙】ゲンミョウ 物事の道理や技芸などが奥深く、はかりしれないほどすぐれているさま。「―をきわめる」

【〈玄参〉】ごまのはぐさ ゴマノハグサ科の多年草。草原に自生。葉はゴマに似て長楕円形。夏、黄緑色の小花を総状につける。 由来「玄参」は漢名から。 表記「黒参・胡麻の葉草」とも書く。

【〈玄孫〉】やしゃご 孫の孫。ひまごの子。 参考「ゲンソン」とも読む。

ゲン【芫】(7) 艹 4 1 7175 676B 訓音 ゲン ふじもどき・さつまふじ

意味 ふじもどき。さつまふじ。ジンチョウゲ科の落葉低木。

ゲン【△見】(7) 見 0 教 2411 382B ▼ケン（四一八）

ゲン【言】(7) 言 0 教 常 9 2432 3840 訓音 ゲン・ゴン いう・こと 外ことば

筆順 丶 亠 亠 言 言 言 言

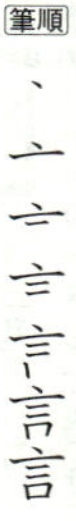

意味 ①いう。話す。述べる。「言論」「断言」②こと。ことば。「言行」「金言」

下つき 遺言・格言・過言・甘言・換言・諫言・狂言・極言・虚言・金言・苦言・公言・巧言・広言・至言・失言・祝言・証言・助言・進言・宣言・雑言・体言・他言・多言・断言・忠言・直言・提言・伝言・発言・不言・文言・片言・方言・無言・名言・約言・用言・予言・流言

【言い勝ち功名】いいがちコウミョウ 多少筋が通っていなくても、言葉をまくしたてて話した者が勝つということ。また、黙っていてはよい意見も周囲の人に通じないということ。「功名」は手柄を立てて名をあげる意。 表記「功名」は「高名」とも書く。

【言い△種・言い草】いいぐさ ①言った言葉。また、ものの言い方。「人を食った―だ」②話の種。③言いわけ。口実。「そんな―は通らない」

【言い△止す】いいさす 言いかけて話を途中でやめる。

【言い条】いいジョウ ①言い分。「—を聞く」②とはいうものの。とはいいながら。参考 ②「…とは言い条」の形で用いる。

【言い繕う】いいつくろう まちがいや欠点をうまく言ってごまかす。「—ってその場をやり過ごした」

【言う】いう ①心に思うことを言葉で表す。しゃべる。語る。述べる。②呼ぶ。名づける。「日本と—う国では」③音を立てる。鳴る。「雨戸がガタガタ—う」

『言いたいことは〈明日(あす)〉言え』思ったことをすぐに言わず、時間をおいてよく考えてから言えば失言がないということ。

『言うは△易(やす)く行うは難(かた)し』口で言うことは簡単であるが、それを実行するのはむずかしいということ。言葉たくみな者が、徳があるとは限らないという意。《塩鉄論》

『言わぬが花』はっきりと口に出して言わないほうが、かえって趣や価値があるということ。また、余計なことを言わなければ、さしさわりもなくてよいということ。

『言わねば腹▲脹(ふく)る』言いたいことを我慢して言わないでいると、不満がたまっていくということ。

【言下】ゲンカ 言い終わるか終わらないうちに。一言のもと。「—に否定する」

【言外】ゲンガイ 直接言葉に出さない部分。言葉で表現されていないところ。「—に期待の気持ちがこめられている」

【言及】ゲンキュウ 話があることにまで行きつくこと。言い及ぶこと。「核心に—する」「あえて—を避ける」

【言語】ゲンゴ 音声や文字によって、人の感情や意思などを相手や他の人に伝える行為。また、その手段である音声や文字。言葉。「—感覚」参考「ゴンゴ」とも読む。

【言行】ゲンコウ ①言葉と行い。「—一致」②言ったり、行動したりすること。振る舞い。「日頃(ひごろ)の—を省みる」類 言動

『言行一致』ゲンコウイッチ 口で言うことと実際の行動とが一致していること。対 言行相反・言行齟齬(ゲンコウソゴ)

【言辞】ゲンジ 言葉。言葉づかい。「不穏当な—を弄(ロウ)する人物」

【言笑自若】ゲンショウジジャク どんなことがあっても平然としていることのたとえ。「言笑」は言葉と笑い声、談笑の意。「自若」は落ち着いたさま。故事 中国、三国時代、蜀(ショク)の猛将の関羽は以前の戦いでひじに流れ矢が当たり、毒が骨に入って苦しんでいた。諸将と宴会の最中に医者に切開させ、流れる血は盤器にあふれたが、関羽は平気で肉を引き裂いて食い、酒を引き寄せ、談笑していたという故事から。《三国志》

【言責】ゲンセキ 自分の言葉や発言に対する責任。「約束した—を果たす」

【言説】ゲンセツ 言葉で述べられたもの。その意見。言葉。「根拠のない—を繰り返す」

【言質】ゲンチ のちのちの証拠となる言葉。「—を取られる」「不用意に—を与えた」参考「ゲンシツ」とも読む。

【言動】ゲンドウ 言葉と行動。「彼の—に注目が集まる」類 言行

『言文一致』ゲンブンイッチ 日常の話し言葉で文章を書くこと。また、明治時代の口語文体確立運動。言論界では福沢諭吉、文学界では二葉亭四迷、山田美妙らが主導した。

【言明】ゲンメイ はっきりと言うこと。また、断言すること。「—を避ける」「公の場で—する」類 明言

【言論】ゲンロン 言語や文章によって思想や主張を発表したり、論じたりすること。「—の自由を守る」

【言】こと 口に出して言うこと。言葉。「ひとり—をつぶやく」

【言霊】ことだま 昔、言葉の中にあると思われていた不思議な力。「—の幸(さきわ)う国(日本のこと)」「—信仰」

【言△伝】ことづて ①人に頼んで伝えてもらうこと。また、その言葉。ことづけ。伝言。「受付に—を頼む」②間接的に聞くこと。人から伝え聞くこと。「—に聞く」

『言葉多き者は品少なし』ことばおおきものはしなすくなし 口数の多い者は品位がないという、多弁や多言に対する戒め。

【言△祝ぐ】ことほぐ 新年、結婚などを言葉で祝う。喜びや祝いの言葉を述べる。表記「寿ぐ」とも書く。

【言語道断】ゴンゴドウダン 言葉で言い表せないほどあまりにひどいこと。もってのほか。「道断」は言うすべがない意。「—の振る舞い」参考 本来は仏教語で、仏教の究極の真理は言葉では説明できない意。

【言上】ゴンジョウ 身分の高い人や目上の人に申し上げること。

ゲン【阮】(7) 阝4 1 7986 6F76 音 ゲン 訓

意味 ①中国周代の国名。②人の姓。「阮咸(ゲンカン)」

『阮籍青眼』ゲンセキセイガン 心から人を歓迎すること。中国、三国時代、魏(ギ)の阮籍が、世俗の礼法にこだわらず、気に入らない世俗の人には白い目で応対し、気に入った人には黒い目で応対したこと。「阮籍」は竹林の七賢の中心的人物で、老荘の学を好み、世俗を白眼視した。《晋書(シンジョ)》類 白眼青眼

ゲン【★呟】(8) 口5 1 5076 526C 音 ゲン 訓 つぶやく

意味 つぶやく。小さな声でひとりごとを言う。

【△呟く】つぶやく 小さな声でひとりごとを言う。小声でぶつぶつと言う。

け ゲン

ゲン【弦】
(8) 弓 5 常 準2 2425 3839 音 ゲン 訓 つる 高

筆順 フ コ 弓 弓' 弘 弦 弦

意味 ①つる。弓に張る糸。「鳴弦」 ②楽器に張る糸。「弦楽」「管弦」 ③弓を張ったような半円形。弓張り月。「弦月」「上弦」

書きかえ ②「絃(ゲン)」の書きかえ字。

下つき 下弦(カゲン)・管弦(カンゲン)・上弦(ジョウゲン)・鳴弦(メイゲン)

【弦歌】ゲンカ 三味線の音色と歌声。三味線をひいたり、歌ったりすること。 書きかえ 「絃歌」の書きかえ字。

【弦楽器】ゲンガッキ 張った糸をひいたりはじいたりして演奏する楽器。三味線・バイオリンなど。 表記 「絃楽器」とも書く。

【弦月】ゲンゲツ 上弦または下弦の月。弓張月(ゆみはりづき)。 季 秋

【弦】つる ①弓に張ってある糸。ゆみづる。「—を離れた矢のよう」 ②三味線や琴などの弦楽器に張る糸。 参考 ②「ゲン」とも読む。

【弦音】つるおと 矢を放ったときに鳴る、弓のつるの音。「矢は—を響かせた」

【弦巻】つるまき 張り替え用の弓弦(ゆづる)を巻きつけた籐(トウ)製の輪。弦袋(つるぶくろ)。

ゲン【彦】
(9) 彡 6 準1 4107 4927 音 ゲン 訓 ひこ

字 旧《彥》(9) 彡 6 1/準1

意味 ①ひこ。男子の美称。 対 姫 ②才徳があるすぐれた青年。「彦士」 対 媛(エン)

下つき 英彦(エイゲン)・俊彦(シュンゲン)・諸彦(ショゲン)

【▲彦】ひこ 男性に対する美称。 対 姫 参考 「日子」の意。

【▲彦星】ひこぼし 七夕に織女(ショクジョ)星とともにまつる、牽牛(ケンギュウ)星の和名。 季 秋

ゲン【限】
(9) 阝 6 教 常 6 2434 3842 音 ゲン 訓 かぎる 外 きり

筆順 フ 了 阝 阝 阝 阝 阻 限 限

意味 ①かぎる。くぎる。しきりをする。「限定」「制限」 ②かぎり。くぎり。さかいめ。はて。「限界」「限度」「期限」

下つき 期限(キゲン)・局限(キョクゲン)・権限(ケンゲン)・刻限(コクゲン)・際限(サイゲン)・時限(ジゲン)・制限(セイゲン)・日限(ニチゲン)・年限(ネンゲン)・分限(ブゲン・ブンゲン)・無限(ムゲン)・門限(モンゲン)・有限(ユウゲン)

【限る】かぎ-る ①範囲を区切る。限定する。「出場者は高校生に—る」「テーマを—る」 ②最上である。及ぶものがない。「お茶は緑茶に—る」「疲れたら寝るに—る」 ③打ち消しの形で用いて、…とは決められない。「彼がうそつきだとは—らない」

【△限】きり ①物事の区切り。「—のよいところでやめる」 ②かぎり。限度。「—もなく食べて腹をこわす」 表記 「切り」とも書く。

【限界】ゲンカイ これ以上、またはこれ以下ではあり得ないという目一杯の境目。限り。「体力の—に挑戦する」

【限定】ゲンテイ 範囲や数量・適正などを限ること。「千部だけの—版」「応募資格を四〇歳以下に—する」

【限度】ゲンド これ以上は超えることができないという境目。「ものには—がある」 類 際限・限界

ゲン【原】
(10) 厂 8 教 常 9 2422 3836 音 ゲン 訓 はら 外 もと・たずねる・ゆるす

筆順 一 厂 厂 厂 戸 盾 盾 原 原 原

意味 ①もと。おおもと。はじめ。おこり。「原因」「原始」 類 源 ②はら。広くて平らな土地。「原野」「草原」 ③たずねる。 ④ゆるす。罪をゆるす。「原宥(ゲンユウ)」 ⑤「原子力」の略。「原発」

下つき 荒原(コウゲン)・高原(コウゲン)・湿原(シツゲン)・雪原(セツゲン)・草原(ソウゲン・くさはら)・中原(チュウゲン)・病原(ビョウゲン)・平原(ヘイゲン)

【原案】ゲンアン 検討や審議のために作られた最初の案。もとの考え。「—どおりに可決した」「あの思いつきが—になった」 類 草案

【原因】ゲンイン 物事が起こるもと。また、その事柄。「事故の—」 対 結果

【原液】ゲンエキ 薄めたり、他の物を加えたりしていないもとの液体。

【原価】ゲンカ ①製品の製造にかかる費用。コスト。「製造—」 ②仕入れ値段。

【原画】ゲンガ 印刷したり複製したりしたものの、もとの絵画。

【原義】ゲンギ その言葉の本来の意味や意義。 類 原意・本義 対 転義

【原級】ゲンキュウ ①進級できず、再び履修する学年。 ②欧米語の文法で、形容詞・副詞の比較級・最上級に対する基本の形。

【原形】ゲンケイ 物のはじめの形。もとの形。「事故車は—を留(とど)めていない」

【原型】ゲンケイ ①彫像や鋳物をつくるときのもとになる型。 ②洋裁で型紙のもとになる製図の型。

【原稿】ゲンコウ ①印刷のもととなるもの。文章・書画・写真など。 ②公表する文章の下書き。「—用紙」「—を依頼する」 類 草稿

【原告】ゲンコク 民事訴訟・行政訴訟で、訴えを起こして裁判を求めた当事者。 対 被告

【原罪】ゲンザイ キリスト教で、人類が犯した最初の罪。アダムとイブが神に背(そむ)いて禁断の実を食べた結果、その子孫である人間は生まれながらにその罪を背負っているという。《旧約聖書》

【原作】ゲンサク 翻訳・書き直し・脚色などをする前の、もとの作品。「脚色には—者の意向を汲(く)まねばならない」

【原産】ゲンサン 動植物や品物を初めに産出すること。また、その物。「キリンの—地」

【原子】ゲンシ 元素の特性を失わない程度まで分解した最小の微粒子。一つの原子核とその周囲を取り巻くいくつかの電子とから構成される。アトム。「―核」「―爆弾」

【原始】ゲンシ ①物事のおおもと。はじめ。②自然のままで、進歩や変化がない状態。未開のままであること。「―時代」

【原資】ゲンシ ①もとで。資金源。②国の財政投融資政策のもとになる資金源。

【原住民】ゲンジュウミン 移住民よりも前から、その土地に住んでいる人々。また、その種族。対移住民

【原状】ゲンジョウ もとのままの状態や状況。はじめの形。「―回復」

【原子力】ゲンシリョク 原子核の破壊や核反応などによって出るエネルギー。原子エネルギー。「―発電所」

【原人】ゲンジン 現在の人類（原生人類）より以前の化石人類。ジャワ原人・北京(ペキン)原人など。猿人に次ぐ人類で、旧人の前段階。

【原寸】ゲンスン 実物と同じ寸法。また、もとの寸法。「―大の銅像」

【原生林】ゲンセイリン 大昔から人の手の加わっていない、自然のままの森林。類原始林・処女林

【原則】ゲンソク 特例を除き、大部分に当てはまる基本的な規則や法則。「―としてアルバイトは禁止されている」

【原典】ゲンテン 引用したり翻訳したりしたものの、もとの書物や文献。

【原点】ゲンテン ①測量などの基準となる点。②物事のもととなるところ。「もう一度―にもどる」③数学で、座標軸が交差する点。

【原動力】ゲンドウリョク 活動を起こさせるもとになる力。「電圧を―とする機械」「団結が成功の―となった」

【原爆】ゲンバク 「原子爆弾」の略。原子が分裂するときの強大なエネルギーを利用した爆弾。「広島の―ドームを見学する」

【原板】ゲンバン 写真で焼き付けをするときのもとになる、現像したフィルムや乾板。陰画。ネガ。参考「ゲンパン」とも読む。

【原版】ゲンパン ①印刷で紙型や鉛板のもととなる活字の組版(くみハン)。②複製、翻訳、写真印刷などのもととなるもの。

【原盤】ゲンバン ①レコードを複製するときの鋳型(いがた)となるもの。②レコードを復刻するときの、もとになったレコード。

【原簿】ゲンボ ①写しなどを取る前の、もとになる帳簿。②総勘定元帳。

【原本】ゲンポン ①翻訳・写本・改訂・引用などをするものの、もとの書物や文献。②物事のおおもと。類根本

【原野】ゲンヤ 人の手が加えられていない未開拓の野原。「―を開墾する」

【原理】ゲンリ あらゆる事物や事象の根本にあり、それを成立させるうえでの基本的な法則。根本的な理論。「アルキメデスの―」

【原料】ゲンリョウ 製品を製造・加工するもとになるもの。参考製品になったときに、その性質や形状などが残っていない場合にいう。残っている場合は「材料」という。

【原論】ゲンロン その分野で根本となる理論。また、それを論じた著作や論文。

【△原ねる】たずねる 物事の根本を探求する。根本にさかのぼって考える。

【原】はら 平らで広大な土地。また、人の手の加えられていない広い土地。はらっぱ。

【△原】もと 物事のはじめ、起こり。みなもと。

ゲン【△拳】(10) 手6 常 2393 377D ▼ケン(四三三)

ゲン【★眩】(10) 目5 1 6633 6241 音ゲン 訓くらむ・くらます・くるめく・めまい・まぶしい・まばゆい・まう・まどう・くれる

意味 ①くらむ。目が回る。めまい。「眩暈(ゲンウン)」②くらます。まどわす。「眩惑」③まぶしい。まばゆい。④まう。まどう。判断がみだれる。

下つき 震眩(シンゲン)

【▲眩む】くらむ ①目が回る。めまいがする。「ライトで目が―む」②心をまどわされて判断がつかなくなる。「大金に目が―む」

【▲眩く】くるめく 目がくらくらする。目が回る。「目―く光の中」「―くばかりの光景」

【▲眩れる】くれる 心がまどい、どうしてよいかわからない。「途方に―れる」

【▲眩▲暈】ゲンウン 「眩暈(めまい)」に同じ。「読者を―の彼方(かなた)へ誘いこむ」

【▲眩人】ゲンジン 魔術師。魔法使い。手品師。参考人の目をくらます意。

【▲眩耀】ゲンヨウ 目をあけていられないほどに光り輝くこと。

【▲眩惑】ゲンワク 目がくらんでまどうこと。また、人の目をくらませ、まどわせること。「奇を衒(てら)い、衆人を―させる」

【▲眩い】まばゆい ①光が強くてまぶしい。「真夏の―い太陽」②まぶしいほど光り輝くように美しい。「―いばかりの美少女」表記「目映い」とも書く。

【▲眩しい】まぶしい 光が強くて目をあけていられないほどだ。まばゆい。「車のライトが―い」

【〈▲眩▲暈〉】めまい 目が回ること。目がくらんで倒れそうになること。参考「ゲンウン」とも読む。

ゲン【現】(11) 王7 教 常 6 2429 383D 音ゲン 訓あらわれる・あらわす 外うつつ

筆順 一 丅 千 王 玎 玑 玥 珇 珼 現 (8)

意味 ①あらわれる。あらわす。隠れていたものが見えるようになる。「現象」「出現」②実際の。いまの。

まのあたりに。「現在」「現存」③うつつ。生きていること。「夢現ゆめうつつ」

下つき 具現・顕現・権現・再現・実現・出現・体現・発現・表現

【現つ神】あきつかみ 人の姿で現れている神。天皇を敬っていう語。現人神あらひとがみ。

【現人神】あらひとがみ 「現あきつ神」に同じ。

【現れる】あらわれる ①隠れていたものが、見えるようになる。「雲間から月が―れる」②これまでなかったものが出現する。新たに出てくる。「大型新人が―れる」

〈現身〉うつしみ この世に存在している身。生き身。類現人うつせみ

〈現世〉うつしよ この世。対隠かくり世よ 参考「ゲンゼ・ゲンセ」とも読む。

〈現人〉うつせみ ①この世に生きている人。②この世。現世。表記「空蟬」と書くのは当て字。

【現】うつつ ①この世に存在していること。現実。「夢か―か幻か」②気持ちのしっかりした状態。正気。「―に返る」

【現役】ゲンエキ ①現時点で、仕事またはある社会の中で活動をしていること。また、その人。②高校に在学中の大学受験生。対浪人 ③旧軍隊で、軍事関係の仕事に在職中であること。また、その人。対予備役・退役

【現下】ゲンカ 現在。ただいま。「緊迫した―の国際情勢」類目下モッカ

【現況】ゲンキョウ 現時点のありさま。現在の状況。「―を報告する」類現状

【現業】ゲンギョウ 工場や作業場などの現場の業務。「―員の労務管理」

【現金】ゲンキン ①現在もっている金銭。②流通している貨幣。キャッシュ。「―で支払う」③簿記で、貨幣・紙幣とすぐに現金化できる銀行券・小切手・手形などの総称。④目先の利害によって、態度を変えるさま。「―な人」

【現行】ゲンコウ 現在行われていること。「―法の改正」「―価格を維持する」

【現行犯】ゲンコウハン 実行の現場、または犯行直後に見つけられた犯罪。また、その犯人。逮捕状がなくても逮捕できる。「すりの―」

【現今】ゲンコン いま。現在。「―の複雑な世界情勢」類昨今

【現在】ゲンザイ ①いま。現時点。対過去・未来 ②仏現世。この世。③いま行われている動作を表す語法。現在形。④基準となる日時をいう語。その時。「午後三時―の気温」

【現実】ゲンジツ 事実としていま、現にある事物。また、具体的・客観的に存在する状態。「―からの逃避」「厳しい―にぶつかる」類実際・実在 対理想・空想

【現出】ゲンシュツ 物事や状態が実際に現れ出ること。また、現し出すこと。「サッカー黄金時代を―する」類出現

【現象】ゲンショウ ①人間の感覚でとらえられるあらゆる事象。「驚異の自然―」②表面に現れ出たもの。「―にとらわれて本質を見失う」

【現状】ゲンジョウ 現在の状態。いまの状況。「―認識が甘い」類現況

『現状維持』ゲンジョウイジ 現在の状態がそのまま変化しないこと。また、現在の状態をそのまま保つこと。類現状保持

【現職】ゲンショク 現在の職業。また、現在その職業についていること。「―議員による汚職事件」対前職

【現世】ゲンセ 仏三世サンゼの一つで、この世。生きている現在の世。対前世・来世 参考「ゲンゼ」とも読む。

『現世利益』ゲンゼリヤク 仏信仰の結果が生きている間に実り、この世で仏から授かる加護。

【現前】ゲンゼン 現在、目の前に現れていること。「―たる事実」

【現像】ゲンゾウ 撮影した写真乾板・フィルム・印画紙などを薬品処理して映像を現すこと。「写真を―する」

【現存】ゲンソン 現実に存在すること。また、現在あること。「―する最古の歌集」「―する人物」参考「ゲンゾン」とも読む。

【現地】ゲンチ ①物事が実際に行われている場所。「―調査」「―集合」類現場 ②自分が現在、存在している場所。現在地。

【現生】ゲンなま 現金。かね。参考近世から使われている俗語。

【現の証拠】ゲンのショウコ フウロソウ科の多年草。山野に自生。夏、白色や淡紅色の五弁花をつける。葉や茎は下痢止めに用いる。季夏 由来茎や葉を煎せんじて飲むと、すぐに効き目が現れることから。

【現場】ゲンば ①ある物事が行われている、または過去に行われた場所。「事故―」「―検証」②第一線で仕事をする部署。作業をしている場所。「―の職員の意見を聞く」「工事―」参考「ゲンジョウ」とも読む。

【現物】ゲンブツ ①現にある物品。類現品 ②実際の品物。「―支給のボーナス」対金銭 ③経済で、取引の対象となる商品・株券など。類直物じきもの 対先物さきもの

【現有】ゲンユウ 現在もっていること。「党の―勢力」「―議席数の確保」

ゲン【眼】(11) 目6 教 2067 3463 ▼ガン(二五五)

ゲン【絃】(11) 糸5 準1 2430 383E 訓音 ゲン いと・つる

意味 いと。つる。楽器に張る糸。

書きかえ 「弦」が書きかえ字。

【絃】いと 楽器に張る糸。「三味線の―を張り替える」参考「つる」とも読む。

【絃歌】ゲンカ ▼ 書きかえ 弦歌(四四一)

け ゲン

【▲絃楽器】ゲンガッキ 張った糸をはじいたりこすったりして音を出す楽器。表記「弦楽器」とも書く。

【▲絃】つる 「絃(げん)」に同じ。

ゲン【舷】(11) 舟5 常 2 2431 383F 音 ゲン 訓 外 ふなばた・ふなべり

筆順 ノ 丿 月 月 舟 舟 舟' 舟亠 舟玄 舷 舷

意味 ふなばた。ふなべり。「舷側」

下つき 右舷(ウゲン)・左舷(サゲン)・船舷(センゲン)・半舷(ハンゲン)

【舷舷】ゲンゲン ふなべりとふなべり。「ー相摩(あいま)す（水上の激しい戦いのようす）」

【舷窓】ゲンソウ 船体に取りつけられた通風・採光用の小窓。

【舷側】ゲンソク ふなべり。ふなばた。船の側面。

【舷灯】ゲントウ 船が夜間、進行方向を知らせるためにかかげる航海用の灯火。右舷は緑、左舷は赤。参考「舷」は、ふなばたの意。

【舷門】ゲンモン 船の側面や上甲板にある出入り口。船ばしごをかけて昇降する所。

【△舷】ふなばた 船の側面。ふなべり。「鵜匠(うしょう)の綱さばきにーをたたく」

ゲン【衒】(11) 行5 1 7442 6A4A 音 ゲン 訓 てらう・ひけらかす・うる

意味 ①てらう。みせびらかす。ひけらかす。「衒学」②うる。売りこむ。「衒売」

下つき 詩衒(シゲン)

【▲衒学】ゲンガク 学問や知識のあることをひけらかすこと。「ー的な人」

【▲衒気】ゲンキ 自分の才能や学問などをひけらかしたがる気持ち。

【▲衒▲耀】ゲンヨウ 自分の才能や学問を実力以上に誇示すること。

【▲衒う】てらう 知識や才能などをひけらかす。えらそうに見せかける。「ーった文章」「奇をーった言動」

ゲン【減】(12) 氵9 教 常 6 2426 383A 音 ゲン 訓 へる・へらす

筆順 氵 氵 汇 沂 沂 洉 洉 減 減 減

意味 ①へる。へらす。少なくする。「減退」「節減」対増 ②引き算。「減法」「加減」対 ①②加

下つき 加減(カゲン)・軽減(ケイゲン)・削減(サクゲン)・縮減(シュクゲン)・節減(セツゲン)・増減(ゾウゲン)・半減(ハンゲン)

【減員】ゲンイン 人員を減らすこと。また、減ること。対増員

【減価償却】ゲンカショウキャク 年数の経過で価値が減少する土地以外の固定資産のその減少額を、決算期ごとに割り当てて利益から差し引く会計上の手続き。「ーの終わった備品を処分する」

【減刑】ゲンケイ 刑罰を軽くすること。「ーを嘆願する」

【減軽】ゲンケイ ①負担や重量を減らし、軽くすること。類軽減 ②自首や情状などによって刑を軽くすること。類減刑

【減殺】ゲンサイ 減らし少なくすること。参考「殺」はそぐ、へらす意。

【減資】ゲンシ 企業などで資本金を減らすこと。対増資

【減収】ゲンシュウ 収入や収穫高が減ること。「今年は台風の影響で稲が一割ーとなった」対増収

【減収減益】ゲンシュウゲンエキ 収入や利益が減ること。企業などの年度末決算で、前年度に比べて売上が減少し、利益が減ることをいう。対増収増益

【減衰】ゲンスイ 次第に減っていくこと。また、衰えていくこと。

【減税】ゲンゼイ 税金を軽くすること。「特別ー措置」対増税

【減速】ゲンソク 速度が落ちること。速度を遅くすること。対加速

【減損】ゲンソン 減ること。また、減らすこと。「資産価値がーする」

【減退】ゲンタイ 意欲や体力が衰え弱まること。「食欲がーする」対増進

【減反】ゲンタン 作物を耕作する面積を減らすこと。「国のー政策」対増反 参考「反」は田畑に用いる面積の単位。

【減俸】ゲンポウ 給料の額を減らすこと。「業績不振のためーとなる」類減給 対増俸

【減免】ゲンメン 税金や料金などの負担を軽くすること。また、免除すること。「税金のー」

【減耗】ゲンモウ すり減ること。また、すり減らすこと。参考「耗」は使ってすりへる意。「ゲンコウ」とも読む。

【減量】ゲンリョウ ①量が減ること。また、量を減らすこと。対増量 ②体重を減らすこと。「ボクシング選手がーする」

【減らず口】へらずぐち 負け惜しみや出まかせの屁理屈(ヘリクツ)を言うこと。また、その言葉。「ーをたたく」

【減る】へる 数量・程度が少なくなる。「最近は子どもの数がーりつづけている」

〈減上〉めりかり 音の高低。類減り張り 由来 笛や尺八などで、基本より下がる音を「めり」といい、上がる音を「かり」ということから。表記「乙甲」とも書く。

【△減り込む】めりこむ 重みなどで深く入りこむ。「ぬかるみにーむ」

【△減り張り】めりはり ゆるめることと張ること。特に、音声の高低や抑揚。「ーのある文章」類減上(めりかり)・乙甲(めりかり) 表記「乙張り」とも書く。

ゲン【嫌】(13) 女10 常 2389 3779 ▼ケン(四二九)

ゲン【源】(13) 氵10 教 常 5 2427 383B 音 ゲン 訓 みなもと

筆順 氵 氵 汇 沂 沂 沥 洒 涥 源 源

意味 ①みなもと。水の流れるもと。また、物事のおおもと。はじまり。「源泉」「資源」類原 ②四姓(源・平・藤・橘)の一つ。「源氏」

下つき 淵源・起源・光源・語源・根源・財源・資源・水源・電源・本源

【源泉】ゲン セン ①水のわき出るみなもと。類源流 ②物事の生じてくるもと。「休養こそ活動力の―になる」

【源流】ゲン リュウ ①川の始まりである源。水源。②物事の起こり。起源。「天平文化の―をたどる」

【源】みなもと ①川の流れ出る所。水源。②物事の始まり。根源。「悪の―を絶つ」

【源清ければ流れ清し】物事の根本が正しければ、その末端も正しくなることのたとえ。また、上に立つ者が正しい行いをすれば、下の者も正しくなるたとえ。川の水は源がきれいに澄んでいれば、下流の水もきれいに澄むことから。〈『荀子』〉

ゲン【鉉】(13) 金5 1 7875 6E6B 音 ゲン・ケン 訓 つる

意味 つる。器物につけてある弓形の取っ手。

下つき 鼎鉉

【鉉】つる ①なべやどびんの弓形の取っ手。②枡の上に斜めに張り渡した鉄線。枡に入れた物を平らにならすのに用いる。

ゲン【愿】(14) 心10 1 5637 5845 音 ゲン 訓 つつしむ・すなお

意味 つつしむ。かしこまる。すなお。まじめ。「愿朴」

下つき 郷愿

【愿む】つつし―む 実直である。きまじめでつつしみ深い。

ゲン【螈】(16) 虫10 1 9160 7B5C 音 ゲン 訓 なつご

意味 ①なつご(夏蚕)。②「蠑螈(いもり)」に用いられる字。

ゲン【諺】(16) 言9 準1 2433 3841 音 ゲン 訓 ことわざ

〈諺〉

意味 ことわざ。昔から言い伝えられた、教訓や風刺を含んだ短い言葉。「諺語」

下つき 古諺・世諺・俗諺・俚諺

【諺文】オン モン 朝鮮語を書き表すための固有の音標文字。ハングルの旧称。参考「オンムン」とも読む。朝鮮語読みから。

【諺語】ゲン ゴ ①古くから言い伝えられたことわざ。格言。②俗語。

【諺】ことわざ 昔から伝えられ、教訓や風刺などを表した短い言葉。「急がば回れ」「猿も木から落ちる」など。

ゲン【還】(16) 辶13 常 2052 3454 ▼カン(二四八)

ゲン【厳】(17) ⺍14 教 常 5 2423 3837 音 ゲン・ゴン高 訓 おごそか中・きびしい外いかめしい・いかつい

旧字《嚴》(20) 口17 1/準1 5178 536E

筆順 ⺍ ⺍ 𫝀 产 产 产 产 严 严 厳 厳

意味 ①きびしい。はげしい。「厳格」「厳命」②おごそか。いかめしい。おかしがたい。「厳粛」「威厳」③父に対する尊称。「厳父」

書きかえ ②「儼」の書きかえ字として用いられるものがある。

下つき 威厳・戒厳・謹厳・荘厳・尊厳・端厳・冷厳

【厳つい】いか―つい ごつごつしている。ごつい。いかめしい。「―い肩」

【厳しい】いかめ―しい ①威厳があり、りっぱである。「―い風貌の男」②厳重である。ものものしい。「―い警備体制」

【厳か】おごそ―か いかめしく、身が引きしまるほど重々しいさま。「式典が―に行われた」表記「儼か」とも書く。

〈厳器〉からくしげ 櫛を入れる美しい小箱。表記「唐櫛笥」とも書く。

【厳しい】きび―しい ①厳格で、いいかげんなことを許さない。「しつけに―い家庭」「採点が―い」②程度がはなはだしい。はげしい。「―い練習」「残暑が―い」

【厳戒】ゲン カイ 厳しく警戒すること。「首都一円に―体制を敷く」

【厳格】ゲン カク 不正や怠慢などを許さず、厳しくするさま。「―な家庭に育つ」

【厳寒】ゲン カン 非常に厳しい寒さ。類極寒・酷寒 対厳暑・猛暑 季冬

【厳禁】ゲン キン かたく禁止すること。厳重に禁止すること。「作業場は火気―」

【厳酷】ゲン コク むごいほどに厳しいこと。また、そのさま。「―な処罰」

【厳守】ゲン シュ 命令や規則・約束・時間などをかたく守ること。「締め切りを―する」

【厳重】ゲン ジュウ ささいなこともおろそかにしない厳しいようす。「―な警戒」

【厳粛】ゲン シュク おごそかで心身の引きしまるようす。ゆるがせにできないようす。「死という―な事実」「―に受け止める」

【厳正】ゲン セイ 厳しい態度で公正をはかること。「―な審査」

【厳正中立】ゲンセイ チュウリツ 紛争などでどちらにも味方せず、かたよらない立場を固く守ること。「仲裁者は―の態度を貫

く」類局外中立

【厳選】ゲンセン 厳しい基準によって取捨選択すること。「―された材料」

【厳然】ゲンゼン いかめしく、おごそかなさま。動かしがたいさま。「―とした態度」「―たる事実が存在する」書きかえ「儼然」の書きかえ字。

【厳存】ゲンソン はっきりと確かに存在すること。「事実が―する」表記「儼存」とも書く。

【厳冬】ゲントウ 寒さの厳しい冬。「―の贈り物、ダイヤモンドダスト(細氷)」季冬

【厳罰】ゲンバツ 厳しい処罰。また、厳しく罰すること。「―に処す」

【厳父】ゲンプ ①厳しい父親。②他人の父親に対する敬称。

【厳封】ゲンプウ 厳重に封をすること。「重要書類を―する」

【厳密】ゲンミツ 細かい点まで注意がゆきとどいて厳しいこと。「―に調べる」「―には意味がちがう」

【厳命】ゲンメイ 厳しく命令すること。また、その命令。「―を下す」

ゲン【験】(18) 馬8 教 2419 3833 ▼ケン(四三六)

ゲン【▲嚴】(20) ロ17 5178 536E ▼厳の旧字(四四五)

ゲン【儼】(22) イ20 1 4923 5137 音 ゲン 訓 おごそか・いかめしい

意味 おごそか。いかめしい。「儼然」

書きかえ「厳」に書きかえられるものがある。

【▲儼か】おごそーか いかめしくおもおもしいさま。がっしりと構えたようす。「―な表情」表記「厳か」とも書く。

【▲儼乎】ゲンコ おごそかなさま。威厳があり、りっぱなさま。「―たる恩師の態度」

【▲儼然】ゲンゼン ▼書きかえ 厳然(四四六)

【▲儼存】ゲンソン はっきりと確かにあること。表記「厳存」とも書く。

こ ゲン―コ

こ 己　コ 己

コ【己】(3) 己0 常 教 5 2442 384A 音 コ・キ㊥ 訓 おのれ㊥ ㊕つちのと

筆順 フコ己

意味 ①おのれ。じぶん。「自己」「克己」②つちのと。十干の第六。「己丑(キチュウ)」▼干支順位表(一六〇)

参考「己」の二画目までが片仮名の「コ」に、草書体が平仮名の「こ」になった。

下つき 克己(コッキ)・自己(ジコ)・知己(チキ)・利己(リコ)

〈▲己惚〉れる うぬぼーれる 自分の能力などが実際以上にすぐれていると思いこみ、得意になる。表記「自惚れる」とも書く。

【己】おのれ ①自分自身。「真の勇気とは―に克(か)つこと」②自分をへりくだって用いる語。わたくし。③相手を見下して用いる語。おまえ。

【己に△如かざる者を友とするなかれ】自分より劣った者は、自らの身を修め向上する助けとならないので友としないほうがよいという教え。《論語》

【己の頭の▲蠅(はえ)を追え】他人に余計な世話を焼くよりも、まず自分自身のことをきちんとせよということ。参考「己の頭」は「頭の上」ともいう。類己(おの)が頭の蠅(はえ)を払え

【己の欲せざる所は人に施すなかれ】自分がされて不快に思うことは他人がされても不快に感じるので、それを人にしてはいけないという戒め。《論語》

【△己】つちのと 十干の第六番目。方角では中央。五行では土。対戊(つちのえ) 参考「土の弟(と)」の意。

コ【戸】(4) 戸0 常 教 9 2445 384D 音 コ 訓 と ㊕へ

旧字《戶》(4) 戶0 1/準1

筆順 一ㄱ彐戸

意味 ①と。とびら。出入り口。とぐち。「門戸」②家。部屋。「戸主」③酒を飲む量を表す語。「下戸」

下つき 下戸(ゲコ)・上戸(ジョウゴ)・門戸(モンコ)

【戸口】ココウ 家の戸数と人口。「―調査」参考「とぐち」と読めば、家の入り口の意。

【戸主】コシュ ①一家の主人。家長。②旧民法で家を支配・統率する者。

【戸籍】コセキ ①国民各人の氏名・生年月日・親族との続柄(つづきがら)・本籍地などを記した公文書。「―謄本(トウホン)」②戸数や人口を記した帳簿。

【戸】と 建物の出入り口や窓に取り付け、枠をつけて開閉できるようにしたもの。

【戸板】といた 昔、病人や物を運ぶのに用いた雨戸など板張りの戸。

【戸棚】とだな 前面に戸をつけ中に棚を張った、物を入れる箱型の家具。「洗った食器を―にしまう」

【戸袋】とぶくろ あけた雨戸などをしまっておく、敷居の端に設けてある囲い。

【戸惑う】とまどーう どうしてよいかわからず、まごまごする。「突然の出来事に―うばかりだ」

コ【△火】(4) 火0 教 1848 3250 ▼カ(一三五)

コ【乎】(5) ノ4 準1 2435 3843 音 コ 訓 か・や・かな・を

意味 ①状態を表す語につけて語調を強める助字。

「確乎」「断乎」②か。や。かな。疑問・反語・仮定・詠嘆の助字。③に。を。より。場所・時間・目的・比較を示す助字。参考「乎」の変形が片仮名の「ヲ」になった。
下つき 確乎(カッコ)・断乎(ダンコ)・牢乎(ロウコ)

【乎】か ①文末におき、感嘆や詠嘆を表す語。②文末におき、疑問や反語を表す語。

【乎】かな 文末におき、感嘆や詠嘆を表す語。

【乎】や 文末におき、詠嘆・疑問・反語を表す語。

【乎古△止点】をことテン 昔、漢文を読み下すために漢字の四すみや上下につけて助詞などを表した点や線の符号。由来 漢字右上の点を「を」、その下を「こと」としたことから。

コ【去】(5) ム 3 教 2178 356E ▼キョ(三四)

コ【古】(5) ロ 2 常 教 9 2437 3845

音 コ
訓 ふるい・ふるす
外 いにしえ

筆順 一 十 十 古 古

意味 ①過ぎ去ったむかし。いにしえ。「古代」「懐古」対今 ②ふるい。ふるびる。ふるめかしい。「古参」「古風」対新 ③ふるす。長く使ってふるくなる。
下つき 往古(オウコ)・懐古(カイコ)・近古(キンコ)・稽古(ケイコ)・好古(コウコ)・考古(コウコ)・上古(ジョウコ)・太古(タイコ)・中古(チュウコ・チュウぶる)・復古(フッコ)

【△古】いにしえ 過ぎ去った昔。遠い過去。「―の文学をひもとく」「―の栄華をしのぶ」由来「往(い)にし方(え)へ」から。

『△古の学者は己(おのれ)の△為(ため)にし、今の学者は人の△為にす』 昔の学者は自分の修養のために学問をしたが、今の学者は業績を上げて人に認めてもらうために学問をしている。《論語》

【古往今来】コオウコンライ 昔から今に至るまで。昔から。「古往」は昔の意。参考「今来古往・往古来今」ともいう。「今来」は「キンライ」とも読む。

【古▲柯・古加】コカ コカノキ科の常緑低木。ペルー原産。熱帯地方で栽培。葉は楕円(ダエン)形。初夏、黄緑色の小花をつける。葉はコカインの原料。

【古雅】コガ 古風で趣があるさま。上品で風流なさま。

【古希】コキ 数え年で七〇歳のこと。由来「人生七十古来稀(まれ)なり」〈杜甫(トホ)の詩〉から。
書きかえ「古稀」の書きかえ字。

【古▲稀】コキ ▼書きかえ 古希

【古▲諺】コゲン 古くから言い伝えられたことわざ。
参考「諺」はことわざのこと。

【古豪】コゴウ 経験を積んだ実力者。古兵(ふるつわもの)。ベテラン。「―チーム」「対戦相手は―ぞろいだ」対新鋭

【古今】ココン ①昔と今。②昔から今日まで。「―東西」参考①「コキン」とも読む。

『古今東西(ココントウザイ)』 昔から今まで。いつでもどこでも。「―の歴史」参考「東西古今」ともいう。

『古今独歩(ココンドッポ)』 昔から今に至るまで並ぶものがないほどすぐれていること。「独歩」はおよびがつかないほどすぐれていること。類海内無双(カイダイムソウ)

『古今未曽有(ココンミゾウ)』 昔から今にかけて、一度もなかったこと。「―の出来事」

『古今無双(ココンムソウ)』 昔から今まで、匹敵するものがないほどすぐれていること。「無双」は比べるものがない意。

【古刹】コサツ 古い由緒ある寺。古寺。参考「刹」は寺の意。

【古参】コサン 古くからその職場や仕事についていること。また、その人。「―の社員」対新参 季春

【古式】コシキ 昔からのやりかた。「―ゆかしく行われる」「―に則(のっと)る」

【古色】コショク 長い年月を経て古びた色やようす。古びた味わい。

『古色▲蒼然(コショクソウゼン)』 古びたさま。また、見るからに古めかしく趣のあるさま。「蒼然」は古めかしいさま。「―とした建物」類古色古香

【古人】コジン 昔の人。特に、昔のすぐれた人。「―に学ぶ」類昔人 対今人

『古人の▲糟▲魄(ソウハク)』 言葉や文章では、聖人の本質を伝えるのはとうてい不可能であるということ。今日伝わる昔の聖賢の言葉や書物は残りかすのようなものであるという意。「糟魄」は酒のしぼりかす。《荘子(ソウジ)》
表記「糟魄」は「糟粕」とも書く。

【古生代】コセイダイ 地質時代の区分の一つ。今から約五億七〇〇〇万年前～約二億二五〇〇万年前の期間で、太古代(先カンブリア時代)に続く時代。

【古跡】コセキ 歴史上の事件や建物などがあった場所。類旧跡・遺跡・古址(コシ) 書きかえ「古蹟」の書きかえ字。

【古▲蹟】コセキ ▼書きかえ 古跡

【古拙】コセツ 技術的にはつたないが、古風で素朴な味わいがあるさま。「―な石仏」

【古典】コテン 古い時代に作られ、現代でも文化的価値をもっている書物や芸術作品。「―文学」「―舞踊」

【古墳】コフン 土を高く盛り上げて築いた古代の墓。塚。方墳・円墳・前方後円墳・上円下方墳などがある。「―の発掘調査」

【古文書】コモンジョ 昔の証文や手紙など、史料となる古い文書や記録。

【古老】コロウ 老人。老成の人。としより。特に、昔のことに詳しい老人。「地元の―に郷土史を取材する」表記「故老」とも書く。

【古渡り】コわたり　室町時代、またはそれ以前に外国から渡来したこと。また、その品物。「—の壺」類昔渡り・時代渡り

【古い】ふるーい　①昔からの。昔の。「—い屋敷」「—い友人」②古びている。旧式な。時代遅れである。「—い考え」

【古株】ふるかぶ　①同じところにずっと前からいる人。「—の社員に相談する」類古顔・古手・古参 ②古い切り株。

【古巣】ふるす　①以前に住んでいたり、仕事をしたりしていたところ。「—の部署に戻る」②古い巣。巣立ったあとの巣。もとの巣。季春

【古す】ふるーす　長期間使って古くする。よく使われて新鮮ではなくなる。「言い—されたセリフ」

【古△兵・古△強者】ふるつわもの　①戦いの経験を多く積んだ武士。②経験豊かなその道の熟練者。やりて。ベテラン。「歴史のある私立学校なので教師も—が多い」

【古手】ふるて　①長い年月同じ職についている人。類古顔・古株・古参 ②古くからある方法。対①②新手 ③古くなった服や道具。

【古びる】ふるーびる　年月がたち、古くなる。古くさくなる。「—びた学校」

【古身・〈古刃〉】ふるみ　昔つくられた刀。古刀。対新身

コ【△巨】(5) 工 2 常 2180 3570　▼キョ(三四)

コ【冱】(6) 冫 4　1 4952 5154　音 コ・ゴ　訓 さえる・こおる・さむい

意味 ①さえる。すみわたる。②こおる。さむい。

「冱寒」類涸

【△冱て返る】いてかえーる　暖かくなりかけて、また再び寒気が強まる。季春
表記「凍て返る」とも書く。

【△冱る】こおーる　感覚がなくなるほど冷たく寒い。「—った月の光」

【△冱寒】ゴカン　こおりつくほどの厳しい寒さ。極寒。「深山幽谷にして—の地」

【△冱える】さーえる　①冷え冷えとする。②光・音・色などが氷のように澄みわたる。「—えた音色の笛」③頭のはたらきや技術などがあざやかである。「朝は特に頭が—えている」表記「冴える」とも書く。

コ【夸】(6) 大 3　1 5282 5472　音 コ・カ　訓 ほこる・おごる

意味 ①ほこる。大げさに言う。「夸言」類誇 ②おごる。たかぶる。「夸者」

コ【估】(7) 亻 5　1 4838 5046　音 コ　訓 あたい・あきなう

意味 ①ねうち。あたい。「估券」類価 ②うる。あきなう。あきんど。「估客」類①②沽・賈

下つき 商估

【估券】コケン　①人の値打ち。体面。品位。「—にかかわる」②土地や家などの売り渡しの証券。表記「沽券」とも書く。

コ【▲杞】(7) 木 3 5925 5B39　▼キ(二四)

コ【刳】(8) 刂 6　1 4974 516A　音 コ　訓 えぐる・くる・さく

意味 ①えぐる。くりぬく。「刳心」②さく。切り開く。

【▲刳る】えぐーる　①刃物などを差しこみ、半円形にまわしてくりぬく。えぐりとる。②大事な点などを鋭く指摘する。「核心を—る発言」表記「抉る」とも書く。

【▲刳形】くりかた　建築・建具で、えぐって飾りとした穴。また、その装飾。

【▲刳り△貫く】くりぬーく　刃物などを回し入れて穴をあける。中身をえぐり出す。「リンゴの芯を—く」

【▲刳舟】くりふね　一本の丸太をくりぬいてつくった舟。丸木舟。えぐりぶね。

【▲刳る】くーる　刃物などで穴をあける。また、丸くえぐる。「えりを大きく—った服」

コ【呼】(8) 口 5 常 教 5 2438 3846　音 コ　訓 よぶ

筆順 丨 口 口 口' 口'' 吖 吖 呼

意味 ①よぶ。よびかける。大声を出す。「呼応」「歓呼」②名づける。となえる。「呼称」③息をはく。「呼気」「呼吸」対吸 ④ああ(嗚呼)。嘆く声。

下つき 歓呼・指呼・称呼・点呼

【呼応】コオウ　①呼びかけに応じること。互いに通じ合うこと。「両者—して立ち上がった」②文中で、前と後ろの語句が一定のきまりで関係し合うこと。「決して…ない」など。

【呼気】コキ　体外に吐き出す息。「ゆったりした—がヨーガの基本」対吸気

【呼吸】コキュウ　①息を吸ったり吐いたりすること。生物が酸素と二酸化炭素を体内に入れかえる作用。「—を整える」②人と人との間の調子。また、物事をするときの微妙なこつ。「—を合わせる」「—をつかむ」

【呼牛呼馬】コギュウコバ　相手の言うにまかせて、逆らわないこと。また、他人から褒められようとけなされようと取り合わないこと。相手が自分をウシだと言えば自分をウシと思い、ウマだと言われればウマだと思う意から。〈『荘子』〉

【呼号】コゴウ　①大声で呼び叫ぶこと。②大げさに言いたてること。

【呼集】コシュウ　あちこちに散らばっている人を呼び集めること。

【呼称】コショウ　名づけて呼ぶこと。また、その呼び名。

【呼び水】よびみず　①ポンプの水をさそい出すために、最初に水を少量そそぎ入れること。また、その水。類誘い水・迎え水 ②物事を引

こ
コ

き起こすきっかけ。「インフレが暴動の—となった」

【呼び鈴】よびリン 人を呼ぶためや合図のための鈴やベル。

【呼ぶ】よ-ぶ ①相手の注意を引くために声をかける。「大声で—ぶ」②よびよせる。招く。「お茶に—ぶ」「人気を—ぶ」③名づける。「人は彼女をピアノの天才と—ぶ」

コ【呱】(8) 口5 1 〔呱〕5077 526D 音 コ 訓 なく

意味 な(泣)く。特に、赤ん坊の泣き声。「呱呱」

【▲呱▲呱】ココ 乳飲み子の泣く声。「北国の片田舎で—の声をあげた」

コ【固】(8) 口5 常 教 7 2439 3847 音 コ 訓 かためる・かたまる・かたい 外 もとより

筆順 丨 冂 冂 円 冃 冋 固 固

意味 ①かためる。かたまる。かたい。「固体」「強固」②かたくな。あくまでも。しっかり。「固持」「頑固」③もとより。はじめから。「固有」

下つき 確固カッコ・頑固ガンコ・強固キョウコ・凝固ギョウコ・禁固キンコ・堅固ケンコ・断固ダンコ・牢固ロウコ

【固い】かた-い ①しっかりしていて丈夫である。きっちりしていて緩みがない。「地盤が—い」「雑巾ゾウキンを—くしぼる」②厳重である。「守りが—い」③きまじめだ。信用できる。「—い職業」④がんこで、融通がきかない。「頭が—い」

【〈固唾〉】かたず 緊張して息をこらすとき、口の中にたまる唾つば。「—を呑のむ」

【固太り】かたぶとり 筋肉質でひきしまった太り方。また、そのような人。

【固まる】かた-まる ①かたい状態になる。「紙粘土が—る」「雨降って地ジ—る」②寄り集まる。「仲間同士が—る」③しっかりした状態になる。「企画が—る」

【固▲関】コゲン 昔、朝廷で大事などがあったときに特定の三つの関所を警固ケイゴさせること。対 開関カイゲン

【固持】コジ 自分の考えなどを、かたくもち続けて変えないこと。類 固執

【固辞】コジ かたく辞退すること。いくらすすめられても断り続けること。「会長就任の要請を—する」

【固執】コシツ 自分の考えなどを主張し続けて変えないこと。「あくまでも自説に—する」類 固持 参考 「コシュウ」とも読む。

【固守】コシュ かたく守ること。「自分の意見を—する」類 堅守

【固体】コタイ 一定の形や体積をもち、簡単に変形しない物体。対 気体・液体

【固定】コテイ ①ひとところに定まって動かないこと。また、動かないようにすること。「—資産」②変化しないこと。「—したメンバー」

【固定観念】コテイカンネン 頭にこびりついて、容易に変わらない考え。「—にしばられる」

【固有】コユウ ①もとから備わっていること。「—の文化」②そのものだけにあること。特有。「—名詞」

【固▲陋】コロウ 古いものにこだわり、新しいものを取り入れようとしないこと。また、頑固で見解が狭いこと。「頑迷ガンメイ—」「—な老人」

【△固より】もと-より ①最初から。元来。②いうまでもなく。もちろん。

コ【★姑】(8) 女5 準1 2440 3848 音 コ 訓 しゅうとめ・しゅうと・しばらく

意味 ①しゅうとめ。夫の母。また、妻の母。しゅうと。「外姑」対 舅キュウ ②おば。父の姉妹。③しばらく。とりあえず。「姑息」④おんな。婦女。

下つき 外姑ガイコ・舅姑キュウコ・小姑こじゅうと

【▲姑息】コソク 一時の間に合わせ。その場のがれ。「—な手段では駄目だ」参考 「息」はやすむ意。

【▲姑く】しばら-く かりそめに。一時。とりあえず。「その件は—置くとしよう」

【▲姑】しゅうとめ 夫の母。また、妻の母。対 舅しゅうと 参考 「しゅうと」とも読む。

【▲姑の十七見た者ない】真偽がはっきりしない、あてにならない話であるということ。若いころの自慢話をする姑の、当時の姿を見た者はいないことから。

コ【▲孤】(8) 子5 ▼孤の旧字(四五一)

コ【△居】(8) 尸5 教 2179 356F ▼キョ(三三五)

コ【▲弧】(8) 弓5 ▼弧の旧字(四五二)

コ【怙】(8) 忄5 1 5564 5760 音 コ 訓 たのむ

意味 ①たのむ。たよりにする。「怙恃ジコ」「依怙」②父母。両親。

下つき 依怙コイ・コエ

【▲怙▲恃】コジ ①たのみとすること。②父母。子がたのみとする者。由来 ②「父無ければ何をか怙たのまん、母無ければ何をか恃たのまん」《詩経》による。

【▲怙む】たの-む 頼りにする。頼れるものとして当てにする。よりどころとする。

コ【拠】(8) 扌5 常 2182 3572 ▼キョ(三二六)

コ【沽】(8) 氵5 1 6188 5D78 音 コ 訓 うる・かう

意味 ①うる。かう。売り買いする。あきなう。「沽酒」②あたい。ねうち。類 価・①②估コ・賈コ

【▲沽券】コケン ①人の値打ち。体面。品位。「—が下がる」②土地や家などの売り渡しの証券。表記 「估券」とも書く。

【▲沽券に関(かか)わる】それまで保っていた品位や体面がけがされるおそれがある。「この試合に負けては、わが校の―る」

コ【股】

(8) 月4 常 2 2452 3854 音 コ 訓 また 外 もも

筆順 丿 刀 月 月 月' 肌 股 股

意味 ①また。足のつけね。「股間」②もも。足のひざから上の部分。「股肱(ココウ)」「股栗(コリツ)」③ふたまたになっているもの。

下つき 四股(シコ)・刺股(さすまた)

【股間】コカン またの間。またぐら。表記「胯間」とも書く。

【股関節】コカンセツ またのつけねの関節。「―脱臼(ダッキュウ)」

【股▲肱の臣】ココウのシン 君主の手足となって働く家来。腹心の部下。「股」と「肱」は、ともに人の動くときにかなめとなるところであることから、なくてはならない大切なものの意。《書経》参考「股肱」は「股掌」ともいう。

【股分】コブン 持ち分。参考 法律用語として使われる。

【股▲栗・股▲慄】コリツ ももがわなわなと震えるほど、恐怖に恐れおののくこと。

【股】また ①足のつけねの内側。またぐら。②一つのもとから二つ以上に分かれ出る所。「木の―」表記①「胯」とも書く。

〈股座〉またぐら 両ももの間。また、股間(コカン)。「―膏薬(ゴウヤク)(一定の意見をもたないこと)」表記「胯座」とも書く。

【股旅】またたび 昔、ばくち打ちなどが諸国を股にかけて渡り歩いたこと。「―物の古い映画を見る」

【▲股】もも 足のつけねからひざまでの部分。大腿(ダイタイ)。「―を高く上げて走る」

【▲股立】ももだち 袴(はかま)の左右両わきのあきを縫い止めたところ。「―を取る」

【▲股引】ももひき ズボン形のぴったりした衣服。下着用と作業用がある。

コ【虎】

(8) 虍2 常 2 2455 3857 音 コ 訓 とら

筆順 ' ト 卜 广 卢 卢 虍 虎

意味 とら。ネコ科の哺乳(ホニュウ)動物。また、たけだけしいもの、恐ろしいもののたとえ。「虎口」「猛虎」

下つき 餓虎(ガコ)・猛虎(モウコ)・竜虎(リュウコ・リョウコ)・狼虎(ロウコ)

〈虎刺〉ありどおし アカネ科の常緑小低木。由来「虎刺」は漢名から。▼蟻通(ありどおし)(二九)

〈虎▲杖〉いたどり タデ科の多年草。山野に自生。葉は先のとがった卵形。若芽は酸味があり、食用になる。スカンポ。季春 由来「虎杖」は漢名より。若い茎にある紅紫色の斑点(ハンテン)がトラの毛皮に似ていることから。

〈虎掌〉うらしまそう サトイモ科の多年草。山林に自生。葉は鳥の足状にさけている。有毒。季夏 由来「虎掌」は漢名からの誤用。和名は、花軸が長く垂れ下がるさまを浦島太郎の釣り糸に見立てたもの。表記「浦島草」とも書く。

〈虎魚〉おこぜ オニオコゼ科とハオコゼ科の海魚の総称。▼鰧(おこぜ)(一二五八)

【虎威】コイ トラが他の動物を恐れさせる威力。転じて、強大な武力・権勢。

【虎穴】コケツ ①トラのすむほらあな。②危険な場所のたとえ。

【虎穴に入(い)らずんば虎子(コジ)を得ず】何事もたいへんな危険を冒さなければ、大きな成果や功名は得られない。トラのすんでいる穴にはいらなければ、トラの子は捕らえられない意から。《後漢書(ゴカンジョ)》

【虎口】ココウ ①トラの口。②きわめて危険な場所や状況のたとえ。

【虎口を脱する】非常に危険な場所や状態を逃れること。参考「脱する」は「逃れる」ともいう。

【虎口を逃(のが)れて竜穴に入(い)る】災難が次から次へとふりかかってくるたとえ。類 一難去ってまた一難

【虎視▲眈▲眈】コシタンタン すきがあればつけこもうと、じっと機会をねらって形勢をうかがうさま。「虎視」は、トラが獲物をねらうこと。「眈眈」はにらむ、見下ろす意。トラが獲物をねらって鋭い目つきでにらんでいるさま。《易経》

【虎▲鬚】コシュ トラのひげ。また、強そうに見えるひげ。「―を編む(あえて危険なことをするたとえ)」参考「とらひげ」とも読む。

【虎▲嘯】コショウ ①トラがほえること。②英雄・豪傑が活躍するたとえ。

〈虎列▲剌〉コレラ 感染症の一つ。コレラ菌によって引き起こされ、高熱・下痢・嘔吐(オウト)などを伴い、死に至ることもある。コロリ。季夏

【虎▲狼の心】コロウのこころ トラやオオカミのような貪欲(ドンヨク)で残忍な心。由来 中国、戦国時代、大梁(タイリョウ)の人尉繚(ウツリョウ)が秦王(シンオウ)(のちの始皇帝)を評した言葉から。《史記》

【虎▲狼▲痢】コロリ コレラの別称。由来 コレラにかかると「ころり」と死ぬ意をかけた語。

【虎】とら ネコ科の哺乳(ホニュウ)動物。アジア特産の猛獣。体の上部に黄色の地に黒い横じまがあり腹部は白い。夜行性で鳥獣を捕食。タイガー。「―を野に放つ(危険なものを放置しておく)」

【虎の威を借る▲狐(きつね)】力のない者が、権力のある者の

威勢を借りて威張ることのたとえ。故事 トラがキツネを捕らえて食おうとすると、キツネは「私は天帝から百獣の長となるよう命じられているから食ってはいけない。信用できないなら私と一緒に来てみなさい」と言って、トラを後ろにしたがえて行くと、獣たちはトラを恐れて逃げたが、トラはてっきりキツネを恐れて逃げたものと思ったという故事から。《『戦国策』》 表記「仮る」は「借る・藉る」とも書く。

【虎の尾を△履む】 大きな危険を冒すたとえ。《『易経』》 類 虎の口へ手を入れる

【虎は死して皮を△留め、人は死して名を残す】 死後に自分の名を汚さぬよう心がけて生涯を送らなければならないということ。トラは死後その毛皮が珍重され、人は死後その功績が語られることから。《『十訓抄』》

【虎は千里行って千里帰る】 ①勢いが盛んで行動力があふれていることのたとえ。②親の、子に対する愛情が強いことのたとえ。由来 ②トラは千里を走ったあとでも、巣穴にいる子どもを思って千里の道を帰ることから。

【虎を描きて▲狗に類す】 才能のない者がすぐれた者のまねをしても、かえって自分の浅はかさや拙さをあらわしてしまったり、物笑いになったりするたとえ。才能のない者がトラを描いてもイヌに似た絵になってしまう意。《『後漢書』》

【虎を養いて△患いを△遺す】 禍いのもととなることをそのままにしたために、後日の禍根となるたとえ。トラの子を殺さずに生かしておくと大きくなって狂暴になり、わが身の安全を心配しなければならなくなる意から。《『史記』》

【虎▲鶫】とらつぐみ ヒタキ科の鳥。森林にすみ、冬は暖地に移る。ツグミよりやや大形。全体に黄褐色で黒色のうろこ模様がある。夜間に「ヒーヒョー」と鳴く。ヌエ。季 夏

【虎の子】とらのこ 大切にして手元から離せないでいるもの。特に、金銭。「―の金を貯金する」 由来 トラはわが子を非常に大切に育てるといわれることから。

【虎の巻】とらのまき ①兵法などの秘伝書。②教科書の内容に即して解説された自習書。あんちょこ。

【虎△斑】とらふ トラの毛皮のような黄褐色と黒のしま模様。類 虎毛

〈虎▲茄〉はしりどころ ナス科の多年草。由来「虎茄」は漢名から。▼走野老（九三二）

〈虎子〉おまる 持ち運びのできる簡易の便器。おまる。由来 古語の「放る」から。

〈虎落〉もがり ①竹をななめに組み、縄で結びつけた柵や垣根。②枝のついた竹を並べた物干し。特に、染め物屋で使われた。由来「虎落」は漢名からで、トラをふせぐ柵の意。

〈虎落〉笛 もがりぶえ 冬のはげしい北風が竹垣や柵などに当たって発する笛のような音。季 冬

〈虎耳草〉ゆきのした ユキノシタ科の多年草。湿地に自生。全体に細毛があり、葉は厚く腎臓形。初夏、白色の五弁花をつける。葉は腫物や火傷などの民間薬となる。季 夏 由来「虎耳草」は漢名から。表記「雪の下」とも書く。

コ【孤】

(9) 子 6 常 3 2441 3849

音 コ
訓 外 みなしご・ひとり・そむく

旧字《孤》(8) 子 5 1/準1

筆順 孒 孑 孓 孤 孤 孤 孤 孤

意味 ①みなしご。親をなくした子。「孤児」②ひとり。ひとりぼっち。ひとつ。「孤独」「孤立」③そむく。「孤負」

下つき 窮孤・単孤・幼孤

【孤影▲悄然】コエイショウゼン ひとりぼっちで寂しげなさま。「孤影」は一人だけで寂しそうな姿。「悄然」は心がもの寂しいさま、憂え悲しむさま。類 孤影寥寥

【孤苦零丁】コクレイテイ 身寄りがなく生活に苦しむこと。「孤苦」は孤独で生活に困窮すること。「零丁」は孤独で頼りのないさま。〈李密の文〉

【孤軍奮闘】コグンフントウ 支援する者がなく、ただ一人で懸命に努力すること。由来 孤立した少数の軍勢が、敵軍と懸命に戦う意から。類 僑軍孤進

【孤▲閨】コケイ 夫が不在のため、妻が独りで寝ること。また、その部屋。

【孤高】ココウ 一人かけ離れて高い理想をいだいているさま。誇り高いさま。「―の志士」「―を守る」

【孤児】コジ 「孤児（みなしご）」に同じ。

【孤掌鳴らし難し】コショウならしがたし 人間は一人では何事も成すことはできないたとえ。「孤掌」は片方の手のひら。片手だけでは手を打ち鳴らすことはできないことから。

【孤城落日】コジョウラクジツ 衰えて昔の勢いを失い、助けもなく心細いさま。孤立して援軍の当てもない城が、沈む夕日に照らされる情景から。〈王維の詩〉類 孤城落月

【孤注一▲擲】コチュウイッテキ 運命をかけてのるかそるかの大勝負をすること。「孤注」は、ばくちで有り金を全部かけて勝負する、「一擲」は、一度さいころを投げる意。類 乾坤一擲

【孤島】コトウ 海上に一つだけぽつんとある島。離れ小島。「―に赴任することになった」類 絶島

【孤独】コドク　頼るものがなく、ひとりぼっちであること。「—な都会生活」参考「孤」も「独」もひとりぼっちの意。

【孤峰絶岸】コホウゼツガン　詩文などが他より格段にすぐれているたとえ。孤立してそびえ立つ峰と、高く切り立った岸壁の意から。

【孤立】コリツ　他から離れただ一つ、また、一人だけであること。「群れから—した象」「—主義」

【孤立無援】コリツムエン　ひとりぼっちで頼るものがないこと。

【孤塁】コルイ　ただ一つ残り、孤立したとりで。「—を守って久しい」

【孤△陋】コロウ　世間から孤立し、かたくなで心が狭いこと。「独学—」

【△孤り】ひとり　①仲間がいないこと。②頼るものが何もないこと。

〈孤児〉・△孤　みなしご　両親をなくした子ども。参考「孤児」は「コジ」ともよむ。

コ【弧】

(9) 弓 6 常 3 2444 384C
旧字《弧》(8) 弓 5 1/準1
音 コ
訓 外 きゆみ

筆順 ㇇ コ 弓 弓 弧 弧 弧 弧 弧

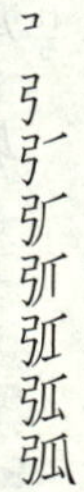

意味 ①ゆみ。きゆみ。木の弓。「弧矢」②弓なりに曲がった線。円周や曲線の一部分。「弧状」「弧線」「弧を描く」

下つき 円弧エン・括弧カッ・桑弧ソウ

〈弧光〉灯 アークトウ　二本の炭素棒を使って放電させる電灯。アークライト。由来 弓なり（アーク）に放電が起こることから。

【弧状】コジョウ　半円形に曲がっていること。また、その形。弓なり。

コ【故】

(9) 攵 5 教 常 6 2446 384E
音 コ
訓 ゆえ中 外 ふるい・もと・ことさらに

筆順 一 十 十 古 古 古 古 故 故

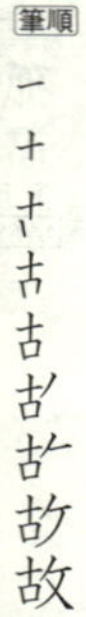

意味 ①ふるい。むかしの。「故事」「故実」類古 ②もと。もともと。もとから知っている。「故郷」「縁故」③特別なこと。できごと。わざわい。「故障」「事故」④ことさらに。わざわざ。「故意」「故買」⑤死ぬ。死んだ。「故人」「物故」⑥ゆえ。わけ。「何故」

下つき 縁故エン・温故オン・旧故キュウ・事故ジ・世故セ・典故テン・物故ブッ

【故意】コイ　①わざとすること。「事実を—にゆがめる」「—に情報を流す」②法律で、結果を知りながら、あえてその行為をする意思。「未必の—」対過失

【故園】コエン　ふるさと。故郷。「—の山なみを懐かしむ」

【故旧】コキュウ　古くからの知り合い。昔なじみ。類旧知

【故郷】コキョウ　生まれて育った土地。「懐かしい—」類郷里 対異郷 参考「ふるさと」とも読む。

【故郷へ錦にしきを飾る】　故郷を離れていた者が、成功や出世をして帰郷すること。参考「錦」は「花」ともいう。また、「錦を着て故郷へ帰る」ともいう。

【故郷忘ボウじ難がたし】　異郷の地で思う故郷はいつまでたっても懐かしく、わずかな間も忘れることができないということ。

【故国】ココク　①自分の生まれた国。「—の土を踏む」類祖国・母国 ②自分の生まれた土地。類故郷「—を愛する」

【故山】コザン　ふるさとの山。また、ふるさと。故郷。「—で余生を送る」

【故事】コジ　昔あった事柄。また、昔から伝わってきた、いわれのある事柄や語句。「—成語」「中国の—を学ぶ」

【故事来歴】コジライレキ　古くから伝わっている物事の由来や歴史。また、物事がそういう結果になった理由やいきさつ。「来歴」は由緒やいきさつ。

【故実】コジツ　儀式・法令・作法・服装などの古いしきたり。「有職ユウソク—」

【故障】コショウ　①機械や人体に異常が起こり、正常にはたらかないこと。「車が—した」②進行を妨げるもの。さしさわり。「—がなければ続行する」類支障 ③異議。苦情。「—が出る」

【故人】コジン　①亡くなった人。「—をしのぶ」②古くからの友人。「西のかた陽関を出いでなば—無からん」〈王維の詩〉類旧友・旧知

【故知・故△智】コチ　昔の人のすぐれた知恵。「—にならう」

【故△轍】コテツ　先人の行ったやり方。昔ながらの方法。「—を踏む」由来 前に通った車の車輪の跡の意から。

【△故に】ことさらに　わざと。故意に。「—悪口を言いふらす」表記「殊更に」とも書く。

【故買】コバイ　盗品と知りながら買ったり交換したりすること。「—屋」「—品」

【故老】コロウ　老人。老成の人。としより。特に、昔のことにくわしい老人。表記「古老」とも書く。

【△故い】ふるい　昔のことである。昔のものである。以前の。以前からの。「—い話」「—い手紙の束」表記「古い」とも書く。

【△故きを△温たずねて新しきを知る】
▼温故知新オンコチシン（一三〇）

【△故△郷・△故△里】ふるさと　①「故郷コキョウ」に同じ。②物事の発祥の地や生産地。また、よりどころのたとえ。「お茶の—」「心の—」表記「古里」とも書く。

こ　コ

【△故】もと 昔。もともと。以前の状態。ある状態になる前の状況。

【故】ゆえ ①理由。わけ。原因。「—あって警察に追われている」②…だから。…のために。「病気—欠席する」

コ【枯】

(9) 木5 常 4 2447 384F

音 コ
訓 かれる・からす 外 からびる

筆順 一 十 才 木 木 杆 杆 枯 枯

意味 ①かれる。水がかわく。ひからびる。「枯渇」類 涸コ ②おとろえる。「栄枯」対 栄

下つき 栄枯エイコ・凋枯チョウコ

【△枯びる】からびる ①水分がなくなる。干からびる。②古びて趣が増す。人柄や芸に深みが出る。

【枯尾花】かれおばな 枯れたススキの穂。季冬 参考「尾花」は、花が動物の尾に似ることからススキの意。

【枯れ木も山の▲賑わい】かれきもやまのにぎわい たいして価値のないものでも、ないよりはましであるということのたとえ。

【枯山水】かれサンスイ 水を用いずに地形を利用するなどして、石や砂で山や川を表現する庭園様式。涸山水コセンスイ。「—の石庭が有名な寺」参考「かれセンスイ」とも読む。

【枯△薄】かれすすき 冬枯れのススキ。季冬

【枯れる】かれる ①草木の水気がなくなりしなびる。「庭の木が—れる」季冬 ②勢力が衰える。力がなくなる。「痩ャせても—れても」③修練などにより、人柄や芸に深みが出る。「人間が—れて味わいが出てきた」

【枯渇】コカツ ①水が干上がること。「貯水池が—する」②物がつきて、なくなること。「食料が—する」「地下資源が—する」書きかえ「涸渇」の書きかえ字。

【枯▲竭】コケツ 乾燥して水分がなくなること。表記「涸竭」とも書く。

【枯▲槁】ココウ ①草木の水気がなくなり干からびること。②やせおとろえること。また、おちぶれること。

【枯死】コシ 草木が枯れ果てること。「桜の古木が—した」

【枯樹生華】コジュセイカ 非常な困難のさなかに活路が開かれるたとえ。また、老い衰えた人が生気を取り戻すたとえ。枯れ木に花が咲く意。もとは、このうえない真心が万物を感動させること。類 枯木生花・枯木生葉

【枯燥】コソウ 水気がなくなり干からびること。みずみずしさがなくなること。

【枯淡】コタン 人柄や作品など、俗気がなくあっさりしている中に趣があること。「—の境地」「—な画風の絵だ」

【枯木寒▲巌】コボクカンガン 世俗を超越した無心なさまのたとえ。また、情味がなく近づきにくいさまのたとえ。「見かけは—だが根は優しい」参考「寒巌枯木」ともいう。

【枯木死灰】コボクシカイ 欲も得もない心境のたとえ。また、人情を解さない人や風流心のない無趣味な人のたとえ。「死灰」は冷えきった灰の意。

【枯露柿】ころがき 干し柿。由来 渋柿の皮をむいて干したのち、むしろなどの上に転がして乾燥させ、白い粉をふかせることから。表記「転柿」とも書く。

コ【▲炬】(9) 火5 6357 5F59 ▼キョ(三二六)

コ【★狐】

(9) 犭6 準1 2449 3851

音 コ
訓 きつね

〔狐〕

意味 きつね。イヌ科の哺乳ホニュウ動物。「狐狸コリ」

下つき 白狐ビャッコ・野狐ヤコ・妖狐ヨウコ

【▲狐】きつね ①イヌ科の哺乳ホニュウ動物。山野にすむ。体は茶褐色で、尾は長くて太い。小動物を捕食する。古来、稲荷いなりの神の使いとされる。「—につままれる(わけがわからずぼうぜんとする)」季冬 ②ずるがしこい人のたとえ。

『▲狐死して▲兎うさぎ悲しむ』禍わざわいが身に降りかかるのを憂えるたとえ。ウサギが同じ山のキツネの死を見て、自分も同じ運命をたどると思い、泣き悲しむということから。〈『宋史ソウシ』〉

『▲狐▲其その尾を▲濡ぬらす』物事の最後で失敗するたとえ。また、物事の初めは簡単であるが、終わりが困難であることのたとえ。小さいキツネが川を渡るとき、初めは気をつけて尾を上げていたが、最後に疲れて尾をぬらしてしまい、無事に渡れない意から。〈『易経』〉

『▲狐を馬に乗せたよう』動揺してきょろきょろと落ち着きのないさま。また、言うことにまとまりがなく、信用できないたとえ。

【▲狐▲薊】きつねあざみ キク科の二年草。道端に自生。晩春、アザミに似た花をつける。とげはない。由来 アザミに似るが、よく見るとちがい、キツネにだまされたようだから。表記「泥胡菜」とも書く。

【▲狐付き・▲狐▲憑き】きつねつき キツネの霊がとりついて起こると信じられていた、精神の錯乱状態。また、その人。

【▲狐火】きつねび 暗い夜に燐リンが燃えて青白い火のように見える現象。狐の提灯チョウチン。類 鬼火 季冬

【▲狐〈日和〉】きつねびより 日が照ったり雨が降ったりして定まらない天気。

【▲狐▲罠】きつねわな キツネをつかまえるための罠。季冬

【狐疑逡巡】コギシュンジュン 事に臨んで決心がつかず、いつまでもぐずぐずしていること。「狐疑」はキツネが疑い深いように決心がつかないでいるさま。「逡巡」はためらい進まないさま。類右顧左眄(ウコサベン) 表記「逡巡」は「逡循」とも書く。

【狐丘の戒め】コキュウのいましめ 人は、地位や収入が高くなればそれだけ他人から恨みをかうので身を慎むようにという戒め。故事 中国、春秋時代、狐丘の地の長老が楚(ソ)の孫叔敖(ソンシュクゴウ)に「人には三つの恨みがある」と教え、孫叔敖は「位が高くなったらますますへりくだり、職権が増せばますます他への気配りを細かにし、収入が増えれば他への恵みを厚くします」と答えた故事から。《『列子』》 表記「戒め」は「誡め」とも書く。

【狐狗狸】コックリ 占いの一種。三本の竹を交差させて組み、その上に盆をのせて手で軽く押さえ、一人が祈りごとをして盆の動きを見て占う。こっくりさん。参考「狐狗狸」は当て字。

【狐狸】コリ ①キツネとタヌキ。「―妖怪」「―が人をだます昔話」②人をだましたり、こっそり悪事をはたらいたりする人のたとえ。

〈狐臭〉わきが わきの下から不快なにおいを出す症状。腋臭症(エキシュウショウ)。表記「腋臭・胡臭」とも書く。

コ【胡】(9) 肉5 準1 2453 3855

音 コ・ゴ・ウ
訓 えびす・でたらめ・みだり・ながいき・なんぞ・いずくんぞ

意味 ①えびす。中国の北方・西方に住む異民族。「胡琴」「胡人」②でたらめ。うたがわしいこと。みだり。「胡散」「胡言」③ながいき。老人。④あごひげ。⑤なんぞ。なに。いずくんぞ。疑問・反語を示す助字。

下つき 五胡(ゴコ)・東胡(トウコ)

〈胡座〉・〈胡坐〉あぐら 両ひざを左右に開き、足首を組んで座ること。また、その座り方。「―をかく(努力しないで現状に甘んじる)」表記「趺坐」とも書く。参考「コザ」とも読む。

【胡散】ウサン あやしげで疑わしいさま。「―な風貌(フウボウ)」類胡乱(ウロン)

【胡散臭い】ウサンくさい 何となく疑わしい。あやしくて油断ができない。「―い男につきまとわれる」

【胡乱】ウロン あやしげで疑わしいこと。行動などが不審なさま。胡散臭いさま。「挙動の―な者たち」

〈胡菫菜〉えぞすみれ エイザンスミレの別称。スミレ科の多年草で、葉が細かく切れこんでいる。表記「蝦夷菫」とも書く。

【胡】えびす 中国で、北方または西方の異民族。また、その民族の住む地。北狄(ホクテキ)。

〈胡瓜〉きゅうり ウリ科のつる性一年草。インド原産。初夏、黄色い花をつけ、細長い果実を結ぶ。食用。季夏 由来「胡瓜」は漢名から。表記「黄瓜・木瓜」とも書く。

〈胡頽子〉ぐみ グミ科の植物の総称。▼茱萸(ぐみ)(六七六)

〈胡桃〉くるみ クルミ科の落葉高木の総称。山地に自生。果実は丸く、核は非常にかたい。種子は食用・薬用。季秋 表記「山胡桃・呉桃」とも書く。

【胡笳】コカ ①中国、北方の異民族がアシの葉で作った笛。あしぶえ。②雅楽に用いられる篳篥(ヒチリキ)の別称。

【胡鬼板】コギいた 羽子板。季新年 由来 はねつきのはねを「胡鬼の子」ともいうことから。

【胡弓】コキュウ 三味線に似た弦楽器。ウマの毛で作った弓でこすって音を出す。表記「鼓弓」とも書く。

【胡座・胡坐】コザ 「胡座(あぐら)」に同じ。

【胡椒】コショウ コショウ科のつる性常緑半低木。インド原産。乾燥させた実は代表的な香辛料。由来「胡椒」は漢名から。

【胡髯】コゼン あごひげ。由来 胡人の風貌(フウボウ)に似ることから。

【胡蝶】コチョウ チョウの別称。季春 表記「蝴蝶」とも書く。

【胡蝶の夢】コチョウのゆめ 万物一体の心境や境地。また、人生のはかないことのたとえ。故事 中国、戦国時代、荘周(荘子)がチョウになった夢を見たが、夢から覚めてみると、自分が夢でチョウになったのか、チョウが夢を見て今の自分になったのか区別がつかなくなったという故事から。《『荘子(ソウジ)』》 参考「夢に胡蝶となる」「荘周の夢」ともいう。

【胡蝶蘭】コチョウラン ラン科の多年草。台湾・フィリピン原産。観賞用に栽培もされる。葉は長楕円(チョウダエン)形で革質。白や淡紅色の花をつける。季夏 由来 花の形がチョウに似ていることから。

【胡狄】コテキ 中国で、辺境の異民族をいう語。由来「胡」は北方・西方の、「狄」は北方の異民族を指す。

【胡馬北風に依る】コバホクフウによる 故郷を懐かしむたとえ。中国北方の胡(えびす)の地で生まれたウマは他の地にあっても北風が吹くと、そのほうに身を寄せて故郷を懐かしむということから。《『文選(モンゼン)』古詩十九首》 類越鳥南枝に巣くう

【胡粉】ゴフン 貝殻を焼いて作った白い粉。日本画の顔料や塗料に用いる。

【胡麻】ゴマ ゴマ科の一年草。エジプト原産とされる。夏、白色の花をつけ、多数の種子を含んだ果実を結ぶ。種子は品種によって白・黒・淡い茶色などがあり、食用・油の原料とする。季秋

【胡麻擂り】ゴマすり 自分の利益を図るため、他人にへつらうこと。また、その人。

【胡麻の葉草】ごまのはぐさ ゴマノハグサ科の多年草。▼玄参(ごまのはぐさ)

（四三九）

【胡虜】コリョ 中国で、北方の異民族をののしっていう語。

【胡籙】コロク 「胡籙(やなぐい)」に同じ。

【胡盧鯛】コロだい イサキ科の海魚。日本南部の沿岸に分布。青色の地に黄褐色の斑点(ハンテン)がある。食用。

〈胡銅器〉さはり 銅・錫(すず)・鉛の合金。また、それで作った仏具や容器。たたくとよい音がする。さわり。表記「響銅・砂張」とも書く。

〈胡孫眼〉さるのこしかけ サルノコシカケ科のキノコの総称。木の幹に水平に寄生する。半円形で、乾くと非常にかたい。細工用・薬用。季秋 由来「胡孫眼」は漢名から。表記「猿の腰掛」とも書く。

〈胡蝶花〉しゃが アヤメ科の多年草。由来「胡蝶花」は漢名から。▼射干(シャガ)（六五七）

〈胡蜂〉すずめばち スズメバチ科のハチ。大形で黒く、腹には黄色のしま模様がある。土中や樹木の空洞に大きな巣をつくる。毒針をもち、ときに人畜を襲う。クマンバチ。季春 由来「胡蜂」は漢名から。表記「雀蜂」とも書く。

【胡ぞ】なんーぞ どうして。なんで。疑問・反語の助字。「ー知ろう」

〈胡蘿蔔〉にんじん セリ科の二年草。由来「胡蘿蔔」は漢名から。▼人参(ニンジン)（八一四）

〈胡枝子〉・〈胡枝花〉はぎ マメ科の落葉低木の総称。由来「胡枝子・胡枝花」は漢名から。▼萩(はぎ)（六九三）

〈胡籙〉やなぐい 矢を入れて携行する道具。参考「コロク」とも読む。

〈胡蝶樹〉やぶでまり スイカズラ科の落葉低木。▼藪手毬(やぶでまり)（九五一）

コ【個】(10) 亻8 常 教 6 2436 3844 音 コ 外カ

筆順 ノ 亻 亻 们 们 佃 佃 個 個 個

意味 ①ひとつ。ひとり。「個人」「別個」 ②物を数えるときに用いる語。「個数」 類箇

下つき 各個(カッコ)・好個(コウコ)・別個(ベッコ)

【個所】カショ そのものの、ある限られた場所。「治療ー」 表記「箇所」とも書く。

【個個】ココ 一つ一つ。おのおの。めいめい。「ーの事例」「ーの家庭に配布する」 表記「箇箇」とも書く。

【個室】コシツ 一人用の部屋。また、個人用の部屋。「六畳のー」

【個人】コジン 社会や集団を構成する一人一人の人間。また、職業・組織などを離れた私人。一個人。「ー主義」「試験結果にー差のあるのは当然だ」

【個性】コセイ その人、またはその物だけの特有の性質。パーソナリティー。「ー的な人物」「ーを尊重する時代」

【個体】コタイ ①他のものから独立して存在するもの。②生物として完全な機能をもった最小の単位。

【個展】コテン 一個人の作品を集めた展覧会。「有名写真家のーを見に行く」

コ【凅】(10) 冫8 1 4957 5159 音 コ 訓 こおる

意味 こおる。水がこおる。「凅凍」 類冱(コ) 参考「涸(コ)」は別字。

【凅る】こおーる 液体が低温のために固まる。寒さで固くこおりつく。

コ【庫】(10) 广7 常 教 8 2443 384B 音 コ・ク高 訓 外くら

筆順 丶 亠 广 户 庐 庐 肩 肩 庫 庫

意味 くら。物をしまっておく建物。「庫蔵」「倉庫」 参考 もと、兵車を入れるくら。

下つき 金庫(キンコ)・公庫(コウコ)・国庫(コッコ)・在庫(ザイコ)・車庫(シャコ)・書庫(ショコ)・倉庫(ソウコ)・文庫(ブンコ)・兵庫(ヘイコ)・宝庫(ホウコ)

【庫】くら 家財や商品などをしまっておく建物。倉庫。「文ー(ふみぐら)」 参考 もと、兵器や車をしまう建物。

【庫裏・庫裡】クリ ①寺の台所。「ーで精進料理を作る」 ②寺の住職やその家族の住む所。

コ【罟】(10) 罒5 1 7010 662A 音 コ 訓 あみ・うおあみ

意味 あみ。魚や動物をとるあみ。「罟師」

下つき 罔罟(モウコ)

【罟】あみ 上からかぶせて魚や動物を捕らえる大きなしかけあみ。

コ【胯】(10) 月6 1 7088 6678 音 コ 訓 また・またぐ・またがる

意味 ①また。またぐら。「胯下」 類股(コ) ②またぐ。またがる。 類跨(コ) 参考 一説に「胯」は両もものあいだ、「股」はまたの一方の意。

【胯下】コカ またの下。表記「跨下」とも書く。

【胯間】コカン またの間。またぐら。表記「股間」とも書く。

【胯】また 足のつけねの内側。両ももの間。またぐら。表記「股」とも書く。

〈胯座〉またぐら 両ももの間。また。表記「股座」とも書く。

コ【扈】(11) 戸7 1 音 コ 訓 したがう・つきそう・はびこる・ひろい

【扈】 7829 6E3D

意味 ①したがう。つきそう。お供をする。「扈従」②はびこる。「跋扈」③ひろい。「扈扈」

下つき 跋扈バッコ

【扈従】コショウ 身分の高い人の供をすること。また、その人。おとも。「―の車が続く」類 随行・供奉グブ 参考「コジュウ」とも読む。

コ【涸】★ (11) 氵 8 1 6233 5E41 音 コ 訓 かれる・からびる・つきる

意味 かれる。からす。水がなくなる。ひからびる。つきる。「涸渇」

下つき 乾涸カンコ・枯涸ココ

【涸れる】かーれる 水がなくなり干上がる。からからになる。「池がーれる」「井戸がーれる」

【涸渇】コカツ ▼書きかえ 枯渇(四五三)

【涸沢の蛇】コタクのへび 互いに相手を利用して、ともに利益を得るたとえ。故事 水のかれた沢にすむヘビが他に移ろうとしたとき、小さなヘビが大きなヘビに、互いの口に相手の尾を含みあい大きなヘビが小さなヘビを乗せて行けば、人はこれを神の化身と思い殺されることはないだろうと言い、そのとおりにしたところ、果たして無事に移動できたという寓話グウワから。「涸沢」は水のかれた湖沼のこと。〈『韓非子カンピシ』〉

コ【瓠】(11) 瓜 6 1 6501 6121 音 コ・カク 訓 ひさご・ふくべ

【瓠】

意味 一コ ひさご。ふくべ。①ヒョウタン・ユウガオ・トウガンなど、ウリ科の一年草。「瓠犀コサイ」②ヒョウタンの果肉を除き、乾燥させて作った容器。「瓠瓢コヒョウ」二カク「瓠落」は、まるくて中がうつろなさま。

【瓠】ひさご ①ヒョウタン・ユウガオ・フクベなどの総称。季秋 ②ヒョウタンの果実の中を取り除き乾燥させたもの。酒や水の入れ物。ふくべ。表記「瓢・匏」とも書く。

【瓠】ふくべ ①ウリ科のつる性一年草。ユウガオの一変種。果実からかんぴょうを作る。②ヒョウタンの別称。また、その果実で作った酒や水の容器。ひさご。季秋 表記「瓢・匏」とも書く。

コ【虚】(11) 虍 5 常 2185 3575 ▼キョ(三二七)

コ【蛄】(11) 虫 5 1 7354 6956 音 コ

意味「螻蛄ロウコ(けら)」「蟪蛄ケイコ(にいにいぜみ)」に用いられる字。

コ【袴】★ (11) 衤 6 準1 2451 3853 音 コ 訓 はかま・ももひき

意味 ①はかま。腰から下をおおうひだのある衣服。②ももひき。ズボン。「袴下」

下つき 衣袴イコ・弊袴ヘイコ

【袴褶】コシュウ 中国、南朝の時代に広まった騎馬用のはかま。騎服。

【袴】はかま ①和服の上につけ、腰から下をおおうひだのある衣服。②酒のとっくりを置くときに入れる筒形の小さな器。③草などの茎の節をおおうもの。「ツクシの―」

【袴着】はかまぎ 昔、男児に初めてはかまを着せること。また、その儀式。多くは三歳、のちに五歳や七歳に行った。着袴チャッコ。季冬

コ【壺】★ (12) 士 9 準1 5268 5464 音 コ 訓 つぼ

【壷】 3659 445B

意味 ①つぼ。口がすぼんだ容器。「壺觴コショウ」「壺中」「茶壺」②灸キュウをすえる場所。また、急所。要点。

参考「壷コ」は別字。

下つき 金壺キンコ・銀壺ギンコ・茶壺サコ・チャコ・つぼ・唾壺ダコ・投壺トウコ・銅壺ドウコ・漏壺ロウコ

【壺中の天】コチュウのテン 世俗を離れた別世界。また、酒を飲み世俗を忘れる楽しみ。「―に遊ぶ」故事 中国、後漢時代、費長房ヒチョウボウは、薬屋の老人が店を閉めるとたちまち小さくなってつぼにとび込むのを見つけ、自分も一緒につぼに入れてもらったところ、そこにはりっぱな宮殿や山のような美酒・美肴ビコウがあり、楽しみを尽くして帰ってきたという故事から。〈『後漢書ゴカンジョ』〉 参考「壺中の天地」ともいう。

【壺】つぼ ①口が狭く胴がふくらんだ容器。「―に水を入れる」②深くくぼんだ所。「滝―」③物事の要点。急所。「―をこころえる」④灸キュウや指圧などで効き目のあるところ。⑤宮殿の部屋。または中庭。「桐きり―」

【壺の中では火は燃えぬ】限られた狭いところでは、十分に物事を行うことができないたとえ。また、無理なことはどんなに努力を重ねても実現しないたとえ。

【壺菫】つぼすみれ スミレ科の多年草。山野に自生。葉はハート形。春、紫色のすじのある白い花をつける。ニョイスミレ。季春 表記「菫菜・坪菫」とも書く。

コ【湖】(12) 氵 9 教 常 8 2448 3850 音 コ 訓 みずうみ

筆順 丶 2 氵 氵 汁 汁 汁 沽 沽 湖 湖 12

意味 みずうみ。「湖沼」「湖畔」参考 中国では、特に洞庭湖を指すことがある。

下つき 塩湖エンコ・鹹湖カンコ・江湖コウコ

【湖海の士】コカイのシ 在野の豪快な気性をもつ人物。〈『三国志』〉

【湖沼】コショウ 湖と沼。「北欧の―地帯を旅した」

【湖畔】コハン 湖のほとり。湖の水際。湖のあたり。「―を二人で散策する」

【湖】みずうみ 陸に囲まれたくぼ地に水をたたえた所。池や沼よりも大きく深い。

コ【琥】
(12) 王 8 1 6472 6068 音 コ 訓

意味 ①トラの形をした玉の器。②黄色、または黄褐色の玉。「琥珀（コハク）」

【▲琥▲珀】コハク ①地質時代の樹脂が地中で化石になったもの。ふつうは黄褐色で透明。装飾品に用いる。「きれいな―色の酒を飲む」②「琥珀織」の略。平織で横にうねを表した絹織物。着物の帯などに用いる。

［▲琥▲珀は腐▲芥を取らず］廉潔の人は、不義・不正を身に近づけたりはしないということのたとえ。琥珀はちりを吸いつけるが、くさったごみまでは吸いつけないという意から。「芥」はごみ・あくたのこと。参考「琥珀」は、摩擦すると静電気を起こしてちりを吸いつける。

コ【★菰】
(12) 艹 9 準1 2454 3856 音 コ 訓 こも・まこも

〔菰〕

意味 こも。まこも。イネ科の多年草。「菰蘆（コロ）」

【▲菰】こも ①イネ科の多年草マコモの古名。②あらく織ったむしろ。由来 ②マコモを用いたことから。

コ【觚】
(12) 角 5 1 7524 6B38 音 コ 訓 さかずき・かど

〔觚〕

意味 ①さかずき。昔、中国で二升（約〇・三八リットル）を入れたさかずき。②かど。とがったところ。四角。方形。「觚稜（コリョウ）」③ふだ。「觚牘（コトク）」

【▲觚】さかずき 古代中国で儀式に用いられた酒器。ラッパ形の青銅器。

コ【詁】
(12) 言 5 1 7538 6B46 音 コ 訓 よみ・よむ・とく・わけ

意味 ①よみ。ときあかし。よむ。とく。古い言葉を読みとくこと。「詁訓」②わけ。意味。参考 古い言葉の意を表す字。

下つき 解詁（カイコ）・訓詁（クンコ）

【▲詁み】よみ 古い言葉や文字。また、その意味やよみ方・解釈。

コ【辜】
(12) 辛 5 1 7767 6D63 音 コ 訓 つみ・はりつけ・そむく

意味 ①つみ。とが。重いつみ。「無辜」②はりつけ。また、はりつけにする。③そむく。「辜負」④ひとりじめにする。「辜較」

下つき 不辜（フコ）・無辜（ムコ）

【▲辜】つみ 重いつみ。はりつけや八つ裂きにされるような重罪。

コ【雇】
(12) 隹 4 常 3 2459 385B 音 コ 訓 やとう

旧字《雇》(12) 隹 4 1/準1

筆順 一 ヨ ヨ 戸 戸 戸 戸 戸 戸 雇 雇

意味 やとう。賃金を払って人を使う。「雇用」「解雇」

下つき 解雇（カイコ）

【雇員】コイン 官庁などで職員の仕事を補佐するために臨時に雇われた人。「―として採用する」

【雇用】コヨウ ある仕事をさせるために、賃金を払い人を雇うこと。「―促進の事業」対 解雇 書きかえ「雇傭」の書きかえ字。

【雇▲傭】コヨウ ▼書きかえ 雇用

【雇う】やとう ①賃金を払って人を使う。「現地で通訳を―う」②料金を払って乗り物を借りる。「釣り舟を―う」表記「傭う」とも書く。

〈雇女〉・〈雇仲居〉やとな 臨時にやとった仲居。おもに京阪地方で用いる。参考「やといおんな」または「やといなかい」の略。

コ【瑚】
(13) 王 9 準1 2474 386A 音 コ・ゴ 訓

意味 ①祭器の名。五穀を盛って宗廟（ソウビョウ）に供える器。②「珊瑚（サンゴ）」に用いられる字。

コ【痼】
(13) 疒 8 1 6564 6160 音 コ 訓 ながわずらい・しこり

意味 ながわずらい。なかなか治らない病気。「痼疾」「痼癖」類 錮（コ）

下つき 沈痼（チンコ）

【痼疾】コシツ いつまでも完治しない病気。ながわずらい。持病。

【▲痼り】しこり ①筋肉が凝ってかたくなること。また、そのかたまり。②もめごとのあとの気まずい感じ。わだかまり。「心に―が残る」

コ【誇】
(13) 言 6 常 4 2456 3858 音 コ 訓 ほこる

筆順 亠 言 言 言 訁 訡 誇 誇 誇

意味 ほこる。じまんする。大げさに言う。「誇示」「誇張」類 夸（コ）

下つき 浮誇（フコ）

【誇示】コジ 誇らしげに見せびらかすこと。「狩人は獲物を―し合った」

【誇称】コショウ 自慢して大げさに言うこと。「日本一とことさら―する」

【誇大】コダイ 実際より大げさなさま。「新聞で―な宣伝をする」

こ

コ

〖誇大妄想 コダイモウソウ〗 自分の現状を実際よりも大げさに考え、事実のように思いこむこと。根拠のない主観的な想像。「―がはなはだしい」

【誇張】コチョウ 実際より大げさに表現すること。「話が―されて伝わる」

【誇負】コフ 自分自身を誇りとし自慢すること。「独自の主張を貫いたと―している」

【誇る】ほこ-る ①得意になる。自慢する。「書道三段の腕を―る」「世界に―る金字塔をうちたてた」②名誉にする。「伝統工芸を―る町」

コ【賈】(13) 貝6 1 7643 6C4B 音 コ・カ 訓 かう・うる・あきなう・あきない・あたい

意味 ①かう。うる。あきなう。また、あきない。あきんど。「賈街コガイ」②あたい。ねだん。類価・①②估コ

下つき 商賈ショウコ・書賈ショコ・良賈リョウコ

【賈う】あきな-う 売り買いをする。商売する。とりひきする。参考 もとは、「賈う」は店をもつ商人、「商う」は行商人と区別があった。

【賈人】コジン 店を構えて商品の売買をする人。商人。あきんど。

【賈船】コセン 商品を積んで売ってまわる船。商船。「諸国の―が港にならぶ」

コ【跨】★ (13) 足6 準1 2457 3859 音 コ 訓 またぐ・またがる・また

意味 ①またぐ。またがる。のりこえる。「跨越」「跨年」②また。またぐら。「跨下」類股コ・胯コ ③よる。占拠する。

【跨下】コカ またの下。またの間。またぐら。表記「胯下」とも書く。

【跨線橋】コセンキョウ 鉄道線路の上をまたいでかけられた橋。「―がやっと完成した」類渡線橋

【跨】また 足のつけねの内側。またぐら。表記「胯」とも書く。

【跨がる】またが-る ①両足を大きく開いて乗る。「馬に―る」②複数のものにかかる。わたる。「二県に―る工事」「三年に―る計画」

【跨ぐ】また-ぐ 足をひろげて物を越える。「急流を―いで橋を架ける」

コ【鈷】(13) 金5 準1 2458 385A 音 コ 訓

意味 ①「鈷鉧コボ(ひのし)」に用いる字。②インドの護身用の仏具の名。「独鈷トッコ・トッ」「三鈷」

コ【鼓】(13) 鼓0 常 4 2461 385D 音 コ 訓 つづみ(高)

筆順 十 士 吉 吉 吉 壴 壴 壴 鼔 鼓

意味 ①つづみ。打楽器の一種。「鼓手」「太鼓」②うつ。たたく。つづみを打つ。「鼓動」「鼓腹」③ふるいたたせる。はげます。「鼓吹」「鼓舞」

下つき 旗鼓キコ・金鼓キンコ・舌鼓したつづみ・鉦鼓ショウコ・鐘鼓ショウコ・太鼓タイコ・腹鼓はらつづみ

【鼓弓】コキュウ 三味線に似た弦楽器。ウマの尾の毛を張った弓でこすって演奏する。表記「胡弓」とも書く。

〔鼓弓 コキュウ〕

【鼓吹】コスイ ①奮い立たせようと励ますこと。「士気を―する」類鼓舞 ②自分の意見を盛んに主張し、宣伝すること。「人道主義を―する」由来 太鼓をたたき、笛を吹き鳴らす意から。

【鼓譟・鼓噪】コソウ 戦場で、士気を高めるために太鼓を打ち鳴らして騒ぐこと。鬨ときの声をあげること。

【鼓笛】コテキ 太鼓と笛。「―隊の行進でパレードが盛りあがる」

【鼓動】コドウ ①心臓が規則的に脈打つこと。また、その響き。「心臓の―が聞こえる」②物がふるえ動き出すこと。「大地の―」

【鼓舞】コブ 気持ちを奮い立たせようと励ますこと。「全員の士気を―する」類鼓吹 由来 鼓つづみを打ち、舞まいを舞う意から。

〖鼓舞激励 コブゲキレイ〗 盛んに励まして奮い立たせること。類叱咤激励シッタゲキレイ

【鼓腹】コフク 満腹で腹鼓はらつづみをうつこと。世の中が平穏で人々が平和を楽しむ意。

〖鼓腹撃壌 コフクゲキジョウ〗 太平の世の形容。善政が行われて、人々が平和な生活をすること。故事 中国古代、伝説上の聖天子尭ギョウのとき、市井の老人が腹鼓はらつづみをうち、足で大地をたたいてリズムをとりながら、太平の世を謳歌オウカする歌をうたったという故事から。〈『十八史略』〉参考「撃壌鼓腹」ともいう。一説に、「撃壌」は中国古代の遊戯の一種。また、土製の楽器を打ち鳴らすこととも いう。

【鼓膜】コマク 耳の奥にあり、外耳と中耳の境の薄い膜。空気の振動を受けて音波を中耳に伝えるはたらきをする。

【鼓】つづみ 中央のくびれた木製の胴の両端に革を張り、手で打ち鳴らす楽器。「さえた―の音が響きわたる」

〖鼓を鳴らして攻む〗 相手の罪を言い立てて、堂々と攻撃すること。〈『論語』〉

〈鼓子花〉ひるがお ヒルガオ科のつる性多年草。由来「鼓子花」は漢名から。▼旋花ひるがお(九二二)

〈鼓豆虫〉・〈鼓虫〉みずすまし ミズスマシ科の甲虫。川や沼にすむ。楕円ダエン形で黒く光沢がある。水面をくるくると泳ぎ回る。季 夏 由来「鼓虫」は漢名から。表記「水澄」とも書く。

コ【滬】(14) 氵11 1 音 コ 訓 えり

〔滬〕6286 5E76
意味 ①中国、上海(シャンハイ)市の北東を流れる川の名。また、上海の別名。②えり。あじろ。漁具の一つ。

コ【滸】(14) 氵11 1 6287 5E77 音 コ 訓 ほとり・みぎわ
意味 ほとり。みぎわ。きし。「水滸」
下つき 烏滸(オコ)・水滸(スイコ)

コ【箇】(14) ⺮8 常 1853 3255 ▼カ(一五八)

コ【箍】(14) ⺮8 1 6818 6432 音 コ 訓 たが
意味 たが。桶(おけ)や樽(たる)などをしめる竹や金属製の輪。
【箍】たが 桶(おけ)や樽(たる)の周りにはめる、竹や金属製の輪。「―がゆるむ(しまりがなくなる)」

〔箍(たが)〕

コ【糊】(15) 米9 準1 2450 3852 音 コ 訓 のり
意味 ①のり。のりづけをする。②あいまい。ぼんやりしたさま。「模糊」③かゆをすする。転じて、口すぎをする。くらしを立てる。「糊口」 類 餬(コ)
下つき 含糊(ガンコ)・模糊(モコ)
【糊口】ココウ 生計を立てること。「―を凌(しの)ぐ(どうにか暮らす)」 由来 かゆをすする意から。 表記「餬口」とも書く。
【糊塗】コト その場をしのぐために取りつくろうこと。ごまかすこと。「失敗を―する」「その場を―する」
【糊】のり でんぷん質の物を煮てねばりを出したもの。物をはりつけたり、布にはりをもたせたりするのに使う。
【糊代】のりしろ 紙をはり合わせるために必要とする糊をつける部分。

【糊する】のりする ①糊ではる。②やっと暮らしている。「口を―する」

コ【蝴】(15) 虫9 1 7390 697A 音 コ
意味 「蝴蝶(コチョウ)」に用いられる字。
【蝴蝶】コチョウ チョウの別称。 季 春 表記「胡蝶」とも書く。

コ【錮】(16) 金8 常 2 7894 6E7E 音 コ 訓 外 ふさぐ・かたい・ながわずらい
筆順 4 8 14
意味 ①ふさぐ。金属を溶かしてすきまをふさぐ。②とじこめる。「禁錮」③かたい。 類 固 ④ながわずらい。「錮疾」 類 痼(コ)
下つき 禁錮(キンコ)・党錮(トウコ)・廃錮(ハイコ)

コ【鴣】(16) 鳥5 1 8285 7275 音 コ
意味 キジ科の鳥「鷓鴣(シャコ)」に用いられる字。

コ【瞽】(18) 目13 1 6660 625C 音 コ
意味 ①目が見えない。盲人。「瞽女(ごぜ)」②おろか。道理にくらい。「瞽言」
下つき 矇瞽(モウコ)
〈瞽女〉ごぜ 昔、三味線などの楽器をひき歌を歌って門付(かどづけ)(人家の門口で芸を見せて金銭や食物をもらうこと)をした盲目の女性。

コ【餬】(18) 食9 1 8123 7137 音 コ 訓 かゆ
意味 ①かゆ。②かゆを食べる。転じて、くちすぎする。くらしを立てる。「餬口」 類 糊(コ)
【餬】かゆ 穀物をたくさんの水で、やわらかく煮た食物。

【餬口】ココウ 生計を立てること。口すぎ。「ついに―の道も閉ざされた」 表記「糊口」とも書く。

コ【顧】(21) 頁12 常 3 2460 385C 音 コ 訓 かえりみる
旧字《顧》(21) 頁12 1/準1
筆順 3 6 8 12 14 16 19 21
意味 ①かえりみる。ふりむいて見る。「回顧」「後顧」②思う。思いめぐらす。心にかける。「顧客」「顧慮」
下つき 愛顧(アイコ)・恩顧(オンコ)・回顧(カイコ)・懐顧(カイコ)・後顧(コウコ)・三顧(サンコ)・指顧(シコ)・内顧(ナイコ)
【顧みる】かえりみる ①ふり向いて後ろを見る。「―みて富士を仰ぐ」②過去を考えてみる。「青春時代を―みる」③気にかける。心配する。「家庭を―みる暇もない」
【顧みて他を言う】かえりみてタをいう 自分に都合の悪い問いに対して、関係のないことを言って話題を変え、当面の問題を回避することのたとえ。〈『孟子(モウシ)』〉 参考「左右を顧みて他を言う」ともいう。
【顧客】コキャク ひいきの客。お得意の客。「―をバーゲンに特別招待した」 参考「コカク」とも読む。
【顧眄】コベン ふりかえって見ること。周囲を見ること。
【顧問】コモン 会社や団体などで相談を受けて助言をする役。また、その人。「大企業の―弁護士を引き受ける」
【顧慮】コリョ あれこれ考えて心づかいをすること。気にかけること。「他人を―するゆとりがない」

コ【蠱】(23) 虫17 1 7435 6A43 音 コ 訓 まじない・そこなう・まどわす

こ コ

意味 ①穀物につく虫。②まじない。みこ。「巫蠱(フコ)」③そこなう。「蠱毒」④まどわす。みだす。「蠱惑」
下つき 巫蠱(フコ)

【▲蠱毒】コドク 毒を盛って、気づかれないように人を害すること。

【▲蠱惑】コワク 人の心をまどわし、惹(ひ)きつけて離さないこと。「―的なしぐさ」

こ【子】(3) 子0 教 2750 3B52 ▼シ(五九五)

こ【仔】(5) イ3 2738 3B46 ▼シ(五九九)

こ【△児】(7) 儿5 教 2789 3B79 ▼ジ(六三三)

こ【粉】(10) 米4 教 4220 4A34 ▼フン(一三五五)

こ【黄】(11) 黄0 教 1811 322B ▼コウ(五〇二)

ゴ【五】(4) 二2 常 教 10 2462 385E 音 ゴ 訓 いつ・いつつ

筆順 一 丆 五 五

意味 いつつ。数の名。いつたび。「五感」「五穀」
下つき 三五(サンゴ)・二三五五(サンサンゴゴ)

【〈五百〉】いお ①ごひゃく。②数の多いこと。「―重(え)の錦(にしき)」

【〈五十日〉】いか ①ごじゅうにち。②「五十日(いか)の祝(いわ)い・五十日の餅(もち)い」の略。生後五〇日のお祝いと、その席で食べる餅(もち)。

【〈五十集〉】いさば ①魚商人。また、魚市場や海産物を売買する店。②江戸時代、海産物を運搬した小型の船。いさばぶね。

【〈五十〉】い ①ごじゅう。いそじ。②数の多いこと。

【〈五十〉路】いそじ ①「五十(い)」に同じ。②五〇年。五〇歳。「―の坂を越す」

【五つ】いつつ ①一の五倍。物を数えるときに使う。②五歳。五個。③昔の時刻の名。今の午前・午後の八時ごろ。五つどき。

【五△衣】いつつぎぬ 女房装束の内衣(うちぎぬ)の一つ。袿(うちぎ)を五枚重ねて着ること。

【〈五加〉・〈五加木〉】うこぎ ウコギ科の落葉低木。中国原産。幹には鋭いとげがある。初夏、黄緑色の小花を半球状につける。根皮は漢方で強壮薬。季春 由来「五加」は漢名から。

【〈五月▲蠅〉い】うるさい ①やかましい。音が大きい。②しつこい。「新聞の勧誘が―い」③口やかましい。「母親が―い」由来 五月のハエ(蠅)はうるさいことから。

【五位▲鷺】ゴイさぎ サギ科の鳥。水辺にすむ。くちばしが強大で尾が短く、後頭部に白い飾り羽を二～三本もつ。由来 醍醐(だいご)天皇の命で捕らえようとすると素直にしたがったので、五位を授けられたという。

【五▲蘊】ゴウン 仏 人間を形成する五要素。色(シキ)(肉体)・受(感覚)・想(想像)・行(ギョウ)(意志)・識(判断)。

【五△右△衛門風呂】ごえもんブロ かまどの上に鉄の湯ぶねを据えつけた風呂。由来 石川五右衛門が釜(かま)ゆでの刑に処されたという俗説から。

【五戒】ゴカイ 仏 在家の信者が守るべき五つのいましめ。殺生(セッショウ)・偸盗(チュウトウ)・邪淫(ジャイン)・妄語・飲酒(オンジュ)の五悪をしてはならないこと。

【五家宝】ゴカボウ もちごめを蒸して干し、水あめや砂糖を加えて棒状にかため、きなこをまぶした和菓子。埼玉県熊谷(くまがや)市の名産。由来 江戸時代に上野(こうずけ)の国(今の群馬県)五箇(か)村の人が作ったといわれることから。

【五官】ゴカン 目・鼻・耳・舌・皮膚の五つの感覚器官。

【五感】ゴカン 五官を通して得られる感覚の総称。視覚・嗅覚(キュウカク)・聴覚・味覚・触覚の五つの感覚。「―を研(と)ぎ澄ます」

【五経】ゴキョウ 儒教で尊重する基本原理を記した経典。易経(エキキョウ)・書経・詩経・礼記(ライキ)・春秋。「四書―」

【五行相▲剋】ゴギョウソウコク 木(モク)・火(カ)・土(ド)・金(ゴン)・水(スイ)の五つが互いに力を減じあうこと。五行説の一つで、五行の徳を歴代の王朝に当てはめ、その変遷を理論づけたもの。水は火に、火は金に、金は木に、木は土に、土は水に勝ち、それぞれ取って代わる。「剋」は勝つ意。参考「五行相勝」ともいう。対 五行相生(ゴギョウソウショウ)

【五▲葷】ゴクン 臭みのある五種類の野菜で、食べることを禁じたもの。仏家のニンニク・ラッキョウ・ネギ・ヒル・ニラなど。

【五▲鈷】ゴコ 密教の法具の金剛杵(コンゴウショ)の一つ。悪魔を払うもので、もとインドの武器。片手で握ることができるほどの大きさで、両端が五つに分かれる。五鈷杵。

【五更】ゴコウ ①昔、一夜を初更から五更まで五等分した時刻の総称。②昔の時刻の名。一夜を五つに分けた、その第五。今の午前三時ころから午前五時ころまで。寅(とら)の刻。

【五穀】ゴコク ①米・麦・粟(あわ)・黍(きび)・豆の五種の穀物。②主要な穀物の総称。「―豊穣(ホウジョウ)」参考 ①の種類に関しては諸説あり。

【五彩】ゴサイ ①赤・青・黄・白・黒の五色。五色(ゴシキ)。②いろいろな色。③赤を中心に種々の上絵具で模様を描いた中国の陶磁器。日本では赤絵・色絵・錦手(にしきで)という。

【五指】ゴシ ①五本の指。親指・人さし指・中指・薬指・小指。②五つ。特に、すぐれたものを選び出して数えるときに使う。「―に余る」

【五十歩百歩】ゴジッポヒャッポ 少しちがうだけで大差のないこと。似たり寄ったりであること。故事 中国、戦国時代、孟子(モウシ)が、戦争で五〇歩逃げた者と一〇〇歩逃げた者では、距離はちがうが逃げたことにはちがいないというたとえを引いて、施策の不備を指摘し、道徳仁義の政治の必要性を説いた故事から。〈『孟子』〉

【五七調】ゴシチチョウ 和歌や詩の音数律の一つで、五音・七音の句が続いたものを一単位に、これを順にくりかえす形式。

【五十音】ゴジュウオン 日本語の五〇個の音節をかな文字で表したもの。「―順に熟語を配列した辞典」参考 母音により五種、子音により一〇種に分類し、五十音図と呼ばれる表に配列される。

〈五十▲雀〉ごじゅうから ゴジュウカラ科の小鳥。山地にすむ。スズメほどの大きさで、背面は青灰色、腹面は白色。樹幹を上下に歩き回り、虫や木の実を捕食する。季夏

【五十にして天命を知る】ゴジュウにしてテンメイをしる 五〇歳になって、天から与えられた使命がどのようなものかわかるということ。孔子が自分の生涯を振り返って述べた言葉。五十知命(チメイ)。《論語》参考 ここから五〇歳を「知命」「知命の年」という。

【五△濁悪世】ゴジョクアクセ 仏 五濁(仏教でいう五つの悪い現象)のあらわれる、道徳のすたれた世の中。末世。

【五節】ゴセチ 古代の宮中行事の一つ。少女の舞が行われた。「―の舞姫」由来 楽曲の「遅・速・本・末・中」の五つの節の意から。

【五節句・五節供】ゴセック 一年間の季節を折り目とした、五つの節句。人日(ジンジツ)(正月七日)・上巳(ジョウシ)(三月三日)・端午(タンゴ)(五月五日)・七夕(シチセキ・たなばた)(七月七日)・重陽(チョウヨウ)(九月九日)。

【五線譜】ゴセンフ 五本の平行線に音符などを書き入れて表した楽譜。

【五臓】ゴゾウ 心臓・肺臓・肝臓・腎臓(ジンゾウ)・脾臓(ヒゾウ)の五つの臓器。おもに東洋医学において用いられる用語。「―六腑(ロップ)」

【五臓六▲腑】ゴゾウロップ はらわた。内臓。体の中のすべて。また、心の中。五つの臓器と六つのはらわたの意。「六腑」は大腸・小腸・胃・胆(きも)・膀胱(ボウコウ)・三焦(サンショウ)のこと。

【五大】ゴダイ 仏 万物を生成するという要素。「地・水・火・風・空」の五種類。五輪(ゴリン)。

【五大州・五大▲洲】ゴダイシュウ 世界の五つの大陸。アジア・ヨーロッパ・アフリカ・アメリカ・オーストラリア。類 五大陸 参考 アメリカを南北に分け、オーストラリアを除くこともある。

【五体投地】ゴタイトウチ 頭と両ひじ・両ひざを地面につけて行う拝礼。仏教で最高の拝礼。類 稽首作礼(ケイシュサレイ)

【五徳】ゴトク ①儒教で、人のそなえるべき「温・良・恭・倹・譲」の五つの徳。②炭火などの上に置いて鉄瓶などをのせる、鉄製などの三脚または四脚の輪。

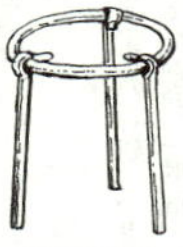
〔五徳②〕

【五斗米】ゴトベイ 五斗(現在の五升)の米。転じて、わずかな俸禄(ホウロク)のたとえ。

【五斗米の△為(ため)に腰を折る】 わずかな給料を得るために上役にへつらうたとえ。《十八史略》

【五風十雨】ゴフウジュウウ 世の中が平穏無事であることのたとえ。また、天候の順調なたとえ。五日ごとに風が吹き、一〇日ごとに雨が降る意。農作にちょうどよい天候のことで気候が順調なこと。参考「十風五雨」ともいう。

【五分五分】ゴブゴブ 二つの物事に優劣のない状態。ほぼ同じであること。「―の戦い」類 互角

【五味】ゴミ 辛(からい)・甘(あまい)・鹹(カン)(しおからい)・酸(すっぱい)・苦(にがい)の五種類の味。

【五△墓日】ゴムニチ 暦注の一つ。すべてに凶とされる悪日(アクニチ)。

【五目】ゴモク ①いろいろの物が混じっていること。②「五目そば」「五目鮨(ずし)」「五目飯」などの略。種々の具が入った料理。③「五目並べ」の略。碁石を一定の法則によって並べていくゲーム。

【五葉松】ゴヨウまつ マツ科の常緑高木。山地に自生。庭木・盆栽として観賞用にもする。葉は針形で、五本ずつ束になって生える。材は建築・器具用。ヒメコマツ。

【五里霧中】ゴリムチュウ 物事の手がかりがつかめず、見込みや方針が立たずにとまどっているさま。何かをするとき手探りで進む意にも用いる。《後漢書(ゴカンジョ)》参考 語構成は「五里霧」＋「中」。類 暗中模索

【五倫五常】ゴリンゴジョウ 人として守らなければならない道徳のこと。儒教の教え。「五倫」は父子の親・君臣の義・夫婦の別・長幼の序・朋友(ホウユウ)の信、「五常」は仁・義・礼・智(チ)・信をいう。

【五倫十起】ゴリンジッキ 清廉公正な者にも私心はあるということ。故事 中国、後漢の第五倫は清廉公平な人であったが、私心はあるのかと問われ、「兄の子の病気には一晩に一〇回起きて見に行っても戻れば熟睡できるが、わが子なら一度も見に行かなくても心配で眠ることができない、これこそ私心のある証拠だ」と答えた故事から。《後漢書(ゴカンジョ)》

【五輪塔】ゴリントウ 仏 万物を構成する五大をかたどった五つの石を積み重ねた石塔。下から、地輪(四角)・水輪(円)・火輪(三角)・風輪(半月形)・空輪(宝珠(ホウジュ)形)の順に積み上げる。供養塔や墓標に用いた。

〔五輪塔〕

【五▲斂子】ゴレンシ カタバミ科の常緑小高木。インドネシア原産。果実は断面が星形をしていて酸味があり、食用。

〈五月〉さつき ①陰暦五月の異名。②ツツジ科の常緑低木。▼皐月(さつき)(五〇二)

〈五月〉晴れ さつきばれ ①五月の空の晴れわたること。「快い―の空」季夏 ②陰暦五月の梅雨のあいまの晴天。参考 本来

は②の意であったが、誤用されて現在は①の意で用いることが多い。

【〈五月〉闇】 さつきやみ　五月雨(さみだれ)が降るころの夜が暗いこと。また、その暗やみ。季夏

【〈五月〉蠅】 さばえ　陰暦五月ころに群がり騒ぐ小さいハエ。季夏

【〈五月雨〉】 さみだれ　陰暦五月ころに降り続く長雨。梅雨(つゆ・バイウ)。「—を集めて早し最上(もがみ)川」季夏 参考「さつきあめ」とも読む。

【〈五倍子〉】 ふし　ヌルデの若芽などに寄生虫がついてできるこぶ状のもの。タンニンを多く含み、染料・インクなどに用いられる。昔は女性のお歯黒に用いた。季秋 表記「付子・附子」とも書く。参考「ゴバイシ」とも読む。

ゴ【互】
(4) 二 2　常 4　2463/385F
音 ゴ
訓 たがい 外 かたみ に

筆順 一 工 互 互

意味 たがい。たがいに。かたみに。かわるがわる。「互角」「交互」

下つき 交互(コウゴ)・相互(ソウゴ)

【互角】 ゴカク　優劣のない状態。「碁では父と—に戦える」類五分五分・対等 表記 ウシの角の形は左右の差がないことから「牛角」とも書く。

【互換性】 ゴカンセイ　①機械の部品などで、取り替えが可能であること。②コンピューターのデータやハードウェアを異なる機種同士で使用できること。

【互恵】 ゴケイ　国と国とが、互いに便宜や恩恵を与えたり受けたりすること。「—貿易」「—通商条約」

【互助】 ゴジョ　「相互扶助」の略。互いに助け合うこと。「—会」類共済

【互譲】 ゴジョウ　互いに譲り合うこと。「—の精神で円満に解決した」

【互生】 ゴセイ　葉が交互に異なる方向に生じること。サクラやアサガオなど。

【互選】 ゴセン　特定の人々がそのなかから、互いに選び出すこと。また、その選挙。「審議会の委員長を—する」

【互文】 ゴブン　対の形になった二つの文章の中で、一方で述べてあることを他方で省き、互いに補いあって意味を完全にする表現法。天地が長久であることを「天長地久」とする類。

【互い】 たがい　かかわりあう両者。双方。それぞれ。「—の利益」「—に手を握りあった」

【互い先】 たがいセン　将棋や囲碁で対戦者同士の実力が等しい場合、交替で先手になること。相先(アイセン)。

【互い違い】 たがいちがい　双方から入れ替わること。また、両方が入りまじること。かわるがわる。交互。「草花の—の模様が美しい」

ゴ【午】
(4) 十 2　常 教 9　2465/3861
音 ゴ
訓 外 うま・ひる

筆順 ノ 𠂉 二 午

意味 ①うま。十二支の第七。動物ではウマ。方位では南。時刻では昼の一二時およびその前後二時間。「午睡」「午餐(ゴサン)」▼干支順位表(一六〇) ②ひる。まひる。また、そのころの食事。

下つき 子午(シゴ)・正午(ショウゴ)・端午(タンゴ)

【△午】 うま　①十二支の七番目。②昔の時刻で、現在の正午ころ。また、その前後二時間。③昔の方角の名。南。

【午後・午△后】 ゴゴ　①昼の一二時から夜の一二時までの間。②昼の一二時から日没までの間。対①②午前

【午餐】 ゴサン　昼食。また、昼食をとること。「宮中での—会」

【午睡】 ゴスイ　昼寝をすること。昼寝。「木陰で—する」季夏

【午前】 ゴゼン　①夜の一二時から昼の一二時までの間。②日の出から昼の一二時までの間。対①②午後

ゴ【△牛】(4) 牛 0　教　2177/356D　▼ギュウ(三一二)

ゴ【伍】
(6) 亻 4　準1　2464/3860
音 ゴ
訓 くみ・いつつ

意味 ①くみ。なかま。もと、五人を一組にした軍隊の単位。転じて、隊列。「隊伍」②いつつ。金銭証書などに「五」の代わりとして用いる。

下つき 什伍(ジュウゴ)・卒伍(ソツゴ)・隊伍(タイゴ)・落伍(ラクゴ)

【伍する】 ゴーする　仲間に加わる。同じ位置に並ぶ。肩を並べる。「古豪に—して戦う」「彼に—する者はいない」

【伍長】 ゴチョウ　陸軍の階級の一つ。下士官の最下級で、軍曹の下。

ゴ【△冴】(6) 冫 4　▼冴の旧字(四六二)

ゴ【△冱】(6) 冫 4　4952/5154　▼コ(四四八)

ゴ【冴】
(7) 冫 5　準1　2667/3A63
音 ゴ
訓 さえる

字 旧《冴》(6) 冫 4　1/準1

意味 ①さえる。㋐ひえこむ。類冷 ㋑光や音がよくすむ。類澄 ㋒頭のはたらきがするどい。②こおる。氷がいてつく。参考「冱(コ)」の俗字。

【冴え返る】 さえかえる　①音や光が澄みわたっている。「真冬の夜空に月が—る」②春に寒さがぶり返す。季春 ③寒さがきわめて厳しい。

【冴える】 さえる　①寒さが厳しくなる。冷え冷えする。②光・色・音などが澄みわたってはっきりとし、あざやかに感じる。「月の光が—える」「顔色が—える」③感覚や意識がはっきりする。「夜中に目が—える」④ひときわすぐれる。「腕が—える」表記「冱える」とも書く。

ゴ
【呉】
(7) 口 4 常 準2 2466 3862
音 ゴ 訓 ㊕くれ・くれる

筆順 丨 冂 口 吕 吕 吴 呉

意味 ①昔の中国の国名。「呉音」 ②くれ。古く、わが国で中国を指した呼称。「呉竹」

【〈呉桃〉】くるみ クルミ科の落葉高木の総称。▼胡桃《くるみ》(四五四)

【△呉△呉も】くれぐれ—も さらにいっそう。かさねて。念を入れて頼むときに使う。「—よろしく」

【△呉竹】くれたけ ハチクの別称。由来 中国の呉《ゴ》から渡来したことから。▼淡竹《はちく》(一〇一五)

【△呉の藍】くれのあい ベニバナの別称。由来 中国の呉《ゴ》から伝わった藍の意。参考「紅《くれない》」は「呉の藍」の転じた語。

【〈呉織〉・〈呉服〉】くれはとり 上代、中国の呉《ゴ》から渡来したといわれる機織りの技術者。また、その技術で織った織物。参考「呉服」は「ゴフク」とも読む。

【△呉れる】く—れる ①相手が自分に対して物を与える。よこす。「手紙を—れる」「送別会で部下が花束を—れた」 ②多く見下した意を含んで、相手に物を与える。やる。「釣り銭は—れてやる」 ③相手が自分に対してある行為を行う。「本を読んで—れる」「映画に連れて行って—れた兄」 ④相手に対し不利益となるような行為を行う。「こらしめて—れる」

【呉越同舟】ゴエツドウシュウ 仲の悪い者どうし、敵どうしが同じ場所や境遇にいること。本来は、反目し合う仲でも利害が一致したり同じ災難に遭ったりすれば、互いに協力し合う意。故事 中国、春秋時代、敵対関係にあり国民どうしも憎しみ合っていた呉国と越国の人が同じ船に乗って川を渡り、大風に遭ったときは互いに助け合ったという故事から。〈『孫子』〉 類 同舟共済

【呉音】ゴオン 漢字の字音の一種。上代に中国南方の呉の地方から伝来したもの。「金を「コン」と読むなど。対 漢音・唐音

【呉下の▲阿▲蒙】ゴカのアモウ いつまでも進歩がない昔のままの人間であるたとえ。また、無学な者のたとえ。「呉下」は呉国にいるということ。「阿」は親しんで呼びかける際に名前の上につける語。呉国にいたころの蒙さんの意。故事 中国、三国時代、無学だった呉の呂《リョ》蒙《モウ》は主君孫権のすすめで学問に励んだ。久しぶりに会った魯《ロ》粛《シュク》が「もはや呉にいたころの蒙さんではない」と言って感服した故事から。〈『三国志』〉 参考「旧阿蒙」ともいう。

【呉牛月に▲喘ぐ】ゴギュウつきにあえぐ 思い込みや誤解で必要以上におびえるたとえ。また、思い過ごしから要らぬ苦労をするたとえ。「喘ぐ」は息苦しそうに呼吸する意。由来 暑い呉国では、ウシが暑さのあまり月を見ても太陽だと思いあえぐことから。〈『世説新語《セセツシンゴ》』〉 類 羹《あつもの》に懲りて膾《なます》を吹く

【呉▲茱▲萸】ゴシュユ ミカン科の落葉小高木。中国原産。夏、緑白色の小花をつける。赤褐色の果実は漢方薬として用いる。

【呉汁】ゴじる ①大豆を水に浸してすりつぶして味噌《ミソ》で味付けをした汁。 ②大豆をすりつぶしてこし、染色の色止め剤に使うもの。表記 ②「豆汁」とも書く。

【呉服】ゴフク ①和服用織物の総称。反物。また、特に絹織物。「—屋で訪問着を新調した」 ②「呉服《くれはとり》」に同じ。

ゴ
【吾】
(7) 口 4 準1 2467 3863
音 ゴ 訓 われ・わが

意味 ①われ。わが。じぶん。「吾家」「吾人」 ②「子」や「兄」などの上につけて、親しみを表す。「吾兄」

下つき 伊吾《イゴ》・故吾《コゴ》

【▲吾子】あこ わが子。自分の子。参考「わこ」とも読む。

【▲吾妻・▲吾▲嬬】あずま ①箱根から東の地方。東国《トウゴク》。 ②京都から見て関東一帯。特に、鎌倉・江戸を指していった。表記「東」とも書く。

【▲吾兄】ゴケイ 貴兄。あなた。男性が友人を親しんで呼ぶ語。特に、手紙文で用いる。

【▲吾人】ゴジン われわれ。われら。「—のなすべきこと」 参考 古い論説文などで用いられる硬い言い方。

【▲吾が】わ—が ①自分の。わたしの。「—身」 ②自分たちの。われわれの。「—国」

【〈▲吾妹〉】わぎも 昔、男性が妻や恋人を親しみを込めて呼んだ語。参考「わがいも」の変化した語。

【▲吾】われ ①自分。わたし。「—こそは」 ②自分自身。「—を失う」

【〈▲吾▲亦紅〉・▲吾△木香】われもこう バラ科の多年草。山野に自生。夏から秋に暗紅色で卵形の花穂をつける。根は漢方で止血剤にする。季 秋 表記「我毛香・地楡・仙蓼」とも書く。

ゴ
【忤】
(7) 忄 4 1 5556 5758
音 ゴ 訓 さからう・もとる

意味 さからう。もとる。「忤逆」 類 牾《ゴ》

下つき 違忤《イゴ》・乖忤《カイゴ》

【▲忤う】さから—う そむく。くいちがう。逆の方向に進む。表記「牾らう」とも書く。

ゴ
【沍】
(7) 氵 4 1 6176 5D6C
音 ゴ・コ 訓 かれる・こおる

意味 ①かれる。水がかれる。「沍陰」 類 沍《コ》 ②こお(凍)る。 類 涸《コ》 ③ふさぐ。とじる。 類 錮《コ》

下つき 寒沍《カンゴ》

ゴ
【後】
(9) 彳 6 教 常 9 2469 3865
音 ゴ・コウ 訓 のち・うしろ・あと・おくれる㊥ ㊕しり

ご
ゴ

筆順 ノ ク 彳 彳 彸 彸 後 後 後

意味 ①のち。あと。時間・空間的にあと。「後悔」「後日」②うしろのほう。「後援」「背後」対①②前・先 ③おくれる。「後進」「後楽」

下つき 以後イゴ・雨後ウゴ・向後コウゴ・午後ゴゴ・今後コンゴ・最後サイゴ・産後サンゴ・死後シゴ・事後ジゴ・人後ジンゴ・生後セイゴ・絶後ゼツゴ・直後チョクゴ・背後ハイゴ・没後ボツゴ・老後ロウゴ

【後】あと ①背の方向。うしろ。「―を振り向く」「―を追う」②時間が経過してから。以後。将来。「―で届ける」③終わったのち。事後。「使った―は片付ける」対①〜③前・先 ④死後。⑤子孫。「―を絶やす」⑥つぎ。後任。「ぼくの―は君」⑦残り。「―は来月払う」⑧目標までの差。「―五分」

『後の▲雁かりが先になる』学業や地位などで、後輩やあとからきた者が、先輩など先を進むものを追い越したり、しのいだりすること。また、若い者が先に死んだときにも用いる。列をつくって飛ぶガン（雁）の後ろのものが前に出るさまから。

『後は野となれ山となれ』当面のことがうまくいけば、あとはどうなってもかまわないという気持ちをいう言葉。また、直接自分に利害関係がないので勝手にしろというなげやりな気持ちをいう言葉。

【後足・後脚】あとあし 四つ足動物のうしろ二本のあし。うしろあし。対前足

『後足で砂をかける』恩義を受けた人を平然と裏切り、感謝するどころか、かえって去りぎわに迷惑や損害を与えるたとえ。

【後味】あとあじ ①飲み食いをしたあとに口に残る味。類後口あとくち ②物事が済んだあとに感じる気分。「―が悪い結末」

【後釜】あとがま 前の人の代わりにその地位に就くこと。また、その人。後任。また、特に後妻。「―をねらう」

【後金】あとキン ①品物を先に受け取り、あとで代金を支払うこと。また、その金銭。対前金 ②一部を先に支払った、払い残りの代金。残金。「商品が届いてから―を支払う」

【後腐れ】あとくされ 事が終わったのちまでも、わずらわしい問題が残ること。あとぐされ。「―がないようにうまく話し合いたい」

【後先】あとさき ①前とうしろ。前後。また、周囲。「―を見回す」②最初から最後まで。全部。また、その結果起きること。「―を考えずに行動する」③順序。また、順序が逆になること。「仕事の―を考える」「話が―になる」

【後産】あとザン 出産後、しばらくして胎盤や卵膜などが排出されること。参考「のちザン」とも読む。

【後始末】あとシマツ 物事が終わったあとの処理。あとかたづけ。「倒産の―をする」「食事の―に忙しい」表記「跡始末」とも書く。

【後▲退り】あとずさり 正面を向いたまま、後方にさがること。「犬に出くわし思わず―した」参考「あとじさり」とも読む。

【後戻り】あともどり ①来た方向へ引き返すこと。逆行。②以前の状態に戻ること。「この計画はもう―できない」

【後厄】あとヤク 厄年の翌年。また、その年にふりかかる災難。対前厄

【後ろ】うしろ ①正面の反対側。背後。「―を向く」②並んでいるものの後方。「列の―」対①②前 ③背中。背面。「敵に―を見せる」④見えない所。かげ。「木の―に隠れる」

【後ろ▲楯・後ろ盾】うしろだて ①陰や背後から援助すること。また、その人。後見。「強力な―がつく」②背後を防ぐもの。

〈後妻〉うわなり ①一夫多妻制の時代に、最初の妻に対してあとにめとった妻。のちに、再婚した妻をもいう。対前妻こなみ ②ねたみ。嫉妬シット。表記「次妻」とも書く。参考「ゴサイ」と読めば再婚した妻の意。

【後れ毛】おくれげ 女性の髪で、結い上げられずに襟足などに垂れ下がる毛。「―をかきあげる」

【後れる】おくれる ①他のものよりあとになる。取り残され、ついていけない。「時代に―れるな」「発達が―れる」②死におくれる。先に死なれる。「妻に―れる」③他より劣る。「学力が―れる」④恐れためらう。気後れする。

〈後朝〉きぬぎぬ ①男女が共寝をした翌朝。「―の別れを惜しむ」②愛し合った男女の別れ。夫婦の離別。表記「衣衣」とも書く。

【後遺症】コウイショウ ①病気やけがが治っても残る身体機能や精神の障害など。②物事のあとに残る悪い影響のたとえ。「強引なリストラの―が業績に現れた」

【後▲胤】コウイン 子孫。「主人公は源氏の―にあたる」類後裔コウエイ 参考「胤」は血筋を継ぐ者の意。

【後▲裔】コウエイ 子孫。類後胤コウイン 参考「裔」はあとつぎの意。

【後衛】コウエイ ①軍隊などの後方の守り。また、それを守る人。②スポーツで、後方の守備範囲を守る選手。対①②前衛

【後援】コウエン ①表立たないで、助けること。うしろだて。「歌手の―会に入った」②後方にひかえる援軍。

【後架】コウカ 禅寺で、僧堂の後方に設けた洗面所。転じて、便所。参考「ゴカ」とも読む。

【後悔】コウカイ すでに行った行為について、あとになって悔やむこと。「今さら―しても始まらない」

『後悔先に立たず』済んでしまったことをあとから悔やんでも取り返しがつかない。何事もあとで悔やむことのないように、よく考えて行動せよという戒め。参考「後悔」は「後のちの悔い」ともいう。

【後学】コウガク ①あとから学問を始めた学者。対先学 ②将来、自分のためになる知識や学問。「―のための聴講」

【後患】コウカン 先にあった事件が原因で、後日に出てくる心配事。「―の根を断つ」

【後宮】コウキュウ 皇后や妃(きさき)たちが住む宮殿。奥御殿。転じて、その宮殿に住む皇后や妃たちの総称。

【後継】コウケイ あとをつぐこと。また、その人。跡継ぎ。「伝統工芸の―者」

【後見】コウケン ①年少者などを助けたり力になったりして世話をすること。うしろだて。②法律上、親権者のない未成年者の保護・監督・財産管理をすること。「―人として成人するまで世話をした」③舞台で、演者のうしろにいて小道具・衣装替えなどの手助けをする人。黒子(くろこ)など。

【後顧】コウコ ①うしろを振り返って見ること。②あとのことを気にすること。

『後顧の憂(うれ)い』のちに心配事を残すこと。また、のちのことを心配すること。「―のないようにしたい」

【後嗣】コウシ 家系のあとをつぐこと。また、その人。世つぎ。

【後事】コウジ 将来のこと。また、死後のこと。「―を子どもに託す」

【後室】コウシツ ①家の中でうしろのほうにある部屋。②高貴な人の未亡人。

【後車の戒め】コウシャのいましめ ▼前車の覆(くつがえ)るは後車の戒め(九一四)

【後身】コウシン ①発展や改革を行い、組織や境遇が一変したもの。また、身分や境遇が一変した身の上。②仏生まれ変わった身。生まれ変わり。対①②前身

【後進】コウシン ①同じ道をあとから進むこと。また、その人。後輩。「―の指導にあたる」「―に道を譲る」②経済・技術・文化などがおくれていること。対①②先進 ③うしろへ進むこと。後退。対前進

【後▲塵】コウジン ①車やウマが通ったあとにたつ土や砂のほこり。②人に先を越され、あとにしたがうこと。「―を拝す」

【後世】コウセイ のちの世。のちの時代。「―に名を残す偉業を成しとげた」参考「ゴセ」と読めば別の意になる。

【後生】コウセイ ①あとから生まれてくる人。後代(コウダイ)の人。②あとから学ぶ人。類後輩・後進 参考「ゴショウ」と読めば別の意になる。

『後生畏(おそ)るべし』年少者は大きな可能性を秘めていて、将来どんな力量を現すかわからないので、おそれ敬うべきである。〈論語〉

【後続】コウゾク あとに続くこと。また、続く人。「―部隊」

【後退】コウタイ うしろへ下がること。また、力や勢力が以前より衰えること。あとずさり。「景気が―する」対前進

【後▲凋・後▲彫】コウチョウ 堪えて固く節操を守ること。由来「しぼむのに後れる」意で、マツやカシワの木が他の木がしぼんだ後まで青々としていることから。

【後天性】コウテンセイ 生まれたのちに身についたようす。「交通事故による―の言語障害」対先天性

【後難】コウナン あとでふりかかる災難。「―を恐れる」

【後任】コウニン 前の人に代わって任務につくこと。また、その人。「局長の―が決まる」「―者」対先任・前任

【後年】コウネン 数年経ったのち。また、のちの世。将来。

【後輩】コウハイ ①年齢・地位・経験年数などが自分より少ない者。「柔道の技を―に伝えた」類後進 ②同じ学校や職場で、自分よりあとに入った者。対①②先輩

【後尾】コウビ 列などのうしろのほう。うしろの部分。「最―」

【後備】コウビ うしろのほうで待機している部隊。あとぞなえ。「―役(エキ)」

【後便】コウビン あとで出す便り。次の便り。次便。「詳細は―にてお知らせいたします」類後信 対先便・前便

【後門の▲狼】コウモンのおおかみ ▼前門の虎(とら)後門の狼(九一五)

【後楽】コウラク 天下の人が平和を楽しむのを見てから楽しむこと。「先憂―」

【後家】ゴケ ①夫と死別したあと、再婚しないでいる女性。未亡人。②対や組になったものの一方が欠けた残り。「―蓋(ぶた)」

【後光】ゴコウ 仏仏や菩薩(ボサツ)の体から発する光。また、その光をかたどり、仏像の背につけたもの。光背。

【後刻】ゴコク 今より少しあとの時間。のちほど。「―お届けいたします」対先刻

【後妻】ゴサイ 死別・離婚などにより妻と別れた男性が、その後結婚した妻。のちぞい。対先妻 参考「うわなり」と読めば別の意もある。

【後日】ゴジツ ①のちの日。今後。将来。類他日 ②あることが起こったあと。「―談」参考「ゴニチ」とも読む。

【後生】ゴショウ ①仏死後の世界。来世。類後世(ゴセ) 対前生(ゼンショウ)・今生(コンジョウ) ②仏来世の安楽。「―を願う」③願い事や人にものを頼むときに使う語。「―だから許してくれ」参考「コウセイ」と読めば別の意になる。

【後生大事】ゴショウダイジ ①物を大切に保持すること。「―にしまいこんでいる」②仏来世の安楽を一心に願い、仏道に励むこと。

【後生▲菩△提】ゴショウボダイ 来世に極楽往生して悟りを開くこと。「菩提」は悟りの境地。類後世菩提(ゴセボダイ)

【後生楽】ゴショウラク ①死後の世界は安楽であると思い安心すること。②何事も苦にせずのんきなこと。

ご ゴ

【後世】ゴセ ゴショウ 仏 死後の世界。あの世。来世。類 後生 参考「コウセイ」と読めば別の意になる。

【後手】ゴて ①相手に先を越されて、受け身になること。「救援対策が—に回る」②碁や将棋で相手のあとに打ったり指したりすること。対 ①②先手

〈後輪〉しずわ ウマの鞍橋(くらぼね)の一部分。後方の山形に高くなった所。あとわ。しりわ。対 前輪(まえわ)

【△後】しり ①うしろのほう。うしろ。「人の—につく」②一番あと。最後。「—から二番目」

〈後方〉しりえ うしろのほう。うしろ。参考「コウホウ」とも読む。

【後込み】しりごみ ①あとずさりすること。逃げ腰になること。②ためらうこと。遠慮。表記「尻込み」とも書く。

〈後志〉しりべし 北海道の旧一一か国の一つ。現在の後志総合振興局の大半と檜山(ひやま)振興局の一部地域をいう。

【後】のち ①その時よりあと。「晴れ—曇り」②これから先。将来。「—の人々に知られた業績」③死後。「—の世」④子孫。

【後添い】のちぞい 前妻と死別・離別したあとに迎えた妻。後妻。のちぞえ。

ゴ【▲胡】(9) 肉5 2453 3855 ▼コ(四五四)

ゴ【唔】(10) 口7 1 5110 532A 音 ゴ 訓

意味 ①くちごもる。②書を読む声の意の「咿唔(イゴ)」に用いられる字。

ゴ【圄】(10) 囗7 1 5193 537D 音 ゴ・ギョ 訓 ひとや・とらえる

意味 ①ひとや。ろうや。「囹圄(レイゴ・レイギョ)」類 圉(ギョ) ②とらえる。罪人をとらえる。

下つき 囹圄(レイゴ・レイギョ)

ゴ【娯】(10) 女7 常 3 2468 3864 音 ゴ 訓 外 たのしむ

筆順 く 女 女 如 如 妲 妲 娯 娯 娯

意味 たのしむ。たのしみ。「娯楽」

下つき 歓娯(カンゴ)

【娯楽】ゴラク 仕事や勉強などの余暇に、心を慰めたのしむこと。「—映画」

【△娯しむ】たのしむ 笑い興じて、心を慰める。心を愉快にして興じる。

ゴ【悟】(10) 忄7 常 3 2471 3867 音 ゴ 訓 さとる

筆順 ' 忄 忄 忄 忄 怔 悟 悟 悟 悟

意味 ①さとる。迷いからさめる。真理にめざめる。「悟性」「覚悟」②さとい。かしこい。さとりが早い。「英悟」

下つき 英悟(エイゴ)・穎悟(エイゴ)・悔悟(カイゴ)・覚悟(カクゴ)・大悟(タイゴ)

【悟性】ゴセイ 哲学において、物事を判断する思考力。理性や感性と区別される。

【悟道】ゴドウ 仏 修行して悟りを得ること。悟りの道。「ついに—の域に達した」

【悟る】さとる ①心の迷いがさめる。気がつく。②理解する。「力の限界を—った」

ゴ【莫】(10) 艹7 1 7220 6834 音 ゴ 訓

意味 イグサに似た草の名。「莫蓙(ゴザ)」

【▲莫▲蓙】ゴザ イグサで編んだ敷物。うすべり。表記「蓙」とも書く。

ゴ【晤】(11) 日7 1 5877 5A6D 音 ゴ 訓 あきらか・あう・うちとける

意味 ①あきらか。かしこい。「英晤」②あう。むかいあう。「晤言」③うちとける。「晤語」

下つき 英晤(エイゴ)

ゴ【梧】(11) 木7 準1 2472 3868 音 ゴ 訓 あおぎり

意味 あおぎり。アオギリ科の落葉高木。また、アオギリで作った机や琴。「梧下」「梧葉」

下つき 碧梧(ヘキゴ)

〈▲梧▲桐〉あおぎり アオギリ科の落葉高木。中国原産。街路樹に多く、樹皮は緑色。葉は大形で、てのひら状に裂けている。夏、黄色の花が咲く。材はやわらかく家具や楽器などに用いる。ヘキゴ。季 夏 由来「梧桐」は漢名から。表記「青桐」とも書く。

【▲梧▲桐】ゴトウ アオギリの別称。季 夏 参考「ゴドウ」とも読む。▼梧桐(あおぎり)

【▲梧右】ゴユウ 手紙のあて名のわきに添えて敬意を表す語。類 机下・梧下 由来 アオギリでできた机のわきの意から。

ゴ【牾】(11) 牛7 1 6419 6033 音 ゴ 訓 さからう

意味 さからう。もとる。そむく。「牴牾(テイゴ)」類 忤(ゴ)

下つき 牴牾(テイゴ)

ゴ【御】(12) 彳9 常 2470 3866 ▼ギョ(三二一)

ゴ【期】(12) 月8 教 2092 347C ▼キ(二七六)

ゴ【△棋】(12) 木8 常 2093 347D ▼キ(二七七)

ゴ【碁】(13) 石8 常 準2 2475 386B 音 ゴ 訓 外 キ

筆順 一 十 廾 廿 甘(5) 甘 其 其 其 碁(13)

意味 ご。ます目の上に石を置き、囲み取った目の数で勝負を決める遊戯。「碁盤」「囲碁」類 棋

下つき 囲碁(イゴ)・持碁(ジゴ)

【碁子麺】キシメン　うどんの一種で、平打ちにしたもの。ひもかわ。由来もとは、小麦粉をこねて平らに延ばし、竹筒で碁石の形に打ち抜いた食品を指したことから。

【碁石】ゴいし　碁を打つときの、丸く平たい小さな石。白一八〇個と黒一八一個で一組。

【碁敵】ゴがたき　碁の力量が自分と同じ程度で、よく打ちあう相手。

【碁笥】ゴけ　碁石を入れる、木製で丸い形をしたふたつき容器。

【碁盤】ゴバン　碁を打つときに使う方形の台。表面に縦横各一九本ずつ、等間隔の平行線が引かれている。「―割り(整然と分割すること)」

ゴ【蜈】
(13) 虫 7　1　7369　6965
音 ゴ　訓

意味 「蜈蚣ゴコウ(むかで)」に用いられる字。

〈蜈蚣〉むかで　ムカデ類の節足動物の総称。由来「蜈蚣」は漢名から。▼百足むかで(一三〇二)

ゴ【寤】
(14) 宀11　1　5372　5568
音 ゴ　訓 さめる・さとる

意味 ①さめる。目がさめる。対寐ビ ②さとる。気づく。類悟

下つき 改寤カイゴ・開寤カイゴ・覚寤カクゴ・醒寤セイゴ

【寤寐】ゴビ　目がさめていることと、眠ること。寝てもさめても。

【寤める】さ-める　目がさめる。目がさめて意識がはっきりする。

ゴ【語】
(14) 言 7　教 常　9　2476　386C
音 ゴ 外ギョ　訓 かたる・かたらう 外ことば・つげる

筆順 4 亠 言 言 言 訂 訂 語 語 語 13 語

意味 ①かたる。話をする。ものがたる。「語調」「私語」②ご。ことば。また、言葉づかい。「語学」「国語」③つげる。伝える。

下つき 隠語インゴ・英語エイゴ・漢語カンゴ・季語キゴ・敬語ケイゴ・言語ゲンゴ・口語コウゴ・豪語ゴウゴ・国語コクゴ・古語コゴ・私語シゴ・失語シツゴ・熟語ジュクゴ・主語シュゴ・述語ジュツゴ・術語ジュツゴ・新語シンゴ・成語セイゴ・俗語ゾクゴ・対語タイゴ・ツイゴ・単語タンゴ・勅語チョクゴ・独語ドクゴ・反語ハンゴ・文語ブンゴ・補語ホゴ・梵語ボンゴ・訳語ヤクゴ・落語ラクゴ・類語ルイゴ・和語ワゴ

【語らう】かた-らう　①親しく話し合う。「楽しげに―う」②仲間に誘い入れる。「友人を―って旅に出る」

【語り種・語り草】かたりぐさ　うわさ話の材料。話題。「後世までの―となる」

【語り部】かたりべ　①古代の口頭伝承にたずさわった集団。朝廷と諸国にいて、神話や伝説などを語り伝えることを職務とした。②自らの伝聞や体験を後世に語り伝える人。

【語る】かた-る　①話をする。述べる。「思い出を―る」「抱負を―る」②よく説明する。おのずと表す。「粉々に砕けた壁が爆発事故の状況を―っていた」③浄瑠璃ジョウルリや浪曲などで、節をつけて朗読をする。

【語彙】ゴイ　①ある範囲で用いる語全体。ボキャブラリー。「―が豊富なので会話が楽しい」②一定の種類に集録した言葉。語集。「基本―」
参考 単語・言葉の意に用いるのは誤り。

【語幹】ゴカン　用言で、活用変化をしない部分。「読む」の「よ」など。対語尾

【語感】ゴカン　①言葉がもつ感じ。言葉のひびき。「どこか暖かい―がある」②言葉から受け取る感覚。言葉に対する感覚。「詩を書く人は―が鋭い」

【語気】ゴキ　言葉つき。「―を荒げて抗議する」類語調・語勢

【語義】ゴギ　言葉のもつ意味。「辞書で―を調べる」類語意

【語源・語原】ゴゲン　ある語が現在の形や意味になる前の、もとの形と意味。また、由来。

【語釈】ゴシャク　単語や句の意味の解釈。「難解な言葉には―を入れる」

【語調】ゴチョウ　話すときの調子。言葉つき。「―を整える」「激しい―でくってかかる」類語気・語勢

【語】ことば　はなし。ことわざ。たとえ。いいつたえ。かたられたことば。

【語尾】ゴビ　①言葉の終わりの部分。言葉じり。「―をはっきりさせる」対語頭 ②用言で、活用変化をする部分。活用語尾。「話す」の「す」など。対語幹

【語弊】ゴヘイ　言葉づかいの欠点。誤解されやすい表現や言い方。また、そのために起こる弊害。「―のある言い方」

【語呂・語路】ゴロ　語句を発音したときの続きぐあいや調子。語調。「―がいい」

ゴ【誤】
(14) 言 7　教 常　5　2477　386D
音 ゴ　訓 あやまる 外まどわす

筆順 4 亠 6 言 言 言 訂 訂 誤 誤 誤

意味 ①あやまる。まちがえる。あやまり。「誤解」「錯誤」対正 ②まどわす。人をあやまらす。

下つき 過誤カゴ・錯誤サクゴ・失誤シツゴ・正誤セイゴ

【誤る】あやま-る　うっかりやりそこなう。まちがえる。「操作を―る」「選択を―る」②あやまちを犯させる。悪いほうにみちびく。「甘い言葉に身を―った」

【誤解】ゴカイ　意味をとりちがえて理解すること。思いちがい。「―を招くような発言」

【誤差】ゴサ　①本来の値と計算や測定による値との差。「―の範囲」②くいちがい。くるい。「―が生じる」

【誤算】ゴサン　①計算をまちがえること。計算ちがい。②まちがった推測や予測をすること。見込みちがい。「うれしい―となった」

【誤植】ゴショク 印刷で、まちがった文字や記号などを組みこむこと。また、印刷物の誤記。ミスプリント。

【誤信】ゴシン まちがって信じること。また、あやまりを正しいと信じこむこと。

【誤診】ゴシン 病気の診断をまちがえること。また、その診断。

【誤審】ゴシン ①スポーツで、審判が判定をまちがえること。また、その判定。②裁判であやまった審理が行われること。

【誤▲謬】ゴビュウ 論理や知識などのあやまり。「―を訂正する」参考「誤」も「謬」もともにあやまる意。

【誤報】ゴホウ まちがった内容やありもしないことを報道すること。また、その報道。「犯人逮捕のニュースは―だった」

【誤魔化す】ゴマカ―す ①人の目を盗んで悪いことをする。「勘定を―す」②人にわからないように、その場をとりつくろう。「きまり悪さを―す」参考「誤魔化す」は当て字。

ゴ★【醐】(16) 酉9 準1 2479 386F 音 ゴ・コ 訓

意味 まじりけのないバター類の意の「醍醐ダイゴ」に用いられる字。

ゴ【▲檎】(17) 木13 2473 3869 ▼キン(三四)

ゴ【護】(20) 言13 教 常 6 2478 386E 音 ゴ 訓 外まもる・まもり

旧字《護》(21) 言14 1/準1

筆順 言8 言10 言 言 言 言 言 言18 護 護

意味 ①まもる。まもり。かばう。たすける。「護衛」「救護」②梵語ボンゴの音訳に用いられる。「護摩」

下つき 愛護アイゴ・援護エンゴ・回護カイゴ・加護カゴ・看護カンゴ・救護キュウゴ・警護ケイゴ・守護シュゴ・庇護ヒゴ・弁護ベンゴ・防護ボウゴ・保護ホゴ・養護ヨウゴ・擁護ヨウゴ

【護衛】ゴエイ 付き添ってまもること。また、その役の人。「要人の―をする」類警護

【護岸】ゴガン 海岸や河岸などを人工的に整備・補強し、水害を防ぐこと。「―工事」

【護憲】ゴケン 現行の憲法や立憲政治をまもること。「―運動」

【護国】ゴコク 国家の繁栄や平和をまもること。「―神社」

【護持】ゴジ 大切にまもり保つこと。尊んで守護すること。「古来の仏法を―している寺」「―会の会則」

【護身】ゴシン 危険・危害から自分の身をまもること。「―術に合気道を習う」

【護送】ゴソウ ①あるものに付き添い、それを盗難や損傷などからまもりながら送り届けること。「美術品の―」②囚人などの移動に付き添い、見張りながら送り届けること。「―車」

【護符】ゴフ 神仏の加護がこもった、病気・災難除よけなどの札。おまもり。「神社の―をいつも身につけている」表記「御符」とも書く。参考「ゴフウ」とも読む。

【護法】ゴホウ ①法律を擁護すること。②仏仏法を守護すること。また、守護する鬼神。「―神」③仏化け物や病気などを追い払う法力ホウリキ。

【護摩】ゴマ 仏密教の修法の一つ。本尊の前に壇を作り、ヌルデの木などをもやして、願主の願いが成就することを祈る。「―を焚たいて息災を祈念する」

【護摩の灰】ゴマのはい 旅人をだまして金品を奪う者。類胡麻ゴマの蝿はえ 由来 ただの灰を、ありがたい護摩を焚たいた灰として旅人に高く売りつけた者がいたことから。

〈護▲謨〉ゴム 非常に弾力性に富む物質。ゴムの木の乳液から作る天然ゴムと、石油などから作る合成ゴムがある。

【△護る】まも―る 助ける。防ぐ。かばいまもる。「攻められないように国を―る」

ゴ【鼯】(20) 鼠7 1 9468 7E64 音 ゴ 訓 むささび

意味 むささび。ももんが。リス科の哺乳ホニュウ動物。「鼯鼠ゴソ」

〈▲鼯▲鼠〉むささび リス科の哺乳ホニュウ動物。リスに似るがやや大きい。腹面は白く四肢や体側によく発達した飛膜があり、木から木へと滑空する。夜行性。ノブスマ。季冬 由来「鼯鼠」は漢名から。

〈▲鼯▲鼠〉ももんが リス科の哺乳ホニュウ動物。ムササビに似るがやや小形で目が大きい。腹面は白く四肢や体側によく発達した飛膜があり、木から木へと滑空する。夜行性。バンドリ。モモンガア。季冬

ゴ【▲護】(21) 言14 ▼護の旧字(四六八)

ゴ★【齬】(22) 歯7 1 8387 7377 音 ゴ 訓 くいちがう

意味 くいちがう。「齟齬ソゴ」

下つき 齟齬ソゴ

こい【恋】(10) 心6 常 4688 4E78 ▼レン(一六〇三)

こい【濃い】(16) 氵13 常 3927 473B ▼ノウ(一二二二)

こい【▲鯉】(18) 魚7 2481 3871 ▼リ(一五六一)

こいしい【恋しい】(10) 心6 常 4688 4E78 ▼レン(一六〇三)

こいねがう【△希う】(7) 巾4 教 2085 3475 ▼キ(二六三)

こいねがう【△幾う】(12) 幺9 常 2086 3476 ▼キ(二七六)

こいねがう【▲冀う】(16) 八14 4935 5143 ▼キ(二八二)

コウ【口】(3) 口0 常 教 10 2493 387D 音 コウ・ク 訓 くち

筆順 ｜ 口 口

意味 ①くち。人や動物の器官の一つ。「口角」「開口」「鶏口」②くちに出す。言う。ことば。「口上」「口調」「悪口」③出入りする所。「河口」「銃口」④物事のはじめ。はし。「糸口」⑤種類。単位。「口座」⑥人や家の数。「人口」「戸口」⑦刀剣などを数える語。

下つき 悪口(アッコウ・わるくち)・異口(イク)・糸口(いとぐち)・開口(カイコウ)・河口(カコウ)・鶏口(ケイコウ)・戸口(ココウ・とぐち)・虎口(ココウ)・人口(ジンコウ)・閉口(ヘイコウ)・利口(リコウ)

【口】ク ①器具・刃のある武器などを数える語。②仏 くち。また、くちから発せられた言葉。

【口授】クジュ 口で伝え、教え授けること。「秘伝を―される」類 口伝(クデン) 参考「コウジュ」とも読む。

【口舌】クゼツ ①口論。言い争い。痴話(チワ)げんか。②口先だけのセリフ。弁舌。表記 ②「口説」とも書く。参考 ①「クゼチ」とも読む。②「コウゼツ」とも読む。

【口△唱】クソウ 阿弥陀(アミダ)の名をとなえること。類 口称(クショウ)

【口】くち ①動物が、飲食物を体内にとりいれたり発声したりするためなどに使う器官。②出入りする所。「登山―」「非常―」③入りこむ場所。「仕事の―」「嫁の―」④すきま。内部に通じる穴。「傷―」⑤言葉。言い方。噂(うわさ)。「―うるさい人」⑥味覚。「―が肥える」⑦物の端。物事のはじめ。「宵の―」⑧申し込みなどの単位。「一―三千円の寄付」

【口から出れば世間】 ひとたび口にしてしまった秘密は、またたくまに世間に知れ渡ってしまうこと。

【口で▲貶(けな)して心で褒(ほ)める】 表面上はけなしているが、心のなかでは高く評価している。

【口では大△阪の城も建つ】 口先だけならどんなにりっぱなことでも言えるというたとえ。類 口自慢の仕事下手・口叩(たた)きの手足らず・能なしの口叩き

【口に蜜(ミツ)あり腹に剣あり】 口ではやさしそうなことを言うが、心の内は陰険なこと。口元には甘い蜜がついているが、腹の中に剣が隠されている意から。口蜜腹剣(コウミツフクケン)。故事 唐の皇帝、玄宗(ゲンソウ)の宰相、李林甫(リリンポ)が自分の身を守るために、すぐれた人を見ると、表面ではもち上げておきながら陰では陥れるという手で中央から追放した。その李林甫を評した言葉による。〈『十八史略』〉

【口は△禍(わざわ)いの門(モン)】 不用意な発言はわざわいをもたらすもとであるということ。口は言葉を出入りさせる門のようなものであることから。参考「門」は「かど」とも読む。類 口は災いの元

【口も八丁、手も八丁】 言うこともやることも達者であること。多く、けなして言う。転じて、物事を達者にこなすこと。参考「口八丁手八丁」ともいう。

【口裏】くちうら 話の裏に込められた真意を察すること。「―を合わせる」参考 本来は「口占」で、話から吉凶を占う意。

【口△煩い】くちうるさ-い ちょっとしたことですぐ小言を言うさま。口やかましいようす。

【口絵】くちエ 書籍や雑誌の巻頭や本文の前に載せる絵や写真。

【口惜しい】くちお-しい 残念だ。無念だ。「誠意が通じないのが―い」表記「くやしい」とも読む。

【口重】くちおも ①軽々しくしゃべらないこと。口数の少ないさま。無口。「彼は―だが信頼のできる人だ」②すらすらとしゃべることができないさま。対 ①②口軽(くちがる)

【口数】くちかず ①言葉かず。「―の少ない人」②人数。頭かず。「子どもができて―が増えた」③件数。申し込み単位のかず。

【口軽】くちがる ①軽率にしゃべること。②すらすらしゃべるさま。対 ①②口重(くちおも)

【口利き】くちきき ①交渉事などの間を取りもつこと。紹介や斡旋(アッセン)。「叔父の―で縁談がまとまる」②交渉や談判のうまい人。

【口△癖】くちぐせ ①何度も繰り返し言うこと。また、その言葉。「母のいつもの―が出た」②話し方の特徴。

【口車】くちぐるま 口先だけのうまい言いまわし。巧みなごまかし。「―に乗る」

【口籠もる】くちご-もる もぐもぐ言う。また、はっきり言わない。「自信のない―った言い方」

【口△遊む】くちずさ-む ふと心に浮かんだ詩歌や文句などを、歌ったり言ったりする。「啄木(たくぼく)の歌を―む」

【口添え】くちぞえ 交渉や依頼などで、わきから言葉を添えてうまくとりなすこと。「議員の―で許可が下りた」

【口▲叩きの手足らず】くちたたきのてたらず 口数ばかりが多く、仕事がおろそかなこと。口でいうほど仕事ができないこと。対 物言わぬ早細工(はやザイク)

【口達者】くちダッシャ よくしゃべること。話す言葉がたくみなこと。また、その人。口上手。

【口△伝て】くちづて 人から人に言い伝えること。くちづたえ。「評判を―に聞く」

【口△疾】くちど 口早なこと。受け答えの早いこと。口の軽いこと。

【口の端】くちのは 口先。言葉の端々。また、評判。話題。くちは。「―に上(のぼ)る」

【口八丁】くちハッチョウ しゃべることが達者なこと。口上手。「―手八丁」

【口△幅ったい】くちはば-ったい 身に過ぎたことを言うさま。実力以上に大きなことを言うさま。「―いことを申しますが」

【口火】くち び ①爆弾・花火などの火薬やガス器具などの点火に用いる火。②物事が起こるきっかけや原因。「戦闘の―をきる」

【口〈下手〉】くち べた 思っていることをうまく言えないこと。また、その人。口不調法。対口上手

【口元・口△許】くち もと ①口のあたり。また、口の形やようす。「―にえくぼのできる子」②出し入れしたり、出入りしたりするあたり。「バッグの―をしめる」

【口調】ク チョウ 言葉の調子。言葉の言いまわし。「―を整える」「演説―」

【口伝】ク デン 秘伝などを師から弟子に口伝えで教え授けること。また、それを書き記したもの。類口授(クジュ)

【口説く】ク ど-く ①自分の思いどおりにしようとあれこれ言う。特に、異性に対してしきりに迫る。「ついに―きおとした」②同じことをくどくどと言う。うるさくぐちを言う。「酒を飲むと―く癖がある」

【口分】ク ブン 人数に割り当て、等分に与えること。「―田(デン)」

【口分田】クブン デン 律令(リツリョウ)制時代に、国が人民に分け与え、収穫の一部を税として徴収した田地。

【〈口惜〉しい】くや-しい はずかしめを受けたり、試合や戦いなどで他人に負けたりして、腹立たしい。残念でならない。「自分の失敗が―しい」表記「悔しい」とも書く。参考「くちおしい」とも読む。

【口演】コウ エン ①口で述べること。②浪曲や落語などを語り演じること。

【口外】コウ ガイ 秘密などを他に話すこと。「けっして―してはならない」類他言

【口蓋】コウ ガイ 口の中の上壁の部分。うわあご。「―が炎症を起こす」

【口蓋垂】コウガイ スイ のどの後部の軟口蓋の中央からたれ下がる突起。懸壅垂(ケンヨウスイ)。のどひこ。のどちんこ。

【口角】コウ カク くちびるの両端の部分。「―を上げた笑顔」

【口角泡(あわ)を飛ばす】口の端からつばを飛ばすほど興奮して、激しく議論するさま。「―して反論する」

【口供】コウ キョウ ①意見などを、口頭で述べること。②裁判官の問いに、被告や証人などが答えること。また、その記録。類供述

【口径】コウ ケイ 銃砲など円筒状のものの口の内側の直径。「―の大きい天体望遠鏡」

【口語】コウ ゴ ①話し言葉。口頭語。②現代語。「―体の文章」対①②文語

【口△腔】コウ コウ 口からのどまでの間のこと。参考医学では「コウクウ」という。

【口座】コウ ザ ①会計帳簿で資産・負債・損益などを項目別に記入する箇所。勘定(カンジョウ)口座。②「振替口座」「預金口座」の略。

【口耳】コウ ジ 口と耳。「―の学(受け売りで底の浅い耳学問)」

【口耳講説】コウジ コウセツ 聞いたことをよく理解もせず、すぐそのまま人に話すこと。受け売りの耳学問。《『伝習録』》類口耳四寸・道聴塗説

【口耳四寸】コウジ シスン 聞きかじりのあさはかな学問。口耳の学。口と耳の間がわずか四寸しかないように、耳で聞きすぐ口に出して人に伝える浅い学問の意。《『荀子(ジュンシ)』》類口耳講説・道聴塗説

【口実】コウ ジツ 自分を正当化する言いわけ。その場を言いのがれるための言葉。「遅刻の―を作る」

【口臭】コウ シュウ 口から出る悪臭。口のいやなにおい。

【口述】コウ ジュツ 文字で記述する事柄を、口で言うこと。「―筆記」

【口承】コウ ショウ 口から口へと語り伝えること。「―文学(伝説や民話など)」

【口上】コウ ジョウ ①口で述べること。特に、型どおりのあいさつ。「逃げ―」②歌舞伎(カブキ)などの興業で、出演者や劇場の代表が舞台に出て子細を述べること。襲名披露など。③「口上書き」の略。口で言った内容を記したもの。

【口跡】コウ セキ ①言葉づかい。ものの言い方。②役者などのせりふまわし。こわいろ。

【口舌】コウ ゼツ 「口舌(クゼツ)」に同じ。

【口銭】コウ セン 売買仲介の手数料。コミッション。「一割の―をとる」

【口中の雌黄】コウチュウの シオウ 一度口にしたことをすぐ訂正するたとえ。また、口からでまかせを言うたとえ。「雌黄」は黄色い顔料。昔の紙は黄色味を帯びていたので、誤記などがあればこの顔料で塗り消した。口の中にいつもこの雌黄をもつ意から。《『晋書(シンジョ)』》

【口頭】コウ トウ 口で述べること。また、口先。「―で説明する」

【口頭試問】コウトウ シモン 口頭で質問し、それを口頭でこたえさせて学力や人物などを考査する試験方法。類面接試験・口述試験 対筆記試験

【口腹】コウ フク ①口と腹。②飲食。食欲。「―を満たす」③口で言うことと腹で思っていること。「―のちがう人」

【口△吻】コウ フン ①口さき。②口ぶり。話しぶり。言い方。「友の激しい―に驚く」

【口辺】コウ ヘン 口のあたり。口もと。「―に笑みを浮かべる」

【口約】コウ ヤク 口だけで約束すること。また、その約束。口約束。「―を果たす」

【口論】コウ ロン 言い争うこと。言い合い。口げんか。「話し合いから―になった」類舌戦

【〈口琴〉】びや ぼん 江戸時代の玩具(ガング)として流行した楽器。細長い鋼鉄をかんざし状に二股(ふたまた)にし、間に針のような鉄をつけたもの。根元を口にくわえ、鉄の先を指で弾いて吹き鳴らす。

きやこん。ロびわ。表記「琵琶笛」とも書く。

コウ【工】(3) 工 0 常 教 9 2509 3929 音 コウ・ク 訓 外たくみ・たくむ・わざ

筆順 一 丅 工

意味 ①物をつくる。たくむ。また、しごと。わざ。「工作」「細工」②物をつくる人。たくみ。「職工」「大工」③「工業」の略。「商工」

下つき 加工(カコウ)・画工(ガコウ)・起工(キコウ)・商工(ショウコウ)・職工(ショッコウ)・人工(ジンコウ)・図工(ズコウ)・石工(セッコウ・いしく)・大工(タイコウ・ダイク)・刀工(トウコウ)・陶工(トウコウ)・名工(メイコウ)・木工(モッコウ)

【工夫】クフウ ①よい手段や方法を考えること。また、その手段や方法。「―をこらした作品」②仏精神修養に専念すること。参考「コウフ」と読めば、土木工事などの労働者の意になる。

【工面】クメン ①必要な金品の都合をつけること。やりくり。「―がつく」類算段 ②金まわり。「―が悪い」

【工業】コウギョウ 原料や半製品を加工し、人間の生活に必要な物をつくる産業。「軽―と重―」「―地帯」

【工作】コウサク ①材料を加工してものを作ること。②建築や土木の工事。③目的のために前もってはたらきかけること。「裏―」

【工匠】コウショウ ①工作を職業にする人。大工や家具などの職人。たくみ。②工作物の意匠。デザイン。

【工△廠】コウショウ 旧陸海軍に直属した軍需品工場。参考「廠」は仕事場の意。

【工程】コウテイ 作業を進行する順序・段階。また、その進行程度。「製造―」

【工房】コウボウ 工芸家や美術家などの仕事場。アトリエ。

【△工】たくみ ①細かいわざ。技術のいる手仕事。②細工や技術を身につけた人。特に、大工や木工職人。

コウ【★亢】(4) 亠 2 1 4822 5036 音 コウ 訓 たかぶる・たかい・あがる・きわめる・のど・あたる

意味 ①たかぶる。たかい。たかまる。高くあがる。きわめる。「亢進」「亢奮」②のど。類吭(コウ) ③あ(当)たる。類伉(コウ)

【△亢進】コウシン 精神や神経がたかぶり、病状などが進行すること。「心悸(シンキ)―」表記「高進・昂進」とも書く。

【△亢奮】コウフン ▼書きかえ 興奮(五一四)

【△亢竜】コウリョウ 天高くのぼりつめた竜。参考「コウリュウ」とも読む。

【△亢△竜悔い有り】物事は頂点を極めてしまうと必ず衰えるたとえ。いったん天高くまでのぼりつめた竜は、あとはくだるしかなく、やがて後悔することになる意から。〈『易経』〉

【△亢】のど 首の部分。のどぶえ。「―を絶つ」表記「吭」とも書く。

コウ【公】(4) 八 2 常 教 9 2488 3878 音 コウ 外ク 訓 おおやけ 中 外きみ

筆順 ノ 八 公 公

意味 ①おおやけ。㋐国家や政府に関すること。「公職」「公営」「公債」㋑個人に対して社会的なこと。「公益」「公害」対私 ②かたよらない。ただしい。「公平」「公正」③共通の。すべてにあてはまる。「公式」「公理」④きみ(君)。天子。主君。主人。「公子」⑤五等爵(公・侯・伯・子・男)の第一位。⑥貴人または他人への敬意を表す語。「貴公」⑦親しみや軽蔑(ケイベツ)の意を表す語。「八公」

下つき 貴公(キコウ)・尊公(ソンコウ)・太公(タイコウ)・奉公(ホウコウ)

【〈公孫樹〉】いちょう イチョウ科の落葉高木。由来「公孫樹」は漢名より。公(祖父)が種をまいても、実がなるのは孫の代になることから。▼銀杏(いちょう)(三六五)

【公】おおやけ ①国。政府。「―の機関」②社会。世間。公共。「―の施設」③会社・団体など、組織に属している者としての立場。「―の発言」対②③私(わたくし) ④表立つこと。公然。「まだ―には発表しない」

【△公】きみ ①君主。主人。特に、国王や天子など。②諸侯。

【△公△達】きんだち ①親王・貴族の敬称。②上流貴族の子弟。摂家・清華(セイガ)など。参考「きみたち」の転じたもの。

【△公界】クガイ ①おおやけのこと。公的な場。表向き。②世間。「―知らず(世間知らず)」③遊女の境遇。表記③「苦界」とも書く。

【△公△廨】クガイ ①役所。また、その建物。②政府の所有物。役所の費用・物品・田地など。「―田」参考「クゲ」とも読む。

【△公△廨稲】クガイトウ 律令(リツリョウ)制時代、地方財政用にあてた官有のイネ。参考「クゲトウ」とも読む。

【△公△卿】クギョウ 摂政・関白・大臣の公(コウ)と大納言・中納言・参議・三位(サンミ)以上の卿(ケイ)の称。また、広く殿上人(テンジョウびと)の総称。参考「クゲ・コウケイ」とも読む。

【△公家】クゲ ①朝廷。天皇。②朝廷に仕える貴族。対武家

【△公験】クゲン 古代、私有地に関して郡司や国司が発行した文書。参考「おおやけの証験(しるし)」の意。

【△公事】クジ ①表立った事柄。特に、朝廷の政務や儀式。②訴訟。③租税や課役。参考「コウジ」と読めば、おおやけの仕事の意になる。

【公人朝△夕人】クニンチョウジャクニン 室町幕府の下級役人。

【△公方】クボウ ①朝廷。②幕府や将軍。将軍家。「―様」

【△公文】クモン ①律令(リツリョウ)制時代の公文書の総称。②諸国の国司から中央に出された租

庸調などに関わる文書。②荘園の領主が、荘園に下す文書。③官の一つ。公文職。④ある決まった禅寺の住職などを任命する幕府の辞令。参考「コウブン」と読めば、公文書の意。

【公安】コウアン 公共の安全。社会の秩序が保たれ、安全に暮らせること。「—条例」

【公案】コウアン ①役所の調書。「—文書」②仏禅宗で悟りをひらかせるため、修行者に与えて考えさせる問題。

【公益】コウエキ 社会一般のためになる、公共の利益。「—法人」対私益

【公園】コウエン ①人々のいこいのために作られた庭園風の広い場所。②自然の保護や観賞を目的に定められた、山・川・森を含んだ広大な地域。国立公園など。「森林—を散歩する」

【公演】コウエン 演劇・舞踊・音楽などを、観客の前で上演すること。また、その催し。「劇団の地方—」

【公衙】コウガ 官公庁の総称。官衙。参考「衙」は役所の意。

【公海】コウカイ どの国にも属さないで、世界各国が共通に使用できる海。対領海

【公開】コウカイ 利用や見聞ができるように、一般の人々に開放すること。「国宝の—」

【公害】コウガイ 工場や交通機関などの活動を原因として発生する、大気汚染・水質汚濁・地盤沈下・騒音など人々の生活や健康に与える害。「—問題についての対策協議」

【公館】コウカン 官庁の建物。特に、大使館・公使館・領事館など。

【公器】コウキ 公共のために使うべき機関やもの。「新聞は社会の—」

【公儀】コウギ ①おもてむき。おおやけのこと。②朝廷や幕府。「—隠密(オンミツ)」

【公共】コウキョウ 社会一般。国民一般を対象としていること。「—施設」

【公権】コウケン 法律で決められた国家の個人に対する権利と、個人の国家に対する権利。前者は納税義務や刑罰を科する権利など。後者は参政権や裁判を受ける権利など。対私権

【公言】コウゲン 公衆の面前で堂々と言うこと。おおっぴらに言うこと。「—してはばからない」

【公告】コウコク 国や公共団体が、広告や掲示などで広く世間に告げ知らせること。また、そのもの。「官報に—する」

【公国】コウコク ヨーロッパで、元首を「公」と呼ぶ国。モナコやリヒテンシュタインなど。

【公債】コウサイ 国や地方自治体が、国民や外国から借り入れる金銭債務。また、その債務の証書。国債・地方債など。

【公算】コウサン あることが、将来起こる確実性の度合。見込み。「試合は勝利の—が大きい」類確率

【公私】コウシ 公的なことと私的なこと。「—のけじめをつける」「—を混同する」

【公使】コウシ 「特命全権公使」の略。大使の次位で、外国に駐在して外交事務を取り扱う外交官。

【公示】コウジ おおやけの機関が広く人々に知らせること。また、その内容。「総選挙投票日を—する」

【公式】コウシキ ①おおやけに定められた方式・形式。「—行事」②数学で、一般法則を記号で書き表した式。

【公社】コウシャ ①国が全額出資する公共企業体。民営化前の日本国有鉄道・日本専売公社など。②地方公共団体などから財政援助を受けて設立された公共事業を行う法人。地方公社。

【公爵】コウシャク 旧華族制度で、五等に分けられた爵位の第一位。参考ほかに、侯爵・伯爵・子爵・男爵がある。

【公衆】コウシュウ 社会一般の人々。世間の人々。「—道徳」「—電話」

【公述】コウジュツ 公聴会など、おおやけの場で意見を述べること。

【公称】コウショウ 表向きに発表していること。また、そのもの。「—発行部数は三万部」

【公娼】コウショウ 昔、国が営業を認めていた売春婦。一九四六(昭和二一)年に廃止された。対私娼

【公証】コウショウ 法律関係や特定事実について、おおやけの証明を与える行政行為。登記や証明書の発行など。「—役場」「—人」

【公傷】コウショウ 公務に従事する間に受けたけが。「プロ野球の—制度」対私傷

【公職】コウショク おおやけの職務。国や地方自治体の職務。議員・公務員など。

【公序良俗】コウジョリョウゾク 公共の秩序と善良な風俗。すべての法律の基本理念。「—は守るべきだ」

【公正】コウセイ 公平で正しいこと。また、そのさま。「—な取引」「—な裁決が下る」

【公設】コウセツ 国や公共団体が設立し運営すること。また、その施設。「—市場」対私設

【公選】コウセン 任命や委嘱によらず、投票によって議員などを選出すること。類民選

【公然】コウゼン 一般社会の人々にはっきりと示されているようす。おおっぴら。「—の秘密」「彼はその事実を—と認めた」

【公訴】コウソ 検察官が裁判所に起訴状を提出し、裁判を求めること。

【公知】コウチ 世間一般によく知られていること。「—の事実」類周知

【公聴会】コウチョウカイ 議会や行政機関などで重要な法案や事項の審議の際、利害関係者、中立な立場の者、学識経験者などを集め、参考として意見を聴く会。

【公定】コウテイ 政府・行政機関などが公式に取り決めること。「—価格」「—歩合」

【公邸】コウテイ 高官のための公務用の邸宅。「代表団が大臣の—を訪問した」対私邸

【公転】コウテン 天体が他の天体のまわりを周期的にまわる運動。対自転

【公徳心】(コウトクシン) 社会生活をよくするために、道徳を重んじる精神。公衆道徳を重んじる気持ち。

【公認】(コウニン) ①国・政党・団体などが正式に認めること。また、そのもの。「党―の候補者」「―会計士の試験に合格した」②一般の人が、公然と認めること。「親―のつきあい」

【公判】(コウハン) 裁判所が公開の法廷で刑事事件を裁くこと。また、公訴から訴訟手続きが終わるまでの手続きのすべて。

【公表】(コウヒョウ) 広く一般に発表すること。「調査結果を―する」

【公布】(コウフ) ①広く一般に知らせること。②新たに定められた法律や条約などを国民に知らせること。「新憲法を―する」

【公憤】(コウフン) 公共のために感じるいきどおり。「政界の腐敗に―を覚える」対私憤

【公文書】(コウブンショ) 官庁や公共団体が発行した正式の文書。「―偽造罪の容疑がかかる」対私文書

【公平】(コウヘイ) 一方にかたよらず、平等なこと。「兄弟を―に扱う」

【公平無私】(コウヘイムシ) 一方に片寄ることなく平等で、私心がないこと。「―の心構え」類公正平等・不偏不党

【公募】(コウボ) 広く一般から募集すること。「市の書道展の―作品」

【公法】(コウホウ) 国家と他の国家または地方公共団体との関係、また、それらと個人との関係に関する法律。憲法・行政法・刑法など。対私法

【公報】(コウホウ) ①官庁が国民に発表する公式の報告。地方公共団体が発行する官報に準じた文書。「衆議院の―」②官庁から国民個人への公式の通知。

【公僕】(コウボク) 公衆に奉仕する人。一般国民に奉仕する公務員。「国民の―であれ」

【公民】(コウミン) ①国や地方公共団体の政治に参加する権利・義務のある国民。「―権」②律令(リツリョウ)制で天皇に属する民。

【公務】(コウム) 国や地方公共団体の事務や職務。公用。

【公明正大】(コウメイセイダイ) 公平でやましいところがなく、堂々として正しいこと。「―な選挙を望む」

【公約】(コウヤク) 政府や政治家などが、国民に対して政策を実行すると約束すること。また、その約束。「選挙―」

【公立】(コウリツ) 地方公共団体が設立し、運営や管理を行うこと。また、その施設。「―のプールで毎週泳ぐ」

【公論】(コウロン) ①世間一般が支持する議論。「万機―に決すべし」類世論 ②公平な議論。

〈公魚〉(わかさぎ) キュウリウオ科の淡水魚。全長約一五センチメートル。背は淡青色で、腹は銀白色。結氷した湖での穴釣りは有名。食用。季春 表記「若鷺・鰙」とも書く。

コウ【勾】

(4) 勹 2 常 2 2491 387B 音 コウ 訓 外 まがる・とらえる

筆順 ノ 勹 勾 勾

意味 ①まがる。また、くぎる。「勾配」②かぎ。類鉤(コウ) ③とらえる。「勾引」「勾留」類拘

〈勾引〉かす(かどわ-かす) 人をだまして連れ去る。誘拐する。「子どもを―す」表記「拐す」とも書く。

【勾引】(コウイン) 尋問のため、裁判所が被告人・容疑者・証人などを強制的に呼び出すこと。「―状」表記「拘引」とも書く。

【勾当】(コウトウ) ①事務を担当し処理すること。また、その人。②摂関家の侍所(さむらいどころ)や、寺院の別当の下で事務をつかさどる人。③盲人の官名。検校(ケンギョウ)の下、座頭の上。

【勾配】(コウバイ) ①傾斜の度合い。傾斜。「急―の坂」②斜面。「―を滑りおりる」

【勾欄】(コウラン) 宮殿や寺社の、廊下・橋などにつけられた端のそり返ったてすり。表記「高欄・鉤欄」とも書く。参考「てすり」と読めば別の意になる。

【勾留】(コウリュウ) 裁判所が、逃亡や証拠隠滅などを防ぐために容疑者や被告人を一定の場所にとどめ置くこと。「未決―」参考「拘留」と書けば、刑罰としてとどめ置く意になる。

〈勾欄〉(てすり) 人がつかまるように、橋や階段などの縁に、腰の高さに渡した横木。欄干。表記「手摺り」とも書く。参考「コウラン」と読めば別の意になる。

【△勾玉】(まがたま) 古代、装身具として用いた玉。表記「曲玉」とも書く。

【△勾がる】(まーがる) かぎ形になる。かぎ形におれる。「直角に―る」

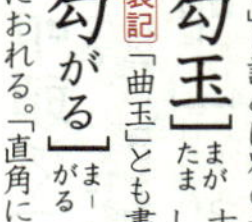
〔勾玉(まがたま)〕

コウ【孔】

(4) 子 1 常 3 2506 3926 音 コウ 外 ク 訓 外 あな・はなはだ

筆順 ⺈ 了 子 孔

意味 ①あな。すきま。「孔版」「気孔」②深い。大きい。③はなはだ。程度のはげしいさま。④中国の思想家、孔子。「孔孟(コウモウ)」

下つき 眼孔(ガンコウ)・気孔(キコウ)・瞳孔(ドウコウ)・鼻孔(ビコウ)

【△孔】(あな) 突き抜けたあな。なかがからっぽのすきま。「鍋(なべ)に―があく」「障子に―をあける」「―を穿(うが)つ」

【△孔△雀】(クジャク) キジ科の大形の鳥の総称。インド・スリランカにすむ。雄は頭に冠毛があり、尾に美しい羽をもち扇状に広げる。

【△孔△雀△蝶】(クジャクチョウ) タテハチョウ科のチョウ。本州中部以北の山地と北海道にすむ。はねに、クジャクの羽のような円紋があり、美しい。季春

【孔穴】コウケツ あな。すきま。参考「穴」はくぼんでいるあなの意。

【孔子も時に△遇わず】コウシもときにあわず いくら有能な人でも、世に受け入れられずに生涯を終えることのあるたとえ。孔子も不遇のうちに一生を終えたことから。

【孔聖】コウセイ 孔子の尊称。

【孔席暖まらず、墨突△黔まず】コウセキあたたまらずボクトツくろまず 世間のために東奔西走することのたとえ。故事 孔子は座った席が暖かくなるまで、墨子は滞在した家の煙突が黒くなるまで一か所にとどまることなく、世を救うために諸国を周遊していたことから。〈班固(ハンコ)の文〉 類 孔子に黔突(ケントツ)無く墨子に暖席無し

【孔版】コウハン 謄写版。ガリ版。スクリーン印刷などのこと。「―印刷」

コウ【功】(5) 力 3 常 教 7 2489 3879 音 コウ・ク㊥ 訓 外 いさお

筆順 一 丅 工 玎 功

意味 ①いさお。すぐれた仕事。てがら。「功績」「功労」「武功」対 罪・過 ②ききめ。はたらき。しるし。「奏功」類 ①②効

下つき 奇功(キコウ)・勲功(クンコウ)・成功(セイコウ)・戦功(センコウ)・奏功(ソウコウ)・大功(タイコウ)・年功(ネンコウ)・武功(ブコウ)

【△功】いさお 名誉である手柄。すぐれた働き。功績。「―を立てる」

【功徳】クドク ①仏 幸福をもたらすもととなる善行。「―を積んだ高僧」②仏 神仏の恵み。ご利益(リヤク)。参考「コウトク」と読めば、功績と徳行の意。

【功力】クリキ 仏 修行で得た功徳(クドク)の力。効験(ゲン)。

【功科】コウカ 職務の上での功績や成績。「―を表にまとめる」

【功罪】コウザイ 手柄と罪(つみ)。一つの物事のよい面と悪い面。「―相半(あいなか)ばする」

【功績】コウセキ 手柄。大きな働き。「―をたたえる」類 功勲

【功徳兼隆】コウトクケンリュウ 成し遂げた事績と身にそなわっている人徳とが、きわめて盛大なこと。〈新唐書(シントウジョ)〉

【功成り名遂げて身退くは天の道なり】コウなりなとげてみしりぞくはテンのみちなり 業績をあげ名声を得たのちには、その地位から身を引くのが大自然の法則にかなった生き方である。〈老子〉

【功伐・功閥】コウバツ 手柄。功績。参考「功」も「伐・閥」も手柄の意。

【功名】コウミョウ 手柄を立てて名を上げること。手柄と名声。「―心にはやる」「抜け駆けの―」「怪我(ケガ)の―」

【功名を竹△帛に垂る】コウミョウをチクハクにたる 名前を歴史上にとどめる。後世に伝えられるような偉業をなし遂げること。「竹帛」は書物や歴史書、または歴史のこと。「竹」は竹の札、「帛」は白い絹のことで、ともに文字を書き記すのに用いた。〈後漢書(ゴカンジョ)〉

【功利】コウリ ①功績と利益。手柄を立てることと利益をあげること。「―に走る」②幸福と利益。「―主義」

【功労】コウロウ 功績と労力。手柄と骨折り。「永年の―に報いる」

コウ【★叩】(5) 口 3 準1 3501 4321 音 コウ 訓 たたく・はたく・ひかえる

意味 ①たたく。うつ。類 扣(コウ) ②ぬかずく。ひれふす。「叩頭」③ひかえる。引きとめる。

【叩頭】コウトウ 地面に頭をすりつけて、お辞儀をすること。「―して謝す」

【△叩門】コウモン 門をたたくこと。人の家を訪れること。

【△叩き】たたき ①たたくこと。②江戸時代、罪人の背中などを鞭(むち)でたたいた刑罰。③魚肉や鶏肉などを包丁などで細かくたたいた料理。

【△叩く】たたく ①続けて打つ。「机を―いて悔しがる」②ぶつ。「頰(ほお)を―く」③物を打って音を出す。「大きく手を―いた」④打診する。「専門家の意見を―く」⑤非難する。「マスコミに―かれる」⑥値段を下げさせる。「売り急ぐと値を―かれる」参考 ①〜③「はたく」とも読む。

【△叩けば△埃が出る】たたけばほこりがでる 表面上に現れていなくても、どんなものでも詳しく調べてみれば弱点や悪行などが見つかるたとえ。類 垢(あか)は擦(こす)るほど出る・粗(あら)は探すほど出る

【〈△叩頭虫〉】ぬかずきむし コメツキムシの別称。コメツキムシ科の甲虫で、細長く黒褐色。季 夏 由来 仰向けにすると頭で地を叩(たた)き、はね返ることから。表記「額突虫」とも書く。

【〈△叩頭〉く】ぬかずく ひたいを地にこすりつけて拝礼する。また、そのようにていねいに礼をする。「仏前に―く」表記「額突く・額衝く」とも書く。

【△叩く】はたく ①たたいて払いのける。②ぶつ。打つ。③金や財産を使い果たす。「財布を―いて買った」参考 ①②「たたく」とも読む。

コウ【△尻】(5) 尸 2 常 3112 3F2C ▼しり(七八七)

コウ【巧】(5) 工 2 常 3 2510 392A 音 コウ 訓 たくみ 外 たくむ・うまい

筆順 一 丅 工 エ 巧

意味 たくみ。じょうずである。また、わざ。うでまえ。「巧言」「巧妙」「精巧」対 拙

下つき 奇巧(キコウ)・技巧(ギコウ)・精巧(セイコウ)・利巧(リコウ)・老巧(ロウコウ)

【巧い】《うま－い》 細工や技術などがたくみなさま。上手なさま。

【巧言】《コウゲン》 巧妙で実のない言葉。口さきだけの言葉。「―をあやつる」

『巧言乱徳《コウゲンラントク》』 口先だけのうまい言葉は人を惑わし、ついには徳をも乱すということ。

『巧言令色鮮《すく》なし仁《ジン》』 口先がうまく愛想のよい人には、仁の徳は少ないものだということ。「令色」はよい顔色をとりつくろうこと。〈『論語』〉 類 剛毅木訥《ゴウキボクトツ》仁に近し

【巧詐】《コウサ》 言葉たくみに人をあざむくこと。ごまかし。類 巧偽

『巧詐は拙誠《セッセイ》に如《し》かず』 うまくごまかすよりはつたなくても誠意のあるほうがよい。「拙誠」はつたなくとも真心のある意。〈『説苑《ゼイエン》』〉

【巧者】《コウシャ》 たくみにこなすこと。また、その人。「試合―」

【巧拙】《コウセツ》 たくみなことと、つたないこと。上手と下手。「作の―は問いません」

【巧遅】《コウチ》 仕事はみごとであるが時間がかかること。対 拙速

『巧遅は拙速に如《し》かず』 仕事がたくみであるが遅いより、多少雑でも早いほうがよい。〈『孫子』〉

【巧緻】《コウチ》 たくみで細かいこと。「―な模型を作り上げた」

【巧妙】《コウミョウ》 たくみで見事なこと。「相手は―な手口を考え出した」 対 拙劣

【巧み】《たくみ》 ①すぐれているようす。上手。「―な話術で聴衆を引きこむ」 ②手の込んだつくり。工夫や趣向。「―をこらす」 ③たくらみ。はかりごと。

【巧む】《たく－む》 ①工夫する。技術や趣向をこらす。「―まざるユーモア」 ②計画する。「悪事を―む」

【〈巧婦鳥〉】《みそさざい》 ミソサザイ科の小鳥。巣づくりがたくみだからという。由来 「巧婦鳥」は漢名より。▼鷦鷯《みそさざい》(七六七)

コウ【広】 (5) 广 2 教 常 9 2513 / 392D

旧字《廣》 (15) 广12 1/準1 5502 / 5722

音 コウ
訓 ひろい・ひろまる・ひろめる・ひろがる・ひろげる

筆順 丶亠广広広

意味 ①ひろい。ひろさ。ひろがり。「広義」「広大」対 狭 ②ひろげる。ひろめる。行きわたらせる。「広言」「広告」 ③ながさ。東西の長さ。対 袤《ボウ》(南北の長さ)

書きかえ 「宏《コウ》」の書きかえ字。

【広域】《コウイキ》 広い区域。広い範囲。「―捜査」「―地図」

【広遠】《コウエン》 物事の規模が大きく、はかり知れないこと。「―な宇宙」 表記 「宏遠」とも書く。

【広角】《コウカク》 広い角度。また、その視野。「―レンズを使って写真を撮る」

【広闊】《コウカツ》 広々と開けているさま。「―な平野がどこまでも続く」 参考 「広」も「闊」もひろい意。

【広軌】《コウキ》 鉄道で、二本のレールの間隔が標準より広い軌道。対 狭軌

【広義】《コウギ》 広い意味。ある概念を広く解釈したときの意味。「―に解釈する」 対 狭義

【広言】《コウゲン》 まわりをはばからず大きなことを言うこと。また、その言葉。おおぐち。「―を吐《は》く」 類 大言・放言

【広告】《コウコク》 世の中に広く知らせること。特に、種々のメディアを媒体に商品や興行などを知らせ、関心をひくこと。また、その文書や放送など。「新聞に一面―をうつ」

【広壮】《コウソウ》 広くりっぱなさま。「―な屋敷」 書きかえ 「宏壮」の書きかえ字。

【広大】《コウダイ》 広く大きいさま。広々と開けたさま。「―な草原」 対 狭小 書きかえ 「宏大」の書きかえ字。

『広大無辺《コウダイムヘン》』 広く果てしがないこと。限りなく広がっていること。「―な大地」

【広漠】《コウバク》 果てしなく広いさま。「―とした大平原に立つ」 表記 「宏漠」とも書く。

【広汎】《コウハン》 ▼ 書きかえ 広範

【広範】《コウハン》 範囲の広いこと。「―な研究を手がける」 書きかえ 「広汎」の書きかえ字。

【広報】《コウホウ》 一般の人々に広く知らせること。また、その知らせ。「官公庁の―活動」 書きかえ 「弘報」の書きかえ字。

【広袤】《コウボウ》 土地の広さ。面積。参考 「広」は東西、「袤」は南北の広がりの意。

【広野】《コウヤ》 広々した野。参考 「ひろの」とも読む。書きかえ 「曠野」の書きかえ字。

【広葉樹】《コウヨウジュ》 葉が平たくて広い樹木の総称。対 針葉樹 参考 旧称は闊葉《カツヨウ》樹。

【広量】《コウリョウ》 度量の広いこと。心が広く細事にこだわらないこと。「―な人物」 対 狭量 表記 「宏量」とも書く。

【広い】《ひろ－い》 ①面積・範囲が大きい。「―い国土」 ②大きく開けているさま。「視野が―い」「―い意味」 ③ゆったりしている。「心が―い」

【広がる】《ひろ－がる》 ①大きく開かれる。「傘が―る」 ②大きい面積・範囲になる。「雨雲が―る」 ③規模が大きくなる。「事業が―る」

【広小路】《ひろこうじ》 幅の広い街路。参考 江戸時代に火よけ地としてつくられたのが始まり。

【広敷】《ひろしき》 ①広い座敷。広間。②江戸時代、大名屋敷の奥向きの所。一般の町家《まちや》では台所の入り口の板の間。③江戸城の本丸・西の丸の大奥のそばの局《つぼね》。

【広場】ひろば ①広くあいている所。「駅前―」②人々が集まることのできる共通の場。「話の―」

【広蓋】ひろぶた ①衣服の箱のふた。昔、貴人が衣服を人に与えるとき、これにのせた。②①に似せて作られた縁のついた大きな盆。

【広まる】ひろ-まる ①範囲が広くなる。②広く知られる。広く行われる。「噂が―る」「仏教の教えが―る」

コウ【弘】(5) 弓 2 準1 2516 3930 音 コウ・グ 訓 ひろい・ひろめる

意味 ①ひろい。大きい。「弘遠」「寛弘」類 宏 ②ひろめる。行きわたらせる。「弘通」「弘法」

下つき 恢弘・寛弘

【▲弘願】グガン 仏 広大な誓願のこと。阿弥陀仏の本願をいう。

【▲弘誓】グゼイ 仏 広大な誓願。仏や菩薩が広く衆生を救おうとする誓い。

【▲弘通】グズウ 仏 仏法が広く世に広まること。参考「グツウ」とも読む。

【▲弘法】グホウ 仏 仏法を世に広めること。布教すること。参考「コウボウ」と読めば別の意になる。

【▲弘▲毅】コウキ 心が広くて意志が強いこと。

【▲弘報】コウホウ ▼書きかえ 広報(四七五)

【▲弘法】コウボウ 「弘法大師」の略。平安時代、真言宗を開いた空海の諡。書の名人で、三筆の一人。参考「グホウ」と読めば別の意になる。

【▲弘法にも筆の誤り】どんなにその道の名人でも、時には失敗することがあるというたとえ。弘法大師のような書の名人でも、時には書き損じることもある意から。類 猿も木から落ちる

【▲弘法筆を択ばず】真の名人といわれる人は、どんな道具を使ってもりっぱに仕事をこなすというたとえ。書の名人である弘法大師はどんな筆を用いてもりっぱな文字を書いたことから。技量の足りないことを道具のせいにするのを戒めた言葉。

【▲弘▲徽殿】コキデン ①平安京御所で、清涼殿の北にあり皇后などの住んでいた建物。後宮の一つ。②①に住んでいた皇后・中宮・女御などのこと。参考「コウキデン」とも読む。

【▲弘い】ひろ-い 範囲いっぱいにひろがって、なかが大きい。度量が大きい。

【▲弘める】ひろ-める 外枠をひろげる。遠方まで行きわたらせる。

コウ【甲】(5) 田 0 常 3 2535 3943 音 コウ・カン 訓 外 つめ・きのえ・よろい・かぶと

筆順 ｜ 冂 日 日 甲

意味 ①こうら。外側をおおうかたいから。また、つめ。「甲殻」「指甲」②きのえ。十干の第一。▼干支順位表(一六〇)③等級の第一位。「甲種」「甲乙」④よろい。「甲冑」⑤かぶと。⑥かん。声の調子の高いこと。「甲高い」⑦「甲斐の国」の略。「甲州」

下つき 亀甲・装甲・鉄甲・鼈甲

【〈甲▲斐〉】かい ①旧国名の一つ。現在の山梨県。甲州。②効果。ねうち。「苦労した―がある」表記 ②「効・詮」とも書く。

【〈甲▲斐甲▲斐〉しい】かいがい-しい きびきびとしているさま。骨身をおしまず働くさま。まめまめしい。「―しく看病する」

【〈甲▲斐絹〉】かいき 練り糸で目をつめて細かく織った平絹の織物。羽織の裏地などに用いる。由来 甲斐国郡内地方で多く織られたことから。表記「海気・海黄」とも書く。

【〈甲▲斐〉性】かいショウ 気力や才覚にあふれ、頼りになる性質。特に、経済力についていう。かいしょ。「―のない男」

【甲▲冑】カッチュウ よろいとかぶと。武具で、武士が戦いのとき体につけるかたい防具。

【△甲】かぶと 頭を守るためにかぶる鉄製などの武具。

【△甲鉢】かぶとバチ ①かぶとの頭をおおう部分。②①に似た大きなどんぶり鉢。表記「兜鉢」とも書く。

【△甲虫】かぶとむし コガネムシ科の甲虫。黒褐色で光沢があり、雄は角をもつ。夜間に活動し、クヌギなどの樹液を吸う。季 夏 由来 角がかぶとのくわ形の部分に似ていることから。表記「兜虫」とも書く。

【〈甲乙〉】かるめる 音の高低。かりめり。めりかり。由来 邦楽で、基本より上がる音を「かる」、下がる音を「める」ということから。表記「上下」とも書く。参考「コウオツ」と読めば別の意。

【甲声】かんごえ かん高い声。高く響いて聞こえる声。高く鋭い声。

【甲高い】かんだか-い 声や音の調子が、高く鋭い。「―い声が響く」

【甲所】かんどころ ①三味線などで、そこを押さえれば決まった音が出る弦の箇所。②物事の重要な部分。「仕事の―を押さえる」表記「勘所・肝所」とも書く。

【甲走る】かんばし-る 声が鋭く、高く響く。「―った子どもの声」

【甲板】カンパン 船の上部の広くて平らな床部分。デッキ。「―に出て涼む」参考「コウハン」とも読む。

【△甲】きのえ 十干の第一番目。方角では東。五行では木。対 乙 参考「木の兄」の意。

【△甲子】きのえね 干支の第一番目。十干の甲と十二支の子に当たる年・月・日。参考「カッシ」とも読む。

【甲乙】コウオツ ①ものの順序や優劣。「両者は―をつけがたい」②だれかれ。「―の区別なくかわいがる」参考「かるめる」と読めば別の意。

【甲殻類】コウカク ルイ 体がかたい殻(から)でおおわれた節足動物。頭胸部と腹部にわかれ、二対の触角をもつ。カニやエビなど。

【甲骨文字】コウコツ モジ 中国古代の象形文字。甲骨文。由来 カメの甲羅や獣の骨などに刻まれたことから。

【甲状腺】コウジョウ セン のどの下部分、気管の両側にある内分泌腺。新陳代謝や発育を促すホルモンを分泌する。

【甲高】コウ だか ①手足の甲が高く張り出していること。②甲を高く作った足袋(たび)や靴。

【甲虫】コウ チュウ 体がよろいのようなかたいものでおおわれた昆虫の総称。カブトムシやテントウムシなど。

【甲兵】コウ ヘイ ①よろいと武器。転じて、戦争。②よろいをつけて武装した兵士。

【甲羅】コウ ラ ①カメやカニなどの体をおおうかたい殻(から)。甲(コウ)。②人間の背中のたとえ。「―干し」③長年積まれた経験。年功。「―を経(へ)る」

【甲論乙駁】コウロン オツバク 互いに主張しあって議論がまとまらないこと。甲が何かを論ずると、乙がそれに反対してなかなか結論が出ないという意から。

〈甲矢〉は や 二本の矢を持って射るとき、先に射るほうの矢。対 乙矢(おとや) 表記「兄矢・早矢」とも書く。

コウ【亙】

(6) 二4 準1 4742 4F4A 音 コウ 訓 わたる

意味 わたる。ひろがる。きわめる。

【亙る】わた-る 一方の端から他方の端までとどく。こちらからむこうまで動く。

コウ【亘】

(6) 二4 準1 4743 4F4B 音 コウ・セン 訓 わたる

意味 ①わたる。②めぐる。参考「亙(コウ)」の俗字。

【亘る】わた-る ある範囲や期間に広がり及ぶ。いきわたる。「内戦は三年に―った」

コウ【交】

(6) 亠4 教 常 9 2482 3872 音 コウ 訓 まじわる・まじえる・まじる・まざる・まぜる・かう(中)・かわす(中) 外 こもごも

筆順 丶 亠 亠 六 亣 交

意味 ①まじわる。まじえる。つきあう。「交差」「交遊」「交戦」②まぜる。まじる。入りまじる。「交錯」「混交」③かえる。入れかわる。かわるがわる。「交換」「交互」「交代」

書きかえ「淆(コウ)」の書きかえ字として用いられるものがある。

下つき 外交(ガイコウ)・旧交(キュウコウ)・国交(コッコウ)・混交(コンコウ)・親交(シンコウ)・絶交(ゼッコウ)・団交(ダンコウ)

〈交喙〉い す か アトリ科の鳥。北半球の北部にすみ、秋、日本に渡来する。雄は赤褐色で、雌は黄緑色。くちばしがねじれて上下に交差しており、松の実などを食べるのに適する。季 秋 表記「鶍」とも書く。

【交う】か-う …しあう。…してまじる。多く、動詞の下につける。「行き―う」「飛び―う」

【交わす】か-わす ①やりとりする。「言葉を―す」「契約書を取り―す」②まじえる。交差させる。「握手を―す」③互いに…しあう。動詞の下につけて用いる。「言い―す」

【交易】コウ エキ 物品を取りかわして商売すること。また、その商売。

【交換】コウ カン 互いに取りかえること。やり取りすること。「プレゼントを―する」「物々―」「―条件」

【交歓】コウ カン 互いにうちとけて楽しむこと。「来日した使節団と―した」書きかえ「交驩」の書きかえ字。

【交驩】コウ カン ▼書きかえ 交歓

【交誼】コウ ギ 親しいつきあい。友だちのよしみ。「―を結ぶ」類 交情・友誼

【交響曲】コウキョウ キョク ソナタ形式の管弦楽曲。通常四つの楽章からなる。シンフォニー。

【交互】コウ ゴ かわるがわるにすること。たがいちがい。「―に休みをとる」

【交媾】コウ コウ 「交合」に同じ。

【交合】コウ ゴウ 男女のまじわり。雌雄(シユウ)のまじわり。性交。交尾。類 交媾(コウコウ)

【交叉】コウ サ ▼書きかえ 交差

【交差】コウ サ 二つ以上の線状のものが、十文字やはすかいにまじわること。クロス。「道路が―する」「立体―」書きかえ「交叉」の書きかえ字。

【交際】コウ サイ 人と行き来すること。つきあい。まじわり。「―家」

【交錯】コウ サク 入りまじること。入りくむこと。「期待と不安が―している」類 錯綜(サクソウ)

【交差点・交叉点】コウサ テン 道路や線路などが二本以上まじわった所。

【交渉】コウ ショウ ①相手にかけあうこと。「価格の―」「外国との―にあたる」②かかわり合うこと。「彼とはこのところ没―です」

【交情】コウ ジョウ ①親しいつきあいの気持ち。「ほのぼのとした―」類 交誼(コウギ) ②男女が情をかわすこと。情交。

【交信】コウ シン 無線などで通信をかわすこと。「―が途絶える」

【交戦】コウ セン 互いに戦うこと。戦いをまじえること。「敵との―は避けられない」

【交代・交替】コウ タイ 入れかわること。互いにかわり合うこと。「世代―」「ピッチャーの―が告げられた」

【交頭接耳】コウトウ セツジ ひそひそ話。頭を寄せ合い耳を近づけて話すこと。〈『水滸伝(スイコデン)』〉

【交配】コウハイ ちがう性質や形態をもつ生物間で、人工的に受粉・受精を行うこと。かけ合わせ。品種改良などに用いる。「バラの花は—種が多い」類交雑

【交番】コウバン ①交代で番にあたること。②市街地のところどころにある警察官の詰め所。参考以前は「派出所」ともいった。

【交尾】コウビ 動物の雌雄が、生殖のため交接すること。つがうこと。また、その行為。

【交付・交附】コウフ 手渡すこと。おもに、国や役所などから一般の人に書類や金品を渡すこと。

【交友】コウユウ 友と交際すること。また、その友人。「—関係」「—が多い」

【交遊】コウユウ 親しくつきあうこと。親しい交際。「異性との—」

【交流】コウリュウ ①互いに入れかわったり、まじわったりすること。「国際—」「人材—」②一定時間ごとに交互に、流れる方向が逆方向になる電流。対直流

【〈交交〉・△交】こもごも 入りまじるさま。また、かわるがわる。互いに。「悲喜—」「—語る」「慶弔—至る」

【〈交尾〉む】つるむ 動物が交尾する。つがう。つるぶ。表記「遊牝む」とも書く。

【交じる】まじる いろいろなものが入り組む。「漢字に仮名が—る」

【交わる】まじわる ①入り乱れる。「理非が—る」②交差する。「二直線が—る」③つきあう。交際する。「友と—る」「朱に—れば赤くなる」④性交・交尾する。

【〈交譲木〉】ゆずりは ユズリハ科の常緑高木。暖地に自生。葉は大きく細長い楕円ダエン形。新年の飾りに用いる。季新年 由来「交譲木」は漢名からの誤用。和名は、新葉が生えたあとに古い葉が落ちることから。表記「譲葉」とも書く。

コウ【仰】(6) イ4 常 2236 3644 ▼ギョウ(三四五)

コウ【伉】(6) イ4 1 4836 5044

音 コウ 訓 たぐい・ならぶ・おごる

意味 ①あいて。たぐい。つれあい。「伉儷コウレイ」②ならぶ。匹敵する。「伉礼」③おごる。たかぶる。④つよい。「伉健」

【伉▲儷】コウレイ 夫婦。伴侶ハンリョ。つれあい。配偶者。「—の約を結ぶ」

コウ【光】(6) 儿4 常 教 9 2487 3877

音 コウ 訓 ひかる・ひかり

筆順 丨 ⺌ ⺌ 业 光 光

意味 ①ひかる。てらす。ひかり。あかり。かがやき。「光線」「光明」「月光」②かがやかしいこと。ほまれ。名声。「光臨」「栄光」③時間。とき。「光陰」「消光」④ありさま。けしき。「光景」「風光」

下つき 威光イコウ・栄光エイコウ・感光カンコウ・観光カンコウ・脚光キャッコウ・逆光ギャッコウ・蛍光ケイコウ・月光ゲッコウ・後光ゴコウ・採光サイコウ・残光ザンコウ・消光ショウコウ・燭光ショッコウ・閃光センコウ・電光デンコウ・日光ニッコウ・発光ハッコウ・風光フウコウ・陽光ヨウコウ・余光ヨコウ

【〈光参〉】きんこ キンコ科の棘皮キョクヒ動物であるキンコを煮て干したもの。中国料理に用いる。

【光陰】コウイン 月日。年月。時間。参考「光」は太陽・昼、「陰」は月・夜の意。

『光陰に関守なし』(四一六)▼月日に関守なし

『光陰矢の△如ごとし』 月日のたつのがはやいことのたとえ。月日は矢のようにはやく過ぎ去ってしまう意。表記「矢」は「箭」とも書く。類光陰流水・烏兎匆匆ウトソウソウ・露往霜来

【光栄】コウエイ 輝かしいほまれ。名誉。「身に余る—」類光輝

【光輝】コウキ ①光。輝き。②名誉。ほまれ。「—ある伝統」類光栄

【光景】コウケイ 目に見えるありさま。景色。「見慣れた—である」

【光合成】コウゴウセイ 緑色植物が光のエネルギーを利用して、炭酸ガスと水から酸素と炭水化物をつくること。

【光彩】コウサイ きわだって美しく輝く光。「—を放つ」

【光彩奪目】コウサイダツモク 目を見張るばかりに、輝きや色どりが鮮やかで美しいさま。

【光彩陸離】コウサイリクリ 美しい光がまばゆいばかりに乱れ輝くさま。「陸離」はきらきらと乱れ輝くさま。

【光線】コウセン 光。また、その筋。「可視—」「一筋の—が差しこむ」類光芒コウボウ

【光沢】コウタク 物の表面のつややかさ。つやつやした輝き。つや。「—のある髪」

【光熱】コウネツ あかりと熱。電灯と燃料。「冬は—費がふえる」

【光年】コウネン 天体間の距離を表す単位。光が一年間で達する距離のことで、「何億—もの彼方かなたにある惑星」

【光波】コウハ 光の波動。

【光背】コウハイ 仏像の背後につける火炎や光をかたどった飾り。仏の威光や光明を表す。類後光

【光風▲霽月】コウフウセイゲツ 心が清らかでわだかまりがなく、さわやかなこと。日の光の中をさわやかに吹く風と、雨上がりの澄みきった空の月の意。「霽」は晴れる意。《宋史ソウシ》類明鏡止水・虚心坦懐

【光▲芒】コウボウ 光の放射。光の筋。きらめく光。「—を放つ」類光線 参考「芒」は、イネなどの先端の意。

【光▲芒一▲閃】コウボウイッセン 事態が急激に、また、瞬間的に変化すること。光線のように一瞬ぴかりと光る意から。「一閃」

はぴかっと光る意。類紫電一閃

【光明】コウミョウ ①明るく輝く光。②明るい希望。見通し。「一筋の―を見いだす」③仏仏の徳の光。

【光▲耀】コウヨウ 光り輝くこと。光り輝くもの。「―ある母校の歴史」

【光来】コウライ 人が来訪することを敬っていう語。おいで。光臨。「御―を喜ぶ」

【光臨】コウリン 他人の来訪を敬う語。光来。「御―を賜り光栄に存じます」

〈光桃〉つばいもも モモの一品種。▼椿桃(一〇七五)

【△光一】ぴかイチ 多くのなかでひときわすぐれていること。また、そのもの。由来花札の手役(てやく)の一つで、多くのかす札の中に一枚だけ光物(ひかりもの)がある意から。

【光】ひかり ①光線。あかり。「月の―」②美しい色つや。輝き。「目の―」③希望。「―なき生活」④威光。「親の七―」⑤名誉。「栄(は)えある―」

【光る】ひかる ①光を放つ。輝く。「星が―る」②すぐれて目立つ。「彼の演技は―る」「巧打が―る」

コウ【向】

(6) 口 3 常 教 8 2494 387E

音 コウ 外キョウ
訓 むく・むける・むかう・むこう 外さきに

筆順 ノ 丿 门 向 向 向

意味 ①むく。むかう。むきあう。むかって行く。「向学」「向上」「出向」②むき。おもむき。「意向」「傾向」「趣向」③さきに。以前。「向来」類①③嚮

下つき 意向(イコウ)・一向(イッコウ)・回向(エコウ)・外向(ガイコウ)・傾向(ケイコウ)・志向(シコウ)・指向(シコウ)・趣向(シュコウ)・出向(シュッコウ)・転向(テンコウ)・動向(ドウコウ)・内向(ナイコウ)・風向(フウコウ)・偏向(ヘンコウ)・方向(ホウコウ)

【△向後】キョウコウ 今後。今からのち。これからさき。参考「キョウゴ・コウゴ」とも読む。対向来(キョウライ) 表記「嚮後」とも書く。

【△向風】キョウフウ ①風に向かうこと。②仰ぎ慕うこと。感化を受けること。参考「コウフウ」とも読む。

【△向来】キョウライ 従来。以前から。これまで。対向後(キョウコウ) 参考「コウライ」とも読む。

【向学】コウガク 学問に励み心を向けること。学問を志すこと。「―心がある」

【向寒】コウカン 寒い季節に向かうこと。だんだん寒くなること。手紙などで時候のあいさつに用いる。「―の折」対向暑

【向後】コウゴ 「向後(キョウコウ)」に同じ。

【向日性】コウジツセイ 植物が光の方向へ曲がって伸びる性質。類向光性 対背日性

【向暑】コウショ 暑い季節に向かうこと。だんだん暑くなること。手紙などで時候のあいさつに用いる。「―の候」対向寒

【向上】コウジョウ 今よりよい方向に発展すること。進歩すること。「―心」対低下

【向上の機縁】 昇天の機会。天に昇る機会。「機縁」は機会・おりの意。

【向心力】コウシンリョク 物体が円運動をしているとき、その物体にはたらく円の中心に向かう力。求心力。対遠心力

【向背】コウハイ ①したがうこととそむくこと。「事の―を見守る」②物事のなりゆき。類動静 参考①「キョウハイ」とも読む。

【△向拝】ゴハイ 社殿のひさしの部分で、参詣(サンケイ)者が礼拝するところ。表記「御拝」とも書く。参考「コウハイ」とも読む。

【△向に】さきに 以前に。前に。「―述べた事柄」表記「嚮に」とも書く。

〈向日▲葵〉ひまわり キク科の一年草。北アメリカ原産。茎は太く直立。葉は大きなハート形。夏、黄色い大きな頭花をつける。種子は食用や採油用。ニチリンソウ。季夏 由来花が太陽に向かって回るといわれることから。しかし、実際にはほとんど動かない。

【向かう】むかう ①面する。対する。「客に―い座る」②その方向に進む。おもむく。「病状は快方に―う」③傾く。近づく。「気持ちがこちらに―う」表記①②「嚮かう」とも書く。

【向▲脛】むかはぎ 「向こう脛(ずね)」に同じ。

【向△股】むかもも 両方のもも。由来左右の股(また)が向かい合うことから。

【向く】むく ①面する。対する。「窓に―く」②ある方向に進む。「運が―いてきた」③適する。「教員に―く」表記①②「嚮く」とも書く。

【向こう】むこう ①むかい。正面。「―三軒両隣」②先方。相手。「専門家を―にまわす」③離れたところ。遠方。「山の―」④以降。今からのち。「―一か月」

【向こう▲脛】むこうずね すねの前面。弁慶の泣き所。むかはぎ。「―を蹴(け)る」

【向こう付け】むこうづけ 日本料理で膳(ゼン)のむこう側につけるもの。酢の物やさしみなどをいう。

コウ【后】

(6) 口 3 常 教 5 2501 3921

音 コウ 外ゴ
訓 外のち・きさき・きみ

筆順 ノ 厂 𠂆 斤 后 后

意味 ①のち。あと。「午后(ゴゴ)」類後 ②きさき。天皇の妻。「后妃」「皇后」③きみ(君)。天子。類公・侯

下つき 王后(オウコウ)・皇后(コウゴウ)・太后(タイコウ)・天后(テンコウ)・立后(リッコウ)

【△后の宮】きさいのみや ①皇后の住居。また、その宮殿。②皇后・中宮の敬称。参考「きさきのみや」とも読む。

【△后】きさき ①天皇の妻。皇后。中宮。また、女御(ニョウゴ)などで天皇の母となった人。②王侯の妻。「王様とお―様」類①②后妃

【后妃】コウヒ 「后(きさき)」に同じ。

【△后】のち あと。うしろ。「議論をした―決定する」 表記「後」とも書く。

コウ【好】⑹ 3 女 常 教 7 2505 3925 音 コウ 訓 このむ・すく 外 よい・よしみ

筆順 く 女 女 好 好

意味 ①このむ。愛する。すく。「好学」「愛好」 対 悪 ②よい。このましい。「好調」「良好」 ③したしい。よしみ。「好誼」「友好」

下つき 愛好(アイコウ)・嗜好(シコウ)・絶好(ゼッコウ)・相好(ソウゴウ)・同好(ドウコウ)・友好(ユウコウ)・良好(リョウコウ)

【△好い加減】いいカゲン ①ちょうどよい度合い。適度。また、ほどほどにするさま。「―の燗(かん)酒」「―に止めておく」 ②ていねいでなく、おざなりなこと。「―な仕事の仕方だ」 ③かなり。相当。「―飽き飽きした」

【好意】コウイ ①好ましく思う気持ち。親しみの気持ち。「彼女に―をもつ」 ②親切な心。「友の―を受ける」「―に甘える」

【好一対】コウイッツイ よく調和し、似合っている組み合わせ。「―のカップル」

【好悪】コウオ 好き嫌い。「―の感情が激しい」 参考「悪」は、憎み嫌う意。

【好学】コウガク 学問が好きなこと。熱意をもって学問にとりくむこと。「―の士」

【好角家】コウカクカ 相撲を見るのが好きな人。相撲好き。 由来 相撲を「角力」とも書くことから。

【好下物】コウカブツ よい酒の肴(さかな)。佳肴(カコウ)。 参考「下物」は、酒の肴の意。

【好感】コウカン 好ましく思う気持ち。よい感情。「きっぱりした態度に―がもてた」

【好漢】コウカン 頼もしく、好ましい感じの男性。りっぱな男。快男児。

【好奇】コウキ 珍しいものや未知のものに興味を示すこと。「―の目で見られている」

【好機】コウキ ちょうどよい機会。チャンス。「―が到来した」

【好機逸す可からず】コウキイッすべからず またとないよい機会はとり逃がしてはいけない。

【好機到来】コウキトウライ またとないよい機会が来ること。絶好の機会に恵まれること。 類 時機到来・時節到来

【好▲誼】コウギ 相手から示された好意。親切。心のこもった交際。 類 情誼 参考 一般に目上の人には用いない。

【好奇心】コウキシン 珍しいことや未知のことに対して興味や関心をもつ心。ものずき。「―が強い少女だ」

【好球】コウキュウ 球技で、打ちやすく、受けやすく、蹴(け)りやすい、よいたま。「―をねらって打って出た」

【好▲逑】コウキュウ よい配偶者。よきつれあい。 参考「逑」はつれあいの意。

【好況】コウキョウ 経済活動が活発なこと。好景気。「―に転じる」 対 不況

【好古】コウコ 古いものを愛し好むこと。昔のことをしのび慕うこと。「伯父は―趣味だ」 類 懐古

【好個】コウコ ちょうどよいこと。適切なこと。「―の事例をあげる」

【好好▲爺】コウコウヤ 人がよく善良な心をもつおじいさん。

【好事】コウジ ①よいこと。喜ばしいこと。めでたいこと。 ②よい行い。 参考「コウズ」と読めば、変わったものを好む意になる。

【好事魔多し】よいことやめでたいことには、とかく邪魔が入りやすいたとえ。恋愛などには、とかく波乱や邪魔がつきものであることにも用いる。「魔」は邪魔・災難の意。〈『琵琶記(ビワキ)』〉 類 寸善尺魔(スンゼンシャクマ)

【好事門を△出でず、悪事千里を行く】よいことは世間に知られにくいが、悪いことはすぐに広まってしまう。〈『北夢瑣言(ホクボウサゲン)』〉

【好餌】コウジ ①人を誘いこむのにちょうどよい手段や方法。「―をちらつかせて誘う」 ②欲望のえじきになるもの。「ゆすりの―となる」 参考 うまいえさの意。

【好日】コウジツ 平穏であったり天気がよかったりで、気持ちのよい日。「日々これ―」

【好尚】コウショウ ①好み。「上品な―」 ②はやり。流行。「時代の―に合わせる」

【好事家】コウズカ ①変わったものに興味をもつ人。もの好きな人。「競売には―が集まった」 ②風流を好む人。

【好戦】コウセン 戦争や戦いを好むこと。「―的な政治家」 対 厭戦(エンセン)

【好調】コウチョウ 物事が調子よくいくこと。「映画の入りは―である」 類 快調 対 不調

【好適】コウテキ ちょうど適していること。また、そのさま。「山歩きに―な天候」

【好敵手】コウテキシュ 力が同じくらいの、よい競争相手。ライバル。「―と競り合って記録を伸ばす」

【好天】コウテン 天気のよいこと。好天気。「―に恵まれる」 対 悪天

【好転】コウテン 状態や情勢などが好ましいほうに向かうこと。「状況が―する」

【好評】コウヒョウ 評判がよいこと。また、よい評判。「―を博す」 対 悪評・不評

【好評▲嘖▲嘖】コウヒョウサクサク 非常に評判がよく、人々からほめそやされるさま。「嘖嘖」は口々にほめそやすさま。 対 非難囂囂(ヒナンゴウゴウ)

【好物】コウブツ 好みの食べ物や飲み物。また、広く好きなものや事柄。

【好物に▲祟たり無し】好きな飲食物は少々食べ過ぎても、体に悪影響を及ぼさない。 類 得食(ジキ)に毒なし

【好例】コウレイ ちょうどよい事例。あてはまるよい例。類適例

【好む】このむ ①気に入って愛好する。「花を―む」②望む。欲する。「―むとおりになる」

【好きこそ物の〈上手〉なれ】すきこそもののじょうずなれ 何事でも好きなことは熱心にやるので上達するものであるということ。

【好く】すく ①興味をもつ。好みに合う。「登山は―かない」②愛する。好意を寄せる。「人に―かれる」

【△好い】よい ①このましい。「感じの―い人」②姿や形がすぐれている。「器量が―い」③適当である。「ちょうど―いタイミング」④むつまじい。「仲が―い」

【△好】よしみ ①親しい交際。「隣国と―を結んだ」②いずれかの縁によるつながり。縁故。「同郷の―」表記「誼」とも書く。

コウ【扣】(6) 扌3 1 5711 592B 音 コウ 訓 ひかえる・たたく

意味 ①ひかえる。ひきとめる。「扣制」類控 ②たたく。うつ。「扣頭」類叩 ③さしひく。へらす。「扣除」④尋ねる。問う。

【扣除】コウジョ ▼書きかえ 控除(五〇二)

【▲扣く】たたく 手で軽く打つ。こつこつ打つ。表記「叩く」とも書く。

【▲扣える】ひかえる ひきとめる。抑制する。前に進むものに手をかけてひっぱる。

コウ【扛】(6) 扌3 1 5712 592C 音 コウ 訓 あげる・かつぐ

意味 あげる。かつぐ。かつぎあげる。「扛鼎」

【▲扛げる】あげる ①両手でもちあげる。ささげる。②になう。かつぐ。

【〈▲扛▲秤〉】ちきり 一貫目(三・七五キログラム)以上の重い物を量るのに用いたさおばかり。表記「杠秤」とも書く。参考「ちぎ・ちぎり・ちぎばかり」とも読む。

コウ【江】(6) 氵3 常 準2 2530 393E 音 コウ 訓 え

筆順 丶 冫 氵 氵一 汀 江

意味 ①大きな川。川の総称。「江湖」②長江。揚子江。「江漢」対河 ③え。いりえ。海や湖が陸地に入りこんでいる所。④「近江の国」の略。「江州」

参考「江」の旁が片仮名の「エ」になった。

下つき 寒江・遡江・大江・長江

【江】え 湖や海が陸地に入りこんだ所。入り江。

【江戸っ子は〈五月〉の▲鯉の吹き流し】えどっこはさつきのこいのふきながし 江戸っ子は口は悪いが気性はさっぱりしていて、物事にこだわらないことのたとえ。また、江戸っ子は口先ばかりで意気地のないことのたとえ。「吹き流し」は風に吹かれて空を泳ぐ鯉のぼりで、腹の中に何もない意。

【江戸っ子は宵越しの銭は使わぬ】えどっこはよいごしのぜにはつかわぬ 江戸っ子の気前のよさを誇っていう。江戸っ子は金をためることをせず、その日のうちに使ってしまう意。

【江戸▲褄】えどづま 女性の和服の模様。褄から裾に斜めに模様を染め出したもの。「褄」は腰から下の部分の端。由来 江戸時代、大奥の女中から広まったことからという。

【江戸の敵を長崎で討つ】えどのかたきをながさきでうつ 意外なところで、または、まったく筋ちがいのことで以前の恨みを晴らすたとえ。また、執念深いたとえ。

【江戸前】えどまえ ①江戸風。江戸ごのみ。「―鮨」②江戸の海(東京湾)でとれた新鮮な魚。「―のアナゴ」

【江戸紫】えどむらさき 藍色の強い紫。ムラサキソウを使って染めた紫色。

【〈江▲籬〉】おごのり 紅藻類オゴノリ科の海藻。由来「江籬」は漢名から。▼海髪(一七五)

【江湖】コウコ 世の中。世間。社会。「―の評判を得た」参考 もとは、中国の長江と洞庭湖の意。

【〈江浦草〉】つくも フトイの別称。表記「九十九」とも書く。▼太藺(九七七)

コウ【考】(6) 耂2 常 教 9 2545 394D 音 コウ 訓 かんがえる

筆順 一 十 土 耂 耂 考

意味 ①かんがえる。思いめぐらす。「考案」「思考」②しらべる。ためす。「考査」「考証」③死んだ父。「先考」対妣

下つき 一考・愚考・再考・参考・熟考・先考・長考・備考・論考

【考える】かんがえる ①筋道をたてて頭をはたらかせる。「答えを―える」②物事を比較し判断する。「事の正否を―える」③考案する。「図案を―える」④心配する。「環境汚染を―える」

【考案】コウアン 新しい品物や方法を工夫して考え出すこと。「新機種を―する」

【考課】コウカ ①仕事ぶりや成績をしらべて評価すること。「人事―」②律令制で、官吏の勤務評定。

【考▲覈】コウカク 物事をしらべ考えて、明らかにすること。参考「覈」はしらべる意。

【考究】コウキュウ 物事を深く考えて、研究すること。深いところまで考えきわめること。「宗教倫理を―する」

【考査】コウサ ①調査し、考えて判断をすること。②生徒の学力をしらべること。試験。「中間―」

【考察】コウサツ 物事の道理や本質を深く考えて、明らかにすること。「―を加える」

【考証】コウショウ 古い文献などをしらべて、過去の事実を証明し、説明をすること。「時代―」「年号のいわれを―する」

【考績幽明】コウセキユウメイ 成績をしらべて賢明な者を昇進させ、暗愚な者を退けること。由来「考績」は官吏の成績を考えしらべること。「幽明」は暗愚と賢明。中国古代では三年に一度官吏の成績をしらべ、三度続けて成績が上がらないときは退けられたことから。《書経》

【考慮】コウリョ 判断するために、いろいろな要素や条件を考えること。「諸条件を―して決めた」

【考量】コウリョウ あれこれ考え合わせてはかること。「比較―して決定した」

コウ【行】(6) 行0 常 教 9 2552 3954

音 コウ・ギョウ・アン高

訓 いく・ゆく・おこなう 外 やる・みち

筆順 ノ ク 彳 彳 行 行

意味 ①いく。ゆく。㋐歩く。すすむ。「行進」「行程」「通行」㋑死ぬ。②おこなう。ふるまう。おこなわれる。おこない。やる。「行為」「行事」「実行」③宗教上のつとめ。「行者」「勤行」「修行」④たび。「旅行」「紀行」「行脚」⑤みち。道路。⑥ならび。ならんだもの。れつ。「行間」「改行」⑦みせ。「銀行」⑧「銀行」の略。「行員」⑨書体の一つ。「行書」対楷・草

下つき 悪行(アクギョウ)・横行(オウコウ)・敢行(カンコウ)・逆行(ギャッコウ)・凶行(キョウコウ)・強行(キョウコウ)・挙行(キョコウ)・苦行(クギョウ)・言行(ゲンコウ)・孝行(コウコウ)・勤行(ゴンギョウ)・施行(シコウ・セコウ)・執行(シッコウ)・実行(ジッコウ)・修行(シュギョウ)・遂行(スイコウ)・善行(ゼンコウ)・素行(ソコウ)・蛇行(ダコウ)・難行(ナンギョウ)・犯行(ハンコウ)・非行(ヒコウ)・尾行(ビコウ)・暴行(ボウコウ)・予行(ヨコウ)・流行(リュウコウ)・旅行(リョコウ)・励行(レイコウ)

【行火】アンカ 持ち運びのできる、手足を暖める小形の暖房器具。「電気―」季冬

【行脚】アンギャ ①仏僧が修行のために諸国を巡り歩くこと。「―する雲水(ウンスイ)に出会う」②徒歩で各地を巡り歩くこと。「列島―」

【行在所】アンザイショ 昔、天皇の外出の際に設けられた仮の御所。行宮(アングウ)。

【行△灯】アンドン 木や竹などで組んだ枠に紙をはり、中に油皿を置いて火をともす照明器具。参考「アンドウ」とも読む。

【行う】おこなう 物事をする。実施する。「開会式を―う」参考古くは仏道の修行をする意も含まれた。

【行儀】ギョウギ ①日常の行為や動作の作法。「―の悪い食べ方」②仏仏教の修行や実践に関する規則。また、仏教儀式。

【行行子】ギョウギョウシ ヨシキリの別称。季夏 由来鳴き声がやかましく、「ギョウギョウシ」と聞えることから。表記「仰仰子」とも書く。▼葦雀(よしきり)(三六)

【行啓】ギョウケイ 皇太后・皇后・皇太子などの外出を敬っていう語。対還啓

【行幸】ギョウコウ 天皇の外出を敬っていう語。対還幸 参考「みゆき」とも読む。類巡幸

【行司】ギョウジ 相撲で、力士立ち合いの合図や勝負の進行・判定をする人。

【行事】ギョウジ あらかじめ計画をたてて行う催し。定期的にとり行われる儀式や催し。「年中―」

【行者】ギョウジャ 仏道の修行をする人。修験者(シュゲンジャ)。山伏(やまぶし)。

【行者▲葫】ギョウジャにんにく ユリ科の多年草。山奥に自生。ニンニクに似たにおいがする。食用。由来行者が食べることから。

【行住▲坐▲臥】ギョウジュウザガ 日常の立ち居振る舞いのこと。ふだん。「行住」は行くことと、止まること。「坐臥」は座ることと臥(ふ)すこと。仏教ではこれを四威儀(シイギ)という。類常住坐臥・挙止進退

【行書】ギョウショ 漢字の書体の一つ。楷書(カイショ)と草書の中間の書体で、楷書を少しくずし、やわらかい線で書いたもの。

【行商】ギョウショウ 商品を持って各地を売り歩くこと。また、その人やその職業。

【行状】ギョウジョウ ①日常の行いや品行。「―を改める」類行跡 ②死者の生涯の言行や業績を記したもの。行状記。

【行水】ギョウズイ ①湯や水を入れたたらいのなかで、体を洗うこと。「烏(からす)の―(入浴時間の短いたとえ)」季夏 ②清水(しみず)で心身の汚れを洗い清めること。みそぎ。

【行政】ギョウセイ 司法・立法にならぶ国家の統治機能の一つ。法律や政令に従って国家機関や地方公共団体がその業務を行う。「―官庁」

【行跡・行▲迹】ギョウセキ 日常の行い。身持ち。「―をつつしむ」「―が悪い」類行状

【行列】ギョウレツ 多くの人や物が列を作って並ぶこと。また、その列。「―のできる店」

〈行狭〉くだりせば 文章の行間が狭いこと。

【行為】コウイ 行い。特に、意志や目的をもってする行い。「親切な―だと称賛された」

【行雲流水】コウウンリュウスイ 空を行く雲や流れる水のように、物事に執着せず自然のなりゆきに任せて行動すること。類雲遊萍寄(ウンユウヒョウキ)《宋史(ソウシ)》参考「流水行雲」ともいう。

【行軍】コウグン 軍隊が長い距離を隊列を組んで行くこと。「強―」

【行使】コウシ 権力や権利を実際に使うこと。「武力―にふみきる」

【行▲尸走肉】コウシソウニク 生きているだけで役に立たない無学・無能な人のたとえ。歩くしかばねと、魂のない走る肉体の意から。「尸」はしかばね。《拾遺記(シュウイキ)》

【行屎走尿】コウシソウニョウ 便所に行くこと。転じて、日常生活のこと。ふだんの暮らし。「屎」は大便、「尿」は小便のこと。表記「走尿」は「送尿」とも書く。

【行厨】コウチュウ 昔、木や竹のわりご(仕切りのある弁当箱)に入れた携帯用の食べ物。弁当。類箪食

【行程】コウテイ ①目的地までの道のり。「歩いて約一時間の—です」②旅の日程。類旅程 ③ピストンなどの往復距離。

【行年】コウネン 生きてきた年数や年齢。類享年 参考「ギョウネン」とも読む。

【行文】コウブン 文章の書きぶり。文字や語句の使い方や表現の様態。「流麗な—」

【行楽】コウラク 郊外や山野へ出かけて楽しむこと。「—日和」

【行李】コウリ ヤナギの枝や竹などで編んだ、旅行の荷物や衣類の収納に用いるふたつきの四角い箱。「柳—」

【行路】コウロ 道を行くこと。「—の人」②人として生きていく道。世渡り。「人生—」

〈行纏〉はばき 昔、旅や作業をするとき、すねに巻きつけた布。脚絆。表記「脛巾」とも書く。

〈行器〉ほかい 昔、食物を入れて運ぶのに用いた容器。木製で形は丸く、蓋と三本の脚がついている。表記「外居」とも書く。

〈行幸〉みゆき 「行幸」に同じ。参考上皇・法皇・女院の外出には「御幸」の字を当て、のちに「ゴコウ」と音読した。

〈行縢〉むかばき 昔、旅や狩猟などのとき、腰から足先までをおおった用具。布または毛皮で作ったが、平安時代末期から武士は鹿皮のものをつけた。

〔行縢〕

【行る】やる ①おこなう。する。「試合を—る」「—るだけのことは—った」②行かせる。動かす。「娘を大学へ—る」

【行き交う】ゆきかう 人や物が行ったり来たりする。往来する。「大通りを車が—う」

【行き掛けの駄賃】ゆきがけのダチン 物事のついでに他の利益まで得るたとえ。また、ある悪事をするついでに別の悪事をするたとえ。由来馬子が荷物を取りに行くときの空馬に別の荷物を載せて、ついでの運び賃を稼いだことから。参考「行き掛け」は「往に掛け」ともいう。類帰り掛けの駄賃

【行き摩り・行き摺り】ゆきずり ①道ですれちがうこと。「—の人に親切にされる」②通りすがり。「—に出会う」③かりそめ。「—の恋」

【行平】ゆきひら 「行平鍋」の略。とって・ふた・注ぎ口がある土なべ。粥などを作るときに使う。由来在原行平が海女に潮をくませて塩を焼いたことから。表記「雪平」とも書く。

【行く】ゆく ①他の場所へ移動する。進む。「町へ—く」「山道を—く」②過ぎ去る。「—く春を惜しむ」「歳月が—く」③物事が進行する。「万事うまく—く」「はかが—く」④「…て行く」の形で、状態・動作をして出かける。「着物を着て—く」「窓を閉めて—く」

『行くに径に由らず』物事に対して堂々と真正面から取り組むたとえ。裏道を通らず、常に大通りを通るなど行動の公正なこと。故事孔子の弟子の子游が、孔子によい人物を得たか、と尋ねられたのに対して澹台滅明という人物をあげて「彼は道を行くのに近道をせず、公事でない限り私の部屋にきません」と評した言葉から。〈『論語』〉

〈行方〉ゆくえ ①進んでいく場所・方向。類行く手 ②行った先。「—不明」③これから先。将来。「勝敗の—」類行く末

コウ【亨】(7) 亠5 準1 2192 357C 音コウ・キョウ・ホウ 訓とおる・にる

意味①とおる。さしさわりなく行われる。②すすめる。ささげる。③に(煮)る。「亨熟」類烹

【亨る】とおる 支障なく行われる。思いどおりに順調に運ぶ。

コウ【劫】(7) 力5 2569 3965 ▼キョウ(三二八)

コウ【匣】(7) 匚5 1 5026 523A 音コウ 訓はこ

意味はこ。こばこ。てばこ。「文匣」

下つき鏡匣・文匣

〈匣鉢〉さや 陶磁器を焼くとき、保護のために用いる粘土製の容器。

【匣】はこ ふたのついた小箱。手箱。

コウ【吭】(7) 口4 1 5066 5262 音コウ 訓のど

意味①のど。のどぶえ。くび。類亢 ②かなめ。要所。

【吭】のど まっすぐ伸びた首筋の部分。のどぶえ。表記「亢」とも書く。

コウ【坑】(7) 土4 常 3 2503 3923 音コウ 訓外あな

意味①あな。地中にほったあな。「坑道」「鉱坑」②あなに落とす。生きうめにする。「坑殺」

筆順 一 十 土 圹 圹 圹 坑

下つき金坑・鉱坑・炭坑・銅坑・廃坑

【坑】あな 地を掘り、深くえぐり取った所。ほらあなのような坑道など。

【坑儒】コウジュ 古代中国、秦の始皇帝が儒学者をあなに埋めたこと。思想弾圧の一つ。

「焚書(フンショ)坑儒(コウジュ)」

【坑道】コウドウ 地下の通路。特に、鉱山などの坑内の通路。

【坑内】コウナイ 鉱坑・炭坑の内部。「坑夫が―に入る」 対坑外

コウ【孝】(7) 子 4 常 教 5 2507 3927 音 コウ 外キョウ 訓

筆順 一 十 土 耂 考 孝 孝

意味 子が親を大切にし、よく仕える。「孝行」「孝心」

下つき 至孝(シコウ)・忠孝(チュウコウ)・篤孝(トッコウ)・不孝(フコウ)

【孝行】コウコウ ①子が親を大切にし、尽くすこと。また、その行い。「彼は親―な少年だ」 対不孝 ②人を大切にすること。「女房―」

【孝行のしたい時分(ジブン)に親は無し】 親孝行は親の元気なうちにするべきであるという教え。自分が親の苦労がわかる年ごろになり、親孝行をしようと思っても、そのときには親はすでに死んでしまっているものだ。類風樹の嘆

【孝悌・孝弟】コウテイ 父母に孝行をし、長兄に仕えてよくしたがうこと。参考「悌」は、目上の人によくしたがう意。

【孝は百行の本】コウはヒャッコウのもと 他のあらゆる善行の基本となるものであること。〈『百虎通(ビャッコツウ)』〉 参考「孝は万善(マンゼン)の本」「孝は百行の首(はじめ)」ともいう。

【孝養】コウヨウ ①真心を尽くして親の世話をすること。類孝行 ②亡き父母を弔うこと。類供養 参考②「キョウヨウ」とも読む。

コウ【宏】(7) 宀 4 準1 2508 3928 音 コウ 訓 ひろい・おおきい

意味 ひろい。おおきい。すぐれている。「宏遠」「宏儒」「宏弁」

書きかえ 「広」が書きかえ字。

下つき 恢宏(カイコウ)

【宏遠】コウエン 物事の規模が、ひろく大きいさま。「―な思想」 表記「広遠」とも書く。

【▲宏壮】コウソウ ▼書きかえ 広壮(四七五)

【▲宏大】コウダイ ▼書きかえ 広大(四七五)

【▲宏大無辺】コウダイムヘン ▼広大無辺(四七五)

【▲宏図】コウト 遠大なはかりごと。規模の大きな計画。類宏謨 表記「洪図・鴻図」とも書く。

【▲宏謨】コウボ 「宏図」に同じ。 表記「洪謨・鴻謨」とも書く。

【▲宏い】ひろ―い 規模や人物の器などが大きくて深い。参考もとは、外わくを大きくとった奥が深い建物の意。

コウ【抗】(7) 扌 4 常 4 2519 3933 音 コウ 訓 外あらがう・はりあう・ふせぐ・こばむ

筆順 一 十 扌 扌 扩 扩 抗

意味 てむかう。さからう。あらがう。はりあう。ふせぐ。こばむ。「抗議」「抵抗」「反抗」

下つき 拮抗(キッコウ)・対抗(タイコウ)・抵抗(テイコウ)・反抗(ハンコウ)

【△抗う】あらが―う さからう。てむかう。抵抗する。「権力に―う」

【抗議】コウギ 相手の不当な言動に対し、反対の意見や要求を主張すること。また、その反対意見。「開発計画に地元住民が―している」「―集会を開く」

【抗拒】コウキョ 抵抗して拒むこと。「職務執行には断じて―する」

【抗菌】コウキン 細菌が繁殖するのを防ぐこと。「―加工がされたまな板」

【抗言】コウゲン 相手にさからって言うこと。また、その言葉。類抗弁

【抗原】コウゲン 体内で、それに対抗する抗体が作られるようにはたらく物質。「―抗体反応」 対抗体

【抗告】コウコク 下級裁判所の決定や命令に対し、上級裁判所に不服を申したてること。また、その手続き。「高等裁判所へ即時―をした」

【抗生物質】コウセイブッシツ 微生物から作られ、他の微生物や細菌の発育・繁殖を妨げる物質。抗菌性物質。ペニシリンなど。

【抗戦】コウセン 敵に抵抗して戦うこと。「両者徹底―のかまえを見せている」

【抗争】コウソウ 張り合って争うこと。敵対して争うこと。「暴力団の―」

【抗体】コウタイ 動物の体内に細菌などが入ったときに、それに対抗するために生じる物質。免疫体。対抗原

【抗敵】コウテキ 相手を敵視して争うこと。はむかうこと。てむかうこと。類敵対

【抗弁】コウベン ①相手の意見に対抗して言いたてること。類抗言・抗論 ②民事裁判で、相手の訴えを排斥するために別の主張をすること。「―権を行使する」

コウ【攻】(7) 攵 3 常 4 2522 3936 音 コウ 訓 せめる 外みがく・おさめる

筆順 一 丅 工 工 巧 攻 攻

意味 ①せめる。敵をうつ。「攻略」「侵攻」 ②みがく。まなぶ。おさめる。「攻究」「攻玉」「専攻」

下つき 後攻(コウコウ)・侵攻(シンコウ)・進攻(シンコウ)・先攻(センコウ)・専攻(センコウ)・速攻(ソッコウ)・内攻(ナイコウ)・難攻(ナンコウ)・反攻(ハンコウ)・猛攻(モウコウ)

【△攻める】おさ―める ①玉や金属をみがく。加工する。 ②学ぶ。つきつめて研究する。

【攻究】コウキュウ 学問や芸術などをおさめきわめること。類研究

こ コウ

【攻玉】コウギョク 玉をみがくこと。転じて、知識をみがくこと。

【攻撃】コウゲキ ①戦争やスポーツ競技で、相手を攻めること。「さあ、九回裏の―だ」対守備・防御 ②討論などで、相手を非難すること。「個人―は控える」

【攻守】コウシュ 攻めることと守ること。攻撃と守備。「―に万全な強豪野球チーム」

【攻城野戦】コウジョウヤセン 城や要塞を攻め、野で戦うこと。参考「野戦攻城」ともいう。

【攻勢】コウセイ 積極的に相手を攻めようとするかまえ。攻撃の態勢。「今こそ―に転じる好機だ」対守勢

【攻伐】コウバツ 罪ある者を攻めうつこと。特に、したがわない敵を攻めること。類討伐

【攻防】コウボウ 攻めることと防ぐこと。攻撃と防御。「激しい―戦を繰り広げる」類攻守

【攻略】コウリャク ①敵陣・敵地を攻めてうばい取ること。「敵の城を―する」②勝負で相手を攻めてうち負かすこと。「四番打者を―する」

【攻め▲倦む】せめあぐ-む いくら攻めても攻め落とせず、もてあます。「敵の守りが固く、―んだ」

【攻める】せ-める 戦争や試合などで、すすんで敵をうち負かそうとする。「ゴール前に―めこんだ」対守る

コウ【更】

(7) 日3 常 4 2525 3939

音 コウ
訓 さら・ふける高・ふかす高 外かえる・あらためる

筆順 一 丆 冂 冂 百 更 更

意味 ①かえる。かわる。あらためる。入れかわる。「更衣」「更新」「変更」②一夜を五等分した時間の単位。「初更」③さらに。そのうえ。④深まる。ふける。夜がおそくなる。「深更」⑤さら。あらた。

下つき 初更・深更・変更

【▲更める】あらた-める 今までのものを新しくかえる。とりかえる。「契約書を―める」

【▲更える】か-える とりかえる。物事の順序などをあらためる。「夏用の上着に―える」

〈更衣〉きさらぎ 陰暦二月の異名。季春 由来 一説に「生更ぎ(草木が生えかわる意)」の月であることからという。表記「如月・衣更着」とも書く。

【更衣】コウイ ①衣服を着がえること。「―室」②平安時代、後宮で女御に次ぐ女官。由来 ②もとは、天皇の着がえを担当したことから。参考「ころもがえ」と読めば別の意になる。

【更改】コウカイ 制度や約定などをあらためて新しくすること。「プロ野球選手の契約―」

【更革】コウカク 制度や機構などの悪いところを直してあらためること。類改革

【更新】コウシン それまでのことを新しくあらためること。また、あらたまること。「契約―」「記録の―を目指す」

【更正】コウセイ 税の申告や登記・判決などの誤りを正しくあらためること。「所得税の―決定」

【更生】コウセイ ①生き返ること。②生活態度や心のもち方が悪い状態から立ち直ること。「悪の道から―する」③廃品に手を加えて、また使えるようにすること。「―品」類再生 書きかえ ①「甦生」の書きかえ字。

【更訂】コウテイ 書物や文章の内容などを見直し、あらためること。類改訂

【更迭】コウテツ ある地位や役職の人がかわること。また、かえること。「閣僚の―」

【更年期】コウネンキ 人体が成熟期から老年期に移る時期。特に、女性が閉経する前後の数年間。「―障害」

〈更衣〉ころもがえ ①着ているものをかえること。特に、季節に応じて衣服を取りかえること。季夏 ②外装や内装を変えること。「店の―」表記「衣替え」とも書く。参考「コウイ」と読めば別の意になる。

【更】さら まだ使ってないこと。新しいこと。「―のスーツを着る」

〈更▲紗〉サラサ 人物・鳥獣・草花・幾何学模様などを手描きや型染めした綿や絹の布。室町時代に南アジアの国々から伝えられた。参考「サラサ」はポルトガル語から。

【更地】さらチ 家や木がなく、使われていない空地。表記「新地」とも書く。

【更に】さら-に ①そのうえに。いっそう。重ねて。「―努力する」②少しも。まったく。

【更湯】さらゆ わかして、まだだれも入っていない風呂の湯。あらゆ。対仕舞湯 表記「新湯」とも書く。

【更かす】ふ-かす 夜おそくまで起きている。夜ふかしをする。「読書で秋の夜を―す」

【更待月】ふけまちづき 陰暦八月二〇日の夜の月。季秋

【更ける】ふ-ける 夜や季節が深くなる。「夜が―けるまで語り合う」「秋が―ける」表記「深ける」とも書く。

コウ【杠】

(7) 木3 1 5926 5B3A

音 コウ
訓 はたざお・ちぎ・ちきり

意味 ①小さな橋。②よこぎ。はたざお。「杠秤」③ちぎ。ちきり。大型のさおばかり。

〈▲杠▲秤〉ちきり 一貫目(約三・七五キログラム)以上の重い物をはかるのに用いたさおばかり。表記「扛秤」とも書く。参考「ちぎ・ちぎばかり・ちぎり」とも読む。

〈▲杠谷樹〉ひいらぎ モクセイ科の常緑小高木。由来「杠谷樹」は漢名から。▼柊(六八七)

コウ【汞】

(7) 水3 1 6171 5D67

音 コウ
訓 みずがね

意味 みずがね。水銀。「昇汞」

下つき 昇汞(ショウコウ)

【汞和金】コウワキン 水銀と他の金属との合金。歯科治療などに用いる。アマルガム。

コウ【▲肛】(7) 月3 1 7074 666A 音 コウ 訓 しりのあな・はれる

意味 ①しりのあな。「肛門」②はれる。ふくれる。

下つき 脱肛(ダッコウ)

【▲肛門】コウモン 腸の末端部で、直腸の終わるところにある大便の体外への出口。しりのあな。

コウ【肓】(7) 肉3 1 7075 666B 音 コウ 訓 むなもと

意味 むなもと。心臓の下、横隔膜の上のかくれた部分。

下つき 膏肓(コウコウ)

コウ【佼】(8) イ6 準1 2483 3873 音 コウ 訓 うつくしい

意味 ①うつくしい。うるわしい。「佼人」②わるがしこい。「佼黠(コウカツ)」類狡(コウ)

【▲佼しい】うつくしい 顔かたちがきれい。みめうるわしい。

コウ【効】(8) 力6 教 常 6 2490 387A 音 コウ 訓 きく 外 かい・いたす・ならう

旧字《效》(10) 攵6 1/準1 5835 5A43

筆順 丶亠六六亥交効効

意味 ①きく。ききめがある。「効果」「有効」②いさお。てがら。類①②功 ③いたす。力をつくす。つとめる。「効忠」「効命」④ならう。まねる。「効顰(コウヒン)」

下つき 時効(ジコウ)・失効(シッコウ)・実効(ジッコウ)・即効(ソッコウ)・速効(ソッコウ)・特効(トッコウ)・無効(ムコウ)・薬効(ヤッコウ)・有効(ユウコウ)

【効す】いたす ①つくす。つとめる。はたらきかける。「力を─す」②ききめをあらわす。明らかにする。

【▲効】かい ききめ。しるし。表記「甲斐・詮」とも書く。参考「効」は、もとは無理にまねさせる意。

【効く】きく ききめがある。効果があらわれる。「薬が─いて痛みがやわらぐ」

【効果】コウカ ①よい結果。ききめ。「猛練習の─が現れた」②演劇・映画などで人為的に実感を出すこと。「音響─」

【効果▲覿面】コウカテキメン ききめや報いがその場ですぐにあらわれること。「覿面」は目(ま)の当たりにはっきり見ること。

【効験】コウケン ききめ。よいしるし。「─あらたかなお寺」参考 多く、祈禱(キトウ)や治療などにいう。「コウゲン」とも読む。

【効能】コウノウ よい結果。薬などのききめやはたらき。「温泉の─書きを読む」類効果・効用 表記「功能」とも書く。

【効▲顰】コウヒン 善悪を区別することなく人の真似をすること。故事 中国古代、西施(セイシ)という美人が胸を病んで苦痛にまゆをひそめた姿が美しかったのを見て、同郷の醜い女がそのまねをしたところ、だれもが気味悪がったことから。〈荘子(ソウジ)〉 参考「顰(ひそ)みに効(なら)う」ともいう。

【効用】コウヨウ ①使い道。「道具の─」類用途 ②ききめ。役に立つはたらき。「薬の─」類効能・効果

【効率】コウリツ ①機械などの仕事量とそれに消費した力の量との比。②仕事の成果と労力の割合。「─のよい作業方法」類能率

【効力】コウリョク ききめ。効果を及ぼすことのできる力・はたらき。「─を失った法律」

【▲効う】ならう まねる。のっとる。まなぶ。手本とする。表記「倣う」とも書く。

コウ【呷】(8) ロ5 1 5078 526E 音 コウ 訓 あおる・すう

意味 ①あおる。ひといきに飲む。②すう。すいこむ。すすり飲む。③かまびすしい。うるさい。

【▲呷る】あおる 酒などを一気に飲む。「日本酒を─るように飲む」「毒を─る」

コウ【▲岡】(8) 山5 教 1812 322C ▼おか(一一〇)

コウ【幸】(8) 干5 教 常 8 2512 392C 音 コウ 訓 さいわい・さち 中・しあわせ 外 み・ゆき

筆順 一十土去去去幸幸

意味 ①しあわせ。さいわい。運がいい。「幸福」「幸便」「多幸」②かわいがる。いつくしみ。「幸臣」③みゆき。天子や天皇のおでまし。「行幸」「巡幸」④さち。めぐみ。海や山でとれた食物。「海幸」

書きかえ「倖(コウ)」の書きかえ字。

下つき 還幸(カンコウ)・行幸(ギョウコウ)・巡幸(ジュンコウ)・多幸(タコウ)・薄幸(ハッコウ)・不幸(フコウ)・臨幸(リンコウ)

【幸運】コウウン 幸福な運命。運がよいこと。よいめぐりあわせ。対不運・非運 表記「好運」とも書く。

【幸災楽禍】コウサイラクカ 他人が災難や不幸にあうのを見て喜んだり、楽しんだりすること。参考「楽禍幸災」ともいう。

【幸甚】コウジン 非常なしあわせ。ありがたいこと。多く、手紙文に用いる。

【幸便】コウビン ①都合のよいたより。ちょうどよいついで。「─に託す」②人に頼んで渡してもらう手紙のわきに添える語。

【幸福】コウフク 心の満ち足りたさま。しあわせ。さいわい。「子どもの─を願う」対不幸

【〈幸先〉】さいさき ①よいことが起こりそうな前ぶれ。吉兆。②物事を行うときの前

兆。「―がよい」

【幸い】さいわい ①しあわせ。幸福。「不幸中の―」②しあわせなことに。幸運にも。「―にして合格」

【幸菱】さいわいびし 有職文様(ユウソクモンヨウ)の一つ。四花菱(よつはなびし)を組み合わせて配列したもの。類先剣菱(センケンびし)

〈幸魂〉・△幸△御△魂 さきみたま 人にしあわせを与える神の霊魂。さきたま。

【幸】さち ①しあわせ。「ここに―あり」「―薄い一生」②自然からの恵み。自然から得る食物。「海の―を味わった」

【幸せ】しあわせ ①めぐりあわせ。運命。「ありがたき―」②幸福。満足な状態。「―な生活」表記①「仕合わせ」、②「倖せ」とも書く。

コウ【★庚】 (8) 广5 準1 2514 392E 音 コウ 訓 かのえ・とし

意味 ①かのえ。十干の第七。「庚申」▼干支順位表（一六〇〇）②とし。年齢。「同庚」

下つき 長庚(チョウコウ)・同庚(ドウコウ)

【▲庚】かのえ 十干の第七番目。方角では西。五行では金。対辛(かのと) 参考「金(かね)の兄(え)」の意。

【▲庚午年△籍】コウゴネンジャク 天智(テンヂ)天皇のときに作られた日本最初の戸籍。氏姓の根本台帳とされた。由来 作られたのが庚午の年であったことから。

【▲庚申】コウシン ①干支(えと)の一つで、かのえさる。②「庚申待(ま)ち」の略。庚申の日に、寝ないで神仏をまつり夜明けを待つ行事。中国の道教に由来する。③②の祭神。特に、青面金剛(ショウメンコンゴウ)。

【▲庚申塚】コウシンづか 青面金剛(ショウメンコンゴウ)をまつった塚。多く、道ばたの石塚。

コウ【拘】 (8) 扌5 常 3 2520 3934 音 コウ 訓 外 とらえる・とどめる・かかわる・こだわる

筆順 一 寸 扌 扌 扚 拘 拘 拘

意味 ①とらえる。つかまえる。とどめておく。「拘禁」「拘束」「拘置」②かかわる。こだわる。ひっかかる。「拘泥」

【△拘わる】かかわる こだわる。かかずらう。「そんな小言に―る暇はない」

【△拘△耆羅・△拘▲枳羅】クキラ ①インドにすむホトトギスに似た鳥。全身黒色で、姿は醜いが鳴き声は美しい。②ホトトギスの別称。表記「倶伎羅」とも書く。参考 梵語(ボンゴ)から。

【拘引】コウイン ①人をとらえて連行すること。②尋問のため、裁判所が被告人・容疑者・証人などを強制的に呼び出すこと。表記②法律用語では「勾引」と書く。

【拘禁】コウキン ①人をとらえて、とじこめておくこと。類監禁 ②被疑者などを留置場に長期拘束すること。参考②比較的短期な拘束は「抑留」を使う。

【拘▲繫】コウケイ つかまえて牢獄(ロウゴク)などにつなぎ入れておくこと。

【拘束】コウソク ①身柄をおさえ、束縛すること。②行動の自由を制限すること。「時間に―されるのはいやだ」

【拘置】コウチ ①とらえて一定の場所に留め置くこと。②刑事被告人や刑を言いわたされた者を一定期間、拘留場に拘禁すること。

【拘泥】コウデイ こだわること。固執して融通のきかないこと。「勝負の結果に―する」

【拘留】コウリュウ 刑罰の一つ。一日以上三〇日未満、拘留場に拘置すること。参考「勾留」と書けば、刑事被告人・被疑者を逃亡や証拠隠滅を防ぐために、一定の所にとどめておく強制処分の意になる。

【拘▲攣】コウレン 手足などの筋肉が収縮すること。類痙攣(ケイレン) 参考「攣」はひきつる意。

〈拘泥〉る こだわる ①小さなことに心がとらわれる。執着する。「ささいなことに―るな」②徹底的に好みを追求する。「料理の材料に―る」

【△拘える】とらえる つかまえる。かかえこんで自由をうばう。

コウ【昂】 (8) 日4 準1 2523 3937 音 コウ・ゴウ 訓 あがる・たかぶる・たかい

意味 ①あがる。たかぶる。たかまる。「昂進」「軒昂」②たか(高)い。

下つき 激昂(ゲッコウ)・軒昂(ケンコウ)・低昂(テイコウ)

【▲昂がる】あがる ①ものや値段などが高くあがる。②気分がたかぶる。興奮する。「意気が―る」③頭が上を向く。あおむく。

【▲昂じる】コウじる 程度がたかまる。ひどくなる。「持病が―じる」

【▲昂進】コウシン 脈拍や感情などのたかぶりが進むこと。「心悸(シンキ)―」表記「高進・亢進」とも書く。

【▲昂然】コウゼン 自信にあふれ、意気盛んなようす。「―とした態度で挑む」

【▲昂騰】コウトウ ▼書きかえ 高騰（五〇〇）

【▲昂奮】コウフン ▼書きかえ 興奮（五一四）

【▲昂揚】コウヨウ ▼書きかえ 高揚（五〇〇）

【▲昂る】たかぶる ①気分がたかまり興奮する。「感情が―って静止できない」②自慢する。えらそうにする。「おごり―る」

コウ【杲】 (8) 日4 1 5862 5A5E 音 コウ 訓 あきらか・たかい

意味 ①あきらか。日の光が明るいさま。「杲杲」類皓(コウ) ②たかい。「杲乎(コウコ)」類高

【▲杲らか】あきらか 陽光が明るく満ちて辺りを照らしているさま。

【杲杲】コウコウ 日の光が輝いて明るいさま。

コウ【昊】(8) 日 4 1 5863 5A5F 音 コウ 訓 そら

意味 そら。おおぞら。「昊天」

下つき 蒼昊(ソウコウ)

【昊天】コウテン ①広く大きい空。大空。天。②夏の空。

コウ【杭】★ (8) 木 4 準1 2526 393A 音 コウ 訓 くい・わたる

意味 ①くい。地中に打ちこんで目印や支柱にする棒。②わたる。船でわたる。類航

【杭】くい 支柱や目印のため、地面に打ちこむ棒。「出るーは打たれる（人より抜きんでてすぐれた者は憎まれる）」

コウ【狎】(8) 犭 5 1 6432 6040 音 コウ 訓 なれる・あなどる

意味 ①なれる。なれ親しむ。「狎昵(コウジツ)」「狎客(コウカク)」「親狎」②ならす。てなずける。③あなどる。軽んじる。「狎玩(コウガン)」④もてあそぶ。

下つき 親狎(シンコウ)・褻狎(セッコウ)

【狎客】コウカク ①なじみの客。昔から親しくしている人。②たいこもち。

【狎近】コウキン なれて近づく。近づき親しむ。

【狎昵】コウジツ なれなれしくすること。なれ親しみ、遠慮がなくなること。

【狎れる】なーれる 親しくなりすぎて相手を軽んじる。なれなれしくする。「ーれて挨拶(アイサツ)を欠く」

コウ【矼】(8) 石 3 1 6669 6265 音 コウ 訓 かたい・とびいし・いしばし

意味 ①かたい。まじめなさま。②とびいし。また、いしばし。

コウ【肯】(8) 肉 4 常 準2 2546 394E 音 コウ 訓 外うなずく・がえんじる・うべなう・あえて

筆順 丨 ト 止 止 止 肯 肯 肯

意味 ①うなずく。がえんじる。うべなう。よしとする。「肯定」「首肯」「肯諾」対否 ②あえて。すすんで…する。③骨のついた肉。転じて、物事の急所。要点。「肯綮(コウケイ)」

下つき 首肯(シュコウ)

【肯えて】あーえて よいと思って。うなずいて。自らすすんで。「ー危険に向かう」

【肯う】うべなーう もっともだと思って承知する。よいとしてうなずく。「快くーうことにした」

【肯じる】がえんーじる 受け入れる。承知する。肯定する。「医師の忠告をーじなかった」

【肯綮】コウケイ 物事の急所。重要な点。由来「肯」は骨のついた肉の意、「綮」は筋と骨とのつなぎ目の意で、肉を切り取るときに包丁を入れる要所であることから。

【肯綮に中たる】あーたる 意見や批判が、物事の核心をとらえていること。急所をつくたとえ。〈『元史』〉

【肯定】コウテイ 物事をそうであると認めること。正しいと同意すること。対否定

コウ【肴】★ (8) 肉 4 準1 2672 3A68 音 コウ 訓 さかな

意味 さかな。火をとおした鳥・魚などの肉。ごちそう。また、酒のさかな。「肴核」

下つき 佳肴(カコウ)・嘉肴(カコウ)・残肴(ザンコウ)・酒肴(シュコウ)・粗肴(ソコウ)・珍肴(チンコウ)・美肴(ビコウ)

【肴核】コウカク 酒のさかな。また、ごちそうや料理。参考「肴」は煮た獣や魚の肉の意、「核」は果物の意。

【肴】さかな ①酒を飲むときに添えられる食べ物。②酒の席に興を添える歌や踊り、また、話題など。「旅の話をーに酒を飲む」由来①「さか」は酒、「な」は菜（おかず）の意から。

コウ【肱】(8) 月 4 準1 2547 394F 音 コウ 訓 ひじ

意味 ①ひじ。かいな。類肘(チュウ) ②たのみとするもの。「股肱」

下つき 股肱(ココウ)

【肱】ひじ ①上腕と前腕をつなぎ、腕を曲げたとき外側に突き出る部分。「ーを張って歩く」②①を曲げたときの形のもの。「椅子(イス)のー」表記「肘・臂」とも書く。

コウ【苟】(8) ⺾ 5 1 7181 6771 音 コウ 訓 いやしくも・かりそめ・まことに

意味 ①いやしくも。仮定の助字。②かりそめ。まにあわせ。「苟安」③まことに。ほんとうに。

【苟も】いやしくーも ①かりにも。かりそめにも。「ー手を抜こうなどと思うな」②いいかげんに。おろそかに。「…しない」「…せず」の形で使う。「一点一画ーせず」

〈苟且〉かりそめ ①一時的な間に合わせ。その場だけのこと。「ーの処置」「ーの恋」②おろそかなこと。「ーの病気」③ちょっとしたこと。軽々しいさま。「ーの行動」表記「仮初」とも書く。参考「コウショ」とも読む。

【苟安】コウアン 当座の心配事から一時の安楽にのがれること。類偸安(トウアン)

【苟合】コウゴウ むやみに迎合すること。よく考えずに相手に合わせること。

【苟且】コウショ 「苟且(かりそめ)」に同じ。

コウ【侯】(9) イ 7 常 準2 2484 3874 音 コウ 訓 外まと・きみ

筆順 ノ亻亻亻亻伊伊侯侯

意味 ①まと。弓矢のまと。「侯鵠」「射侯」②きみ。封建時代の領主・大名。「侯王」「諸侯」③五等爵(公・侯・伯・子・男)の第二位。「侯爵」

下つき 王侯・君侯・射侯・諸侯・藩侯・封侯・列侯

【侯爵】コウシャク 旧華族制度で、五等に分けられた爵位の第二位。参考 ほかに、公爵・伯爵・子爵・男爵がある。

【侯△伯】コウハク 諸侯の旗がしら。諸侯の覇者。参考「伯」は、覇の意。「コウハク」と読めば、侯爵と伯爵のこと、または諸侯のこと。

コウ【厚】(9) 厂7 常 教6 2492 387C 音 コウ(中) 訓 あつい

筆順 一厂厂厂后后后厚厚

意味 ①あつい。てあつい。あつみがある。「厚意」「重厚」対薄 ②あつくする。ゆたかにする。「厚生」③あつかましい。「厚顔」

下つき 温厚・重厚・仁厚・篤厚・濃厚

【厚い】あつ-い ①一方の面から反対の面までの距離が大きい。厚みがあるさま。「ぶ―い百科事典」②気持ちが深くこもっているさま。「人情に―い」

【厚板】あついた ①厚い板。対薄板 ②厚地の織物の総称。また、その生地を用いた男用の能装束。由来 ②もと、中国から輸入した厚地の織物が厚い板を芯として織りこんでいたことから。

【厚かましい】あつ-かましい ずうずうしい。遠慮や恥を知らない。

【厚化粧】あつゲショウ おしろいや口紅などを厚く塗った濃い化粧。対薄化粧

【厚司・厚子】アツシ ①オヒョウなどの樹皮の繊維で織った厚地の布。また、それで織ったアイヌの衣服。②大阪地方で産出する厚地の綿織物。参考「アツシ」はアイヌ語でオヒョウの意。

【厚地】あつジ 厚みのある織物の生地。「―のコートを着こむ」類厚手 対薄地

【厚手】あつで 紙・布・陶器などで、地の厚みがあること。「―の湯呑み」「防寒用の―の上着」対薄手

【厚意】コウイ 人情に厚くおもいやりのある心。「ご―に甘えます」類厚情・厚志

【厚顔】コウガン あつかましく無遠慮なこと。また、そのさま。面の皮が厚いこと。

【厚顔無恥】コウガンムチ あつかましくて、恥知らずなさま。「無恥」は恥を知らない意。参考「無恥厚顔」ともいう。類寡廉鮮恥

【厚▲誼】コウギ 心のこもった親しい交際。「ご―に感謝します」参考「誼」はよしみ・交情の意。「高誼」と書けば、多く手紙文で、相手から受けた好意に感謝する意になる。

【厚遇】コウグウ 手厚く待遇すること。「技術者は会社で―されている」類優遇 対冷遇

【厚志】コウシ 手厚い心づかい。親切な心。「ご―を賜りました」類厚情・厚意

【厚情】コウジョウ 「厚志」に同じ。

【厚生】コウセイ 人々の暮らしを、健康で豊かなものにすること。「会社の―施設」

【厚朴】コウボク ホオノキの樹皮。漢方で、健胃薬や利尿薬とする。

〈厚朴〉ほおのき モクレン科の落葉高木。日本特産で山地に自生。葉は大きな卵形。初夏、芳香のある黄白色の大形の花をつける。材はやわらかく版木・家具などに用いる。ホオ。由来「厚朴」は漢名からの誤用。表記「朴の木」とも書く。

〈厚皮香〉もっこく ツバキ科の常緑高木。由来「厚皮香」は漢名から。▼木斛(一四二七)

コウ【咬】★ (9) 口6 1 5091 527B 音 コウ・ヨウ 訓 かむ・かじる

意味 かむ。かじる。かみつく。「咬菜」

【▲咬む】か-む ①上下の歯を合わせて食べ物などをはさんだり砕いたりする。②歯を立てて傷つける。③歯車などの歯と歯がうまく合う。表記「嚙む」とも書く。

【▲咬筋】コウキン 咀嚼筋の一つで、下あごの骨をおおうもの。下あごを引きあげて歯をかみ合わせる役目をする。

【▲咬合】コウゴウ 上下の歯のかみ合わせ。「歯医者で―を診てもらう」

【▲咬傷】コウショウ かまれてできた傷。「犬による―でしばらく病院に通った」

コウ【哄】(9) 口6 1 5092 527C 音 コウ 訓 どよめき

意味 どよめく。大声で笑う。どっと笑う。どよめき。「哄笑」「哄然」

【▲哄笑】コウショウ 大勢の人が大声で笑うこと。どよめき笑うこと。「腹をかかえて―する」

【▲哄然】コウゼン たくさんの人が声をあげてどっと笑うようす。「会場が―とどよめく」

コウ【垢】★ (9) 土6 準1 2504 3924 音 コウ・ク 訓 あか・よごれる・けがれる・はじ

意味 ①あか。よごれ。よごれる。「垢衣」「歯垢」②けがれ。けがれる。「垢離」「無垢」③はじ。はずかしめ。「含垢」類詬

下つき 汚垢・含垢・歯垢・塵垢・無垢

【▲垢】あか ①汗やほこりなどがまじり、皮膚の表面についたよごれ。「―をこすり落とす」②けがれ。「世俗の―をすすぐ」③かす。水あか・湯あかなど。

【▲垢も身の内】あかといっても元は体の一部分であるから、むやみに

洗い落とすものではない。風呂にいつまでも入っている者をひやかす言葉。

【▲垢抜ける】あかぬ-ける 姿や態度などが洗練される。野暮なところがなくなり粋になる。「都会に出て見ちがえるほど—けた」

【▲垢▲穢】クエ あかでよごれていること。参考「穢」はけがれたものの意。

【▲垢衣】コウイ あかのついた衣服。よごれている衣服。

【▲垢▲膩】コウジ あか・汗・あぶらのよごれ。参考「クニ」とも読む。「膩」はあぶらの意。

【▲垢面】コウメン あかでよごれた顔。「蓬頭ホウトウ—」

【▲垢離】コリ 神仏に祈るとき、水を浴びて心身を清めること。水ごり。

コウ【姮】(9) 女 6 1 0552 2554 音 コウ 訓

〔嫦〕5335 5543

意味 月に住むという美女の名「姮娥コウガ」に用いられる字。転じて、月の異名。

コウ【★巷】(9) 己 6 準1 2511 392B 音 コウ 訓 ちまた

〔巷〕

意味 ちまた。世間。まち。まちなかの小道。「巷間」「巷口」

下つき 村巷ソンコウ・閭巷リョコウ・陋巷ロウコウ

【▲巷間】コウカン まちなか。ちまた。世間。「—のうわさにのぼる」

【▲巷▲塵】コウジン 世俗のけがれ。「—にまみれる」類 俗塵

【▲巷説】コウセツ ちまたのうわさ。世間の評判。世間のとりざた。「—に惑わされるな」類 巷談・風説

【▲巷談】コウダン 「巷説」に同じ。

【▲巷】ちまた ①分かれ道。転じて、物事の分かれ目。②町や村の小道。路地。③町なか。世間。「—で話題の映画を見る」④場所。物事の起こっている所。「騒乱の—」

コウ【後】(9) 彳 6 教 2469 3865 ▼ゴ(四六三)

コウ【恒】(9) 忄 6 常 4 2517 3931 音 コウ 訓 外 つね・つねに

旧字《恆》(9) 忄 6 1/準1 5581 5771

筆順 丶 忄 忄 忄 忄 忄 恒 恒 恒

意味 つね。つねに。いつも。いつまでも変わらない。「恒温」「恒例」

【恒温】コウオン 温度が一定で変わらないこと。「鳥は—動物である」類 定温 対 変温

【恒河沙】ゴウガシャ 仏 数が非常に多いことのたとえ。恒沙。由来「恒河」は梵語ボンゴの音訳でガンジス川のこと。ガンジス川にある砂の意から。

【恒久】コウキュウ いつまでも変わらないこと。「—の平和を願う」類 永久

【恒産】コウサン 一定の財産。また、安定した職業や収入。

『恒産無ければ恒心無し』 一定の財産や職業のない者は、安定した良心をもつことはできない。「恒心」はかわらない心、道徳心の意。《孟子モウシ》

【恒常】コウジョウ つねに変わらないこと。「最近は—的に水不足のようだ」

【恒心】コウシン つねに変わらない、しっかりした心。ゆるぎない良心。節操。

【恒星】コウセイ 自ら光を放ち、天球上の位置をほとんど変えない星。太陽など。対 惑星

【恒風】コウフウ いつも一定の方向で吹く風。貿易風・偏西風など。

【恒例】コウレイ いつも決まって行われること。いつものしきたり。「今年も—の文化祭が行われる」類 定例・慣例

【恒に】つね-に ①いつまでも。永久に。「—変わらぬ愛を誓う」②いつも。どんなときでも。「—ドナーカードを携帯する」

コウ【★恰】(9) 忄 6 準1 1970 3366 音 コウ・カッ 訓 あたかも

意味 あたかも。ちょうど。まるで。「恰好」

【▲恰も】あたか-も ①まるで。さながら。「—鬼のごとき形相」②ちょうど。まさに。「時—良し」

【▲恰好】カッコウ ①ちょうどよいこと。手ごろなさま。「—のプレゼント」②外見の姿・形・ようす。「—がすっきりしている」③世間体。体裁。表記「格好」とも書く。

【▲恰幅】カップク 体つき。特に、どっしりとした体格にいう。「あの紳士は—が良い」

コウ【★恍】(9) 忄 6 1 5582 5772 音 コウ 訓 とぼける・ほのか

意味 ①うっとりする。ぼんやりする。「恍然」「恍惚」②ほのか。かすかなさま。

下つき 惚恍コッコウ

【▲恍▲惚】コウコツ ①うっとりして我を忘れるさま。「—感にひたる」類 恍然 ②頭のはたらきが鈍って判断力や理解力が劣るさま。特に、老年になってぼけた状態にいう。「年をとって—の域に入った」

【▲恍然】コウゼン 「恍惚コウコツ」に同じ。「—と美しい宝石を見つめ続けた」

【▲恍ける】とぼ-ける ①知らないふりをする。しらばくれる。②こっけいな言動をする。「—けたことを言う」③頭がはたらかなくなる。ぼける。

こ コウ

コウ【洪】(9) 氵6 常 準2 2531 393F 音 コウ 訓 外おおみず

筆順 丶 冫 氵 氵一 汁 汫 洪 洪 洪

意味 ①おおみず。「洪水」②おおきい。すぐれた。「洪恩」「洪基」③「洪牙利ハンガリー」の略。

【洪恩】コウオン 大きな恵み。大きな恩。「—に報いる」表記「鴻恩」とも書く。

【洪水】コウズイ ①河川の水が増えてあふれ出ること。②物があふれそうなほどたくさんあるたとえ。「連休はどこも車の—だ」

【洪積世】コウセキセイ 地質年代の一つ。新生代第四紀の大部分で、約一八〇万年前から一万年前の氷河時代。最古の人類が出現した時期。参考 地質学では、現在は「更新世」の呼称が用いられている。

〈洪牙利〉ハンガリー ヨーロッパ中央部、ドナウ川中流の盆地にある共和国。首都はブダペスト。表記「匈牙利」とも書く。

コウ【洽】(9) 氵6 1 6210 5E2A 音 コウ 訓 あまねし・うるおう・うるおす

意味 ①あまねし。広くゆきわたる。「洽覧」②うるおう。うるおす。「洽汗」

下つき 博洽ハッコウ・普洽フコウ

【洽し】あまねし 全体に広々と行き渡っているようす。すみずみまで行き届くようす。「—く知れ渡る」

【洽覧深識】コウランシンシキ 見聞が非常に広く、知識が深いこと。「洽覧」は、多くの書物を読む意。類 博聞多識・博覧強識

コウ【洸】(9) 氵6 1 6211 5E2B 音 コウ 訓 ほのか

意味 ①水が広く深いさま。②いさましいさま。③ほのか。かすかなさま。

コウ【狡】★ (9) 犭6 1 6436 6044 音 コウ 訓 ずるい・こすい・わるがしこい・くるう

意味 ①ずるい。わるがしこい。「狡猾」「狡知」②すばやい。すばしこい。「狡兎」③くるう。乱れる。「狡憒」

【狡獪】コウカイ 「狡猾」に同じ。参考「狡」「獪」ともに、わるがしこい意。

【狡猾・狡黠】コウカツ ずるがしこくて悪知恵がはたらくさま。「—な手段」類 狡獪コウカイ 参考「猾」も「黠」もわるがしこい意。

【狡知・狡智】コウチ ずるがしこい考え。悪知恵。「—に長けた策」類 奸知カンチ

【狡兎】コウト すばやいウサギ。または、ずるがしこいウサギ。

【狡兎三窟】コウトサンクツ 災難を逃れることが巧みなたとえ。また、ずるがしこい者は非常に用心深いということ。「狡兎」はすばしこいウサギ、「三窟」は三つのほら穴の意。すばしこいウサギは三つのかくれ穴をもち、危険が迫るとそのいずれかに逃げこんで助かるということから。《戦国策》参考「狡兎三穴」ともいう。

【狡兎死して良狗烹らる】コウトしてリョウクにらる 役に立つ間は大切にされ、不要になると捨てられてしまうたとえ。獲物であるすばしこいウサギがいなくなれば猟犬は邪魔となり、煮て食われる意から。《史記》参考「良狗」は「走狗」ともいう。

【狡い】こすい 「狡ずるい」に同じ。

【狡い】ずるい 自分の利益のために、わるがしこく立ち回るさま。こすい。

コウ【皇】(9) 白4 常 教 5 2536 3944 音 コウ・オウ 訓 外きみ・すめらぎ

筆順 ′ 亻 白 白 白 皁 皁 皇

意味 ①きみ。天下を支配する者。天子。「皇帝」「教皇」②すめらぎ。天皇の古い言い方。また、わが国。③天皇に関する語につける敬称。「皇位」「皇室」④あわてる。「倉皇」

書きかえ ④「惶」の書きかえ字として用いられるものがある。

下つき 教皇キョウコウ・勤皇キンノウ・上皇ジョウコウ・倉皇ソウコウ・尊皇ソンノウ・天皇テンノウ・法皇ホウオウ

【皇位】コウイ 天皇の位。「—継承の儀式が執り行われた」類 帝位

【皇胤】コウイン 天皇の血統。皇統。天皇の子孫。類 皇裔コウエイ 参考「胤」は血筋の意。

【皇紀】コウキ 神武天皇が即位したと『日本書紀』に記されている年を元年とする紀元。対 西暦

【皇居】コウキョ 天皇の平常の住まい。宮城キュウジョウはその旧称。類 皇宮

【皇后】コウゴウ 天皇や皇帝の正妻。きさき。類 后宮・皇妃

【皇嗣】コウシ 皇位継承の第一順位者。天皇の世継ぎ。類 皇儲コウチョ

【皇室】コウシツ 天皇を中心とした一族。天皇家。「—典範」

【皇祚】コウソ 天皇の位。類 皇位・帝位 参考「祚」は天子の位の意。

【皇族】コウゾク 天皇の一族。天皇を除く皇系の男子とその配偶者、および皇系女子。

【皇太后】コウタイゴウ 天皇の母で、先代の天皇の皇后。おおきさき。

【皇太子】コウタイシ 次の天皇の位を継承する皇子。東宮トウグウ。

【皇儲】コウチョ 天皇の世継ぎ。皇太子。類 皇嗣 参考「儲」は後継の意。

【皇帝】コウテイ 帝国の君主の称号。「秦シの始—」「フランス—、ナポレオン一世」

【皇統】コウトウ 天皇の血統。「―譜(天皇・皇族の身分事項を載せた帳簿)」類皇系

〖皇統連綿〗コウトウレンメン 天皇の血筋が絶えることなく続いているさま。

〈皇神〉すめがみ ①皇室の先祖にあたる神の尊称。②神の尊称。参考「すべがみ・すべらがみ」とも読む。

【△皇】すめらぎ 天皇。参考「すめら」と読めば、天皇に関する事柄につける尊称。

〈皇子〉・〈皇女〉みこ 天皇の子の尊称。「皇子」は男子、「皇女」は女子。参考「皇子」は「オウジ」、「皇女」は「コウジョ」「オウジョ」とも読む。

コウ【紅】

(9) 糸 3 常 教 5 2540 3948

音 コウ・ク中 外グ

訓 べに・くれない中 外あかい・もみ

筆順 く 幺 幺 糸 糸 糸 糸一 糸丅 紅

意味 ①くれない。あかい。あざやかな赤色。「紅顔」「紅玉」②べに。ベニバナからとった顔料。化粧用のべに。③女性に関することを表す語。「紅涙」「紅一点」

下つき 口紅(くちべに)・食紅(ショクべに)・真紅(シンク)・深紅(シンク)・鮮紅(センコウ)・退紅(タイコウ)

【紅△い】あかい 鮮明な赤色である。べに色・くれない色のさま。「―い唇」

〈紅糟〉・△粥】うんぞうがゆ 一二月八日の夜、禅寺で作る味噌(ミソ)と酒粕(さけかす)を入れたかゆ。表記「温糟粥」とも書く。

〈紅樹〉おひるぎ ヒルギ科の常緑高木。由来「紅樹」は漢名から。▼雄蛭木(おひるぎ)(一五四)

〈紅南△瓜〉きんとうが ウリ科のつる性一年草。カボチャの一種。果実は大きな長楕円(ダエン)形で、黄赤色。食用。季秋 由来「紅南瓜」は漢名から。表記「金冬瓜」とも書く。

【紅】くれない ①あざやかな赤色。②ベニバナの古称。由来①ベニバナの別称「呉(くれ)の藍(あい)」の転じた語で、ベニバナで染めるとあざやかな赤色になることから。参考①「べに」とも読む。

〖紅は園△生(そのう)に植えても隠れなし〗すぐれた人物はどこにいてもひときわ目立つことのたとえ。あざやかな赤色のベニバナは他の草にまぎれていても目立つことから。類麝(ジャ)あれば香(かんば)し

【紅△蓮】グレン ①真っ赤なハスの花。②燃え立つ炎の色の形容。「―の炎」

〖紅△蓮地獄〗グレンジゴク 仏八寒地獄の一つ。由来寒さのために皮膚が裂けて、流れた血があかいハスの花に似るということから。

【紅一点】コウイッテン 大勢の男性の中に一人だけ女性がいること。また、その女性。由来王安石の詩句「万緑叢中(バンリョクソウチュウ)紅一点(緑の草むらの中の一輪の紅色の花)」から。

【紅△焔・紅炎】コウエン ①真っ赤に燃えさかる炎。②太陽の表面から吹き出ている炎のような気体。皆既日食のときに肉眼でも観察できる。プロミネンス。

【紅△霞】コウカ 夕日であかく染まったかすみ。また、夕焼け雲。

【紅顔】コウガン 若々しく血色のよい顔。「―の美少年」参考多く、少年にいう。

【紅△裙】コウクン 美人。また、芸者。由来紅色の着物のすその意から。

【紅唇】コウシン ①あかい紅をつけたくちびる。②美人のくちびるのたとえ。

【紅△塵】コウジン ①日に映えてあかみがかった塵(ちり)や土ぼこり。②世間のわずらわしい事柄。類俗塵

【紅藻類】コウソウルイ 紅色や紫色の海藻。テングサ・フノリなどで、緑藻・褐藻よりも海の深い所に生える。紅藻植物。

【紅茶】コウチャ 茶の若葉を摘み、発酵および乾燥させたもの。湯で煮出して飲用する。

【紅潮】コウチョウ 緊張や興奮により顔にあかみがさすこと。「顔を―させて討論した」

【紅灯】コウトウ ①あかいともしび。また、繁華街のあかり。②あかい紙をはった丸く小さな提灯(チョウチン)。酸漿(ほおずき)提灯。

〖紅灯緑酒〗コウトウリョクシュ 繁華街・歓楽街の華やかなさま。また、歓楽と飽食の生活のたとえ。「緑酒」は緑色に澄んだ美酒のこと。参考「緑酒紅灯」ともいう。類灯紅酒緑

【紅白】コウハク 赤色と白色。紅組と白組。多く、慶事を表す色。「―の水引」「―試合」

【紅毛△碧眼】コウモウヘキガン 西洋人のこと。あかい髪の毛で青い目の人の意。「紅毛」は江戸時代、ポルトガル人・スペイン人を南蛮人と呼んだのに対して、オランダ人の呼称。のち、広く西洋人をいう。参考「碧眼紅毛」ともいう。

【紅葉】コウヨウ 晩秋、落葉樹があかくなること。また、その葉。もみじ。季秋

【紅涙】コウルイ ①悲しみの涙。血の涙。類血涙 ②美しい女性の涙。「―をしぼる」

〈紅娘〉てんとうむし テントウムシ科の甲虫の総称。▼瓢虫(てんとうむし)(一三〇七)

【△紅型】びんがた 沖縄の伝統的な型染め。一枚の型紙で多彩な模様を染め出すもの。

【紅】べに ①紅色。あざやかな赤色。②ベニバナから採取した赤色の染料。③ほお紅。口紅。「―をさす」参考①「くれない」とも読む。

【紅〈白粉〉】べにおしろい ①べにとおしろい。②化粧をすること。

〈紅△菰〉・紅△茸】べにたけ ベニタケ科のキノコの総称。また、その中で傘が赤いもの。茎は太く短い。大部分は無毒。ドクベニタケなど。季秋 由来「紅菰」は漢名から。

【紅花】・〈紅藍花〉べにばな キク科の二年草。エジプト原産。夏、アザミに似た頭花をつけ、初め黄色で赤色に変わる。花から染料を、種子から油をとる。クレノアイ。スエツムハナ。季夏 由来「紅藍花」は漢名から。

【紅△鶸】べにひわ アトリ科の小鳥。秋、日本北部に渡来。スズメよりやや小さい。全身褐

色で、頭頂と雄の胸は赤色。季秋

【〈紅殻〉】ベンガラ さびどめやガラスの研磨剤また赤色顔料。由来インドのベンガル地方に産したことから。表記「弁柄」とも書く。参考「べにがら」とも読む。

【〈紅絹〉・△紅】もみ 紅色に染めた無地の絹布。女性の着物の裏地に用いる。ほんもみ。対白絹(しろぎぬ) 由来ベニバナをもんで染めたことから。

【〈紅葉〉】もみじ ①秋の終わりに草木の葉が黄色や赤色になること。また、その葉。季秋 ②カエデの別称。また、その葉。▼楓(かえで)(一三四一) 表記「黄葉」とも書く。

【〈紅▲蜀▲葵〉・〈紅葉▲葵〉】もみじあおい アオイ科の多年草。北アメリカ原産。葉はてのひら形に深く切れこみ、カエデに似る。夏、あかい大きな五弁花をつける。季夏 由来「紅蜀葵」は漢名から。

【〈紅葉〉卸し】もみじおろし ダイコンにアカトウガラシを差しこんで一緒にすりおろしたもの。また、ダイコンとニンジンをすりおろして混ぜ合わせたもの。

【〈紅葉〉狩り】もみじがり 山野に出かけて紅葉を観賞すること。もみじみ。類観楓(カンプウ) 季秋

【〈紅玉〉】ルビー 鋼玉の一つ。紅色の透明がかった宝石。七月の誕生石。参考「コウギョク」と読めば、リンゴの一品種の名称。

コウ【缸】(9) 缶 3 1 6993 657D 音コウ 訓かめ・もたい

意味 かめ。もたい。水を入れる大きなかめ。

コウ【胛】(9) 月 5 1 7080 6670 音コウ 訓かいがらぼね

意味 かいがらぼね。肩の背後にある三角状の平らな骨。肩胛骨(ケンコウコツ)。

【▲胛】かいがらぼね 肩胛骨(ケンコウコツ)の俗称。参考「かいがね」とも読む。

コウ【荒】(9) 艹 6 常 4 2551 3953 音コウ 訓あらい・あれる・あらす 外すさむ・すさぶ

筆順 一 十 廾 艹 苎 芒 芦 芹 荒

意味 ①あらい。あれる。土地があれはてる。あらす。「荒土」「荒野」 ②すさむ。乱れる。ふける。「荒淫(コウイン)」「荒廃」「荒亡」 ③とりとめのないさま。道理に合わないさま。でたらめ。「荒言」「荒唐」 ④国のはて。辺境。「荒外」

下つき 窮荒(キュウコウ)・凶荒(キョウコウ)・八荒(ハッコウ)

【〈荒屋〉・〈荒家〉】あばらや ①荒れ果てた家。また、自分の家をへりくだっていう語。「―ですがおいで下さい」 ②四方のかこみのない休息所。亭(チン)。

【荒い】あらい ①乱暴なさま。「気は―いが心の温かい人だ」 ②はげしいさま。「波が―い」 ③度を超している。「金づかいが―い人」

【荒海】あらうみ 波が高い海。しけている海。「―にボートをこぎ出す」

【荒▲籬・荒垣】あらがき 目のあらい垣根。特に、神社などの外側にめぐらせた目のあらい垣根をいう。

【荒肝】あらぎも あらあらしい心。きもったま。「―を拉(ひし)ぐ(驚き恐れさせる)」「―を拉(ひし)ぐ(ひどく驚かせる)」類度肝

【荒行】あらギョウ 山伏などが行う、はげしく苦しい修行。冬に滝に打たれたり、山野を跋渉(バッショウ)したりする。

【〈荒塊〉】あらくれ 大きな土のかたまり。「―起こし(水田を荒起こしすること)」

【荒くれる】あらくれる あらっぽい態度をとる。あらあらしい感じがする。「―れた連中」

【荒削り】あらけずり ①あらくけずり、細かい仕上げをしないこと。また、そのけずった物。「―の板」 ②仕上げがおおざっぱで洗練されていないこと。粗野なこと。「―だが魅力がある役者」「―な文章」表記「粗削り」とも書く。

【荒事】あらごと 歌舞伎(カブキ)で武士や鬼神などを主役として、あらあらしさを誇張して演じる芝居。対和事(わごと)

【荒事師】あらごとシ 歌舞伎(カブキ)で、荒事を得意とする役者。対和事(わごと)師

【荒仕子】あらシこ あらけずりに用いる鉋(かんな)。対上仕子・中仕子 参考「荒し子」と書けば、戦国時代以降、武家の雑役夫の意。

【〈荒麻〉】あらそ アサの繊維で、表皮のついたままのもの。

【荒▲砥】あらと 刃物をざっと研ぐときに用いる、きめのあらい砥石(といし)。対真砥(まと) 表記「粗砥」とも書く。

【荒縄】あらなわ わらで作った太い縄。「―で馬をつないでおく」

【荒巻】あらまき ①タケの皮やアシ・わらなどでまいた魚。すまき。 ②「荒巻鮭(ざけ)」の略。塩づけしたサケ。季冬 由来②わらなどで巻いたことから。表記「新巻」とも書く。

【荒△御△魂】あらみたま あらあらしい神霊。対和御魂(にきみたま)

【荒武者】あらムシャ ①勇ましくあらあらしい武士。 ②乱暴なほど意気盛んな者。

【〈荒布〉・〈荒和布〉】あらめ 褐藻類コンブ科の海藻。外洋に生える。葉は羽状複葉で、両面にしわがある。食用や肥料などにする。季春

【荒物】あらもの 日常用の雑貨類の総称。ほうき・ちりとり・ざるなど。「―屋」

【荒療治】あらリョウジ ①患者の苦痛を無視し、手荒な治療を行うこと。 ②思いきった改革をすること。物事を手荒にさばくこと。「汚職まみれの会社には―が必要だ」

【荒技】あらわざ　武道や相撲などのスポーツで、思い切ったはげしい技。「―を得意とするレスラー」類大技

【荒業】あらわざ　力のいるはげしい仕事。荒仕事。また、荒かせぎできる仕事。

〈荒▲磯〉ありそ　波があらく岩石の多い海岸。参考「あらいそ」とも読む。

【荒地引】あれチひき　江戸時代、天災で耕作できなくなった田畑の年貢を免除したこと。

【荒れる】あ-れる　①勢いがはげしくなる。「海が―れる」②土地や家などがさびれる。「庭が―れる」③皮膚のうるおいがなくなる。「不規則な生活で肌が―れる」④態度などがすさむ。「生活が―れている」⑤勝負などが、予想外の展開になる。「試合が―れる」

【荒神】コウジン　仏仏・法・僧を守護する「三宝荒神（サンボウコウジン）」の略。かまどを守る神。

【荒天】コウテン　風雨の非常に強い荒れた天候。「―にもかかわらず出発した」

【荒唐無稽】コウトウムケイ　言説によりどころがなく、現実性に欠けること。でたらめで、とりとめのないこと。「荒唐」は言うことがでたらめ、「無稽」は考えるべき根拠がない意。「―な意見」類妄誕無稽・荒唐不稽

【荒廃】コウハイ　荒れすさむこと。荒れ放題なさま。「都市が―する」「教育が―する」

【荒漠】コウバク　果てしなく荒れ広がったさま。「―たる砂漠」

【荒▲蕪】コウブ　土地が荒れて雑草が生い茂ること。「―地を切り開く」参考「蕪」は雑草が生い茂る意。

【荒野】コウヤ　荒れ果てた野原。荒れ野。「無人の―をさまよい歩く」参考「あらの・あれの」とも読む。

【荒涼・荒▲寥】コウリョウ　風景や心象などが荒れ果ててものさびしいようす。「―とした原野に立つ」

〈荒▲鮎〉さびあゆ　秋、産卵のために川を下るアユ。落鮎（おちあゆ）。季秋　表記「錆鮎・宿鮎」とも書く。

【△荒ぶ】すさ-ぶ　①生活や気持ちが荒れてとげとげしくなる。すさむ。「離婚後―んだ生活を送る」②芸や技が荒れる。

コウ【△虹】(9) 虫 3 常 3890 467A　▼にじ（一一九六）

コウ【郊】(9) 阝 6 常 3 2557 3959　音 コウ　訓

筆順　丶 亠 六 六 亣 交 交 郊 郊

意味　①町はずれ。都の外。いなか。「郊外」「近郊」「遠郊」②まつり。まつる。天子が天地をまつる祭りの名。「郊祀（コウシ）」「郊社」

下つき　遠郊（エンコウ）・近郊（キンコウ）

【郊外】コウガイ　市街地周辺の、まだ田畑が残っている地域。「―の住宅地に住む」類近郊

【郊▲祀】コウシ　中国古代、皇帝が都の郊外で天地をまつった儀式。のちに皇帝の威厳を誇示する祭祀（サイシ）となった。類郊社

【郊社】コウシャ　「郊祀（コウシ）」に同じ。参考「郊」は冬至に天をまつる、「社」は夏至に地をまつる意。

コウ【▲降】(9) 阝 6　▼降の旧字（四九八）

コウ【香】(9) 香 0 常 教 7 2565 3961　音 コウ中・キョウ高　訓 か・かおり・かおる 外かんばしい

筆順　一 二 千 禾 禾 禾 香 香 香

意味　①かおり。かおる。かんばしい。かぐわしい。「香気」「芳香」対臭 ②こう。かおりを出すたきもの。「香道」「焼香」「仏前に香をたく」③将棋の駒（こま）の一つ。「香車」

下つき　色香（いろか）・花香（カコウ）・麝香（ジャコウ）・焼香（ショウコウ）・沈香（ジンコウ）・線香（センコウ）・芳香（ホウコウ）・抹香（マッコウ）

〈香魚〉あゆ　アユ科の淡水魚。由来「香魚」は漢名からで、香気がある魚の意。参考「コウギョ」とも読む。▼鮎（あゆ）（一二二三）

【香】か　よいにおい。かおり。「花壇の菊の―にむせる」対臭

【香り】かお-り　よいにおい。「磯（いそ）の―」「松茸（まつたけ）の―がする」

【香る】かお-る　よいにおいがする。香気がただよう。「バラの―る庭園」

〈香▲蒲〉がま　ガマ科の多年草。由来「香蒲」は漢名から。▼蒲（がま）（一二九〇）

【△香しい】かんば-しい　においがよい。「―い花」参考「かぐわしい」とも読む。

【香車】キョウシャ　将棋の駒（こま）の一つ。前にのみいくつでも進める。「将棋では―を槍（やり）ともいう」類香子（キョウス）

〈香▲橘〉くねんぼ　ミカン科の常緑低木。由来「香橘」は漢名からの誤用。▼九年母（クネンボ）（三〇〇）

【香囲粉陣】コウイフンジン　大勢の美人にまわりをとりまかれる形容。よい香りの囲いと白粉（おしろい）の列の意から。

【香色】コウいろ　赤みを帯びた茶色っぽい黄色。チョウジで染める香染めの色。

【香煙】コウエン　香や線香をたいたときに出る煙。「しばし―をくゆらせた」

【香気】コウキ　よいにおい。かおり。「部屋中甘い―が漂う」類芳香 対臭気

【香華・香△花】コウゲ　仏仏前に供える香と花。「墓前に―をたむける」参考「コウばな」とも読む。

【香合・香▲盒】コウゴウ　香を入れるふたのついた容器。類香箱

【香餌】コウジ　①においや味のよいえさ。②人をうまくさそい出す手段。「―につられてしまう」表記②「好餌」とも書く。

【香餌の下（もと）必ず死魚（しぎょ）有り】 人は利益を得るためには、命を落とすこともいとわないものだというたとえ。また、利益のかげには必ず危険がひそんでいるたとえ。〈『三略』〉

【香辛料】コウシンリョウ 調味料の一種で、香りや色をつけるもの。胡椒（コショウ）・唐辛子など種類が多い。スパイス。「インド料理に―は欠かせない」

【香水】コウスイ 香料をアルコールなどに溶かした化粧品で、衣類や体につける。季夏 参考「コウズイ」と読めば、仏前に供える香の入った水のこと。

〈香▲匙〉こうすくい 香をすくうさじ。こうさじ。参考「キョウジ」とも読む。

【香煎】コウセン 麦や米などを煎（い）って粉にし、香料などを混ぜたもの。湯に溶かして飲料とする。麦こがし。

【香典】コウデン 死者の霊前に香のかわりに供える金品など。「―返し」類香料 書きかえ「香奠」の書きかえ字。

【香▲奠】コウデン ▼書きかえ 香典

【香の物】コウのもの 野菜を塩・糠（ぬか）・味噌（みそ）などに漬けた食べ物。漬物。新香。

【香ばしい】コウばしい 食べ物のよいかおりがするようす。特に、ほんのりとこげたようなにおいがするさま。「―く焼けた餅（もち）」

【香盤】コウバン ①円盤状の香炉。類香印 ②劇場で場面ごとにすべての出演者の名前と役割を書いた表。③劇場の客席の座席表。

【香附子】コウブシ ハマスゲの根を乾燥させた生薬。婦人病などに用いる。

【香油】コウユ 髪や体につける香料入りの油。「足を―でマッサージしてもらった」

【香料】コウリョウ ①よいかおりを出すための原料。食品・化粧品・薬品用。②「香典」に同じ。「ご―を包む」

【香炉】コウロ 香をたくのに用いる器。「床の間に―を置く」

〈香▲欒〉ザボン ミカン科の常緑小高木。▼朱欒（ザボン）（六七五）

〈香▲蕈〉しいたけ シメジ科のキノコ。由来「香蕈」は漢名から。かおり（香）のあるキノコの意。▼椎茸（しいたけ）（一〇七八）

【△香▲椿】チャンチン センダン科の落葉高木。中国原産。庭木や街路樹にする。初夏、白色の小花が多数咲く。枝・葉・花に香気がある。材は堅く家具や楽器に用いる。参考中国語から。

〈香▲螺〉ながにし イトマキボラ科の巻貝。浅海の砂底にすむ。細長い紡錘（ボウスイ）形。卵の袋は「うみほおずき」と呼ばれ、子どものおもちゃになる。肉は食用。季夏 表記「長螺」とも書く。

〈香港〉ホンコン 中国の特別行政区。広東（カントン）省の南にある九竜（カオルン）半島と対岸の香港島などからなる。貿易・金融・観光業が盛ん。一九世紀半ば以降イギリスの直轄植民地だったが一九九七（平成九）年、中国に返還された。

〈香具師〉やし 祭礼や縁日など人出の多い場所で見世物をしたり、物を売ったりする人。てきや。由来一説に香料などを売ったことからという。表記「野師・弥四」とも書く。

コウ【候】(10) イ8 常 教 7 2485 3875

音 コウ
訓 そうろう 高 外 うかがう・まつ・さぶらう

筆順 ノ イ 亻' 伫 伫 佇 佇 候 候

意味 ①うかがう。ようすを見る。さぐる。「測候」「斥候」②まつ。待ちむかえる。「候補」③貴人のそばに仕える。「伺候」④きざし。しるし。「気候」「兆候」⑤時節。とき。おり。「候鳥」「時候」⑥そうろう。さぶらう。「有る」「居る」などの謙譲語・丁寧語。「候文」

下つき 居候（いそうろう）・気候（キコウ）・季候（キコウ）・伺候（シコウ）・時候（ジコウ）・斥候（セッコウ）・測候（ソッコウ）・兆候（チョウコウ）・徴候（チョウコウ）・天候（テンコウ）

【△候う】うかがう さぐる。そっとようすをのぞく。「外から家のなかを―う」

【候鳥】コウチョウ 季節によってすむ土地を変える鳥。渡り鳥。季秋 対留鳥

【候補】コウホ ①ある地位・身分につく意志をもっていること。また、その人。「―者演説」②ある基準に当てはまる見込みや資格のあるもの。また、その人。「―地」

【候】そうろう ①はべる。ひかえる。目上の人のそばに仕える。②「有る」「居る」の丁寧語。また、謙譲語。③動詞の下について丁寧語となる。

【候文】そうろうブン 文末が「候」で終わる文語体の文章。「昔は手紙を―で書いた」

【△候つ】まつ うかがいまつ。まちうける。まちむかえる。来るのをあてにする。

コウ【倖】(10) イ8 準1 2486 3876

音 コウ
訓 さいわい・へつらう

意味 ①さいわい。思いがけないしあわせ。「僥倖（ギョウコウ）」「射倖」「恩倖」②へつらう。③親しむ。お気に入り。「倖臣」

書きかえ 「幸」が書きかえ字。

下つき 恩倖（オンコウ）・僥倖（ギョウコウ）・射倖（シャコウ）・嬖倖（ヘイコウ）

【△倖い】さいわい 思いがけないしあわせ。こぼれざいわい。参考「幸い」と区別し、難を危うくのがれての幸運の意。

コウ【倥】(10) イ8 1 4869 5065

音 コウ
訓 いそがしい・おろか・ぬかる

意味 ①いそがしい。あわただしい。「倥偬（コウソウ）」②おろか。無知なさま。③ぬかる。しそこなう。

【△倥▲偬】コウソウ あわただしいさま。いそがしいさま。せわしないさま。

コウ【冓】(10) 冂8 1

音 コウ
訓 くむ・かまえる

〔冓〕 4942 514A
意味 ①く(組)む。組みたてる。かまえる。類 構(コウ)・構 ②へや。

コウ【哽】 (10) 口 7 1 5111 532B 音 コウ 訓 むせぶ・ふさがる
意味 むせぶ。声がつまる。ふさがる。つかえる。「哽咽(コウエツ)」「哽塞(コウソク)」

コウ【哮】 (10) 口 7 1 5112 532C 音 コウ 訓 ほえる・たける
意味 ほえる。たける。獣がほえる。「咆哮(ホウコウ)」
下つき 咆哮(ホウコウ)

【▲哮り立つ】たけりたーつ 獣などが興奮して、盛んに大声でほえ立てる。「一つ猛虎(モウコ)」

【▲哮る】たけーる 猛獣が荒れくるってほえる。「ライオンがーる」

コウ【▲效】 (10) 攵 6 5835 5A43 ▼効の旧字(四八六)

コウ【晃】 (10) 日 6 準1 2524 3938 音 コウ 訓 ひかる・あきらか
意味 ひかりかがやく。ひかる。あきらか。「晃晃」「晃朗」 参考「日が光る」の意を表す字。

【晃らか】あきーらか 日の光が満ちあふれて明るいさま。明るい場所が広がるさま。

【▲晃▲晃】コウコウ まぶしいほどに明るくかがやくさま。きらきらしているさま。「ネオンがーと光る」 表記「煌煌」とも書く。

コウ【校】 (10) 木 6 常 教 10 2527 393B 音 コウ 外キョウ 訓 外くらべる・かんがえる・かせ・あぜ

筆順 一 十 才 木 木' 木' 杧 杧 杧 校

意味 ①まなびや。教育をほどこす所。「校舎」「学校」 類 黌(コウ) ②くらべる。しらべる。かんがえる。「校閲」「校了」 ③陣営の指揮官。士官。「将校」 ④木を組み合わせたもの。かせ。あぜ。「校倉(あぜくら)」
下つき 学校(ガッコウ)・休校(キュウコウ)・下校(ゲコウ)・検校(ケンギョウ)・在校(ザイコウ)・将校(ショウコウ)・対校(タイコウ)・退校(タイコウ)・転校(テンコウ)・登校(トウコウ)・入校(ニュウコウ)・廃校(ハイコウ)・分校(ブンコウ)・放校(ホウコウ)・本校(ホンコウ)

【△校倉】あぜくら 柱を使わず、三角形などの材木を横に井桁(いげた)に組み上げて壁にした倉。 表記「叉倉」とも書く。

【△校倉造】あぜくらづくり 断面を三角形にした木材を横に組み合わせて壁を作り、柱を使わずに造った建築様式。古代の倉庫に用いられ、東大寺の正倉院などが現存する。井楼(セイロウ)組。

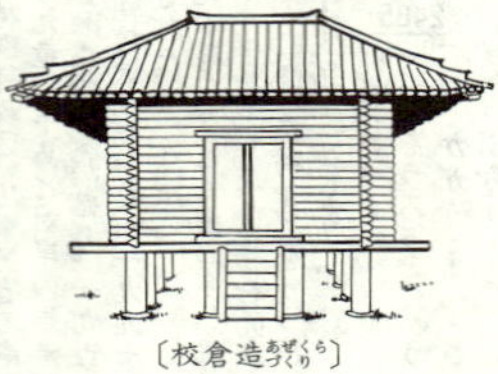

〔校倉造(あぜくらづくり)〕

【校合】キョウゴウ ①原稿に照らし合わせて、誤りなどを訂正すること。②基準にした本と他の本の差異を記録すること。校書。 類 ①②校讐(コウシュウ) 参考「コウゴウ」とも読む。

【△校べる】くらーべる 他のものと比較して調べ合わせる。また、調べて正す。

【校異】コウイ 複数の伝本で、文章の文字や語句の異同を照らし合わせて調べること。また、その結果。 類 校勘

【校閲】コウエツ 原稿や印刷物に目を通し、誤りを調べて正すこと。「原稿を一する」

【校勘】コウカン 数種類の異本をくらべ合わせて、異同などを調べて研究すること。「源氏物語の一」 類 校異 参考「勘」は詳しく調べ考える意。

【校▲讐】コウシュウ 二人で書物を比較し、誤りを正すこと。 参考「讐」はかたきの意。向かい合わせの作業のさまが、かたき同士に見えることから。

【校書】コウショ 「校合(キョウゴウ)」に同じ。 参考「キョウショ」とも読む。

【校正】コウセイ 仮刷りした印刷物と原稿をくらべ合わせて、誤字・脱字や不備を正すこと。「一刷り」

【校則】コウソク 児童や生徒が守るべき学校の規則。「一にしたがって長い髪を結ぶ」

【校注・校▲註】コウチュウ 校訂したものに注釈を加えること。また、その注釈。

【校定】コウテイ 書物の字句などをくらべ合わせて正しい本文を定めること。

【校訂】コウテイ 本文の字句などを他の伝本とくらべ合わせ、正しい本文を示すこと。特に、古書などにいう。

【校本】コウホン 複数の伝本を比較照合し、文章のちがいを示した本。校合の結果を書いた本。校合本(キョウゴウボン)。

コウ【格】 (10) 木 6 教 1942 334A ▼カク(一九七)

コウ【桁】 (10) 木 6 常 2369 3765 ▼けた(四〇八)

コウ【栲】 (10) 木 6 1 5962 5B5E 音 コウ・ゴウ 訓 たえ・ぬるで
意味 ①たえ。カジやコウゾなどの木の皮の繊維で織った布。「白栲(しろたえ)」 ②ぬるで。ウルシ科の落葉小高木。

【▲栲】たえ カジノキなどの木の皮からとった繊維。また、その繊維で織った布。

〈▲栲領巾〉たくひれ コウゾなどの繊維で作った白い飾り布。古代、身分の高い女性が肩からたらした細長い布製の飾り。

コウ【桄】 (10) 木 6 1 1463 2E5F 音 コウ 訓 よこぎ・くろつぐ
意味 ①よこぎ。機(はた)やはしごの横木。②みちる。③木の名「桄榔(コウロウ)(くろつぐ)」に用いられる字。

【〈桄榔〉・〈桄榔子〉】くろつぐ ヤシ科の常緑低木。東南アジア原産。九州南部に野生。葉は根生し、長さ二～三メートルの羽状複葉。小葉は線形で光沢がある。

コウ【浩】(10) 氵7 準1 2532 3940 音 コウ 訓 ひろい・おおきい・おおい・おごる

意味 ①ひろい。おおきい。おお(多)い。ゆたかである。「浩浩」「浩然」 ②おごる。いばる。

【浩瀚】コウカン ①水などの広大なようす。②書物のページ数や巻数が多いこと。参考「浩」「瀚」ともに広大なこと。

【浩浩】コウコウ ①ひろく大きなさま。「―たる平原」②水が豊かにみなぎるさま。「―たる海」

【浩然】コウゼン 心がひろびろとして、大きいさま。ゆったりしているさま。「―の気」

【浩然の気を養う】ひろく豊かで、のびのびとした心持ちになるたとえ。「浩然の気」は、道義にかなった行いをしていれば自然と心に生じる何ものにも屈しない道徳的勇気のこと。転じて、物事にとらわれない、ゆったりとした心境。《孟子(モウシ)》

【浩大】コウダイ ひろく大きいこと。多く、広大な場所に水がみなぎっているさま。

【浩嘆・浩歎】コウタン 大いになげくこと。また、深いため息。

【浩蕩】コウトウ 広大なようす。転じて、志の奔放なさま。参考「蕩」はゆったりとただよう意。

【浩い】ひろ-い ①ひろく大きいさま。②水が豊かで広大なさま。

コウ【烋】(10) 灬6 1 6362 5F5E 音 コウ・キュウ 訓 さいわい

意味 一コウ ほこる。おごりたかぶる。 二キュウ ①やわらぐ。②さいわい。めでたい。よい。

コウ【盍】(10) 皿5 1 6620 6234 音 コウ 訓 おおう・あう・なんぞ…ざる

意味 ①おおう。ふたをする。②あう。寄り集まる。「盍簪(コウシン)」③なんぞ。疑問・反語を表す助字。④なんぞ…ざる。どうして…しないのか。同意を求める再読文字。

【盍う】おお-う 器にふたをする。おおいかくす。かぶせる。

【盍簪】コウシン 友人どうしが速く寄り集まること。転じて、友人の集まり。「簪」はすみやか・速い意。

【盍ぞ】なんぞ どうして…しないのか。…すればよいのに。

コウ【紘】(10) 糸4 準1 2541 3949 音 コウ 訓 おおづな・ひろい

意味 ①ひも。冠のひも。「朱紘」②つな。おおづな。③ひろい。広く大きい。類 広・弘(コウ)・宏(コウ) ④はて。きわみ。「八紘」

下つき 八紘(ハッコウ)

コウ【羔】(10) 羊4 1 7022 6636 音 コウ 訓 こひつじ

意味 こひつじ。ヒツジの子。「羔裘(コウキュウ)」

【羔】こひつじ 小さなヒツジ。また、ヒツジの子。表記「小羊」とも書く。

コウ【耕】(10) 耒4 教 常 6 2544 394C 音 コウ 訓 たがやす

筆順 一 二 三 丰 耒 耒 耒 耒 耕 耕

意味 ①田畑をたがやす。「耕作」「農耕」②働いて生計を立てる。「舌耕」「筆耕」

下つき 休耕(キュウコウ)・水耕(スイコウ)・舌耕(ゼッコウ)・農耕(ノウコウ)・筆耕(ヒッコウ)

【耕耘】コウウン 田畑をたがやし除草をすること。「―機」参考「耘」は田畑の雑草をとりのぞく意。

【耕耘機・耕運機】コウウンキ 農作物の栽培を目的として、田畑をたがやすための農業機械。

【耕稼】コウカ 田畑をたがやして作物を植えつけること。類 耕種 参考「稼」は穀物を植える意。

【耕作】コウサク 田畑をたがやして農作物を栽培すること。農作業。

【耕地】コウチ たがやして作物を栽培するための土地。耕作地。「―を広げる」

【耕す】たがや-す 作物を植えるために田畑の土を掘り返してやわらかくする。「汗を流して畑を―す」参考「田返す」の転じた語。

コウ【耗】(10) 耒4 常 4455 4C57 ▼モウ(一四八〇)

コウ【耿】(10) 耳4 1 7054 6656 音 コウ 訓 あきらか・ひかる・ひかり

意味 ①あきらか。明るい。ひかる。ひかり。「耿耿」「耿光」類 炯(ケイ) ②かたく志を守る。「耿介」

【耿耿】コウコウ ①明るくひかるさま。明るいさま。「―と照る月」②思うことがあって、うれえるさま。

【耿然】コウゼン ひかって明るいさま。心がはればれとするさま。

コウ【★胱】(10) 月6 1 7089 6679 音 コウ

意味 「膀胱(ボウコウ)(ゆばりぶくろ)」に用いられる字。

コウ【航】(10) 舟4 教 常 6 2550 3952 音 コウ 訓 外 わたる

筆順 ノ 丿 介 月 舟 舟 舟 舟 舫 航

意味 わたる。水や空をわたる。「航路」「航海」「航空」

下つき 曳航(エイコウ)・回航(カイコウ)・帰航(キコウ)・寄航(キコウ)・周航(シュウコウ)・就航

・出航・潜航・渡航・密航

【航海】コウカイ 船で海をわたること。「—日誌」「長い—から帰ってきた」類渡航

【航空】コウクウ 飛行機で空を飛ぶこと。「—写真」「外国へ—便で手紙を送る」

【航空母艦】コウクウボカン 飛行機を搭載し、それが甲板で離着陸できるような軍艦。空母。

【航行】コウコウ 船や飛行機が定められた航路を行くこと。「—中の船舶」

【航跡】コウセキ 船舶が通ったあと、水面に残る白いあわや波。

【航路】コウロ 船舶や飛行機が通る定められた道。「南回り—」

【△航る】わたる 船で川や海をこえる。船で移動する。参考 今日では飛行機で移動することにも用いる。

コウ【蚣】(10) 虫 4 1 7347 694F 音 コウ・ショウ 訓

意味「蜈蚣（むかで）」「蚣蝑（きりぎりす）」に用いられる字。

コウ【訌】(10) 言 3 1 7533 6B41 音 コウ 訓 みだれる・うちわもめ

意味 もめる。みだれる。うちわもめ。「訌争」

下つき 内訌・紛訌

【△訌争】コウソウ 内部の者どうしが争うこと。うちわもめ。類内紛

コウ【貢】(10) 貝 3 常 準2 2555 3957 音 コウ・ク高 訓 みつぐ高

筆順 一 丅 工 … 貢 貢 貢

意味 みつぐ。朝廷に地方の産物を献上する。また、みつぎもの。「貢献」「貢賦」

下つき 進貢・租貢・朝貢・調貢・入貢・年貢・来貢

【貢献】コウケン 物事や社会のために力を尽くして、役に立つこと。「平和に—する」「地域の発展に—した」類寄与

【貢物】みつぎもの ①古代、租税の総称。②属国が支配国の国王に献上する物品。献上品。表記「調物」とも書く。参考 ①人民が朝廷に献上する物の意。

【貢ぐ】みつぐ ①金品をおくる。また、そのようにして生活を助ける。「女に—ぐ」②君主・権力者に金品をさし出す。「国王に財物を—ぐ」

コウ【逅】(10) 辶 6 1 7780 6D70 音 コウ 訓 あう

意味 あう。めぐりあう。「邂逅」

下つき 邂逅

コウ【降】(10) 阝 7 常 教 5 2563 395F 音 コウ 外ゴウ 訓 おりる・おろす・ふる 外くだる・くだす

旧字〔降〕(9) 阝 6 1/準1

筆順 ７ ３ 阝 … 降

意味 ①おりる。高い所からおりる。おろす。「降下」「降格」対昇 ②くだる。敵に負けてしたがう。「降服」「投降」③ふる。雨や雪がふる。ふらす。「降雨」「降雪」④時が移る。のち。「以降」

下つき 以降・下降・左降・昇降・乗降・投降・登降

【降りる】おりる ①高いところから低いところへ移る。また、下がる。「踏み台を—りる」「幕が—りた」②乗り物から外へ出る。「バスから—りる」③地位を退く。「会長の座を—りる」④参加をやめる。また、権利をすてたり仲間からはずれたりする。「役を—りる」⑤霜や露が発生する。「麦畑に霜が—りる」

【△降る】くだる ①高いところから低いところへ移る。地位が低くなる。「坂を—る」②時が流れる。年が過ぎゆく。「時代が—る」③降参する。「敵軍に—る」

【降雨】コウウ 雨がふること。また、ふる雨。「年間—量を示したグラフ」

【降下】コウカ ①高いところから降りること。「飛行機の急—」類下降 対上昇 ②位の高い人から命令がくだること。「大命—」

【降嫁】コウカ 皇女が皇族の籍を離れて、皇族以外の人と結婚すること。「臣籍—」

【降灰】コウカイ 火山の噴火などにより灰がふること。また、その灰。参考 気象学では「コウはい」と読む。

【降格】コウカク 地位や階級が下がること。また、下げること。格下げ。「—人事」対昇格

【降鑑】コウカン 神が天上から人間界を見守ること。参考「鑑」は鏡の意。

【降参】コウサン ①戦いや争いに負けて相手に服従すること。類降伏 ②手のほどこしようがなく困りきること。お手あげ。「この渋滞には—だ」

【降三世】ゴウザンゼ 「降三世明王」の略。密教の五大明王の一つで、東方を守り、三界を降伏するとされる。

【降誕】コウタン 神仏・聖人などがこの世に生まれること。「キリスト—祭を祝う」

【降任】コウニン 現在より下級の地位・役職に下がること。また、下げること。類降格・降職 対昇任

【降△雹】コウひょう ひょうが降ること。「—により農作物に被害が出た」

【降伏・降服】コウフク 戦いに負けたことを認め、相手の命令や要求にしたがうこと。「無条件—」類降参 参考「降伏」は「ゴウブク」と読めば、神仏の力で悪魔を抑え退ける意になる。

【△降魔】ゴウマ 仏 祈りによって悪魔を抑え倒すこと。特に、釈迦が悪魔の妨害を退

け、悟りを完成したことをいう。類降伏(ゴウブク)

【降臨】コウリン ①神仏がこの世に姿を現すこと。「天孫—」②高貴な人や他人が来訪することを敬っていう語。光来。

【降り△頻る】ふりしきる 雨や雪が休むことなくふり続ける。「—る雨にうたれる」

【降る】ふる ①空から雨や雪などが落ちてくる。「三日も雨が—り続く」②物事が数多く集まる。「—るほどの応募者」「星—る夜」

コウ【高】(10) 0 高 常 教 9 2566 3962 音 コウ 訓 たかい・たか・たかまる・たかめる

筆順 丶 亠 亠 亡 古 古 高 高 高 高

意味 ①たかい。背がたかい。位置がたかい。たかい所。「高原」「高楼」②程度がたかい。等級・順位が上である。「高温」「高速」対①②低 ③けだかい。すぐれている。「高潔」「崇高」④たかぶる。たかまる。えらそうにする。おごる。「高言」「高慢」⑤相手に対する敬意を表す語。「高説」「高名」⑥「高等裁判所」「高等学校」の略。「高裁」「高卒」

下つき 孤高(ココウ)・声高(こわだか)・最高(サイコウ)・座高(ザコウ)・至高(シコウ)・崇高(スウコウ)・標高(ヒョウコウ)

【高遠】コウエン すぐれており、高尚なこと。「—な理想を掲げる」

【高架】コウカ 鉄道や電線などを地上高くかけわたすこと。「—下を利用した商店街」

【高△廈】コウカ 高く大きい、りっぱな家。類大廈 参考「廈」は大きい家の意。

【高雅】コウガ けだかく上品なさま。優雅なさま。「—な趣味をもつ」

【高閣】コウカク ①高くりっぱな建物。類高楼 ②高いところに作った棚。

【高閣に△束ぬ】コウカクにつかぬ 人材や書物などを長い間使うことなく、そのままにしておくたとえ。「束ぬ」は、たばねること。たばねて高い棚の上にしまっておく意。〈『晋書(シンジョ)』〉参考「束(つか)ぬ」は「束(たば)ぬ」ともいう。

【高歌放吟】コウカホウギン 声高らかに歌をうたい吟ずること。参考「放歌高吟」ともいう。「放吟」は声を張り上げて詩歌などを歌うこと。

【高貴】コウキ ①身分が高くとうといこと。「—な人らしい品位にあふれている」②ねうちのあること。高価なもの。「—な品」

【高△誼】コウギ 深い思いやりや交情。「ご—感謝いたします」参考目上の人に対する手紙文などで、相手の好意を敬っていう。

【高吟】コウギン 大きく高い声で詩歌を吟ずること。「放歌—」類高歌・高唱 対低吟

【高句△麗・高△勾△麗】コウクリ 古代、朝鮮にあった国の名称。中国東北地方の南東部から朝鮮半島北部あたりにあった。新羅(しらぎ)・百済(くだら)と並ぶ三国の一つ。六六八年、唐と新羅の連合軍に滅ぼされた。高麗(こま)。

【高下心に在り】コウゲこころにあり 事が成るか否か、また事が適切に処理できるかどうかは心掛け次第であること。また、人事や賞罰の権限を一手に握り、心一つで決まることにもいう。「高下」は、高くすることと低くすること。〈『春秋左氏伝』〉

【高潔】コウケツ 心がけだかく清らかなさま。高尚で潔白なこと。「人格—な人」「—な志を抱く」

【高見】コウケン ①すぐれた意見や高い見識。②相手の意見を敬っていう語。「ご—を承る」類①②高説

【高言】コウゲン いばって大きなことを言うこと。また、その言葉。類大言

【高座】コウザ ①寄席で、芸をする人のための一段高い席。②説教・演説などをするために設けた、他より一段高い席。

【高材疾足】コウザイシッソク すぐれた才能と手腕のあること。また、それをもつ者のたとえ。「高材」はすぐれた才能。「疾足」は足が速いこと。〈『史記』〉表記「高材」は「高才」とも書く。参考「高材」は「コウサイ」とも読む。

【高札】コウサツ ①昔、掟(おきて)や命令、罪人の罪などを書いて人目につく場所に高く立てた札。立札。②入札で最も金額の高いもの。参考「たかふだ」とも読む。

【高山景行】コウザンケイコウ 徳が高く行いがりっぱで、だれにでも尊敬される人や物事のたとえ。「景行」は大きく広い道の意。高い山は人の仰ぎ見るもの、大きな道は明白で規範となるので人々が行くところから。〈『詩経』〉

【高山流水】コウザンリュウスイ すぐれて巧みな音楽の形容。妙なる演奏の形容。また、自分をわかってくれる真の友人のたとえ。故事 中国、春秋時代、琴の名手伯牙(ハクガ)が泰山(タイザン)を心に描いて演奏すると、友人の鍾子期(ショウシキ)が「あの高い泰山が目前にあるようだ」と評し、流水を思いながら演奏すると「大河がとうとうと目前を流れるようだ」といい、真に理解していた故事から。〈『列子』〉参考「流水高山」ともいう。

【高士】コウシ 高潔でりっぱな人。世俗から離れた徳のある人。

【高所】コウショ ①高い場所のこと。「—恐怖症」対低所 ②全体を見わたせる立場。高い見地。「大所—から述べる」

【高尚】コウショウ 上品でけだかいようす。「—な趣味のもち主」対低俗 参考「尚」は格の高い意。

【高進】コウシン 心がたかぶっていくこと。また、物事の程度がひどくなること。「心悸(シンキ)—」表記「亢進・昂進」とも書く。

【高説】コウセツ ①すぐれた意見。②相手の意見を敬っていう語。「ご—を伺う」類①高見

【高祖】コウソ ①遠い祖先。特に、四代前の祖先。②中国で、王朝を始めた初代の皇帝。「漢の—劉邦(リュウホウ)」③仏 一宗派を開いた高僧。類

開祖

【高燥】コウソウ 土地の標高が高く、空気が乾燥していること。対低湿

【高談雄弁】コウダンユウベン 大いに議論すること。声高に話すこと。〈杜甫トホの詩〉類高談放論

【高調】コウチョウ ①高い調子の音。対低調 ②感情が高まること。また、意見などを強く主張すること。類強調

【高弟】コウテイ 弟子の中で、特にすぐれている者。一番弟子。類高足

【高度】コウド ①程度が高いさま。「―な技術」対低度 ②海水面からはかった高さ。「飛行機が―を下げる」

【高等】コウトウ 等級・程度などが高いこと。「―数学」「―専門学校」類高級・高度 対初等・下等

【高踏】コウトウ 俗世間を超越し、自分を清くけだかく保つこと。「―的生活」

【高騰】コウトウ 物の値段が急にあがること。「物価は次第に―している」類騰貴 対低落・下落 書きかえ「昂騰」の書きかえ字。

【高堂】コウドウ 高く構えたりっぱな建物。手紙文で、相手の家などを敬っていう語。類貴家・尊宅

【高徳】コウトク 人徳がすぐれて高いこと。また、その徳をそなえた人。「―の僧」類大徳

【高配】コウハイ 相手の心づかいを敬っていう語。「ご―を賜る」

【高▲庇】コウヒ 相手の庇護ヒゴや援助を敬っていう語。おかげ。

【高批】コウヒ 「高評コウヒョウ」に同じ。「なんなりとご―ください」

【高卑】コウヒ 身分や地位が高いことといやしいこと。類貴賤キセン・尊卑

【高評】コウヒョウ ①評判が高いこと。類好評 対悪評・不評 ②相手の批評を敬っていう語。「ご―をいただく」類高批

【高木は風に△嫉まる】コウボクはかぜにねたまる 名声や地位の高い人は、他人の嫉妬シットや批判を受けやすいたとえ。大木は高いがゆえに風害を受けやすいことから。参考「高木は風に折らる」「高木風に憎まる」ともいう。類出る杭くいは打たれる

【高▲邁】コウマイ 人格などがけだかくすぐれているようす。「―な精神」参考「邁」は他人よりすぐれている意。

【高慢】コウマン うぬぼれが強く、人を見下しているさま。「―な態度」

【高名】コウミョウ ①手柄。特に、戦場であげた手柄。②「高名コウメイ」に同じ。表記①「功名」とも書く。

【高名】コウメイ ①評判や名声の高いこと。「―な落語家」類有名・著名 ②相手の名前を敬っていう語。参考①「コウミョウ」とも読む。

【高揚】コウヨウ 気分や精神を高めること。また、高まること。「部員の士気を―する」書きかえ「昂揚」の書きかえ字。

【高陽の酒徒】コウヨウのシュト 大酒飲みのこと。また、世俗を捨てた酒飲みだと自らをあざけっていう語。「高陽」は、中国河南カナン省にあった地名。〈『史記』〉

【高△麗】コウライ ①九一八年～一三九二年にあった朝鮮の王朝の名。王建が建国し、朝鮮半島を統一した。仏教を尊び栄えた。②日本で、もと朝鮮の別称。参考②「こま」とも読む。

【高△麗△卓】コウライジョク 小棚の一種。香炉や花器を置き、茶事にも用いる。類高麗台子ダイス

【高△麗△縁】コウライべり 畳の縁の一種。白地の綾あやに雲や菊などの模様を黒く織りだしたもの。

【高覧】コウラン 相手が見ることを敬っていう語。「ぜひ、ご―ください」

【高利】コウリ ①高い利息。「―貸し」対低利 ②大きな利益。

【高齢】コウレイ 年齢の高いこと。年をとっていること。「―化社会」類高年・老齢 対弱齢

【高朗】コウロウ 気品があってほがらかなこと。また、高くすきとおったようす。

【高楼】コウロウ 高い建物。高く何層かにつくった建物。類高殿たかどの・楼閣

【高▲禄】コウロク 多額の禄高ロクだか。高額な給与。「―を食はむ」類高給 対微禄

【高論卓説】コウロンタクセツ すぐれた意見や議論。「高」は程度が高いこと、「卓」は他より抜きんでてすぐれている意。「―を拝聴し感服した」類名論卓説

【高話】コウワ 相手の話を敬っていう語。「ご―を拝聴する」類高説

〈高加索〉コーカサス 黒海とカスピ海の間にあり、中央にカフカス山脈が走る地方。アルメニア・アゼルバイジャン・グルジアの三つの共和国がある。カフカス。

【高▲粱】コーリャン イネ科の一年草。中国の北部で栽培しているモロコシの一種。食用や飼料、またコーリャン酒の原料にする。参考中国語から。「コウリョウ」とも読む。

〈高麗▲鼠〉こまねずみ ネズミ科の哺乳ホニュウ動物。中国産ハツカネズミの変種。体は小さく純白。くるくる回る性質がある。愛玩ガン用。マイネズミ。「―のように働く(休みなく働く)」表記「独楽鼠」とも書く。

〈高麗〉笛 こまぶえ 雅楽に用いる横笛の一種。竹製で、長さ約三六センチメートル。高麗楽と東遊あずまあそびに用いられる。表記「狛笛」とも書く。

【高】たか ①数量。金額。「水揚げ―」「通帳の残―」②程度。値打ち。「―が知れる」「―をくくる(たいしたことはないとあなどる)」

【高い】たかい ①上にある。上位である。「地位が―い」対低い ②上方へ向かって長い。「背が―い」③すぐれている。「技能が―い」④高価だ。「運賃が―い」対安い ⑤数値が大きい。数量が多い。「熱が―い」「年齢が―い」⑥声や音量が大きい。

【高鼾】たかいびき　いびきの音が大きいこと。また、大いびきをかくほど安心してよく眠ること。「大の字で―をかきだした」

【高掛物】たかがかりもの　江戸時代、村ごとに課された付加税の総称。由来 村の田畑の石高(こくだか)に応じて掛けられたことから。

【高きに登るは卑きよりす】たかきにのぼるはひくきよりす　何事にも順序があり、手近なところから順を追って行うのがよいことのたとえ。高い所に登るには低い所から始めなければならないことから。「卑き」は低い意。《中庸》類 千里の行(こう)も足下(そっか)より始まる

【高潮】たかしお　満潮と台風の通過が重なり、高い波が押し寄せること。風津波。季 秋

【高島田】たかしまだ　島田まげの根もとを高く結った日本髪の一つ。昔、御殿女中などが結ったが、明治以降、若い女性や花嫁の正装にもなった。

〔高島田〕

【高卓】たかジョク　生け花の花器をのせるための高い台。

【高瀬舟】たかせぶね　川の浅瀬でもこげるように作られた底が平らで浅い舟。参考「高瀬」は浅瀬の意。

【高高】たかだか　①きわだって高いさま。「手を―とあげる」②やっと。せいぜい。「―一万円ぐらい」③声高にいうさま。「―と宣言する」

【高坏】たかつき　食べ物を盛るのに用いるあしの長い小さな台。参考「たかすき」とも読む。

〔高坏(たかつき)〕

【高手小手】たかてこて　両手を後ろに回し、首からひじ・手首に縄をかけてきつくしばりあげること。参考「高手」はひじから肩までの間で、「小手」は手首とひじの間。

【高嶺・高根】たかね　高いみね。高い山の頂(いただき)。「富士の―に雪が降りつもる」

『高嶺の花』たかねのはな　手の届かないところにあり、ただ眺めるだけで自分のものにすることのできない魅力的な人や、貴重で高価な物のたとえ。

【高嶺颪】たかねおろし　高い峰から吹き下ろす寒風。

【高飛車】たかビシャ　相手の発言に耳を貸さず、自分の意見を一方的に押しつけるさま。「―な態度に出る」類 高圧的 由来 将棋で、飛車を自陣の前へ高く進める戦法から。

【高天原】たかまがはら　日本神話で、天照大神(あまてらすおおみかみ)が支配し、神々が住んでいたという天上世界。参考「たかまのはら」とも読む。

【高枕】たかまくら　①警戒がとけて安心してよく眠ること。「やっと―で寝られそうだ」②日本髪が型くずれしないように、高く作った枕。

【高まる】たかーまる　高くなる。盛りあがる。「波が―る」「国民の関心が―る」「人気が一気に―る」

【高〈御座〉】たかみくら　①即位などの儀式に用いられた天皇の席。玉座。②天皇の位。

【高みの見物】たかみのケンブツ　直接の関係をもたない安全な立場で物事の成り行きを興味本位に眺めるたとえ。騒ぎを安全な高い場所から眺めることから。「―をきめこむ」類 山門から喧嘩(ケンカ)見る・対岸の火事

【高楊枝】たかヨウジ　食後にゆっくりと長いようじを使うこと。満腹したさま。「武士は食わねど―」(気位の高いこと)」

【〈高襟〉】ハイカラ　物事が西洋風や都会風で、目新しいこと。西洋風をきどったり、目新しいものを好んだりすること。また、その人。「―な家」「―さん」由来 明治時代、洋行帰りの人や西洋の文物を好む政治家・官吏が丈の高いカラー(えり)の洋服を着たことから。

コウ【寇】(11) 宀8 1 5368 5564 訓 あだ・かたき 音 コウ

〔寇〕4946 514E

意味 ①あだ。かたき。外敵。「寇盗」「倭寇(ワコウ)」②あだする。害を加える。侵略する。

下つき 外寇(ガイコウ)・元寇(ゲンコウ)・侵寇(シンコウ)・入寇(ニュウコウ)・辺寇(ヘンコウ)・来寇(ライコウ)・倭寇(ワコウ)

【寇】あだ　外部から侵入して害をなすこと。また、その敵。

『寇に兵を藉し盗に糧を齎す』　敵に武器を貸し与え、盗賊に食糧をやる。わざわざ敵を助けて、味方の損害を大きくするたとえ。「兵」は武器、「糧」は食糧の意。故事 中国、秦(シン)王、政が他国から来て大臣になった優秀な者を追放しようとしたことに対して、李斯(リシ)がそれは敵に利益を与えることになると、いさめた故事から。《史記》類 敵に糧(かて)・賊に兵を貸す

【寇する】あだーする　①害を及ぼす。②外部から攻め入って略奪する。

コウ【康】(11) 广8 教 常 7 2515 392F 訓 外 やすい 音 コウ

筆順 亠² 广 户 户 庐 庚 庚 康 康

意味 ①やすい。やすらか。やすんじる。「安康」「小康」②すこやか。体が丈夫である。「健康」

下つき 安康(アンコウ)・健康(ケンコウ)・寿康(ジュコウ)・小康(ショウコウ)・靖康(セイコウ)・太康(タイコウ)・平康(ヘイコウ)・楽康(ラクコウ)

【康熙字典】コウキジテン　中国、清朝の時代に康熙帝の勅命により編纂

され、一七一六年に発行された字書。それ以後編集される辞書の漢字配列の基準となった。

【康衢】コウク にぎやかな大通り。参考「康」は五方、「衢」は四方に通じる道路の意。

【△康い】やすーい 丈夫でやすらかなさま。心配がなくおだやかなさま。

コウ【悾】(11) 忄8 1 1251 2C53 音 コウ 訓 まこと

意味 まこと。まごころ。また、きまじめで気がきかないさま。思いどおりにならないさま。「悾悾」

コウ【控】(11) 扌8 常 3 2521 3935 音 コウ高 訓 ひかえる 外のぞく・つげる

筆順 一 十 扌 扌 扩 扩 护 挖 挖 控 控

意味 ①ひかえる。ひかえめにする。ひきとめる。おさえる。「控制」②さしひく。のぞく。「控除」③つ(告)げる。うったえる。「控訴」

【控除】コウジョ 金額などを除くこと。特に、収入のうち課税対象額から除外すること。書きかえ「扣除」の書きかえ字。「税金の扶養—」

【控訴】コウソ 裁判で、第一審の判決に不服があるとき、判決の取り消し・変更を上級裁判所に求めること。「—棄却」

【控える】ひかーえる ①進まずにとどまって待つ。「別室に—える」②忘れないように書きとめる。「要点を手帳に—える」③度を超さないように少なめにする。見合わせる。「糖分を—える」「外出を—える」「発言を—える」④近くにある。そばにかまえている。「試験を明日に—える」「後ろに山を—える」

コウ【晧】(11) 日7 1 5878 5A6E 音 コウ 訓 しろい・あきらか

意味 ①日の出るさま。②しろい。白く光る。③あきらか。

コウ【梗】(11) 木7 常 2 2528 393C 音 コウ 外キョウ 訓 外おおむね・ふさがる・かたい・つよい・でく

筆順 一 十 才 木 木 朩 杇 柯 柯 梗 梗

意味 ①おおむね。あらまし。だいたい。「梗概」②ふさぐ。ふさがる。「梗塞」③かたい。つよい。「頑梗」類硬・剛 ④やまにれ。ニレ科の落葉高木。⑤でく(木偶)。人形。⑥秋の七草の一つ「桔梗」に用いられる字。

下つき 桔梗・生梗・土梗

【梗概】コウガイ 文章や事件のあらまし。あらすじ。「小説の—をまとめる」類概要

【梗塞】コウソク ふさがって通じないこと。特に、動脈が血栓などでふさがって血が流れなくなること。「心筋—」

コウ【淆】(11) 氵8 1 6234 5E42 音 コウ 訓 まじる・みだす・にごる

意味 まじる。入りみだれる。みだす。にごる。「淆乱」「混淆」

書きかえ「交」に書きかえられるものがある。

下つき 混淆・溷淆

【▲淆じる】まーじる 他のものと入りまじる。ごちゃごちゃに入りみだれる。

コウ【皐】(11) 白6 準1 2709 3B29 音 コウ 訓 さわ・さつき

〔皋〕6608 6228

意味 ①さわ。きし。水ぎわ。②五月の異名。さつき。

【▲皐魚の泣】コウギョのキュウ 親の死を嘆き悲しんで泣くたとえ。故事 中国、春秋時代、皐魚という賢者が親をおろそかにしてしまったことを過ちだったと嘆いて、死んでしまった。それを見た孔子が、弟子たちへの教訓としたことから。〈韓詩外伝〉類樹静かならんと欲すれど風止まず

【〈▲皐月〉】さつき ①陰暦五月の異名。季夏 ②ツツジ科の常緑低木。暖地の川岸の岩などに自生。初夏、ラッパ形で紅紫色の花をつける。サツキツツジ。季夏 表記「五月」とも書く。

コウ【▲皎】(11) 白6 6609 6229 ▼キョウ(三二八)

コウ【袷】(11) 衤6 準1 1633 3041 音 コウ 訓 あわせ

意味 あわせ。裏地のついた衣服。参考「二枚の布を合わせてつくった衣(ネ)」の意を表す字。

【▲袷】あわせ 裏地をつけて仕立てた着物。「春の—をあつらえる」対単 季夏

コウ【釦】(11) 金3 準1 4353 4B55 音 コウ 訓 ボタン

意味 ①ボタン。②かざる。ちりばめる。

【▲釦】ボタン ①衣服の合わせ目や開きをとめるもの。多く、小さな円盤状をしている。②指で押して機械や装置を動かす突起状のもの。参考「ボタン」はポルトガル語から。

コウ【黄】(11) 黄0 常 教 9 1811 322B 音 コウ中・オウ 訓 き・こ中

旧字《黃》(12) 黄0 1/準1 9481 7E71

筆順 一 十 廾 共 芇 芇 苗 苗 苗 黄 黄

意味 ①き。きいろ。「黄土」「黄塵」②きばむ。きいろみをおびる。「黄葉」「黄変」

下つき 硫黄・卵黄

【〈黄牛〉】あめうし 飴色の毛をした牛。古くは上等な牛として尊ばれた。

【〈黄麻〉】いちび アオイ科の一年草。インド原産。葉はハート形。夏、黄色い五弁花

をつける。茎の皮から繊維をとり、ロープなどに用いる。表記「青麻」とも書く。

【黄金】オウゴン ①きん。また、きん色。「―の冠」「―の優勝杯」②金銭。金貨。③価値のあるもののたとえ。「優勝選手の―の足」参考「こがね」とも読む。

【黄金分割】オウゴンブンカツ 一つの線分を、一対一・六一八の比に分けること。長方形の縦と横の長さがこの比になると、最も調和がとれて美しいという。類 外中比

【黄水】オウズイ 胃から吐きもどす黄色い胆汁まじりの液体。参考「オウスイ・きみず」とも読む。

【黄体】オウタイ 卵巣で、排卵後にできる黄色い組織。女性ホルモンの一種である黄体ホルモンを分泌する。

【黄疸】オウダン 胆汁の色素が血液中に増加し、皮膚や粘膜などが黄色くなる症状。

【黄土】オウド ①黄灰色の細かい粒子の土。中国北部・ヨーロッパ中部・北アメリカなどに広く分布。②赤土からとった黄褐色の顔料。酸化鉄の粉末。「―色」参考①「コウド」とも読む。

【黄丹】オウに 染色の名。赤みの強い黄赤色。ベニバナとクチナシの実で染めた色。参考「オウタン・オウダン」とも読む。

【黄檗】オウバク ①キハダの別称。またキハダの樹皮からとった染料および生薬。▼黄檗(きはだ) ②「黄檗宗」の略。曹洞宗・臨済宗とともに日本三大禅宗の一派。江戸時代、中国、明(ミン)から渡来した隠元(インゲン)が京都の万福寺を建てて広めた。

【黄檗料理】オウバクリョウリ 中国風の精進料理である普茶(フチャ)料理の別称。胡麻(ゴマ)豆腐や巻繊(ケンチン)などを含む。由来 京都、宇治の黄檗山万福寺の僧の料理が広まったことから。

【黄幡神】オウバンシン 陰陽道(オンヨウドウ)の八将神の一つで土をつかさどる方位神。その方位に門を立て土を掘るのは凶とされる一方、弓始めにその方位に弓を引くのは吉とされた。

【黄燐】オウリン 燐の一種。淡黄色でろう状の半透明な固体。暗やみで青白い燐光(リンコウ)を放つ。セ氏六〇度で発火し、猛毒。

【黄蓮・黄連】オウレン キンポウゲ科の多年草。山地の樹下に自生。早春、白い小花をつける。根茎は、薬用・染料用。

〈黄心樹〉おがたまのき モクレン科の常緑高木。暖地に自生。葉は長い楕円(ダエン)形で厚く光沢がある。春、芳香のある白い花が咲く。由来「黄心樹」は漢名から。表記「小賀玉木」とも書く。

〈黄鶏〉かしわ ①羽毛が茶色のニワトリ。②①の肉。転じて、ニワトリの肉。「雑煮に―を入れる」

【黄】き 色の名称。三原色の一つ。菜の花やタンポポの花のような色。きいろ。

〈黄鳳蝶〉・黄揚羽】きあげは アゲハチョウ科のチョウ。はねは黄色の地に複雑な黒色などの模様がある。

【黄枯茶・黄唐茶】きがらチャ 染色の名称で、薄い藍(あい)色がかった黄褐色。朽葉色(くちばいろ)。

【黄水仙】きズイセン ヒガンバナ科の多年草。南ヨーロッパ原産。観賞用に栽培。早春、香りのよい黄色の花を横向きにつける。季春 表記「長寿花」とも書く。

【黄菅】きすげ ユリ科の多年草。山地の草原に自生。夏の夕方、ユリに似た黄色い花をつける。ユウスゲ。季夏

【黄鶺鴒】きセキレイ セキレイ科の鳥。水辺にすむ。全長約二〇センチメートル。背は灰色、腹と胸は黄色。長い尾を上下に振りながら歩く。季秋

【黄橡】きつるばみ 染色の色の名称。灰色がかった黄赤色。木蘭色(モクランジキ)。

【黄な粉】きなこ 大豆を煎(い)ってひいた粉。砂糖を混ぜ、餅(もち)・団子などにまぶす。由来「黄なる粉」の意から。

〈黄檗〉きはだ ミカン科の落葉高木。山地に自生。樹皮の内側があざやかな黄色で、染料にするほか健胃薬などに用いる。キワダ。オウバク。表記「檗」とも書く。

【黄肌鮪】きはだまぐろ サバ科の海魚。暖海にすむ。体長は約二メートル。第二背びれとしりびれが黄色。肉はピンク色で美味。キハダ。

【黄八丈】きはちじょう 伊豆八丈島特産の絹織物の一種。黄色地に茶・黒色などで縦縞(たてじま)や格子縞を織り出したもの。

【黄鶲】きびたき ヒタキ科の小鳥。山地の森林で繁殖し、冬は東南アジアへ渡る。雄の背は黒く腹は黄色、雌の背はオリーブ色を帯びた茶色。美しい声でよくさえずる。季夏

【黄身〈時雨〉】きみしぐれ 白あんに卵黄と砂糖を加え、糯米(もちごめ)の粉を混ぜて蒸した和菓子。

〈黄紫茸〉きむらたけ オニクの別称。ハマウツボ科の一年草。

〈黄瓜〉きゅうり ウリ科のつる性一年草。由来 熟すと黄色くなることから。▼胡瓜(きゅうり)(四五四)

【黄連雀】きレンジャク レンジャク科の鳥。シベリアで繁殖、日本には冬鳥として渡来。背は褐色、尾の先は黄色で、頭部に冠状の羽をもつ。ヤドリギの実を好んで食べる。季秋

〈黄連花〉くされだま サクラソウ科の多年草。由来「黄連花」は漢名から。▼草連玉(くされだま)(九三四)

【黄禍】コウカ 黄色人種が勢力をのばすことで白色人種に禍(わざわ)いが及ぶこと。「―論」参考 日清戦争のとき、日本の進出に対する反感からヨーロッパで言われた。

【黄河】コウガ 中国第二の大河。源を青海省に発し、渤海(ボッカイ)湾に注ぐ。流域は中国古代文明の発祥の地。「―文明」由来 その水が黄土を含んで黄色く濁っていることから。参考「江河」と書け

ば、長江（揚子江）と黄河の意。

【黄絹幼婦】コウケン ヨウフ 絶妙な文章のこと。由来 中国、後漢の蔡邕が邯鄲淳の書いた曹娥碑文を賞賛したなぞかけの言葉。「黄絹」は色糸で、この二文字を組み合わせると「絶」、幼婦は少女で「妙」。全体で「絶妙」の意になる。《『世説新語』》

【黄昏】コウ コン 「黄昏（たそがれ）」に同じ。

【黄砂・黄沙】コウ サ ①黄色い砂や土。類 黄土。②中国大陸の北西部で、三月から五月ころに黄色い砂が空をおおって地上に降りる現象。日本にも飛んで来ることがある。類 黄塵 季 春

【黄塵】コウ ジン ①黄色い土煙。②「黄砂②」に同じ。

【黄塵万丈】コウジン バンジョウ 強風に吹かれて黄黒色の土煙が空高く立ちのぼるさま。

【黄泉】コウ セン 地下にあり、死者が行くとされる世界。「―の客（死者）」類 冥土 由来「黄」は中国で地の色にあてることから、地下の泉の意。参考「よみ」とも読む。

【黄泉の路上老少無し】コウセンのロジョウロウショウなし 死は、年齢に関係なくおとずれるということのたとえ。あの世への道を行く者には、老いも若きもないという意から。「老少」は老人と若者のこと。

【黄中内潤】コウチュウ ナイジュン 徳と才能を深く内に秘めて外面にあらわさないこと。《『魏書』》

【黄道】コウ ドウ ①地球から見て、太陽が地球を中心にまわって描くように見える円形の軌道。②「黄道吉日」の略。参考 ①「オウドウ」とも読む。

【黄道吉日】コウドウ キチニチ 陰陽道で、何事をなすにもよいとされる日。参考「吉日」は「キチジツ」とも読む。

【黄白】コウ ハク ①黄色と白色。②金と銀。③金銭。「―を散じる（大金を使う）」

【黄吻】コウ フン ①ひなどりの黄色いくちばし。②年少で経験の浅いこと。また、その人。類 黄口

【黄門】コウ モン ①中納言の唐名。②中納言であった徳川光圀の通称。「水戸―」③中国の宮中の門。黄色に塗られていたことから。また、その門をつかさどった官職名「黄門侍郎」の略。

【黄葉】コウ ヨウ 晩秋、落葉樹の葉が黄色く色づくこと。また、その葉。季 秋 参考「もみじ」とも読む。

【黄粱一炊の夢】コウリョウイッスイのゆめ 人生のはかないたとえ。「黄粱」は、アワの一種のオオアワ。参考「黄粱一炊」ともいう。▼邯鄲の夢（三二七）

【黄櫨】コウ ロ 「黄櫨（はぜのき）」に同じ。

【黄櫨染】コウロ ゼン 染色の名称。ハゼとスオウからつくった黄色みをおびた茶色。天皇の衣冠・束帯などのときに着る上衣の色。

【黄金】こ がね ①「黄金（オウゴン）」に同じ。②「黄金色」の略。金のように輝く黄色。

〈黄昏〉たそ がれ 夕暮れ。薄暗くなった夕方。「―時になった」由来 薄暗くて人の見分けがつかず「誰そ彼」とたずねることから。参考「コウコン」とも読む。

〈黄楊〉つ げ ツゲ科の常緑低木。暖地の山地に自生。葉は楕円形で革質。材は黄色で堅く、櫛・将棋の駒・版木などに用いる。由来「黄楊」は漢名から。表記「柘植」とも書く。

〈黄麻〉つな そ シナノキ科の一年草。由来「黄麻」は漢名から。黄色い花が咲く、繊維をとる植物の意。▼綱麻（五二一）

〈黄鼬〉て ん イタチ科の哺乳動物。▼貂（一〇六三）

〈黄蜀葵〉・〈黄葵〉とろろ あおい アオイ科の一年草。中国原産。根の粘液を製紙用ののりとするため、また、観賞用に栽培。夏、黄色で大形の五弁花をつける。根は薬用にも使われる。トロロ。季 夏 由来「黄蜀葵・黄葵」は漢名から。

〈黄精〉なるこ ゆり ユリ科の多年草。由来「黄精」は漢名からの誤用。▼鳴子百合（一四七三）

〈黄瓜菜〉にが な キク科の多年草。由来「黄瓜菜」は漢名から。▼苦菜（三六九）

〈黄櫨〉はぜ のき ウルシ科の落葉高木。暖地に自生。初夏、黄緑色の花を多数つけ、楕円形の実を結ぶ。実から蠟をとる。紅葉が美しい。ハゼ。リュウキュウハゼ。参考「コウロ」とも読む。

〈黄槿〉はま ぼう アオイ科の落葉低木。暖地の海岸近くに自生。初夏、ムクゲに似た淡黄色の美しい五弁花をつける。由来「黄槿」は漢名からの誤用。

△【黄絹】ホッ ケン 室町時代に中国から伝来した、黄色い繭の糸で織った絹の布。表記「北絹」とも書く。参考「ホッ」は唐音。

〈黄瑞香〉みつ また ジンチョウゲ科の落葉低木。由来「黄瑞香」は漢名から。▼三椏（五八二）

〈黄葉〉もみ じ ①「黄葉（コウヨウ）」に同じ。季 秋 ②カエデの別称。また、その葉。▼楓（一三四二）

〈黄泉〉よ み 人の死後、魂が行くという所。あの世。よみの国。「―帰り（生き返ること）」類 冥土 参考「コウセン」とも読む。

〈黄泉〉路 よみ じ 黄泉の国へ行く道。あの世への道。また、黄泉の国。冥土。「―をさまよう」

コウ【傚】(12) イ10 1 4891 507B

音 コウ 訓 ならう

意味 ならう。みならう。まねる。「傚慕」

【▲倣う】なら-う すでにある先例や手本にしたがって、まねる。みならう。表記「効う」とも書く。

コウ【喉】(12) 口 9 常 2 2502 3922 音 コウ 訓 のど

筆順 口 口 吖 吖 吖 吖 咗 唉 喉

意味 のど。のどぶえ。「喉頭」「喉吻(コウフン)」

下つき 咽喉(インコウ)・衿喉(キンコウ)

【喉舌】コウゼツ ①のどと、した。転じて、大切なところのたとえ。②君主の言葉などを伝える重臣。「―の官(中国で宰相、日本で大納言)」

【喉頭】コウトウ 呼吸気道の一部。咽頭(イントウ)の前部で、気管と口腔(コウコウ)の境の部分。中に声帯がある。「―炎」

【喉頭蓋】コウトウガイ 喉頭にある弁状突起。食物を飲みこむときに閉じて、食物が気管に入るのを防ぐもの。

【喉】のど ①口の奥の、食道と気管に分かれるあたりから声帯のあたりまでの部分。②歌う声。「―自慢」③急所。④書物のとじてある側の部分。対小口(こぐち)

【喉から手が出る】たまらなく欲しいと思っているたとえ。

【喉を▲扼(ヤク)して背を▲撫(う)つ】前後から急所を攻めて、逃げ道をなくすこと。「扼」は、しめつける意。前からはのどをしめつけて、後ろからは背中を打つ意から。〈徐陵(ジョリョウ)の文〉

【喉▲頸】のどくび ①首の前面の、のどのあたり。「―を扼(ヤク)す」②急所。大事な部分。

【喉▲彦】のどひこ 口蓋垂(コウガイスイ)の俗称。のどちんこ。参考「のどびこ」とも読む。

【喉笛】のどぶえ のどを通っている気管。息の通るところ。

【喉仏】のどぼとけ のどのなかほどにある突出した甲状軟骨。成人男子に見られる。類喉骨(のどぼね)

【喉元】のどもと のどのあたり。食道と気管に通じるところ。「―思案(ジアン)(目先だけの浅はかな思案)」

【喉元過ぎれば熱さを忘れる】苦しいことも、過ぎてしまえば簡単に忘れてしまうたとえ。また、苦しいときに受けた恩も、楽になったときにはすっかり忘れてしまうたとえ。熱いものでも飲みこんでしまえば、その苦しみを忘れてしまう意から。類雨晴れて笠(かさ)を忘れる

【喉輪】のどわ ①のどのあたりに付ける、よろいかぶとの付属具。②相撲で、相手のあごの下あたりにてのひらをあてて押す攻め技。

コウ【▲堽】(12) 土 9 5246 544E ▼岡の異体字(二一〇)

コウ【徨】(12) 彳 9 1 5551 5753 音 コウ 訓 さまよう

意味 さまよう。あてもなく歩く。「彷徨(ホウコウ)」

下つき 彷徨(ホウコウ)

コウ【慌】(12) 忄 9 常 3 2518 3932 音 コウ(高) 訓 あわてる・あわただしい

筆順 忄 忄 忙 忙 忙 怖 怖 慌 慌

意味 ①あわてる。うろたえる。あわただしい。「慌忙」「恐慌」②ぼんやりする。うっとりする。「慌惚(コウコツ)」類恍(コウ)

下つき 恐慌(キョウコウ)

【慌ただしい】あわ-ただしい ①せわしくて落ち着かない。「―い年の瀬」②状況の変化がはげしい。「経済情勢の変化が―い」

【慌てる】あわ-てる ①落ち着きを失う。「不意の出来事に―てる」②驚いて急ぐ。「事故の急報に―てて飛び出した」

【慌てる▲蟹(かに)は穴へ▲這入(はい)れぬ】何事も慌てると失敗するたとえ。類急(せ)いては事を仕損じる

コウ【惶】(12) 忄 9 1 5621 5835 音 コウ 訓 おそれる

意味 おそれる。かしこまる。おそれあわてる。「惶惑」「恐惶」

書きかえ 「皇」に書きかえられるものがある。

下つき 恐惶(キョウコウ)・驚惶(キョウコウ)・誠惶(セイコウ)・蒼惶(ソウコウ)・憂惶(ユウコウ)

【▲惶れる】おそ-れる おそれいっておどおどする。かしこまる。

【▲惶惑】コウワク おそれてうろたえること。おののいてまどうこと。

コウ【港】(12) 氵 9 教 常 8 2533 3941 音 コウ 訓 みなと

旧字《港》(12) 氵 9 1/準1

筆順 氵 氵 汁 汁 洪 洪 洪 洪 洪 港 港

意味 ①みなと。船の発着所。「港口」「港湾」②航空機の発着所。「空港」参考「みなと」は「水(み)の門(と)」の意。

下つき 開港(カイコウ)・帰港(キコウ)・寄港(キコウ)・漁港(ギョコウ)・空港(クウコウ)・軍港(グンコウ)・出港(シュッコウ)・商港(ショウコウ)・築港(チッコウ)・入港(ニュウコウ)・母港(ボコウ)・要港(ヨウコウ)・良港(リョウコウ)

【港湾】コウワン 船が停泊し、乗客の乗り降りや荷物のあげおろしの設備がある海域。

【港】みなと 湾や河口につくられた、船が安全に出入り・停泊できる所。船着き場。

コウ【猴】(12) 犭 9 1 6445 604D 音 コウ 訓 さる

意味 さる(猿)。ましら。「狙猴(ソコウ)」

下つき 猿猴(エンコウ)・狙猴(ソコウ)・沐猴(モッコウ)

【猴】さる　霊長目のうち、人を除いた哺乳(ホニュウ)動物の総称。▼猿(さる)(一〇二)

【猴酒】さるざけ　サルが樹木の穴などにためこんだ果実が、自然発酵して酒のような味になったもの。ましら酒。

コウ【皓】(12) 白 7　1　6611　622B　音 コウ　訓 しろい・きよい・ひかる

旧字《皓》(12) 白 7　1/準1

意味 ①しろい。白くかがやく。ひかる。あきらかなさま。「皓歯」②きよい。いさぎよい。

【皓皓】コウコウ　しろく明るいさま。しろく光り輝くさま。「―とした満月」

【皓歯】コウシ　しろくてきれいな歯。転じて、美人。「明眸(メイボウ)―」「口許(くちもと)から―の輝きがこぼれる」

【皓歯蛾眉】コウシガビ　まっしろに輝く歯と魅惑的な三日月形のまゆ。絶世の美女の形容。類 明眸皓歯(メイボウコウシ)・朱唇皓歯

【皓然】コウゼン　明るく輝くさま。しろく光るさま。色がしろい。「秋月が―として浮かび出る」

【皓い】しろ―い　しろく輝いているさま。雪や月などに用いる。

コウ【硬】(12) 石 7　常　3　2537　3945　音 コウ　訓 かたい

筆順 一 丆 石 石 石 石 石 硬 硬 硬

意味 ①かたい。かたいもの。「硬骨」「硬質」対 軟 ②つよい。手ごわい。「強硬」③ぎこちない。「生硬」

下つき 強硬(キョウコウ)・堅硬(ケンコウ)・生硬(セイコウ)

【硬い】かた―い　①材質が密で強い。「―い球」②ひきしまってきつい。「緊張して表情が―くなった」

【硬化】コウカ　①物がかたくなること。「動脈―」②態度や意見がかたくなになること。「相手は態度を―させた」対 ①②軟化

【硬貨】コウカ　金属製の貨幣。コイン。「五百円―」対 紙幣

【硬玉】コウギョク　鉱物の名称で輝石(キセキ)の一種。ナトリウムなどを含み、白や緑白色など。ミャンマー・中国・日本などに産する。翡翠(ヒスイ)など。対 軟玉

【硬骨】コウコツ　①かたい骨。「―魚(ギョ)」対 軟骨 ②意志が強く簡単に主張を曲げないこと。「―の士」

【硬骨漢】コウコツカン　正義感が強く、強い意志をもち、権力や金力に簡単に屈しない男。骨のある男。

【硬質】コウシツ　ふつうの物より、質がかたいこと。かたい性質。「―な陶器」対 軟質

【硬水】コウスイ　マグネシウム塩やカルシウム塩などが多く含まれている天然水。石鹸(セッケン)は溶けにくい。対 軟水

【硬直】コウチョク　①体がかたくなって動かなくなること。「死後―」②考えや態度などがかたくなで柔軟性がなくなること。「話し合いが―したままにらみ合う」「財政の―化が目立つ」

【硬軟】コウナン　かたいことと、やわらかいこと。強硬と軟弱。強腰と弱腰。「―両様の構え」

【硬派】コウハ　①強硬に主義・主張を貫こうとする党派。②粗野な格好や言動を好む青少年の仲間。③新聞や雑誌で、政治や経済などのかたい記事を扱う人や部門。対 ①～③軟派

【硬筆】コウヒツ　鉛筆やペンのような先のかたい筆記用具。「―習字」対 毛筆

コウ【窖】(12) 穴 7　1　6760　635C　音 コウ　訓 あなぐら・ふかい

意味 ①あなぐら。あな。物をたくわえるためのあな。むろ。「地窖」②ふかい。あなのように深い。

下つき 地窖(チコウ)

【窖窯】あながま　焼き物用のかまの一形式。斜面を掘り下げ、上部を土でおおったもの。表記「穴窯」とも書く。

【窖】あなぐら　ものをたくわえるために地下に掘ったあな。

コウ【絞】(12) 糸 6　常　3　2542　394A　音 コウ㊥　訓 しぼる・しめる・しまる 外 くびる

筆順 く 幺 糸 糸 糸 糸 糸 紋 紋 絞

意味 ①しめる。ひもなどでしめつける。くびる。「絞首」②しぼる。しぼりとる。しぼり。

【絞股藍】あまちゃづる　ウリ科のつる性多年草。▼甘茶蔓(あまチャづる)(二三三)　由来「絞股藍」は漢名から。

【絞る】くび―る　首をひも状のものでしめる。くくる。「―り殺される」

【絞殺】コウサツ　首をしめて殺すこと。くびり殺すこと。「―死体」類 絞首

【絞首刑】コウシュケイ　首をしめて死刑にすること。しばり首。

【絞る】しぼ―る　①強くねじって水分を取り除く。「雑巾(ゾウキン)を―る」②広がっているものを小さくする。「捜査範囲を―る」③出ないものを出させる。「ない知恵を―る」④厳しく鍛える。「部員を―る」

【絞める】し―める　①ひもや腕などでしぼるように押さえつける。「自分の首を―めるようなものだ」②家畜などの首をひねって殺す。「鶏(にわとり)を―める」

コウ【絳】(12) 糸 6　1　6912　652C　音 コウ　訓 あか・あかい

意味 あか。あかい。深紅色。「絳裙(コウクン)」「絳帳」

【絳】あか　深いあか。濃いあか。深紅。もと、絹の染色で黒みを帯びたあか色。

コウ【絖】(12) 糸 6　1　6913　652D　音 コウ　訓 わた・ぬめ

意味 ①わた。きぬわた。類纊 ②ぬめ。書画をえがくときに用いる絹布。「綜絖」

下つき 綜絖

【絖】ぬめ 生糸を用いた絹織物。薄く滑らかでつやがあり、書画や造花材料に用いる。絵絹として用いたものを絖本という。

【絖】わた くず繭から作る真綿。きぬわた。防湿性・保温性に富む。表記「纊」とも書く。

コウ【絎】
(12) 糸 6 1 6914 652E 音 コウ 訓 へり・ぬう・くける

意味 ①へり(縁)。②ぬう。③くける。糸目が表に出ないようにぬう。「平絎」

【絎台】くけダイ 裁縫用具の一つ。絎縫いをするとき、布の端をひもでつって布がたるまないようにする台。掛台。

【絎縫い】くけぬい 縫い方の一種。長い糸目を布のなかに入れて、表に縫い目が見えないように縫う方法。

【絎ける】くーける くけ縫いをする。布の端を折りこみ、表側に縫い目が見えないように縫う。「着物の袖を—ける」

コウ【腔】
(12) 月 8 準1 2548 3950 音 コウ・クウ 訓 から・からだ

〔腔〕

意味 ①から。体内の中空になっている部分。「腔腸」「口腔」②からだ。「満腔」

下つき 胃腔・胸腔・口腔・体腔・鼻腔・腹腔・満腔

【腔腸】コウチョウ イソギンチャクやクラゲなどの、口から体内の末端までつながる細い管。消化器官のはたらきをする。「—動物」

コウ【蛤】
(12) 虫 6 準1 4026 483A 音 コウ 訓 はまぐり

意味 はまぐり。マルスダレガイ科の二枚貝。「蛤柱」

下つき 蜃蛤

〈蛤仔〉あさり マルスダレガイ科の二枚貝。▼浅蜊(八九九)

【蛤】はまぐり マルスダレガイ科の二枚貝。浅海の砂泥にすむ。殻は美しい模様があり、細工用。肉は食用。季春 由来「浜の栗」の意から。表記「蚌・文蛤」とも書く。

【蛤で海をかえる】とうてい達成できないこと。また、いくら努力しても無駄なこと。ハマグリの殻で海の水を汲みだしても、入れ替えるのは不可能な意から。類貝殻で海を測る

【蛤鍋】はまなべ はまぐりのむき身を野菜・豆腐などと煮て食べる鍋料理。はまぐり鍋。季春

コウ【蛟】
(12) 虫 6 1 7364 6960 音 コウ 訓 みずち

意味 みずち。想像上の動物。竜の一種。「蛟竜」

下つき 潜蛟

【蛟竜】コウリョウ ①古代中国の想像上の動物。水中にすみ、雲や雨に乗じて天に昇りつめて竜となるとされる。②時を得ず、実力を発揮できない英雄・豪傑のたとえ。参考「コウリュウ」とも読む。

【蛟竜雲雨を得】英雄や豪傑が時を得て大いに活躍するたとえ。蛟竜が雲雨に乗じて天に昇る意から。〈『三国志』〉

【蛟】みずち 想像上の動物。竜の一種でヘビのような体、四本の足をもつ。水中にすみ、大水をおこすという。

コウ【隍】
(12) 阝 9 1 8006 7026 音 コウ 訓 ほり・からぼり・むなしい

意味 ①ほり。からぼり。水のないほり。「城隍」②むなしい。うつろ。

下つき 城隍・池隍

コウ【項】
(12) 頁 3 常 4 2564 3960 音 コウ 訓 外うなじ

筆順 一 丅 工 … 項 項

意味 ①うなじ。くびすじ。「項領」②小分けした一つ一つのことがら。「項目」「事項」③数式・数列などを組み立てる要素。「移項」

下つき 移項・款項・事項・条項・別項・要項・立項

【項】うなじ 首の後ろの部分。えりくび。「若々しい—に心ひかれる」

【項垂れる】うなだーれる 悲しみや心配などでしょげかえり、頭を前にたれる。うつむく。

【項背相望む】コウハイあいのぞむ 人の往来のはげしいことの形容。往来する人が多く、互いに前後を眺めあうことから。「項背」は、うなじと背中。

【項目】コウモク 内容を小さく分けたときの部分。物事を小分けしたもの。「—の順に説明する」「—別分類」類箇条・条項

コウ【黄】
(12) 黄 0 9481 7E71 ▼黄の旧字(五〇二)

コウ【媾】
(13) 女 10 1 音 コウ 訓 まじわる・よしみ

〔媾〕 5329 553D

意味 ①まじわる。男女がまじわる。「媾合」②よしみ。仲直りする。「媾和」

下つき 姻媾・交媾・婚媾

〈媾曳〉あいびき 愛し合う男女がひそかに会うこと。ランデブー。類密会 表記「逢引」とも書く。

【媾合】ゴウコウ 男女が交わること。性交すること。類交接

【▲媾和】コウワ ▼書きかえ 講和(五一五)

【▲媾】よしみ 互いにいつくしむこと。親しくつきあうこと。また、夫婦の交わり。参考「誼」と書けば、交情や縁故の意になる。

コウ【★幌】(13) 巾10 準1 4358 4B5A 音 コウ 訓 ほろ

意味 ①ほろ。㋐日よけや雨よけのために車につけるおおい。「幌馬車」㋑矢を防ぐために、武士が鎧(よろい)の背にかける布。母衣(ほろ)。②とばり。たれぎぬ。

【▲幌】ほろ ①日よけや雨よけとして車などにかけるおおい。②武士が流れ矢から身を防いだり目印としたりするために、鎧(よろい)の背にまとった袋状の大きな布。表記②「母衣」とも書く。

【▲幌馬車】ほろバシャ 日光や雨をよけるためのおおいをかけた馬車。

コウ【搆】(13) 扌10 1 〔搆〕 5776 596C 音 コウ 訓 ひく・かまえる

意味 ①ひく。ひっぱる。②かまえる。組み立てる。つくる。「造搆」類構

コウ【溝】(13) 氵10 常 準2 2534 3942 音 コウ 訓 みぞ 外 どぶ

旧字《溝》(13) 氵10 1/準1

筆順 氵 氵一 氵艹 汫 溝 溝 溝 溝 溝

意味 みぞ。用水路。どぶ。ほり。ほりかわ。「溝渠(コウキョ)」「溝池」

下つき 海溝(カイコウ)・側溝(ソッコウ)・地溝(チコウ)

【溝▲壑を▲塡む】コウガクをうずむ 命を失うこと。のたれ死にをすること。〈『史記』〉

【溝渠】コウキョ 給水や排水のために掘ったみぞ。参考「溝」も「渠」も、みぞの意。

【▲溝】どぶ 雨水や汚水の流れるみぞ。下水道。「―をさらう」

【▲溝板】どぶいた 下水道の上に、ふたのようにかぶせた板。

【▲溝貝】どぶがい イシガイ科の二枚貝。泥の多い池沼にすむ。表面は黒褐色で、内面は白く光沢がある。表記「土負貝」とも書く。

【▲溝▲鼠】どぶねずみ ①ネズミ科の哺乳(ホニュウ)動物。イエネズミの一種で、下水溝などにすむ。繁殖力が強く、白変種は動物実験に用いる。シチロウネズミ。②主人の目を盗んで悪事をはたらく使用人。

【溝】みぞ ①地面を細長く掘って水を流す所。「大雨で―があふれる」②細長いくぼみ。「敷居の―」③人間関係における気持ちのへだたり。「二人の間に―ができる」

【溝▲浚え】みぞさらえ 蚊の発生を防ぎ、悪臭をなくすためなどにみぞやどぶなどを掃除すること。どぶさらえ。季夏

コウ【溘】(13) 氵10 1 6269 5E65 音 コウ 訓 たちまち・にわか

意味 たちまち。にわかに。急に。「溘死」「溘然」

【▲溘▲焉】コウエン 思いがけず急に起こること。突然のこと。「―として逝く」参考 多く、人の死去についていう。

コウ【滉】(13) 氵10 1 6270 5E66 音 コウ 訓 ひろい

意味 ひろい。水の広く深いさま。「滉瀁(コウヨウ)」

コウ【★煌】(13) 火9 1 6374 5F6A 音 コウ 訓 かがやく・きらめく・あきらか

意味 かがやく。きらめく。あきらか。「煌煌」類晃(コウ)

【▲煌く】かがやく まばゆいほどきらきら光る。きらめく。

【▲煌びやか】きらびやか 輝くばかりに華やかで美しいさま。「―な装束」

【▲煌めく】きらめく ①きらきらと光りかがやく。「星が―く」②華やかで人目をひく。「―く才能」

【▲煌▲煌】コウコウ きらびやかにかがやくさま。きらきら光ること。「―とライトを浴びる」

コウ【粳】(13) 米7 1 6875 646B 音 コウ 訓 うるち・ぬか

意味 ①うるち。粘り気のないふつうの米。「粳稲」対糯(ダ) ②ぬか。あらぬか。

〈▲粳稲〉うるしね 「粳(うるち)」に同じ。対糯稲(もちいね)

【▲粳】うるち 粘り気の少ない、ふつうに炊いて食べる米。うるちの米。うるちまい。うるしね。対糯(もち) 季秋

【▲粳餅】うるもち もちごめとうるち米を混ぜてつき、つぶを残してつくったもち。

コウ【蒿】(13) 艹10 1 7270 6866 音 コウ 訓 よもぎ

意味 よもぎ。キク科の多年草。「蒿矢」

下つき 艾蒿(ガイコウ)・蓬蒿(ホウコウ)

〈▲蒿▲雀〉あおじ ホオジロ科の鳥。山林にすむ。大きさと外形はスズメに似る。背面は緑褐色で腹面は黄色に黒斑(コクハン)がある。季夏

【▲蒿里】コウリ ①死んだ人の魂が集まるという中国の山。転じて、墓地。②庶民の葬式にうたう挽歌。対薤露(カイロ)

【▲蒿】よもぎ キク科の多年草。▼蓬(よもぎ)(一四一〇)

コウ【觥】(13) 角6 1 9191 7B7B 音 コウ 訓 つのさかずき

意味 つのさかずき。兕牛(ジギュウ)の角で作ったさかずき。「銀觥」

下つき 銀觥(ギンコウ)・兕觥(ジコウ)

【▲觥】つのさかずき　スイギュウに似た一角獣の、兕牛(ジギュウ)の角で作った大きなさかずき。

コウ【詬】(13) 言 6　1　7545　6B4D　音 コウ・ク　訓 はずかしめる・はじ・ののしる・そしる

意味 はずかしめる。ののしる。そしる。また、はずかしめ。はじ。「詬恥」類 垢(コウ)

【▲詬罵】コウバ　ののしり、はずかしめること。類 罵倒

【▲詬】はじ　はずかしめ。悪口。

【▲詬める】はずかし－める　悪口を言って、はじをかかせる。侮辱する。

コウ【△較】(13) 車 6　常　1951　3353　▼カク（二〇〇）

コウ【遑】(13) 辶 9　1　7803　6E23　音 コウ　訓 いとま・ひま・あわただしい・あわてる

意味 ①いとま。ひま。「遑寧」②あわただしい。いそがしい。あわてる。「遑遑」類 慌

【▲遑】いとま　用事のない時間。ゆとり。ひま。「枚挙に─がない（数えきれないほど多い）」

【▲遑▲遑】コウコウ　うろうろと落ち着かないさま。あわただしく忙しいさま。

コウ【鉱】(13) 金 5　教　常　6　2559　395B　音 コウ　訓 外 あらがね

旧字《鑛》(23) 金 15　1/準1　7942　6F4A

筆順 ㇒ 𠆢 亼 仐 余 金 金 釒 鉱 鉱 鉱（2・4・7）

意味 あらがね。地中から掘りだしたままの金属の原石。「鉱石」「鉱脈」

書きかえ「礦(コウ)」の書きかえ字。

下つき 金鉱(キンコウ)・砕鉱(サイコウ)・採鉱(サイコウ)・炭鉱(タンコウ)・鉄鉱(テッコウ)

【△鉱】あらがね　掘り出したままで精錬していない、有用な金属を含んだ岩石のかたまり。鉱石。

【鉱業】コウギョウ　鉱物資源の採掘や精錬などを行う産業。書きかえ「礦業(コウギョウ)」の書きかえ字。

【鉱山】コウザン　金・銅・鉄などの有用な鉱物資源を掘り出す設備のある山。

【鉱▲滓】コウシ　金属を精錬する際に溶けた金属から分離して浮かぶ、かす。セメントの材料などに用いる。スラグ。参考「コウサイ」とも読む。

【鉱床】コウショウ　有用な鉱物が多量に集まっている地下層。「─を掘り当てる」

【鉱石】コウセキ　有用な金属を多量に含んだ鉱物。また、そのかたまり。書きかえ「礦石(コウセキ)」の書きかえ字。

【鉱泉】コウセン　鉱物質などを多く含むわき水。そのうち、セ氏二五度以下を冷泉、それ以上を温泉というが、冷泉だけを指す場合もある。

【鉱毒】コウドク　鉱物の採掘や精錬の過程で、廃棄物から出る毒物やその害毒。「─事件」

【鉱脈】コウミャク　岩石のすき間に板状に集まっている鉱物資源の層。また、長くのびた鉱床。

【鉱油】コウユ　鉱物性の油。石油など。

コウ【★鉤】(13) 金 5　準1　7876　6E6C　音 コウ・ク　訓 かぎ・つりばり・かける・まがる

〔鉤〕1935　3343

意味 ①かぎ。物をひっかけたりとめたりする、先の曲がった金属製の道具。つりばり。「鉤曲」②かける。ひっかける。「鉤距」「鉤索」③おびどめ。「帯鉤」④まがる。まげる。かがむ。

下つき 銀鉤(ギンコウ)・帯鉤(タイコウ)・釣鉤(チョウコウ)

【▲鉤】かぎ　①先端の曲がった金具。その先端に物をかける。「自在─に鍋(なべ)をかける」②「鉤括弧(カッコ)」の略。文章で、会話や重点語句などを表す「 」『 』などの記号。

【▲鉤裂き】かぎざき　衣服などを引っかけてかぎ形に裂くこと。また、その裂け目。

【▲鉤△形・〈▲鉤状〉】かぎなり　かぎのように折れ曲がった形。「─に破れる」

【▲鉤鼻】かぎばな　鼻柱がかぎのように曲がっている鼻。わしばな。

〈▲鉤▲樟〉くろもじ　クスノキ科の落葉低木。由来「鉤樟」は漢名からの誤用。▼黒文字(くろもじ)（五二七）

【▲鉤餌】コウジ　釣り針につけたえさ。「─の準備が万全だ」

【▲鉤縄規▲矩】コウジョウキク　物事の法則・規準・手本のこと。「鉤」は先の曲がったかぎで曲線を描く道具。「縄」は墨縄で直線を描く道具。「規」はコンパスで円を描く道具。「矩」はさしがねで直角を測る道具。《『荘子(ソウジ)』》類 規矩準縄

【▲鉤欄】コウラン　宮殿の廊下などの、端の折れ曲がった手すり。表記「勾欄」とも書く。

〈▲鉤素〉はりす　釣り糸のうち、おもりから釣り針までの間に用いる細くて丈夫な糸。目につかないようにナイロンや天蚕糸(てぐす)などを使う。

コウ【閘】(13) 門 5　1　7962　6F5E　音 コウ・オウ　訓 ひのくち

意味 ①水門。ひのくち。「閘門」②門をあけたてする。せきとめる。

【閘門】コウモン　運河・河川などで、水量や水面の高さを調節するための水門。

コウ【頏】(13) 頁 4　1　8082　7072　音 コウ　訓 のど・くび

意味 ①のど。くび。類 亢(コウ)・吭(コウ) ②鳥がとびおりる。「頡頏(ケッコウ)」対 頡(ケツ)

下つき 頡頏(ケッコウ)

コウ【慷】
(14) 忄11 1 5645 584D
音 コウ 訓 なげく

意味 なげく。気が高ぶる。いきどおりなげく。「慷慨」②意気盛んなこと。

【慷慨】コウガイ ①世の中の不正などをいきどおり嘆くこと。「国を憂えて悲憤―する」

【慷慨死に赴くは易(やす)し】いきどおり嘆き、激情にかられて死ぬことはたやすい。由来 南宋の忠臣・謝枋得(シャボウトク)が、元の招聘(ショウヘイ)を辞して言った言葉。

コウ【敲】★
(14) 攴10 1 5842 5A4A
音 コウ 訓 たたく・むち・たたき

意味 ①たたく。うつ。「敲門」②むち。むちうつ。「敲朴」

下つき 推敲(スイコウ)

【敲き】たたき ①たたくこと。また、その人。「太鼓―」②たたいたもの。「鰹(かつお)の―」③罪人をたたく江戸時代の刑罰。④石灰や砂利に、にがりをまぜて練りたたき固めた所。

【敲く】たたく とんとんと打つ。かたいものやこぶしで打つ。「ドアを―く」

コウ【構】
(14) 木10 教 常 6 2529 393D
音 コウ 訓 かまえる・かまう

旧字《構》(14) 木10 1/準1

筆順 4 … 7 … 構

意味 ①かまえる。組み立てる。「構成」「機構」②建物のかまえ。かこい。「構内」③かまう。かかわる。

下つき 基構(キコウ)・機構(キコウ)・虚構(キョコウ)・結構(ケッコウ)・入構(ニュウコウ)

【構の木】かじのき クワ科の落葉高木。東南アジア原産。葉は広卵形で三裂するものが多い。初夏、クワの実に似た実をつける。樹皮は和紙の原料。表記「梶の木」とも書く。

【構う】かまう ①かかわる。気にする。「小事に―うな」②相手にする。世話をする。「病人を―う」「子どもを―う」③からかう。「犬を―う」

【構える】かまえる ①自分の家屋などをもつ。「一家を―える」②あらかじめ姿勢を整える。「斜(シャ)に―える(改まった態度を取る)」「のんびり―える」③つくりごとをする。「言(ゲン)を―える(口実を設ける)」

【構図】コウズ ①芸術作品などで、美的効果を高めるため工夫された配置。「―を決める」②物事全体の姿。「事件の―」③数学で、構成された図形。

【構成】コウセイ いくつかの要素が集まって、一つのものを組み立てること。また、組み立てたもの。「家族―」

【構想】コウソウ 全体の内容について考えをまとめ、組み立てること。また、その考え。「―を練ってから論文を書く」

【構造】コウゾウ 機械や組織の全体を形づくっている各部分の仕組み。組み立て。「耐震―の建物」類 構成・機構

【構築】コウチク 組み立てて築き上げること。「城を―する」「アーチ状に―した橋」

【構内】コウナイ 囲ってある区域の中。敷地や建物の中。「駅の―」対 構外

【構文】コウブン 文の構成・組み立て。「この英文の―はおかしい」

コウ【槁】
(14) 木10 1 6041 5C49
音 コウ 訓 かれる・からす・かれき・かわく・かわかす

意味 ①かれる。草木がかれる。からす。また、かれ木。「槁梧(コウゴ)」②かわく。かわかす。ひからびる。

下つき 枯槁(ココウ)

【槁れる】かれる 木の水分がなくなり、ひからびる。

【槁木】コウボク かれた樹木。かれき。

【槁木死灰】コウボクシカイ 身はかれ木のように、心は冷たくなった灰のように生気のないさま。無心で無欲なさま。また、衰え果てて生気のない形容。「死灰」は火が絶えて冷たくなった灰。〈『荘子(ソウジ)』〉類 枯木冷灰(コボクレイカイ)

コウ【槓】
(14) 木10 1 6042 5C4A
音 コウ 訓 てこ

意味 てこ。てこ棒。重い物を動かすのに用いる棒。「槓杆(コウカン)」

【槓杆】コウカン 「槓杆(てこ)」に同じ。

〈槓杆〉てこ 一点を支点にして自由に回転でき、小さな力を大きな力に変える棒。また、その仕掛け。表記「梃・梃子」とも書く。参考「コウカン」とも読む。

コウ【槹】
(14) 木10 1
音 コウ 訓 はねつるべ

〔槔〕6063 5C5F

意味 「桔槹(キッコウ・ケッコウ)」(はねつるべ)に用いられる字。

コウ【熕】
(14) 火10 国 1 6380 5F70
音 コウ 訓 おおづつ

意味 おおづつ。大砲。「砲熕」

下つき 砲熕(ホウコウ)

【熕】おおづつ 大きな弾丸を発射する火器。大砲。表記「大筒」とも書く。

コウ【犒】
(14) 牛10 1 6423 6037
音 コウ 訓 ねぎらう・ねぎらい

意味 ねぎらう。いたわる。なぐさめる。ねぎらい。「犒労」

【犒う】ねぎらう 飲食物を贈って、将兵を慰労する。「兵を―うために現地に赴く」

コウ【★睾】(14) 目9　1　6648　6250　音 コウ　訓 さわ・きんたま・たかい

意味 ①さわ(沢)。水辺の低地。②きんたま。男性の生殖器官。「睾丸」③たか(高)いさま。また、広く大きいさま。「睾睾」

【▲睾丸】コウガン 哺乳ホニュウ動物の雄の生殖器官。陰嚢インノウ中に左右一対あり、精子を作る。精巣。きんたま。

コウ【箜】(14) ⺮8　1　6819　6433　音 コウ・ク

意味 「箜篌クゴ・コウコウ(くだら琴)」に用いられる字。

【▲箜▲篌】コウコウ 弦楽器の一つ。琴に似た横に置くものと、ハープに似た竪たてのものとがあり、ともに両手でかき鳴らす。奈良時代に百済くだらを経て伝来した。正倉院に残る。参考「クゴ・くだらごと」とも読む。

コウ【綱】(14) 糸8　常　3　2543　394B　音 コウ　訓 つな

筆順 く 幺 糸 糹 絅 絅 網 網 綱 綱

意味 ①つな。おおづな。「綱維」②おおもとのきまり。かなめ。「綱要」「大綱」③人の守るべき道。「綱常」④分類上の大きな区分け。「綱目」

下つき 命綱いのちづな・紀綱キコウ・大綱タイコウ・手綱たづな・要綱ヨウコウ

【綱紀】コウキ ①国家を治める基本となる規律。②物事の規律。物事のしめくくり。「―の乱れを正す」参考「綱」は大きいつな、「紀」は小さいつなの意。

〖綱紀粛正〗コウキシュクセイ 国の規律や秩序、また政治家や役人の態度を戒め正すこと。また、広く乱れた規律を正すこと。「粛正」は厳しく正す、戒め正す意。対綱紀廃弛コウキハイシ

【綱目】コウモク 大綱と細目。物事のあらましと細かい事柄。

【綱要】コウヨウ 物事の基本となる大切なところ。また、それをまとめたもの。要点。「国文法―」類要綱 参考多く、書名に用いられる。

【綱領】コウリョウ ①物事の要点。②政党や組合などの立場・主張・政策の根本方針の要約。「党の―を示す」「政策の―を改める」

【綱】つな ①植物の繊維などを、長く太くよりあわせて作った縄。ロープ。②すがって頼りにするもの。「命の―」③相撲の横綱が巻く注連縄しめなわ。「―とりに挑む」

〈綱麻〉つなそ シナノキ科の一年草。インド原産。夏から秋に黄色い小花が咲く。茎の繊維をジュートと呼び、農作物を入れる麻袋を作る。表記「黄麻」とも書く。

【綱▲曳】つなひき ①一本の綱を二手に分かれて引っ張り合う競技。②その年の豊作や大漁を占うための神事。季新年

【綱渡りより世渡り】つなわたりよりよわたり 世渡りは綱渡りよりも難しい。世渡りの難しさを強調していう語。

コウ【★膏】(14) 肉10　準1　2549　3951　音 コウ　訓 あぶら・こえる・うるおす

意味 ①あぶら。脂肪。「膏血」②あぶらぐすり。「膏薬」「軟膏」③こえる。ふとる。また、うるおす。めぐむ。「膏雨」「膏沢」④心臓の下の部分。「膏肓」

下つき 硬膏コウコウ・脂膏シコウ・石膏セッコウ・軟膏ナンコウ

【▲膏】あぶら 人間や動物の体からにじみ出てくる液体。脂肪。

【▲膏汗】あぶらあせ 苦しいときなどににじみ出る、脂肪分のまじった汗。「―がにじむ」「―を流す」

【▲膏雨】コウウ 農作物をうるおす恵みの雨。よいしめり。類慈雨・甘雨

【▲膏火自煎】コウカジセン 才能や財産などがあるために、かえって災いにあうたとえ。あぶらは、なまじ灯油として役に立つために、わが身を焼く結果になることから。〈『荘子ソウジ』〉

【▲膏血】コウケツ 苦労して働いて得た収益。「人民の―をしぼる(多額の税金をとる)」由来 人間の体のあぶらと血の意から。

【▲膏▲肓】コウコウ 人間の心臓と横隔膜の間の部分。体のもっとも奥深い所で、薬も針もとどかず治療しにくい部分。「病―に入いる」参考「膏」は人間の心臓の下、「肓」は横隔膜の上の意。「コウモウ」と読むのは誤り。

【▲膏沢】コウタク ①恵み。恩恵。恩沢。②肥えてうるおいのある土地。

【▲膏薬】コウヤク あぶらに薬品を混ぜて練り合わせた外用薬。紙や布に塗って患部にはる。「痛めた腰に―をはる」参考「あぶらぐすり」とも読む。

【▲膏▲腴】コウユ 地味が豊かで肥えていること。また、その土地。類膏沃コウヨク・肥沃 参考「膏」も「腴」も肥える意。

【▲膏沃】コウヨク 土地がよく肥えていて農作物を育てるのに適していること。類膏腴コウユ・肥沃

【▲膏▲粱子弟】コウリョウシテイ 裕福な家に生まれた者のたとえ。「膏」はあぶらののったうまい肉、「粱」は味のよい穀物。転じて、美食のこと。〈『天香楼偶得』〉

【▲膏える】こえる ①肉に脂肪がついて太る。②土地の地味が豊かになる。

コウ【誥】(14) 言7　1　7553　6B55　音 コウ　訓 つげる・ふれ・みことのり

意味 ①つげる。上の人から下の者に申しわたす。おしえいましめる。「誥命」②ふれ。みことのり。

コウ【遘】(14) ⻌10　1　音 コウ　訓 あう

〔遘〕7809　6E29

意味 ①あう。であう。めぐりあう。「邂遘(カイコウ)」類 逅(コウ)・覯(コウ) ②まみえる。おめにかかる。

【遘う】(あ-う) 出あう。道で互いに行きあう。表記「覯う」とも書く。

コウ【酵】(14) 酉7 常 3 2558 395A 音 コウ 訓 外 もと・こうじ

筆順 一 丆 冂 丙 西 酉 酉 酉 酉 酉 酵 酵 (2 5 10)

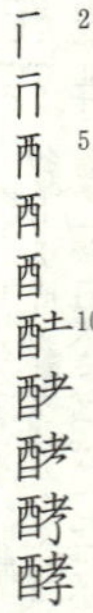

意味 ①酒のもと。こうじ。「酵素」「酵母」 ②酒がかもされてあわだつこと。「発酵」

下つき 発酵(ハッコウ)

【酵素】コウソ 生物の体内で作られ、体内の化学反応の触媒のはたらきをする有機化合物。主としてたんぱく質からなる。「消化ー」

【酵母】コウボ 糖分をアルコールと炭酸ガスに分解する発酵作用をもつ菌類。パン・酒・醤油(ショウユ)などの製造に用いる。酵母菌。イースト。

コウ【閤】★ (14) 門6 準1 2562 395E 音 コウ 訓 くぐりど・へや

意味 ①くぐりど。大門のわきの小門。②へや。ねや。「閨閤(ケイコウ)」 ③宮殿。ごてん。たかどの。役所。「太閤」

下つき 閨閤(ケイコウ)・太閤(タイコウ)

【閤下】コウカ 身分の高い人に対する敬称。類 閣下(カッカ) 由来 高殿のある建物にいる人の意から。

コウ【閧】(14) 門6 1 7966 6F62 音 コウ 訓 ちまた

意味 ①とき。ときの声。類 鬨(コウ) ②村里のみち。ちまた。参考 ①もと「鬨(コウ)(とき)」と誤用されたもの。

コウ【▲廣】(15) 广12 5502 5722 ▼広の旧字(四七五)

コウ【稿】(15) 禾10 常 4 2538 3946 音 コウ 訓 外 したがき・わら

筆順 ニ 千 禾 禾 秆 秆 秆 秆 稿 稿 (2 5 7 15)

意味 ①したがき。詩や文章の原案。「稿本」「草稿」 ②わら。類 ①②藁(コウ)

下つき 遺稿(イコウ)・起稿(キコウ)・寄稿(キコウ)・玉稿(ギョッコウ)・原稿(ゲンコウ)・拙稿(セッコウ)・草稿(ソウコウ)・脱稿(ダッコウ)・投稿(トウコウ)・入稿(ニュウコウ)

【稿料】コウリョウ 「原稿料」の略。原稿を書いて得られる報酬。

【△稿】したがき 書いただけで修正などの手を加えていない詩文。草稿。「ーどおりにはいかない」由来 わらは屋根をふく材料などになるため、詩文の材料の意から。

【△稿】わら 穀物の茎を干したもの。表記「藁」とも書く。

コウ【篁】(15) ⺮9 1 6827 643B 音 コウ 訓 たかむら・たけやぶ・たけ

意味 ①たかむら(竹藪)。たけやぶ。「幽篁」 ②タケの総称。

下つき 翠篁(スイコウ)・幽篁(ユウコウ)

【▲篁】たかむら タケが群生しているところ。竹林。たけやぶ。表記「竹叢」とも書く。

コウ【篌】(15) ⺮9 1 6828 643C 音 コウ・ゴ

意味 「箜篌(クゴ・コウコウ)(くだら琴)」に用いられる字。

コウ【膠】★ (15) 月11 1 7117 6731 音 コウ 訓 にかわ・にかわする・つく・かたい

意味 ①にかわ。動物の皮や骨などを煮つめて作った接着剤。「膠化」「膠漆」 ②にかわする。にかわで接合する。③つく。ねばりつく。かたくくっつく。「膠着」 ④かたい。質がかたい。⑤もとる。あやまる。⑥「膠膠」は動き乱れるさま。

下つき 魚膠(ギョコウ)

【▲膠化】コウカ にかわ状になること。半固形状態・ゼリー状になること。ゲル化。

【▲膠灰】コウカイ セメントの訳語。

【▲膠原病】コウゲンビョウ 関節や皮膚など、人体の全身の組織に炎症と変性を起こす疾患群の総称。慢性関節リウマチなど。

【▲膠漆】コウシツ ①にかわと、うるし。②親密な間柄。固い友情。

【▲膠漆の交わり】かたく結びついた友情。膠(にかわ)や漆は、接着に用いたことからいう。類 水魚の交わり・刎頸(フンケイ)の交わり

【▲膠着】コウチャク ①にかわでつけたように、しっかりとつくこと。②状況が固定して進展しないこと。「国会がーしたまま動かない」表記「膠著」とも書く。

【▲膠柱】コウチュウ 物事や規則などにとらわれすぎて、融通のきかないこと。由来「琴柱(ことじ)に膠(にかわ)す」から出た語。琴柱を膠で固定すると音調を変えることができなくなることから。

【▲膠泥】コウデイ セメントと砂を水で練ったもの。レンガ積みや壁などの仕上げに用いる。モルタル。

【▲膠】にかわ 動物の皮・骨などを煮こんで、冷やして固めたもの。ゼラチン。接着剤用。

コウ【蝗】(15) 虫9 1 7391 697B 音 コウ 訓 いなご

意味 いなご。イナゴ科の昆虫の総称。「蝗旱(コウカン)」

下つき 飛蝗(ヒコウ)

【▲蝗】いなご イナゴ科の昆虫の総称。緑色の体に淡褐色のはねをもつ。イネの害虫。食用になる。「ーの大群が発生した」季 秋 表記「稲子・螽」とも書く。

【▲蝗虫】コウチュウ イナゴの別称。参考「バッタ」と読めば、バッタ科の昆虫の総称。

コウ【靠】(15) 非7 1 8049 7051 音 コウ 訓 よる・もたれる・たがう

意味 ①よ(依)る。よりかかる。もたれる。②たが

う。そむく。

【靠れる】もたーれる ①体の重みをあずけ寄りかかる。頼りにする。「柱にーれる」②食物が胃に残り、重苦しく感じる。「暴飲暴食で胃がーれる」

【靠りかかる】よーりかかる 体の重みをあずける。もたれかかる。他の力をあてにする。依存する。「いつも他人にーる」

【靠る】よーる もたれかかる。依存する。頼りにする。「生活費は年金にーる」

コウ【餃】(15) 食6 1 8113 712D 音 コウ 訓 あめ

意味 ①中国料理の「餃子(ギョーザ)」に用いられる字。②あめ(飴)。

【餃子】ギョーザ 中国料理の一つ。豚肉や野菜を細かく刻んでこねあわせ、小麦粉で作った薄い皮に包んで、蒸したり焼いたりした食べ物。参考 中国語から。

コウ【嚆】(16) 口13 1 5169 5365 音 コウ 訓 さけぶ

意味 ①さけぶ。②鳴る。矢が鳴る。鳴りひびく。「嚆矢」

【嚆矢】コウシ ①かぶら矢。鳴りひびく矢。②物事の最初。起源。おこり。「その学説の提唱は博士をもってーとする」由来 ②昔、中国で戦いの開始のしるしとして、かぶら矢を敵陣に射たことから。

【嚆矢濫觴】コウシランショウ 物事の始まり、起こり。「濫觴」は、大河もその始まりは觴(さかずき)にあふれるほどの小さな流れであるという意。

コウ【篝】★ (16) ⺮10 1 6832 6440 音 コウ 訓 かご・ふせご・かがり

〔篝〕

意味 ①かご。ふせご。火の上におおいかけるかご。②かがり。火をたく鉄製のかご。「篝灯」「篝火」

【篝】かがり ①かがり火をたくときに用いる鉄製のかご。②「篝火」の略。

【篝火】かがりび 夜間の警備や漁猟に照明としてたく火。かがり。「ーであたりを照らす」参考 「コウカ」とも読む。

【篝】ふせご 香炉や火鉢の上におおいかぶせるかご。その上で衣服を乾かしたり、なかに香炉を置いて香をたきしめたりする。

コウ【縞】★ (16) 糸10 準1 2842 3C4A 音 コウ 訓 しま・しろぎぬ

意味 ①しま。しまがら。②しろぎぬ。白い絹。「縞衣」

下つき 魯縞(ロコウ)

【縞素】コウソ ①白い絹の喪服。②書画をかく白い絹。参考 「縞」も「素」も白絹の意。

【縞】しま 色糸を用いて、縦や横や斜めに筋状に模様を織りだした織物。また、そのような模様。縞柄。由来 南方諸島から渡来した布である「島物」に、筋模様が多かったことから。

【縞鯵】しまあじ アジ科の海魚。本州中部以南の太平洋に分布。体の中央に黄色の縦じまがあり、背は青緑色で腹は銀白色。夏に美味。

【縞馬】しまうま ウマ科の哺乳(ホニュウ)動物の総称。アフリカの草原に群れをなしてすむ。体全体に黒と白のしま模様がある。ゼブラ。表記 「斑馬」とも書く。

【縞柄】しまがら しまのある模様。「ーの紬(つむぎ)を贈った」「ーのブラウス」

【縞蛇】しまへび ナミヘビ科のヘビ。日本特産で、山地や平地にすむ。体長は一メートル前後。体は黄褐色で、黒褐色の縦じまがある。無毒。季 夏

【縞瑪瑙】しまメノウ しま模様のはっきりした瑪瑙。

コウ【興】(16) 臼10 教 常 6 2229 363D 音 コウ・キョウ 訓 おこる㊫・おこす

筆順

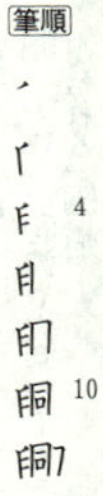

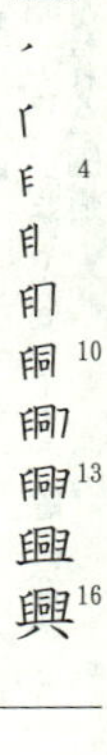

意味 ㊀コウ ①おこる。さかんになる。「興亡」「振興」②おこす。はじまる。ふるいたつ。「興業」「復興」「興奮」㊁キョウ ①たのしみ。おもしろみ。「興味」「座興」②「詩経」の六義の一つ。

下つき ㊀再興(サイコウ)・振興(シンコウ)・新興(シンコウ)・中興(チュウコウ)・復興(フッコウ)・勃興(ボッコウ) ㊁感興(カンキョウ)・座興(ザキョウ)・詩興(シキョウ)・即興(ソッキョウ)・遊興(ユウキョウ)・余興(ヨキョウ)

【興る】おこーる ①勢いなどが盛んになる。「民主主義がーる」②新たに始まる。「戦後にーった新しい国」

【興醒める】キョウざーめる おもしろがっていた気分がなくなる。興味が薄らぐ。「すっかりーめてしまった」

【興趣】キョウシュ 味わいの深いおもしろみ。おもむき。「一段とーが増す」類 興味・興致

【興じる】キョウーじる ある物事を、夢中になって楽しむ。おもしろがる。「休日をゴルフにーじる」

【興味】キョウミ おもしろみ。また、強い関心。「ーを抱く」「ー深い結果が出た」

【興味索然】キョウミサクゼン 関心が薄れていくさま。また、おもしろみがないさま。「索然」は興ざめするさま。対 興味津津

【興味津津】キョウミシンシン 非常に関心があるさま。「津津」は多くあふれ出るさま。「ーの裏話」対 興味索然

【興起】コウキ ①勢いが盛んになること。「国勢ー」類 興隆 ②心が奮い立つこと。

【興行】コウギョウ 映画・芝居・スポーツなど、観客から入場料を取って見せること。また、その催し。「ー師」

【興業】コウギョウ 産業や事業をおこすこと。産業や事業を盛んにすること。「殖産ー」

【興信所】コウシンジョ 人物や会社などの内部事情や信用状況などを、依頼に

応じて秘密に調査・報告する民間の機関。

【興廃】コウハイ おこることと、すたれること。盛んになることと、衰えること。「一国の―がかかる」類盛衰・興亡

【興奮】コウフン ①刺激によって感情が高ぶること。「激しい試合を見て―する」対沈静 ②刺激を受けて神経や諸器官のはたらきが活発になること。書きかえ「昂奮・亢奮」の書きかえ字。

【興亡】コウボウ 盛んにおこることと、滅びること。「国家の―」「治乱―の歴史の跡」類興廃・盛衰・栄枯

【興隆】コウリュウ 物事がおこり、盛んになること。類興起 対衰亡・衰退

コウ【薨】★ (16) ⺾13 1 7310 692A 音 コウ 訓 みまかる・しぬ

意味 ①みまかる。貴人が死ぬ。「薨去」②むらがるさま。「薨薨」

【薨去】コウキョ 昔、皇族や三位(サンミ)以上の人が死ぬこと。類薨逝 参考 四位・五位の貴人の死去には「卒去」を使う。

【薨ずる】コウ―ずる 昔、皇族や三位(サンミ)以上の人が死ぬ。薨去する。「死ぬ」の尊敬語。

【薨る】みまか―る 「薨(コウ)ずる」に同じ。「関白は病に臥(ふ)して―った」参考 身が現世からあの世へまかり去る意。

コウ【衡】(16) 行10 常 準2 2553 3955 音 コウ 訓 外はかり・はかる・くびき

筆順 (3)(5)(10)(13)(15) 衡

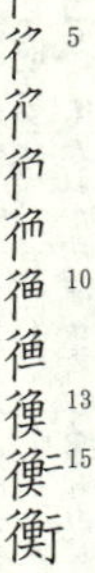

意味 ①はかり。めかた。「度量衡」②つりあい。たいら。「衡鈞(コウキン)」「平衡」③はかる。物の重量をはかる。④よこ。「合従(ガッショウ)連衡」

下つき 均衡(キンコウ)・権衡(ケンコウ)・平衡(ヘイコウ)・連衡(レンコウ)

【衡】くびき ①車を引かせるとき牛馬の首につける横木。②自由を束縛するもののたとえ。

【衡】はかり 物の重さをはかる器具。棒ばかりのさお。「―にかける」

コウ【鋼】(16) 金8 常 教5 2561 395D 音 コウ 訓 はがね 中

筆順 (4)(8)(12) 鋼

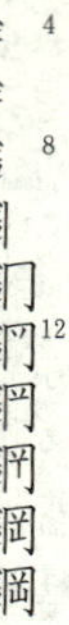

意味 はがね。かたくきたえた鉄。対銑

下つき 精鋼(セイコウ)・製鋼(セイコウ)・鉄鋼(テッコウ)・軟鋼(ナンコウ)

【鋼玉】コウギョク 酸化アルミニウムからなる鉱物。ダイヤモンドの次にかたく、研磨剤やガラス切りなどに用いる。赤色はルビー、青色はサファイヤ。六方晶系。

【鋼索】コウサク 鋼鉄の針金を何本もより合わせて作った綱(つな)。ワイヤロープ。起重機やエレベーターなどに用いる。

【鋼鉄】コウテツ 「鋼(はがね)」に同じ。「―のような強い意志」

【鋼】はがね ①非常にかたくて丈夫な鉄と炭素の合金。鋼鉄。②かたくて丈夫なことのたとえ。「―のような肉体の持ち主」由来 刀剣の刃に用いるため、「刃金」の意から。

コウ【鬨】(16) 門6 1 8210 722A 音 コウ 訓 とき・たたかう・さわぐ・さわがしい

意味 ①とき。ときの声。戦場での叫び声。「勝鬨」類鬨(コウ) ②たたかう。③さわぐ。さわがしい。参考「鬨(コウ)」は別字。

下つき 勝鬨(かちどき)

【鬨】とき 戦場などで士気を高めるために、一斉にあげる声。「―の声が聞こえてくる」

【鬨頭】ときがしら ときの声をあげるとき、最初に大将が発する声。

コウ【磽】(17) 石12 1 6703 6323 音 コウ・キョウ

意味 やせち。土地がやせて石が多いこと。「磽薄」

コウ【糠】★ (17) 米11 準1 2539 3947 音 コウ 訓 ぬか

意味 ①ぬか。玄米を精白するときに出る粉。②ぬかのように細かいもの。「糠雨」③そまつな食物。「糟糠(ソウコウ)」

下つき 糟糠(ソウコウ)・秕糠(ヒコウ)

【〈糠蝦〉】あみ アミ科の甲殻類の総称。▼醤蝦(あみ)(七六八)

【糠】ぬか ①玄米を精白するときに出る外皮と胚芽(ハイガ)の粉。肥料や飼料、漬物などに用いる。「―漬け」②非常に細かいこと。はかないこと。「―喜び」

【糠に釘】ぬかにくぎ ぬかに釘を打ちつけるように、無意味で何の手ごたえもないこと。「何回注意しても―で効果がない」類暖簾(のれん)に腕押し・豆腐に鎹(かすがい)・土に灸(キュウ)

【糠雨】ぬかあめ 非常に細かく、静かに降る雨。こぬかあめ。類霧雨(きりさめ)・小雨(こさめ)

【糠蚊】ぬかか ヌカカ科の昆虫の総称。水辺にすむ。体長は約二(ミリ)で、黄褐色。刺されるとかゆい。季夏

【糠袋】ぬかぶくろ ぬかを入れた布の小袋。昔、入浴時に肌をこすったり、板張りのつや出しに使ったりした。

【糠星】ぬかぼし 夜空に散らばって見えるたくさんの小さな星。

【糠味噌】ぬかミソ 野菜などを漬けるために、米ぬかに塩をまぜて発酵させたもの。「胡瓜(きゅうり)の―漬」

【糠喜び】ぬかよろこび 喜んだのに、あてがはずれてがっかりすること。無駄な喜び。「―に終わった」

コウ【藁】★ (17) ⺾14 準1 4746 4F4E 音 コウ 訓 わら

意味 ①わら。②詩や文章の下書き。類①②稿 ③木が枯れる。類槁(コウ)

【藁】わら 稲や麦などの茎を干したもの。「溺(おぼ)れる者は―をも摑(つか)む」「―屋根の民家」表記「稾」とも書く。

【藁千本あっても柱にならぬ】役に立たないものがたくさん集まっても、なんの足しにもならないたとえ。

【藁にも縋(すが)る】▼溺(おぼ)れる者は藁をも摑(つか)む(二〇三)

【藁沓・藁履】わらぐつ わらを編んで作ったくつ。昔、雪の多い地方で用いた。季冬

【藁半紙】わらバンシ わらの繊維を混ぜて作った質の低い紙。ざらがみ。

【藁葺き】わらぶき わらで屋根をふくこと。また、その屋根。

〈藁蓋〉わろうだ わらやスゲなどで縄をない、それを渦巻状に編んだ円い敷物。表記「円座」とも書く。

コウ【覯】(17) 見10 1 7518 6B32 音 コウ 訓 あう・みる・あわせる

意味 ①あう。思いがけなく出あう。「覯閔(コウビン)」類 逅(コウ)・遘(コウ) ②みる。経験する。③あ(合)わせる。結婚する。

【覯う】あう 出あう。思いがけなく出あう。めぐりあう。表記「遘う」とも書く。

コウ【講】(17) 言10 教 常 6 2554 3956 音 コウ 訓

旧字《講》(17) 言10 1/準1

筆順 言 言一 言廾 言丰 講 講 講 講 講

意味 ①説く。説き明かす。論じる。「講演」「聴講」②ならう。けいこする。「講習」「講武」③はかる。はからう。仲直りする。「講和」類 媾(コウ) ④こう。神仏の信者の団体。よりあい。「講社」

下つき 開講(カイコウ)・休講(キュウコウ)・受講(ジュコウ)・出講(シュッコウ)・進講(シンコウ)・代講(ダイコウ)・聴講(チョウコウ)・補講(ホコウ)・論講(ロンコウ)

【講筵】コウエン 講義や講演をする席。「―に列する」類 講席 参考「筵」はむしろの意。

【講演】コウエン 大勢の前で、ある題目について話をすること。また、その話。「作家の―を聴く」「―会」類 講話

【講義】コウギ 学問や書物の意味を説き明かすこと。また、大学の授業やその内容。「あの先生の―はおもしろい」

【講座】コウザ ①大学で、専門分野の研究・教育のために教授・助教授などで編成された組織。また、その講義。②①に似た形式の講習会・出版物・放送番組。「英会話―」

【講師】コウシ ①講演をする人。また、講習で講義や指導をする人。②学校で、専任の教師ではなく、外部から来て講義や指導をする人。③大学で准教授の下位にあたる教育職。「専任―」参考「コウジ」と読めば、仏典を講義する人や宮中の歌会で歌を朗詠する人などの意になる。

【講釈】コウシャク ①文章や物事の意味を説き明かすこと。②もったいぶって説明すること。「―を並べる」③「講談」の江戸時代の呼称。由来 ③軍学・兵書に通じた者が軍記物を講じたことから。

【講習】コウシュウ 一定期間、人を集めて学問や技能を指導すること。また、学びならうこと。「春期―」

【講中】コウジュウ ①神仏の信者の組合で、参詣(サンケイ)したり、祭りに参加したりする仲間。「お伊勢(いせ)参りの―」②頼母子(たのもし)講・無尽講などの仲間。参考「コウチュウ」とも読む。

【講じる】コウじる ①講義をする。②詩歌の会で、詩歌を詠(よ)みあげる。③考えて工夫する。手段・方法を実施する。「最良の方法を―じる」「対戦国と停戦を―じる」

【講談】コウダン 軍記・武勇伝・敵討ちなどを独特の節をつけておもしろく語り聞かせる演芸。「―師」参考 江戸時代には「講釈」と呼んだ。

【講壇】コウダン 講義や講演をするときに登る壇。「―に立つ」類 演壇

【講堂】コウドウ ①学校などで、多くの人を集めて儀式や講演を行うための広い建物。②仏 説法や講話を行うための建物。七堂伽藍(ガラン)の一つ。

【講読】コウドク 書物を読んで、その意味・内容を講義すること。また、その講義。「漢文学の―」

【講評】コウヒョウ 指導的な立場から作品や演技について説明しながら、理由をあげ批評すること。また、その批評。「審査員の―」

【講和】コウワ 交戦国が話し合いによって戦争をやめ、平和をとりもどすこと。「―会議」対 宣戦 書きかえ「媾和」の書きかえ字。

【講話】コウワ ある題目について、わかりやすく説いて聞かせること。また、その話。「老師の―」類 講演・説教

コウ【購】(17) 貝10 常 準2 2556 3958 音 コウ 訓 外 あがなう

旧字《購》(17) 貝10 1/準1

筆順 目 貝 貝一 貝廾 貝丰 購 購 購 購

意味 ①あがなう。買い求める。「購読」「購買」②仲直りする。「購和」類 媾(コウ)・講

【購う】あがなう ①代金を払って買い求める。「辞書を―う」②あるものを代償として他のものを手に入れる。「汗と涙で―われた成功」参考「贖う」と書けば、罪ほろぼしをする意。

【購読】コウドク 新聞や雑誌などを買って読むこと。「―料」「毎月学術誌を―している」

【購入】コウニュウ 買い入れること。「共同―」「図書を―する」類 購買

【購買】コウバイ 買うこと。買い入れること。「学校の―部」「―力が上がる」「―層を絞った商品開発」類購入

コウ【鍠】(17) 金9 1 7909 6F29 音コウ 訓まさかり・おの

意味 ①鐘の音。「鍠鍠」②武器の一種。まさかり。おの。

コウ【鮫】★(17) 魚6 準1 2713 3B2D 音コウ 訓さめ

意味 ①さめ。サメ目の海魚の総称。「鮫函(コウカン)」②みずち。竜に似た想像上の動物。類蛟(コウ)

【鮫】さめ サメ目の海魚の総称。肉食で鋭い歯をもち、人間を襲うものもいる。肉はかまぼこなどの原料。ひれは中国料理の材料。ざらざらとした表皮は研磨用。「七皿食うて―臭い(さんざん食べたうえで、文句をいう)」季冬 参考 関西では「フカ」、山陰では「ワニ」ともいう。

【鮫肌・鮫膚】さめはだ サメの皮のように、ざらざらしたはだ。

コウ【鴻】(17) 鳥6 準1 2567 3963 音コウ 訓おおとり・おおきい

意味 ①おおとり。大形の水鳥。クグイ・ヒシクイなど。「鴻鵠(コウコク)」「鴻毛」②おおきい。広い。「鴻恩」類洪

【鴻恩】コウオン 大きな恩や大きな恵み。「―に報いる」表記「洪恩」とも書く。

【鴻学】コウガク 学問に深く通じていること。また、その人。「―の士」類碩学(セキガク)

【鴻業】コウギョウ 大きな事業。特に、帝王の行う大業をいう。類鴻基 表記「洪業」とも書く。

【鴻鵠】コウコク 大形の鳥。大きい鳥。転じて、大人物や英雄のたとえ。参考「鵠」は「くぐい」で、白鳥の古名。

【鴻鵠の志】こうこくのこころざし ▼燕雀(エンジャク)安(いずく)んぞ鴻鵠の志を知らんや(一〇七)

【鴻図】コウト 国家の太平をめざすような大きな計画。大きなはかりごと。類鴻猷 表記「洪図」とも書く。

【鴻毛】コウモウ 大形の水鳥の羽毛。非常に軽いもののたとえ。「死は泰山より重き有り、或(あ)るいは―よりも軽し」

【鴻臚館】コウロカン 古代、北九州の筑紫(つくし)や平安京などに設けた、外国使節を応接する施設。由来「鴻臚」は中国の官名で、外国の賓客を接待するところから。

コウ【鵁】(17) 鳥6 1 8290 727A 音コウ

意味 さぎ(鷺)の一種「鵁鶄(コウセイ)」に用いられる字。

コウ【鴿】(17) 鳥6 1 8291 727B 音コウ 訓いえばと・どばと

意味 ①いえばと。どばと。②ハトの通称。

【鴿】どばと ハト科の鳥。カワラバトを飼いならしたもの。公園・社寺・人家近くにすむ。伝書バトは改良種。イエバト。表記「土鳩」とも書く。

コウ【壙】★(18) 土15 1 5261 545D 音コウ 訓あな・むなしい・のはら

意味 ①あな。はかあな。ほらあな。「壙穴」②むなしい。類曠(コウ) ③のはら。「壙野」

【壙】あな 地面を掘ってできたくぼみ。がらんとしたあな。また、墓場。

【壙穴】コウケツ 死体を埋めるあな。塚あな。墓あな。

コウ【簧】(18) 竹12 1 6848 6450 音コウ 訓した・ふえ

意味 ①した。ふえの舌。吹くと振動して音を出すもの。②笙(ショウ)のふえ。

【簧】した 楽器につけて空気を吹きつけ、振動させて音を出す薄い板。竹や金属で作る。ふえのした。リード。

コウ【鎬】(18) 金10 1 7914 6F2E 音コウ 訓なべ・しのぎ

意味 ①なべ(鍋)。炊事に用いる器。②しのぎ。刀の刃と峰との境にある盛り上がった線。

【鎬】しのぎ 刀身の刃と峰(背)の間の盛り上がった部分。「互いに―を削って戦う」

【鎬を削る】しのぎをけずる はげしく争うことのたとえ。鎬が削り取られるほど、はげしく斬(き)り合うことから。

コウ【閤】(18) 門10 1 7978 6F6E 音コウ 訓とびら・とじる・すべて

意味 ①とびら。門。「閤扇」②とじる。とざす。対闢(へキ) ③すべて。のこらず。「閤境」

下つき 開閤(カイコウ)

【閤国】コウコク 全国。国全体。国じゅう。

【閤じる】とじる とびらをあわせてしめる。とざす。

【閤】とびら 出入り口などの両開きの戸。両側から合う門のとびら。

コウ【鵠】★(18) 鳥7 準1 2584 3974 音コウ・コク 訓くぐい・まと・しろい

意味 ①くぐい。大形の水鳥。白鳥。「鴻鵠(コウコク)」②まと。的の中心。「鵠的」③しろい。白くする。④正しい。あきらか。⑤大きい。

下つき 黄鵠(コウコク)・鴻鵠(コウコク)・正鵠(セイコク)

〔鵠〕

【鵠】くぐい ハクチョウの古名。大形の水鳥。季冬

【鵠】まと 弓の練習をするとき、矢を当てる目標とするもの。特に、その中心にある黒星。

コウ【曠】★(19) 日15 1 5905 5B25 音コウ 訓あきらか・ひろい・むなしい

〔昿〕 5906 5B26

意味 ①あきらか。②ひろい。大きい。「曠然」「曠野」類広 ③むなしい。おろそかにする。「曠官」「曠日」類空 ④とおい。ひさしい。「曠世」

下つき 久曠(キュウコウ)・空曠(クウコウ)

【曠らか】あき-らか　さえぎる物がなく、光が照らしているようす。表記「晃らか」とも書く。

〈曠野〉あらの　荒れ果てている野。人気のないさびしい野。表記「荒野」とも書く。参考「コウヤ」と読めば、広々とした野の意になる。

【曠古】コウコ　昔から前例のないこと。「ーの世界大戦」類空前・未曽有(ミゾウ) 参考古(いにしえ)を曠(むな)しくする意。

【曠曠】コウコウ　広々したさま。広くはるかなさま。表記「広広」とも書く。

【曠劫】コウゴウ　仏非常に長い時間であること。表記「広劫」とも書く。

【曠日弥久】コウジツビキュウ　長い間無駄に過ごすこと。また、無駄に日を費やし、事を長引かせること。「曠日」は月日を無駄に過ごす。「弥久」は久しきにわたる意。《『戦国策』》類曠日持久

【曠世】コウセイ　世にまたとないこと。非常にまれなこと。希代。「ーの傑作となった絵巻物」「ーの才」

【曠達】コウタツ　心が広く、物事にこだわらないこと。また、そのさま。類闊達(カッタツ)

【曠野】コウヤ　▼書きかえ 広野(四七五)

【曠しい】むな-しい　からっぽで何もない。広々として空虚であるようす。

コウ【羹】(19) 羊13 1 7029 663D　音 コウ・カン　訓 あつもの

意味 あつもの。野菜や肉を煮た吸い物。「菜羹」

下つき 菜羹(サイコウ)・羊羹(ヨウカン・ヨウコウ)

【羹】あつもの　野菜や肉を入れて煮た、こくのある熱い吸い物。参考熱物の意。

【羹に懲りて膾を吹く】あつものにこりてなますをふく　一度の失敗に懲りて、要らぬ心配をするたとえ。「膾」は酢で味付した冷たい食べ物。熱い吸い物で口をやけどした者は、冷たい膾までを吹いてさましてから食べるという意から。《『楚辞(ソジ)』》参考「懲羹吹膾(チョウコウスイカイ)」ともいう。

コウ【鏗】(19) 金11 1 7919 6F33　音 コウ　訓 うつ・つく

意味 ①金属・石・楽器などの鳴る音。「鏗鏗」②うつ。つく。鐘などをつく。

【鏗鏗】コウコウ　①金属や石などのぶつかり合う音。また、鳴りわたる鐘の音。「奥山に鐘がーと鳴り響く」②言葉がはっきりしているさま。

【鏗鏘・鏗錚・鏗鎗】コウソウ　玉や鐘、琴などの鳴り響くようす。また、その音。

コウ【礦】(20) 石15 準1 6672 6268　音 コウ　訓 あらがね

〔砿〕 2560 395C

意味 あらがね。地中から掘りだしたままの金属の原石。「礦石」

書きかえ「鉱」が書きかえ字。

【礦石】コウセキ　▼書きかえ 鉱石(五〇九)

コウ【鰉】(20) 魚9 1 8251 7253　音 コウ　訓 ひがい

意味 ①大魚。ちょうざめ(鰉魚)。②ひがい。コイ科の淡水魚。

【鰉】ひがい　コイ科の淡水魚。湖や河川の砂礫底(サレキテイ)にすむ。体は細長く、暗褐色で小さな黒斑(コクハン)がある。美味。季春 参考明治天皇が好んだので、「皇魚」として「鰉」の字が当てられた。

コウ【纊】(21) 糸15 1 9023 7A37　音 コウ　訓 わた・わたいれ

意味 ①わた。新しい綿。「纊綿」類絖(コウ) ②わたいれ。「纊衣」

【纊】わた　くず繭を煮て作る絹綿。真綿の一種。防湿性・保温性に富む。表記「絖」とも書く。

コウ【纐】(21) 糸15 1 6986 6576　音 コウ　訓 しぼり

意味 しぼる。しぼりぞめ。くくりぞめ。しぼり。「纐纈(コウケチ・コウケツ)」

【纐纈】コウケチ　奈良時代に行われた絞り染めの名で、布を縫いしばって染料にひたす染色技法。インドから中国を経て日本に伝来した。参考「コウケツ」とも読む。

コウ【鱇】(22) 魚11 国 1 8265 7261　音 コウ

意味 海魚「鮟鱇(アンコウ)」に用いられる字。

コウ【攪】(23) 扌20 準1 5788 5978　音 コウ・カク　訓 みだす・まぜる

〔撹〕 1941 3349

意味 みだす。かきまわす。かきまぜる。「攪拌(カクハン・コウハン)」「攪乱(カクラン・コウラン)」

【攪拌】カクハン　かきまわすこと。かきまぜること。「ー機」参考「コウハン」の慣用読み。

【攪乱】カクラン　かき乱すこと。かきまわして騒ぎを起こすこと。参考「コウラン」の慣用読み。

【攪ぜる】ま-ぜる　かきまぜる。かきまわす。「二つの薬品をーぜる」

コウ【▲鑛】(23) 金15 7942/6F4A ▼鉱の旧字(五〇九)

コウ【黌】(25) 黄13 1 8352/7354 音 コウ 訓 まなびや

意味 まなびや。学校。「黌宇」「黌序」「黌堂」

こう【乞】(3) 乙 2 常 2 2480/3870 音 ㊀キツ・コツ 訓 こう

筆順 ノ 𠂉 乞

意味 こう。こいもとめる。ねだる。「乞請」

下つき 行乞

【△乞巧▲奠】キコウデン 陰暦七月七日に牽牛・織女星をまつって、女子の手芸などの上達を祈った行事。現在の七夕祭り。参考「奠」は供え物をしてまつる意。「キッコウデン」とも読む。

【△乞▲丐】キッカイ 物ごいをすること。また、その人。こじき。参考「丐」は、こう・物をねだる意。

【△乞骸】キッガイ 辞職を願い出ること。「一の書を置く」由来 自分の身は君主に捧げ、その遺骸を賜り故郷に帰って埋葬する意から。

【△乞命】キツメイ 命ごいをすること。参考「乞」は、こいもとめる・こいねがう意。

【乞う】こう ねだる。他人に物をねだり求める。物ごいをする。

【△乞食】コツジキ ①仏僧侶が修行のために人家の門前で経文を唱え、施しを受けること。また、その僧侶。②こじき。

こう【▲丐う】(4) 一 3 4802/5022 ▼カイ(一六七)

こう【神】(9) ネ 5 教 3132/3F40 ▼シン(七九六)

こう【恋う】(10) 心 6 常 4688/4E78 ▼レン(一六〇三)

こう【請う】(15) 言 8 常 3233/4041 ▼セイ(八六九)

同訓異義 こう

【請う】許してほしいと願う。心をこめて願い求める。「父に進学の許しを請う」「休暇を請う」「教えを請う」

【乞う】してほしいと頼む。ねだり求める。「食べ物を乞う」「命乞いをする」「雨乞い」「慈悲を乞う」「乞う御期待」

【▲丐う】物乞いをする。「乞う」に近い意。

【恋う】異性を愛する。人や物などを思い慕う。「友の妹を恋う」「故郷の海を恋う」

ゴウ【号】(5) 口 2 教 常 8 2570/3966 音 ゴウ 訓 ㊀さけぶ・よびな

旧字《號》(13) 虍 7 1/準1 7343/694B

筆順 丶 口 口 旦 号

意味 ①さけぶ。大声を出す。「号令」「号泣」②あいず。しるし。「号音」「記号」③な。よびな。なまえ。「雅号」「称号」④数字に添えて順序や等級を表す語。「一号」「五月号」⑤乗り物やウマ・イヌなどの名に添える語。「ひかり号」

下つき 暗号・雅号・記号・国号・称号・信号・怒号・年号・番号・符号・屋号

【号音】ゴウオン 信号や合図のために鳴らす音。「出発の一が鳴りひびく」

【号外】ゴウガイ 大事件などをすばやく報道するために、新聞社などが臨時に発行する印刷物。「一が出る」参考 規定の号以外の意。

【号泣】ゴウキュウ 大声をあげて泣くこと。「悲報を聞いて一した」類 号哭

【号▲哭】ゴウコク 大声で泣きさけぶこと。類 号泣 参考「哭」は声をあげて泣く意。

【号砲】ゴウホウ 合図として打つ銃砲。また、その音。「一一発」

【号令】ゴウレイ ①大勢の人に同じ動きをさせるために、大声で指図すること。また、その命令。②上の人が下の人に命令すること。

【△号ぶ】さけぶ 大きな声を出すこと。大声で呼ぶこと。

ゴウ【合】(6) 口 3 教 常 9 2571/3967 音 ゴウ・ガッ・カッ ㊀コウ 訓 あう・あわす・あわせる

筆順 ノ 人 亼 合 合 合

意味 ①あう。あわせる。あわさる。「合体」「合掌」②あつめる。あつまる。「集合」「烏合」③あてはまる。一致する。「合致」「適合」対 ①〜③析・離 ④分量を表す単位。ごう。㋐容積では一升の一〇分の一。約〇・一八リットル。㋑土地の面積では一坪の一〇分の一。約〇・三三平方メートル。㋒山頂までの道のりの一〇分の一。

下つき 烏合・会合・化合・競合・混合・集合・総合・談合・調合・統合・配合・複合・符合・併合・縫合・融合・連合・和合

【合縁奇縁】あいエンキエン 不思議な巡り合わせの縁。人と人との結びつきで、気心が合う合わないは因縁という不思議な力によるものだということ。類 縁は異なもの味なもの

【合方】あいかた ①能楽で、大鼓・小鼓・笛などによる囃子方。②邦楽で、三味線などをひく人。③歌舞伎で、舞台の効果を高めるためのなりもの。多くは三味線を用いる。

【合▲鴨】あいがも マガモとアオクビアヒルの雑種。食用。表記「間鴨」とも書く。

【合着】あいぎ ①上着と下着との間に着る衣服。②「合服」に同じ。表記「間着」とも書く。

【合気道】あいキドウ 古流柔術から発生した、関節の弱点を利用した技や当て身技を主とする武道。攻撃よりも護身を目的とする。

【合口】あいくち ①つばのない短刀。どす。②物と物の合わせ目。③話が合うこと。また、その相手。「―のいい人」 由来 ①さやの口とつかの口が直接に合うところから。

【合言葉】あいことば ①仲間の確認ができるように、前もって決めておく言葉。②仲間うちの主張や目的を示す言葉・標語・モットー。「甲子園を―に勝ち進む」

【合駒】あいごま 将棋で、王手をかけられた相手の駒のきき筋の間に駒を打ち、防ぐこと。また、その駒。類 間遮(あいシャ) 表記「間駒」とも書く。

【〈合決〉】あいじゃくり 板を接(は)ぎ合わせるとき、板の端の厚みの半分ずつをけずり取って張り合わせる方法。ちがいはぎ。

【合△標】あいじるし 裁縫や木工で、二枚の布や板を合わせるとき、ずれないよう合わせ目につけるしるし。

【合図】あいず 前もって決めた方法で、相手に意志や事柄を知らせること。また、その知らせ。サイン。「手をあげて―する」

【合判】あいハン ①帳簿や書類などを他と照合したしるしに押す判。合印。②二人以上の人が連帯で責任をもつ証明に押す印。連判。参考「あいバン」と読めば、紙の大きさの一つを表す意になる。

【合▲挽き】あいびき 牛肉と豚肉をまぜてひいた肉。「―肉でハンバーグをつくる」

【合服】あいフク 夏服と冬服の間に着る服。間着。対 夏服・冬服 表記「間服」とも書く。

【合間】あいま 物と物とのすきま。続いていたことの途切れた短い時間。ひま。「勉強の―に日記をつける」

【合う】あ-う ①二つ以上のものが一つになる。②ぴったりとあてはまる。調和する。

〖合わぬ蓋(ふた)あれば合う蓋あり〗 物には適切な使い道があり、人にもそれぞれにふさわしい場所があるものだということのたとえ。ある入れ物に合うふたがあれば、合わないふたもあって当然だということから。

【合わせ物は離れ物】あわせものははなれもの 夫婦など、縁があって結ばれたもの同士も、やがてははなればなれになるものだということのたとえ。合わせて作ったものは、いつかは離れてしまうことから。類 会うは別れの始め

【合切】ガッサイ なにもかも。すべて残らず。「一切―運び出す」「―袋(なんでも身の回りの物を入れる袋)」

【合作】ガッサク ①共同で一つの物を作ること。また、その作品。「日米―映画」②共通の目的のために協力すること。「国共―」

【合算】ガッサン いくつかの数量を合わせて計算すること。類 加算・合計

【合宿】ガッシュク 複数の人が練習や研修などの目的で、一定期間生活を共にすること。

【合唱】ガッショウ ①複数の人が声をそろえて歌うこと。対 独唱 ②二部以上の声部に分かれ、異なる旋律で歌い合わせること。コーラス。

【合掌】ガッショウ ①両方のてのひらを合わせて拝むこと。「墓前で―する」②「合掌組み」の略。日本建築で、二本の木材を山形に組み合わせたもの。「―造の屋根」

【合従連衡】ガッショウレンコウ その時の利害に応じて、団結したり離れたりすること。故事「合従」は、もとは中国、戦国時代、西方の強国秦(シン)に対して南北に連なった六国が縦の同盟をして対抗せよという蘇秦(ソシン)の政策。「連衡」はこの六国がそれぞれ単独に秦と和睦(ワボク)を結ぶという横の関係を重んじた張儀の政策。〈『史記』〉 参考「合従連横」ともいう。表記「合従」は「合縦」とも書く。

【合戦】カッセン 敵・味方の軍勢が出合って戦うこと。また、その戦い。「長篠(ながしの)の―」

【合奏】ガッソウ 一つの曲を二つ以上の楽器を用いて演奏すること。「家族全員で―を楽しんでいる」対 独奏

【合体】ガッタイ 二つ以上のものが、一つに合わさること。「公武―」

【合致】ガッチ ぴったりと合うこと。「目的に―する」類 一致

【合点】ガッテン 承知すること。納得してうなずくこと。「―が行かない(納得しない)」「―だ(承知した)」 由来 昔、和歌や連歌などを批評するとき、よいものにしるしの点をつけたことから。参考「ガテン」とも読む。

【〈合羽〉】カッパ ①雨よけのマント。あまがっぱ。②雨よけに荷物にかける防水性の桐油紙(トウユがみ)。参考「カッパ」はポルトガル語から。

【合評】ガッピョウ 複数の人が作品などについて批評し合うこと。また、その批評。

【合併】ガッペイ 二つ以上のものが、一つになること。また、一つにすること。「二つの企業が―した」類 併合

【合本】ガッポン ①二冊以上の本をとじ合わせて、一冊にすること。類 合冊 ②二冊以上の本を一冊にして、出版すること。「全集の―」

【合意】ゴウイ 互いの意見が一致すること。また、その意見。「―に達する」

【合格】ゴウカク ①条件や資格にかなうこと。「―品」②試験などに受かること。類 及第

【合歓】ゴウカン ①喜びや楽しみをともにすること。②愛し合う男女がむつみあうこと。③ネムノキの別称。▼合歓木(ねむのき)

〖合歓▲綢▲繆〗ゴウカンチュウビュウ 男女が深く愛し合うこと。男女のむつみあうさま。「合歓」は喜びをともにする、「綢繆」はまといつく・もつれあう意。

【合議】ゴウギ 複数の人が集まり相談すること。「―制裁判所」

【合金】ゴウキン 二種類以上の金属または非金属を溶かし、融合させた金属。

【合憲】ゴウケン 憲法の規定や精神にかなっていること。対 違憲

【合▲祀】ゴウシ 複数の神や霊を、一つの神社に一緒にまつること。

【合子】ゴウス 身とふたからなる小さな容器。参考「ゴウシ」とも読む。

【合成】ゴウセイ ①二つ以上の物を合わせて一つの物をつくること。「―写真」②元素から化合物をつくること。また、簡単な化合物から複雑な化合物をつくること。「―アルコール」

【合同】ゴウドウ ①独立した二つ以上のものが一つになること。また、一つにすること。「二チームの―練習」②幾何学で、二つの図形を重ねるとぴたりと一致すること。

【合否】ゴウヒ 合格と不合格。「試験と面接で―を決める」

【合弁】ゴウベン 資本を出し合って共同で事業を経営すること。「―会社（外国資本と共同で経営する会社）」

【合弁花】ゴウベンカ 花びらが一部分、または全部が一つに合わさっている花。アサガオなど。対離弁花

【合目的】ゴウモクテキ ある物事や行動などが一定の目的にかなっていること。「―的な行為」

【合理】ゴウリ 道理にかなうこと。論理にかなうこと。「―的な考えの持ち主」

【合力】ゴウリキ ①力を合わせて助けること。力添え。②困っている人に金品を恵み与えること。参考「ゴウリョク」とも読む。また、「ゴウリョク」と読めば、同時にはたらく二つ以上の力と同じ効果をもつ合成力の意もある。

【合流】ゴウリュウ ①二つ以上の流れが一つにまとまること。「―地点」対分岐 ②二つ以上の組織や団体がまとまって行動を共にすること。「二つの党派が―する」類合同

【△合器▲蔓・〈合子草〉】ゴキづる ウリ科のつる性一年草。水辺に自生。秋に黄色の小花をつけ、卵形の実を結ぶ。由来 実が熟すと上下に割れて合器（ふたつきの器）に似ることから。「合子草」は漢名から。表記「御器蔓」とも書く。

【〈合歓木〉・〈合歓〉】ねむのき マメ科の落葉高木。山野に自生。葉は羽状複葉。夏、枝先に頭花をつけ、紅色の雄しべが美しい。ネム。ネブ。由来「合歓」は漢名より。和名は、夜になると葉が閉じることから。

こ ゴウ

ゴウ【▲劫】(7) 力 5 2569 3965 ▼キョウ（三八）

ゴウ【吽】(7) 口 4 1 5063 525F 音 ゴウ・ウン 訓

意味 ①ほえる。ウシなどが鳴く。類吼 ②仏教で、口を閉じて出す声。「阿吽」参考「阿吽」は梵語の音訳で、「阿」は口を開いて出す声。

ゴウ【△迎】(7) 辶 4 常 2362 375E ▼ゲイ（四四）

ゴウ【哈】(9) 口 6 1 5093 527D 音 ゴウ・コウ・ソウ・ハ 訓 すする

意味 ①魚が口を動かすさま。また、魚が多いさま。②口をつけてすする。類歃

【〈▲哈▲爾賓〉・〈▲哈▲爾浜〉】ハルビン 中国、黒竜江省の省都。松花江の南岸にある工業都市で、水陸交通の要地。

ゴウ【拷】(9) 扌 6 常 準2 2573 3969 音 ゴウ 外コウ 訓 外うつ

筆順 一 十 扌 扌 扌 扌 拷 拷 拷

意味 ①うつ。たたく。たたいて責める。「拷問」②かすめとる。うばう。「拷掠（ゴウリャク）」

【△拷つ】うつ たたく。うちすえる。特に、自白させるために肉体的な苦痛を与える。

【拷問】ゴウモン 肉体に苦痛を与え、自白させること。「―は法律で禁じられている」

ゴウ【剛】(10) 刂 8 常 準2 2568 3964 音 ゴウ 外コウ 訓 外つよい・かたい

筆順 丨 冂 冂 冂 冈 岡 岡 岡 剛

意味 つよい。かたい。かたくてつよい。「剛健」「剛胆」「金剛」対柔

下つき 外剛（ガイゴウ）・強剛（キョウゴウ）・金剛（コンゴウ）・内剛（ナイゴウ）

【剛気】ゴウキ 気がつよくて何ものも恐れないこと。つよく勇ましい気性。表記「豪気」とも書く。

【剛▲毅】ゴウキ 意志がつよくてくじけないこと。「―な信念」表記「豪毅」とも書く。

【剛▲毅果断】ゴウキカダン 意志がつよく決断力があること。「果断」は思い切りがよく、決断力のあること。参考「剛毅果敢」ともいう。対優柔不断

【剛▲毅木▲訥】ゴウキボクトツ 意志がつよく飾り気のないさま。「木訥」は飾り気がないさま。無口で無骨なさま。《論語》表記「木訥」は「朴訥」とも書く。参考 孔子が挙げている仁者（ジンシャ）の資質の一つ。対巧言令色

【剛球】ゴウキュウ 野球で、投手の投げる球が速くて重いこと。「あの投手の―は打てない」表記「強球・豪球」とも書く。

【剛強・剛▲彊】ゴウキョウ つよく勇猛なこと。また、そのさま。「―な体力と気力」

【剛健】ゴウケン 心身ともにつよくてたくましいこと。また、そのさま。「質実―」「―な気性の持ち主」

【剛柔】ゴウジュウ かたいことと、やわらかいこと。また、つよいことと、優しいこと。「―併せ持った性格」

【剛胆】ゴウタン 肝っ玉が太く、ものおじしないこと。また、そのさま。「―をもって鳴る人」類大胆 表記「豪胆」とも書く。

【剛直】ゴウチョク 気性がつよく、信念を曲げないさま。「―な性格の男」

【剛愎】ゴウフク 意地っ張りで人にしたがわないこと。強情なさま。

【剛腹】ゴウフク 大胆で度量の大きいこと。また、そのさま。ふとっぱら。類剛胆

【剛勇】ゴウユウ 意志がつよくいさましいこと。また、そのさま。表記「豪勇」とも書く。

【剛い】つよ‐い かたくてしっかりしている。たくましく、くじけない。ちょっとしたことには動じない。

ゴウ【格】(10) 木6 教 1942 334A ▼カク(一九七)

ゴウ【降】(10) 阝7 教 2563 395F ▼コウ(四九八)

ゴウ【強】(11) 弓8 教 2215 362F ▼キョウ(三三五)

ゴウ【敖】
(11) 攵7 1 5836 5A44 音 ゴウ 訓 あそぶ・おごる・かまびすしい

意味 ①あそぶ。なまける。「敖惰」類遨(ゴウ) ②おごる。たかぶる。「敖慢」③かまびすしい。やかましい。類嗷

【敖ぶ】あそ‐ぶ 気ままに好きなことをして楽しむ。気の向くまま自由に出歩く。表記「遨ぶ」とも書く。

【敖る】おご‐る 相手かまわず自分勝手に振る舞う。思い上がってえらそうにする。表記「傲る」とも書く。

ゴウ【毫】★
(11) 毛7 1 6161 5D5D 音 ゴウ 訓 ほそげ・わずか・すこし・ふで

意味 ①ほそげ。細い毛。「白毫」②わずか。すこし。「毫末」「寸毫」③ふで。筆の穂。「揮毫」

下つき 揮毫(キゴウ)・白毫(ビャクゴウ)

【毫髪】ゴウハツ ①細い毛。毛すじ。②ほんの少しであること。きわめてわずかなこと。類毫毛

【毫末】ゴウマツ ①毛の先。また、筆の先。②非常に細かく、わずかであること。「―もゆるがせにできない」

【毫も】ゴウ‐も 少しも。ちっとも。まったく。「―詫(わ)びる気がない」参考 打ち消しの語を伴って用いる。

【毫毛】ゴウモウ 「毫髪」に同じ。

【毫毛斧柯】ゴウモウフカ 災いは小さいうちに取り除いておくべきだということ。芽生えたばかりの小さなものでも、抜かずに放っておくと、倒すのに斧(おの)が必要なほどの大木になってしまうという意から。「毫毛」は細い毛のことで、草木の芽生えのたとえ。「斧柯」は斧の柄(え)、また斧のこと。〈『戦国策』〉

【毫釐】ゴウリ ほんの少しであること。わずか。きわめて微量であること。類釐毫 参考「釐」は、きわめてわずかな数量の意。

ゴウ【盒】
(11) 皿6 1 6622 6236 音 ゴウ 訓 ふたもの・さら

意味 ①ふたもの。ふたつきの器。「盒子」「飯盒」②さら。はち。③ふた。皿やはちのふた。

下つき 香盒(コウゴウ)・飯盒(ハンゴウ)

【盒】さら 小鉢。少し深さのある皿。

ゴウ【郷】(11) 阝8 教 2231 363F ▼キョウ(三三九)

ゴウ【傲】
(13) 亻11 常 2 4894 507E 音 ゴウ 訓 (外)おごる・あなどる・あそぶ

筆順

意味 ①おごる。あなどる。人を見下す。「傲岸」「傲然」「傲慢」②あそぶ。あそび楽しむ。類①②敖(ゴウ)

下つき 驕傲(キョウゴウ)・倨傲(キョゴウ)・亢傲(コウゴウ)

【傲る】おご‐る 思い上がって自分勝手に振る舞う。人を見下してえらぶる。表記「敖る」とも書く。

【傲岸】ゴウガン 気位が高く、へりくだることのないさま。「―な態度」類傲慢

【傲岸不遜】ゴウガンフソン おごりたかぶって人にしたがおうとしないさま。おごって人を見下すさま。参考「傲岸不屈」ともいう。類傲慢不遜(ゴウマンフソン)

【傲然】ゴウゼン おごりたかぶるさま。いばるさま。横柄なさま。「―と構える」

【傲慢】ゴウマン いばって人を見下すさま。「―無礼」表記「敖慢・慠慢」とも書く。

ゴウ【業】(13) 木9 教 2240 3648 ▼ギョウ(三四六)

ゴウ【號】(13) 虍7 7343 694B ▼号の旧字(五一八)

ゴウ【嗷】
(14) 口11 1 5151 5353 音 ゴウ 訓 かまびすしい

意味 かまびすしい。やかましい。「嗷嗷」「嗷然」類囂(ゴウ)

【嗷嗷】ゴウゴウ ①やかましく大声で騒ぐさま。②大勢の人が悲しみや苦痛の声をあげるさま。

【嗷訴】ゴウソ 集団となって訴え出ること。表記「強訴」とも書く。

ゴウ【慠】
(14) 忄11 1 1267 2C63 音 ゴウ 訓 おごる

意味 おごる。あなどる。人を見下す。「慠邁(ゴウマイ)」

【慠慢】ゴウマン いばって人を見下すさま。表記「傲慢・敖慢」とも書く。

ゴウ【豪】
(14) 豕7 常 4 2575 396B 音 ゴウ (外)コウ 訓 (外)つよい・えらい

筆順

意味 ①つよい。たけだけしい。勢いがさかんである。「豪快」「豪放」②なみはずれる。「豪雨」「豪遊」③力や才知のすぐれた人。「豪傑」「文豪」④「豪太剌

利」の略。「豪州」
下つき 強豪・剣豪・古豪・詩豪・酒豪・土豪・富豪・文豪

【豪い】えらい 能力がひいでている。才知にたけている。

【豪物】えらブツ 実力のある人。すぐれた人物。また、手腕にたけた人。やり手。

【豪雨】ゴウウ ひどく強く降る雨。短時間のうちに激しく大量に降る雨。「集中—」

【豪華】ゴウカ 非常にぜいたくではでなこと。はなやかなさま。「—な部屋」

【豪華絢爛】ゴウカケンラン きらびやかで美しく、はなやかでぜいたくなさま。「絢爛」は目がくらむほど美しい意。参考「絢爛豪華」ともいう。類 絢爛華麗・錦繡綾羅

【豪快】ゴウカイ 規模が大きく、力強いさま。堂々としていて心地よいさま。「—に笑う」

【豪毅】ゴウキ 意志が強く、何事にも屈しないこと。参考「剛毅」とも書く。

【豪儀・豪気】ゴウギ ①強情で人に屈しないさま。②勢いが激しいこと。威勢のよいさま。③大胆で規模が大きいこと。表記「強気」とも書く。参考①「豪気」は「ゴウキ」とも読み、その場合「剛気」とも書く。

【豪強・豪彊】ゴウキョウ 勢力が盛んで力強いこと。また、その人。

【豪傑・豪桀】ゴウケツ ①武勇と胆力にとびぬけてすぐれている人。「戦国の—」②大胆で細かいことにこだわらない人。

【豪語】ゴウゴ 自信たっぷりに大きなことを言うこと。えらそうにものを言うこと。大言壮語。「近々自社ビルを建てると—する」

【豪奢】ゴウシャ たいへんぜいたくではなやかなこと。おごってはでなこと。「—な生活」類 驕奢

【豪商】ゴウショウ 大資本で手広く商売を営み、大きな利益をあげる商人。大商人。おおあきんど。

【豪勢】ゴウセイ ①非常にぜいたくなさま。「—な料理」②勢いが強く、盛んなさま。

【豪雪】ゴウセツ はなはだしく大量に雪が降り積もること。大雪。「—地帯」

【豪壮】ゴウソウ ①勢いが強く、盛んなさま。②建物などの構えが大きくりっぱなこと。「—な邸宅」

【豪爽】ゴウソウ 気性がすぐれていて、さわやかなさま。気性が強く、さっぱりしているさま。

【豪族】ゴウゾク その地方に長く住み、莫大な財産と強い勢力をもっている一族。

【豪胆】ゴウタン 肝がすわっていて、物事に動じないさま。「—な言動」類 大胆 表記「剛胆」とも書く。

【豪邸】ゴウテイ 大きくてりっぱな家。ぜいたくな造りの家。「—の住人とは思えぬ質素な身なりだ」

【豪宕】ゴウトウ 豪快で、小さなことにこだわらないこと。また、そのさま。豪放。「—な気性で知られる」

【豪農】ゴウノウ 多くの土地や財産をもち、その地方に勢力のある農家。類 大農・富農 対 小農・貧農

【豪放】ゴウホウ 度量が大きく、小事にこだわらないこと。「太っ腹で—な男」類 豪胆

【豪放磊落】ゴウホウライラク 気持ちがおおらかで、さっぱりしていること。また、そのさま。「—な武将」参考「磊落」は「豪放」とほぼ同じ意。重ねて強調する語。類 天空海闊 対 小心翼翼

【豪勇】ゴウユウ 強くて勇ましいこと。また、その人。剛勇。「—無双」類 勇猛

【豪遊】ゴウユウ 大金を使ってぜいたくに遊ぶこと。また、その遊び。

〈豪猪〉やまあらし ヤマアラシ科の哺乳動物の総称。南北アメリカにすむ。体と尾の上面にとげ状の硬い毛があり、敵から身を守る。由来「豪猪」は漢名からで、気性の荒いブタの意。表記「山荒」とも書く。

ゴウ【熬】(15) 灬11 1 6382 5F72 音 ゴウ 訓 いる

意味 ①いる。焼く。火で熱する。「熬煎」②いらだつ。③たえしのぶ。うれえる。なやむ。
下つき 煎熬

〈熬海鼠〉いりこ ナマコの腸を取り除き、塩水でゆでて干したもの。中国料理の材料などに用いる。表記「海参・煎海鼠」とも書く。

【熬り子】いりこ カタクチイワシなどの稚魚を煮て干し、料理のだしにするもの。にぼし。表記「炒り子」とも書く。

【熬る】いる 水を入れずに火にかけ、動かしながら強火で水分をとばす。

ゴウ【遨】(15) 辶11 1 7811 6E2B 音 ゴウ 訓 あそぶ

意味 あそぶ。楽しむ。気ままにあそぶ。「遨怡」「遨遊」類 敖

【遨ぶ】あそぶ 気ままに好きなことをして楽しむ。気ままにあそびに行く。表記「敖ぶ」とも書く。

【遨遊】ゴウユウ 気ままにあそび楽しむこと。出歩いて世間話などしたりして気ままに過ごすこと。表記「敖遊」とも書く。

ゴウ【壕】★ (17) 土14 準1 2572 3968 音 ゴウ 訓 ほり

意味 ほり。土を深く掘ったみぞ。「塹壕」類 濠

【壕舎】ゴウシャ 敵の攻撃に備え地下に造った穴倉の部屋。防空壕。「—に避難する」

【壕】ほり ①地面を細長く掘って造った溝。特に、敵から身を隠すために陣地の前などに掘ったからぼり。塹壕。②城の周りを掘って、水をたたえた所。表記②「濠」とも書く。

ゴウ【濠】★ (17) 氵14 準1 2574 396A 音 ゴウ 訓 ほり

意味 ①ほり。城の周りにめぐらしたほり。類 壕(ゴウ) ②「濠太剌利(オーストラリア)」の略。「濠州」参考 もと、川の名。「ほり」として借りて用いられる。

〈濠太剌利〉 オーストラリア 南半球にあるオーストラリア大陸とタスマニア島などを領土とする連邦共和国。大部分はイギリス系住民。首都はキャンベラ。濠州(ゴウシュウ)。

【濠州】 ゴウシュウ オーストラリアの略称。表記「豪州」とも書く。

【濠】 ほり 城の周りを掘って、水をたたえた所。表記「壕」とも書く。

ゴウ【螯】 (17) 虫11 1 7408 6A28 音 ゴウ 訓 はさみ

意味 ①はさみ。カニのはさみ。「蟹螯(カイゴウ)」②「車螯(シャゴウ)」(おおはまぐり)に用いられる字。

ゴウ【嚙】★ (18) 口15 準1 1526 2F3A 音 ゴウ 訓 かむ・かじる

〈噛〉☆ 1990 337A

意味 かむ。かじる。類 咬(コウ)

【嚙る】 かじる ①少しずつ歯で削り取る。「リンゴを—る」②物事を少しだけ会得する。「フランス語を—る」

【嚙む】 かむ ①上下の歯を合わせて物を砕く。咀嚼(ソシャク)する。②上下の歯の間に物をはさむ。③歯車などの歯と歯がうまく合う。

ゴウ【囂】 (21) 口18 1 5179 536F 音 ゴウ・キョウ 訓 かまびすしい・やかましい・わずらわしい

意味 ①かまびすしい。やかましい。さわがしい。「囂囂」「囂然」類 嗷(ゴウ) ②わずらわしい。

下つき 叫囂(キョウゴウ)・喧囂(ケンゴウ)・諠囂(ケンゴウ)

【囂しい】 かまびすしい やかましい。うるさい。「井戸端会議の—い声」

【囂囂】 ゴウゴウ 人々が騒ぐさま。また、声や音がやかましいさま。「喧喧(ケンケン)—」

【囂然】 ゴウゼン ①人々の声が騒がしいさま。②人々が嘆き訴えるさま。

ゴウ【轟】★ (21) 車14 準1 2576 396C 音 ゴウ 訓 とどろく

意味 ①とどろく。大きな音が鳴りひびく。「轟音」②おおいに。むやみに。「轟酔」参考 多くの車が進むときのとどろく音を表す字。

【轟音】 ゴウオン 鳴り響きわたる大きな音。「—とともに落盤が起きた」

【轟轟】 ゴウゴウ 大きな音が、とどろくさま。「列車が—と鉄橋を渡る」

【轟然】 ゴウゼン 大きな音がとどろきわたるさま。激しく音が響くさま。

【轟沈】 ゴウチン 艦船が爆撃・砲撃を受けたり自爆したりして、瞬時に沈没すること。

【轟く】 とどろく ①音が大きく響きわたる。「雷鳴が—く」②名前などが世間に知れわたる。「名声が世界に—く」

ゴウ【鱟】 (24) 魚13 1 9385 7D75 音 ゴウ 訓 かぶとがに

意味 かぶとがに。カブトガニ科の節足動物の総称。鱟魚。

〈鱟魚〉・〈鱟〉 かぶとがに カブトガニ科の節足動物の総称。日本では瀬戸内海と博多湾に一種がすむ。全体に緑褐色。頭胸甲は半円状の兜(かぶと)をふせた形で、腹甲は五角形、尾部は剣状。古生代からの生き残りで「生きた化石」といわれる。天然記念物。表記「兜蟹」とも書く。

ゴウ【鼇】 (24) 黽11 1 8371 7367 音 ゴウ 訓 おおうみがめ・おおすっぽん

意味 ①おおがめ。おおうみがめ。海中で仙山(仙人が住む山)をささえているといわれるカメ。「鼇山」②おおすっぽん。「鼇魚」

【鼇頭】 ゴウトウ ①書物の本文の上にある余白。また、そこにつけた注釈。②中国で、科挙に主席で合格した者。

こうがい【笄】(12) ⺮6 ▼ケイ(三九六)

こうし【犢】(19) 牛15 6425 6039 ▼トク(一一七一)

こうじ【糀】 (13) 米7 国 1 6881 6471 訓 こうじ

意味 こうじ(麴)。米・麦・大豆などを蒸して、こうじかびを繁殖させたもの。醸造に用いる。参考 米に花がさいたようにはえるかびの意を表す国字。

こうじ【麴】(19) 麦8 9479 7E6F ▼キク(一九三)

こうじ【糵】(22) 米16 ▼ゲツ(四一七)

こうぞ【楮】(13) 木9 6026 5C3A ▼チョ(一〇五一)

こうのとり【鸛】(28) 鳥17 8333 7341 ▼カン(二五三)

こうべ【首】(9) 首0 教 2883 3C73 ▼シュ(六七六)

こうべ【頭】(16) 頁7 教 3812 462C ▼トウ(一一一四)

こうむる【被る】(10) 衤5 常 4079 486F ▼ヒ(一二八一)

こうむる【蒙る】(13) ⺾10 4456 4C58 ▼モウ(一四八一)

こえ【声】(7) 士4 教 3228 403C ▼セイ(八五二)

こえ【肥】(8) 月4 教 4078 486E ▼ヒ(一二七六)

こえる【肥える】(8) 月4 教 4078 486E ▼ヒ(一二七六)

こえる【越える】(12) 走5 常 1759 315B ▼エツ(九三)

こえる【超える】(12) 走5 常 3622 4436 ▼チョウ(一〇六三)

こえる【腴える】(13) 月9 7111 672B ▼ユ(一五〇四)

こえる【逾える】(13) 辶9 7807 6E27 ▼ユ(一五〇四)

こえる【▲膏える】(14) 肉10 2549/3951 ▼コウ（五二一）

こえる【▲踰える】(16) 𧾷9 7692/6C7C ▼ユ（一五〇四）

同訓異義 こえる

【越える】ある場所や境界を過ぎて、先へ進む。年月を経る。複合語には「越」を用いる。「野を越え山を越える」「気球が国境を越える」「五十の坂を越える」「年を越える」「分を越える」「苦難を乗り越える」

【超える】ある限度や基準以上になる。「能力を超える仕事」「小遣いが一万円を超える」「定員を超える」「予想を超える」「立場を超えた友情」

【▲逾える】向こう側へ渡る。期限をこえる。

【▲踰える】「逾える」と同じ。

こおり【氷】(5) 水1 教 4125/4939 ▼ヒョウ（一三〇二）

こおり【郡】(10) 阝7 教 2320/3734 ▼グン（三八五）

こおる【△氷る】(5) 水1 教 4125/4939 ▼ヒョウ（一三〇二）

こおる【冱る】(6) 冫4 4952/5154 ▼コ（四四八）

こおる【凍る】(10) 冫8 常 3764/4560 ▼トウ（一一四一）

こおる【▲涸る】(10) 冫8 4957/5159 ▼コ（四五五）

こがす【焦がす】(12) 灬8 常 3039/3E47 ▼ショウ（七五五）

こがね【△金】(8) 金0 教 2266/3662 ▼キン（三五五）

こがらし【凩】(6) 几4 国 1 4962/515E 音 訓 こがらし

意味 こがらし。秋の末から冬にかけて強く吹く冷たい風。参考 木を吹きからす風(几)の意を表す国字。また、「こがらし」は木枯らしの意。

こがれる【焦がれる】(12) 灬8 常 3039/3E47 ▼ショウ（七五五）

コク【石】(5) 石0 教 3248/4050 ▼セキ（八七三）

コク【克】(7) 儿5 常 3 2578/396E 音 コク 訓 外 かつ・よく

筆順 一 十 十 古 古 声 克

意味 ①かつ。うちかつ。力を尽くしてかつ。「克服」「克己」類 剋 ②よく。じゅうぶんに。「克明」

下つき 相克（ソウコク）・超克（チョウコク）

【△克つ】かつ 困難や欲望を努力しておさえつける。力を尽くしてたえぬく。「数えきれない誘惑に—って見事に合格した」「己（おの）れに—つ」表記「剋つ」とも書く。

【克服】コクフク 頑張って困難に打ちかつこと。「多くの困難を—した」

【克復】コクフク ①敵を破って領地を取り戻すこと。②元の状態に戻すこと。回復。表記「剋復」とも書く。

【克明】コクメイ 一つ一つ細かく入念にすること。また、細かいところまで明らかにすること。「内容を—に検討する」「事実を—に記録する」類 丹念

【克己】コッキ 意志を強くして、自分の欲望に打ちかつこと。「—心」

【克己復礼】コッキフクレイ 私情・私欲をおさえて、社会の規範や礼儀にかなった行動をすること。「復礼」は礼の道に立ち返りしたがう意。〈『論語』〉

【△克く】よく 十分に。耐えて…できる。

コク【告】(7) 口4 教 常 6 2580/3970 音 コク 訓 つげる

筆順 ノ 𠂉 牛 生 告 告 告

意味 ①つげる。知らせる。語る。「告白」「通告」②うったえる。「告訴」「被告」

下つき 戒告（カイコク）・勧告（カンコク）・訓告（クンコク）・警告（ケイコク）・原告（ゲンコク）・広告（コウコク）・上告（ジョウコク）・申告（シンコク）・宣告（センコク）・忠告（チュウコク）・通告（ツウコク）・被告（ヒコク）・布告（フコク）・報告（ホウコク）・密告（ミッコク）・予告（ヨコク）

【△告文】コウモン 神仏に祈願を告げる文。また、天子が臣下に告げる文。参考「つげぶみ」とも読む。

【告示】コクジ 公共の機関が広く一般に知らせること。また、その文書。「投票日を—する」類 告知・通知・通告

【告訴】コクソ 犯罪の被害者が、被害事実を申告して捜査および犯人の処罰を求めること。類 告発

【告▲愬】コクソ 事情を申し述べ、訴えを出すこと。参考「愬」は訴える意。

【告知】コクチ 告げ知らせること。「病名を本人に—する」類 通知・通告

【告白】コクハク ありのままに打ち明けて話すこと。「愛の—」「秘密の—」類 白状

【告発】コクハツ ①かくされた悪事や不正などを広く知らせること。②犯人と被害者を除く第三者が、捜査機関に犯罪事実を申し立て、捜査と処罰を求めること。

【告別】コクベツ 別れの言葉を述べること。別れを告げること。「—の辞」

【告別式】コクベツシキ ①送別式。②死者に別れを告げる式。

【告諭】コクユ つげさとすこと。また、その文。類 説諭・説教 参考「諭」はさとす意。

【告げる】つげる ①申し述べる。知らせ教える。広く伝え知らせる。「姓名を—げる」②そういう状態になったことを表す。「風雲急を—げる」「ウグイスが春を—げる」

【〈告天子〉】ひばり ヒバリ科の小鳥。由来「告天子」は漢名から。参考「コクテンシ」とも読む。▼雲雀（ひばり）（八二）

コク【谷】(7) 谷0 教 常 9 3511/432B 音 コク 中 外 ロク 訓 たに 外 きわまる・や

筆順 ノ ハ ク 穴 谷 谷 谷

意味 ①たに。たにあい。山と山との間の狭いくぼ地。「谷飲」「渓谷」②きわまる。ゆきづまる。

下つき 峡谷キョウコク・空谷クウコク・渓谷ケイコク・幽谷ユウコク

【△谷まる】きわ-まる　行き詰まって身動きがとれず、困りはてる。「進退—る」「道が—る」由来 谷間のように、どちらも行き止まりで進めない意から。

【谷】たに　①山と山の間のくぼんだ所。「—を流れる水」②高い所にかこまれた低い所。「気圧の—」参考「やち」と読めば別の意になる。

【谷△間】たにあい　谷のなか。谷のあいだ。参考「たにま」とも読む。

【谷懐】たにふところ　山に囲まれた谷間。参考「懐」は物に囲まれた所の意。

【谷渡り】たにわたり　①谷から谷へ渡っていくこと。②ウグイスなどが谷から谷へ渡りながら鳴くこと。また、その声。季春

【△谷地・△谷】やち　沢などの湿地。やつ。表記「野地」とも書く。参考 多く関東以北でいう。「谷」は「たに」と読めば別の意。

コク【刻】(8) リ 6 常 教 5 2579 396F 音 コク 訓 きざむ 外 とき

筆順 丶 亠 ㄊ 亥 亥 亥 刻 刻

意味 ①きざむ。ほりつける。「刻印」「彫刻」②むごい。ひどい。きびしい。「深刻」③とき。時間。「刻限」「時刻」④こく。一昼夜を一二等分し、十二支にあてて表した時間の単位。「午うまの刻」

下つき 一刻イッコク・印刻インコク・時刻ジコク・深刻シンコク・寸刻スンコク・即刻ソッコク・遅刻チコク・彫刻チョウコク・篆刻テンコク

〈刻刻〉ぎざぎざ　のこぎりの歯のように、凹凸のきざみ目があるようす。「紙を—に切る」表記「段段」とも書く。

【刻む】きざ-む　①細かく切る。「大根を—む」②細かい区分をして進む。「時を—む」③しるす。彫りつける。「石碑に名前を—む」④心に残す。「教訓を心に—む」

【刻一刻】コクイッコク　次第に時間が経過するさま。時間がたつにつれて。刻々。「—と発車の時間が近づく」

【刻印】コクイン　①印を彫ること。また、その印。はんこ。類 印刻 ②しるしを刻みつけること。「深く—された体験」

【刻限】コクゲン　①決められた時。定めた時刻。「約束の—に間に合わない」類 定時・定刻 ②時。時刻。

【刻刻】コクコク　時間がだんだん過ぎていくさま。刻一刻。「—と運命の時がせまる」

【刻▲苧】コクソ　漆に木粉などをまぜたもの。漆塗りの下地に用いる。表記「木屎・粉糞」とも書く。

【刻露清秀】コクロセイシュウ　すがすがしい秋の景色や気候の形容。「刻露」は木の葉が落ちて山の姿がはっきりと現れること。「清秀」は清らかで眺めの秀麗なさま。〈欧陽脩オウヨウシュウの文〉類 風霜高潔 季秋

【刻下】コッカ　ただいま。現時点。「—の急務に全力を注ぐ」類 現下・目下

【刻苦勉励】コックベンレイ　非常な苦労をして仕事や勉学などに励むこと。「刻苦」は身を刻むような苦しみに耐えて励むこと。「勉励」はつとめ励む意。類 刻苦精励

【△刻】とき　時刻。また、一昼夜を区分した時間の単位。「—を告げる鐘の音」

コク【国】(8) 口 5 常 教 9 2581 3971 音 コク 訓 くに

旧字《國》(11) 口 8 1/準1 5202 5422

〈圀〉 1 5191 537B

筆順 丨 冂 冂 冂 冃 国 国 国

意味 ①くに。一つの政府に属する社会。「国民」「王国」②日本。「国学」「国字」③昔の行政区画の一つ。「国司」「国府」④ふるさと。いなか。「国元」

下つき 愛国アイコク・異国イコク・王国オウコク・開国カイコク・外国ガイコク・帰国キコク・挙国キョコク・建国ケンコク・皇国コウコク・故国ココク・鎖国サコク・戦国センゴク・祖国ソコク・属国ゾッコク・帝国テイコク・敵国テキコク・天国テンゴク・売国バイコク・万国バンコク・富国フコク・亡国ボウコク・母国ボコク・本国ホンゴク・憂国ユウコク・列国レッコク

【国】くに　①独立した一つの統治機構をもった地域。国家。また、国土。②江戸時代までの行政区画の一つ。「備前の—」③地方。地域。「南の—」④郷里。ふるさと。「お—訛なまり」

【国に盗人ぬすびと家に▲鼠ねずみ】どのようなところにも必ずそれを害するものが内部のどこかに潜んでいるものだということ。参考「家に鼠国に盗人」ともいう。

【国乱れて忠臣現る】国家が危機に瀕ひんしてはじめて真の忠臣がだれであるかが分かる。《史記》類 世乱れて忠臣を識しる

【国破れて山河在あり】戦乱によって国は滅びてしまっても、山や川などの自然は昔のままの姿を残している。常にかわることのない自然にひきかえ、人の世の変転の激しさをなげいた詩句。〈杜甫トホの詩〉

【国柄】くにがら　①国や地方の特色や持ち味。②歴史や伝統に根ざした国の性格。

【国△造】くにのみやつこ　古代の地方官。地方の豪族が世襲制で任命され、その地方を統治した。由来 国の御奴みやつこ(朝廷に仕える召使)の意から。

【国△風・国振り】くにぶり　①諸国の風俗・習慣や気風。②諸国の民謡や俗謡。

【国元・国△許】くにもと　①ふるさと。郷里。②本国。領国。

【国威】コクイ 国の威力。また、国家が他国に示す威光や威厳。「―の発揚」

【国運】コクウン 国の運命。また、国の運勢。「―の隆盛を祈る」

【国益】コクエキ 国としての利益になること。特に、対外関係についていう。

【国衙】コクガ ①律令リツリョウ制時代の国司の役所。類国府 ②「国衙領」の略。国司が統治する土地。類国領

【国債】コクサイ 公債の一つで、国が歳入不足を補うために発行する債券。「赤字―」

【国際】コクサイ ある国と他の国、またはある国民と他の国民に関係すること。世界的なこと。多く、他の語の上につけて用いる。「―問題」「―結婚」「―電話」

【国策】コクサク 国の政策。「―に沿って移民を受け入れる」類国是コクゼ

【国士】コクシ ①その国のすぐれた人物。「―無双」②国家のことを心配し、その身をささげる人。憂国の士。

【国士無双】コクシムソウ 国内に比べる者がないほどすぐれた人物。「無双」は並ぶ者がない意。〈『史記』〉類天下無双・古今無双

【国司】コクシ 律令リツリョウ制時代、中央から派遣された地方官。くにのつかさ。

【国璽】コクジ 国家を表すしるしとして押す印。国書や親書などに用いる。

【国事犯】コクジハン 国家の行政・司法・軍事などを侵害する犯罪。政治犯。

【国手】コクシュ ①医者の敬称。名医。〈『国語』〉②囲碁の名人。由来 国中で第一級のすぐれた腕前をもっている人の意から。

【国情・国状】コクジョウ 一国の事情。国内の情勢。「―が不安定な国」

【国辱】コクジョク 国家の恥。国にとって不名誉なこと。類国恥

【国色天香】コクショクテンコウ ボタンの花のすぐれて美しい色やよい香り。また、ボタン。転じて、非常に美しい人の形容。「国色」は国で最も美しい、「天香」は天から下るようなよい香りの意。参考「天香国色」ともいう。

【国粋主義】コクスイシュギ 自国の民族・文化などを他国よりすぐれているとし、他国の影響を排斥する考え方。

【国是】コクゼ 国全体が正しいと認める、国家の政治の根本方針。国の政策。類国策

【国政】コクセイ 国の政治。「―を担うにふさわしい政治家」

【国籍】コクセキ ①一国の国民としての資格。「―を取得する」②船舶や飛行機の特定の国への所属にもいう。「―不明の船」

【国葬】コクソウ 国家の儀式として国費で行う葬儀。「―に参列する外国の首脳」

【国帑】コクド 国家の財貨。参考「帑」はかねぐらの意。

【国難】コクナン 国家の存亡にかかわる危機。「―を救った英雄」類国患

【国賓】コクヒン 国家が正式の客として招く外国人。特に元首・首相・王族など。「―待遇」「大統領は―として来日した」

【国府】コクフ 律令リツリョウ制時代、国ごとに置かれた国司の役所。類国衙コクガ・府中 参考「コクブ・コフ」とも読む。

【国分寺】コクブンジ 奈良時代、聖武天皇の命により国家鎮護と五穀豊穣ホウジョウを祈願して諸国に建てられた寺。

【国宝】コクホウ ①国家の宝。②重要文化財のうち、特に価値が高いとして文部科学大臣が指定し、特別に保護・管理を行う建造物・美術品・工芸品・古文書など。

【国防】コクボウ 国土の防衛。外国からの侵略に備えて国を守ること。

【国務】コクム 国の政治に関する仕事。「―大臣」類国政

【国利民福】コクリミンプク 国家の利益と民衆の幸福。「―を両立させる」

【国論】コクロン 国民一般の意見・議論。「―を二分する」類公論・世論

【国花】コッカ 国民に親しまれ、国を代表する花。日本ではサクラ・キク。

【国家】コッカ 一定の領土と、人々が構成する主権によって統治する組織をもつ集団。くに。「―の理想」

【国会】コッカイ 国の唯一の立法機関。国民から選挙によって選ばれた議員による組織。日本では衆議院・参議院から成る。

【国患】コッカン 国家の災難。国の心配事。類国難・国憂 参考「患」は心配事や災難の意。

【国権】コッケン 国家の権力。国家の統治権や支配権。「―の最高機関」

【国憲】コッケン 国家の根本となる法律。憲法。「―を重んじる」

【国庫】コッコ ①財産権の主体としての国家。②国の所有する現金の保管や出し入れをする機関。「国民年金の―負担金」

コク【剋】★ (9) 刂 7 1 4978 516E 音 コク 訓 かつ・きざむ・きびしい

意味 ①かつ。うちかつ。「相剋」類克 ②きざむ。きざめる。きびしくする。「剋意」類刻

下つき 相剋ソウコク

【剋つ】かつ 頑張って相手に打ちかつ。たえぬく。表記「克つ」とも書く。

【剋復】コクフク ①戦いにかって失地を取り戻し、平和を回復すること。②元の状態に戻すこと。表記「克復」とも書く。

コク【圀】(9) 口 6 5191 537B ▼國(国の旧字)の異体字(五二五)

コク【哭】★ (10) 口 7 1 5113 532D 音 コク 訓 なく

意味 なく。声をあげてなく。「哭泣」「慟哭」

下つき 哀哭アイコク・鬼哭キコク・泣哭キュウコク・号哭ゴウコク・痛哭ツウコク・啼哭テイコク・慟哭ドウコク

【哭泣】コッキュウ 大声でなき叫ぶこと。涙を流して大声でなくこと。

【哭く】なーく 悲しんで、大声をあげてなく。なき叫ぶ。

コク【國】(11) 口8 5202 5422 ▼国の旧字(五二五)

コク【斛】(11) 斗7 1 5847 5A4F 音 コク 訓 ます

意味 ①ます。ますめ。「斗斛」 ②容量の単位。一〇斗。類 石

下つき 斗斛・万斛

コク【梏】(11) 木7 1 5971 5B67 音 コク 訓 てかせ・しばる・みだす

意味 ①てかせ。罪人の手にはめて自由を奪う刑具。「梏械」「梏桎」 対 桎 ②しばる。つなぐ。③みだす。類 攪

下つき 鉗梏・桎梏

【梏】てかせ 手首にはめて自由を奪う刑具。転じて、人の行動を束縛するもののたとえ。

コク【黒】(11) 黒0 常 教 9 2585 3975 音 コク 訓 くろ・くろい

旧字《黑》(12) 黒0 1/準1 9482 7E72

筆順 丨 冂 日 日 甲 甲 里 里 黒 黒 黒

意味 ①くろ。くろい。また、暗い。「黒雲」「黒板」「暗黒」 ②悪い。正しくない。「黒白」「黒幕」

下つき 暗黒・昏黒・漆黒

〈黒竜江〉アムール 黒竜江(コクリュウコウ)のロシア語名。モンゴル高原に発し、中国の東北部とロシア連邦のシベリアとの国境を流れて間宮海峡に注ぐ大河。

【黒】くろ ①墨や木炭のような色。②犯人。または、その疑いが強い人。③碁石の黒い石。対 ①〜③白

【黒い】くろーい ①黒色の。黒っぽい。②汚れている。「襟がーい」 ③心がきたない。よこしまである。「腹がーい」 ④日に焼けている。「ーく焼けた肌」 ⑤悪事・不吉を感じさせる。「ーい噂」

【黒梅擬】くろうめもどき クロウメモドキ科の落葉低木。▼鼠李(九二六)

【黒髪】くろかみ 黒いかみの毛。特に、つやのある真っ黒なかみの毛。

【黒木】くろき ①皮がついたままの材木。対 赤木 ②黒檀(コクタン)の別称。③生木(なまき)をむし焼きにした燃料。

【黒酒】くろき 新嘗祭(にいなめサイ)・大嘗祭(ダイジョウサイ)で神前に供えた、黒く色づけした酒。黒御酒(くろみき)。対 白酒(しろき)

〈黒衣〉・黒子 くろご ①歌舞伎での役者の介添え役や、人形浄瑠璃の人形遣いが着る黒い衣服。また、その人。黒具(くろぐ)。②自分は表に出ず、裏で人をあやつる人。「ーに徹する」 参考「くろこ」とも読む。

【黒潮】くろしお 日本の太平洋岸を南から北に流れる暖流。日本海流。対 親潮

【黒猩猩】くろショウジョウ チンパンジーの別称。

【黒鯛】くろだい タイ科の海魚。日本各地の沿岸に分布。背は青黒く光沢がある。食用で、釣り魚として珍重される。チヌ。季 夏

【黒〈桃花毛〉・黒月毛・黒鴾毛】くろつきげ ウマの毛色の名で、灰色をおびた月毛。

【黒橡】くろつるばみ 黒いつるばみ色。黒に近い濃い灰色。喪服に用いる。由来「橡」はクヌギの古名。それを煮た汁で染めることから。

【黒〈南風〉】くろはえ 梅雨の初めのころに吹く南風。季 夏

〈黒檜〉くろべ ヒノキ科の常緑高木。日本特産で、中部山地に自生。葉はうろこ状。材は建築・器具材にする。クロベスギ。

【黒星】くろぼし ①黒く塗りつぶした丸や星の形。相撲の星取表で負けた側につける黒い丸印。②転じて、失敗や敗北のたとえ。「初日にーがつく」 対 白星

【黒幕】くろマク ①歌舞伎で場の変わり目に用いる黒い幕。②表面に出ないで指図したり、そそのかしたりする人。「政界のー」

〈黒海布〉・〈黒布〉・〈黒菜〉くろめ 褐藻類コンブ科の海藻。本州南部から九州の沿岸に自生。葉は羽状に分かれ、表面にしわがある。乾くと黒くなる。食用・ヨードの製造用。季 春

【黒文字】くろモジ ①クスノキ科の落葉低木。樹皮には黒斑(コクハン)がある。材は芳香があり、つまようじを作る。②①で作ったことから、つまようじの別称。由来 ①黒斑が文字のように見えることから。表記 ①「烏樟・鉤樟」とも書く。

【黒山】くろやま 人が大勢集まっているさま。「ーの人だかり」

【黒枠・黒框】くろわく ①黒いわく。②死亡通知状や死亡広告を囲む黒いふち取りの線。

【黒死病】コクシビョウ 「黒死病(ペスト)」に同じ。

【黒檀】コクタン カキノキ科の常緑高木。南方アジア原産。初夏、白色のカキに似た花をつける。材質は黒くて堅くつやがあり、家具や装飾に利用。表記「烏木」とも書く。

【黒白】コクビャク ①黒と白。②ものの善(よ)し悪(あ)し。正邪。善悪。是非。「ーをつける」「ーを争う」

【黒風白雨】コクフウハクウ 暴風雨。「黒風」はちりやほこりを舞い上がらせる強い風、「白雨」はにわか雨の意。

【黒曜石】コクヨウセキ 火山岩の一つ。黒色・灰色で半透明、光沢がある。装飾・印材用。参考 先史時代には斧(おの)や矢尻(やじり)などの石器

に利用された。

【黒鍵】コッケン ピアノやオルガンの黒い鍵盤(ケンバン)。半音の音程を構成する。▼玄

【〈黒参〉】ごまのはぐさ ゴマノハグサ科の多年草。参(ごまのはぐさ)(四三九)

【〈黒死病〉】ペスト ペスト菌の感染によっておこる感染症。ネズミについたノミにより媒介される。高熱を出し、死亡率が高い。由来 皮下出血で全身に黒いあざができることから。参考「コクシビョウ」とも読む。

【〈黒子〉】ほくろ 皮膚の表面にある黒褐色の小さな斑点(ハンテン)。「泣き―」

【〈黒三▲稜〉】みくり ミクリ科の多年草。由来「黒三稜」は漢名から。▼三稜草(みくり)(五八〇)

コク【▲黒】(12) 黒0 9482 7E72 ▼黒の旧字(五三七)

コク【穀】(14) 禾9 常 教 5 2582 3972 音 コク 訓

旧字《穀》(15) 禾10 1/準1 8945 794D

筆順 士 声 声 壳 壳 荣 荣 榖 穀 穀

意味 こくもつ。米・麦・豆・粟(あわ)など。「穀倉」「五穀」

下つき 五穀(ゴコク)・雑穀(ザッコク)・脱穀(ダッコク)・米穀(ベイコク)

【穀雨】コクウ 二十四節気の一つ。陰暦の三月半ば。太陽暦では四月二一日ころ。季春 参考 穀物をうるおし育てる雨の意。

【穀▲菽】コクシュク 穀物と豆類。参考「菽」は豆類の総称。

【穀倉】コクソウ 穀物を蓄える倉。また、穀物を多く産する地域のたとえ。「―地帯」

【穀象虫】コクゾウむし コクゾウムシ オサゾウムシ科の甲虫。世界各地に分布。体長約三ミリ(メートル)で、黒色または褐色。穀物の害虫。季夏 由来 頭の先が突き出ていてゾウの鼻に似ることから。

【△穀潰し】ごくつぶし 食べることは一人前だが、なんの役にも立たない人をののしっていう語。

【穀物】コクモツ 人が主食とする食物。米・麦・粟(あわ)・黍(きび)・豆の類。「―の輸入が増えている」

コク【酷】(14) 酉7 常 準2 2583 3973 音 コク 訓 外 きびしい・むごい・はなはだしい

筆順 一 冂 冂 丙 西 酉 酉 酉' 酉ト 酉牛 酷 酷

意味 ①むごい。てきびしい。ひどい。「酷評」「残酷」②はなはだしい。ひじょうに。「酷似」「酷暑」

下つき 苛酷(カコク)・厳酷(ゲンコク)・峻酷(シュンコク)・冷酷(レイコク)

【△酷しい】きびしい むごい。容赦ない。物事の程度が激しくひどい。「―しい言葉」

【酷使】コクシ 人や物を、手加減を加えずに激しく使うこと。こき使うこと。「人間が機械に―される」類 虐使

【酷似】コクジ きわめてよく似ていること。「本物に―した複製品」類 類似

【酷暑】コクショ 非常に暑いこと。きびしい暑さ。「―の夏」類 酷熱・猛暑 対 酷寒

【酷熱】コクネツ 非常に暑いこと。きびしい暑さ。類 酷暑・炎熱・極熱

【酷薄】コクハク むごくて人情のないこと。表記「刻薄」とも書く。

【酷評】コクヒョウ 手きびしく批評すること。また、その評価。「―された公演」

【酷烈】コクレツ やり方や仕打ちが非常にきびしく、激しいさま。「―きわまる追及」

【酷寒】コッカン 非常に寒いこと。きびしい寒さ。「氷点下二〇度の―」類 極寒 対 酷暑

【△酷い】むごい 情け容赦せず、ひどい。残虐であるさま。「―い仕打ち」

コク【槲】(15) 木11 1 6064 5C60 音 コク 訓 かしわ

意味 かしわ(柏)。ブナ科の落葉高木。

【▲槲】かしわ ブナ科の落葉高木。▼柏(かしわ)(一二四〇)

コク【▲穀】(15) 禾10 8945 794D ▼穀の旧字(五二八)

コク【轂】(17) 車10 1 7756 6D58 音 コク 訓 こしき・くるま

意味 ①こしき。車輪の輻(や)の集まる中央の部分。「轂撃」②くるま。車両。「轂下」「輦轂(レンコク)」③あつめる。しめくくる。④お(推)す。「推轂」

下つき 車轂(シャコク)・推轂(スイコク)・転轂(テンコク)・輦轂(レンコク)

【▲轂】こしき 牛車(ギッシャ)などの車輪の中心で、車軸をおおい、車の輻(や)が差しこまれている部分。

コク【▲鵠】(18) 鳥7 2584 3974 ▼コウ(五一六)

こく【△扱く】(6) 扌3 常 1623 3037 ▼あつかう(一五)

こく【△放く】(8) 攵4 教 4292 4A7C ▼ホウ(一四〇〇)

こぐ【▲漕ぐ】(14) 氵11 3370 4166 ▼ソウ(九四五)

ゴク【極】(12) 木8 教 2243 364B ▼キョク(三四九)

ゴク【獄】(14) 犭11 常 3 2586 3976 音 ゴク 訓 外 ひとや・うったえる

筆順 ノ 犭 犭' 犭言 獄 獄 獄

意味 ①ろうや。ひとや。「獄門」「監獄」②うったえ。うったえる。「疑獄」

下つき 監獄(カンゴク)・疑獄(ギゴク)・地獄(ジゴク)・出獄(シュツゴク)・大獄(タイゴク)・脱獄(ダツゴク)・典獄(テンゴク)・入獄(ニュウゴク)・牢獄(ロウゴク)

【獄死】ゴクシ 監獄で死ぬこと。獄中死。「再審なかばに―する」類 牢死(ロウシ)

【獄舎】ゴクシャ 囚人を閉じこめておく建物。牢獄(ロウゴク)。ろうや。「―につながれる」

【獄窓】ゴクソウ 牢獄(ロウゴク)の窓。転じて、牢獄(ロウゴク)の中。「―の手記」類 獄中

【獄卒】ゴク ソツ 囚人を取り締まる下級役人。牢獄(ロウゴク)の番人。類獄丁

【獄門】ゴク モン ①牢獄(ゴク)の門。②江戸時代の刑罰の一つで、罪人の首をろうやの門や刑場などにさらすこと。さらし首。

【△獄】ひとや 罪人を捕らえて閉じこめておく建物。類牢屋(ロウや) 表記「人屋・囚獄」とも書く。参考「ゴク」とも読む。

こけ【▲苔】 (8) ⺾5 3461/425D ▼タイ(九七九)

こけ【▲蘚】 (20) ⺾17 7337/6945 ▼セン(九一二)

こける【△倒ける】 (10) イ8 常 3761/455D ▼トウ(一一四一)

こける【△転ける】 (11) 車4 教 3730/453E ▼テン(一一一六)

こける【△痩ける】 (12) 疒7 常 3373/4169 ▼ソウ(九四一)

こげる【焦げる】 (12) 灬8 常 3039/3E47 ▼ショウ(七五五)

ここ【▲此】 (6) 止2 2601/3A21 ▼シ(六〇三)

ここ【▲茲】 (9) ⺾6 7204/6824 ▼シ(六一四)

こごえる【凍える】 (10) 冫8 常 3764/4560 ▼トウ(一一四一)

ここに【▲于に】 (3) 二1 4818/5032 ▼ウ(六九)

ここに【▲爰に】 (9) 爫5 6409/6029 ▼エン(九八)

ここに【▲粤に】 (12) 米6 6869/6465 ▼エツ(九三)

ここの【九】 (2) 乙1 教 2269/3665 ▼キュウ(二九九)

ここのつ【九つ】 (2) 乙1 教 2269/3665 ▼キュウ(二九九)

こごる【△凝る】 (16) 冫14 常 2237/3645 ▼ギョウ(三四七)

こころ【心】 (4) 心0 教 3120/3F34 ▼シン(七八八)

こころ【△情】 (11) 忄8 教 3080/3E70 ▼ジョウ(七七五)

こころ【△意】 (13) 心9 教 1653/3055 ▼イ(三五)

こころざし【志】 (7) 心3 教 2754/3B56 ▼シ(六〇七)

こころざす【志す】 (7) 心3 教 2754/3B56 ▼シ(六〇七)

こころみる【試みる】 (13) 言6 教 2778/3B6E ▼シ(六三三)

こころよい【快い】 (7) 忄4 教 1887/3277 ▼カイ(一七〇)

ござ【蓙】
(13) ⺾10 国 1 7272/6868 訓 音 ござ

意味 イグサの茎などを編んで作ったむしろにへりをつけたしきもの。ござ(茣蓙)。ござむしろ。うすべり。「床に蓙を敷く」

こし【▲越】 (12) 走5 常 1759/315B ▼エツ(九三)

こし【腰】 (13) 月9 常 2588/3978 ▼ヨウ(一五三三)

こし【▲輿】 (17) 車10 4533/4D41 ▼ヨ(一五二三)

こしき【▲甑】 (17) 瓦12 2589/3979 ▼ソウ(九四九)

こしき【▲轂】 (17) 車10 7756/6D58 ▼コク(五二八)

こしらえる【▲拵える】 (9) 扌6 5747/594F ▼ソン(九六七)

こじり【▲鐺】 (21) 金13 7938/6F46 ▼トウ(一一五八)

こじる【▲抉じる】 (7) 扌4 5717/5931 ▼ケツ(四一一)

こじれる【▲拗れる】 (8) 扌5 5725/5939 ▼ヨウ(一五二六)

こす【▲漉す】 (14) 氵11 2587/3977 ▼ロク(一六三三)

こす【▲濾す】 (18) 氵15 6341/5F49 ▼ロ(一六一〇)

こすい【▲狡い】 (9) 犭6 6436/6044 ▼コウ(四九一)

こずえ【▲杪】 (8) 木4 5934/5B42 ▼ビョウ(一三〇八)

こずえ【▲梢】 (11) 木7 3031/3E3F ▼ショウ(七五一)

こする【▲擦る】 (17) 扌14 常 2704/3B24 ▼サツ(五七三)

こそげる【▲刮げる】 (8) 刂6 4973/5169 ▼カツ(二一一)

こぞる【△挙る】 (10) 手6 教 2183/3573 ▼キョ(三二六)

こたえ【答え】 (12) ⺮6 教 3790/457A ▼トウ(一一四九)

こたえる【△対える】 (7) 寸4 教 3448/4250 ▼タイ(九七八)

こたえる【応える】 (7) 心3 教 1794/317E ▼オウ(一一二)

こたえる【△堪える】 (12) 土9 常 2014/342E ▼カン(二三四)

こたえる【答える】 (12) ⺮6 教 3790/457A ▼トウ(一一四九)

同訓異義 こたえる

【答える】相手の問いに返事をする。解答する。「照会に答える」「質問に答える」「正しい答え」「口答え」「受け答え」

【応える】相手のはたらきかけに報いる。反応する。「要望に応える」「期待に応える」「手応えがある」「骨身に応える」「胸に応える」

【対える】面と向き合ってこたえる。目上の人にこたえる。「恩顧に対える」

【堪える】じっとこらえる。がまんする。「急場を持ち堪える」「土俵際で踏み堪える」

こだま【▲谺】 (11) 谷4 ▼カ(一五二)

こち【鮲】
(17) 魚6 国 1 9345/7D4D 訓 音 こち・まて

意味 ①こち(鯒)。コチ科の海魚。②まて(蟶)。マテガイ科の二枚貝。

【▲鮲】こち コチ科の海魚。▼牛尾魚(こち)(三二四)

【▲鮲】まて マテガイの別称。季春 ▼蟶貝(まてがい)(一〇九九)

こち【鯒】
(18) 魚7 国 1 8239/7247 訓 音 こち

意味 こち。コチ科の海魚。鮲(こち)。

コツ【△乞】 (3) 乙2 常 2480/3870 ▼こう(五一八)

コツ【兀】
(3) 儿1 1 4926/513A 訓 音 コツ・ゴツ たかい

意味 ①たかい。高くつき出たさま。「兀立」類屹(キツ) ②一心に努力するさま。「兀兀」参考人(儿)があたま(一)をつき出している意を表す字。

下つき 傲兀(ゴウコツ)・突兀(トッコツ)

【兀子】ゴシ 四角い四脚の腰掛け。宮廷の儀式などに用いた。参考「ゴッシ」とも読む。

【兀兀】コツコツ たゆまずに努力するさま。「―仕事に精を出す」「―貯金する」表記「矻矻」とも書く。

【兀立】コツリツ ①とびぬけて高くそびえ立つさま。②姿勢正しく立つさま。

コツ【忽】★ (8) 心 4 準1 2590 397A 音 コツ 訓 たちまち・ゆるがせ

意味 ①たちまち。にわかに。「忽然」「忽焉(コツエン)」②ゆるがせ。いいかげん。「忽略」「粗忽」参考「怱(ソウ)」は別字。

下つき 軽忽(ケイコツ)・粗忽(ソコツ)・疎忽(ソコツ)

【忽焉】コツエン たちまち。突然。にわかに。「―と姿を消す」類忽然 参考「焉」は状態を表す語。

【忽忽】コツコツ ①なおざりにしてかえりみないさま。また、ぼんやりとするさま。②たちまち。すみやかに。

【忽諸】コッショ ①たちまち。②なおざりにすること。おろそかにすること。類忽略

【忽然】コツゼン たちまち。にわかに。突然。「―と消え失せる」類忽焉(コツエン)

【忽略】コツリャク ①おろそかにすること。②なおざりなさま。類忽諸

【忽ち】たちまち あっという間に。にわかに。「―空が曇った」

【〈忽比烈〉・〈忽必烈〉】フビライ モンゴル帝国の第五代皇帝、フビライ―ハン。南宋(ナンソウ)を滅ぼして中国を統一し、元(ゲン)を建国して初代皇帝に即位。チンギス―ハンの孫。クビライ。

【〈忽布〉】ホップ クワ科のつる性多年草。ヨーロッパ原産。雌の花穂は淡い緑色で、多数の苞(ホウ)に包まれて松かさ状。苞のつけねから分泌されるホップ腺(セン)には苦みと芳香があり、ビールの香味に用いる。季秋

【忽せにする】ゆるがせにする おろそかにする。いいかげんにする。ほうっておく。「―することはできない」「少しも―しない性格」

コツ【矻】(8) 石 3 1 8228 723C 音 コツ 訓 はたらく

意味 はたらく。「矻矻」

【矻矻】コツコツ ①たゆまずに精を出して働くさま。②疲れ果てるさま。表記①「兀兀」とも書く。

コツ【笏】(10) 竹 4 1 6784 6374 音 コツ 訓 しゃく

意味 しゃく。束帯を着用したとき、右手に持つ板。また、備忘用に書き留める板。参考日本では「コツ」は「骨」に通じるので忌みきらい、「しゃく」と呼んだ。

下つき 玉笏(ギョクシャク)

【笏】しゃく 束帯を着たときに、右手に持つ細長い薄板。また、備忘用に書き留める板。参考漢字音の「コツ」は「骨」に通じるので忌みきらい、薄板の長さが一尺であったことから「しゃく」と呼ぶ。

【笏拍子】しゃくビョウシ 神楽(かぐら)などで用いる、両手に持って打ち鳴らしながら拍子をとる楽器。参考「サクホウシ」とも読む。

コツ【骨】(10) 骨 0 常 教 5 2592 397C 音 コツ 訓 ほね

筆順 

意味 ①ほね。人や動物のほね。「骨格」「遺骨」②からだ。「病骨」「老骨」③物事の中心。かなめ。要点。「骨子」「鉄骨」「仕事の骨を覚える」④人がら。気質。「気骨」「反骨」

下つき 遺骨(イコツ)・骸骨(ガイコツ)・気骨(キコツ・ほね)・筋骨(キンコツ)・硬骨(コウコツ)・人骨(ジンコツ)・接骨(セッコツ)・鉄骨(テッコツ)・軟骨(ナンコツ)・納骨(ノウコツ)・白骨(ハッコツ)・反骨(ハンコツ)・万骨(バンコツ)・病骨(ビョウコツ)・風骨(フウコツ)・分骨(ブンコツ)・埋骨(マイコツ)・竜骨(リュウコツ)・老骨(ロウコツ)・露骨(ロコツ)

【〈骨牌〉】カルタ 遊びやばくちなどに用いる絵や文字が書かれた札。また、それを用いる遊び。「―取り」季新年 表記「歌留多」とも書く。参考「コッパイ」とも読む。

【骨格】コッカク 筋肉をつけて内臓を保護し、動物の体を形成し支える骨組み。また、からだつき。「たくましい―の青年」書きかえ「骨骼」の書きかえ字。

【骨骼】コッカク ▼書きかえ 骨格

【骨柄】コツがら ①骨組み。また、顔つきや体つき。②人柄。風采(フウサイ)。「人品―のよろしい人」由来②①から感じられることから。

【骨子】コッシ 一番大切なところ。要点。眼目。「論文の―を成すテーマ」「法案の―を説明する」

【骨髄】コツズイ ①骨の内部を満たすやわらかな組織。赤血球・白血球などがつくられる。「―移植」②心の奥底。「恨み―に入る」

【骨相】コッソウ 骨組みのようす。また、それに現れた人の性格や運命。「―を占う」「―を見る」「―学」

【骨粗鬆症】コツソショウショウ 骨の質がもろくなり、折れやすくなる症状。加齢や栄養不足などにより起こる。

【骨頂・骨張】コッチョウ このうえないこと。最上であること。「愚の―」参考多く悪い意味で用いる。

【骨董】コットウ ①収集や鑑賞の対象となる古道具・古美術品。「―品の収集」「書画―」②なんの役にも立たない古くさいもの。「今や―的存在だ」

【骨肉】コツニク ①骨と肉。②肉親。親子・兄弟・姉妹など血縁関係にある者。「―の争い」

〖骨肉相食む〗(あい△ はむ) 親子・兄弟などの血縁関係にある者同士が激しく争うこと。参考「食む」は「争う」ともいう。類兄弟(ケイテイ)牆(かき)に鬩(せめ)ぐ

【骨牌】コッ パイ ①「骨牌(カルタ)」に同じ。②動物の牙(きば)や骨で作った麻雀(マージャン)用のふだ。牌。

【骨盤】コツ バン 腹部を支える腰の骨。仙骨・尾骨と左右の寛骨からなる。

【骨法】コッ ポウ ①骨組み。骨格。②礼儀作法の基本。③物事を行ううえでの要領や基本。特に、芸道などの微妙なこつ。「—を会得する」

【骨膜】コツ マク 骨の表面をおおう白い膜。中を神経・血管が通り、骨の成長や栄養・保護をつかさどる。「—炎」

【骨】ほね ①骨格を形作って体を支え、運動を助け、臓器を保護する組織。②物事にたえる気力。気骨。「—のある人物」③むずかしいこと。苦労が多いこと。「彼を納得させるのは—だ」「—の折れる仕事」

【骨惜しみ】ほね おしみ 労苦をいやがってなすべきことをしないこと。「—せずに働きなさい」

【骨折り損の〈草臥〉れ儲け】ほねおりゾンの くたびれもうけ 労力ばかりかかってなんの利益もなく、ただくたびれただけである。類労あって功無し・労多くして功少なし

【骨抜き】ほね ぬき ①魚や鳥の料理で骨を除くこと。また、その料理。②人を信念や気骨のない状態にすること。また、計画などから大事な部分を取り去ること。「法案を—にされる」

【骨身】ほね み 骨と肉。転じて、からだ全体。「寒さが—にこたえる」「—惜しまず働く」

コツ【惚】★ (11) 忄8 準1 2591 397B

音 コツ 訓 ほれる・ぼける・ほうける・とぼける

意味 ①うっとりする。ぼんやりする。「恍惚(コウコツ)」②ほれる。恋いしたう。③ぼける。ほうける。

下つき 恍惚(コウコツ)・茫惚(ボウコツ)

【惚ける】とぼ ける ①頭のはたらきがにぶくなる。②知らないふりをしてしらばくれる。また、わざとこっけいな行動をする。「咄嗟(トッサ)に—けてごまかす」

〈惚気〉のろ け 配偶者や恋人のことを得意になって話すこと。また、その話。「—話は聞き飽きた」

【惚ける】ほう ける ①頭がぼんやりする。うっとりする。また、ぼける。②夢中になる。「遊び—ける」

【惚ける】ぼ ける 頭がぼんやりとした状態になる。もうろくする。「年をとって—けたようだ」

【惚惚】ほれ ぼれ 心を奪われるさま。うっとりするさま。「あまりの美しさに—する」

【惚れる】ほ れる ①恋い慕う。「一目で—れる」②夢中になる。うっとりする。「聞き—れる」

〖惚れた腫れたは当座の内〗恋愛感情は一時的なもので、すぐに飽きがくるたとえ。ほれた、ほれられたといって夢中になるのは初めのうちだけで、すぐに現実の厳しさに直面するということ。

〖惚れた病に薬なし〗恋わずらいに効く薬などはない。

〖惚れた欲目〗好きな相手は実際以上によく見えてしまうこと。類痘痕(あばた)も靨(えくぼ)

〖惚れて通えば千里も一里〗恋しい人のところに行くならば、遠くても苦にならないたとえ。参考「思うて通えば千里が一里」ともいう。

コツ【滑】(13) 氵10 常 1974 336A ▼カツ(二二五)

コツ【榾】(14) 木10 1 6043 5C4B

音 コツ 訓 ほた・ほだ

意味 ①ほた。木の切れはし。ほだ。「榾火」「榾柮(コットツ)」②「枸榾(クコツ)(ひいらぎ)」に用いられる字。

【榾】ほた まきにする木の切れはし。ほた木。そだ。季冬 参考「ほだ」とも読む。

【榾火】ほた び 木の切れはしや枯れ枝などを燃やす火。たき火。参考「ほだび」とも読む。

コツ【鶻】(21) 鳥10 1 8319 7333

音 コツ 訓 はやぶさ・くまたか

意味 ①はやぶさ。くまたか。タカの一種。「鶻影」②「回鶻(ウイグル族)」に用いられる字。

【鶻】はや ぶさ ハヤブサ科の鳥。▼隼(はやぶさ)(七一七)

ゴツ【兀】(3) 儿1 4926 513A ▼コツ(五一九)
こて【鏝】(19) 金11 7924 6F38 ▼マン(一四五〇)
こと【言】(7) 言0 教 2432 3840 ▼ゲン(四三九)
こと【事】(8) 亅7 教 2786 3B76 ▼ジ(六二四)
こと【殊】(10) 歹6 常 2876 3C6C ▼シュ(六七七)
こと【異】(11) 田6 教 1659 305B ▼イ(三二)
こと【琴】(12) 王8 常 2255 3657 ▼キン(三六〇)
こと【箏】(14) ⺮8 6823 6437 ▼ソウ(九四五)
こと【縡】(16) 糸10 6950 6552 ▼サイ(五六〇)
ことごとく【尽く】(6) 尸3 常 3152 3F54 ▼ジン(八一七)
ことごとく【悉く】(11) 心7 2829 3C3D ▼シツ(六四八)
ことごとく【儘く】(16) 亻14 4854 5056 ▼ジン(八二一)
ことさらに【故に】(9) 攵5 教 2446 384E ▼コ(四五二)
ごとし【如し】(6) 女3 常 3901 4721 ▼ジョ(七三二)

ごとし【△似し】(7) 亻5 教 2787/3B77 ▼ジ(六三三)
ごとし【△若し】(8) 艹5 教 2867/3C63 ▼ジャク(六六六)
ことづかる【△託かる】(10) 言3 常 3487/4277 ▼タク(一〇〇二)
ことなる【異なる】(11) 田6 教 1659/305B ▼イ(三二)
ことに【殊に】(10) 歹6 常 2876/3C6C ▼シュ(六七七)
ことば【△詞】(12) 言5 教 2776/3B6C ▼シ(六二〇)
ことば【△辞】(13) 辛6 教 2813/3C2D ▼ジ(六三九)
ことば【△語】(14) 言7 教 2476/386C ▼ゴ(四六七)

同訓異義 ことば

【言葉】意思や感情などを伝えるための、音声や文字による表現。ほか、広く用いる。「言葉を交わす」「話し言葉」「言葉遣い」「言葉を尽くす」
【△詞】歌に対して説明的にいう部分。謡物・語り物で、節をつけずに語る会話の部分。「和歌の詞書き」「枕詞(まくらことば)」「掛詞」「女房詞」
【△辞】一定のまとまりをもつ話や文章。形式の決まった話や文章。「開会の辞」「お祝いの辞」「誓いの辞」
【△語】かたられたことば。「語彙(ごい)」「語録」

ことぶき【寿】(7) 寸4 常 2887/3C77 ▼ジュ(六八一)
ことほぐ【△寿ぐ】(7) 寸4 常 2887/3C77 ▼ジュ(六八一)
ことわざ【▲諺】(16) 言9 2433/3841 ▼ゲン(四四五)
ことわり【△理】(11) 王7 教 4593/4D7D ▼リ(一五五七)
ことわる【断る】(11) 斤7 教 3539/4347 ▼ダン(一〇一三)
こな【粉】(10) 米4 教 4220/4A34 ▼フン(一三五五)
こながき【▲糂】(15) 米9 6883/6473 ▼ジン(八二一)
こなす【△熟す】(15) 灬11 教 2947/3D4F ▼ジュク(七一〇)

こなれる【△熟れる】(15) 灬11 教 2947/3D4F ▼ジュク(七一〇)
こねる【▲捏ねる】(10) 扌7 5752/5954 ▼ネツ(一二〇五)
この【▲此の】(6) 止2 2601/3A21 ▼シ(六〇三)
この【△是の】(9) 日5 常 3207/4027 ▼ゼ(八四二)
この【▲斯の】(12) 斤8 2759/3B5B ▼シ(六一八)

このしろ【鮗】(16) 魚5 国 1 8228/723C 訓 音 このしろ
意味 このしろ。ニシン科の海魚。紡錘(ボウスイ)形で左右に平たく、背びれの後端が長い。食用。参考「冬にとれる魚」の意を表す字。

このむ【好む】(6) 女3 教 2505/3925 ▼コウ(四八〇)

こはぜ【鞐】(15) 革6 国 1 8064/7060 訓 音 こはぜ
意味 こはぜ。書物の帙(チツ)(書物を保護するためのおおい)や足袋(たび)・脚絆(キャハン)などの合わせ目をとめる爪(つめ)形の留め具。

こばむ【拒む】(8) 扌5 常 2181/3571 ▼キョ(三三六)
こび【▲媚】(12) 女9 5327/553B ▼ビ(一二九一)
こひつじ【▲羔】(10) 羊4 7022/6636 ▼コウ(四九七)
こびる【▲媚びる】(12) 女9 5327/553B ▼ビ(一二九一)
こぶ【▲瘤】(15) 疒10 6578/616E ▼リュウ(一五七二)
こぶし【拳】(10) 手6 常 2393/377D ▼ケン(四三三)
こぼつ【△毀つ】(13) 殳9 常 5244/544C ▼キ(二七九)
こぼれる【▲溢れる】(13) 氵10 1678/306E ▼イツ(五七)
こぼれる【△零れる】(13) 雨5 常 4677/4E6D ▼レイ(一五九六)

こま【▲狛】(8) 犭5 2593/397D ▼ハク(一二三九)

こま【駒】(15) 馬5 常 2 2280/3670 音 外ク 訓 こま
筆順 丨 Г Π 戶 馬 馬 馬 駒 駒 駒
意味 ①こま。こうま。若い元気なウマ。また、ウマの総称。②小さいものの呼び名。
下つき 隙駒(ゲキク)・白駒(ハック)・竜駒(リュウク)

【△駒隙】ク ゲキ 年月が早く過ぎること。類隙駒 由来「白駒隙を過ぐ(白馬が壁のすきまを通り過ぎる)」から、人生の短くてはかないことのたとえ。《荘子(ソウジ)》
【駒】こま ①子馬。若く元気のよいウマ。②将棋・双六(すごろく)・チェスなどの盤上で並べて動かすもの。「チェスの—を進める」③三味線など弦楽器で、弦と胴の間に入れて弦を支えるもの。④ものの間にさし入れる小さな木。
【駒下△駄】こま ゲタ 一片の木材から、台も歯もくりぬいて作った下駄。形はウマのひづめに似る。
【駒▲繋ぎ】こま つなぎ ①ウマをつなぐ石や杭(くい)。②マメ科の草状の低木。山野に自生。夏から秋、紅紫色の花をつける。季夏
【駒鳥】こま どり ヒタキ科の小鳥。夏、中国南部より飛来。全体が赤褐色で、腹の中央は黒色。下部は白色。頭と胸は暗いオレンジ色。季夏 由来「ヒンカラカラ」と鳴く声がウマのいななきに似ていることから。表記「知更雀」とも書く。

こま【▲齣】(20) 齒5 8381/7371 ▼シュツ(七一三)

こまい【梱】(13) 木9 国 1 8589/7579 訓 音 こまい
意味 こまい(木舞)。屋根や壁などの下地に組む細い竹。「壁の下地に梱を組む」

こまかい【細かい】(11) 糸5 教 2657 3A59 ▼サイ(五五四)

こまかい【△緻かい】(16) 糸10 常 6944 654C ▼チ(一〇三五)

こまぬく【▲拱く】(9) 扌6 5742 594A ▼キョウ(三三一)

ごまめ【▲鱓】(23) 魚12 9452 7E54 ▼セン(九一三)

こまやか【△濃やか】(16) 氵13 常 3927 473B ▼ノウ(一二一二)

こまる【困る】(7) 口4 教 2604 3A24 ▼コン(五三四)

こみち【△径】(8) 彳5 教 2334 3742 ▼ケイ(三八八)

こむ【込】

(5) 辶2 国 常 4 2594 397E 訓 音 こむ・こめる

旧字《込》(6) 辶2 1/準1

筆順 ノ 入 入 込 込

意味 ①こむ。こもる。混雑する。②こめる。なかに入れる。つめる。

［込藁］こみわら ①すきまをふさぐため、わらを詰めこむこと。②生け花で花材を留めるためにわらの束を用いること。また、そのわら。

［込める］こーめる ①なかに入れる。詰める。「銃に弾(また)をーめる」②十分に注ぎ入れる。「願いをーめる」③含める。「運賃をーめて一万円」

こむ【▲込】(6) 辶2 ▼込の旧字(五三三)

こむ【混む】(11) 氵8 教 2614 3A2E ▼コン(五三七)

こむら【▲腓】(12) 月8 7104 6724 ▼ヒ(一二八四)

こめ【米】(6) 米0 教 4238 4A46 ▼ベイ(一三七一)

こめる【込める】(5) 辶2 国 常 2594 397E ▼こむ(五三三)

こめる【籠める】(22) ⺮16 常 6838 6446 ▼ロウ(一六二〇)

こも【▲菰】(12) ⺾9 2454 3856 ▼コ(四五七)

こも【△薦】(16) ⺾13 常 3306 4126 ▼セン(九一〇)

こもごも【△交】(6) 亠4 教 2482 3872 ▼コウ(四七七)

こもる【籠もる】(22) ⺮16 常 6838 6446 ▼ロウ(一六二〇)

こやし【肥やし】(8) 月4 教 4078 486E ▼ヒ(一二七六)

こよみ【暦】(14) 日10 常 4681 4E71 ▼レキ(一六〇〇)

こらえる【怺】

(8) 忄5 国 1 5574 576A 訓 音 こらえる

意味 たえる。苦しみをがまんする。「痛みをじっと怺える」

こらえる【△堪える】(12) 土9 常 2014 342E ▼カン(二三四)

こらしめる【懲らしめる】(18) 心14 常 3608 4428 ▼チョウ(一〇六八)

こり【▲梱】(11) 木7 2613 3A2D ▼コン(五三七)

ごり【鮴】

(17) 魚6 国 1 8232 7240 訓 音 ごり

意味 ①ごり。カジカの別称。②めばる。カサゴ科の海魚。

こりる【懲りる】(18) 心14 常 3608 4428 ▼チョウ(一〇六八)

こる【凝る】(16) 冫14 常 2237 3645 ▼ギョウ(三四七)

こる【▲樵る】(16) 木12 3033 3E41 ▼ショウ(七六三)

これ【▲之】(3) ノ2 3923 4737 ▼シ(五九四)

これ【▲伊】(6) 亻4 1643 304B ▼イ(二五)

これ【▲此】(6) 止2 2601 3A21 ▼シ(六〇三)

これ【△是】(9) 日5 常 3207 4027 ▼ゼ(八四二)

これ【▲惟】(11) 忄8 1652 3054 ▼イ(三一)

これ【▲斯】(12) 斤8 2759 3B5B ▼シ(六一八)

これ【△維】(14) 糸8 常 1661 305D ▼イ(三七)

ころ【△比】(4) 比0 教 4070 4866 ▼ヒ(一二七三)

ころ【頃】

(11) 頁2 常 2 2602 3A22 訓 音 ころ 外ケイ・キョウ 外しばらく・かたあし

筆順 ノ ヒ ヒ ビ ビ ピ 𠤎 頃 頃 頃 頃

意味 ①ころ。このごろ。ちかごろ。「頃日」②しばらく。「頃刻」「食頃」③かたあし。かたあしを上げる。半歩。

下つき 俄頃(ガケイ)・少頃(ショウケイ)・食頃(ショッケイ)

［△頃刻］ケイコク 少しの間。しばらく。参考「キョウコク」とも読む。

［△頃歳］ケイサイ ここ何年か。近年。類頃年

［△頃日］ケイジツ ①このごろ。ちかごろ。②先日。過日。

［頃］ころ ①だいたいの時。時分。時節。「十月ー」「若かりしー」②適当な時期。機会。「ーを見計らう」「食べー」

［△頃く］しばらーく 少しの時間。わずかな時間。参考頭をかたむけるほどの短時間の意。

ころがる【転がる】(11) 車4 教 3730 453E ▼テン(一一一六)

ころす【殺す】(10) 殳6 教 2706 3B26 ▼サツ(五七一)

ころす【▲誅す】(13) 言6 7547 6B4F ▼チュウ(一〇四九)

ころす【▲戮す】(15) 戈11 5704 5924 ▼リク(一五六二)

ころぶ【転ぶ】(11) 車4 教 3730 453E ▼テン(一一一六)

ころも【衣】(6) 衣0 教 1665 3061 ▼イ(二六)

こわ【声】(7) 士4 教 3228 403C ▼セイ(八五二)

こわい【怖い】(8) 忄5 常 4161 495D ▼フ(一三二六)

こわい【△強い】(11) 弓8 教 2215 362F ▼キョウ(三三五)

同訓異義 こわい

【怖い】おそろしい。何か起こりそうで不安である。「怖い顔の人」「病気が怖い」「怖いもの見たさ」「幸せ過ぎて怖い」
【△恐い】「怖い」と同じ。「恐怖」
【△強い】かたい。ごわごわしている。つよい。「ごはんが強い」「強飯《こわめし》」「糊《のり》の利いた強いシーツ」「情が強い」「手強《てごわ》い相手」

こわす【壊す】(16) 土13 常 1885/3275 ▼カイ(一八四)

コン【今】(4) 人2 教 常 9 2603/3A23 音 コン・キン(中) 訓 いま

筆順 ノ 人 亼 今

意味 ①いま。現在。このごろ。「今昔」「現今」 対 古・昔 ②このたび。「今回」「今度」

下つき 現今《ゲンコン》・古今《ココン》・昨今《サッコン》・自今《ジコン》・当今《トウコン》

【今】《いま》 ①この瞬間。この時。現在。「―午後一時だ」②この時代。現代。今日《こんにち》。「―の世の中」 対 昔 ③近い過去。さっき。また、近い未来。もうすぐ。「―着いたばかりだ」「―行きます」④そのうえ。さらに。もう。「―少しお待ちください」

〖今の情けは後《のち》の▲仇《あだ》〗一時の同情で安易に助けてやることは、かえってのちの害になるということ。

〖今を疑う者は、▲之《これ》を△古《いにしえ》に察す〗今の世の中について疑問があれば、過去に照らしてみればわかる。昔も今も、物事の道理は変わらないということ。由来 中国、春秋時代、斉《セイ》国の名宰相だった管仲《カンチュウ》の言葉から。

【今更】《いまさら》 今になって。今あらためて。「―どうしようもない」

【今風】《いまフウ》 現代風。また、このごろ流行の風俗。「―の髪形」 類 今様

【今△以て】《いまもっーて》 いまだに。今になっても。「その問題は―未解決だ」

【今様】《いまヨウ》 ①当世風。今のはやり。類 今風 ②「今様歌」の略。平安時代にできた七五調四句の歌謡。

【〈今際〉】《いまわ》 死にぎわ。臨終。「―の際《きわ》」由来「今は限り」の意から。

〖〈今際〉の念仏誰《だれ》も唱える〗死ぬ時にはだれもが念仏を唱え、神仏にすがるが、元気なときに信仰する人はめったにいない。

【〈今日〉】《きょう》 この日。本日。「明日の百より―の五十」参考「コンニチ」と読めば、このごろ・現代の意も含む。

【〈今日〉日】《きょうび》 きょうこのごろ。今どき。「―うまい話はない」

【〈今朝〉】《けさ》 きょうの朝。この朝。「―早く目覚めた」参考「コンチョウ」とも読む。

【〈今年〉】《ことし》 今過ごしている年。この年。本年。「―の運勢」

【〈今宵〉】《こよい》 きょうの夜。また、この夜。「月影さやかな―」類 今夜・今晩

【今暁】《コンギョウ》 きょうの明け方。けさ。「―東の空に明星が見えた」

【今次】《コンジ》 今回。こんど。このたび。「―のオリンピック」

【今昔】《コンジャク》 今と昔。古今。参考「コンセキ」とも読む。

〖今昔の感〗昔から現在に至るまでの変化の大きさをしみじみと感じる気持ち。「電子本を手にすると―に堪えない」

【今生】《コンジョウ》 この世。今生きている人生。「―の別れ」類 現世《ゲンセ》・《ゲンセイ》 対 前世《ゼンセ》・来世・他生《タショウ》

【今夕】《コンセキ》 きょうの夕方。こよい。類 今晩・今夜 参考「コンユウ」とも読む。

【今是昨非】《コンゼサクヒ》 今になって過去の過ちに気づくこと。きょうは正しく、きのうまではまちがっていた意で、今までの人生を悔いていう言葉。由来 中国、宋代の詩人、陶潜《トウセン》(淵明《エンメイ》)が、官を辞して田園に帰った折に作った「帰去来《キキョライ》の辞」の一節「今の是にして昨の非なりしを覚《さと》る」から。参考「昨非今是」ともいう。

【今般】《コンパン》 このたび。「―選ばれた新知事」類 今回・今度 対 先般・過般

コン【艮】(6) 艮0 準1 2617/3A31 音 コン・ゴン 訓 うしとら

意味 ①もとる。さからう。類 很《コン》 ②とまる。とどまる。③易の八卦《ハッケ》の一つ。山・止まるなどの意を表す。④うしとら。北東の方角。

【▲艮】《うしとら》 昔の方角の名。丑《うし》と寅《とら》の中間の方角。北東。鬼門にあたる。「都の―の方角」表記「丑寅」とも書く。

コン【困】(7) 口4 教 常 5 2604/3A24 音 コン 訓 こまる (外)くるしむ

筆順 丨 冂 冂 円 円 困 困

意味 こまる。くるしむ。きわまる。「困難」「貧困」

参考 木がかこい(口)の中でのびなやんでいるようすを表す字。

下つき 窮困《キュウコン》・貧困《ヒンコン》

【△困しむ】《くるーしむ》 行き詰まって悩む。動きがとれずに悩む。苦労する。

【困る】《こまーる》 ①どうしてよいか分からずに悩む。考えがまとまらずに苦しむ。「事件の処理に―っている」②貧乏で苦しむ。「生活に―る」

【困却】《コンキャク》 困りはてること。すっかり困ること。類 困惑・困窮

【困窮】《コンキュウ》 ①困りきってしまうこと。類 困却・困窘《コンキン》 ②ひどく貧乏で苦しむ

こと。類 貧窮・貧困・困苦

【困窘】コン キン 困りきって行き詰まること。類 困窮 参考「困」も「窘」も苦しむ・行き詰まる意。

【困苦】コン ク 物や金銭がなくて、生活に困り苦しむこと。類 困窮・貧窮

【困苦欠乏】コンク ケツボウ 生活に必要なものが不足して、非常に困り苦しむこと。「―に耐える」

【困知勉行】コンチ ベンコウ 才能に恵まれない者が苦しんで学び、努力して物事を実行すること。「困知」は苦しんだあげくに、やっと知ることができる意。「勉行」はひたすら努力を重ね実践すること。人倫の道に至る三つの道程の一つ。《『中庸』》参考 三つの道程とは「学知利行・困知勉行・生知安行」のことで、どの道筋も方法がちがうだけで結果は同じであると説く。

【困頓】コン トン 疲れ果てること。苦しんでどうしようもなくなること。

【困難】コン ナン やりとげるのが苦しく難しいこと。「―な問題」類 困苦・難儀

【困憊】コン パイ すっかり疲れきってしまうこと。「疲労―」

【困弊・困敝】コン ペイ 苦しみ疲れ果てること。類 困頓コントン

【困惑】コン ワク どうしてよいか分からず困ること。「突然の難題に―している」類 困却・困窮

コン【近】(7) 辶4 教 2265 3661 ▼キン(三五四)

コン【坤】(8) 土5 準1 2605 3A25 音 コン 訓 つち・ひつじさる

意味 ①つち。大地。「坤元」「坤道」 ②易の八卦ハッケの一つ。地・母・下などを表す。③皇后。妻。女性。④ひつじさる。南西の方位。

【坤軸】コン ジク ①大地の中心を貫き支えていると考えられている想像上の軸。②地球の南極と北極を結ぶ軸。地軸。

【坤徳】コン トク ①大地が万物をはぐくむ力。②皇后の徳。転じて、婦人の徳。婦徳。女徳。対 乾徳ケントク 参考「坤」は大地・地の徳の意。

【坤輿】コン ヨ 大地。由来 大地が万物を載せる輿こしのようであることから。

【坤】ひつじ さる 昔の方角の名。未ひつじと申さるの中間の方角。南西。表記「未申」とも書く。

コン【昆】(8) 日4 常 準2 2611 3A2B 音 コン 訓 外 あに

筆順 丨 冂 日 日 旦 昆 昆 昆

意味 ①むし。「昆虫」 ②あに(兄)。「昆弟」 ③のち。よつぎ。「昆孫」「後昆」

下つき 後昆コウコン

【昆】あに 年上の男のきょうだい。対 弟

【昆虫】コン チュウ 昆虫類に属する節足動物の総称。体は頭・胸・腹の三つに分かれ、頭部には口と一対の触角と複眼、胸部には節のある三対のあしと、多く二対のはねがある。チョウ・トンボ・アリなど。

【昆弟】コン テイ あにと、おとうと。兄弟。

【昆布】コン ブ 褐藻類コンブ科の海藻。北海道や東北の沿岸に生える。食用やヨードの原料などになる。季 夏 参考「コブ」とも読む。

コン【昏】(8) 日4 準1 2610 3A2A 音 コン 訓 くれ・くらい・くらむ

意味 ①ひぐれ。たそがれどき。「黄昏」 ②くらい。道理にくらい。「昏迷」「昏昏」 ③くらむ。目がくらむ。「昏絶」「昏倒」

下つき 黄昏コウコン・たそがれ・夭昏ヨウコン

【昏い】くらい ①日が暮れて光がない。②道理にうとい。おろかである。

【昏れ】くれ 日が暮れて暗くなるころ。日暮れ。たそがれどき。

【昏愚】コン グ 道理にうとくおろかなこと。類 暗愚

【昏昏】コン コン ①暗いさま。また道理に暗くおろかなさま。②意識のないさま。また、深く眠るさま。「―と眠る」

【昏睡】コン スイ ①非常に深く眠ること。②意識を失い、刺激を与えても目覚めないさま。「―状態に陥る」

【昏絶】コン ゼツ 目がくらんで気を失うこと。目まいがして意識を失うこと。類 気絶

【昏倒】コン トウ 目がくらんで倒れること。目まいがして倒れること。

【昏迷】コン メイ ▼書きかえ 混迷(五三八)

【昏冥】コン メイ 暗いさま。くらやみ。

【昏惑】コン ワク 道理に暗くて、判断に迷うこと。類 昏迷・混迷

コン【金】(8) 金0 教 2266 3662 ▼キン(三五五)

コン【建】(9) 廴6 教 2390 377A ▼ケン(四二一)

コン【很】(9) 彳6 1 5544 574C 音 コン 訓 もとる・はなはだ

意味 ①もとる。たがう。さからう。したがわない。「很忤ゴコン」「很戻」 ②はなはだ。「很好」

下つき 傲很ゴウコン

【很る】もとる 人の言うことを聞かないでさからう。人の言うことにそむいてあらそう。表記「狠る」とも書く。

コン【恨】(9) 忄6 常 3 2608 3A28 音 コン 訓 うらむ・うらめしい

筆順 丶 丷 忄 忄ㄱ 忄ヨ 忄ヨ 忄艮 忄艮 恨

こ コン

意味 うらむ。うらめしい。また、くやむ。残念に思う。「恨事」「痛恨」

下つき 遺恨・怨恨・悔恨・多恨・長恨・痛恨・離恨

【恨み▵辛み】うらみ つらみ　さまざまなうらみ。いろいろなうらみごと。「今までの―をぶちまける」

【恨む】うら-む　①相手の仕打ちに対して不満や不快感をいつまでももち続ける。「人に―まれる覚えはない」②思いどおりにならないことを残念に思う。「自分の情けなさを―む」「わが身の不運を―む」

【恨めしい】うら-めしい　①うらみたい気持ちである。「そんなに―い顔をするな」②思いどおりにならなくて残念だ。「株価の下落が―い」

【恨事】コンジ　きわめて残念な事柄。うらめしい出来事。痛恨事。

コン【狼】(9) 犭6　1　6435 6043　音 コン　訓 かむ・もとる

意味 ①かむ。②もとる。さからう。ねじける。「狼恣」③はなはだ。

【▵狼る】もと-る　強情を張ってさからう。ひねくれてさからう。表記「很る」とも書く。

コン【悃】(10) 忄7　1　5593 577D　音 コン　訓 まこと・まごころ

意味 まこと。まごころ。「悃誠」類懇

【▵悃願】コンガン　心から望み願うこと。表記「懇願」とも書く。

【▵悃▵悃】コンコン　心をこめて、誠実に行うさま。「―と説く」表記「懇懇」とも書く。

【▵悃誠】コンセイ　真心がこもっていること。表記「懇誠」とも書く。

コン【根】(10) 木6 常 教 8　2612 3A2C　音 コン　訓 ね

筆順 一 十 オ 木 朩 村 村 相 根 根

意味 ①草木のね。「球根」②物のねもと。ねざすところ。おおもと。よりどころ。「根源」「病根」③物事を認識するはたらき。「五根」「六根」④こん。(ア)がんばり。気分。「根気」「精根」(イ)数学で、ある数を何乗かして得た数に対するもとの数。また、方程式を満たす未知数の値。

下つき 塊根・禍根・気根・球根・菜根・宿根・性根・精根・舌根・草根・大根・同根・病根・蓮根

【根幹】コンカン　木の根と幹。転じて、物事の大切な部分。「この学説の―をなす部分」類根本 対枝葉

【根気】コンキ　一つのことを続けていくねばり強い気力。「―が続かない」

〖根気の鉢巻〗ハチまき　根気に根気をつみ重ねて物事を行うこと。このうえなくねばり強く頑張ること。

【根拠】コンキョ　①よりどころ。物事を成り立たせるもとになるもの。「まったく―のない話だ」②活動するための本拠。ねじろ。「―地」

【根茎】コンケイ　①根と茎。②地下茎の一種で、地中や地表を根のように横にはう茎。タケやハスなどに見られる。

【根源・根原・根元】コンゲン　物事の成り立つもとになる事柄。おおもと。「西欧思想の―」類根本

【根号】コンゴウ　数学で、ある数の累乗根を表す記号。ルート。

【根菜類】コンサイルイ　根や地下茎を食用とする目的で栽培される野菜の総称。サトイモ・ダイコン・ゴボウなど。対果菜類・葉菜類

【根治】コンジ　病気を根本からなおすこと。また、なおること。類完治 参考「コンチ」とも読む。

【根性】コンジョウ　①人が生まれつきもっている気性。根本的な性質。「―を入れ替える」②困難や苦労にくじけない強い性質。「選手の―を鍛える」

〖根性に似せて家を作る〗いえ　人はそれぞれの才能や力量に見合った暮らしをするものだということ。類蟹は甲羅に似せて穴を掘る

【根絶】コンゼツ　根本から徹底的になくすこと。根だやし。「凶悪事件を―する」

【根底】コンテイ　物事が成りたつ土台となるもの。根抵。「彼の理論は―からくつがえされた」書きかえ「根柢」の書きかえ字。

【根▵柢】コンテイ　▼書きかえ 根底

【根毛】コンモウ　植物の根の先端部分の表皮細胞が毛のようになったもの。土壌中の水分や養分を吸収するところ。

【根粒・根▵瘤】コンリュウ　細菌が植物の根に侵入した刺激によってできる粒状またはこぶ状の塊。

【根】ね　①植物の器官の一つ。多くは地中にあり、水分や栄養分を吸収する部分。②物事のもととなる部分。根本。「―が深い問題」

【根方】ねかた　①植物のねもと。「柳の―」②物の下のほう。

【根から】ね-から　①生まれつき。もとから。「彼は―の商売人だ」②否定や打ち消しの語を伴って、まったく。少しも。「―信じない」参考「ねっから」ともいう。

【根▵刮ぎ】ねこそぎ　①根のついたまま抜き取ること。根こぎ。②残らず。全部。「―奪われる」

【根締め】ねじめ　移植した草木の周囲の土をしっかりと固めること。また、生け花や庭木の根元に添える草花。

【根城】ねじろ　①大将がいて本拠となる城。類居城・本城 対出城 ②活動の根拠と

なる所。「山賊どもの―」

【根太】ねだ 床板を支えるため、床下にわたしてある横木。

【根絶やし】ねだやし ①植物を根から取り去り、もう生えないようにすること。②根本まで除き去り、絶やすこと。根絶すること。「悪弊を―にする」

【根っ木打ち】ねっきうち とがった棒や釘(くぎ)を地面に打ちこみ、相手のものを倒したほうが勝ちとなる子どもの遊び。季冬

【根強い】ねづよい 根が深くて強く、簡単に動かない。転じて、物事が容易に動じない。「ビル建設への―い抵抗」「―い人気がある」

【根抵当】ねテイトウ 抵当権の一種。担保物が負担する最高限度額を設定し、債権をその限度額内で担保するもの。

【根深】ねぶか ネギの別称。季冬

【根深い】ねぶかい ①根が土中に深く張っている。②原因が深いところにあり、簡単に取り除けない。「二人の確執は―い」

【根回し】ねまわし ①木の周囲を掘ることで根を切り、ひげ根を多く発生させること。木を移植しやすくするために行う。②物事を実現しやすくするために、前もって関係者に話をつけておくこと。「会議の―はできている」

【根元・根本】ねもと ①草木の根の部分。②事物の基盤となるところ。「問題の―を探る」参考②「根元」は「コンゲン」、「根本」は「コンポン」とも読む。

【根雪】ねゆき 豪雪地方で、降り積もってかたくなり、春まで解けない雪。季冬

コン【衮】

(10) 衣 4 1 音 コン 訓

〔袞〕 7449 6A51

意味 竜の縫取り模様のある天子の礼服。「袞衣」 参考 公で着る衣の意を表す字。

下つき 竜袞(リョウコン)

【袞衣】コンイ 「袞竜(コンリョウ)の御衣(ギョイ)」の略。竜の刺繍(シシュウ)がほどこされた天子の衣服。参考「コンエ」とも読む。

【袞冕】コンベン 天子の礼服と礼服を着たときにかぶる冠。

【袞竜】コンリョウ 竜が縫い取られた天子の礼服。「―の袖(そで)に隠れる(天子の権威の陰で勝手に振る舞う)」

コン【婚】

(11) 女 8 常 4 2607 3A27 音 コン 訓

筆順  11

意味 夫婦になる。縁組みをする。よめとり。むことり。「婚姻」「婚礼」「結婚」

下つき 既婚(キコン)・求婚(キュウコン)・結婚(ケッコン)・再婚(サイコン)・初婚(ショコン)・新婚(シンコン)・早婚(ソウコン)・晩婚(バンコン)・未婚(ミコン)・離婚(リコン)

【婚姻】コンイン ①結婚すること。夫婦になること。男女が縁組みをすること。類結婚 ②男女が法律上、正式に結婚すること。「役所に―届を出す」「―適齢」

【婚家】コンカ 嫁入りまたは婿入りした先の家。対実家・生家

【婚期】コンキ 結婚する時期。また、結婚するのに適した年ごろ。

【婚儀】コンギ 結婚の儀式。「両家の―をとり行う」類婚礼

【婚前】コンゼン 結婚する前。「―旅行」

【婚約】コンヤク 結婚の約束をすること。また、その約束。「―指輪を贈る」

【婚礼】コンレイ 結婚の儀式。結婚式。「今春―が行われる予定だ」類婚儀・祝言(シュウゲン)

〈婚星〉よばいぼし 流れ星。季秋 表記「夜這星」とも書く。

コン【崑】

(11) 山 8 1 5434 5642 音 コン 訓

意味 山の名「崑崙(コンロン)」に用いられる字。「崑丘」

【崑曲】コンキョク 中国古典劇の一つ。明(ミン)末から清(シン)代にかけて流行。京劇にも大きな影響を与えた。崑劇。

【崑崙】コンロン ①中国西方の伝説上の霊山。仙女がすみ、美しい玉がとれたという。黄河の源とされた。崑山。②「崑崙山脈」の略。中国、チベット高原の北方を東西に走る大山脈。長江の源。クンルン山脈。

〖崑崙火を失(シッ)して玉石(ギョクセキ)倶(とも)に焚(や)く〗 価値の高いものも低いものも、同じようになくなってしまうことのたとえ。また、善人も悪人も区別なくわざわいを受けるたとえ。崑崙山に火災が起これば、貴重な玉(たま)も価値のない石ころも、一緒に焼けて失われてしまう意から。〈『書経』〉参考「玉石倶に焚く」ともいう。

コン【梱】

(11) 木 7 準1 2613 3A2D 音 コン 訓 しきみ・こり・こうり

意味 ①しきみ。門や部屋の内外のしきり。②しばる。たばねる。「梱包」③こり。こうり(行李)。竹やヤナギの枝で編んだかご。また、包装した荷物やそれを数える語。

【梱】こり ①荷造りした荷物。また、それを数える単位。「綿花三―」②竹やヤナギの枝で編み、衣類などを入れる入れ物。行李(コウリ)。参考「こうり」とも読む。

【梱包】コンポウ 包んだものに紐(ひも)や縄をかけて荷造りすること。また、その荷物。「配達商品を―する」

コン【混】

(11) 氵 8 教 常 6 2614 3A2E 音 コン 訓 まじる・まざる・まぜる・こむ

筆順 2 氵 氵 氵 沪 沪 沪 泪 泪 混 混 混

意味 ①まじる。まざる。「混合」「混入」②入り乱れる。まじりあって区別のつかないさま。こみあう。こむ。「混乱」「混雑」③水がわき出るさま。「混混」

〈混合酒〉カクテル 数種類の洋酒に、果汁・香料などを混ぜ合わせた飲み物。

【混む】こ-む 人や物が混じり合って詰まっている。混雑する。「駅の構内が―む」表記「込む」とも書く。

〈混凝土〉コンクリート セメントに砂・砂利・水などを混ぜて固めたもの。土木建築に用いる。「鉄筋―」

【混血】コンケツ 人種の異なる男女の間に生まれた子に、両方の特色が混じること。また、その子。対純血

【混交】コンコウ 異質のものが入り混じること。「玉石―」書きかえ「混淆」の書きかえ字。

【混淆】コンコウ ▼書きかえ 混交

【混合】コンゴウ 二種類以上のものが混じり合うこと。また、混ぜ合わせること。「―物」

【混在】コンザイ 何種かのものが入り混じって存在すること。「新旧―の文化」

【混雑】コンザツ 多くの人や物が無秩序に集まり、こみあっているさま。「出口が―する」

【混信】コンシン 無線やラジオ・テレビなどで他局の電波が混じって受信されること。

【混成】コンセイ さまざまなものを混ぜ合わせてつくること。混じり合ってできあがること。「―チーム」

【混声】コンセイ 男声と女声の組み合わせで歌うこと。「―合唱団」

【混戦】コンセン 敵と味方が入り乱れて戦うこと。また、勝負の行方がわからない戦い。「―を制する」

【混線】コンセン 電信・電話などで他の通信や通話が混じること。転じて、話の筋がもつれてわからなくなること。

【混然】コンゼン 異質なものが混じり合って区別のつかないさま。「―一体となる」表記「渾然」とも書く。

【混濁】コンダク ①液体などが混じり合い、にごっていること。にごり。「―した水溶液」②記憶や意識などが混乱してはっきりしないこと。「意識の―が激しい」表記「溷濁」とも書く。

【混同】コンドウ 本来異なる物事をひとつにしてしまうこと。また、区別をはっきりさせないこと。「公私―してはいけない」

【混沌】コントン ①入り混じってもやもやした状態。「―とした政局」「―たる形勢」②天地創造以前のようす。カオス。類渾然 表記「渾沌」とも書く。

【混入】コンニュウ 別のものが混じって入ること。また、混ぜこむこと。「異物を―する」

【混紡】コンボウ 種類の異なる繊維を混ぜて糸をつむぐこと。「綿と毛の―」

【混迷】コンメイ ①物事が入りくんで見通しがつかない状態。「世界情勢は―している」②道理がわからなくなり、分別がつかなくなること。書きかえ「昏迷」の書きかえ字。

【混用】コンヨウ 混ぜて使用すること。また、混同して使うこと。「漢数字と算用数字の―を避ける」

【混乱】コンラン 入り乱れて秩序がなくなること。「情報が乱れ飛んで―する」

【混和】コンワ よく混じること。よく混ぜ合わせること。「―剤」

【混じる】ま-じる 種類の異なるものが一緒になって区別がつかなくなる。まざる。「鉱石には不純物が―っている」

【混ぜる】ま-ぜる 異なる種類のものを加えて一緒にする。「二種類の薬品を―ぜる」「黄に青を―ぜる」

コン【痕】

(11) 疒 6 常 2 2615 3A2F 音 コン 訓 あと

筆順 丶 亠 广 广 疒 疒 疒 8 疜 痕 痕

意味 ①きずあと。「傷痕」「刀痕」②あと。あとかた。「痕跡」「墨痕」

下つき 血痕(ケッコン)・傷痕(ショウコン)・弾痕(ダンコン)・刀痕(トウコン)・墨痕(ボッコン)

【痕】あと 物事が行われたり存在したりしたのちに残るしるし。特に、傷あと。「手術の―が消えない」

【痕跡・痕迹】コンセキ 物事が以前起きたことを示すあと。「―をとどめる」類形跡

コン【紺】

(11) 糸 5 常 3 2616 3A30 音 コン 訓

筆順 〈 幺 幺 糸 6 糸 糸 紅 紺 紺 紺 紺

意味 こん色。紫がかったこい青色。「紺碧(コンペキ)」

下つき 紫紺(シコン)・濃紺(ノウコン)

【紺屋】コウや 染め物屋。また、染め物を職業とする人。参考「コウ」は「コン」の転。「コンや」とも読む。

〖紺屋の白袴(しろばかま)〗他人のためにばかり忙しくて、自分のためには何もできないたとえ。由来 染め物が専門の紺屋が白い袴をはいていることから。類 医者の不養生・髪結い髪結わず

【紺青】コンジョウ 鮮やかな藍(あい)色。またその色の顔料。「―の海が眼下に広がる」

【紺碧】コンペキ やや黒みがかった深みのある青色。「―の空と海」

コン【菎】

(11) 艹 8 1 7234 6842 音 コン 訓

意味 ①香草の一種。②「崑蒻（コンニャク）」に用いられる字。
参考 「崑蒻」は「蒟蒻」の誤字。

【崑▲蒻】コンニャク サトイモ科の多年草。▼蒟蒻（コンニャク）（五三九）

コン【棍】(12) 木8 1 5994 5B7E 音 コン 訓 つえ・ぼう・わるもの

意味 ①つえ。ぼう。木の棒。「棍棒」②わるもの。ならずもの。「棍徒」

【棍棒】コンボウ ①丸い木の棒。「—を振りまわす」②体操競技で使用する、とっくり形の木の棒。インディアンクラブ。

コン【渾】★ (12) 氵9 1 6253 5E55 音 コン 訓 まじる・にごる・すべて

意味 ①水がわき出て盛んに流れるさま。「渾渾」「雄渾」類滾（コン）②まじる。にごる。まじりあう。「渾沌（コントン）」類混・溷③すべて。まったく。「渾身」「渾碧（コンペキ）」④す（統）べる。ひとまとめにする。

下つき 雄渾（ユウコン）

〈渾名〉あだな 本名とは別に、親しみやからかいの気持ちを込めて、その人の特徴をとらえてつける名。ニックネーム。参考「コンメイ」とも読む。表記「綽名・諢名」とも書く。

【渾▲渾】コンコン 水が絶えず湧き出るさま。表記「滾滾」とも書く。

【渾身】コンシン からだ全体。全身。「—の力で打つ」「—の力をふりしぼる」類満身

【渾然】コンゼン 異なったものが一つに溶け合っているさま。表記「混然」とも書く。

【渾然一体】コンゼンイッタイ 別々のものが溶け合って一つのものになっていること。

【渾沌】コントン ①この世の初め、天と地が入り混じっていた状態。②入り混じって区別がはっきりしないさま。表記「混沌」とも書く。

【渾て】すべて まったく。すっかり。残らず。みんなひっくるめて。

【渾る】にごる いろいろなものが混じり合って、きたなくなる。「川の水が—る」

コン【焜】(12) 火8 1 6367 5F63 音 コン 訓 かがやく・あきらか

意味 ①かがやく。ひかる。「焜燿（コンヨウ）」②あきらか。

【焜く】かがやく 火の光がほんのりとかがやく。ひかりかがやく。

【焜炉】コンロ ①持ち運び可能な土や金属製の炊事用加熱器具。「ガス—」②七輪。

コン【壼】(13) 士10 1 5271 5467 音 コン 訓 しきみ

意味 ①宮中の通路。おく（奥）。また、奥に仕える女性。「壼奥」「壼訓」②しきみ。門戸のしきり。参考「壺（コ）」は別字。

コン【溷】(13) 氵10 1 6271 5E67 音 コン 訓 にごる・みだれる・かわや

意味 ①にごる。入りまじる。みだれる。「溷濁」類混②けがれる。けがす。③かわや。便所。「溷廁（コンシ）」④豚小屋。家畜小屋。

【溷濁】コンダク ①入り混じってにごること。②乱れること。混乱すること。表記「混濁」とも書く。

【溷る】にごる いろいろなものが入り混じってきたなくなる。

コン【献】(13) 犬9 常 2405 3825 ▼ケン（四三〇）

コン【蒟】(13) 艹10 1 7271 6867 音 コン・ク

意味 「蒟蒻（コンニャク）（こんにゃく）」に用いられる字。

〈蒟醤〉キンマ ①コショウ科のつる性常緑低木。マレーシア原産。東南アジアなどで栽培され、この木の葉で石灰とビンロウジをくるみ、かんで口中の清涼剤とする。②「蒟醤塗」の略。

〈蒟醤〉塗 キンマぬり タイ・ミャンマー産の漆器。タケで編んだ素地に数回漆を塗り、その上に模様を彫り、色漆を塗りこんで研ぎ出したもの。

【蒟蒻】コンニャク ①サトイモ科の多年草。インドシナ原産で、食用に栽培。地下茎から太く長い葉柄を一本出し、羽状の葉をつける。地下茎は大きな球形。②①の地下茎を粉にしたものを加工し、固めた食品。由来「蒟蒻」は漢名から。表記「崑蒻」とも書く。

【蒟蒻で石垣を築く】実現不可能なことのたとえ。類竿竹（さおだけ）で星を打つ

コン【跟】(13) 𧾷6 1 7680 6C70 音 コン 訓 くびす・かかと・したがう・つける

意味 ①くびす。きびす。かかと。「跟腱（コンケン）」②したがう。人のあとについていく。「跟随」

【跟】くびす 足の裏の後部。かかと。「—を返して立ち去る」参考「きびす」とも読む。

【跟随】コンズイ 人を頼り、後ろについていくこと。また、従者。類追随

コン【滾】(14) 氵11 1 6288 5E78 音 コン 訓 たぎる

意味 たぎる。わきたつ。水がわき出て盛んに流れるさま。「滾滾」類渾（コン）

【滾滾】コンコン 水などが尽きずにあふれでるさま。「—と泉が湧く」表記「渾渾」とも書く。

【滾る】たぎる ①水しぶきがあがり、勢いよく流れる。②沸騰し、わき立つ。「やかんの湯が—る」③感情などがわきあがる。「血が—る」

コン【褌】★ (14) 衤9 1 7478 6A6E 音 コン 訓 ふんどし・みつ・したばかま

意味 ①ふんどし。まわし。したおび。「緊褌」②したばかま。ももひき。

下つき 緊褌(キンコン)

【褌】ふんどし 男性の陰部をおおう細長い布。下帯。「―を締める」

〈褌祝〉へこいわい 九州地方の成年式。一三歳前後に、男の子は褌(ふんどし)を、女の子は腰巻きを初めて着けて祝う。

【褌】みつ ふんどしをしめたときに、横と縦の布が交わる部分。また、相撲で、まわしのこと。「前―をとる」

コン【魂】

(14) 鬼 4 常 3 2618 3A32 音 コン 訓 たましい 外 たま

筆順 2 … 6 … 12 … 14 魂

意味 ①たましい。人の生命をつかさどる精気。「魂魄(コンパク)」「霊魂」対魄(ハク) ②こころ。思い。精神。「魂胆」「商魂」

下つき 英魂(エイコン)・招魂(ショウコン)・消魂(ショウコン)・商魂(ショウコン)・心魂(シンコン)・神魂(シンコン)・精魂(セイコン)・忠魂(チュウコン)・鎮魂(チンコン)・闘魂(トウコン)・入魂(ニュウコン・ジッコン)・幽魂(ユウコン)・霊魂(レイコン)

【魂胆】コンタン ①よくない意図。計画。たくらみ。「裏に―がある」②複雑な事情。こみ入ったわけ。

【魂魄】コンパク 死者のたましい。霊魂。「―この世にとどまりて」

【魂】たま 霊魂。「御み―祭り」参考「たましい」とも読む。

【魂消る】たまげる びっくりする。「あまりに高価で―げた」由来 びっくりして魂が消える意から。

【魂】たましい ①肉体に宿り、精神のはたらきを支配するとされるもの。霊魂。②気力。精神。「―をこめて書をかく」③素質。天分。「三つ子の―百まで」参考 ①「たま」とも読む。

【魂祭り】たままつり 先祖の霊を、家に迎えてまつる行事。特に、盂蘭盆会(ウラボンエ)の仏事。季秋

コン【墾】

(16) 土13 常 3 2606 3A26 音 コン 訓 外 ひらく

筆順 4 … 7 … 10 … 墾

意味 ひらく。荒れ地を切り開く。「墾田」

下つき 開墾(カイコン)・新墾(シンコン)

【墾田】コンデン 律令(リツリョウ)制で、新たに切り開いた田畑。はりた。「―永年私財法」

〈墾道〉はりみち 新しく切り開かれた道。新道。

【墾く】ひらく 土地を掘り起こす。荒地などを切り開いて耕す。開墾する。「田畑を―く」

コン【諢】

(16) 言9 1 7568 6B64 音 コン・ゴン 訓 たわむれ・おどけ

意味 たわむれる。たわむれごと。おどけ。「諢名」

【諢名】コンメイ あだな。ニックネーム。表記「渾名」とも書く。

コン【懇】

(17) 心13 常 準2 2609 3A29 音 コン 訓 ねんごろ 高

筆順 4 … 7 … 10 … 17 懇

意味 ねんごろ。①まごころをつくす。心をこめてする。「懇願」「懇切」類悃(コン) ②うちとける。したしくする。「懇親」「別懇」

下つき 昵懇(ジッコン)・誠懇(セイコン)・別懇(ベッコン)

【懇意】コンイ 親しくつきあっている間柄であること。「―にしている隣人」類昵懇(ジッコン)

【懇願】コンガン 心から望み願うこと。「協力を―する」表記「悃願」とも書く。

【懇懇】コンコン くりかえしていねいに説くさま。「―とさとす」表記「悃悃」とも書く。

【懇書】コンショ 心を尽くした丁重な手紙。また、相手の手紙に対する敬称。

【懇情】コンジョウ 親切な心づかい。「ご―をたまわる」類厚情・懇志

【懇親】コンシン 心から親しみ合うこと。「―会に出席する」類親睦(シンボク)

【懇請】コンセイ 心を尽くしてひたすら頼むこと。「―がついに実る」

【懇切】コンセツ 心を尽くし、行き届いて親切なさま。「―丁寧に説明する」

【懇談】コンダン 打ち解けあって親しく話すこと。「PTAのクラス―会」類懇話・歓談

【懇到切至】コントウセッシ 真心から親切を尽くすこと。また、真心を尽くして言い聞かせたり忠告したりすること。「懇到」も「切至」も、親切で十分に行き届く意。〈『言志録(ゲンシロク)』〉類懇切周到・懇切丁寧

【懇篤】コントク 心がこもって行き届いているさま。ねんごろなさま。類懇切・親切

【懇望】コンボウ 心から切に望むこと。「会長の出席を―する」類懇願・熱望 参考「コンモウ」とも読む。

【懇話】コンワ 心から打ち解けて親しく話し合うこと。「講師を囲む―会」類懇談

【懇ろ】ねんごろ ①真心を尽くすさま。人に親切でていねいなさま。「客を―にもてなす」②親しみ合うさま。また、男女がとてもむつまじいさま。「―な仲になる」

コン【鯀】

(18) 魚7 1 8233 7241 音 コン 訓

意味 ①大きい魚。類鯤(コン) ②中国、夏(カ)王朝の禹王(ウオウ)の父の名。

コン【鯤】

(19) 魚8 1 8242 724A 音 コン 訓

意味 ①はららご。魚のたまご。②想像上の大魚の名。「鯤鵬(コンホウ)」類鰥(カン)

【鯤鵬】コンホウ 果てしなく大きいもののたとえ。参考「鯤」は伝説上の大魚、「鵬」は

こ コン

伝説上の大鳥の意。

コン【鶤】(20) 鳥 9 1 8314 732E 音 コン 訓 とうまる・しゃも

意味 鳥の名。とうまる(唐丸)。大形のニワトリ。しゃも(軍鶏)。

【〈鶤鶏〉】とうまる ニワトリの一品種。体は大きく羽毛は黒色。良い声で長く鳴く。新潟県で改良された。表記「唐丸」とも書く。

ゴン【言】(7) 言0 教 2432 3840 ▼ゲン(四三九)

ゴン【▲欣】(8) 欠4 2253 3655 ▼キン(三五五)

ゴン【勤】(12) 力10 教 2248 3650 ▼キン(三六〇)

ゴン【権】(15) 木11 教 2402 3822 ▼ケン(四三二)

ゴン【厳】(17) ⺍14 教 2423 3837 ▼ゲン(四四五)

さ 左 サ 散

サ【★叉】(3) 又1 準1 2621 3A35 音 サ・シャ 訓 また・さす・こまぬく・こまねく

意味 ①また。ふたまた。「音叉」②さすまた。先が分かれた、物をさしとる道具。やす。③さす。さしはさむ。類 ②③ 扠 ④くむ。腕を組む。こまぬく。こまねく。「叉手」

書きかえ 「差」に書きかえられるものがある。

下つき 音叉オン・交叉コウ・三叉サン・夜叉ヤシャ

【〈▲叉倉〉】あぜくら 柱を使わず、三角形などの材木を井桁いげた状に組み上げて壁にした倉。表記「校倉」とも書く。

【叉△手】サシュ ①両手を組み合わせること。②手出しをしないこと。類 ①②拱手キョウシュ ③切妻屋根で、材を合掌ガッショウ形に組んだもの。表記 ③「扠首」とも書く。参考「サシュ」とも読む。

【叉手網】さであみ 魚をすくう網の一種。二本の竹などを交差させ、わくを三角の形にして、袋状に網を張って柄をつけたもの。また、竹などの輪に網を張って柄をつけたもの。さで。

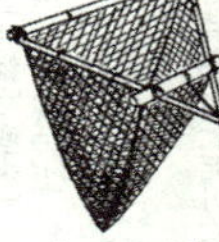
〔叉手網さであみ〕

【▲叉△焼】チャーシュー 中国料理で、豚肉のかたまりをひもでしばってたれに漬け、天火で焼いたもの。焼き豚。参考 中国語から。

【▲叉】また 一つのものの先が、二つ以上に分かれているところ。また、そのような形。「三つ―ソケット」

サ【乍】(5) ノ4 準1 3867 4663 音 サ 訓 ながら・たちまち

意味 ①ながら。…しつつ。…したり、…したり。②たちまち。にわかに。

【▲乍ち】たちまち 非常に短時間のうちに事が行われるさま。急に。すぐに。「―売り切れる」「―満員になる」

【▲乍ら】ながら ①…つつ。二つの動作が並行して行われることを表す。「音楽を聞き―食事をする」②…ではあるが。…なのに。二つの異なる事柄を結ぶ。「我―りっぱな出来だと思う」「知ってい―知らないそぶり」

サ【左】(5) 工2 教 常 10 2624 3A38 音 サ 訓 ひだり

筆順 一 ナ ナ ナ 左

意味 ①ひだり。「左岸」「左折」②うとんじる。下の地位。「左遷」③たすける。「左輔」類 佐 ④しるし。あかし。「証左」⑤進歩的、革新的である。「左派」「極左」対 ①⑤右 参考 昔の中国では右のほうを尊んだことから「左」に②の意味がある。⑤は、フランス革命時、議会で急進派が左側の席を占めたことによる。また、「左」の草書体が平仮名の「さ」になった。

下つき 極左キョク・験左ケン・江左コウ・証左ショウ

【左官】サカン 壁を塗る職人。泥工デイコウ。由来 宮中の修理に職人を呼んだ際、木工寮の属さかんとして出入りさせたことから。参考「シャカン」とも読む。

【左岸】サガン 川の下流に向かって、左側の岸辺。対 右岸

【左義長】サギチョウ 小正月中心に宮中で行われる厄除やくよけの火祭り。民間では、門松やしめかざり・書き初めなどを集めて焼く。どんど焼き。どんど。季 新年 表記「三毬杖」とも書く。

【左傾】サケイ ①物体が左のほうに傾くこと。②思想などが、社会主義・共産主義など左翼的に傾くこと。左翼化。対 ①②右傾

【左舷】サゲン 船尾から船首に向かって左側の船べり。対 右舷

【左顧右▲眄】サコウベン ▼右顧左眄ウコサベン(六九)

【左△近】サコン 「左近衛府サコンエフ」の略。近衛このえ府の一つで、宮中の警備などに当たった役所。「―の桜」対 右近 由来 南に向かって、大内裏ダイダイリの左側(東方)にあったことから。

【左▲衽】サジン 衣服の右襟を上にして着ること。左前ひだりまえ。参考 中国では、右前を漢民族の習俗、左前を蛮族バンゾクの習俗とした。

【左遷】サセン 地位や役職を、それまでよりも低いものに格下げすること。また、遠隔地に転任させること。由来 昔の中国では右を尊んだことから「左」は下げる・くだす、「遷」は移す意。《史記》「地方支店に―される」対 栄転

【左▲袒】サタン 人の意見に賛成して、味方をすること。「袒」は衣の袖そでを脱いで肩を現すこと。故事 中国、漢の太尉の周勃シュウボツが帝室劉氏リュウシを守って、権勢を振るっていた呂太后リョタイゴウの呂氏一族を討とうとしたとき、全軍に向かって呂氏に

味方する者は右袒せよ、劉氏に味方する者は左袒せよと言い、全員が左袒した故事による。〈『史記』〉

【左提右挈】サテイユウケツ 互いに手をとりあって助けあうこと。左にさげ、右にたずさえる意から。〈『漢書』〉 参考「左提右携」ともいう。

【左党】サトウ ①左翼政党。革新的な主張をかかげる政党。②酒が好きな人。酒飲み。類辛党・左利き 対①②右党 参考②「ひだりトウ」とも読む。

【左右】サユウ ①ひだりと、みぎ。「船が―にゆれる」②そば。また、そば近くに仕える者。「―に質す」③意見や態度をはっきりさせないこと。「言を―にする」④他に影響を与え、支配すること。「一生を―する出来事」

【左様】サヨウ そのとおり。そうだ。「―にいたします」「―、ごもっとも」 表記「然様」とも書く。

【左翼】サヨク ①鳥や飛行機などの左のつばさ。②隊列など左右に広がっているものの左側。③急進的・革命的な思想。特に、社会主義・共産主義の立場の人や団体。「―陣営」④野球で、本塁から見て外野の左のほう。レフト。対①〜④右翼 由来③フランス革命後、議会で議長席から見て左側の席に急進派がいたことから。

【左官】シャカン 「左官」に同じ。

【〈左右〉】とかく ①あれこれ。「―するうちに」②ややもすると。「―失敗しがちだ」③いずれにせよ。「―世間はうるさい」 表記「兎角」とも書く。

【〈左見右見〉】とみこうみ あっちを見たり、こっちを見たりすること。また、至る所に気を配ること。「いぶかしげに―する」 参考「と」「こう(「かく」の転)」はともに副詞で、そのように・このようにの意。

【〈左義長〉】どんど 「左義長」に同じ。

【左】ひだり ①東を向いて北に当たるほう。②昔の官職で、同職の上位のほう。「―の大臣」③政治的・思想的な左翼。対①〜③右

【左〈団扇〉で暮らす】ひだりうちわでくらす 左手でゆったり団扇をつかう意から、仕事をしないで安楽に暮らすこと。「―結構なご身分」

【左褄】ひだりづま ①着物の左のつま。②芸者の別称。由来②歩くとき左手で着物のつまをもつことから。

【〈左手〉】ゆんで ①弓を持つ手。左の手。②左の方向。対①②馬手・右手 由来弓を左の手で持つことから。 表記「弓手」とも書く。

サ【再】(6) 冂4 教 2638 3A46 ▼サイ(五四九)

サ【扠】(6) 扌3 1 5713 592D 音サ 訓さす・はさみとる・やす・さて

意味 ①さ(刺)す。はさみとる。②やす。水中の魚をつきさしてとる道具。③さて。話を転じるときの接続詞。類扠

【扠首】サス 切妻屋根の両端に、棟木などを支えるために、合掌形に組んだ材。社寺などに見られる。表記「叉手」とも書く。

【扠】さて ところで。続けてきた話の話題を変えるときに用いる語。「―、話は変わりますが」 表記「扨・偖」とも書く。

サ【些】(7) 二5 準1 2619 3A33 音サ 訓いささか・すこし

意味 いささか。わずか。すこし。「些細」「些少」

【些か】いささか すこしばかり。わずか。「―言い過ぎたようだ」

【些些】ササ わずかなさま。すこしばかり。「―たる仕送り」 類些少

【些細】ササイ 細かく小さいさま。取るに足りないさま。「―な用事ですがよろしく」 表記「瑣細」とも書く。

【些事】サジ つまらないこと。わずかなこと。「日常の―」 表記「瑣事」とも書く。

【些少】サショウ わずか。すこし。「―ですがお礼の気持ちです」 類些些

【些末】サマツ 重要でないこと。取るに足りないこと。また、そのさま。「―な事柄にこだわる」 類些細 表記「瑣末」とも書く。

【些し】すこし わずか。いささか。「これには―驚いた」

サ【作】(7) イ5 教 2678 3A6E ▼サク(五六四)

サ【佐】(7) イ5 教 常 7 2620 3A34 音サ 訓外すけ・たすける

筆順 ノ イ 仁 什 佐 佐

意味 ①たすける。手助けする。「佐幕」「補佐」②すけ。昔の官名。次官。③旧軍隊・自衛隊などの「将」の下の階級。「佐官」④「佐渡の国」の略。「佐州」

下つき 王佐・補佐

【佐幕】サバク 江戸時代の末、尊皇討幕に反対し、徳川幕府に協力したこと。また、その一派。「佐」はたすける、「幕」は幕府の意。「―派」 対勤王・尊王

【佐】すけ 律令制における四等官の第二位。長官を補佐した。 参考役所によって「輔・介・助」などと書いた。

【佐ける】たすける わきからささえる。手助けする。補佐する。

サ【岔】(7) 山4 1 5411 562B 音サ・タ 訓

意味 山の分かれる所。また、道の分かれる所。 参考「山の分かれ」の意を表す字。

サ【沙】(7) 氵4 常 2 2627 3A3B 音サ 外シャ 訓外すな・みぎわ・よなげる

さ サ

筆順 、 ⺀ 氵 氵丨 氵刂 氵小 沙

意味 ①すな。いさご。「沙汀サテイ」 ②みぎわ。水辺の砂地。③よなげる。水中で洗ってよりわける。「沙汰サタ」 ④梵語ボンゴの音訳に用いられる。「沙羅双樹」

書きかえ ①「砂」に書きかえられるものがある。

下つき 黄沙コウサ・泥沙デイサ・流沙リュウサ・リュウシャ

【〈沙子〉】いさご 石のきわめて細かいもの。すな。まさご。表記「沙・砂・砂子」とも書く。

【〈沙蚕〉】ごかい ゴカイ科の環形動物。河口付近の泥底にすむ。体はムカデに似る。釣りのえさにする。

【〈沙穀〉・椰子】さごやし ヤシ科の常緑高木。マレーシアに自生。幹からとれるでんぷんは「沙穀サゴ」と呼ばれ、食用。参考「サゴ」はマレー語から。

【沙▲塵】サジン すなぼこり。すなけむり。「車は―を巻き起こして消えた」表記「砂塵」とも書く。

【沙汰】サタ ①知らせ。消息。「ご無―しております」②さばき。処置。「地獄の―も金次第」③おこない。事件。「正気の―とは思えない」「色恋―」④うわさ。評判。「世間の―」⑤指図。命令。「追って―する」

【沙中偶語】サチュウグウゴ 臣下が謀反ムホンの相談をすること。「偶語」は相談の意。故事 中国、漢の高祖が功臣を選んで大名にした際、選にもれた者たちが、人気のない砂地で語りあい、不穏な空気を漂わせた故事から。〈『史記』〉

【沙漠】サバク 降雨量が非常に少なく、植物がほとんど育たない、砂と岩からなる広大な地域。表記「砂漠」とも書く。

【沙羅双樹】サラソウジュ 釈迦シャカが入滅ニュウメツのとき、病床の四方に二本ずつあったという沙羅の木。釈迦の入滅とともに、白く枯れたという。「沙羅」はフタバガキ科の常緑高木。インド原産で三〇㍍にも達する。表記「娑羅双樹」とも書く。参考「シャラソウジュ」とも読む。

【〈沙翁〉】シェークスピア イギリスの代表的な劇作家。詩人としても著名。一六世紀後半から一七世紀初めにかけて活動し、「ハムレット」「オセロ」「リア王」「マクベス」の四大悲劇のほか、「ロミオとジュリエット」「ベニスの商人」など、多くの傑作を残した。

【△沙△弥】シャミ 仏 仏門に入ったばかりの僧。参考「サミ」とも読む。女性の場合は「沙弥尼シャミニ」という。

【△沙△弥から長老にはなれぬ】 物事には順序や段階があり、それを順に踏んでいかなければ上位に上がれないということ。「長老」は学徳のすぐれた高僧の意。禅宗では、住職の称に用いる。参考「長老なるも沙弥を経ヘる」ともいう。

【△沙門】シャモン 仏 出家して仏門に入り、修行する人。僧。参考「サモン」とも読む。

【△沙】すな 岩石などの非常に細かい粒。まさご。いさご。すなご。表記「砂」とも書く。

【〈△沙魚〉】はぜ ハゼ科の魚の総称。▼鯊はぜ(五四七)

【△沙げる】よなげる 細かいものを水に入れてより分け、必要のないものや悪いものを取り除く。

サ【査】

(9) 木 5 教 常 6 2626 3A3A

音 サ 訓 外 しらべる

筆順 一 十 才 木 木 杏 杳 杳 査

意味 しらべる。考える。明らかにする。「査察」「査問」「調査」

下つき 検査ケンサ・考査コウサ・巡査ジュンサ・審査シンサ・捜査ソウサ・探査タンサ・調査チョウサ・踏査トウサ

【査閲】サエツ ①実際に調査してみること。②軍事教育の成果を実地に調べること。

【査察】ササツ 行政などが規定どおりに行われているか、実際に出向いて調べること。「現場を―する」

【査収】サシュウ 金銭や品物や書類などを、調べて受け取ること。「製品を―する」

【査証】サショウ ①調査し証明すること。②旅券(パスポート)の裏書き。ビザ。

【査定】サテイ 調査したうえで等級や金額・合否などを決めること。「昇給の―を行う」

【査問】サモン 事件の関係者などを、調べて問いただすこと。「―を受ける」

【△査べる】しらべる 探って明らかにする。調査する。「よく―べて提出する」

サ【柤】

(9) 木 5 1 5947 5B4F

音 サ 訓 てすり

意味 ①さんざし(山査子)。バラ科の落葉低木。②てすり。

サ【砂】

(9) 石 4 教 常 5 2629 3A3D

音 サ・シャ 中 訓 すな 外 いさご

筆順 一 ア 不 石 石 石丨 石小 砂 砂

意味 ①すな。いさご。「砂丘」「土砂」②細かい粒状のもの。「砂糖」

書きかえ ①「沙サ」の書きかえ字として用いられるものがある。

下つき 金砂キンシャ・銀砂ギンシャ・黄砂コウサ・土砂ドシャ・熱砂ネッサ・ネッシャ・白砂ハクサ・ハクシャ・流砂リュウサ・リュウシャ

【△砂】いさご 「砂すな」に同じ。

【砂丘】サキュウ 風に運ばれた砂が積もってできた丘。海岸砂丘と内陸砂丘がある。

【砂金】サキン 砂や小石の中に粒状にある自然の金。金鉱脈の風化・浸食によって川床や海岸に流出し、沈積したもの。表記「沙金」とも書く。参考「シャキン・すながね」とも読む。

さ サ

【砂嘴】サシ 潮流・風などの作用で、砂地が湾の一方の端から海中に細長く堆積タイセキして堤状になったもの。駿河湾するがわんの三保の松原が有名。参考「嘴」はくちばしの意。

【砂上の楼閣】サジョウのロウカク 見かけはりっぱだが、基礎がもろいために簡単にこわれてしまうたとえ。また、空想するだけで実現不可能なことのたとえ。「楼閣」はりっぱな建物。砂の上では、すぐ崩れてしまうことから。参考「砂上」は「空中」ともいう。類空中の楼閣

【砂塵】サジン 砂ぼこり。砂けむり。「—が舞い上がる」表記「沙塵」とも書く。

【砂州・砂洲】サす 風や潮流に運ばれた土砂が堆積タイセキして、河口に近い海岸にできる砂の堤。また、中州。

【砂鉄】サテツ 岩石中の磁鉄鉱が、風化・浸食などにより流れ出し、河底や海底に堆積タイセキしたもの。参考「シャテツ」とも読む。

【砂糖】サトウ 蔗糖ショトウの通称。炭水化物の一つ。水に溶けやすい白色の結晶をして、甘味が強く調味料に用いる。サトウキビやサトウダイコンなどからとる。

【砂糖黍】サトウきび イネ科の多年草。東南アジア、またはインド原産といわれる。熱帯・亜熱帯で栽培。茎は高さ約三メートルで、上に円錐エンスイ状の穂をつける。茎のしぼり汁から砂糖を作る。しぼりかすはパルプの原料や飼料用。カンショ。季秋 表記「甘蔗」とも書く。

【砂嚢】サノウ ①砂を入れた袋。すなぶくろ。②鳥類の胃で、前胃の後ろ部分。筋肉が多く、胃壁は強く厚い。中にはのみこんだ砂や小石があり、食物を砕く。筋胃キンイ。すなぎも。

【砂漠】サバク 降雨量が非常に少なく、植物がほとんど育たない砂や岩からなる広大な地域。表記「沙漠」とも書く。

【砂鉢】サハチ 浅くて大型の磁器の鉢。「—料理」由来「あさハチ(浅鉢)」が転じたもの。表記「皿鉢」とも書く。

【砂張】サはり 銅・錫すず・鉛の合金。また、それで作った仏具・皿・鉢など。

【砂防】サボウ 山地や河岸、海岸などの土砂くずれや流出を防ぐこと。また、その設備。「—ダム」「—林」参考「シャボウ」とも読む。

【砂礫】サレキ 砂と小石。類砂石 参考「シャレキ」とも読む。表記「沙礫」とも書く。

〈砂利〉じゃり ①小さく砕けて角がとれた丸い小石。また、小石に砂のまざったもの。「玉—を踏む」②子どもの俗称。参考①「ザリ」とも読む。

【砂】すな 岩石などの非常に細かい粒。まさご。いさご。すなご。「—を嚙かむ思い(あじけない思い)」表記「沙」とも書く。

【砂被り】すなかぶり 相撲で、土俵のすぐ下の観覧席。由来土俵の砂がかかるほど近い意から。

【砂地】すなジ 砂の多い土地。また、砂ばかりの土地。参考「すなチ」とも読む。

【砂滑】すなめり ネズミイルカ科の哺乳ホニュウ動物。インド洋から日本沿岸などに分布。背びれがなく、頭が丸い。瀬戸内海産は天然記念物。由来砂の上を滑すべるように泳ぐことから。

【砂潜】すなもぐり カマツカの別称。コイ科の淡水魚。由来河川の砂底にすむことから。

サ【茶】(9) 艹6 教 3567 4363 ▶チャ(一〇二九)

サ【唆】(10) 口7 常 準2 2622 3A36 音サ 訓そそのかす 高

筆順 丨 ㄇ 口 口' 口ム 口厶 吮 吮 唆 唆

意味 そそのかす。けしかける。「教唆」「示唆」

下つき 教唆キョウサ・示唆シサ

【唆す】そそのかす 相手をおだてたりだましたりして、その気にさせて誘う。特に、悪いほうへ誘うときに使う。「違法行為を—す」

サ【娑】★ (10) 女7 1 5316 5530 音サ・シャ

意味 ①舞うようす。②梵語ボンゴの音訳に用いられる。「娑婆シャバ」

下つき 婆娑バサ

【娑婆】シャバ ①仏この世。人間界。現世。類俗世 ②獄中や兵営などの拘束された世界から見た、外の自由な世界。「—にもどる日が近づいた」

【娑婆気】シャバケ 現世の名誉や利益に執着する心。俗念。しゃばっけ。「なかなか—が抜けない」参考「シャバキ」とも読む。

サ【差】(10) エ7 常 教 7 2625 3A39 音サ 外シ 訓さす 外たがう・つかわす

筆順 丶 丷 ⺷ 䒑 芏 羊 差 差 差 差

意味 ①ちがう。たがう。ひとしくない。くいちがい。「差異」「差別」②へだたり。ひらき。さしひき。「差額」「時差」③つかわす。人をやる。「差遣」「差配」④さす。入れる。

書きかえ「叉サ」の書きかえ字として用いられるものがある。

下つき 級差キュウサ・交差コウサ・誤差ゴサ・時差ジサ・千差センサ・等差トウサ・落差ラクサ

【差異・差違】サイ 他のものと異なる点。ちがい。「たいした—はない」類相違

【差益】サエキ 売買の収支、為替レートの変動などにより生じた利益。「円高—を国内に還元する」対差損

【差額】サガク ある額から別の額を差し引いた金額や数量。「売上げと経費の—」「—を支給する」

【差金】サキン ある額から差し引いて残った金額。「—決済」類差額・残金

【差遣】サケン 使者を送ること。人をつかわすこと。類派遣

【差し金】さしがね ①大工の使う、直角に曲がった金属製の定規。曲尺（かねジャク）。②芝居の小道具の一つ。観客にわからないように、作り物のチョウや小鳥などを操る針金。③かげで人をそそのかし操ること。「余計な—」表記①「矩」とも書く。

【差障り】さしさわり ある事を行うのに、障害となること。さしつかえ。支障。じゃま。「—があるので、発表を控えた」

【差出人】さしだしニン 郵便物などを出す人。対受取人

〈差し支える〉さしつかえる 物事を行う際に、妨げが起きる。都合の悪いことが生じる。差し障り（さわり）がある。「前夜の深酒は仕事に—える」

【差し出がましい】さしでがましい でしゃばっている。出過ぎた態度をとるさま。「—い口をきく」

【差す】さす ①光が当たる。さしこむ。「朝日が—す」②潮が満ちる。「潮が—す」③姿や気持ちがあらわれる。また、表情にあらわれる。「障子に松影が—す」「嫌気が—す」「ほおに赤みが—す」④液体などを入れる。「酒を杯に—す」⑤さしはさむ。「刀を—す」⑥高くかざす。「傘を—す」

【差損】サソン 為替（かわせ）の変動や価格の改定などによる収支の差引きの損失。対差益

【差等】サトウ ある一定の基準によってつける差。等級などのちがい。類等差

【差配】サハイ ①とりしきって指導・指示すること。また、その人。「仕事を—する」②所有者の代理として貸地・貸家の管理をすること。また、その人。

【差別】サベツ ①ある基準に基づいて、扱い方に区別をつけること。また、その区別やちがい。「製品の—化をはかる」②偏見などで、特定の人に対して不利益・不平等な扱いをすること。また、その扱い。「人種—」

サ【紗】(10) 糸4 準1 2851 3C53 音サ・シャ 訓うすぎぬ

意味 うすぎぬ。地の薄い絹織物。「紗障」「更紗」

下つき 錦紗（キンシャ）・更紗（さらサ）・袱紗（フクサ）・羅紗（ラシャ）

【紗】うすぎぬ 織り目の粗い薄い絹織物。細糸で織った軽い絹織物。参考「シャ」とも読む。

【紗綾】サや 平織り地に、四枚綾（あや）で稲妻・菱垣（ひしがき）・卍（まんじ）などの模様を織り出した、光沢のある絹織物。戦国時代から江戸時代の初期にかけて多く用いられた。参考「サあや」とも読む。

【紗綾形】サやがた 卍（まんじ）の形をくずして連ねた模様。由来絹織物の紗綾の模様に多く用いることから。

【紗】シャ 生糸をからみ織りした織物。縦糸二本が横糸一本ごとにからみ合い、織り目が粗く、薄くて軽い。夏物の布地。うすぎぬ。紗織り。季夏

サ【莎】(10) 艹7 1 7221 6835 音サ 訓はますげ

意味 はますげ。カヤツリグサ科の多年草。

〈莎草〉かやつりぐさ カヤツリグサ科の一年草。由来「莎草」は漢名から。▼蚊帳吊草（かやつりぐさ）（一六一）

〈莎草〉ささめ チガヤのようなしなやかな草。編んで蓑（みの）やむしろを作った。

〈莎草〉・〈莎〉はますげ カヤツリグサ科の多年草。季夏 由来「莎草」は漢名から。▼浜菅（はますげ）（一三三三）

サ【梭】(11) 木7 1 5972 5B68 音サ 訓ひ

意味 ひ。機織りで横糸を通す道具。「梭杼（サチョ）」

下つき 鶯梭（オウサ）

〈梭魚〉・〈梭子魚〉かます 海魚。カマス科の総称。由来「梭魚」は漢名からで、機織り機の梭（ひ）に似る魚の意。▼魳（かます）（六二六）

【梭】ひ 機織りの道具。横糸をくぐらせて通す、舟形の管。その中に糸巻きをおさめる。

【梭貝】ひがい ウミウサギガイ科の巻貝。中部以南の太平洋岸に分布。殻の長さは約一〇センチメートル。淡桃色の光沢がある。由来形が機織りの梭に似て、前後に長い突起があることから。

〈梭尾螺〉ほらがい フジツガイ科の巻貝。▼法螺貝（ほらがい）（一四〇三）

サ【渣】(12) 氵9 1 6254 5E56 音サ 訓おり・かす

意味 おり。かす。沈殿物。「渣滓（サシ）」

下つき 残渣（ザンサ）・腐渣（フサ）

【渣滓】サシ 液体の底に沈んでいるかす。沈殿物。おり。

サ【詐】(12) 言5 常 準2 2630 3A3E 音サ 訓(外)いつわる

筆順 2 4 亠 亖 言 言 訁 訐 詐 詐

意味 いつわる。あざむく。だます。「詐欺」「詐称」

下つき 奸詐（カンサ）・詭詐（キサ）・権詐（ケンサ）・巧詐（コウサ）

【詐る】いつわる うそを言って人をだます。あざむく。「病気と—り欠席する」

【詐偽】サギ 真実をいつわること。ごまかし。うそ。

【詐欺】サギ 人をだまして、損害を与えたり違法の利益を得たりすること。ぺてん。

【詐取】サシュ 人をだまして金品をまきあげること。「土地を—して逃走した」

【詐術】サジュツ 人をだますはかりごと。ごまかしの方法や手段。「—を駆使する」

【詐称】サショウ 職業・経歴・氏名などをいつわって言うこと。「学歴を—する」

サ【★嗟】(13) 口10 1 5145 534D 音サ 訓ああ・なげく

意味 ①ああ。悲しんだり感嘆したときに出す声。②なげく。「嗟嘆」「怨嗟」
下つき 怨嗟・咨嗟・嘆嗟・咄嗟

【嗟嘆・嗟歎】サタン ①なげくこと。「我が身の不幸を―する」②感心してほめること。

【嗟来の食】サライのショク 無礼な態度で与えられる食物のこと。〈礼記〉「嗟」は発語の助字。さあ、来てくらえの意。

【嗟く】なげく 感嘆する。また、ためいきをついて悲しむ。

サ【嗄】(13) 口10 1 5146 534E 音 サ 訓 かれる・しわがれる

意味 声がかれる。しわがれる。声がかすれる。「嗄声」

【嗄れる】かれる 声がかすれる。声がしわがれる。「歌いすぎで声が―れた」

【嗄声】サセイ かすれた声。しわがれ声。しゃがれ声。

【嗄れる】しわがれる 声がかすれる。しゃがれる。「―れた声で語る」

サ【嵯】(13) 山10 準1 2623 3A37 音 サ 訓 けわしい

〔嵳〕5445 564D

意味 山がけわしいさま。石がごつごつしているさま。「嵯峨」「嵯嵯」

【嵯峨】サガ ①山などの高くて険しいさま。「―たる孤峰」類 嵯嵯 ②京都市右京区の大堰川東岸の地名。対岸の嵐山とともに、天竜寺や大覚寺などがある名勝地。嵯峨野。

【嵯嵯】ササ 山などの高くて険しいさま。「―としてそびえる岩山」類 嵯峨

サ【搓】(13) 扌10 1 5777 596D 音 サ 訓 よる・もむ

意味 ①よ(縒)る。よじる。ねじり合わせる。②もむ。すりもむ。

【搓る】よる 糸などをひねってすり合わせながらからませる。「こよりを―る」

サ【蓑】★ (13) 艹10 準1 4412 4C2C 音 サ・サイ 訓 みの

意味 みの。かや・すげなどで編んだ、雨や雪を防ぐ外衣。「蓑笠」

【蓑笠】サリュウ みのと、かさ。また、みのを着てかさをかぶること。「釣りをする―の翁」参考「みのかさ」とも読む。

【蓑】みの 茅や菅などを編んでつくった、体をおおうマントのような雨具。

【蓑虫】みのむし ミノガ科のガの幼虫。口から糸を吐き、小枝や葉をつづり合わせて巣を作る。雌は成虫になってもはねがなく、幼虫と同じように巣の中にすむ。季 秋

サ【裟】(13) 衣7 準1 2632 3A40 音 サ

意味 梵語の音訳「袈裟(僧の衣)」に用いられる字。

サ【槎】(14) 木10 1 6044 5C4C 音 サ 訓 いかだ・きる

意味 ①いかだ。「乗槎」②きる。木をななめに切る。「槎牙」
下つき 浮槎

【槎】いかだ 木や竹を並べて縄などで結びつけ、水に浮かべたもの。河川の運輸・交通に用いる。「―で川を下る」

【槎牙】サガ 木や石が角ばって、突き出たりからんだりしているさま。

サ【瑳】(14) 王10 準1 2628 3A3C 音 サ 訓 みがく

意味 ①玉の色が白くあざやかなさま。美しいさま。②みがく。「切瑳」類 磋
下つき 切瑳

【瑳く】みがく ①こすって光沢を出す。②学問・技芸などに励んで上達させる。「料理の腕前を―く」表記「磋く」とも書く。

サ【瑣】(14) 王10 1 6484 6074 音 サ 訓 ちいさい・つらなる・くさり

意味 ①ちいさい。こまかい。くだくだしい。わずらわしい。「瑣細」「煩瑣」②つらなる。また、くさり。「連瑣」類 鎖
下つき 煩瑣・連瑣

【瑣瑣】ササ ①こまかくてわずらわしいさま。②玉の小さい音のさま。

【瑣細】ササイ 取るに足りないさま。わずか。「―な相違」表記「些細」とも書く。

【瑣砕細膩】ササイサイジ 情のこまやかなこと。「瑣砕」は心をこまやかに砕くこと。「細膩」はきめこまかなこと。

【瑣事】サジ つまらないこと。わずかなこと。「―にこだわる」表記「些事」とも書く。

【瑣末】サマツ こまかいこと。取るに足りないこと。「―な事にこだわる」類 些細 表記「些末」とも書く。

【瑣さい】ちいさい こまかい。ささいな。「―い問題は気にしない」

サ【磋】★ (15) 石10 1 6688 6278 音 サ 訓 みがく

意味 みがく。はげむ。つとめる。「切磋」類 瑳
下つき 切磋

【磋く】みがく ①こすってつやを出す。②学問や技芸などを上達させる。「人格を―く」表記「瑳く」とも書く。

サ【簑】(16) 竹10 1 6834 6442 音 サ・サイ 訓 みの

〔簔〕6835 6443

意味 みの。かや・すげなどで編んだ、雨や雪を防ぐ

外衣。「簑笠(サリュウ)」

サ【鮓】(16) 魚5 1 8224 7238 音 サ 訓 すし

意味 ①すし(鮨)。②つけうお。酢・塩・糟(かす)などでつけた魚。

【▲鮓答・▲鮓▲荅】サトウ ウマ・ウシなどの胆石や腸内の結石。解毒剤として用いる。牛黄(ゴオウ)。参考 古代、モンゴル人が雨ごいの儀式に用いた。

【▲鮓】すし ①酢に漬けた魚。また、それに飯を漬けこみ発酵させたもの。なれずし。②酢と調味料をまぜた飯に、魚介類などをのせた食べ物。にぎりずし・ちらしずしなど。表記「鮨」とも書く。

サ【蹉】(17) 𧾷10 1 7702 6D22 音 サ 訓 つまずく

意味 つまずく。つまずいてたおれる。しくじる。あやまる。「蹉跌(サテツ)」参考 足がくいちがう(差)ことを表す字。

【▲蹉▲跎】サダ ①つまずいて転ぶさま。②ぐずぐずして時機を失うこと。③不遇なこと。落ちぶれること。参考「蹉」も「跎」もつまずく意。「サタ」とも読む。

【▲蹉▲跌】サテツ ①つまずくこと。②障害や失敗があって、行き詰まること。類 挫折(ザセツ) 参考「蹉」も「跌」もつまずく意。

【▲蹉く】つまずく ①足の運びがくいちがったり物にぶつかったりして、よろける。②思いどおりにいかず失敗する。「人生に―く」

サ【鎖】(18) 金10 常 4 2631 3A3F 音 サ 訓 くさり 外 とざす・さす

筆順
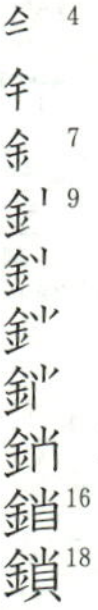

意味 ①くさり。また、つなぐ。つなぎ合わせる。「鎖骨」「連鎖」②とざす。とじる。「鎖国」「封鎖」

下つき 鉄鎖(テッサ)・封鎖(フウサ)・閉鎖(ヘイサ)・連鎖(レンサ)

【鎖】くさり ①金属製の輪をつないで、ひも状にしたもの。「鉄の―」②物事を結びつけているもの。きずな。「因習の―を断ち切る」

【鎖港】サコウ 港を閉じて船の出入りをさせないこと。また、外国船の出入りを禁止し、外国との貿易をしないこと。対 開港

【鎖国】サコク 外国との交通・通商などを禁止すること。特に、江戸幕府が、オランダ・中国・朝鮮以外の国との通商や日本人の渡航を禁じた政策。対 開国

【鎖骨】サコツ 胸部の上方にあり、胸骨と肩甲骨(ケンコウコツ)とをつなぐ左右一対の骨。

【△鎖す】さす ①戸じまり。②外敵の侵入を防ぐ門・栓などをとざす。錠をかける。「戸を―す」

【鎖▲鑰】サヤク 要所。要害。参考 錠前(鎖)とかぎ(鑰)の意から。

【△鎖す】とざす ①門や戸などに錠をかける。「玄関を―す」②出入り口をふさいで、なかにとじこめる。「―された世界に新風を吹きこむ」

サ【鯊】(18) 魚7 1 8234 7242 音 サ 訓 はぜ

意味 はぜ。ハゼ科の魚の総称。

【▲鯊】はぜ ハゼ科の魚の総称。淡水・海水の水底にすむ。目は頭上につき、腹は平たい。左右の腹びれが合わさり吸盤状となって、岩などに吸いつく。食用。季 秋 表記「沙魚・蝦虎魚」とも書く。

ザ【坐】★ (7) 土4 準1 2633 3A41 音 ザ 訓 すわる・いながら・そぞろに・います・おわす・まします

意味 ①すわる。ひざまずく。「坐臥(ザガ)」「坐相」②いながら。何もしないで。「坐視」③そぞろに。なんとなく。「坐見」④罪にふれる。まきぞえ。「連坐」⑤おわす。まします。「いる」「ある」「行く」などの尊敬語。

書きかえ 「座」が書きかえ字。

下つき 安坐(アンザ)・円坐(エンザ)・対坐(タイザ)・連坐(レンザ)

【▲坐ら】いながら ①すわったまま。即座に。②何もせずじっとして。出歩かずに家にいるままで。「―にして天下の情勢を知る」

【▲坐す】います いらっしゃる。おいでになる。おこしになる。おわす。「ある」「いる」「行く」「来る」の尊敬語。

【▲坐▲臥】ザガ すわることと寝ること。転じて、日常生活。「常住―」類 起居 表記「座臥」とも書く。

【▲坐▲臥行歩】ザガコウホ 立ち居振る舞い。日常の動作。座ったり、寝たり、歩いたりの意。類 行住坐臥(ギョウジュウザガ)・挙止進退

【▲坐骨】ザコツ 骨盤にあり、すわったときに体を支える骨。表記「座骨」とも書く。

【▲坐作】ザサ すわることと立つこと。立ち居振る舞い。類 起居・坐臥(ザガ) 表記「座作」とも書く。

【▲坐作進退】ザサシンタイ 立ち居振る舞い。日常の動作。また、行儀のこと。すわったり立ったり、進んだり退いたりの意。

【▲坐視】ザシ ▼書きかえ 座視(五四八)

【▲坐して食らえば山も△空し】ざしてくらえばやまもむなし 働かないで暮らしていれば、山のような財産もやがては食い尽くしてしまうということ。

【▲坐礁】ザショウ ▼書きかえ 座礁(五四八)

【▲坐▲洲】ザス ▼書きかえ 座州(五四八)

【▲坐忘】ザボウ 仏 心静かにすわり、雑念を捨て、無我の境地にいたること。

【▲坐る】すわる ①ひざを折り曲げて腰をおろす。席につく。「床に―る」②地位・場所・位置につく。「社長の座に―る」表記「座る」とも書く。

【▲坐ろに】そぞろに ①わけもなく。なんとなく。②落ち着かないようす。「気も―になる」

さ サ―ザ

【▲坐す】ましま-す おいでになる。おわす。「ある」「いる」の尊敬語。「天に―す神」

ザ【座】(10) 广 7 常 教 5 2634 3A42 音 ザ 訓 すわる㊥ ㊫います

筆順 丶 亠 广 广 庀 庍 庐 座 座 座

意味 ①すわる。すわる場所。また、おさまる地位。くらい。「座席」「王座」②集まり。つどいの席。「座談」「満座」③中世の商工業の同業組合。④江戸時代、貨幣などを造った公設の機関。「金座」「銀座」⑤能楽・歌舞伎(カブキ)などの団体。また、舞台や劇場。「高座」⑥星のやどり。「星座」⑦ものをすえる台。「台座」⑧神仏の像などを数える語。⑨います。「いる」「ある」などの尊敬語。

書きかえ 「坐(ザ)」の書きかえ字。

下つき 円座・王座・玉座・金座・銀座・車座・下座・口座・高座・講座・視座・上座・正座・星座・前座・即座・対座・退座・台座・着座・中座・鎮座・当座・末座・満座・連座

【△座す】いま-す いらっしゃる。おわす。「ある」「いる」の尊敬語。

【座下】ザカ ①座席の側。身近な所。②手紙のあて名の左わきに記して敬意を表す語。机下(キカ)。足下(ソッカ)。

【座棺】ザカン 死者を、すわった姿勢で入れるように作った棺。対寝棺(ねカン)

【座興】ザキョウ ①宴会などで、興を添えるための演芸。類余興 ②その場かぎりのなぐさみ。一時のたわむれ。「―で言ったまでだ」

【座業】ザギョウ すわったままでする仕事。また、その職業。類居職(いジョク)

【座高】ザコウ 背筋をのばしていすにすわったときの、座面から頭頂までの高さ。

【座骨】ザコツ 骨盤の下方にある左右一対の屈曲した骨。すわったときに体を支えるはたらきをする。「―神経痛」表記「坐骨」とも書く。

【座視】ザシ 黙って見ているだけで、手出しをしないこと。「友人の危機を―する」類傍観 書きかえ「坐視」の書きかえ字。

【座敷】ザしき 畳が敷きつめてある部屋。特に、客間。由来 家のなかが板敷きだった昔、人のすわる所だけ円座や畳を敷いたことから。

【座礁】ザショウ 船が暗礁に乗り上げて、操船不能になること。「嵐(あらし)で漁船が―した」書きかえ「坐礁」の書きかえ字。

【座食】ザショク 無職のまま、働かずに暮らすこと。居食(いぐ)い。「―の徒」類徒食

【座主】ザス 寺を総括する最高位の僧。一般には延暦寺(エンリャクジ)の長に用いる。天台座主。

【座州】ザス 船舶が浅瀬に乗り上げること。書きかえ「坐洲」の書きかえ字。

【座禅】ザゼン 仏 おもに禅宗で、静座して精神を集中し、悟りを得ようとする修行。「朝夕本堂で―を組む」

【座像】ザゾウ すわっている姿の像。「仏の―」対立像

【座談】ザダン 何人かが同席して、自由に話し合うこと。「―会」類対談・鼎談(テイダン)

【座長】ザチョウ ①劇団を率いるかしら。一座の長。座頭(ざがしら)。②座談会などで、話を進行させ、まとめる人。類議長

【座標】ザヒョウ 直線・平面・空間のある一点について、基準の位置から距離や角度などの関係を表した数値。「―軸」

【座布団・座▲蒲団】ザブトン すわるとき下に敷く小さなふとん。「どうぞ―をお当てください」

【座薬】ザヤク 肛門(コウモン)や尿道などに差しこんで用いる薬。痔疾(ジシツ)・解熱などに使用。座剤。

【座右】ザユウ ①座席の右側。転じて、すぐそば。かたわら。②手紙などで、相手を尊敬し直接指すのを避けていう語。また、敬意を表す脇付(わきづけ)の語。参考「ザウ」とも読む。

【座右の銘(メイ)】いつも自分の心のなかにとめおいて、戒めや励ましとする言葉。「銘」は心に刻みこんで忘れない意。

【座る】すわ-る ①ひざを折り曲げて腰をおろす。席につく。いすに腰かける。「正しい姿勢で―る」②ある地位につく。「会長の座に―る」表記「坐る」とも書く。

ザ【挫】(10) 扌 7 常 2 2635 3A43 音 ザ 訓 ㊫くじく・くじける

筆順 一 十 扌 扌 扌 扗 扗 挫 挫 挫

意味 くじく。くじける。①おる。おれる。手足の関節をいためる。「挫傷」「捻挫(ネンザ)」②くだける。勢いがなくなる。「挫折」「頓挫(トンザ)」

下つき 頓挫(トンザ)・捻挫(ネンザ)

【△挫く】くじ-く ①手や足の関節をひねっていためる。捻挫(ネンザ)する。「転んで足首を―く」②勢いを弱くする。頓挫(トンザ)させる。「強きを―き弱きを助ける」「出端(でばな)を―く」

【挫傷】ザショウ 打撲などで、皮膚の表面は傷つかず、内部の組織が損なわれること。また、その傷。打ち身。打撲傷。「脳―」

【挫折】ザセツ 計画などが途中でだめになること。また、そのために気力を失うこと。「計画は資金面で―した」「―を味わう」

サイ【才】(3) 手 0 常 教 9 2645 3A4D 音 サイ 訓 ㊫ざえ・かど

筆順 一 十 才

意味 ①頭脳のはたらき。生まれつきの能力。また、能力のすぐれた人。ざえ。かど。「才知」「英才」②年齢を示す「歳」の略字として用いる。

下つき 異才・偉才・逸才・英才・鬼才・秀才・俊才・天才・鈍才・文才

【才媛】サイエン すぐれた才能や学問のある女性。「二か国語に堪能(タンノウ)な―」類才女

【才覚】サイカク ①すばやい頭のはたらき。物事にすばやく対応する能力。機転。「彼の―で窮地を切り抜けた」②苦心して金品を調達すること。「運転資金を―する」類工面(クメン)

【才幹】サイカン 物事をすみやかに処理する才能。うでまえ。「彼の―が頼りだ」表記「材幹」とも書く。

【才気】サイキ 才知のすぐれたはたらき。鋭く活発な頭のはたらき。「―がみなぎる」「―走った言動」

【才気▲煥発】サイキカンパツ 機転が利き、才能があふれ出ること。「煥発」は光り輝き表面に表れるさま。類才気横溢(サイキオウイツ)

【才子】サイシ 頭がよく、人徳を備え、すぐれた才能のある人。転じて、よく気がまわり、抜け目のない人。類才人・才物

【才子佳人】サイシカジン 非常にすぐれた男女。好一対の男女をたとえていう。頭のはたらきがよくてすぐれた知恵をもつ男と、非常に美しい女。参考「佳人才子」ともいう。

【才子才に倒れる】 すぐれた才能をもつ人が、その才能を過信するあまりに失敗してしまうこと。

【才子多病】サイシタビョウ 才能のある者は、とかく体が弱く病気がちだということ。類佳人薄命(カジンハクメイ)

【才色兼備】サイショクケンビ すぐれた才能と美しい容姿の両方を備えていること。多く、女性にいう。「―の女流作家」類才貌両全(サイボウリョウゼン)

【才人】サイジン すぐれた才能をもち、頭のよい人。転じて、物事を器用にこなし、抜け目のない人。類才子・才物 対凡人

【才知・才▲智】サイチ 才能と知恵。考えて物事に対処する能力。「―に長(た)ける」

【才知は身の▲仇(あだ)】 自身の才能や知恵を過信しすぎると、身を誤るという戒め。また、自身の才能や知恵を表に出すのは賢明ではないということ。

【才▲槌頭】サイづちあたま 額(ひたい)と後頭部が突き出た頭。由来 形が、物をたたく才槌に似ていることから。

【才徳兼備】サイトクケンビ 才知と人徳を兼ね備えていること。

【才能】サイノウ 才知や能力。物事を巧みにやりとげる能力。「音楽の―を発揮する」

【才走る】サイばしる ①才気が満ちあふれる。②抜け目がない。利口すぎる。「―った発言」参考 悪い意味に用いることが多い。

【才筆】サイヒツ ①すぐれた文章。また、それを書く能力。類文才 ②すぐれた筆跡。

【才略】サイリャク 才知と謀略。才知によって巧みに仕組まれたはかりごと。「軍師の―にかかる」類知略

【才腕】サイワン 物事を巧みに処理するすぐれた腕前。「見事に―をふるう」類敏腕

サイ【切】(4) 刀2 教 3258/405A ▼セツ(八八一)

サイ【再】(6) 冂4 常 教 6 2638/3A46 音 サイ・サ 訓 ふたたび

筆順 一 丆 冂 币 再 再

意味 ①ふたたび。もう一度。「再会」「再生」②くりかえす。「再再」「再三」

下つき 一再(イッサイ)

【再縁】サイエン 別の人とふたたび結婚すること。おもに女性についていう。類再婚・再嫁

【再往・再応】サイオウ ふたたび。再度。二度。「―申し入れる」

【再会】サイカイ 久しく会わなかった人と、ふたたび会うこと。「旧友との―を喜ぶ」

【再開】サイカイ 一度やめていたことを、ふたたび始めること。また、始まること。「雨がやんだので試合を―する」

【再起】サイキ 事故・病気などの悪い状態から、ふたたび正常な活動に戻ること。「大けがが治り、―を図る」

【再建】サイケン ①建造物を建てなおすこと。「ビルを―する」②一度衰えたものを、ふたたび立てなおすこと。「事業を―する」「党の―をはかる」類再興 参考「サイコン」と読めば、神社・仏閣を建てなおす意。

【再現・再△見】サイゲン 一度消えてしまった物事が、ふたたび現れること。また、現すこと。「事故現場を―する」

【再考】サイコウ 考えなおすこと。もう一度考えること。「計画を―する」類再思

【再興】サイコウ 一度衰えていたものが、ふたたび盛んになること。また、盛んにすること。「お家の―を期する」類復興

【再婚】サイコン 配偶者を失った人が、もう一度結婚すること。類再縁・再嫁 対初婚

【再再】サイサイ いくども。たびたび。「―忠告する」

【再三】サイサン 二度三度。なんども。たびたび。「―催促される」類再再

【再三再四】サイサンサイシ たびたび。何度も何度も。たびたびの意の「再三」に、「再四」を加えて強調した語。「―忠告したが、効果がない」

【再思】サイシ もう一度考えること。考えなおすこと。「―三考の末の結論」類再考

【再審】サイシン ①もう一度審査すること。②法律で、一度確定した判決に対して、ふたたび審理をしなおすこと。また、その手続きや裁判。「無実を訴えて―請求をする」

【再生】サイセイ ①死にかかったものが生き返ること。生気をとりもどすこと。類蘇生(ソセイ) ②心を入れかえて、正しい生活を始めること。「―

を誓う」類更生 ③廃物をふたたび使えるようにすること。「古タイヤを―する」「―紙」④機器を使って記録した音声・映像をもとのまま出すこと。「ビデオを―する」

【再製】サイセイ ①廃物を新しいものに作り直すこと。②一度製品にしたものを加工して、また別の製品を作りだすこと。

【再転】サイテン 一度変わった物事が、ふたたび変わること。「事態が―する」

【再燃】サイネン ①消えていた火が、ふたたび燃えだすこと。②一時おさまっていたことが、ふたたび問題となること。「進退問題が―する」

【再拝】サイハイ ①二度礼拝すること。②手紙の末尾に記し、敬意を示す言葉。「頓首(トンシュ)―」

【再発】サイハツ ①おさまっていた事件などが、また発生すること。「不祥事の―を防ぐ」②なおっていた病気が、また発病すること。「癌(ガン)の―を恐れる」

【再来】サイライ ①前と同じ状態が、ふたたび来ること。「ブームの―」②もう一度この世に生まれ出ること。生まれかわり。「光源氏の―」

【再臨】サイリン キリスト教で、世界の終わりの日に、最後の審判をくだすため、キリストがふたたび現れること。

【再来年】サライネン 次の次の年。明後年。

【再び】ふたた-び かさねて。さらに、また。もう一度。再度。「甲子園に―挑戦する」

サイ【犲】(6) 犭3 1 6428 603C 音 サイ 訓 やまいぬ

意味 やまいぬ(山犬)。オオカミの類。「犲狼(サイロウ)」

【▲犲▲狼】サイロウ ヤマイヌとオオカミ。転じて、欲深く無慈悲な人のたとえ。表記「豺狼」とも書く。

サイ【西】(6) 西0 教 3230 403E ▼セイ(八五一)

サイ【△材】(7) 木3 教 2664 3A60 ▼ザイ(五六二)

サイ【災】(7) 火3 常 教 6 2650 3A52 音 サイ 訓 わざわい 中

筆順 く 巛 巛 巛 巛 災 災

意味 わざわい。よくないできごと。「災難」

下つき 火災(カサイ)・震災(シンサイ)・人災(ジンサイ)・戦災(センサイ)・息災(ソクサイ)・天災(テンサイ)・被災(ヒサイ)・防災(ボウサイ)・罹災(リサイ)

【災禍】サイカ 天災・人災などによるわざわい。類 災難・災害 参考「災」は自然によるわざわい、「禍」は人の世の不幸の意。

【災害】サイガイ 天災・火災または事故などによるわざわい。また、それによる損害。「地震による―」「―対策基本法」類 災禍

【災難】サイナン 不意に起こる不幸なできごと。わざわい。「―が身に降りかかる」「とんだ―だ」類 災厄

【災難なら畳の上でも死ぬ】災難は安全と思われる畳の上にいても降りかかってくるものだ。災難に遭(あ)うのは仕方がないということ。

【災難の先触れはない】災難にはいつどこで見舞われるかわからないので、日ごろの心がけが大切だという戒め。

【災厄】サイヤク 思いがけない不幸なできごと。わざわい。類 災難

【災い】わざわい 不幸なできごと。災害。災難。災厄。多く自然のもたらすものに用いる。「思いがけない―に見舞われる」「口は―のもと」

サイ【妻】(8) 女5 常 教 6 2642 3A4A 音 サイ 外セイ 訓 つま 外めあわす

筆順 一 ㇇ ヨ ヨ 声 妻 妻 妻

意味 ①つま。夫の配偶者。「妻子」「妻帯」「良妻」対 夫 ②めあわせる。よめにやる。

下つき 愛妻(アイサイ)・愚妻(グサイ)・賢妻(ケンサイ)・後妻(ゴサイ)・正妻(セイサイ)・先妻(センサイ)・内妻(ナイサイ)・新妻(にいづま)・人妻(ひとづま)・夫妻(フサイ)・亡妻(ボウサイ)・本妻(ホンサイ)・良妻(リョウサイ)・老妻(ロウサイ)

【妻君】サイクン ①親しい人に、自分の妻を謙遜(ケンソン)していう語。②同輩・目下の人の妻をいう語。表記「細君」とも書く。

【妻子】サイシ 妻と子ども。「―を養う」類 妻児・妻孥(サイド) 参考「めこ・つまこ」とも読む。

【妻子▲眷族】サイシケンゾク 妻と子、家族と血縁関係にある親族。また、一族とその従者・部下。「眷族」は身内・血縁の者。また、従者・部下。表記「眷族」は「眷属」とも書く。

【妻▲妾】サイショウ 妻と妾(めかけ)。

【妻帯】サイタイ 妻をもつこと。結婚して妻がいること。「―者」

【妻▲孥・妻▲帑】サイド 妻と子ども。家族。類 妻子・妻児

【妻】つま 夫婦のうち女性のほう。夫の配偶者。「糟糠(ソウコウ)の―」(貧苦を共にした妻) 対 夫

【妻板】つまいた 建物の側面の壁板。また、戸袋・戸棚などの側面に張った板。

【妻戸】つまど ①家の端のほうにある開き戸。②寝殿造(シンデンづくり)の建物の四隅に出入り口として設けた両開きの戸。

【妻問い】つまどい ①昔、異性を恋慕って言い寄ること。特に、男が女の家に行って求婚すること。②男が妻の家へ通うこと。「―婚」

【妻▲楊子】つまヨウジ 食べ物をつきさして口に運んだり、歯にはさまった食べ物のかすを除くのに用いる道具。表記「爪楊枝」とも書く。

【〈妻夫〉】めおと 夫婦。妻(つま)と夫(おっと)。みょうと。表記「夫婦・女夫」とも書く。

【〈妻敵〉】めがたき 自分の妻と密通した男。姦夫(カンプ)。間男(まおとこ)。「―討ち」表記「女敵」とも書く。

【〈妻子〉】めこ 「妻子」に同じ。

サイ【采】(8) 采 1 常 2 2651 3A53 音 サイ 訓 外 とる・いろどり・すがた・うね

筆順 ノ ⺈ ⺈ ⺈ 平 平 采 采

意味 ①とる。つみとる。えらびとる。「采配」「納采」類採 ②いろどり。あや。もよう。「采色」類彩・綵 ③すがた。ようす。「風采」④領地。知行所。「采地」⑤さいころ。

下つき 異采・喝采・五采・食采・神采・納采・風采・文采

【采女】うねめ 昔、宮中で天皇や皇后の食事の世話などをした女官。

【采色】サイショク ①美しいいろどり。②容姿と顔色。表記 ①「彩色」とも書く。

【采薪】サイシン たきぎを拾うこと。表記「採薪」とも書く。

【采薪の憂い】サイシンのうれい 自分の病身をへりくだっていう語。病気になって、たきぎをとりにすら行けないという意。《孟子》類負薪の憂い

【采配】サイハイ ①昔、大将が兵士を指揮するために用いた、柄の先にふさのある道具。②指揮。指図。「―を振る」

【采邑】サイユウ 諸侯が租税を取り立てる地。領地。知行所。類采地

【采る】と―る ①指でつみとる。「山菜を―る」②選んでとる。採用する。表記「採る」とも書く。

サイ【哉】(9) 口 6 準1 2640 3A48 音 サイ 訓 かな・や・か

意味 ①かな。…だなあ。詠嘆の助字。「快哉」②や。か。…であろうか。反語・疑問の助字。

下つき 快哉・善哉

【哉】かな …だなあ。感動・詠嘆を表す終助詞。多くは古語。

【哉】や …か。疑問・反語を表す終助詞。多くは古語。

サイ【柴】★ (9) 木 5 準1 2838 3C46 音 サイ 訓 しば・ふさぐ

意味 ①しば。山野に生える雑木。「柴門」「柴荊」②まつり。しばを焼いて天をまつること。「柴壇」③ふさぐ。まもる。

下つき 薪柴・茅柴・鹿柴

【柴戸】サイコ ①しばでつくった戸。②粗末な家。わび住まい。類柴門・柴扉

【柴扉】サイヒ ①しばで作ったとびら。しばの戸。②粗末な家。わび住まい。類柴戸・柴門

【柴門】サイモン ①しばでつくった門。②粗末な家。わび住まい。類柴戸・柴扉

【柴】しば 山野の雑木や小枝。また、それを切ったもの。たきぎや垣根に用いる。

【柴山】しばやま 小さな雑木の生えている山。雑木山。

【柴染め】ふしぞめ クロモジの木から作った染料で染めた色。黒みのある淡紅色。

【柴漬】ふしづけ ①冬、しばやササを束ねて湖・川に沈め、魚やエビなどをとる道具。また、その漁法。ささぶせ。季冬 ②罪人を簀巻きにして水中に投げ入れること。由来 ②①の形に似ていることから。

サイ【洒】★ (9) 氵 6 1 6215 5E2F 音 サイ・セイ・シャ・セン・ソン 訓 すすぐ・そそぐ・あらう

意味 一サイ・セイ すすぐ。そそぐ。あらう。「洒掃」二シャ さっぱりとしているさま。「洒脱」「洒落」三セン つつしむさま。「洒如」四ソン おどろくさま。「洒然」

下つき 一 澣洒 二 瀟洒

【洒う】あら―う 水を流して汚れを落とす。すすぐ。表記「洗う」とも書く。

【洒掃】サイソウ 水をまき、ほうきではくこと。掃除。表記「灑掃」とも書く。

【洒洒落落】シャシャラクラク 性格や態度があっさりしていて、物事にこだわらないさま。人の気質についていう。「洒落」の語を重ねて強調した語。類軽妙洒脱

【洒脱】シャダツ さっぱりしていて俗気がないこと。「軽妙―」類洒落 表記「灑脱」とも書く。

【洒落】シャラク さっぱりしていて物事にこだわらないこと。「―な人柄」類洒脱 表記「灑落」とも書く。参考「しゃれ」と読めば別の意になる。

【洒落臭い】しゃらくさ―い 生意気である。こしゃくである。

【〈洒落〉】しゃれ ①掛詞や機知に富んだこっけいな文句。「下手な―」類地口 ②美しい装いや、気の利いた身なりをすること。「お―な娘」参考「シャラク」と読めば別の意。

サイ【砕】(9) 石 4 常 準2 2653 3A55 音 サイ 訓 くだく・くだける

旧字《碎》(13) 石 8 1/準1 6676 626C

筆順 一 丆 不 石 石 石' 砬 砕 砕

意味 ①くだく。くだける。「砕氷」「粉砕」②細かい。くだくだしい。わずらわしい。「砕務」

下つき 圧砕・玉砕・爆砕・粉砕・零砕

【砕く】くだ―く ①細かくこわす。こなごなにする。②勢いを弱くする。くじく。「敵の野望を打ち―く」③やさしく説く。「―いて説明する」

【砕身】サイシン 身をくだくほどに、苦労をすること。「粉骨―する」参考「砕心」と書けば、あれこれと気をつかって苦労する意になる。

さ サイ

【砕氷船】サイヒョウセン 海面に厚く張りつめた氷をくだいて進路を開くための、特殊な装備をそなえた船。季冬

サイ【倅】(10) 亻 8 1 4870 5066 音 サイ・ソツ 訓 せがれ・たすけ・にわか

〔伜〕4871 5067

意味 ①せがれ。自分の息子を謙遜(ケンソン)していう語。②たすけ。そえ(副)。「倅車(サイシャ)」③にわか。突然。

【倅】せがれ ①自分の息子を謙遜(ケンソン)していうときに用いる語。「家業を―に譲る」②他人の息子を乱暴に、また卑しめていう語。「小―が生意気な口をきくな」

サイ【宰】(10) 宀 7 常 準2 2643 3A4B 音 サイ 訓 外 つかさどる

筆順 宰

意味 ①つかさどる。仕事をとりしきる。「主宰」「宰領」②つかさ。とりしきる人。「宰相」「家宰」

下つき 家宰(カサイ)・主宰(シュサイ)・大宰(ダザイ)

【宰相】サイショウ ①内閣総理大臣。首相。「平民―原敬(はらたかし)」②昔の中国で、天子をたすけて政治を行う人。丞相(ジョウショウ)。③参議(太政官(ダジョウカン)の職員)の唐名。

【宰領】サイリョウ 多くの人を管理・監督すること。特に、荷物の運送や団体旅行を世話すること。また、その人。「工事を―する」

【宰る】つかさどる 責任者として仕事をあずかる。仕事をとりしきる。

サイ【晒】★ (10) 日 6 準1 2715 3B2F 音 サイ 訓 さらす

意味 さらす。日にほす。「晒書」

【晒し】さらし 木綿や麻を洗い、日光に当てて白くした布。さらしぬの。季夏

【晒す】さらす ①日光や風雨の当たるままにする。「洗濯物を―す」②布を水や薬品につけたり、日光に当てたりして白くする。「木綿を日に―す」

サイ【栽】(10) 木 6 常 準2 2647 3A4F 音 サイ 訓 外 うえる

筆順 一 十 土 ... 栽

意味 ①うえる。草木などを植える。「栽培」「栽植」②うえこみ。にわ。「前栽」「盆栽」

下つき 前栽(センザイ・センサイ)・盆栽(ボンサイ)

【栽える】うえる 若木や苗などを土にうえて育てる。「庭に松の木を―える」

【栽植】サイショク 植物をうえ育てること。「樹木を防風林として―する」類 植栽

【栽培】サイバイ 食用・薬用・観賞用に、植物をうえて育てること。「野菜を促成―する」対 自生・野生 参考 魚介類の養殖を指すこともある。

サイ【殺】(10) 殳 6 教 2706 3B26 ▼サツ(五七二)

サイ【眥】(10) 目 5 6636 6244 ▼セイ(八九五)

サイ【砦】★ (10) 石 5 準1 2654 3A56 音 サイ 訓 とりで

意味 ①とりで。敵を防ぐための小さい城。「砦柵(サイサク)」「城砦」類 塞(サイ) ②まがき。木や竹のかきね。類①② 寨(サイ)

下つき 山砦(サンサイ)・城砦(ジョウサイ)・塁砦(ルイサイ)・鹿砦(ロクサイ)

【砦柵】サイサク 敵を防ぐために、先のとがった竹や木でつくった柵。もがり。

【砦】とりで 敵を防ぐために構えた小さな城。要塞(ヨウサイ)。「―にこもって戦う」表記「寨・塞」とも書く。

サイ【豺】(10) 豸 3 1 7625 6C39 音 サイ 訓 やまいぬ

意味 やまいぬ(山犬)。オオカミの類。「豺虎(サイコ)」

【豺虎】サイコ ヤマイヌとトラ。転じて、残酷で無慈悲な人のたとえ。

【豺狼】サイロウ ヤマイヌとオオカミ。転じて、欲深く無慈悲な人のたとえ。表記「犲狼」とも書く。

【豺狼当路】サイロウトウロ 暴虐非道な人間が、権力をほしいままにしていることのたとえ。「当路」は枢要な地位にいること。豺狼が道の真ん中に居座って、行く手をさえぎっているということから。〈後漢書(ゴカンジョ)〉 参考「豺狼路(みち)に当たる」ともいう。

【豺】やまいぬ ①野生化したイヌ。②イヌ科の哺乳(ホニュウ)動物、ニホンオオカミの別称。耳と四肢が短い。季冬 表記「山犬」とも書く。

サイ【財】(10) 貝 3 教 2666 3A62 ▼ザイ(五六二)

サイ【啐】(11) 口 8 準1 1507 2F27 音 サイ・ソツ 訓 なめる

意味 ①おどろく。②呼ぶ。さけぶ。「啐啄(ソッタク)」③なめる。飲む。

【啐啄同時】ソッタクドウジ 見逃すことのできない好機。禅宗で、まさに悟りを得ようとする弟子に対して、師家(シケ)がすかさず教示を与えて悟りの境地に導くこと。「啐啄」は、師家と修行者の呼吸がぴたりと合うこと。参考「啐」は雛(ひな)が孵化(フカ)するときの殻中の鳴き声。「啄」は母鳥が外から殻をつつくこと。

サイ【崔】(11) 山 8 1 5435 5643 音 サイ・スイ 訓 たかい・まじわる

意味 ①たかい。山の高くて大きいさま。「崔嵬(サイカイ)」②動くさま。速いさま。「崔乎」③まじわる。いりみだれる。「崔錯」

【崔嵬】サイカイ ①岩石がごつごつした険しい山。②山や建物が、高くそびえるさま。大きくりっぱなさま。

サイ【彩】(11) 彡 8 常 4 2644 3A4C 音 サイ 訓 いろどる 高 外 あや

筆順 ノ ⺤ ⺤ 平 采 采 彩 彩 11

意味 ①いろどる。色をつける。「彩色」 ②いろどり。あや。ひかり。つや。「光彩」「色彩」 類 采(サイ)・綵(サイ) ③ようす。すがた。「神彩」

下つき 光彩(コウサイ)・色彩(シキサイ)・水彩(スイサイ)・生彩(セイサイ)・精彩(セイサイ)・淡彩(タンサイ)・迷彩(メイサイ)・油彩(ユサイ)

【彩】あや 美しいいろどり。取り合わせた色模様。また、光沢やつや。「―をなす」 表記 「綵」とも書く。

【彩なす】あやなす ①美しい色や模様で飾る。「もみじが―す晩秋の山々」 ②うまく取り扱う。巧みに操る。

【彩る】いろどる ①ほどよく色をつける。「紅葉が山を―る」 ②色や物を取り合わせて飾る。「美しい花で食卓を―る」 ③化粧をする。「歌舞伎(カブキ)役者が顔を―る」

【彩雲】サイウン 緑などが美しくいろどられた雲。雲粒による日光の回析が原因で、高積雲などに見られ、吉兆とされた。紫雲。瑞雲(ズイウン)。

【彩管】サイカン 絵を描くための筆。絵筆。「―をふるう」 類 彩筆

【彩虹】サイコウ 美しいいろどりの虹(にじ)。「雨上がりに現れた―」

【彩色】サイシキ 色をつけること。いろどること。また、いろどり。「鮮やかな―の壁画」 類 着色 参考 「サイショク」とも読む。

〈彩絵〉だみえ 壁など大きな物に金銀や極彩色(ゴクサイシキ)で描いた、装飾性の強い絵。桃山時代に流行し、狩野(かのう)派に代表される。 表記 「濃絵」とも書く。

サイ【採】(11) 扌 8 常 教 6 2646 3A4E 音 サイ 訓 とる

筆順 一 十 扌 扌 扌 扌 扌 扌 扌 採 採 11

意味 ①とる。とり出す。とり入れる。「採掘」「伐採」「採光」 ②拾いとる。集める。「採取」「採集」 ③えらびとる。「採択」「採用」

下つき 薪採(シンサイ)・伐採(バッサイ)

【採花・汲水】サイカキッスイ 仏 仏道修行のたとえ。仏に供えるために、木の実や花をとり、水を汲(く)む意から。 表記 「採花」は「採菓・採果」とも書く。 参考 「汲水」は「キュウスイ・ギッスイ」とも読む。

【採掘】サイクツ 地中から有益な鉱物や化石などを掘り出すこと。 類 発掘・採鉱

【採決】サイケツ 議案の賛否を、会議の構成員によって決めること。「予算案の―をとる」

【採光】サイコウ 室内に日光・照明をとり入れること。また、それによって明るくすること。「部屋の―を考えて設計する」

【採算】サイサン 利益があるかどうかから見た、収入と支出のつりあい。「この計画は―が合わない」

【採取】サイシュ 選びとること。特に、研究・調査に必要なものを選び、手に入れること。「高山植物を―する」

【採種】サイシュ 植物の種子をとること。「ヒマワリのたねを―する」

【採集】サイシュウ 標本や資料などにするため、植物・動物・鉱物などをとり集めること。「昆虫―」

【採択】サイタク いくつかある同種類のもののなかから、適当なものとして選びとること。「教科書を―する」

【採長補短】サイチョウホタン 人の長所をとり入れて、自分の短所を補うこと。 類 舎短取長・取長補短

【採点】サイテン 点数をつけること。「試験の答案を―する」

【採否】サイヒ 採用と不採用。採用するかしないか。「新入社員の―を決定する」

【採譜】サイフ 民謡・わらべ歌などで、口承されてきた曲調・旋律を楽譜に書きとること。

【採訪】サイホウ 歴史学や民俗学などで、研究資料を得るために地方や社寺などをおとずれること。

【採用】サイヨウ ①意見や方法などを、適当なものとして取り上げて用いること。「企画を―する」 ②人を雇うこと。「―通知」 類 登用・雇用

【採録】サイロク とり上げて記録したり、録音したりすること。また、その記録。「論文の要点だけを―する」

【採る】とる ①選びとって用いる。「若干の社員を―る」「その意見は―らない」 ②集める。「山できのこを―る」 表記 「采る」とも書く。

サイ【済】(11) 氵 8 常 教 5 2649 3A51 音 サイ 外 セイ 訓 すむ・すます 外 すくう・なす・わたる・わたす

旧字《濟》(17) 氵 14 1/準1 6327 5F3B

筆順 丶 丶 氵 氵 氵 氵 済 済 済 済 済 2 11

意味 ①すくう。たすける。「済度」「救済」「共済」 ②すむ。すます。「皆済」「決済」 ③なす。なしとげる。「済美」 ④わたる。わたす。 ⑤数が多く盛んなさま。「済済(サイサイ・セイセイ)」

下つき 皆済(カイサイ)・既済(キサイ)・救済(キュウサイ)・共済(キョウサイ)・経済(ケイザイ)・決済(ケッサイ)・弘済(コウサイ)・返済(ヘンサイ)・弁済(ベンサイ)・未済(ミサイ)

【済世】サイセイ 世の中を困難から救うこと。世の人々を救済すること。「救民―」 類 救世 参考 「セイセイ」とも読む。

【済度】サイド 仏 仏が迷い苦しんでいる衆生(シュジョウ)を救い、悟りの境地に導くこと。 参考 「済」は救う、「度」は渡す意。

【済民】サイミン 人々を苦しみや難儀から救うこと。「経世―」 類 救民 参考 「セイミン」

とも読む。

【済う】すく-う 困難の場にいる人に財物などを与え、助け出す。「窮民を—う」

【済む】す-む ①物事が終わる。「宿題を—ませた」②物事が解決する。かたがつく。「電話で—む用件」

【済済】セイセイ ①多くて盛んなさま。②整いそろって美しいさま。参考「サイサイ」とも読む。

【済済たる多士】すぐれた人材が多くそろっているさま。〈『詩経』〉参考「多士済済」ともいう。

【済美】セイビ ①子孫が、先祖のりっぱな業績を受けつぐこと。②美徳をなし遂げること。参考「サイビ」とも読む。

【済し崩し】なしくずし 少しずつ片づけていくこと。特に、借金を少しずつ返すこと。「借入金を—に返済する」

【済す】な-す ①整えてなし遂げる。義務を果たす。「仕事を—す」②借りた金品を返す。「借金を—す」

【済る】わた-る 川や障害などを無事に通り切る。

サイ【淬】

(11) 氵8 1 6235 5E43 音 サイ 訓 にらぐ

意味 ①にらぐ。刀に焼きを入れる。類 焠 ②はげむ。つとめる。「淬励」

【淬ぐ】にら-ぐ 焼いた刀をさっと水に入れて、きたえる。焼きを入れる。表記「焠ぐ」とも書く。

サイ【猜】

(11) 犭8 1 6442 604A 音 サイ 訓 そねむ・ねたむ・うたがう

意味 ①そねむ。ねたむ。「猜忌」②うたがう。「猜疑」

下つき 嫌猜ケンサイ

【猜忌】サイキ 人の才能などをねたみ、きらうこと。また、その気持ち。

【猜疑】サイギ 人の行いなどを素直に受け取れず、ねたんだり、うたがったりすること。「—の目で人を見る」「—心が強い」

【猜忍】サイニン 非常にねたみ深く、無慈悲なこと。うたがい深く、不人情なこと。

【猜む】そね-む 自分よりすぐれている人の才能や幸福を、うらやみ憎む。ねたむ。嫉妬シットする。「知人の成功を—む」

サイ【祭】

(11) 示6 教 常 8 2655 3A57 音 サイ 訓 まつる・まつり

筆順 ノ ク タ タ 夕 夕 夕 夕 祭 11

意味 ①まつる。神や死者の霊をまつる。まつり。「祭礼」「大祭」②にぎやかな催し。「学園祭」

下つき 祝祭シュクサイ・葬祭ソウサイ・大祭タイサイ・例祭レイサイ

【祭司】サイシ ①宗教上の儀式・典礼を執行する神官。②ユダヤ教で、エルサレムの神殿に奉仕して宗教上の職務を専門に司る人。

【祭祀】サイシ 神や祖先の霊をまつること。また、その儀式や祭り。「—料を賜る」類 祭典・祭礼

【祭神】サイジン その神社にまつってある神。参考「サイシン」とも読む。

【祭政一致】サイセイイッチ 宗教上の祭事と政治が一体であるという考え。また、そのような政治形態。類 政教一致 対 祭政分離・政教分離

【祭壇】サイダン 祭事を行う高い壇。神霊をまつり、供え物をささげる高い壇。

【祭典】サイテン ①神霊をまつる儀式。祭礼。類 祭祀・祭儀 ②大がかりで華やかな行事。フェスティバル。「音楽の—」

【祭文】サイモン ①祭祀サイシのとき、神霊に告げる文章。②「歌ウタ祭文」の略。江戸時代、芸人などが三味線に合わせて世間の事件をおもしろく歌ったもの。「—語り」参考①「サイブン」とも読む。

【祭礼】サイレイ 神社の祭り。祭りの儀式。祭典。「鎮守さまの—」類 祭儀

【祭り】まつ-り ①神や先祖の霊をまつること。祭礼。祭祀サイシ。季 夏 ②祝賀・記念などのにぎやかな行事。「雪—」「港—」

【祭る】まつ-る ①神や先祖の霊に供え物をして、なぐさめるための儀式を行う。②神としてあがめて、一定の場所に安置する。

サイ【細】

(11) 糸5 教 常 9 2657 3A59 音 サイ 訓 ほそい・ほそる・こまか・こまかい 外 ささやか・くわしい

筆順 ㄑ 幺 幺 糸 糸 糸 細 細 細 細 6

意味 ①ほそい。「細筆」「細流」②こまかい。小さい。「細菌」「微細」対 巨・大 ③くわしい。「細密」「詳細」④とるに足りない。いやしい。「細事」「細民」

下つき 委細イサイ・巨細コサイ・些細ササイ・子細シサイ・詳細ショウサイ・精細セイサイ・繊細センサイ・微細ビサイ・明細メイサイ

〈細螺〉きさご ニシキウズガイ科の巻貝。内海の砂泥地にすむ。タニシほどの大きさで、形はカタツムリに似る。殻はおはじきや装飾用。肉は食用。キシャゴ。季 春 表記「扁螺・喜佐古」とも書く。

【細かい】こま-かい ①きわめて小さい。「かたまりを—く砕く」②詳しい。「—い注意を受ける」③心が行き届く。「—い配慮」④わずかである。取るに足りない。「—いことを気にするな」⑤けちである。「金に—い人」

【細切れ】こまぎれ 物を細かく切った切れ端。「豚肉の—」「—の話」表記「小間切れ」とも書く。

【細細と】こまごま-と ①細かく小さいさま。「—した材料を集める」②細かくていねいなさま。「—注意する」

【細菌】サイキン 植物に属する単細胞微生物。おもに分裂でふえ、発酵に関与。また、病原

体となるものもある。バクテリア。

【細▲瑾】《サイキン》 わずかな過失。ちょっとしたきず。由来「細謹（こまかいことに気を配ること）」の誤記から生まれた語。

【細工】《サイク》 ①細かいものを作ること。また、その物。「小物入れの―」②人目をごまかそうと工夫すること。たくらみ。「裏で―する」

『細工は流流仕上げを御△覧《ゴロウ》じろ』 物事の方法はいろいろあるのだから、途中でとやかく言わずに結果を見てから批判してくれという、仕事に対する自信を表す言葉。「流流」はそれぞれの流儀の意。類細工は流流仕上げが肝心

【細君】《サイクン》 ①親しい人に、自分の妻を謙遜《ケンソン》していう語。女房。②同輩・目下の人の妻をいう語。表記「妻君」とも書く。

【細見】《サイケン》 ①詳しく見ること。②詳しい絵図や地図。詳しくわかる案内書。

【細作】《サイサク》 しのびの者。スパイ。「物見の―が戻る」類間諜《カンチョウ》・間者《カンジャ》

【細事】《サイジ》 ①細かな事柄。些細《ササイ》な事柄。「―にこだわる」類些事・瑣事《サジ》 ②詳しい事柄。「説明は―に及んだ」類詳細

【細心】《サイシン》 ①細かいところまで、気を配ること。また、そのさま。「―の注意を払う」類綿密 ②気の小さいこと。また、そのさま。類小心

【細説】《サイセツ》 ①詳しく説明すること。また、その説明。「要点を以下に―する」類詳述・詳説 ②凡人の言葉。取るに足りない説。

【細則】《サイソク》 法律などで、総則や主となる条文に述べられている以外の、細かい事柄について定めた規則。対総則

【細大】《サイダイ》 細かいことと大きいこと。細かいことから大きいことまで。一部始終。「―もらさず述べる」類巨細《コサイ》

【細緻】《サイチ》 ①きめ細かいこと。②注意が行き届いていて、てぬかりのないさま。「―をきわめた工芸品」類細密・綿密・緻密《チミツ》

【細筆】《サイヒツ》 ①細い筆。ほそふで。「―を用いて書く」②細かい文字で書くこと。「―で入念に書き込む」類細書

【細分】《サイブン》 細かく分けること。「資産を―する」類細別

【細胞】《サイボウ》 ①生物体を構成する基本単位。一個の核と細胞質から成り、細胞膜で包まれている。②組織的な活動の基本単位。特に、共産主義政党が、職場や地域などを単位につくる党員の末端組織。

【細密】《サイミツ》 詳しく細かいさま。「―画」類綿密・細緻《サイチ》・緻密

【細民】《サイミン》 身分が卑しく、貧しい人々。下層階級の人々。類貧民・窮民

【細目】《サイモク》 細かいことを定めた項目。細かい条項。小分け。「―にわたって逐一検討する」対大綱

【△細▲蟹】《ささがに》 クモの別称。また、クモの糸。由来形が小さいカニに似ることから。

【△細波】《さざなみ》 ①水面に細かく立つ波。連なって立つ小さい波。②小さな心の動揺のたとえ。表記「小波・漣」とも書く。

【〈細▲瓮〉】《ささべ》 小さい壺《つぼ》。

【〈細雪〉】《ささめゆき》 細かに降る雪。まばらに降る雪。季冬

【△細やか】《ささ―やか》 ①小さく細かいさま。こぢんまりと目立たないさま。「―な希望」②わずかなさま。粗末なさま。「―な贈り物」

【〈細石〉】《さざれいし》 小さな石。細かい石。小石。

【〈細魚〉】《さより》 サヨリ科の海魚。近海にすむ。体は細長く青緑色で、下あごが長く突き出ている。肉は淡泊で美味。季春 表記「針魚」とも書く。

【〈細枝〉】《しもと》 ①枝のよく茂った若い木立。②細長く伸びた若い枝。すわえ。

【細い】《ほそ―い》 ①長さに比べて、周囲が小さい。やせている。「―い脚」②せまい。「―い道」③澄んでいて声量が少ない。「声が―い」④量が少ない。「食が―い」「火が―い」

『細くても針は▲呑《の》めぬ』 形が小さくてもあなどることができないもののたとえ。

【細腕】《ほそうで》 ①やせて細い腕。②か弱い生活力。かせぎのとぼしいこと。「女の―で家族を養う」

【細面】《ほそおもて》 ほっそりとした顔立ち。面長《おもなが》。「―の美人」

【細細】《ほそぼそ》 ①きわめて細いさま。細くて弱いさま。「―とした声」「―と続く田舎道」②ある状態がやっと続いているさま。どうにかこうにか。「安月給で―と暮らす」

【細道】《ほそみち》 ほそい道。幅のせまい道。「裏山に続く―」

【細る】《ほそ―る》 ①細くなる。やせる。「身が―る思い」「道が―る」②量が少なくなる。勢いが弱る。「食が―る」

サイ【菜】

(11) 艹 8 常 教 7 2658 3A5A 音 サイ 訓 な

筆順

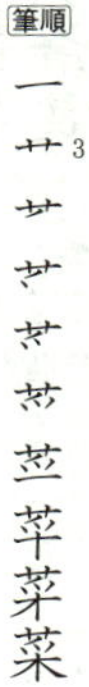

意味 ①な。なっぱ。やさい。あおな。「菜園」「山菜」②おかず。副食物。「菜料」

下つき 青菜《あおな》・油菜《あぶらな》・葷菜《クンサイ》・山菜《サンサイ》・前菜《ゼンサイ》・惣菜《ソウザイ》・総菜《ソウザイ》・蔬菜《ソサイ》・白菜《ハクサイ》・野菜《ヤサイ》

【〈菜豆〉】《いんげんまめ》 マメ科のつる性一年草。▼隠元《インゲン》豆《まめ》（六七）

【菜園】《サイエン》 野菜を育てる畑。野菜畑。「家庭―を始める」

【菜食】《サイショク》 肉や魚を避け、野菜類と植物性の食品を常食にすること。「―主義」対肉食

【菜箸】サイばし 調理や、副食物を取り分けるときに使う長いはし。とりばし。

【菜▲圃麦▲隴】サイホバクロウ 畑のこと。「菜圃」は野菜を植えた畑、菜園。「麦隴」は麦畑。「隴」は、うね・畑の意。

〈菜▲瓜〉つけうり ①漬物にする瓜。シロウリやキュウリなど。②漬けた瓜。 表記「漬瓜」とも書く。

【菜】な ①野菜として葉や茎を食用とする、草本類の総称。なっぱ。②アブラナ。

〈菜▲椿象〉・〈菜亀虫〉ながめ カメムシ科の昆虫。本州以南にすむ。黒色の地に紅色のすじがある。アブラナやダイコンなどの害虫。

【菜殻火】ながらび アブラナを刈り取って種を取り去った、菜種がらを焚く火。特に、筑紫平野のものが有名。季夏

【菜▲葱】なぎ ミズアオイ(七三)の別称。季夏 ▼雨久花

【菜種〈梅雨〉】なたねづゆ 菜の花の咲く三月下旬から四月にかけて、いつまでも雨が降り続くこと。また、その長雨。類春霖 季春

〈菜▲蕗〉ふき キク科の多年草。▼蕗(一六〇)

サイ【釵】(11) 金3 1 7864 6E60 音 サイ・サ 訓 かんざし

意味 かんざし。ふたまたの女性の髪かざり。「釵股」

下つき 金釵・銀釵・裙釵

【▲釵】かんざし 女性の頭髪にさす装飾品。種類が多い。参考「かんざし」は、もとは女性の髪を飾る装飾品を「釵」、冠が落ちないように髻を貫く付属品を「簪」と使い分けた。

【▲釵子】サイシ 昔、朝廷で女性が正装するとき、頭髪につけた飾り。金属製の細長いU字形のかんざし。

〈▲釵子股〉ぼうらん ラン科の多年草。暖地の樹幹に着生。葉は多肉質で棒状。夏、淡緑色の花を数個つける。由来「釵子股」は漢名から。表記「棒蘭」とも書く。

サイ【斎】(11) 斉3 常 準2 2656 3A58 音 サイ 訓 外ものいみ・つつしむ・いつく・とき

旧字《齋》(17) 齊3 1/準1 6723 6337

筆順 一 ナ 文 文 产 斉 斉 斎 斎

意味 ①ものいみ。ものいみする。つつしむ。神仏に仕えるため、飲食をつつしみ、心身を清めること。「斎戒」「斎壇」②いつく。いつき。神に仕える。③へや。特に、書を読む部屋。「書斎」④雅号などにつける語。「仁斎」

下つき 潔斎・書斎・僧斎

【斎垣】いがき 神社など神聖な場所にめぐらした垣。いみがき。

〈斎串〉いぐし ①幣をかけて神に供える榊や竹の枝。玉串。いみぐし。②物を刺す竹の串。

【▲斎】いつき ①心身を清めて神に仕えること。また、その人。②神をまつる場所。

【▲斎宮】いつきのみや ①伊勢神宮や賀茂神社に奉仕した斎王の住居。また、斎王。②神をまつる場所。特に、伊勢神宮。

【▲斎く】いつく 心身のけがれを清めて、神に仕える。あがめまつる。

〈斎子〉いむこ 神に奉仕する少女。大嘗祭や賀茂の斎院などに仕える。表記「忌子」とも書く。参考「いみこ」とも読む。

〈斎人〉いわいびと 神をまつる人。神職。表記「忌人」とも書く。

〈斎▲瓮〉いわいべ 神酒を入れて神に供えるために清められた容器。いんべ。表記「忌瓮」とも書く。

【斎戒▲沐浴】サイカイモクヨク 神仏に祈る前などに飲食や行動を慎み、身を洗い清めること。「斎戒」は心身の不浄を清めること。「沐浴」は髪や体を洗って身を清めること。参考「沐浴斎戒」ともいう。類精進潔斎

【斎食】サイジキ 「斎食(とき)」に同じ。

【斎日】サイジツ ものいみをする日。精進する日。参考「サイニチ」とも読む。

【斎場】サイジョウ ①神をまつるために、清めた場所。②葬式をする場所。葬儀場。参考①「ゆにわ」とも読む。

〈斎食〉・【▲斎】とき 仏①寺で午前中にとる食事。戒律で、午後は食事を禁じられている。対非時 ②寺で出される食事。③精進料理。参考「斎食」は「サイジキ」とも読む。

【▲斎非時】ときヒジ 僧侶の食事。また、法事などで僧に供する食事。由来 出家者の食事は午前一回が原則だったため、「斎」は午前の正式な食事、「非時」は午後の食事の意から。

【▲斎米】ときマイ 寺や僧侶にほどこす米。僧侶の食事にする米。

〈斎種〉ゆだね 豊作を祈って斎み清めたイネの種。清浄な種子。

〈斎場〉・〈斎庭〉ゆにわ 神をまつるために清められた場所。参考「斎場」は「サイジョウ」とも読む。

サイ【最】(12) 日8 常 教 7 2639 3A47 音 サイ 訓 もっとも 外も

筆順 冂 日 旦 早 早 昰 冣 最 最

意味 もっとも。このうえなく。いちばん。「最高」「最愛」「最善」

【最恵国】サイケイコク その国と通商条約や航海条約を結ぶ国々の中で、最も有利な取り扱いを受ける国。「―待遇」

【最敬礼】サイケイレイ 相手を敬って行う、最もていねいなお辞儀。「—で送る」

【最後】サイゴ ①一続きの物事の、いちばんあと。また、その位置にあるもの。「君の番は—だ」「—の切り札」類最終 対最初・最前 ②それで終わってしまうこと。それっきり。「ここでしくじったら—だ」

【最期】サイゴ 死の間際。命の終わり。「友人の—をみとる」類臨終

【最高】サイコウ ①高さ・程度・位などがいちばん高いこと。「日本の—峰」②いちばんすぐれていること。「—の出来栄え」対①②最低

【最高潮】サイコウチョウ 物事・雰囲気・感情などが、最も高まること。また、その状態や場面。クライマックス。「緊張が—に達する」

【最小】サイショウ いちばん小さいこと。「音量を—にする」対最大

【最少】サイショウ ①いちばん少ないこと。「—の人数で戦う」対最多 ②いちばん若いこと。類最年少 対最長

【最小限】サイショウゲン 限られた範囲・条件内で、それ以上小さくならないぎりぎりのところ。最小限度。「赤字を—に押さえる」対最大限 参考「最少限」は誤り。

【最盛期】サイセイキ 物事の勢いがいちばん盛んな時期。「出荷の—を迎える」類全盛期

【最前】サイゼン ①いちばん前。「列の—に並ぶ」対最後 ②ついさきほど。いましがた。「—まで人がいた」

【最善】サイゼン ①いちばんすぐれていること。いちばんよいこと。「—の選択」類最上・最良・最高 対最悪 ②できる限りのこと。全力。ベスト。「引き受けたからには—を尽くす」

【最前線】サイゼンセン ①戦場で、敵に最も近く直接向かい合う陣地。②職場などで、最も激しい競争や活動が行われているところ。第一線。「販売の—に立つ」

【最大】サイダイ いちばん大きいこと。「世界—のタンカー」対最小

【最高値】サイたかね 取引で、ある株の相場が一定期間の中で最も高い値をつけること。また、その値段。

【最中】サイチュウ 「最中(さなか)」に同じ。

【最低】サイテイ ①いちばん低いこと。「—の価格」「—気温」②いちばん悪いこと。いちばん望ましくないこと。「—の品性」対①②最高

【最適】サイテキ いちばん適していること。また、そのさま。「—の環境を整える」

【最果て】さいはて いちばん端。特に、地理的な位置が文化の中心から遠く離れていること。「—の駅」

【△最中】さなか 物事のまっさかり。たけなわ。「決勝戦の—に負傷する」参考「サイチュウ」とも読む。「もなか」と読めば別の意になる。

【最も】もっとも 程度がいちばんであるさま。このうえなく。最高に。「信濃(しなの)川は日本で—長い」

【△最中】もなか 米の粉を薄くのばして焼いた皮に、あんをつめた和菓子。由来もとは形が円形で、「最中の月(満月)」に似ていたことから。参考「サイチュウ・サなか」と読めば別の意。

【△最早】もはや ①今となっては。もう。「—これまで」②早くも。すでに。「あれから—十年たつ」

〈最寄り〉もより 最も近く。近辺。「—の駅で待つことにする」

サイ【焠】(12) 火8 1 8747 774F 音 サイ 訓 にらぐ・やく

意味 ①にらぐ。刀に焼きを入れる。類淬(サイ) ②やく(焼く)。「焠掌」

【△焠ぐ】にらぐ 焼いた刀などを一気に水に入れて、質を硬くする。焼きを入れる。表記「淬ぐ」とも書く。

サイ【★犀】(12) 牛8 準1 2652 3A54 音 サイ・セイ 訓 かたい・するどい

意味 ①さい。サイ科に属する哺乳(ホニュウ)動物の総称。「犀角」「犀革(サイカク)」②するどい。かたい。「犀利」

下つき 木犀(モクセイ・モクサイ)

【△犀角】サイカク サイのつの。漢方で、粉末にしたものを解熱剤などに用いる。

【△犀利】サイリ ①武器などがかたく鋭いこと。②文章の勢いや頭のはたらきが鋭いさま。「—な論理を展開する」

サイ【裁】(12) 衣6 常 教 5 2659 3A5B 音 サイ 訓 たつ㊥・さばく

筆順
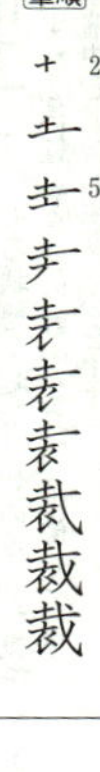

意味 ①たつ。布を切って衣服をしたてる。「裁断」「和裁」②さばく。理非を正す。「裁決」「裁判」「仲裁」③ようす。かた(型)。「体裁」④「裁判所」の略。「家裁」「高裁」

下つき 決裁(ケッサイ)・制裁(セイサイ)・総裁(ソウサイ)・仲裁(チュウサイ)・勅裁(チョクサイ)・体裁(テイサイ)・独裁(ドクサイ)・洋裁(ヨウサイ)・和裁(ワサイ)

【裁可】サイカ 君主が、臣下の出した議案を許可すること。「—を仰ぐ」類裁許

【裁許】サイキョ 役所などが、可否を調べて許可すること。「申請を—する」類裁可

【裁決】サイケツ ①物事の是非を裁いて決めること。「理事会の—を仰ぐ」類裁断 ②訴願や申請に対して、行政庁が処分を決定すること。また、その決定。

【裁断】サイダン ①善悪・是非を判断してはっきりと決めること。「懸案事項に—を下す」類裁決・裁定 ②布などを型に合わせて切ること。「布を—する」「立体—」

【裁断批評】サイダンヒヒョウ 芸術作品などを、時代の好みや世論などの外的な基準にしたがって、裁判官が判決を下すように断

さ サイ

定的に判定する批評の方法。

【裁定】サイテイ　善悪・是非を裁いて決めること。「調停委員の―にしたがう」「仲裁―」

【裁判】サイバン　①正否を裁くこと。②裁判所が訴訟や紛争に対して法律にもとづいて判断し、法律の適用を決めること。

【裁縫】サイホウ　布を寸法に合わせて裁(た)ち、衣服などに縫い上げること。針仕事。縫い物。仕立て。

【裁量】サイリョウ　自分の考えで物事を判断したり処理したりすること。「部下の―に任せる」類処断

【裁く】さばく　争い事などの善悪を判断して決める。裁判する。「法に照らして―く」

【裁つ】たつ　衣服などに仕立てるために布を切る。裁断する。「型紙に沿ってはさみで布地を―つ」

〈裁着〉・〈裁衣〉たっつけ　袴(はかま)の一種。たっつけばかま。裾(すそ)を膝(ひざ)の下でくくりつけ、下部が脚絆(キャハン)仕立てになっている。江戸時代は旅装用、現在は相撲の呼び出しなどが用いる。参考「裁(た)ち着(つ)け」の転じた語。

サイ【靫】
(12) 革3　1　8054 / 7056　音 サイ・サ　訓 うつぼ・ゆぎ

意味 うつぼ。ゆぎ。矢を入れる道具。「箭靫(センサイ)」

【靫】うつぼ　矢を入れて背や腰につけるかご状の用具。竹を編んだり革に漆を塗ったりして作った。表記「空穂」とも書く。参考「ゆぎ」と読めば、形状が異なる。

〔靫(うつぼ)〕

【靫】ゆぎ　矢を入れ、腰につけて持ち運ぶ用具。木または革で作られ、箱形。後世の箙(えびら)・胡籙(やなぐい)の類。参考「うつぼ」と読めば、形状が異なる。

〈靫負〉ゆげい　①古代、矢を入れる靫(ゆぎ)を背負い宮廷を守った武力集団。②衛門府(エモンフ)とその武官の別称。参考「靫負ひ」の転。

さ　サイ

サイ【債】
(13) イ11　常　3　2636 / 3A44　音 サイ　訓 外かり・かし

筆順 イ 仁 仕 仕 佳 佳 倩 倩 倩 債 債 債(2・10・13)

意味 ①かり。金銭などを返す義務を負っていること。「債務」「負債」②かし。貸した金銭などを取りたてること。「債権」「債主」③「債券」の略。「公債」「国債」

下つき 外債(ガイサイ)・学債(ガクサイ)・起債(キサイ)・公債(コウサイ)・国債(コクサイ)・私債(シサイ)・社債(シャサイ)・負債(フサイ)

【債り】かり　人から借りた金銭。また、それを返す責任や義務。

【債鬼】サイキ　きびしく返済をせまる人。借金取り。「―に責められる」

【債券】サイケン　国家・公共団体・銀行・会社などが、資金を借り入れるために法律にもとづいて発行する有価証券。国債・社債など。

【債権】サイケン　金銭などを貸した相手に返済を請求する権利。「不良―の処理」対債務

【債主】サイシュ　債権の所有者。債権者。貸し主。

【債務】サイム　①特定の人に対して、金銭・物品などを給付しなければならない法律上の義務。②借金を返すべき責任や義務。対①②債権

サイ【催】
(13) イ11　常　3　2637 / 3A45　音 サイ　訓 もよおす　外もよい・うながす

筆順 イ 亻 仙 仙 仳 伴 伴 併 併 催 催 催(2・5・12)

意味 ①もよおす。会合や行事などを行う。「開催」「主催」②きざす。おこる。「催眠」③うながす。せきたてる。「催促」

下つき 開催(カイサイ)・共催(キョウサイ)・主催(シュサイ)

【催花雨】サイカウ　春の雨。はるさめ。由来花の咲くのをうながすように降る雨の意から。

【催告】サイコク　①相手方に一定の行為を請求すること。特に、債務の履行をうながすこと。また、その通知。②催促する旨を知らせること。

【催事場】サイジジョウ　展示会や特売会など特別の催しを行う場所。「デパートの―で個展を開く」

【催促】サイソク　早くするようにせかすこと。うながすこと。「返事を―する」類督促

【催馬楽】サイバラ　古代の民謡を、平安時代に雅楽に取り入れてできた歌謡。笛(ふえ)・笙(ショウ)・箏(ソウ)・琵琶(ビワ)・和琴(ワゴン)などで伴奏した。

【催眠】サイミン　暗示・薬物などにより、眠気を催させること。「―術」

【催涙】サイルイ　薬品などで涙腺(ルイセン)を刺激し、涙を出させること。「―ガス」

〈催合〉もやい　共同して物事を行うこと。また、共同で所有すること。「―で商売を始める」表記「最合」とも書く。

【催い】もよい　今にもそのことが起こりそうなさま。きざし。「今日は雨―の空だ」

【催す】もよおす　①あることをしたい気持ちになる。ある状態が起こり始める。「眠気を―す」②行事や会合の計画を立て、準備して行う。開催する。「新入生歓迎会を―す」

サイ【塞】
(13) 土10　常　2　2641 / 3A49　音 サイ・ソク　訓 ふさぐ・ふさがる　外せく・とりで・みちる

筆順 丶 宀 宀 宀 中 甯 寉 寉 寒 寒 寒 塞 塞(3・6・8)

意味 ①ふさぐ。ふさがる。とざす。「梗塞(コウソク)」「閉塞(ヘイソク)」②とりで。要害の地。「城塞(ジョウサイ)」「要塞(ヨウサイ)」③みちる。みたす。「充塞(ジュウソク)」類砦

下つき 梗塞(コウソク)・充塞(ジュウソク)・城塞(ジョウサイ)・栓塞(センソク)・填塞(テンソク)・逼塞(ヒッソク)・閉塞(ヘイソク)・防塞(ボウサイ)・要塞(ヨウサイ)

【塞翁が馬】サイオウがうま　▼人間万事塞翁が馬(ニンゲンバンジサイオウがうま)(八二四)

【塞の神】サエのかみ 悪霊の侵入を防ぐ神。道路の安全や旅人を守る神。道祖神（ドウソジン）。由来 伊弉諾尊（いざなぎのみこと）が黄泉（よみ）の国から逃げ帰ったとき、追いかけてきた黄泉醜女（よもつしこめ）をさえぎり止めるために投げた杖（つえ）からできた神。表記「障の神・道祖神」とも書く。参考「サイのかみ」とも読む。

【塞く】せ-く ①川の流れなどをせき止める。②物事や人の動きを妨げる。隔てる。

【塞源】ソクゲン 物事の根本をふさぎ止めること。「抜本―」

【塞栓症】ソクセンショウ 血管をふさぐ不溶物により、血流障害を起こす病気。血栓症・脂肪塞栓症・空気塞栓症など。

【塞】とりで 地勢のけわしい要所に設けた小城や堀など。また、外敵から守るため辺境・国境などにつくった建物。要塞。表記「砦・寨」とも書く。

【塞ぐ】ふさ-ぐ ①とざす。とじる。ふたをする。「両手で耳を―ぐ」②埋める。詰めこみ満たす。「穴を石で―ぐ」③補う。役目を果たす。「責めを―ぐ（ひととおり責任を果たす）」④隔てる。さえぎる。「通路を―ぐ」

サイ【歳】(13) 止9 常 4 2648 3A50 音 サイ・セイ 訓 外 とし・とせ・よわい

筆順 丨 ⺊ 屮 4 屵 岸 岸 岸 岸 10 歳 歳 歳

意味 ①とし。つきひ。年月。とせ。「歳月」「万歳」②よわい。年齢。「満一歳」③みのり。収穫。「凶歳」「豊歳」

下つき 凶歳（キョウサイ）・千歳（センザイ）・万歳（バンザイ・マンザイ）・豊歳（ホウサイ）

【歳寒三友】サイカンサンユウ 冬に友とすべき三つの植物。マツとタケとウメ、あるいはウメとスイセンとタケ。また、乱世に友とすべき山水・松竹・琴酒。「歳寒」は冬の寒い季節。また、逆境・乱世のたとえ。類 雪中四友

【歳寒の松柏】サイカンのショウハク 逆境にあっても、信念や節操を固く守って変えないことのたとえ。また、そのような人のたとえ。由来 マツやカシワ（コノテガシワ）は寒い冬の季節になっても落葉せず、常に緑の葉をつけていることから。《論語》参考「歳（とし）寒くして松柏の凋（しぼ）むに後（おく）るるを知る」ともいう。類 雪中の松柏・松柏の操

【歳刑神】サイギョウシン 陰陽家（オンヨウケ）のまつる地の守護神。毎年の干支（えと）をもとにしてその方角を決め、これに当たる土地の耕作を忌むという。参考「サイキョウシン」とも読む。

【歳下食】サイゲジキ 歴注の一つ。天狗星（テンコウセイ）の精が、人間の食を求めて下界に下るという凶の日。下食日。

【歳月】サイゲツ 年月。としつき。星霜。「すでに半世紀の―が流れた」

〔歳月人を待たず〕年月は人の願いや都合にかかわらず、刻々とどまることなく過ぎ去ってしまう。時間を大切にせよとの戒め。〈陶潜の詩〉

【歳歳】サイサイ 毎年。年年。としどし。「―年年人同じからず」

【歳時記】サイジキ ①一年の自然現象や行事などを解説した本。「江戸―」②「俳諧（ハイカイ）歳時記」の略。俳句の季語を、季節順に分類・解説して例句を載せた本。季寄せ。

【歳首】サイシュ 一年のはじめ。「―に誓いを立てる」類 年首・年頭・年始

【歳出】サイシュツ 国家や地方公共団体などの、一会計年度中のすべての支出。「―削減に努める」対 歳入

【歳旦】サイタン ①一年のはじめの朝。②新年。元日。一月一日。類 元旦 季 新年

【歳入】サイニュウ 国家や地方公共団体などの、一会計年度中のすべての収入。対 歳出

【歳晩】サイバン「歳末」に同じ。

【歳費】サイヒ ①一年間に使う公共の費用。②国会議員に給付される一年間の手当。

【歳末】サイマツ 一年の終わり。年の暮れ。類 年末・歳暮・歳晩 季 冬

【歳暮】セイボ ①「歳末」に同じ。②一年の感謝をこめて、年の暮れにおくる贈り物。「お―セール」季 冬 参考「サイボ」とも読む。

【歳】とし ①とし。つきひ。一年。②年齢。よわい。「―を重ねる」

〔歳寒くして松柏の凋むに後るるを知る〕人は危難に遭遇してはじめて、節操のある人かどうか、その真価がわかるということのたとえ。《論語》▼歳寒の松柏

【歳徳神】としトクジン 陰陽道（オンヨウドウ）で、その年の福徳をつかさどる神。この神のいる方角を恵方（エホウ）といい、万事に吉とする。類 恵方神・歳神 季 新年

サイ【碎】(13) 石8 6676 626C ▼砕の旧字（五二一）

サイ【腮】(13) 月9 1 7108 6728 音 サイ 訓 あご・あぎと・えら

意味 ①あご。あぎと。②えら。魚などの呼吸器官。

サイ【載】(13) 車6 常 4 2660 3A5C 音 サイ 訓 のせる・のる 外 しるす・とし

筆順 一 十 土 𠀆 吉 8 壴 𨊥 載 載

意味 ①のせる。㋐物をのせる。車や船に積む。「積載」「搭載」㋑印刷物にのせる。しるす。書きしるす。「記載」「連載」②とし。一年。「千載一遇」

下つき 記載（キサイ）・収載（シュウサイ）・積載（セキサイ）・転載（テンサイ）・搭載（トウサイ）・満載（マンサイ）・連載（レンサイ）

【載舟覆舟】サイシュウフクシュウ 君主は人民によって支えられ、また人民によって滅ぼされるたとえ。また、人は味方になってくれることもあれば、敵に回ることもあるたと

え。君主を舟、人民を水にたとえて、水は舟を浮かべるものでもあるが、舟を覆すものでもある意。《荀子》

【載籍】サイセキ 書物に書いて載せること。また、そのもの。書物。書籍。

【載籍浩瀚】サイセキコウカン 書物が非常に多いこと。「浩瀚」は書物の巻数が多いさま。類汗牛充棟

【載録】サイロク 書物など印刷物に書き載せること。また、そのもの。

【載せる】のせる ①物を他の物の上に積む。積載する。「棚に本を―せる」「車に荷物を―せる」②新聞・雑誌などに記事として出す。掲載する。「新聞に広告を―せる」

サイ【摧】(14) 扌11 1 5784 5974 音 サイ 訓 くだく・くじく

意味 くだく。くじく。こなごなにする。「摧挫」

【摧く】くだく 押しつぶしてこなごなにする。たたきくずす。「敵陣を―く」

【摧破】サイハ 敵軍をくだきやぶること。表記「砕破」とも書く。

サイ【寨】(14) 木10 1 6045 5C4D 音 サイ 訓 とりで・まがき

意味 ①とりで。小さな城。「山寨」類塞・砦 ②まがき。木を結んだ柵。

下つき 山寨・賊寨・堡寨・鹿寨

【寨】とりで 木の柵や石垣でつくった敵を防ぐための建造物。表記「砦・塞」とも書く。

サイ【綵】(14) 糸8 1 6929 653D 音 サイ 訓 あや・あやぎぬ

意味 ①あや。いろどり。もよう。「綵雲」類采・彩 ②あやぎぬ。美しいいろどりの絹織物。「綵衣」「綵帳」

下つき 文綵

【綵】あや さまざまな模様。いろどり。表記「彩」とも書く。参考「あやぎぬ」と読めば別の意になる。

【綵】あやぎぬ 美しい模様やいろどりを施した絹織物。参考「あや」と読めば別の意になる。

サイ【蔡】(14) 艹11 1 7281 6871 音 サイ・サツ 訓 くさむら・あくた

意味 ①草のみだれるさま。また、くさむら。②あくた。ちり。③中国、周代の国の名。

サイ【際】(14) 阝11 教 常 6 2661 3A5D 音 サイ 訓 きわ(高) (外)まじわる・あい

筆順 ７ ３ 阝 阝ク 阝タ 阝夕 阝㲻 阝癶 阝祭 際

意味 ①きわ。さかい。はて。かぎり。「際限」「辺際」②場合。おり。とき。「際物」「実際」③まじわる。まじわり。出あい。「際会」「交際」④あい。あいだ。あわい。「天地の際」⑤ほど。「分際」

下つき 交際・国際・実際・水際・分際・辺際・間際・山際

【際】きわ ①物と物の境目。ふち。「道の―を歩く」②次の状態に移り変わるぎりぎりの時。「いまわの―」

【際疾い】きわどい ①もう少しで悪い状態になる、すれすれのところであるさま。あやうい。「―いところで助かる」「反則すれすれの―いプレー」②わいせつになる一歩手前である。「―い話を平気でする」

【際物】きわもの ①ある時期だけ売り出す品物。門松・ひな人形・鯉のぼりなど。②一時的な流行や話題をあてこんで売り出す商品。

【際会】サイカイ 重要な事件・好機などに、たまたま出あうこと。「激動期に―する」類際遇

【際涯】サイガイ 大地などの果て。限り。きわ。「―なく広がる海」

【際限】サイゲン 物事の限界。果て。きり。「ぜいたくを言えば―がない」「―なく広がる宇宙への夢」

サイ【儕】(16) 亻14 1 4917 5131 音 サイ・セイ 訓 ともがら

意味 ①ともがら。なかま。「儕輩」②ともに。いっしょに。「儕居」

下つき 同儕・吾儕

【儕輩】サイハイ 同じ仲間。ともがら。同類。類同輩 参考「セイハイ」とも読む。

【儕】ともがら 同列の仲間。友達。同輩。

サイ【縡】(16) 糸10 1 6950 6552 音 サイ 訓 こと・いき

意味 ①こと(事)。ことがら。②いき。いのち。

【縡】こと ①布を織ったり縫ったりする女性の仕事。②息。生命。「―切れる(死ぬ)」

サイ【濟】(17) 氵14 6327 5F3B ▼済の旧字(五五三)

サイ【賽】★(17) 貝10 1 7648 6C50 音 サイ 訓 さいころ

意味 ①おれいまつり。おまいり。神から受けた福に感謝してまつる。「賽願」「賽銭」②優劣をきそう。「賽馬」③さい。さいころ。

下つき 答賽・報賽

〈賽子〉さいころ 小さな立方体の各面に一から六までの目を記したもの。ゲームや賭博などに用いる。さい。「―を振る」表記「骰子」とも書く。

【賽銭】サイセン 神社や寺に参拝したときに奉納する金銭。「―箱」参考もとは、祈願成就のお礼にしたもの。

【賽の〈河原〉】サイのかわら 子どもが死ぬと行くといわれる、冥途の河原。また、それまで積み重ねてきた努力が無駄になるたとえ。由来「賽の河原」では、死んだ子どもが親恋しさのために石を積み上げて作った塔を、鬼が壊してしまうといわれることから。

【▲賽の目】サイのめ ①さいころの各面に記された数。②さいころほどの小立方体。「豆腐を―に切る」表記「采の目」とも書く。

【▲賽は投げられた】サイはなげられた 一度始めてしまったことは、予定どおりに最後まで実行するほかはないということ。由来古代ローマ時代、シーザーがルビコン河を渡り進撃を断行したときの言葉とされる。

サイ【▲齋】(17) 齊3 6723 6337 ▼斎の旧字(五五六)

サイ【顋】(18) 頁9 1 8091 707B 音サイ 訓あご・あぎと・えら

意味 ①あご。あぎと。②えら。魚などの呼吸器官。類鰓(イサ)

【▲顋】あぎと ①あご。頰(ほお)の下の部分。「獅子(シシ)の―」②「顎(あぎと)」に同じ。表記②「鰓」とも書く。

【▲顋】えら ①人の顔で、頰(ほお)の下に当たるあごの部分。「―の張った顔」②魚類などの呼吸器官。あぎと。表記②「鰓・腮」とも書く。

〈▲顋門〉ひよめき 乳児の頭蓋骨(ズガイコツ)が、まだ接合していない部分。泉門(センモン)。おどりこ。由来脈を打つたびにひよひよと動くことから。

サイ【鰓】★(20) 魚9 1 8252 7254 音サイ 訓えら・あぎと

意味 えら。あぎと。魚などの呼吸器官。類顋(イサ)

【▲鰓】あぎと 魚などのえら。表記「顋」とも書く。

【▲鰓】えら 魚類など水生動物の呼吸器官。櫛(くし)状のものが多い。表面積を広くして、水中の酸素を取りこみやすくしている。「―で呼吸する」表記「顋・腮」とも書く。参考「あぎと」とも読む。

サイ【灑】(22) 氵19 1 6351 5F53 音サイ・シャ 訓そそぐ・あらう

意味 ①そそぐ。水をそそぐ。ちらす。まきちらす。あらう。「灑掃」②さっぱりしたさま。こだわらないさま。類①②洒(イサ)

下つき 瀟灑(ショウシャ)

【▲灑泣】サイキュウ 涙を流す。

【▲灑掃】サイソウ 水を流してあらい、塵(ちり)をはらうこと。掃除(ソウジ)。表記「洒掃」とも書く。

【▲灑掃応対】サイソウオウタイ 日常生活に必要な仕事や作法のこと。掃除や、人との受け答え。

【▲灑ぐ】そそぐ 水をふりかけて、掃(は)らい清める。水をまきちらす。「庭に水を―ぐ」表記「洒ぐ」とも書く。

サイ【曬】(23) 日19 1 1421 2E35 音サイ 訓さらす

意味 さらす。日にほす。「曬書」

【▲曬書】サイショ 書物を日にさらして虫干しをする。類曝書(バクショ) 表記「晒書」とも書く。

サイ【纔】(23) 糸17 1 6988 6578 音サイ 訓わずか・わずかに

意味 わずか。わずかに。すこし。やっと。

【▲纔か】わずか かろうじて。やっとのことで。ようやく。「水害で、この地区だけが―に難を逃れた」

さい【埼】(11) 土8 常 教 7 2675 3A6B 音 外キ 訓さい 外さき

筆順 一 十 土 圹 圹 垰 埣 埼 埼 埼

意味 さき。みさき。類崎(キ)

【△埼】さき ①海や湖に突き出した陸地の端。みさき。②山や丘の突き出した部分。出鼻(でばな)。表記「崎」とも書く。

ザイ【在】(6) 土3 常 教 6 2663 3A5F 音ザイ 訓ある 外います・まします

筆順 一 ナ た た 在 在

意味 ①ある。いる。物がそこにある。ある場所・立場などにいる。「在位」「在野」「存在」②ざい。いなか。むら。「在所」「近在」

下つき 行在(アンザイ)・介在(カイザイ)・近在(キンザイ)・健在(ケンザイ)・現在(ゲンザイ)・混在(コンザイ)・散在(サンザイ)・自在(ジザイ)・実在(ジツザイ)・所在(ショザイ)・潜在(センザイ)・存在(ソンザイ)・滞在(タイザイ)・駐在(チュウザイ)・点在(テンザイ)・偏在(ヘンザイ)・遍在(ヘンザイ)

〈在処〉・〈在所〉ありか 物のある場所。人のいる場所。所在。居所。「犯人の―を突き止める」参考「在所」は「ザイショ」と読めば別の意になる。

【在り来り】ありきたり 従来と同じで、新しさがないこと。ありふれていること。「―の決まり文句」

【在る】ある ①物事が存在する。位置する。「彼は責任者の立場に―る」②生きている。生存する。「―りし日の父をしのぶ」

【在勤】ザイキン ある職場に勤務していること。「東京本社に―している」「―手当」類在職・在任

【在家】ザイケ 仏出家せず、世俗を離れないまま仏教に帰依(キエ)すること。対出家

【在庫】ザイコ 品物が倉庫にあること。また、その品物。ストック。「―が豊富にある」

【在郷】ザイゴウ ①都会から隔たった地方。いなか。在所。②郷里にいること。参考①「ザイゴ」、②「ザイキョウ」とも読む。

【在在所所】ザイザイショショ あちこち。また、至る所。参考「所所在在」ともいう。類処処方方(ショショホウボウ)

【在▲邇求遠】ザイジキュウエン 人としての正しい道は自分自身の中に求めるべきなのに、とかく人は、それを高遠なところに求めようとするということ。「邇」は近い・卑近の意。由来人のふみ行うべき道は、日常生活の卑近なところにあるという『孟子(モウシ)』の言葉から。参考

「邇きに在りて遠きに求む」ともいう。類舎近求遠

【在所】ザイショ ①故郷。郷里。国元。在郷。②都会から隔たった地方。いなか。在郷。「—育ち」③住んでいるところ。参考「ありか」と読めば別の意になる。

【在職】ザイショク ある職務についていること。「テレビ局に十年—した」類在勤・在任

【在世】ザイセイ この世に生きていること。また、その間。「父の—中は、大変お世話になりました」類存命 参考「ザイセ」とも読む。

【在籍】ザイセキ 学校・団体などに所属し、籍があること。「—者名簿を作成する」

【在中】ザイチュウ 入れもののなかに物があること。多く、封筒や包みなどの上書に記す。「履歴書—」「写真—」

【在天】ザイテン 神や霊魂などが天上にあること。「—の霊（死者の魂）」

【在野】ザイヤ ①公職につかず民間にあること。「—の人材」対在朝 ②政党が野党の立場にいること。

【在来】ザイライ ①今までずっとあったもの。「—種」「—線」②これまで行われてきたこと。「—の手法」類従来

【在留】ザイリュウ ある場所に一時滞在すること。特に、外国にとどまって住むこと。「—邦人の安全を確保する」

【△在す】ましま-す 「ある」「いる」の尊敬語。いらっしゃる。おいでになる。「天に—す神」表記「坐す」とも書く。

ザイ【材】 (7) 木3 常 教 7 2664 3A60 音 ザイ 外サイ 訓 外まるた

筆順 一十才木木村材

意味 ①物をつくる原料となる木。まるた。「材木」「建材」②もと。原料となるもの。「材料」「素材」③はたらき。才能。また、才能のある人。「逸材」「人材」類才

下つき 逸材イツザイ・角材カクザイ・画材ガザイ・器材キザイ・機材キザイ・教材キョウザイ・建材ケンザイ・資材シザイ・取材シュザイ・人材ジンザイ・製材セイザイ・石材セキザイ・素材ソザイ・題材ダイザイ・適材テキザイ・木材モクザイ

【△材幹】サイカン 物事をうまく処理する能力。うでまえ。「—のある男」表記「才幹」とも書く。参考「ザイカン」と読めば、材木の意になる。

【材質】ザイシツ ①木材の性質。「欅は—がかたい」②材料の性質。

【材大なれば、用を△為し難し】ザイダイなればヨウをなしがたし 大人物は小事には役に立ちにくい。偉大な才能の持ち主が、世間には受け入れられにくいたとえ。〈杜甫の詩〉

【材木】ザイモク 建築・器具などの材料とするため、長さや厚さをそろえて切り整えた木。「—問屋」類木材

【材料】ザイリョウ ①物をつくり出すもとになる物。「料理の—を吟味する」②研究・調査などの助けとして使われるもの。資料。「通説をくつがえす—が見つかる」「判断—」③芸術作品などのもとになる題材。

ザイ【剤】 (10) 刂8 常 4 2662 3A5E 音 ザイ 外セイ 訓 外まぜる

字 旧《劑》 (16) 刂14 1/準1 4993 517D

筆順 丶亠ナ文产斉斉剤

意味 ①まぜる。ととのえる。調合する。「配剤」「調剤」②調合した薬。「錠剤」「薬剤」

下つき 下剤ゲザイ・錠剤ジョウザイ・洗剤センザイ・調剤チョウザイ・配剤ハイザイ・薬剤ヤクザイ・溶剤ヨウザイ

ザイ【財】 (10) 貝3 常 教 6 2666 3A62 音 ザイ・サイ中 訓 外たから

筆順 丨冂月目目貝貝貝一財財

意味 ①たから。たくわえた金銭。とみ。「財産」「財政」②役に立つもの。「家財」「資財」

下つき 家財カザイ・管財カンザイ・散財サンザイ・私財シザイ・資財シザイ・借財シャクザイ・浄財ジョウザイ・蓄財チクザイ・理財リザイ

【財貨】ザイカ ①財産となる品物や金銭。類財物 ②人間の欲望を満たし、経済的生活に価値をもつ物品の総称。財。

【財源】ザイゲン 資金を生みだすみなもと。金銭の出所。「奨学金の—を検討する」

【財産】ザイサン ①個人や団体などの所有する金銭や土地など、経済的に価値をもつもの。「一代で築いた—」類資産・身代 ②得がたく大切な事物。「その経験は必ずや—となろう」

【財政】ザイセイ ①国家や地方公共団体が、収入・支出に関して行う経済活動。「地方—の破綻」②個人や家庭の経済状態。

【財団】ザイダン ①一定の目的に使用するために提供され、法律上一つの物権と見なされる財産の集合体。②「財団法人」の略。

【財団法人】ザイダンホウジン 一定の目的のために提供された財産を基礎とし運営することを、法律で認められて設立された法人。一般財団法人と公益財団法人がある。

【財閥】ザイバツ ①巨大な資本・企業を独占的または系列的に支配する資本家の一族・一団。「—解体」②金持ち。

【財布】サイフ 金銭を入れて持ち歩く、革や布などで作った入れ物。金入れ。「—のひもがかたい（無駄づかいをしない）」

【財布と心の底は人に見せるな】 自分の財産に関することや本心を軽々しく他人に明かすことは、ともに危険であるという戒め。

【財布の△紐は首に掛けるより

心に掛けよ』金銭を盗まれないように用心するよりも、自分が無駄づかいをしないように心がけよという戒め。

【財宝】ザイホウ 財産やたからとなる物。金銭・金銀や高価な宝石・美術品など。

【財務】ザイム 国家・法人などの財政に関する事務。「—官」「—諸表」

【△財】たから 金銭や役に立つ物品など、価値あるものの総称。財貨。財物。財宝。

ザイ【罪】

(13) 罒8 常 教 6 2665 3A61 音 ザイ 訓 つみ

筆順 罒 8 罪 13

意味 ①つみ。法律に反する行い。「罪状」「犯罪」②あやまち。道徳的に悪い行い。「罪悪」「謝罪」③つみする。刑罰を加える。「死罪」「断罪」「流罪(ルザイ)」

下つき 冤罪(エンザイ)・原罪(ゲンザイ)・功罪(コウザイ)・死罪(シザイ)・謝罪(シャザイ)・重罪(ジュウザイ)・贖罪(ショクザイ)・大罪(タイザイ)・断罪(ダンザイ)・犯罪(ハンザイ)・微罪(ビザイ)・服罪(フクザイ)・免罪(メンザイ)・余罪(ヨザイ)・流罪(ルザイ)

【罪悪】ザイアク 道徳・宗教などにそむく悪い行い。「—感におそわれる」

【罪科】ザイカ ①法・道徳などにそむく、とがめられるべき行い。とが。②法律にのっとって処罰すること。刑罰。「—を課す」

【罪過】ザイカ 法などをおかす、してはならない行い。あやまち。

【罪業】ザイゴウ 仏 身(シン)・口(ク)・意(イ)の三業(サンゴウ)によってつくる罪。罪の原因となる悪い行い。「—の深さを知る」

〖罪業消滅〗ザイゴウショウメツ 仏 現世での悪い行いも、仏道を修行することによって消し去ることができるということ。

【罪障】ザイショウ 仏 極楽往生をさまたげたり、仏道修行の障害となる悪い行い。

【罪状】ザイジョウ 犯罪の行われた状況や経過。その犯罪の具体的事実。「まず—認否が行われた」

【罪人】ザイニン 罪をおかした者。「—に裁きが下された」「—扱いされて立腹する」類 犯人・科人(とがにん)

【罪】つみ ①道徳・宗教・法律などにそむく行為。犯罪。②悪い行いや結果に対する刑罰・責任。「敗戦の—を問われる」「他人に—を着せる」③無慈悲で思いやりがないさま。「なんとも—なことをするものだ」

〖罪を憎んで人を憎まず〗人のおかした罪は罪として憎んで罰しても、その人まで憎んではいけないということ。参考「憎む」は「悪む」とも書く。《『孔叢子(クゾウシ)』》

ザイ【▲剤】(16) 刂14 4993 517D ▼剤の旧字(五六二)

さいなむ【△苛む】(8) 艹5 常 1855 3257 ▼カ(一四六)

さいなむ【▲嘖む】(14) 口11 5152 5354 ▼サク(五六八)

さいわい【幸い】(8) 干5 教 2512 392C ▼コウ(四八六)

さいわい【▲祉い】(8) 礻4 常 2767 3B63 ▼シ(六一〇)

さいわい【▲倖い】(10) 亻8 2486 3876 ▼コウ(四九五)

さいわい【△祥い】(10) 礻6 常 3045 3E4D ▼ショウ(七四八)

さいわい【▲祚い】(10) 礻5 6715 632F ▼ソ(九一〇)

さいわい【▲禄い】(12) 礻8 4729 4F3D ▼ロク(一六二三)

さいわい【△福い】(13) 礻9 教 4201 4A21 ▼フク(一三四四)

さいわい【▲禧い】(17) 礻12 6722 6336 ▼キ(二八四)

さえぎる【遮る】(14) 辶11 常 2855 3C57 ▼シャ(六六〇)

さえずる【▲哢る】(10) 口7 5115 532F ▼ロウ(一六二六)

さえずる【▲囀る】(21) 口18 5183 5373 ▼テン(一一一九)

さえる【▲冱える】(6) 冫4 4952 5154 ▼コ(四四八)

さえる【▲冴える】(7) 冫5 2667 3A63 ▼ゴ(四六一)

さお【▲竿】(9) 竹3 2040 3448 ▼カン(二三〇)

さお【▲棹】(12) 木8 6010 5C2A ▼トウ(一一四七)

同訓異義 さお

【▲竿】枝葉を取り去った竹の細い棒。旗を数える語。「釣り竿」「物干し竿」「旗竿」「国旗一竿」

【▲棹】舟を進めるために用いる長い棒。三味線の、糸を張る細い部分。箪笥(タンス)・羊羹(ヨウカン)など長い物を数える語。「流れに棹を差す」「三味線一棹」

さおさす【▲棹す】(12) 木8 6010 5C2A ▼トウ(一一四七)

さか【坂】(7) 土4 教 2668 3A64 ▼ハン(一二六三)

さか【△阪】(7) 阝4 教 2669 3A65 ▼ハン(一二六三)

さが【△性】(8) 忄5 教 3213 402D ▼セイ(八五四)

さが【△相】(9) 目4 教 3374 416A ▼ソウ(九三二)

さかい【界】(9) 田4 教 1906 3326 ▼カイ(一七七)

さかい【△域】(11) 土8 教 1672 3068 ▼イキ(四一)

さかい【▲堺】(12) 土9 2670 3A66 ▼カイ(一七九)

さかい【境】(14) 土11 教 2213 362D ▼キョウ(三四〇)

さかい【▲疆】(19) 田14 6537 6145 ▼キョウ(三四三)

同訓異義 さかい

【境】土地や物の区切り目。「地境(ジざかい)」「生死の境をさまよう」「合否の境目」

【△界】田畑の区切りをするさかい目。区切りの中の領域。「界隈(カイワイ)」「角界(カクカイ・カッカイ)」

【▲堺】「界」と同じ。

【▲域】区切り。区切りのなかの土地。「地域」

【▲疆】くっきりと入れたさかい目。「境」とほぼ同じ。「疆界(キョウカイ)」

さかえる【栄える】(9) 木5 教 1741/3149 ▼エイ(八五)

さかき【★榊】(14) 木10 国 準1 2671 3A67 音 訓 さかき

〔榊〕

意味 さかき。ツバキ科の常緑小高木。神木とされる。参考「神にそなえる木」の意を表す国字。

さかさま【△倒】(10) イ8 常 3761/455D ▼トウ(一一四一)

さかしい【△賢しい】(16) 貝9 常 2413/382D ▼ケン(四三三)

さがす【捜す】(10) 扌7 常 3360/415C ▼ソウ(九三六)

さがす【探す】(11) 扌8 教 3521/4335 ▼タン(一〇一四)

同訓異義 さがす

【探す】欲しいものを見つけようとする。ほか、広く用いる。「獲物を探す」「就職先を探す」「辞書で漢字を探す」「初版本を探す」「欠点を探す」「新居を探す」

【捜す】見えなくなったものを見つけ出そうとする。「犯人を捜す」「紛失した物を捜す」「室内を捜す」「捜し当てる」

さかずき【▲卮】(5) 卩3 5040/5248 ▼シ(五九九)

さかずき【杯】(8) 木4 常 3953/4755 ▼ハイ(一二三二)

さかずき【▲觚】(12) 角5 ▼コ(四五七)

さかずき【▲盞】(13) 皿8 6623/6237 ▼サン(五六八)

さかずき【△爵】(17) 爫13 常 2863/3C5F ▼シャク(六六五)

さかずき【▲觴】(18) 角11 7528/6B3C ▼ショウ(七六六)

さかな【▲肴】(8) 肉4 2672/3A68 ▼コウ(四八八)

さかな【魚】(11) 魚0 教 2191/357B ▼ギョ(三三〇)

さかのぼる【遡る】(14) 辶10 常 3344/414C ▼ソ(九二六)

さかほこ【鍉】(18) 金10 国 1 音 訓 さかほこ

意味 さかほこ(逆鉾・逆矛)。逆さのほこ。

さからう【▲忤う】(7) 忄4 5556/5758 ▼ゴ(四六三)

さからう【逆らう】(9) 辶6 教 2153/3555 ▼ギャク(二九八)

さかる【盛る】(11) 皿6 教 3225/4039 ▼セイ(八六一)

さがる【下がる】(3) 一2 教 1828/323C ▼カ(一三二)

さかん【△壮ん】(6) 士3 常 3352/4154 ▼ソウ(九二九)

さかん【△旺ん】(8) 日4 常 1802/3222 ▼オウ(一一四)

さかん【▲昌ん】(8) 日4 3027/3E3B ▼ショウ(七四四)

さかん【▲殷ん】(10) 殳6 6154/5D56 ▼イン(六四)

さかん【盛ん】(11) 皿6 教 3225/4039 ▼セイ(八六一)

さかん【▲熾ん】(16) 火12 6385/5F75 ▼シ(六二六)

さき【先】(6) 儿4 教 3272/4068 ▼セン(八九五)

さき【▲尖】(6) 小3 3277/406D ▼セン(八九七)

さき【△前】(9) 刂7 教 3316/4130 ▼ゼン(九一四)

さき【△埼】(11) 土8 教 2675/3A6B ▼さい(五六一)

さき【崎】(11) 山8 常 教 7 2674 3A6A 音 外キ 訓 さき

筆順 丨 山 山 山一 山ナ 山大 山太 峼 崎[9] 崎 崎

意味 ①さき。みさき。海中に突き出た陸地。②けわしい。「崎嶇(キク)」 類 埼(キ)

【崎▲嶇】キク ①山道が曲がりくねってけわしいさま。②世渡りの困難なさま。

参考「崎」「嶇」ともにけわしい意。

さき【▲曩】(21) 日17 5908/5B28 ▼ドウ(一一六七)

さぎ【▲鷺】(24) 鳥13 2677/3A6D ▼ロ(一六二二)

さきがけ【▲魁】(14) 鬼4 1901/3321 ▼カイ(一八四)

さきに【△向に】(6) 口3 教 2494/387E ▼コウ(四七九)

さきに【▲嚮に】(19) 口16 5176/536C ▼キョウ(三四二)

さきに【▲曩に】(21) 日17 5908/5B28 ▼ドウ(一一六七)

サク【冊】(5) 冂3 教 2693/3A7D ▼サツ(五七〇)

サク【作】(7) イ5 常 教 9 2678 3A6E 音 サク・サ 訓 つくる 外なす

筆順 ノ イ イ' 作 作 作 作

意味 ①つくる。つくりだす。また、つくられたもの。「作文」「著作」 ②たがやす。農耕する。また、実り。「耕作」「豊作」 ③なす。なる。する。行う。「作為」 ④はたらく。仕事。「作業」「造作」 ⑤おこす。盛んにする。「作興」 ⑥人のふるまい。うごき。「作法」「動作」 ⑦「美作(みまさか)の国」の略。「作州」

下つき 稲作(いなサク)・裏作(うらサク)・表作(おもてサク)・改作(カイサク)・佳作(カサク)・寡作(カサク)・合作(ガッサク)・贋作(ガンサク)・偽作(ギサク)・凶作(キョウサク)・劇作(ゲキサク)・戯作(ゲサク)・傑作(ケッサク)・原作(ゲンサク)・工作(コウサク)・耕作(コウサク)・小作(こサク)・試作(シサク)・自作(ジサク)・秀作(シュウサク)・習作(シュウサク)・制作(セイサク)・製作(セイサク)・創作(ソウサク)・造作(ゾウサ)・多作(タサク)・駄作(ダサク)・著作(チョサク)・盗作(トウサク)・農作(ノウサク)・畑作(はたサク)・不作(フサク)・米作(ベイサク)・発作(ホッサ)・満作(マンサク)・名作(メイサク)・力作(リキサク)・輪作(リンサク)・連作(レンサク)・労作(ロウサク)

【作為】サクイ ①つくること。特に、わざと手を加えること。つくりごと。「—の跡が感じられる」 対 無為 ②法律で、自分の意志にもとづいた積極的な行為・動作。 対 不作為

【作意】サクイ ①たくらみ。思いつき。「これは—があってしたことだ」 ②芸術作品を制作する作者の意図。創作上の工夫。「—のはっきりした油絵」

【作柄】サクがら ①農作物の生育・収穫の状況。できぐあい。作況。「来年の―予想」 ②詩文・絵画など芸術作品のできばえ。

【作詞】サクシ 歌などの文句をつくること。「―と作曲」

【作事】サクジ 家屋などを建てたり修繕したりすること。建築工事。普請（フシン）。「―場（ば）」

【作史三長】サクシサンチョウ 史書を著す史家に必要な三つの長所。才知・学問・識見。〈『新唐書（シントウジョ）』〉

【作成】サクセイ 書類や計画などをつくりあげること。「計画の試案を―する」

【作製】サクセイ 物をつくること。「自動車の模型を―する」類製作

【作戦】サクセン ①軍隊が計画に沿って、一定期間行う戦闘。また、その計画。「―を立てる」「上陸―」 ②試合などをうまく進めるうえでの方法。戦術。「―会議」

【作付け】サクづけ 田畑に作物を植えつけること。「土壌に合わせた―方式」参考「サクつけ」とも読む。

【作風】サクフウ 芸術・文芸作品に表れた、その時代や作者などの特徴的な傾向。

【作文三上】サクブンサンジョウ 文章を考えるのに適した三つの場所。馬上（馬に乗っているとき）・枕上（チンジョウ）（寝床にいるとき）・厠上（シジョウ）（便所にいるとき）。〈欧陽脩（オウヨウシュウ）の文〉類三多三上

【作物】サクモツ 田畑に作る植物の総称。農作物など。参考「サクブツ」と読めば、多く芸術作品などの意になる。

【作家】サッカ ①詩歌・小説・戯曲・絵画などを創作する人。特に、小説家。劇作家。類文筆家・文士 ②芸術品の制作者。「陶芸―」

【作況】サッキョウ 農作物の生育・収穫などの状況。作柄。「―指数」

【作興】サッコウ ふるい立たせること。また、ふるい立つこと。

さ

サク

【作動】サドウ 機械が動くこと。また、その動き。特に、機械の運動部分の動き。「モーターが―する」

【作法】サホウ ①物事を行う方法。やり方。「小説―」 ②儀式などでの立ち居振る舞いの正しい方法。「礼儀―」類行儀・礼法 参考①「サクホウ」とも読む。

【作務△衣】サムエ 僧などが日常の作業をするときに着る衣服。上衣は打ち合わせがあって筒袖（つつそで）、下衣はズボン状で、裾（すそ）がすぼまる。藍染めの木綿などで作る。

【作用】サヨウ ①他の物にはたらきかけること。また、そのはたらき。「薬の副―」 ②力学において、二つの物体間で力がはたらくとき、一方にはたらく力。対反作用

【作礼△而去】サライニコ 仏説法に集まった聴衆が、終わるとともに、教えに感謝し、仏に一斉に礼をして立ち去ること。礼を作（な）して去る意。多くの経典の末尾にある句。

【〈作物〉所】つくもどころ 平安時代、宮中の調度品の製造や修理を司（つかさど）った所。

【作る】つくる ①物をこしらえる。特に、材料を使って小規模なものをつくるときに使う。「料理を―る」 ②新しいものを生みだす。「詩を―る」「組織を―る」 ③耕す。農作物を育てる。「畑を―る」「米を―る」 ④かたちづくる。用意する。「列を―る」「返済の金を―る」 ⑤いつわってこしらえる。「声を―る」参考「造る」は船・ビルなど大規模なものや酒・味噌（みそ）を工業的につくるときに使う。

【△作す】なす ある状態や形をつくりあげる。「渡り鳥が群れを―す」

サク【削】(9) 刂 7 常 3 2679 3A6F 音サク 訓けずる 外そぐ・はつる

筆順 丨 丨丨 ⺌ 㣺 肖 肖 肖 肖 削

意味 けずる。けずりとる。そぐ。除く。「削減」「削除」「添削」対添

書きかえ「鑿（サク）」の書きかえ字として用いられるものがある。

下つき 掘削（クッサク）・減削（ゲンサク）・刻削（コクサク）・添削（テンサク）・筆削（ヒッサク）

【削る】けずる ①刃物などで少しずつそぎ取る。「鉛筆を―る」「鰹節（かつおぶし）を―る」 ②減らす。「予算を大幅に―る」 ③一部分を取り去る。「論文の第三章を―る」

【削減】サクゲン 無駄や余分をはぶいて、少なくすること。「軍事費を大幅に―する」「国会議員の定数―」

【削除】サクジョ 文章などの一部を取り去ること。「発言を記録から―する」類抹消

【削足適履】サクソクテキリ 本末を取りちがえて、無理に物事を処理するたとえ。また、目先のことにとらわれて大事なことを忘れてしまうたとえ。足を削って靴の寸法に合わせる意から。〈『淮南子（エナンジ）』〉

【△削ぐ】そぐ ①物の先端をとがらせるように薄く切る。「青竹を―ぐ」 ②髪の毛の端を間引くように切り落とす。 ③減らす。弱くする。「感興を―ぐ」

【△削る】はつる ①金属や材木などの表面を少しずつけずって取る。「柱の面を―る」 ②皮をはぐ。

サク【昨】(9) 日 5 教 常 7 2682 3A72 音サク 訓外きのう

筆順 丨 ⺆ 日 日 日' 日𠂉 昨 昨 昨

意味 ①きのう。「昨日」 ②むかし。以前。「昨今」対今 ③前の。ひとまわり前の。「昨年」

【〈昨日〉】きのう ①今日の一日前の日。 ②近い過去。「―のことのように思い出す」参考「サクジツ」とも読む。

【〈昨日〉の〈△襤△褸〉、〈今日〉の

錦(にしき)】世の栄枯盛衰の激しいたとえ。「襤褸」は、ぼろぼろの着物のこと。参考「昨日の錦、今日の襤褸」ともいう。類昨日の花は今日の夢

【〈昨日〉の友は〈今日〉の仇(あだ)】親しい友人が翌日には敵になることがあるように、人は離合集散を繰り返して、あてにならないたとえ。

【〈昨日〉の淵(ふち)は〈今日〉の瀬】人の世の転変の激しいたとえ。由来『古今和歌集』の歌「世中(よのなか)は何か常なる飛鳥(あす)川昨日の淵ぞ今日は瀬になる」〈よみ人しらず〉から。

【〈昨日〉は人の身、〈今日〉は我が身】人の運命や災難は予測できないので、他人に起きた不幸がいつ自分に起こるかわからないということ。

【昨日】サクジツ「昨日(きのう)」に同じ。

【昨宵】サクショウ ゆうべ。昨日の夜。特に、日が暮れてまもないころ。類昨夕

【昨非今是】サクヒコンゼ 環境や考え方などが一変して、以前は誤りだと思ったことを、今は正しいと思うようになること。〈陶潜の詩〉参考「今是昨非」ともいう。

【昨夜】サクヤ 昨日の夜。「—からの雨が今朝あがった」類昨晩 参考「ゆうべ」とも読む。

【昨今】サッコン このごろ。きのうきょう。近頃(ちかごろ)。近い過去から現在までを漠然というときに用いる。「—の就職事情」

【〈昨夜〉】ゆうべ 昨日の夕方、または夜。昨晩。参考「サクヤ」とも読む。

サク【柵】(9) 木5 常 2 2684 3A74 音サク 訓外やらい・しがらみ・とりで

筆順 一 十 才 木 札 机 柵 柵

意味①木や竹でつくった囲い。やらい(矢来)。②しがらみ。くいを立て、竹や木を横に組んで川の流れをせきとめるもの。③とりで。小さな城。「柵塁」

下つき 城柵(ジョウサク)・鉄柵(テッサク)・木柵(モクサク)

【柵門】サクモン 小さな城の周囲にめぐらしたさくや、とりでの出入り口となる門。

【柵】しがらみ ①水流をせきとめるため、杭を打ち並べて竹や木を横に渡したもの。②押しとどめて、さまたげるもの。心にまとわりついて、決意などをじゃまするもの。「浮世の—で決心が鈍る」「—が多くて好き勝手にできない」

【柵】とりで 木でできたさくをめぐらした規模の小さい城。

サク【柞】(9) 木5 1 5948 5B50 音サク 訓ははそ

意味①ははそ。コナラ・クヌギの類の総称。「柞蚕」「柞原(ははそはら)」②きる。草木を切りはらう。

【柞蚕】サクサン ヤママユガ科のガ。褐色で大形。繭から絹糸をとる目的で飼育される。

【柞】ははそ クヌギ・コナラ・オオナラなどの総称。季秋

サク【炸】★ (9) 火5 1 6358 5F5A 音サク・サ 訓さける・はじける・さく

意味 はじける。さける。さく。火薬で爆発する。「炸裂」

【炸薬】サクヤク 爆弾・砲弾・魚雷などの内部につめ、発射後に爆発させる火薬。

【炸裂】サクレツ 爆弾・砲弾などが爆発して、はじけ散ること。「ミサイルが—する」

サク【朔】(10) 月6 準1 2683 3A73 音サク 訓ついたち・きた

意味①ついたち。陰暦で、月の第一日。「朔日」「朔旦」対晦(カイ) ②きた(北)。北の方角。「朔風」「朔方」参考②十二支の第一番目(子(ね))が方位で北に配されることから。

下つき 晦朔(カイサク)・告朔(コクサク)・正朔(セイサク)・八朔(ハッサク)

【朔日】サクジツ 陰暦で月の第一日。一日(ついたち)。対晦日 参考「ついたち」とも読む。

【朔風】サクフウ 北のほうから吹く風。北風。季冬

【朔望】サクボウ 陰暦で、月の一日と一五日。新月と満月。「—潮」

【朔望月】サクボウゲツ 月が朔(新月)から次の朔、または望(満月)から次の望に至る周期の平均時間。太陰月。

【朔北】サクホク ①北。北方。②中国の北方にある開けていない土地。

【〈朔日〉・朔】ついたち「朔日(サクジツ)」に同じ。対晦(みそか)日・晦(つごもり) 由来「月立ち」の意から。表記「一日」とも書く。

【〈朔日〉ごとに餅(もち)は食えぬ】一度あったよいことが、毎回決まって起こるというものではないということ。ついたちに餅が食べられるのは正月だけであることから。

サク【窄】★ (10) 穴5 準1 2685 3A75 音サク 訓せまい・せばまる・すぼむ・つぼむ

意味①せまい。心がせまい。「狭窄」対寛 ②せまる。せばまる。すぼむ。

下つき 狭窄(キョウサク)

【窄む】すぼむ ①しだいにせまくなる。細くなる。②ふくらんだものが縮む。しぼむ。「風船が—む」③勢いなどが衰える。「夢が—む」

【窄まる】せばまる 外からの強い力で、せまくなる。窮屈になる。

【窄い】せまい 中がせばまっているさま。窮屈でゆとりがないさま。

【窄む】つぼむ せまく小さくなる。すぼむ。「開いた花が—む」

サク【索】(10) 糸4 常 準2 2687 3A77 音サク 訓外なわ・つな・もとめる・さがす

筆順 一 十 亠 圥 去 玄 玄 索 索 索

意味 ①なわ。つな。「索条」②もとめる。さがす。「索引」「思索」③ちる。はなれる。ものさびしい。「索然」「索漠」

下つき 思索(シサク)・捜索(ソウサク)・探索(タンサク)・模索(モサク)

【索引】サクイン 書物のなかの語句などを一定の順序で並べ、ページなどを示して簡単に探せるように工夫した表。インデックス。「部首―」

【索条】サクジョウ 鋼鉄の針金をより合わせてつくった綱。ワイヤロープ。類鋼索

【索然】サクゼン ①おもしろみや興味のなくなるさま。「興味―」②散らばるさま。

【索道】サクドウ 空中に張った鋼鉄の綱に運搬器をつるして、人や貨物を運ぶ設備。空中ケーブル。ロープウエー。

【索漠・索△莫・索△寞】サクバク あじけなく、もの寂しいさま。また、気がめいるさま。「―とした光景」

〈索麺〉そうめん 小麦粉と塩水を合わせてこね、植物油を塗り、線状に細く伸ばして乾燥させた食品。表記「素麺」とも書く。

【△索める】もとめる ひもをたぐるように、手がかりから探す。

サク【做】(11) 亻9 1 4886 5076 音 サク・サ 訓 なす

意味 なす。なる。する。参考「みなす」を「看做す・見做す」と書くことがある。

サク【策】(12) ⺮6 常 教 5 2686 3A76 音 サク 訓 外 はかりごと・むち・つえ・ふだ

筆順 ノ ⺈ 𥫗 ⺮ 竺 笁 笞 笧 策 策

意味 ①くわだて。はかりごと。計画。「策略」「政策」「策を施す」②むち。また、つえ。つえをつく。「散策」③ふだ。かきつけ。④官吏登用試験の問題。

下つき 画策(カクサク)・散策(サンサク)・失策(シッサク)・対策(タイサク)・得策(トクサク)・秘策(ヒサク)・方策(ホウサク)・無策(ムサク)

さ サク

【策応】サクオウ 互いにはかりごとをめぐらして、しめし合わせて行動すること。

【策源地】サクゲンチ 戦地で、前線の部隊に必要な物資を供給する後方の基地。

【策士】サクシ はかりごとにたけた人。好んではかりごとをめぐらす人。類術士

『策士策に溺(おぼ)れる』ことあるごとにはかりごとをめぐらす人が、自分が立てた計画に頼りすぎてかえって失敗すること。参考「溺れる」は「倒る」ともいう。

【策書】サクショ 官吏を任命・罷免する辞令書。由来「策」は竹のふだの意で、これに辞令を書いたことから。

【策定】サクテイ 計画や政策などを考え決めること。「五か年計画を―する」

【策動】サクドウ ひそかに計画を立て行動する。特に、こっそり悪事を計画すること。「反対勢力の―」類画策

【策謀】サクボウ はかりごと。また、はかりごとをめぐらすこと。類策略・計略

【策略】サクリャク はかりごと。物事を自分に都合のよいように動かしたり、相手をあやつったりすること。「あれこれと―をめぐらす」類計略・策謀

【△策】はかりごと あらかじめいろいろと考えた計略。また、それを書きつけたもの。「―を巡らす」「―を練る」

【△策】ふだ 紙がなかった時代に、文字を記した竹片。竹簡。表記「冊」とも書く。

【△策】むち ウマを打って進ませる道具で、腹を強く刺激するために先端に凹凸をつけた竹の棒。「調教に適度に―を用いる」

サク【酢】(12) 酉5 常 準2 3161 3F5D 音 サク 外 ソ 訓 す 外 すい

筆順 一 冂 冂 丙 两 西 酉 酉 酢 酢 酢

意味 ①す。酸味のある液体の調味料。「酢酸」②すい。すっぱい。③むくいる。客が主人に杯を返す。「酬酢」対酬

書きかえ 「醋(サク)」の書きかえ字として用いられるものがある。

下つき 酬酢(シュウサク)

〈酢漿草〉かたばみ カタバミ科の多年草。道端に自生。葉はハートを三個合わせたような複葉。春から秋、黄色の花が咲く。季夏 由来「酢漿草」は漢名より。かむと酸味があることから。表記「酸漿草」とも書く。

【酢酸】サクサン 刺激性の臭気と酸味のある無色の液体。食用酢の酸味の主成分。食品・薬品・工業用の原料とする。書きかえ「醋酸」の書きかえ字。

【酢】す 酢酸(サクサン)を含む液体調味料。料理などに酸味をつけたり魚をしめたりするのに使う。表記「醋」とも書く。

【△酢い】すい すっぱい。酢のような味がする。酸味がある。「―い梅干し」表記「酸い」とも書く。

【酢△橘】すだち ミカン科の常緑低木。徳島県の特産。果実は小さく球形。果肉は酸味が強く独特の芳香があり、料理用。季秋 表記「酸橘」とも書く。

【酢豚】すぶた 中国料理の一つ。揚げた角切りの豚肉と油で炒(いた)めた野菜とを、甘酢あんでからめたもの。

【酢△憤り】すむずかり おろし大根に炒(い)り大豆を加えて、酢醬油(ジョウユ)をかけた料理。また、ニンジンや酒粕(さけかす)などを加えることもある。初午(はつうま)に道祖神に供える。すむつかり。

サク【搾】(13) 扌10 常 国 3 2681 3A71 音 サク 高 訓 しぼる

筆順 一 扌 扌 扌 扌 扌 搾 搾

意味 ①しぼる。しぼりとる。「搾取」②しめつける。「圧搾」

下つき 圧搾アッサク

〈搾菜〉ザーサイ 中国の漬物。カラシナの変種の球茎を、塩と香辛料で漬けたもの。参考「ザーサイ」は中国語から。

【搾取】サクシュ ①マルクス経済学で、生産手段の所有者が労働の生み出す剰余価値を取得すること。「中間─」②果汁や牛乳などをしぼりとること。

【搾乳】サクニュウ ウシ・ヤギなどの乳をしぼること。「─器」

【搾る】しぼる ①強く押し縮めて水分や油分などを取る。「オリーブから油を─る」②むりやりにとる。とりたてる。「税金を─り取る」③厳しくしかったり鍛えたりする。「選手を─る」

〈搾滓〉しめかす 魚や大豆などの油をしぼった残りのかす。飼料や肥料にする。表記「〆粕」とも書く。

サク【笮】

(13) ⺮7 1 6811 642B 音 サク 訓 たけなわ

意味 たけづな。舟をひくための、竹で作ったなわ。

サク【嘖】

(14) 口11 1 5152 5354 音 サク 訓 さけぶ・さいなむ・かまびすしい

意味 ①大声でさけぶ。言い争う。②やかましい。かまびすしい。「嘖嘖」

【嘖む】さいなむ きつくしかったりとがめたりする。他人を責めて大声でしかる。「責め─む」

【嘖嘖】サクサク 人々が口々に言いはやすさま。しきりに言うさま。「好評─」

【嘖ぶ】さけぶ 大声をあげる。わめく。特に、大声で言い争う。

サク【槊】

(14) 木10 1 6046 5C4E 音 サク 訓 ほこ・すごろく

意味 ①ほこ。武器の一種。②すごろく(双六)。すごろくの盤。「棊槊」

下つき 棊槊キサク

【槊杖】サクジョウ 小銃の銃身内部を掃除するのに使う、鉄製の細長い棒。

【槊】ほこ 長い柄に両刃(もろは)の剣をつけた武器。参考 特に、柄の長いものを指す。

サク【醋】

(15) 酉8 1 7844 6E4C 音 サク・ソ 訓 す

意味 ①す。酸味のある液体の調味料。「醋酸」②すい。すっぱい。③むくいる。客が主人に杯を返す。「酬醋」対酬

書きかえ 「酢」に書きかえられるものがある。

下つき 酬醋シュウサク

【醋酸】サクサン ▼書きかえ 酢酸(五六七)

【醋】す 酢酸(サクサン)を含む液体調味料。料理などに酸味をつけたり、魚をしめたりするのに使う。表記「酢」とも書く。

サク【錯】

(16) 金8 常 3 2688 3A78 音 サク 外ソ 訓 外まじる・あやまる・おく

筆順 ⺈ 午 金 金 針 鉗 錯 錯

意味 ①まじる。まざる。また、入り乱れる。「錯綜(サクソウ)」「交錯」②あやまる(誤る)。まちがえる。「錯誤」「錯覚」③おく。すえおく。

下つき 交錯コウサク・失錯シッサク・倒錯トウサク

【錯誤】サクゴ ①事実に対するあやまり。まちがい。「試行─を繰り返す」②事実と観念が一致しないこと。「時代─の考え」

【錯雑】サクザツ 複雑に入り混じること。こみ入っていること。類錯綜

【錯綜】サクソウ 物事が複雑に入り乱れること。入りくむこと。「情報が─する」「─した人間関係」類錯雑

【錯謬】サクビュウ あやまりたがうこと。あやまり。まちがい。

【錯落】サクラク たくさんのものが、ごたごたと入り混じるさま。

【錯乱】サクラン 考えや心が入り乱れて混乱すること。「─状態に陥る」

【錯角】サッカク 数学で、一つの直線が別の二つの直線と交わるとき、二直線の内側にできる四つの角のうち、斜めに向かい合う角。

【錯覚】サッカク ①事物を実際の形・色・音などと異なったものとして知覚すること。「目の─」②実際とはちがうように感じること。思いちがい。勘ちがい。「夢のなかの話を現実と─する」

【錯簡】サッカン 書物の紙の順序があやまっていること。また、文字・文章の前後の乱れ。由来 竹簡や木簡をとじちがえたことから。

△【錯じる】まじる たてよこに入り乱れる。入れちがってそろわない。

サク【簀】★

(17) ⺮11 1 6839 6447 音 サク 訓 す・すのこ

意味 ①す。すのこ。竹や木で編んだむしろ。②すだれ。

下つき 葦簀よしず

【簀】す ①竹やアシを並べてあらく編んだもの。また、日除(ひよ)けのためのすだれ。すのこ。②簀立て漁に使う装置。

【簀垣】すがき 竹で作った垣根。竹の透垣(すいがい)。たけがき。

【簀立て】すだて 波の静かな浅い所に竹簀(たけす)を迷路状にたてめぐらし、満潮時にこのなかに入った魚が干潮時に取り残されるのを捕らえる装置。また、その漁法。

【簀・簀子】すのこ ①木や竹の薄板を少しずつ間をあけて打ちつけた台や縁。②「簀(す)」に同じ。

【▲簀巻】すまき ①簀(す)で物を巻いて包むこと。②近世の私刑の一種。簀で人の体を巻いて水中に投げこむ。

サク【齪】(22) 齒7 1 8388/7378 音 サク・セク・シュク 訓 つつしむ

意味 ㊀サク・セク「齷齪(アクサク・アクセク)」はこせつくさま、また、せまるさま。㊁シュク つつしむさま。

サク【鑿】(28) 金20 1 7956/6F58 音 サク 訓 のみ・うがつ

意味 ①のみ。木材や石材などに穴をあける工具。②うがつ。穴をあける。また、深くさぐる。つきとめる。「開鑿」「穿鑿(センサク)」

書きかえ 「削」に書きかえられるものがある。

下つき 開鑿(カイサク)・掘鑿(クッサク)・穿鑿(センサク)

【▲鑿つ】うがつ ①のみを使って穴を掘る。穴をあける。②せんさくする。かんぐって実情や人情の機微などをとらえる。

【▲鑿岩機】サクガンキ 鉱山や土木工事で、岩盤に深い穴をあける機械。きりをねじこむ回転式、打撃を与えるハンマー式などがあり、圧縮空気や電気で動かす。

【▲鑿井】サクセイ ①井戸を掘ること。②石油や温泉などを得るため、地中に深い穴を掘ること。ボーリング。

【▲鑿壁▲偸光】サクヘキトウコウ 苦学することのたとえ。壁に穴をあけて隣家の光を盗む意。故事 中国、前漢の匡衡(キョウコウ)は若いときに貧乏で灯火の油が買えず、壁に穴をあけて隣家の灯火の光で書物を読んで学問をし、のち大学者になったという故事から。〈『西京雑記(セイケイザッキ)』〉

参考 「壁を鑿(うが)ちて光を偸(ぬす)む」ともいう。

【▲鑿開】サッカイ 掘り広げること。切り開くこと。

【▲鑿】のみ 木材や石材を加工するための工具。槌(つち)で柄頭をたたいて使う。穴をあけたり、溝を掘ったりする。

【▲鑿と言えば▲槌(つち)】すべてのことに気が利くたとえ。鑿が必要だといえば、一緒に使うことになる槌も差し出すことから。

さく【咲】(9) 口6 常 4 2673/3A69 音 外ショウ 訓 さく

筆順 丨 口 口 口丶 口ソ 口䒑 口⺍ 咩 咲

意味 ①さく。花が開く。②わらう。類 笑

さく【△剖く】(10) 刂8 常 4322/4B36 ▼ボウ(一四一七)

さく【割く】(12) 刂10 教 1968/3364 ▼カツ(二一三)

さく【裂く】(12) 衣6 常 4686/4E76 ▼レツ(一六〇三)

さく【▲劈く】(15) 刀13 4992/517C ▼ヘキ(一三七三)

同訓異義 さく

【割く】刃物で切り開く。一部を分けて他に当てる。「鮭(さけ)の腹を割いて卵を採る」「紙面を割いて載せる」「時間を割いて面会する」「人手を割いて事故に対応する」

【裂く】一つになっていたものを二つ以上に引き離す。「生木を裂く」「絹を裂くような悲鳴」「二人の仲を裂く」

【△剖く】真ん中から二つに切り分ける。「解剖(カイボウ)」

【▲劈く】刃物で二つに切り開く。

さくら【桜】(10) 木6 教 2689/3A79 ▼オウ(一一五)

さぐる【探る】(11) 扌8 教 3521/4335 ▼タン(一〇一四)

さぐる【▲摸る】(13) 扌10 4446/4C4E ▼モ(一四七八)

さけ【酒】(10) 酉3 教 2882/3C72 ▼シュ(六七八)

さけ【▲鮭】(17) 魚6 2690/3A7A ▼ケイ(四〇一)

さげすむ【▲貶む】(11) 貝4 7642/6C4A ▼ヘン(一三八一)

さげすむ【蔑む】(14) 艹11 常 4246/4A4E ▼ベツ(一三七六)

さけぶ【△号ぶ】(5) 口2 教 2570/3966 ▼ゴウ(五一八)

さけぶ【叫ぶ】(6) 口3 常 2211/362B ▼キョウ(三一八)

さけぶ【▲喊ぶ】(12) 口9 5131/533F ▼カン(二三四)

さけぶ【▲嘖ぶ】(14) 口11 5152/5354 ▼サク(五六八)

さける【避ける】(16) 辶13 常 4082/4872 ▼ヒ(一二八六)

さげる【提げる】(12) 扌9 教 3683/4473 ▼テイ(一〇九五)

同訓異義 さげる

【下げる】高いほうから低いほうへ移す。上端を固定して下へ垂らす。ほか、広く用いる。「上げた手を下げる」「頭を下げる」「温度を下げる」「軒下に風鈴を下げる」「血を下げる」「目尻(めじり)を下げる」「評価を下げる」「お膳(ゼン)を下げる」「払い下げ」

【提げる】手に持ったりしてぶらさげる。「鞄(かばん)を提げる」「首からペンダントを提げる」「手提げ袋」「手鍋(てなべ)提げても」

さこ【迫】(11) 辶7 国 1 7790/6D7A 音 訓 さこ

意味 山と山の間の小さな谷。はざま。

ささ【笹】(11) ⺮5 国 準1 2691/3A7B 音 訓 ささ

意味 ①ささ。むらがり生える小さなタケの総称。「笹舟」②ささの葉のような形のもの。「笹身」

下つき 隈(熊)笹(くまざさ)

【▲笹▲掻き】ささがき ゴボウなどをササの葉のように薄くそぎ切りにすること。また、そのもの。

【▲笹身】ささみ ニワトリの胸部からとる、脂肪が少なく柔らかい肉。由来 ササの葉の形をしていることから。

ささえる【支える】(4) 支0 教 2757/3B59 ▼シ(五九七)
ささげる【▲捧げる】(11) 扌8 4291/4A7B ▼ホウ(一四〇六)
さざなみ【▲漣】(14) 氵11 4690/4E7A ▼レン(一六〇六)
ささやか【△細やか】(11) 糸5 教 2657/3A59 ▼サイ(五五四)
ささやく【▲聶く】(18) 耳12 7067/6663 ▼ショウ(七六六)
ささやく【▲囁く】(21) 口18 5181/5371 ▼ショウ(七六七)
ささら【▲筅】(12) ⺮6 6806/6426 ▼セン(九〇四)
ささら【▲簓】(17) ⺮11 国 6841/6449 ▼セン(九一〇)
さし【△尺】(4) 尸1 教 2860/3C5C ▼シャク(六六三)
さじ【▲匕】(2) 匕0 5024/5238 ▼ヒ(一二七二)
さじ【▲匙】(11) 匕9 2692/3A7C ▼シ(六一七)
さしがね【▲矩】(10) 矢5 2275/366B ▼ク(三六九)
さしはさむ【△挟む】(9) 扌6 常 2220/3634 ▼キョウ(三三一)
さしまねく【▲麾く】(15) 麻4 6164/5D60 ▼キ(二八二)
さす【△止す】(4) 止0 教 2763/3B5F ▼シ(五九七)
さす【刺す】(8) 刂6 常 2741/3B49 ▼シ(六〇九)
さす【△注す】(8) 氵5 教 3577/436D ▼チュウ(一〇四六)
さす【指す】(9) 扌6 教 2756/3B58 ▼シ(六一二)
さす【△射す】(10) 寸7 教 2845/3C4D ▼シャ(六五七)
さす【差す】(10) 工7 教 2625/3A39 ▼サ(五四四)
さす【挿す】(10) 扌7 常 3362/415E ▼ソウ(九三六)
さす【▲螫す】(17) 虫11 7414/6A2E ▼セキ(八八〇)
さす【△鎖す】(18) 金10 常 2631/3A3F ▼サ(五四七)

同訓異義 さす

【指す】指などで方向をさし示す。将棋をする。「行くほうを指す」「針が五時を指す」「名指しする」「将棋を指す」「指し値」

【差す】光が当たる。ある現象が現れる。細長いものを突き通す。ほか、広く用いる。「日が差す」「影が差す」「頬(ほお)に赤みが差す」「嫌気が差す」「傘を差す」「棹(さお)を差す」「頬紅(ほおべに)を差す」

【射す】光が照って当たる。「朝日が射しこむ」「光明が射す」「後光が射す」

【挿す】細長いものを突き通すように入れる。「花瓶(カビン)に花を挿す」「挿し木」「挿絵」

【刺す】先のとがったものを突き入れる。「蜂(はち)が刺す」「刺し殺す」「二塁でランナーを刺す」「肌を刺す寒さ」「刺身」

【△注す】あるものに液体をそそぐ。「車輪に油を注す」「目薬を注す」「花瓶(カビン)に水を注す」

【△止す】途中でやめる。動詞の連用形について用いる。「本を読み止す」「魚を食べ止して残す」

さすが【▲遉】(13) ⻍9 7806/6E26 ▼テイ(一〇九七)
さずける【授ける】(11) 扌8 教 2888/3C78 ▼ジュ(六八二)
さする【△摩る】(15) 手11 常 4364/4B60 ▼マ(一四三六)
さぞ【▲嘸】(15) 口12 5163/535F ▼ブ(一三三六)
さそう【誘う】(14) 言7 常 4522/4D36 ▼ユウ(一五一五)
さそり【▲蝎】(15) 虫9 7389/6979 ▼カツ(二一六)
さそり【▲蠆】(18) 虫12 9167/7B63 ▼タイ(九八七)
さそり【▲蠍】(19) 虫13 7424/6A38 ▼カツ(二一六)
さだか【定か】(8) 宀5 教 3674/446A ▼テイ(一〇八九)
さだめ【△運】(12) ⻍9 教 1731/313F ▼ウン(八〇)
さだめる【定める】(8) 宀5 教 3674/446A ▼テイ(一〇八九)
さだめる【▲奠める】(12) 大9 5291/547B ▼テン(一一一七)
さち【幸】(8) 干5 教 2512/392C ▼コウ(四八六)
サッ【早】(6) 日2 教 3365/4161 ▼ソウ(九二九)

サツ【扎】(4) 扌1 1 5709/5929 音 サツ 訓 ぬく・かまえる

意味 ①ぬ(抜)く。②さ(刺)す。突き刺す。③かまえる。守る。

サツ【冊】(5) 冂3 教 常 5 2693/3A7D 音 サツ・サク高 訓 外ふみ・たてる

旧字《冊》(5) 冂3 1/準1 4938/5146

筆順 丨冂冂冊冊

意味 ①ふみ。とじた書物。「冊子」「別冊」②書物を数える語。「冊数」「一冊」③ふだ。書きつけ。書きとめる札。「短冊(タンザク)」④中国で、天子の任命書。「冊命(サクメイ)」⑤た(立)てる。

下つき 合冊(ガッサツ)・小冊(ショウサツ)・短冊(タンザク)・分冊(ブンサツ)

【冊封】サクホウ 古代中国で、諸侯などに領地と爵位を授けること。
【冊立】サクリツ 勅命で、皇后・皇太子を定め立てること。参考「サクリュウ」とも読む。
【冊子】サッシ ①とじた本。とじ本。巻子本(カンスボン)以外の装幀(ソウテイ)である本の総称。ソウシ。参考「ソウシ」と読めば別の意もある。「宣伝用の—」②書物一般。
【△冊子】ソウシ ①「冊子(サッシ)」に同じ。②かなで書かれた物語。③中・近世に流行した絵を主とした物語。④手習い用の帳面。表記「草紙・草子・双紙」とも書く。
【△冊】ふみ 書き記したもの。書物・手紙・文書など。由来「冊」は、文字を書いた竹簡・木簡をひもで綴(と)じた書物の原形を意味したことから。

サツ【札】(5) 木 1 教 常 7 2705 3B25 音 サツ 訓 ふだ 外 さね・わかじに

筆順 一 十 才 木 札

意味 ①ふだ。文字を書いた木や紙などのふだ。「高札」「門札」②かきもの。手紙。「書札」③証拠となる文書。証文。「鑑札」④競売や請負などで価格を書いて出すふだ。いれふだ。「入札」「落札」⑤さつ。紙幣。「金札」⑥さね。よろいやかぶとの材料になる、鉄や革の小板。⑦わかじに。夭折する。⑧乗車券。切符。「改札」「出札」

下つき 一札・改札・簡札・鑑札・金札・検札・高札・出札・書札・手札・名札・偽札・贋札・荷札・入札・藩札・表札・門札・落札

【札片】サツびら 紙幣。「―を切る(惜しげもなく金を使う)」参考「片」は薄いものを数える単位。

【札】さね 鉄または革でできた小さな板で、よろいやかぶとの材料となるもの。

【札】ふだ ①文字などを書いてしるしとするもの。小さな木片・紙片・プラスチック片・金属片などで名札や値札の類。②神仏の守り札。おふだ。③立て札・看板など。④かるた・トランプ・花札などの遊戯に用いる紙片。

【札納】ふだおさめ ①年末に、その年に受けた神仏の札を氏神などに返納すること。おさめふだ。季冬 ②祈願のときに受けた札を、成就のときに返納すること。また、霊場などの巡拝者が参拝のしるしとして札をおさめること。

【札差】ふださし 江戸時代、旗本や御家人に支給される蔵米を代理として受け取り、その換金を請け負った商人。のちに蔵米を担保に、旗本や御家人を対象として高利の金融も行った。由来 受取人の名を記した札を、蔵役所の藁苞に差したことから。

【札所】ふだショ 巡礼者が参拝のしるしにお札を受けたり、納めたりする寺院・仏堂。三十三か所の観音、八十八か所の弘法大師の霊場など。

【札付き】ふだつき ①悪評が知れわたっていること。また、その人や物。「―の親不孝者」②商品に正札がついていること。また、その商品。

【札止め・札留め】ふだどめ ①興行などで、満員のため入場券の販売をやめること。「満員―の盛況」②札を立てて、立ち入りや通行を禁止すること。「川が増水して―となった」

サツ【刷】(8) 刂 6 教 常 7 2694 3A7E 音 サツ 訓 する 外 はく

筆順 フ コ 尸 尸 吊 吊 刷 刷

意味 ①する。こする。すり出す。「印刷」「増刷」②はく。ぬぐう。きよめる。「刷新」③はけ。ブラシ。

下つき 印刷・重刷・縮刷・増刷

【刷子】サッシ 「刷毛」に同じ。

【刷新】サッシン 悪い点をすべて取りのぞいて、新しくすること。「人事を―する」「制度の―を図る」

【刷る】する ①印刷する。「学級新聞を―って配る」②版木などにインク・絵の具などを塗って、紙を当ててこすり、字や絵を写し取る。「芋版で年賀状を―る」

【刷く】はく はけ・筆などでこする。こするように塗る。「漆を―く」「頬紅を―く」

〈刷毛〉・〈刷子〉はけ 塗料やのりなどを塗ったり、ほこりを払ったりする道具。獣毛などを束ねて柄をつけたもの。ブラシ。参考「刷子」は「サッシ」とも読む。

サツ【刹】(8) 刂 6 常 2 4975 516B 音 サツ 高・セツ 訓 外 てら

筆順 ノ メ 㐅 乎 杀 杀 刹 刹

意味 てら。寺院。「名刹」参考 梵語の音訳で、仏教に関するさまざまな語に用いられる。

下つき 古刹・大刹・仏刹・名刹・羅刹

【刹那】セツナ ごく短い時間。つかのま。「―主義」類 瞬間 対 劫 参考 指を一度はじく間に六五刹那あるという説や、七五分の一秒とする説など諸説ある。由来 梵語の音訳から。

サツ【拶】(9) 扌 6 常 2 2702 3B22 音 サツ 訓 外 せまる

筆順 一 十 扌 扌 扌 扌 拶 拶 拶

意味 せまる。おしよせる。「挨拶」参考「挨拶」は、もと、おしすすむ意。

下つき 挨拶

〈拶双魚〉さっぱ ニシン科の海魚。各地の沿岸に分布。イワシに似るが体高が大きい。食用。ママカリ。季秋

【拶る】せまる すぐそばまで近づく。すり寄せる。ぎりぎりまでおし寄せる。

サツ【殺】(10) 殳 6 教 常 6 2706 3B26 音 サツ・サイ 高・セツ 高 訓 ころす 外 そぐ・そげる・けずる

旧字《殺》(11) 殳 7 1/準1 8641 7649

筆順 ノ メ 㐅 乎 杀 杀 杀 杀 殺 殺

意味 ㊀サツ・セツ ①ころす。あやめる。「殺生」「射殺」②なくす。ほろぼす。「抹殺」③程度がはなはだしい意を添える語。「殺到」「忙殺」㊁サイ そぐ。けずる。へらす。「減殺」「相殺」

下つき ㊀圧殺・暗殺・虐殺・絞殺・惨殺・斬殺・刺殺・自殺・射殺・銃殺・他殺・毒

殺・屠殺・悩殺・必殺・忙殺・撲殺・抹殺・黙殺・薬殺　㊁減殺・相殺

【△殺める】あやーめる　危害を加える。傷つける。特に、人をころす。「他人を—める」

【殺す】ころーす　①命を奪う。「人を—す」②押さえつけて活動させない。また、あえて勢いを弱める。「材料の味を—す」「息を—して隠れる」「感情を—して応対する」③野球でアウトにする。「走者を本塁で—す」

【殺意】サツイ　ある人を殺そうとする意志。「—をいだく」

【殺害】サツガイ　人間を殺すこと。「要人を—する」参考「セツガイ」とも読む。

【殺気】サッキ　①人を殺しそうな緊迫した気配。敵意のみなぎった空気。「—を感じる」②草木をも枯らす冷え冷えとした寒気。

【殺菌】サッキン　煮沸や薬剤などで細菌・病原菌などを殺すこと。「—作用がある」

【殺傷】サッショウ　殺したり傷つけたりすること。「通り魔に通行人が—された」

【殺人】サツジン　人を殺すこと。「—事件」「—的（殺されそうなほどひどい）スケジュール」

【殺到】サットウ　多くの人や物が、一つの場所にいっぺんに押し寄せること。「応募が—した」「人気グループのライブにファンが—する」

【殺伐】サツバツ　すさんで荒々しいさま。あたたかみのないさま。「—とした光景」

【殺風景】サップウケイ　①景色や風景に趣のないこと。「—な町」②おもしろみがないこと。興ざめなこと。「—な飾りつけ」

【殺戮】サツリク　人を残酷に殺すこと。特に、多くの人間をむごたらしく殺すこと。

【殺生】セッショウ　①仏生き物を殺すこと。十悪の一つ。②むごいこと。ひどく残酷なこと。「酒を飲むなとは—だ」

【殺生禁断】セッショウキンダン　仏仏教の慈悲の精神から、生き物を捕獲したり殺したりするのを禁止すること。

【△殺ぐ】そーぐ　けずるようにして量をへらす。はぶく。弱くする。くじく。「気勢を—ぐ」

〈殺陣〉たて　映画や演劇で、斬り合いの場面や演技。立ち回り。参考「サツジン」とも読む。

サツ【▲殺】(11) 殳7　8641 7649　▼殺の旧字(五七一)

サツ【★紮】(11) 糸5　1　6907 6527　音サツ　訓からげる・とどまる

意味 ①たばねる。からげる。くくる。しばる。「結紮」②とどまる。軍隊がとどまる。「駐紮」

下つき 結紮・駐紮

【▲紮げる】からーげる　まとめてしばる。しばって束にする。「小包をひもで—る」

サツ【察】(14) 宀11　常 教 7　2701 3B21　音サツ　訓外あきらか・みる・しる

筆順 宀 … 察

意味 ①あきらか。あきらかにする。よくみる。くわしく調べる。しる。「察問」「観察」「診察」②おしはかる。思いやる。「察知」「拝察」

下つき 監察・観察・警察・検察・考察・査察・視察・巡察・診察・推察・省察・偵察・洞察・拝察・明察

【察言観色】サツゲンカンシキ　相手の言葉や顔つきから、その人の性質や考え方などを見抜くこと。「言」は言葉。「色」は顔色・顔つき。〈『論語』〉

【察察】サツサツ　①けがれのないさま。潔白なさま。②わずらわしいほど細かなさま。

【察する】サッする　①事情をおしはかって感じ取る。「気配を—する」②人の気持ちを推測し、思いやる。同情する。「遺族の気持ちを—する」

【察知】サッチ　おしはかって知ること。「形勢を事前に—する」

【△察る】みーる　物事を丹念に調べる。細かく観察する。詳しく調べる。

サツ【箚】(14) ⺮8　1　6820 6434　音サツ・トウ　訓さす・もうしぶみ・しるす

〔劄〕0329 233D

意味 ①さす。さしこむ。②もうしぶみ。臣下が君主に差し出す上申書。③しるす。「箚記」

【▲箚記】サッキ　読書して得た感想や考えなどを、随時しるしたもの。随想録。参考「トウキ」とも読む。

【▲箚青】サッセイ　皮膚に針や刃物で傷をつけ、色素を刺し入れる彫り物。入れ墨。類刺青　参考「トウセイ」とも読む。

サツ【颯】(14) 風5　1　8105 7125　音サツ・ソウ　訓はやて

意味 ①風の吹くさま。「颯颯」「颯然」②きよらかなさま。また、きびきびしたさま。「颯爽」③はやて。疾風。

【▲颯▲颯】サッサツ　さっと風の吹き起こるさま。また、その風の音。「—と吹きわたる秋風」類颯然

【▲颯然】サツゼン　「颯颯」に同じ。

【▲颯爽】サッソウ　人の態度や動作などがきびきびして、さわやかに感じられるさま。「名探偵が—と登場する」

サツ【撮】(15) 扌12　常 3　2703 3B23　音サツ　訓とる 外つまむ

筆順 一 … 撮

意味 ①とる。映画や写真をとる。「撮影」②つまむ。指先でつまみとる。「撮要」③ひとつまみほどの分量。「撮土」

下つき 特撮(トクサツ)

【撮影】サツエイ 写真や映画などをとること。「記念―」「野外―」

【撮要】サツヨウ 重要な点を抜きだして、簡潔に書くこと。また、その書物。類 摘要

【△撮む】つま-む 指先でごく少量つかみとる。「菓子を―む」

【撮る】と-る 写真をうつす。撮影する。「風景写真を―る」「孫の成長をビデオに―る」

サツ【撒】★

(15) 扌12 準1 2721 3B35 音 サツ・サン 訓 まく

意味 まく。まきちらす。「撒水」「撒布」

書きかえ 「散」に書きかえられるものがある。

〈▲撒▲爾沙〉・〈▲撒児沙〉サルサ ユリ科のつる性落葉低木。熱帯アメリカ原産。根を乾燥させ、利尿・梅毒・皮膚病などの薬にする。

【▲撒水】サンスイ ▼書きかえ 散水(五八八) 参考「サッスイ」の慣用読み。

【▲撒布】サンプ ▼書きかえ 散布(五八八) 参考「サップ」の慣用読み。

【▲撒き餌】まきえ 鳥や魚を寄せ集めるために、えさをまき散らして与えること。また、そのえさ。

【▲撒く】ま-く ①あちこちにまき散らす。配る。「道に水を―く」「宣伝ビラを―く」②連れや尾行者を途中ではぐれさせる。「刑事を―く」

サツ【擦】

(17) 扌14 常 3 2704 3B24 音 サツ 訓 する・すれる (外)こする・かすれる・さする・なする

筆順 一 扌 扌 扩 护 护 挖 擦 擦 (5 9 14 17)

意味 ①する。すれる。こする。さする。「擦過」「摩擦」②なする。ぬりつける。

下つき 塗擦(トサツ)・摩擦(マサツ)

【△擦れる】かす-れる ①墨や絵の具がつかず、文字や絵の一部が切れ切れになる。「文字が―れる」②声がしわがれる。「風邪をひいて、声が―れる」

【△擦る】こす-る 物を他の物に押しつけて動かす。みがいて汚れを落とす。「目がかゆいので―った」「布で体を―る」

【擦過傷】サッカショウ すりきず。かすりきず。「転んで―を負う」

【擦り合わせる】すりあわ-せる ①意見や計画などを、関係方面と調整して一つにまとめる。②機械の精密仕上げのときに、部品を正しく均一にするように他の部品との接触状態を検査しながら作業する。

【擦り△剝く】すりむ-く 物にこすって、皮をはがす。「壁にぶつかり肘(ひじ)を―く」

【擦り寄る】すりよ-る ①すれ合うほど近寄る。②座ったまま、にじり寄る。「病床の祖母の枕元へ―る」

【擦る】す-る 物と物を触れ合わせる。こする。さする。「車のバンパーを―った」参考「擦る」は強く、「摩る」は軽く触れ合わせる意。

【擦れ擦れ】すれすれ ①今にも触れそうなほど、近づくさま。「打者―の球を投げる」②ある限度をもう少しで越えるさま。ぎりぎりで間に合うさま。「違法―の行為」「―に到着した」

【△擦る】なす-る ①こすりつける。ぬりつける。「泥を―る」②人に押しつける。転嫁する。「罪を人に―る」「責任を人に―りつける」

サツ【薩】★

(17) 艹14 準1 2707 3B27 音 サツ 訓

〔薩〕

意味 ①梵語(ボンゴ)の音訳に用いられる字。「菩薩(ボサツ)」②「薩摩(さつま)の国」の略。「薩州」

【▲薩摩芋】さつまいも ヒルガオ科のつる性多年草。中南米原産。茎はつる状で、葉はハート形。塊根は甘く食用にするほか、澱粉(デンプン)やアルコールなどの原料となる。カライモ。カンショ。季 秋 由来 一七世紀前半に日本に伝来し、薩摩地方(現在の鹿児島県の一部)でよく栽培されたことから。表記「甘藷」とも書く。

ザツ【雑】

(14) 隹6 常 教 6 2708 3B28 音 ザツ・ゾウ 訓 (外)まじる・まぜる

旧字《雜》(18) 隹10 1/準1 8024 7038

〔襍〕 1 8023 7037

筆順 ノ 九 杂 杂 杂 杂 杂 新 雑 雑 (6 13)

意味 ①まじる。まざる。入り乱れる。「雑然」「複雑」対 純 ②まとまりのない。とりとめのない。「雑学」「雑言」③あらい。大まかである。「雑駁(ザッパク)」「粗雑」

下つき 混雑(コンザツ)・粗雑(ソザツ)・煩雑(ハンザツ)・複雑(フクザツ)・乱雑(ランザツ)

〈雑魚〉・〈△雑△喉〉ざこ ①いろいろな種類の小魚。「釣れたのは―ばかりだった」②小物。たいしたことのないつまらない人物。「―は相手にならない」

【〈雑魚〉の△魚(とと)交じり】優秀な者のなかに、能力や地位が低く、その場にふさわしくない者がまじっていることのたとえ。類 海老(えび)の鯛(たい)交じり

〈雑魚〉寝】ざこね 一部屋に大勢が入りまじって寝ること。

【雑詠】ザツエイ 和歌や俳句などで、特に題を決めず自由に事物や心境を詠(よ)むこと。また、その作品。

【雑役】ザツエキ 主業務以外のこまごまとした雑多な仕事。類 雑務

【雑音】ザツオン ①不快な感じを起こさせる音。騒音。②ラジオ・テレビ・電話の通信路に入って聞きにくくする音。ノイズ。③周りであれこれいう余計な意見や批判。「世間の―を気にするな」

④やじ。差し出口。「わきから―を入れるな」

【雑貨】 ザッカ ①種々の細かい日用品。「―屋」 ②さまざまな貨物や商品。

【雑学】 ザツガク 広くいろいろな分野や方面にわたる系統立っていない学問や知識。

【雑感】 ザッカン とりとめのない雑多な感想。「旅行の―をメモする」

【雑観】 ザッカン 政治や社会などに関するさまざまな、個人的観察。

【雑記】 ザッキ まとまりのないことを書きつけること。また、その書きつけたもの。「身辺―を発表する」

【雑居】 ザッキョ ①さまざまな人が一か所に入りまじって居住すること。「―ビル」 ②複数の民族が一か所にまじって住むこと。

【雑菌】 ザッキン ①種々雑多な細菌や病原菌。「傷口から―が入る」 ②特定の菌以外の菌。「―が入らないように培養する」

【雑件】 ザッケン いろいろな種類のこまごまとした事件や用件。「―をかたづける」

【雑穀】 ザッコク 米・麦以外の穀物の総称。アワ・ヒエ・ソバなど。

【雑▲纂】 ザッサン 種々雑多の記録や文書を集めること。また、それらをまとめた書物。

【雑誌】 ザッシ 号を追って定期的に刊行される出版物。週刊誌・月刊誌・季刊誌など。マガジン。「―を定期講読する」

【雑事】 ザツジ さまざまな用事。特に、本来の仕事以外の細かい用事。「―に追われる毎日」 類 雑用

【雑種】 ザッシュ ①さまざまに入りまじった種類。②動植物において、異なる種族・品種の雌雄間に生まれたもの。

【雑▲糅】 ザツジュウ 雑然と入りまじること。入り乱れること。 参考 「糅」はまじる意。

【雑食】 ザッショク ①動物性・植物性の食物の両方を食べること。「―性動物」 ②いろいろな種類の食物をとりまぜて食べること。

【雑然】 ザツゼン いろいろと入りまじってまとまりのないさま。「室内は―としていた」

【雑多】 ザッタ さまざまな種類のものが入りまじっていること。「―な品物を扱う」

【雑談】 ザツダン 目的や話題を決めずにいろいろなことを気楽に話し合うこと。また、その話。とりとめのない会話。よもやま話。「―で暇をつぶす」「授業の間に―をする」

【雑▲沓】 ザットウ ▼ 書きかえ 雑踏

【雑踏】 ザットウ 多くの人数で混み合うこと。人ごみ。「盛り場の―を抜け出した」 書きかえ 「雑沓」の書きかえ字。

【雑念】 ザツネン 精神の集中を乱すさまざまな思い。気を散らすよけいな考え。「―を払う」 類 雑慮・余念

【雑▲駁】 ザッパク 物事が入りまじってまとまりのないさま。「考えが―だ」

【雑務】 ザツム 「雑役（ザツエキ）」に同じ。

【雑用】 ザツヨウ 「雑事」に同じ。 参考 「ゾウヨウ」と読めば、さまざまな細かい費用の意もある。

【雑録】 ザツロク さまざまな事柄を系統立てずに記録すること。また、その記録。

【雑木】 ゾウき ①さまざまな種類の木。「―林」 ②良材にはならない雑多な木。まきや炭などにする。 参考 「ザツボク・ゾウボク」とも読む。

【雑巾】 ゾウキン よごれた物や場所をふくための布。特に、板の間の清掃などに用いる。

【雑言】 ゾウゴン さまざまな悪口。また、その悪口を言うこと。「悪口―」「罵詈（バリ）―」 参考 「ゾウゲン」とも読む。

【雑炊】 ゾウスイ 野菜などを刻みこみ、味噌（ミソ）などで味つけした粥（かゆ）。おじや。 季 冬

【雑煮】 ゾウに 野菜や鳥肉などを入れた汁のなかにもちを入れて煮た料理。正月を祝う料理の一つ。 季 新年

【雑兵】 ゾウヒョウ ①身分が低い歩兵。 類 雑卒（ザッソツ） ②取るに足りない下っぱ。 参考 「ザッピョウ」とも読む。

【△雑じる】 まじる あるものの中に、別の種類のものが入りこむ。入り乱れる。「酒に水が―じる」

ザツ【▲襍】(17) 隹9 8023 7037 ▼雑（雑の旧字）の異体字（五七三）

ザツ【▲雜】(18) 隹10 8024 7038 ▼雑の旧字（五七三）

さて【▲扠】(6) 扌3 5713 592D ▼サ（五四二）

さて【扨】
(6) 扌3 国 1 5714 592E 音 訓 さて

意味 さて。ところで。話題を改めるときの接続詞。「冗談は扨置き仕事にかかろう」 参考 「扠（サ）」の字形の変化したものという。

さて【▲偖】(11) 亻9 4887 5077 ▼シャ（六五七）

さと【里】(7) 里0 教 4604 4E24 ▼リ（一五五六）

さと【△郷】(11) 阝8 教 2231 363F ▼キョウ（三三九）

さとい【▲怜い】(8) 忄5 4671 4E67 ▼レイ（一五九五）

さとい【△哲い】(10) 口7 常 3715 452F ▼テツ（一一〇四）

さとい【△敏い】(10) 攵6 常 4150 4952 ▼ビン（一三一六）

さとい【▲聡い】(14) 耳8 3379 416F ▼ソウ（九四七）

さとい【▲慧い】(15) 心11 2337 3745 ▼ケイ（四〇〇）

さとい【▲嶷い】(17) 山14 5456 5658 ▼ギ（二九〇）

さとす【△喩す】(12) 口9 常 5140 5348 ▼ユ（一五〇三）

さとす【諭す】(16) 言9 常 4501 4D21 ▼ユ（一五〇四）

さとり【△覚り】(12) 見5 教 1948 3350 ▼カク（一九九）

さとる【悟る】(10) 忄7 常 2471 3867 ▼ゴ（四六六）

さとる【▲惺る】(12) 忄9 5625 5839 ▼セイ（八六二）

さとる【△暁る】(12) 日8 常 2239/3647 ▼ギョウ(三四六)
さとる【△覚る】(12) 見5 教 1948/3350 ▼カク(一九九)
さとる【△解る】(13) 角6 教 1882/3272 ▼カイ(一八二)

同訓異義 **さとる・さとす**
【悟る】迷いからさめて真理を会得(エトク)する。「人生を悟る」「悟りを開く」「悟りの境地」「剣の極意を悟る」

【△覚る】はっと気づく。感づく。「部下の悪事を覚る」「敵に覚られる」「死を覚る」

【△暁る】はっきりとわかる。

【諭す】わかるように言い聞かせる。「基礎学力の大切さを諭す」

【△喩す】「諭す」とほぼ同じ。

さながら【△宛ら】(8) 宀5 常 1624/3038 ▼あてる(一六)
さなぎ【▲蛹】(13) 虫7 7376/696C ▼ヨウ(一五三四)
さね【△札】(5) 木1 教 2705/3B25 ▼サツ(五七一)
さね【△実】(8) 宀5 教 2834/3C42 ▼ジツ(六五一)
さね【△核】(10) 木6 常 1943/334B ▼カク(一九八)
さば【▲鯖】(19) 魚8 2710/3B2A ▼セイ(八七〇)
さばく【▲捌く】(10) 扌7 2711/3B2B ▼ハチ(一二五〇)
さばく【裁く】(12) 衣6 教 2659/3A5B ▼サイ(五五七)
さばける【▲捌ける】(10) 扌7 2711/3B2B ▼ハチ(一二五〇)
さび【寂】(11) 宀8 常 2868/3C64 ▼ジャク(六六七)
さび【▲銹】(15) 金7 7888/6E78 ▼シュウ(六九六)
さび【▲錆】(16) 金8 2712/3B2C ▼ショウ(七六四)
さびしい【寂しい】(11) 宀8 常 2868/3C64 ▼ジャク(六六七)
さびしい【▲淋しい】(11) 氵8 4652/4E54 ▼リン(一五八四)

さびしい【▲寞しい】(13) 宀10 5375/556B ▼バク(一二四四)
さびしい【▲寥しい】(14) 宀11 5376/556C ▼リョウ(一五七九)
さびる【▲銹びる】(15) 金7 7888/6E78 ▼シュウ(六九六)
さびる【▲錆びる】(16) 金8 2712/3B2C ▼ショウ(七六四)
さびれる【寂れる】(11) 宀8 常 2868/3C64 ▼ジャク(六六七)
さま【様】(14) 木10 教 4545/4D4D ▼ヨウ(一五三四)
ざま【△態】(14) 心10 教 3454/4256 ▼タイ(九八五)
さまたげる【妨げる】(7) 女4 常 4324/4B38 ▼ボウ(一四一四)
さまたげる【▲碍げる】(13) 石8 1923/3337 ▼ガイ(一九二)
さまよう【▲彷う】(7) 彳4 5539/5747 ▼ホウ(一三九七)
さむい【寒い】(12) 宀9 教 2008/3428 ▼カン(二三五)
さむらい【△士】(3) 士0 教 2746/3B4E ▼シ(五九四)
さむらい【侍】(8) 亻6 常 2788/3B78 ▼ジ(六三五)
さめ【▲鮫】(17) 魚6 2713/3B2D ▼コウ(五一六)
さめる【冷める】(7) 冫5 教 4668/4E64 ▼レイ(一五九三)

同訓異義 **さめる**
【覚める】本来の意識にもどる。迷いが解ける。「目が覚める」「性に目覚める」「迷いから覚める」「呼び覚ます」

【△醒める】酒の酔いからさめる。夢や迷いからさめる。「酔いが醒める」「夢から醒める」「迷いから醒める」

【冷める】熱いものが冷たくなる。熱意がなくなる。「コーヒーが冷める」「湯が冷める」「興奮が冷める」「冷めた表情」「興冷めする」

【▲褪める】色が薄くなる。あせる。「洗濯してシャツの色が褪める」「色が褪めた写真」「顔が青褪める」

さめる【覚める】(12) 見5 教 1948/3350 ▼カク(一九九)
さめる【▲寤める】(14) 宀11 5372/5568 ▼ゴ(四六七)
さめる【▲褪める】(15) 衤10 7484/6A74 ▼タイ(九八六)
さめる【△醒める】(16) 酉9 常 3235/4043 ▼セイ(八六九)
さや【▲莢】(10) 艹7 7218/6832 ▼キョウ(三三五)
さや【▲鞘】(16) 革7 3068/3E64 ▼ショウ(七六四)
さやか【△清か】(11) 氵8 教 3222/4036 ▼セイ(八六〇)

さら【皿】(5) 皿0 教 常 8 2714/3B2E 訓 さら 音 外ベイ

筆順

意味 さら。食物を盛る平たい器。
下つき 上皿(うわざら)・絵皿(エざら)・大皿(おおざら)・角皿(カクざら)・器皿(キベイ)・小皿(こざら)・灰皿(はいざら)・火皿(ひざら)

【皿▲嘗めた猫が△科を負う】(さらなめたねこがとがをおう) 大きな罪を犯した者が捕まらず、小さな罪を犯した者が捕らえられて罰せられることのたとえ。魚を食べた猫は逃げ、あとで皿だけなめていた猫が罪を受ける意から。

【〈皿鉢〉】(さわち) 浅い大きな磁器の皿。「土佐(とさ)の名物―料理」 参考 「あさはち(浅鉢)」のつまった「さはち」の転じたもの。

さら【更】(7) 曰3 常 2525/3939 ▼コウ(四八五)
さら【▲盒】(11) 皿6 6622/6236 ▼ゴウ(五二一)
さら【△新】(13) 斤9 教 3123/3F37 ▼シン(八〇六)
さらい【▲杷】(8) 木4 3939/4747 ▼ハ(一二一六)
さらう【▲浚う】(10) 氵7 6220/5E34 ▼シュン(七一六)
さらう【▲渫う】(12) 氵9 6256/5E58 ▼セツ(八八六)

さらう【▲濬う】(17) 氵14 6329 5F3D ▼シュン(七一七)

さらう【▲攫う】(23) 扌20 5828 5A3C ▼カク(二〇三)

同訓異義 さらう

【▲浚う】川や溝の底にたまった土砂やごみを取り去る。「溝の泥を浚う」「井戸浚いをする」「冬物総浚いセール」

【▲渫う】「浚う」と同じ。

【▲攫う】人が油断しているすきに奪い去る。「子どもを攫う」「波に足を攫われる」「若者の人気を攫う」「話題を攫う」

【〈復習〉う】教わったことを繰り返し習う。「踊りを復習う」

さらす【▲晒す】(10) 日6 2715 3B2F ▼サイ(五五二)

さらす【▲曝す】(19) 日15 3988 4778 ▼バク(一二四五)

同訓異義 さらす

【▲晒す】布などを洗い、日光に当てて白くする。植物のあくを抜く。「布を晒す」「腹に晒しを巻く」「木の実を晒す」

【▲曝す】風雨や日光に当たるままにしておく。人目や危険などに身をさらす。「日に曝して色が褪せる」「雨曝しにする」「曝し首の刑」「恥を曝す」「身の危険に曝される」「敵の銃弾に身を曝す」「被曝」

【△暴す】「曝す」と同じ。

さる【去る】(5) ム3 教 2178 356E ▼キョ(三二四)

さる【△申】(5) 田0 教 3129 3F3D ▼シン(七九〇)

さる【▲猴】(12) 犭9 6445 604D ▼コウ(五〇五)

さる【猿】(13) 犭10 常 1778 316E ▼エン(一〇二)

ざる【▲笊】(10) 竹4 6785 6375 ▼ソウ(九三七)

ざれる【△戯れる】(15) 戈11 常 2126 353A ▼ギ(二八九)

さわ【沢】(7) 氵4 常 3484 4274 ▼タク(一〇〇〇)

さわ【▲隰】(17) 阝14 8014 702E ▼シツ(六五〇)

さわがしい【▲閙がしい】(15) 門5 8209 7229 ▼トウ(一一五三)

さわがしい【騒がしい】(18) 馬8 常 3391 417B ▼ソウ(九五一)

さわがしい【▲躁がしい】(20) 足13 7715 6D2F ▼ソウ(九五二)

さわぐ【▲噪ぐ】(16) 口13 5168 5364 ▼ソウ(九四八)

さわぐ【騒ぐ】(18) 馬8 常 3391 417B ▼ソウ(九五一)

さわぐ【▲譟ぐ】(20) 言13 7601 6C21 ▼ソウ(九五三)

さわす【▲醂す】(15) 酉8 7846 6E4E ▼リン(一五八六)

ざわつく【△騒つく】(18) 馬8 常 3391 417B ▼ソウ(九五一)

さわやか【爽やか】(11) 大8 常 3354 4156 ▼ソウ(九三七)

さわら【▲椹】(13) 木9 6027 5C3B ▼チン(一〇七五)

さわら【▲鰆】(20) 魚9 8254 7256 ▼シュン(七一八)

さわり【触り】(13) 角6 常 3108 3F28 ▼ショク(七八四)

さわる【触る】(13) 角6 常 3108 3F28 ▼ショク(七八四)

さわる【障る】(14) 阝11 教 3067 3E63 ▼ショウ(七六〇)

同訓異義 さわる

【触る】手などでふれる。かかわりをもつ。「肌に触る」「手触りがよい」「耳触りの悪い言葉」「触らぬ神に祟り無し」「寄ると触ると」

【障る】さしつかえる。害になる。「徹夜は体に障る」「当たり障りがない」「気に障る」「癪に障る」「目障りな電柱」

サン【三】

(3) 一2 教 常 10 2716 3B30 訓 音 サン み・みつ・みっつ

筆順 一 二 三

意味 ①みっつ。数の名。「三角」「三脚」②みたび。三回。「三顧」「三振」③たびたび。何度も。「三思」「再三」④「三河の国」の略。「三州」参考「三」の草書体が片仮名の「ミ」になった。

下つき 再三・朝三・両三

【〈三枝〉】さきくさ 茎が三つに分かれる草木。吉兆の草木とされ、ミツマタ・フクジュソウ・ジンチョウゲなど、諸説がある。由来「幸草」の意から。参考「さいぐさ」とも読む。

【〈三毬〉杖】さぎちょう 正月一五日に行われる厄除けの火祭りの行事。由来もと、毬打(毬を打って遊ぶのに用いた長い柄のつち)を三つ立てたことからという。▼左義長(五四一)

【〈三狐神〉】さぐじ 農家でまつる田の神。みけつかみ。由来みけつかみの当て字(三狐神)を音読した「サンコシン」の転。

【三界】サンガイ 仏①すべての衆生が輪廻を繰り返す三つの世界。欲界・色界・無色界のこと。②「三千大千世界」の略。全世界。③過去・現在・未来の三世のこと。

【三界無安】サンガイムアン 仏この世に生きることが安まることがないこと。「無安」は苦しみの多いこと。〈『法華経』〉

【三界流転】サンガイルテン 仏命あるものはすべて、三界にわたって生死を繰り返し、迷い続けること。

【三角州】サンカクす 河川が運んだ土砂が河口付近に積もってできた、低くて平らな三角形の砂地。デルタ。

【三韓】サンカン ①古代、朝鮮半島南部にあった馬韓・辰韓・弁韓の部族国家。②その後、朝鮮半島で覇を競った新羅・百済・高句麗の三国。

【三寒四温】サンカン シオン 冬季に寒い日が三日続くと、次に暖かい日が四日ほど続くという気象現象。これが繰り返されて、徐々に暖かい季節がくるという。「―で春が訪れる」季冬

【三脚】サンキャク ①三本の足。「二人―」②「三脚架」の略。開閉・伸縮が自由にできる三本の脚がついた台。カメラなどをのせて固定する。③「三脚椅子(ズイ)」の略。

【三▲釁三浴】サンキン サンヨク 相手を大切に思う心を示すこと。幾度も香をつけ、幾度も体を洗い清めて人を待つ意から。「釁」は香料を体に塗ること。「浴」は入浴すること。「三」は幾度もの意。《国語》類三薫三沐(サンクンサンモク)・三浴三薫

【三軍も帥を奪うべし】サングンも スイをうばうべし 大軍といえども、総大将を奪い取ることはできる。「三軍」は全軍・大軍の意。参考あとに「匹夫(ヒップ)も志を奪うべからず(たとえ一人の男でも、強い意志は奪い取れない)」と続く。《論語》

【三弦】サンゲン ①三本の弦を張った東洋の弦楽器。日本では特に三味線を指す。②雅楽の演奏に用いる三種の弦楽器。琵琶(ビワ)・和琴(ワゴン)・箏(ソウ)。書きかえ「三絃」の書きかえ字。

【三▲絃】サンゲン ▼書きかえ 三弦

【三原色】サンゲンショク 適当な割合で混ぜるとあらゆる色を表すことができる、三つの基本的な色。絵の具では、赤・青・黄、光では、赤・青・緑。

【三権分立】サンケンブンリツ 人民の政治的自由の保障のために、国家の権力を立法・司法・行政の三権に分け、それぞれ議会・裁判所・内閣という独立した機関で互いに抑制をはかる原理。参考「分立」は「ブンリュウ」とも読む。

【三▲鈷】サンコ 仏密教で用いる仏具で、金剛杵(コンゴウショ)の一種。鈷はもともと武器で、煩悩を破る意味がある。金属製で三つ叉(また)になっている。

【三更】サンコウ 昔の時刻の呼び名。一夜を五つに分けた五更の第三番目。今の午後一一時ころから午前一時ころまで。三鼓。丙夜。

【三△楽】サンゴウ 人が願い望む三つのもの。益と損があり、礼儀と音楽をほどよくわきまえること、人の善行をほめること、賢友が多いことの三つは益で、驕楽(キョウラク)(わがままにふるまう)・佚遊(イツユウ)(なまける)・宴楽(酒盛りをする)の三つは損であるという。《論語》参考「サンラク」と読めば別の意になる。

【三業】サンゴウ 仏のちの報いのもとになる、身業(シンゴウ)(身体の行為)・口業(クゴウ)(言語の表現)・意業(イゴウ)(心のはたらき)の総称。参考「サンギョウ」と読めば、料理屋・待合(まちあい)茶屋・芸者屋の三種の営業の意になる。

【三綱五常】サンコウゴジョウ 儒教で、守らなければならない三つの根本的な道徳と常に行うべき五つの道。「三綱」は君臣・父子・夫婦の関係の道徳。「五常」は仁・義・礼・智(チ)・信の五つの徳。

【三国一】サンゴクイチ 唐(から)(中国)・天竺(テンジク)(インド)・本朝(ホンチョウ)(日本)の三つの国のなかで、いちばんすぐれていること。転じて、世界一。「―の花嫁」

【三顧の礼】サンコのレイ 礼儀や真心を尽くして、有能な人材を招くこと。また、目上の人がある人を特別に信任・優遇するたとえ。故事中国、三国時代、蜀(ショク)の劉備(リュウビ)が、わびずまいの諸葛亮(ショカツリョウ)(孔明)を自ら三度も訪ね、やっと面会を果たした。二人は意気投合し、劉備は孔明を軍師として迎えたという故事から。〈諸葛亮の文〉類草廬三顧(ソウロサンコ)

【三▲叉】サンサ 三筋に分かれること。また、その所。「―路」参考「みつまた」とも読む。

【三才】サンサイ ①天と地と人。類三極・三元 ②宇宙に存在する万物。「―図会(ズエ)」③人相を見るうえで、額(天)・鼻(人)・あご(地)の称。

【三彩】サンサイ 三種の色の釉(うわぐすり)をかけて作った陶磁器。「唐―」

【三歳の△翁、百歳の童子】サンサイのおきな ヒャクサイのドウジ 年が若くてもしっかりとした考えや判断力がある者もいれば、年をとっても無知で分別のない者もいるということ。

【三▲叉路・三差路】サンサロ 道が三筋に分かれている所。「―で道に迷ってしまった」

【三三九度】サンサンクド 日本風の結婚式で行う約束固めの儀式。夫婦になる男女が、三つの杯を用い、一つの杯で三度ずつ、合計九度飲み合う。三三九献(サンサンクコン)。参考三はめでたいとされる数。

【三三五五】サンサンゴゴ ばらばらと、数人ずつかたまって人の行くさま。また、あちこちに家屋などが散らばっているさま。あちらに三、こちらに五という意。〈李白(リハク)の詩〉「子どもたちが―集まってくる」

【三次元】サンジゲン 人間が認識するように、上下・左右・前後の三つの方向のひろがりをもっていること。立体的空間。「―の世界」「―プリンター」

【三思後行】サンシコウコウ 物事を行うのに、よくよく考えたのちに初めて実行すること。もとは、慎重になりすぎて実行できないことに注意を与える語であったが、今では一般に軽はずみな行動を戒める語。三度考えたのち実行する意。故事中国、春秋時代、魯(ロ)の季文子は慎重で三度考えて初めて行動する人であったが、孔子は「二度熟慮すればそれで十分だ」と言った故事から。《論語》参考「三(み)たび思いて後(のち)に行う」と訓読する。

【三七日】サンシチニチ 二一日の間。二一日目。特に、人の死後、二一日目。また、その日の法事。みなぬか。「―忌」由来三七、二一の掛け算から。

【三十輻一轂を共にす】サンジップクイッコクをともにす 車の三十本の幅(や)は轂(こしき)の空虚な部分に集まっているが、この空虚な部分があってはじめて、車が回転して役に立つということ。由来 無の効用を説いた『老子』の言葉から。参考「其の無なるに当たりて車の用あり」と続く。

【三尺去って師の影を踏まず】サンジャクさってシのかげをふまず 弟子は師に随行するときに、三尺(約九〇センチメートル)離れて後ろを歩き、影をも踏まないようにするという意で、弟子は師を敬い、いかなる時でも礼儀を失ってはならないという戒め。参考「去って」は「下がって」、「三尺」は「七尺」ともいう。

【三尺の秋水】サンジャクのシュウスイ よく磨かれた剣のこと。「三尺」は剣の標準的な長さ。「秋水」は秋の冷たく澄みきった水。白くさえわたった光を放つ剣のたとえ。類 秋霜三尺

【三者三様】サンシャサンヨウ 考え方ややり方などが、人によってそれぞれちがうこと。三人いれば、三つのさま・かたちがある意。類 各人各様・十人十色・百人百様

【三者鼎談】サンシャテイダン 三人が向かい合って話し合うこと。「鼎(かなえ)」は、物を煮たり、宗廟(ソウビョウ)において祭器として用いられたりする、三本脚のついた容器。

【三舎を避く】サンシャをさく 相手にかなわないと思って遠慮したり、恐れ避けたりすること。「舎」は軍隊の一日の行程。一舎は三〇里(当時の中国で、一里は四〇五メートル。三〇里は約一二キロメートル)。もとは、敵から三日分の行程を立ち退(の)いて、相手を避ける意。『春秋左氏伝』類 三舎退避

【三十にして立つ】サンジュウにしてたつ 三〇歳で自分の立場を確立し、独り立ちする。参考 孔子が自らの生涯を回想して述べた言葉で、「三十而立(ジリツ)」から三〇歳を「而立」という。『論語』

【三十六計逃げるに如かず】サンジュウロッケイにげるにしかず 困ったときにはどんな策略を用いるよりも、まず逃げて身の安全をはかったほうがよいということ。参考「三十六策、走(に)ぐるは是(これ)れ上計なり」『南斉書(ナンセイショ)』が転じたもの。類 逃げるが勝ち

【三種の神器】サンシュのジンギ ①皇位のしるしとして伝えられた三つの宝物。天孫降臨のとき天照大神(あまてらすおおみかみ)から授けられたといわれる、八咫鏡(やたのかがみ)・八尺瓊曲玉(やさかにのまがたま)・天叢雲剣(あまのむらくものつるぎ)。②三つの代表的な必要なもの。

【三線】サンシン 沖縄の弦楽器。形は三味線に似ているが、撥(バチ)を用いず、人差し指に義甲(ギコウ)をはめて弾く。参考 胴にヘビの皮を張るので蛇皮線(ジャビセン)ともいう。

【三親等】サンシントウ 本人や配偶者から、三世代隔たった親族。曽(ソウ)祖父母・曽孫・おじ・おば・甥(おい)・姪(めい)など。

【三竦み】サンすくみ 三者が互いに牽制(ケンセイ)しあって、だれも自由に行動できないこと。由来 ヘビはナメクジを恐れ、ナメクジはカエルを恐れ、カエルはヘビを恐れるため、三匹がそろうとどれも身がすくんで動けなくなることから。

【三助】サンすけ 銭湯で、湯をわかしたり客の背を洗ったりする男性の使用人。

【三途の川】サンズのかわ 仏 人が死んであの世に行く途中、七日目に渡るという川。由来「途」は道の意。川には三つの渡る場所があり、生前の業(ゴウ)によって渡る場所が変わることから。

【三寸の轄】サンズンのくさび 物事のかなめをたとえていう言葉。「轄」は車輪が車軸から外れないように車軸に差しこみとめておくもの。短いものだが、これがなければ車は走らないことから。『淮南子(エナンジ)』

【三省】サンセイ 自分の行いを何度も反省して、誤りがなかったかどうかを点検すること。「三」は三回でなく、何回もの意。由来 孔子の門人、曽子(ソウシ)が、他人に真心をもって接したか、友人の信頼にこたえたか、習得していないことを人に伝えなかったか、の三点について、繰り返し反省したという言葉から。『論語』

【三蹟・三跡】サンセキ 平安時代のすぐれた三人の書家。小野道風(おののとうふう)・藤原佐理(ふじわらのすけまさ)・藤原行成(ふじわらのゆきなり)。

【三千世界】サンゼンセカイ 仏 この世のすべて。仏教の世界観で、須弥山(シュミセン)を中心としてその周囲に四大洲(シュウ)があり、その周りに九山八海があり、われわれの住む世界を形成する。この世界を千合わせたのを小千世界、それを千合わせた世界を中千世界、さらにそれを千合わせて大千世界。千が三つ重なるので三千大千世界。略して三千世界という。俗世間の意にも用いる。

【三遷の教え】サンセンのおしえ ▼孟母三遷(モウボサンセン)(一四八〇)

【三段論法】サンダンロンポウ 形式論理学で、三つの命題を三段に進めていく推論の方式。たとえば「日本人は人間だ」(大前提)と「私は日本人だ」(小前提)から、「私は人間だ」(結論)と推論する類。

【三度笠】サンドがさ すげがさの一種。顔をおおうように深く作ったもの。由来 江戸時代に、日に三度、定期的に江戸と大坂間を往復した三度飛脚がかぶったことから。

【三度目の正直】サンドめのショウジキ 勝負事や占いで、一度目、二度目まではあてにならないが、三度目は確実であるということ。類 三度目は定(ジョウ)の目

【三人行えば必ず我が師あり】サンニンおこなえばかならずわがシあり 三人で事を行えば、それぞれのなかに見習うべき良い面と、それを見て自らの戒めとすべき悪い面があり、必ず師とな

る人物がいるということ。〈『論語』〉

【三人称】サンニンショウ 話し手・聞き手以外の人および物を指す代名詞。「かれ」「あれ」など。第三人称。類他称 対一人称・二人称

【三人虎を成す】サンニンとらをなす うそやうわさも、多くの人の口にのぼって広く伝わるうちに真実と思われるようになること。故事中国、戦国時代、秦の王稽が趙の都の邯鄲を攻めたとき、荘という人物が王稽に、三人が「トラが出た」と言えばそれが本当の話として伝わってしまう。変なうわさが立たぬよう部下の口封じをするようにすすめたという故事から。〈『戦国策』〉類三人市虎を為す

【三人寄れば文殊の知恵】サンニンよればモンジュのチエ 特別に頭がよい者でなくても、三人集まって相談すればよい考えが出てくるものであるということ。「文殊」は知恵をつかさどるといわれる文殊菩薩。類衆力功あり

【三衣】サンネ 僧尼が行脚や托鉢などに携える三種類のころもや袈裟。「―一鉢」参考「サンエ」とも読む。

【三年飛ばず鳴かず】サンネンとばずなかず 将来の活躍のために、機会をうかがってじっと待つこと。また、長い間何もせずにいること。故事中国、春秋時代、即位後三年たっても遊びにふけっていた楚の荘王のことを、部下の伍挙が三年間飛びも鳴きもしない鳥にたとえていさめたところ、荘王は「この鳥は一たび飛べば天まで上がり、鳴けば必ず人を驚かせるだろう」と答えた故事から。〈『史記』〉

【三拝九拝】サンパイキュウハイ ①何度も頭を下げて頼むこと。また、幾度も頭を下げて敬意や謝意を表すこと。②手紙の末尾に記し、相手への敬意を表す語。類三跪九叩・三跪九拝・平身低頭

【三杯酢】サンバイず 酢と醬油とみりんまたは砂糖を適量に合わせた調味料。また、それで味付けした料理。参考酢と醬油、また、酢と塩をまぜ合わせたものを「二杯酢」という。

【三番叟】サンバソウ ①能の「翁」で、三番目に舞う老人の舞。②歌舞伎・人形浄瑠璃の幕開けに踊る祝儀の舞。①を歌舞伎風にした舞踊。

【三半規管】サンハンキカン 脊椎動物の、円口類以外の内耳にある三つの半円形の器官。平衡感覚をつかさどる。

【三百代言】サンビャクダイゲン 詭弁を弄すること。また、その人。いいかげんな弁護士をののしっていう語。由来本来は明治時代初頭、資格もないのに訴訟・談判などを扱ったもぐりの代言人のこと。「三百」は銭三〇〇文で、価値が低いこと。「代言」は「代言人」の略で、弁護士の旧称。

【三拍子揃う】サンビョウシそろう 大事な条件をすべて備えもつこと。由来能楽で、小鼓・大鼓・太鼓(または笛)の三つの楽器でとる拍子がそろうことから。

【三一】サンピン ①二個のさいころを振ったとき、三と一の目が出ること。②江戸時代、身分の低い侍を卑しめていった語。「―侍」由来②一年に三両一分の給料しかもらえなかったことから。参考「ピン」はポルトガル語で「一」の意。

【三伏】サンプク 夏至後の第三・第四の庚の日(初伏・中伏)と立秋後の第一の庚の日(末伏)の総称。夏の暑い盛りの時期にもいう。「―の候」「―の砌」季夏

【三幅対】サンプクツイ ①三つで一揃いとなる掛け物。②三つで一組になる物。

【三釜の養】サンプのヨウ 給与が少なく貧しいなかで、親に孝養をつくすこと。「釜」は中国、春秋戦国時代の容量の単位で、食米六斗四升のこと。転じて、薄給の意。故事曽子が、「わずか三釜の給料でも親に孝養を尽くすことができて楽しく暮らしたが、三〇〇〇鍾(一鍾は四釜)の給与をもらうようになったときには親が死んでしまっていて楽しくなかった」と言ったという故事による。〈『荘子』〉

【三平二満】サンペイジマン 十分とはいえないが、心が安らかで満足していること。「二」「三」は数の少ないことを示し、少しのものでも満足しているさま。また、額・鼻・下顎の三つが平らかで、両方の頰がふくらむ顔の意で、おかめ・おたふくのことをもいう。〈黄庭堅の文〉参考「二満」は「ニマン」とも読む。

【三宝】サンボウ 仏①仏教徒が尊ぶべき三種類の宝で、仏・法・僧。②仏の別称。

【三方】サンボウ ①三つの方向。三つの面。②神仏や貴人に供物を奉ったり、儀式で物を載せたりする台。前・左・右の三面に穴がある。古くは、食事の膳に用いた。参考「サンポウ」とも読む。

【三枚】サンマイ ①一枚の三倍。②魚を調理するときに、頭を取り除き、中央の骨をさかいに両側の身を切り離し、骨と二つの身に分けること。「鯛を―におろす」

【三昧】サンマイ ①仏心を集中し、雑念や妄想をはらうこと。②「三昧場」の略。墓地。火葬場。③「…三昧」の形で、ある物事に熱中したり、心がそればかりに傾いたりするさまをいう。「贅沢―」「読書―」由来梵語の音訳から。

【三枚目】サンマイめ ①演劇などで、こっけいな役を演じる俳優。また、その役。②こっけいなことをしたり、言ったりする人。「忘年会ですっかり―になってしまった」対①②二枚目 由来①もと歌舞伎番付で、三番目にされた役者がこっけいな役を演じたことから。

【三悪道】サンマクドウ 仏悪業を行った者が死後にその報いを受ける、三つの苦しい世界。地獄道・餓鬼道・畜生道の三つ。類三悪趣 参考「サンアクドウ・サンナクドウ」とも読む。

【三位】サンミ ①位階の第三位。また、その位の人。正三位と従三位がある。②キリスト教で、父なる創造主と子なるキリストと聖霊のこと。

【三位一体 サンミイッタイ】①父なる創造主(神)と、子なるキリストと、聖霊は、ただ一つの神が三つの姿になって現れたものであるとするキリスト教の説。②別々の三つのものが、一つのように緊密に結びつくこと。また、三者が心を合わせること。

【三面記事 サンメンキジ】新聞の社会面の記事。雑事件の報道などが載る。雑報。由来 新聞が四ページだてのころ、社会面の記事が三面(三ページ)に掲載されたことから。

【三面六▲臂 サンメンロッピ】一人で数人分の働きをしたり、多方面で活躍したりすること。「三面」は三つの顔、「六臂」は六本の腕の意。参考「八面六臂」ともいう。

【三役 サンヤク】①相撲で、大関・関脇(せきわけ)・小結(こむすび)の総称。②政党・団体・会社などで、三つの重要な役職。また、その役職の人。③能楽で、シテ方に対してワキ方・狂言方・囃子(はやし)方の総称。参考 ①現在では、ふつう横綱も含む。

【三余 サンヨ】勉強に最も適している三つの余暇。冬(年の余)・夜(日の余)・雨降り(時の余)を指す。《三国志》

【三楽 サンラク】①君子の三つの楽しみ。一家の者が無事で生きていること、行いに恥じることがないこと、天下の英才を得て教育すること。《孟子(モウシ)》②人生の三つの楽しみ。人に生まれたこと、男に生まれたこと、長生きすること。《列子》参考「サンゴウ」と読めば別の意になる。

【三里 サンリ】灸(キュウ)のつぼの一つ。ひざがしらの下の、外側のくぼんだ所。ここに灸をすると万病にきくという。

【三隣亡 サンリンボウ】陰陽道(オンヨウドウ)の九星の一つ。この日に建築を始めると火事などの災いが起こって、隣近所三軒をほろぼすという迷信がある。

【三令五申 サンレイゴシン】何度も繰り返して言い聞かすこと。幾度も命ずること。三度命令し五度重ねて言う意。《史記》類 耳提面命

【〈三味線〉 しゃみせん】邦楽で用いる弦楽器。ネコなどの皮を張った胴に棹(さお)をつけ、三本の弦を張ったもの。撥(バチ)で弦をはじいて奏する。「—を弾く」参考「サミセン」とも読む。

【〈三▲鞭酒〉 シャンパン】炭酸の入った白ブドウ酒。祝い事などに飲む。由来 フランスのシャンパーニュ地方で産出されることから。

【〈三和土〉 たたき】土やコンクリートで固めた台所や玄関の土間。由来 昔、叩(たた)き土(花崗(カコウ)岩などが風化してできた土)を原料に、たたき固めて作られたことから。

【〈三角▲楓〉 とうかえで】カエデ科の落葉高木。由来「三角楓」は漢名から。▼唐楓(トウかえで)(一一四二)

【〈三白草〉 はんげしょう】ドクダミ科の多年草。由来「三白草」は漢名より。花期に葉が三枚白くなることから。▼半夏生(ハンゲショウ)(一二九九)

【三日月 みかづき】陰暦で、月の第三夜に出る月。また、その前後に出る細長い弓形の月。「—眉(まゆ)」季 秋

【〈三行〉半 みくだりハン】江戸時代、夫が妻に与えた離縁状。転じて、離縁すること。由来 離縁の理由などを簡略に三行半で書いたことから。

【〈三▲稜草〉 みくり】ミクリ科の多年草。沼や池に自生。葉は長い線形。夏、球状の頭花をつける。実は球状に集まりクリに似る。表記「実栗・黒三稜」とも書く。

【三△十日 みそか】月の三〇番目の日。月の最後の日。つごもり。対 一日(ついたち)・朔(ついたち) 表記「晦日」とも書く。

【三△十路 みそじ】①三〇。②三〇歳。「—の坂を越える」

【三△十一文字 みそひともじ】和歌や短歌の別称。由来 一首を仮名で書くと五・七・五・七・七の計三一字であることから。

【三度▲肱を折りて良医と△為る】みたびひじをおりてリョウイとなる 医者が自らのひじを折って治すことで、病気やけがの痛みを経験し、良医に成長するということ。何度も苦しい経験をつまなければ人は円熟しないたとえ。《春秋左氏伝》

【〈三人〉 みたり】さんにん。

【三▲柏・三▲槲 みつがしわ】リンドウ科の多年草。山地の沼地に自生。カシワに似た葉三枚からなる複葉。夏、花茎の頂に白い花を総状につける。葉は薬用。ミズハンゲ。表記「睡菜」とも書く。

【三日天下 みっかテンカ】権力の座にあることがきわめて短い間であること。「三日」は短期間の意。由来 戦国時代、明智光秀(あけちみつひで)が本能寺で織田信長を襲って天下を取ったが、日を経ずして豊臣秀吉に討たれたことから。参考「天下」は「デンカ」とも読む。

【三日坊主 みっかボウズ】何をしても飽きっぽくて長続きしないこと。また、その人。僧侶(ソウリョ)修行も三日と続かない意から。類 三月庭訓(みつきテイキン)

【三つ子の魂百まで みつごのたましいヒャクまで】幼いときの性質や性格は一生変わらないということ。類 雀(すずめ)百まで踊り忘れぬ

【三つ▲揃い みつぞろい】①三つそろって一組になるもの。②洋服で、上着・チョッキ・ズボンの三つがそろっているもの。特に、背広をいう。

【三つ みっつ】①一の三倍。さん。②三歳。三個。「—になる子がいます」参考「みつ」と読めば、昔の時刻で、一刻(一時(イッとき))の四分の一を四等分した三番目の意もある。

【三つ▲巴】みつどもえ ①紋所の一つ。三つのともえの模様が円形になっているもの。②力量がほぼ同じくらいの三者がからみ合って争っていること。「優勝は—の争いとなった」

〔三つ巴〕

【三〈椏〉・三▲叉】みつまた ジンチョウゲ科の落葉低木。中国原産。早春、黄色い筒形の小花を球状につける。樹皮の繊維は和紙の原料。由来 枝がすべて三つに分かれることから。表記「黄瑞香」とも書く。参考「三叉」は「サンサ」と読めば別の意になる。

【三△年・三△歳】みとせ さんねん。三か年。「上京してはや—の月日が流れた」

【〈三幅〉・〈三布〉】みの 並幅（約三六センチメートル）の布を三枚合わせた幅。また、その幅の布。「—布団ぶとん」

サン【山】(3) 山 0 常 教 10 2719 3B33 音 サン 外 セン 訓 やま

筆順 丨 山 山

意味 ①やま。高く盛り上がった地形。「山脈」「登山」②やまのように盛り上がること。「山積」③鉱物を産出するやま。「鉱山」④寺院の称号につける語。また、寺院。「山号」「開山」

下つき 開山カイザン・火山カザン・金山キンザン・かなやま・銀山ギンザン・下山ゲザン・高山コウザン・鉱山コウザン・深山シンザン・青山セイザン・築山チクザン・つきやま・銅山ドウザン・登山トザン・氷山ヒョウザン・閉山ヘイザン・遊山ユサン・霊山レイザン・連山レンザン

【〈山女〉】あけび アケビ科のつる性落葉低木。由来「山女」は漢名から。▼木通あけび（一四四）

【〈山慈▲姑〉】あまな ユリ科の多年草。原野に自生。葉はニラに似る。春、白地に紫色の筋が入った六弁花を一つつける。地下の鱗茎リンケイは甘く食用。由来「山慈姑」は漢名から。表記「甘菜」とも書く。

【〈山▲梔子〉】くちなし アカネ科の常緑低木。▼梔子くちなし（六一七）

【〈山白竹〉】くまざさ イネ科の多年草。由来「山白竹」は漢名から。▼隈笹くまざさ（一二六八）

【〈山藤〉】くまやなぎ クロウメモドキ科のつる性落葉低木。山野に自生。夏、緑白色の小花を多数つけ、赤い実を結ぶ。由来「山藤」は漢名から。表記「蛇藤・熊柳」とも書く。

【〈山茶花〉】さざんか ツバキ科の常緑小高木。暖地の山地に自生。晩秋から冬、白や紅色の花をつける。花びらはばらばらに散る。種子から油をとる。季 冬 由来「山茶花」は漢名から。表記「茶梅」とも書く。

【〈山梗菜〉】さわぎきょう キキョウ科の多年草。由来「山梗菜」は漢名からの誤用。▼沢桔梗さわぎきょう（一〇〇一）

【山雨】サンウ 山のほうから降り始めてくる雨。また、山中で降られる雨。

『山雨来きたらんと欲して風かぜ楼ロウに満つ』 変事の前にはなんらかのきざしが現れる。山雨の降る前には、高楼に風が吹きつける意から。〈許渾キョコンの詩〉

【山▲窩】サンカ 住所を定めず山野や河原で野営しながらさすらいの生活をしていた人々。狩猟や竹細工などを業とした。参考「サンワ」とも読む。

【山塊】サンカイ 山々が一かたまりになってそびえているもの。また、断層で山脈から区切られた一群の山岳。

【山河襟帯】サンガキンタイ 山や川に囲まれた、敵の攻撃を防ぎやすい地形。山が衣服の襟のように取り囲み、川が帯のようにめぐって流れる意。〈白居易の詩〉

【山岳】サンガク 連なっている高く険しい山々。「—地帯の厳しい冬」

【山簡倒載】サンカントウサイ 天下争乱のなか、身に迫る危険もかえりみず、悠々として大酒を飲むこと。「倒載」は車に載せて行った酒食を傾け尽くす意。一説に、ウマに後ろ向きに乗って景色を惜しみながら帰る意。故事 中国、晋シンの将軍だった山簡は酒をこよなく愛し、高陽池のほとりで持参した酒を飲み尽くしてご機嫌で帰っていった故事から。〈『世説新語セセツシンゴ』〉

【山気】サンキ 山中特有の、さわやかな冷気。参考「やまケ」と読めば別の意になる。

【山峡】サンキョウ 山と山の間。やまあい。「—を縫って走る列車」参考「やまかい」とも読む。

【山系】サンケイ 二つ以上連なって、一つの系列をつくっている山脈群。「ヒマラヤ—」

【山径】サンケイ 山のこみち。山道。「キノコ狩りに—をたどって行く」

【山鶏】サンケイ キジの一種。台湾特産で、山地や山林にすむ。

【山高水長】サンコウスイチョウ 山が高くそびえ、川が長く流れる自然の景観の形容。また、人の品性が高大で高潔なたとえ。〈范仲淹ハンチュウエンの文〉

【山妻】サンサイ 自分の妻をへりくだっていう語。類 愚妻・荊妻ケイサイ

【山菜】サンサイ 山野に自生し、食用になる植物。ワラビ、ゼンマイ、タラの芽など。

【山塞・山▲砦】サンサイ ①山中のとりで。②山賊のすみか。

【山査子】サンザシ バラ科の落葉低木。中国原産。枝にはとげがある。春、ウメに似た白い花をつける。果実は球形で、漢方薬に用いる。

【山紫水明】サンシスイメイ 自然の景観が清らかで美しいこと。日の光に照らされ山が紫にかすみ、川の流れがすきとおって美しく見える意。「—の地」類 山清水秀・山明水秀

【山△漆草】サンシチソウ　キク科の多年草。中国原産。庭木用・薬用に栽培。葉は大きく羽状に深く切れこむ。秋、黄色の頭花をつける。表記「三七草」とも書く。

【山▲鵲】サンジャク　カラス科の鳥。中国大陸にすむ。尾羽が長い。色彩豊かで、顔から胸は黒く、翼・尾は青色、くちばしとあしは赤い。

【山▲茱▲萸】サンシュユ　ミズキ科の落葉小高木。朝鮮半島・中国原産。薬用・庭木用に栽培。早春、葉よりも先に黄色の小花を多数つけ、秋に楕円(ダエン)形の赤い実を結ぶ。実は漢方で強壮剤とする。ハルコガネバナ。アカサンゴ。季春

【山▲椒】サンショウ　ミカン科の落葉低木。山地に自生。葉は羽状複葉で、枝にはとげがある。若葉は「木の芽」と呼ばれ、食用。実は香辛料・薬用。ハジカミ。表記「蜀椒」とも書く。参考「サンショ」とも読む。

【山▲椒は小粒でもぴりりと辛い】体は小さいが非常に頭脳が鋭く、すぐれた気性や才能をもち合わせていて、あなどれないことのたとえ。

【山▲椒魚】サンショウうお　サンショウウオ科・アンビストマ科・プレソドン科の両生類の総称。形はイモリに似て、沼地や谷川にすむ。古くから薬用とした。ハタケドジョウ。ハジカミウオ。季夏 表記「鯢」とも書く。

【山▲椒藻】サンショウも　サンショウモ科の一年生シダ植物。水田・池沼の水面をおおう。葉の並ぶようすがサンショウに似る。ムカデモ。表記「槐葉蘋」とも書く。

【山水】サンスイ　①山や川・湖などのある景色。自然の風景。②「山水画」の略。①を描いた絵。③築山(つきやま)と池のある庭園。

【山積】サンセキ　物などが山のように高く重なること。また、物事がたくさんたまること。山積み。「難しい問題が―している」

【山荘】サンソウ　山中の別荘。また、山に建てた登山者用の簡易宿泊施設などの呼称。「箱根の―で一夏を過ごす」

【山賊】サンゾク　山中に本拠をおき、旅人や村里を襲う盗賊。類野盗

【山中の賊を破るは△易く、心中の賊を破るは難し】サンチュウのゾクをやぶるはやすく、シンチュウのゾクをやぶるはかたし　山賊に打ち勝つのはたやすいが、自分のなかの悪い心をおさえるのは難しい。精神修養をし、自らの心を律することの困難なことのたとえ。〈王陽明の文〉

【山中暦日無し】サンチュウレキジツなし　俗世を離れて自然のなかで悠々と暮らすこと。人里離れた山中で暮らせば月日のたつのも忘れる意から。「暦日」は暦で定まった月日。〈太上隠者(タイジョウインジャ)の詩〉

【山▲顛・山▲巓】サンテン　山のいただき。てっぺん。頂上。山頂。

【山脈】サンミャク　多くの山が長く連なっているもの。類山系 参考「やまなみ」とも読む。

【山門】サンモン　①寺の門。また、寺院。②おもに、禅宗の寺の本堂前にある正門。三門。③比叡山(ヒエイザン)延暦寺(エンリャクジ)の別称。由来①元来、寺は山中に建てられたことから。

【山門から▲喧▲嘩(ケンカ)見る】事件と関係のない安全な場所で、事のなりゆきを興味本位で見物すること。「山門」は寺院の門。類高みで見物

【山容】サンヨウ　山の形。山の姿。「美しい―を誇る北アルプス」

【山容水態】サンヨウスイタイ　自然の美しい山や川の姿。自然の風景。類山容水色・山光水色

【山▲稜】サンリョウ　山の頂上と頂上を結ぶ峰すじ。類尾根

【山麓】サンロク　山のふもと。山すそ。「樹海が―に広がっている」対山頂

【△山水▲屏風】センズイビョウブ　山水に人物を配した屏風絵の呼称。また、その屏風。特に、真言密教の灌頂(カンジョウ)の儀式に用いられる。

【〈山車〉】だし　祭礼のとき、たくさんの飾りをつけて引き回す車。やま。ほこ。だんじり。季夏 表記「花車」とも書く。

【〈山▲珊▲瑚〉】つちあけび　ラン科の多年草。由来「山珊瑚」は漢名から。▼土木通(つちあけび)(一一三三)

【〈山茶〉】つばき　ツバキ科の常緑高木。由来「山茶」は漢名から。▼椿(つばき)(一〇七五)

【〈山▲芹菜〉】なべな　マツムシソウ科の二年草。山地に自生。茎や葉にとげのような毛がある。夏から秋、紅紫色の球形の頭花をつける。表記「続断」とも書く。

【〈山▲蒜〉】のびる　ユリ科の多年草。由来「山蒜」は漢名から。▼野蒜(のびる)(一四九三)

【〈山石▲榴〉】のぼたん　ノボタン科の常緑低木。暖地に自生し、また観賞用に栽培もする。全体に淡褐色の毛を密生。夏、淡紫色の五弁花をつける。果実は球形で、ザクロ(石榴)のように割れ、食べられる。季夏 由来「山石榴」は漢名から。表記「野牡丹」とも書く。

【〈山丹〉】ひめゆり　ユリ科の多年草。西日本の山地に自生。初夏、赤色の六弁花を上向きにつける。季夏 由来「山丹」は漢名から。表記「姫百合」とも書く。

【〈山▲蘭〉】ひよどりばな　キク科の多年草。由来「山蘭」は漢名から。▼鵯花(ひよどりばな)(一二八七)

【〈山毛▲欅〉】ぶな　ブナ科の落葉高木。温帯の山地に自生。樹皮は灰色。葉は広い卵形。実は「どんぐり」と呼ばれる。由来「山毛欅」は漢名からの誤用。表記「椈」とも書く。

【〈山小菜〉】ほたるぶくろ　キキョウ科の多年草。由来「山小菜」は漢名から。▼蛍袋(ほたるぶくろ)(一三九五)

【〈山▲蘿▲蔔〉】まつむしそう マツムシソウ科の二年草。高原の草地に自生。葉は羽状。秋、紫色の頭花をつける。季秋 由来「山蘿蔔」は漢名から。表記「松虫草」とも書く。

【〈山羊〉】やぎ ウシ科の哺乳(ホニュウ)動物。家畜として飼育。ヒツジに似るが首が長い。多くは二本の角をもち、雄はあごひげがある。乳・肉を利用。表記「野羊」とも書く。

【〈山羊〉▲鬚】やぎひげ ヤギのひげのように、あごの下に生やした長いひげ。

【山】やま ①まわりよりも著しく高く地面が盛り上がった地形。「南アルプスの―」②高く積み重なっているもの。「本の―」「仕事の―」③ものの一部が高くなった所。「ねじ―」④物事の最も盛り上がったところ。絶頂。ピーク。「混雑も―を越した」⑤鉱山。「―を閉鎖する」⑥万一の成功をねらってすること。また、その対象物。「試験の―を当てる」

『山高きが故に貴(たっと)からず』外見よりも実質のすぐれたもののほうが尊重されるたとえ。「樹(き)あるを以(もっ)て貴しとなす」と続き、山は高いから貴ばれるのではなく、樹木が生い茂っていて利用価値が高いので尊重される意から。

『山に▲躓(つまず)かずして▲垤(テツ)に▲躓く』大事には注意を払うため失敗しないが、小事には油断をして失敗することが多いたとえ。「垤」は蟻塚(ありづか)や小高い丘のこと。〈『韓非子(カンピシ)』〉

【山△間】やまあい 山と山との間。谷間。また、山に囲まれている所。やまかい。「―の村」

【山嵐】やまあらし ①山で吹く強い風。また、山から吹き下ろす強い風。②柔道の技の一つ。相手をつり上げながら足をかけて投げる技。

【山▲蘭】やまあららぎ コブシの別称。季春

【山▲姥】やまうば 「山姥(やまんば)」に同じ。

【山家】やまが 山の中の家。山里にある家。また、山里。「―育ち」

【〈山峡〉】やまかい 山と山にはさまれたせまい所。やまあい。「―の温泉宿」参考「サンキョウ」とも読む。

【〈山▲棟蛇〉】やまかがし ヤマカガシ科のヘビ。▼赤棟蛇(やまかがし)(八七六)

【〈山▲賤〉】やまがつ ①きこりや猟師などのように山に住み、山のなかで仕事をする人。②①の住むあばらや。

【〈山▲雀〉】やまがら シジュウカラ科の鳥。山林にすむ。背面は青灰色、のどと目の上が黒く、ほおは白い。人になれ、芸を覚えるので、神社でおみくじを引く鳥として親しまれた。季夏

【山勘】やまカン ①勘にたよった判断で物事の成功をねらうこと。あてずっぽう。②山師のように人をだますこと。また、その人。

【山▲疵】やまきず ①陶磁器の焼成中にできたきず。窯疵(かまきず)。②石器などで、山から石を切り出したときにすでにあるきず。

【山気】やまケ 偶然の幸運をあてにして、思い切ったことをしたがる気持ち。「―を起こす」参考「やまキ・やまッケ」とも読む。「サンキ」と読めば別の意になる。

【〈山▲胡▲椒〉・〈山香〉】やまこうばし クスノキ科の落葉低木。山地に自生。春、黄緑色の小花を密生し、球形で黒色の実を結ぶ。枝を折ると芳香がある。由来「山胡椒」は漢名からの誤用。

【山師】やまシ ①山をまわり歩き、鉱脈の発見や採掘、立ち木の売買などを職業とする人。②投機的な事業でひともうけしようとたくらむ人。③詐欺(サギ)師。

【山▲鷸】やましぎ シギ科の鳥。山地の雑木林にすむ。黒や褐色などの斑紋(ハンモン)がある。長いくちばしで土中の虫などを捕食。ヤブシギ。季秋

【山城・〈山背〉】やましろ 旧国名で、五畿内(ゴキナイ)の一つ。現在の京都府の南東部。城州(ジョウシュウ)。

【〈山▲翡▲翠〉・〈山魚▲狗〉】やませみ カワセミ科の鳥。カワセミより大形。渓流沿いにすむ。背面は黒と白のまだら。頭上に冠羽がある。くちばしは黒くて大きい。カノコショウビン。季夏

【山▲岨】やまそわ 山の険しい所。山のきりぎし。切り立ったがけ。

【山▲苞】やまづと 山から携えて帰るみやげ。山里のみやげ。

【山津波】やまつなみ 山崩れで起こる大規模な土石流。大量の土砂や岩を含んだ濁流が谷の斜面を押し削って流動するもの。豪雨のあとや大地震で起こりやすい。

【〈山神〉・〈山▲祇〉】やまつみ 山の神。山の精霊。対海神(わたつみ)

【〈山処〉】やまと 山のあるあたり。山のところ。山。参考「と」はところの意。

【〈山脈〉・山並】やまなみ 山が並び連なっていること。また、その山々。参考「山脈」は「サンミャク」とも読む。

【〈山▲鼠〉】やまね ヤマネ科の哺乳(ホニュウ)動物。日本特産で、本州以南の山林にすむ。褐色で、背に一本の黒い縦線がある。形はネズミに似る。夜行性で冬眠する。表記「冬眠鼠」とも書く。

【山猫】やまねこ ①山野にすむ野生化したネコ。②ネコ科の哺乳(ホニュウ)動物で小形の野生種の総称。形は普通のネコに似る。日本にはイリオモテヤマネコ・ツシマヤマネコがいる。

【山の芋】やまのいも ヤマノイモ科のつる性多年草。山野に自生。太く長い根と、葉のつけねにできる「むかご」は食用。ジネンジョ。ジネンジョウ。ヤマイモ。季秋 表記「野山薬・薯蕷」とも書く。

『山の芋▲鰻(うなぎ)になる』物事が突然に思いもよらない変化をするたとえ。また、地位の低い者が突然に出世するたとえ。

【山肌・山△膚】やま はだ 山の表面。山の地面。「乱伐で―があらわになる」

【山▲彦】やま びこ ①山・谷などで声や音が反響する現象。こだま。②山の神。

【山▲襞】やま ひだ 山の、尾根と谷とが入りくんでひだのようになっているところ。「朝の光が―を際立たせる」

【山吹】やま ぶき ①バラ科の落葉低木。山地に自生。春、黄色の五弁花をつける。季春 ②山吹色。黄金（こがね）色。③黄金。金貨。大判や小判。表記①「款冬」とも書く。

【山伏】やま ぶし ①山野に寝起きして修行する僧。②修験者（シュゲンジャ）。由来山に伏す（寝起きする）意から。

【山▲葡▲萄】やま ブドウ ブドウ科のつる性落葉低木。山地に自生。葉は五角形で、裏に毛がある。黒い球形の果実は食用。季秋

【山懐】やま ふところ 山に囲まれてくぼんで入りこんでいる所。「―に抱かれる」

【山火口】やま ぼくち キク科の多年草。山地に自生。葉の裏に綿毛が密生する。秋、アザミに似た紫色の頭花をつける。由来葉の綿毛を火口（ほくち）に用いたことから。

【山▲鉾】やま ぼこ 山形に作った台に鉾（ほこ）・長刀（なぎなた）などを飾り立てた山車（だし）。京都の祇園（ギオン）祭のものが有名。季夏

【山▲繭】やま まゆ ヤママユガ科のガ。大形で開張一五センチメートル。幼虫が作る緑色の繭から良質の山繭糸がとれる。テンサン。季夏

【山女】やま め サケ科の淡水魚。サクラマスが海に下らず、渓流にすみついたもの。体側の斑点（ハンテン）が特徴。食用。ヤマベ。季夏

【山桃】やま もも ヤマモモ科の常緑高木。季夏 ▼楊梅（やまもも）（一五三二）

〈山▲姥〉やま んば ①山奥にすむという女の妖怪（ヨウカイ）。②①を主題にした能や歌舞伎（カブキ）の題名。参考「やまうば」とも読む。

〈山原水鶏〉やんばる くいな クイナ科の鳥。沖縄島北部にすむ。全長約三〇センチメートル。背面は暗緑褐色、顔・のどは黒色。くちばしとあしが赤く、翼は退化しほとんど飛べない。一九八一（昭和五六）年に新種として発見された。天然記念物。参考「やんばる」は沖縄島北部山地の通称。

〈山桜桃〉ゆすら うめ バラ科の落葉低木。中国原産。春、ウメに似た白色や淡紅色の花をつけ、丸くて赤い実を結ぶ。食用。表記「梅桃・英桃」とも書く。

〈山▲葵〉わさ び アブラナ科の多年草。日本特産。渓流に自生し、栽培もする。葉はハート形で、根茎は太い。全体に強い辛味と香気がある。根茎は香辛料、葉と花は食用。季春

〖〈山▲葵〉と浄瑠璃（ジョウルリ）は泣いて△誉（ほ）める〗ワサビは、涙が出るほどからいのがうまくて質がよい。浄瑠璃も客が泣かされるようでないと、うまいといってほめられない。

サン【汕】(6) 氵3 1 6172 5D68 音サン 訓すくう・あみ

意味①魚の泳ぐさま。「汕汕」②すくう。すくいとる。また、魚をすくうあみ。

サン【刪】(7) 刂5 1 4972 5168 音サン 訓けずる・えらぶ

意味①けずる。けずりとる。不要の字句を除く。「刪修」「刪定」「添刪」②えらぶ。取捨選択する。

【▲刪る】けず る 書物の文字や文章の不要な部分をとりのぞく。参考竹簡（チクカン）・木簡（モッカン）から刃物で文字をけずりとる意。

【▲刪修】サン シュウ 不要な語句をけずって文章を整えること。「師の遺稿を―する」類刪正・刪定

【▲刪潤】サン ジュン 詩文の悪い部分や不要な部分をけずり、足りないところを補うこと。「潤」はかざる、つやを出す意。「詩稿を―する」

【▲刪正】サン セイ 「刪修」に同じ。

【▲刪定】サン テイ 「刪修」に同じ。

サン【△杉】(7) 木3 常 3189 3F79 ▼すぎ（八三七）

サン【芟】(7) 艹4 1 7176 676C 音サン・セン 訓かる

意味かる。草をかる。また、取り除く。「芟除」「芟正」

【▲芟る】か る 刃物で草をかり取る。雑草を刃物でまとめて切り取る。

【▲芟除】サン ジョ 雑草などを取り除くこと。参考「センジョ」とも読む。

サン【参】(8) ム6 教 常 7 2718 3B32 音サン 外シン 訓まいる 外まじわる

旧字《參》(11) ム9 1/準1 5052 5254

筆順 ㄥ ム ム 厸 矣 矣 参 参

意味①まいる。目上の人のところへ行く。うかがう。「参上」「見参」②寺社などにもうでる。「参詣（ケイ）」「墓参」③まじわる。くわわる。あつまる。「参会」「参列」④ひきくらべる。調べる。「参考」「参照」⑤相手に負ける。「降参」⑥「三」の代用字。⑦ふぞろいなさま。「参差（シ）」

下つき 見参（ケンザン・ゲンザン）・降参（コウサン）・古参（コサン）・直参（ジキサン）・持参（ジサン）・新参（シンザン）・推参（スイサン）・代参（ダイサン）・日参（ニッサン）・墓参（ボサン）

【参賀】サン ガ 新年や宮中の行事などのときに、皇居に行って祝賀の気持ちを表すこと。「一般―」季新年

【参会】サン カイ 会合に出席すること。また、寄り合うこと。「―を呼びかける」

【参画】サン カク 政策や事業などの計画に加わること。「新事業の推進に―する」「男女共同―社会基本法」

【参観】サンカン　その場へ行って、実際に見ること。「授業―」

【参議】サンギ　①国家の政治に関する議事に参与すること。また、その人。②律令(リツリョウ)制の令外官(リョウゲのカン)の一つで、大・中納言に次ぐ要職。③明治初期、太政官の左・右大臣に次ぐ官職。

【参議院】サンギイン　衆議院とともに国会を構成し、国民から選ばれた議員で組織する立法機関。予算の議決や条約の承認などで衆議院より権限が劣るが、国会審議を慎重なものにする機能をもつ。

【参勤・参覲】サンキン　①出仕して、主君に目通りし、あいさつすること。②「参勤交代」の略。参考「覲」はまみえる意で、天子が諸侯を引見すること。

【参詣】サンケイ　神社や寺院に出向いてお参りすること。類参拝

【参考】サンコウ　他の物事や考えなどをあれこれと比べ、自分の考えをまとめる手掛かりとすること。また、その材料。「先行研究を―にする」「―資料」類参照

【参酌】サンシャク　比べあわせて、よいものをとり、悪いものを捨てること。「それぞれの条件を―して決める」類斟酌(シンシャク)

【参集】サンシュウ　寄り集まること。「該当者は会議室に―のこと」類来集・参会

【参照】サンショウ　他のものと対照・照合してみること。「過去の事例を―する」類参考

【参上】サンジョウ　「訪ねること」「行くこと」の謙譲語。参ること。伺うこと。「お呼びにより、ただいま―」類参入

【参政権】サンセイケン　基本的人権の一つで、国民が国の政治にたずさわる権利。選挙権・被選挙権、公務員となる権利など。

【参禅】サンゼン　禅道に入り、禅の修行をすること。また、座禅をすること。

【参内】サンダイ　宮中に参ること。参上すること。「総理大臣が―する」

【参道】サンドウ　神社・寺院に参詣(サンケイ)する人のためにつくられた道。

【参入】サンニュウ　①高貴なところへ参ること。類参上　②新たに仲間や一員として加わること。「通信事業に―する」類参加

【参拝】サンパイ　神社や寺院に行き神仏を拝むこと。類参詣(サンケイ)

【参謀】サンボウ　①軍隊で、指揮官の作戦や用兵などの計画に加わる将校。②相談相手となって計画や策略を練る人。

【参与】サンヨ　①計画などに加わり協力すること。②官庁や民間会社・団体などで、学識経験者に業務運営について協力してもらうときに用いる役職名。

【参列】サンレツ　式などに出席すること。「開会式に―する」類列席

【参籠】サンロウ　一定期間、神社・寺院に昼夜こもって祈願すること。おこもり。「本堂に―する」「―修行」

【△参△差錯落】シンシサクラク　ふぞろいなものが入り混じっているさま。「参差」は形が不ぞろいのさま。「錯落」は入り混じるさま。類参差不斉

【△参商】シンショウ　①人が遠く離れていて、会うことのないたとえ。②兄弟の仲が悪いたとえ。《『春秋左氏伝』》由来「参」は西方に、「商」は東方にある星で、互いに遠く隔っていて同時に現れることはないことから。

【参る】まいる　①「行く」「来る」の謙譲語。「今日こちらへ―りました」②「行く」「来る」の丁寧語。「上に―ります」③神社・寺院などに行って拝む。④負ける。降参する。「―った、こちらの負けだ」⑤弱くなる。閉口する。「暑さに―る」⑥死ぬ。⑦異性に心を奪われる。「彼女の美しさに―ってしまった」

サン【衫】

(8)　衤3　1　7446　6A4E

音 サン
訓 はだぎ・ひとえ・ころも

意味 ①はだぎ。そでなしのはだ着。じゅばん。②ひとえ。裏地のないころも。また、ころもの総称。「衫裙(サンクン)」

下つき 汗衫(カンサン)・青衫(セイサン)・白衫(ハクサン)

サン【★珊】

(9)　王5　準1　2725　3B39

音 サン

〔珊〕

意味 ①「珊瑚(サンゴ)」「珊珊(おび玉の鳴る音)」に用いられる字。②サンチ。フランス語の「サンチメートル(センチメートル)」の音訳字。

【珊▲瑚】サンゴ　サンゴ科の腔腸(コウチョウ)動物の総称。死んだあと残った骨格は加工して装飾用とする。

【珊▲瑚樹】サンゴジュ　①スイカズラ科の常緑高木。暖地の海岸に自生。葉は厚く光沢がある。夏、白い小花を多数つけ、サンゴのような赤い実を結ぶ。キサンゴ。②木の枝のように見えることから、サンゴの別称。

【珊▲瑚礁】サンゴショウ　サンゴの分泌物や死骸(シガイ)が堆積(タイセキ)してできた石灰質の岩礁。

【珊▲珊】サンサン　①身につけた玉や鈴などの鳴るさま。②きらきらと美しく輝くさま。「陽光を浴びて―と流れおちる滝」

サン【閂】

(9)　門1　1　7957　6F59

音 サン
訓 かんぬき

意味 かんぬき。門や戸をしめるときの横木。参考 門の横木(一)を表した字。

【閂】かんぬき　①両開きの扉が開かないように横に渡して固定した木。「―をかける」②相撲の技の一つ。もろ差しになった相手の腕をしめつける技。参考「貫の木」の転じたもの。

サン【桟】

(10)　木6　常　準2　2723　3B37

音 サン
訓 外 かけはし・たな

旧字《棧》(12) 木8 1/準1 6002 5C22

筆順 一十才木朩杙栈桟桟桟

意味 ①かけはし。けわしい所にかけ渡した橋。「桟道」「桟橋」②ねだ。床板を張るための横木。③たな（棚）。木を組み合わせて、かけ渡したもの。④さん。戸や障子の横木。

下つき 雲桟ウンサン・石桟セキサン・飛桟ヒサン・棚桟ホウサン

【△桟】かけはし 崖がけなど険しい場所に木や藤づるをかけ渡してつくった橋。

〈桟敷〉さじき 祭りや芝居、相撲など、興行物の見物のために土間や地面より一段と高くつくった席。「―で芝居を見物する」

【△桟手】サで 滑道カツドウの一種。山地の傾斜にくぼんだ道筋をつけ、底に厚い木板を敷いてその上を滑らせて木材を運搬する装置。

【桟雲峡雨】サンウンキョウウ 山中のかけ橋のあたりに起こる雲と、谷あいに降る雨。「桟」はかけ橋、「峡」は山と山の間にある谷の意。

【桟俵】サンだわら 米俵の両端につける、まるいわら製のふた。さんだらぼっち。

〈桟俵法師〉さんだらぼっち 「桟俵サンだわら」の擬人名。参考「さんだらボウシ」とも読む。

【桟道】サンドウ 山の険しい場所に、木材で棚のように張り出してつくった道。

【桟橋】サンばし ①港で船が横付けできるように、岸から突き出して造った建造物。「―に船をつける」②工事現場などで、高い所へ上るための傾斜をつけた足場。

サン【蚕】(10) 虫4 教 常 5 2729 3B3D 音 サン 訓 かいこ 外こ

旧字《蠶》(24) 虫18 1/準1 7436 6A44

筆順 一二チ天天吞吞吞蚕蚕

意味 かいこ。カイコガの幼虫。「蚕糸」「蚕業」「養蚕」

下つき 養蚕ヨウサン

【蚕】かいこ カイコガの幼虫。クワの葉を食べて脱皮を重ね、繭を作る。この繭から生糸きいとをとる。季春 由来「飼い蚕こ」の意から。

【△蚕飼】こがい 蚕を飼うこと。養蚕ヨウサン。季春

【蚕繭】サンケン 蚕の作った繭。

【蚕糸】サンシ ①蚕の繭からとった糸。絹糸。生糸きいと。「―を紡ぐ」②養蚕と製糸。「―業」「―試験場」

【蚕食】サンショク 蚕がクワの葉を食べるように、次第に他の領域を侵していくこと。「領土を次第に―する」

〈蚕豆〉そらまめ マメ科の二年草。世界各地で栽培。春、白色または紫色の蝶チョウ形花が咲き、長楕円ダエン形で大きなさやをつける。種子は食用。季夏 由来「蚕豆」は漢名より。和名は、さやが空を向いてつくことから。表記「空豆」とも書く。

〈蚕簿〉まぶし 蚕が繭を作りやすいように工夫した道具。わら・竹・紙などで作る。季夏 表記「蔟」とも書く。

サン【▲参】(11) ム9 5052 5254 ▼参の旧字（五八四）

サン【惨】(11) 忄8 常 4 2720 3B34 音 サン・ザン高 訓 みじめ高 外いたむ・いたましい・むごい

旧字《慘》(14) 忄11 1/準1 5646 584E

筆順 丶 丷 忄 忄 忄 忄 惨 惨 惨 11

意味 ①みじめ。「惨敗」②いたむ。いたましい。「惨禍」「悲惨」③むごい。「惨忍ザンニン」「惨烈」

下つき 陰惨インサン・凄惨セイサン・悲惨ヒサン・無惨ムザン

【△惨む】いたむ 心から悲しくつらい。いたましく思う。「難民の多さに心が―む」

【惨禍】サンカ 地震などの天災や戦争によるいたましい災い。「すさまじい地震の―」

【惨害】サンガイ いたましくむごい被害・損害。すさまじい災害。「今世紀最大の台風は―をもたらした」

【惨劇】サンゲキ むごたらしい事件。いたましい出来事。「―の跡がなまなましい」

【惨酷・惨刻】ザンコク 人や動物を殺傷するなど、むごいことを平然と行うこと。また、あまりにもむごいさま。「―な殺人事件」類残虐・残忍 表記「残酷・残刻」とも書く。参考「サンコク」とも読む。

【惨殺】ザンサツ むごたらしい手口で殺すこと。類虐殺

【惨死】ザンシ いたましい死。むごい死に方をすること。悲惨な死。

【惨事】サンジ むごたらしい事件。いたましい出来事。「世間を震撼シンカンさせた―」

【惨状】サンジョウ むごたらしいありさま。見るも無残なさま。「事故現場の―には思わず目を覆う」

【惨△怛】サンダツ いたましく哀れなさま。また、悲しみで心が痛むさま。類惨憺サンタン

【惨△澹・惨△憺】サンタン ①あれこれと心を悩ますさま。「苦心―してようやく入手した」②いたましく悲しいさま。「―たる結果に終わる」

【惨忍】ザンニン 無慈悲で、むごい行いを平気ですること。「―な行為」類残酷・残虐 表記「残忍」とも書く。

【惨敗】ザンパイ さんざんに負けること。みじめな結果に終わること。「―を喫する」類完敗 対圧勝・快勝 参考「サンパイ」とも読む。

【惨落】サンラク 相場が一時いちじに、ひどく下落すること。類暴落・崩落

【惨烈】サンレツ ①きわめてむごいさま。「―きわまりない」②非常に厳しいさま。「風雨―をきわめる」

【惨め】みじめ 見るにしのびなく、あわれでいたましいさま。屈辱的なさま。「―な結果に終わった」「―な生活」

【△惨い】むごい ひどい。いたいたしくて見るにたえない。胸がしめつけられるほど無慈悲で残忍であるさま。「―い仕打ちに同情が集まる」

サン【産】(11) 生 6 教 常 7 2726 3B3A 音 サン 訓 うむ・うまれる・うぶ(高)

旧字《產》(11) 生 6 1/準1

筆順 亠 亠 亣 立 产 产 产 产 产 産 産

意味 ①子をうむ。うまれる。「産卵」「出産」類生 ②物をうみ出す。つくり出す。「産出」「生産」③つくられた物。とれた物。「産物」「農産」④くらしのもとで。身代。「財産」「動産」⑤うぶ。生まれたままの。「産着」

下つき 安産・遺産・海産・共産・原産・減産・国産・財産・私産・資産・死産・出産・殖産・水産・生産・増産・畜産・治産・倒産・動産・特産・土産・難産・農産・破産・物産・名産・流産・量産

【産】うぶ 生まれたままの。生まれたときの。「―声」「―着」「―湯」参考 出生・出産に関することを表す。

【産△衣・産着】うぶぎ 生まれた子に初めて着せる衣服。

【産毛】うぶげ ①生まれたときから、赤ん坊に生えている毛。うぶかみ。②人間の頬(ほお)やうなじに生えている、薄く柔らかい毛。

【産声】うぶごえ 生まれ出たときの泣き声。また、初めて世に出るたとえ。「力強い―」「民主国家として―をあげた」

さ

サン

【〈産土〉】うぶすな ①生まれた土地。生地。②「産土神(うぶすながみ)」の略。

【〈産土〉神】うぶすながみ 生まれた土地の守護神。鎮守(チンジュ)の神。うぶすな。類氏神(うじがみ)

【産屋】うぶや ①昔、出産のために新たに建てた家。また、出産に際して用いた別棟の家。②出産のために使う部屋。産室。

【産養】うぶやしない 出産後、三・五・七・九日目の夜に催す祝宴。親戚・知人が衣服・調度・食物などを贈る。特に平安時代、貴族の家で盛んに行われた。産立(うぶだち)。お七夜。

【産湯】うぶゆ 生まれた直後の子を湯に入れて洗うこと。また、その湯。「―をつかう」

【産む】うむ ①母体が卵や子を体外に出す。「三人の子を―む」②ものをつくりだす。生じる。「土地が金を―む時代は終わった」

【産業】サンギョウ ①生産を目的とするさまざまな事業とそれにかかわるサービスなど、すべての経済活動。「―革命」②人が生活していくための仕事。生業(なりわい)。

【産気】サンケ 子の生まれそうな気配。「―づく(陣痛が始まる)」

【産出】サンシュツ 産物がとれること。また、物をつくりだすこと。「石炭を―する」

【産△褥】サンジョク ①出産時の産婦の寝床。②出産後、母体が妊娠前の状態にもどるまでの期間。「―期」

【産する】サンーする ①生む。生まれる。また、生みだす。②産出する。「良質の金を―する」

【産婆】サンバ 「助産婦」の旧称。出産を助け、妊婦や新生児の世話を職業とする婦人。

【産物】サンブツ ①その土地で産するもの。物産。②ある物事の、結果として生まれたもの。「努力の―」

【△産す】むす 生じる。はえる。「こけ―した岩」

【〈産霊神〉】むすびのかみ ①自然界におけるすべてのものを生みだす神。むすひのかみ。②縁結びの神。

サン【傘】(12) 人 10 常 準2 2717 3B31 音 サン(高) 訓 かさ

筆順 ノ 八 人 仌 仒 仒 仒 仒 仒 傘

意味 かさ。ひがさ・あまがさなど。また、かさのようにおおうもの。「傘下」類繖

下つき 雨傘・鉄傘・番傘・日傘

【傘】かさ 雨・雪・日光などをさえぎるためにさす、柄のついた道具。雨傘・日傘などの総称。

【傘下】サンカ 大きな勢力をもつ人物・団体などの支配・指導を受ける立場にあること。「大企業の―に入る」類翼下・配下

【傘寿】サンジュ 八〇歳。また、八〇歳の祝い。由来 傘の略字「仐」が「八十」と読めることから。

サン【散】(12) 攵 8 教 常 7 2722 3B36 音 サン 訓 ちる・ちらす・ちらかす・ちらかる (外)ばら

筆順 一 十 廾 艹 芈 背 背 背 散

意味 ①ちる。ちらす。ちらばる。「散乱」「解散」対集 ②とりとめのない。自由な。ばらばらな。「散文」「散漫」③ぶらぶらする。「散歩」「散策」④ひまな。「閑散」⑤こなぐすり。「散薬」⑥ちらし。(ア)小さな広告のびら。(イ)ちらしずし。参考「散」の三画目までが片仮名の「サ」になった。

書きかえ ①「撒(サン)」の書きかえ字として用いられるものがある。

下つき 一散・雲散・解散・拡散・閑散・四散・集散・消散・退散・発散・飛散・分散・放散・霧散・離散

【散楽】さるガク ①平安時代の芸能。滑稽(コッケイ)な物まね・軽わざなどの総称。能・狂言のもととなった。②能・狂言の古称。表記「猿楽・申楽」とも書く。参考 奈良時代に伝来した、中国古代の芸能「散楽(サンガク)」の転じた語。

【散逸・散佚】サンイツ ちりぢりになってなくなること。「史料の一部が―した」類散失

【散会】サンカイ 会合が終わって、人々が別々に帰ること。「ひとまず―といたします」

【散切り】ザンぎり 頭髪を結わずに切りそろえたままにした男子の髪。特に、明治時代の初め、ちょんまげをやめて短く切った髪形。「―頭をたたいてみれば文明開化の音がする」類斬髪(ザンパツ)

【散華】サンゲ ①仏花をまいて仏を供養すること。特に、法会の儀式で、ハスの花びらをかたどった紙をまくこと。②いさぎよい戦死。

【散見】サンケン あちらこちらに見えること。「彼の写真は多くの雑誌に―される」

【散在】サンザイ あちらこちらにちらばってあること。類点在 対密集

【散財】サンザイ 多額の金銭を使うこと。また、浪費すること。「すっかり―させた」

【散策】サンサク 特別の目的もなくぶらぶらと気ままに歩くこと。「川端を―する」類散歩・逍遥(ショウヨウ)

【散散】サンザン ①程度がはなはだしいさま。ひどく。「―文句を言う」②結果・状態などがきわめて悪いさま。「―な目にあう」

【散人】サンジン ①世間のわずらわしさを離れて、気楽に暮らす人。散士。②文学者などが雅号にそえる語。「荷風(かふう)―」

【散水】サンスイ 水をまくこと。書きかえ「撒水」の書きかえ字。

【散村】サンソン 人家があちこちに点々とある村。対集村 参考 富山県砺波(となみ)平野の散村が有名。

【散弾】サンダン 発射すると、多数の細かい鉛のたまがあられのように飛び散るしかけの弾丸。近距離の敵、または鳥や小動物の狩猟に用いる。ばらだま。「―銃」表記「霰弾」とも書く。

【散点】サンテン あちらこちらに散らばること。「民家が―する」類点在・散在

【散発】サンパツ ①物事が間をおいて起こること。「―的に反対デモを実施する」②間隔をあけて弾丸を発射すること。

【散髪】サンパツ ①髪を切って整えること。類理髪「毎月一回―をする」②結わずに乱れた髪。類乱髪

【散票】サンピョウ 投票が一人の候補者に集まらずに、複数の候補者に分散すること。また、その票。

【散布】サンプ まきちらすこと。「農薬を―する」書きかえ「撒布」の書きかえ字。

【散文】サンブン 韻律(インリツ)・定型などの制限なく、自由に作る文章。対韻文

【散歩】サンポ 特に目的をもたず、気の向くままぶらぶら歩くこと。類散策・漫歩

【散漫】サンマン 集中力を欠いて、気が散るさま。また、物事にまとまりのないさま。「春は注意が―になりやすい」

【散薬】サンヤク 粉末になっている薬。こなぐすり。類散剤

【散乱】サンラン ①あちこちに散らばること。「空き缶が―する」②波動や粒子線などが、物体に当たって進む方向を変え散らばること。

【散らかす】ちらかす 物を整頓せず、あちこちに乱雑においたままにする。「部屋を―す」

【散らす】ちらす ①散るようにする。「蜘蛛(くも)の子を―す」「紙吹雪を―す」②やたらに…する。「どなり―す」

【散り蓮華】ちりレンゲ くぼみが柄まで続いている陶製のさじ。レンゲ。由来 形が散ったハスの花弁に似ているところから。

【散る】ちる ①花や葉が枝から離れ、はらはらと落ちる。「桜が―る」②わかれてばらばらになる。四方に広がる。分散する。「仲間も各地に―っていった」「噂(うわさ)が世間に―る」③いさぎよく死ぬ。「戦場に―る」

【散】ばら ①本来はまとまっているものを、一つ一つに分けること。また、そのもの。「絵の具を―で売る」②「散銭」の略。

【散銭】ばらセン こぜに。はした金。ばら。「―をつまみ出す」

【散蒔く】ばらまく ①あちこちにまき散らす。②金品を多くの人に気前よく分け与える。「名刺を―く」

サン【棧】(12) 木8 6002 5C22 ▼桟の旧字(五八六)

サン【跚】(12) 𧾷5 1 7673 6C69 音 サン 訓

意味 よろめく、行きなやむさまの意の「蹣跚(マンサン)」に用いられる字。

サン【盞】(13) 皿8 1 6623 6237 音 サン 訓 さかずき

意味 さかずき。小さい酒杯。「酒盞」

下つき 酒盞(シュサン)

【盞】さかずき 酒を飲むのに用いる小さなうつわ。さかずきのなかでも浅く小さいもの。

サン【粲】(13) 米7 1 6876 646C 音 サン 訓 しらげよね・いい・あきらか・あざやか・わらう

意味 ①しらげよね。ついて白くした米。「白粲」②いい。めし。ごちそう。類餐(サン) ③あきらか。あざやか。「粲粲」「粲然」類燦(サン) ④きよい。きよらか。⑤わら(笑)うさま。

【粲粲】サンサン ①装飾や色彩が多く、あざやかで美しいさま。②あざやかで、はっきりとしたさま。表記「燦燦」とも書く。

【▲粲然】サンゼン　あざやかに光り輝くさま。「―と輝く銀河」表記「燦然」とも書く。

サン【▲蒜】(13) 艹10 準1 4139 4947　音 サン　訓 ひる・にんにく

意味 ①ひる。のびる。ユリ科の多年草。②にんにく（大蒜）。強い臭気がある。

下つき 大蒜（おおびる）・野蒜（のびる）

【▲蒜】ひる　ネギ・ノビル・ニンニク・アサツキなど、食用となるユリ科の多年草の総称。

サン【▲慘】(14) 忄11 5646 584E　▼惨の旧字（五八六）

サン【算】(14) 竹8 教 常 9 2727 3B3B　音 サン　訓 外 かぞえる・かず

筆順 ノ ㇐ ⺮ 竹 竹 竹 笪 笪 筸 算

意味 ①かぞえる。計算する。「算数」「暗算」「珠算」②かず（数）。物の数。③はかる。はかりごと。もくろみ。「算段」「成算」

下つき 暗算（アンザン）・運算（ウンザン）・概算（ガイサン）・加算（カサン）・換算（カンサン）・逆算（ギャクサン）・計算（ケイサン）・決算（ケッサン）・検算（ケンザン）・験算（ケンザン）・公算（コウサン）・誤算（ゴサン）・採算（サイサン）・珠算（シュザン）・勝算（ショウサン）・成算（セイサン）・清算（セイサン）・精算（セイサン）・打算（ダサン）・通算（ツウサン）・筆算（ヒッサン）・目算（モクサン）・予算（ヨサン）・累算（ルイサン）・和算（ワサン）

【△算える】かぞえる　①そろえて勘定する。特に、そろばんでかぞえる。「入場者を―える」②仲間として扱う。とりあげる。列挙する。あたまかずに入れる。「偉大な学者に―えられる」

【算木】サンぎ　①和算で計算に用いる小さな角棒。②易で占いに使う六本の四角い棒。

【算出】サンシュツ　計算で答えを出すこと。計算して数値を出すこと。「価格を―する」

【算術】サンジュツ　①計算の方法。②初歩の数学。また、算数の旧称。

【算段】サンダン　①方法やてだてを考えだすこと。「―がつく」②金銭を工面すること。「やりくり―」

【算定】サンテイ　数や費用などを計算して決定すること。見積もりを出すこと。

【算入】サンニュウ　計算に加えること。数に入れること。「乗り換えの時間を―する」

【算用】サンヨウ　①数量を計算すること。勘定。「―数字」②見積もりをたてること。目算。「捕らぬ狸（たぬき）の皮―」

【〈算盤〉】そろばん　①中国や日本で用いられる計算道具。枠に並べられた串（くし）刺し状の玉を上下させて計算する。②損得の計算。「―が合わない」表記「十露盤」とも書く。

サン【酸】(14) 酉7 教 常 6 2732 3B40　音 サン　訓 すい高　外 す・つら

筆順 一 冂 襾 西 酉 酉 酉 酢 酸 酸

意味 ①すい。すっぱい。す。「酸敗」「酸味」②つらい。いたましい。「酸鼻」「辛酸」③酸性の化合物。「塩酸」「硫酸」④「酸素」の略。「酸欠」「酸化」

下つき 塩酸（エンサン）・甘酸（カンサン）・寒酸（カンサン）・酢酸（サクサン）・硝酸（ショウサン）・辛酸（シンサン）・青酸（セイサン）・炭酸（タンサン）・硫酸（リュウサン）

【〈酸▲漿草〉】かたばみ　カタバミ科の多年草。由来「酸漿草」は漢名より。葉や茎に酸味があることから。▼酢漿草（かたばみ）（五六七）

【〈酸▲棗〉】さねぶとなつめ　クロウメモドキ科の落葉低木。▼核太棗（さねぶとなつめ）（一九八）

【酸化】サンカ　物質が酸素と化合すること。また、物質から水素を失うこと。対還元

【酸性】サンセイ　酸の性質。また、ある物質が酸の性質を示すこと。「―雨」対アルカリ性

【酸素】サンソ　空気の体積の約五分の一の無色・無味・無臭の気体。物質の燃焼や生物の呼吸に欠くことができない。「―吸入」

【酸敗】サンパイ　油脂が酸化したり食べ物が腐ったりして、すっぱくなること。「猛暑で牛乳が―した」

【酸鼻】サンビ　きわめてむごいこと。また、いたましくむごたらしいこと。「―を極める」

【酸味】サンミ　すっぱいあじ。すっぱみ。すみ。「―の強いコーヒー」

【△酸】す　酢酸（サクサン）を含む酸味のある液体。

【酸い】すい　すっぱい。酢のような味である。「―い味のする果実」

【酸いも甘いも▲嚙み分ける】　人生経験を積み、世間の事情や人情の機微によく通じること。類酸いも甘いも知り抜く

【〈酸模〉・酸▲葉】すいば　タデ科の多年草。道端に自生。全体に赤紫色を帯びる。初夏、淡緑色の小花を多数つける。若い茎や葉は食用になる。スカンポ。季春 由来「酸模」は漢名より。茎や葉に酸味があることから。

【△酸茎】すぐき　スグキナの葉と根の漬物。独特の酸味と香味があり、京都の名産。季冬

【△酸茎菜】すぐきな　アブラナ科の一年草。カブの一品種。京都で古くから栽培され、葉と根を食用にする。スイグキナ。

【〈酸塊〉】すぐり　ユキノシタ科の落葉低木。本州中部の山地に自生。初夏、白色の五弁花をつけ、球形の実を結ぶ。果実は熟すと赤褐色になり、酸味がある。食用。

【△酸▲橘】すだち　ミカン科の常緑低木。▼酢橘（すだち）（五六七）

【△酸実】ずみ　バラ科の落葉小高木。▼棠梨（ずみ）（一一四八）

【〈酸▲漿〉】ほおずき　①ナス科の多年草。観賞用に庭に植える。初夏、白色の花をつけ、袋状の萼（がく）に包まれた球形の果実を結ぶ。赤く熟した果実の種を取り除き、口で鳴らして遊ぶ。季秋 ②子どもが口に入れて鳴らすおもちゃ。由来「酸漿」は漢名から。表記「鬼灯」とも書く。

サン【▲撰】(15) 扌12 3281 4071　▼セン（九〇七）

サン【▲撒】(15) 扌12 2721/3B35 ▼サッ(五七三)

サン【潸】(15) 氵12 1 6306/5F26 音 サン 訓

意味 ①涙の流れるさま。「潸然」 ②雨の降るさま。「潸潸」

【▲潸▲潸】サン サン ①涙がはらはらと流れるさま。類 潸然 ②雨がぱらぱらと降るさま。

【▲潸然】サン ゼン さめざめと、涙を流して泣くさま。

サン【賛】(15) 貝 8 常 教 6 2731/3B3F 音 サン 訓 外 たすける・ほめる・たたえる

旧字《贊》(19) 貝12 1/準1 7653/6C55

筆順 ニ チ 夫 夫 夫 夫 夫 夫 夫 替 賛

意味 ①たすける。力を添える。「賛助」「協賛」 ②同意する。「賛成」「賛否」 ③ほめる。たたえる。「賛美」「自賛」 ④絵などに書き添える詩や文。「画賛」

書きかえ ①③④「讃」の書きかえ字。

下つき 画賛・協賛・自賛・称賛・賞賛・絶賛・翼賛・礼賛

【賛意】サン イ 賛成の意志。賛同の気持ち。「―を表明する」

【賛歌】サン カ ①ほめたたえる歌。「青春―」 ②賛美歌。表記「讃歌」とも書く。

【賛仰】サン ギョウ 聖人の徳を尊び、仰ぎしたうこと。「先師の学徳を―する」 参考「サンゴウ」とも読む。本来は「鑽仰」と書く。 書きかえ「讃仰」の書きかえ字。

【賛辞】サン ジ 業績などをほめたたえる言葉。「新記録の達成に―を呈する」 類 賞辞・頌辞 書きかえ「讃辞」の書きかえ字。

【賛助】サン ジョ 行いや事業の趣旨に賛同し、力を貸してたすけること。「―会員」

【賛称】サン ショウ ほめたたえること。類 称賛・賞賛 表記「讃称」とも書く。

【賛成】サン セイ 他人の意見や提案などに同意すること。「友達のプランに―する」「―多数で可決する」 対 反対

【賛嘆・賛▲歎】サン タン 深く感心してほめたたえること。「―して止まない」「―の声をもらす」 類 感嘆 書きかえ「賛嘆」は「讃嘆」の書きかえ字。

【賛同】サン ドウ 他人の主張や提案に同意すること。「候補者の意見に―する」「―を求める」 類 賛成

【賛美】サン ビ ほめたたえること。 書きかえ「讃美」の書きかえ字。

【賛否】サン ピ 賛成と不賛成。また、賛成するかしないかということ。「―両論を記す」

【△賛ける】たす-ける わきから力添えをする。励まして力を添える。

【△賛える】たた-える ほめたたえる。「彼の勇気を―える」 表記「讃える」とも書く。

サン【簒】(16) ム14 1 音 サン・セン 訓 うばう・とる

〔簒〕5053/5255

意味 うばう。うばいとる。「簒位」「簒逆」「簒奪」

【▲簒う】うば-う 力ずくで横どりする。相手の領域に入って、うばいとる。「家臣が王位を―う」

【▲簒位】サン イ 臣下が君主の位をうばいとること。 類 簒奪

【▲簒▲弑】サン シ 君主を殺害して、地位を横どりすること。 参考「サンシイ」とも読む。

【▲簒奪】サン ダツ 君主を滅ぼして地位や権力を手に入れること。 類 簒位

【▲簒立】サン リツ 臣下が君主を滅ぼしてその位を手に入れること。

サン【★餐】(16) 食 7 準1 2733/3B41 音 サン 訓 のむ・くう・たべもの

意味 のむ。くう。飲み食いする。また、たべもの。ごちそう。「晩餐」「午餐」

下つき 午餐・聖餐・粗餐・朝餐・晩餐

サン【燦】(17) 火13 準1 2724/3B38 音 サン 訓 あきらか・あざやか・きらめく

意味 あきらか。あざやか。きらめく。「燦燦」「燦然」「燦爛」 類 粲

【▲燦らか】あき-らか 明るくあざやかなさま。美しく輝くさま。

【▲燦▲燦】サン サン 明るくきらきらと輝くさま。「―と降り注ぐ光」 表記「粲粲」とも書く。

【▲燦然】サン ゼン あざやかに光り輝くさま。きらめくようす。「シャンデリアが―と輝いている」 表記「粲然」とも書く。

【▲燦▲爛】サン ラン 光り輝いて美しいさま。きらびやかなさま。あざやかで美しいさま。 表記「粲爛」とも書く。

サン【糝】(17) 米11 1 8988/7978 音 サン・シン 訓 こながき・めしつぶ

意味 ①こながき。米の粉をかきまぜて煮たてたあつもの。「糝粉」「糝薯」 類 糂 ②まじる。まじえる。③こめつぶ。めしつぶ。

【▲糝粉】シン こ ①白米を水にさらしたのち、日に乾かして粉にしたもの。②「糝粉餅」の略。①を水でこね、蒸してついた餅。

サン【繖】(18) 糸12 1 6968/6564 音 サン 訓 きぬがさ・あまがさ

意味 かさ。きぬがさ。また、からかさ。あまがさ。「蓋繖」 類 傘

【▲繖】きぬ がさ 絹を張った長い柄のかさ。昔、貴人の外出のとき、後ろからさしかけて用いた。

さ

サン

表記「衣笠・絹傘」とも書く。

サン【贊】(19) 貝12 7653 6C55 ▼賛の旧字(五九〇)

サン【纂】★ (20) 糸14 準1 2728 3B3C 音 サン 訓 あつめる・つぐ・くみひも

意味 ①あつめる。あつめてまとめる。「纂修」「編纂」②つぐ。受け継ぐ。「纂承」類 ①②纘(サン) ③くみひも。「纂組」

下つき 雑纂(ザッサン)・編纂(ヘンサン)・類纂(ルイサン)・論纂(ロンサン)

【纂める】あつ-める ①多くのものを寄せあつめて整理し、まとめる。②言葉や資料をあつめて書物を編集する。

【纂述】サンジュツ 資料をあつめて文章にあらわすこと。「校史を―する」

【纂承】サンショウ 受け継ぐこと。「大業を―する」

サン【霰】★ (20) 雨12 1 8039 7047 音 サン・セン 訓 あられ

意味 ①あられ。空中の水蒸気が氷結して降ってくるもの。「霰雪」②あられのようにさいの目に切ったもの。また、細かいさま。「霰弾」

下つき 急霰(キュウサン)

【霰】あられ ①空中の水蒸気が凍って降る小さな粒。雪あられと氷あられの二種類がある。季冬 ②料理で、材料をさいの目に切ること。「―に切る」③「霰餅(あられもち)」の略。

【霰餅】あられもち 餅をさいの目に切り、いったり揚げたりして味をつけたもの。あられ。

【霰弾】サンダン 発射すると、多数のこまかい鉛のたまがあられのように飛びちるしかけの弾丸。ばらだま。表記「散弾」とも書く。

サン【驂】(21) 馬11 1 8161 715D 音 サン 訓 そえうま・そえのり

意味 ①そえうま(副馬)。馬車で、主となるウマのそばに補助としてつけられるウマ。②そえのり。貴人の供として同乗すること。また、その者。「驂乗」

【驂】そえうま 四頭立ての馬車で、補助となる外側の二頭のウマ。また、三頭立ての後ろ一頭のウマ。

サン【攢】★ (22) 扌19 1 8506 7526 音 サン 訓 あつめる・あつまる・むらがる

〔攅〕5825 5A39

意味 あつめる。よせあつめる。あつまる。むらがる。「攢聚(サンシュウ)」「攢立」

【攢まる】あつ-まる むらがりあつまる。多くの人が一か所に寄りあつまる。

サン【讚】★ (22) 言15 準1 2730 3B3E 音 サン 訓 ほめる・たたえる・たすける

〔讃〕7613 6C2D

意味 ①ほめる。たたえる。「讚美」「賞讚」②絵などに書き添える詩や文。「画讚」③仏の徳をたたえる言葉。「和讚」④たすける。「讚助」⑤「讚岐(さぬき)の国」の略。「讚州」

書きかえ ①②④「賛」が書きかえ字。

下つき 画讚(ガサン)・協讚(キョウサン)・自讚(ジサン)・称讚(ショウサン)・賞讚(ショウサン)・絶讚(ゼッサン)・翼讚(ヨクサン)・礼讚(ライサン)・和讚(ワサン)

【讚仰】サンギョウ ▼書きかえ 賛仰(五九〇)

【讚辞】サンジ ▼書きかえ 賛辞(五九〇)

【讚嘆】サンタン ▼書きかえ 賛嘆(五九〇)

【讚美】サンビ ▼書きかえ 賛美(五九〇)

【讚える】たた-える 口々にほめそやす。すぐれた行為・業績をほめる。「健闘を―える」表記「賛える」とも書く。

【讚める】ほ-める 声をあわせてほめたたえる。大いに賞賛する。

サン【蠶】(24) 虫18 7436 6A44 ▼蚕の旧字(五八六)

サン【纘】(25) 糸19 1 8463 745F 音 サン 訓 つぐ・あつめる

〔纉〕6983 6573

意味 ①つぐ。受け継ぐ。「纘継」「纘緒」②あつめる。類 ①②纂(サン)

サン【鑽】(27) 金19 1 7951 6F53 音 サン 訓 きり・のみ・たがね・きる・うがつ

〔鑚〕7952 6F54

意味 ①きり。のみ。たがね。切ったり、けずったり、穴をあけたりする工具。②きる。ほる。うがつ。③物事の道理を深くきわめる。「研鑽」

下つき 研鑽(ケンサン)

【鑽】きり 物に穴をあける、先のとがった工具。表記「錐」とも書く。

【鑽り火】きりび ①堅い板に堅い棒をきりもみして、摩擦熱で起こした火。古代からの発火法の一つ。②火打ち石で打ちかける清めの火。「―を打つ」表記「切り火」とも書く。

【鑽る】き-る ①きりもみして穴をあけたり火をおこしたりする。②あしきりの刑に処する。

【鑽仰】サンギョウ 徳をあおぎ慕うこと。ほめたたえてあおぐこと。転じて、学問・研究に精進すること。参考「サンゴウ」とも読む。

サン【爨】(29) 火25 1 6406 6026 音 サン 訓 かしぐ・かまど

意味 ①かしぐ。飯をたく。「爨婦」「炊爨」②かまど。「三世一爨」類 竈(ソウ)

下つき 薪爨(シンサン)・炊爨(スイサン)

【爨ぐ】かし-ぐ 飯をたく。かまどに火をおこして米

【嚢】かまど 土・レンガなどで築いた、火をたいて煮炊きする設備。「ーを一つにする（一緒に暮らす）」参考 釜（かま）をかける所の意。

ザン【残】(10) 歹 6 教 常 7 2736 3B44 音 ザン 訓 のこる・のこす 外 そこなう

旧字《殘》(12) 歹 8 1/準1 6144 5D4C

筆順 一 ア 歹 歹 歹 歹 残 残 残

意味 ①のこる。のこす。のこり。あまり。「残雪」「敗残」②そこなう。きずつける。こわす。「残壊」類 戔 ③むごい。しいたげる。「残虐」「残酷」

下つき 衰残（スイザン）・凋残（チョウザン）・名残（なごり）・敗残（ハイザン）・無残（ムザン）

【残害】ザンガイ いためつけること。また、傷つけ殺すこと。

【残骸】ザンガイ ①以前の形をとどめないほどに、焼けたり壊れたりしてのこっているもの。「事故車のみじめなー」②放置された死体。しかばね。

【残額】ザンガク 差し引いて残った金額。残高。「ーを支払う」

【残虐】ザンギャク 人や動物に、無慈悲で残酷なこと。むごたらしいこと。また、そのさま。「ーな行為」類 残酷・残忍

【残響】ザンキョウ こえる音の響き。音がやんだあともなお、残って聞

【残業】ザンギョウ 規定の勤務時間を過ぎても、残って仕事をすること。また、その仕事。超過勤務。「ーして仕事を片づける」

【残欠・残闕】ザンケツ 一部分がかけているため完全でないこと。また、そのもの。

【残月】ザンゲツ 夜が明けても残っている月。類 有明の月・名残の月

【残光】ザンコウ 夕暮れ時の弱い光。夕日が沈んでもまだ、空に残っている光。類 残照

【残酷】ザンコク 生き物を殺傷するなどのむごたらしいこと。「ーな仕打ち」類 残忍・残虐 表記「惨酷」とも書く。

『残酷非道（ザンコクヒドウ）』むごたらしくて人道にそむくさま。「非道」は道理や人情にそむくさま。類 残虐非道・悪逆無道

【残渣】ザンサ 残りかす。濾過（ロカ）や溶解のあとに残る不溶物。類 残滓（ザンシ）

【残殺】ザンサツ 傷つけ殺すこと。残忍な手口で人を殺すこと。

【残山剰水】ザンザンジョウスイ ①戦乱のあとに残った荒廃した山川の自然。滅ぼされた国の山水。「剰」も「残」と同じ意。〈范成大（ハンセイダイ）の詩〉②すべてを描ききらず部分を描いて余白を大きく残し、かえって自然の雄大な姿を描き出す山水画の描き方。参考「剰水残山」ともいう。

【残滓】ザンシ 残りかす。また、液体中の澱（おり）。「旧体制のーが抜けない」類 残渣（ザンサ） 参考「ザンサイ」とも読む。

【残暑】ザンショ 立秋以降も残っている暑さ。「ー見舞い」季 秋

【残照】ザンショウ 夕日が沈んだあとも空に残っている明るさ。類 残光

【残生】ザンセイ 老人の残り少ない人生。「社会奉仕にーを捧げる」類 余生・残年

【残喘】ザンゼン 残り少ない余命。余生。「ーを保つ」類 残生 参考「喘」は呼吸の意。

【残像】ザンゾウ 外部の刺激がなくなったあとも、感覚が残っている現象。おもに視覚についていう。残感覚。

【残存】ザンソン なくならずに残っていること。生き残っていること。「ーする遺跡」参考「ザンゾン」とも読む。

【残党】ザントウ 戦いに敗れて死なずに残った兵士。「源氏のー」

【残忍】ザンニン 思いやりがなく、むごいことを平気で行うさま。「ーな心をもつ」類 残酷・残虐

『残忍酷薄（ザンニンコクハク）』思いやりがなく、むごたらしいこと。「酷薄」は、むごくて人情に薄いさま。類 残酷非道・残虐非道

【残念】ザンネン ①心残りするさま。未練のあるさま。「もうお別れなんてーです」「お会いできずにーです」②くやしいこと。「ーな結果に終わる」類 無念

『残念無念（ザンネンムネン）』非常にくやしく思うこと。類 残念至極（ザンネンシゴク）

【残編断簡】ザンペンダンカン 書物や文書の切れ端。「残編」は散逸（サンイツ）した残りの本。「断簡」は切れぎれになった書き物。類 断簡零墨 参考「断簡残編」ともいう。

【残務】ザンム ①しのこして整理のついていない事務。「ー整理」②終わった事業や解散した会社・団体などの、未処理の仕事。

【残余】ザンヨ 残り。あまり。「ーの人生は意のままに送りたい」

【残留】ザンリュウ 残っていること。残り留まること。「ー農薬の検出」

【△残なう】そこなう 人を殺傷したり、物をめちゃめちゃに壊したりする。また、ほろぼす。

【残す】のこす ①残るようにする。とどめておく。「家族を郷里にーす」「おいしいものは最後にーす」②余りをつくる。余す。「食事をーす」「財産をーす」③のちに伝える。「人は死して名をーす」④相撲で、踏みこらえる。「技をはずしてからくもーした」

【残り物に福がある】のこりものにフクがある 人の取り残したものには、思いがけないようなよいものがある。

【残る】のこる ①その場にとどまる。「学校にーる」「昼まで雨がーる」②後世に伝わる。「名がーる」③余る。「お金がーる」④相撲で、踏みとどまる。こらえる。

ザン【惨】(11) 忄 8 常 2720 3B34 ▼サン（五八六）

ザン【斬】(11) 斤7 常 2 2734 3B42 音 ザン 外サン 訓 きる

筆順 一 𠃌 亘 車 斬 (3, 11)

意味 ①きる。刀で切る。切り殺す。「斬殺」「斬罪」②きわだつ。抜きんでる。「斬新」

下つき 腰斬（ヨウザン）

【斬組】きりくみ ①能で、きり合いを見せる場面。②建築工事で、柱・梁（はり）などを定められた寸法や形に加工して組むこと。表記 ②「切組」とも書く。

【斬る】きる 刃物できる。人をきり殺す。「―り捨て御免」

【斬▲奸】ザンカン 悪人をきり殺すこと。「―趣意書を懐にしのばせる」

【斬▲奸状】ザンカンジョウ 悪人をきるにあたって、その趣意を記した文書。

【斬罪】ザンザイ 首をきる刑罰。うちくび。「―の刑に処せられた」類斬首

【斬殺】ザンサツ 刃物できり殺すこと。「―死体が発見された」

【斬首】ザンシュ 刑罰で、刀やギロチンで首をきり落とすこと。また、その刑罰。うちくび。類斬罪

【斬新】ザンシン それまでにない独創的な考え方であること。きわだって新しいさま。「―な色づかいの服」対陳腐

『斬新奇抜』ザンシンキバツ 物事の着想が独特で、今までにない新しさを兼ね備えていること。「奇抜」は思いもよらないさま。また、すぐれて抜きんでているさま。「―なデザイン」類奇想天外

【斬髪】ザンパツ 髪を切ること。特に、ざんぎりにすること。類散髪・断髪

ザン【▲殘】(12) 歹8 6144 5D4C ▼残の旧字（五九二）

ザン【塹】(14) 土11 1 5247 544F 音 ザン・セン 訓 ほり・あな・ほる

意味 ①ほり。あな。城のまわりのほり。「塹壕（ザンゴウ）」②ほる。あなをほる。

【▲塹▲壕】ザンゴウ ①城の周囲のほり。②敵の攻撃を防ぐために、地面を掘りさげて一段と低くしたからぼり。

【▲塹】ほり 敵の侵入を防ぐために、城や集落の周りを深く掘ったもの。

ザン【嶄】(14) 山11 1 5448 5650 音 ザン・サン 訓 けわしい

意味 ①山が高くけわしいさま。「嶄巌（ザンガン）」類巉（ザン）②高く抜きんでるさま。「嶄然」

【▲嶄絶】ザンゼツ 山が険しく切りたって、そびえたつさま。

【▲嶄然】ザンゼン 一段と高く抜きんでているさま。ひときわ目立つさま。「―として頭角を現す」

ザン【慙】(15) 心11 1 5647 584F 音 ザン 訓 はじる・はじ

〔慚〕5648 5850

意味 はじる。はずかしく思う。はじ。「慙悔」

下つき 無慙（ムザン）

【▲慙▲恚】ザンイ はじて怒ること。類慙憤

【▲慙汗】ザンカン はずかしくて汗が出ること。また、その汗。「―が背中をつたう」

【▲慙▲愧】ザンキ 反省して心からはじいること。「―にたえない」

【▲慙死】ザンシ ①はじて死ぬこと。「―に値する」②死ぬほどのはずかしさ。深くはじいること。

【▲慙】はじ 面目を失って、心にきりこみを入れられた思いがすること。

【▲慙じる】はじる 面目なく思う。他人の評価や好意に、もったいないとはじいる。

ザン【暫】(15) 日11 常 3 2735 3B43 音 ザン 訓 外しばらく・しばし

筆順 一 亘 車 斬 暫 (5, 13, 15)

意味 ①しばらく。しばし。わずかの間。「暫時」対久 ②仮に。仮の。「暫定」

【暫時】ザンジ しばらくの間。少しの間。しばし。「―お待ちを」「―休息しよう」類暫且（ザンショ）

【暫△且】ザンショ 「暫時」に同じ。

【暫定】ザンテイ とりあえず決めておくこと。確定するまでの仮の取り決め。臨時の措置。「―的」「―予算」

【△暫し】しばし 少しの間。わずかの間。ちょっとの間。「―の別れ」「―足をとめる」

【△暫く】しばらく ①少しの間。ちょっとの間。しばし。「―お待ちください」②久しく。少し長い間。「友人と―会っていない」

ザン【槧】(15) 木11 1 6065 5C61 音 ザン・サン・セン 訓 ふだ・はんぎ

意味 ①ふだ。文字を記すための木の札。②はんぎ。また、かきもの。「槧本」

下つき 鉛槧（エンザン）

【▲槧本】ザンポン 版木を使って印刷した書物。類版本・刻本

【▲槧】ふだ 紙のない時代に、文字を書いた大きな木の札。

ザン【竄】(18) 穴13 1 6766 6362 音 ザン・サン 訓 のがれる・かくれる・にげる・はなす・あらためる

意味 ①のがれる。にげる。にげかくれる。「竄入」

「竄伏」②はな（放）す。追放する。「竄流」③あらためる。書きかえる。「改竄」参考 鼠（ねずみ）が穴にかくれる意を表した字。

下つき 改竄（カイザン）・貶竄（ヘンザン）・奔竄（ホンザン）・流竄（ルザン）

【竄れる】かくーれる 穴に逃げかくれる。もぐりこんで見つからないようにする。

【竄定】ザンテイ 詩や文章などを直して、正しく改めること。類 改定

【竄匿】ザントク のがれかくれること。類 竄伏

【竄入】ザンニュウ ①逃げこむこと。②誤ってまぎれこむこと。特に、文章のなかに原文にない字句がまぎれこむこと。「初版には不要の文字が―していた」

【竄伏】ザンプク 「竄匿」に同じ。

【竄流】ザンリュウ 遠い地に追放すること。島流しにすること。類 流竄 参考 「ザンル」とも読む。

【竄れる】のがーれる 逃げかくれる。穴にもぐりこみ逃げる。

ザン【儳】(19) イ17 1 音 ザン・サン 訓

意味 ①ふぞろいなさま。「儳巌（ザンガン）」②わりこむ。さしでる。さしで口をする。「儳越」「儳言」

ザン【鏨】(19) 金11 1 7920 6F34 音 ザン・サン 訓 たがね・ほる・える

意味 ①たがね。のみ。切ったりけずったりする工具。②ほ（彫）る。える。うがつ。

【鏨】たがね 金属や石に用いるはがねで作ったのみ。「―で金属板を切断する」

ザン【巉】(20) 山17 1 5458 565A 音 ザン・サン 訓 けわしい

意味 けわしい。山が切り立ってけわしいさま。「巉巌（ザンガン）」「巉峭（ザンショウ）」類 嶄（ザン）

し ザン―シ

ザン【懺】★ (20) 忄17 1 5682 5872 音 ザン・サン 訓 くいる

〔懴〕5683 5873

意味 くいる。くやむ。過ちを悔い改める。「懺悔（ザンゲ）」

【懺悔】ザンゲ 過去に犯した罪を後悔して、神や人に告白すること。参考 仏教では「サンゲ」という。

ザン【讒】(24) 言17 1 7609 6C29 音 ザン・サン 訓 そしる・よこしま

意味 ①そしる。かげ口を言って人を陥れる。また、そしり。告げ口。「讒言」②へつらう。おもねる。③よこしま。「讒慝（ザントク）」

下つき 謗讒（ボウザン）・和讒（ワザン）

【讒毀】ザンキ 人の悪口を言うこと。そしること。告げ口をすること。

【讒言】ザンゲン 人を陥れるために、あしざまに言うこと。また、その言葉。類 讒口

【讒口】ザンコウ 人を陥れるための告げ口。非難。悪口。類 讒言

【讒訴・讒愬】ザンソ ①人を陥れるために、事実を曲げて訴えること。②讒言。かげぐち。

【讒諂面諛】ザンテンメンユ 他人の悪口を言って、別の人にこびへつらうこと。「讒諂」は悪口を言い、へつらうこと。「面諛」は相手の面前でへつらうこと。〈『孟子（モウシ）』〉

【讒佞】ザンネイ 他人を悪く言って、人にへつらうこと。また、その人。類 讒諛（ザンユ）

【讒誣】ザンブ ありもしないことを言って非難すること。参考 「ザンプ」とも読む。

【讒謗】ザンボウ ありもしないことを言ってそしること。「罵詈（バリ）―」類 誹謗（ヒボウ）

【讒謗律】ザンボウリツ 一八七五（明治八）年に制定された言論規制法令。著作類によって人をあしざまに言う者を罰するという名目で、同日公布の新聞紙条例とともに政府批判に弾圧を加えたもの。

【讒諛】ザンユ 他の人のことを悪く言って、相手にとりいること。類 讒佞（ザンネイ）

さんしょううお【鯢】(19) 魚8 8241 7249 ▼ゲイ（四〇五）

し 之 シ 之

シ【之】(3) ノ2 準1 3923 4737 音 シ 訓 これ・この・の・ゆく

意味 ①ゆく。いたる。②これ。この。指示・強意の助字。③の。主格や修飾の関係を表す助字。参考 「之」の草書体の変形が片仮名の「シ」に、草書体が平仮名の「し」になった。

【之】これ ①直接に近くにある事物や人を指す語。「―が資料です」「―はあなたの本ですか」②現在の場所・時間を指す語。「―までの苦労」③前に述べた内容を指す語。「学問の自由は、―を保障する」④語調を強めたり整えたりするときに使う語。「―まさに天の時」

【之く】ゆーく 目的地に向かっていく。おもむく。「孔子、衛に―く」〈『礼記（ライキ）』〉

シ【士】(3) 士0 常 教 6 2746 3B4E 音 シ 訓 外 さむらい

筆順 一 十 士

意味 ①おとこ。成年の男子。また、りっぱな男子。「志士」「紳士」②さむらい。軍人。「兵士」「武士」③ある資格をもつ人。「学士」「助士」

下つき 衛士（エイシ）・学士（ガクシ）・楽士（ガクシ）・棋士（キシ）・義士（ギシ）・剣士（ケンシ）・国士（コクシ）・居士（コジ）・策士（サクシ）・修士（シュウシ）・紳士（シンシ）・闘士（トウシ）・同士

・博士・武士・文士・兵士・弁士・名士・勇士・力士・烈士

[△士] さむらい ①武士。②りっぱな人物。また、多少皮肉を込めて、たいしたやつ。豪傑。「あれはなかなかの—だ」

[士気] シキ 兵士の、戦いへの意気込み。また、人々が団結して物事を行うときの意気込み。「—が上がる」

[士魂商才] シコンショウサイ 武士の精神と商人としての才能とをあわせもっていること。「士魂」は武士の精神。「商才」は商売の才能・才覚。「和魂漢才」をもじった語。

[士族] シゾク ①武士の家柄。②明治維新後、もと武士階級だった者に与えられた身分の名称。華族の下、平民の上。

『士族の商法』 気位ばかり高くて、へたな商売のやり方。また、そのために事業などに失敗すること。由来 明治維新後、士族となった旧武士のなかに生活のために商売を始める者が出たが、慣れないことで失敗する者が多かったことから。

[士農工商] シノウコウショウ 昔の中国で、官吏・農民・工人・商人の職分による身分階級。総称して四民という。わが国では江戸時代に確立した武士・農民・職人・商人の身分制度。明治維新の改革で廃止された。

『士は己を知る者の△為に死す』 シはおのれをしるもののためにしす 男子は自分の価値を認めてくれる人のためならば、命さえ投げ出す。故事 中国、春秋戦国時代、予譲ヨジョウは、自分を取り立ててくれた智伯チハクが殺されたときに、「士は自分を知ってくれる人のために死に、女は自分をよろこばせてくれる人のために美しくなる」と言って復讐フクシュウを誓った故事から。〈『史記』〉

シ 【子】

(3) 子 0 教 常 10 2750 3B52

音 シ・ス
訓 こ 外 み・おとこ・ね

し
シ

筆順 フ了子

意味 ①こ。こども。親から生まれたもの。「子息」「妻子」②たね。み。たまご。「子房」「種子」③人。「才子」「遊子」④おとこ。「男子」⑤成人した男子の敬称。特に、地位のある人や学徳のすぐれた人に対する敬称。「君子」「孔子」「夫子」⑥小さいもの。「子細」「原子」⑦物の名の下に添える語。「椅子」「扇子」⑧五等爵(公・侯・伯・子・男)の第四位。「子爵」⑨ね。十二支の第一。動物ではネズミ。方位では北。時刻では夜の一二時およびその前後二時間。▼干支順位表(一六六〇)

書きかえ ①⑥「仔シ」の書きかえ字として用いられるものがある。

下つき 椅子・因子・王子・皇子・菓子・金子・君子・原子・孝子・格子・骨子・才子・妻子・冊子・士子・嗣子・実子・種子・障子・厨子・精子・扇子・息子・太子・嫡子・調子・弟子・天子・電子・拍子・夫子・父子・分子・胞子・帽子・母子・遊子・陽子・養子・様子・卵子・利子・粒子

[子] こ ①親から生まれるもの。また、養子縁組をした養子。「かわいい—には旅をさせよ」②もとから分かれ出たもの。「—会社」対①②親 ③まだ成長しきっていない幼い者。年少者。「となりの—」

『子で子にならぬ▲杜▲鵑』 ほととぎす 愛情をそそぎ大切に育てたとしても、結局養い子は実子にはなりえないたとえ。由来 ホトトギスは自分の卵をウグイスの巣に生み落とし育ててもらうことから。表記「杜鵑」は「時鳥」とも書く。

『子に過ぎたる宝無し』 子どもは人生において至上の宝であり、それ以上に貴重なものはない。参考「過ぎたる」は「勝る」ともいう。類 子宝千両

『子は親を映うつす鏡』 子どもの行動を見ればその親の生き方がわかること。

『子は▲鎹かすがい』 鎹が二つの材木をつなぎとめているように、不仲の夫婦でも子どもへの愛情によって夫婦のきずなが保たれること。「鎹」は材木をつなぐために打つコの字形の釘くぎ。物をつなぎ合わせるものの意。

『子は三界サンガイの首▲枷くびかせ』 子どもを思う心が強くて、親は一生自分の自由を束縛されるたとえ。「三界」は過去・現在・未来の三世のこと。「首枷」は罪人の首にはめる拘束用の刑具。参考「子」は「親子」ともいう。類 子は浮き世のほだし

『子は父の△為ために隠す』 ▼父は子の為に隠し、子は父の為に隠す(一三三三)

『子養わんと欲すれど親待たず』 子どもが、育ててくれた恩を返すために親孝行しようと思っても、そのときにはすでに親は亡くなってしまっている。〈『韓詩外伝カンシガイデン』〉

『子故ゆえの闇やみに迷う』 子どもをかわいいと思うあまり、親が思慮分別を失ってしまうこと。参考「子に迷う闇」「子を思う心の闇」ともいう。

『子を知るは父に△若しくは▲莫なし』 子どもの性格や性質を最もよく理解しているのは父親である。〈『管子』〉

『子を見ること親に△如しかず』 子の性質や能力は、その子を育て上げた親が一番よく知っている。

『子を持って知る親の恩』 自分が子どもをもつ立場になってはじめて、親のありがたみや受けた愛情の深さが分かるということ。

[子飼い] こがい ①動物を子のときから育てること。②子どものときから引き

取って養育すること。また、そのように育てられた人。③未熟な段階から、教育、指導して一人前にすること。また、その人。「―の部下」

【子▲芥子】こケシ ろくろで挽(ひ)いた円筒状の胴に、丸い頭をつけて女児の顔を描き、胴に赤・青・黄などで彩色した木製の人形。もと東北地方特産の玩具(ガング)の一つ。

【子宝】こだから 大切な子ども。「―に恵まれる」参考 親にとって、子は何よりも大切な宝である意。

〖子宝▲脛(すね)が細る〗 親にしてみれば子は宝であるが、育てるには大変な苦労をするということ。

【子種】こだね ①子のもととなるもの。精子。②家系を継ぐべき子ども。子孫。

【子供の▲喧▲嘩に親が出る】こどものケンカにおやがでる 子どもどうしのけんかに親がいちいち口を出す。また、つまらないことにいちいち干渉して事を面倒にするたとえ。

【子福者】こブクシャ 子宝に恵まれている人。子どもをたくさんもち、幸せな人。

【子分】こブン ①人の支配下にあって、つきしたがう者。手下。部下。配下。②他人の子を仮に自分の子としたもの。義子。対①②親分

【子煩悩】こボンノウ 自分の子を非常にかわいがり大切にすること。また、その人。「―な父親が増えた」

【子持ち二人扶▲持】こもちニニンブチ 赤ん坊を世話する母親や妊婦は二人分食事をとること。また、子どものためにも栄養をとらなければならないこと。「扶持」は、昔、武士が給付された扶持米のこと。

【子安貝】こやすがい タカラガイ科の巻貝の俗称。卵形で美しいつやがあり、古くから安産のお守りにされた。季春

【子▲負着】こよぎ 子どもをおぶった上から着る着物。ねんねこ。

し

シ

【子音】シイン 発音のとき、呼気が歯・舌・唇などの発音器官のどこかで妨げられて出る音。有声音と無声音に分かれる。対母音 参考「シオン」とも読む。

【子▲癇】シカン 妊娠中毒症の一つ。発作性の全身痙攣(ケイレン)や意識消失をおもな症状とする。多くは分娩(ブンベン)時に起こる。

【子宮】シキュウ 哺乳(ホニュウ)動物の雌の生殖器の一部で、胎児を発育させ保護する器官。

【子建八斗】シケンハット 人の才能をほめそやす言葉。由来 中国、南北朝時代、宋(ソウ)の詩人謝霊運が、三国時代の曹植(ソウショク)の詩才を、天下全体を一石(イッコク)とすれば曹植は一人で八斗を有すると激賞した言葉から。「子建」は魏(ギ)の曹植の字(あざな)。「斗」は容量の単位。一〇斗で一石。〈『蒙求(モウギュウ)』〉

【子午線】シゴセン ①天球の北極および南極と、観測点の天頂とを通る天球上の大円。②地球上では、北極と南極とを結ぶ大円。経線。由来 方角を十二支で表すと「子」は北、「午」は南であることから。

【子細】シサイ ①細かいこと。詳細。「―に調べる」②詳しい事情。わけ。「―ありげなようす」③さしつかえとなる事柄。「―はない」表記「仔細」とも書く。

【子子孫孫】シシソンソン 子孫代々。子孫の続く限り。末代まで。「―に至るまで語り伝える」

【子女】シジョ ①息子と娘。子ども。「帰国―」②女の子。娘。「良家の―」

【子息】シソク 他人の息子。「御―の御卒業おめでとうございます」

【子孫】シソン ①子や孫。まご。②血筋をひいて生まれる人々。また、後の世代の人々。類後裔(コウエイ)・末裔(マツエイ) 対先祖・祖先・父祖

【子弟】シテイ ①保護を必要とする年少者。「―教育の重要性」②子や弟。対父兄

【子房】シボウ 被子植物のめしべの下のふくらんだ部分。受精後、果実になる。実礎。

【子葉】シヨウ 種子が発芽するとき、地上に最初に出てくる葉。被子植物の単子葉では一枚、双子葉では通常二枚、裸子植物では数枚出る。

【△子】ね ①十二支の一番目。ネズミ。②昔の時刻で、現在の夜の一二時ころ。また、その前後二時間。「―の刻」③昔の方角の名。北。

〈子規〉ほととぎす ホトトギス科の鳥。由来「子規」は漢名から。参考 正岡子規(まさおかしき)は、吐血で苦しむ自分を、口の中が赤いホトトギスにたとえて「子規」と号した。▼杜鵑(ほととぎす)(一一二六)

シ【尸】

(3) 尸 0

1

5389
5579

音 シ
訓 しかばね・かばね・かたしろ・つかさどる

意味 ①しかばね。かばね。死体。なきがら。死骸(シガイ)。「尸解」「尸諫(シカン)」類屍(シ) ②かたしろ(形代)。祖先をまつるとき、その霊の代わりになる人や物。③おこたる。「尸位」④つかさどる。「尸政」

【▲尸】かたしろ ①神を祭るとき、神霊の代わりに置くもの。②みそぎやはらいのときに用いる、人の形に切り抜いた白い紙。これで人の体をなでて、災いを移して川に流した。季夏 ③身代わり。表記「形代」とも書く。

【▲尸所】かばねどころ ①死骸を埋めるところ。墓場。②死に場所。

【▲尸位】シイ 才能がないのに高い地位に就いていて、何もしないでいること。参考 人がかたしろ(神霊の代わりの置き物)になって、神の祭られる場所につく意。

〖▲尸位素▲餐〗シイソサン しかるべき地位にいながら職責を果たさず、むだに俸禄(ホウロク)をもらうこと。「素餐」は何もせずにただ食らう意。〈『漢書(カンジョ)』〉類尸禄素餐・窃位素餐

【▲尸解】シカイ 道家の術の一つ。体をこの世に残し、魂だけが体外へ抜け出す仙術。

【▲尸】しかばね ①死人の体。なきがら。「生ける―」②漢字の部首名。人に関することを表す。表記「屍」とも書く。参考 死に

かばねの意。

【尸諫】シカン しかばねとなって（一命を捨てて）、主君をいさめること。表記「屍諫」とも書く。

【尸禄】シロク 官職につき、職責をはたさないで給料を取ること。

〈尸者〉ものまさ 葬儀で、死者に代わって弔問を受ける人。

〈尸童〉よりまし 祈禱キトウ師が神霊を招き寄せ、乗り移らせる童子や人形。表記「憑坐・寄坐」とも書く。

シ【巳】

(3) 己0 準1 4406 4C26 音 シ 訓 み

意味 み。十二支の第六。動物ではヘビ。方位では南南東。時刻では午前一〇時およびその前後二時間。▼干支順位表（一六〇）

下つき 上巳ジョウシ

【巳】み ①十二支の六番目。ヘビ。②昔の時刻で、現在の午前一〇時ごろ。また、その前後二時間。「―の刻」③昔の方角の名。南南東。

【巳の日の祓】みのひのはらえ 陰暦三月上旬の巳の日に行われる祓。人形ひとがたを撫なでてそれに災厄を移し、川や海に流し捨てた行事。参考「流し雛びな」はこの風習のなごりといわれる。

シ【支】

(4) 支0 常 教 6 2757 3B59 音 シ 訓 ささえる 外 つかえる・かう

筆順 一 十 ㇇ 支

意味 ①わかれる。えだわかれする。また、わかれたもの。「支店」「支流」対本 ②ささえる。たすける。「支持」「支柱」③わけあたえる。はらう。「支給」「支出」④つかえる。とどこおる。「支障」⑤えと（干支）。「十二支」対干 ⑥中国の旧称。「支那シナ」の略。

下つき 干支カンシ・えと・収支シュウシ

【支う】かう ①つっかいにする。下や横から棒などを添えて物が動かないようにあてがう。「心張り棒を―う」②鍵かぎやかんぬきをかける。「鍵を―う」

【支える】ささえる ①物が倒れたり落ちたりしないよう、あてがってとめる。「倒れかけて友人に―えられる」②維持する。もちこたえる。また、援助する。「家計を―える」「病弱な親を―えて働く」③くいとめる。防ぐ。「堤防決壊を―える」

【支援】シエン 力を貸して助けること。力添え。「交通遺児を―する」類援助・後援

【支給】シキュウ 金品などをあてがい渡すこと。特に、給与を払い渡すこと。「ボーナスを―する」

【支持】シジ ささえること。人の意見や行動などに賛同し、力を貸してあと押しをすること。「あなたの提案を―する」類支援・後援

【支出】シシュツ 金銭や物品を支払うこと。また、その金銭や物品。支払い額。対収入

【支障】シショウ さしつかえ。さしさわり。「万事―なく進んでいる」

【支度】シタク ある物事を行うために必要なものを準備すること。また、その準備・用意。「外出の―に時間がかかる」

【支柱】シチュウ ①物をささえる柱。つっかいぼう。②ささえとなる重要な人や物のたとえ。「一家の―」表記①「枝柱」とも書く。

【支配】シハイ ①全体を勢力下におき、治めること。統治すること。「官僚による政治の―」②他人の行動を、思いどおりに束縛したり規定したりすること。「感情に―される」対①②従属

【支弁】シベン 金銭を支払うこと。「日当を―する」類支給

【支離滅裂】シリメツレツ ばらばらで物事のまとまりがなく、筋道が通っていないさま。「支離」と「滅裂」は、ともにばらばらになること。「言うことが―で分からない」類四分五裂・乱雑無章 対理路整然

【支流】シリュウ ①本流に注ぐ川の流れ。また、本流から分かれた川。分流。対本流 ②もとから分かれたもの。分家。分派。対本家・①②主流 表記①「枝流」とも書く。

【支える】つかえる ふさがったりつまったりして、先に進めなくなる。ふさがる。とどこおる。「食べ物がのどに―える」「窓口が―える」「渋滞で車が―える」

シ【止】

(4) 止0 常 教 9 2763 3B5F 音 シ 訓 とまる・とめる 外 とどまる・とどめる・やめる・やむ・よす・さす

筆順 丨 ト 𠄌 止

意味 ①とまる。とどまる。「止宿」②とめる。とどめる。さしとめる。「止血」「禁止」③やめる。やむ。「中止」「廃止」④ふるまい。身のこなし。「挙止」

参考「止」の二画目までが片仮名の「ト」に、草書体が平仮名の「と」になった。

下つき 休止キュウシ・挙止キョシ・禁止キンシ・終止シュウシ・笑止ショウシ・制止セイシ・静止セイシ・阻止ソシ・中止チュウシ・停止テイシ・廃止ハイシ・防止ボウシ・抑止ヨクシ

【止す】さす 途中でやめる。…し残す。「読み―しの本」

【止血】シケツ 出血をとめること。「とりあえず―して病院へ急ぐ」

【止瀉薬】シシャヤク 下痢止めの薬。タンニンや生薬のゲンノショウコなどを原料とする。止痢剤シリザイ。

【止宿】シシュク 宿をとること。旅館などに泊まること。また、下宿すること。

【止揚】シヨウ 哲学で、二つの対立・矛盾する概念を統合して、より高い概念を得ること。アウフヘーベン。類揚棄

【止まる】とどまる ①同じ場所に動かないでいる。「しばらくここに―って休憩する」②ある範囲をこえない。「被害は最小に―る」

【止まる】とーまる ①動いていたものが動かなくなる。「事故のため交通がーった」②続いていたものが終わる。「電気がーる」「笑いがーらない」③鳥や虫などが、物につかまって休む。

【止△処】とめど とどまるところ。際限。「涙がーなく流れる」表記「留処」とも書く。

【△止める】やーめる ①それまで続けてしていたことを中止する。終わりにする。「酒をーめる」②予定をとりやめる。よす。「帰省するのをーめる」

【△止事無い】やんごとなーい 高貴である。身分が高い。「ーいお方」

【△止す】よーす やめる。今までしてきたことをしなくなる。「参加するのをーす」「悪口を言うのはーせ」

シ【氏】(4) 氏 0 常 教 7 2765 3B61 音 シ 訓 うじ(中)

筆順 ノ 𠂆 𠂇 氏

意味 ①うじ。みょう字。姓。同じ血族の集団。「氏族」「氏名」②人を表す語。おもに男性を指す。「諸氏」「某氏」③姓名の下に添える敬称。

下つき 諸氏ショ・姓氏セイ・某氏ボウ・母氏ボ

【氏】うじ ①家系をあらわす名称。類姓・苗字ミョウジ ②同じ祖先の血をひく一族。氏族。③家柄。

【氏より育ち】生まれた家の家柄のよさや身分の高さよりも、育った環境や教育のほうが人間形成に強い影響を及ぼすということ。

【氏神】うじがみ ①土地の守り神。鎮守の神。産土神うぶすながみ。②祖先としてまつる神。

【氏子】うじこ ①氏神の守る土地に住み、その氏神をまつる地元民。「ー総代を務める」②氏神の子孫。

【氏素性・氏素姓】うじスジョウ 家柄や家筋。生まれや家系・経歴。「ーの知れない人」

【氏族】シゾク 同一の祖先をもつ多数の家族からなる、社会集団。共通の祖先をもっている人々の一族。類血族

シ【仕】(5) イ 3 常 教 8 2737 3B45 音 シ・ジ(高) 訓 つかえる 外 つかまつる

筆順 ノ イ 仁 什 仕

意味 ①つかえる。官職に就く。目上の人につきしたがって働く。「仕官」「奉仕」②つかまつる。「する」「おこなう」の謙譲語。③サ変動詞の連用形「し」に当てて用いる。「仕事」

下つき 給仕キュウ・出仕シュッ・奉仕ホウ

【仕合】しあい 武術・スポーツなどで技術や能力を競い、勝敗を争うこと。「泥ー」表記「試合」とも書く。参考為し合いの意。

【仕置】しおき ①江戸時代、人を刑罰に処すること。特に、死刑にすること。「ー場ば」②「おー」の形で、いたずらなどをした子どもをこらしめること。参考「処置」する意。

【仕送り】しおくり 生活費や学費を補助するために、金品を送ること。また、その金品。「親からーを受ける」

【仕方】しかた 方法。やり方。「車の運転のーを習う」「ーがない」類手段

【仕官】シカン ①官吏となること。②召し抱えられて、武士が主君につかえること。

【仕儀】シギ 事の成り行き。思わしくない事態・結果。「このようなーに立ち至った」

【仕来り】しきたり ならわし。以前からしてきたこと。慣習。慣例。「村のーにしたがう」表記「為来り」とも書く。

【仕△種・仕草】しぐさ ①あることをするときの仕方。動作や表情。「子どもらしいーがかわいい」②演技中の俳優の動作や表情。身振り。「女形おやまのーに色気がある」

【仕事】しごと ①働くこと。生計を立てるための職。「ーに就く」「父のーは運転手です」②物理学で、外力が物体に作用してその位置を移動させること。

【仕損じる】しそんーじる しくじる。やりそこなう。失敗する。「急せいては事をーじる」表記「為損じる」とも書く。

【仕度】シタク ①必要なものを準備すること。用意。「公園の樹木もすっかり冬ーを完了した」②身じたく。「ーができればすぐ出掛ける」表記「支度」とも書く。

【仕出し】しだし ①注文により、料理を作って配達すること。また、その料理。出前。「ー弁当」②芝居などで、場面の雰囲気を作ったりする端役はヤク。

【仕立てる】したーてる ①布地を裁断し、縫って衣服を作る。「着物をーてる」②育て上げる。しこむ。「一人前の大工にーてる」③乗り物などを準備する。「釣り船をーてる」④もとはちがうものをそれらしく見えるように、作りかえる。「実際の事件を映画にーてる」

【仕手】して ①物事を行う人。「世話のーがない」②能や狂言の主役。③相場で投機的に大きな売買をする人。「ー株」表記「為手」とも書く。また、②はふつう「シテ」と書く。

【仕舞】しまい ①やめること。終わりにすること。また、終わりになること。「遊びはもうーだ」「これが成功しなければもうおーだ」②最後。「ーにはいやになる」「ー湯」

【〈仕舞屋〉】しもたや ①もと商家で、その商売をやめた家。②商店街の中で、商家でない普通の家。参考「しもうたや」ともいう。由来店を「仕舞った家」の意から。

【仕様】シヨウ 物事を行う方法。やり方。「どうにもーがない」類手段

【仕分ける】しわーける 物事を分類・整理する。区分する。それぞれに分ける。「山のような書類をーける」

【仕業】シわざ したこと。「穴を開けたのはネズミの―らしい」参考 多く、よくない振る舞いをいう。

【仕える】つかえる ①目上の人のそばにいて、その用をする。「長い間同じ主人に―える」②役所につとめる。官職に就く。

【△仕る】つかまつる ①「する」「おこなう」の謙譲語。「お相手―ります」②…いたす。謙譲の意を表す語。「失礼―りました」

シ【★仔】(5) イ3 準1 2738 3B46 音 シ 訓 こ・こまか・たえる

意味 ①こ。動物の子。「仔猫」②こまか。こまかい。くわしく。「仔細」③たえる。もちこたえる。「仔肩」

書きかえ ①②「子」に書きかえられるものがある。

【▲仔】こ 動物の幼いもの。「―犬」「―牛」「―猫がじゃれあう」

【仔細】シサイ ①詳しいこと。細かいこと。また、詳しい事情。「事を―に述べる」「―ありげな人」類 詳細 ②さしつかえ。支障。「特に―はない」表記「子細」とも書く。

シ【卮】(5) 卩3 1 5040 5248 音 シ 訓 さかずき

〔巵〕5466 5662

意味 さかずき。四升入りの大きなさかずき。「卮酒」

下つき 玉卮

〈▲卮子〉くちなし アカネ科の常緑低木。由来「卮子」は漢名から。▼梔子(六二七)

【▲卮】さかずき 酒が四升(約七・二リットル)も入る大杯。

シ【史】(5) 口2 教 常 6 2743 3B4B 音 シ 訓 外 ふみ

筆順 丨 冂 口 中 史

意味 ①ふみ。文書。社会の移り変わりの記録。「史書」「歴史」②ふびと。ふみびと。記録を書きしるす役人。また、文章にたずさわる人。「史官」「侍史」

下つき 哀史・外史・国史・侍史・社史・女史・正史・戦史・通史・有史・歴史

【史観】シカン 歴史を解釈するうえで、そのもととなる考え方。歴史の見方。「唯物―」

【史実】シジツ 歴史上の事件・事実。「―をもとにした映画」

【史跡】シセキ 歴史上の事件に関係がある場所や建造物。また、その跡。「京都には―が多い」書きかえ「史蹟」の書きかえ字。

【史▲蹟】シセキ ▼書きかえ 史跡

【史料】シリョウ 歴史の研究・編纂に使われる文献や遺物。

【△史】ふみ 社会の移り変わりの記録。出来事を書き記した文書。歴史書。

シ【司】(5) 口2 教 常 7 2742 3B4A 音 シ 外ス 訓 外 つかさ・つかさどる

筆順 ㇆ ㇆ 司 司 司

意味 ①つかさどる。役目としてとりおこなう。「司会」「司法」②つかさ。役所。役人。「祭司」「国司」③うかがう。観察する。「司祭」類 伺・覗

下つき 行司・宮司・郡司・国司・祭司

【司会】シカイ 会や番組などの進行役。「会議の―をまかされる」

【司教】シキョウ カトリック教会の僧職の一つ。大司教に次ぐ地位で、教区の管理・監督をする。

【司祭】シサイ カトリック教会の僧職の一つ。司教の下の位で洗礼・聖餐などの儀式をとり行う。神父。

【司書】シショ 図書館で書籍の管理・閲覧などの事務に携わる職種。また、その人。

【司直】シチョク ①法に基づいて物事の正邪をさばく人。裁判官。「―の手にゆだねる」②検察庁。検察官。「―の手がのびる」

【司法】シホウ 国家が法に基づいて行う、民事裁判・刑事裁判。また、それに関する一切の行為。「姉は―修習生だ」対 立法・行政

【司令】シレイ 軍隊や艦隊などをひきいて指揮・統率すること。また、その人。「軍―部」「チームの―塔」

【△司】つかさ ①役所。官庁。②役人。官吏。③職務や官職。

【△司る】つかさどる ①職務として行う。担当する。②支配・管理する。とりしきる。「法を―る」

シ【只】(5) 口2 準1 3494 427E 音 シ 訓 ただ

意味 ①ただ。それだけ。…のみ。限定を示す助字。「只今」「只管」②無料であること。

【▲只管△打▲坐】シカンタザ 仏 雑念をふり払い、ただひたすら座禅をすること。特に、曹洞宗の語で、「只管」は、ひたすら・ただいちずにの意。「打坐」は座禅をすること。《正法眼蔵》表記「只管」は「祇管」とも書く。

【▲只】ただ ①代金がいらないこと。無料。「―で試写会の映画を見る」②それだけ。もっぱら。…のみ。…ばかり。限定の意を表す。「―傍で見ているだけだ」「―泣きじゃくるばかり」

【▲只より高い物は無い】無償で物をもらうと返礼にお金がかかったり、無理な依頼を受けなければならなかったりして、代償が高くつくということ。

【▲只今】ただいま ①まさに今。現在。「―マイクのテスト中」②いますぐ。「―参ります」③ついさっき。「―戻りました」④外から帰ってきたときのあいさつの言葉。

【▲只者】ただもの 普通の人。平凡な人。多く、あとに否定の語を伴う。「彼は―ではない」

【〈只管〉】ひたすら そのことだけに専心するさま。いちずに。「—旧物を廃止し新を求む」「—無事を祈る」 表記 「一向」とも書く。

シ【四】

(5) 口 2 常 教 10 2745 3B4D

音 シ
訓 よ・よっ・よっつ・よん

筆順 丨 冂 冋 四 四

意味 ①数の名。よつ。よっつ。「四角」「四季」 ②よも。四方。よっつの方位。まわり。「四囲」「四海」

下つき 暮四(ボシ)

【〈四阿〉】あずまや 四方の柱と屋根だけで壁のない小屋。庭園などの休憩所。 類 亭(チン) 表記 「東屋」とも書く。 参考 「阿」はひさし・棟(むね)の意。「シア」とも読む。

【四▲阿】シア 「四阿(あずまや)」に同じ。

【四囲】シイ ①四方をとり囲むこと。②まわり。周囲。「—の情勢を考慮する」「—を海で囲まれた国」

【四▲裔】シエイ 四方の遠いはて。また、四方のはての未開の国。 参考 「裔」は衣のすその意。

【〈四方〉手・四緒手】しおで ウマのくらの前輪(まえわ)と後輪(しずわ)の左右につけ、胸繫(むながい)と鞦(しりがい)を結ぶひも。

【四海】シカイ ①四方の海。②天下。世界。「—波静か(天下泰平であること)」

『四海兄弟(シカイケイテイ)』世界中の人々は兄弟のように仲良くすべきであるということ。また、礼儀と真心を尽くして人に接すれば、兄弟のように親しくなれるということ。《『論語』》

【四角号▲碼】シカクゴウマ 中国の漢字の検索法で、字形の四すみの筆画によって漢字を四桁(けた)の数字で表し、順に配列するもの。また、その数字。 参考 「号碼」は番号の意。

【四角な座敷を丸く掃く】シカクなザシキをまるくはく 細かいところまで注意せず、物事をおおざっぱに行うたとえ。また、粗雑な仕事のたとえ。

【四季】シキ 一年の四つの季節。春・夏・秋・冬。「—の移り変わりを楽しむ」

【四季施】シキセ ①主人が使用人に、その季節に応じた衣服を与えること。また、その衣服。盆と暮れの二度が普通。お仕着せ。②江戸時代、幕府が諸役人に時服(ジフク)を与えること。「—代」

【四▲衢八街】シクハチガイ 道路が四方八方に通じている大きな市街。にぎやかな町の形容。「衢」は四方に通じる広い道。

【四苦八苦】シクハック 非常な苦しみ。たいへん苦労すること。 由来 もとは仏教の語。「四苦」は生・老・病・死。「八苦」は四苦に愛別離苦(アイベツリク)・怨憎会苦(オンゾウエク)・求不得苦(グフトクク)・五陰盛苦(ゴオンジョウク)を加えたもので、あらゆる苦しみのこと。「子ども一人を育てるのに—している」

【四君子】シクンシ 中国画・日本画の画題で、ラン・キク・ウメ・タケのこと。いずれも気品があるので、四人の君子にたとえる。

【四股】シコ 力士が、足を交互に高く上げ、力を入れて踏みおろす運動。「—を踏む」

【四顧】シコ ①四方を見まわすこと。「林に座して—する」 ②周囲。あたり。

【四荒八極】シコウハッキョク 世界中のあらゆる地域まで。世界のすみずみまで。 由来 「四荒」は北方の觚竹(コチク)、南方の北戸、西方の西王母、東方の日下(ジッカ)の四方のはてのえびすの国。「八極」は八方の果ての地。〈白居易の詩〉

【四股名】シコな 相撲の力士の呼び名。双葉山や大鵬(たいほう)など。 表記 「醜名」とも書く。 参考 「四股名」は当て字。

【四散】シサン あちこちに散らばること。ちりぢりになること。「器が割れて—する」 類 分散

【四肢】シシ 人間の両手両足。また、動物の前足と後ろ足。「—を伸ばす」

【四時】シジ ①春・夏・秋・冬の、一年のうち四つの季節。四季。「—の風物」 ②旦(タン)(朝)・昼・暮(ボ)(夕方)・夜の、一日のうち四つの時。 参考 「シイジ」とも読む。

【四捨五入】シシャゴニュウ 計算で、求める位のすぐ下の位の数が四以下なら切り捨て、五以上なら切り上げて求める位に一を加える方法。

【〈四十▲雀〉】しじゅうから シジュウカラ科の小鳥。各地の山林にすむ。背は暗緑色、頭と首が黒色、ほおと腹が白色。 季 夏

【四十九日】シジュウクニチ 仏 人の死後、四九日目の日。また、その日に行う法要。七七日(シチシチニチ)。なななぬか。

【四十にして惑わず】シジュウにしてまどわず 四〇歳になって生き方に確信がもて、何事にも迷うことがなくなった。孔子が自らの生涯を振り返って述べた言葉。この語句から四〇歳を「不惑」という。《『論語』》

【四十八手】シジュウハッて ①相撲で、相手を負かす四八種類の技。②あることをするための、種々のかけひきや手段。 参考 ①現在では、八二の決まり手が定められている。

【四書五経】シショゴキョウ 中国古代の代表的古典で、聖賢の言行や教えなどを記した儒教の聖典。「四書」は論語・孟子(モウシ)・大学・中庸(チュウヨウ)。「五経」は易経(エキキョウ)・詩経・書経(尚書)・礼記(ライキ)・春秋を指すが、時代により異同がある。

【四神相応】シジンソウオウ 四神(四方をつかさどる神)に応じた最もよいといわれる地相のこと。左方(東)に流水のあるのを青竜、右方(西)に大道のあるのを白虎(ビャッコ)、前方(南)にくぼんだ地のあるのを朱雀(スザク)、後方(北)に丘陵のあるのを玄武(ゲンブ)とする。さまざまな禍福をあわせもった地相で、平安京はこれにかなった地とい

う。類四地相応

【四声】シセイ ①昔の中国で、漢字音の四種の声調の総称。音の高低と長短により、平声（ヒョウショウ）・上声（ジョウショウ）・去声（キョショウ）・入声（ニッショウ）に分類したもの。②現代中国の標準語では、第一声・第二声・第三声・第四声をいう。参考「シショウ」とも読む。

【四聖】シセイ 釈迦（シャカ）、キリスト、孔子、ソクラテスの四人の聖人のこと。

【四則】シソク 加法（たす）・減法（ひく）・乗法（かける）・除法（わる）の、数学の四つの計算法。「―計算」

【四大】シダイ 仏 ①地・水・火・風。万物の根源と考えられている四つの元素。②人間の身体。①から成るといわれる。

【四知】シチ 二人の間だけの秘密でも、天も知り、地も知り、我も知り、相手も知っているから、悪事は必ずいつかは人の知るところになるということ。〈『後漢書（ゴカンジョ）』〉

【四鳥別離】シチョウベツリ 親子の悲しい別れ。巣立つひな鳥を送る親鳥の悲しみの意。故事 孔子がある朝、悲鳴のような泣き声を聞き、弟子の顔回に尋ねると「桓山（カンザン）では親鳥が四羽のひなを育て、それが巣立つとき悲しみの声を上げて見送るといいますが、あの声もわが子と別れる母の悲しみの泣き声でしょう」と答えた。調べると果たして父親が死に、子を売らなければならない母親の泣き叫ぶ声であったという故事から。〈『孔子家語（コウシケゴ）』〉

【四通八達】シツウハッタツ 道が四方八方に通じていて、交通の便が非常によいこと。〈『晋書（シンジョ）』〉類四通五達

【四天王】シテンノウ ①帝釈（タイシャク）天に仕えて、仏教を守護する四神。持国天、増長（ゾウジョウ）天、広目天、多聞（タモン）天をいう。②ある部門や集団などで、最もすぐれた四人の呼称。

【四半】シハン ①四分の一。「―期」②「四半敷き」の略。正方形の石を斜めに敷き詰めた石畳。③正方形に切った布。

【四百四病】シヒャクシビョウ 人のかかるあらゆる病気。数多くの病気。

【四分五裂】シブンゴレツ ばらばらになってしまうこと。秩序や統一が乱れているさま。〈『戦国策』〉

【四壁】シヘキ ①四方の壁。②壁があるだけで家具のない貧しい家。

【四方八方】シホウハッポウ あらゆる方面。あっちこっち。「―手を尽くして捜す」

【四面楚歌】シメンソカ 周囲のすべてが敵や反対者で、孤立して助けのないさま。故事 中国、秦（シン）末、楚の項羽の軍が漢の劉邦（リュウホウ）の軍に取り囲まれたとき、漢の軍中から項羽の祖国楚の国の歌が聞こえて、楚もすでに漢に降服したかと驚き悲しんだ故事から。〈『史記』〉

【四門出遊】シモンシュツユウ 釈迦（シャカ）がまだ太子であったとき、王城の四方の門から郊外に出かけ、それぞれ老人・病人・死人・修行者に出会い、人生の無常を感じて出家を決意したといういいつたえ。類四門遊観

【四隣】シリン ①となり近所。②周囲の諸国。近隣の国々。

【四六】シロク ①四と六。また、四と六の積、二四。②書物の「四六判」の略。縦一八・八センチメートル、横一二・七センチメートルの大きさ。

【四六時中】シロクジチュウ 一日中。いつも。「四六時」は四掛ける六で二四時間。「―小言を言われる」類二六時中

【四六文】シロクブン 「四六騈儷（ベンレイ）文」の略。漢文の一つの文体。四字と六字の文字の句を並べ、対句を多用する華麗なもの。参考 中国で、六朝（リクチョウ）時代に盛んに行われた。

〈四照花〉やまぼうし ミズキ科の落葉高木。山地に自生。初夏、花弁状の白い苞（ホウ）を四枚つけ、中に花穂（カスイ）を出す。果実は赤く熟し食用になる。ヤマグワ。季夏 由来「四照花」は漢名から。表記「山法師」とも書く。

【四△十路】よそじ ①四〇。よそ。②四〇歳。四〇年。

【四つ】よっつ ①一の四倍。し。よん。②四歳。③昔の時刻名。現在の午前または午後の一〇時ころ。④相撲で、両力士が両手をさし出して抱き合うような形で組み合うこと。「右―が得意」参考①②「よっつ」とも読む。

【四つん▲這い】よつんばい 両手・両ひざをついた姿勢。また、その姿勢で進むこと。匍匐（ホフク）。四つ這い。

〈四幅〉・〈四布〉よの ①並幅の布四枚分の幅。また、その布。②「四幅布団（ブトン）」の略。四幅の幅がある布団。

〈四▲葩〉よひら アジサイの別称。花弁が四枚であることから。特に、俳句で用いる語。季夏

〈四方〉よも ①東西南北。前後左右。②あちこち。いたるところ。「―を巡り歩く」参考「シホウ」とも読む。

〈四方山〉よもやま さまざまな方面。あちらこちら。転じて世間。「―話に花が咲く」由来「四方八方（よもやも）」から転じた語。

【四輪駆動】よんリンクドウ 前後四つの車輪に駆動力を伝えることのできる構造。また、その自動車。高速走行や悪路走行に適している。4WD。

シ【市】

(5) 巾 2　常　教　9　2752　3B54

音 シ　訓 いち

筆順 丶 亠 亣 市

意味 ①いち。人が集まって品物などを売買する所。「市況」「市場」②まち。人が多く集まるにぎやかな所。「市街」「市中」「都市」③行政区画の一つ。「市営」「市制」

下つき 朝市（あさいち）・魚市（うおいち）・海市（カイシ）・城市（ジョウシ）・都市（トシ）・廃市（ハイシ）・初市（はついち）・闇市（やみいち）

【市】 いち ①特定の日時・場所に人々が集まって、品物の交換や売買をすること。また、その場所。「日曜日に―が立つ」②多くの人々が集まる所。市街。まち。

『市に虎(とら)有り』 事実としてありえないことでも、多数の人が口にすれば信じられてしまうこと。故事 中国、戦国時代、魏(ギ)の臣の龐葱(ホウソウ)が太子とともに趙(チョウ)の人質になったときに、「市にトラがいるというありえないことも、三人の者が言えば多くの人に信じられてしまいます。王はご自分で判断なさるように」と言った故事から。〈『戦国策』〉 類 三人虎を成す

【市場】 いちば ①商人が日を決めて集まり、商品の売買をする場所。いち。「卸売―」②食料品・日用品などの小売店がまとまってある常設の売り場。マーケット。参考「シジョウ」と読めば別の意になる。

【市松模様】 いちまつモヨウ 紺や黒などと白の正方形を、互いちがいに並べた模様。石畳。霰(あられ)。由来 江戸時代の歌舞伎(カブキ)役者佐野川市松が、この模様の袴(はかま)を着て広まったことから。

〔市松模様〕

【市女▲笠】 いちめがさ 竹や菅(すげ)で編んで中央部を高くした笠。平安から江戸時代の女性の外出用。由来 もとは、市(いち)で商いをする市女が用いたことから。

【市価】 シカ 商品が市場で売買される値段。市場価格。「―の半額」

〈市▲俄古〉 シカゴ アメリカ合衆国イリノイ州の南西岸にあり、同国中部の経済・文化・交通の中心地。工業や食料品の加工生産が盛ん。

【市況】 シキョウ 市場(シジョウ)での商品や株式の取引状況。「株式―」

【市▲賈】 シコ 市場の商人。あきんど。参考「賈」は店をもつ商人の意。

【市場】 シジョウ ①株式や商品などが交換・売買される場。また、その交換売買を表す抽象的概念。「金融―」②商品が売買される範囲。「新規―を開拓する」参考「いちば」と読めば別の意になる。

【市井】 シセイ 人家が集まっている所。まち。俗世間。「―の人(庶民)」由来 昔、井戸のある所に人が集まり、町ができたことから。

【市中】 シチュウ まちの中。まちなか。市内。「―に買物に出かける」

【市販】 シハン ふつうの小売店で売ること。「―品」「―の薬」

【市民】 シミン ①市の住民。「名誉―」②国政に参加できる権利・資格をもつ国民。公民。「―権」③市民階級の人。「―社会」

シ **【矢】** (5) 矢 0 常 教 9 4480 4C70 音 シ(高) 訓 や

筆順 ノ 𠂉 𠂉 午 矢

意味 ①や。弓につがえて射るもの。「弓矢」「嚆矢(コウシ)」②ちかう。約束を固く守る。「矢言」

下つき 弓矢(キュウシ・ゆみや)・嚆矢(コウシ)・毒矢(ドクシ・ドクや)

【矢】 や ①武具・狩猟具の一つ。細い棒の一端に羽をつけ、もう一端にやじりをつけて弓の弦(つる)にかけて射るもの。②かたい木や石などを割るときに打ちこむくさび。

『矢も▲楯(たて)もたまらず』 一心に思い詰めて自分を抑えきれなくなること。どうしても我慢できなくなって、矢で攻めても楯で防いでも、勢いを抑えられない意から。「―応援に駆けつける」

【矢板】 やいた 土砂の崩れや水の浸入を防ぐため、建物の土台や河川・海岸などの周りに打ちこむ板状のくい。

【矢面・矢表】 やおもて ①矢が飛んでくる正面。類 矢先 ②質問・非難・攻撃などを集中的にあびる立場。「―に立つ」

【矢▲絣・矢〈飛白〉】 やがすり 矢羽根を並べた模様を織りこんだかすり。

【矢柄】 やがら ①矢の細長くまっすぐな部分。矢の幹。②染め物などの矢の模様。

【矢倉】 やぐら ①見張りや矢の発射のため、城壁・要塞に設けられた高い建物。②遠くを見る高い台。「火の見―」③相撲・芝居などで太鼓を打ち鳴らす高い所。「盆踊りの―」④「炬燵(コタツ)矢倉」の略。炬燵でふとんをかけて使う木の枠。⑤「矢倉投げ」の略。相撲の技で投げの一つ。⑥「矢倉囲い」の略。将棋で、守りを固める構えの一つ。表記「櫓」とも書く。

【矢車】 やぐるま ①鯉(こい)のぼりのさおの先につけ、軸状にとりつけたもの。風を受けて回る。季 夏 ②矢を差しておく台。

【矢頃】 やごろ ①矢を射るのにちょうどよい距離。②物事をするのにちょうどよい時期。ころあい。「―を計って行動する」

【矢先】 やさき ①矢の先端。類 矢尻(やじり) ②矢の飛んでくる正面。「―に立つ」類 矢面(やおもて) ③物事を始めようとしたちょうどその時。また、始めたとたん。「注意した―に失敗する」

【矢△狭間】 やざま 城壁などにあけた、矢を射るための小窓。矢間(やま)。類 箭眼(センガン)

【矢尻】 やじり 矢の先端につけたとがったもの。矢の根。類 矢先 表記「鏃」とも書く。

【矢立】 やたて ①矢を入れる武具。②「矢立硯(すずり)」の略。箙(えびら)の中に入れて陣中に携帯した硯箱。③墨つぼに、筆を入れる筒をつけた携帯用の筆記用具。

〔矢立(やたて)③〕

【矢▲鱈】 やたら 物事に規律・秩序のないさま。むやみ。みだり。「むやみ―と歩き回る」

「—と笑う人」参考「矢鱈」は当て字。

【矢継ぎ早】やつぎばや 矢を次々と射るように、時をおかず次から次へと物事を行うさま。「—に質問を浴びせる」

【矢庭に】やにわに ①即座に。その場ですぐに。「顔を見て—用件を切り出す」②いきなり。突然。「—泣き出す」参考「矢庭」は、矢を射る場所の意。

【〈矢作〉・矢▲矧】やはぎ 矢を作ること。また、矢を作る人。

〔矢筈(やはず)①〕

【矢▲筈】やはず ①矢の上端部分で、弓の弦を受けるV字形の所。②①をかたどった模様。③棒の先にV字形の股(また)がつき、掛け物の掛け下ろしに使う道具。

【矢▲筈草】やはずソウ マメ科の一年草。道端に自生。夏、紫紅色の小花をつける。由来 葉が長楕円(ダエン)形で、先をつまんで引くと矢筈形に切れることから。表記「鶏眼草」とも書く。

【矢張り】やはり ①以前と同じように。もとのとおり。また、ほかと同様に。「今年も—暖冬だ」②思ったとおり。案の定。「—失敗した」③結局は。何といっても。「—これがいちばんよい」

【矢張り野に置け▲蓮華草(レンゲソウ)】人が手を加えず、あるがままの自然な姿がいちばんだということ。由来「手に取るな矢張り野に置け蓮華草」〈瓢水(ひょうすい)の句〉から。

【矢文】やぶみ 矢に結びつけて、相手方に射って送る手紙。

【矢来】やらい 竹や木を縦横に粗く組んだ一時的な囲い。「菱(ひし)—」

シ【示】(5) 示0 教 2808/3C28 ▼ジ(六二八)

シ【★弛】(6) 弓3 準1 3548/4350 音 シ・チ 訓 ゆるむ・たるむ・たゆむ

意味 ゆるむ。ゆるめる。たるむ。ゆるくする。「弛緩」「弛廃」対張

下つき 頽弛(タイシ)・廃弛(ハイシ)

【▲弛緩】シカン ゆるむこと。たるむこと。怠けること。「筋肉が—する」「神経が—する」対緊張 参考「チカン」は誤読による慣用読み。

【▲弛張】シチョウ ①ゆるむこととゆるみのないこと。②寛大にすることと厳格にすること。

【▲弛む】たゆむ 気がゆるむ。怠ける。多く、あとに否定の語を伴う。「—まず努力する」

【▲弛む】たるむ ①ぴんと張っていたものがゆるむ。「ミシンの糸が—む」②緊張感がなくなる。だれる。「気が—む」参考「弛」は弓の弦が伸びる意。

【▲弛む】ゆるむ ①ゆるくなる。「バイオリンの弦が—む」②油断する。「気が—む」③厳しくなくなる。「春になれば寒さも—む」

シ【旨】(6) 日2 常 4 2761/3B5D 音 シ 訓 むね 高 外 うまい

筆順 ノ ヒ ヒ 旨 旨 旨

意味 ①むね。こころざし。考え。意向。「趣旨」「論旨」②うまい。味がよい。「旨肴(シコウ)」

下つき 意旨(イシ)・主旨(シュシ)・趣旨(シュシ)・上旨(ジョウシ)・聖旨(セイシ)・宣旨(センジ)・大旨(タイシ)・勅旨(チョクシ)・要旨(ヨウシ)・論旨(ロンシ)

【▲旨い】うまい ①味がよい。おいしい。「名物に—い物なし」②都合がよい。「—い話」表記①「甘い」とも書く。

【▲旨い物は宵(よい)に食え】都合がよいことは早くやったほうがよいということ。おいしいものは、まずくならないうちに食べてしまったほうがよいの意から。

【▲旨煮】うまに 肉や魚・野菜などを、醤油(ショウユ)を使って甘く濃い味に煮しめた料理。表記「甘煮」とも書く。

【旨】むね 述べたことのおもなねらいや意味・内容。趣旨。「お伺いする—お伝えください」

シ【朿】(6) 木2 1 5919/5B33 音 シ 訓 とげ

意味 とげ。草木のとげ。のぎ(芒)。いが。類刺

シ【次】(6) 欠2 教 2801/3C21 ▼ジ(六二九)

シ【★此】(6) 止2 準1 2601/3A21 音 シ 訓 これ・この・ここ・かく

意味 ①これ。この。ここ。近くの事物を指す語。「此岸」対彼 ②かく。このように。

下つき 彼此(ヒシ)

【▲此く】かく このように。こう。「—あるべし」「その方策は—の如(ごと)し」

【〈此奴〉】こいつ ①「この人」をぞんざいにいう語。相手をののしるとき、また、同輩以下の者に親しみをこめて用いる。②これ。この物。「—はいける」参考「こやつ」とも読む。

【〈此処〉・〈此所〉・▲此】ここ ①自分のいるまわりの場所。「—でお待ちします」②現在を中心にした時間。「—数日忙しい」③話題にしている事柄。「—が重要だ」

【〈此度〉】こたび このたび。今回。「—の異動でこちらにまいりました」

【〈此方人等〉】こちとら おれたち。おれ。「自分たち」「自分」をぞんざいにいう語。「—江戸っ子だい」

【〈此方〉】こちら ①自分に近い場所。「—におかけください」「—は梅が咲きました」②自分。「—から伺います」③自分の近くにいる人。「—が会長です」

【▲此の】この ①自分に近い事物・場所・人。「—先行き止まり」②今話題としている事柄に関係すること。「—ことは知っていた」③現在に

し シ

近い時間。最近。「旅行は―金曜日からだ」

【此】これ ①自分の近くにあるもの。持っているもの。「―をあげよう」 ②自分のいる場所の近く。ここ。「―から先は立入禁止」 ③話題にしている事柄。「―は秘密だ」 ④自分の身内や目下の者。この人。「―は弟です」 ⑤語調を強める語。「―すなわち」

【▲此岸】シガン 仏 この世。悩みや迷いの多い現世。類 此土(ド) 対 彼岸

【▲此君】シクン タケの別称。故事 中国、晋(シ)の王徽之(オウキシ)がタケをこよなく愛し、タケを指して「なんぞ一日も此君なかるべけんや」と言った故事から。〈『晋書(シンジョ)』〉 参考「このきみ」とも読む。

【▲此土】シド 「此岸」に同じ。

シ【死】(6) 歹 2 常 教 8 2764 3B60 音 シ 訓 しぬ

筆順 一 ア 万 歹 歹 死

意味 ①しぬ。命がつきる。し。「死去」「仮死」 対 生 ②おわる。活動がやむ。役に立たない。「死語」「死蔵」 ③いのちがけ。しにものぐるい。「死守」「必死」 ④命にかかわるような危険。「死線」「死地」

下つき 圧死(アッ)・縊死(イ)・壊死(エ)・横死(オウ)・客死(カク・キャク)・仮死(カ)・餓死(ガ)・起死(キ)・九死(キュウ)・急死(キュウ)・刑死(ケイ)・決死(ケッ)・検死(ケン)・獄死(ゴク)・惨死(ザン)・殉死(ジュン)・焼死(ショウ)・情死(ジョウ)・水死(スイ)・生死(セイ)・戦死(セン)・即死(ソク)・致死(チ)・溺死(デキ)・凍死(トウ)・徒死(ト)・頓死(トン)・脳死(ノウ)・半死(ハン)・万死(バン)・必死(ヒッ)・病死(ビョウ)・瀕死(ヒン)・変死(ヘン)・轢死(レキ)・老死(ロウ)

【死骸】シガイ 死体。しかばね。表記「屍骸」とも書く。

【死灰復然】シカイフクネン 一度衰えた勢力が再び盛り返すたとえ。また、一度収束したことが再発するたとえ。火の気のなくなった灰が再び燃えだす意から。「然」は「燃」に同じ。〈『史記』〉 類 寒灰復然

【死角】シカク ①障害物のため見通しのきかない範囲。「運転席からはそこは―だ」「―に入る」 ②鉄砲の構造上の理由や障害物のため、射程内でも弾丸の届かない区域。

【死活】シカツ 死ぬことと生きること。死ぬか生きるか。「それは―問題だ」

【死期】シキ ①死ぬとき。「―が迫る」 ②命を投げだすべきとき。「まさに今が―といえよう」 参考「シゴ」とも読む。

【死去】シキョ 人が死ぬこと。死んでこの世を去ること。死亡。「大統領―の報が飛びこんできた」 類 逝去

【死刑】シケイ 犯罪者の生命を絶つ、最も重い刑罰。「―囚」

【死語】シゴ ①使われなくなった言葉。廃語。対 活語 ②過去に使用された言語で、今では一般には使用されなくなったもの。古代ギリシャ語など。

【死後硬直】シゴコウチョク 死の直後、筋肉がかたく収縮し、関節の屈曲が困難になって死体が硬化する現象。通常、死後二〜三時間で始まる。死体強直。

【死▲屍】シシ しかばね。死体。参考「屍」はしかばねの意。

『死▲屍に▲鞭(むち)打つ』 亡くなった人の言動に対して非難や攻撃を加えること。故事 中国、楚(ソ)の平王に父と兄を殺された伍子胥(ゴシショ)は呉に身を寄せ、楚を討つよう説いた。その後、呉が楚を攻めたとき、伍子胥はすでに亡い平王の墓をあばき、その屍(しかばね)を三〇〇回むちうって恨みをはらした故事から。〈『史記』〉

『死▲屍累累(ルイルイ)』 多くの死体が重なり合ってむごたらしいさま。「累累」は積み重なっているさま。

【死児】シジ 死んだ子ども。また、死んで生まれた子ども。「―の齢(よわい)を数える」

【死守】シシュ 命がけで守ること。必死に守ること。「ホームベースを―する」

【死所・死処】シショ ①死にがいのある場所。「―を得る」 ②死んだ場所。「―さえ不明だ」

【死傷】シショウ 死んだりけがをしたりすること。「交通事故で―した人は多い」

【死生】シセイ 生き死に。死ぬか生きるか。「―の間をさまよう」 類 生死

『死生命(メイ)あり』 人の生死は天によってすでに定められており、人の力では変えようがないこと。〈『論語』〉

【死せる孔明、生ける仲達を走らす】しせるコウメイいけるチュウタツをはしらす 偉大な人物は死後も威名をとどろかすたとえ。故事 中国、三国時代、蜀(ショク)の諸葛亮(ショカツリョウ)(孔明(コウメイ))は魏(ギ)の司馬仲達との交戦中に病死したが、部下たちがその死を隠して攻撃をしかけたことで、仲達は孔明の死は策略ではないかと疑い、軍を退却させた故事から。〈『三国志』〉

【死線】シセン ①生きるか死ぬかの境。「―を越える」 ②牢獄(ロウゴク)などの周りに設けられ、越えると銃殺されるという限界の線。

【死相】シソウ ①死に顔。 ②人相に死の近いことが現れていること。また、その人相。

【死蔵】シゾウ 物を役立たせることなく、無駄にしまっておくこと。「国宝級の彫像を―している」

【死体】シタイ 死んだ人や動物の体。類 死骸(シガイ) 対 生体 書きかえ「屍体」の書きかえ字。

【死地】シチ ①死に場所。 ②死ぬ覚悟で赴くほど危険な場所。 ③窮地。「―におちいる」

【死中に活を求める】シチュウにカツをもとめる 絶望的な窮地にいながらも、なお生きるための道を求めて努力をすること。また、難局を打開するためにあえて危険に足を踏み入れること。〈『後漢書(ゴカンジョ)』〉

【死出】しで 死んであの世へ行くこと。「―の旅(死ぬこと)」「―の山(あの世にあるとい

し シ

う、けわしい山)」

【死闘】シトウ　死にものぐるいで戦うこと。また、その戦い。「―を繰り広げる」

【死口】しにくち　口寄せの一つ。死霊が巫女に乗り移って、ものを言うこと。また、その言葉。対生口

【死装束】しにショウゾク　①死者に着せる白い衣装。②切腹をするときの白色の装束。

【死に体】しにタイ　相撲で、力士の体勢がくずれても う立て直せない状態。対生き体

【死に花】しにばな　死にぎわや死後の名誉。

『死に花を咲かす』死にぎわがりっぱで、死後もほめたたえられること。生前以上に名誉が増すこと。

【死に水】しにみず　死にぎわに唇をぬらしてやる水。末期の水。「―を取る」

【死に物狂い】しにものぐるい　死んでもよいという覚悟で、一生懸命にやること。必死。「―で走る」

【死人】シニン　死んだ人。死者。しびと。「昔は飢饉のたびに―がたくさん出た」

『死人に口なし』死んでしまった人を証人にすることはできない。

【死ぬ】しぬ　①生命がおわる。②生気がない。「―んだ目をしている」③役に立たなくなる。「―んでいるお金」④勝負事で、相手にとられたりアウトになったりする。

『死んだ子の年を数える』いまさらどうすることもできない物事に対して、やたらに愚痴をこぼしたり、後悔したりすること。参考「死児の齢を数える」ともいう。

『死んで花実が咲くものか』生きていればこそ幸せにもなれようが、死んでしまってはすべて終わりではないか。何があろうと生きていなければならないということ。

『死馬の骨を買う』シバのほねをかう　すぐれたものを手に入れるために、まずつまらないものを厚遇すること。由来 一〇〇〇里を走る名馬を求めていたある王に、家来は死んだウマの骨を五〇〇金で買ってきた。王は怒ったが家来は、「死んだウマにさえ金を出すということが広まれば、必ず名馬が集まるでしょう」と答え、一年もしないうちに名馬が手に入ったという寓話から。《『戦国策』》

【死物】シブツ　①役に立たないもの。「―と化す」②生命をおえたもの。

【死文】シブン　①条文はあるが、実際には役に立たない法令や規則。類空文 ②きわめて内容に乏しい粗雑な文章。

【死別】シベツ　死に別れること。「両親とは―した」対生別

【死没】シボツ　死ぬこと。類死亡・死去 書きかえ「死歿」の書きかえ字。

【死歿】シボツ　▼書きかえ 死没

【死命】シメイ　死と生命。また、死ぬか生きるかの重要な分かれ目。

『死命を制す』人の生命や運命を手中のものとする。相手の急所をにぎる。《『史記』》類生殺与奪の権

【死滅】シメツ　死に絶えること。死んで滅びること。「恐竜は―した」「細菌を―させる」類絶滅

【死霊】シリョウ　死者の霊魂。また、怨霊。対生霊 参考「シレイ」とも読む。

【死力】シリョク　必死の力。死にものぐるいで出すありったけの力。「―を尽くす」

シ【糸】

(6) 糸 0　常 教 10　2769 3B65　音 シ　訓 いと

旧字《絲》(12) 糸 6　1/準1　6915 652F

筆順 く 幺 幺 糸 糸 糸

意味 ①いと。いとのように細いもの。「金糸」「菌糸」②糸を張った楽器。弦楽器。「糸竹」「糸管」対竹 ③数量の単位。一の一万分の一。④ごくわずか。「糸毫」

下つき 金糸・銀糸・絹糸・蚕糸・製糸・抜糸・綿糸・遊糸

〈糸葱〉あさつき　ユリ科の多年草。由来「糸葱」は、漢名からの誤用。▼浅葱（八九九）

【糸】いと　①繊維をひきのばしてより合わせたもの。また、そのような形のもの。「クモの―」「―を引く（裏であやつる。また、長く残る）」②弦楽器の弦。特に、琴や三味線の弦。③釣り糸。

【糸屑】いとくず　糸の短いきれはし。何にも使いようがない糸のくず。

【糸口】いとぐち　①巻いてある糸の端。②物事のはじまり。手がかり。きっかけ。「話の―を考える」類端緒・発端 表記「緒」とも書く。

【糸鮪】いとしび　キハダマグロの別称。▼黄肌鮪（五〇三）

【糸底】いとぞこ　陶磁器の底の、円形につき出た部分。糸切り。糸じり。由来 ろくろから糸で切りはなすことから。

〈糸蜻蛉〉いととんぼ　イトトンボ科のトンボの総称。体は細長く、ふつうのトンボより小形。はねを背の上で合わせて止まる。トウスミトンボ。季夏 表記「豆娘」とも書く。

【糸巻鱏】いとまきえい　イトマキエイ科の海魚。南日本以南に分布。全長約二・五メートル、体重約五〇〇キログラム。体は青灰色、耳のようなひれが一対ある。尾はむち状で長い。マンタ。

【糸目】いとめ　①細い糸。糸の筋。また、そのような模様。②凧のつり合いをとるために、とりつける糸。「金に―をつけない（気前よく金を使う）」③ゴカイ科の環形動物。河口などの泥中に

すみ、からだは平たく細長い。魚釣りのえさにする。

【糸遊】いと ユウ ①空中にクモの糸が浮遊する現象。類遊糸。②陽炎。季春

〈糸魚〉いと よ トゲウオ科の淡水魚。温帯北部の川にすみ、海へ下るものもいる。体側に板のようなうろこがあり、背びれに三本のとげがある。産卵期になると雄が糸状の粘液を出して水草をまとめ、川底に巣を作る。

【糸▲縒▲鯛】いとより だい イトヨリダイ科の海魚。中部以南の近海に分布。体は紅色の地に黄色い線が数本入り、美しい。食用。由来 尾びれが糸状にのび、旋回して泳ぐと糸をよるように見えることから。表記「金糸魚・金線魚・紅魚」とも書く。

【糸割符】いと わっぷ 江戸時代、外国船がもたらした生糸売買の独占権を堺・京都・長崎など特定の商人に与えた制度。また、この権利を示す証札。白糸割符。

〈糸▲瓜〉へち ま ウリ科のつる性一年草。熱帯アジア原産。夏、黄色い花をつけ、筒形の大きな果実を結ぶ。季秋 由来「糸瓜」は漢名から。表記「天糸瓜」とも書く。参考 茎を切って薬用・化粧用のへちま水をとる。果実の繊維は浴用あかすりに用いる。

シ【至】(6) 至 0 常 教 5 2774 3B6A 音 シ 訓 いたる

筆順 一 ㇀ 五 至 至 至

意味 ①いたる。とどく。ゆきつく。「乃至」「必至」②このうえもない。きわめて。「至言」「至急」③太陽が極点に達した日。「夏至」「冬至」

下つき 夏至・冬至・乃至・必至

【至る】いた る ①行き着く。とどく。達する。およぶ。「尾根道づたいで山頂に—る」「噴火の被害は麓の村にまで—った」②やってくる。「好機—る」③行き渡る。行き届く。「—れり尽くせり」「—らぬ者ですがよろしく」

【至急】シキュウ 非常に急ぐこと。大急ぎ。「大—」「—の用事」類火急・緊急・早急

【至恭至順】シキョウ シジュン このうえなく謙虚で従順なこと。

【至近】シキン きわめて近いこと。「—距離から発砲する」

【至芸】シゲイ 非常にすぐれた技芸。最高の芸。芸の極致。

【至言】シゲン 物事をとてもうまく言い表した言葉。的確に表現した語。

【至孝】シコウ 最高の孝行。このうえない親孝行。「—の志」

【至高】シコウ このうえなくすぐれていること。最高。「—の域に達する」

【至公至平】シコウ シヘイ きわめて公平であること。偏りがまったくなく公正、平等なこと。

【至極】シゴク このうえもないこと。きわめて。「残念—」「—当然のことだ」

【至純】シジュン 少しもまじり気のないこと。非常に純粋なさま。「—の愛」

【至上】シジョウ このうえもないこと。類最高・最上「—の喜び」

【至情】シジョウ ①まごころ。「—を尽くす」類至誠・誠心 ②ごく自然な人情。

【至誠】シセイ このうえなく誠実なこと。まごころ。「—天に通ず」類至心・誠心

『至誠にして動かざる者は、△未だ▲之有らざるなり』これ以上ないというほどの誠の心をもってすれば、必ず人を感動させられるということ。誠意をもって事に当たれという教え。〈『孟子』〉

【至大至剛】シダイ シゴウ このうえなく大きく、どんな力にも屈しない強さをもつこと。〈『孟子』〉

【至当】シトウ きわめて当然であるさま。ごくあたりまえなこと。「—な処置」

【至難】シナン このうえもなくむずかしいこと。「—のわざ」対安易

【至福】シフク このうえもないしあわせ。きわめて幸福なこと。「至幸—」

【至便】シベン 非常に便利なこと。「交通—の好物件です」

【至宝】シホウ ①このうえなく大切な宝。非常に価値の高い宝。②宝のように貴重な人物。「歌舞伎界の—」

【至理名言】シリ メイゲン きわめて道理にかなったすぐれた言葉。「至理」はこのうえなく正しい道理。

シ【△芝】(6) ⺾ 3 常 2839 3C47 ▼しば(六五三)

シ【伺】(7) イ 5 常 4 2739 3B47 音 シ㊀ 訓 うかがう

筆順 ノ イ 亻 们 伺 伺 伺

意味 ①うかがう。たずねる。たずねていく。「伺候」②こっそりのぞく。さぐる。みる。「伺察」類覗

下つき 偵伺・奉伺

【伺う】うかが う ①「聞く」「問う」の謙譲語。目上の人や神仏にたずねる。「お話を—いましょう」②「訪れる」の謙譲語。参上する。「昼すぎに—います」

【伺候】シコウ ①高貴な人のそばに近くに仕えること。②目上の人のもとへご機嫌うかがいに行くこと。

シ【★址】(7) ⼟ 4 1 5214 542E 音 シ 訓 あと

意味 ①あと。残っているあと。「城址」②もと。いしずえ。「基址」

下つき 遺址・基址・旧址・城址

【▲址】あと 建物の土台の残ったもの。建物のあったあと。「城―」

シ【志】(7) 心 3 教 常 6 2754 3B56
音 シ
訓 こころざす・こころざし 外 しるす

筆順 一 十 士 士 志 志 志

意味 ①こころざす。こころざし。心のめざすところ。「志望」「意志」 ②思いやる気持ち。「寸志」「篤志」 ③書きしるす。書いたもの。「地志」 類 誌 ④「志摩(しま)の国」の略。「志州」

下つき 意志(イシ)・初志(ショシ)・寸志(スンシ)・大志(タイシ)・闘志(トウシ)・同志(ドウシ)・篤志(トクシ)・薄志(ハクシ)・有志(ユウシ)・立志(リッシ)

【志】こころざし ①こころざすこと。心に決めた目標。「―半ばにして死す」「青雲の―」 ②厚意。親切。「―にこたえる」 ③感謝の意。また、それを表す贈り物。

【志有る者は事▲竟(つい)に成る】どんな困難があろうと、しっかりとした志をもつ人は、いつか必ず事をなし遂げる。〈『後漢書(ゴカンジョ)』〉

【志す】こころざ-す 目的・目標を心に決めてめざすこと。目標に向かって進むこと。「将来は建築家を―している」

【志学】シガク 一五歳の異称。由来『論語』の「われ十有(ユウ)五にして学に志す」から。

【志願】シガン 自ら進んで願い出ること。「医学系の大学を―する」 類 志望

【志気】シキ 事をなそうとする意気込み。ある事をしとげようとする気力。「―が高まる」 参考「士気」は集団の一員としての意気込み、「志気」はおもに個人の場合にいう。

【志向】シコウ ある一定の目的・目標に心が向くこと。「ボランティア―の学生が増えている」

【志士】シシ 国家・民族のため、命をかけて尽くそうという高い志をもつ人。「維新の―」

【志士仁人】シシジンジン 志のある人や仁徳のある人。「仁人」は徳のある人。〈『論語』〉

【志操】シソウ 堅く守り続け、容易に変わることのない志や気持ち。

【志操堅固】シソウケンゴ 考え、意志や主義主張などを堅く守って変えないこと。 類 志節堅固・雪中松柏(セッチュウショウハク)

【志大才疎】シダイサイソ 志は大きいが才能に欠けていること。抱く望みは大きいが才能や力量が伴わないこと。「疎」は、まばらの意。 類 志大智小(シダイチショウ)・眼高手低

【志望】シボウ こうなりたいと望むこと。希望すること。こころざし。「情報処理技術者を―する」「―大学に合格する」

【△志す】しる-す ①書き留める。 ②記憶にとどめる。 表記「誌す」とも書く。

シ【孜】(7) 攵 3 準1 2758 3B5A
音 シ
訓 つとめる

意味 つとめる。はげむ。「孜孜」

【▲孜▲孜】シシ 熱心にはげむさま。あきずに努めるさま。「―として研究に打ちこむ」

シ【沚】(7) 氵 4 1 6177 5D6D
音 シ
訓 なぎさ・みぎわ・なかす

意味 なぎさ。みぎわ。また、なかす(中州)。川のなかの小さな島。「沚州」

シ【私】(7) 禾 2 教 常 5 2768 3B64
音 シ
訓 わたくし・わたし 外 ひそか

筆順 ノ 二 千 禾 禾 私 私

意味 ①わたくし。わたし。自分。個人のこと。「私見」「公私」 対 公 ②わたくしする。自分のものにする。「私腹」「滅私」 ③ひそか。ひそかに。こっそりと。「私通」「私淑」

下つき 公私(コウシ)・無私(ムシ)・滅私(メッシ)

【〈私語〉く】ささや-く 非常に小さい声で話す。 表記「囁く」とも書く。

【私案】シアン 個人としての考え。「計画書を―として提出する」

【私意】シイ ①自分一人の考え。 類 私見 ②自分の感情にとらわれて公正を欠く心。「―をはさむ」 類 ①②私心・私情

【私益】シエキ 個人の利益。自分のみの利益。 類 私利 対 公益

【私怨】シエン 個人的なうらみ。私恨。「―を抱く」「―をぶつける」

【私学】シガク 私立の学校。「―出身者の集まりに参加する」 対 官学

【私企業】シキギョウ 民間が出資し、経営する企業。 対 公企業

【私曲】シキョク よこしまで正しくないこと。自身の利益だけをはかろうとすること。「―を排除する」

【私刑】シケイ 法によらず、個人や仲間が勝手に加える制裁。リンチ。

【私見】シケン 個人的な意見。一個人としての見方。「―を述べる」 類 私意

【私権】シケン 法律で、私法上の権利。財産権・知的所有権・人格権など。 対 公権

【私語】シゴ ひそひそ話。ささやき。「―を慎む」 参考「ささめごと」とも読む。

【私行】シコウ 個人としての行為。私生活上の行為。「―を暴(あば)く」

【私財】シザイ 個人の財産。「社会事業に―を投じる」 類 私産

【私事】シジ 個人的な事柄。また、個人的な秘密。 対 公事 参考「わたくしごと」とも読む。

【私淑】シシュク ひそかにある人を先生として尊敬し、その言行を慕い学ぶこと。「宮沢賢治に―している」

【私情】シジョウ ①個人的な感情。「―を捨て去る」 ②自分だけの利益を考える心。

類①②私意

【私心】シシン 「私意」に同じ。

【私信】シシン ①個人の手紙。私的な用を書いた手紙。②秘密の知らせ。

【私人】シジン 社会的・公的な立場を離れた一個人。「―として発言する」対公人

【私製】シセイ 個人が作ること。また、作ったもの。対官製

【私設】シセツ 個人や民間で設立すること。「―応援団」対公設・官設

【私蔵】シゾウ 自分個人の物としてしまいもっていること。また、その物。「幻の名画がどこかに―されているらしい」

【私宅】シタク ①個人で所有している住宅。「週末は―に行く」類私邸 ②自宅。参考①官舎・社宅などに対していう。

【私通】シツウ 夫婦でない男女が、ひそかに関係をもつこと。類密通

【私邸】シテイ 個人で所有しているやしき。「会長を―に訪ねた」類私宅 対官邸・公邸

【私闘】シトウ 個人的な恨みが原因となって起こる争い。

【私費】シヒ 個人で出す費用。「―留学」類自費 対国費・公費・官費

【私服】シフク ①定められたものではない、個人の衣服。対制服 ②①を着ている刑事。

【私腹】シフク 自分の財産・利益。「―を肥やす(公の地位を利用して、自分の財産をふやす)」類私利

【私物】シブツ 会社などが貸与したものでなく、個人が所有する物。「―化する」対官物

【私憤】シフン 私事についての怒り。個人的ないきどおり。対公憤・義憤

【私法】シホウ 個人の権利・義務について規定した法律。民法や商法など。対公法

【私用】シヨウ ①個人的な用事。「―電話」対公用 ②公の物を個人のために使うこと。

【私欲・私▲慾】シヨク 自分の利益だけをはかろうとする心。

【私利】シリ 自分だけの利益。個人的な利益。「―を貪(むさぼ)る」類私益 対公利

【私利私欲】シリシヨク 自分の利益や欲望。私的な利益と欲望。「―に走る」「―におぼれる」

【△私か】ひそか 他人に気づかれないようにするさま。ないしょ。また、個人的に。正式ではなく。「―に思いを寄せる」「―に送金する」類内密

【私】わたくし ①自分に関する個人的なこと。「事故を―にすます」対公(おおやけ) ②その人だけの秘密。③自分の利益だけを考えること。「―をはかる(私利私欲をはかる)」④自分を指す語。対貴方(あなた) 参考④「わたし」より、やや改まった言い方。

【私雨】わたくしあめ 局地的に不意に降る雨。晴れて山上にだけ降る雨。箱根・鈴鹿(すずか)・丹波(たんば)などのものが有名。

【私】わたし 自分を指す語。参考「わたくし」より少しくだけた言い方。

シ【豕】(7) 豕 0 1 7621 6C35 音シ 訓い・いのこ・ぶた

意味 い。いのこ。いのしし。ブタ類の総称。

【▲豕】いのこ ①イノシシ。また、その子。②ブタの別称。

シ【阯】(7) 阝 4 1 7987 6F77 音シ 訓もとい・あと・ふもと

意味 ①もとい。もと。土台。「基阯」②あと。残っているあと。「城阯」③ふもと。山すそ。

シ【使】(8) イ 6 常 教 8 2740 3B48 音シ 訓つかう 外つかわす

筆順 ノ 亻 仁 仃 佢 佢 伂 使

意味 ①つかう。用いる。「使途」「行使」②つかい。つかいをする。「使者」「勅使」③しむ。させる。使役の助字。

下つき 駆使(クシ)・行使(コウシ)・酷使(コクシ)・大使(タイシ)・勅使(チョクシ)・天使(テンシ)・特使(トクシ)・密使(ミッシ)・労使(ロウシ)

【使役】シエキ ①人を使ってある事をさせること。②文法で、他に動作をさせる意を表す語法。「―の助動詞」

【使君】シクン ①昔、中国で天子の使者。②中国の官職、刺史(シシ)や太守の敬称。

【使者】シシャ 命令や依頼を受けて使いをする者。「―をさしむける」

【使節】シセツ 国家を代表して外国や地方に派遣される人。「親善の―を送る」由来昔、中国で使者に符節(わりふ)を持たせたことから。

【使▲嗾】シソウ そそのかすこと。けしかけること。類教唆(キョウサ) 表記「指嗾」とも書く。

【使徒】シト ①キリストがその教えを伝えるために選んだ、ペテロ・ヨハネ・マタイなど一二人の弟子。十二使徒。②社会などのために心身をなげうって努める人。「平和の―」

【使途】シト 金銭や物資の使いみち。「税金の―に不明な部分がある」

【使命】シメイ ①命じられた任務。「―を果たす」②やらなければならない務め。「現代に生きる者の―」

【使用】シヨウ 何かの目的で人や物などを使うこと。「―人を雇う」「年々水の―量が増えている」

【使う】つかう ①人を働かせる。「人をこき―う」②役立たせる。手段として利用する。「電話を―う」「卵を―った料理」「仮病を―う」③金銭や時間などを費やす。「エネルギーを―う」「趣味に休日を―う」

【使っている▲鍬(くわ)は光る】たえず努力している者は、まわりの者と違って自然と輝いて見えることのたとえ。

シ【侈】(8) イ 6　1 4844 504C
音 シ　訓 おごる・ほしいまま・おおきい

意味 ①おごる。ぜいたく。いばる。「驕侈（キョウシ）」「奢侈（シャシ）」②ほしいままにする。「放辟邪侈（ホウヘキジャシ）」③おおきい。広い。「侈大」

下つき 華侈（カシ）・驕侈（キョウシ）・奢侈（シャシ）

【侈る】おごる　金銭を使ってぜいたくをする。無駄遣いをする。「―った暮らし」

シ【刺】(8) リ 6　常 4 2741 3B49
音 シ 外セキ　訓 さす・ささる 外 そしる・とげ・なふだ

筆順 一 厂 冂 市 市 朿 朿 刺

意味 ①さす。つきさす。「刺客」「刺激」「刺繍（シシュウ）」②そしる。なじる。相手を非難する。「風刺」③とげ。はり。「有刺鉄線」類 朿（シ）④なふだ。「名刺」参考「剌（ラツ）」は別字。

下つき 風刺（フウシ）・名刺（メイシ）

〈刺蛾〉いらが　イラガ科のガ。体は黄色で、二本の黒い線がある。幼虫は「いらむし」と呼ばれる毛虫で、毒針をもち、触ると痛い。繭は「すずめのしょうべんたご」と呼ばれる。季 夏

〈刺草〉いらくさ　イラクサ科の多年草。山野に自生。茎や葉に蟻酸（ギサン）を含む細かいとげがあり、触ると痛い。若芽は食用。茎から繊維をとる。イタイタグサ。表記「蕁麻」とも書く。

〈刺虫〉いらむし　イラガの幼虫。季 秋

〈刺青〉いれずみ　①皮膚に傷をつけて色素を入れ、模様や文字を描くこと。また、その模様や文字。②昔の刑罰の一つ。前科者のしるしとした。表記 ①「文身・入墨」とも書く。②本来「黥」と書く。参考 ①「シセイ」とも読む。

【刺網】さしあみ　海中に垣のように張り、魚を網目に刺したりからませて捕獲する網。浮き刺網・底刺網など。

〈刺椿象〉・〈刺亀虫〉さしがめ　サシガメ科の昆虫の総称。体は平たく細長い。口先は湾曲してとがる。多くは昆虫を捕らえて吸血するが、人の血を吸う種類もある。

【刺子】さしこ　綿布を重ね合わせて、全面に一針抜きに細かく縫うこと。また、そのように縫ったもの。保温力がありじょうぶなので、消防服や柔道着などに用いる。さしっこ。「―半纏（ハンテン）」

【刺身】さしみ　生の魚肉などを一口大に薄く切って、わさびや醤油（ショウユ）などをつけて食べる料理。

【刺す】さす　①先のとがったものを突き入れる。突きさす。「針で指を―した」「予（あらかじ）め楊枝（ヨウジ）を―しておく」②さしころす。「とどめを―す」③針でぬう。「雑巾（ゾウキン）を―す」④鼻や舌などを刺激する。「鼻を―すにおい」⑤野球で、走者をアウトにする。「走者を牽制（ケンセイ）球で―す」

【刺股】さすまた　江戸時代の捕り物道具の一つ。長い木製の柄の先端に、鋭いU字形の鉄金具をつけた武器。金具で相手の喉（のど）や腕などを塀や地面に押しつけて捕らえる。表記「指叉」とも書く。

【刺客】シキャク　人をつけねらって殺す者。暗殺者。「―をはなつ」参考「セッカク・シカク」とも読む。

【刺戟】シゲキ　▼書きかえ 刺激

【刺激】シゲキ　外部からはたらきかけて、なんらかの反応を起こすこと。特に、人の心に作用して興奮させること。また、そのもの。「失敗がよい―になる」対 反応　書きかえ「刺戟」の書きかえ字。

【刺殺】シサツ　①刃物などで、刺し殺すこと。②野球で、守備側の選手が相手の打者や走者を直接アウトにすること。

【刺字漫滅】シジマンメツ　長い間、人を訪問しないこと。名刺をふところに入れたまま長い間使わないために、文字がすれたり汚れたりして見えなくなる意から。「刺字」は名刺の文字。《『後漢書（ゴカンジョ）』》

【刺繍】シシュウ　布地に色糸などで模様を縫いこむこと。縫い取り。

【刺青】シセイ　「刺青（いれずみ）①」に同じ。

【△刺】とげ　①植物の茎や葉などにある針のような突起。「バラの―」②木や竹の、そげて先端がとがっているもの。また、魚の小骨。「指に―がささる」③人の心を刺すようなもの。「―のある言葉」

【△刺の無い〈△薔△薇〉ばらは無い】　うわべは美しいものでも、裏には恐ろしい一面が隠れていることのたとえ。

〈刺楸〉はりぎり　ウコギ科の落葉高木。山地に自生。枝は太く、とげがある。葉はてのひら状に七～九裂し、キリに似る。夏、淡緑色の小花を球状につける。材は下駄や器具用。樹皮は薬用。由来「刺楸」は漢名から。表記「針桐」とも書く。

シ【呰】(8) 口 5　1 5079 526F
音 シ　訓 そしる・きず

意味 ①そしる。非難する。②きず。欠点。わざわい。「呰災」類 疵（シ）

シ【姉】(8) 女 5　教 常 9 2748 3B50
音 シ 中　訓 あね

筆順 く 女 女 女 妒 妒 姉 姉

意味 ①あね。年上の女きょうだい。「姉婿」「義姉」対 妹 ②年上の女性の敬称。「貴姉」「大姉」

下つき 貴姉（キシ）・義姉（ギシ）・従姉（ジュウシ・いとこ）・諸姉（ショシ）・大姉（タイシ）・長姉（チョウシ）・令姉（レイシ）

【姉】あね　年上の女のきょうだい。また、配偶者の姉や兄の妻など義理の関係にもいう。

【姉御】あねご ①あねの敬称。②やくざの女親分。また、親分や兄貴分の妻。あねさん。表記②「姐御」とも書く。

【姉△様△被り】あねさんかぶり 女性の手ぬぐいのかぶり方。手ぬぐいの中央を額にあて、左右両端を後ろに回して端を頭上に折り返す。または端を額の部分に挟む。

〈姉妹〉・〈姉弟〉きょうだい 姉と妹。姉と弟。参考「姉妹」は「シマイ」とも読む。

【姉妹】シマイ ①姉と妹。②同じ系統のもの。また、密接な関係をもつもの。「—都市になる」「—品」参考①「きょうだい」とも読む。

〈姉さん〉ねえさん ①姉を敬っていう語。「—は三つ年上です」②知らない女性に呼びかける語。

シ【始】(8) 女5 常 教 8 2747 3B4F 音シ 訓はじめる・はじまる

筆順 く 女 女 女 女 始 始 始

意味 ①はじめ。はじまり。物事のおこり。「始祖」「年始」対末 ②はじめる。はじまる。「始業」「開始」対①②終

下つき 開始カイシ・原始ゲンシ・終始シュウシ・創始ソウシ・年始ネンシ

【始業】シギョウ ①その日の仕事を始めること。「—時間」②学年・学期の授業を始めること。「—式」対①②終業

【始終】シジュウ ①はじめから終わりまで。「一部—」類終始 ②いつも。たえず。常に。「彼は—冗談を言う」

【始祖】シソ ①ある物事を最初に始めた人。元祖。創始者。②禅宗で、中国禅宗の開祖、達磨ダルマのこと。

【始動】シドウ 動き始めること。また、機械などを動かし始めること。「エンジンを—させる」「開幕にむかって—する」

【始末】シマツ ①はじめから終わりまで。成り行き。「事の—を話す」類顛末テンマツ ②悪い結末。「なんという—だ」③しめくくること。処理。「仕事の—をつける」

【始め有るものは必ず終わり有り】はじめあるものはかならずおわりあり 生まれたものは必ず死に、物事においてはじまりがあるものには必ず終わりがある。《『揚子法言』》

【始めは処△女の△如く後は脱△兎の如し】はじめはショジョのごとくのちはダットのごとし はじめはおとなしく見せておいて、あとになって驚くほどの力を発揮するたとえ。また兵法で、はじめは敵を油断させておき、ころあいを見て急襲するたとえ。「脱兎」はおりから逃げだしたウサギで、すばやい動作のたとえ。《『孫子』》

【始める】はじ-める ①新しく物事を起こす。「商売を—める」②動作や物事をやりだす。「試験を—める」「歩き—める」

シ【枝】(8) 木4 常 教 6 2762 3B5E 音シ高 訓えだ

筆順 一 十 才 木 木 朩 杉 枝

意味 ①えだ。木のえだ。「枝条」「枝葉」対幹 ②分かれ出たもの。えだ分かれ。「枝族」類支

下つき 寒枝カンシ・幹枝カンシ・楊枝ヨウジ

【枝】えだ ①草木の茎や幹から分かれ出た部分。②もとから分かれ出たもの。「—道にそれる」「—分かれする」

【枝を矯めて花を散らす】えだをためてはなをちらす 小さな欠点を直そうとして、かえって重要な部分や全体を損なってしまうこと。類角つのを矯めて牛を殺す

〈枝尺蠖〉・〈枝尺取〉えだしゃくとり シャクガ科のガの幼虫の総称。体は細長い円筒形。体を屈伸させて進むようすが、指で寸法をはかるのに似る。しゃくとりむし。おぎむし。

【枝折】しおり ①山道などで、帰路の目印として木の枝を折っておくこと。道しるべ。②「枝折戸」の略。

【枝折戸】しおりど 木やタケの枝を並べただけの簡単な戸。多く庭の出入り口などに設ける。表記「柴折戸」とも書く。

【枝垂れ柳】しだれやなぎ ヤナギ科の落葉高木。中国原産。水辺や街路に植える。枝は細長くたれ下がる。早春、葉に先立ち黄緑色の花を穂状につける。イトヤナギ。表記「垂れ柳」とも書く。

【枝垂れる】しだ-れる 枝などが長くたれさがる。表記「垂れる」とも書く。

【枝葉】シヨウ ①枝と葉。②重要でない部分。「—にこだわらない」対①②根幹

【枝葉末節】シヨウマッセツ 本質からはずれたささいなこと。主要でない細かい物事。「末節」は木の末のほうの節ふしのことで、どうでもよい部分のたとえ。「—にとらわれない」類枝葉末端

シ【泗】(8) 氵5 1 6189 5D79 音シ 訓はなじる・なみだ

意味 ①中国の川の名。泗水。②はなじる。また、なみだ。「涕泗テイシ」

下つき 洙泗シュシ・涕泗テイシ

シ【祉】(8) 礻4 常 3 2767 3B63 音シ 訓外さいわい

字 旧《祉》(9) 示4 1/準1 8920 7934

筆順 丶 ラ ネ ネ 礻 ネト 祉 祉

意味 さいわい。しあわせ。神のめぐみ。「福祉」参考

神(ネ)がとどまる(止)ことを表した字。

下つき 福祉

【祉い】さいわい 幸福。めぐみ。神から受けるしあわせ。

シ【祀】★ (8) 礻 3 1 6711 632B 音 シ 訓 まつる・まつり・とし

意味 ①まつる。まつり。神としてまつる。「祀典」類 祠 ②(中国、殷代の)とし。(夏代では「歳」、周代では「年」)。

下つき 合祀・祭祀・奉祀

【祀典】シテン ①神をまつる儀式。②祭祀について記した書物。

【祀廟】シビョウ 祖先や先人を、神としてまつった建物。おやしろ。類 祠堂

表記「祠廟」とも書く。

【祀る】まつる ①神霊をなぐさめ儀式を行う。「祖父の霊を―る」②神としてあがめ一定の場所に安置する。「学問の神として菅原道真を―る」

シ【肢】(8) 月 4 常 準2 2772 3B68 音 シ 訓 外 てあし

筆順 肢

意味 ①てあし。「肢体」「四肢」②本体から分かれ出た部分。「選択肢」類 支

下つき 下肢・義肢・四肢・上肢

【肢体】シタイ 手と足。また、手足とからだ。「すらりとした―」

シ【俟】(9) 亻 7 1 4856 5058 音 シ 訓 まつ

意味 まつ。待ち受ける。あてにする。類 竢

【俟つ】まつ ①待ち受ける。②あてにする。期待をかける。「今後の研究に―つ」表記「竢つ」とも書く。

シ【咨】(9) 口 6 1 5094 527E 音 シ 訓 はかる・なげく・ああ

意味 ①はかる。とう。相談する。「咨問」類 諮 ②なげく。「咨嗟」③ああ。感嘆を表す声。

下つき 嗟咨

【咨詢】シジュン 参考として意見を求めること。相談すること。表記「諮詢」とも書く。

【咨る】はかる 問う。たずねる。意見を出し合って相談する。人の意見を聞く。「部下に―る」表記「諮る」とも書く。

シ【咫】(9) 口 6 1 5101 5321 音 シ 訓 た・あた・ちかい

意味 ①た。あた。日本の上代の長さの単位。開いた手の親指の先から中指の先までの長さ。「八咫鏡」②ちかい。短い。わずか。「咫尺」③中国、周代の長さの単位。約一八センチメートル。

【咫尺】シセキ ①きわめて近い距離。「目的地は―の間だ」②貴人に間近で会うこと。「―の栄を得る」③短いこと。簡単なこと。「―の書」参考「咫」「尺」ともに中国、周代の尺度。

【咫尺を弁ぜず】あたりが暗くて、ごく近くの物事もわからないこと。

【咫】た 古代の長さの単位。親指と中指を開いたときの長さ。「八―鏡」参考「あた」とも読む。もとは中国、周代の小尺の単位。女子の指一〇本の幅を基準にしたもので一咫は八寸(約一八センチメートル)。これに対し、男子の指を基準にしたものは大尺で、一尺は一〇寸(約二二・五センチメートル)。

シ【姿】(9) 女 6 教 常 5 2749 3B51 音 シ 訓 すがた

筆順 姿

意味 すがた。かたち。ようす。「姿勢」「姿態」「容姿」

下つき 英姿・艶姿・天姿・風姿・勇姿・雄姿・容姿・麗姿

【姿勢】シセイ ①からだの構え。格好。「―を正す」②物事に対する態度。心のもち方。「柔軟な―で対応する」

【姿態】シタイ ある動作をしたときのからだの形。からだつき。からだの格好。「魅力的な―」「なまめかしい―」

【姿】すがた ①人や物の全体の形・格好。ようす。ありさま。「山の美しい―」「現代日本の―」②みなり。ふうさい。「さっそうとした―」③からだ。身。「―が見えない」

シ【屍】★ (9) 尸 6 準1 2751 3B53 音 シ 訓 しかばね・かばね

意味 しかばね。かばね。なきがら。死体。「屍諫」「死屍」類 尸

下つき 死屍

【〈屍〉櫃】からひつ 遺体を入れる棺。ひつぎ。かろうと。表記「辛櫃」とも書く。

【屍骸】シガイ 死んだ人や動物の体。死体。しかばね。「犬の―を庭に埋める」表記「死骸」とも書く。

【屍】しかばね 死体。「戦場の―の山」「生ける―(ただ生きているだけで、気力・活力を失った人)」表記「尸」とも書く。参考「かばね」とも読む。

【屍諫】シカン 死をもって主君をいさめること。表記「尸諫」とも書く。

【屍山血河】シザンケツガ 激しい戦闘の形容。「屍山」は死体の山。「血河」は血の川。激戦で死体が山のように重なり、血が川のように流れる意。

【屍体】シタイ ▼書きかえ 死体(六〇四)

【屍蠟】シロウ 死体が水中など空気の遮断された場所に長時間おかれて、蠟のように変化したもの。

シ【★屎】(9) 尸 6 1 5393 557D 音 シ 訓 くそ

意味 くそ。ふん。大便。「屎尿」対尿

下つき 金屎かなくそ・歯屎はくそ・鼻屎はなくそ・耳屎みみくそ・目屎めくそ

【屎】くそ ①大便。②分泌物やかす。「目―鼻―を笑う」③…など何もない。「…も―もない」の形で用いる。「楽しみも―もない」④ののしったり、程度のはなはだしいことを表す語。「―ばばあ」「―まじめ」⑤悔しいことを表す感動詞。「―、あのガキは」由来 米のしかばねという意から。表記「糞」とも書く。

【△屎尿】シニョウ 大便と小便。糞尿フンニョウ。「昔は―を汲くんで肥やしとした」

シ【思】(9) 心 5 常 教 9 2755 3B57 音 シ 訓 おもう 外 おぼしい

筆順 丨 冂 冂 田 田 田 思 思 思

意味 ①おもう。考える。おもい。こころ。「思案」「思索」「意思」②したう。いとしい。「思慕」「相思」

下つき 意思イシ・三思サンシ・秋思シュウシ・熟思ジュクシ・所思ショシ・相思ソウシ・沈思チンシ・追思ツイシ

【△思しい】おぼ-しい そのように思われる。「犯人と―い者」

【△思し召し】おぼしめし ①「考え」「気持ち」の尊敬語。お考え。お気持ち。「神様の―」②異性を慕う気持ち。恋心。

【思い内に在れば色外に現る】おもいうちにあればいろそとにあらわる 心のなかに何か思うことがあると、それが自然と顔の表情や態度など外面に現れるということ。〈『大学』〉

【思い立ったが吉日】おもいたったがキチジツ 何かをしようと決心したら、日を選ぶことなくすぐに行うのがよい。思い立った日が始めるのに一番よい日であるということ。参考「思い立つ日を吉日」ともいう。

【思い半ばに過ぐ】おもいなかばにすぐ よく考えてみると、思い当たることが多い。また、一部分を知れば、おおよそのことが分かる。〈『易経』〉

【思いの丈】おもいのたけ 思う気持ちのすべて。「―を話す」参考 おもに恋愛関係にある男女の間でいう。

【思う】おも-う ①考える。想像する。推量する。「明日を―う」②心がひかれる。いつくしむ。心にかける。「子を―う親心」③心に決める。「絶対行こうと―う」④望む。「―うがまま」⑤感じる。「寂しく―う」

『思う事言わねば腹▲脹る』おもうこといわねばはらふくる 思っていることを言わないと思いが内にこもり、気分が晴れないこと。表記「脹る」は「膨る」とも書く。

【思う▲壺】おもうつぼ 思ったとおりになること。期待どおり。「―にはまる」「それでは敵の―だ」

【思惑】おもわく ①ある意図をもった考え。見込み。「―がはずれて大失敗した」②評判。人気。「世間の―が気にかかる」③相場の変動を予想すること。「―買い」

【思案】シアン ①あれこれと考えをめぐらすこと。②心配すること。「―に余る」「―のしどころ」「―の種」

『思案投げ首』あれこれ考えあぐねて困っているさま。いい案が思い浮かばず、首を傾け考えこむこと。

【思▲惟】シイ 論理的に考えること。類思考 参考「シユイ」と読めば、仏教で対象を分別し真理を求める意。

【思考】シコウ 考えること。考え。「―力の低下が著しい」

【思索】シサク 筋道をたてて考えを深めること。「人生について―する」

『思索生知』シサクセイチ 筋道や道理をたどって物事をよく考えることで、知恵が生まれるということ。〈『管子』〉参考「生知」は「ショウチ」とも読む。

【思春期】シシュンキ 生理・生殖機能がほぼ完成し、異性に対する関心や自我意識が強くなる年ごろ。一二・三歳から一五・六歳の大人への移行期。

【思想】シソウ ①人生や社会などについてのまとまりのある見解。特に、社会や政治に対する考え方や見方。「社会主義―」②考え。考えつくこと。意見。③哲学で、直観的な内容に論理的な反省を加えて体系的にまとめた思考内容。

【思潮】シチョウ ある時代の、一般に広まっている思想の傾向。

【思念】シネン いつも心にとめて思っていること。たえず思い考えていること。「―をめぐらす」

【思弁】シベン ①よく考えて物事の道理を見分けること。②哲学用語で、実証・経験によらず、論理的に物事を考え組みたてること。

【思慕】シボ 思いしたうこと。なつかしく思うこと。恋しく思うこと。「―の念、切なるものがある」類恋慕

【思慮】シリョ 注意深く考えをめぐらすこと。また、その考え。「―深い人」

『思慮分別』シリョフンベツ 物事に対して深く考え、判断すること。「―を働かせる」対軽率短慮・軽挙妄動ケイキョモウドウ

【思量・思料】シリョウ あれこれと考えること。思いめぐらすこと。「執行猶予ユウヨが相当と―する」

シ【指】(9) 扌 6 常 教 8 2756 3B58 音 シ 訓 ゆび・さす

筆順 一 ナ 扌 扌 扌 指 指 指 指

意味 ①ゆび。手足のゆび。「指紋」「屈指」「食指」②さす。ゆびさす。さし示す。さしずする。「指示」「指令」
下つき 屈指・十指・食指

【指△袴・指子】さしこ 裾をくらない、足首までの長さの袴。近世の公家が指貫の代わりに用いた。参考 指貫の小袴の意。

【指図】さしず 人に言いつけて仕事などをさせること。また、その言いつけ。「先生の―を受ける」類 指示・差配・命令

【指△樽】さしだる 箱形の酒だる。上に注ぎ口がある。全体を黒漆塗り、口を朱漆塗りにし、家紋などをつけたものが多い。儀式用。

【指△貫】さしぬき 幅が広く、裾に括緒のある袴。貴族が衣冠や直衣や狩衣を着たときにはいた。奴袴。

【指値】さしね 客が、取引所や一般市場で指定する売買の希望価格。指定値段。「客の―で買い取る」

〈指焼草〉・指△艾 さしもぐさ ヨモギの別称。多く和歌に用いられた。季 春

【指物】さしもの ①昔、武士が戦場での目印のため、鎧の背などにさしたり従者に持たせたりした小旗や飾り物。背旗。②板を細かくさし合わせて作った道具。机・椅子・箪笥・箱など。「―屋」表記 ①「差物・挿物」とも書く。

【指物師】さしものし 木の板を組み合わせて箪笥や箱などを作る職人。

【指す】さす ①指で方向・場所・物などを示す。ゆびさす。「東を―し示す」「地図で―して教える」②ある方向や目的に向かう。めざす。「鳥が北を―して飛ぶ」③指名する。「先生に―された」④指摘する。「前文の何を―しているか」⑤将棋をする。「一手―す」

【指圧】シアツ 凝りをほぐすために、指や手のひらで押したりもんだりすること。また、その療法。

【指揮・指△麾】シキ 人々に指図すること。特に、音楽で楽団員に指図して演奏全体をまとめること。「合唱の―」「自ら陣頭―に当たる」

【指揮者】シキシャ ①指図・命令をする人。②合奏や合唱の指揮をする人。コンダクター。

【指呼】シコ ①指でさして呼ぶこと。「―していわく」②呼べばすぐに答えが返るほどの近い距離。「―の間」

【指向】シコウ ある方向・目的をめざして進むこと。「―性アンテナ」

【指示】シジ ①さししめすこと。「方向を―する」②指図すること。また、その指図。「―をあおぐ」

【指事】シジ 漢字の六書の一つ。数・位置などの抽象的概念を、ある約束で示す漢字の作り方。一・二、上・下など。

【指針】シシン ①計器類の針。②物事の進むべき方針。「福祉行政の―を示す」

【指数】シスウ ①数学で、ある数字・文字の右肩に記して、その累乗を示す数字・文字。②賃金・物価など変動するものを、ある基準を一〇〇としてそれに対する比率で表す数字。「物価―」

【指△嗾】シソウ 人をそそのかすこと。けしかけること。「他人を―して騒動を起こす」類 教唆 表記「使嗾」とも書く。

【指弾】シダン 非難すること。つまはじきにすること。「世間の―を受ける」

【指定】シテイ それとさし示して定めること。「―席」「待ち合わせ場所を―する」

【指摘】シテキ 物事の重要な点や悪い点を取り上げて、具体的に示すこと。「過ちを―する」「的を射た―」

【指導】シドウ 目的に沿って、教え導くこと。「進路―」「スキーの―をする」

【指南】シナン 教え導くこと。「道場の―役」由来 古代中国の、常に南を指さす人形をのせた車、指南車から。

【指標】シヒョウ ①目標の基準とするめじるし。②数学で、一〇を底とする常用対数の整数部分。

【指名】シメイ 特定の人の名を示すこと。名指し。「主将に―する」

【指紋】シモン 指先の内側にある筋模様。また、その跡。参考 まったく同じ指紋はなく、一生変わらないことから個人の識別に利用される。

【指令】シレイ 指図や命令。また、官庁などで上部からの通知・命令。「―が下る」

〈指切〉ゆいきり 紅藻類テングサ科の海藻。房総半島から九州にかけての浅海の岩上に生育。茎は不規則に二またに分かれる。テングサに混ぜて寒天にする。トリノアシ。

【指】ゆび 手足の先の、五本に分かれた部分。「―一本させない(非難されるようなことはない)」「―をくわえる(ただ見ているだけである)」

シ【施】

(9) 方 5 常 3 2760 3B5C

音 シ・セ高
訓 ほどこす 外 しく

筆順
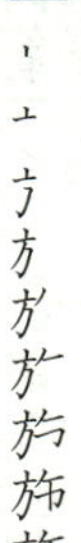

意味 ①しく。おこなう。もうける。ゆきわたらせる。「施設」「実施」②ほどこす。めぐみ与える。ほどこし。「施主」「布施」
下つき 実施・布施

【施く】しく ①ゆきわたらせる。②行う。「政策を―く」

【施行】シコウ ①実際に行うこと。実施すること。②公布された法令が、実際に適用されること。「憲法を―する」参考 ①「シギョウ」、②「セコウ・セギョウ」とも読む。また、「セギョウ」と読めば別の意もある。

【施策】シサク 行政機関などが、現実の問題に対してたてる計画。また、その計画を実際に行うこと。「行政の―」

【施政】シセイ 政治を行うこと。また、その政治。「—方針演説」

【施設】シセツ ①ある目的のため、建物・設備などを設けること。また、そのもの。「公共—」②老人福祉施設・児童養護施設など、社会福祉施設の略称。「—を訪問する」

【施餓鬼】セガキ 仏餓鬼道におちて飢餓に苦しむ亡者や無縁の亡者のために行う供養。施餓鬼会(セガキエ)。季秋

【施行】セギョウ ①善行や功徳を積むため、僧侶(ソウリョ)や貧しい人に物をほどこすこと。「—風呂(フロ)」②「施行(シコウ)」に同じ。

【施工】セコウ 工事を行うこと。「道路工事を—する」参考「シコウ」とも読む。

【施主】セシュ ①寺や僧に金品をほどこす人。②葬式や法事などの主催者。③建築の依頼主。「—の要望で設計を変更する」

【施錠】セジョウ 鍵(かぎ)をかけること。「入り口に—して外出する」

【施肥】セヒ 肥料を与えること。「農作物の生育に—はかかせない」

【施米】セマイ ①托鉢(タクハツ)僧や貧しい人に米をほどこすこと。また、その米。②平安時代、毎年六月に朝廷が京都の貧しい僧に米や塩をほどこしたこと。季夏

【施無畏】セムイ ①仏・菩薩(ボサツ)が衆生(シュジョウ)のおそれを取り除き、安心させること。無畏施(ムイセ)。②観世音(カンゼオン)菩薩の異称。

【施物】セモツ 僧や貧しい人々にほどこし与える品物。参考「セブツ」とも読む。

【施薬】セヤク 貧しい人々に無料で薬を恵み与えること。また、その薬。「—院」

【施与】セヨ 人に物をほどこし与えること。また、その品物。

【施療】セリョウ 貧しい人々のために、無料で病気の治療をすること。

【施す】ほどこ-す ①めぐみ与える。「金品を—す」②必要な処置をとる。つけ加える。「対策を—す」「手の—しようがない」③広くしめす。「面目を—す」

シ【柿】(9) 木5 常 1933/3341 ▼かき(一九五)

シ【祉】(9) 礻4 8920/7934 ▼祉の旧字(六一〇)

シ【茨】(9) 艹6 教 1681/3071 ▼いばら(五八)

シ【茲】(9) 艹6 1 7204/6824

音 シ・ジ
訓 ここ・ここに・しげる・ます・ますます・とし

意味 ①ここ。これ。この。ここに。類此(シ)・斯(シ) ②しげる。草が生いしげる。③ます。ふえる。ますます。④とし。「今茲」

下つき 今茲(コンジ・ことし)・来茲(ライジ)

【茲】ここ ①話し手がいる場所。「—に来てください」②話題としている場所・事柄。「—が肝心です」③現在を中心にした近い時間。「—数日眠れない」

シ【差】(10) 工7 教 2625/3A39 ▼サ(五四四)

シ【師】(10) 巾7 常 教 6 2753/3B55

音 シ
訓 外みやこ・いくさ

筆順 ノ 亻 𠂆 𠂤 𠂤 𠂤一 𠂤𠂉 師

意味 ①教え導く人。手本となる人。先生。「師範」「教師」②専門的な技術をもった人。「医師」「絵師」③おさ。かしら。長官。④多くの人の集まる所。みやこ。「京師」⑤軍隊。いくさ。「師団」

下つき 医師(イシ)・絵師(エシ)・恩師(オンシ)・技師(ギシ)・京師(ケイシ)・国師(コクシ)・禅師(ゼンシ)・祖師(ソシ)・大師(ダイシ)・導師(ドウシ)・仏師(ブッシ)・法師(ホウシ)・牧師(ボクシ)・薬師(ヤクシ)・猟師(リョウシ)・老師(ロウシ)

【師曠の聡】シコウのソウ 耳が鋭敏なこと。音楽を聞き分けられる人のこと。師曠は中国、春秋時代、晋(シン)の平公に仕えた盲人の楽師。〈『孟子(モウシ)』〉

【師事】シジ ある人を先生として、その教えを受けること。

【師資相承】シシソウショウ 師の教えを受け継ぐこと。また、師から弟子へ学問や技芸などを伝えていくこと。「師資」は師匠・先生。また、師匠と弟子。

【師匠】シショウ ①学問・技芸などを教える人。先生。「—の教えにしたがう」類師範 対弟子・門弟 ②芸人に対する敬称。

【師団】シダン ①陸軍の部隊編制上最大の単位。司令部があり、独立して作戦行動ができる。②陸上自衛隊の一部隊。

【師弟】シテイ 師と弟子。先生と生徒。「入門して—の関係になる」

【師範】シハン ①手本。模範。②学問・技芸を教える人。先生。「日舞の—」類師匠 ③「師範学校」の略。

【師表】シヒョウ 人々の模範となること。また、その人。手本。「—と尊敬される」類師範

【師旅】シリョ 軍隊。由来古代中国の軍隊組織で、五〇〇人を「旅」といい、五旅を「師」といったことから。〈『論語』〉

〈師走〉しわす 陰暦一二月の異名。季冬 参考太陽暦の一二月についてもいう。

【師兄】スヒン 禅宗で兄弟子のこと。参考「ス」「ヒン」はともに唐音。

シ【恣】(10) 心6 常 2 5583/5773

音 シ
訓 外ほしいまま

筆順 ー ニ ン 㳄 次 次 恣 恣

意味 ほしいまま。かってきままにする。「恣意」

下つき 驕恣(キョウシ)・自恣(ジシ)・縦恣(ショウシ)・放恣(ホウシ)

【恣意】シイ 自分勝手な考え。気ままな思いつき。「—的な決断」表記「肆意」とも書く。

【恣行】シコウ 勝手気ままに行うこと。わがままな行動。

【恣肆】シ 自分の思い通りにすること。わがまま。「恣」も「肆」もほしいままの意。類 放縦

【△恣】ほしいまま 自分勝手にするさま。わがまま。「権力をーにする」

シ【★疵】(10) 疒 5 1 6551 6153 音 シ 訓 きず・やまい・そしる

意味 ①きず。きずあと。あやまち。欠点。「瑕疵カシ」「細疵」類 傷 ②やまい。病気。「疵厲シレイ」 ③そしる。悪口をいう。「毀疵キシ」

下つき 瑕疵カシ・毀疵キシ・小疵ショウシ

【疵】きず ①皮膚や肉のそこなわれた部分。切りきず。「ころんでーを負う」 ②物が壊れいたんだところ。「車のー」 ③精神的苦痛。「心のーをいやす」 ④不完全なところ。欠点。不名誉。「プライドにーがつく」 表記「傷」とも書く。

【▲疵物】きずもの きずのついたもの。いたんだ品物。表記「傷物」とも書く。

【▲疵▲瑕】シカ 欠点。過失。きず。類 瑕疵 参考「シガ」とも読む。「疵」は身体のきず、「瑕」は玉のきずの意。

シ【★砥】(10) 石 5 準1 3754 4556 音 シ 訓 と・といし・とぐ・みがく

意味 ①と。といし。「砥石」 ②とぐ。みがく。はげむ。「砥礪シレイ」「砥磨」 ③たいら。たいらにする。「砥平」

下つき 粗砥あらと・礪砥レイシ

【▲砥▲礪】シレイ ①といし。②とぎみがくこと。③学問・修養につとめること。「苦しい一の日が続いた」参考「砥」は目が細かいといし、「礪」は粗いといしの意。

【▲砥】と きめの細かいといし。

【▲砥石・▲砥】といし 切れ味がよくなるように、刃物をとぐための石。

【▲砥草】とくさ トクサ科の多年草。由来 物をみがくのに用いる草の意から。▼木賊とくさ(四六)

【▲砥の粉】とのこ といしを切りだす際に出る粉。また、粘土を焼いて粉にしたもの。刀剣をみがいたり、白木の柱などの着色や漆器の下地、舞台化粧の材料などに用いる。

シ【★祠】(10) 礻 5 1 6712 632C 音 シ 訓 ほこら・まつる・まつり

意味 ①ほこら。やしろ。おたまや。先祖の霊をまつる所。「祠堂」「社祠」 ②まつ(祭)る。まつり。神をまつる。「合祠」

下つき 合祠ゴウシ・社祠シャシ・小祠ショウシ・神祠シンシ・奉祠ホウシ

【▲祠堂】シドウ ①祖先の霊をまつってある所。おたまや。寺院では位牌堂など。②神仏をまつった小さい建物。ほこら。

【▲祠】ほこら 神をまつった小さな建物。やしろの小さいもの。「村のあちこちにーがある」

【▲祠る】まつる ①神の意向をうかがうために場所を設けて安置する。②願をかけ、その願いがかなった礼としてまつる。

シ【祗】(10) 礻 5 1 6713 632D 音 シ 訓 つつしむ・ただ

意味 ①つつしむ。うやまう。「祗畏シイ」「祗候」 ②ただ。類 只シ ③まさに。ちょうど。参考「祇ギ」は別字。

【▲祗候】シコウ ①つつしんで貴人のそば近く仕えること。また、その人。②つつしんでご機嫌うかがいに上がること。表記「伺候」とも書く。

【▲祗む】つつしむ うやうやしくかしこまる。うやまう。「ーんでお仕えする」

シ【紙】(10) 糸 4 教 常 9 2770 3B66 音 シ 訓 かみ

筆順 く 幺 幺 糸 糸 糸 糸 紅 紙 紙

意味 ①かみ。「紙型」「色紙」「和紙」 ②かみに書かれたもの。書物。文書。「紙幅」「紙背」 ③「新聞紙」の略。「紙上」

下つき 印紙イン・懐紙カイ・ふところがみ・罫紙ケイ・原紙ゲン・色紙シキ・いろがみ・台紙ダイ・手紙てがみ・白紙ハク・半紙ハン・表紙ヒョウ・別紙ベッ・用紙ヨウ・洋紙ヨウ・和紙ワ

【紙】かみ ①植物繊維をすいて作ったもの。文字や絵を書いたり、印刷したり、ものを包んだりするのに用いる。中国、後漢ゴの蔡倫サイリンが製法を発明したと伝えられる。②じゃんけんで、指を全部ひらいた形。ぱあ。

【紙▲屑】かみくず いらなくなった紙。「宣伝物でーがこんなにたまった」

【紙子・紙△衣】かみこ 紙でできた衣服。厚い和紙に柿渋かきしぶをぬり、もみやわらげてつくる。季 冬

【紙芝居】かみしばい 物語の場面を何枚かの紙に描き、話しながら順にめくって見せるもの。

【紙▲漉】かみすき 和紙をすくこと。また、それを職業とする人。季 冬

【紙▲漉△槽】かみすきぶね 紙をすくときに、原料を溶かした水を入れておく水槽。かみぶね。

【紙▲礫】かみつぶて 嚙かんだ紙などを固くまるめ、ぶつけるもの。

【紙一重】かみひとえ 一枚の紙の厚さほどの、ごくわずかな隔たりやちがい。「実力の差はーだ」

【紙▲鑢】かみやすり ガラス粉や金剛砂コンゴウシャを厚紙や布の表面にはりつけて作ったやすり。サンドペーパー。

【〈紙屋〉紙】こうやがみ 平安時代、紙屋院で作られた上質の紙。のちには不要になった反故ほごの紙をすきかえしたうすずみ紙をいうようになった。由来「かみやがみ」の転じたもの。

【〈紙縒〉・〈紙撚〉・〈紙捻〉】こより 細長く切った和紙をよってひも状にしたもの。かん

ぜより。「書道の作品を―でとじる」由来「かみより」の転じた「こうより」がさらに転じたもの。

[紙▲鳶] シエン 「紙鳶(たこ)」に同じ。

[紙上談兵] シジョウダンペイ 理屈だけで実行が伴わなかったり、実際には役に立たなかったりすること。紙の上で戦術を議論する意から。類机上の空論

[紙▲燭] シソク 昔、宮中などで、夜間の儀式や行幸のときに用いた照明具。松の木の先に油を塗り、点火するもの。また、紙や布で作ったこよりに油を染みこませたものもある。表記「脂燭」とも書く。由来手元を紙で巻いたことから。参考「シショク」とも読む。

[紙背] シハイ ①紙の裏面。②文章の裏の意味。「眼光―に徹す（文面にない深い意味を読みとる）」

[紙幅] シフク ①紙のはば。②定められた原稿の枚数。「与えられた―が尽きる」

[紙幣] シヘイ 紙でできた貨幣。さつ。「―を両替する」対硬貨

[紙片] シヘン 紙きれ。紙のきれはし。また、一枚の紙。「―に書きつける」

〈紙魚〉 しみ シミ科の昆虫の総称。▼衣魚(しみ)（二七）

〈紙▲鳶〉 たこ 細い竹を組んで紙を貼(は)り、糸をつけて空に揚げるおもちゃ。いかのぼり。季春 表記「凧」とも書く。参考「シエン」とも読む。関西地方では「いか」ともいう。

シ【★翅】

(10) 羽 4 / 1 / 7034 / 6642 音シ 訓つばさ・はね

意味 ①つばさ。はね。鳥や虫のはね。「翅翼」②魚のひれ。「魚翅」③ただ。ただに。類只(シ)・啻(シ)

下つき 羽翅(ウシ)・魚翅(ギョシ)・後翅(コウシ)・上翅(ジョウシ)・双翅(ソウシ)・展翅(テンシ)・比翅(ヒシ)・翼翅(ヨクシ)

[▲翅] つばさ 鳥類や昆虫類のまっすぐな短いはね。空中を飛ぶための器官。

[▲翅斑蚊] はまだらか カ科の昆虫の総称。▼羽斑蚊(はまだらか)（七〇）

シ【脂】

(10) 月 6 常 4 / 2773 / 3B69 音シ 訓あぶら 外やに・べに

筆順 丿 刀 月 月 月' 月ヒ 脂 脂 脂 脂

意味 ①あぶら。動物性のあぶら。「脂肪」「脱脂」②樹木のやに。「樹脂」③べに。くちべに。「脂粉」

下つき 臙脂(エンジ)・凝脂(ギョウシ)・紅脂(コウシ)・獣脂(ジュウシ)・樹脂(ジュシ)・脱脂(ダッシ)・油脂(ユシ)

[脂] あぶら ①動物の脂肪。「―ぎった顔」②活動の原動力。活気。「ちょうど―がのった（調子が出る）年代だ」

『脂に▲画き氷に▲鏤む』 あぶらにえがきこおりにちりばむ 本体がきちんとしていなければ、いくら外側を飾っても無駄であるということ。努力をしても効果がないたとえ。「鏤む」は彫刻する意。変形しやすい脂に絵を描いても、氷に彫刻してもすぐに溶けてなくなってしまう意から。《『塩鉄論』》

[脂汗] あぶらあせ 精神的・肉体的に苦しいときににじみ出る、脂肪分のまじったねばっこい汗。「額に―がにじむ」

[脂薬] あぶらぐすり 動物のあぶらで練った、外用のぬり薬。膏薬(コウヤク)。

[脂気] あぶらケ あぶらを多く含んでいること。あぶらっけ。「―が多くつやつやしている」表記「油気」とも書く。

[脂性] あぶらショウ 脂肪分の分泌が多く、皮膚の表面がいつもあぶらぎっている体質。

[脂身] あぶらみ 食肉の脂肪。また、脂肪の多い部分。「豚の―」

[脂▲燭] シソク マツの枝や紙・布のこよりを利用した昔の照明具。夜の儀式などに用いた。表記「紙燭」とも書く。参考「シショク」とも読む。

[脂粉] シフン 紅とおしろい。転じて、化粧。「―の香に惑わされる」

[脂肪] シボウ 動植物に含まれる、常温では固体の油脂。「―組織」「―の取り過ぎ」

[△脂] やに ①樹木から分泌される粘液。樹脂。「松―」②目やに。③たばこが燃えることで発生する粘着性の液体。

[△脂下がる] やにさがる 気取ってかまえる。いい気分になってにやにやする。「目尻(めじり)を下げて―る」由来キセルを吸うとき、脂(やに)が吸い口のほうに下がるように、雁首(がんくび)を上げて反り気味になる格好から。

シ【★舐】

(10) 舌 4 / 1 / 7151 / 6753 音シ 訓なめる・ねぶる

意味 なめる。ねぶる。舌先でなめる。「舐犢(シトク)」

[舐▲犢の愛] シトクのアイ 親が子を深く愛すること。「犢」は子牛の意で、親牛がかわいがる表現として子牛をなめることから。《『後漢書(ゴカンジョ)』》

[▲舐める] なめる ①舌の先で触れる。「指を―める」②かまないで舌で味わう。「飴(あめ)を―める」③甘くみる。「敵を―める」④経験する。苦しい体験をする。「苦汁を―める」

[▲舐る] ねぶる 舌でなめる。しゃぶる。「飴(あめ)を―らせる」

シ【虒】

(10) 虍 4 / 1 音シ・チ 訓つのとら

意味 トラに似た、角のある想像上の獣の名「委虒(イシ)」に用いられる字。

シ【蚩】

(10) 虫 4 / 1 / 7348 / 6950 音シ 訓あなどる・おろか・みにくい・みだれる

意味 ①あざわらう。あなどる。「蚩笑」類嗤(シ) ②おろか。③みにくい。「妍蚩(ケンシ)」④みだれる。また、みだす。

下つき 妍蚩(ケンシ)

【蚩蚩】シシ ①律儀で情にあついさま。②おろかなさま。③乱れそむくさま。

【蚩尾】シビ 宮殿・仏殿などの棟の両端にとりつける飾り。表記「鴟尾・鵄尾」とも書く。

シ【偲】(11) イ9 準1 2837 3C45 音 シ 訓 しのぶ

意味 ①しのぶ。なつかしく思い出す。②はげましあうさま。「偲偲」③かしこい。

【偲ぶ】しの―ぶ ①過去や人・物事をなつかしく思う。「亡き母を―ぶ」②想像して考える。推察する。「人格のよさが―ばれる」

シ【匙】(11) ヒ9 準1 2692 3A7C 音 シ 訓 さじ

意味 さじ。スプーン。「茶匙」類 ヒ(ヒ)

下つき 小匙(こさじ)・茶匙(チャさじ)

【〈匙笥〉】かいげ 風呂(フロ)場などで湯や水を汲(く)む小さいおけ。また、特に片手のもの。表記「播笥」とも書く。

【匙】さじ 液体や粉をすくい取りやすいようにくぼませた道具。スプーン。

【匙を投げる】①医者が患者の治療をあきらめる。②物事に見切りをつけてあきらめる。「度重なる失敗に―げる」由来 医者が薬を調合するための匙を投げ捨てることから。

【匙加減】さじカゲン 薬の調合具合。転じて、心くばりの度合い。手加減。「―で良くも悪くもなる」

シ【徙】(11) イ8 1 5548 5750 音 シ 訓 うつる・うつす

意味 うつる。場所を変える。うつす。「徙倚(シイ)」「徙居」参考「徒」は別字。

下つき 移徙(イシ)・遷徙(センシ)・転徙(テンシ)

【徙る】うつ―る ①場所・立場を変える。たちのく。「都が―る」②過ぎる。動いていく。「季節が―る」参考 一歩ずつ足を進める意。

シ【梓】(11) 木7 準1 1620 3034 音 シ 訓 あずさ・はんぎ

意味 ①あずさ。ノウゼンカズラ科の落葉高木。きささげ。日本では、カバノキ科、またトウダイグサ科の落葉高木をあてている。「梓弓」②はんぎ(版木)。また、印刷すること。「梓行」「上梓」③木工の職人。大工。「梓人」

下つき 上梓(ジョウシ)・桑梓(ソウシ)

【梓】あずさ ①ヨグソミネバリの別称。カバノキ科の落葉高木。材質がかたく弾力があるため、昔、この木で弓を作った。②キササゲの別称。ノウゼンカズラ科の落葉高木。③アカメガシワの別称。トウダイグサ科の落葉高木。④木版用の版木。「―に上(のぼ)す(上梓(ジョウシ)する。出版する)」由来 ④昔の中国で①の材料を用いたことから。

【梓巫・梓〈巫女〉】あずさみこ 梓弓の弦を鳴らして死霊(シリョウ)・生霊(いきリョウ)のようすや考えを語る女性。いちこ。

【梓弓】あずさゆみ ①古代、アズサの木で作った丸太弓。狩りや神事などに用いられた。②「射る」「引く」「音」などにかかる枕詞(まくらことば)。

【梓行】シコウ 書物を出版すること。刊行。「恩師の著作集を―する」類 上梓(ジョウシ) 由来 木版印刷の版木に、多く梓(あずさ)の木を用いたことから。

【梓人】シジン 大工の棟梁(トウリョウ)や家具職人。由来 中国、周代に工作をつかさどった官の名から。

シ【梔】(11) 木7 1 5973 5B69 音 シ 訓 くちなし

意味 くちなし。アカネ科の常緑低木。「梔子」

【〈梔子〉・梔】くちなし アカネ科の常緑低木。暖地に自生。夏、芳香のある白色の花をつける。実は黄色の染料となる。由来「梔子」は漢名より。和名は、実が熟しても口を開けないことから。表記「巵子・山梔子」とも書く。

シ【瓷】(11) 瓦6 1 6510 612A 音 シ・ジ 訓 いしやき・かめ

意味 ①いしやき。きめの細かいかたいやきもの。「瓷器」②かめ。とっくり。「瓷瓶(ジヘイ)」

下つき 青瓷(セイジ)・白瓷(ハクジ)

シ【畤】(11) 田6 1 6531 613F 音 シ・ジ 訓 まつりのにわ

意味 まつりのにわ。神霊のとどまる所。天地の神や五帝をまつる祭場。

シ【★笥】(11) ⺮5 準1 3158 3F5A 音 シ・ス 訓 け・はこ

意味 はこ。飯または衣類を入れる四角い竹製のはこ。「筐笥(キョウシ)」対 簞(タン)

下つき 衣笥(イシ)・筐笥(キョウシ)・簞笥(タンス)

【笥】け 容器。特に食べ物を入れる器。「―に盛る飯(いい)」参考 竹製の箱の意。

【笥籠・笥子】けこ 昔、食物を盛るのに用いた容器。参考「けご」とも読む。

【笥】はこ 竹製で、ふたがぴっちりとしまる四角い容器。参考「け」とも読む。

シ【耜】(11) 耒5 1 音 シ 訓 すき

【耜】7051 6653

意味 すき。土を掘り起こすための農具。

下つき 良耜(リョウシ)

【耜】すき 土を掘り起こすための農具。表記「犂」と書けば、ウシやウマに引かせて使うものの意になる。

シ【視】(11) 見4 教 常 5 2775 3B6B 音 シ 訓 外 みる

し シ

旧字《視》(12) 見 5 1/準1 9189 7B79

筆順 丶ラネネ礻冂礻目礻目視視

意味 ①みる。目で見る。じっと見る。「視力」「凝視」②みなす。…とみる。思う。「軽視」「敵視」「重視」

下つき 衛視・遠視・看視・監視・仰視・凝視・近視・軽視・検視・虎視・弱視・斜視・重視・熟視・巡視・正視・注視・直視・敵視・透視・俯視・無視・乱視

【視界】シカイ ①見通すことができる範囲。「―が悪い」類視野 ②知識・考えなどが及ぶ範囲。

【視角】シカク ①目と、目で見ている物体の両端を結ぶ二直線がつくる角。②ものを見る立場。物事の考え方。「―を変える」類視点・視座

【視覚】シカク 五感の一つ。目で物を見るときの感覚。「―中枢」

【視学】シガク 旧教育制度で、学校教育の実状を視察・指導する地方官。また、その役職の人。

【視座】シザ 物事を見る立場・姿勢。「異なる―からも検討する」類視点・観点・視角

【視察】シサツ 実際にその場所に出向いて、ようすを見ること。「海外―」

【視線】シセン 目の向いている方向。見ている方向。「―をそらす」「熱い―を浴びる」「冷たい―を感じる」

【視聴覚】シチョウカク 視覚と聴覚。外からの光を刺激として生じる感覚と、外からの音を刺激として受ける感覚。「―教育」

【視聴言動】シチョウゲンドウ 見ること、聞くこと、言うこと、行うこと。また、この四つを慎むこと。故事 孔子が顔回の仁についての問いに答えて、「礼に基づかないものは、見ても、聞いても、言っても、行ってもいけない」と言った故事から。《『論語』》

【視点】シテン ①ものを見たり考えたりする立場。「―を変えて論じる」類観点・視座 ②見ている所。「―が定まらない」③絵画の遠近法で、視線が集まる画面上の仮定の一点。

【視野】シヤ ①一目で見られる範囲。②ものの見方、考え方が及ぶ範囲。「―が狭い」③望遠鏡や顕微鏡などで見える範囲。

【視力】シリョク 物の存在や形を見分ける、目の能力。「―検査」対聴力

【△視る】みる 意識して目をむける。注意深く目にする。しらべみる。観察する。

シ【★趾】(11) 𧾷 4 1 7670 6C66 音 シ 訓 あし・あと・ねもと

意味 ①あし。くるぶしから下の部分。「趾骨」②あと。あしあと。また、物事のあと。「遺趾」③もと。ねもと。類②③址

下つき 遺趾・基趾・城趾・足趾

【▲趾】あし あしの、くるぶしから下の部分。あしくび。「―高く気傲なり」

【趾骨】シコツ あしの指をかたちづくる骨。参考「指骨」と書けば、手の指の骨、「肢骨」と書けば、手足の骨の意。

シ【啻】(12) 口 9 1 5133 5341 音 シ 訓 ただ・ただに

意味 ただ。ただに。否定・反語の言葉の下について、それだけでない意を表す。類只

【▲啻ならぬ】ただならぬ ただごとではない。程度がはなはだしい。「彼らは―仲だ」「―容態」

【▲啻に】ただに 単に。…だけ。多く、あとに「のみならず」などの言葉をともなう。「なぞ―走るのみならんや」

シ【厠】(12) 广 9 1 5490 567A 音 シ 訓 かわや・まじる

〔厕〕5046 524E

意味 ①かわや。便所。「溷厠」②まじる。まじえる。「雑厠」

下つき 溷厠・上厠

【▲厠】かわや 便所。「―に立つ」由来 川の上につくった「川屋」、また家の側につくった「側屋」からとも。

シ【弑】(12) 弋 9 1 5522 5736 音 シ・シイ 訓 しいする・ころす

意味 しいする。ころす。下の者が上の人を殺す。「弑逆」

下つき 簒弑

【▲弑する】シイする 君主・親など目上の人を殺す。「主君を―する」参考「シする」の慣用読み。

【▲弑逆・▲弑虐】シギャク 臣下や子が主君や親を殺すこと。「―を謀る」参考「シイギャク」とも読む。

シ【揣】(12) 扌 9 1 5769 5965 音 シ 訓 はかる・おしはかる

意味 ①はかる。測量する。②おしはかる。さぐる。「揣知」

【▲揣摩臆測】シマオクソク 物事を自分だけで勝手に推測すること。「揣摩」は相手の意などを推し量ること。「臆測」は、いいかげんに推測すること。参考「揣摩」は「スイマ」とも読む。

【▲揣る】はかる ①長さ・深さ・高さなど寸法を調べる。②さぐる。おしはかる。「人の気持ちは―りしれない」

シ【★斯】(12) 斤 8 準1 2759 3B5B 音 シ 訓 これ・この・かく・かかる

意味 ①これ。この。ここ。「斯界」「斯業」類此 ②ここに。すなわち。③かく。かように。このように。④外国語の音訳に用いられる字。「瓦斯」

【▲斯かる】かかる このような。こういう。「―情勢下では」参考「かくある」の転。

【▲斯く】かく このように。こう。「―いう私」「―なるうえは」

【▲斯くして】かくして このようにして。こうして。「―事件は決着した」

【▲斯様】かよう このよう。このとおり。「―なわけで遅刻しました」

【▲斯の】この ①自分に近い事物や人。「―男は信用できる」②話題としている事柄に関係あること。「もう―話はやめよう」③現在に近い時間。最近の。「―時間はひまだ」

【▲斯】これ ①自分の近くにあるもの。「―が新車だ」②自分のいる場所の近く。「―にひかえております」③話題とする事柄。「―が大事な点だ」④自分の身内や目下の者。「―は後輩です」⑤語調を強める語。「―すなわち」

【斯界】シカイ この社会。この分野。「―に名を馳せる」

【斯学】シガク この学問。この分野の学問。「―の権威」

【斯道】シドウ この道。学問や技芸などで、その従事している分野。「―の第一人者」

【斯文】シブン この学問。この道。特に、儒教の学問についていう。「―の研究者」

シ【痣】

(12) 疒 7 1 6560 615C 音 シ 訓 ほくろ・あざ

意味 ①ほくろ(黒子)。②あざ。

【▲痣】あざ 内出血や色素の沈着などにより、皮膚にできる赤・青・紫などの変色部分。「ころんで―をつくる」

シ【竢】

(12) 立 7 1 6779 636F 音 シ 訓 まつ

意味 まつ。まちうける。類 俟シ

【▲竢つ】まつ 立ち止まってまち受ける。じっとまつ。表記「俟つ」とも書く。

し シ

シ【粢】

(12) 米 6 1 6871 6467 音 シ 訓 きび・もち・しとぎ

意味 ①きび。イネ科の穀物。また、穀物の総称。「粢糲シレイ」「六粢」②もち。米で作ったもち。③しとぎ。神前に供える穀物。「粢盛」「祭粢」

下つき 祭粢サイシ・六粢リクシ・糲粢レイシ

【▲粢】しとぎ 神前に供える、米の粉で作った卵形のもち。しとぎもち。

シ【紫】

(12) 糸 6 常 4 2771 3B67 音 シ 訓 むらさき

筆順 丨 ⺊ 止 4 止 此 此 些 些 紫 紫 12

意味 むらさき。赤と青の間の色。「紫雲」「紫煙」

下つき 紅紫コウシ・深紫シンシ・ふかむらさき・浅紫センシ・あさむらさき

〈紫陽花〉あじさい ユキノシタ科の落葉低木。日本でガクアジサイを品種改良したもの。初夏、小花が半球状に集まって咲く。花の色は淡青色・青紫色・淡紅色と変わる。シチヘンゲ。ヨヒラ。季夏 由来「紫陽花」は漢名からの誤用。表記「八仙花」とも書く。

〈紫菜〉あまのり 紅藻類ウシケノリ科の海藻の総称。由来「紫菜」は漢名から。▼甘海苔あまのり(二三)

〈紫羅欄花〉あらせいとう アブラナ科の多年草。南ヨーロッパ原産。春、白や紫紅色などの花を総状につける。観賞用。ストック。季春 由来「紫羅欄花」は漢名からの誤用。

〈紫茉莉〉おしろいばな オシロイバナ科の多年草。由来「紫茉莉」は漢名から。▼白粉花おしろいばな(一二三四)

〈紫▲萼〉ぎぼうし ユリ科の多年草の総称。由来「紫萼」は漢名から。▼擬宝珠ぎぼうし(二九一)

〈紫雲英〉げんげ レンゲソウの別称。季春 表記「翹揺」とも書く。▼蓮華草レンゲソウ(一六〇六)

〈紫▲薇〉さるすべり ミソハギ科の落葉高木。由来「紫薇」は漢名から。▼百日紅さるすべり(一三〇〇)

【紫衣】シイ 位の高い僧が着るむらさき色の衣服。昔は天皇の許しを得て着用した。参考「シエ」とも読む。

【紫雲】シウン むらさき色の雲。類 瑞雲ズイウン 参考 この雲に乗り、仏が現れる吉兆とされている。

【紫煙】シエン むらさき色の煙・もや。特に、タバコの煙。「―をくゆらす」

【紫▲苑】シオン キク科の多年草。山地にまれに自生。秋、淡紫色の小さなキクに似た花を多数つける。根はせき止めの薬に用いる。季秋

【紫外線】シガイセン 波長がX線よりも長く、可視光線よりも短い電磁波。太陽スペクトルで紫の外側に現れる。「―で殺菌する」「―療法」対 赤外線

〈紫香楽宮〉しがらきのみや 奈良時代、聖武天皇が離宮として造営した都。現在の滋賀県甲賀市信楽町あたりにあった。表記「信楽宮」とも書く。

【紫紺】シコン むらさき色をおびた紺色。「―の優勝旗」

【紫▲宸殿】シシンデン 平安京大内裏ダイダイリの正殿。新年の朝賀・即位・節会セチエなどの儀式が行われた。南殿ナデン。参考「シシイデン」とも読む。

【紫▲蘇】シソ シソ科の一年草。中国原産。葉は卵形で、香気が強い。アオジソは生食のほか、香味料に用いる。アカジソは梅干しなど漬物の着色用。ちそ。季夏 由来「紫蘇」は漢名から。

【紫▲檀】シタン マメ科の常緑高木。インド南部原産。材は暗紫紅色で堅く木目が美しいため、家具などに用いる。「―の家具を購入した」

【紫電】シデン ①むらさき色の電光。②するどい眼光。③研ぎ澄ました刀剣の光。

【紫電一閃】シデンイッセン 研ぎ澄ました刀剣を振り下ろすときのきらめくさま。転じて、事の緊急なさま。短い時間の急激な変化の形容。「一閃」は一瞬のきらめきの意。

【紫電清霜】シデンセイソウ 容姿がすぐれ節操の堅い人の形容。また、鋭く光る武器のいかめしさの形容。むらさき色の電光のように美しく光り輝き、清く白い霜のようにひきしまっている意。〈王勃オウボツの文〉

【紫斑】シハン 内出血によって皮膚に現れるむらさき色の斑点。

【紫蘭】シラン ラン科の多年草。山地にまれに自生。葉は長楕円ダエン形。初夏、紫紅色の花を総状に数個つける。花は観賞用、塊茎は薬用。シュラン。季夏 表記「白及」とも書く。

〈紫萁〉ぜんまい ゼンマイ科の多年生シダ植物。由来「紫萁」は漢名から。▼薇ぜんまい(一二九三)

〈紫荊〉はなずおう マメ科の落葉低木。由来「紫荊」は漢名から。▼花蘇芳はなずおう(一四三)

〈紫参〉はるとらのお タデ科の多年草。山地の木陰に自生。早春、白色の小花を穂状につける。イロハソウ。由来「紫参」は漢名から。表記「春虎尾」とも書く。

【紫】むらさき ①ムラサキ科の多年草。山野に自生。夏、小さな白い花を開く。根は乾くとむらさき色になり、古くから、染料とする。季夏 ②むらさき色。赤と青の中間色。③醬油ショウユの別名。

【紫華鬘】むらさきケマン ケシ科の多年草。山野に自生。葉は羽状に細かくさける。晩春、紫紅色の筒状唇形花をつける。ヤブケマン。季春

〈紫金牛〉やぶこうじ ヤブコウジ科の常緑小低木。由来「紫金牛」は漢名から。▼藪柑子やぶこうじ(九五一)

〈紫雲英〉れんげそう マメ科の二年草。由来「紫雲英」は漢名から。参考「げんげ」とも読む。▼蓮華草レンゲソウ(一六〇六)

シ【絲】(12) 糸 6 6915 652F ▼糸の旧字(六〇五)

シ【覗】★ (12) 見 5 準1 3933 4741 音 シ 訓 のぞく・うかがう

意味 のぞく。うかがう。そっと見る。類伺

【覗う】うかがう すきまからそっとのぞいて見る。ようすを探る。「戸のかげからようすを―う」

【覗色】のぞきいろ きわめて薄い青色。かめのぞき。参考 藍瓶あいがめを少しのぞいた程度の色の意。

【覗機関】のぞきからくり 昔、箱の中に入れた数枚の絵を順次ひもで入れかえ、凸レンズをつけた穴からのぞかせた装置。からくりめがね。のぞきめがね。

【覗く】のぞく ①小さな穴やすきまから見る。「望遠鏡を―く」②高い所から下を見る。「谷川を―く」③こっそり見る。「人の秘密を―く」④少し見る。また、一部が見える。「画廊を―く」「真っ白い歯が―いている」表記「覘く」とも書く。

シ【視】(12) 見 5 9189 7B79 ▼視の旧字(六一八)

シ【觜】(12) 角 5 1 7525 6B39 音 シ・スイ 訓 くちばし・はし・けづの・とろきぼし

意味 ①くちばし。はし。「觜距」「觜爪シソウ」②鳥の口先のようにとがったもの。類 ①②嘴シ ③けづの(毛角)。ミミズクの頭上の突き出た毛。④とろきぼし。星座の名。二十八宿の一つ。

【觜】くちばし 鳥類の口先で上下がつき出た角質部分。「―が黄色い(若くて未熟なこと)」「―を挟む(他人のすることに口出しをする。干渉する)」由来 口の端の意から。表記「嘴」とも書く。

【觜】はし 鳥などのくちばし。「イスカの―のくいちがい」表記「嘴」とも書く。

シ【詞】(12) 言 5 教 常 5 2776 3B6C 音 シ 訓 外ことば

筆順 亠 言 言 言 訂 訶 詞 詞 (2 4)

意味 ①ことば。また、文章。詩歌。「詞藻」②日本文法で、単独で文節を構成することのできる語。「動詞」「名詞」対辞

下つき 歌詞カシ・賀詞ガシ・作詞サクシ・祝詞シュクシ・のりと・頌詞ショウシ・誓詞セイシ・台詞ダイシ・せりふ・通詞ツウジ・訳詞ヤクシ

【詞】ことば ①単語や語句。また、詩文。②小説・戯曲の会話の部分。③語り物などで、節のない語り部分。

【詞書】ことばがき ①和歌で、その歌を詠んだ場所や背景・事情などを記した前書き。題詞。②絵巻物で、絵の間にある説明の文章。絵詞エことば。

【詞花・詞華】シカ 詩歌や文章で、表現の美しいことば。美しくすぐれた詩歌や文章。参考 ことばの花の意。

【詞藻】シソウ ①ことばのあや。②詩歌や文章。③詩文の才能が豊かで、すぐれていること。「枯れた―」

シ【貲】(12) 貝 5 1 7639 6C47 音 シ 訓 たから・あがなう

意味 ①たから。もとで。みのしろ。財産。「貲財」「貲産」類資 ②あがなう。金品を出してつぐないをする。

下つき 高貲コウシ

〈貲布〉さいみ 織り目の粗い麻布。蚊帳かや・穀物袋などに用いた。表記「細布」とも書く。

シ【歯】(12) 歯 0 教 常 8 2785 3B75 音 シ 訓 は 外よわい

旧字《齒》(15) 齒 0 1/準1 8379 736F

筆順 … 歯(6, 10)

意味 ①は。動物の口の中にあり、食物をかみくだく器官。「歯列」②はのような形やはたらきをなすもの。「鋸歯」③よわい。とし。年齢。「歯序」「年歯」

下つき 齲歯・義歯・臼歯・鋸歯・犬歯・切歯・乳歯・年歯・門歯

【歯牙】シガ ①歯ときば。②歯。③口さき。言論。「―にもかけない(問題にしない)」

『歯牙にも掛けない』 取り立てて言わないこと。相手にせず取り合わないこと。由来「歯牙に掛くるに足らず」〈荻生徂徠の文〉から。類歯牙の間に置くに足らず

【歯齦】シギン 「歯茎」に同じ。

【歯垢】シコウ 歯の表面にこびりついたよごれ。多くは、食物のかすを栄養にする微生物からなる。虫歯の原因になり、歯石の母体ともなる。歯くそ。

【歯序】シジョ 年齢をもとにした順序。としの順。「―に沿った席順」

【歯石】シセキ 歯の表面についた歯垢が石灰化したもの。歯塩。

【歯槽膿漏】シソウノウロウ 炎症などによって歯の周囲の組織が破壊され、歯茎からうみや血が出たり、歯がぐらつく疾患の総称。口臭や抜け歯の原因になる。

【歯朶】シダ シダ植物の総称。▼羊歯(一五二五)

【歯】は ①動物の口の中に上下に並んではえ、食物をかみくだく器官。②①の形をしたもの。また、似たはたらきをするもの。「くしの―」③げたの裏にある垂直な二枚の板。「げたの―が折れる」

『歯に衣着せぬ』 ためらわずに思ったことをそのまま言う形容。相手にとって不快なことや厳しいことでも率直に言うこと。「―批評」対奥歯に物が挟まる

『歯亡び舌存す』 強くがっちりしているものは早くなくなってしまい、柔軟なものがかえって最後まで残る。〈『説苑』〉類柔能よく剛を制す

【歯固め】はがため ①昔、長寿を願って正月三が日の間、ダイコン・ウリ・押し鮎・イノシシの肉・鏡餅などを食べた行事。近世には鏡餅を保存しておいて六月一日に食べる行事にもいう。②まだ歯の生えない乳児が、噛んだりしゃぶったりして歯茎をかためる玩具。

【歯噛み】はがみ ①歯を強くかみ合わせること。②残念がること。はぎしり。「相手の卑劣なやり方に―する」

【歯痒い】はがゆい 思いどおりにならなくて、いらだたしい。じれったい。もどかしい。「見ていて―い」「―い思いをする」

【歯軋り】はぎしり ①睡眠中、歯を強くこすり合わせて音をたてること。「―する癖がある」②くやしくて歯を強くかみ合わせること。はがみ。「ごまめの―」「―して残念がる」

【歯切れ】はぎれ ①歯で食べ物をかみ切るときの感じ。②言い方の明確さの度合。「―の悪い返事」

【歯茎】はぐき 歯の根を包む筋肉で、粘膜におおわれている層。歯齦。

【歯車】はぐるま ①機械の部品で、周りに歯を刻みつけた車。また、それをかみ合わせて一方から他方へと動力を伝える装置。ギア。②物事や組織を構成する各要員・要素。「部長とはいえ会社の―にすぎない」

【歯止め】はどめ ①車や歯車が回転しないようにすること。また、その装置・道具。②事態の急速な進行や悪化をくいとめること。また、そのための手段や方法。「支持勢力の衰退に―がかからない」

【歯】よわい ①年齢。とし。②年配。年ごろ。表記①「齢」とも書く。参考「歯する」「歯する」と用いて、年齢順に並ぶ、また、仲間に加わる意になる。

シ **【嗣】** (13) 口10 常 準2 2744 3B4C

音 シ 訓 外つぐ

筆順 … 嗣(2, 13)

意味 つぐ。あとをうけつぐ。あとつぎ。「嗣子」「継嗣」「嫡嗣」

下つき 継嗣・後嗣・皇嗣・嫡嗣

【嗣君】シクン 世継ぎ・跡継ぎの敬称。

【嗣子】シシ 跡取りの子。跡継ぎ。「―の問題でお家騒動が起こる」

【嗣ぐ】つぐ 家督や家業を継承する。あとめを相続する。「家を―ぐ」

シ **【嗜】** (13) 口10 1 5147 534F

音 シ 訓 たしなむ・たしなみ

意味 ①たしなむ。好んでしたしむ。「嗜好」「嗜欲」②むさぼる。「嗜眠」③たしなみ。素養。

下つき 耽嗜

【嗜虐】シギャク 残虐なことを好むこと。「―的な行為を恐れる」

【嗜好】シコウ たしなみ好むこと。各自の好み。特に飲食物についていう。「―品」

【嗜癖・嗜僻】シヘキ あることをかたよって好むくせ。

【嗜眠】シミン 高熱や高度の衰弱などで病的な睡眠状態にあること。強い刺激を与えないと目覚めない。

【嗜欲・嗜慾】シヨク 欲するままに好むことをしようとすること。また、その欲望。「―を遠ざける」

【嗜み】たしなみ ①好み。芸事などに対する心得。「茶道の―がある」②ふだんからの心がけ・用意。「彼は―のよい人だ」③つつしみ。「―のない態度をとる」

【嗜む】たしな-む ①好んで親しむ。「酒を―む」②趣味として身につける。「華道を―む」③言動をつつしむ。「言葉を―みなさい」

シ【嗤】(13) 口10 1 5148 5350 音 シ 訓 わらう・あざわらう

意味 わらう。あざわらう。「嗤笑」

下つき 謗嗤ボウシ

【嗤笑】シショウ あざけりわらうこと。あざわらい。類 嘲笑チョウショウ

【嗤う】わら-う ばかにしてわらう。あざわらう。「人の失敗を―う」

シ【塒】(13) 土10 1 5245 544D 音 シ・ジ 訓 ねぐら・とや・とぐろ

意味 ねぐら。とや（鳥屋）。鳥のねぐら。鶏小屋。

【塒】とぐろ ヘビなどが渦巻き状に体を巻くこと。「マムシが―を巻く」「若者が―を巻いている（用もないのに長時間ごろごろ居座っている）」 表記「蜷局」とも書く。

【塒】とや ①鳥を飼う小屋。鳥小屋。②タカの羽が夏の末に抜けかわること。「―につく」 季秋 由来 ②その間、タカが小屋ごもりすることからいう。 表記「鳥屋」とも書く。

【塒】ねぐら ①ニワトリのねどこ。転じて、鳥の寝る所。巣。②人の泊まる所。「きょうの―」

シ【孳】(13) 子10 ▼ジ(六三八)

シ【滓】★(13) 氵10 1 6272 5E68 音 シ・サイ 訓 かす・おり

意味 ①かす。おり。水中の沈殿物。「残滓」②よごれ。けがれ。「垢滓コウシ」

下つき 渣滓サシ

【滓】おり 液体を放置しておいたとき、底にたまるもの。沈殿物。 参考「かす」とも読む。

【滓】かす ①液体などの底にたまるもの。おり。②必要な部分を取り除いたあとに残った不用物。つまらないもの。「油をしぼった残り―」「人間の―」 類 屑くず

シ【獅】★(13) 犭10 準1 2766 3B62 音 シ 訓 しし

意味 しし（獅子）。ライオン。

【獅噛】しがみ 獅子シシの顔面を模様化した装飾。火鉢の脚などに用いる。

【獅子】シシ ①ライオン。②ライオンに似た想像上の動物。唐獅子。「―に牡丹ボタン」③「獅子舞」の略。

【獅子身中の虫】シシシンチュウのむし 仏の教えを学びながら、仏教に害をなす者。転じて、味方でありながら味方を裏切ったり、恩を仇あだで返す者のたとえ。獅子（ライオン）の体内に寄生し、ついには死に至らしめる虫の意から。〈梵網経ボンモウキョウ〉

【獅子の子落とし】ししのこおとし 子どもにあえて困難な道を歩ませることで、その能力を伸ばし一人前に育てるたとえ。獅子（ライオン）は子を生まれてすぐ谷に落とし、はい上がってきた子だけを育てるという俗説から。 参考「子落とし」は「子育て」ともいう。

【獅子奮迅】シシフンジン すさまじい勢いで活躍すること。獅子（ライオン）が奮い立って勇猛に走りまわるように、事に対処する意気込みや勢いがすさまじいこと。もとは仏教の語。「奮迅」は勢い激しく奮い立つこと。〈大般若経ダイハンニャキョウ〉「―の陣頭指揮」

【獅子吼】シシク ①熱弁をふるうこと。大演説。「―して人々は興奮の極に達した」②悪魔や外道ゲドウをも恐れ伏せさせたという、獅子がほえるような釈迦シャカの説法。〈法華経ホケキョウ〉

【獅子舞】ししまい ①豊年祈願や悪魔払いのために、木製の獅子頭をかぶって行う舞。「―を奉納する」 季新年 ②能で、獅子の舞うさまをまねた急調子の舞。

シ【肆】(13) 聿7 1 7072 6668 音 シ 訓 ほしいまま・つらねる・みせ

意味 ①ほしいまま。かってきまま。「肆意」「放肆」 類 恣シ ②つらねる。ならべる。③みせ。品物をならべて売る店。「書肆」④数の「四」の代用字。

下つき 驕肆キョウシ・魚肆ギョシ・市肆シシ・酒肆シュシ・書肆ショシ・店肆テンシ・放肆ホウシ

【肆意】シイ その時々の気ままな思いつき。自分勝手な考え。「―的な解釈」 表記「恣意」とも書く。

【肆店・肆廛】シテン 店。店舗。商店。

【肆】ほしいまま かってきまま。わがまま。自分の思いどおりにして遠慮がないさま。「天下を―にする」

【肆】みせ 商品を並べて販売するみせ。店舗。市場。

シ【蒔】(13) 艹10 準1 2812 3C2C 音 シ・ジ 訓 まく・うえる

意味 ①まく。(ア)種をまく。(イ)うるしの絵に金銀の粉末を散らし落とす。「蒔絵」②うえる。植物を移しうえる。

【蒔絵】まきエ 漆で模様を描いた漆器の表面に金粉・銀粉などを散らし、みがいて仕上げる日本独特の工芸美術。また、その技法。

【蒔く】ま-く ①発芽・生育させるために、種子を地にうめる。②蒔絵まきえを作る。

【蒔かぬ種は生えぬ】①原因がなければ結果も生じない。②努力せずに好結果を望んでも、何物も得られないということ。

シ【蓍】(13) 艹10 1 7273 6869 音 シ 訓 めどぎ・めどはぎ

意味 ①めどぎ。占いに用いる細い棒。筮竹ゼイチク。「蓍亀」「蓍草」②めどはぎ。マメ科の小低木状多年草。

【▲著】めどぎ 占いに用いる道具。メドハギの茎を五〇本用いて占ったが、後世は竹製の細い棒を用いる。筮竹ゼイチク。

【▲著▲萩】めどはぎ マメ科の小低木状多年草。草原や路傍に自生。夏、紫の筋のある白い小花を開く。由来 茎を占いの道具の筮めどにすることから。表記「鉄掃箒」とも書く。

シ【詩】(13) 言 6 常 教 8 2777 3B6D 音 シ 訓 外 うた

筆順 亠 亠 言 言 言一 言十 計 詩 詩 詩

意味 ①し。うた。心に感じたことを一定のリズムと形式にあてはめ、言葉で表したもの。「詩歌」「詩文」②からうた。漢文。「漢詩」③「詩経」のこと。五経の一つ。

下つき 漢詩カンシ・古詩コシ・唐詩トウシ・律詩リッシ

【詩歌】シイカ ①漢詩と和歌。②詩や短歌・俳句などの総称。参考「シカ」とも読む。

【詩歌管弦】シイカカンゲン 詩歌を吟じ、楽器を奏でること。また、風雅な文学と音楽。「管弦」は管楽器と弦楽器。広く音楽のこと。表記「管弦」は「管絃」とも書く。

【詩興】シキョウ ①詩を作りたいと思う気持ち。また、詩を読んで呼び覚まされる興味。類詩情 ②詩のおもしろみ。類詩趣

【詩吟】シギン 漢詩の訓よみ下し文に節をつけてうたうこと。また、そのうた。

【詩趣】シシュ ①詩に表された味わい。詩のおもしろみ。類詩興 ②詩のような味わい。詩情。「—に富んだ文体」

【詩情】シジョウ ①詩のもっているような情緒。詩的な味わい。「—豊かな風景」類詩趣 ②詩を作りたい気分。「—をそそる春の雲」類詩興

【詩聖】シセイ ①非常にすぐれた大詩人。②漢詩で、特に杜甫トホを指す。参考 ②李白リハクを「詩仙」というのに対していう。

【詩仙】シセン ①天才的な大詩人。②漢詩で、特に李白リハクを指す。参考 ②杜甫トホを「詩聖」というのに対していう。

【詩箋】シセン 詩を書きしるす紙。

【詩腸の鼓吹】シチョウのコスイ 詩を作る情がかき立てられること。また、その情をもよおすウグイスの声をいう。「詩腸」は詩を作る情。詩情。「鼓吹」はかきたてる、勢いづける意。〈『世説新語補セセツシンゴホ』〉

【詩▲嚢】シノウ 詩人の作詩のもとになる思想や感情。詩想。「—を肥やす」由来 昔の中国で、詩の下書きを入れた袋から。

【詩伯】シハク すぐれた詩人。特に漢詩の大家。類詩宗シソウ・詩豪

【詩賦】シフ 詩と賦。中国の韻文。

シ【試】(13) 言 6 常 教 7 2778 3B6E 音 シ 訓 こころみる・ためす 中

筆順 亠 亠 言 言 言一 言二 計 試 試 試

意味 ①ためす。こころみる。ためし。こころみ。「試作」「試食」②しらべる。「試験」「入試」

下つき 会試カイシ・郷試キョウシ・考試コウシ・嘗試ショウシ・追試ツイシ・廷試テイシ・殿試デンシ・入試ニュウシ・模試モシ

【試みる】こころみる ためしてみる。実際にやってみる。「ダイエットを—みる」

【試合】しあい スポーツや武芸などで、互いに能力やわざを比べ、勝負を争うこと。「他流—」類競技 表記「仕合」とも書く。

【試案】シアン こころみに立てた仮の案。「改革—を発表する」対成案

【試供品】シキョウヒン ためしに使ってもらう薬品や化粧品などの宣伝用見本。

【試金石】シキンセキ ①貴金属をこすりつけてその純度を調べるのに使う硬い石。黒色石英など。かねつけいし。②人の才能や物の価値をためす物事。

【試掘】シクツ 鉱山などの埋蔵量や質を調べるために、ためしに掘ってみること。

【試験】シケン ①物の性質や能力をためすこと。「新製品の安全性を—する」②学力や知識などの能力を、問題に答えさせて評価すること。テスト。「実力—」「—官」

【試行錯誤】シコウサクゴ 試みと失敗を繰り返しながら、次第に適切な方法を見つけること。ためしに行い、まちがい誤る意から。「事業を始めたが、—の連続だ」

【試作】シサク ためしに作ってみること。また、そのもの。「—品」

【試写】シシャ 完成した映画を、一般に公開する前に特定の人に見せること。「特別—会で観みた映画だ」

【試射】シシャ 鉄砲やロケットなどを、ためしに発射してみること。

【試聴】シチョウ 音質などを調べるため、CDやレコードなどをためしに聞くこと。「—室」

【試問】シモン 学力などの試験をすること。特に、質問形式で行う試験。「口頭—」

【試薬】シヤク ①化学分析などで、特定の物質を検出するのに使う薬品。②見本の薬。

【試用】シヨウ ためしに使ってみること。「—期間を無事に終えて社員になる」

【試▲煉】シレン ▼書きかえ 試練

【試練】シレン 実力・決心や信仰などの程度をためすこと。また、そのときの苦難。「幾多の—が待ち受ける」書きかえ「試煉」の書きかえ字。

【試論】シロン ①試みに述べた論説。「—が学会の反響を呼んだ」②形式にとらわれない文学的な小論。

【試す】ためす 実際にやってみる。実験してみる。「漢字の知識を—す」「よく書けるかどう

…かーしてみる」

【資】シ

(13) 貝6 常 教 6　2781 3B71

音 シ
訓 外 たから・もと・たすける・たち

筆順 冫 冫 次 次 次 咨 資 資 資

意味 ①たから。財貨。②もと。もとで。たくわえ。もととなる材料。「資産」「投資」③たすける。もとでを与えてたすける。「資益」「資助」④たち。もちまえ。生まれつき。「資質」「天資」⑤一定の身分や地位。「資格」⑥「資本家」の略。「労資」

下つき 英資(エイシ)・学資(ガクシ)・合資(ゴウシ)・出資(シュッシ)・天資(テンシ)・投資(トウシ)・物資(ブッシ)

【資格】シカク ある事を行うのに必要な地位・身分。また、それを得るために必要な条件。「参加―がない」「調理師の―をとる」

【資金】シキン ①事業を始めるのに必要な金銭。「―繰り」類資本・元手 ②決まった目的に使う金銭。「住宅―」

【資源】シゲン 産業などの原材料となる物資。「人的―」「―が豊富な土地」参考 鉱物など天然の物のほか、労働力などにもいう。

【資材】シザイ ある物を作るもととなる材料。材料となる物資。「建築―」

【資財】シザイ 事業や生活の元手となる財産。「―を投入して会社を起こす」

【資産】シサン ①土地・建物・金銭などの財産。身代(シンダイ)。「―家」②債務の担保や資本にすることができる財産。「固定―税」類資財

【資質】シシツ 生まれつきもっている才能や性質。天性。「―に恵まれる」類資性

【資性】シセイ 生まれつきの性質や才能。天性。「親ゆずりの―」類資質

【資稟】シヒン 生まれつきもっているもの。類資質・資性 参考「稟」はさずかる意。

【資本】シホン ①事業をするもととなる金銭。類資金・元手 ②活動のもとになるもの。「体が―だ」③利子や利益を得るもととなる、過去の労働の生産物。

【資料】シリョウ 研究・判断の基礎にする材料。「参考―」

【資力】シリョク 資本を出し得る能力。経済力。「―にとぼしい」類財力

【△資ける】たすーける 元手を出してたすける。また、金品や条件を与えて援助する。

【資】もと 元手。物事をするために必要な金銭や材料。資金。資本。「何事にも―はかかる」

【飼】シ

(13) 食5 常 教 6　2784 3B74
旧字《飼》(14) 食5 1/準1

音 シ
訓 かう 外 やしなう

筆順 ノ 𠆢 今 今 今 食 食 飼 飼 飼

意味 かう。やしなう。動物を育てる。「飼育」「飼料」

【飼い犬に手を噛まれる】かいいぬにてをかまれる 日ごろから目をかけ、当然自分に恩義を感じていると思っていた者から、思いもかけない危害を加えられること。

【飼う】かーう 動物にえさや水を与えて、養い育てる。「犬を―っている」

【飼育】シイク 家畜などの動物を飼い育てること。飼養。「牛を―する」対野生

【飼養】シヨウ 動物を飼い育てること。飼育。類畜養

【飼料】シリョウ 家畜の食料。えさ。「牛の―は春まである」

【△漬】シ (14) 氵11 常 3650 4452 ▼つける(一〇八三)

【緇】シ

(14) 糸8 1　6930 653E

音 シ
訓 くろ・くろい・くろむ・くろぎぬ

意味 ①くろ。くろい。黒く染める。「緇門」②くろぎぬ。くろい衣服。「緇衣」③僧侶(ソウリョ)。「緇徒」

【▲緇】くろ 絹織物のくろ。くろ色。

【▲緇門】シモン 仏門。由来 黒衣を着る家の意から。

【▲緇む】くろーむ くろくなる。黒く染まる。「涅(デツ)すれども―まず(ほんとうに白いものは黒く染めても黒くならない)」

【▲緇衣】シイ ①黒色の衣服。②墨染めの僧衣。また、僧侶(ソウリョ)。

【▲緇素】シソ ①黒衣と白衣。②僧と俗人。類僧俗 参考「緇」は黒、「素」は白の意。

【▲緇徒】シト 墨染めの衣服を着た人々。転じて、僧侶(ソウリョ)。類緇流(シリュウ)

【誌】シ

(14) 言7 常 教 5　2779 3B6F

音 シ
訓 外 しるす

筆順 言 言 言 言 計 計 誌 誌 誌 誌

意味 ①しるす。書きしるす。また、書きしるしたもの。「日誌」「地誌」類志 ②「雑誌」の略。「誌面」

下つき 雑誌(ザッシ)・書誌(ショシ)・叢誌(ソウシ)・地誌(チシ)・日誌(ニッシ)・碑誌(ヒシ)・墓誌(ボシ)・本誌(ホンシ)

【△誌す】しるーす ①書きとめておく。「日記を―す」②心にしっかりとどめる。記憶する。

【雌】シ

(14) 隹6 常 4　2783 3B73

音 シ
訓 め・めす 外 めん

筆順 ト 止 此 此 此 此 雌 雌

意味 ①めす。生物のめすの総称。「雌竹」「雌雄」対雄 ②かよわい。弱いもののたとえ。「雌伏」

【雌黄】シオウ ①石黄の古名。砒素(ヒソ)の硫化鉱物。黄色で樹脂光沢がある。有毒。②詩文を添削したり改竄(カイザン)したりすること。由来 ②昔、中国で文章に①を塗ったことから。

【雌▲蕊】シズイ 「雌蕊(めしべ)」に同じ。

【雌伏】シフク 将来の活躍する機会をじっと待っていること。「―十年ようやく頭角を現した」対雄飛 由来 雌鳥が雄鳥にしたがうことから。〈『後漢書(ゴカンジョ)』〉

〖雌伏雄飛〗シフクユウヒ 将来を期して人に付きしたがい、やがて盛んに活躍すること。また、辛抱して低い地位に甘んじること。おおしく活躍すること。「雄飛」は雄鳥がおおしく飛ぶように、大いに活躍すること。〈『後漢書(ゴカンジョ)』〉

【雌雄】シユウ ①めすとおす。「―異株」②優劣。勝負。「―を争う」

〖雌雄を決する〗どちらが強いか決めること。優劣や勝負を決めること。〈『史記』〉

【雌】め 生物の雌性。めす。「―花だけ咲く木がある」対雄(お)

【雌▲鯒】めごち ①コチ科の海魚。本州中部以南の沿岸の砂泥底にすむ。頭部に隆起やこぶがある。練り製品の原料。②ネズミゴチの別称。ネズッポ科の海魚で、てんぷらにする。

【雌▲蕊】めしべ 種子植物の花の生殖器官。受粉して実となり種子となる。「花の中心に―がある」対雄蕊(おしべ・ユウズイ) 参考「シズイ」とも読む。

【雌】めす 動物で、卵巣をもち妊娠・産卵をするものの総称。「―のひよこ」

【雌滝】めだき 近くにある二つの滝のうち、水の勢いが弱く小さい滝。対雄滝(おだき) 表記「女滝」とも書く。

【雌▲蝶】めチョウ ①めすのチョウ。②婚礼のときに銚子(チョウシ)や提(ひさげ)に飾る、めすのチョウをかたどった折紙。③婚礼の式で、三三九度の酌の役をする女の子。対①～③雄蝶

【雌花】めばな おしべがなく、めしべだけの花。マツやクリなど。対雄花(おばな・ユウカ) 参考「シカ」とも読む。

し シ

【雌日芝】めひしば イネ科の一年草。道端に自生。夏から秋、緑紫色の細長い花穂(カスイ)を五～一〇本放射状につける。オヒシバに似るが細くてやわらかい。ジシバリ。

【△雌鳥】めんどり ①めすの鳥。②ニワトリのめす。牝鶏(ヒンケイ)。対①②雄鳥(おんどり) 表記②「雌鶏」とも書く。

シ【▲飼】(14) 食5 ▼飼の旧字(六二四)

シ【★嘴】(15) 口12 1 5160 535C 音 シ 訓 くちばし・はし

意味 ①くちばし。はし。鳥の口さき。②鳥のくちばしのように突き出たところ。「砂嘴」類①②觜(シ)

下つき 砂嘴(サシ)

【▲嘴】くちばし ①鳥類の口で、上下が突き出て角質のさやをかぶっている部分。②口先。③言葉。「―をはさむ」表記「觜」とも書く。

〖▲嘴が黄色い〗年が若く、経験も少なく未熟なこと。ひな鳥など若い鳥は、くちばしが黄色いことから。

【▲嘴子】シシ 筒口。管先。筒状で先端の細い孔から、液体や気体を噴出する。ノズル。

【▲嘴】はし 鳥などのくちばし。「イスカの―のくいちがい」表記「觜」とも書く。

【▲嘴太▲鴉】はしぶとがらす カラス科の鳥。山林や都市にふつうに見られる。全身黒く、くちばしが太い。ヤマガラス。

シ【★幟】(15) 巾12 1 5480 5670 音 シ 訓 のぼり・しるし

意味 のぼり。めじるし。目じるしのために立てる旗。「旗幟」

下つき 旗幟(キシ)・旌幟(セイシ)・赤幟(セキシ)・標幟(ヒョウシ)

【▲幟】のぼり ①「幟旗(のぼりばた)」の略。目じるしのために、細長い布の端に輪をつけて竿(さお)に通して立てる旗。「―を立てて人を呼ぶ」②鯉(こい)のぼり。端午の節句に男児の成長を祝って立てる。季夏

シ【廝】(15) 广12 1 5503 5723 音 シ 訓 めしつかい・こもの

〔廝〕5049 5251

意味 めしつかい。しもべ。下男。こもの。「廝養」

【▲廝丁】シテイ 律令(リツリョウ)制で中央官庁や貴人の家の雑役に従事した者のうち、炊事役の者。参考「シチョウ」とも読む。

シ【摯】(15) 手11 常 2 5785 5975 音 シ 訓 外 まこと・とる・にえ・あらい

筆順 一 十 土 圭 幸 幸 執 執 墊 摯 (5 7 14)

意味 ①まこと。まじめ。「真摯」②とる。もつ。つかむ。③にえ。(ア)神への供え物。(イ)あいさつの贈り物。④あらい。あらあらしい。

下つき 真摯(シンシ)

【摯実】シジツ まじめなこと。手厚くまことのあること。また、そのさま。

【△摯】にえ ①朝廷や神に奉る、その土地の産物。魚や鳥など。②あいさつの贈り物。表記「贄」とも書く。

シ【賜】(15) 貝8 常 準2 2782 3B72 音 シ 高 訓 たまわる 外 たまう・たまもの

筆順 冂 目 貝 貝 貝 貝 貝 賜 賜 賜 (2 5 7 11)

意味 ①たまわる。目上の人から物をいただく。「賜杯」②たまう。目上の人が目下の者へ物をあたえる。「恩賜」「下賜」③たまもの。いただきもの。

下つき 恩賜(オンシ)・下賜(カシ)・天賜(テンシ)

【賜暇】シカ 昔、官吏に休暇を与えること。また、その休暇。

【賜杯】シハイ 天皇や皇族が競技の優勝者に贈る杯。「―の授与」

【賜う】たま-う お与えになる。くださる。「与える」の尊敬語。「お言葉を—う」

【賜・賜物】たま-もの ①いただきもの。たまわったもの。「天の—」②結果として生じた、よい事柄や物。「苦心の—」

【賜る】たまわ-る ①いただく。「もらう」の謙譲語。「御恩を—る」「ご高配を—る」②くださる。「与える」の尊敬語。「君主が領土を—る」

シ【輜】(15) 車 8 1 7747 6D4F 音 シ 訓 ほろぐるま・にぐるま

意味 ほろぐるま。にぐるま。ほろでおおってある荷車。「輜車」「輜重」

【輜重】シチョウ ①軍隊の荷物。食糧・武器など。「大河の前で—隊は動けなかった」②旅行者の荷物。また、荷物を運ぶ車。

シ【駟】(15) 馬 5 1 8142 714A 音 シ 訓

意味 四頭立ての馬車。「駟馬」参考 馬四頭を表した字。

【駟の隙を過ぐるが若し】シのゲキをすぐるがごとし 時間や月日の経過の速いことのたとえ。四頭立ての馬車が戸のすき間の向こうを一瞬のうちに過ぎ去ることから。〈『礼記(ライキ)』〉

【駟馬も追う能わず】シバもおうあたわず 「駟(シ)も舌に及ばず」に同じ。〈『説苑(ゼイエン)』〉

【駟も舌に及ばず】シもしたにおよばず 一度口にしたことは取り返しがつかないものであり、口は慎むべきであるというたとえ。いったん口から出た言葉には四頭立ての馬車でも追いつかないということ。〈『論語』〉類 駟馬も追う能(あた)わず

シ【駛】(15) 馬 5 1 8143 714B 音 シ 訓 はせる・はやい

意味 ①はせる。ウマをはやく走らせる。②はやい。にわか。「駛雨」

下つき 急駛(キュウシ)・奔駛(ホンシ)

【駛走】シソウ はやく走ること。また、乗り物をはやく走らせること。類 疾走

【駛い】はや-い ①ウマがはやい。②動きがはやい。速度がはやい。すばやい。

シ【髭】★ (15) 髟 5 準1 4106 4926 音 シ 訓 ひげ・くちひげ

意味 ひげ。くちひげ。「髭鬚(シシュ)」

【髭】ひげ ①人の口のまわりに生える毛。くちひげ。「りっぱな—は明治の文人を思わせる」②動物の口のあたりの長い体毛や昆虫の触角。「ネコの—」「コオロギの—」参考「髯」はほおひげ、「鬚」はあごひげの意。

【髭の塵を払う】ひげのちりをはらう 目上の人にこびへつらうこと。おべっかを使う。胡麻(ゴマ)をする。相手のひげについたごみを取り、機嫌をとるところから。由来「管長(カンチョウ)の為(ため)に鬚(ひげ)を払う」から。「管長」は上官のこと。〈『宋史(ソウシ)』〉表記「髭」は「鬚」とも書く。

【髭籠】ひげこ 竹などで編み、編み残した端がひげのようになっている籠(かご)。どじょうかご。

【髭根】ひげね 茎の下から主根と側根の区別なしに生じる糸状の根。イネ・ムギなど単子葉植物に多い特殊な根。

シ【鰤】(15) 魚 4 1 9337 7D45 音 シ 訓 かます

意味 かます(梭魚)。カマス科の海魚の総称。

【鰤】かます カマス科の海魚の総称。体は細長く、口先がとがっている。干物にして食べる。由来 口が大きく、穀物を入れる叺(かます)に似ることから。表記「梭魚・梭子魚」とも書く。

シ【齒】(15) 齒 0 8379 736F ▼歯の旧字(六二〇)

シ【熾】★ (16) 火 12 1 6385 5F75 音 シ 訓 さかん・おこす・おき

意味 ①さかん。勢いがはげしい。「熾烈」②おき。おきび。燃えて赤くなった炭火。「熾火」

【熾】おき ①赤くおこった炭火。②薪(まき)が燃えて、炭火のようになったもの。類 ①②熾火「—が赤く残っている」表記「煨」とも書く。

【熾火】おきび 「熾」に同じ。表記「煨火」とも書く。

【熾す】おこ-す 炭に火を移して、炭火の勢いをさかんにする。「火を—す」

【熾ん】さか-ん 勢いのよいさま。「火が—に燃えている」

【熾盛】シセイ 火の燃え上がるように、勢いが激しくさかんなこと。活気のあること。参考「シジョウ」とも読む。

【熾烈】シレツ 火勢が強いように、勢いが激しくさかんなこと。また、そのさま。「争いは—をきわめた」類 激烈・猛烈

シ【篩】(16) 竹 10 1 6833 6441 音 シ 訓 ふるい・ふるう

意味 ①ふるい。②ふるう。ふるいにかける。

【篩骨】シコツ 頭蓋骨(ズガイコツ)の一部。鼻腔と前頭蓋窩(カ)・両眼窩との間にある複雑な形の骨。その一部に多数の嗅(キュウ)神経の通る小さいあなが篩(ふるい)のように開いている。

【篩】ふるい 枠の底に網を張り、振り動かして、粉や粒を粗いものと細かいものとにより分ける道具。「砂を—に掛ける」

【篩う】ふる-う ①ふるいに掛けてより分ける。②選抜する。「試験で—う」

シ【縒】(16) 糸 10 1 6951 6553 音 シ・サク 訓 よる・より・ふぞろい

意味 一シ ①よる。糸をより合わせる。②より。よった糸。③糸のふぞろいなさま。糸のみだれるさ

し シ

ま。「参縒シシ」 二サク「縒綜サクソウ」はいりみだれるさま。

下つき 一参縒シン

【縒り】より 細く長いものを、ねじりからませること。また、そのもの。「—を戻す」「腕に—をかけて料理する」

【縒る】よる 細く長いものを、ねじり合わせて一つにする。「糸を—る」

シ【諮】(16) 言 9 常 3 2780 3B70 音 シ 訓 はかる 外 とう

筆順 言 言 言 言 言 訁 訡 諮 諮

意味 はかる。とう。上の人が下の者にたずねる。「諮議」「諮問」 類 咨シ

【諮詢】シジュン ①相談すること。とうこと。②他の機関の意見を求め、参考にすること。表記「咨詢」とも書く。

【諮問】シモン 専門知識のある個人や機関に、意見を求めること。「—を受ける」 対 答申

【諮う】とう 上の人が下の者の意見を聞く。相談をする。

【諮る】はかる 地位の高い人が下の者に相談をもちかける。自分の意見を検討してもらう。「文化審議会に—る」表記「咨る」とも書く。

シ【諡】(16) 言 9 1 7575 6B6B 音 シ 訓 おくりな

〔謚〕7574 6B6A

意味 おくりな。よびな。死後、生前の行いに対してつける名。「諡号」

下つき 賜諡シ・贈諡ゾウシ・勅諡チョクシ

【諡】おくりな 生前の偉業をたたえ、死後につける称号。諡号シゴウ。空海を「弘法こうぼう大師」という類。表記「贈り名」とも書く。

【諡号】シゴウ 「諡おくりな」に同じ。

シ【錙】(16) 金 8 1 7901 6F21 音 シ 訓 わずか

意味 ①古代中国の重さの単位。六銖シュ。一説に六両、または八両の重さ。②わずか。少し。「錙銖シシュ」

【錙銖】シシュ わずか。きわめて少ないこと。参考「錙」「銖」は、中国、周代の重さの単位。一両約一六グラムに対して、一銖はその二四分の一、一錙は六銖。

シ【鴟】(16) 鳥 5 1 8286 7276 音 シ 訓 とび・ふくろう

意味 ①とび(鳶)。とんび。タカ科の大形の鳥。「鴟尾」②ふくろう。みみずく。「鴟張」

〈鴟尾草〉いちはつ アヤメ科の多年草。由来「鴟尾草」は漢名から。▼鳶尾いちはつ(一〇六)

【鴟梟】シキョウ ①フクロウの別称。▼梟ふくろう(一三二八) ②心がねじまがっていて悪い人のたとえ。

【鴟尾】シビ 宮殿や仏殿などの棟の両端にとりつける飾り。鳥の尾または魚が尾をはね上げた形という。後世のしゃちほこなどの原型。類 沓形くつがた 表記「蚩尾・鵄尾」とも書く。参考「とびのお」とも読む。

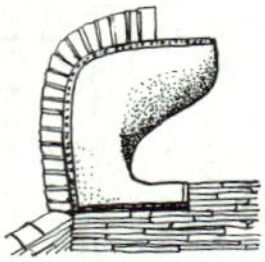

〔鴟尾シビ〕

【鴟】とび タカ科の鳥。▼鳶とび(一〇六)

シ【鮨】(17) 魚 6 1 8231 723F 音 シ・ゲイ 訓 すし

意味 一シ ①すし(鮓)。なれずし、にぎりずしなど。②魚のしおから。うおびしお。 二ゲイ さんしょううお(山椒魚)。類 鯢ゲイ

【鮨】すし ①酢・砂糖・塩で味つけした飯に、魚介類や野菜などをのせたり巻いたりした食べ物。にぎり鮨・ちらし鮨など。②魚介類を塩や酢につけ込み、自然発酵させたもの。なれずし。参考「寿司」は当て字。

シ【鵄】(17) 鳥 6 1 8287 7277 音 シ 訓 とび

意味 とび(鳶)。とんび。タカ科の大形の鳥。「鵄尾」「金鵄」

【鵄尾】シビ 宮殿や仏殿などの棟の両端にとりつける飾り。後世のしゃちほこなどの原型。表記「鴟尾・蚩尾」とも書く。▼鴟尾シビ(六二七)

シ【贄】(18) 貝 11 1 7651 6C53 音 シ 訓 にえ

意味 にえ。手みやげ。「贄敬」

【贄】にえ ①朝廷や神に奉る、その土地の産物。魚や鳥など。②あいさつの贈り物。表記「摯」とも書く。

シ【鯔】(19) 魚 8 1 8243 724B 音 シ 訓 ぼら・いな

意味 ぼら。ボラ科の海魚。また、いな。参考 出世魚の一つで、成長するにつれて名を変える。

【鯔】いな ボラの幼魚。全長二〇センチメートルほどのものをいう。季 秋

【鯔背】いなせ 粋いきで威勢のよいこと。また、そのさま。さっぱりした気風。いさみ肌。「—な若者」由来 江戸時代、江戸の日本橋魚河岸の粋で威勢のよい若者が結った、鯔背銀杏いなせいちょうの髪形から。

【鯔背〈銀杏〉】いなせいちょう 江戸時代、江戸の日本橋魚河岸うおがしの粋いきな若者が好んで結った髪形。鯔いなの背の形に似せて結った髷まげ。

【鯔】ぼら ボラ科の海魚。世界の温・熱帯の沿岸にすみ、幼魚期は内湾や淡水で過ごす。背は灰青色で腹は銀白色。卵巣から「からすみ」を作る。出世魚で、成長にしたがい名称が変わる。オボ

コ・スバシリ・イナ・ボラ、またきわめて大きいものをトドという。食用。季秋

シ【鰤】(21) 魚10 1 8262 725E 音シ 訓ぶり

意味 ぶり。アジ科の海魚。参考 出世魚の一つで、成長するにつれて名を変える。

【▲鰤】ぶり アジ科の海魚。日本付近に分布し、各地の沿岸を回遊する。背は暗青色で腹は白色。体側中央に黄色い帯が縦にはしる。出世魚で成長にしたがい、関東ではワカシ・イナダ・ワラサ・ブリ、関西ではツバス・ハマチ・メジロ・ブリと名称が変わる。食用。季冬

シ【鷙】(22) 鳥11 1 8325 7339 音シ 訓あらどり・あらい・うつ

意味 ①あらどり。ワシ・タカなどの猛鳥の総称。②あらい。あらあらしい。「鷙悍(シカン)」「鷙鳥」「鷙勇」③う(撃)つ。

【鷙鳥】シチョウ ワシ・タカなど、他の動物を捕食する鳥。また、性質のあらい鳥。猛鳥。猛禽(モウキン)。

ジ【仕】(5) イ3 教 2737 3B45 ▼シ(五九八)

ジ【示】(5) 示0 常 教 6 2808 3C28 音ジ・シ(中) 訓しめす

筆順 一 二 亍 亓 示

意味 しめす。さししめす。おしえる。「示威」「掲示」「図示」

下つき 暗示(アンジ)・開示(カイジ)・教示(キョウジ)・訓示(クンジ)・啓示(ケイジ)・掲示(ケイジ)・公示(コウジ)・告示(コクジ)・誇示(コジ)・指示(シジ)・図示(ズシ)・呈示(テイジ)・提示(テイジ)・展示(テンジ)・内示(ナイジ)・表示(ヒョウジ)・標示(ヒョウジ)・明示(メイジ)・黙示(モクジ)・例示(レイジ)

【示威】ジイ 威力や勢力を相手に示すこと。「―行動をとる」

【示教】シキョウ ためになる事柄を、具体的に示しながら教えること。類教示(キョウジ) 参考「ジキョウ」とも読む。

【示現】ジゲン ①仏衆生(シュジョウ)の救済や教化のために、仏や菩薩(ボサツ)がいろいろな形に姿を変えてこの世に現れること。②神仏が不思議な霊験(レイゲン)を示すこと。

【示唆】シサ ①それとなくヒントを示し知らせること。「問題解決の方法を―する」「―に富む意見が多い」類暗示 ②そそのかすこと。類教唆 参考「ジサ」とも読む。

【示準化石】シジュンカセキ 地層の地質年代を決める指標となる化石。古生代の三葉虫、中生代のアンモナイト、新生代の哺乳(ホニュウ)類など。標準化石。

【示達】ジタツ 上の人から下の者へ、命令・指示・注意などを文書で通達すること。また、その文書。参考「シタツ」とも読む。

【示談】ジダン 裁判で争う方法をとらず、互いに話し合って解決すること。「接触事故の―が成立した」

【示す】しめす ①わかるように、人前に出して見せる。「パスポートを―す」②ある気持ちを表して見せる。「関心を―す」③指差して教える。「方向を―す」④ある信号や記号が特定の物事を表す。意味する。「赤信号は止まれを―す」

ジ【地】(6) 土3 教 3547 434F ▼チ(一〇二六)

ジ【字】(6) 子3 常 教 10 2790 3B7A 音ジ 訓あざ(中) (外)あざな

筆順 丶 丶 宀 宀 宁 字

意味 ①もじ。ことばを表す記号。「字画」「字形」「漢字」②あざな。実名のほかにつける呼び名。「姓字」③あざ。町や村の中の一区画の名。「大字(おおあざ)」④はぐくむ。やしなう。「字育」

下つき 異字(イジ)・印字(インジ)・親字(おやジ)・解字(カイジ)・活字(カツジ)・漢字(カンジ)・国字(コクジ)・誤字(ゴジ)・細字(サイジ)・識字(シキジ)・助字(ジョジ)・数字(スウジ)・正字(セイジ)・姓字(セイジ)・俗字(ゾクジ)・題字(ダイジ)・脱字(ダツジ)・点字(テンジ)・本字(ホンジ)・名字(ミョウジ)・文字(モジ)・略字(リャクジ)

【字】あざ 町村内を分けた区画の名。大字・小字がある。あざな。

【△字】あざな ①本名のほかの名前。②あだな。③「字(あざ)」に同じ。参考 ①もと中国で、元服の男子につけた実名のほかの名。一般の人は字で呼ぶのが礼儀。日本では学者・文人などがまねてつけた。

【字育】ジイク 乳を飲ませ、はぐくむこと。いつくしみそだてること。類字養

【字音】ジオン 中国から日本に伝来して、日本語化した漢字の読み。「夏」を「カ」と読む類。単に音ともいう。呉音・漢音・唐音など。対字訓

【字画】ジカク 漢字を構成する点や線。また、その数。「―を数える」

【字義】ジギ 漢字の文字のもっている意味。「―を調べる」

【字訓】ジクン 漢字の意味が、日本語の発音と結びついて固定化したもの。「山」を「やま」と読む読み方の類。訓読み。対字音

【字典】ジテン 漢字とその熟語を集めて一定の順序に配列し、発音・意味・用法などを説明した書物。類字書・字引

【字引】ジびき ①漢字を集め、分類・配列して、意味や音訓などを説明した書物。類字書・字典 ②言葉を集めて一定の順序に配列し、語釈や用法などを説明した書物。辞書。辞典。

【字母】ジボ ①言葉をつづるもとになる字。仮名・アルファベットなど表音文字の一つ一つ。②活字のもとになる字型。活字母型。

【字幕】ジマク テレビや映画で、題名・配役・会話・解説などの文字を画面に映し出したもの。「―スーパー」

ジ【寺】(6) 寸3 常 教 9 2791 3B7B 音ジ 訓てら

筆順 一 十 土 圭 寺 寺

意味 てら。仏道修行や仏事を行うところ。「寺社」「仏寺」 参考 もと、役所を指した語。

下つき 古寺(コジ)・社寺(シャジ)・尼寺(ニジ・あまでら)・仏寺(ブツジ)・末寺(マツジ)

【寺院】(ジイン) 「寺(てら)」に同じ。「ヒンズー教の―」

【寺】(てら) ①仏像を安置し、僧や尼が住んで仏道修行や仏事を行う場所・建物。寺院。②滋賀県大津市にある園城寺(オンジョウジ)のこと。延暦寺(エンリャクジ)を「山(やま)」というのに対していう。③「寺銭(てらセン)」の略。④「寺子屋(てらこや)」の略。

〖寺の隣にも鬼が▲棲(す)む〗 世の中には善人と悪人が混じり合って存在しているたとえ。類 仏の前に鬼が棲む 対 渡る世間に鬼はない

【寺男】(てらおとこ) 寺で雑務をする使用人。

【寺子屋】(てらこや) 江戸時代、武士や僧侶(ソウリョ)、医師などが先生となって、庶民の子どもに読み書き・そろばんを教えた所。

【寺銭】(てらセン) ばくちなどをするときに、場所の借り賃として、出来高に応じて貸元に支払う金銭。

【寺▲啄】(てらつつき) キツツキの別称。季 秋 ▼啄木鳥(きつつき)(一〇〇二)

ジ **【▵弐】** (6) 弋 3 常 3885/4675 ▼二(一一九五)

ジ **【次】** (6) 欠 2 教 常 8 2801/3C21

音 ジ・シ(中)

訓 つぐ・つぎ (外)ついず・やどる

筆順 丶 冫 丷 𠂇 次 次

意味 ①つぐ。続く。つぎ。二番め。「次官」「次点」②ついで。順序。等級。「次第」「席次」③ついず。順序立ててならべる。「編次」④回数・度数などを表す語。「今次」「年次」⑤やどる。とまる。やど。「歳次」「途次」

下つき 今次(コンジ)・式次(シキジ)・順次(ジュンジ)・席次(セキジ)・漸次(ゼンジ)・逐次(チクジ)・途次(トジ)・年次(ネンジ)・編次(ヘンジ)・目次(モクジ)

〈次妻〉(うわなり) ①あとにめとった妻。もとは本妻以外の妻をいい、のちに再婚の妻をもいう。対 嫡妻(こなみ)・前妻(こなみ) ②ねたみ。表記「後妻」とも書く。

【次韻】(ジイン) 他人の詩と同じ韻字を同じ順序に用いて、漢詩を作ること。また、その詩。

【次元】(ジゲン) ①図形・物体・空間の広がりを示す概念。線は一次元、平面は二次元、立体は三次元など。②物事を考えたりするときの立場。また、その程度。「―が高すぎて理解できない」

【次序】(ジジョ) 順序をつけること。また、その順序。次第(シダイ)。

【次善】(ジゼン) 最善のものについでよいもの。二番目によいもの。「―策をとる」

【次第】(シダイ) ①順序。「式―」②由来。なりゆき。「事の―を話す」③…によって決まる。「地獄の沙汰(サタ)も金―」④なりゆきにまかせること。なるがまま。「言いなり―になる」⑤…するとすぐ。「帰り―伝えます」

【次点】(ジテン) ①最高点の次の点数。また、その点数の人。「合格者のうち―だった」②入選者に次ぐ得点数。また、その人。特に選挙で最下位当選者の次の人。「―で落選した」「―に泣く」

〈次官〉(すけ) 律令(リツリョウ)制で、四等官の第二位。長官を補佐し、時に代理もする。参考「ジカン」と読めば、省庁で大臣に次ぐ位の役人の意。

【次ぐ】(つぐ) ①すぐそのあとに続く。「冷害に―ぐ冷害」②すぐ下に位する。「入賞に―ぐ順位」

ジ **【★而】** (6) 而 0 準1 2809/3C29

音 ジ

訓 しかして・しかも・しかるに・しかれども・なんじ

意味 ①しかして。しこうして。そして。順接を表す語。②しかも。しかるに。しかれども。それでも。逆接を表す語。③すなわち。しかるときは。そのときは。類 則 ④なんじ。おまえ。類 汝(ジョ)・③④乃(ダイ)

【▲而して】(しかして) そうして。そして。参考「しこうして」ともいう。

【▲而立】(ジリツ) 三〇歳の異称。由来『論語』の「三十にして立つ」から。

ジ **【耳】** (6) 耳 0 教 常 10 2810/3C2A

音 ジ(中)

訓 みみ (外)のみ

筆順 一 丅 丆 F 匡 耳

意味 ①みみ。音声をききとる器官。また、みみの形をしたもの。「耳学」「耳目」「牛耳」②のみ。だけ。限定・断定の助字。類 爾(ジ)

下つき 外耳(ガイジ)・牛耳(ギュウジ)・洗耳(センジ)・空耳(そらみみ)・中耳(チュウジ)・内耳(ナイジ)・寝耳(ねみみ)・馬耳(バジ)・早耳(はやみみ)

【耳殻】(ジカク) 耳の穴の外にあり、音を集める役割をする貝殻(かいがら)状のもの。耳介(ジカイ)。

【耳下腺】(ジカセン) 両方の耳の下部の唾液腺(ダエキセン)。「―炎」

【耳語】(ジゴ) 耳うちをすること。耳もとでささやくこと。ひそひそ話。

【耳順】(ジジュン) 六〇歳の異称。由来『論語』の「六十にして耳順(みみしたが)う」から。六〇歳になると思慮分別ができて、他人の言うことを素直に聞くことができるようになるという意。

【耳石】(ジセキ) 脊椎(セキツイ)動物の耳の前庭器官にある粒状の小片。炭酸カルシウムから成る。身体の平衡を保つはたらきをする。平衡石。聴石。

【耳▲朶】(ジダ) ①「耳朶(みみたぶ)」に同じ。②みみ。聴覚・平衡感覚をつかさどる器官。

【耳目】(ジモク) ①耳と目。②聞くことと見ること。見聞。視聴。「―を広める」③人々の注意や関心。「―を集める」類 注目

【耳漏】(ジロウ) 中耳や外耳にできものができて、膿(うみ)が流れでてくる症状。また、その膿。

みみだれ。

【耳】みみ ①脊椎(セキツイ)動物の頭の左右にあって、聴覚や平衡感覚をつかさどる器官。外耳・中耳・内耳よりなる。②①の外側から見える部分。耳殻(ジカク)。③②の形に似た取っ手。「カップの―」④ものを聞き分ける能力。聴力。「―がよい」⑤平たい物の端。「パンの―」

『耳を▲掩(おお)いて鐘を盗む』自分の良心を欺いて悪事を行うたとえ。また、自分ではうまく罪を隠しているつもりでも、周りにはすっかり悪事が知れ渡っていること。故事 中国、春秋時代、ある男が鐘を盗み逃げようとしたが、鐘が大きすぎて果たせず、割ろうとして槌(つち)でたたいたが、大きな音がした。驚いた男は周囲に聞こえるのを恐れて、自分の耳をふさいで音が聞こえないようにしたという故事から。〈『呂氏春秋(リョシシュンジュウ)』〉

『耳を貴(たっと)び目を▲賤(いや)しむ』人から聞いたことは信じても、自分で見たことは信じないこと。また、昔のことなどをありがたがり、今のことを軽んじること。〈張衡(チョウコウ)の文〉参考「貴耳賤目(キジセンモク)」ともいう。類耳を信じて目を疑う

【耳障り】みみざわり 聞いて気にさわること。耳に不快に感じること。「―な批評」「―な雑音」

【耳▲朶】みみたぶ 耳の下部の柔らかい肉の部分。参考「ジダ」とも読む。

【耳△漏れ】みみだれ 「耳漏(ジロウ)」に同じ。

【耳年△増】みみどしま 経験はあまりないが、聞きかじった知識は豊富にある若い女性。多く、性的な知識について用いる。

【耳元・耳△許】みみもと 耳のすぐそば。「―でささやく」

【耳寄り】みみより 聞いて興味をそそられる内容であること。聞く価値のあること。「―なもうけ話」

【耳輪・耳△環】みみわ 耳たぶにつける飾りの輪。イヤリング。

ジ【自】

(6) 自 0 教 常 9 2811 3C2B

音 ジ・シ
訓 みずから 外 おのずから・より

筆順 ノ ｲ 冂 白 白 自

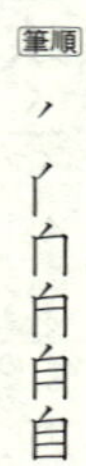

意味 ①おのれ。われ。「自我」「自身」対他 ②みずから。じぶんひとりで。「自賛」「自尊」③おのずから。ひとりでに。しぜんに。「自動」「自明」④思いのまま。「自在」「自由」⑤…より。…から。起点や出所を表す助字。「自今」「自来」参考 鼻の形からできた字。鼻を指して「じぶん」ということから、「じぶん」の意味に使われるようになった。

下つき 各自(カクジ)・出自(シュツジ)・独自(ドクジ)・刀自(トジ)

〈自▲惚〉れる うぬぼれる 自分が実際以上にすぐれていると思いこみ、得意になる。表記「己惚れる」とも書く。

【自△ら】おのずから ひとりでに。しぜんに。おのずと。「時期がくれば―わかることだ」参考「みずから」と読めば別の意になる。

〈自鳴琴〉オルゴール ぜんまい仕掛けで、自動的に一定の旋律を繰り返し奏(かな)でる装置。

【自愛】ジアイ ①自分自身の体を大切にすること。多く、手紙の末文に使う。「ご―ください」類自重 ②自分の利益をはかること。対他愛

【自慰】ジイ ①自分で自分をなぐさめること。②自分で自分の性器を刺激して、性的快感を味わうこと。手淫(シュイン)。オナニー。

【自意識】ジイシキ 自我の意識。自分自身についての意識。自己意識。「―過剰」

【自営】ジエイ 自分の力で事業を経営すること。「―業」

【自衛】ジエイ 他からの攻撃などに対して、自分の力で自分の身を守ること。「―手段をとる」

【自家】ジカ ①自分の家。「―製のジャム」②自分自身。「―中毒」

『自家▲撞着(ジカドウチャク)』言動や文章などが前後で矛盾していること。「撞着」は突き当たること、つじつまが合わないこと。〈『禅林類聚(ゼンリンルイジュウ)』〉表記「撞着」は「撞著」とも書く。

『自家薬籠(ヤクロウ)中の物』自分の思いどおりに、必要に応じていつでも役に立てられる物。また自分の思うように動かせる人のたとえ。「薬籠」は薬箱。自分の家にある薬箱の中の薬は、使いたいときに自由に使えるものであることから。〈『旧唐書(クトウジョ)』〉

【自我】ジガ ①自分に執着する意識。自己。「―が強い」②哲学上、認識・行動・意欲の主体として、他のものと区別しての自分。エゴ。対非我

【自戒】ジカイ 自分で自分をいましめること。「軽率な言動に走らないよう―する」

【自壊】ジカイ ひとりでに内部からこわれること。「政党の内部分裂による―」

【自害】ジガイ 自分で自分の身を刃物などで傷つけて、命を絶つこと。類自殺・自決・自尽

【自覚】ジカク ①自分自身の状況・立場・実力などを、自分でよく知ること。「大人としての―がない」②自分で感じとること。「―症状」③仏自ら悟りを開くこと。対覚他

【自画自賛】ジガジサン 自分のことを自分でほめること。由来 自分の描いた絵に自分で賛を書く意から。「賛」は絵画などに書き添える詩文のことで、ふつうは他人に書いてもらうもの。表記「自賛」は「自讃」とも書く。類手前味噌(てまえミソ)・一分自慢

【自活】ジカツ 他人からの援助を受けないで、自分の力で生活すること。「仕事がなければ―できない」類自立

【自棄】ジキ 自分で自分を見捨てること。自分の身を顧みずにすてばちになること。「自暴―」参考「やけ」とも読む。

【自虐】ジギャク 必要以上に自分で自分をいじめること。「—的な性格」

【自給】ジキュウ 必要なものを他との交換で得ずに、自分で作りだして用立てること。「家庭菜園で野菜を—する」

【自給自足】ジキュウジソク 必要なものを他から求めずに自分でまかなうこと。自分で自分に供給し、自分を満たすこと。「島で—の生活をする」

【自供】ジキョウ 容疑者が、自分の犯した罪を自分から申し述べること。また、その事柄。「犯行を—する」

【自彊】ジキョウ 自分から進んで努力し励むこと。休まずに努めること。

【自剄】ジケイ 自分で自分の首を切って死ぬこと。類自刎(ジフン)

【自警】ジケイ ①自分で自分を守ること。自衛。②自分で自分をいましめること。自戒。

【自決】ジケツ ①自分で自分のことを決めること。「民族—」②自分の決意によって命を絶つこと。自殺。自害。

【自己】ジコ 自分自身。おのれ。また、自我。「—主張が過ぎる」

【自己暗示】ジコアンジ 自分自身にある特定の意識や想念を繰り返し抱くように仕向けること。自分に暗示をかけること。「—をかける」

【自己嫌悪】ジコケンオ 自分で自分がいやになること。「失敗続きで—におちいる」

【自己顕示】ジコケンジ 自分が目立つように振る舞うこと。自分をひけらかすこと。「—欲の強い男」

【自己批判】ジコヒハン 自分のこれまでの行動や思想を、客観的に批判して誤りを認めること。

【自己満足】ジコマンゾク 客観的評価に関係なく、自分自身や自分の行動に自分一人で満足すること。

【自己矛盾】ジコムジュン 同一人物の考えや行動にくいちがいが生じて、つじつまが合わなくなること。

【自己流】ジコリュウ 他人に教わったのでない、また一般とはちがう自分だけのやり方。我流。

【自業自得】ジゴウジトク 自分の言行の報いは自分に返ってくること。多く、悪い報いを受けるときに用いる。もとは仏教の語で、自分の行った善悪の業によって、自ら苦楽の結果を受けること。〈『正法念経』〉「遊んでばかりで落第したのだから—だ」

【自今】ジコン いまから。これから。今後。以後。表記「爾今」とも書く。

【自在】ジザイ ①束縛や支障がなく、思いのままであるさま。「自由—」類随意 ②「自在鉤(ジザイかぎ)」の略。

【自在鉤】ジザイかぎ いろりやかまどなどの上につるした棒に取りつけて、掛けた鍋(なべ)や鉄瓶の高さを自由に調整する仕組みのかぎ。自在。

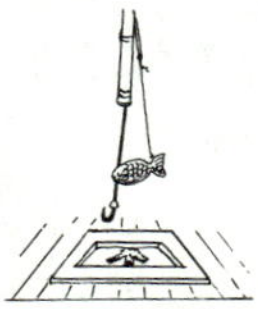

〔自在鉤(ジザイかぎ)〕

【自作】ジサク ①自分ひとりの力で作ること。また、その作品。手づくり。「—の映画」②「自作農」の略。自分の土地で農業を営むこと。また、その農家。

【自殺】ジサツ 自分で自分の命を絶つこと。「—行為」類自害・自決 対他殺

【自賛・自讃】ジサン ①自分の描いた絵に自分で賛を書くこと。また、その賛。②自分のことを自分でほめること。参考 ①「賛・讃」は絵に添える詩文の意。ふつう他人に書いてもらう。

【自恃】ジジ 自分自身をたのみとすること。自負。「—の心」

【自失】ジシツ あまりの驚きで、われを忘れてぼんやりすること。「茫然(ボウゼン)—」

【自若】ジジャク 事が起こっても、落ちついてあわてないさま。「泰然—」

【自主】ジシュ 独立して他の干渉や保護を受けないこと。「生徒の—性を育てる」「—の精神を尊重する」

【自首】ジシュ 犯人が、捜査などの前に自分から進んで自分の罪を警察に申し出ること。参考「首」は申す意。

【自粛】ジシュク 自ら進んで自分の言動を慎むこと。「報道を—する」

【自粛自戒】ジシュクジカイ 自分から進んで言行や態度を戒め慎むこと。

【自署】ジショ 自分で自分の姓名を書き記すこと。また、その署名。

【自助】ジジョ 他人を頼らず、自分の力だけで事を行うこと。自分の向上や発展などを、自力でやりぬくこと。「—努力」

【自叙】ジジョ 自分で、自分に関する事柄を書き述べること。

【自称】ジショウ ①自分で勝手に名乗ること。「元貴族と—する」②人称の一つ。話し手が自分を指していう代名詞の一人称。

【自乗】ジジョウ 数学用語で、同じ数や式を二つ掛け合わせること。平方。表記「二乗」とも書く。

【自浄】ジジョウ 自らのはたらきで、汚れたものをきれいにすること。「河川の—作用に期待する」

【自縄自縛】ジジョウジバク 自分の心掛けや言動が自分を縛りつけ、動きがとれなくなり苦しむこと。「縛」は、しばること。自分の縄で自分をしばる意。「—におちいり身動きがとれない」

【自叙伝】ジジョデン 自分で書いた自分の伝記。自伝。「著者の意外な一面が—には記されていた」

【自身】ジシン ①自分。「—の力を発揮する」②そのもの自体。「それ—は自明だ」

【自信】ジシン 自分の価値や能力や正しさなどを信じて疑わないこと。「計算の速さには—がある」

【自刃】ジジン 刃物を使って自分の命を絶つこと。「—して果てた」

【自尽】ジジン 自分で自分の命を絶つこと。自殺。自害。

【自炊】ジスイ 自分で自分の食事を作ること。「—生活に慣れる」

【自生】ジセイ 植物が自然に生え育つこと。野生。「ミズバショウが—している湿地帯」

【自制】ジセイ 自分で自分の感情や欲望をおさえること。「興奮のあまり—心を失う」

【自省】ジセイ 自分で自分の言動を反省すること。「深く—する」

【自責】ジセキ 自分で自分の失敗を、責めとがめること。「—の念にかられる」

【自説】ジセツ 自分の考えや意見。「—を曲げない頑固な人」

【自然】シゼン ①人の手を加えない、そのままの状態。「—環境」対人工 ②人や物の本性・本質。「—体」③宇宙・山・川など天地間の万物。「—を守ろう」④わざとらしくないさま。「—なしぐさ」⑤ひとりでに。「—と笑いがこみあげてくる」参考「ジネン」とも読む。

【自薦】ジセン 自分で自分を推薦すること。「—の立候補者」対他薦

【自然▲淘汰】シゼントウタ 自然界において、生存に適合する生物は生き残り、そうでないものは滅びること。転じて、時の推移とともに優良なものが生き残り、劣悪なものが自然と滅びていくこと。「淘汰」はよりわける・選び分けること。

【自足】ジソク ①自分で自分の必要とするものを都合すること。自分の食料を生産してまかなうこと。「自給—」②おかれた状態に自分で満足すること。「今の生活に—する」

【自尊】ジソン ①自分を尊び、品位と誇りを保つこと。「独立—」②自らを誇っておごること。自分をえらいと思うこと。「—心を傷つける」

【自他】ジタ ①自分と他人。「—ともに認める仲」②自動詞と他動詞。

【自堕落】ジダラク 身をもちくずして、だらしのないさま。ふしだら。「毎日昼過ぎに起きるような—な生活」

【自治】ジチ ①自分で自分のことを処理すること。②地方公共団体や学校などが、その範囲内の行政や事務などを運営すること。「地方—体」「学生—会」

【自治体】ジチタイ 一定の住民をもち、自治行政の権能を国家から与えられた公の団体。都・道・府・県・市・町・村など。地方公共団体。

【自重】ジチョウ ①慎重に振る舞うこと。軽はずみな行動をつつしむこと。「—自戒」②自分の体を大切にする。自愛。「厳寒の折、ご—ください」③自分の品格を大切にすること。

【自嘲】ジチョウ 自分で自分のことをあざけること。「—するように笑う」

【自適】ジテキ 何事にもしばられず、思うままに楽しむこと。「定年退職した父は悠々—の日々を送っている」

【自転】ジテン ①自分で回転すること。②天体が、自身の直径の一つを軸として回転すること。対公転

【自動】ジドウ ①自分の力で動くこと。特に、機械などの操作に使う。「—改札」②「自動詞」の略。目的語をもたない動詞。対他動

【自得】ジトク ①自分で報いを受けること。「自業(ジゴウ)—」②自分の体験をとおして会得(エトク)すること。「新しい方法を—する」③自分で満足すること。うぬぼれること。

【自任】ジニン ①自分の任務とすること。②自分自身それにふさわしい能力や資格をもつと思いこむこと。「世話役を—する」

【自認】ジニン 自分のしたことを自分で認めること。「失敗を—する」

【自然▲薯】ジネンジョ ヤマノイモの別称。季秋 由来「自然生(ジネンジョウ)」の転で、栽培されるナガイモに対していう。▼山の芋(やまのいも)(五八三)

【自然法▲爾】ジネンホウニ 事物が人為的な力を超えて、本来、自然のままにあること。事物のあるがままの姿が真理にのっとっていること。浄土真宗では、自力を捨て去り、如来(ニョライ)の絶対他力に任せきること。「法爾」は法則のまま、あるがままの意。参考「法爾自然」ともいう。類法爾法然

【自賠責保険】ジバイセキホケン 「自動車損害賠償責任保険」の略。自動車事故の被害者を救済するために、自動車所有者に加入を義務づけた保険。

【自白】ジハク ①自分から白状すること。②容疑者などが、自分に不利な事実を認め、自分の犯罪事実を肯定すること。類自供

【自発】ジハツ ①自分から進んですること。「—的なあいさつ」「—呼吸」②動作などが自然に起こることを表す助動詞。「生まれる」の「れる」など。

【自腹】ジばら ①自分の腹。②自分が負担する費用。身銭(みぜに)。「—を切る」類自費・自前

【自費】ジヒ 自分で支払う費用。かかった費用が自分もちであること。私費。「自叙伝を—出版する」類自腹・自前

【自負】ジフ 自分で自分の才能や功績などに自信をもち、誇ること。「自分の実績を—する」「—心」類自慢・自賛

【自刎】ジフン 自分で自分の首をはねて死ぬこと。類自剄(ジケイ)

【自分で▲蒔いた種は自分で刈らねばならぬ】ジブンでまいたねはジブンでからねばならぬ 自分の行為や言動については、結局は自分で責任を取らなければならな

い。参考「刈らねばならぬ」は「刈れ」ともいう。

【自弁】ジベン 自分で自分の費用を負担すること。自分もち。「交通費は—です」類自費・自前

【自暴自棄】ジボウジキ すてばち、やけくそになること。物事がうまくいかず、希望を失って投げやりな行動をとること。「自暴」はめちゃくちゃな行動で自分の身をそこなうこと。「自棄」は自分で自分を見捨てること。〈『孟子モウシ』〉「—の態度を改める」

【自前】ジまえ ①費用を自分で負担すること。「—のスーツ」類自弁・自費 ②芸者が独立して営業すること。また、その芸者。

【自儘】ジまま 勝手気まま。わがまま。「—な暮らし」参考「儘」は思うとおりの意。

【自慢】ジマン 自分や自分に関することを、得意げに話したり示したりすること。「お国—」「—の料理」類自負・自賛

〖自慢は知恵の行き止まり〗 人間、自慢するようになっては、その状態に甘んじて向上心もわかず、知恵もそこで止まってしまうという戒めの言葉。

【自明】ジメイ 証明しなくても明らかなこと。また、そのさま。「—の理」

【自滅】ジメツ ①自分のしたことがもとで、自身を滅ぼすこと。「酒がもとで—した」②自然に滅びること。

【自問自答】ジモンジトウ 自分で自分に問いかけ、自分でそれに答えること。「決断を前に—を繰り返す」

【自由】ジユウ ①他から干渉や束縛を受けない状態。「言論の—」②思いのままであるさま。「—に遊ぶ」

〖自由▲闊達〗ジユウカッタツ 心がおおらかで物事にこだわらないさま。「闊達」は心が広くてこだわらないこと。「—な人柄」「—な文章」表記「闊達」は「豁達」とも書く。参考「闊達自由」ともいう。類天空海闊

〖自由自在〗ジユウジザイ 何事も思いのままにすること。また、思う存分に振る舞うさま。「—にパソコンを操る」類縦横自在・縦横無尽

〖自由奔放〗ジユウホンポウ 気兼ねなしに自分の思うままに振る舞うさま。「奔放」は勢いよく走ること。「—に生きる」類自在奔放・不羈奔放フキホンポウ

【自余】ジヨ それ以外。このほか。「—は想像にまかせる」表記「爾余」とも書く。

【自力】ジリキ ①自分だけの力。「—で達成する」類独力 ②仏自分自身が修行することで悟りを開こうとすること。対①②他力

〖自力更生〗ジリキコウセイ 他人に頼らず、自分ひとりの力で生活を改めて立ち直ること。

【自立】ジリツ 他人の力を借りず、自分の力だけでやっていくこと。ひとりだち。類独立「経済的に—する」

【自律】ジリツ 自分で自分のわがままを抑えたり、自分の規律にしたがって行動すること。「学問の—性」類自主 対他律

【自ら】みずか-ら ①自分から。自身で。「—命を絶つ」②自分自身。「—を省みる」参考「おのずから」と読めば別の意になる。

〈自棄〉やけ 思いどおりにいかず、なげやりになること。すてばち。自暴自棄ジボウジキ。「—を起こす」表記「焼け」とも書く。

ジ【似】(7) イ5 常 教6 2787 3B77 音ジ中 外シ 訓にる 外ごとし

筆順 ノ イ 仆 仏 仏 似 似

意味 ①にる。にている。にせる。まねる。「似顔」「相似」②ごとし。…のようだ。

下つき 疑似ギジ・近似キンジ・酷似コクジ・相似ソウジ・空似そらに・真似まね・類似ルイジ

〈似非〉・〈似▲而非〉えせ 似ているが本物でないこと。にせ。「—学者」由来「似て非なる」の意から。

〈似非〉侍の刀▲弄り えせざむらいのかたないじり 実力が伴っていない者ほど虚勢を張って人を脅すたとえ。武士らしくない意気地のない武士に限って、人前で刀を振り回す意から。

【▲似し】ごと-し …のようである。断定しないで、似ていることを示す。

【似我蜂】ジガばち ジガバチ科のハチ。全体に黒色で細く、腹部の基部はきわめて細い。夏、地中に穴を掘り、シャクトリムシなどを捕らえて幼虫のえさにする。コシボソバチ。スガル。由来獲物を穴に入れるときのはねの音を古人は「ジガジガ」と聞き、この呪文ジュモンが捕らえた虫をハチに変えると考えたことから。

【似絵】にせエ 実物に似せて描いた絵。特に、鎌倉時代に流行した大和やまと絵の肖像画。前代よりも写実的になった。

【似紫】にせむらさき ①江戸時代に流行した染め色の名。鈍い紫色。②二世をかけたえにし。夫婦の縁。

【似る】に-る 形や性質などが同じように思われる。そっくりである。「姉は母親に—て色白の美人だ」

〖似た者夫婦〗にたものフウフ 夫婦になる男女は、性格・好みが互いに似ていたり、一緒に暮らしていることで似てくるということ。また、そのような夫婦の取り合わせ。

〖似て非なる者〗にてヒなるもの まがいもの。にせもの。外見は似ていても、本質がちがうものの意から。〈『孟子モウシ』〉

ジ【児】(7) 儿5 常 教7 2789 3B79 音ジ・ニ中 訓外こ

旧字《兒》(8) 儿6 1/準1 4927 513B

筆順 丨 〢 ⺆ ⺇ 旧 旧 児 児

意味 ①幼いこども。わらべ。「児童」「幼児」②親からみたこども。むすこ。むすめ。「愛児」「豚児」③若者。青年。「健児」「寵児」

下つき 愛児・育児・遺児・嬰児・園児・球児・健児・孤児・小児・女児・胎児・男児・寵児・豚児・乳児・幼児

【△児】こ ①ちのみご。幼い子ども。また、子ども。②自分の子ども。むすこやむすめ。

【△児手▲柏】このてがしわ ヒノキ科の常緑小高木。中国原産。枝は平らに分枝し、子どものてのひらを立てたように並ぶ。葉はうろこ状で表と裏の区別がない。庭木用。表記「側柏」とも書く。

【児戯】ジギ 子どもの遊び。たわいもないいたずら。思慮の足りない行動のたとえ。「―に類する行為」

【児女】ジジョ ①女性や子ども。「―の手なぐさみ」②男の子と女の子。また、特に女の子。類子女

【児孫の△為に美田を買わず】ジソンのために 子孫のために財産を残すと、それに頼って楽をして生きようとするため、そのようなことはしない。〈西郷隆盛の詩〉

【児童】ジドウ ①子ども。②小学生。「小学校の―数が減少する」参考学校教育法では満六歳から一二歳までを学齢児童、児童福祉法では一八歳未満を児童とする。

ジ

【事】(8) 丨7 常 教 8 2786 3B76 音 ジ・ズ高 訓 こと 外 つかえる

筆順 一 ㇀ 䒑 ⺕ 写 写 写 事

意味 ①できごと。ことがら。「事実」「行事」②しごと。つとめ。おこない。「事業」「家事」③つかえる。「師事」「事大」類仕

下つき 悪事・火事・家事・幹事・監事・記事・議事・行事・軍事・刑事・慶事・検事・工事・国事・故事・雑事・惨事・私事・指事・師事・時事・執事・従事・主事・商事・情事・食事・人事・炊事・世事・即事・知事・珍事・判事・万事・無事・返事・法事・民事・用事・理事・領事

【事】こと ①事柄。物事。また、行動や行為。「注意すべき―がある」「彼のやった―だ」②出来事。事情。問題。「―の真相をさぐる」③伝え聞いたこと。うわさ。「美人だという―だ」④経験。「会った―がある」⑤活用語の連体形について名詞化または副詞化する。「笑う―はいいことだ」「長い―歩く」⑥文末について命令・要求を表す。「早起きする―」⑦すなわち。同一人物であることを示す。「金さん―遠山金四郎」

『事ある時は仏の足を△戴く』 平生は信仰心のない者も、災難が起こったときは仏の前にひれ伏して助けを請うこと。類苦しい時の神頼み・今際の念仏誰も唱える

【事柄】ことがら ことの様子。事情。事態。「次の―に注意してください」

【事切れる】こときれる 息が絶える。息をひきとる。死ぬ。「父は何か言いかけて―れた」

【事▲勿れ主義】ことなかれシュギ もめごとやいさかいがなく平穏無事であることを望む、消極的な考え方や態度。

【事業】ジギョウ ①社会的な規模の大きい仕事。「慈善―に取り組む」②生産・利益を目的とする経済活動。「資本を得て―を興す」

【事故】ジコ 突然起きる悪い出来事。思いがけなく起こる災い。「交通―」

【事後】ジゴ 物事が起きたり終わったりしたあと。「―処理」対事前

『事後承諾』ジゴショウダク 結論が出たり、事が済んだりしたあとで、それについて承諾を受けること。「連絡がとれず―になった」

【事項】ジコウ 大きな事柄のなかの一つ一つの項目。条項。「注意―」類箇条

【事実】ジジツ ①本当のこと。類真実・真相・現実 ②本当に。たしかに。副詞的に用いる。「―、私は見た」

『事実は小説よりも奇なり』 世の中で実際に起こる事柄は、虚構である小説以上に複雑で不可解であるということ。

『事実無根』ジジツムコン 事実に基づいていないこと。根拠がなくいつわりであること。

【事事物物】ジジブツブツ すべての事物。あらゆる物事や現象。

【事象】ジショウ 事実と現象。形となって現れる事柄。「天然の―」

【事情】ジジョウ ①物事のわけ。いきさつ。「―を説明する」②物事の様子。ありさま。「わが家の―」

【事上磨錬】ジジョウマレン 実際の行動や実践の中で知識や精神をみがき修養すること。中国、明の王陽明が学問修行について述べた語。「事上」は実際の行動や業務を遂行しながらの意。「磨錬」はねりみがくこと。〈『伝習録』〉

【事跡・事▲蹟】ジセキ 物事や事件・出来事のあと。「歴史上の―を調べる」

【事績】ジセキ なし遂げた仕事。事業と功績。業績。「―を残す」

【事前】ジゼン 物事が起こる前。やりだす前。「―に知らせる」類未然 対事後

【事態・事体】ジタイ 物事の様子。なりゆき。「―の好転を待つ」類形勢・局面 参考多く、よくないことに使う。

【事大主義】ジダイシュギ はっきりとした自分の意見や主張がなく、ただ勢力の強い者につきしたがっていこうとする考え方。「—を排除する」

【事典】ジテン 事柄に関する語を集め、一定の順序に配列してその内容を説明した書物。「百科—」参考 辞典や字典と区別して「ことテン」ともいう。

【事犯】ジハン 刑罰を科せられるべき行為。「暴力—」類 犯罪

【事変】ジヘン ①天変地異など、人の力では避けられない異常な出来事。②警察力ではしずめられないほどの騒乱。③宣戦布告のない、国家間の戦闘行為。「満州—」

【事務】ジム 会社・団体・商店などで、書類作成などおもに机上で処理する仕事。「—員」

【事由】ジユウ ①物事の理由。わけ。「欠席の—」②法律用語で、直接の理由・原因となっている事実。

【事理】ジリ ①物事の道理や筋道。「—を明らかにする」②仏 相対的な差別の現象(事)と絶対的な平等の真理(理)。

【事理明白】ジリメイハク 物事の道理や筋道がきわめてはっきりしているさま。

【事例】ジレイ ①前例となる事実。「—に照らす」②個々の場合に応じた実例。「研究—」

【△事える】つかーえる 目上の人のそばに控えてその人のためにつくす。

ジ【侍】(8) 亻6 常 3 2788 3B78 音 ジ 外シ 訓 さむらい 外はべる・さぶらう

筆順 ノ 亻 仁 什 仕 佳 侍 侍

意味 ①はべる。さぶらう。目上の人のそばに仕える。「侍医」「近侍」②さむらい。武士。「侍所」

下つき 近侍キンジ・典侍テンジ・奉侍ホウジ

【侍】さむらい ①武士。帯刀し武術をもって主君に仕えた人。②高貴な人に仕え、身辺の警護などをした人。③気骨があって意思を貫くことができる人。「彼はなかなかの—だ」参考 ①②動詞の「さぶらう」から転じた語で、「さぶらい」ともいう。

【侍医】ジイ 高貴な人のかかりつけの医者。天皇・皇族の医療を担当する医師。

【侍講】ジコウ 君主・天皇などに学問の講義をすること。また、その役目の人。侍読。

【侍座】ジザ 高貴な人のそば近くに座ること。

【侍史】ジシ ①高貴な人のそばに仕える書記。類 右筆ユウヒツ ②手紙の脇付わきづけに使う語。類 侍曹 由来 直接渡すことをはばかり①を通してという意から。

【侍従】ジジュウ ①君主や高貴な人のそばに仕えること。また、その人。②宮内庁の職員で、天皇・皇太子のそばに仕える人。

【侍女】ジジョ 高貴な人のそばに仕えて身のまわりの世話をする女性。腰元。参考「まかたち」とも読む。

【侍臣】ジシン 主君のそば近くに仕える家来。類 近侍

【△侍る】はべーる 地位の高い人のそばに仕える。また、宴席などに控える。「お酌に—る」

【〈侍女〉・〈侍▲婢〉】まかたち 「侍女ジジョ」に同じ。参考「まかだち」とも読む。

ジ【▲兒】(8) 儿6 4927 513B ▼児の旧字(六三三)

ジ【怩】(8) 忄5 1 5566 5762 音 ジ 訓 はじる

意味 はじる。はじらう。「忸怩ジクジ」

下つき 忸怩ジクジ

【▲怩じる】はーじる ひけめを感じて心がいじける。きまり悪く思う。参考「怩」は身が縮まる思いの意。

ジ【治】(8) 氵5 教 常 7 2803 3C23 音 ジ・チ 訓 おさめる・おさまる・なおる・なおす

筆順 丶 冫 氵 氵 汁 治 治 治

意味 ①おさめる。おさまる。ととのえる。とりしまる。「治安」「政治」対 乱 ②病気やけがをなおす。なおる。「治療」「全治」

下つき 完治カンジ・根治コンジ・自治ジチ・政治セイジ・全治ゼンジ・退治タイジ・湯治トウジ・統治トウチ・不治フジ・法治ホウチ・療治リョウジ

【治める】おさーめる ①乱れた物事をしずめる。落ち着かせる。「けんかを—める」②支配する。政治を行う。「国を—める」

【治▲聾酒】ジロウシュ 春の社日シャニチ(春分・秋分に最も近い戊つちのえの日)に飲む酒。季 春 由来 この日に酒を飲むと、耳の遠いのが治るという俗信から。

【治安】チアン 国家・社会の秩序が保たれて、穏やかであること。「—がよい国」類 太平

【治下】チカ ある政権の支配下にあること。統治下。「占領軍の—にある」

【治外法権】チガイホウケン ①一定の外国人が、滞在国の統治権に支配されない国際法上の権利。特に、その国の裁判権に服さない権利。元首・外交官や駐留する軍隊などがもつ。②規制の及ばないところ。

【治国】チコク 国を治めること。また、よく治まっている国。「—平天下(国を治め、天下を平和にすること)」《大学》

【治山】チサン 災害防止のため、植林などをして山を整備すること。「—治水」「—対策」

【治産】チサン ①生計の道をたてること。②自分の財産を管理・処分すること。「禁—者」

【治水】チスイ 河川に堤防を築くなどして水の流れを管理し、水害を防いだり用水の便をはかること。「—工事」

【治世】チセイ ①平和に治まっている時代。太平の世。対乱世 ②君主として世を治めること。また、その在位期間。「ルイ十四世の―」類統治 参考「ジセイ」とも読む。

【治績】チセキ 政治上の功績。善政の実績。「―おおいに上がる」

【治に居て乱を忘れず】チにいてランをわすれず 万一のことを考えて準備を怠らないということ。平和な世の中にあっても戦乱のときを忘れず、それに備えることを怠らない意から。《易経》

【治癒】チユ 病気やけががなおること。「病気は完全に―した」類平癒

【治乱興亡】チランコウボウ 国がよく治まって発展することと、乱れて滅びること。また、その変転がきわまりないこと。〈欧陽脩（オウヨウシュウ）の文〉類治乱興廃

【治療】チリョウ 病気やけがをなおすため、手当てをすること。「虫歯の―」「集中―室」類診療

【治す】なおす 病気やけがを治療して、健康な状態にする。

ジ【峙】★ (9) 山 6 1 5421 5635 音ジ・チ 訓そばだつ・たくわえる・そなえる

意味 ①そばだつ。そびえる。「峙立」②じっと動かずにいる。「対峙」③たくわえる。そなえる。

下つき 霄峙（ショウジ）・聳峙（ショウジ）・対峙（タイジ）

【峙つ】そばだつ 周りのものより、ひときわ高くそびえ立つ。「仏閣で―つ五重の塔」

ジ【恃】(9) 忄 6 1 5584 5774 音ジ・シ 訓たのむ

意味 ①たのむ。たよる。たよりにする。「恃気」「依恃」②自負する。「矜恃（キョウジ）」

下つき 依恃（イジ）・矜恃（キョウジ）・怙恃（コジ）・自恃（ジジ）・負恃（フジ）

【恃む】たのむ たのみとする。たよる。当てにする。「一家の柱と―む人」

ジ【持】(9) 扌 6 常 教 8 2793 3B7D 音ジ 外チ 訓もつ

筆順 一 十 扌 扌 扌 扗 拤 持 持

意味 ①もつ。身につける。「所持」「持参」②たもつ。まもる。もちこたえる。「持久」「維持」

下つき 維持（イジ）・加持（カジ）・堅持（ケンジ）・固持（コジ）・護持（ゴジ）・支持（シジ）・所持（ショジ）・扶持（フチ）・保持（ホジ）

【持戒】ジカイ 仏仏教の戒律をかたく守ること。対破戒

【持久】ジキュウ ある状態を長時間もちこたえること。「―戦の構え」「―力」類耐久

【持久の計】ジキュウのケイ 戦いて、勝負を急がず、城に立てこもったり、または城を包囲したりして敵を悩ませ、衰えを待つ計略。《三国志》

【持碁】ジゴ 終局まで勝負が決まらずに、引き分けとなった碁。

【持参】ジサン 必要なものとして、もって行くこと。もって来ること。「契約には印鑑をご―ください」

【持する】ジする ①ある状態を維持する。たもつ。「首席を―する」②まもる。「自説を―する」

【持説】ジセツ 前々から変わらずに主張している意見。類持論

【持続】ジゾク ある状態を長く保ちつづけること。「集中力を―する」

【持病】ジビョウ ①治りきらずに、たびたび起こる慢性の病気。「―の神経痛が起きる」「―の発作」②なかなかなおらない悪い癖。「無駄遣いは彼の―だ」

【持仏】ジブツ 仏 ①常に身近に置き、信仰する仏。②「持仏堂」の略。①や祖先の位牌（イハイ）を安置する堂・部屋。

【持薬】ジヤク ふだん飲んでいる薬。また、用心のために持ち歩いている薬。

【持論】ジロン 前々から主張し続けている意見。「―の披露」類持説

【持切り】もちきり 始めから終わりまで、ずっとその話題が続くこと。もっぱらうわさとなること。「きのうの大事故の話で―だ」

【持回り】もちまわり ①議案などを関係者の間に回してまとめること。「―閣議」②関係者の間で順番に受けもつこと。また、その物事。「同窓会の幹事は―だ」

【持つ】もつ ①手のひらで保つ。手でつかむ。「筆を―つ」②たずさえる。「雨具を―って行く」③自分のものとする。所有する。「別荘を―つ身」④受けもつ。担当する。「新一年生を―つことになった」⑤考えや感情を心にいだく。「根に―つ性分」⑥長くその状態を保つ。「祖母は来年までは―つまい」⑦負担する。引き受ける。「送料はこちらで―ちます」

【持子】もつご コイ科の淡水魚。湖沼や河川の細流にすむ。全長約八センチメートル。モロコに似るが口ひげがない。体は黄褐色で、腹面は銀白色。食用。ハヤ。クチボソ。

【持て栄やす】もてはやす ほめそやす。引き立ててほめる。「時の人としてマスコミに―される」

【持てる】もてる 好感をもたれ、ちやほやされる。人気があって、ほめそやされる。「異性に―てるタイプ」参考多く、かな書きにする。

ジ【時】(10) 日 6 常 教 9 2794 3B7E 音ジ 訓とき

筆順 丨 П 日 日 日一 日十 日土 時 時 時

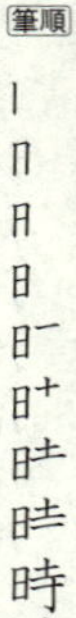

意味 ①とき。月日のうつりかわり。季節のうつろい。一日の区分。「時間」「時差」「時候」②そのとき。そのころ。おり。「時事」「往時」「時流」③時間の単位。六〇分。

下つき 往時（オウジ）・暫時（ザンジ）・瞬時（シュンジ）・常時（ジョウジ）・随時（ズイジ）・寸

時・即時・当時・同時・不時・平時・毎時・臨時

【時運】ジウン 時のめぐり合わせ。時の運。「―に乗って繁栄する」類時勢

【時下】ジカ このごろ。目下。「―ますますご清祥の段」参考多く、手紙文の最初に使う。

【時価】ジカ その時の値段や相場。市価。「貝類の値段は―です」

【時間】ジカン ①ある時刻と他の時刻の間。時の長さ。「勤務―」「その仕事には―がかかる」②時の単位。一時間は六〇分、二四時間は一日。③ある時刻。「約束の―に遅れた」④過去・現在・未来と絶え間なく移りゆくもの。「―は待ってはくれない」対空間

【時季】ジキ あることに適した季節。あることが盛んに行われる時候。シーズン。「花見には―はずれだ」「―の材料を使った料理」

【時期】ジキ 物事を行う時。おり。ころ。また、それを行う期間や季節。「まだ行動をおこす―ではない」「大学入試の―になる」

『時期尚早』ジキショウソウ ある物事を行うには、まだ早すぎるということ。「計画は―で見送られた」

【時機】ジキ ある物事を行うのにちょうどよい時。ころあい。チャンス。「―到来」

【時宜】ジギ 物事を行う時が適当であること。時機にかなうこと。ちょうどよいころあい。「今回の措置は―にかなっている」

【時局】ジキョク 時事の局面。国家・社会などのその時の情勢。「―講演会を開催する」「―はきわめて重大だ」

〈時雨〉しぐれ 晩秋から初冬にかけて時々ぱらぱらと降る小雨。季冬

〈時雨〉煮 しぐれに ハマグリなどのむき身にショウガやサンショウなどを入れて作った佃煮。

〈時化〉しけ ①風雨が強く海が荒れること。対凪 ②海が荒れて魚がとれないこと。③興業などで客の入りが悪いこと。不景気。

【時限】ジゲン ①限られた時間。「―爆弾」「―立法」類刻限 ②時間の区切り。授業などの時間の単位。「今日の一―目は数学だ」

【時好】ジコウ その時代の流行。「―に投じる（時代の好みにうまく合う）」類時流

【時効】ジコウ ①法律で、一定の期間が経過したために権利の取得や消滅を認める制度。「―の成立」②長い時間が過ぎて、約束などが無効になること。「あの話はもう―だ」

【時候】ジコウ 四季それぞれの移り変わる気候。四季の気象状態。「―のあいさつ」

【時刻】ジコク ①時の流れのなかのある瞬間。「現在の―」「出発の―」類時間 ②何かをするのにちょうどよい時。「―到来」類時機

【時差】ジサ ①世界各地での標準時が示す時刻の差。「東京とロンドンとの―」②時刻に差をつけること。「―出勤」

【時差惚け】ジサぼけ 外国など標準時に差がある土地へ飛行機などで移動するとき、生活のリズムと時間とが合わないために起こる眠気やだるさ。

【時事】ジジ ①その時々の社会の出来事。②現代社会の出来事。現代の社会事象。「新聞で―解説をする」

【時時刻刻】ジジコクコク 時を追って次々と。絶えず。「時刻」は時間の流れの決まった一瞬を指すが、それを重ねて一瞬一瞬が絶え間なく経過していくさまをいう。「―変化する空の色」参考「刻刻」は「コッコク」とも読む。

【時日】ジジツ ①日数と時間。「―を多く費やす」②ひにちと時刻。日時。「―を決める」

【時辰】ジシン ①とき。時刻。②「時辰儀」の略。時計の古称。参考「時」も「辰」もときの意。

【時世】ジセイ 移り変わる世の中。時代。「嫌な―になったものだ」参考「ときよ」と読めば、その時代の風潮の意もある。

【時勢】ジセイ 時代の移り変わる勢い。時のなりゆき。「―に取り残される」「―に流される」類時流

【時節】ジセツ ①季節。時候。「新緑の―」②よい機会。時機。「―到来」③時世。世の中の情勢。「―をわきまえる」

【時速】ジソク 速さを表す方法の一つ。一時間に進む距離。「―一〇〇キロ」

【時代】ジダイ ①ある基準によって区切られた一定の期間。「江戸―」「青春―」②その当時。当代。「―遅れ」「―の先駆け」③長い年月がたって古い感じがすること。「―のついた時計」「―物の服」

『時代錯誤』ジダイサクゴ ①時代の異なったものを混同して考えること。②時代の流れに合わない昔ながらの言動や考え方。「―の見解」

【時点】ジテン 時間の流れのなかのある一点。「その―ではわからなかった」

【時評】ジヒョウ ①当時の評判。②その時々の社会の出来事に対する批評・評論。「文芸―」

【時分】ジブン ①およその時。当時。ころ。「学生の―はよく遊んだ」②適当な時機。ころあい。「―を見はからう」

【時弊】ジヘイ その時代の弊害や悪い風習。「―の改革」

【時報】ジホウ ①特定の分野の出来事などを報道する新聞や雑誌。また、その報道。「経済―」②ラジオやテレビなどで標準の時刻を人々に知らせること。また、その音。

【時流】ジリュウ その時代の社会一般の風潮や傾向。「―に乗る」類時好

【時論】ジロン ①時事に関する議論。②その時代の世論。類公論・輿論

【時】とき ①過去から現在へ、現在から未来へと移り変わっていくと考えられるもの。時間と時刻の総称。「―がたつ」②一昼夜のうちの一時

点。「子(ね)の―」③ある期間。時代。「若い―の話」④刻限。期限。「締め切りの―」⑤その人や事にとって大事な時期。機会。⑥時候。「秋は行楽には一番よい―だ」⑦時勢。「―にしたがう」

『時に遇(あ)えば鼠(ねずみ)も虎(とら)になる』時流に乗ることができれば、つまらない者でも高い地位を得て権力を振るうようになるということのたとえ。

『時に及んで当(まさ)に勉励すべし』学ぶべき時を失うことなく、何事においても励むべきである。〈陶潜の詩〉

『時は得難くして失い易(やす)し』①好機というものはなかなかやってこないし、たとえやってきても油断しているうちに取り逃がしやすいものだということ。②過ぎた時間というものは二度とは戻ってこないものであるから、わずかな時間でも無駄にしてはならない。〈『史記』〉

『時は金(かね)なり』時間は金と同じくらい貴重であり、無駄に費やしてはならないという戒め。由来 英語の格言 Time is money. から。

【時折】ときおり ときどき。ときたま。「―音楽が聞こえてくる」

【時偶】ときたま ときおり。ときどき。たまに。「友人が―たずねてくる」

〈時計〉とけい 時刻を示したり、時間をはかったりする器械。参考 もとは、「土圭」と書き、中国、周代の緯度測定器のこと。のちに日本で日時計を指すようになった。「時計」は当て字。

〈時鳥〉ほととぎす ホトトギス科の鳥。▼杜鵑(ほととぎす)(二三六)

ジ【珥】(10) 王6 1 6466 6062 音 ジ 訓 みみだま・さしはさむ

意味 ①みみだま。耳の飾り玉。②さす。さしはさむ。「珥筆」参考 耳につける玉(王)を表した字。

【珥】みみだま 耳飾りについている玉。耳に飾る宝石。

ジ【除】(10) 阝7 教 2992 3D7C ▼ジョ(七三五)

ジ【痔】★(11) 疒6 準1 2806 3C26 音 ジ 訓 しもがさ

意味 じ。しもがさ。肛門(コウモン)の病気の総称。「痔核」「痔疾」

【痔核】ジカク 痔疾の一種。直腸や肛門(コウモン)の辺りの静脈がうっ血してこぶのようになる病気。いぼじ。

【痔疾】ジシツ 肛門(コウモン)と、その辺りに生じる病気の総称。痔(じ)。

【痔瘻】ジロウ 痔疾の一種。肛門(コウモン)の辺りに穴があいて膿(うみ)が出る病気。あなじ。

ジ【滋】(12) 氵9 常 教 7 2802 3C22 音 ジ中 外シ 訓 外しげる・ます

筆順
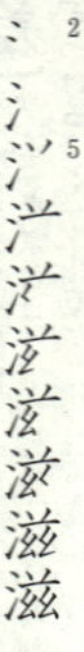

意味 ①しげ(茂)る。そだつ。そだてる。「滋育」②うるおう。養分になる。「滋雨」「滋養」③おいしい。味がよい。「滋味」④ます。ふえる。

【滋育】ジイク ①穀物などがふえて成長すること。②草木などをそだてること。また、そだつこと。

【滋目結】しげめゆい 目結(四角形の図案)の柄を一面に染め出し、総絞りとしたもの。鹿の子(かのこ)絞りの総絞り。「―の直垂(ひたたれ)」表記「繁目結」とも書く。

【滋味】ジミ ①うまい味。美味。②栄養のある食物。「―に富む果物」③心を豊かにするような深い味わい。「―にあふれた作品」

【滋養】ジヨウ 体の栄養になること。また、そのもの。「―強壮」類 栄養

ジ【孳】(13) 子10 1 5358 555A 音 ジ・シ 訓 うむ・しげる・つとめる

意味 ①うむ。子を生む。「孳育」②しげ(茂)る。ふえる。「孳衍(ジエン)」「孳息(ジソク)」③つとめる。はげむ。「孳孳」類 孜(シ)

【孳孳】シシ 物事に熱心に励むさま。「―勉学にいそしむ」参考「ジジ」とも読む。表記「孜孜」とも書く。

ジ【慈】(13) 心9 常 3 2792 3B7C 音 ジ 訓 いつくしむ高

筆順
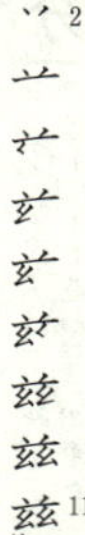

意味 いつくしむ。かわいがる。めぐむ。「慈愛」「慈育」「慈悲」

下つき 家慈(カジ)・孝慈(コウジ)・仁慈(ジンジ)

【慈しむ】いつくしむ 愛して大切にする。かわいがる。いとおしむ。「わが子を―み育てる」

〈慈鳥〉からす カラス科の鳥の総称。由来「慈鳥」は漢名より。成長すると親にえさを運んでいつくしむことから。

〈慈姑〉くわい オモダカ科の多年草。中国原産。水田で栽培。葉はやじり形。地下の球茎に芽が出ていることから縁起をかついで正月などに食べる。季 春 由来「慈姑」は漢名から。

【慈愛】ジアイ いつくしみかわいがること。愛し大切に思うこと。「―に満ちた表情」

【慈育】ジイク いつくしみそだてること。表記「字育」とも書く。

【慈雨】ジウ 草木や作物の生育に、ほどよく降る雨。恵みの雨。「干天の―」類 甘雨

【慈顔】ジガン 慈愛に満ちたやさしい顔。慈悲深い顔つき。「長老の―」

【慈善】ジゼン　あわれみ、情けをかけること。特に、不幸な人や貧困な人を援助すること。「―事業に参加する」

【慈悲】ジヒ　①あわれみいつくしむこと。②仏 仏が衆生をいつくしみ、楽しみを与えて苦しみを取り去ること。「仏の―にすがる」

【慈父】ジフ　①子に深い愛情を抱いている父親。②父親の敬称。対慈母

【慈母】ジボ　①子に深い愛情を抱いている母親。②母親の敬称。対慈父

【慈母敗子】ジボハイシ　母親の愛情が強すぎて甘やかすだけだと、かえってその子は親不孝な道楽者になるということ。教育には時には厳しさが必要なたとえ。《史記》参考「慈母に敗子有り」ともいう。

ジ【輀】(13) 車 6　1　8963　795F　音 ジ　訓 ひつぎぐるま

〔轜〕7763　6D5F

意味 ひつぎぐるま。ひつぎをのせる車。「霊輀」

下つき 霊輀レイジ

【▲輀車】ジシャ　高貴な人の葬儀で棺ひつぎをのせて運ぶ車。

ジ【辞】(13) 辛 6　教 常　7　2813　3C2D　音 ジ　訓 やめる中 外ことば・ことわる

旧字《辭》(19) 辛12　1/準1　7770　6D66

筆順 ノ 二 千 … 辞

意味 ①ことば。言語。「辞書」「辞令」「祝辞」②やめる。ことわる。しりぞく。「辞職」「辞任」「固辞」③別れを告げる。いとまごいをする。「辞去」「辞世」④日本文法で、それだけでは文節を構成しえない語。助詞・助動詞など。対詞

下つき 訓辞クンジ・告辞コクジ・固辞コジ・賛辞サンジ・式辞シキジ・謝辞シャジ・修辞シュウジ・祝辞シュクジ・世辞セジ・送辞ソウジ・題辞ダイジ・弔辞チョウジ・答辞トウジ・美辞ビジ・文辞ブンジ

【△辞】ことば　言語。文章。単語をつらねた文によって表現されたもの。「お別れの―」

【辞意】ジイ　辞職や辞退したいという意思。「―を表明する」

【辞彙】ジイ　言葉を類別して集め、意味などを説明した書物。辞典。辞書。

【辞儀・辞宜】ジギ　①「お―」の形で、頭を下げ、腰をかがめてする礼。挨拶アイサツ。会釈エシャク。「お―をして受け取る」②遠慮。辞退。「―には及ばない」

【辞去】ジキョ　別れのあいさつをして訪問先を立ち去ること。いとまごい。「夜も更けたので友人宅を―した」

【辞謝】ジシャ　ことわること。辞退すること。「せっかくのご厚意ですが―いたします」

【辞書】ジショ　言葉を集めて一定の順序に並べ、その読み・意味・用法などを説明した書物。辞典。表記漢和辞書の場合は「字書」とも書く。

【辞職】ジショク　自分から勤めをやめること。「―願ねがいを出す」「事故の責任を取って―する」類退職・辞任

【辞する】ジする　①辞職する。「大臣の職を―する」②辞退する。「受賞を―する」③退出して帰る。「先生のお宅を―する」

【辞世】ジセイ　①この世を去ること。死ぬこと。②死にぎわに作る和歌・俳句などの作品。「―の句」

【辞退】ジタイ　遠慮して身を引くこと。「出場を―する」

【辞典】ジテン　「辞書」に同じ。参考事典と区別するために、字典も含み「ことばテン」ということもある。

【辞任】ジニン　自分から任務をやめること。「―を余儀なくされる」類辞職・退任 対就任

【辞表】ジヒョウ　職をやめる旨むねを書いて提出する文書。「―を出す」

【辞令】ジレイ　①応対の言葉やあいさつ。「社交―」②官職や役職の任免の旨むねを書いて、本人に渡す正式な文書。「―が下りる」

【辞める】やめる　勤めや地位などを退く。「会長を―める」

ジ【爾】(14) 爻10　準1　2804　3C24　音 ジ・ニ　訓 なんじ・その

意味 ①なんじ。おまえ。二人称の代名詞。「爾汝ジジョ」類汝 ②その。それ。この。これ。「爾後」「爾来」③しかり。そのとおりである。そのように。修飾語に添える助字。「確爾」「莞爾カンジ」④のみ。だけ。限定・断定の助字。類耳

下つき 莞爾カンジ・卒爾ソツジ・卓爾タクジ・聊爾リョウジ

【▲爾後】ジゴ　そののち。以後。爾来。「―十年に及ぶ」類爾今

【▲爾今】ジコン　いまからのち。こののち。今後。「―以後」類爾後

【▲爾▲汝】ジジョ　おまえ。きさま。相手を見下したり親しんだりして呼び捨てにする言葉。参考「爾」「汝」ともに「なんじ」と読み、おまえ・そなたの意。

【▲爾▲汝の交わり】ジジョのまじわり　互いに相手を呼び捨てで呼び合えるほど親しい関係。

【▲爾余】ジヨ　そのほか。このほか。「―の問題は無視する」

【▲爾来】ジライ　それ以来。以後。爾後。「―音信がない」

【▲爾】なんじ　おまえ。そち。「―自身を知れ」参考同等以下の相手を指す語。

【▲爾に△出いずるものは▲爾に△反かえる】　自分のしたことの報いは、必ず自分に返ってくるということ。《孟子モウシ》

ジ【磁】(14) 石 9　教 常　5　2807　3C27　音 ジ 外シ　訓 外やきもの

筆順 一 ア 石 石 矿 矿 矿 磁 磁 磁 磁

意味 ①じしゃく。鉄を引きつけたり、南北を指し示したりする性質のある鉱物。「磁性」「磁力」②せともの。やきもの。高温でかたく焼いた陶器。「磁器」「青磁」

下つき 青磁（セイジ）・白磁（ハクジ）

【磁界】ジカイ 磁石や電流のまわりに生じる磁気の力が作用する範囲。類磁場

【磁気】ジキ 磁石が鉄を引きつけたり、磁石の同極どうしが反発したりする作用。「—嵐」「—カード」

【磁器】ジキ 釉（うわぐすり）をかけて高温で焼いた焼き物。素地（きじ）はガラス化して半透明、吸水性はない。有田焼・九谷焼など。

【磁石】ジシャク ①鉄を引きつける性質をもつもの。マグネット。「—で砂鉄を集める」②南北の方位を指し示す機器。羅針盤。コンパス。「—て方角を調べる」③磁鉄鉱。重要な製鉄原料。参考③「ジセキ」とも読む。

【磁針】ジシン 方位を知るための針が自由に水平回転できるように、中央を支えた小型の磁石。

【磁土】ジド 陶磁器をつくる原料にする土や粘土。陶土。

【磁場】ジば 「磁界」に同じ。参考「ジジョウ」とも読む。

ジ【餌】(15) 食6 常 2 1734 3142 音ジ高 訓えさ・え 外たべもの・くう

〔餌〕

筆順 ノ 今 今 今 今 食 食 食 飣 飷 餌

意味 ①えさ。動物に与える食べ物。また、人を誘惑する手段。「餌食」「好餌」②たべもの。食物の総称。「餌口」「食餌」③く(食)う。くわせる。

下つき 擬餌（ギジ）・好餌（コウジ）・香餌（コウジ）・食餌（ショクジ）・薬餌（ヤクジ）

【餌】えさ ①飼っている動物に与えたり、捕獲する動物をおびき寄せたりする食物。「—をまく」「鳥に—をやる」②人を誘いこむための見せかけの利益やおとり。「金を—に票を集める」③人の食べ物を俗的にいう語。「やっと—にありつく」参考「え」とも読む。

【餌食】えジキ ①動物の餌（えさ）として食われる生き物。②人の欲望や利益の犠牲となるもの。「高利貸しの—になる」

【餌薬】ジヤク 療養するための薬。「—が欠かせない」類薬餌

ジ【膩】(16) 月12 1 7123 6737 音ジ・ニ 訓あぶら・あぶらあか・あか・なめらか

意味 ①あぶら(脂)。あぶらあか。あか。皮膚ににじむ脂肪。「垢膩」②なめらか。きめ細かい。「膩理」

下つき 垢膩（コウジ）・脂膩（シジ）

ジ【臑】(18) 月14 1 7134 6742 音ジ・ジュ・ドウ 訓やわらか・にる・すね

意味 ①ヒツジやブタの前肢。うで。②やわらか。やわらかい。③に(煮)る。やわらかく煮る。④すね。ひざからくるぶしの間の部分。

【臑】すね ひざから足首までの部分。はぎ。「—に傷をもつ(後ろ暗いところがある)」表記「脛」とも書く。

【臑当】すねあて ①野球やホッケーの選手が、すねを保護するためにつける用具。レガーズ。②鎧（よろい）の付属品の一つ。すねにつけて足を守るための武具。表記「脛当」とも書く。

【臑齧り】すねかじり 親などから学費や生活費を出してもらっていること。また、その人。親がかり。表記「脛齧り」とも書く。

ジ【★邇】(18) 辶14 1 7778 6D6E 音ジ・ニ 訓ちかい

意味 ちかい。近い所。みぢか。「邇言」「邇来」対遐（カ）

下つき 遠邇（エンジ）・遐邇（カジ）・密邇（ミツジ）

【邇来】ジライ ①近ごろ。最近。②その時以来。

ジ【璽】(19) 玉14 常 準2 2805 3C25 音ジ 訓外しるし

筆順 一 冖 冂 币 爾 爾 爾 爾 璽 璽

意味 しるし。はん。中国、秦（シン）の始皇帝以来、天子の印にかぎっていう。「璽授」「御璽」

下つき 印璽（インジ）・玉璽（ギョクジ）・御璽（ギョジ）・国璽（コクジ）・神璽（シンジ）

【璽符】ジフ ①天子の印。②皇位の印。特に、三種の神器のうちの八尺瓊曲玉（やさかにのまがたま）。

【璽】しるし ①三種の神器の一つで、八尺瓊曲玉（やさかにのまがたま）。②官印。おしで。

ジ【辭】(19) 辛12 7770 6D66 ▼辞の旧字(六三九)

しあわせ【幸せ】(8) 干5 教 2512 392C ▼コウ(四八六)

しい【椎】(12) 木8 常 3639 4447 ▼ツイ(一〇七七)

シイする【弑する】(12) 弋9 5522 5736 ▼シ(六一八)

しいたげる【虐げる】(9) 虍3 常 2152 3554 ▼ギャク(二九八)

しいな【秕】(9) 禾4 6730 633E ▼ヒ(一二七九)

しいる【強いる】(11) 弓8 教 2215 362F ▼キョウ(三三五)

しいる【誣いる】(14) 言7 7556 6B58 ▼フ(一三三三)

しいる【彊いる】(16) 弓13 2216 3630 ▼キョウ(三四一)

しお【入】(2) 入0 教 3894 467E ▼ニュウ(一一九九)

しお【汐】(6) 氵3 2814 3C2E ▼セキ(八七五)

しお【鹵】(11) 鹵0 8335 7343 ▼ロ(一六〇九)

しお【塩】(13) 土10 教 1786 3176 ▼エン(一〇一)

しお【潮】(15) 氵12 教 3612 442C ▼チョウ(一〇六六)

同訓異義 しお

【潮】海の水。海水の満ち干の総称。本来は朝に起きるものをいう。「潮を汲む」「潮が満ちる」「上げ潮」「引退の潮時」

【▲汐】海の水。海水の満ち干で、本来は夕方に起きるものをいう。

【塩】海水から人工的につくった、しおからい物質。「魚に塩をする」「塩気が強い」「塩漬け」「青菜に塩」「塩加減」

【▲鹵】地中から出る天然の岩塩。

【△入】染め物を染料に浸す度数。「八入の色」「感激も一入だ」

しおからい【▲鹹い】 (20) 鹵9 8336/7344 ▼カン(二五一)

しおき【△刑】 (6) リ4 常 2326/373A ▼ケイ(三八七)

しおち【▲鹵】 (11) 鹵0 8335/7343 ▼ロ(一六〇九)

しおり【▲栞】 (10) 木6 5957/5B59 ▼カン(二三一)

しおり【▲撓】 (15) 扌12 5790/597A ▼ドウ(一一六六)

しおれる【△萎れる】 (11) 艹8 常 1664/3060 ▼イ(三四)

しか

【鹿】

(11) 鹿0 常 教 7 2815/3C2F 音 外ロク 訓 しか・か

筆順 丶 亠 广 户 庐 声 声 声 鹿 鹿 鹿[11]

意味 ①しか。シカ科の哺乳動物の総称。「鹿角」 ②権力者の地位のたとえ。「逐鹿」

下つき 神鹿・逐鹿・白鹿

〈鹿▲蹄草〉いちやくそう イチヤクソウ科の多年草。山野の樹陰に自生。葉は円形で厚い。初夏、花茎の先にウメに似た白い花を数個下向きにつける。乾燥させたものは脚気に、葉の汁は止血に効く。カガミソウ。季夏 由来「鹿蹄草」は漢名より。和名は、よく効く薬草の意から。表記「一薬草」とも書く。

〈鹿驚〉かかし ①鳥獣が田畑を荒らすのを防ぐために立てる人形。季秋 ②見かけばかりで、実際の役に立たないこと。また、その人。由来 もとは獣肉などを焼いて串にさして立て、その悪臭をかがせておどしたことから。表記「案山子」とも書く。

【鹿毛】かげ シカの毛色のような茶褐色で、たてがみ・尾・足の下の部分が黒いウマの毛色の名。また、そういうウマ。

〈鹿▲杖〉かせづえ ①先端がふたまたになった、つえ。②握りの部分がT字をした形の撞木づえ。③シカの角を握りの部分につけたつえ。

【鹿の子】かのこ ①シカの子。季夏 ②「鹿の子斑」の略。シカの毛のように、茶褐色で白い斑点があるものをいう。③「鹿の子絞り」の略。白い斑点を隆起させて染め出した、絞り染め。④「鹿の子餅」の略。甘く煮た小豆などをあんで包んだ餅のまわりにつけた菓子。

【鹿の子草】かのこソウ オミナエシ科の多年草。湿地に自生。晩春、オミナエシに似た淡紅色の小花を多数つける。ハルオミナエシ。季春 由来 開いた花の中につぼみのあるようすが、鹿の子絞りに似ることから。

【鹿火屋】かびや 夜、シカなどの獣が田畑を荒らさないように、火を燃やして見張りをする番小屋。季秋 参考「かひや」とも読む。

〈鹿▲砦〉さかもぎ 敵の侵入を防ぐために、とげのある木の枝や先端をとがらせた木の枝を、シカの角のように組んだ柵。類 鹿垣 表記「逆茂木」とも書く。参考「ロクサイ」とも読む。

【鹿】しか シカ科の哺乳動物の総称。森林や草原などに広くすむ。草食性で、雄には枝分かれした角がある。季秋

『鹿を△逐う者は山を見ず』 一つのことに熱中して、他のことをかえりみる余裕がなくなることのたとえ。また、利欲・色欲におぼれる者は道理を忘れることのたとえ。《虚堂録》 参考「鹿を逐う者」は「鹿を逐う猟師」ともいう。

『鹿を指して馬と△為す』 道理のとおらないことを無理に押しとおすたとえ。また、まちがいを認めずに押しとおすたとえ。故事 中国、秦の趙高は始皇帝の死後、権力を独占しようと二世皇帝に「ウマでございます」と言ってシカを献上し、シカであると本当のことを言った者を罪に陥れ、自分にたてつく者をほうむった故事から。《史記》

【鹿爪らしい】しかつめらしい 緊張してまじめそうなようす。もっともらしい。「―い態度」 参考「鹿爪」は当て字。

【△鹿△威し】ししおどし ①田畑を荒らす鳥や獣を追い払うしかけ。②中央を支点にした竹筒の一方に水を流し、たまった水の重みで傾いたとき水をこぼす反動ではね上がり、他方が石をたたいて音を出す装置。添水。

【△鹿垣】ししがき ①枝つきの木や竹などを組んで作った垣。田畑に獣が入るのを防いだ。季秋 ②「鹿砦」に同じ。

〈鹿尾菜〉・〈鹿角菜〉ひじき 褐藻類ホンダワラ科の海藻。各地の沿岸の岩上に付着して生育。茎状部は円柱形で、羽状に枝分かれしている。乾燥させて食用とする。季春 由来「鹿尾菜・鹿角菜」は漢名から。表記「羊栖菜」とも書く。

〈鹿▲茸〉ふくろづの「鹿茸」に同じ。表記「袋角」とも書く。

〈鹿薬〉ゆきざさ ユリ科の多年草。山地の樹陰に自生。葉はササに似る。初夏、白い小花を円錐状につける。若芽は食用。由来「鹿薬」は漢名からの誤用。表記「雪笹」とも書く。

【△鹿▲苑】ロクオン 仏「鹿野苑」の略。釈迦が最初に説法をしたとされるインドの地名。鹿の園生。由来 シカが多くすんでいたことから。

【鹿砦・鹿柴】ロク サイ 「鹿砦(さかもぎ)」に同じ。

【鹿茸】ロク ジョウ 皮をかぶったやわらかいもの。陰干しにして、薬用にする。季 夏 参考 「ふくろづの」とも読む。

【鹿鳴】ロク メイ 賓客を迎えてもてなす詩歌や音楽。また、その宴会。「明治時代の—館」 由来 『詩経』のなかの「鹿鳴」の詩が、賓客を迎える際に歌われたことから。

じか【直】(8) 目 3 教 3630/443E ▼チョク(一〇六九)

しかし【併し】(8) 亻 6 常 4227/4A3B ▼ヘイ(一三六七)

しかし【然し】(12) 灬 8 教 3319/4133 ▼ゼン(九一七)

しかして【而して】(6) 而 0 2809/3C29 ▼ジ(六二九)

しかと【駝】(14) 耳 8 国 1 7062/665E 訓 音 しかと

意味 しかと。たしかに。まちがいなく。「駝と頼んだぞ」 参考 耳で定かにきくことを表す字。

しかと【確と】(15) 石 10 教 1946/334E ▼カク(二〇二)

しかばね【尸】(3) 尸 0 5389/5579 ▼シ(五九六)

しかばね【屍】(9) 尸 6 2751/3B53 ▼シ(六一一)

しかめる【顰める】(24) 頁 15 8094/707E ▼ヒン(一三二五)

しかも【然も】(12) 灬 8 教 3319/4133 ▼ゼン(九一七)

しがらみ【柵】(9) 木 5 常 2684/3A74 ▼サク(五六六)

しかり【兪り】(9) 入 7 4933/5141 ▼ユ(一五〇三)

しかり【然り】(12) 灬 8 教 3319/4133 ▼ゼン(九一七)

しかる【叱る】(5) 口 2 常 4752/4F54 ▼シツ(六四六)

しかる【呵る】(8) 口 5 5074/526A ▼カ(一四四)

しかる【咤る】(9) 口 6 5103/5323 ▼タ(九七二)

しかる【喝る】(11) 口 8 常 1969/3365 ▼カツ(二一三)

しかる【訶る】(12) 言 5 7537/6B45 ▼カ(一五三)

シキ【式】(6) 弋 3 教 常 8 2816/3C30 音 シキ 外ショク 訓 外のり・のっとる

筆順 一 二 亍 三 式 式

意味 ①一定の作法でおこなう行事。典礼。「式典」「儀式」②きまり。やりかた。一定のかた。「形式」「洋式」③のっとる。手本にする。④ああ。それ。発語の助字。⑤計算の順序や方法を数字や記号で表したもの。「公式」「数式」

下つき 格式・儀式・形式・公式・古式・神式・数式・正式・葬式・等式・仏式・法式・本式・洋式・略式・和式

【式三番】シキ サンバ ①能楽の「翁(おきな)」の別称で祭儀的な演目。②歌舞伎(かぶき)で、①を舞踊化したもの。正月興行や顔見世などに演じる。「—叟(そう)」 参考 「シキサンバン」とも読む。

【式辞】シキ ジ 儀式で述べるあいさつの言葉。「卒業式で—を述べる」

【式典】シキ テン 儀式。式。「祝賀記念の—が盛大に開催される」

【式年】シキ ネン 定例の祭儀を行うことに決められている年。「伊勢(いせ)神宮の—遷宮祭」

【式微】シキ ビ 勢いがひどく衰えること。 参考 「ショクビ」とも読む。

【式目】シキ モク ①武家時代、法規や制度を箇条書きにしたもの。「御成敗—」②連歌・俳諧(はいかい)などを詠(よ)むときに、守るべき規則。また、それを記した書。 参考 「式」は法式、「目」は条目のこと。

【式】のり ①きまり。おきて。②てほん。模範。③かた。規格。一定のやりかた。

シキ【色】(6) 色 0 教 3107/3F27 ▼ショク(七八〇)

シキ【織】(18) 糸 12 教 3105/3F25 ▼ショク(七八五)

シキ【職】(18) 耳 12 教 3106/3F26 ▼ショク(七八五)

シキ【識】(19) 言 12 教 常 6 2817/3C31 音 シキ 外シ・ショク 訓 外しる・しるす

筆順 4 言 7 訁 9 詝 11 諳 14 諳 16 識 識 識

意味 ①しる。考える。さとる。物事の道理を見分ける。「識別」「識見」「認識」②知ること。考え。「見識」「眼識」③知り合いになる。知り合い。「面識」④しるす。しるし。「識語」「標識」 類 誌

下つき 意識・学識・鑑識・眼識・旧識・見識・常識・卓識・知識・認識・博識・標識・面識・黙識・良識

【識見】シキ ケン 物事を正しく見極める力。見識。 参考 「シッケン」とも読む。

【識語】シキ ゴ 写本・刊本などの本文の前やあとで、本の来歴や書写の年月日などを記したもの。 参考 「シゴ」の慣用読み。

【識者】シキ シャ 知識が深く、物事を正しく判断できる人。有識者。「—に意見を求める」

【識別】シキ ベツ 物事の性質や種類などを見分けること。「善悪の—」

【識る】し—る ①認める。自覚する。さとる。「彼の才能を—る」②はっきりと見分ける。「正否を—る」③見知る。面識がある。

【識す】しる—す ①書きつける。書きとめておく。「ノートに—す」②覚える。記憶にとどめる。「心に—す」 表記 「誌す」とも書く。

しぎ【鴫】(16) 鳥 5 国 準1 2818/3C32 訓 音 しぎ

意味 しぎ(鷸)。シギ科とその近縁の科の鳥の総称。

参考 田にいる鳥の意を表した字。

【鴫焼】しぎ やき ナスを縦に二つ切りか輪切りにして油をぬって焼き、味付け味噌(みそ)をつけた料理。季 夏

しぎ【▲鷸】(23) 鳥12 8327/733B ▼イツ(五八)

ジキ【直】(8) 目3 教 3630/443E ▼チョク(一〇六九)

ジキ【食】(9) 食0 教 3109/3F29 ▼ショク(七八一)

しきい【▲閾】(16) 門8 7971/6F67 ▼イキ(四一)

しきがわら【▲甃】(14) 瓦9 6512/612C ▼シュウ(六九六)

しきみ【梻】(11) 木7 国 1 1485/2E75 訓 音 しきみ

意味 しきみ。モクレン科の常緑小高木。枝葉を仏前にそなえる。参考 仏(佛)にそなえる木の意を表した字。

しきみ【▲樒】(15) 木11 6073/5C69 ▼ミツ(一四五五)

しきりに【▲荐りに】(9) 艹6 7208/6828 ▼セン(九〇一)

しきりに【△頻りに】(17) 頁8 常 4149/4951 ▼ヒン(一三一四)

しきる【△頻る】(17) 頁8 常 4149/4951 ▼ヒン(一三一四)

しく【△布く】(5) 巾2 教 4159/495B ▼フ(一三一四)

しく【△如く】(6) 女3 常 3901/4721 ▼ジョ(七三一)

しく【△施く】(9) 方5 常 2760/3B5C ▼シ(六一三)

しく【敷く】(15) 攵11 常 4163/495F ▼フ(一三三一)

同訓異義 しく

【敷く】平らに広げる。配置する。設備する。「布団を敷く」「砂利を敷く」「陣を敷く」「鉄道を敷く」「夫を尻(しり)に敷く」「戒厳令を敷く」

【▲藉く】草やむしろをしいて、座ったり寝たりする。「若草を藉く」「狼藉(ロウゼキ)」

【△舗く】きっちりとしきつめる。「舗装(ホソウ)」

【△布く】広く行きわたらせる。「法律を布く」「戒厳令を布く」

【△施く】しきおよぼす。行きわたらせる。「施行」

しく【△舗く】(15) 舌9 常 4262/4A5E ▼ホ(一三九一)

しく【▲藉く】(17) 艹14 7320/6934 ▼シャ(六六〇)

ジク【忸】(7) 忄4 1 5557/5759 訓 音 ジク・ジュウ はじる・なれる

意味 ①はじる。はずかしく思う。「忸怩(ジクジ)」②なれる。ならす。類 狃(ジュウ)

【▲忸▲怩】ジクジ 自分の行いをはずかしく思うようす。「内心—たるものがある」

【▲忸じる】は—じる ひけめを感じていじける。「意気地のなさを—じる」

ジク【▲竺】(8) ⺮2 2819/3C33 ▼トク(一一六八)

ジク【衄】(10) 血4 1 7440/6A48 訓 音 ジク はなぢ・くじける

意味 ①はなぢ。「衄血」②くじける。「挫衄(ザジク)」③やぶれる。まける。「敗衄」

下つき 挫衄(ザジク)・敗衄(ハイジク)

【▲衄血】ジクケツ 「衄(はなぢ)」に同じ。

【▲衄】はなぢ 鼻のなかに出る血。鼻の穴から流れる血。衄血(ジクケツ)。表記「鼻血」とも書く。

ジク【舳】(11) 舟5 1 7156/6758 訓 音 ジク・チク へさき・とも・かじ

意味 ①へさき。船の前部。船首。「舳艫(ジクロ)」②とも。船の後部。船尾。③かじ(舵)。

【▲舳▲艫】ジクロ 船首と船尾。「—相銜(あいふく)む(多くの船が連なる)」「—を接する」

【▲舳▲艫千里】ジクロセンリ 多くの船が、長く連なって進むさま。《『漢書(カンジョ)』》

【▲舳】とも 船の後部。船尾。「—に立つ」参考「へさき」と読めば別の意になる。

【〈▲舳先〉・▲舳】へさき 船の前部。船首。「—を東に向ける」参考「舳」は「とも」と読めば別の意になる。

ジク【軸】(12) 車5 常 3 2820/3C34 訓 音 ジク 外チク 外しんぎ

筆順

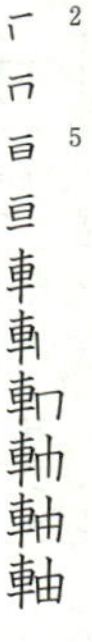

意味 ①しんぎ(心木)。車の心棒。回転の中心となる棒。「車軸」②かなめ。物事のかなめとなるもの。「基軸」「枢軸」③まきもの。かけじく。また、それを数える語。「軸装」「軸物」④棒状のもの。「縦軸」「軸木」

下つき 巻軸(カンジク)・機軸(キジク)・車軸(シャジク)・枢軸(スウジク)・縦軸(たてジク)・地軸(チジク)・中軸(チュウジク)・横軸(よこジク)

【軸木】ジクぎ ①掛け物や巻物の軸に使う木。②マッチの軸の木。

しげる【△茂る】(8) 艹5 常 4448/4C50 ▼モ(一四七八)

しげる【▲蕃る】(15) 艹12 4057/4859 ▼バン(一二七二)

しげる【△繁る】(16) 糸10 常 4043/484B ▼ハン(一二六八)

しこ【△醜】(17) 酉10 常 2925/3D39 ▼シュウ(六九七)

しごく【△扱く】(6) 扌3 常 1623/3037 ▼あつかう(一五)

しこり【▲痼り】(13) 疒8 6564/6160 ▼コ(四五七)

しこり【△凝り】(16) 冫14 常 2237/3645 ▼ギョウ(三四七)

しころ【▲錏】(16) 金8 7891/6E7B ▼ア(四)

しころ【▲錣】(16) 金8 7904/6F24 ▼テツ(一一〇六)

しころ【▲鐚】(20) 金12 7928/6F3C ▼ア(四)

しさる【△退る】(9) 辶6 教 3464/4260 ▼タイ(九八一)

しし【△肉】(6) 肉0 教 3889/4679 ▼ニク(一一九五)

しし【▲宍】(7) 宀4 2821/3C35 ▼ニク(一一九六)

しし【△獣】(16) 犬12 常 2935/3D43 ▼ジュウ(七〇五)

しじ【▲榻】(14) 木10 6048/5C50 ▼トウ(一一五二)

じじ【▲爺】(13) 父9 4476/4C6C ▼ヤ(一四九五)
しじみ【▲蜆】(13) 虫7 7368/6964 ▼ケン(四三一)
しず【静】(14) 青6 教 3237/4045 ▼セイ(八六八)
しず【▲賤】(15) 貝8 7645/6C4D ▼セン(九〇八)
しずか【△寂か】(11) 宀8 常 2868/3C64 ▼ジャク(六六七)
しずか【△閑か】(12) 門4 常 2055/3457 ▼カン(二三九)
しずか【静か】(14) 青6 教 3237/4045 ▼セイ(八六八)
しずか【▲謐か】(17) 言10 7577/6B6D ▼ヒツ(一二九八)
しずか【▲闃か】(17) 門9 7974/6F6A ▼ゲキ(四〇八)
しずく【▲雫】(11) 雨3 国 2822/3C36 ▼ダ(九七四)
しずく【滴】(14) 氵11 常 3709/4529 ▼テキ(一一〇一)
しずむ【沈む】(7) 氵4 常 3632/4440 ▼チン(一〇七二)
しずむ【△没む】(7) 氵4 常 4355/4B57 ▼ボツ(一四三〇)
しずむ【▲淪む】(11) 氵8 6245/5E4D ▼リン(一五八五)
しずむ【▲湮む】(12) 氵9 ▼イン(六六)
しずめる【静める】(14) 青6 教 3237/4045 ▼セイ(八六八)
しずめる【鎮める】(18) 金10 常 3635/4443 ▼チン(一〇七六)

同訓異義 **しずめる**

【静める】静かにさせる。気持ちを落ち着かせる。「会場を静める」「気を静める」「鳴りを静める」「怒りを静める」

【鎮める】乱れや痛みなどをおさえる。神を鎮座させる。「反乱を鎮める」「興奮を鎮める」「腹の痛みを鎮める」「神の御霊(みたま)を鎮める」

【沈める】水中に没すようにする。低くする。「船を沈める」「ソファに腰を沈める」「苦界(クガイ)に身を沈める」

した【下】(3) 一2 教 1828/323C ▼カ(一三一)
した【舌】(6) 舌0 教 3269/4065 ▼ゼツ(八八九)
した【▲簧】(18) ⺮12 6848/6450 ▼コウ(五一六)
したう【慕う】(14) 小10 常 4273/4A69 ▼ボ(一三九四)
したがう【△服う】(8) 月4 教 4194/497E ▼フク(一三四一)
したがう【▲徇う】(9) 彳6 5546/574E ▼ジュン(七一九)
したがう【従う】(10) 彳7 教 2930/3D3E ▼ジュウ(七〇四)
したがう【△殉う】(10) 歹6 常 2962/3D5E ▼ジュン(七一九)
したがう【△率う】(11) 玄6 教 4608/4E28 ▼ソツ(九六五)
したがう【△循う】(12) 彳9 常 2959/3D5B ▼ジュン(七二〇)
したがう【△随う】(12) 阝9 常 3179/3F6F ▼ズイ(八三三)
したがう【△順う】(12) 頁3 教 2971/3D67 ▼ジュン(七二一)
したがう【△遵う】(15) 辶12 常 2969/3D65 ▼ジュン(七二三)
したがう【△隷う】(16) 隶8 常 4676/4E6C ▼レイ(一五九八)
したがき【△稿】(15) 禾10 常 2538/3946 ▼コウ(五二一)

同訓異義 **したがう**

【従う】あとについて行く。反対しないでついて行く。ほか、広く用いる。「引率者に従う」「親の意見に従う」「道に従って進む」「業務に従う」「老いては子に従え」

【△随う】人のするとおりに、まかせきりでついて行く。「夫唱婦随(フショウフズイ)」「水は方円の器に随う」

【△遵う】道理や法律からはずれないようにする。「法律に遵う」

【△順う】道理に逆らわずに進む。「六十にして耳順う」「道理に順う」

【△殉う】命がけでしたがう。死者の跡を追って死ぬ。「殉死(ジュンシ)」「主君に殉う」

したしい【親しい】(16) 見9 教 3138/3F46 ▼シン(八一〇)
したしむ【親しむ】(16) 見9 教 3138/3F46 ▼シン(八一〇)
したたか【△強か】(11) 弓8 教 2215/362F ▼キョウ(三三五)
したためる【△認める】(14) 言7 教 3907/4727 ▼ニン(一二〇三)
したたる【滴る】(14) 氵11 常 3709/4529 ▼テキ(一一〇一)
したたる【▲瀝る】(19) 氵16 6345/5F4D ▼レキ(一六〇一)
しだれる【△垂れる】(8) 土5 教 3166/3F62 ▼スイ(八二七)

シチ【七】

(2) 一1 教 常 10 2823/3C37
音 シチ 外シツ
訓 なな・ななつ・なの

筆順 一 七

意味 ①ななつ。数の名。「七賢」「七夕」「七曜」②数の多いさま。「七珍万宝」

【七▲竅】シチキョウ 人の頭部にある七つの穴。目・耳・鼻の各二つと口。類七穴・七孔

【七五三】シチゴサン ①子どもの成長を祈る祝い。男子は三歳と五歳、女子は三歳と七歳の一一月一五日に氏神に参拝する。季冬 ②祝い事に使うめでたい数。③「七五三膳(ゼン)」の略。本膳に七菜、二の膳に五菜、三の膳に三菜をつけた、りっぱな祝宴。④しめなわ。

【七五調】シチゴチョウ 日本の詩歌や韻文などの音数律の一つ。七音節の句に五音節の句が続くものを一単位として、これを反復するもの。対五七調

【七七日】シチシチニチ 仏 人の死後、(死亡の日も含めて)四九日目の日。また、その日に行う法事。四十九日(シジュウクニチ)。参考「なななぬか・なななのか」とも読む。

【七▲嘴八舌】シチシハチゼツ 意見が多いこと。また、あちこちから意見が出ること。七つの嘴(くちばし)と、八つの舌の意。

【七十にして心の欲する所に従えども、▲矩を▲踰えず】シチジュウにしてこころのほっするところにしたがえども のりをこえず　七〇歳ともなると、思うままに振る舞っても、人間としての道徳規範をこえなくなる。自分の行動が真の自由を得る意。孔子が自分の生涯を述懐して語った言葉。「矩」は人間として守るべきおきて。『論語』

【七生】シチショウ　①仏この世に七回、あるいは何度も生まれ変わること。転じて、永遠の意。「―報国」②七代。「―にたたる」参考①「シチセイ」とも読む。

【七△縦七▲擒】シチショウシチキン　敵を、とらえたりして逃がしてやったりして心服させ、味方につけること。「縦」ははなつ、「擒」はとらえる意。故事 中国、三国時代の蜀の諸葛亮(孔明)は、敵将の孟獲を七回擒にし、また、七回縦ったところ、敬服してついに背かなくなったという故事から。『三国志』

【七転八倒】シチテンバットウ　はげしい苦痛に転げまわってもがき苦しむこと。七回転げまわり八回倒れる意から。「七」「八」は何度もの意。『朱子語類』参考「シッテンバットウ・シチテンハットウ」とも読む。書きかえ「七顛八倒」の書きかえ字。

【七▲顛八倒】シチテンバットウ　▼書きかえ 七転八倒

【七堂▲伽藍】シチドウガラン　寺のおもな七つの建物。また、七つの堂のそろった寺。「七堂」は宗派により異なるが、禅宗では山門・仏殿・法堂・庫裏・僧堂・浴室・東司(便所)。「伽藍」は寺の建物。寺院。

【七難】シチナン　①仏火災・水災など、この世で受ける七種類の災難。②多くの欠点。

〖七難九厄〗シチナンクヤク　七と九の年まわり(一七歳や四九歳など)では、男女とも災厄にあいやすいという俗信。

【七福神】シチフクジン　福徳の神として信仰される七神。大黒天・恵比須・毘沙門天・弁財天・福禄寿・寿老人・布袋。

【七変化】シチヘンゲ　①アジサイの別称。②舞踊の一形式。一人の俳優が次々に早変わりして、七役を踊るもの。七化け。

【七歩の才】シチホのサイ　すぐれた詩文をすばやく作ること。また、その才能。故事 中国、三国時代、魏の曹丕・曹植兄弟は共に詩才に恵まれていたが、父の死後即位して文帝となった曹丕は、弟の才能をねたみ、「七歩歩く間に詩を一首作れ。できなければ殺す」と命じた。弟は即座に「私は豆で、あなたは豆殻。同じ根から生まれたのに豆殻は火となって釜の中の豆を煮て苦しめる」という詩を作り、これを聞いた曹丕は深く恥じたという故事から。『世説新語』類 七歩成詩

【七面倒臭い】シチメンドウくさい　非常にやっかいでわずらわしい。参考「七」は接頭語で「面倒臭い」を強調する。

【七夜】シチヤ　七日間の夜。七日めの夜。特に、子どもが生まれてから七日めの夜で、名付けの祝いをする。おしちや。

【七曜】シチヨウ　①七つの星。日・月と火星・水星・木星・金星・土星の五星。②一週間の七日の各日に、①をあてはめたものの総称。日・月・火・水・木・金・土の各曜日。参考①が原義で、②は①によってつけられた名称。

【七里結界】シチリケッカイ　①人を忌み嫌って寄せつけないこと。②仏密教で、修行をじゃまする魔障を入れないため、七里四方に境界を設けること。

【七輪・七厘】シチリン　土製のこんろ。由来 値段が七厘ほどのわずかな炭で煮物ができることから。

〔七輪〕

【七珍万宝】シッチンマンポウ　多くの珍しい宝物。「七珍」は金・銀・瑠璃・硨磲・瑪瑙・玻璃・珊瑚。他説もある。「万宝」は多くの宝物。参考「万宝」は「マンボウ」とも読む。

【七宝焼】シッポウやき　銅や陶磁器などを下地にして、さまざまな色のほうろうを焼きつけて模様を表した工芸品。「―の帯留め」「―の壺」由来 七種類の宝石をちりばめたように美しいことから。

【〈七五三〉飾り】しめかざり　正月や祭礼などに、門や神棚に張る七五三縄。季 新年 表記「注連飾り・標飾り」とも書く。

【〈七五三〉縄】しめなわ　神域を区別したり邪神を防いだりするために張る縄。由来 縄の編み目に七・五・三筋のわらの茎を垂らし、その間に四手という紙をはさみ下げることから。表記「注連縄・標縄」とも書く。

【〈七夕〉】たなばた　陰暦七月七日の夜、牽牛星と織女星が天の川をわたって年に一度会うという伝説にもとづく祭り。女性が裁縫の上達などを祈る。五節句の一つ。季 秋 表記「棚機」とも書く。

【〈七葉樹〉】とちのき　トチノキ科の落葉高木。由来「七葉樹」は漢名より。小葉が七枚ほどであることから。▼栃(一一七五)

【七重】ななえ　①七つ重ねること。また、その重ね合わせたもの。②多く重ねたもの。「―八重」

〖七重の膝を八重に折る〗　非常にていねいな態度のうえに、重ねてていねいにする意で、謝ったり頼み事をするさま。参考「膝」は「襞」ともいう。

【七▲竈】ななかまど　バラ科の落葉小高木。山地に自生。葉は羽状複葉。秋、赤い小球形の実を多数つけ、紅葉とともに美しい。季 秋 由来 燃えにくく、七度かまどに入れても燃えないことからという。表記「花楸樹」とも書く。

【七草・七△種】ななくさ ①七種類。いろいろ。②春の七草。新春を代表する七種類の菜。セリ・ナズナ・オギョウ(ゴギョウ)・ハコベ・ホトケノザ・スズナ・スズシロ。季新年 ③秋の七草。秋を代表する七種類の草花。ハギ・オバナ・クズ・ナデシコ・オミナエシ・フジバカマ・キキョウ(またはアサガオ)。季秋 ④「七草の節句」の略。正月七日に、七草粥(ななくさがゆ)でその年の健康を祈る。

【七草▲粥・七△種▲粥】ななくさがゆ ①正月七日に「春の七草」を入れてたいた粥。季新年 ②正月一五日に、米・稗(ひえ)・黍(きび)など七種の穀物を入れてたいた粥。

【七転び八起き】ななころびやおき 何度失敗してもめげずに立ち直ること。転じて、人生は浮き沈みの多いたとえ。「七」「八」は数の多いことを表す。類不撓不屈(フトウフクツ)

【七△十路】ななそじ ①七〇。②七〇歳。七〇年。「—の潮」

【七度尋ねて人を疑え】ななたびたずねてひとをうたがえ 物がなくなったときはまず何度も探して、むやみに人を疑うなという戒め。参考「尋ねて」は「探して」ともいう。

【七つ】ななつ ①数を表す語。一の七倍。しち。②七歳。③昔の時刻の名。現在の午前と午後の四時ごろ。

【七日】なぬか ①月の第七日。特に、正月七日。また七月七日。②なにち。七日間。参考「なのか」とも読む。

シチ【質】(15) 貝 8 教 2833 3C41 ▼シツ(六五〇)

シツ【叱】(5) ロ 2 常 2 4752 4F54 音 シツ 外シチ 訓 しかる

筆順 丨 ロ ロ ロ一 叱

意味 しかる。責める。とがめる。「叱正」「叱責」

下つき 廷叱(テイシツ)

【叱る】しかる 鋭い声で責める。戒める。「子どもを—る」

【叱正】シッセイ ①しかって正しく直すこと。「師の—を受ける」②詩文などの添削を受けるときに、謙遜(ケンソン)していう語。「ご—を仰ぐ」

【叱声】シッセイ しかりつける声。しかる言葉。「階下から—が響く」

【叱責】シッセキ しかりとがめること。「部下の過ちを—する」

【叱▲咤】シッタ ①大声でしかること。「—しても畏縮(イシュク)するだけだ」②しかるような大声を出して指導すること。

【叱▲咤激励】シッタゲキレイ 大声で励まし、奮い立たせること。「コーチの—が飛ぶ」類鼓舞激励・叱咤督励

シツ【失】(5) 大 2 常 教 7 2826 3C3A 音 シツ 訓 うしなう 外うせる

筆順 ノ 𠂉 ⺧ 牛 失

意味 ①うしなう。なくす。「失望」「失礼」「紛失」対得 ②わすれる。「失念」「忘失」③あやまつ。あやまる。しくじる。「失敗」「過失」④にげる。にがす。「失跡」「失踪(シッソウ)」

下つき 遺失(イシツ)・過失(カシツ)・散失(サンシツ)・自失(ジシツ)・消失(ショウシツ)・焼失(ショウシツ)・喪失(ソウシツ)・損失(ソンシツ)・得失(トクシツ)・紛失(フンシツ)・亡失(ボウシツ)・忘失(ボウシツ)・流失(リュウシツ)

【失う】うしなう ①なくす。「財布を—う」「気を—う」「祖父を—う」②取り逃がす。しそこなう。「逆転のチャンスを—う」

【△失せる】うせる ①なくなる。消える。「力が—せる」「姿が—せる」②去る。行く。多く、命令形で卑俗な言い方。「とっとと—せろ」

【失意】シツイ 思いどおりにいかず、がっかりすること。失望。「—のどん底」「—の晩年を送る」対得意

【失火】シッカ 過失から火災を起こすこと。また、その火災。「—で全焼する」対放火

【失格】シッカク 資格を失うこと。また、その任にふさわしくないこと。「コースから外れて—となる」「父親—だ」

【失陥】シッカン 攻め落とされて領土や城などを失うこと。類陥落

【失脚】シッキャク 失敗して地位や立場を失うこと。「大統領の—を謀(はか)る」参考もとは、あしをふみはずす意。

【失業】シツギョウ 職を失うこと。失職。また、働く能力と意思があるのに職が得られないでいること。「この不景気で—率が高い」類離職 対就業・就職

【失禁】シッキン 病気や老衰のため、大小便を抑えきれずに漏らすこと。

【失敬】シッケイ ①作法や礼儀にはずれること。「—な態度をとる」②その場を去ること。また、別れるときやあやまるときに使うあいさつ。「これで—する」類①②失礼 ③無断で借りたり使ったりすること。盗むこと。「この本をちょっと—する」

【失言】シツゲン 言ってはならないことを、思わず口に出してしまうこと。また、その言葉。「—を取り消す」類放言

【失語】シツゴ ①言葉を忘れたり、正しく発音できなかったりすること。「—症」②言い間違いをすること。

【失効】シッコウ 法律や契約などが効力をなくすこと。「契約の期限が—する」対発効

【失策・失錯】シッサク しくじり。失敗。エラー。「—を犯す」

【失笑】シッショウ 思わず笑ってしまうこと。吹きだすこと。「—を買う」類噴飯

【失笑噴飯】シッショウフンパン あまりにおかしくて、思わず吹きだしてしまうこと。おかしさを抑えきれず、食べている飯を吹きだし笑ってしまう意から。〈蘇軾(ソショク)の文〉

【失神・失心】シッシン 強い衝撃などを受けて、一時的に意識をなくすこと。気を失うこと。「なぐられて―した」類卒倒・気絶

【失政】シッセイ 政治を誤った方法で行うこと。また、その政治。悪政。「―の責任をとる」

【失跡】シッセキ 「失踪」に同じ。

【失踪】シッソウ 行方がわからなくなること。姿を隠すこと。行方不明になること。「―した犯人」類失跡 参考「踪」は、足あとの意。

【失速】シッソク ①飛行機が、飛行に必要な速度や浮力を失うこと。②勢いが急に衰えること。「景気が―する」

【失態・失体】シッタイ やりそこなって面目を失うこと。失敗。「飲み過ぎて―を演じる」類醜態

【失地】シッチ ①戦いなどでなくした土地。②なくした地位・権力など。「―回復を願う」

【失調】シッチョウ 調和をなくすこと。バランスを崩すこと。「栄養―」

【失墜】シッツイ 名誉や権威などがなくなること。また、なくすこと。「信用を―する」

【失点】シッテン ①ゲームや競技などで相手にとられた点数。対得点 ②落ち度。失敗。「―続きで気がめいる」

【失当】シットウ 道理に合わないこと。適切でないこと。「―な判断」類不当 対正当・至当

【失念】シツネン うっかり忘れること。物忘れ。度忘れ。「相手の名前を―してしまう」

【失敗】シッパイ 目的が果たせないこと。やりそこない。「試験に―する」類失策 対成功

〔失敗は成功の基〕 失敗をしても、その反省を次に生かせば成功に近づくことができるということ。失敗は次の段階における成功の素地になる意。参考「基」は「母」ともいう。

【失費】シッピ 費用がかかること。また、そのかかった費用。「―がかさむわりに効果が少ない」類出費

【失望】シツボウ ①望みをなくすこと。「将来に―する」②あてがはずれて、がっかりすること。「彼の不誠実さに―した」類①②絶望

〔失望落胆〕シツボウラクタン 希望を失い、非常にがっかりすること。

【失明】シツメイ 目が見えなくなること。視力を失うこと。「事故で―する」

【失礼】シツレイ ①礼儀にはずれること。また、そのさま。無礼。「―して足を崩させてもらいます」②いとまをこうこと。「すぐに―します」③謝るとき、別れるとき、話しかけるときのあいさつ。「―、その本を見せてください」類①～③失敬

【失恋】シツレン 恋する思いがとげられないこと。恋に破れること。「―の痛手」

〈失声〉ひごえ 声がかれて出ないこと。かれ声。表記「乾声」とも書く。

シツ【室】

(9) 宀 6 教 常 9 2828 3C3C
音 シツ
訓 むろ㊥ ㊕へや・つま・いえ

筆順 丶 丶 宀 宀 宀 宀 宀 室 室

意味 ①へや。すまい。「室温」「教室」対堂 ②つま(妻)。夫人。「正室」「令室」③いえ。一族。家族。「王室」「皇室」④むろ。物をたくわえる穴ぐら。「石室」

下つき 暗室・王室・温室・客室・教室・居室・皇室・個室・在室・私室・寝室・正室・石室・側室・退室・帝室・入室・病室・別室・満室・密室・浴室・和室

【室家】シッカ ①家。住居。②家族。家庭。③夫婦。④他人の妻に対する尊敬語。

【室】むろ ①温度・湿度などを一定にした所。温室など。「―咲きの梅」②物を蓄えるために土や岩に掘った穴。「氷―」③家。特に、僧の住む所。

【室鯵】むろあじ アジ科の海魚。本州中部以南の暖海にすむ。背は青く、腹は銀白色。多くは「くさや」などの干物にして食べる。季夏 表記「鰘」とも書く。

【室咲き】むろざき 春に咲く花を、室の中であたためて人工的に冬のうちに咲かせること。また、その花。季冬

シツ【桎】

(10) 木 6 1 5963 5B5F
音 シツ
訓 あしかせ

意味 あしかせ。罪人の足にはめる刑具。「桎梏」

対 梏

下つき 梏桎

【桎梏】シッコク ①足かせと手かせ。②自由をさまたげるもの。「家庭が―となることもある」類束縛・拘束

シツ【疾】

(10) 疒 5 常 3 2832 3C40
音 シツ
訓 ㊕やまい・やむ・やましい・にくむ・はやい・とし・とく

筆順 丶 亠 广 广 疒 疒 疒 疒 疾 疾

意味 ①やまい。わずらい。「疾患」「疾病」②やむ。なやむ。くるしみ。「疾苦」③にくむ。ねたむ。「疾悪」「疾視」類嫉 ④はやい。すばやい。はげしい。「疾走」「疾風」対徐

下つき 悪疾・固疾・宿疾

【疾疫】シツエキ 悪性の流行病。疫病。はやりやまい。「―で生命をおとす」

【疾悪】シツオ 憎むこと。類憎悪・嫌悪 参考「シツアク」と読めば、悪を憎む意になる。

【疾患】シッカン 病気。「胸部―のため入院した」類疾病

【疾駆】シック ウマや車をはやく走らせること。また、はやく走ること。疾走。

【疾言】シツゲン 早口に話すこと。また、その言葉。「―遽色(おちつかない態度)」

【疾呼】シッコ あわただしく早口に呼ぶこと。激しく叫び立てること。「部下の名を大声

で—する」

【疾視】シッシ 憎しみを込めて見ること。また、にらみつけること。

【疾走】シッソウ はやく走ること。「全力—で帰る」「自動車が—する」

【疾風】シップウ 「疾風《はやて》」に同じ。

【疾風▲勁草】シップウケイソウ 苦境に立ったとき、初めてその人物の真価がわかるたとえ。「疾風に勁草を知る」の略。激しい風が吹いて、初めて強い草であることがわかる意から。「勁草」は強い草。強い意志や固い節操のたとえ。〈『後漢書《ゴカンジョ》』〉 類 歳寒松柏《サイカンショウハク》・雪中の松柏

【疾風迅雷】シップウジンライ 行動や勢いがすばやく激しいさま。はやい風と激しい雷の意。〈『礼記《ライキ》』〉 類 迅速果敢・電光石火

【疾風怒▲濤】シップウドトウ 激しく吹く風と激しく打ちよせる大波。時代が激しく変化するたとえ。由来 ドイツ語の「シュトゥルム-ウント-ドラング」の訳語。一八世紀後半のゲーテを中心に興った文学革命運動を指す。類 狂瀾怒濤《キョウランドトウ》

【疾病】シッペイ 病気。「—でよく学校を休んでいる」 類 疾患

【△疾うに】と-うに ずっと前に。とっくに。「—帰られましたよ」 参考「とくに」の転。

【△疾く】と-く はやく。いそいで。「—まいれ」

【△疾っくに】と-っくに ずっと以前に。はやくに。とうに。「奥様は—ご存じですよ」 参考「とくに」の転じたもの。

【△疾い】はや-い 矢のようにすばやい。宙を飛ぶようにはやい。

【〈疾風〉】はやて 急に激しく吹く風。突風。「—のように駆け抜ける」 参考「シップウ」とも読む。

【△疾】やまい 急に悪くなる病気。急性で悪性の病気。

シツ【執】

(11) 土 8 常 4 2825 3C39

音 シツ・シュウ

訓 とる 外とらえる

筆順 一 十 土 圭 圭 幸 幸 7 執 執

意味 ①手にとる。とりおこなう。「執刀」「執筆」 ②あつかう。つかさどる。「執行」「執事」 ③こだわる。まもる。とりつく。「執念」「固執」 ④と(捕)らえる。つかまえる。

下つき 確執《カクシツ》・我執《ガシュウ》・拘執《コウシュウ》・固執《コシツ》・《コシュウ》・偏執《ヘンシツ》・《ヘンシュウ》・妄執《モウシュウ》

【執権】シッケン ①鎌倉幕府の職名。将軍を補佐して内外の政治の実権をにぎっていた最高職。②室町時代の「管領《カンレイ》」の別称。参考 政権を執《と》る意。

【執行】シッコウ ①とり行うこと。実行すること。「生徒会の—部」 ②国家や役人が法律・判決・処分などを実際に行うこと。「刑を—する」

【執行委任】シッコウイニン 法律で、債権者が執行官に、強制執行するよう申し立てること。

【執行猶予】シッコウユウヨ 有罪の刑の言い渡しをした人に対して、情状により一定の期間刑の執行を延期し、その期間を無事経過したときは、刑を科さないこととする制度。「—つきの有罪判決」

【執事】シツジ ①寺社や貴人の家などで、事務や家事を担当する役目。また、その人。②貴人にあてた手紙の脇付《わきづけ》に使う言葉。由来 ②執事に取りつぎを請うことから。

【執刀】シットウ 手術や解剖のためにメスをとること。また、手術や解剖をすること。「大手術は院長が—する」

【執筆】シッピツ ペンや筆をとって文章を書くこと。「雑誌の原稿を—する」

【執務】シツム 事務や業務につくこと。仕事をすること。「—中に倒れる」

【執▲拗】シツヨウ ①意地を張り、自分の考えをあくまで通そうとするさま。「—に論評を続ける」 ②しつこいさま。「—に追及する」

【執心】シュウシン ①強く心をひかれること。「金に—する」 ②異性を熱烈に慕うこと。「彼女にご—だ」 類 執着

【執着】シュウチャク 深く心がひかれてなかなか断ち切れないこと。「物事に—するたちだ」 類 執心 参考「シュウジャク」とも読む。

【執念】シュウネン 一つのことを深く思いこんで、動かない心。「詩作への—を燃やす」

【執り行う】とり おこな-う 行事などを改まっておこなう。挙行する。「物々しい警戒のもとで入学式を—う」

【執る】と-る ①手に持つ。扱う。「ハンドルを—る」「筆を—る」 ②処理する。特定の職務を引き受ける。「会社で事務を—る」

シツ【★悉】

(11) 心 7 準1 2829 3C3D

音 シツ

訓 ことごとく・つぶさに・つくす

意味 ①ことごとく。つぶさに。すべて。「悉皆」 ②つくす。きわめつくす。「知悉」

下つき 委悉《イシツ》・詳悉《ショウシツ》・知悉《チシツ》

【▲悉く】ことごと-く すべて。全部。「出された条件に—同意した」

【▲悉皆】シッカイ すべて。残らず。ことごとく。「—調査でお願いする」

【『▲悉皆成仏』】シッカイジョウブツ すべての生きとし生けるものは、すべて仏になるということ。

【▲悉皆屋】シッカイや ①江戸時代、大坂で注文を取り、京都に送って衣服の染色や染め直しをすることを職業とした人。②染め物や洗い張りをする店。

【▲悉△達・▲悉多】シッタ 「悉達多《シッタルタ》」の略。

【▲悉△達多】シッタルタ 釈迦《シャカ》が出家前、太子だったときの名。悉達。悉達太子。

【▲悉△曇】シッタン ①完全になし遂げること。梵語(ボンゴ)の音訳で、成就・吉祥の意。②梵語(ボンゴ)の文字。③梵語の音声に関する学問の総称。 参考 梵語(ボンゴ)で、目的を成就した者の意。

シツ【湿】
(12) 氵9 常 3 2830 3C3E
音 シツ
訓 しめる・しめす 外 うるおい・うるおす

旧字《濕》(17) 氵14 1/準1 6328 5F3C

筆順 3 湿

意味 しめる。うるおす。しめりけ。うるおい。「湿気」「湿地」「多湿」 対 燥

下つき 陰湿(インシツ)・除湿(ジョシツ)・多湿(タシツ)・防湿(ボウシツ)

【△湿気る】しける しめり気を帯びる。しめる。「焼き海苔(のり)が－る」

【湿気】シッケ しめり気。「－が多い」 参考「シッキ」とも読む。

【湿原】シツゲン 低温・多湿の土地に発達した泥炭層にできる草原。「－の自然を守る」

【湿潤】シツジュン 湿気の多いこと。また、そのようす。「温暖－気候」

【湿▲疹】シッシン 皮膚の表面の炎症。急性と慢性があり、かゆみをともなうことが多い。

【湿舌】シツゼツ 水蒸気を多く含む気団の一つ。南方より日本列島へ流れこみ、豪雨の原因となる。天気図で、舌を出した形になる。

【湿地】シッチ 日当たりが悪くて、湿気が多く、じめじめした土地。 参考「しめジ」と読めば別の意になる。

【湿田】シツデン 水はけが悪く、水分の多すぎる水田。 対 乾田

【湿度】シツド 空気の乾湿の程度。大気中に含まれる水蒸気の割合で、パーセントで表す。「－が高い」

【湿布】シップ 炎症をおさえるため、湯・水・薬剤などでしめらせた布を患部にあてる治療方法。また、その布。「－を貼(は)っておく」

【△湿婆】シバ ヒンズー教の主三神の一。破壊と創造をつかさどる神。 参考 梵語(ボンゴ)の音訳から。

【湿地】しめジ シメジ科のキノコ。コナラなどの林に群生。茎は白色、傘は灰色。食用。「香り松茸(まつたけ)味－」 季 秋 表記「占地・玉蕈」とも書く。 参考「シッチ」と読めば別の意になる。

〈湿湿〉じめじめ ①湿気が多く不快なさま。②しめっぽく陰気なさま。「－した性格」

【湿す】しめ－す ぬらす。しめらせる。水気を含ませる。「土を－す」

【湿る】しめ－る ①水気を含んでしっとりする。「せんべいが－る」②気持ちがふさぐ。元気がなくなる。「逆転されて応援も－りがちだ」

シツ【★蛭】
(12) 虫6 準1 4140 4948
音 シツ・テツ
訓 ひる

意味 ひる。人や動物の体に吸いついて血を吸う環形動物。「蛭螾(シツイン)」

〈▲蛭子〉えびす 七福神の一人。漁業や商売繁盛の神。 表記「恵比須・恵比寿」とも書く。

【▲蛭】ひる ヒル類の環形動物の総称。池・沼・水田などにすむ。吸盤をもち、他の動物に吸いついて血を吸う。 季 夏

〖▲蛭に塩〗塩をかけると小さくなるヒルのように、恐ろしいものや苦手なものを前にして恐れ縮み上がるたとえ。また、弱りこんで足がすくんでしまうこと。 類 蛞蝓(なめくじ)に塩・青菜に塩

【▲蛭巻】ひるまき 槍(やり)・太刀の柄などを、鉄や金銅の類でらせん状に巻いたもの。 由来 ヒルが巻きつくようであるところから。

【▲蛭▲蓆】ひるむしろ ヒルムシロ科の多年草。沼や水田に自生。水面に浮かぶ葉は長楕円(ダエン)形。夏、水面に黄緑色の花穂をつける。ヒルモ。 季 夏 由来 水田に群生するさまを、ヒルの座るむしろに見立てたことから。 表記「眼子菜」とも書く。

【▲蛭藻】ひるも ヒルムシロの別称。▼蛭蓆(ひるむしろ)

シツ【嫉】
(13) 女10 常 2 2827 3C3B
音 シツ
訓 外 ねたむ・そねむ・にくむ

筆順 5 8 11 嫉

意味 ①ねたむ。そねむ。やきもちをやく。「嫉妬(シット)」②にくむ。にくみきらう。「嫉視」

下つき 憎嫉(ゾウシツ)・憤嫉(フンシツ)

【嫉視】シッシ ねたましく思って見ること。そねみ見ること。「－を浴びる」

【嫉妬】シット ①愛する者が他へ愛情をそそぐことを、うらみ憎むこと。やきもち。②自分よりすぐれていたり恵まれていたりする者を、うらやみねたむこと。「－は名声の伴侶(ハンリョ)である」

【△嫉む】そね－む 他人の、自分よりすぐれている部分をねたんで憎む。嫉妬(シット)する。「人の幸せを－む」

【△嫉む】ねた－む 自分よりすぐれた部分を、うらやましく思って憎む。「人の成功を－む」

シツ【瑟】
(13) 王9 1 6478 606E
音 シツ
訓 おおごと

意味 ①おおごと。大型の琴。「琴瑟」②しずかなさま。さびしいさま。「瑟瑟」「瑟縮」

下つき 琴瑟(キンシツ)・膠瑟(コウシツ)・蕭瑟(ショウシツ)

【▲瑟▲瑟】シツシツ ①風が冷たく寂しげに吹くさま。②波の立つさま。

シツ【漆】
(14) 氵11 常 準2 2831 3C3F
音 シツ
訓 うるし

筆順 3 12 14 漆

意味 ①うるし。ウルシ科の落葉高木。②ウルシか

らとった塗料。「漆器」「漆工」③くろい。うるしのように黒い。「漆黒」

下つき 乾漆・金漆・膠漆・黒漆・青漆・赤漆・丹漆・彫漆

【漆】うるし ①ウルシ科の落葉高木。中央アジア原産。古く日本に渡来し、各地で栽培。葉は羽状複葉で、秋に紅葉する。触れるとかぶれることもある。樹液から塗料を、果実からろうを作る。②①の樹液で作った塗料。「―塗りの家具」

【漆▲掻き】うるしかき ①ウルシの樹皮を傷つけ、流れ出る生漆を採集すること。②生漆をかきまぜ、塗料の漆を作ること。季夏

〈漆▲瘡〉うるしかぶれ ウルシ科植物にある「ウルシオール」という毒に接して起きる接触性皮膚炎。赤くはれてかゆみを感じ、多数の水泡が生じることもある。うるしまけ。うるしかせ。

【漆器】シッキ 漆を塗って仕上げた器物。塗り物。「この菓子器は―です」

【漆▲喰】シックイ 石灰に粘土・ふのりなどを加えたもの。天井や壁を塗り固めるのに使う。由来「シックイ」は、石灰の唐音から。参考「漆喰」は当て字。

【漆黒】シッコク 漆を塗ったように、真っ黒でつやのあること。また、その色。「あたりは―の闇につつまれた」

シツ【△膝】(15) 月11 常 4108 / 4928 ▼ひざ(一二九四)

シツ【蝨】(15) 虫 9 1 7392 / 697C 音 シツ 訓 しらみ

〔虱〕7345 / 694D

意味 しらみ。シラミ科の昆虫の総称。動物に寄生して血を吸う。「蝨官」

【▲蝨】しらみ シラミ科の昆虫の総称。哺乳類・鳥類に寄生しその血を吸い、感染症を媒介する。季夏 参考 シラミを「半風子」ともいうのは異体字の「虱」の字が「風」の半分であることから。

〖▲蝨を▲捫る〗ひねる 人前であっても、あえて礼儀作法などにこだわらない態度をとること。故事 中国、晋代の隠者王猛が桓温に会見したとき、シラミをつぶしながら時世や政治を論じたことから。〈『晋書』〉 類 傍若無人

し

シツ

シツ【質】(15) 貝 8 教 常 6 2833 / 3C41 音 シツ・シチ 中・チ 高 外シ 訓 外 もと・たち・ただす

筆順 ノ ┌ ┌ 斤 斤ノ⁶ 斤斤⁸ 斤斤 斤斤 斦 質¹³ 質¹⁵

意味 ①もと。もとになるもの。ものの内容。中身。実体。「品質」「質量」「物質」②生まれつき。もちまえ。たち。「資質」「体質」③きじ。ありのまま。「質素」「質実」④問いただす。「質疑」「質問」⑤しち。約束や取り引きの保証として預けておくもの。かた。抵当。「質屋」「言質」

下つき 悪質・異質・気質・均質・言質・硬質・材質・資質・実質・性質・素質・体質・地質・特質・品質・物質・変質・本質

【質】シチ ①金を借りる代わりに、相手に預ける品物。質権またはその目的物である質物。「時計を―に入れる」「ブランドバッグを―に置く」「―流れ」②約束を履行する保証として、相手に預けておくもの。「人―」

【質草・質△種】シチぐさ 金を借りる代わりに、質に置く物品。質物。

【質感】シツカン 物の材質などのちがいから受ける感じ。「木の―を生かした彫刻」「―になるようなものもない」

【質疑】シツギ 疑問点を問いただすこと。質問。「―を打ち切る」対 応答

『質疑応答』シツギオウトウ 不明な点を質問し、それに対して答えること。また、そのやりとり。「講演後に―の時間をとる」

【質実剛健】シツジツゴウケン 内実があって飾り気がなく、心身ともに強くたくましいこと。参考「剛健質実」ともいう。類 剛毅木訥

【質素】シッソ ①飾り気がないさま。「―な身なり」②無駄を省き倹約すること。つましいさま。「―な生活」類 地道

【質朴・質▲樸】シツボク 飾り気がなく誠実なこと。素朴。純朴。「―とした若者」類 質実・実直

【質問】シツモン 不明・疑問の点を問いただすこと。また、その問い。「先生に―する」類 質疑・尋問

【質量】シツリョウ ①質と量。②物体が有する固有の量。単位はグラム、キログラム。「―保存の法則」

【△質す】ただ-す 質問する。問いただして明らかにする。「係の者に―した」

【△質】たち ①生まれついた性質や体質。うまれつき。「朝に弱い―」②物事の性質。「―の悪い遊び」

シツ【▲濕】(17) 氵14 6328 / 5F3C ▼湿の旧字(六四九)

シツ【蟋】(17) 虫11 1 7409 / 6A29 音 シツ 訓

意味 「蟋蟀(こおろぎ・きりぎりす)」に用いられる字。

〈▲蟋▲蟀〉こおろぎ コオロギ科の昆虫の総称。体は黒褐色で、長い糸状の触角をもつ。雄は秋に美しい声で鳴く。古くはキリギリスといった。季秋 由来「蟋蟀」は漢名から。

シツ【隰】(17) 阝14 1 8014 / 702E 音 シツ・シュウ 訓 さわ

意味 ①さわ。低くしめった土地。②にいばり。新たに開拓した土地。

下つき 原隰

【▲隰】さわ 低くて湿り気の多い土地。低湿地。湿地帯。

シツ【★櫛】(19) 木15 準1 2291 367B 音 シツ 訓 くし・くしけずる

〔櫛〕〔櫛〕

意味 ①くし。くしけずる。くしで髪をすく。「櫛風」②くしの歯のように並ぶ。「櫛比」

下つき 沐櫛(モクシツ)

【櫛】くし 髪をすいたり、髪飾りに使ったりする道具。「髪に―を入れる」

【櫛笥】くしげ くしなどの化粧道具を入れておく箱。

【櫛る】くしけずる くしで髪をとかして整える。髪をすく。

【櫛比】シッピ くしの歯のようにすきまなく並んでいること。「人家が―する」

【櫛風沐雨】シップウモクウ 非常に苦労することのたとえ。風雨にもめげず仕事に奔走するたとえ。「櫛風」は風が髪をくしけずる、「沐雨」は雨が体を洗う意。《『荘子(ソウジ)』》

ジッ【十】(2) 十0 教 2929 3D3D ▼ジュウ(六九九)

ジツ【日】(4) 日0 教 3892 467C ▼ニチ(一一九七)

ジツ【実】(8) 宀5 教 常 8 2834 3C42 音 ジツ 訓 み・みのる 外 みちる・まこと・さね・まめ

旧字《實》(14) 宀11 1/準1 5373 5569

筆順 丶 丷 宀 宀 宀 宀 実 実

意味 ①み。くだもの。「果実」②みのる。「実生」「結実」③みちる。内容がそなわる。「実質」「充実」対 名・虚 ④まこと。まごころ。「実直」「誠実」⑤ほんとう。ありのまま。「実例」「真実」

下つき 確実(カクジツ)・果実(カジツ)・結実(ケツジツ)・堅実(ケンジツ)・現実(ゲンジツ)・口実(コウジツ)・故実(コジツ)・史実(シジツ)・事実(ジジツ)・写実(シャジツ)・充実(ジュウジツ)・情実(ジョウジツ)・真実(シンジツ)・誠実(セイジツ)・切実(セツジツ)・着実(チャクジツ)・忠実(チュウジツ)・内実(ナイジツ)・如実(ニョジツ)・無実(ムジツ)・名実(メイジツ)

【△実】さね ①果実・木の実の中心にある種などの堅い部分。核(カク)。②板と板をはぎ合わすとき、片方の板の側面につくる細長い突起。

【△実△葛】さねかずら モクレン科のつる性常緑低木。▼真葛(さねかずら)(七九九)

【△実・矧】さねはぎ 板の接合法の一つ。一方の板の側面に実(細長い突起)を作り、他方の板の側面にあけた溝にそれを差しこんで接ぐこと。さねつぎ。

【実印】ジツイン あらかじめ市区町村の役所に届けておき、印鑑証明を求めることのできる個人の印鑑。重要な書類に用いる。

【実益】ジツエキ 実際の利益。「趣味と―を両立させる」類 実利・純益 対 実害

【実演】ジツエン ①人前で実際にやって見せること。「―販売」②演技者が映画・テレビなどに出演するのでなく、実際に舞台で演じること。

【実科】ジッカ ①実際の技芸の訓練を主とする教科。工業科・商業科など。②実用性を主とする科目。音楽・図工など。

【実家】ジッカ ①自分の生まれた家。生家。「―に帰省する」②婚姻や養子縁組で他家の籍に入った人の実父母の家。対 養家・婚家

【実害】ジツガイ 実際の損害。実質的な損害。「大雨による―はない」対 実益

【実感】ジッカン ①実物に接したとき受ける現実的な感じ。②物事を実際に経験して起こる感情。「母親になった喜びの―がわく」

【実技】ジツギ 実際に行う技術や演技。「―試験を受ける」

【実況】ジッキョウ 物事の実際の状況。「野球の―放送」「事件の―見分」

【実業】ジツギョウ 農業・工業・商業などのような、原料や商品の生産や売買をする事業。「―家」参考「ジツゴウ」と読めば別の意になる。

【実刑】ジッケイ 執行猶予(ユウヨ)がつかず、実際に受ける刑罰。「懲役三年の―」

【実検】ジッケン ある事柄が本当かどうかを調べ、吟味すること。「首―」

【実権】ジッケン 実質的な権力。本当の権力。「会社の―を握る」

【実験】ジッケン ①理論や仮説が正しいかどうか証明するために、実際にやってみること。「水耕栽培の―」②実際の経験。

【実現】ジツゲン 理想や計画などを現実のものとすること。また、現実になること。「夢を―する」

【実行】ジッコウ 実際に行うこと。「計画どおり―する」「不言―」

【実効】ジッコウ 実際の効力。本当のききめ。「改革の―があがらない」

【実業】ジツゴウ 仏 実際に苦または楽の結果をもたらす、善悪の行為。参考「ジツギョウ」と読めば別の意になる。

【実際】ジッサイ ①現実のありさま。ありのままのようす。「難民生活の―を描く」②理論や想像ではなく、実地であること。「―には不可能だ」③本当に。「―驚いた」

【実在】ジツザイ ①実際に存在すること。「―した人物」類 実存 対 架空 ②哲学で、人の意識にかかわりなく、客観的に存在するもの。対 観念

【実子】ジッシ 自分の生んだ子。血縁関係のある子ども。対 養子・継子・義子

【実施】ジッシ 計画などを実際に行うこと。類 実行・実践

【実事求是】ジツジキュウゼ 事実の実証に基づいて物事の真理を追究すること。「実事」は本当のこと。真実。「求是」はまことや真実を求めること。《『漢書(カンジョ)』》

【実質】ジッシツ 物事の実際の中身・性質。「形式は変わったが―は同じだ」「―を重んじる」対 形式・名目

【実収】ジッシュウ ①実際の収入。総収入から必要経費などを差し引いた手取りの収入。②推定高に対して、実際の収穫高。

【実習】ジッシュウ 技術などを、実地に学ぶこと。「教育―」

【実証】ジッショウ 事実によって証明すること。また、その確実な証拠。「実験により―された」類確証

【実状】ジツジョウ 実際のありさま。現実の状況。「災害の―を映像で伝える」参考 物事の実際のありさまを「実状」は外面的に見たもの。「実情」は内面的に見たもの。

【実情】ジツジョウ ①実際の状況・事情。物事のありさまを内面的に見たもの。「内部の苦しい―を訴える」②真実の心。真情。

【実数】ジッスウ ①実際の数量。②数学で、有理数と無理数の総称。対虚数

【実績】ジッセキ 実際に現れた成果・功績。「生産の―をあげる」「―がものをいう」

【実戦】ジッセン ①実際の戦争。実際の戦闘。「―部隊」対演習 ②実際の試合。「在学生の新チームで―に臨む」

【実践】ジッセン 理論や理念などを実際の行動に移すこと。「議論より―が大切だ」対理論

【実践躬行】ジッセンキュウコウ 理論や主義を自分自身で実際に行うこと。「躬」は自ら・自分での意。参考「躬行実践」ともいう。類率先躬行・率先垂範

【実相】ジッソウ ①実際のありさま。真実。「―を伝える」②仏この世のあらゆるものの真実の姿。不変の真理。類法性(ホッショウ)・真如(シンニョ)

【実像】ジツゾウ ①光線がレンズや鏡などを通して屈折・反射し、実際に集まってむすぶ像。②ありのままの姿。真実の姿。対①②虚像

【実測】ジッソク 距離や面積などを、計器を使って実際に測ること。「―値」

【実存】ジツゾン ①実際に存在すること。類実在 ②哲学で、客観と主観に分けて考える以前の、現実的な存在の状態。「―主義」

【実体】ジッタイ ①事物の本体。実質。「―の無い幽霊会社」②哲学で、変化する現象の根底にある本質的なもの。参考「ジッテイ」と読めば、まじめで正直の意となる。

【実態】ジッタイ 実際のありさま。現実の状態。「読書の―調査」類実情

【実弾】ジツダン ①本物の弾丸。類実包 対空包 ②選挙などで買収に用いる現金。

【実地】ジッチ ①物事が起こった実際の場所。現場。「―検証」②知識や理論に対して、実際の場合。また、実際に行うこと。「―教育」

【実直】ジッチョク 誠実で正直なこと。律義。まじめ。「謹厳―な人」

【実働】ジツドウ 実際に労働すること。「―七時間」参考「実動」は実際に機械などを運転すること。

【実否】ジッピ 本当かうそか。「―が問われる」類真偽 参考「ジップ」とも読む。

【実費】ジッピ 実際にかかる費用。「修理の―を請求する」

【実物】ジツブツ 実際の人や物。本物。現物。「―大の写真」

【実包】ジッポウ 銃の実弾。対空包

【実務】ジツム 実際の事務・業務。実地に扱う仕事。「―に携わる」

【実名】ジツメイ 本当の名前。本名(ホンミョウ)。「―での報道を避ける」対仮名・偽名・筆名

【実用】ジツヨウ 実際に使用すること。実際に用いて役に立つこと。「―化」「―的」

【実利】ジツリ 実際の利益・効用。「―的な行動に出る」類実益 対実害・実損

【実力】ジツリョク ①実際の力量。能力。手腕。「―の差」②実際の行動で示す武力・腕力などの力。「―行使」

【実話】ジツワ 創作などでなく実際にあった話。事実の話。

【△実】まこと ①内容にいつわりのないこと。真実。本当。「嘘(うそ)から出た―」②誠実。まごころ。「―を尽くす」③本当に。実に。「―に申し訳ない」

【実】み ①植物の果実・種。「梅の―がなる」②中身。内容。「―のある話」「―のある体験」③汁に入れる具。「おつゆの―」

【実の△生(な)る木は花から知れる】 実がたくさんつく木は花の咲くときから分かるように、すぐれた人物は幼いときから常人とはどことなくちがうところがあるたとえ。類栴檀(センダン)は双葉より芳(かんば)し

【実生】みショウ つぎ木・さし木などによらず、種子から芽を出して生長すること。また、その植物。「欅(けやき)の―を見つける」

【実る】みのる ①草木に実がなる。実が熟す。「稲穂が―る」②成果があがる。「努力が―る」「積年の研究が―る」

【実るほど頭(あたま)の下がる稲穂かな】 実が熟すほど先が重く垂れ下がる稲穂のように、人間も学問や徳を積むほど他人に対して謙虚になるたとえ。類実る稲田は頭(あたま)垂る

ジツ【昵】(9) 日5 1 5867 5A63 音 ジツ 訓 ちかづく・なじむ

意味 ちかづく。なじむ。なれる。なれしたしむ。「昵交」「昵近」「昵懇」

下つき 狎昵(コウジツ)・親昵(シンジツ)

【△昵近】ジッキン 親しく近づくさま。なれ親しむさま。類昵懇

【△昵懇】ジッコン 親しくつき合うさま。こころやすいこと。懇意。「―の間柄」

【△昵づく】ちかづく なれ親しむ。親密な間柄になる。なじむ。

ジツ【衵】(9) 衤4 1 7450 6A52 音 ジツ 訓 あこめ・ふだんぎ

意味 ①あこめ。婦人のしたぎ。また、男子の装束のしたぎ。②ふだんぎ。なれぎぬ。また、はだぎ。「衵衣」参考 日常着る衣(衤)の意を表した字。

【▲衵】あこめ 昔、宮廷に仕える男女が用いた丈の短い中着。

【▲衵▲袴】あこめばかま 宮廷に奉仕した女性が、略装でつける袴。

ジツ【▲實】(14) 宀11 5373/5569 ▼実の旧字(六五一)

しっかり【△確り】(15) 石10 教 1946/334E ▼カク(二〇二)

しつけ【躾】(16) 身9 国 1 7731/6D3F 音 訓 しつけ

意味 ①しつけ。身だしなみ。②しつける。礼儀作法を教えこむ。参考 身を美しくかざる意を表した字。

しつらえる【△設える】(11) 言4 教 3263/405F ▼セツ(八八五)
しで【△垂】(8) 土5 教 3166/3F62 ▼スイ(八二七)
しと【▲尿】(7) 尸4 常 3902/4722 ▼ニョウ(一二〇一)
しとぎ【▲粢】(12) 米6 6871/6467 ▼シ(六二九)
しとね【▲茵】(9) 艹6 7201/6821 ▼イン(六三)
しとね【▲蓐】(13) 艹10 7276/686C ▼ジョク(七八六)
しとね【▲褥】(15) 衤10 7483/6A73 ▼ジョク(七八六)
しとみ【▲蔀】(14) 艹11 2835/3C43 ▼ホウ(一四一〇)
しとやか【△淑やか】(11) 氵8 常 2942/3D4A ▼シュク(七〇八)
しな【品】(9) 口6 教 4142/494A ▼ヒン(一三二二)
しな【△科】(9) 禾4 教 1842/324A ▼カ(一四八)
しな【△級】(9) 糸3 教 2173/3569 ▼キュウ(三〇七)
しな【△階】(12) 阝9 教 1912/332C ▼カイ(一八一)
しなう【▲撓う】(15) 扌12 5790/597A ▼ドウ(一一六六)
しなびる【△萎びる】(11) 艹8 常 1664/3060 ▼イ(三四)
しなやか【▲靭やか】(12) 革3 8055/7057 ▼ジン(八二〇)
しぬ【▲殞ぬ】(14) 歹10 6146/5D4E ▼イン(六七)

しの【▲篠】(17) ⺮11 2836/3C44 ▼ショウ(七六五)
しのぎ【▲鎬】(18) 金10 7914/6F2E ▼コウ(五一六)
しのぐ【▲凌ぐ】(10) 冫8 4631/4E3F ▼リョウ(一五七六)
しのぐ【△陵ぐ】(11) 阝8 常 4645/4E4D ▼リョウ(一五七八)
しのばせる【忍ばせる】(7) 心3 常 3906/4726 ▼ニン(一二〇三)
しのびごと【▲誄】(13) 言6 7549/6B51 ▼ルイ(一五九一)
しのぶ【忍ぶ】(7) 心3 常 3906/4726 ▼ニン(一二〇三)
しのぶ【▲荵】(10) 艹7 ▼ニン(一二〇三)
しのぶ【▲偲ぶ】(11) 亻9 2837/3C45 ▼シ(六一七)

同訓異義 しのぶ

【忍ぶ】人に知られないようにする。耐える。「人目を忍ぶ」「世を忍ぶ姿」「忍び泣き」「忍び足」「忍び寄る」「不便を忍ぶ」「床下に忍ぶ」「恥を忍んで会う」

【▲偲ぶ】過去や遠く離れた人などを思い出してなつかしむ。「昔の面影を偲ぶ」「故人を偲ぶ」「故郷を偲ぶ」「遺徳を偲ぶ」

しば【芝】(6) 艹3 常 4 2839/3C47 音 外シ 訓 しば

筆順 一 十 艹 艹 芝 芝

意味 ①しば。しばくさ。イネ科の多年草。地面をはい、密生する。「芝生しばふ」②ひじりだけ。さいわいだけ。キノコの一種。「芝蘭シラン」

下つき 霊芝レイシ

【△芝▲翫茶】シカンチャ 染色の一つ。赤みをおびた茶色。由来 江戸時代、大坂の歌舞伎カブ役者三代目中村歌右衛門なかむらうたえもん(芝翫)が、好んで用いた色から。

【△芝草】シソウ ①シバ。シバクサ。②長寿を得るというマンネンタケ(霊芝レイシ)の別称。めでたいしるしとされる。

【△芝居】しばい ①演劇の総称。特に、歌舞伎カブ・新派などを指すこともある。「―を見る」②人をだますためのつくりごと。狂言。「一―打つ」

〈△芝生〉しばふ シバを一面に植えこんだ所。「―の手入れをする」

【△芝眉】シビ 人の顔つきの尊敬語。お顔。「―を拝する」故事 中国、唐の時代に元徳秀(字あざなは紫芝)がりっぱな眉まゆをほめられた故事から。《『新唐書シントウジョ』》

【△芝▲蘭】シラン 「芝」はマンネンタケでめでたいもの、「蘭」はフジバカマで香気の高い草。転じて、道徳や才能のすぐれた人のたとえ。「―の化」

【△芝▲蘭玉樹】シランギョクジュ すぐれた人材。すぐれた子弟。他人の子弟のすぐれているのをほめる語。「玉樹」は美しい木の意。《『晋書シンジョ』》

【△芝▲蘭の室に入いるが▲如ごとし】徳のある人とつきあううちに自然と感化されるたとえ。芝蘭の香の満ちた部屋に長くいると、やがてその香が身にしみつくから。《『孔子家語コウシケゴ』》参考「芝蘭の化カ」ともいう。類 朱に交われば赤くなる

しば【▲柴】(9) 木5 2838/3C46 ▼サイ(五五一)
しばし【△暫し】(15) 日11 常 2735/3B43 ▼ザン(五九三)
しばしば【△数】(13) 攵9 教 3184/3F74 ▼スウ(八三五)
しばしば【▲屢】(14) 尸11 4764/4F60 ▼ル(一五八九)
しばたたく【△瞬く】(18) 目13 常 2954/3D56 ▼シュン(七一八)
しばらく【▲姑く】(8) 女5 2440/3848 ▼コ(四四九)
しばらく【△頃く】(11) 頁2 常 2602/3A22 ▼ころ(五三三)
しばらく【△暫く】(15) 日11 常 2735/3B43 ▼ザン(五九三)

しばる【縛る】(16) 糸10 常 3991 477B ▼バク(一二四四)
しび【▲鮪】(17) 魚6 4378 4B6E ▼イ(四〇)
しびれ【▲痺れ】(13) 疒8 8155 7157 ▼ヒ(一二八四)
しびれる【▲痺れる】(13) 疒8 8155 7157 ▼ヒ(一二八四)
しびれる【▲痹れる】(13) 疒8 6567 6163 ▼ヒ(一二八四)
しびれる【▲痲れる】(13) 疒8 6568 6164 ▼マ(一四三六)
しぶ【渋】(11) 氵8 常 2934 3D42 ▼ジュウ(七〇四)
しぶい【渋い】(11) 氵8 常 2934 3D42 ▼ジュウ(七〇四)
しぶる【渋る】(11) 氵8 常 2934 3D42 ▼ジュウ(七〇四)
しべ【▲蕊】(15) 艹12 2841 3C49 ▼ズイ(八三四)
しぼむ【▲凋む】(10) 冫8 ▼チョウ(一〇五七)
しぼむ【△萎む】(11) 艹8 常 1664 3060 ▼イ(三四)
しぼる【絞る】(12) 糸6 常 2542 394A ▼コウ(五〇六)
しぼる【搾る】(13) 扌10 常 国 2681 3A71 ▼サク(五六七)

同訓異義 **しぼる**

【絞る】ねじって水分を取る。無理に押し出す。限定する。小さくする。ほか、広く用いる。「タオルを絞る」「袖(そで)を絞る」「無い知恵を絞る」「声を絞る」「論点を絞る」「レンズを絞る」「範囲を絞る」「音量を絞る」

【搾る】押したり縮めたりして水分を取る。無理に取り立てる。「乳を搾る」「果汁を搾る」「絵具を搾り出す」「年貢を搾り取る」「なまけた部員を搾る」

しま【▲洲】(9) 氵6 2907 3D27 ▼シュウ(六八七)
しま【島】(10) 山7 教 3771 4567 ▼トウ(一一四三)
しま【▲縞】(16) 糸10 2842 3C4A ▼コウ(五一三)
しまう【△了う】(2) 亅1 常 4627 4E3B ▼リョウ(一五七三)
しまう【△終う】(11) 糸5 教 2910 3D2A ▼シュウ(六九一)
しまる【締まる】(15) 糸9 常 3689 4479 ▼テイ(一〇九七)
しみ【染み】(9) 木5 教 3287 4077 ▼セン(八九九)
しみる【▲沁みる】(7) 氵4 6178 5D6E ▼シン(七九一)
しみる【染みる】(9) 木5 教 3287 4077 ▼セン(八九九)
しみる【△凍みる】(10) 冫8 常 3764 4560 ▼トウ(一一四一)
しみる【△浸みる】(10) 氵7 常 3127 3F3B ▼シン(七九八)
しみる【▲滲みる】(14) 氵11 6290 5E7A ▼シン(八〇八)

同訓異義 **しみる**

【染みる】色やしみがつく。悪い影響を受ける。ほか、広く用いる。「色が染みる」「染みを抜く」「悪習に染みる」「垢(あか)染みる」「汗染みる」「所帯染みる」

【▲沁みる】液体が入って痛む。心にしみじみと感じる。「薬が傷に沁みる」「煙が目に沁みる」「浮世の風が身に沁みる」「情が心に沁みる」

【△浸みる】液体がじわじわとしみこむ。「こぼした水が畳に浸みる」「雨水が畑に浸みこむ」

【▲滲みる】液体が少しずつしみこむ。「浸みる」とほぼ同じ。

【△凍みる】物がこおる。こおるほど冷たく感じる。「道路が凍みる」「凍み豆腐」「凍みる夜」

しめ【△標】(15) 木11 教 4124 4938 ▼ヒョウ(一三〇六)
しめす【示す】(5) 示0 教 2808 3C28 ▼ジ(六二八)
しめす【湿す】(12) 氵9 常 2830 3C3E ▼シツ(六四九)
しめる【占める】(5) 卜3 常 3274 406A ▼セン(八九五)
しめる【閉める】(11) 門3 教 4236 4A44 ▼ヘイ(一三六九)
しめる【湿る】(12) 氵9 常 2830 3C3E ▼シツ(六四九)
しめる【絞める】(12) 糸6 常 2542 394A ▼コウ(五〇六)
しめる【締める】(15) 糸9 常 3689 4479 ▼テイ(一〇九七)
しめる【△緊める】(15) 糸9 常 2259 365B ▼キン(三六三)

同訓異義 **しめる**

【閉める】開いていたものをとざす。営業をやめる。「戸を閉める」「栓(せん)を閉める」「部屋を閉め切る」「店を閉める」

【絞める】首をひもなどでしばって息ができないようにする。「鶏を絞める」「絞め殺す」

【締める】まわりをひもなどでしめつける。節約する。区切りをつける。「帯を締める」「ねじを締める」「家計を締める」「勝って兜(かぶと)の緒を締めよ」「支払いを締め切る」「魚を酢で締める」「手締め」「羽交い締め」

【占める】場所や物などを自分のものにする。範囲がおよぶ。「駅前の一角を占める」「重要ポストを占める」「過半数を占める」「味を占める」「買い占める」

【湿る】湿気を帯びる。気がふさぐ。「布団が湿る」「気分が湿る」「湿っぽい雰囲気」

しも【下】(3) 一2 教 1828 323C ▼カ(一三二)
しも【霜】(17) 雨9 常 3390 417A ▼ソウ(九五〇)
しもと【▲笞】(11) 竹5 6790 637A ▼チ(一〇三一)
しもと【▲楚】(13) 木9 3331 413F ▼ソ(九二五)
しもべ【△僕】(14) 亻12 常 4345 4B4D ▼ボク(一四二八)
しもべ【△隷】(16) 隶8 常 4676 4E6C ▼レイ(一五九八)
しもやしき【▲墅】(14) 土11 5248 5450 ▼ショ(七二九)
シャ【▲叉】(3) 又1 2621 3A35 ▼サ(五四一)

シャ【写】(5) 冖3 常 教 8 2844 3C4C 音 シャ 訓 うつす・うつる

旧字《寫》(15) 宀12 1/準1 5377 556D

筆順 、冖冖写写

意味 ①かきうつす。文字や絵などをもとのようにかきうつす。「写実」「写生」「複写」 ②うつしとる。写真や映画をうつす。「映写」「試写」

下つき 映写・縮写・書写・接写・転写・謄写・描写・複写・模写

【写す】うつ-す ①もとの姿・形をそのとおりに、また似せて表す。「黒板の図をノートに―す」 ②見聞きしたことを言葉や絵などで表す。描写する。「当時の世相を―し出す」 ③写真をとる。撮影する。

【写経】シャキョウ 経文を書き写すこと。また、書き写された経文。「亡父の供養に―をする」

【写実】シャジツ 物事の実際の状態を、ありのままに表すこと。「―的な表現」「―主義」

【写植】シャショク 「写真植字」の略。専用の機械を使い、文字や記号などを一字ずつ印画紙や写真フィルムに印字して版下をつくること。

【写真】シャシン カメラなどで光学的方法によって写しとった物体の映像。「報道―」

【写生】シャセイ 風景や事物を見たままに写しとること。スケッチ。「静物の―」 参考 絵画のほか、短歌・俳句・文章でも用いる。

【写本】シャホン 書物を手書きで、書き写すこと。また、その書物。 対 刊本・版本

シャ【沙】(7) 氵4 常 2627 3A3B ▼サ(五四二)

シャ【社】(7) 礻3 常 教 9 2850 3C52 音 シャ 外 ジャ 訓 やしろ

旧字《社》(8) 礻3 1/準1 8919 7933

筆順 、ラネネ社社

意味 ①土地の神。また、神をまつるやしろ。ほこら。おみや。「社殿」「神社」 ②人々の集まり。組織。団体。「社会」「結社」 ③「会社」の略。「社員」「商社」

下つき 会社・結社・公社・講社・郷社・支社・出社・商社・神社・大社・退社・入社・廟社・本社

【社運】シャウン 会社の運命。「―をかけて新製品を売り出す」

【社会】シャカイ ①人間が集まって営む共同生活の場。「―活動」 ②世の中。世間。「―に出る」 ③同類の集団。仲間。「職人の―」

【社会資本】シャカイシホン 国や地方公共団体の財政支出で蓄積された社会的共有財産。道路・公営住宅・上下水道など。

【社会保障】シャカイホショウ 失業・疾病・老齢などによる生活上の難儀を国家が救済し、国民の生活を保障する制度。社会保険・公的扶助・社会福祉事業など。

【社交】シャコウ 人と人とのつきあい。社会上の交際。「彼は―的なタイプだ」「―界」

【社交辞令】シャコウジレイ つきあい上の愛想のよい応対の言葉。外交辞令。「―を真に受けて恥をかく」

【社告】シャコク 会社や新聞社などが、広く一般に向けて出す知らせ。「社名変更の―」

【社債】シャサイ 株式会社が一般の人々から資金を調達するために発行する債券。

【社稷】シャショク 昔、中国で建国のときに守り神として天子がまつった土地の神(社)と五穀の神(稷)。転じて、国家。「―墟となる(国家が滅亡する)」〈『淮南子』〉

【社是】シャゼ 会社経営の基本精神を表した方針や主張。 参考 「是」は正しい方針の意。

【社説】シャセツ 新聞や雑誌で、その社の主張として掲載する論説。

【社団法人】シャダンホウジン 一定の目的のためにつくられ、法律によって権利・義務の主体であることを認められた団体組織。一般社団法人、公益社団法人、営利社団法人とに分かれる。

【社中】シャチュウ ①会社の中。社内。 ②舞踊・邦楽などの同門の仲間。結社の仲間。

【社日】シャニチ 歴注の一つ。春分と秋分に最も近い戊(つちのえ)の日。春は五穀豊穣を祈る春社、秋は収穫のお礼に穀物をささげる秋社をいう。しゃじつ。 季 春 参考 「社」は土地の神の意。

【社務所】シャムショ 神社の事務を取り扱うところ。

【社】やしろ 神をまつっている建物。神社。 参考 神が降臨する仮の小屋を表す「屋代」が転じたもの。

シャ【車】(7) 車0 常 教 10 2854 3C56 音 シャ 訓 くるま

筆順 一厂戸百亘車

意味 くるま。①軸を中心に回転する輪。車輪。「滑車」「風車」 ②車輪を回転させて運ぶ用具。乗り物。「車馬」「電車」

下つき 貨車・肩車・汽車・牛車・客車・口車・下車・香車・降車・山車・乗車・水車・戦車・操車・単車・駐車・停車・電車・配車・馬車・発車・飛車・風車・風車・満車・横車・来車・列車

〈車前〉・〈車前草〉おおばこ オオバコ科の多年草。道端に自生。葉は大きな卵形で根生する。夏、白い小花を穂状につける。葉と種子は薬用。カエルバ。 季 秋 由来 「車前」は漢名より。牛馬や車などの通る道端に生えることから。 表記 「大葉子」とも書く。

【車】くるま ①自動車。②軸を中心として回転する仕組みの輪。車輪。③車輪が回転することによって動く仕組みのものの総称。

【車▲駕】シャガ ①乗り物。車。②天子が行幸の際に乗る車。転じて、天子。

【車蛍孫雪】シャケイソンセツ 苦学することのたとえ。故事 中国、晋代の車胤は若いとき貧乏で、夏の夜にはホタルを袋に入れてその光で読書した。また、孫康は冬の夜に雪に照り返された月明かりで読書したという故事から。〈『晋書』〉 類 蛍雪の功

【車検】シャケン 法律で義務づけられている、自動車の定期的な車体検査。

【車▲螯】シャゴウ シャコガイ科の二枚貝。奄美大島以南の珊瑚礁にすむ。貝殻はひし形で厚く、灰白色に赤褐色の斑点がある。肉は食用。殻は装飾用。

【車載斗量】シャサイトリョウ 人や物の数量が多いたとえ。車に載せたり、ますではかったりする意。「斗」はます、「量」ははかる意。〈『三国志』〉

【車軸】シャジク 車の軸。車輪の心棒。「―を流す(大雨の降るさま)」

【車掌】シャショウ 旅客用の列車・電車などで、車内の事務や発車の合図などの仕事を受け持つ乗務員。

【車▲轍】シャテツ 車輪の通り過ぎた跡。わだち。「―を残し車は走り去った」

【車力】シャリキ 荷車で荷物を運ぶ職業の人。また、その荷車。

【車両】シャリョウ 乗客や荷物を輸送する自動車や列車、電車などの総称。「―故障で発車が遅れた」 書きかえ「車輛」の書きかえ字。

【車▲輛】シャリョウ ▼書きかえ 車両

シャ【炙】(8) 火 4 1 6353 5F55 音 シャ・セキ 訓 あぶる・やく

意味 ①あぶる。火で焼く。また、焼いた肉。「炙背」②したしむ。親しく交わる。「親炙」

下つき 膾炙・親炙

【炙る】あぶる ①火にあてて軽く焼く。「するめを―る」②火に近づけてあたためる。「かじかんだ手を火鉢で―る」

シャ【▲社】(8) ネ 3 8919 7933 ▼社の旧字(六五)

シャ【者】(8) 耂 4 常 教 8 2852 3C54 音 シャ 訓 もの

旧字《者》(9) 耂 5 1/準1 9036 7A44

筆順 一 十 土 耂 耂 者 者 者

意味 ①もの。人。行為や状態の主体を表す。「作者」「勇者」②こと。特定のことがらを指す。「前者」「後者」③は。とは。ば。…れば。強調や仮定の条件を表す助字。④時を表す語に添える助字。「今者」

下つき 医者・隠者・易者・縁者・王者・学者・間者・記者・業者・愚者・賢者・後者・作者・死者・使者・儒者・勝者・信者・前者・走者・打者・達者・長者・著者・読者・忍者・敗者・覇者・筆者・編者・武者・亡者・役者・訳者・勇者・両者・悪者

【者】もの 人を指していう語。自分を謙遜するときや、目下の人を指すときの語。「私のような―でよろしいでしょうか」「他の―にさせる」

シャ【舎】(8) 舌 2 常 教 6 2843 3C4B 音 シャ 外セキ 訓 外いえ・やど・やどる・おく

旧字《舍》(8) 舌 2 1/準1 7150 6752

筆順 ノ 人 亼 仒 全 舎 舎 舎

意味 ①いえ。やど。たてもの。また、やどる。「駅舎」「宿舎」「庁舎」②身内のものの謙称。「舎弟」「舎兄」③軍隊の一日の行程。「三舎」④おく。すえおく。やめる。

下つき 営舎・駅舎・屋舎・学舎・官舎・公舎・獄舎・三舎・宿舎・庁舎・田舎・兵舎・旅舎

【△舎く】おく 手を緩めてはなしておく。そのままにしておく。捨ておく。

【舎営】シャエイ 軍隊が民家などで休養したり、宿泊したりすること。対 野営・露営

【舎監】シャカン 寄宿舎での日常生活を、監督する人。「大学の女子寮の―」

【舎兄】シャケイ 他人に対して自分の兄をいうときの呼称。実の兄。類 家兄 対 舎弟

【舎宅】シャタク 家屋。いえ。参考「社宅」と書けば、会社が社員の住居として用意した家の意になる。

【舎短取長】シャタンシュチョウ 短所を捨て、長所を選び伸ばすこと。また、つまらないものを排除して、よいものを取り上げること。「舎」は「捨」と同じですてる意。〈『漢書』〉 類 採長補短・助長補短

【舎弟】シャテイ ①他人に対して自分の弟をいうときの呼称。実の弟。他人の弟に用いることもある。対 舎兄 ②やくざなどで、弟分。

【舎本逐末】シャホンチクマツ 物事の根幹をおろそかにし、つまらない末節に関心をもつこと。「舎」はすてる意。「逐末」は、重要ではない小さなことを追い求めること。表記「舎本」は「捨本」とも書く。類 釈根灌枝・本末転倒

【舎利】シャリ ①仏遺骨。特に、仏陀や聖者の遺骨。仏舎利。②死体を火葬にした骨。③形が①に似ていることから、米つぶ。

【舎利別】シャリベツ シロップ。砂糖水を煮つめた濃い液。

【〈舎人〉】とねり ①律令制で、天皇や皇族に仕え、雑役や警護などをした下級官

人。②平安時代、貴人のウシやウマの世話をした低い身分の者。

【△舎る】やど－る ①宿をとってくつろぐ。②とどまる。家を構えて住む。

シャ【△卸】(9) 卩7 常 1823 3237 ▼おろす(一二八)

シャ【★柘】(9) 木5 準1 3651 4453 音 シャ 訓 やまぐわ・つげ

意味 ①やまぐわ。桑の一種。②つげ。ツゲ科の常緑低木。

〈▲柘▲榴〉ざくろ ザクロ科の落葉小高木。由来 ザクロの漢名の「石榴」を書き誤ったもの。▼石榴(八七四)

〈▲柘植〉つげ ツゲ科の常緑低木。▼黄楊(五〇四)

シャ【▲洒】(9) 氵6 6215 5E2F ▼サイ(五五一)

シャ【砂】(9) 石4 教 2629 3A3D ▼サ(五四三)

シャ【▲者】(9) 耂5 9036 7A44 ▼者の旧字(六五六)

シャ【△借】(10) 亻8 教 2858 3C5A ▼シャク(六六四)

シャ【▲娑】(10) 女7 5316 5530 ▼サ(五四四)

シャ【射】(10) 寸7 常 教 5 2845 3C4D 音 シャ 外 セキ・ヤ 訓 いる 外 うつ・さす・あてる

筆順 ′ 亻 介 自 自 身 身 射 射

意味 ①いる。弓で矢をいる。「射芸」「射手」②うつ。銃砲で弾をうつ。「射撃」「射程」③液体や気体を勢いよく出す。「射出」「注射」「発射」④さす。光がはいる。「日射」⑤ねらう。あてる。「射倖」

下つき 照射ショウシャ・掃射ソウシャ・注射チュウシャ・投射トウシャ・発射ハッシャ・反射ハンシャ・輻射フクシャ・噴射フンシャ・放射ホウシャ・乱射ランシャ

【射▲竦める】いすく－める ①鋭い目つきでじっと見据え、相手を恐れさせる。「上目づかいに対戦相手を－める」②矢を放ち、敵を縮みあがらせる。

【射手】いて 矢を射る人。また、弓の名手。「三十三間堂の通し矢に－として参加する」

【射止める】いと－める ①矢や弾丸を射あてる。射ころす。②たくみに自分のものにする。獲得する。「彼女の心を－める」「エースの座を－める」

【射向】いむけ 鎧よろいの左側。弓手ゆんでの方向。由来 弓を射るとき、体の左を敵に向けることから。

【射る】い－る ①矢を放つ。「矢で標的を－落とす」②目的のものに向け、まっすぐに強くあてる。「的を－た質問」「鋭い眼光が人を－るようだ」参考「的をえる」は誤り。

【△射つ】う－つ 目標に向けて、矢や弾丸を発射する。「ピストルを－つ」

【△射す】さ－す 光があたる。「雲の切れ目から夕日が－す」

【射△干】シャガ アヤメ科の多年草。林下に自生。葉は剣形。晩春、淡紫色で黄色い斑点のある花をつける。季 夏 表記「著莪・胡蝶花」とも書く。由来 同じアヤメ科のヒオウギの漢名「射干シャカン」が転じたもの。

【射撃】シャゲキ 目標をねらって、銃から弾丸を発射すること。「自衛隊の－訓練」

【射幸心】シャコウシン 偶然の利益や幸運をあてにする心。まぐれあたりをねらう心。「宝くじに－をそそられる」書きかえ「射倖心」の書きかえ字。

【射▲倖心】シャコウシン ▼書きかえ 射幸心

【射殺】シャサツ 矢や銃などでうち殺すこと。「事件に巻きこまれて－された」

【射精】シャセイ 動物の雄が、生殖器から精液を出すこと。

【射程】シャテイ ①銃口から弾丸の届く所までの距離。「敵は－距離内に入った」②力の届く範囲。「その件なら－内の仕事だ」

【射的】シャテキ ①的まとに向け弓矢や銃をうつこと。②コルクの弾の空気銃で賞品の的をねらい、うち落としたら自分のものになる遊び。

【射利】シャリ 手段を選ばず、利益を得ようと事を運ぶこと。また、楽をして偶然の利益をねらうこと。

【△射石飲羽】セキセキインウ 精神を集中し、必死の思いで事にぶつかれば、どんな困難でも克服できるたとえ。故事 昔、中国の楚ソの熊渠子ユウキョシという人が、暗闇くらやみで大きな石をトラと見誤り、力の限り弓で矢を射たところ、矢は羽根の部分まで石に突き刺さっていたという故事から。「羽」は矢の羽の部分。《韓詩外伝カンシガイデン》参考「射石」は「シャセキ」とも読む。類 一念岩をも通す

〈射干玉〉ぬばたま ヒオウギの種子。球形で黒く光沢がある。うばたま。むばたま。表記「野干玉・烏玉・烏珠」とも書く。参考 黒いことから、和歌で「ぬばたまの」は「黒・夜・髪・夢」などにかかる枕詞まくらことばとして用いられた。

〈射干〉ひおうぎ アヤメ科の多年草。由来「射干」は漢名から。▼檜扇ひおうぎ(一八六)

〈射▲翳〉まぶし ①猟師が獲物を射るときに身を隠すもの。柴しばなどを折って作る。②待ち伏せること。また、伏兵。

シャ【▲紗】(10) 糸4 2851 3C53 ▼サ(五四五)

シャ【偖】(11) 亻9 1 4887 5077 音 シャ 訓 さて

意味 さて。ところで。発語のことば。類 扠サ・扨さて

【偖】さて ①話題を変えるときに用いる語。ところで。「－、話は変わりますが」②何かを始めるときに用いる語。さあ。「－、夕飯にしましょう」表記「扠・扨」とも書く。

シャ【捨】(11) 扌8 常 教 5 2846 3C4E 音 シャ 外 ほどこ 訓 すてる

旧字《捨》(11) 扌8 1/準1

筆順 一 扌 扌 扌 扒 扲 拎 拎 拴 捨 捨 10

意味 ①すてる。ほうり出す。「捨象」「取捨」対取 ②ほどこす。神仏のために金品を寄付する。「喜捨」 ③仏感情に動かされない平静な心の状態。

下つき 喜捨キシャ・取捨シュシャ

【捨象】シャショウ いろいろな事物や観念から本質的な共通性を取り出して抽象概念をつくるとき、共通でない特殊な要素を捨てること。

【捨身】シャシン ①仏仏の供養や衆生シュジョウを救うために、自分の身命を投げ出すこと。「—往生」②仏道の修行や仏の供養のため、俗界の欲望を捨てて出家すること。参考 ①は、のちに財物を寺院に寄進することもいう。

【捨て石】すていし ①趣を添えるために庭の所々に置く石。②囲碁で、作戦のために相手に取らせる石。③当面の役には立たないが、のちの利益のために行う行為や投資。

【捨て〈台詞〉】すてぜりふ ①舞台で役者が即興的に言う、台本にない言葉。アドリブ。②立ち去るときに一方的に言い放つ、悪意のこもった言葉。

【捨て扶▲持】すてブチ ①捨てたつもりで、役に立たない者に与える給与。②江戸時代、病人や老幼・婦女などに与えた救助の米。

【捨て身】すてみ 自分の命を落としてもかまわないという覚悟の行動。命がけで事を行うこと。また、その姿勢。「—の攻撃」

【捨てる】すてる ①いらないものを手離す。「ごみ入れに紙くずを—てる」②見はなす。見限る。関係を絶つ。「世を—てる」③あきらめて投げ出す。「望みを—てずがんばる」

〔捨てる神あれば拾う神あり〕世の中は広いもので、一方で見捨てられても、もう一方では助けてくれる人もいる。たとえ人に見放されても、気に病むことはないというたとえ。

シャ【斜】(11) 斗7 常 4 2848 3C50 音シャ 訓ななめ 外はす

筆順 ノ 𠆢 亼 今 余 余 余 斜 斜 斜 斜 4

意味 ななめ。かたむき。はす。はすかい。「斜陽」「斜面」「傾斜」

下つき 狭斜キョウシャ・傾斜ケイシャ

【斜▲頸】シャケイ くびの筋・神経・関節などの異常により、くびが一方に傾く病状。先天性のものが多い。

【斜視】シャシ 眼筋の障害などにより、ものを見るとき、片方の視線が目標に正しく向かない状態。やぶにらみ。

【斜陽】シャヨウ ①日没近くの傾いた太陽。夕日。「—に映える富士山」②勢いのあったものが没落すること。「—産業」

【斜子】ななこ ①彫金技法の一つ。金属面に魚の卵のような小さな粒を刻んだもの。②「斜子織り」の略。表記「魚子」とも書く。

【斜子織り】ななこおり 平織りの絹織物の一種。織り目が細かくななめに並び魚の卵のように粒だったもの。ななこ。表記「魚子織り」とも書く。

【斜め】ななめ ①基準となる面や方向に対してずれているさま。傾いているさま。はす。はすかい。「スクランブル交差点を—に渡った」②ふつうでないさま。「ご機嫌—」

【△斜】はす 「斜め」に同じ。「大根を—に切る」

【△斜交い】はすかい 「斜め」に同じ。また、ななめに交わること。「—に組んだ竹」

シャ【赦】(11) 赤4 常 3 2847 3C4F 音シャ 訓外ゆるす

筆順 一 十 土 ナ 赤 赤 赤 赤 赦 赦 赦 7

意味 ゆるす。罪や過ちをゆるす。「赦免」「容赦」

下つき 恩赦オンシャ・大赦タイシャ・特赦トクシャ・容赦ヨウシャ

【赦免】シャメン 罪や過失をゆるすこと。「心から—を願う」

【△赦す】ゆるす 罪や過失などをとがめない。刑罰を免除する。

シャ【★這】(11) ⻌7 準1 3971 4767 音シャ 訓この・これ・はう

〔這〕

意味 ①この。これ。「這界」「這般」「這裏」②はう。はらばう。

【這般】シャハン これら。この辺。こういう。「—の情勢に緊急対応を図る」

【這裏・這▲裡】シャリ このうち。このなか。この間カン。「—の事情」

【這い▲蹲う】はいつくばう はうようにひれふす。平伏する。はいつくばる。「—って謝罪する」

【這▲柏▲槙】はいビャクシン ヒノキ科の常緑低木。壱岐いき・対馬つしまに自生。幹は地上を横にはって広がり、よく分枝する。葉は針状。

【這松】はいまつ マツ科の常緑低木。本州中部以北の高山に自生。幹は地をはい、よく分枝する。葉は針状で五枚ずつ出る。夏、雄花と雌花をつけ、小さな球果を結ぶ。表記「偃松」とも書く。

【這入る】はいる ①外から中に移る。「家に—る」②参加する。「部活に—る」③自分のものになる。「情報が—る」④その時期や状態に達する。「梅雨に—る」⑤加えられる。「他人の手が—る」表記「入る」とも書く。

【這う】はう ①胴体をすりつけて進む。「ナメクジが—う」②手と足を地面につけて進む。「赤ん坊が―う」③面に沿って伝い伸びる。「ツタの―う窓辺」

『▲這えば立て、立てば歩めの親心』子どもの一日でも早い成長を待ち願う親心のたとえ。

【▲這子】ほうこ ①はっている幼児の姿に作った人形。幼児の厄除（やくよ）けのお守りに用いられた。あまがつ。はいはい人形。②はうことができるようになった乳児。

【▲這う▲這う】ほうほう ①はうようにして歩くさま。かろうじて歩くさま。②あわてふためくさま。

【▲這う▲這うの体】ほうほうのテイ あわてふためいて、やっとのことで逃げ出るさま。「―で逃げ帰る」

シャ【★奢】(12) 大 9 1 5290 547A 音 シャ 訓 おごる

意味 おごる。おごりたかぶる。ぜいたくをする。「奢侈（シャシ）」対 倹

下つき 華奢（カシャ・キャシャ）・驕奢（キョウシャ）・豪奢（ゴウシャ）

【▲奢る】おごる ①身分不相応なぜいたくをする。「口が―る」②自分の金で、他人に食事などをふるまう。「夕食を―る」

【▲奢▲侈】シャシ 身分不相応なぜいたく。度を超えて金をつかうこと。「―な生活」「―に流れる」

『▲奢▲侈文弱（シャシブンジャク）』おごってぜいたくを尽くし、文事ばかりにふけって気が弱いこと。「文弱」は文学・学問など文事にふけって弱々しい意。

【▲奢▲靡】シャビ 身分不相応なおごり。ぜいたくではでなこと。

シャ【煮】(12) 灬 8 常 4 2849 3C51 音 シャ高 訓 にる・にえる・にやす

旧字《▲煮》(13) 灬 9 1/準1 8753 7755

筆順 一 十 土 耂 耂 者 者 者 者 煮 煮 12

意味 にる。にえる。「煮沸」

下つき 雑煮（ゾウに）・佃煮（つくだに）・水煮（みずに）

【煮沸】シャフツ 水などを煮たたせること。「医療器具を―消毒する」

【煮え切らない】にえきらない 態度や考えがどっちつかずで、はっきりしない。要領を得ない。「―い返事」

【煮え▲滾る】にえたぎる さかんに煮えくりかえる。煮えたってわきあがる。ぐらぐらと沸騰する。

【煮え湯を飲まされる】にえゆをのまされる 信じていた人間に裏切られ、手ひどい目にあわされるたとえ。熱湯を飲まされる意から。「頼りにしていた兄に―れた」

【煮える】にえる ①物によく熱がとおり、食べられる状態になる。「豆がおいしく―えた」②水に熱がとおり湯になる。③激しく怒り、腹が立つ。「上司の不正に腹が―えた」

【煮▵凝り・煮▵凍り】にこごり ①魚などの煮汁が冷えて固まったもの。季 冬 ②膠質（コウシツ）に富むカレイやサメなどを煮て、煮汁とともに冷まして固めた料理。

【煮込む】にこむ ①いろいろな材料をまぜて煮る。「―みうどんを作る」②時間をかけてよく煮る。「牛肉をじっくり―む」

【煮染め】にしめ 肉や野菜などをよく煮て、しっかり味をしみこませた料理。「重箱に―を詰める」

【煮炊き】にたき 煮たり炊いたりして食べ物を調理すること。炊事。「だいぶ―が上手になった」

【煮付ける】につける 汁の味がよくしみこむようにじっくりと煮る。煮しめる。「里芋を―ける」

【煮▵端・煮▵花】にばな 煎（せん）じ立ての、香りと味のよい茶。出花（でばな）。にえばな。

【煮干し】にぼし マイワシやカタクチイワシなどの稚魚を蒸して、干したもの。おもに、だしをとるのに使う。参考 関西では「いりこ（熬り子）」と呼ぶ。

【煮やす】にやす ①腹が立っていらいらする。「業（ゴウ）を―す（思うようにいかずいら立つ）」②煮えた状態にする。

【▵煮麺】にゅうメン そうめんを具とともに煮こんだ料理。表記「入麺」とも書く。参考「煮麺（にメン）」の変化したもの。

【煮る】にる 食品を水などとともに火にかけて熱をとおす。「魚を―て食べる」

シャ【▲煮】(13) 灬 9 8753 7755 ▼煮の旧字（六五九）

シャ【鉈】(13) 金 5 1 7877 6E6D 音 シャ・タ 訓 なた・ほこ

意味 ①なた。まきわりなどに用いる刃物。②ほこ。短いほこ。武器の一種。

【▲鉈】なた 刃が厚くて幅が広く、短い柄（え）のついた刃物。木を割るのに用いる。「大―を振るう（思いきった処置をとる）」

『▲鉈を貸して山を▵伐（き）られる』人のためを思ってしたことが、かえって自分の損害を招くたとえ。

【▲鉈▲彫】なたぼり 丸鑿（まるのみ）の目のあとを表面に残した木彫（モクチョウ）で、鉈で彫ったような力強さを特徴とする仏像彫刻の一様式。鎌倉時代初期に、多く作られた。

【▲鉈豆】なたまめ マメ科のつる性一年草。熱帯アジア原産。さやは長さ三〇センチメートル、幅五センチメートルほどの平たい弓形で、鉈に似る。種子は食用。若いさやは福神漬などに用いる。季 秋 表記「刀豆」とも書く。

シャ【蔗】(14) 艹11 1 7284 6874 音 シャ・ショ 訓 さとうきび・うまい

意味 ①さとうきび。イネ科の多年草。「蔗糖(ショトウ)」「甘蔗(カンショ)」②うまい。よい。おもしろい。「蔗境」

下つき 甘蔗(カンショ)・諸蔗(ショショ)

【▲蔗境】シャキョウ 談話や文章などのだんだんおもしろくなるところ。佳境。「―に入る」由来 サトウキビを食べると、根もとに近くなるほどだんだん甘くなることから。

【▲蔗糖】ショトウ サトウキビなどの汁からつくった砂糖。

シャ【遮】(14) 辶11 常 準2 2855 3C57 音 シャ 訓 さえぎる

旧字《遮》(15) 辶11 1/準1

筆順 亠 广 户 庐 庐 庐 庶 遮 遮 遮 (2, 11)

意味 さえぎる。ふさぐ。はばむ。「遮光」「遮断」

【遮る】さえぎる ①進行をさまたげる。「見物人が通路を―る」「発言を―る」②じゃまをして見えなくする。「濃霧が視界を―る」

〈遮▲莫〉さもあらばあれ それはそれでしかたがない。どうにでもなれ。表記「然もあらばあれ」とも書く。

【遮光】シャコウ 光が外にもれたり、逆に中に入ったりしないようにさえぎること。「黒いカーテンで―する」

【遮断】シャダン 交通や電流・光・音などをさえぎり止めること。「外部の雑音を―する」「踏切の―機」

【遮二無二】シャニムニ がむしゃらに。他のことは考えず物事を強引に進めるさま。「遮二」は二をたち切ること。「無二」は二がない意で、あとさきのことを考えないこと。「―突進する」類 無二無三

【遮▲蔽】シャヘイ 他から見えないように、おおい隠すこと。「―幕」

シャ【▲寫】(15) 宀12 5377 556D ▼写の旧字(六五五)

シャ【▲遮】(15) 辶11 ▼遮の旧字(六六〇)

シャ【赭】(16) 赤9 1 7664 6C60 音 シャ 訓 あかつち・あか・あかい

意味 ①あかつち。あかい色の土。②あか。あか色。あかい。「赭顔」「赭髯(シャゼン)」③はげ山。「赭山」

下つき 代赭(タイシャ)

【▲赭】あか 赤色の一種で、赤土の色。

【▲赭】あかつち 鉄分を含んだ赤褐色の粘土。赤土。

【▲赭顔】シャガン 赤みをおびた顔。あからがお。日焼け、酒焼けなどで

【▲赭熊】シャぐま ①ヤクの尾の白い毛を赤く染めたもの。払子(ホッス)や兜(かぶと)などの飾りに用いる。②縮れ毛で作った入れ毛。また、それで結った日本髪。

〈▲赭土〉そお 色のあかい土。古代、顔料などに用いた。参考「そほに・そぼに」とも読む。

シャ【藉】(17) 艹14 1 7320 6934 音 シャ・セキ 訓 しく・かす・かりる・よる・かこつける・ふむ

意味 一シャ ①しく。しきもの。むしろ。類 席 ②かす。かりる。類 借 ③よ(拠)る。たのみにする。④かこつける。「藉口」⑤いたわる。なぐさめる。「慰藉」二セキ ふむ。ふみにじる。「狼藉」

下つき 一 慰藉(イシャ)・蘊藉(ウンシャ)・温藉(オンシャ) 二 踏藉(トウセキ)・狼藉(ロウゼキ)

【▲藉す】かす 自分の能力や知恵などを、他人の便宜をはかるために与える。「赤字会社の再建に手を―す」

【▲藉りる】かりる 仮に他のものを使う。他の助けを受ける。頼る。「孔子の言葉を―りれば」

【▲藉く】しく 草やむしろを敷物にする。「青草を―いて座る」

【▲藉口】シャコウ 何かにかこつけて口実をもうけ、言いわけをすること。

【▲藉▲藉】セキセキ ①口々に言いはやすさま。騒がしいさま。②物事が乱れ散らばっているさま。

【▲藉田】セキデン 古代中国で、天子や諸侯が祖先に供える穀物を自ら農耕した田。また、その儀式。日本でも行われた。表記「籍田」とも書く。

シャ【謝】(17) 言10 常 教 6 2853 3C55 音 シャ 訓 あやまる㊥ ㊀ことわる・さる

筆順 言 言 訁 訁 訁 訁 謝 謝 謝 謝 (7, 12)

意味 ①つげる。お礼を言う。また、お礼。「謝意」「感謝」②あやまる。わびる。わび。「謝罪」「陳謝」③ことわる。しりぞける。「謝絶」④さ(去)る。⑤おとろえる。しぼむ。「代謝」

下つき 慰謝(イシャ)・感謝(カンシャ)・月謝(ゲッシャ)・深謝(シンシャ)・代謝(タイシャ)・多謝(タシャ)・陳謝(チンシャ)・薄謝(ハクシャ)

【謝る】あやまる 自分の過失や罪を認め、心からわびる。「失敗を涙ながらに―る」

【謝意】シャイ ①お礼の気持ち。感謝の心。「多額の寄付に―を表する」②おわびの気持ち。謝罪の心。

【謝恩】シャオン 受けた恩に対して感謝すること。「卒業式後に―会が催された」

【謝金】シャキン 謝礼のための金銭。礼金。

【謝罪】シャザイ 過失や罪をわびること。「新聞に―文を掲載する」

【謝辞】シャジ ①お礼の言葉。「卒業生の父母を代表して―を述べる」②おわびの言葉。

【謝絶】シャゼツ 申し出などを断ること。こばむこと。「面会―」

【謝肉祭】シャニクサイ カトリックで、肉を食べてはいけない四旬節に先立って三〜八日間行われる祭り。肉を食べ、歌い踊る。カーニバル。季春

【謝礼】シャレイ 感謝の気持ちを表す言葉や金品。お礼。「―に花束を贈る」

シャ【瀉】(18) 氵15 1 6335 5F43 音 シャ 訓 そそぐ・はく・くだす・しおつち

意味 ①そそぐ。水をそそぎ流す。流れ出る。「瀉血」「瀉出」②はく。食べ物をはきだす。くだる。くだす。「瀉痢」「吐瀉」③しおつち。塩分をふくんだ土。

下つき 傾瀉・水瀉・注瀉・吐瀉

〈瀉腹〉くだりばら はげしい便通。下痢。表記「下り腹」とも書く。

【瀉下】シャカ ①そそぎくだすこと。そそぎ出ること。②腹をくだすこと。下痢。

【瀉血】シャケツ 治療の目的で、患者の静脈から血液を抜き取ること。

【瀉剤】シャザイ 下剤。くだしぐすり。

【瀉出】シャシュツ そそぎだすこと。また、そそぎ出ること。流れ出ること。

【瀉痢】シャリ 腹をくだすこと。下痢。

【瀉ぐ】そそぐ 傾斜の急な所から低いほうに水をどっと流す。また、流れる。

【瀉く】はく ①食べた物を口からもどす。②肛門からくだす。下痢をする。

シャ【灑】(22) 氵19 6351 5F53 ▼サイ(五六二)

シャ【鷓】(22) 鳥11 1 8326 733A 音 シャ 訓

意味 キジ科の鳥「鷓鴣」に用いられる字。

【鷓鴣】シャコ キジ科の鳥のうち、ウズラより大きくキジより小さいものの呼称。アフリカ・西南アジアなどにすむ。尾が短く、茶褐色の地に、白い斑点がある。由来「鷓鴣」は漢名から。

ジャ【邪】(7) 阝4 ▼邪の旧字(六六一)

ジャ【邪】(8) 阝5 常 3 2857 3C59 音 ジャ 外シャ・ヤ 訓 外よこしま

旧字《邪》(7) 阝4 1/準1

筆順 一 ㄏ 于 牙 牙 牙 邪

意味 ①よこしま。正しくない。心がねじけている。「邪悪」「邪道」対正 ②人に害を及ぼすもの。「邪魔」「風邪」③や。か。疑問・反語の助字。類耶

下つき 正邪・破邪・風邪

【邪悪】ジャアク 心がねじけているさま。不正で悪意のあること。「―な考えは捨てよ」

【邪淫・邪婬】ジャイン ①不正でみだらなこと。不道徳。②仏五悪の一つ。男女の不正な性的関係。

【邪気】ジャキ ①病気などを起こす原因となる悪い気。「―を払う」②悪意。わるぎ。「―のない人」「無―な子ども」③風邪。

【邪教】ジャキョウ 人心をまどわしたり、誤った教義をもつ宗教。世に害毒をながす宗教。類邪宗 対正教

【邪径】ジャケイ 曲がりくねった細いみち。また、正しくない心や行いをたとえた言葉。

【邪険・邪慳】ジャケン 意地の悪いさま。無慈悲なさま。「受付で―にされる」

【邪宗】ジャシュウ ①社会や人心に害をもたらすとされる宗教。②江戸時代、幕府に禁止されていたキリスト教のこと。類①②邪教

【邪心】ジャシン ねじけた心。不正なことを考える心。「ひそかに―を抱く」

【邪神】ジャシン 人々にわざわいを与えると信じられた悪い神。よこしまな神。

【邪推】ジャスイ ひがんで悪く推測すること。ゆがんだ推量。「二人の仲を―する」

【邪道】ジャドウ ①不正なやりかた。また、人としての道理にはずれた行い。類非道 対正道 ②「邪教」に同じ。

【邪佞】ジャネイ ねじけた心で人にこびへつらうこと。また、そのような人。

【邪念】ジャネン ①みだらで不純な考え。よこしまな考え。雑念。「―に惑わされる」②よけいな思い。「権力の座に―を抱く」

【邪魔】ジャマ ①妨害すること。また、使わないでさまたげになるもの。「通行の―になる」「―な箱を捨てる」②「訪問する」の謙譲語。「今度お―します」③仏修行をさまたげる悪魔。

【邪恋】ジャレン よこしまな恋。人の道にはずれた恋。「―を清算する」

【邪馬台国】ヤマタイコク 「魏志倭人伝」(『魏書』東夷伝倭人に関する記述の通称)に見える、三世紀ころの日本にあった最も強大で統合的な国。女王卑弥呼が支配していた。位置については北九州と畿内の二説がある。表記「耶馬台国」とも書く。参考「ヤバタイコク」とも読む。

【邪揄】ヤユ からかうこと。あざけること。「演説を―する」「世相を―した漫画」表記「揶揄」とも書く。

【邪】よこしま 正しい道からはずれているさま。ねじけているさま。「―な思いを感じる」

ジャ【蛇】(11) 虫5 常 準2 2856 3C58 音 ジャ・ダ 外タ・イ 訓 へび

筆順 口 中 虫 虫 虫' 虫'' 虫宀 虻 蛇

意味 ①へび。くちなわ。ヘビ目に属する爬虫類の総称。「蛇足」「大蛇」②形がへびに似ているもの。「蛇口」「蛇行」

下つき 委蛇・異蛇・長蛇・大蛇・毒蛇・竜

蛇 ジャ・ダ リュウ・リョウ

【〈蛇▲舅母〉】かなへび カナヘビ科のトカゲ。日本特産で、草地にすむ。尾が長く全体に灰褐色。動きが素早く、昆虫などを捕食。表記「金蛇」とも書く。

【〈蛇藤〉】くまやなぎ クロウメモドキ科のつる性落葉低木。由来「蛇藤」は漢名から。▼山藤くまやなぎ(五八一)

【蛇籠】ジャかご 鉄線や竹などで粗く円筒形に編んだかごに、砕いた石を詰めたもの。河川の水流制御や護岸工事などに用いる。石籠せきろう。由来 形が大蛇に似ていることから。参考「ジャこ」とも読む。

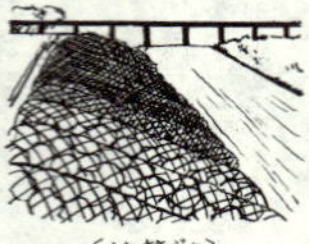

〔蛇籠ジャかご〕

【蛇口】ジャぐち 水道管の先に取りつけ、水流を調節する金属製の口。

【蛇の▲鬚】ジャのひげ ユリ科の多年草。山野に自生。細長い葉が多数根生。初夏、淡紫色の小花をつけ、濃紺の実を結ぶ。根は薬用。リュウノヒゲ。表記「沿階草」とも書く。

【蛇の道は蛇】ジャのみちはへび 同類の者がすることは、同類の者がよく知っているということ。ヘビの通る道はヘビがよく知っている意。

【蛇の目】ジャのめ ①二本の太い輪が、同心円状に描かれた模様。ヘビの目の形を表す。②「蛇の目傘がさ」の略。広げると蛇の目の模様が現れるからかさ。

【蛇の目▲蝶】ジャのめチョウ ジャノメチョウ。ジャノメチョウ科のチョウ。草原や雑木林にすむ。黒褐色で、前ばねに二個、後ろばねに一個の眼状紋がある。幼虫はススキの葉などを食べる。

【蛇腹】ジャばら ①機器類で、ヘビの腹のようなひだがあり、伸縮自在の部分。「アコーディオンの—」②軒や壁などを取り巻いてつける装飾用の突出部分。

【蛇皮線】ジャビセン 沖縄・奄美あまみの三線サンシンの俗称。胴にヘビの皮をはった三弦の楽器。参考 中国の三弦が一六世紀に琉球リュウキュウを経て渡来し、三味線のもとになったといわれる。

【蛇▲蝎・蛇▲蠍】ダカツ ヘビとサソリ。人がひどく恐れ、嫌うもののたとえ。「—のごとく恐れられる」参考「ジャカツ」とも読む。

【蛇行】ダコウ ヘビがうねるように、川や道などがS字状に曲がりくねって続くこと。「—して進む」「—運転」

【蛇足】ダソク あっても意味のない余分なもの、また無益でよけいな行為のたとえ。「最後のシーンは—だ」「—ながら申し上げます」故事 昔、早くヘビを描き上げた者が酒を飲めるという賭かけで、最初に仕上げた者が余った時間でヘビにないあしまで描いたために酒を飲み損ねたという故事から。〈『戦国策』〉

【〈蛇▲菰〉】つちとりもち ツチトリモチ科の多年草。暖地の山中に自生。ハイノキなどの根に寄生。秋、茎の先に赤く卵形の花穂を立て、雌花を多数つける。黄褐色の根茎から鳥もちを作る。ヤマデラボウズ。由来「蛇菰」は漢名から。表記「土鳥黐」とも書く。

【〈蛇▲牀〉】はまぜり セリ科の二年草。由来「蛇牀」は漢名から。▼浜芹はまぜり(一三三三)

【蛇】へび ヘビ目に属する爬虫ハチュウ類の総称。体は細長く筒状。四肢はなく、鱗うろこがあり、体をくねらせて進む。舌は細長く先端が二つに分かれる。ナガムシ。クチナワ。季夏

『蛇に▲嚙かまれて朽ち縄に怖△おじる』 前の失敗にこりて、つまらないことに用心深くなること。類 羹あつものに懲こりて膾なますを吹く

『蛇に見込まれた▲蛙かえる』 カエルは大敵であるヘビににらまれると動けなくなるといわれることから、怖いものや苦手なものの前でおびえすくんでしまうことのたとえ。類 猫の前の鼠ねずみ

『蛇は寸にして人を▲吞のむ』 大蛇は小さなときから人をのむような気迫に満ちていることから、すぐれた人物は幼少から卓越した素質を示すたとえ。類 栴檀センダンは双葉ふたばより芳かんばし

【蛇▲苺】へびいちご バラ科の多年草。道端に自生。茎は地上をはう。春、黄色の花が咲き、球形の赤い果実をつける。無毒だが、食用にはしない。ドクイチゴ。季夏 由来「蛇苺」は漢名から。

ジャ【▲闍】(17) 門9 7975 6F6B ▼ト(一一三〇)

ジャ【麝】(21) 鹿10 1 8345 734D 音 ジャ・シャ 訓 じゃこうじか

意味 じゃこうじか。シカ科の哺乳ホニュウ動物。じゃこう(麝香)。「麝煤バイ」

下つき 蘭麝ランジャ

【▲麝香】ジャコウ ジャコウジカの雄の下腹部から出る分泌物を乾燥させた香料。黒褐色の粉末で強い香気があり、薬料にも使用。

【▲麝香鹿】ジャコウじか シカ科の哺乳ホニュウ動物。アジア大陸にすむ。小形で角はなく、雄は上あごに牙きばをもち、腹部に麝香を分泌する腺センがある。

【▲麝香腺】ジャコウセン ジャコウジカやジャコウネコなどの生殖腺の近くにある麝香を分泌する器官。

【▲麝香▲鼠】ジャコウねずみ トガリネズミ科の哺乳ホニュウ動物。北アフリカなどに分布し、日本では鹿児島や沖縄などにすむ。ドブネズミに似るが顔がとがっている。昆虫・ミミズなどを捕食し、体から悪臭を出す。

【▲麝▲煤】ジャバイ 墨の別称。由来 麝香の香りのある煤すすからつくった墨の意から。

シャク【勺】(3) 勹1 準1 2859 3C5B 音 シャク 訓

意味 ①ひしゃく。②くむ。ひしゃくですくう。③尺貫法の容積の単位。一合の一〇分の一。約〇・〇一八リットル。④土地の面積の単位。一坪の一〇〇分の一。約〇・〇三三平方メートル。

シャク【尺】(4) 尸 1 常 教 5 2860 3C5C 音 シャク 外セキ 訓 外さし・ものさし・わずか

筆順 ㇇ コ 尸 尺

意味 ①尺貫法の長さの単位。寸の一〇倍。日本では約三〇・三センチメートル（鯨尺では約三七・九センチメートル）。「尺八」②さし。ものさし。長さ。たけ。「尺度」「曲尺」③わずか。すこし。「尺寸」「尺地」④てがみ。「尺簡」「尺書」

下つき 曲尺（キョクジャク・かね）・縮尺（シュクシャク）

〈尺蠖〉おぎむし 尺取虫の古称。

【尺】さし 物の長さを測る道具。ものさし。

【尺〆】シャクじめ 木材の体積の単位。一尺〆は、断面が一尺角（一辺が一尺の正方形）で長さが二間のもので、体積は一二立方尺、約〇・三三立方メートル。地方によって多少異なる。

【尺寸】シャクスン 少しばかりの長さや広さ。ほんのわずかばかり。「―の土地も譲らない」由来「一尺一寸」の意から。参考「セキスン」とも読む。

【尺度】シャクド ①ものの長さを測る道具。ものさし。「―をあてる」②長さ。寸法。「―を測る」③物事を評価したり批判したりする基準。めやす。「人物評価の―」

【尺八】シャクハチ 竹製のたて笛。前面に四つ、背面に一つ穴がある。由来 標準の長さが一尺八寸（約五五センチメートル）であることから。

【尺を枉げて尋を直くす】シャクをまげてジンをなおくす 大のために小を犠牲にするたとえ。短いもの（尺）をまげて、長いもの（尋）を伸ばす意から。「尋」は中国、周代の長さの単位で、八尺。〈『孟子』〉

【尺貫法】シャッカンホウ 日本の昔の度量衡法。長さは「尺」、重さは「貫」、体積は「升（ショウ）」、面積は「坪（つぼ）」が基本単位。明治の中ごろからメートル法と併用された。一九五九（昭和三四）年に廃止され、現在はメートル法が使われる。

【尺一】セキイツ 古代中国で、天子のみことのりを書くのに使われた板。転じて、みことのり。詔勅。尺一詔書。由来 板の長さが一尺一寸であったことから。

【尺地】セキチ 狭い土地。わずかな土地。類 尺土 参考「シャクチ」とも読む。

【尺土】セキド 「尺地（セキチ）」に同じ。

【尺牘】セキトク 文書。手紙。書状。「―文」参考「シャクドク」とも読む。「牘」は、文字を記す木の札。

【尺璧宝に非ず、寸陰是競う】セキヘキたからにあらずスンインこれきそう 大きな宝玉よりも、時間のほうが貴重であるという戒め。「尺璧」は直径が一尺もあるような宝玉、「寸陰」はわずかな時間の意。〈『淮南子（エナンジ）』〉

【尺蠖の屈するは以て信びんことを求むるなり】セッカクのクッするはもってのびんことをもとむるなり 将来大きく成功するためには、しばらく忍耐して時機を待つことも必要であるたとえ。尺取虫が身を曲げるのは次に身を伸ばして前進しようとするためである意から。「尺蠖」はしゃくとりむし。「信」は「伸」に同じ。〈『易経』〉参考「尺蠖」は「セキカク・シャッカク」とも読む。

シャク【石】(5) 石 0 教 3248 4050 ▼セキ（八七三）

シャク【妁】(6) 女 3 1 音 シャク 訓 なこうど

〔妁〕5302 5522 意味 なこうど。結婚のなかだちをする人。「媒妁」

下つき 媒妁（バイシャク）

シャク【芍】(6) 艹 3 1 音 シャク

〔芍〕7173 6769 意味 花の名「芍薬」に用いられる字。

【芍薬】シャクヤク キンポウゲ科の多年草。アジア北東部原産。初夏、茎頂にボタンに似た大形で美しい紅・白色の花を開く。観賞用。根は薬用。季 夏 由来「芍薬」は漢名から。

シャク【折】(7) 扌 4 教 3262 405E ▼セッ（八八二）

シャク【杓】★ (7) 木 3 準1 2861 3C5D 音 シャク・ヒョウ 訓 ひしゃく・しゃくう

〔杓〕意味 ①ひしゃく（柄杓）。水をくむ道具。「杓子」「茶杓」②ひしゃくの柄。

下つき 茶杓（チャシャク）・杯杓（ハイシャク）

【杓う】しゃくう すくう。液体をくみとる。しゃくる。「ひしゃくでお湯を―う」「泉の水を―う」

【杓子】シャクシ 汁や飯などをすくったり盛ったりする道具。しゃもじ。

【杓子定規】シャクシジョウギ かたくなに一つの規準で、すべてを決めようとして、融通や応用のきかないこと。曲がった杓子の柄を無理やりまっすぐな定規のかわりにする意から。「―な考え方」

【杓子は耳搔きにならず】シャクシはみみかきにならず 大きいものは形が似ていても、小さいもののかわりになるとは限らないたとえ。対 大は小を兼ねる

【▲杓子菜】シャクシな　タイサイの別称。アブラナ科の二年草。葉が杓子形で、漬物などにする。

【▲杓文字】シャモジ　飯や汁をすくう道具。特に、飯を盛る道具。参考「杓子シャクシ」の女房詞ことば。

【▲杓】ひしゃく　水などをくむ、長い柄えのついた容器。表記「柄杓」とも書く。

シャク【★灼】(7)火3 準1 2862 3C5E 音シャク 訓やく・あきらか・あらたか・やいと

〔灼〕

意味 ①やく。あぶる。「灼熱」「焼灼」「焦灼」類炙シャ ②あきらか。光りかがやくさま。「灼灼」「灼然」③やいと。灸キュウ。

下つき 赫灼カクシャク・焼灼ショウシャク・焦灼ショウシャク・焚灼フンシャク

【▲灼たか】あらたか　神仏の力や薬の効き目がはっきりしているさま。あらた。「霊験レイゲンーな神社」

【▲灼▲灼】シャクシャク　①光り輝くさま。「ーたる日光」②花が盛んに美しく咲くさま。

【▲灼然】シャクゼン　①光り輝くさま。②明らかなさま。いちじるしいさま。

【▲灼熱】シャクネツ　焼けつくように熱いこと。焼けて熱くなること。「ーの太陽」

【▲灼骨】シャッコツ　獣骨を焼いて、その裂け目により吉凶を占う方法。卜骨ボッコツ。

【▲灼く】やく　①火をつけてあかあかと燃やす。②火であぶる。

シャク【赤】(7)赤0 教 3254 4056 ▼セキ(八七五)

シャク【昔】(8)日4 教 3246 404E ▼セキ(八七六)

シャク【斫】(9)斤5 1 5849 5A51 音シャク 訓きる

意味 きる。おのでたちきる。「斫水」

【▲斫る】きる　斧おのなどの刃物でたたききる。きって落とす。

【▲斫断】シャクダン　たちきること。「人世の繋縛ケイバクをーする」類切断

シャク【借】(10)亻8 常 7 2858 3C5A 音シャク 外シャ 訓かりる

筆順 ノ亻亻一什借借借借借借

意味 ①かりる。物や力をかりうける。「借財」「拝借」対貸 ②かりに。こころみに。「借問」

下つき 恩借オンシャク・仮借カシャ・寸借スンシャク・前借ゼンシャク・貸借タイシャク・賃借チンシャク・拝借ハイシャク

【△借上】かしあげ　鎌倉時代から室町時代初期にかけての高利貸。かりあげ。

【借方】かりかた　①借りるほうの人。借り手。②借りる方法や手段。③複式簿記で、資産の増加、負債や資本の減少、損失などを記入する帳簿の左側の部分。対①〜③貸方かしかた

【借り着より洗い着】かりぎよりあらいぎ　他人をあてにして虚勢を張ったり楽な生活をしたりするより、貧しくても自分の力で暮らすべきだという戒め。

【借りる】かりる　①返すことを前提にして、他人のものを一時使う。「ノートをーりる」②他者の助けを受ける。「先輩の知恵をーりる」

【借りる時の地蔵顔△済なす時の▲閻魔エンマ顔】人に借金をするときにはおだやかな表情で対応するが、返済するときには険しい表情をするたとえ。「済す」は返却する意。

【借りる八合△済なす一升】米などを八合借りたら、一升にして返すというように、人に物を借りたら謝礼をするのが礼儀だということ。「済す」は返却する意。

【借銀】シャクギン　銀子ギンス(金銭)を借りること。また、借りた金銭。

【借財】シャクザイ　借りている財貨。借金。負債。「巨額のーを負う」

【借家】シャクや　家賃を払って借りて住む家。また、家を借りること。「ー暮らし」対貸家 参考「シャッカ」とも読む。

【借用】シャクヨウ　金銭や物品を借りて使うこと。自分が使うために借りること。「ー証書」「自転車をーする」

【借覧】シャクラン　書物などを借りて見ること。本を借りて読むこと。「貴重な古書をーする」

【借款】シャッカン　国際間の資金の貸し借り。政府間のものと、民間のものがある。「両国間にーが成立した」

【借景】シャッケイ　庭園外の山や木などを、庭園の背景として借りること。また、そのような造園法。

【△借問】シャモン　試しに質問すること。ちょっと尋ねてみること。参考「シャクモン」とも読む。

シャク【▲迹】(10)⻌6 7781 6D71 ▼セキ(八七七)

シャク【酌】(10)酉3 常 準2 2864 3C60 音シャク 訓くむ高

字旧《酌》(10)酉3 1/準1

筆順 一丆万丙两酉酉酌酌酌

意味 ①酒をくむ。しゃくをする。さかもり。「酌飲」「晩酌」②人の気持ちや事情をくみとる。「酌量」「参酌」「斟酌」

下つき 参酌サンシャク・斟酌シンシャク・対酌タイシャク・独酌ドクシャク・媒酌バイシャク・晩酌バンシャク

【酌む】くむ　①酒を器につぎ入れる。また、酒をついで飲む。「遠来の友と酒をーみ交わす」②人の気持ちをおしはかる。「先方の意向をー

んで再考する」

【酌量】シャクリョウ 事情をくみとり、刑罰などを軽くすること。「まったく情状―の余地がない」類斟酌(シンシャク)

シャク【△責】(11) 貝 4 教 3253 4055 ▼セキ(八七八)

シャク【釈】(11) 釆 4 常 4 2865 3C61 訓音 シャク 外セキ 外とく・ゆるす・とかす・おく

旧字《釋》(20) 釆 13 1/準1 7857 6E59

筆順 ノ ノ ロ 立 平 采 釆 釈 釈 釈 釈

意味 ①とく。ときあかす。「解釈」「注釈」②言いわけをする。「釈明」「釈言」③理解する。「釈然」④ときはなつ。ほどく。ゆるす。「釈放」「保釈」類赦 ⑤とかす。とける。うすめる。「希釈」⑥すてる。類捨 ⑦お(置)く。放置する。⑧釈迦(シャカ)。また、仏や仏教を表す語。「釈尊」「釈門」

下つき 会釈(エシャク)・解釈(カイシャク)・講釈(コウシャク)・語釈(ゴシャク)・注釈(チュウシャク)・評釈(ヒョウシャク)・保釈(ホシャク)

【釈▲迦に説法、孔子に悟道】シャカにセッポウ コウシにゴドウ 専門家にその道について教えるような愚かで無意味なことのたとえ。仏教の開祖の釈迦に仏法を説いたり、儒教の開祖の孔子に悟りの道を説く意から。

【釈眼儒心】シャクガン ジュシン 慈悲と仁愛の心をあわせもつことのたとえ。釈迦(シャカ)の目と孔子の心の意で、仏教の慈悲深い目で見、儒教の仁愛に満ちた心で接すること。

【釈近謀遠】シャクキン ボウエン 身近な物事や現在をおろそかにして、遠くの物事や将来のことばかりを考えること。「釈」は捨てる意。《三略》類舎近求遠

【釈根▲灌枝】シャクコン カンシ 物事の大切でない部分に力をそそぎ、根本を忘れるたとえ。水を木の根にやらないで枝にそそぎかける意。「釈」は捨てる意。「灌」は水をそそぐ意。《淮南子(エナンジ)》類舎本逐末・本末転倒

【釈然】シャクゼン 疑いや恨みなどが消えてなくなり、心がすっきりとするさま。「曖昧(アイマイ)な説明だけでは―としない」

【釈尊】シャクソン 仏教の開祖である釈迦(シャカ)を尊敬していう語。

【釈放】シャクホウ 拘束されている者を許して自由にすること。特に、法により収監されている者の拘束を解くこと。「人質を―せよ」「証拠不十分で―する」

【釈明】シャクメイ 相手の誤解や非難に対し、事情や立場を説明してはっきりさせること。「事故の理由を―する」

【釈教】シャッキョウ ①釈迦(シャカ)の教え。仏教のこと。②連歌・俳諧(ハイカイ)で、仏教に関連ある題材を詠んだ歌や句。

【釈▲奠】セキテン 孔子とその門人をまつる儀式。日本では陰暦二月・八月の上の丁(ひのと)の日に行う。おきまつり。季春 参考「シャクテン・サクテン」とも読む。

【△釈く】と-く ①説明する。弁明する。②ほどく。処理する。

シャク【綽】★(14) 糸 8 1 6931 653F 訓音 シャク ゆるやか・たおやか

意味 ①ゆるやか。ゆったりしたさま。「綽綽」②たおやか。しとやか。「綽約」

〈▲綽名〉あだな 本名とは別にその人の特徴をとらえ、親しみや軽蔑(ケイベツ)の気持ちから他人がつける名。ニックネーム。表記「渾名・諢名」とも書く。

【▲綽▲綽】シャクシャク ゆったりと落ち着いたさま。こせつかないでゆとりのあるさま。「余裕―」

【▲綽然】シャクゼン 落ち着いていて、ゆったりとしたさま。類綽綽

【▲綽約】シャクヤク ①弱々しいさま。しなやかなさま。②女性のたおやかで美しいさま。「―たる風姿」

シャク【錫】★(16) 金 8 準1 2866 3C62 音 シャク・セキ・シ 訓 すず・たまもの

意味 ①すず。金属元素の一つ。「鉛錫(エンシャク)」②道士や僧が用いるつえ。「錫杖(シャクジョウ)」③たまわる。たまもの。「天錫」類賜

下つき 巡錫(ジュンシャク)・天錫(テンシャク)

【▲錫▲杖】シャクジョウ 仏僧・修験者の持つつえ。錫(すず)で作られた頭部の環(わ)に、数個の小さな環がついている。

〔錫杖(シャクジョウ)〕

【▲錫】すず 金属元素の一つ。銀白色で光沢があり、さびにくい。また、柔軟でのびやすく、めっき・はんだ・すず箔(はく)などに用いる。

〈▲錫▲蘭〉セイロン インド半島の南東、インド洋にある島。一九四八年、イギリスから独立、一九七二年、スリランカと改称し、共和国になった。紅茶の生産で知られる。

シャク【爵】(17) 爫 13 常 準2 2863 3C5F 訓音 シャク 外さかずき

旧字《爵》(18) 爫 14 1/準1

筆順 2 4 8 12 14

意味 ①さかずき。祭礼用のさかずき。②貴族の身分の等級を表す語。公・侯・伯・子・男の五階級。「爵位」「爵禄(シャクロク)」

下つき 栄爵(エイシャク)・公爵(コウシャク)・侯爵(コウシャク)・五爵(ゴシャク)・子爵(シシャク)・授爵(ジュシャク)・男爵(ダンシャク)・伯爵(ハクシャク)・封爵(ホウシャク)

〈▲爵▲牀〉きつねのまご キツネノマゴ科の一年草。山野に自生。夏から秋、淡紅色の

唇形の小花を穂状につける。由来「爵牀」は漢名から。表記「狐の孫」とも書く。

【▲爵】さかずき　祭礼などに用いるスズメの形をした酒杯。また、酒を入れる容器の総称。

【爵位】シャクイ　貴族の階級。日本では旧華族制度で、公・侯・伯・子・男の五階級に分けられていた。由来 古代中国で、功績や身分のある者に爵（さかずき）を授けたことから。

シャク【▲爵】(18) 爫14　▼爵の旧字（六六五）

シャク【爍】(19) 火15　1　6403/6023　音 シャク　訓 ひかる・とかす

意味 ①ひかる。かがやく。「爍爍」類灼（シャク） ②とかす。金属をとかす。「爍金」類鑠（シャク）

下つき 灼爍（シャクシャク）・閃爍（センシャク）

【▲爍▲爍】シャクシャク　①光り輝くさま。「―たる太陽」②花が盛んで美しいさま。

【▲爍かす】とかす　金属を熱して液体とする。表記「鑠かす」とも書く。

シャク【繳】(19) 糸13　1　8456/7458　音 シャク・キョウ　訓 いぐるみ・まつわる・かえす・おさめる

意味 一シャク いぐるみ。矢に糸をつけて鳥を射る道具。二キョウ ①まつわる。まといつく。②かえ(返)す。ひきわたす。③おさ(納)める。税などを納付する。

シャク【▲釋】(20) 釆13　7857/6E59　▼釈の旧字（六六五）

シャク【嚼】(21) 口18　1　5180/5370　音 シャク　訓 かむ

意味 かむ。かみくだく。かみしめる。あじわう。「咀嚼（ソシャク）」

下つき 咀嚼（ソシャク）

【▲嚼む】かむ　歯で細かくする。かみくだく。

シャク【癪】(21) 疒16 国　1　6591/617B　音 シャク

意味 しゃく。①さしこみ。胸や腹が急に痛み、けいれんを起こす病気。「癪気」②かんしゃく（癇癪）。腹がたつこと。「小癪」

下つき 癇癪（カンシャク）・小癪（こシャク）・疝癪（センシャク）

シャク【鑠】(23) 金15　1　7943/6F4B　音 シャク　訓 とかす・とける・うつくしい

意味 ①とかす。とける。金属をとかす。「鑠金」②光りかがやく。うつくしい。「鑠鑠」③年老いて元気なさま。「矍鑠（カクシャク）」

下つき 矍鑠（カクシャク）

【▲鑠かす】とかす　金属を熱して液体とする。表記「爍かす」とも書く。

しゃく【▲笏】(10) ⺮4　6784/6374　▼コツ（五三〇）

ジャク【若】(8) 艹5 常 教　5　2867/3C63　音 ジャク(中)・ニャク(高)・外ニャ　訓 わかい・もしくは(高)・外しく・ごとし・もし・なんじ

筆順 一 十 艹 艹 芏 芏 若 若

意味 ①わかい。おさない。「若年」「若輩」類弱 対老 ②いくらか。すこし。「若干」③しく。匹敵する。④いかん。いかに。どれほど。方法・手段を問う語。⑤ごとし。…のようである。比況の助字。類如 ⑥もし。もしも。仮定の助字。⑦状態を形容する語に添える助字。「自若」⑧もしくは。選択を表す語。⑨なんじ。あなた。類汝（ジョ） ⑩梵語（ボンゴ）の音訳に用いられる字。「般若」⑪「若狭（わかさ）の国」の略。「若州」

下つき 自若（ジジャク）・瞠若（ドウジャク）・般若（ハンニャ）・老若（ロウジャク・ロウニャク）

【▲若し】ごとし　…のようだ。…に似ている。

【若年】ジャクネン　年が若いこと。若者。類若輩・若齢 表記「弱年」とも書く。

【若輩】ジャクハイ　①「若年」に同じ。②未熟なこと。また、その者。「―者ですがよろしくお願いします」表記「弱輩」とも書く。

【若干】ジャッカン　いくらか。わずか。少々。「まだ―の余裕がある」参考「そこばく」とも読む。

【若朽】ジャッキュウ　働き盛りなのに、覇気がなく、役に立たないこと。また、その人。参考「老朽」をもじった造語。

〈若干〉そこばく　①「若干（ジャッカン）」に同じ。②たくさん。たいそう。多数。表記「幾許」とも書く。

【▲若】なんじ　あなた。おまえ。きみ。同等かそれ以下の相手に対して用いる語。

〈若気〉る　にやける　男が女のようにめかしこんだり、色っぽいようすをしたりする。「―た男」

【若しくは】もしくは　または。さもなければ。「郵送か―直接持参のこと」

【若い】わかい　①生まれてから年月を経ていない。「姉より五つ―い」②未熟である。経験が少ない。「芸が―い」③血気盛んである。「年は取っても気は―い」④数が少ない。「番号が―い」

【若い時の苦労は買うてもせよ】若いときにした苦労は将来役立つものであるから、金を払ってでもしておくべきだということ。

【若気】わかゲ　年若いころのはやる気持ち。また、無分別。「―の至り」「―の過（あやま）ち」

【若▲菰】わかごも　新芽を出して間もないマコモ。季春

【若▲狭】わかさ　旧国名の一つ。現在の福井県南西部。若州（ジャクシュウ）。

【若▲鷺】わかさぎ　キュウリウオ科の淡水魚。▼公魚（四七三）

【若▲狭塗】わかさぬり　福井県小浜地方で産する漆器。卵殻（ランカク）の粉末や籾殻（もみがら）を応用して色漆をぬり、金銀箔（キンギンハク）をほどこしてとぎ

し　シャク―ジャク

出したもの。

【若衆】わかしゅ ①年の若い男子。わかもの。②江戸時代、元服前の前髪のある男子。「―髷(まげ)」③男色を売る少年。かげま。参考「わかシュウ」とも読む。

【若僧・若造・若蔵】わかぞう 若い者や未熟な者を軽蔑(ケイベツ)していう語。「―に負けてたまるか」

【若手】わかて ①若くて働き盛りの人。「―社員」②集団の中で若いほうの人。「世話役を―に頼む」

【若水】わかみず 元日の朝に初めてくむ水。邪気を除き、人を若返らせるという。季新年

【若宮】わかみや ①幼少の皇子。②皇族の世継ぎ。③本宮(ホングウ)の祭神の子孫を祭った神社。④本宮を他に移して祭った新宮(シングウ)。

〈若布〉わかめ 褐藻類コンブ科の海藻。近海の岩に生え、養殖もする。葉はやわらかく羽状。食用。季春 表記「和布・稚海藻・裙蔕菜」とも書く。

【△若子】わこ 良家の男の子を呼ぶ語。お坊ちゃん。表記「和子」とも書く。

〈若人〉わこうど 若い人。若者。「―の祭典」「―の時代」由来「わかびと」の転。

ジャク【弱】

(10) 弓 7 常 教 9 2869 3C65

音 ジャク 外 ニャク

訓 よわい・よわる・よわまる・よわめる

旧字《弱》(10) 弓 7 1/準1

筆順 フ コ 弓 弓 弓 弓 弓 弱 弱 弱

意味 ①よわい。力がない。かよわい。「弱体」「軟弱」②よわる。よわまる。よわめる。「衰弱」③わかい。おさない。「弱年」「弱輩」類若 ④はたち(二〇歳)。「弱冠」⑤端数を切り上げたときに添える語。「百人弱」対①②⑤強

下つき 強弱(キョウジャク)・虚弱(キョジャク)・柔弱(ジュウジャク・ニュウジャク)・衰弱(スイジャク)・脆弱(ゼイジャク)・惰弱(ダジャク)・軟弱(ナンジャク)・薄弱(ハクジャク)・微弱(ビジャク)・病弱(ビョウジャク)・貧弱(ヒンジャク)・幼弱(ヨウジャク)・老弱(ロウジャク)

〈弱▲檜〉さわら ヒノキ科の常緑高木。由来「弱檜」は漢名より。▼椹(さわら)(一〇七五)

【弱視】ジャクシ 眼鏡で矯正できないほど、視力が弱いこと。また、その目。

【弱者】ジャクシャ 力の弱い者。特に、社会的立場の弱い者。「―の立場で考える」対強者

【弱小】ジャクショウ ①力が弱く小さいこと。「―チームを応援する」対強大 ②年が若いこと。年少。類弱年・弱輩

【弱震】ジャクシン 家がゆれ、戸・障子が音をたてる程度の地震。地震の強さの旧階級。

【弱卒】ジャクソツ 弱い兵隊や部下。「勇将の下(もと)に―なし」類弱兵

【弱体】ジャクタイ ①弱いからだ。②組織や体制などの弱いこと。「―な投手陣」

【弱点】ジャクテン ①不完全なところ。「―を突く」類短所・欠点 ②うしろめたいところ。弱み。ウィークポイント。「―を握られる」

【弱肉強食】ジャクニクキョウショク 弱い者が強い者に滅ぼされること。また、弱者の犠牲の上に強者が栄えること。〈韓愈(カンユ)の文〉「戦国時代はまさに―の時代だった」参考「強食弱肉」ともいう。類優勝劣敗

【弱輩】ジャクハイ ①年の若い者。年少者。「―ですがよろしくご指導ください」②未熟で経験が浅い者。青二才。「―のくせに生意気だ」表記「若輩」とも書く。

【弱冠】ジャッカン 男子の数え年二〇歳。転じて、二〇歳前後の年齢。また、年が若いこと。「―一五歳のメダリスト」由来古代中国で、男子が二〇歳になると、元服して冠をつける儀式を行ったことから。〈礼記(ライキ)〉

〈弱竹〉なよたけ ①細くてしなやかなタケ。若竹。②メダケの別称。

〈弱法師〉よろぼうし よろよろしながら歩く僧。参考「よろぼし」とも読む。

【弱い】よわい ①力や勢いがない。「けんかに―い」②丈夫でない。「体が―い」③抵抗力がない。「寒さに―い」

【弱気】よわキ ①気が弱いこと。消極的なさま。「―な性格」類内気・気弱 ②相場が下落すると予想すること。対①②強気

【弱吟】よわギン 能の謡(うたい)の発声法の一つ。音域が広く音階が安定して、声のふるえも規則的な部分。優美や哀切などの気分を表現する。柔吟。対強吟(つよギン)

【弱腰】よわごし ①態度の弱いこと。消極的な態度。「そんな―では相手に勝てない」対強腰(つよごし) ②腰のくびれた部分。

【弱音】よわね ①意気地のない言葉。「―を吐く」②弱々しい声。

【弱虫】よわむし 意気地のない人をののしる語。「そんな―では世間を渡れない」

【弱める】よわ-める 弱くする。「火を―める」「力を―める」対強める

【弱り目に▲祟り目】よわりめにたたりめ 困っているときに、さらに不運が重なること。「失業中に交通事故にあい、―だ」類泣きっ面に蜂(はち)

【弱る】よわ-る ①弱くなる。力がなくなる。「体が―る」②困る。閉口する。「英語で道を聞かれて―った」

ジャク【寂】

(11) 宀 8 常 4 2868 3C64

音 ジャク・セキ 高

訓 さび・さびしい・さびれる 外 さびる・しずか

筆順 丶 丶 宀 宀 宀 宇 宇 宋 宗 寂 寂

意味 ①さびしい。さびれる。しずか。ひっそりしている。「寂寞(セキバク)」「静寂」②仏教で、人が死ぬこと。「寂滅」「入寂」③さび。古びて枯れた趣。

下つき 円寂(エンジャク)・閑寂(カンジャク)・帰寂(キジャク)・静寂(セイジャク)・入寂(ニュウジャク)・幽寂(ユウセキ)

【寂】さび ①古びて枯れた趣。「―のある日本庭園」②謡い物や語り物において低く渋みのある声。「―のある声」③松尾芭蕉の俳諧の理念の一つで、閑寂で枯淡の美。「わびと―」

【寂声】さびごえ 枯れて渋みのある声。老熟して味わいのある声。表記「錆声」とも書く。

【寂しい】さびしい ①物音がせずひっそりしている。「村はずれの―い道を歩く」②心が満たされず、物足りない。「母が亡くなってからは―い毎日です」

【寂れる】さびれる にぎやかだった所がすたれる。人気がなくなる。「不況で商店街は―れる一方だ」

【△寂か】しずか 物音がしないで、ひっそりとしてさびしいさま。

【寂寂】ジャクジャク ひっそりとしたさま。静かでさびしいさま。「空空―」類寂然 参考「セキセキ」とも読む。

【寂静】ジャクジョウ ①ひっそりとしてもの静かなこと。②仏煩悩を離れ、心が平静なこと。涅槃の境地。

【寂・寞・寂△漠】ジャクマク 「寂寞」に同じ。

【寂滅】ジャクメツ 仏①煩悩を離れて悟りの境地に入ること。涅槃。②死ぬこと。

【寂滅為楽】ジャクメツイラク 仏迷いから解き放たれた悟りの境地に、ほんとうの安楽があるということ。〈『涅槃経』〉

【寂光浄土】ジャッコウジョウド 仏仏の悟りである真理が具現している世界。寂光土。「寂」は煩悩を離れた静かな境地、「光」は真理を知る光明の意。類常寂光土・極楽浄土

【寂然】セキゼン 静かでものさびしいさま。「―とした寺院」参考「ジャクネン」とも読む。

【寂▲寞・寂漠】セキバク 静かなさま。①ひっそりとしてものさびしいさま。「―たる世界」②心が満たされず、ものさびしいさま。「―の情」参考「ジャクマク」とも読む。

【寂▲寥】セキリョウ ものさびしくひっそりしたさま。「―とした村里」

ジャク【雀】★ (11) 隹3 準1 3193 3F7D 音ジャク 訓すずめ

意味 ①すずめ。ハタオリドリ科の小鳥。「雀躍」②すずめ色。すずめの羽のような茶褐色。「雀斑」

下つき 雲雀・燕雀・孔雀・群雀・紅雀・山雀

〈▲雀躍〉こおどり うれしくておどり上がること。由来スズメ(雀)がぴょんぴょん飛びはねるように喜ぶことから。表記「小躍り」とも書く。参考「ジャクヤク」とも読む。

【▲雀躍】ジャクヤク 「雀躍」に同じ。「欣喜―」(小躍りして喜ぶ)

【▲雀羅】ジャクラ スズメなどを捕らえる網。かすみあみ。「門前―を張る(来訪者もなくさびれている)」

【▲雀卵斑】ジャクランハン 「雀卵斑」に同じ。

【▲雀】すずめ ①ハタオリドリ科の小鳥。全長約一四センチメートル。人家の近くにすむ。背と頭は茶褐色で背には黒斑があり、腹は灰白色。穀物や虫を食べる。②スズメがよくさえずることから、おしゃべりな人。③あちこちに出入りして、特定の事情にくわしい人。「楽屋―」

【▲雀海に入って▲蛤となる】すずめうみにいってはまぐりとなる 物事が変化しやすいことのたとえ。由来スズメが晩秋に海辺で騒ぐことから、スズメはハマグリになるという古代中国の俗信に基づく。〈『国語』〉

【▲雀の涙】すずめのなみだ あるかないかわからないぐらい少量のもののたとえ。「―ほどの賠償金」類姑の涙汁

【▲雀百まで踊り忘れず】すずめひゃくまでおどりわすれず 幼いときに身につけた習慣や道楽ぐせなどは年をとっても抜けないものだということ。由来スズメは死ぬまで踊るように飛び跳ねることから。類三つ子の魂百まで

【▲雀野▲豌豆】すずめのエンドウ マメ科の二年草。草地に自生。葉は羽状複葉で、先端は巻きひげとなる。春、淡紫色の小花をつけ、エンドウに似た小形のさやを結ぶ。

〈▲雀の▲苧▲桶〉・〈▲雀の小▲筒〉すずめのおごけ ガガイモ科の多年草。海岸近くの草地に自生。葉は楕円形で、茎の上部はつる状。初夏、黄白色の小花を多数つける。イヨカズラ。

〈▲雀卵斑〉・〈▲雀斑〉そばかす 人の顔面などにできる茶褐色の細かい斑点。表記「蕎麦滓」とも書く。参考「雀卵斑」は「ジャクランハン」、「雀斑」は「ジャクハン」とも読む。

〈▲雀▲鷂〉・〈▲雀▲鷹〉つみ タカ科の鳥。低山の林で繁殖し、冬は南方に渡る。日本のタカ類で最も小さい。雄は雌より小さく、「エッサイ」と呼ぶ。

ジャク【▲惹】★ (12) 心8 準1 2870 3C66 音ジャク・ジャ 訓ひく・まねく

意味 ひく。まねく。ひきおこす。ひきつける。「惹起」

【▲惹起】ジャッキ 問題や事件などをひきおこすこと。「混乱を―する」

【▲惹く】ひく 人の心をさそう。「人目を―く美しい顔立ち」

ジャク【着】(12) 羊6 教 3569 4365 ▼チャク(一〇四〇)

ジャク【搦】(13) 扌10 1 5778 596E 音ジャク・ダク 訓からめる・からみ・とる

意味 からめる。とる。しばりあげる。つかまえてしばる。「搦手」

【▲搦み】からみ ①…前後。…内外。「三十―の男」②ひっくるめて。ぐるみ。「予備費―の予算」③…に関係のある。「保険金―の詐欺事件」

【▲搦め手】からめて ①城の裏門。また、そこを攻める軍勢。対大手おおて ②物事の裏側。相手の弱点。「―から説得する」 ③人を捕らえる人。捕り手。

【▲搦める】からめる 捕まえてしばる。「罪人を―める」

ジャク【▲蒻】(13) ⺾10 1 7274 686A 音 ジャク・ニャク 訓 がまのめ・むしろ

意味 ①ガマ(蒲)のめ(芽)。②むしろ。ガマで編んだむしろ。「蒻席ジャクセキ」 ③「蒟蒻コンニャク」に用いられる字。

ジャク【鵲】(19) 鳥8 1 8307 7327 音 ジャク 訓 かささぎ

意味 かささぎ。カラス科の鳥。ちょうせんがらす。「鵲橋」

下つき 烏鵲ウジャク・乾鵲カンジャク

【▲鵲】かささぎ カラス科の鳥。中国・朝鮮に多く、日本では北九州にすむ。天然記念物。カラスよりやや小形で尾が長い。肩と腹は白色、他は光沢のある黒色。チョウセンガラス。季秋

【▲鵲の橋】かささぎのはし 七夕の夜、カササギが翼を並べて天の川に架け、牽牛ケンギュウ星と織女ショクジョ星の逢瀬おうせを助けるといわれる橋。男女の仲をとりもつもののたとえ。季秋

〈▲鵲豆〉ふじまめ マメ科のつる性一年草。熱帯原産で広く栽培される。夏から秋、フジに似た紫色や白色の花をつける。若いさやと熟した種子は食用。季秋 表記「藤豆」とも書く。参考 関西地方ではインゲンマメと呼ぶ。

ジャク【鶸】(21) 鳥10 1 8320 7334 音 ジャク 訓 ひわ

意味 ひわ。アトリ科の小鳥。まひわ。

【▲鶸】ひわ アトリ科の小鳥の総称。人家近くに群れをなしてすむ。カワラヒワ・マヒワ・ベニヒワなど。スズメよりやや小さい。木の実や種子などを食べる。季秋 表記「金翅雀」とも書く。

【▲鶸色】ひわいろ ヒワの羽のような黄緑色。黄色の強い萌葱もえぎ色。

しゃくう【▲杓う】(7) 木3 2861 3C5D ▼シャク(六六三)

しゃくる【▲噦る】(16) 口13 1521 2F35 ▼エツ(九四)

しゃち【鯱】(19) 魚8 国 1 8247 724F 音 訓 しゃち・しゃちほこ

意味 ①しゃち。イルカ科の哺乳ホニュウ動物。②しゃちほこ。

【▲鯱】しゃち トラの頭に魚の体をもつ想像上の動物。また、それをかたどった城郭などの大棟おおむねの両端につける魔除まよけ用の飾りがわら。

【▲鯱▲蛾】しゃちほこガ シャチホコガ科のガ。日本各地にすむ。はねは暗褐色で小さい黒白の斑紋ハンモンがある。カエデやサクラなどの葉を食べる。由来 幼虫が静止するとき、体の前後を上げて鯱のように反り返ることから。表記「天社蛾」とも書く。

【▲鯱立ち】しゃちほこだち ①さかだち。②すべての力を出すこと。「―してもかなわない」参考「しゃっちょこだち」とも読む。

【▲鯱張る】しゃちほこばる ①鯱のようないかついようすをする。「羽織袴はおりはかまで―る」②緊張してかたくなる。しゃちこばる。しゃちょこばる。「見合いの席で―る」

しゃちほこ【▲鯱】(19) 魚8 国 8247 724F ▼しゃち(六六九)

しゃっくり【▲噦り】(16) 口13 1521 2F35 ▼エツ(九四)

しゃべる【▲喋る】(12) 口9 3593 437D ▼チョウ(一〇六一)

シュ【手】(4) 手0 教 常 10 2874 3C6A 音 シュ 外ズ 訓 て・た中

筆順 一 二 三 手

意味 ①て。肩先から指までの総称。また、てくびから先の部分。「手相」「挙手」 ②てなみ。うでまえ。やりかた。「手段」「妙手」 ③てずから。自分のてで。「手記」「手芸」 ④てにする。持つ。てに取る。「手綱たづな」「入手」 ⑤ある仕事をする人。「歌手」「助手」 ⑥技芸にすぐれた人。「国手」「名手」

下つき 握手アクシュ・下手カシュ・ゲシュ・したて・しもて・へた・挙手キョシュ・空手クウシュ・からて・国手コクシュ・上手ジョウシュ・うわて・かみて・じょうず・助手ジョシュ・選手センシュ・素手ソシュ・すで・着手チャクシュ・徒手トシュ・入手ニュウシュ・妙手ミョウシュ・名手メイシュ

【手簡・手▲翰】シュカン 手紙。書状。

【手記】シュキ 自分の体験や感想などを書き記すこと。また、書き記したもの。「闘病体験を―にまとめる」

【手巾】シュキン 手や汗をふくための四角い布。手ぬぐい。手ふき。ハンカチ。

【手芸】シュゲイ 編み物や刺繍シシュウなど、特に手先を使う技芸。

【手交】シュコウ 公式文書などを手渡しすること。「要望書を―する」

【手術】シュジュツ ①医師が治療のために患部の切開・切断や移植などの処置を施すこと。②物事の状況を根本的に改めること。「会社再建には大―が必要だ」

【手抄】シュショウ 自分で抜き書きをすること。また、書き抜いたもの。

【手跡】シュセキ 書き残された文字。筆跡。「手蹟」の書きかえ字。

【手▲蹟】シュセキ ▼書きかえ 手跡

【手足を△措く所なし】シュソクをおくところなし 落ち着いて生活できる場所がないこと。手足を伸ばすこともできない意から。〈『論語』〉

【手沢】シュタク ①手の脂がしみこむなどして、持ち物についたつや。②生前大切にしていたもの。故人の愛用品。「―本」

【手段】シュダン 目的を実現するための方法。てだて。「―をえらばず」類方策

【手中】シュチュウ ①手のうち。手の中。「―に収める（自分のものにする）」②勢力範囲。「敵はわが―にある」

【手▲套】シュトウ てぶくろ。手にはめる防寒用、装飾用、保護用の衣料。

【手舞足踏】シュブソクトウ うれしくて思わず小躍りするさま。躍り上がって喜ぶこと。両手で舞い両足で飛び跳ねる意。「手の舞い足の踏むを知らず」の略。〈『詩経』〉類歓天喜地・狂喜乱舞・欣喜雀躍（キンキジャクヤク）

【手兵】シュヘイ 直接率いている兵。「―を率いて攻撃する」類手勢（てぜい）

【手法】シュホウ 物事のやり方。手段。特に、芸術作品の表現方法。「独自の―で描く」

【手裏剣】シュリケン 手の中に持って、的に投げつける小型の剣。

【手▲榴弾】シュリュウダン 手で投げる小型の爆弾。手投げ弾。参考「てリュウダン」とも読む。

【手練】シュレン 熟練した手並み。手際のよいこと。参考「てだれ」とも読む。また、「てレン」と読めば、人をだます手段・腕前の意になる。

【手話】シュワ 手や指先の動きで意思を表現する会話法。

【手腕】シュワン 物事を処理する腕前。実力。「―を発揮する」類技量

〈手弱女〉たおやめ しなやかで美しい女性。かよわい女性。たわやめ。

【手折る】たおる ①花などを手で折りとる。②転じて、女性を自分のものにする。

〈手▲抉〉たくじり 上代、丸めた土の中央部を指でくじりへこませて作った土器。神前への供え物を盛った。

【手繰る】たぐる ①手元に引き寄せる。「ひもを―る」②順を追ってたどってたしかめる。「その日の行動を―る」「記憶を―る」

【手▲腓】たこむら 腕の内側の肉のふくれた所。たくぶら。

〈手▲繦〉たすき ①仕事をするときに、和服のそでやたもとをたくし上げるために用いるひも。②一方の肩からもう一方の脇（わき）の下に斜めにかける細い布。③斜め十文字の模様。表記「襷」とも書く。

【手綱】たづな ①ウマをあやつるために、ウマのくつわにつけて持つ綱。②勝手なことをしないように監視するたとえ。「夫の―を握る」

【手無】たなし 仕事着の一種。筒袖（つつそで）の形をした襦袢（ジュバン）のようなもの。袖無（そでなし）。てなし。

【△手底】たなそこ 手のひら。たなごころ。

【手挟む】たばさむ ①手や指の間や脇（わき）の下などにはさんで持つ。②腰に差す。「刀を腰に―む」

【手房】たぶさ 手。手首。また、腕。

【手向け】たむけ ①神仏や死者の霊に物を供えること。また、その物。②旅行や別れのときのせんべつ。はなむけ。「―の神（峠や道端にあり、旅の安全を祈った神）」

【手向ける】たむける ①神仏や死者の霊に物を供える。「花を―ける」②旅立つ人にはなむけをする。「別れの歌を―ける」

〈手水〉ちょうず ①顔や手を洗い清めること。また、その水。②便所。また、便所に行くこと。参考「てみず」の転。

〈手水〉鉢 ちょうずバチ 手を洗う水を入れておく鉢。茶室の庭の飾りにも用いる。

〈手▲斧〉ちょうな 木材を荒削りするための柄（え）の曲がった大工道具。参考「ておの」の転の「ちょうの」がさらに転じたもの。

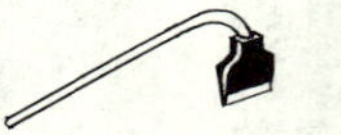

〔手斧（ちょうな）〕

【手】て ①人間の両肩から指先までの部分。腕。特に、手首から先の部分。また、てのひら。②手段。方法。計略。「その―にはのらない」③腕前。技量。能力。「―が上がる」「お―のもの」④世話。手数。手間。工夫。「―がかかる」「―のこんだ作業」⑤筆跡。手書体。「これは藤原行成（ふじわらのゆきなり）の―だ」⑥人手。働く人。「―が足りない」「猫の―も借りたい」⑦種類。「この―のもの」⑧関係。かかわりあい。「―をきる」⑨きず。負傷。「―を負う」⑩方向。向き。「山の―」「行く―をはばむ深い谷」

【手に唾（つば）して決すべし】簡単に勝敗がきまること。また、勇気を奮い起こして事にあたること。〈『新唐書（シントウジョ）』〉

【手を▲拱（こまぬ）く】何もせずにただ傍観していること。もとは、儒教で両手を胸の前で組み、敬礼する意。参考「拱く」は「こまねく」とも読む。

【手を出して〈火傷（やけど）〉する】余計なことに首を突っこんで、かえって痛い目にあうこと。

【手を翻（ひるがえ）せば雲となり手を覆（くつがえ）せば雨となる】人情が軽薄で変わりやすいことのたとえ。手のひらを上に向ければ雲になり、下に向ければ雨となる意から。〈杜甫（トホ）の詩〉

【手▲垢】てあか ①手についたあか。②人の手が触れたことで、物についたよごれ。「―のついた本」

【手当】てあて ①病気やけがなどの処置。治療。「応急―」②事前に用意しておくこと。準備。また、適切な手段・処置をとること。「欠員の―をする」③労働の報酬。給料。また、基本給以外に支給される金。「残業―」

【手▲焙り】てあぶり 手をあたためる小形の火鉢。季冬

【手薄】てうす ①手持ちが少なくなること。「在庫が―になる」②人手や兵力が少なくて不十分なこと。「警備の―な所」

し シュ

【手負い】ておい 傷を負うこと。また、傷を負った人や動物。「—の獣」

【手加減】てカゲン ①手で持ってみた感じで、分量・程度を測ること。②状況に応じて物事を適当に取り扱うこと。手ごころを加えること。「相手によって—する」

【手▲枷】てかせ ①罪人などの手にはめて自由に動けないようにする刑具。②自由を束縛するもののたとえ。参考「てがせ」とも読む。

〖手▲枷足▲枷〗てかせあしかせ 行動の自由を奪うもののたとえ。「古い規定が新事業の—となっている」

【手形】てがた ①一定の金額を一定の日時・場所で支払うことを約束、または依頼する有価証券。為替(かわせ)手形と約束手形とがある。②手に墨や朱を塗って紙に押しつけたもの。また、それを押した証拠文書。③江戸時代、関所を通るための身分証明書。往来手形。

【手堅い】てがたい ①方法などが確かであぶなげないさま。堅実である。地味にこつこつやるさま。「—くバントで送る」②相場が下落しそうにない。

【手刀】てがたな 指をそろえてまっすぐに伸ばし、手のひらの側面で物を切るようにすること。「—を切る」参考 相撲で、勝ち力士が懸賞金を受け取るときの作法。

【手柄】てがら 人からほめられるような働き。功績。「—を立てる」「—話」

【手△絡】てがら 飾りとして日本髪の根元にかける色染めの布。

【手軽】てがる 手数のかからないさま。簡単なさま。また、たいしたことではないさま。「—な料金で楽しめる」

【手傷・手▲疵】てきず 戦いのなかで受けた傷。「乱戦で—を負う」

【手奇麗・手▲綺麗】てギレイ 手際がよくて出来上りが美しいさま。「—な仕上り」

【手際】てぎわ ①物事を処理する方法。腕前。「仕事の—がいい」②仕上り。よいできばえ。「すばらしい—だ」

【手金】てキン 「手付金」の略。契約の際、実行の保証として渡す金。「—をうつ」

【手〈薬▲煉〉引く】てぐすねひく 十分に用意をして機会を待つ。参考「薬煉」は、松脂(まつやに)を油で煮て練り混ぜたもので、弓の弦などに塗って強くする薬。

【手▲癖】てくせ ①習慣になった手の動き。②盗みなどの悪いくせ。「—が悪い」

【手管】てくだ 人をだます手段や技巧。「手練(てレン)—」

【手心】てごころ 状況に応じて適度に配慮すること。手加減。「—を加える」

【手子▲摺る】てこずる 処置に困る。もてあます。「難題に—る」表記「梃摺る・手古摺る」とも書く。

【手古舞】てこまい 江戸時代、祭りに芸妓(ゲイギ)などが男装して鉄棒(かなボウ)をつき、神輿(みこし)や山車(だし)の前を歩きながら舞った舞。また、その舞い手。「—姿」

【手込め・手籠め】てごめ ①暴力で他人に危害を加えること。暴行。②女性に乱暴をはたらくこと。「—にする」

【手頃】てごろ ①手に持つのにちょうどよいさま。②希望や条件に合っているさま。「—な値段の家」

【手△強い】てごわい 相手として手に余るほど強い。「彼は—い相手だ」「この問題は—い」

【手先】てさき ①手の先。指先。「—が器用だ」②人に使われる者。手下。「盗賊の—」

【手探り】てさぐり ①見えない所で、手先に触れる感じをたよりに、物や進路をさぐること。②見通しや方針がはっきり立たず、ようすを見ながら事を行うこと。模索。「新事業はまだ—の段階だ」

【手▲捌き】てさばき 手で物を扱うこと。また、その手つき。「あざやかな—」

【手触り】てざわり 手でさわったときの感じ。「絹のような—」

【手塩】てしお ①昔、好みで用いるようにめいめいの食膳(ショクゼン)に備えた塩。「—にかける(心をこめて世話をする)」②「手塩皿」の略。小さく浅い皿。おてしょ。

【手下】てした 手先となって使われる者。配下。「親分の—」

【手品】てじな 演芸の一つ。たくみな手さばきや仕掛けなどで人の注意をそらし、不思議なことを見せる芸。奇術。てづま。「—師」

【手酌】てジャク 自分で酌をして酒を飲むこと。「—でやろう」類 独酌

【手順】てジュン 物事を行うときの順序。段取り。「仕事の—を決める」

【手性】てショウ 手先の仕事の上手・下手。また、字の上手・下手。「—がいい」

【手錠・手△鎖】てジョウ 罪人・容疑者などの手にはめて逃亡を防ぐ、錠のついた鉄製の輪。

【手▲燭】てショク 取っ手をつけて、持ち歩けるようにした小さな燭台。

【手職】てショク 手先の技術でする仕事。参考「てジョク」とも読む。

【△手数入り】てズいり 横綱の土俵入り。参考「手数」はわざの意。

【手数】てスウ 必要な労力や時間。手間。また、わざわざすること。「—をかける」参考「てかず」とも読む。

【手透き・手隙】てすき 仕事もなく手があいていること。ひま。

【手▲漉き】てすき 機械でなく、人の手で紙をすくこと。また、その紙。「—の和紙」

【手△遊び】てすさび 退屈をまぎらすために手でもてあそぶこと。手なぐさみ。「—に描いた絵」参考「てあそび」と読めば、ほかに、

おもちゃ・博打(ばくち)の意もある。

【手筋】てすじ ①手のひらのすじ。手相。②書画・芸事などの上手・下手。天分。③囲碁・将棋で、局面を有利に運ぶ決まった手順。④取引所で、売手・買手の種類。

【手▲摺り】てすり 転倒や落下を防ぐために、橋や階段や窓などのわきに、手が掛けられるほどの高さに取りつけた横木。欄干(ランカン)。表記「勾欄」とも書く。

【手製】てセイ 自分の手で作ること。また、そのもの。手作り。「―の書棚」

【手勢】てゼイ 直接率いる軍勢。配下の勢力。「―だけで攻め入る」類手兵(シュヘイ)

【手狭】てぜま 場所がせまいこと。「家族が増えて家が―になった」

【手相】てソウ 手のひらの筋や肉づきなどに表れるという運勢の相。「長寿の―」

【手代】てダイ ①主人の代理。②昔、商家で番頭と丁稚(でっち)の間に位置する使用人。

【手玉】てだま ①手につけて飾る玉。②小さい布袋にあずきなどを入れた遊び道具。また、それを使った遊び。おてだま。「―に取る(意のままにあやつる)」

【手足れ・〈手練〉】てだれ 腕前がすぐれていること。また、その人。参考「手練」は「シュレン」とも読む。また、「てレン」と読めば別の意になる。

【手近】てぢか ①すぐ手が届くほど近いこと。「―にあるもので間に合わせる」②身近で日常的なこと。「―な例」類卑近

【手▲帖】てチョウ ▼書きかえ 手帳

【手帳】てチョウ 予定や心覚えを書く小形の帳面。書きかえ「手帖」の書きかえ字。

【手△序】てついで 他の事をするついで。仕事のついで。

【〈手結〉・手△番】てつがい ①物事の手順。段取り。②平安時代、騎射(うまゆみ)・射礼(ジャライ)・賭弓(のりゆみ)などで、射手を組み合わせて競わせた行事。

【手▲捏ね】てづくね ①ろくろや型などを用いずに、手で粘土をこねて陶器を形作ること。また、そうして作られた器物。手びねり。②自分の手でこしらえること。手作り。

【手甲】てっコウ 布や革製の手の甲をおおうもの。武具や農作業などに用いる。参考「てコウ」とも読む。

【手妻】てづま ①手先の仕事。また、その技術。②「手品」に同じ。「―つかい」

【手詰め】てづめ 厳しく詰め寄ること。「―の談判で認めさせる」

【手▲蔓】てづる ①手がかり。いとぐち。②頼ることのできる縁故。つて。「あの会社によい―はないものか」

【手慰み】てなぐさみ ①手先で物をもてあそぶこと。なぐさみとするちょっとした動作。てすさび。②賭博(トバク)。ばくち。

【手△懐ける】てなずける ①自分になつかせる。「猫を―ける」②味方に引き入れて言うことを聞かせる。「敵のスパイを―ける」

【〈手摩乳〉・手名△椎】てなずち 記紀神話に登場する神。出雲(いずも)の国つ神であった脚摩乳(あしなずち)の妻で、奇稲田姫(くしなだひめ)の母。

【手習い】てならい ①文字を書くことを習うこと。習字。「六十の―」②学問や芸事などのけいこ。修業。

【手拭い】てぬぐい 手・顔・体などをふく、薄手で地の粗い木綿の布。

【手△緩い】てぬるい 扱いなどが厳しくない。やり方が甘い。なまぬるい。「謹慎処分では―い」

【手羽】てば 「手羽肉」の略。ニワトリの羽のつけねあたりの肉。「―焼」

【手配】てハイ ①段取りをし、準備すること。用意。②犯罪捜査や犯人逮捕などのため、指令を出したり、人員を配置したりすること。「指名―の犯人」

【手▲筈】てはず 前もって決めておく手順。準備。手配り。「―を整える」

【手引】てびき ①案内すること。導くこと。手ほどき。「犯人は内部の者の―で侵入した」②手ほどきの書物。入門書。「インターネットの―」③つて。縁故。

【手風琴】てフウキン 鍵盤(ケンバン)楽器の一つ。箱型のふいごの蛇腹を伸縮させながら、鍵盤をひいて音を出す。アコーディオン。

【手文庫】てブンコ 手元に置いて、文具や手紙などを納めておく小箱。

【手間】てま ①手数。労力。「―がかかる」「―を省く」②手間賃をとってする仕事。③「手間賃」の略。

【手前】てまえ ①自分の前。こちら側。「橋の―」②他人に対する体裁。「世間の―」③腕前。手並み。「お―拝見」④茶の湯での所作・作法。⑤わたくし。自分の謙称。⑥おまえ。てめえ。目下の相手を指す語。表記④「点前」とも書く。

【手前味▲噌】てまえミソ 自分で自分のことをほめること。自慢。「―を並べる」由来 自家製の味噌の味を自慢することから。

【手枕】てまくら 腕をまげて、枕にすること。腕枕。参考「たまくら」とも読む。

【手△実・手〈忠実〉】てまめ ①面倒なことを嫌がらずによく働くさま。②手先の器用なさま。

【〈手玩〉】てもり おもちゃ。てあそび。

【手▲毬・手▲鞠】てまり 手でついて遊ぶまり。古くは、綿を芯(シン)にして色糸で巻いた。また、その遊び。季新年

【手▲毬唄】てまりうた 手まりをついて遊ぶときに歌うわらべ歌。季新年

【手短】てみじか 簡単・簡略なさま。「―にお願いします」

【手元・手△許】てもと ①自分の手の届く範囲。身近。「—が暗い」②手で握る部分。③手の動かし方。手さばき。「—が狂う」④箸(はし)。おてもと。⑤「手元金」の略。所持金。「—不如意」

【手練手管】てレンてくだ 人を思うままにだまし操る手段や技巧のこと。「手練」「手管」は、ともに人をだます手段や手際。「—の限りを尽くす」

シュ【主】(5) 、4 教 常 8 2871 3C67

音 シュ・ス(高)
訓 ぬし・おも 外 あるじ・つかさどる

筆順 、 亠 亍 亍 主

意味 ①ぬし。あるじ。かしらとなる人。「主人」「城主」②おもな。中心になるもの。「主題」「主力」③つかさどる。中心となってはたらくこと。「主管」「主宰」④はたらきかけるもの。動作をなす側。「主語」「主体」対客
対 ①②従

下つき 家主(カシュ・やぬし)・君主(クンシュ)・戸主(コシュ)・祭主(サイシュ)・自主(ジシュ)・地主(ジシュ・じぬし)・城主(ジョウシュ)・施主(セシュ)・亭主(テイシュ)・天主(テンシュ)・店主(テンシュ)・藩主(ハンシュ)・法主(ホウシュ・ホッシュ・ホッス)・坊主(ボウズ)・盟主(メイシュ)・喪主(もシュ)・領主(リョウシュ)

【〈主人〉・△主】あるじ ①家や店の主人。「旧家の—」②客を招いてもてなす人。③所有者。持ち主。「山荘の—」参考①②「主人」は「シュジン」とも読む。

【主】おも 中心となっているさま。重要なさま。「—な登場人物」

【主立つ】おもだ-つ 集団のなかで中心となる。重要な位置を占める。「—った面々」

【〈主計頭〉】かずえのかみ 律令(リツリョウ)制で、主計寮(シュケイリョウ)の長官。民部省に属し、国家の財政をつかさどった。

【〈主神〉】かんざね ①神の実体。神の正体。神体。②神事をつかさどる人。神主。表記②「神実」とも書く。

【〈主典〉】さかん 律令(リツリョウ)制で、公文書の作成や読み役などをつかさどった四等官の最下位の官職。官司により、漢字表記は異なる。

【主因】シュイン いくつかのうちの、おもな原因。主要な原因。

【△主筋】シュウすじ 自分の主君や主人の血を引く人。また、それに近い関係の人。

【主演】シュエン 映画・演劇などで主役を演じること。また、その人。「—俳優の演技がすばらしい」対助演

【主家】シュカ 主人の家。主君の家。参考「シュケ」とも読む。

【主客転倒】シュカクテントウ 物事の順序や置かれている立場などが逆転すること。「—もはなはだしい扱い方」参考「主客」は「シュキャク」とも読む。類本末転倒

【主幹・主監】シュカン 中心となって仕事をとりしきる人。主任。「機関誌の編集—」

【主管】シュカン 中心となって管理・管轄すること。また、その人。「地方行政を—する」

【主観】シュカン ①自分だけのものの見方や考え方。「—的な意見」②哲学で、外界に対して知覚し意識する心の働き。対①②客観

【主眼】シュガン 最も重要な点。要点。かなめ。「文章の—をとらえる」類眼目

【主義】シュギ ①その人が常にもっていて、行動の方向を決める際の基準にする主張や考え。「彼女は自然食—を守っている」②政治的・社会的に人間の行動を規定する理論体系。「社会民主—をかかげた政党」

【主計】シュケイ 会計事務をつかさどること。また、その係。

【主権】シュケン 国家のもつ、最高・独立・絶対の権力。国家の政治を最終的に決める権利。国家の統治権。「—在民」

【主語】シュゴ 文の成分の一つ。ある動作や状態の主体を表す語。「何がどうする」という関係にあるときの「何」にあたる語。「太陽がのぼる」の「太陽」など。

【主宰】シュサイ 中心となって人々をとりまとめ、物事を行うこと。また、その人。「同人雑誌を—する」

【主催】シュサイ 中心となって行事をもよおすこと。「当社—の講演会を開催する」

【主旨】シュシ 文書や話のなかで、言おうとしている中心の意味。おもな意味。趣旨。「この会設立の—を説明する」

【主事】シュジ 官公庁・学校などで、中心となって事務を扱うこと。また、その人。主任。「教務—に抜擢(バッテキ)される」

【主治医】シュジイ ①多くの医師の中心になって治療に当たる医師。②かかりつけの医師。

【主軸】シュジク ①いくつかの軸をもつ図形や物体で、中心になる軸。②原動機から直接に動力を受けて、他に伝える軸。③ある団体などで中心になって活動する、人や組織。「—打者」

【主従】シュジュウ ①主であるものと従であるもの。②主人と従者。「—関係」

【主将】シュショウ ①全軍の総大将。②チームを率いる選手のかしら。キャプテン。表記①「首将」とも書く。

【主唱】シュショウ 中心となって説などを唱えること。「新しい理論を—する」

【主上】シュジョウ 天皇の尊称。みかど。おかみ。

【主人】シュジン ①「主人(あるじ)」①②に同じ。②自分の仕えている人。雇用主。③夫。

【主人公】シュジンコウ ①小説や事件などの中心人物。ヒーローまたはヒロイン。②「主人」を尊敬していう言葉。「一家の—」

【主税】シュゼイ 「主税(ちから)」に同じ。

【主席】シュセキ 国家・団体などの長。また、その地位。「国家—」

【主戦】シュセン ①戦争の開始を主張すること。「威勢のいい—論」②競技などで主力となって戦うこと。「—投手の力投で勝利を得た」

【主体】シュタイ ①集団などの中心となるもの。おもな構成部分。「社会人—のサークル」②意思・目的により、なんらかの作用を他に及ぼすもの。対客体

【主題】シュダイ ①主要な題目。特に、芸術作品などの中心となる題材や思想。テーマ。②楽曲の中心となる旋律。

【主知】シュチ 感情面よりも、知的な面を主とすること。知性を重んじること。「—主義」対主情

【主張】シュチョウ 自分の意見や説を言いはること。また、その意見や説。「彼は決して—を曲げない」

【主潮】シュチョウ ある時代や社会で、中心になっている思想や文化的傾向。「変革期の文学—」

【主導】シュドウ 中心となってひっぱっていくこと。「—権を握る」

【主犯】シュハン 犯罪の中心となった人物。「事件の—を逮捕する」類正犯

【主筆】シュヒツ 新聞社・雑誌社などの首席記者で、重要な記事や論説などを書く人。「機関誌の—」

【主賓】シュヒン ①式典や会合などで中心となる重要な客。「—を囲んで懇談する」類正客(ショウキャク) ②主人と賓客。

【主婦】シュフ 結婚して家庭生活を維持管理する女性。女あるじ。「専業—」

【主峰】シュホウ 一つの山脈のなかでいちばん高い山。「アルプスの—」

【主砲】シュホウ ①軍艦に装備された最大の威力をもつ大砲。②球技で、攻撃の中心となる強打者。「我がチームの—」

【主△馬】シュメ 「主馬署(シュメショ)」の略。また、その役人。律令(リツリョウ)制で、東宮の乗馬のことをつかさどる役所。

【主命】シュメイ 主人の命令、言いつけ。参考「シュウメイ」とも読む。

【主役】シュヤク ①映画・演劇などで、主人公の役。また、それを演じる役者。対脇役(わきヤク)・端役(はヤク) ②ある物事をするときの主要な役目。また、それをする人。「結婚式の—は新郎新婦だ」

【主△鷹司】シュヨウシ 律令(リツリョウ)制下で、兵部省(ヒョウブショウ)に属して遊猟用のタカやイヌの調教をつかさどった役所。たかのつかさ。

【主流】シュリュウ ①川のおもな流れ。本流。②思想などのおもな傾向。「現代文学の—」③組織・団体などの中心となる勢力。多数派。「党内の—を歩む」

【主力】シュリョク ①主要な戦力。「敵艦隊の—は空母だ」②中心になっている傾向。大勢。「農産物が—の輸出国」③おもな努力。「販売活動に—をそそぐ」

【主基田】スキデン 大嘗祭(ダイジョウサイ)のとき、主基殿の神饌(シンセン)(神への供え物)の穀物を作る田。

〈主税〉ちから 律令(リツリョウ)制で、主税寮(シュゼイリョウ)のこと。民部省に属し、諸国の田租や米倉の出納などをつかさどった役所。参考「シュゼイ」とも読む。

〈主殿〉とのもり ①律令(リツリョウ)制で、主殿寮(とのもりょう)の下級役人。宮内省に属し宮中の灯火・掃除などをつかさどった。②宮中の雑役をした女官。表記「殿守」とも書く。参考「とのも」とも読む。

【主】ぬし ①一家のあるじ。また、所有者。持ち主。「世帯—」「忘れ物の—」②行為者。「落とし—」「声の—」「話題の—」③古くからそこにいる人・動物など。「職場の—」「池の—といわれる金色の鯉(こい)」④あなた。おまえ。相手に親しみを表す呼称。「お—、なかなかやるな」

〈主水〉もんど 「主水司(もんどのつかさ・もいとりのつかさ)」の略。律令(リツリョウ)制で宮内省に属し、宮中の水・氷室(ひむろ)・粥(かゆ)をつかさどった役人。

シュ

シュ【守】(6) 宀3 常 教 8 2873 3C69

音 シュ・ス
訓 まもる・もり(中)
外 かみ

筆順 、 ､ 宀 宀 守 守

意味 ①まもる。みはる。そなえる。もちこたえる。「守備」「厳守」「死守」②役人。長官。地方官。かみ。「郡守」「太守」

下つき 看守(カンシュ)・監守(カンシュ)・郡守(グンシュ)・厳守(ゲンシュ)・攻守(コウシュ)・国守(コクシュ)・固守(コシュ)・死守(シシュ)・遵守(ジュンシュ)・拙守(セッシュ)・太守(タイシュ)・墨守(ボクシュ)・保守(ホシュ)・留守(ルス)

〈守瓜〉うりばえ ウリハムシの別称。ハムシ科の甲虫。ウリ類の害虫で、幼虫は根を、成虫は葉を食べる。季夏 表記「瓜蠅」とも書く。

【△守】かみ 律令(リツリョウ)制で四等官の最上位の官職。国司の最高位。国の長官。官司により、漢字表記は異なる。

【守衛】シュエイ 官庁・会社・学校などの建物や入り口の警護にあたる職務。また、その人。

【守旧】シュキュウ 古くからの風習を守ること。保守。類墨守「—派の反対で改革案は否決された」

【守護】シュゴ ①守ること。警護。「—神」②鎌倉・室町幕府の職名。国ごとに置かれ、国内の統率・治安警備をつかさどった。

【守△株】シュシュ 古い習慣にとらわれ、融通のきかないことのたとえ。

[守△株待△兎] シュシュタイト ▼株(かぶ)を守って兎(うさぎ)を待つ(二八)

【守成】シュセイ 創業者のあとを受けついで、その事業をしっかりとかため守ること。

【守勢】シュセイ 相手の攻撃を防ぎ守る態勢。また、その軍勢。「—にまわる」対攻勢

【守銭奴】シュセンド 金銭欲の強い人。金をためることに執着しているけち。

【守秘】シュヒ 秘密を守ること。「医師には—義務がある」

【守備】シュビ 守りの備えをすること。相手の攻撃に対して味方の陣地を守ること。「─を固める」対攻撃

【守宮神・守△公神】スクジン ①宮殿・役所などを守る神。②技芸を守る神。

【守る】まもる ①保護する。守備する。防ぐ。また、番をする。「留守を─る」②大切にする。規則などに背かないようにする。「約束を─る」

【守り】もり ①守ること。また、その人。番人。「灯台─」②小さい子どもの世話をする人。子守。「赤ん坊の─をする」

〈守宮〉やもり ヤモリ科の爬虫類ハチュウの総称。また、その一種。人家近くにすむ。体は灰褐色で、形はトカゲに似る。夜行性で、昆虫などを捕食する。季夏 表記「家守・壁虎」とも書く。

シュ【朱】

(6) 木 2 常 4 2875 3C6B
音 シュ 外ス
訓 外あか・あけ

筆順 ノ 𠂉 ⺧ 牛 牛 朱

意味 ①あか。黄色みをおびたあか。「朱印」「朱墨」②江戸時代の貨幣の単位。一朱は一両の一六分の一。

下つき 丹朱タンシュ・堆朱ツイシュ

【△朱】あか 深いあか色。混じり気のない赤色。「夕日を浴び雲が─に染まった」参考 現在は一般的に「朱シュ」は黄色みをおびた赤色を指す。「あけ」とも読む。

【△朱】あけ 「朱あか」に同じ。

〈朱▲欒〉ザボン ミカン科の常緑小高木。インドシナ半島原産。暖地で栽培。果皮は黄色で厚く、砂糖漬けにする。食用。ボンタン。ブンタン。ザンボア。季冬 由来「朱欒」は漢名から。表記「香欒」とも書く。

【朱印】シュイン ①朱肉で押した印。朱色の印。②「朱印状」の略。戦国大名や江戸時代の将軍が朱印を押した公文書。

【朱唇・朱▲脣】シュシン 赤く美しいくちびる。特に、口紅を塗ったくちびる。類紅唇

【朱唇▲皓歯】シュシンコウシ 美人の形容。赤い唇と真っ白な歯の意。〈『楚辞ソジ』〉類紅口白牙コウコウハクガ

【朱珍】シュチン 繻子シュスの地に金銀の糸などで模様が浮き出るように織った織物。女帯に多く用いる。表記「繻珍」とも書く。参考「シチン・シッチン」とも読む。

【朱肉】シュニク 朱色の印肉。印章・印鑑などを押すときに使う。「─をつけて押印した」

【朱に交われば赤くなる】シュにまじわればあかくなる 人はその周りの人々や環境によって感化され、良くも悪くもなるということ。類麻の中の蓬よもぎ・墨に近づけば黒し 対泥中の蓮はす

【朱筆】シュヒツ ①朱墨シュずみをつけた筆。②朱で書き入れをすること。「応募原稿に─を入れる(文章の誤りなどを訂正する)」参考①「シュふで」とも読む。

【朱墨】シュボク ①朱色の墨。②朱筆と墨筆。参考①「シュずみ」とも読む。

【朱▲蘭】シュラン シランの別称。▼紫蘭シラン(六二〇)

【朱を奪う紫】シュをうばうむらさき 邪よこしまなものが正しいものにとってかわり、重んじられるたとえ。由来 古代中国で正式な色として尊ばれた朱にかわって、次第に中間色の紫が好まれるようになった。そのことを踏まえ、孔子が伝統あるものがすたれることを嘆いた言葉から。〈『論語』〉

【△朱▲雀】スザク ①玄武・青竜・白虎ビャッコとともに天の四方をつかさどる四神の一つで、南方の神。②「朱雀門」の略。平城京・平安京の大内裏の南面中央にある門。参考「スジャク・シュジャク」とも読む。

【△朱▲雀院】スザクイン 平安時代の離宮の一つ。嵯峨さが天皇以後の歴代天皇が譲位後に住んだ。京都市内の朱雀大路にあった。参考「シュジャクイン」とも読む。

〈朱▲鷺〉とき トキ科の鳥。▼鴇とき(一四一一)

シュ【侏】

(8) イ 6 1 4845 504D
音 シュ
訓 みじかい

意味 みじかい。背が低い。こびと。「侏儒」

【▲侏儒】シュジュ ①身長がきわめて低い人。②見識のない人をあざける語。③役者。表記「朱儒」とも書く。

【▲侏離】シュリ 外国語の意味がわからないさま。

シュ【取】

(8) 又 6 常 教 8 2872 3C68
音 シュ
訓 とる

筆順 一 丅 F F 𤔔 耳 耶 取

意味 とる。とりあげる。自分のものにする。「取材」「取得」「搾取」対捨

下つき 看取カンシュ・採取サイシュ・搾取サクシュ・詐取サシュ・進取シンシュ・摂取セッシュ・先取センシュ・奪取ダッシュ・聴取チョウシュ

【取材】シュザイ 作品・記事などの材料を集めること。「事件を─する」

【取捨選択】シュシャセンタク 必要なものや良いものを取り、不必要なものや悪いものを捨てること。取るものと捨てるものを選択すること。

【取得】シュトク 手に入れること。自分の所有にすること。「旅券を─する」「卒業単位の─」「宅地を─する」

【取扱い】とりあつかい ①使用したり処理したりすること。「─に注意」②処遇すること。待遇。「ひややかな─」③世話をすること。「お─はこちらです」

【取り柄・取り得】とりえ 役に立つ点。長所。「まじめだけが—です」

【取▲舵】とりかじ ①船首を左に向けること。また、そのときのかじのとり方。②船の左舷(サゲン)。対①②面舵(おもかじ)

【取り木】とりき 枝に傷をつけ、曲げて土にうめたりミズゴケを巻いたりして、根が生じたあとに切り取って、新しい苗木をつくること。取り枝。季春

【取組】とりくみ ①とりかかること。「仕事の—が早い」②相撲などの組み合わせ。「好—の一番」

【取り沙汰】とりザタ 世間のうわさ。評判。「何かと—される」「次期社長候補として名が—される」類風評

【取引】とりひき ①商業あるいは経済行為をすること。商品の売買行為。「先物—」②互いに条件を提示してかけひきをすること。「犯人と—する」

【取る】とる ①手に持つ。つかむ。また、自分のほうに引き寄せる。「棚の雑誌を—る」「箸(はし)を—る」②自分のものにする。「天下を—る」「資格を—る」③とり去る。はずす。「痛みを—る」「眼鏡を—る」④選びとる。「悪い意味には—らないでほしい」⑤身に受ける。負う。「責任を—る」⑥時間や空間を占める。「手間を—る」「この机は場所を—る」

シュ【炷】(9) 火 5　1　8740　7748　音 シュ　訓 とうしん・ともしび・やく・たく

意味 ①とうしん(灯心)。ともしび。②やく。たく。香をたく。「炷香」

【▲炷く】たく 香や線香に火をともして、くゆらせる。灯心をともす。「香を—く」

シュ【狩】(9) 犭 6　常　4　2877　3C6D　音 シュ　訓 かる・かり

筆順 ノ 了 犭 犭 犭' 犭' 狞 狩 狩

意味 ①かり。鳥獣を追いたてて捕らえる。かる。「狩人」「狩猟」②諸侯が治めた領地。「巡狩」

下つき 巡狩(ジュンシュ)

【狩り】かり ①鳥獣を追って捕らえること。猟(リョウ)。「—に行って鳥をしとめた」季冬 ②行楽目的で、魚介類をとったり、動植物の採集・観察をしたりすること。「潮干—」「紅葉—」「蛍—」

【狩▲襖】かりあお 「狩衣(かりぎぬ)」に同じ。

【狩▵衣】かりぎぬ 昔、貴族が狩りのときに着た着物。軽快さから公家(クゲ)・武家の平常服、中世以降は礼服となった。狩襖(かりあお)。

〔狩衣(かりぎぬ)〕

【〈狩人〉】かりゅうど 鳥獣をとることを職業としている人。猟師。季冬 参考「かりびと」の転。「かりうど」とも読む。

【〈狩人〉▲罠にかかる】人を陥れようとたくらんだ本人が、逆にわなにかかり災難にあうこと。類策士策に溺(おぼ)れる・自縄自縛(ジジョウジバク)

【狩る】かる ①鳥獣を追いつめて捕らえる。「兎(うさぎ)を—る」②植物などを探して観賞したり採取したりする。「紅葉を—る」

【狩猟】シュリョウ 野生の鳥獣を、鉄砲や網などを用いて捕らえること。「—解禁」「—免許」季冬

シュ【茱】(9) 艹 6　1　7205　6825　音 シュ

意味 植物の「茱萸(シュユ)」に用いられる字。

【〈▲茱▲萸〉】ぐみ グミ科の植物の総称。葉や花には細かい毛が密生。果実は赤く熟し渋味があるが、食用になる。季秋 由来「茱萸」は漢名からの誤用。表記「胡頽子」とも書く。▼呉茱萸(ゴシュユ)

【▲茱▲萸】シュユ ゴシュユの別称。(四六三)

シュ【首】(9) 首 0　常　教　9　2883　3C73　音 シュ　訓 くび　外 こうべ・かしら・はじめ・もうす

筆順 丶 丷 䒑 䒑 产 首 首 首 首

意味 ①くび。こうべ。あたま。「首級」「鳩首(キュウシュ)」②おさ。かしら。上にたつ人。中心となる人。「首長」「党首」③はじめ。はじまり。先頭。「首唱」「巻首」④第一。いちばん上の位。「首位」「首席」⑤もう(申)す。白状する。「自首」⑥詩歌を数える語。「一首」

下つき 馘首(カクシュ)・鶴首(カクシュ)・巻首(カンシュ)・鳩首(キュウシュ)・元首(ゲンシュ)・絞首(コウシュ)・斬首(ザンシュ)・自首(ジシュ)・船首(センシュ)・党首(トウシュ)・頓首(トンシュ)・部首(ブシュ)・落首(ラクシュ)

【〈首肯〉く】うなずく ①首をたてに動かす。②承知する。了解する。「うんうんと—く」表記「頷く」とも書く。

【▵首】かしら ①あたま。特に、人形のあたま。②集団を統率する人。首領。頭領。「大工の—」

【〈首途〉】かどで ①旅行などで自分の家から出発すること。旅立ち。②新たな生活を始めること。「—を祝う言葉」表記「門出」とも書く。参考「シュト」とも読む。

【首】くび ①頭と胴の間の細い部分。頸部(ケイブ)。「—をしめる」②頭。かしら。「人形の—」③①に似た物のくびれている部分。「つぼの—」④職をやめさせられること。「会社を—になる」類解雇・免職

【首▲枷】くびかせ ①首にはめて自由を奪う鉄・木製の刑具。②足手まといになって自由を妨げるもの。係累。「子は三界の—」表記「頸枷」とも書く。参考「くびかし」とも読む。

【首▲縊りの足を引く】くびくくりのあしをひく 窮地に陥っている人に、さらに追い討ちをかけること。首をつろうとする人を助けるどころか、逆に足を引っ張って死なせてしまう意から。

【首実検】くびジッケン ①実際に会って、その人かどうか確かめること。②昔、討ち取った敵の首が本物かどうか調べたこと。

【首っ丈】くびったけ のめりこんで夢中になること。好きでたまらないこと。「彼女に—だ」由来 首まではまる意から。参考「くびだけ」の転。

【首輪】くびわ ①首飾り。ネックレス。②犬・猫などの首にはめる輪。

【△首】こうべ あたま。かしら。「—をめぐらす」

【首位】シュイ 第一の位。一番。「—に並ぶ」類首席 対末位

【首▲魁】シュカイ ①さきがけ。先駆者。②集団の統率者。特に、騒動・内乱など悪事の首謀者。参考「首」「魁」ともに、かしらの意。

【首級】シュキュウ 「首級しるし」に同じ。

【首肯】シュコウ 承知してうなずくこと。「その説には絶対に—できない」類肯定

【首罪】シュザイ ①その人の犯した一番重い罪。特に、首を切り落とされる罪。②主犯。

【首相】シュショウ 首席の大臣。日本では内閣総理大臣。「—官邸」

【首席】シュセキ 第一位の席次。また、その人。「—で卒業する」類首位

【首△座】シュソ 仏禅宗の寺で、修行僧の中の第一位の人。参考「ソ」は唐音。

【首足△処を異にす】シュソクところをことにす 腰斬ヨウザンの刑を受けて、頭と足がばらばらになること。故事 中国、魯ロの定公に仕えていた孔子が、定公をはずかしめようとした斉セイの景公の道化役者たちを処刑するように進言した故事から。〈『史記』〉

【首▲鼠両端】シュソリョウタン どっちつかずで、はっきりした態度を示さないこと。日和見ひよりみ的であること。ネズミが穴から首を出し、あたりを見回している意から。〈『史記』〉類右顧左眄ウコサベン・狐疑逡巡コギシュンジュン

【首題】シュダイ ①議案・文書などの最初の題目。②仏経典のはじめに書いてある文句。

【首長】シュチョウ ①集団を統率するかしら。②地方自治体の長および内閣総理大臣。

【首途】シュト 「首途かどで」に同じ。

【首都】シュト その国の中央政府がある都市。首府。「—機能移転論が急浮上した」

【首脳】シュノウ 政府・団体などの中心となって組織運営にあたる人。「各国—会談」

【首班】シュハン 第一の席次。特に、内閣の首席にある総理大臣。「—指名」

【首尾】シュビ ①物事のはじめと終わり。前と後。「文章の—を整える」②物事の経過と結果。なりゆき。「—よく成功する」由来「首」は頭のこと。頭と尾の意から。

【首尾一貫】シュビイッカン 方針や態度が、はじめから終わりまで変わらないこと。「この問題に対する態度が—している」類終始一貫・徹頭徹尾

【首府】シュフ 国の中央政府がある都市。「東京は日本の—です」類首都

【首謀】シュボウ 中心になって悪事・陰謀を企てること。また、その人。張本人。表記「主謀」とも書く。

【首領】シュリョウ 集団の長。かしら。多く悪者についていう。「山賊の—」

〈首級〉・△首 しるし 戦で討ち取った敵の首。「—をあげる」由来 中国の戦国時代、秦シンの法律で、敵の首をとれば階級が上がったことから。参考「首級」は「シュキュウ」とも読む。

【△首め】はじめ ①物事の始まり。最初。かわきり。②一番目のもの。先頭。また、最上位。

シュ【修】(10) 亻8 教 2904 3D24 ▼シュウ(六六九)

シュ【△株】(10) 木6 教 1984 3374 ▼かぶ(二二八)

シュ【殊】(10) 歹6 常 3 2876 3C6C 音 シュ 訓 こと

筆順 一 ア 歹 歹 歹' 歹' 歹' 殊 殊 殊

意味 ①ことに。とりわけ。「殊遇」「殊勲」「特殊」②ことなる。ことにする。

下つき 特殊トクシュ

【殊更】ことさら ①わざわざ。わざと。故意に。「—問題にするほどのことではない」②特に。とりわけ。「今年の冬は—寒かった」

【殊に】ことに 特に。とりわけ。格別。「—雪景色が素晴らしい」

【殊の外】ことのほか ①予想外に。思いのほか。「試験は—易しかった」②とりわけ。このうえなく。格別に。「今日は—暑い」

【殊遇】シュグウ 特別の待遇。きわめて手厚いもてなし。「—を受ける」

【殊勲】シュクン 特別によい成績。特にすぐれた手柄・功績。「—の一打を放つ」「期待に背かぬ—を立てる」

【殊勝】シュショウ ①けなげなさま。神妙なさま。「—な心がけに感心した」②仏特にすぐれていること。

【殊塗同帰】シュトドウキ そこに至る道は異なるが、帰着するのは同じところであること。「殊」は異にする意。「塗」は道。〈『易経』〉表記「殊塗」は「殊途」とも書く。参考「同帰殊塗」ともいう。類異路同帰

シュ【珠】(10) 王6 常 準2 2878 3C6E 音 シュ 訓 外 たま

筆順 一 丅 干 王 王' 玝 玝 玝 珠 珠

意味 ①たま。貝の中にできる丸いたま。しんじゅ（真珠）。②たまの形をしたもの。「珠算」「念珠」③美しいもの。「珠玉」

下つき 紺珠（カンジュ）・数珠（ジュズ）・真珠（シンジュ）・念珠（ネンジュ）・宝珠（ホウジュ）・明珠（メイシュ）・連珠（レンジュ）

【珠玉】シュギョク ①真珠と宝石。②美しいもの。すばらしいもの。「―の短編集」

〖珠玉の瓦礫に在るが如し〗（シュギョクのガレキにあるがごとし） 宝石が瓦（かわら）や石のなかにまじっているようなものだ。すぐれた人が平凡な人々の中にいるたとえ。《晋書（シンジョ）》 類 掃き溜（だ）めに鶴（つる）

【珠算】シュザン そろばんを使ってする計算。参考「たまざん」とも読む。

【珠簾】シュレン ①珠玉で飾ったすだれ。玉で飾ったすだれ。②すだれの美称。参考「たますだれ」とも読む。

【珠】たま ①真珠。②丸い粒。③美しいものや大切なもののたとえ。「掌中の―」

【珠簾】たますだれ ①「珠簾（シュレン）」に同じ。②ヒガンバナ科の多年草。南アメリカ原産。鱗茎（リンケイ）から細長い葉を出し、夏、白色の六弁花をつける。観賞用。シキズイセン。由来 白く美しい花を珠に、多数の細長い葉をすだれにたとえたことから。表記「玉簾」とも書く。

〈珠鶏〉ほろほろちょう ホロホロチョウ科の鳥。アフリカ原産。体は丸く、黒地に細かい白斑（ハクハン）がある。顔や首は裸出し、頭上に赤い突起がある。食用。

シュ【酒】

(10) 酉 3 常 教 8 2882 3C72 音 シュ 訓 さけ・さか

筆順 丶 冫 氵 汀 沂 沂 洒 洒 酒 酒

意味 さけ。さけを飲む。さかもり。「酒宴」「酒精」「神酒」

下つき 飲酒（インシュ）・梅酒（うめシュ）・禁酒（キンシュ）・古酒（コシュ）・神酒（シンシュ・みき）・清酒（セイシュ）・造酒（ゾウシュ）・麦酒（バクシュ・ビール）・薬酒（ヤクシュ）・洋酒（ヨウシュ）

【酒蔵・酒倉】さかぐら 酒をつくったり、貯（たくわ）えたりする蔵。参考「さけぐら」とも読む。

【酒樽】さかだる 酒を入れておくたる。「薦（こも）をかぶった―が並ぶ」

〈酒頰〉・【酒面】さかつら 酒を飲んで赤くなった顔。また、酒を飲んだように赤い顔。参考「さかづら」とも読む。

【酒面雁】さかつらガン カモ科の鳥。中国産のガチョウの原種。シベリアから冬鳥として日本に渡来。体は白色、顔の色は他のガンより赤みが強い。季 秋

【酒手】さかて ①酒の代金。②使用人や職人などに賃金以外に与える金。心づけ。チップ。「―をはずむ」類 ①②酒代（さかしろ・さかダイ）

【酒槽】さかぶね 酒をためておいたり、もろみをしぼったりするときに使う木製の大きな入れ物。

〈酒祝〉・〈酒寿〉さかほがい 酒宴を催して祝うこと。参考 古くは「さかほかい」といった。

【酒】さけ ①アルコール分を含む飲料の総称。②米・麹（こうじ）などを発酵させてつくる、日本独特の醸造酒。清酒。日本酒。

〖酒に別腸あり〗 人には酒だけが入る腸がある。酒量は体の大小には必ずしも関係しないということ。《通俗編》

〖酒は憂いを掃う玉箒〗（さけはうれいをはらうたまははき） 酒は悩み事や心配事を振り払ってくれるすばらしい箒（ほうき）のようなものである。酒をほめたたえた言葉。参考「玉箒」は「たまぼうき」とも読む。

〖酒は諸悪の基〗 さまざまな悪事の根源は酒であるということ。

〖酒は天の美禄〗（ビロク） 酒は天から授かったすばらしいものである。酒をほめたたえた言葉。《漢書（カンジョ）》

〖酒は百薬の長〗 酒は、節度を考え適量を飲むなら、どんな薬よりも体にいいということ。《漢書（カンジョ）》 類 酒は天の美禄

【酒粕・酒糟】さけかす 酒をつくるとき、もろみから酒をしぼりとった残り。

【酒癖】さけくせ 酒を飲んで酔ったときに出るくせ。「あの人は―が悪い」参考「さけぐせ・さかぐせ」とも読む。

【酒宴】シュエン 人々が集まり、酒を飲んで楽しむうたげ。さかもり。

【酒家】シュカ ①酒を売る店。酒屋。②酒飲み。酒客。類 上戸（ジョウゴ）

【酒気】シュキ ①酒の香り。酒臭さ。②酒を飲んだけはい。酒に酔っているようす。「―を帯びる」

【酒興】シュキョウ ①酒に酔って愉快な気分になること。また、その気分。「―を発する」②酒宴の座興。「―を添える」

【酒肴】シュコウ 酒と酒のさかな。酒と酒を楽しむための料理。「―を整える」

【酒豪】シュゴウ 酒に強い人。酒をたくさん飲む人。大酒飲み。「彼は大―と評判だ」

【酒盞】シュサン さかずき。酒杯。「―を把（と）り一気に飲み干す」

【酒卮】シュシ さかずき。酒杯。大きめのさかずき。

【酒肆】シュシ 酒屋。酒店。

【酒色】シュショク 酒と女。飲酒と色事。「―におぼれる」

【酒席】シュセキ 酒宴の席。酒を飲む席。「―での発言とはいえ、聞き捨てならない」類 宴席

【酒仙】シュセン ①世間の俗事を気にせず、ただ深く酒を愛して飲む人。「―と呼ばれる詩

人」②大酒飲み。酒豪。

【酒▲饌】シュセン 酒と食物。類 酒肴・酒食

【酒池肉林】シュチニクリン ぜいたくの限りを尽くした、きらびやかな宴会。また、ぜいたくでみだらな宴会。故事 中国、殷の紂王は、池に酒をたたえ、木々に肉をかけ、男女を裸にしてその間を追いかけまわらせ、昼夜を徹して酒宴を催したという故事から。〈『史記』〉「日々、―に浸る」類 肉山脯林

【酒▲呑童子・酒▲顚童子】シュテンドウジ 丹波の大江山や近江の伊吹山に住んで、都に出ては婦女子や財宝を略奪した鬼の姿の盗賊。源頼光と四天王に退治された。絵巻・御伽草子・謡曲・浄瑠璃・歌舞伎の題材となった。

【酒徒】シュト ①酒飲み仲間。「―が集まる酒場」②酒好きの人。酒ばかり飲んでいる人。「根っからの―」

【酒▲嚢飯袋】シュノウハンタイ いたずらに酒を飲み、飯を食うだけで、無為に日々を過ごす人をののしっていう語。「酒嚢」は酒がめ、「飯袋」は飯を入れる袋の意。〈『通俗編』〉

【酒坊・酒房】シュボウ 酒を売る店。酒屋。

【酒乱】シュラン 酒に酔うと暴れる癖。また、そのような癖のある人。類 酒狂

シュ【★娶】(11) 女 8 1 5324 5538 音 シュ・シュウ 訓 めとる

意味 めとる。妻をむかえる。「娶嫁」参考「女を取る」の意を表した字。

下つき 嫁娶・婚娶

【▲娶る】めとる 妻として迎える。「才女を―る」参考 妻を取る意。

シュ【棕】(12) 木 8 1 6003 5C23 音 シュ・ソウ 訓

〔椶〕6004 5C24

意味 ①えだ。細いえだ。②植物の「棕櫚」に用いられる字。

【▲棕▲櫚・▲棕▲梠】シュロ ヤシ科の常緑高木。枝はなく、幹の頂上に長い柄を持ち深く裂けた大きな葉を放射状につける。初夏、黄色の小花を多数つけ、球形の実を結ぶ。幹は建材に、幹の毛で縄やほうきなどを作る。由来「棕櫚」は漢名から。

シュ【衆】(12) 血 6 教 2916 3D30 ▼シュウ(六九三)

シュ【△須】(12) 頁 3 常 3160 3F5C ▼ス(八二二)

シュ【腫】(13) 月 9 常 2 2880 3C70 音 シュ 外ショウ 訓 はれる・はらす 外はれもの

筆順 月 月 肝 肝 脂 脂 腫 腫 腫

意味 ①はれもの。できもの。「腫瘍」「筋腫」②はれる。むくむ。「浮腫」

下つき 筋腫・水腫・疼腫・肉腫・浮腫

【腫▲脹】シュチョウ 腫瘍・炎症などによって体の一部がはれあがること。はれ。

【腫物】シュモツ 「腫れ物」に同じ。

【腫瘍】シュヨウ 体の細胞の一部が、異常に増殖して大きくなるもの。良性のものは筋腫・脂肪腫、悪性のものは癌・肉腫など。

【腫▲瘤】シュリュウ はれもの。こぶ。「―摘出」

【腫れ物・△腫】はれもの 炎症などによる皮膚のできもの。おでき。「―に触るよう(機嫌の悪くなりやすい人にこわごわと接するさま)」

【腫れる】はれる 打撲や病気・炎症などで、体の一部がふくれあがる。「捻挫して足首が―れる」

シュ【種】(14) 禾 9 常 教 7 2879 3C6F 音 シュ 外ショウ 訓 たね 外うえる・くさ

筆順 ノ 二 千 禾 禾 秆 稆 稍 種 種

意味 ①たね。植物のたね。「種子」「種苗」②うえる。たねをまく。「種痘」「接種」③たぐい。なかま。「種目」「種類」「人種」

下つき 異種・業種・雑種・職種・新種・人種・接種・多種・珍種・特種・播種・品種・別種・変種

【▲種える】うえる 植物の苗や種を地中に埋める。種をまく。「春の花を―える」

【▲種】くさ ①物事を生み出すもと。材料。たね。「質―」「語り―」②種類。品目。しな。

【▲種▲種】くさぐさ いろいろ。さまざま。種類の多いさま。参考「シュジュ」とも読む。

【種芸】シュゲイ 草木や作物を植えつけること。栽培。参考「種」「芸」ともに、植える意。

【種子】シュシ 種子植物の胚珠が、受粉後成熟したもの。たね。

【種種雑多】シュジュザッタ いろいろなものが入り混じっているさま。「―な事件」類 多種多様・種種様様

【種族・種属】シュゾク ①生物で、同じ部類に属するもの。②同じ人種で、共通の言語・文化をもつ社会集団。類 部族

【種畜】シュチク 品種改良や繁殖の目的で飼っている雄の家畜。種馬・種牛など。

【種痘】シュトウ 天然痘の予防接種。牛痘を人体に接種して免疫性をもたせる方法。うえぼうそう。

【種別】シュベツ 種類により区別すること。また、その区別。類 類別・分類

【種▲牡馬】シュボバ 繁殖用の雄馬。たねうま。しゅばば。「引退して―となる」対 種牝馬

【種類】シュルイ 共通の性質をもつ物ごとに分けたまとまり。類 部類・仲間

【▲種姓】スジョウ ①家柄や血筋。また、生まれ育った環境。「—の知れない人物」②由緒ユイショ。経歴。「—のわからない品物」③生まれつきの性質。表記「素性・素姓・素生」とも書く。参考「シュセイ」とも読む。

【種】たね ①植物の芽の出るもととなるもの。種子。②動物の精子。「—つけをする」③血統。血筋を受けつぐ。「一粒—」④物事の発生するもと。原因。⑤話・記事などの材料。ねた。⑥手品の仕掛け。⑦料理の材料。具。「味噌ミソ汁の—」表記③「胤」とも書く。

【種付け】たねつけ ウシ・ウマ・ブタなど、家畜の繁殖・品種の改良のために血統のよい雄を雌に交配させること。「サラブレッドの—をする」

【種本】たねホン 創作や講義のもととなる他人の著書。

シュ【銖】(14) 金6 1 7883 6E73 音 シュ・ジュ 訓 わずか・にぶい

意味 ①わずか。わずかなもの。かるい。②にぶい。「銖鈍」③重さの単位。一両の二四分の一。④江戸時代の貨幣の単位。一両の一六分の一。

下つき 錙銖シシュ

シュ【▲撞】(15) 扌12 3821 4635 ▼トウ(二五二)

シュ【★諏】(15) 言8 準1 3159 3F5B 音 シュ・ス 訓 はかる・とう

意味 はかる。と(問)う。相談する。

下つき 咨諏シシュ・諮諏シシュ

シュ【趣】(15) 走8 常 4 2881 3C71 音 シュ 外ソク 訓 おもむき 外おもむく・うながす

筆順 土 丰 丰 𧾷 走 走 赶 趄 趣 趣 (3, 12, 15)

意味 一シュ ①おもむき。あじわい。ようす。「趣味」「興趣」②心の向かうところ。ねらい。考え。わけ。「趣意」「趣旨」③おもむく。向かう。二ソク うながす。せきたてる。「趣駕ソクガ」

下つき 一意趣イシュ・雅趣ガシュ・情趣ジョウシュ・野趣ヤシュ・幽趣ユウシュ

【趣】おもむき ①おもしろみ。しみじみとした味わい。「—のある庭園を散歩した」②感じ。調子。ようす。「上品な—」③意図する内容。趣旨。事情。「話の—は理解できた」参考「面向き」からできた語。

【△趣く】おもむく ①めざす方向に向かう。出かける。「東へ—く」②ある状態に向かう。「病気は快方に—く」

【趣意】シュイ ①物事をしようとするときの動機や目的。「ボランティア団体の設立—書」②文章などで言おうとしている考え。意見。「研究論文の—」類①②趣旨

【趣向】シュコウ おもむきを出すための工夫。おもしろみ。「—をこらした仮装が多い」

【趣旨】シュシ ①物事をしようとするときのおもな理由・目的。「同窓会の—を起草した」②文章などで、筆者が言おうとしている中心的な内容や事柄。類①②趣意

【趣致】シュチ おもむき。風情フゼイ。味わい。「—に富む風景」

【趣味】シュミ ①職業や専門でなく、楽しみやたしなみとして好むもの。「—は音楽鑑賞です」②物のおもむきや美しさ・味わいなどを感じとる能力。「—のよい柄がら」

シュ【△輸】(16) 車9 教 4502 4D22 ▼ユ(一五〇四)

シュ【麈】(16) 鹿5 1 8339 7347 音 シュ・ス 訓 おおじか

意味 おおじか。大形のシカの一種。その尾で払子ホッスを作った。「麈尾」

【▲麈尾】シュビ 獣毛などを束ねて柄をつけた仏具。払子ホッス。由来「麈」は大鹿。大鹿は、主となるものの尾の動きに他の群れのものがしたがうことから、教徒が教主にしたがう意を表して大鹿の尾の毛で作ったことから。

シュ【繻】(20) 糸14 1 6976 656C 音 シュ・ジュ 訓 うすぎぬ

意味 うすぎぬ。目の細かい絹織物。繻子シュス。

【▲繻子】シュス 「繻子織」の略。縦糸を長く浮かせた、光沢のある地の厚い織物。多く、帯地に用いる。サテン。

【繻子▲蘭】シュスラン ラン科の多年草。山林に自生。根茎は地をはい、葉は長楕円ダエン形で下部に互生し、葉面にビロードのようなつやがある。夏に淡褐色の小花を総状につける。ビロードラン。

【▲繻珍】シュチン 繻子に、いろいろな色糸を用いて模様を織り出した織物。帯地・羽織の裏地などに用いる。表記「朱珍」とも書く。参考「シッチン・シチン」とも読む。

シュ【★鬚】(22) 髟12 1 8204 7224 音 シュ・ス 訓 ひげ・あごひげ

意味 ①ひげ。あごひげ。「鬚髯シュゼン」「髭鬚シシュ」類須 ②動物のくちひげ。「虎鬚コシュ」

下つき 虎鬚コシュ・髭鬚シシュ・霜鬚ソウシュ

【鬚▲髯】シュゼン あごひげと、ほおひげ。「—麗うるわしい好好爺コウコウヤ」

【鬚】ひげ 人間や動物の口のまわりにはえる毛。また、特にあごひげ。「山羊ヤギ—」

ジュ【△入】(2) 入0 教 3894 467E ▼ニュウ(一一九九)

ジュ【戍】(6) 戈2 1 5691 587B 音 ジュ 訓 まもる・たむろ

意味 ①まもる。武器を持って国境をまもる。また、まもる兵。「戍衛」「戍卒」②たむろ(屯)。守備兵の陣営。参考「戌ジュツ」は別字。

下つき 衛戍エイジュ・征戍セイジュ・鎮戍チンジュ・屯戍トンジュ

【▲戍卒】ジュソツ 国境を警固する兵士。城砦を守備する兵卒。類戍兵

ジュ【寿】(7) 寸4 常 3 2887 3C77 音 ジュ 外ス 訓 ことぶき 外ことほぐ・とし・ひさしい

旧字《壽》(14) 士11 1/準1 5272 5468

筆順 一 = 三 声 丰 寿 寿

意味 ①ことぶき。ことほぐ。めでたいことを祝う。「寿詞」「賀寿」②いのちが長い。長生きをする。「福寿」「長寿」③とし。いのち。よわい。「寿命」「天寿」④ひさしい。長く存在する。

下つき 延寿・賀寿・喜寿・傘寿・長寿・天寿・白寿・福寿・米寿

【寿ければ則ち辱多し】いのちながければすなわちはじおおし 長生きをするということは、それだけ恥をかくことも多くなるということ。「寿」は長生きをすること。《荘子》

【寿】ことぶき めでたいこと。祝い。また、祝いの言葉。特に、長寿や結婚など。由来「ことほぐ」の名詞「ことほぎ」の変化した語。

【寿ぐ】ことほーぐ 祝いの言葉を述べる。「謹んで新年を—ぐ」

〈寿光木〉さわぐるみ クルミ科の落葉高木。由来「寿光木」は漢名から。

▼沢胡桃(一〇〇一)

【寿宴】ジュエン 長寿を祝う酒宴。「祖父の白寿に—を催す」

【寿賀】ジュガ 長寿の祝い。還暦・古稀・喜寿・米寿・白寿など。類賀寿

【寿考】ジュコウ 長生き。長命。参考「考」は老いる意。

〈寿府〉ジュネーブ スイス南西部の州都。レマン湖沿いの国際都市。赤十字国際委員会本部や多数の国際機関がある。時計の製造が盛ん。

【寿命】ジュミョウ ①命の長さ。「最近は平均—が長くなった」類命数 ②物が使用に耐える期間。「電池の—がきれた」

【寿▲夭】ジュヨウ 長生きと若死に。長寿と夭折。「人の世は貧富—さまざまだ」

【寿齢】ジュレイ 長い命。長寿。ながいき。

【寿老人】ジュロウジン 七福神の一人で、長寿を授ける神。頭が長く白いひげを垂らし、つえ・うちわを持ち、シカを連れている。

【▲寿司】す ①飯を酢や砂糖で味付けし、魚介類などを添えた料理。②魚介類を塩づけにして発酵させたもの。季①②夏 表記「鮨・鮓」とも書く。参考「寿司」は当て字。

〈寿歌〉ほぎうた 祝ってよむ歌。祝いたたえる歌。祝歌。参考「ことほぎうた」とも読む。

〈寿詞〉よごと ①天皇の御代が長く栄えるようにと祝う言葉。また、祝いの言葉。賀詞。「—を奉る」②祈願の言葉。表記「吉言」とも書く。参考「ジュシ」と読めば、長生きを祝う詩歌や文章の意。

ジュ【受】(8) 又6 常 教 8 2885 3C75 音 ジュ 外ズ 訓 うける・うかる

筆順 ノ ㇒ 爫 爫 爫 𠬪 受 受

意味 ①うける。うけとる。もらう。「受信」「受領」「拝受」対授 ②うけ入れる。「受諾」「受容」「甘受」③こうむる。「受難」

下つき 甘受・享受・収受・授受・伝受・納受・拝受・傍受

【受かる】うかる 試験などに合格する。「志望校に—かる」

【受付】うけつけ ①書類などを受けつけること。「募集の—期間」②用件や来客などを取り次ぐ場所。また、その係。「会社の—」

【受ける】うける ①受け取る。受け止める。もらう。「電話を—ける」「ボールを—ける」「賞を—ける」②聞き入れる。受け入れる。「要求を—ける」③授かる。「天から—けた才能」④こうむる。「台風で被害を—ける」⑤好評である。人気がある。「すべての年代に—ける」

【受益】ジュエキ 利益を受けること。「—者負担」参考 多く、法律や公文書などで使う。

【受戒】ジュカイ 信者または僧になるために、守るべき仏の定めた戒律を受けること。

【受給】ジュキュウ ①配給を受けること。「被災者全員が毛布を—した」②給与や年金を受けること。「年金—の資格を得た」

【受検】ジュケン 検査や検定などを受けること。「漢字検定の三級を—する」

【受験】ジュケン 試験を受けること。「私立高校を—する」季春

【受章】ジュショウ 勲章や褒章などを受けること。「文化勲章を—する」対授章

【受賞】ジュショウ 賞状・賞杯・賞金を受けること。「ノーベル平和賞を—する」「芥川賞—作品」対授賞

【受精】ジュセイ 雌雄の生殖細胞が合体する現象。動物では、精子と卵子が結合すること。

【受禅】ジュゼン 前帝の位を譲り受けること。新帝が即位すること。参考「禅」は譲る意。

【受胎】ジュタイ 体内に子をやどすこと。身ごもること。妊娠すること。類懐妊

『受胎告知』ジュタイコクチ 天使ガブリエルが聖母マリアを訪れ、聖霊により身ごもったことを告げたという聖書の伝説。キリスト教美術の題材の一つ。

【受託】ジュタク 頼まれて引き受けること。特に、金品を預かること。「—収賄」

【受諾】ジュダク 引き受けること。承諾。「相手方の要求を—する」対拒絶・拒否

【受注】ジュチュウ 注文を受けること。「—が生産を上まわる」対発注

【受動】ジュドウ 他からのはたらきかけを受けること。受け身。「―態」対能動

【受難】ジュナン ①苦難や災難にあうこと。②キリストが十字架にかけられた苦難。

【受容】ジュヨウ 受け入れて取り込むこと。「外来文化を―する」

【受理】ジュリ 書類などを受け取ること。「辞表を―する」

【受領】ジュリョウ ①受け取ること。受け収めること。領収。「―証」②「受領(ズリョウ)」に同じ。

【△受領】ズリョウ 昔、実際に任地に赴いた地方長官。由来 前任者から政務を引き継ぎ受ける意から。参考「ジュリョウ」とも読む。

ジュ【呪】(8) 口 5 常 2 2886 3C76 音 ジュ 外シュウ 訓 のろう 外まじない

〔呪〕準1 5080 5270

筆順 丨 口 口 口' 口口 口口 呪 呪

意味 ①のろう。のろい。「呪罵(ジュバ)」②まじなう。まじない。悪魔や災難を追い払う祈りの文句。「呪術」

下つき 禁呪(キンジュ)・巫呪(フジュ)

【呪△禁】ジュゴン まじないをして災いなどをはらうこと。「―博士(昔、宮中で呪禁を教授した人)」

【呪術】ジュジュツ さまざまな超自然的な現象を起こそうとする神秘的な術。まじない・魔法など。類呪法

【呪▲詛】ジュソ 特定の人に災いがふりかかるように神仏に祈願すること。のろい。「怨敵(オンテキ)を―する」参考「ズソ」とも読む。

【呪縛】ジュバク ①まじないをかけて動けなくすること。②心理的に束縛すること。「旧弊の―がとけ、自由な研究ができる」

【呪法】ジュホウ ①呪文(ジュモン)を唱えてのろう方法。②「呪術」に同じ。

【呪文】ジュモン まじないの文句。のろいをかけるときに唱える言葉。「―をかける」

【△呪師】ズシ ①密教などで、祈禱(キトウ)を行う僧。呪術(ジュジュツ)師。②「呪師猿楽(サルガク)」の略。①の呪法の内容をわかりやすく演技で示す芸能。のろんじ。参考「ジュシ・シュシ」とも読む。

【呪う】のろ-う ①特定の人に不幸がおそいかかるように祈る。②強く恨む。「世を―う」「身の不運を―う」

【△呪い】まじない 神仏などの力によって災いを起こしたり、災いから逃れたりするように祈ること。また、その術や言葉。「―を唱える」

ジュ【▲咒】(8) 口 5 5080 5270 ▼呪の異体字(六八二)

ジュ【従】(10) 彳 7 教 2930 3D3E ▼ジュウ(七〇四)

ジュ【授】(11) 扌 8 常 教 6 2888 3C78 音 ジュ 訓 さずける中・さずかる中

筆順 一 十 扌 扌' 扌" 扌" 扌" 授 授

意味 ①さずける。あたえる。「授与」「授業」対受 ②さずかる。いただく。「神授」

下つき 教授(キョウジュ)・口授(コウジュ・クジュ)・師授(シジュ)・神授(シンジュ)・親授(シンジュ)・天授(テンジュ)・伝授(デンジュ)

【授ける】さず-ける ①目上の人が目下の者に与える。「すぐれた作品に賞を―ける」②教え伝える。伝授する。「弟子に秘伝を―ける」

【授衣】ジュイ 陰暦九月の異名。由来 古代中国で、九月に冬着を授けたことから。

【授業】ジュギョウ 学問・技術などを教え、授けること。「―中の私語は慎むべきだ」

【授産】ジュサン 失業者・貧困者に仕事を与え、生活を助けること。「―所」

【授受】ジュジュ 授けることと受けること。やりとりすること。受け渡し。「金銭の―」

【授章】ジュショウ 勲章などを与えること。「文化勲章の―式」対受章

【授賞】ジュショウ 賞を与えること。「優勝杯の―式」対受賞

【授精】ジュセイ 精子と卵子を結合させること。「人工―」

【授与】ジュヨ 授け与えること。「卒業証書を―する」

ジュ【就】(12) 尢 9 教 2902 3D22 ▼シュウ(六九三)

ジュ【★竪】(13) 立 8 準1 3508 4328 音 ジュ 訓 たつ・たて・こども・こもの

〔豎〕7619 6C33

意味 ①た(立)つ。たてる。「竪立」②たて(縦)。③こども。また、こぞう。こもの。「竪子」類孺(ジュ)

下つき 小竪(ショウジュ)

【▲竪子】ジュシ ①おさなご。子ども。②人を軽蔑(ケイベツ)していう語。青二才。小僧。表記「孺子」とも書く。

【▲竪子ともに謀るに足らず】あんな小僧と一緒に大事をはかることなどできない。「竪子」は、人をののしっていう言葉。故事 項羽(コウウ)と劉邦(リュウホウ)がまみえた鴻門(コウモン)の会で、項羽の参謀・范増(ハンゾウ)は劉邦を殺せと項羽に進言したが聞き入れられず、劉邦はあやうく難をのがれた。それを知った范増は、くやしさのあまりこう言ったという。「竪子」は、ここでは項羽を指す。〈『史記』〉

【▲竪立】ジュリツ まっすぐにたつこと。また、しっかり定めること。

【▲竪っ】た-つ 垂直にたつ。まっすぐにじっとたつ。しっかりとたつ。

【▲竪】たて 上下・垂直の方向。また、左右に対して前後の方向。

【▲竪坑】たてコウ 垂直に掘り下げた坑道。

【▲竪琴】たてごと 弦楽器の一種。わくに弦をたてに張り、たてに構えて両手の指で弾く。

ハーブ・リラなど。

ジュ【▲頌】(13) 頁4 8083 7073 ▼ショウ(七五九)

ジュ【▲壽】(14) 士11 5272 5468 ▼寿の旧字(六八一)

ジュ【★綬】(14) 糸8 準1 2890 3C7A 音 ジュ 訓 ひも・くみひも

意味 ひも。くみひも。官職を表したり、勲章・褒章などを下げるのに使うひも。「紫綬」

下つき 印綬・黄綬・紅綬・紺綬・紫綬・青綬・藍綬・緑綬

【▲綬】ひも ①官職の印を表す、色糸で編んだひもの帯。②勲章などをさげるひも。

ジュ【▲聚】(14) 耳8 7060 665C ▼シュウ(六九六)

ジュ【需】(14) 雨6 常 4 2891 3C7B 音 ジュ 訓 外もとめる

筆順 需

意味 もとめる。要求する。必要とする。「需給」「需要」「内需」

下つき 応需・外需・官需・軍需・特需・内需・必需・民需

【需給】ジュキュウ 需要と供給。「―の調整に心を配る」

【需用】ジュヨウ 用途に応じて用いること。必要とすること。特に電力・ガスなどの需要。「夏場の電力―がピークを迎える」

【需要】ジュヨウ ①求めること。入り用。「産業用水の―が増加する」「読者の―に応じる」②経済で、商品に対する貨幣支出を伴う欲望。また、その商品の量。「―の増大が景気を回復させる」 対 ①②供給

【△需める】もとめる 必要なこととして要求する。あてにして待つ。「要求に対する回答を―める」

ジュ【儒】(16) 亻14 常 準2 2884 3C74 音 ジュ 訓

筆順 儒

意味 ①孔子の教え。また、孔子の教えを学ぶ者。「儒家」「儒教」②学者。先生。「大儒」「老儒」③みじかい。また、こびと。「侏儒」

下つき 坑儒・鴻儒・侏儒・大儒・腐儒・名儒・老儒

【儒家】ジュカ 中国の孔子を祖とする政治や道徳の学問・儒教の学者。また、その家柄。「―神道」

【儒教】ジュキョウ 孔子の教えを中心に、仁と礼を根本とした中国の伝統的な道徳思想。儒学の教え。

【儒▲艮】ジュゴン ジュゴン科の哺乳動物。インド洋など熱帯の海にすむ。沖縄にも現れ、天然記念物。体は紡錘形で、全長約三メートルにも達する。前肢や尾びれは横に平たい。海草を食べる。ザンノイオ。参考 立ち泳ぎしながら授乳する姿から人魚のモデルとされる。

ジュ【樹】(16) 木12 教 常 5 2889 3C79 音 ジュ 訓 外き・うえる・たてる

筆順 樹

意味 ①き。立ち木。「樹陰」「果樹」②うえる。木をうえる。「樹芸」③たてる。うち立てる。「樹立」

下つき 果樹・植樹・大樹・風樹・緑樹

【△樹える】うえる 成長した木を、しっかりとうえ立てる。

【△樹】き 生えている木、また、立ち木の総称。「庭に―を植える」

【△樹静かならんと欲すれども風△止やまず】木が静かになりたくても風がやまなければどうしようもないように、子が親孝行したいと思ったときにはすでに親は亡くなっていてどうしようもないたとえ。親がいるうちに孝行せよという教え。また、人生は思いどおりにいかないものであるという教え。風樹の嘆。〈韓詩外伝〉 類 皐魚の泣

【樹液】ジュエキ ①樹木に含まれる養分。②樹木の表皮などから分泌される液体。

【樹海】ジュカイ 上から見ると、海原のように一面に広がって茂る大森林。

【樹芸】ジュゲイ 草木や農作物をうえつけること。類 種芸 参考「樹」も「芸」もうえる意。

【樹下石上】ジュゲセキジョウ 仏 出家行脚の境遇のたとえ。道端の木の下や石の上で野宿する意。「―の厳しい修行」参考「石上樹下」ともいい、「樹下」は「ジュカ」とも読む。

【樹脂】ジュシ 樹木から分泌される粘液。また、その固形化したもの。やに。「合成―」

【樹▲梢】ジュショウ 樹木のこずえ。樹末。

【樹氷】ジュヒョウ 冷えた霧が木の枝に凍りついて、白くなったもの。季 冬

【樹木】ジュモク 木。特に、立ち木。「台風で―が倒れる」

【樹立】ジュリツ しっかりとできあがること。また、うちたてること。「新政権を―する」「大記録を―する」類 確立

【樹齢】ジュレイ 樹木の年齢。「―二〇〇年と推測される」参考 年輪の数と等しい。

【△樹てる】たてる ①木をうえる。②新しくうちたてる。樹立する。「新制度を―てる」

〈樹▲懶〉なまけもの ナマケモノ科の哺乳動物の総称。中南米の森林にすむ。体形はサルに似るが、動作はたいへん鈍い。四肢で体を支えきれず、かぎ状の爪で木の枝にぶらさがり、木の葉や果実を食べる。

ジュ【嬬】(17) 女14 準1 3660 445C 音 ジュ 訓 つま・よわい

意味 ①つま。②そばめ。③よわい。かよわい。

【▲嬬】つま 男性の配偶者である女性。

ジュ【孺】(17) 子14 1 5362 555E 音 ジュ 訓 ちのみご・おさない

意味 ①ちのみご。おさなご。また、こぞう。「孺子」 類 竪(ジュ) ②おさない。「孺弱」 ③したう。したしむ。

下つき 幼孺(ヨウジュ)

【▲孺子】ジュシ ①おさなご。子ども。②人を軽蔑(ケイベツ)していう語。小僧。青二才。 表記 「竪子」とも書く。

ジュ【★濡】(17) 氵14 準1 3908 4728 音 ジュ 訓 ぬれる・うるおう・とどこおる

意味 ①ぬれる。ぬらす。うるおう。「濡染」 ②とどこおる。ぐずつく。「濡滞」 ③こらえる。たえしのぶ。

【濡滞】ジュタイ とどこおること。ぐずぐずすること。 類 遅滞

【濡れ△衣】ぬれぎぬ ①ぬれた衣服。②身におぼえのない罪や根も葉もない評判。特に、無実の罪。また、それらを受けること。「―で信用を失う」 類 冤罪(エンザイ)

『濡れ△衣を着せられる』 無実の人が身におぼえのない罪をきせられること。また、事実無根のうわさを立てられること。「事件現場に居合わせたため、―た」

【濡れ事】ぬれごと ①情事。いろごと。つやごと。②芝居で男女が情事を演じること。また、その演技や場面。濡れ場。

【▲濡れそぼつ】ぬれそぼつ 雨などにぬれてびっしょりとなる。 参考 「そぼつ」もぬれる意。

【濡れ手で▲粟】ぬれてであわ なんの苦労もなく多くの利益を得ること。ぬれた手で粟をつかむと、つかんだ粟以外にも粟つぶがくっついてくることから。「商才に長(た)け、―の荒稼ぎをした」 参考 「濡れ手に粟」ともいう。

【濡れ▲鼠】ぬれねずみ 水につかったネズミのように、服を着たまま全身ずぶぬれになること。「激しい夕立にあい、―になった」

【濡れ羽色】ぬればいろ 水にぬれたカラスのはねのような、しっとりとつやのある黒色。「髪は烏(からす)の―」

【▲濡れる】ぬ-れる ①水気がつく。水などがしみ込む。「雨に―れる」 ②情事を行う。

ジュ【★襦】(19) 衤14 1 7501 6B21 音 ジュ 訓 はだぎ・どうぎ

意味 ①はだぎ。どうぎ(胴着)。下着。汗とり。「汗襦」 ②外国語の音訳に用いられる。「襦袢(ジュバン)」

下つき 汗襦(カンジュ)・羅襦(ラジュ)

〈▲襦▲袢〉ジュバン 和服用の下着。肌着。肌襦袢・長襦袢など。ジバン。 参考 「ジュバン」はポルトガル語から。

ジュ【顬】(23) 頁14 1 9406 7E26 音 ジュ 訓

意味 「顳顬(ショウジュ)(こめかみ)」に用いられる字。

シュウ【収】(4) 又2 常 教5 2893 3C7D 音 シュウ 訓 おさめる・おさまる

旧字《收》(6) 攵2 1/準1 5832 5A40

筆順

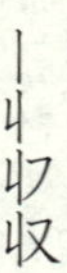

意味 ①おさめる。あつめる。とりいれる。まとめる。「収穫」「収拾」 ②おさまる。ちぢまる。「収縮」「収束」 ③とらえる。つかまえる。「収監」

書きかえ 「あつめる」意では、「蒐(シュウ)」の書きかえ字。

下つき 押収(オウシュウ)・回収(カイシュウ)・吸収(キュウシュウ)・減収(ゲンシュウ)・増収(ゾウシュウ)・徴収(チョウシュウ)・日収(ニッシュウ)・買収(バイシュウ)・没収(ボッシュウ)・領収(リョウシュウ)

【収める】おさ-める ①ある範囲のなかに入れる。しまいこむ。「制限時間内に―める」「勝利を―める」 ②手に入れる。「写真に―める」「矛を―める」 ③成果をあげる。「講演会は大成功を―めた」

【収益】シュウエキ 事業などで利益をあげること。もうけ。「―の一部を寄付する」「営業―が大幅に伸びる」

【収穫】シュウカク ①農作物を取り入れること。また、その作物。「―祭」 ②有益な結果。成果。「旅行で大きな―があった」

【収監】シュウカン 刑務所や拘置所に収容すること。「受刑者を―する」

【収差】シュウサ 一点から出た光がレンズ・鏡などを通過したり反射したりして像を結ぶとき、像がぼやけたり曲がったりする現象。

【収支】シュウシ 収入と支出。「―が合う」「今年度の―決算」

【収拾】シュウシュウ ①ひろい集めること。②混乱した事態をおさめまとめること。「事態を―して秩序を回復する」

【収集】シュウシュウ ものを集めること。特に、趣味や研究などのために集めること。また、そのもの。コレクション。「情報を―する」 書きかえ 「蒐集」の書きかえ字。

【収縮】シュウシュク しまり縮まること。引きしめて縮めること。「瞳孔(ドウコウ)が―する」 類 収斂(シュウレン) 対 膨張

【収蔵】シュウゾウ ①物を手元に置いて保存すること。「古書を―する」 ②農作物を取り入れて蓄えておくこと。

【収束】シュウソク ①集めて束ねること。②おさまりがつくこと。また、おさまりをつけること。「事態が―に向かう」 ③数学で、変数の値がある一定の数に限りなく近づくこと。 類 収斂(シュウレン) 対 発散

【収奪】シュウダツ 強制的に取り上げること。「土地も家屋も―された」

【収得】シュウトク 自分のものとすること。「巨大な利益を―する」「―税」

【収入】シュウニュウ 勤労・事業などにより取得する金品。「農業で―を得る」「臨時―」類所得 対支出

【収納】シュウノウ ①品物をしまい、おさめること。「―箱」②公共の機関が現金を正式に受領すること。「国庫に―する」③農作物を取り入れること。

【収用】シュウヨウ ①取り上げて用いること。②法律で、公共事業のために国民の財産などを強制的に取り上げて、国家・公共団体などに移すこと。「空港建設のために土地が―された」「土地―法」

【収容】シュウヨウ 人や物品を一定の場所・施設へ集めて入れること。「負傷者を病院に―する」

【収攬】シュウラン うまく自分の手に集めて、にぎること。「人心を―する」参考「攬」は手にとる意。

【収量】シュウリョウ 収穫の分量。「今年は天候に恵まれ米の―も多い」

【収斂】シュウレン ①引きしまって縮まること。「血管の―が起こる」類収縮 ②税を取り立てること。③穀物などを取り入れること。収穫。④「収束③」に同じ。

【収斂剤】シュウレンザイ 皮膚や粘膜の蛋白質を沈殿させて被膜を作り、細胞膜の透過性を減少する薬物の総称。下痢・止血用。タンニン酸など。

【収録】シュウロク ①新聞・雑誌・書物などに取り入れて掲載すること。「―記事」②録音・録画すること。「スタジオで―する」

【収賄】シュウワイ わいろを受けとること。「―罪で起訴された」対贈賄

シュウ【囚】(5) 口 2 常 準2 2892 3C7C 音 シュウ 訓 外とらえる・とらわれる

筆順 丨 冂 冂 冈 囚

意味 ①とらえる。とらえて監禁する。「囚獄」「幽囚」②とりこ。とらわれた人。「囚人」「虜囚」

下つき 繋囚・獄囚・女囚・俘囚・捕囚・幽囚・虜囚

【囚首喪面】シュウシュソウメン 顔かたちを気にせず、飾らないたとえ。囚人のように髪をとかさず、服喪中の人のように顔を洗わない意から。〈蘇洵の文〉

【囚人】シュウジン ①刑務所や拘置所に収容されている人。在監者。②牢獄につながれている人。とらわれびと。類囚徒 参考「めしゅうど」とも読む。

【囚縛】シュウバク つかまえてしばっておくこと。特に、罪人などをとらえてしばること。「凶悪犯を―する」

【△囚える】とらえる ①つかまえて刑務所などに入れる。「強盗を―える」②身柄を拘束して自由を奪う。

〈囚獄〉ひとや 罪人をとらえて閉じこめておく所。牢屋。表記「人屋・獄」とも書く。

〈囚人〉めしゅうど 「囚人」に同じ。参考「めしびと」の転じたもの。

シュウ【州】(6) 川 3 常 教 8 2903 3D23 音 シュウ 外ス 訓 す 中 外しま・くに

筆順 丶 丿 少 州 州 州

意味 ①す。しま。なかす。川の中にできたしま。「砂州」②くに。日本の昔の行政区画の名。「奥州」「信州」③中国や連邦制国家の行政区画の一つ。「州都」「徐州」④大陸。「欧州」「五大州」

書きかえ 「洲」の書きかえ字。

下つき 砂州・神州

【州】す 河・湖・海に土砂がたまることによって水面に現れ、島のようになった所。「川の中―で子どもが遊ぶ」「三角―」表記「洲」とも書く。

【州崎】すさき 砂州が、海や河川の中まで長くつき出て、みさきとなった所。表記「洲崎」とも書く。

【州浜】すはま 州が海に向かって突き出てできた浜辺。表記「洲浜」とも書く。

シュウ【▲收】(6) 攵 2 5832 5A40 ▼収の旧字(六八四)

シュウ【舟】(6) 舟 0 常 4 2914 3D2E 音 シュウ 外シュ 訓 ふね・ふな

筆順 丿 丿 月 月 舟 舟

意味 ①ふね。小さなふね。「舟運」「舟艇」②ふねのような形をしたおけ。「湯舟」

下つき 漁舟・軽舟・笹舟・同舟・扁舟・湯舟

【舟運】シュウウン 舟での運搬や交通のこと。「―で栄えた河岸」

【舟楫】シュウシュウ ①舟とかじ。転じて舟。②舟で荷物を運搬すること。類舟運

【舟中敵国】シュウチュウテキコク 君主が徳を修めなければ味方も敵になる。また、味方のなかにも敵がいるようになること。同じ舟に乗っている味方どうしでも、敵になりうる意から。〈『史記』〉

【舟艇】シュウテイ ボートのような小さな舟。「上陸用―」

【舟筏】シュウバツ ①舟といかだ。②舟。

【舟歌・舟唄】ふなうた 船乗りが櫂をこぎながらうたう歌。類棹歌 表記「船歌」とも書く。

【舟】ふね 海や川などに浮かべ、人や荷物を運ぶもの。「急いで―をこぎ出す」参考一般に

「船」よりも小型のものを指す。

『舟に刻みて剣を求む』 時勢の移り変わりを知らず、古い考えや習慣に固執する愚かさのたとえ。融通のきかないたとえ。故事 中国、春秋時代、楚(ソ)の人が舟で川を渡っているとき、水中に剣を落とし、あとで探す目印として剣の落ちた船べりに刻みをつけた。のちになって、舟が進んでいるのにそこから水中に入って剣を探したという故事から。〈『呂氏春秋(リョシシュンジュウ)』〉 類 株を守って兎(うさぎ)を待つ

シュウ【秀】

(7) 禾 2 常 4 2908 3D28

音 シュウ 訓 ひいでる 高

筆順 一 二 千 禾 禾 秀 秀

意味 ひいでる。すぐれる。のびる。「秀逸」「秀才」「優秀」

下つき 清秀(セイシュウ)・優秀(ユウシュウ)

【秀逸】シュウイツ 他のものよりもすぐれ、抜きんでていること。また、そのもの。「彼の作文は―だ」 類 秀抜

【秀穎】シュウエイ ①イネなどの穂が勢いよく育って伸びていること。②才能がすぐれていること。また、そのような人。

【秀外恵中】シュウガイケイチュウ 容姿が美しくりっぱで心もやさしいこと。また、外見がりっぱで頭のさといこと。「外」「中」は外面、内面の意。「恵」はさといこと。また、やさしいこと。〈韓愈(カンユ)の文〉

【秀才】シュウサイ ①学業におけるすぐれた才能。また、それをもっている人。「彼は幼少期から―の誉れが高かった」 類 英才・俊才 対 鈍才 ②昔、中国の役人採用試験である科挙の科目の一つ。また、その合格者。

【秀抜】シュウバツ 他のものよりきわめてすぐれ、ひいでているさま。「―な表現力が評価された」 類 抜群

【秀麗】シュウレイ すぐれていて美しいさま。「眉目(ビモク)―(顔形が整って美しいこと)」

【秀でる】ひい-でる 特にすぐれる。抜きんでる。「一芸に―でることは容易でない」

『秀でて実らず』 すぐれた才能を持ち、学問を積みながら、若死にして大成せずに終わるたとえ。植物が伸びて穂が出ていながら実を結ばない意から。〈『論語』〉

シュウ【周】

(8) 口 5 常 教 7 2894 3C7E

音 シュウ 外 ス 訓 まわり 外 めぐる・あまねく

旧字《周》(8) 口 5 1/準1

筆順 丿 冂 冂 円 用 周 周 周

意味 ①まわり。「周囲」「周辺」②まわる。めぐる。「周航」「周遊」③あまねくゆきわたる。手ぬかりがない。「周知」「周到」「周密」④中国古代の王朝名。

下つき 円周(エンシュウ)・外周(ガイシュウ)・四周(シシュウ)・比周(ヒシュウ)

【周く】あまね-く すみずみまで行き渡っているさま。「全国に―知られている」

〈周章〉てる あわ-てる ①思いがけないことに出くわしてまごつく。うろたえる。「突然の反論に―てる」②びっくりして急ぐ。「―てて出発する」 表記「慌てる」とも書く。

【周囲】シュウイ ①物のまわり。四囲。②そのものをとりまく人や事柄。また、環境。

【周縁】シュウエン ふち。へり。まわり。「市街地の―」 類 周辺

【周回】シュウカイ ①まわること。めぐること。「都市を―する道路」②物のまわり。

【周忌】シュウキ 人の死後、毎年回ってくるその命日。また、その回数を表す語。回忌。年忌。

【周期】シュウキ 同じ運動や現象が一定の時間ごとに繰り返される場合の、その一定時間。「一定の―でまわる」

【周航】シュウコウ あちこちをめぐって航海すること。「太平洋を―する」

【周章】シュウショウ あわてふためくこと。「強い地震に、皆―した」 類 狼狽(ロウバイ)

『周章狼狽』シュウショウロウバイ 思いがけない出来事に、あわてふためくさま。「狼狽」も、あわてふためく意。「奇襲にあい、―する」 由来「狼」「狽」ともに伝説上の獣で、一説に「狼」は前足が長く後ろ足が短く、「狽」はその逆。「狼」と「狽」はいつも一緒に歩き、一方が離れると倒れてしまい、あわてふためくことから。 類 右往左往 対 泰然自若・神色自若

【周旋】シュウセン 人や物事の間に立ち、両者を取りもったり口添えをしたりして世話をすること。仲立ち。「恩師の―で就職した」「―屋」 類 斡旋(アッセン)

【周匝】シュウソウ ①まわりをめぐること。また、そのまわり。②方々にまで十分行きわたること。

【周知】シュウチ 広く多くの人々に知れわたること。「二人の婚約は―の事実だ」

『周知徹底』シュウチテッテイ すみずみまで広く知れわたるようにすること。「全社に―を図る」

【周到】シュウトウ 準備や用意がすみずみまで行きとどき、不備のないさま。「―に準備する」「用意―に計画を立てる」 類 綿密・周密

【周年】シュウネン ①まる一年。転じて、一周忌。②数字の後ろにつけて、経過した年数を表す。「創業十―記念」

【周波数】シュウハスウ 交流電波や音波など周期波の一秒間にくり返す度数。波動の周期の数。振動数。単位はヘルツ。「―弁別器」

【周辺】シュウヘン 中心をめぐるまわりのこと。「都市―の住宅地」「コンピューター―機器」 類 周囲・周縁

【周密】シュウミツ 注意や意識が細かいところにまで払われているさま。「―な調査」 類

周到・綿密

【周遊】シュウユウ あちこちをめぐって旅行すること。「北海道を―する」類回遊

〈周防〉すおう 旧国名の一つ。現在の山口県の東部。防州(ボウシュウ)。

【周り】まわり そのものを囲んでいる外側のもの。周囲。周辺。「駅の―はすっかり変わった」「―の人が迷惑する」

【△周る】めぐる ぐるりと一周する。「湖を―る遊歩道」

シュウ【宗】

(8) 宀5 常 教 5 2901 3D21 音 シュウ・ソウ(中) 訓 (外)むね

筆順 丶 丷 宀 宀 宀 宇 宗 宗

意味 ①教義。教理。また、信仰の組織団体。「宗教」「宗門」②みたまや。祖先をまつる所。「宗廟(ソウビョウ)」③おおもと。いえもと。祖先。「宗家」「宗主」④かしら。おさ。おもだったもの。中心人物。「宗匠」「詩宗」⑤中心となる考え。むね。

下つき 改宗(カイシュウ)・詩宗(シソウ)・邪宗(ジャシュウ)・儒宗(ジュソウ)・真宗(シンシュウ)・禅宗(ゼンシュウ)・祖宗(ソソウ)・大宗(タイソウ)

【宗教】シュウキョウ 人間がやすらぎや心の支えを得るために、神や仏など人間を超えた絶対的なものを信仰すること。また、その教え。

【宗旨】シュウシ 仏 ①宗教の教義の中心となっている考え。「全国行脚(アンギャ)で―を広める」②宗門。宗派。「―が違う」③その人が信じている主義や持論。「―を変える」

『宗旨の争い△釈▲迦(シャカ)の恥』仏教の宗旨争いをあざけっていう言葉。仏教の宗派はすべて釈迦を開祖としているから、宗旨の争いをすれば釈迦の恥になることから。類釈迦に宗旨なし

【宗派】シュウハ ①同じ宗教内で、教義の解釈のちがいなどの理由によって分かれた分派。②流派。流儀。

【宗門】シュウモン ①同じ宗教のなかでの分派。宗派。「―改め」類宗旨 ②僧侶(ソウリョ)。

【宗家】ソウケ 家系や芸道の流派で、もととなる家。一門の中心となる家。「華道の―」類本家・家元 参考「ソウカ」とも読む。

【宗主】ソウシュ ①おおもととして仰がれる首長。②封建時代に、諸侯の上で権力をもっていた盟主。

【宗主国】ソウシュコク 従属国を支配し、管理する権力をもつ国。宗国。対従属国

【宗匠】ソウショウ 和歌・連歌・茶道などの技にすぐれ、それを人に教える師匠。「生け花の―を招く」

【宗太▲鰹】ソウダがつお サバ科の海魚。ヒラソウダとマルソウダの総称。北海道以南に分布。カツオに似るが細長い。血合い肉が多く、削り節の原料となる。表記「惣太鰹」とも書く。

【宗▲廟】ソウビョウ ①祖先の霊をまつる。みたまや。「―に詣(もう)でる」②皇室の祖先の霊をまつる社。

【△宗】むね ある物事の中心となること。最も大切なこと。「報道は正確を―とする」

シュウ【岫】

(8) 山5 1 5413 562D 音 シュウ 訓 くき・いわあな・みね

意味 ①くき。いわあな。山のほらあな。②みね(峰)。山のいただき。

下つき 雲岫(ウンシュウ)・高岫(コウシュウ)・山岫(サンシュウ)

【▲岫】くき 山にあるほら穴。いわあな。「山の―に巣をつくる」

シュウ【泅】

(8) 氵5 1 6190 5D7A 音 シュウ 訓 およぐ

意味 およぐ。水にうかぶ。

シュウ【拾】

(9) 扌6 常 教 8 2906 3D26 音 シュウ(中)・ジュウ(中) 訓 ひろう (外)とお

筆順 一 十 扌 扑 扒 拎 拎 拾 拾

意味 ①ひろう。あつめる。ひろい上げる。「拾遺」「拾得」②とお。「十」を表す語。「拾円」

下つき 採拾(サイシュウ)・収拾(シュウシュウ)

【拾】ジュウ 数字の十のこと。数の名。表記「十」とも書く。

【拾遺】シュウイ もれ落ちたものを拾うこと。特に、歌や文章などで、もれ落ちたものを集め補うこと。「宇治―物語」

【拾得】シュウトク 落ちている物を拾い取ること。「駅の―物」

【拾う】ひろう ①落ちている物を手で取り上げる。「財布を―う」②多くのなかから必要な物を選びとる。「活字を―う」③思いがけないものを手に入れる。「勝ちを―う」④人を取り立てる。「先代に―われて、今の仕事についた」⑤途中で乗り物を止めて乗る。「タクシーを―う」

シュウ【柊】

(9) 木5 準1 4102 4922 音 シュウ 訓 ひいらぎ

意味 ①ひいらぎ。モクセイ科の常緑小高木。②(中国で)ばしょうに似た小木の名。

【▲柊】ひいらぎ モクセイ科の常緑小高木。山地に自生。葉はかたく、縁は鋭いのこぎり状。秋に香りのよい白い花をつける。クリスマスや節分に使う。季冬 表記「疼木・枸榾・杠谷樹」とも書く。

シュウ【洲】

(9) 氵6 準1 2907 3D27 音 シュウ 訓 す・しま

意味 ①す。しま。なかす。川の中のしま。「砂洲」②くに。大陸。「五大洲」

書きかえ 「州」が書きかえ字。

【▲洲】しま 川や湖などの土砂が高く積もってできた島。中州。参考「す」とも読む。

【▲洲▲嶼】シュウショ 川の中の小島。川にできた砂地の陸。

【▲洲崎】すさき 砂州が、海や川の中まで長くつき出て、みさきとなった所。表記「州崎」とも書く。

【▲洲浜】すはま 洲すが海に突き出してできた浜。表記「州浜」とも書く。

シュウ【祝】(9) ネ5 教 2943 3D4B ▼シュク(七〇七)

シュウ【秋】(9) 禾4 常 教 9 2909 3D29 音 シュウ 訓 あき 外 とき

筆順 ノ ニ 千 禾 禾 禾 禾 秒 秋

意味 ①四季の一つ。あき。「秋雨」「秋霜」「仲秋」対春 ②とし。としつき。「千秋」 ③とき。大切なとき。

下つき 春秋シュンジュウ・初秋ショシュウ・早秋ソウシュウ・仲秋チュウシュウ・麦秋バクシュウ・晩秋バンシュウ・暮秋ボシュウ・立秋リッシュウ

【秋▵沙】あいさ カモ科の鳥の総称。日本には冬鳥として渡来。くちばしは細長く縁はのこぎり状で、先が曲がっている。潜水が巧みで魚を捕食。参考「あきサ」の転じたもの。

【秋】あき 四季の一つ。暦では立秋から立冬の前の日までをいう。

『秋高く馬肥ゆ』 空が澄んださわやかな秋の季節のたとえ。秋空が高く澄みわたり、ウマも食欲が盛んでよく肥える意。〈漢書カンジョ〉 参考「秋」は「天」ともいう。

【秋の扇】 男性の愛を失った女性のたとえ。秋になって忘れ去られた扇の意。由来 中国、漢代、帝の寵愛チョウアイを失った女性がわが身を秋の扇にたとえてうたった歌から。参考「秋扇シュウセン」ともいう。類 班女が扇

『秋の鹿しかは笛に寄る』 恋に身を滅ぼすたとえ。また、弱みにつけ込まれやすいことのたとえ。秋に発情期を迎える雄鹿は、雌鹿の鳴き声に似せた鹿笛にさえ近寄ってきて、人に捕らえられることから。類 妻恋う鹿は笛に寄る

『秋の日は釣▵瓶つるべ落とし』 秋の夕日は、井戸のつるべが落ちるように急に沈むことから、秋の日のすぐに暮れるたとえ。

【秋味】あきあじ 秋、産卵のために川を上ってくるサケ。由来 アイヌ語の「アキアンチ(秋の魚)」の転という。

【秋落ち】あきおち ①収穫前になって急にイネの生育が衰え、米の収穫量が予想よりも少なくなること。②豊作のため、秋に米の価格が下がること。秋下げ。「―相場」対秋高

【秋唐松】あきからまつ キンポウゲ科の多年草。山野に自生。葉は裏面が白色を帯びた羽状複葉で、カラマツに似る。夏の終わりころ、黄白色の小花を多数つける。

【秋▵蚕】あきご 七月下旬から晩秋にかけて飼う蚕。「―を飼う」対春蚕・夏蚕 季秋 参考「シュウサン」とも読む。

【秋〈入梅〉・秋〈▲黴雨〉】あきついり 梅雨のような秋の長雨。また、その季節に入ること。季秋 参考「あきつゆいり」の転じたもの。

【秋津島・秋津▲洲】あきつしま 日本国の古称。昔は、大和やまとの国をも指した。表記「蜻蛉洲」とも書く。

【秋〈▲茄子〉は嫁に食わすな】あきなすはよめにくわすな 秋に実るナスはおいしいので憎い嫁には食べさせるなの意で、姑しゅうとの嫁いびりをいう。また、秋ナスを食べると体が冷えるので大事な嫁に食べさせるなの意とも、秋ナスは種が少なく子種が少なくなるから嫁には食べさせるなの意ともいう。

【秋▲楡】あきにれ ニレ科の落葉高木。本州中部以西の山地に自生。葉は楕円ダエン形で、縁に切れ込みがある。秋に淡黄色の小花を多数つける。イシケヤキ。表記「榔楡」とも書く。

【秋の七草】あきのななくさ 秋に咲く代表的な七種類の草花。ハギ・オバナ(ススキ)・クズ・ナデシコ・オミナエシ・フジバカマ・キキョウ(または、アサガオ)。対春の七草 季秋

【秋〈日和〉】あきびより 秋らしく晴れわたった天気。秋晴れ。季秋

【〈秋桜〉】コスモス キク科の一年草。メキシコ原産。葉は細かく羽状に裂ける。秋、白・淡紅・深紅などの頭花をつける。観賞用。季秋

【〈秋刀魚〉】さんま サンマ科の海魚。日本近海を回遊。体は細長く刀状。背は暗青色で腹は銀白色。秋に美味。季秋 由来「秋刀魚」は漢名からで、秋にとれる刀に似た魚の意。

【秋海▲棠】シュウカイドウ シュウカイドウ科の多年草。中国原産。夏から秋、淡紅色の花をつける。観賞用。根は薬用。季秋 由来「秋海棠」は漢名から。

【秋気】シュウキ ①秋の気配。秋らしい感じ。②秋の大気。秋の気候。「―が身にしみる」季①②秋

【秋季】シュウキ 秋の季節。「―キャンプに参加する」

【秋期】シュウキ 秋の期間。「―公開講座を受講する」

【秋▲毫】シュウゴウ きわめてわずかなこと。少し。「―も狂いがない」由来 秋に生えかわる獣の毛が細いことから。参考「毫」は細い毛。

【秋思】シュウシ 秋に感じる、もの寂しい気持ち。季秋

【秋色】シュウショク 秋の気配。また、秋の景色。「一段と―が深まる」季秋

【秋水】シュウスイ ①秋の澄みきった水。季秋 ②よく研ぎ澄ました、くもりのない刀。

【秋扇】シュウセン 秋になって使われなくなった扇。転じて、時季が合わず役に立たないもののたとえ。▼秋の扇

【秋▲蟬】シュウセン 秋に鳴くセミ。秋のセミ。残蟬ザンセン。季秋

【秋霜三尺】シュウソウサンジャク きれいに研ぎ澄まされた刀剣のこと。「秋

霜」は秋の霜が冷ややかに光ることから、剣のたとえ。「三尺」は刀剣の長さ。

【秋霜烈日】シュウソウレツジツ 刑罰や権威、意志などがきわめて厳しいさま。秋の厳しく冷たい霜と、夏の強烈に照りつける太陽の意から。「―の気魄(キハク)」対春風駘蕩(シュンプウタイトウ)

【秋波】シュウハ ①秋の澄みきった波。②美人の美しく澄んだ目もと。転じて、女性の色気を帯びた流し目。「―を送る」

【秋風索莫】シュウフウサクバク 秋風がもの寂しく吹くさま。また、勢いが衰えてしまい、もの寂しいさま。「索莫」はむなしくもの寂しいさま。「―たる心境」表記「索莫」は「索漠・索寞」とも書く。類秋風寂寞

【秋分】シュウブン 二十四節気の一つ。太陽が秋分点を通過する時刻。陽暦九月二三日ころ。昼と夜の長さが等しくなる。対春分 季秋

【秋涼】シュウリョウ ①秋の涼しい感じ。秋に吹く涼しい風。「―の候、お元気でお過ごしでしょうか」類秋冷 ②陰暦八月の異名。季①②秋

【秋霖】シュウリン 秋の長雨。停滞前線の影響で降る梅雨に似た雨。秋雨(あきさめ)。季秋

【秋冷】シュウレイ 秋になって感じられる冷気。「―の候」類秋涼 季秋

【△秋】とき 大切な時期。「危急存亡の―」由来 秋は穀物の収穫があり、大切な時期であることから。

シュウ【臭】(9) 自3 常 準2 2913 3D2D 音シュウ 外キュウ 訓くさい・におう

旧字《臭》(10) 自4 1/準1 9056 7A58

筆順 ′ ſ 冂 白 白 自 自 臭 臭

意味 ①におい。におう。「臭覚」「悪臭」②くさい。いやなにおい。「臭気」「臭味」③悪いうわさ。よくない評判。「臭聞」

下つき 悪臭(アクシュウ)・異臭(イシュウ)・激臭(ゲキシュウ)・口臭(コウシュウ)・死臭(シシュウ)・消臭(ショウシュウ)・体臭(タイシュウ)・脱臭(ダッシュウ)・防臭(ボウシュウ)

【〈臭橙〉】かぶす ダイダイの一種。果実は酸味が強く、香味料にする。

【臭い】くさ-い ①不快なにおいがする。「焦げ―い」「靴が―い」②怪しい。疑わしい。「なんとなくうさん―い」「―い仲」③わざとらしい。「―い演技」④上の語を強めて、その程度がひどい。「めんどう―い」

【臭い物に蓋(ふた)をする】都合の悪いことや醜聞などが世間に知れないように、一時しのぎに隠そうとするたとえ。臭い物の入った器に、においがもれないようにふたをする意から。

【臭木・〈臭牡丹樹〉】くさぎ クマツヅラ科の落葉小高木。山野に自生。葉はキリに似るが、悪臭がある。初秋、がくの部分が赤い、白色の花を多数つけ、青色の実を結ぶ。由来「臭牡丹樹」は漢名から。表記「海州常山」とも書く。

【臭覚】シュウカク においを感知する感覚。嗅覚(キュウカク)。

【臭気】シュウキ 不快なにおい。悪臭。「ごみの―が漂っている」

【臭味】シュウミ ①くさいにおい。臭気。②その人にしみついているよくない感じ。「官僚特有の―がある」参考「くさみ」とも読む。

【臭う】にお-う ①不快なにおいがする。②なんとなくよくない気配が感じられる。「事件の裏に権力の意図が―う」参考「匂う」は、よい香りのするときに使う。

シュウ【★酋】(9) 酉2 準1 2922 3D36 音シュウ 訓おさ・かしら

意味 ①おさ。かしら。「酋長」②よく熟した酒。ふるい酒。

【▲酋】おさ 仲間や一族を束ねるかしら。部族の首領。酋長(シュウチョウ)。「盗賊の―」

【▲酋長】シュウチョウ 首領。おさ。かしら。特に、未開の部族のかしら。

シュウ【修】(10) 亻8 常 教 6 2904 3D24 音シュウ・シュ中 訓おさめる・おさまる 外かざる・ながい

筆順 ノ 亻 亻 亻 亻 攸 修 修 修

意味 ①おさめる。まなぶ。「修業」「修行」「研修」②なおす。つくろう。「修正」「修理」③かざる。「修辞」「修飾」④物をまとめる。「修史」「監修」⑤ながい。ながさ。「修竹」

書きかえ ①「脩(シュウ)」の書きかえ字として用いられるものがある。

下つき 改修(カイシュウ)・監修(カンシュウ)・研修(ケンシュウ)・自修(ジシュウ)・新修(シンシュウ)・撰修(センシュウ)・独修(ドクシュウ)・必修(ヒッシュウ)・編修(ヘンシュウ)・補修(ホシュウ)・履修(リシュウ)

【修める】おさ-める ①学問や技芸などを学び、身につける。「将来、医学を―めるつもりです」②心や行いを正しくする。「身を―める」

【修学】シュウガク 学問を学び修得すること。「―旅行に出発する」

【修業】シュウギョウ 学問や技芸などを学び、身につけること。「この専門学校の―年限は二年間です」参考「シュギョウ」とも読む。

【修好・修交】シュウコウ 国と国がなかよく交流すること。「―条約」

【修己治人】シュウコチジン 自ら徳を積んで世を治めること。自己を修養し徳を積み、その徳で人々を感化して世を安らかに治めること。儒教の基本思想。〈朱熹(シュキ)の文〉表記「修己」は「脩己」とも書く。▼修身斉家治国平天下(シュウシンセイカチコクヘイテンカ)

【修士】シュウシ 大学院に二年以上在学し、きめられた課程を修了したことを認めら

れた者に与えられる学位。マスター。類博士

【修辞】シュウジ 言葉を効果的に使うことで、対象をより美しく巧みに表現すること。また、その技術。レトリック。「―学」

【修飾】シュウショク ①美しくなるように飾ること。②文法で、次にくる語句の意味を説明・限定すること。「副詞は動詞を―する」

【修身】シュウシン ①悪い方向に進まないように自らの行いを正すこと。②旧制度の小・中学校の教科の一つ。今の「道徳」にあたる。

『修身斉家治国平天下』シュウシンセイカチコクヘイテンカ まず身を修め、それを家庭に及ぼして家をととのえ、その後に国を治めて天下を平和に保つこと。「斉」はととのえる意。儒教で、政治家の理念を説いた語。〈『大学』〉▼修己治人

【修正】シュウセイ まちがっているところや不十分なところを直して正しくすること。「予算案を―する」「軌道―する」

【修整】シュウセイ ととのえ直すこと。特に、写真や印刷で、原版などに手を加えること。「ネガを―する」

【修繕】シュウゼン 悪くなったところやこわれた箇所を繕い直すこと。「こわれた壁を―する」類修理

【修竹】シュウチク 長く生長したタケ。また、それが集まった竹林。竹やぶ。表記「脩竹」とも書く。

【修築】シュウチク 建物などを修理・修復すること。「こわれた橋を―する」類改築

【修道】シュウドウ 学問や技芸を学び、道義を修めて身につけること。また、宗教上の修行をすること。「―院」

【修得】シュウトク 学問や技術などを習い修めて身につけること。「栽培技術の―」

【修復】シュウフク 建物などのこわれた箇所を、もとのように直すこと。「東大寺大仏殿の―工事」

【修▲祓】シュウフツ 神道で、神職が行う清めの儀式。また、みそぎを行うこと。参考「シュウバツ・シュバツ」とも読む。

【修養】シュウヨウ 学問や知識を身につけ、人格を磨くこと。「精神―に励む」「―が足りない」

【修理】シュウリ いたんだところを整え直すこと。「自動車の―工場」類修繕

【修了】シュウリョウ 決められた課程をおさめ終えること。「大学院博士課程を―する」

【修練・修錬】シュウレン 精神や技芸を磨ききたえること。「―を積む」

【修行】シュギョウ ①仏仏の教えを身をもって実践し、仏道に励むこと。②みずからの精神や技芸をきたえること。「こんな失敗をするようでは―が足りない」

【修験者】シュゲンジャ 仏修験道の行者。独特の装束で山野をめぐり歩き、霊験を得るために厳しい修行を積む人。山伏。

【修験道】シュゲンドウ 仏山野に修行し、霊験を得ようとする宗教。開祖は役小角。日本古来の山岳信仰に、仏教や神道が習合してできたもの。

【修二会】シュニエ 寺院で、陰暦二月に行われる国家隆昌を祈る法会。特に、三月一日から一四日間、奈良東大寺の二月堂で行われる「お水取り」は有名。修二月会。季春

【修羅】シュラ ①仏「阿修羅」の略。常に闘争を好んだインドの鬼神。②激しい争い。「―の巷(はげしい戦争や闘争の場所)」③「修羅車」の略。大木や大石を運ぶ車。

【修羅場】シュラジョウ 激しい戦争や闘争の行われる血なまぐさい場所。由来阿修羅が帝釈天と戦う場所の意から。参考「シュラば」とも読む。

【修羅場】シュラば ①演劇や講談などで、激しく悲惨な争いの場面。「―を演じる」②「修羅場」に同じ。「―を踏む」「―をくぐり抜けて一人前になる」

【修理△職】シュリシキ 平安時代以降、皇居などの修理・造営をつかさどった令外の官。すりしき。おさめつくるつかさ。

【△修法】ズホウ 密教で、護摩をたき、真言をとなえて加持祈禱をすること。参考「シュホウ・スホウ」とも読む。

シュウ【▲臭】(10) 自 4 9056 7A58 ▼臭の旧字(六八九)

シュウ【袖】(10) 衤 5 常 2 3421 4235 音 シュウ高 訓 そで

筆順 、 ラ ネ ネ ネ 初 袖 袖 袖

意味 そで。衣服のそで。「袖手」「領袖」

下つき 鎧袖・小袖・長袖・留袖・半袖・領袖

【袖手傍観】シュウシュボウカン 手をこまぬいて、何もせずにそばでながめていること。〈韓愈の文〉類拱手傍観

【袖珍】シュウチン 袖の中に入るくらいの小さな本。「袖珍本」の略。

【袖】そで ①衣服の腕をおおう部分。また、和服のたもと。「―を絞る(ひどく泣く)」②垣根や門の両わき。③机のわきの引き出し。④舞台の両わきの部分。「―にさがる」

『袖から手を出すも嫌い』金はもちろんのこと、手を袖から出すことすらいやがる、なみはずれたけちのたとえ。

『袖▲摺り合うも多生の縁』見知らぬ人と道で袖が触れ合うことも、前世からの因縁によるものである。人のつながりはちょっとした事でも偶然ではなく、宿縁によるものであるということ。「多生」は何回も生まれ変わる意。表記「多生」は「他生」と書くこともある。参考「摺り合う」は

「振り合う・触れ合う」ともいう。

【袖垣】そでがき 門などの両わきに連ねてつくった低いかきね。

シュウ【售】(11) 口 8 1 5120 5334 音 シュウ 訓 うる

意味 ①う(売)る。うれる。「售貫」②おこなわれる。

【▲售る】うる 物を流通させる。商いをする。

シュウ【執】(11) 土 8 常 2825 3C39 ▼シツ(六四八)

シュウ【終】(11) 糸 5 教 常 8 2910 3D2A 音 シュウ 訓 おわる・おえる 外 しまう・ついに

旧字《終》(11) 糸 5 1/準1

筆順 く 幺 幺 糸 糸 糸 紗 終 終 終 11

意味 ①おわる。おえる。はてる。しまう。すませる。「終業」「終結」②おわり。最後。はて。おしまい。「終点」「終幕」対①②始 ③おわりまで。おわるまで。「終日」「終生」④ついに。とうとう。

下つき 最終・始終・有終・臨終

【終わる】おわる ①それまで続いていたものが完結する。また、しまいにする。「雑誌の連載が―る」「これで報告を―ります」②不本意な結果になる。「准教授で―る」「失敗に―る」③死ぬ。

【△終う】しまう ①おえる。おわりにする。「仕事を―う」②やめる。「店を―う」

【終▲焉】シュウエン ①死にぎわ。臨終。転じて、物事の終わり。「冷戦の―という事態に対応する」②身の落ち着く所。晩年を静かに過ごすこと。「故郷を―の地とする」

【終演】シュウエン 芝居や映画などの上演が終わること。はね。「芝居の―時間を確かめる」対開演

【終業】シュウギョウ ①その日の仕事が終わること。「工場で―のチャイムが流れる」②学校で、一定期間の授業が終わること。「二学期の―式」対①②始業

【終局】シュウキョク ①将棋や囲碁などの対戦で、終わりの局面。類終盤 ②出来事の結末。しまい。「難事件も―を迎えた」対発端

【終極】シュウキョク 物事の最後。最果て。「研究所の―の目標」類究極

【終結】シュウケツ ①物事が終わりになること。終わり。「ようやく戦争が―した」対発生 ②論理学や数学で、仮設から推論される結論。類帰結 対仮設

【終止】シュウシ 物事が終わること。しまい。「動詞の―形」「紛争に―符を打つ(終わりにする)」

【終始】シュウシ ①始めと終わり。②始めから終わりまですべて。ずっと。たえず。「―笑顔で通した」

【終始一貫】シュウシイッカン 言動や態度などが、始めから終わりまで変わらないこと。「空港開設に―反対している」類首尾一貫・徹頭徹尾

【終日】シュウジツ 一日中。朝から晩までずっと。「駅のホームは―禁煙」「昨日は―雨が降っていた」対終夜 参考「ひねもす・ひもすがら」とも読む。

【終身】シュウシン 死ぬまでの間。生涯。「―雇用制度が崩れる」「―刑を受ける」類終生

【終生・終世】シュウセイ 命を終えるまでの間。一生。生涯。「彼の恩は―忘れない」類終身

【終息】シュウソク 終わって絶えること。「疫病の流行が―し始める」書きかえ「終熄」の書きかえ字。

【終▲熄】シュウソク ▼書きかえ 終息

【終着】シュウチャク ①その場所に最後に着くこと。「―列車」②列車・電車・バスなどの運転系統の終点であること。「―駅」対①②始発

【終点】シュウテン 一番最後となる所。特に電車やバスの路線の終着駅。対起点・始点

【終南▲捷径】シュウナンショウケイ 正規の手続きを経ずに官職につく方法。終南山には仕官の近道がある意。「捷径」は近道。由来「終南」は中国の長安の南にある山の名。終南山に隠居して隠者のふりをすると、名を世に知られ仕官の道が得やすいといわれたことから。《新唐書》参考「南山捷径」ともいう。

【終盤】シュウバン ①将棋や囲碁などで、勝負の決着がつく最後の局面。「名人戦が―に入る」類終局 ②物事の終わりに近い段階。「選挙戦も―に入る」対①②序盤・中盤

【終幕】シュウマク ①演劇などの最後の幕。②演劇が終わること。閉幕。類終演 対開幕 ③物事が最後を迎えること。対①③序幕

【終末】シュウマツ 物事の終わり。最後。「世界の―」「―思想」類終尾・結末 対発端

【終夜】シュウヤ 一晩中。夜通しずっと。「電車の―運転」対終日 参考「よもすがら」とも読む。

【終了】シュウリョウ 物事が終わること。終えること。「作業が―する」類終止 対開始

【△終】つい 終わり。はて。最期。特に、人生の終わり。

【△終に】ついに ①とうとう。最後に。結局。「―実験が成功した」②ずっと。最後まで。ついぞ。多く、打ち消しの語を伴う。「―勝てなかった」

【△終の▲栖・△終の〈住処〉】ついのすみか 死ぬまで住む所。また、最後に安住する所。死後に落ち着く所。「これがまあ―か雪五尺」〈小林一茶の句〉

【〈終日〉】ひねもす 「終日(シュウジツ)」に同じ。「春の海―のたりのたりかな」〈与謝蕪村の句〉

句〉対終夜(よもすがら) 参考「ひもすがら」とも読む。

〈終日〉ひもすがら 「終日(シュウジツ)」に同じ。対終夜(よもすがら) 参考「ひねもす」とも読む。

〈終夜〉よもすがら 「終夜(シュウヤ)」に同じ。「一雨やまず」参考「よすがら」とも読む。対終日(ひもすがら・ひねもす)

シュウ【羞】(11) 羊 5 常 2 7023 6637 音 シュウ 訓 外 はじる・はずかしめる・はじ・はずかしめ・すすめる

筆順 丷 䒑 兰 羊 羊 ⺶ 差 羞 羞 羞

意味 ①はじる。はじらう。「含羞(ガンシュウ)」②はずかしい。はじ。「羞恥」③すすめる。食物を供える。④そなえもの。ごちそう。「膳羞(ゼンシュウ)」

下つき 嘉羞(カシュウ)・含羞(ガンシュウ)・嬌羞(キョウシュウ)・膳羞(ゼンシュウ)

【羞悪】シュウオ 自分の悪をはじ、他人の不善を憎むこと。

【羞花閉月】シュウカヘイゲツ 非常に美しい女性のたとえ。あまりの美しさに花をはじらわせ、月も隠れてしまう意。参考「羞月閉花・閉月羞花」ともいう。

【羞▲愧】シュウキ 恥だと思うこと。類羞恥 参考「愧」もはじの意。

【羞辱】シュウジョク 恥をかかせること。はずかしめ。

【羞恥】シュウチ はずかしいと感じること。恥。「一心のない男」類羞愧(シュウキ)

【▲羞める】すすめる ごちそうを食べるようにうながす。相手にごちそうをすすめる。

【▲羞じる】はじる はずかしくて肩身の狭い思いをする。はじらう。

シュウ【習】(11) 羽 5 常 教 8 2912 3D2C 音 シュウ 外 ジュ 訓 ならう

旧字《習》(11) 羽 5 1/準1

し シュウ

筆順 フ ヲ ヨ 刁 羽 羽 羽 羽 習 習 習

意味 ①ならう。まねる。くり返しまなぶ。「習字」「習熟」②ならい。ならわし。しきたり。「習慣」「習性」

下つき 因習(インシュウ)・演習(エンシュウ)・温習(オンシュウ)・学習(ガクシュウ)・慣習(カンシュウ)・奇習(キシュウ)・旧習(キュウシュウ)・教習(キョウシュウ)・講習(コウシュウ)・自習(ジシュウ)・実習(ジッシュウ)・俗習(ゾクシュウ)・伝習(デンシュウ)・風習(フウシュウ)・復習(フクシュウ)・補習(ホシュウ)・予習(ヨシュウ)・練習(レンシュウ)

【習慣】シュウカン ①長い間くり返すうちに、自然と身についた決まりごと。「早寝早起きの一」②古くからならわしとして行われている事柄。風習。しきたり。「土地の一」

『習慣は第二の天性なり』身についた習慣というものは、生まれつきの性質と変わらないほど日常生活に影響を与えるということ。

【習合】シュウゴウ 異なる教義や主義などを取り入れて、一つにまとめること。「神仏一」

【習作】シュウサク 芸術や文芸などの分野において、練習のために作った作品。エチュード。「無名時代の一」

【習熟】シュウジュク 習ったことを十分に身につけていること。「ゴルフに一する」類熟練・熟達

【習性】シュウセイ ①習慣で身についた特有の性質。くせ。「一で六時には目が覚める」②動物の行動に現れるきまった性質。「カラスの一を調査する」

【習俗】シュウゾク ある時代や地域などで、社会的に行われている習慣や風俗。「津軽地方の一を研究する」類慣習・風習

【習得】シュウトク 技術などをならって覚え、身につけること。「英会話を一する」「パソコンを一する」

【習癖】シュウヘキ 身についてしまっているくせ。特に、悪いくせをいうことが多い。「子どもの悪い一を直す」類性癖

【習練】シュウレン よく習い、練習を続けること。「晴れ舞台をめざして一を積む」

『習い性と成る』ならいセイとなる 習慣が生まれつきの性質と同じように身について、離れないものになる。〈『書経』〉類習慣は第二の天性なり

【習う】ならう ①何度も練習して身につける。「ピアノを一う」②教えを受ける。学ぶ。「師匠に一った巧みな技」

『習うより慣れよ』物事は、人に教えてもらうより自分で実際に経験して慣れたほうが身につくということ。

【習わし】ならわし 古くから行われてきた習慣。慣習。しきたり。「わが家の一」類習い

シュウ【脩】(11) 肉 7 1 7091 667B 音 シュウ 訓 ほじし・おさめる・ながい

意味 ①ほじし。干し肉。「束脩」②おさめる。おさまる。ととのえる。「脩身」③ながい。「脩竹」

書きかえ ②「修」に書きかえられるものがある。

下つき 棗脩(ソウシュウ)・束脩(ソクシュウ)

【▲脩める】おさめる すらりとした姿に整える。正しく整えてりっぱにする。表記「修める」とも書く。

シュウ【週】(11) 辶 8 常 教 9 2921 3D35 音 シュウ 訓 外 めぐる

旧字《週》(12) 辶 8 1/準1

筆順 丿 冂 月 円 用 周 周 周 周 凋 週

意味 ①七曜をひとめぐりした時間の単位。「週刊」「週番」②まわる。めぐる。類周

下つき 隔週(カクシュウ)・今週(コンシュウ)・次週(ジシュウ)・先週(センシュウ)・毎週(マイシュウ)・翌週(ヨクシュウ)・来週(ライシュウ)

【週間】シュウカン ①日曜から土曜までの一週間。また、七日を一単位にして日数を数

える語。「試験が二―後に迫る」②特別の行事をする七日間。「交通安全―」

【週刊誌】シュウカンシ 一週に一回、定期的に発行する雑誌。参考「週刊紙」と書けば、そのような新聞の意になる。

【週日】シュウジツ ①一週間の日。七日間。②一週間のうち日曜以外の日。平日。ウイークデー。参考②土曜をも除いていう場合もある。

【週番】シュウバン 一週間交代でつとめる仕事。また、それをしている人。

【△週る】めぐ-る 周りをまわる。ひとまわりする。表記「周る」とも書く。

シュウ【啾】(12) 口9 1 5134 5342 音 シュウ 訓 なく

意味 小さな声。また、小さな声で泣く。すすり泣く。

シュウ【就】(12) 尢9 常 教 5 2902 3D22 音 シュウ・ジュ高 訓 つく中・つける中 外なる・なす

意味 ①つく。つける。仕事や任務につく。「就業」「就任」②なる。なす。なしとげる。「成就」③ついては。関して。

下つき 去就キョシュウ・成就ジョウジュ

筆順

【就役】シュウエキ ①役務や職務につくこと。「週に四日―する」②新造した艦船が任務につくこと。

【就学】シュウガク 教育を受けるために学校、特に、小学校に入ること。「子どもが―年齢に達する」

【就業】シュウギョウ ①業務につくこと。「―規則」「会社の―時間は八時間です」類従業 ②特定の職業についていること。「―人口」対失業

【就航】シュウコウ 船舶や飛行機が特定航路の運航につくこと。「国際線に―する」

【就職】シュウショク 新しく職につくこと。「高校を卒業したら―する」「―口をさがす」対退職・失職

【就▲褥】シュウジョク ①床をとって寝ること。②病床につくこと。病気で寝ること。

【就寝】シュウシン 床につき、眠ること。「十時に―と決める」類就床・就眠 対起床

【就任】シュウニン ある重要な職務につくこと。「新社長―のあいさつ」類着任 対退任

【就眠】シュウミン ねむりにつくこと。ねむること。「―中に地震で起こされる」類就寝・就床

【就労】シュウロウ 労働につくこと。仕事を始めること。「一日八時間―する」

【就いては】つ-いては ①そこで。したがって。よって。「―ご協力を賜りたい」②そのことに関して。「―あとで相談したい」

【就く】つ-く ある場所や地位・役目などに身をおく。「疲れたので早めに床に―く」「会長の任に―く」

〈就中〉なかんずく 中でも。特に。とりわけ。「動物、―猫が好きだ」参考「中なかに就つく」が転じたもの。

【△就る】な-る 物事をなし遂げる。できあがる。成功する。

シュウ【愀】(12) 忄9 1 5623 5837 音 シュウ・ショウ 訓 さびしい

意味 ①顔色を変える。「愀然シュウゼン・ショウゼン」②うれえる。③つつしむ。④さびしい。

シュウ【湫】(12) 氵9 1 6255 5E57 音 シュウ・ショウ 訓 くて・とどこおる・ひくい・せまい

意味 ①くて。湿地帯。くで。②いけ。水たまり。③とどこおる。一か所に集まる。④ひくい。低くてせまい。「湫隘シュウアイ」

【▲湫】くて 水草などが生えている低湿地帯。参考「ぐて・くで」とも読む。

シュウ【萩】(12) 艹9 準1 3975 476B 音 シュウ 訓 はぎ

意味 ①はぎ。マメ科の落葉低木。②よもぎ。くさよもぎ。キク科の多年草。

【▲萩】はぎ マメ科の落葉低木の総称。山野に自生。初秋、白や紅紫色の蝶チョウ形花を多数つける。秋の七草の一つ。季秋 表記「芽子・胡枝子・胡枝花」とも書く。

【▲萩の餅】はぎのもち おはぎ。ぼたもち。由来 小豆あずきのあんを粒のまま餅にまぶすところが、ハギの花の咲き乱れるさまに似ることから。

シュウ【葺】★ (12) 艹9 準1 4188 4978 音 シュウ 訓 ふく・つくろう

意味 ①ふく。かや・かわらなどで屋根をおおう。「葺屋」②つくろう。なおす。「葺繕」

下つき 補葺ホシュウ

【▲葺く】ふ-く 屋根を、瓦かわら・板・茅かやなどでおおうこと。「屋根に瓦を―く」

シュウ【衆】(12) 血6 常 教 5 2916 3D30 音 シュウ・シュ高 訓 外おおい

筆順

意味 ①おおい。数が多い。もろもろ。「衆生」「衆寡」対寡 ②多くの人。たみ。「衆議」「衆知」「大衆」

下つき 合衆ガッシュウ・観衆カンシュウ・群衆グンシュウ・公衆コウシュウ・大衆タイシュウ・聴衆チョウシュウ・民衆ミンシュウ・若衆わかシュウ

【衆寡】シュウカ 多い人数と少ない人数。多勢と無勢。

『衆寡敵せず』 少数は多数にかなわないこと。戦争や勝負では人数が多いほうが有利であるということ。《三国志》

【衆議】シュウギ 多くの人々で行う合議。多人数で相談すること。また、そのときの

人々の意見。

『衆議一決(シュウギイッケツ)』多くの人の議論や相談の結果、意見が一つにまとまること。「夜半近くまで議論し、ようやく―した」類衆口一致

【衆議院】シュウギイン 現行憲法下で、参議院とともに日本の国会を構成し、国民によって選挙された議員で組織する立法機関。予算の議決・条約の承認などで参議院に優越する。議員の任期は四年で参議院にはない解散がある。衆院。

【衆愚】シュウグ 多くのおろかな人。「―政治(民主主義の政治をあざけっていう語)」

【衆口】シュウコウ たくさんの人が言うこと。多くの人の評判。「―の一致するところ」

『衆口一致(シュウコウイッチ)』多くの人の言うことがぴたりと合うこと。類衆議一決 対議論百出・甲論乙駁(コウロンオツバク)

『衆口金を▲鑠(と)かす』事実でないことでも多くの人が言うと、いつのまにか真実のようになってしまうたとえ。多くの人の言葉やうわさは、硬い金をも溶かしてしまうほどの力がある意。「鑠」は金属を熱で溶かす意。《国語》類三人市虎(サンニンシコ)を成す・曽参(ソウシン)人を殺す

【衆庶】シュウショ 世間の多くの人々。一般の民衆。庶民。

【衆人】シュウジン 大勢の人。「―の注目するなか、開票が行われた」

『衆人環視(シュウジンカンシ)』多くの人が取り囲んで成り行きを見ていること。「環視」は取り囲み見ること。「―の中で恥をかく」

【衆知・衆▲智】シュウチ ①民衆の知識や知恵。「―を集めた解決策」②世間で多くの人が知っていること。「―の話」

【衆評】シュウヒョウ 大勢の人の評価や評判。世評。「作品の―を気にする」

【衆望】シュウボウ たくさんの人から受ける信望。「―を担って出馬する」

【衆目】シュウモク 民衆の目。大勢の人の見たところ。「―の一致するところ」

【衆論】シュウロン 多くの人の議論や意見。「―が一致する」

【衆生】シュジョウ 仏この世で生を受けているすべてのもの。特に、人間。類有情(ウジョウ)

『衆生済度(シュジョウサイド)』仏仏道によって、生きているものすべてを迷いのなかから救い、悟りの境地に導くこと。「済度」は仏道により救い出し、悟りの境地に導くこと。

シュウ【▲週】(12) 辶 8 ▼週の旧字(六九二)

シュウ【集】(12) 隹 4 常 教 8 2924 3D38 音 シュウ 訓 あつまる・あつめる・つどう(中) 外 すだく・たかる

筆順 ノ イ 亻 亻 什 什 隹 隹 隼 隼 集 集 (7) (12)

意味 ①あつまる。あつめる。つどう。よせあつめる。「集散」「集計」「召集」対散 ②あつまり。つどい。「集会」「集落」 ③作品をあつめたもの。「画集」「詩集」

書きかえ 「輯(シュウ)」の書きかえ字。また、「蒐(シュウ)・聚(シュウ)」の書きかえ字として用いられるものがある。

下つき 歌集(カシュウ)・画集(ガシュウ)・句集(クシュウ)・群集(グンシュウ)・結集(ケッシュウ)・採集(サイシュウ)・参集(サンシュウ)・詩集(シシュウ)・収集(シュウシュウ)・蒐集(シュウシュウ)・召集(ショウシュウ)・選集(センシュウ)・全集(ゼンシュウ)・徴集(チョウシュウ)・文集(ブンシュウ)・編集(ヘンシュウ)・募集(ボシュウ)・密集(ミッシュウ)

【集める】あつ-める ばらばらに散らばっている人や物を一か所に寄せる。「ごみを―める」「注目を―める」

【集注・集▲註】シッチュウ ①たくさんの物を一か所に集めること。②書物の注釈を集めて、一つにまとめたもの。参考「シュウチュウ」とも読む。

【集荷】シュウカ 商品などの荷物を一か所に集めること。また、その荷物。「キャベツの―場」書きかえ「蒐荷」の書きかえ字。

【集魚灯】シュウギョトウ 夜、魚が光に集まってくる習性を利用して、漁をするとき海上や海中にともす明かり。いさり火。「烏賊(いか)釣り漁船の―が光る」

【集計】シュウケイ 数値を集めて合計すること。また、その数。「売り上げの―」

【集結】シュウケツ 一か所に集めること。また、集まること。「戦車を―させる」類結集

【集合】シュウゴウ ①一か所に寄り合うこと。「子どもが広場に―する」対解散 ②数学で、一定の条件・範囲にあてはまるものを一つの全体と見なしたもの。表記①「聚合」とも書く。

【集散】シュウサン 集まることと散らばること。「政党結成以来、離合―を繰り返す」

【集▲輯】シュウシュウ 取り集めて編集すること。「各地の民話を―する」

【集成】シュウセイ 多くの同じ種類のものを集めて、一つのまとまったものにすること。また、まとめたもの。集大成。「世界童話の―」

【集積】シュウセキ 寄り集まって重なり合うこと。また、集めて積み重ねること。「ごみの―場」

【集束】シュウソク 光線のたばが一点に集まること。収斂(シュウレン)。「―レンズ」対発散

【集大成】シュウタイセイ 多くのものをまとめて一つの完全なものにすること。また、そのもの。「研究の成果を―する」由来孟子(モウシ)が、孔子をすべての徳を集め大成した聖人であると評した言葉から。《孟子》

【集団】シュウダン 多くの人や物の集まり。特に、人々が同じ目的のもとに集まってできた団体。「―で登校する」「政治―」

【集中】シュウチュウ ある一点や一か所に寄り集めること。また、集まること。「気持ちを授業に―する」「質問が一人に―する」

【集配】シュウハイ 郵便物や貨物などを集めたり配ったりすること。「宅配便の―」

【集約】シュウヤク 多くのものを集め、一つにまとめること。「社員の意見を―する」

【集落】シュウラク ①人家が集まり、人が生活している所。また、その集まり。都市や村落など。「海辺の―」②同種の細菌などが培養基につくる集団。コロニー。書きかえ「聚落」の書きかえ字。

【集録】シュウロク いくつかの文章を集めてまとめ記録すること。また、そのもの。「故人の短歌を―する」

【△集会】シュエ ①多くの人が集まること。また、その集まり。②衆徒が会合すること。表記「衆会」とも書く。参考「シュウエ」とも読む。①「シュウカイ」とも読む。

【△集礼】シュライ 支払うべき代金。諸勘定。特に、遊里での諸雑費。

【△集く】すだく 虫などが群がって鳴く。「草むらに―く虫の音を聞く」

【△集る】たかる ①人が大勢寄り集まる。「特売場に人が―る」②虫が群がる。「ハエが―る」③人をおどして金品を奪う。また、知人や先輩などにおごらせる。「後輩に―られる」

【集う】つどう 一か所に寄り合う。集合する。「全員が一堂に―う」「同じ趣味の者が―う」

シュウ【愁】

(13) 心9 常 準2 2905 3D25 音 シュウ 訓 うれえる高・うれい高

筆順 ー ニ 千 禾 禾 禾 秒 秋 秋 愁 愁

意味 うれえる。なげき悲しむ。思いなやむ。うれい。「愁傷」「郷愁」

下つき 哀愁（アイシュウ）・郷愁（キョウシュウ）・孤愁（コシュウ）・悲愁（ヒシュウ）・憂愁（ユウシュウ）・旅愁（リョシュウ）

【愁い】うれい もの悲しい思い。わびしさ。「―に沈む」「―を含んだ目が印象的だ」

【愁える】うれえる 心配し、思い悩む。悲しみ、思い悩む。「病身を―える」「身の孤独を―える」

【愁苦辛勤】シュウクシンキン 思い悩んで、はなはだしくうれえ苦しむこと。「愁苦」はうれえ苦しむ、「辛勤」は苦労してつとめる意。〈白居易の詩〉

【愁殺】シュウサツ ひどく嘆き悲しむこと。非常に悲しませること。参考「シュウサイ」とも読む。

【愁思】シュウシ もの悲しい思い。思いわずらうこと。うれい。

【愁傷】シュウショウ 嘆き悲しむこと。人の死を悔やむあいさつとして用いる。「このたびは、ご―さまです」

【愁色】シュウショク 悲しみ心配そうな表情。「不幸な知らせに―を濃くする」

【愁然】シュウゼン 心配や悲しみで心が沈んでいるさま。「遺族は―と頭を垂れていた」

【愁訴】シュウソ 心配や悲しみを嘆き訴えること。また、その訴え。「不定―（原因不明の体の不調を訴えること）」

【愁嘆・愁▲歎】シュウタン 嘆き、うれえ悲しむこと。

【愁嘆場・愁▲歎場】シュウタンば 芝居や演劇で、登場人物が嘆き悲しむ場面。転じて、実生活での悲劇的な場面にもいう。「―を演じる」

【愁眉】シュウビ 心配や悲しみで眉（まゆ）をひそめること。また、その表情。

〔愁眉を開く〕 心配がなくなり、ほっと安心する。「戦乱が治まり、人々は―いた」

シュウ【楸】

(13) 木9 1 6022 5C36 音 シュウ 訓 ひさぎ・ごばん

意味 ①ひさぎ。(ア)きささげ。ノウゼンカズラ科の落葉高木。碁盤に適する。(イ)あかめがしわ。②ごばん（碁盤）。「楸局」

【▲楸】ひさぎ ①キササゲの古名。ノウゼンカズラ科の落葉高木。ササゲに似た実をつける。②アカメガシワの古名。トウダイグサ科の落葉高木。若芽が赤い。

シュウ【楫】

(13) 木9 1 6023 5C37 音 シュウ・ショウ 訓 かじ・かい・こぐ

意味 ①かじ。かい。舟をこぎ進める道具。「楫師」②こぐ。かいで舟をこぐ。

下つき 艤楫（ギシュウ）・舟楫（シュウシュウ）

【▲楫】かじ 舟を進めるために用いる道具。櫂（かい）・櫓（ろ）などの類。

【▲楫取り】かじとり ①船の進行方向を決めるかじを操り、船を正しく運航すること。また、その人。②物事や人々をうまく進行するように導くこと。また、その人。「話の―がうまい」表記「舵取り」とも書く。

シュウ【溲】

(13) 氵10 1 6276 5E6C 音 シュウ・シュ・ソウ 訓 ゆばり・いばり・ひたす・そそぐ

意味 ①ゆばり。いばり。小便。「溲瓶（シュビン・シビン）」②ひたす。水をそそぐ。

【▲溲瓶】シビン 病人などが寝たままで排尿できるようにした容器。尿器。尿瓶。参考「シュビン」が転じたもの。

シュウ【綉】

(13) 糸7 1 6921 6535 音 シュウ 訓 ぬいとり

意味 ぬいとり。ししゅう。類 繡（シュウ）

シュウ【蒐】★

(13) 艹10 準1 2915 3D2F 音 シュウ 訓 あつめる・かり

意味 ①あかね。アカネ科の多年草。あかねぐさ。②あつめる。「蒐集」類 聚（シュウ） ③かり。かりをする。「蒐田」「蒐猟」

書きかえ ②「収・集」に書きかえられるものがある。

【▲蒐める】あつめる 寄せ集める。捜し求めて一つにまとめる。

【▲蒐り】かり 春に行う狩猟。参考 一説には、秋の狩猟ともいう。

【▲蒐荷】シュウカ ▼書きかえ 集荷（六九四）

【▲蒐集】シュウシュウ ▼書きかえ 収集（六六四）

シュウ【遒】(13) 辶 9 1 7804 6E24 音 シュウ 訓 せまる・つよい・ちからづよい

〔遒〕7805 6E25

意味 ①せまる。近づく。②つよい。ちからづよい。りっぱである。「遒逸」「遒麗」

【▲遒▲勁】シュウケイ 絵画や文章を書くときの筆の運びが力強いこと。参考「遒」「勁」ともに力強い意。

【▲遒る】せまる 近づいてくる。また、近づいていく。

【▲遒い】つよい 力強い。ひきしまってつよい。

シュウ【酬】(13) 酉 6 常 準2 2923 3D37 音 シュウ 訓 外むくいる

筆順 一 冂 丙 丙 酉 酉 酉 酬 酬 酬

意味 むくいる。こたえる。返礼する。「応酬」「献酬」「報酬」

下つき 応酬オウシュウ・献酬ケンシュウ・唱酬ショウシュウ・報酬ホウシュウ

【△酬いる】むくいる ①相手からのはたらきかけに応じて何かをする。お返しをする。「好意に—いる」②客からさされた杯を客に返して、酒をつぐ。

シュウ【甃】(14) 瓦 9 1 6512 612C 音 シュウ 訓 しきがわら・いしだたみ

意味 ①しきがわら。地面に敷き並べる平らなかわら。②いしだたみ。平たい石を敷きつめた所。

【▲甃】いしだたみ 石の板を敷きつめたもの。表記「石畳」とも書く。

〈▲甃石〉しきいし 通路・庭・玄関先などに敷き並べた平たい石。表記「敷石・舗石」とも書く。

【▲甃】しきがわら いしだたみのように地面に敷きつめた平らな瓦。「土間の—」表記「敷瓦」とも書く。

シュウ【★聚】(14) 耳 8 1 7060 665C 音 シュウ・ジュ 訓 あつまる・あつめる

意味 ①あつまる。あつめる。「聚散」「聚斂シュウレン」対散 ②あつまったもの。たくわえ。「積聚」③人々のあつまり。なかま。むらざと。「聚落」

書きかえ 「集」に書きかえられるものがある。

下つき 雲聚ウンシュウ・積聚セキシュウ

【▲聚まる】あつまる 一つの所に寄り合う。表記「集まる」とも書く。

【▲聚合】シュウゴウ あつまりかたまること。あつめかためること。また、そのもの。表記「集合」とも書く。

【▲聚散】シュウサン あつまることと散ること。表記「集散」とも書く。

【▲聚落】シュウラク ▼書きかえ 集落（六九五）

【▲聚▲斂】シュウレン ①一か所にあつめてそれを取りこむこと。②支配者が租税を厳しく取り立てること。

【▲聚楽第】ジュラクダイ 一五八七（天正一五）年、豊臣秀吉とよとみひでよしが京都に建てた豪華な建物。参考「ジュラクテイ」とも読む。

シュウ【★皺】(15) 皮 10 1 6618 6232 音 シュウ・スウ 訓 しわ・しわむ

意味 ①しわ。ひだ。「皺面」②しわむ。

【▲皺▲襞】シュウヘキ しわと、ひだ。衣服のしわ、山肌に刻まれたひだなど。表記「褶襞」とも書く。

【▲皺】しわ 皮膚や紙などの表面にできる細かい筋目。「額に—を寄せる」

【▲皺腹】しわばら しわの寄った腹。老人の腹。「—を切る」

【▲皺む】しわむ しわが寄る。しなびる。「布地が—む」「年齢とともに肌が—む」

【▲皺寄せ】しわよせ あることで起こった無理や矛盾などを他へ押しつけること。「弱者に—が来る」

シュウ【緝】(15) 糸 9 1 6941 6549 音 シュウ 訓 つむぐ・あつめる・とらえる・やわらげる

意味 ①つむぐ。つなぐ。②あつめる。あつまる。「緝綴シュウテイ」類集・輯シュウ ③とらえる。とりおさえる。「緝捕」④やわらげる。「緝穆シュウボク」⑤ひかる。ひかりかがやく。

下つき 綴緝テイシュウ・編緝ヘンシュウ・補緝ホシュウ

【▲緝ぐ】つむぐ 繭などから繊維を取り出し、よって糸をつくること。

シュウ【銹】(15) 金 7 1 7888 6E78 音 シュウ 訓 さび・さびる

意味 さび。さびる。

【▲銹】さび 空気や水にふれて、金属の表面にできる酸化物。「はさみに—が浮く」表記「錆」とも書く。

【▲銹びる】さびる 金属の表面に酸化物ができて浮き上がる。「包丁が—びる」

シュウ【△褶】(16) 衤 11 7489 6A79 ▼チョウ（一〇六八）

シュウ【★輯】(16) 車 9 準1 2920 3D34 音 シュウ 訓 あつめる・やわらぐ

意味 ①あつめる。あつまる。「編輯」②やわらげる。やわらぐ。「輯柔」類①②緝シュウ

書きかえ ①「集」が書きかえ字。

下つき 収輯シュウシュウ・編輯ヘンシュウ

【▲輯める】あつめる 材料などをあつめて整理する。表記「集める」とも書く。

【▲輯睦】シュウボク おだやかでむつまじいさま。

シュウ【螽】(17) 虫11 1 音 シュウ 訓 いなご・きりぎりす・はたおりむし

〔螽〕7410 6A2A

意味 ①いなご(蝗)。イナゴ科の昆虫。いなむし。②きりぎりす。キリギリス科の昆虫。はたおりむし。

【〈▲螽▲斯〉】きりぎりす ①キリギリス科の昆虫。草地にすむ。体は緑色または褐色。長い糸状の触角をもつ。夏から秋、雄は「チョンギース」と鳴く。ハタオリ。ギッチョ。ギス。季秋 ②コオロギの古名。由来「螽斯」は漢名から。表記「蟋蟀」とも書く。

【▲螽▲斯】シュウシ ①イナゴまたはキリギリスの漢名。②子孫が繁栄すること。由来 ②イナゴが子をたくさん生むことから。

シュウ【醜】(17) 酉10 常 準2 2925 3D39 音 シュウ 訓 みにくい 外 にくむ・たぐい・しこ

筆順 3 5 7 9 13 17 一 冂 襾 酉 酉 酌 酌 酬 酮 醜 醜

意味 ①みにくい。みっともない。けがらわしい。わるい。「醜悪」「醜態」対美 ②にくむ。きらう。そしる。「醜詆シュウテイ」③似ている。ひとしい。たぐい。④しこ。みにくいものをののしる語。

下つき 美醜ビシュウ

【△醜】しこ ①みにくいものをののしっていう語。②自分を卑下するときに用いる語。

【△醜△男】しこお ①「醜男ぶおとこ」に同じ。②強くたくましい男。荒々しい男。

【△醜名】しこな 相撲の力士の呼び名。双葉山ふたばやまや大鵬たいほうなど。表記「四股名」とも書く。参考「シュウメイ」と読めば、悪い評判・汚名の意になる。

【△醜女】しこめ ①「醜女ぶおんな」に同じ。②あの世にいるといわれるみにくい女の鬼。

【醜悪】シュウアク 容姿や心がみにくいさま。行いがみにくく、さもしいさま。対美麗

【醜怪】シュウカイ 容姿などが、みにくく奇怪なさま。「―な面容」

【醜態】シュウタイ 行動や態度が見苦しいさま。「人前で―を演じる」

【醜聞】シュウブン 耳にしたくないような悪い評判やうわさ。スキャンダル。「―が立つ」

【醜類】シュウルイ みにくく行いのよくない人たち。悪い仲間。

【〈醜男〉】ぶおとこ 顔かたちのみにくい男性。参考「しこお」とも読む。

【〈醜女〉】ぶおんな 顔かたちのみにくい女性。参考「しこめ」とも読む。

【醜い】みにくい ①顔かたちや姿が悪く、美しくない。「―い顔」②行動などが見苦しい。「骨肉の争いは―い」

シュウ【鞦】(18) 革9 1 8067 7063 音 シュウ 訓 しりがい

意味 しりがい。ウマの尾にかけるひも。

【▲鞦】しりがい 馬具の名前。ウマの尻しりから鞍くらにかけるひも。表記「尻繋」とも書く。

シュウ【★繡】(19) 糸13 準1 9022 7A36 音 シュウ 訓 ぬいとり・うつくしい

〔☆繍〕2911 3D2B

意味 ①ぬいとり。ししゅう(刺繡)。「繡衣」「繡帳」②にしき。「錦繡キンシュウ」③うつくしい。美しく飾ったさま。

下つき 錦繡キンシュウ・刺繡シシュウ・文繡ブンシュウ

【▲繡衣】シュウイ 美しい刺繡がほどこされている衣服。

【▲繡腸】シュウチョウ 文才や歌才などに恵まれていること。また、豊かな詩情。参考「にしきの心」の意。

【▲繡仏】シュウブツ 布地に刺繡で、仏の像を刺し縫いして表したもの。ぬいぼとけ。

【▲繡を△衣て夜行く】シュウをきてよるゆく 功名をあげたり立身出世したりしても、故郷に錦にしきを飾らなければだれも知る者がないたとえ。暗い夜に華やかな刺繡をした服を着て歩く意。由来 中国、秦シン末、楚ソの項羽が秦の都を攻略したときに言った言葉。《史記》参考「繡」は「錦にしき」ともいう。

【▲繡】ぬいとり 布地に色糸・金糸で、模様や文字を刺し縫いして表すこと。また、その模様や文字。刺繡シシュウ。ぬいさし。「ハンカチにイニシアルの―がある」表記「縫取り」とも書く。

【〈▲繡眼児〉】めじろ メジロ科の小鳥。山林にすみ、冬は都会にも飛来する。スズメよりやや小さく、背面は黄緑色で、目のまわりに白い縁取りがある。鳴き声が美しい。季夏 由来「繡眼児」は漢名から。表記「目白」とも書く。

シュウ【蹴】(19) 𧾷12 常 2 2919 3D33 音 シュウ 外 シュク 訓 ける

筆順 4 7 9 12 15 口 口 𧾷 𧾷 踀 踪 踪 蹴 蹴 蹴

意味 ①ける。けとばす。「蹴鞠シュウキク・けまり」「蹴球」②ふむ。ふみつける。③つつしむ。おそれつつしむ。「蹴然」

下つき 一蹴イッシュウ

【蹴板】けいた 開き戸の框かまちに靴などによる損傷や汚れを防ぐために取りつけた金属板。けりいた。

【蹴込み床】けこみどこ 床の間の形式の一つ。床框とこがまちを用いない古風な床の間で、床板と寄敷よせしきとの間に垂直に板や小壁をはめたもの。

【蹴手繰り】けたぐり 相撲の技の一つ。相手の足を蹴ってはらうと同時に、腕をたぐって倒すもの。

【蹴出し】けだし 女性が着物を着るとき、腰巻が見えぬようにその上から着るもの。すそよけ。

【蹴躓く】けつまずく ①足を何かに引っかけて倒れそうになる。②順調に進んでいた物事が途切れる。しくじる。

【蹴爪】けづめ ①ニワトリやキジなどの鳥の足についている、爪のようなもの。②ウシやウマの足の後方にある小さなひづめ。

【蹴▲鞠】けまり 昔、宮廷での貴族の遊びの一つ。革製のまりを数人でけり続け、地面に落とさないようにするもの。また、それに用いるまり。参考「シュウキク」とも読む。

【蹴る】ける ①足で物を打つ。「小石を—る」②要求などを強く拒否する。はねつける。「入団の誘いを—る」

【蹴球】シュウキュウ サッカーやラグビー・アメリカンフットボールなど、ボールを足でけって行う球技。ふつうはサッカーを指す。

【蹴然】シュウゼン 恐れてつつしむさま。おびえて身をちぢめるさま。

シュウ【鰍】(20) 魚 9 準1 1966 3362 音 シュウ 訓 いなだ・かじか・どじょう

意味 ①いなだ。ブリの幼魚。②かじか。カジカ科の淡水魚。③どじょう。類 鰌

【▲鰍】かじか カジカ科の淡水魚。▼杜父魚(一二五)

シュウ【鰌】(20) 魚 9 1 8253 7255 音 シュウ 訓 どじょう

意味 どじょう(泥鰌)。ドジョウ科の淡水魚。類 鰍

【▲鰌】どじょう ドジョウ科の淡水魚。▼泥鰌(一〇九九)

シュウ【穐】(21) 禾16 準1 6752 6354 音 シュウ 訓 あき・とき

【穐】1612 302C

意味 ①四季の一つ。あき。②とし。としつき。③とき。大切なとき。表記「千秋楽」を「千穐楽」と書くことがある。

シュウ【襲】(22) 衣16 常 4 2917 3D31 音 シュウ 訓 おそう 外 つぐ・かさねる・かさね

筆順 亠 5 音 9 音 音 音 龍 龍 16 龍 18 龔 20 襲 22

意味 ①おそう。おそいかかる。「襲撃」「奇襲」「強襲」②つぐ。受けつぐ。引きつぐ。あとをつぐ。「襲名」「世襲」「踏襲」③かさねる。重ね着する。また、重ねた着物。「襲衣」

下つき 因襲・奇襲・逆襲・急襲・強襲・空襲・世襲・珍襲・敵襲・踏襲・猛襲・夜襲・来襲

【襲う】おそう ①いきなり攻める。急に危害を加える。「寝込みを—う」「台風に—われる」②不意に人の家に寄る。③不意にある感情に支配される。「急に不安に—われた」④地位や家系などを受けつぐ。「父のあとを—って華道の家元を継ぐ」

【▲襲】かさね ①平安時代、礼服の袍の下に着た衣服。下襲。②上着と下着がそろった衣服。③衣服をかさねて着るときの色の組み合わせ。「—の色目」

【▲襲ねる】かさねる ①衣服をかさねて着る。②同じことをくりかえす。

【襲撃】シュウゲキ 相手を不意に攻撃すること。「敵陣を—する」

【襲名】シュウメイ 親の名や師匠の芸名などを継ぐこと。「歌舞伎の—披露」

【襲用】シュウヨウ 今までのやり方などを受け継ぎ用いること。「古来の様式を—する」

【襲来】シュウライ 不意に激しくおそってくること。来襲。「大型台風が—した」「敵機—」「蒙古—」

シュウ【★讐】(23) 言16 1 2918 3D32 音 シュウ 訓 むくいる・あだ

【讎】7608 6C28

意味 ①むくいる。しかえしをする。「復讐」類 酬 ②あだ。かたき。「讐敵」「恩讐」類 仇 ③くらべて誤りを正す。

下つき 怨讐・恩讐・仇讐・校讐・寇讐・私讐・復讐・報讐

【▲讐】あだ かたき。表記「仇」とも書く。

【▲讐いる】むくいる 受けた言葉や品物に応じたものを相手に返す。表記「酬いる」とも書く。

シュウ【★鷲】(23) 鳥12 準1 4741 4F49 音 シュウ・ジュ 訓 わし

意味 わし。タカ科の大形の猛鳥。

【▲鷲】わし タカ科の鳥のうち、大形のものの総称。くちばしと爪が鋭く、鳥獣を捕食。イヌワシ・オオワシなど。季 冬 表記「雕」とも書く。

【▲鷲▲摑み】わしづかみ ワシが鋭い爪で獲物を捕らえるように、乱暴に物をつかむこと。「賊は紙幣を—にして逃走した」

【▲鷲鼻】わしばな ワシのくちばしのように、鼻すじが高くつき出て、先が下向きにとがっている鼻。かぎばな。わしっぱな。

シュウ【驟】(24) 馬14 1 8169 7165 音 シュウ 訓 はしる・はやい・にわか・しばしば

意味 ①はしる。ウマが速く走る。「驟馳」②はやい。すみやか。③にわか。とつぜん。「驟雨」④しばしば。たびたび。

【驟雨】シュウウ 突然降り出してすぐにやんでしまう雨。雷が鳴り、雷雨となるものが多い。夕立やにわか雨。季 夏

し シュウ

【▲驟然】《シュウゼン》 雨などが突然降りだすさま。にわかであるさま。

【▲驟か】《にわか》 突然。急であるさま。不意。「一天―にかきくもる」

ジュウ【十】 (2) 十0 常 教 10 2929 3D3D 音 ジュウ・ジッ 訓 とお・と

筆順 一十

意味 ①とお。数の名。「十戒」「十干」 ②満ち足りているさま。すべて。「十分」「十全」 ③数の多いこと。たくさん。「十目」 参考 「常用漢字表」(平成二二年)では、「ジュッ」とも読む(「十回」など)。

【〈十六夜〉】《いざよい》 陰暦一六日の夜。また、その夜の月。特に、陰暦八月一六日の夜。季秋 由来 一五日の満月よりも、「いざよい(ためらい)」ながら遅く出ることから。

【〈十八番〉】《おはこ》 ①とっておきの得意芸。②人のよくする動作や口にする言葉。「―の小言が始まる」 由来 一説に、歌舞伎《カブキ》の市川家に伝わる一八作品の得意芸「歌舞伎十八番」の台本を箱に入れて保存したことから。 参考 「ジュウハチバン」とも読む。 表記 「御箱」とも書く。

【十戒】《ジッカイ》 仏 沙弥《シャミ》・沙弥尼(二〇歳未満の出家者)が守るべき一〇のいましめ。不殺生《フセッショウ》・不飲酒《フオンジュ》など。

【十▲誡】《ジッカイ》 『旧約聖書』で神がモーゼに与えたという一〇か条の掟《おきて》。ヤハウェ以外を神とせず、殺人・姦淫《カンイン》・盗みなどが禁じられている。

【十干】《ジッカン》 木《モク》・火《カ》・土《ド》・金《ゴン》・水《スイ》の五行を、陽を表す「兄《え》」と陰を表す「弟《と》」とに分けたもの。甲《きのえ》・乙《きのと》・丙《ひのえ》・丁《ひのと》・戊《つちのえ》・己《つちのと》・庚《かのえ》・辛《かのと》・壬《みずのえ》・癸《みずのと》。 参考 十二支と組み合わせて、年・日を表すのに用いる。▼干支順位表(一六〇)

【十指】《ジッシ》 両手の一〇本の指。「―に余る(指では数え切れないほど多い)」

【十死一生】《ジッシイッショウ》 助かる見込みがほとんどないところを、かろうじて命拾いすること。また、非常に危険なこと。類 九死一生

【十中八九】《ジッチュウハック》 一〇のうち八、九の割合。ほとんど。おおかた。「―成功するだろう」 参考 「十中」は「ジュウチュウ」とも読む。類 九分九厘

【十手】《ジッて》 江戸時代、捕《と》り手が持っていた道具で、手元に鉤《かぎ》のある鉄や真鍮《シンチュウ》の棒。刀剣をたたき落としたり、相手を攻撃したりするのに用いた。手木《てぎ》。じってい。

【十哲】《ジッテツ》 思想家や芸術家の門下で、特にすぐれた一〇人。「芭蕉《ばしょう》門下の―」 参考 「哲」はかしこい意。

【十徳】《ジットク》 近世、漢学者や絵師や医者などが着た素襖《スオウ》に似た羽織のような衣服。

〔十徳《ジットク》〕

【十把一△絡げ】《ジッパひとからげ》 多くのものを、それぞれの特徴などを認めず、一まとめに扱うこと。

【十風五雨】《ジップウゴウ》 世の中が平穏なことのたとえ。また、気候が順調なこと。農作にちょうどよい天候のこと。一〇日ごとに風が吹き、五日ごとに雨が降る意。〈陸游《リクユウ》の詩〉 参考 「五風十雨」ともいう。

【十方】《ジッポウ》 ①四方(東・西・南・北)と四隅(南東・南西・北東・北西)、それに上下を合わせた一〇の方向のこと。②あらゆる方向。いたるところ。「―浄土」「―世界」

【十方暮】《ジッポウぐれ》 暦注の一つ。甲申《きのえさる》から癸《みずのと》巳《み》までの一〇日間、あらゆる方角や場所の気がふさがり、相談事などが整わず万事に凶という。

【十五夜】《ジュウゴヤ》 ①陰暦の毎月一五日の夜。満月の夜。望《もち》。②陰暦の八月一五日の夜。また、その夜の月。中秋の名月。昔から、団子・芋や酒などを供え、ススキなどを飾って月見を行う。芋名月。季秋

【十三夜】《ジュウサンヤ》 ①陰暦の毎月一三日の夜。②陰暦の九月一三日の夜。また、その夜の月。後《のち》の月。栗名月《くりメイゲツ》。豆名月。季秋 参考 ②中秋の名月に次いで月が美しいといわれる。

【十字】《ジュウジ》 漢字の「十」の字。また、それに似た形のもの。「―を切って祈る」

【十字架】《ジュウジカ》 ①罪人をはりつけにするときに用いた十字形の柱。②キリスト教徒が、礼拝の対象として尊ぶ十字の形。名誉や犠牲を表す。

【〈十姉妹〉】《じゅうしまつ》 カエデチョウ科の小鳥。中国から輸入したコシジロキンバラを日本で改良したという飼い鳥。白地に褐色などのまだらのものが多い。由来 「十姉妹」は漢名より。姉妹のように仲がよいことから。

【十字路】《ジュウジロ》 十文字に交差している道。四つつじ。四つかど。

【十全】《ジュウゼン》 完全なこと。十分に整って抜かりがないこと。「―の対策」類 万全

『十全十美』《ジュウゼンジュウビ》 すべてが完全で整っているさま。欠けたところがなく完全なさま。類 尽全尽美・完全無欠

【〈十二▲雀〉】《じゅうにから》 コガラの別称。▼小雀《こがら》(七三七)

【十二支】《ジュウニシ》 子《ね》・丑《うし》・寅《とら》・卯《う》・辰《たつ》・巳《み》・午《うま》・未《ひつじ》・申《さる》・酉《とり》・戌《いぬ》・亥《い》のこと。 参考 そのままでは時刻や方角を示し、十干《ジッカン》との組み合わせでは年や日を示した。▼干支順位表(一六〇)

【十二△単】《ジュウニひとえ》 平安時代以降の宮中における女官の正装の、後世の俗称。 由来 唐衣《からぎぬ》・裳《も》の下に何枚もの袿《うちぎ》を重ね

て着たことから。

【十二分】ジュウニブン 「十分」を強めていう語。十分すぎるほど十分なこと。十分以上であること。「名画を―に堪能(タンノウ)した」

【十人十色】ジュウニンといろ 好みや考え方、性格などは人それぞれちがうということ。「味の好みは―だ」類各人各様

【十年一日の△如し】ジュウネンイチジツのごとし 長い間変わらないこと。長い年月にわたって同じ状態で、少しも進歩や成長のないさま。類旧態依然

【十年一剣】ジュウネンイッケン 長年、武芸の修養を積むこと。また、長く武芸を磨き力を発揮する機会を待つこと。「十年一剣を磨く」の略。〈賈島(カトウ)の詩〉

【十年一昔】ジュウネンひとむかし 世の中の移り変わりが激しく、一〇年もたつともう昔のこととなってしまう。また、年月の流れを、一〇年を一区切りに考えること。

【十能】ジュウノウ 炭火を運ぶスコップに似た道具。先は金属製で取っ手は木製。季冬

【十八番】ジュウハチバン 「十八番(おはこ)」に同じ。

【十八般】ジュウハッパン 昔の中国で、一八種の武芸。転じて、あらゆる武芸。

【十分】ジュウブン 満ち足りて、何の不足もないさま。満足なようす。「生活に―な収入」 表記「充分」とも書く。

【十万億土】ジュウマンオクド 仏この世から西方の阿弥陀(アミダ)仏がいる極楽浄土に至るまでにあるという無数の仏国。転じて、極楽浄土のこと。類寂光浄土・西方浄土

【十目】ジュウモク 多くの人の目。衆人の観察。衆目。「―の一致するところ」

『十目の△視(み)る所十手(ジッシュ)の指す所』 多くの人が注目し、認めるところではまちがいがないし、ごまかしがきかないことのたとえ。〈『大学』〉

【十薬】ジュウヤク ドクダミの別称。ドクダミ科の多年草。葉はハート形で悪臭がある。由来いろいろな効能があることから。

【十有五にして学に志す】ジュウユウゴにしてガクにこころざす 一五歳のときに学問の道を志す。由来孔子が自分を回想した言葉。〈『論語』〉

【十両】ジュウリョウ 相撲で、力士の階級の一つ。幕内の下位で、幕下の上位。由来昔、給金が一年一〇両であったことから。

【十六六指・十六〈武蔵〉】ジュウロクむさし 将棋などの盤上で行うゲームの一種。季新年

〈十露盤〉そろばん ①中国や日本で用いられる計算道具。枠に並べられた串(くし)刺し状の玉を上下させて計算する。②計算。勘定(カンジョウ)。「―が合わない」「―に明るい」「読み書き―」 表記「算盤」とも書く。

〈十重二十重〉とえはたえ 同じものが多く重なること。いくえにも取りまくこと。「敵を―に取りかこむ」

【十】とお ①一の一〇倍。物を数えるときに使う。②一〇歳。

『十で神童十五で才子〈二十(はたち)〉過ぎれば▲只(ただ)の人』 幼いころにすばらしい才能をもっていると思われた人が、成長するにしたがって平凡な人になってしまう場合が多いことをいう。

【十日▲戎・十日恵比須】とおかえびす 正月一〇日に行われる初恵比須の祭礼。種々の宝物を枝先につけた縁起物のササを売る。兵庫県西宮の蛭子(えびす)神社・京都建仁(ケンニン)寺などの祭が有名。季新年

【十日の菊六日の〈▲菖▲蒲〉】とおかのキクむいかのあやめ 物事の時期に遅れて間に合わないたとえ。由来陰暦九月九日はキクの節句、五月五日は端午(タンゴ)の節句でショウブを飾るが、それぞれ一日遅れている意から。

【十△日夜】とおかんや 陰暦一〇月一〇日の夜、東日本で行われる農村行事。この日を、刈り入れが終わって田の神が山へ帰る日とし、案山子(かかし)上げをしたり、藁束(わらたば)で地面をたたいて回ったりする。西日本の亥子(いのこ)の行事に対応するもの。季冬

〈十大功労〉ひいらぎなんてん メギ科の常緑低木。中国原産。庭木にする。葉はヒイラギに似て、縁は鋭いのこぎり状。春、黄色の小花を総状につける。トウナンテン。由来「十大功労」は漢名から。表記「柊南天」とも書く。

〈十寸鏡〉ますかがみ 非常によく澄んだ鏡。ますみのかがみ。まそかがみ。表記「真澄鏡」とも書く。

ジュウ【中】(4) 丨3 教 3570 4366 ▼チュウ(一〇四二)

ジュウ【什】(4) 亻2 準1 2926 3D3A 音ジュウ 訓とお

意味 ①一〇でひとくみのもの。「什伍(ジュウゴ)」②とお。数の一〇。「什一」③さまざまな物。日常使う器具。「什器」「家什」

下つき 佳什(カジュウ)・家什(カジュウ)・玉什(ギョクジュウ)・近什(キンジュウ)・珍什(チンジュウ)・篇什(ヘンジュウ)

【▲什一】ジュウイチ ①一割。一〇分の一。一〇パーセント。②土地にかける税。

【▲什器】ジュウキ 日常生活でよく使う家具類や道具類。類什物

【▲什伍】ジュウゴ ①中国、秦(シン)の時代、民家一〇軒または五軒を一つの組として連帯責任を負わせた制度。②軍隊で、一〇人または五人の兵士の組。

【▲什宝】ジュウホウ 宝としてたいせつにしまってある道具類。秘蔵の器物。類什物

【▲什物】ジュウモツ ①「什器」に同じ。②寺院・神社が所有する器財や資材。③「什宝」に同じ。

ジュウ【★廿】(4) 十 2 準1 3891 467B 音 ジュウ 訓 にじゅう

意味 にじゅう(二十)。はたち。参考 二つの十を表した字。

【▲廿】にじゅう 数字の二〇。

ジュウ【▲充】(5) 儿3 ▼充の旧字(七〇一)

ジュウ【汁】(5) 氵2 常 準2 2933 3D41 音 ジュウ 外シュウ 訓 しる 外つゆ

筆順 丶 丷 氵 氵一 汁

意味 ①しる。物からしみ出る液。「汁液」「果汁」②つゆ。吸い物。

下つき 液汁エキジュウ・灰汁カイジュウ・あく・苦汁クジュウ・にがり・胆汁タンジュウ・肉汁ニクジュウ・乳汁ニュウジュウ・膿汁ノウジュウ・墨汁ボクジュウ

【汁】しる ①物にたくわえている液体。また、それをしぼったもの。「蜜柑ミカンの—」②水分を主にし、具を浮かせた料理。吸い物、味噌ミソ汁など。③他人の労力や犠牲で得る利益のたとえ。「地位を利用してうまい—を吸う」

【汁粉】しるこ 小豆あずきを甘く煮たあんを溶かした汁に、餅もちや白玉を入れた食べ物。こしあんのものとつぶあんのものとがある。「懐中—」「御膳ゴゼン—」

【△汁】つゆ しる。吸物のしる。蕎麦そばなどのつけじる。「天—」

ジュウ【充】(6) 儿4 常 準2 2928 3D3C 音 ジュウ 外シュ 訓 あてる高 外みちる・みたす・みつ

旧字《充》(5) 儿3 1/準1

筆順 丶 亠 𠫓 去 𠫓 充

意味 ①みちる。みたす。みつ。「充血」「充実」②あてる。あてがう。あてはめる。「充当」「充用」

下つき 拡充カクジュウ・填充テンジュウ・補充ホジュウ

【充行】あておこない 所領や禄ロクを与えること。また、それらの給与。あてがい。表記「宛行」とも書く。

【充てる】あ—てる 欠けたところをうめてみたす。あてはめてみたす。「余暇を読書に—てる」「不足分には予備費を—てる」

【充▲溢】ジュウイツ みちあふれること。「気力が—している」

【充血】ジュウケツ 体のある部分の動脈血が異常に増加すること。「目が—する」参考 静脈血の場合は「鬱血ウッケツ」という。

【充実】ジュウジツ 内容が豊富で、十分に備わっていること。「—したキャンパスライフ」「メニューの—した店」

【充足】ジュウソク 不足分を十分にみたすこと。みち足りること。「仕事を終えて—感でいっぱいになる」

【充塞】ジュウソク みちていっぱいになり、ふさがること。また、いっぱいになるまで詰めこむこと。

【充填】ジュウテン 空いたところに物をみたすこと。「弾丸を—する」参考「充」「填」ともにみたす意。

【充電】ジュウデン ①蓄電器などに電気をたくわえること。「バッテリーに—する」対 放電 ②あとの活動に備え、体力や知識などをたくわえること。「—期間」

【充当】ジュウトウ ある目的や用途のためにあてがうこと。「補正予算から—する」

【充分】ジュウブン 物事が必要なだけみち足りているさま。「時間は—ある」表記「十分」とも書く。

【充満】ジュウマン ある空間に気体などがいっぱいにみちること。「部屋に煙が—する」

【△充たす】み—たす 中身をいっぱいにする。充足する。「欠員を—す」「顧客の要求を—す」

【△充ちる】み—ちる 中身がいっぱいになる。予定の枠がいっぱいになる。「室内に花の香が—ちる」

ジュウ【戎】(6) 戈2 準1 2931 3D3F 音 ジュウ 訓 つわもの・いくさ・えびす・おおきい

意味 ①つわもの。兵士。軍隊。②いくさ。武器。戦争。「戎器」「戎事」③えびす。古代中国の西方異民族。「戎夷ジュウイ」「戎蛮」④おおきい。さかんなさま。

参考「戒」は別字。

下つき 犬戎ケンジュウ

【▲戎】えびす ①古代中国の、西方に住む異民族の蔑称ベッショウ。②野蛮な国の人民。未開の人民。

【▲戎衣】ジュウイ いくさの場に着て出る、衣服や甲冑カッチュウ。

【▲戎▲夷】ジュウイ 野蛮な国の人民。参考「夷」は東方の異民族の意。

【▲戎器】ジュウキ 戦争で用いる道具。武器や兵器。

【▲戎▲狄】ジュウテキ 野蛮な国の人民。参考「狄」は北方の異民族の意。

【▲戎馬を殺して▲狐▲狸を求む】ジュウバをころしてコリをもとむ 小さな利益をあげるために、かえって大きな損失をこうむるたとえ。人間は時に物事の本質を見極められず、大事なものを失うことへの戒め。「戎馬」は戦いに使うウマ。貴重な兵馬を殺して、値打ちのないキツネやタヌキを追い求めるの意から。〈『淮南子エナンジ』〉

ジュウ【住】(7) イ5 教 常 8 2927 3D3B 音 ジュウ 訓 すむ・すまう 外とどまる

筆順 ノ 亻 仁 仃 什 住

意味 ①すむ。すまう。「安住」「居住」 ②すまい。「住居」「住宅」 ③すむ人。「住民」 ④とどまる。とまる。

下つき 安住・移住・永住・居住・現住・後住・在住・常住・先住・定住・当住・無住

【住居】ジュウキョ 人が住んでいるところ。すまい。「―変更」類住所

【住持】ジュウジ 「住職」に同じ。

【住職】ジュウショク 「住持職」の略称。寺の長である僧。類住持

【住人】ジュウニン その家や土地に住んでいる人。そこで生活をしている人。

【住まう】すまう そこに住み、生活をいとなむ。住み続ける。

【〈住処〉・住み家】すみか 住んでいる家。住まい。

【住む】すむ そこに長くとどまり生活をする。「子どものころから団地に―む」

〔住めば都〕 最初は慣れない不便な場所であっても、住んでいるうちに愛着がわき、住みやすくなること。

ジュウ【狃】(7) 犭 4 1 6429 603D 音 ジュウ 訓 なれる・ならう

意味 なれる。なれなれしくする。また、ならう。「狃習」

【▲狃れる】なれる 身をすりよせて親しくする。なれなれしくする。

ジュウ【拾】(9) 扌 6 教 2906 3D26 ▼シュウ(六八七)

ジュウ【柔】(9) 木 5 常 4 2932 3D40 音 ジュウ・ニュウ 訓 やわらか・やわらかい 外やさしい・やわらげる

筆順 フ マ ヱ 予 矛 矛 柔 柔 柔

意味 ①やわらかい。しなやか。「柔毛」「柔軟」対剛 ②おだやか。やさしい。おとなしい。「柔順」「柔和」「温柔」 ③よわよわしい。しっかりしていない。「柔弱」「優柔」 ④やわらげる。てなずける。「懐柔」 ⑤やわら。武道の一つ。「柔術」「柔道」

下つき 温柔・懐柔・剛柔・優柔

【柔順】ジュウジュン おだやかでおとなしいこと。素直なさま。「―な性格」「母の考え方は―そのものだ」類温順

【柔道】ジュウドウ 日本独自の武術の一つ。武器は用いず、相手の動きを利用して防御や攻撃をおこなう。現在はスポーツとして国際的に受け入れられている。やわら。類柔術

【柔軟】ジュウナン ①柔らかくしなやかなこと。「―な筋肉」「―体操」 ②考え方などを状況に応じて変えられること。「―な思考の持ち主」「―に対処する」対強硬

【柔△能く剛を制す】ジュウよくゴウをセイす 弾力のある強固なものの力をそらして勝つ。弱いように見えるものがかえって強剛に勝つたとえ。〈『三略』〉

【〈柔手〉】にこで 柔らかい手。表記「和手」とも書く。

【柔弱】ニュウジャク 意志や体力がひ弱なさま。「―な体を鍛え直す」参考「ジュウジャク」とも読む。

【柔和】ニュウワ 性格や印象などが優しくおとなしいさま。ものやわらかなさま。「象の―な目元」

【柔肌・柔△膚】やわはだ 肌がやわらかくしなやかなこと。特に、女性の肌についていう。「赤ん坊の―に触れる」

【柔柔】やわやわ ①いかにも柔らかなさま。②物腰の柔らかなさま。たおやかなさま。③女房詞で、ぼたもち。また、吉野紙。

【柔ら】やわら 「柔道」「柔術」の別称。

【柔らかい】やわらかい ①かたさやとげとげしさがない。しなやかなさま。ふんわりしているようす。「薄くて―い布地です」「―いパン」 ②おだやかなさま。「表情が―い」「―い口調で話す」

【△柔らげる】やわらげる ①おだやかにする。「心を―げる」 ②文章などをわかりやすくする。「子ども向けに表現を―げる」

ジュウ【重】(9) 里 2 教 常 8 2937 3D45 音 ジュウ・チョウ 訓 え・おもい・かさねる・かさなる

筆順 一 二 千 斤 育 盲 重 重 重

意味 ①めかたがおもい。おもさ。「重心」「重量」「体重」 ②程度がはなはだしい。ひどい。「重症」「重病」 ③おもんじる。たいせつにする。「重視」「重点」「貴重」 ④おもおもしい。「重厚」「厳重」「荘重」対①〜④軽 ⑤かさねる。かさなる。くり返す。「重任」「重複」 ⑥え。かさなったものを数える語。「七重八重」

下つき 荷重・気重・貴重・軽重・厳重・自重・慎重・荘重・尊重・体重・珍重・丁重・比重・偏重・身重

【重】え 重なったものや重なった回数を数える語。「八ゃー桜」

【重い】おもい ①目方が多い。「背中の荷物が―い」 ②程度がはなはだしい。ひどい。「―い病気」 ③大切である。重要である。「―い使命」 ④気分がうっとうしい。「心が―い」 ⑤動きがにぶい。「足取りが―い」

【重△石】おもし ①物をおさえるのに使う重いもの。「漬物の―」 ②人をおさえる力。また、それのある人。貫禄。 ③はかりに使うおもり。

【重手・〈重傷〉】おもて 「重傷」に同じ。

【重荷】おもに ①重い荷物。②つらい負担。「親の期待を—に感じる」

【重馬場】おもばば 雨や雪などでウマが走りにくくなっている競馬場。

【重湯】おもゆ 水分を多くして煮た粥(かゆ)の上澄み。病人や乳児の食事。「—を口にする」

【重んじる】おもんじる 大事にする。たっとぶ。「人の和を—じる」

【重ねる】かさねる ①物の上にさらに物をのせる。「本を—ねる」②ある事に同じ事を加える。同じ行為を繰り返す。「得点を—ねる」「犯行を—ねる」

〈重▲播〉しきまき 古代の不法な行為の一つ。他人が穀物の種を播いた上にまた種を播き、穀物の生長を妨げること。表記「頻播」とも書く。

〈重▲籐〉しげどう 弓の、手でにぎる部分を黒漆で塗り、その上を籐(トウ)でぎっしり巻いたもの。表記「滋籐」とも書く。

〈重吹〉く しぶく 雨風がしきりに強く吹く。また、しぶきが飛び散る。表記「繁吹く」とも書く。

【重▲痾】ジュウア 重い病気。重病。大病。

【重圧】ジュウアツ 上から強い力で押しつけること。また、そのような力。「権力社会の—に耐えかねる」

【重囲】ジュウイ いくえにも張り巡らされた厳重な包囲。

【重縁】ジュウエン 親類関係にある者どうしの間で行う、縁組や結婚。

【重科】ジュウカ 重大な過ち。また、重い刑罰。重罪。「—人(重罪を犯した者)」

【重患】ジュウカン 重い病気。重病。また、重病の患者。重病人。

【重厚】ジュウコウ 重々しくどっしりと落ち着いていること。また、そのさま。「—な文章」「—なセリフを聞かせる劇」

【重厚長大】ジュウコウチョウダイ どっしりしていて大きいさま。人や物の性格についていう。「—な人物」参考もとは鉄鋼や造船などの重工業を指した産業用語。対軽薄短小

【重合】ジュウゴウ 同一の分子が二個以上結びついて新しい化合物をつくる化学反応。

【重婚】ジュウコン すでに結婚している人が、別の人と重ねて結婚すること。二重結婚。民法上で禁止され、刑法上では罰せられる。

【重視】ジュウシ 重く見ること。大切なこととして注意して見ること。「面接では人柄を—する」対軽視

【重重】ジュウジュウ かさねがさね。十分に。よくよく。「—承知しております」

【重症】ジュウショウ 病気やけがの症状が重いこと。対軽症

【重傷】ジュウショウ 深い傷。ひどいけが。深手(ふかで)。「交通事故で—を負う」対軽傷 参考「おもで」とも読む。

【重職】ジュウショク ある団体や分野などで、果たす役割や責任の大きい重要な役職。「会長の—に就く」類要職

【重心】ジュウシン 物体の各部分に作用する重力の中心点。「船の—がずれる」

【重水】ジュウスイ 重水素を含む水。ふつうの水よりも分子量が大きい。原子炉での中性子減速材として重要。「—炉」対軽水

【重税】ジュウゼイ 負担の重い税金。「—に苦しむ」

【重▲祚】ジュウソ 「重祚(チョウソ)」に同じ。

【重曹】ジュウソウ 「重炭酸曹達(ソーダ)」の略。炭酸水素ナトリウム。白い粉末で、料理でふくらし粉として用いられる。

【重体・重態】ジュウタイ 病気やけがの症状が重く、生命が危険な状態。

【重大】ジュウダイ 軽々しく扱えないほど、大事なさま。普通でないさま。「事件の証言を—視する」「—ニュースを発表する」

【重代】ジュウダイ 祖先から代々伝わること。また、そのもの。累代。「先祖—の宝」

【重鎮】ジュウチン ある方面のかなめとして重んじられる人物。「学界の—として知られる」参考「鎮」はおさえの意。

【重詰め】ジュウづめ 重箱に料理を詰めること。また、その料理。季新年

【重点】ジュウテン ①重要な箇所。特に大事な点。「デザインに—をおく」②てこで、動かそうとする物の重みがかかる点。作用点の旧称。

【重任】ジュウニン ①責任の重い仕事。重要な任務。②任期満了後も引き続き同じ任務につくこと。再任。

【重箱】ジュウばこ 積み重ねられるように作られた、料理を詰める四角い箱。

【重箱で味▲噌を▲擂る】ジュウばこでみそをする 粗雑で細かい部分に気を配らないこと。四角い重箱ではうまく味噌がすれないことから。対重箱の隅(すみ)を楊枝(ヨウジ)でほじくる

【重箱の隅を▲楊枝でほじくる】ジュウばこのすみをヨウジでほじくる 取るに足りないささいなことまで取り上げて、詮索(センサク)したり口出ししたりするたとえ。対重箱で味噌(ミソ)を擂(す)る

【重文】ジュウブン ①一文のなかに、主語と述語の関係が並列して二つ以上入っている文。対単文・複文 ②「重要文化財」の略。

【重要】ジュウヨウ 物事の中心となる非常に大切なこと。対些細(ササイ)・瑣末(サマツ)

【重力】ジュウリョク 地球上の物体を中心へ下向きに引く、重さの原因となる力。地球との間に働く万有引力と、地球自転によっておこる遠心力との合力。同じ物体についても地球上の場所によっていくらか異なる。

【重見天日】チョウケンテンジツ 苦しい状況から解放され、もとの明るい状態に戻ること。「重見」は重ねて見る、再び見る意。

「天日」は太陽のこと。「経済界に―の兆しが見えてきた」類撥雲見天

【重畳】チョウ ジョウ ①何重にも積み重なっていること。「―たる山並」②よいことが重なり、たいそう満足なこと。「―の至り」

【重▲祚】チョウ ソ 一度位からしりぞいた天皇が、再びその位につくこと。再祚。復祚。参考「ジュウソ」とも読む。

【重複】チョウ フク 同一の物事が二度以上繰り返されること。「記事が―している」参考「ジュウフク」とも読む。

【重宝】チョウ ホウ ①使い勝手がよく便利なこと。「これは―なガイドブックだ」②大切な宝物。表記①「調法」とも書く。参考②「ジュウホウ」とも読む。

【重用】チョウ ヨウ 重く用いること。人を重要な役職につけること。参考「ジュウヨウ」とも読む。

【重陽】チョウ ヨウ 五節句の一つ。陰暦九月九日の菊の節句。重九。季秋 由来易で「九」を「陽」の最上とし、月と日に九が重なることから。

ジュウ【従】(10) 彳7 常 教 5 2930 3D3E 音 ジュウ・ショウ 高・ジュ 高 訓 したがう・したがえる

旧字《從》(11) 彳8 1/準1 5547 574F

筆順 ノ ク 彳 彳丶 彳丷 彳丷 祥 祥 従 従

意味 ①したがう。したがえる。つきそう。つきしたがう。「従軍」「追従」②ききいれる。逆らわずにしたがう。「従順」「服従」対違 ③たずさわる。仕事につく。「従業」「従事」④とも。しもべ。「従者」「主従」⑤ゆったりとする。しずか。「従容」⑥たて。南北。「合従」類縦 対横・衡 ⑦三親等以上の傍系親族。「従兄」「従姉」⑧そえ。官位で「正」の次を示す。「従三位」対正 ⑨…より。…から。「従前」⑩したがって。それゆえ。

下つき 合従・屈従・侍従・主従・専従・属従・追従・忍従・服従・僕従・面従・類従

〈従兄弟〉いとこ 父母の兄弟・姉妹の子ども。特に、男性を指す。おじ・おばの息子。表記自分より年が上なら「従兄」、下なら「従弟」と書く。参考「ジュウケイテイ」とも読む。

〖〈従兄弟〉同士は▲鴨の味〗夫婦がいとこどうしだと、夫婦仲は鴨肉の味に勝るとも劣らないほどよいものであるということ。

〈従姉妹〉いとこ 父母の兄弟・姉妹の子ども。特に、女性を指す。おじ・おばの娘。表記自分より年が上なら「従姉」、下なら「従妹」と書く。参考「ジュウシマイ」とも読む。

〈従祖父〉おおおじ 祖父母の兄弟。両親のおじ。対従祖母 表記祖父母より年が上なら「大伯父」、下なら「大叔父」と書く。

〈従祖母〉おおおば 祖父母の姉妹。両親のおば。対従祖父 表記祖父母より年が上なら「大伯母」、下なら「大叔母」と書く。

【従う】したがう ①あとについていく。「引率者に―って進む」②逆らわずに服従する。「先輩の意見に―う」③「…するに従って」の形で、…とともに。「奥に行くに―って道幅が狭くなる」

【従事】ジュウ ジ 仕事やある事柄にたずさわること。「新製品の開発に―する」

【従順】ジュウ ジュン 素直でおとなしく逆らわないこと。言われたとおりにつきしたがうこと。「―な部下」

【従心】ジュウ シン 七〇歳の異称。由来「七十にして心の欲する所に従えども、矩を踰えず」という孔子の言葉から。《論語》

【従前】ジュウ ゼン 以前。今まで。従来。「テストは―のとおり行います」

【従属】ジュウ ゾク 自分よりも強大なあるものにしたがい、その支配を受けること。「大企業に―する下請け企業」

【従犯】ジュウ ハン 主犯の手助けをした罪。また、その罪を犯した者。幇助犯。類共犯 対主犯・正犯

【従僕】ジュウ ボク 男の召使い。使用人。

【従来】ジュウ ライ 今まで。前からこれまで。「―の方針を堅持する」

【従容】ショウ ヨウ 落ち着いてゆうゆうとしているさま。「―として危険地帯に赴く」表記「縦容」とも書く。

〖従容として義に就く〗ゆったりと落ち着いて、恐れることなく正義のために身を投げ出すこと。「義に就く」は、命を捨てても正義にしたがう意。《程子遺書》

〖従容として迫らず〗ゆったりと落ち着いて、あわてないさま。「迫らず」はあわてない意。

〈従者〉ずさ 主人につきしたがう者。ともびと。参考「ジュウシャ」とも読む。

ジュウ【▲從】(11) 彳8 5547 574F ▼従の旧字(七〇四)

ジュウ【渋】(11) 氵8 常 準2 2934 3D42 音 ジュウ 外シュウ 訓 しぶ・しぶい・しぶる

旧字《澁》(15) 氵12 1/準1 6307 5F27

筆順 丶 丶 氵 氵 氵 沚 洮 渋 渋 渋 渋

意味 ①しぶる。とどこおる。「渋滞」②にがにがしいさま。「渋面」③しぶい味。かきしぶ。「渋柿」④はでではなく落ち着いている。

下つき 晦渋・苦渋・難渋

【渋】しぶ ①味覚の一つ。渋柿などを食べたときに感じる、しぶい味。②カキのしぶ。「柿の―をとる」③茶などから染み出た赤黒い液。また、水あかなど。「茶碗についた―」

【渋い】しぶ-い ①にがく刺激のある味がする。「—いお茶で眠気をさます」②地味で落ち着いた感じがする。「—い柄の着物がよく似合う」③表情が不愉快そうなさま。「社長が—い顔をする」④けちである。「金払いが—い」

【渋〈団扇〉】しぶうちわ 表面に柿渋（かきしぶ）を塗った赤茶色のじょうぶなうちわ。実用性が高く、火をおこすときなどに用いる。季夏

【渋柿】しぶがき 熟して赤くなっても渋味の強い種類のカキ。季秋 参考 渋抜きをするか、干し柿にして食べる。

【渋皮】しぶかわ 木の幹や果実の表皮の内側にある薄い皮。あまかわ。「—がむける（女性が洗練される）」

【渋渋】しぶしぶ 内心では反対で、いやいやながら賛成するさま。「—参加費を払う」

【渋る】しぶ-る ①いやでためらう。ぐずぐずする。「銀行が融資を—る」「いつまでも返事を—る」②物事が順調に運ばない。「筆が—る」

【渋滞】ジュウタイ とどこおること。停滞すること。「事故で車が—している」

【渋面】ジュウメン 眉間（ミケン）にしわを寄せた不快そうな顔。しかめっつら。「—をつくる」
表記「しぶつら・しぶっつら」とも読む。

ジュウ【揉】★ (12) 扌9 1 5770 5966 音 ジュウ 訓 もむ・もめる・ためる

意味 ①もむ。もんでやわらげる。②もめる。ごたごたが起こる。③いりまじる。まぜ合わせる。④ためる。木などを曲げたわめる。

【揉み上げ】もみあげ 鬢（ビン）の毛が、耳から頰（ほお）まで生え下がっている部分。

【揉み消す】もみけ-す ①火のついている物を何かに押しつけ、もんで火を消す。②都合の悪いことやうわさが表面に出るのを防ぎ、なかったことにする。「金を使って事件を—す」

【揉む】も-む ①両手の間に物をはさんでこする。「紙を—んで柔らかくする」②押し合いへし合いする。「ラッシュに—まれる」③相手をきたえる。「後輩を—んでやる」④つらい体験をする。「世の荒波に—まれる」⑤心配する。「気を—む」

【揉める】も-める ①争いが起きてごたごたする。「会議が—める」②心配になる。「気が—める」

ジュウ【絨】★ (12) 糸6 1 6916 6530 音 ジュウ

意味 ①厚地のやわらかい毛織物。「絨緞（ジュウタン）」②刺繡（シシュウ）用の糸。

【絨毯・絨緞】ジュウタン 毛織物の一種で、床に敷く物。カーペット。季冬

【絨毛】ジュウモウ 小腸の粘膜にある、微細な毛状の突起。柔突起。

ジュウ【銃】(14) 金6 常 準2 2938 3D46 音 ジュウ 訓 外つつ

筆順 丿 亼 仐 午 金 金 釒 鈁 鉉 銃 銃

意味 じゅう。つつ。武器の一つ。鉄砲。「銃弾」
下つき 機銃（キジュウ）・拳銃（ケンジュウ）・小銃（ショウジュウ）・短銃（タンジュウ）・猟銃（リョウジュウ）

【銃火】ジュウカ ①銃が弾丸を撃ちだしたときに出る火。②銃による射撃。「ついに—を交える」

【銃眼】ジュウガン 敵を監視したり銃撃したりするために城などの防護壁にあけた穴。

【銃撃】ジュウゲキ 銃で相手を攻撃すること。「敵と—戦となる」

【銃後】ジュウゴ 戦場となっていない国内。また、直接戦闘に参加しない一般の国民。「—の守り」参考 戦場の後方の意。

【銃床】ジュウショウ 小銃で、銃身をとりつけてある木の部分。

【銃創】ジュウソウ 銃弾を受けてできた傷。射創。「貫通—」類 銃傷

【銃】つつ 弾（たま）を込めて撃つ、小型の武器。鉄砲。参考「ジュウ」とも読む。

ジュウ【澁】(15) 氵12 6307 5F27 ▼渋の旧字（七〇四）

ジュウ【糅】(15) 米9 1 6882 6472 音 ジュウ 訓 まじる・まじえる・かてる

意味 ①まじる。まじえる。ごちゃまぜになる。②かて。量を増やすために混ぜ物をした飯。かてめし。
下つき 雑糅（ザツジュウ）・紛糅（フンジュウ）

【糅飯】かてめし 米に雑穀や芋などをまぜて炊いた飯。かて。

【糅てる】か-てる 柔らかくまぜあわせる。細かくきざんでまぜる。

【糅じる】ま-じる 米に雑穀などが入りまじっている。

ジュウ【獣】(16) 犬12 常 4 2935 3D43 音 ジュウ 訓 けもの 外 け だもの・しし

旧字《獸》(19) 犬15 1/準1 6457 6059

筆順 丷 丷 㓁 㓁 甾 甾 兽 兽 獸 獣

意味 けもの。けだもの。野生の動物。「獣心」「猛獣」「野獣」対 禽（キン）
下つき 怪獣（カイジュウ）・海獣（カイジュウ）・禽獣（キンジュウ）・鳥獣（チョウジュウ）・珍獣（チンジュウ）・猛獣（モウジュウ）・野獣（ヤジュウ）

【獣】けだもの ①全身が毛でおおわれた、四足歩行の哺乳（ホニュウ）動物。けもの。②人間的な心のない残忍な行いをする者に対するののしりの言葉。

【獣】けもの 「獣（けだもの）」に同じ。「—道（動物の往来で、いつのまにかできた山中の小道）」由来 もとは「毛物」の意から。

【獣】しし けもの。特に、シカやイノシシのように狩でしとめて食用にする動物。

【獣食った報い】悪いことをしたために、当然受けなければならな

い報いのこと。自分だけがよい思いをしたために味わう苦痛の意。

【獣医】ジュウイ 家畜やペットの病気を診断し治療する医師。

【獣心】ジュウシン 良心や理性も情もない、けだもののような心。「人面―（人でなし）」

ジュウ【縦】(16) 糸10 常 教 5 2936 3D44 音 ジュウ 外 ショウ 訓 たて 外 はなつ・ゆるす・ゆるめる・ほしいまま・よしんば

旧字《縱》(17) 糸11 1/準1 6952 6554

筆順 く 幺 糸 紒 紒 縦 縦 縦 縦 縦 (3 6 9 11)

意味 ①たて。上下または南北の方向。「縦貫」「縦隊」対横 ②はなつ。㋐矢を発する。㋑火をつける。㋒追いやる。③ゆるす。見のがす。④ゆるめる。ゆるい。⑤ほしいまま。きままにする。「縦覧」「操縦」「放縦」⑥たとい。よしんば。仮定の助字。

下つき 操縦ソウジュウ・放縦ホウジュウ・ホウショウ

【縦横】ジュウオウ ①たてと、よこ。②東西と南北。転じて、四方八方。「―に走る道路」③思いのまま。自由自在。「―に動き回る」

【縦横無尽】ジュウオウムジン 自在に振る舞うさま。思う存分に物事を行うさま。「無尽」は尽きることがないこと。「―の大活躍」類縦横無碍ジュウオウムゲ・自由自在

【縦貫】ジュウカン 縦、または南北に貫くこと。「中国―自動車道」

【縦走】ジュウソウ ①登山で、山の峰から峰へ尾根を伝い歩くこと。「南アルプスを―する」②ある土地を山脈などが縦に貫くように連なっていること。

【縦隊】ジュウタイ 縦列たてレツに並んだ隊形。「二列―で行進する」対横隊

【縦断】ジュウダン ①縦の方向に断ち切ること。②縦、または南北に通り抜けること。「自転車で日本―をした」類縦貫 対①②横断

【縦塗横抹】ジュウトオウマツ 乱雑に書きなぐること。「塗」はぬること。「抹」はぬり消すこと。「―の原稿」

【縦覧】ジュウラン ある場所や物などを自由に見ること。「博物館で郷土資料を―した」参考「縦」はほしいままの意。

【△縦容】ショウヨウ のびのびとするさま。ゆったりと落ち着いているさま。表記「従容」とも書く。

【縦】たて ①前後の方向や長さ。「―に並ぶ」②上下の方向や長さ。「封筒に―に名前を書く」③南北の方向。④立体や平面の最も長い方向。

【縦▲縞】たてじま 衣服などで、縦方向に織った縞の模様。対横縞 表記「竪縞」とも書く。

【縦▲褌】たてみつ 相撲の力士がしめるまわしで、腹部から股間こを通って腰にまわっている部分のこと。相手の前の縦褌を取ることは禁じ手になる。表記「立褌」とも書く。

【縦割り】たてわり ①垂直面で割ること。②ある組織の上下関係に基づいて組織編成されていること。「―行政」対①②横割り

〈縦令〉たとい かりにもしも。よしんば。「―この身が滅ぼうとも約束は守る」表記「仮令」とも書く。参考「たとえ」とも読む。

【△縦】ほしいまま 気の向くまま。かって気ままにすること。「権力を―にする」

【△縦んば】よしんば たとえそうだとしても。かりに。「―雨でも問題はない」

ジュウ【蹂】(16) ⻊9 1 7690 6C7A 音 ジュウ 訓 ふむ・ふみにじる

意味 ふむ。ふみにじる。「蹂躙」

下つき 雑蹂ザツジュウ・践蹂センジュウ

【蹂▲躙】ジュウリン 権力や腕力で相手の権利などをふみにじること。「人権―」

【▲蹂む】ふむ 足でふみつける。ふみにじる。

ジュウ【△頭】(16) 頁7 教 3812 462C ▼トウ（一一五四）

ジュウ【▲縱】(17) 糸11 6952 6554 ▼縦の旧字（七〇六）

ジュウ【鞣】(18) 革9 1 8068 7064 音 ジュウ 訓 なめす・なめしがわ

意味 ①なめす。脂や毛を除いて皮をやわらかくする。②なめしがわ。

【▲鞣革・▲鞣】なめしがわ なめして柔らかくした動物の皮。

【▲鞣す】なめす 動物の毛皮の毛と脂肪を取り除き、薬品で処理して柔らかくする。「熊くまの皮を―す」

ジュウ【▲獸】(19) 犬15 6457 6059 ▼獣の旧字（七〇五）

しゅうと【▲姑】(8) 女5 2440 3848 ▼コ（四四九）

しゅうと【▲舅】(13) 臼7 7147 674F ▼キュウ（三二〇）

しゅうとめ【▲姑】(8) 女5 2440 3848 ▼コ（四四九）

シュク【夙】(6) 夕3 準1 2940 3D48 音 シュク 訓 つとに・はやい・まだき

意味 ①あさ。朝早く。「夙夜」②つとに。はやい。以前から。昔から。「夙志」「夙成」③つつしむ。類粛 ④まだき。早い時点・時期。

【夙志】シュクシ 早くからもっていたこころざし。長年の望み。

【夙成】シュクセイ 若いうちからよくできて、万事におとなびていること。早熟。早成。

【夙昔】シュクセキ 昔。以前。また、昔から。以前から。従来。表記「宿昔」とも書く。

【夙夜】シュクヤ ①朝早くから夜遅くまで。一日中。②常に。「―不眠に悩む」

『▲夙夜夢▲寐シュクヤムビ』朝早くから夜遅くまで。一日中。また、寝ても覚めても。一日中絶えず思い続けること。「夢寐」は寝て夢を見ること。また、眠っている間の意。《後漢書ゴカンジョ》

【夙起】シュク キ 朝早くから起きること。早起き。類夙興・晨起シンキ

【夙に】つと-に ①以前から。昔から。「—聞き及んでいました」②幼いころから。「理想に燃え—学問に励んだ」③朝早くから。

【夙い】はや-い 時間がはやい。朝はやい。「父は朝が—い」

シュク【叔】(8) 又 6 常 準2 2939 3D47 音 シュク 訓 外わかい

筆順 丨 ト 上 ｵ 才 未 叔 叔

意味 ①おじ。おば。父母の弟・妹。「叔父」「叔母」対伯 ②兄弟の上から三番め。「伯仲叔季」③わかい。年少者。

〈叔父〉おじ 父母の弟。また、父母の妹の夫。参考「シュクフ」とも読む。「伯父」と書けば、父母の兄。また、父母の姉の夫の意。

〈叔母〉おば 父母の妹。また、父母の弟の妻。参考「シュクボ」とも読む。「伯母」と書けば、父母の姉。また、父母の兄の妻の意。

【叔姪】シュクテツ おじと、姪めいまたは甥おい。

【叔妹】シュクマイ 夫の妹。こじゅうとめ。「母は—の多い家に嫁いだ」

シュク【祝】(9) ネ 5 教 常 7 2943 3D4B 音 シュク・シュウ 訓 高いわう 外たつ・のる・のろう

旧字《祝》(10) 礻 5 1/準1 8927 793B

筆順 、 ラ ネ ネ ネ口 ネロ 祝 祝

意味 ①いわう。ことほぐ。幸いを祈る。「祝典」「奉祝」②た(断)つ。たち切る。③のる。いのる。神に告げる。「祝禱シュクトウ」④かんぬし(神主)。神に祈る人。「巫祝フシュク」⑤のろう。まじなう。

し シュク

下つき 慶祝ケイシュク・巫祝フシュク・奉祝ホウシュク

【祝う】いわ-う ①めでたいことを喜ぶ。ことほぐ。②祝福の贈り物をする。「彼女の誕生日に花を—う」③幸いを祈る。「前途を—う」

【祝儀】シュウギ ①祝いの儀式。祝賀式・結婚式など。対不祝儀 ②祝いの儀式のときに贈る金品。引出物。「結婚式のご—を包む」③心づけ。チップ。はな。「芸人へのご—」

【祝言】シュウゲン ①婚礼。結婚式。「—を挙げる」②祝いの言葉。類祝詞・祝辞

【祝着】シュウチャク 喜び祝うこと。「教え子が結婚するとは—至極だ」類慶賀

【祝意】シュクイ 喜び祝う気持ち。「当選に—を表す」類賀意

【祝宴】シュクエン めでたいことを祝う宴会。祝筵シュクエン。「創立記念の—を催す」類賀宴

【祝筵】シュクエン ①祝賀の席。類宴席 ②「祝宴」に同じ。

【祝賀】シュクガ 祝い喜ぶこと。「結婚の—パーティーを開く」対哀悼

【祝詞】シュクシ ①祝いの言葉。「新年の—を申し上げます」類祝辞・祝言 ②「祝詞のりと」に同じ。参考①「シュウシ・ほぎごと」とも読む。

【祝辞】シュクジ 祝いの言葉。「市長として来賓の—をのべる」類祝詞 対弔辞

【祝日】シュクジツ 祝いの日。特に、国が定めた祝いの日。類祭日・旗日はたび

【祝勝・祝捷】シュクショウ 勝利を祝うこと。「全国大会初優勝の—会を催す」

【祝禱】シュクトウ キリスト教で、牧師または司祭が礼拝に来た人々を祝福して神に祈ること。また、その祈り。

【祝杯・祝盃】シュクハイ 祝いの酒をつぐさかずき。「大仕事の成功に—をあげる」

【祝髪】シュクハツ 髪をそって僧になること。類剃髪テイハツ 参考「祝」は断ち切る意。

【祝福】シュクフク ①幸いを祝い祈ること。「関係者から多大の—を受ける」②キリスト教で、神から幸福を与えられること。神の恵み。「神の—を受ける」

【祝融の災い】シュクユウのわざわい 火事。火災。参考「祝融」は、中国古代の伝説上の帝王。また、火をつかさどる神の名。

〈祝詞〉のりと 神をまつり、神に祈るときの古い文体の言葉。のりとごと。「—をあげる」参考「シュクシ」とも読む。また、「ほぎごと」と読めば別の意になる。

〈祝歌〉ほぎうた 祝ってうたう歌。祝ってよむ歌。表記「寿歌」とも書く。

〈祝詞〉ほぎごと 「祝詞シュクシ」に同じ。表記「寿詞・寿言」とも書く。参考「のりと」と読めば別の意になる。

シュク【俶】(10) 亻 8 1 4872 5068 音 シュク・テキ 訓 よい・はじめる・すぐれる

意味 一シュク ①よい。りっぱ。②はじめ。はじめる。「俶献」③ととのえる。おさめる。「俶装」二テキ すぐれる。ひいでる。「俶儻テキトウ」

シュク【▲祝】(10) 礻 5 8927 793B ▼祝の旧字(七〇七)

シュク【宿】(11) 宀 8 教 常 8 2941 3D49 音 シュク 外スク 訓 やど・やどる・やどす

筆順 丶 丷 宀 宀 宀 宀 宀 宿 宿 11

意味 ①やど。やどや。泊まる所。「宿坊」「宿舎」②やどる。泊まる。「宿泊」「合宿」③やどす。とどめる。とめておく。④かねてからの。「宿題」「宿望」⑤前世。前世からの。「宿業」「宿命」⑥年功を積んだ。経験豊かな。「宿学」「宿将」⑦星のやどり。星座。「星宿」⑧しゅく。馬継ぎ場。「宿駅」「宿場」

下つき 合宿ガッシュク・寄宿キシュク・下宿ゲシュク・止宿シシュク・星宿セイシュク・投宿トウシュク・分宿ブンシュク・野宿のジュク・

【宿▲痾】シュクア 以前からわずらっていて治らない病気。「―に苦しむ」類持病

【宿意】シュクイ ①前々からもっていた意見や考え。②かねてからのうらみ。

【宿雨】シュクウ ①連日降り続く雨。霖雨(リンウ)。ながあめ。②前夜から降っている雨。

【宿駅】シュクエキ 昔、交通の要所にあって旅客の宿泊やウマ・駕籠(かご)などを乗り換える設備のあった所。宿場。

【宿怨】シュクエン 以前から抱いているうらみ。「―を晴らす」類宿恨

【宿縁】シュクエン 仏前世からの因縁。類宿世(スクセ)・宿因 参考「スクエン」とも読む。

【宿願】シュクガン 以前から抱いていた強い願望。「ついに―を実現させた」類宿望・念願

【宿業】シュクゴウ 仏前世で行った行為のむくい。参考「スクゴウ」とも読む。

【宿志】シュクシ 以前から抱いていたこころざし。

【宿題】シュクダイ 学校で出される家庭学習用の課題。「―を忘れる」

【宿直】シュクチョク 官庁や会社など勤務先に、交代で泊まって夜間に起こる緊急な用務などにあたること。また、その人。泊まり番。参考「とのい」と読めば別の意になる。

【宿▲酲】シュクテイ 酒を多量に飲んだことにより翌日に残る頭痛などの症状。ふつかよい。類宿酔

【宿敵】シュクテキ 昔からの敵。「―を倒すために鍛練をつむ」

【宿場】シュクば 宿駅の江戸時代の言い方。街道の要所にあり、宿泊やウマ・駕籠(かご)の乗り換えができた所。

【宿泊】シュクハク 自分の家以外に泊まること。特に、旅先で、旅館やホテルなどに泊まること。「民宿に―する」

【宿弊】シュクヘイ 以前からの弊害。昔からの悪い習慣。「積年の―が一掃された」

【宿坊】シュクボウ 寺を訪れた人が泊まるための境内にある宿舎。

【宿望】シュクボウ 以前から抱いていた強い願望。類宿願・念願

【宿命】シュクメイ 人の力では変えようがない、前世から定まっている運命。「この出会いは―に違いない」類宿運

【宿老】シュクロウ ①豊かな経験を積んだ老巧な人。その道にすぐれた老人。②武家時代の重臣。鎌倉時代の評定衆(ヒョウジョウシュウ)、江戸時代の老中や諸大名の家老など。

【宿根草】シュッコンソウ 多年草のうち、地上部はその年に枯れるが、地下茎または根が残って、翌年再び芽を出す草。宿草。参考「シュクコンソウ」とも読む。

【△宿世】スクセ 仏①前の世。前世。②前世からの因縁。類宿縁・宿因 参考「シュクセ」とも読む。

【△宿▲禰】スクネ ①上代、貴人を親しんで呼んだ敬称。②古代の姓(かばね)の一つ。

【△宿曜】スクヨウ ①インドの経典に由来する天文暦学。星の運行で人の運勢や吉凶を占う。平安時代に日本に渡来し、流行した。②「宿曜経(ギョウ)」の略。二十八宿・七曜などの関係と人の誕生日とによって運命を占い、日の吉凶を判断する方法を説く経典。参考「シュクヨウ」とも読む。

【〈宿直〉】とのい ①昔、宮中や役所に宿泊して警護にあたったこと。②夜間、貴人の寝所に奉仕すること。参考「シュクチョク」と読めば別の意になる。

【〈宿酔〉】ふつかよい 酒を飲みすぎて、翌日に頭痛や吐き気で苦しむこと。「―で仕事を休む」表記「二日酔い」とも書く。参考「シュクスイ」とも読む。

【宿】やど ①住んでいる家。すみか。「埴生(はにゅう)の―」②旅先で泊まる所。③妻が自分の夫を指していう語。やどろく。④奉公人が自分の親元を指していう語。「―下がり」

【宿す】やどす ①内部に抱えもつ。「子を―す」②とどめる。「月の光を―す」

【宿木】やどりぎ ①ヤドリギ科の常緑小低木。②他の木に寄生する木。▼寄生木(やどりぎ)(二七四)

【宿蜂】やどりばち ハチ類で、他の昆虫やその卵に産卵し、幼虫がそれを食べて育つものの総称。キセイバチ。表記「寄生蜂」とも書く。

【宿る】やどる ①旅先で泊まる。②寄生する。「虫が体内に―る」③露や光などがとどまる。「葉に露が―る」④内部にとどまる。「命が―る」

【宿六】やどロク 妻が夫を親しみやさげすみの気持ちを込めていう語。「うちの―」

【〈宿花〉】よみはな 花の季節が過ぎてから再び花を咲かせること。返り花。二度咲き。

シュク 【淑】

(11) 氵 8 常 準2 2942 3D4A

音 シュク
訓 外 しとやか・よい

筆順 2 氵 氵 氵 汁 汁 汁 沫 沫 淑 淑

意味 ①しとやか。きよらか。品のある。「淑徳」「貞淑」②よい。善良な。③よしとする。よいとして慕う。「私淑」

下つき 私淑(シシュク)・貞淑(テイシュク)・不淑(フシュク)

【〈淑景舎〉】しげいしゃ ①平安京にあった女御・更衣(ニョウゴ・コウイ)の住居。②①に住んでいた女御・更衣。参考「しげいさ」とも読む。また、庭にキリが植えてあったことから「桐壺(きりつぼ)」とも呼ばれた。

【△淑やか】しとやか 言葉や動作が上品でもの静かなさま。

【淑女】シュクジョ 上品でしとやかな女性。「多くの―が会場に集まった」対紳士

【淑徳】シュクトク 上品でしとやかな女性の美徳。

【△淑い】よい ①善良なさま。「―い人」②しとやかで、つつましい。

シュク【倏】(11) 犬7 1 6439 6047 音 シュク 訓 たちまち・すみやか

意味 たちまち。すみやか。にわか。「倏忽」

【▲倏ち】たちまち すみやか。あっという間。すぐ。

シュク【粛】(11) 聿6 常 準2 2945 3D4D 音 シュク 訓 外 つつしむ

旧字《肅》(13) 聿8 1/準1 7073 6669

筆順 粛

意味 ①つつしむ。おごそか。身をひきしめる。「粛然」「厳粛」類夙 ②ただす。いましめる。きびしくする。「粛正」「粛清」

下つき 厳粛・自粛・静粛・整粛・端粛

【粛啓】シュクケイ 手紙の初めに書くあいさつの語。つつしんで申し上げるの意。類謹啓・粛白

【粛殺】シュクサツ 秋風が冷たくなり、草木を枯らすこと。

【粛粛】シュクシュク ①おごそかなようす。「葬儀の列は―と進んだ」類厳粛 ②ひっそりと静かなさま。粛然。「鞭声―」③つつしみ敬うさま。うやうやしいさま。

【粛正】シュクセイ 不正を取り締まり、正しくすること。「綱紀の―を図るべきだ」

【粛清】シュクセイ 不正者・反対者を取り締まり、排除すること。「党内で反対派の―運動が展開される」

【粛然】シュクゼン ①静まりおごそかなようす。「式が―と進行する」類粛粛 ②つつしみかしこまるようす。「―と襟を正す」

【粛白】シュクハク 手紙の初めに書くあいさつの語。つつしんで申し上げるの意。類謹啓・粛啓

【△粛む】つつしむ おごそかにかしこまる。身をひきしめる。

シュク【菽】(11) ⺾8 1 7235 6843 音 シュク 訓 まめ

意味 まめ。豆類の総称。「菽水」「菽粟」

下つき 茹菽

【菽水の歓】シュクスイのカン 貧しい生活を送りながらも孝養に励んで、親を喜ばせること。「菽水」は豆と水。粗末な食物のたとえ。由来 孔子が弟子の子路に、貧困のなかでも親を喜ばせるのが本当の親孝行であるとさとした言葉から。《礼記》 表記「歓」は「懽」とも書く。

【菽麦を弁ぜず】シュクバクをベンぜず 物の区別ができない愚か者のたとえ。「菽麦」は豆と麦。豆と麦を見分けることは非常に簡単なことなのに、その区別もできない意から。《春秋左氏伝》

【▲菽】まめ 豆類の総称。表記「豆・荳」とも書く。

シュク【粥】★ (12) 米6 準1 2001 3421 音 シュク・イク 訓 かゆ・ひさぐ

意味 ①かゆ。「豆粥」 ②ひさぐ。売る。「粥文」

【▲粥】かゆ 米を多めの水でやわらかく煮た食べ物。「七草―」

【▲粥柱】かゆばしら 正月一五日に粥に入れて食べる餅。季新年

【▲粥腹】かゆばら 粥を食べただけの腹。力の入らない腹。「―では力仕事は無理だ」

【▲粥ぐ】ひさぐ 物を売って商売をする。「駄菓子やおもちゃを―ぐ店」

シュク【▲肅】(13) 聿8 7073 6669 ▼粛の旧字(七〇九)

シュク【蓿】(14) ⺾11 1 7282 6872 音 シュク 訓

意味 マメ科の二年草「苜蓿(うまごやし)」に用いられる字。

シュク【縮】(17) 糸11 教 常 5 2944 3D4C 音 シュク 訓 ちぢむ・ちぢまる・ちぢめる・ちぢれる・ちぢらす

筆順 糸 糸 紵 紵 絎 絎 縮 縮

意味 ①ちぢむ。ちぢまる。ちぢめる。ちぢれる。「縮小」「縮図」「短縮」対伸 ②ちぢこまる。かしこまる。「畏縮」「恐縮」 ③ちぢみ。ちぢみ織り。

下つき 圧縮・畏縮・萎縮・恐縮・凝縮・緊縮・軍縮・減縮・収縮・伸縮・短縮・濃縮・防縮

〈縮縫〉いせ 裁縫で、布を縫いちぢめて丸みやふくらみを出す技法。洋服の袖山などに用いる。かきこみ。ぬいしろ。

〈縮羅〉しじら 縦横に太さの異なる糸を用いたり、縦糸の張り方を不均衡にしたりして、織物の表面に出した細かいちぢみじわ。また、そのしわを出した織物。しじらおり。

【縮衣節食】シュクイセッショク 節約、倹約すること。衣食を節約する意。〈陸游の詩〉 参考「節衣縮食」ともいう。類一汁一菜 対暖衣飽食

【縮減】シュクゲン 計画や予算などが、縮少したり、減額したりすること。「不況で事業の予算が―される」

【縮刷】シュクサツ 版を縮小して印刷すること。また、その印刷物。「新聞の―版」

【縮砂】シュクシャ ショウガ科の多年草。南アジア原産で、江戸末期に渡来。芳香のある白い花をつける。鑑賞用。ジンジャー。

【縮尺】シュクシャク ①実物より縮小して書くこと。②図上の寸法と実物の寸法の比率。「地図の―は五万分の一です」

【縮小】シュクショウ ちぢまって小さくなること。また、ちぢめて小さくすること。「書類を

―コピーした」対拡大

【縮図】シュクズ ①原形をちぢめた図。「姫路城内部の―」②規模を小さくして端的に表したもの。「人生の―」

【縮地補天】シュクチホテン 天子が政治や行政の機構などを大きく改革すること。〈『旧唐書(クトウジョ)』〉

【縮み】ちぢみ ①ちぢむこと。②「縮み織り」の略。麻や綿などの布を細かくちぢませた薄地の織物。夏の衣料用。季夏

【縮む】ちぢ-む ①小さくなる。短くなる。「ズボンのたけが―む」②しわがよる。「布地が―む」③すくむ。「身の―むような思い」

【縮める】ちぢ-める ①小さくする。短くする。「先頭との距離を―める」②しわをよせる。「眉間(ミケン)を―める」③ひっこめる。すくませる。「首を―める」

【縮れる】ちぢ-れる ①しわがよってちぢまる。「燃やされて繊維が―れる」②細かく巻いて波状になる。「髪が―れる」

【〈縮▲緬〉】ちりめん 絹織物の一種。縦糸によりのない生糸、横糸によりの強い生糸を使い平織りにした後、ソーダをまぜたせっけん液で煮沸し縮ませたもの。

【〈縮▲緬雑魚〉】ちりめんじゃこ カタクチイワシなどの稚魚を煮て干した食品。しらすぼし。季春 参考「ちりめんざこ」とも読む。

シュク【蹙】(18) 足11 1 7706 / 6D26 音 シュク・セキ 訓 せまる・しかめる・きわまる・つつしむ・ける

意味 ①せまる。物事がさしせまる。②しわをよせる。しかめる。「顰蹙(ヒンシュク)」③きわ(窮)まる。くるしむ。④つつしむ。⑤け(蹴)る。

下つき 顰蹙(ヒンシュク)

シュク【△蹴】(19) ⻊12 常 2919 / 3D33 ▼シュウ(六九七)

ジュク【孰】(11) 子8 1 5357 / 5559 音 ジュク 訓 たれ・いずれ・つまびらか

意味 ①たれ。たれか。疑問・反語の助字。②いずれ。いずれか。いずれぞ。疑問・反語の助字。③つまびらか。くわしい。

【▲孰れ】いず-れ 二つ以上ある物・場所などから一つを選ぶときに使う語。どちら。どこ。

ジュク【塾】(14) 土11 常 準2 2946 / 3D4E 音 ジュク 訓

筆順 古 亨 享 享 孰 孰 孰 孰 塾 (5)

意味 まなびや。学問・技芸を教える私設の学舎。「塾長」「塾頭」

下つき 家塾(カジュク)・義塾(ギジュク)・私塾(シジュク)・村塾(ソンジュク)

ジュク【熟】(15) 灬11 教 常 5 2947 / 3D4F 音 ジュク 訓 うれる㊥・㊤うむ・にる・にえる・なれる・つらつら・つくづく・こなす・こなれる

筆順 亠 古 亨 享 享 孰 孰 孰 熟 熟 (2, 5, 15)

意味 ①うれる。みのる。そだつ。「早熟」「成熟」②に(煮)る。にえる。「半熟」③じゅうぶんに。「熟練」「熟読」④よくよく。つらつら。くわしく。「熟考」「熟視」⑤こなす。こなれる。

下つき 円熟(エンジュク)・完熟(カンジュク)・習熟(シュウジュク)・成熟(セイジュク)・早熟(ソウジュク)・半熟(ハンジュク)・晩熟(バンジュク)・豊熟(ホウジュク)・未熟(ミジュク)・練熟(レンジュク)

【〈熟寝〉】うまい 気持ちよくぐっすり眠ること。熟睡。表記「旨寝・味寝」とも書く。

【△熟む】う-む 果実などが、熟する。うれる。「柿(かき)が―む季節だ」

【熟れる】う-れる 果実が熟して食べごろになる。「木で―れた果物はおいしい」

【△熟す】こな-す ①細かく砕く。②消化する。③技術などを習得して自由に使う。「パソコンを使い―す」④処理する。「短時間で仕事を―す」

【△熟れる】こな-れる ①消化する。「―れやすい食物」②習熟して自在に扱える。「―れた文章」③性格が円満になる。「―れた人柄」

【熟議】ジュクギ よく相談すること。十分論議すること。「―した結果を公表する」

【熟語】ジュクゴ ①二つ以上の語が結びついて一語となったもの。「夏草」など。複合語。②二字以上の漢字を組み合わせて一つの漢語としたもの。「売店」「不思議」など。類熟字 ③慣用句。成句。

【熟△柿】ジュクシ よく熟したカキの実。「―の落ちるのを待つ」季秋

【熟思】ジュクシ 十分に考えること。よくよく思いめぐらすこと。類熟慮・熟考

【熟思黙想】ジュクシモクソウ 黙ってじっくりと考えること。「黙想」は黙って心静かに思うこと。「―の末、おもむろに口を開いた」類沈思凝想・沈思黙考

【熟視】ジュクシ じっと見つめること。「相手の顔を―する」類凝視

【熟字訓】ジュクジクン 漢字一字の音・訓に関係なく、二字以上の漢字で書き表した語をまとめて訓に読むもの。「五月雨(さみだれ)」「小豆(あずき)」「雪崩(なだれ)」など。

【熟食】ジュクショク 十分に煮たり焼いたりして、やわらかくなった食べ物。火食。

【熟睡】ジュクスイ 十分に眠ること。「―していて一向に起きない」類熟眠

【熟成】ジュクセイ 十分に出来上がること。また、発酵して独特の風味が出ること。「―したワイン」

【熟達】ジュクタツ 技能などが慣れて上手になること。「語学の―をはかる」類熟練

【熟知】ジュクチ 十分に知っていること。「親は子どもを―している」

【熟田】ジュクデン よく手入れをして、耕作した田。こなた。

【熟読玩味】ジュクドクガンミ 文章の意味を十分に考えて、読み味わうこと。「玩味」は食物をよく味わって食べる意。〈小学〉「古典を—する」

【熟年】ジュクネン 人生の経験を積んで円熟した年ごろ。中高年。「—世代」「—夫婦」 参考 一九七〇年代後半から「中高年」に代わる言葉として使われ始めた。

【熟▲爛】ジュクラン 熟してただれくずれること。また、物事が成熟しきること。「—した江戸の文化」 類 爛熟

【熟慮】ジュクリョ 十分に考えをめぐらすこと。類 熟思・熟考

【熟慮断行】ジュクリョダンコウ よく考えたうえで、思い切って実行に移すこと。「断行」は断固として実行すること。「—を要する時期にある」

【熟練】ジュクレン 十分に慣れていて上手なこと。「航空機の操縦は—を要する」「—工」 類 熟達

【熟考】ジュッコウ よくよく考えること。「発言の前には—するものだ」 類 熟思・熟慮

【△熟・〈熟熟〉】つくづく ①よくよく。念を入れて。つらつら。「花を—と眺めた」②身にしみて感じ入るさま。「—嫌になった」

【△熟・〈熟熟〉】つらつら 「熟(つくづく)」に同じ。表記「倩」とも書く。

【△熟▲鮨】なれずし 塩漬けの魚に飯を合わせ、酢を用いないで自然発酵させて作るすし。くされずし。表記「馴鮨」とも書く。

【△熟れる】なーれる まじり合って、味がよくなる。「漬物が—れる」

【〈熟▲瓜〉】ほぞち よく熟したマクワウリ。由来 よく熟すとへた(ほぞ)がとれることから。

シュツ【出】 (5) 凵 3 常 教 10 2948 3D50 音 シュツ・スイ中 訓 でる・だす外 いだす・いづ

筆順 丨 十 屮 出 出

意味 ①でる。外にでる。だす。外へだす。「出家」「出版」「抽出」 対 入 ②あらわれでる。あらわす。「出現」「出世」「露出」 ③でむく。おもむく。活動する。「出演」「出場」 ④すぐれる。ぬきんでる。「出色」「傑出」 ⑤生まれ。で。「出自」「出身」

下つき 案出・演出・外出・門出・救出・供出・傑出・歳出・産出・算出・支出・死出・進出・選出・退出・脱出・抽出・提出・摘出・遠出・突出・捻出・輩出・派出・早出・搬出・不出・船出・放出・輸出・流出・露出

【〈出石〉焼】いずしやき 兵庫県豊岡市出石町に産出する陶磁器。江戸時代に藩主の御用窯まで有田の陶法を伝えた。白磁・染め付けなどが多い。

【〈出雲〉】いずも 旧国名の一つ。現在の島根県の東部。雲州。

【△出し▲袿】いだしうちぎ 「出し衣」に同じ。

【△出し△衣】いだしぎぬ ①直衣の下、指貫の上に、下着の衵の裾先をのぞかせて着ること。いだしうちぎ。いだしづま。②装飾の目的で、寝殿の簾などの下から衣の裾先や袖口をはみ出させておくこと。うちだし。

【△出で立ち】いでたち ①「出立」に同じ。②身じたく。装い。「派手な—でパーティーに現れた」

【△出でては将、入りては相】いでてはショウ、いりてはショウ 文武の才を兼備した人物のたとえ。戦時には朝廷から出て将軍として軍を指揮し、朝廷の中にいれば宰相として力を発揮する意から。〈旧唐書〉

【△出で湯】いでゆ 温泉。「—の里をおとずれる」

【出▲捐】シュツエン 他人を助けるために、金や品物を寄付すること。

【出演】シュツエン 舞台や映画などに出て演技をすること。「テレビドラマに—する」

【出荷】シュッカ ①荷物を出すこと。②商品を市場に出すこと。「天候の影響で—が遅れた」 対 入荷

【出芽】シュツガ ①植物が芽を出すこと。類 発芽 ②酵母や原生動物などに見られる、無性生殖法の一種。体の一部がふくらんで成長し、それが分かれて新個体となる現象。

【出棺】シュッカン 葬儀のとき、ひつぎを家や式場から送り出すこと。

【出願】シュツガン 役所などに願いを出すこと。願書を提出すること。「特許を—する」「大学受験の—手続き」 類 申請

【出御】シュツギョ 天皇・皇后などがお出ましになること。対 還御・入御

【出家】シュッケ 仏 家や俗世を捨てて仏門に入ること。また、その人。僧侶。対 在家

【出血】シュッケツ ①血管が破れて、血液が血管の外に出ること。「転んで膝から—した」②金銭や労力などで、犠牲や損害があることのたとえ。「—大サービス」

【出向】シュッコウ 会社などの命令で、他の場所へ出むいて仕事をすること。「九州の営業所に—する」

【出仕】シュッシ ①官につかえること。民間から出て役人になること。類 仕官 ②勤めに出ること。類 出勤

【出資】シュッシ 資金を出すこと。特に、会社などの共同事業に資本を出すこと。

【出自】シュツジ でどころ。生まれ。「—に疑問を抱く」

【出▲処】シュッショ ①「出所」に同じ。②自分の身の振り方。特に、官につくことと民間に入ること。参考「処」はあるところにとどまる意。①「でどころ」とも読む。

【出処進退】シュッショシンタイ 官職や地位にとどまるか、辞めるかということ。身の振り方、身の処し方のこと。また、世に出て官に仕えることと、退いて民間にあること。「―を明らかにすることが肝要だ」参考「進退出処」ともいう。類用行舎蔵

【出所】シュッショ ①出生地。出身地。②事の起こるところ。「情報の―」「―不明の大金をもつ」③刑期を終えて刑務所を出ること。表記②「出処」とも書く。参考②「でどころ」とも読む。

【出生】シュッショウ ①子どもが生まれること。「役所に―届を提出する」②その土地の生まれ。参考「シュッセイ」とも読む。また、「スイサン」と読めば別の意になる。

【出色】シュッショク 他のものより目立ってすぐれていること。「―の出来に驚く」類抜群

【出身】シュッシン その土地・学校・身分の出であること。「秋田の豪雪地帯の―」「―校の応援に行く」

【出▲塵】シュツジン 俗世間を捨て去ること。出家すること。「塵」は煩わしい俗世間、世俗のよごれやけがれのこと。

【出穂】シュッスイ ムギやイネなどの穂が出ること。参考「でほ」とも読む。

【出世】シュッセ ①よい地位や身分を手に入れること。「―のために人を騙す」②この世に生まれてくること。出生。③仏仏がこの世に現れること。④仏「出世間」の略。俗世を捨てて仏門に入ること。類出家

【出征】シュッセイ 兵士として戦場へ出ること。「―する部隊を見送る」

【出△来】シュッタイ ①事件が起こること。類発生・勃発 ②物事が出来上がること。「近日―予定の工事」類完成 参考「シュツライ」の転じたもの。「でき」と読めば、できたもの・収穫の意になる。

【出立】シュッたつ 旅に出ること。出発すること。いでたち。「夜明けに―する」類門出

【出張】シュッチョウ 仕事で、一定期間、臨時に別のところに行くこと。「日帰り―」

【出超】シュッチョウ 「輸出超過」の略。一定期間内の輸出の総額が輸入の総額より多くなること。対入超

【出陳】シュッチン 展覧会などに作品や物品を出して、陳列すること。類出品

【出典】シュッテン 引用された文や語句などの出どころとなった書物。「―を明らかにする」類典拠

【出土】シュツド 古い時代に使われていた物品が、土のなかから出てくること。「貴重な考古学資料が―した」

【出頭】シュットウ ①役所などに自分から出かけていくこと。「参考人として警察に―する」②他より抜きんでてすぐれていること。「―家老(一番家老)」

【出動】シュツドウ 隊をなすものが出て行って活動すること。「―命令を待つ」「自衛隊が被災地へ―する」

【出馬】シュツバ ①ウマに乗って出かけること。特に、戦場へ出ること。②自分から進んである場所へ出ること。特に、選挙に立候補すること。「選挙の―表明演説」

【出帆】シュッパン 船が港を出て行くこと。船出。出港。「船は汽笛を鳴らして―した」

【出兵】シュッペイ 兵を戦場へ送り出すこと。「シベリアに―する」類派兵 対撤兵

【出没】シュツボツ 現れたり隠れたりすること。見え隠れすること。また、時々出てくること。「山が近くてタヌキが―する」

【出奔】シュッポン 逃げ出して姿をくらますこと。「奉公先を―する」

【出藍】シュツラン 弟子がその師匠よりもすぐれていること。「―の誉れ」▼青は藍より出でて藍よりも青し(八五五)

【出力】シュツリョク ①機械が外部にあらわすことができる力。エネルギーや動力など。②電子計算機がデータを処理して結果を出すこと。また、その結果。アウトプット。対①②入力

【出▲廬】シュツロ 引退していた人が再び世に出て活躍すること。故事中国の三国時代、諸葛亮(孔明)が蜀の劉備の三顧の礼に感激して廬を出て、蜀に仕えたという故事から。

【出△挙】スイコ 古代、利息を取ってイネの種もみや財物を貸しつけた制度。参考「シュッキョ・スイキョ」とも読む。

【出△生】スイサン 仏食事のとき、鬼神や餓鬼などに施すため、飯を少量取り分けて屋根などに置くこと。また、その飯。類生飯 参考「サン」は唐音。「シュッショウ」と読めば別の意になる。

【出師】スイシ 軍隊をくり出すこと。出兵。参考「師」は軍隊の意。

【出納】スイトウ 金銭や物品の出し入れ。支出と収入。「―簿を保管する」

【〈出汁〉・出し】だし ①かつお節や昆布などで煮出したうま味のある汁。また、それをとるためのかつお節や昆布など。だしじる。②自分の利益などのために利用する人やもの。「友人を―に使う」

【出し▲鮫】だしざめ 刀の柄の外装。サメ皮を巻いたままで糸を巻いていない。近世、短刀に多く用いた。

【出す】だす ①中から外へ移す。②出発させる。出るようにする。「太平洋に船を―す」③郵便物を送る。書類を提出する。「小包を―す」「結婚届を―す」④捨てる。除く。「ごみを―す」⑤支払う。「ここは私が―そう」⑥出版する。現す。「写真集を―す」

【出稼ぎ】でかせぎ 家や故郷を離れ、一時他の土地へ行って働くこと。また、その人。季冬「毎年、父は東京へ―に行く」

【出▲涸らし】でがらし 煎じたりして、茶などを何回も入れたりして、味や香りが薄くなってしまうこと。また、そのもの。

【出来合い】できあい ①すでにできているもの。既製品。「—の料理を出す」対誂あつらえ ②「出来合い夫婦」の略。正式な手順を経ないで夫婦になった男女。

【出来秋】できあき イネがたわわに実る収穫の時期。実りの秋。季秋

【出来損ない】できそこない ①でき上がりに欠陥のあるもの。ふでき。「—の陶器」②性質や能力が劣っている人を、ののしっていう言葉。「この—め」

【出来高】できだか ①仕事のでき上がりの総量。「—払い」②農作物の収穫量。生産高。「今年の—は例年よりも多い」③取引所で、売買取引の成立した総株数。

〈出会〉す・〈出交〉す でくわす 偶然に出会う。「幼友達と町でばったり—す」

【出稽古】でゲイコ ①師匠が弟子の家に出向いて教えること。②相撲で、力士がよその部屋へ出かけてする稽古。

【出潮】でしお ①月の出と同時に満ちてくる潮。類差し潮 対入り潮 ②出るころあい。参考①「いでしお」とも読む。

【出銭】でセン 支出されるお金。「このところ—が多くて困る」類出費

【出初式】でぞめシキ 新年に、消防士がそろってはしご乗りや消火演習などを行う行事。でぞめ。季新年

【出▲鱈目】でたらめ 発言や行動などがいい加減で筋がとおっていないこと。また、そのさま。めちゃくちゃ。「彼の言うことは—だ」参考「出鱈目」は当て字。

【出面・〈出頰〉】でづら ①顔出しすること。②日雇い労働者の日給。参考②「出面」は「でメン」とも読む。

【出△端・出鼻】でばな ①出ようとする折。出ぎわ。「—に友が来た」②物事のし始め。「—を挫くじく（物事を始めたり調子が出始めたりするところで邪魔をすること）」参考「ではな」とも読む。また、「出鼻」は、山の端や岬などの突き出た所の意もある。

【出刃包丁】でばボウチョウ 刃の幅が広くて峰が厚く、先のとがったほうちょう。鳥などを骨ごと切る料理や魚をおろすときに用いる。でば。

【出番】でバン ①仕事・舞台などに出る番。「楽屋で—を待つ」②活躍するチャンスが回ってくること。「今日の試合は—が多かった」

【出無精・出不精】でブショウ 外出したがらないこと。また、そのような人。

【出船】でふね 船が港を出ること。類出航・出港・出帆 対入り船

【出船によい風は入り船に悪い】一方にとって良いことは、もう一方にとって悪いことである。両方にとって都合がいいことはそうないこと。出港する船にとっての追い風は、入港する船にとって向かい風になるの意から。

【出前】でまえ 料理を注文された家などへ届けること。また、その料理。仕出し。「急な来客で—を頼む」

【出任せ】でまかせ 考えもなしに口から出るまま、いい加減なことを言うこと。また、その言葉。出放題。「口から—を言う」

【出水】でみず 大雨で、河川の水量が非常に増えること。また、あふれること。大水。洪水コウズイ。「—で橋が流される」季夏 参考「シュッスイ」とも読む。

【出目金】でめキン 金魚の一種で、目が飛び出ているもの。季夏

【出物】でもの ①売りに出されているもの。特に、格安の不動産や骨董コットウなど。②できもの。はれもの。③屁へ。おなら。

【出物腫はれ物所嫌わず】おならやおできは時や場所などを選ばずに出てくること。また、急に産気づいたり、尿意をもよおしたりすること。

【出る】でる ①中から外へと移る。おもてに現れる。「つい癖が—る」②勢いなどがさらに加わる。「スピードが—る」③生まれる。発生する。「温泉が—る」④出発する。「バイクで旅に—る」⑤発行する。公になる。「記念切手が—る」⑥離れる。「一人暮らしのために家を—る」⑦代表になる。参加する。「リレーに—る」⑧ある態度を示す。「下手したてに—る」

【出る▲杭くいは打たれる】才能のある目立つ人は周りからねたまれ、妨害されるたとえ。また、でしゃばる人は他人にうとまれ、攻撃をうけるたとえ。類高木は風に折らる

【出る船の▲纜ともづなを引く】思い切りが悪く、未練たらしいことをするたとえ。「纜」は船をつなぎ止めるための綱。

シュツ【蟀】

(17) 虫11 1 7411 6A2B 音シュツ 訓

意味「蟋蟀シッシュツ（こおろぎ・きりぎりす）」に用いられる字。

【〈蟀谷〉】こめかみ 耳の上、目じりのわきの、物をかむと動く部分。「—に青筋を立てる」由来米をかむと動くことから。表記「顳顬」とも書く。

シュツ【齣】

(20) 齒5 1 8381 7371 音シュツ・セキ 訓こま・くさり

意味①こま。(ア)戯曲などの一幕。(イ)フィルムの一こま。②くぎり。並んだものの一区切り。切れ目。

【▲齣】くさり 講談・音曲・物語などの一段落。「講談を一ひと—聴いていこう」

【▲齣】こま ①映画のフィルムの一画面を数える単位。②小説・戯曲・漫画の一区切り。一場面。「歴史の一ひと—」③授業などの一区切りの単位。

ジュツ【朮】(5) 木1 1 5918 5B32 音 ジュツ・シュツ・チュツ 訓 もちあわ・おけら・うけら

意味 ①もちあわ。アワの一種。②おけら。うけら。キク科の多年草。

下つき 蒼朮（ソウジュツ）・白朮（ビャクジュツ）

【朮】おけら キク科の多年草。山地に自生。夏から秋、白や淡紅色の頭花をつける。若芽は食用、根は薬用。「京都八坂神社の一祭」表記「蒼朮・白朮」とも書く。参考「うけら」とも読む。

【朮参り・朮詣り】おけらまいり 大晦日（おおみそか）の深夜から元旦（ガンタン）にかけて、京都八坂神社で行われる朮祭に詣（もう）でること。朮祭ではオケラを入れてかがり火を焚（た）く。おけらもうで。季新年

ジュツ【戌】(6) 戈2 1 5692 587C 音 ジュツ 訓 いぬ

意味 いぬ。十二支の第一一。動物ではイヌ。方位では西北西。時刻では午後八時およびその前後二時間。「戌亥（いぬい）」▼干支順位表（一六〇）参考「戊（ボ）」は別字。

【戌】いぬ ①十二支の一一番目。②昔の時刻で、現在の午後八時ころ。また、その前後二時間。③昔の方角の名。西北西。

【戌亥】いぬい 昔の方角の名で、北西。戌と亥の中間。表記「乾」とも書く。

ジュツ【述】(8) 辶5 常 教 6 2950 3D52 音 ジュツ 訓 のべる

旧字《述》(9) 辶5 1/準1

筆順 一 十 才 木 朮 朮 朮 述 述

意味 のべる。言う。考えをのべる。「述懐」「著述」「陳述」

下つき 記述（キジュツ）・供述（キョウジュツ）・口述（コウジュツ）・詳述（ショウジュツ）・叙述（ジョジュツ）・著述（チョジュツ）・陳述（チンジュツ）・論述（ロンジュツ）

【述懐】ジュッカイ 心のなかの思いや思い出などを述べること。「当時の心境を一する」

【述語】ジュツゴ 文の成分の一つ。ある物事の動作や状態などをのべるもの。「何がどうする」という関係にあるとき、「どうする」にあたる語。対主語

【述べる】のべる ①言葉で話す。陳述する。「映画の感想を一べる」②書き表す。記述する。「考えを著書のなかで一べる」

ジュツ【恤】(9) 忄6 1 5585 5775 音 ジュツ・シュツ 訓 うれえる・あわれむ・めぐむ

〔䘏〕

意味 ①うれえる。②あわれむ。めぐむ。「救恤」

下つき 救恤（キュウジュツ）・賑恤（シンジュツ）・弔恤（チョウジュツ）

【恤れむ】あわれむ 情けをかける。同情する。「孤児を一み引き取った」

【恤える】うれえる 気を配る。心配する。「あとのことを一えるひまはないはずだ」

【恤兵】ジュッペイ 出征兵士の苦労をねぎらって金品を贈ること。「一金を募る」

【恤民】ジュツミン 人民をあわれんで、金品を施すこと。民にめぐむこと。

【恤む】めぐむ 気の毒な人に、金品を施す。あわれに思って金品を与える。

ジュツ【述】(9) 辶5 ▼述の旧字（七一四）

ジュツ【術】(11) 行5 常 教 6 2949 3D51 音 ジュツ 外シュツ・スイ 訓 外わざ・すべ

筆順 ノ 彳 彳 行 针 徘 徘 徘 術 術 術

意味 □一ジュツ ①わざ。学問。技芸。「算術」「武術」②すべ。てだて。方法。たくらみ。「術策」「術中」□二スイ むらざと。一万二五〇〇戸の称。

下つき □一医術（イジュツ）・学術（ガクジュツ）・奇術（キジュツ）・技術（ギジュツ）・弓術（キュウジュツ）・芸術（ゲイジュツ）・剣術（ケンジュツ）・幻術（ゲンジュツ）・算術（サンジュツ）・柔術（ジュウジュツ）・手術（シュジュツ）・呪術（ジュジュツ）・仁術（ジンジュツ）・戦術（センジュツ）・槍術（ソウジュツ）・道術（ドウジュツ）・忍術（ニンジュツ）・馬術（バジュツ）・秘術（ヒジュツ）・美術（ビジュツ）・武術（ブジュツ）・兵術（ヘイジュツ）・砲術（ホウジュツ）・魔術（マジュツ）・妖術（ヨウジュツ）・話術（ワジュツ）

【術後】ジュツゴ 手術を行ったあと。「一の経過は良好だ」

【術語】ジュツゴ 学術や技術の専門語。テクニカルターム。

【術策】ジュッサク はかりごと。たくらみ。わな。「敵の一にかかる」類計略・策略

【術数】ジュッスウ はかりごと。策略。計略。「権謀一（人を欺くようなはかりごと）」

【術中】ジュッチュウ 計略のなか。謀略のうち。「相手の一にはまる」

【術無い】ジュツなーい ①なすべき手段や方法がない。しかたがない。②とてもつらい。非常に切ない。

【術】すべ すべき方法。手段。「なす一がない（どうにもしようがない）」

【術】わざ ①学問。②技能。「一をみがく」

シュン【旬】(6) 日2 常 2960 3D5C ▼ジュン（七一九）

シュン【俊】(9) 亻7 常 準2 2951 3D53 音 シュン 訓 外すぐれる

筆順 ノ イ 仁 仏 伀 俊 俊 俊

意味 すぐれる。ひいでる。才知がすぐれる。「俊英」「才俊」類雋（シュン）・儁（シュン）・駿（シュン）

下つき 英俊（エイシュン）・賢俊（ケンシュン）・豪俊（ゴウシュン）・才俊（サイシュン）・雄俊（ユウシュン）・良俊（リョウシュン）

【俊英】シュンエイ 才知にすぐれ、ひいでていること。また、そのような人。「彼はクラスの一だ」類俊才・俊秀

【俊傑】シュンケツ 才知などが、多くの人よりもはるかにすぐれた人。英傑。

【俊彦】シュンゲン 他の人より才知のすぐれた人。俊傑。「彦」は男子の美称。「―を求む」

【俊才】シュンサイ すぐれた才能。また、その持ち主。「まれに見る―として尊敬されている」 類 俊足・俊英 書きかえ 「駿才」の書きかえ字。

【俊秀】シュンシュウ 才知にすぐれ、ひいでていること。また、そのような人。「幾多の―を輩出した」 類 俊英・俊才

【俊爽】シュンソウ ①人の容姿・品性・才知などが抜きんでていること。②風物などがすぐれていること。

【俊足】シュンソク ①駆けるのが速いこと。また、その人。②才知のすぐれている人。 類 俊才 表記 ①「駿足」とも書く。

【俊敏】シュンビン 頭のはたらきが鋭く行動がすばやいこと。「―な身のこなしの青年」

【俊髦】シュンボウ 才能や人徳が人並以上にすぐれた人。 参考 「髦」は、髪のなかの太くて長い毛の意。

【俊邁】シュンマイ 才知にすぐれていること。また、その人。 類 英邁

【△俊れる】すぐ-れる 才能などが他よりまさっている。ひいでている。 表記 「傑れる・儁れる」とも書く。

シュン【春】

(9) 日 5 常 教 9
2953 3D55
音 シュン
訓 はる

筆順 一 ＝ 三 夫 夫 夫 春 春 春

意味 ①四季の一つ。はる。「春眠」「早春」 対 秋 ②年のはじめ。正月。「賀春」「迎春」③性的な欲望。「春情」④活動の盛んなとしごろ。青年期。「青春」⑤とし。としつき。「春秋」

下つき 回春カイシュン・賀春ガシュン・迎春ゲイシュン・小春こはる・頌春ショウシュン・初春ショシュン・はつはる・新春シンシュン・青春セイシュン・早春ソウシュン・晩春バンシュン・暮春ボシュン・陽春ヨウシュン・立春リッシュン

【春蛙秋蟬】シュンアシュウゼン うるさいだけで、何の役にも立たない無用の言論。春のカエルと秋のセミの意で、いずれもやかましく鳴くことから。〈『物理論』〉「二人の論争は―の類だ」 類 蛙鳴蟬噪アメイセンソウ

【春画】シュンガ 男女の性交のようすを描いた絵。 類 枕絵まくらエ・枕草紙・笑い絵

【春寒】シュンカン 立春が過ぎても残っている寒さ。 類 余寒 参考 「はるさむ」とも読む。

【春寒料峭】シュンカンリョウショウ 春先の冷たい風が肌寒く感じられるさま。「料」はなでる・触れる、「峭」は厳しい意。

【春季】シュンキ 春の季節。春。「―大運動会を開催する」

【春期】シュンキ 春の期間。「市の補助で、―集団検診を行う」

【春菊】シュンギク キク科の一年草または二年草。地中海沿岸原産。野菜として栽培。夏に黄色・白色の頭花が咲く。独特の香気がある。 季 春

【春暁】シュンギョウ 春の夜明け。「―の山ぎわの美しさ」 季 春

【春慶塗】しゅんけいぬり 漆塗りの技法の一つ。木地に黄や赤の彩色をしたうえに、透明な漆を塗って木目が見えるようにしたもの。 由来 室町時代に堺さかいの漆職人の春慶が創始したことから。現在では能代のしろ春慶や飛騨ひだ春慶が有名。

【春光】シュンコウ ①のどかな春の景色。 類 春色 ②うららかな春の日ざし。 季 ①②春

【春霰】シュンサン 春に降るあられ。ひょうの小粒のもので、木の芽や若葉・苗などに被害が出ることもある。 季 春

【春日】シュンジツ のどかな春の日。春の日ざし。 類 春光・春陽 参考 「はるび」とも読む。

【春日遅遅】シュンジツチチ 春の日が長く、暮れるのが遅くてのどかなさま。「遅遅」は、日がゆっくりと進むさま。〈『詩経』〉「―として、うららかな春景色になった」

【春愁】シュンシュウ 春の日のなんとなくものうい思い。「―を覚える」 対 秋思

【春愁秋思】シュンシュウシュウシ 春の日のものうさと、秋の日に感じられる物思い。気候のいいときになんとなく気がふさぐこと。また、いつも心に悲しみや悩みを抱いていること。 類 春恨秋懐

【春秋】シュンジュウ ①春と秋。②年月。「幾―を経る」③年齢。④中国古代の魯ロの歴史書。五経の一つで、孔子が編集したといわれる。

【春秋に富む】 年齢がまだ若いこと。将来が長いこと。〈『史記』〉「―む青年に期待する」

【春秋の筆法】 公正な態度で厳しく批評すること。また、直接的な表現ではなく、間接的な表現で真意を説く論法。 由来 孔子が著したといわれる『春秋』には、簡潔な表現のなかに厳しい歴史批評が込められていることから。 類 春秋筆削・一字褒貶イチジホウヘン

【春宵】シュンショウ 春の夕暮れ。春の夜。「―一刻、夜桜を堪能タンノウしよう」 類 春夜

【春宵一刻△直千金】シュンショウイッコクあたいセンキン 春の夜はとりわけ趣が深く、そのひとときは何ものにもかえがたい価値があるということ。〈蘇軾ソショクの詩〉

【春情】シュンジョウ ①春らしいようす。春の景色。 類 春色・春景・春光 ②色気。 類 色情

【春色】シュンショク 春の景色。春の気配。 類 春情・春景・春光

【春信】シュンシン ①春の訪れ。②花が咲いたという便り。 類 花信・芳信

【春暖】シュンダン 春の暖かさ。多く、手紙文のあいさつに使う。「―の候」 対 秋冷

【春泥】シュンデイ 春先のぬかるみ。特に、雪解け・霜解けによるもの。 季 春

【春闘】シュントウ 「春季闘争」の略。労働組合が毎年春、賃上げなどを全国的に共同で

要求する労働運動。季春

【春風駘蕩】シュンプウタイトウ　春の景色の、のどかでのびのびとしたさま。また、人柄の温和でのんびりしたさま。春風はのどかに吹く春の風の意。「駘蕩」はゆるやか・穏やかなさま。「―たる人柄」対秋霜烈日

【春分】シュンブン　二十四節気の一つ。太陽が春分点を通過する時刻。陽暦三月二一日ころ。昼と夜の長さがほぼ等しくなる。対秋分 季春

【春眠】シュンミン　春の夜の快い眠り。季春

〖春眠暁を覚えず〗　春の夜は短く、また眠るには心地よいので夜が明けたことにも気づかずに、寝過ごしてしまうこと。〈孟浩然の詩〉

【春雷】シュンライ　春に鳴るかみなり。立春後に鳴るかみなり。季春

【春嵐】シュンラン　①春に吹く強風。春のあらし。②春のもや。季①②春

【春蘭】シュンラン　ラン科の多年草。山地に自生。早春、淡黄緑色で紅紫色の斑点のある花をつける。花は塩漬けにして湯に浮かべて飲む。ジジババ。季春

【春蘭秋菊】シュンランシュウギク　春のランと秋のキク。咲く時期や趣はちがうがどちらも美しいことから、異なる時期や分野ですぐれた人のたとえ。また、どちらもすばらしく甲乙つけがたいことのたとえ。〈『旧唐書』〉

【春霖】シュンリン　春のながあめ。春の季節に降る梅雨のような雨。季春

【春和景明】シュンワケイメイ　春の穏やかで、日ざしが明るい陽気のこと。「春和」は春のやわらいださま。「景明」は日ざしの明るいこと。〈范仲淹の文〉

【〈春宮〉】とうぐう　①皇太子の住む宮殿。②皇太子。由来 皇太子の宮殿は皇居の東側にあり、東は五行説で春にあたることから。表記「東宮」とも書く。

【春】はる　①四季の一つ。暦のうえでは立春から立夏までをいう。②新年。正月。③最盛期。「わが世の―」④青春期。「人生の―」⑤男女の色欲。色情。性的な行為。「―をひさぐ」「―のめざめ」

〖春植えざれば秋実らず〗　何事も努力しなければ、よい結果は生じないことのたとえ。

【春一番】はるイチバン　その年の最初に吹く、強い南風。春の訪れを示す。

【春霞】はるがすみ　春に立つかすみ。「―たなびく山なみ」季春

【春蚕】はるご　春に飼うかいこ。対夏蚕・秋蚕 参考「シュンサン」とも読む。

【春雨】はるさめ　①春、静かに降る細かい雨。対秋雨 季春 ②リョクトウのでんぷんから作った透明な麺状の食品。まめそうめん。

【春告鳥】はるつげどり　ウグイスの別称。季春 由来 早春、人里に来て春を告げるかのように美しい声で鳴くことから。

【春の七草】はるのななくさ　春を代表する七種類の草花。セリ・ナズナ・ゴギョウ（ハハコグサ）・ハコベ・ホトケノザ・スズナ（カブ）・スズシロ（ダイコン）。正月七日に粥に入れて食べる。対秋の七草 季新年

【春〈疾風〉】はるはやて　砂ぼこりを巻き上げて吹く、春特有の強い風。季春

シュン【峻】

(10) 山 7　準1　2952　3D54　音 シュン　訓 けわしい・たかい・きびしい・おおきい

意味 ①けわしい。たかい。山がたかくけわしい。「峻峭」「峻険」②きびしい。「峻厳」「峻烈」③おおきい。りっぱな。「峻徳」

下つき 険峻・厳峻・高峻・峭峻

【峻しい】けわしい　山などがけわしく、そそり立つさま。「―い山道」

【峻拒】シュンキョ　強く断ること。厳しくはねつけること。「申し出を―する」類拒絶

【峻険・峻嶮】シュンケン　山などがたかくけわしいこと。「アンデスの―に挑戦する」参考「峻」「険」「嶮」いずれも、けわしい意。

【峻厳】シュンゲン　非常にいかめしく厳しいこと。また、そのさま。「―なしつけ」

【峻峭】シュンショウ　①山などがけわしいこと。類峭峻 ②厳しいこと。③気高くすぐれていること。

【峻別】シュンベツ　厳しい基準で区別すること。また、その区別。「原材料の―作業」

【峻烈】シュンレツ　人に対しての行動や態度などが、厳しくはげしいこと。「―な非難をあびる」類苛烈

【峻い】たかい　山などが、けわしくそびえ立っているさま。

シュン【悛】

(10) 忄 7　1　5602　5822　音 シュン　訓 あらためる・つつしむ

意味 あらためる。あやまちを正す。つつしむ。「改悛」「悔悛」

下つき 改悛・悔悛

【悛める】あらためる　過ちをやめて心を正す。「心を―めて人の道を求める」

シュン【浚】

(10) 氵 7　1　6220　5E34　音 シュン　訓 さらう・ふかい

意味 ①さらう。水底の土砂などをさらう。「浚渫」②ふかい。水がふかい。「浚急」類①②濬

【浚う】さらう　①溝などの底にある土砂をすっかりすくい取る。②他人の物を奪い取る。「人々の膏血を―う」表記 ①「濬う」とも書く。

【浚渫】シュンセツ　水底の泥をさらって深くすること。「―船が川砂利を運ぶ」

シュン【隼】

(10) 隹 2　準1　4027　483B　音 シュン・ジュン　訓 はやぶさ

意味 ①はやぶさ。ハヤブサ科の鳥。②勇猛な人の

たとえ。

【〈▲隼人〉】はやと ①古代、九州南部（現在の鹿児島地方）にいた勇猛な種族。②鹿児島県の男性の呼称。「薩摩(さつま)―」

【〈▲隼人▲瓜〉】はやとうり ウリ科のつる性多年草。熱帯アメリカ原産。日本には、鹿児島に渡来。白色の花をつけ、ヨウナシ形の果実を結ぶ。未熟な果実を漬物にする。

【▲隼】はやぶさ ハヤブサ科の鳥。断崖に巣をつくる。はやい速度で飛び、勇敢である。小鳥などを捕食。鷹(たか)狩りに使う。「―が獲物を狙(ねら)って急降下した」季冬 表記「鶻」とも書く。

シュン【逡】(11) ⻍7 1 7785 6D75 音シュン 訓しりぞく・しさる・ためらう

意味 しりぞく。しさる。しりごみする。ためらう。「逡巡」

【▲逡巡・▲逡▲遁】シュンジュン 決断をためらって、ぐずぐずすること。しりごみすること。「即断できずにいつまでも―する」類躊躇(チュウチョ)

【▲逡く】しりぞく ①あとずさりする。しりごみする。②たちすくんでためらう。

シュン【皴】(12) 皮7 1 6615 622F 音シュン 訓ひび・しわ

意味 ①ひび。あかぎれ。②しわ。「皴皺(シュンシュウ)」③画法の一種。山や岩のひだを描く技法。「皴法」

下つき 石皴(セキシュン)

【皴法】シュンポウ 東洋画の技法で、山や岩のひだを立体的に描く筆づかい。

【▲皴】しわ 布・紙・皮膚などの表面がたるんで、細かく縮んでできた筋目。「紙の―をのばす」

【▲皴】ひび 寒さのため、手足の皮膚が荒れてさけたもの。あかぎれ。「―が切れる」季冬

シュン【竣】(12) 立7 準1 2955 3D57 音シュン 訓おわる

意味 ①おわる。できあがる。完成する。「竣工」「竣成」②とどまる。とどめる。

【▲竣工・▲竣功】シュンコウ 工事をやり終えること。工事が終わって、そのものが完成すること。「新庁舎の―式」類竣成・完工 対起工

【▲竣成】シュンセイ 建築物などが完成すること。類落成・竣工

シュン【▲舜】(12) 舛6 ▼舜の旧字（七一七）

シュン【惷】(13) 心9 1 5622 5836 音シュン 訓みだれる・おろか

意味 ①みだれる。うごめく。類蠢(シュン) ②おろか。にぶい。「惷愚」

シュン【舜】(13) 舛6 準1 2956 3D58 音シュン 訓むくげ

旧字《舜》(12) 舛6 1/準1

意味 ①むくげ（木槿）。アオイ科の落葉低木。類蕣(シュン) ②古代の伝説上の聖天子の名。

シュン【雋】(13) 隹5 1 8020 7034 音シュン・セン 訓すぐれる

意味 ①すぐれる。抜きんでている。「英雋」類俊・儁(シュン) ②肥えたうまい肉。

下つき 英雋(エイシュン)

【▲雋れる】すぐれる 抜きんでている。表記「俊れる・儁れる」とも書く。

シュン【儁】(15) イ13 1 4914 512E 音シュン 訓すぐれる

意味 すぐれる。人にまさる。すぐれた人。「儁傑」類俊・雋(シュン)

【▲儁れる】すぐれる 人よりまさる。他より高く抜きんでる。表記「俊れる・雋れる」とも書く。

シュン【蕣】(15) ⺾12 1 7292 687C 音シュン 訓あさがお・むくげ

意味 ①あさがお。ヒルガオ科のつる性一年草。②むくげ（木槿）。アオイ科の落葉低木。「蕣英」類舜(シュン)

シュン【濬】(17) 氵14 1 6329 5F3D 音シュン 訓さらう・ふかい

意味 ①さらう。水底の土砂などをさらう。②ふかい。奥深い。「濬池」「濬哲」類①②浚(シュン)

【▲濬う】さらう 水底を掻(か)いて泥などを取り除く。表記「浚う」とも書く。

シュン【▲瞬】(17) 目12 ▼瞬の旧字（七一八）

シュン【駿】(17) 馬7 準1 2957 3D59 音シュン・スン 訓すぐれる

意味 ①すぐれたウマ。「駿馬(シュンメ)」②すぐれた人。すぐれる。「駿逸」「駿才」類俊 ③はやい。すばやい。「駿足」④「駿河(するが)の国」の略。「駿州」

【駿逸】シュンイツ ①足の速いウマ。②すぐれた才能の人。表記②「俊逸」とも書く。

【駿才】シュンサイ ▼書きかえ 俊才（七一五）

【駿足】シュンソク ①「駿馬(シュンメ)」に同じ。②走りが速いこと。対鈍足 ③すぐれた才能。また、その持ち主。類俊才

【駿馬】シュンメ 足の速いすぐれたウマ。類駿足 参考「シュンバ」とも読む。

【『駿△馬痴漢(チカン)を乗せて走る』】それ相応の相手にめぐまれないこと。世の中はちぐはぐでうまくつりあいがとれないことのたとえ。名馬がおろかな男を乗せて走る意から。「痴漢」はつまらない男。《『五雑俎(ゴザッソ)』》表記「乗せて」は「駄せて」とも書く。

【〈駿河〉】するが 旧国名の一つ。今の静岡県の中部。駿州(スンシュウ)。

シュン【瞬】(18) 目13 常 4 2954 3D56 音 シュン 訓 またたく(高)(外) まばたく・まじろぐ・しばたく・しばたたく

旧字《瞬》(17) 目12 1/準1

筆順

意味 ①またたく。まばたく。②まばたきをするくらいの短い間。「瞬間」「瞬時」「一瞬」

下つき 一瞬イッシュン・転瞬テンシュン

【瞬く】しばたたく たびたびまばたきをする。目をぱちぱちさせる。「目を―く」参考「しばたく」とも読む。

【瞬間】シュンカン わずかの間。またたく間。「うまく決定的―をとらえている」類一瞬・瞬時 参考まばたきをする間の意から。

【瞬時】シュンジ わずかな時間。またたく間。「望みは―にして消えた」類一瞬・瞬間 参考まばたきをする時の意から。

【瞬発力】シュンパツリョク 瞬間的にばねがはじけるようにはたらく筋肉の力。「―のある選挙」対持続力

【瞬ぐ】まじろぐ まばたきをする。またたく。「―ぎもせずに見つめる」

【瞬く】またたく ①まぶたを開閉させる。まばたく。「―く間の出来事だった」②火や星がちらちらと光る。「夜空に星が―く」

【瞬き】まばたき ①まぶたを開閉させること。めばたき。またたき。ウインク。「ぱちぱちとしきりに―する」②星や遠方の灯火などの光が明滅すること。

【瞬く】まばたく 「瞬またたく」に同じ。

シュン【鰆】(20) 魚9 1 8254 7256 音 シュン 訓 さわら

意味 さわら。サバ科の海魚。

【鰆】さわら サバ科の海魚。各地の沿岸に分布し、特に瀬戸内海に多くすむ。形は細長く、体長約一メートル。背は淡灰青色で腹は銀灰色。冬から春に美味。季春 表記「馬鮫魚」とも書く。

シュン【蠢】(21) 虫15 1 7433 6A41 音 シュン 訓 うごめく・おろか

意味 ①うごめく。虫がごそごそうごく。「蠢動」②おろか。道理をわきまえないさま。

【蠢く】うごめく 虫がごそごそとはうように、全体が細かく動く。「柿かきの葉に毛虫が―いている」参考「おごめく」とも読む。

【蠢愚】シュング 無知でおろかなこと。また、その人。類暗愚 対英明

【蠢爾】シュンジ 「蠢動」に同じ。

【蠢蠢】シュンシュン 「蠢動」に同じ。

【蠢動】シュンドウ ①虫がうごめくこと。類蠢蠢 ②つまらないものが騒ぎ動くこと。類①②蠢爾シュンジ

ジュン【巡】(6) 巛3 常 4 2968 3D64 音 ジュン 訓 めぐる (外)まわる

旧字《巡》(7) 巛4 1/準1

筆順

意味 ①めぐる。まわり歩く。「巡回」「巡業」「巡礼」②みまわる。「巡察」「巡視」

下つき 一巡イチジュン・逡巡シュンジュン

【巡閲】ジュンエツ 見まわって調べること。「全国の支店を―する」類巡視・巡察・巡検

【巡回】ジュンカイ ①見てまわること。「警備員が構内を―する」類巡視・巡察・巡閲 ②順にまわること。「―映画を計画する」「―裁判」「―図書館」

【巡業】ジュンギョウ 各地を興行してまわること。「大相撲が地方―する」類巡演

【巡見】ジュンケン 各地を見てまわること。見まわり。「役人を地方に―させる」類巡視

【巡検】ジュンケン 見まわって点検すること。取りしらべてまわること。「不審船の船内を―する」

【巡行】ジュンコウ 各所をめぐり歩くこと。「『万葉集』でうたわれた土地を―したい」

【巡幸】ジュンコウ 天皇が各地をめぐってまわること。行幸ギョウコウしてまわること。

【巡航】ジュンコウ 船や飛行機などが、各地をめぐること。「―ミサイル」

【巡航速度】ジュンコウソクド 船や飛行機などが、最も経済的で安全な航行・飛行を行うときの速度。経済速力。

【巡査】ジュンサ 警察官の階級の一つで最下位のもの。一般に、警官。おまわりさんなどと呼ぶ。「―派出所」

【巡察】ジュンサツ 見てまわって調べること。視察してまわること。類巡視・巡閲・巡回

【巡視】ジュンシ 見まわって調べること。「夜も構内の―を続ける」類巡察・巡閲・巡回

【巡錫】ジュンシャク 僧侶ソウリョが、各地をめぐり歩いて教えを広めること。参考錫杖シャクジョウを持って巡行する意。

【巡拝】ジュンパイ 各地の社寺を順に訪れ、参拝してまわること。「―の旅に出る」

【巡洋艦】ジュンヨウカン 戦艦と駆逐艦との中間の軍艦。戦艦に次いで攻撃力・防御力をもち、より速力が速く、駆逐艦より大形で長時間の航行ができる。

【巡邏】ジュンラ ①巡回して警備すること。また、その役の人。パトロール。類警邏・巡察 ②江戸時代、市中をまわり、警備した役人。

【巡礼】ジュンレイ その宗教に固有の霊場や聖地を参拝してまわること。また、その人。「―歌」表記「順礼」とも書く。

【巡る】めぐ-る ①見まわる。「世界各地を―る」②まわり歩く。③まわって元に戻ってくる。ひとまわりする。「今年も夏が―ってきた」

ジュン【旬】(6) 日 2 常 4 2960 3D5C 音 ジュン・シュン 訓

筆順 ノ 勹 勺 句 旬 旬

意味 ①とおか。一〇日間。「旬間」「旬日」「初旬」②一〇か月。また、一〇年。③あまねくゆきわたる。みちる。④しゅん。野菜・果物・魚などの最も味のよい時期。

下つき 一旬（イチジュン）・下旬（ゲジュン）・三旬（サンジュン）・上旬（ジョウジュン）・初旬（ショジュン）・中旬（チュウジュン）

【旬】シュン ①魚・野菜など最も味のよい時期。出盛りの時期。「秋刀魚（さんま）が―だ」②物事を行うのに最も適した時期。参考「ジュン」と読めば、一〇日間の意になる。

【旬刊】ジュンカン 新聞・雑誌などを、一〇日ごとに刊行すること。また、その刊行物。「―の情報誌を買った」

【旬間】ジュンカン 一〇日間。特に、ある目的で特別に決めた一〇日間。「交通安全―」類旬日 参考「旬」は一か月を三等分した一〇日間の意。

【旬日】ジュンジツ ①一〇日間。②わずかな日数。「―にして完成した」

【旬報】ジュンポウ ①一〇日ごとに出す報告。②一〇日ごとに出る雑誌・新聞などの刊行物。「金融―」

ジュン【▲巡】(7) 巛 4 ▼巡の旧字(七一八)

ジュン【徇】(9) 彳 6 1 5546 574E 音 ジュン・シュン 訓 となえる・したがう・めぐる

意味 ①となえる。広く告げてまわる。②したがう。ついていく。命を投げ出して行う。「徇名」類順・殉 ③めぐる。ひと回りする。

【▲徇う】したが-う あることのために身を投げ出す。また、主となるものについていく。表記「殉う」とも書く。

【▲徇える】とな-える 命令などを広く触れ知らせる。命令を告げてまわる。

ジュン【恂】(9) 忄 6 1 5586 5776 音 ジュン・シュン 訓 まこと・おそれる・またたく

意味 ①まこと。まことに。類洵（ジュン）・詢（ジュン） ②おそれる。おそれおののく。③またたく。目がくらむ。

【▲恂▲恂】ジュンジュン ①まことあるさま。まじめなさま。②おそれつつしむさま。

【▲恂】まこと いつわりのない心。まじり気のない純な心。誠意。「―を尽くす」

ジュン【洵】(9) 氵 6 1 6213 5E2D 音 ジュン・シュン 訓 まこと・まことに

意味 まこと。まことに。類恂（ジュン）

【▲洵】まこと いつわりのないこと。実（ジツ）のあること。「―の英雄」

ジュン【盾】(9) 目 4 常 4 2966 3D62 音 ジュン 訓 たて

筆順 一 厂 厂 斤 斤 盾 盾 盾 盾

意味 たて。矢・槍（やり）などの攻撃を防ぐ武具。「矛盾」

下つき 矛盾（ムジュン）

【盾】たて ①戦闘で、槍（やり）や弓矢・刀などから身を守るための板状の武器。②自分の立場を守る手段。「法律を―にして自説を曲げない」表記「楯」とも書く。

【盾突く】たてつ-く 目上の人や力のある者に反抗する。口答えする。「先生に―く」表記「楯突く」とも書く。

ジュン【荀】(9) 艹 6 1 7206 6826 音 ジュン・シュン 訓

意味 ①草の名。②人の姓。「荀子」

ジュン【准】(10) 冫 8 常 準2 2958 3D5A 音 ジュン 外シュン 訓 外なぞらえる・ゆるす

筆順 丶 冫 冫 冫 冫 冫 准 准 准 准

意味 ①なぞらえる。そのものに次ぐ。「准后（ジュゴウ）」②ゆるす。「准許」「批准」③よる。「准拠」参考もと「準」の俗字。

下つき 因准（インジュン）・批准（ヒジュン）

【准行】ジュンコウ 他の物事を基準としておこなうこと。表記「準行」とも書く。

【准▲胝観音】ジュンデイカンノン 六観音または、七観音の一つ。三眼で一八本の手の像が多い。除災や治病などの願をかなえるという。参考「准胝」は清浄の意。

【△准える】なぞら-える ①他の似たものと同じように考える。擬する。みなす。「芭蕉（ばしょう）は人生を旅に―えた」②のっとる。標準にする。表記「準える」とも書く。

ジュン【殉】(10) 歹 6 常 準2 2962 3D5E 音 ジュン 訓 外したがう

筆順 一 ア 歹 歹 歹 歹 殉 殉 殉 殉

意味 ①したがう。主人などのあとを追って死ぬ。「殉死」「殉葬」類徇（ジュン）②ある目的のために命を投げ出す。身をささげる。「殉教」「殉職」

【△殉う】したが-う ①死んだ人を追って死ぬ。「亡き君主に―う」②あることのために身をささげる。表記②「徇う」とも書く。

【殉教】ジュンキョウ 信仰する宗教のために、命を捨てて尽くすこと。「―の徒」

【殉国】ジュンコク 国難のために、命を捨てて尽くすこと。「兵士が―するのは本望か」

【殉死】ジュンシ 主人の死後、臣下などがあとを追って自殺すること。追い腹。

【殉職】ジュンショク 職責を果たすために、命を失うこと。職務の遂行中に死ぬこと。「多くの警察官が―した」

【殉じる】ジュン―じる ①殉死する。「主君に―じる」②価値あると思うもののために死ぬ。「愛に―じる」

【殉難】ジュンナン 国家や宗教などに起きた危機のために、身を犠牲にすること。「―者」

ジュン【▲筍】(10) ⺮4 6804 6424 ▼筍の異体字(七二一)

ジュン【純】(10) 糸4 常 教 5 2967 3D63 音 ジュン 訓 外 きいと

筆順 く 幺 幺 糸 糸 糸 紅 紅 純

意味 ①きいと。まじり気のない絹糸。②まじり気がない。飾らない。けがれがない。もっぱら。「純潔」「純真」「温純」

書きかえ 「醇ジュン」の書きかえ字として用いられるものがある。

下つき 温純オンジュン・清純セイジュン・単純タンジュン・忠純チュウジュン・貞純テイジュン・不純フジュン

【純愛】ジュンアイ 純粋な愛情。ひたむきな愛。「―小説に感動した」

【純一】ジュンイツ ①まじり気のないこと。類純粋 ②飾り気や偽りのないこと。

【純一無雑】ジュンイツムザツ まじり気がまったくなく純粋なこと。また、人の性質が素直で偽りや邪念がないさま。

【純益】ジュンエキ 総収益から諸経費を差し引いた、残りの利益。純粋な利益。「―が少ない」類実益

【純化】ジュンカ ①まじり気がなく純粋なものにすること。②複雑なものを単純にすること。単純化。表記 ①「醇化」とも書く。

【純血】ジュンケツ 動物の血統が、異種の血が混じらず純粋なこと。「―種」対混血

【純潔】ジュンケツ 身も心も清らかで、けがれがないこと。類無垢ムク・貞潔

【純情】ジュンジョウ 素直でけがれのない、ひたむきな心。「子どもの―な心」類清純・純真

【純真】ジュンシン 心にけがれがないさま。邪心や私欲のないこと。類清純 対不純

【純真無▲垢】ジュンシンムク 心にけがれや偽りがなく、清らかで純粋なさま。また、自然のままで飾り気のないさま。「垢」は、あか・よごれ。類清浄無垢・純情可憐ジュンジョウカレン

【純粋】ジュンスイ ①まじり気のないこと。「―の酒」類生っ粋きっすい ②利害やかけひきがなく、ひたむきなこと。「―な心を大切にする」類純一

【純正】ジュンセイ ①まじり気がなく本物であること。「―食品」②理論を主として、応用・実用面は二義的とする学問の立場。「―化学」表記 ①「醇正」とも書く。

【純然】ジュンゼン ①まじり気のないこと。「―たる水」類純粋 ②まったくそれにちがいないこと。「君がここにいることは―たる事実だ」

【純朴】ジュンボク 素直で飾り気のないこと。人情が厚く、素朴で偽りのないこと。「―で親切な人々」表記「淳朴・醇朴」とも書く。

【純毛】ジュンモウ 化学繊維を混ぜないで、動物の毛だけで作った毛糸。また、その糸で織った織物。「―のセーター」

【純良】ジュンリョウ まじり気がなく品質がよいこと。「―な乳製品」

ジュン【惇】(11) 忄8 準1 3855 4657 音 ジュン・トン 訓 あつい・まこと

意味 あつい。人情があつい。まこと。まごころ。「惇朴」類淳ジュン・敦トン・醇ジュン

【▲惇い】あつ―い 人情に富んでいるさま。まごころがこもっているさま。表記「淳い」とも書く。

【▲惇】まこと まごころ。いつわりのない心。誠実。穏やかな人柄。「―の人物」

ジュン【淳】(11) 氵8 準1 2963 3D5F 音 ジュン 訓 あつい・すなお

意味 ①あつい。人情があつい。まごころがある。「淳厚」類惇ジュン・敦トン ②すなお。飾り気がない。「淳朴」「至淳」類純・①②醇ジュン

【▲淳い】あつ―い まごころが感じられるさま。情が深い。表記「惇い」とも書く。

【▲淳化】ジュンカ 心を込めて手厚く教化すること。表記「醇化」とも書く。

【▲淳厚】ジュンコウ まごころがあり手厚いこと。表記「醇厚」とも書く。

【▲淳風美俗】ジュンプウビゾク ▼醇風美俗ジュンプウビゾク(七三一)

【▲淳朴】ジュンボク 人情があつく、飾り気のないこと。表記「純朴・醇朴」とも書く。

ジュン【循】(12) 彳9 常 準2 2959 3D5B 音 ジュン 訓 外 したがう・めぐる

筆順 ノ 彳 彳 彳 彳 循 循 循 循 循 循 循

意味 ①したがう。よりそう。「循守」類順 ②めぐる。「循行」「循環」類巡 ③なでる。慰める。「撫循」

下つき 因循インジュン・拊循フジュン・撫循ブジュン

【△循う】したが―う 頼るものに寄り添う。あとについて行く。表記「順う」とも書く。

【循環】ジュンカン ひとまわりして元へ戻ることを繰り返すこと。「市内―バス」「悪―を絶つ」

【循行】ジュンコウ ①順路に沿ってめぐり歩くこと。②命令にしたがって行うこと。表記 ①「巡行」とも書く。

【循循】ジュンジュン ①順序にしたがうさま。秩序正しいさま。②物事にこだわらないさ

ま。ゆったりとしたさま。

【△循る】めぐ-る　ぐるぐるまわる。あちこちまわって元へ戻る。表記「巡る」とも書く。

ジュン【筍】(12) ⺮ 6　1　6803　6423　音 ジュン・シュン　訓 たけのこ・たけのかわ

〔笋〕1　6804　6424

意味 たけのこ。たけのかわ。「筍席」「石筍」

下つき 石筍(セキジュン)

【△筍】たけのこ　タケの地下茎から出てくる若芽。食用。「雨後の―」(同じようなものが次々に出ること)」季夏 表記「竹の子」とも書く。

ジュン【★閏】(12) 門 4　準1　1728　313C　音 ジュン　訓 うるう

意味 うるう。暦と季節のずれを調節するために、一日または一月増やす暦法。「閏月」「閏年」

下つき 正閏(セイジュン)

【△閏】うるう　暦で、ふつうの年より日数や月数が多いこと。暦と天体の運行のずれを調節するもの。陽暦で四年に一度の二月二九日など。「―日(び)」

【閏月】うるうづき　陰暦で一二か月以外に加えた月。参考「ジュンゲツ」とも読む。

【閏年】うるうどし　平年でなく、閏日・閏月がある年。参考「ジュンネン」とも読む。

ジュン【順】(12) 頁 3　常　教　7　2971　3D67　音 ジュン　訓 外 したがう・すなお

筆順

9　12

意味 ①したがう。すなお。「順応」「従順」類 循・遵 ②都合がよい。さしさわりがない。「順調」「順当」対 ①②逆 ③ことの次第。道すじ。「順序」「順位」

書きかえ ①「遵」の書きかえ字として用いられるものがある。

下つき 温順(オンジュン)・帰順(キジュン)・恭順(キョウジュン)・敬順(ケイジュン)・耳順(ジジュン)・柔順(ジュウジュン)・従順(ジュウジュン)・忠順(チュウジュン)・不順(フジュン)

【△順う】したが-う　そのとおりにして逆らわない。表記「循う」とも書く。

【順位】ジュンイ　ある基準により順序をつけた位置や地位。「成績の―を争う」類 順番・等級

【順延】ジュンエン　予定していた期日を、順繰りにのばすこと。「雨のため試合が―になった」類 延期

【順縁】ジュンエン　仏 ①年をとった者から順に死ぬこと。②よい行いが、仏道にはいる因縁(インネン)となること。対 ①②逆縁

【順化】ジュンカ　自然に順応すること。新しい気候風土に慣れていくこと。

【順逆】ジュンギャク　①道理にあうこととそむくこと。正と邪。「事の―をわきまえる」②順境と逆境。

【順境】ジュンキョウ　すべてが都合良く運ぶ、めぐまれた環境や境遇であること。「―に育つ」対 逆境

【順繰り】ジュンぐり　次々と順を追うこと。「―にくじをひいていく」類 順番・順次

【順行】ジュンコウ　①順序どおりに進んでいくこと。対 逆行 ②地球から見て、惑星が天球上を西から東へうつっていく運動。

【順次】ジュンジ　順を追ってすること。「日程を―繰り下げます」類 順繰り・順順

【順守】ジュンシュ　教えや法律・規則などにしたがい、これを守ること。「師の教えを―する」類 遵奉 表記「遵守」とも書く。

【順順】ジュンジュン　序にしたがって物事を進めること。「―に話す」類 順次

【順序】ジュンジョ　①上下・大小などの、一定の決まりによった配列。「―不同」類 順位・順番 ②手順。段取り。「―を踏む」

【順接】ジュンセツ　二つの文または句が、意味上一方が成立すれば他方も当然に成立するという関係。「だから」「から」「ので」などで表される接続関係。対 逆接

【順調・順潮】ジュンチョウ　物事が都合よく進むこと。また、そのさま。「―な出足」類 好調 対 不調・逆潮

【順当】ジュントウ　道理にしたがって当然なこと。「強豪は―に勝ち進んだ」類 妥当・至当

【順応】ジュンノウ　環境・境遇に合うように、行動や性質を変えること。「新しい環境に―する」類 適応 参考「ジュンオウ」とも読む。

【順風】ジュンプウ　船や人の進む方向に吹く風。追い風。おいて。対 逆風

【順風満帆】ジュンプウマンパン　物事が順調に進んでいくことのたとえ。帆いっぱいの追い風を受けて船が順調に進む意から。「―の人生」

【順法】ジュンポウ　法律に忠実にしたがうこと。「―闘争(法規を守ることで、合法的に作業能率を下げる労働組合の争議の戦術)」表記「遵法」とも書く。

【順礼】ジュンレイ　各地の霊場や聖地を参拝してまわること。また、その人。表記「巡礼」とも書く。

【順列】ジュンレツ　①順序。序列。②数学で、いくつかのなかから一定の数を取り出して、一定の順に並べる配列の仕方。「―組み合わせ」

【順路】ジュンロ　順序よく進んで行ける道筋。「展覧会場の―」類 道順

ジュン【★楯】(13) 木 9　準1　2961　3D5D　音 ジュン　訓 たて

意味 ①たて。矢・槍(やり)などを防ぐ武具。「矛楯」類 盾 ②てすり。欄干。

下つき 矛楯(ムジュン)

【△楯】たて　弓矢・槍(やり)・刀などを防ぐ武具。表記「盾」とも書く。

【△楯突く】たてつ-く　目上の人や力のある者に反抗する。「親に―く」表記「盾突く」とも書く。

ジュン【準】(13) 氵10 教 常 6 2964 3D60 音 ジュン 外シュン・セツ 訓 外なぞらえる

筆順 シ シ' シイ シイ' 汁 汁' 淮 淮 淮 準

意味 ①みずもり。水平をはかる器具。「準縄」②めやす。のり。法則。「準則」「標準」③なぞらえる。よりどころにする。「準拠」「準用」④そなえる。「準備」⑤そのものに次ぐ位。「準急」⑥はなすじ。はなばしら。「隆準リュウセツ」

下つき 基準キジュン・規準キジュン・視準シジュン・照準ショウジュン・水準スイジュン・標準ヒョウジュン・平準ヘイジュン

【準急】ジュンキュウ「準急行」の略。急行に次いで停車駅が少ない列車・電車。

【準拠】ジュンキョ よりどころとしてしたがうこと。また、そのよりどころ。「史実に―したドラマ」

【準縄】ジュンジョウ 規則。手本。おきて。参考「準」は水盛り(水平をはかる器具)、「縄」は墨なわ(材木に線を引く墨のついたなわ)の意。

【準じる】ジュン-じる ①あるものを根拠や基準として、それにのっとる。ならう。「前例に―じた寄付金」②あるものを正式のものとして、それと同等の扱いをする。なぞらえる。「正会員に―じる資格」

【準則】ジュンソク 規則を守りしたがうこと。また、その規則。「―主義」

【準備】ジュンビ 物事を行うにあたって用意すること。したく。「出掛ける―をする」

【準用】ジュンヨウ ある法律・規則などを、類似する他の事項に適用すること。

【△準える】なぞら-える ①他のものと比べて考える。②標準にする。ならう。まねをする。表記「准える」とも書く。

ジュン【詢】(13) 言6 1 7546 6B4E 音 ジュン・シュン 訓 とう・はかる・まこと

意味 ①とう。はかる。相談する。「詢察」「諮詢」②まこと。まことに。類恂ジュン・洵ジュン

下つき 交詢コウジュン・諮詢シジュン

【△詢う】と-う 意見を聞く。相談する。また、一部始終をたずねる。

【△詢る】はか-る みんなに相談する。ひとわたり意見を聞く。

ジュン【★馴】(13) 馬3 準1 3875 466B 音 ジュン・シュン・クン 訓 なれる・ならす・よい・おしえ

意味 ㊀ジュン ①なれる。ならす。なつく。「馴化」「馴致」②おとなしい。従順な。すなお。よい。「馴雅」「馴行」㊁クン おしえ。おしえる。

下つき ㊀雅馴ガジュン・調馴チョウジュン

【馴化】ジュンカ ちがう土地で育った生物が、その土地の気候・風土になれること。「この土地に―した作物だ」

【馴致】ジュンチ ①なれさせること。「野獣を―する」②だんだんとある状態にしていくこと。

【△馴鹿】ジュンロク「馴鹿トナカイ」に同じ。

〈馴鹿〉トナカイ シカ科の哺乳ホニュウ動物。北極付近のツンドラ地帯にすみ、家畜化されている。体は褐色で、雌雄ともに角がある。肉と乳は食用。参考「ジュンロク」とも読む。

【馴染む】なじ-む ①人や環境になれて親しむ。「新しい町に―む」「新しい靴が足に―む」②なれて調和する。とけ合う。

【馴れ合い】なれあい ①親しくしあうこと。②悪いことをするために、互いに示し合わせること。ぐるになること。「―売買は禁止されている」

【馴れ鮨】なれずし 塩漬けにした魚の腹に飯をつめたり、魚介類と飯とを交互に重ね圧して発酵させたりして、酢を使わずに自然の酸味で食べる料理。滋賀県の鮒ふな鮨などが有名。くされずし。うれずし。季夏 表記「熟鮨」とも書く。

【馴れ初め】なれそめ 親しくなり始めること。特に、恋愛関係のきっかけ。「二人の―をたずねる」

【馴れる】な-れる 鳥獣が人に次第になつき、従順になる。「犬が飼い主に―れる」

ジュン【蓴】(14) ⺾11 1 音 ジュン・シュン 訓 じゅんさい・ぬなわ

〔蓴〕7283 6873

意味 じゅんさい(蓴菜)。ぬなわ。スイレン科の多年草。「蓴糸」

【△蓴△羹△鱸△膾】ジュンコウロカイ 故郷をなつかしく思う気持ち。故事 中国、晋シンの張翰チョウカンは、故郷の料理であるジュンサイの羹あつもの(吸い物)とスズキの膾なます(切り身料理)のおいしさに引かれ、官を辞して故郷に帰ったという故事から。〈『晋書シンジョ』〉類越鳥南枝エッチョウナンシ・胡馬北風コバホクフウ

【△蓴菜】ジュンサイ スイレン科の多年草。池沼に自生。葉はほぼ円形で水面に浮く。茎や葉はぬるぬるしている。夏、紫紅色の花が咲く。若葉や若芽は食用。ヌナワ。季夏

【△蓴】ぬなわ ジュンサイの別称。季夏 表記「沼縄」とも書く。▼蓴菜ジュンサイ

ジュン【潤】(15) 氵12 常 3 2965 3D61 音 ジュン 訓 うるおう・うるおす・うるむ 外ほとびる

筆順 氵 沪 泗 泗 潤 潤 潤 潤 潤

意味 ①うるおう。うるおす。水分をふくむ。「潤滑」「潤湿」対燥 ②うるおい。めぐみ。利益。「潤沢」「利潤」③かざる。つやを出す。りっぱに見える。「潤色」「潤飾」

下つき 浸潤シンジュン・芳潤ホウジュン・豊潤ホウジュン・利潤リジュン

【潤う】うるおう ①湿る。「雨で庭の草木が―った」②利益をうけてゆとりができる。「小遣いでふところが―う」③気持ちが豊かになる。「励まして心が―う」

【潤香】うるか アユのはらわたを塩漬けにした食べ物。苦味があり、酒の肴（さかな）に珍重される。あゆうるか。季秋

【潤む】うるむ ①湿り気をおびる。「発熱して目が―む」②もや・霧などで、ぼやけて見える。涙でくもる。「遠くの明かりが―んで見える」③涙声になる。「声が―む」

【潤目鰯】うるめいわし ニシン科の海魚。本州中部以南に分布。マイワシに似るが、体は丸みを帯び、尻びれが小さい。脂は少ないが、干物として美味。季冬 由来 目が大きくて縁が赤く、うるんでいるように見えることから。

【潤滑】ジュンカツ 湿っていてなめらかなこと。「機械の―油」

【潤色】ジュンショク 文章や話の表面をおもしろく飾ること。「―された逸話」類脚色 参考つやを出し色をつける意から。

【潤沢】ジュンタク ①うるおい。つや。②うるおい豊かなこと。「―な資金の会社」

【潤筆】ジュンピツ 絵や書をかくこと。「―料」類揮毫（キゴウ） 参考筆をぬらす意。

【潤びる】ほとびる 水気をおびてふくれる。ふやける。「指先が―びる」

ジュン【諄】

(15) 言8 1 7557 6B59 音ジュン・シュン 訓あつい・まこと・ねんごろ・くどい

意味 ①あつい。まこと。ねんごろ。ていねい。類惇（ジュン）・醇（ジュン） ②くり返し教えさとす。「諄諄」③くどい。くどくど。

【諄い】くどい ①しつこくてうっとうしい。「彼の話は―い」②味や色などが濃くてしつこい。「料理の味が―い」

【諄諄】くどくど ①話などをしつこくくり返して言うさま。②思い切りの悪いさま。参考「ジュンジュン」と読めば別の意になる。

【諄諄】ジュンジュン よくわかるように何度も繰り返し、ていねいに説くようす。「生徒に―と諭す」類懇切・懇懇 参考「くどくど」と読めば別の意になる。

ジュン【遵】

(15) 辶12 常 3 2969 3D65 音ジュン 外シュン 訓外したがう

旧字《遵》(16) 辶12 1/準1

筆順 丷 䒑 酋 酋 酋 酋 尊 尊 遵 遵

意味 したがう。規則や道理にしたがう。手本とする。「遵行」「遵用」「奉遵」類循

書きかえ「順」に書きかえられるものがある。

下つき 恪遵（カクジュン）・奉遵（ホウジュン）

【遵う】したがう 道理や法則にのっとる。先例のとおりにする。

【遵守】ジュンシュ 規則や道理などにしたがい、それを守ること。「法律は―すべきだ」類遵奉 表記「順守」とも書く。

【遵奉】ジュンポウ 法律や教義などを尊重して、これを守ること。「遺命を―する」

【遵法】ジュンポウ 法律にしたがい、それを固く守ること。「―精神」「―闘争」表記「順法」とも書く。

【遵養時晦】ジュンヨウジカイ 時世が悪いときには世に出ようとせず、道にしたがって志を養い、好機がおとずれるのを待つこと。「遵」はしたがう、「晦」は暗い・くらます意。〈『詩経』〉類遵時養晦

ジュン【醇】

(15) 酉8 準1 2970 3D66 音ジュン・シュン 訓もっぱら・あつい

意味 ①味の濃い酒。まじり気のない酒。「醇酒」「芳醇」②もっぱら。まじり気がない。きよい。「醇正」③あつい。手あつい。人情があつい。「醇厚」「醇風」類惇（ジュン）・②③淳（ジュン）

書きかえ ②「純」に書きかえられるものがある。

下つき 雅醇（ガジュン）・清醇（セイジュン）・芳醇（ホウジュン）

〈醇酒〉かたざけ 発酵させただけの、濃いどぶろく。濁（にご）り酒・煉（ね）り酒の類。表記「堅酒」とも書く。

【醇化】ジュンカ ①まじり気がなく純粋にすること。②手厚く教化すること。「時を経て人心を―する」表記①「純化」とも書く。②「淳化」とも書く。

【醇乎】ジュンコ 純粋でまじり気のないこと。特に精神的な面にいう。表記「純乎」とも書く。

【醇正】ジュンセイ まじり気のない本物であること。表記「純正」とも書く。

【醇風美俗】ジュンプウビゾク 人情があつく好ましい風俗や習慣。「醇風」は素直な人情味のある気風の意。表記「醇風」は「淳風」とも書く。類良風美俗

【醇朴】ジュンボク 人情があつく素朴なこと。表記「純朴・淳朴」とも書く。

ジュン【遵】(16) 辶12 ▼遵の旧字（七二三）

ジュン【鶉】

(19) 鳥8 1 8308 7328 音ジュン 訓うずら

意味 うずら。キジ科の鳥。

【鶉】うずら キジ科の鳥。草地にすむ。体は丸みを帯び、尾は短く、羽は茶褐色で黒と白のまだらがある。肉・卵は食用。季秋

【鶉斑】うずらふ ①ウズラの羽のように、茶褐色に黒白のまだらのある模様。②鉄質の黒い釉（うわぐすり）が酸化した、赤褐色のまだら模様の陶器。

【鶉豆】うずらまめ マメ科の一年草。インゲンマメの一種。豆は薄茶色で、ウズラの羽の模様に似た茶褐色の斑点（ハンテン）がある。煮豆や甘納豆にする。季秋

【▲鶉衣】ジュン イ　つぎはぎだらけのみすぼらしい着物。弊衣。うずらごろも。うずらぎぬ。類鶉服（ジュンプク）

【▲鶉居】ジュン キョ　定まった巣をもたないウズラのように、あちこち転々として住居が定まらないこと。

ショ【△且】(5) 一 4 常 1978 336E ▼かつ(二七)

ショ【処】(5) 几 3 常 教 5 2972 3D68 音 ショ 外ソ 訓 外ところ・おる・おく

旧字《處》(11) 虍 5 1/準1 4961 515D

筆順 ノクタ夂処

意味 ①とりはからう。とりさばく。「処置」「処分」②ところ。場所。「居処」「随処」類所 ③おる。いる。(ア)その場にとどまる。住む。生活する。「処世」(イ)世間に出ないで家にいる。「処士」「処女」④おく。すえる。おちつかせる。

下つき 出処（シュッショ）・随処（ズイショ）・善処（ゼンショ）・対処（タイショ）・方処（ホウショ）・野処（ヤショ）・幽処（ユウショ）

【△処る】お-る　①一つの場所に落ち着く。とどまっている。②家にいる。③住む。

【処遇】ショ グウ　待遇の仕方。人のあつかい方。「与えられた―に満足する」「役員としての―を得る」

【処刑】ショ ケイ　刑罰を下すこと。しおき。「罪人が民衆の前で―される」類処罰

【処処】ショ ショ　多くの場所や方面。あちらこちら。方々（ホウボウ）。

【処暑】ショ ショ　二十四節気の一つ。現在の八月二三日ごろ。暑さも終わる時期とされる。季秋

【処女】ショ ジョ　①性交をしたことのない女性。娘（むすめ）。対童貞 ②はじめてのこと。類生「―航海にでる」「―出版」

【処する】ショ-する　①処置する。とりさばく。②罰する。「無期懲役に―する」③その場に身をおく。対処する。「どんな困難にも―する覚悟だ」

【処世】ショ セイ　社会のなかで生きていくこと。世渡り。「―術」

【処断】ショ ダン　処置を決めること。とりさばき。「厳しく―を下す」類裁決・裁断

【処置】ショ チ　①とりさばいて始末すること。はからい。「適切な―のおかげで大事に至らなかった」類処理・措置 ②傷や病気の手当てをすること。「応急―を施す」

【処罰】ショ バツ　罰すること。「違反者を―する」類処刑・制裁

【処分】ショ ブン　①処理すること。②いらないものを始末すること。③罰すること。「減給―を受ける」類処罰・制裁

【処方箋】ショホウ セン　医者が患者の症状に応じた薬の名称・用量・用法などを記して薬剤師に出す調剤の指定書。

【処理】ショ リ　物事をとりさばいて始末すること。「事務―」類処分・処置

【△処】ところ　①場所。位置。「噂（うわさ）の出―を突きとめる」②…すると。…したところが。…の結果。「相談した―やめることになった」

ショ【初】(7) 刀 5 常 教 7 2973 3D69 音 ショ 外ソ 訓 はじめ・はじめて・はつ・うい高・そめる中 外うぶ

筆順 、ラネネネ初初

意味 ①物事のはじめ。はじめのころ。「初心」「当初」②はじめて。はじめての。うい。「初演」「初出」③うぶ。世間ずれしていない。

下つき 最初（サイショ）・太初（タイショ）・当初（トウショ）・頭初（トウショ）・年初（ネンショ）

【初初しい】うい うい-しい　若く、世間ずれしていないで純な感じがするさま。うぶなさま。「―い新入社員」「―い純真さ」

【〈初冠〉】うい こうぶり　昔、男子が元服してはじめて冠をつけること。参考「ういかむり」とも読む。

【初産】うい ザン　はじめての出産。「―は、ひどく難産だった」

【初陣】うい ジン　はじめて戦場や試合に出ること。「若君が見事に―を飾る」「完投して―を飾った投手」

【初孫】うい まご　はじめての孫。参考「はつまご」とも読む。

【〈初心〉・△初】うぶ　①若くて世間ずれしていない、純情なようす。「―な性格」②恋愛感情にうといさま。参考①「初心」は「ショシン」とも読む。

【初一念】ショ イチネン　最初に思い立った決心。類初心（ショシン）・初志

【初夏】ショ カ　①夏のはじめ。対晩夏 ②陰暦四月の異名。参考①「はつなつ」とも読む。

【初会】ショ カイ　①はじめてあうこと。類初対面 ②はじめての会合。類発会 ③遊女がはじめての客の相手をすること。また、その客。

【初学】ショ ガク　学問などをはじめて学ぶこと。また、その人。「―者」

【初期】ショ キ　始まってまもない時期。「江戸―」類早期・初頭 対末期・終期

【初▲虧】ショ キ　日食や月食で、太陽または月が欠け始めること。部分食の開始。また、その時刻。参考「虧」は一部分が欠ける意。

【初婚】ショ コン　はじめての結婚。「兄は―に失敗した」対再婚

【初志】ショ シ　物事を始めたころの希望。最初に立てたこころざし。類初心

【初志貫徹】ショシ カンテツ　最初に立てた志を最後まで貫き通すこと。「―して、漫画家になる夢を実現した」

【初心】ショ シン　①最初に思い立ったときの気持ち。「―にかえる」類初志 ②習いはじ

め。類初学 ③「初心(しょしん)」に同じ。

【初心忘るべからず】能楽で、習いたてのころの芸や経験を忘れないようにという戒め。また、何に対しても最初の真剣な気持ちや決意を忘れてはならないこと。由来世阿弥(ぜあみ)の『花鏡(カキョウ)』にある言葉から。

【初戦】ショセン 最初の戦い。第一戦。「―を勝ち抜く」「―で敗退した」

【初潮】ショチョウ はじめて月経(ゲッケイ)があること。最初の月経。類初経

【初っ切り】しょっきり ①花相撲や巡業で、最初に余興として行う滑稽(コッケイ)な取り組み。②物事のはじめ。

〈初中後〉しょっちゅう いつも。絶えず。始終。「授業中に―欠伸(あくび)している」

【初っ端】しょっぱな 物事の最初。物事のやりはじめ。「―からつまずく」類出端(でばな) 対どん尻(じり)

【初転法輪】ショテンボウリン 仏はじめての説法。釈迦(シャカ)が悟りを開いてのち、はじめて行った鹿野苑(ロクヤオン)の説法。「転法輪」は仏の説法。

【初等】ショトウ 最初の等級・段階。「―教育に力を入れる」類初級・初歩 対中等・高等

【初頭】ショトウ ある時代・時期のはじめ。「二〇世紀―の戦乱」類初期

【初七日】ショなぬか 人が死んで七日目の日。また、その日に行う法事。類一七日(ひとなぬか・ひとなのか) 参考「ショなのか・ショシチニチ」とも読む。

【初歩】ショホ 習いはじめ。てはじめ。「まだ―の段階だ」「―的なミス」類初学・入門

【初夜】ショヤ ①最初の夜。特に、結婚してはじめての夜。②戌(いぬ)の刻。午後七時ころから九時ころ。類初更 対中夜・後夜 ③仏②に行う勤行。

【初老】ショロウ ①老人になりはじめの年ごろ。②もと、四〇歳の別称。「―を迎えた」

【初める】そ―める …しはじめる。はじめて…する。「しらじらと夜が明け―める」

【初め】はじめ ①時間的に早いこと。早い時期。以前。「年の―」類最初・当初 ②物事の一番先。発端。「―はたった一人だった」

【初めて】はじ―めて 新たに。最初に。「今―知りました」

【初】はつ ①はじめ。最初。「―出勤」②その年・季節はじめての。「―詣(もうで)」「―雪」

【初午】はつうま 二月の最初の午の日。また、その日に行われる稲荷(いなり)神社の祭り。季春

【初穂】はつお 「初穂(はつほ)」に同じ。

【初顔】はつがお ①会合などにはじめて加わってきた人。「句会の―」②「初顔合わせ」の略。スポーツで、はじめてその相手と対戦すること。また、映画・演劇などではじめて共演すること。

【初鰹】はつがつお 初夏のころとれる、その年最初のカツオ。美味。季夏

【初釜】はつがま 新しい年になってはじめて茶の湯の釜(かま)を据え、茶をたてること。また、その日の茶会。季新年

【初冠雪】はつカンセツ 夏を過ぎてからはじめて雪が降って、山や物の上にかぶさること。また、その雪。季冬

【初〈東雲〉】はつしののめ ①元日の明け方やあけぼの・あかつき。②元日の明け方に東の空にたなびく雲。季新年

【初〈手水〉】はつちょうず 元日の朝、若水(わかみず)で手や顔を洗い清めること。季新年

【初生り】はつなり その年はじめて実った果物や野菜。類初物

【初荷】はつに 新年最初の商いの荷。季新年 由来古く、正月二日にその年のはじめの荷を装飾して送りだしたことから。

【初音】はつね ウグイスなど、その年はじめて鳴く声。季春

【初乗り】はつのり ①新年になってはじめて乗物やウマに乗ること。②新しくできた乗物に、初日に乗ること。また、はじめて乗ること。「新規開業したジェットコースターの―」③運賃の最低単位の、最初の乗車区間。「―料金」

【初春】はつはる ①春のはじめ。②新春。新年。正月。季新年

【初日】はつひ 元日の朝に出る太陽。「―の出を見に行く」季新年

【初穂】はつほ ①その年最初に実りをつけた稲穂。②穀物・果物など、その年最初の収穫物。③神仏に奉る、その年最初の収穫物やそれに代わる金銭。参考「はつお」とも読む。

【初盆】はつボン 人の死後はじめての盂蘭盆(ウラボン)。類新盆(にいボン) 季秋

【初耳】はつみみ はじめて聞くこと。また、その話。「その話は―だ」

【初詣】はつもうで 新年になってはじめて神社・仏閣に参ること。初参り。季新年

【初物】はつもの ①その季節で最初にとれた果物や野菜。類初生(なり) ②その季節にはじめて食べるもの。③だれも手をつけていないもの。

ショ【所】(8) 戸 4 教 常 8 2974 3D6A 音 ショ 外ソ 訓 ところ

旧字《所》(8) 戸 4 1/準1

筆順 一 ㇇ ㇌ 戸 戸 所 所 所

意味 ①ところ。ありか。「住所」「場所」②特定の仕事をする施設。「所長」「役所」③…するところの。…するもの。動作・作用の内容を示す。「所持」「所信」④…る。…らる。…される。受身の助字。

下つき 箇所(カショ)・急所(キュウショ)・局所(キョクショ)・近所(キンジョ)・御所(ゴショ)・在所(ザイショ)・地所(ジショ)・住所(ジュウショ)・出所(シュッショ)・随所(ズイショ)・関所(せきショ)・短所(タンショ)・長所(チョウショ)・適所(テキショ)・当所(トウショ)・屯所(トンショ)・難所(ナンショ)・配所(ハイショ)・場所(ばショ)・札所(ふだショ)・便所(ベンジョ)・名所(メイショ)・役所(ヤクショ)・要所(ヨウショ)

〈所在〉・〈所有〉あらゆる ありうるかぎりの。すべての。「―

し ショ

場合を想定する」参考「所在」は「ショザイ」、「所有」は「ショユウ」と読めば、それぞれ別の意になる。

〈所謂〉いわゆる 世間でよく言われる。俗に言う。「これが—天才の作品だ」

【所為】ショイ ①行い。振る舞い。しわざ。「悪魔の—」類行為・所業 ②行為のわけ。ゆえ。類理由・原因 参考②「せい」とも読む。

【所懐】ショカイ 心のなかで思っていること。考え。「—を述べる」類所存・所感

【所轄】ショカツ 権限で支配・管理すること。また、その範囲。「—の警察署」類所管・管轄

【所感】ショカン 心に感じたこと。「新年にあたって—を述べる」類感想・所懐

【所管】ショカン 仕事などを管理・管轄すること。また、その範囲。「—する官庁」類所轄

【所期】ショキ 前もって期待するところ。また、その事柄。「—の目的を達する」

【所業・所行】ショギョウ 行い。振る舞い。しわざ。「許しがたい—の数々」類行為・所為 参考 多く、好ましくない意味で用いる。

【所化】ショケ ①仏教化されること。また、教化される衆生。②僧侶の弟子。寺で修行中の僧。対①②能化 ③変化。ばけもの。

【所見】ショケン ①見たところ。見た事柄。「医師の診察—」②考え。意見。類見解

【所作】ショサ ①行い。振る舞い。②身のこなし。しぐさ。「—が美しい」類動作 ③「所作事」の略。歌舞伎で、おもに長唄を伴奏にする舞踊・舞踊劇。

【所載】ショサイ 印刷物に載っていること。「先月号—の小説」類掲載・所収

【所在】ショザイ ①存在するところ。居場所。「責任の—」「犯人の—をつきとめる」類在所 ②行い。していること。「—ない(手持ちぶさたであるさま)」参考「あらゆる」と読めば別の意になる。

【所産】ショサン 生み出されたもの。つくり出されたもの。「調査の—だ」類産物

【所司】ショシ ①鎌倉幕府で侍所の次官。②室町幕府で侍所などの長官。

【所持】ショジ もっていること。携帯していること。「麻薬—で捕まる」類所有・携帯

【所収】ショシュウ 書物などに収められていること。「全集に—された年表」類所載

【所信】ショシン 信じるところ。「首相の—表明演説」類信念

【所説】ショセツ 説明し述べるところ。また、その説。「師の—に異を唱える」類主張

【所詮】ショセン 結局。つまるところ。「—君の負けだ」「—かなわぬ夢だ」参考「詮ずる(あれこれと考える)所」の意。

【所蔵】ショゾウ 自分の物として所有し、しまっていること。また、その物。「高橋氏—の刀剣」「—品」

【所属】ショゾク ある組織や団体に属していること。「野球サークルに—している」

【所存】ショゾン 心のなかで思っていること。考え。心づもり。「今後も努力する—であります」類所懐

【所帯】ショタイ 独立した生計を営む単位。また、その暮らし向き。「—をもつ」「男—で育つ」表記「世帯」とも書く。

【所定】ショテイ 定められていること。「—の場所に置く」「—の用紙に記入する」

【所得】ショトク ①その人の物になること。また、その物。類取得 ②一定期間内に得た収入・利益。給料・利子・家賃など。「不労—」

【所望】ショモウ 望むこと。また、その望み。「お茶を一杯—する」

【所有】ショユウ 自分のものとしてもっていること。また、そのもの。「広大な土地を—している」類所蔵・所持 参考「あらゆる」と読めば別の意になる。

【所与】ショヨ 与えられること。特に、問題解決の条件としてのもの。「—の条件からいかなる結果が導き出せるか」

【所用】ショヨウ ①用事。用向き。「—で出かける」類用件 ②用いること。「—があって一時借りる」類入用

【所要】ショヨウ ある事をするのに必要なこと。また、必要なもの。「駅までの—時間」

【所領】ショリョウ 領有している土地。特に、王・大名などの領地。「—を賜る」

【所論】ショロン その人の論じている意見や理論。「—のとおり」参考 多く、学術論文などの文章にいう。

【△所為】せい ある物事の、悪い結果を引き起こす原因・理由。ため。「年の—か、目がかすむ」「渋滞の—で打ち合わせに遅刻した」参考「ショイ」とも読む。

【所】ところ ①場所・位置。また、住所。「わたしの—においで下さい」②その土地。郷土。「民話を—の人に聞く」③地位。「ふさわしい—を得る」④部分。箇所。「問題の—を訂正する」⑤場合。状態。状況。「—をわきまえる」

【所宛・所充】ところあて ①平安・鎌倉時代、諸宮司・諸官寺の行事の主宰者を任命して分担させたこと。また、分担された行事。②摂関家などで、諸行事の費用を家司に割り当てること。

【所柄】ところがら その場所の性質やようす。「—をわきまえない言動」類場所柄

〈所以〉ゆえん わけ。理由。いわれ。「駿足のランナーと呼ばれる—は、ここにある」「それが退職の—だ」

〈所縁〉ゆかり つながりや関わり合いがあること。縁故。「啄木—の地を訪ねる」表記「縁」とも書く。

ショ【★杵】(8) 木 4 準1 2147 354F 音 ショ 訓 きね

意味 ①きね。臼に入れた穀物をつく道具。「杵柄」②つち(槌)。物をうつ道具。「砧杵」

下つき 臼杵・砧杵

し ショ

【▲杵】きね　餅などを作るとき、臼に入れた穀物をつく木製の道具。

【▲杵▵柄】きねづか　きねの柄え。「昔とった━（昔きたえて腕に自信のあること）」

【▲杵臼の交わり】ショキュウのまじわり　身分や貧富を超えた交友。「杵臼」は、きねとうす。もみ米をつくのに使う。故事 中国、後漢の公孫穆は学費がなかったので呉祐の家に雇われて米つきをしていたが、呉祐がその学識に驚いて親交を結んだという故事から。《後漢書》 参考「杵臼の交」ともいう。

ショ【沮】(8) 氵5 1 6192 5D7C 音 ショ・ソ 訓 はばむ・ふせぐ・もれる

意味 ①はばむ。さまたげる。ふせぐ。「沮止」②さわ。湿気の多い土地。「沮如」③くじける。ひるむ。④もれる。もらす。

書きかえ ①「阻」が書きかえ字。

【沮止】ソシ ▼書きかえ 阻止（九一九）

【沮喪】ソソウ ▼書きかえ 阻喪（九一九）

【沮む】はばむ　相手のじゃまをする。防いで止める。「敵の行く手を━む」表記「阻む」とも書く。

ショ【苴】(8) 艹5 1 7183 6773 音 ショ・サ 訓 つと・あさ・くろい・おぎなう

意味 ㊀ショ ①つと。わらなどで包んだもの。②あさ（麻）。実のなる麻。③くつしき。くつの中のしき草。④くろい。色の黒い。⑤おぎなう。つくろう。㊁サ ちり。あくた。

下つき ㊀苞苴

【苴】つと　わらなどで包んだもの。わらづと。「━に入った納豆」

ショ【胥】(9) 肉5 1 7081 6671 音 ショ・ソ 訓 しおから・みな

意味 ①しおから。塩づけの肉。②たがいに。あい。「胥謀」③みな。ともに。類 諸 ④小役人。「胥吏」

下つき 華胥

【▲胥吏】ショリ ①役所の小役人。②中国、宋代以降、役所の長によって採用された下役人。

ショ【書】(10) 曰6 常 教 9 2981 3D71 音 ショ 訓 かく 外 ふみ

筆順 フ ヲ ヨ ヨ 聿 聿 聿 書 書 書

意味 ①かく。かきしるす。「書写」「清書」②しょ。かいたもの。㋐文字。字体。「書契」「行書」㋑かきつけ。手紙。「書簡」「信書」㋒本。「書物」「図書」③五経の一つ。「書経」の略。

下つき 遺書・楷書・願書・古書・史書・司書・証書・詔書・信書・清書・聖書・草書・蔵書・代書・調書・著書・篆書・伝書・投書・読書・図書・念書・白書・秘書・封書・文書・返書・密書・良書・隷書

【書き入れ】かきいれ ①本などに書きこむこと。記入。「━の多い古本は安い」②「書き入れ時」の略。売れ行きや利益などの多い、もうけどき。由来 ②帳簿に数多く書き入れることから。

【書き初め】かきぞめ　新年行事の一つ。新年に初めて毛筆で字を書くこと。また、その書いたもの。ふではじめ。試筆。季 新年 参考 ふつう、正月二日に行う。

【書留】かきとめ ①あとに残すために書いておくこと。メモ。②「書留郵便」の略。確実に届けるために受付日・発信人・受信人などを記録しておく特別料金の郵便。現金書留・簡易書留など。

【書き割り】かきわり　大道具用語で、舞台背景の建物・風景などを描いたもの。由来 何枚かに分かれているところからともいう。

【書く】かく ①文字・記号などをしるす。「紙に━く」②文章を作る。「本を━く」

【書院造】ショインづくり　室町時代に始まった住宅建築の様式。座敷を上段の間とし、床・ちがい棚や明かり障子、外まわりに雨戸がある。和風建築として現在まで影響している。

【書架】ショカ　書物を入れておく棚。「━を整理する」類 本棚

【書家】ショカ ①字を上手に書く人。能書家。能筆家。②書道の専門家。書道家。

【書画】ショガ　書と絵画。「━骨董を集める」「━に秀でた人物」

【書▲翰】ショカン ▼書きかえ 書簡

【書簡】ショカン　手紙。書状。「━が配達されてきた」書きかえ「書翰」の書きかえ字。

【書▲笈】ショキュウ　書物を入れて背負えるように作った箱。類 書櫃

【書▲篋】ショキョウ　本を入れる箱。類 本箱・書笥 参考「篋」は竹製の箱の意。

【書▲痙】ショケイ　字を書くとき、手がふるえたりして書けなくなる神経症。おもに精神的ストレスによると考えられる。

【書見】ショケン　本を読むこと。「━台」類 読書

【書▲賈】ショコ　書籍をあきなう人。書籍商。参考「賈」は本来、店内に品物を置いて売り買いする意。

【書斎】ショサイ　家庭で、書き物をしたり本を読んだりする部屋。「━で執筆をする」参考「斎」は読書や物忌みのためにこもる部屋の意。

【書冊】ショサツ　書本。書物。書籍。「━を繰る」参考「書」「冊」ともに書物の意。

【書▲肆】ショシ　書店。本屋。「古━」類 書房 参考「肆」は店の意。

【書誌】ショシ ①特定の事柄についての書物の目録。②書物の体裁・成立・伝来などの記述。「━学」

【書式】ショシキ　書類の定まった書き方。「━を整えて提出する」

【書写】ショ シャ ①筆で写すこと。書き写すこと。「経文を―する」類筆写 ②小・中学校の国語科の一分野。習字。

【書状】ショ ジョウ 手紙。書簡。「―をしたためる」「―差し」参考古風な言い方。

【書生】ショ セイ ①学生の古称。「―気質(かたぎ)」②他人の家に住みこみ、家事などを手伝いながら勉強する人。

【書籍】ショ セキ 本。書物。図書。「―小包み」参考「冊」または「部」をつけて数える。

【書帙】ショ チツ ①和本を入れる布製の覆い。「冊子を―に収める」類書套(ショトウ) ②書物。

【書厨】ショ チュウ ①本箱。類書篋(ショキョウ)・書笥(ショシ) ②知識が広く記憶のよい人。③読書ばかりして、実際に役立てることのできない人。参考「厨」ははこ・ひつの意。

【書蠹】ショ ト ①書物の紙を食い荒らす虫。しみ。②読書ばかりして書物の内容をうのみにするだけで、その活用を知らない人。

【書牘】ショ トク 手紙。書簡。書状。「―体で文(ふみ)を出す」類尺牘(セキトク)

【書評】ショ ヒョウ 新聞・雑誌などで、おもに、新刊の書物の内容を紹介して批評すること。また、その批評。

【書幅】ショ フク 文字の書かれた掛け軸。掛け字。類書軸 対画幅

【書三度写せば魚も魯となる】ショみたびうつせばギョもロとなる 文字を書き誤ること。書物を何度か書き写していると「魚」を「魯」と書きまちがえてしまうことがあるように、類似の字は書き誤りやすいたとえ。《抱朴子(ホウボクシ)》類魯魚の誤り・魯魚亥豕(ロギョガイシ)

【書面】ショ メン ①手紙。文書。「合否は―で通知する」類書状・書簡 ②①に書かれた内容。類文面

【書目】ショ モク ①書物の目録。類書誌 ②書物の題目。類書名

【書林】ショ リン ①書物のたくさんある所。②書店。本屋。類書肆(ショシ)

【書類】ショ ルイ いろいろな文書。書きつけ。「重要―」参考「通」「札(サツ)」をつけて数える。

【△書】ふみ ①書物。本。②手紙。書簡。③書き記したもの。文書。

ショ【★疽】 (10) 疒 5 1 6552 6154 音ショ・ソ 訓かさ・はれもの

意味 かさ。悪性のはれもの。「疽腫(ソシュ)」参考「疸(タン)」は別字。

下つき 壊疽(エソ)・癰疽(ヨウソ)

ショ【砠】 (10) 石 5 1 6673 6269 音ショ・ソ 訓いしやま・つちやま

意味 やま。いしやま。つちやま。類岨(ソ)

ショ【庶】 (11) 广 8 常 準2 2978 3D6E 音ショ 訓外もろもろ・おおい・こいねがう

筆順 丶 亠 广 广 庐 庐 庐 庐 庶 庶 10

意味 ①もろもろ。数の多いこと。さまざま。「庶民」「庶務」類諸 ②おおい。物がゆたかで多い。「富庶」③正妻でない女性の生んだ子。「庶子」「庶出」対嫡 ④こいねがう。「庶幾」⑤ちかい。ほとんど…に同じである。

下つき 衆庶(シュウショ)・臣庶(シンショ)・嫡庶(チャクショ)・民庶(ミンショ)

〈庶幾〉う こいねが―う ぜひこれはと、願い望む。強く願う。切望する。「世界の平和を―う」

【庶子】ショ シ ①本妻以外の女性から生まれた子ども。②旧民法で、父親が認知した子。対①②嫡子

【庶出】ショ シュツ 本妻以外の女性から生まれること。また、その人。対嫡出

【庶民】ショ ミン 一般の人々。大衆。「―の意見を取り入れる」類民衆・平民

【庶務】ショ ム こまごまとした事務。「会社の―課で仕事をする」類雑務

〈庶妹〉まま いも 腹ちがいの妹。異母妹。表記「継妹」とも書く。参考「あらめいも」とも読む。

ショ【渚】 (11) 氵 8 準1 2977 3D6D 音ショ 訓なぎさ・みぎわ

字旧《渚》 (12) 氵 9 1/準1 8687 7677

意味 ①なぎさ。みぎわ。なみうちぎわ。「渚宮」「汀渚(テイショ)」②す。なかす(中州)。こじま。

下つき 洲渚(シュウショ)・汀渚(テイショ)

〈▲渚鳥〉すどり ①州(す)にいる鳥。シギ・チドリなど。②カワセミの別称。▼翡翠(かわせみ)(一二八五) 表記「州鳥」とも書く。

【▲渚】なぎさ 波の打ち寄せる所。波打ちぎわ。「霧がたちこめる―」「―伝いに歩く」参考「みぎわ」とも読む。

【▲渚】みぎわ 陸地と水の接する所。水ぎわ。「―の千鳥」参考「なぎさ」とも読む。

ショ【▲處】 (11) 虍 5 4961 515D ▼処の旧字(七一四)

ショ【蛆】 (11) 虫 5 1 7355 6957 音ショ・ソ 訓うじ

意味 ①うじ。ハエやハチなどの幼虫。「蛆虫」②「蝍蛆(ショクショ)(むかで)」に用いられる字。

【▲蛆】うじ ハエやハチなどの幼虫。不潔な所にわくと信じられていた。うじむし。「男やもめに―がわく」季夏

【▲蛆虫】うじ むし ①「蛆」に同じ。②つまらない人間。人をののしる言葉。「この―どもめ」

ショ【暑】 (12) 日 8 常 教 8 2975 3D6B 音ショ 訓あつい

字旧《暑》 (13) 日 9 1/準1 8535 7543

筆順 10 12

意味 ①あつい。気温が高い。「暑気」「炎暑」「酷暑」対寒。②あつい季節。特に、夏の土用一八日間。「暑中」「大暑」

下つき 炎暑(エンショ)・寒暑(カンショ)・酷暑(コクショ)・残暑(ザンショ)・小暑(ショウショ)・大暑(タイショ)・避暑(ヒショ)・猛暑(モウショ)

【暑い】あつい 不快なほど気温が高い。「今年の夏はとても―い」

【暑さ寒さも彼岸まで】あつささむさもヒガンまで 残暑の厳しさも秋の彼岸のころになれば衰え、残寒の厳しさも春の彼岸とともに和らぎ、ともに過ごしやすい季節になるということ。

【暑気】ショキ 夏の暑さ。「―払い」対寒気

【暑気△中たり】ショキあたり 夏の暑さにまけて、下痢や食欲不振などで体をこわすこと。あつさまけ。あつさあたり。「―で食欲がない」季夏

【暑中】ショチュウ 夏の最も暑い時期。特に、夏の土用のころ。「恩師に―見舞いを書く」対寒中

ショ【▲渚】(12) 氵9 8687 7677 ▼渚の旧字(七二八)

ショ【詛】(12) 言5 1 7539 6B47 音ショ・ソ 訓のろう・のろい・ちかう・ちかい・そしる

意味 ①のろう。のろい。「呪詛」②ちか(誓)う。ちかい。「詛盟」③うらむ。「怨詛」④そしる。悪口を言う。参考 ②大きいことに「盟」を用い、小さいことに「詛」を用いる。

下つき 怨詛(エンソ)・呪詛(ジュソ)

【▲詛う】のろう ①恨みのある人に災いがふりかかるように祈る。②ひどく恨む。「世の中の冷たさを―う」

ショ【黍】(12) 黍0 準1 2148 3550 音ショ 訓きび

意味 五穀の一つ。きび。イネ科の一年草。「黍禾(ショカ)」「黍稷(ショショク)」

下つき 禾黍(カショ)・蜀黍(ショクショ・もろこし)

【▲黍】きび イネ科の一年草。インド原産といわれ、古くから栽培される。秋、淡黄色の花穂をつけ、実ると垂れ下がる。五穀の一つで食用。「―餅(もち)は懐かしい味がする」季秋 表記「稷」とも書く。

【▲黍団子】きびダンゴ キビの粉で作っただんご。季秋

〈▲黍魚子〉きびなご ニシン科の海魚。中部以南の海域に分布。体長約一〇センチメートルで、細長い。背面は青緑色で、体側に銀白色の縦じまがある。食用。表記「吉備奈仔」とも書く。

【▲黍離の嘆】ショリのタン 国の滅亡を嘆き悲しむこと。故事 中国、東周の大夫(タイフ)が西周の王宮の跡がキビ畑となって荒れ果てているのを見て、詠嘆の詩を作った故事から。〈『詩経』〉

ショ【▲暑】(13) 日9 8535 7543 ▼暑の旧字(七二八)

ショ【署】(13) 罒8 教 常 5 2980 3D70 音ショ 訓外やくわり・しるす

旧字《署》(14) 罒9 1/準1 9026 7A3A

筆順 4 11 13

意味 ①やくわり。わりあて。てわけ。「部署」②役所。「官署」「分署」③しるす。書き記す。「署名」「代署」

下つき 官署(カンショ)・公署(コウショ)・支署(シショ)・自署(ジショ)・代署(ダイショ)・部署(ブショ)・分署(ブンショ)・本署(ホンショ)・連署(レンショ)

【署名】ショメイ 自分の氏名を書くこと。また、書いた氏名。サイン。「覚書に―する」類記名

【△署す】しるす あるべきところに書きつける。表題を書く。記名をする。

ショ【雎】(13) 隹5 1 8019 7033 音ショ 訓みさご

意味 みさご。雎鳩(ショキュウ)。タカ科の鳥。礼儀正しいものにたとえる。

〈▲雎▲鳩〉・▲雎 みさご タカ科の鳥。世界中に分布。背面は茶褐色で、頭と腹面は白色。水辺にすみ、飛びながら魚をさがし、急降下して足でつかみとる。由来「雎鳩」は漢名から。和名は、水をさぐる意。表記「鶚」とも書く。

ショ【墅】(14) 土11 1 5248 5450 音ショ・ヤ 訓なや・しもやしき

意味 一ショ ①なや。収穫物を入れる小屋。②しもやしき。別荘。「別墅」二ヤ の。のはら。

下つき 一村墅(ソンショ)・別墅(ベッショ)

【▲墅】しもやしき 保養のためなどに普段の家以外に設けた建物。別荘。

ショ【緒】(14) 糸8 常 準2 2979 3D6F 音ショ・チョ 訓お 外いとぐち

旧字《緒》(15) 糸9 1/準1 9012 7A2C

筆順 2 4 6 14

意味 ①いとぐち。物事の起こりはじめ。「緒戦」「由緒」②すじ。つづき。つながり。「一緒」③こころ。「情緒」④ひも。お。「鼻緒」

下つき 一緒(イッショ)・情緒(ジョウショ・ジョウチョ)・心緒(シンショ・シンチョ)・端緒(タンショ・タンチョ)・鼻緒(はなお)・由緒(ユイショ)

【△緒】いとぐち ①糸の先端。②はじめ。手がかり。「話の―をつかむ」「解決の―を模索する」類端緒(タンショ)・発端 表記「糸口」とも書く。

【緒】お ①ひもや糸など細長いもの。「勝ってかぶとの―をしめよ」「堪忍袋の―が切れる」②

楽器や弓などに張る弦(ゲン)。「琴の―」③長く続くもの。「息の―」

【緒△総】おぶさ ①佩物(おびもの)(身に帯びる物)の下に垂らす飾りの紐(ひも)。②虹(にじ)をたとえていう語。

【緒言】ショゲン ①論説のいとぐち。②前書き。はし書き。類序文・序言 参考「チョゲン」は慣用読み。

【緒戦】ショセン 始まったばかりの戦争や試合。「―で優位に立つ」参考「チョセン」は慣用読み。

【緒論】ショロン 本論の前の導入部としての論説。「―で述べたように」類序論 参考「チョロン」は慣用読み。

【緒】チョ ①物事のはじめ。いとぐち。はし。「―に就く(物事が始まる)」②ひも。参考「ショ」とも読む。

ショ【▲署】(14) 罒9 9026/7A3A ▼署の旧字(七二九)

ショ【▲蔗】(14) ⺾11 7284/6874 ▼シャ(六〇〇)

ショ【▲緒】(15) 糸9 9012/7A2C ▼緒の旧字(七二九)

ショ【諸】(15) 言8 常 教5 2984/3D74 音ショ 訓外もろ・もろもろ

旧字《諸》(16) 言9 1/準1 9214/7C2E

筆順 ニ 言 言 計 詰 諸 諸 諸 諸 (2 4 7 15)

意味 ①もろ。もろもろ。いろいろな。多くの。「諸侯」「諸島」②これ。指示する語。代名詞。

【諸悪】ショアク いろいろな悪事・悪行。多くの悪いこと。「―の根源は君だ」

【諸行無常】ショギョウムジョウ 仏この世のすべてのものは常に変化して、不変のものはないということ。人生の無常をいう仏教の根本思想。「諸行」は因縁によって生じたこの世のすべてのもの、あらゆる現象。類有為転変(ウイテンペン)

【諸君】ショクン 同輩以下の多数の人を軽く敬って、あるいは親しんで呼ぶ語。みなさん。きみたち。「選手―のおかげで優勝できた」「同志―」類諸氏 参考おもに、男性が使う。

【諸兄】ショケイ みなさん。多くの男性に対して用いる敬称。「同窓の―」対諸姉

【諸賢】ショケン ①多くの賢い人。②読者や聴衆、力を貸してくれる人など多数の人に対する敬称。皆様。「―の知恵をお借りしたい」類諸彦 参考おもに、男性が使う。

【諸△彦】ショゲン 多くのすぐれた人。おもに男性が、多数の男性に対して敬意をこめていう語。皆様。あなたがた。類諸賢 参考「彦」はすぐれた男性の意。

【諸侯】ショコウ ①封建時代、土地や人民を領有・支配した者たち。諸大名。類列侯 ②古代中国で、天子から封土を受けてその封土内を支配した者。

【諸子】ショシ ①同輩以下の者に呼びかける語。類諸君 ②「諸子百家」の略。参考「もろこ」と読めば別の意になる。

【諸氏】ショシ みなさん。多くの人に対する敬称。「先輩―のおかげです」類諸君・諸賢

【諸姉】ショシ みなさん。多くの女性に対して用いる敬称。対諸兄

【諸式・諸色】ショシキ ①さまざまな品物。諸種の商品。「結納(ゆいのう)の―」②品物の値段。物価。「―が上がる」

【諸子百家】ショシヒャッカ 中国、春秋末期から戦国時代にかけて活躍した多くの学者やその学派。また、その著書の総称。代表的な思想家は儒家の孔子・孟子(モウシ)、道家の老子・荘子(ソウシ)、墨家の墨子(ボクシ)、法家の韓非(カンピ)など。「百家」は数多くの学者・学派のこと。《史記》類九流百家

【諸説】ショセツ 一つのことに対するさまざまな説や意見。「語源は―ある」

【諸説紛紛】ショセツフンプン いろいろな意見や議論が入り乱れて、まとまらないさま。「紛紛」は入り乱れるさま。「―として真相がつかめない」類議論百出・甲論乙駁(コウロンオツバク)

【諸相】ショソウ ある物事にあらわれるさまざまな姿・ようす。「現代社会の―」

【諸般】ショハン いろいろ。もろもろ。種々。「―の事情により中止する」類万般・各般

【諸法無我】ショホウムガ 仏あらゆる存在も不変の本質を有しないという仏教の思想。宇宙間に存在するすべての事物や現象には永遠不滅の本性である我はないということ。

【諸△子】もろこ コイ科のタモロコ属とイトモロコ属の淡水魚の総称。特に、ホンモロコ。暖地の湖沼にすむ。全長約一二センチメートル。体は青灰色。美味で、照り焼きやすしにする。季春 参考「ショシ」と読めば別の意になる。

【諸△差し】もろざし 相撲で、両腕を相手の両脇(りょうわき)に差し入れること。また、その技。「―から一気に寄り切る」表記「両差し」とも書く。

【諸△手】もろて 左右両方の手。「―を挙げて賛成する」表記「両手・双手」とも書く。

【諸△共】もろとも いっしょ。ともども。互いが共にするさま。「死なば―」

【諸△刃】もろは 刀剣などで、両側に刃のあること。また、その刀剣。「―の剣」対片刃 表記「両刃」とも書く。

【諸△白】もろはく よく精白した米を麹(こうじ)とともに用いて作った酒。江戸時代、上等の酒の総称。対片白(かたはく)

【諸△肌・諸△膚】もろはだ 左右両方の肩の肌。上半身全体の肌。「―を脱ぐ」対片肌 表記「両肌」とも書く。

【諸△味】もろみ 醸造したあと、かすをこしていない醬油(ショウユ)や酒。季秋 表記「醪」とも書く。

【諸△向】もろむき ①あちらこちらへ向かい寄ること。一説

に、すべてが同じ方向へ向くこと。②中国・九州地方ではウラジロの別称。正月の飾りに用いるシダ植物。季新年
類諸般

【諸・〈諸諸〉】もろもろ 多くのもの。いろいろのもの。「―の事情がある」

ショ【嶼】(16) 山13 1 5457 5659 音ショ 訓しま
意味 しま。小島。「島嶼」
下つき 洲嶼・島嶼

ショ【諸】(16) 言9 9214 7C2E ▼諸の旧字(七三〇)

ショ【曙】(17) 日13 準1 2976 3D6C 音ショ 訓あけぼの
旧字《曙》(18) 日14 1/準1
意味 あけぼの。あかつき。夜明け。「曙光」

【曙】あけぼの ①夜が明け始めるころ。明け方。②物事の始まりのころ。「近代文化の―」

【曙色】あけぼのいろ 黄色みを帯びた淡紅色。東雲色。「―の初日を拝んだ」

【曙光】ショコウ ①夜明けの光。「東の山に―がさし始める」類暁光 ②明るい兆し。「紛争解決の―が見え始める」

ショ【薯】★(17) ⺾14 準1 2982 3D72 音ショ・ジョ 訓いも

〔薯〕
意味 いも。いも類の総称。「薯蕷」類藷
下つき 自然薯・馬鈴薯

【薯】いも いも類の総称。特に、ヤマノイモ・ジャガイモをいう。季秋 表記「藷」とも書く。

【薯蕷羹】ショヨカン ヤマノイモの根をすって葛粉や道明寺粉をまぜ、砂糖を加えて蒸した菓子。かるかん。

【薯蕷饅頭】ショヨマンジュウ ヤマノイモの根をすって少量のでんぷんを加えて皮とし、あんを包んで蒸したまんじゅう。上用まんじゅう。参考「ジョウヨマンジュウ」とも読む。

【〈薯蕷〉】とろろ ①ヤマノイモやナガイモなど、とろろ汁にするいも。トロロイモ。②①をすりおろして、調味料を加えた料理。とろろ汁。季①②秋 参考①「やまのいも」とも読む。

ショ【曙】(18) 日14 ▼曙の旧字(七三一)

ショ【藷】★(19) ⺾16 準1 2983 3D73 音ショ 訓さとうきび・いも

〔藷〕
意味 ①さとうきび。イネ科の多年草。「藷蔗」類蔗 ②いも。「甘藷」類薯 参考もと、「薯」の異体字。
下つき 甘藷・蕃藷

【藷】いも イモ類の総称。特に、サツマイモをいう。季秋 表記「薯」とも書く。

ジョ【女】(3) 女0 教 常 10 2987 3D77 音ジョ・ニョ中・ニョウ高 訓おんな・め中 外むすめ・めあわせる・なんじ

筆順 く 女 女

意味 ①おんな。め。婦人。「女王」「女性」「女流」対男 ②むすめ。おとめ。「少女」「処女」「息女」③めあわせる。よめにやる。④なんじ。おまえ。類汝 参考「女」の省略形が片仮名の「メ」に、草書体が平仮名の「め」になった。
下つき 王女・海女・官女・下女・皇女・才女・妻女・子女・侍女・醜女・淑女・少女・織女・処女・信女・貞女・天女・美女・婦女・魔女・遊女・幼女・養女・烈女・老女

【〈女将〉】おかみ 料亭や旅館などの女主人。参考「ジョショウ」とも読む。

【女子】おなご ①女の子。②女性。③下働きの女性。女中。「―衆」

【〈女郎花〉】おみなえし オミナエシ科の多年草。山野に自生。初秋、黄色の小花を傘状に多数つける。秋の七草の一つ。オミナメシ。季秋 由来「女圧し」からで、美女を圧倒するほど美しいことからという。

【〈女形〉】おやま ①歌舞伎で、女の役をする男の役者。②あやつり人形で、女の人形。参考「おんながた」とも読む。①は江戸時代初期に女歌舞伎が禁止されて現れた。

【女】おんな ①女性。人間の性別で、子を生む器官と生理を備えているほう。「―湯」②成人した女性。婦人。③女性的な気質や容貌。「いい―」④情婦。愛人の女性。「新しい―ができる」

【女賢しうして牛売り損なう】おんなさかしうしてうしうりそこなう 利口ぶった女性は目先の利益にまどわされ、かえって物事をやりそこなうということ。

【女三人寄れば姦しい】おんなさんにんよればかしましい 女性が三人も集まるとすぐにおしゃべりが始まり、やかましくなる。由来「女」が三つで「姦」の漢字になることから。

【女の髪の毛には大象も繋がる】おんなのかみのけにはタイゾウもつながる どんなに謹厳な男性でも、女性の魅力にはかなわないたとえ。

【女は己を説ぶ者の為に容づくる】おんなはおのれをよろこぶもののためにかたちづくる 女性は自分を愛してくれる人のために、容姿を飾るものである。『史記』

【女形】おんながた「女形」に同じ。対男形

【女坂】おんなざか 神社・寺の参道などで、二つある坂のうち、ゆるやかな坂。対男坂

し ショ―ジョ

【女▲誑し】おんなたらし 多くの女性をたくみに誘惑し、もてあそぶこと。また、その男。類色魔(シキマ)

【女王】ジョオウ ①女性の君主。また、王の妃(きさき)。②皇族の一つ。天皇の三世以下の嫡男系嫡出の子孫である女子。③その分野で最高の、または第一人者である女性。「新体操の—」

【女系】ジョケイ 女性から女性へと相続が続く家系。また、母方の血統。「—家族」類母系 対男系

【女傑】ジョケツ 器量が大きく、知恵や勇気のすぐれた女性。男まさりの女性。女丈夫(ジョジョウフ)。「業界の—」

【女権】ジョケン 社会・政治・法律上での女性の権利。「—の拡張を訴える」

【女子】ジョシ ①女児。娘。「—を産む」類子女 ②女性。「—大学」類婦人 対①②男子

【女史】ジョシ ①社会的な地位・名声をもっている女性。また、その女性の氏名につける敬称。②昔、宮中の文書のことをつかさどった女官。

【女将】ジョショウ 「女将(おかみ)」に同じ。

【女丈夫】ジョジョウフ 気性がしっかりしていて、男性以上のことをなし遂げる女性。男まさりの女性。類女傑

【女色】ジョショク ①女性の性的魅力。色香(いろか)。「—に迷う」②女性との情事。いろごと。「—におぼれる」参考「ニョショク」とも読む。

【女婿】ジョセイ 娘の夫。参考旧法では家督を相続する娘の夫。「むすめむこ」とも読む。

【女難】ジョナン 男性が、女性との関係で受ける災い。「彼は—の相がある」

【女優】ジョユウ 女性の俳優。「彼女はアカデミー主演—賞をとった」対男優

【女流】ジョリュウ 特定の分野で活躍する女性。「—作家の会合」「—棋士」類閨秀(ケイシュウ)

【女郎】ジョロウ 遊女。遊郭で身を売る女。あそびめ。「—屋」

【〈女郎▲蜘▲蛛〉】じょろうぐも コガネグモ科のクモ。樹間に三重の網を張る。雌は体長約二五ミリメートルと大きく、黄色の地に三本の緑青色の横帯があり、側面後方に紅色の斑点(ハンテン)がある。季夏 表記「絡新婦」とも書く。

【〈女▲衒〉】ぜげん 江戸時代、婦女子を遊女屋に売ることを職業とした者。類判人 参考「衒」は売る意。

【女御】ニョウゴ ①昔、天皇の寝所に仕えた女官。皇后・中宮の下、更衣の上に位する。②上皇・皇太子の妃(きさき)。参考「ニョゴ」とも読む。

【女房】ニョウボウ ①妻。家内。「—役をつとめる」類細君 ②昔、宮中に部屋を与えられた高位の女官。③貴族の家に仕える女性。

『女房と鍋釜(なべかま)は古いほどよい』 鍋釜は使い慣れたもののほうが良いように、長年連れ添った女房は家事にもたけ、ありがたい。参考「鍋釜」は「味噌(ミソ)」ともいう。

『女房の△妬(や)くほど亭主もてもせず』 妻は夫に対してやきもちをやくが、実際は妻が思うほど夫はもてないものだ。

【女性】ニョショウ おんな。婦人。参考「ジョセイ」とも読む。

【女人】ニョニン 女性。婦人。おんな。「—結界(女性が入ることを禁じられた地域)」

『女人禁制(ニョニンキンセイ)』 特定の寺院や霊場に、女性が入るのを禁じること。参考「禁制」は「キンゼイ」とも読む。

【女△犯】ニョボン 仏僧が戒律に反して、女性と肉体関係を結ぶこと。

【〈女貞〉】ねずみもち モクセイ科の常緑低木。由来「女貞」は漢名からの誤用。▼鼠黐(ねずみもち)(九二六)

【〈女青〉】へくそかずら アカネ科のつる性多年草。由来「女青」は漢名からの誤用。▼屁糞葛(へくそかずら)(一二七五)

【△女】むすめ ①ある人の、女の子。「—婿」②娘や嫁の、親に対する自称。

【女】め 人間の性別で、子をはらむ器官をもつほう。女性。「郎(いら)つ—」「産(う)ぶ—」対男(お) 参考多く、複合語に用いる。

【女合わせる】めあわせる 女性を男性に添わせて妻とする。結婚させる。

【女△夫】めおと 婚姻関係にある男女。夫婦。妻と夫。表記「夫婦・妻夫」とも書く。参考「みょうと」とも読む。

【女神】めがみ 女の神。「勝利の—に見はなされた」「平和の—の像です」対男神(おがみ)

【女木】めぎ ①雌雄異株の植物で、雌花だけをつける木。雌株。②木材を接合する場合、凹状のくぼみのあるほうの材。また、上下二段に重ねた下側の材。対①②男木(おぎ) 表記「雌木」とも書く。

【女滝】めだき 対になっている滝のうち、水勢が弱く小さいほうの滝。対男滝 表記「雌滝」とも書く。

【女女しい】めめしい ①男の振る舞いや感情が女性のようである。②いくじがない。柔弱である。未練がましい。対①②男男しい・雄雄しい

ジョ【如】 (6) 女 3 常 3 3901 4721
音 ジョ・ニョ高
訓 外しく・ごとし・ゆく・もし

筆順 く女女如如如

意味 ①しく。およぶ。②…のごとし。…のようだ。比況の助字。「如実」③状態を表す語に添える助字。「欠如」「突如」類然 ④ゆ(往)く。おもむく。⑤もし。仮定の助字。

下つき 一如(イチジョ)・欠如(ケツジョ)・自如(ジジョ)・突如(トツジョ)・躍如(ヤクジョ)

【〈如何〉】いかが ①どのように。「—いたしましょうか」②どうですか。どうぞ。「一杯—ですか」参考「どう」とも読む。また、「いかん」と読めば別の意になる。

【〈如何〉様師】いかさまし いかさまをする人。いんちきで人をだます人。ペテン師。類詐欺師 参考「如何様」は、いかにもそのようなさまの意から、いんちきのこと。

【〈如何〉に】いかに ①どのように。「一人生を生きるか」②どんなに。どれほど。「一すぐれた学者でもこの難問は解けまい」

【〈如何〉物食い】いかものぐい ①ふつうの人が食べないものを好んで食べること。また、その人。悪食(アクジキ)。②ふつうの人と趣味や好みが異なること。また、その人。参考「如何物」はどんな物かと思われるような物の意。

【〈如何〉様】いかヨウ どんなふう。どのよう。「一にも謝罪いたします」参考「いかさま」と読めば、いんちきやペテンの意。

【〈如何〉】いかん ①事の次第。なりゆき。「先方の返答一による」②どのように。「相手が強すぎて一ともし難い」参考「いかに」の転。「いかが・どう」と読めば別の意になる。

【〈如▲斯〉・〈如▲此〉】かくのごとし 前述のようである。このようである。「調査の結果は一である」

【〈如月〉】きさらぎ 陰暦二月の異名。季春 表記「衣更着・更衣」とも書く。

【△如し】ごとーし ①…のようだ。「意の一くならず」②たとえば…のようだ。「雲霞(ウンカ)の一き群衆」③…のとおりだ。「よって件(くだん)の一し」④…らしい。「形勢はいまだ楽観を許さざるものの一し」

【△如かず】しーかず ①およぶものはない。かなわない。「百聞は一見に一かず」②…に越したことはない。…が最もよい。「けんかは逃げるに一かず」

【△如く】しーく およぶ。匹敵する。下に打ち消しや反語を伴う。「これに一くものはなし」

【〈如雨露〉・〈如露〉】ジョウロ 草花などに水を注ぎかける道具。参考ポルトガル語からともいう。「如露」は「ジョロ」とも読む。

【如才】ジョサイ てぬかり。疎略。多く、否定を伴う。「一ない」由来もとは、気を使わず、いいかげんにする意の「如在(ジョサイ)」を、誤って書いたことからという。

【如上】ジョジョウ 先に述べたこと。「一の方向ですめたい」類前述・上述

【〈如何〉】どう 「如何(いかが)」に同じ。

【如意】ニョイ ①思うままになること。「孫悟空の一棒」②仏読経(ドキョウ)や説法のとき、僧が持つ仏具。先端がワラビのように曲がっている棒。

『如意宝珠』ニョイホウジュ 仏すべての望みをかなえてくれるといわれる珠(たま)。衆生(シュジョウ)を利益(リヤク)することから、仏や仏の教えの象徴とされる。摩尼(マニ)宝珠。

【如去】ニョコ 仏如来(ニョライ)の別称。

【如実】ニョジツ ①事実のままであること。ありのまま。「努力の成果が一に表れた」②仏万物の本質。不変の真理。類真如

【如是我聞】ニョゼガモン 仏仏典のはじめに置かれる語。仏の教えであることを示す。私はこのように伝え聞いたという意。

【如法】ニョホウ ①仏仏の教法にしたがって理にかなうこと。また、そのさま。②柔和なこと。温厚なこと。③もとより。まったく。

『如法暗夜』ニョホウアンヤ まっくらやみ。暗黒の闇(やみ)、真の闇をいう。参考「如法」はまったく、文字どおりの意。

【如来】ニョライ 仏仏に対する尊称。真理を会得し、衆生(シュジョウ)を救済する者の意。「釈迦(シャカ)一」

ジョ【★汝】(6) 氵3 準1 3882 4672 音 ジョ 訓 なんじ

意味 なんじ。おまえ。「汝曹」類爾 対我

下つき 爾汝(ジジョ)

【▲汝】なんじ おまえ。二人称の一つで、同等以下の者を呼ぶ語。「一の隣人を愛せよ」

ジョ【助】(7) 力5 教 常 8 2985 3D75 音 ジョ 訓 たすける・たすかる・すけ中

筆順 丨 ㄇ 月 月 且 助 助

意味 ①たすける。すくう。力をかす。「助言」「助命」「救助」②主たるものをたすけるはたらきを表す。「助詞」「助役」③すけ。(ア)昔の官位の一つ。(イ)人の名の下につけて、その人の性質や特徴を表す語。「ちび助」

下つき 一助(イチジョ)・援助(エンジョ)・救助(キュウジョ)・互助(ゴジョ)・賛助(サンジョ)・神助(シンジョ)・天助(テンジョ)・内助(ナイジョ)・扶助(フジョ)・補助(ホジョ)

【助言】ジョゲン かたわらから言葉を添えて助けること。また、その言葉。口添え。「技術的な一を受ける」類助語

【助詞】ジョシ 付属語で、活用しないもの。ある語につけて用い、その語と他の語の関係を示したり、限定・接続・感動などを表す。「は・を・と・だけ・の・で・よ・か」など。

【助数詞】ジョスウシ 数を表す語につけ、ものの種類を表す接尾語。「一匹」「一〇〇本」の「匹」「本」など。

【助成】ジョセイ 事業・研究などが、完成するよう経済的に力を貸すこと。「私学一金」

【助勢】ジョセイ 力を添えること。また、その人。助太刀。「一を拒む」類加勢・助力

【助走】ジョソウ 体操や陸上競技などで、勢いをつけるために一定の距離を走ること。

【助奏】ジョソウ 伴奏のある独奏・独唱に、さらに他の伴奏楽器で主旋律とは異なる伴奏をつけること。また、その伴奏。オブリガート。

【助長】ジョチョウ ①成長・傾向などをより盛んにすること。「想像力を一する」②不要な力を添えて、かえって悪くすること。「混乱を一する結果になった」由来②イネの生長を早めようと苗を引き伸ばしたら、逆に根は枯れてしまったという故事から。〈『孟子(モウシ)』〉

【助動詞】ジョドウシ 付属語のうち、活用があるもので意味を補ったり、話し手の判断を表したりする。用言や他の活用語について「見た・見たい・見ない」の「た・たい・ない」など。

【助命】ジョメイ 命を助けること。「死刑囚の―嘆願書を出す」類救命

【助役】ジョヤク ①主任者を助けて仕事をする役。また、その人。②市町村長の次の位の役職で、職務を助け代行した役。二〇〇七(平成一九)年、地方自治法の改正により、副市町村長制度に移行。③鉄道で、駅長の職務を助け代行する役。また、その人。

【助】すけ ①手伝うこと。また、その人。②寄席などで、応援出演をする芸人。代演。③さまざまな語について人名化する語。「飲み―」

【〈助柱〉】すけ 塀や建物が傾かないようにたてる支えの柱。すけばしら。添えばしら。

【助惣鱈・助宗鱈】すけソウだら スケトウダラの別称。▼介党鱈(一六七)

【助〈太刀〉】すけだち ①仇討ちなどに加勢すること。また、その人。②人に加勢すること。また、その人。「強力な―が現れて心強い」類助勢・助力

【助平根性】すけベイコンジョウ ①好色な心。②気が多く、さまざまなことに手を出したがること。また、その心。参考「助兵衛根性」と書き、「すけべエコンジョウ」とも読む。

【助ける】たすける ①救う。「危険や災難から―ける」②手伝う。「家業を―ける」③促進させる。「肥料によって作物の生長を―ける」

ジョ【序】(7) 广 4 常 6 2988 3D78 音 ジョ 訓 外 ついで・はしがき・まなびや

筆順 丶 亠 广 户 序 序 序

意味 ①並び方。順番。次第。ついで。「序列」「順序」②のべる。申しのべる。「自序」類叙 ③いとぐち。はじまり。はじめの部分。「序曲」「序幕」類緒 対終 ④はしがき。まえがき。「序文」「序論」対跋 ⑤まなびや。学校。「庠序」

下つき 次序・自序・順序・小序・大序・秩序・列序

【序曲】ジョキョク ①歌劇などで、開幕前や組曲の最初に演奏する管弦楽曲。対終曲 ②物事のはじめや前触れのたとえ。「大災害の―」

【序言】ジョゲン 書物の序の言葉。本のまえがき。類序文・緒言

【序詞】ジョシ ①和歌などで、ある語句を導き出すために、その前にある修辞的語句。じょことば。②オペラなどで、開幕の前に述べる内容を暗示するプロローグ。③「序文」に同じ。

【序次】ジョジ 順序。次第。「―法」

【序数詞】ジョスウシ ものの順序を表す数詞。第一、二番目など。対基数詞

【序説】ジョセツ ①本論の導入部分として述べる論説。類序論 ②簡単な概論。書名などの一部にも用いられる。「哲学―」

【序奏】ジョソウ あとの楽曲を導くために演奏される部分。イントロダクション。類前奏

【序の口】ジョのくち ①ある物事が始まったばかりで本格的でないこと。はじめ。「寒さはまだ―だ」②相撲で、力士の階級の一つ。序二段の下の最下位。また、その力士。

【序破急】ジョハキュウ ①雅楽・能などを構成する三段階。序は導入部、破は中間の展開部、急は終結部。静から動、単純から複雑などの変化を表す。②芸能などで緩急(カンキュウ)の変化。③物事のはじめ・中間・終わり。物事の展開のようす。

【序盤】ジョバン ①囲碁・将棋で、対局のはじめのころ。また、その盤面。②物事のはじめの段階。「選挙の―戦」対①②中盤・終盤

【序文】ジョブン 本文の前におく文章。その著作の趣旨などを記すことが多い。はしがき。「文集の―を依頼する」類序言・序詞 対本文・跋文

【序品】ジョボン 仏 ①教典の序の部分。②特に、法華経(ホケキョウ)二十八品中の第一品。

【序幕】ジョマク ①演劇の最初の一幕。②物事の始まり部分。「事件の―」対①②終幕

【序列】ジョレツ 年齢・地位・成績など、一定の基準で並べた順序。「年功―」「―をつける」

【序で】ついで ①あることを行うとき、同時に他のこともするよい機会。「それも―に言っておく」②順序。次第。

ジョ【抒】★ (7) 扌 4 1 5719 5933 音 ジョ・ショ 訓 のべる・くむ・のぞく

意味 ①のべる。心の思いを打ち明ける。「抒情」②くむ(汲む)。すくいだす。③ゆるむ。とける。類紓 ④のぞ(除)く。

書きかえ ①「叙」に書きかえられるものがある。

【抒情】ジョジョウ ▼書きかえ「叙情」(七三五)

【抒情詩】ジョジョウシ 作者の感動や情緒を主題としてのべた詩。対叙事詩・叙景詩 表記「叙情詩」とも書く。

【抒べる】のべる 心中の思いを打ち明ける。表記「叙べる」とも書く。

ジョ【叙】(9) 又 7 常 準2 2986 3D76 音 ジョ 訓 外 のべる

旧字《敍》(11) 攴 7 1/準1 5838 5A46

筆順 ノ 𠆢 亼 仐 牟 余 余 叙 叙

意味 ①のべる。順をおってのべる。「叙述」「自叙」類序 ②順序をつける。官位をさずける。「叙勲」「昇叙」

書きかえ 「抒(ジョ)」の書きかえ字として用いられるものがある。

下つき 自叙・昇叙・列叙

し ジョ

【叙位叙勲】ジョイジョクン 位を授けたり、勲等により勲章を授けたりすること。また、それらを授けられること。

【叙勲】ジョクン 勲等を授け、それに応じた勲章を与えること。「功労者として―の対象となる」

【叙景】ジョケイ 風景を詩文に書き表すこと。「―詩」「―にすぐれた作品を読む」

【叙事】ジョジ 詩文などで感情を交えず、事実をありのままにのべること。「―体」「―文」対叙情

【叙事詩】ジョジシ 出来事や事実を物語風にのべた長大な韻文。民族などの歴史的な事件、特に英雄の功業などをのべたものが多い。「イリアス」「オデュッセイア」など。対叙情詩

【叙述】ジョジュツ 物事のありさまなどを、順を追ってのべること。また、のべたもの。「自らの過去を―する」

【叙情】ジョジョウ 詩文などで、自分の感情をのべること。対叙事 書きかえ「抒情」の書きかえ字。

【叙する】ジョ―する ①歌や文章にしてのべる。叙述する。②位階・勲等などを授ける。「勲一等に―する」

【△叙べる】の―べる ①順序立てて陳述する。「構想を―べる」②ありのままにのべる。表記②「抒べる」とも書く。

ジョ【茹】(9) 艹 6 1 7207 6827 音ジョ・ニョ 訓ゆでる・うだる・くう・な・くさる

意味 ①ゆでる。うだる。ゆでたもの。②くう。野菜をたべる。③な。野菜。「茹菽」④くさる。くさい。「茹魚」

下つき 菜茹

【▲茹だる】う―だる ①ゆであがる。熱湯で煮られる。また、熱い湯に入ってのぼせる。「熱い風呂に―る」②暑さのために体がぐったりする。「―るような暑さ」参考「ゆだる」の転。

【▲茹でる】ゆ―でる 熱湯に入れて熱を通す。熱湯で煮る。参考「うでる」とも読む。

ジョ【徐】(10) 彳 7 常 3 2989 3D79 音ジョ 訓外おもむろ

筆順 ノ ク 彳 彳 彸 彸 徐 徐 徐 徐

意味 おもむろ。ゆるやか。ゆっくりと。「徐行」「徐徐」対疾

下つき 緩徐

【△徐に】おもむろ―に 動作がものものしくゆっくりしているさま。「―口を開く」

【徐行】ジョコウ 車などが速度を落とし、ゆっくりと進むこと。「―運転」

【徐徐に】ジョジョ―に ゆるやかに変化するさま。少しずつ。だんだんに。「病気が―進む」「―慣れるでしょう」

ジョ【恕】(10) 心 6 準1 2990 3D7A 音ジョ・ショ 訓ゆるす・おもいやる

意味 ①ゆるす。おおめにみる。「寛恕」「宥恕」②おもいやり。いつくしみ。また、おもいやる。「忠恕」

下つき 寛恕・忠恕・宥恕

【▲恕す】ゆる―す 他人を思いやって、大目にみる。寛大に扱ってとがめない。「何事も―せる年齢になった」

ジョ【除】(10) 阝 7 教 常 5 2992 3D7C 音ジョ・ジ中 訓のぞく 外はらう・のける・よける・つきる

筆順 ７ 了 阝 阝 阾 阾 除 除 除 除

意味 ①のぞく。とりさる。はらう。「除去」「除夜」②新しい官職につける。「除目」③つ(尽)きる。④数学で、割り算。「除法」対乗

下つき 解除・加除・駆除・控除・削除・切除・掃除・排除・免除

【除目】ジモク 平安時代以降、大臣以外の諸官を任命する儀式。定例は春秋の二回。春は地方官を任命する県召の除目、秋は京官を任命する司召の除目という。除書。参考「除目」は「任官の古い人名をのぞき、新しい人名を記した目録」が元の意。

【除外】ジョガイ 取りのぞくこと。ある規定や範囲からはずすこと。「無回答は―する」「適用を―する」

【除去】ジョキョ のぞきさること。不要なものを取りさること。「路上の障害物を―する」

【除湿】ジョシツ 室内の湿気を取りのぞくこと。「梅雨は―器がよく売れる」

【除斥】ジョセキ ①のぞきしりぞけること。②裁判官などが特定の事件に関係が深いとき、裁判の公正をはかるために担当からはずすこと。

【除籍】ジョセキ 名簿・学籍・戸籍などから名を取りのぞくこと。「死亡による―」類除名

【除草】ジョソウ 雑草を取りのぞくこと。草取り。「―剤を散布する」

【除服】ジョブク 喪に服す期間が終わり、喪服を脱ぐこと。また、喪が明けること。忌み明け。類除喪 参考「ジョフク」とも読む。

【除法】ジョホウ ある数が、他の数の何倍にあたるかを求める計算法。割り算。類除算 対乗法

【除幕】ジョマク 銅像・記念碑が完成したとき、おおいの幕をはずすこと。「銅像の―式」

【除名】ジョメイ 名簿から名をのぞき、その組織・団体の資格を奪うこと。「―処分」類除籍

【除喪】ジョも 喪の期間が明けること。参考「ジョソウ」とも読む。類除服

【除夜】ジョヤ 一年最後の日。一二月三一日の夜。大晦日の夜。季冬 参考「除日(旧年をとり除く日)の夜」の意。

【除夜の鐘】ジョヤのかね 一〇八の煩悩をとり除いて新年を迎えるために、

大晦日おおみそかの午後一二時から元日にかけて仏教寺院で打ち鳴らす鐘。一〇八回つく。

【△除ける】のーける ①今まであった所から他の場所へ移す。「布団を部屋の隅に—ける」②除外する。「彼を—けて、話を進める」

【除く】のぞーく ①とり去る。「心配の種を—く」②別にする。はずす。「未成年者は会員から—く」③殺す。「じゃま者を—く」

【△除ける】よーける ①前もって被害を防ぐ。「霜を—けるために菊におおいをする」②一部分だけ別にする。除外する。「日ざしを—ける」「検査して不良品を—ける」

ジョ【▲敍】(11) 攴7 5838 5A46 ▼叙の旧字(七三四)

ジョ【絮】(12) 糸6 1 6917 6531 音 ジョ・ショ 訓 わた・わたいれ・くどい

意味 ①わた。わたげ。また、わたのような白い毛。「柳絮」②わたいれ。わたを入れた着物。「絮衣」③くどい。くどくどしい。「絮説」「絮煩」

下つき 軽絮ケイ・綿絮メン・柳絮リュウ

【▲絮説】ジョセツ くどくどと説明すること。わずらわしくのべること。類 絮語・縷説ルセツ

【▲絮】わた ①まわた。繭を水にひたして作った柔らかいわた。②古いわた。古いまわた。
参考 ②「綿」と書けば、新しいわたの意になる。

ジョ【舒】(12) 舌6 1 4816 5030 音 ジョ・ショ 訓 のべる・のばす・ゆるやか

意味 ①のべる。のばす。のびる。ひろげる。「舒巻」「舒展」②ゆるやか。ゆったり。「舒緩」「舒舒」類 徐

下つき 閑舒カンジョ

【▲舒緩】ジョカン ゆったりとしていること。ゆるやかなこと。類 緩舒

【▲舒▲暢】ジョチョウ 心をゆるやかにすること。心をのびのびさせること。

【▲舒べる】のーべる ①かたまったものなどを、のばし広げる。②心中の思いを述べる。

ジョ【耡】(13) 耒7 1 7052 6654 音 ジョ・ソ 訓 すき・すく・たがやす

意味 ①すき。土地を掘り起こす農具。②すく。田畑をたがやす。類 ①②鋤ジョ

【▲耡く】すーく すきくわなどで、土を掘り起こす。「田を—く」表記「鋤く」とも書く。

ジョ【蜍】(13) 虫7 1 7375 696B 音 ジョ・シ

意味 「蟾蜍センジョ(ひきがえる)」に用いられる字。

ジョ【★鋤】(15) 金7 準1 2991 3D7B 音 ジョ・ショ 訓 すき・すく

意味 ①すき。田畑をたがやす農具。「鋤犂ジョレイ」②すく。たがやす。「耕鋤」類 ①②耡ジョ

下つき 耘鋤ウンジョ・耕鋤コウジョ・誅鋤チュウジョ

【▲鋤▲簾】ジョレン 土砂などをかき集める道具。長い柄えの先に、竹製の箕みや鉄製のくしを取りつけたもの。

【▲鋤】すき 柄えに幅広い櫂かい状の刃をつけ、土を掘り起こす農具の一種。「畑地を—と鍬くわでたがやす」参考「犂」と書けば、牛馬に引かせて土を掘り起こす農具になる。

【▲鋤▲鍬】すきくわ すきと、くわ。農具のこと。また、それを用いてする仕事。農作業。

【▲鋤焼】すきやき 牛肉・鶏とり肉などやネギ・豆腐などを入れ、醬油ショウユや砂糖で調合したたれを加えて、鉄鍋てつなべで煮焼きしながら食べる料理。由来 昔、獣肉食が嫌われていたため、屋外で鋤の上で焼いて食べたことからという。

【▲鋤く】すーく すきやくわなどで、土を掘り起こす。「田を—く」表記「耡く」とも書く。

ショウ【上】(3) 一2 教 3069 3E65 ▼ジョウ(七六八)

ショウ【小】(3) 小0 教 常 10 3014 3E2E 音 ショウ 訓 ちいさい・こ・お 外 さ

し ジョーショウ

筆順 亅 小

意味 ①ちいさい。形・規模がちいさい。「小型」「小国」「弱小」対 大 ②すくない。すこし。わずか。「小量」「小康」③とるに足りない。「小事」「小市民」④わかい。おさない。「小児」「小子」⑤自分に関することを謙遜ケンソンしていう語。「小生」「小社」⑥「小学生」の略。「小六」⑦こ。お。さ。語調をととのえる接頭語。「小首くび」「小川がわ」「小夜さよ」

下つき 狭小キョウショウ・極小キョクショウ・ゴクショウ・弱小ジャクショウ・縮小シュクショウ・短小タンショウ・微小ビショウ・矮小ワイショウ

【〈小豆〉】あずき マメ科の一年草。古く中国から渡来し、各地で栽培。夏、黄色い花をつけ、細長いさやの中に暗赤色の小さな種子を結ぶ。種子はあん・甘納豆・赤飯などに用いる。季 秋 由来 ダイズ(大豆)に対して小さい豆の意から。

【〈小豆〉▲餡】あずきアン 小豆を煮てすりつぶし、砂糖や塩などで味をつけたもの。こしあん・つぶしあんなど。

【〈小豆〉▲粥】あずきがゆ 小豆を入れたかゆ。粥柱かゆばしら(餅もち)を入れることが多い。一年の邪気を除くといわれ、一月一五日の朝に食べる。季 新年

【〈小魚〉】いさな 小さな魚。こざかな。ざこ。表記「細小魚」とも書く。

【小草生月】おぐさおいづき 陰暦二月の異名。

【小倉▲餡】おぐらアン 小豆あずきのこしあんに、蜜煮ミツにした小豆の粒を混ぜたもの。おぐら。

【〈小父〉さん】おじさん 他人の年輩の男性を呼ぶ語。対 小母おばさん

【小田原評定】おだわらヒョウジョウ いつまでも意見がまとまらず、長引くだけの相談。由来 北条ほうじょう氏がたてこもった小田原城を豊臣秀吉とよとみひでよしが攻めた際、城内で和議か抗戦かなかなか決まらなかったことから。

【〈小連▲翹〉】おとぎりそう オトギリソウ科の多年草。由来「小連翹」は漢名から。参考「ショウレンギョウ」とも読む。▼弟切草（一〇八九）

【〈小母〉さん】おばさん 他人の年輩の女性を呼ぶ語。対小父さん

【〈小忌〉・〈小斎〉】おみ ①大嘗祭や新嘗祭などのときに、行動を慎み、心身のけがれを除いて、小忌衣を着けて神事に奉仕すること。②「小忌衣」の略。

【〈小忌〉衣】おみごろも 神事のときに官人が心身を清めて着る白地の服。おみ。

【小△止み無く】おやみなく 雨や雪が、少しの間もやむことなく降り続くようす。「―降る雨」参考「こやみなく」とも読む。

【〈小角〉】くだのふえ 古代、戦場で用いた管の形の小さな笛。くだぶえ。表記「管の笛」とも書く。

【小字】こあざ 町村の字（町村内の区画）を、さらに細分した区域。対大字 参考「ショウジ」と読めば、ふつうより小さな仮名の文字の意。

【小意気・小粋】こイキ ちょっと洗練されていること。どことなくしゃれているようす。「―な装い」

【△小路】こうじ 両側を家などに囲まれた、幅の狭い道。「袋―」対大路 参考「こみち」の転。

【小牛△尉】こうじじょう 品のある小ぶりな老人の能面。小尉。由来 最初にこれをつくった面打ちの名を小牛といったことから。参考「尉」は、能の老翁の意。

【小唄】こうた 江戸末期に流行した俗曲の総称。三味線にあわせた江戸小唄。「―の師匠」対長唄

【〈小女子〉】こうなご イカナゴの別称。また、イカナゴの加工品。「―の佃煮」季春 ▼玉筋魚（三五一）

【小面】こおもて あどけなさを残した、かれんな若い女性を表す能面。

【小刀】こがたな ①細工などに使う小形の刃物。ナイフ。「―で竹ひごを削る」②脇差の鞘の外側に差しこんである小さい刀。こづか。参考「ちいさがたな」と読めば、室町時代以来、登城の際に持つ短刀の意。

【小柄】こがら ①体格がふつうより小さいこと。また、そのようす。小づくり。「私の母は―である」②着物などの模様が細かいこと。「―な水玉のワンピース」対①②大柄

【〈小▲雀〉】こがら シジュウカラ科の小鳥。本州の山林にすむ。スズメより小形。背は灰褐色、頭とのどが黒く、腹とほおが白い。ジュウニカラ。季夏

【小気味】こキミ 気持ち。心持ち。気分。「―よい音を響かせる」参考「こ」は接頭語で、「気味」を強める。

【小器用】こキヨウ ちょっと器用でなんでもこなすこと。また、先を読んで、うまく仕事などをこなすこと。「―に立ち回る人」参考「こギヨウ」とも読む。

【小巾】こギン 半袖か袖なしの丈の短い仕事着。

【小臭木】こくさぎ ミカン科の落葉低木。山地に自生。初夏に淡い緑色の小花をつける。葉や茎は悪臭があり、殺虫剤などに利用。材は細工用。

【小首】こくび 首。「―をかしげる」参考「こ」は接頭語で、首に関するちょっとした動作についていう。

【小▲芥子】こケシ 東北地方特産の郷土人形。ろくろで木地をひいた円筒形の胴に、丸い頭をつけて彩色したもの。

【〈小▲啄木鳥〉】こげら キツツキ科の鳥。低山にすみ、樹幹に穴をあけて産卵する。キツツキ類の中では最小で、スズメくらい。背と翼は黒地に白斑の細かい横じまがある。

【小言】こごと ①不平や不満をぶつぶつ言うこと。また、その言葉。「―を並べる」②まちがいや悪いことをとがめ、いましめる言葉。「いたずらをしてお―を食らった」

【小米】こごめ 精白するときに砕けた米。砕け米。表記「粉米」とも書く。

【小米花】こごめばな ①シジミバナの別称。▼蜆花（四三二）②ユキヤナギの別称。季春 ▼噴雪花（一三六六）由来 花が米粒のように小さいことから。

【小才】こサイ 目先のちょっとしたことにはたらく才知・機転。「彼は―がきく」参考「こザイ」とも読む。また、「ショウサイ」と読めば、少しばかりの才知・才能の意になる。

【小△賢しい】こざかしい ①利口ぶって生意気なようす。「―い口をきく」②悪賢い。抜け目がない。「―い商売をする」

【小△札】こざね 鎧の札の小さいもの。「―草摺」参考「札」は鉄または革の小板で、これをうろこ状につないで鎧をつくる。

【小雨】こさめ 小降りの雨。細かく降る雨。「―に煙る街灯」対大雨

【小▲癪】こシャク 言動や態度などが生意気で、腹が立つこと。癪に障ること。「―なことをする」参考「こ」は接頭語。

【小▲姑】こじゅうと 配偶者の姉妹。対小舅 参考「こじゅうとめ」が本来の読み方だが、多く「め」を略して用いられる。

『小▲姑一人は鬼千匹』 たった一人の小姑でも、嫁にとっては鬼千匹に相当するほどやっかいで神経を使う相手であるということ。参考「小姑」は「小舅」とも書き、配偶者の兄弟姉妹を指す。

【小▲舅】こじゅうと 配偶者の兄弟。対小姑 参考 広義には姉妹も含むが、多く「こじゅうとめ」と使い分ける。

【小▲綬鶏】こジュケイ キジ科の鳥。中国原産。猟鳥として放鳥されたもの

が、日本各地の山林にすむ。ウズラに似ているがやや大きい。背は褐色にこげ茶色の斑紋(ハンモン)があり、腹は黄褐色。季春

【小姓】こショウ ①昔、貴人のそば近く仕え身辺の雑用をした少年。②武家の職名。主君のそばに仕え雑用をした。江戸幕府では若年寄の下で将軍の雑用を務めた。

【小△尉】こじょう 「小牛尉(こうじじょう)」に同じ。

【小皺】こじわ 皮膚や衣服などにできる細かいしわ。「目元に―が寄る」

【小競り合い】こぜりあい ①戦局全体には影響しない、小部隊同士の小さな戦い。②小さなもめ事。いさかい。

【小袖】こそで ①袖の小さい着物。昔、男女とも身につけたもの。②絹の綿(わた)入れ。対布子(ぬのこ)

【小〈太刀〉】こだち ①小形の刀。類脇差(わきざし) 対大太刀 ②小さな刀を使って行う剣術。

【小遣い】こづかい 「小遣い銭」の略。日常の細かい買い物や支払いなどにあてる金銭。ポケットマネー。

【小〈晦日〉】こつごもり 大晦日(おおみそか)の前日。陰暦の一二月二九日、陽暦の一二月三〇日。季冬

【小槌】こづち 小さいつち。物をたたく道具。「打ち出の―」

【小鼓】こつづみ 小さい鼓。左手で緒(お)をとり、右肩にのせて右手で打つ。能楽などの囃子(はやし)に使う。対大鼓

【小手】こて ①腕のひじと手首との間。「高手(たかて)―に縛り上げる」②手先。「―をかざす(手を額にあげて遠くを見る)」③左右の前腕部をおおう鎧(よろい)の付属具。④剣道で、手先の防具を打つこと。表記③④「籠手」とも書く。

【小体】こテイ 住居や生活などが、質素でつつましやかなこと。「―な暮らしぶりに好感を抱く」対大体(おおテイ)

【小手先】こてさき ①手の先。②手先でするような、ちょっとした細工や才知。「―でごまかす」

【小手毬】こでまり バラ科の落葉小低木。中国原産で観賞用に栽培。春、枝の先に多数の白い花を球状につける。季春 表記「麻葉繡毬」とも書く。

【小飛出】ことびで 畜類などを表現する能面。対大飛出 参考「飛出」は目が飛び出すように開き、口が大きく開いた能面。

【小△半】こなから ①半分の半分。四分の一。おもに酒や米に用いて、一升の四分の一で二合五勺。②少量。「―の酒で食事を楽しむ」表記「二合半」とも書く。

【〈小水葱〉・小菜葱】こなぎ ミズアオイ科の一年草。池沼に自生。ミズアオイに似るが、やや小形。初秋、青紫色の花をつける。季春 表記「鴨舌草」とも書く。

【〈小茄子〉】こなすび サクラソウ科の多年草。山野や道端に自生。茎は地をはう。夏、黄色い五弁花をつけ、ナスに似た形の実を結ぶ。

【小生意気】こなまイキ いかにも生意気なようす。出過ぎたり、えらそうにしたりすること。「まったく―な口をきく男だ」類小癪(こシャク)

【小荷駄】こニダ ①ウマに背負わせる荷物。②室町時代、戦場へ運ぶ武具など。また、それを運ぶ駄馬隊。

【小糠雨】こぬかあめ 米ぬかのように細かく降る雨。類霧雨

【〈小腹〉】こばら 下腹(したはら)。参考「ほがみ・こがみ」とも読む。

【〈小鉤〉】こはぜ 足袋(たび)・脚絆(キャハン)・書物の帙(チツ)などの合わせ目をとめる爪(つめ)形の留め具。表記「鞐」とも書く。

【小△鰭】こはだ コノシロの若魚。鮨(すし)だねや酢の物などにする。季秋

【小鼻】こばな 鼻の先の両側のふくらんだところ。「―をふくらませる(不満を表す)」

【小話・小△咄】こばなし ①短いしゃれた笑い話。コント。②落語のまくらの短い話。一口話。「江戸―」

【小春〈日和〉】こはるびより 冬の初め、春のようにのどかで暖かい天気。小春日。季冬 参考「小春」は陰暦一〇月の異名。

【小兵】こヒョウ ①体が小さいこと。また、その人。「―ながら腕力が強い」「―力士」対大兵(ダイヒョウ) ②弓を引く力が弱いこと。また、その人。対精兵(セイビョウ)

【小△鬢】こビン 頭の左右側面の髪。「―に白髪が目立つ」参考「こ」は接頭語。

【小△瓢】こふくべ ビワの別称。参考形がヒョウタン(瓢)に似ていることから。▼枇杷(ビワ)(三七六)

【小△鮒草】こぶなぐさ イネ科の一年草。道端に自生。秋、ススキに似た淡緑色または赤紫色の花穂をつける。黄八丈の染料に用いる。カリヤス。由来ササに似た葉を小さなフナに見立てたことから。

【小舟の宵△拵え】こぶねのよいごしらえ 物事の準備がおおげさで、早すぎるたとえ。すぐ船出できる小さな舟が、前夜から出港準備をする意から。

【小振り】こぶり 形が小さめであること。他より小さいこと。「―の茶碗(チャワン)」対大振り

【小股】こまた ①両足を小さく広げること。歩幅の狭いこと。「―に歩く」対大股 ②また。「―をすくう」参考②「こ」は接頭語。

【小間物】こまもの 化粧品や装身具など、こまごました品物。「―屋」

【小道】こみち ①幅の細い道。②わき道。横道。③六町を一里とする里程。対大道(おおみち) 表記①②「小路」とも書く。

【小結】こむすび　相撲で、関脇（せきわけ）の下の位。三役の最下位。

【小物成】こものなり　江戸時代、年貢以外におさめる雑税の総称。参考田畑の収穫物からおさめる年貢を、「物成」「本途物成」といったことに対していう。

【小紋】こモン　和服用の布地一面に、細かい模様をくり返し染め出したもの。「―染め」

【小脇】こわき　わき。「風呂敷（フロしき）包みを―に抱える」参考「こ」は接頭語で、わきに関するちょっとした動作にいう。

【〈小童〉】こわっぱ　子どもや年少者をののしっていう語。「―のくせに生意気だ」参考「こわらは」の転じたもの。

【〈小竹〉】ささ　イネ科の多年生植物。小形で丈の低いタケ類。山野に群生し、種類が多い。葉・茎は細工用。表記「笹」とも書く。

【〈小筒〉】ささえ　昔、酒を入れて携帯した竹の筒。表記「竹筒」とも書く。

【〈小波〉】さざなみ　水面に立つ小さい波。さざれなみ。表記「漣・細波」とも書く。

【〈小網〉】さで　三角形に交差させた竹に袋状に網を張り、魚をすくいとる漁具。さであみ。表記「叉手」とも書く。

【〈小百合〉】さゆり　ユリの美称。季夏　参考「さ」は接頭語。

【小△夜】さよ　夜。晩。「―ふけて」「―曲」参考「さ」は接頭語。

【〈小灰▲蝶〉】しじみちょう　シジミチョウ科のチョウ。▼蜆蝶（しじみチョウ）（四三二）

【小異】ショウイ　比較したときの、わずかなちがい。「大同―」

『小異を捨てて大同に就（つ）く』
小さな部分でのちがいはあっても、基本的な点で意見が一致していれば支持すること。

【小額】ショウガク　単位が小さな金額。「―紙幣」対高額　参考「少額」と書けば、合計として少ない金額の意。

【小寒】ショウカン　二十四節気の一つ。冬至から一五日目ごろで、寒さがきびしくなる時期。寒の入り。陽暦で一月六日ころ。類大寒　季冬

【小閑】ショウカン　わずかなひま。「―を得る」類寸暇　表記「少閑」とも書く。

【小休止】ショウキュウシ　行動や仕事の合間の、しばらくの休憩。短い時間、ひと休みすること。また、その休み。「次のインターで―しよう」類小憩

【小景】ショウケイ　ちょっと印象に残った風景。また、それを描いた絵や文。「下町―」

【小憩】ショウケイ　少し休むこと。小休止。「途中で―する予定」表記「少憩」とも書く。

【小康】ショウコウ　①病気が進行しないこと。また、少しよくなること。「―を保つ」②世の中がしばらく無事におさまっていること。「紛争は―状態だ」

【小国寡民】ショウコクカミン　国土が狭く人口が少ない、素朴で平和な国のこと。老子が唱えた国家の理想像。〈『老子』〉参考「寡」は少ない意。

【小差】ショウサ　①少しのちがい。②得点や距離などのわずかな差。「―で競り勝つ」類僅差（キンサ）対①②大差

【小▲柴▲胡湯】ショウサイコトウ　漢方薬の一種。柴胡（サイコ）・甘草（カンゾウ）・生姜（ショウガ）などからなる。寒熱などのほかに広く効用がある。

【小事】ショウジ　たいして重要ではない事柄。ささいなこと。「―は大事」対大事

『小事に△拘（こだわ）りて大事を忘るな』
ささいなことにこだわって大事なことを忘れてはならない。つまらないことのために本来の目的を忘れるなということ。対大事の中の小事なし

【小市民】ショウシミン　ブルジョアジー（資本家階級）とプロレタリアート（労働者階級）との中間の中産階級の人々。中小商工業者や自由職業人など。プチブル。「―的家庭で育った」

【小銃】ショウジュウ　携帯用の小型の銃。ピストルより銃身が長い、ライフル銃など。

【小暑】ショウショ　二十四節気の一つ。夏至から一五日目ごろで、本格的に暑くなる時期。陽暦で七月七日ころ。類大暑（タイショ）　季夏

【小乗】ショウジョウ　仏自己の悟り・救済を最終目的とする仏教。対大乗　参考「小さな乗り物」の意。万人の救済を説く大乗仏教の立場から、批判的につけられた名称。

【小食】ショウショク　食事の量が少ないこと。また、その人。対大食

【小心】ショウシン　気が小さく、度胸のないこと。「―な奴」類小胆・臆病（オクビョウ）対大胆・豪胆

『小心翼翼』ショウシンヨクヨク
気が小さく、びくびくしているさま。〈『詩経』〉参考本来は、細かいことにも気を配り、慎み深いさまをいう。類細心翼翼　対豪放磊落（ゴウホウライラク）

【小人】ショウジン　①子ども。「―の入浴料」対大人（ダイニン・タイジン）②身分の低い人。③度量の狭い人。小人物。対②③大人（タイジン）参考①「ショウニン」とも読む。

『小人閑居（カンキョ）して不善を△為（な）す』
品性に欠ける小人物は、ひまでいると、とかくよくないことをするものである。〈『大学』〉

【小数】ショウスウ　①小さい数。②数学で、絶対値が一より小さい実数で、小数点を用いて十進法で表したもの。対整数

【小生】ショウセイ　わたくし。男性が自分のことをへりくだっていう語。類愚生　対貴殿　参考多く、同輩や目下の人に対して手紙文に使う。

【小成】ショウセイ　少しばかりの成功。「―に安んずる」対大成（タイセイ）

【小説】ショウセツ　文学の形式の一つ。作者が想像力・構想力を用いて人間や社会のすがたを表現する散文体の作品。「短編―」

【小知・小智】ショウチ つまらなく、ささいな知識や才知。うわべだけの浅い知恵。対大知

【小腸】ショウチョウ 胃と大腸の間の消化器官。十二指腸・空腸・回腸からなる腸の一部。

【小篆】ショウテン 漢字の書体の一つ。大篆を簡略化したもので、印鑑などに使用。参考 中国、秦の始皇帝の時代、李斯が作ったもの。

【小天地】ショウテンチ 小さな社会。狭い世界。特に、人間界をいう。対大宇宙

【小児麻痺】ショウニマヒ 神経中枢を冒されて手足にまひ症状が起こる、子どもの疾患。脳性と脊髄性がある。

【小の虫を殺して大の虫を助ける】ショウのむしをころしてダイのむしをたすける 重要なことをなし遂げるために、ささいなことは犠牲にすること。類大事の前の小事

【小用】ショウヨウ ①ちょっとした用事。「―で出掛ける」②小便。「―に立つ」参考「こヨウ」とも読む。

【小利大損】ショウリダイソン わずかな利益を得るために大きな損をすること。〈『太平記』〉類小利大害

【小量】ショウリョウ ①わずかの分量・数量。「片栗粉に―の水を加える」対多量 ②心が狭いこと。度量の小さいこと。類狭量 対広量・①②大量 表記 ①「少量」とも書く。

【小さい】ちいさい ①面積・体積・長さがわずかである。「―い国」②数量・程度などがわずかである。「危険が―い」③年が若い。幼い。「―い子ども」④声・音が弱い。「声が―くて聞こえない」⑤規模などが劣る。重要でない。「―い組織」⑥度量などが狭い。「人物が―い」

『小さくとも針は呑のまれぬ』小さいからといって軽視してはならないという戒め。類山椒は小粒でもぴりりと辛い

し
ショウ

〈小舌〉ひこ 口の奥の中央に垂れ下がった突起。のどびこ。口蓋垂。

〈小火〉ぼや ごく一部が燃えただけで、大事に至る前に消し止めた火事。季冬

〈小蘗〉めぎ メギ科の落葉小低木。山野に自生。枝に鋭いとげがある。春、淡黄色の小花をつけ、赤い実を結ぶ。由来「小蘗」は漢名より。和名は、枝葉を煎じて洗眼薬に用いたことから。表記「目木」とも書く。

ショウ【井】(4) 二 2 教 1670 3066 ▼セイ(八四二)

ショウ【升】(4) 十 2 常 準2 3003 3E23 音ショウ 訓ます 外のぼる

筆順 ノ 丿 千 升

意味 ①容積の単位。一〇合。約一・八リットル。②ます。物の容量をはかる器。「升酒」類枡 ③のぼる。のぼせる。上にあがる。「升平」「上升」類昇

下つき 上升・斗升

【升を以て石を量る】ショウをもってコクをはかる 小さなもので大きなものをはかると誤差が生じる。転じて、愚者には賢者の心を理解することはできないということ。由来 中国、夏の暴君桀王には、聖人尭帝の心を測ることはできないことのたとえに述べた言葉。〈『淮南子』〉

【升】ます ①液体・穀物などの量をはかる容器。「五合―」②「升目」の略。③「升席」の略。表記「枡」とも書く。

【升席】ますセキ 芝居・相撲小屋で、升形の四角に区切った見物席。「―で相撲を観戦した」表記「枡席」とも書く。

【升目】ますめ ①升ではかった量。「定期的に―を検査する」「―が足りない」②格子状に区切られた四角形。「原稿用紙の―を埋める」表記「枡目」とも書く。

ショウ【少】(4) 小 1 常 教 9 3015 3E2F 音ショウ 訓すくない・すこし 外わかい・しばらく・まれ

筆順 丨 ⺌ 小 少

意味 ①すくない。すこし。わずか。まれ。数や量がすくない。「少額」「少量」対多 ②わかい。おさない。「少女」「幼少」対老 ③しばらく。わずかな時間。「少頃」④主になるものを補佐する役。「少佐」

下つき 寡少・希少・極少・僅少・軽少・減少・些少・若少・多少・年少・微少・幼少・老少

〈少女〉おとめ ①年若い女子。②未婚の娘。処女。表記「乙女」とも書く。参考「ショウジョ」とも読む。

〈少輔〉しょう 律令制で、八省の次官。すけ。大輔の次の位。しょうゆう。

【少額】ショウガク 全体として少ない金額。「―だが寄付しよう」類低額 対多額 参考「小額」と書けば、単位の小さな金額の意になる。

【少頃】ショウケイ しばらくの間。しばらくして。類少時・暫時

【少時】ショウジ ①幼少の時。類幼時 ②しばらくの間。「―の猶予」類少頃・暫時 表記「小時」とも書く。

【少女】ショウジョ 年若い女子。特に、十代までを指す。類乙女・娘 対少年 参考「おとめ」とも読む。

【少少】ショウショウ ①数量・程度の少ないこと。「砂糖―」対多多 ②しばらく。ちょっと。「―お待ちください」

【少数】ショウスウ 数が少ないこと。「―意見を尊重する」「―精鋭」対多数

【少壮】ショウソウ 年が若く、勢いの盛んなこと。また、その人。「有望な―の実業家」「―の弁護士」

『少壮気鋭』ショウソウキエイ 若く元気で、意気込みが鋭いこと。また、そういう人。「―の学者」類新進気鋭

【少年老い易く学成り難し】ショウネンおいやすくガクなりがたし 若いと思っているうちにすぐ老人になってしまい、学問は思うようには進まない。年月はすぐにたってしまうから、時間を大切に勉強に励め、という教え。〈朱熹シュキの詩〉

【少婦】ショウフ ①年の若い妻。②若い女性。表記「小婦」とも書く。

【少量】ショウリョウ 少しの分量・数量。「―の水」対大量・多量 表記「小量」とも書く。

【少ない】すくない 数量・程度・割合などがわずかである。少ししかない。「残された時間は―い」「―くとも一週間はかかる仕事だ」

【少彦名神・少名毘古那神】すくなびこなのかみ 日本神話の神。体が小さく、敏捷ビンショウで忍耐力があり、大国主命おおくにぬしのみことと国づくりに当たった。医薬などの神とされる。

【少し】すこし 数量・程度がわずかなようす。ちょっと。「―風が強い」

ショウ【召】

(5) 口 2 常 4 3004 3E24 音 ショウ 訓 めす

筆順 フ 刀 刀 召 召

意味 めす。①よびよせる。まねく。「召喚」「召集」「徴召」類招 ②「食う」「着る」などの尊敬語。

下つき 応召オウショウ・徴召チョウショウ・聘召ヘイショウ

【召喚】ショウカン 官庁が人を呼び出すこと。特に、裁判所が被告人・証人などに対し、一定の日時に指定の場所に呼び出すこと。

【召還】ショウカン 派遣した人を呼び返すこと。「大使は本国に―された」対派遣

【召集】ショウシュウ ①多くの人を召し集めること。②国会議員に対して、国会開会のために集合するよう命じること。「―令状」対解散 ③兵士などを軍隊に召し集めること。対応召

【召致】ショウチ 上位の人が下位の者を呼びよせること。目上の人が目下の者を召しよせること。「部下を―する」

【召し捕る】めしとる 罪人をつかまえる。逮捕する。「曲者くせものを―る」

〈召人〉めしうど ①舞楽に奉仕するために召し出された人。②和歌所の寄人よりうどの別称。参考「めしゅうど」とも読む。

【召す】めす ①「呼び寄せる」「取り寄せる」などの尊敬語。「神に―される(死ぬ)」②「食う」「飲む」「着る」「乗る」などの尊敬語。「すてきな洋服をお―しですね」③「気にいる」「年をとる」「かぜをひく」などの尊敬語。「お気に―すように努力する」「お年を―した方です」

ショウ【正】(5) 止 1 教 3221 4035 ▼セイ(八四四)

ショウ【生】(5) 生 0 教 3224 4038 ▼セイ(八四六)

ショウ【丞】

(6) 一 5 準1 3071 3E67 音 ショウ・ジョウ 訓 たすける

意味 ①たすける。補佐する。「丞相」②じょう。律令リツリョウ制の各省の三等官。

【丞】ジョウ 律令リツリョウ制の四等官の一つで、第三位。特に民部・式部など八省のものをいう。

【丞相】ジョウショウ ①昔、中国で天子をたすけて国政を行った最高位の官。類宰相 ②日本で、律令リツリョウ制における大臣の別称。参考「ショウジョウ」とも読む。「丞」「相」ともに、たすける意。

【丞ける】たすける 手を添えて助力する。特に、上の地位の者につきしたがって、その仕事を補佐する。「君主を―ける」

ショウ【匠】

(6) 匚 4 常 3 3002 3E22 音 ショウ 訓 外たくみ

筆順 一 ァ ア 戸 斤 匠

意味 ①たくみ。職人。技芸家。「匠人」「画匠」②かしら。先生。「師匠」「宗匠」③工夫をこらす。考案する。「意匠」

下つき 意匠イショウ・画匠ガショウ・巨匠キョショウ・師匠シショウ・宗匠ソウショウ・鷹匠たかジョウ・名匠メイショウ

【匠気】ショウキ 役者・芸術家などが技巧をこらし、好評を得ようとする気持ち。「―の見えすいた作品」

【匠人】ショウジン 物を作る職人。たくみ。特に、大工。類工匠

【匠】たくみ 物を作る職人。細工師。特に、大工。「飛騨ひだの―」

ショウ【庄】

(6) 广 3 準1 3017 3E31 音 ショウ・ソウ 訓 いなか・むらざと

意味 ①いなか。いなかの家。むらざと。「庄屋」類荘 ②荘園。「庄官」

【庄園】ショウエン ①奈良時代から室町時代にかけて全国にあった、貴族や社寺の私有地。大規模な開墾と寄進によって増大し、平安時代に全盛をきわめた。②中国やヨーロッパにおける、国王・貴族・教会などの所有地。また、その土地の所有形態。中国では唐代から、ヨーロッパでは中世に実施された。表記「荘園」とも書く。

【庄家】ショウカ ①庄園の事務を取り扱った建物。②庄園を管理する人。庄園領主。表記「荘家」とも書く。参考①「ショウケ」とも読む。

【庄司】ショウジ 昔、庄園領主の命を受けて、その庄園の管理にあたった役職。荘官。荘長。表記「荘司」とも書く。

【庄屋】ショウや 江戸時代、領主に任命され、代官のもとで村の長として事務の統轄にあたった者。表記「荘屋」とも書く。参考「庄屋」はおもに関西の名称。関東では「名主なぬし」、東北・北陸では「肝煎きもいり」と称した。

ショウ【劭】(7) カ 5 1 5003/5223 音 ショウ 訓 つとめる

意味 つとめる。はげむ。

ショウ【声】(7) 士 4 教 3228/403C ▼セイ(八五二)

ショウ【床】(7) 广 4 常 4 3018/3E32 音 ショウ 訓 とこ・ゆか

筆順 丶 亠 广 广 庁 床 床

意味 ①ねどこ。寝台。また、こしかけ。「床几ショウギ」「病床」②ゆか。「床下」③土台。地層。地盤。「河床」「鉱床」④なえどこ。苗を育てるところ。「温床」⑤ゆかしい。おくゆかしい。

下つき 河床カショウ・臥床ガショウ・起床キショウ・鉱床コウショウ・就床シュウショウ・銃床ジュウショウ・病床ビョウショウ・臨床リンショウ

【床几・床机】ショウギ 陣中・狩場などで用いた、折り畳み式の腰掛け。表記「牀几」とも書く。

〔床几ショウギ〕

【床子】ショウジ 平安時代に宮中で用いた、敷物を敷いて使う腰掛け。参考「ソウジ」とも読む。

【床・榻】ショウトウ 腰掛け。また、寝台。表記「牀榻」とも書く。

【床】とこ ①敷きぶとん。ねどこ。「―を敷く」「―をとる」②畳のしん。③河川の底。「川―」④苗を育てる苗床。⑤「床の間」の略。「―柱」

【床・框】とこがまち 床の間の前につけてある化粧横木。床縁とこぶち。

【床擦れ】とこずれ 寝たきりで床にあたる体の部分がすれてただれること。蓐瘡ジョクソウ。

【床の間】とこのま 座敷の上座かみざで床を一段高くし、花や置物・掛け軸などを飾るようにしつらえたところ。

【床店・床見世】とこみせ ①商品を売るだけで、人の寝泊まりしない簡単な店。屋台店。②移動の可能な小さな店。

【床屋】とこや 髪を切ったりひげをそったりする店。また、それを職業とする人。理容店・理髪店の俗称。類散髪屋 由来 江戸時代、髪結かみゆいが床店とこみせで仕事をしたことから。

【床山】とこやま 歌舞伎カブキ役者や力士などの髪を結う職業。また、その職業の人。

【床】ゆか ①建物のなかで、地面より一段高くして板を水平に張った所。また、建物の底面。「―をみがく」②劇場・寄席などで、浄瑠璃ジョウルリを語ったり三味線を弾いたりする人のすわる高座。

【床しい】ゆかしい ①何となく懐かしく感じられる。慕わしい。「古式―い祭事」②上品ですぐれ、引きつけられる感じがする。「―い人」

【床下】ゆかした 床の下。縁の下。「―まで浸水する」対床上

【床本】ゆかボン 浄瑠璃太夫ジョウルリだゆうが、床(高座)で語るときに用いる大形の浄瑠璃本。参考「ゆかホン」とも読む。

ショウ【抄】(7) 扌 4 常 準2 3022/3E36 音 ショウ 外ソウ 訓 外うつす・すく・すくう・かすめる

筆順 一 十 扌 扌丨 扌丨丨 扌小 抄

意味 ①うつ(写)す。抜き書きする。「抄本」「抄録」②紙をすく。「抄紙」③注釈をつける。「抄物」④すくう。さじですくいとる。⑤かすめる。かすめとる。「抄奪」類①⑤鈔

下つき 詩抄シショウ・手抄シュショウ

【抄紙】ショウシ 紙をすくこと。紙の原料を薄く敷きのべて、紙を作ること。「―機」

【抄出】ショウシュツ ある書物から抜き書きすること。また、その抜き出した部分。「要点を―する」

【抄本】ショウホン ①必要な一部分を抜き書きした本。②もとの書類から一部分を抜き書きしたもの。「戸籍―」対謄本 表記①「鈔本」とも書く。

【抄訳】ショウヤク 原文の一部分のみを翻訳すること。また、その訳文。対全訳・完訳

【抄・掠・抄略】ショウリャク かすめとること。奪い取ること。略奪。表記「鈔掠・鈔略」とも書く。

【抄録】ショウロク 原文から必要な部分を抜き書きすること。また、その抜き書き。「論文の―を提出する」類抜粋 表記「鈔録」とも書く。

【抄く】すく 水に溶かした原料を簀すの上に薄く広げ、紙などを作る。「和紙を―く」

ショウ【肖】(7) 肉 3 常 準2 3051/3E53 音 ショウ 訓 外にる・あやかる・かたどる

旧字《肖》(7) 肉 3 1/準1

筆順 丨 ⺌ 小 ⺌ 肖 肖 肖

意味 ①にる。にている。「肖似」「不肖」②にせる。かたどる。「肖像」

下つき 不肖フショウ

【肖者・肖物】あえもの 手本とするもの。あやかる対象のもの。

【肖る】あやかる 好ましい状態の人やめでたいものなどの影響を受けて、同じようになる。「長寿の祖母に―りたいものだ」

【肖似】ショウジ 非常によく似ていること。そっくりなこと。類相似・酷似

【肖像】ショウゾウ 人の顔や姿を絵・写真・彫刻などにうつしとったもの。「国王の―画」「―権の侵害」

【肖る】にる 外見がもとの姿や形にそっくりである。「銅像は本人によく―たものだ」

ショウ【姓】(8) 女5 常 3211 402B ▼セイ(八五二)

ショウ【★妾】(8) 女5 準1 3010 3E2A 音 ショウ 訓 めかけ・わらわ

意味 ①側室。めかけ。「妾宅」「妾婦」 ②こしもと。めしつかい。「妾侍」 ③わらわ。女性がへりくだっていう自称。わたくし。

下つき 愛妾・妻妾・男妾・寵妾

【▲妾出】ショウシュツ 正妻ではなく、めかけの子として生まれること。また、その生まれた人。類妾腹

【▲妾宅】ショウタク めかけを住まわせる家。対本宅「あの作家は―に入り浸りだ」

【▲妾腹】ショウフク めかけから生まれること。また、その子。類妾出 参考「めかけばら」とも読む。

【▲妾】めかけ 正妻のほかに、愛し養っている女。そばめ。「金持ちの―」類側室・権妻 対本妻

【▲妾】わらわ わたくし。女性が自分のことをへりくだっていう語。

ショウ【尚】(8) ⺌5 常 準2 3016 3E30 音 ショウ 訓 外 なお・たっとぶ・とうとぶ・くわえる

旧字《尚》(8) 小5 1/準1

筆順 丨 ⺌ ⺌ 尚 尚 尚 尚 尚

意味 ①なお。まだ。そのうえ。「尚早」 ②たっとぶ。とうとぶ。あがめる。「尚古」「尚武」 ③くわえる。(ア)重ねる。(イ)越える。 ④たかい。たかくする。「尚志」「高尚」

下つき 和尚(カショウ)・和尚(ワジョウ)・和尚(オショウ)・気尚・好尚・高尚・志尚・風尚

【尚古】ショウコ 古い時代の文化・思想などを重んじること。昔の時代にあこがれること。「―思想」「―趣味」類懐古

【尚歯】ショウシ 老人を尊敬すること。類敬老 参考「歯」は年齢の意。

【尚早】ショウソウ 時期が早すぎること。時期がまだ来ていないこと。「その提案は時期―でしょう」

【尚武】ショウブ 武道や軍事を重んじること。「―の気風」

〈尚侍〉ないしのかみ 律令制の内侍司(ないしのつかさ)(後宮の役所)の長官。参考「ショウジ」とも読む。

【▵尚】なお ①そのうえに。かつ。「それならば、―悪い」 ②やはり。まだ。「今―ご健在です」 ③…でさえも。「昼―暗い森のなか」

【▵尚更】なおさら そのうえ。ますます。以前にも増して。「―注意が必要だ」

ショウ【性】(8) 忄5 教 3213 402D ▼セイ(八四一)

ショウ【招】(8) 扌5 教 常 6 3023 3E37 音 ショウ 訓 まねく

筆順 一 十 扌 扌 扣 招 招 招

意味 まねく。手まねきする。よびよせる。「招魂」「招待」「招来」類召

下つき 徴招・寵招

【招宴】ショウエン 宴会に人をまねくこと。また、その宴会。

【招魂】ショウコン 肉体から離れた霊魂を呼びもどして鎮めること。死者の霊をまねいてまつること。「―の儀」

【招集】ショウシュウ 多くの人をまねき集めること。呼び寄せること。「役員に―をかける」「地方議会の―」 参考「召集」と書けば、人を召し集める意。

【招請】ショウセイ 人をまねいて、来てもらうこと。「講師として―する」類招聘 参考「ショウジョウ」とも読む。

【招待】ショウタイ 人を客としてまねいて、もてなすこと。「―状」「文化祭に―された」「多数の―客だった」 参考「ショウダイ」とも読む。

【招▵提】ショウダイ 仏 寺院の別称。僧が四方より集まり来る所。由来 梵語の音訳で、四方の意から。

【招致】ショウチ まねいて、来てもらうこと。「オリンピックの―合戦」

【招聘】ショウヘイ 礼をつくして、丁重にまねくこと。「研究員としてアメリカに―される」類招請

【招来】ショウライ ①まねきよせること。「技術者を―する」類招聘 ②ある状態をまねきよせること。「災いを―する」

【招く】まねく ①合図をして、人を呼びよせる。「子どもを手で―く」 ②客として来るように誘う。「誕生日に友人を―く」 ③ある地位に就いてもらうために、頼んで来てもらう。「監督として―く」 ④ひきおこす。特に、好ましくない結果を生む。「森林伐採が水害を―く」「説明不足で誤解を―く」

ショウ【承】(8) 手4 教 常 5 3021 3E35 音 ショウ 訓 うけたまわる 中 外 うける

筆順 乛 了 孑 手 手 序 承 承

意味 ①うける。うけつぐ。「承句」「継承」 ②うけたまわる。ひきうける。「承知」「承諾」

下つき 継承・口承・師承・伝承・不承・了承

【承る】うけたまわる ①「聞く」「伝え聞く」の謙譲語。拝聴する。うかがう。「皆さんのお考えを―りたい」 ②「承諾する」「引き受ける」の謙譲語。「ご注文たしかに―りました」

【▵承ける】うける 引き継ぐ。受け継ぐ。「先代のあとを―けて、事業を発展させる」

【承引】ショウイン 納得して引き受けること。「依頼を―する」類承知・承諾

【承嗣】ショウシ 親のあとを受け継ぐこと。また、受け継ぐ人。あとつぎ。類継嗣・嗣子

【承前】ショウゼン 前文の続きであることを示す語。続きの文章を書きだすときに用いる。また、前文を受け継ぐこと。

【承諾】ショウダク 他人の願いや要求などを引き受けること。聞き入れること。「組合側の要求を—する」「事後—」類承引・承知

【承知】ショウチ ①引き受けること。「ご依頼の件は—いたしました」②許すこと。「今度やったら—しないぞ」③知っていること。「その件は—しています」

【承認】ショウニン ①正当だと認めること。「賠償を—する」②認めゆるすこと。「責任者の—を得る」類承諾・了承 ③ある国家などについて、その国際法上の地位を認めること。「新政権を—する」

【承服・承伏】ショウフク 相手の意見・論旨などに納得して従うこと。「その意見には—できない」

【承平】ショウヘイ 平和な世が長く続くこと。

ショウ【昇】(8) 日 4 常 3 3026 3E3A 音 ショウ 訓 のぼる

筆順 丨 冂 冃 日 旦 早 昇 昇

意味 ①のぼる。上にあがる。「上昇」「昇天」類升 ②官位や序列があがる。「昇格」「昇進」対①②降 ③たいらか。おだやか。「昇平」

書きかえ 「陞ショウ」の書きかえ字。

下つき 上昇ジョウショウ

【昇華】ショウカ ①固体が液体を経ずに、直接気体になること。また、その逆の現象。②心理学で、社会的に認められない欲求や性的衝動などを、芸術や宗教活動など社会的に認められる形に置き換えること。③物事がより純化され、高められること。「趣味を次第に職業へと—する」

【昇格】ショウカク 階級・地位などが上がること。また、上げること。「将棋で三段から四段に—する」「—試験を受ける」「—人事」類昇任・昇進 対降格・降等

【昇給】ショウキュウ 給料が上がること。「定期—」

【昇汞】ショウコウ 塩化第二水銀の別称。無色透明で針状の結晶。猛毒。染色・消毒・写真材料などに用いる。「—水は消毒に使う」

【昇降】ショウコウ のぼったりおりたりすること。「踏切遮断機シャダンキの—」

【昇叙】ショウジョ 上級の官位に任用されること。また、任用すること。書きかえ「陞叙」の書きかえ字。

【昇進】ショウシン 地位や官職の位が上がること。「四月から課長に—した」類昇格・昇任 表記「陞進」とも書く。

【昇天】ショウテン ①天高くのぼること。「旭日キョクジツ—」②人が死ぬこと。特に、キリスト教で信者が死ぬこと。上天。

【昇殿】ショウデン ①昔、五位以上の人および六位の蔵人くろうどが、宮中清涼殿の殿上テンジョウの間にのぼることを許されたこと。②神社の拝殿に入ること。「—して参拝する」

【昇任】ショウニン 上の役職・官職・地位などにつくこと。また、つかせること。「—して、部長となる」類昇格・昇進 対降任

【昇る】のぼる その物全体が上に移動する。勢いよく上がる。「地平から太陽が—る」「天にも—る思いだった」表記「升る」とも書く。

ショウ【昌】(8) 日 4 準1 3027 3E3B 音 ショウ 訓 さかん

意味 ①さかん。勢いがつよい。「昌運」「昌盛」「隆昌」②さかえる。「繁昌」③よい。うつくしい。あきらか。「昌言」④みだれる。だらしがない。

下つき 盛昌セイショウ・繁昌ハンジョウ・隆昌リュウショウ

【昌ん】さかん 明るく勢いのよいさま。さかえ輝いているさま。

【昌運】ショウウン 物事の勢いがさかんになるめぐりあわせ。隆盛運。類隆運・盛運

ショウ【松】(8) 木 4 常 教 7 3030 3E3E 音 ショウ 訓 まつ

筆順 一 十 才 木 木 朳 松 松

意味 まつ。マツ科の常緑高木。「松柏」「松露」

下つき 赤松あかまつ・門松かどまつ・唐松からまつ・黒松くろまつ・小松こまつ・青松セイショウ・姫松ひめまつ・老松ロウショウ・おいまつ・若松わかまつ

〈松魚〉かつお サバ科の海魚。由来 鰹節かつおぶしが松の節に似ていることからという。
▼鰹かつお(四三七)

〈松蘿〉さるおがせ サルオガセ科の地衣類の総称。深山のマツやモミなど針葉樹の枝や幹に着生。糸状で、よく分枝し垂れ下がる。サガリゴケ。季夏 由来「松蘿」は漢名から。表記「猿麻桛」とも書く。

【松韻】ショウイン マツのこずえを吹く風の音。類松籟ショウライ

【松濤】ショウトウ 松に吹く風の音を、波の音にたとえた語。「旅枕たびまくらに—を聞く」

【松柏】ショウハク ①マツの木とカシワの木。また、常緑樹の総称。②志や操を守って変えないことのたとえ。

【松籟】ショウライ マツのこずえを吹く風のひびき。松風の音。類松韻 参考「籟」は、風の通る音やひびきの意。

【松露】ショウロ ①ショウロ科のキノコ。海岸の松林に生え、球状。食用で、独特の芳香がある。季春 ②マツの葉につく露。

〈松明〉たいまつ マツの樹脂の多い部分にタケ、アシなどを束ね、火をつけて屋外用の照明具としたもの。まつ。由来「たきまつ(焚松)」の転じた語から。表記「炬」とも書く。

【〈松▲楊〉】ちしゃのき ムラサキ科の落葉高木。暖地の山中に自生。葉はカキに似る。初夏、白色の小花を密生。材は家具用、樹皮は染料に用いる。カキノキダマシ。由来「松楊」は漢名から。表記「萵苣の木」とも書く。

【松】まつ ①マツ科の常緑高木の総称。葉は針形で、樹皮はひび割れるものが多い。クロマツ・アカマツ・ゴヨウマツなど。節操・長寿の象徴とされる。②「松明(たいまつ)」に同じ。③門松(かどまつ)。また、門松を飾っておく期間。通常は元日から一月七日まで。「―の内も過ぎた」

【〈松▲毬〉・松▲笠】まつかさ マツの実。多数のうろこ状の小片からなる。まつふぐり。季秋 参考「松毬」は「まつぼっくり」とも読む。

【松▲茸】まつたけ キシメジ科のキノコ。おもにアカマツの林に自生。香りが良く美味で、食用として珍重される。季秋

【松葉▲杖】まつばづえ 足の不自由な人がわきの下にあてがって、体をささえたり歩いたりするのに用いる杖。由来 杖の上部が、松葉のように二またに分かれていることから。

【松羽目物】まつばめもの 能・狂言の題材で内容や様式をまねたもの。歌舞伎(カブキ)舞踊劇の一種。「勧進帳」など。由来 舞台の羽目(はめ)板に老松・若竹などが描かれ、「松羽目」と称されることから。

【松〈▲囃子〉・松▲囃】まつばやし 昔、正月に行われた謡初(うたいぞ)め。着飾って歌や舞を演じたもの。季新年

【〈松▲毬〉・〈松陰▲嚢〉】まつぼっくり 「松毬(まつかさ)」に同じ。由来「まつふぐり」の転じたもので、形が陰嚢(ふぐり)に似ていることから。

【松藻虫】まつもむし マツモムシ科の昆虫。水生で池や沼にすむ。全長約一三ミリメートル。黄褐色に黒斑(コクハン)がある。あおむけに泳ぐ。刺されると痛い。

【松△脂】まつやに マツの幹から分泌される、ねばりけのある樹脂。印刷インキ・ニス・テレビン油などの原料。

ショウ【沼】(8) 氵5 常 4 3034 3E42 音 ショウ(高) 訓 ぬま

筆順 丶 冫 氵 汀 汈 沼 沼 沼

意味 ぬま。泥深い自然の池。「沼沢」「池沼」

下つき 湖沼(コショウ)・池沼(チショウ)・泥沼(どろぬま)

【沼気】ショウキ 沼や池の腐敗した有機物などから発生する天然ガス。メタンなど。

【沼沢】ショウタク ぬまとさわ。くぼ地に水がたまり、草などが生い茂ったところ。「―地に棲(す)む生き物」

【△沼縄】ぬなわ ジュンサイの別称。季夏 表記「蓴」とも書く。▼蓴菜(ジュンサイ)(七三二)

【沼】ぬま くぼ地に水がたまった場所。比較的浅く泥深いもの。透明度が低い。「ハスの花は―に咲く」「底無し―」

ショウ【炒】★ (8) 火4 1 6354 5F56 音 ショウ・ソウ 訓 いる・いためる

意味 いる。いためる。「炒飯(チャーハン)」

【▲炒める】いためる 油をひいて熱したなべに材料を入れ、手早くかきまぜて火を通す。「肉と野菜を―める」

【▲炒り豆に花が咲く】いりまめにはながさく いったん衰えたものが再び活気をとり戻すこと。また、ありえないことのたとえ。類 枯れ木に花

【▲炒る】いる 食品を容器に入れて火にかけ、動かしながら熱して水分をとばす。「胡麻(ゴマ)を―る」

【〈▲炒飯〉】チャーハン 飯・豚肉・野菜などをいためて味をつけた中国料理。焼き飯。参考「チャーハン」は中国語から。

ショウ【牀】(8) 爿4 1 6414 602E 音 ショウ・ソウ 訓 ねだい・こしかけ・ゆか・とこ・だい

意味 ①ねどこ。ねだい(寝台)。「牀褥(ショウジョク)」「病牀」②こしかけ。「牀几(ショウギ)」③ゆか。とこ。④だい(台)。物を置く台。「銃牀」参考「床」の本字。

下つき 胡牀(コショウ)・縄牀(ジョウショウ)・筆牀(ヒッショウ)・病牀(ビョウショウ)

【牀几】ショウギ 長方形のわく二つを筋交いに組み合わせて布を張った、折り畳みの腰掛け。表記「床几・床机」とも書く。

ショウ【邵】(8) 阝5 1 7826 6E3A 音 ショウ

意味 ①中国、春秋時代の晋(シン)の地名。②人の姓。

ショウ【青】(8) 青0 教 3236 4044 ▼セイ(八西)

ショウ【△咲】(9) 口6 常 2673 3A69 ▼さく(五六九)

ショウ【庠】(9) 广6 1 5489 5679 音 ショウ 訓 まなびや

意味 まなびや。古代中国の学校。「庠序」類 庠校

【庠序】ショウジョ 学校。由来 中国で、地方の学校のことを、殷(イン)代には「序」、周代には「庠」といったことから。

ショウ【政】(9) 攵5 教 3215 402F ▼セイ(八五七)

ショウ【星】(9) 日5 教 3217 4031 ▼セイ(八五七)

ショウ【昭】(9) 日5 常 8 3028 3E3C 音 ショウ 訓 (外)あきらか

筆順 丨 冂 日 日 日フ 日刀 昭 昭 昭

意味 ①あきらか。あかるい。「昭示」類 照 ②世の中がよくおさまる。「昭代」

下つき 光昭(コウショウ)

【△昭らか】あきらか ①光がすみずみまで照らしだしているさま。「渚(なぎさ)を―に照ら

す太陽」②すみずみまではっきりしているさま。

【昭然】ショウゼン　物事のあきらかなようす。

ショウ【相】(9)目4 教 3374 416A ▼ソウ(九三二)

ショウ【省】(9)目4 教 3042 3E4A ▼セイ(八五八)

ショウ【△荘】(9)艹6 常 3381 4171 ▼ソウ(九三五)

ショウ【倡】(10)亻8 1 4873 5069 音ショウ 訓わざおぎ・あそびめ・となえる

意味 ①芸人。わざおぎ。「倡優」②遊女。あそびめ。「倡家」類娼 ③となえる。「倡道」類唱

下つき 優倡

【倡妓・倡△伎】ショウギ　宴席などで歌舞をなして興を添える女性。うたいめ。類遊女 表記「娼妓」とも書く。

【倡優】ショウユウ　芝居・演劇の役者。倡。類俳優 表記「娼優」とも書く。

【倡える】となえる　①声を出し、節をつけて読む。うたう。「祝詞を―える」②人に先立って声を発する。先に言い出す。「万歳を―える」「再建策を―える」表記「唱える」とも書く。

【倡】わざおぎ　①おもしろおかしい身ぶりで歌い舞い、神や人を楽しませること。また、その人。②音楽師。役者。俳優。表記「娼」とも書く。

ショウ【★哨】(10)口7 準1 3005 3E25 音ショウ 訓みはり

〔哨〕

意味 みはり。ものみ。見張りをする。「哨戒」「哨兵」

下つき 陣哨・前哨・歩哨

【△哨戒】ショウカイ　軍隊で、敵襲を警戒して見張りをすること。「―の任務につく」「―艇」「―機」

【△哨舎】ショウシャ　軍隊などの見張り小屋。由来 警戒や見回り役の兵隊である歩哨が詰めることから。

【△哨兵】ショウヘイ　見張りの兵士。歩哨。類番兵

〈△哨△吶〉チャルメラ　表に穴が七つある、ラッパに似た木管楽器。屋台のラーメン屋などが吹く。唐人笛。表記「太平簫」とも書く。参考「チャルメラ」はポルトガル語から。

【△哨】みはり　物見。また、その詰め所。表記「見張り」とも書く。

ショウ【宵】(10)宀7 常 準2 3012 3E2C 音ショウ高 訓よい

旧字《宵》(10)宀7 1/準1

筆順

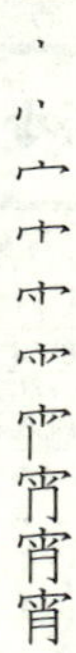

意味 よい。夕ぐれ。日が暮れてまもないころ。また、よる。「春宵」「徹宵」対晨

下つき 春宵・清宵・徹宵

【宵衣△旰食】ショウイカンショク　天子が早朝から深夜まで政務にいそしむこと。「宵衣」は夜明け前から衣服を着る、「旰食」は日が暮れてから食事をとる意。〈新唐書〉参考「旰食宵衣」ともいう。

【宵】よい　①日が暮れてまもないころ。「―の口」「―の明星」②夜。「おぼろ月夜の春の―」

【宵越し】よいごし　一晩を越すこと。また、越したもの。「―の金は持たない」

【宵っ張り】よいっぱり　夜おそくまで起きていること。また、そういう習慣の人。

【宵っ張りの朝寝坊】夜はおそくまで起きていて、朝はおそくまで寝ていること。また、そういう人。「始業時刻が早く、―には辛い」

【宵の明星】よいのミョウジョウ　日が沈んだあとに西の空に輝いて見える金星。対明けの明星

【宵待草】よいまちぐさ　マツヨイグサの別称。▼待宵草(九八〇)

【宵闇】よいやみ　①十五夜が過ぎて陰暦二〇日ころまで、月の出がおそく宵が暗いこと。また、そのころ。②宵のころの闇。夕やみ。「―が迫るなか家路につく」

【△宵宮】よみや　本祭りの前夜に行う、簡単な祭り。よいまつり。季夏 表記「夜宮」とも書く。参考「よいみや」とも読む。

ショウ【将】(10)寸7 常 教 5 3013 3E2D 音ショウ 訓外ひきいる・まさに…す・はた

旧字《將》(11)寸8 1/準1 5382 5572

筆順

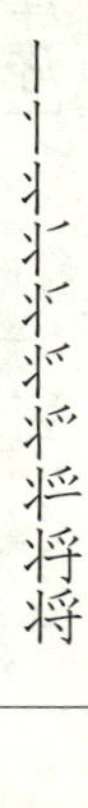

意味 ①ひきいる。また、軍をひきいる人。「将軍」「名将」「主将」②まさに…せんとす。…しようとする。再読文字。「将来」③はた。もしかすると。あるいは。

下つき 王将・玉将・主将・少将・女将・おかみ・神将・大将・知将・中将・闘将・副将・武将・名将・勇将

【将棋】ショウギ　二人で縦横九ますずつの盤面に王将・金・銀など二〇枚ずつの駒を並べ、一定の規則にしたがって交互に動かし、相手の王将をせめる遊戯。

【将棋倒し】ショウギだおし　①将棋の駒を立ててならべ、一方の端の駒を倒すと次々に倒れる遊び。②次々に重なって倒れること。「満員電車で乗客が―になる」

【将軍】ショウグン　①一軍を指揮する武官。総大将。②「征夷大将軍」の略。幕府の首長。③陸海空軍の将官の敬称。

【将校】ショウコウ　軍隊で、戦闘の指揮をする士官。少尉以上の階級の武官。由来「校」は軍営の柵の意で、古代中国の軍の指揮官が柵の中で号令を発したことから。

【将帥】ショウスイ 軍隊を指揮・統率する人。類将軍・大将

【将星】ショウセイ ①昔、中国で大将になぞらえた星。②将軍・将帥の別称。

【将門に将有り】ショウモンにショウあり 将軍の家柄からは将軍が出る。りっぱな家柄からはすぐれた人材が出るということ。「将門」は代々将軍を輩出する家柄。〈『史記』〉類相門に相有り

【将来】ショウライ ①これから先。前途。「―を見据えた進路の選択」「―性がある業界」類未来 ②遠方からもってくること。また、ある状態をもたらすこと。「欧米の進んだ技術を―した」

【将を射んと欲すれば△先ず馬を射よ】ショウをいんとほっすればまずうまをいよ 目的を達成するためには、まず相手がよりどころとしているものを攻めるのがよい。馬上の将軍を射とめるには、まず乗っているウマを射るのがよいという意から。

【△将】はた ①あるいは。それとも。「夢か、―幻か」②そのうえにまた。「野越え、山越え、―海を越え」

【△将又】はたまた それともまた。あるいは。もしくは。「芍薬か牡丹か―百合か」「行くか帰るか―待つか」

【△将いる】ひきいる 兵士を統率する。兵隊を指揮する。「大軍を―いる」

【△将に】まさに これから。今にも。きっと。近い将来を表す語。

ショウ【峭】(10) 山 7 1 5425 5639 音 ショウ 訓 けわしい・きびしい

意味 ①けわしい。高くけわしい。「峭峻」「峭絶」②きびしい。はげしい。「峭寒」「峭刻」

下つき 奇峭・峻峭・料峭

【▲峭しい】けわしい 山が高くそそり立つさま。けずりとられたような断崖で登るのが困難なさま。「―い山が行く手をはばむ」

【▲峭寒】ショウカン 身を切られるようなきびしい寒さ。非常な寒さ。厳寒。「―に耐え、ひたすら春を待つ」類酷寒

【▲峭刻】ショウコク きびしく残忍なこと。きびしくむごいこと。類苛酷

【▲峭絶】ショウゼツ 山などが高くそびえ立って、けわしいさま。

ショウ【従】(10) 彳 7 教 2930 3D3E ▼ジュウ(七〇四)

ショウ【悚】(10) 忄 7 1 5594 577E 音 ショウ 訓 おそれる

意味 おそれる。びくびくする。「悚然」「悚慄」

【▲悚れる】おそれる びくびくとおびえて身をすくませる。ぞっとして立ちすくむ。「闇を―れる」

【▲悚然】ショウゼン おそれてぞっとするさま。びくびくして身がすくむさま。「―として身の毛がよだつ」類悚悚・慄然

ショウ【悄】(10) 忄 7 1 5601 5821 音 ショウ 訓 うれえる

意味 ①うれえる。しおれる。しょんぼりする。「悄悄」「悄然」②ひっそり。しずか。③きびしい。はげしい。

〈▲悄▲悄〉しおしお 気落ちして元気のないさま。しょんぼりするさま。「―と立ち去る」表記「萎萎」とも書く。参考「ショウショウ」とも読む。

【▲悄▲悄】ショウショウ ①「悄悄しおしお」に同じ。「―と帰路につく」②ひっそりとして静かなさま。類①②悄然

【▲悄然】ショウゼン ①憂えて元気のないさま。しょんぼりしたさま。「―として嘆息する」②静かでもの寂しいさま。類①②悄悄

【▲悄▲愴】ショウソウ ①気がめいって心が痛むさま。類悲愴 ②ものさびしいさま。

【▲悄気る】しょげる 気落ちして元気を失う。「思ったより成績が悪くて―る」「叱られて―る」

ショウ【消】(10) 氵 7 教 常 8 3035 3E43 音 ショウ 訓 きえる・けす

旧字《消》(10) 氵 7 1/準1

筆順 丶 丷 氵 氵' 氵'' 氵ᐟ 消 消 消 消

意味 ①きえる。ほろびる。なくなる。「消失」「消滅」「解消」②けす。ほろぼす。なくす。ついやす。「消火」「消費」「抹消」③ひかえめ。「消極」

書きかえ 「銷」の書きかえ字。

下つき 解消・費消・抹消・霧消

【消える】きえる ①見えなくなったり聞こえなくなったりする。「停電でテレビが―える」「喧騒が―えた街」②目の前からいなくなる。「姿が―える」③感情がおさまる。「恨みが―える」④火が燃えなくなる。

【消炭】けしずみ まきや炭の火を途中で消してつくった炭。火がはやくつきやすい。季冬

【消す】けす ①存在をなくす。見えなくしたり聞こえなくしたりする。「焚き火を―す」「黒板の字を―す」「雑踏の中で姿を―す」②スイッチを切る。「テレビを―す」③殺す。「邪魔者を―す」

【消炎】ショウエン 患部の炎症を抑え、とり去ること。「打撲した箇所に―剤を塗った」

【消化】ショウカ ①体内に取り入れた食物を分解し、吸収しやすい状態に変えるはたらき。②読んだり聞いたりしたものを理解して、自分のものとすること。「講演の内容を―する」③物事を残さず処理すること。「今月のノルマは―した」

【消火】ショウカ 火や火事を消すこと。「―栓」「火災の―にあたる」類鎮火

【消夏】ショウカ 夏の暑さをしのぐこと。「―法」類避暑 季夏 書きかえ「銷夏」の書き

かえ字。

【消渇】ショウカチ ①のどがかわき、尿の出ない病気。かちの病やまい。②女性の淋病リンビョウの俗称。参考「ショウカツ」とも読む。「渇」はのどがかわく意。

【消閑】ショウカン ひまをしのぐこと。ひまつぶし。「—の具」

【消却】ショウキャク ①消して取り去ること。「まちがえた箇所を—する」類消去 ②使い尽くすこと。「備蓄米を—する」類消費 ③借金を返すこと。「負債を—する」類償却・償還 書きかえ「銷却」の書きかえ字。

【消去】ショウキョ 消し去ること。消えてなくなること。「録画した画像を—する」「—法で解答を出す」

【消極】ショウキョク 自ら進んで行動を起こさないこと。控えめであること。「—策」「—的な性格」対積極

【消光】ショウコウ 月日をおくること。生活すること。「何事もなく—いたしております」類消日 参考多く、手紙で自分についていう。

【消散】ショウサン 消えてなくなること。消え去ること。また、消してなくすこと。「雪が—した」「臭気を—する」

【消失】ショウシツ 消えてなくなること。失うせること。「書類が—した」

【消日】ショウジツ たいしたこともせず、その日を過ごすこと。「無為に—する」類消光

【消除】ショウジョ 消え失うせること。また、消し去ること。類除去

【消息】ショウソク ①人やものの動静や事情。「経済界の—に明るい」②たより。連絡。音信。「—が絶えて久しい」

【消長】ショウチョウ 物事が衰えることと盛んになること。「次の総選挙に党の—をかける」類盛衰

【消沈】ショウチン ①消え失うせること。②気力が衰えて、活気がなくなること。ふさぎこむこと。「意気—」書きかえ「銷沈」の書きかえ字。

【消灯】ショウトウ 電灯・ガス灯など、あかりを消すこと。「—時間が過ぎる」対点灯

【消費】ショウヒ ①金品・時間・体力などを使い尽くすこと。「時間を無駄に—するな」②経済活動で、欲望を満たす目的で財貨を使い、なくすこと。「—指数」「—者」対①②生産

【消防】ショウボウ 火事を消したり、火災の警戒・予防活動をしたりすること。また、その人。「—士」「—団を結成する」

【消磨】ショウマ ①すり減ること。また、すり減ってなくなること。「気力が—する」類磨滅 ②すり減らすこと。また、時間などを費やすこと。「趣味に歳月を—した」表記「銷磨」とも書く。

【消滅】ショウメツ 自然に消え失うせること。消し去ること。「噂うわさは自然—した」「権利の—」対発生

【消耗】ショウモウ ①物を使い減らすこと。使ってなくすこと。「—部品を補充する」②体力や気力を使い尽くすこと。「重労働で体力を—した」参考もとの読みは「ショウコウ」。「ショウモウ」は慣用読み。

〈消梨〉なし みずナシの一品種。果汁がきわめて多い。表記「水梨」とも書く。

ショウ【▲渉】(10) 氵7 8676 766C ▼渉の旧字(七五二)

ショウ【浹】(10) 氵7 1 6221 5E35 音ショウ 訓あまねし・めぐる・とおる・うるおす・うるおう

意味 ①あまねし。広くゆきわたる。「浹洽ショウコウ」②めぐる。ひとめぐりする。「浹日」「浹辰ショウシン」③とお(通)る。④うるおす。うるおう。

【▲浹し】あまねし すみずみまで、広くゆきわたっているさま。

【▲浹▲洽】ショウコウ ①すみずみまで、広くゆきわたること。②互いにうちとけること。やわらいでむつまじい状態になること。

ショウ【症】(10) 疒5 常 準2 3041 3E49 音ショウ 訓外しるし

筆順 、亠广广疒疒疔疔症症

意味 しるし。病気のしるし。病気の状態。「症状」

下つき 炎症エンショウ・軽症ケイショウ・重症ジュウショウ

【症候群】ショウコウグン 身体や精神に起こるさまざまな症状(症候)の原因が不明なとき、病名に準じて使う言葉。シンドローム。「ピーターパン—」(学生が社会に出たがらない傾向)

【症状】ショウジョウ 病気やけがの状態。「風邪の—を呈する」類病状

ショウ【祥】(10) ネ6 常 準2 3045 3E4D 音ショウ 訓外さいわい・さち・きざし

旧字《祥》(11) 示6 1/準1 8929 793D

筆順 、ラネネネ'ネ''祥祥

意味 ①さいわい。さち。めでたいこと。「嘉祥カショウ」「吉祥」②きざし。前ぶれ。「祥雲」③喪明けの祭り。「祥月」

下つき 嘉祥カショウ・吉祥キッショウ・キチジョウ・小祥ショウショウ・瑞祥ズイショウ・大祥タイショウ・発祥ハッショウ

【△祥い】さいわい めでたい姿。めでたいしるしの現れ。「この晴天は—のしるしだ」

【祥雲】ショウウン めでたいきざしとされる雲。吉兆の雲。類瑞雲ズイウン

【祥▲瑞】ショウズイ めでたいことのある前ぶれ。めでたいきざし。吉兆。吉祥。類瑞祥 参考「しょうずい」と読めば別の意になる。

【祥月】ショウつき 故人のなくなった月と同じ月。特に、一周忌以降にいう。

【祥月命日】ショウつき メイニチ 故人の死んだ月日と同じ、毎年の月日。「―には墓参りを欠かさない」

〈祥▲瑞〉しょんずい 中国の明代の末から清代の初めにかけて、景徳鎮でつくられた染め付けの磁器。多くは日本の茶人の注文で製造されたという。由来 底に「五良大甫呉祥瑞造」の銘があることから。参考「ショウズイ」と読めば別の意になる。

ショウ【称】

(10) 禾 5 常 4 3046 3E4E
音 ショウ
訓 外 となえる・たたえる・あげる・かなう・はかる

旧字《稱》(14) 禾 9 1/準1 6742 634A

筆順 ノ ニ 千 千 禾 禾 利 秒 称 称

意味 ①となえる。となえ。名づける。また、よび名。「称号」「名称」②たたえる。ほめる。「称賛」「称揚」③あげる。(ア)持ち上げる。(イ)起こす。「称兵」(ウ)あげ用いる。④かなう。つりあう。「対称」⑤はかる。重さをはかる。「称量」

下つき 愛称・異称・遠称・仮称・偽称・近称・敬称・公称・古称・呼称・自称・総称・俗称・尊称・対称・通称・美称・名称・略称

【称呼】ショウコ ①呼び名。となえ。②名を呼ぶこと。類呼称

【称号】ショウゴウ 呼び名。特に、社会的地位や資格を表す名称。「博士の―を授ける」

【称賛】ショウサン ほめたたえること。ほめそやすこと。「―の的」類称揚 対非難 表記「賞賛」とも書く。書きかえ「称讃」の書きかえ字。

【称▲讃】ショウサン ▼書きかえ 称賛

【称する】ショウ―する ①となえる。名付けて言う。呼ぶ。「神童と―する」②たたえる。ほめる。「功績を―する」

【称嘆・称▲歎】ショウタン 感心して、ほめたたえること。嘆賞。表記「賞嘆・賞歎」とも書く。

【称美】ショウビ 美しい、うまいなどと感じてほめたたえること。ほめそやすこと。「紅葉を―する」類称賛 表記「賞美」とも書く。

【称名】ショウミョウ 仏 仏の名号をとなえること。「南無阿弥陀仏」などと、となえること。類念仏 表記「唱名」とも書く。

【称誉】ショウヨ ①ほめたたえること。「大いに―に値する功績だ」類称美・称揚 ②名誉。ほまれ。表記「賞誉」とも書く。

【称揚】ショウヨウ ほめたたえること。ほめあげること。「不断の努力を―する」類称賛・称誉 表記「賞揚」とも書く。

【称量】ショウリョウ はかりやますで、重さや量をはかること。

〈称辞〉たたえごと 称賛する言葉。ほめことば。類賛辞

【△称える】たた―える ほめそやす。ほめあげる。称賛する。「相手の健闘を―える」

【△称える】とな―える ①名付けて呼ぶ。呼称する。②公言する。「博愛主義を―える」

ショウ【秤】★

(10) 禾 5 準1 3973 4769
音 ショウ・ビン
訓 はかり

〈秤〉

意味 ①はかり。てんびん。「秤量」②はかる。重さをはかる。参考 もと、「稱(称)」の俗字。

下つき 天秤

【▲秤量】ショウリョウ ①秤で重さをはかること。②秤ではかることができる最大限の重量。「一キロの調理用の秤」参考「ヒョウリョウ」とも読む。

【▲秤】はかり 物の重さを調べる器具の総称。てんびん・さおばかり・台ばかりなど。「―にかける(両者を比べて損得や優劣を考える)」

ショウ【笑】

(10) 竹 4 教 常 7 3048 3E50
音 ショウ 中
訓 わらう・えむ 中

筆順 ノ ト ケ ケ ケ ケ 竺 竺 笑 笑

意味 ①わらう。えむ。わらい。ほほえみ。「笑止」「失笑」②相手に受け入れを望むときの謙譲語。「笑納」「笑覧」

下つき 一笑・苦笑・失笑・大笑・談笑・嘲笑・爆笑・微笑・冷笑

〈笑顔〉えがお 笑い顔。うれしそうな顔。「―が魅力」「客を―で迎える店」

【笑▲窪】えくぼ 笑ったときに、頬にできる小さなくぼみ。「あばたも―(好きな相手に関しては短所さえも長所に見えるたとえ)」表記「靨」とも書く。

【笑▲壺】えつぼ 笑い興じること。「―に入る(思いどおりに事が運んで満足する)」

【笑み割れる】えみわ―れる 果実やクリのいがなどが熟して割れる。

【笑む】え―む ①にこにこする。わらう。「にっこりと―む」②花のつぼみが開く。ほころびる。「梅の蕾が―む」③実が熟して外皮が割れる。「栗のいがが―む」

〈笑▲靨花〉しじみばな バラ科の落葉低木。由来「笑靨花」は漢名より。花の中央が靨のようにくぼんでいることから。▼蜆花(四二二)

【笑殺】ショウサツ ①大笑いすること。②笑って取り合わないこと。一笑に付すること。「新人の意見は―された」

【笑止】ショウシ 笑わずにはいられないさま。ばかばかしくて笑ってしまいたいほどのこと。「―の極みだ」

【笑止千万】ショウシセンバン 非常にばかばかしくておかしいこと。「―な言い逃れだ」

【笑中に刀あり】ショウチュウにトウあり 見かけは親切そうだが、内面は陰険なこと。故事 唐の李義府は外見は穏やかだが、心が狭く陰険で、権力をにぎってからは自分に逆らう者はすぐおとしいれたので、人々が、「李義府は笑いのなかに刀がある」と言ったという故事から。〈旧唐書〉 類 笑裏蔵刀・笑中に刃を研ぐ

【笑納】ショウノウ 他人に贈り物をするとき、謙遜して用いる語。「御―ください」 参考「つまらない物ですが、笑ってお納めください」の意。

【笑比河清】ショウヒカセイ 非常にまじめでめったに笑わないこと。黄河の水は百年待っても澄まない意から。〈宋史〉

【笑面夜▲叉】ショウメンヤシャ 顔は笑っていても、心の底に一物あること。陰険な人や表裏のある人にいう。

【笑覧】ショウラン 自分のものを人に見てもらうときに謙遜していう語。「拙作をご―ください」 参考「つまらないものだと笑って見てください」の意。

【笑裏蔵刀】ショウリゾウトウ 「笑中に刀あり」に同じ。〈通俗編〉

【笑△尉】わらいじょう 能面の一つ。笑いをふくんだ表情の老人の面。 参考「尉」は老翁(年老いた男性)の能面の意。

【笑う】わらう ①うれしさ・おかしさ・照れくささなどの表現として、顔の筋肉をやわらげたり声を出したりする。「楽しそうに―う」②ばかにする。あざける。「ライバルの失態を―う」③開く。ゆるむ。「ひざが―う(ひざががくがくする)」

『笑う門には福来る』わらうかどにはふくきたる いつも笑いの絶えない家には、自然に幸福がやってくるものだ。

ショウ【陟】(10) 阝7 1 7994 6F7E 音 ショウ 訓 のぼる・のぼらせる

意味 のぼる。のぼせる。官位がのぼる。「陟叙」 類 升

書きかえ 「昇」が書きかえ字。

【▲陟叙】ショウジョ ▼書きかえ 昇叙(七四四)

【▲陟る】のぼる ①高いところへのぼる。②官位がのぼる。また、昇格する。 表記「昇る・升る」とも書く。

ショウ【商】(11) 口8 常 教 8 3006 3E26 音 ショウ 訓 あきなう 中 外 はかる

筆順 丶 亠 亠 产 产 产 商 商 商 商 10

意味 ①あきなう。あきない。「商店」「通商」 類 賈 ②あきんど。商人。「豪商」「隊商」③はかる。相談する。「商議」「協商」④割り算で得た数値。 対 積

下つき 会商・外商・画商・協商・行商・隊商・通商・年商

【商い三年】あきないサンネン 商売を始めて利益をあげるまでになるには、三年くらいはかかるものだから、三年は我慢せよという教え。

【商いは牛の▲涎】あきないはうしのよだれ 牛のよだれが切れ目なく垂れるように、商売は急ぐことなく気長に努力せよという教え。

【商う】あきなう 商品を売買する。商売する。「海産物を―う店」 由来「あき」は秋で、昔は農民の収穫のあとに商業をしたことから。

【〈商人〉】あきんど 物の売買を仕事とする人。「―に系図なし(家系だけでは商人は成功しない)」 由来「あきびと」の転じたもの。 参考「あきびと・ショウニン」とも読む。

【商議】ショウギ 会議などを開いて相談をすること。 類 評議・協議 参考「商」は物事をはかる意。

【商業】ショウギョウ 商品を売り買いする事業。あきない。「―を営む」 類 商売

【商▲賈・商▲估】ショウコ 商人の総称。あきんど。 参考「商」は行商人、「賈・估」は店をもつ商人の意。

【商号】ショウゴウ 商人が営業上、自己を表示するために用いる名称。屋号の類。「―専用権」

【商魂】ショウコン 商売を繁盛させようとする意欲・気構え。「たくましい―を発揮する」「見上げた―」

【商才】ショウサイ 商売をするうえでの才能。商売のうでまえ。「彼は―に長けている」

【商談】ショウダン 商売の話し合い。取引上の相談。「―をまとめる」

【商売】ショウバイ ①「商業」に同じ。「―繁盛」②職業。「―柄、その辺の事情に詳しい」「―替え」

『商売は草の種』 商売の種類は草のたねのようにたくさんあって、尽きることがないということ。

『商売は道に△依って賢し』 商売をする人はその分野によく通じていて、専門知識をもっているということ。 類 餅は餅屋

【商標】ショウヒョウ 生産者や販売者が自己の生産や販売などであることを示すために、商品につける文字・図形・記号の標識。トレードマーク。「登録―」

【商略】ショウリャク 商売上の策略やかけひき。「―を練る」

【商量】ショウリョウ さまざまな条件・状況などを、比べて考えること。するかしないか、損か得かなどを、はかり考えること。「比較―」「古今の因縁を―する」 類 考量

【〈商陸〉】やまごぼう ヤマゴボウ科の多年草。中国原産。野生化している。夏、白い花穂を立て、黒紫色の実を結ぶ。ゴボウに似た根は有毒だが、漢方で利尿薬にする。若葉は食用。 由来「商陸」は漢名から。 表記「山牛蒡」とも書く。

ショウ【唱】

(11) 口 8 教 常 7 3007 3E27 音 ショウ 訓 となえる うたう・うた 外

筆順 (11)

意味 ①うたう。うた。「唱歌」「愛唱」②となえる。(ア)声高によみあげる。「唱和」「復唱」(イ)先に立って言う。「唱道」「提唱」

下つき 愛唱(アイショウ)・暗唱(アンショウ)・詠唱(エイショウ)・歌唱(カショウ)・合唱(ガッショウ)・高唱(コウショウ)・三唱(サンショウ)・重唱(ジュウショウ)・主唱(シュショウ)・首唱(シュショウ)・斉唱(セイショウ)・絶唱(ゼッショウ)・提唱(テイショウ)・独唱(ドクショウ)・熱唱(ネッショウ)・復唱(フクショウ)・輪唱(リンショウ)・朗唱(ロウショウ)

【△唱う】うた-う 節をつけて長くうたう。声を高く張り上げてうたう。

【唱歌】ショウカ ①歌をうたうこと。また、その歌。類唱曲 ②旧制小学校の教科の一つ。また、その歌曲。現在の音楽。「児童—」

【唱曲】ショウキョク 歌曲をうたうこと。また、その歌曲。類唱歌

【唱道】ショウドウ 意見などを人の先に立ってとなえること。「消費社会の見直しを—する」表記「倡道」とも書く。

【唱導】ショウドウ ①仏法を説いて、人を仏道に引き入れること。②他人を自分の意見で先導すること。表記②「倡導」とも書く。

【唱名】ショウミョウ 仏の名号(ミョウゴウ)をとなえること。「南無阿弥陀仏(ナムアミダブツ)」などととなえること。類念仏 表記「称名」とも書く。

【唱和】ショウワ ①ひとりの声に合わせて、大勢がとなえること。「大会のスローガンを—する」②相手の詩歌にこたえて、詩歌を詠(よ)むこと。表記①「倡和」とも書く。

【唱える】となーえる ①声に出し、節をつけて読む。「念仏を—える」②大声でさけぶ。「万歳を—える」③人に先立って、自分の意見を主張する。首唱する。「提案に異議を—える」表記「倡える」とも書く。

し ショウ

ショウ【娼★】

(11) 女 8 準1 3011 3E2B 音 ショウ 訓 あそびめ

意味 あそびめ。うたいめ。遊女。「娼妓」「娼家」「娼楼」類倡

下つき 街娼(ガイショウ)・公娼(コウショウ)・私娼(シショウ)・男娼(ダンショウ)

【△娼】あそびめ 歌や音曲で客をもてなす女性。遊女(ユウジョ)。うたいめ。表記「倡」とも書く。

【娼家】ショウカ 娼婦をおき、客を遊ばせる家。娼楼。女郎屋。遊女屋。表記「倡家」とも書く。

【△娼△妓】ショウギ ①宴席で歌をうたったり舞をまったりする女性。②もと、特定地域で売春を許可された女性。類公娼 表記「倡妓」とも書く。

【△娼婦】ショウフ 金銭で身を売る女性。売春婦。類遊女・女郎 表記「倡婦」とも書く。

【娼楼】ショウロウ 「娼家」に同じ。表記「倡楼」とも書く。

ショウ【▲將】(11) 寸 8 5382 5572 ▼将の旧字(七四六)

ショウ【捷】

(11) 扌 8 準1 3025 3E39 音 ショウ 訓 かつ・はやい

意味 ①かつ。戦いにかつ。勝ちいくさ。「捷報」「大捷」②はやい。すばやい。「敏捷」「捷勁(ショウケイ)」③ちかい。近道をする。「捷径」

下つき 戦捷(センショウ)・大捷(タイショウ)・敏捷(ビンショウ)

【▲捷つ】かーつ 戦いなどで相手を負かす。うち破る。「激戦の末、宿敵に—つ」

【▲捷径】ショウケイ ①近道。早道。②目的に達するための便宜的で手近な方法。「正解への—」

【▲捷報】ショウホウ 戦争・試合などに勝ったという知らせ。「—を受け取る」表記「勝報」とも書く。

【▲捷い】はやーい ものの動きがすばやい。敏捷(ビンショウ)である。「彼の身のこなしは実に—い」

ショウ【梢】

(11) 木 7 準1 3031 3E3F 音 ショウ 訓 こずえ・かじ

意味 ①こずえ。木のえだの先。「枝梢」②すえ。物の端。「末梢」③かじ。舟のかじ。「梢子」

下つき 末梢(マッショウ)

【▲梢】こずえ 樹木の幹や枝の先端部分。「—に小鳥がとまる」参考「こずえ」は木末の意。

ショウ【清】(11) 氵 8 教 3222 4036 ▼セイ(八六〇)

ショウ【渉】

(11) 氵 8 常 準2 3036 3E44 音 ショウ 訓 外わたる・かかわる

旧字《涉》(10) 氵 7 1/準1 8676 766C

筆順 渉

意味 ①わたる。川などをわたる。「徒渉」②広く見聞する。「渉猟」「博渉」③かかわる。あずかる。「渉外」「交渉」

下つき 干渉(カンショウ)・交渉(コウショウ)・徒渉(トショウ)・跋渉(バッショウ)

【渉外】ショウガイ 外部や外国と連絡・交渉すること。また、その職務。「商社の—部」

【渉・禽類】ショウキンルイ サギ・シギ・チドリ・ツルなど、浅い水中を歩いて餌(えさ)をとる鳥類の総称。

【渉猟】ショウリョウ ①広い範囲をさがし歩くこと。「終日山野を—したが獲物はなかった」②広く書物・文書などを読みあさること。「論文作成のための資料を—する」

【△渉る】わたーる ①水のあるところを歩いて横切る。「川を—る」②各方面を広く見聞する。「農作物の生育状況を全県に—って調べる」

ショウ【淒】

(11) 氵 8 1 音 ショウ 訓

意味 水を形容する語。「汎淒(ホウショウ)」

ショウ【淌】(11) 氵8 1 6237 5E45 音 ショウ・トウ 訓 おおなみ

意味 ①おおなみ。大きい波。②ながれる。水の流れるさま。

ショウ【猖】(11) 犭8 1 6443 604B 音 ショウ 訓 くるう・たけりくるう

意味 くるう。たけりくるう。あばれまわる。「猖狂」「猖獗ショウケツ」

【猖う】くるう 興奮してあばれる。盛んにあばれまわる。「馬がたけり―う」

【猖狂】ショウキョウ 激しくくるうこと。くるったように荒れた行動をとること。

【猖獗・猖蹶】ショウケツ ①悪いものが激しい勢いではびこるさま。猛威をふるうこと。「黒死病が―をきわめた」②激しくくつがえること。荒れて失敗すること。

ショウ【祥】(11) 礻6 8929 793D ▼祥の旧字(七四八)

ショウ【章】(11) 立6 常 教 8 3047 3E4F 音 ショウ 訓 外あや・しるし・ふみ

筆順 丶 亠 亣 立 产 音 音 章 9

意味 ①あや。もよう。「記章」「紋章」②しるし。かざり。「印章」「褒章」③ふみ。文書。「文章」④きまり。法律。「憲章」「章程」⑤あきらか。あきらかにする。「表章」⑥詩文・楽曲などの一区切り。「章節」「序章」

下つき 印章イン・楽章ガク・記章キ・徽章キ・玉章ギョク・勲章クン・憲章ケン・校章コウ・序章ジョ・典章テン・表章ヒョウ・文章ブン・褒章ホウ・帽章ボウ・喪章も・紋章モン・腕章ワン

【章句】ショウク ①文章の章や句。②文章の段落や区切り。

【章程】ショウテイ 規則・法度ハットを集めた箇条書き。おきて。のり。参考「章」は法律、「程」はきまりの意。

【章】しるし ひとまとまりを他と区別して表す目じるしや模様。目立つしるし。「卒業生の―を胸につける」

【章魚】たこ 頭足類八腕目の軟体動物の総称。▼蛸(七五八)

し ショウ

ショウ【笙】(11) ⺮5 1 6789 6379 音 ショウ 訓 ふえ・しょうのふえ

意味 しょう。しょうのふえ。雅楽の管楽器の一種。吹き口のついたつぼの上に、長さの異なる竹の管を環状に立てたもの。「笙鼓」

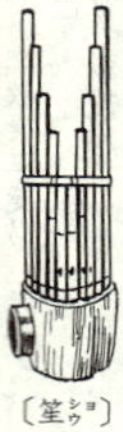
〔笙ショウ〕

【笙歌】ショウカ 笙にあわせて歌うこと。また、その歌。笙は管楽器の一種。

ショウ【紹】(11) 糸5 常 4 3050 3E52 音 ショウ 訓 外つぐ

筆順 ㄑ 幺 幺 糸 糸 紹 紹 紹 紹 紹 6

意味 ①つぐ。うけつぐ。「紹述」②とりもつ。ひきあわせる。「紹介」

下つき 介紹カイ・継紹ケイ

【紹介】ショウカイ ①未知の人どうしをひきあわせること。「両親に同級生を―した」②知られていない物事を、広く世間に知らせること。「新しく出版された本を―する」

【紹興酒】ショウコウシュ 中国の醸造酒の一種。中国浙江セッコウ省の紹興の産。

【紹述】ショウジュツ 先人の事業や制度を受け継ぎ、それにしたがって行うこと。

ショウ【舂】(11) 臼5 1 7146 674E 音 ショウ 訓 うすづく・つく

意味 ①うすづく。うすで穀物をつく。「舂米」「舂炊」②つく。うつ。類衝

【舂く】うすづく うすに穀物を入れ、杵きねなどでつく。「米を―く」

【舂く】つく 棒状の物で穀物などを打って押しつぶしたり、つきかためたりする。「正月の餅もちを―く」

ショウ【菖】(11) ⺾8 準1 3052 3E54 音 ショウ 訓 しょうぶ

意味 ①あやめ。アヤメ科の多年草。②はなしょうぶ。アヤメ科の多年草。

〈菖蒲〉あやめ アヤメ科の多年草。山野に自生。葉は剣形。初夏、紫色や白色の花を開く。季夏 由来「菖蒲」は漢名からの誤用。和名は、葉に文目あや模様があることから。参考「ショウブ」と読めば別の植物を指す。

【菖蒲】ショウブ サトイモ科の多年草。水辺に自生。葉は剣形で芳香があり、邪気を払うため五月五日の端午の節句に軒にさしたり湯に入れたりする。初夏、淡黄色の小花を円柱状につける。根茎は薬用。季夏 由来 漢名を音読みしたものだが、「菖蒲」は本来セキショウの漢名であるという。

【菖蒲湯】ショウブゆ 五月五日、端午の節句にショウブの葉や根を入れてわかす風呂フロ。邪気をはらうために行う。

ショウ【訟】(11) 言4 常 準2 3057 3E59 音 ショウ 外ジュ 訓 外うったえる

筆順 丶 亠 亠 言 言 言 言八 訟 訟 4

意味 うったえる。あらそう。うったえ。「訴訟」

下つき 獄訟ゴク・争訟ソウ・訴訟ソ

【訟える】うったえる もめ事をさばいてもらうために公の場所に申し出る。

【訟獄】ショウゴク 裁判ざたにする事柄。うったえ事。類訴訟・獄訟

【訟廷・訟庭】ショウテイ 訴訟を処理する役所。裁判所。類法廷

ショウ【★逍】(11) ⻌7 1 7786 6D76 音ショウ 訓さまよう

意味 さまよう。ぶらぶら歩く。「逍遥」

【逍▲遥】ショウヨウ 気ままに歩くこと。そぞろ歩き。「川べりを—する」類散策・漫歩

ショウ【勝】(12) 力10 常 教 8 3001 3E21 音ショウ 訓かつ・まさる㊥ 外すぐれる・たえる

旧字《勝》(12) 力10 1/準1

筆順 丿 刀 月 月 月' 月⺍ 胖 胖 朕 勝 勝

意味 ①かつ。相手を打ちまかす。かち。「勝機」「勝利」「優勝」対敗・負 ②まさる。すぐれている。「勝景」「健勝」「探勝」③たえる。もちこたえる。

下つき 奇勝・景勝・健勝・殊勝・常勝・絶勝・戦勝・全勝・探勝・必勝・名勝・優勝・連勝

【勝▲鬨】かちどき 勝利して一斉にあげる喜びの声。「—を上げる」類凱歌

【勝つ】かつ ①争って相手を負かす。「裁判に—つ」②まさる。有力である。「塩が—つ」③負担が重すぎる。「この仕事は荷が—ちすぎる」

【勝って▲兜の緒を締めよ】勝負に勝ったからといって油断してはならない。成功しても安心せず、さらに用心して行動せよという戒め。

【勝てば官軍、負ければ賊軍】事の理非に関係なく、戦いに勝った者が正義になってしまうこと。由来 明治維新の際に生まれた言葉。「官軍」は政府側、「賊軍」は幕府側の軍隊。

【勝手】かって ①台所。「—口」②暮らし向き。「—に余裕がある」類生計・家計 ③ようす。事情。「—知ったる他人の家」④便利さ。「使い—が良い間取り」⑤わがまま。きまま。「なんて—な人だ」「自分—」

【勝因】ショウイン 勝利の原因。「今日の試合の—を探る」対敗因

【勝機】ショウキ 勝てる機会・チャンス。「試合で唯一の—をつかむ」

【勝算】ショウサン 相手に勝てそうな見込み。勝ち目。「我に—あり」

【勝訴】ショウソ 訴訟に勝つこと。「原告側が—した」対敗訴

【勝敗】ショウハイ 勝つことと負けること。勝ち負け。「—のゆくえ」類勝負

【勝負】ショウブ ①「勝敗」に同じ。「—を分けた一球」②勝ち負けを決めること。「四番打者と—する」

【勝負は時の運】勝ち負けにはその時の運も影響するので、必ずしも実力どおりにいくとは限らないということ。参考「勝負」は「勝敗」ともいう。

【勝報】ショウホウ 戦いや試合に勝った知らせ。「試合の—が届く」対敗報

【勝▲鬘経】ショウマンギョウ 大乗仏教の代表的な仏典の一つ。由来 勝鬘夫人が仏陀の威神力を受けて法を説く形式をとっていることから。

【勝利】ショウリ 戦いや試合などに勝つこと。「—への執念」「人生の—者」対敗北

【勝率】ショウリツ 試合などに勝った割合。「リーグで最高の—を誇る投手」「—が五割を切る」

【△勝れる】すぐれる ①他よりもまさる。「—れた才能」「—れた景色」②気分・健康・天候などが、よい状態である。「顔色が—れない」参考 ②多く、打ち消しの語を伴う。

【勝る】まさる 能力や程度などが上である。すぐれる。「兄に—るとも劣らない力持ちだ」「友情に—るものはない」

ショウ【★廂】(12) 广9 1 5491 567B 音ショウ・ソウ 訓ひさし

意味 ①ひさし。のきの下にそえた小さい屋根。②表ざしきの両わきの部屋。「東廂」③わたり廊下。わたどの。「廂廊」

下つき 西廂

〈▲廂間〉ひあわい たてこんだ家のひさしとひさしの間の、狭く日の当たらない所。「—から奥をのぞきこむ」

【▲廂】ひさし ①寝殿造などで、母屋の周囲にある細長い部屋。ひさしのま。②建物の外側に差し出た、日差しなどを防ぐ小屋根。「—を貸して母屋を取られる（一部を貸したために全部を奪われる）」③帽子のつば。

ショウ【▲愀】(12) 忄9 5623 5837 ▼シュウ(六九三)

ショウ【掌】(12) 手8 常 3 3024 3E38 音ショウ 訓外てのひら・たなごころ・つかさどる

筆順 丶 丷 ⺌ ⺍ 尚 尚 堂 堂 堂 掌

意味 ①てのひら。たなごころ。「掌中」「合掌」②つかさどる。うけもつ。つとめ。「掌典」「職掌」③になう。また、ささげる。

下つき 合掌・管掌・指掌・車掌・職掌・典掌・分掌

〈掌酒〉さかびと 神に供える酒の醸造をする人。表記「酒人」とも書く。

【掌握】ショウアク 手のなかに握りもつこと。転じて、物事を自分の意のままに動かすこと。「部下をしっかり—する」「会社の実権を—する」類把握

【掌中】ショウチュウ ①手のなか。②自分が思いどおりにできる範囲。「権力を—に収める」類①②手中

し ショウ

『掌中の△珠(たま)』手のなかの宝玉の意から、非常に大切にしているもの。最愛の妻や子など。〈傅玄(ゲン)の詩〉「―を失う」

【掌編・掌▲篇】ショウヘン きわめて短い文学作品。「―小説」参考 短編よりもさらに短いものをいう。

【掌紋】ショウモン 手のひらの皮膚の細かな隆起線。形が各自異なり、また終生不変であるため、個人の識別に用いられる。

【△掌】たなごころ 手のひら。「―にする(思いどおりに支配する)」「―の中(ちゅう)(物事が自由になること)」参考「手(た)の心」の意。

『△掌を△反(かえ)す』手のひらを裏返すように、物事が簡単にできること。また、態度や気持ちが簡単に変わること。〈『漢書(カンジョ)』〉「―すような仕打ち」

【△掌る】つかさどる ①職務として行う。担当する。「経理を―る」②支配する。管理する。「議事進行を―っている」

【△掌】てのひら 手を握ったとき内側にくる面。たなごころ。「墓前で―をあわせる」参考「手の平」の意。

〈掌侍〉ないしのじょう 律令(リツリョウ)制下、内侍司(ないしのつかさ)(後宮所)で儀式などをつかさどった役職員のとりしまりなどを行った判官(じょう)。参考「ショウジ」とも読む。

ショウ【敞】(12) 攵 8 1 5840 5A48 音 ショウ 訓 たかい・ひろい

意味 たかい。ひろい。見はらしがよい。「高敞」

【▲敞閑】ショウカン 広くてしずかなさま。

ショウ【晶】(12) 日 8 常 3 3029 3E3D 音 ショウ 訓 外 あきらか

筆順 丨 冂 日 日 日丨 日冂 日日 晶[8] 晶 晶[10] 晶

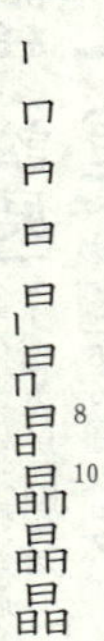

意味 ①あきらか。明るく輝くさま。「晶光」②純粋な鉱物に見られる規則的な一定の形。「結晶」

下つき 液晶(エキショウ)・結晶(ケッショウ)・水晶(スイショウ)

【△晶らか】あきらか くもりやかげりがなく澄んで、輝くさま。「宝石が―に燦(きら)めく」

ショウ【★椒】(12) 木 8 1 6005 5C25 音 ショウ 訓 はじかみ・かぐわしい・みね・いただき

意味 ①さんしょう(山椒)。はじかみ。ミカン科の落葉低木。②かぐわしい。かおりがよい。③みね。山のいただき。

下つき 胡椒(コショウ)・山椒(サンショウ)

【▲椒酒】ショウシュ サンショウの実に他の生薬をまぜて、酒にひたしたもの。屠蘇(トソ)酒の類。

ショウ【椄】(12) 木 8 1 6006 5C26 音 ショウ・セツ 訓 つぐ

意味 つぐ。木をつぐ。つぎ木。類 接

ショウ【★湘】(12) 氵 9 準1 3037 3E45 音 ショウ 訓

意味 中国の川の名。湘水。「湘南」

ショウ【焼】(12) 火 8 教 常 7 3038 3E46 音 ショウ中 訓 やく・やける 外 くべる

旧字《燒》(16) 火 12 1/準1 6386 5F76

筆順 丶 丷 火[4] 火 火一 火十 火土 火圭 火垚 焼[12]

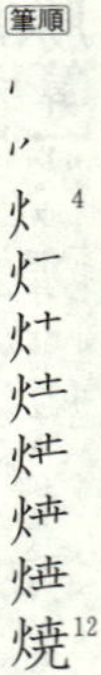

意味 やく。やける。燃える。「焼却」「焼失」

下つき 延焼(エンショウ)・全焼(ゼンショウ)・燃焼(ネンショウ)・類焼(ルイショウ)

【△焼べる】くべる 燃やすために、物を火のなかに入れる。たく。「薪(まき)を竈(かまど)に―べる」

【△焼△売】シューマイ 豚のひき肉やネギ・ニンニクなどのみじん切りを混ぜ、小麦粉で作った皮に包み、蒸した中国料理。参考 中国語から。

【焼▲夷弾】ショウイダン 高熱を発して燃える薬剤を装置した爆弾・砲弾。家屋や人を破壊・殺傷することを目的とする。

【焼▲燬】ショウキ 焼きつくすこと。参考「燬」は激しい火で焼きつくす意。

【焼却】ショウキャク 焼いて処分すること。「年度末に不要書類を―する」「ゴミの―場」

【焼香】ショウコウ 香を焚(た)くこと。特に、葬儀などで香を焚いて仏にたむけること。「霊前で―を行う」

【焼失】ショウシツ 焼けてなくなること。焼いてなくすこと。「火事で家屋を―した」

【焼▲灼】ショウシャク ①焼くこと。焼けこげること。②電気や薬品で患部を焼き、病組織を破壊したり取り除いたりする治療法。「電気―」

【焼酎】ショウチュウ 米・麦・イモなどから造る蒸留酒。アルコール度が高い。季 夏

【焼眉の急】ショウビのキュウ 非常にさし迫った事態や危険が身に迫ることのたとえ。眉が焼けるほどの火急の意から。〈『五灯会元(ゴトウエゲン)』〉 表記「焼眉」は「焦眉」とも書く。参考「燃眉(ネンビ)の急」ともいう。

【焼き芋・焼き▲藷】やきいも 焼いたサツマイモ。「焚(た)き火で―を焼く」季 冬

【焼き入れ】やきいれ 金属の硬度を高めるために、高温に熱した金属を水や油の中に入れて急冷する操作。

【焼き▲鏝】やきごて 熱した、こて。折り目をつけたり、紙や布のしわをのばしたりする。

【焼き△鈍し】やきなまし 内部のひずみを取り除くなどの目的で、加熱した金属やガラスを徐々に冷却する方法。焼鈍(ショウドン)。

【焼く】やく ①火で燃やす。「落ち葉を集めて―く」②火で熱する。あぶる。「鯛(たい)を―く」③日光などで皮膚を黒くする。「浜

辺で肌を―く」④写真の原板に光を当てて、陽画を作る。「記念の写真を―く」⑤気を配る。手間をかける。「世話を―く」「子どもの悪戯(いたずら)に手を―く」

【焼け石に水】 やけいしにみず　少しばかりの援助や助力では、まったく役に立たないたとえ。焼けて熱くなった石に、わずかな水をかけて冷やそうとしても効果がないことから。

【焼け野の▲雉夜の鶴】 やけののきぎすよるのつる　親が子を思う愛情の深さのたとえ。由来 キジは、巣のある野が焼かれると、子を守るために巣にもどり、ツルは、霜や雪の夜は、寒さから子を守るために、羽を広げたまま過ごすことから。参考「きぎす」はキジの古い言い方。

【焼け△木▲杭・焼け△棒▲杭】 やけボックい　焼けこげた杭。燃え残った切り株。

〖焼け△木▲杭には火が付き△易(やす)い〗　一度とだえたことは戻りやすいたとえ。特に、男女の関係にいう。燃えさしの木片には火がつきやすいことから。

ショウ【焦】

(12) 灬8　常　3　3039／3E47　音 ショウ　訓 こげる・こがす・こがれる・あせる　高　外 やく・じらす・じれる

筆順 ノ イ 亻 什 什 仹 隹 隹 焦 12

意味 ①こげる。こがす。やく。「焦点」「焦土」②あせる。いらいらする。じれる。「焦燥」「焦慮」③こがれる。恋いしたう。

【焦る】 あせる　思いどおりにならずに気をもむ。また、早く思いどおりにならないかといらだつ。「勝ちを―ると失敗する」

【〈焦臭〉い】 きなくさい　①紙・布などのこげるようなにおいがする。②戦争や動乱などが起こりそうな気配である。③なんとなくあやしい。うさんくさい。「―い話」

【焦がす】 こがす　①物を焼いて黒くする。「うっかりして魚を―した」②切ない思いで心を苦しめる。悩ます。「身を―すような恋」

【焦がれる】 こがれる　非常に強く思い望む。強く恋い慕う。「望郷の念に―れる」「絶世の美女に恋い―れる」

【焦げる】 こげる　物が焼けて黒くなる。「煙草(タバコ)の火で畳が―げてしまった」

【焦心】 ショウシン　気をもむこと。心をいらだたせること。また、その心。類 焦燥・焦慮

〖焦心苦慮〗 ショウシンクリョ　心をいらだたせ、いろいろと苦しみ考えること。「―の末に決断した」

【焦唇乾舌】 ショウシンカンゼツ　唇がこげ舌が乾くほど心身の苦労をすること。また、あせること。本来は、激しく言い争う意。〈『孔子家語』〉類 苦心惨憺(クシンサンタン)

【焦燥】 ショウソウ　あせって気をもむこと。いらいらすること。「心の底に不満と―がうずまく」「―の色を隠せない」類 焦心・焦慮
書きかえ「焦躁」の書きかえ字。

【焦▲躁】 ショウソウ　▼書きかえ 焦燥

【焦点】 ショウテン　①入射光線が、レンズや凹面鏡などによって屈折・反射して集中する点。「―距離の測定」②興味や注意が集中するところ。問題となる中心点。「議論の―を絞る」③数学で、双曲線・楕円(ダエン)・放物線を作る基準となる点。

【焦土】 ショウド　①こげて黒くなった土。②多くの建物などが焼けて跡形もなくなった土地。「戦火で街が―と化した」

【焦頭▲爛額】 ショウトウランガク　根本を忘れ、末節のみを重視するたとえ。火災の予防を考えた者は賞されず、消火のために頭をこがし額をただれさせた者が賞賛される意から。〈『漢書(カンジョ)』〉参考「爛額焦頭」ともいう。類 曲突薪(たきぎ)を従(うつ)す

【焦熱】 ショウネツ　①焼けこげるようなあつさ。②仏「焦熱地獄」の略。八大地獄の第六にあたり、殺・盗などの罪を犯した亡者が猛火の中に投げこまれて苦しむとされる場所。炎熱地獄。

【焦眉の急】 ショウビのキュウ　▼焼眉の急(七五四)

【焦慮】 ショウリョ　あせって、気をいらだたせること。気をもむこと。また、その気持ち。「失敗続きで―にかられている」類 焦心・焦躁

【△焦らす】 じらす　相手の期待していることを待たせたり、からかったりしていらだたせる。じれったがらせる。「わざと遅れて―す」

ショウ【▲猩】

(12) 犭9　6447／604F　▼セイ(八六三)

ショウ【硝】

(12) 石7　常　準2　3043／3E4B　音 ショウ

旧字《硝》(12) 石7　1/準1

筆順 一 ア 石 石 石' 石' 矿 矿 硝 硝 4 12

意味 ①鉱石の名。火薬やガラスの原料。「硝酸」②火薬。「硝薬」「煙硝」

下つき 煙硝(エンショウ)・芒硝(ボウショウ)

【〈硝子〉】 ガラス　珪砂(ケイシャ)・石灰・炭酸ソーダなどを高温で溶かして冷却し、固めた物質。透明で硬いがもろい。建築・工芸・種々の容器など用途は広い。参考「硝子」は当て字。

【硝煙】 ショウエン　銃砲の発射や爆弾の炸裂(サクレツ)など火薬の発火によって出る煙。「―が漂う」「―反応がある」

〖硝煙弾雨〗 ショウエンダンウ　火薬の煙が立ちこめ、弾丸が雨のように飛び交うさま。激しい戦闘のさま。「―をものともせず向かっていく」類 砲煙弾雨

【硝酸】 ショウサン　無色で刺激臭のある液体。湿気の多い空気中では煙を発生。セルロ

イド・爆薬などの原料や金属溶解剤用。「―塩」「―アンモニウム」

【硝子体】ショウシタイ 眼球中の水晶体と網膜の間にあるゼリー状の物質。水分に富み、無色。ガラス体。

【硝石】ショウセキ 硝酸カリウムの通称。無色または半透明の結晶で水によく溶ける。黒色火薬の主成分。また、医薬品・釉(うわぐすり)・肥料などにも用いる。

ショウ【稍】(12) 禾 7 1 6736 6344 音 ショウ・ソウ 訓 やや・すこし・ようやく・ちいさい・ふち

意味 ①やや。すこし。②ようやく。しだいに。③すくない。ちいさい。④ふち(扶持)。江戸時代、主君が家臣に与えた給与。俸禄(ホウロク)。

【稍】やや 少しばかり。いくらか。「熱が―高い」「日が―西に傾く」

ショウ【竦】★ (12) 立 7 1 6780 6370 音 ショウ 訓 すくむ・おそれる・つつしむ・つまだつ・そびえる・そびやかす

意味 ①すくむ。おそれる。「竦懼(ク)」「恐竦」②つつしむ。かしこまる。③つまだつ。つま先だつ。「竦企」④そびえる。そびやかす。

下つき 恐竦(キョウ)・驚竦(キョウ)・戦竦(セン)・直竦(チョク)

【竦れる】おそ-れる おびえて身をすくませる。ぞっとして立ちすくむ。

【竦然】ショウゼン 恐れてこわがるさま。「―として立ちすくむ」類 慄然(リツゼン)

【竦動】ショウドウ つつしみかしこまること。恐れて身がすくむこと。

【竦む】すく-む 恐ろしさや緊張で体がこわばって動かなくなる。身がちぢむ。「恐怖で足が―む」「緊張で身が―む」

ショウ【粧】(12) 米 6 常 準2 3049 3E51 音 ショウ 外ソウ 訓 外よそおう・めかす

し ショウ

筆順 ソ ㄓ 半 米 米' 米ᅩ 粁 粧 粧 (2 6)

意味 よそおう。つくろう。めかす。よそおい。「粧飾」「化粧」「盛粧」

下つき 化粧(ケ)・盛粧(セイ)・美粧(ビ)

【粧す】めか-す 身なりを飾り立てる。おしゃれをする。「―しこんで出掛ける」

【粧う】よそお-う 化粧をする。姿などを飾り整える。「美人の顔(かんばせ)を―う」

ショウ【翔】(12) 羽 6 1 7038 6646 音 ショウ 訓 かける・とぶ

旧字《翔》(12) 羽 6 1/準1

意味 かける。とぶ。空高くとぶ。「飛翔」「高翔」

下つき 雲翔(ウン)・回翔(カイ)・群翔(グン)・高翔(コウ)・飛翔(ヒ)

【翔る】かけ-る 鳥などが空高くとぶ。とびめぐる。「飛行機が空を―る」

【翔破】ショウハ 鳥や飛行機が長い距離をとびきること。「ユーラシア大陸を東西に―する」

【翔集】ショウシュウ ①鳥などが、樹上などにとび集まること。また、群れをなしてとぶこと。②かけ回って集めること。広く集めること。

【翔ぶ】と-ぶ 空をかけめぐる。「鷹(たか)が空高く―ぶ」「―ぶがごとく駆ける」

ショウ【装】(12) 衣 6 教 3385 4175 ▸ソウ(九四二)

ショウ【証】(12) 言 5 教 常 6 3058 3E5A 音 ショウ 訓 外あかし

旧字《證》(19) 言 12 1/準1 7590 6B7A

筆順 、 亠 言 言 言 言一 訂 訂 証 証 (4 6)

意味 あかす。あかしをたてる。また、あかし。しるし。「証拠」「証明」「考証」類 徴

下つき 引証(イン)・確証(カク)・偽証(ギ)・検証(ケン)・考証(コウ)・実証(ジッ)・反証(ハン)・保証(ホ)・立証(リッ)

【証】あかし 確かであることのしるし。特に、身の潔白の証明。「身の―をたてる」「人間としての―」類 証拠

【証券】ショウケン 財産法上の権利・義務を示す文書。特に、株券・債券などの有価証券。

【証験・証見】ショウケン 証拠のしるし。あかし。参考「証験」は「ショウゲン」とも読む。

【証言】ショウゲン ある事実を言葉により証明すること。事実を明らかにするために発言すること。また、その言葉。特に、証人の供述。「被告に有利な―をする」

【証拠】ショウコ 真実を証明するよりどころ。特に、判決の基礎となる事実の存否を裁判所が判断する材料。「―不十分」「不正の―を握る」類 証左・証験

【証拠隠滅】ショウコインメツ 真実を証明するものをかくしたり、処分したりして、消してしまうこと。「容疑者が―をはかる」

【証左】ショウサ ①事実であることを証明するあかし。「―を求める」類 証拠 ②証人。

【証紙】ショウシ 代金を支払った証明や品質・数量などの証明の紙。書類や品物にはって用いる。

【証書】ショウショ ある事実の証拠となる文書。「卒業―を授与される」類 証文

【証する】ショウ-する ①証明する。「身の潔白を―する」②保証する。うけあう。「その人であることを―する」

【証人】ショウニン ①事実であることを証明する人。特に、裁判所で事実を証言する人。「―として出廷する」「―喚問」類 証拠人・証左 ②保証にたつ人。保証人。

【証憑】ショウヒョウ ある事実を証明するよりどころ。根拠。「―書類」類 証拠・証左

【証明】ショウメイ ①ある事柄が真実であることを明らかにすること。「身分—書」②数学や論理学で、ある命題や判断の正否を根本原理から導き出すこと。「定理を—する」類論証

【証文】ショウモン ある事実を証明する文書。特に、訴訟において証拠として裁判所に提出される文書。類証書

〔証文の出し遅れ〕時機に遅れたため、本来は有効だったものの効力がなくなってしまうこと。

ショウ【詔】(12) 言 5 常 準2 3059 3E5B 音 ショウ 訓 みことのり 高

筆順 丶 亠 亠 言 言 訂 訒 詔 詔 詔

意味 みことのり。天皇のことば。「詔書」「詔勅」

下つき 恩詔オンショウ・聖詔セイショウ・大詔タイショウ

【詔書】ショウショ 天皇の言葉を記した公文書で、一般に公示されるもの。類勅書

【詔勅】ショウチョク 昔、天皇が発する公文書で、詔書・勅書・勅語の総称。

【詔】みことのり 天皇の言葉。詔勅ショウチョク。参考 天皇の命令を直接に下す文書で、律令リツリョウ制で詔ショウと勅チョクの二様式がある。

ショウ【象】(12) 豕 5 常 教 6 3061 3E5D 音 ショウ・ゾウ 訓 外 かたち・かたどる

筆順 ク ク 㑒 㑒 缶 缶 旁 旁 象 象

意味 ①ぞう。ゾウ科の哺乳ホニュウ動物。「象牙ゾウゲ」「巨象」②かたち。すがた。ようす。ありさま。「現象」「対象」類相 ③かたどる。なぞらえる。「象形」「象徴」類②③像 参考 ぞうの形からできた字。

下つき 印象インショウ・気象キショウ・具象グショウ・形象ケイショウ・現象ゲンショウ・事象ジショウ・対象タイショウ・地象チショウ・抽象チュウショウ・天象テンショウ・万象バンショウ・表象ヒョウショウ

【象】かたち 表に現れるすがた・ありさま。

【象る】かたどる ある物の形をなぞらえる。似せる。「山水を—る」

【象形】ショウケイ ①物の形をかたどること。②漢字の六書リクショの一つ。物の形をかたどった漢字。「日」「月」「山」「川」の類。象形文字。

【象徴】ショウチョウ 抽象的なものを、具象的なもので端的に表すこと。また、その表したもの。シンボル。「ペンは勉学の—だ」類表徴

【象眼】ゾウガン ①金属・陶磁器などに模様を刻み、そこに金・銀などをはめこむ技法。また、その工芸品。②活版印刷で、鉛版の修正したい部分を切り抜き、別の活字をはめこむこと。書きかえ「象嵌」の書きかえ字。

【象嵌】ゾウガン ▼書きかえ 象眼

【象牙】ゾウゲ ゾウの上あごの二本の長い牙きば。堅くてきめが細かく美しいため細工物の材料とされたが、乱獲が進み使用禁止となった。

〔象牙の塔〕世間の生活から離れ、ひたすら芸術や学問に打ちこむ境地。特に、学者たちの閉鎖的な世界。参考 大学の研究室をいうことが多い。

【象牙色】ゾウゲいろ ゾウの牙きばのような、明るい黄白色。アイボリー。

【象箸】ゾウチョ ゾウの牙きばでつくったはし。ぜいたくな品とされた。「—玉杯」

〈象鼻虫〉・【象虫】ぞうむし ゾウムシ科の甲虫の総称。全世界にすむ。口先がゾウの鼻のように長く突き出ている。植物の害虫。由来「象鼻虫」は漢名から。

ショウ【鈔】★ (12) 金 4 1 7868 6E64 音 ショウ・ソウ 訓 うつす・うつし・かすめる・さつ

意味 ①うつ(写)す。抜き書きする。うつし。「鈔写」「鈔本」②かすめる。かすめとる。「鈔略」類①②抄 ③さつ。紙幣。

【鈔本】ショウホン 必要な部分だけを抜き書きした本。表記「抄本」とも書く。

ショウ【傷】(13) 亻 11 常 教 5 2993 3D7D 音 ショウ 訓 きず・いたむ 中・いためる 中 外 そこなう

筆順 亻 亻 𠆢 作 作 作 佴 偒 傷 傷 傷

意味 ①きず。けが。「傷病」「重傷」「負傷」②きずつく。きずつける。そこなう。「傷害」「損傷」③いたむ。悲しむ。心をいためる。「傷心」「感傷」「愁傷」

下つき 外傷ガイショウ・火傷カショウ・やけど・感傷カンショウ・軽傷ケイショウ・公傷コウショウ・殺傷サッショウ・死傷シショウ・愁傷シュウショウ・重傷ジュウショウ・食傷ショクショウ・創傷ソウショウ・損傷ソンショウ・中傷チュウショウ・凍傷トウショウ・生傷なまきず・刃傷ニンジョウ・負傷フショウ・裂傷レッショウ

【傷む】いたむ ①傷ついたり、機能がそこなわれたりする。こわれる。「雪の重みで屋根が—む」「失恋で胸が—む」②食物が腐る。「梅雨どきには食品が—む」

【傷】きず ①切ったり打ったりして皮膚・筋肉をそこなうこと。また、そのあと。けが。「指の—が痛い」②精神的な苦痛や打撃。「心の—を癒いやす」③物が壊れたりいたんだりした所。「車に—をつける」④不完全なところ。欠点。不名誉。「忘れっぽいのが玉に—」「名声に—がつく」

【傷跡・傷痕】きずあと ①傷のついたあと。傷の治ったあと。「—が残る」②損傷・災害などを受けた影響。「大地震の—」参考「傷痕」は「ショウコン」とも読む。

【傷痍】ショウイ きず。けが。「—軍人」類負傷 参考「痍」は刃物などの切り傷。

【傷害】ショウガイ 傷を負わせること。また、けがをすること。「—罪」「—保険」

【傷弓の鳥】ショウキュウのとり いちど怖い思いをしたために、次には必要以上におじけづくことのたとえ。「—のようにおびえる」故事 中国、戦国時代、魏ギの王の前で更羸

し ショウ

コウルイは弓の弦を鳴らしただけでガンを落とした。驚く魏王に更羸は、「この鳥はかつて射かけられたことのある鳥で、弓弦の音を聞いておびえ、高く飛び上がりすぎたために古傷が痛んで落ちてきたのです」と答えた故事から。《『戦国策』》

【傷痕】ショウコン 「傷痕きずあと」に同じ。「戦争の―もなまなましい街」類創痕

【傷心】ショウシン 心を痛めること。また、悲しみなどで傷ついた心。「―を癒いやす旅」

【傷▲悴】ショウスイ 悲しんでやつれること。「―しきった顔」参考「憔悴」と書けば、病気や心配などでやつれる意。

【傷病】ショウビョウ 負傷と病気。「―兵を看護する」「―手当金をもらう」

【傷風敗俗】ショウフウハイゾク よい風俗や風紀を乱して、社会に害を及ぼすこと。《『魏書ギショ』》類風紀紊乱フウキビンラン・風俗壊乱

ショウ【奨】(13) 大10 常 準2 3009 3E29 音 ショウ 外ソウ 訓 外すすめる

旧字《奬》(14) 大11 1/準1 5293 547D

筆順 丨 丬 丬 丬⺈ 丬⺈ 将 将 奖 奨 奨 (7)

意味 すすめる。はげます。力づける。たすける。「奨励」「推奨」「報奨」

下つき 勧奨カンショウ・推奨スイショウ・報奨ホウショウ

【奨学】ショウガク 学業や学問研究を奨励し、その継続を助けること。「―金制度」

【奨励】ショウレイ よい事をすすめ励ますこと。「青少年にスポーツを―する」類勧奨

【△奨める】すす―める 引き立ててほめる。はげます。奨励する。「発明を―める」「進学を―める」

ショウ【照】(13) 灬9 常 教 7 3040 3E48 音 ショウ 訓 てる・てらす・てれる

筆順 丨 冂 日 日 日ｱ 日ｱ 日ｱ 昭 昭 昭 照 (13)

意味 ①てる。てらす。「照射」「照明」類昭 ②てり。ひかり。日の光。「日照」「残照」 ③てらしあわせる。見くらべる。「照応」「照合」

下つき 光照コウショウ・参照サンショウ・残照ザンショウ・夕照セキショウ・対照タイショウ

【照応】ショウオウ 二つの文章などが相互に関連・対応しあうこと。「前後が―する」

【照会】ショウカイ 事情や状況などを問い合わせること。「在庫を製造元に―する」

【照合】ショウゴウ 照らし合わせて正否を調べること。「原文と訳文の―」「指紋―」

【照射】ショウシャ ①日光が照りつけること。②光線・放射線などを照らし当てること。「治療のため、放射線を―する」

【照準】ショウジュン ①目標に命中するように鉄砲などのねらいを定めること。②目標を定めて物事を進めること。「全国大会に―をあわせて調整する」

【照魔鏡】ショウマキョウ 悪魔をうつしだす鏡。転じて、人間や社会の隠れた本当の姿をうつしだすもの。

【照明】ショウメイ ①灯火で照らして明るくすること。「店の―が暗い」②舞台や撮影の効果を上げるために、使用する人工的な光線。また、その使い方。ライティング。

【照覧】ショウラン ①神仏や貴人がご覧になること。「主よ、ご―あれ」②はっきりと見ること。

【照らす】てらす ①光を当てて明るくする。「スポットライトが舞台を―す」「月明かりが夜道を―す」②見比べて調べる。「規約に―して処罰する」「原稿と―し合わせる」

【照り葉】てりは 紅葉し、日光に照り輝く葉。てりもみじ。季秋

【照り焼き】てりやき 魚の切り身などに醤油ショウユとみりんをまぜた汁をつけて、つや(てり)が出るように焼いたもの。つけやき。

【照る】てる ①太陽や月が明るく輝く。転じて、晴れる。「月が美しく―る」「―る日曇る日」②つやつやと光る。「露が朝日に―る」

【照れる】てれる 恥ずかしがって、きまり悪がる。はにかむ。「褒め言葉に―れる」「―て頭をかく」

ショウ【★睫】(13) 目8 1 6644 624C 音 ショウ 訓 まつげ

意味 まつげ。目のまわりに生えている毛。「目睫」

下つき 眉睫ビショウ・目睫モクショウ

【▲睫・〈▲睫毛〉】まつげ まぶたのふちに並んで生えている毛。目に強い光やごみが入るのを防ぐ。

ショウ【筱】(13) ⺮7 1 6812 642C 音 ショウ 訓 しのだけ

意味 しの。しのだけ。

ショウ【▲筲】(13) ⺮7 8966 7962 ▼ソウ(九四三)

ショウ【△聖】(13) 耳7 教 3227 403B ▼セイ(八六四)

ショウ【△腫】(13) 月9 常 2880 3C70 ▼シュ(六七九)

ショウ【★蛸】(13) 虫7 準1 3493 427D 音 ショウ 訓 たこ

意味 ①たこ。頭足類の軟体動物。「蛸壺」類鮹ショウ ②あしたかぐも。

〔蛸〕

【▲蛸】たこ ①頭足類八腕目の軟体動物の総称。海底の岩間にすむ。胴は丸く頭のように見え、腕は八本で多くの吸盤をもつ。腕のつけねに口や目がある。種類は多く、日本や地中海沿岸部などで食用とする。季夏 ②地面を突き固めたり、杭くいを打ったりする道具。丸太に数本の柄えをつけた形が①に似ている。蛸胴突き。表記①「章魚・鮹」とも書く。

【蛸壺】たこつぼ ①タコを捕らえるための素焼きなどの壺。海中に沈め、タコが入ったところを引き上げる。季夏 ②戦場で、射撃や待避のために掘った一人用の壕ゴウの俗称。

【蛸配当】たこハイトウ 株式会社が株主に配当をするだけの利益が出ていないのに、無理に配当をすること。蛸配。由来 タコは空腹のときに自分の足を食べることがあるように、自分の財産を食う意から。

【蛸〈部屋〉】たこべや 労働者を監禁同様に拘束して働かせた飯場。由来 第二次世界大戦前の北海道や樺太からふとの炭鉱で見られた飯場制度で、蛸壺たこつぼの中のタコのように抜け出せなくなることから。

ショウ【詳】(13) 言6 常 4 3060 3E5C 音 ショウ 訓 くわしい 外 つまびらか

筆順

意味 くわしい。つまびらか。つまびらかにする。「詳細」「詳報」「未詳」対略

下つき 精詳セイショウ・不詳フショウ・未詳ミショウ

【詳しい】くわしい ①非常に細かいところまで明らかなさま。「―い地図」「―い事情はわからない」②細かいところまで精通しているさま。「この辺りの地理に―い」

【詳解】ショウカイ くわしく解釈すること。また、その解釈。「万葉集―」類精解

【詳細】ショウサイ くわしく細かいこと。「―は追って知らせます」類委細

【詳察】ショウサツ 細かく観察すること。よく調べて考察すること。「―を加える」「野鳥の生態を―する」

【詳述】ショウジュツ くわしく細かに述べること。「事件の経過を―する」対略述

【詳報】ショウホウ くわしい知らせ。詳細な報告。「現地からの―を待って発表します」

【詳らか】つまびらか 事細かでくわしいようす。細かいところまで明らかなさま。「不祥事の経緯が―でない」

ショウ【鉦】(13) 金5 3064 3E60 ▼セイ（八六六）

ショウ【頌】(13) 頁4 1 8083 7073 音 ショウ・ジュ・ヨウ 訓 ほめる・たたえる・かたち・ゆるやか

意味 ㊀ショウ・ジュ ①ほめる。ほめたたえる。「頌歌」「頌春」「頌徳」②詩経の六義の一つ。宗廟ソウビョウの舞楽のうた。「周頌」③仏の徳をほめたたえるうた。「偈頌ゲジュ」㊁ヨウ ①さま。かたち。②ゆるやか。ゆるめる。

下つき ㊀歌頌カショウ・賀頌ガショウ・偈頌ゲジュ・周頌シュウショウ・称頌ショウショウ・推頌スイショウ

【頌偈】ジュゲ 仏経典のなかで、詩の形で仏の徳をたたえ教理を述べたもの。偈ゲ。

【頌栄】ショウエイ 神をたたえる歌。キリスト教のプロテスタントで用いる語。

【頌歌】ショウカ 神の栄光や仏の徳、人の功績などをほめたたえる歌。

【頌詞】ショウシ 人の功績や徳などをたたえる言葉。類頌辞

【頌春】ショウシュン 新年をたたえ祝うこと。年賀状などに書くあいさつの語。類賀春

【頌徳】ショウトク 人の功績や徳をほめたたえること。「―碑」

【頌める】ほめる 人の徳や功績を言葉にして表す。たたえる。

ショウ【嘗】★ (14) 口11 準1 3008 3E28 音 ショウ・ジョウ 訓 なめる・こころみる・かつて

意味 ①なめる。あじわう。「嘗味」「嘗胆」②こころみる。ためす。「嘗試」③かつて。過去の経験を表す助字。④新しくとれた穀物を神に供える祭り。「新嘗祭にいなめサイ」

下つき 神嘗シンジョウ・かんなめ・新嘗シンジョウ・にいなめ

【嘗て】かつて ①以前。むかし。「―はここにも緑があった」②今まで一度も。打ち消しを伴って用いる。「いまだ―敗北したことがない」

【嘗試】ショウシ こころみること。ためしてみること。

【嘗胆】ショウタン 苦い肝きもをなめること。▼臥薪嘗胆ガシンショウタン（一六四）

【嘗める】なめる ①舌で味わう。「あめを―める」②経験する。「長年、世の辛酸を―めてきた」③甘くみる。あなどる。「相手を―める」表記 ①「舐める」とも書く。

ショウ【奬】(14) 大11 5293 547D ▼奨の旧字（七五八）

ショウ【嶂】(14) 山11 1 5449 5651 音 ショウ 訓 みね

意味 みね。びょうぶのように連なる峰。

下つき 煙嶂エンショウ・翠嶂スイショウ

ショウ【彰】(14) 彡11 常 準2 3020 3E34 音 ショウ 訓 外 あきらか・あらわす・あらわれる

筆順

意味 ①あきらか。あきらかにする。あらわす。あらわれる。「彰徳」「表彰」②あや。かざり。もよう。

類 ①②章

下つき 顕彰ケンショウ・表彰ヒョウショウ

【彰らか】あきらか 物事がはっきりしていて、あざやかに目立つさま。

【彰れる】あらわれる きわだって目につくようになる。はっきりと表に見えてくる。「彼の陰徳が―れて、窮地を救った」

【彰功】ショウコウ 功績を表彰して世間に知らせること。

【彰徳】ショウトク 人の善行や美徳などを広く世の中に知らせること。また、その美徳。

「―碑」

ショウ【慴】(14) 忄11 1 5650 5852 音 ショウ・シュウ 訓 おそれる

意味 ①おそれる。おびえる。「慴伏」②おどす。おびやかす。類①②懾(ショウ)

【慴れる】おそ―れる 危険などに直面してこわがり、おののく。びくびくする。「道をふさぐ熊(くま)を―れる」表記「懾れる」とも書く。

【慴伏】ショウフク おそれしたがうこと。おそれひれ伏すこと。表記「懾伏」とも書く。

ショウ【★摺】(14) 扌11 準1 3202 4022 音 ショウ・ロウ 訓 する・たたむ・ひだ・くじく

〔摺〕

意味 ①する。こする。印刷する。②たたむ。折りたたむ。③ひだ。しわ。④くじく。ひしぐ。

【摺鉦】すりがね 祭礼などで、笛や太鼓とともに用いる金属製の打楽器。ばちでこするようにして音を出す。当たり鉦。

【摺衣】すりぎぬ 草木からとった汁をすりつけて模様を染めた衣。すりごろも。

【摺箔】すりハク ①金箔や銀箔をのりで生地につける模様のつけかた。②①の生地でつくった能装束(ショウゾク)の着付け。

【摺る】す―る 版木などに紙や布を当てて、文字や模様を写し取る。印刷する。「新聞を―る」「版画を―りあげる」参考「搨(ト)る(する)」の誤用として日本で用いる。

ショウ【摏】(14) 扌11 1 音 ショウ 訓 つく

意味 つく。うつ。

ショウ【稱】(14) 禾9 6742 634A ▼称の旧字(七四九)

ショウ【精】(14) 米8 教 3226 403A ▼セイ(八六六)

ショウ【★蒋】(14) 艹11 準1 9122 7B36 音 ショウ 訓 まこも

〔蔣〕 3053 3E55

意味 ①まこも(菰)。イネ科の多年草。②中国、周代の国名。

【蒋】まこも イネ科の多年草。▼真菰(まこも)(八〇〇)

ショウ【★裳】(14) 衣8 準1 3056 3E58 音 ショウ 訓 も・もすそ

意味 も。もすそ。下半身にまとう衣服。したばかま。「衣裳」対衣

書きかえ 「装」に書きかえられるものがある。

下つき 衣裳(イショウ)・帷裳(イショウ)・霓裳(ゲイショウ)

【裳】チマ 朝鮮の女性の民族服で、胸から足首までのスカートのようなもの。

【裳】も 腰から下につける衣服。特に平安時代以降、女房などが正装するときに、袿(うちぎ)の上からつけた後方のみの衣服。

〈裳階〉・〈裳層〉もこし 仏堂や塔などで、屋根の下につけられたひさし状のもの。法隆寺の金堂や薬師寺の三重の塔などが有名。雨打(ゆた)。参考「裳階」は「ショウカイ」とも読む。

【裳裾・裳】もすそ 裳のすそ。転じて、衣服のすそ。

ショウ【誚】(14) 言7 1 7555 6B57 音 ショウ 訓 せめる・しかる・そしる

意味 せ(責)める。しかる。また、そしる。「誚譲」

【誚める】せ―める 言葉でせめ、きずつける。とがめる。なじる。しかる。

ショウ【★誦】(14) 言7 1 7554 6B56 音 ショウ・ジュ 訓 となえる・よむ・そらんずる

意味 ①となえる。よむ。声に出してよむ。「誦読」「朗誦」②そらんじる。「暗誦」

下つき 愛誦(アイショウ)・暗誦(アンショウ)・吟誦(ギンショウ)・口誦(コウショウ)・伝誦(デンショウ)・念誦(ネンショウ)・諷誦(フウショウ)・復誦(フクショウ)・朗誦(ロウショウ)

【誦習】ショウシュウ 書物などを何度もくり返してよみ身につけること。

【誦読】ショウドク 書物などを声を出し、節をつけてよむこと。類読誦(ドクジュ)

【誦経】ズキョウ 声を出して経文をよむこと。また、経文を暗誦(アンショウ)すること。参考「ジュキョウ」とも読む。

【誦える】とな―える 節をつけて声を出してよむ。また、暗誦(アンショウ)する。

ショウ【障】(14) 阝11 教 常 5 3067 3E63 音 ショウ 訓 さわる(高) (外)へだてる・ふせぐ

筆順 フ 了 阝 阝亠 阝立 阝音 陪 陪 障 障 (5 7 10 12)

意味 ①へだてる。さえぎる。ふせぐ。「障蔽(ショウヘイ)」②へだて。しきり。「障壁」「保障」③さわる。さしつかえる。「障害」「故障」「支障」

下つき 故障(コショウ)・支障(シショウ)・万障(バンショウ)・保障(ホショウ)

〈障泥〉あおり ウマの横腹とあぶみの間に垂らしてウマの足からとぶ泥をよける馬具。ふつう円形であったが、武官は方形のものを用いた。表記「泥障」とも書く。

〔障泥(あおり)〕

〈障泥烏賊〉あおりいか イカ。ジンドウイカ科のイカ。胴の両側全体に広いひれがある。肉が厚く美味。ミズイカ。由来 ひれを動かすようすを馬具の障泥(あおり)に見立てたことから。

【障る】さわ―る ①さまたげとなる。「この事件は事業の発展に―る」②不快になる。「音洩(も)

れが耳に—る」③悪い影響をあたえる。害になる。「夜ふかしは体に—る」表記②「触る」とも書く。

【障害】ショウガイ ①さまたげになるもの。さしさわり。「電波—の原因を調べている」②体の機能の故障。「循環器—」③陸上競技や馬術の「障害競走」の略。「一一〇メートル—」書きかえ「障碍」の書きかえ字。

【障碍】ショウガイ ▼書きかえ 障害

【障子】ショウジ ①間仕切りや窓の内側にはめて用いる建具。格子に組んだ枠に和紙などを張ったもの。明かり障子。「—を張り替える」季冬 ②室内を仕切る建具の総称。衝立・襖・明かり障子など。

【障屏画】ショウヘイガ 襖・衝立・屏風など、間仕切り用の建具や室内の壁に描かれた絵。

【障壁】ショウヘキ ①間を仕切る囲いや壁。「—画」②間を隔てるもの。人の行き来や物事の進行などを妨げるもの。「外交上の—」類障害 書きかえ ②「牆壁」の書きかえ字。

ショウ【韶】(14) 音5 1 8080 7070 訓音 ショウ うつくしい・あきらか

意味 ①うつくしい。うららか。あきらか。「韶景」「韶光」②中国、伝説上の天子舜が作ったといわれる楽曲。「韶舞」

ショウ【廠】(15) 广12 準1 3019 3E33 訓音 ショウ うまや・しごとば

〈廠〉5050 5252

意味 ①かりや。屋根だけで壁のない建物。「廠舎」②うまや。③しごとば。工場。「工廠」

下つき 工廠

【廠舎】ショウシャ 屋根だけで壁のない簡単な建物。特に、軍隊が演習地などで泊まるための仮設の施設。

ショウ【憧】(15) 忄12 常 2 3820 4634 訓音 ショウ 外ドウ あこがれる

筆順 2 7 10 12 15

意味 ①あこがれる。「憧憬」②心がおちつかないさま。「憧憧」

【憧れる】あこがれる 理想とする人や物事・状況などに強く心を引かれる。「先輩に—れる」「一人暮らしに—れる」

【憧憬】ショウケイ あこがれること。おもいこがれること。「部員たちの—の対象」参考「ドウケイ」は慣用読み。

ショウ【慫】(15) 心11 1 5649 5851 訓音 ショウ すすめる・おどろく

意味 ①すす(勧)める。さそう。説いて勧める。「慫慂」②おどろく。「慫兢」

【慫慂】ショウヨウ そばから誘いすすめること。また、すすめそそのかすこと。「—されて立候補する」

ショウ【憔】(15) 忄12 1 5662 585E 訓音 ショウ やつれる

意味 やつれる。やせおとろえる。「憔悴」「憔慮」

【憔悴】ショウスイ 心痛や病気のため、やせておとろえること。やつれること。「—しきった顔」

ショウ【樟】(15) 木11 準1 3032 3E40 訓音 ショウ くす・くすのき

意味 くす。くすのき。クスノキ科の常緑高木。「樟脳」

【樟】くすのき クスノキ科の常緑高木。暖地に自生。初夏、黄白色の小花を多数つけ、球形で黒色の実を結ぶ。材は堅く芳香があり、家具・細工物とするほか、幹・根・葉からは樟脳をとる。表記「楠」とも書く。参考「くす」とも読む。

【樟蚕】くすさん ヤママユガ科のガ。はねは黄褐色で、眼状紋がある。秋、灯火に集まる。幼虫はシラガタロウと呼ばれ、長い毛をもち、その絹糸腺から釣り糸の天蚕糸をとる。

【樟脳】ショウノウ クスノキの幹・根・葉を蒸留して抽出した無色半透明の結晶。水に溶けにくく昇華しやすい。セルロイド・無煙火薬などの原料や防虫剤・医薬などに用いる。カンフル。

ショウ【樅】(15) 木11 1 6066 5C62 訓音 ショウ もみ・つく

意味 ①もみ。マツ科の常緑高木。②つく。うつ。鐘や大鼓を打ち鳴らす。

【樅】もみ マツ科の常緑高木。低山に自生。葉は線形でかたい。材は建築・器具・製紙原料などに用いる。円錐形の美しい樹形をしているためクリスマスツリーに用いる。表記「妄樝」とも書く。

ショウ【殤】(15) 歹11 1 6147 5D4F 訓音 ショウ わかじに

意味 ①わかじに。二〇歳前に死ぬこと。「夭殤」②弔う者のない霊。「国殤」

下つき 国殤・夭殤

ショウ【漿】★(15) 水11 1 6289 5E79 訓音 ショウ しる・おもゆ・のみもの

意味 ①しる。液。物の汁。「漿液」「漿果」②液状のもの。どろりとしたもの。「岩漿」「血漿」③おもゆ。④のみもの。飲料。

下つき 岩漿・血漿・水漿・脳漿

【漿液】ショウエキ ①しる。つゆ。②脊椎動物の漿膜から分泌される透明で粘度の低い液体。摩擦を防ぐ役割をする。対粘液

【漿果】ショウカ 水分の多いやわらかな果肉をもつ果実。カキやブドウの類。液果。

【漿膜】ショウマク 脊椎動物の胸腔・腹腔などの内部をおおう薄い膜。胸膜・腹膜など。

ショウ【璋】(15) 王11 1 6488 6078 音 ショウ 訓 たま・ひしゃく

意味 ①たま。圭をたてに半分にわった玉製の笏。②ひしゃく。宗廟・山川の祭りで、香酒を注ぐのに用いる玉製のもの。

ショウ【蕉】(15) ⺾12 準1 3054 3E56 音 ショウ 訓

意味 「芭蕉」の略。①バショウ科の多年草。「蕉衣」「蕉布」②俳人松尾芭蕉のこと。「蕉翁」「蕉門」

下つき 芭蕉

ショウ【衝】(15) 行9 常 3 3055 3E57 音 ショウ 訓 外つく

筆順

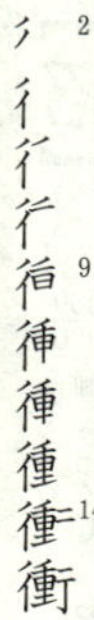

意味 ①つく。ぶつかる。つきあたる。「衝撃」「衝突」類撞 ②つき動かす。「衝動」③かなめ。だいじなところ。「要衝」「折衝」

下つき 緩衝・折衝・要衝

【衝撃】ショウゲキ ①物体に急激に加わる力。また、それによって受ける刺激。ショック。「爆風の―で建物が壊れる」②激しく感情を動かす刺激。ショック。「すばらしい演奏に強い―を受けた」

【衝心】ショウシン 「脚気衝心」の略。脚気の病状が進むにつれて心臓に障害が起こり、呼吸困難などの症状を引き起こすこと。

【衝天】ショウテン 勢いが強く、天をつき上げるほど盛んなこと。「意気―の勢い」

【衝動】ショウドウ ①心などを激しくつき動かすこと。また、その刺激。「事件が人々に与えた―は大きい」類衝撃 ②よく考えずに反射的に行動すること。また、その心理状態。「思わぬ―に駆られる」「―買いをする」

【衝突】ショウトツ ①何かにつき当たること。ぶつかること。「車と列車が―した」②意見や立場のちがう者同士が対立して争うこと。「双方の見解が―する」「武力―に至った」

【△衝重】ついがさね 供え物や食器をのせる膳。通常は白木が用いられる。

【△衝立】ついたて 「衝立障子」の略。室内に立てて、仕切りや目隠しなどにする家具。

【△衝く】つ-く 勢いよくぶつかる。つき当たる。つき上げる。「天を―く勢い」

【△衝羽根】つくばね ①羽根つき遊びの羽根。季新年 ②ビャクダン科の落葉低木。山地に自生。根は他の木に半寄生。初夏、淡緑色の小花をつけ、①に似た実を結ぶ。ハゴノキ。季秋

【△衝羽根草】つくばねソウ ユリ科の多年草。山地に自生。初夏、淡黄緑色の花を一つつけ、黒い実を結ぶ。由来 四枚の輪生葉の中央に黒い実のつくさまが、つくばねに似ることから。

ショウ【賞】(15) 貝8 常 教 6 3062 3E5E 音 ショウ 訓 外ほめる・めでる

筆順

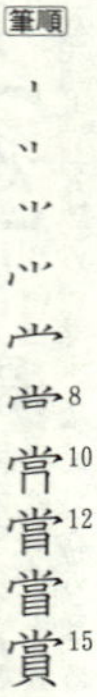

意味 ①ほうび。たまもの。「賞金」「懸賞」②ほめる。ほめたたえる。「賞賛」「賞味」③めでる。楽しむ。「観賞」

下つき 恩賞・観賞・鑑賞・激賞・懸賞・行賞・受賞・授賞・特賞・入賞・副賞・褒賞

【賞翫・賞玩】ショウガン ①ものの美しさやよさを愛して楽しむこと。「書画骨董を―する」②食物の味のよさをほめ味わうこと。「中国料理の逸品を―する」類賞味

【賞金】ショウキン ほうびや賞として与える金銭。「入賞して―を得る」「―稼ぎ」

【賞賛】ショウサン ほめたたえること。ほめそやすこと。「―を受ける」「―に値する行為」類賞誉・賞揚 対非難 表記「称賛」とも書く。書きかえ「賞讃」の書きかえ字。

【賞讃】ショウサン ▼書きかえ 賞賛

【賞状】ショウジョウ 学業や業績のすぐれた人や功労のあった人に、それをほめたたえる言葉を記して与える書状。「―授与式」

【賞杯・賞盃】ショウハイ 賞として与えるさかずき。カップ。「―争奪戦」

【賞牌】ショウハイ 優勝や功績などをたたえて与える記章や盾。メダル。

【賞罰】ショウバツ ほめることと罰すること。ほめられることと罰せられること。「過去に―なし」

【賞美】ショウビ 美しさなどをほめたたえること。大いにほめて味わい楽しむこと。表記「称美」とも書く。

【賞品】ショウヒン 賞として与える物品。「三等の―は時計だった」

【賞味】ショウミ 食物の味をほめ味わうこと。おいしさを味わうこと。「手料理を―する」「―期限」類賞玩

【賞与】ショウヨ ①ほうびとして金品を与えること。また、その金品。②毎月の給料とは別に夏・冬などに支給する一時金。ボーナス。

【賞揚】ショウヨウ ほめそやすこと。ほめあげること。「―を惜しまない」類賞賛 表記「称揚」とも書く。

【△賞める】ほ-める 功績や善行を、ほうびを与えてたたえる。

【△賞でる】め-でる ほめ味わう。愛してそれを楽しむ。また、感心してほめる。「花を―でる」

ショウ【銷】(15) 金7 1 7889 6E79 音 ショウ 訓 とかす・とける・つくす・つきる・けす・そこなう・ちる

意味 ①とかす。とける。金属をとかす。「銷鑠」

②つ（尽）くす。つきる。「銷沈」③けす。きえる。「銷夏」④へる。おとろえる。そこなう。「銷刻」⑤ち（散）る。ちらす。

書きかえ 「消」が書きかえ字。

【▲銷す】けーす　すりへらす。弱めおとろえさせる。なくさせる。きえさせる。

【▲銷夏】ショウカ　▼書きかえ 消夏（七四七）

【▲銷却】ショウキャク　▼書きかえ 消却（七四八）

【▲銷金】ショウキン　①金属をとかすこと。また、とかした金属。②金箔（キンパク）を散らして飾ること。③金銭を浪費すること。

【▲銷魂】ショウコン　はなはだしい悲しみや驚きなどのために、魂を抜かれたようになること。また、夢中になって我を忘れること。表記「消魂」とも書く。

【▲銷沈】ショウチン　▼書きかえ 消沈（七四八）

【▲銷磨】ショウマ　すりへること。すりへらすこと。またその結果、なくなること。「長年の苦労で寿命を―する」「気力を―する」表記「消磨」とも書く。

【▲銷かす】とーかす　熱や薬品によって金属を液状にする。「高熱で銀を―す」

ショウ【霄】(15) 雨7 1 8028 703C 音 ショウ 訓 みぞれ・そら

意味 ①みぞれ。あられ。②そら。おおぞら。天。「霄漢」対 壌

下つき 雲霄（ウンショウ）・層霄（ソウショウ）

【▲霄漢】ショウカン　そら。おおぞら。高いそら。虚空。類 蒼穹（ソウキュウ）・蒼空

【▲霄壌】ショウジョウ　天と地。また、天と地のように非常に隔たりのあるたとえ。「―の差」類 雲泥

【▲霄】そら　地上のはるか上のほうの空間。遠い天。「―を見上げる」

ショウ【餉】(15) 食6 1 8114 712E 音 ショウ 訓 かれいい・かれい・かて・おくる

意味 ①かれいい。かれい。ほし米。旅人や田畑で働く人の弁当。また、食事。かて。「午餉」②おくる。食糧をおくる。「餉給」③食事をするくらいの短い時間。かたとき。

下つき 朝餉（あさげ）・午餉（ゴショウ）・昼餉（ひるげ）・仏餉（ブッショウ）・夕餉（ゆうげ）

【▲餉】かれいい　米を炊いて乾燥させた飯。水にひたせばすぐに食べられるため、旅行や田畑で働くときなどに携行した。かれい。類 糒（ほしいい）表記「乾飯」とも書く。

ショウ【嘯】(16) 口13 1 5166 5362 音 ショウ・シツ 訓 うそぶく・しかる

意味 ㊀ショウ ①うそぶく。とぼける。おおげさなことを言う。②声を長くひいて詩歌をうたう。「長嘯」③うなる。ほえる。「虎嘯（コショウ）」㊁シツ しかる。類 叱（シツ）

下つき ㊀猿嘯（エンショウ）・吟嘯（ギンショウ）・虎嘯（コショウ）・長嘯（チョウショウ）

【▲嘯く】うそぶーく　①とぼけて知らないさまを装う。「私は知らないと―く」②おおげさなことや偉そうなことを言う。大言壮語する。「独力でなし遂げた手柄と―く」

【▲嘯風弄月】ショウフウロウゲツ　自然の風景に親しみ、風流を好んで楽しむこと。「嘯風」は風に合わせて歌うこと。「弄月」は月を眺め賞すること。参考「風に嘯（うそぶ）き月を弄（もてあそ）ぶ」ともいう。

ショウ【樵】(16) 木12 準1 3033 3E41 音 ショウ 訓 きこり・こる・きこる

意味 ①きこり。木を切る人。「樵夫」「樵歌」②こる。木を切る。たきぎをとる。きこる。

下つき 漁樵（ギョショウ）

【▲樵・〈▲樵夫〉】きこり　山林から木を切り出すことを職業とする人。「―の通る径（みち）」

【▲樵る】こーる　山林に入って木を切る。たきぎをとる。「木を―る」参考「きこる」とも読む。

【▲樵歌】ショウカ　きこりのうたう歌。

【▲樵▲蘇】ショウソ　たきぎを拾うことと草刈りをすること。また、その人。

ショウ【橡】(16) 木12 準1 3843 464B 音 ショウ・ゾウ 訓 とち・くぬぎ・つるばみ

意味 ①とち。トチノキ科の落葉高木。実はどんぐりと呼ぶ。②くぬぎ。ブナ科の落葉高木。③つるばみ。どんぐりの古名。参考 ①国字の「栃（とち）」を用いることもある。

【▲橡】くぬぎ　ブナ科の落葉高木。▼櫟（くぬぎ）（一六〇二）

【▲橡】つるばみ　①クヌギ、またその果実であるどんぐりの古名。②どんぐりを煮た汁で染めた濃い灰色。にびいろ。

【▲橡】とち　トチノキ科の落葉高木。▼栃（とち）（一一七五）

ショウ【▲橦】(16) 木12 6085 5C75 ▼トウ（一一五四）

ショウ【▲燒】(16) 火12 6386 5F76 ▼焼の旧字（七五四）

ショウ【瘴】(16) 疒11 1 6579 616F 音 ショウ

意味 山川に生じる毒気。また、それによっておこるマラリアなどの熱病。「瘴気」

下つき 煙瘴（エンショウ）・毒瘴（ドクショウ）・霧瘴（ムショウ）

【▲瘴煙】ショウエン　毒気や悪気を含む霧・もや。「椒花（ショウカ）落つるとき―起こる」

【▲瘴気】ショウキ　熱病を起こすという山川の毒気や悪気。類 瘴毒

【▲瘴▲癘】ショウレイ　湿度の高い熱帯などの気候や風土で起こるマラリアなどの熱病。類 瘴疫

ショウ【△縦】(16) 糸10 教 2936 3D44 ▼ジュウ（七〇六）

ショウ **【蕭★】** (16) 艹13 1 7311 692B 音 ショウ 訓 よもぎ・しずか

意味 ①よもぎ。かわらよもぎ。キク科の多年草。②ものさびしい。しずかなさま。「蕭然」「蕭条」「―たる風景」

【蕭索】 ショウサク もの寂しいさま。類 蕭条

【蕭殺】 ショウサツ もの寂しいさま。また、秋の風や雨が草木を枯らしたりしぼませたりするようす。

【蕭散】 ショウサン もの静かで落ち着いていること。「―な日々を送る」

【蕭蕭】 ショウショウ ①もの寂しいさま。「―と去る」②風雨の音がもの寂しいようす。「―と雨が降る」

【蕭条】 ショウジョウ もの静かで寂しいようす。ひっそりとしているさま。「―と風が吹く」類 蕭然

【蕭牆の憂え】 ショウショウのうれえ 身近な心配事。内輪の争い。また、内乱のこと。〈『論語』〉「蕭牆」は門の内側にある垣。転じて、内部のこと。

【蕭然】 ショウゼン ひっそりとして、もの寂しいようす。「―として人影もない」

【蕭寥】 ショウリョウ もの静かで、寒々しいようす。類 寂寥セキリョウ

【蕭】 よもぎ キク科の多年草。▼蓬よもぎ（一四〇）

ショウ **【薔★】** (16) 艹13 1 7312 692C 音 ショウ・ソウ・ショク 訓 ばら・みずたで

意味 ①バラ科のつる性または直立低木「薔薇ショウビ・ばら」に用いられる字。②みずたで。タデ科の一年草。

〈薔薇〉 ばら バラ科のつる性または直立低木の総称。世界各地で観賞用に栽培され、品種も多い。幹や枝にとげがあり、香気のある美しい花をつける。季 夏 参考「ショウビ・ソウビ」とも読む。

ショウ **【踵★】** (16) ⻊9 1 7691 6C7B 音 ショウ 訓 かかと・くびす・きびす・ふむ・つぐ・いたる

意味 ①かかと。くびす。きびす。「踵骨」②ふむ。「踵践」③つぐ。ひきつぐ。「踵武」④いた(至)る。おもむく。「踵門」

下つき 接踵セッショウ・旋踵センショウ

【踵】 かかと ①足の裏の後ろの部分。くびす。「―をそろえる」②履物の後ろ、また、裏の後ろの部分。「靴の―を踏むな」「―の高い靴」

【踵で頭痛を病む】 かかとでずつうをやむ 見当ちがいの心配をするたとえ。また、余計な心配をするたとえ。

【踵】 くびす 足の裏の後ろの部分。かかと。「―を返す（もとの方向へ引き返す）」「―を接する（物事がいくつも引き続いて起こる）」参考「きびす」とも読む。

ショウ **【錆★】** (16) 金8 準1 2712 3B2C 音 ショウ・セイ 訓 さび・さびる

〔錆〕

意味 ①さび。金属のさび。さびる。「錆色」②くわしい。類 精

下つき 赤錆あかさび

【錆】 さび ①金属の表面が空気・水などに触れ、酸化してできる化合物。②悪い結果。「身から出た―」表記「銹」とも書く。

【錆鮎】 さびあゆ 秋、産卵のために川を下るアユ。落ち鮎おちあゆ。季 秋 由来 さびたように赤みを帯びることから。表記「荒鮎・宿鮎」とも書く。

【錆色】 さびいろ 鉄さびのような赤褐色。

【錆声】 さびごえ 枯れて渋みのある声。表記「寂声」とも書く。

【錆びる】 さびる ①金属の表面にさびが出る。「―た自転車」②声が落ち着き、渋みが出る。「―た声」

ショウ **【霎★】** (16) 雨8 1 8032 7040 音 ショウ・ソウ 訓 こさめ・しばし

意味 ①こさめ。小雨。また、通り雨。「霎雨」②しばし。またたくま。「霎時」

下つき 一霎イッショウ

【霎時】 ショウジ ほんの少しの間。しばし。「―のうち両軍相見あいまみえることとなる」類 暫時

ショウ **【鞘★】** (16) 革7 準1 3068 3E64 音 ショウ 訓 さや

〔鞘〕

意味 ①さや。刀身をおさめる筒。②買値と売値の差額。「利鞘」

下つき 利鞘りざや

【鞘】 さや ①刀剣類の刀身や筆の先などを収めて、それを保護する筒。②価格や利率の設定による差額。商品の売買におけるもうけなど。利鞘りざや。「―を取る」③「鞘堂」の略。

【鞘当て】 さやあて ①武士がすれちがったときに刀の鞘がふれ、互いにとがめ立てすること。転じて、ちょっとしたきっかけから起こった争い。②一人の女性をめぐって二人の男性が争うこと。「恋の―を演じる」「男たちが競って―するほどの美女」

【鞘堂】 さやドウ 堂や蔵などを保護するために、それをおおい囲むように造った建物。「中尊寺金色堂の―」

【鞘走りより口走り】 さやばしりよりくちばしり 刀が鞘から抜け出るよりも、口から失言が出るほうが危険であるということ。失言への戒め。

ショウ **【償】** (17) 亻15 常 準2 2994 3D7E 音 ショウ 訓 つぐなう

筆順 2 5 7 10 14 17 償

意味 つぐなう。あがなう。むくいる。つぐない。「償還」「償却」「賠償」

下つき 代償(ダイショウ)・賠償(バイショウ)・弁償(ベンショウ)・報償(ホウショウ)・補償(ホショウ)・無償(ムショウ)・有償(ユウショウ)

【償還】ショウカン 借りたものを返すこと。特に、債務などを返済すること。「十年間で負債を―する」

【償却】ショウキャク ①借金などをつぐない返すこと。②「減価償却」の略。会計上の手続きで、年々減少する固定資産の価値を費用として利益から回収すること。

【償金】ショウキン 損害の賠償として支払う金。賠償金。

【償う】つぐなう 金品や労役などで、相手に与えた損失やあやまちを埋め合わせる。補う。「過去のあやまちを―う」「お金では心の傷は―えない」

ショウ【燮】(17) 又15 1 5057 5259 音 ショウ 訓 やわらげる

意味 やわらげる。調和する。「燮理」

【▲燮理】ショウリ ①やわらげおさめること。調和させて整えること。「陰陽を―する」②宰相が国を治めること。

【▲燮げる】やわらげる ほどよく調和させる。ほどよくととのえる。

ショウ【檣】(17) 木13 1 6094 5C7E 音 ショウ 訓 ほばしら

意味 ほばしら(帆柱)。「檣頭」「檣楼」 類 艢(ショウ)

下つき 船檣(センショウ)・帆檣(ハンショウ)

【▲檣頭】ショウトウ 船の帆柱の先端部分。マストのてっぺんの部分。

【▲檣楼】ショウロウ 艦船の帆柱の上部につけられたものみやぐら。

【▲檣】ほばしら 船の帆を張るための柱。マスト。表記「帆柱」とも書く。

ショウ【牆】(17) 爿13 1 6415 602F 音 ショウ 訓 かき・へい

〔墻〕 5254 5456

意味 かき。かきね。まがき。へい。かこい。「牆壁」

下つき 垣牆(エンショウ)・宮牆(キュウショウ)・門牆(モンショウ)

【▲牆】かき ある区域と他との境をあらわすため、石や土などで築いた囲い。へい。かきね。

【▲牆△垣】ショウエン かき。かきね。類 垣牆 参考「牆」「垣」ともに、かきねの意。

【▲牆壁】ショウヘキ ▼書きかえ 障壁(七六二)

ショウ【礁】(17) 石12 常 準2 3044 3E4C 音 ショウ 訓 外 かくれいわ

筆順 5 17 礁

意味 かくれいわ。水面に見えかくれする岩場。「暗礁」「座礁」

下つき 暗礁(アンショウ)・環礁(カンショウ)・岩礁(ガンショウ)・魚礁(ギョショウ)・漁礁(ギョショウ)・座礁(ザショウ)・離礁(リショウ)

ショウ【★篠】(17) ⺮11 準1 2836 3C44 音 ショウ 訓 しの

〔篠〕

意味 しの。しのだけ。「篠笛」

【〈▲篠竹〉】ささたけ 「篠(しの)」に同じ。表記「笹竹」とも書く。参考「しのだけ」とも読む。「すずたけ」と読めば別の植物になる。

【▲篠】しの ①茎が細く、群がり生えるタケの総称。ササタケ。シノダケ。シノザサ。②「篠笛」の略。①で作る横笛。指穴は七つ。里神楽(さとかぐら)・獅子舞(ししまい)などに使う。

【▲篠▲笹】しのざさ 「篠(しの)」に同じ。参考「ささたけ」と読めば別の植物になる。

【▲篠竹】しのだけ 「篠(しの)」に同じ。参考「ささたけ」「すずたけ」とも読む。

【▲篠垂】しのだれ 武具の装飾の一つ。かぶとの正面や前後左右にある細長い金属製のかざり。しなだり。しなだれ。表記「鎬垂」とも書く。

【▲篠突く】しのつく 雨が激しく降る。「―く雨」参考 シノダケをたばねて下へ激しく下ろすような音がすることから。

【〈▲篠懸の木〉】すずかけのき スズカケノキ科の落葉高木。アジア西部原産。街路や庭園に植栽。樹皮は部分的にはがれて白と淡緑色のまだら。葉はカエデに似るが大きい。プラタナス。由来 垂れ下がる球状の実が山伏の着る篠懸に似ていることから。表記「鈴懸の木」とも書く。

【〈▲篠竹〉】すずたけ イネ科の多年草。日本特産で、山地の斜面や林下に群生。夏、まれに小穂をつけるが、実を結んだあと枯れる。参考「ささたけ・しのだけ」と読めば別の植物になる。

【〈▲篠の子〉】すずのこ 細い竹の子。特に、スズタケの子。入梅のころに生える。食用。ささのこ。季 夏

ショウ【★聳】(17) 耳11 1 7064 6660 音 ショウ 訓 そびえる・そびやかす・そばだつ・おそれる・つつしむ・すすめる

意味 ①そびえる。そびやかす。そばだつ。高い。「聳然」「聳立」類 崇・嵩(スウ) ②おそれる。おそれおののく。「聳懼(ショウク)」「聳動」類 悚(ショウ) ③つつしむ。④すすす(勧)める。

【▲聳▲峙】ショウジ 山などが高くそびえ立つこと。類 聳立(ショウリツ)・屹立(キツリツ)

【▲聳然】ショウゼン ①高くそびえ立つさま。②恐れて立ちすくむさま。

【▲聳動】ショウドウ 衝撃を与え動揺させること。また、衝撃を受けて恐れおののくこ

と。「世間の人の耳を―する出来事」

【聳立】ショウリツ　山などがひときわ高くそびえること。類聳峙（ショウジ）・屹立（キツリツ）

【聳り立つ】そそりたつ　反り返るようにそびえ立つ。「―つ峰に登る」

【聳つ】そばだつ　山や岩などがひときわ高く立つ。そびえる。「雲に―つ霊峰」

【聳える】そびえる　山などがひときわ高く立つ。「高いビルが―える都市」

【聳やかす】そびやかす　ことさらに高くする。「肩を―す（いばっているようす）」

ショウ【鍬】★

(17) 釒9　準1　2313 372D　音 ショウ・シュウ　訓 すき・くわ

意味 すき。くわ。土を掘りおこす農具。

下つき 唐鍬（とうぐわ）・馬鍬（まぐわ）

【鍬】くわ　平らな一枚の鉄板に柄（え）をつけた農具。田畑の耕作に用いる。参考「すき」と読めば別の意になる。

【鍬入れ】くわいれ　①「鍬初め」に同じ。季新年 ②建設工事や植樹のときに、くわを入れる儀式。起工式。

【鍬形】くわがた　①かぶとの前立ての一種。二本の角に似た飾りで、金属や革で作る。②太刀の頭やこじりを①の形に作ったもの。③「鍬形虫」の略。クワガタムシ科の甲虫の総称。雄のあごは長く、①に似ている。クヌギなどの樹液を好む。季夏

【鍬初め】くわはじめ　正月の吉日に恵方（エホウ）の畑にくわを入れ農事の始まりとし、豊作を願う行事。くわぞめ。くわいれ。季新年

【鍬】すき　土を掘ったりけずったりする金属製の道具。シャベル・スコップなど。参考「くわ」と読めば別の意になる。

ショウ【鍾】★

(17) 釒9　準1　3065 3E61　音 ショウ　訓 あつめる・さかずき

意味 ①あつめる。あつまる。「鍾愛」 ②かね。つりがね。「鍾鼓」類鐘 ③さかずき。また、さかつぼ。

下つき 万鍾（バンショウ）・竜鍾（リョウショウ）

【鍾める】あつめる　一か所にまとめて寄せる。かためる。「人々の同情を一身に―める」参考 抽象的なもののあつまりに用いる。

【鍾愛】ショウアイ　強い愛情を抱くこと。特別にかわいがること。「両親の―を受ける」類鍾寵（ショウチョウ）

【鍾馗】ショウキ　中国で、魔を除くという神。日本ではその像を端午の節句に飾る。故事 唐の時代、玄宗皇帝の夢の中に終南山の進士（シンシ）鍾馗と名のる者が現れ、疫鬼を祓（はら）い、玄宗の病を癒（い）やしたという故事から厄除（ヤクよ）けの神とされる。《事物紀原》

【鍾寵】ショウチョウ　非常にかわいがること。愛・寵愛　類鍾愛

【鍾乳洞】ショウニュウドウ　石灰岩が、雨水や地下水にとかされてできたほら穴。類石灰洞

【鍾美】ショウビ　美を一身にあつめること。また、一人がきわだって美しいこと。

ショウ【聶】

(18) 耳12　1　7067 6663　音 ショウ・ジョウ　訓 ささやく

意味 ささやく。小さな声で話す。参考 耳をよせあっているようすを表した字。「囁」の原字。

【聶く】ささやく　口を耳につけて小声で話す。ひそひそと話す。「耳元で―く声」表記「囁く」とも書く。

ショウ【觴】

(18) 角11　1　7528 6B3C　音 ショウ　訓 さかずき

意味 ①さかずき。「觴詠」「觴酌」 ②さかずきに酒を注ぐ。人に酒をすすめる。もてなす。

下つき 羽觴（ウショウ）・酣觴（カンショウ）・壺觴（コショウ）・杯觴（ハイショウ）・濫觴（ランショウ）

【觴】さかずき　酒を飲むときの小さな器の総称。

【觴詠】ショウエイ　酒を飲み、詩歌を詠むこと。「秋の夜長に―の集いを催す」

ショウ【蹤】

(18) 𧾷11　1　7707 6D27　音 ショウ　訓 あと・あしあと・したがう

意味 ①あと。あしあと。人の行いのあと。「蹤跡」「先蹤」 ②つく。したがう。「追蹤」類従 ③ゆくえ。

下つき 先蹤（センショウ）・追蹤（ツイショウ）

【蹤】あと　①長く連なる人の足あと。②人の行為や物事のあと。「戦争の―」

【蹤跡】ショウセキ　①あしあと。転じて、以前にあった事柄。前例。類事跡 ②人のあとをつけて行くこと。類追跡

ショウ【醤】★

(18) 酉11　準1　9289 7C79　音 ショウ　訓 ひしお・ししびしお

〔醬〕☆ 3063 3E5F

意味 ①ひしお。なめみその一種。麦・米・豆などに塩をまぜて発酵させたもの。「醤油」 ②しおから。ししびしお。肉を塩・酒・麹（こうじ）などにつけた食品。

下つき 魚醤（ギョショウ）・肉醤（ニクショウ）

〈醤蝦〉あみ　アミ科の甲殻類の総称。ほとんどは海産で、一部湖にすむ。形はエビに似るが、体長は一センチメートルほど。つくだ煮などにして食用にするほか、魚のまき餌（え）にする。由来「醤蝦」は漢名から。表記「糠蝦」とも書く。

【醤油】ショウユ　大豆と小麦からつくった麹（こうじ）に食塩水を混ぜて発酵・熟成させた日本特有の液体調味料。褐色で香気に富む。したじ。むらさき。

【醤】ひしお　大豆と小麦でつくる麹（こうじ）に食塩水を加えた、なめみその一種。調味料として用いたり、漬物をつけたりする。

ショウ【鬆】

(18) 髟8　1　8202 7222　音 ショウ・ソウ　訓 あらい・ゆるい・す

意味 ①あらい。ゆるい。「粗鬆」 ②す。ダイコン・ゴ

ボウなどの中心にできる細かいすきま。

下つき 粗鬆（ソショウ）

【▲鬆】す ①時期が過ぎたダイコン・ゴボウや煮過ぎた豆腐などの内側にできる、細かい穴。「大根に—が入る」②鋳物の内側にできる空洞。

ショウ【鮹】(18) 魚7 1 8235 7243 音 ショウ・ソウ 訓 たこ

意味 たこ(蛸)。頭足類の軟体動物。類 蛸（ショウ）

【▲鮹】たこ 頭足類八腕目の軟体動物の総称。▼蛸（たこ）(七五八)

ショウ【瀟】(19) 氵16 1 6347 5F4F 音 ショウ 訓 きよい

意味 ①きよい。また、さっぱりとしたさま。「瀟洒（ショウシャ）」②中国の川の名。瀟水。「瀟湘（ショウショウ）」

【▲瀟▲洒・▲瀟▲灑】ショウシャ すっきりとして洗練されているようす。「洋風の—な家に住んでいる」

【▲瀟▲瀟】ショウショウ 風や雨が非常に激しいさま。「風雨—」

ショウ【簫】(19) ⺮13 1 6852 6454 音 ショウ 訓 ふえ・しょうのふえ

意味 ふえ。しょうのふえ。「簫鼓」

【簫鼓】ショウコ ふえと太鼓。

ショウ【艢】(19) 舟13 1 7164 6760 音 ショウ 訓 ほばしら

意味 ほばしら(帆柱)。類 檣（ショウ）

ショウ【▲證】(19) 言12 7590 6B7A ▼証の旧字(七五六)

ショウ【鏘】(19) 金11 1 7922 6F36 音 ショウ・ソウ 訓

意味 玉や鈴などの触れあって鳴り響くさま。「鏘金」「鏘然」

【▲鏘然】ソウゼン 玉・石・金属が高く音を立てるようす。参考「ショウゼン」とも読む。

【▲鏘▲鏘】ソウソウ ①石や金属・鈴などが音を立てて鳴るさま。②物事が盛んなさま。参考「ショウショウ」とも読む。

ショウ【鐘】(20) 金12 常 3 3066 3E62 音 ショウ 外シュ 訓 かね

筆順 ノ(2) 亼(4) 牟(8) 釒(10) 鈩(12) 鐘(17) 鐘(20)

意味 かね。つりがね。「鐘鼓」「鐘楼」類 鍾（ショウ）

下つき 暁鐘（ギョウショウ）・警鐘（ケイショウ）・時鐘（ジショウ）・弔鐘（チョウショウ）・半鐘（ハンショウ）・晩鐘（バンショウ）・梵鐘（ボンショウ）

【鐘】かね 上からつるし、ついて音を出す金属製のもの。つりがね。また、その音。「除夜の—が響いてくる」

【鐘も▲撞木（シュモク）の当たりがら】人は、こちらの接し方によって態度が違ってくるということのたとえ。また、人は連れ添う相手によって、よくも悪くもなるということのたとえ。鐘の音は、撞木の当たり方によって左右されるという意から。「撞木」は鐘などを打ち鳴らす棒のこと。

【鐘鼓】ショウコ かねと太鼓。

【鐘▲鼎文】ショウテイブン 青銅器のかねと鼎（かなえ）にきざまれた文章。

【鐘楼】ショウロウ 寺院の境内にあるかねつき堂。参考「シュロウ」とも読む。

ショウ【囁】★(21) 口18 1 5181 5371 音 ショウ・ジョウ 訓 ささやく

意味 ささやく。ひそひそと話す。

【▲囁き千里】ささやきセンリ ここだけの話としてささやかれたことは、すぐに世間に広く伝わってしまうものだということ。類 囁き八丁（ハッチョウ）

【▲囁く】ささや—く ①小声でひそひそと話す。「耳元で—く声」②ひそかにうわさをする。「仲間割れが—かれている」表記「聶く」とも書く。

ショウ【懾】(21) 忄18 1 5687 5877 音 ショウ 訓 おそれる

意味 ①おそれる。おびえる。「懾伏」②おどす。おびやかす。類 ①② 慴（ショウ）

下つき 震懾（シンショウ）

【▲懾れる】おそ—れる 相手に圧倒されておじけづく。臆病（オクビョウ）のあまり、がたがた震え出すようすをいう。

【▲懾伏・▲懾服】ショウフク おそれひれ伏すこと。おそれしたがうこと。「宰相の威厳に—する」表記「慴伏」とも書く。

ショウ【鱆】(22) 魚11 1 8267 7263 音 ショウ 訓 たこ

意味 たこ(蛸)。章魚。

ショウ【鷦】(23) 鳥12 1 8328 733C 音 ショウ 訓 みそさざい

意味 ミソサザイ科の小鳥「鷦鷯（ショウリョウ・みそさざい）」に用いられる字。

【▲鷦▲鷯】ショウリョウ ミソサザイの漢名。参考「みそさざい」とも読む。

【▲鷦▲鷯深林に巣くうも一枝（イッシ）に過ぎず】人は足るを知り、各々（おのおの）その分に応じて満足すべきであるというたとえ。ミソサザイは奥深い林にすんでいるが、巣をかけている枝はひと枝にすぎないという意から。〈『荘子（ソウジ）』〉類 偃鼠（エンソ）河に飲むも満腹に過ぎず

【〈▲鷦▲鷯〉】みそさざい ミソサザイ科の小鳥。渓流沿いにすむ。日本の鳥の中で最小で、全長約七センチメートル。全体に濃い茶色。短い尾を立てて飛び、クモなどを捕食。季冬 由来「鷦鷯」は漢名から。表記「溝三歳・巧婦鳥」とも書く。

ショウ【鱶】(26) 魚15 1 8272/7268 音 ショウ 訓 ふか

意味 ①ふか。サメ類の大形のもの。②ひもの。干し魚。

[▲鱶] ふか ①サメ類の大形のもの。ひれは中国料理で珍重される。シュモクザメ・ホオジロザメなど。「―ひれスープ」②よく眠る人のたとえ。

ショウ【顳】(27) 頁18 1 8103/7123 音 ショウ・ジョウ 訓

意味 「顳顬」に用いられる字。

[〈▲顳▲顬〉] こめかみ 耳の上方、目じりのわきで、物をかむと動く部分。「怒りで―の血管が動く」由来 米をかむと動くところの意から。表記「蟀谷」とも書く。

ジョウ【上】(3) 一2 常 教 10 3069/3E65 音 ジョウ・ショウ㊥ 訓 うえ・うわ・かみ・あげる・あがる・のぼる・のぼせる㊥・のぼす㊥ ㊕たてまつる・ほとり

筆順 丨 ⺊ 上

意味 ①うえ。うわ。かみ。うえのほう。高いほう。「上空」「上段」②年齢・地位・身分などが高い。「上官」「上司」「上流」③程度が高い。よい。すぐれる。「上等」「上品」④順序が先のほう。まえ。「上述」「上巻」「上旬」⑤あがる。あげる。のぼる。高いほうに動く。「上昇」「向上」対①～⑤下 ⑥たてまつる。さしあげる。「献上」「奏上」⑦のぼせる。のぼす。おおやけの場にかかげる。「上演」「上程」⑧ほとり。あたり。⑨…に関して。…において。「史上」「一身上」⑩漢字の四声の一つ。「上声」⑪「上野の国」の略。「上州」

下つき 以上・雲上・炎上・屋上・海上・階上・逆上・錦上・計上・啓上・献上・口上・向上・参上・身上・進上・水上・頭上・俎上・卓上・壇上・地上・頂上・呈上・天上・殿上・途上・氷上・浮上・洋上・陸上・路上

[上がり▲框] あがりかまち 家の上がり口に渡してある横木。「―に腰を下ろす」

[上がる] あ―がる ①下から上に移る。「屋根に―る」「煙が―る」②価値や程度などが高まる。「地位が―る」③完成する。終わる。「書類整理が―る」「雨が―る」④よい結果が生じる。「成果が―る」⑤のぼせる。「式場で―ってしまう」⑥「行く」「訪ねる」の謙譲語。「あいさつに―ります」⑦「食う」「飲む」の尊敬語。「何を―りますか」

[上げ歌] あげうた 上代の歌謡で、声を高くあげた調子でうたう歌。表記「挙げ歌」とも書く。

[上げ金] あげキン 江戸時代、幕府や大名におさめた上納金や献金。

[上げ膳据え膳] あげゼンすえゼン 自分は何もせずに、他人がなんでもやってくれること。食事を調えることも食器を片付けることも、他の人がやってくれる意。

[上地令・上知令] あげチレイ 江戸時代、幕府が大名や旗本の領地（知行地）を没収・返上させた政策。

[上げる] あ―げる ①下から上に移す。上向きにする。「荷を―げる」「顔を―げる」②価値や程度などを高める。「料理の腕を―げる」③完成させる。終える。「一晩で書き―げる」④供える。「灯明を―げる」⑤「与える」「やる」の丁寧語。⑥「申す」「願う」「差す」などについて謙譲を表す。「申し―げる」「差し―げる」⑦「…てやる」の謙譲を表す。動詞について用いる。「書いて―げる」

[上] うえ ①高いところ。高いこと。「山の―」②表面。「湖の―に浮かぶボート」③高貴な人。目上の人。④地位や数量がまさること。「―の学年に進む」対①～④下 ⑤関係すること。「規則の―では問題ない」⑥…に加えて。「まずい―に値段が高い料理」⑦…のあと。「検討の―回答します」

『上に交わりて▲諂わず、下に交わりて▲驕らず』 相手の地位や身分にとらわれず、だれに対しても公平な態度をとること。〈『揚子法言』〉

『上見ぬ▲鷲』 自分以上のものがいないので、ゆうゆうとしていること。また、傲慢に振る舞うたとえ。最強の鳥であるワシは、上のほうから襲われる心配がないので上を気にせずに飛んでいる意から。

[上様] うえさま ①天皇・将軍など高貴な人の尊称。②領収書などに相手の名前の代わりに書く語。参考 ②「ジョウさま」とも読む。

[〈上手〉い] うま―い 技能や技量がすぐれている。巧みである。「絵が―い」表記「巧い」とも書く。

[上△衣・上着] うわぎ ①外側に着る衣服。「厚手の―をはおる」②上下が対になった衣服の上半身に着るもの。「スーツの―とズボン」参考「上衣」は「ジョウイ」とも読む。

[上擦る] うわずーる ①気持ちが浮つく。のぼせる。「―った行動をするな」②声の調子が高くなる。「緊張で声が―ってしまった」

[上背] うわぜい 背たけ。身長。「野球選手の彼は―がある（背が高い）」

[上調子] うわチョウシ 落ち着かないで、軽々しいこと。「―な議論」参考「うわぢょうし」と読めば、三味線の合奏で本調子より高く合わせた調子の意。

[上手] うわて ①川の上流や、風の吹いてくる方角。上の方向。②すぐれていること。「一枚―だ」③相撲で、相手の腕の外側からまわしをとること。また、そういう態度をとること。また、その手。参考 ①「かみて」とも読む。また、「じょうず」と読めば別の意になる。

[上▲翳] うわひ 瞳の上に曇りができ、目が見えなくなる病気。対 底翳 表記「外障眼」とも書く。

【上辺】うわべ 表面。外観。みせかけ。「―の美しさに惑わされる」

【上前】うわまえ ①着物を前で重ね合わせるときの外側の部分。上交(うわがい)。対下前(したまえ) ②仲介者が手数料として取る代金などの一部。「―をはねる」参考②「上米(うわまい)」の転じたもの。

【上△溝桜・〈上不見桜〉】うわみずざくら バラ科の落葉高木。サクラの一種。晩春、白い小花を多数つける。京都などではつぼみと未熟な実を塩漬けにして食用とする。

【上役】うわヤク 組織のなかで自分より上の地位・職務にいる人。上司。対下役(したヤク)

【〈上総〉】かずさ 旧国名の一つ。現在の千葉県中央部。

【上】かみ ①高いところ。②いくつかに分けたものの初め。「―の句」「―半期」③地位の高い人。天皇・主君など。④政府。役所。「お―の命令」⑤「上座」「上席」の略。⑥「上方」の略。⑦「上手(かみて)」の略。⑧「川上」の略。上流。

【上方】かみがた 京阪地方。また、広く関西地方。参考 明治維新以前は京都に皇居があったことから。

【上期】かみキ 「上半期」の略。会計年度などで、一年を二期に分けたときの前半分。前半期。対下期(しもキ)

【上座】かみザ ①身分・地位などの上の人がすわる座席。上席。「―に座る」②芝居などで、舞台に向かって右のほう。対①②下座(しもザ)

【上手】かみて ①川の流れて来る方向。川上。②上座に近いほう。③舞台で客席からみて右方向。「―から主役が登場する」対①～③下手(しもて) 参考①「うわて」とも読む。また、「じょうず」と読めば別の意になる。

【〈上下〉】かりめる 音の高低。かりめり。めりかり。由来 邦楽で、基本より上がる音を「かる」といい、下がる音を「めり」ということから。表記「甲乙」とも書く。

【〈上達部〉】かんだちめ 昔、宮中に仕えた大臣・大中納言・参議と三位(さんみ)以上の人の総称。参考「かんだちべ」とも読む。

【〈上野〉】こうずけ 旧国名の一つ。現在の群馬県。上州(ジョウシュウ)。参考「上毛野(かみつけの)」の略から転じた語。

【上意下達】ジョウイカタツ 上に立つ人の考えや命令を、下の者に伝えること。対下意上達

【上映】ジョウエイ 映画など映像をスクリーンに写しだし、観客に見せること。「新作映画の―館」

【上演】ジョウエン 演劇などを、舞台で演じて観客に見せること。「話題のミュージカルを―する」

【上援下推】ジョウエンカスイ 上の人から引き立てられて、下の者から推される。みんなが引き立て、応援してくれること。《『礼記(ライキ)』》

【上下一心】ジョウカイッシン 治める者と人民とが、心を一つにすること。上の者と下の者が心を合わせること。《『淮南子(エナンジ)』》類一致団結

【上顎】ジョウガク 上のあご。対下顎(カガク) 参考「うわあご」とも読む。

【上下天光】ジョウカテンコウ 空も水も光り輝いていること。「上下」は天地、空と水をいう。《『岳陽楼記』》

【上気】ジョウキ のぼせて顔がほてること。「風呂(フロ)上がりの―した顔」

【上京】ジョウキョウ 地方から都へ出ること。地方から東京へ行くこと。「新幹線で―する」「―して五年になる」参考 江戸時代以前は、京都へ出ることをいった。

【上弦】ジョウゲン 新月から満月になる中間のころの月。陰暦の七、八日ころで、月の入りのときに上向きに弦を張ったように見える。「―の月」季秋 対下弦(カゲン)

【上限】ジョウゲン ①上のほうの限界。「予算の―を決める」②年代として古いほうの限界。対①②下限

【上戸】ジョウゴ ①酒のみ。酒好き。対下戸(ゲコ) ②酒を飲んだときに出る癖。「笑い―」由来 諸説あるが、律令(リツリョウ)時代に人民を大戸・上戸・中戸・下戸の四等に分け、それが貧富の差になり、酒を購買する量にも反映したことからという。

【上皇】ジョウコウ 天皇の、退位したあとの尊称。太上(ダイジョウ)天皇。

【上行下効】ジョウコウカコウ 上の人がやってみせれば、下の者はそれをまねるものだということ。《『旧唐書(クトウジョ)』》類上為下効(ジョウイカコウ)

【上告】ジョウコク ①上訴の一種。控訴審裁判の結果が不満なとき、上級の裁判所に不服を申し立てること。②上の人に申し上げること。

【上策】ジョウサク 最もよいはかりごと。最良の方策。「撤退するのが―だ」対下策(ゲサク)

【上△巳】ジョウシ 五節句の一つで、桃の節句。陰暦三月の初めの巳(み)の日、のちに三月三日。ひな祭り。「宮中では―に曲水の宴を張った」季春 参考「ジョウミ」とも読む。

【上司】ジョウシ ①職場で自分よりも地位が上の人。上役(うわヤク)。対部下 ②上級の官庁。

【上△梓】ジョウシ 書物を出版すること。「作品を集め―する」由来 木版印刷の版木に、多く梓(あずさ)の木を用いたことから。

【上首尾】ジョウシュビ 物事がうまくいくこと。物事がよい結果になること。「―に終わった」対不首尾

【上書】ジョウショ 主君などに、意見書を差しだすこと。また、その文書。

【上声】ジョウショウ 漢字の四声(シセイ)の一つ。最初は低く、しだいに最も高いところまで上げる音声。

【上昇】ジョウショウ あがること。のぼること。「まず地価の―を抑える」対下降・低下

【上上】ジョウ このうえもなくよいこと。また、そのさま。「首尾は―」

【上乗】ジョウ ①出来ばえなどが非常にすぐれていること。「今度の作品は―の出来だ」②仏仏教の最上の教え。類大乗

【上場】ジョウ ①証券や商品を取引所に登録して、売買の対象とすること。「東証一部―の企業」②演劇などを上演すること。

【上申】ジョウシン 上役や上の機関に、意見や事情を申し述べること。「―書の提出」

【上糝粉・上新粉】ジョウシンこ 精白米を水洗いして乾かし、細かくひいたもの。料理や和菓子に用いる。

〈上手〉じょうず ①技術や技能がすぐれていること。巧みなこと。「聞き―は話し―といわれる」対下手(へた) ②口先のうまいこと。お世辞。「―を言う」参考「うわて・かみて」と読めば別の意になる。

《〈上手〉の手から水が漏(も)る》いくら巧みな人でも、ときには失敗することがある。類猿も木から落ちる・弘法(こうぼう)にも筆の誤り

【上水】ジョウスイ 飲料などに利用するため、溝または管によって供給するきれいな水。対下水(ゲスイ)

【上席】ジョウセキ ①主賓や地位の高い人のすわる上位の座席。上座。対末席 ②階級や席次が上であること。「組織の―に連なる」

【上疏】ジョウソ 天皇に、意見や事情などを書いて、差し出すこと。また、その文書。類上書 参考「疏」は閉じた所をおし分ける意。

【上訴】ジョウソ ①上の人に訴えること。②判決に不服な者が、上級の裁判所に訴えること。控訴・上告・抗告の三種がある。

【上奏】ジョウソウ 天皇に意見や事情を申し上げること。「―文」類奏上

【上蔟】ジョウゾク 成長した蚕に繭を作らせるため、わらなどで作った蔟(まぶし)にあげること。季夏 参考蔟は蚕が繭の糸を引きやすいようにした養蚕の道具。

【上腿】ジョウタイ 脚(あし)の膝(ひざ)から上の部分。大腿。「―部を骨折する」対下腿(カタイ)

【上代】ジョウダイ ①大昔。上古。②日本文学の時代区分の一つ。おもに、奈良時代にあたる。「―文学」

【上達】ジョウタツ ①学問・技芸などがうまくなること。②下の者の意見や事情が上の人に通じること。「下意―」対下達(カタツ)

【上知と下愚とは移らず】ジョウチとカグとはうつらず 生まれつきの賢さ、愚かさは、環境や教育によって変わるものではない。《『論語』》

【上長】ジョウチョウ 年上の人。また、自分より上位の人。目上の人。「―の命令」類長上

【上程】ジョウテイ 議案を会議にかけること。「予算案を―する」類上議

【上手物】ジョウてもの 品質などが上等な品物。「―の漆器を贈られる」対下手物(ゲてもの)

【上棟】ジョウトウ 建築物の骨組みができ、最後の棟木を上げること。むねあげ。「新社屋の―式に参列した」

【上得意】ジョウトクイ いつも、たくさんの商品、または高価な商品を買ってくれる大事な客。「―を失う」類顧客

【上人】ショウニン ①知徳のそなわった高僧。②法眼(ホウゲン)につぐ僧位の一つ。③僧の敬称。表記①「聖人」とも書く。

【上納】ジョウノウ ①政府機関や上部団体などに金品をおさめること。②年貢米。年貢。

【上膊】ジョウハク 腕のひじから肩までの間。二の腕。類上腕

【上表】ジョウヒョウ ①君主に意見書を差し出すこと。また、その文書。②辞表を提出すること。

【上品】ジョウヒン ①気品のあるさま。「―なふるまい」②質の良い上等の品。対①②下品(ゲヒン) 参考「ジョウボン」と読めば別の意になる。

【上布】ジョウフ 地の薄い、上等の麻織物。越後(えちご)上布など。季夏

【上聞】ジョウブン 天皇や君主に申し上げること。また、天皇や主君の耳に入ること。「―に達す」類上聴

【上品】ジョウボン 仏極楽(ゴクラク)浄土に往生(オウジョウ)する際の位を上・中・下に分けた最上位。対下品(ゲボン) 参考「ジョウヒン」と読めば別の意。

【上物】ジョウもの 上等の品物。質のよい品。「家具に―を揃(そろ)える」

【上洛】ジョウラク 地方から、都の京都へ行くこと。参考「洛」は京都の意。

【上覧】ジョウラン 天子・君主などがご覧になること。「―相撲」類天覧

【上臈】ジョウロウ ①仏年功を積んだ高位の僧。対下臈(ゲロウ) ②身分の高い者。対下臈 ③「上臈女房」の略。宮中に仕えた高位の女官。④身分の高い女性。

【上せる】のぼせる ①高いところにあげる。上のほうにあげる。「高い木に―せる」「川上に―せる」②書き載せる。「記録に―せる」③都に行かせる。④取りあげて差し出す。「話題に―せる」「山海の珍味を食膳(ショクゼン)に―せる」

【上る】のぼる ①高いところに進む。物の上に乗る。「壇上に―る」②都や貴人のところへ行く。「京へ―る」③程度・段階が上になる。「死者は百人に―った」「費用は巨額に―る」④取りあげられる。「事件が話題に―る」

〈上枝〉ほつえ 木の上のほうの枝。はつえ。対下枝(しずえ) 由来「秀(ほ)つ枝」の意から。

ジョウ【丈】(3) 一 2 常 4 3070 3E66 音ジョウ 訓たけ

筆順 一ナ丈

意味 ①尺貫法の長さの単位。尺の一〇倍。約三・〇

三ﾒｰﾄﾙ。「方丈」②たけ。身のたけ。高さ。「丈尺」「背丈」③強いこと。また、一人前の男子。「丈夫」「気丈」④年長者に対する敬称。「丈人」⑤役者の芸名に添える敬称。「団十郎丈」

下つき 頑丈ガンジョウ・気丈キジョウ・首丈くびたけ・背丈せたけ・袖丈そでたけ・万丈バンジョウ・方丈ホウジョウ

【丈夫】ジョウフ 一人前の男子。りっぱな男。「偉―」 由来 中国の周代に、一丈を男子の身長としたことから。 参考「ますらお」とも読む。また、「ジョウブ」と読めば別の意になる。

【丈夫】ジョウブ ①健康であること。「―に育つ」②しっかりしていて壊れにくいこと。「―な作りの器」 類 頑丈 参考「ジョウフ・ますらお」と読めば別の意になる。

【丈余】ジョウヨ 一丈あまり。約三ﾒｰﾄﾙあまり。「―の積雪量」

【丈六】ジョウロク ①一丈六尺、約五ﾒｰﾄﾙの高さの仏像。「―の仏」②あぐらをかくこと。「―を組む」 由来 ①尊い釈迦シャカは、人間の身長八尺の倍あったとする信仰から。②多く、仏像は足を組んでいることから。

【丈】たけ ①高さ。身長。「―の高い塀」「身の―」②長さ。「衣服の―」③ある限り。すべて。「友人に思いの―を打ち明けた」

〈丈夫〉ますらお 「丈夫ジョウフ」に同じ。 表記「益荒男」とも書く。 参考「ジョウブ」と読めば別の意になる。

ジョウ【仍】
(4) イ 2 1 4827 503B
音 ジョウ・ニョウ
訓 よる・かさなる・しきりに・なお

意味 ①よる。したがう。②かさねる。かさなる。「仍孫」③しきりに。しばしば。④なお。やはり。

【仍孫】ジョウソン 自分から数えて七代目の孫。 参考「仍」は重なる・重ねる意。

【仍って】よって そういうわけで。それだから。したがって。

【仍る】よる たよりにしてはなれない。はなれずに依存する。

ジョウ【冗】
(4) 冖 2 常 3 3073 3E69
音 ジョウ
訓 外 むだ

筆順 ' 冖 冗

意味 ①むだ。あまる。不必要な。「冗員」「冗費」②わずらわしい。くどくどしい。「冗長」「冗漫」

【冗員】ジョウイン 余っている人員。余分な人員。無駄な人員。「―を整理する」 表記「剰員」とも書く。

【冗官】ジョウカン 無駄な官職。無駄な官吏。無用の役人。

【冗句】ジョウク ①不必要な文句。余分な語句。②ふざけて言う言葉。 参考 ②英語の「ジョーク」に当てた語。

【冗語】ジョウゴ 無駄な言葉。無駄口。 表記「剰語」とも書く。

【冗談】ジョウダン ①ふざけて言う言葉や話。「―を言っている場合ではない」②ふざけてすること。冗談事。「―にもほどがある」

【冗長】ジョウチョウ 的を射ずに長たらしいこと。「―な文章で要点がつかめない」

【冗費】ジョウヒ 無駄な費用。また、無駄遣い。「赤字解消のため―をけずる」

【冗漫】ジョウマン 表現などがくどくどと、しまりがないさま。「話が―になる」

ジョウ【仗】
(5) イ 3 1 4831 503F
音 ジョウ
訓 ほこ・つわもの・まもり・よる

意味 ①ほこ。つわもの。刀や戟ほこの総称。「兵仗」②まもり。宮殿などの護衛。「儀仗」③つえ(杖)。つえをつく。④よる。たのむ。

下つき 儀仗ギジョウ・兵仗ヘイジョウ

【仗身】ジョウシン 古代、五位以上の身分の高い人についた護衛の官人。

【仗る】よる すがりたよる。頼む。よりどころにする。

ジョウ【丞】(6) 一 5 3071 3E67 ▼ショウ(七四一)

ジョウ【成】(6) 戈 2 教 3214 402E ▼セイ(八五〇)

ジョウ【条】
(7) 木 3 常 教 6 3082 3E72
音 ジョウ
訓 外 えだ・すじ

旧字《條》(11) 木 7 1/準1 5974 5B6A

筆順 ノ ク 夂 夂 夂 条 条

意味 ①えだ。小枝。「枝条」「柳条」②すじ。みちすじ。「条理」「軌条」③くだり。一つ一つ書き分けた文。「条項」「箇条」④のびる。のびのびする。「条達」⑤細長いものを数える語。「一条」

下つき 箇条カジョウ・軌条キジョウ・玉条ギョクジョウ・枝条シジョウ・信条シンジョウ・逐条チクジョウ・鉄条テツジョウ

【条】えだ こえだ。細く長いえだ。

〈条虫〉さなだむし ジョウチュウの別称。 表記「真田虫」とも書く。▼絛虫ジョウチュウ(一二五一)

【条規】ジョウキ 条文の規定。条文に書かれている規則。

【条件】ジョウケン 物事の成立や承認に必要な事柄や制約事項。「契約の―を満たす」「先方の―をのむ」

【条件反射】ジョウケンハンシャ 生物が、後天的に与えられた一定の条件に対して行うようになる反射。反射と無関係な刺激を与え続けると、無関係な刺激だけで反射が起こるようになること。

【条項】ジョウコウ 箇条書きの一つ一つの項目。 類 条目

【条書】ジョウショ 箇条書きすること。また、箇条書きにした文書。

【条達】ジョウタツ ①枝が伸びるように、四方に伸び通じること。②すじみちがはっき

りしていること。

【条約】ジョウ ヤク 国家間で互いの権利や義務を決めた約束。また、その文書。「安全保障―の締結」「二国間―を結ぶ」

【条理】ジョウ リ 物事の道理。物事のすじみち。「―にかなった言い分」「―を説く」「不―な社会」

【条例】ジョウ レイ ①地方公共団体が定める法規。「市議会の議決により―を制定する」②箇条書きにした法令。表記②「条令」とも書く。

【△条】すじ みちすじ。物事のすじみち。道理。「―を明確に示す」

ジョウ【★杖】(7) 木 3 準1 3083 3E73 音 ジョウ 訓 つえ

意味 ①つえ。つえをつく。「錫杖(シャクジョウ)」②よる。たのむ。類①②仗(ジョウ) ③うつ。つえで打つ刑罰。「杖刑」

下つき 鳩杖(キュウジョウ)・錫杖(シャクジョウ)・笞杖(チジョウ)・頬杖(ほおづえ)

【▲杖刑】ジョウ ケイ 律令(リツリョウ)制で、五刑の一つ。荊(いばら)や竹の棒で罪を犯した者の尻(しり)を打つ刑罰。杖罪。

【▲杖】つえ ①手に持って、歩行の助けとする棒。「転ばぬ先の―」②頼みとするもの。「息子を―と頼む」③昔、罪人を打った棒。

【▲杖に▲縋(すが)るとも人に▲縋るな】どんなときにも自分自身の努力を忘れるなという戒め。安易に他人を当てにしてはいけないということ。

【▲杖に泣く】親を思う気持ちが深いこと。故事 中国、漢の韓伯兪(カンハクユ)は大人になって母にむち打たれたが、母が老いて力が衰えたので昔のように痛くなかったことを知り、悲しんで泣いたという故事から。〈説苑(ゼイエン)〉

ジョウ【状】(7) 犬 3 常 教 6 3085 3E75 音 ジョウ 訓 外かたち・かきつけ

旧字《狀》(8) 犬 4 1/準1 8774 776A

し ジョウ

筆順 丨 丬 丬 丬 壮 状 状

意味 ①かたち。すがた。「環状」「形状」「扇状」②ようす。ありさま。なりゆき。「状況」「状態」「情状」③かきつけ。手紙。「賀状」「訴状」

下つき 異状(イジョウ)・回状(カイジョウ)・賀状(ガジョウ)・窮状(キュウジョウ)・凶状(キョウジョウ)・行状(ギョウジョウ)・形状(ケイジョウ)・現状(ゲンジョウ)・口状(コウジョウ)・罪状(ザイジョウ)・惨状(サンジョウ)・実状(ジツジョウ)・症状(ショウジョウ)・賞状(ショウジョウ)・情状(ジョウジョウ)・書状(ショジョウ)・扇状(センジョウ)・訴状(ソジョウ)・白状(ハクジョウ)・波状(ハジョウ)・病状(ビョウジョウ)・別状(ベツジョウ)・名状(メイジョウ)・免状(メンジョウ)・令状(レイジョウ)・礼状(レイジョウ)

【△状】かたち ものの ようすやすがた。また、ありさまやおもむき。

【状況】ジョウ キョウ その場、その時の移り変わる物事のようす。「―を正しく判断する」表記「情況」とも書く。

【状差し】ジョウ さし 受け取った手紙やはがきなどの書状を差しておく入れ物。多く、柱や壁に掛けて用いる。

【状勢】ジョウ セイ 変化する将来における現状や、近い将来に予想されるなりゆき。「―は混沌(コントン)としている」表記「情勢」とも書く。

【状態】ジョウ タイ 移り変わる物事や人のようす。また、そのときのありさま。「経済―」表記「情態」とも書く。

【状箱】ジョウ ばこ ①手紙や書状を入れる箱。②昔、手紙を入れて使者に持たせた小箱。類①②文箱(ふばこ)

ジョウ【定】(8) 宀 5 教 3674 446A ▼テイ(一〇八九)

ジョウ【▲帖】(8) 巾 5 3601 4421 ▼チョウ(一〇五五)

ジョウ【▲狀】(8) 犬 4 8774 776A ▼状の旧字(七七二)

ジョウ【乗】(9) ノ 8 常 教 8 3072 3E68 音 ジョウ 外ショウ 訓 のる・のせる

旧字《乘》(10) ノ 9 1/準1 4811 502B

筆順 一 二 三 千 乒 乓 乗 乗 乗

意味 ①のる。のせる。「乗員」「乗降」「搭乗」対降 ②機会につけこむ。「便乗」③数学で、かけ算。「乗法」「累乗」対除 ④仏教で、人々を彼岸に導くこと。「大乗」「小乗」

下つき 騎乗(キジョウ)・下乗(ゲジョウ)・史乗(シジョウ)・自乗(ジジョウ)・小乗(ショウジョウ)・相乗(ソウジョウ)・大乗(ダイジョウ)・添乗(テンジョウ)・搭乗(トウジョウ)・同乗(ドウジョウ)・便乗(ビンジョウ)・分乗(ブンジョウ)・野乗(ヤジョウ)・累乗(ルイジョウ)

【乗降】ジョウ コウ 乗り物に乗ることと降りること。のりおり。「名古屋駅で―する人々」「―客」

【乗▲冪】ジョウ ベキ 同じ数や文字・式を何回か掛け合わせること。また、掛けたその積。冪。類累乗

【乗法】ジョウ ホウ 二つ以上の数字を掛け合わせ、積を求める計算法。かけ算。対除法

【乗務員】ジョウ ムイン バスや電車などに乗りこみ、運転や乗客の世話をする人。

【乗▲輿】ジョウ ヨ ①天皇の乗り物。②行幸(ギョウコウ)中の天皇を敬っていう語。参考「輿」はこしの意。

【乗る】の-る ①乗物に身を置く。「車に―る」②のぼる。「猫がひざに―る」③調子があう。また、盛んになる。「気が―る」④運ばれる。「電波に―る」「風に―る」⑤加わる。「話に―る」「誘いに―る」⑥よくつく。なじむ。「あぶらが―る」

【乗りかかった船】かかわった以上、中途で手を引くわけにはいかないたとえ。いったん岸を離れた船からは、途中で降りることができない意から。「―だから、最後まで面倒をみよう」

ジョウ【城】(9) 土 6 常 教 7 3075 3E6B 音 ジョウ 外セイ 訓 しろ 外き

旧字《城》(10) 土 7 1/準1

筆順 一 十 土 圢 圢 坊 城 城 城

意味 ①しろ。とりで。「城主」「城塞」「宮城」②城壁で囲まれた都市。「城下」「城都」「城府」③「山城の国」の略。「城州」

下つき 王城・開城・牙城・干城・宮城・金城・京城・傾城・古城・築城・長城・登城・入城・平城・落城

【城】き 「城」に同じ。

【城郭・城廓】ジョウカク ①城の外側の囲い。②「城」に同じ。「りっぱな―を構えた城」類城楼

【城閣】ジョウカク 城の物見やぐら。

【城下の盟】ジョウカのちかい 城の下まで攻めこまれて、やむをえず結ぶ屈辱的な講和条約。〈『春秋左氏伝』〉参考「盟」は「メイ」とも読む。

【城下町】ジョウカまち 武家時代、大名や領主の居城のまわりに発達した町。城下。

【城狐社鼠】ジョウコシャソ 権力者のかげにかくれて、悪事をはたらく者のこと。城や社という安全な場所にかくれすんで、さまざまな悪さをするキツネやネズミの意から。〈『晋書』〉参考「社鼠城狐」ともいう。

【城塞・城砦】ジョウサイ 城と城の外敵を防ぐためのとりで。「堅固な―を築く」類城堡

【城柵】ジョウサク 城のまわりにめぐらす囲い。とりで。

【城址・城趾】ジョウシ 城のあったあと。類城跡

【城跡・城蹟】ジョウセキ 「城址」に同じ。

【城代】ジョウダイ ①城主の代わりに城を守る家臣の長。②徳川幕府での職名。決められた城の警備などを取りしきった。③「城代家老」の略。江戸時代、城をもつ大名の留守中、その政務をつかさどった家老。

【城府】ジョウフ ①都市。郡府。②都市の囲い。③仕切り。へだて。「―を設けず」参考昔、中国の都市は城壁で囲まれていたことから。

【城堡】ジョウホ 「城塞」に同じ。参考「ジョウホ」とも読む。「堡」は土や小石でつくったとりでの意。

【城邑】ジョウユウ 城壁で囲まれた町。都市。参考「邑」はむら・都の意。

【城塁】ジョウルイ ①城の周囲に土で作った垣。②城。とりで。

【城楼】ジョウロウ 城の物見やぐら。類城閣

【城】しろ ①外敵を防ぐための堀や垣をめぐらせた建築物。城郭。②他人の介入を許さない、自分だけの領域のたとえ。「書斎は私の―だ」参考①「き」とも読む。

【城楼棚】セイロウだな ①茶席に用いる棚物の一種。袋棚を半分にしたもの。半切棚。②違い棚の一種。棚板の中央を一段高くしたもの。書院造の正式な棚。表記「西楼棚」とも書く。

ジョウ【拯】(9) 扌 6 1 5746 594E

訓 すくう・たすける 音 ジョウ・ショウ

意味 すくう。たすける。類丞

【拯う】すくう 引き上げてたすける。落ちこんだ所から引き上げてやる。

ジョウ【浄】(9) 氵 6 常 準2 3084 3E74

訓 外きよい 音 ジョウ

旧字《淨》(11) 氵 8 1/準1 6238 5E46

筆順 丶 冫 氵 氵 氵 氵 浄 浄 浄

意味 ①きよい。きよらか。「浄土」「浄財」②きよめる。「浄化」「洗浄」

下つき 自浄・清浄・洗浄・不浄

【浄い】きよい 澄んでいる。また、けがれや汚れがなく、きよらかなさま。

【浄める】きよめる けがれや汚れを取り去ること。きれいにすること。

【浄衣】ジョウエ ①白い衣服。白無垢。②僧が着る白衣。③神事や祭事に着る白衣。斎服。参考「ジョウイ」とも読む。

【浄化】ジョウカ ①汚れを取り去り、きれいにすること。「―設備」②社会や風俗の悪を取り去り、正しく明るいものにすること。「政治の―」③哲学や心理学などで、それぞれの方法で心のなかをきよめること。カタルシス。

【浄界】ジョウカイ ①寺社などのきよらかな場所。②仏浄土。

【浄海坊】ジョウカイボン ジョウカイボン科の甲虫の総称。体は細長くカミキリムシに似るが、小さい。体色は黄・赤・黒など。

【浄机・浄几】ジョウキ ちりや汚れなどがついていない、きれいなつくえ。また、書斎などの整っているようす。「明窓―（落ちついて勉強のできる、清潔な書斎）」

【浄財】ジョウザイ 寺社または社会事業などに寄付する金銭。「本堂修理の―を集める」

【浄書】ジョウショ 下書きなどをきれいに書き直すこと。類清書・浄写

【浄水】ジョウスイ ①きれいな水。衛生上無害な水。「―装置」②神社で、参拝の前に手を洗ったり、口をすすいだりしてきよめる水。

【浄土】ジョウド ①仏仏がいる苦しみのない安楽の世界。極楽浄土。西方浄土。対穢土 ②「浄土宗」の略。念仏をとなえることで極楽浄土への往生を願う宗派。

【浄玻璃】ジョウハリ ①きよらかにすきとおった水晶やガラス。②仏「浄玻璃の鏡」の略。地獄の閻魔がいる所にあり、死者の生前の行いを映しだす鏡。転じて、だますことので

し

ジョウ

きない眼識。

【浄福】ジョウフク ①きよらかな幸福。②仏仏を信じることで得られる幸福。

【浄瑠璃】ジョウルリ 三味線を伴奏とする語り物の総称。特に、義太夫節(ぎだゆうぶし)。人形芝居と組み合わせたものは、人形浄瑠璃とも呼ばれる。

ジョウ【★茸】(9) 艹6 準1 3491/427B 音ジョウ 訓きのこ・たけ・しげる・ふくろづの

意味 ①きのこ。たけ。「椎茸(しいたけ)」「松茸」②しげる。草が生いしげるさま。「茸茸」③シカの古い角が落ちて、そのあとに生えるやわらかい角。ふくろづの。

下つき 榎茸(えのきだけ)・椎茸(しいたけ)・初茸(はつたけ)・松茸(まつたけ)・蒙茸(モウジョウ)・鹿茸(ロクジョウ)

【茸】きのこ 大形菌類の総称。胞子で繁殖し、木の下や木の皮などに生ずる。ふつう傘状。マツタケやシイタケのように食用になるものと、テングタケのように有毒なものがある。季秋

【▲茸▲茸】ジョウジョウ 草が盛んに茂るさま。「夏草が―と生い茂る」

【▲茸】たけ 「茸(きのこ)」に同じ。

【茸狩り】たけがり 林や森・山などに入り、食用のきのこを採集すること。きのこ採り。きのこ狩り。季秋

ジョウ【▲乘】(10) ノ9 4811/502B ▼乗の旧字(七七二)

ジョウ【▲城】(10) 土7 ▼城の旧字(七七二)

ジョウ【△娘】(10) 女7 常 4428/4C3C ▼むすめ(一四六五)

ジョウ【烝】(10) 灬6 1 6363/5F5F 音ジョウ・ショウ 訓むす・すすめる・もろもろ・まつり

意味 ①むす。むれる。むしあつい。「烝矯」②すす(進)める。献上する。③もろもろ。数が多い。「烝民」 類①③蒸 ④まつり。冬の祭り。「烝祭」

【▲烝民】ジョウミン 多くの人民。庶民。万民。類黎民 表記「蒸民」とも書く。

【▲烝す】むす 湯気を当てて熱する。ふかす。表記「蒸す」とも書く。

ジョウ【剰】(11) 刂9 常 準2 3074/3E6A 音ジョウ 訓外あまる・あます・あまつさえ

旧字《剩》(12) 刂10 1/準1 4984/5174

筆順 一 二 三 千 乒 乖 乗 乗 乗 剰 11

意味 あまる。あます。多すぎて残る。あまり。残り。「剰余」「過剰」

下つき 過剰(カジョウ)・余剰(ヨジョウ)

【△剰え】あまつさえ それだけでなく。そのうえに。多く、悪い事柄の場合に用いる。「雨が激しくなり―日も暮れてきた」参考「剰(あま)りさえ」の転じた語。

【△剰る】あまる 十分以上にある。ありあまる。「人手が―る」

【剰員】ジョウイン あまって無駄な人員。表記「冗員」とも書く。

【剰余】ジョウヨ ①あまり。余分。「―金は次年度に繰り越します」類余剰 ②割り算で、割り切れないで残った数。

ジョウ【常】(11) 巾8 常 教 6 3079/3E6F 音ジョウ 訓つね・とこ高

筆順 ⺌ ⺌ 尚 尚 常 7 常 常

意味 ①つね。いつも。いつまでも変わらない。「常時」「平常」②ふつう。ありきたり。なみ。「常識」「常人」「尋常」③とこ。つねに変わらない意の接頭語。「常夏(とこなつ)」「常闇(とこやみ)」④「常陸(ひたち)の国」の略。「常州」

下つき 異常(イジョウ)・経常(ケイジョウ)・恒常(コウジョウ)・尋常(ジンジョウ)・正常(セイジョウ)・通常(ツウジョウ)・日常(ニチジョウ)・非常(ヒジョウ)・平常(ヘイジョウ)

【常温】ジョウオン ①つねに一定で変わらない温度。「倉庫内を―に保つ」②一年中の平均の温度。「―は何度ですか」③ふつうの温度。「冷蔵庫でなく―で保存してください」

【常軌】ジョウキ ふつうのやり方。「時々―を逸(イッ)した行動をとる」類常道

【常勤】ジョウキン 毎日一定の時間勤務すること。また、その人。「―講師」対非常勤

【常座】ジョウザ ①つねにきまった人がすわる座席。②能舞台で、シテがすわり、つねに動きの起点となるところ。

【常山の蛇勢】ジョウザンのダセイ ①兵法で、前衛・後衛、右翼・左翼などが互いに協力して攻めたり守ったりすること。②物事や文章の形式が整っていること。故事 孫子が、常山にすむ率然(ソツゼン)というヘビは、頭を打たれれば尾が、尾を打たれれば頭が、胴を打たれれば頭と尾がそれぞれ助け、危害を防ぎ合ったという例をあげて兵法を説いた故事から。《孫子》

【常時】ジョウジ ふだん。いつも。つねに。「血圧の薬は―手放さない」

【常識】ジョウシキ 一般の人が共通にもっている、また、もつべき知識や判断力。「―はずれの行動」

【常習】ジョウシュウ いつものくせ・習慣。特に、悪い事柄にいう。「遅刻の―犯」

【常住▲坐▲臥】ジョウジュウザガ ふだん。いつも。すわっているときも寝ているときもの意から。参考「常住」と「行住坐臥」の混同からできた語。

【常住不断】ジョウジュウフダン 絶えることなくずっと続いていること。「常住」は仏教語で、生滅することなく永遠に存在すること。

【常食】ジョウショク ひごろ食べていること。また、その食べ物。「日本では米を―とする」

【常人】ジョウジン ふつうの人。「―には理解できない論理」類凡人 参考「ジョウニン」

とも読む。

【常設】ジョウセツ いつも設けてあること。「―の委員会」「美術館の―展示品」

【常態】ジョウタイ ふつうの状態。ふだんのようす。「勤務を年末態勢から―に戻す」

【常駐】ジョウチュウ いつも一定の場所に駐在していること。「管理人が―している」

【常▲套】ジョウトウ きまりきったこと。ありふれたこと。「―文句」参考「套」はありきたりの意。

【常▲套手段】ジョウトウシュダン いつもと同じやり口のこと。「まず相手を威嚇する、それが彼の―だ」

【常道】ジョウドウ ①人が常に守るべき道。②ふつうのやり方。類常軌

【常任】ジョウニン いつもその任務に当たること。「―理事」

【常備】ジョウビ いつもそなえていること。また、そのもの。「―薬」

【常民】ジョウミン 世間一般の人々。庶民。「―文化」参考多く、民俗学で用いる語。

【常務】ジョウム ①日常のつとめ。ふだんの仕事。②「常務取締役(とりしまりヤク)」の略。株式会社の日常業務を取り締まる役職。

【常宿】ジョウやど 毎回決まって宿泊する宿。泊まりつけの宿。「出張先の―」表記「定宿」とも書く。

【常夜灯】ジョウヤトウ 一晩中つけているあかり。常灯。類終夜灯

【常用】ジョウヨウ 日常いつも使っていること。また、毎日続けて使うこと。「―漢字」「胃薬を―する」

【常▲傭】ジョウヨウ いつもやとっていること。じょうやとい。

【常用漢字】ジョウヨウカンジ 一般社会や公文書で、漢字使用の目安として「常用漢字表」にあげられた漢字。一九八一(昭和五六)年に一九四五字として内閣告示。それまでの当用漢字にかわった。その後、二〇一〇(平成二二)年に一九六字を追加、五字を削除した二一三六字が告示された。

【常緑樹】ジョウリョクジュ 一年を通じてつねに葉が緑色である樹木。マツ、スギ、ツバキなど。常磐(ときわ)木。対落葉樹

【常連】ジョウレン ①いつも一緒に行動する仲間。②いつも決まって店などに出入りする客。類常客 表記「定連」とも書く。

【常】つね ①いつも変わらないこと。②ふだん。日ごろ。「―の出勤時間」③きまり。ならわし。「人の世の―」④ふつう。平凡。「―の人」

〈常▲磐〉・〈常盤〉ときわ ①永久に変わらないこと。②木の葉が一年中緑色であること。「―の松」由来「とこいわ」の転じたもので、永久に形が変わらない岩の意から。

〈常▲磐〉色 ときわいろ こい黄色がかった緑色。くすんだ緑色。

〈常▲磐〉木 ときわぎ 「常緑樹」に同じ。

〈常▲磐津〉ときわず 「常磐津節(ぶし)」の略。浄瑠璃(ジョウルリ)の一派。由来江戸中期に常磐津文字太夫(たゆう)が始めたことから。

【常】とこ 永遠に変わらないこと。いつまでも変わらないこと。「―夏」

【常しえ】とこしえ いつまでも変わることなく続くこと。とこしなえ。「―に眠る(死ぬ)」表記「長しえ・永久」とも書く。

【常夏】とこなつ 一年中、夏のような気候であること。「―の島でバカンスを楽しむ」

【常滑焼】とこなめやき 愛知県常滑市の付近で産する陶磁器。質はあらいが堅い。鎌倉時代に盛んになった。

【常春】とこはる 一年中春のような気候であること。「―の国はいつも花盛りだ」

【常節】とこぶし ミミガイ科の巻貝。アワビに似ているが小さく、殻の表面は緑褐色。日本全国に分布し、食用。小鮑(あわびこ)。季春

【常闇】とこやみ 永久に真っ暗なこと。永遠のやみ。類常夜(とこよ)

【常世】とこよ ①永久に変わらないこと。永遠。「―の愛を誓う」②「常世の国」の略。

【常世の国】とこよのくに ①容易に行けないと考えられていた遠い異郷。常世。②不老不死の国。仙境。③死後の国。あの世。

〈常歩〉なみあし 馬術で、ウマの歩ませ方のなかでもっとも速度の遅いもの。表記「並足」とも書く。

〈常陸〉ひたち 旧国名の一つ。現在の茨城県。常州(ジョウシュウ)。

ジョウ 【情】 (11) 忄8 教 常 6 3080 3E70 音 ジョウ・セイ(高) 訓 なさけ (外)こころ・おもむき

旧字《情》(11) 忄8 1/準1

筆順 … 情 11

意味 ①こころ。きもち。「情熱」「感情」②なさけ。まごころ。思いやり。「情愛」「友情」③異性間の愛。「情事」「慕情」④ありさま。ようす。「情景」「情勢」⑤おもむき。あじわい。「情趣」「風情(フゼイ)」

下つき 愛情(アイジョウ)・温情(オンジョウ)・感情(カンジョウ)・苦情(クジョウ)・交情(コウジョウ)・私情(シジョウ)・事情(ジジョウ)・実情(ジツジョウ)・純情(ジュンジョウ)・叙情(ジョジョウ)・心情(シンジョウ)・真情(シンジョウ)・政情(セイジョウ)・世情(セジョウ)・多情(タジョウ)・直情(チョクジョウ)・陳情(チンジョウ)・敵情(テキジョウ)・同情(ドウジョウ)・内情(ナイジョウ)・人情(ニンジョウ)・熱情(ネツジョウ)・薄情(ハクジョウ)・発情(ハツジョウ)・非情(ヒジョウ)・風情(フゼイ)・慕情(ボジョウ)・民情(ミンジョウ)・無情(ムジョウ)・友情(ユウジョウ)・欲情(ヨクジョウ)・余情(ヨジョウ)・旅情(リョジョウ)・恋情(レンジョウ)・憐情(レンジョウ)

【△情】こころ 喜怒哀楽などの気持ち。感情。「―を込める」「―が通い合う」

【情愛】ジョウアイ 互いに愛し合う気持ち。いつくしみ。類愛情

【情意】ジョウイ 感情と意志。心中の思い。

【情意投合ジョウイトウゴウ】気持ちが通じ合うこと。「話しているうちに―した」類意気投合

【情炎ジョウエン】炎のようにもえあがった激しい欲情。「―に身を焼かれる」

【情感ジョウカン】物事に接したときに起きる気持ちや心の動き。「―あふれる演奏」「―を込めて歌う」類感情

【情宜・情▲誼ジョウギ】友人や師弟間など、交遊における情愛。よしみ。「―に厚い人」類交誼

【情義ジョウギ】人情と義理。「―を欠く」書きかえ「情誼」の書きかえ字。

【情▲誼ジョウギ】▼書きかえ 情義

【情況ジョウキョウ】移り変わる物事のようす。「―判断」表記「状況」とも書く。

【情景ジョウケイ】見る人の心を動かす場面や光景。「美しい―」「―描写」

【情交ジョウコウ】親しい交わり。特に、男女の肉体的交わり。「―を結ぶ」

【情死ジョウシ】愛し合う男女が、合意のもとで一緒に自殺すること。類心中

【情事ジョウジ】男女間の恋愛や情愛に関すること。いろごと。また、特に肉体的交わりを指す。

【情実ジョウジツ】私的な利害や感情がからみ、公正で客観的な判断ができないこと。「―にとらわれた人事」

【情趣ジョウシュ】しみじみとした気分や味わい。おもむき。「―に富んだ風景」類風情フゼイ・情致・情味

【情緒ジョウショ】①物事に接して起こるさまざまな感情。また、その対象のもつ雰囲気。「江戸下町の―を今も伝える」②「情動」に同じ。「―不安定」参考「ジョウチョ」は慣用読み。

【情緒▲纏綿ジョウショテンメン】いつまでも心にまつわる、しみじみとした感情のこと。「―とした名場面」

【情状ジョウジョウ】①実際の事情。ありさま。②刑罰の決定などに際し、考慮される一切の事情。

【情状酌量ジョウジョウシャクリョウ】同情すべき事情を考慮して、刑や罰を軽くすること。刑事裁判で使う法律用語。「―して執行猶予をつける」

【情勢ジョウセイ】物事が変化していくありさま。なりゆき。「世界―を見極める」表記「状勢」とも書く。

【情操ジョウソウ】芸術・道徳・宗教などに対する高尚で豊かな感情。「―教育」

【情態ジョウタイ】自分の心のようす。感情のありさま。また、物事のありさま。「危険な―」表記「状態」とも書く。

【情致ジョウチ】味わいあるおもむき。類風情フゼイ・情趣「―豊かな町並が続く」

【情痴ジョウチ】色情に迷い理性を失うこと。「―の限りを尽くす」

【情調ジョウチョウ】①おもむきや雰囲気、気分。類情緒 ②感覚に伴って起こる感情。喜怒哀楽や快・不快など。

【情動ジョウドウ】一時的に起こる急激な感情。驚き・悲しみ・喜び・怒りなど。類情緒

【情人ジョウニン】配偶者以外の愛人。情交関係にある人。いろ。参考「ジョウジン」とも読む。

【情熱ジョウネツ】物事に向かって燃え上がるような激しい感情。「趣味の模型作りに―を傾ける」「―家」類熱情

【情念ジョウネン】心にわき起こる、抑えきれない強い感情や思い。「―にとらわれる」「―がわき上がる」

【情夫ジョウフ】正式の夫以外の愛人。また、内縁関係にある男性。かくしおとこ。

【情婦ジョウフ】正式の妻以外の愛人。また、内縁関係にある女性。

【情報ジョウホウ】①物事の内容や事情についての知らせ。「―が流れる」②判断や行動のために役立つ知識や資料。「―検索」

【情味ジョウミ】①味わい。おもむき。「―に欠ける」類情趣 ②温かい気持ち。思いやり。「―ある言葉」

【情欲・情▲慾ジョウヨク】①男女間の性的欲望。類愛欲・色欲 ②仏むさぼり、こだわる心。

【情理ジョウリ】人情と道理。「―を尽くす(人情を込めながら道理を通す)」

【情けなさけ】①思いやりの心。哀れみ。「―深い人」「―は人の為ためならず」②男女の情愛。また、情事。「―を交わす」

【情けが▲仇あだ】好意でしたことが、かえって相手によくない結果となること。類慈悲が仇あだになる

【情けに刃向はむかう▲刃やいばなし】情けをかけられれば、だれもが敵意を抱いたり、抵抗したりすることができなくなる。類仁者ジンシャに敵なし

【情けは人の▲為ためならず】他人に情けをかけることは、巡り巡ってやがて自分に帰ってくる。人に親切にしておけば、必ずよい報いがあるという教え。

ジョウ【★掟】(11) 扌8 1 5761/595D 音ジョウ・テイ 訓おきて・さだめ

意味 おきて。きまり。さだめ。

【▲掟おきて】①取り決め。しきたり。多く、仲間内で決めごとをいう。「―を破る」②法律。「国の―にしたがう」

ジョウ【▲條】(11) 木7 5974/5B6A ▼条の旧字(七七一)

ジョウ【▲淨】(11) 氵8 6238/5E46 ▼浄の旧字(七七三)

ジョウ【盛】(11) 皿6 教 3225/4039 ▼セイ(八六一)

ジョウ【▲剩】(12) 刂10 4984/5174 ▼剰の旧字(七七四)

ジョウ【場】(12) 土9 常 教 9 3076 3E6C 音 ジョウ 訓 ば

筆順 一 十 土 圠 圸 坦 坦 坦 場 場

意味 ①ば。ところ。事が行われる所。「会場」「戦場」②とき。おり。「場合」「急場」③劇の一くぎり。ば。「一幕二場」

下つき 足場(あしば)・穴場(あなば)・会場(カイジョウ)・議場(ギジョウ)・休場(キュウジョウ)・球場(キュウジョウ)・急場(キュウば)・教場(キョウジョウ)・漁場(ギョジョウ・ギョば)・刑場(ケイジョウ)・劇場(ゲキジョウ)・欠場(ケツジョウ)・現場(ゲンジョウ・ゲンば)・工場(コウジョウ・コウば)・祭場(サイジョウ)・斎場(サイジョウ)・酒場(さかば)・式場(シキジョウ)・市場(シジョウ・いちば)・磁場(ジジョウ・ジば)・宿場(シュクば)・出場(シュツジョウ)・上場(ジョウジョウ)・職場(ショクば)・砂場(すなば)・戦場(センジョウ)・相場(ソウば)・退場(タイジョウ)・立場(たちば)・登場(トウジョウ)・道場(ドウジョウ)・夏場(なつば)・入場(ニュウジョウ)・農場(ノウジョウ)・墓場(はかば)・馬場(ばば)・飯場(ハンば)・広場(ひろば)・牧場(ボクジョウ・まきば)・満場(マンジョウ)・役場(ヤクば)・山場(やまば)・浴場(ヨクジョウ)・来場(ライジョウ)・臨場(リンジョウ)・霊場(レイジョウ)

【場裏・場▲裡】ジョウリ ある場所や会場のうち。また、あることが行われている範囲のうち。「社会競争の―」

【場】ば ①場所。居所。「生活の―」「話し合いの―をもつ」②場合。段階。「―に挑む」③演劇などの場面。「第二幕第三―」

【場合】ばあい ①ある状況になったとき。おり。「雨天の―は中止する」「合格の―は通知します」②事情や事態。ケース。「時と―によっては」「遊んでいる―ではない」

【場当たり】ばあたり ①演劇などで、その場の機転で喝采(カッサイ)を得ること。「―をねらった所作」②その場の思いつきで物事を行うこと。「―的な政策が批判される」

【場数】ばかず ①場所の数。②経験の数。「―を踏む」(多数の経験を積む)

【場所】ばショ ①ところ。位置。「家具を置く―を決める」②居所。席。「見物の―を確保する」③相撲の興行。また、その期間。「―入り」「夏―の番付」

【場末】ばすえ 町の中心から離れた所。うらぶれた場所。「―の酒場」

【場立ち】ばたち 証券取引所などで、会員会社から立会場に派遣されて売買をする人。参考「ばだち」とも読む。現在では機械化が進み、立会場も廃止、場立ちによる売買取引は行われていない。

ジョウ【畳】(12) 田7 常 4 3086 3E76 音 ジョウ 外チョウ 訓 たたむ・たたみ 外かさねる

旧字《疊》(22) 田17 1/準1 6540 6148

筆順 冂 罒 田 田 田 甲 畀 畀 畳 畳

意味 ①たたむ。かさねる。かさなる。「畳語」「重畳」②たたみ。また、たたみを数える語。

下つき 層畳(ソウジョウ)・重畳(ジュウジョウ・チョウジョウ)・半畳(ハンジョウ)

【畳韻】ジョウイン 漢字二字の熟語で同じ韻字を重ねるもの。「逍遥(ショウヨウ)」「彷徨(ホウコウ)」など。

【畳語】ジョウゴ 同じ単語を重ねてつくった語。「くにぐに」「ひとびと」「さきざき」「かえすがえす」など。

【畳字】ジョウジ 同じ字を重ねて書くときに、あとの字の代わりに用いる符号。「ヽ」「々」など。

【畳用】ジョウヨウ 同じ言葉などを重ねて用いること。繰り返して使うこと。

【畳】たたみ ①わらを芯(シン)にし、イグサを織ったものを表に張った厚い敷物。和室に用いる。②下駄・草履などの表に張る薄い敷物。

【畳の上の水練】実地の訓練がなければ、実際の役に立たないことのたとえ。類畳の上の陣立(ジンだ)て・机上の空論

【畳む】たたむ ①折り重ねる。「布団を―む」②すぼめる。「傘を―む」③かたづける。転じて、おしまいにする。「店を―む」④隠す。「胸に秘密を―む」⑤やっつける。殺す。「あいつを―んでしまえ」参考⑤は俗な言い方。

〈畳紙〉たとうがみ ①折りたたんで懐(ふところ)に入れ、詩歌の下書きや鼻紙などに用いる紙。懐紙(カイシ)。②厚い和紙に渋や漆(うるし)などを塗り、折り目をつけて衣服を包むのに用いる紙。表記「帖紙」とも書く。参考「たたみがみ」の転じたもの。

ジョウ【嫋】(13) 女10 1 5330 553E 音 ジョウ 訓 たおやか・しなやか・そよぐ

意味 ①たおやか。しなやかで美しいさま。「嫋娜(ジョウダ)」②そよぐさま。風にゆらぐさま。

【▲嫋▲嫋】ジョウジョウ ①しなやかなさま。「―とした乙女」②風がそよそよと吹くようす。「―たる微風」③音声が細く長く続くさま。「―とした余韻」

【▲嫋▲娜】ジョウダ しなやかで美しいさま。なよなよとしたさま。

【▲嫋やか】たおやか なよなよとして美しいさま。「―な柳の枝」

ジョウ【▲絛】(13) 糸7 6922 6536 ▼トウ(二五二)

ジョウ【蒸】(13) 艹10 常 教 5 3088 3E78 音 ジョウ 訓 むす 中 むれる 中 むらす 中 外 ふかす・ふける・おおい

筆順 一 十 廾 艹 芋 芽 茅 菉 菉 蒸

意味 ①むす。むれる。むらす。ふかす。ふける。「蒸気」「蒸留」②もろもろ。おお(多)い。「蒸民」類①烝

下つき 炎蒸(エンジョウ)・薫蒸(クンジョウ)

【蒸気・蒸汽】ジョウキ ①液体の蒸発、固体の昇華により生じる気体。②水蒸気。ゆげ。③「蒸気船」「蒸気機関」の略。ともに蒸気の力で動く。

【蒸散】ジョウサン 植物の体内の水分が気孔を通って、水蒸気として蒸発すること。

【蒸暑】ジョウショ むし暑いこと。「―厳しく勉学の気も失(う)せる」類溽暑(ジョクショ)

【蒸発】ジョウハツ ①液体が気体になる現象。「水たまりの水が―する」②人がふいに姿を消すこと。家出して行方がわからなくなること。「妻が―する」

【蒸民】ジョウミン 多くの人民。民衆。庶民。万民。表記「烝民」とも書く。参考「蒸」は多い意。

【蒸留】ジョウリュウ 液体を熱して気体とし、再び冷やして液体にすること。「―水」書きかえ「蒸溜」の書きかえ字。

【蒸▲溜】ジョウリュウ ▼書きかえ 蒸留

〈蒸籠〉せいろう 底に簀(す)を敷き、釜(かま)の上にのせて食品に蒸気を当てる道具。まんじゅうなどを蒸すのに用いる。せいろ。

【△蒸かす】ふかす 湯気を当てて柔らかくする。「おやつに芋を―して食べる」

【蒸し返す】むしかえす ①蒸した物をもう一度蒸す。②結論が出た問題をもう一度問題にする。「決まった話を―すな」

【蒸す】むす ①気温と湿度が高く、暑くて不快に感じる。「今日はだいぶ―すようだ」②湯気を当てて熱する。ふかす。「お祝いに赤飯を―す」

【蒸らす】むらす むれるようにする。「最後にご飯を二〇分間―す」

【蒸れる】むれる ①湯気や熱が十分にとおる。「ご飯が―れる」②温度が高く湿気がこもる。「その革靴は足が―れるので困る」

ジョウ【▲滌】(14) 氵11 6294 5E7E ▼デキ(一一〇三)

ジョウ【静】(14) 青6 教 3237 4045 ▼セイ(八六八)

ジョウ【縄】(15) 糸9 常 7 3876 466C 音 ジョウ 中 訓 なわ 外 ただす

旧字《繩》(19) 糸13 1/準1 6974 656A

筆順 ⺊ 幺 糸 紀 紹 縄 縄 縄 縄

意味 ①なわ。「縄文」「捕縄」②すみなわ。直線を引くための大工道具。「縄墨」③のり。法則。標準。「規矩準縄(キクジュンジョウ)」④ただす。悪事を調べ正す。「縄正」

下つき 結縄(ケツジョウ)・準縄(ジュンジョウ)・捕縄(ホジョウ)

【縄文】ジョウモン ひもやなわで土器の表面につけた文様(モンヨウ)。「―土器」「―時代」

【縄】なわ わらや麻などの植物繊維あるいは化学繊維をより合わせて作るひも。「―をなう」「―に掛かる(犯罪人がつかまる)」

【縄抜け・縄△脱け】なわぬけ なわでしばられている人が、そのなわをはずして逃げること。また、その人。「容疑者に―される大失態」

【縄〈暖▲簾〉】なわのれん ①なわを何本も垂らしてのれんとしたもの。なわすだれ。②①が店先にかかっていたことから、居酒屋や一膳(ゼン)飯屋のこと。

【縄張】なわばり ①なわを張って境界や位置を決めること。②特定の動物が他の動物の侵入を許さない一定の占有地域。また、博徒や暴力団の勢力範囲。「―争い」③よく知っていてくわしい場所や事柄。専門領域。

ジョウ【蕘】(15) 艹12 1 7293 687D 音 ジョウ 訓 たきぎ・しば・きこり・くさかり

意味 ①たきぎ。しば。燃料用の干し草。②きこり。しばかり。くさかり。

下つき 芻蕘(スウジョウ)

【▲蕘】たきぎ 燃料用のしば(柴)。細いたきぎ。また、干し草。

ジョウ【諚】(15) 言8 国 1 7560 6B5C 音 ジョウ 訓 おおせ・おきて

意味 ①おおせ。上からの命令。「勅諚」②おきて(掟)。

下つき 御諚(ゴジョウ)・勅諚(チョクジョウ)・優諚(ユウジョウ)

ジョウ【壌】(16) 土13 常 準2 3077 3E6D 音 ジョウ 訓 外 つち

旧字《壤》(20) 土17 1/準1 5265 5461

筆順 一 十 土 圹 垶 垶 壊 壌 壌 壌

意味 ①つち。耕作に適した土地。「壌土」②大地。国土。「天壌」

下つき 撃壌(ゲキジョウ)・霄壌(ショウジョウ)・天壌(テンジョウ)・土壌(ドジョウ)・豊壌(ホウジョウ)・沃壌(ヨクジョウ)

【△壌】つち 耕作に適した、肥えたやわらかい土。また、その土地。

ジョウ【嬢】(16) 女13 常 3 3078 3E6E 音 ジョウ 訓 外 むすめ

旧字《孃》(20) 女17 1/準1 5348 5550

筆順 く 女 女 女 姶 婷 嬢 嬢 嬢

意味 むすめ。おとめ。また、未婚の女性の名に添える敬称。「令嬢」類娘(ジョウ)

下つき 愛嬢(アイジョウ)・令嬢(レイジョウ)・老嬢(ロウジョウ)

【△嬢はん】いとはん おじょうさん。いとさん。参考関西地方でいう。

【△嬢】むすめ 少女。乙女。若い未婚女性。表記「娘」とも書く。

ジョウ【遶】(16) 辶12 1 7813 6E2D 音 ジョウ・ニョウ 訓 めぐる・めぐらす

意味 めぐる。めぐらす。とりまく。かこむ。「囲遶」類繞(ジョウ)

ジョウ【錠】(16) 金8 常 3 3091 3E7B 音 ジョウ 外 テイ

筆順 （2・4・8・11）錠

意味 ①じょう。じょうまえ。戸締まりに用いる金具。「施錠」②平たく丸く固めた薬。「錠剤」

下つき 施錠(セジョウ)・手錠(てジョウ)・尾錠(ビジョウ)

【錠剤】ジョウザイ 医薬品を飲みやすい形に固めたもの。タブレット。「―の胃薬を買う」

【錠前】ジョウまえ 戸・扉などに取りつけて、開かないようにする金具。錠。「―を破る」「―屋」

ジョウ【嬲】(17) 女14 1 5343 554B 音 ジョウ 訓 なぶる

意味 なぶる。もてあそぶ。参考 二人の男が女をなぶるようすを表した字。

【嬲る】なぶ-る ①おもしろ半分にからかい苦しめる。おもしろがっていじめる。②もてあそぶ。いじる。「風が髪の毛を―る」

ジョウ【襄】(17) 衣11 1 7487 6A77 音 ジョウ・ショウ 訓 のぼる・はらう・たかい

意味 ①のぼる。高い所に上がる。類上・陞(ショウ) ②はらう。のぞく。類攘(ジョウ) ③たか(高)い。

ジョウ【擾】★ (18) 扌15 準1 3081 3E71 音 ジョウ 訓 みだれる・さわぐ・わずらわしい・ならす

意味 ①みだす。みだれる。かきみだす。さわぐ。わずらわしい。「擾乱」「騒擾」②なつける。ならす。「擾化」「擾馴(ジョウジュン)」

下つき 喧擾(ケンジョウ)・騒擾(ソウジョウ)・煩擾(ハンジョウ)・紛擾(フンジョウ)

【擾擾】ジョウジョウ ごたごたと乱れるさま。類紛紛

【擾乱】ジョウラン みだれ騒ぐこと。入りみだれること。「激しい戦火により―する」

【擾れる】みだ-れる かきまわされて混乱する。じゃまをしてみだされる。

し ジョウ

ジョウ【穣】(18) 禾13 準1 3087 3E77 音 ジョウ 訓 みのる・ゆたか

旧字《穰》(22) 禾17 1/準1 6753 6355

意味 みのる。ゆたか。ゆたかに実る。「穣歳」「豊穣」

下つき 豊穣(ホウジョウ)

【穣穣】ジョウジョウ 穀物が豊かに実るさま。「稲穂が―とした水田」

ジョウ【繞】(18) 糸12 1 6969 6565 音 ジョウ・ニョウ 訓 めぐる・めぐらす・まとう・まつわる

意味 ①めぐる。めぐらす。「囲繞」類遶(ジョウ) ②まとう。まつわる。

下つき 囲繞(イジョウ・イニョウ)・環繞(カンジョウ)・纏繞(テンジョウ)

【繞る】めぐ-る とりまく。まわりをぐるりと回る。表記「遶る」とも書く。

ジョウ【繩】(19) 糸13 6974 656A ▼縄の旧字(七七八)

ジョウ【壤】(20) 土17 5265 5461 ▼壌の旧字(七七八)

ジョウ【孃】(20) 女17 5348 5550 ▼嬢の旧字(七七八)

ジョウ【攘】★ (20) 扌17 1 5823 5A37 音 ジョウ 訓 はらう・ぬすむ・ゆずる・みだれる

意味 ①はらう。追いはらう。のぞく。「攘夷(ジョウイ)」②ぬすむ。よこどりする。「攘窃」③ゆずる。間に入れてやる。類譲 ④みだす。みだれる。「擾攘(ジョウジョウ)」

【攘夷】ジョウイ 異民族を追いはらうこと。特に、江戸末期の外国人排斥の主張。「尊皇―運動」参考「夷」は異民族や外国人の意。

【攘災】ジョウサイ わざわいをはらい除くこと。

【攘斥】ジョウセキ はらいのけること。はらいしりぞけること。類排斥

【攘む】ぬす-む 手に入ったものをこっそり自分の物として返さない。くすねる。「迷いこんできたイヌを―む」

【攘う】はら-う じゃまなものをはらいのける。はらい除く。「外敵を―う」

ジョウ【譲】(20) 言13 常 3 3089 3E79 音 ジョウ 訓 ゆずる 外 せめる

旧字《讓》(24) 言17 1/準1 7610 6C2A

筆順 （9・11・16）譲

意味 ①ゆずる。ゆずりあたえる。「譲与」「割譲」②へりくだる。「謙譲」③せ(責)める。なじる。「責譲」

下つき 委譲(イジョウ)・移譲(イジョウ)・割譲(カツジョウ)・敬譲(ケイジョウ)・謙譲(ケンジョウ)・互譲(ゴジョウ)・分譲(ブンジョウ)・礼譲(レイジョウ)

【譲位】ジョウイ 天皇・君主がその位をゆずること。類禅譲・譲国

【譲渡】ジョウト ゆずり渡すこと。「土地の所有権を―する」類譲与

【譲歩】ジョウホ 自分の主張を曲げて他の意見を受け入れること。「互いに―して合意に達した」類妥協 由来 道をゆずる意から。

【譲与】ジョウヨ ゆずり与えること。「約束どおり全財産を―した」類譲渡

【譲る】ゆず-る ①人に与える。人に任せる。「本を友人に―る」「跡継ぎの座を弟に―る」②売る。「車を安く―る」③他の人を先にする。「老人に道を―る」④自分の意見を抑えて他の意見を受け入れる。へりくだる。「強情な性格で一歩も―らない」⑤あとまわしにする。「結論を次回に―る」

ジョウ【醸】(20) 酉13 常 準2 3090 3E7A 音 ジョウ 訓 かもす 高

旧字《釀》(24) 酉17 1/準1 7854 6E56

筆順 （3・6・11・14・16・20）醸

意味 かもす。①発酵させて酒などをつくる。「醸酒」「醸造」②ある状態をつくりだす。

下つき 吟醸(ギンジョウ)・芳醸(ホウジョウ)

【醸す】かもす ①穀物などを発酵させて、酒・醤油(ショウユ)などをつくる。醸造する。②状況・雰囲気などを、こしらえる。「物議を―すような発言」「和やかな雰囲気を―し出す」

【醸成】ジョウセイ ①酒・醤油(ショウユ)などをつくること。類醸造 ②雰囲気・状況などを、次第につくりだすこと。「改革への機運を―する」

【醸造】ジョウゾウ 穀物・果物などを発酵させて、酒や醤油(ショウユ)などをつくること。「酒の―法を伝授する」類醸成

ジョウ【★饒】(21) 飠12 1 8133 7141 音 ジョウ・ニョウ 訓 ゆたか・ゆたかにする・おおい

意味 ①ゆたか。ゆたかにする。おお(多)い。十分にある。ゆとり。「饒舌」「豊饒」②あまる。物が十分である。

下つき 肥饒(ヒジョウ)・富饒(フジョウ)・豊饒(ホウジョウ)・沃饒(ヨクジョウ)

【▲饒舌】ジョウゼツ 口数が多いこと。おしゃべり。「―な人」類多弁・多言 対寡黙

【▲饒か】ゆたか 物が十分にあるさま。物が多く、富んでいるさま。「すべてのよきものの上に―なる幸いあれ」

ジョウ【▲畳】(22) 田17 6540 6148 ▼畳の旧字(七七七)

ジョウ【禳】(22) 礻17 1 6726 633A 音 ジョウ 訓 はらう・はらい

意味 はらう。災いを払い除く。はらい。「禳禱(ジョウトウ)」

【▲禳う】はらう 神仏をまつって祈り、災厄や罪などを除く。

ジョウ【▲穣】(22) 禾17 6753 6355 ▼穣の旧字(七七九)

ジョウ【▲譲】(24) 言17 7610 6C2A ▼譲の旧字(七七九)

ジョウ【▲醸】(24) 酉17 7854 6E56 ▼醸の旧字(七七九)

ジョウ【躡】(25) 足18 1 7726 6D3A 音 ジョウ 訓 ふむ・はく・おう・のぼる

意味 ①ふむ。ふみつける。②はく。はきものをはく。③おう。追いかける。④のぼる。高い地位にのぼる。

下つき 追躡(ツイジョウ)

【▲躡足附耳】ジョウソクフジ 人に注意するときには相手の立場を考え、相手を傷つけない配慮が必要であるということ。また、他に悟られないように、そっと相手に教えること。「躡足」は足を踏むこと。「附耳」は耳に口をつけてそっと言うこと。参考「足を躡み耳に附っく」ともいう。

【▲躡む】ふむ ①先行した者の足跡をふみしめて進む。②はきものをはく。

ジョウ【鑷】(26) 金18 1 7950 6F52 音 ジョウ・セツ 訓 けぬき・ぬく

意味 ①けぬき。毛を抜く道具。②かんざし。髪飾り。

【▲鑷】けぬき 毛・ひげ・とげなどをはさんで抜きとる道具。表記「毛抜き」とも書く。

【▲鑷子】ジョウシ 小さいものをはさむ金属製の器具。ピンセット。参考「セッシ」とも読む。

ジョウ【驤】(27) 馬17 1 8172 7168 音 ジョウ 訓 あがる・あげる・はしる・はやい

意味 ①あがる。あげる。おどりあがる。②はしる。かける。③はやい。すみやか。

下つき 騰驤(トウジョウ)

【▲驤がる】あがる ウマが走るとき、首がふりあがる。転じて、高くあがる。

じょう【▲允】(4) 儿2 1684 3074 ▼イン(六一)

じょう【△尉】(11) 寸8 常 1651 3053 ▼イ(三一)

じょう【▲掾】(12) 扌9 5765 5961 ▼エン(一〇〇)

ショク【色】(6) 色0 常 教 9 3107 3F27 音 ショク・シキ 訓 いろ

筆順 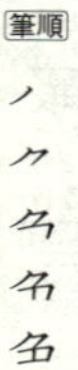

意味 ①いろ。いろどり。「色彩」「染色」②表情。顔かたち。「顔色」「才色」③おもむき。ようす。「異色」「特色」④男女間の欲情。「色情」「好色」⑤仏教で、形あるすべてのもの。「色界」

下つき 異色(イショク)・寒色(カンショク)・間色(カンショク)・顔色(ガンショク・かおいろ)・気色(キショク・キシキ)・喜色(キショク)・脚色(キャクショク)・景色(けしき)・原色(ゲンショク)・好色(コウショク)・古色(コショク)・彩色(サイシキ)・才色(サイショク)・潤色(ジュンショク)・染色(センショク)・暖色(ダンショク)・着色(チャクショク)・特色(トクショク)・難色(ナンショク)・配色(ハイショク)・物色(ブッショク)・変色(ヘンショク)・暮色(ボショク)・容色(ヨウショク)・令色(レイショク)

【色】いろ ①物に当たって反射した光の線が、人の目に入って受ける感覚の一つ。色彩。②顔色。また、表情、そぶり。「―をなす(怒って顔色を変える)」「あせりの―が浮かぶ」③さまざまな種類。「十人十―」④おもむき。気配。風情。「秋の―が深い」⑤華やかな感じ。また、色気。「―を添える」⑥情事。恋愛。また、その相手。「英雄、―を好む」「―は思案の外(ほか)」

【色の白いは七難隠す】女性は、肌の色が白いと、ほかの難点が隠されて、美しく見えるということ。

【色男】いろおとこ ①美男子。女性に好かれる男性。②情夫。

【色香】いろか ①色と香り。②男心をくすぐる女性の色気。美しい容姿。「―に迷う」

【色敵】いろがたき 同じ人を恋している、恋の競争相手。類恋敵

【色気】いろケ ①色合い。「―のよいコート」類色調 ②性的関心・魅力。「―づく」「―のある女」③風情。愛想。おもしろみ。「―のない話」④意欲。野心。「新企画に―を示す」

【色恋】いろこい 男女が愛し合うこと。「―沙汰(ザタ)」類恋愛

【色事】いろごと ①男女間の恋愛。類情事 ②芝居で、男女間のなまめいたしぐさ。「—を演じる」類濡事ぬれごと

【色艶】いろつや ①色とつや。特に、顔の色や皮膚のつや。「—のいい顔」②華やかさ。おもしろみ。「話に—を添える」類興趣 ③色気。「いまだ—が衰えない」

【色町・色街】いろまち 芸者の置屋・遊郭などが集まっている所。類色里

【色目】いろめ ①衣服の色合い。「この服は—がいい」類色調・色気 ②関心があるように見せる目つきや態度。色っぽい目つき。流し目。「上司に—を使う」類秋波

【色▲好い】いろよい 望ましい。好ましい。期待したとおりのようす。「—い返事」

【色感】シキカン ①色から受ける感じ。「暖かい—」②色彩に対する感性。色彩感覚。「鋭い—」③色を識別する感覚。類色覚

【色彩】シキサイ ①いろ。いろどり。「あざやかな—」「—豊かな織物」②傾向。ようす。「政治的—が濃い団体」

【色紙】シキシ 和歌・俳句・絵・書などを書く方形の厚い紙。「—に座右の銘を書く」参考「いろがみ」と読めば、いろいろな色に染めた紙、または折り紙の意。

【色情】シキジョウ 男女間の性的な欲望。「—を催す」類性欲・色欲・情欲

【色即是空】シキソクゼクウ 仏この世に存在するあらゆる事物や現象はすべて実体ではなく、空である。実体のないものから成り立っている現世に対して、執着心をもってはならないということ。〈『般若心経ハンニャシンギョウ』〉▼空即是色クウソクゼシキ（三七四）

【色調】シキチョウ 衣服や絵画などの、色彩の強弱や濃淡の調子。色合い。「暖色を—にした派手なワンピース」

【色魔】シキマ 多くの女性を誘惑してはもてあそぶ男。女たらし。

【色欲】シキヨク ①性的な欲望。類性欲・色情・情欲 ②色情と利欲。書きかえ「色慾」の書きかえ字。

【色▲慾】シキヨク ▼書きかえ色欲

〈色丹〉しこたん 北海道根室半島の東方沖にある島。第二次世界大戦後、ロシア連邦（旧ソ連）の占領下に入っている。

〈色丹草〉しこたんそう ユキノシタ科の多年草。北海道や中部以北の高山の岩場などに自生。米粒大でさじ形の葉が密につく。夏、紅色の斑点ハンテンのある黄色の五弁花をつける。由来色丹島で最初に発見されたことから。

ショク【昃】(8) 日4 1 5864 5A60 音ショク・ソク 訓かたむく・ひるすぎ

意味 ①かたむく。日が西にかたむく。②ひるすぎ。

【▲昃く】かたむく 日が西方に沈みかける。「日は—きて陰を停とどむる無し」表記「仄く」とも書く。

ショク【拭】(9) 扌6 常 2 3101 3F21 音ショク高 外シキ 訓ふく・ぬぐう

筆順 一 十 扌 扌 扩 扩 拭 拭 拭

意味 ぬぐう。ふく。ふきとる。「拭浄」「払拭」

下つき 払拭フッショク

【拭浄】ショクジョウ ぬぐい清めること。悪習などをなくすこと。

【拭う】ぬぐう ①汚れや水分をふき取る。「汗を—う」②清める。消す。「恥を—う」

【拭く】ふく 汚れや水分などをぬぐい取る。「タオルで顔を—く」「指で涙を—く」

ショク【食】(9) 食0 常 教 9 3109 3F29 音ショク・ジキ高 外シ 訓くう・くらう高・たべる 外はむ

筆順 ノ 人 亼 今 今 今 食 食 食

意味 ①くう。くらう。たべる。「食欲」「飲食」②たべもの。「食糧」「衣食」③食事。「食前」「食卓」④生計を立てる。くいぶち。扶持フチ。「食禄」⑤やしなう。そだてる。「食客」⑥欠ける。そこなう。「日食」「月食」

書きかえ ⑥「蝕ショク」の書きかえ字として用いられるものがある。

下つき 衣食・飲食・餌食・会食・外食・間食・寄食・乞食・給食・軽食・欠食・月食・菜食・雑食・蚕食・試食・主食・常食・侵食・浸食・寝食・節食・絶食・粗食・断食・肉食・日食・美食・副食・米食・偏食・飽食・暴食・洋食・和食

〈食▲蟻獣〉ありくい アリクイ科の哺乳ホニュウ動物の総称。中南米の森林にすむ。頭は円柱形で口先が長く、歯がない。細長い舌でアリをなめて食べる。由来「食蟻獣」は漢名から。表記「蟻食」とも書く。

【食い意地】くいイジ むさぼりたべようとする欲望。「—が張っている」

【食積】くいつみ 正月用の重詰めにしたお節料理。蓬莱ホウライ飾り。季新年

【食い扶▲持】くいブチ 食費。食物を買う金。転じて、生活費。「居候いそうろうが来て—が増える」参考「扶持」は武士の給料の意で、おもに米で与えられたことから。

【食う】くう ①たべる。「飯を—う」②かじる。刺す。「虫が—う」「蚊が—う」③負かす。「大物を—う」④暮らす。生活する。「—うに困る」⑤費やす。「時間を—う」⑥受ける。「小言を—う」

【食うた餅もちより心持ち】事柄そのものよりも、気遣ってくれる気持ちのほうが大事だということ。食べた餅よりも、その餅を用意してくれた心がうれしい意から。参考「餅」と「持ち」を掛けたしゃれ。

【食らう】くらう ①「たべる」「飲む」の粗野な言い方。「大酒を─う」②身に受ける。こうむる。「遅刻して大目玉を─う」「肘鉄(ひじテツ)を─う」「不意を─う」

『食らえどもその味わいを知らず』ほかのことに心を奪われていると、ものを食べてもその味さえ分からない。物事を行うときは精神を集中して真剣にやらないと、ものにはならないという戒め。〈『大学』〉参考この句の前に、「心焉(ここ)に在(あ)らざれば、視(み)れども見えず聴けども聞こえず」とある。

【食わせ者】くわせもの うわべはよく見えて、中身の伴わない人。油断のならない人。「あいつはとんだ─だ」参考物のときは「食わせ物」と書く。

【食封】ジキフ 律令(リツリョウ)制時代の俸禄(ホウロク)の一つ。皇族や位の高い役人、社寺などに位階に応じて支給した課戸。類封戸(フコ)

【食籠】ジキロウ 食べ物を盛る容器。多く、ふたがあって丸形。

【食中たり】ショクあたり たべものによる中毒。腹痛や下痢・嘔吐(オウト)などを引き起こす。類食中毒

【食害】ショクガイ 害虫や鳥類が植物を食いあらすこと。表記「蝕害」とも書く。

【食牛の気】ショクギュウのキ 幼いころから気持ちが壮大であることのたとえ。トラやヒョウは子どものときから、すでに大きなウシを食おうとする気力があることから。〈『太平御覧(タイヘイギョラン)』〉

【食言】ショクゲン 前言とちがうことを言うこと。うそをつくこと。〈『書経』〉参考言った言葉を食べる意から。「言を食(は)む」ともいう。

【食指】ショクシ 人差し指。

『食指が動く』うまいものを食べることができる前兆。食欲が起こること。また、物事に興味を抱いて、それを求めたい気持ちになること。「新型車に─く」故事中国、春秋時代、鄭(テイ)の公子宋(ソウ)が霊公に会いに行く途中、自分の人差し指がぴくぴく動くのを見て、ごちそうになる前ぶれだと言ったという故事から。〈『春秋左氏伝』〉参考「食指を動かす」ともいう。

【食餌】ショクジ ①食べ物。食物。「─療法で病を治した」②餌(えさ)を食うこと。

【食傷】ショクショウ ①同じ食べ物が続いて飽きること。転じて、同じ事柄がたび重なっていやになること。「少々─ぎみだ」②食あたり。

【食尽】ショクジン 日食や月食で、太陽や月が最も大きく欠けること。また、その時刻。書きかえ「蝕甚」の書きかえ字。

【食膳】ショクゼン ①食べ物を載せる台。お膳。「─につく」類食卓 ②膳に載せた食べ物。料理。

【食前方丈】ショクゼンホウジョウ 食べ物が目の前いっぱいに一丈(当時は約二・二五メートル)四方も並ぶこと。きわめてぜいたくな食事。〈『孟子(モウシ)』〉参考「侍妾(ジショウ)数百人」と続く。

【食卓】ショクタク 食事をするときに使う台。テーブル。「─を囲む」

【食通】ショクツウ 食べ物の味や料理法などに詳しいこと。また、その人。

【食紅】ショクべに 食品に紅色(べにいろ)をつけるために用いる色素。食用紅。

【食欲】ショクヨク 食べたいという欲望。食い気。「─をそそる」「盛んな─だ」類食思 書きかえ「食慾」の書きかえ字。

【食慾】ショクヨク ▼書きかえ 食欲

【食料】ショクリョウ ①食べ物。特に、主食を除いた肉・魚・野菜・果物など。「生鮮─品」②食事の費用。食い料。類食費

【食糧】ショクリョウ 食べ物。特に、主食となる米や麦など。「─事情が悪い」

【食禄】ショクロク 江戸時代、幕府・藩から賜る俸禄(ホウロク)。扶持(フチ)。「─の高」類知行(チギョウ)

【食客】ショッカク ①客として待遇され、生活している人。②他人の家で食べさせてもらっている者。居候(いそうろう)。参考「ショッキャク」とも読む。

【食間】ショッカン 食事と食事との間。「これは─に服用する薬だ」対食前・食後

【食頃】ショッケイ 食事をするほどの、わずかな時間。わずかのあいだ。

【食べる】たべる ①食物を口に入れ、かんで飲みこむ。②生活する。暮らしをたてる。「この仕事でなんとか─ていく」

【食み出す】はみだす いっぱいになって、すき間から外へ出る。一定の範囲からあふれて外へ出る。はみでる。

【食む】はむ ①食べる。「草を─む馬」②俸給をもらう。「禄(ロク)を─む(給与を受けて生活する)」

〈食火鶏〉ひくいどり ヒクイドリ科の鳥。オーストラリアにすむ。ダチョウに似るが、やや小形。のどに赤い肉垂れがあり、頭に冠状の突起をもつ。飛べないが走るのが速い。由来「食火鶏」は漢名から。表記「火食鳥」とも書く。

ショク【★埴】

(11) 土 8 準1 3093 3E7D 音 ショク 訓 はに

意味 はに。ねばつち。ねんど。「埴土」「埴生(はにゅう)」

【埴土】ショクド 粘土を多く含んだ粘り気のある土。水はけや通気性が悪く、農耕・栽培に適さない。参考「はにつち」とも読む。

【埴】はに きめの細かい、黄赤色の粘土。かわら・陶器などを作るのに用いる。昔、衣にすりつけて模様にした。はにつち。ねばつち。

〈埴瓮〉はにべ きめの細かい粘土で作ったかめ。

〈埴生〉はにゅう 粘土のある土地。また、埴土。「─の宿(粗末な小さい家)」

【埴輪】はにわ 古墳の周囲に並べた素焼きの土器。円筒埴輪と人・馬・器物などをかた

どった形象埴輪がある。

【〈▲埴▲猪口〉】へなちょこ 未熟な者やつまらない者をあざけっていう語。由来 酒を入れるとじゅうじゅう泡立つような粗末な楽焼(らくやき)のさかずきの名から。「猪口」はさかずきの意。

ショク【喞】(12) 口9 1 5136 5344 音 ショク・ソク 訓 なく・かこつ・そそぐ

意味 ①なく。すだく。虫が集まって鳴く。「喞喞」②かこつ。不平を言ってなげく。③そそぐ。水をそそぐ。「喞筒」

【▲喞つ】かこ-つ ぐちを言ってなげく。「身の不幸を―」

【▲喞▲喞】ショクショク ①機を織る小さい音。②虫・小鳥・ネズミなどが小さく鳴くさま。③嘆息の声。

【〈▲喞筒〉】ポンプ 圧力の働きで、液体などを吸い上げたり押し上げたりする機械。参考「ショクトウ・ソクトウ」とも読む。

ショク【寔】(12) 宀9 1 5370 5566 音 ショク 訓 まことに

意味 ①まこと。まことに。②これ。この。類是

【▲寔に】まこと-に ほんとうに。まさしく。

ショク【△属】(12) 尸9 教 3416 4230 ▼ゾク(九六二)

ショク【植】(12) 木8 教 常 8 3102 3F22 音 ショク 外チ 訓 うえる・うわる 外たてる

筆順 一 十 才 木 木 木 杧 杧 枯 植 植 11植

意味 ①草木をうえる。「植樹」「植林」②地に生えているもの。「植物」③開拓などのために移住する。「植民」「入植」類殖 ④たてる。まっすぐに立てる。⑤活字を組む。「植字」「写植」

下つき 移植(イショク)・誤植(ゴショク)・写植(シャショク)・入植(ニュウショク)

【植木】うえき 庭や鉢などに植えてある木。また、植えるための木。

【植える】う-える ①植物を育てるため、根や種子を土のなかに埋める。②はめこむ。また、入れこんで定着させる。「活字を―える」「人間平等の思想を―える」③細菌や皮膚などを他から移し、育てるようにする。「菌を―える」

【植字】ショクジ 活版印刷で、活字を原稿に指定してある体裁に組むこと。組版。「熟練した―工」

【植樹】ショクジュ 樹木を植えつけること。「卒業記念に―する」

【植生】ショクセイ ある区域に生育している植物の集団。または、その植物の状態。「―図」「―調査」

【植皮】ショクヒ やけど・けがなどで損傷した部分に、体の他の部分の皮膚を切り取って移植すること。

【植民地】ショクミンチ 本国が統治権をもつ国外の地域。本国からの移住者に経済的に開発され、政治的に支配された地域。表記「殖民地」とも書く。

【植林】ショクリン 山野に苗木を植えて、森林に育てあげること。「―計画」類植樹

ショク【殖】(12) 歹8 常 4 3103 3F23 音 ショク 訓 ふえる・ふやす

筆順 一 ア 歹 歹 歹 歼 歼 殅 殖 11殖

意味 ①ふえる。ふやす。たくわえ。「殖産」「利殖」②開拓などのために移住する。「殖民」「拓殖」③うえる。類②③植

下つき 学殖(ガクショク)・生殖(セイショク)・拓殖(タクショク)・繁殖(ハンショク)・養殖(ヨウショク)・利殖(リショク)

【殖産】ショクサン ①産業や生産を盛んにすること。「―興業」②財産を増やすこと。類殖財

【殖える】ふ-える ①生みふえる。「子孫が―える」②茂り育つ。繁殖する。「細菌が―える」③多くなる。「財産が―える」

ショク【嗇】(13) 口10 1 5207 5427 音 ショク 訓 おしむ・やぶさか・とりいれ

意味 ①おしむ。ものおしみする。やぶさか。けち。②とりいれ。作物をとりいれる。類穡

下つき 慳嗇(ケンショク)・織嗇(センショク)・吝嗇(リンショク)

【▲嗇しむ】お-しむ ものおしみする。だしおしみする。

【▲嗇か】やぶさ-か 思いきりの悪いさま。ものおしみするさま。「協力するに―でない」「非を改めるに―でない」

ショク【★蜀】(13) 虫7 1 7370 6966 音 ショク 訓 いもむし・あおむし・とうまる

意味 ①いもむし。あおむし。②中国の国名。また、四川省の別名。「蜀相」「蜀道」③とうまる。ニワトリの大きいもの。

下つき 巴蜀(ハショク)・望蜀(ボウショク)

【〈▲蜀▲椒〉】さんしょう ミカン科の落葉低木。由来「蜀椒」は漢名から。▼山椒(サンショウ)(五八二)

【▲蜀犬日に▲吠ゆ】ショッケンひにほゆ 知識の浅い人たちが、すぐれた人の言動を理解できずに、疑って非難し、騒ぎ立てること。由来 蜀の地方は山が高くて霧が多く、たまに太陽が出ると怪しんで、イヌが吠えることから。〈韓愈(カンユ)の文〉類吠日(ハイジツ)の怪

【▲蜀魂】ショッコン ホトトギスの別称。▼蜀魂(ほととぎす)

【〈▲蜀▲葵〉】たちあおい アオイ科の二年草。由来「蜀葵」は漢名から。▼立葵(たちあおい)(一五六二)

【〈▲蜀▲椒〉】なるはじかみ アサクラザンショウの別称。ふつうのサンショウより実が大きく香りが強い。

【〈蜀魂〉・〈蜀魄〉】ほととぎす　ホトトギス科の鳥。由来 蜀の望帝の魂がホトトギスになったという伝説に基づく。「蜀魂・蜀魄」は漢名から。▼杜鵑ほととぎす（一一二六）

【〈蜀黍〉】もろこし　イネ科の一年草。アフリカ原産。温帯や熱帯で栽培。葉や茎はトウモロコシに似る。夏、大きな穂をつけ、多数の実を結ぶ。実は食用や飼料用。トウキビ。季秋 由来「蜀黍」は漢名から。表記「唐黍」とも書く。

ショク【触】(13) 角6 常 4 3108 3F28 音 ショク 外ソク 訓 ふれる・さわる

旧字《觸》(20) 角13 1/準1 7529 6B3D

筆順 ク ク 介 角 角 角 角 舯 舯 触 触

意味 ①ふれる。さわる。あたる。「触角」「接触」「抵触」②広く通達する。また、ふれ。布告。

下つき 感触カンショク・接触セッショク・抵触テイショク

【触り】さわり ①さわること。また、さわった感じ。感触。「―具合が柔らかい」②義太夫節ぎだゆうぶしで、いちばんの聞かせどころ。転じて、曲中や物語などで、いちばん聞かせたいところ。「人気ドラマの―の部分」

【触る】さわる ①ふれる。あたる。「品物に―ってみる」②感情を害する。「友人の言葉が神経に―る」③かかわる。「その件には―らないでおこう」

【触らぬ神に▲祟りなし】物事にかかわらなければ、損をしたり傷ついたりすることはない。余計な手出しをせず、安全な場所に身を置くたとえ。類 触らぬ蜂はちは刺さぬ

【触手】ショクシュ　下等動物の口の近くにあるひも状の突起。えさを捕らえたり、感覚を得る触角の役目をしたりする。「相手の領分にまで―をのばす（関係する）」

【触診】ショクシン　医者が、患者の体を手でさわって診察すること。対 聴診

【触媒】ショクバイ　それ自体は変化を受けないで、他のものの化学反応を促進させる働きをもつ物質。「―を使って化学反応をおこす」

【触発】ショクハツ　①物にふれて爆発・発射すること。②刺激を与えられて、意欲や行動などを引き起こすこと。「友人の成功に―されて発奮する」

【触覚】ショッカク　五感の一つ。ものにふれて生じる皮膚感覚。類 触感

【△触▲穢】ソクエ　病気・死亡・出産・月経などのけがれにふれること。一定期間、神事・参内サンダイなどは避けた。参考「ショクエ」とも読む。

【触れ書き】ふれがき　人々に広く告げ知らせる文書。おふれ。類 触状ふれジョウ

【触れる】ふれる　①さわる。「手と手が―れる」「この物質は空気に―れると変色する」②規則や法律などに反する。「法に―れる」③接する。出あう。「怒りに―れる」「折に―れて言い聞かす」④感じる。知覚する。「心に―れる素晴らしい話だ」⑤言及する。⑥広く知らせる。「―れてまわる」

ショク【軾】(13) 車6 1 7740 6D48 音 ショク 訓 しきみ

意味 しきみ。車の前部にある横木。

下つき 拠軾キョショク

ショク【飾】(13) 食5 常 4 3094 3E7E 音 ショク 訓 かざる

旧字《飾》(14) 食5 1/準1

筆順 ノ 人 今 今 食 食 食 飠 飣 飾 飾

意味 ①かざる。きれいにする。「装飾」「服飾」②とりつくろう。よそおう。「飾言」「粉飾」

下つき 矯飾キョウショク・虚飾キョショク・修飾シュウショク・装飾ソウショク・服飾フクショク・粉飾フンショク・文飾ブンショク・落飾ラクショク

【飾る】かざる　①美しく、またりっぱに見えるようにする。「美談が紙面を―る」「有終の美を―る一戦にしたい」②表面だけ、よく見えるようにとりつくろう。「体裁を―る」「全く自分を―らない人です」③美しくりっぱに見えるように、物を置く。「おひな様を―る」

【飾言】ショクゲン　うわべをかざること。かざった言葉。また、言葉をかざること。類 飾辞

【飾緒】ショクショ　軍服の右肩から胸にたらしてかざるひも。参考「ショクチョ」とも読む。「緒」は、ひもの意。

ショク【▲飾】(14) 食5 ▼飾の旧字（七八四）

ショク【嘱】(15) 口12 常 3 3092 3E7C 音 ショク 訓 外たのむ

旧字《囑》(24) 口21 1/準1 5186 5376

筆順 口 口 口 吖 吖 呢 呢 嘱 嘱 嘱 嘱

意味 ①たのむ。いいつける。まかせる。ゆだねる。「嘱託」「委嘱」②つける。よせる。目をかける。「嘱望」「嘱目」類 ①②属

下つき 委嘱イショク・付嘱フショク

【嘱する】ショクする　①たのむ。望みをかける。「将来を―されている少年」②ことづける。表記 ①「属する」とも書く。

【嘱託】ショクタク　①仕事をたのみまかせること。「―医」「―殺人」類 依嘱 ②正式な構成員ではない人に、特定の仕事をたのむこと。また、そのたのまれた人。「定年後は―として勤める」類 委嘱 表記「属託」とも書く。

【嘱託尋問】ショクタクジンモン　裁判所間の嘱託によって証人尋問を行うこと。証人が外国にいる場合などは、その国の裁判所に嘱託されることもある。

【囑望】ショクボウ 望みをかけること。期待されること。「将来を―されている新人」類期待 表記「属望」とも書く。

【囑目】ショクモク ①期待して気をつけて見ること。「誰もが―する人材」類注目 ②目にふれること。③俳諧で、目にふれたものをよむこと。「―吟」表記「属目」とも書く。

【△囑む】たの-む ①まかせる。言葉をよせてゆだねる。②言いつける。

ショク【禝】
(15) 礻10 1 6721 6335 音 ショク

意味 五穀の神。一説に周の祖先にあたる人。

ショク【稷】
(15) 禾10 1 6745 634D 音 ショク 訓 きび・たおさ

意味 ①きび。イネ科の一年草。五穀の一つ。「黍稷」類黍 ②五穀の神。また、それをまつるやしろ。「社稷」③たおさ。農業を監督する役人。

下つき 后稷・社稷・黍稷

【▲稷】きび イネ科の一年草。▼黍(七二九)

ショク【★蝕】
(15) 虫9 準1 3110 3F2A 音 ショク 訓 むしばむ

〔蝕〕

意味 ①むしばむ。そこなう。おかす。「侵蝕」②太陽や月が欠ける。「蝕既」「日蝕」

書きかえ「食」に書きかえられるものがある。

【▲蝕甚】ショクジン ▼書きかえ 食尽(七八二)

【▲蝕む】むしば-む ①虫が食ってだめにする。②虫が食うように、少しずつ体や心がおかされる。「病が身体を―む」表記「虫食む」とも書く。

ショク【★燭】
(17) 火13 準1 3104 3F24 音 ショク・ソク 訓 ともしび

意味 ともしび。あかり。「燭光」「華燭」

下つき 華燭・銀燭・紙燭・手燭・蠟燭

【▲燭台】ショクダイ ろうそくを立て、あかりをともすための台。類燭架・灯台

【▲燭光】ショッコウ ①ともしびの光。あかり。類灯光 ②光度の単位。燭。「一―はおよそ一カンデラにあたる」参考 ②現在は、使われていない。

【▲燭】ともしび あかりにするため、ともした火。たいまつ・かがり火・ろうそくなど。

【〈▲燭魚〉】はたはた ハタハタ科の海魚。▼雷魚(一五四五)

ショク【謖】
(17) 言10 1 7576 6B6C 音 ショク・シュク 訓 たつ・おきあがる

意味 たつ。おきあがる。

ショク【穡】
(18) 禾13 1 6749 6351 音 ショク 訓 とりいれ・とりいれる・おしむ

意味 ①とりいれ。とりいれる。穀物を収穫する。②農業。「穡事」「稼穡」③おしむ。ものおしみ。

ショク【織】
(18) 糸12 教 常 6 3105 3F25 音 ショク㊂・シキ 訓 おる

筆順 く 幺 糸 紵 紵 紵 絀 織 織

意味 ①おる。布をおる。はたおり。「織機」「紡織」②組み立てる。組み合わせる。「組織」

下つき 染織・組織・羽織・紡織

【織元】おりもと おりものの製造元。機屋。

【織物】おりもの 縦糸と横糸を織機にかけておった布。絹織物・毛織物など。「―業」

【織る】お-る ①糸を縦横に交差させ布にする。②イグサや藁でむしろやござを作る。

【織女】ショクジョ ①機をおる女性。②「織女星」の略。織り姫星。琴座のベガの漢名。対牽牛 季秋

ショク【職】
(18) 耳12 教 常 6 3106 3F26 音 ショク 外シキ 訓 外つとめ・つかさ・つかさどる

筆順 一 丅 F E 耳 耶 聕 職 職 職

意味 ①しょく。いとなみ。仕事。「失職」「就職」「定職」②つとめ。役目。「公職」「官職」③つかさどる。担当する。「職域」「職掌」「職務」④律令制下の役所の名。「中宮職」

下つき 汚職・解職・官職・閑職・休職・求職・教職・公職・在職・辞職・失職・就職・住職・殉職・聖職・退職・定職・天職・転職・内職・奉職・免職・役職

【△職事】シキジ ①蔵人頭と五・六位の蔵人の総称。②「職事官」の略。律令制において、一定の職務のある官。対散官・散位 参考「ショクジ」と読めば別の意になる。

【職域】ショクイキ ①職業・職務の範囲・持ち場。「―をこえて協力する」②職場。

【職業】ショクギョウ 生計を立てるための仕事。なりわい。「―訓練」類生業

【職事】ショクジ ①官職上の務め。官として仕えること。②職業としての務め。参考「シキジ」と読めば別の意になる。

【職掌】ショクショウ 受けもっている任務。「―柄、服装は端正であるべきだ」類役目・職分

【職制】ショクセイ ①職務の分担に関する制度。「―を明記する」②会社・工場などで役付きの職員。管理職。

【職責】ショクセキ 職務上の責任。「―を果たす」類役目・職分

【職人】ショクニン 身につけた手先の技術で物をつくる仕事をする人。大工・左官など。「―芸」「―気質」

【職能】ショクノウ ①職務上の能力。「―給」②その職業がもつ固有の機能。「―別組合」

③そのもののはたらき。「議会の—」

【職分】ショクブン　職務上の本分。つとめ。「—を果たす」類役目・職責

【職務】ショクム　仕事上の任務。つとめ。「—怠慢」

【職歴】ショクレキ　職業に関しての経歴。「—は問わない」類役目・職分

【職権】ショッケン　職務上与えられている権力・権限。「—を濫用する」

【職権濫用】ショッケンランヨウ　職務にことよせて、権限を不当に使うこと。特に、公務員についていう。「—で罰せられる」

ショク【▲觸】(20) 角13 7529 6B3D　▼触の旧字(七八四)

ショク【贖】(22) 貝15 1 7662 6C5E　音 ショク　訓 あがなう・あがない

意味 あがなう。物と物とをとりかえる。金品を出して罪を免れる。あがない。「贖罪」

〈▲贖児〉あがちご　陰暦六月と一二月の大祓に用いた人形。由来 人に代わり罪を贖う稚児の意から。

【▲贖う】あがなう　①罪をつぐなう。「死をもって罪を—う」②罪やけがれをまぬがれるために金品を出す。

【▲贖物】あがもの　①身のけがれや災難を代わりに負わせて水に流す祓の道具。類人形　②罪のつぐないとして出す物。

【▲贖罪】ショクザイ　①金品を出して罪を免れること。②罪ほろぼしをすること。③キリスト教の教義の一つ。キリストが十字架にかかり、人々の罪をあがなったこと。

ショク【▲囑】(24) 口21 5186 5376　▼嘱の旧字(七八四)

ショク【矚】(26) 目21 1 6665 6261　音 ショク・ソク　訓 みる

意味 みる。ながめる。目をとめて見る。「矚望」

下つき 眺矚チョウショク

ジョク【辱】(10) 辰3 常 3 3111 3F2B　音 ジョク 外ニク　訓 高はずかしめる 外はじ・はずかしめ・かたじけない

筆順 一 厂 戸 戸 戸 辰 辰 辰 辱 辱

意味 ①はずかしめる。はじる。はじ。はずかしめ。「屈辱」「雪辱」②かたじけない。もったいない。「辱知」

下つき 栄辱エイジョク・汚辱オジョク・屈辱クツジョク・国辱コクジョク・雪辱セツジョク・忍辱ニンジョク・侮辱ブジョク・凌辱リョウジョク

【△辱い】かたじけない　もったいない。おそれ多い。ありがたい。「お志は誠に—い」

【辱知】ジョクチ　かたじけなくも、自分を知ってくださっていること。知り合いであることの謙譲語。「あの先生とは—の間柄だ」類辱交

【辱友】ジョクユウ　ありがたくも交際してくださる友人。辱知の友や辱交などの友。友に対してへりくだった言い方。

【△辱号】ジョクゴウ　恥辱を受けた名。はずかしめられた名。

【△辱】はじ　名誉や面目を失うこと。自信がくじかれ、がっかりする気持ち。はずかしめ。「—を忍ぶ」

【辱める】はずかしめる　はじをかかせる。不名誉な目にあわせる。「第一人者の名を—めない出来ばえ」

ジョク【溽】(13) 氵10 1 6273 5E69　音 ジョク　訓 むしあつい

意味 むしあつい。「溽暑」

【▲溽暑】ジョクショ　①むし暑いこと。②陰暦六月の異名。

ジョク【蓐】(13) 艹10 1 7276 686C　音 ジョク　訓 しとね

意味 しとね。しきもの。ねどこ。「蓐月」類褥ジョク

下つき 茵蓐インジョク・臥蓐ガジョク

【▲蓐】しとね　①座るときや寝るときに敷く、柔らかい敷物。ふとん。②草を編んだ敷物。むしろ。表記 ①「褥」とも書く。

【▲蓐月】ジョクゲツ　胎児が出産される予定の月。うみづき。類臨月　表記「褥月」とも書く。

【▲蓐▲瘡】ジョクソウ　病気などで長く寝ているときに、できる床ずれ。体の床にあたる部分にできる皮膚のただれ。表記「褥瘡」とも書く。

ジョク【★褥】(15) 衤10 1 7483 6A73　音 ジョク　訓 しとね

意味 しとね。しきもの。ふとん。「産褥」類蓐ジョク

下つき 衾褥キンジョク・産褥サンジョク・就褥シュウジョク・病褥ビョウジョク

【▲褥】しとね　寝たり座ったりするときに用いる、柔らかい敷物。また、ふとん。表記「蓐」とも書く。

【▲褥▲瘡】ジョクソウ　病気などで衰弱した体で長く寝ているとき、床にあたる身体の部分が赤くただれて傷つき、痛むこと。床ずれ。表記「蓐瘡」とも書く。

【▲褥婦】ジョクフ　産褥期の女性。出産後の一定期間、寝たり起きたりして体の回復に努める産婦。

ジョク【縟】(16) 糸10 1 6953 6555　音 ジョク　訓 かざり

意味 ①かざり。いろいろな彩りの飾り。②多い。わずらわしい。くどい。「縟礼」

下つき 繁縟ハンジョク

【▲縟礼】ジョクレイ　こまごまとわずらわしい礼儀作法。「繁文ハンブン—」

しらける【白ける】(5) 白0 教 3982 4772　▼ハク(一二三二)

しらげる【△精げる】(14) 米8 教 3226 403A　▼セイ(八六六)

じらす【△焦らす】(12) 灬8 常 3039 3E47　▼ショウ(七五五)

しらせる【△報せる】(12) 土9 教 4283 4A73 ▼ホウ(一四〇七)

しらべ【調べ】(15) 言8 教 3620 4434 ▼チョウ(一〇六七)

しらべる【△査べる】(9) 木5 教 2626 3A3A ▼サ(五三三)

しらべる【△検べる】(12) 木8 教 2401 3821 ▼ケン(四三七)

しらべる【調べる】(15) 言8 教 3620 4434 ▼チョウ(一〇六七)

しらべる【▲覈べる】(19) 襾13 7510 6B2A ▼カク(二〇三)

同訓異義 しらべる

【調べる】物事をはっきりさせるために、見たり聞いたりする。研究する。調査する。ほか、広く用いる。「文献で調べる」「原因を調べる」「分布を調べる」「郷土の歴史を調べる」「ピアノの音律を調べる」

【△検べる】とりしらべる。不正などがないか点検する。「所持品を検べる」「乗車券を検べる」「タイヤの空気圧を検べる」

【△査べる】探り出して明らかにする。「捜査ソウサ」

【▲覈べる】おおわれた事実を明らかにする。

しらみ【▲蝨】(15) 虫9 7392 697C ▼シツ(六五〇)

しり【尻】(5) 尸2 常 2 3112 3F2C 音 外コウ 訓 しり

筆順 ㇇ コ 尸 尻 尻

意味 しり。また、うしろのほう。おわり。「尻坐コウザ」

下つき 台尻ダイじり・帳尻チョウじり・目尻めじり・矢尻やじり

【〈尻当〉】いしき しりあて 着物の尻の部分の裏を補強するためにつける布。しりあて。表記「居敷当」とも書く。

【〈尻籠〉】しこ ツヅラフジのつるや竹で編んだ、矢を入れる容器。表記「矢壺・矢籠」とも書く。

【〈尻腰〉】しっこし 意気地。根気。度胸。「―のない奴だ」

【〈尻尾〉】しっぽ ①動物の尾。「―を巻く」②細長いものの末端。「牛蒡ゴボウの―」

【〈尻尾〉を出す】包み隠していた悪事や本性などが明らかになるたとえ。しっぽを出してしまい、化けていたキツネやタヌキの正体が見破られることから。

【尻】しり ①腰の後ろ下の、筋肉が豊かに盛り上がっている部分。けつ。②物の後ろ・底・端。また、物事のいちばん最後。「どん―で到着する」③行為や事件の結果。また、そのよくない影響。「失敗の―をぬぐう」

【尻馬】しりうま 人の乗っているウマの後ろに乗ること。

【尻馬に乗る】無批判に人の言説・行動につきしたがうたとえ。付和雷同するたとえ。

【尻重】しりおも 動作が遅くて、物事をなかなか始めようとしないこと。対尻軽

【〈尻▲繋〉】しりがい ウマの尾から鞍くらにかけるひも。表記「鞦」とも書く。

【尻▲紮げ・尻△絡げ】しりからげ 着物の裾すそを外側に折り上げて、その端を帯にはさむこと。しりっぱしょり。

【尻軽】しりがる ①行動が軽率であること。「―な振舞いをつつしむ」②動作が俊敏で、何事もめんどうがらずにすること。対尻重 ③女性が浮気性なこと。

【〈尻▲臀〉】しりこぶた 尻の左右の肉の豊かな部分。しりたむら。しりたぶ。

【尻▲窄み】しりすぼみ ①口が広くて後ろや下部が細く小さくなること。②最初は勢いがよくて、最後は衰えること。しりすぼまり。「二次会は―になった」

【尻っ端△折り】しりっぱしょり まくし上げた着物の裾すその端を帯にはさむこと。しりからげ。しりはしょり。

【尻目】しりめ ①首を動かさず、ひとみだけを動かして横や後ろを少し見ること。横目。②問題にしないでやり過ごすこと。「野次馬を―に突き進む」表記「後目」とも書く。

【尻餅】しりもち 後ろに倒れて、地面に尻を打ちつけること。「押されて―をつく」

しり【△後】(9) 彳6 教 2469 3865 ▼ゴ(四六三)

しり【▲臀】(17) 肉13 7129 673D ▼デン(一一二四)

しりがい【▲鞦】(18) 革9 8067 7063 ▼シュウ(六九七)

しりぞく【△却く】(7) 卩5 常 2149 3551 ▼キャク(二九六)

しりぞく【退く】(9) 辶6 教 3464 4260 ▼タイ(九八一)

しりぞく【▲屛く】(11) 尸8 9491 7E7B ▼ヘイ(一三六八)

しりぞく【▲逡く】(11) 辶7 7785 6D75 ▼シュン(七一七)

しりぞける【△斥ける】(5) 斤1 常 3245 404D ▼セキ(八七二)

しりぞける【▲擯ける】(17) 扌14 5815 5A2F ▼ヒン(一三一四)

しりぞける【▲黜ける】(17) 黒5 8357 7359 ▼チュツ(一〇五〇)

しる【汁】(5) 氵2 常 2933 3D41 ▼ジュウ(七〇一)

しる【知る】(8) 矢3 教 3546 434E ▼チ(一〇三〇)

しる【△識る】(19) 言12 教 2817 3C31 ▼シキ(六四二)

しるし【印】(6) 卩4 教 1685 3075 ▼イン(六二)

しるし【△章】(11) 立6 教 3047 3E4F ▼ショウ(七五二)

しるし【▲瑞】(13) 王9 3180 3F70 ▼ズイ(八三四)

しるし【△徴】(14) 彳11 常 3607 4427 ▼チョウ(一〇六四)

しるし【△標】(15) 木11 教 4124 4938 ▼ヒョウ(一三〇六)

しるし【▲徽】(17) 彳14 2111 352B ▼キ(二八三)

しるし【△験】(18) 馬8 教 2419 3833 ▼ケン(四三六)

しるし【△璽】(19) 玉14 常 2805 3C25 ▼ジ(六四〇)

同訓異義 しるし

【印】他と区別するための目じるしや記号。ほか、広く用いる。「よいものに印をつけておく」「矢印の方へ行く」「改革を旗印に掲げる」

【△標】物事を知らせる目じるし。標識や旗。「道順を示す標」「ほんの感謝の標です」

【△徴】物事が起こるきざし。前兆。「おめでたの徴がある」「夕焼けは晴れの徴」「火山噴火の徴」「大雪は豊年の徴」

【△験】ためした結果として出てくるもの。効き目。御利益。「飲んだ薬の験が現れる」「お祈りの験」「霊験（レイゲン）」

【▲瑞】甘露や美しい雲など、天の神が示すめでたいしるし。「瑞兆（ズイチョウ）」

しるす【△印す】(6) 卩4 教 1685/3075 ▼イン（六二）
しるす【△志す】(7) 心3 教 2754/3B56 ▼シ（六〇七）
しるす【△紀す】(9) 糸3 教 2110/352A ▼キ（二六七）
しるす【記す】(10) 言3 教 2113/352D ▼キ（二七〇）
しるす【△署す】(13) 罒8 教 2980/3D70 ▼ショ（七二九）

同訓異義 しるす

【記す】文字などで書きとめる。記録する。覚えておく。「日記に記す」「名簿に氏名を記す」「感動を心に記す」

【△誌す】書きとめる。心にとどめて覚えておく。「記す」とほぼ同じように用いる。「日誌に誌す」「心に誌して忘れず」

【△識す】忘れないように書きとめる。「誌す」とほぼ同じ。

【△印す】記号や目じるしをつける。「採録するものに○を印す」「足跡を印す」

【△録す】文字を書きしるす。書き写す。「記録」

しるす【△誌す】(14) 言7 教 2779/3B6F ▼シ（六二四）
しるす【△録す】(16) 金8 教 4731/4F3F ▼ロク（一六二三）
しるす【△識す】(19) 言12 教 2817/3C31 ▼シキ（六四二）
しるべ【△導】(15) 寸12 教 3819/4633 ▼ドウ（一一六五）
しるべ【△標】(15) 木11 教 4124/4938 ▼ヒョウ（一三〇六）
じれったい【△焦れったい】(12) 灬8 常 3039/3E47 ▼ショウ（七五五）
しれる【△痴れる】(13) 疒8 常 3552/4354 ▼チ（一〇三三）
じれる【△焦れる】(12) 灬8 常 3039/3E47 ▼ショウ（七五五）
しろ【代】(5) 亻3 教 3469/4265 ▼ダイ（九九六）
しろ【白】(5) 白0 教 3982/4772 ▼ハク（一二三三）
しろ【城】(9) 土6 教 3075/3E6B ▼ジョウ（七七二）
しろい【白い】(5) 白0 教 3982/4772 ▼ハク（一二三三）
しろい【▲皎い】(11) 白6 6609/6229 ▼キョウ（三三八）
しろい【▲皓い】(12) 白7 6611/622B ▼コウ（五〇六）
しろい【▲皙い】(13) 白8 6612/622C ▼セキ（八七八）
しろがね【△銀】(14) 金6 教 2268/3664 ▼ギン（三六五）
しわ【▲皺】(12) 皮7 6615/622F ▼シュン（七一七）
しわ【▲皺】(15) 皮10 6618/6232 ▼シュウ（六九六）
しわい【▲吝い】(7) 口4 5071/5267 ▼リン（一五八三）
しわがれる【▲嗄れる】(13) 口10 5146/534E ▼サ（五四六）
しわぶき【▲謦】(18) 言11 7582/6B72 ▼ケイ（四〇一）
しわぶく【▲咳く】(9) 口6 1917/3331 ▼ガイ（一九〇）
しわむ【▲皺む】(15) 皮10 6618/6232 ▼シュウ（六九六）
しわる【▲撓る】(15) 扌12 5790/597A ▼ドウ（一一六六）

シン【心】(4) 心0 教 常 9 3120/3F34 音 シン 訓 こころ 外 うら

筆順 ﾉ 心 心 心

意味 ①こころ。きもち。精神。「心情」「感心」対身・体 ②五臓の一つ。心臓。「心音」「心筋」③まんなか。だいじな部分。かなめ。「心棒」「核心」

下つき 悪心・安心・一心・会心・改心・核心・寒心・感心・歓心・帰心・疑心・虚心・苦心・決心・細心・私心・失心・執心・小心・傷心・初心・身心・真心・信心・人心・誠心・赤心・専心・中心・衷心・痛心・同心・童心・得心・内心・熱心・腹心・腐心・変心・放心・発心・本心・慢心・無心・野心・用心・乱心・良心

【△心悲しい】うらがなーしい なんとなく悲しい。もの悲しい。表記 一般には「うら悲しい」と書く。参考「うら」は表に見えない心のなかの意。

〈心地〉ここち 物事に接したときや何かを行ったときの気分。気持ち。「高原の朝風が―好よい」

【心】こころ ①人間の知・情・意などの精神活動。また、それらをつかさどるもの。②まごころ。うそいつわりのない本当の気持ち。また、思いやり。「―を尽くす」「―配りのできる人」③考え。意志。「―を決める」④物事の深い意味や情趣。また、それを解する感性。「茶の―を味わう」「文章の―を読みとる」⑤謎解きの答えのよりどころ。「…とかけて…と解く、その―は」

『心内に在ₐれば色外に△形ₐₐわる』 心に思うことがあれば、それが自然に顔色や動作にあらわれるということ。〈『大学』〉

『心▲焉ここに在ₐらざれば△視ₘれども

見えず』精神の集中がなければ、見えるものも見えないということ。〈『大学』〉参考「聴けども聞こえず、食らえどもその味わいを知らず」と続く。

〔心の鬼が身を責める〕良心に責められて、苦しみ悩むこと。「心の鬼」は、良心のこと。参考「身」は「己(おのれ)」ともいう。

【心当たり】こころあたり 思い当たるところ。また、思い当たること。見当。「全く―はない」「―を探してみる」

【心有る】こころある ①分別がある。道理がわかる。「―人ならわかるはずだ」②思いやりがある。また、趣を解する。「―はからい」対心無い

【心意気】こころイキ 積極的に損得抜きで取り組もうとする気持ち。いさぎよい気前。「江戸っ子の―を示す」

【心得】こころえ ①ある事柄について知っておかなくてはいけないこと。「―違い」②ある技能などを身につけ知っていること。たしなみ。「日舞の―がある」③組織で下級の役の人が一時的に上の役を代行する職名。「部長―」

【心得る】こころえる ①わかる。理解する。「任務を―る」②引き受ける。承知する。「よし、―た」③身についている。「さすがに―たものだ」

【心後れ】こころおくれ 自信がくじけてひるむこと。類気後れ

【心尽し】こころづくし 気をくばり、心をこめてまわりのためにはかること。心のこもっていること。「―の手料理」

【心付け】こころづけ ①祝儀。チップ。「―を手渡す」②配慮。注意。「―を忘れないように」

【心憎い】こころにくい ①おくゆかしい。さりげないが深い。「―いもてなしを受ける」②憎らしいほど感心させられるさま。「―いばかりの演出」

【心根】こころね 心の奥底。人の本性・性質。「―のやさしい人」

【心延え】こころばえ 人の心のもち方。人の性質。多く長所をいう。「やさしい―」

【心許ない】こころもとない 頼りなく不安だ。また、ぼんやりして心配だ。「このお金で足りるか―ない」「彼女を一人で行かせるのは―ない」

【心安い】こころやすい ①気軽だ。気安い。「―く引き受けてくれ」②親しい。「彼らは―い友人だ」③安心だ。「みんな一緒だと―い」

【心行く】こころゆく 心が十分満足する。気がすむ。「―くまでご堪能(タンノウ)ください」

【心猿意馬】シンエンイバ ▼意馬心猿(イバシンエン)(三六)

【心火】シンカ 心の底から燃え上がるような、はげしい感情。特に、怒りや憎しみなどの情にいう。「―を燃やす」

【心外】シンガイ 相手の言動や物事の結果などが予想外なこと。また、思いもよらないことで、残念で裏切られたように思うさま。「そんなに非難されるとは―だ」類意外・慮外

【心下▲痞硬】シンカヒコウ みぞおちが硬くなり、つかえる症状。参考「痞」は、はらいたや食欲不振の意。

【心肝】シンカン ①心臓と肝臓。②心。心の奥底。「―をひらく(心の底を打ちあける)」

【心眼】シンガン 心の目。物事の本質を見抜く心のはたらき。「―を開く」参考「シンゲン」とも読む。

【心願成就】シンガンジョウジュ 神仏に心から祈っていると、願いが達成されるということ。

【心気】シンキ 心もち。気分。「―を病む(心がくさくさしてゆううつである)」

【心▲悸】シンキ 心臓の鼓動。「―亢進(コウシン)」類動悸

【心技】シンギ 精神と技能。また精神面と技術面。「―一体」

【心機一転】シンキイッテン あることをきっかけに、よい方向へ気持ちをすっかり切り替えること。「―してまじめに働くようになった」

【心▲悸▲亢進】シンキコウシン 心臓の動悸(ドウキ)が速く激しくなること。また、その状態。「―に悩む」

【心境】シンキョウ その時々の心のありさま。気持ち。「―の変化」

【心筋梗塞】シンキンコウソク 心臓病の一つ。冠動脈の一部がつまるなどして、心筋が壊死(エシ)を起こす状態。「心筋」は心臓の壁を構成する筋肉のこと。

【心血】シンケツ 出せる限りすべての精神と肉体の力。全精力。「―を注ぐ」

【心慌意乱】シンコウイラン あわてふためいて心が混乱状態になること。「心慌」はあせってうろたえる、「意乱」は気持ちが乱れる意。類周章狼狽(シュウショウロウバイ)

【心魂】シンコン たましい。精神。「―を傾ける」類精魂 表記「神魂」とも書く。

【心材】シンザイ 木の幹の、年を経て赤く、また黒くなった中心部分。かたく、くさりにくい。赤身。対辺材

【心算】シンサン 心のなかだけでの計画。心づもり。胸算用。参考「つもり」とも読む。

【心耳】シンジ ①心と耳。また、心の耳で聞くこと。物事の是非善悪を聞き分ける心の働きをいう。②心臓の上半部の一部分。または心房。参考①「シンニ」とも読む。

【心事】シンジ 心のなかで思っている事柄。「相手の―を察する」類心中(シンチュウ)・意中

【心中】シンジュウ ①恋愛関係の男女が合意のもとでともに死ぬこと。類情死 ②複数の人がいっしょに死ぬこと。「親子―」③ある物事や団体などと運命をともにすること。「会社と―す

し

シン

る」参考「シンチュウ」と読めば別の意になる。

【心緒】 シンショ 心の糸口。心もち。思いのはし。参考「シンチョ」とも読む。

【心証】 シンショウ ①相手の言動などから心に受ける印象。「―を害す」②裁判官が審理のなかで心に得る認識や確信。

【心象】 シンショウ 経験や知覚によって心に描き出された具体的な像。イメージ。「幼年時代の―風景」

【心情】 シンジョウ 心のなかの思い。気持ち。「手紙に―を綴(つづ)る」

【心織筆耕】 シンショクヒッコウ 文筆で生計をたてること。心のなかで機(はた)を織り、筆で田を耕して生活する意から。故事 唐の王勃(オウボツ)が、ある人から文を頼まれ、お礼の金や絹を車いっぱいもらって人びとにからかわれた故事から。〈『雲仙雑記(ウンセンザッキ)』〉

【心身】 シンシン 心と、からだ。精神と肉体。「―ともに健康」類 身心

【心神】 シンシン こころ。「―喪失」参考「神」は、心・精神の意。

【心神耗弱】 シンシンコウジャク 精神のはたらきが弱くなって、善悪の判断やそれによる行動ができにくくなること。「―の状態」類 神経衰弱

【心酔】 シンスイ ①ある物事に心を奪われ夢中になること。②ある人の人柄や能力・作品などにひかれ、心から尊敬して慕うこと。「西欧文明に―する」

【心髄】 シンズイ ①物の中心にある髄。②物事の最も大切なところ。類 中枢 ③心の底。類 心中(シンチュウ)

【心臓】 シンゾウ ①循環器のなかで中心的な臓器。血液を体内に送り出し、循環させる役目をもつ。「―麻痺(マヒ)」②物事の最も大切な中心の部分。「プロジェクトの―部」

【心胆】 シンタン 心。きもったま。「―を寒からしめる（非常に恐れさせる）」

【心地光明】 シンチコウメイ 心境が澄みきっているさま。心の持ち方が公明正大であるさま。「心地」は心のなか、胸のうちの意。参考「シンチコウミョウ」とも読む。類 公正無私・大公無私

【心中】 シンチュウ 心のなか。「―複雑な思い」「―を察する」類 胸中・内心 参考「シンジュウ」と読めば別の意になる。

【心痛】 シンツウ 心を痛め心配すること。「―のあまり床に伏せる」類 心配・心労

【心底】 シンテイ 心の奥底。心の本心。「―を見抜く」類 心奥 参考「シンそこ」とも読む。表記「真底」とも書く。

【心頭】 シントウ こころ。心中(シンチュウ)。「怒り―に発する（はげしく怒る）」類 念頭

【心頭を滅却(メッキャク)すれば火も亦(また)涼し】 心の持ち方しだいで、どんな困難にも耐えられるということ。雑念をなくして無念無想の境地に到(いた)れば、燃え盛る火さえも熱いとは感じなくなる意から。〈杜荀鶴(トジュンカク)の詩〉

【心耳】 シンニ 「心耳(シンジ)」に同じ。

【心配】 シンパイ ①気にかけて思いわずらうこと。気がかり。「―で眠れない」②心をくばり気にかけること。「食事の―をする」

【心張り棒】 シンばりボウ 引き戸の内側に斜めに立てかけ、戸があかないようにするつっかい棒。「―を支(か)う」

【心服】 シンプク 心から尊敬し、したがうこと。「教授に―する」類 感服・敬服

【心腹】 シンプク 胸と腹。転じて、心のなか。胸中。

【心腹の疾(やまい)】 除くことがむずかしい敵や災いのたとえ。胸と腹にある病は、取り除くのが困難であることから。〈『春秋左氏伝』〉参考「疾」は「シツ」とも読む。また、「疾」は「害(ガイ)」「患(うれい)」「病(やまい)」ともいうが、ほぼ同じ意味。

【心不全】 シンフゼン 心臓の機能が衰弱・低下し、血液循環に支障をきたす病気。

【心棒】 シンボウ ①車輪やこまなど回転する物の中心となる棒状のもの。②活動などの中心となるもの。

【心満意足】 シンマンイソク 心から満足すること。「心満」「意足」は、ともに心が満ち足りる意。対 欲求不満

【心理】 シンリ 心のはたらき。心の状態。心もち。「―描写」

【心裏・心裡】 シンリ 心のうち。心の底。心中。「―を窺(うかが)う」

【心霊】 シンレイ ①たましい。②科学では解明できない、霊魂が引き起こすと想像される不思議な事柄や現象。「―写真」

【心労】 シンロウ あれこれ心を配って思い悩むこと。気苦労。また、心の疲れ。精神的な疲労。「―が重なる」

〈心算〉 つもり ①前もってする考え。意図。「参加する―でいる」②前もってする計算。見積もり。③実際はそうでないのに、その気持ちになること。「旅行に行った―で貯金する」「いつまでも若い―でいる」表記「積り」とも書く。参考①「シンサン」とも読む。

〈心太〉 ところてん 海藻のテングサを煮溶かし、その汁を型に流しこんで固めた食品。細長く突きだしてひも状にし、醤油(ショウユ)や酢などをかけて食べる。季 夏 由来 テングサの別称「心太(こころぶと)」を「こころてい」と読み、それが転じたものという。表記「瓊脂」とも書く。参考「こころぶと」とも読む。

シン **【申】** (5) 田 0 常 教 8 3129 3F3D

音 シン 中　訓 もうす 外 さる・かさねる

筆順 丨 冂 日 日 申

意味 ①もうす。述べる。「申告」「上申」②さる。十

し シン

二支の第九。動物ではサル。方位では西南西。時刻では午後四時およびその前後二時間。「庚申」▼干支順位表(一六〇) ③かさ(重)ねる。くりかえす。

下つき 具申グシン・上申ジョウシン・答申トウシン・内申ナイシン

【△申】さる ①十二支の九番目。②昔の時刻で、現在の午後四時ごろ。また、その前後二時間。③昔の方角の名。西南西。

【△申楽】さるガク ①奈良時代に、中国から伝来した散楽サンガクをもとにしてつくられた演芸。後世の能・狂言のもととなった、室町時代までのものまねや曲芸など。②能楽の旧称。表記「猿楽・散楽」とも書く。

【申告】シンコク 国民が必要な事項を国・役所などに申し出ること。「確定―」「―もれ」

【申請】シンセイ 官庁などへ許可や認可を願い出ること。「書類―」「ビザ発給を―する」

【申達】シンタツ 上級の官庁から下級の官庁に、文書で指令を出すこと。

【申し子】もうしご ①神仏に願って授かった子。霊力のあるものから生まれた子。②特別な状況を反映して生まれたもの。「平和の―」

【申す】もう-す ①「言う」の謙譲語。動作の及ぶ相手を敬っていう。また、丁寧語。「木村と―します」②「お」や「ご」のついた動詞などにつき、「する」の謙譲語。「お待ち―しております」

シン【伸】(7) イ 5 常 3 3113 3F2D 音 シン 訓 のびる・のばす・のべる 外 のす・のる

筆順 ノ イ 仃 们 伹 伸

意味 ①のびる。のばす。「伸長」「伸展」対屈・縮 ②もうす。述べる。「追伸」類申 ③のす。のばして広げる。

下つき 屈伸クッシン・欠伸ケンシン・あくび・追伸ツイシン

【伸子】シンシ 布の洗い張りや染色で、布がたゆまないように、布の両側に弓形にわたして張る竹製の棒。「―張り」表記「籡」とも書く。

【伸縮】シンシュク のびることと縮むこと。のび縮み。「―自在」「―性にすぐれた靴下」

【伸長】シンチョウ 長さや力などをのばすこと。また、のびること。書きかえ「伸暢」の書きかえ字。

【伸張】シンチョウ 物や勢力などをのばし広げること。のび広がること。「国会での勢力を大きく―した」類伸展

【伸暢】シンチョウ ▼書きかえ 伸長

【伸展】シンテン 事業や勢力などが発展し、のび広がること。また、手足をのばし広げること。「―葬」類伸張

【△伸し歩く】のしある-く いばった態度で歩く。「我が物顔で―く」

【△伸し餅】のしもち 方形に薄くのばして作った餅。「―を切る」対丸餅 季冬

【△伸す】の-す ①地位が高くなる。勢力などが大きくなる。「アイデアで―してきた会社」②のばし広げる。「こねたうどん粉を麺棒メンボウで―す」③アイロンなどでしわ・ちぢみなどをのばす。④なぐり倒す。「一発で―す」

【伸びる】の-びる ①曲がったものや縮んだものがまっすぐになる。平らになる。②生長し、高くなる。「背が―びる」③技量・能力や業績・勢力などが増し発展する。「会社の業績が―びる」④ぐったりする。動けなくなる。「殴られて―びた」

【伸る】の-る のびて長くなる。身体をのけぞるようにのばす。「―るか反そるかの瀬戸際だ」

【△伸るか反るか】のるかそるか 成功するか、失敗するか、あるいは運を天にまかせてやってみること。「―の大一番」類一か八バチか

シン【岑】(7) 山 4 1 5410 562A 音 シン・ギン 訓 みね・けわしい

意味 ①みね。けわしくそびえる山。「岑嶺シンレイ」「岑楼」②たかい。けわしい。するどい。

【▲岑▲岑】シンシン ひどく痛むさま。ずきずきと痛むさま。「頭が―と痛む」

【▲岑】みね たかく突きでたけわしい山。

シン【忱】(7) 忄 4 1 5558 575A 音 シン 訓 まこと

意味 まこと。まごころ。

【▲忱】まこと まごころ。真情。

シン【沁】★(7) 氵 4 1 6178 5D6E 音 シン 訓 しみる・ひたす

意味 しみる。ひたす。また、水がしみこむ。心にしみる。類滲シ

【▲沁み▲沁み】しみじみ 心の底から深く感じるようす。しんみり。「―と語る」

【▲沁みる】し-みる ①水がすみずみまでしみこむ。②心に深く感じる。「情けが身に―みる」表記①「滲みる」とも書く。

【▲沁み渡る】しみわた-る すみずみまでしみて広がる。「むなしさが全身に―る」「酒が五臓六腑ロップに―る」

シン【臣】(7) 臣 0 教 常 7 3135 3F43 音 シン・ジン 訓 外 おみ

筆順 丨 厂 𠂆 巨 臣 臣

意味 ①けらい。主君に仕える人。「臣下」「家臣」②たみ。人民。「臣民」③おみ。姓かばねの一つ。

下つき 家臣カシン・奸臣カンシン・近臣キンシン・君臣クンシン・重臣ジュウシン・大臣ダイジン・忠臣チュウシン

【△臣】おみ ①主君に仕える人。けらい。対君 ②姓かばねの名。

【臣下】シンカ 主君に仕える者。けらい。家臣。対君

【臣従】シンジュウ 臣下としてつきしたがい仕えること。類臣服

【臣妾】シンショウ 主君に服従する者。また、召使いの男女。類僕婢(ボクヒ) 参考「臣」は男の、「妾」は女の召使いの意。

【臣民】シンミン ①君主国における国民。②明治憲法下の日本で、天皇・皇族以外の人民。一般国民。参考君主の臣下である人民の意から。

シン【芯】(7) 艹4 常 2 3136 3F44 音シン 訓外とうしんぐさ

筆順 一十艹艹芯芯芯

意味 ①物の中心部分。「鉄芯」「灯芯」類心 ②とうしんぐさ。イグサ科の多年草。

シン【身】(7) 身0 常 教 8 3140 3F48 音シン 訓み

筆順 ′ 亻 勹 自 自 身 身

意味 ①み。からだ。「身体」「病身」対心 ②おのれ。みずから。じぶん。「自身」「立身」 ③物のなかみ。本体。「刀身」「砲身」

下つき 一身(イッシン)・肩身(かたみ)・屈身(クッシン)・化身(ケシン)・献身(ケンシン)・護身(ゴシン)・自身(ジシン)・修身(シュウシン)・終身(シュウシン)・出身(シュッシン)・心身(シンシン)・親身(シンみ)・全身(ゼンシン)・単身(タンシン)・挺身(テイシン)・転身(テンシン)・投身(トウシン)・等身(トウシン)・独身(ドクシン)・肉身(ニクシン)・病身(ビョウシン)・分身(ブンシン)・平身(ヘイシン)・変身(ヘンシン)・砲身(ホウシン)・保身(ホシン)・骨身(ほねみ)・満身(マンシン)・立身(リッシン)

【〈身体〉】からだ ①頭・胴・手足など、肉体のすべてをまとめていう語。五体。②胴の部分。③肉体の健康状態。「—にかわりはない」表記「体・軀」とも書く。

【身口意】シンクイ 仏身体と言語と心意。日常生活における人間の一切の行動である身体的活動、言語活動、精神活動の三者をいう。類三業(サンゴウ)

【身軽言微】シンケイゲンビ 地位や身分が低いために、意見を言っても取り上げてもらえないこと。〈『後漢書(ゴカンジョ)』〉

【身言書判】シンゲンショハン 中国、唐の役人を採用するときの四つの基準で、容姿・言語・文字・文章力のこと。〈『新唐書(シントウジョ)』〉

【身上】シンショウ ①財産。また、暮らし向き。家計のやりくり。「一代で—を築く」②「身上(シンジョウ)」に同じ。

【身上】シンジョウ ①一身にかかわる事柄。「会社に—書を出す」②その人の本来の値うち、特長。とりえ。「責任感の強さが—だ」参考①「みのうえ」、①②「シンショウ」とも読む。

【身心一如】シンジンイチニョ 仏肉体と精神は一体のもので、切り離すことができないものだということ。

【身代】シンダイ 個人や一家の総財産。「—が傾く」類身上(シンショウ) 参考「みのしろ」と読めば「身代金」のことで、人質と引き換えに受け渡される金品の意。また、人身売買の代金の意。

【身体髪膚▲之を父母に受く】シンタイハップこれをフボにうく 人は体も髪の毛も皮膚も、すべて父母からいただいたものだから、傷つけたり損なったりしないように努めるのが孝行の第一であるということ。〈『孝経』〉参考「敢(あ)えて毀傷(キショウ)せざるは孝の始めなり」と続く。

【身中】シンチュウ 体のなか。「獅子(シ)—の虫(内部にいて恩を仇(あだ)で返す者のたとえ)」

【身辺】シンペン 身のまわり。「—整理」「—多忙をきわめる」

【身命】シンメイ 体と命。「—を投げうつ」参考「シンミョウ」とも読む。

【〈身柱〉】ちりけ ①灸点(キュウテン)の一つ。えりくびの下で両肩の中央部分。②頭に血がのぼる幼児の病気。疳(カン)。表記「天柱」とも書く。

【身】み ①体。「衣服を—に着ける」②自分自身。「—を賭(ト)して尽くす」③身分。立場。「—のほどを知れ」「相手の—になる」④誠意。「—を入れて話を聞く」⑤骨や皮に対して肉。「魚の—をほぐす」

【身から出た▲錆(さび)】自分がやったことの報いとして自分に返って来る損害のこと。参考「身から出た錆は研(と)ぐに砥(と)がない(とごうとしても砥石がない)」と続けてもいう。類自業自得(ジゴウジトク)・平家を滅ぼすは平家

【身知らずの口▲叩(たた)き】自分の能力や立場をわきまえずに、大きなことを言ったり、やたらに意見を言ったりすること。

【身に過ぎた果報は災いの基(もと)】身分にふさわしくないほどの幸福は、とかくのちの災難の元になりがちだという教え。

【身も蓋(ふた)もない】はっきりし過ぎている。あからさまである。あまりに直接的で、含みも情味もない。入れ物もふたもなく、中身だけがむきだしになっている意から。「身」は蓋物の中身を入れる部分。「そこまで言っては—い」

【身を殺して仁(ジン)を成(な)す】自分の生命を犠牲にしても、正しいことのために尽くすこと。〈『論語』〉

【身を捨ててこそ浮かぶ瀬もあれ】自分の命を投げ出す覚悟があってこそ、窮地を脱し、物事を成就することができる。類虎穴(コケツ)に入(い)らずんば虎子(コジ)を得ず

【身を▲以(もっ)て物に役(エキ)せられず】物欲にまどわされないこと。自分自身が物に使われない意から。「役」は使役の意。〈『淮南子(エナンジ)』〉

【身を▲以(もっ)て利に殉(ジュン)ず】少しばかりの利益のために、自分を犠牲にしてしまうこと。利益のた

めに身を滅ぼす愚かしさへの戒め。《『荘子(ソウジ)』》

【身請け】みうけ 芸者や遊女の前借金を代わりに支払って、年季のすまないうちに、その勤めをやめさせて引き取ること。

【身内】みうち ①全身。からだ全体。「—が引き締まる思い」②家族や関係の近い親類。「婚約者を—に紹介する」③博徒などで、同じ親分の下につく子分。

【身売り】みうり ①前借り金をもらい、約束の期間奉公すること。「飢饉(キキン)の年は—する娘が多かった」②会社などを経営難のため、売りに出すこと。「本社ビルを—した」

【身欠き▲鰊】みがきにしん ニシンの頭と尾を取って二つに裂いて干したもの。かきわり。表記「鰊」は「鯡」とも書く。参考「みかきにしん」とも読む。

【身方】みかた ①対立した関係で、自分の属するほう。また、自分のほうの仲間。「—に引き入れる」対敵・敵方 ②対立関係で一方を支持し、加勢すること。「弱い者に—する」表記「御方・味方」とも書く。

【身勝手】みがって 自分の都合だけを優先して振る舞うこと。自分勝手。わがまま。「それは—というものだ」「—な言い分」

【身柄】みがら ①その人自身。その人の身体。「—を拘束する」②その人の分(ブ)・身分。「—をわきまえる」

【身軽】みがる ①体の動き・身のこなしが軽快なさま。「—に動き回る」②責任がなく気楽なさま。「独身で—だ」

【身▲拵え】みごしらえ 身じたく。何かをするために服を着たり持ち物を準備したりすること。類身繕い

【身籠もる】みごもる 体内に子を宿す。妊娠する。表記「妊る・孕る」とも書く。

【身頃】みごろ 衣服の袖(そで)と襟を除く、胴体をくるむ部分。「前—と後ろ—」

【〈身動〉ぎ】みじろぎ 体を少し動かすこと。みうごき。「—せずに話に聞き入る」

【身過ぎ】みすぎ 暮らしを立てて行くこと。また、その方法。生計。「—世過ぎ」類口過ぎ

【身銭】みぜに 自分のお金。個人の金銭。「—を切る(自分の金を使う)」

【身空】みそら 身のうえ。身のほど。「若い—で、けなげに働く」類境遇

【身丈】みたけ ①身長。みのたけ。②和服の長着で、肩山から裾(すそ)までの仕立て上がり寸法。

【身▲嗜み】みだしなみ 衣服などを整えて、人に不快を感じさせないように、身のまわりをきちんとすること。「—を整える」

【身近】みぢか ①自分のすぐそば。身辺。「危険が—に迫る」②自分に関係の深い物事。「—な話題」

【身繕い】みづくろい 身じたく。身なりを整えること。「—して出かける」「念入りに—する」類身拵(ごしら)え

【身共】みども わたし。自分。また、われら。参考武士が、同輩か目下に対して用いた語。

【身△形】みなり 衣服をつけた姿。よそおい。服装。「パリッとした—で出かける」

【身の代金】みのしろキン ①人身売買の代金。②誘拐した人質を無事に返す代わりに要求する金。

【身▲贔▲屓】みビイキ 自分に関係のある人を特にとりたてること。参考「贔屓」は、気に入った人をとりたてること。

【身分】みブン ①身の上。境遇。「朝酒とはいい—だ」②社会のなかでの地位。「—ちがい」

【身△罷る】みまかる 死ぬ。亡くなる。参考「罷る」は退く・帰る・去るの意で、体があの世に去る意。

【身持ち】みもち ①品行や行い。「彼は—ちが悪い」②妊娠すること。身重(みおも)。

【身元・身△許】みもと ①生まれ育ち。多くはその人に関する情報を含めていう。「—は確かだ」類素性 ②一身上にかかわる事柄。「—保証人」

【身寄り】みより 身を寄せるところ。親類縁者。「—のない老人」類身内

【〈身屋〉・〈身舎〉】もや ①寝殿造で、家屋の中央の間。②離れや物置に対して住居として用いる建物。おもや。表記「母屋」とも書く。

シン 【辛】 (7) 辛 0 常 3 3141 3F49 音 シン 訓 からい 外 つらい・かのと

筆順 丶 亠 亣 立 立 辛

意味 ①からい。舌をさすような味。「香辛料」②つらい。苦しい。「辛苦」「辛酸」「辛労」③かのと。十干の第八。「辛亥(シンガイ)」▼干支順位表(一六〇)④かろうじて。やっとのことで。「辛勝」

下つき 艱辛(カンシン)・苦辛(クシン)・酸辛(サンシン)

【△辛】かのと 十干の第八番目。方角では西。五行では金。対庚(かのえ) 参考「金(かね)の弟(おと)」の意。

【辛い】からい ①舌を強く刺激する味である。「わさびが利(き)きすぎて—い」②塩味が濃い。「塩っ—い」③厳しい。「採点が—い」

【辛辛】からがら かろうじて。ようやく。やっと。「戦地から命—逃げ帰った」

【辛口】からくち ①口当たりがからいこと。塩気が強いこと。「—のカレーを注文する」②からい味の好きなこと。また、その人。類辛党 対甘党 ③手厳しいこと。「—の評論」対①③甘口

【辛くも】からくも ようやく。かろうじて。やっとのことで。「—災難を逃れた」

【辛党】からトウ ①からい味が好きな人。②酒が好きな人。酒飲み。類左党 対①②甘党

【辛うじて】かろうじて やっとのことで。ようやく。なんとか。「約束の時間に—」

間に合った」

【〈辛▲夷〉】こぶし　モクレン科の落葉高木。山野に自生。早春、葉より先に芳香のある大きな白色の六弁花が咲く。ヤマアララギ。季春　由来「辛夷」は漢名からの誤用。和名は、つぼみが子どもの握りこぶしに似ていることから。表記「拳」とも書く。参考「シンイ」とも読む。

【辛▲亥革命】シンガイカクメイ　一九一一年、辛亥の年に中国で起こった民主主義革命。清(シ)朝を倒し、翌年中華民国を樹立した。民国革命。

【辛気臭い】シンキくさ-い　じれったくいらだたしいさま。また、思うにまかせず、心がくさくさすること。参考「辛気」は心がはれないこと。

【辛勤】シンキン　大いに苦労して勤めること。また、つらいつとめ。

【辛苦】シンク　つらく苦しいこと。ひどい苦しみ。「艱難(カンナン)―」類辛酸

【辛酸】シンサン　つらく苦しいこと。非常な苦しみ。類辛苦

『辛酸を▲嘗(な)める』つらく苦しいことを、いろいろ経験すること。「浮世の―」

【辛勝】シンショウ　試合などで、苦戦しながらやっと勝つこと。「一点差で―する」対大勝・楽勝・圧勝

【辛抱・辛棒】シンボウ　つらく厳しいことにじっと耐え忍ぶこと。また、我慢しながら努めること。「―すれば報われる」「―強い性格」由来仏教語で心を修練する意の「心法」からともいう。

『辛抱する木に金(かね)がなる』つらいことをじっと我慢して働いていれば、やがて金がたまって財産ができるという教え。

【辛辣】シンラツ　非常に手厳しいさま。「―な言葉を浴びせる」

【辛労辛苦】シンロウシンク　つらい苦しい目にあって非常に苦労すること。「―に耐える」参考「辛苦辛労」ともいう。

【△辛い】つら-い　①心身にひどい苦痛を感じて耐えられないほどのようす。「―い別れ」「足が痛くて歩くのが―い」②無情なさま。むごいさま。「―い仕打ち」

シン【辰】(7) 辰 0　準1　3504 4324　音 シン　訓 たつ・とき・ひ

意味 ①たつ。十二支の第五。方位では東南東。時刻では午前八時およびその前後二時間。「辰巳(たつみ)」▼干支順位表(一六六〇) ②とき。ひ(日)。日がら。「吉辰」「良辰」③天体。日・月・星の総称。「辰宿」「星辰」

下つき 佳辰(カシン)・嘉辰(カシン)・吉辰(キッシン)・時辰(ジシン)・星辰(セイシン)・誕辰(タンシン)・芳辰(ホウシン)・北辰(ホクシン)・良辰(リョウシン)

【▲辰砂】シンシャ　①水銀と硫黄の化合物で、色は朱色。水銀製造や絵の具に用いる。類朱砂(シュサ)・丹砂(タンサ) ②紅色のうわぐすり。また、その色。

【▲辰宿】シンシュク　星座。星の宿り。天球を二八の星座(二十八宿)に分類したもの。

【▲辰】たつ　①十二支の五番目。②昔の時刻で、現在の午前八時ころ。また、その前後二時間。「―の刻」③昔の方角の名。東南東。

【▲辰▲巳】たつみ　昔の方角の名。南東の方向。表記「巽」とも書く。参考「シンシ」とも読む。

シン【△参】(8) ム 6　教　2718 3B32　▼サン(五八四)

シン【★呻】(8) ロ 5　1　5081 5271　音 シン　訓 うめく・うなる

意味 うめく。うなる。「呻吟」

下つき 嚬呻(ヒンシン)

【▲呻く】うめ-く　①痛みや苦しみのあまり、うなり声をだす。「苦痛に―く」②感嘆してうなる。「作品のすばらしさに思わず―く」③苦心して詩歌を作る。苦吟する。

【▲呻吟】シンギン　苦しんでうめくこと。なやみ苦しむこと。「病床で―する」「思うように描けず―する」

シン【抻】(8) 扌 5　1　5727 593B　音 シン・チン　訓 のばす

意味 のばす。引きのばす。

シン【信】(9) イ 7　教 常　7　3114 3F2E　音 シン　訓 外まこと・まかせる・たより

筆順 ノ イ 亻' 仁 仨 信 信 信 信

意味 ①まこと。いつわりがない。「信義」「信実」②しんじる。「信仰」「信念」「信用」③しるし。あいず。「信号」「交信」「通信」④まか(任)せる。⑤たより。手紙。「信書」「書信」⑥「信濃(しなの)の国」の略。「信州」

下つき 威信(イシン)・音信(オンシン)・確信(カクシン)・過信(カシン)・交信(コウシン)・混信(コンシン)・私信(シシン)・自信(ジシン)・受信(ジュシン)・所信(ショシン)・送信(ソウシン)・通信(ツウシン)・電信(デンシン)・背信(ハイシン)・発信(ハッシン)・不信(フシン)・返信(ヘンシン)・迷信(メイシン)

【〈信天翁〉】あほうどり　アホウドリ科の鳥。乱獲で減り、伊豆諸島の鳥島でのみ繁殖。翼を広げると二メートルをこす。全体に白色で、翼と尾羽の先端は黒褐色。特別天然記念物。国際保護鳥。由来「信天翁」は漢名からで、天に信(まか)せて一日中同じ場所で魚が来るのを待っている翁(おきな)(老人)のような白い鳥の意。表記「阿房鳥」とも書く。

【〈信楽〉焼】しがらきやき　滋賀県甲賀郡の信楽(しがらき)地方でつくられる陶器。室町時代に茶器としてとりあげられ、有名になった。

【〈信濃〉】しなの　旧国名の一つ。現在の長野県。信州(シンシュウ)。「―路」

【△信太▲鮨・△信田▲鮨】しのだずし　いなりずしの別名。由来キツネの好物の油揚げを使うことと、信太(しのだ)の森のキツネの伝説を結びつけたところから。

【信越】シンエツ　信濃(しなの)と越後(えちご)。ほぼ長野県と新潟県の両地方。

【信管】シン カン 爆弾・弾丸の火薬に点火して爆発させるため、弾頭・弾底につける装置。「不発弾の━を抜く」

【信義】シン ギ 約束を果たし、人として正しい行いをすること。「━にもとる」

【信拠】シン キョ 信じてよりどころとすること。また、信ずべき根拠。

【信教】シン キョウ ある宗教を信仰すること。「━の自由」類信仰・信心

【信玄袋】シンゲン ぶくろ 平底のある布製の手提げ袋で、口をひもでしばるようにしたもの。類合切袋(ガッサイぶくろ)

【信仰】シン コウ 神仏などを心から信じ敬うこと。また、神仏などをかたく信じる心。「━が厚い」類信教・信心

【信号】シン ゴウ ①色・音・光・電波など言葉でない符号で意思を伝達する方法。また、その符号。「モールス━」②道路などにある交通規制のための機械。「━を渡る」

【信士】シン ジ 仏①仏門に入った在家の男性信者。②男性の戒名(カイミョウ)につける語。対①②信女(シンニョ) 由来 出家せずに仏門に入った男性を意味する梵語(ボンゴ)、優婆塞(ウバソク)の訳語「清信士」から。

【信実】シン ジツ 正直でうそいつわりのないこと。「━のある言葉」

【信者】シン ジャ ①ある宗教を信仰している人。類信徒・宗徒 ②特定の対象を熱烈に支持する人。ファン。

【信書】シン ショ 個人と個人の間で意思などを通ずる文書。書状。手紙。書簡。

【信条】シン ジョウ ①普段からかたく信じ守っている事柄。「━に反する」②信仰の教義。

【信賞必罰】シンショウ ヒツバツ 功績を上げた者には必ず賞を与え、罪を犯した者には必ず罰を下し、賞罰を厳格に行うこと。〈『漢書(カンジョ)』〉「人事管理に━は欠かせない」

【信じる】シン-じる ①物事に対する言明や判断が確実なことと思う。信頼する。信用する。「霊魂の不滅を━じる」「彼を━じて疑わない」②信仰する。信心する。「神を━じる」

【信心】シン ジン 神仏の力を信じて敬うこと。また、その信仰心。「━深い人」

【信心過ぎて極楽(ゴクラク)通り越す】信心もあまり度を越すと、かえって迷信や邪道に落ちこんで救われなくなり、害になる。信心もほどほどにせよということ。

【信心は徳の余り】信心は生活に余裕があってこそできるものだということ。

【信託】シン タク ①信用し任せること。②一定の目的で他人に財産の管理や処分を委託すること。「━銀行」 参考「信心」は「後生(ゴショウ)」ともいう。

【信徒】シン ト ある宗教を信仰している人。類信者・宗徒

【信女】シン ニョ 仏①俗世にいながら仏門に入った女性。②仏教で、死んだ女性の戒名(カイミョウ)の下に添える称号。対①②信士(シンジ)

【信任】シン ニン 人格や適性などを信用して、物事を任せること。「━が厚い」

【信認】シン ニン 信頼し認めること。「専門家として━すべき学者に聞く」

【信念】シン ネン かたく信じて疑わないこと。また、その心。自信の念。「━に基づいて行動する」類信条

【信憑】シン ピョウ 信頼してよりどころとすること。「━性が高い」参考「憑」はよりどころの意。

【信望】シン ボウ 他の人から寄せられる信用と人望。「━を集める」

【信奉】シン ポウ ある主義や思想などをかたく信じて、それにしたがうこと。「平和主義を━する」

【信用】シン ヨウ ①まちがいないと信じること。信じて受け入れること。「他人を━する」類信頼 ②他からのよい評判。信頼されること。「━を失う」③信頼のもとに代金の決済などをあとに遅らせる取引関係をいう。「━取引」

【信頼】シン ライ 信じて頼りにすること。「━の置ける人物」「━に応える」類信用

【△信】まこと まごころ。誠意。うそいつわりのないこと。真実。

シン【侵】(9) イ7 常 4 3115/3F2F 音 シン 訓 おかす 外 みにくい

旧字《侵》(9) イ7 1/準1

筆順 ノ 亻 亻冖 亻ヨ 亻ヨ 亻ヨ 侵 侵

意味 ①おかす。他人の領分に入りこむ。「侵害」「侵犯」「侵略」②みにくい。背が低くて容姿がみすぼらしい。

【侵す】おか-す ①入ってはならない他の領分に無理に入りこむ。「他国の領土を━す」②他人の権利や利益などを損なう。「基本的人権を━してはならない」

【侵害】シン ガイ 他の権利や利益などを不当に奪ったり損なったりすること。「人権━」

【侵攻】シン コウ 他国の領土に侵入して、攻めること。「━作戦」類侵犯

【侵寇】シン コウ 他国の領土に攻めこんで害を及ぼすこと。参考「寇」は、国外から攻めこみ害を及ぼすこと。

【侵食】シン ショク 他人の領分に徐々に食いこみ損なうこと。書きかえ「侵蝕」の書きかえ字。

【侵蝕】シン ショク ▼書きかえ 侵食

【侵入】シン ニュウ 入ってはならない場所に無理に入りこむこと。不法に入りこむこと。「━経路を調べる」

【侵犯】シン パン 不法に他の領土や権利などをおかすこと。「領空━」

【侵▲掠】シン リャク ▼書きかえ 侵略

【侵略】シン リャク 他国に不法に入りこみ、領地や財産などを奪うこと。書きかえ「侵掠」の書きかえ字。

シン【哂】(9) 口 6 1 5102 5322 音 シン 訓 わらう・あざわらう

意味 わらう。ほほえむ。あざわらう。「哂笑」

下つき 鼻哂ビシン

【▲哂う】わらう ①にっこりとほほえむ。微笑する。②そしりわらう。あざわらう。

シン【津】(9) 氵 6 常 準2 3637 4445 音 シン(高) 訓 つ (外)しる

筆順 、 、 氵 氵 汀 汩 浔 浔 津

意味 ①つ。みなと。渡し場。ふなつき場。「津津浦浦」②しみ出る。わき出る。「津津」③体から出る液体。しる。つば・あせ・なみだなど。

下つき 河津カシン・江津コウシン・渡津トシン・問津モンシン・要津ヨウシン

【津液】シン エキ 身体を流れる液体の総称。唾液ダエキ、血液の類。

【津津】シン シン 満ちあふれるさま。つぎつぎとわき出るさま。「興味―」

【津】つ ①船着き場。港。渡し場。②人が集まる場所。「三箇サンの―」(京都・大坂・江戸)」

【津津浦浦】つつ うらうら 国中どこでも。全国のすみずみ。「この話は―に広まっている」参考「津津」は「つづ」とも読む。

【津波】つなみ 地震や海底で起きた陥没などのために、急に海岸に押し寄せて陸地をひたす高い波。「―警報」

シン【矧】(9) 矢 4 準1 3974 476A 音 シン 訓 はぐ

意味 ①はぐ。竹に羽根をつけて矢を作る。②いわんや。まして。類 況

【▲矧ぐ】はぐ 竹の棒に羽根などをつけて矢を作る。「矢を―ぐ」

シン【神】(9) ネ 5 常 教 8 3132 3F40 音 シン・ジン 訓 かみ・かん(中)・こう(高) (外)たましい

旧字《神》(10) 示 5 1/準1 8928 793C

筆順 、 ラ ネ ネ ネ 初 和 袒 神

意味 ①かみ。「神社」「鬼神」②人間の知恵でははかり知ることのできない不思議なはたらき。「神技」「神秘」③こころ。たましい。「神経」「精神」④「神戸」の略。「阪神」

下つき 氏神うじがみ・鬼神キシン・失神シッシン・女神ジョシン・めがみ・心神シンシン・水神スイジン・精神セイシン・天神テンジン・入神ニュウシン・風神フウジン・雷神ライジン

〈神▲巫〉いちこ 死者の霊を自分にのりうつらせ、死者の考えなどを語る女性。口寄せ。表記「巫子・市子」とも書く。

〈神楽〉かぐら ①神を祭るために神前で奏する舞楽。「拝殿で―を舞う」季冬 ②歌舞伎カブキや芝居の囃子はやしの一つ。

〈神楽〉月 かぐらづき 陰暦一一月の異名。由来 皇居や皇室に関係のある神社で、毎年陰暦一一月に神楽が行われたことから。

【神】かみ 人間を超えた存在として、宗教や民俗的信仰の対象となるものの総称。

【神在月】かみありづき 出雲国いずものくに(今の島根県)で、陰暦一〇月の異名。由来 この月に神々が出雲大社に集まることから。

【神懸かり・神▲憑かり】かみがかり ①神霊が人体にのりうつること。また、その状態になった人。「―のような力を出す」②科学や道理に合わないことを強く信じ行うこと。また、その人。

【神去月】かみさりづき 「神無月かんなづき」に同じ。

【神業】かみわざ 神のしわざ。また、人間の力ではできないような、すぐれた技術・行為。類 神技シンギ

【神渡し】かみわたし 陰暦一〇月に吹く西風。由来 出雲いずも大社に集まる神々を送る風の意から。季冬

【神▲実】かんざね 神体。神の実体。表記「主神」とも書く。参考「かむざね」とも読む。

【神無月】かんなづき 陰暦一〇月の異名。類 神去月かみさりづき・神在月かみありづき 季冬 由来「な」は「の」の意で「神の月」のこと。また、神々が出雲いずも大社に集まるので各地で不在になる月の意、という俗説もある。参考「かみなづき」とも読む。

【神奈備・神名備・神南備】かんなび 神や神霊が鎮座する森や山。みもろ。参考「かむなび」とも読む。

【神▲嘗祭】かんなめサイ 天皇がその年に収穫した米を伊勢神宮に供える祭り。一〇月一七日に行われる。季秋 参考「シンジョウサイ」とも読む。

【神主】かんぬし 神社につかえ、神事を行う人。類 神官・神職

【神▲戸】かんべ 神社を経済的に支えた民。参考「ジンコ」とも読む。

【神▲籠石】こうごいし 古代の山城の遺跡。切り石が列になっており、門の跡が残るものもある。中国・四国・九州の遺跡がよく知られている。

【神神しい】こうごうしい 尊くおごそかなさま。神秘的で気高い。「会堂に―しい歌声がひびく」

【神韻▲縹▲渺】シンイン ヒョウビョウ 人間の手によるとは思えない、すぐれた趣がほのかにただよっているさま。「―とした眺め」

【神▲苑】シン エン 神社の境内ケイダイ。また、そこにある庭園。類 神域

【神格】シンカク 神の格式・階級。また、神としての資格・地位。

【神学】シンガク 特定の宗教を信仰する立場から、その宗教の教理などを研究する学問。特に、キリスト教についていう。「―校」

【神▲祇】ジンギ 天の神と地の神。天神地祇(テンジンチギ)。「―官」

【神▲祇伯】ジンギハク 律令(リツリョウ)制で、神祇官(天地の神々を祭り諸国の官社を管轄した官庁)の長官。

【神機妙算】シンキミョウサン 人間の知恵では思いつかないような、すぐれたはかりごと。類神機妙道・神算鬼謀

【神経】シンケイ ①動物の体にある繊維状の器官。体の機能を統率し、各部からの刺激を脳に伝える刺激伝達の経路。②ものを感じたり考えたりする心のはたらき。「―が太い人」

【神▲譴】シンケン 神のとがめ。参考「譴」は、とがめる意。

【神算鬼謀】シンサンキボウ 人知の及ばないような巧みにつくられたはかりごと。類神機妙算・神機妙道

【神▲祠】シンシ 神をまつるやしろ。神をまつった小さなほこら。

【神授】シンジュ 神から授けられること。天授。「王権―説」類天与

【神州】シンシュウ 昔の日本と中国で使われた自国の尊称。神が開き神が守る国の意。類神国

【神出鬼没】シンシュツキボツ まるで鬼神のように、自由自在に現れたり隠れたりするさま。「―の大盗賊」「―の行動」類鬼出神行

【神色自若】シンショクジジャク 精神状態も顔色も、いつもと変わらず落ち着いているさま。「神色」はこころと顔色、「自若」は落ち着いて動じない意。〈『晋書(シンジョ)』〉「―とした態度」類泰然自若 対周章狼狽(シュウショウロウバイ)

【神髄】シンズイ 物事のもっとも重要なところ。物事の本質。その分野の奥義。「剣の―をきわめる」類精髄 表記「真髄」とも書く。

【神水】ジンズイ ①神にそなえる水。②霊験あらたかとされる神聖な水。参考「シンスイ・ジンスイ」とも読む。

【神通力】ジンズウリキ 何事も思うままにできる不思議な力。参考「ジンツウリキ」とも読む。

【神聖】シンセイ 尊くおかしがたいさま。おごそかでけがれのないさま。

【神仙・神▲僊】シンセン 神や仙人。俗世をはなれて不老長生の世界にすむ人。神通力をもつ人。仙人。

【神仙思想】シンセンシソウ 神通力をもった神や仙人の存在を信じ、それを理想として不老長生の世界に生きようという考え。

【神▲饌】シンセン 神にそなえる飲食物。イネ・酒・米や野菜・魚介類・塩や水など。御饌(みけ)。類供物

【神速】シンソク 人間わざとは思われないほど非常に速いさま。また、その速さ。

【神託】シンタク 神のお告げ。「―を賜る」類託宣・神勅

【神道】シントウ 天地の神々をまつる日本古来の民族信仰。また、祖先神などをまつる日本固有の民族宗教。かんながらの道。

【神童】シンドウ きわめてすぐれた才知をもつ子ども。「村始まって以来の―」

【神罰】シンバツ 神がくだす罰。神のとがめ。類神譴(シンケン)・天罰

【神秘】シンピ 人間の知恵でははかり知れない不思議なこと。「自然の―を探る」

【神父】シンプ キリスト教のカトリックで、信者を導き説教する職務の人の敬称。司祭。参考プロテスタントでは、「牧師」という。

【神仏】シンブツ 神と、ほとけ。また、神道と仏教。「―を敬う」

【神仏混交】シンブツコンコウ 日本古来の神道と外来の仏教を結びつけ、融合した信仰。奈良時代に始まる。類神仏習合 対神仏分離 表記「混交」は「混淆」とも書く。

【神妙】シンミョウ ①けなげで感心なようす。「―な心がけ」②おとなしく、すなおなさま。「―な面持ちで聞き入る」

【神△馬】シンメ 神社に奉納された馬。参考「シンバ・ジンメ」とも読む。

【神明】シンメイ ①神。「天地―に誓う」②祭神としての、天照大神(あまてらすおおみかみ)。

【神▲佑・神▲祐】シンユウ 神の助け。「―天助」類神助 参考「佑」「祐」はともにたすける意。

【神▲籟】シンライ 神の声。参考「籟」はひびきの意。

【神霊】シンレイ ①神。神のみたま。「―が宿る」②神のはかりしれない徳。

【神△鹿】シンロク 神社で飼われているシカ。シカは神の使いとされる。

【神話】シンワ ①神々や英雄を主人公とする話。また、神が示したものとして自然界・人間界の現象を語る話。「ギリシャ―」②世間で絶対的に信じられているが、根拠のない事柄。「土地―」

〈神▲籬〉ひもろぎ 古代、神が宿るとされ、周囲にトキワギを植えて仕切った場所。のちに、神社も指すようになった。

〈神庫〉ほくら ①神宝を納めておく、くら。②小さな神社。やしろ。ほこら。

〈神馬藻〉ほんだわら 褐藻類ホンダワラ科の海藻。▼馬尾藻(ほんだわら)(一二三一)

〈神酒〉みき ①神に供える酒。「お―を供える」②酒の美称。また、敬称。表記「御酒」とも書く。

〈神子〉みこ 神に仕える未婚の女性。表記「巫女」とも書く。

〈神▲輿〉みこし 祭礼のときにかつぎ回る神霊をのせた輿(こし)。おみこし。季夏

参考「シンヨ」とも読む。

シン【唇】(10) 口 7 常 準2 3116 3F30 音 シン 訓 くちびる 高

筆順 一 厂 尸 尸 尼 辰 辰 唇 唇 唇

意味 くちびる。「唇歯」 参考「脣」が本字。

下つき 上唇(ジョウシン・うわくちびる)・下唇(カシン・したくちびる)・玉唇(ギョクシン)・口唇(コウシン)・紅唇(コウシン)・朱唇(シュシン)・

【唇】くちびる 口のまわりを囲む、薄い皮で覆われた柔らかい部分。口唇(コウシン)。「悔しさに―を嚙(か)む」

【唇亡びて歯寒し】互いに助け合っている関係にあるものの、一方が滅びると他方も危なくなるたとえ。唇が失われると、冷たい風が直接歯に当たる意から。〈『春秋左氏伝』〉

【唇歯輔車】シンシホシャ 互いに密接な関係にあり、助け合ってはじめてなりたつ間柄のたとえ。由来「唇歯」はくちびると歯、「輔車」は頰骨(ほおぼね)と下あごの骨のことで、どちらも切っても切れない密接な関係にあることから。〈『春秋左氏伝』〉 表記「唇歯」は「脣歯」とも書く。 参考「輔車唇歯」ともいう。

シン【娠】(10) 女 7 常 準2 3117 3F31 音 シン 訓 外 はらむ・みごもる

筆順 く 女 女 女一 女厂 女厂 女尸 女辰 娠 娠

意味 はらむ。みごもる。「妊娠」

下つき 妊娠(ニンシン)

【娠む】はらむ 母体の胎内に子を宿す。みごもる。妊娠する。

シン【宸】★(10) 宀 7 1 5366 5562 音 シン 訓 のき

意味 ①のき(軒)。「宸宇」 ②天子のすまい。また、天子に関することがらに添える語。「宸居」「宸襟(シンキン)」天子

【宸翰】シンカン 天子がみずから書いた文書。天子直筆の文書。類宸筆

【宸襟】シンキン 天子の心。類宸衷(シンチュウ)・宸念 参考「襟」は胸・心の意。

【宸筆】シンピツ 天子の自筆。天子がみずから書いたもの。類宸翰(シンカン)

シン【振】(10) 扌 7 常 4 3122 3F36 音 シン 訓 ふる・ふるう・ふれる 外 すくう

筆順 一 十 扌 扌一 扌厂 扌厂 扌尸 扌辰 振 振

意味 ①ふる。ふりうごかす。ふるえる。「振動」「強振」 ②ふるう。盛んになる。「振興」「不振」 ③ふり。ふるまい。ようす。 ④すく(救)う。助ける。「振恤(シンジュツ)」

下つき 強振(キョウシン)・三振(サンシン)・不振(フシン)

【振救】シンキュウ 金品をほどこして救うこと。類振済 表記「賑救」とも書く。

【振興】シンコウ 物事に力を注いで盛んにすること。また、物事が盛んになること。「産業の―を図る」類振起・振作

【振作】シンサク ふるい起こすこと。盛んにすること。「愛国心を―する」類振興・振起

【振恤】シンジュツ ほどこして救うこと。表記「賑恤」とも書く。

【振盪】シントウ ふるえ動くこと。激しくふり動かすこと。強い刺激を与えること。「脳―を起こす」表記「震盪・震蕩」とも書く。

【振動】シンドウ ①ゆれ動くこと。ゆり動かすこと。「列車の―音」 ②物体などの量や位置が、一定の周期で繰り返し変化する運動。「振り子の―」

【振幅】シンプク ゆれ動く物体の、静止状態の位置から振動の極点までの距離。「振り子の―を測定する」

【振袖】ふりそで 未婚の女性が礼装用に着る袖丈の長い和服。

【振る】ふ-る ①支える部分を中心にゆり動かす。物の一端を持ってふり動かす。また、全体をふり動かす。「手を―る」「バットを―」 ②巻き散らす。また、ゆすって下に落とす。「魚に塩を―る」「さいころを―る」 ③相手にせず、はねつける。「彼女に―られた」「客を―る」 ④むだにする。失う。「チャンスを棒に―る」

【振るう】ふ-るう ①勢力や勢いなどが盛んである。「成績が―わない」「インフルエンザが猛威を―う」 ②ふり動かす。勢いよくゆり動かす。「こぶしを―う」 ③実力や勢力などを思うままに発揮する。「腕を―う」

シン【晋】(10) 日 6 準1 3124 3F38 音 シン 訓 すすむ

旧字《晉》(10) 日 6 1/準1 5873 5A69

意味 ①すす(進)む。つきすすむ。 ②中国の王朝・国名。

【晋山】シンザン 僧がはじめて寺の住職になること。「―式」

【晋む】すす-む のびすすむ。前にすすむ。表記「進む」とも書く。

シン【浸】(10) 氵 7 常 4 3127 3F3B 音 シン 訓 ひたす・ひたる 外 つく・つかる・しみる

筆順 、 ⺀ 氵 氵 氵ヨ 氵ヨ 氵ヨ 浔 浸 浸

意味 ①ひたす。ひたる。水につける。「浸水」 ②しみる。水がしみこむ。「浸潤」「浸透」

書きかえ「滲(シ)」の書きかえ字として用いられるものがある。

下つき 漬浸(シシン)

【浸みる】し-みる 液体などが他の物のなかに吸いこまれるように入りこむ。「油が布に―みる」表記「沁みる・滲みる」とも書く。

【浸出】シン シュツ 液体にひたされた物質からその成分が溶け出すこと。

【浸潤】シン ジュン ①液体が次第にしみこむこと。②思想などが次第に人々の間に広まること。③ガン細胞などが次第に体の組織内に広がること。「肺―」

【浸食】シン ショク ①水がしみこんで物がそこなわれること。②水や風などによって地表がすりへったり、崩れたりすること。「―作用」 書きかえ 「浸蝕」の書きかえ字。

【浸▲蝕】シン ショク ▼書きかえ 浸食

【浸水】シン スイ 水につかること。水が入りこむこと。「大雨のため床上まで―する」 類 冠水

【浸染】シン ゼン ①しみこんでそまること。ひたしてそめること。②徐々に感化されること。また、感化すること。

【浸透】シン トウ ①液体などがしみとおること。②思想などが次第に人々の間に広まること。「方針が末端まで―する」 書きかえ 「滲透」の書きかえ字。

【浸入】シン ニュウ 水が入ってくること。「大雨で道路の水が家のなかに―した」 類 浸水

【浸礼】シン レイ キリスト教の信者になるとき、全身を水にひたすこと。洗礼の形式の一つ。バプテスマ。

【△浸かる】つ-かる 液体のなかにひたる。転じて、ある状態のなかに入りきる。「湯に―る」「安楽な暮らしに―る」

【△浸く】つ-く 湯や水がひたる。つかる。「洪水で水が―く」

【浸す】ひた-す 液体のなかにつける。「リトマス試験紙を溶液に―す」

【浸る】ひた-る ①液体につかる。②ある状態にすっかり入りこむ。「感傷に―る」

シン【畛】(10) 田 5 1 6527 613B 音 シン 訓 あぜ・さかい

意味 あぜ。くろ。さかい。「畛域」

【▲畛】あぜ 田と田の間に土を盛り上げて境としたところ。

【▲畛▲畦】シン ケイ 田のあぜ。田と田のさかい。転じて、へだてがあること。そのへだて。「畛」も「畦」もあぜの意。「智愚(グチ)一視して―を設けず」

シン【★疹】(10) 疒 5 準1 3130 3F3E 音 シン 訓 はしか

意味 皮膚に小さな吹き出物のできる病気。特に、はしか。「麻疹」

下つき 湿疹(シッシン)・発疹(ハッシン・ホッシン)・皮疹(ヒシン)・風疹(フウシン)・疱疹(ホウシン)・麻疹(マシン・はしか)・薬疹(ヤクシン)

シン【真】(10) 目 5 教 常 8 3131 3F3F 音 シン 訓 ま 外 まこと

旧字《眞》(10) 目 5 1/準1 6635 6243

筆順 一 十 𠂉 冇 冇 直 直 真 真

意味 ①まこと。ほんとうの。「真実」「真理」 対 偽 ②自然のまま。まったくそのままの。「真性」「純真」 ③書体の一つ。楷書(カイショ)。「真字」「真体」

下つき 写真(シャシン)・純真(ジュンシン)・正真(ショウシン)・天真(テンシン)

【〈真田〉▲紐】さなだ ひも 木綿の太い糸で厚く平らに編んだひも。 由来 戦国時代の武将、真田昌幸(さなだまさゆき)が刀の柄(つか)に巻いて用いたことから。

【〈真田虫〉】さなだ むし ジョウチュウの別称。 由来 体が平たくひも状で、真田紐(さなだひも)に似ていることから。 表記 「条虫」とも書く。▼條虫(ジョウチュウ)(七五二)

【〈真葛〉】さねかずら モクレン科のつる性常緑低木。暖地の山野に自生。葉は厚くてつやがある。夏、黄白色の花をつけ、赤い実を球状に結ぶ。ビナンカズラ。 季 秋 由来 さね(実)の目立つつる植物の意から。 表記 「実葛・南五味子」とも書く。

【真意】シン イ 本当の気持ち。本心。物事の本当の意味。「相手の―をはかりかねる」「事の―を問う」

【真因】シン イン 本当の原因。「事件の―をつきとめる」

【真打】シン うち 寄席(よせ)で最後に演じる、芸の巧みな出演者。また、落語家などの最高の資格。 表記 「心打」とも書く。

【真影】シン エイ 実物をそのままに表した肖像画。また、そのような写真。「御―」

【真価】シン カ 本当の値打ち。「―が問われる」「―を発揮する」

【真▲贋】シン ガン 本物とにせもの。「―論争」「―を見わける」

【真偽】シン ギ 真実といつわり。本当のこととうそ。「本当かうそか、―を確かめる」

【真行草】シンギョウ ソウ 漢字書体の三書。真書(楷書(カイショ))体・行書体・草書体。

【真紅】シン ク 濃い赤色。まっか。 表記 「深紅」とも書く。 参考 「シンコウ」とも読む。

【真空】シン クウ ①空気などの物質がまったくない空間。「―パック」 ②活動などがまったく止まった空白の状態。「―地帯」 ③仏 この世のすべての実相(ジッソウ)(現象)は空(クウ)であること。

【真仮】シン ケ 仏 絶対的な真理と一時的な真理。真実と方便。

【真剣】シン ケン ①本物の刀剣。本当に刃のついた刀剣。②本気で物事にとりくむようす。「―な表情」

【真個・真△箇】シン コ まこと。ほんとう。「―の鬼才」 参考 多く「―の」の形で用いる。

【真骨頂】シン コッチョウ そのものの本来の姿。「―を発揮する」 類 真面目(シンメンモク)・真価

【真言】シン ゴン ①仏や菩薩(ボサツ)などの、いつわりのない真実の言葉。陀羅尼(ダラニ)。②「真言宗」の略。平安時代、空海が唐から密教を伝えて開い

た宗派。

【真摯】 シンシ　まじめでひたむきなさま。また、まごころから物事をするさま。「—な態度」類真剣　参考「摯」は、手厚く心が細やかな意。

【真実】 シンジツ　①本当のこと。うそいつわりのないこと。「—をうちあける」対虚偽　②本当に。まったく。まことに。「—すまなかった」

〖真実一路〗 シンジツイチロ　いつわりのない人生をひたすら求めつづけること。「一路」は一筋の道をひたすらまっすぐに進む意。「—に生きる」

【真珠】 シンジュ　アコヤガイなどの体内にできる、丸い小さな玉。多くは乳白色で光沢があり、宝飾品として珍重される。パール。

【真宗】 シンシュウ　「浄土真宗」の略。鎌倉時代、親鸞(しんらん)が開いた仏教の一宗派。「一向宗」「門徒宗」ともいう。

【真情】 シンジョウ　①いつわりのない本当の気持ち。まことの心。「—を吐露する」②真実のありさま。類実情

【真髄】 シンズイ　物事のもっとも重要なところ。物事の本質。その分野の奥義。「—を見極める」表記「神髄」とも書く。

【真正】 シンセイ　真実で正しいこと。また、まぎれもなく本当であること。正真正銘。

【真性】 シンセイ　①生まれついた性質。類天性・天賦　②疑いなく本当であること。多く、医学で用いられる語。「—コレラ」対擬似・仮性

【真跡】 シンセキ　その人自身が書いたと確実に認められる筆跡。また、その書画。類真筆　対偽筆　書きかえ「真蹟」の書きかえ字。

【真▲蹟】 シンセキ　▼書きかえ　真跡

【真善美】 シンゼンビ　人間の最高の理想とされる、三つの価値概念である認識上の真、倫理・道徳上の善、芸術上の美。

【真相】 シンソウ　本当のありさま。本当の事情や内容。「—を究明する」類実情

【真率】 シンソツ　ありのままで飾り気のないさま。多く、人柄についていう。

【真△諦】 シンタイ　仏絶対不変な究極の真理。平等無差別の理。類真如　対俗諦　参考「シンテイ」とも読む。

【真▲鍮】 シンチュウ　銅と亜鉛の合金。「—の盥(たらい)」類黄銅(オウドウ・コウドウ)

【真如】 シンニョ　仏この世界の普遍的な真理。絶対不変の万物の真理。類真諦(シンタイ)

【真の闇より無闇が怖い】 シンのやみより　真っ暗やみよりも、常識や分別を欠いた者のほうが恐ろしい。

【真否】 シンピ　真実とそうでないこと。本当と、いつわり。「—を確かめる」

【真筆】 シンピツ　その人自身の書いたと認められる筆跡。類真跡　対偽筆

【真面目】 シンメンモク　そのものの持つ本来の姿やありさま。類真骨頂・真価　参考「シンメンボク」とも読む。「まじめ」と読めば別の意になる。

【真理】 シンリ　①正しい道理。物事の正しい筋道。「不変の—だ」②普遍的で妥当な知識・認識・判断。「それも一つの—だ」

【真】 ま　①本当。真実。「—に受ける(本当だと思う)」②正確な。まさに。本当の。「—四角」「—っ最中」「—正直」③まじり気がなく純粋なさま。「—っ白」

【真一文字】 まイチモンジ　①「一」の字のようにまっすぐなさま。「口を—に結ぶ」②わきめもふらず突き進むこと。「船は—に突き進む」

【真顔】 まがお　まじめな顔。真剣な顔つき。「—で言う」

【真▲鴨】 まがも　カモ科の鳥。アヒルの原種。日本の各地に冬鳥として飛来し、池や湖にすむ。雄は「あおくび」とも呼ばれ、頭部が緑色で、首に白い輪がある。季冬

【真木】 まき　①イヌマキ・コウヤマキの別称。マキ科の常緑高木。②「よい木」の意味で、スギやヒノキのこと。表記「槙」とも書く。

【真桑▲瓜】 まくわうり　ウリ科のつる性一年草。インド原産。夏、黄色い花をつけ、俵形の実を結ぶ。食用。季夏　由来真桑村(現在の岐阜県本巣市)産が有名だったことから。表記「甜瓜」とも書く。

【真心】 まごころ　うそいつわりのない、ありのままの心。また、誠意をもって他に尽くそうとする心。「—をこめて贈る」類誠心・赤心

【真〈東風〉】 まこち　真東から吹いてくる風。季春　表記「正東風」とも書く。

【真△】 まこと　うそいつわりのない本当のこと。また、その心。まごころ。誠意。「—の道」

【真▲菰・真△薦】 まこも　イネ科の多年草。沼沢の周囲に群生する。初秋、上部に雌、下部に雄の花穂をつける。季夏　由来葉でこも(むしろ)を編むことから。表記「蔣」とも書く。

【真逆】 まさか　いくらなんでも。よもや。「—そんなことはあり得まい」

〈真砂〉 まさご　細かな砂。いさご。「浜の—」「—の数(数が限りなく多いこと)」

〈真風〉 まじ　南または南西の風。まぜ。季夏　参考西日本の太平洋岸や瀬戸内で使われる語。

〈真面目〉 まじめ　①本気であること。真剣なさま。「—に勉強する」対不真面目・出鱈目(でたらめ)　②まごころがあること。誠実なさま。「—な人柄」参考「シンメンモク」と読めば別の意になる。

【真▲鯛】 まだい　タイ科の海魚。各地の沿岸にすむ。多くは桜色で、「めでたい」に音が通じることから、祝儀などのときによく食べられる。

〈真章魚〉・真▲蛸】 まだこ　マダコ科のタコ。沿岸の岩場にすむ。八本の腕は長さがほぼ同じ。体色は紫褐色

であるが、周囲の色によって変わる。食用。

【〈真っ赤〉】まっか ①非常に赤いさま。「―なトマト」②まったく。まるっきり。まぎれもない。「―なうそ」

【真っ向】まっコウ 真正面。まむかい。ちょうど正面。「―から立ち向かう」

【〈真っ青〉】まっさお ①非常に青いさま。「―な空」②血の気が引き、顔色が青いさま。「受験票を忘れて―になる」

【真っ△直ぐ】まっすぐ ①まったく曲がったりゆがんだりしていないさま。②いつわりなどがなく、正しく正直なさま。「―な性格」

【真っ▲只中・真っ△直中】まっただなか ①まさにその最中であること。類真っ最中 ②そのものの中央。まんなか。「群衆の―に飛びこむ」

【真っ当】まっトウ まともなさま。まじめで正しいさま。「―な生き方」「―に働く」

【真っ平】まっぴら ①絶対にいやであること。「争いは―だ」②ひらに。ひたすらに。

【真△具】まつぶさ もれなく完全なさま。十分に整っているさま。

【〈真面〉】まとも ①まっすぐに向かい合うこと。「―に風を受ける」②正しく、きちんとしていること。まじめ。「―な意見」表記「正面」とも書く。

【真△字・真名】まな ①漢字。対仮名 ②漢字の楷書カイショ。類真書 参考「正式な文字」の意。

【真△魚】まな ①魚。特に、食用にする魚。②「真魚の祝い」の略。小児に生後初めて魚肉を食べさせる儀式。

【真△魚板】まないた 食べ物を包丁で切って料理するときにのせる板。表記「俎・爼板」とも書く。参考「真魚」を料理する板の意から。

【真△魚▲鰹】まながつお マナガツオ科の海魚。本州中部以南に分布。体は平たく、ひし形。体色は青灰白色。季冬

【真夏】まなつ 夏の盛り。夏の真っ最中。類盛夏 対真冬

【△真鶴・真名鶴】まなづる ツル科の鳥。アジア北東部で繁殖し、冬に鹿児島県に飛来する。体は大形で灰色。頭や首は白く、額やほおは赤い。季冬

【〈真似〉】まね ①他人のしたことと同じことをすること。模倣。②ふるまい。おこない。「ばかな―はするな」

【真帆】まほ いっぱいに張った帆に追い風を受けること。また、その帆。順風にかけた帆。対片帆かたほ

【真綿】まわた くず繭を引き伸ばし、乾燥して作った綿。軽くて保温性に富む。絹綿。

『真綿で首を締しめる』いきなり核心に迫らず、じわじわと遠回しに責めたり苦しめたりするたとえ。

『真綿に針を包む』うわべはやさしく見えて、内心には悪意をいだいているたとえ。類笑中に刀あり

【△真直し】まんなおし 不漁のときに豊漁を願って開く酒宴。縁起直し。げん直し。表記「間直し」とも書く。

シン【▲神】(10) 礻5 8928 793C ▼神の旧字(七九六)

シン【秦】(10) 禾5 準1 3133 3F41 音シン 訓はた

意味 ①中国の王朝・国名。②はた。応神天皇のとき、機織りを伝えて渡来した帰化系民族の子孫にあたえられた名。

下つき 先秦センシン・大秦タイシン

【〈▲秦皮〉】とねりこ モクセイ科の落葉高木。山地に自生。春、淡緑色の小花をつけ、翼のある実を結ぶ。材は弾力に富み、家具・バットなどにする。由来「秦皮」は漢名からの誤用。

【▲秦】はた 姓氏の名。秦氏はたうじ。古代の渡来氏族。機織りの生産にたずさわったといわれる。

シン【袗】(10) 衤5 1 7455 6A57 音シン 訓ひとえ

意味 ①ひとえ(単衣)の衣服。②ぬいとりをする。

シン【針】(10) 金2 常 教 5 3143 3F4B 音シン 訓はり

筆順 ノ 𠆢 亼 今 仐 伞 余 金 金一 針

意味 ①はり。(ア)ぬいばり。「運針」(イ)医療用のはり。類鍼シン ②はりのように細く先のとがったもの。「磁針」「針葉樹」③方向。進路。「指針」「方針」

下つき 運針ウンシン・検針ケンシン・指針シシン・時針ジシン・磁針ジシン・短針タンシン・長針チョウシン・秒針ビョウシン・分針フンシン・方針ホウシン

【〈針魚〉】さより サヨリ科の海魚。▼細魚さより(五五五) 由来「針魚」は漢名から。

【針術】シンジュツ 金属の細い針をツボや患部にさして治療する漢方の医術。はり治療。表記「鍼術」とも書く。

【針小棒大】シンショウボウダイ 小さな物事をおおげさに言うたとえ。針ほどの小さなものを棒のように大きく言う意から。「―な報道」

【針葉樹】シンヨウジュ 針のような形の葉をもつ樹木の総称。マツ、スギなどの類。対広葉樹

【針路】シンロ 船や飛行機などが進む方向。また進むべき方向。「―を北にとる」参考羅針盤の針が指し示すみちの意。

【針】はり ①布などをぬったりさしたりする、細く先のとがった用具。「待ち―」「ミシン―」②細く先のとがったものの称。「時計の―」③蜂などの尾部にある外敵をさすもの。④陰険な悪意。「―を含む言葉」

【針▲槐】はりえんじゅ マメ科の落葉高木。北アメリカ原産。公園や街路に植えられる。初夏、香りのよい白色の蝶チョウ形花を総状につけ

る。ニセアカシア。季夏

【針鼠】はりねずみ ハリネズミ科の哺乳（ホニュウ）動物。ユーラシア大陸にすむ。体は灰褐色で小さい。背面に生えた太くて短い針のような毛を立てて、敵から身を守る。表記「蝟・猬」とも書く。

〈針土竜〉はりもぐら ハリモグラ科の哺乳（ホニュウ）動物。オーストラリアやニューギニアにすむ。全身が針のような毛でおおわれている。細長い口と舌でアリなどをなめとる。

〈針孔〉・〈針眼〉みず 針の端にあって糸を通す小さな穴。はりのみみ。参考「針孔」は「めど」とも読む。

シン【晨】(11) 日 7 1 5879 5A6F 音シン 訓あした・よあけ・とき

意味 ①あした。あさ。よあけ。「晨光」「晨明」 ②とき。ときを告げる。

下つき 鶏晨（ケイシン）・清晨（セイシン）・早晨（ソウシン）・霜晨（ソウシン）

【晨】あした ①あさ。早朝。夜明け。②ニワトリが夜明けを告げて鳴くこと。

【晨起】シンキ 朝早く起きること。早起き。朝起き。類夙起（シュクキ）

【晨鐘】シンショウ 夜明けを知らせる鐘。

【晨星】シンセイ ①明け方の空に残っている星。②夜明けの星がまばらなことから、物の数の少ないたとえ。

【晨△粧・晨装】シンソウ 朝早く身支度すること。

【晨旦】シンタン あさ。あした。早朝。朝早く。晨朝（シンチョウ）。参考「晨」も「旦」も、あさ・早朝の意。

【晨明】シンメイ 明け方。夜明け。「─を告げる鶏の声」

シン【深】(11) 氵 8 常 教 8 3128 3F3C 音シン 訓ふかい・ふかまる・ふかめる 外ふける・み

し シン

筆順

意味 ①底がふかい。「深海」「水深」 ②おくぶかい。「深遠」「深長」 ③はなはだしい。「深刻」 ④ねんごろ。こまやかな。「深交」「深情」 ⑤色がこい。「深紅」 ⑥夜がふける。「深更」 対①～⑥浅

下つき 水深（スイシン）・測深（ソクシン）・目深（まぶか）・幽深（ユウシン）

【深淵】シンエン ①深いふち。川などの深み。類深潭（シンタン） ②物事の奥深いところ。「心の─を覗（のぞ）く」

【深遠】シンエン 内容や意味が奥深くてはかり知れないさま。「─な思想」類深奥・高遠

【深奥】シンオウ 奥深いさま。また物事の奥深いところ。「学問の─を究める」「心の─にひそむ」類深遠

【深化】シンカ 物事の程度などが深まること。深めること。また深刻になること。「両国の対立が─する」

【深海】シンカイ ①深い海。海の深いところ。②水深二〇〇㍍以上の深い海。「─魚」「─探査船」対①②浅海

【深閑】シンカン ひっそりと静まりかえっているさま。静寂。表記「森閑」とも書く。

【深紅】シンク 濃い赤色。まっか。「─のバラ」表記「真紅」とも書く。参考「シンコウ」とも読む。

【深更】シンコウ 夜更け。真夜中。「作業は─に及んだ」類深夜 参考「更」は夜を五つに分けた時刻。

【深厚】シンコウ ①意味や考えが奥深いこと。②情や気持ちなどが深く手厚いこと。「─な感謝の意」対①②浅薄

『深溝高塁』シンコウコウルイ 防御が堅固なこと。「深溝」は深い堀、「高塁」は高い砦（とりで）。〈『六韜（リクトウ）』〉「─の堅城」

【深刻】シンコク ①事態が差し迫って重大なこと。程度がはなはだしく重大なこと。「─な水不足」②強く心にきざみつけられること。「─な悩み」

『深山幽谷』シンザンユウコク 人里離れた奥深い山谷。また、俗世間を離れた奥深い場所のこと。〈『列子』〉類窮山幽谷・窮山通谷・深山窮谷

【深謝】シンシャ ①深く感謝し礼をいうこと。②心の底からわびること。

【深深】シンシン ①夜が静かにふけてゆくさま。「夜が─とふける」②寒さが次第に身にしみるさま。「─と冷え込む」③奥深くてひっそりと静かなさま。参考「ふかぶか」と読むと、いかにも深く感じられるさまを表す。

【深甚】ジンシン 気持ちや意味などが非常に深いさま。「─なる謝意」

【深△邃】シンスイ ①山や谷、また建物などが奥深くて静かなさま。②考えや知識などが深いさま。「─な学問の道」参考「邃」は奥深い・深遠な意。

【深窓】シンソウ 大きな家の奥まった部屋。「─の令嬢」参考良家の娘などが世間と隔てられて、大切に育てられることを形容する語。

【深層】シンソウ 目に見えない物事の奥深く隠れたところ。対表層

【深層心理】シンソウシンリ 表面にはあらわれない心の奥底に潜む無意識の心理。「─をさぐる」

【深長】シンチョウ 意味などが奥深く含みの多いさま。「意味─」

【深沈】シンチン ①落ち着いて物事に動じないさま。「─とした態度」②夜が静かにふけてゆくさま。類深深

【深謀】シンボウ 深い考えをめぐらしたはかりごと。「─遠慮」類遠謀

『深謀遠慮』シンボウエンリョ よく考えて先のことまでも見通した念入りな計画を立てること。〈賈誼（カギ）の文〉「─をめぐらす」類遠謀深慮 対短慮軽率

【深夜】シン ヤ 夜遅く。真夜中。よふけ。「—営業」類 深更 対 白昼

【深憂】シン ユウ 深い憂い。深く心配すること。

【深慮】シン リョ 深く考えること。また深い思慮。「—をめぐらす」「—遠謀」対 浅慮

【深緑】シン リョク しげった樹木の深い緑色。みずみずしい若葉の濃い緑色。ふかみどり。「—の山々」

【深▲厲浅掲】シンレイ センケイ その場の状況に応じて、適切な処理をすること。「厲」は高く上げる、「掲」は着物のすそをからげる意。川が深ければ着物のすそを高くたくし上げ、浅ければすそをからげて渡るということから。《詩経》

【深い】ふか-い ①表面や外から底や奥までの距離が長いさま。「—い湖」「問題の根が—い」②程度がひととおりでなく大きいさま。「欲が—い」③色、濃度などが濃いさま。「霧が—い」「—い緑色」④物事の奥まで理解し、十分なさま。「—い知識」⑤密に生えている。「雑草が—い」⑥特別に親交のあること。「—い仲」⑦時がたけなわなこと。「秋も—い」

【深爪】ふかづめ 肉のすぐそばまで、つめを深く切りすぎること。

【深手・〈深傷〉】ふかで 深い傷。大きなけが。重傷。「—を負う」対 浅手・薄手

【深間】ふかま ①川などの深み。「—にはまる」②男女の交情が非常に深いこと。

【深まる】ふか-まる 物事の程度が深くなること。「友情が—る」「秋が—る」

【△深ける】ふ-ける その時や季節になってから、だいぶ時が過ぎる。たけなわになる。「夜が—ける」表記「更ける」とも書く。

【△深山】みやま 奥山。人里はなれた奥深い山。対 端山(はやま)・外山(とやま) 参考「シンザン」とも読む。

【△深山△颪】みやまおろし 奥深い山から吹きおろす強い風。

【△深山△樒】みやましきみ ミカン科の常緑低木。山地に自生し、春に白い小花をつける。球形の実は赤く熟し美しいが有毒。季冬

【△深雪】みゆき ①深く降り積もった雪。季冬 ②雪の美称。

シン【△清】(11) 氵8 教 3222 4036 ▼セイ(八六〇)

シン【紳】(11) 糸5 常 準2 3134 3F42 音 シン 訓 外 おおび

筆順 く 幺 幺 糸 糸 糸 紀 紀 細 紳 (6)

意味 ①おおおび。古代の高官が礼装用に用いた太い帯。②地位・教養の備わったりっぱな人。「紳衿(シンキン)」「紳士」「貴紳」

下つき 貴紳(キシン)・縉紳(シンシン)・田紳(デンシン)

【紳士】シン シ 気品と教養があり、礼儀正しい人。ジェントルマン。また成人男性の敬称。「—服」対 淑女

【紳士協定】シンシ キョウテイ ①非公式の国際協定。②国どうし、あるいは個人間で公式の調印などせず、互いに相手を信用して結ぶ取りきめ。参考「紳士協約」ともいう。

シン【唇】(11) 肉7 1 7092 667C 音 シン 訓 くちびる

意味 くちびる。「唇歯」

【唇歯▲輔車】シンシ ホシャ 互いに密接な関係にあり、助け合ってはじめてなりたつ間柄のたとえ。▼唇歯輔車(シンシホシャ)(七九八)

シン【進】(11) 辶8 教 常 8 3142 3F4A 音 シン 訓 すすむ・すすめる

旧字《進》(12) 辶8 1/準1

筆順 ノ イ イ' 仆 仟 隹 隹 准 進 進 (7)

意味 ①すすむ。すすめる。前へ出る。「進行」「進出」「発進」②のぼる。上の段階へあがる。「進学」「昇進」③よくなる。向上する。「進化」「進展」対 ①〜③退 ④さし出す。さしあげる。「進言」「進呈」「寄進」

下つき 栄進(エイシン)・勧進(カンジン)・寄進(キシン)・急進(キュウシン)・行進(コウシン)・後進(コウシン)・昇進(ショウシン)・精進(ショウジン)・新進(シンシン)・推進(スイシン)・先進(センシン)・前進(ゼンシン)・漸進(ゼンシン)・増進(ゾウシン)・促進(ソクシン)・注進(チュウシン)・直進(チョクシン)・転進(テンシン)・特進(トクシン)・突進(トッシン)・驀進(バクシン)・発進(ハッシン)・邁進(マイシン)・躍進(ヤクシン)・累進(ルイシン)

【進化】シン カ ①生物が長い年月の間に、より複雑で高等かつ多種類に変化すること。「ダーウィンの—論」②物事が発達し、進歩すること。対 退化

【進学】シン ガク 上級の学校に進むこと。「希望の大学へ—する」季春

【進境】シン キョウ 進歩して至った境地。また進歩や上達の程度。「著しい—を示す」

【進撃】シン ゲキ 軍隊で、敵陣に向かって進み、攻撃すること。「破竹の—を開始した」類 進攻 対 退却・撤退

【進言】シン ゲン 位や立場が上の人に意見を申し述べること。「社長に—する」

【進行】シン コウ ①前に向かって進んで行くこと。②病気の経過が悪いほうに進むこと。③物事がはかどること。「議事が—する」対 ①③停止

【進攻】シン コウ 積極的に軍隊をすすめて攻撃をしかけること。類 進撃 対 退却・撤退

【進講】シン コウ 天皇や高貴な人の前で学問などの講義をすること。

【進士】シン シ ①昔の中国で、科挙の科目の一つ。また、その合格者。②律令(リツリョウ)制で、式部省が課した官吏登用試験。また、それに及第した人。文章生(モンジョウショウ)。「秀才—」参考「シンジ」とも読む。

【進取】シン シュ 新しいことにも進んで取り組むこと。「—の精神に富んだ若者」対 退嬰(タイエイ)

【進取果敢】シンシュカカン 積極的で決断力と行動力に富むこと。「―な人物」類勇猛果敢 対優柔不断

【進出】シンシュツ 新しい分野や場所などに進み出ること。「銀行が隣町に―した」「海外に―する企業」

【進上】シンジョウ 人に物を差し上げること。特に、目上の人に物を贈ること。類進呈

【進水】シンスイ 新たに建造した船を初めて水上に浮かべること。「クルーザーの―式」

【進退】シンタイ ①前進と後退。②動作。立ち居振る舞い。類挙止 ③身の処し方。職にとどまるか辞めるか。「出処―」類去就

『進退両難』シンタイリョウナン 進むにしても退くにしても、どうにもならない状態のこと。にっちもさっちもいかないさま。「登山隊は猛吹雪に襲われ―に陥った」

【進達】シンタツ 官庁への上申書などを取り次ぎ、届けること。

【進駐】シンチュウ 他国の領土に軍隊を進め、そこでとどまること。「―軍」

【進捗・進陟】シンチョク 仕事などが進みはかどること。「工事の―状況を報告する」対停滞

【進呈】シンテイ 物を差し上げること。「記念に著書を―する」類進上

【進展】シンテン 物事や事態が進行し発展すること。「捜査は一向に―しなかった」

【進入】シンニュウ 進み入ること。「公園内に車は―禁止です」

【進歩】シンポ 物事がよい方向に進んでいくこと。だんだんと発達すること。「科学技術の―」「―のあとが見られる」対退歩

【進物】シンモツ 他に差し上げる品物。贈り物。「デパートで―を選ぶ」

【進路】シンロ 進んでいく方向。転じて、将来進みゆく先。「台風の―」「―相談」対退路

【進む】すすむ ①前に行く。前に出る。②はかどる。進行する。「会議が―む」③上の段階に上がる。また、進歩する。「全国大会に―む」「改善が―む」④盛んになる。「食が―む」⑤程度がひどくなる。「病状が―む」⑥積極的に行う。「―んで仕事をする」⑦時計の表示が標準時刻より早くなる。

『進むを知りて退くを知らず』 前に進むことだけにとらわれて、ときには退くことも必要であることを知らないこと。〈『易経』〉

シン【森】

(12) 木 8 常 教 10 3125 3F39 音 シン 訓 もり

筆順 一 十 才 木 ⁶ ⁸ 森

意味 ①もり。木がたくさん生い茂ったところ。「森林」②物の多いさま。びっしり。「森森」③ひっそりとしたさま。おごそかなさま。「森閑」「森厳」

下つき 厳森ゲンシン

【森閑】シンカン ひっそりと静かなさま。「―とした夜中のビル」表記「深閑」とも書く。

【森厳】シンゲン いかめしくおごそかなさま。「聖堂内は―とした空気に包まれていた」

【森森】シンシン 樹木が深く生い茂り、そびえたつさま。奥深く静かなさま。類森然

【森羅万象】シンラバンショウ 天地の間に存在するすべてのもののこと。「森羅」は多くのものが集まり連なる、「万象」はすべての形や現象の意。〈『法句経ホックキョウ』〉参考「万象」は「バンゾウ」とも読む。類有象無象ウゾウムゾウ

【森林】シンリン 樹木が広い範囲で密生しているところ。もり。「―浴」

【森】もり 「森林シンリン」に同じ。参考「杜」と書けば、特に神社のまわりの木立の意。

シン【診】

(12) 言 5 常 準2 3139 3F47 音 シン 訓 みる

筆順 ニ ² ⁴ 言 診

意味 みる。しらべる。病状を調べる。「診察」「検診」

下つき 往診オウシン・回診カイシン・外診ガイシン・休診キュウシン・検診ケンシン・誤診ゴシン・再診サイシン・受診ジュシン・宅診タクシン・打診ダシン・聴診チョウシン・内診ナイシン・問診モンシン・予診ヨシン・来診ライシン

【診察】シンサツ 医者が患者に質問したり体を調べたりして、病状などを判断すること。

【診断】シンダン ①医者が診察して健康状態などを判断すること。「健康―を受ける」②物事の欠陥の有無を調べて判断すること。「企業―」

【診療】シンリョウ 医者が患者の病状などを診断し、治療を施すこと。「休日も急患は―する」

【診る】みる 医者が患者の病気の具合や健康状態を調べる。診察する。「脈を―る」

シン【軫】

(12) 車 5 1 7739 6D47 音 シン 訓 いたむ

意味 ①車に使われている横木。転じて、車。②ことじ。琴の弦を支えるこま。③いたむ。うれえる。「軫懐」「軫念」

【軫念】シンネン ①憂え思うこと。心配すること。②天子が心を痛めること。天子の心。

シン【進】

(12) ⻌ 8 ▼進の旧字(八〇三)

シン【嗔】

(13) 口 10 1 5149 5351 音 シン 訓 いかる・いかり

意味 いか(怒)る。いきどおる。いかり。「嗔恚シンイ」「嗔詬シンコウ」類瞋

【嗔る】いかる はげしくいきどおること。いかって怒鳴ること。

シン【寝】

(13) 宀 10 常 4 3118 3F32 音 シン 訓 ねる・ねかす 外 みたまや・やめる・みにくい

旧字《寢》(14) 宀11 1/準1 5374 556A

筆順 宀 宀 宀 宀 宀 宀 宀 宀 寝 寝

意味 ①ねる。横になる。ねむる。「寝食」「寝台」②へや。居室。奥座敷。「寝殿」③みたまや。おたまや。祖先の霊をまつる廟。④やめる。すたれる。⑤みにくい。風采があがらない。

下つき 仮寝（かりね）・午寝（ゴシン）・就寝（シュウシン）

【寝▲穢い】いぎたない ①寝ていてなかなか起きない。「―く惰眠をむさぼる」②寝相が悪い。

【寝▲聡い】いざとい 目が覚めやすい。めざとい。「一般に老人は―い」

【寝具】シング 寝るときに用いる道具の総称。ふとん、まくらなど。類夜具

【寝室】シンシツ 寝るための部屋。寝間。寝屋。「―の凝った装飾」

【寝食】シンショク 寝ることと食べること。また、日常の生活。「―を忘れて仕事する」

【寝殿】シンデン ①寝殿造の中央の正殿。②昔、天皇が日常生活をした御殿。南殿。

【寝汗】ねあせ 体調のよくないときなどにかく、寝ている間の汗。「風邪による発熱で―をかいた」参考「盗汗」とも書く。

【寝息】ねいき 寝ている間の呼吸。「おさなごの安らかな―」

【寝入り▲端】ねいりばな 眠りについてすぐ。「電話に―を起こされた」

【寝かす】ねかす ①寝るようにする。「子どもを―す」②横向きにたおす。「石を―しておく」③利用しないで手元におく。「余分な資金を―す」「商品を―しておくのは無駄だ」④発酵させる。「麹を―す」

【寝棺】ねカン 寝かせた姿で遺体を安置する長方形の棺。「―に横たわった祖父」参考「ねガン」とも読む。

【寝▲癖】ねぐせ ①寝ている間に髪についたくせ。「―がつく」②寝ている間に体を無意識に動かすくせ。「―が悪い」

【寝首】ねくび 寝ている人の首。「―を掻く（油断に乗じて、相手をおとしいれること）」

【寝〈心地〉】ねごこち 眠っているときの具合。寝たときの気分。「―のいい高級ベッド」

【寝言】ねごと 寝ているとき無意識に言う言葉。転じて、筋が通っていない言葉。たわごと。「くだらない―を言うな」

【寝▲釈▲迦】ねシャカ 死に臨んで横たわっている釈迦。また、その絵や像。涅槃像。季春

【寝相】ねゾウ 寝ているときの姿や格好。「―の悪い人」類寝様・寝姿

【寝▲刃】ねたば 切れ味のにぶった刃。「―を合わす（こっそり悪事をたくらむ）」

【寝床】ねどこ 寝るために敷くふとん。また、ベッド。「―にもぐりこむ」

【寝▲所】ねどこ 寝る場所。寝る部屋。寝室。類寝間・寝屋 参考「シンジョ」とも読む。

【寝坊】ねボウ 朝遅くまで寝ていること。また、その癖の人。「―して学校に遅刻した」

【寝▲惚け眼】ねぼけまなこ ねぼけてぼんやりした目つき。起きたばかりで、まだ眠っているような目つき。「―をこする」

【寝▲惚ける】ねぼける ①完全には目覚めていないで、ぼうっとしている。また、寝ているとき無意識に妙な言動をする。②わけのわからないことや見当ちがいのことを言う。

【寝間】ねま 「寝所」に同じ。

【寝巻・寝間着】ねまき 寝るときに着る衣服。

【寝耳に水】ねみみにみず 寝ているときに、耳に水を注がれたらびっくりする。そのような思いがけない知らせや出来事のこと。

【寝耳へ水の果報】ねみみへみずのカホウ 降ってわいたような思いがけない幸せ。

【寝物語】ねものがたり ①寝ながら話をすること。また、その話。②男女が寝室でむつまじく話すこと。また、その話。

【寝る】ねる ①体を横たえる。また眠る。②病気で床につく。「風邪をひいて―ている」③男女が肉体関係をもつ。④商品や資金などが動かない状態になる。「倉庫で―ていた商品」⑤麹などが熟成する。

【寝る子は育つ】よく寝る子どもは、健康で大きく育つということ。

【寝技・寝業】ねわざ ①レスリングや柔道などで寝た姿勢から相手にかけるわざ。対立技 ②陰でする駆け引きや裏工作。

【寝業師】ねわざシ 駆け引きや裏工作を得意として、物事をうまく取り運ぶ人。「政界の―が国会対策で力を発揮した」

シン【慎】

(13) 忄10 常 4 3121 3F35

音 シン 訓 つつしむ 外 つつましい・つつましやか

旧字《愼》(13) 忄10 1/準1 5638 5846

筆順 忄 忄 忄 忙 忙 忙 恒 恒 慎 慎

意味 つつしむ。注意深くする。「慎思」「慎重」

下つき 戒慎（カイシン）・謹慎（キンシン）

【慎始敬終】シンシケイシュウ 物事に取り組むのに、始めから終わりまで慎重を心がけること。つつしんで始め、つつしんで終わる意。〈『礼記』〉

【慎重】シンチョウ 注意深くして軽はずみにしないこと。「―な方針でのぞむ」対軽率

【慎む】つつしむ ①あやまちのないように控える。「言動を―む」②度を越さないようにする。「酒を―む」参考「謹む」と書けば、神仏や目

上の人に対してかしこまる意。

【△慎しい】つつま-しい ①遠慮深くて控え目なさま。②質素である。つましい。「—い暮らしぶり」

シン【斟】
(13) 斗 9 1 5848 5A50
音 シン
訓 くむ・おしはかる

意味 くむ。くみとる。おしはかる。おもいやる。「斟酌」「斟量」

【▲斟む】く-む ①水などをすくいとる。酒をくみかわす。②人の心中や物事の事情などをおしはかり考える。斟酌(シンシャク)する。「少しは親の願いも—んだらどうだ」③思想・流儀などを受け継ぐ。「ヘーゲルの流れを—む学派」

【▲斟酌】シンシャク ①事情をくみとって、ほどよく処理すること。「被告人の立場を—する」類 斟量 ②条件を照らし合わせて、適当に処理すること。③遠慮すること。「何の—もあるものか」参考「斟」も「酌」も、水や酒などをくみとる意。

【▲斟量】シンリョウ 「斟酌(シンシャク)①」に同じ。

シン【新】
(13) 斤 9 教 常 9 3123 3F37
音 シン
訓 あたらしい・あらた・にい 外 さら

筆順 亠 立 立 辛 亲 亲 新 新 新

意味 ①あたらしい。あらた。「新作」「新暦」対 旧 ②あたらしくする。あらたにする。「一新」「革新」

下つき 維新(イシン)・一新(イッシン)・改新(カイシン)・革新(カクシン)・更新(コウシン)・刷新(サッシン)・斬新(ザンシン)

【新しい】あたら-しい ①できてから、また、始まったり変更したりしてから間もないさま。「—い住所を通知する」「—い制度」②とったばかりで生き生きしているさま。「—い野菜」③今までになく、初めてであるさま。「—い企画」④現代的・進歩的なさま。「—い感覚のデザイン」

【〈新墾田〉】あらきだ 新しく開墾した田んぼ。新田(シンデン)。

【新た】あら-た 新しいさま。改めて新しくするさま。「—な問題」「—な旅立ち」

『新たに▲沐(モク)する者は必ず冠を△弾(はじ)く』 清潔な人ほど、不正を遠ざけようとするものだということ。髪を洗ったばかりの人は、冠の汚れを手で払ってからかぶる意から。「弾く」は指などではねのける意。〈『楚辞(ソジ)』〉

【新手】あらて ①まだ戦っていない元気な兵や選手。「—の敵」②新しく仲間に入った人。対 古手(ふるて) ③新しい手段や方法。「—の商法」

【新仏】あらぼとけ 死後初めてのお盆にまつられる霊魂。類 新精霊(あらショウリョウ)・新霊(あらみたま) 参考「シンぼとけ・にいぼとけ」とも読む。

【△新】さら 一度も使われていないこと。新しいこと。「真っ—の洋服」「—湯」表記「更」とも書く。

【△新地】さらチ ①手を加えていない土地。何の用途にも当てられていない土地。②建物などが建っていない宅地。「—に家を建てる」表記「更地」とも書く。

【△新湯】さらゆ 沸かしたばかりでまだだれも入っていない風呂(フロ)の湯。表記「更湯」とも書く。参考「あらゆ」とも読む。

【〈新羅〉】しらぎ 古代朝鮮の国名の一つ。百済(くだら)・高句麗(コウクリ)とともに三国と呼ばれた。紀元後七世紀、朝鮮全土を統一したが、一〇世紀に高麗(コウライ)に滅ぼされた。参考 古くは「シンラ・シラ」とも読んだ。

【新案】シンアン 新しい工夫やアイデア。新たな考案。「実用—」「—を練る」

【新鋭】シンエイ ある分野に新しく現れ出て、勢いがあり盛んなこと。また、そのものや人。新進気鋭。「名人戦に—が挑む」対 古豪

【新顔】シンがお 新しく仲間や団体などに加わった人。また、新しく登場した人。新人。

新入り。ニューフェイス。「—の店員」「—の同人が紹介された」「—の候補者」類 新参 対 古顔(ふるがお)

【新型・新形】シンがた 従来より進歩した、型や形式でつくられたもの。「—車の発表」類 新式 対 旧型

【〈新▲嘉▲坡〉】シンガポール マレー半島最南端のシンガポール島とその周辺の島からなる共和国。また、その首都。中継貿易が盛ん。

【新奇】シンキ 目新しく変わっているさま。珍しいこと。「—をてらった商法」

【新規】シンキ ①新しくすること。新しく始めること。「—蒔(ま)き直し(改めて最初からやり直すこと)」「—開店」②新しい規則や決まり。「—契約書にサインする」

【新▲禧】シンキ 新年の喜び。参考「禧」は、さいわい・よろこびの意。年賀状などに用いる。「恭賀—」

【新紀元】シンキゲン 新しい時代や流れの出発点。「—の幕開け」

【新鬼故鬼】シンキコキ 最近死んだ者の霊魂と、それ以前に死んだ者の霊魂のこと。〈『春秋左氏伝』〉

【新機軸】シンキジク 今までにない新たな工夫や計画。「—を盛りこんだ試案」

【新居】シンキョ 新しく住み始めた、また、住む予定の住居。新築の家。類 新宅 対 旧居

【新月】シンゲツ ①陰暦で月の第一日。朔(サク)。②陰暦で、月の初めに出る細い月。③東の空に出る月。

【新香】シンコウ 漬物。おこうこ。参考「新しく漬けた香の物」の意。「シンコ」とも読む。

【新興】シンコウ 従来のものに対し、新たにおこること。「—宗教」「—住宅地」

【新婚】シンコン 結婚したばかりであること。「—生活」「—ほやほや」

【新参】シンザン 新しく組織や仲間に加わること。また、その人。「—者(もの)」類 新顔 対 古参

【新進】シンシン ある分野で新たに進出してきて将来が期待されること。またその人。

【新進気鋭】シンシンキエイ その分野で新しく認められ、注目される、意気込み盛んな人のこと。「―の若手指揮者」類少壮気鋭

【新生】シンセイ ①新しく生まれること。「―児」②信仰などにより、生まれ変わった心持ちで新たな生活を始めること。「―の門出」

【新星】シンセイ ①新しく発見された星。②ある分野で新しく現れて、急に人気を集める人。新しいスター。「クラシック界の―」③突然明るく輝き始め、のちに少しずつ光を弱めて元の明るさにもどる恒星。

【新生面】シンセイメン 新しい分野や方面。多く芸術や学問、研究などにいう。「―をひらく」

【新鮮】シンセン ①肉、魚や野菜などが新しくいきいきとしていること。②汚れてなく、すがすがしいこと。「―な空気」③今までにない新しい感覚があること。「―な曲目」

【新装】シンソウ 建物などで外観・内装や設備を新しくすること。「―開店」

【新造】シンゾウ ①新しく作ること。また新しく作ったもの。「―の船」②他人の妻。特に、若妻。「ご―さん」③江戸時代では、武家や商家の妻女。また、若い遊女。参考②③「シンゾ」とも読む。

【新調】シンチョウ ①衣服や装身具などを新しく作ること。「背広を―する」②新しい曲。新しい調子。

【新陳代謝】シンチンタイシャ ①組織などで、古いものと新しいものが入れ替わること。「政党には―が必要だ」②生体内で、生活を続けるために必要な物が取り入れられ、老廃したものが排泄(ハイセツ)されること。物質代謝。

【新天地】シンテンチ ①今まで知られていなかった新しい土地。新世界。「未開の―を発見した」②新しく活動するところ。「宣教師は―を求めて異郷へ赴(おもむ)いた」

【新渡】シント 海外から新たに渡来すること。また、そのもの。今渡り。

【新内】シンナイ 「新内節(ぶし)」の略。浄瑠璃(ジョウルリ)の一種。心中物(シンジュウもの)などを題材とし、語りは哀調を帯びている。「―流し」由来江戸時代に鶴賀(つるが)新内が語って人気を得たことから。

【新入】シンニュウ 新しく入ること。またその人。しんいり。「―社員を紹介する」

【新任】シンニン 新しく任命されること。また、新しく任命された人。「―の教師」

【新派】シンパ ①新たな流派。対旧派 ②「新派劇」の略。明治時代、歌舞伎(カブキ)に対して起こった演劇運動。おもに世相や風俗を題材とした。

【新風】シンプウ これまでとちがった新しいやり方や考え方。新しい風潮。「政界に―を吹き込む」由来新鮮な風の意から。

【新聞】シンブン 社会の出来事を速報・解説・批判などして、広く知らせるための定期刊行物。「―は社会の木鐸(ボクタク)」

〈新発意〉しんぼち 仏仏門に入って間もない者。由来新たに発心(ホッシン)して僧になる意から。参考「しぼち・しんぼっち」とも読む。

【新米】シンマイ ①新しく収穫した米。対古米 季秋 ②その仕事についたばかりで十分慣れていないこと。また、その人。「―にしてはいい度胸だ」参考②「新前」の変化した語。

【新約聖書】シンヤクセイショ キリスト教の聖書のうち、おもにキリストとその弟子たちの事績を記したもの。参考「旧約聖書」はキリスト出現以前の、ユダヤ教の教えなどをまとめた書。

【新涼灯火】シンリョウトウカ 涼しくなって夜の長くなった初秋は、読書をするのにふさわしい時期だということ。「―の候を迎える」類灯火親しむべし

【新緑】シンリョク 初夏の若葉のみずみずしいみどりのこと。季夏 参考「―の候」という形で手紙などに使う。

【新暦】シンレキ 太陽暦のこと。対旧暦 由来明治維新後、それまでの太陰暦にかわり、新たに採用されたことから。参考一八七三(明治六)年一月一日から使われるようになった。

【新郎】シンロウ 結婚したての男性。はなむこ。対新婦 参考おもに、結婚式や披露宴での呼称。「―の友人代表として祝辞をのべた」

【新妻】にいづま 結婚して間もない妻。新婚の妻。「―の手料理をごちそうになる」

【新▲嘗祭】にいなめサイ 宮中の行事の一つ。天皇がその年に新たに収穫した新米を神に供え、自分もその米を食して収穫を感謝する祭り。季冬 参考「シンジョウサイ」とも読む。昔は陰暦一一月のなかの卯(う)の日に行われた。現代では一一月二三日の勤労感謝の日に当たる。

〈新墾〉・〈新治〉にいばり 新しく開墾すること。また、その田畑や道。参考「にいはり」とも読む。

【新盆】にいボン 故人の死後、初めて迎える盂蘭盆(ウラボン)。初盆(はつボン)。季秋 参考「あらボン」とも読む。

【新枕】にいまくら 男女が初めて床を同じくして、契りを結ぶこと。

〈新西▲蘭〉ニュージーランド オーストラリアの南東沖にあるイギリス連邦に属する国。南島と北島の二つの島と周辺の小島からなる。羊毛や乳製品などの世界的な産地。首都はウェリントン。

シン【罧】(13) 罒8 1 7014 662E 音シン 訓ふしづけ・ふし

意味 ふしづけ。しのづけ。柴(しば)などを水中に積み上げて魚をとるしかけ。ふし。

シン【蓁】(13) 艹10 1 7277 686D 音シン 訓

意味 ①草木が盛んにしげるさま。「蓁蓁」②しげみ。草むら。③おおい。多く集まるさま。

【蓁蓁】シンシン 草木の葉が盛んに生い茂るさま。「―と生い茂った杉木立」表記「榛榛」とも書く。

シン【蜃】(13) 虫7 1 7371 6967 音シン・ジン 訓おおはまぐり・みずち

意味①おおはまぐり(大蛤)。「蜃蛤」②みずち(蛟)。想像上の動物。竜の一種。

【蜃気楼】シンキロウ 海上や砂漠で地表と空気の温度差から光が異常に屈折し、実際にはない遠方の風景などがあるように見える現象。空中楼閣。季春 由来昔、この現象が大蛤が吐く気によって生じると考えられていたことから。参考「蜃楼」ともいう。

シン【寝】(14) 宀11 5374 556A ▼寝の旧字(八〇五)

シン【榛】(14) 木10 準1 3126 3F3A 音シン 訓はしばみ・はり

意味①はしばみ。また、はんのき。はり。カバノキ科の落葉樹。②草木がむらがり生えること。やぶ。くさむら。また、雑木林。「榛荊」類蓁

【榛】はしばみ カバノキ科の落葉低木。山地に自生。春、黄褐色の雄花穂と紅色の雌花穂をつける。果実は球形でかたく、食用になる。

【榛の木】はんのき カバノキ科の落葉高木。山野の湿地に自生。早春、葉よりも先に紫褐色の尾状の雄花穂と、紅紫色の楕円状の雌花穂をつける。実は松かさ状で染料に用いる。

シン【槙】(14) 木10 準1 4374 4B6A 音シン・テン 訓まき

旧字《槇》(14) 木10 1/準1 8402 7422

意味①まき。マキ科の常緑高木。②こずえ。

【槙】まき ①イヌマキ・コウヤマキの別称。②「よい木」の意で、スギやヒノキのこと。表記「真木」とも書く。

【〈槙皮〉・槙肌】まいはだ マキの幹の内皮をはぎ、砕いて柔らかい繊維状にしたもの。舟やおけなどの水漏れを防ぐため、継ぎ目に詰めこむ。のみ。のめ。

シン【滲】(14) 氵11 1 6290 5E7A 音シン 訓にじむ・しみる

意味にじむ。しみる。しみこむ。しみだす。「滲出」「滲漏」類沁

書きかえ「浸」に書きかえられるものがある。

【滲みる】しみる 液体が細いすき間などから物にしみこむ。「雨が上着に―みている」

【滲出】シンシュツ 液体がにじみ出ること。「岩の割れ目から地下水が―した」

【滲透】シントウ ▼書きかえ浸透(七九九)

【滲漏】シンロウ ①しみもれること。にじみ出すこと。②仏ある程度の悟りを得た人に残っている、煩悩の余り。多く、禅宗で用いる。

【滲む】にじむ ①液体などがしみて広がる。「血が服に―む」②液状のものがうっすらとしみでる。「額に汗が―む」③自然に表面に現れてくる。「怒りが顔に―む」④物の輪郭がぼやけて広がる。「涙で月が―む」

シン【蔘】(14) 艹11 1 7285 6875 音シン・サン 訓にんじん・ちょうせんにんじん

意味にんじん(人蔘)。ちょうせんにんじん。ウコギ科の多年草。

シン【賑】(14) 貝7 準1 3888 4678 音シン 訓にぎわう・にぎやか

意味①にぎわう。にぎわい。「殷賑」②にぎやか。騒がしく陽気なさま。③めぐむ。ほどこす。「賑給」「賑恤」

下つき 殷賑・瞻賑

【賑給】シンキュウ 施しを与えること。参考「シンゴウ」と読めば、貧民に米や塩を施した京都の年中行事の意。

【賑恤】シンジュツ 貧しい者や、災害にあった者にお布施すること。表記「振恤」とも書く。

【賑賑しい】にぎにぎしい 非常ににぎやかなさま。「―く御来場の程を」

【賑やか】にぎやか ①人出があって騒がしく盛況なさま。「―な繁華街」②しゃべり声や音などが大きく陽気なさま。「―な女性」

【賑わう】にぎわう ①にぎやかになる。盛況である。「祭りで町が―う」②繁盛する。

シン【審】(15) 宀12 常 3 3119 3F33 音シン 訓外つまびらか

筆順

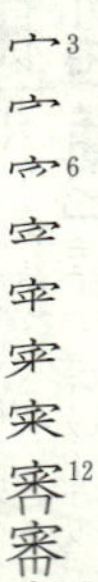

意味①つまびらか。あきらか。「審問」「不審」②つまびらかにする。はっきりさせる。「審議」「審査」③「審理」「審判員」の略。「結審」「塁審」

下つき 球審・結審・誤審・主審・詳審・線審・陪審・不審・予審・塁審

【審議】シンギ 議案などを詳しく調べ、可否を検討すること。「―をつくして決める」「集中―」「文化―会」

【審査】シンサ 人物・能力・物品などを詳しく調べ、優劣や適否などを決めること。「―結果の発表」「書類―」

【審訊・審尋】シンジン 詳しく問いただすこと。類審問

【審判】シンパン ①ある事件などを審理し、判決を下すこと。「最高裁の―が下る」②運動競技で、勝敗や反則などを判断し競技を進行すること。またその人。審判員。③キリスト教で神がこの世をさばくこと。「最後の―」参考①②「シンバン」とも読む。

【審美】シンビ 美しいものと醜いものを見分けること。「確かな―眼を持つ」

【審問】シンモン ①事情を詳しく問いただすこと。②審理のため、裁判所が当事者や利害関係のある者に問いただすこと。類審訊(シンジン)

【審理】シンリ ①事実や筋道を詳しく調べてはっきりさせること。②裁判所が事件の事実関係や法律関係などを取り調べて、明らかにすること。

【△審らか】つまびらか あきらか。事細かで詳しいさま。「原因を―にする」

シン【瞋】(15) 目10 1 6651 6253 音 シン 訓 いかる・いからす

意味 いかる。目をいからせる。怒って目をむく。「瞋目」「瞋恚(シンイ)」

【▲瞋る】いかる 怒って目をかっとみはる。相手をにらみつける。

【▲瞋▲恚】シンイ ①はげしく怒ること。「―の炎」類瞋怒 ②仏 貪欲(トンヨク)・愚痴とともに三毒の一つ。自分の心に反するものをはげしく怒り、恨むこと。参考「シンニ」とも読む。

シン【箴】(15) ⺮9 1 6830 643E 音 シン 訓 はり・いしばり・いましめ

意味 ①はり。裁縫用のはり。また、治療用のいしばり。「箴石」類針・鍼(シン) ②いましめる。いましめ。「箴言」

下つき 規箴(キシン)・良箴(リョウシン)

【▲箴める】いましめる ちくりと人の心を刺して、注意を与え、しかる。

【▲箴▲諫】シンカン 欠点を指摘していましめること。また、そのいましめ。

【▲箴言】シンゲン いましめの言葉。教訓となる格言。「―集」

【▲箴】はり ①裁縫に用いる竹製のしつけばり。②漢方で、病気の治療に用いるはり。

シン【蕈】(15) 艹12 1 7294 687E 音 シン・ジン 訓 きのこ・たけ・くわたけ

意味 きのこ。たけ。くわたけ。

【▲蕈】きのこ くわたけ。桑の木の幹や根もとに生じるキノコ。

シン【請】(15) 言8 常 3233 4041 ▼セイ(八六九)

シン【震】(15) 雨7 常 4 3144 3F4C 音 シン 訓 ふるう・ふるえる

筆順

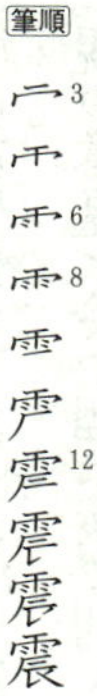

意味 ①ふるう。ふるえる。ゆれ動く。「震動」「地震」②ふるえおののく。おそれる。「震撼(シンカン)」「震駭(シンガイ)」③易の八卦(ハッケ)の一つ。雷・長男などを表す。④「地震」の略。「震源」「耐震」

下つき 強震(キョウシン)・軽震(ケイシン)・激震(ゲキシン)・地震(ジシン)・弱震(ジャクシン)・耐震(タイシン)・中震(チュウシン)・微震(ビシン)・余震(ヨシン)・烈震(レッシン)

【震央】シンオウ 地震の震源の地図上の真上の地点。緯度や経度で示す。

【震▲駭】シンガイ おどろきふるえあがること。参考「駭」はおどろく・おどろかす意。

【震▲撼】シンカン ふるえ動くこと。また、ショックを与えること。「世界を―させた事件」

【震源】シンゲン ①地下にある地震の発生地点。②ある物事が起こったもと。「噂(うわさ)の―を探す」

【震災】シンサイ 地震による被害・災害。「阪神・淡路大―」

【震天動地】シンテンドウチ 異変や大事件が起こること。勢いや音などが、世の人々を驚かすほどに激しく大きいさま。天地を震動させる意から。類驚天動地

【震度】シンド 地震の強さの程度。「―三の地震」参考 気象庁により、一九九六(平成八)年以降は、震度〇から四、五弱、五強、六弱、六強、七の一〇段階に分けられる。

【震▲盪・震▲蕩】シントウ ふるい動かすこと。また、激しくふるえ動くこと。「脳―を起こす」表記「振盪」とも書く。

【震動】シンドウ ふるえ動くこと。「大地が―する」参考 主として地震や火山活動について用いる。

【震う】ふるう 体が小刻みに揺れる。大地などが震動する。「怒りに声を―わせる」

【震える】ふるえる ①物が小刻みに揺れ動く。「風でガラス戸が―える」②寒さや恐れなどで体が小刻みに動く。「緊張で足が―える」

シン【縉】(16) 糸10 1 6954 6556 音 シン 訓 さしはさむ

意味 ①さしはさむ。礼装のとき、笏(シャク)を大帯にはさむ。②高位高官の人。「縉紳」③うすあかい。また、赤色の絹。

【▲縉紳】シンシン 官位・身分の高い人。転じて、紳士。参考 礼装で笏(シャク)を大帯にさしはさむ人の意。

シン【臻】(16) 至10 1 7143 674B 音 シン 訓 いたる・おおい

意味 ①いたる。とどく。およぶ。きたる。②あつまる。また、おお(多)い。

シン【薪】(16) 艹13 常 4 3137 3F45 音 シン 訓 たきぎ 外 まき

筆順

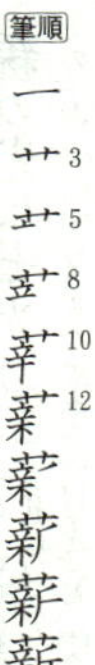

意味 たきぎ。まき。燃料にする木。「薪水」「薪炭」

下つき 臥薪(ガシン)・采薪(サイシン)・柴薪(サイシン)・負薪(フシン)

【薪尽火滅】シンジンカメツ 命が尽きること。「薪尽」はたきぎがなくなる、「火滅」は火が消える意で、物事が途絶えること。《『法華経』》参考 もとは釈迦(シャカ)の入滅(ニュウメツ)をあらわした語。

[薪水] シンスイ ①たきぎと水。②たきぎを拾い水をくむ。転じて、炊事のこと。

『薪水の労』 炊事仕事の苦労。また、労を惜しまずに人に仕えて働くこと。〈『南史』〉

[薪炭] シンタン たきぎと、すみ。燃料。「寒冷地では—手当がついた」

[薪] たきぎ 燃料用に細い枝を切ったり、丸太を割ったりしたもの。まき。「—拾い」参考「たく木」からできた語。

『薪を抱(いだ)きて火を救う』 被害を食い止めようとして、かえって被害を大きくするたとえ。自滅するたとえ。「火を救う」は火を防ぐ意。〈『淮南子(エナンジ)』〉

[薪能] たきぎノウ ①神への奉納のため、たきぎの灯(あかり)のなかで行う能。奈良の興福寺などで行われる。②夜間、たきぎを燃やして行う野外能。季夏

[△薪] まき 「薪(たきぎ)」に同じ。「—割りをする」

シン **【親】** (16) 見 9 常 教 9 3138 3F46 音 シン 訓 おや・したしい・したしむ 外 みずから

筆順 亠 (2) 亠 (4) 立 立 辛 亲 (9) 亲 (11) 親 (14) 親

意味 ①おや。父母。「親権」「両親」対子 ②みうち。血つづき。「親族」「近親」③したしむ。したしい。むつまじい。「親愛」「懇親」④みずから。みずからする。「親書」「親政」

下つき 近親(キンシン)・懇親(コンシン)・里親(さとおや)・等親(トウシン)・肉親(ニクシン)・両親(リョウシン)・和親(ワシン)

〈親族〉 うから 血縁関係にある人々。参考上代は「うがら」といった。「から」は血族集団の意。「シンゾク」とも読む。

[親] おや ①生物で子や卵を生んだもの。父母。また、わが子として育てる人。転じて、物を生ずるおおもと。「生みの—」「—芋」②中心となるもの。「—会社」対①②子 ③大小あるもののうち、大きいもの。「—指」④トランプなど、ゲームで中心的役割をする人。

『親思う心にまさる親心』 子が親のことを思う心よりも、親が子のことを思う心のほうが、より深いということ。由来吉田松陰の辞世の歌「親思ふこころにまさる親ごころけふの音づれ何ときくらん」から。

『親が死んでも食(ジキ)休み』 食後の休憩は大切だから何があっても必ず取れ、ということ。参考「食」は「ショク」とも読む。

『親に似ぬ子は鬼子(おにご)』 両親に似ない悪い子どもをいさめるときに言う言葉。親に似ない乱暴な子は、人の子ではなく鬼の子であるという意から。参考「鬼子」は「島流し・芋の子」ともいう。

『親の意見と〈▲茄子(なすび)〉の花は千に一つも▲仇(あだ)はない』 親の言うことは子にとってすべて有益だから、よく聞けという教え。由来ナスの花はどれも実をつけ、無駄な花がないことから。参考「茄子の花と親の意見は千に一つも仇はない」とも、単に「親の意見と茄子の花」ともいう。「仇」は「無駄」ともいう。

『親の意見と冷や酒は後で利く』 親の忠告は、たいていその場では聞き流してしまうが、あとになって正しいことが分かる。冷や酒を飲むと、しばらくたってから酔いが回ってくることにかけていう。

『親の恩は子でおくる』 親から受けた恩は、自分が子を育てることによって報われる。親への恩返しが、つぎつぎと果たされていくということ。「おくる」は報いる意。類親の恩は次第送り

『親の心子知らず』 子を思う親の気持ちに気づかずに、子どもは勝手なことをするものだということ。対子を持って知る親の恩

『親の▲脛(すね)を▲齧(かじ)る』 子が親から、経済的な援助を受けること。自立できない子どものたとえ。

『親の光は七光(ななひかり)』 親の名声や地位が有利にはたらいて、その子が世間から多大な恩恵を受けること。類親の光は七とこ照らす

『親は〈木綿〉着る、子は錦(にしき)着る』 親はつましくして財産を作ったのに、その子は親の苦労を知らずに贅沢(ゼイタク)をして、財産を減らしてしまうということ。

[親方] おやかた ①職人や奉公人などのかしら。対子方 ②相撲で、年寄りの敬称。「—さんはお達者ですか」

[親御] おやゴ 他人の親を敬っていう語。

[親子丼] おやこどんぶり 鶏肉を煮て卵でとじたものをどんぶりに入れたご飯にのせた料理。参考鶏と卵が親子関係であることからいう。「おやこどん」とも読む。

『親子の仲でも金銭は他人』（おやこのなかでもキンセンはタニン） たとえ親子でも、金銭についてはきちんとしなければならないという戒め。また、金銭がからむと肉親の情愛などなくなるということ。

[親△父・親▲爺・親△仁] おやじ ①自分の父親を親しんでいう語。対御袋(おふくろ) ②中年以上の男性を親しんで、または、さげすんでいう語。③店の主人や職場の長などを親しんでいう語。

[親△仁方・親△仁形] おやジがた 歌舞伎(カブキ)で男性の老け役。親仁役。

【親〈不知〉】おやしらず ①生みの親を知らないこと。また、その人。②第三大臼歯(ダイキュウシ)。最も遅くはえる四本の奥歯。「親不知歯」の略。③親子でもお互いを気づかう余裕がないほど波が荒く危険な海岸。「—子不知(こしらず)の難所」

【親玉】おやだま ①ある集団の中心になっている人。ボス。「悪の—」類親分 ②数珠(じゅず)のなかで中心をなす大きな玉。

【親船】おやぶね 小船を引き連れ、それに必要な物資などを載せた大船。「—に乗ったよう(安心しきったさま)」類母船

【親分】おやブン ①仲間や集団の中心になるかしら。特に侠客(キョウカク)などの間でいうかしら。「—肌」対子分・手下 ②仮親として頼りにする人。

【親元・親△許】おやもと 親の住む場所。親のところ。「—を離れる」

【親指】おやゆび ①手足の指でいちばん端の太い指。拇指(ボシ)。②亭主や親方などの俗語。

【親しい】したしい ①仲がいいさま。親密なさま。「—い友人」②血縁が濃いさま。③「親しく」の形で、自らするさま。おもに身分の高い人にいう。「—くお会いになる」

『親しき仲に礼儀あり』たとえ親しい間柄でも、節度をなくしてなれなれしさが過ぎると、仲が悪くなるから礼儀を守りなさいという戒め。

【親しむ】したしむ ①仲良くすること。むつまじく交わること。「学友に—む」②いつも接してなじむこと。「土に—む」

【親愛】シンアイ 人に対して親しみと愛情をもっていること。「—の情」「—なる皆様」

【親衛】シンエイ 国家元首や要人を護衛すること。「—隊」

【親近感】シンキンカン 親しみやすく、近しい感じ。「—をもつ」

【親権】シンケン 親が未成年の子に対してもつ保護、育成、教育などの権利や義務の総称。「離婚で—を争う」

し シン

【親▲昵】シンジツ よく親しみなじむこと。「彼とは—の間柄だ」類昵懇(ジッコン) 参考「昵」は、なじむ意。

【親▲炙】シンシャ その人に親しく接して影響を受け、感化されること。「炙」は、教化・感化する意。《孟子(モウシ)》 参考「シンセキ」とも読む。

【親書】シンショ ①自分で手紙を書くこと。またその手紙。②国の元首・首相などの手紙。「大統領より—を賜る」

【親征】シンセイ 君主が自ら軍を率いて出向き、敵を討伐すること。

【親政】シンセイ 君主が自ら政治を行うこと。また、その政治。

【親戚】シンセキ 血縁や婚姻でつながっている人。「遠い—にあたる」類親族・親類

【親切】シンセツ 心が温かくて人に対して思いやりがあり、情にあついこと。対薄情・冷淡

【親善】シンゼン 国家や団体が互いに親しくつき合い、仲良くすること。「—大使」

【親疎】シンソ 親しいことと、親しくないこと。親しい人と疎遠な人。

【親族】シンゾク ①「親戚(シンセキ)」に同じ。②法律上で、六親等内の血族と配偶者、三親等内の姻族。参考①「うから」とも読む。

【親展】シンテン 封書の表のあて名の下脇(わき)に記す脇付の一つ。本人が開封するよう希望する旨を示す語。直披(ジキヒ)。参考「親」は自ら、「展」は広げて見る意。類親披

【親等】シントウ 親族間の親疎の関係を示す等級。親子が一親等で、兄弟姉妹が二親等など。六親等まである。

【親日】シンニチ 外国や外国人が、日本に友好的なこと。「大の—家」対反日

【親任】シンニン 明治憲法下で、天皇が自ら官に任命すること。内閣や各省大臣など。

【親王】シンノウ 嫡出である皇子・皇孫の男子の称号。古くは天皇の兄弟・皇子のこと。参考嫡出の皇女など、女子の称号には「内親王」をつかう。

【親藩】シンパン 江戸時代、徳川家の親類で大名になった者の藩。特に、尾張(おわり)・紀伊(きい)・水戸(みと)を御三家という。

【親筆】シンピツ 自らが書いた筆跡。多く身分の高い人が書いたものにいう。

【親補】シンポ 明治憲法下で、天皇が自ら特定の官を任命したこと。参謀総長や軍司令官など。

【親睦】シンボク 互いにむつみあい、仲良くすること。「相互交流と—を図る」

【親身】シンみ ①近い血縁の人。身内。②肉親のように親切に心配りをすること。「—になって相談にのる」

【親密】シンミツ 非常に親しく仲のよいこと。非常に近しい間柄であること。「—の度合いを増す」対疎遠

【親友】シンユウ 心からうちとけた、親しい友人。「二人は無二の—だ」

【親類】シンルイ 「親戚(シンセキ)」に同じ。「—縁者が集う」

【△親ら】みずから 自分で直接に。自分から。特に、天子が直接行うときに用いる。

シン【▲縿】(17) 糸11 8988 7978 ▼サン(五九〇)

シン【★鍼】(17) 金9 1 7910 6F2A 訓 はり・さす 音 シン

意味 ①はり。㋐裁縫用のはり。ぬいばり。「鍼線」「鍼芒(シンボウ)」㋑医療用のはり。また、はりをさす術。「鍼灸(シンキュウ)」「鍼術」類針 ②さす。はりでさす。はりを打つ。

【▲鍼▲灸】シンキュウ はりと灸(キュウ)を使って行う治療法。「—師の資格をとる」

【▲鍼】はり ①患部に刺して症状を治す医療用のはり。また、その術。②ぬいばり。表記「針」とも書く。

【▲鍼師】はりシ はりを使って患者の治療を行う者。鍼術を行う者。また、その資格。

シン【駸】(17) 馬7 1 8152 7154 音 シン 訓 はしる

意味 はしる。ウマが速く走るさま。足ばやに進むさま。「駸駸」

【駸駸】シンシン ①ウマが速く走るさま。②時間や物事の進みが早いさま。

シン【齔】(17) 歯2 1 音 シン 訓 みそっぱ

〔齓〕8380 7370

意味 歯がぬけかわること。はがわり。かけば。みそっぱ。また、幼いころ。「齔童」

シン【瀋】(18) 氵15 1 6336 5F44 音 シン 訓 しる

意味 ①しる(汁)。②中国の川の名。瀋水。

シン【簪】(18) ⺮12 1 音 シン・サン 訓 かんざし・かざす・はやい

〔簪〕6849 6451

意味 ①かんざし。髪にさして冠を固定させるもの。また、髪飾り。「簪裾」②かざす。かんざしをさす。③はやい。すみやか。④あつめる。あつまる。

下つき 花簪

【簪】かんざし ①婦人の髪にさす装飾品。②冠が落ちないように髪にさす止め具。参考「髪挿し」の転。

シン【譖】(19) 言12 1 7591 6B7B 音 シン・セン 訓 そしる・うったえる・いつわる

〔譛〕7592 6B7C

意味 一シン ①そしる。そしり。中傷する。「譖訴」②うったえる。二セン いつわる。いつわり。真心がない。

【譖る】そしる 他人のことを事実を曲げて悪く言う。あることないことを言って中傷する。「陰で人を―る」「いいかげんな奴だと―る」

シン【襯】(21) 衤16 1 7505 6B25 音 シン 訓 はだぎ

意味 はだぎ。じゅばん。下着。「襯衣」

【襯衣】シンイ・シャツ ①上半身に着る洋風の肌着。②中着や上着として着る衣服。ふつうワイシャツをいうが、ポロシャツなどもいう。

【襯衫】シンサン 下着。肌着。「衫」も下着の意。

シン【鷆】(21) 鳥10 1 8322 7336 音 シン・テン・デン 訓 よたか

意味 鳥の名。かすい(蚊吸)。よたか(夜鷹)の別称。

シン【讖】(24) 言17 1 7611 6C2B 音 シン 訓 しるし

意味 しるし。吉凶の予言。また、予言書。「讖緯」

下つき 図讖・符讖

【讖緯】シンイ 未来の吉凶・禍福を予言した讖書と神秘的な事柄を説いた緯書。漢代に学問として流行した。

【讖文】シンブン 未来を予言した文書。未来記。類 讖書

ジン【人】(2) 人0 常 教 10 3145 3F4D 音 ジン・ニン 訓 ひと

筆順 ノ人

意味 ①ひと。にんげん(人間)。「人権」「人情」「隣人」②ひとがら。性質。「人格」「人品」③ある職や分野に属するひと。「歌人」「経済人」「英国人」④ひとを数える語。「一〇人」

下つき 悪人・異人・恩人・貴人・擬人・客人・巨人・玄人・軍人・芸人・賢人・原人・古人・故人・個人・才人・罪人・殺人・詩人・死人・住人・主人・小人・成人・上人・商人・職人・素人・新人・聖人・仙人・善人・俗人・達人・他人・知人・仲人・超人・町人・哲人・天人・同人・女人・俳人・犯人・万人・番人・非人・美人・氷人・病人・夫人・婦人・武人・文人・別人・邦人・凡人・本人・名人・門人・役人・友人・要人・隣人・流人・麗人・老人・浪人・倭人

【人為】ジンイ ①人間の力ですること。②自然の状態・変化に人間が手を加えること。「この害は―的災害と言える」類 人工

【人為淘汰】ジンイトウタ 農牧畜・園芸などで、生物を長年にわたって飼育・栽培し、品種改良の目的にかなった形質をもつ生物だけを選び、残すこと。類 人為選択 対 自然淘汰

【人員】ジンイン 集団や団体を構成する人々。また、その数。「募集―は若干名です」「警備の―を増やす」

【人煙】ジンエン 人家の炊事のけむり。転じて、人の住む気配や家。「―まれな山奥」

【人外】ジンガイ ①人の守るべき道に外れている人。ひとでなし。②俗世間の外。出家の境地。参考 ①「ニンガイ」とも読む。

【人海戦術】ジンカイセンジュツ きわめて多くの人数を繰り出して、物事を処理すること。「―で公園のごみを拾う」

【人格】ジンカク ①人が、一人の人間として価値をもち、独立するときに必要な精神的資格。②ひとがら。人の品性。類 人品 ③複雑な精神現象を統一している人の全体的特性。「多重―」④法律上の行為をなしうる主体。

【人寰】ジンカン 人の住む区域。人境。世の中。参考「寰」は天下の意。

【人絹】ジンケン 人造絹糸の略。天然絹糸をまねてつくった人工繊維。また、それで織った布。レーヨン。対 正絹・本絹

【人権】ジンケン 人間が生まれながらにもっている、生命・自由・平等などに関する権利。「基本的―の保障」

【人権▲蹂▲躪】ジンケンジュウリン 強い者が、弱い者の人権をふみにじったり、侵したりすること。類人権侵害

【人件費】ジンケンヒ 諸経費のうち、人の労働に対して支払う経費。給料・手当・旅費など、人事に要する費用。対物件費

【人後】ジンゴ 他人の下位。「読書だけは―に落ちない(他人に劣らない)」

【人語】ジンゴ ①人間の言葉。言語。「―を理解する動物」②人の話し声。

【人口】ジンコウ ①一国、または一定地域に住んでいる人の数。「―調査」②人の口。世間のうわさ。「―にのぼる」

【人口に▲膾▲炙す】ジンコウにカイシャす 世の中の多くの人の話題になり、もてはやされること。参考「膾炙」はなますと炙(あぶ)り肉のことで、だれもが好む食べ物の例。詩文などが多くの人の口にのぼるたとえ。〈林嵩(リンスウ)の文〉

【人工】ジンコウ 人間が手を加えること。人間がつくり出すこと。「―授精」「―衛星」類人造 対天然・自然

【人国記】ジンコッキ ①都道府県別や国別に、その地方出身の有名な人物についてあらわした書物。②各地の地理・人情・風俗などについて書いた書物。

【人災】ジンサイ 人間の不注意や怠慢などが大きな原因となって起こる災害や災難。対天災

【人材】ジンザイ 働きのある、役に立つ人物。有能な人物。人才。「―を発掘する」

【人士】ジンシ 地位や教養のある人。「有能な―の出現をまつ」「風流な―」

【人事】ジンジ ①人のなしうること。「―を尽くす」②人間社会で起こる出来事。人間関係。③個人の地位・能力・異動に関する事柄。「―考課」参考「ひとごと」と読めば別の意になる。

【人事を尽くして天命を待つ】人間としてできる限りの努力をして、あとは運にまかせること。由来『読史管見』の「人事を尽くして天命に聴(まか)す」が転じた言葉。

【人事不省】ジンジフセイ 意識がなくなること。「頭を打って―に陥った」

【人種】ジンシュ ①人類を、骨格、皮膚の色、髪の色などの体質、体格上の特徴によって分けた種別。「―差別撤廃の運動を起こす」②人を、地位や環境、職業などで分けた種別。「政治家という―」

【人心】ジンシン 人のこころ。世間の多くの人々の気持ちや考え。「―をつかんだ名演説」「―が離反する」類民心

【人心一新】ジンシンイッシン 世の中の人々の心を、すべて新しくすること。

【人心▲恟▲恟】ジンシンキョウキョウ 世の中の人たちの心が、恐れおののいているさま。表記「恟恟」は「洶洶」とも書く。

【人身】ジンシン ①人間の体。「―事故により電車が遅れる」②個人の身の上。身分。

【人臣】ジンシン 臣下。家来。「位―を極める(最高位の臣下になる)」

【人生】ジンセイ ①人が生まれてから死ぬまで。一生。「我が―を振り返る」②人間の生活。「―相談をもちかける」

【人生意気に感ず】人というものは、相手の意気込みや積極性に感動して仕事をするので、利害や損得で動くものではないということ。〈魏徴(ギチョウ)の詩〉

【人生行路】ジンセイコウロ 人が生きて行く道。世渡りのこと。

【人生、字を△識(し)るは憂患(ユウカン)の始め】人間は、なまじ文字をおぼえ、学問をするから悩みをもったり苦労したりするようになるので、無学でいたほうが生きていくには気が楽だということ。〈蘇軾(ソショク)の詩〉

【人生は朝露(チョウロ)の△如(ごと)し】人の一生は、朝の露がすぐ消えるように、きわめてはかないというたとえ。〈『漢書(カンジョ)』〉

【人跡未踏】ジンセキミトウ 人がこれまでに、足を踏み入れたことがないこと。参考「未踏」を「未到」と書くのは誤り。

【人選】ジンセン その仕事や事柄にふさわしい人を選ぶこと。「閣僚の―にあたる」

【人造】ジンゾウ 天然の物に似せてつくること。また、つくった物。「―湖」類人工 対天然

【人知・人▲智】ジンチ 人間の知恵、知識。「―の及ばない神秘」

【人畜】ジンチク ①人間と家畜。②人情のない人をののしっていう語。

【人中】ジンチュウ 鼻と上唇の間のたてのくぼみ。参考「ニンチュウ」とも読む。

【人中の竜】ジンチュウのリュウ 多くの人のなかで、一段とすぐれている人のこと。非凡な人。〈『晋書(シンジョ)』〉「―ともいうべき人物」

【人道】ジンドウ ①「人倫(ジンリン)」に同じ。「―的な見地に立つ」②人が通るように決められた道。歩道。対車道

【人徳】ジントク その人に備わっている徳。「―のある人物」参考「ニントク」とも読む。

【人馬】ジンバ 人とウマ。「馬術競技で―一体のジャンプを見せた」

【人品】ジンピン その人の気品、品格。ひとがら。また、ふうさいや物腰。「―骨柄(コツがら)」

【人物】ジンブツ ①ひと。「―画と静物画」②ひとがら。人品。「なかなかの好―」③人格が高く、能力のすぐれた人。「ひとかどの―」

【人文】ジンブン 人間社会の文化。人類がつくった文化。「―地理学」参考「ジンモン」とも読む。

【人望】ジンボウ 世間の多くの人々が寄せる信頼や尊敬。「―を集める」

【人脈】ジンミャク 親族関係や出身地、出身校、仕事などを背景とした、人と人との社会的なつながり。「―をたよって就職する」

【人民】ジンミン 国家や社会を構成する人。国民。また、支配される者としての国民。「―の―による―のための政治」

【人面獣心】ジンメンジュウシン 冷酷で非情な人のこと。人でなし。顔は人間だが、心は獣に等しい人の意から。〈『史記』〉

【人面桃花】ジンメントウカ 美人の顔と桃の花。また会えると期待した美しい女性に同じ場所で会えないこと。故事 中国、唐の詩人・崔護(サイゴ)が忘れられない美女に再会できず、「人面桃花相映じて紅なり…」の詩を残して去ったことから。〈『本事詩』〉

【人力車】ジンリキシャ 人を乗せて人がひっぱって走る二輪車。近距離の旅客運送用。明治・大正時代によく使われた。

【人力】ジンリョク ①人の能力や力。②「人力車」の略。参考 ②「ジンリキ」とも読む。

【人倫】ジンリン ①人と人との間柄。また、その秩序関係。転じて人間として守るべき道。人道。「―にそむく行為」②人間。人類。

【人類】ジンルイ 人間。「―学」参考 人間を他の動物と区別していう場合に使われる。

【人気】ニンキ ①世間の評判。「―抜群の選手」②その土地の人々の気風や性質。参考 ②「ジンキ」とも読む。「ひとケ」と読めば別の意。

【人魚】ニンギョ 胴から上は人間の女性で下は魚の姿をしている、海中にすむという想像上の動物。マーメイド。「―姫」

【人形】ニンギョウ ①人をかたどり、土・木・布などでつくったおもちゃ。「―遣い」類 木偶(でく) ②他人の思うままに動かされる人のたとえ。「財界に操られる―だ」類 傀儡(カイライ) 参考 ①「ひとがた」とも読む。

【人形浄瑠璃】ニンギョウジョウルリ 三味線に合わせて語る浄瑠璃を伴奏にして、人形をあやつる芝居。文楽(ブンラク)として伝わっている。

【人間】ニンゲン ①ひと。人類。また、人類の本質や性質。「しょせん―だから、欲もある」②ひとがら。人物。「―ができている」③人の住む世界。世間。参考 ③「ジンカン」とも読む。

『人間到(いた)る処(ところ)青山あり』 この世の中には、どこに行っても骨を埋める所はあるのだから、積極的に外へ出て行って活躍すべきだということ。「青山」は骨を埋める場所の意。〈釈月性(シャクゲッショウ)の詩〉参考「人間」は「ジンカン」とも読む。

『人間万事塞翁(サイオウ)が馬』 人にとって何が幸福になり何が不幸になるのか、予測しがたいということ。故事 昔、中国の国境近くの塞(とりで)に住む老人のウマが隣国へ逃げてしまったが、やがて名馬を連れて戻って来た。老人の息子がそのウマから落ち、足を折ったが、おかげで徴兵をまぬがれて、戦乱の際にも無事であったという故事から。〈『淮南子(エナンジ)』〉類 禍福は糾(あざな)える縄の如(ごと)し

『人間僅(わず)か五十年』 人間の寿命は短く、人生ははかないものだということ。参考「人間」は「人生」ともいう。

【人間工学】ニンゲンコウガク 機械や作業環境を、人間が操作しやすいように設計したり改善したりするための学問。

【人間国宝】ニンゲンコクホウ 重要無形文化財保持者の通称。

【人情】ニンジョウ 人間が生まれつきもっている人間らしい感情。特になさけ、思いやり、愛情などの感情。「義理―にあつい」「―噺(ばなし)」

【人情味】ニンジョウミ 人に対するあたたかみ。情味。「―にあふれた人」

【人参】ニンジン ①セリ科の二年草。ヨーロッパから西アジア原産。野菜として栽培。葉は根生し、羽状。長円錐(エンスイ)形の根を食用にする。カロチンに富む。表記「胡蘿蔔」とも書く。季冬 ②チョウセンニンジンの略。

【人数】ニンズウ ①人の数。あたまかず。「―ぴったりに配る」②多くのひと。大人数。「―を繰り出す」参考「ニンズ」とも読む。

【人相】ニンソウ ①人の容貌(ヨウボウ)。顔つき。「―の悪い男」②顔かたちに現れている、その人の性格や未来の運命。「―をみる」類 骨相(コッソウ)・手相

【人足】ニンソク 「人夫(ニンプ)」に同じ。参考「ひとあし」と読めば、人々の行き来の意。

【人体】ニンテイ 人のようす。風体。人品。「怪しげな―」参考「ジンタイ」と読めば、人間の体の意。

【人非人】ニンピニン 人間でありながら人間としての資格のないもの。人の道に外れた行いをする人。ひとでなし。

【人夫】ニンプ 土木作業や荷物運搬などの力仕事にたずさわる労働者。類 人足

【人別改】ニンベツあらため 江戸時代、税としての労働につかせるためなどに行った戸籍調査。人改め。

【人】ひと ①人間。人類。立って歩き、脳が発達し、言葉・火・道具を使うホモサピエンス。②おとな。成人。「―となる」③立場が異なる人間や他人。「―には分からない苦労」④世間。世人。「―の口にのぼる」⑤あることに関係する特別な人間。「私のいい―」⑥しかるべき人。すぐれた人。「―を得る」⑦ひとがら。人物。「―がいい」参考 他の動物と区別していう場合は、多く「ヒト」「人類」を使う。

『人衆(おお)ければ則(すなわ)ち狼(おおかみ)を食らう』 人数が多ければ、人を襲うオオカミを逆に打ち倒すような思いがけない大きな力が出る。集団の力がきわめて強いことのたとえ。〈『淮南子(エナンジ)』〉

『人衆(おお)ければ天に勝つ』 人間の力は本来天理に及ばないものだが、人数が多ければ、ときには

天理に背いても勝つことがあるということ。〈『史記』〉

『人こそ人の鏡なれ』他人の言動は、自分の言動を見直す手本であるということ。【類】人の振り見て我が振り直せ

『人盛んにして神▲祟(たた)らず』人の運勢が強いときには、不正なことをしても神といえどもさまたげることはできないということ。

『人と▲屛風(ビョウブ)は△直(すぐ)には立たず』屛風が折り曲げないと立たないように、人も他人とほどほどに妥協しなければ、世渡りができないという教え。

『人に七癖(ななくせ)我が身に八癖(やくせ)』他人は多くの癖をもっているが、自分の癖はそれ以上に多いものだということ。【類】人の一寸我が一尺

『人には添うて見よ馬には乗って見よ』物事は実際にやってみて、それから良い悪いを判断すべきだということ。先入観だけで判断してはいけないという戒め。

『人に一癖(ひとくせ)』だれにでも癖はあるもので、少々の癖など気にしないことだということ。【類】無くて七癖

『人の一生は重荷を負いて遠き道を行くが△如(ごと)し』人の一生は、いろいろな苦労と、それに耐えることとの連続であるというたとえ。忍耐の大切さを説く。【由来】徳川家康の遺訓から。

『人の一寸我が一尺』他人の欠点は小さくても目につくが、自分の欠点は、大きくても気づかないこと。【類】人に七癖(ななくせ)我が身に八癖(やくせ)

『人の▲噂(うわさ)も七十五日』世間のうわさは一時的なもので、しばらくすれば消えてしまうということ。

『人の己(おのれ)を知らざるを△患(うれ)えず人を知らざるを△患う』他人が自分を認めてくれないことを不満に思うよりも、自分が他人の長所を見つけることができないことを反省すべきであるということ。〈『論語』〉

『人の苦楽は紙一重』他人がどれほど苦しんだりうれしがったりしても、自分にとっては他人事でしかないということ。【参考】「紙一重」は「壁一重」ともいう。

『人の子の死んだより我が子の△転(こ)けた』他人の大事件より、小さいことでも自分に直接かかわることのほうが気になるということ。【類】人の十難より我が一難

『人の△牛▲蒡(ゴボウ)で法事する』他人に便乗して調子よく自分の務めを果たすこと。【類】人の褌(ふんどし)で相撲を取る

『人の七難より我が十難』他人の欠点は気がつきやすいが、自分の欠点は気がつきにくいものだということ。【参考】「人の七難は見ゆれど我が十難は見えず」ともいう。

『人の▲疝気(センキ)を頭痛に病む』人の腹痛を心配して自分が頭痛する意から、関係のないことに余計な心配をすること。「疝気」は腹痛や腰痛のこと。【参考】「人の」は「隣の」ともいう。

『人の短を△道(い)う無かれ、己(おのれ)の長を説く無かれ』他人の短所を言ってはならない、自分の長所を自慢してはならないという戒め。

『人の情けは世にある時』世の中の人たちが自分をちやほやしてくれるのは、羽振りがよいときだけで人気がなくなれば見捨てられるということ。

『人の振り見て我が振り直せ』他人の言動の善し悪しを見て、自分の言動を反省し、悪い点を改善せよという教え。【類】他山の石

『人の▲褌(ふんどし)で〈相撲〉を取る』他人のものを利用して、自分のことをするずる賢いやり方のこと。【類】人の牛蒡(ゴボウ)で法事する

『人の△将(まさ)に死なんとする、その言(ゲン)や善し』人が臨終を迎えたときの言葉には真実がこもっており、純粋であるということ。また、誰でも死ぬ間際には本音を言うものだということ。〈『論語』〉

『人は一代名は末代』人は死んでしまえばそれまでだが、その人の名誉や悪評は死後も続くということ。【類】虎(とら)は死して皮を留(とど)め人は死して名を残す

『人は故郷を離れて貴(たっと)し』どんなに偉くなっても、子どものころのことやその家庭や家族までも知られている郷里では、あまり評価してもらえないものだということ。

『人木石(ボクセキ)に△非(あら)ず』人には木や石とはちがって喜怒哀楽の情がある、それは当然だということ。〈白居易の詩〉

『人学ばざれば道を知らず』学問をしなければ、人間としての正しい生き方は分からないということ。〈『礼記(ライキ)』〉

『人を射るには△先(ま)ず馬を射よ』相手を倒すには、まず相手が頼みにしているものから攻め落とすのが成功の早道であることのたとえ。〈杜甫(トホ)の詩〉【類】将を射んと欲すればまず馬を射よ

『人を△怨(うら)むより身を△怨め』 相手の仕打ちをうらむより、自分の足りなかった点を反省すべきだという教え。

『人を▲謗(そし)るは▲鴨(かも)の味』 他人のうわさ話をするのは、カモの肉を味わうように楽しいということ。参考「鴨の味」は「雁(ガン)の味」ともいう。

『人を▲恃(たの)むは自ら▲恃むに△如(し)かず』 他人を当てにするよりも、自分の努力のほうが当てになるということ。「恃む」は頼る意。〈『韓非子(カンピシ)』〉

『人を呪(のろ)わば穴二つ』 他人に損害を与えると、その報いは自分に同じように返ってくるというたとえ。参考「穴」は墓穴のこと。類天に唾(つば)する

『人を見たら泥棒と思え』 他人に対しては、まず疑ってかかれということ。

『人を△以(もっ)て△鑑(かがみ)と△為(な)す』 他人の態度や行為を見て、自分の言行を正すこと。〈『新唐書(シントウジョ)』〉

『人を△以(もっ)て言(ゲン)を廃せず』 人によって、その言葉の重みを判断してはいけないという戒め。「廃せず」は無視しない意。〈『論語』〉

【人▲垢(ひとあか)は身に付(みにつ)かぬ】 他人のあかで汚れた湯に入っても、そのあかは自分にはつかないことから、他人から借りた物や奪った物は、いつまでたっても本当に自分の物とはならないということ。

【人当たり】(ひとあたり) 人と接するときの態度。また、そのとき人に与える印象。

【人△熱れ】(ひといきれ) 人が大勢集まったために、体熱や呼吸で、熱気がこもること。「特売場は―でむんむんしている」

【人△怖じ】(ひとおじ) 子どもなどが、見慣れぬ人を見ておそれること。

【人垣】(ひとがき) 大勢の人が囲んで垣根のように立ち並ぶこと。「―で展示品が見えない」

【人影】(ひとかげ) ①人の影。「窓に―が映った」②人の姿。「海辺に―はない」

【人形】(ひとがた) ①人間の形をしたもの。②祈禱(キトウ)などに用いる人形。形代(かたしろ)。③人相(ニンソウ)。また、人相書き。参考①「ニンギョウ」とも読む。

【人柄】(ひとがら) ①人物の品位、性格。「優しい―が人気の秘密だ」②品格や性質のすぐれているさま。「なかなかの―だ」

【人聞き】(ひとぎき) 人に聞かれたときの評判。外聞。「―が悪い」

【人気】(ひとケ) 人のいる気配。「―のない山奥」参考「ニンキ」と読めば別の意になる。

【人〈心地〉】(ひとごこち) ①緊張がとけてくつろいだ気分。「やっと―がついた」②正常な意識。正気。人心(ひとごころ)。

【人心】(ひとごころ) ①人の心。人情。②ふだんの心持ち。人ごこち。「―を取り戻す」

【人事】(ひとごと) 自分には関係のないこと。表記「他人事」とも書く。参考「ジンジ」と読めば別の意になる。

【人様・〈人状〉】(ひとざま) その人の人柄や人格。人品。

【人質】(ひとジチ) ①自分の身の安全や要求実現のためなどに、手もとに拘束しておく相手側の人。「子どもを―にとる」②約束の保証として相手側にあずけた人。参考「質」は約束の保証や借金の担保として預けるものの意。

【人擦れ】(ひとずれ) 人にもまれて、悪く世慣れしていること。「―した態度」

【人△集り】(ひとだかり) 大勢の人が寄り集まること。また、その人たち。「デパートの前は黒山の―だ」

【人△長】(ひとだけ) 人の身長にひとしい長さ。人の背丈。等身。

【人△魂】(ひとだま) 夜間淡く尾を引いて空中を飛ぶ青白い燐火(リンカ)。参考死者のたましいが飛ぶものと考えられた。

【人△伝】(ひとづて) ①直接ではなく、他人を介して伝えること。②人の口から人の口へ伝わること。「―に聞く」

【〈人▲頽〉・人〈雪崩〉】(ひとなだれ) 大勢の人が押されて、なだれのようにどっと崩れること。

【人懐っこい】(ひとなつっこい) 人とすぐなれ親しむさま。「―い笑顔」

【人波】(ひとなみ) 人の波。大勢の人が押し合い移動するさまを波にたとえた語。「参賀に向かう―」「―にもまれる」

【人肌・人△膚】(ひとはだ) ①人のはだ。②人間のはだと同じくらいの温度。「―程度のぬるま湯」

【人払い】(ひとばらい) ①密談などのとき、他の人を席からしりぞかせること。②昔、身分の高い人が通行するとき、往来の人をわきへ遠ざけたこと。

【人身御△供】(ひとみゴクウ) ①昔、いけにえとして生きた人間を神に供えたこと。また、その人。②他人の欲望を満足させるために、犠牲となること。また、その人。「―に甘んじる」

【人見知り】(ひとみしり) 子どもなどが見知らぬ人に対して、恥ずかしがったり、いやがったりすること。

【人目】(ひとめ) 世間の人々の目。他人が見る目。「―を引く(目立つ)」「―を忍ぶ(他人に見られないようにする)」「―を気にする」

【人寄せ】(ひとよせ) 人を大勢まねき集めること。また、その手段としての口上や芸。

【〈人面竹〉】(ほていちく) イネ科のタケ。マダケの変種。中国原産。観賞用に植える。茎の下部は節間が短く奇形にふくらむ。つえや釣りざおにする。竹の子は食用。ゴサンチク。ジンメンチク。表記「布袋竹」とも書く。

ジン【刃】(3) 刀 1 常 準2 3147 3F4F
音 ジン高 外ニン
訓 は 外やいば・きる

筆順 フ刀刃

意味 ①は。やいば。はもの(刃物)。「凶刃」②き(切)る。はもので切る。切り殺す。「刃傷」「自刃」

下つき 凶刃(キョウジン)・自刃(ジジン)・出刃(でば)・白刃(ハクジン・しらは)・氷刃(ヒョウジン)・兵刃(ヘイジン)・諸刃(もろは)・利刃(リジン)・両刃(リョウば・もろは)

【△刃傷沙汰】ニンジョウザタ 刃物で人を傷つける事件。刃物を振り回す行為。「―に及ぶ」

【刃】は 刃物の、物を切る鋭い部分。「―がこぼれる」参考「やいば」と読めば別の意になる。

【刃向かう】はむ-かう 積極的に抵抗する。さからう。たてつく。「親に―う」表記「歯向かう」とも書く。参考もとは、歯や牙(きば)をむいたり、刃物をもって立ち向かったりする意。

【刃物】はもの 切ったり削ったりするための刃がついた道具。刀・包丁・ナイフなど。

【刃渡り】はわたり ①刃物の刃の長さ。②刀の刃の上を素足で渡る曲芸。

【△刃】やいば ①刀剣類の総称。はもの。「氷の―」②刀身の刃についている波形の模様。参考「焼き刃(ば)」の転。「は」と読めば別の意になる。

【△刃を迎えて解く】圧倒的な強さのたとえ。物事が簡単に解決するたとえ。竹の一節を割ると、あとは刃を迎えるように割れていくことから。〈『晋書(シンジョ)』〉参考「刃」は、「ジン」とも読む。類破竹の勢い

ジン【仁】(4) イ 2 教 常 5 3146 3F4E
音 ジン・ニ中 外ニ
訓 ン

筆順 ノイ仁仁

意味 ①おもいやり。いつくしみ。「仁愛」「仁徳」②儒教で説く最高の徳。「仁義」「仁者」③ひと。「御仁」④果物のたね。「杏仁(キョウニン)」参考「仁」の草書体が平仮名の「に」になった。

下つき 温仁(オンジン)・杏仁(キョウニン)・御仁(ゴジン)

【仁愛】ジンアイ 思いやりや慈しみをもって、人を愛すること。また、その心。類慈愛・仁慈

【仁義】ジンギ ①儒教で教えの中心となる仁と義。②人として行うべき道徳。礼儀上すべきこと。義理・人情。「―にはずれる」③やくざなどの社会の特殊な初対面のあいさつや作法。「―をきる」参考③「辞儀」の転といわれる。

【仁▲誼】ジンギ 儒教でその教えの中心の道徳としている仁と義。

【仁▲祠】ジンシ ①寺院。仏寺。②小さい神社。参考「ニンシ」とも読む。

【仁慈】ジンジ いつくしみめぐむこと。思いやり。類慈愛・仁愛・仁恵

【仁者は憂えず】ジンシャはうれえず 仁徳を備えた人は、ものの道理を心得ているから、心配事はなにもない。〈『論語』〉

【仁者無敵】ジンシャムテキ 仁徳の備わった人は、だれにでも思いやりをもって接するので、刃向かう者はいないということ。〈『孟子(モウシ)』〉

【仁者楽山】ジンシャラクザン 仁徳の備わった人は、穏やかな心境でいつもどっしりと落ち着いているので、そのような山が好きであるということ。〈『論語』〉類知者楽水

【仁術】ジンジュツ 儒教の道徳である仁をほどこす方法や手段。「医は―である」

【仁▲恕】ジンジョ ①情け深く、思いやりのあること。「―を施す」②あわれんで罪を許すこと。参考「恕」は思いやって許す意。

【仁徳】ジントク いつくしみの徳。他人の辛苦を除き、喜びや楽しみを与えようとする徳。「―あふれる政治」参考「ニントク」とも読む。

【仁王】ニオウ 仏法の守護神として寺門の両脇などに安置する一対の金剛力士像。仁王尊。「―立ち」

【△仁▲侠】ニンキョウ 弱きを助け強きをくじくという気性。また、そういう気性に富む人。おとこだて。「―道」表記「任侠」とも書く。

ジン【★壬】(4) 士 1 準1 3149 3F51
音 ジン・ニン
訓 みずのえ

意味 ①みずのえ。十干の第九。「壬申」▼干支順位表(一六〇)②おもねる。へつらう。「壬人」

【▲壬申】ジンシン 干支(えと)の一つ。みずのえさる。

【▲壬申の乱】ジンシンのラン 六七二(天武元)年、壬申の年に天智(てんち)天皇の子である大友皇子と、同天皇の弟である大海人(おおあまの)皇子の間で皇位継承をめぐって起こった戦乱。

【▲壬】みずのえ 十干の第九番目。方角では北。五行では水。対癸(みずのと) 参考「水の兄(え)」の意。

【〈▲壬生菜〉】みぶな アブラナ科の二年草。葉はへら形で、香気と辛味がある。漬物用。季春 由来京都の壬生地方で古くから栽培されたことから。

ジン【仞】(5) イ 3 1 4832 5040
音 ジン
訓 ひろ・はかる

〔仭〕4833 5041

意味 ①ひろ。高さや深さをはかる単位。中国の周代では七尺、または八尺。②はかる。深さ・高さをはかる。参考両手を上下に広げた長さが「仞」で、左右に広げた長さは「尋」。

ジン【尽】(6) 尸 3 常 4 3152 3F54
音 ジン
訓 つくす・つきる・つかす 外すがれる・ことごとく

旧字《盡》(14) 皿 9 1/準1 6624 6238

筆順 フコ尸尺尽尽

意味 ①つくす。出しきる。「尽瘁」「尽力」 ②つきる。なくなる。「蕩尽」「無尽蔵」 ③ことごとく。すっかり。「一網打尽」 ④つごもり。月の終わり。「尽日」「大尽」

下つき 曲尽・小尽・大尽・蕩尽・無尽

【尽く】 ことごと-く すべて。一つ残らず。「一失敗におわる」

〖尽く書を信ずれば、則ち書な きに如かず〗 書物を読むには批判力が必要だという戒め。『書経』に書いてあることをすべてそのまま信じてしまうならば、『書経』などはないほうがよいという意から。由来 孟子が、『書経』のなかにある周の武王が殷の紂王を攻めたときの記事を批判した言葉から。〈『孟子』〉

【尽日】 ジンジツ ①一日中。終日。「一雨催い」 ②月の末日。みそか。特に、一年の最終日。おおみそか。

【尽瘁】 ジンスイ 全力をつくして労苦すること。ほねおり。「社会事業に一する」 類 尽力 参考 「瘁」は衰えてやせる意。

【尽善尽美】 ジンゼンジンビ すべてにおいて完璧であること。りっぱさと美しさを極めていること。〈『論語』〉 類 十善十美

【尽忠報国】 ジンチュウホウコク 君主のために忠誠をつくし、国の恩恵に報いること。〈『北史』〉 類 義勇奉公

【尽力】 ジンリョク もてる力をふりしぼって努力すること。「震災の復興に一する」

【尽れる】 すが-れる 盛りを過ぎて勢いが衰え始める。「菊が一れる」 表記 「末枯れる」とも書く。

【尽かす】 つ-かす すっかりなくす。出しつくす。「愛想を一される」

【尽きる】 つ-きる ①だんだん減っていき、ついになくなる。「精も根も一き果てる」 ②続いていた物事がそこで終わる。「運が一きる」 ③それ以外にない。「強運の一言に一きる」

【尽くす】 つ-くす ①限界まで出しきる。「八方手を一す」「言葉を一して説得する」 ②何かのために惜しまずに努力する。「病夫に一して五年にもなる」 ③きわめる。「ぜいたくを一す」 ④動詞の連用形について、すっかり…する。…し終える。「飲み一す」

ジン **【迅】** (6) ⻌ 3 常 準2 3155/3F57 音 ジン 訓 外 はやい・はげしい

旧字 《迅》 (7) ⻌ 3 1/準1

筆順 ⺄ ⺄ 卂 卂 迅 迅

意味 ①はやい。すみやか。「迅速」 ②はげしい。「迅雷」「奮迅」

下つき 軽迅・奮迅

【迅速】 ジンソク 行動や動作などが非常に速いさま。「急病人に一な処置を施す」「一な対応が大切だ」 類 敏速・敏捷

〖迅速果断〗 ジンソクカダン 思い切りよく決断して、すみやかに行うこと。「一な行動」 類 迅速果敢

【迅雷】 ジンライ 激しく鳴るかみなり。また、急に鳴り出すかみなり。「疾風一の攻撃」

〖迅雷風烈〗 ジンライフウレツ 急激な雷鳴と強風。警戒しなければならないもののたとえ。〈『論語』〉

〖迅雷耳を掩うに暇あらず〗 事態の変化が速すぎて、対応できないたとえ。〈『晋書』〉

【迅い】 はや-い 目にも止まらぬほどはやい。飛ぶような速度である。迅速だ。

ジン **【沈】** (7) 氵 4 常 3632/4440 ▼チン(一〇七二)

ジン **【臣】** (7) 臣 0 教 3135/3F43 ▼シン(七九二)

ジン **【迅】** (7) ⻌ 3 ▼迅の旧字(八一八)

ジン **【甚】** (9) 甘 4 常 準2 3151/3F53 音 ジン 高 訓 はなはだ・はなはだしい 外 いたく

筆順 一 十 廾 甘 甘 其 其 甚 甚

意味 はなはだ。はなはだしい。いたく。度をこえている。「甚大」「深甚」

下つき 劇甚・幸甚・深甚

【甚く】 いた-く たいそう。非常に。ひどく。ふかく。「一感動した」

【甚振る】 いたぶ-る ①おどして金品をまきあげる。ゆする。 ②いじめる。

由来 甚く(ひどく)振る意から。

【甚句】 ジンク 七・七・七・五の四句からなる俗謡の一種。「米山一」

【甚三紅】 じんざもみ 植物のアカネで染めた紅梅色の絹布。由来 江戸時代に、京都の桔梗屋甚三郎が始めたことから。

【甚深】 ジンシン 意味などがたいへん奥深いこと。また、はなはだ神秘であること。

【甚助】 ジンすけ 多情で嫉妬深い性質。またそういう男性。「一を起こす(嫉妬する)」

【甚大】 ジンダイ 物事の程度がきわめて大きいさま。「津波の被害が一だ」 類 多大 対 軽少・軽微

【甚兵衛】 じんべえ ①筒袖で着物に似た上衣と膝丈のズボンが一揃いとなった男性の夏用衣服。季 夏 ②袖無し羽織の一種。単・袷・綿入れなどがある。参考 「甚平」とも書き、「じんべい」とも読む。

【甚六】 ジンロク おっとりしていてお人好しの人。「総領の一(長男がぼんやり育ったとえ)」

【甚だ】 はなは-だ 程度をひどく超えているさま。大いに。非常に。たいそう。類 大変・至極

【甚だしい】はなは-だしい 度を超えている。ひどい。「誤解も—い」「—く破損している」参考 よくないことに用いるほうが多い。表記

〈甚雨〉ひさめ 激しく降る雨。おおあめ。「大雨」とも書く。

ジン【神】(9) ネ5 教 3132 3F40 ▼シン(七九六)

ジン【紉】(9) 糸3 1 8410 742A 音 ジン 訓 なわ・むすぶ

意味 ①なわ。②むすぶ。くくる。③つづる。ぬい合わせる。

ジン【荏】(9) 艹6 準1 1733 3141 音 ジン・ニン 訓 え・やわらか

意味 ①え。えごま(荏胡麻)。シソ科の一年草。②まめ。そらまめ。「荏菽(ジンシュク)」③やわらか。「荏弱」

【荏胡麻】えゴマ シソ科の一年草。東南アジア原産。全体にシソに似る。種子から油をとる。また、ゴマの代用にする。

【荏苒】ジンゼン ①歳月がいたずらに過ぎていくさま。「—と日を送る」②物事がはかどらず延び延びになるさま。

ジン【恁】(10) 心6 1 5576 576C 音 ジン・イン・ニン 訓 かかる・このような

意味 かかる。このような。「恁地」

ジン【訊】★ (10) 言3 準1 3154 3F56 音 ジン・シン 訓 たずねる・とう・きく・たより

意味 ①たずねる。とう。きく。「訊問」②おとずれる。また、たより。「音訊」類信

書きかえ 「尋」に書きかえられるものがある。

下つき 鞠訊(キクジン)・審訊(シンジン)・問訊(モンジン)

【訊問】ジンモン ▼書きかえ 尋問(八二〇)

【訊ねる】たず-ねる 上の人が下の者に問いただす。「担当者を呼んで—ねる」

し ジン

【訊う】と-う 罪をとがめたずねる。強い態度で質問をする。問いつめる。

ジン【陣】(10) 阝7 常 4 3156 3F58 音 ジン 外チン 訓 外じんだて

筆順 … 陣

意味 ①戦うときの備え。じんだて。軍隊の配置。「陣地」「陣営」「布陣」②いくさ。戦場。「出陣」③ひとしきり。にわかに。「陣痛」「陣風」「一陣」

下つき 一陣(イチジン)・円陣(エンジン)・軍陣(グンジン)・堅陣(ケンジン)・殺陣(サツジン・たて)・出陣(シュツジン)・戦陣(センジン)・対陣(タイジン)・布陣(フジン)・論陣(ロンジン)

【陣営】ジンエイ ①戦線で、軍隊が攻撃・守備の態勢をとるために設営するところ。陣所。陣。「—を設ける」類陣地・軍営 ②反対勢力に対して結束している階級・党派などの集まり。「我が—に引きこむ」

【陣笠】ジンがさ ①昔、足軽などの下級武士が戦場でかぶとの代わりにかぶったかさ。②「陣笠連」の略。幹部ではない政党員や代議士。

【陣太鼓】ジンダイコ 昔、戦場などで進退の合図として打ち鳴らした太鼓。軍鼓。

〔陣笠(ジンがさ)〕

【陣中】ジンチュウ ①陣地のなか。②戦いのさなか。戦争中。「—見舞い」

【陣痛】ジンツウ ①出産時、子宮の収縮によって間隔をおいて起こる腹部の痛み。②物事を成し遂げるまでの苦難。生みの苦しみ。

【陣頭】ジントウ ①軍陣や部隊の真っ先。陣列の先頭。最前線。「—指揮をとる」②仕事や活動の場の第一線。

【陣取る】ジンどる ①陣地を設ける。「高台に—る」②場所をとる。「前の席に—る」

【陣羽織】ジンばおり 武士が陣中で鎧(よろい)や具足の上に着た、そでのない羽織。

【陣没・陣殁】ジンボツ 陣中で没すること。戦地で死ぬこと。戦死。「没」も「殁」も死ぬ意。「諸葛亮(ショカツリョウ)は五丈原(ゴジョウゲン)で—した」

【陣門】ジンモン 陣屋の出入り口。軍門。「—の備えを固める」

【陣屋】ジンや ①軍隊の兵士の宿営所。類陣所 ②宮中の衛兵の詰め所。また、代官などの役所。③江戸時代、城のない小さな藩の大名が領地内にかまえた住まい。

【陣容】ジンヨウ ①軍隊の配置。陣の構え方。陣立て。「攻めの—を整える」②会社・団体・組織などを構成する顔ぶれ。「チームの—を改める」

ジン【袵】(11) ネ6 1 7452 6A54 音 ジン・ニン 訓 おくみ・えり・しとね

〔衽〕7451 6A53

意味 ①おくみ。和服の前襟から裾(すそ)にかけて縫いつけた半幅の布。②えり。「左袵」③しきもの。しとね。ねどこ。「袵席」

下つき 左袵(サジン)

【袵】おくみ 和服の前幅を広くとるために、前身ごろの襟から裾(すそ)まで縫いつける半幅の細長い布。「—をつける」

ジン【尋】(12) 寸9 常 4 3150 3F52 音 ジン 訓 たずねる・外つね・ひろ

旧字《尋》(12) 寸9 1/準1

筆順 … 尋

意味 ①たずねる。問いただす。「尋問」②ふつう。つね。なみ。「尋常」③ひろ。長さの単位。日本では六尺、中国の周代では八尺にあたる。「千尋」参考 両手を左右に広げた長さが「尋」で、上下に広げた長さは「仞(ジン)」。

書きかえ ①「訊(ジン)」の書きかえ字として用いられるものがある。

下つき 究尋(キュウジン)・考尋(コウジン)・千尋(センジン)・訪尋(ホウジン)・万尋(マンジン)

【尋▲繹】ジンエキ ①繰り返し試みること。反復して味わうこと。②次々と手づるをたぐってたずね調べること。

【尋花問柳】ジンカモンリュウ 春の風物や景色を楽しむこと。転じて、花柳界で遊ぶことのたとえ。〈杜甫(トホ)の詩〉 参考「問柳尋花」ともいう。

【尋常】ジンジョウ ①ふつう。あたりまえ。人並み。「―な手段では解決しそうにない」 類 正常 ②いさぎよいさま。「―に勝負せよ」

【尋常一様】ジンジョウイチヨウ どこにでもある、きわめてあたりまえのこと。「息子を―でなくかわいがる」

【尋常の溝には▲呑舟(ドンシュウ)の魚(うお)なし】つまらない場所や土地では、大人物が生まれ育ったり活躍したりしないということのたとえ。小さな溝には、舟をのみこむような大魚はいないという意から。「呑舟の魚」は舟をまるのみにする大魚で、大人物のたとえ。〈『淮南子(エナンジ)』〉

【尋章摘句】ジンショウテキク 細かいところにこだわって、全体の理解や評価ができないこと。「尋章」は文の一節を考えること。「摘句」は、重要な句を選び出すこと。〈『三国志』〉

【尋問】ジンモン 裁判官や警察官などが取り調べのために口頭で問いただすこと。「不審―」 書きかえ「訊問」の書きかえ字。

【尋ねる】たずねる ①所在を探し求める。あとを追い求める。「旧友の転居先を―ねる」②確かでない事柄を調べて明らかにする。「歴史に前例を―ねる」③分からないことを人に質問する。ききただす。「道を―ねる」

【△尋】ひろ ①大人が両手を左右にのばしたときの、両方の指先の間の長さ。②水深や縄の長さをはかるときの単位。一尋は約一・八メートル。

し ジン

ジン 【★靱】 (12) 革 3 準1 8055 7057 音 ジン 訓 しなやか

〔靭〕3157 3F59 〔靭〕

意味 しなやか。柔らかで強い。「靱帯」 参考「靫(イサ)(うつぼ・ゆぎ)」と誤用されることがある。

下つき 強靱(キョウジン)

【▲靱やか】しなやか 弾力があって、やわらかく丈夫なさま。「―な感触の革」

【▲靱性】ジンセイ 材料のねばり強さ。材料のなかで亀裂が生じにくい性質。対 脆性(ゼイセイ)

【▲靱帯】ジンタイ 骨と骨の間やそのまわりにあって、関節を保護したり、その運動を制御したりする、弾力性のある繊維性の組織。

【▲靱皮】ジンピ 樹木の外皮の内側で、形成層の外側にあるやわらかい繊維の部分。

ジン 【稔】 (13) 禾 8 準1 4413 4C2D 音 ジン・ネン・ニン 訓 みのる・とし・つむ

意味 ①みのる。みのり。「稔歳」②とし。穀物が一回みのる期間。類 年 ③つむ。経験などを積む。

下つき 豊稔(ホウジン)

【▲稔る】みのる 穀物の実がはいる。実が熟す。「今年は稲がよく―った」

ジン 【腎】 (13) 肉 9 常 2 3153 3F55 音 ジン 外 シン

筆順 丨 ⺁ ⺁ 𠆢 臣 5 臣 7 臤 臤 臤 腎 腎 13

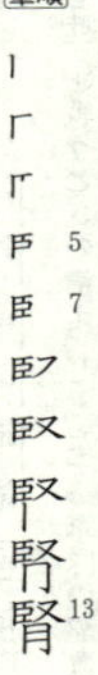

意味 ①五臓の一つ。尿の排泄(ハイセツ)をつかさどる器官。じんぞう(腎臓)。「腎盂(ジンウ)」②たいせつな所。かなめ。「肝腎」

下つき 肝腎(カンジン)・副腎(フクジン)

【腎▲盂】ジンウ 腎臓内の、尿を集めて膀胱(ボウコウ)へ送る袋状の器官。「―炎」

【腎虚】ジンキョ 漢方医学で、男性の精力減退など心身の衰弱症状。

【腎臓】ジンゾウ 脊柱(セキチュウ)の両側に一対あり、尿の排泄(ハイセツ)をつかさどる内臓器官。

ジン 【★塵】 (14) 土 11 準1 3148 3F50 音 ジン 訓 ちり

意味 ①ちり。ほこり。ごみ。「塵土」「砂塵」②わずらわしい俗世間。世俗。「塵界」「俗塵」

下つき 埃塵(アイジン)・後塵(コウジン)・黄塵(コウジン)・砂塵(サジン)・俗塵(ゾクジン)・同塵(ドウジン)・粉塵(フンジン)・微塵(ミジン)

〈▲塵▲芥虫〉ごみむし ゴミムシ科の甲虫の総称。多くは光沢のある黒色。体は長楕円(ダエン)形で、ごみの下などにすむことから。表記「歩行虫・芥虫」とも書く。由来

【▲塵▲埃】ジンアイ ①ちり。ほこり。土煙。類 塵芥(ジンカイ) ②この世のけがれ。俗世間。よごれていてわずらわしいもの。「都会の―にまみれる」

【▲塵▲芥】ジンカイ ちり。あくた。ごみ。「―を処理する」類 厨芥(チュウカイ)・塵埃(ジンアイ)

【▲塵界】ジンカイ けがれたこの世の中。俗界。「―を離れた山中」類 穢土(エド)・濁世(ジョクセ)

【▲塵外】ジンガイ 俗世間のわずらわしさから離れた場所。「―の地に遊ぶ」

【▲塵▲寰】ジンカン 俗世間。類 塵界(ジンカイ)

【▲塵▲垢】ジンコウ ①ちりとあか。②世俗のわずらわしさ。参考「ジンク」とも読む。

【▲塵点▲劫】ジンデンゴウ 仏 はかりきれないほどの非常に長い時間。塵劫(ジンコウ)。参考「劫」は、きわめて長い時間の意。類 永劫(エイゴウ)

【▲塵土】ジンド ①ちりとつち。ごみつち。②つまらないもの。③けがれた世。

【▲塵肺】ジンパイ 粉塵を長年にわたり吸っておこる病気。息切れ・呼吸困難などを起こす。職業病の一つ。塵肺症。

【▲塵労】ジンロウ ①俗世間のわずらわしい苦労。② 仏 煩悩。

【▲塵】ちり ①目に見えないほどのほこり。類芥(あくた) ②俗世間のわずらわしさや精神的けがらわしさ。「浮き世の—に染まる」 ③値打ちのないもの。「—のわが身」 ④ごくわずかなことのたとえ。「—ほどもない」

【▲塵も積もれば山となる】ごくわずかなものでも多量に集まれば、価値が生まれたり大きな力になったりするたとえ。〈『大智度論』〉

【▲塵を望んで拝す】権力や財力のある人にこびること。身分の高い人を見ると、卑屈に低頭すること。故事 中国、晋(シン)の石崇(セキスウ)が、権力者の車が砂ぼこりをまきあげて行き去るのを拝んだ故事から。〈『晋書(ジンジョ)』〉

【▲塵穴】ちりあな ①ちりを捨てる穴。②路地や入り口に装飾としてもうけた穴。花をいけたりする。

【▲塵紙】ちりがみ ①鼻紙やトイレットペーパーに使う紙。②コウゾの外皮のくずなどでつくった粗末な紙。参考「ちりシ」とも読む。

【▲塵〈手水〉】ちりちょうず ①手を清める水のないとき、空中のちりをひねって、手を洗うまねをすること。②相撲の作法の一つ。土俵で力士が取組の前に徳俵(トクだわら)で蹲踞(ソンキョ)し、手を二回すり合わせて拍手を一回したのち両手を左右に広げててのひらを返す所作。

ジン【▲盡】(14) 皿9 6624 6238 ▼尽の旧字(八一七)

ジン【潯】(15) 氵12 1 6309 5F29 音 ジン 訓 ふち・ほとり・みぎわ

意味 ふち。ほとり。岸。みぎわ。類潭(タン)

【▲潯】ふち 川などの岸辺に近い、水の深くよどんでいるところ。みぎわ。

ジン【糂】(15) 米9 1 6883 6473 音 ジン・サン 訓 こながき・まじる

意味 ①こながき。羹(あつもの)の中に米の粉をまぜたもの。②まじる。まぜる。類①②糝(サン)

【▲糂】こながき ①羹(あつもの)に米の粉を加えて煮たもの。②雑炊。おじや。表記「糝」とも書く。

ジン【蕁】(15) 艹12 1 7301 6921 音 ジン・タン 訓 はなすげ・いらくさ

意味 ①はなすげ。ユリ科の多年草。②いらくさ。イラクサ科の多年草。「蕁麻」 ③もずく。海藻の一。

〈▲蕁麻〉いらくさ イラクサ科の多年草。由来「蕁麻」は漢名から。▼刺草(いらくさ)(六〇九)

【▲蕁麻▲疹】ジンマシン 皮膚がかゆくなり、一時的に赤くはれあがる急性の皮膚病。アレルギーが原因で起こる。由来 イラクサ(蕁麻)のとげに刺されたような皮疹ができることから。

ジン【★儘】(16) イ14 準1 4854 5056 音 ジン 訓 まま・ことごとく

意味 ①まま。思いどおり。②ままよ。まかせる。③ことごとく。みな。類尽

【▲儘く】ことごとく すべて。一つ残らず。「予想が—外れる」

【▲儘】まま ①事を終えた時の状態を保っているさま。「校舎は昔の—だった」「机に向かった—居眠りする」 ②そのとおりなりゆきにまかせるさま。「言う—になる」「あるが—」 ③思いどおり。「何事も—にならない世の中」

ジン【燼】(18) 火14 1 6394 5F7E 音 ジン 訓 もえさし・もえのこり・のこり

意味 もえさし。もえのこり。のこり。「余燼」

下つき 灰燼(カイジン)・火燼(カジン)・焚燼(フンジン)・余燼(ヨジン)

【▲燼灰】ジンカイ ①もえさしと灰。②燃えて無くなること。灰燼。「—に帰す」

【▲燼滅】ジンメツ ①燃えて無くなること。②ほろび尽きること。「麻薬を—する運動」

【▲燼余】ジンヨ ①燃え尽きたあとに残ったもの。もえさし。もえのこり。②生き残り。戦争や災害から助かり残った人。「—の民」

ジン【贐】(21) 貝14 1 7657 6C59 音 ジン・シン 訓 はなむけ・おくりもの

意味 はなむけ。おくりもの。「贐送」

【▲贐】はなむけ 旅立つ人に、別れを惜しみ、また、はげますために金品などを贈ること。また、その金品など。餞別(センベツ)。「—の言葉」由来 昔、旅立つ人の乗るウマの鼻を、目的地の方向へ向けて見送ったことから。

ジン【鱏】(23) 魚12 1 9450 7E52 音 ジン・シン 訓 えい

意味 ①えい。エイ目の軟骨魚の総称。②ちょうざめ(蝶鮫)。へらちょうざめ。

【▲鱏】えい エイ目の軟骨魚の総称。▼海鷂魚(えい)(一七五)

しんがり【△殿】(13) 殳9 常 3734 4542 ▼デン(一一一三)

しんし【籡】(22) 竹16 国 1 8378 736E 音 訓 しんし

意味 しんし(伸子)。布の染色や洗い張りのときに用いる両端に針のついた竹製のくし。

【▲籡張り】しんしばり 布の両端に籡をさし渡して布をぴんと張ること。和服の洗い張りや染色などに用いる。

す ス 須

ス【子】(3) 子0 教 2750 3B52 ▼シ(五九五)

ス【主】(5) 丶4 教 2871 3C67 ▼シュ(六七三)

ス【守】(6) 宀3 教 2873 3C69 ▼シュ(六七四)

ス【△寿】(7) 寸4 常 2887 3C77 ▼ジュ(六八一)

ス【素】(10) 糸4 教 3339/4147 ▼ソ(九二〇)

ス【▲笥】(11) ⺮5 3158/3F5A ▼シ(六一七)

ス【須】(12) 頁3 常 2 3160/3F5C

音 ス 外シュ
訓 外まつ・もちいる・もとめる・すべからく…べし・しばらく

筆順
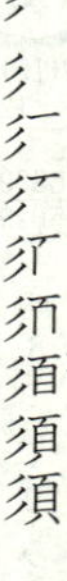

意味 ①まつ。待ちうける。②もちいる。もとめる。「須要」「必須」③すべからく…べし。しなければならない。④しばらく。少しの間。「須臾(シュユ・スユ)」⑤ひげ。あごひげ。「須眉(シュビ)」類鬚 ⑥梵語(ボンゴ)の音訳に用いる。「須弥(シュミ・スミ)」参考「須」の草書体の旁(つくり)が片仮名の「ス」になった。

下つき 斯須(シシュ)・必須(ヒッシュ・ヒッス)

【△須△弥△山】シュミセン 仏 世界の中心にそびえるという高い山。海上にあり、頂上には帝釈天(タイシャクテン)、中腹には四天王が住む。参考「スミセン」とも読む。

【△須△弥△壇】シュミダン 仏殿内の仏像を安置する台。須弥山(シュミセン)をかたどるという。須弥座。仏座(ほとけのザ)。参考「スミダン」とも読む。

【△須▲臾】シュユ しばらく。少しの間。寸刻。「―も忘れず」「―にして鳴りやむ」参考「スユ」とも読む。

【△須要】シュヨウ 最も必要なさま。不可欠なこと。「―な条件」類必須 参考「スヨウ」とも読む。

【須恵器】スエキ 古墳時代後期から奈良・平安時代の素焼きの土器。ろくろを使い高温で焼いた。食器や貯蔵用の壺(つぼ)・甕(かめ)、また祭器などがある。表記「陶器」とも書く。

【△須つ】まーつ ①条件を満たすものを待ちのぞむ。②相手の動きを待ちうける。

ス【数】(13) 攵9 教 3184/3F74 ▼スウ(八三五)

ス【▲諏】(15) 言8 3159/3F5B ▼シュ(六八〇)

ス【▲蘇】(19) ⺾16 3341/4149 ▼ソ(九二七)

す【州】(6) 川3 教 2903/3D23 ▼シュウ(六八五)

す【▲洲】(9) 氵6 2907/3D27 ▼シュウ(六八七)

す【巣】(11) ⺍8 教 3367/4163 ▼ソウ(九三八)

す【酢】(12) 酉5 常 3161/3F5D ▼サク(五六七)

す【△酸】(14) 酉7 教 2732/3B40 ▼サン(五八九)

す【▲醋】(15) 酉8 7844/6E4C ▼サク(五六八)

す【▲簀】(17) ⺮11 6839/6447 ▼サク(五六八)

す【▲鬆】(18) 髟8 8202/7222 ▼ショウ(七六六)

す【▲簾】(19) ⺮13 4692/4E7C ▼レン(一六〇八)

ズ【図】(7) 口4 教 常 9 3162/3F5E

旧字【圖】(14) 口11 1/準1 5206/5426

音 ズ・ト
訓 はかる中 外え

筆順
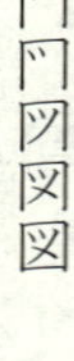

意味 ①ずめん。え。しるし。えがいた形。「図画」「図表」「地図」②はかる。考える。はかりごと。計画。「意図」「企図」③書物。本。「図書」

下つき 合図(あいズ)・意図(イト)・絵図(エズ)・海図(カイズ)・河図(カト)・企図(キト)・系図(ケイズ)・原図(ゲンズ)・構図(コウズ)・作図(サクズ)・指図(さしズ)・縮図(シュクズ)・製図(セイズ)・地図(チズ)・略図(リャクズ)

【図案】ズアン 美術品や工芸品をつくるとき、色や形などの組み合わせや配置を考えて図に表したもの。デザイン。類意匠(イショウ)

【△図△図しい】ズウズウーしい ふつうの人なら遠慮してやらないことを、平気でやるさま。あつかましい。「―い態度」「先着順なのに割り込むとは―い」

【△図体】ズウタイ からだ。なり。「―だけでかい」参考 多く、大きいからだをいう。

【図会】ズエ ある種類の図や絵を集めた本。図解した本。「京都名所―」

【図絵】ズエ 図や絵。また、絵をかくこと。類図画

【図画】ズガ ①「図絵(ズエ)」に同じ。②もと、小学校の教科の一つ。美術。参考 おもに子どものかく絵をいう。

【図解】ズカイ 絵や図でわかりやすく説明すること。「機械の構造を―する」類図説

【図柄】ズがら 図案の構図や模様。「新しい―をデザインする」

【図鑑】ズカン 同類のものの図や写真を集めて説明した本。「植物―で調べる」類図譜

【図形】ズケイ ①図の形や図式。グラフ。②立体や面・線・点などの集合。「立体―」③形をえがくこと。また、えがかれた形。

【図工】ズコウ ①学科で、「図画工作」の略。②図をかく職人。製図工や画工。

【図示】ズシ 図で示すこと。また、図にかいてみせること。

【図式】ズシキ 物事の関係を説明するためにかかれた図。「物事は―どおりにいかない」

【図書寮】ズショリョウ ①律令(リツリョウ)制で、図書の保管・書写や国史編纂(ヘンサン)などをつかさどった役所。ふみのつかさ。②明治時代の宮内省の部局。皇統譜や詔勅の保管などに当たった。

【図版】ズハン 書籍や雑誌などに印刷してのせられた図。

【図表】ズヒョウ 数量的な関係を線や数字などで見やすく表したもの。グラフ。

【図譜】ズフ 同類のものの図をかき、分類して説明した本。「服飾―」類画譜・図鑑

【図星】ズぼし 核心の部分。物事の急所。「―をさす」由来 的(まと)の中心の黒い点の意から。

【図を▲按じて▲驥を△索む】ズをアンじてシュンをもとむ

なすべき努力をせずに、安易な方法で成功を求めることのたとえ。由来 名馬を見分けるのにすぐれていた伯楽の肖像画を見たというだけでウマを買いに行っても、名馬が手に入るわけがないことから。《『漢書カンジョ』》

【図書】トショ 書籍。書物。本。「―館」参考「ズショ」とも読む。

【図南】トナン 大事業や遠征をくわだてることのたとえ。「―の翼」

〖図南▲鵬翼〗トナンホウヨク 壮大な事業を計画するたとえ。鵬おおとりが翼を広げて南方に飛んで行こうとくわだてる意から。《『荘子ソウジ』》「―の志を抱く」

【図らずも】はからずも 思いもよらず。意外にも。「―代表に選ばれた」

【図る】はかる くわだてる。考える。実現にむけて検討する。「改善を―る」「便宜を―る」

ズ【▲杜】(7) 木3 3746 454E ▼ト(一一二五)

ズ【豆】(7) 豆0 教 3806 4626 ▼トウ(一一三八)

ズ【事】(8) 亅7 教 2786 3B76 ▼ジ(六三四)

ズ【△途】(10) 辶7 常 3751 4553 ▼ト(一一二七)

ズ【厨】(12) 厂10 3163 3F5F ▼チュウ(一〇四八)

ズ【圖】(14) 囗11 5206 5426 ▼図の旧字(八二二)

ズ【頭】(16) 頁7 教 3812 462C ▼トウ(一一五四)

スイ【水】(4) 水0 教 常 10 3169 3F65 音 スイ 訓 みず

筆順 亅 刁 水 水

意味 ①みず。形状がみずに似たもの。液体。「水洗」「水銀」「香水」対火 ②みずのある所。海・川など。「水域」「水辺」「山水」 ③五行の一つ。 ④七曜の一つ。水曜。 ⑤「水素」の略。「水爆」

下つき 引水・雨水・塩水・汚水・海水・冠水・灌水・喫水・給水・下水・行水・香水・降水・硬水・洪水・湖水・山水・散水・入水・出水・上水・浄水・浸水・進水・清水・泉水・潜水・大水・耐水・濁水・脱水・淡水・断水・池水・治水・着水・注水・貯水・泥水・天水・軟水・背水・配水・排水・廃水・噴水・分水・放水・防水・用水・流水・冷水

〈水綿〉あおみどろ 緑藻類ホシミドロ科の淡水藻。春から夏にかけて、水田や池沼に糸状にもつれあって浮かぶ。季夏 表記「青味泥」とも書く。

〈水豹〉あざらし アザラシ科の哺乳ホニュウ動物の総称。▼海豹あざらし(一七四)

〈水黽〉・〈水馬〉あめんぼ アメンボ科の昆虫の総称。田や池にすむ。体は黒褐色で細長い棒状。長いあしを広げて水に浮かぶ。飴あめのような甘い臭いがする。季夏 由来「水黽・水馬」は漢名から。表記「飴坊」とも書く。

〈水亀〉いしがめ イシガメ科のカメ。日本特産で淡水にすむ。幼体は「銭亀ぜにがめ」と呼ぶ。また、甲羅に緑藻のついたものは「蓑亀みのがめ」と呼び、縁起がよいとされる。表記「石亀」とも書く。

〈水▲蠟樹〉いぼたのき モクセイ科の半落葉低木。山野に自生。初夏、白色で芳香のある筒状の小花を密につける。秋、紫黒色で楕円ダエン形の実をつける。樹皮にイボタロウムシが寄生する。由来「水蠟樹」は漢名からの誤用。表記「肬取木」とも書く。

〈水▲蠟樹▲蠟虫〉いぼたろうむし イボタロウカタカイガラムシの俗称。イボタノキやネズミモチなどに寄生し、雄は白い蠟ロウを分泌する。これを「いぼたろう」といい、蠟燭ロウソクや化粧品などに用いる。

〈水夫〉・〈水手〉かこ 船を操る人。船乗り。参考「か」は梶かじ、「こ」は人の意。「水夫」は「スイフ」とも読む。

〈水▲獺〉かわうそ イタチ科の哺乳ホニュウ動物。由来「水獺」は漢名から。▼獺かわうそ(一〇〇九)

〈水▲狗〉かわせみ カワセミ科の鳥。由来「水狗」は漢名から。▼翡翠かわせみ(一二六五)

〈水▲楊〉かわやなぎ ヤナギ科の落葉低木。水辺に自生。春、葉よりも先に銀白色の毛を密生させた花穂をつける。ネコヤナギ。由来「水楊」は漢名からの誤用。表記「川柳」とも書く。

〈水鶏〉くいな クイナ科の鳥の総称。世界中に分布。日本にはヒクイナ・ヒメクイナ・ヤンバルクイナなどがいる。鳴き声を古来詩歌に「たたく」と形容されたのはヒクイナ。季夏 由来「水鶏」は漢名からで、水辺にすみ、ニワトリのように夜明けを知らせる鳥の意。表記「秧鶏」とも書く。

〈水母〉くらげ ①腔腸コウチョウ動物のうち浮遊生活をするものの一群の総称。ほとんどは海にすむ。体は寒天質で骨格はなく、傘の形をしている。毒をもつものや、食用になるものもある。季夏 ②自分の考えをはっきりもたない人のたとえ。由来「水母」は漢名から。表記「海月」とも書く。

【水圧】スイアツ 水が他の物体などにおよぼす圧力。「―が下がる」

【水位】スイイ 一定の基準面から測ったダム・川・海などの水面の高さ。「大雨で貯水池の―が上がる」

【水域】スイイキ 水面上に定められたある一定の範囲。「危険―」「漁業専管―」

【水運】スイウン 水路による交通や運送。船で人や荷物を運ぶこと。「―の便」対陸運・空輸

【水煙】スイエン ①みずけむり。みずしぶき。②仏塔の頂上の九輪クリンの上にある、火炎状の装飾。参考②火災を防ぐ祈りをこめている。

【水火】スイカ ①水と火。②出水と火事。「―の難」③非常に危ないことと苦しいこと。④ひどく仲が悪いこと。「―の仲」

〖水火の争い〗スイカのあらそい 非常に仲の悪い者どうしの争いのたとえ。

す ズ―スイ

〖水火も辞せず〗物事を遂行するのに、危険や困難を顧みないこと。また、その決意。

〖水火を通ぜず〗近隣の人たちと交際をしないこと。参考生活に必要な水や火さえ互いに融通し合わない意から。《『漢書』》

〖水火を踏む〗非常に困難な状況に陥ること。また、それを乗り越えて物事を実行することのたとえ。《『列子』》

【水害】スイガイ 洪水や高潮などの出水による被害。季夏 類水禍・水難

【水涯】スイガイ 川や海などの岸。みぎわ。類水辺・水畔

【水郭】スイカク 河川や湖沼のほとりの町や村。水辺にある町や村。類水郷

【水干】スイカン ①のりを使わず、水につけて板に張ってほした絹。②①で作った狩衣の一種。一般の人の普段着だったが、のちに公家の私服や少年の礼服となった。

〔水干②〕

【水旱】スイカン ①大水と日照り。洪水と干ばつ。また、その害。②水と陸。

【水気】スイキ ①水分を含んでいること。しめりけ。②水蒸気。水煙。③「水腫」に同じ。参考①②「みずケ」とも読む。

【水魚】スイギョ ①水と魚。②水にすむ魚。

〖水魚の交わり〗お互いが信頼し合う親密な友情や交際。また、夫婦が愛し合うこと。故事中国、三国時代、蜀の劉備が、新参の諸葛亮(孔明)を重用するので、古参の武将である関羽や張飛が快く思わず、不満をもらしたとき、劉備が「私が孔明を必要とするのは、魚が水を必要とするのと同じようなものだ」と言ってなだめたという故事から。《『三国志』》類管鮑の交わり・刎頸の交わり

【水軍】スイグン ①昔、海上に勢力を持ち、貿易などをした地方豪族。「村上―」②海上などでいくさをする軍隊。

【水系】スイケイ 河川を中心に、湖や沼などもふくむ流水の系統。「利根川―」

【水源】スイゲン 川や地下水などの水が流れでるもと。みなもと。「―地」

【水閘】スイコウ ①水を出し、またはふさぐ水門。ひのくち。②船舶を高低差の大きな水面で昇降させる門。閘門。

【水郷】スイゴウ 水辺にある町や村。川や湖の景色の美しさで名高い土地。「―の町、柳川」参考「スイキョウ」とも読む。

【水彩画】スイサイガ 水で溶いた絵の具でかいた絵。水絵。対油彩画

【水産業】スイサンギョウ 水産物の捕獲や養殖・加工などをする職業や産業。

【水師】スイシ ①水上で戦う軍隊。水軍。海軍。②船頭。水夫。参考「出師」と書けば、軍隊を出す意。

【水車】スイシャ ①流水や流れ落ちる水で羽根車を回転させて、動力を得る装置。製粉用のみずぐるまや水力発電用の水力タービンなど。②水路に設けて足で踏んで車を回し、田畑に水を引き込む装置。

【水腫】スイシュ 体の組織のすきまなどに多量のリンパ液などがたまること。浮腫。むくみ。類水気

【水準】スイジュン ①品質・価値・程度などの一定の標準。レベル。「技術が―を越える」②「水準器」に同じ。

【水晶】スイショウ 六角柱の結晶となった石英。純粋なものは無色透明で、印材・装飾品・光学機器などに用いる。「―でできた置物」

【水蒸気】スイジョウキ 水が蒸発して気体になったもの。蒸気。

【水生・水棲】スイセイ 水中で生活すること。「―植物」対陸生

【水仙】スイセン ヒガンバナ科の多年草。地中海沿岸原産。葉は平たい線形。早春、長い茎の先に白や黄色の六弁花を下向きにつける。観賞用。季冬 由来「水仙」は漢名から。

【水洗】スイセン 水で洗うこと。また、水で洗い流すこと。「―便所」

【水素】スイソ 物質中最も軽い無色・無臭・無味の気体。酸素と化合して水になる。酸化物の還元などに利用。「―爆弾」

【水葬】スイソウ 死体を水中にほうむること。対火葬・土葬

【水槽】スイソウ 水をためておく入れ物。「防火―」「―で金魚を飼う」類水桶

【水村山郭】スイソンサンカク 豊かな自然に囲まれたのどかな村里。「水村」は水辺の村、「山郭」は山際の村。「―酒旗の風」〈杜牧の詩〉

【水中花】スイチュウカ 透明の器の中に水を入れ、その中に造花を入れて草花のように開かせたもの。季夏

〖水中に火を求む〗スイチュウにひをもとむ 絶対あるはずのないものを求めること。類木に縁りて魚を求む

【水滴】スイテキ ①水のしずく。「軒先から―がしたたり落ちる」②すずりにさす水を入れておく容器。水さし。

【水天一碧】スイテンイッペキ 水と空とがとけあって、ただ青一色に見えること。「―の海と空」類水天一色・水天髣髴

【水天髣髴】スイテンホウフツ 遠い水平線のあたりで、水と空との境がはっきりせず、ぼんやりしていて定かでないこと。表記「髣髴」は「彷彿」とも書く。類水天一色・水天一碧

【水筒】スイトウ 野外活動などに、飲料水などを入れて持ち歩く容器。

【水稲】スイトウ 水田で栽培するイネ。対陸稲 参考「みずいね」とも読む。

【水▲樋】スイトウ 屋根に流れる雨水を受けて地上に流すために、屋根の縁に付ける金属薄板の装置。とい。参考「スイひ」とも読む。

【水道】スイドウ ①水源から飲み水などを引いて供給する施設。上水道。また、下水道。②海や湖が陸地にはさまれて狭くなっている所。③海峡。特に、航路の集まる海峡。船の通るみち。

【水団】スイトン 小麦粉を水でこねて団子状にし、野菜などを入れた汁で煮た食べ物。

【水難】スイナン ①洪水や高潮などの大水による災害。「—に遭(あ)う」類水害 ②水上の災難。難船や溺死(デキシ)など。類①②水禍

【水爆】スイバク 「水素爆弾」の略。水素の原子核が核融合したときに発する高熱と、中性子による多量の放射能とを利用した爆弾。

【水盤】スイバン 生け花や盆栽に使う、底の平らな浅い容器。類水盆(スイボン) 季夏

【水▲簸】スイひ 土粒子の大きさによって水中での沈降速度が異なるのを利用して、陶土を細粉と粗粉とに分けたり、砂金から金を採集したりする方法。参考「簸」はふるい分ける意。

【水平】スイヘイ ①静止した水面のように平らなさま。「両腕を—に伸ばす」②地球の重力の方向と直角に交わる方向。「—線」対垂直

【水泡】スイホウ 「水泡(みなわ)」に同じ。

『水泡に帰(キ)す』努力してきたことが報われず、無駄になることのたとえ。「これまでの苦労が—してしまった」

【水▲疱】スイホウ 表皮下に液がたまり、半球状にふくれあがる発疹(ハッシン)。水ぶくれ。

【水墨画】スイボクガ 墨一色を用い、その濃淡でかいた絵。日本画や中国画の山水を題材とするものが多い。墨絵。

【水没】スイボツ 水面が上昇したために、その物が水中に隠れてしまうこと。「ダムができて生まれた村が—した」

【水▲沫】スイマツ ①「水泡(みなわ)」に同じ。②水しぶき。類飛沫

【水蜜桃】スイミツトウ バラ科の落葉小高木。モモの一種。中国原産。果実は甘くて水分が多い。スイミツ。季秋

【水脈】スイミャク ①地下水が流れている道。②河川や海などで帯状に深くなった、船の水路。参考「みお」とも読む。

【水明】スイメイ 澄んだ水が、日光に反射して美しく輝くこと。「山紫—の地」

【水門】スイモン 水の流れや水量を調節するために、貯水池や水路に設けてある門。参考「みと」とも読む。

【水浴】スイヨク 体を洗うため、水をあびること。水あび。類入浴

【水利】スイリ ①船で人や荷物を運ぶ便利。②水の利用。水を飲料・灌漑(カンガイ)・消火などに使うこと。「—権」

【水練】スイレン ①水泳の術。また、その練習。「畳の上の—(役に立たないことのたとえ)」②水泳のじょうずなこと。また、その人。

【水路】スイロ ①水を送る通路。水が流れる通路。送水路。②船が航行する通路。また、それを利用した交通。類海路 対陸路

【水論】スイロン 水田に引き入れる水の分配について争うこと。水争い。水げんか。季夏

【〈水▲芹〉】せり セリ科の多年草。▼芹(せり)(三五四)

【〈水▲爬虫〉】たがめ タガメ科の昆虫。水田や池沼にすむ。長卵形で平たく、淡褐色。強大な前あしでイモリ・魚・昆虫などを捕まえ、体液を吸う。季夏 表記「田鼈」とも書く。

【〈水豆児〉】たぬきも タヌキモ科の多年生食虫植物。池沼や水田に浮かぶ。葉は糸状に分かれ、多数の捕虫袋をもち、全体にタヌキの尾のような形をなす。夏、黄色い唇形花をつける。表記「狸藻」とも書く。

【〈水甘草〉】ちょうじそう キョウチクトウ科の多年草。河原などに自生。初夏、茎の上部に横から見ると丁字形の青紫色の花をつける。季夏 由来「水甘草」は漢名からの誤用。表記「丁子草」とも書く。

【〈水▲鼈〉】とちかがみ トチカガミ科の多年草。池沼に自生。葉はハート形で光沢があり、裏に空気を含み水面に浮く。秋、白色の三弁花をつける。由来「水鼈」は漢名より。和名は、葉をスッポン(鼈)の鏡(甲羅)に見立てたことから。

【〈水▲葱〉】なぎ ミズアオイの別称。季夏 表記「菜葱」とも書く。▼雨久花(みずあおい)(七二)

【〈水脈〉・△水尾】みお 遠浅の海や川などで、船が通行できるように深くした水路。表記「澪」とも書く。参考「水脈」は「スイミャク」とも読む。

【△水際】みぎわ 陸地と水面との境のところ。水ぎわ。なぎさ。「—で遊ぶ水鳥」表記「汀・渚」とも書く。

【△水▲屑】みくず 水中のごみ。「—となる(水死する)」類藻屑

【〈水分〉】みくまり 山から流れでる水が分かれる所。分水嶺(ブンスイレイ)。由来「水配り」の意から。

【〈水▲蚤〉】みじんこ ミジンコ科の甲殻類。▼微塵子(ミジンコ)(二九二)

【水】みず ①水素と酸素から成る化合物。無色透明の液体。泉・川・海・雨などの形で、自然に存在する。②液状のもの。また、水分を多く含むもの。特に、飲料水。「飲み—」「—菓子」③相撲で、勝負が長引いたとき、力士をしばらく休ませること。「—が入る」

『水△到(いた)りて▲渠(キョ)成る』その時機がくれば物事はおのずから完成するたとえ。水が流れてくれば自然にみぞはできる意から。〈范成大(ハンセイダイ)の詩〉

【水清けれ魚(うお)棲(す)まず】 人格があまり清潔すぎると、かえって人が遠ざかってしまうということ。〈『後漢書(ゴカンジョ)』〉 類 水清ければ大魚無し

【水は方円の器(うつわ)に随(したが)う】 人は友人のよしあしに影響されて変わるたとえ。水は容器がしかくいかまるいかで、その形を変えることから。「方円」はしかくとまるの意。〈『実語教』〉

[水垢] みずあか 水中にとけた物質が、他の物についたり水面に浮いたり底に沈んだりして、汚く見えるもの。みあか。

[水揚げ] みずあげ ①船の荷を陸へあげること。陸揚げ。「積み荷を—する」②漁獲高。③タクシーや水商売などの売上高。「師走は—が多い」④芸者や遊女が初めて客をとること。「—料」⑤生け花で、生けた草木が水をよく吸いあげて、長もちすること。

[水中たり] みずあたり 生水(なまみず)が原因で、腹痛や下痢を起こすこと。季 夏

[水貝] みずがい 生のアワビを塩洗いして薄く切り、三杯酢などにつけた料理。季 夏

[水掻き] みずかき 水鳥やカエルなどの足の指の間にある膜。これで水をかいて泳ぐ。表記「蹼」とも書く。

[水瓶・水甕] みずがめ ①水を入れておくかめ。②都市などに供給する水をたくわえておく貯水池やダム。

[水木] みずき ミズキ科の落葉高木。山野に自生。枝は横に広がる。初夏、白い小花が多数集まって咲く。由来 春、地中から水を多量に吸い上げ、枝を折ると樹液がしたたることから。表記「灯台木」とも書く。

[水際立つ] みずぎわだ-つ きわだって目立つ。あざやかにすぐれる。「—った好演技を見せた」

[水茎] みずぐき ①筆。筆跡。「—の跡もうるわしい手紙」②手紙。参考「みずくき」とも読む。

[水子] みずこ ①生まれてからあまり日のたたない子。うぶご。②流産したり、堕胎したりした胎児。「—供養」表記「稚子」とも書く。参考「みずご」とも読む。

[水蘚・水苔] みずごけ ミズゴケ科の蘚類(センルイ)の総称。高山の湿地に自生。吸水力があり、園芸の保水材に用いる。

〈水翻〉 みずこぼし 茶道で、茶碗(チャワン)のすすぎ湯を捨てる容器。類 建水(ケンスイ)

[水垢離] みずゴリ 神仏に祈願する前に、冷水を浴びて心身を清めること。水行。みそぎ。垢離(コリ)。

[水杯・水盃] みずさかずき 再び会えそうにない別れの時などに、酒のかわりに水をさかずきに入れあって飲むこと。「—を交わす」

[水先案内] みずさきアンナイ 船が港に出入りするときなどに、船の進路を案内し導くこと。また、その人。パイロット。

[水責め] みずぜめ 水を使って責める拷問。

[水攻め] みずぜめ ①敵の給水路を断ち切って、苦しめること。②堰(せき)を設けて河川をせき止め、敵の城へ流して水びたしにすること。

[水炊き] みずたき 鍋(なべ)料理の一種。鶏肉などを野菜といっしょに煮ながら、ポン酢などにつけて食べるもの。

[水注ぎ] みずつぎ ①他の器につぐための水を、入れておく器。みずさし。②茶道で、釜(かま)に補給する水や、茶碗(チャワン)・茶筅(チャセン)などをすすぐ水をたくわえておく器。

[水薙鳥・水凪鳥] みずなぎどり ミズナギドリ科の鳥の総称。多くは南半球の孤島で繁殖。体は上面が暗褐色、腹部は白色のものが多い。由来 翼を張って海面を薙(な)ぐ(横にはらって切る)ように飛び、魚類を捕獲することから。

〈水準〉 みずばかり 細長い材に溝を掘って水を入れ、土台面にのせて水平かどうかを調べること。また、その器具。水盛(みずもり)。参考「スイジュン」とも読む。

[水捌け] みずはけ 雨水などが流れたり地中にしみこんだりしてひいていく具合。みずはき。「—のいいグラウンド」

[水端] みずはな ①流れる水の先頭。また、水量の増す最初。②物事の最初。出はじめ。

[水洟] みずばな 水のように薄い鼻じる。みずっぱな。「—をたらす」季 冬

[水張り] みずばり ①のりを使わずに、水だけで布地を板に張って乾かすこと。②絵の具ののびをよくするため、水彩画を描く前に、紙を水にひたして画板上にはりつけること。

[水引] みずひき ①こよりにのりをつけて干し固め、中央から染め分けたもの。進物の包み紙を結ぶ。祝儀には紅白や金銀、不祝儀には黒白の色を用いる。②タデ科の多年草。林野に自生。秋、むちのような細長い花穂(カスイ)をつける。花弁はなく、四つのがくがあり、上の三つは赤く下の一つは白い。由来 ②上から見ると赤く、下から見ると白く見える花穂を①に見たてたことから。

[水蕗] みずぶき オニバスの別称。参考「みずふぶき」とも読む。

[水疱瘡] みずボウソウ 発熱とともに、皮膚また は粘膜に生じた丸い赤い発疹(ハッシン)が水疱(スイホウ)となる。小児に多い。水痘。

[水増し] みずまし ①水をまぜて量をふやすこと。「酒を—する」②見かけを実質や規定の数量以上にふやすこと。「入場者数を—して発表する」

[水物] みずもの ①飲み物や、水分を多く含む果物。「—を多くとりすぎると腹をこわす」②結果について予想のつかないもの。その時の条件によって変わりやすい物事。「選挙は—だ」

[水屋] みずや ①社寺で、参拝する人が手や口を洗い清める所。みたらし。②茶室のす

す

スイ

みなどにあって茶器を置き、用意する所。③茶器・食器などを入れる戸棚。

【水羊羹】みずヨウカン 和菓子の一つで、寒天を煮あんを混ぜて固めたもの。水分の多いようかん。冷やして食べる。季夏

【水漬く】みづく 水につかる。水にひたる。

【水粒】みつぼ 水滴。水の泡。みずたま。参考「水のつぶ」の意。

【水門・水戸】みと ①河口付近にある海水の出入り口。みなと。②「水門(スイモン)」に同じ。

【水口】みなくち 川から田へ、水を引き入れる口。水の手。「―を開く」参考「みずぐち」とも読む。

【水底】みなそこ 水の底。

【水無月】みなづき 陰暦六月の異名。季夏

〈水派〉みなまた 水の流れが分かれる所。由来水の又(また)の意から。

【水俣病】みなまたビョウ 熊本県水俣地方で一九五三(昭和二八)年ころから、また新潟県阿賀野(あがの)川流域で一九六四(昭和三九)年ころから発生した公害病。工場廃液中の水銀化合物に汚染された魚介類を食べることによって神経系が冒され、重症者は死に至った。

【水泡・水沫】みなわ ①水のあわ。②水のあわが消えやすいことから、はかないもののたとえ。「希望は―のように消えた」参考「水泡」は「スイホウ」、「水沫」は「スイマツ」とも読む。

【水面】みのも 水の表面。「―にうつる山影も美しい」参考「みなも・スイメン」とも読む。

〈水押〉みよし 船の前部の、波をきる部分。船首。へさき。対艫(とも) 由来「みおし」の転じたもの。表記「舳・船首」とも書く。

〈水松〉みる 緑藻類ミル科の海藻。▼海松(みる)(一一七)

〈水雲〉もずく 褐藻類モズク科の海藻。内海でホンダワラなどの海藻に付着して生育。茶褐色の糸状で、やわらかくぬるぬるしている。食用。モクズ。季春 表記「海蘊・海雲」とも書く。

〈水蠆〉やご トンボ類の幼虫。田や池などにすみ、小動物を捕食。羽化まで一〜三年かかる。季夏 参考「やまめ」とも読む。

スイ【出】(5) 凵3 教 2948 3D50 ▼シュツ(七二一)

スイ【吹】(7) 口4 常 4 3165 3F61 音 スイ 訓 ふく

筆順 丨 口 口 口' 口ケ 吹 吹

意味 ①ふく。風が動く。息をはく。「吹毛」「鼓吹」②楽器をふき鳴らす。「吹奏」

下つき 息吹(いぶき)・鼓吹(コスイ)・濫吹(ランスイ)

【吹影鏤塵】スイエイロウジン とりとめのないこと。無駄な努力。影を吹いて動かそうとしたり、塵(ちり)に彫刻しようとする意から。〈『関尹子(カンインシ)』〉

【吹嘘】スイキョ ①息を吹き出すこと。②人をほめあげること。

【吹奏】スイソウ 笛などの管楽器で演奏すること。「兄は―楽部に入った」

【吹鳴】スイメイ 楽器を吹きならすこと。また、汽笛などを高くならすこと。「サイレンの―テスト」

【吹毛の求】スイモウのキュウ ▼毛を吹いて疵(きず)を求む(一四七八)

【吹子】ふいご 箱の中のピストンを手や足で動かして、火をおこしたり強めたりするのに鍛冶屋(かじや)などが使う送風器。ふいごう。表記「鞴」とも書く。

【吹聴】ふいチョウ あちこちに言いふらすこと。「根拠のない噂(うわさ)を―するな」

【吹き曝し】ふきさらし さえぎるものがなくて、風のあたるままになっていること。また、その所。「―のプラットホーム」

【吹き溜り】ふきだまり ①雪や木の葉などが風に吹き寄せられて、たまったところ。②他に行き場のない人や落ちぶれた人などが、集まるところのたとえ。「社会の―」

【吹流し】ふきながし ①旗の一種。円形の輪に数本の長い布をとりつけて、さおの先に結びつけ風になびかせるもの。昔、軍陣で標識に用いた。吹抜き。②端午の節句に、鯉(こい)のぼりとともにあげるもの。季夏

【吹抜き・吹貫き】ふきぬき ①柱と柱の間に壁がないか、一部分しか壁がない家屋。吹き放し。②二階以上の建物で、間に天井や床を作らずに下から上まで見通せる構造。また、その場所。吹抜け。「―のホール」③「吹流し」に同じ。

【吹く】ふく ①口から息を出す。「ほこりを―く」②息を出して音を出す。「笛を―く」③風がおこる。「風が―く」④大きなことを言う。「ほらを―く」⑤表面に出てくる。「草木が芽を―く」「乾燥芋が粉を―く」

〈吹雪〉ふぶき ①激しい風とともに雪が降ること。また、その雪。季冬 ②風・嵐に吹かれて乱れ舞うもの。「花―」「紙―」

〈吹螺〉ほらがい フジツガイ科の巻貝。▼法螺貝(ホラがい)(一四〇三)

スイ【垂】(8) 土5 教 常 5 3166 3F62 音 スイ 訓 たれる・たらす 外 しだれる・しで・なんなんとする

筆順 一 二 三 千 乖 垂 垂 垂

意味 ①たれる。たらす。たれさがる。「垂下」「垂涎」

す スイ

「懸垂」②模範を示す。教える。「垂訓」「垂範」③なんなんとする。今にもなろうとする。「垂死」

下つき 下垂(カスイ)・懸垂(ケンスイ)・虫垂(チュウスイ)・辺垂(ヘンスイ)

【垂れ桜】しだれざくら バラ科の落葉高木。ウバヒガンの一変種で、枝が細長くたれ下がるもの。春、淡紅色の小さい五弁花をつける。イトザクラ。季春 表記「枝垂れ桜」とも書く。

【垂れ柳】しだれやなぎ ヤナギ科の落葉高木。▼枝垂(しだ)れ柳(六〇)

【垂れる】しだ-れる 木の枝などがたれ下がる。「川面(かわも)に-れる柳」表記「枝垂れる」とも書く。

【垂】して ①玉串(たまぐし)や注連縄(しめなわ)などにたれ下げる、細長く切って折りたたんだ紙。②やりの柄につける、ウマの毛などで作った飾り。表記「四手」とも書く。

【垂訓】スイクン 弟子などに教えを説き示すこと。また、その教え。「山上の-」

【垂死】スイシ 今にも死にそうな状態。類瀕死・危篤。参考死に、なんなんとする意。

【垂迹】スイジャク 仏仏・菩薩(ボサツ)が衆生(シュジョウ)を救うために、仮に神の姿になってこの世に出現すること。「本地-説」

【垂線】スイセン 数学で、ある一つの直線・平面に直角に交わる直線。垂直線。

【垂涎】スイゼン ①食べたくてよだれをたらすこと。②非常にほしがること。「-の的(まと)」参考「スイセン・スイエン」とも読む。

【垂涎の的】スイゼンのまと だれもがほしくてたまらないもの。「利休の茶入れといえば、茶人の-である」

【垂直】スイチョク ①水平面・地平面に対して直角であること。類鉛直 対水平 ②一つの直線または平面に、直角に交わること。

【垂頭喪気】スイトウソウキ 失敗したり、期待がはずれたりして、すっかり気落ちすること。〈韓愈(カンユ)の文〉類意気消沈・意気阻喪 対意気軒昂(ケンコウ)

【垂範】スイハン 模範を示すこと。手本を見せること。「率先-」

【垂柳】スイリュウ シダレヤナギの別称。▼枝垂(しだ)れ柳(六〇)

【垂簾】スイレン ①すだれをたらすこと。また、たらしたすだれ。②「垂簾の政(まつりごと)」の略。皇后や皇太后が幼帝に代わって行う政治。

〈垂髪〉すべらかし 昔の女性の髪形で、前髪の左右を大きく膨らませ、後ろで結び、背に長くたれ下げたもの。おすべらかし。さげがみ。

【垂乳根】たらちね ①母。母親。たらちめ。②父母。両親。③父。父親。たらちお。表記「足乳根」とも書く。

〈垂領〉・〈垂頸〉たりくび 和服の襟を肩から左右に垂れ下げ、引き合わせに着用すること。また、そのように作られた襟。対盤領(あげくび)

【垂木】たるき 棟から軒に渡し、屋根板を支える長い木材。表記「椽」とも書く。

【垂氷】たるひ つらら。氷柱(ヒョウチュウ)。「庇(ひさし)から-が並んで下がる」季冬

【垂水】たるみ 激しくたれ落ちる水。滝。

【垂れる】た-れる ①上から下のほうへ下げる。また、下がる。「釣り糸を-れる」②上の者から下の者に教訓や模範を示す。「訓示を-れる」③のちのちまで残す。「名を後世に-れる」

【垂とする】なんなん-とする まさにそうなろうとする。もう少しでなろうとしている。「百歳に-する老人」「観客は五万に-する」参考「なりなんとする」の転じたもの。

スイ【炊】

(8) 火 4 常 3 3170 3F66 音 スイ 訓 たく 外 かしぐ

筆順 炊

意味 たく。かしぐ。めしをたく。煮たきをする。「炊事」「雑炊」

下つき 一炊(イッスイ)・自炊(ジスイ)・晨炊(シンスイ)・雑炊(ゾウスイ)

【炊ぐ】かし-ぐ 飯をたく。また、炊事をする。「米を-ぐ」

【炊煙】スイエン 炊事をするときに出るかまどの煙。

【炊臼の夢】スイキュウのゆめ 妻に先立たれる夢。また、妻が死ぬことのたとえ。故事 昔、中国の張胆(チョウタン)が、旅先で臼(うす)で飯を炊く夢を見た。占い師にみてもらったところ、「帰宅したら奥さんが亡くなっている。臼で飯を炊くのは、釜(音読みでは「フ」で「婦」を暗示)がなくなったためだ」と言われた。張胆が帰宅すると、はたして妻は死んでいたという故事から。〈『酉陽雑俎(ユウヨウザッソ)』〉

【炊金饌玉】スイキンセンギョク 贅沢(ゼイタク)で、見た目もすばらしいご馳走のこと。「炊金」は黄金を炊く、「饌玉」は珠玉を食卓の上にならべる意。〈駱賓王(ラクヒンオウ)の詩〉参考「饌玉炊金」ともいう。類太牢滋味(タイロウジミ)・食前方丈

【炊爨】スイサン 飯をたくこと。また、食事の仕度をすること。「飯盒(ハンゴウ)-」

【炊事】スイジ 煮たきして食事を用意すること。「-当番」類調理

【炊飯】スイハン ごはんをたくこと。「新しく-器を買い求めた」

【炊く】た-く ①米を釜(かま)に煮る。かしぐ。「赤飯を-く」②食物を煮る。「大根と人参(ニンジン)を-く」参考②は特に、西日本で用いる。

スイ【帥】

(9) 巾 6 常 準2 3167 3F63 音 スイ 外 ソツ 訓 外 ひきいる

筆順 帥

意味 ①ひきいる。軍隊をひきいる。「帥先(ソッセン)」②かしら。将軍。「元帥」「将帥」③そつ。そち。大宰府(ダザイフ)

の長官。参考「師」は別字。

下つき 元帥ゲンスイ・主帥シュスイ・将帥ショウスイ・総帥ソウスイ・統帥トウスイ

【帥先】ソッセン 先に立って人を導くこと。「―して敢行する」表記「率先」とも書く。

【帥いる】ひきいる したがえる。導く。先立つ。特に、軍隊の指揮をとる。表記「率いる」とも書く。

スイ【祟】★ (10) 示 5 1 6714 632E 音 スイ 訓 たたる・たたり

意味 たたる。たたり。神のたたり。参考「崇」は別字。

【祟り】たたり ①神仏や怨霊オンリョウから受けるわざわい。「これは何かの―だ」②よくないことをして受ける、悪いむくい。「―目」

【祟る】たたる ①神仏や怨霊などが人にわざわいを与える。②ある原因で、悪い結果になる。「不養生が―り病気になる」

スイ【粋】(10) 米 4 常 3 3172 3F68 音 スイ 訓 いき

旧字《粹》(14) 米 8 1/準1 6879 646F

筆順 丶 丷 亠 半 米 米 米' 籵 粋 粋

意味 ①まじりけがない。「純粋」②もっともすぐれている。質がよい。「精粋」「抜粋」③いき。すい。あかぬけている。「粋人」

下つき 生粋キッスイ・国粋コクスイ・純粋ジュンスイ・精粋セイスイ・抜粋バッスイ・不粋ブスイ・無粋ブスイ

【粋】いき ①身なりや態度がすっきりとあかぬけしていること。「―な着こなし」②人情を解し、ものわかりがよいこと。「―なはからい」③花柳界の事情に通じていること。「―な客」対①～③野暮

【粋筋】いきすじ ①花柳界などの方面。②男女間の情事に関する事柄。

【粋】スイ ①まじりけがなく、抜きんでてすぐれていること。「現代技術の―をこらして設計した」②世間や人情に通じてものわかりよく、気がきいているさま。特に、遊里や芸人の事情に通じて、いやみのないさま。「―も甘いも嚙かみ分ける」対無粋・野暮

【粋狂】スイキョウ ものずきなこと。また、その人。不思議なほどに好奇心の強いさま。「―にも程がある」表記「酔狂」とも書く。

【粋人】スイジン ①趣味が広く、風流を好む人。風流人。②世間や人情に通じてものわかりのよい人。特に、芸事や遊里の事情に通じている人。通人。

スイ【衰】(10) 衣 4 常 3 3174 3F6A 音 スイ 外サイ 訓 おとろえる

筆順 丶 亠 亣 亣 亩 亩 亨 衰 衰 衰

意味 おとろえる。勢いがなくなる。「衰退」対盛

下つき 盛衰セイスイ・必衰ヒッスイ・老衰ロウスイ

【衰える】おとろえる 力や勢いなどが弱まる。元気がなくなる。「急に体力が―えてきた」「台風の勢力が―える」

【衰運】スイウン おとろえていく運命や傾向。「―をたどる」類衰勢 対盛運

【衰弱】スイジャク おとろえて弱くなること。「神経―」「高熱が続き―が激しい」

【衰勢】スイセイ おとろえていく勢い。また、勢いがおとろえたさま。「―を挽回バンカイする」類衰運・退勢

【衰退】スイタイ おとろえ退歩すること。おとろえて、くずれていくこと。「幕府の力は次第に―した」類衰微 書きかえ「衰頽」の書きかえ字。

【衰頽】スイタイ ▼書きかえ 衰退

【衰微】スイビ おとろえて弱まること。「国勢が―する」類衰退

【衰亡】スイボウ おとろえて、ほろびること。「ローマ帝国の―」類衰滅 対興隆・勃興ボッコウ

【衰耄】スイボウ 年老いて、おとろえること。参考「スイモウ」とも読む。

【衰滅】スイメツ しだいにおとろえて、やがてほろびること。類衰亡

スイ【彗】(11) ヨ 8 1 5534 5742 音 スイ・ケイ・エ 訓 ほうき・はく・ほうきぼし

意味 ①ほうき。②はく。はらう。③ほうきぼし。「彗星」

【彗星】スイセイ 太陽を焦点として、楕円ダエン・放物線などの軌道上を公転する天体。ガス状の白い尾を引く。コメット。参考「ほうきぼし」とも読む。昔、この星が現れると不吉のきざしと恐れられた。

【彗】ほうき ちりやごみなどをはくための草や竹で作った掃除道具。表記「箒」とも書く。

【彗星】ほうきぼし「彗星スイセイ」に同じ。表記「箒星」とも書く。

スイ【悴】(11) 忄 8 1 5612 582C 音 スイ 訓 やつれる・せがれ・かじかむ

〔忰〕5613 582D

意味 ①やつれる。やせおとろえる。「悴顔」「悴容」②せがれ。むすこ。③しぼむ。かじかむ。参考②「倅サイ」の誤用。

下つき 傷悴ショウスイ・憔悴ショウスイ

【悴む】かじかむ 手足が寒さでこごえて、思うように動かなくなる。「指が―む」

【悴】せがれ ①自分の息子を謙遜ケンソンしていう語。「世話のやける―」②他人の息子をいやしめていう語。「小―め」

【悴れる】やつれる 疲れて体がやせ、気力が衰える。「心労が重なって―れる」「入院生活ですっかり―れた」

スイ【推】(11) 扌 8 常 教 5 3168 3F64 音 スイ 訓 おす 中

筆順 一 十 扌 扌 扌 扌 扌 推 推 10

意味 ①前へおし出す。おし動かす。「推▲敲」「推進」「推力」対挽・輓 ②おしあげる。えらんですすめる。「推挙」「推薦」 ③うつる。移り変わる。「推移」 ④いただく。「推戴」 ⑤おしはかる。たずねもとめる。「推察」「推量」

下つき 邪推・類推

【推す】おす ①力を加えて前進させる。②適当なものとしてすすめる。推薦する。「入賞候補として彼の作品を—す」③おしはかる。推量する。「結果から原因を—す」

【推移】スイイ 時がたつにつれて、状態が変わること。移り変わり。「時代の—をつぶさに感じる」

【推挙】スイキョ 人をその地位や職務にふさわしいとして、すすめること。「局長に—する」類推薦・推輓

【推計】スイケイ 統計などをもとに、おしはかって計算すること。「二一世紀の世界の人口を—する」類推算

【推▲敲】スイコウ 詩や文章を作るとき、より適切な字句や表現を求めて、練り上げること。「—に—を重ねる」故事 中国、唐の詩人賈島は、「僧は推す月下の門」の句で「推す」がよいか「敲く」がよいか迷いに迷っていたとき、たまたま出会った文豪の韓愈から「敲く」がよいと助言されたという故事から。〈『唐詩紀事』〉

【推▲轂】スイコク ①人の事業を助成すること。②人を推薦すること。由来 車の轂を押して手助けをする意から。

【推察】スイサツ 他人の事情や心中をおしはかって考えること。また、そのようにして得られた考え。「相手の気持ちを—する」「—に難くない」類推量・推考・想察

【推参】スイサン ①おしかけて行くこと。また、訪問をへりくだっていう語。「突然—に及び失礼いたします」②無礼な振る舞い。

【推算】スイサン 大体の見当をつけて、数量をおしはかって計算すること。また、その内容。類概算・推計

【推奨】スイショウ 人や物のすぐれていることをほめて、人にすすめること。「成長株を—する」「当地の特産品として—する」

【推賞・推称】スイショウ ある物や人などのすぐれた点をとりあげて、他の人に向かってほめたたえること。「選考委員がそろって—した作品」

【推進】スイシン おしすすめ進展させること。「合理化を—する」

【推薦】スイセン 人や物をすぐれたものとしてすすめること。「—入試を受ける」「先生の—された辞書を購入した」類推挙

【推測】スイソク すでに知っている事柄をもとにおしはかること。また、その内容。「—の域を出ない」「単なる—に過ぎない」類推定・推量

【推戴】スイタイ おしいただくこと。特に、団体の長として、あおぐこと。「名誉会長に—する」

【推▲輓・推▲挽】スイバン 人を適任者として、ある地位につけるよう言葉を添えてすすめること。「会長に—する」類推薦・推挙 参考「推」は後ろから押すこと、「輓・挽」は前から引くこと。

【推服】スイフク ある人を心から尊んで、その人にしたがうこと。心服。類敬服

【推理】スイリ すでにわかっている事実をもとに、まだわからない事柄をおしはかること。「—をはたらかせる」「—小説」類推考

【推量】スイリョウ 人の考えや物事の事情などを、おしはかること。察すること。また、その内容。思いやること。「相手の胸のうちを—する」類推察・推測

【推力】スイリョク 前方に押し進める力。推進力。「ロケットの—」

【推論】スイロン すでに知っている事柄から、おしはかって論じること。推理して結論を導くこと。「少ない資料から—を下す」

スイ【捶】(11) 扌 8 1 5757 5959 音 スイ 訓 うつ・むちうつ・むち

意味 ①うつ。むちうつ。むちや棒で打つ。「捶撃」 ②むち。ウマを打つむち。「馬捶」

下つき 馬捶・鞭捶

スイ【萃】(11) 艹 8 1 7236 6844 音 スイ 訓 あつまる・あつめる・やつれる

意味 ①あつまる。あつめる。あつまり。「萃然」「抜萃」 ②くさむら。 ③やつれ。やつれる。

下つき 抜萃

【▲萃まる】あつまる 人や物などが一つにまとまる。寄りつどう。

スイ【酔】(11) 酉 4 常 3 3176 3F6C 音 スイ 訓 よう

旧字《醉》(15) 酉 8 1/準1 7845 6E4D

筆順 一 冂 万 丙 丙 西 酉 酉 酉 酔 酔

意味 ①酒や乗り物などによう。「酔眼」「酔態」 ②薬物によって感覚を失う。「麻酔」 ③心を奪われる。熱中する。「心酔」「陶酔」対①〜③醒

下つき 昏酔・心酔・泥酔・陶酔・麻酔

【酔漢】スイカン 酒に酔った男。よっぱらい。類酔客

【酔眼▲朦▲朧】スイガンモウロウ 酒に酔い、目がとろんとして物がぼんやりとしか見えないさま。「朦朧」ははっきりしないさま。〈蘇軾の詩〉類酔歩蹣跚

【酔客】スイキャク 酒に酔った人。よっぱらい。「千鳥足の—」類酔漢・酔人 参考「スイカク」とも読む。

【酔狂】スイキョウ ①酒に酔って正常な判断力を失うこと。②ものずきなこと。また、その人。「伊達(だて)や―でしているのではない」 表記 ②「粋狂・酔興」とも書く。

【酔生夢死】スイセイムシ 酒に酔い、夢を見ているように、ぼうっとして一生を送るたとえ。〈『程子遺書(テイシイショ)』〉

【酔態】スイタイ 酒に酔った姿や様子。「飲み過ぎて路上で―をさらす」

【酔余】スイヨ 酒に酔ってからのこと。酒に酔ったあげく。「―の失敗」

【〈酔魚草〉】ふじうつぎ フジウツギ科の落葉低木。 由来 「酔魚草」は漢名からの誤用。▼藤空木(ふじうつぎ)(一一五六)

【酔う】よう ①酒を飲み、運動や知覚がにぶくなる。②乗り物のゆれや人いきれのせいで、気分が悪くなる。③ある雰囲気や物事にひたり、心を奪われてうっとりする。「プロの演奏に―う」

『酔い△痴れる』よいしれる ①酒にひどく酔って平常心がなくなる。②心を奪われてうっとりする。陶酔する。「美声に―れる」

スイ【陲】(11) 阝8 1 8004 7024 音 スイ 訓 ほとり・さかい・あやうい

意味 ①ほとり。さかい。辺境。「遠陲」②あやうい。

下つき 遠陲(エンスイ)・辺陲(ヘンスイ)

スイ【△椎】(12) 木8 常 3639 4447 ▼ツイ(一〇七七)

スイ【遂】(12) 辶9 常 3 3175 3F6B 音 スイ 訓 とげる 外 おおせる・ついに

旧字《遂》(13) 辶9 1/準1

筆順 丷 䒑 ⺷ 芓 㒸 㒸 㒸 遂 遂

意味 ①とげる。なしとげる。やりとげる。「遂行」「完遂」②ついに。とうとう。

下つき 完遂(カンスイ)・既遂(キスイ)・未遂(ミスイ)

【△遂せる】おおせる …し終える。なしとげる。「隠しおおせるものではない」「見事に大役をし―せる」

【遂行】スイコウ 物事をなしとげること。「責任をもって任務を―する」

【△遂に】ついに ①しまいには。結局。とうとう。「―完成した」②最後まで。いまだに。「―あらわれなかった」

【遂げる】とげる ①果たす。なし終える。成就させる。「本懐を―げる」②最終的にその結果になる。「非業の死を―げる」

スイ【瘁】(13) 疒8 1 6565 6161 音 スイ 訓 つかれる・やつれる

意味 ①つかれる。おとろえる。や(病)む。やつれる。「憔悴(ショウスイ)」 類 悴 ②くずれる。崩壊する。

下つき 殄瘁(テンスイ)

【▲瘁れる】つかれる やつれる。特に、体力が尽きて弱る。

スイ【睡】(13) 目8 常 準2 3171 3F67 音 スイ 訓 外 ねむる

筆順 冂 目 盯 盰 盵 睜 睡 睡 睡

意味 ねむる。ねむり。「睡眠」「午睡」 参考 まぶた(目)が垂れてねむる意を表した字。

下つき 仮睡(カスイ)・午睡(ゴスイ)・昏睡(コンスイ)・熟睡(ジュクスイ)

【睡魔】スイマ ひどい眠気を魔物にたとえた言い方。「―に襲われて仕事が進まない」

【睡眠】スイミン ①ねむること。ねむり。「昨夜は十分―をとった」②活動をしばらくやめていること。活動休止。「―状態」

【睡▲蓮】スイレン ①スイレン科の多年草の総称。ハスやヒツジグサなど。 季 夏 ②ヒツジグサの漢名。 由来 花が夜眠るように閉じ、また、葉と花がハス(蓮)に似ることから。

【△睡る】ねむる まぶたが垂れてきて、ねむる。いねむりをする。

【〈睡▲蓮〉】ひつじぐさ スイレン科の多年草。池沼に自生。葉は水面に浮き、円形で基部が深く切れこむ。夏の午前中、ハスに似た白色の花を開き、夜閉じる。 季 夏 由来 「睡蓮」は漢名より。和名は、未(ひつじ)の刻(午後二時)ころに花が開くと思われたことから。 表記 「未草」とも書く。

【〈睡菜〉】みつがしわ リンドウ科の多年草。 由来 「睡菜」は漢名から。▼三柏(みつがしわ)(五八〇)

スイ【綏】(13) 糸7 1 6923 6537 音 スイ・タ 訓 たれひも・やすらか・やすんずる

意味 ①たれひも。車に乗るときや車中で立つときにつかまるひも。②やすい。やすらか。やすんずる。「綏懐」

下つき 緝綏(シュウスイ)・靖綏(セイスイ)・撫綏(ブスイ)

【綏遠】スイエン 遠い地方を鎮め、安らかにすること。

【綏▲撫】スイブ なだめて、安らかにすること。安んじいたわること。 参考 「撫」は、なでる意。

スイ【▲遂】(13) 辶9 ▼遂の旧字(八三一)

スイ【榱】(14) 木10 1 6067 5C63 音 スイ 訓 たるき

意味 たるき(垂木)。屋根を支えるために、棟から軒に渡す横木。「榱桷(スイカク)」

スイ【▲粹】(14) 米8 6879 646F ▼粋の旧字(八二九)

スイ【翠】(14) 羽8 準1 3173 3F69 音 スイ 訓 かわせみ・みどり

〔翆〕7035 6643

意味 ①かわせみ。カワセミ科の鳥。また、特にカワセミの雌。「翠羽」対翡(カワセミの雄) ②みどり。もえぎ色。「翠嵐」「翠玉」

下つき 深翠・青翠・翡翠

【翠雨】スイウ 青葉に降りそそぐ雨。緑雨。「—にけむる山々」

【翠煙】スイエン ①青緑色の煙。②遠くの青緑色の樹木などにかかっているもや。

【翠華・翠花】スイカ 天子の旗。由来 昔、中国で、天子の旗をカワセミの羽で飾ったことから。「翠」はカワセミの意。

【翠玉】スイギョク 緑柱石のうち、青緑色透明のものを磨いた宝石。エメラルド。

【翠黛】スイタイ ①青緑色のまゆずみ。転じて、美人のまゆ。また、美人の形容。類 翠眉 ②遠くかすんで見える、青緑色の山。

【翠帳紅閨】スイチョウコウケイ 貴婦人の寝室。青緑色のとばりと紅色に飾った寝室の意から。

【翠微】スイビ ①山のほのかな青緑色のもや。②高山の八合目あたり。

【翠嵐】スイラン ①青緑色にうっすらと包まれたような、山特有の空気。山にたちこめるみどりの気。②樹木の青々としたさま。「峡谷に—が漂う」

【翠巒】スイラン みどり色の山。みどり色の連山。類 翠嶺

【翠】みどり 青緑色。カワセミの羽の色。また、山・草木など、よごれのない青緑色のもの。

スイ【穂】

(15) 禾10 常 3 4270 4A66 音 スイ(高) 訓 ほ

旧字《穗》(17) 禾12 1/準1 6747 634F

筆順 二 千 禾 … 穂 (2 5 10 13 15)

意味 ほ。穀物の茎の先の、花・実をつけるところ。「穂状」「出穂」

下つき 一穂・稲穂・空穂・禾穂・花穂・出穂・初穂・瑞穂

【穂】ほ ①植物の花や実が、長い花軸のまわりにたくさんついたもの。イネ・ススキ・麦などに見られる。「—が出る」②とがったものの先。「筆の—を指先でそろえる」

【穂先】ほさき ①植物の穂の先端。「—を垂れる」②細長くとがっているものの先端。特に、刃物の先端。きっさき。

スイ【膵】

(15) 月11 国 1 7125 6739 音 スイ

意味 消化腺の一つ。すいぞう(膵臓)。

【膵臓】スイゾウ 胃の後ろにある消化腺。膵液とホルモンを分泌し、消化と代謝に大きく関与する。

【膵蛭】スイテツ キュウチュウ目の寄生虫。ウシ・ブタ・ヒツジなどの膵管・胆管に寄生する。人体にも入る。

スイ【誰】(15) 言8 常 3515 432F ▼だれ(一〇一一)

スイ【酔】(15) 酉8 7845 6E4D ▼酔の旧字(八三〇)

スイ【錘】

(16) 金8 準1 3178 3F6E 音 スイ 訓 つむ・おもり

意味 ①つむ。糸を巻き取りながらよりをかける紡績用の道具。「紡錘」②おもり。ふんどう。はかりのおもり。「鉛錘」

下つき 鉛錘・紡錘

【錘】おもり ①軽いものに重みをつけるために加えるもの。②はかりの分銅やつり糸のしずみなど。参考「つむ」と読めば別の意になる。

【錘】つむ 紡績機械の付属品。繊維を引き出して、よりをかけて巻き取る道具。紡錘。参考「おもり」と読めば別の意になる。

スイ【錐】

(16) 金8 準1 3177 3F6D 音 スイ 訓 きり

意味 ①きり。木に穴をあける道具。「立錐」②また、きりのように先のとがった形。「円錐」③するどい。

下つき 円錐・角錐・立錐

【錐】きり 木材などに小さな穴をあける大工道具。多くは、先の鋭くとがった細い鉄の角棒に木の柄をつけたもの。

『錐の嚢中に処るが若し』才能のある人は、隠れていてもいつかは必ず世に現れてくるということ。錐はたとえ袋の中に入っていても、いずれは鋭い先端を突き出すという意から。《史記》

【錐揉み】きりもみ ①穴をあけるため、錐を手のひらの間にはさんで強く回すこと。②飛行機などが失速し、逆さまに回転しながら落下するさま。スピン。「—状態で墜落する」

スイ【隧】

(16) 阝13 1 8011 702B 音 スイ・ズイ 訓 みち

意味 ①みち。はか穴へのみち。②地中をくりぬいた道。トンネル。「隧道」

【隧道】ズイドウ 山腹・海底・地下を掘り抜いた道。トンネル。参考「スイドウ」と読めば、棺を埋めるために斜めに掘り下げた墓への通路。

スイ【燧】

(17) 火13 1 6392 5F7C 音 スイ 訓 ひうち・のろし

意味 ①ひうち。火をつける道具。「燧石」②のろし。合図の火。「燧烽」

下つき 烽燧

【燧火】スイカ ①火打ち石などを打ち合わせて発火させる火。うちび。きりび。②敵の来襲などを味方に合図する火。のろし。類 烽火・燧烽。

【燧烽】スイホウ 「燧火」に同じ。

【燧】ひうち 火をつける道具。石と鉄片(火打ち金)を打ち合わせて発火させるもの。表記

「火打ち」とも書く。

【▲燧石】ひうちいし 火打ち金と打ち合わせて、火花を出す石。石英の一種。表記「火打ち石」とも書く。参考「スイセキ」とも読む。

スイ【▲穗】(17) 禾12 6747 634F ▼穗の旧字(八三二)

スイ【★雖】(17) 隹9 1 7413 6A2D 音 スイ 訓 いえども

意味 いえども。…ではあるけれども。たとえ…でも。条件を表す助字。

【▲雖も】いえども たとえ…であっても。…といっても。「中たらずと―遠からず」

スイ【邃】(18) 辶14 1 〔邃〕6768 6364 音 スイ 訓 ふかい・おくぶかい・とおい

意味 ふかい。おくぶかい。とおい。「深邃」「幽邃」

下つき 高邃・深邃・静邃・幽邃

【▲邃い】おくぶかい ①土地や場所が深く遠い。②学問や道理が深く精密である。

スイ【騅】(18) 馬8 1 8155 7157 音 スイ 訓 あしげ

意味 ①あしげ。白の中に青・黒・茶などの毛のまじったウマ。②中国、楚の項羽の愛馬の名。

すい【△酢い】(12) 酉5 常 3161 3F5D ▼サク(五六七)

すい【酸い】(14) 酉7 教 2732 3B40 ▼サン(五八九)

ズイ【惴】(12) 忄9 1 5624 5838 音 ズイ・スイ 訓 おそれる

意味 おそれる。びくびくする。「惴慄」

【▲惴れる】おそれる こわがってびくびくする。また、胸がどきどきする。

【▲惴▲惴】ズイズイ 恐れおののいて、びくびくするさま。類 惴慄

ズイ【随】(12) 阝9 常 3 3179 3F6F 音 ズイ 訓 外 したがう

旧字〔隨〕(16) 阝13 1/準1 7814 6E2E

筆順 ㇇ 了 阝 阝ノ 阝ナ 阝冇 阝有 隋 随

意味 ①したがう。ついていく。ともにする。「随員」「随行」「随従」②思いのまま。言いなりになる。「随意」「随筆」

下つき 追随・付随

【〈随神〉】かんながら ①神であらせられるまま。②神の御心のまま。「―の道(神道)」表記「惟神」とも書く。参考「かむながら」の転じた語。

【△随う】したがう ①付きしたがう。他の者のあとについていく。「目上の人に―う」②なりゆきにまかせる。

【随意】ズイイ 思うまま。なんの束縛もないさま。「―に帰宅させる」類 任意・恣意

【随一】ズイイチ 多くのもののなかで最もすぐれていること。また、そのもの。第一。「当代―の名優」

【随員】ズイイン 身分・地位などの高い人に付きしたがっていく人。特に、外交使節に随行する人。「特使の―」

【随感随筆】ズイカンズイヒツ 感じたまま、思ったままを筆にまかせて書きつけること。また、その書いたもの。

【随喜】ズイキ ①仏 仏を信じて、その徳をありがたく感じること。また、他人の善行を見て、心に喜びを生じること。②非常に喜んで、ありがたく思うこと。「―の涙」

〔随喜渇仰〕ズイキカツゴウ 仏 心から仏道に帰依し、仏を信仰すること。

【随宜所説】ズイギショセツ 仏 相手の性格や境遇、あるいは心の状態にしたがって説かれた教え。類 随宜説法・随類応同

【随行】ズイコウ 目上の人に付きしたがっていくこと。供をすること。また、その人。「全権大使に―する」類 随伴

【随時】ズイジ ①適当なときに。そのときどき。おりおり。「―配布する」②必要なときにいつでも。「―求めに応じる」

【随従】ズイジュウ ①身分の高い人に付きしたがうこと。また、その人。「社長に―する」②人の意見を聞いてそれにしたがうこと。

【随身】ズイジン ①目上の人に、供として付きしたがっていくこと。また、その人。おとも。類 随行 ②昔、貴人が外出のとき、武装して護衛の任にあたった近衛府の武官。参考 ①「ズイシン」とも読む。

【随所・随処】ズイショ どこでも。いたるところ。「―に誤りが見られる文」類 各所

【随想】ズイソウ 思いつくまま、折にふれて感じたこと。また、それを記した文章。類 随感・偶感

【随徳寺】ズイトクジ あとのことはかまわずに、姿をくらますこと。「一目山―」参考「ずいと行く」という意を、寺の名にしゃれていった語。

【随波逐流】ズイハチクリュウ 自分の考えや主張がなく、ただ世間の趨勢にしたがっていること。参考「随波」は波にしたがう、「逐流」は流れを追う意。

【随伴】ズイハン ①供として付きしたがっていくこと。「首相の外遊に―する」類 随行 ②ある物事にともなって起こること。「これに―する諸問題」類 付随

【随筆】ズイヒツ 見聞・体験や感想などを、気のむくまま筆にまかせて書いた文章。エッセイ。類 随想・漫筆

【随分】ズイブン ①たいそう。ふつうの程度を超しているさま。「―暑くなった」②ひどい

す

スイ―ズイ

さま。相手を非難して言う。「―な言い方だ」③せいぜい。くれぐれも。「―お大事に」参考③別れのあいさつなどの古風な言い回し。

【随類応同】ズイルイオウドウ 仏 相手の性質や性格に応じて教えること。類 随宜所説

ズイ【隋】(12) 阝9 1 7101 6721 音 ズイ 訓

意味 中国の王朝名。「隋苑」「隋堤」

ズイ【瑞】(13) 王9 準1 3180 3F70 音 ズイ 訓 しるし・めでたい・みず

意味 ①しるし。めでたいしるし。「瑞雲」「瑞験」②めでたい。よろこばしい。「瑞雨」③みず。みずみずしい。「瑞穂」

下つき 嘉瑞・奇瑞・吉瑞・慶瑞・祥瑞・霊瑞

【瑞】しるし ①諸侯・将軍などの身分を証明する玉。②めでたいきざし。瑞兆。瑞祥。

〈瑞香〉じんちょうげ ジンチョウゲ科の常緑低木。由来「瑞香」は漢名から。参考「ズイコウ」とも読む。▼沈丁花(一〇七三)

【瑞雨】ズイウ 穀物の生育を助ける、喜ばしい雨。めでたい雨。慈雨。

【瑞雲】ズイウン めでたいことが起こるきざしとして現れる、紫色や五色の雲。「―がたなびく」類 紫雲・祥雲

【瑞応】ズイオウ 人間のよい行為に応じて神仏が下す、めでたい前兆。吉兆。類 瑞祥

【瑞気】ズイキ 縁起のよい雲気。めでたく神々しい雰囲気。瑞祥の気。「―みなぎる」「―立ち籠める神域」

【瑞験】ズイケン めでたい種々の自然現象。ありがたい霊験。類 瑞応・瑞祥 参考「ズイゲン」とも読む。

【瑞祥・瑞象】ズイショウ めでたいことの起こるきざし。「勝利の―が現れる」類 瑞兆・吉兆・瑞相

〈瑞西〉スイス ヨーロッパ中部にある連邦共和国。アルプス山脈が南部を走る。首都はベルン。永世中立国で国際機関の本部が多い。

【瑞相】ズイソウ ①「瑞祥」に同じ。②福々しい人相。類 福相

【瑞兆】ズイチョウ 「瑞祥」に同じ。

〈瑞典〉スウェーデン スカンジナビア半島の東部を占める立憲君主国。社会保障制度が発達している。首都はストックホルム。

【瑞】みず ①みずみずしいこと。②他の語の上について、美しい、清らかな、などの意を表す。「―垣」「―穂国」

【瑞△枝】みずえ みずみずしく生気がある若い枝。

【瑞垣・瑞籬】みずがき 神社や宮殿などの周りに設けられた垣根の美称。玉垣。表記「水垣」とも書く。

【瑞穂】みずほ みずみずしいイネの穂。生気があってよく実っているイネの穂。

【瑞穂国】みずほのくに 日本の美称。参考「みずみずしいイネの実る国」の意。

【瑞瑞しい】みずみずしい 新鮮で若々しい。生気が満ちて美しい。「―い感覚に満ちた詩」

ズイ【蕊】(15) 艹12 準1 2841 3C49 音 ズイ 訓 しべ

〔蘂〕7302 6922 〔蕋〕7303 6923

意味 しべ。花の生殖器官。おしべ(雄蕊)とめしべ(雌蕊)。

【蕊】しべ 種子植物の花の実を結ぶための器官。花粉をもつ雄しべと、受精し実となる雌しべがある。

ズイ【随】(16) 阝13 7814 6E2E ▼随の旧字(八三三)

ズイ【隧】(16) 阝13 8011 702B ▼スイ(八三二)

ズイ【髄】(19) 骨9 常 3 3181 3F71 音 ズイ 訓

旧字《髓》(23) 骨13 1/準1 8182 7172

筆順

意味 ①骨の中心にあるやわらかい組織。「骨髄」②植物の茎の中心にあるやわらかい組織。③高等動物の中枢神経組織。「髄膜」④物事の中心。奥深いだいじなところ。「神髄」

下つき 延髄・骨髄・歯髄・心髄・神髄・真髄・精髄・脊髄・脳髄

ズイ【髓】(23) 骨13 8182 7172 ▼髄の旧字(八三四)

スウ【枢】(8) 木4 常 準2 3185 3F75 音 スウ 訓 外 とぼそ・かなめ

旧字《樞》(15) 木11 1/準1 6068 5C64

筆順

意味 ①とぼそ。くるる。開き戸の回転軸。②かなめ。物事のたいせつなところ。中心。「枢機」

下つき 機枢・中枢・要枢

【枢機】スウキ ①物事の肝要な所。かなめ。②国家の大切な政務や地位。「国政の―に参与する」類 枢軸・枢要 参考「機」は弩弓の引きがねの意。

【枢軸】スウジク 物事や活動の中心となる大切な部分。特に、政治機関や権力の中心。類 枢機・枢要

【枢密院】スウミツイン 明治憲法下で、天皇の最高諮問機関。新憲法で廃止。

【枢務】スウム 最も重要な政務。大切な国務。「—に携わる要職」

【枢要】スウヨウ 物事の中心となる大切な部分。多く、地位に関して用いる。「組織の—な地位につく」類枢機・枢軸

【枢】とぼそ 開き戸を開閉するために、梁と敷居にあけた軸受け穴。

スウ【芻】★ (10) 艸4 1 7177 676D 音 スウ・ス・シュ 訓 かる・くさかり・まぐさ・わら

〔蒭〕7258 685A

意味 ①くさかり。草を刈る。また、草を刈る人。「芻蕘」②まぐさ。ほし草。わら。牛馬の飼料。「芻米」

下つき 反芻

【芻蕘】スウジョウ 草を刈る人ときこり。転じて、低い身分の人。庶民。「—に詢る」〈詩経〉参考「スウギョウ」とも読む。

【芻】まぐさ 牛馬などの飼料とする草。かいば。表記「秣」とも書く。

スウ【崇】(11) 山8 常 準2 3182 3F72 音 スウ 外シュウ 訓 外たかい・たっとぶ・とうとぶ・あがめる・おわる

筆順

意味 ①たかい。山が高くそびえるさま。②たっとい。とうとい。けだかい。「崇高」「崇厳」③たっとぶ。とうとぶ。あがめる。うやまう。「崇敬」「崇拝」対卑 ④おわる。おえる。

下つき 尊崇

【崇める】あがめる 高くそびえるものをたっとぶ。尊敬する。「神仏を—める」

【崇敬】スウケイ 心から尊敬すること。あがめうやまうこと。「生き仏として広く—された高僧」

【崇高】スウコウ 気高く尊いこと。また、そのさま。「世界平和という—な理想」

【崇信】スウシン あがめて信じること。類尊信

【崇拝】スウハイ ①尊いものとあがめうやまうこと。「—する人物はだれですか」②神仏などをあつく信仰すること。「太陽—の信仰がある」「偶像—」

【崇い】たかい 山が高くそびえているさま。転じて、気高いさま。

【崇ぶ】たっとぶ あがめる。うやまう。尊敬する。「先人の偉業を—ぶ」

スウ【菘】(11) 艹8 1 7237 6845 音 スウ・シュウ 訓 すずな・とうな

意味 ①すずな。カブ(蕪)の古名。春の七草の一つ。②とうな(唐菜)。野菜の名。つけな。

【菘】すずな カブの別称。春の七草の一つ。季冬 表記「鈴菜」とも書く。

スウ【陬】(11) 阝8 1 8005 7025 音 スウ・シュ 訓 すみ・くま

意味 ①すみ。かたすみ。かたいなか。「陬遠」「辺陬」②くま。湾曲して入りくんだ所。

下つき 遠陬・辺陬・孟陬

【陬遠】スウエン 都会から遠く離れた土地。片田舎。「—の地」

【陬】すみ 囲いのすみ。かたすみ。中心から離れたところ。ひな。くま。

【陬月】ソウゲツ 陰暦一月の異名。参考「スウゲツ」とも読む。

スウ【嵩】(13) 山10 準1 3183 3F73 音 スウ・シュウ 訓 かさ・かさむ・たかい

意味 ①かさ。分量。体積。「水嵩」②かさむ。かさばる。③たかい。山の高いさま。参考 山の高いさまを表した字。

下つき 年嵩・水嵩

【嵩】かさ 容積や分量。「—が高い」「連日の雨で水—が増してきた」

【嵩上げ】かさあげ ①堤防などを、現在よりも高くすること。「—工事」②金額や物量を、さらに高くすること。「予算の—」

【嵩高】かさだか ①容積や分量などの大きいこと。かさばるさま。②相手を見下し、威圧するような態度をとるさま。「—な物言い」

【嵩張る】かさばる 容積が大きく、場所をとる。かさが増す。かさむ。「引っ越し荷物が—る」

【嵩む】かさむ 物の数・量や金額などが大きくなる。「仕事が—む」「出費が—まぬようにする」

【嵩高】スウコウ ①山が高いこと。②嵩山。中国河南省にある名山で、五岳の一つ。表記②「崇高」とも書く。

スウ【数】(13) 攵9 常 数 9 3184 3F74 音 スウ・ス高 外シュ・サク・ソク 訓 かず・かぞえる 外しばしば

旧字《數》(15) 攵11 1/準1 5843 5A4B

筆順

意味 ①かず。かずをかぞえる。「数字」「数値」「点数」②いくらか。いくつか。「数回」「数人」③めぐり合わせ。運命。「数奇」「命数」④はかりごと。たくらみ。「術数」⑤しばしば。たびたび。

下つき 因数・員数・回数・概数・画数・関数・奇数・基数・逆数・級数・偶数・係数・計数・口数・個数・算数・指数・実数・術数・小数・少数・乗数・常数・正数・整数・総数・素数・対数・代数・多数・単数・定数・手数・点数・頭数・度数・人数・倍数・端数・半数・複数・負数・分数・変数・無数・名数・命数・約数・有数・乱数

【〈数多〉】あまた　数量の多いこと。たくさん。「引く手—」「—の困難を乗り越える」類幾多 表記「許多」とも書く。

【数】かず　①順序や数量を表す語。一、二、三など。「—が合わない」②分量や種類などが多いこと。いろいろ。「—をこなす」③多くのもののなかから、とりたてて価値のあるものとして数え上げること。「物の—にも入らない」

【数の子】かずのこ　ニシンの卵を塩漬け、または乾燥させた食品。由来「鰊(ニシン)の子」の意から。参考卵の数が多いことから、子孫繁栄として新年・婚礼などに用いる。

【数える】かぞえる　①順番や数量を調べる。勘定する。「日を—える」②数え上げる。列挙する。「地元の名士に—えられる」

【〈数数〉・数△】しばしば　何度も。たびたび。表記「屢屢」とも書く。

【〈数珠〉】じゅず　仏などを拝むとき手にかける、小さな玉を糸でつないだ輪。念珠。「手に—をかけ冥福を祈る」参考「ズズ」とも読む。

【〈数珠〉玉】じゅずだま　①糸を通して数珠にする玉。水晶・珊瑚などを用いる。②イネ科の多年草。初秋、穂状に花をつけ、灰色でつぼ形のかたい実を結ぶ。ズズダマ。季秋 由来②実で数珠を作ったことから。

【数奇】スウキ　①不運。ふしあわせ。また、そのさま。「—な運命をたどる」②運命がさまざまに変化すること。「—な人生」参考「数」は運命、「奇」は不遇の意。「スキ」と読めば別の意になる。

【数段】スウダン　①二、三段から五、六段ぐらいの漠然とした段数。②はるかに。程度や段階にかなりの差があるさま。「彼のほうが—上手だ」類数等

【数値】スウチ　①代数で、式中の文字の具体的な数。②計算や測定をして得た値。

【数理】スウリ　①数学の理論。②計算。また、その方法。「—に明るい」

【数量】スウリョウ　かずとかさ。個数と分量。また、数で表した量。「明確な—を示す」

【数奇・数寄】スキ　風流を好むこと。特に、和歌・茶の湯を好むこと。「—三昧」参考「好き」の当て字。「数奇」は、「スウキ」と読めば別の意になる。

【〈数奇屋〉・〈数寄屋〉】すきや　①茶の湯をするための母屋から独立した小さな建物。茶席や水屋などの整った一棟の建物。②茶室風の建物。

スウ【鄒】(13) 阝10 1 7832 6E40 音スウ・シュ

意味 中国の地名。孟子の生誕地。今の山東省鄒県。「鄒魯」

スウ【▲數】(15) 攵11 5843 5A4B ▼数の旧字(八三五)

スウ【▲樞】(15) 木11 6068 5C64 ▼枢の旧字(八三四)

スウ【★趨】(17) 走10 準1 3186 3F76 音スウ・シュ・ソク 訓はしる・おもむく・はやい・うながす

意味 一スウ・シュ ①はしる。足ばやに行く。②おもむく。目的に向かって行く。「趨向」「趨勢」類趣 二ソク ①はやい。すみやか。②うながす。

下つき 一帰趨・疾趨

【▲趨く】おもむく　急いで行く。また、ある目的や場所に向かって行く。表記「趣く」とも書く。

【▲趨炎附熱】スウエンフネツ　権勢の盛んな人に近づいて、機嫌をとること。《宋史》参考「附熱」は「付熱」とも書く。類趨炎附勢

【▲趨向】スウコウ　物事がある方向に動くこと。また、その方向。なりゆき。「社会情勢の—に注目する」類傾向・動向・趨勢

【▲趨勢】スウセイ　物事の変化の流れ。世の中のなりゆき。「こちらに有利な—」「時代の—」類大勢・動向・趨向

【▲趨走】スウソウ　①速くはしること。②はしり使いをすること。また、その人。めしつかい。

【▲趨る】はしる　足早に行く。特に、貴人の前などを腰をかがめて小走りに通る。

スウ【雛】(18) 隹10 準1 3187 3F77 音スウ・ス 訓ひな・ひよこ

意味 ①ひな。ひよこ。「雛鳥」②幼い。まだ一人前にならない。「雛僧」「雛孫」③ちいさい。また、愛らしい意を表す。「雛形」「雛菊」④ひな人形。「雛壇」

下つき 鶯雛・鳳雛

【▲雛妓】スウギ　まだ一人前にならない芸妓。半玉。おしゃく。

【▲雛孫】スウソン　幼い孫。

【▲雛】ひな　①生まれて間もない鳥の子。ひなどり。「鶏の—」②衣服を着せて女の子の玩具とした人形。のちに、ひな祭りに飾る人形となった。雛人形。季春 参考①「ひよこ」とも読む。

【▲雛▲霰】ひなあられ　三月三日の桃の節句に、ひな人形に供える紅白のあられ。

【▲雛形】ひながた　①実物を小さくしてかたどったもの。模型。②書類などを制作する際、その手本となるもの。書式・様式。

【〈▲雛▲罌▲粟〉・▲雛▲芥子】ひなげし　ケシ科の二年草。ヨーロッパ原産で観賞用に栽培。全体に粗い毛があり、葉は羽状に深く切れこむ。初夏、真紅・淡紅・白色などの四弁花をつける。グビジンソウ。ポピー。季夏 由来「雛」は小さい、またはかわいい意で、ケシのなかまのなかではかわいい花をつけることから。表記「麗春花・美人草」とも書く。

【▲雛壇】ひなだん　①ひな祭りで、人形や調度を並べて飾る壇。季春 ②歌舞伎で、長唄や浄瑠璃の演奏者が座るための二段になった席。③国会本会議場での大臣席などの俗称。

【▲雛祭り】ひなまつり 五節句の一つ。三月三日に、ひな人形を飾って女子の幸せを祈る行事。ひな遊び。桃の節句。季春 参考「ひいなまつり」とも読む。

【▲雛】ひよこ ①鳥の子。特に、ニワトリの子をいう。②未熟で、まだ一人前でない人。ひよっこ。参考①「ひな」とも読む。

すう【吸う】(6) ロ3 教 2159 355B ▼キュウ(三〇三)

すう【▲吮う】(7) ロ4 5068 5264 ▼セン(八九七)

すえ【末】(5) 木1 教 4386 4B76 ▼マツ(一四四二)

すえ【△季】(8) 子5 教 2108 3528 ▼キ(二六六)

すえ【△陶】(11) 阝8 常 3811 462B ▼トウ(一一四六)

すえ【▲裔】(13) 衣7 7467 6A63 ▼エイ(八七)

すえ【▲甄】(14) 瓦9 ▼ケン(四三三)

すえる【据】
(11) 扌8 常 準2 3188 3F78 音 外キョ 訓 すえる・すわる

筆順 一 十 扌 扌 扌 护 护 护 据 据 10

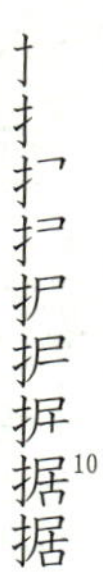

意味 ①すえる。位置につける。すえおく。②よる。よりどころ。類 拠 ③はたらく。「拮据キッキョ」

下つき 拮据キッキョ・考据コウキョ

【据え膳】すえゼン ①食膳をすぐに食べられるように整えて出すこと。また、その食膳。②準備をすっかり整えて人に勧めること。

〘据え膳食わぬは男の恥〙女性からの積極的な誘いに応こたえないのは、男性として恥であるということ。

すえる【▲饐える】(21) 飠12 8130 713E ▼イ(四〇)

すかし【透かし】(10) ⻌7 常 3809 4629 ▼トウ(一一四四)

すかす【透かす】(10) ⻌7 常 3809 4629 ▼トウ(一一四四)

すかす【▲賺す】(17) 貝10 7649 6C51 ▼タン(一〇二〇)

すがた【姿】(9) 女6 教 2749 3B51 ▼シ(六一一)

すがめ【▲眇】(9) 目4 6631 623F ▼ビョウ(一三〇九)

すがめる【▲眇める】(9) 目4 6631 623F ▼ビョウ(一三〇九)

すがる【▲縋る】(16) 糸10 6955 6557 ▼ツイ(一〇七八)

すがれる【△尽れる】(6) 尸3 常 3152 3F54 ▼ジン(八一七)

すき【▲耜】(11) 耒5 ▼シ(六一七)

すき【▲犂】(12) 牛8 6420 6034 ▼リ(一五五八)

すき【隙】(13) 阝10 常 2368 3764 ▼ゲキ(四〇六)

すき【▲鋤】(15) 金7 2991 3D7B ▼ジョ(七三六)

すき【▲鍬】(17) 金9 2313 372D ▼ショウ(七六六)

すぎ【杉】
(7) 木3 常 準2 3189 3F79 音 外サン 訓 すぎ

筆順 一 十 オ 木 木 杉 杉

意味 すぎ。スギ科の常緑高木。「杉板」「杉戸」

下つき 糸杉いとすぎ・老杉ロウサン

〈杉天牛〉すぎかみきり カミキリムシ科の甲虫。黒色で、はねに四個の黄色い斑点ハンテンがある。幼虫はスギやヒノキを食害する。

【杉▲苔・杉▲蘚】すぎごけ スギゴケ科のコケ植物の総称。湿地に群生。スギの小枝に似た葉を密生させる。高さ約一〇センチメートル。ウマスギゴケ・オオスギゴケなど。

【杉菜】すぎな トクサ科のシダ植物。原野に自生。葉は退化して節ごとに枝が輪生する。早春に生える胞子茎を「つくし」といい、食用にする。季春 表記「接続草・筆頭菜・問荊」とも書く。

【杉△形】すぎなり 杉の木のように、上部がとがって下が広がった形。ピラミッド形。類 杉生すぎばえ

すぎ【榲】
(12) 木8 国 準1 3190 3F7A 音 訓 すぎ

意味 すぎ。すぎの木。参考「杉」の通俗体。

すぎる【▲軼ぎる】(12) 車5 7737 6D45 ▼イツ(五七)

すぎる【過ぎる】(12) ⻌9 教 1865 3261 ▼カ(一五三)

スク【宿】(11) 宀8 教 2941 3D49 ▼シュク(七〇七)

すく【好く】(6) 女3 教 2505 3925 ▼コウ(四八〇)

すく【△抄く】(7) 扌4 常 3022 3E36 ▼ショウ(七四二)

すく【△空く】(8) 穴3 教 2285 3675 ▼クウ(三七二)

すく【▲梳く】(10) 木6 ▼ソ(九二〇)

すく【△透く】(10) ⻌7 常 3809 4629 ▼トウ(一一四四)

すく【△結く】(12) 糸6 教 2375 376B ▼ケツ(四一二)

同訓異義 すく

【△空く】中にあるものが少なくなる。ふさがっていたものがなくなる。暇になる。「ラッシュアワーを過ぎると電車が空く」「正月は都心の道路は空いている」「腹が空く」「胸が空くような逆転満塁ホームラン」「手が空く」

【透く】すき間ができる。物がすけて見える。「柱と窓枠の間が透いてくる」「裏の絵が透いて見える」「海の底が透いて見える」

【▲梳く】櫛くしで髪をとかす。くしけずる。「乱れた髪を梳く」

【▲漉く】紙や海苔のりなどの原料を水に溶かし、簀すにすくい上げて薄く敷く。「和紙を漉く」「海苔を漉く」

【△抄く】「漉く」にほぼ同じ。

【▲鋤く】鋤すきなどで田畑の土を掘りかえす。「田んぼに堆肥タイヒを撒まいて鋤く」

すく【▲耡く】(13) 耒7 7052/6654 ▼ジョ(七三六)
すく【▲漉く】(14) 氵11 2587/3977 ▼ロク(一六三三)
すく【▲鋤く】(15) 金7 2991/3D7B ▼ジョ(七三六)
すぐ【△直】(8) 目3 教 3630/443E ▼チョク(一〇六九)
ずく【▲銑】(14) 金6 3313/412D ▼セン(九〇七)
すくう【▲抔う】(7) 扌4 5724/5938 ▼ホウ(一三九七)
すくう【▲拯う】(9) 扌6 5746/594E ▼ジョウ(七七三)
すくう【▲掬う】(11) 扌8 2137/3545 ▼キク(二九二)
すくう【救う】(11) 攵7 教 2163/355F ▼キュウ(三〇八)
すくう【△済う】(11) 氵8 教 2649/3A51 ▼サイ(五五三)
すくない【少ない】(4) 小1 教 3015/3E2F ▼ショウ(七四〇)
すくない【▲尠ない】(13) 小10 5386/5576 ▼セン(九〇四)
すくない【△寡ない】(14) 宀11 常 1841/3249 ▼カ(一五七)
すくむ【▲竦む】(12) 立7 6780/6370 ▼ショウ(七五六)
すぐる【△選る】(15) 辶12 教 3310/412A ▼セン(九〇九)
すぐれる【△卓れる】(8) 十6 常 3478/426E ▼タク(一〇〇一)
すぐれる【△俊れる】(9) 亻7 常 2951/3D53 ▼シュン(七一四)
すぐれる【△勝れる】(12) 力10 教 3001/3E21 ▼ショウ(七五三)
すぐれる【△傑れる】(13) 亻11 常 2370/3766 ▼ケツ(四一四)
すぐれる【▲雋れる】(13) 隹5 8020/7034 ▼シュン(七一七)
すぐれる【▲儁れる】(15) 亻13 4914/512E ▼シュン(七一七)
すぐれる【優れる】(17) 亻15 教 4505/4D25 ▼ユウ(一五一七)
すけ【△介】(4) 人2 常 1880/3270 ▼カイ(一六七)
すけ【△佐】(7) 亻5 教 2620/3A34 ▼サ(五四二)
すけ【助】(7) 力5 教 2985/3D75 ▼ジョ(七三三)

すけ【▲亮】(9) 亠7 4628/4E3C ▼リョウ(一五七六)
すけ【▲弼】(12) 弓9 4111/492B ▼ヒツ(一二九七)
すけ【▲輔】(14) 車7 4269/4A65 ▼ホ(一三九一)
すげ【▲菅】(11) 艹8 3191/3F7B ▼カン(二三三)
すける【透ける】(10) 辶7 常 3809/4629 ▼トウ(一一四四)
すげる【▲挿げる】(10) 扌7 常 3362/415E ▼ソウ(九三六)
すごい【△凄い】(10) 冫8 常 3208/4028 ▼セイ(八五八)
すこし【少し】(4) 小1 教 3015/3E2F ▼ショウ(七四〇)
すこし【▲些し】(7) 二5 2619/3A33 ▼サ(五四二)
すごす【△過ごす】(12) 辶9 教 1865/3261 ▼カ(一五三)
すこぶる【▲頗る】(14) 頁5 3192/3F7C ▼ハ(一二二九)
すごむ【△凄む】(10) 冫8 常 3208/4028 ▼セイ(八五八)
すこやか【健やか】(11) 亻9 教 2382/3772 ▼ケン(四一四)

すさ【芴】(7) 艹4 国 1 9071/7A67 音 訓 すさ

意味 すさ。つた。ひび割れを防ぐため、切り刻んで壁土に混ぜるわら・紙・麻など。かべすさ。参考 切ったくさ(艹)の意を表した字。

すさび【△遊び】(12) 辶9 教 4523/4D37 ▼ユウ(一五一三)
すさぶ【△荒ぶ】(9) 艹6 常 2551/3953 ▼コウ(四九三)
すさまじい【△凄まじい】(10) 冫8 常 3208/4028 ▼セイ(八五八)
すさむ【△荒む】(9) 艹6 常 2551/3953 ▼コウ(四九三)
すさる【△退る】(9) 辶6 教 3464/4260 ▼タイ(九八一)
すし【▲鮓】(16) 魚5 8224/7238 ▼サ(五四七)
すし【▲鮨】(17) 魚6 8231/723F ▼シ(六二七)
すじ【△条】(7) 木3 教 3082/3E72 ▼ジョウ(七七一)

すじ【△系】(7) 糸1 教 2347/374F ▼ケイ(三八八)
すじ【筋】(12) ⺮6 教 2258/365A ▼キン(三六一)
すじ【△線】(15) 糸9 教 3294/407E ▼セン(九〇八)
すす【▲煤】(13) 火9 3965/4761 ▼バイ(一二三一)
すず【鈴】(13) 金5 常 4675/4E6B ▼レイ(一五九六)
すず【▲錫】(16) 金8 2866/3C62 ▼シャク(六六五)
すず【▲鑾】(27) 金19 7954/6F56 ▼ラン(一五五五)
すすき【▲芒】(6) 艹3 7174/676A ▼ボウ(一四一四)
すすき【△薄】(16) 艹13 常 3986/4776 ▼ハク(一二四二)
すずき【▲鱸】(27) 魚16 8273/7269 ▼ロ(一六一三)
すすぐ【△雪ぐ】(11) 雨3 教 3267/4063 ▼セツ(八八五)
すすぐ【▲漱ぐ】(14) 氵11 6291/5E7B ▼ソウ(九四五)
すすぐ【△濯ぐ】(17) 氵14 常 3485/4275 ▼タク(一〇〇三)
すすける【▲煤ける】(13) 火9 3965/4761 ▼バイ(一二三一)
すずしい【▲凊しい】(10) 冫8 1454/2E56 ▼セイ(八五九)
すずしい【涼しい】(11) 氵8 常 4635/4E43 ▼リョウ(一五七七)
すずな【▲菘】(11) 艹8 7237/6845 ▼スウ(八三五)
すすむ【▲晋む】(10) 日6 3124/3F38 ▼シン(七九八)
すすむ【進む】(11) 辶8 教 3142/3F4A ▼シン(八〇三)
すすむ【△漸む】(14) 氵11 常 3318/4132 ▼ゼン(九一七)
すずむ【涼む】(11) 氵8 常 4635/4E43 ▼リョウ(一五七七)
すずめ【▲雀】(11) 隹3 3193/3F7D ▼ジャク(六六八)
すすめる【▲侑める】(8) 亻6 4850/5052 ▼ユウ(一五〇八)
すすめる【△羞める】(11) 羊5 常 7023/6637 ▼シュウ(六九二)
すすめる【進める】(11) 辶8 教 3142/3F4A ▼シン(八〇三)

すすめる【勧める】(13) 力11 常 2011/342B ▼カン(二四〇)

すすめる【△奨める】(13) 大10 常 3009/3E29 ▼ショウ(七五八)

すすめる【薦める】(16) ⺾13 常 3306/4126 ▼セン(九一〇)

同訓異義 **すすめる**

【進める】前のほうへ動かす。程度を上にあげる。物事を進行させる。「船を北へ進める」「将棋の駒(こま)を進める」「子どもを大学に進める」「工事を進める」「改革を進める」

【薦める】人や物事のすぐれた点をあげ、採用をうながす。推薦する。「候補者に薦める」「結婚相手として薦める」「良書を薦める」

【勧める】相手が物事をするように誘いかける。勧誘する。「入部を勧める」「俳句を勧める」「夕食を勧める」「生命保険を勧める」

【△奨める】よい物事を取り上げて、盛んに行うよう励ます。奨励する。「太陽エネルギーの利用を奨める」「進学を奨める」「その研究を奨める」「農業を奨める」

【▲侑める】そばにいて、食事などをすすめる。「酒を侑める」

すずり【▲硯】(12) 石7 2407/3827 ▼ケン(四二八)

すすりなく【▲歔く】(16) 欠12 6133/5D41 ▼キョ(三一〇)

すする【▲啜る】(11) 口8 5121/5335 ▼セツ(八八四)

すする【▲歃る】(13) 欠9 6129/5D3D ▼ソウ(九四三)

すする【▲歠る】(19) 欠15 8634/7642 ▼セツ(八八九)

すそ【裾】(13) 衤8 常 2 3194/3F7E 訓 すそ 音 外キョ

筆順 ラ ネ ネ ネ 衤 衤 衤 衤 衤 裾

意味 衣服のすそ。また、下のほう。「衣裾」「山裾」

下つき 衣裾(イキョ)・裳裾(もすそ)・山裾(やますそ)

【裾】すそ ①衣服の下のはし。「着物の—をからげる」②山などのふもと。また、川しも。「山—まで紅葉した」③頭髪の首筋に近い部分。「髪の毛の—を刈り上げる」

【裾濃】すそご 同系色で上部を淡く、下部をしだいに濃くする染め方。

【裾▲捌き】すそさばき 和服をはじめ丈の長い衣服のすそを上手に扱うこと。また、その身のこなし。「美しい—」

【裾野】すその ①山のふもとが広がって野となった所。「富士の—」②活動の広い範囲。「俳句の—が広がる」

【裾払い】すそはらい 相撲の決まり手で、横向きになった相手の片足首を後ろから前にけって後ろに倒す技。

【裾△除け】すそよけ 女性の和服の下着で、もとは腰巻の上に重ねて着物の裾から腰巻がのぞくのを防ぐために着ける。蹴(け)出し。

【裾分け】すそわけ もらい物や利益の一部を他人に分け与えること。参考「お—」として使われることが多い。

すだく【△集く】(12) 隹4 教 2924/3D38 ▼シュウ(六九四)

すだま【▲魑】(21) 鬼11 8221/7235 ▼チ(一〇三五)

すだれ【▲簾】(19) ⺮13 4692/4E7C ▼レン(一六〇八)

すたれる【△朽れる】(6) 木2 常 2164/3560 ▼キュウ(三〇四)

すたれる【廃れる】(12) 广9 常 3949/4751 ▼ハイ(一二二八)

ずつ【△宛】(8) 宀5 常 1624/3038 ▼あてる(一六)

すっぽん【▲鼈】(25) 黽12 8372/7368 ▼ベツ(一三七六)

すでに【▲已に】(3) 己0 5465/5661 ▼イ(二四)

すでに【既に】(10) 旡5 常 2091/347B ▼キ(二六九)

すてる【▲捐てる】(10) 扌7 5748/5950 ▼エン(九九)

すてる【捨てる】(11) 扌8 教 2846/3C4E ▼シャ(六五七)

すてる【△棄てる】(13) 木9 常 2094/347E ▼キ(二七八)

同訓異義 **すてる**

【捨てる】もっていたものを手放す。投げ出す。あきらめる。ほか、広く用いる。「紙屑(かみくず)を捨てる」「学問を捨てる」「夢を捨てる」「恋人を捨てる」「車を乗り捨てる」「世を捨てる」「捨てる神あれば拾う神あり」「捨ててはおけない」「捨て台詞(ぜりふ)」「捨て身」

【△棄てる】まだ使えるものを不要のものとして投げ出す。「捨てる」より意味が強い。「紙を棄てる」「子を棄てる」「地位を棄てる」「命を棄てる」「家族を棄てる」「相続の権利を棄てる」「廃棄(ハイキ)処分」「放棄(ホウキ)」

【▲捐てる】不要な部分を取り除く。「棄捐(キエン)」

すな【△沙】(7) 氵4 常 2627/3A3B ▼サ(五四二)

すな【砂】(9) 石4 教 2629/3A3D ▼サ(五四三)

すなどる【△漁る】(14) 氵11 教 2189/3579 ▼ギョ(三三六)

すなわち【▲乃ち】(2) ノ1 3921/4735 ▼ダイ(九八七)

すなわち【△即ち】(7) 卩5 常 3408/4228 ▼ソク(九五六)

すなわち【△便ち】(9) 亻7 教 4256/4A58 ▼ベン(一三八五)

すなわち【△則ち】(9) 刂7 教 3407/4227 ▼ソク(九五九)

すなわち【▲迺ち】(10) 辶6 7782/6D72 ▼ダイ(九九八)

すなわち【▲輒ち】(14) 車7 7744/6D4C ▼チョウ(一〇六五)

すね【▲脛】(11) 月7 7090/667A ▼ケイ(三五四)

すね【▲臑】(18) 月14 7134/6742 ▼ジ(六四〇)

すねる【▲拗ねる】(8) 扌5 5725/5939 ▼ヨウ(一五二六)

すのこ【▲簀】(17) ⺮11 6839/6447 ▼サク(五六八)

すばしり【鮭】(18) 魚 7 国 1 音 訓 すばしり

意味 すばしり。ぼら(鯔)の幼魚。

すばる【▲昴】(9) 日 5 5869/5A65 ▼ボウ(一四一六)
すべ【△術】(11) 行 5 教 2949/3D51 ▼ジュツ(七一四)
すべて【△凡て】(3) 几 1 常 4362/4B5E ▼ボン(一四三四)
すべて【全て】(6) 入 4 教 3320/4134 ▼ゼン(九一三)
すべて【△都て】(11) 阝 8 教 3752/4554 ▼ト(一一二八)
すべて【▲渾て】(12) 氵 9 6253/5E55 ▼コン(五三九)
すべて【△総て】(14) 糸 8 教 3377/416D ▼ソウ(九四五)

すべる【辶】(5) 辶 1 国 1 7772/6D68 音 訓 すべる

意味 すべる。①なめらかに進む。②勢いをつけて進む。③ころびそうになる。④失敗する。参考 たいらなところ(一)を行く(辶)ことを表す字。

すべる【統べる】(12) 糸 6 教 3793/457D ▼トウ(一一五〇)
すべる【滑る】(13) 氵 10 常 1974/336A ▼カツ(二一五)
すべる【△総べる】(14) 糸 8 教 3377/416D ▼ソウ(九四五)
すべる【▲綜べる】(14) 糸 8 3378/416E ▼ソウ(九四七)
すぼむ【▲窄む】(10) 穴 5 2685/3A75 ▼サク(五六六)
すまう【住まう】(7) 亻 5 教 2927/3D3B ▼ジュウ(七〇一)
すみ【△角】(7) 角 0 教 1949/3351 ▼カク(一九六)
すみ【炭】(9) 火 5 教 3526/433A ▼タン(一〇一三)
すみ【▲陬】(11) 阝 8 8005/7025 ▼スウ(八三五)
すみ【隅】(12) 阝 9 常 2289/3679 ▼グウ(三七五)
すみ【墨】(14) 土 11 常 4347/4B4F ▼ボク(一四二八)
すみか【▲栖】(10) 木 6 3220/4034 ▼セイ(八五九)
すみやか【▲亟やか】(9) 二 7 4820/5034 ▼キョク(三四九)
すみやか【速やか】(10) 辶 7 教 3414/422E ▼ソク(九六〇)
すみれ【▲菫】(11) 艹 8 7233/6841 ▼キン(三六〇)
すむ【住む】(7) 亻 5 教 2927/3D3B ▼ジュウ(七〇一)
すむ【▲栖む】(10) 木 6 3220/4034 ▼セイ(八五九)
すむ【済む】(11) 氵 8 教 2649/3A51 ▼サイ(五五三)
すむ【△清む】(11) 氵 8 教 3222/4036 ▼セイ(八六〇)
すむ【▲棲む】(12) 木 8 3219/4033 ▼セイ(八六三)
すむ【澄む】(15) 氵 12 常 3201/4021 ▼チョウ(一〇六六)

同訓異義 すむ

【住む】人が一定の場所を定めて生活する。「田舎に住む」「マンションに住む」「住む家がない」「住み心地がよい」「住む世界がちがう」「人の住処(すみか)」「住めば都」

【▲棲む】動物が場所を定めて生活する。「コウモリは暗い場所に棲む」「密林に棲む猛獣」「沼や池に棲む淡水魚」「リスの棲処(すみか)」「水清ければ魚棲まず」

【▲栖む】「棲む」に同じ。

すめらぎ【△皇】(9) 白 4 教 2536/3944 ▼コウ(四九一)
すもも【▲李】(7) 木 3 4591/4D7B ▼リ(一五五六)
する【刷る】(8) 刂 6 教 2694/3A7E ▼サツ(五七一)
する【△為る】(9) 灬 5 常 1657/3059 ▼イ(三〇)
する【▲掏る】(11) 扌 8 5759/595B ▼トウ(一一四五)
する【▲摺る】(14) 扌 11 3202/4022 ▼ショウ(七六〇)
する【△摩る】(15) 手 11 常 4364/4B60 ▼マ(一四三六)
する【▲擂る】(16) 扌 13 5807/5A27 ▼ライ(一五四五)
する【△磨る】(16) 石 11 常 4365/4B61 ▼マ(一四三七)
する【擦る】(17) 扌 14 常 2704/3B24 ▼サツ(五七三)

同訓異義 する

【刷る】こすって写し取る。印刷する。「版画を刷る」「年賀状を刷る」「輪転機で刷る」「刷り増し」

【擦る】強く押しつけてこする。こすって傷つける。使いはたす。「マッチを擦る」「袖口(そでぐち)が擦り切れる」「膝(ひざ)を擦り剝(む)く」「競馬で財産を擦る」

【▲摺る】手で前後に動かしてこする。手で印刷する。「蠅(はえ)が手を摺り足を摺る」「版画を摺る」

【▲剃る】かみそりなどで髪やひげを切り取る。「そる」の訛(なま)り。「髭(ひげ)を剃る」

【△磨る】強く押してこすり、つやを出す。みがく。「墨を磨る」「やすりで磨る」「磨りガラス」

【▲擂る】強く押しつぶして細かくする。「胡麻(ごま)を擂る」「擂り鉢」「擂り餌(え)」

【▲掏る】人の持っている金品を気付かれないように盗み取る。「財布を掏る」「掏り取る」

ずるい【▲狡い】(9) 犭 6 6436/6044 ▼コウ(四九一)
するどい【鋭い】(15) 金 7 常 1752/3154 ▼エイ(八八)
するめ【▲鯣】(19) 魚 8 8240/7248 ▼エキ(九二)
すわえ【▲楚】(13) 木 9 3331/413F ▼ソ(九二五)
すわる【▲坐る】(7) 土 4 2633/3A41 ▼ザ(五四七)
すわる【座る】(10) 广 7 教 2634/3A42 ▼ザ(五四八)

スン【寸】(3) 寸 0 教 常 5 3203/4023 音 スン 外 ソン 訓 外 わずか・き

筆順 一 寸 寸

[意味] ①尺貫法の長さの単位。尺の一〇分の一。約三・〇三センチメートル。②長さ。「寸法」「原寸」③わずか。ほんのすこし。ちょっと。「寸暇」「寸志」「寸時」④き。馬のたけを測る単位。「一寸(ひとき)」[参考]「寸」の草書体が平仮名の「す」になった。

[下つき] 原寸(ゲンスン)・尺寸(シャクスン)・方寸(ホウスン)・尺寸(セキスン)

【〈寸莎〉】すさ 壁土に混ぜてつなぎにする、藁(わら)・麻・紙などを細かく切ったもの。壁のひび割れを防ぐ。つた。[表記]「苆」とも書く。

【〈寸寸〉】ずたずた 細かくきれぎれになるようす。「地震で鉄道網が—になる」「シャツを—に引き裂く」

【△寸白】スバク ①条虫などの人体の寄生虫。また、それによって起こる病気。②婦人病。[参考]②①によると思われていたことから。

【寸陰】スンイン「一寸の光陰」の略。わずかな時間。[類]寸時・寸刻

『寸陰を惜しむ』ほんのわずかな時間でも大切にすること。時間を無駄にしないこと。〈『晋書(シンジョ)』〉

【寸暇】スンカ 非常にわずかなひま。「—を盗んで研究を続けている」「—をさいてボランティア活動に励む」[類]寸隙(スンゲキ)

【△寸切り】ズンぎり ①筒形の物を横にまっすぐに切ること。また、その物。輪切り。寸胴切(ズンドぎ)り。「—鞘(ざや)」②タケの頭部を横にまっすぐに切った、筒形の茶入れや花器。[類]①②寸胴 [表記]②「頭切り」とも書く。

【寸隙】スンゲキ ①きわめてわずかなひま。[類]寸暇 ②わずかな空間。小さなすきま。「—を縫って突き進む」

【寸劇】スンゲキ 短くまとまった軽い演劇。興を添える短い劇。

【寸言】スンゲン 短い言葉。短いが、深い意味の込められた言葉。

【寸▲毫】スンゴウ ほんのわずかのこと。「—も疑う余地はない」[類]秋毫 [参考]「毫」は細い毛の意。

【寸刻】スンコク ほんのわずかな時間。「—を惜しんで勉強する」[類]寸時・寸秒

【寸志】スンシ わずかな気持ち。また、心ばかりの贈り物。自分の志(こころざし)の謙譲語。

【寸時】スンジ ほんの少しの時間。「事件のことが頭から—も離れない」[類]寸刻・寸秒

【寸借】スンシャク 少しの金品を借りること。また、わずかな期間借りること。「友人から金を—する」

【寸進尺退】スンシンシャクタイ わずかに進んで大きく退くこと。得るものが少なく、失うものが大きいことのたとえ。また、はかばかしく物事が進まないことのたとえ。〈『老子』〉

【寸前】スンゼン ①物のほんの少し手前。「ゴール—に倒れる」②物事が起こるほんの少し以前。「爆発の—に逃れた」[類]①②直前

【寸善尺魔】スンゼンシャクマ 世の中は善いことが少なく、悪いことが多いことのたとえ。また、善いことにはとかく邪魔が入りやすいということ。一寸の善と一尺の魔の意から。[類]好事魔多し

【寸草春▲暉】スンソウシュンキ 親の大きな恩恵に応えようとする、子のささやかな努力のこと。春の陽光を親からの恵みにたとえ、それを受けて伸びようとする小さな草を子にたとえていう。〈孟郊(モウコウ)の詩〉

【寸断】スンダン 細かくずたずたに切り刻むこと。「洪水で交通網が—された」

【寸▲楮】スンチョ 短い手紙。自分の手紙の謙譲語。[類]寸簡・寸書 [参考]「楮」は紙の意。

【寸鉄】スンテツ ①小さな刃物。「身に—も帯びず」②深い意味をもつ短い言葉。

『寸鉄人を殺す』短い適切な言葉で真実を鋭くつくこと。〈『鶴林玉露(カクリンギョクロ)』〉[参考]「殺す」は「刺す」ともいう。

【寸田尺宅】スンデンシャクタク 狭い田と小さな家の意で、わずかな財産のこと。また、自分の財産をへりくだっていう言葉。〈蘇軾(ソショク)の詩〉

【△寸胴】ズンドウ ①「寸切(ズンぎ)り」に同じ。②上から下まで太さが変わらないこと。また、そのさま。「—の鍋(なべ)でシチューを煮る」

【寸馬豆人】スンバトウジン 絵画の遠景に描かれた小さい人や動物のこと。また、絵画のなかの遠景のたとえ。〈荊浩(ケイコウ)の文〉

【寸秒】スンビョウ 非常に短い時間。「—を争う」[類]寸刻・寸時

【寸評】スンピョウ 簡単な批評。短くまとめた批評。「新刊本の—を書く」[類]短評

【寸分】スンブン 一寸と一分の意から、ほんのわずかな長さや程度。「この建物は—の狂いもない」「—の差」[参考]「スンプン」とも読む。

【寸法】スンポウ ①物の長さ。②物事の手順。段取り。「これで楽に仕上がる—だ」

【寸歩不離】スンポフリ すぐ近くにいること。また、関係が密接なこと。夫婦が仲むつまじいさま。〈『通俗編』〉[類]一心同体

【寸を▲詘げて尺を伸ぶ】スンをまげてシャクをのぶ 小さい利益を捨てて大きな利益を手に入れるたとえ。また、小事を犠牲にして大事をなし遂げるたとえ。一寸しりぞいて、一尺すすむの意から。「詘」は「屈」の意。〈『淮南子(エナンジ)』〉

せ 世 セ 世

セ【世】(5) 一4 [教] 3204/4024 ▼セイ(八四三)

セ【施】(9) 方5 [常] 2760/3B5C ▼シ(六二三)

せ【背】(9) 肉5 [教] 3956/4758 ▼ハイ(一二二四)

せ【△畝】(10) 田5 [常] 3206/4026 ▼うね(七八)

せ【△脊】(10) 肉6 常 3252/4054 ▼セキ(八七七)

せ【瀬】(19) 氵16 常 3 3205/4025 音 ㊀ライ 訓 せ
旧字《瀬》(19) 氵16 1/準1 8730/773E

筆順 氵 氵 沪 沖 浡 浡 涑 漸 瀨 瀬

意味 せ。①あさせ(浅瀬)。川や海の浅い所。②はやせ(早瀬)。流れのはやい所。急流。③立場。場所。機会。おり。「逢瀬(おうせ)」

下つき 浅瀬(あさせ)・迅瀬(ジンライ)・石瀬(セキライ)・早瀬(はやせ)

【瀬戸】せと ①海が陸地にはさまれて、狭くなっている所。小さな海峡。「音戸(おんど)の―」②「瀬戸際」の略。③「瀬戸物」の略。

【瀬戸際】せとぎわ 物事の重大な分かれ目。成功か失敗か、安全か危険か、生きるか死ぬかなど、運命の分かれ目。せと。「生死の―に立つ」「勝つか負けるかの―」

【瀬戸物】せともの 愛知県瀬戸市を中心に産出される陶磁器で、瀬戸焼。転じて、陶磁器の総称。せと。

【瀬踏み】せぶみ 物事を行う前に、軽く試みてようすを見ること。「相手の出方を―する」 由来 川の瀬に足を踏み入れて深さを測ってみることから。

【瀬を踏んで▲淵を知る】せをふんでふちをしる あらかじめ実地調査をして、危険な所を知っておく。

ゼ【是】(9) 日5 常 4 3207/4027 音 ゼ ㊀シ 訓 ㊀これ・この・ただしい

筆順 丨 口 日 日 旦 早 早 昰 是

意味 ①ただしい。正しいと認める。「是正」「是認」 対非 ②よいとして定めた方針。「国是」「社是」③これ。ここ。この。指示代名詞。「色即是空」

下つき 国是(コクゼ)・社是(シャゼ)・如是(ニョゼ)

【△是の】この 近いものを指す語。まさにこの。また、直前に述べたことやこれから述べることを指す語。

【△是】これ 話し手に近い物事を指す語。また、直前に述べたことやこれから述べることを指す語。

【是生滅法】ゼショウメッポウ 仏 すべて生あるものも必ずその命は尽きるということ。 参考 「諸行無常」と併せて使う。

【是正】ゼセイ 不都合なところを正しく改めること。「議員定数の―を求める」

【是是非非】ゼゼヒヒ よいことはよい、悪いことは悪いこととして公正に判断し、態度を決めること。《『荀子(ジュンシ)』》「―の態度をとる」「―主義」

【是認】ゼニン よいと認めること。また、そうであると認めること。「この件に関しては―しがたい」 対 否認

【是非】ゼヒ ①よいことと悪いこと。正しいことまちがっていること。「会則変更の―を問う」②必ず。きっと。なにとぞ。どうぞ。「家に―遊びにきてください」

【是非曲直】ゼヒキョクチョク 物事の正しいことと正しくないこと。まがったことと、まっすぐなこと。「―を明らかにする」 参考 「理非曲直」ともいう。

【是非善悪】ゼヒゼンアク 正しいことと正しくないこと。善いことと悪いこと。「相手によって―の判断を変えてはならない」

【是非の心】①人としてもっているはずの善悪を判断する心。《『孟子(モウシ)』》②善世の中や物事の善悪にとらわれる心。

セイ【井】(4) 二2 教 常 7 1670/3066 音 セイ㊁・ショウ㊥ 訓 い ㊀いげた

筆順 一 二 ナ 井

意味 ①い。いど。「井底」「油井」②いげた(井桁)の形。また、いげたのように整っているさま。「井井」「井然」③まち。人が集まっている場所。「市井」

参考 「井」の変化したものが片仮名の「ヰ」になった。

下つき 市井(シセイ)・天井(テンジョウ)・油井(ユセイ)

【井】い いど。地中を流れる地下水をくみ取るための設備。

【井に▲坐(ざ)して天を△観(み)る】井戸の中から大空を仰ぎ見る。世の中を見る視野が狭く、見識が低いこと。〈韓愈(カンユ)の文〉

【井の中の▲蛙(かわず)大海を知らず】自分の住んでいる世界のほかに、さらに広い世界があることを知らず、知識や経験にとぼしいのに、得意になって振る舞うたとえ。井蛙(セイア)大海を知らず。《『荘子(ソウジ)』》

【井桁】いげた ①井戸の縁を、木で「井」の形に組んだもの。②①の形や、それを図案化した模様。 類 井筒

【井筒】いづつ ①井戸の地上の部分の周りに木や石で造った囲い。井戸側(いどがわ)。②①をかたどった模様。 類 井桁(いげた)

【井守】いもり イモリ科の両生類。日本特産で、池や井戸にすむ。形はトカゲに似る。体は黒褐色で腹は赤い。アカハラ。 季 夏 由来 井戸のなかにすむことから。 表記 「蠑螈」とも書く。

【井井】セイセイ 物事が整って秩序あるさま。区画の正しいさま。 類 井然

【井▲渫不食】セイセツフショク 賢者が登用されないままでいること。「渫」は水底のごみや泥を取り除く意で、「井渫」は井戸の水がきれいに澄んでいること。「不食」は飲用として用いられないこと。きれいな井戸水があっても、くんで用いられないということから。《『易経』》

【井然】セイゼン ①秩序正しく整っているさま。②区画がきちんとしているさま。表記①「整然」とも書く。

【井底の蛙】セイテイのア 井戸の底にすむカエル。視野や見識などが狭く小さいことのたとえ。《『後漢書(ゴカンジョ)』》▼井の中の蛙(かわず)大海を知らず

【井目】セイモク ①碁盤の線上にしるした九つの黒い点。②囲碁で、ハンディをつけるため下手(したて)が①に石を一つずつ置き、上手(うわて)から打ち始めること。また、その対局。表記「星目」とも書く。

セイ【世】(5) 一 4 常 教 8 3204 4024 音 セイ・セ 訓 よ

筆順 一十廾廿世

意味 ①よ。よのなか。「世界」「世間」「俗世」②時の大きなくぎり。時代。「世紀」「後世」「末世」③人の生きている間。一生。「世代」「終世」④よよ。代々。「世襲」参考「世」の草書体の省略形が片仮名の「セ」に、草書体が平仮名の「せ」になった。

下つき 厭世(エンセイ)・隔世(カクセイ)・救世(キュウセイ)・近世(キンセイ)・現世(ゲンセイ・ゲンセ)・後世(コウセイ・ゴセ)・在世(ザイセイ)・時世(ジセイ)・辞世(ジセイ)・終世(シュウセイ)・出世(シュッセ)・処世(ショセイ)・人世(ジンセイ)・絶世(ゼッセイ)・前世(ゼンセイ・ゼンセ)・早世(ソウセイ)・創世(ソウセイ)・俗世(ゾクセ)・治世(チセイ)・中世(チュウセイ)・当世(トウセイ)・渡世(トセイ)・万世(バンセイ)・末世(マッセ)・来世(ライセ)・乱世(ランセ)

【〈世帯〉】しょたい ①一家を構えて独立して生計を営む単位のこと。「一持ち」②住居と生計を一つにする生活体。「一数」表記「所帯」とも書く。参考公的な用語としては、多く「セタイ」と読む。

【世紀】セイキ ①西暦で、一〇〇年ごとに区切った年代。②「世紀の…」の形で、一〇〇年に一度しか起こらないほどの意。「一の大発見」

【世紀末】セイキマツ ①一九世紀末のヨーロッパで、それまでの信仰や権威が破れ、懐疑や享楽などの気分が社会を支配した時期。②ある社会に病的・退廃的な傾向の起こる時期。

【世嗣・世子】セイシ 諸侯・大名など、貴人の跡継ぎの子。類嗣子・嫡子 参考「世嗣」は「よつぎ」とも読む。

【世運隆替】セウンリュウタイ 世の中が盛んになったり、乱れたり、衰えたりすること。類栄枯盛衰 参考「世運」は「セイウン」とも読む。

【世界】セカイ ①地球全体。また、視野全体。「見渡すかぎりの銀一」②地球上のすべての地域。万国。「一の人口」③人の世。世間。「一の狭い人」④同類のものがつくる、一定の秩序ある集まり。「芸能人の一」⑤芸術家や芸術作品に感じられる特有の場や像。「源氏物語の一」参考「世」は過去・現在・未来を、「界」は東・西・南・北・上・下をいう。

【世間】セケン ①人が生活している社会。世の中。また、世の中の人々。「一の反応を気にかける」②人との交わり。交際の範囲。「一が狭い」③仏人や生き物が生死する場。

【世間知らずの高枕(たかまくら)】 世間のみんなが不安がっているのに何も気づかず、一人だけのんびりしていること。「高枕」は、安心して眠る意。

【世間の口に戸は立てられぬ】 いったん人の口にのぼった噂(うわさ)は、止めることができないということ。参考「世間の口」は「人の口」ともいう。

【世間体】セケンテイ 世間の人々に対する体面や体裁。外聞。「一が悪い」

【世故】セコ 世の中の事柄。特に、風俗や習慣など。「一に長(た)ける(世の中のことをよく知り、世渡りがうまい)」

【世事】セジ ①世間の出来事。俗事。「彼は一に疎い」②「世辞」に同じ。参考「セイジ」とも読む。

【世辞】セジ 相手を喜ばせるための愛想のよい言葉。追従口(ツイショウぐち)。世事。「お一がうまい」

【世襲】セシュウ 財産・地位・職業などを、子孫が代々受け継ぐこと。「一制度」

【世上】セジョウ 世の中。世間。「一の噂(うわさ)を気にする」類巷間(コウカン)

【世情】セジョウ 世の中のありさま。世間の人情。「一に暗い人」類世相 参考「セイジョウ」とも読む。

【世人】セジン 世の中の多くの人々。世間の人。「一の非難を浴びる」

【世世】セゼ 代々。多くの時代。「生生(ショウジョウ)一(生まれ変わり死に変わりの意で、いつまでも)」参考「セセ・よよ」とも読む。

【世相】セソウ 世の中のありさま。特に、時代の傾向や風潮など。「一を反映する」類世情・世態

【世俗】セゾク 世の中の風俗、ならわし。また、俗世間、世間の人々。「一を離れて暮らす」

【世帯】セタイ 「世帯(しょたい)」に同じ。「一主」参考多く「世帯(セタイ)」は公的な呼称や統計調査などの用語として用い、一般には「所帯」を用いる。

【世態】セタイ 世の中のありさま。「一人情」「一風俗」類世情・世相 参考「セイタイ」とも読む。

【世代】セダイ ①親・子・孫など、同じ血筋を引いたそれぞれの代。「三一住宅」②時をほぼ同じくして生まれたり、時代的経験などを共有したりしている一定の年齢層。ジェネレーション。「同一」参考「セタイ・セイダイ」とも読む。

【世知・世智】セチ 世渡りをしていく才能や知恵。処世の才。類世才

【世知辛い・世智辛い】セチがらい ①打算的で心にゆとりがないさま。計算高い。「一い商売をする」②こせこせとして暮らしにくい。住みにくい。「一い世の中」

【世道】セドウ 人が世の中で生活するうえで、守るべき道義。社会道徳。参考「セイドウ」とも読む。

『世道人心』セドウジンシン 世の中の道徳と人々の考え方のこと。

【世評】セヒョウ 世間での人々の評判・批評。「―にのぼった作品」

【世論】セロン 世間一般の意見。標準的な考え。「―に訴える」参考「セイロン・よロン」とも読む。

【世話】セワ ①あれこれと面倒を見ること。力をかすこと。「病人の―をする」②手間がかかること。「―をかける」③間に入って仲を取りもつこと。仲介。「嫁を―する」類斡旋(アッセン) ④世間でのうわさ。⑤「世話物」の略。

【世話物】セワもの 歌舞伎(カブキ)・浄瑠璃(ジョウルリ)などで、当時の事件から取材して風俗・人情などをうつし出したもの。特に、江戸時代の庶民の生活を扱った作品。対時代物

【世】よ ①人と人とが互いにかかわりあい、構成する生活の場。社会。世間。②時代。また、時勢。時代の風潮。③人の一生。④一王朝の支配する期間。⑤仏現在・過去・未来のそれぞれ。前世・現世・来世の三世(サンゼ)。

『世と推移す』世の中の動きに逆らわず、ともに移り変わる。故事中国、戦国時代、楚(ソ)の詩人・屈原(クツゲン)が汚濁の俗世をきらって官を辞し、放浪中に、一人の漁夫から、聖賢はものにこだわらずに世の動きにしたがって生きるものだと、孤高をいさめられたという故事から。〈『楚辞(ソジ)』〉

『世の中は三日見ぬ間の桜かな』サクラが三日も見ないうちに散ってしまうように、時世の変化が激しいことのたとえ。

【世過ぎ】よすぎ 世の中を暮らしていくこと。渡世(トセイ)。生活。「身過ぎ―」類世渡り

【世継・世△嗣】よつぎ ①家督を相続すること。また、その人。あとつぎ。②天皇の位をつぐこと。③天皇の事績を語りつたえること。また、それを記した書物。『大鏡』など。参考「世嗣」は「セイシ」とも読む。

【世△迷言】よまいごと わけのわからない繰り言。取るに足りないぐちや不平。「―など聞きたくない」

【世渡り】よわたり 世の中で暮らしていくこと。渡世(トセイ)。処世。「―がへただ」類世過ぎ

セイ【正】 (5) 止 1 常 教 10 3221/4035 音 セイ・ショウ 訓 ただしい・ただす・まさ

筆順 一 丅 下 正 正

意味 ①ただしい。まちがいない。道理にかなった。「正解」「正義」「公正」対邪 ②ただす。なおす。「改正」「修正」「是正」③まさに。まさしく。ちょうど。「正午」「正方形」④本来の。ほんとうの。主となる。「正式」「正統」対副 ⑤同じ階級の上位。「正三位(ショウサンミ)」対従 ⑥〇より大きい数。また、電極のプラス極。「正極」「正数」対負 ⑦年のはじめ。「正月」⑧かみ。長。長官。「僧正」

下つき 改正(カイセイ)・賀正(ガショウ)・規正(キセイ)・矯正(キョウセイ)・厳正(ゲンセイ)・公正(コウセイ)・更正(コウセイ)・校正(コウセイ)・修正(シュウセイ)・粛正(シュクセイ)・純正(ジュンセイ)・是正(ゼセイ)・僧正(ソウジョウ)・端正(タンセイ)・中正(チュウセイ)・訂正(テイセイ)・適正(テキセイ)・不正(フセイ)・方正(ホウセイ)・補正(ホセイ)

【正覚】ショウガク 仏あらゆる妄想をたち切って得る仏の真の悟り。悟りの最高の境地。

【正覚坊】ショウガクボウ ①アオウミガメの別称。②大酒のみ。

【正気】ショウキ ①気が確かなこと。精神状態が正常なこと。「―の沙汰(サタ)とは思えない」「驚きのあまり―を失う」類本気 対狂気 ②酒に酔っていないさま。しらふ。参考「セイキ」と読めば別の意になる。

【正客】ショウキャク ①客のなかでも一番中心となる人物。正座の客。類主賓 ②茶会で最も上位の客。上客。

【正絹】ショウケン まざりもののない絹や絹織物。純絹。本絹。「―のネクタイ」対人絹

【正午】ショウゴ 昼の一二時。標準時では、太陽が南中する時刻。由来昔の時刻の言い方で、正(まさ)に午(うま)の刻であることから。

【正直】ショウジキ ①うそやいつわりのないこと。素直で正しいこと。「見たことを―に話した」②本当のところ。「―言って信用できない」

『正直の△頭(こうべ)に神宿る』正直な人には、必ず神の助けがあるということ。

『正直は一生の宝』正直は、一生を通じて大切に守るべき宝であるということ。また、正直であることは、一生他人に誇ることができる宝であるということ。

『正直貧乏横着△栄△耀(エヨウ)』世の中の仕組みは不合理だということ。正直な者はとかくきまりをきちんと守って貧乏なのに、図々しくずるい者は富み栄える意から。類正直者が馬鹿(バカ)を見る

【正真正銘】ショウシンショウメイ まったくまちがいのないこと。うそいつわりのない本物であること。「この絵は―レンブラントの作品だ」

【正税】ショウゼイ 律令(リツリョウ)制下で、国・郡の倉庫に収納した租としてのイネ。毎年春に出挙(スイコ)(官稲(カントウ)を利息をつけて貸しつけること)して、利稲を国・郡の諸経費にあてた。大税(タイゼイ)・おおちから。

【正体】ショウタイ ①隠したり変化したりする前の本来の姿。類本体「―を見破る」②正常な状態にある意識・感覚。「酒に酔って―を失う」類正気

【正念場】ショウネンば ①歌舞伎(カブキ)・浄瑠璃(ジョウルリ)で主人公が演じる最も重要な場面。性根場(ショウネば)。②真価を問われる最も重要な局面・場面。「―に立たされる」「春闘は―を迎える」表記「性念場」とも書く。

【正△麩】ショウフ 小麦粉を食塩水でこねて水洗いし、小麦蛋白質(タンパクシツ)と分離して沈殿させた澱粉(デンプン)。煮て、糊(のり)などにする。

【正風】ショウフウ ①和歌で伝統的な正しい歌体。正風体。②江戸時代の俳人、松尾芭蕉(ばしょう)とその派の俳風。表記②「蕉風」とも書く。

【正札】ショウふだ 掛け値なしの値段を書いて、商品につけた札。また、その値段。「―で買う」類正価

【正味】ショウミ ①余分なものを取り払った本来の部分・中身。また、その実質的な重さなどの数量。「一箱―一五キロ(グラム)」「三日で―三〇時間の労働」②「正味値段」の略。仕入れ値段。もとね。

【正価】セイカ 掛け値なしの値段。「―販売」類正札(ショウふだ)

【正貨】セイカ その表示する価格と同じ価値をもつ貨幣。本位貨幣。金本位国の金貨や銀本位国の銀貨。

【正課】セイカ 学校などで、修めるべき正規の課目・課業。「―の授業」

【正解】セイカイ ①正しく解答すること。また、正しく解釈すること。類正答 ②結果的に正しい対応だと思えること。「転職は―だった」

【正確】セイカク 正しく確かなこと。まちがいのないこと。「―な時刻」

【正眼】セイガン 剣術で、刀の切っ先を相手の目の高さにおき、中段に構えること。「―に構える」

【正気】セイキ ①正しい気風。②天地間に存在する万物の根本である気。参考「ショウキ」と読めば別の意になる。

【正規】セイキ 正式に決められた規則。また、それにかなっていること。「―の手続き」

【正義】セイギ ①人として行うべき道義や正しい筋道。「―感が強い人だ」②正しい意味。正しい解釈。

【正業】セイギョウ きちんとしたまともな職業。かたぎの仕事。「―につく」

【正誤】セイゴ ①正しいことと誤っていること。「―を判断する」②誤りを正すこと。「―表」類訂正

【正攻法】セイコウホウ 奇計やはかりごとを用いず、堂々と攻めるやり方。「―で敵をくだす」

【正鵠】セイコク ①的の中央にある黒点。②物事の中心となる部分。急所。「―を失する(要点をはずれる)」参考「セイコウ」は慣用読み。

【正鵠を射る】物事の急所、核心をつく。「―た意見」

【正座・正坐】セイザ ①正客のすわる座席。正面の座席。②姿勢を正し、足をくずさずにきちんとすわること。「―をして講話を聴く」類端座(タンザ)

【正朔】セイサク ①正月一日。元旦。②暦。参考「正」は年のはじめ、「朔」は月のはじめの一日の意。

【正餐】セイサン 西洋料理などで、正式な献立による料理・食事。ディナー。「―会」

【正史】セイシ ①国家や政府が編纂(ヘンサン)した歴史。また、その書物。対野史・外史 ②中国の紀伝体による歴史書。対稗史(ハイシ)

【正視】セイシ まともに見ること。正面から見ること。「あまりに気の毒で―できない」

【正式】セイシキ 簡略化していない本来の正しいやり方。規定に沿ったやり方。「―の外交文書」「制度を―に導入する」類本式 対略式

【正室】セイシツ ①身分の高い人の正妻。本妻。対側室 ②表座敷。

【正邪】セイジャ 正しいことと正しくないこと。是非。曲直。また、善人と悪人。「―善悪の見極めが肝心」

【正閏】セイジュン ①平年とうるう年。②正統なことと正統でないこと。「南北朝―の論争があった」参考「閏」は余分・正統でない意。

【正常】セイジョウ 正しくふつうであること。何も変わったところがないこと。ノーマル。「血圧は―だ」「国交が―化する」対異常

【正数】セイスウ 零(ゼロ)より大きい実数。プラスの数。対負数

【正正堂堂】セイセイドウドウ ①陣容が整って意気盛んなさま。『孫子』「―の行進」②手段や態度が正しくりっぱなさま。「―と渡り合う」参考「正正之(の)旗、堂堂之陣」の略。類公明正大

【正装】セイソウ 儀式など、改まった場所で着用する正式な服装。対略装

【正大】セイダイ 行動や態度が正しく堂々としていること。「―の気風」

【正嫡】セイチャク ①本妻が生んだ子。類嫡子(チャクシ) ②本妻。正妻。参考「セイテキ」とも読む。

【正中】セイチュウ ①物を二等分する真ん中。物の中心。「―線」②両極の立場にかたよらないこと。不偏不党。「―を保つ」③天体が真南、または真北にくること。子午線通過。

【正調】セイチョウ 本来の正しい調子。特に、民謡で正統なうたい方をいう。「―黒田節」

【正当】セイトウ 正しいこと。道理に合っていること。「―性を訴える」対不当

【正当防衛】セイトウボウエイ 不当な暴力行為にたいし、防衛のためにとるやむを得ない行為。「―を立証する」類正当防御 対過剰防衛

【正統】セイトウ ①いくつかに分かれたうちの正しい血筋や系統。「華道家元の―な継承者」②始祖の教義や学説などを正しく受け継いでいること。「―派」対異端

【正道】セイドウ 物事の正しい道理。人としての正しい行為。「―を歩む」対邪道

【正犯】セイハン 刑法で、刑事上の責任が追及される犯罪行為を実行した者。主犯。「共同―」対従犯

【正否】セイヒ 正しいことと正しくないこと。「事の―を見きわめる」類是非・正邪

【正文】セイブン ①注釈や説明に対して本文の文章。②条約などを解釈する際、基準となる特定国の言語による文章。参考②国連憲章では

せ セイ

英語・中国語・ロシア語・フランス語・スペイン語の文章とされる。

【正方形】 セイホウ　四つの内角が直角で、四つの辺の長さが等しい四角形。

【正論】 セイロン　道理にかなった正しい議論や意見。「―を吐く」 対 曲論・邪論

【〈正身〉】 そうじみ　まさしくその人。本人。当人。 由来 「ショウジン」の転じたもの。

【正しい】 ただしい　①乱れなどがなく、きちんと整っているさま。「礼儀―い」②確かなさま。真実であるさま。また、道理や法律にかなっているさま。「―い答え」「その判断は―い」

【正す】 ただす　曲がっているものをまっすぐにする。まちがい・ゆがみ・乱れなどを直す。「姿勢を―す」「襟を―す」

【〈正東風〉】 まこち　真東から吹いてくる風。 季 春 表記 「真東風」とも書く。

【正木】 まさき　ニシキギ科の常緑低木。▼柾（一四二一）

【正しく】 まさしく　確かに。まちがいなく。「この刀は―本物だ」

【正に】 まさに　①確かに。まさしく。「―おっしゃるとおりです」②ちょうど今。「―発車寸前のところ飛び乗った」

【正目】 まさめ　縦にまっすぐ平行に通った木目。 対 板目 表記 「柾目」とも書く。

【正夢】 まさゆめ　実際に起こると考えられる夢。また、本当に起こった夢。 対 逆夢（さかゆめ）

【〈正占〉】 まうら　正しく言い当てる占い。 由来 「まさうら」の転じたもの。

【〈正面〉】 まとも　①まっすぐ向かい合うこと。まともしょうめん。「―に陽光を浴びる」②きちんとして正常なこと。まじめ。「―な職業につく」 表記 「真面」とも書く。

セイ **【生】** (5) 生 0 教 常 10 3224 / 4038

音 セイ・ショウ
訓 いきる・いかす・いける・うまれる・うむ・おう㊥・はえる・はやす・き㊥・なま 外 いのち・うぶ・なる・なす

せ　セイ

筆順 ノ 𠂉 𠂉 牛 生

意味 ①はえる。はやす。草木が芽を出す。「生長」「野生」②うむ。うまれる。(ア)子がうまれる。子をうむ。「生殖」「出生」(イ)物を作り出す。「生産」「再生」(ウ)物事が起きる。「生起」「発生」③いきる。いかす。「生活」「生存」④いのち。「生命」「余生」⑤いきながら。うまれつき。「生別」「生来」⑥いきいきしている。「生色」「生鮮」⑦なま。熟していない。「生硬」「生熟」⑧き。純粋な。まじり気のない。「生糸（きいと）」「生一本」⑨くらし。なりわい。「生業」「平生」⑩学問・修業をしている人。「生徒」「書生」⑪男子のへりくだった自称。「小生」⑫うぶ。ういういしい。

書きかえ 「栖（セイ）・棲（セイ）」の書きかえ字として用いられるものがある。

下つき 一生・往生・学生・寄生・共生・群生・更生・厚生・後生・今生・再生・済生・七生・写生・終生・衆生・出生・書生・新生・人生・殺生・先生・蘇生・胎生・他生・誕生・畜生・長生・派生・発生・半生・平生・民生・野生・優生・養生・余生・卵生・両生

【〈生憎〉】 あいにく　期待や目的に沿わず、都合の悪いさま。「運動会は―雨だった」

【生かす】 いかす　①生きかえらせる。蘇生（ソセイ）する。「死者を―す呪文（ジュモン）」②生き長らえさせる。「―さず殺さず」③能力や特長などを発揮させる。有効に活用する。「資格を仕事に―す」「素材を―したデザイン」 表記 ③「活かす」とも書く。

【生き馬の目を抜く】 いきうまのめをぬく　ずるくてすばやく、抜け目がないこと。ぼんやりとしていたり油断したりしていては、だまされたり出し抜かれたりするということ。「―世の中」

【生き〈甲斐〉】 いきがい　生きるうえでの張り合いこと。 (sic)

【生き〈甲▲斐〉】 いきがい　生きるうえでの張り合い。また、生きていることの喜びや幸福。「子どもの成長が―だ」

【生口】 いきくち　口寄せで、巫女（みこ）などが神がかりになって生きている人の霊魂を呼び寄せ、その言葉を伝えること。 対 死口（しにくち）

【生き地獄】 いきジゴク　①この世のこととは思えない、非常にむごたらしいありさま。「事故現場は―のようだ」②生きたまま受けるひどい苦しみ。

【生△霊・生〈▲魑魅〉】 いきすだま　生きている人の怨霊（オンリョウ）。他人にとりつき、たたりをするもの。 参考 「生霊」は「いきりょう・セイレイ」とも読む。

【生見玉・生△御△霊】 いきみたま　盂蘭盆会（ウラボンエ）に、この一年間死者の出なかった家で健在の父母をもてなす儀式・行事。また、そのときの食べ物や贈り物。生き盆。いきたま。 季 秋

【生き身は死に身】 いきみはしにみ　生きているものは必ず死ぬということ。

【生きる】 いきる　①生物が命を保っている。生存する。②生活をする。また、一つのことに打ちこんで暮らす。「アルバイトをして―きる」「舞台に―きる」③有効にはたらく。役立つ。「この絵は白の使い方が―きている」④生き生きとする。生気がある。「―きた目をしている」 表記 ③「活きる」とも書く。

【生▲籬・生垣】 いけがき　樹木を植え並べてつくった垣根。

【生▲簀】 いけす　料理用や観賞用などのために、とった魚介類を飼いおく所。

『**生▲簀の▲鯉**』 いけすのこい　いずれ殺される運命にあることのたとえ。また、自由のない束縛された生活のたとえ。

【生け捕り・生▲擒】 いけどり　人や動物を生きたまま捕らえること。また、捕らえたもの。「ライオンを―にする」 参考 「生擒」は「セイキン」とも読む。

【生け▲贄】いけにえ ①祈願のために、動物や人などを生きたまま神に供えること。また、そのもの。②ある物事や人のために犠牲になること。表記「犠牲・牲」とも書く。

【生花】いけばな 草木の枝・葉・花などを切り取り、形よく花器にさすこと。華道。表記「活花」とも書く。参考「セイカ」とも読む。

【生馬】いけま ガガイモ科のつる性多年草。山地に自生。葉はハート形。夏、白色の小花をつける。実は裂けて白毛の種子を飛散させる。根は薬用。表記「牛皮消」とも書く。

【生ける】い‐ける ①命を保たせる。生かす。②花や草木の枝を花器にさす。「床の間に花を―ける」③文語体で、生きているの意。「まるで―ける屍(しかばね)だ」表記②「活ける」とも書く。

【△生】うぶ ①初々しくてすれていないこと。世慣れていないこと。純情なさま。「―な娘」②生まれたまま。自然のまま。表記①「初」とも書く。

【生まれる】う‐まれる ①卵や子が母の胎内から出る。また、卵からかえる。②つくりだされる。現れる。「新しいヒーローが―れた」

『生まれながらの長老なし』生まれたときから人に尊敬される経験や学識をもっているものはいない。そうなるには長年にわたって修業を積み重ねることが必要だということ。

『生まれぬ先の〈▲襁▲褓〉むつき定め』あまりに準備が大げさで早すぎること。子どもが生まれないうちに、早くからおむつのことなどで大騒ぎする意から。「襁褓」はおむつのこと。

【生む】う‐む ①母の胎内から卵や子を出す。②新しくつくりだす。生じる。「作品を―む」「利益を―む」

『生みの親より育ての親』生んでくれただけの親よりも、育ててくれた親のほうに、愛情も恩義も感じるものだということ。

【生い立ち】おいたち ①成長すること。「子どもの―を見守る」②成長の過程や経歴。そだち。「作家の―に興味がある」

【生う】お‐う 植物などがはえる。生長する。「夏草が―い茂る」

【生】き ①純粋で混じりけのないこと。「ウイスキーを―で飲む」②自然のまま。

【生一本】きイッポン ①純粋で混じりけのないこと。「灘(なだ)の―」②心がまっすぐで、ひたむきに物事にうちこむこと。「―の職人」類一本気

【生糸】きいと 蚕の繭(まゆ)からとったあと、まだ手を加えていない糸。対練糸

【生漆】きうるし 木から採取して、まだ精製していないうるし。

【生絹】きぎぬ 生糸で織った絹織物。おもに裏地に用いられる。対練絹(ねりぎぬ) 参考「すずし・セイケン」とも読む。

【生酒】きざけ 混ぜ物のない純粋な酒。「蔵出しの―」類生一本

【生地】きジ ①もとからの性質。生まれつきの性質。素質。「―が出る」②加工をする前の状態の布地や木地。また、その地質。「スーツ用に上質の―を選ぶ」③陶磁器で、まだ釉(うわぐすり)をかけていないもの。④小麦粉を練って作った、パンや麺(メン)の材料となるもの。「―を三〇分寝かす」表記「素地」とも書く。参考「セイチ」と読めば別の意になる。

【生渋】きしぶ しぼり取ったままで、混ぜ物のない柿(かき)しぶ。季秋

【生▲醤油】きジョウユ ①水で割ったり煮たりせず、また、他の調味料を加えていない醤油。②もろみからしぼり出したままで、熱処理などをしていない醤油。

【生△直】きすぐ 飾り気がなく、一本気なさま。気まじめなさま。「―な職人」

【生世話物】きぜワもの 歌舞伎(カブキ)の世話物狂言の中で、特に江戸時代の世相や風俗を写実的に描いたもの。生世話。

【生〈▲蕎麦〉】きそば 小麦粉などを混ぜないで、そば粉だけで作ったそば。

【生っ粋】きっスイ 出身・素姓などに、まったく混じりけがなく純粋なこと。「―の江戸っ子」参考「きスイ」の転じたもの。

【生成り】きなり ①生地のままで飾らないこと。②染めたりさらしたりしていない生地や糸。「―のシャツなので洗剤に注意する」表記①「生形」とも書く。

【〈生皮▲苧〉】きびそ 繭から生糸をとるときに出る糸くずなどを、集めて乾燥させたもの。絹糸紡績などの原料とする。

【生〈真面目〉】きまじめ まじめなこと。また、融通が利かないほどまじめなこと。また、その人。「いかにも―な顔つきをしている」

【生娘】きむすめ まだ世間をよく知らない純真な娘。特に、男性との性的経験のない娘。処女。

【生平】きびら カラムシの繊維で平織りにした、粗い麻布。さらしたり染色したりして、男子の羽織・甚兵衛(じんべえ)に用いる。季夏

【〈生▲姜〉・〈生▲薑〉】しょうが ショウガ科の多年草。熱帯アジア原産。世界各地で栽培される。根茎は食用、また、香辛料や漢方薬に用いる。ハジカミ。ジンジャー。季秋 由来「生姜・生薑」は漢名から。参考「ショウキョウ」と読めば別の意になる。

【生涯】ショウガイ ①この世に生きている間。生まれてから死ぬまで。一生。「―忘れられない出来事だった」「輝かしい―を閉じられた」類終生 ②ある事に関係した特定の時期。「教育者としての―」

【生▲姜・生▲薑】ショウキョウ 漢方で、ショウガの根茎を乾かした薬。鎮咳剤(チンガイザイ)や健胃剤などとする。参考「しょうが」と読めば別の意になる。

【生死事大】ショウジジダイ 禅家の言葉で、人間の生き死には厳粛な一大

事であるということ。

【生者必滅】ショウジャヒツメツ 仏生きているものは必ず死ぬということ。人生は無常であることをいう。類会者定離エシャジョウリ・盛者必衰ジョウシャヒッスイ

【生生世世】ショウジョウセゼ 仏現世も来世も、永遠に。生き代わり死に代わり、いつまでも。〈『南史』〉類未来永劫ミライエイゴウ

【生じる】ショウじる ①はえる。はやす。「新芽が―じる」「パンにかびが―じる」②起こる。起こす。「事件が―じる」③自然にできる。「首におできが―じる」

【生死流転】ショウジルテン 仏煩悩を捨てきれない人間が生死をくりかえしながら、迷いの世界を巡ること。類生生流転

【生得】ショウトク 生まれつき。天性。「―の才能」参考「セイトク」とも読む。

【生年】ショウネン 生まれてから経過した年月。年齢。「―三五歳」参考「セイネン」と読めば、生まれた年の意もある。

【生薬】ショウヤク 動植物など天然のものからとった原料をそのまま、あるいは簡単に加工して使う薬。根茎・木皮・果実、または犀角サイカク・麝香ジャコウなどがある。参考「きぐすり」とも読む。

【生類】ショウルイ いのちあるもの。動物。「―憐あわれみの令」

【生老病死】ショウロウビョウシ 仏生まれること、年老いること、病気になること、死ぬこと。人間が避けられない四つの苦しみの意。類四苦八苦

〈生絹〉すずし 練らないままの生糸で織った布。薄くて軽く、夏の衣服に用いる。対練絹ねりぎぬ 参考「きぎぬ・セイケン」とも読む。

【生育】セイイク 生まれ育つこと。また、育てること。「稲の―に適した気候」

【生花】セイカ ①自然の生きた花。対造花 ②「生花いけばな」に同じ。

【生家】セイカ ①生まれた家。「維新の英雄の―」②親・兄弟姉妹がいる家。実家。対婚家・養家

【生活】セイカツ ①生きて活動していること。②世の中でくらしをたてること。また、その方法。なりわい。「不況で―が苦しくなる」

【生還】セイカン ①危険を切りぬけ生きて戻ってくること。「難破船から奇跡的に―した」②野球で、塁に出た走者が本塁に戻り得点すること。

【生気】セイキ 生き生きとした力。「―あふれる表情」「―のない声」類活気

【生起】セイキ 事件・現象などが生じ起こること。「奇妙な事件が―する」

【生寄死帰】セイキシキ 人が生きているのは仮にこの世に身を寄せているだけのことで、死こそ帰るべきところであるということ。〈『淮南子エナンジ』〉

【生気潑溂】セイキハツラツ 活力が満ちあふれているさま。「いつ会っても、彼は―としている」類元気潑溂 表記「潑溂」は「潑剌」とも書く。

【生魚】セイギョ ①生きているさかな。②煮たり焼いたりしていない、生なまの新鮮なさかな。類鮮魚

【生禽・生擒】セイキン いけどること。生きたまままつかまえること。類生獲 参考「生擒」は「いけどり」とも読む。

【生計】セイケイ 生活をしてゆくための経済的な方法・手段。「文筆で―を立てる」

【生硬】セイコウ 技術や表現、態度などが未熟で、ぎこちないこと。「―な感じの文章」

【生彩】セイサイ 生き生きしていること。みずみずしく活気のあること。「―を放つ」「―に欠ける言動」表記「精彩」とも書く。

【生殺与奪】セイサツヨダツ どのようにしようと思うままになること。生かすこと、殺すこと、与えること、奪うこと。人の命運のすべてのこと。〈『荀子ジュンシ』〉「―の実権を握られている」類活殺自在

【生産】セイサン 人間が自然にある物に加工を施し、生活に必要な物をつくりだすこと。また、その活動。「―が需要を上回る」「国民総―」対消費

【生死】セイシ 生きることと死ぬこと。生き死に。「―を分ける」「―不明」参考「ショウジ」とも読む。また「ショウジ」と読めば、仏教で「生老病死の四苦の始めから終わりまで」の意もある。

〖生死肉骨〗セイシニクコツ とても逃れられない窮状から救ってもらうこと。また、大きな恩を受けること。由来死者をよみがえらせ、白骨に肉をつける意から。〈『春秋左氏伝』〉

【生熟】セイジュク 未熟なものと成熟したもの。

【生色】セイショク 生き生きとした顔色。元気なようす。「―を失う」

【生殖】セイショク 生物が自分の種族を維持・繁栄させるために子孫をつくること。「植物の―について研究する」類繁殖

【生新】セイシン 生き生きとして、新鮮なさま。生気があふれて、新しいさま。「―な気分」類生鮮

【生生】セイセイ ①生き生きとしたさま。②万物が生まれ育つこと。ものがつぎつぎと生まれ変化していくさま。

〖生生流転〗セイセイルテン 仏すべてのものはつぎつぎに生まれては変わり、流れ移っていくこと。「―のこの世の中」参考「生生」は「ショウジョウ」とも読む。類生生世世ショウジョウセゼ・生死流転ショウジルテン

【生成】セイセイ 物が生じて、できあがること。また、つくりあげること。「新物質の―」「化合物を―する」

【生鮮】セイセン 魚や肉、野菜などが新しくて生き生きとしていること。「―食料品売場」類新鮮

【生前】セイゼン 在世中。存命中。人が生きていたとき。「—の思い出」対死後

【生息】セイソク ①生物が生存すること。繁殖すること。「地球上に—する生き物たち」②動物や鳥などがすんでいること。「この湖に—する魚は五〇種以上だ」書きかえ②「棲息・栖息」の書きかえ字。

【生存】セイゾン この世に生きていること。また、生き残ること。「—競争」「遭難者の—を確認する」類存命

【生体】セイタイ ①生きているもの。生物。②生きているからだ。「—反応」類生身(なまみ) 対死体

【生態】セイタイ ①生物が自然界に生活している状態やありさま。「昆虫の—を観察する」②社会で生活しているもののありのままの姿。「今どきの高校生の—」

【生誕】セイタン 人間が生まれること。「—二百年祭」類誕生 参考偉人について使う。

【生地】セイチ 生まれた土地。出生地。「—に墓を建てる」参考「きジ」と読めば別の意になる。

【生知安行】セイチアンコウ 生まれながら道を知り、なにごとも不安なく行うことができる聖人の境地のこと。「生知」は生まれつき人のふみ行うべき道を理解していること。「安行」は心安らかに行うこと。人倫の道に至る三つの道程の一つ。《『中庸(チュウヨウ)』》参考三つの道程とは「学知利行・困知勉行・生知安行」のことで、どの道筋も方法がちがうだけで結果は同じであると説く。類良知良能

【生長】セイチョウ 草木などが伸び育つこと。生え育つこと。参考学術用語では、「生長」は植物に、「成長」は動物に用いる。

【生徒】セイト ①学校や塾などで、教えを受ける人。②小学校の児童や大学の学生に対して、特に、中学校・高等学校に籍をおいて教育を受ける人。対児童・学生

【生動】セイドウ 文字や絵画などが動き出しそうに生き生きとしているさま。「気韻(キイン)—」

【生呑活剝】セイドンカッパク 他人の詩や文章を、そのまま自分のものとして使うこと。剽窃(ヒョウセツ)。「生呑」は生きたまま丸のみにすること。「活剝」は生きたまま皮を剝(は)ぐこと。《『大唐新語』》参考「活剝生呑」ともいう。

【生は難く死は△易し】セイはかたくシはやすし いろいろな苦難に耐えて生きていくことのほうが、死ぬことよりもむずかしいということ。

【生物】セイブツ 動物と植物のこと。生命を持って活動し、繁殖するもの。対無生物

【生別】セイベツ 生きたまま別れること。生き別れ。「幼いころに父と—した」類生訣(セイケツ) 対死別

【生母】セイボ 生みの母。実の母親。類実母 対継母・養母

【生命】セイメイ ①生物が生きて存在できる根源となる力。いのち。「—が宿る」②物事を成り立たせ、価値を支えるうえで最も重要なもの。「新聞の—は真実の報道にある」「けがで選手—を絶たれる」③寿命。

【生面】セイメン ①今までとられなかった方面。新しい方面。新境地。「—を開く」②初めて会うこと。初対面。「—の客」

【生来】セイライ ①生まれつき。「—肌の色が白い」②生まれてこのかた。「—うそをついたことがない」参考「ショウライ」とも読む。

【生理】セイリ ①生物が生きていくために起こる、さまざまな体のはたらきや機能。また、その原理。「発汗は—現象だ」②月経。「—不順」

【生離死別】セイリシベツ 悲しい別離のこと。生きながら離ればなれになることと死によって永久に別れること。《『陳書(チンジョ)』》

【生霊】セイレイ ①生物の霊長である人類。人民。②生きている人のたましい。参考②「いきリョウ・いきすだま」とも読む。

【△生さぬ仲】なさぬなか 血のつながらない親子の間柄。まま親とまま子の関係。

【△生す】なす 子をうむ。出産する。「子まで—した仲」

【生】なま ①煮たり焼いたり加工していないこと。「新鮮な—野菜」「—卵」②ありのままで、手を加えていないさま。「—の感想を聞く」③まだ十分に熟していないさま。未熟なこと。中途半端なこと。「—柿(がき)」「—煮え」「—返事」④録画や録音などではないこと。また、直接見たり聞いたりすること。「—放送」「演奏を—で聴く」

【生意気】なまイキ 未熟であったり、それにふさわしい立場にない者が、出すぎた言動やえらそうな態度をすること。「—を言うな」類猪口才(チョコザイ)・小癪(コシャク)

【生酔い】なまえい 酒に少し酔うこと。また、その人。「—本性(ホンショウ)違(たが)わず(酒に酔っても本性は変わらない)」参考「なまよい」とも読む。

【生△齧り】なまかじり 中途半端な知識で物事の一面しか知らず、その本質を十分に理解していないこと。また、その人。

【生木】なまき ①地に根をはって生きている樹木。「—を裂く」②切ったばかりで、まだ乾燥していない木。

【生傷・生△疵】なまきず できたばかりの新しいきず。また、治っていないきず。「—が絶えない」対古傷(ふるきず)

【生臭い】なまぐさい ①生の魚や獣の肉のにおい、またはそれらの血のにおいがする。②うさんくさい。俗っぽい利害が関係している。「金にからんだ—い話」

【生臭坊主】なまぐさボウズ 戒律を守らず、俗気のある僧。品行の悪い僧。由来戒律で禁じられているはずの魚や獣の肉を平気で食べることから。

【生首】なまくび 切り落としたばかりの首。「刑場に—をさらす」

【生▲塵・生▲芥】なまごみ 台所などから出る、食料品や食事の残り物など水分を含んだごみ。

【生唾】なまつば うまそうなものやすっぱいものを見たとき、また強く緊張したときなどに自然に出てくる唾液。「ご馳走に―を飲む」

【生爪】なまづめ 指に生えているままの爪。「―を剝がす（残酷なことのたとえ）」

【生▲半】なまなか ①中途半端なさま。「―の努力では無理だ」類生半可 ②中途半端になるよりは。なまじっか。むしろ。いっそ。「―口出ししないほうがいい」

【生剝げ】なまはげ 秋田県男鹿地方などの正月一五日の行事。青年数人が大きな鬼の面をかぶり蓑をつけ、木製の刃物・御幣・桶などを持ち、家々を訪れて酒食のもてなしを受けては祝福を述べるもの。季新年

【生半可】なまハンカ 物事が中途半端で不十分なこと。いいかげん。「―なことではだめだ」類生半

【生兵法】なまビョウホウ ①未熟な武術しか心得ていないこと。②生かじりの知識や至らない技術。

【生兵法は大▲怪我の基】なまビョウホウはおおケガのもと 未熟な技や中途半端な知識は、むしろ大きな失敗につながるという戒め。参考「大怪我」は「大疵」ともいう。

【生身】なまみ 生きている体。生き身。「―の人間だから風邪もひく」

〈生海布〉なまめ 生のままの海藻。海にあるままの海藻。

【生易しい】なまやさしい 簡単で容易なさま。たやすい。「理想に生きることは―いことではない」参考多く、あとに打ち消しの語を伴う。

〈生節〉なまりぶし 蒸したカツオの身を生干しにした食品。参考「なまぶし」とも読む。季夏

せ　セイ

〈生業〉なりわい 生計を立てていくための仕事。家業。職業。「八百屋を―とする」参考「すぎわい・セイギョウ」とも読む。もと「生業」で、生産の業、農業の意。

【▲生る】なる 植物の実ができる。実を結ぶ。「畑にリンゴが―る」

〈生血〉のり まだ乾かないねばりけのある血。血糊。参考「なまち」とも読む。

【生え抜き】はえぬき ①その土地で生まれ育つこと。きっすい。「―の下町っ子」②創立以来、ある団体・組織などに属していること。「―の劇団員」

【生える】はえる 動物や植物の体の一部が生長して伸びること。また、生じること。「竹の子が―える」「歯が―える」「羽が―える」

【▲生す】むす コケや草などが生える。発生する。「苔の―した石」

セイ【成】(6) 戈 2 常 教 7 3214 402E 音 セイ・ジョウ高 訓 なる・なす

旧字《成》(7) 戈 3 1/準1

筆順 丿 厂 万 成 成 成

意味 ①なる。できあがる。「成立」「完成」「落成」②なす。なしとげる。「成就」「成功」「達成」③そだつ。そだてあげる。「成長」「育成」「養成」

下つき 育成・完成・既成・形成・結成・構成・合成・混成・作成・賛成・熟成・助成・早成・促成・大成・達成・晩成・編成・養成・落成・錬成・老成

【成就】ジョウジュ ①なし遂げること。できあがること。②長年の望みや願いが実現すること。「年来の願望が―する」「大願―」

【成仏】ジョウブツ ①仏 煩悩からはなれて悟りを開き、仏の世界に入ること。②死んで仏となること。死ぬこと。「安らかな―を願う」

【成案】セイアン すでにまとまった考えや文案。「―を得る」対草案・試案

【成育】セイイク 人や動物などが育つこと。生まれ育つこと。育って成熟すること。また、育てること。参考「生育」と書けば、おもに植物についていう。

【成因】セイイン 物事が成立するための原因。できあがらせたもとの力。「深成岩の―」

【成員】セイイン 団体や組織などを構成している人。メンバー。「楽団の―」

【成果】セイカ 物事をなし遂げた結果。よいできばえ。「大きな―を上げる」

【成魚】セイギョ 成長した魚。対稚魚・幼魚

【成句】セイク ①二語以上からでき、まとまった意味をもつ言葉。慣用句。イディオム。「さじを投げる」などの類。②昔から広く世に知られて使われている、詩文や格言やことわざ。「出藍の誉れ」などの類。

【成形】セイケイ かたちをつくること。かたちができること。参考「整形」と書けばかたちを整える意。

【成型】セイケイ 型を用いて素材を一定のかたちに作ること。「ケーキの―」「焼き物の―」

【成・蹊】セイケイ 徳のある人のもとには自然に人が慕って集まることのたとえ。故事「桃李言わざれども、下自ら蹊を成す」〈史記〉から出た言葉。前漢の将軍・李広の人徳をたたえた文に引用されたことわざ。

【成語】セイゴ ①昔から知られ、よく引用されてきたひとまとまりの語句。「故事―」類成句 ②二つ以上の語が結びついてできた語。熟語・複合語・合成語などをいう。

【成功】セイコウ ①物事が思いどおりに行くこと。目的を達成すること。「一応の―をおさめる」対失敗 ②富・財産や社会的地位を得ること。「事業で―する」

【成婚】セイコン 結婚が成立すること。「皇太子のご―を祝う」

【成算】セイサン 成功の見通し。なし遂げる見込み。「勝利の―がある」

【成事は説かず遂事は諫めず】セイジはとかずスイジはいさめず できてしまったこと、やってしまったことについては、とやかく言ってもなんの意味もないということ。言動には事前の注意が大切だという戒め。〈『論語』〉

【成熟】セイジュク ①果物や穀物などが十分に実ること。②人が精神的・肉体的に、十分に成長すること。「―期」③機が熟すこと。物事がちょうどよい時期に達すること。「機運が―する」

【成人】セイジン ①子どもが成長して一人前になること。おとな。「りっぱに―する」②満二〇歳になること。また、その人。「―の日に市主催の祝賀会を開く」類成年

【成績】セイセキ 仕事や学業などでなし遂げた結果を評価したもの。できばえ。「―表」「営業―を伸ばす」

【成体】セイタイ 子を産み育てることができるほどに、成育した動物。

【成竹、胸に在り】セイチクむねにあり 十分に成功の見通しがあること。また、その計画ができていること。タケを描こうとするとき、完成したそのタケの絵がすでに心のなかにできあがっているという意から。〈蘇軾ソショクの文〉

【成虫】セイチュウ 昆虫・クモ類などで脱皮や変態を終えて、生殖が可能となったもの。対幼虫

【成長】セイチョウ ①人間や動物などが育って成熟すること。「子どもの―記録をつける」②物事が発展し、規模が大きくなること。「会社が―する」参考「生長」と書けば、植物などにいう。

【成丁者】セイテイシャ 一人前になった者。成年に達した人。成人。参考明治期に用いた語。

【成年】セイネン 心身ともに十分に発達して一人前となる年齢。「―に達する」類成人 参考日本の法律では満二〇歳をいう。ただし、二〇歳未満でも婚姻をすれば成年とみなされる。また、天皇・皇太子・皇太孫の成年は満一八歳。

【成敗】セイハイ 成功と失敗。事が成ることと敗れること。「―は時の運」類成否 参考「セイバイ」と読めば別の意になる。

【成敗】セイバイ ①裁くこと。裁判。②処罰すること。こらしめること。「喧嘩ケンカ両―」③昔、罪人などを打ち首にしたこと。参考「セイハイ」と読めば別の意になる。

【成否】セイヒ 成功と失敗。事が成るか成らないか。「―をおそれず挑戦する」

【成分】セイブン ①まじりあって一つのものを構成しているそれぞれの物質。構成要素。「基礎食品の―表」②文法で、一つの文を構成している各部分。主語・述語・修飾語など。

【成文化】セイブンカ 慣習として行われていたことや話し合いで決められていたことを、文章に書き表すこと。

【成約】セイヤク 約束や契約などが成立すること。「マンション売買の―件数」

【成立】セイリツ ①物事が成り立つこと。「議員の三分の二以上の出席で本会議が―した」②できあがること。まとまること。「法案の―」

〈成吉思汗〉チンギスハン モンゴル帝国の創始者。一二〇六年、全モンゴルを統一してハン(遊牧民の長の称号)の位についた。参考「ジンギスカン」とも読む。

【成り金】なりキン ①将棋で、駒こまが敵陣にはいり、裏返って金将となること。また、その駒。②急に金持ちになること。また、その人。「土地―」参考②多く、軽蔑ケイベツしていう語。

【成る】なる ①仕上がる。でき上がる。「新社屋の工事が―る」②望んだとおりになる。「長年の夢が―る」③構成されている。「一〇の短編から―る小説集」④将棋で、駒こまが敵陣に入ってはたらきが変わる。「歩ふが金に―る」

【成らぬ堪忍カンニンするが堪忍】 我慢できないことをじっとこらえる我慢こそ、本当の我慢であるということ。

【成るは▲厭いやなり思うは成らず】 望まないことが実現し、ねがうことが実現しない。世の中のことは、なかなか思いどおりにいかないということ。

セイ【西】 (6) 西 0 常 教 9 3230 403E

音 セイ・サイ 外ス

訓 にし

筆順 一 一 丨 冂 丙 西 西

意味 ①にし。方角の名。「西部」「西方」対東 ②「西洋」のこと。「西暦」「泰西」

下つき 関西カンサイ・カンセイ・泰西タイセイ・鎮西チンゼイ・東西トウザイ

〈西貢〉サイゴン 旧ベトナム共和国(南ベトナム)の首都。今のホーチミン市。表記「柴棍」とも書く。

【西方浄土】サイホウジョウド 仏西方のはるかかなたにあるといわれる、阿弥陀如来アミダニョライの支配する安楽な世界。極楽浄土。西方安楽国。

【西遊】セイユウ 西方、特に西洋に旅行すること。参考「サイユウ」とも読む。

〈西比利亜〉シベリア アジア大陸の北部、西はウラル山脈から東はベーリング海に及ぶ広大な地域。地下資源に富むが、冬は厳寒の地。

【▲西▲瓜】スイカ ウリ科のつる性一年草。熱帯アフリカ原産。暖地で栽培。つるは地をはい、夏、球形や楕円エン形の大きな果実をつける。果実は水分に富み甘い。季秋 由来「西瓜」は漢名から。表記「水瓜」とも書く。参考「スイ」は唐音。

【〈西班牙〉】 スペイン ヨーロッパの南西部、イベリア半島の大部分を占める立憲君主国。「スペイン内乱」ののち、一九七五年に王政復古。首都はマドリード。

【西域】 セイイキ 中国人が昔、西方諸国を呼んだ言葉。現在の中央アジアから中近東付近までを指した。唐代には、文化の交流など東西交通の要衝。参考「サイイキ」とも読む。

【西欧】 セイオウ ①ヨーロッパの西部の地域。西ヨーロッパ。②明治時代では、東洋に対して西洋。欧州。ヨーロッパ。

【西▲諺】 セイゲン 西洋のことわざ。

【西施▲捧心】 セイシホウシン 身のほどを考えずに、やたら人のまねをして笑われること。同じ行為でも、それを行う人と場合によって価値が異なることのたとえ。故事 中国、越の国で絶世の美女といわれた西施が病気になり、胸に手をあてた姿がさらに美しいのを見たみにくい婦人がそのまねをしたところ、周りの人が逃げだしたという故事から。〈『荘子(ソウジ)』〉 類 顰(ひそ)みに効(なら)う

【西▲戎東▲夷】 セイジュウトウイ 昔、漢民族が異民族をさげすんで呼んだ語。「戎」は西方の、「夷」は東方の異民族のこと。

【西漸】 セイゼン 東に興った勢力や文化が次第に西方へ移っていくこと。「―運動(昔、アメリカで、辺境開拓のため、東部から西部へ移住した運動)」 対 東漸

【西△浄】 セイチン 禅宗で便所。由来 西序(法要の際、仏殿の西側に並ぶ学徳に長じた僧)が用いることから。参考「セイジン・セイジョウ」とも読む。「チン」は唐音。

【西暦】 セイレキ キリストが生誕したとされる年を元年とした年代の数え方。西洋暦。西洋紀元。

【〈西蔵〉】 チベット 中国の南西部を占める自治区。パミール高原の東にある高原地帯で、ヒツジやヤクなどの牧畜が盛ん。区都はラサ。

【西】 にし ①方位の一つ。太陽の沈む方角。②西のほうから吹く風。③相撲で、土俵の正面から見て右側のほう。④関西地方。「―の出身」⑤仏 西方浄土。対 ①～③東

【西陣織】 にしじんおり 京都の西陣で作られる高級な絹織物の総称。「―の帯」

セイ 【声】

(7) 士 4 常 教 9 3228 403C 音 セイ・ショウ(高) 訓 こえ・こわ(中)

旧字《聲》(17) 耳11 1/準1 7065 6661

筆順 一 十 士 韦 韦 声 声

意味 ①こえ。人のこえ。また、音。ひびき。「声域」「音声」②こえを出す。言う。述べる。「声明」「声援」③うわさ。ひょうばん。「声望」「名声」④漢字音のこえの出しかた。高低のアクセントなど。「声律」「四声」⑤語頭の子音。対 韻

下つき 音声(オンセイ)・歌声(カセイ・うたごえ)・歓声(カンセイ)・奇声(キセイ)・嬌声(キョウセイ)・去声(キョショウ)・形声(ケイセイ)・混声(コンセイ)・四声(シセイ)・銃声(ジュウセイ)・上声(ジョウショウ・ジョウセイ)・笑声(ショウセイ)・女声(ジョセイ)・男声(ダンセイ)・怒声(ドセイ)・肉声(ニクセイ)・入声(ニッショウ・ニュウショウ)・罵声(バセイ)・発声(ハッセイ)・美声(ビセイ)・平声(ヒョウショウ・ヒョウセイ)・砲声(ホウセイ)・無声(ムセイ)・名声(メイセイ)

【声】 こえ ①人や動物が発声器官を使って出す音声。②物の振動によって発生する音。「波の―」③意見や主義・主張。「読者の―」④言葉。「良心の―」「神の―」⑤けはい。それとわかる感じ。「師走の―を聞く」

【声無きに聴き形無きに△視る】 子は親が声を出して言わないうちに、また、何かをしようとする前に、その気持ちを察して孝養をつくす心がけが大切だということ。転じて、注意がゆきとどくこと。〈『礼記(ライキ)』〉

【声色】 こわいろ ①声の調子。こわね。「―を変えて電話する」②役者や有名人のしゃべり方や声をまねること。声帯模写。また、その声。

【声高】 こわだか 声の調子が高くて大きいこと。「―に話し合っている」

【声音】 こわね 声の調子や響き。こわいろ。「―を聞き分ける」

【声明】 ショウミョウ 仏 仏の徳をたたえる声楽。法要・仏会に唱えられる。類 梵唄(ボンバイ) 参考「セイメイ」と読めば別の意になる。

【声聞】 ショウモン 仏 元来は仏の教えを聞き、阿羅漢(アラカン)となることを目的とする仏道修行者。のちに個人的な解脱(ゲダツ)を目的にする小乗の徒として、大乗仏教から批判されるようになった。

【声援】 セイエン 声を出して応援すること。声をかけてはげますこと。「母校のチームに―を送る」

【声価】 セイカ 人や物事に対する世の中の評判や評価。名声。「実業家としての―を高めた」類 評判

【声楽】 セイガク 人間の音声による音楽。特に、合唱・オペラなど。「―家」対 器楽

【声帯】 セイタイ のどの中央にある発声器官。弾力性のある左右のひだを振動させて発声する。「―を痛めたので声が出ない」

【声調】 セイチョウ ①話し声や歌声の調子。ふしまわし。②詩歌の調子。「万葉の―」

【声望】 セイボウ 人についての高い評判。名声と人望。「一身に―を集める」

【声明】 セイメイ ある事柄についての意見や考えを公に発表すること。「日韓(ニッカン)共同―」参考 一般に、外交・政治上の意見について いう。「ショウミョウ」と読めば別の意になる。

【声門】 セイモン 左右の声帯ひだの間にある、息の通る部分。発声のときは緊張して狭くなる。声門裂。「―音」

【声紋】 セイモン 人の音声を周波数分析することによって個人ごとに得られる特徴。犯罪捜査などに活用される。

【声優】 セイユウ テレビなどのナレーション、アニメーションや外国映画の吹き替えな

どで、声だけを担当する俳優。

【声量】セイリョウ その人がもっている、声の大きさ・豊かさの程度。「—が豊かなオペラ歌手」

【声涙】セイルイ 声と涙。「—倶に下る(感情が激して、泣きながら話す)」

セイ【▲成】(7) 戈3 ▼成の旧字(八五〇)

セイ【制】(8) リ6 常 教6 3209 4029 音セイ 訓㊀おさえる

筆順 ノ ㇒ 𠂉 𠂉 肀 朱 制 制

意味 ①おさえる。やめさせる。「制限」「制止」「規制」②おさめる。したがわせる。「制覇」「制御」「統制」③とりきめる。さだめる。「制定」「制度」「編制」④おきて。きまり。しくみ。「学制」「税制」「体制」⑤つくる。したてる。つくりあげる。「制作」類製

下つき 圧制・王制・学制・官制・管制・規制・強制・禁制・軍制・牽制・自制・税制・節制・専制・体制・帝制・統制・兵制・法制・抑制

【△制える】おさ—える 一定の範囲にとどまるようにくい止める。禁じる。

【制圧】セイアツ 力ずくで相手を押さえつけて自由を奪うこと。「街は戦車に—された」「反乱を—する」

【制御】セイギョ ①自由を押さえつけて、思いどおりにあやつること。「馬を—する」②機械や装置などを、目的どおりに動くように調節すること。コントロール。「原子炉の—」書きかえ「制馭・制禦」の書きかえ字。

【制▲馭・制▲禦】セイギョ ▼書きかえ 制御

【制空権】セイクウケン 権益確保のために、軍事上の目的で、ある地域の空域を航空兵力で支配する力。「—をにぎる」対制海権

【制限】セイゲン 範囲を定めて、そこから出ないようにおさえること。また、その範囲。「入場者を—する」

【制裁】セイサイ おきてやきまりにそむいた者を懲らしめること。「経済—を加える」

【制作】セイサク 彫刻・絵画などの芸術作品をつくること。また、映画や放送番組などをつくること。類製作

【制札】セイサツ 禁止事項や伝達事項が書かれた立て札。禁札。

【制止】セイシ 他人の言動などを押しとどめること。押さえつけること。「警官の—を振り切って車は暴走した」

【制式】セイシキ 機械などの定められた様式。「新型車の—」

【制定】セイテイ 法律など、公のきまりを定めること。「憲法を—する」

【制度】セイド ①国家や団体などを運営していくための法規則。「新しい—を導入する」②社会的に認められている不文律。社会のしくみ。「徒弟—」「世襲—」「医療保険—」

【制動】セイドウ 車軸の運動やその速力を止めること。ブレーキをかけること。「—機」

【制覇】セイハ ①他人を制して覇権を握ること。②競技、試合などで首位を勝ち取ること。「全国—を目指してがんばろう」

【制服】セイフク 会社や学校などの集団に属する人が、着用を定められた衣服。対私服

【制帽】セイボウ 会社や学校などの集団に属する人が、かぶるように定められた帽子。

【制約】セイヤク 物事に条件をつけて、活動などを制限すること。「社会にはさまざまな—がある」類束縛

【制令】セイレイ 制度と法令。法度。おきて。

セイ【姓】(8) 女5 常 4 3211 402B 音セイ・ショウ 訓㊀かばね

筆順 く 女 女 女' 女𠂉 妌 姓 姓

意味 ①かばね。血統や家系を示す名称。「姓系」「百姓」②みょう字。氏族や家の固有の名。「姓名」

下つき 易姓・改姓・旧姓・氏姓・同姓・百姓・復姓・本姓

【△姓】かばね 古代日本で、大和政権の官職名や家柄を表した称号。臣・連など。「氏—」

【姓氏】セイシ ①姓(血筋)と氏(家柄)。類氏姓 ②名字。

【姓名】セイメイ 名字と名前。姓と名。「書類に—を記入する」「—判断」類氏名

セイ【征】(8) 彳5 常 4 3212 402C 音セイ 訓㊀ゆく・うつ・とる

筆順 ノ ㇇ 彳 彳 彳 衎 征 征

意味 ①ゆく。旅に出る。「征衣」「征途」②うつ。不正を武力でただす。「征討」「征伐」「出征」③とる。(ア)税などをとりたてる。「征税」(イ)利益をうばいとる。「征利」

下つき 遠征・出征・親征・長征

【△征つ】う—つ 敵を攻めてこらしめる。武力で平定する。

【征圧】セイアツ 征服して押さえこむこと。「がんを—する新薬の開発が待たれる」

【征▲夷】セイイ 辺境や未開の民、特に蝦夷を討伐すること。「—大将軍」

【征▲戍】セイジュ 辺境の守備につくこと。また、その兵士。転じて、戦争。

【征税】セイゼイ 税を強制的に取りたてること。また、その税。類征賦

【征途】セイト 遠征への道。戦争や試合などに行く道。「声援に送られて—につく」

【征討】セイトウ 出兵して、そむく者やしたがわない者を討つこと。類征伐・討伐

せ セイ

【征伐】セイバツ 兵力を用いて反逆者や悪人などを攻め討つこと。類征討・討伐

【征服】セイフク ①武力で敵を押さえ、服従させること。「世界—の野望を抱く」②困難なことをやりとげること。「ついに未登峰を—した」

【征旅】セイリョ ①敵の征討に行く軍隊。討伐軍。②旅。いくさの旅。「—三か月」参考「旅」は軍隊・いくさの意。

【〈征矢〉・〈征▲箭〉】そや 昔、戦争に用いた矢。鋭い矢尻(やじり)をつけた矢。

【△征く】ゆく 遠くに向かってまっすぐに進む。戦争や旅などに出る。「戦地へ—く」

セイ【性】(8) 忄5 常 教 6 3213 402D 音 セイ・ショウ(中) 訓 外 さが・たち

筆順 忄 忄 忄 忄 忄 忄 性 性

意味 ①さが。うまれつき。うまれながらの心のはたらき。たち。「性格」「性分(ショウブン)」「天性」②もちまえ。物事の本質。傾向。「性能」「活性」「属性」③男女・雌雄の別。「性別」「異性」

下つき 相性(あいショウ)・悪性(アクセイ)・異性(イセイ)・陰性(インセイ)・仮性(カセイ)・活性(カッセイ)・感性(カンセイ)・慣性(カンセイ)・気性(キショウ)・急性(キュウセイ)・個性(コセイ)・根性(コンジョウ)・酸性(サンセイ)・磁性(ジセイ)・習性(シュウセイ)・女性(ジョセイ)・真性(シンセイ)・水性(スイセイ)・素性(スジョウ)・属性(ゾクセイ)・耐性(タイセイ)・惰性(ダセイ)・男性(ダンセイ)・知性(チセイ)・中性(チュウセイ)・適性(テキセイ)・敵性(テキセイ)・天性(テンセイ)・特性(トクセイ)・徳性(トクセイ)・毒性(ドクセイ)・品性(ヒンセイ)・父性(フセイ)・母性(ボセイ)・本性(ホンショウ)・慢性(マンセイ)・野性(ヤセイ)・油性(ユセイ)・陽性(ヨウセイ)・理性(リセイ)・両性(リョウセイ)

【△性】さが ①もって生まれた性質。「かなしき—」②習慣。ならわし。「浮き世の—」

【性懲り】ショウこり ひどくこりること。深く反省すること。「—もなく同じ過ちをするな」

【性根】ショウコン 一つのことを長く続ける根気。根性。「—が尽き果てる」参考「ショウね」と読めば別の意になる。

【性根】ショウね ①行動や言葉などの基になる根本的な心のもち方。こころね。「—がすわっている」②しっかりした心。正気。③物事の根本のところ。核心。参考「ショウコン」と読めば別の意になる。

【性分】ショウブン もって生まれた性質。天性。たち。「何事も手抜きしない—だ」

【性悪】ショウわる 性質の悪いこと、また、そのような人。類悪性(アクショウ) 参考「セイアク」と読めば、人間の本性が悪である意になる。

【性愛】セイアイ 男女間の肉体的な愛情。男女間の性的な愛情。「—にめざめる」

【性相近し習い相遠し】セイあいちかしならいあいとおし 人は生まれつきの性質はほとんど同じだが、後天的な修養や習慣によって大きい差が生じるから、教育や環境は大切であるということ。〈『論語』〉

【性悪説】セイアクセツ 古代中国の荀子(ジュンシ)が唱えた、人の本性はもともと悪であるという説。対性善説

【性格】セイカク ①ものの感じ方や考え方、言動や行動などに現れる、もって生まれたその人特有の性質。「きつい—」「—がよい」「—の不一致」②物事にそなわった特有の傾向。「この政党の—を理解する」

【性器】セイキ 生殖器官。特に、人間の生殖器をいう。

【性急】セイキュウ ①気短でせっかちなこと。落ち着きがないこと。「—な人だ」②物事の運びが急であること。「計画の決定が—に過ぎる」

【性交】セイコウ 男女の肉体的交わり。セックス。類交合・交接

【性向】セイコウ ①人の性質の傾向。気立て。「内気な—の少年」②物事の傾向。「消費—」

【性行】セイコウ 人の性質と行動。身持ち。品行。「少年の—を観察する」

【性行淑均】セイコウシュクキン 性格もよく行動も公正なこと。「淑均」はしとやかで公平の意。

【性質】セイシツ ①人や生物がもって生まれた気質。天性。「おだやかな—」②物事がもっている固有の特徴。「お客相手の仕事の—から言葉づかいに気をつかう」

【性状】セイジョウ ①物事の性質と状態。「磁石の—」②人の性質とおこない。「変わった—の持ち主」

【性情】セイジョウ ①人の性質と心情。②気立て。もって生まれた性質。「やさしい—の子」

【性善説】セイゼンセツ 古代中国の孟子(モウシ)が唱えた、人の本性はもともと善であるという説。対性悪説

【性徴】セイチョウ 人や動物の性別を示す形態的な特徴。「第二次—」

【性能】セイノウ 性質と能力。多く機械についていう。「今度買った車は—がいい」

【性癖】セイヘキ もって生まれた性質。性質上のかたより。おもに悪いくせをいう。「爪(つめ)を噛(か)む—がある」

【性別】セイベツ 男女、雌雄の性的な区別。「—による役割分業」

【性欲】セイヨク 男女間・雌雄間で起こる性行為への欲望。類肉欲・色欲 書きかえ「性慾」の書きかえ字。

【性▲慾】セイヨク ▼書きかえ 性欲

【△性】たち ①人の性質や体質。「せっかちな—だ」「すぐ風邪を引く—だ」②物事の性質や傾向。「—の悪い噂(うわさ)」

セイ【青】(8) 青0 常 教 10 3236 4044 音 セイ・ショウ(高) 訓 あお・あおい

旧字《靑》(8) 青0 1/準1

筆順 一 十 キ 丰 丰 青 青 青

意味 ①あお。あおい。「青山」「青天」「紺青」 ②わかい。年少の。「青春」「青年」

下つき 群青(グンジョウ)・紺青(コンジョウ)・丹青(タンセイ)・緑青(ロクショウ)

【青】 あお ①晴れた日の空や海のような色。三原色の一つ。緑色・藍(あい)色・水色などをいうこともある。「―海原」「―信号」 ②「青毛」の略。青みがかった黒い毛色のウマ。③若くて未熟なこと。「―臭い議論」「―二才」

『青は藍より出でて藍よりも青し』 教えを受けた者が、教えた者よりもすぐれることのたとえ。青色は、その染料のもとになった藍の葉よりも青い意から。《『荀子(ジュンシ)』》 参考「藍より出でて藍より青し」ともいう。 類 出藍(シュツラン)の誉れ

【青嵐】 あおあらし 青葉のころに吹く、やや強い風。季夏 参考「セイラン」とも読む。

【青い】 あお-い ①青色や緑色などをしている。「―い梅の実」 ②若くて未熟である。「そんなに怒るとはまだ―い奴だ」 ③病気や心配事などで顔色が悪いさま。「貧血で顔色が―い」

【青息吐息】 あおいきといき 困ったときや苦労しているときに吐く、ため息。「不況で経営者は―だ」

【青浮草・青萍】 あおうきくさ ウキクサ科の多年草。水田や池に自生。葉はなく、葉のような非常に小さい緑色の茎が水面に浮く。夏から秋、白い小花をつける。

【青鷺】 あおさぎ サギ科の鳥。ユーラシア大陸やアフリカに広く分布。水田や沼地に群れてすむ。背面は灰色で、翼は青黒色。後頭に青黒色の長い飾り羽がある。ミトサギ。季夏

【〈青緡〉・〈青繦〉・青差】 あおざし 銭の穴に紺色に染めた麻縄を通して、銭を結び連ねたもの。

【青瓷・青磁】 あおジ 平安時代の焼物で、銅を呈色剤(色彩を出す薬)とした緑色の釉(うわぐすり)を表面にかけた陶器。緑釉陶(リョクユウトウ)。参考「青磁」は「セイジ」と読めば別の意。

【青写真】 あおジャシン ①複写するための写真法の一種。図や文字が青地に白く焼き付けられた写真。設計図などに多く用いる。ブループリント。②物事の予定図。未来の構想。「新婚生活の―」

【〈青麻〉・〈青苧〉】 あおそ アサの粗皮(あらかわ)を水にさらし、薄く裂いて作った繊維。由来 青みを帯びた色をしていることから。

【青〈底翳〉】 あおそこひ 緑内障の俗称。

【青畳】 あおだたみ 新しくて表面が青々としている畳。「―のような水田」

【青天井】 あおテンジョウ ①空を天井に見立てた語で、青々とした空。②物の値段や数量などが、どこまでも上がり続けること。「株価は―だ」

【青菜】 あおな 緑色の葉菜。ホウレンソウやコマツナなど。「―に塩(元気を失ってしおれるさま)」

【青二才】 あおニサイ 年が若くて経験の乏しい未熟な男。参考 相手を軽蔑(ケイベツ)したり、自分を謙遜(ケンソン)したりしていうときに用いる。「青」は未熟の意。「二才」は、ボラの幼魚をたとえたものともいう。

【青鈍】 あおにび 布の染め色。青みがかった灰色。喪中の人や出家した人が用いる。

【〈青海苔〉・〈青苔〉】 あおのり 緑藻類アオサ科の海藻の総称。海岸や河口付近の岩に生える。緑色または黄緑色。食用。季春 表記「緑苔」とも書く。

【〈青葉木菟〉・〈青葉梟〉】 あおばずく フクロウ科の鳥。東アジアに分布。背面は黒褐色で、腹面は白地に黒褐色の斑点(ハンテン)がある。季夏 由来 青葉の茂るころに渡来するミミズク(木菟)の意から。

【青瓢箪】 あおビョウタン ①まだ熟していない青いヒョウタン。あおふくべ。季秋 ②やせて顔色が悪く、元気のない人をあざけっていう語。

【青味泥】 あおみどろ 緑藻類ホシミドロ科の淡水藻。▼水綿(あおみどろ)(八二三)

【青柳】 あおやぎ ①葉が青々と茂るヤナギ。②バカガイのむき身。季①②春

【〈青茅〉】 かりやす イネ科の多年草。▼刈安(かりやす)(二三〇)

【〈青蠅〉】 きんばえ クロバエ科のハエ。体は青緑または黄緑色で金属光沢がある。汚物などを好み、感染症を媒介することもある。季夏 表記「金蠅」とも書く。

【〈青箭魚〉】 さごし サワラの幼魚。特に、関西以西で用いる語。季春

【〈青魚〉・〈青花魚〉】 さば サバ科の海魚。由来 青い魚の意から。▼鯖(さば)(八七〇)

【〈青蝦〉】 しばえび クルマエビ科のエビ。東京湾や伊勢湾などの浅い砂底にすむ。体は淡黄色に青緑色の小さな斑点(ハンテン)がたくさんある。食用。表記「芝蝦」とも書く。

【〈青竜蝦〉】 しゃこ シャコ科の甲殻類。▼蝦蛄(しゃこ)(一五九)

【青雲】 セイウン ①高く晴れた空。青空。②立身出世のたとえ。

『青雲の志(こころざし)』 学問をみがいてりっぱな人物になろうという心構え。立身出世を願う気持ち。「―を抱いて都に上る」

【青果】 セイカ 野菜とくだもの。「ミカンの出荷で―市場がにぎわう」

【青海波】 セイガイハ ①雅楽の一つで唐楽の曲。二人で舞う。②①を舞う人の衣装に用いる、波形をかたどった模様。

【青眼】セイガン 喜んで人を応対する心を表した目つき。好意をもった目つき。対白眼 故事 中国、晋の阮籍が、好きな人には青眼で、嫌いな人には白眼で迎えたという故事から。

【青▲衿】セイキン 学生。書生。由来 昔の中国で、学生が青い襟の着物を着たことから。

【青▲瑣】セイサ ①経机や門扉などの装飾的なくりぬきの内側を緑青でぬったもの。②中国で天子の宮殿の門。由来 ②門の扉の部分に鎖形の模様を彫刻し、青漆を塗ったことから。

【青酸】セイサン シアン化水素。酸性・無色の液体。揮発しやすく猛毒。

【青山】セイザン ①樹木が青々と茂っている山。②人が死んで骨を埋める場所。墓場。

【青山一髪】セイザンイッパツ はるか海のかなたに、青い山々が一筋の髪の毛のようにかすかに見えること。〈蘇軾の詩〉

【青史】セイシ 歴史。記録。由来 昔、青竹に文字を記したことから。

【青史汗簡】セイシカンカン 歴史書。「青史」は歴史のこと。「汗簡」は昔、あぶって汗(油)抜きをして文字を書くのに用いた青竹で、文書・書物のこと。

【青磁】セイジ 鉄分を含む青緑色、または、薄い藍色の釉をかけて焼いた磁器。参考「あおジ」と読めば別の意になる。

【青春】セイシュン 人生の春ともいうべき、若い時期。青年時代。「—を謳歌する」由来 五行説で、青は春の色であることから。

【青松落色】セイショウラクショク 人と人との交際に道義が衰えていくことのたとえ。変わらないはずの松葉の青が色あせるの意から。〈孟郊の詩〉

【青銭万選】セイセンバンセン 非常にすぐれた文章のたとえ。科挙の試験にかならず合格するほどの文章のこと。由来 青銅でできた銭は粗悪な材料で作った銭にまぜても、一万回選んで一万回まちがいなく選び取ることができるということから。〈『新唐書』〉

【青▲黛】セイタイ ①濃い青色。②青いまゆずみ。また、それでかいた眉。③俳優が月代などを青く見せるのに用いる顔料。

【青天の▲霹▲靂】セイテンのヘキレキ 思いがけない事件が起こるたとえ。よく晴れた空に、突然雷鳴がとどろく意から。「霹靂」は雷鳴の意。〈陸游の詩〉類寝耳に水

【青天白日】セイテンハクジツ 心にまったくやましい点がないこと。また無実が明らかになること。よく晴れて太陽が輝く日の意から。〈韓愈の文〉参考「白日青天」ともいう。類清廉潔白

【青▲鞜】セイトウ 婦人解放を主張する学識のある女性や女流の文学者。由来 一八世紀中ごろのイギリスで、女流文士の集まるサロンの出席者が青い靴下をはいていたことから。

【青▲鞜派】セイトウハ ①一八世紀以後のイギリスで、婦人参政権運動を行った一派。②明治末、婦人解放を唱えた女性団体。平塚らいてう(ちょう)を中心に青鞜社を結成した。

【青銅】セイドウ 銅と錫の合金。ブロンズ。「弥生時代の—器」

【青年】セイネン 青春期にあたる男女。ふつう、一〇代後半から二〇代の若者を指す。「—実業家」

【青票】セイヒョウ 国会で記名投票になるとき、反対の意を表す議員が投じる青色の札。対白票 参考「あおヒョウ」とも読む。

【青△竜】セイリョウ ①玄武・白虎・朱雀とともに、天の四神の一つ。東方を司る神。②青色の竜。参考「セイリュウ・ショウリュウ」とも読む。

【〈青頭菌〉】はつたけ ベニタケ科のキノコ。日本特産。秋、松林に生える。傘は中央がくぼみ、赤褐色で色の濃い円状の紋がある。傷をつけると青く変色する。食用。アイタケ。季秋 由来「青頭菌」は漢名から。表記「初茸」とも書く。

セイ【斉】(8) 斉 0 常 準2 3238/4046 音 セイ 外サイ 訓 外ととのえる・ひとしい・ものいみ

旧字《齊》(14) 齊 0 1/準1 8378/736E

筆順 丶 亠 ナ 文 文 产 斉 斉

意味 一セイ ①そろう。そろえる。「斉唱」「一斉」②ととのう。ととのえる。「均斉」③ひとしい。「斉一」④おさめる。「斉家」⑤おごそか。つつしむ。「斉聖」⑥中国の王朝・国名。二サイ ものいみ。ものいみする。類斎

下つき 一 一斉・均斉・整斉

【斉家】セイカ 一家をきちんとととのえ、治めること。「修身—」

【斉紫敗素】セイシハイソ 失敗を成功に、災いを福に転じることのたとえ。珍重される斉の国の紫の布は、粗悪な白絹を染め直して作ることから。「敗」は悪い、「素」は白絹の意。〈『戦国策』〉

【斉唱】セイショウ ①大勢の人が声をそろえて同じ旋律を歌うこと。「校歌を—する」②同じ言葉を唱えること。「シュプレヒコールの—」

【斉東野語】セイトウヤゴ 信じられないような下品で、でたらめな話。由来 中国、斉の国の東部地方に住む人々は、信じ難いほど粗野で愚かな話をするといわれていたことから。〈『孟子』〉

【斉民】セイミン ①一般の人民。庶民。平民。②民を平等にすること。

【〈斉▲哈▲爾〉】チチハル 中国、黒竜江省西部の工業都市。交通の要所。

【△斉える】ととのえる きちんとそろえる。おさめととのえる。

【△斉しい】ひとしい 過不足なく一様にそろっているさま。すべてが長さなどを同じ

くするさま。

セイ【政】(9) 攵 5 教 常 6 3215 402F 音 セイ・ショウ(高) 訓 まつりごと(高)

筆順 一丅下正正正ᅡ政政

意味 ①まつりごと。世の中をおさめること。「政治」「行政」②物事をおさめること。「家政」「財政」

下つき 圧政(アッセイ)・為政(イセイ)・院政(インセイ)・王政(オウセイ)・家政(カセイ)・行政(ギョウセイ)・軍政(グンセイ)・憲政(ケンセイ)・国政(コクセイ)・祭政(サイセイ)・財政(ザイセイ)・参政(サンセイ)・施政(シセイ)・失政(シッセイ)・執政(シッセイ)・摂政(セッショウ)・専政(センセイ)・大政(タイセイ)・帝政(テイセイ)・徳政(トクセイ)・内政(ナイセイ)・農政(ノウセイ)・民政(ミンセイ)・郵政(ユウセイ)

【政界】セイカイ 政治に関する社会。政治家たちで構成する社会。「―に身を置く」

【政客】セイカク 政治にたずさわる人。政治家。参考「セイキャク」とも読む。

【政教】セイキョウ ①政治と教育。②政治と宗教。「―分離」類祭政

【政局】セイキョク ある時点での政治・政界の情勢や動き。政治局面。「―が急転回する」類政情

【政見】セイケン 政治を行うにあたっての政治家や政党の意見。「―放送」

【政権】セイケン ①国の政治を行う権力。「―交代」②政府。「傀儡(カイライ)―」

【政綱】セイコウ 政府や政党の政治上の重要で基本的な方針。国政の大綱。

【政策】セイサク ①政府・政党・政治家などの政治上の方針。「各党で―論争を戦わす」②目的を達成するための手段となる方針や方法。「新年度の営業―」

【政治】セイジ ①国家の主権者がその領土・人民をおさめるすべての活動。まつりごと。「―家」②集団のなかで権力を行使・獲得・維持するなどの活動。「―力がある」

【政商】セイショウ 政府や政治家と結んで、特権的な利益を得る商人。

【政情】セイジョウ 政治の状況。政界の動きやありさま。「―不安」類政局

【政争】セイソウ 主義・主張などをめぐる政治上の争い。または、政権の奪い合い。「―に明け暮れる政界」

【政体】セイタイ ①国家の組織形態。②統治権の運用方式によって分けられる政治形態。立憲政体・専制政体など。

【政談】セイダン ①政治に関する話や議論。「―演説会」②政治や裁判などを題材とした講談。「大岡(おおおか)―」

【政敵】セイテキ 政治上の主義・主張を争う相手。政治上対立している相手。「―と政策論争をする」

【政党】セイトウ 政治上の主義や意見を同じくする者が、それらの実現を目指して組織する団体。「―政治」

【政府】セイフ 国家を統治する機関。日本では、内閣と、内閣が統轄する全行政機関。「―の見解」「―筋」

【政変】セイヘン 急な政治の変動。政権の変化。内閣や政府が変わること。「クーデターによる―」

【政略】セイリャク ①政治上のかけひき。策略。「―結婚」②ある目的を達するためのかけひきやはかりごと。

【政務】セイム 政治上の仕事・事務。行政事務。「―次官」

【政令】セイレイ 政治上の命令・法令。憲法や法律を執行するために内閣が出す命令。

【政】まつりごと 国家の主権者がその国土や国民を治めること。政治。「国の―を行う」由来 昔は祭りと政治が一致していたため、政治を「祭り事」といったことから。

【〈政所〉】まんどころ ①平安時代以降、皇族や貴人の荘園事務や家政をつかさどった所。②鎌倉・室町幕府の中央政治機関。③「北政所(きたのまんどころ)」の略で、摂政・関白の正妻の敬称。

セイ【星】(9) 日 5 教 常 9 3217 4031 音 セイ・ショウ(中) 訓 ほし

筆順 丨冂日日尸旦早星星

意味 ①ほし。天体。「星座」「恒星」②とし。年月。「星霜」③重要な人物。「巨星」「将星」④めあて。小さな点。「図星」

下つき 衛星(エイセイ)・火星(カセイ)・巨星(キョセイ)・金星(キンセイ)・黒星(くろぼし)・恒星(コウセイ)・将星(ショウセイ)・白星(しろぼし)・図星(ズぼし)・土星(ドセイ)・明星(ミョウジョウ)・目星(めぼし)・木星(モクセイ)・遊星(ユウセイ)・流星(リュウセイ)・惑星(ワクセイ)

【〈星港〉】シンガポール シンガポール共和国の首都。貿易港・工業都市として発展。

【星雲】セイウン 銀河系宇宙の天体。雲状に見える、ガスや無数の星などの集まり。「アンドロメダ―」

【星火燎原】セイカリョウゲン はじめは取るに足りないことでも、放っておくと手におえなくなるたとえ。星ほどの小さい火でもやがて野原を焼くまでになるということから、反乱や悪事の勢いが盛んになるたとえ。「燎原」は火が野原を焼く意。〈毛沢東の文〉

【星座】セイザ 天球上の恒星を見かけの位置で結びつけ、その形を動物・神話の人物や器物などに見立てて区分し呼称したもの。八八の星座がある。類星宿・星辰(セイシン)

【星宿】セイシュク 昔、中国で星を二八宿に分類したもの。星座。ほしのやどり。類星辰

【星条旗】セイジョウキ アメリカ合衆国の国旗。独立時の一三州を表す一三本の赤・白の横じまと、現在の五〇州を表す青地に五〇個の白い星とからなる。

【星・辰】セイシン 星宿。ほし。「―崇拝」類星座 参考「辰」は日・月・星の意。

【星図】セイズ 天球上にある恒星や星雲の位置・明るさなどの情報を表した図。恒星図。

せ
セイ

【星霜】 セイソウ 年月。歳月。「六〇年の―を経て再会した」 由来 星は一年で天を一周し霜は毎年降りる、ということから。「星」を歳星（木星）とし、一二年で天を一周するため、という説もある。

【星目】 セイモク ①囲碁の碁盤上にしるされた、九つの黒い点。②囲碁で実力差のある対局の場合、下手（したて）があらかじめ黒石を①の上に置いて対局すること。表記「井目」とも書く。

【星羅棋布】 セイラキフ 多くのものが並んだり、散らばったりしているさま。「星羅」は星のように連なる、「棋布」は碁石のように並ぶ意。参考「星羅雲布（ウンプ）」ともいう。

【星】 ほし ①太陽・月・地球を除いた天体。「夜空の―を見上げる」②①の輝きを表した形。「―印を付ける」③花形。スター。「プロ野球界の―」④犯人。または容疑者。⑤相撲で勝敗を表す白黒の丸。「―取り表」⑥目あて。目ぼし。「―をつける」⑦九星の中で生まれ年にあたる年。また、その年の運勢。「幸運の―の下に生まれた」

【星▲鰈】 ほしがれい カレイ科の海魚。本州以南の沿岸にすむ。背面は暗褐色で、各ひれに小さい黒斑（コクハン）が点在する。全長約五〇センチメートル。春が旬で美味。

【星▲屑】 ほしくず 夜空に小さく光る無数の星。夜空にたくさん散らばっている小さい星。

セイ **【牲】** (9) 牛 5 常 3 3223 / 4037 音 セイ 訓 外 いけにえ

筆順 ノ 𠂉 牛 牛 牜 牪 牲 牲 牲

意味 いけにえ。祭礼のとき神にそなえる家畜。「犠牲」 参考 生きたままそなえるウシ（牛）を表した字。

下つき 犠牲（ギセイ）・特牲（トクセイ）・牢牲（ロウセイ）

【△牲】 いけにえ ①祈願のために生き物を生きたまま神に供えること。また、そのもの。②ある人・目的のために犠牲になること。「権力闘争の―になる」 表記「生贄・犠牲」とも書く。

セイ **【省】** (9) 目 4 教 常 7 3042 / 3E4A 音 セイ・ショウ 訓 かえりみる 中・はぶく

筆順 丨 小 小 少 㣺 省 省 省 省

意味 ①かえりみる。振り返って考える。「省察」「自省」「反省」②みまう。安否を問う。「省問」「帰省」③はぶく。へらす。「省略」「冠省」④国の行政機関。官庁。つかさ。⑤中国の行政区画。

下つき 帰省（キセイ）・三省（サンセイ）・自省（ジセイ）・内省（ナイセイ）・反省（ハンセイ）

【省みる】 かえりみる 自分の言動を振り返って善悪を考える。反省する。「自らを―みて恥じるところがない」

【省略】 ショウリャク 簡潔にするため一部を省くこと。「時候の挨拶（アイサツ）を―した」

【省力】 ショウリョク 機械などの導入によって、人間の労力を軽減すること。

【省察】 セイサツ 自らを振り返り、反省して考えること。類 自省・反省 参考「ショウサツ」とも読む。

【省く】 はぶく 不要なものを取り除いて簡潔にする。省略する。「説明を―く」

〈省▲沽油〉 みつばうつぎ ミツバウツギ科の落葉低木。山地に自生。葉はミツバに似る。春、ウツギに似た白い五弁花を多数つける。若葉は食用になる。コメノキ。由来「省沽油」は漢名から。表記「三葉空木」とも書く。

セイ **【砌】** (9) 石 4 1 6670 / 6266 音 セイ・サイ 訓 みぎり

意味 みぎり。①石だたみ。軒下の敷き石。「砌下」②おり。そのとき。

【▲砌下】 セイカ ①石の階段の下のあたり。②軒下の雨だれを受けるための敷石。③手紙の脇（わき）づけに用いて敬意を示す語。類 足下（ソッカ）

【▲砌】 みぎり ①おり。時節。手紙文などで用いる。「暑さの―お変わりありませんか」②軒下や階段の下の石だたみ。敷石。

セイ **【穽】** (9) 穴 4 1 6755 / 6357 音 セイ 訓 おとしあな

意味 おとしあな。「陥穽」

下つき 坎穽（カンセイ）・陥穽（カンセイ）・檻穽（カンセイ）

セイ **【凄】** (10) 冫 8 常 2 3208 / 4028 音 セイ 訓 外 すさまじい・すごい・すごむ・さむい

筆順 丶 冫 冫 冫 冫 冫 凄 凄 凄 凄

意味 ①すさまじい。ぞっとする。「凄惨」「凄絶」②すごい。程度がはなはだしい。③さむい。ものさびしい。「凄然」

【△凄い】 すごい ①ぞっとするほど恐ろしい。「―い列車事故」②程度がはなはだしい。「―い暑さ」③並外れてすぐれている。すばらしい。「―い腕前」

【△凄腕】 すごうで ふつうの人ではできないようなことをやってのけるすぐれた腕前。また、その人。「―の刑事」類 敏腕（ビンワン）・辣腕（ラツワン）

【△凄味】 すごみ ぞっとするような恐ろしさ、気味悪さ。すごいさま。また、すごい言葉。おどし文句。「―を利かせる」

【△凄む】 すごむ 相手を怯（おび）えさせるような態度・言動をとる。おどす。

【△凄まじい】 すさまじい ①恐ろしいほど迫力があるさま。「―い気迫で襲いかかる」「―い形相」②程度がはなはだしいさま。ものすごい。また、とんでもなくひどい。「―い風が吹く」「―い人気の歌手」

【凄艶】 セイエン ぞっとするほど美しくあでやかなさま。「―な演技」類 妖艶（ヨウエン）

【凄惨】 セイサン 目をおおうほどむごたらしいさま。類 凄愴（セイソウ）・陰惨（インサン） 表記「悽惨」とも書く。

【凄凄】セイセイ ①わびしく痛ましいさま。②冷たく寒いさま。寒さがきびしいさま。

〖凄凄切切セイセイセツセツ〗非常に寂しく悲しいさま。「山から吹く晩秋の風は—としている」

【凄切】セイセツ 悲しさが身にしみること。もの寂しいさま。

【凄絶】セイゼツ この上ないほどすさまじいさま。「リングの上で—な試合が展開された」 類凄愴セイソウ 表記「悽絶」とも書く。

【凄然】セイゼン もの寂しく、わびしいさま。寒さやわびしさが身にしみるさま。

【凄▲愴】セイソウ すさまじく、痛ましいこと。また、そのさま。「—な死闘が続いた」 類凄絶 表記「悽愴」とも書く。 参考「凄」「愴」ともに悲しむ意。

セイ【清】(10) 氵8 1 1454 2E56 音セイ 訓すずしい・さむい

意味 すずしい。さむい。ひややか。 参考「清」は別字。

【▲清しい】すずしい さむい。冷たい。ひややかなさま。

セイ【晟】(10) 日6 1 5880 5A70 音セイ 訓あきらか・さかん

旧字《晟》(11) 日7 1/準1

意味 ①あきらか。日が照って明るい。②さかん。 類盛

セイ【★栖】(10) 木6 準1 3220 4034 音セイ・サイ 訓すむ・すみか

意味 ①す。ねぐら。鳥の巣。「栖鴉セイア」②すむ。また、すみか。 類①②棲セイ

書きかえ「生」に書きかえられるものがある。

下つき 隠栖イン・幽栖ユウ

【▲栖】すみか 鳥のねぐら。転じて、すむところ。 表記「棲」とも書く。

【▲栖む】すむ 鳥や獣などの動物が巣を作り、そこに居着く。「鳥が木の上に—む」 表記「棲む」とも書く。

【▲栖▲栖】セイセイ 落ち着かず、せかせかしているさま。 表記「棲棲」とも書く。

【▲栖息】セイソク ▼書きかえ 生息(八四九)

【▲栖遅】セイチ ①世俗を離れて静かにゆったりと暮らすこと。②官職を離れて隠退すること。閑居すること。また、その家。 表記「棲遅」とも書く。

セイ【眥】(10) 目5 1 6636 6244 音セイ・シ・サイ 訓まなじり・にらむ

〔眦〕6637 6245

意味 ①まなじり。めじり。②にらむ。「睚眥ガイサイ」

下つき 睚眥ガイサイ・目眥モクセイ・モクシ

【▲眥】まなじり めじり。「—を決する(目を大きく見開いて、気力を奮い立たせる)」 類目眥モクシ 対目頭 参考目の尻しりの意。

セイ【逝】(10) 辶7 常 準2 3234 4042 音セイ 訓ゆく高・いく高

旧字《逝》(11) 辶7 1/準1

筆順 一 十 扌 扌 扩 扩 折 折 浙 逝

意味 ゆく。いく。去る。人が死ぬ。「逝水」「逝去」

下つき 永逝エイ・遠逝エン・急逝キュウ・夭逝ヨウ

【逝去】セイキョ 人の死を敬っていう語。「恩師が急病で—された」「ご—を悼み、謹んでお悔やみ申し上げます」

【逝く】ゆく 死ぬ。逝去する。「惜しまれつつ—く」 参考「いく」とも読む。

〖逝く者は▲斯かくの△如ごときかな昼夜チュウヤを△舎おかず〗人の世は、川の水が夜昼となく流れ去るように、とどまることなく過ぎていってしまうということ。 由来孔子が川の水の流れを見て述べた言葉。《論語》

セイ【情】(11) 忄8 教 3080 3E70 ▼ジョウ(七七五)

セイ【悽】(11) 忄8 1 5614 582E 音セイ 訓いたむ・かなしむ・いたましい

意味 いたむ。かなしむ。いたましい。「悽然」

【▲悽む】いたむ ひどく悲しむ。きりさかれるように心がいたむ。 表記「凄む」とも書く。

【▲悽惨】セイサン 目をそむけたくなるほどいたましいこと。目をおおうほど、むごたらしいさま。「—な事故現場」 類陰惨 表記「凄惨」とも書く。 参考「悽」はいたましい、「惨」はむごい意。

【▲悽然】セイゼン いたましく、ひどく悲しいさま。悲しみに沈むさま。 類悽絶

【▲悽▲愴】セイソウ ①すさまじく、いたましいさま。「—な戦場」②身にしみるほどわびしいこと。 表記「凄愴」とも書く。

【▲悽▲惻】セイソク 心がひどくいたみ、悲しむこと。 参考「悽」も「惻」もいたむ意。

セイ【旌】(11) 方7 1 5855 5A57 音セイ・ショウ 訓はた・あらわす

意味 ①はた。鳥の羽を飾ったはた。「旌旗」②あらわす。㋐はっきりさせる。㋑ほめる。「旌表」

下つき 旆旌ハイ

〈▲旌節花〉きぶし キブシ科の落葉小高木。▼木五倍子きぶし(四二五) 由来「旌節花」は漢名からの誤用。

【▲旌旗】セイキ 色あざやかな鳥の羽をつけたはた。また、旗やのぼりの総称。

〖▲旌旗△巻▲舒ケンジョ〗戦いが続くことのたとえ。「巻舒」は巻くこととのばすこと。軍旗を巻いたり広げたりして

戦いに明け暮れること。

【▲旌表】セイヒョウ 人の善行をほめたたえて世に広く表示すること。類旌顕(セイケン) 由来 忠義を尽くした人の家門にはたを立てて、その人をほめたたえたことから。

【▲旌】はた あざやかな色の、鳥の羽をつけたはた。昔の中国で、兵を元気づけて進めたり、使節のしるしとして用いた。

セイ【▲晟】(11) 日7 ▼晟の旧字(八五九)

セイ【清】(11) 氵8 教 常 7 3222/4036
音 セイ・ショウ高 外シン
訓 きよい・きよまる・きよめる 外さやか・すむ

旧字《清》(11) 氵8 1/準1

筆順 丶 冫 氵 汀 汁 汼 洼 清 清 清

意味 ①きよい。きよらか。(ア)水がきれいにすむ。「清水」「清流」(イ)心がきよらか。けがれがない。いさぎよい。「清潔」「清純」対濁 ②きよめる。整理する。始末する。「清算」「清掃」「粛清」 ③すがすがしい。さわやか。「清涼」「清冷」 ④中国の王朝の名。

下つき 廓清(カクセイ)・河清(カセイ)・血清(ケッセイ)・粛清(シュクセイ)・太清(タイセイ)・澄清(チョウセイ)・廉清(レンセイ)

【〈清器〉】おかわ 持ち運びできる便器。おまる。表記「御厠」とも書く。

【清い】きよ-い 汚れがなくきれいなさま。濁りがなく澄んでいるさま。「川の―い流れ」

【清拭き】きよぶき 濡れた布でふいた後に、仕上げとして乾いた布でふくこと。

【清水の舞台から飛び下りる】きよみずのブタイからとびおりる 重大な決意を固め、思い切って実行すること。参考「清水の舞台」は京都市清水寺に現存し、切り立ったがけの上にある。

【清める】きよ-める 汚れやけがれを取り去ってきれいにする。「塩をまいて―める」

【△清か】さや-か ①はっきりと澄んでいるさま。明るくよく見えるさま。「月影―」 ②音・声が澄んでいてはっきりと聞こえるさま。「―に笛の音が聞こえる」

【〈清箱〉】しのはこ 便器。大壺(おおつぼ)。おまる。表記「尿の箱」とも書く。

【〈清水〉】しみず 地下からわき出る清らかに澄んだ水。季夏 参考「セイスイ」とも読む。

【清浄寂滅】ショウジョウジャクメツ 清浄無為(ショウジョウムイ)を説く老子の教えと寂滅為楽(ジャクメツイラク)を説く仏教のこと。道家と仏教。〈韓愈(カンユ)の文〉

【〈清▲搔〉】すががき ①和琴(ワゴン)の奏法の一つ。 ②琴・三味線で歌のない曲。 ③遊女が店先で客を待つときに弾いた三味線の曲。表記「菅掻・菅垣」とも書く。

【〈清し女〉】すがしめ 清らかですがすがしい女性。美しい女性。

【〈清清〉しい】すがすが-しい さっぱりして気持ちがよい。さわやかだ。

【〈清白〉】すずしろ ダイコンの別称。春の七草の一つ。季新年 表記「蘿蔔」とも書く。

【〈清汁〉】すましじる だし汁に醤油(ショウユ)と塩でうす味にしたてた透明な吸い物。おすまし。表記「澄まし汁」とも書く。

【△清む】す-む ①液体・気体などの濁りがなくなりきれいになる。曇りがなくなり、はっきり見える。「―んだ空」 ②清らかである。「―んだ目をしている」 ③音に濁りがなく、よく聞こえる。「よくとおる―んだ声」 ④心の邪念・迷いがなくなる。「心根の―んだ人」

【清栄】セイエイ 清く栄えること。書簡などで相手の健康と繁栄を祝うあいさつの言葉。「貴家ますますご―の御事」

【清音】セイオン ①濁点・半濁点をつけないカ・サ・タ・ハ行のかなの表す音。「ガ」に対して「カ」、「バ・パ」に対して「ハ」など。対濁音・半濁音 ②澄んだ音色(ねいろ)。

〖清音幽韻〗セイオンユウイン 格調の高いすぐれた文章の形容。清らかな音色とほのかにただよう情趣の意から。〈王安石の文〉

【清閑】セイカン 世俗のわずらわしさを離れて静かなこと。「―の地に遊ぶ」

【清奇】セイキ 斬新で珍しいこと。

【清▲暉・清▲輝】セイキ 清らかな日の光。「―空に満つ」

【清教徒】セイキョウト 一六世紀後半に、イギリス国教会に反抗して起こったキリスト教の新教徒の一派。質素・清純に生活することを主張した。ピューリタン。「―革命」

【清潔】セイケツ ①汚れのないこと。きれいであること。「身の回りを―にする」 ②行いや気持ちにごまかしがなく、純粋なこと。「―な人柄」対①②不潔 参考「潔」はさっぱりして欲がない意。

【清算】セイサン ①貸し借りを整理してあと始末をつけること。「借金を―する」 ②過去の悪い事柄や関係に結末をつけること。「腐れ縁を―する」 ③法人などの解散後の財産を整理すること。「―人の任免」

【清▲灑・清▲洒】セイシャ 華美なところがなく、さっぱりしていること。飾り気がなく、すっきりとしていること。また、そのさま。「―な山小屋」

【清酒】セイシュ ①米からつくられる日本特有の酒。 ②こして濁りを除いた酒。対濁酒

【清純】セイジュン 心が清らかで汚れのないこと。「―派女優」類純潔・純情 参考一般に、若い女性についていう。

【清書】セイショ 下書きされた原稿や習字などを、改めてきれいにていねいに書き写すこと。また、そのもの。類浄書

【清祥】セイショウ 書簡で、相手が幸せに暮らしていることを祝うあいさつの言葉。「ご―のことと存じます」

【清勝】セイショウ 手紙文で、相手が健康で暮らしていることを喜ぶあいさつの言葉。「ますますご—のことと存じます」

【清浄】セイジョウ 清らかで汚れのないこと。「—な空気を胸一杯に吸いこむ」類清潔 対不浄 参考「ショウジョウ」とも読む。

『清浄無垢』セイジョウムク 清らかで汚れのないさま。「幼子の—な瞳(ひとみ)」類純真無垢

【清晨】セイシン 清らかですがすがしい朝。きれいに晴れた朝。

【清新】セイシン 新しくてさわやかなこと。「—なイメージをアピールする」

【清粋】セイスイ 清らかでまじりけのないこと。心に私欲や邪念がないこと。

【清聖濁賢】セイセイダクケン 酒の異称。清酒と濁酒のこと。故事 中国、魏(ギ)の曹操(ソウソウ)が禁酒令を出したときに、酒好きの者たちが、清酒を聖人、濁酒を賢人と称してひそかに飲んでいたことから。〈『三国志』〉類麦曲の英・百薬の長

【清楚】セイソ 清らかで飾り気がなく、すっきりしていること。「—な身なりの少女」「—な花嫁衣装姿」

【清爽】セイソウ さわやかですがすがしいさま。さっぱりしていること。

【清掃】セイソウ きれいに掃除すること。さっぱりと払い除くこと。

【清濁】セイダク ①清らかなことと濁っていること。②清音と濁音。③善と悪。また、善人と悪人。

『清濁併せ吞む』セイダクあわせのむ 度量の大きいたとえ。「清い水(善)」も「濁った水(悪)」も、ともにのんでしまう意から。「—大人物」参考「清濁併吞(セイダクヘイドン)」ともいう。

【清談】セイダン 世俗を離れた、学問・芸術などに関する高尚な談話。由来 中国の魏(ギ)・晋(シン)の時代に流行した、老荘思想にもとづく哲学的な議論から。「竹林の七賢」は特に有名。

【清淡虚無】セイタンキョム 心が清らかで物事にこだわらず、さっぱりしていること。類清淡寡慾(セイタンカヨク)

【清澄】セイチョウ 清らかに澄みきっていること。「朝の—な大気」類澄明

【清聴】セイチョウ 自分の講演・演説などを、相手が聞いてくれることを敬っていう言葉。「ご—ありがとうございました」

【清適】セイテキ 心身がすがすがしく安らかなこと。参考 多く、手紙文で相手の無事・健康を祝って用いる。「相変わらずご—のことと存じます」「ご—の段」

【清貧】セイヒン 行いが清らかで私欲がないために貧乏であること。「—に甘んじる」

【清風故人】セイフウコジン さわやかな秋風が、久し振りに懐かしい旧友に会うような気持ちにしてくれるということ。〈杜牧(トボク)の詩〉「—の季節」

【清風明月】セイフウメイゲツ さわやかな風と明るい月の夜。秋のすがすがしい情趣の形容。参考「清風朗月」ともいう。

【清福】セイフク ①精神的に清らかで幸せなこと。②手紙で相手の幸せを祝う言葉。「御(ご)—をお祈り申し上げます」

【清穆】セイボク ①清らかでおだやかなこと。②手紙で相手の幸せを祝う言葉。

【清明】セイメイ ①清らかで曇りがなく、はっきりしていること。「—な月影」②二十四節気の一つ。陰暦の三月。春分から一五日目で、今の四月五、六日にあたる。季春

【清夜】セイヤ よく晴れ渡ったさわやかな夜。空気が澄んでいて涼しい夜。

【清遊・清游】セイユウ ①世俗を離れて自然を楽しむこと。風流な遊び。「日光に—する」②書簡で、相手の旅行や遊びなどを敬っていう言葉。

【清籟】セイライ 風が木々を吹き抜けるときに起こす、すがすがしい音。「深山に一陣の—を聴く」

【清覧】セイラン 手紙などで相手が見ることを敬っていう言葉。「ご—を仰ぐ」類高覧

【清流】セイリュウ ①きれいに澄んだ水の流れ。対濁流 ②高潔な人。清らかな人。③高貴な家柄やその出身者。

【清涼】セイリョウ さわやかですがすがしいこと。また、さっぱりして涼しいこと。「山上の—な空気に浸る」

【清涼殿】セイリョウデン 平安京の御所宮殿の一つ。天皇が日常居住した御殿。参考「セイロウデン」とも読む。

【清冽】セイレツ 水などが冷たく清らかに澄んでいるさま。「—な水が湧(わ)く泉」参考「冽」は、厳しい冷たさの意。

【清廉】セイレン 心が清らかで私欲のないこと。「—な政治家」

『清廉潔白』セイレンケッパク 考えや行動がきれいで私欲がなく、後ろめたいことがまったくないこと。「—で疑う余地がない」類青天白日

【清朗】セイロウ ①さわやかですがすがしいさま。「都会より空気が—だ」②空がよく晴れてさわやかなさま。

セイ【済】(11) 氵8 教 2649 3A51 ▼サイ(五五二)

セイ【凄】(11) 氵8 1 6239 5E47
音 セイ
訓 さむい・すごい・すさまじい

意味 ①風雨の起こるさま。②さむい。つめたい。すずしい。③すごい。すさまじい。ぞっとする。ものさびしい。「凄惨」「凄凄」参考「凄」とは別字であるが、似た意味に使われる。

セイ【盛】(11) 皿6 教 常 5 3225 4039
音 セイ(中)・ジョウ(高)
訓 もる・さかる(中)・さかん(中)

旧字《盛》(12) 皿7 1/準1

せ セイ

筆順 丿 厂 万 成 成 成 成 成 盛 盛

意味 ①もる。高く積み上げる。また、薬を調合する。②さかん。さかる。さかんになる。勢いが強い。また、さかり。「盛者」「盛会」「盛大」

下つき 旺盛・熾盛・昌盛・全盛・壮盛・繁盛・隆盛

【盛る】さか-る ①物事の勢いがさかんになる。勢いづく。「火が燃え—る」②商売などが繁盛する。にぎわう。「店が—る」③流行する。はやる。④動物が発情して交尾する。

【盛ん】さか-ん ①勢いがあるさま。また、活力があるさま。「雨粒が—に窓をたたく」「老いてますます—である」②繁盛しているさま。また、広く、盛大に行われているさま。「スポーツが—な高校」③積極的に何度も行われるさま。「—に手を振る」「みんなで—に応援する」

【盛者必衰】ジョウシャヒッスイ 仏世は無情であるから、勢いのさかんな者もいつかは必ず衰え滅びるということ。「—は世の習い」類生者必滅

【盛運】セイウン 物事が栄えていく運勢。さかんな運命。「—を祈る」対衰運

【盛夏】セイカ 夏がまっさかりの時期。夏でも一番暑いころ。真夏。対厳冬 季夏

【盛会】セイカイ 盛大でにぎやかな集会、会合。「祝典は—のうちに終わった」

【盛観】セイカン 盛大でりっぱな見もの。すばらしいながめ。類壮観

【盛儀】セイギ 華やかで盛大な儀式。類盛典

【盛況】セイキョウ 会や催し物などが、にぎわいさかんなさま。「記念祝賀会は満員の—だった」

【盛事】セイジ 盛大な事業。りっぱな事柄。「文章は経国の大業にして不朽の—なり」〈魏文帝『典論』〉

【盛時】セイジ ①勢いが強く栄えているとき。②若くて血気のさかんなとき。

【盛衰】セイスイ 物事の勢いがさかんになることと、衰えること。「栄枯—」

【盛装】セイソウ 豪華に着飾ること。また、その服装。「—の貴婦人」

【盛大】セイダイ 集会や儀式などの規模が、大きくてりっぱであるさま。「—な結婚式」

【盛典】セイテン 盛大な儀式。類盛儀

【盛徳大業】セイトクタイギョウ すぐれた徳と大きな事業。〈『易経』〉

【盛年】セイネン 若くて働きざかりの、元気な年ごろ。血気盛んな年ごろ。

『盛年重ねて来らず』 若いさかりの年ごろは、いつの間にか過ぎて二度と戻ってこない。その時期を大切にせよという戒め。〈陶潜の詩〉

【盛名】セイメイ さかんな名声。よい評判。「—がとどろく」類高名

【〈盛相〉】もっそう 飯を盛って量をはかる器。また、飯を一人分ずつ盛る器。表記「物相」とも書く。

【盛る】も-る ①器物に物を入れて満たす。「ご飯を茶碗に—る」②高く積み上げる。「土を—る」③毒物や薬を調合して飲ませる。「毒を—る」④文に思想などを表す。「憲法に—られた精神を尊重する」

セイ【菁】(11)艹 8 1 7239 6847 音 セイ・ショウ 訓 かぶ・かぶら

意味 ①かぶ。かぶら。かぶらな。すずな。「蕪菁」②にら。にらの花。③草木の茂るさま。「菁菁」

【▲菁▲莪】セイガ 人材を育成すること。また、それを楽しむこと。「菁」は青く茂るさま、「莪」はヨモギの類の草の総称。由来『詩経』菁菁者莪の序に、「材を育するを楽しむなり」とあることから。

【▲菁▲菁】セイセイ 草木が青々と茂るさま。転じて、人材を育成すること。「夏草が—と茂る山道を行く」

セイ【▲逝】(11) ⻌ 7 ▼逝の旧字(八五九)

セイ【婿】(12) 女 9 常 3 4427 4C3B 音 セイ高 訓 むこ

旧字《壻》(12) 士 9 1/準1 5270 5466

〔聟〕1 7061 665D

筆順 く 女 女 女 女 女 女 婿 婿 婿

意味 むこ。娘の夫。「女婿」対嫁

下つき 女婿

【婿】むこ 娘の夫。また、娘の夫として家に迎え入れる男性。「—入りする」対嫁

セイ【惺】(12) 忄 9 1 5625 5839 音 セイ 訓 さとる・しずか

意味 ①さとい。さとる。道理をさとる。「惺惺」②しずか。心が落ちついて静か。

【▲惺る】さと-る はっきりと理解する。すっきりとわかる。

セイ【掣】(12) 手 8 1 5758 595A 音 セイ・セツ 訓 ひく

意味 ひく。ひきとめる。おさえる。「掣肘」類制

【▲掣▵肘】セイチュウ そばから干渉して自由な活動を妨げること。「掣」は引き止めて自由を妨げること。「肘」は、ひじ。故事 孔子の弟子が、わざと魯公の側近二人の肘を引っ張り、字の乱れをしかって、家来の仕事に逐一口を出す魯公を反省させた故事から。〈『孔子家語』〉

【▲掣く】ひ-く 手でひっぱる。ひきぬく。ひきとめて自由を奪う。

セイ【晴】(12) 日 8 常 教 9 3218 4032 音 セイ 訓 はれる・はらす

旧字《晴》(12) 日 8 1/準1

筆順 丨 冂 日 日一 日十 日キ 日丰 日丰 晴 晴 晴 晴

意味 はれる。はれやか。はればれとした。「晴天」「晴朗」対雨

下つき 陰晴(インセイ)・快晴(カイセイ)・新晴(シンセイ)

【晴雨】セイウ 晴天と雨天。「運動会は―にかかわらず行う」

【晴雲秋月】セイウンシュウゲツ 晴れた空の高い雲と、秋の澄んだ月。心がなんのけがれもなく、澄みきっているたとえ。

【晴眼】セイガン はっきり見える目。また、その人。対盲目 参考 盲人の側からいう語。

【晴好雨奇】セイコウウキ 景色が、晴れた日はすばらしく、雨の日はまた特別な美しさがあるということ。〈蘇軾(ソショク)の詩〉「富士山の―の眺め」参考「雨奇晴好」ともいう。

【晴耕雨読】セイコウウドク 晴れれば田畑を耕し、雨が降れば読書で過ごすこと。悠々自適の田園生活をすること。「最近は―の生活です」

【晴天】セイテン よく晴れた空。天気がいいこと。「―に恵まれる」類好天 対雨天・曇天

【晴△嵐】セイラン ①晴れた日に山にかかる霞(かすみ)。②青々とした山の気。参考「嵐」は山気の意。

【晴朗】セイロウ 空がよく晴れわたって明るいさま。「天気―」

【晴らす】はらす 心のなかの不満や疑い、不信などを取り除いてさっぱりする。「無念を―す」「憂さを―す」

【晴れ着】はれぎ 表立った場所に出るとき着る衣服。晴れ衣装。「成人式に―で行く」類盛装 対普段着

【晴れる】はれる ①天気がよくなる。雲・霧などがなくなる。雨・雪がやむ。「雨がやんで空が―れる」②心のなかの不快な気分がなくなり、すっきりする。「気が―れる」③疑いや容疑などがなくなる。「―れて無実となる」

セイ【★棲】(12) 木 8 準1 3219 4033 音 セイ 訓 すむ・すみか

意味 ①すむ。すまう。また、すみか。「棲息」「群棲」②す。ねぐら。鳥の巣。類①②栖(セイ)

書きかえ「生」に書きかえられるものがある。

下つき 隠棲(インセイ)・共棲(キョウセイ)・群棲(グンセイ)・山棲(サンセイ)・水棲(スイセイ)・双棲(ソウセイ)・同棲(ドウセイ)・幽棲(ユウセイ)・両棲(リョウセイ)

【▲棲む】すむ ①ねぐらにすむ。②動物が巣を作り、そこにいつく。

【▲棲▲棲】セイセイ 落ち着かずせわしいさま。忙しいさま。

【▲棲息】セイソク ▼書きかえ 生息(八四九)

【▲棲遅】セイチ ①ゆっくりと休息すること。②官を退いて、また、官に仕えず世俗を離れてすむこと。また、その家。類閑居(カンキョ)

セイ【猩】(12) 犭 9 1 6447 604F 音 セイ・ショウ 訓 あかいろ

意味 ①サルに似た想像上の動物。②オランウータン。③あかいろ。濃い赤色。

【▲猩紅】ショウコウ 黒みを帯びたあざやかな紅色。猩猩(ショウジョウ)の血のような色であることからいう。類猩猩緋(ショウジョウヒ)

【▲猩紅熱】ショウコウネツ 溶血性連鎖球菌による感染症。突然高熱が出て全身に鮮紅色の発疹(ハッシン)ができる。子どもに多い。「―による発疹」

【▲猩▲猩】ショウジョウ ①オランウータンの別称。②中国の想像上の動物。サルに似るが人のような顔と足をもち、人の言葉を理解し、酒を好み顔が赤い。③大酒飲み。

【▲猩▲猩▲蠅】ショウジョウばえ ショウジョウバエ科のハエの総称。小形で種類が多い。発酵した果実などを好む。遺伝子の実験動物として用いられる。季夏

【▲猩▲猩▲緋】ショウジョウヒ 黒みを帯びたあざやかな紅色。また、その色に染めた舶来の毛織物をいう。

【▲猩▲猩】セイセイ 犬のほえる声。

セイ【★甥】(12) 生 7 準1 1789 3179 音 セイ・ショウ 訓 おい

意味 ①おい。兄弟姉妹の生んだ男の子。「甥姪(セイテツ)」「外甥」対姪(テツ) ②むこ。娘の夫。類婿

下つき 外甥(ガイセイ)

【▲甥】おい 自分の兄弟姉妹と配偶者の兄弟姉妹の、男の子。対姪(めい)

【▲甥▲姪】セイテツ 兄弟姉妹の生んだ男の子および女の子。「兄弟が多いので―の数も多い」参考「おいめい」とも読む。

セイ【▲盛】(12) 皿 7 ▼盛の旧字(八六二)

セイ【★貰】(12) 貝 5 準1 4467 4C63 音 セイ 訓 もらう・かりる・ゆるす

意味 ①もらう。人の助けを受ける。②かりる。かけ売りやかけ買いをする。「貰貸」③ゆるす。また、ゆるめる。「貰赦」

【▲貰い泣き】もらいなき 他人が悲しんで泣いているのに同情し、つられて自分も泣くこと。「子を亡くした親が号泣するのを見て―する」

【▲貰う】もらう ①人から物品や恩恵を受け取る。また、人に頼むか許可を得て自分のものにする。「親に小遣いを―う」「会社に休みを―う」②嫁・婿・養子などを家に迎え入れる。③よくないものを自分の身に受ける。うつされる。「子どもがは

しかを—った」④勝負事で勝利を得る。また、もめごとなどで間に入って引き受ける。「今度の試合はうちが—う」

セイ【勢】(13) 力 11 常 教 6 3210 402A 音 セイ ㊥セ 訓 いきおい

筆順 一 + 土 夫 坴 坴 刲 埶 埶 勢 勢

意味 ①いきおい。さかんな力。「勢力」「優勢」②ようす。ありさま。「運勢」「情勢」③むれ。人の集まり。「軍勢」「多勢」④男性の生殖器。「去勢」⑤「伊勢の国」の略。「勢州」

下つき 威勢・運勢・加勢・気勢・去勢・虚勢・軍勢・形勢・権勢・攻勢・豪勢・国勢・小勢・姿勢・時勢・実勢・手勢・守勢・樹勢・情勢・助勢・水勢・衰勢・趨勢・総勢・大勢・多勢・地勢・筆勢・優勢・余勢・劣勢

【勢い】いきおい ①運動にともなって生じる力や速度。「こまが—よく回る」「川の水の—が増す」②ほかを圧する力。権勢。権力。「破竹の—で他を圧倒する」③活気。威勢。元気。「—のある字」「ますます—づく」④もののはずみ。なりゆき。「酔った—で約束する」⑤自然のなりゆきで。はずみで。「大歓声を受けて—演技に力が入る」

【勢威】セイイ 権勢と威力。「関東に—を振るう大名」

【勢揃い】セイぞろい ①ある目的のために大勢の人や物が一か所に集まること。「法事で親戚が—する」②軍勢がそろうこと。勢揃え。

【勢力】セイリョク 他を圧倒する力。いきおい。「—を伸ばす」「—争い」

【勢力伯仲】セイリョクハクチュウ 力や技能が接近していて、優劣の差がないこと。「伯仲」は兄と弟、長兄と次兄のこと。類 伯仲の間・兄たり難く弟たり難し

【勢子】セこ 狩り場で、鳥獣を追いこんだり、他に逃げないようにする役の人。狩子。季冬 表記「列卒」とも書く。

〈勢車〉はずみぐるま 機械などの回転軸に取りつけて、回転をなめらかにする重い車。フライホイール。表記「弾み車」とも書く。

セイ【歳】(13) 止 9 常 2648 3A50 ▼サイ(五五九)

セイ【睛】(13) 目 8 1 6645 624D 音 セイ 訓 ひとみ

意味 ひとみ。くろめ。「眼睛」

下つき 眼睛・点睛・瞳睛・目睛

【睛】ひとみ くろめ。瞳孔。また、澄みきったひとみ。「—に彼女の心があらわれていた」

セイ【靖】(13) 立 8 準1 4487 4C77 音 セイ 訓 やすい・やすんじる

字旧《靖》(13) 立 8 1/準1

意味 やすい。やすらか。やすんじる。「靖国」

下つき 嘉靖・閑靖・寧靖

【靖い】やすい やすらかなさま。国などが静かに治まっているさま。

【靖んじる】やすんじる やわらげ、しずめる。国などをやすらかに治める。

セイ【筬】(13) 竹 7 1 音 セイ 訓 おさ

〔筬〕6813 642D

意味 おさ。縦糸をそろえ、横糸をおさえて織り目を整える機織りの道具。

【筬】おさ 機織りの道具。縦糸の位置をととのえるもの。対 杼

【筬虫】おさむし オサムシ科の甲虫の総称。色彩の美しいものが多い。後ろばねは退化して飛べないが、敏速に歩行する。夜行性でミミズやカタツムリを捕食。由来 体が細長く、筬に似ることから。表記「歩行虫」とも書く。

セイ【聖】(13) 耳 7 常 教 5 3227 403B 音 セイ ㊥ショウ 訓 ㊥ひじり

筆順 一 丅 F E 耳 耳 耶 耶 聖 聖 聖

意味 ①ひじり。㋐知徳のすぐれた人物。「聖君」「聖哲」㋑高徳の僧。「高野聖」②奥義をきわめた人。その道の第一人者。「楽聖」「棋聖」③天子。また、天子に関することに添える語。「聖業」「聖徳」④けがれがなくきよらか。「聖域」「聖火」⑤キリスト教で、聖人とされる人の名に冠する語。英語 saint の音訳。「聖パウロ」

下つき 楽聖・画聖・棋聖・賢聖・至聖・詩聖・書聖・神聖・大聖・俳聖・筆聖・列聖

【聖観音】ショウカンノン 「聖観世音」の略。諸観音のうちで最もふつうの観音。千手観音・馬頭観音など。

【聖教】ショウギョウ 仏 釈迦の教え。または、それを記した経典。

【聖人】ショウニン ①慈悲深く知徳にすぐれ、世間から尊ばれる人。類 聖者 ②徳の高い僧侶。または、その尊称。「親鸞—」参考 ①「セイジン」とも読む。

【聖霊会】ショウリョウエ ①聖徳太子の御忌法会。もとは陰暦二月二二日に行われた。今も法隆寺・四天王寺などで、日を決めて行われている。お聖霊。②陰暦七月一五日を中心に行われる先祖の霊をまつる仏事。盂蘭盆。表記 ②「精霊会」とも書く。

【聖域】セイイキ ①神聖な場所。②侵してはならないとされる地域・分野。「野鳥の—」

【聖火】セイカ ①神聖な儀式などで神に捧げられる火。②ギリシャのオリンピアから運ばれ、オリンピック開催中聖火台で燃やしつづけられる火。「—ランナー」

【聖躬】セイキュウ 天子の体。類玉体・聖体

【聖賢】セイケン ①聖人と賢人。「―の教えにしたがう」②清酒と濁酒。参考②清酒を「聖人」、濁酒を「賢人」にたとえることから。

【聖餐】セイサン 教会で信者たちが、分けられたパンとぶどう酒を飲食する儀式。故事 キリストが刑死前夜の最後の晩餐で、弟子たちにパンを自らの肉として、ぶどう酒を自らの血として与えた故事から。

【聖者】セイジャ ①知徳にすぐれ、世間から尊び仰がれる人。類聖人 ②ある宗教において修行を積み、偉大な業績を残した人。特に、キリスト教での殉教者・偉大な信徒。類聖徒

【聖寿】セイジュ 天子・天皇の年齢や寿命。

【聖書】セイショ ①キリスト教の教典。バイブル。『旧約聖書』と『新約聖書』とがある。「―考古学」②聖人の書いた書物。聖典。

【聖職】セイショク ①人を教え導く神聖な職務や職業。神官や僧侶(ソウリョ)、教師についていう。「―に生涯を捧げる」②キリスト教で司祭や宣教師などの職。

【聖人】セイジン 知徳にすぐれ、人々から尊ばれる人。類聖者 参考「ショウニン」と読めば別の意もある。

〖聖人君子〗セイジンクンシ 徳が高く品行方正で、知識豊かな理想的人物のこと。

〖聖人無夢〗セイジンムム 聖人は思い迷うことがないから、つまらない夢を見ることはないということ。〈『荘子(ソウジ)』〉

【聖跡・聖蹟】セイセキ ①神聖な出来事のあった場所。聖なる遺跡・史跡。類聖地 ②以前に天皇が行幸した場所。

【聖断】セイダン 天子が下す決定・裁断。「―を仰ぐ」

【聖誕祭】セイタンサイ キリストの誕生日。クリスマス。一二月二五日に行われる。類降誕祭 季冬

【聖地】セイチ ①宗教的に神聖な土地。②キリスト教の発祥地、パレスチナ。「―巡礼の旅に出た」

【聖哲】セイテツ 知徳にすぐれて、道理に明るい人。聖人と哲人。

【聖典】セイテン 聖人の言行や伝説などが記された、ある宗教での教義のもととなる書。キリスト教の聖書、イスラム教のコーランなど。

【聖徒】セイト ①キリスト教会の会員である信徒。キリスト教徒。②カトリックで、徳をみとめられた信徒。

【聖堂】セイドウ ①聖人、特に孔子をまつった建物。「湯島―」類聖廟(セイビョウ) ②キリスト教で、教会堂。礼拝堂。

【聖読庸行】セイドクヨウコウ 聖人の書物を読んでも、実際の行いには少しのすぐれたところもないこと。〈『揚子法言(ヨウシホウゲン)』〉

【聖廟】セイビョウ ①孔子をまつった廟。孔廟。類聖堂 ②菅原道真(すがわらのみちざね)をまつった廟。特に、京都の北野天満宮をいう。参考「廟」は霊をまつる所、みたまやの意。

【聖母】セイボ 聖人の母。多く、キリストの母であるマリアをいう。

【聖夜】セイヤ クリスマス(イエス=キリストの誕生日を祝う日)の前夜。クリスマスイブ。一二月二四日の夜。季冬

【聖猷】セイユウ 天子のはかりごと。類聖謨(セイボ) 参考「猷」ははかりごとの意。

【聖霊】セイレイ キリスト教で、人間に宿り、神の啓示を感じさせるもの。父なる神、子なるキリストとともに三位一体をなすとされる。御霊(みたま)。

〈聖林〉ハリウッド アメリカ合衆国、カリフォルニア州ロサンゼルス市北西部の地区。世界的な映画の都として有名。

【聖】ひじり ①天皇の尊称。②知恵・人格にすぐれ、行いがりっぱな人。「歌の―」類聖人 ③学芸の道などにすぐれた人。④徳の高い僧侶(ソウリョ)。「高野―」参考「日知り(天文暦数を知る)」の意からともいう。

セイ【腥】

(13) 月9 1 7109 6729

音 セイ・ショウ
訓 なまぐさい・けがらわしい

意味 ①なまにく。また、生肉のにおい。なまぐさい。「腥臭」②けがらわしい。みにくい。「腥聞」

【腥風】セイフウ なまぐさい風。血なまぐさいにおい。殺伐とした気配。

【腥い】なまぐさい ①生肉のにおいのするさま。②生々しく世俗的であるさま。

セイ【誠】

(13) 言6 常 教5 3231 403F

音 セイ 外ジョウ
訓 まこと 中

旧字《誠》(14) 言7 1/準1

筆順 ニ 言 言 訁 訂 訪 誠 誠 (2 4 6)

意味 ①まこと。まごころ。真実の心。「誠意」「誠実」「至誠」②まことに。本当に。

下つき 懇誠(コンセイ)・至誠(シセイ)・真誠(シンセイ)・丹誠(タンセイ)・忠誠(チュウセイ)

【誠意】セイイ まごころ。私利私欲を交えず、正直な態度で物事に接しようとする気持ち。「相手に―を尽くす」

【誠歓誠喜】セイカンセイキ まことに喜ばしい。臣下が君主に奉呈する文書に使う言葉。〈『後漢書(ゴカンジョ)』〉

【誠惶誠恐】セイコウセイキョウ 奏上文や手紙文の末尾に添えて敬意を表する語。参考「誠惶」は心からかしこまる、「誠恐」は心からおそれつつしむ意。どちらか一方のみでも用いる。類誠恐謹言(セイキョウキンゲン)

【誠実】セイジツ まじめで偽りがなく、真心がこもっていること。「―な人柄が好かれる」

【誠心誠意】セイシン セイイ 私欲のない真実の心。「―で介護に当たる」

【誠】まこと ①うそ・いつわりのないこと。真実。事実。「うそから出た―」②人に対して正直なこと。「―を尽くして説得する」③ほんとうに。じつに。そのとおりであるさま。「―にうれしい話です」

セイ【★鉦】(13) 金5 準1 3064 3E60 音セイ・ショウ 訓かね

意味 かね。どら。金属製の打楽器の一種。「鉦鼓」

下つき 鼓鉦コセイ・銅鉦ドウショウ

【▲鉦】かね 撞木シュモクでたたいて鳴らす金属製の仏具。たたきがね。

【▲鉦▲叩き】かねたたき ①念仏の際にかねをたたくこと。②かねをたたき経文を唱えて、金品をもらい歩く僧。③カネタタキ科の昆虫。関東以西にすむ。雄は前ばねが黒褐色で後ろばねがない。雌ははねがない。秋、雄は「チンチン」とかねをたたくように鳴く。季秋

【▲鉦鼓】ショウコ ①青銅製の丸いかね。仏具の一つ。②雅楽に使う銅製の打楽器。大鉦鼓・釣り鉦鼓・荷にない鉦鼓の三種類がある。

〔鉦鼓ショウコ②〕

セイ【精】(14) 米8 常 教6 3226 403A 音セイ・ショウ(中) 訓(外)しらげる・くわしい・もののけ

旧字《精》(14) 米8 1/準1

筆順 丷 ⺷ 半 米 米 米 米 米 精 精 (2 6 12 14)

意味 ①しらげる。米などを白くする。「精白」「精米」②まじりけがない。きよい。よりぬき。最もよいもの。「精鋭」「酒精」③くわしい。こまかい。「精通」「精密」対粗 ④こころ。たましい。気力。「精進」「精神」⑤生殖のもととなるもの。「精子」「受精」⑥もののけ。不思議な力をもつもの。「精霊」「妖精」

下つき 強精キョウセイ・山精サンセイ・受精ジュセイ・水精スイセイ・丹精タンセイ・不精ブショウ・木精モクセイ・妖精ヨウセイ

【▲精しい】くわしい 細かく念入りなさま。細かい点まで完全ですぐれているさま。

【精舎】ショウジャ 仏僧侶ソウリョが仏道を修行する所。寺院。てら。「祇園ギオン―」

【精進】ショウジン ①仏一心に仏道に励むこと。②仏戒律を守ったり禁忌を避けたりして心身を清め、信仰に励むこと。③あることに打ちこんでひたすら励むこと。「芸の道に―する」④肉や魚を食べないこと。「―料理」

【精進潔斎】ショウジンケッサイ 飲食を慎み、体を清めてけがれを避けること。「―して仏事に臨む」類斎戒沐浴サイカイモクヨク

【精進落とし】ショウジンおとし 仏精進の期間が終わって普段の食事にもどるときに、飲酒、肉食をすること。類精進明け

【精進料理】ショウジンリョウリ 肉類を使わず、野菜や海草などを材料とした料理。油も植物性のものを使う。対生臭なまぐさ料理

【精霊会】ショウリョウエ 陰暦七月に行う先祖の霊をまつる仏事。盂蘭盆ウラボン。表記「聖霊会」とも書く。

【精霊棚】ショウリョウだな 盂蘭盆ウラボンに、精霊を迎えるために設けるまつり棚。位牌イハイや仏具を並べ供え物をする。盆棚。季秋

【▲精げる】しらげる ①玄米をついて白くする。精米にする。②細工物などを磨いて仕上げる。

【精一杯】セイイッパイ その人が出せる、力の全部。力のかぎり。できるかぎり。「―努力する」類力一杯

【精鋭】セイエイ えり抜きのすぐれた人材。また、特にすぐれた兵士。「―部隊」類精兵

【精衛填海】セイエイテンカイ 不可能なことのために無駄な努力をするたとえ。由来海でおぼれ死んだ炎帝の娘が「精衛」という鳥に生まれ変わり、小枝と小石とを運んできてその海を埋めようとしたという寓話グウワから。炎帝は中国古代の伝説上の皇帝。《『山海経センガイキョウ』》

【精液】セイエキ 成人男子や動物の雄の生殖器から分泌される、精子を含んだ液体。

【精華】セイカ ①物事において最もすぐれていて、真価となるべきところ。「東山文化の―」②すぐれて華やかなこと。

【精▲悍】セイカン 動作や目つき・顔つきなどが、鋭くたくましいこと。「―な面構え」

【精気】セイキ ①万物生成の根源となる気や力。「大地の―」類霊気 ②生命・活動の根源となる力。生き生きした気力。「心身に―がみなぎる」「―あふれる活動」

【精義】セイギ 詳しい意義や解釈。詳しい講義。また、詳しく説き明かすこと。

【精強】セイキョウ とりわけ強く、すぐれていること。「―を誇るチーム」

【精勤】セイキン ①仕事や学業などに熱心に励むこと。類精励 ②学校や会社などに休まず通うこと。「―賞を受ける」

【精金良玉】セイキンリョウギョク まじりけのない金と、良質の玉ギョク。人柄が純粋で円満なことのたとえ。参考「良玉精金」ともいう。

【精巧】セイコウ 細工やしくみなどが細かく、巧みであること。「―なからくり人形」

【精根】セイコン 精力と根気。ある物事を継続して行う力。「―尽きる」

【精魂】セイコン 精神。たましい。ある物事に打ちこむ精神力。「―を傾けた作品」

【精査】セイサ 細かい点にいたるまで詳しく調べること。

【精彩】セイサイ ①生き生きとして活気があること。「彼女の絵は―を放つ」②つやがあり、美しい色彩であること。表記「生彩」とも書く。

【精細】セイサイ 細部にわたるまで詳しいこと。「―に書き記した文章」類詳細

【精算】セイサン ①金額などを細かく計算すること。対概算 ②最終的に計算すること。「乗り越し運賃を―する」

【精子】セイシ 雄性の生殖細胞。小形で運動性があり、卵子と結合すると個体が発生する。類精虫 対卵子

【精神】セイシン ①人間の心。また、知的な心のはたらき。「自由の―」「―の充実」対肉体 ②心のもち方。気力。「―を鍛える」③物事を支えている根本的な意義、理念。「建国の―を忘れない」

〔精神一到、何事か成らざらん〕精神を集中して事を行えば、どのような困難なことでもなし遂げられないことはない。〈朱子語類(シュシゴルイ)〉

〔精神統一(セイシントウイツ)〕心のはたらきや気力を一点に集中すること。「試験の前に深呼吸をして―をする」

【精髄】セイズイ 物事の本質をなす、最も重要なところ。「日本文化の―」類神髄

【精製】セイセイ ①細かいところまで気を配り、念を入れて作ること。②原料を加工したものをさらに純良なものに作り上げること。「塩の―」対①②粗製

【精精】セイゼイ ①力の及ぶ限り。精一杯。できるだけ。「―頑張ります」②多く見積もっても。たかだか。「客は入っても―三〇人だろう」

【精選】セイセン 多くのなかから、特にすぐれたものを選び抜くこと。「―された作品から金賞を選ぶ」

【精粗・精疎・精▲麤】セイソ 細かいことと粗いこと。詳しいことと大雑把(おおざっぱ)なこと。

【精緻】セイチ 非常に細かくて詳しいこと。「―をきわめる調査」類精細・精密・緻密

【精虫】セイチュウ 「精子」に同じ。

【精通】セイツウ ①ある事柄について非常に詳しく知っていること。「日本史に―している」類熟知・通暁 ②男子の初めての射精。思春期の男子に起こる。

【精度】セイド 人の仕事や機械などの正確さ・精密さの度合い。「予測の―が高い」

【精糖】セイトウ 不純物の多い粗糖から精製した上質の白砂糖。対粗糖

【精読】セイドク 細かい点まで注意深く、ていねいに読むこと。類熟読 対速読・乱読

【精白】セイハク 米や麦などの穀物を、ついて薄皮を取り白くすること。

【精微】セイビ 細かくて詳しいこと。「―を尽くした研究」類精緻・精細

【精兵】セイヘイ えりすぐりの強い兵士。類精鋭 参考「セイビョウ」とも読む。

【精米】セイマイ 玄米をついて薄皮を取り除いて、白くすること。また、その米。類白米

【精密】セイミツ ①細かいところまで巧みにつくられているさま。「―機械」類精巧 ②細かい点にまで注意が払われているさま。「―検査をする」類精緻・緻密

【精妙】セイミョウ きわめて細かく巧みなこと。「―な工芸品」

【精明強幹】セイメイキョウカン 頭脳明晰(メイセキ)で、仕事を処理する能力が高いこと。また、心身ともに健全で丈夫な人。

【精力】セイリョク ①心身の活動を支える力。「事業に―を注ぐ」類活力 ②性的な力。

〔精力絶倫(セイリョクゼツリン)〕精力が、人並み外れて盛んなこと。

【精励】セイレイ 職務や学業に、精をだしてつとめはげむこと。類精勤・勉励

〔精励▲恪勤(セイレイカッキン)〕いつもまじめに怠りなく勤めること。「恪勤」は職務に忠実にはげむこと。参考「恪勤精励」ともいう。類奮励努力

【精霊】セイレイ ①あらゆる生物・無生物に宿るとされるたましい。「古木に―が宿る」②死者の肉体から離れた霊魂。参考②「ショウリョウ」とも読む。

【精練】セイレン ①動植物の天然繊維から、混じりものを取り除いて精製すること。②十分に訓練して鍛え上げること。

【精錬】セイレン 鉱石などから、金属の不純物を除いて純度を高めること。参考「製錬」との混同から生じた語。

セイ【▲聟】(14) 耳 8 7061 665D ▼壻(婿の旧字)の異体字(八六二)

セイ【★蜻】(14) 虫 8 1 7381 6971 訓 音 セイ

意味「蜻蛉(セイレイ)・蜻蜓(セイテイ)(とんぼ)」に用いられる字。

〈▲蜻▲蛉〉かげろう ①カゲロウ目の昆虫の総称。▼蜉蝣(かげろう)(一三三二) ②トンボの古名。

〈▲蜻▲蛉〉・〈▲蜻▲蜓〉とんぼ トンボ目の昆虫の総称。目は大きな複眼。胴は棒状で、二対のはねは膜質で網状。幼虫は水中にすみ、「やご」と呼ばれる。季秋 参考「蜻蛉」は「セイレイ・かげろう」とも読み、また、「蜻蜓」は「セイテイ・やんま」とも読む。

〈▲蜻▲蜓〉やんま ①大形のトンボの総称。ギンヤンマ・オニヤンマなど。季秋 ②トンボの別称。参考①「セイテイ」とも読む。

セイ【製】(14) 衣 8 教 常 6 3229 403D 訓 音 セイ 外 つくる

筆順 ′ 𠂉 ⺧ 告 制 制 製 製 製 製

意味 つくる。たつ。こしらえる。仕立てる。「製品」

下つき 官製(カンセイ)・既製(キセイ)・御製(ギョセイ)・謹製(キンセイ)・薫製(クンセイ)・作製(サクセイ)・私製(シセイ)・自製(ジセイ)・上製(ジョウセイ)・精製(セイセイ)・創製(ソウセイ)・即製(ソクセイ)・粗製(ソセイ)・調製(チョウセイ)・手製(てセイ)・特製(トクセイ)・並製(なみセイ)・剝製(ハクセイ)・複製(フクセイ)・縫製(ホウセイ)・和製(ワセイ)

【製材】セイザイ 山から切り出した木を、一定寸法の角材や板材にすること。「―所」

【製作】セイサク ①機械・道具などを作ること。「木製の家具を―する」②映画・演劇・放送番組などを作ること。特に、それらを企画立案し、その統括にあたること。また、その人。プロデュース。表記 ②「制作」とも書く。

【製図】セイズ 設計のために器具を使って図面を作ること。また、その図面。

【製造】セイゾウ 物をつくること。原料や未完成品に手を加えて製品にすること。「食品の―年月日」「自動車部品の―工場」

【製錬】セイレン 鉱石などの原料から金属を分離・抽出して精製したり、合金をつくったりする工程。冶金（ヤキン）。

【△製る】つくる いろいろ工夫して、きちんとこしらえる。

セイ【誓】(14) 言 7 常 準2 3232 4040 音 セイ 外ゼイ 訓 ちかう

筆順 一 十 才 才 扩 扩 折 折 哲 誓 誓 誓

意味 ちかう。ちぎる。神仏や人に約束する。ちかい。「誓願」「誓約」

下つき 祈誓（キセイ）・宣誓（センセイ）・盟誓（メイセイ）・約誓（ヤクセイ）

〈誓湯〉くかたち 古代の裁判の方法。神に誓約して熱湯に手を入れさせ、火傷（やけど）を負ったものを邪とし、負わないものを正とした。くかたち。表記「探湯・盟神探湯」とも書く。

【誓願】セイガン ①神仏に誓いをたてて、事が成るように願うこと。②仏 仏や菩薩（ボサツ）が衆生（シュジョウ）を苦しみから救おうとする願い。

【誓紙】セイシ 神にかけて誓う言葉を書いた紙。起請文（キショウモン）。類 誓書 参考 特に、君臣や男女の間で自分の誠意の証（あかし）として書いた。

【誓詞】セイシ 誓いの言葉。また、それを書きつけたもの。類 誓言・誓文

【誓文】セイモン 誓いを記した文書。誓書。多く、遊女と客の間で交わした。類 誓詞・誓紙

【誓文払い】セイモンばらい ①近世以来、陰暦一〇月二〇日に、京都・大坂などの商人や遊女が、商売上うそをついた罪を払うために祈った行事。季 冬 ②関西地方で、年末に商店が行う呉服の大安売り。転じて、安売り。

【誓約】セイヤク 固く約束すること。また、その約束。「―書に署名する」

【誓う】ちかう 神仏や人に対して固く約束する。また、自分に対してある事を固く決意する。「後日の再会を―いあう」「神仏にかけて―う」

セイ【△誠】(14) 言 7 ▼誠の旧字（八六五）

セイ【静】(14) 青 6 常 教 7 3237 4045 音 セイ・ジョウ 中 訓 しず・しずか・しずまる・しずめる

旧字《靜》(16) 青 8 1/準1 8048 7050

筆順 一 十 主 青 青 青 青 静 静 静 静

意味 ①しずめる。しずまる。じっとして動かない。「静止」「鎮静」対 動 ②しずか。ひっそりとした。音がしない。「静寂」「閑静」

下つき 安静（アンセイ）・閑静（カンセイ）・鎮静（チンセイ）・動静（ドウセイ）・平静（ヘイセイ）

〈静寂〉しじま 「静寂（セイジャク）」に同じ。

【静】しず 静かなさま。落ち着いたさまを表す語。参考 多くは名詞の上について、修飾する。

【静か】しずか ①物音や声などがせず、ひっそりとしたさま。「風がやんで―になる」②物事の動きがゆったりとしているさま。うるさくないさま。「汽車は―に走り出した」③精神や態度が落ち着いているさま。おとなしいさま。「―に座っている」

【静静】しずしず しずかに、ゆっくりと動作をするさま。「葬列が―と進む」

【静める】しずめる ①物音や声を小さくさせる。静かにさせる。「鳴りを―めて話に聞き入る」②感情を落ち着かせる。「興奮を―める」

【静脈】ジョウミャク 心臓へ戻っていく血液を運ぶための血管。対 動脈

【静脈△瘤】ジョウミャクリュウ 血行障害などのために、静脈が部分的に拡張したもの。参考「瘤」は、こぶ・しこりの意。

【静穏】セイオン 静かで穏やかなこと。また、そのようす。「―に暮らす」類 静謐（セイヒツ）・平穏

【静観】セイカン 落ち着いて事のなりゆきを静かに見守ること。「事態を―するのが賢い」

【静座・静△坐】セイザ 落ち着いて呼吸を整え、静かにすわること。「―して瞑想（メイソウ）する」

【静止】セイシ じっとしていて動かないこと。その場にとどまり動かないこと。「振り子が―する」「―画像」対 運動

【静思】セイシ 静かに思うこと。心を落ち着かせて考えること。類 沈思・黙思

【静寂】セイジャク 静かでしんとしていること。静かでひっそりとしていること。「夜の―を破る雷鳴」対 喧騒（ケンソウ）参考「しじま」とも読む。

【静寂閑雅】セイジャクカンガ 静まりかえって上品な趣がある風景のこと。「冬の石庭は―だ」

【静粛】セイシュク 静かにしてつつしむこと。物音を立てずにしんとしていること。「開演中はご―に願います」

【静態】セイタイ 本来動きのあるものが、しずかにとどまっている状態。また、仮にある時点で静止したと考えたときの状態。対 動態

【静聴】セイチョウ 人の話などを静かにしてよく聞くこと。「ご―願います」

【静電気】セイデンキ 物の表面または内部にとどまって、電流とならずに静止している電気。摩擦電気など。参考 衣服・ビニールなどに多く、帯電する。

【静謐】セイヒツ 静かで落ち着いていること。世の中が平和に治まっていること。「世は

—を取り戻した」類平穏ヘイオン・静穏

【静物】セイブツ ①止まったまま動かない物。②絵画の題材となる器物や花など。また、それを描いた絵。「セザンヌの—画」

【静養】セイヨウ 健康の回復のために心身を静かに休めること。「温泉で—する」

セイ【▲齊】(14) 齊0 8378 736E ▼斉の旧字(八五六)

セイ【嘶】(15) 口12 1 5161 535D 音 セイ 訓 いななく

意味 ①いななく。ウマがなく。「長嘶」②むせぶ。むせびなく。③かれる。声がしわがれる。

【▲嘶く】いななく ウマが声高く鳴く。「牛が—き馬が吼ほえる」

セイ【撕】(15) 扌12 1 5789 5979 音 セイ・シ 訓 さく・いましめる

意味 ①さく。引き裂く。②いましめる。教えみちびく。「提撕」

セイ【請】(15) 言8 常 3 3233 4041 音 セイ・シン高・ショウ外 訓 こう高・うける

旧字《請》(15) 言8 1/準1

筆順 （略）

意味 ①こう。ねがう。「請願」「請求」「要請」②うける。ひきうける。「請負」

下つき 祈請キセイ・懇請コンセイ・申請シンセイ・普請フシン・要請ヨウセイ

【請け負う】うけおう ①請負契約で、期限や報酬を決めて仕事を引き受ける。「基礎工事を—う」②引き受ける。責任をもつ。「身元保証人は私が—った」

【請ける】うける ①仕事などを引き受ける。「工事を—ける」②代金を支払って受け取る。「質入れしていた時計を—ける」

【請う】こう 人に対して、あることをしてくれるように求める。「心から許しを—う」

【△請来】ショウライ 仏像・経文などを、請い受けて外国から持ってくること。「奈良時代に—した経典」

【請願】セイガン ①こいねがうこと。願い出ること。②国民が国や地方公共団体などに文書で要求を申し述べること。「議会へ—書を出す」

【請求】セイキュウ 金銭や物品などを正当に要求すること。「代金を—する」

【請訓】セイクン 外国に駐在する外交官などが、本国政府に指示を求めること。対回訓

【請託】セイタク 内々に特別なはからいを頼みこむこと。「—を受ける」

セイ【整】(16) 攵12 教 常 8 3216 4030 音 セイ 訓 ととのえる・ととのう

筆順 （略）

意味 ①ととのえる。ととのう。きちんとそろえる。「整備」「整理」②きちんとした。「整数」

下つき 均整キンセイ・修整シュウセイ・斉整セイセイ・端整タンセイ・調整チョウセイ・不整フセイ・補整ホセイ

【整形】セイケイ 手術で、体の異常な部分を正しい形にととのえること。「—外科」参考「成形」と書けば、一定の形をつくる意になる。

【整合】セイゴウ ①ととのって合うこと、また合わせること。ぴったりと一致すること。②理論などに矛盾がなく、つじつまが合っていること。「論理が—する」

【整骨】セイコツ 折れた骨や痛めた関節などを治療すること。ほねつぎ。「—院」類接骨

【整数】セイスウ 一二三…のような自然数と、これにマイナスをつけた負数、および〇の総称。

【整整】セイセイ きちんと正しくととのっているさま。「—の布陣」類整然

【整然】セイゼン 秩序正しくととのっているさま。「理路—」類整整 対雑然

【整地】セイチ 建築や耕作のために地ならしをすること。

【整頓】セイトン 乱れたものをきちんと片付け、ととのえること。「整理—」対乱雑 参考「整」「頓」ともに、ととのえる意。

【整備】セイビ 不完全なところのないように、十分にととのえること。「車の—工場」「条件を—する」

【整理】セイリ ①乱れた状態にあるものを秩序正しくととのえること。「机の上の—」②不要なものを取り除くこと。「人員—で解雇された」

【整流】セイリュウ ①電気で、交流を直流に変えること。「—器」②流体の流れの乱れを、ととのえること。「—板」

【整列】セイレツ 列をつくって秩序正しく並ぶこと。「生徒が校庭に—する」

【整える】ととのえる きちんとそろえる。正しくそろえる。「来客であわてて部屋を—える」「立ち止まって息を—える」

セイ【醒】(16) 酉9 常 2 3235 4043 音 セイ 訓 さめる外・さます

筆順 （略）

意味 さめる。酔い・眠り・夢・迷いなどからさめる。「醒悟」「覚醒」

下つき 覚醒カクセイ

【△醒める】さめる 酒に酔った、ぼんやりした状態からはっきりした状態に戻る。夢や迷いがとけて、すっきりした状態になる。「悪夢から—める」「—めた目で見る」

【醒悟】セイゴ 心の迷いから覚めて悟ること。

セイ【▲靜】(16) 青8 8048 7050 ▼静の旧字(八六八)

セイ【擠】(17) 扌14 1 5811 5A2B 音 セイ・サイ 訓 おす・おとしいれる・くじく

意味 ①おす。おしのける。おとしいれる。「擠陥」「擠排」「擠抑」②くじく。折る。

下つき 排擠ハイセイ

【擠す】おーす おしのける。おしだす。おしおとす。

【擠排】セイハイ おしのけること。おしだすこと。また、おしひらくこと。

セイ【聲】(17) 耳11 7065 6661 ▼声の旧字（八五二）

セイ【薺】(17) 艹14 1 7321 6935 音 セイ・ザイ 訓 なずな・はまびし

意味 ①なずな。アブラナ科の二年草。②はまびし。つるくさの一種。

【薺】なずな アブラナ科の二年草。道端に自生。春、白い小さな四弁花をつけ、三味線のばちのような形の実を結ぶ。春の七草の一つ。ペンペングサ。季新年

セイ【臍】(18) 月14 1 7133 6741 音 セイ・サイ 訓 へそ・ほぞ

意味 へそ。ほぞ。また、へそのような形をしたもの。

下つき 噬臍ゼイセイ・櫓臍ロベそ

【臍下丹田】セイカタンデン へそのすぐ下の腹部。ここに力を入れると健康と勇気を得るといわれる。

【臍帯】セイタイ 母体の胎盤と胎児をつなぐ管。へその緒お。参考「サイタイ」とも読む。

【臍】へそ ①腹の中心部にある、へその緒のついていた跡。②物の中心にあって小さくへこんだ部分。また、小さく突起した部分。参考「ほぞ」とも読む。

【臍で茶を沸かす】物事が、きわめてばかばかしく、おかしくてたまらないたとえ。

【臍繰り】へそくり 家族などに見つからないようにこっそり貯めた金銭。「臍繰り金がね」の略。

【臍】ほぞ「臍へそ」に同じ。

【臍を固める】固く決心すること。覚悟を決めること。

【臍を噬かむ】事が起こってから後悔しても、取り返しがつかないたとえ。「逆転負けを喫して、─」故事 中国、春秋時代、鄧トウの祁侯キコウが楚ソの文王を泊めてもてなした。その際、祁侯の忠臣三人が、やがて敵対してくる文王を今のうちに殺し、臍をかまぬようにと進言したが、祁侯は無視した。それから十余年後、鄧は楚の文王に滅ぼされた故事から。〈『春秋左氏伝』〉

【臍落ち】ほぞおち ①産児のへその緒が落ちること。②果実が熟して、自然に蔕へたから落ちること。また、その果実。

セイ【瀞】(19) 氵16 準1 3852 4654 音 セイ・ジョウ 訓 とろ

意味 ①とろ。川の流れがゆるやかで水の深い所。②きよい。きよらか。類清・浄

【瀞】とろ 川が深くて、水の流れがゆっくりと静かなところ。

セイ【鯖】(19) 魚8 準1 2710 3B2A 音 セイ・ショウ 訓 さば・よせなべ

意味 ①さば。サバ科の海魚。青花魚。②よせなべ。魚や肉を入れて煮た料理。「五侯鯖」

【鯖】さば サバ科の海魚。ふつうマサバとゴマサバをさす。各地の沿岸に分布。背は青緑色で黒い波形のしま模様があり、腹は銀白色。食用。季夏 表記「青魚・青花魚」とも書く。

【鯖の生き腐り】さばのいきぐさり 見かけは新鮮だが、なかは古くなっていて使いものにならないこと。サバは腐るのが早く、新しそうに見えても腐っていることがあるから。

【鯖を読む】さばをよむ 自分に都合のいいように数をごまかす。由来 サバは傷みやすいので、市場で数えるとき早口で数えて実数をごまかすことが多かったことから。ほかにも諸説がある。

【鯖折り】さばおり 相撲の決まり手の一つ。両手で相手のまわしを強く引きつけ、自分の上背と体重をかけて相手の両膝りょうひざをつかせる技。

【鯖雲】さばぐも 巻積雲の通称。うろこ雲。いわし雲。季秋 由来 サバの背中の模様に似ることから。

セイ【鶄】(19) 鳥8 1 9426 7E3A 音 セイ

意味「鵁鶄コウセイ（ごいさぎ）」に用いられる字。

セイ【躋】(21) 𧾷14 1 7719 6D33 音 セイ・サイ 訓 のぼる・のぼらせる

意味 のぼる。のぼらせる。「躋升」対降

下つき 攀躋ハンセイ

【躋攀】セイハン よじのぼること。「攀」はよじのぼる意。類攀躋ハンセイ

【躋る】のぼーる 高いところにのぼる。

セイ【齎】(21) 齊7 1 7658 6C5A 音 セイ・サイ・シ 訓 もたらす・たから・もちもの・ああ

意味 ①もたらす。持っていく。持ってくる。おくりもの。②たから。財貨。③もちもの。④ああ。嘆く声。

【齎す】もたらーす ①持ってくる。また、持って行く。「母校に優勝旗を─す」②何かの原因で、ある結果や影響が出てくる。「いかなる結果を─すかは不明だ」

セイ【霽】(22) 雨14 1 8041 7049 音 セイ・サイ 訓 はれる

意味 ①はれる。雨や雪がやむ。はれわたる。「霽月」「霽日」 類晴 ②さわやか。心がさっぱりする。

下つき 開霽(カイセイ)・晩霽(バンセイ)

【▲霽月】セイゲツ ①雨上がりに出る月。また、晴れ渡った空の月。②なんの曇り(心のわだかまり)もない、心境のたとえ。「光風―」

【▲霽れる】はれる ①雨や雪がやむ。雲や霧がなくなる。②わだかまりがとける。

セイ【齏】(23) 韭14 1 8077 706D 音 セイ・サイ 訓 なます・あえもの・あえる・くだく

〔韲〕8078 706E

意味 ①なます。あえもの。②あえる。③くだく。細かくする。

【▲齏粉】セイフン こなみじんになること。転じて、身を粉にして働くこと。粉骨砕身。

ゼイ【★脆】(10) 月6 準1 3240 4048 音 ゼイ・セイ 訓 もろい・よわい・やわらかい・かるい

意味 ①もろい。よわい。こわれやすい。「脆弱」②やわらかい。「脆美」③かる(軽)い。かるがるしい。

下つき 甘脆(カンゼイ)・柔脆(ジュウゼイ)

【▲脆弱】ゼイジャク もろくて弱いこと。「地盤が―で工事が難航している」

【▲脆い】もろい ①壊れやすい。「―い鉱物」②心が感じやすい。「情に―い人」

ゼイ【毳】(12) 毛8 1 6162 5D5E 音 ゼイ・セイ 訓 むくげ・にこげ・やわらかい・けば・そり

意味 ①むくげ。にこげ。やわらかい毛。「毳衣」「毳毛」②けば(毛羽)。紙や布の表面にできるやわらかい毛のようなもの。③そり。雪や氷の上をすべらせて、人や物を運ぶ道具。

下つき 柔毳(ジュウゼイ)・毛毳(モウゼイ)

【▲毳】けば ①紙や布などがこすれて、表面にできる細い毛状のもの。「セーターに―が立つ」②地図で土地の傾斜・高低などを示す細い線。

【▲毳】むくげ 細く柔らかい毛。にこげ。うぶ毛。

ゼイ【税】(12) 禾7 常 教 6 3239 4047 音 ゼイ 外セイ 訓 外みつぎ

旧字《稅》(12) 禾7 1/準1

筆順 ノ 二 千 千 禾 禾 禾' 秒 税 税 税

意味 みつぎ。ねんぐ。ぜいきん(税金)。「納税」

下つき 印税(インゼイ)・課税(カゼイ)・関税(カンゼイ)・血税(ケツゼイ)・減税(ゲンゼイ)・国税(コクゼイ)・重税(ジュウゼイ)・増税(ゾウゼイ)・租税(ソゼイ)・脱税(ダツゼイ)・徴税(チョウゼイ)・納税(ノウゼイ)・免税(メンゼイ)

【△税所】サイショ 平安時代中期以降、租税や官物の収納などをつかさどった諸国の役所。表記「済所」とも書く。

【税関】ゼイカン 港・空港・国境などで関税の徴収や輸出入品の検査などをする役所。

【税金】ゼイキン 国や地方公共団体が、税として徴収する金銭。

【税制】ゼイセイ 税金のかけ方や取り立ての方法などについての制度。「―改革」

【税吏】ゼイリ 税務署に勤務して、税に関する事務を扱う役人。

ゼイ【筮】(13) ⺮7 1 6814 642E 音 ゼイ・セイ 訓 めどぎ・うらなう・うらない

意味 ①めどぎ(蓍)。うらないに用いる細い棒。「筮竹」②うらなう。うらない。「卜筮」

下つき 易筮(エキゼイ)・亀筮(キゼイ)・占筮(センゼイ)・卜筮(ボクゼイ)

【▲筮う】うらなう めどぎを用いて将来や運命・吉凶などを判断すること。参考「めどぎ」はうらないに使う五〇本の竹製の棒。

【▲筮竹】ゼイチク うらないに用いる、上は丸く下は四角の細い竹の棒。めどぎ。

【▲筮卜】ゼイボク めどぎでうらなうことと、亀甲(キッコウ)を焼いてうらなうこと。うらない。

【▲筮】めどぎ うらないに用いる五〇本一組の細い竹の棒。筮竹(ゼイチク)。由来 メドハギの茎を用いたことから。

ゼイ【蛻】(13) 虫7 1 7372 6968 音 ゼイ・セイ 訓 ぬけがら・もぬけ・もぬける

意味 ①ぬけがら。もぬけ。②もぬける。虫などが脱皮する。

下つき 蟬蛻(センゼイ)

【▲蛻】ぬけがら セミやヘビなどが脱皮したあとに残す殻。参考「もぬけ」とも読む。

【▲蛻の殻】もぬけのから ぬけがら。また、目当ての者が抜け出して、空になっている住居や寝所など。「隠れ家は―だった」

【▲蛻る】もぬける セミやヘビが外皮から抜け出る。脱皮する。もぬく。

ゼイ【蜹】(13) 虫7 1 音 ゼイ 訓 ぶゆ・ぶよ・ぶと

〔蚋〕7350 6952

意味 ①ぶゆ。ぶよ。ぶと。ブユ科の昆虫の総称。②か(蚊)。

下つき 蚊蚋(ブンゼイ)

【▲蚋】ぶゆ ブユ科の昆虫の総称。ハエに似るが体長は二〜三ミリメートルと小さい。雌は人畜の血を吸う。季夏 表記「蟇子」とも書く。参考「ぶよ・ぶと」とも読む。

ゼイ【説】(14) 言7 教 3266 4062 ▼セツ(八八八)

ゼイ【噬】(16) 口13 1 5167 5363 音 ゼイ・セイ 訓 かむ・くう

意味 ①かむ。かみつく。「反噬」②く(食)う。くらう。

下つき 哮噬・呑噬・搏噬・反噬

【噬む】かむ かみつく。勢いよく食らいつく。「臍をーむ(すでにどうにもならなくなったことを悔やむ)」

【噬臍・噬斉】ゼイセイ 後悔すること。臍をかむこと。参考 自分のへそをかもうとしても届かないので、どうにもならない意。

ゼイ【贅】(18) 貝11 1 7652 6C54 音 ゼイ・セイ 訓 むだ・いぼ・こぶ

意味 ①むだ。役に立たない。よけいなもの。「贅言」「贅肉」②いぼ。こぶ。「贅疣」③むこ。いりむこ。

下つき 肬贅・疣贅

【贅言】ゼイゲン 無駄な言葉。余計な言葉。また、それを言うこと。「ーを費やす」類 贅語・冗語

【贅沢】ゼイタク ①必要を超えて費用をかけたりものを使ったりすること。「バターをーに使う」②身の程や立場を超えておごっていること。「学生のくせにーを言うな」

【贅沢三昧】ゼイタクザンマイ ひたすら贅沢をすること。「ーな暮らし」「ーを尽くす」参考「三昧」は、なにかに熱中する意。類 活計歓楽

【贅肉】ゼイニク 体についた余分な肉や脂肪。転じて、余計なもののたとえ。「運動不足でーがつく」「文章のーをそぎ落とす」

【贅疣・贅肬】ゼイユウ ①こぶと、いぼ。無用な肉。贅肉。②余分なもの。無駄なもの。

【贅六】ゼイロク 昔、江戸の人が上方の人に対する蔑称。由来「才六」が江戸風に訛った語から。参考「ゼエロク」とも読む。

せがれ【倅】(10) 亻8 4870 5066 ▼サイ(五五二)

せがれ【悴】(11) 忄8 5612 582C ▼スイ(八二九)

せ ゼイ―セキ

せがれ【躮】(11) 身4 国 1 8952 7954 音 訓 せがれ

意味 せがれ。自分の息子の謙称。参考 自分の「分身」の意を表した字。

セキ【夕】(3) 夕0 常 教 10 4528 4D3C 音 セキ(中) 訓 ゆう

筆順 ノクタ

意味 ゆうべ。ゆうがた。ひぐれ。「夕映」「夕陽」「旦夕」対 旦・朝

下つき 一夕・七夕・宿夕・除夕・旦夕・朝夕・日夕

【夕暉】セッキ 夕日。夕日の光。いりひ。参考「暉」はかがやきの意。

【夕】ゆう 日がしずみ薄暗くなるころ。日暮れ時。夕方。「朝ー神に祈る」対 朝

【夕顔】ゆうがお ウリ科のつる性一年草。熱帯地方原産。夏の夕方、先が五裂したラッパ形の白い花をつけ、翌朝にはしぼむ。果実は大きな球形か円柱形。食用、または干瓢をつくる。タソガレグサ。季 夏

【夕餉】ゆうげ 夕方の食事。夕食。晩御飯。「ーの支度に忙しい」

〈夕星〉ゆうずつ 夕方、西の空に見える金星。宵の明星。表記「長庚」とも書く。

【夕立】ゆうだち 夏の夕方などに、短時間に激しく降る雨。多く、局地的に降って雷を伴う。驟雨。「ーにあう」季 夏

【夕立は馬の背を分ける】夕立が、限られたごく狭い範囲に降ることのたとえ。夕立はウマの片側には降っても、もう一方の側には降らない意から。

【夕月夜】ゆうづくよ 夕方に出ている月。また、月の出ている夜。対 朝月夜 季 秋 参考「ゆうづきよ」とも読む。

【夕凪】ゆうなぎ 海辺で海風から陸風に変わる夕方、一時的に風がやんで波が静かになる現象。対 朝凪 季 夏

【夕映え】ゆうばえ 夕日の光で山などが明るく照り輝くこと。また、夕焼け。

【夕陽・夕日】ゆうひ ①夕方の太陽。入り日。「紅葉がーに映える」②夕方の太陽の光。「赤いー」

【夕べ】ゆうべ ①夕暮れ。夕方。対 朝 ②催し物を行う夜。「室内楽のー」参考「昨夜」と書けば、前日の夕方から夜になるまでの意になる。

【夕間暮れ】ゆうまぐれ うす暗い夕方のさま。また、そのころ。夕ぐれ。参考「間暮れ」は当て字で、目暗の意。

【夕焼けに鎌を研げ】ゆうやけにかまをとげ 夕焼けの翌日は晴天になるということ。「鎌を研げ」は、野良仕事の準備をせよという意。

【夕闇】ゆうやみ 日没後、まだ月が出ないためにあたりが暗くなること。また、その暗さ。夕方のうす暗さ。「ー迫る」類 宵闇

セキ【尺】(4) 尸1 教 2860 3C5C ▼シャク(六六三)

セキ【斥】(5) 斤1 常 3 3245 404D 音 セキ 訓 外 しりぞける・うかがう

筆順 ノ厂斤斥

意味 ①しりぞける。おしのける。「斥力」「排斥」②うかがう。ようすをさぐる。「斥候」③さす。ゆびさす。「指斥」参考「斤」は別字。

下つき 指斥・除斥・逐斥・排斥・擯斥

〈斥候〉うかみ 「斥候」に同じ。由来 窺い見る意からという。表記「窺見」とも書く。

【斥ける】しりぞける 人を押しのける。拒んで受け入れない。「要求をーける」

【斥力】セキリョク 二つの物体が互いを遠ざけようと反発する力。対引力

【斥候】セッコウ 敵の内情や周辺の状勢をさぐること。またそれをする者。間諜。「偵察のため―を出す」参考「うかみ」とも読む。

セキ【石】(5) 石 0 教 常 10 3248 4050
音 セキ・シャク・コク㊥ ㊇ジャク
訓 いし

筆順 一 ア 不 石 石

意味 ①いし。いわ。また、いしでできているもの。「石器」「石工」「石仏」②いしのようにかたいもののたとえ。「石心」「金石」「木石」③ねうちのないもののたとえ。「瓦石」「玉石混交」④くすり。鉱物質のくすり。「薬石」⑤こく。㋐尺貫法の容積の単位。一石は一〇斗。約一八〇リットル。㋑船・材木の容積の単位。一石は一〇立方尺。約〇・二八立方メートル。⑥「石見の国」の略。「石州」

下つき 隕石・懐石・化石・岩石・玉石・たまいし・金石・鉱石・砕石・採石・砥石・といし・歯石・磁石・硝石・胆石・鉄石・投石・磐石・ジャク・布石・宝石・木石・墓石・はかいし・薬石・落石・蠟石

【〈石蓴〉】あおさ 緑藻類アオサ科の海藻。海岸の岩に着生。鮮緑色で平たい。アオノリに似て、縁にひだがある。食用や飼料用。季春

【〈石決明〉】あわび ミミガイ科の巻貝の総称。▼鮑（一四二二）

【〈石蚕〉】いさごむし トビケラの幼虫。淡水中に小石などをつづり合わせた筒状の巣をつくる。表記「沙虫」とも書く。

【石】いし ①岩石や鉱物のかけらで、岩より小さく砂より大きいもの。また、石材。「―に墓碑銘を彫る」②特定の鉱物を加工したもの。宝石、碁石など。③じゃんけんのグー。④内臓の中にできる固い物質。「お腹に―ができる」⑤無反応・無情・融通性がないなどの性質を比喩的にいう語。「―頭の親父」「―のように冷たい人」

【石が流れて木の葉が沈む】世の中の道理や仕組みが、それまでと逆になることのたとえ。〈『新語』〉

【石に▲裃】いしにかみしも 謹厳で堅苦しい人や、きまじめで頑固な人のたとえ。

【石に▲灸】いしにキュウ まったく効果がないことのたとえ。類石に針・糠に釘

【石に▲漱ぎ流れに枕す】いしにくちすすぎながれにまくらす 負け惜しみが強く、自分のまちがいも理屈をつけて認めようとしない態度のこと。故事中国、晋の孫楚が「石に枕し流れに漱ぐ」を言いまちがえ、石に漱ぐのは歯を磨くためであり、流れに枕するのは耳を洗うためだと強弁した故事から。〈『晋書』〉参考「漱石枕流」ともいう。夏目漱石のペンネームはこの句によっている。「流石」もこの句に由来する。

【石に立つ矢】一心を込めて集中してやれば、不可能と思われることも可能になるということ。〈『史記』〉類念力岩をも通す

【石の上にも三年】いくら辛くてもそれに耐えて我慢していれば、やがてよい結果が出るということ。「何事も―と言うではないか」

【石を抱きて▲淵に入る】いしをいだきてふちにいる 危険が大きいことのたとえ。また、あえて意味もない危険をおかすたとえ。石をかかえて水の深みに入る意から。〈『韓詩外伝』〉

【石臼を箸に刺す】いしうすをはしにさす 不可能な無理難題を吹っ掛けるたとえ。だだをこねること。

【石△城・〈石▲槨〉】いしき 棺を納めるため墓の中につくった石室。参考「いわき」とも読む。

【石工】いしく 石を切り出したり、加工したりする職人。石屋。

【〈石塊〉】いしころ 石の小さいもの。小石。「河原の―で遊ぶ」「―につまずく」参考「いしくれ」とも読む。

【石灯籠】いしドウロウ 石で作った灯籠。寺社や庭園などに置かれる。

【〈石子〉・〈石投〉】いしなご 昔の女児の遊び。石を一つ投げ上げ、それが落ちる前に、下にまいた石を拾って、ともにつかみ取る遊び。いしなどり。石投げ。手石。

【石橋を▲叩いて渡る】いしばしをたたいてわたる 十分に気をつけたうえに、さらに気をつけて物事を行うたとえ。類念には念を入れよ 対危ない橋を渡る

【石△部金吉△鉄▲兜】いしべきんきちかなかぶと 謹厳できまじめ、まったく融通のきかない人のたとえ。かたぶつ。

【〈石首魚〉・石持】いしもち ニベ科の海魚で、シログチの別称。体は銀白色。鰾を伸縮させて「グーグー」という音を出す。食用。季夏 由来「石首魚」は漢名から。和名は、頭部にある耳石が他の魚より特に大きいことから。参考「石持」は「コクもち」と読めば別の意になる。

【石持草】いしもちソウ モウセンゴケ科の多年草。関東以西の湿地に自生。葉は三日月形で、密生した腺毛から粘液を出して虫を捕らえる。由来葉の粘液が小石を付着させることから。表記「茅膏菜」とも書く。

【石綿】いしわた 蛇紋石などが、繊維状に変化した鉱物。熱や電気を伝えにくいので、防火材や保温材、絶縁材などに用いる。参考「セキメン」とも読む。

【〈石▲茸〉】いわたけ イワタケ科の地衣類。岩や樹木の表面に着生。円形で平たく、灰褐色。食用。季秋 表記「岩茸」とも書く。

【〈石見〉】いわみ 旧国名の一つ。現在の島根県西部。石州。

【〈石斑魚〉】うぐい コイ科の淡水魚。川や湖にすむが、海へ下るものもある。体は細長く、背は暗緑褐色で、腹は銀白色。繁殖期には腹部に三本の赤い縦じまが現れる。アカハラ。ハヤ。表記「鯎・鯏」とも書く。

【〈石陰子〉】かせ ウニの別称。また、その殻。がぜ。▼海栗(うに)（一七四）

【石】コク ①尺貫法で穀物や液体の容積の単位。一石は一〇斗、約一八〇リットル。②和船の積載量、材木などの体積量の単位。一石は一〇立方尺。③大名・武家の知行高(チギョウだか)を表したもの。米一石を単位とする。「加賀百万―」

【石高】コクだか ①近世、土地の表示に用いられた米の公定収穫高で、年貢賦課の基準にした。一反歩あたりの米の標準生産高を基礎に算出する。対貫高 ②武士の扶持高(フチだか)。禄高(ロクだか)。

【石持】コクもち ①紋を入れるところを白抜きにして染めあげた衣服地。買ったあとで自家の紋を入れる。②紋所の名。丸餅(もち)にかたどった円紋で、古くは黒、のちに白もいう。表記「黒餅」とも書く。参考「いしもち」と読めば別の意になる。

【〈石伏魚〉】ごり カジカ・ヨシノボリ・チチブなど小形の淡水魚の別称。表記「鮴」とも書く。

【〈石榴〉】ざくろ ザクロ科の落葉小高木。西アジア原産。初夏、鮮紅色の花をつけ、球形の果実を結ぶ。果実は熟すと不規則に裂ける。種皮は食用。季秋 由来「石榴」は漢名から。表記「柘榴・安石榴」とも書く。

【石神】シャクジ 奇石や霊石を神体としてまつった、民間信仰の神。参考「シャクジン・いしがみ」とも読む。

【石南花・石楠花】シャクナゲ ツツジ科の常緑低木の総称。高山に自生し、園芸用に栽培もする。葉は長い楕円(ダエン)形で光沢がある。初夏、紅紫色のラッパ形の花が枝先に集まって咲く。季夏 由来「石南花」は漢名からの誤用。和名は、「石南花」を音読みした「シャクナンゲ」が転じたもの。

【〈石花〉】せ カメノテの別称。ミョウガガイ科の甲殻類。海岸の岩の割れ目に付着している。表記「石蜐」とも書く。

【石英】セキエイ 二酸化珪素(ケイソ)から成る鉱物。陶器やガラスの原料。水晶もこの一種。

【石絨】セキジュウ 「石綿(いしわた)」の別称。

【石筍】セキジュン 鍾乳洞(ショウニュウドウ)の中で石灰質をふくんだ水が天井からしたたり落ちて、たけのこのような形に固まったもの。

【石菖】セキショウ サトイモ科の多年草。水辺に自生。ショウブに似るが小形。夏、淡黄色の小花を穂状につける。セキショウブ。季夏

【石鏃】セキゾク 石の矢じり。石で作った矢の根。石器時代、木や竹などの柄につけて狩りの道具や武器として用いた。

【石炭】セキタン 太古の植物が地中に埋没・堆積(タイセキ)し、長い年月の間に地熱や地圧によって炭化してできたもの。燃料・化学工業用。

【石竹】セキチク ナデシコ科の多年草。中国原産。葉や茎は白色を帯びる。初夏、白や紅色の五弁花をつける。観賞用。カラナデシコ。季夏 由来「石竹」は漢名から。表記「瞿麦」とも書く。

【石庭】セキテイ 小石や砂などをおもな材料として、造った庭。京都の竜安(リョウアン)寺などが有名。参考「いしにわ」とも読む。

【石磴】セキトウ 石の階段。石段。また、石敷きや石段の続く坂道。

【石破天驚】セキハテンキョウ 詩や文章が多くの人を驚かせるほど巧みで素晴らしいことのたとえ。石がくだけ、天が驚くの意で、本来は素晴らしい音楽の形容。〈李賀(リガ)の詩〉

【石盤・石板】セキバン ①粘板岩の薄い板。石筆で文字や絵をかくのに使う。②屋根葺(ぶ)きなどの材料とするスレート。

【石碑】セキヒ ①石に事跡や記念の言葉などを刻んで建てたもの。いしぶみ。「鎮魂の―を建てる」②墓石。類墓碑(ボヒ)

【石斧】セキフ 石でできたおの。石器時代に農耕具などとして用いられた。

【石油】セキユ 地中にある臭くて燃えやすい液体。太古の微生物の成分が、地中で液体の炭化水素となったもの。精製して灯油・軽油・重油などを得る。

【〈石漆〉】せしめ ウルシの枝からかきとったままのうるしの液。粘り気が強く、接着用などにする。表記「瀬〆漆」とも書く。参考「いしうるし」とも読む。

【石火】セッカ ①火打ち石を打ったときに出る火。②きわめてわずかの時間、すばやい動作などのたとえ。「電光―」

【石灰】セッカイ 生石灰(酸化カルシウム)。または、消石灰(水酸化カルシウム)や石灰石も含めた総称。

【石鹸】セッケン 洗剤の一種。動植物の脂肪に水酸化ナトリウムを加えて熱し、食塩を溶かし入れるなどして作る。「―の泡が光る」

【石膏】セッコウ 硫酸カルシウムと水を主成分とする天然の鉱物。白墨・セメントなどの原料。また、これを焼いた焼石膏は塑像などの材料となる。また、水分を加えると短時間で固まるので型どりなどに用いる。ギプス。「―で型をとる」

【石斛】セッコク ラン科の多年草。山中の老樹や岩に着生。夏、白または淡紅色の花をつける。煎(セン)じ薬・観賞用に栽培。

【〈石蕗〉】つわぶき キク科の多年草。暖地の海岸近くに自生。葉はフキに似るが、厚く、光沢がある。晩秋、黄色い頭花をつける。若い葉柄は食用。由来「石蕗」は漢名から。和名は、光沢があることから「つやぶき」の転じたものという。

【〈石花菜〉】てんぐさ 紅藻類テングサ科の海藻の総称。干潮線以下の岩に着生。平たい線形で、羽状に分枝する。ところてんや寒天の原料。季夏 由来「石花菜」は漢名から。和名は、「ところてんぐさ」の略。表記「天草」とも書く。

【〈石竜子〉とかげ】トカゲ科の爬虫(ハチュウ)類の総称。▼蜥蜴(とかげ)(八七九)

【〈石松〉ひかげのかずら】ヒカゲノカズラ科の多年生シダ植物。山地に自生。茎は地をはい、線形の葉が密生する。胞子は薬用。季冬 表記「日陰蔓」とも書く。由来「石松」は漢名から。

【〈石蒜〉ひがんばな】ヒガンバナ科の多年草。中国原産。あぜや土手に群生。秋の彼岸のころ、真っ赤な花を花火のようにつける。鱗茎(リンケイ)は有毒だが、昔は凶作のとき水にさらして食用にした。マンジュシャゲ。季秋 由来「石蒜」は漢名から。表記「彼岸花」とも書く。

【〈石▲韋〉ひとつば】ウラボシ科の多年生シダ植物。暖地の山中に自生。長さ約二〇センチ(メートル)の革質の葉が根茎から一枚ずつ直立する。季夏 由来「石韋」は漢名から。表記「一つ葉」とも書く。

セキ【汐】

(6) 氵3 準1 2814 3C2E

音 セキ
訓 しお・うしお

意味 しお。うしお。ゆうしお。ひきしお。「潮汐」 対潮

下つき 潮汐(チョウセキ)

【汐】しお ①夕方に満ち引きするしお。また、ひきしお。②太陽や月の引力によって満ち引きする海水。③物事を行うのにちょうどよいとき。しおどき。参考「潮」と書けば朝のしおの満ち干を指す。

【汐干狩り】しおひがり 海水の引いた砂浜で、貝などをとること。春の大潮のときが最適。季春

セキ【赤】

(7) 赤0 常 教 10 3254 4056

音 セキ・シャク(高)
訓 あか・あかい・あからむ・あからめる

筆順 一 十 土 ナ 赤 赤 赤

意味 ①あか。あかい色。あかくなる。「赤面」「赤飯」②むきだし。何もない。「赤手」「赤貧」「赤裸裸」③まこと。まごころ。「赤心」「赤誠」④共産主義。共産主義者。「赤化」

下つき 発赤(ハッセキ・ホッセキ)

【赤】あか ①色の名。三原色の一つで、血や火のような色。またそれに類した桃色・朱色・紅色などの色。②革命旗があかいことから、共産主義およびその思想を有する者。③「赤信号」の略。④校正や添削で訂正の赤字。「―を入れる」

【赤い】あか-い ①赤色をしている。「夕焼け空が―い」「熱で顔が―い」「情熱が―く燃えている」②共産主義者である。左翼的である。

【赤▲鱏】あかえい アカエイ科の海魚。本州中部以南の沿岸にすむ。体は平たくひし形。背面は暗褐色。むち状の尾に毒針がある。食用。季夏

【〈赤▲狗母魚〉・赤▲鱛】あかえそ エソ科の海魚。本州中部以南にすむ。体は円筒形で細長く、背面は赤色。練り製品の原料。

【赤▲樫】あかがし ブナ科の常緑高木。暖地の山中に自生。材は赤みをおびてかたく、建築や船具など用途が広い。オオガシ。

【赤紙】あかがみ ①赤色の紙。②赤い紙を使った、旧日本軍の召集令状の俗称。③赤い紙を使った、差し押さえの封印証書の俗称。

【赤朽葉】あかくちば ①襲(かさね)の色目。表地は紅、中重(なかえ)は赤みがかった黄、裏地は青。狩衣(かりぎぬ)や下襲(したがさね)に着る。②染色の名。茶色の赤みをおびたもの。

【赤子・赤▵児】あかご 赤ん坊。赤ちゃん。参考「赤子」は「セキシ」とも読む。

【赤子の腕を▲捩る】あかごのうでをねじる 弱いものや抵抗できないものを思うままにすること。また、事がきわめて簡単にすむこと。参考「腕」は「手」ともいい、「捩る」は「ひねる」ともいう。

【赤四手】あかしで カバノキ科の落葉高木。山地に自生。新芽は赤い。材はかたく、器具の柄やシイタケ栽培に用いる。表記「見風乾」とも書く。

【〈赤▲翡▲翠〉】あかしょうびん カワセミ科の鳥。初夏、日本に渡来し、渓流近くの森林にすむ。全体に赤褐色。梅雨時に「キョロロ」と鳴く。アマコイドリ。ミズコイドリ。ミヤマショウビン。季夏

【赤信号】あかシンゴウ ①道路・鉄道などの信号機で、停止・危険の意味を表す赤色の信号。②先に危険や不安があることを知らせるきざし・合図。「健康に―がともる」

【〈赤麻〉・〈赤▲苧〉】あかそ イラクサ科の多年草。山地に自生。茎と葉柄は赤みをおびる。古くは茎から繊維をとった。由来「赤麻」は漢名から。

【〈赤▲蜻▲蛉〉】あかとんぼ 小形で体が赤いトンボの俗称。アキアカネやナツアカネなど。季秋

【赤▲螺】あかにし ①アッキガイ科の巻貝。北海道以南の浅海の砂泥地にすむ。殻口は赤色。殻は細工用、肉は食用。②非常にけちな人をあざけっていう語。由来②①がふたを閉じた形がしっかり物を握った手に似ていることから。

【赤裸】あかはだか 何も身にまとっていないこと。まるはだか。まっぱだか。類全裸 季夏 参考「セキラ」とも読む。

【赤▵飯】あかまんま イヌタデの別称。▼犬蓼(いぬたで)(四一七)

【赤身】あかみ ①魚肉の赤い部分。また赤い身の魚。マグロの類。対白身 ②木材の赤色がかった中心の部分。参考「セキシン」と読めば、まるはだかの意。

【赤らめる】あからめる 顔などをぽっと赤色にする。赤める。「恥ずかしそうに顔を―めた」

【〈赤秀〉】あこう クワ科の常緑高木。暖地の海辺に自生。幹や枝から気根を出す。春、いっせいに落葉し、すぐに新しい葉をつける。果実

セ セキ

はイチジクに似る。表記「雀榕」とも書く。

【〈赤魚▲鯛〉】あこうだい フサカサゴ科の海魚。深海にすむ。タイに似るが、鮮やかな紅色。冬に美味。表記「阿候鯛」とも書く。

【〈赤▲檮〉】いちい イチイ科の常緑高木。▼櫟(いちい)(一六〇二)

【赤銅】シャクドウ ①銅に少量の金・銀を加えた合金。黒い色。「―色に日焼けした肌」②①のような色。黄味がかった赤

【赤△熊】シャぐま ①ヤク(ウシ科の哺乳(ホニュウ)動物)の尾の毛を赤く染めたもの。また、それに似た髪の毛。②ちぢれた毛で作った入れ毛。表記「赭熊」とも書く。

【赤口】シャック 暦注の一つ。すべてが凶であるとされる日。赤舌日(シャクゼツニチ)。赤口日(シャックニチ)。参考「シャッコウ」とも読む。

【赤外線】セキガイセン スペクトルの赤色の外側にある、目に見えない電磁波。透過力が強く、熱作用も大きい。医療・通信・写真用。熱線。

【赤子】セキシ ①「赤子(あかご)」に同じ。②天子・国王からみて、人民をその子にたとえていう語。国民。

【赤手空拳】セキシュクウケン 他からの援助が一切なく、自分の力だけで物事を行うこと。「赤手」は素手の意。類徒手空拳

【赤縄】セキジョウ ①赤い縄。②夫婦の縁を結ぶ赤い縄。転じて、夫婦の縁。由来 赤い縄を持った老人が、それで男女の足を結べば夫婦となることができると予言したという故事から。

【赤心】セキシン 主君などに対する、いつわりのない心。丹心。まごころ。「―をあらわにする」類赤誠・誠心

『赤心奉国』セキシンホウコク 私欲や私心をすてて、国のために身をささげること。〈『資治通鑑(シジツガン)』〉類尽忠報国(ジンチュウホウコク)

【赤誠】セキセイ まごころ。いつわりのない心。類丹心・赤心

【赤道】セキドウ ①地球の南北両極間を二等分する大円。緯度〇度とする。緯度をはかる基準線。②天球上の想像線で、地球の赤道面と天球が交わる線。

【赤飯】セキハン ①もち米にあずきなどを加えて蒸した強飯(こわめし)。おこわ。赤のごはん。②あずきを加えて炊いたごはん。あずきめし。

【赤貧】セキヒン 非常に貧乏であること。「―にあえぐ」類極貧

『赤貧洗うが△如し』セキヒンあらうがごとし 金も物もまったくない、極端な貧乏ぐらしの形容。

【赤面】セキメン 恥ずかしさや緊張などによって顔を赤くすること。また、その顔。「大失敗に思わず―する」「―の至り」参考「あかつら」と読めば赤い顔、また、歌舞伎(カブキ)などの悪役・敵役の意になる。

【赤裸裸】セキララ ①まるはだか。全裸。②つつみかくしのないこと。ありのまま。「過去を―に告白する」

【赤痢】セキリ 赤痢菌などによって起こる、激しい腹痛・下痢・血便などを伴う急性の大腸炎。感染症の一つ。季夏

【赤▲燐】セキリン 黄燐を真空状態で熱して作った赤褐色の粉状の燐。無毒で空気中では自然発火せず、マッチや花火などの原料となる。

【〈赤古里〉】チョゴリ 朝鮮の民族衣装で、丈の短い上着。表記「襦」とも書く。

【〈赤▲栴▲檀〉】ひめしゃら ツバキ科の落葉高木。暖地の山中に自生。樹皮は赤黄色で滑らか。夏、ツバキに似た小さな白色の五弁花を開く。サルナメリ。季夏 由来「赤栴檀」は漢名から。表記「姫沙羅」とも書く。

【〈赤目魚〉】めなだ ボラ科の海魚。北日本の沿岸にすむ。ボラに似るが、口が赤い。夏、美味。季秋 表記「眼奈太」とも書く。

【〈赤▲楝蛇〉】やまかがし ヤマカガシ科のヘビ。水辺や水田の周辺に多くすむ。背は褐色に黒斑(コクハン)が散在し、側面には紅色の斑点がある。有毒。季夏 表記「山楝蛇」とも書く。

セキ【昔】(8) 日 4 常 教 8 3246 404E 音 セキ高・シャク中 訓 むかし

筆順 一 十 廾 廾 昔 昔 昔 昔

意味 むかし。いにしえ。遠い過去。「昔日」「昔歳」「今昔」対今

下つき 往昔(オウセキ・オウジャク)・古昔(コセキ)・今昔(コンセキ・コンジャク)

【昔日】セキジツ むかし。過ぎ去った日々。「―の面影を訪ねる」類往時・昔時・往日

【昔】むかし ①ずっと前。遠い過去。以前。対今 ②過ぎ去った一〇年を単位として数える語。「一〇年ひと―」

『昔千里も今一里』むかしせんりもいまいちり かつてすぐれていた人も、年老いたいまは普通の人以下だというたとえ。かつて一日に千里走ったウマも、老いた今は一日に一里しか走れない意から。

『昔とった△杵△柄』むかしとったきねづか 年月がたっても自信のある、昔みがいた芸や技量、技術のこと。対昔の剣今の菜刀

『昔の剣今の菜刀』むかしのつるぎいまのながたな いくらすぐれた人でも老いれば役に立たなくなるというたとえ。また、むかし価値のあったものよりも、いま役に立つもののほうがよいということ。

セキ【析】(8) 木 4 常 準2 3247 404F 音 セキ 訓 外さく・わける・わかれる

筆順 一 十 才 木 木 杉 析 析

意味 さく。わる。解く。分けて明らかにする。「析出」「分析」参考「柝(タク)」は別字。

下つき 開析(カイセキ)・解析(カイセキ)・透析(トウセキ)・分析(ブンセキ)

【析出】セキシュツ ①液体などから固体が分離して出てくること。また、化合物を分析して取り出すこと。「結晶の―」②分析して傾向などを導き出すこと。

セキ【席】

(10) 巾 7 常 教 7 3242 404A 音 セキ 訓 外 むしろ

筆順 丶 亠 广 广 户 庐 庐 庐 庐 席

意味 ①せき。座る場所。会場。「座席」「退席」「宴席」②むしろ。敷物。また、むしろを敷く。「席巻」類 蓆 ③地位や順序。「席次」「首席」④よせ。演芸場。「席亭」「定席」

下つき 宴席・議席・客席・空席・欠席・座席・次席・主席・首席・出席・上席・定席・即席・退席・打席・着席・同席・陪席・末席・満席・隣席・臨席・列席

【席】セキ ①人の座る場所。また、座ることになっている場所。「―を探す」「わずかな時間―をはずす」②会などの場。会場。「葬儀の―に列する」「一―設ける」③寄席よせ。

〘席暖まるに暇あらず〙非常に忙しいことのたとえ。自分の席が暖まる間もないほど動き回っている意から。〈韓愈の文〉

【席次】セキジ ①座席の順序。席順。②地位や成績の順位。「―が下がる」

【席題】セキダイ 短歌や俳句などの会で、その場で出される題。類 即題 対 兼題

【席亭】セキテイ 常設の演芸場。寄席よせ。また、その経営者。

【席料】セキリョウ ①座敷や会場などを借りるときの代金。席代。②寄席などの入場料。

【席巻・席捲】セッケン 領土を占領すること。また激しい勢いで勢力の範囲を広げること。「席」はむしろ。むしろを巻き上げるように領土を占領していくという意。〈『戦国策』〉「全土を―する」

セキ【脊】

(10) 肉 6 常 2 3252 4054 音 セキ 訓 外 せ・せい

筆順 ノ 人 大 大 犬 犬 夾 脊 脊 脊

意味 ①せ。せい。せぼね。せなか。「脊椎」「脊髄」②中央が高くなっているもの。「脊梁」「山脊」

下つき 山脊・刀脊

【脊】せ ①せぼね。せなか。転じて、せぼねのように真ん中が高くなったもの。「山の―」②せたけ。せい。「―が高い」

【脊髄】セキズイ 脊椎動物の中枢神経系の器官。背骨のなかを通り脳の延髄に続くひも状のもので、刺激の伝達や反射機能をつかさどる。

【脊髄癆】セキズイロウ 梅毒に感染して数年後に発生する中枢神経系統の疾患。下肢の激痛や瞳孔障害などが現れ、さらに進むと運動失調や知覚障害を起こす。

〈脊黄青鸚哥〉せきせいいんこ インコ科の鳥。オーストラリア原産。野生種の羽は緑色だが、白・黄・青色などに品種改良されている。愛玩用。

【脊柱】セキチュウ 脊椎動物の体の中央を縦に走り、体の中心をなす骨格。背骨。

【脊椎】セキツイ 脊柱を形成する骨。人間は三二～三四個。脊椎骨。椎骨。

【脊梁】セキリョウ ①背骨。脊柱。②長く連なる山や高地のたとえ。「―山脈(主要な分水嶺となる山脈)」

セキ【迹】

(10) 辶 6 1 7781 6D71 音 セキ・シャク 訓 あと

意味 ①あと。あしあと。あとかた。物事の行われたあと。「行迹」②おこない。行為。

書きかえ 「跡」に書きかえられるものがある。

下つき 垂迹・浪迹

【迹】あと ①あしあと。また、あとかた。②功績。③遺跡。

【迹門】シャクモン 仏 法華経二八品の中で、序品から安楽行品までの前半の一四品のこと。対 本門

セキ【隻】

(10) 隹 2 常 3 3241 4049 音 セキ 訓 外 ひとつ

筆順 ノ イ 仁 什 什 佯 佯 隹 隻 隻

意味 ①ひとつ。ただ一つ。「隻影」②対になるものの片方。「隻眼」「隻手」対 双 ③わずか。ほんの少し。「隻語」「隻句」④船などを数える語。「一隻」

【隻影】セキエイ ただ一つの影。ほんの一つの姿。類 孤影・片影

【隻眼】セキガン ①片目であること。類 独眼 ②ひとかどの眼力。すぐれた見識。「―の持ち主」参考 ②一般に「一隻眼」の形で用いる。

【隻語】セキゴ わずかな言葉。短いひとこと。類 隻句・隻言

【隻紙断絹】セキシダンケン 文字を書き記したわずかな紙や絹布の切れはし。類 断簡零墨

【隻履西帰】セキリセイキ 達磨が、死後草履の片方を手にして西へ去ったという伝え。西は西方浄土の意。故事 達磨(円覚大師)が死んで三年後、中国、北魏の宋雲が、草履の片方を手にして西のほうへ帰る達磨に出会った。不思議に思い達磨の墓を調べたところ、草履は片方しかなかったという故事から。〈『書言故事』〉

【隻脚】セッキャク 片足。一方の足。一本足。また、片足しかないこと。

【隻句】セック わずかな言葉。ちょっとした文句。「片言―」類 隻語・隻言 参考 「セキク」とも読む。

【隻つ】ひとつ ただひとつ。片一方。二つそろっているものの片方。

セキ【寂】(11) 宀8 常 2868 3C64 ▼ジャク(六七)

セキ【惜】(11) 忄8 常 3 3243 404B 音 セキ 外シャク 訓 おしい・おしむ

筆順 惜

意味 おしむ。いとおしむ。おしい。「惜春」「哀惜」

下つき 哀惜アイセキ・愛惜アイセキ・嘆惜タンセキ・痛惜ツウセキ・悋惜リンセキ

【惜しい】おしい ①手放しがたい。無駄にできない。「待っている時間が―い」②失ったり、価値などが発揮できなかったりして悔やまれる。わずかなところで思いどおりにならず残念である。「―くも負けた」「―い人を亡くした」

【惜しむ】おしむ ①出したり、したりするのをいやがる。「費用を―む」「労力を―む」②失うことや離れることを残念に思う。「友達との別れを―む」③大切に思う。大事にする。「命を―む」「ひまを―んで働く」

【惜春】セキシュン ①過ぎ行く春を惜しむこと。季春 ②青春が過ぎ去るのを残念に思うこと。

【惜敗】セキハイ 勝利までもう一歩のところで敗れること。惜しいところで負けること。「わずか一点差で―した」

【惜別】セキベツ 別れを惜しむこと。名残おしく思うこと。「―の情を込めた詩を贈る」

セキ【戚】(11) 戈7 常 2 3244 404C 音 セキ 訓 外みうち・いたむ・うれえる

筆順 戚

意味 ①みうち。親類。「遠戚」「親戚」②いたむ。うれえる。悲しむ。「戚戚」「哀戚」

下つき 哀戚アイセキ・姻戚インセキ・遠戚エンセキ・縁戚エンセキ・外戚ガイセキ・休戚キュウセキ・親戚シンセキ・内戚ナイセキ

【△戚む】いたむ 深く悲しむ。うれえる。「ひたすら悲しみ―むばかりだ」

【△戚える】うれえる 心を悩ます。心を痛め、心配する。思いわずらう。

【戚戚】セキセキ うれい、思いわずらうさま。くよくよするさま。

【戚然】セキゼン 心を痛め、くよくよとうれえ悲しむさま。

セキ【淅】(11) 氵8 1 6240 5E48 音 セキ 訓 よなげる・かしよね

意味 ①よなげる。とぐ。米をとぐ。また、といだ米。かしよね。②さびしいさま。「淅淅」

【▲淅▲淅】セキセキ かすかに音のするさま。風・水の流れ・鈴の音など。

【▲淅▲瀝】セキレキ 風雨や霰あられ・落ち葉などがたてる寂しげな音のさま。

セキ【責】(11) 貝4 教 常 6 3253 4055 音 セキ 外シャク 訓 せめる

筆順 責

意味 ①せめる。とがめる。「自責」「叱責」②せめ。なすべき仕事。任務。「責務」「職責」

下つき 引責インセキ・呵責カシャク・譴責ケンセキ・言責ゲンセキ・自責ジセキ・叱責シッセキ・重責ジュウセキ・職責ショクセキ・文責ブンセキ・免責メンセキ・面責メンセキ・問責モンセキ

【責任】セキニン ①役目また義務としてしなければならない務め。「役員の―を果たす」②結果について、負わなければならない責め。「不祥事の―をとる」「子どものしたことは親の―だ」

【責任転嫁】セキニンテンカ 責任を他におしつけること。「転嫁」は再び嫁に行く意から、他に移すこと。「担当大臣の答弁は―に終始した」

【責務】セキム 責任と義務。また、責任をもって果たさなければならない務め。「重大な―を負う」類任務

【△責付く】せっつく しきりに催促する。せがむ。「そんなに―かれても、もう金はない」

【責める】せめる ①非難する。とがめる。「失敗を―める」②苦しめる。悩ませる。「良心に―められる」③一心にせがむ。催促する。「子どもに―められて映画に行く」④ウマを乗り馴らす。「荒馬を―める」

セキ【★晰】(12) 日8 1 5882 5A72 音 セキ 訓 あきらか

〔晳〕8531 753F

意味 あきらか。はっきりしているさま。「明晰」

下つき 明晰メイセキ

セキ【跖】(12) ⻊5 1 7674 6C6A 音 セキ 訓 あしのうら・ふむ

意味 ①あし(足)。あしのうら。②ふむ。踏みつける。③古代中国の泥棒の名。「盗跖」

セキ【勣】(13) 力11 1 5010 522A 音 セキ 訓 いさお

意味 いさお(功)。成果。「功勣」類績

セキ【皙】(13) 白8 1 6612 622C 音 セキ 訓 しろい・なつめ

意味 ①しろい。色が白い。「白皙」②なつめ。実のならないなつめ。参考「晳セキ」は別字。

下つき 白皙ハクセキ

【▲皙い】しろい 人の肌の色が、くっきりと浮き出るようにしろいさま。

セキ【蓆】(13) 艹10 1 7278 686E 音 セキ 訓 むしろ

意味 ①むしろ。敷物。類席 ②おおきい。ひろい。

類碩セキ

【▲蓆】むしろ わらなどを編んで作った敷物の総称。ござ。「針の—に居るようだ」

セキ【裼】(13) 衤8 1 7473／6A69 音 セキ・テイ 訓 はだぬぐ・かたぬぐ

意味 ①はだぬぐ。かたぬぐ。上着を脱いで肩を出す。②ひとえのかわごろも。礼服に用いる。③はだぎ。

【▲裼ぐ】はだぬ-ぐ 上着を脱いで肩などを出す。上着をずらして肌をあらわにする。

セキ【跡】(13) 𧾷6 常 4 3255／4057 音 セキ 外シャク 訓 あと

筆順 口 ⁷ 口 ⁷ 𧾷 ⁷ 𧾷 ⁷ 𧾷 ⁷ 跂 ⁷ 跡 ⁷ 跡 ⁷ 跡

意味 ①あしあと。また、物が通ったあと。「人跡」「航跡」②あとかた。物事が行われたあと。「遺跡」「史跡」③あとをつぐ。「門跡」「名跡」

書きかえ 「蹟」の書きかえ字。また、「迹」の書きかえ字として用いられるものがある。

下つき 遺跡・奇跡・軌跡・行跡・形跡・航跡・古跡・痕跡・史跡・人跡・足跡・追跡・筆跡・名跡・門跡

【跡】あと ①通り過ぎたのちに残るしるし。あしあと。また、ゆくえ。「車輪の—」「犯人の—を追う」②結果に表れた、そこに至るまでのようす。功績。「奮闘の—が見られる」「亡き人の—を偲ぶ」③物事の行われたしるし。また、行われた場所。「食事をした—がある」「立つ鳥—を濁さず」④家督。あとめ。「—を継ぐ」⑤筆跡。「水ぐきの—」

【跡形】あとかた 物事や行為のあったしるし。「橋は流されて—もない」類形跡・痕跡

【跡始末】あとシマツ 物事の終わったあとの処置・処理・整理。あとかたづけ。「食事の—」「倒産の—をする」類事後処理 表記「後始末」とも書く。

【跡地】あとチ 建物などを壊したり撤去したりしたあとの土地。「生家の—に立つ」「工場—の再開発が進む」

【跡継ぎ】あとつぎ ①家督をつぐこと。また、その人。類跡取り・世継ぎ ②芸道や学問などのあとをつぐ人。後継者。後任。類①②跡目 表記②「後継ぎ」とも書く。

【跡目】あとめ ①ゆずり継ぐべき家督。また、家名・財産などを相続する人。あととり。「—争い」類跡式 ②後継者、後任の者。「次の—とされる人物」類①②跡継ぎ

【△跡切れる】とぎ-れる ①往来の人が絶える。②続いていたものが途中で切れる。とだえる。表記「途切れる」とも書く。

セキ【碩】(14) 石9 準1 3257／4059 音 セキ 訓 おおきい

意味 おおきい。すぐれている。りっぱな。「碩学」

下つき 耆碩・肥碩

【▲碩きい】おお-きい 内容がつまってすぐれている。また、がっちりとして太い。

【▲碩学】セキガク 学識が広く充実していること。また、その人。大学者。「彼は古代史の—だ」類碩儒・碩師

【▲碩師名人】セキシメイジン 高い徳をもった師や名声が高い人。「碩師」は大学者、「名人」は名望のある人のこと。

【▲碩儒】セキジュ 「碩学」に同じ。「—の話に聞き入る」類大儒

【▲碩▲鼠】セキソ ①大きなねずみ。②ケラ科の昆虫ケラの別名。▼螻蛄(一六一九)

表記②「石鼠」とも書く。

【▲碩徳】セキトク 大きな徳。また、大きな徳をそなえた人。特に、高い徳をそなえた僧。類大徳・高徳

セキ【蜥】(14) 虫8 1 7382／6972 音 セキ 訓

意味 トカゲ科の爬虫類「蜥蜴(とかげ)」に用いる字。

【〈▲蜥▲蜴〉】とかげ トカゲ科の爬虫類の総称。日本各地にすむ。体長は約二〇センチメートル。胴は細長くあしは短い。体は褐色に黒い縦じまがある。尾は切れやすいが再生する。昆虫やクモを捕食。季夏 表記「石竜子・蝘蜓」とも書く。

セキ【槭】(15) 木11 1 6069／5C65 音 セキ・シュク 訓 かえで

意味 ①かえで。カエデ科の落葉高木の総称。②かれる。しぼむ。「槭然」

【〈▲槭樹〉・▲槭】かえで カエデ科の落葉高木の総称。由来「槭樹」は漢名からの誤用。▼楓(一三四一)

セキ【△瀉】(15) 氵12 教 1967／3363 ▼かた(二一〇)

セキ【瘠】(15) 疒10 1 6575／616B 音 セキ 訓 やせる

意味 ①やせる。やせ細る。「瘠軀」②地味が悪い。やせ地。「瘠土」対①②肥

【▲瘠地】セキチ 地味がやせていて、作物がよくできない土地。やせ地。類瘠土

【▲瘠せる】や-せる ①体の肉が落ちて細る。②土地に養分などが少なくなり、作物を育てる力がとぼしくなる。

セキ【磧】(16) 石11 1 6701／6321 音 セキ 訓 かわら・さばく

意味 ①かわら。水ぎわの石の多い所。「磧沙」②すなはら。さばく(砂漠)。「磧中」

下つき 沙磧

セキ【積】(16) 禾11 教 常 7 3249／4051 音 セキ 外シ・シャク 訓 つむ・つもる 外たくわえる

筆順 ⼆ ² 千 禾 禾 禾一 禾十 秸 ⁹ 秸 積 ¹¹ 積 ¹⁴ 積 ¹⁶

意味 ①つむ。つもる。つみ重ねる。「積載」「積善」

②たくわえ。たくわえる。「蓄積」③二つ以上の数や式を掛けて得た数値。対商 ④平面や立体の大きさ。「面積」「容積」

下つき 鬱積(ウッセキ)・山積(サンセキ)・集積(シュウセキ)・体積(タイセキ)・堆積(タイセキ)・蓄積(チクセキ)・沖積(チュウセキ)・面積(メンセキ)・容積(ヨウセキ)・累積(ルイセキ)

【積▲痾】セキア 長く治らない病気。持病。「―に苦しむ」類宿痾

【積悪】セキアク 長く続けてきた悪行。つみ重ねられた悪事。対積善 参考「シャクアク」とも読む。

【積悪の家には必ず余▲殃(ヨオウ)有り】 悪事を重ねて来た家には、必ず子孫に災いが及んでくるということ。「殃」は、わざわい、災難の意。《『易経』》参考 出典の『易経』では「積不善の家には必ず余殃有り」。対積善の家には必ず余慶有り

【積羽沈舟】セキウチンシュウ 小さいことでもつみ重ねていけば、やがて大きな結果をもたらすたとえ。「積羽」はつみ重ねた鳥の羽の意で、羽のように軽いものでもつみ重ねれば舟を沈めるほどの重さになること。《『史記』》類積水成淵(セキスイセイエン)

【積怨】セキエン つもるうらみ。つみ重なったうらみ。「―をはらす」類宿怨

【積厚流光】セキコウリュウコウ 先祖の功績が大きければ、それだけ子孫の受ける恩恵も大きいということ。《『大戴礼(ダイタイレイ)』》

【積載】セキサイ 船や車などに荷物をつみこむこと。「最大―量」

【積算】セキサン ①次々に数を加えて計算すること。また、その合計。「各支店の売上高を―する」類累計 ②必要な費用を計算すること。見つもり。

【積日累久】セキジツルイキュウ 多くの日数を重ねること。役人などが年功をつむこと。《『漢書(カンジョ)』》

【積集・積▲聚】セキシュウ つもり集まること。集めて蓄えること。

参考「積聚」は、「シャクジュ」と読めば胃痙攣(イケイレン)・癇癪(カンシャク)のこと。

【積雪】セキセツ 雪がつもること。降りつもった雪。類降雪

【積善】セキゼン 長く続けてきた善行。つみ重ねられたよい行い。対積悪 参考「シャクゼン」とも読む。

【積善の家には必ず余慶(ヨケイ)有り】 善行を重ねて来た家には、必ず子孫によいことがあるということ。《『易経』》対積悪の家には必ず余殃(ヨオウ)有り

【積年】セキネン つもるほどの長い年月。「―の怨(うら)みをこめる」類宿年

【積分】セキブン 数学で、与えられた関数を導関数とする関数を求めること。また、その計算法。対微分

【積弊】セキヘイ 長い間につみ重なった弊害。長年の悪い習慣。

【積乱雲】セキランウン 夏、巨大な峰状をなして立ちのぼり、雷雨や雹(ひょう)を伴う雲。急激な上昇気流により、積雲が発達したもの。入道雲。夕立雲。季夏

【積毀骨を▲銷す】セッキほねをショウす 悪口も積み重なると、ついには硬い骨も溶かしてしまう。多くの人の言うことの恐ろしさをたとえたもの。「毀」はそしる、「銷」は溶かす意。類衆口金を鑠(と)かす

【積極】セッキョク 自ら進んで物事を行うこと。「―的に発言する」対消極

【積む】つ-む ①物を重ねて置く。「机の上に本を―む」②行為などをたび重ねる。「善行を多く―む」③船や車などに載せる。つみこむ。「トラックに荷物を―む」④蓄える。「預金を―む」

【積もる】つ-もる ①だんだんに重なる。重なって高くなる。「雪が―っている」②重なり多く集まる。たまる。「―る話をする」③見当をつける。見つもる。「高く―っても二〇〇〇円だ」

セキ【績】(17) 糸11 教 常 6 3251 4053
音 セキ
訓 外つむぐ・うむ・いさお

筆順 く 幺 幺 糸 6 糸一 糸十 糸圭 10 績 12 績 15 績 17

意味 ①つむぐ。糸をつむぐ。「紡績」②てがら。いさお。仕事の成果。「業績」「功績」

下つき 業績(ギョウセキ)・功績(コウセキ)・事績(ジセキ)・実績(ジッセキ)・成績(セイセキ)・戦績(センセキ)・治績(チセキ)・紡績(ボウセキ)

〈績麻〉・△績▲苧】うみお つむいだ麻糸。参考「績麻」は「うみそ」とも読む。

【△績む】う-む 麻などの繊維をより、つないで糸にする。つむぐ。「麻を―む」

セキ【▲藉】(17) 艹14 7320 6934 ▼シャ(六六〇)

セキ【螫】(17) 虫11 1 7414 6A2E
音 セキ
訓 さす・どく

意味 さす。毒虫がさす。また、害毒。

【▲螫す】さ-す 毒虫が針を突きさす。

セキ【蹐】(17) 足10 1 7704 6D24
音 セキ・シャク
訓 ぬきあし・さしあし

意味 ぬきあし。さしあし。音をたてないように歩く。

下つき 跼蹐(キョクセキ)

セキ【★蹟】(18) 足11 準1 3256 4058
音 セキ・シャク
訓 あと

意味 あと。物事が行われたあと。「史蹟」

書きかえ「跡」が書きかえ字。

下つき 遺蹟(イセキ)・旧蹟(キュウセキ)・史蹟(シセキ)・事蹟(ジセキ)・聖蹟(セイセキ)・筆蹟(ヒッセキ)・墨蹟(ボクセキ)

【▲蹟】あと ①人などが行き過ぎたのちに残る痕跡(コンセキ)。あしあと。②人の功績。③物事の行われた場所。また、あとかた。表記「跡」とも書く。

セキ【蹠】(18) 𧾷11 1 7708 6D28 音 セキ 訓 あしのうら・ふむ

意味 ①あし(足)。あしのうら。「蹠骨」②ふむ。踏みつける。

下つき 対蹠(タイセキ)

セキ【籍】(20) ⺮14 常 3 3250 4052 音 セキ 外ジャク 訓 外ふみ・しく・ふむ

筆順 籍

意味 ①ふみ。書物。「漢籍」「書籍」②戸別・人別などを記入した文書。「戸籍」「学籍」③し(敷)く。④ふ(踏)む。踏み耕す。「籍田」参考 ①紙のない時代に竹の札に字を書いて保存したことから。

下つき 学籍(ガクセキ)・漢籍(カンセキ)・鬼籍(キセキ)・軍籍(グンセキ)・原籍(ゲンセキ)・国籍(コクセキ)・戸籍(コセキ)・在籍(ザイセキ)・書籍(ショセキ)・除籍(ジョセキ)・僧籍(ソウセキ)・典籍(テンセキ)・転籍(テンセキ)・入籍(ニュウセキ)・版籍(ハンセキ)・復籍(フクセキ)・兵籍(ヘイセキ)・本籍(ホンセキ)・落籍(ラクセキ)・離籍(リセキ)

【籍田】セキデン 天子が耕作し、先祖の祭りに供える穀物を収穫する儀式やその田。由来「籍」は踏む意、また一説に借りる意で、天子が自分で耕したのち、人民の力を借りて耕すことから。表記「藉田」とも書く。

【△籍】ふみ 書きもの。書きつけ。文書。

セキ【鶺】(21) 鳥10 1 8321 7335 音 セキ 訓

意味 セキレイ科の鳥「鶺鴒(セキレイ)」に用いられる字。

【▲鶺▲鴒】セキレイ セキレイ科の鳥の総称。水辺にすむ。スズメよりやや大きく、羽色は黒白や黄色など。長い尾を上下に振って歩く。季秋 由来「鶺鴒」は漢名から。

せき【▲咳】(9) 口6 1917 3331 ▼ガイ(一九〇)

せき【▲堰】(12) 土9 1765 3161 ▼エン(一〇〇)

せき【▲嗽】(14) 口11 5154 5356 ▼ソウ(九四四)

せき【関】(14) 門6 教 2056 3458 ▼カン(二四四)

せく【▲咳く】(9) 口6 1917 3331 ▼ガイ(一九〇)

せく【△急く】(9) 心5 教 2162 355E ▼キュウ(三〇六)

せく【▲堰く】(12) 土9 1765 3161 ▼エン(一〇〇)

せく【△塞く】(13) 土10 常 2641 3A49 ▼サイ(五五八)

せぐくまる【▲蹐る】(14) 𧾷7 7682 6C72 ▼キョク(三五〇)

セチ【節】(13) ⺮7 教 3265 4061 ▼セツ(八八七)

セツ【切】(4) 刀2 教 常 9 3258 405A 音 セツ・サイ中 訓 きる・きれる

筆順 一 七 切 切

意味 ①きる。たちきる。きりさく。「切開」「切除」「切断」②こする。みがく。きしる。「切歯」「切磋(セッサ)」③せまる。さしせまる。「切迫」④ぴったりあう。「適切」⑤しきりに。ひたすら。「切望」「痛切」⑥ねんごろ。ていねい。「親切」「懇切」⑦すべて。一様に。「一切(イッサイ)」「合切(ガッサイ)」⑧きれ。断片。⑨きり。くぎり。終わり。

下つき 一切(イッサイ)・合切(ガッサイ)・懇切(コンセツ)・親切(シンセツ)・大切(タイセツ)・痛切(ツウセツ)・適切(テキセツ)

【切っ先・切っ▲尖】きっさき 刃物など、とがったものの先端。類 刃先 表記「鋒」とも書く。

【切符】キップ ①乗車券や入場券など、代金支払い済みのしるしとして出す券。チケット。②特定の品物の受け渡しに用いる券。「配給の衣料—」③入場する資格。出場する権利。「ワールドカップ出場の—を手にする」

【切り子・切り△籠】きりこ 四角いものの角を切り落とした形。また、その形に作られた品物。「—ガラス」

【切口上】きりコウジョウ 一語一語をはっきり区切っていう言葉の調子。形式張った、堅苦しい話し方。また、無愛想で突き放したような話し方。「—の挨拶(アイサツ)」

【切山▲椒】きりザンショウ 餅菓子の一つ。白米を粉にしたものに砂糖を加え、サンショウの風味をつけて蒸したあと、ついで細長く切ったもの。季新年

【切支丹】キリシタン 室町時代末に日本に伝えられたカトリック系のキリスト教。また、その信者。参考 初めは「吉利支丹」、のち江戸幕府の将軍綱吉(つなよし)以降、「吉」の字を避けて「切支丹」を当てた。

【切妻】きりづま ①「切妻屋根」の略。棟を境にして本を下に開いたような斜面を、両側にもつ屋根。②「切妻造」の略。切妻屋根の家屋。③切妻屋根の両端の壁の部分。参考 神社の本殿などに用いる。

〔切妻〕

〈切麻〉・切△幣 きりぬさ アサまたは紙とサカキの葉を細かく切り、米と混ぜてまきちらすもの。神前を清めるために用いた。小幣(こぬさ)。

【切り火】きりび ①棒を板にこすり合わせておこした火。また、火打ち石でおこした火。②出がけなどに、戸口で火打ち石を打ち合わせて出す、清めの火。表記「鑽り火」とも書く。

【切札】きりふだ ①トランプで、最も強いと定められたカード。②決定的な手段。とっておきの有力な手。「最後の—」

【切盛り】きりもり ①仕事や家事などをうまくさばくこと。きりまわし。②料理で、食べ物を切って器にもり分けること。

【切△節】きりよ 切ったタケのふしとふしとの間。

せ セキ—セツ

【切る】きーる ①刃物などでひと続きのものを離れ離れにする。「ひもを—る」「大根を—る」②傷つける。壊す。「指を—る」「堰(せき)を—る」③中を分けて進む。「風を—って走る」④継続を中断する。結びつきを絶つ。「縁を—る」⑤余分な水分などを除く。「野菜の水を—る」⑥カードゲームで札を混ぜ合わせる。また、切り札などを出す。⑦時間などを区切る。「期限を—る」⑧向きを変える。また、テニス・卓球などで球の回転を変えて打つ。「ハンドルを左に—る」⑨物事に区切りをつける。また、はっきりした行為をする。「思い—る」「たんかを—る」⑩数量などが下回る。「一〇〇を—る」

〈切処〉・切れっ戸】きれっと 山の尾根がV字形に深く切れこんで低くなった所。きれと。「八峰(はちみね)の—」

【切れる】きーれる ①切った状態になる。「糸が—れる」「目の縁が—れた」「連絡が—れる」②尽きる。なくなる。「醤油(ショウユ)が—れる」「期限が—れる」③切れ味が鋭い。「よく—れるナイフ」④頭がよく働く。「—れる男」⑤向きが変わる。「道は右に—れたところで行き止まりになる」⑥我慢の限界を越える。「彼はついに—れた」

【切匙】セッカイ 擂(す)り鉢の内側などについたものをかき落とす道具。しゃもじを縦に半分に切ったような形のもの。「—で腹を切る(不可能なことのたとえ)」

【切開】セッカイ 切り開くこと。特に、治療のために体の一部をメスなどで切り開くこと。

【切願】セツガン 切実に願うこと。心から願うこと。「合格を—する」類切望・懇願

【切言】セツゲン ①懇切に説得または忠告すること。「友人に—する」②厳しく言うこと。また、その言葉。

【切磋琢磨】セッサタクマ 学問や修養によって自分をみがき、完成させること。また、同じ志をもつ者が、互いに競い合って学問や技量をみがくこと。「切磋」は動物の骨や象牙(ゾウゲ)を切ってみがく、「琢磨」は玉石をのみでけずってみがく意。《詩経》表記「切磋」は「切瑳」とも書く。

【切削】セッサク 金属材料を、工具で切ったりけずったりすること。「—加工の実技指導を受けた」

【切実】セツジツ ①深く関係していて、おろそかにできないこと。「私にとっては—な問題だ」②痛切なこと。身にしみて感じること。「戦争の終結を—に願う」

【切歯腐心】セッシフシン はげしく怒り、痛切に悩むこと。「切歯」は歯ぎしりすること。「腐心」は悩み心を痛めること。《史記》類切歯扼腕(セッシヤクワン)

【切歯扼腕】セッシヤクワン 非常に悔しがること。「切歯」は歯ぎしりすること、「扼腕」は一方の手で他方の腕を締めつけることで、いずれも悔しいときにする動作。《史記》表記「扼腕」は「搤腕」とも書く。

【切除】セツジョ 治療のため、悪い部分を切って取り除くこと。

【切切】セツセツ ①思いが強く胸に迫るさま。「—と湧(わ)く悲しみ」②相手を感動させるほど真心をこめてするさま。「—と語る」

【切断】セツダン 断ち切ること。切って離すこと。表記「截断」とも書く。

【切迫】セッパク ①期限などが差し迫ること。「締め切り日が—している」②今にも事が起こりそうな緊張した状態。「—した空気がみなぎる」

【切羽詰まる】せっぱつーまる 物事が差し迫ってどうにもならなくなる。「—って口から出まかせを言う」由来 切羽は刀の鍔(つば)につけて刀身の抜け落ちを防ぐ薄い金具で、それが詰まると刀が抜き差しできなくなることから。

【切腹】セップク ①自分で腹を切って死ぬこと。はらきり。類割腹 ②江戸時代、武士に科した死刑の一種。斬首(ザンシュ)よりも体面を保つやり方とされた。

【切望】セツボウ 心の底から強く願うこと。「事件の早期解決を—する」類切願・熱望

【切問近思】セツモンキンシ 理解できないことを分かるまで質問し、どんなことでも身近な問題として考えること。「切問」は熱心にたずねる意。由来 孔子の弟子の子夏(シカ)の言葉で、修養の仕方を説く。孔子の言葉ともいわれる。《論語》

セツ【折】

(7) 扌 4 常 教 7 3262 405E

音 セツ 外シャク
訓 おる・おり・おれる 外くじける・さだめる

筆順 一 十 才 扌 扩 折 折

意味 ①おる。おれる。おれ曲がる。「曲折」「屈折」「骨折」②くじく。くじける。「折衝」「挫折(ザセツ)」③わける。「折衷」「折半」④死ぬ。「夭折(ヨウセツ)」⑤おり。そのとき。機会。⑥さだめる。判断する。「折獄」

下つき 曲折(キョクセツ)・屈折(クッセツ)・骨折(コッセツ)・挫折(ザセツ)・半折(ハンセツ)・百折(ヒャクセツ)・夭折(ヨウセツ)

【△折敷】おしき 薄いへぎ板を四方に折りまわして縁取りをした角盆。神前に供え物を盛るときや食器をのせるのに用いる。

【折】おり ①折ること。折ったもの。また、折り目。「三つ—にする」②「折り箱」「折り詰め」の略。「菓子—を持参する」③季節。時節。「残暑の—」④場合。そのとき。機会。「又の—にお目にかかりましょう」

【折折】おりおり ①そのときどき。「四季—の花」②ときどき。「—見かける」「祖父の家を—訪ねる」類①②折節

【折鶴蘭】おりづるラン ユリ科の多年草。南アフリカ原産。細長い葉が根から群がって出る。茎先の子株の形が折鶴に似ている。観賞用。

【折節】おりふし ①そのときそのとき。そのときどき。「人生の—に出会った人」②時節。季節。③ちょうどそのとき。「—手紙が届いた」④ときどき。たまに。「—母校を訪ねる」類①④折折

セツ

【折る】おーる ①曲げる。「ひじを―る」②曲げて切り離す。「枝を―る」「足の骨を―る」③紙や布などを曲げて重ねる。たたむ。「新聞紙を―る」「千代紙を―る」参考 ②「骨を―る」といえば、「苦労する・身をくだく」の意もある。

【折れる】おーれる ①曲がる。曲がって重なる。②曲がって切り離れる。「箸はしが―れる」「日程の調整に骨が―れる（苦労する）」③進む方向を変える。道などを曲がる。「交差点を右に―れる」④自分の考えを変え、相手にしたがう。譲歩する。「仕方なく―れて相手の言うとおりにした」

【△折伏】シャクブク 仏 相手の悪を説き伏せ、真実の教えに帰依エさせること。参考「セップク」と読めば、相手の勢いを押さえてしたがわせること。

【折角】セッカク ①わざわざ。苦労して。行為や思いが無駄になるのを惜しむ気持ちを表す語。「―始めたのだから最後までやりなさい」②めったにない。貴重な。恵まれた機会を惜しむ気持ちを表す語。「―の機会だから出かけよう」③つとめて。せいぜい。「―お体を大切になさってください」

【折▲檻】セッカン 厳しくしかりつけること。特に、厳しく体罰を加えること。故事 中国、前漢の成帝を強くいさめて怒りをかった朱雲シュウンが、御殿からひきずり下ろされそうになり、しがみついていた欄干が折れてしまったという故事から。《漢書カンジョ》

【折衝】セッショウ 利害などのくいちがう相手と話し合って問題を解決しようとすること。また、かけひき。「労使の代表が―に当たった」「大臣レベルでの―が続く」参考 本来は、敵のついてくる矛先をくじく意。

【折衷・折中】セッチュウ 二つ以上の異なるものから、都合のよいところを取り入れて、ほどよく調和させること。「和洋―の家」「両者の考えを―した」「―案」

【折半】セッパン 金品を半分ずつに分けること。二等分。「かかった費用を―する」

〈折板〉へぎいた ヒノキやスギなどの木材を薄くはいだ板。折敷おしきや折り箱などを作る。表記「剝板」とも書く。

セツ【刹】(8) 刂6 常 4975 516B ▼サツ(五七二)

セツ【拙】(8) 扌5 常 準2 3259 405B 音 セツ 訓 つたない 外 まずい

筆順 一 十 扌 扌 扎 扑 拙 拙

意味 ①つたない。まずい。「拙速」「拙劣」対 巧 ②自分のことを謙遜ケンソンしていう語。「拙者」「拙文」

下つき 巧拙コウセツ・古拙コセツ・稚拙チセツ・野拙ヤセツ

【拙悪】セツアク 粗悪なこと。技巧が下手で出来が悪いこと。「―な作品」「―な文章」類 拙劣・劣悪

【拙攻】セッコウ まずい攻め方。へたな攻撃。「―でチャンスを逃した」対 拙守

【拙者】セッシャ 昔、武士などが用いた、自分を謙遜ケンソンしていう語。それがし。

【拙速】セッソク 下手であるが出来がはやいこと。仕事ははやいが出来の悪いこと。「―を避けて慎重にする」対 巧遅

【拙宅】セッタク 自宅を謙遜ケンソンしていう語。「―へ一度お出かけ下さい」

【拙著】セッチョ 自分の著述を謙遜ケンソンしていう語。「―を一冊進呈いたしましょう」

【拙劣】セツレツ 下手で劣っていること。「―な守備で試合を落とす」類 拙悪 対 巧妙

【拙い】つたない ①下手である。また、劣っている。「―い筆跡」「文章が―い」②不運なさま。「武運―く敗れ去る」参考「―い者ですがどうぞよろしく」などと、自分のことを謙遜ケンソンして用いる場合も多い。

【△拙い】まずい 下手であるさま。技術や出来映えなどがよくないさま。「新人選手の練習ぶりは実に―い」「この焼物は―い」

セツ【★泄】(8) 氵5 1 6185 5D75 音 セツ・エイ 訓 もれる・もらす・なれる

意味 ①もれる。もらす。「泄漏」類 洩エイ ②おしだす。出し去る。「排泄」③なれる。なれなれしくする。

下つき 排泄ハイセツ・漏泄ロウセツ・ロウエイ

【▲泄れる】もーれる ①あふれ出る。しみ出る。液体・気体・感情などがすきまからこぼれ出る。「ガスが―れる」「笑みが―れる」②下痢ゲリをする。表記 ①「洩れる」とも書く。

セツ【窃】(9) 穴4 常 準2 3264 4060 音 セツ 訓 外 ぬすむ・ひそかに

旧字《竊》(22) 穴17 1/準1 6770 6366

筆順 丶 丷 宀 穴 穴 空 穸 窃 窃

意味 ①ぬすむ。こっそりと取る。「窃取」「窃盗」②ひそかに。「窃視」

下つき 鼠窃ソセツ・盗窃トウセツ・剽窃ヒョウセツ

【窃視】セッシ ぬすみ見ること。ひそかにのぞき見ること。

【窃取】セッシュ こっそりとぬすみ取ること。「他人の金品をひそかに―する」

【窃盗】セットウ 他人の金品をひそかにぬすむこと。また、その人。「―の疑いで逮捕する」

【窃▲鈇の疑い】セップのうたがい 疑いの心で見れば、すべてが疑わしく見えるたとえ。「窃鈇」は斧おのをぬすむこと。《列子》

【△窃む】ぬーすむ ①人に知られないよう、こっそりとものをとる。「親方の技術を―む」②人に知られないように物事をする。「他人の文章を―みまねる」

【△窃かに】ひそーかに 人目を盗んでするようす。こっそりと。「―運び出す」

〈窃衣〉やぶじらみ セリ科の二年草。由来「窃衣」は漢名から。▼藪蝨やぶじらみ(九五二)

せ セツ

セツ【★屑】(10) 尸7 準1 2293 367D 音セツ 訓くず・いさぎよい

〔屑〕

意味 ①くず。きれはし。こまごま。役に立たないもの。「屑雨」②いさぎよい。快く思う。「不屑」

下つき 金屑(かなくず)・紙屑(かみくず)・鉋屑(かんなくず)・玉屑(ギョクセツ)・砕屑(サイセツ)・不屑(フセツ)・星屑(ほしくず)・藻屑(もくず)

【▲屑】くず ①必要なものを取り去った残り。無用な切れ端。また、やぶれたりくだけたりして不用になったもの。「野菜の―を土に埋める」「パン―」「紙―」②役にたたないもの。用をなさないもの。「人間の―」

【▲屑米】くずマイ 精米のときにくだけた米。また、虫食いの米。

【▲屑▲屑】セツセツ ①こせこせと小事にこだわるさま。「―たるつまらない奴だ」②忙しく働くさま。「―と家業に励む」③雨などが細かく降るさま。「―として梢(こずえ)を濡らす」

セツ【殺】(10) 殳6 教 2706 3B26 ▼サツ(五七一)

セツ【★浙】(10) 氵7 1 6222 5E36 音セツ 訓

意味 中国の川の名。浙江。また、浙江省のこと。

セツ【★啜】(11) 口8 1 5121 5335 音セツ・テツ 訓すする・すすりなく

意味 ①すする。すすりこむ。食べる。「啜汁」②すすりなく。「啜泣」

下つき 餔啜(ホセツ)

【▲啜り泣く】すすりなく すすりあげて泣く。息をつまらせて泣く。声を抑えてしのび泣く。

【▲啜る】すする ①液状のものを吸いこむように食べる。吸い飲む。「みそ汁を―る」②鼻汁を吸いこむ。

セツ【接】(11) 扌8 教 常 6 3260 405C 音セツ 外ショウ 訓つぐ高 外はぐ・まじわる・もてなす

筆順 一 十 扌 扩 5 扩 拉 拉 按 接 接

意味 ①つぐ。つなぐ。「接合」「接続」「密接」②ちかづく。ちかよる。「接戦」「近接」③会う。まじわる。もてなす。「接待」「面接」④受ける。受け取る。「接収」「接種」

下つき 応接(オウセツ)・外接(ガイセツ)・間接(カンセツ)・逆接(ギャクセツ)・近接(キンセツ)・順接(ジュンセツ)・直接(チョクセツ)・内接(ナイセツ)・密接(ミッセツ)・面接(メンセツ)・溶接(ヨウセツ)・隣接(リンセツ)・連接(レンセツ)

〈接続草〉すぎな トクサ科のシダ植物。由来「接続草」は漢名から。▼杉菜(八三七)

【接客】セッキャク 客を接待すること。客への応対。「―態度が身についている」

【接近】セッキン 近づくこと。間近にあること。「台風が沖縄に―中」「実力が―する」

【接見】セッケン ①高貴な人が公に客人と会うこと。類引見 ②弁護士が拘束中の被告人・被疑者などに面会すること。「―交通権」

【接見応対】セッケンオウタイ 高貴な人が人を迎え入れて、直接受け答えすること。

【接合】セツゴウ ①つなぎ合わせること。②原生動物などの細胞どうしの一部分がくっついて起こる生殖方法。

【接骨】セッコツ 折れたりはずれたりした体の骨をつなぎ、治療すること。ほねつぎ。「―医」類整骨

【接写】セッシャ レンズを被写体間近まで近づけて撮影すること。「昆虫を―する」

【接種】セッシュ 病気の予防・治療・診断などのために、病原菌・毒素などを体内に移し入れること。「インフルエンザの予防―」

【接収】セッシュウ 国家など権力をもつ機関が、強制的に個人の所有物を取り上げること。「民間の土地が軍に―される」

【接触】セッショク ①近づいて触れること。「車どうしの―事故」②他人や外界と交渉をもつこと。「相手国の高官と―した」

【接する】セッする ①応対する。「人に―する態度」②あう。でくわす。「訃報(フホウ)に―する」③物と物とが離れないで続く。隣り合う。「庭に―する畑」④ある曲線・直線、または曲面・平面が、他の曲線・曲面と一点だけで触れる。「円に―する直線」

【接戦】セッセン ①近づいて戦うこと。接近戦。②実力が伯仲していて、なかなか勝負を決しない戦い。せりあい。「―の末、一点差で逃げ切り勝ちした」

【接続】セツゾク つづくこと。つながること。また、つなぐこと。つながり具合。「部品を―する」「列車の―が悪い」

【接待】セッタイ 客などをもてなすこと。湯茶・食事などをふるまうこと。「会社の―費」

【接着】セッチャク 貼(は)りつけること。ぴったりくっつけること。また、貼りつくこと。

【接点】セッテン ①曲線や曲面に他の線や平面が接するとき、その接する点。②異なる物事が接する点。一致するところ。「両者の―をさぐる」表記①「切点」とも書く。

【接頭語】セットウゴ 独立しては使われず、語の上について意味を添えたり調子を整えたりする語。「さ衣」の「さ」、「か弱い」の「か」など。対接尾語

【接尾語】セツビゴ 独立しては使われず、語の下について意味を添えたり他の品詞に変えたりする語。「白さ」の「さ」、「春めく」の「めく」など。対接頭語

【接▲吻】セップン 愛情・敬愛などを表すために、相手の唇・手などに唇をつけること。口づけ。キス。

【接木】つぎき 品種改良などのため、木の芽や枝などを切り取って他の木の枝や幹につぐこと。また、そのようにして育てた木。季春

【接ぐ】つ-ぐ ①つなぐ。離れているものをつなぎ合わせる。「折れた骨を—ぐ」②つぎ木をする。「—いだ枝から新芽が出た」「木に竹を—いだようだ（調和がとれないことのたとえ）」

〈接骨木〉にわとこ スイカズラ科の落葉低木。山野に自生。春、淡黄色の小花が多数咲き、球形の赤い実を結ぶ。由来「接骨木」は漢名より。葉や枝を打撲や骨折の薬としたことからという。表記「庭常」とも書く。

【△接ぐ】は-ぐ 布・板・紙など平らなものをつぎ合わせる。「破れ目を別布で—ぐ」

セツ【晢】(11) 日7 1 5881 5A71 音 セツ・セイ 訓 あきらか・かしこい

〈晣〉1402 2E22

意味 あきらか。あかるい。また、かしこい。「晢晢」
参考「晢」は別字。
下つき 昭晢ショウセツ

【▲晢らか】あき-らか あかるく、くっきりとしているさま。

セツ【梲】(11) 木7 1 8572 7568 音 セツ・タツ 訓 うだつ・うだち・つえ

意味 ㊀セツ うだつ。うだち。梁はりの上に立てて棟木を支える柱。㊁タツ つえ。木の棒。

【▲梲】うだつ 家の梁はりの上に立てて、棟木むなぎを支える短い柱。参考「うだち」とも読む。

【▲梲が上がらぬ】それなりの努力はしても運がなく、いつまでたってもよい境遇になれないこと。出世しない。由来 家を新築し、棟上げすることを「梲が上がる」といったことから。

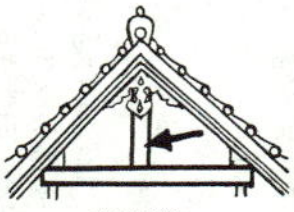
〔梲うだつ〕

セツ【紲】(11) 糸5 1 6908 6528 音 セツ 訓 きずな・つなぐ

意味 ①きずな。イヌ・ウシ・ウマなどをつなぐなわ。罪人をしばるなわ。「羈紲キセツ」②つなぐ。しばる。
下つき 羈紲キセツ・縲紲ルイセツ

【▲紲】きずな ①牛馬などをつないでおくつな。②罪人や物をしばるなわ。

セツ【設】(11) 言4 教 常 6 3263 405F 音 セツ 外セチ 訓 もうける 外しつらえる

筆順 、 ニ ≡ ≡ 言 言 言 訁 訊 設 設

意味 もうける。そなえつける。しつらえる。「設備」「建設」
下つき 開設カイセツ・仮設カセツ・架設カセツ・官設カンセツ・既設キセツ・建設ケンセツ・公設コウセツ・私設シセツ・施設シセツ・常設ジョウセツ・新設シンセツ・創設ソウセツ・増設ゾウセツ・特設トクセツ・付設フセツ・附設フセツ・敷設フセツ・併設ヘイセツ・埋設マイセツ・未設ミセツ・民設ミンセツ

【△設える】しつら-える もうける。飾りととのえる。設備する。「式典の来賓席を—える」

【設営】セツエイ ①活動するために施設・建物などを事前にこしらえること。「キャンプ場でテントを—する」②会合などの準備をすること。「式典の会場—」

【設計】セッケイ ①建築・工事のときや機械など物を作るときに、構造や製作の計画を図面に表すこと。「—図」「—事務所」②計画を立てること。「人生—」

【設置】セッチ 施設・機材・機関などをつくりしつらえること。「協議会を—する」「待合室にテレビを—する」

【設定】セッテイ ①物事をつくり定めること。もうけ定めること。「舞台の—をロンドンの下町にする」②法律の上で、新たに権利を発生させること。「抵当権を—する」

【設備】セツビ 必要な器材・道具・機械・建物などを備えつけること。また、備えつけられたもの。「工場の—を整える」「—投資」

【設問】セツモン 問題を作り出すこと。また、その問題。「—に答える」

【設立】セツリツ 学校・会社などの組織や機関を新しくつくること。「財団法人—が認可された」類創立

【設ける】もう-ける ①準備する。事前にととのえる。「会う機会を—ける」「口実を—ける」②機関や規則・建物などをつくり置く。「審議会を—ける」「事務所を二階に—けた」

セツ【雪】(11) 雨3 教 常 9 3267 4063 音 セツ 訓 ゆき 外すすぐ・そそぐ

筆順 一 丆 冖 币 币 雨 雨 雪 雪 雪

意味 ①ゆき。ゆきがふる。「降雪」「蛍雪」②ゆきのように白いたとえ。「雪肌」③すすぐ。そそぐ。ぬぐう。「雪辱」「雪冤セツエン」
下つき 泡雪あわゆき・沫雪あわゆき・冠雪カンセツ・蛍雪ケイセツ・降雪コウセツ・豪雪ゴウセツ・細雪ささめゆき・残雪ザンセツ・春雪シュンセツ・除雪ジョセツ・深雪シンセツ・新雪シンセツ・積雪セキセツ・霜雪ソウセツ・白雪ハクセツ・初雪はつゆき・氷雪ヒョウセツ・風雪フウセツ・吹雪ふぶき

〈雪花菜〉きらず 豆腐を作るときのしぼりかす。うのはな。由来 切らずにそのまま料理に使えることから。表記「切らず」とも書く。参考「おから」とも読む。

【△雪ぐ】すす-ぐ 不名誉や恥を除き清める。また、恨みなどをはらす。「積年の恥を—ぐ」参考「そそぐ」とも読む。

【雪▲冤】セツエン 無実の罪をはらし、身の潔白を示すこと。

【雪害】セツガイ 大雪やなだれなど、雪が原因で起こる災害。また、その被害・損害。

【雪△肌】セッキ 「雪膚セップ」に同じ。参考「ゆきはだ」とも読む。

【雪渓】セッケイ 暖かくなっても雪や氷が溶けずに残っている高山の谷間や斜面。季夏

【雪月花】セツゲッカ 雪と月と花。日本の四季における代表的な自然美。四季のながめ。参考「セツゲツカ」とも読む。

【雪月風花】セツゲツフウカ 四季の自然の美しい風景。また、それを観賞し、詩歌をつくったり俳句をよんだりする。風雅な生活や行為。参考「風花雪月」ともいう。類花鳥風月

【雪原】セツゲン ①高山などで、積もった雪が溶けない広い地域。「万年—」②一面に雪の降り積もった広い所。雪野原。

【雪上に霜を加う】セツジョウにしもをくわう 災いや悩みごとが重なるたとえ。また、無用を重ねるたとえ。〈『景徳伝灯録』〉類泣き面に蜂・屋上屋(オクジョウオク)を架す

【雪辱】セツジョク 恥をすすぐこと。名誉を取り戻すこと。「昨年の—を果たした」

【雪駄・〈雪踏〉】セッタ 竹の草履の裏に革を張り、かかとに金具を打ちつけた履物。由来千利休(せんのりきゅう)が雪中に履いたことからという。参考古くは「セキダ」といい、「席駄」とも書いた。

【雪中の松柏】セッチュウのショウハク 志や節操を固く守るたとえ。マツやカシワは雪のなかでも葉の緑色を変えないことから。〈謝枋得(シャボウトク)の詩〉類歳寒松柏・志操堅固

【雪隠】セッチン 便所。参考もと禅宗の用語で、「セツイン」の転。「せんち」とも読む。

【雪洞】セツドウ 登山で、露営または緊急避難用に雪を掘って作った横穴や縦穴。参考「セットウ」と読めば、茶室の風炉覆いのこと。また、「ぼんぼり」と読めば別の意になる。

【雪庇】セッピ 山の尾根の風下となるほうに、ひさしのように積もった雪。参考「ゆきびさし」とも読む。

【雪膚】セップ 雪のように白い肌。類雪肌(セッキ) 参考「ゆきはだ」とも読む。

せ セツ

【雪裏清香】セツリセイコウ ウメの別称。雪のなかで清らかな香りを漂わせていることから。「雪裏」は雪の積もっているなかの意。類雪香氷艶(セッコウヒョウエン)

【〈雪隠金亀子〉】せんちこがね センチコガネ科の昆虫。体は半球形。暗紫色で、金属光沢がある。由来「雪隠(せんち)」は便所の意の「セッチン」がなまったもので、人や獣の糞(フン)を食べることから。

【△雪ぐ】そそぐ 「雪(す)ぐ」に同じ。

【〈雪崩〉】なだれ 傾斜地に積もった雪が、一時に大量に崩れ落ちる現象。季春

【〈雪洞〉】ぼんぼり 絹や紙張りの覆いをつけた手燭(てショク)。また、小さな行灯(アンドン)。参考「セツドウ」と読めば別の意になる。

〔雪洞(ぼんぼり)〕

【雪】ゆき 大気中の水蒸気が氷結し、空から降ってくる純白の結晶。季冬

【雪は豊年の瑞(しるし)】雪が多く降る年は豊作になるという言い伝え。

【雪折れ】ゆきおれ タケや木の枝などが、積もった雪の重さで折れること。また、その折れた枝。「柳に—なし」季冬

【雪合戦】ゆきガッセン 二組に分かれ、雪をまるめてぶつけあう遊び。雪投げ。季冬

【雪消月】ゆきぎえづき 陰暦二月の異名。

【雪沓】ゆきぐつ 雪道を歩くときにはく、長ぐつのようなわらぐつ。季冬

【〈雪消〉・雪解】ゆきげ 雪がとけ、消えること。雪どけ。季春

【〈雪垂〉】ゆきしずり 木の枝などに積もった雪がすべり落ちること。また、その雪。

【雪〈風巻〉】ゆきしまき 雪がはげしく降り、風が吹きまくること。季冬

【雪代】ゆきしろ 暖かくなって積もった雪がとけ、水が川や海にどっと流れ出す、または野原にあふれ出ること。雪どけ水。雪代水。季春

【雪〈達磨〉】ゆきダルマ 雪を転がして大小二つの玉を作り、それを重ねてダルマのような形にしたもの。季冬

【雪礫】ゆきつぶて 雪合戦で、雪をこぶし大ににぎり固めて作った雪のかたまり。「—を投げ合う風景」季冬

【雪見灯籠】ゆきみドウロウ たけが低く笠(かさ)が大きく、三脚から六脚のあしが広がった石どうろう。庭園用。

【△雪△打】ゆた 仏塔などの本屋根の下の壁につけた、庇(ひさし)のような差しかけの屋根。法隆寺の金堂、薬師寺の塔などに見られる。類裳階(もこし) 表記「雨打」とも書く。

〔雪見灯籠(ゆきみドウロウ)〕

セツ【渫】(12) 氵9 1 6256 5E58 音セツ・チョウ 訓さらう・もらす・けがす

意味 ①さらう。水底のどろ・ごみなどを除く。「浚渫(シュンセツ)」②もらす。もれる。類泄(セツ)・洩(エイ) ③けがれ。④あなどる。なれなれしくする。

下つき 浚渫(シュンセツ)

【△渫う】さらう 水底の土砂やごみなどを取り除く。「どぶを—う」

セツ【紲】(12) 糸6 1 6918 6532 音セツ 訓きずな・しばる

意味 ①きずな。イヌ・ウシ・ウマなどをつなぐなわ。罪人をしばるなわ。「羈紲(キセツ)」②つなぐ。しばる。

下つき 羈紲(キセツ)・縲紲(ルイセツ)

セツ【摂】(13) 扌10 常 3 3261 405D 音セツ 外ショウ 訓外とる・かねる・かわる

旧字《攝》(21) 扌18 1/準1 5780 5970

筆順 一 十 扌 … 摂

意味 ①とる。取り入れる。「摂取」「包摂」 ②かねる。代わって行う。「摂政」 ③ととのえる。おさめる。やしなう。「摂理」「摂生」 ④「摂津(せっつ)の国」の略。「摂州」

下つき 兼摂(ケンセツ)・総摂(ソウセツ)・包摂(ホウセツ)

【摂関】セッカン 摂政と関白。「平安時代中期の藤原(ふじわら)氏による―政治」

【摂行】セッコウ ①代わって職務などを行うこと。類代行 ②職務などを兼ねて行うこと。

【摂氏】セッシ 温度目盛りの一種。一気圧のもと、水の氷点を〇度、沸点を一〇〇度として、その間を一〇〇等分したもの。記号は℃を用いる。由来 提唱者とされるセルシウスの漢名「摂爾思」から。表記「セ氏」とも書く。

【摂取】セッシュ ①外部から取り入れて自分のものとすること。「十分に栄養を―する」 ②仏 仏が慈愛で衆生(シュジョウ)を救うこと。

【摂取不捨】セッシュフシャ 仏 阿弥陀(アミダ)仏がすべての衆生(シュジョウ)を救い、一人も見捨てることはないということ。

【摂政】セッショウ ①君主の代わりに政治を行うこと。また、その職。 ②天皇が幼少または長い病気のとき、代わって職務を行う役目。また、その人。「藤原(ふじわら)氏は江戸末期まで―として権力を握った」

【摂生】セッセイ 健康を保つために体によくないことを慎むこと。「病後は―に努めている」 類養生・摂養 対不摂生

【摂津】せっつ 旧国名の一つ。現在の大阪府の北西部と兵庫県の南東部。摂州。

【摂理】セツリ ①万物をおさめている法則。「自然の―には驚かされる」 ②キリスト教で、創造主である神の、この世に対する配慮や意志。

せ セツ

〈摂腰〉せえび 幅広く仕立てた腰帯。律令(リツリョウ)制の武官が礼服を着用する際に用いた。表記「接腰」とも書く。

【摂る】とる ①体に取りこむ。食べる。「朝食を―る」「栄養を―る」 ②手に持つ。そろえて持つ。からげて持つ。「着物の裾(すそ)を―る」 ③とり行う。とりしきる。統べる。「指揮を―る」

セツ【楔】★

(13) 木9 1 6024 5C38 音 セツ・ケツ 訓 くさび・ほうだて

意味 ①くさび。V字形の木片や金属片。「楔形」 ②ほうだて。門の両側の小柱。

【楔】くさび ①V字形の木片や金属片。木や石を割ったり、重いものを押し上げたり、ゆるまないようにすきまに差しこんだりするのに用いる。「車の心棒の端に―を差し、車輪のはずれるのを防ぐ」「―を打ちこむ(他の勢力のなかに割りこむ)」 ②ものとものとをつなぎ合わせるもの。きずな。「心をつなぐ―」

【楔形文字】くさびがたモジ くさびの形をした文字。古代メソポタミアを中心に用いられ、多く、粘土板に角のとがった用具で刻んだ。参考「楔形」は「セッケイ・ケッケイ」とも読む。

【楔状】ケツジョウ ①くさびの形。くさびがた。 ②「楔状骨」の略。頭蓋骨(ズガイコツ)の蝶形骨(チョウケイコツ)。 ③「楔状文字」の略。くさびがた文字。

セツ【節】

(13) ⺮7 教 常 7 3265 4061 音 セツ・セチ高 訓 ふし 外 みさお・ノット

旧字《節》(15) ⺮9 1/準1 8968 7964

旧字《節》(15) ⺮9 1/準1

筆順 ⺈ ⺮ … 節

意味 ①ふし。タケや草木のふし。また、からだのふし。つなぎめ。「関節」「末節」 ②くぎり。詩文・音楽などの一区切り。また、音楽の調子。「音節」「文節」 ③みさお。こころざしを固く守ること。「節操」「礼節」 ④ほどよい。ひかえめにする。「節制」「調節」 ⑤とき。おり。「時節」「当節」 ⑥気候のかわりめ。また、その祭り。「節句」「季節」 ⑦しるし。割り符。「符節」 ⑧ノット。船の速度の単位。一ノットは一時間に一海里(約一八五二メートル)進む速度。

下つき 音節(オンセツ)・佳節(カセツ)・関節(カンセツ)・季節(キセツ)・曲節(キョクセツ)・苦節(クセツ)・使節(シセツ)・時節(ジセツ)・大節(タイセツ)・忠節(チュウセツ)・調節(チョウセツ)・貞節(テイセツ)・符節(フセツ)・変節(ヘンセツ)・末節(マッセツ)・礼節(レイセツ)

〈節季候〉せきぞろ 近世、歳末から新年にかけて赤い布で頭を覆い「せきぞろござれや」とはやしながら家々を回り、米や金品を請い歩いた遊芸。季冬 由来「節季(セッキ)に候(そうろう)」の意から。

【節会】セチエ 奈良・平安時代、宮中で、季節の変わり目などを祝う節日(セチニチ)や公の儀式のある日に行われた宴会。せち。

【節煙】セツエン タバコを吸う量を減らすこと。「まず―、次に禁煙」

【節気】セッキ 陰暦の季節区分。立春から大寒まで二十四気ある。中国から伝来した。

【節季】セッキ ①年末。歳末。季冬 ②商業上の用語で、特に盆と暮れの商店の決算期。「―仕舞い」

【節義】セツギ 節操と道義。人として正しい道を守りぬくこと。「―にそむく」

【節句・節供】セック 季節の変わり目を祝う節日(セチニチ)。人日(ジンジツ)(一月七日)、上巳(ジョウシ)(三月三日)、端午(タンゴ)(五月五日)、七夕(たなばた)(七月七日)、重陽(チョウヨウ)(九月九日)など。現在では特に三月三日と五月五日をいう。由来 節日の祝いの供え物を節供(セチク)といい、それを会食する行事から、のちに祝いの日をいう。

【節倹】セッケン 無駄を省いて質素に暮らすこと。「―家」 類節約・倹約

【節倹力行】セッケンリッコウ 費用の節約に努めること。また、無駄遣いをやめて励むこと。「力行」は努力して実行する意。《史記》「―を実践する」

【節減】セツゲン 使用量をきりつめて減らすこと。「経費―に努力する」

【節酒】セッシュ 飲み過ぎないように、酒の量を減らすこと。

【節食】セッショク 健康などのために、食事の量や回数を適度に減らすこと。

【節制】セッセイ 欲望を適度に抑えること。つつしむこと。「酒を―する」

【節税】セツゼイ 合法的・合理的に、税金の負担を軽くすること。不必要な税金を払わなくてもすむように、心がけること。

【節操】セッソウ 信ずる主義・主張を堅く守りとおすこと。みさお。「―がない」類操守

【節足動物】セッソクドウブツ 無脊椎(ムセキツイ)動物の一つ。体と足に多くの環節があり、数対の足をもつ。発育の途上で脱皮を行うものが多い。昆虫類・クモ類・甲殻類など。

【節度】セツド 行き過ぎない程度。ちょうどよい程度。「―を守る」類適度

【節婦】セップ 貞操を堅く守る女性。「―は二夫に見まみえず」類貞婦・貞女

【節分】セツブン 立春の前日。二月三日ごろ。悪鬼を払うための豆まきを行う。季冬 参考もとはすべての季節の変わり目で、立春・立夏・立秋・立冬の前日をいった。

【節約】セツヤク 費用・時間・労力など、無駄を省き切り詰めること。「経費の―」類節倹・倹約

【節理】セツリ ①物事の筋道。類道理 ②岩石の規則正しい割れ目。板状・柱状・球状など。「柱状―」

【△節】ノット 船の速さを示す単位。一ノットは一時間に一海里(約一八五二メートル)進む速度。参考「節」は当て字。

【節】ふし ①タケなど、茎のふくらんだ区切りの部分。②木の幹から枝の出たあと。③関節。「手の―」④仕事・時間など一連のものの区切り。節目。「人生の―」「折―」⑤箇所。「疑わしい―がある」⑥糸などでこぶのようになった部分。⑦音楽・語り物の旋律。メロディー。⑧「鰹節(かつおぶし)」の略。

【節穴】ふしあな ①板などの節の部分が抜けてできた穴。②(穴があるだけで)物事をしっかり見抜くことができない目。ののしっていう語。「おまえの目は―だ」

【節▲榑立つ】ふしくれだつ ①材木に節が多く、でこぼこしている。②腕や指の骨や関節が、堅く盛り上がってごつごつしている。「―った手」参考「節榑」は節の多い木材の意。

【節節】ふしぶし ①体のあちこちの関節。「―が痛む」②いろいろの箇所。ところどころ。「疑わしい―がある」

【節目】ふしめ ①木材などの節のある部分。②物事の区切り。変わり目。「人生の―を迎える」「期末テストはひとつの―だ」

セツ【★截】(14) 戈10 1 5703 5923 音セツ 訓たつ・きる

意味 たつ。きる。たちきる。「截然」「直截」類切・絶

下つき 断截(ダンセツ)・直截(チョクセツ)

【▲截る】きる ①刃物で切断する。「布を―る」②さえぎり断つ。断ち切って止める。「進路を―る」類①②截(た)つ

【截然】セツゼン ①区別がはっきりしているさま。②切り立っているさま。参考「サイゼン」は慣用読み。

【▲截断】セツダン 断ち切ること。切り落とすこと。表記「切断」とも書く。参考「サイダン」は慣用読み。

【▲截つ】たつ 「截(き)る」に同じ。「ラシャばさみで厚い布地を―つ」

セツ【説】(14) 言7 常 教 7 3266 4062 音セツ・ゼイ高 外エツ 訓とく 外よろこぶ

筆順 2 4 9 11 説

意味 一セツ ①とく。ときあかす。考えを述べる。「説明」「演説」②せつ。意見。考え。「新説」「学説」③はなし。ものがたり。また、うわさ。「小説」「風説」二ゼイ ときすすめる。といてしたがわせる。「遊説」三エツ よろこぶ。「説楽」類悦

下つき 一異説(イセツ)・演説(エンゼツ)・解説(カイセツ)・概説(ガイセツ)・学説(ガクセツ)・仮説(カセツ)・逆説(ギャクセツ)・言説(ゲンセツ)・口説(コウセツ)・巷説(コウセツ)・高説(コウセツ)・細説(サイセツ)・自説(ジセツ)・社説(シャセツ)・小説(ショウセツ)・序説(ジョセツ)・図説(ズセツ)・総説(ソウセツ)・俗説(ゾクセツ)・卓説(タクセツ)・定説(テイセツ)・伝説(デンセツ)・風説(フウセツ)・弁説(ベンセツ)・流説(リュウセツ)・論説(ロンセツ) 二遊説(ユウゼイ)

〈説道〉いうならく 世間の人が言うことには。聞くところによれば。

【説△懌】エツエキ よろこぶこと。「説」も「懌」もよろこぶ意。

【説教】セッキョウ ①経典や教義を説明して聞かせること。類法話 ②堅苦しく教えさとすこと。気づまりな小言。「いつもの―が始まる」類説法

【説得】セットク よく話して相手を納得させること。「―力に欠ける」類説伏

【説破】セッパ 議論をして相手の説をうちやぶること。「論敵を―する」類論破

【説伏】セップク 自分の意見にしたがわせるよう、相手をとき伏せること。「反対派を―する」類説得

【説法】セッポウ ①僧が、仏教の教義を説明し聞かせること。「釈迦(シャカ)に―」類説経(セッキョウ) ②教えさとすこと。意見すること。類①②説教

【説明】セツメイ 事柄の内容・理由・意義などを、分かりやすく述べること。「事情を―する」類解説

【説諭】セツユ 悪い行いを改めるように教えさとすこと。「時間をかけて少年を―した」類説教・訓戒

【説話】セツワ 人々の間に語り伝えられた話。神話・伝説・昔話など。「―文学」

【説く】とく ①解釈する。説明する。「意味を―く」②教え

さとす。筋道をたてて説得する。「あきらめるよう―く」「人の道を―く」③論じる。「聖書を―く」「改革の必要性を―く」

セツ【▲節】(15) ⺮9 8968 7964 ▼節の旧字(八八七)

セツ【▲節】(15) ⺮9 ▼節の旧字(八八七)

セツ【緤】(15) 糸9 1 6942 654A 音 セツ 訓 きずな・つなぐ

意味 ①きずな。イヌ・ウシ・ウマをつなぐなわ。②つなぐ。しばる。

セツ【薛】(16) ⺾13 1 7313 692D 音 セツ 訓 かわらよもぎ・はますげ

意味 ①かわらよもぎ。キク科の多年草。②はますげ。カヤツリグサ科の多年草。

セツ【褻】(17) 衣11 1 7488 6A78 音 セツ 訓 はだぎ・ふだんぎ・けがれる・けがらわしい・なれる・あなどる・け

意味 ①はだぎ。ふだんぎ。「褻衣」②けがれる。けがらわしい。「猥褻(ワイセツ)」③なれる。なれなれしい。「褻狎(セッコウ)」 類 昵(ジツ) ④あなどる。⑤け。日常。

下つき 猥褻(ワイセツ)

【▲褻】け ふだん。常日ごろ。平生。「―にも晴れにも歌一首(一つ覚えで無芸であること)」 対 晴れ

【▲褻衣】セツイ ①ふだん着。平服。けのころも。類 褻服 ②肌着。ねまき。参考「けごろも」とも読む。

【▲褻言】セツゲン なれなれしく、みだらな言葉。

セツ【歠】(19) 欠15 1 8634 7642 音 セツ 訓 すする・のむ

意味 すする。の(飲)む。また、飲み物。類 啜(セツ)

【▲歠る】すする 液状のものを吸い飲む。ずるずると連続して吸いこむ。

セツ【▲攝】(21) 扌18 5780 5970 ▼摂の旧字(八八七)

セツ【▲竊】(22) 穴17 6770 6366 ▼窃の旧字(八八三)

セツ【鱈】(22) 魚11 国 準1 音 セツ 訓 たら

〔鱈〕3513 432D

意味 たら。タラ科の海魚の総称。「鱈子」 参考 国字だが、中国でも用いる。

【▲鱈】たら タラ科の海魚の総称。北洋に分布。腹部が太く尾部に向かって細くなり、口が大きい。食用。季 冬 由来「鱈」は初雪のあと多くとれる魚の意。また、体表に斑(まだら)があることから「まだら」の略という。表記「大口魚」とも書く。

【▲鱈子】たらこ タラの卵巣。おもにスケトウダラの卵巣を塩漬けにした食品。季 冬

【▲鱈場▲蟹】たらばがに タラバガニ科の甲殻類。北海道以北の近海にすむ。形はカニに似ているがヤドカリの仲間。暗紫色でとげがあり、大形。肉は食用。季 冬 由来 タラのとれる漁場にいることから。表記「多羅波蟹」とも書く。

ゼツ【舌】(6) 舌0 教 常 5 3269 4065 音 ゼツ 中 外 セツ 訓 した 外 ことば

筆順 ノ 二 千 千 舌 舌

意味 ①した。べろ。また、したの形のもの。「舌根」「舌端」②ことば。「舌禍」「筆舌」

下つき 口舌(コウゼツ・クゼツ)・饒舌(ジョウゼツ)・長舌(チョウゼツ)・毒舌(ドクゼツ)・猫舌(ねこじた)・筆舌(ヒツゼツ)・弁舌(ベンゼツ)

【舌】した ①口の中にあって、味覚や発音をつかさどる器官。べろ。「―が肥える」「―触り」②話すこと。また、その言葉。弁舌。「よく―が回る」「―をふるう」

【舌先】したさき ①舌の先。②口先。言葉。弁舌。また、うわべばかりの言葉。

【舌先三寸】したさきサンズン 言葉だけが巧みで、誠実さがないこと。「―の男で信用できない」

【舌鼓】したつづみ 食べ物がおいしくて、思わず舌を鳴らすこと。したづつみ。「ごちそうに―を打った」

【舌▵疾】したど 早口なこと。物言いのはやいさま。類 口速(くちばや)・舌速(したばや)

【舌▲舐めずり】したなめずり ①物を食べたいと思ったときや食べ終わったあとなどに、舌でくちびるをなめ回すこと。「ごちそうを食べて―する」②獲物などをしきりに待ちかまえること。「―して待つ」

【舌▲鮃・舌平目】したびらめ ウシノシタ科の海魚。南日本の海底の砂中にすむ。体は平たくウシの舌のような形をしている。目は両方とも左側にある。美味。季 夏 表記「鞋底魚」とも書く。

【舌禍】ゼッカ ①自分の発言で自らが受ける災い。②他人からの悪口・中傷によって受ける災い。「―をまねく」

【舌▲尖】ゼッセン ①舌の先端部。②口先。弁舌。ものの言い方。「―鋭く詰め寄る」 類 ①②舌端・舌頭

【舌戦】ゼッセン 言い争うこと。「―の火ぶたが切って落とされた」 類 口論・論戦 対 筆戦

【舌代】ゼツダイ 口で話す代わりに書いた簡単なあいさつ文。参考「したダイ」とも読む。

【舌端】ゼッタン 「舌尖(ゼッセン)」に同じ。「―火を吐く(鋭く説きたてる)」

【舌頭】ゼットウ 「舌尖(ゼッセン)」に同じ。

【舌▲鋒】ゼッポウ 言葉のほこさき。鋭い議論・弁舌。「議会で―鋭く迫った」

ゼツ【絶】(12) 糸6 教 常 6 3268 4064 音 ゼツ 外 ゼチ・セ 訓 たえる・たやす・たつ 外 はなはだ・わたる

筆順 ㄑ 幺 幺 糸 糸 糸 紒 紒 絇 絶 絶 6

意味 ①たつ。うちきる。やめる。「絶交」「根絶」②たえる。とぎれる。ほろびる。「絶望」「気絶」③へだたる。遠くはなれる。「絶海」「隔絶」④ことわる。こばむ。「拒絶」「謝絶」⑤すぐれる。このうえない。「絶佳」「卓絶」⑥きわめて。はなはだ。「絶大」「絶妙」⑦わたる。横切る。

下つき 隔絶(カクゼツ)・冠絶(カンゼツ)・気絶(キゼツ)・拒絶(キョゼツ)・根絶(コンゼツ)・謝絶(シャゼツ)・凄絶(セイゼツ)・壮絶(ソウゼツ)・卓絶(タクゼツ)・断絶(ダンゼツ)・中絶(チュウゼツ)・超絶(チョウゼツ)・途絶(トゼツ)・悶絶(モンゼツ)

【絶縁】ゼツエン ①縁を断ち切ること。「知人へ—状を送る」②電流・熱を伝えにくい物質を用い、その流れを断つこと。「ガラスやゴムなどの—体」

【絶佳】ゼッカ 景色がすぐれて美しいこと。また、そのようす。「風光—の土地に住んでいる」類絶景・絶勝・明媚(メイビ)

【絶海】ゼッカイ 陸地からはるかに遠く離れた海。「—の孤島に流れつく」

【絶叫】ゼッキョウ ありったけの声を出して叫ぶこと。また、その声。「恐ろしさのあまり—した」

【絶句】ゼック ①漢詩の一体。起・承・転・結の四句からなる。句の字数により五言絶句・七言絶句がある。②言葉がつまって続かないこと。「あきれて—する」「せりふを忘れてしばらく—した」

【絶景】ゼッケイ 非常にすばらしい景色。「—に言葉もない」類絶勝・絶佳

【絶後】ゼツゴ ①今後二度と同じような例が起こらないと思われること。「空前—の大事件」②息が絶えたあと。

【絶交】ゼッコウ 交際を断ち切ること。「友人と—する」類絶縁・断交

【絶好】ゼッコウ このうえなく良いこと。「—の機会」類最良

【絶巧棄利】ゼッコウキリ 技巧で作られたものを捨て去り、利益を求めることをやめて、素朴な生活をすること。〈『老子』〉

【絶賛】ゼッサン このうえなくほめたたえること。最大級の賛美。「—を博する」類激賞

書きかえ「絶讃」の書きかえ字。

【絶▲讃】ゼッサン ▼書きかえ 絶賛

【絶唱】ゼッショウ ①非常にすぐれた詩歌。「古今の—」②精一杯感情を込めて歌うこと。「—するオペラ歌手」類熱唱

【絶勝】ゼッショウ 景色がきわめてすぐれていること。また、その土地。類絶景

【絶食】ゼッショク 食べ物を一切食べないこと。「—療法」類断食(ダンジキ)

【絶する】ゼッ-する ①はるかにこえている。かけはなれる。「言語に—するすばらしさ」「想像を—する痛み」②関係を断つ。なくする。つきる。「音信を—する」

【絶世】ゼッセイ 世の中にまたとないほど、すぐれていること。「—の美人」

【絶世独立】ゼッセイドクリツ 世に並ぶものがないほどすぐれた人や美しい女性のこと。〈『漢書(カンジョ)』〉

【絶対】ゼッタイ ①何も比較・対立するものがないこと。「—の真理」②何の制限や条件もないこと。「社長命令は—だ」対①②相対 ③すべての現象を超越していること。「唯一—である神」④まちがいなく。「—合格する」⑤決して。あとに打ち消しの語を伴う。「—行かない」

【絶大】ゼツダイ きわめて大きいようす。「—な権力」類甚大・莫大(バクダイ)

【絶体絶命】ゼッタイゼツメイ 追いつめられ、切羽詰まってどうにもならない状態のこと。「—の窮地に陥る」類窮途末路

【絶頂】ゼッチョウ ①山の頂上。てっぺん。②物事の頂点。最高の状態。「人気の—」類極点

【絶版】ゼッパン 出版した書物の、以後の刊行を取りやめること。

【絶筆】ゼッピツ ①生前の最後に書いた文字・文章・絵画などの作品。②書くことをやめること。

【絶品】ゼッピン 非常にすぐれた品物・作品。「この一皿は—だ」類逸品

【絶壁】ゼッペキ 壁のように切り立ったがけ。類断崖(ダンガイ)・懸崖(ケンガイ)

【絶望】ゼツボウ 望みがなくなること。希望を完全に失うこと。「人生に—する」対有望

【絶妙】ゼツミョウ このうえなくすぐれているようす。「—のタイミング」「投手の配球は—だった」類巧妙

【絶無】ゼツム 全くないこと。一つもないこと。「そのような例は—だ」類皆無

【絶命】ゼツメイ 命が終わること。死ぬこと。「病気に苦しみながら—した」

【絶滅】ゼツメツ ①滅びてなくなること。「—寸前の鳥も多い」「—の危機にさらされる」②滅ぼしなくすこと。根絶やしにすること。「犯罪を—する」「害虫の—を図る」

【絶倫】ゼツリン 飛び抜けてすぐれていること。また、そのさま。「精力—」類抜群

【絶える】た-える ①続いていたものが途中で切れる。とだえる。「音信が—える」「交流が—える」②尽きる。滅びる。「人通りも—える」「血統が—える」

【絶つ】た-つ ①つながりを切り離す。関係をなくす。「交際を—つ」②続いていたものが切れてとだえる。「消息を—つ」「申し込みはあとを—たない」③続いていたものを終わらせる。滅ぼす。「悪の根を—つ」「命を—つ」

ぜに【銭】(14) 金6 教 3312 412C ▼セン(九〇六)

せばまる【▲窄まる】(10) 穴5 2685 3A75 ▼サク(五六六)

せばめる【狭める】(9) 犭6 常 2225 3639 ▼キョウ(三三三)

せまい【狭い】(9) 犭6 常 2225 3639 ▼キョウ(三三三)
せまい【▲陋い】(9) 阝6 ▼ロウ(一六六六)
せまい【▲窄い】(10) 穴5 2685 3A75 ▼サク(五六六)
せまい【▲隘い】(13) 阝10 8007 7027 ▼アイ(七)
せまる【迫る】(8) 辶5 常 3987 4777 ▼ハク(一二三九)
せまる【△拶る】(9) 扌6 常 2702 3B22 ▼サツ(五七一)
せまる【▲逼る】(13) 辶9 4115 492F ▼ヒツ(一二九八)
せまる【▲遒る】(13) 辶9 7804 6E24 ▼シュウ(六九六)
せまる【△薄る】(16) 艹13 常 3986 4776 ▼ハク(一二四一)
せみ【▲蜩】(14) 虫8 7383 6973 ▼チョウ(一〇六五)
せみ【▲蟬】(18) 虫12 9166 7B62 ▼セン(九一一)
せめぐ【▲鬩ぐ】(18) 門8 8211 722B ▼ゲキ(四〇八)
せめる【攻める】(7) 攵3 常 2522 3936 ▼コウ(四八四)
せめる【責める】(11) 貝4 教 3253 4055 ▼セキ(八七八)
せめる【▲誅める】(13) 言6 7547 6B4F ▼チュウ(一〇四九)
せめる【▲誚める】(14) 言7 7555 6B57 ▼ショウ(七六〇)
せめる【▲謫める】(18) 言11 7583 6B73 ▼タク(一〇〇三)
せめる【▲譴める】(21) 言14 7604 6C24 ▼ケン(四三七)

同訓異義 **せめる**

【攻める】押し寄せて相手を負かす。攻撃する。「敵を攻める」「攻め滅ぼす」「城を兵糧(ヒョウロウ)攻めにする」「水攻め」
【責める】過ちを非難する。とがめる。厳しく催促する。いじめる。「仕事の失敗を責める」「良心に責められる」「借金取りに責め立てられる」「地獄の責め苦を味わう」「水責めの拷問(ゴウモン)」
【▲誅める】責任や罪を言い立ててせめる。

せり【▲芹】(7) 艹4 2260 365C ▼キン(三五四)
せり【▲糶】(25) 米19 6892 647C ▼チョウ(一〇六九)
せる【△迫る】(8) 辶5 常 3987 4777 ▼ハク(一二三九)
せる【競る】(20) 立15 教 2205 3625 ▼キョウ(三四三)
ゼロ【△零】(13) 雨5 常 4677 4E6D ▼レイ(一五九六)
せわしい【△忙しい】(6) 忄3 常 4327 4B3B ▼ボウ(一四一三)

セン【千】

(3) 十1 常 教 10 3273 4069 音 セン 訓 ち

筆順 ノ 二 千

意味 ①せん。数の名。百の一〇倍。②数の多いさま。「千金」「千秋」 参考 金銭証書などで、「千」の代わりに「仟」「阡」を用いることがある。「千」が変化して片仮名の「チ」になった。

下つき 一騎当千(イッキトウセン)・海千山千(うみセンやまセン)

【千客万来】センキャクバンライ たくさんの客が途絶えることなくやってくること。店などが繁盛しているさま。類 門前成市 対 門前雀羅(モンゼンジャクラ)

【千金】センキン ①千枚の金子(キンス)。千両。②多額の金銭。大金。類 万金 ③非常に大きな価値。「一刻―」

『千金の▲裘(かわごろも)は一▲狐(イッコ)の▲腋(エキ)に△非(あら)ず』りっぱな国をつくるには、多くのすぐれた人々が必要だというたとえ。千金の値のする白く柔らかい皮衣は、たくさんのキツネの腋(わき)の下の毛皮からできていることから。〈『史記』〉

『千金の子(こ)は▲坐(ザ)するに堂に垂(スイ)せず』金持ちの子は、自分の体を大切にしているので、転落をおそれて堂のはしにはすわらない。重要な地位にいる人は、生命の危険をおかしてはならないという戒め。〈『史記』〉

【千▲鈞】センキン 非常に重いこと。「―の重みをもつ言葉」類 万鈞 参考「鈞」は、重さの単位。一鈞は三〇斤。

【千軍万馬】セングンバンバ 社会経験が豊富で場慣れしていることのたとえ。多くの戦争を体験した強い軍隊の意。類 百戦錬磨・海千山千

【千言万語】センゲンバンゴ 非常に多くの言葉。「―を費やす」対 一言半句

【千古】センコ ①遠い昔。大昔。太古。②永遠。永久。「―不変」類 ①②万古(バンコ)

『千古不易(センコフエキ)』永遠に変わらないこと。「不易」は変化しないこと。類 千古不抜・万古不易

【千石取れば万石▲羨む】センゴクとればマンゴクうらやむ 欲望にはきりがないことのたとえ。千石の俸禄(ホウロク)を取るようになると、次には万石が欲しくなる意から。

【千呼万喚】センコバンカン 何度となくしきりに呼ぶこと。また、繰り返し叫ぶこと。〈白居易の詩〉

【千載・千歳】センザイ 千年。また、はるか長い年月。「―不磨の大典」 参考「千歳」は「ちとせ」とも読む。

『千載一遇(センザイイチグウ)』絶好のチャンス。千年に一度出会うの意から。〈袁宏(エンコウ)の文〉類 千載一会・千歳一時

【千差万別】センサバンベツ いろいろなちがいがあって、一つとして同じものがないさま。類 千種万様・多種多様

【千山万水】センザンバンスイ 多くの山や多くの川。また、山や谷が深いこと。「―を越える」 参考「万水千山」ともいう。

【千思万考】センシバンコウ あれこれと思い巡らし、いろいろと考える

こと。類千思万想・千方百計

【千紫万紅】 センシバンコウ いろいろな花の色。また、花が色とりどりに咲き乱れているさま。「—の花壇」類百花繚乱（ヒャッカリョウラン）

【千姿万態】 センシバンタイ いろいろと異なった姿や形のこと。また、さまざまに姿や形を変えること。参考「万態」は「百態」ともいう。

【千社札】 センジャふだ 千社参りの人が、参詣（サンケイ）の記念に、自分が巡訪した社殿にはりつける紙札。氏名や生国（ショウコク）や屋号などを趣向をこらして刷ったもの。

【千秋万歳】 センシュウバンザイ いつまでも健康であれということ。長寿を祈り、祝う言葉。「千秋」は千年、「万歳」は万年のこと。〈『韓非子（カンピシ）』〉類千秋万古・千秋万世 参考「センズマンザイ」と読めば別の意になる。

【千秋楽】 センシュウラク 演劇や相撲などの興行期間の最後の日。らく。由来「千秋楽」は雅楽曲で、いつも法会（ホウエ）の最後に奏したことから。表記「千穐楽」と書くこともある。

【千手観音】 センジュカンノン 仏 六観音・七観音の一つ。慈悲心が大きく、生ある者を救う。千は数の多いという意味で、実際の像の手は約四〇本。千手千眼観世音。

【千畳敷に寝ても畳一枚】 センジョウじきにねてもたたみイチマイ 一人の人間が生きていくのに必要な物の量には限度があるのだから、あまり大きな欲望はもつべきではないということ。類起きて半畳寝て一畳

【千丈の堤も螻蟻の穴を以て潰ゆ】 センジョウのつつみもロウギのあなをもってついゆ ごく小さな欠陥や油断が、取り返しのつかない大きな損害や事故の原因になるという戒め。「螻蟻」はアリのこと。「潰ゆ」はくずれる意。〈『韓非子（カンピシ）』〉類蟻（あり）の穴から堤も崩れる

【千乗万騎】 センジョウバンキ 天子の盛大な行列のたとえ。「千乗」は兵車千台、「万騎」は騎馬隊一万騎の意。〈白居易の詩〉

【千緒万端】 センショバンタン 種々雑多な事柄のこと。「緒」は物事の糸口。「端」は物事の出発点のこと。〈『晋書（シンジョ）』〉

【千尋・千仞】 センジン 山などが非常に高いこと。また、海や谷が非常に深いこと。「—の谷」参考「千尋」は「ちひろ」とも読む。「尋」「仞」ともに、長さの単位。

【千辛万苦】 センシンバンク さまざまな困難や苦労を重ねること。類艱難辛苦（カンナンシンク）

【千秋万歳】 センズマンザイ 中世、正月に家々を回り祝言を述べて歌い舞った芸能。三河万歳などの源流。季新年 参考「センシュウバンザイ」と読めば別の意になる。

【千村万落】 センソンバンラク 多くの村落。「千」「万」は数が多いことを示す。〈杜甫（トホ）の詩〉

【千日の萱を一日】 センニチのかやをイチニチ 長い時間をかけて積み上げた成果を、一時に失ってしまうたとえ。千日もかけて刈りためたかやを一日で焼いてしまう意から。類千日の巧妙一時に滅ぶ

【千日の旱魃に一日の洪水】 センニチのカンバツにイチニチのコウズイ 千日続くひでりと、一日ですべてを押し流す洪水とは、同程度の被害をもたらすということ。瞬時に災害をもたらす洪水の恐ろしさをいう。

【千人の諾諾は一士の諤諤に如かず】 センニンのダクダクはイッシのガクガクにしかず 何事にも反対しないで言われるままになる多くの人たちよりも、正論をはっきりと言う一人のほうが大切であるということ。「諾諾」は人の言いなりになること。「諤諤」は正しいと思うことをはばからずに言うこと。〈『史記』〉

【千の倉より子は宝】 センのくらよりこはたから どれほど多くの財宝をもっていても、子はそれにまさる宝だということ。類子に勝る宝なし

【千歯扱き・千把扱き】 センばこき 江戸時代に考案されたイネなどの脱穀機。櫛（くし）の歯の形の鉄片に穂をひっかけ、籾（もみ）をしごき落とす。従来の扱き箸（ばし）よりも能率があがり、普及した。

【千万】 センバン ①程度のはなはだしいこと。「奇怪—」②いろいろ。さまざま。「—心を砕く」参考「センマン・ちよろず」と読めば、きわめて数量の多い意になる。

【千振】 センぶり ①リンドウ科の二年草。山野に自生。茎は紫色。秋、紫色の線のある白い花をつける。茎・根は苦味があり胃腸薬用。イシャダオシ。季秋 ②センブリ科の昆虫の総称。体は黒色、はねは半透明で暗色。初夏、水辺を飛ぶ。由来①湯の中で千回振り出してもまだ苦いことから。表記①「当薬」とも書く。

【千篇一律】 センペンイチリツ 物事が単調で、変化がないこと。また、そのさま。表記「千篇」は「千編」とも書く。類一本調子 対千変万化

【千変万化】 センペンバンカ いろいろと変化してきわまるところがないこと。また、そのさま。「—の様相を呈する」類千変万軫（センペンバンシン） 対千篇一律（センペンイチリツ）

【千万人と雖も吾往かん】 センマンニンといえどもわれゆかん どんなに反対が多くても、自分にやましいことがないならば、信ずるところにしたがって、正々堂々と突き進んで行こうという気概をいう。〈『孟子（モウシ）』〉

【千万無量】 センマンムリョウ 数限りのないこと。「無量」は、はかりしれないほど量が多いこと。「—の思い」

【千三つ屋】センみつや 土地・家の売買や貸し金の仲介をする人。由来 千に三つくらいしか話がまとまらないことから。参考「千三つ」には別に、うそつき・ほらふきの意がある。

【千羊の皮は一狐の腋に△如かず】センヨウのかわはイッコのエキにしかず 平凡な者がいくら大勢いても、一人のすぐれた者にはかなわないというたとえ。取るに足りないヒツジの皮が千枚あっても、一枚の貴重なキツネのわきの下の毛皮に及ばないの意から。〈『史記』〉

【千里眼】センリガン 遠方や将来のことを見とおす力。他人の心中などを感知できる力。また、それらの力をもった人。

【千里結言】センリケツゲン 遠方に住む友人との約束。「結言」は約束すること。〈『後漢書ゴカンジョ』〉

【千里同風】センリドウフウ 天下太平のこと。広い地域にわたって同じ風が吹く意から。〈『論衡ロンコウ』〉類 万里同風

【千里の馬は常に有れども伯楽は常には有らず】センリのうまはつねにあれどもハクラクはつねにはあらず 有能な人はいくらでもいるが、それを見いだして力を発揮させる人はなかなかいないというたとえ。「千里の馬」は一日に千里も走るすぐれたウマのことで、転じてすぐれた人の意。「伯楽」はウマの良否を見分ける名人。〈韓愈カンユの文〉

【千里の馬も蹴△躓く】センリのうまもけつまずく どれほど有能な人でも、失敗することがあるたとえ。類 弘法こうぼうにも筆の誤り

【千里の行も足下より始まる】センリのコウもソッカよりはじまる どんなことも一歩一歩着実に積み重ねていかなければ、完成しないという教え。〈『老子』〉類 高きに登るは卑ひくきよりす

【千里の野に虎を放つ】センリののにとらをはなつ 将来の大きな災いの種になることが分かっていながら、危険なものを野放しにするたとえ。

【千慮】センリョ さまざまに考えをめぐらせること。多くの思慮。

【千慮の一失】センリョのイッシツ 十分に考えて準備したにもかかわらず、思いがけない手抜かりがあること。また、賢人の考えのなかにも、まれにはまちがいがあること。対 千慮の一得

【千慮の一得】センリョのイットク 愚かな者でも何回も考えれば、一つくらいはよい考えを思いつくものだということ。また、自分の考えや意見を謙遜ケンソンしていう言葉。類 愚者も一得

【千両役者】センリョウヤクシャ ①技芸と風格がともに備わった、人気のある役者。②技量にすぐれて世間のかっさいをあびる、非凡で魅力のある人物。「球界の―」参考 ①一年の給金を千両もとる役者の意。

【千六本】センロッポン 大根などを細長く刻むこと。また、刻んだもの。類 千切り 表記「繊六本」とも書く。参考「繊蘿蔔センロフ」の中国字音「センロウポ」の転。「蘿蔔ロフ」は大根のこと。

〈千五百〉秋 ちいほあき 限りない年月。参考「千五百」は「ちいお」とも読み、非常に多い数のこと。

【千木】ちぎ 神社建築などで、二本の木を屋根の棟の両端で交差させて突き出した装飾材。

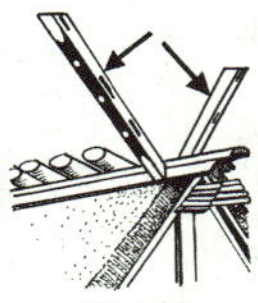
〔千木ちぎ〕

【千切る】ちぎる ①手で細かく切り裂く。「紙を―る」②もぎ取る。「枝から―る」

【千草】ちぐさ ①種々の草。多くの草。「庭の―」季 秋 ②「千草色」の略。緑色がかった空色。もえぎ色。

【千△種】ちぐさ 種類が多いこと。さまざま。いろいろ。類 種種

【千△入】ちしお 染料にひたして、何度も染めること。

【千千】ちぢ 数が非常に多いこと。さまざま。「心が―に乱れる」

【千△歳】ちとせ ①千年。②数え切れないほど長い年月。参考「センザイ」とも読む。

【千△歳△飴】ちとせあめ 子どもの成長を祈る七五三の祝いの飴。紅白に染めた棒状の飴を、松竹梅や鶴亀つるかめなどの絵がかいてある袋に入れた縁起物。季 冬

【千鳥】ちどり チドリ科の鳥の総称。海岸や水辺にすむ。多くは渡り鳥。足の指は三本で、左右に交差させるように歩く。季 冬 由来 数多く群れをなして飛ぶことから。表記「鵆」とも書く。

【千△尋】ちひろ たいそう高いこと。また、深いこと。「―の海底」参考「センジン」とも読む。「尋」は両手を左右に広げた長さのこと。一尋は約一・八メートルで、千尋はその千倍。

【千代】ちよ ①千年。②非常に長い年月。永遠。類 ①②千歳ちとせ

【千代紙】ちよがみ いろいろな模様を色刷りにした紙。折紙で遊んだり、人形を作ったり、小箱に貼はったりする。「―細工」

【千△万】ちよろず 数が限りなく多いこと。「―の神」類 八百万やおよろず 参考「センマン」とも読む。また、「センバン」と読めば別の意になる。

〈千屈菜〉みそはぎ ミソハギ科の多年草。由来「千屈菜」は漢名から。▼禊萩みそはぎ(三九九)

セン【川】

(3) 川 0 常 教 10 3278 406E 音 セン 中 訓 かわ

筆順 丿 川 川

意味 かわ。かわの流れ。「河川」参考「川」が変化し

て片仮名の「ツ」に、草書体が平仮名の「つ」になった。

下つき 河川カセン・山川サンセン・やまがわ・大川タイセン・おおかわ

〈川太郎〉がたろう 河童かっぱの別称。おもに西日本でいう。がたろう。表記「河太郎」とも書く。

【川】かわ 地表の水が集まってくぼ地に沿って流れ、一つの水流となったもの。

【川鵜】かわう ウ科の鳥。森の樹上に集団で営巣する。全体に黒色で、くちばしは長く先が鋭く曲がる。水かきが発達していて泳ぎがうまく、潜水して魚を捕食。表記「河鵜」とも書く。

〈川獺〉かわうそ イタチ科の哺乳ホニュウ動物。▼獺かわうそ（一〇九）

〈川螻蛄〉かわげら カワゲラ科の昆虫の総称。川辺にすむ。二対の黄褐色のはねと一対の尾毛をもつ。静止するとき、前ばねを後ろばねの上に重ね合わせて背中におく。由来 川にすみ、形がケラに似ていることから。

【川尻】かわじり ①川の流れていくほう。類川下 対川上 ②川が海や湖に流れこむ所。河口カコウ。類川口 由来 ②川がそこで終わりになる所の意から。

【川蜷】かわにな カワニナ科の巻貝。川や湖の底にすむ。殻は円錐エンスイ形で高さは約三センチメートル。殻表は褐色。ホタルの幼虫のえさとなる。季春 表記「河貝子」とも書く。

【川薑】かわはじかみ ①ゴシュユの別称。▼呉茱萸ゴシュユ（四一三） ②サンショウの別称。▼山椒サンショウ（五六二）

【川端】かわばた 川のふち。川のほとり。川べり。「―を散歩する」類川辺かわべ

【川普請】かわブシン ①洪水で決壊した箇所の復旧や水路の修正工事などの総称。②河川の堤防などの改修工事。季冬

【川面】かわも 川の水面。「―を渡るここちよい風」

〈川原〉かわら 川辺の、水がなくて石や砂の多い所。表記「河原・磧」とも書く。

〈川曲〉かわわ 川が折れ曲がってゆるやかに流れている所。かわくま。

〈川骨〉こうほね スイレン科の多年草。▼河骨こうほね（一四六）

【川上の嘆】センジョウのタン 孔子が川辺に立ち、流れる水を見て、万物が絶えることなく変化し、時が戻ることなく過ぎ去っていくのを嘆いた故事をいう。参考「逝ゆく者は斯かくの如ごときかな、昼夜を舎おかず」〈『論語』〉は、このときの言葉。

【川柳】せんりゅう 江戸時代中期から流行した雑俳の一つ。五七五の一七音からなる短い詩。季語などの制約が少なく、世相の風刺・滑稽コッケイなどを交えて描写したもの。「―は俳句と同形式である」由来 俳諧ハイカイなどの優劣を決める点者、柄井川柳からいせんりゅうの名から。

セン【仙】

(5) イ 3 常 準2 3271 4067 音 セン 訓

筆順 ノ イ 仆 仙 仙

意味 ①山に住み、不老不死の術をきわめた人。「仙人」②その道をきわめた人。特にすぐれた人。「歌仙」「詩仙」③アメリカの貨幣単位「セント」の音訳に用いられる。

下つき 歌仙カセン・詩仙シセン・酒仙シュセン・昇仙ショウセン・神仙シンセン・水仙スイセン・謫仙タクセン

〈仙毛欅〉いぬぶな ブナ科の落葉高木。山地に自生。樹皮は黒褐色。材は建築・農具、また、パルプの原料に用いる。クロブナ。

〈仙人帽〉きぬがさたけ スッポンタケ科のキノコ。竹林に自生。頭に鐘形の傘をつけ、その下に白い網状のマントをつける。悪臭を放つが、中国料理で珍重。コムソウタケ。由来「仙人帽」は漢名から。表記「絹傘茸・衣笠茸」とも書く。

〈仙人掌〉サボテン サボテン科の植物の総称。アメリカ大陸原産。葉は針状。茎は多肉質で、球形・円柱形などさまざま。ラッパ形の美しい花をつけるものが多い。シャボテン。カクタス。季夏 表記「覇王樹」とも書く。

【仙娥】センガ ①女の仙人。仙女。②月の別称。由来 中国古代の伝説で、不死の薬を盗んだ姮娥コウガが仙女となり、月に入ったとされることから。〈『淮南子エナンジ』〉

【仙花紙】センカシ ①コウゾですいた、厚くて丈夫な和紙。包装紙や合羽カッパの地紙などに使用。②くず紙をすき返した粗悪な洋紙。表記 ①「泉貨紙」とも書く。由来 ①僧の泉貨が創製したことからという。

【仙境・仙郷】センキョウ ①仙人の住む場所。②俗世間を離れた清らかな場所。類 ①②仙界

【仙骨】センコツ 仙人のように人間離れした骨相。非凡な人相・風采。「―を帯びる」

【仙才鬼才】センサイキサイ 非常にすぐれた才能。また、それをもつ人。

【仙姿玉質】センシギョクシツ 気高く美しい容姿と、なめらかな白い肌をもった女性。絶世の美女の形容。参考「質」は体の意。類 仙姿玉色・天香国色

【仙椎】センツイ 椎骨ツイコツのうち、腰椎より下方にある臀部デンブの五つの骨。

【仙】セント アメリカやカナダなどの補助通貨単位。一ドルの一〇〇分の一。

【仙人】センニン ①道教で、理想とされる人物。俗界を離れて山中に住み、不老不死の術を究め、神通力をもつといわれる。類神仙 ②無欲で世間離れした人。

【仙翁】センノウ ナデシコ科の多年草。中国原産。全体に細毛を密生。夏、ナデシコに似た紅色の五弁花をつける。観賞用。センノウゲ。季秋 表記「剪秋羅」とも書く。

【仙風道骨】センプウドウコツ 仙人や道士のような、世俗を超越した風采フウサイと容貌ヨウボウ。

セン【仟】(5) イ 3 1 4834 5042 音 セン 訓 かしら

意味 ①数のせん(千)。②かしら。一〇〇人の長。

参考 金銭証書などで、「千」の代わりに用いることがある。また、南北に通じるあぜ道を「仟(阡)」、東西に通じるあぜ道を「佰(陌)」という。

セン【刋】(5) リ 3 1 4968 5164 音 セン 訓 きる

意味 きる。けずる。 参考 一説に「刊」の誤字。

セン【占】(5) ト 3 常 4 3274 406A 音 セン 訓 しめる・うらなう

筆順 丨 ト ト 占 占

意味 ①うらなう。うらない。「占星」「占卜」 ②しめる。自分のものにする。「占領」「占有」

下つき 独占・卜占

【占う】うらなう ①自然や物に現れたきざしなどにより、運勢・吉凶などを判断する。「今年の運勢を―った」 ②予測する。「今場所の優勝力士を―う」

【占地】しめじ シメジ科のキノコ。▼湿地(六四九)

【占める】しめる ある物・場所・地位などを、自分のものとする。「過半数を―める」「権力の座を―める」「わが校の選手が上位を―める」

【占拠】センキョ ①ある場所を占めて立てこもること。「建物を不法に―する」 ②他国を武力で制圧し、支配すること。 類 占領

【占筮】センゼイ 筮竹を用いて吉凶を占うこと。筮竹は五〇本の竹製の棒。

【占星術】センセイジュツ 惑星の運行を見て、人間の運命や将来を予言する術。古代バビロニアやインドや中国などで始まる。近世以前の天文学の形態をなした。ホロスコープ。星占い。

【占兆】センチョウ 占いに現れた吉凶などのきざし。また、それにより吉凶などを判断すること。

【占卜】センボク 吉凶などを占うこと。占い。 類 卜占 参考「占」「卜」ともにうらなう意。

【占有】センユウ ①自分のものとすること。「―物」 ②法律で、自分のものとする意志をもって所有すること。「―権」

【占用】センヨウ ある人や団体などが独占して使うこと。ひとりじめ。「道路―の許可」

【占領】センリョウ ①ある場所を占有すること。「部屋を―された」 ②他国を武力で制圧し、支配下に置くこと。「―軍」 類 占拠

セン【先】(6) 儿 4 常 教 10 3272 4068 音 セン 訓 さき 外 まず

筆順 ノ 𠂉 ⺧ 生 𠂒 先

意味 ①位置的に前のほう。「先頭」「先陣」 ②時間的に早いほう。以前。むかし。「先日」「先代」 ③さきだつ。さきにする。さきんじる。「先着」「先駆」「優先」 対 ①～③後

書きかえ 「尖」の書きかえ字として用いられるものがある。

下つき 機先・口先・舌先・祖先・率先・鼻先・筆先・矛先・穂先・胸先・優先

【先】さき ①前の部分。先端。「筆の―」「さおの―」 ②位置が前であること。特に、一番前。「―に立つ」「―を歩く」 ③順が前であること。早いこと。「―に買物に行く」「―に発見する」 ④進んで行く方向。行き着く場所。「この―通行止め」「行く―を伝える」 ⑤相手。「―さまのご都合」 ⑥将来。「―が思いやられる」 ⑦以前。過去。「―に挙げたように」

【先駆ける・先駈ける】さきがける ①他よりも先に敵中に攻め入る。 ②他に先立って進む。他よりも先に物事をする。「時代に―けて起業する」「春に―けてウグイスが鳴く」

【先先】さきざき ①将来。行く末。「―を案じる」 ②行く先の方々の場所。「―で歓迎される」 ③過去。これまで。まえまえ。「―からの準備」

【先立つ】さきだつ ①ある行動をするときに、先頭に立つ。「社員に―って働く」 ②ある事の前に行われる。「一般公開に―って試写会がある」 ③ある人より、先に死ぬ。「親に―つ不孝をお許し下さい」 ④何よりもまず必要である。「―つものは金だ」

【先取特権】さきどりトッケン 法律に定める債権者が、債務者の財産から他の債権者に優先して、弁済を受けることができる担保物権。 参考「センシュトッケン」とも読む。

【先物】さきもの ①将来のある時期に受け渡す条件で、売買契約を結ぶ商品。「―取引」 対 現物 ②その将来が期待されるもの。「―買い」 ③期限を決めて行う清算取引で、目的物の受け渡し期日が最もあとの月のもの。 類 先限

【先んずれば即ち人を制す】さきんずればすなわちひとをせいす 物事は人より先に仕掛ければ、必ず相手より有利な立場を占めることができる。早いが勝ち。〈史記〉 類 先手必勝

【先鋭】センエイ ①先が鋭くとがっているようす。 ②思想・行動などが急進的なこと。「―分子」 書きかえ「尖鋭」の書きかえ字。

【先覚】センカク ①物事の移り変わりを、人より先に悟ること。また、その人。 類 先駆 ②見識・学識のある学問上の先輩。 類 先学 対 後覚

【先学】センガク その人と同じ分野の学問を、その人よりも先に開拓・研究した人。学問上の先輩。 類 先覚 対 後学

【先議】センギ 他の問題・議案より先に審議すること。特に、二院制議会で一方が先に審議すること。「―権」

【先義後利】センギコウリ 道義を第一に考え、利害損得は次のこととするこ

せ セン

セ セン

と。〈『孟子(モウジ)』〉

【先客】 センキャク すでに来ている客。先に来ている客。「―があったので少し待った」

【先駆】 センク ①他に先んじて物事をすること。また、その人。さきがけ。「宇宙科学の―者」類先覚 ②ウマに乗って行列を先導すること。さきばらい。類前駆

【先口】 センくち 申し込みや約束などが、先であること。また、そのもの。「―を優先する」類先約 対後口(あとくち)

【先決】 センケツ 先に決めること。また、決めるべきこと。「―問題」

【先見】 センケン 物事が起こる前に見抜くこと。将来を見とおすこと。「―の明がある」類予見・予知

【先遣】 センケン 先に派遣すること。「奥地への―隊が出発した」

【先賢】 センケン 昔の賢者。「―の教えにならう」類前賢・先哲

【先験的】 センケンテキ 経験に先立って認識するさま。カントが最初に用いた哲学用語。超越論的。アプリオリ。

【先考】 センコウ 亡(な)くなった父。「―の遺訓を守る」類亡父・先父 対先妣(センピ) 参考「考」は死んだ父の意。

【先行】 センコウ ①先に行くこと。類先発 ②先に行われること。「―試写会」

【先刻】 センコク ①さきほど。少し前。「―申し上げました」類最前 対後刻(ゴコク) ②すでに。以前から。「―承知している」

【先妻】 センサイ 前の妻。離婚または死別した妻。類前妻 対後妻

【先史】 センシ 文献による史料のない時代。有史以前。「―時代」類前史

【先取】 センシュ 先に取ること。「―点を得る」

【先住】 センジュウ ①先に住んでいること。「―民族」②寺の前の住職。対後住(ゴジュウ)

【先勝】 センショウ ①「先勝日(センショウニチ)」の略。陰陽道(オンヨウドウ)で、何事も午前を吉、午後を凶とする日。急用や訴訟によいとされる。対先負(センブ) ②何回か戦う試合で、最初の試合に勝つこと。「日本シリーズに―する」参考①「センかち」とも読む。

【先蹤】 センショウ 先人の行った事業の跡。類先例・前蹤 参考「蹤」はあしで踏む意。

【先進】 センシン 文化・学問・技術などが他より進んでいること。「―国」対後進

【先人】 センジン ①昔の人。前代の人。前人。「―未到の記録」対後人 ②祖先。③亡父。

【先陣】 センジン ①本陣の前方に置かれた陣。さきて。類先鋒(センポウ) ②一番乗り。戦いで、先頭を切って敵陣に切りこむこと。さきがけ。「―争い」対①②後陣

【先生】 センセイ ①学芸を教える人。また、その人の敬称。類教師・師匠 対児童・生徒・学生 ②学芸に秀でた人や医師・弁護士などその道の専門家の敬称。③先に生まれること。年長者。類先輩 対後生 ④からかい・親しみを込めていう語。参考「センジョウ」と読めば、仏教で前世の意。

【先制】 センセイ 先んじて制すること。先手をうつこと。競技で先取点を取ること。「―して逃げきる」

【先制攻撃】 センセイコウゲキ 相手よりも先に攻撃を加えること。「初回の―の効果が大きかった」

【先聖先師】 センセイセンシ 過去のすぐれた聖人や師たちのこと。〈『礼記(ライキ)』〉参考「先聖」は昔の聖人、「先師」は聖人の教えを広く伝えた人。昔の中国では、学校を建てると必ず先聖と先師をまつった。その場合の先聖と先師は、時代によって異なる。

【先祖】 センゾ ①家系で最初の人。初代。類初祖・始祖 ②その家で、今生きている人より前の人々。「―の墓参り」類父祖 対子孫・後裔(コウエイ)

【先達】 センダツ ①先にその分野に入り、経験を積んで後進を導くこと。また、その人。先駆者。類先輩 ②登山などの案内人。③修験者(シュゲンジャ)が山で修業をするときの指導者。参考「センダチ」とも読む。

【先端】 センタン ①長い物やとがった物の先。②時代や流行などの一番先。「流行の―を行くスタイル」類先頭 書きかえ「尖端」の書きかえ字。

【先知先覚】 センチセンガク ふつうの人より早く道理を知り、理解できること。また、それができる人のこと。〈『孟子(モウジ)』〉

【先着】 センチャク 先に到着すること。また、その人。「―順」

【先手】 センて ①先んじて行うこと。機先を制すること。「―を打つ」②囲碁・将棋などで先に打つこと。また、その人。類先番 対①②後手 参考「さきて」と読めば、一番先に進む軍隊の意。

【先手必勝】 センてヒッショウ 物事は先に仕掛けたほうが有利だということ。類先んずれば人を制す

【先哲】 センテツ 昔のすぐれた思想家や賢者。前代の哲人。「―の教え」類先賢・前哲

【先天】 センテン 生まれつきある性質・体質を身にそなえていること。「―的に音楽の才能がある」対後天

【先途】 センド ①行き着く先。物事の結果。「―を見届ける」類前途 ②勝負などが決まる大切な場面や時。せとぎわ。「ここを―と攻める」

【先頭】 セントウ 一番先。はじめ。トップ。類最前・陣頭・先鋒(センポウ) 対後尾

【先導】 センドウ 先に立って導くこと。「マラソンの―車」類案内

【先難後獲】 センナンコウカク まず困難を解決することが先で、利益はその後に獲得できるということ。〈『論語』〉

【先入観】 センニュウカン 実際に見聞する以前に、あらかじめ作られている固定観念。当初からの思いこみ。「―にとらわれて判断を誤る」類先入見 参考多く、自由な思考を妨げるものとして使う。

【先入主となる】センニュウシュとなる 先に聞いた話や意見で考えを固定してしまうと、公正な判断や自由な考え方ができなくなるということ。〈『漢書（カンジョ）』〉

【先任】センニン 先にその任務や地位についていること。また、その人。類前任 対後任

【先輩】センパイ ①年齢・地位・学問などが上であること。また、その人。「人生の―」②同じ学校・職場などに先に入った人。「母校の―」対①②後輩

【先発】センパツ ①先に出発すること。また、そのもの。「―の電車」対後発 ②スポーツで、試合の最初から出ていること。「―投手」

【先般】センパン さきごろ。このあいだ。過日。「―お話しした件」類先日 対今般

【先妣】センピ 亡（な）き母。対先考 参考「妣」は、母あるいは亡き母の意。

【先負】センプ 「先負日（センプニチ）」の略。陰陽道（オンヨウドウ）で、何事も午前を凶、午後を吉とする日。急用や公事（クジ）などを避け、平静を守るのがよいとされる。さきまけ。対先勝（センショウ） 参考「センまけ」とも読む。

【先兵】センペイ ①軍隊の前方で警備や偵察を行う少数部隊。②いち早く、また他の先頭に立って物事を進める人。表記「尖兵」とも書く。

【先鞭を着ける】センベンをつける 他の人よりも先に着手すること。人より先にウマに鞭（むち）をあてて抜け駆けし、手柄を立てる意から。〈『晋書（シンジョ）』〉

【先鋒】センポウ ①戦闘で一番先に進む軍隊。さきて。②運動・主張などで、先頭に立って行動する人。「―者」「急―」③剣道や柔道などの団体戦で、まず最初にたたかう者。参考「鋒」は刃物の切っ先の意。

【先約】センヤク ①それより先に交わした約束。「その日は―がある」②以前からの約束。「―を果たす」類前約

【先憂後楽】センユウコウラク 世の中の人々よりも先に世の中のことを心配し、人々が安楽な状態になったのちに、自分が楽しむということ。北宋（ホクソウ）の范仲淹（ハンチュウエン）が述べた為政者の心得。〈『岳陽楼記』〉

【先例】センレイ ①以前にあった事例。以前からのしきたり。「―にしたがう」類前例 ②のちの規準となる例。「―を残す」

【先ず】まず ①まっさきに。一番最初に。「―やるべきこと」②さしあたり。ともかく。「―一安心」③おおよそ。たぶん。「これで―大丈夫」

セン【尖】
(6) 小 3 準1 3277 406D
音 セン
訓 とがる・するどい・さき

意味 ①とがる。するどい。「尖塔」「尖鋭」②さき。はし。「尖端」

書きかえ 「先」に書きかえられるものがある。

下つき 舌尖（ゼッセン）・峰尖（ホウセン）

【尖】さき 物の細くとがった先端。

【尖鋭】センエイ ▼書きかえ 先鋭（八九五）

【尖端】センタン ▼書きかえ 先端（八九六）

【尖塔】セントウ 頂上がとがった塔。参考 西洋のゴシック建築に多い。

【尖兵】センペイ ①軍隊の前方で偵察などをする少数部隊。②他に先がけて物事を進める人。「新分野の―として活躍した」表記「先兵」とも書く。

【尖る】とがる ①先が鋭く細くなる。「―った屋根」②過敏になる。「神経が―る」③言葉や態度がとげとげしくなる。とんがる。「―った声」

セン【舛】
(6) 舛 0 準1 3304 4124
音 セン
訓 そむく・いりまじる

意味 ①そむく。たがう。「舛互」②誤る。まちがう。「舛誤」「舛謬（センビュウ）」③いりまじる。乱れる。

【舛誤】センゴ 誤ること。また、誤り。類舛謬（センビュウ）

セン【阡】
(6) 阝 3 1 7984 6F74
音 セン
訓 みち・あぜみち・しげる・はかみち

意味 ①数のせん（千）。②みち。あぜみち。③しげる。草の盛んに茂るさま。「阡阡」④はかみち。墓所の道。参考 金銭証書などで、「千」の代わりに用いることがある。また、南北に通じるあぜ道を「阡（仟）」といい、東西に通じるあぜ道を「陌（佰）」という。

【阡陌】センパク ①道路。特に、あぜ道。②二本の道路が交差した場所。参考②「阡」は南北に通じる道、「陌」は東西に通じる道の意。

セン【串】(7) 丨 6 常 2290 367A ▼くし（三七六）

セン【吮】
(7) 口 4 1 5068 5264
音 セン・シュン
訓 すう・なめる

意味 ①すう。すいとる。「吮疽（センソ）」②なめる。

【吮う】すう 口をすぼめてすいとる。

【吮疽の仁】センソのジン 大将が部下の兵士を手厚くいたわること。「吮疽」は、疽という悪性の腫（は）れ物のうみを吸い出す意。故事 中国、戦国時代、楚（ソ）の呉起は、いつも部下と同じ衣服・食事で行軍でもウマに乗らず、兵と苦労を共にした。疽を病んで苦しむ兵を救うため、彼はそのうみを吸い出してやったという故事から。〈『史記』〉

セン【戔】
(8) 戈 4 1 5693 587D
音 セン・ザン・サン
訓 そこなう

意味 ①すくない。わずか。類浅 ②そこなう。類残

セン【疝】
(8) 疒 3 1 6545 614D
音 セン・サン
訓 せんき

意味 せんき（疝気）。はらいたみ。「疝痛」

【疝気】センキ 漢方で、下腹部や腰の筋肉が引きつり痛む病気の総称。「他人の―を頭痛に病む」「―筋（すじ）」類疝病

【▲疝痛】セン ツウ　腹部の臓器の病気によって、発作的に起こる腹部の激痛。

セン【★苫】(8) 艹5 準1 3849 4651 音セン 訓とま・むしろ

意味 とま。むしろ。菅(すげ)・茅(かや)などを編んで作ったむしろ。「苫屋」「苫舟」

【▲苫】とま　菅(すげ)・茅(かや)などで編み、家や小舟などを覆い風雨を防ぐもの。

【▲苫舟】とまぶね　とまで屋根をふいた舟。とまに覆われた舟。

【▲苫屋】とまや　とまで屋根をふいた粗末な家。

セン【宣】(9) 宀6 常 教 5 3275 406B 音セン 訓外のべる・のたまう

筆順 丶 丷 宀 宀 宁 宣 宣 宣 宣

意味 ①の(述)べる。ひろく告げ知らせる。「宣言」「宣伝」②のたまう。また、みことのり。神・天子が下す言葉。「宣下」「託宣」

下つき 院宣(インセン)・教宣(キョウセン)・口宣(クセン・コウセン)・広宣(コウセン)・託宣(タクセン)

【宣教師】センキョウシ　宗教の教えを広める人。特に、キリスト教を異教国に伝え広める人。類伝道師

【宣下】センゲ　昔、天皇が臣下に対して言葉を述べること。また、宣旨(センジ)(天皇の言葉を書いた文書)がくだること。

【宣言】センゲン　個人または団体が、意見や方針などを公に表明すること。また、その言葉。「独立―」「開幕を―する大会長の言葉」

【宣告】センコク　①述べ告げること。言い渡すこと。②裁判で、判決の申し渡し。「病名を―される」「無罪の―をする」

【宣旨】センジ　昔、天皇の言葉を述べ伝えること。また、その言葉を書き記した文書。参考「詔勅」が公的であるのに対して、内輪のものをいう。

【宣誓】センセイ　誓いの言葉を述べること。また、その言葉。「選手代表が―をする」

【宣戦】センセン　相手国に、戦争を始めることを宣言し通知すること。「―布告」対講和

【宣託】センタク　神のお告げ。類神託・託宣

【宣伝】センデン　①商品や主義などについて多くの人々の理解を求めるために、広く説明してまわること。②大げさに言いふらすこと。

【宣▲撫】センブ　占領地において、占領軍が占領政策をよく知らさせて人心を安定させること。「―工作」参考「撫」は、なでてなだめる意。

【宣布】センプ　①政府などが、広く一般に知らせること。類公布 ②広く行き渡らせること。類流布

【宣命】センミョウ　天皇の命令を伝える文書の一形式。詔勅のうち、和語を主とする宣命体で書かれた。参考勅命を宣(の)べる意。

【宣揚】センヨウ　広く人々や世の中に明示すること。「大いに国威を―する」類発揚

【△宣う】のたまう　おっしゃる。「言う」の尊敬語。参考「のりたまふ」が転じたもの。

【△宣べる】のーべる　広く告げて、意向を知らせる。言葉をあまねく行きわたらせる。

セン【専】(9) 寸6 常 教 5 3276 406C 音セン 訓もっぱら(中) 外ほしいまま

旧字《專》(11) 寸8 1/準1 5383 5573

筆順 一 丅 冂 币 亩 亩 車 専 専

意味 ①もっぱら。いちずに。そのことだけをする。「専一」「専門」②ひとりじめにする。「専売」「専有」③ほしいままにする。「専横」「専制」

書きかえ「擅(セン)」の書きかえ字として用いられるものがある。

【専一】センイツ　①心を一つのことに集中すること。「研究―に過ごす」類専心 ②それを第一とすること。「ご自愛―に」「養生―」参考「センイチ」とも読む。

【専横】センオウ　身勝手にふるまうこと。わがまま。「態度が―で困る」類専恣(センシ)

【専科】センカ　①専門の学科。②特定の専門分野だけを学ぶ課程。「デザイン―」

【専管】センカン　一手に管理・支配すること。「―水域」

【専業】センギョウ　①ある仕事や職業を専門に行うこと。「―主婦」②法律で定められた特定の個人や団体が、独占して行う事業。専売事業。

【専決】センケツ　その人だけの考えで、結論を出すこと。勝手にはからうこと。「独断―」

【専権】センケン　思うままに権力をふるうこと。すべてをほしいままにすること。表記「擅権」とも書く。

【専行】センコウ　自分の考えや判断で行うこと。自分の思うがままに行うこと。「独断―」

【専攻】センコウ　ある学問分野を専門に研究すること。また、その範囲。「薬学を―する」

【専修】センシュウ　ある事柄のみを専門的に学ぶこと。「服飾の―学校に通う」

【専従】センジュウ　ある仕事や任務にのみ従事すること。また、その人。「農業―者」

【専心】センシン　集中して心を一つのことにかたむけること。「一意―」類専一・専念

【専制】センセイ　権力をもつ者が、自分の思うとおりに決定し、行うこと。「―政治」

【専▲擅】センセン　上の命令などを聞かず、自分の思うとおりに行うこと。

【専属】センゾク　ある一つの会社・団体のみと契約すること。「―タレント」

【専断】センダン　自分だけで勝手に物事を決めること。書きかえ「擅断」の書きかえ字。

【専任】センニン　ある仕事・任務だけを、もっぱら受け持つこと。「―講師」対兼任

【専念】センネン 集中してそのことだけに励むこと。「家業に―する」類専心

【専売】センバイ ①特定の人などが独占して売ること。「―店」②おもに、財政上の目的で、国が特定の品物の製造や販売を独占すること。

【専務】センム ①その仕事や事務を、もっぱら受け持つこと。②「専務取締役」の略。社長を補佐し、業務全体を取り締まる重役。

【専門】センモン 特定の学問や仕事にもっぱら従事すること。また、その学問や仕事。「―家に頼もう」「―外の物理の話になった」

【専有】センユウ 自分だけで所有すること。ひとりじめすること。「―物」対共有

【専用】センヨウ ①特定の人のみが使うこと。「社長の―車」対共用 ②一定の目的や時間などに使うこと。「水彩―の筆」対兼用

〈専女〉とうめ ①老いた女性。老女。②「伊賀専女(いがとうめ)」の略。老いたキツネの別称。

【専ら】もっぱ-ら ①一つのことに集中するようす。ひたすら。いちずに。「―仕事に精を出す」②「…にする」の形で、ほしいままにする。ひとり占めする。「権勢を―にして久しい」

セン【染】

(9) 木5 常 教 5 3287 4077

音 セン中 外ゼン
訓 そめる・そまる・しみる高・しみ高

筆順 丶 丶 氵 氿 氿 沈 迩 染 染

意味 ①そめる。色をつける。ひたす。「染色」「染料」②そまる。うつる。「汚染」「感染」③しみる。

下つき 汚染(オセン)・感染(カンセン)・浸染(シンセン)・伝染(デンセン)・捺染(ナッセン)

【染み】しみ ①液体などがしみこんでできた汚れ。「服に油の―がついた」②皮膚にできる茶色い斑点(ハンテン)。転じて、汚点。「経歴に―がつく」

【染みる】し-みる ①液体やにおいが物のなかに入る。「雨が上着に―みる」②強い刺激を感じる。「励ましの言葉が身に―みます」「鮮やかな紅葉が目に―みる」③影響を受ける。染まる。「悪習に―みる」

【染色】センショク 布や糸を、染料や色素で色をつけること。また、染めつけられた色。

【染織】センショク 布を染めることと織ること。また、染めたものと織ったもの。

【染筆】センピツ 墨や絵の具で、書画をかくこと。また、その書画。類揮毫(キゴウ)・潤筆

【染料】センリョウ 布や糸などを染める材料。合成染料と天然染料がある。

【染井△吉野】そめいよしの バラ科の落葉高木。サクラの品種の一つ。春、葉に先立ち淡紅色の五弁花が咲く。全国各地に多く植えられている。季春 由来江戸末期、江戸の染井という場所の植木屋が売り出したことから。

【染める】そ-める ①色や模様をつける。「草木で布を―める」②色を変える。「夕日が空を赤く―める」③深く感じる。「心を―める」④物事を始める。「危険な仕事に手を―める」

〈染指草〉ほうせんか ツリフネソウ科の一年草。由来「染指草」は漢名より。花で指の爪(つめ)を染めたことから。▼鳳仙花(ホウセンカ)(一四一〇)

セン【浅】

(9) 氵6 常 教 7 3285 4075

音 セン中
訓 あさい

旧字《淺》(11) 氵8 1/準1 6241 5E49

筆順 丶 丶 氵 氵 汒 浅 浅 浅 浅

意味 ①あさい。水が少ない。「浅海」「深浅」②あさはか。とぼしい。少ない。「浅学」「浅才」③色がうすい。あわい。「浅紅」対①〜③深

下つき 深浅(シンセン)・浮浅(フセン)・膚浅(フセン)

【浅い】あさ-い ①底や奥までの距離が短い。「―い海」②薄い。淡い。「―い黄色」③程度や度合いが少ない。「―いつき合い」「入学後の日が―い」

【浅い川も深く渡れ】 浅い川でも深い川と同じように、気を配って渡らないと危ないということ。ささいな事にも油断は禁物という戒め。類石橋も叩(たた)いて渡れ

【浅▲葱】あさぎ 緑がかった薄い青色。由来ネギ(葱)の葉の薄い緑色の意から。参考「あさつき」と読めば別の意になる。

【浅▲茅】あさじ まばらに生えているチガヤ。丈が低いチガヤ。

【浅瀬】あさせ 川や海の水の浅い所。「―を渡って対岸に行く」

【浅瀬に▲仇波】あさせにあだなみ 思慮の浅い者ほど口数が多く、つまらぬことで騒ぎたてるものだということ。「仇波」はいたずらに立ち騒ぐ波の意。表記「仇波」は「徒波」とも書く。

【浅知恵】あさヂエ あさはかでつまらない知恵。見えすいた考え。類浅才(センサイ)

〈浅▲葱〉あさつき ユリ科の多年草。山野に自生。野菜として栽培もする。葉は筒状の淡緑色でネギに似る。センボンワケギ。季春 表記「糸葱」とも書く。参考「あさぎ」と読めば別の意。

【浅手・〈浅傷〉】あさで 軽い傷。類薄手(うすで) 対深手(ふかで)

【浅▲蜊】あさり マルスダレガイ科の二枚貝。浅海の砂にすむ。殻の表面に布目状のすじがある。食用。季春 表記「鯏・蛽・蛤仔」とも書く。

〈浅▲甕〉さらけ 酒をつくるのに用いた底が浅いかめ。参考「さらげ」とも読む。

【浅学】センガク ①学問・知識が、まだ十分身についていないこと。②自分の学識の謙称。「―の徒」

【浅学▲菲才】センガクヒサイ 学問や学識がまだ浅く、才能も乏しいこと。「菲才」は才能が乏しいこと。「―をかえりみず」表記「菲才」は「非才」とも書く。参考自分の学識を謙遜(ケンソン)していう場合に使う。

【浅見】センケン ①あさはかな意見や考え。②自分の意見や考えの謙称。類短見

【浅見短慮】センケンタンリョ 見識や考え方があさはかなこと。自分の見識を

へりくだってもいう。類浅学寡聞

【浅才】センサイ ①あさはかな才知。才能に乏しいこと。「非学―」類浅知恵(あさぢえ) ②自分の才知の謙称。類①②非才

【浅酌】センシャク 酒を少し飲むこと。ほどよく飲酒すること。

『浅酌低唱』センシャクテイショウ ほどよく酒を飲みながら、詩歌を小声で口ずさむこと。参考「低唱浅酌」ともいう。類浅斟低唱(センシンテイショウ)

【浅薄】センパク 学問や見識などが薄っぺらであさはかなこと。「―な知識を振り回す」

【浅慮】センリョ 考えの浅いこと。思慮の乏しいこと。「―を恥じる」対深慮

セン【泉】(9) 水5 常 教 5 3284 4074 音セン 訓いずみ

筆順 ノ 亻 宀 白 白 皁 皁 泉 泉

意味 ①いずみ。地中からわき出る水。「泉水」「鉱泉」②「温泉」の略。「泉質」③あの世。めいど。「泉下」「黄泉」④「和泉(いずみ)の国」の略。「泉州」

下つき 温泉(オンセン)・源泉(ゲンセン)・黄泉(コウセン・よみ)・鉱泉(コウセン)・井泉(セイセン)・盗泉(トウセン)・涌泉(ユウセン・ヨウセン)・湧泉(ユウセン・ヨウセン)・冷泉(レイセン)

【泉】いずみ ①地中から水が自然にわき出る所。また、その水。季夏 ②事の起こるみなもと。「叡智(エイチ)の―」参考「出水(いずみ)」の意。

【泉下】センカ 死後に行く世界。あの世。冥土(メイド)。「―の客となる(亡くなる)」参考黄泉(よみ)の下の意から。

【泉水】センスイ ①庭に造った池。「日本庭園の―に鯉(こい)を放す」②わき水。いずみ。

【泉石膏肓】センセキコウコウ 自然や山水の中で暮らしたいという気持ちが非常に強いこと。「泉石」は流水と石で、山水のたたずまい。「膏肓」は、ここに病気が入ったら治る見込みがない場所。俗世を離れて山水の中で暮らしたいという気持ちが、癒やしがたい病気のように切実であるということから。〈『旧唐書(クトウジョ)』〉

セン【洗】(9) 氵6 常 教 5 3286 4076 音セン 訓あらう

筆順 、 冫 氵 氵 氵 汁 泮 洸 洗

意味 あらう。すすぐ。きれいにする。「洗濯」「洗面」「水洗」

下つき 水洗(スイセン)・杯洗(ハイセン)・筆洗(ヒッセン)

〈洗膾〉・〈洗魚〉あらい 新鮮なコイやスズキなどを薄く切り、冷水で引きしめた料理。季夏

【洗い浚い】あらいざらい 残らずすべて。なにもかも全部。「―打ち明ける」「―調べ上げる」

【洗い晒し】あらいざらし 何度も洗って衣服などの色があせたり、布地の質感が変わったりすること。また、その物。「―のシャツ」

【洗朱】あらいシュ ①朱の淡い色。やや黄色みをおびた薄い赤。②①の漆で、刷毛目(はけめ)を立てて塗った器。

【洗う】あらう ①汚れを落とす。「せっけんで手を―う」「足を―う(悪い所行をやめ、堅気になる)」②波が寄せ返す。「岸を―う波」③調べ上げる。「被害者の身辺を―う」

【洗剤】センザイ 食器や衣類などを洗うのに用いる薬品の総称。「合成―」

【洗浄】センジョウ 洗いすすぐこと。洗ってきれいにすること。「排水パイプの―」「胃を―する」類洗滌(センデキ) 書きかえ「洗滌」の書きかえ字。

【洗滌】センジョウ ▼書きかえ 洗浄

【洗濯】センタク 衣服などを洗い、汚れをとりのぞいてきれいにすること。転じて、わだかまりや心労などを捨ててすっきりすること。「旅は命の―になる」

【洗滌】センデキ 「洗浄」に同じ。参考「センジョウ」は慣用読み。

【洗脳】センノウ 新しい思想を繰り返し教えこむことで、その人の思想や信条などをすっかり改造してしまうこと。「捕虜を―する」

【洗礼】センレイ ①キリスト教で、信者になるために行われる儀式。「教会で―を受ける」②特異な経験をすること。また、避けられない試練。「砲弾の―を受ける」

【洗練・洗煉】センレン 文章や作品、人格などにみがきをかけて、品よく高尚なものにすること。「―された身のこなし」

セン【穿】★ (9) 穴4 準1 3292 407C 音セン 訓うがつ・ほじる・ほじくる・はく・つらぬく

〔穿〕

意味 ①うがつ。ほる。ほじる。ほじくる。穴をあける。「穿孔」「穿鑿(センサク)」②はく。下半身に衣類をつける。③つらぬく。「貫穿」

下つき 貫穿(カンセン)

【穿つ】うがつ ①穴をあける。掘る。「水滴が石を―つ」②物事の本質や人情の機微などを言い当てる。「―った見方をする」③ズボンやはかまなどをはく。

【穿孔】センコウ 穴をあけること。また、その穴。「胃壁に―が発見された」

【穿鑿】センサク ①穴を掘ること。②細かくほじくるようにして調べること。「あれこれ―する」

【穿山甲】センザンコウ センザンコウ科の哺乳(ホニュウ)動物の総称。アジア・アフリカにすむ。歯がなく、細長い舌でアリを捕食。体に褐色のマツカサ状のうろこがあり、敵に襲われると丸くなって身を守る。

【穿刺】センシ 検査や治療のために、血管や臓器などに中空の針を刺し入れること。骨髄液や腹水などを採取する。

【穿く】はく ①ズボンなどを足から通して身につける。②靴や靴下などを足につける。表記②「履く」とも書く。

【穿る】ほじくる つつくように掘り、なかのものを出す。「カラスが種を―る」参考「ほじくる」と読めば、隠された秘密などを探り、あばきたてる意も含む。

セン【茜】(9) 艹6 準1 1611 302B 音 セン 訓 あかね

意味 ①あかね。アカネ科のつる性多年草。あかねぐさ。②あかね色。

【茜・〈茜草〉】あかね アカネ科のつる性多年草。山野に自生。茎にとげがある。初秋、淡黄色の小花をつける。根は赤黄色で染料や薬用。季秋 由来「茜草」は漢名より。和名は、根が赤いことから。表記「地血」とも書く。

【茜色】あかねいろ 暗赤色。アカネの根で染めた色。「夕空が―に染まっている」

セン【荐】(9) 艹6 1 7208 6828 音 セン・ゼン 訓 しきりに・しばしば・あつまる・かさねる

意味 ①こも。しきもの。類薦 ②しきりに。しばしば。「荐食」③あつまる。④かさねる。かさなる。

【荐りに】しきりに 重ね重ね。しばしば。「―催促されている」

セン【倩】(10) 亻8 1 4874 506A 音 セン・セイ 訓 うつくしい・むこ・やとう・つらつら

意味 ①うつくしい。口もとが愛らしい。「倩倩」②むこ。③やとう(雇)う。やとい人。④つらつら。つくづく。

【倩】つらつら つくづく。よくよく念を入れて。「―考えるに」

セン【扇】(10) 戸6 常 4 3280 4070 音 セン 訓 おうぎ 外 あおぐ・おだてる

旧字《扇》(10) 戸6 1/準1

筆順 一 ｺ ｺ 戸 戸 戸 扇 扇 扇 扇

意味 ①おうぎ。うちわ。「扇形」「扇子」②あおぐ。風を起こす。「扇風機」③あおる。おだてる。そそのかす。「扇情」「扇動」

書きかえ ③「煽」の書きかえ字として用いられるものがある。

下つき 金扇(キンセン)・銀扇(ギンセン)・軍扇(グンセン)・秋扇(シュウセン)・陣扇(ジンセン)・団扇(ダンセン・うちわ)・鉄扇(テッセン)・冬扇(トウセン)・白扇(ハクセン)

【扇ぐ】あおぐ うちわやせんすなどを動かし、風を起こす。

【扇】おうぎ あおいで風を起こす折りたたみ式の道具。儀式や舞踊にも用いる。扇子(センス)。末広。「―の要(かなめ)(まとめ役のたとえ)」季夏

【扇影衣香】センエイイコウ 貴婦人たちの優雅な会合などのたとえ。扇の影と衣装の香りの意から。

【扇情】センジョウ 感情や情欲をかきたてること。「―的なまなざし」書きかえ「煽情」の書きかえ字。

【扇状地】センジョウチ 山地から流れる川が平地に出る所でゆるやかになり、流れてきた土砂が堆積(タイセキ)してできる扇形の地形。

【扇子】センス「扇(おうぎ)」に同じ。ふつう扇より小形のものを指す。

【扇△枕温被】センチンオンピ 親に十分な孝養を尽くすこと。夏は枕(まくら)もとで扇をあおぎ、冬は布団を温めておく意から。「被」は布団のこと。《晋書(ジンショ)》類温清定省(オンセイテイセイ)

【扇動】センドウ 世間の人の気持ちをあおり、ある行動をとるように仕向けること。「―されて暴徒と化した」書きかえ「煽動」の書きかえ字。

【扇風機】センプウキ 涼をとるため、モーターで羽根を回して風を起こす電気機器。季夏「大型―を実験に使う」

セン【旃】(10) 方6 1 5851 5A53 音 セン 訓 はた・けおりもの

意味 ①はた。無地の赤いはた。「旃旌(センセイ)」②けおりもの。「旃毛」類氈(セン)

【旃】はた 無地の赤いはた。曲がった柄につけ、兵などの指揮や招集をする目印に用いた。

セン【栓】(10) 木6 常 準2 3282 4072 音 セン

筆順 一 十 才 木 木 朩 朩 栓 栓 栓

意味 せん。穴や器の口などをふさぐもの。

下つき 活栓(カッセン)・血栓(ケッセン)・水栓(スイセン)・密栓(ミッセン)・元栓(もとセン)

【栓塞】センソク 血管やリンパ管に血栓や脂肪・細菌などがつまり、流れを止めること。つまった組織では壊死(エシ)を起こし、血栓症などになる。塞栓。

セン【栴】(10) 木6 準1 3283 4073 音 セン

意味 ビャクダン科の常緑高木、またはセンダン科の落葉高木「栴檀(センダン)」に用いられる字。

【栴檀】センダン ①センダン科の落葉高木。暖地に自生。初夏に淡紫色の五弁花を多数つけ、楕円(ダエン)形の黄色い実を結ぶ。材は器具用、果実・樹皮・根は薬用。オウチ。②ビャクダンの別称。▼白檀(ビャクダン)(一二三八)

【栴檀は双葉より芳し】センダンはふたばよりかんばし 将来大成する人は、幼いときからすぐれた素質を現すたとえ。由来 栴檀はビャクダンのことで香木として知られる。ビャクダンは芽が出たころから芳香を放つことから。参考「双葉」は「二葉」とも書く。

セン【栫】(10) 木6 1 5965 5B61 音 セン・ソン 訓 ふさぐ

意味 ①ふさぐ。かこう。②たてしば。水中に柴（しば）などをたててふさぐしかけ。

セン【涎】(10) 氵7 1 6223 5E37 音 セン・エン・ゼン 訓 よだれ

意味 よだれ。また、ねばりけのある液。「垂涎」

下つき 垂涎（スイゼン）・流涎（リュウゼン）

【▲涎】よだれ 口から流れ落ちる唾液（ダエキ）。つば。「牛の―（細く長く続くたとえ）」「―を垂らす（非常に欲しがる）」

セン【★閃】(10) 門2 準1 3314 412E 音 セン 訓 ひらめく

意味 ひらめく。ぴかりと光る。「閃光」「閃閃」

下つき 一閃（イッセン）・電閃（デンセン）

【閃光】センコウ ひらめく光。瞬間的な強い光。「―を放つ」「夜空に雷の―が走る」

【閃閃】センセン きらきらときらめくようす。ぴかっとひらめくようす。

【閃電】センデン 稲妻のひらめき。電光。また、きわめて速いことのたとえ。「―一撃」「霹靂（ヘキレキ）―」

【閃く】ひらめく ①一瞬強く光る。「稲妻が―く」②風にひらひらとゆれ動く。「旗が―く」③瞬間的に着想を得る。「妙案が―く」

セン【★陜】(10) 阝7 1 8001 7021 音 セン 訓

意味 中国の県名。また、陜西省の略。「陜塞（センサイ）」 参考 「陜（キョウ）」は別字。

セン【剪】(11) 刀9 1 4982 5172 音 セン 訓 きる・はさむ・つむ・ほろぼす

意味 ①きる。切りそろえる。はさむ。つむ。「剪裁」「剪定」 類 翦 ②はさみ。「剪刀」③ほろ（滅）ぼす。「剪滅」

【▲剪る】きる はさみやかまできりそろえる。 表記 「翦る」とも書く。

【▲剪裁】センサイ ①布などをはさみで裁つこと。②文章に手を入れて練り直すこと。

【▲剪紙】センシ 紙を切ってつくった絵。切り紙細工。

【▲剪除】センジョ 切って取り除くこと。 表記 「翦除」とも書く。

【▲剪定】センテイ 果樹などの発育や結実を助けたり庭木の形を整えるために、余分な枝を切ること。「松の木を―する」「―鋏（ばさみ）」 季 春 表記 「翦定」とも書く。

【▲剪刀】セントウ はさみ。特に外科手術用のはさみ。 表記 「翦刀」とも書く。

〈▲剪秋羅〉せんのう ナデシコ科の多年草。 由来 「剪秋羅」は漢名からの誤用。▼仙翁（八四二）

【▲剪滅】センメツ うち滅ぼすこと。「敵の軍隊を―する」 表記 「翦滅」とも書く。

〈▲剪刀〉はさみ 二枚の刃で物をはさんで切る道具。 表記 「鋏」とも書く。 参考 「セントウ」とも読む。

【▲剪む】はさむ はさみで切断する。はさみきる。「枝を―む」

セン【▲專】(11) 寸8 5383 5573 ▼専の旧字（八九八）

セン【旋】(11) 方7 常 準2 3291 407B 音 セン 訓 外 めぐる

筆順 亠 亠 方 方 方 方 方 方 旋 旋

意味 ①めぐる。めぐらす。まわる。「旋回」「螺旋（ラセン）」②かえる。もどる。「凱旋（ガイセン）」③なかをとりもつ。「斡旋（アッセン）」「周旋」

下つき 斡旋（アッセン）・回旋（カイセン）・凱旋（ガイセン）・周旋（シュウセン）・螺旋（ラセン）

〈旋覆花〉おぐるま キク科の多年草。湿地に自生。夏から秋、キクに似た黄色の頭花をつける。ノグルマ。 季 秋 由来 「旋覆花」は漢名から。 表記 「小車・金沸草」とも書く。

【▲旋頭歌】セドウカ 五七七五七七の六句からなる和歌の一形式。万葉集などにみられる。

【旋回】センカイ ①輪を描いてまわること。「鷲（わし）が大空を―する」②飛行機が進路を変えること。「右に左に―する」

【旋盤】センバン 工作機械の一つ。加工物を主軸にとりつけて回転させ、刃物をあてながら切削（セッサク）や切断・孔（あな）あけなどを行う。「―工」

【旋風】センプウ ①「旋風（つむじかぜ）」に同じ。②突発的に社会に与える事件や動揺。「業界に―を巻き起こす」

【旋毛】センモウ うずのように巻いた毛。つむじげ。 参考 「つむじ」と読めば別の意。

【旋律】センリツ 音が高低・長短の変化を重ね、リズムをもって連続する流れ。メロディー。「美しい―の曲を聴く」

〈旋毛〉つむじ 頭髪がうず状に生えている部分。「―を曲げる（ひねくれる）」 参考 「センモウ」と読めば別の意になる。

〈旋風〉つむじかぜ うずを巻いて強く吹く風。辻風（つじかぜ）。 参考 「センプウ」とも読む。

〈旋花〉ひるがお ヒルガオ科のつる性多年草。道端に自生。夏の日中、アサガオに似た淡紅色の花が咲き、夕方しぼむ。 季 夏 由来 「旋花」は漢名から。 表記 「昼顔・鼓子花」とも書く。

〈旋網〉まきあみ 網で魚群を取り巻いて、捕獲する漁法。また、その網。 表記 「巻網」とも書く。

【▲旋る】めぐる ぐるぐるまわる。うずのようにまわる。

セン【▲淺】(11) 氵8 6241 5E49 ▼浅の旧字（八九九）

セン【痊】(11) 疒6 1 6557 6159 音 セン 訓 いえる・いやす

意味 いえる。病気がなおる。いやす。「痊癒」

セ
セン

セン【笘】(11) 竹5 1 6788 6378 音 セン・チョウ 訓 ふだ・むち

意味 ①ふだ。文字を書くふだ。類 箋(セン) ②むち。竹のむち。

セン【船】(11) 舟5 教 常 9 3305 4125 音 セン 訓 ふね・ふな

筆順 

意味 ふね。大きなふね。「船頭」「船舶」「汽船」

下つき 回船(カイセン)・廻船(カイセン)・艦船(カンセン)・汽船(キセン)・客船(キャクセン)・漁船(ギョセン)・下船(ゲセン)・出船(シュッセン・でふね)・商船(ショウセン)・乗船(ジョウセン)・造船(ゾウセン)・停船(テイセン)・帆船(ハンセン)・母船(ボセン)・和船(ワセン)

【船渠】センキョ 船の建造や修理をするために、水辺につくられる建物。ドック。

【船橋】センキョウ ①船舶の上甲板(ジョウカンパン)の前方にあり、船長が航海の指揮や見張りをする場所。ブリッジ。「―に立つ」類 艦橋 ②「船橋(ふなばし)」に同じ。

【船檣】センショウ 船の帆(ほ)をあげる柱。ほばしら。また、船舶の中央に立て、見張り台を取りつけたり、信号旗を掲げたりする柱。マスト。

【船倉】センソウ 船内で荷物を積んでおく所。参考「ふなぐら」とも読む。書きかえ「船艙」の書きかえ字。

【船艙】センソウ ▼書きかえ 船倉

【船頭】センドウ ①小さな舟のこぎ手。かこ。②和船の長。ふなおさ。

〖船頭多くして船(ふね)山へ登る〗 指図する人が多くて統一がとれず、物事がうまく運ばないたとえ。

【船舶】センパク 人や財貨をのせて水上を走る乗り物。ふね。商法上では、商行為のために航行する、櫓櫂(ロカイ)船以外の大形の船。

【船腹】センプク ①船の胴体部分。「―に穴があく」②船の荷物を積みこむ部分。また、その積載能力。「広い―」③船舶。多く、隻数について用いる。「―数」

【船脚・船足】ふなあし ①船の進む速度。「―が落ちる」②船体の水につかっている部分。また、その深さ。類 喫水

【船方】ふなかた おもに和船を漕ぐことを職業とする人。船頭(センドウ)。船乗り。

【船出】ふなで 船が港を出発すること。類 出航・出帆 参考 就職や結婚など、新しい生活を始めることのたとえにも使われる。

【船橋】ふなばし 船を並べてつなぎ、その上に板を渡して橋にしたもの。浮き橋。ふなはし。参考「センキョウ」とも読む。

【船端】ふなばた 船のふち。ふなべり。舷側(ゲンソク)。表記「舷」とも書く。

【船縁】ふなべり 「船端(ふなばた)」に同じ。表記「舷」とも書く。

【船宿】ふなやど ①入港する船の乗組員のための宿屋。漁具や食糧の世話などをする。②船による運送を業とする家。③船遊びの船や釣り船を仕立てるのを業とする家。

【船】ふね 人や物をのせて水上を行く交通機関。参考 ふつう、小型のものを舟、比較的大型のものを船という。

〖船は船頭(センドウ)に任せよ〗 何事でも、その道の専門家に任せたほうがうまくいくたとえ。類 餅(もち)は餅屋

〖船は帆(ほ)でもつ帆は船でもつ〗 世の中はもちつもたれつ、お互いに助け合って成り立つものであるということ。帆掛け船は帆がなくては走れず、帆も船がなければ役に立たない意から。

〖船を好む者は溺(おぼ)る〗 人は好きな道で失敗しやすいし、災いが生じやすいから気をつけよという戒め。船好きの者は船に乗る機会が多いので、水難に見舞われることが多くなるという意から。

〈船首〉みよし 船の先端の波を切る部分。へさき。表記「水押・舳」とも書く。参考「センシュ」とも読む。

セン【釧】★ (11) 金3 準1 2292 367C 音 セン 訓 うでわ・くしろ

意味 うでわ。腕にはめる飾りの輪。くしろ。

下つき 腕釧(ワンセン)

【釧】くしろ 古代の装飾用腕輪の一つ。たまき。ひじまき。貝・青銅・石などで作られた。

セン【孱】(12) 尸9 1 5403 5623 音 セン・サン 訓 よわい・おとる

意味 よわい。小さい。おとる。「孱弱」

【孱弱】センジャク 小さくかよわいこと。ひよわなこと。「―な体付き」

【孱い】よわい 弱々しい。貧弱なさま。ひよわなさま。「臆病(オクビョウ)で―い男」

セン【揃】★ (12) 扌9 準1 3423 4237 音 セン 訓 そろう・そろえる・そろい

〔揃〕

意味 ①きる。切りそろえる。断つ。「揃刈(センガイ)」類 剪(セン) ②そろう。そろえる。そろい。

【揃い】そろい ①そろうこと。また、そろったもの。「―のゆかた」②いくつかで一組になるものを数える語。「茶器ひと―」

【揃う】そろう ①形や程度が同じになる。「粒が―う」「足並みが―う」②必要なものや人がすべて集まる。「顔が―う」「好条件が―う」「道具が―う」

セン【牋】(12) 片8 1 6416 6030 音 セン 訓 ふだ・かきつけ・てがみ

意味 ①ふだ。注釈などを書いてはりつける紙。はりふだ。「牋簡」②かきつけ。てがみ。また、文書。「牋書」

セン【筌】(12) ⺮6 1 6805/6425 音 セン 訓 うえ

意味 ふせご(伏籠)。うえ。川の中にしずめて、魚を捕る竹製の道具。「筌蹄」

下つき 蹄筌

【筌】うえ 魚を捕る道具。細い竹を筒状または底のあいた徳利状に編み、水中に置くもの。ふせご。うけ。

【筌蹄】センテイ ①目的を達成するための方便や手段。②案内。手引き。参考 魚を捕る筌とウサギを捕る蹄の意から。

セン【筅】(12) ⺮6 1 6806/6426 音 セン 訓 ささら

意味 ささら。器を洗う、竹製の小さなほうき形の道具。「茶筅」

下つき 茶筅

【筅】ささら 竹の先を細かく裂いて束ねた、鍋などの洗い具。「―で釜を洗う」参考「簓」とも書く。

セン【僉】(13) 人11 1 4901/5121 音 セン 訓 みな

意味 みな。ことごとく。「僉議」

【僉議】センギ 多くの人で評議すること。多人数で相談すること。類 衆議

セン【僊】(13) 亻11 1 音 セン 訓 やまびと

〔僊〕4902/5122

意味 やまびと。仙人。「僊人」類 仙

下つき 上僊・神僊

セン【尠】(13) 小10 1 5386/5576 音 セン 訓 すくない

意味 すくない。まれ。「尠少」類 鮮

【尠ない】すくない きわめてすくない。希少なさま。まれなさま。

セン【戦】(13) 戈9 教 常 7 3279/406F 音 セン 訓 いくさ 中・たたかう 外 おののく・そよぐ

旧字《戰》(16) 戈12 1/準1 5705/5925

筆順 2 5 7 丶 丷 㫃 尚 尚 単 単 戦 戦 戦

意味 ①たたかう。たたかい。(ア)いくさ。「戦争」「戦闘」(イ)試合。競争。「舌戦」「熱戦」②おそれおののく。ふるえる。そよぐ。「戦慄」類 顫

下つき 悪戦・応戦・開戦・合戦・観戦・苦戦・激戦・決戦・抗戦・作戦・参戦・実戦・終戦・緒戦・接戦・舌戦・宣戦・善戦・対戦・挑戦・停戦・転戦・内戦・熱戦・敗戦・反戦・野戦・乱戦・連戦・論戦・和戦

【戦】いくさ たたかい。戦争。「勝ち―」参考「軍」と書けば、たたかうための軍隊の意。

〖戦を見て矢を矧ぐ〗平素の準備が大事だという戒め。戦争になってから矢を作る意から。類 渇して井を穿つ・盗人を捕らえて縄を綯う

【戦く】おののく 恐れや寒さで体がふるえる。わななく。「不安に―く」

【戦意】センイ たたかおうとする意気込み。「―を喪失する」

【戦雲】センウン 戦争が起こりそうなようす。また、戦争。「―急を告げる(今にも戦いが始まろうとする)」

【戦役】センエキ 戦争。いくさ。参考「戦」「役」ともに、たたかいの意。

【戦火】センカ ①戦争で引き起こされる火災。「―を免れた古都」類 兵火 ②鉄砲などの火器を用いた戦争。「―を交える」

【戦果】センカ 戦争で上げた結果や成果。「多大の―を上げる」

【戦渦】センカ 戦争によって起こる混乱。「―に巻きこまれる」参考「渦」はうずの意。

【戦禍】センカ 戦争によるわざわいや被害。「―を逃れて亡命した」

【戦艦】センカン 攻撃力と防御力がすぐれている大型の軍艦。主力艦。戦闘艦。「―大和」

【戦機】センキ 戦争の起こりそうな気配。戦争を起こすのに適当な時機。「―を逸する」

【戦況】センキョウ 戦争の状況。たたかいのありさま。「細かく―を報告する」

【戦局】センキョク 戦争や勝負などのなりゆきや局面。「―が行き詰まる」

【戦国】センゴク いくさで国が乱れ、武力の争いが続く世の中。また、その時代。

【戦災】センサイ 戦争による災害。「―孤児のために募金する」

【戦士】センシ ①戦争でたたかう兵士。②第一線で活躍する人のたとえ。「企業―」

【戦車】センシャ 強力な装甲火器をそなえ、キャタピラで走る戦闘車。タンク。

【戦術】センジュツ ①戦争や試合などで勝つための方策や計画。②目的を達するための方策や手段。「国会で牛歩―をとる」

【戦勝・戦捷】センショウ たたかいに勝つこと。かちいくさ。

【戦陣】センジン ①たたかいのための陣立て。戦法。②たたかいの陣地。「―に赴く」

【戦塵】センジン ①戦場に立ち上る砂ぼこり。②戦場の騒ぎ。「―を避ける」

【戦跡】センセキ たたかいのあったあと。また、昔たたかいのあった場所。古戦場。

【戦績】センセキ 戦争や試合などでの成績や成果。「―は今のところ五分だ」

【戦線】センセン ①たたかいの行われている場所。戦争の最前線。②政治・社会活動で闘争の場。また、その形態。「―統一をめざす」

【戦戦恐恐】センセンキョウキョウ 恐れてびくびくするさま。「―として

結果を待つ」参考「戦戦」は恐れおののくさま、「恐恐」はかしこまりつつしむさまの意。書きかえ「戦戦兢兢」の書きかえ字。

【戦戦▲兢▲兢】センセン キョウキョウ ▼書きかえ 戦戦恐恐

【戦争】セン ソウ ①武力で争うこと。特に、国家間の武力によるいくさ。②社会生活上の激しい混乱や競争のたとえ。「交通—」「受験—」

【戦端】セン タン たたかいのいとぐち。戦争のきっかけ。「—を開く」

【戦闘】セン トウ 武器をとってたたかうこと。特に、軍隊についていう。「—機」

【戦犯】セン パン 「戦争犯罪人」の略。「東京裁判によってA級—などが処刑された」

【戦没】セン ボツ 戦争で死ぬこと。「—者名簿」類戦死 書きかえ「戦歿」の書きかえ字。

【戦▲歿】セン ボツ ▼書きかえ 戦没

【戦乱】セン ラン 戦争によって世の中が乱れること。また、戦争。類兵乱

【戦慄】セン リツ 恐れでふるえること。ふるえおののくこと。「—が走る」

【戦利品】セン リ ヒン 戦争で敵から奪った物品。特に、戦場で、敵国の国有財産を押収して自国の所有にしたもの。

【戦略】セン リャク ①たたかいの策略。「—を練る」類軍略・兵略 ②政治・社会運動や企業経営で、成果をあげるための計画や手段。「販売—」

【戦力】セン リョク ①たたかいをするのに必要な力のすべて。②事をなしうる能力。また、その能力ある働き手のたとえ。「—となる人物」

【戦列】セン レツ 戦闘を行う部隊や艦隊などの列。転じて、闘争や試合のために作られた組織。「—に加わる」

【△戦ぐ】そよ ぐ 草などが風に吹かれて揺れ動き、かすかに音を立てる。

【戦う】たたか う ①武力で争う。「敵国と—う」②勝負を争う。「名人戦を—う」

せ

セン

【〈戦慄〉く】わなな く 恐れや怒り、寒さなどで体がふるえる。おののく。「恐怖に—く」

〔煎〕

セン【煎】 (13) 灬 9 常 2 3289 4079 音 セン 訓 いる 外 にる

筆順 丷 䒑 䒑 广 前 前 前 前 前 前 煎 煎 煎

意味 ①いる。やく。あぶる。「煎餅(センベイ)」「焙煎(バイセン)」②にる。せんじる。につめる。「煎茶」③せまる。じりじり迫る。

下つき 香煎(コウセン)・焙煎(バイセン)・烹煎(ホウセン)

【煎る】い る 火にかけてあぶり、水気をとばす。「ごまを—る」

【〈煎汁〉】いろ り かつおぶしや大豆の煮出し汁。調味用。表記「色利」とも書く。

【煎じる】セン じる 薬草や茶などの成分をよく煮出す。

【煎茶】セン チャ ①茶葉に湯をそそぎ、香りと味を出して飲むこと。また、その茶葉。②緑茶の一つ。玉露と番茶の間の中級の茶。

【煎餅】セン ベイ 干菓子の一つ。米や小麦粉などを練り、薄くのばして焼いたもの。また、醤油(ショウユ)をつけて焼いた米菓。

【煎薬】セン ヤク 煮出して飲む薬。せんじぐすり。類煎剤

【△煎る】に る 水分をとばして煮つめる。煮つめて成分を出させる。煮出す。

セン【羨】 (13) 羊 7 常 2 3302 4122 音 セン 高 外 ゼン・エン 訓 うらやむ・うらやましい 外 あまる・はかみち

筆順 丷 䒑 䒑 羊 羊 羊 羊 羊 羊 羊 羨 羨 羨

意味 ①うらやむ。ほしがる。「羨望」②あまる。のこる。「羨溢(センイツ)」類衍(エン) ③はかみち。墓所の道。

【羨む】うらや む 他のすぐれたものを見て、自分もそうありたいと願う。「人も—む仲」

【羨道】セン ドウ 横穴式墳墓で、棺を納めた所に通じる道。参考「エンドウ」とも読む。

【羨慕】セン ボ うらやんで、したうこと。

【羨望】セン ボウ うらやましいと思うこと。「—の的になる」「—の目で見る」

【羨門】セン モン 墓道の門。横穴式墳墓の棺を納めた所に通じる入り口。羨道の入り口。参考「エンモン」とも読む。

セン【腺】 (13) 月 9 常 国 2 3303 4123 音 セン 訓 外 すじ

筆順 月 月 月 月' 月宀 月白 月白 月皀 月皁 月泉 腺 腺 腺

意味 せん。すじ。体液の分泌作用を営む器官。「乳腺」

下つき 汗腺(カンセン)・乳腺(ニュウセン)・涙腺(ルイセン)

【腺熱】セン ネツ 全身のリンパ節の腫(は)れや発熱、筋肉・関節痛を起こす感染症。

【腺病質】セン ビョウ シツ 体格は貧弱、貧血性で病気になりやすい子どもの体質。由来リンパ腺が腫(は)れやすい体質から。

セン【詮】 (13) 言 6 常 2 3307 4127 音 セン 訓 外 あきらか・しらべる・そなわる・えらぶ

〔詮〕

筆順 亠 亠 言 言 言 言 言 言 言 言 詮 詮 詮

意味 ①あきらか。あきらかにする。しらべる。「詮議」「詮索」②なすすべ。方法。「詮方」③そなわる。そなえる。④えらぶ。言葉をえらぶ。⑤つまり。つまるところ。結局。「所詮」

せ　セン

下つき 所詮ショセン・真詮シンセン

【詮方無い】センかたない　なすべき手段がない。しかたがない。「―くあきらめる」表記「為ん方無い」とも書く。

【詮議】センギ　①人々が集まり、話し合って物事を明らかにすること。また、罪人を捜索すること。②罪人などを取り調べること。「厳しい―が続く」類吟味

【詮索】センサク　細かいことまで調べ求めること。「余計な―はするな」

セン【践】(13) ⻊6 常 準2 3309 4129 音セン 訓外ふむ

旧字《踐》(15) ⻊8 1/準1 7688 6C78

筆順 … 践践

意味 ①ふむ。ふみ行う。実行する。「実践」②位につく。「践祚センソ」

下つき 実践ジッセン・蹂践ジュウセン・履践リセン

【践祚】センソ　天皇の位につくこと。天皇の地位を受けつぐこと。

【践む】ふ-む　①小刻みに歩く。しっかりとふみつける。②決めたとおりに行う。実践する。③地位につく。「位を―む」

セン【跣】(13) ⻊6 1 7681 6C71 音セン 訓はだし・すあし

意味 はだし。すあし。はだしで歩く。「跣行」

下つき 赤跣セキセン・徒跣トセン・裸跣ラセン

【跣足】センソク　「跣足はだし」に同じ。

〈跣足〉・跣 はだし　①足に何もはいていないこと。また、その足。類素足すあし 季夏 ②はだしで逃げる意から、かなわないこと。「くろうと―」表記「裸足」とも書く。参考①「跣足」は「センソク」とも読む。

セン【僭】(14) 亻12 1 4908 5128 音セン 訓おごる・なぞらえる

〔僣〕4909 5129

意味 おごる。まねる。なぞらえる。身分不相応におごりたかぶる。「僭越」「僭上」

下つき 奢僭シャセン・踰僭ユセン

【僭越】センエツ　身分・分限を越え、出過ぎること。「―な態度」「―ですが」

【僭主】センシュ　①武力で上の位を奪い、勝手に君主を称する者。②古代ギリシャで、民衆を味方にして政権を独占した支配者。タイラント。

【僭称】センショウ　身分を越えた称号を名乗ること。また、その称号。「王を―する」

【僭上】センジョウ　身分を越えた振る舞いをすること。「―の沙汰サタ」参考「センショウ」とも読む。

【僭用】センヨウ　身分や分限を越えて使用すること。

セン【煽】★(14) 火10 準1 3290 407A 音セン 訓あおる・おだてる・あおり・おこる

〔煽〕

意味 ①あおる。おだてる。そそのかす。「煽情」「煽動」②おこる。火が盛んになる。

書きかえ 「扇」に書きかえられるものがある。

【煽ぐ】あお-ぐ　うちわなどを動かし、風を送って火の勢いを強める。あおる。

【煽り】あおり　①突風によって起こる激しい動き。「突風の―で倒れた」②物事の変化やはたらきによる影響。「事故の―をうけ、遅刻した」

【煽る】あお-る　①うちわなどで風を送り、火の勢いを強める。あおぐ。②ゆり動かす。「風が戸を―る」③たきつける。「忠告が逆に憎しみを―った」④活気づかせる。「相場を―る」⑤あぶみでウマの腹を覆う障泥あおりを打ち、ウマを急がせる。

【煽てと畚には乗り易い】おだてともっこにはのりやすい　人のおだてと土運びの畚には乗りやすいものだ。

【煽てる】おだ-てる　ほめていい気にさせる。そそのかす。「―て話をまとめた」

【煽情】センジョウ　▼書きかえ 扇情（九〇一）

【煽動】センドウ　▼書きかえ 扇動（九〇一）

【煽惑】センワク　人をおだてまどわすこと。「人心を―する」

セン【箋】(14) ⺮8 常 2 6821 6435 音セン 訓外ふだ・はりふだ・ときあかし・てがみ・かきもの

筆順 … 箋箋

意味 ①ふだ。㋐注釈などを書いて書物にはりつける紙。はりふだ。「付箋」㋑手紙や文章などを書くための紙。「便箋」「用箋」㋒なふだ。名刺。②ときあかし。注釈。「箋注」③てがみ。かきもの。文書。

下つき 詩箋シセン・便箋ビンセン・付箋フセン・附箋フセン・用箋ヨウセン

【箋注・箋註】センチュウ　本文の意味の解釈。類注釈・注解

セン【綫】(14) 糸8 1 6932 6540 音セン 訓いと・すじ

意味 いと。糸のように細いもの。また、すじ。

セン【銭】(14) 金6 常 教 5 3312 412C 音セン 外ゼン 訓ぜに 中 外すき

旧字《錢》(16) 金8 1/準1 7902 6F22

筆順 … 銭銭

意味 ①ぜに。かね。貨幣。「金銭」②せん。貨幣の単位。一円の一〇〇分の一。③すき(鋤)。農具の一種。

下つき 悪銭(アクセン)・金銭(キンセン)・口銭(コウセン)・古銭(コセン)・賽銭(サイセン)・借銭(シャクセン)・鋳銭(チュウセン)・銅銭(ドウセン)・無銭(ムセン)

【銭】ぜに かね。貨幣・金銭の俗称。特に、金・銀・銅など金属製の貨幣。「安物買いの―失い」「小―を貯金箱に入れる」

〈銭占〉ぜにうら 三個の銭を投げて、表・裏の出た数によって吉凶を占うもの。八卦(ハッケ)説に準じて行われた。表を吉とする。

【銭湯】セントウ 料金を払って入浴する浴場。公衆浴場。風呂(フロ)屋。湯屋(ゆや)。

セン【銑】(14) 金6 準1 3313 412D 音 セン 訓 ずく

意味 ①ずく。ずくてつ。純度の低い鉄。「銑鉄」対鋼 ②つやのある金属。

下つき 溶銑(ヨウセン)

【銑】ずく 「銑鉄(センテツ)」の俗称。

【銑鉄】センテツ 鉄鉱石を炉で溶かしてつくった不純な鉄。参考「ずくてつ」とも読む。

セン【銓】(14) 金6 1 7884 6E74 音 セン 訓 はかり・はかる・えらぶ

意味 ①はかり。物の重さをはかる道具。②はかる。とりしらべる。えらぶ。「銓考」

書きかえ「選」に書きかえられるものがある。

【銓衡】センコウ ▼書きかえ 選考(九〇九)

【銓】はかり 物の重さをはかる道具。

【銓る】はかる ①物の重さを計測する。②事の重要性や人物の才能などを調べる。

セン【銛】(14) 金6 1 7885 6E75 音 セン 訓 もり・すき・するどい

意味 ①もり。魚などを突き刺してとる道具。②すき(鋤)。農具の一種。③するどい。「銛利」類尖(セン)

【銛】もり 棒の先に鋭くした金属をつけ、魚などを刺して捕る道具。「―を突き刺す」

セン【嬋】(15) 女12 1 5341 5549 音 セン・ゼン 訓 あでやか

意味 あでやか。美しく、たおやかなさま。うるわしいさま。つややか。

〈嬋媛〉おそよか あでやかで美しいさま。「嬋娟(センケン)」

【嬋娟・嬋妍】センケン あでやかで美しいさま。なよなよとして美しいさま。「容姿―とした女性である」

セン【撰】★(15) 扌12 準1 3281 4071 音 セン・サン 訓 えらぶ

〔撰〕

意味 ①つくる。詩や文を作る。「撰述」「杜撰(ズサン)」②えらぶ。編集する。「撰定」「勅撰」類選

下つき 自撰(ジセン)・修撰(シュウセン)・杜撰(ズサン)・勅撰(チョクセン)

【撰ぶ】えらぶ 適当なものをより分けて書物を作る。編集する。「歌集を―ぶ」

【撰銭】えりぜに 室町後期、取引にあたり悪銭を忌避して良銭だけをえらびとったこと。円滑な商取引を妨げるとして、幕府などの禁止令がしばしば発せられ、良悪の交換率が定められた。参考「えりセン・センセン」とも読む。

【撰者】センジャ ①詩歌や文章作品をえらび、書物にまとめる人。『新古今和歌集』の―」②古い書物のなかの文章などの作者。撰人。「国史の―」

【撰修】センシュウ 書物・文書などをあらわすこと。また、編集すること。

【撰集】センシュウ 多くの詩歌や文章をえらび集めて書物にすること。編集すること。また、その書物。参考「センジュウ」とも読む。

【撰述】センジュツ 書物をあらわすこと。本を書き上げること。類著述

【撰定】センテイ ①よい詩歌や文章をえらび定めること。②書物を編纂(ヘンサン)すること。また、その文章。

【撰文】センブン 文章を作ること。類作文

セン【潜】(15) 氵12 常 3 3288 4078 音 セン 訓 ひそむ・もぐる 外 くぐる

旧字《潛》(15) 氵12 1/準1 6310 5F2A

筆順 … 潜

意味 ①もぐる。水の中にもぐる。くぐる。「潜水」「潜航」②ひそむ。かくれる。ひそかに。「潜在」「潜入」③心を落ち着ける。「潜心」「沈潜」

下つき 沈潜(チンセン)

【潜り戸】くぐりど かがんで出入りするように作った、扉や壁にある小さな戸。また、その出入り口。切り戸。くぐり。特に、茶室でくぐるように作った、上がり框(かまち)のない引き戸。

【潜る】くぐる ①物の下などを通り抜ける。「門を―る」②切り抜ける。すきを見て突破する。「非常線を―る」③水の中にもぐる。

【潜移暗化】センイアンカ まわりの影響で、自分の気質や考え方が自覚なしに変化していること。《顔氏家訓》類潜移黙化(センイモクカ)

【潜函】センカン 土木・建築工事などで用いる鉄筋コンクリートの箱。深い地下で基礎工事をする際、圧縮空気を送ってわき水を防ぎながら、この箱の中で作業をする。ケーソン。「―工法」

【潜血】センケツ 肉眼では確認できず、化学的検査によって便中に認められる微量の出血。多くは、消化器管内の微出血によるもの。潜出血。

【潜行】センコウ ①水中をもぐっていくこと。②人目を避けて秘密に活動すること。「地下に―する犯罪組織」

【潜航】センコウ ①潜水艦などが水中をもぐって進むこと。②ひそかに航海すること。

【潜在】センザイ 表には現れず、ひそかに内在すること。「―能力をひきだす」対顕在

【潜在意識】センザイイシキ 心の奥深くにひそみ、自覚がないままに行動や思考に影響を与える意識。

【潜水】センスイ 水の中にもぐること。「―艦による海底調査を行う」

【潜匿】セントク ひそみ隠れること。また、隠すこと。参考「潜」「匿」ともにひそむ意。

【潜入】センニュウ ①内にひそかに入りこむこと。「敵地に―して情報を集める」「―取材」

【潜熱】センネツ ①内にひそんでいる熱。②物質の状態が変化するとき、吸収・放出される熱。気化熱・凝固熱など。

【潜伏】センプク ①ひそみ隠れること。「犯人が市内に―している」②病原菌などに感染していながら、症状が現れないこと。「発病まで二週間ほど―期間がある」

【潜望鏡】センボウキョウ 潜水艦などが潜航中に水面上につき出して、海上のようすを見るしくみの望遠鏡。ペリスコープ。

【潜か】ひそ-か 人知れず。こっそり。人に隠れてするようす。

【潜む】ひそ-む ①こっそり隠れる。「地下室にだれか―んでいるようだ」②表面に現れないでなかにある。「胸に―む情熱をくみとろう」「病原菌が―む」

【潜る】もぐ-る ①水中にくぐって入る。「海に―ってアワビをとる」②物の下や間に入りこむ。「こたつに―る」③人に知られないように、隠れひそむ。「地下組織に―る」

セン【潺】(15) 氵12 1 6305 5F25 音 セン・サン 訓

意味 水がさらさら流れるさま。また、その音。「潺潺」

【潺湲】センカン ①水がさらさらと流れるさま。また、その音。②涙の流れるさま。さめざめ。参考「センエン」とも読む。

【潺潺】センセン 小川などのさらさらとよどみなく流れるさま。また、その音。「―たる水の音」

セン【璇】(15) 王11 1 8823 7837 音 セン 訓 たま

意味 ①たま。美しい玉。②星の名。北斗七星の第二星。

セン【箭】★ (15) 竹9 準1 3293 407D 音 セン 訓 や

〔箭〕

意味 や(矢)。また、やだけ。しのだけ。

下つき 火箭カセン・弓箭キュウセン・響箭キョウセン・飛箭ヒセン

【箭眼】センガン やを射たり、外を見るために設けられた城壁の小窓。類矢狭間やざま

【箭】や 弓につがえて飛ばす武器。長さや太さをそろえたや。

【箭篠】やじの ヤダケの別称。イネ科のササ。節と節の間が長く、矢の幹に用いた。

セン【線】(15) 糸9 常 教 9 3294 407E 音 セン 訓 外いと・すじ

筆順 く 幺 幺 糸 糸 糸白(6) 約 線 線 線(11)

意味 ①いと。糸のように細いもの。「線香」「配線」②平面上にえがくすじ。「線条」「直線」③決められた道すじ。経路。「線路」「沿線」④さかいめ。境界。「死線」「前線」

下つき 緯線イセン・沿線エンセン・架線カセン・幹線カンセン・曲線キョクセン・琴線キンセン・経線ケイセン・罫線ケイセン・光線コウセン・混線コンセン・支線シセン・死線シセン・視線シセン・実線ジッセン・斜線シャセン・戦線センセン・前線ゼンセン・脱線ダッセン・単線タンセン・直線チョクセン・鉄線テッセン・点線テンセン・電線デンセン・配線ハイセン・白線ハクセン・伏線フクセン・複線フクセン・本線ホンセン・無線ムセン・有線ユウセン・路線ロセン

【線】すじ 点と点を結んだ、糸のように細長いもの。参考「セン」とも読む。

【線香】センコウ 種々の香料を細長い線状に練り固めたもの。火をつけて仏前に供える。

【線条】センジョウ すじ。線。参考「線」「条」ともにすじの意。

【線描】センビョウ 物の形を線だけで描くこと。せんがき。「―画を得意とする」

【線分】センブン 数学で、直線上の二点の間の限られた部分。有限直線。

【線路】センロ 電車などを通す道筋。レール。軌道。「鉄道の―」「―の遮断機」

セン【翦】(15) 羽9 1 7040 6648 音 セン 訓 きる・はさむ・ほろぼす

意味 ①きる。はさみきる。きりそろえる。はさむ。②そぐ。けずる。③ほろ(滅)ぼす。類剪セン

【翦る】き-る はさみできりそろえる。表記「剪る」とも書く。

【翦綵】センサイ 色糸や絹の布を用いて作る造花や細工物。表記「剪綵」とも書く。

セン【賤】★ (15) 貝8 準1 7645 6C4D 音 セン・ゼン 訓 いやしい・あやしい・いやしめる・やすい・しず

〔賎〕3308 4128

意味 ①いやしい。身分が低い。「賤民」「下賤」対貴 ②いやしむ。さげすむ。「賤侮」③やすい。値段がやすい。④しず。まずしい。そまつな。「賤女」

下つき 貴賤キセン・下賤ゲセン・卑賤ヒセン・微賤ビセン・貧賤ヒンセン

【賤しい】あや-しい 身分が低い。いやしい。また、粗末で見苦しい。

【賤しい】いや-しい 身分が低い。みすぼらしい。また、下品である。

【賤】しず いやしいこと。まずしいこと。また、その者。「―の男お」

【賤民】センミン 昔の制度上、社会の下層身分とされた人々。江戸時代では士農工商の下に、えた・非人ヒニンが置かれ、厳酷な差別待遇をされた。

セン【▲践】(15) 足8 7688 6C78 ▼践の旧字(九〇六)

セン【選】(15) 辶12 常 教 7 3310 412A 音 セン 訓 えらぶ 外 える・よる・すぐる

旧字《選》(16) 辶12 1/準1

筆順 ㇕ コ 己 己己6 巳巳 巺9 巽 巽12 ⻌巽14 選

意味 えらぶ。える。よる。よりわける。えりすぐる。「選抜」「選択」

下つき 改選(カイセン)・官選(カンセン)・決選(ケッセン)・厳選(ゲンセン)・公選(コウセン)・国選(コクセン)・互選(ゴセン)・再選(サイセン)・自選(ジセン)・人選(ジンセン)・精選(セイセン)・抽選(チュウセン)・当選(トウセン)・特選(トクセン)・入選(ニュウセン)・文選(ブンセン)・本選(ホンセン)・民選(ミンセン)・予選(ヨセン)・落選(ラクセン)

【選ぶ】えらぶ ①多くのなかから目的・条件にあうものを取り出す。「代表者を—ぶ」②適当な原稿を集めて書物を作る。編集する。「歌集を—ぶ」表記 ②「撰ぶ」とも書く。

【選んで▲粕(かす)を▲掴(つか)む】選ぶのにこだわり過ぎて、かえって悪いもの、くだらないものをつかんでしまうたとえ。類 選(よ)れば選り屑(くず)

【▲選り好み】えりごのみ 選ぶこと。自分の好きなものだけを選ぶこと。えりぎらい。「—の激しい人」参考「よりごのみ」とも読む。

【▲選る】える よりわける。選出する。「—り抜きの出場者」

【▲選る】すぐる 多くのなかから優秀なものを選び出す。「精鋭を—る」

【選科】センカ 規定の学科から、一科または数科を選択して学習する課程。「—学生」

【選外】センガイ 選からもれること。入選しないこと。「惜しくも—という結果に終わる」

【選挙】センキョ ①代表や役員などの適任者を選び出すこと。②選挙権をもつ者が、議員などを投票で選び決めること。

【選考】センコウ 人物や才能などを調べ、適当な担当者を選ぶこと。「書類—」書きかえ「銓衡」の書きかえ字。

【選手】センシュ ①代表として選ばれて、競技に出場する人。「オリンピックの—村」②スポーツを生業とする人。「プロ野球の—」

【選集】センシュウ ある人の、または多くの人の著作のなかから、目的によりいくつかの著作を選んで編集すること。また、その書物。「世界童話—」

【選出】センシュツ 多くのなかから選び出すこと。「代表者を—する」

【選択】センタク 適当なものを選び取ること。「進学コースを—します」参考「センジャク・センチャク」と読めば、仏教用語で善を取り悪を捨て去る意。

【選定】センテイ 選び定めること。「—基準をあきらかにする」

【選任】センニン 選んで任命すること。「的確な人を会長に—する」

【選抜】センバツ よいものを選び出すこと。「—チーム」

【選評】センピョウ よい作品を選んで批評すること。また、その批評。「審査委員長に—をお願いする」「—を加える」

【選別】センベツ ある基準でよりわけること。「ミカンを—して出荷する」

【選民】センミン 神から選ばれ、他の民族を神に導く使命があるとする民族。ユダヤ民族が自らを名乗るなど。「—思想」

【▲選り取り見取り】よりどりみどり 多くのなかから好きなものを自由に選び取ること。「どれでも—」

【▲選る】よる 選び出す。「きれいな果実を—る」参考「選(え)る」が転じたもの。

セン【遷】(15) 辶12 常 準2 3311 412B 音 セン 訓 外 うつる・うつす

旧字《遷》(16) 辶12 1/準1

筆順 一2 ㇄ 襾5 覀 覀 要 要9 䙴11 䙴 遷14 遷

意味 ①うつる。場所・地位がうつる。時がうつる。また、うつす。「遷都」②うつりかわる。「遷延」「変遷」③しりぞく。しりぞける。「左遷」

下つき 左遷(サセン)・転遷(テンセン)・変遷(ヘンセン)

【▲遷る】うつる 地位・官職や場所などが変わる。あらたまる。

【遷延】センエン 物事が長引くこと。のびのびになること。「—策」

【遷客騒人】センカクソウジン 文人墨客のこと。「遷客」は罪を得て遠方に流された人の意で、憂い悲しむ人が多いところから詩人のこと。「騒人」も文人・詩人の意。

【遷宮】セングウ 神殿の造営や修理の際、神霊を仮殿や本殿にうつすこと。

【遷化】センゲ 仏 この世からあの世へうつる意で、高僧や隠者などが死ぬこと。参考「センカ」と読めば、うつりかわる意になる。

【遷座】センザ 神体・仏像または天皇の座を他の場所へうつすこと。また、うつること。

【遷都】セント 首都を他の場所にうつすこと。みやこうつり。「平安—」

セン【▲戦】(16) 戈12 5705 5925 ▼戦の旧字(九〇四)

セン【擅】(16) 扌13 1 5803 5A23 音 セン・ゼン 訓 ほしいまま・ゆずる

意味 ①ほしいままにする。ひとりじめにする。「擅権」②ゆずる。「擅譲」類 禅 参考「壇」は別字。 書きかえ「専」に書きかえられるものがある。

【▲擅権】センケン 権力をほしいままにすること。表記「専権」とも書く。

【▲擅断】センダン ▼書きかえ 専断(八九八)

せ セン

【▲擅】ほしいまま 自分の思うままにするさま。やりたいようにふるまうさま。

セン【暹】(16) 日12 1 5891 5A7B 音 セン 訓

意味 日がのぼる。日の出。参考 日が進みでる意を表す字。

〈▲暹羅〉シャム タイ王国の旧称。シャムロ。由来 暹国と羅国が合体したことから。

セン【甎】(16) 瓦11 1 6515 612F 音 セン 訓 かわら・しきがわら

意味 かわら。しきがわら。「甎全」

【▲甎】かわら しきがわら。土間や地面に敷く固焼きのもの。

【▲甎全】センゼン 世に尽くすこともなく、いたずらに生き長らえること。類 瓦全ガゼン

セン【磚】(16) 石11 1 6702 6322 音 セン 訓 かわら

意味 かわら。しきがわら。

〈▲磚子苗〉いぬくぐ カヤツリグサ科の多年草。日当たりのよい草地に自生。夏から秋、黄緑色の花穂を傘状につける。クグ。

【▲磚茶】タンチャ 中国やチベット、モンゴルなどで飲まれている茶。緑茶や紅茶を蒸してかわら（磚）のように圧して固めたもの。参考「ダンチャ」とも読む。中国語から。

セン【薦】(16) 艹13 常 準2 3306 4126 音 セン 訓 すすめる 外 こも・しく・しきりに

筆順 艹 艹 芦 芦 芦 芦 芦 芦 薦 薦 薦（3・5・11・16）

意味 ①すすめる。人を選びだす。「薦挙」「推薦」②こも。敷物。しとね。類 荐セン ③しく。敷物にする。④しきりに。たびたび。

下つき 供薦キョウセン・自薦ジセン・推薦スイセン・他薦タセン

【▲薦】こも 草を編んで織った敷物。むしろ。表記「菰」とも書く。由来 もとは、マコモで織ったことから。

【▲薦▲被り】こもかぶり ①こもで包んだ四斗（約七二リットル）入りの酒樽さかだる。「祝いに—の鏡開きをした」②こもをかぶっていたことから、乞食コジキのこと。

【▲薦僧】コモソウ 普化フケ宗の有髪の托鉢タクハツ僧。深編み笠がさをかぶり、首に袈裟ケサをかけ、刀を持ち、尺八を吹いて諸国を行脚アンギャした。類 虚無僧コムソウ 由来 普化宗の僧が薦の上にすわって尺八を吹いたことからともいう。表記「菰僧」とも書く。

【薦める】すすめる 人や物のよい点を挙げ、採用してもらうようにはたらきかける。「彼を会長に—める」「先生に—められた本」

【薦席】センセキ こもの敷物。むしろ。

セン【▲選】(16) 辶12 ▼選の旧字（九〇九）

セン【▲遷】(16) 辶12 ▼遷の旧字（九〇九）

セン【▲錢】(16) 金8 7902 6F22 ▼銭の旧字（九〇六）

セン【氈】(17) 毛13 1 6165 5D61 音 セン 訓 もうせん・けむしろ

意味 もうせん（毛氈）。毛織りの敷物。けむしろ。

〈▲氈瓜〉かもうり トウガンの別称。季 秋 由来 外皮が白く、毛氈モウセン（獣毛で織った敷物）のようであるからという。▼冬瓜とうがん（一一三五）

〈▲氈鹿〉かもしか ウシ科の哺乳ホニュウ動物。日本特産で、山地の岩場にすむ。ヤギに似て、雌雄とも枝のない角をもつ。カモシシ。ニホンカモシカ。季 冬 由来 毛皮を毛氈モウセン（獣毛で織った敷物）に用いるシカの意からという。

セン【獮】(17) 犭14 1 8052 7054 音 セン 訓 かり・かる・ころす

意味 ①か（狩）り。かる。秋に猟をする。②ころす。鳥や獣を殺す。

セン【簓】(17) ⺮11 国 1 6841 6449 音 セン 訓 ささら

意味 ささら。竹の先を細かく割って束ねたもの。

【▲簓】ささら ①田楽などに用いる民俗楽器の一種。竹を細かく裂いて束ねたもので、棒とすり合わせて音を出す。②竹を裂いて束ねた、洗い用具。「—を使って鍋なべを洗う」由来「さらさら」と音のすることから。表記 ②「筅」とも書く。

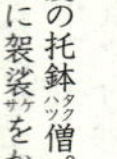

〔簓ささら②〕

【▲簓桁】ささらげた 段板をのせて支えるための、階段の両側にあるのぼり桁。由来 階段の形にぎざぎざに刻みこまれていることから。

セン【繊】(17) 糸11 常 準2 3301 4121 音 セン 外 チン 訓 外 ほそい・ちいさい・しなやか

旧字《纖》(23) 糸17 1/準1 6989 6579

筆順 糸 糸 糸 糸 糸 紅 絆 絆 絆 織 織 繊（6・11・13）

意味 ①ほそい糸。糸すじ。「繊維」「化繊」②ほそい。かぼそい。ちいさい。「繊細」③こまやか。しなやか。「繊腰」「繊手」類 ②③ 孅セン

下つき 化繊カセン

【繊維】センイ ①細い糸状のもの。織物や紙などの材料。「熱にも強い—を開発する」②生物体を構成する細い糸状の筋。「植物性—」

【繊切り】せんぎり 野菜を細い線状に切る方法。また、切ったもの。千六本。繊。表記「千切り」とも書く。

【繊▲毫】センゴウ ①細かな毛。②わずかなこと。非常にささいなこと。

【繊細】センサイ ①ほっそりとしなやかなようす。「—な指」②感情が鋭く細やかなよう

セ セン

す。デリケート。「―な感受性をもっている人」

【纖弱】センジャク 小さく弱々しいこと。きゃしゃなこと。

【纖手】センシュ ほっそりとしなやかな手。多く、女性の手にいう。

【纖毛】センモウ ①非常に細く短い毛。②原生動物や下等な藻類などの細胞表面にある、非常に細く小さな毛に似た突起。運動性をもつ。

【纖麗】センレイ ほっそりと美しいこと。しなやかでうるわしいさま。

セン【餞】(17) 飠8 1 8120 7134 音 セン 訓 はなむけ・おくる

意味 ①はなむけ。旅立つ人へ贈る金品や言葉。「餞別」②はなむけする。おくる。旅立つ人を見送る。

下つき 宴餞(エンセン)・祖餞(ソセン)

【餞別】センベツ 「餞(はなむけ)」に同じ。「転勤の―に時計をもらった」

【▲餞】はなむけ 門出や送別のときに金品や詩歌・言葉などを贈ること。また、そのもの。せんべつ。「卒業生に贈る―の言葉」由来「ウマの鼻向け」の略。昔、旅立つ人の出発する方向にウマの鼻を向けて見送ったことから。表記「贐」とも書く。

セン【鮮】(17) 魚6 常 4 3315 412F 音 セン 訓 あざやか 外 あたらしい・すくない

筆順 ノ ク ク 各 各 角 魚 7 魚 11 鮮 13 鮮 16

意味 ①あざやか。はっきりしている。「鮮紅」「鮮明」②あたらしい。生きがいい。「鮮魚」「新鮮」③すくない。「鮮少」

下つき 海鮮(カイセン)・新鮮(シンセン)・生鮮(セイセン)

【鮮やか】あざやか ①形や色などが、はっきりしているさま。「目にも―な色」②動作などが手際よいさま。「―なお手並みを拝見した」

【鮮魚】センギョ 新鮮な魚。いきのいい魚。とりたての魚。

【鮮血】センケツ 流れでたばかりのなまなましい血。「指の間から―がしたたり落ちた」

【鮮少】センショウ 非常に少ないこと。また、そのようす。「―な事例と心得る」表記「尠少」とも書く。

【鮮度】センド 新鮮さの度合い。「―の高い野菜を消費者に届ける」

【鮮明】センメイ あざやかで明るくはっきりしていること。また、態度などが明確なこと。「映像がたいへん―である」「立場を―にする」

【鮮麗】センレイ あざやかでうるわしいようす。「―な色彩」

【鮮烈】センレツ あざやかで強烈なようす。「―な印象がいつまでも残る」

セン【濺】(18) 氵15 1 6337 5F45 音 セン 訓 そそぐ

意味 ①そそぐ。水をそそぎかける。②水の流れるさま。「濺濺」

【▲濺ぐ】そそぐ 水しぶきなどをふりかける。水などがふりそそぐ。

セン【燹】(18) 火14 1 6401 6021 音 セン 訓 のび・へいか

意味 のび(野火)。また、へいか(兵火)。「兵燹」

下つき 兵燹(ヘイセン)

セン【瞻】(18) 目13 1 6661 625D 音 セン 訓 みる

意味 みる。見上げる。あおぎみる。「瞻仰」「瞻視」

下つき 仰瞻(ギョウセン)

【▲瞻仰】センギョウ ①仰ぎ見ること。見上げること。②仰ぎ尊ぶこと。慕い敬うこと。参考「センゴウ」とも読む。

【▲瞻視】センシ 目を上げて見ること。見上げること。また、その目つき。

【▲瞻望】センボウ はるかに仰ぎ見ること。遠く見渡すこと。「山の彼方(かなた)を―する」

『▲瞻望▲咨▲嗟』センボウシサ はるかに仰ぎ見て、そのすばらしさにため息をつくこと。高貴な人を敬慕し、うらやむこと。「咨嗟」はため息をつく意。〈欧陽脩(オウヨウシュウ)の文〉

【▲瞻る】みる 仰ぎ見る。見上げる。はるかに見やる。「雄大な富士の姿を―る」

セン【蟬】★ (18) 虫12 準1 9166 7B62 音 セン・ゼン 訓 せみ・うつくしい・つづく

〔蝉〕3270 4066

意味 ①せみ。セミ科の昆虫の総称。「蟬脱」②うつくしい。③つづく。つらなる。

下つき 空蟬(うつせみ)・寒蟬(カンセン)・残蟬(ザンセン)・秋蟬(シュウセン)・鳴蟬(メイセン)

【▲蟬】せみ セミ科の昆虫の総称。はねは二対で透明なものが多い。夏、雄は腹部の発音器により大声で鳴く。針状の口で樹液を吸う。幼虫は木の根の養分を吸い、数年から十数年地中にすむ。地上に出た成虫は数週間以内と短命。季夏

『▲蟬は雪を知らず』セミの寿命が短いことから、短命なこと。また、経験が少なく知識がせまいこと。〈『塩鉄論』〉

【▲蟬〈時雨〉】せみしぐれ たくさんのセミがしきりに鳴きたてる声が、時雨の降る音のように聞こえること。季夏

【▲蟬▲蛻】センゼイ ①セミの抜け殻。うつせみ。②「蟬脱(センダツ)」に同じ。

【▲蟬▲噪▲蛙鳴】センソウアメイ ▼蛙鳴蟬噪(アメイセンソウ)(三)

【▲蟬脱】センダツ 俗世間を超越すること。解脱。「―の境に入り迷いはない」参考 セミのぬけがらの意の「蟬蛻(センゼイ)」の誤読からできた語。

セン【簽】(19) 竹13 1 6853 6455 音 セン 訓 ふだ

意味 ①ふだ。はりふだ。見出しなどを書いてつけるふだ。また、標題。「題簽」類 籤(セン) ②しるす。署名する。「簽書」

下つき 題簽(ダイセン)

セン【羶】(19) 羊13 1 7031 663F 音 セン 訓 なまぐさい

意味 なまぐさい。「羶血」

【羶血】センケツ ①なまぐさい血。②肉食する人。

【羶い】なまぐさ-い こってりとしつこい肉のにおいがするさま。

セン【蟾】(19) 虫13 1 7425 6A39 音 セン 訓 ひきがえる・つき

意味 ①ひきがえる。ヒキガエル科の大形のカエル。「蟾蜍(センジョ)」②つき(月)。月にひきがえるがすむという伝説による。「蟾光」③みずさし。文具の一つ。

【蟾蜍】センジョ ①月にすむというヒキガエル。②月の異称。由来 中国古代の女仙人・西王母から不死の薬を盗み、月に逃げた女がヒキガエルに変化したという伝説から。参考「ひきがえる」と読めば別の意になる。

【蟾酥】センソ 生薬の一つ。ヒキガエルなどの皮膚腺(セン)の分泌液からつくられる。強心剤などに用いる。

〈蟾蜍〉ひきがえる ヒキガエル科のカエル。参考「センジョ」と読めば別の意になる。▼蟇蛙(ひきがえる)(二三二)

セン【孅】(20) 女17 1 5349 5551 音 セン 訓 かよわい・こまかい

意味 ①かよわい。たおやか。「孅弱」②ほそい。こまかい。「孅介」類 ①②繊

【孅い】かよわ-い ほっそりしてなよなよしたさま。たおやかで弱々しいさま。

セン【蘚】(20) 艹17 1 7337 6945 音 セン 訓 こけ

意味 こけ。コケ植物の総称。「蘚類」「蘚苔(センタイ)」

下つき 水蘚(スイセン・みずごけ)・蒼蘚(ソウセン)・苔蘚(タイセン)・緑蘚(リョクセン)

【蘚】こけ コケ植物の総称。古木・岩石・湿地などに群生。特に、葉と茎の区別があるコケ植物(蘚類(センルイ))を指す。

【蘚苔】センタイ コケ植物。参考「苔」は葉と茎の区別がないもの(苔類(タイルイ))。

セン【譫】(20) 言13 1 7594 6B7E 音 セン 訓 たわごと・うわごと

意味 くどくどと言う。また、たわごと。うわごと。「譫言」「譫妄」

〈譫言〉うわごと ①高熱などのため正気を失ったとき、無意識に口走る言葉。②無責任な言葉。たわごと。類 ①②譫語(センゴ) 表記「囈語」とも書く。参考「センゲン」とも読む。

【譫語】センゴ「譫言(うわごと)」に同じ。

【譫妄】センモウ 意識障害の一種。意識が混濁し、錯覚や妄想などを伴う。認知症・アルコール依存症などに見られる。参考「センボウ」とも読む。

【譫】たわごと ①でたらめな言葉。とりとめのない言葉。②うわごと。

セン【贍】(20) 貝13 1 7656 6C58 音 セン・ゼン 訓 たす・すくう・たりる

意味 ①たす。たすける。すくう。めぐむ。「贍給」②たりる。ゆたか。「富贍」

下つき 賑贍(シンセン)・富贍(フセン)

【贍給】センキュウ 不足をおぎない、めぐみ与えること。

【贍す】たす ①不足をおぎなう。②めぐみ助ける。めぐむ。

【贍りる】た-りる ①十分にある。②財がゆたかにある。

セン【闡】(20) 門12 1 7981 6F71 音 セン 訓 ひらく・ひろまる・あきらか

意味 ①ひらく。(ア)あける。(イ)ひろ(広)める。ひろまる。「闡弘(センコウ)」②あきらか。明らかにする。「闡明」

【闡明】センメイ はっきりしない道理などを明らかにすること。「本義を—にする」

【闡く】ひら-く 大きくあけひろげる。あけすけにする。

セン【殲】(21) 歹17 1 6151 5D53 音 セン 訓 つくす・ほろぼす

〔殱〕6152 5D54

意味 つ(尽)くす。ほろ(滅)ぼす。つきる。「殲撲」「殲滅」類 殄(テン)

【殲滅】センメツ 残らずほろぼすこと。ほろぼしつくすこと。みな殺し。

【殲くす】つ-くす みな殺しにする。全滅させる。

セン【鐫】(21) 金13 1 7935 6F43 音 セン 訓 ほる・える・うがつ・しりぞける

意味 ①のみ。穴をあける工具。②ほる。える。ほりつける。うがつ。「鐫刻」類 穿(セン) ③ひき下げる。しりぞける。「鐫黜(センチュツ)」④いましめる。忠告を与える。

【鐫録】センロク 心に深く刻んで記憶すること。

【鐫る】ほ-る のみで刻みつける。のみで穴をあける。表記「彫る」とも書く。

セン【饌】(21) 食12 1 8134 7142 音 セン・サン 訓 そなえる・そなえもの

意味 ①そなえる。飲食をすすめる。また、そなえもの。「饌米」②く(食)う。飲食する。

下つき 佳饌(カセン)・嘉饌(カセン)・饋饌(キセン)・酒饌(シュセン)・神饌(シンセン)

【饌える】そな-える 食べ物を取りそろえてごちそうする。ごちそうを並べすすめる。

セン【癬】★(22) 疒17 1 6593 617D 音 セン 訓 たむし・ひぜん

意味 たむし。ひぜん。皮膚病の一種。「皮癬」

下つき 疥癬カイセン・皮癬ヒゼン

セン【顫】(22) 頁13 1 8092 707C 音 セン 訓 ふるえる・おどろく

意味 ①ふるえる。おののく。「顫動」 ②おどろく。

【▲顫動】センドウ 寒さや恐れのために、小刻みにふるえて動くこと。

【▲顫える】ふる－える 寒さや恐れによって手足が小刻みに動く。

セン【籤】(23) ⺮17 1 6862 645E 音 セン 訓 くじ・ひご・くし

〔籖〕 6863 645F

意味 ①くじ。おみくじ。ふだ。占いのふだ。「抽籤」「当籤」 ②うらなう。ためす。③かずとり。ものを数えるときの竹の棒。④くし(串)。物をさし通す竹ぐし。

下つき 牙籤ガセン・抽籤チュウセン・当籤トウセン

【▲籤】くじ 紙片や木片などに記号や文字を記し、そのなかから一つを抜き取らせて等級・当落・吉凶などを決めるもの。「－で席を決める」

【▲籤】ひご 竹を細く割り、削った棒状のもの。提灯チョウチンの骨など細工物に用いる。竹ひご。

セン【▲纖】(23) 糸17 6989 6579 ▼纖の旧字(九一〇)

セン【鱓】(23) 魚12 1 9452 7E54 音 セン 訓 うつぼ・ごまめ

意味 ①うつぼ。ウツボ科の海魚。かわへび。 ②ごまめ。カタクチイワシを干したもの。たづくり。

【〈▲鱓魚〉・▲鱓】うつぼ ウツボ科の海魚。海底の岩の間にすむ。体は細長くウナギに似る。鋭い歯をもち凶暴。タコの天敵。皮はなめし革にする。食用。由来「鱓魚」は漢名から。

【▲鱓】ごまめ カタクチイワシを干したもの。正月や祝儀の料理用。たづくり。「－の魚とと交じり（能力のない者が優秀な人々にまじることのたとえ）」 季 新年

【▲鱓の歯▲軋ぎしり】はぎしり 能力のない者がくやしがったり、いきりたったりしても、どうしようもないたとえ。

セン【韆】(24) 革15 1 8072 7068 音 セン 訓

意味 「鞦韆シュウセン(ぶらんこ)」に用いられる字。

ゼン【冉】(5) 冂3 1 音 ゼン・ネン 訓 しなやか

〔冄〕 4939 5147

意味 ①しなやか。よわい。 ②進む。ゆっくりと行く。「冉冉」 類 漸

【▲冉▲冉】ゼンゼン ①だんだん行き進んでうつりかわるようす。徐々にひたしていくさま。 ②しなやかでやわらかなようす。

ゼン【全】(6) 入4 教 常 8 3320 4134 音 ゼン 外 セン 訓 まったく・すべて

旧字《全》(6) 入4 1/準1

筆順 ノ 入 亼 仐 仝 全

意味 ①まったく。ことごとく。すっかり。「全面」「全体」 ②欠けたところがない。そろっている。「全能」「完全」 ③まっとうする。

下つき 安全アンゼン・完全カンゼン・健全ケンゼン・十全ジュウゼン・大全タイゼン・万全バンゼン・不全フゼン・保全ホゼン

【全て】すべ－て まったく。全部。ことごとく。「－の財産を失う」

【全一】ゼンイツ 完全に一体であるさま。統一しているようす。

【全快】ゼンカイ 病気やけがが完全に治ること。「－祝いに花束をもらう」 類 全治・全癒

【全潰】ゼンカイ ▼ 書きかえ 全壊

【全壊】ゼンカイ 建造物などがすっかりこわれること。 書きかえ 「全潰」の書きかえ字。

【全景】ゼンケイ 見渡せる限り全体の景色。「街の－はすばらしい」

【全権】ゼンケン ①すべての権限。「－を委任する」 ②すべての権力。「－を掌握する」 ③「全権委員」の略。国から外交交渉などに全権をゆだねられている委員。

【全集】ゼンシュウ ①個人の著作をすべてそろえた書物。「夏目漱石なつめそうせき－」 ②同種類や一定の基準で、代表作品を集めた書物。「美術－」

【全書】ゼンショ ある方面について、文献や事項などをすべて集めた書物。「六法－」

【全身】ゼンシン 体すべて。体じゅう。「－を鏡にうつす」 類 満身・渾身コンシン・総身

『全身全霊ゼンシンゼンレイ』 体力と気力のすべて。身も心も全部ということ。「－をささげて研究に取り組む」

【全人】ゼンジン 知識・感情・意志を調和してそなえた人格者。「－教育」 参考 「まとうど」と読めば別の意になる。

【全盛】ゼンセイ 勢力や名声などが、もっとも盛んであること。「－期を迎える」

【全生全帰】ゼンセイゼンキ 体は親からもらったものだから、大切にして一生傷つけないことが一つの親孝行であるということ。〈『礼記ライキ』〉

【全然】ゼンゼン ①まったく。あとに否定の語を伴う。「－終わりそうにない」「－話が通じない」 ②非常に。とても。「－大丈夫です」 参考 ②は俗な言い方。

【全体主義】ゼンタイシュギ 国家や民族など全体の利益が個人の利益に優先するという思想から、個人の自由や権利を抑圧し、全体の目標に総動員する政治体制。ナチズム・ファシズムがその典型。

【全治】ゼンチ 病気や傷などが完全に治ること。「—二か月の骨折」類全快・全癒 参考「ゼンジ」とも読む。

【全知全能】ゼンチゼンノウ あらゆる事を知り尽くし、あらゆる事をなしうる能力のこと。「—の神」

【全日制】ゼンニチセイ 昼間に授業を行う、通常の学校教育の課程。対定時制 参考「ゼンジツセイ」とも読む。

【全能】ゼンノウ すべて可能なこと。また、その能力。「全知—の神」

【全廃】ゼンパイ すべてを廃止すること。全部とりやめること。「核兵器の—を求める」

【全般】ゼンパン 物事の全体。「会則を—的に見直す」「家事—を得意とする」類総体

【全豹一斑】ゼンピョウイッパン 物事の一部分。また一部分だけを見て全体を批評するたとえ。「全豹」はヒョウ(豹)の全体、「一斑」はヒョウの斑点の一つの意。一つの斑点だけを見て、ヒョウ全体を批評する意から。〈『晋書』〉

【全部】ゼンブ ①すべて。全体。「—お話しします」対一部 ②そろいの書物の全体。

【全幅】ゼンプク ①あるだけ全部。あらんかぎり。「—の信頼を寄せる」②幅いっぱい。

【全貌】ゼンボウ 全体のありさま。「事件の—が明かされる」類全容

【全滅】ゼンメツ 残らずほろびること。すべてほろぼすこと。「敵が—した」

【全面講和】ゼンメンコウワ 戦争に参加した全部の国が、戦争を終結して相手の国と条約を結ぶこと。また、ある国が交戦国と条約を結び、戦争を終結すること。対単独講和

【全容】ゼンヨウ 「全貌」に同じ。

【全裸】ゼンラ 何も身につけていないこと。まるはだか。

【全い】まったい ①完全無欠であるさま。「—い形」②安全であるさま。無事であるさま。

せ ゼン

【全く】まったく ①完全に。すっかり。あとに否定の語を伴う。「—関係ない」②実に。ほんとうに。「—そのとおりです」

【全うする】まっとうする 完全に果たす。完全にやりぬく。「天寿を—する」「任務を—する」

【全手葉椎】まてばしい ブナ科の常緑高木。▼馬刀葉椎(一三二一)

〈全人〉まとうど ①正直な人。素直な律儀者。②愚直なさま。ばかなさま。とんま。由来「全たき人(完全な人)」の意から。参考「ゼンジン」と読めば別の意になる。

ゼン【苒】(8) 艹 5 準1 7182 6772 音 ゼン 訓

〔苒〕

意味 ①草がしげるさま。「苒苒」②のびのびになるさま。「荏苒」

下つき 荏苒ジンゼン

ゼン【前】(9) 刂 7 常 教 9 3316 4130 音 ゼン 外セン 訓 まえ 外さき

筆順 丶 丷 䒑 产 肯 肻 前 前 前

意味 ①空間的にまえ。進んでいくほう。正面のほう。「前進」「前面」「眼前」②時間的にまえ。過去。「前人」「前例」「従前」③順序としてまえ。「前座」「前半」「食前」対①〜③後 ④あらかじめ。さきだって。「前借」「前兆」「事前」類先 ⑤わりあて。相当する分量。「一人前」

下つき 以前イゼン・眼前ガンゼン・空前クウゼン・午前ゴゼン・御前ゴゼン・産前サンゼン・事前ジゼン・従前ジュウゼン・食前ショクゼン・神前シンゼン・寸前スンゼン・生前セイゼン・直前チョクゼン・敵前テキゼン・風前フウゼン・仏前ブツゼン・墓前ボゼン・面前メンゼン・目前モクゼン・門前モンゼン・霊前レイゼン

【前】さき ①前方。まのあたり。②以前。過去。もとの。③あらかじめ。

【前衛】ゼンエイ ①軍隊で、警戒や護衛のために前方におかれた部隊。②球技などで、前方で攻撃・守備にあたる者。対①②後衛 ③芸術活動で、伝統にとらわれず先進的・革新的傾向をもつこと。また、その作品。「—絵画」

【前科】ゼンカ ①以前に罪を犯して罰を受けたことがあること。「—者」②以前にした好ましくない行為のたとえ。「遅刻の—がある」

【前駆】ゼンク ウマに乗って先導すること。さきがけ。さきのり。類先駆

【前言】ゼンゲン ①前に言った言葉。「—を取り消す」②先人の言葉。「—往行(先人の言葉と行い)」③前もって将来のことを述べた言葉。

【前古】ゼンコ むかし。いにしえ。「—未曽有(かつてないほど珍しいこと)」

【前後不覚】ゼンゴフカク 物事のあとさきも分からなくなるほど、正体を失うこと。「飲み過ぎて—になる」

【前座】ゼンザ ①コンサートや落語などで、主な演者や真打ちの前に出演すること。また、その人。②落語家の格付けの最下位。

【前栽】センザイ ①木や草花を植えた庭。また、庭先の植え込み。②「前栽物」の略。青物。野菜。

【前菜】ゼンサイ 本格的な料理の前に出される軽い食べ物。オードブル。

【前史】ゼンシ ①対象とする時代の、それ以前の歴史。②有史以前。類先史

【前車】ゼンシャ 前を走っている車。また、前に通過した車。対後車

〖前車の覆るは後車の戒め〗先人の失敗は、後人の戒めになるたとえ。前の車がひっくり返るのを見て、後ろの車が気をつける意から。〈『漢書』〉

〖前車の轍を踏む〗前の人がした失敗と同じ失敗を繰り返すたとえ。「轍」は車が通ったあとの車輪の跡。

【前者】ゼンシャ 並べて述べた二つのものの前のほう。対後者

【前借】ゼンシャク 給料などを、受け取る期日より前に借りること。まえがり。

【前▲哨】ゼンショウ 軍隊が休止している間、敵状を偵察したり敵の奇襲を防いだりするために、本隊の前方に配置する部隊。

【前▲哨戦】ゼンショウセン ①主力の戦闘前に交わす、前哨部隊どうしの小規模なたたかい。②本格的な活動の前にする手始めの活動。小手調べ。

【前身】ゼンシン ①以前の身分・職業。「―を隠す」類前歴 ②組織・団体などの前の形態。③仏この世に生まれる前のからだ。対②③後身

【前進】ゼンシン 前に進むこと。また、改善・進歩すること。対後退・後進

【前人未到】ゼンジンミトウ それまでにだれも到達していないこと。空前の偉業や記録など。「―の大記録を達成した」類前人未踏

【前世】ゼンセ 仏三世の一つ。この世に生まれる前にいた世。対現世・後世・来世 参考「ゼンセイ」と読めば、前の時代・昔の意。

【前線】ゼンセン ①戦場で、敵と直接向かい合うところ。転じて、仕事や運動などの第一線。「営業活動の―に立つ」②気温・湿度などの異なる二つの気団が接触する境界面が、地表と交わる線。不連続線。「寒冷―」

【前代未聞】ゼンダイミモン これまでに一度も聞いたことがない変わったこと、珍しいこと。「―の出来事」

【前兆】ゼンチョウ 前に現れるきざし。事の起こる前ぶれ。「地震の―」

【前提】ゼンテイ ①事が成り立つもととなる条件。「結婚を―とした交際」②推論の基礎となる既知や仮定に関する判断。

【前程万里】ゼンテイバンリ 行く先の道のりが非常に長く遠いこと。また、前途に大きな可能性が開けていること。類前途洋洋

【前▲轍】ゼンテツ 前を進む車のわだち。「―を踏む(前回の失敗と同じ失敗をする)」

【前途】ゼント ①目的地までの道のり。「―はほど遠い」②これから先の人生。将来。

【前途多難】ゼントタナン 行く先に多くの困難や災難が予想されること。「新会社は不況のなか―な船出をした」対前途洋洋

【前途有望】ゼントユウボウ 将来に大いに見込みがあるさま。「―な若者」類前程万里・前途洋洋

【前途洋洋】ゼントヨウヨウ 将来が明るく、希望に満ち満ちているさま。「―たる未来」類前途有望・前程万里 対前途多難

【前任】ゼンニン 前に任務についていたこと。また、その人。「―より引き継ぐ」対後任

【前納】ゼンノウ 支払うべきお金を前もって払うこと。「会費は―のこと」

【前▲膊】ゼンハク 手のひじから手首までの部分。類前腕

【前非】ゼンピ 過去におかしたあやまち。「―を悔いる」類先非

【前方後円墳】ゼンポウコウエンフン 日本の古墳の形式の一つ。前部が方形、後部が円形をした墳丘。瓢塚(ひさごづか)。参考 仁徳(にんとく)天皇陵などが有名。

【前門の虎後門の▲狼】ゼンモンのとらコウモンのおおかみ 一つの災難から逃れたと思ったら、すぐまた別の災難にあうたとえ。表門でトラを防いでいるうちに裏門からオオカミが進入してくる意。《評史》類一難去ってまた一難

【前立腺】ゼンリツセン 男性生殖器の一部。膀胱(ボウコウ)の下にあり、射精管と尿道を囲む腺。精子の運動を活発にする液を分泌する。

【前略】ゼンリャク ①文章を引用する場合に、前の部分を省略すること。②手紙文で、時候のあいさつなどを省くときに使う冒頭の語。

【前歴】ゼンレキ 今に至るまでの経歴。「―を披露する」

【〈前▲胡〉】のだけ セリ科の多年草。由来「前胡」は漢名からの誤用。▼土当帰(のだけ)(一三二)

【前】まえ ①顔の向いているほう。物の正面。「―を向いて座る」「店の―の道路」②物事の始め。先頭。「―のほうの席」③以前。過去。昔。「十年―」④一つ早いこと。「―の社長」⑤人数を表す語について分量を表す。「二人―のすし」⑥前科。

【前で追従(ツイショウ)する者は陰(かげ)で謗(そし)る】 人の面前でこびへつらう者は、陰にまわると平気で悪口を言うものである。

【前頭】まえがしら 相撲の力士の位の一つ。幕内力士のなかで三役より下、十両の上。

【前倒し】まえだおし 予算や施策の実施などを、予定の時期を繰り上げて実行すること。「公共事業費を―する」

【前▲褌】まえみつ 相撲のまわしで、体の前面の横にわたっている部分。前まわし。

【前△以て】まえもって あらかじめ。前から。かねてより。「―用意しておく」

【前厄】まえヤク 厄年の前年。厄年に次いで、忌み慎むべき年とされる。対後厄(あとヤク)

ゼン【△単】(9) 丷6 教 3517/4331 ▼タン(一〇二二)

ゼン【△軟】(11) 車4 常 3880/4670 ▼ナン(一一九一)

ゼン【善】(12) 口9 常 教 5 3317/4131 音ゼン 外セン 訓よい

筆順 丷 䒑 𦍌 𦍌 羊 羊 羔 盖 善 善 (2 … 11)

意味 ①よい。正しい。道理にかなっている。「善行」「善意」対悪 ②よくする。うまく。じゅうぶん。「善処」「善戦」③仲がよい。親しむ。「善隣」「親善」

下つき 改善(カイゼン)・勧善(カンゼン)・偽善(ギゼン)・最善(サイゼン)・至善(シゼン)・次善

せ ゼン

慈善・積善・追善・独善・不善

〈**善知鳥**〉うとう ウミスズメ科の鳥。北日本の沿岸や小島にすむ。ハトぐらいの大きさ。背と胸は黒褐色、腹は白色。くちばしはだいだい色で、繁殖期には上部に突起ができる。

【**善悪**】ゼンアク よいことと悪いこと。また、善人と悪人。「—の判断ができる年齢だ」

『**善悪は友による**』 人は交際する友人しだいで、よくもなるし悪くもなる。友人の影響力が大きいことをいう。類 朱に交われば赤くなる

【**善意**】ゼンイ ①人のためを思う心。親切な心。「—の寄付が集まる」②よい意味。よい面の見方。「—の行為と受け取る」類 ①②好意 ③法律上の事情を知らずにすること。「—の第三者」対 ①〜③悪意

【**善因善果**】ゼンインゼンカ 仏 よい行いには必ずよい果報があるということ。「—を信じて生きる」類 因果応報 対 悪因悪果

『**善言は布帛よりも暖かなり**』 ゼンゲンはフハクよりもあたたかなり よい言葉は、衣服をつけて体を暖めるよりも、なおいっそう身のためになる。〈荀子〉

【**善行**】ゼンコウ 道徳にのっとったよい行い。「—を積む」

『**善行は轍迹無し**』 ゼンコウはテッセキなし 真の善行は、人に目立たないものであることのたとえ。人が歩けば足跡が残り、車ではわだちが残るが、本当に上手に行く人は、わだちや足跡を残さないという意から。〈老子〉

【**善後策**】ゼンゴサク うまくあと始末をつけるための方策。「—を講ずる」

【**善根**】ゼンコン 仏 よい結果を招くようなよい行為。「—を施す」類 善業・善因

【**善哉**】ゼンザイ ①関西ではつぶしあんの入った汁粉。関東では粟や白玉の餅の上に濃いあんをかけたもの。②「善哉よいかな」に同じ。

【**善処**】ゼンショ ①もっともよい方法で処理すること。「早期解決のため—します」②仏 極楽浄土。表記 ②「善所」とも書く。

【**善政**】ゼンセイ 人民のことを考えたよい政治。正しい政治。対 悪政・苛政

【**善戦**】ゼンセン 力の限りよく戦うこと。「—むなしく敗退する」類 健闘 対 苦戦

【**善玉**】ゼンだま 善人。対 悪玉 由来 江戸時代の草双紙などで、円形に描いた人の顔に「善」の字を書いて善人を表現したことから。

【**善導**】ゼンドウ 教えによってよい方向に導くこと。「先生に—されて更生した」

【**善男善女**】ゼンナンゼンニョ 仏 仏法に帰依した男と女。信心深い人々のこと。また、広く一般の善良な人々。

『**善人なおもて往生を遂ぐ、況んや悪人をや**』 ゼンニンなおもてオウジョウをとぐいわんやアクニンをや 善人でさえ極楽往生できるのだから、阿弥陀仏が真に救おうとしている無力な悪人が救われるのはいうまでもないということ。親鸞の悪人正機説。〈歎異抄〉

【**善は急げ**】ゼンはいそげ よいと思ったらためらうことなく、すぐ実行に移すべきだということ。類 思い立ったが吉日 対 悪は延べよ

【**善美**】ゼンビ ①善と美。「真—」②りっぱで美しく技巧的なこと。「この町には—を尽くした建物が多い」

【**善否**】ゼンピ よいこととよくないこと。よしあし。類 良否

【**善良**】ゼンリョウ よい性質。正直でまじめなこと。また、そのさま。「—な市民」

【**善隣**】ゼンリン 隣国どうしや隣家どうしが仲良くすること。また、その隣国や隣家。「—外交政策をとる」

『**善隣友好**』ゼンリンユウコウ 隣国と友人のように仲良くすること。また、隣国と友好的な外交関係を結ぶこと。「常に—の努力を払うよう努める」

『**善を責むるは朋友の道なり**』 ゼンをせむるはホウユウのみちなり 善を行うように相手にすすめることは、真の友として当然なすべきことである。「責むる」は当然なすべきことをすすめる意。〈孟子〉

【**善い**】よい ①道徳的に正しい。「—い悪いをきちんとする」②りっぱである。美しい。「—い景色」③巧みである。うまい。「—く書けた文章」④仲がよい。親しい。「—い友人に恵まれる」

【**善哉**】よいかな ほめる言葉。よいことであるよ。いいなあ。いいぞ。参考「ゼンザイ」とも読む。

『**善く游ぐ者は溺れ善く騎る者は堕つ**』 よくおよぐものはおぼれよくのるものはおつ 人は得意分野で、自信過剰のあまり、油断から失敗することが多いことのたとえ。泳ぎの達者な人がおぼれ、乗馬の得意な人が落馬することがある意から。〈淮南子〉

【**善く善く**】よくよく ①念には念を入れて。十分に。「—考えてのこと」②非常に。きわめて。「—困ることがあるのだろう」③ほんとうにやむをえないさま。よほど。「母があんなに怒るのは—のことだ」

ゼン 【**喘**】 (12) 口 9 1 5135 5343 音 ゼン・セン 訓 あえぐ・せく・せき

意味 ①あえぐ。いきぎれする。②せく。ぜいぜいする。せきこむ。また、せき。「喘息」

下つき 余喘

【**喘ぐ**】あえぐ ①息苦しそうに呼吸する。「長距離走を終えて—ぐ」②生活などに苦しむ。「不況に—ぐ」

【**喘息**】ゼンソク 激しいせきが出るなどして発作的に呼吸困難になる病気。「—もち」

【喘鳴】ゼンメイ 呼気や吸気が気管を通るとき、ぜいぜい、ひゅうひゅうと音を出すこと。また、その音。気管支喘息などの炎症や痰(タン)などにより気道がせばめられたときに起こる。

ゼン【然】(12) 灬8 常 教 7 3319 4133
音 ゼン・ネン
訓 外しかり・しかし・しかも・もえる

筆順 ノ ク タ タ … 然

意味 ①しかり。そのとおり。肯定や同意を示す語。「然諾」「当然」②状態を表す形容詞のあとに添える語。「厳然」「突然」③しかし。しかして。しからば。しかるに。接続の助字。④もえる。類燃

下つき 唖然(アゼン)・已然(イゼン)・依然(イゼン)・隠然(インゼン)・果然(カゼン)・敢然(カンゼン)・毅然(キゼン)・偶然(グウゼン)・決然(ケツゼン)・厳然(ゲンゼン)・公然(コウゼン)・忽然(コツゼン)・雑然(ザツゼン)・釈然(シャクゼン)・純然(ジュンゼン)・整然(セイゼン)・全然(ゼンゼン)・騒然(ソウゼン)・泰然(タイゼン)・断然(ダンゼン)・超然(チョウゼン)・天然(テンネン)・同然(ドウゼン)・突然(トツゼン)・漠然(バクゼン)・判然(ハンゼン)・必然(ヒツゼン)・憤然(フンゼン)・平然(ヘイゼン)・茫然(ボウゼン)・漫然(マンゼン)・未然(ミゼン)・猛然(モウゼン)・悠然(ユウゼン)

〈然程〉さほど それほど。そんなに。たいして。「―悪くない」参考 あとに打ち消しの語を伴う。

〈然迄〉さまで そんなにまで。さほどには。「―難しくない」参考 あとに打ち消しの語を伴う。

〈然様〉さよう ①そのとおり。そのよう。「―でございます」②そうだ。そう。相手の話に同意を示す語。「―、あれは私のしたことです」表記「左様」とも書く。

〈然様〉なら さようなら 別れるときのあいさつ語。由来「さようならば(それならば)別れましょう」の意から。表記「左様なら」とも書く。

【然りとて】さりとて そうはいっても。だが。だとしても。

【然し】しかし ①けれども。なのに。前述の言葉などに対立する事柄を話すときに使う。②それにしても。感嘆を込めた語。「―驚いた」

【然然】しかじか かくかく 長い話を省略するときの語。かくかく。これこれ。うんぬん。表記「云云」とも書く。

【然も】しかも ①そのうえ。さらに。「安くて―品質がよい」②それなのに。それにもかかわらず。「しかられて、―も反省しない」

【然り】しかり そのとおり。そのようである。参考「しかあり」の略。

【然る可き】しかるべき ①当然である。「向こうから挨拶(アイサツ)に来て―きだ」②ふさわしい。適当な。「―き人を選出する」

【然諾】ゼンダク 引き受けること。「―を重んじる(一度引き受けたことは何があってもやりとげる)」類承諾

ゼン【禅】(13) ネ9 常 準2 3321 4135
音 ゼン 外セン
訓 外ゆずる
旧字《禪》(17) 示12 1/準1 6724 6338

筆順 ラ ネ … 禅

意味 ①ゆずる。天子が位を譲る。「禅位」「禅譲」②仏教の一派。禅宗のこと。③精神を統一して真理を悟ること。「禅定」「禅僧」「座禅」

下つき 座禅(ザゼン)・参禅(サンゼン)・受禅(ジュゼン)・封禅(ホウゼン)

【禅刹】ゼンサツ ①禅宗の寺。禅寺。②寺院。「―に先祖の墓参りに行く」

【禅師】ゼンジ ①僧や法師に対する敬称。②朝廷から賜った高徳の禅僧の称号。「一休―」③禅定(ゼンジョウ)により修行した高僧。

【禅宗】ゼンシュウ 仏教の宗派の一つ。瞑想(メイソウ)して心身を統一する座禅を宗とする。日本には臨済(リンザイ)宗・曹洞(ソウトウ)宗・黄檗(オウバク)宗がある。

【禅杖】ゼンジョウ 座禅で眠気をもよおしたときに、修行僧がたたいて戒めるための、先にやわらかい球のついた竹の杖(つえ)。

【禅定】ゼンジョウ 仏 ①静かに座禅を組み真理を悟るための修行法。瞑想(メイソウ)。②行者(ギョウジャ)などが富士山など霊山に登ってする修行。

【禅譲】ゼンジョウ ①古代中国で、天子の位を世襲でなく有徳者に譲ること。②権力者がその地位を後継者に譲ること。類譲位

〔禅譲放伐〕ゼンジョウホウバツ 古代中国で、王朝が交代するときの二つの手段のこと。一つは天子が徳のある者におだやかに位をゆずる「禅譲」で、「放伐」は、悪虐な君主を徳のある者が武力で討伐し、新王朝を建てること。参考「禅譲」は『書経』に、「放伐」は『孟子(モウシ)』にある言葉。

【禅問答】ゼンモンドウ ①禅宗で、修行僧と師とが一問一答をして教義を会得(エトク)すること。②わかったようなわからないような難解な受け答え。ちぐはぐで真意のつかみにくい問答。

【禅る】ゆずる 天子がその位をゆずる。譲位する。

ゼン【漸】(14) 氵11 常 準2 3318 4132
音 ゼン 外ザン
訓 外ようやく・すすむ・やや

筆順 氵 … 漸

意味 ①ようやく。しだいに。「漸次」「漸増」②すすむ。少しずつ進む。「東漸」「漸進」

下つき 西漸(セイゼン)・積漸(セキゼン)・東漸(トウゼン)

【漸む】すすむ 徐々に進行する。じりじりと増していく。

【漸減】ゼンゲン 徐々に減ること。「若年人口は―している」類逓減(テイゲン) 対漸増

【漸次】ゼンジ しだいに。だんだん。「病気は―快方に向かった」参考「ザンジ」は誤読。

【漸進】ゼンシン だんだんに進むこと。「―的な解決方法」対急進

【漸増】ゼンゾウ しだいに増えること。少しずつ増やすこと。「福祉予算を―する」類逓増(テイゾウ) 対漸減

【漸入佳境】ゼンニュウカキョウ 話や状況などがしだいに興味深い箇所にさしかかって行くこと。故事 中国、晋(シン)の画家顧愷之(コガイシ)は、サトウキビを食べるとき、必ず先のまずい部分から食べ始めて根元のおいしい部分を最後にかじった。人がその理由を尋ねると、「だんだん佳境に入るから」と答えたという故事から。〈『晋書(シンジョ)』〉 参考「漸入」は「漸至」とも書く。

【漸落】ゼンラク 徐々に落ちること。物価などが下落すること。対 漸騰

【△漸】やや ①いくらか。すこし。「―小さめ」「―寒い」 ②すこし時間があるさま。しばらく。「―あって電話がきた」 ③ようやく。 表記「稍」とも書く。

【△漸く】ようやく ①しだいに。だんだん。すこしずつ。「―春らしくなった」 ②とうとう。ついに。念願のかなうようす。「―合格した」 ③かろうじて。どうにか。「―間に合った」

ゼン【髯】(14) 髟4 1 9320 7D34 音 ゼン 訓 ひげ・ほおひげ

〔髯〕8189 7179

意味 ひげ。ほおひげ。「鬚髯(シュゼン)」

下つき 紅髯(コウゼン)・鬚髯(シュゼン)・霜髯(ソウゼン)・頬髯(ほおひげ)

【髯虜】ゼンリョ ひげを生やしたえびすの意で、西洋人をさげすんでいう語。

【▲髯】ひげ ほおひげ。

ゼン【膳】(16) 月12 常 2 3323 4137 音 ゼン 外セン 訓 外そなえる・かしわ

筆順 丿 月 月 月' 月'' 胖 胖 胖 膳 膳 膳

意味 ①料理をのせる台。「食膳」「配膳」 ②とりそろえた料理。「膳部」「御膳」 ③そな(供)える。 ④食器に盛ったごはんや一対の箸(はし)を数える語。

下つき 客膳(キャクゼン)・饗膳(キョウゼン)・食膳(ショクゼン)・配膳(ハイゼン)・本膳(ホンゼン)

【△膳・〈膳夫〉】かしわで 古代、宮中で食事の準備をした人。料理人。また、食膳を供えること。由来 昔、カシワの葉を食器に用いたことから。「で」は「手」で、人の意。

【△膳△司】かしわでのつかさ 昔、宮中などで料理をつかさどった役所。また、その役職。

【膳羞】ゼンシュウ「膳部(ゼンブ)」に同じ。参考「羞」は、食物を供えすすめる意。

【膳部】ゼンブ ①膳にのせるごちそう。料理。類 膳羞(ゼンシュウ) ②料理をつかさどる人。料理人。調理人。

ゼン【▲禪】(17) 礻12 6724 6338 ▼禅の旧字(九一七)

ゼン【繕】(18) 糸12 常 3 3322 4136 音 ゼン 外セン 訓 つくろう

筆順 糸 糸' 糸'' 絆 絆 絆 絆 繕 繕 繕

意味 つくろう。なおす。修理する。「修繕」

下つき 営繕(エイゼン)・修繕(シュウゼン)・補繕(ホゼン)

【繕う】つくろう ①破れたり壊れたりしたところをなおす。「かぎざきを―う」 ②よそおう。うわべをととのえる。「身なりを―う」 ③体裁よく整える。その場を切り抜ける。とりつくろう。「急場を―って事なきを得た」

ゼン【蠕】(20) 虫14 1 7432 6A40 音 ゼン・ジュ 訓 うごく・うごめく

意味 うごく。うごめく。かすかに動く。はう。虫がはい歩く。「蠕動」

【▲蠕動】ゼンドウ ①うごめくこと。虫が動くこと。類 蠢動(シュンドウ) ②筋肉が収縮してできる波が徐々に動いていく運動。消化器官などに見られる。蠕動運動。「ミミズは―運動によって移動する」

センじる【煎じる】(13) 灬9 常 3289 4079 ▼セン(九〇五)

センチグラム【甅】(14) 瓦9 国 1 6513 612D 音 訓 センチグラム

意味 重さの単位。センチグラム。一グラムの一〇〇分の一。

センチメートル【糎】(15) 米9 国 準1 3324 4138 音 訓 センチメートル

意味 長さの単位。センチメートル。一メートルの一〇〇分の一。

センチリットル【竰】(14) 立9 国 1 6782 6372 音 訓 センチリットル

意味 容量の単位。センチリットル。一リットルの一〇〇分の一。

ぜんまい【▲薇】(16) 艹13 7315 692F ▼ビ(一二九三)

そ 曽 ソ 曽

ソ【咀】(8) 口5 1 5082 5272 音 ソ・ショ 訓 かむ・あじわう

意味 かむ。かみくだく。また、あじわう。理解する。「咀嚼(ソシャク)」

【▲咀む】かむ 上下の歯を何度も合わせてつぶす。かみくだく。また、かんで味わう。

【▲咀▲嚼】ソシャク ①食べ物をかみくだくこと。「よく―して食べる」 ②物事や文章などを深く味わい理解すること。「理論を―する」 参考「咀」「嚼」ともにかみくだく意。

ソ【姐】(8) 女5 準1 1625 3039 音 ソ・シャ 訓 あね・あねご・ねえ

意味 ①あね(姉)。また、女子の通称。「小姐」 ②あねご(姐御)。あねさん。ねえさん。 参考「姐(ダ)」は別字。

【▲姐】あね ①女きょうだいの年長者。②「姐御」に同じ。「―さん」

【▲姐御】あねゴ 親分・兄貴分の妻、また、親分肌の女性に対する呼称。あね。表記 自分の姉を親しみを込めて呼ぶときは、多く「姉御」と書く。

【▲姐さん】ねえさん ①旅館・飲食店などで働く女性の呼称。また、芸者の先輩や親分肌の女性の呼称。②姉の敬称。③女性を親しんでいう呼称。表記 ②③多く「姉さん」と書く。

ソ【岨】(8) 山5 準1 3327 413B 音 ソ 訓 そば・そばだつ

意味 ①いしやま。土をかぶった石山。類 砠(ショ) ②そばだつ。けわしい。「嶮岨(ケンソ)」③山のけわしい所。そば。そわ。「岨道」

書きかえ ②「阻」に書きかえられるものがある。

下つき 嶮岨(ケンソ)

【▲岨】そば 山の切り立った所。絶壁。断崖(ダンガイ)。切り岸。参考「そわ」とも読む。

【▲岨〈清水〉】そばしみず 山の切り立ったような所から流れる清水。季 夏

【▲岨道】そばみち 切り立った山のけわしい道。参考「そわみち」とも読む。

ソ【徂】(8) 彳5 1 5541 5749 音 ソ 訓 ゆく・しぬ

意味 ゆく。しぬ。おもむく。去る。「徂歳」「徂逝」

【▲徂春】ソシュン 過ぎ去っていく春。行く春。季 春 参考「徂」は先へ進んでいく意。

【▲徂来】ソライ 行き来すること。表記「徂徠」とも書く。類 去来・往来

【▲徂く】ゆく ①一歩ずつ進んでいく。おもむく。②去る。また、死ぬ。

ソ【泝】(8) 氵5 1 6191 5D7B 音 ソ 訓 さかのぼる

意味 さかのぼる。流れにさからってのぼる。「泝沿」「泝江」

ソ【▲沮】(8) 氵5 6192 5D7C ▼ショ(七二七)

ソ【狙】(8) 犭5 常 2 3332 4140 音 ソ 訓 ねらう 外 さる

筆順 ノ 犭 犭 犭 犭 犭 犭 狙

意味 ①ねらう。うかがう。「狙撃」②さる(猿)。てながざる。「狙公」

【狙撃】ソゲキ ねらいうつこと。「物陰から銃で―する」

【狙公】ソコウ サルを飼う人。また、猿まわし。

【狙▲猴】ソコウ サルの別称。参考「狙」「猴」ともにサルの意。

【狙う】ねらう ①目標を定める。「銃で―う」②機会をうかがう。「手に入れるすきを―う」③めざす。「チーム優勝を―う」

ソ【阻】(8) 阝5 常 3 3343 414B 音 ソ 訓 はばむ 高 外 けわしい・へだたる

筆順 ㇇ 了 阝 阝 阝 阝 阝 阻

意味 ①けわしい。けわしいところ。「険阻」②はばむ。へだてる。へだたる。さまたげる。「阻害」「阻隔」「阻止」

書きかえ 「沮(ソ)」の書きかえ字。また、「岨(ソ)」の書きかえ字として用いられるものがある。

下つき 悪阻(ソオ・つわり)・艱阻(カンソ)・険阻(ケンソ)

【△阻しい】けわしい 障害物が重なり、そそり立つさま。山や道が障害物にはばまれてせまく、行きがたいさま。「―い山道」

【阻害・阻▲碍】ソガイ さまたげること。じゃまをすること。「社会の発展を―する」

【阻隔】ソカク じゃまをしてへだてること。また、遠くへだたっていること。「友好を―する諸問題」

【阻却】ソキャク 進路などをはばみ、しりぞけること。また、はばまれ退却すること。「違法性を―する」

【阻止】ソシ さまたげ、やめさせること。「侵入を―する」書きかえ「沮止」の書きかえ字。

【阻喪】ソソウ 気力がくじけ、元気をなくすこと。「最初の失敗で意気―する」書きかえ「沮喪」の書きかえ字。

【阻塞】ソソク へだててふさぐこと。さえぎり、ふさぐこと。

【阻む】はばむ さまたげて止める。じゃまをする。「連勝を―む」「悪天候に―まれて登頂を断念した」

ソ【俎】(9) 人7 1 4857 5059 音 ソ・ショ 訓 まないた

意味 まないた。料理する板の台。「俎上」「刀俎」

下つき 尊俎(ソンソ)・鼎俎(テイソ)・刀俎(トウソ)

【▲俎上】ソジョウ まないたの上。「―に載せる(対象として取り上げる)」

【▲俎上の肉】他人に運命がすべて握られ、身動きがとれない状態のたとえ。まないたの上に置かれた、料理直前の魚肉の意から。〈『史記』〉類 俎板(まないた)の鯉(こい)

【▲俎豆】ソトウ ①中国古代の祭器で、供物の肉を載せる台の俎と、食物を盛るたかつきの豆(トウ)。また、祭器一般。②偉い人としてまつりあげること。また、祭り。儀式。

【▲俎・〈▲俎板〉】まないた 食べ物をきざむときに使う台。表記「真魚板」とも書く。由来 真魚(まな)を料理する板の意から。

ソ【怎】(9) 心5 1 5567 5763 音 ソ・シン・ソウ 訓 いかで

意味 いかで。どうして。原因・理由を問う語。

ソ
【祖】
(9) ネ 5 教 常 6 3336 / 4144

音 ソ
訓 外 おや・じじ・はじめ

旧字〘祖〙(10) 示 5 1/準1 8925 / 7939

筆順 、ラネネ礻礼祁祁祖祖

意味 ①せんぞ。血筋・家系のもと。「祖先」「高祖」 ②じじ。父の父。また、父または母の親。「祖父」「祖母」 ③もと。はじめ。物事を始めた人。「祖師」「教祖」 ④大もとを受けつぐ。「祖述」 ⑤道中の安全を守る神。「道祖神」

下つき 開祖(カイソ)・外祖(ガイソ)・家祖(カソ)・元祖(ガンソ)・教祖(キョウソ)・皇祖(コウソ)・始祖(シソ)・先祖(センゾ)・曽祖(ソウソ)・太祖(タイソ)・鼻祖(ビソ)・父祖(フソ)

〈祖父〉(おおじ) ①父母の父。おじいさん。対 祖母 ②年をとった男性。由来「おおちち」の転。参考「ソフ・じい・じじ」とも読む。

〈祖母〉(おおば) ①父母の母。おばあさん。対 祖父 ②年をとった女性。由来「おおはは」の転。参考「ソボ・ばあ・ばば」とも読む。

[△祖](おや) その家系の初代の人。始祖。また、先祖の人々。

[祖語](ソゴ) 同じ系統である諸言語のおおもとの言語。イタリア語・フランス語に対するラテン語など。類 母語

[祖考](ソコウ) ①亡き祖父や父。対 祖妣(ソヒ) ②祖先。参考「考」は亡き父の意。

[祖国](ソコク) ①祖先から住んできた国。また、自分の生まれた国。類 母国 ②移住した民族が、もと住んでいた国。類 本国

[祖師](ソシ) 宗派を開いた高僧。禅宗の達磨(ダルマ)、日蓮(にちれん)宗の日蓮など。類 宗祖・開祖

[祖述](ソジュツ) 先人の道を受け継いで述べること。「師の説を―する」

[祖先](ソセン) ①家系の第一代。先祖。類 初代・始祖 ②家系の初代から亡くなった先代までの人々。先祖。対 子孫・後裔(コウエイ)

[祖父母](ソフボ) 祖父と祖母。父母の父母。おじいさんとおばあさん。

ソ
【胙】
(9) 月 5 1 7082 / 6672

音 ソ
訓 ひもろぎ

意味 ①ひもろぎ。神に供える肉。そなえもの。「胙余」 ②さいわい。さいわいする。類 祚(ソ)

下つき 祭胙(サイソ)

[▲胙](ひもろぎ) 供物として神に供える肉。祭りが終わると分配される。

ソ
【梳】
(10) 木 6 1

音 ソ・ショ
訓 くしけずる・すく・とく・くし

〔梳〕5964 / 5B60

意味 ①くしけずる。髪をすく。②くし。目のあらいくし。

[▲梳る](くしけずる) 「梳(す)く」に同じ。

[▲梳▲櫛](すきぐし) 髪をすくのに使う、歯の細かいくし。

[▲梳毛](すきげ) 整髪用の毛の束。毛髪の中に入れて髪を整えたり、梳櫛(すきぐし)にはさんで汚れをとったりする。参考「ソモウ」と読めば別の意になる。

[▲梳く](すく) 髪にくしを通す。髪をとかす。くしけずる。「長い髪を―く」

[▲梳毛](ソモウ) ヒツジなど動物の毛をすいて長さをそろえ、縮れを伸ばして平行にそろえること。また、その毛。「―機」参考「すきげ」と読めば別の意になる。

[▲梳く](とく) 髪にくしを入れて整える。髪の乱れを整える。髪をとかす。

ソ【▲祖】(10) 示 5 8925 / 7939 ▼祖の旧字(九二〇)

ソ
【祚】
(10) 示 5 1 6715 / 632F

音 ソ
訓 さいわい・くらい・とし

意味 ①さいわい。しあわせ。「天祚」 ②くらい。天子の位。「皇祚」 ③とし(年)。「年祚」

下つき 皇祚(コウソ)・践祚(センソ)・天祚(テンソ)・福祚(フクソ)

[▲祚い](さいわい) しあわせ。神から授けられた幸福。天のめぐみ。

ソ
【租】
(10) 禾 5 常 準2 3337 / 4145

音 ソ
訓 外 みつぎ・ちんがり

筆順 ノ二千禾禾利和和和租

意味 ①みつぎ。ねんぐ。税。「租税」「地租」 ②金銭をはらって借りる。ちんが(賃借)り。「租界」「租借」

下つき 官租(カンソ)・地租(チソ)・田租(デンソ)・負租(フソ)

[租界](ソカイ) 中国にあった外国人の居留地。第二次世界大戦終了まで海港都市に設けられていた。主権は中国がもち、行政・警察権はその外国が握っていた。

[租借](ソシャク) 他国の領土の一部を、一定期間借りて治めること。「―地」

[租税](ソゼイ) ①国・地方自治体が経費をまかなうため、住民や団体から強制的に徴収する金銭。税金。「―を納めるのは国民の義務である」 ②租と税。古代には、物納と労役があった。

[租賦](ソフ) 役所が人々に割り当てる租税。年貢。みつぎ。類 貢賦 参考「租」は田畑や土地にかかる年貢、「賦」は労役や物品によるみつぎの意。

[租庸調](ソヨウチョウ) 律令(リツリョウ)体制下での徴税法。租は田地からとれるイネの一部、庸は一定期間の労役またはそれに代わる絹などの布、調は特産物で納入する。中国唐代の税制をもとにして施行されたもの。

ソ
【素】
(10) 糸 4 教 常 6 3339 / 4147

音 ソ・ス(中)
訓 外 もと・もとより・しろい

筆順 一十キ主丰圭妻妻素素

意味 ①しろぎぬ。白い絹。「素衣」②しろ(白)い。染色していない。「素糸」③ありのまま。もって生まれたまま。飾り気がない。「素顔」「素朴」「質素」④もと。はじめ。もとになるもの。「素因」「要素」「元素」⑤簡単な。あっさりとした。「素読」「素描」⑥もとより。つねづね。ふだん。「素行」「平素」⑦元素の名につける語。「塩素」「水素」

下つき 塩素(エンソ)・画素(ガソ)・簡素(カンソ)・珪素(ケイソ)・硅素(ケイソ)・倹素(ケンソ)・元素(ゲンソ)・酵素(コウソ)・酸素(サンソ)・色素(シキソ)・質素(シッソ)・臭素(シュウソ)・水素(スイソ)・炭素(タンソ)・窒素(チッソ)・毒素(ドクソ)・尿素(ニョウソ)・砒素(ヒソ)・弗素(フッソ)・平素(ヘイソ)・沃素(ヨウソ)・要素(ヨウソ)

【素地】きじ ①生まれつきの性質や状態。「思わずーが出る」②化粧をしていない肌。素肌・素顔。③釉(うわぐすり)をつける前の陶磁器。素焼き。④織物の地質。また、布地。⑤パン・ピザなどを作るときの、小麦粉をこねた材料。表記「生地」とも書く。参考①「ソジ」とも読む。

【〈素湯〉】さゆ 水を沸かしただけで何も入れていない、飲むための湯。表記「白湯」とも書く。

【〈素▲馨〉】ジャスミン モクセイ科ソケイ属の植物の総称。つる性または低木が多い。熱帯・亜熱帯原産。夏、芳香のある白・黄色の花をつける。花から香料をとる。ソケイ・マツリカ・オウバイなど。季夏 由来「素馨」は漢名から。表記「耶悉茗」とも書く。参考「ソケイ」とも読む。

【〈素面〉】しらふ 酒を飲んでいない平常なさま。また、そのときの状態や顔。素顔。「ーで話し合おう」表記「白面」とも書く。参考「スメン」とも読む。

【〈素魚〉】しろうお ハゼ科の海魚。各地の沿岸にすむ。春、川をさかのぼり小石に産卵する。淡黄色の半透明で、死ぬと白くなる。シラウオは別種。イサザ。季春 表記「白魚」とも書く。

【〈素人〉】しろうと ①そのことを職業にしていない人。また、経験の乏しい人。アマチュア。②芸者やホステスなどではない、ふつうの女性。対①②玄人(くろうと)

【素足】スあし ①くつ下などをはいていない、むき出しの足。「冬もーのままだ」②履物をはいていない足。「土の上をーで歩く」「ーで外に飛び出す」類裸足(はだし)

【素▲袷】スあわせ 襦袢(ジュバン)(和服用の下着)を着ないで、素肌にあわせの着物を着ること。季夏

【素謡】スうたい 能楽の演奏形式の一つで、囃子(はやし)や舞なしで謡曲をうたうこと。

【素▲襖・素▲袍】スオウ 直垂(ひたたれ)の変化した衣服。麻地に家紋を染め出したもの。室町時代に庶民が平服として常用したものが、武士も着るようになり、江戸時代には下級武士の礼服となった。

〔素襖(スオウ)〕

【素顔】スがお ①化粧をしない顔。「ーの美しさにまさるものはない」類地顔 ②飾らない、ありのままの状態。「日本のーを紹介する」③「素面(しらふ)」に同じ。

【素寒貧】スカンピン 非常に貧乏なこと。また、その人。無一文。「ーで一円のお金もない」参考「素寒貧」は当て字。

【〈素▲戔▲嗚尊〉】すさのおのみこと 日本の神話で、伊弉諾尊(いざなぎのみこと)と伊弉冉尊(いざなみのみこと)の子、天照大神(あまてらすおおみかみ)の弟。粗暴で高天原(たかまがはら)から追放されたが、出雲国(いずものくに)で八岐大蛇(やまたのおろち)を退治し、その尾から天叢雲剣(あまのむらくものつるぎ)を手に入れ、天照大神に献上したとされる。表記「須佐之男命」とも書く。

【素性・素生・素姓】スジョウ ①生まれながらの血筋や家柄。また、育った経歴や環境。「ーの知れない人」②由緒。来歴。いわれ。「ーのはっきりした名器です」表記「種姓」とも書く。

【素っ頓狂】スットンキョウ 突然ひどく調子はずれの言動をすること。間の抜けたさま。「ーな声をあげる」

【素っ破抜く】スッパぬく 人の秘密などを出し抜けにあばいて、知れわたるようにする。「内情をーく」

【素手】スで ①手に何もつけず、何も持っていないこと。「ーで魚をつかむ」②武器を持っていないこと。からて。「ーで強盗に立ち向かう」

【素敵・素的】ステキ 非常にすぐれていて、心引かれるさま。すばらしいこと。「ーなドレス」参考「素敵」は当て字。

【素直】スなお ①穏やかで、逆らわないさま。「ーに言うことを聞く」類温順 ②ありのままで、ひねくれていないさま。「ーな性格」類純真 ③癖のないさま。「ーな髪」「ーな字を書く」

【素肌・素△膚】スはだ ①化粧をしていない肌。「ーの美しい女性」②下着をつけていない肌。「ーにTシャツを着る」

【素晴らしい】スばらしい ①感嘆するほど、非常にすぐれているさま。たいそうりっぱなさま。「ーい出来ばえ」②程度がはなはだしいさま。「ーく元気な老人」

【素面】スメン ①剣道や能などで、面をつけていないこと。②「素面(しらふ)」に同じ。

【素焼】スやき ①陶磁器で、釉(うわぐすり)をかけないで低温で焼くこと。また、その陶磁器。「ーの茶碗(チャワン)」②魚などを、調味料をつけずに焼くこと。また、その焼いたもの。しらやき。「ーの鰻(うなぎ)」

【〈素破〉】すわ さあ。そら。突然のことに驚いて出す語。「ー天下の一大事」表記「驚破」とも書く。

【素案】ソアン 原案より前の、もとになる考え。「ーをたたき台に、原案を練る」対成案

【素衣】ソイ 模様のない白い衣服。また、白絹の着物。

【素意】ソイ かねてからの意志。日ごろから抱いている考え。「ーを達する」類素志

【△素麺】ソウメン 小麦粉を塩水でこね、植物油を塗って細くのばし、切って乾燥させた食品。ゆでて食べる。「—流し」表記「索麺」とも書く。

『△素麺で首くくる』ありえないこと、できるはずがないことのたとえ。

【素懐】ソカイ 以前から抱いている願い。特に仏教で、出家や極楽往生の願い。素願。「—を果たす」類宿願・宿望・素志

【素△馨】ソケイ 「素馨(ジャスミン)」に同じ。

【素行】ソコウ ふだんの行い。日ごろの品行。「—調査」類操行

【素材】ソザイ ①もとになる材料。「新しい—を使った商品」「—の味を生かした料理」②芸術創作の材料。自然や人の行動・感情など。「民話を—にした演劇」類題材

【素△餐】ソサン 仕事もしないで、また功績や才能もないのに、高い地位について俸禄(ホウロク)を受け取っていること。類徒食・素食

【素子】ソシ 電気回路や機械回路のなかで、重要な役割をもつ個々の部品。コンデンサー・トランジスターなど。

【素志】ソシ 日ごろから抱いている志。平素からの願い。「—を貫く」類素意・宿志

【素地】ソジ ①もととなるもの。土台。「画家としての—がある」類基礎・下地 ②「素地(きじ)」①に同じ。参考「ソチ」とも読む。

【素質】ソシツ 生まれつきの性質。特に、将来発展するもととなる性質。多く、特殊な能力についていう。「画家の—がある」類資質

【素車白馬】ソシャハクバ 古代中国で葬儀に用いられた馬車。転じて、死を覚悟して降伏・謝罪すること。「素車」は飾りのない白木の車、「白馬」はそれを引く白いウマ。〈『史記』〉

【素読】ソドク 文章の内容・意義などを考えず、ただ声に出して読むこと。「全員で『論語』の—を行う」

【素描】ソビョウ 木炭・鉛筆などで、おおまかに物の形や明暗を描くこと。また、その絵。デッサン。「静物を—する」対彩画 参考「スがき」とも読む。

【素封家】ソホウカ 代々続く財産家。大金持ち。「町の—として知られる」類資産家・富豪 参考「素」は何もない、「封」は領土の意で、位も領地もないが大名と同じくらい財産があることをいう。

【素朴・素△樸】ソボク ①飾り気がなく素直なさま。「—な好青年」類質朴・純朴 ②単純なさま。原始的なこと。「—な疑問」「—な造りの小屋」

【素養】ソヨウ ふだんから養っている技能や教養。たしなみ。「絵の—がある」類心得

【素粒子】ソリュウシ 物質を構成する基礎の単位で、それ以上分解できないとされる最も微細な粒子。電子・陽子・中性子など。

【素練】ソレン 白いねり絹。ねり絹は精練した絹の布。また、ねり糸で織った絹織物。

〈素見〉す ひやかす 買う気がないのに、商品を見たり値段を聞いたりすること。「夜店を—して歩く」表記「冷やかす」とも書く。

【△素】もと ①はじめ。②手を加えないもの。③根本になるもの。物を生みだす材料となるもの。参考本来は、白い糸・白い絹の意。

【△素より】もとより ①はじめから。もともと。②言うまでもなく。もちろん。「—覚悟のうえ」

ソ【措】(11) 扌8 常 3 3328 413C 音ソ 訓外おく・はからう

筆順 一 十 扌 扌一 扌艹 扌⁶ 拱 措 措 措

意味 ①おく。すえおく。とりはからう。「措辞」「措置」②ふるまう。ふるまい。「挙措」

下つき 挙措(キョソ)

【△措く】おく ①やめる。そのままにしておく。さしおく。②すえつける。しかるべくはからう。

【措辞】ソジ 詩文などで、文字や言葉の使い方。また、配置のしかた。言いまわし。

【措大】ソダイ ①すぐれた書生。②貧乏な書生。貧しい読書人。多く、さげすみの意を込めていう。表記「醋大」とも書く。

【措置】ソチ 解決するように取り計らうこと。「適切な—をとる」「入場制限などの—は当然だ」「緊急—」類処置

【措定】ソテイ ①あるものを対象、または存在として肯定し、その内容を規定すること。②哲学で、自明なもの、また、仮定として肯定的に主張すること。

ソ【△曽】(11) 曰7 常 3330 413E ▼ソウ(九二九)

ソ【粗】(11) 米5 常 3 3338 4146 音ソ 訓あらい 外ほぼ

筆順 丷² 䒑 半 米 米 米J 粗 粗 粗 粗

意味 ①あらい。おおざっぱな。そまつ。「粗雑」「粗暴」類疏・疎 対精・密 ②ほぼ。あらまし。「粗方」③相手に差し出す品に添えて、謙譲の意を表す語。「粗茶」「粗品」

下つき 精粗(セイソ)

【粗】あら ①魚肉を料理に使った残りの頭や骨など。「鰤(ぶり)の—を大根と煮る」②欠点。落ち度。「—探し」

【粗い】あらい ①粒やすき間が大きい。「豆を—くひく」「布目の—い服」②なめらかでない。「手ざわりが—い」③おおざっぱである。「経費を—く見積もる」表記「麤い」とも書く。

【粗方】あらかた だいたい。おおよそ。あらまし。「議員の—が賛成する」「一〇〇人ほどいる」類大方(おおかた)

【粗金】あらがね　掘りだしたばかりで、精錬していない金属。特に、鉄を指す。なまがね。表記「鉱」とも書く。

【粗壁】あらかべ　下塗りをしただけの壁。表記「荒壁」とも書く。

【粗皮】あらかわ　①樹木や果実などの表面の固い皮。対甘皮　②獣皮のまだなめしていない皮。表記「荒皮」とも書く。

【粗△薦】あらこも　マコモなどで編んだ、編み目のあらいむしろ。類粗莚(あらむしろ)　表記「荒薦」とも書く。参考「あらごも」とも読む。

【粗探し・粗捜し】あらさがし　人や物事の欠点・過失をことさらに見つけだすこと。「作品の―をする」

【粗塩】あらじお　精製していない、粒のあらい塩。「―で青菜を漬ける」参考「あらしお」とも読む。

【粗筋】あらすじ　物語や計画などのおおまかな筋。あらまし。「小説の―」類概略・梗概(コウガイ)　表記「荒筋」とも書く。

【粗▲栲】あらたえ　織り目のあらい粗末な布。対和栲(にきたえ)・和妙(にきたえ)　表記「荒妙」とも書く。

【粗土】あらつち　こなれていない、あらい土。壁のあら塗りに用いる土。表記「荒土」とも書く。

【粗▲砥】あらと　刃物などをざっと研(と)ぐのに用いる、きめのあらい砥石。対真砥(まと)　表記「荒砥」とも書く。

【粗煮】あらに　魚類の頭や骨などのあらを醤油(ショウユ)で甘辛く煮つけた料理。「鯛(たい)の―」

【粗利益】あらリエキ　売上代金から原価を差し引いただけの、おおまかな利益。売上総利益。粗利(あらり)。表記「荒利益」とも書く。

【〈粗▲榧〉】いぬがや　イヌガヤ科の常緑低木。由来「粗榧」は漢名から。▼犬榧(いぬがや)(四二七)

【〈粗目〉】ざらめ　「粗目糖」の略。結晶のあらい、ざらざらした砂糖。

【〈粗目〉雪】ざらめゆき　ざらめ糖のように粒のあらい積雪。春の日中にとけた雪が夜間に再び凍り、それを繰り返すうちにできる。季冬

【粗悪】ソアク　雑なつくりで質の悪いこと。また、そのさま。「安物には―品が多い」類粗雑　対精巧

【粗衣粗食】ソイソショク　貧しい暮らし。質素なそまつな衣服とそまつな食事の意から。「―に耐える」類節衣縮食　対暖衣飽食

【粗▲肴】ソコウ　そまつな酒のさかな。客などに料理をすすめるときにへりくだっていう語。「―ではございますが」

【粗▲忽】ソコツ　①そそっかしいこと。軽はずみなこと。また、そのさま。「―者」類軽率　②不注意によっておこす誤り・過失。「―をわびる」類粗相

【粗雑】ソザツ　おおざっぱで、いいかげんなこと。また、そのさま。「―に扱う」類杜撰(ズサン)　対綿密・精密・丹念

【粗▲餐】ソサン　そまつな食事。また、人に出す食事をへりくだっていう語。「―を差し上げたい」類粗飯

【粗品】ソしな　そまつな品物。人に物を贈るときにへりくだっていう語。「―進呈」参考「ソヒン」とも読む。

【粗▲鬆】ソショウ　おおざっぱであらいこと。きめがあらく、ざらざらしていること。参考「粗」「鬆」はともにあらい意。「ソソウ」とも読む。

【粗食】ソショク　そまつな食事をすること。また、その食事。「粗衣―に甘んじる」類疎餐(ソサン)・粗飯　対美食　参考「ソジキ」とも読む。

【粗製】ソセイ　材料や作り方などがいいかげんで、あらく粗雑であること。また、そのもの。類粗造　対精製

【粗製濫造】ソセイランゾウ　質の悪い品を、むやみやたらに多く作ること。「濫造」は無計画に大量に製造する意。「―の製品で信用を失う」表記「濫造」は「乱造」とも書く。

【粗相】ソソウ　①不注意や軽率さによって、過失・失態をおかすこと。また、その過失・失態。「―のないように注意する」類粗忽(ソコツ)　②大便・小便をもらすこと。「子どもが―する」

【粗▲朶】ソダ　切り取った木の枝。参考「朶」は、たれ下がった木の枝の意。

【粗大】ソダイ　①そまつで大きいこと。「―ごみの始末に困る」②あらくておおまかなさま。おおざっぱ。「―な手口」類粗雑

【粗茶】ソチャ　上等でないそまつなお茶。人にお茶を出すときにへりくだっていう語。「―を一服差し上げます」

【粗糖】ソトウ　精製していない砂糖。対精糖

【粗飯】ソハン　「粗餐(ソサン)」に同じ。

【粗放】ソホウ　おおざっぱで、いいかげんなこと。また、そのさま。「―農業」類粗雑　表記「疎放」とも書く。

【粗暴】ソボウ　性質や動作などが、あらあらしく乱暴なこと。また、そのさま。「―な振る舞い」「性質が―で人間味に乏しい」類粗野　対温和

【粗▲笨】ソホン　おおまかで、細かい点まで行き届いていないこと。また、そのさま。「―な計画」類粗雑　表記「麤笨」とも書く。参考「粗」「笨」ともにあらい意。

【粗末】ソマツ　①品質やつくりが雑で劣っていること。ちゃち。「―な食事」類粗悪・粗雑　対豪華　②大切にしないこと。ぞんざい。「食べ物を―にしないでください」類粗略

【粗野】ソヤ　性質や言動があらあらしく、品のないこと。また、そのさま。「会議では―な言葉を慎んでほしい」類粗暴　対優雅

【粗略】ソリャク　やり方などがいいかげんなこと。おろそか。ぞんざい。「客を―に扱う」「形見の品を―にはできない」類粗末　表記「疎

略・麤略」とも書く。

【粗糲】ソレイ ①精白していない玄米。②そまつな食べ物。参考「糲」は、精白していない米の意。

【粗漏】ソロウ やり方がおおざっぱで、いいかげんなこと。また、そのさま。手ぬかり。「万事―のないように計らう」類遺漏 対万全・厳密 表記「疎漏」とも書く。

ソ【△粗】ほぼ おおかた。あらまし。だいたい。「―全員が集まる」表記「略」とも書く。

ソ【組】(11) 糸5 教 常 9 3340 4148
音 ソ
訓 くむ・くみ 外 くみひも

筆順 く 幺 幺 糸 糸 糸 糺 組 組 組 (10)

意味 ①くみひも。冠や印などにつけるひも。「組綬(ソジュ)」②くむ。くみたてる。くみあわせる。「組閣」「組織」③「組合」の略。「労組」

下つき 改組(カイソ)・番組(バンぐみ)・労組(ロウソ)

【組】くみ ①一そろいになるもの。「茶器一―」②共に行動する仲間。グループ。学校のクラスなど。「―対抗のリレー」③同じ部類に入る仲間。「怠け者―の一人」④活字を並べて印刷のための版を作ること。「―見本」

【組頭】くみがしら ①組の長。対組子・組衆 ②江戸時代、名主(なぬし)の補佐をした村役人。

【組曲】くみキョク 器楽曲の形式の一つ。小曲を組み合わせて一曲を構成するもの。

【組△紐】くみひも 糸をくんで作ったひも。帯締め・羽織のひもなど。類組緒(くみお)

【組む】くむ ①交差させる。「腕を―む」②くみたてる。「足場を―む」「ひもを―む」③組織を作る。「徒党を―む」④編成する。「予算を―む」「時間割を―む」⑤活字を並べて版を作る。「活字を―む」⑥からみ合って争う。「四つに―む」

【組閣】ソカク 内閣を組織すること。「未明まで―作業が続いた」対倒閣

【組織】ソシキ ①組み立てること。また、そのもの。類構成・体系 ②ある目的のために構成される秩序のある集団。「国連には民間―も協力している」③生物体を構成する単位の一つで、同じ形と機能をもつ細胞の集合体。「―検査」

【組△綬】ソジュ 印を腰にさげたり勲章をつけたりするためのくみひも。参考「組」「綬」ともにくみひもの意。

【組成】ソセイ いくつかの成分や要素で組み立てること。また、そのもの。「空気の―を調べる」類構成・構造

ソ【△曾】(12) 曰8 3329 413D ▼曽の旧字(九三九)

ソ【甦】★ (12) 生7 1 6520 6134
音 ソ
訓 よみがえる

意味 よみがえる。生きかえる。「甦生」類蘇(ソ)

【△甦生】コウセイ ▼書きかえ 更生(四八五)

【△甦生】ソセイ よみがえること。息を吹き返すこと。「奇跡的に―した」表記「蘇生」とも書く。参考「コウセイ」は慣用読み。

【△甦る】よみがえる 生き返る。失われたものがもとに戻る。由来黄泉(よみ)(死者の行く所)から帰る意から。表記「蘇る」とも書く。

ソ【疎】(12) 疋7 常 準2 3334 4142
音 ソ 外 ショ
訓 うとい 高・うとむ 高 外 まばら・うとろ・おろ・おろそか・おろか・とおる・とおす

筆順 ⼀ 丆 下 正 疋 疋 疋 疋 疎 疎 疎 疎 (9)

意味 ①うとむ。うとい。親しくない。「疎遠」「疎外」対親 ②まばら。あらい。「疎密」「空疎」類粗 対精・密 ③おろそか。なおざり。「疎略」「疎漏」④とおる。とおす。通じる。「疎水」「疎通」参考もと「疏」の俗字。

書きかえ「疏(ソ)」の書きかえ字として用いられるものがある。

下つき 空疎(クウソ)・親疎(シンソ)

【疎い】うとい ①親しくない。「関係が―い」「去る者は日々に―し」②事情に通じていない。「世事に―い」表記「疏い」とも書く。

【疎む】うとむ 嫌い遠ざける。うとんじる。「自分勝手なのでいつも―まれている」表記「疏む」とも書く。

【△疎覚え】うろおぼえ ぼんやりと覚えていること。不確かな記憶。「―の歌」

【△疎か】おろか ①いうまでもなく。「名声は日本は―世界に轟(とどろ)いた」②いいかげんなさま。おろそか。「―にする」

【△疎か】おろそか いいかげんなさま。なおざりなさま。「勉強が―になる」

【△疎抜く】おろぬく 密生しているところから間を引く。「ダイコンの芽を―く」参考「うろぬく」とも読む。

【疎遠】ソエン 遠ざかり親しくないこと。交際がとだえること。「卒業以来―になった」対親密・昵懇(ジッコン) 表記「疏遠」とも書く。

【疎開】ソカイ 戦災などの被害を少なくするため、都市部の建物や住民を地方に分散すること。「学童―」類疎散 表記「疏開」とも書く。

【疎外】ソガイ うとんじ、のけものにすること。「―感」「自己―」表記「疏外」とも書く。

【疎隔】ソカク うとんじて隔たりができること。親密でなく隔たりがあること。「感情の―が生じる」表記「疏隔」とも書く。

【疎△闊】ソカツ 長く会わないこと。類疎遠・久闊(キュウカツ) 表記「疏闊」とも書く。参考「闊」は間があいている、また、うとい意。

【疎△食】ソシ 粗末な食事。類粗食 表記「疏食・蔬食」とも書く。

【疎水】ソスイ 灌漑(カンガイ)・運輸・発電などのため、土地を切り開いて水を通すこと。また、その水路。書きかえ「疏水」の書きかえ字。

【疎髯】ソゼン まばらに生えた、ほおひげ。表記「疏髯」とも書く。

【疎通】ソツウ とどこおりなく通じること。特に、お互いの考えが理解されること。「意思の—を図る」書きかえ「疏通」の書きかえ字。

【疎慢】ソマン うとんじて、あなどること。いいかげんで、おろそかなこと。また、そのさま。表記「疏慢」とも書く。

【疎密】ソミツ 密度があらいことと細かいこと。「—波」表記「粗密・疏密」とも書く。

【疎明】ソメイ ①言いわけをすること。申し開き。類釈明・弁明 ②裁判官に、そうであろうという推測を抱かせること。書きかえ「疏明」の書きかえ字。

【疎略】ソリャク いいかげんなこと。おろそかなこと。ぞんざい。「品物を—に扱う」表記「粗略・疏略・麤略」とも書く。

【疎林】ソリン まばらに木の生えた林。対密林 表記「疏林」とも書く。

【疎漏】ソロウ やり方がいいかげんで手ぬかりのあること。扱いがぞんざいなこと。「準備に—はない」「—のないように気をつける」類遺漏 表記「粗漏・疏漏」とも書く。

【△疎ら】まばら ①密でなく、間があいていること。「家が—に建っている地区」②少数であること。「人通りが—だ」表記「疏ら」とも書く。

ソ【★疏】(12) 疋7 準1 3333 4141 音ソ・ショ 訓とおす・とおる・うとむ・うとい・あらい・まばら・おろそか

〔疏〕

意味 ①とおす。とおる。通じる。「疏水」②うとむ。うとい。親しくない。「疏外」対親 ③あらい。まばら。「疏密」④おろそか。「疏漏」類粗 対精・密 ⑤しるす。箇条書きにする。また、その文書。「上疏」⑥注につけた注釈。「注疏」⑦ふみ(文)。手紙。「書疏」

書きかえ ①～④「疎」に書きかえられるものがある。

下つき 義疏(ギソ)・上疏(ジョウソ)・親疏(シンソ)

そ ソ

【△疏い】うとい ①親しくない。「関係が—くなる」②事情に通じていない。「世事に—い」表記「疎い」とも書く。

【疏んじる】うとんじる 遠ざける。忌み嫌う。表記「疎んじる」とも書く。

【疏外】ソガイ のけものにすること。うとんじること。「—感」表記「疎外」とも書く。

【疏△食】ソシ 粗末な食事。粗飯。粗食。表記「疎食・蔬食」とも書く。

【疏水】ソスイ ▼書きかえ 疎水(九二四)

【疏通】ソツウ ▼書きかえ 疎通(九二五)

【疏明】ソメイ ▼書きかえ 疎明(九二五)

【疏林】ソリン まばらに木の生えている林。対密林 表記「疎林」とも書く。

【△疏る】とおる 水などの流れが通じる。ふさがりが分け離れ、通じるようになる。

ソ【訴】(12) 言5 常 4 3342 414A 音ソ 訓うったえる

筆順 丶 亠 亖 言 言 訂 訢 訴 訴

意味 ①うったえる。さばきを求めて申し出る。「訴訟」「告訴」②同情を求める。「哀訴」「愁訴」

下つき 哀訴(アイソ)・控訴(コウソ)・告訴(コクソ)・直訴(ジキソ)・愁訴(シュウソ)・勝訴(ショウソ)・上訴(ジョウソ)・敗訴(ハイソ)・反訴(ハンソ)

【訴える】うったえる ①もめごとの裁きを申し出る。「裁判所に—える」②主張・不満・苦痛などを人に告げる。「政策を—える」「無責任な行為をやめるよう—える」「空腹を—える」③解決や目的のために手段をとる。「武力に—える」④感覚や感情にはたらきかける。「心に—える絵を描く」表記①②「愬える」とも書く。

【訴因】ソイン 訴訟の原因。検察官が起訴する理由として、その事実を一定の犯罪構成要件に当てはめて起訴状に記す事柄。

【訴願】ソガン ①訴え願うこと。②不服申し立て。不当な行政処分の取り消しや変更などを上級官庁に求めること。

【訴求】ソキュウ 商品を買ってもらうようにはたらきかけること。「広告の—効果」

【訴訟】ソショウ 訴え出ること。特に、裁判所に法律の適用を求めて申し出ること。また、その手続き。「国を相手に—を起こす」

【訴状】ソジョウ 民事訴訟などで、訴えの内容を記載して裁判所に提出する書類。

【訴追】ソツイ ①刑事事件で、検察官が裁判を提起すること。類起訴 ②裁判官などの罷免(ヒメン)を申し立てること。

ソ【酥】(12) 酉5 1 7840 6E48 音ソ

意味 ちちしる。ウシやヒツジの乳で作った飲料。「酥酪」

【△酥油】ソユ 乳から作った、バターに似た油。食用・薬用。また、密教で護摩木をたいて仏に祈る際にも用いる。表記「蘇油」とも書く。

ソ【塑】(13) 土10 常 準2 3326 413A 音ソ 訓外でく

筆順 丷 䒑 屰 屰 朔 朔 朔 塑 塑

意味 粘土をこねて形を作る。また、土で作った人形。でく。「塑像」「彫塑」

下つき 絵塑(カイソ)・可塑(カソ)・彫塑(チョウソ)・泥塑(デイソ)

【塑像】ソゾウ 粘土や石膏(セッコウ)で作られた像。「習作の—が完成した」

ソ【想】(13) 心9 教 3359 415B ▼ソウ(九四二)

ソ【★楚】(13) 木9 準1 3331 413F 音ソ 訓いばら・しもと・すわえ・むち

意味 ①すっきりしている状態。「清楚」②いばら。③にんじんぼく。④しもと。すわえ。むち。⑤中国の国名。

下つき 夏楚(カソ)・苦楚(クソ)・酸楚(サンソ)・辛楚(シンソ)・清楚(セイソ)

【楚】いばら ①とげのある低木の総称。②ニンジンボク。クマツヅラ科の落葉低木。

【楚】しもと 細い木の枝で作ったむち・つえ。昔はニンジンボクで作ったつえで、師が弟子を打ち戒めることなどに用いた。

【楚】すわえ 枝や幹からまっすぐ細く伸びた若い枝。また、それで作ったむち。

【楚囚】ソシュウ 捕らえられて異郷にある人。故事 中国、春秋時代、楚の鍾儀(ショウギ)が晋(シン)の捕虜になったとき、楚の冠を着けて故国を忘れなかった故事から。

【楚楚】ソソ 清らかで可憐なさま。清潔で美しいさま。すっきりとして趣のあるさま。「―とした美人」類清楚

【楚幕に烏有り】ソバクにからすあり 敵の陣中に人影がないことのたとえ。楚の陣営にカラスがいるということは、人気(ひとけ)がない証拠の意から。「楚幕」は楚の陣営。《春秋左氏伝》

【楚腰】ソヨウ 美人のほっそりとなよやかな腰。故事 中国、春秋時代、楚の霊王が腰のほっそりとした女性を好んだため、宮廷の女性がきそって腰を細くしようと節食した故事から。《韓非子(カンピシ)》類柳腰(やなぎごし)

ソ【溯】(13) 氵10 6274 5E6A ▼遡の異体字(九二六)

ソ【鼠】★ (13) 鼠0 準1 3345 414D 音 ソ・ショ・ス 訓 ねずみ

意味 ①ねずみ。ネズミ科の哺乳(ホニュウ)動物。②こそこそと悪事をなす者のたとえ。「鼠盗」

下つき 窮鼠(キュウソ)・田鼠(デンソ)・栗鼠(リッソ・リス)

〈鼠李〉くろうめもどき クロウメモドキ科の落葉低木。山地に自生。夏、黄緑色の小花をつけ、黒い球形の実を結ぶ。由来「鼠李」は漢名からの誤用。表記「黒梅擬」とも書く。

【鼠蹊・鼠径】ソケイ もものつけねの内側の部分。「―部」

【鼠咬症】ソコウショウ ネズミ・イタチ・ネコなどにかまれた傷から起こる疾患。一、二週間の潜伏期間後に赤い発疹(ハッシン)ができ、腫(は)れて痛む。発熱や悪寒などを伴う。鼠毒症(ソドクショウ)。

【鼠賊】ソゾク「鼠盗」に同じ。

【鼠盗】ソトウ ネズミのように、こそこそと小さな盗みをする泥棒。こそどろ。こぬすびと。類鼠賊

【鼠輩】ソハイ ねずみども。取るに足りない連中。人をののしっていう語。

〈鼠坊〉ねずっぽ ネズッポ科の海魚の総称。暖海の砂底にすむ。頭は平たく、体は細長くうろこがない。ネズミゴチ・ヌメリゴチなど。

【鼠】ねずみ ①ネズミ科の哺乳(ホニュウ)動物の総称。種類が多く、繁殖は盛ん。体は灰色、または黒褐色。門歯は一生伸び続ける。農作物や食料品を食い荒らし、感染症の媒介をする。②「鼠色」の略。③ひそかに悪事をはたらく者のたとえ。

【鼠窮(キュウ)して猫(ねこ)を嚙(か)み人貧しうして盗(トウ)す】追い詰められて窮地に立ったネズミがやむなくネコに嚙みつくように、人も貧困にあえぐと、たまりかねて盗みを働くようになるということ。類窮鼠(キュウソ)猫を嚙(か)む

【鼠の嫁入り】あれこれ考え選んでみても、結局は変わりばえのしないところに落ち着くことのたとえ。由来 ネズミの夫婦が娘に天下一の婿(むこ)をとろうと、太陽だの雲だのといろいろな相手に申し出てみるが、結局、ネズミの婿がいちばんよいと分かって、仲間のネズミを選んだという昔話から。参考「嫁入り」は「婿取り」ともいう。

【鼠算】ねずみザン ①和算の一つ。ネズミの繁殖力を例にとって、そのふえ方を数える問題。②ネズミが繁殖するように、数が急激にふえることのたとえ。「―式に増加する」

【鼠黐】ねずみもち モクセイ科の常緑低木。暖地に自生。生垣や庭木とする。葉は卵形でつやがある。夏、香りのよい白い小花を多数密生。晩秋、紫黒色の実がなる。由来 実がネズミの糞(フン)に似ることから。表記「女貞」とも書く。

〈鼠麴草〉ははこぐさ キク科の二年草。道端に自生。全体に白い綿毛が密生。晩春、黄色の小花を多数つける。「オギョウ」とも呼ばれ、春の七草の一つ。コウジバナ。季春 由来「鼠麴草」は漢名から。表記「母子草」とも書く。

ソ【愬】(14) 心10 1 5639 5847 音 ソ・サク 訓 うったえる・おそれる

意味 ㊀ソ うったえる。うったえ。類訴 ㊁サク おどろく。おそれる。

【愬える】うった-える ①もめごとや恨みごとを人に告げる。「何かを―える面持ち」②告げ口をする。他を悪く言う。③思いや気持ちを告げる。表記「訴える」とも書く。

ソ【蔬】(14) 艹11 1 音 ソ・ショ 訓 な・あおもの・あらい

〔蔬〕7286 6876

意味 ①な。あおもの。野菜の総称。「蔬菜」②あらい。そまつな。「蔬飯」類粗・疏 ③こめつぶ。

下つき 園蔬(エンソ)・魚蔬(ギョソ)・菜蔬(サイソ)

【蔬菜】ソサイ 野菜。あおもの。

ソ【遡】(14) 辶10 常 2 3344 414C 音 ソ(高) 訓 さかのぼる 外 むかう

〔溯〕準1 6274 5E6A

〔遡〕

筆順 ソ 䒑 屰 朔 朔 朔 遡 遡 遡 遡 遡

意味 ①さかのぼる。流れにさからってのぼる。「遡及」「遡源」「遡航」②む(向)かう。さからう。

【遡る】さかのぼ-る ①流れと逆のほうに進む。「川を—る」②過去や物事の根本に戻る。「—って事実の確認をした」

【遡及】ソキュウ 過去にさかのぼって、影響などを及ぼすこと。「四月に—して適用する」参考「サッキュウ」は慣用読み。

【遡源】ソゲン ①水源にさかのぼること。②物事の本質や根本をきわめること。

【遡行】ソコウ 川をさかのぼって進むこと。「川を—して源流に到達する」

【遡上】ソジョウ 流れに逆らってのぼること。「鮭(けさ)が—する季節となった」

ソ【▲噌】(15) 口12 3325 4139 ▼ソウ(九四七)

ソ【礎】(18) 石13 常 3 3335 4143 音 ソ 訓 いしずえ㊂

筆順 ア 石 矿 砵 砵 碰 碰 礎 礎 礎

意味 いしずえ。柱の下に置く土台。基本。「礎石」「基礎」「定礎」

下つき 基礎(キソ)・国礎(コクソ)・石礎(セキソ)・柱礎(チュウソ)・定礎(テイソ)

【礎】いしずえ ①家の柱の下に置く土台の石。柱石。礎石(ソセキ)。「寺の跡は—だけが現存する」②物事のもとをなす大切なもの。基礎。「大事業の—を築く」参考「いしずえ」は石据えの意。

【礎石】ソセキ 「礎(いしずえ)」に同じ。

ソ【★蘇】(19) ⺾16 準1 3341 4149 音 ソ・ス 訓 よみがえる

意味 ①よみがえる。生きかえる。「蘇生」類甦(ソ) ②しそ(紫蘇)。シソ科の一年草。③ふさ。鳥の尾や糸でつくった垂れ飾り。「流蘇」

下つき 紫蘇(シソ)・屠蘇(トソ)・耶蘇(ヤソ)

〈▲蘇士〉スエズ エジプト北東部の港湾都市。スエズ運河の南の入り口にあり、紅海に面する。

【▲蘇芳・▲蘇方・▲蘇枋】スオウ ①マメ科の落葉小高木。インド・マレーシア原産。葉は羽状複葉。春、黄色い花が咲き、赤いさやをつける。心材やさやを煎(セン)じた汁から赤色の染料をとる。②染め色の名。黒みを帯びた赤色。

〈▲蘇格▲蘭〉スコットランド イギリス、グレートブリテン島北部にあり、ヘブリディーズ諸島やオークニー諸島を含めた地域。古名はカレドニア。中心都市はエディンバラ。

【▲蘇生】ソセイ ①生き返ること。息を吹き返すこと。「—術」②死んだようになったものが再び元気になること。「しおれた草花が雨で—した」類①②復活・再生・回生 表記「甦生」とも書く。

【▲蘇鉄】ソテツ ソテツ科の常緑低木。九州南部以南に自生。葉は大形の羽状複葉で幹の頂上に群がり出る。種子は食用・薬用。由来枯れかかったとき、鉄くずを与えると生き返ることからという。表記「鳳尾松・鉄蕉・鉄樹」とも書く。

〈▲蘇民書札〉そみかくだ 山伏や修験者などの別称。表記「曽美加久堂」とも書く。

【▲蘇葉】ソヨウ 生薬の一つ。チリメンジソの葉を陰干しにしたもの。解毒・健胃薬として用いる。

【▲蘇▲婆▲訶】ソワカ 仏密教で、願いがかなうように祈りをこめて呪文の最後につける語。表記「薩婆訶」とも書く。参考元来は仏への感嘆や呼びかけの語。

【▲蘇る】よみがえ-る ①生き返る。「死者が—る」②一度消えたものが、再び勢いを盛り返す。「鮮やかに記憶が—る」「枯れかけた木を—らせた」表記「甦る」とも書く。

ソ【★齟】(20) 歯5 1 8382 7372 音 ソ・ショ 訓 かむ・くいちがう

意味 ①かむ。かみくだく。類咀(ソ) ②くいちがう。かみあわない。「齟齬(ソゴ)」

【▲齟▲齬】ソゴ 物事がくいちがうこと。行きちがい。「両者の感情に—をきたす」

ソ【麤】(33) 鹿22 1 9476 7E6C 音 ソ 訓 あらい・おおきい・ほぼ・くろごめ

〔麁〕8338 7346

意味 ①あらい。㋐きめがあらい。「麤布」㋑そまつな。「麤服」㋒あらあらしい。「麤笨(ソホン)」類粗 対精 ②おお(大)きい。③ほぼ。あらまし。④くろごめ。玄米。「麤糲(ソレイ)」

【▲麤い】あら-い ①きめがあらい。②粗末なさま。粗雑なさま。おおまかなさま。表記「粗い」とも書く。

【▲麤景】ソケイ 粗末な景品。商店などで出す景品を謙遜(ケンソン)していう語。類粗品 表記「粗景」とも書く。

【▲麤枝大葉】ソシタイヨウ 細かい規則にこだわらず、自由に筆を振るって文章を書くこと。「麤枝」は、おおまかに生えた枝、「大葉」は大きな葉の意。《『朱子語類』》

【▲麤▲笨】ソホン あらくておおまかなこと。また、そのさま。表記「粗笨」とも書く。

【▲麤略】ソリャク いいかげんなこと。ぞんざい。表記「粗略・疎略」とも書く。

ゾ【曽】(11) 曰7 常 3330 413E ▼ソウ(九三九)

ソウ【卅】(4) 十2 1 5033 5241 音 ソウ 訓 みそ

〔丗〕5034 5242

意味 みそ。三〇。参考 十を三つ合わせた形。

ソウ【双】(4) 又 2 常 3 3348 4150 音 ソウ 訓 ふた 外 ふたつ・たぐい・もろ・ならぶ

旧字《雙》(18) 隹10 1/準1 5054 5256

筆順 フ ヌ ヌフ 双

意味 ①ふた。ふたつ。ふたつで対になるもの。たぐい。「双肩」「双発」「双方」対隻 ②ならぶ。ならべる。匹敵する。「双璧」「無双」③対のものを数える語。「半双」

下つき 一双・半双・無双

〈双六〉すごろく ①紙に「振り出し」から「上がり」までのいくつかの区画を描き、振ったさいころの目の数だけ進んで、上がりを競う遊び。季新年 ②盤の上に白と黒の駒を並べ、振ったさいころの目の数だけ駒を動かし、早く敵地に駒を入れたほうが勝ちになる遊び。

【双眼鏡】ソウガンキョウ 両方の目にあてて見る望遠鏡。二つの望遠鏡を平行に並べ、遠景を拡大して同時に両目で見る光学機器。野外観察や観劇などに用いられる。

【双曲線】ソウキョクセン 平面上の二定点からの距離の差が、一定である点を連ねた曲線。

【双肩】ソウケン ①左右の肩。類両肩 ②責任や負担を担うもののたとえ。「未来は若者の―にかかっている」

【双手】ソウシュ 「双手」に同じ。

【双宿双飛】ソウシュクソウヒ 夫婦の仲がむつまじく、いつも寄り添って一緒にいること。「双宿」は、鳥がつがいで仲よくすむ意。類比翼連理

【双書】ソウショ 同じ種類・形式の一連の書物。シリーズ。表記「叢書」とも書く。

【双子葉植物】ソウシヨウショクブツ 被子植物のうち、胚に二つの子葉があるもの。サクラ・アサガオ・キクなど。対単子葉植物

【双生児】ソウセイジ 同じ母から一度に生まれた二人の子。一卵性と二卵性がある。ふたご。

【双発】ソウハツ 発動機が二つついていること。「―機」対単発

【双璧】ソウヘキ ①一対の宝玉。②同じようにすぐれた、優劣の決めにくい二つの人や物。「角界の―」類両雄

【双方】ソウホウ 両方。両者。あちらとこちら。「労使―の譲歩」「―の言い分をよく聞く」

【双▲眸】ソウボウ 両方のひとみ。両眼。「鋭い光を放つ―」参考「眸」はひとみの意。

【▲双ぶ】ならぶ 同じようなものが二つそろう。二者の才能などが匹敵する。たぐう。「両者の力が―ぶ」

【▲双つ】ふたつ 二つそろっていること。また、そのさま。一対。

【双葉】ふたば ①植物が発芽して最初に出る二枚の葉。「かわいい―が顔を出した」季春 ②物事の初め。特に、人の幼少のとき。「栴檀は―より芳し」表記「二葉」とも書く。

【▲双手】もろて 両方の手。「―を挙げて賛成する」対一手 表記「諸手・両手」とも書く。参考「ソウシュ」とも読む。

【▲双肌】もろはだ 両方の肩の肌。人の上半身の肌。「―を脱ぐ」対片肌 表記「諸肌・両肌」とも書く。

ソウ【▲爪】(4) 爪 0 常 3662 445E ▼つめ(一〇八五)

ソウ【匆】(5) 勹 3 1 5018 5232 音 ソウ 訓 いそがしい

意味 いそがしい。あわただしい。あわてるさま。「匆遽」「匆匆」「匆卒」「匆忙」類怱

【▲匆しい】いそがしい 一つのことにかまっていられず、あわただしい。

【▲匆▲匆】ソウソウ ①そわそわしていそがしいさま。②手紙の末尾に添えて走り書きであることを詫びる語。表記「怱怱・草草」とも書く。

【▲匆忙】ソウボウ いそがしいこと。せわしいこと。表記「怱忙」とも書く。

ソウ【匝】(5) 巾 2 準1 3357 4159 音 ソウ 訓 めぐる

〔帀〕0880 2870

意味 めぐる。めぐらす。とりまく。

【▲匝る】めぐる ぐるりとまわる。また、周囲をぐるりと取り巻く。

ソウ【争】(6) 亅 5 教 常 7 3372 4168 音 ソウ 訓 あらそう 外 いさめる

旧字《爭》(8) 爫 4 1/準1 6407 6027

筆順 ノ ク ⺈ 刍 争 争

意味 ①あらそう。きそう。あらそい。「争議」「戦争」②いさめる。「争臣」「争友」類諍 ③いかでか。どうして。反語を示す助字。

下つき 競争・係争・抗争・政争・戦争・闘争・紛争・論争

【争う】あらそう ①他と張り合う。相手に勝とうとする。競う。「一位の座を―う」「議席を―う」②言い合う。けんかをする。「遺産をめぐって法廷で―う」③否認する。「血筋は―えない」参考 ③おもに「…ない」の形で用い、否定しようにも否定できない意。

【争議】ソウギ 互いに意見を主張し合い、争い論じること。「労働―の調停」

【争訟】ソウショウ 訴訟を起こして争うこと。裁判ざた。

【争奪】ソウダツ 争い合って奪い取ること。「政権の—が始まった」

【争端】ソウタン 争いのはじめ。もめごとの発端。「—となった事件」

【争点】ソウテン 訴訟や論争など、争いの中心となる点。「—がぼやける」

【争覇】ソウハ ①覇者の地位をめぐって争うこと。②スポーツなどで、優勝を争うこと。「—戦に挑む」

【争名争利】ソウメイソウリ 名誉と利益を争って奪い合うこと。「名」は名誉、「利」は利益の意。《『史記』》「—の世の中」参考「争名競利・争名奪利」ともいう。

【争友】ソウユウ 不善をいさめ、忠告や意見をしてくれる友人。

【争乱】ソウラン 争い乱れること。また、争いによって秩序が乱れた状態。「—の世」

【争論】ソウロン 言い争うこと。また、議論を戦わすこと。類論争

ソウ【壮】

(6) 士 3 常 準2 3352 / 4154

訓 音 ソウ 外 さかん

旧字《壯》(7) 士 4 1/準1 5267 / 5463

筆順 丨 丬 丬 丬一 壮 壮

意味 ①若者。としざかり。「壮士」「壮丁」「少壮」②さかん。さかんである。勇ましい。「壮絶」「壮烈」「勇壮」③大きくてりっぱである。「壮観」「壮図」「豪壮」

下つき 強壮・広壮・豪壮・少壮・盛壮・悲壮・勇壮・雄壮

【壮ん】さかん ①りっぱで大きい。②気力や体力が満ちあふれているさま。「意気—だ」

【壮快】ソウカイ 元気にあふれて、こころよいこと。また、そのさま。「—な行進曲」

【壮観】ソウカン 規模が大きく、すばらしいながめ。「—このうえない景色」類偉観・盛観

【壮挙】ソウキョ 規模が大きく、りっぱな計画や行動。「エベレスト登頂の—をなし遂げる」類壮図

【壮健】ソウケン 体が丈夫で元気のあること。また、そのさま。「御—の由お喜び申し上げます」類健勝

【壮語】ソウゴ えらそうなことやいさましいことを言うこと。また、その言葉。「大言—」類壮言

【壮行】ソウコウ 旅立ちを祝い、励ますこと。「出発に際し盛大な—会を開いた」「—試合」

【壮士】ソウシ ①壮年の男性。意気さかんな男。類壮者 ②明治時代、自由民権運動の闘士。「—芝居」③定職につかないで、頼まれて脅迫や談判をする無頼の者。

【壮者】ソウシャ 意気さかんで働き盛りの人。壮年の人。類壮士

【壮絶】ソウゼツ このうえなく勇ましく、意気さかんなこと。また、そのさま。「—な最期をとげた」類壮烈・勇壮

【壮大】ソウダイ 規模が大きくりっぱなこと。また、そのさま。「—な大自然」類遠大

【壮丁】ソウテイ ①成年に達した男性。働き盛りの男。類壮夫 ②軍役にあたる男性。もと、徴兵検査を受ける適齢者を指す。

【壮図】ソウト 規模の大きな企て。壮大な計画。「宇宙旅行の—を抱く」類壮挙・雄図

【壮途】ソウト 期待や希望にあふれた勇ましい門出。「—に就く」

【壮年】ソウネン 元気がある働き盛りの年ごろ。類盛年・壮齢

【壮麗】ソウレイ 規模が大きく、美しいさま。「—な大聖堂に感動した」

【壮烈】ソウレツ 勇ましくはげしいこと。また、そのさま。「—な最期」類壮絶・勇壮

ソウ【早】

(6) 日 2 常 教 10 3365 / 4161

訓 音 ソウ・サッ中 はやい・はやまる・はやめる 外 さ

筆順 丨 冂 日 日 旦 早

意味 ①朝がはやい。時刻がはやい。「早暁」「早朝」②時期がはやい。はやすぎる。「早計」「早婚」「尚早」③季節がはやい。「早春」対①〜③晩・暮 ④速度がはやい。すみやか。すぐ。「早急」「早速」⑤さ。若々しい意味を表す接頭語。「早乙女」

下つき 尚早

〈早乙女〉・早〈少女〉さおとめ ①田植えをする若い女性。季夏 ②少女。また、若い女性。参考「早」は若々しい意の接頭語。

【早急】サッキュウ 非常に急ぐこと。また、そのさま。「危険箇所の修理を—に行う」類至急 参考「ソウキュウ」とも読む。

【早速】サッソク 時間をおかずにすぐ。すぐに。「注文の品を—お届けします」

〈早苗〉さなえ 苗代から田に植え替えるイネの若い苗。「—が風にそよぐ」「—取り」「—月(陰暦五月の異名)」季夏

〈早苗饗〉さなぶり 田植えが終わった祝いで、田の神を送る祭礼。類早上り 季夏

【早花咲月】さはなさづき 陰暦三月の異名。弥生。季春

【早緑月】さみどりづき 陰暦一月の異名。由来 このころからしだいに、木や草の緑が増えてくることから。

【早桃】さもも ①スモモの一品種。果実が五月ころ早熟するが、小さい。②スイミツトウの早生種。六月下旬ごろ市場に出る。季夏

【早蕨】さわらび 芽吹いたばかりのワラビ。「—の萌え出るころ」季春

【早期】ソウキ 早い時期。初めのころ。「—発見—治療」類初期

【早暁】ソウギョウ 夜明けのころ。明け方。「—から働く」類早朝・早旦・払暁

そ ソウ

【早計】ソウケイ はやまった考えや計画。深く考えないで行動すること。

【早婚】ソウコン 世間一般より若くして結婚すること。対晩婚

【早産】ソウザン 予定日より早く出産すること。特に、妊娠三七週未満で出産すること。

【早熟】ソウジュク ①年齢のわりに肉体的・精神的な発達が早いこと。ませていること。②果物などがふつうより早く熟すこと。早生(わせ)。類早成 対①②晩熟

【早春】ソウシュン 春のはじめ。「―の山を歩く」類初春・浅春 対晩春 季春

【早世】ソウセイ 年若くして死ぬこと。はやじに。類夭折(ヨウセツ)・夭逝

【早生児】ソウセイジ 早産で生まれた子。月足らずで生まれた子。類早産児

【早早】ソウソウ ①急いでするさま。「―に立ち去る」②すぐに。するやいなや。「帰ってくる―また出かけた」参考①「はやばや」とも読む。

【早退】ソウタイ 決められた時刻より早く帰ること。早引け。「職場を三時で―する」

【早晩】ソウバン ①遅かれ早かれ。いつかは。いずれは。「このままでは―行き詰まるだろう」②早いことと遅いこと。③朝晩。朝夕。

【早い】はやい ①時間的に前である。「朝―い到着」②まだその時期や時刻になっていない。「公表はまだ―い」「―く着きすぎた」③時間が短い。てっとりばやい。「直接話したほうが―い」

『早い者に〈上手(じょうず)〉なし』 仕事の早い者は、その反面、仕上げが雑であるということ。拙速の戒め。類早かろう悪かろう 対早いのが一の芸

【早生まれ】はやうまれ 一月一日から四月一日までの間に生まれること。また、その人。対遅生まれ 参考同年の四月二日以降に生まれた人よりも小学校への入学が一年早くなる。

【早起きは三文の徳】はやおきはサンモンのトク 早起きをすると、何かしら得になるものだということ。「三文」は、わずかなもののたとえ。類早起き三両倹約五両

【早合点】はやガテン 人の話をよく確かめないで、勝手にわかったと思いこむこと。早のみこみ。「とんだ―をしたものだ」参考「はやガッテン」とも読む。

『早合点の早忘れ』 早のみこみをする人は、とかく忘れるのも早いということ。

【早鐘】はやがね ①火事などの緊急事態を知らせるために、激しく打ち鳴らす鐘。また、その音。②不安や心配事のために、心臓の鼓動が激しくなること。激しい動悸(ドウキ)。「緊張のあまり、胸が―を打つ」

【早▲鮓・早▲鮨】はやずし 酢じめした魚肉と飯とを交互に重ねて、つけてから一夜ほどで食べられるように調理したすし。また、魚肉を細かく刻んで、早く酢になれるようにしたもの。一夜鮨(イチヤずし)。季夏

【早瀬】はやせ 川の流れが急な所。「注意を払って―を渡る」類急流・激湍(ゲキタン)

【早寝早起き病知らず】はやねはやおきやまいしらず 夜ふかしをせず、朝は早く起きる習慣を身につければ、健康を保つことができ、病気をせずに済むということ。

【早▲呑み込み】はやのみこみ ①理解が早いこと。のみこみが早いこと。②十分に理解しないうちに、分かったつもりになること。早合点(はやガテン)。「―でしくじる」

【早場米】はやばマイ ①気候の関係で、植えつけや刈り取りの早い地方で産する米。②早く供出する、早稲(わせ)の米。また、一般の新米に先がけて収穫され出荷される米。対遅場米

【早△退け・早引け】はやびけ 学校や勤務先から、定時よりも早く帰ること。早退。

【早まる】はやまる ①時間や時期が早くなる。「予定が―まる」②よく考えないで軽率に行動する。「―まったことはするな」

【早耳】はやみみ 他より早く聞きつけること。また、その人。「彼女は―だ」

【早める】はやめる 時間や時期などを早くする。「出発を―める」

【早業・早技】はやわざ すばやく、あざやかな手ぎわ。腕前。「目にもとまらぬ―」

〈早生〉わせ ①同種の野菜や果物などで、他のものより早く熟す品種。類早熟(ソウジュク) 対晩生(おくて) ②早熟な人。ませた子ども。対奥手

〈早稲〉わせ 他のものより早く実るイネ。また、その品種。対晩稲(おくて) 季秋

ソウ【艸】 (6) 艸0 1 7171 6767 音ソウ 訓くさ

意味 くさ。草類の総称。参考くさの並んで生え出るさまを表した字。「艹(くさかんむり)」の原形。

ソウ【▲壮】 (7) 士4 5267 5463 ▼壮の旧字(九二九)

ソウ【妝】 (7) 女4 1 5303 5523 音ソウ・ショウ 訓よそおう・よそおい

意味 よそおう。よそおい。類粧・装

下つき 紅妝(コウショウ・コウソウ)

【▲妝う】よそおう 身づくろいをする。化粧をしたり着飾ったりする。表記「装う・粧う」とも書く。

ソウ【宋】★ (7) 宀4 準1 3355 4157 音ソウ

意味 中国の王朝名・国名。「宋音」「宋学」

【▲宋音】ソウオン 漢字音の一つ。中国、宋代より元代初めの音を、禅僧らが日本に伝えたもの。「行」を「アン」、「請」を「シン」と読むなど。唐音・唐宋音ともいう。

【宋儒】ソウジュ 中国、宋代の儒学者。朱子を代表とする学者たち。

【宋▲襄の仁】ソウジョウのジン 無用なあわれみをかけ、不利益をこうむること。愚かな恩情のたとえ。故事 中国、春秋時代、宋の襄公が楚と戦ったとき、敵陣が整う前に攻めるべきだという部下の進言をしりぞけ、君子ぶって敵の準備が整ってから戦闘を開始して敗れた故事から。〈『春秋左氏伝』〉

ソウ【抓】(7) 扌4 1 5720 5934 音 ソウ 訓 つまむ・つねる・つむ・かく

意味 ①つまむ。②つねる。③かく。つめでひっかく。

【▲抓る】つねる 指先または爪の先ではさんでひねる。「夢かと思い頰をーる」参考「つめる」の転。

【▲抓む】つまむ 指先ではさみつかむ。「塩をーむ」「料理をーんで味見する」

【▲抓△入】つみれ ①すった魚肉を小麦粉でこねて丸め、汁で煮た食品。つみいれ。②すった魚肉を半円月形にして蒸した食品。つみいれはんぺん。表記「摘入」とも書く。参考「つみいれ」の転。

【▲抓む】つむ ①指先でつまむ。強くはさむ。はさみとる。②爪の先でつねる。

ソウ【皁】(7) 白2 1 8864 7860 音 ソウ 訓 くろ・くろい・どんぐり・しもべ・うまや・かいばおけ

意味 ①くろ(黒)。くろい。「皁衣」②どんぐり。くぬぎの実。③しもべ。けらい。「皁隷」④うまや。また、かいばおけ。

【▲皁】くろ 黒い色。参考「皁」はトチやクヌギなどの木の実で、黒色の染料の原料として用いた。

【〈▲皁▲莢〉】さいかち ①マメ科の落葉高木。山野に自生。幹や枝にとげがある。夏、黄緑色の小花を穂状につけ、少しねじれたさやを結ぶ。豆果はせっけんの代用とした。季秋 ②「皁莢虫」の略。①の樹液を好むことから、カブトムシの別称。由来「皁莢」は漢名から。

ソウ【走】(7) 走0 教 常 9 3386 4176 音 ソウ 訓 はしる

筆順 一 十 土 キ 丰 赱 走

意味 ①はしる。かける。はしらせる。「走行」「疾走」②にげる。にげだす。「脱走」「逃走」③はしりづかい。めしつかい。「走狗」

下つき 快走・潰走・滑走・競走・疾走・縦走・助走・脱走・馳走・逃走・独走・遁走・背走・敗走・暴走・奔走

【走▲狗】ソウク ①獣を追いかける猟犬。②人の手先となって働く者。手下。「権力のーとなる」

【走行】ソウコウ 自動車などが走ること。「悪路をーする」「ー距離」

【走査】ソウサ テレビや写真電送で、送る画像を多数の点に分解し、その濃淡を電気の強弱に変えて送信すること。また、同じ操作で逆にもとの画像に再現すること。

【走破】ソウハ 予定した道のりを走りとおすこと。完走。「ハーフマラソンをーした」

【走馬看花】ソウバカンカ 物事のうわべだけをおおざっぱに見て、その本質を理解しないこと。由来 中国の科挙(官吏登用試験)に合格した者が、都をウマで走り花見をして回る意で、楽しく得意なさまをいった言葉。〈孟郊の詩〉

【走△馬灯】ソウマトウ なかのろうそくに火をつけると内枠が回転して、外枠に影絵が次々に見えるしかけの灯籠。回り灯籠。「思い出がーのように目に浮かぶ」季夏

〔走馬灯〕

【〈走野老〉】はしりどころ ナス科の多年草。山中の湿地に自生。春、暗紅紫色の釣鐘形の花をつける。全草有毒。由来 根がトコロ(野老)に似て太く、誤って食べると走り回って苦しむことから。表記「虎茄」とも書く。

【走る】はしる ①人や動物などがかけて行く。また、乗り物などが運行する。「車がーる」②速く流れる。直線的に速く動く。「水がーる」「光線がーる」③感覚や感情が急にはたらく。「腕に痛みがーる」④ある事柄のために移動する。また、逃げて行く。「金策にーる」「恋人のもとにーる」⑤ある方向にかたむく。「感情にーる」「悪事にーる」⑥ある方向に通じる。「道が東西にーる」⑦すらすらと動く。「筆がーる」

ソウ【刱】(8) 刀6 1 音 ソウ・ショウ 訓 はじめる

〔刱〕4976 516C

意味 ①はじめる。はじめ。「刱造」②きずつく。そこなう。類 ①②創

ソウ【宗】(8) 宀5 教 2901 3D21 ▼シュウ(六八七)

ソウ【★帚】(8) 巾5 1 5468 5664 音 ソウ・シュウ 訓 ほうき・はく

意味 ①ほうき。ごみをはく道具。類 箒 ②はく。はき清める。「帚掃」類 掃

下つき 箕帚

【▲帚】ほうき ちりやごみをはく道具。表記「箒」とも書く。

【▲帚木】ほうきぎ アカザ科の一年草。▼箒木(九四五)

ソウ【▲爭】(8) 爫4 6407 6027 ▼争の旧字(九二八)

ソウ【奏】(9) 大6 教 常 5 3353 4155 音 ソウ 訓 かなでる(高)・(外)すすめる

そ ソウ

筆順 一 二 三 声 夫 夫 叁 奏 奏

意味 ①すすめる。たてまつる。申しあげる。「奏上」「奏請」「奏聞」②かなでる。音楽を演じる。「奏楽」「演奏」「吹奏」③なす。なしとげる。「奏功」「奏効」

下つき 演奏エンソウ・合奏ガッソウ・協奏キョウソウ・上奏ジョウソウ・序奏ジョソウ・吹奏スイソウ・前奏ゼンソウ・弾奏ダンソウ・独奏ドクソウ・伴奏バンソウ

【奏でる】かなーでる 楽器を演奏する。「月光の下で琴をーでる」

【奏楽】ソウガク 楽器を演奏すること。また、その音楽。「ーのひびき」

【奏功】ソウコウ なし遂げること。物事が成就すること。功を奏すること。「忍耐強い説得がーした」参考もと、功績を天子に申し上げる意。

【奏効】ソウコウ 効き目が現れること。効果をあげること。類奏功

【奏上】ソウジョウ 天皇に申し上げること。類上奏・奏聞ソウモン

【奏する】ソウーする ①天子・天皇に申し上げる。②演奏する。かなでる。「舞楽をーする」③なし遂げる。「作戦が功をーする」

【奏請】ソウセイ 天皇に申し上げて許可を願うこと。また、裁可を請うこと。

【奏鳴曲】ソウメイキョク 器楽曲の形式の一つ。三または四楽章からなる。ソナタ。

【奏聞】ソウモン 天皇に申し上げること。「総理大臣がーに参内する」類奏上・上奏 参考「ソウブン」とも読む。

ソウ【怱】(9) 心 5 1 5568 5764 音 ソウ 訓 あわてる・いそぐ

〔悤〕

意味 にわか。あわただしい。あわてる。いそぐ。「怱怱」「怱卒」参考「悤」が本字。「忽コツ」は別字。

【▲怱劇】ソウゲキ 非常にいそがしいこと。気ぜわしく、あわただしいこと。

【▲怱▲怱】ソウソウ ①あわただしいさま。②手紙の末尾に添え、取り急いで走り書きした意を表す語。表記「草草・匆匆」とも書く。

【▲怱卒】ソウソツ ①あわただしいこと。あわてること。②突然なこと。表記「匆卒・倉卒・草卒」とも書く。

【▲怱忙】ソウボウ いそがしいこと。表記「匆忙」とも書く。

ソウ【相】(9) 目 4 常 教 8 3374 416A 音 ソウ・ショウ(中) 訓 あい (外)さが・たすける

筆順 一 十 才 木 木 机 机 相 相

意味 ①みる。よく見る。また、うらなう。「相人」「観相」②外にあらわれたかたち。すがた。ありさま。「相好」「形相」「真相」③たすける。たすけ。「首相」「宰相」④あい。たがいに。ともに。「相愛」「相談」⑤うけつぐ。つぎつぎと。「相続」「相伝」⑥「相模さがみの国」の略。「相州」

下つき 位相イソウ・家相カソウ・形相ギョウソウ・血相ケッソウ・骨相コッソウ・宰相サイショウ・死相シソウ・首相シュショウ・真相シンソウ・世相セソウ・手相てソウ・人相ニンソウ・皮相ヒソウ・面相メンソウ・様相ヨウソウ

【相合傘】あいあいがさ 一本のかさを二人でさすこと。おもに、仲の良い男女にいう。あいがさ。

【相生】あいおい ①一緒に生まれ、同じように育つこと。②同じ根から、木が二本に分かれて生長すること。「ーの松」③夫婦がそろって長生きすること。表記③「相老」とも書く。

【相生結び】あいおいむすび ひもの飾り結びの一種。女結びの一端を、さらにその結び目に通したもの。

【相客】あいキャク ①旅館などで同じ部屋になった客。②たまたま同席した客。

【相子】あいこ 互いに、勝ち負けや損得がないこと。引き分け。「これで、おーだ」「三勝三敗でーになる」

【相碁井目】あいゴセイモク 人の実力の差はさまざまで、何事にも力の差はあるということ。囲碁の腕前にたとえた語。「相碁」は、腕前が同じ者どうしで打つ碁の意。「井目」は、実力が劣るほうが前もって碁盤上に九つの碁石を置いて対戦すること。

【相性】あいショウ ①互いの性格の合い具合。「二人はーはいいようだ」②生年月日を当てはめた陰陽オンヨウ五行説などによる、男女の縁の合い具合。「ーを占う」表記「合性」とも書く。

【相席】あいセキ 飲食店などで知らない人と同じテーブルにつくこと。「ーでお願いします」類相客 表記「合席」とも書く。

【相対】あいタイ ①直接向き合うこと。さしむかい。「ーで話をつける」②合意のうえで事を行うこと。「ーずくで値を決める」参考「ソウタイ」と読めば別の意になる。

【相対済し令】あいタイすましレイ 江戸時代、金銭の貸借に関する訴訟は、奉行所で受理しないで当事者間で解決するようにした法令。参考享保の改革で発令されたが、その後も何回か行われた。

【相▲槌】あいづち ①人の話を聞きながら、うなずくこと。話に調子を合わせること。「ーを打つ」②刀などを作るときに、二人で交互に槌つちを打ち合うこと。向かいづち。表記「相鎚」とも書く。

【相手】あいて ①一緒に物事をする人。相棒。「練習ーになる」②ある行為の対象となる人。先方。「話しーをする」「結婚ーを探す」③物事を争う人。敵。「ーにとって不足はない」

〔相手のない▲喧▲嘩ケンカはできぬ〕喧嘩を売られても相手になるなという戒め。相手なしに一人で喧嘩はできない意から。類餅搗もちきと喧嘩は一人でできぬ

【相弟子】あいデシ 同じ先生について、共に学ぶ者。兄弟弟子。類同門

【相半ばする】あいなかばする 相反した二つのものが、半分ずつである。五分五分である。「功罪―する」

【相判】あいバン ①浮世絵版画の大きさの一つ。縦一尺一寸(約三三センチメートル)、横七寸五分(約二三センチメートル)。②帳面などの紙の大きさの一つ。仕上がり寸法が縦七寸(約二一センチメートル)、横五寸(約一五センチメートル)。③写真乾板で、中判と小判の中間の寸法。表記「合判・間判」とも書く。参考「あいハン」と読めば、二人以上が連帯で押す判や印の意。

【相〈部屋〉】あいべや 旅館や寮などで、他の人と同じ部屋になること。「学生寮の―どうし」

【相棒】あいボウ 共に物事をする相手。仲間。「よい―にめぐりあえた」由来もと、棒の両端を支えて駕籠(かご)を一緒にかつぐ相手の意。

【相▲俟って】あいまって 互いに作用し合って。一緒になって。「三連休と晴天が―、すごい人出となった」

【相身互い】あいみたがい 同じ境遇の人が互いに同情し、助け合うこと。また、その間柄。「困ったときは―だ」参考本来は「相身互い身」といった。

【相宿】あいやど 同じ宿、または同じ部屋に泊まり合わせること。また、その人。類同宿

【△相】さが 生来のありさまや姿。外に現れているようす。

【〈相模〉】さがみ 旧国名の一つ。現在の神奈川県の大部分。相州(ソウシュウ)。

【相如四壁】ショウジョシヘキ 非常に貧しいことのたとえ。相如は若いころ貧窮し、家には四方の壁のほかに何もなかったことから。「相如」は中国、漢代の文人、司馬相如のこと。〈『史記』〉

【相伴】ショウバン 客の相手をして、一緒に接待を受けること。また、その人。転じて、他に付き合ってその利益を受けること。「お―にあずかる」

【〈相撲〉】すもう 二人の男が土俵内で組み合い、相手を倒すか土俵外に出すかで勝負を決める競技。裸に褌(ふんどし)だけつけて行う。日本の国技とされる。「人の褌で―を取る(他人の物を借りて自分の利益をはかる)」季秋 表記「角力」とも書く。

【〈相撲〉に勝って勝負に負ける】 物事が順調に推移しながら、結果として失敗することのたとえ。相撲の内容では相手を圧倒していながら、最後にちょっとした弾みで負ける意から。

【相愛】ソウアイ 互いに愛し合うこと。「二人は相思―の仲だ」

【相違】ソウイ 互いに異なること。同じでないこと。ちがい。「原本に―ない」類差異

【相応】ソウオウ ちょうどつり合っていること。ふさわしいこと。「身分―の相手」「年―の分別をもて」類相当

【相▲姦】ソウカン 血のつながりのある者など、世間一般で関係を結ぶことを禁じられている男女が肉体関係を結ぶこと。「近親―」

【相関】ソウカン 二つ以上の事物が互いに関係していること。また、その関係。「―関係をもつ」「―図」

【相互】ソウゴ ①双方の側から相手にはたらきかけること。たがい。「―作用」「両者の―理解が前提です」②かわるがわる。「役割を―に担当する」類交互

【相好】ソウゴウ 顔つき。表情。「―を崩す(顔の表情が変わりにこにこする)」由来仏の体のすぐれた特色を「三十二相八十種好」ということから。

【相克】ソウコク ①対立・矛盾するものが互いに争うこと。「理性と感情とが―している」②五行説で、木は土に、土は水に、水は火に、火は金に、金は木に勝つこと。対相生(ソウショウ) 書きかえ「相剋」の書きかえ字。

【相▲剋】ソウコク ▼書きかえ 相克

【相殺】ソウサイ 差し引きゼロにすること。差し引いて互いに損得がないこと。「失態で過去の実績が―された」

【相似】ソウジ ①形や性質などが互いに似ていること。②数学で、一つの図形を拡大・縮小して他の図形と完全に重ね合わせることができるときの図形の関係。「―形に関する問題」

【相思相愛】ソウシソウアイ 男女が互いに慕い合い、愛し合っていること。「―の二人」

【相承】ソウショウ 師から弟子へ、また親から子へ、学問や技芸を次々に受け継ぐこと。「師資―」参考「ソウジョウ」とも読む。

【相称】ソウショウ 互いにつり合っていること。一つの線または面の両側が同じ形をしている関係。「左右―」類対称

【相乗】ソウジョウ 二つ以上の数を掛け合わせること。「―効果(二つ以上の要素が重なり大きな効果となること)をねらう」「―作用」

【相即】ソウソク 仏万物の本質は一つに溶け合って一体であるということ。

【相即不離】ソウソクフリ 非常に密接な関係で、切り離すことができないこと。「―の関係」

【相続】ソウゾク 受け継ぐこと。特に、財産上の権利・義務を受け継ぐこと。「遺産―」

【相対】ソウタイ ①対立する関係にあること。また、向き合っていること。②あるものが他のものと関係し合って成立すること。「―的な見方」対絶対 参考「あいタイ」と読めば別の意になる。

【相談】ソウダン ある物事について、他人の考えを聞いたり意見を述べ合ったりすること。話し合い。「ラジオの人生―」

【相伝】ソウデン 次々と伝えること。代々受け継いで伝えること。「一子―」

【相当】ソウトウ ①程度などに応じていること。つり合うこと。見合うこと。「それ―の処置を施す」「高収入に―する働き」類相応 ②あては

まること。「ジュニアハイスクールは日本の中学校にーする」類該当 ③かなり。「ーひどい傷」「ーの覚悟が必要だ」

【相場】ソウば ①市場での商品取引における値段。時価。「米のー」②株券などの現物取引でなく、市価の変動によって利益を得る投機的取引。「ーに手を出す」③世間一般の考え。「嘘はばれるとーが決まっている」

【相聞】ソウモン 『万葉集』の和歌分類で、男女・親子・友人などの間でやりとりされた贈答歌。特に、恋愛の歌が多い。参考 雑歌・挽歌とともに三大部立てという。「相聞」は、互いに消息をたずね合う意。

【相輪】ソウリン 仏 塔の頂上の、金属で作られた部分の総称。露盤・水煙などからなる。また、九輪のみをもいう。

【△相ける】たす-ける そばで補佐する。目下の者が相談にのって手助けする。

〈相応〉しい ふさわ-しい 似合っているさま。つりあっているさま。「年齢にーい服装」

ソウ【草】(9) 艹6 常 教 10 3380 4170 音 ソウ 訓 くさ

筆順 一 十 廾 艹 芀 苩 苩 荁 草

意味 ①くさ。くさはら。「草本」「雑草」②そまつな。あらい。「草屋」「草庵」③くさわけ。はじまり。はじめる。「草創」「草味」④詩や文章のしたがき。「草案」「起草」⑤書体の一つ。「草書」対楷・行

下つき 海草・起草・雑草・除草・水草・毒草・牧草・道草・薬草・野草

【草】くさ ①茎が柔らかく、木部が発達しない植物の総称。草本。②雑草。「庭のー取り」③屋根をふく材料。藁・茅など。「ーぶき屋根」④かいば。まぐさ。「馬にーをやる」⑤名詞について、本格的ではないことを表す語。「ー野球」

【草△熱れ】くさいきれ 夏の強い太陽に照らされた草むらから生ずる、むっとした熱気。季夏

【草雌黄】くさシオウ 東南アジア原産のオトギリソウ科の植物からとった黄色の樹脂。絵の具などに用いる。藤黄。ガンボージ。

【草△摺】くさずり 鎧の胴の下に垂らし、腰の周囲を覆い保護するもの。五段の板からなる。腰よろい。

【草△薙剣】くさなぎのつるぎ 素戔嗚尊が八岐大蛇の尾から取り出した剣。三種の神器の一つ。天叢雲剣 由来 日本武尊が火を放たれた際、この剣で草をなぎ払って難を逃れたことからという。《古事記》

【草の根】くさのね ①草のねっこ。②草の根は隠れて見えないことから、社会一般の無名の人々。庶民。民衆。「ー民主主義」「ー運動」

〈草雲△雀〉くさひばり クサヒバリ科の昆虫。本州以南に分布。コオロギに似るが、体長七ミリと小さい。体は黄褐色で、黒斑がある。雄は「チリリリ」と美しく鳴く。季秋

【草△葺き】くさぶき 茅・藁などで屋根をふくこと。また、その屋根。類茅葺き・藁葺き

〈草木△瓜〉くさぼけ バラ科の落葉小低木。山野に自生。枝にはとげがある。春、葉より先に朱紅色の五弁花をつける。果実は球形で、黄色く熟すが、酸味が強い。シドミ。季春

【草枕】くさまくら 旅寝。また、旅行。由来 昔、旅で草を束ねて枕にしたことから。

【草△生す・草△産す】くさむ-す 雑草が生える。草が生い茂る。「ーした墓地」

【草△叢】くさむら 草が群がって生い茂っている所。表記「叢」とも書く。

〈草連玉〉くされだま サクラソウ科の多年草。山野の湿地に自生。夏、黄色の花を多数つける。イオウソウ。由来 マメ科のレダマに似ることから。表記「黄連花」とも書く。

【草分け】くさわけ ①草の茂った荒れ地を初めて切り開き、その土地の基礎をつくること。また、その人。②ある物事を最初に行って、その発展の基礎をつくること。また、その人。創始者。「日本野球界のー」

〈草臥〉れる くたび-れる ①疲れて元気がなくなる。「ーれて一歩も進めない」②長く使ってみすぼらしくなる。「ーれた靴」

【草△鞋】ソウアイ 「草鞋」に同じ。参考「ソウカイ」とも読む。

【草案】ソウアン 文章の下書き。「規約のーを練る」類草稿・原案 対成案

【草△庵】ソウアン 草ぶきの粗末で小さな家。草のいおり。

【草屋】ソウオク 草ぶきの家。転じて、粗末な家。参考 自分の家の謙称にも用いる。

【草稿】ソウコウ 原稿の下書き。「筆が進まず、まだーの段階だ」類草案・草本

【草行露宿】ソウコウロシュク 非常につらく、苦しい旅をすること。草の生い茂った野原をかき分けて進み、野宿をしながら旅をする意から。《晋書》

【草根木皮】ソウコンボクヒ 草の根と木の皮。転じて、漢方で薬剤として用いるもの。参考「木皮」は「モクヒ」とも読む。

【草紙・草子】ソウシ ①とじた本。冊子本。②絵入りの大衆的読み物。「絵ー」③かな書きの物語・日記・歌書の本。④習字の練習に使用される紙を綴じた帳面。「手習いー」表記 ①「冊子」②「双紙」とも書く。参考 ②③室町時代の「御伽草子」、江戸時代の「仮名草子」などがある。

【草書】ソウショ 漢字の書体の一つ。行書よりさらにくずした書き方。くずし字。類草体

【草食】ソウショク 主として草を食物とすること。「ー動物」対肉食

【草草】 ソウ ソウ ①簡略なさま。てみじか。また、粗末なこと。「お―さまでした」②あわただしく忙しいさま。「―に切り上げた」③手紙の末尾に記すあいさつの語。多く、文頭の「前略」などに対応して用いる。表記②③「匆匆・怱怱」とも書く。

【草創】 ソウ ソウ ①事業や物事を初めて起こすこと。草分け。「会社の―期を知る人物」②寺や神社などを初めて建てること。

【草茅】 ソウ ボウ ①草とチガヤ。②「草莽(ソウモウ)」に同じ。

【草茅危言】 ソウボウ キゲン 民間にいて、為政者に対し正しい意見を主張すること。「危言」は、正しい意見を率直に述べること。《『袁州学記(エンシュウガッキ)』》

【草本】 ソウ ホン 植物の茎が柔らかくて、木質化しないもの。くさ。「―帯(草木植物だけが生える高山地帯)」対木本(モクホン)

【草昧】 ソウ マイ 世の中が未開で、まだ秩序や文化が発達していない状態。「―の世」参考「昧」は道理にくらい意。

【草満囹圄】 ソウマン レイゴ 善政で国がよく治まっていること。「草満」は草が生い茂ること。「囹圄」は牢獄(ロウゴク)のこと。由来獄舎に罪人がいないため、草が生い茂っているということから。《『隋書(ズイショ)』》参考「草(くさ)囹圄に満つ」ともいう。「囹圄」は「レイギョ」とも読む。

【草莽】 ソウ モウ ①草むら。やぶ。②民間。在野。「―の臣」類草茅(ソウボウ) 参考「ソウボウ」とも読む。「莽」は草むら、また、草深い意。

【草木】 ソウ モク 草や木。植物。「山川(サンセン)―」参考「ソウボク」「くさき」とも読む。

【草木皆兵】 ソウモク カイヘイ ひどく恐れおののき、おびえるさま。恐れるあまり、草や木もすべて敵兵に見えてしまう意から。《『晋書(シンジョ)』》類疑心暗鬼・風声鶴唳(フウセイカクレイ)

【草莱】 ソウ ライ ①雑草の生い茂った草むら。荒れ果てた土地。②地方。いなか。参考「莱」は草の生えた荒地の意。

そ ソウ

〈草履〉 ぞう り 鼻緒のある、底が平らなはき物。わら・竹の皮・革・ゴムなどで作る。

【草廬】 ソウ ロ ①草ぶきのいおり。類草庵 ②自分の家の謙称。参考「廬」は粗末ないおりの意。

〈草石蚕〉 ちょろぎ シソ科の多年草。中国原産。秋、紅紫色の花をつける。地下にできる巻貝のような白い塊茎は食用。赤く染め、正月料理の黒豆の上に飾る。季新年 由来「草石蚕」は漢名から。表記「玉環菜・甘露子」とも書く。

〈草蝦〉 てなが えび テナガエビ科のエビ。川や湖にすむ。体長は約九センチメートルで、緑褐色。食用。ツエツキエビ。季夏 表記「手長蝦」とも書く。参考「くさえび」とも読む。

〈草烏頭〉 とりか ぶと キンポウゲ科の多年草。由来「草烏頭」は漢名から。▼鳥兜(とりかぶと)(一〇六〇)

〈草鞋〉 わら じ わらで編んだはき物。草履に似るが、足首にひもを巻きつけてはく。「―をはく(旅に出る)」参考「鞋」は靴(くつ)の意。「ソウアイ・ソウカイ」とも読む。

ソウ【荘】

(9) 艹 6 常 準2 3381 4171 音 ソウ 外ショウ 訓 外おごそか・しもやしき

旧字《莊》(11) 艹 7 1/準1

旧字《莊》(10) 艹 7 1/準1 7223 6837

筆順 一 十 艹 艹 芢 芢 芢 莊 荘

意味 ①おごそか。いかめしい。「荘厳」「荘重」②むらざと。いなか。「村荘」③いなかにある仮ずまい。しもやしき。別宅。「別荘」④やど。旅館。みせ。「旅荘」⑤中世の貴族や社寺の私有地。「荘園」

下つき 山荘(サンソウ)・村荘(ソンソウ)・別荘(ベッソウ)・旅荘(リョソウ)

【荘か】 おごそ-か 大きくいかめしいさま。りっぱで重々しいさま。「―な建物」

【荘園】 ショウ エン ①奈良時代から室町時代にかけての貴族や社寺の私有地。②中世ヨーロッパにおける国王・貴族・教会などの領地。表記①「庄園」とも書く。

【荘厳】 ショウ ゴン ①仏仏像や仏堂を美しく飾ること。また、その飾り。②「荘厳(ソウゴン)」に同じ。

【荘司】 ショウ ジ 領主の代理として、荘園における年貢の徴収や管理などの任務を行う官職。また、その役人。類荘官・庄官 表記「庄司」とも書く。

【荘厳】 ソウ ゴン 重々しくりっぱなこと。おごそかなこと。「―な音楽が鳴り響く」類森厳 参考「ショウゴン」とも読む。

【荘周の夢】 ソウシュウの ゆめ ▼胡蝶(コチョウ)の夢(四五四)

【荘重】 ソウ チョウ おごそかで重々しいこと。「―な口調で語る」

ソウ【送】

(9) 辶 6 教 常 8 3387 4177 音 ソウ 訓 おくる

旧字《送》(10) 辶 6 1/準1

筆順 丶 丷 䒑 兰 关 关 送 送 送

意味 おくる。①人を見おくる。見おくり。「送別」「歓送」対迎 ②おくりとどける。「送信」「運送」

下つき 移送(イソウ)・運送(ウンソウ)・回送(カイソウ)・歓送(カンソウ)・護送(ゴソウ)・葬送(ソウソウ)・直送(チョクソウ)・転送(テンソウ)・伝送(デンソウ)・電送(デンソウ)・配送(ハイソウ)・発送(ハッソウ)・搬送(ハンソウ)・返送(ヘンソウ)・放送(ホウソウ)・目送(モクソウ)・郵送(ユウソウ)・輸送(ユソウ)

【送る】 おく-る ①物や人などをある所に届ける。また、他の所へ移す。「荷物を―る」「幼稚園へ―る」「風を―る」②順々に移していく。「解答用紙を後ろへ―る」③行く人を見送る。また、去る人と惜別の思いで別れる。「友を空港へ―る」「卒業生を―る」④時や年月を過ごす。「テレビを見て毎日を―る」⑤死んだ人を葬る。

【送還】 ソウ カン 人を送り返すこと。「密入国者は本国に―された」

【送迎】ソウゲイ 人を送ったり迎えたりすること。送り迎え。「―バスで通う」

【送検】ソウケン 犯罪者や被疑者、また捜査の書類などを検察庁へ送ること。「容疑者の身柄を―する」「書類―」

【送故迎新】ソウコゲイシン 前任者を送りだし、新任者を迎えること。人を見送り、迎えること。「故」は古い意。〈『漢書(カンジョ)』〉

【送辞】ソウジ 卒業や転任などで、別れて行く人を送る言葉。「在校生を代表して―を読む」 対 答辞

【送信】ソウシン 無線電信や電話などで、通信を送ること。「―機」 対 受信

【送葬】ソウソウ 死者をとむらい見送ること。野辺の送り。 表記 「葬送」とも書く。

【送致】ソウチ ①送り届けること。②関係書類や被告人などを、ある機関から他の機関へ移すこと。「検察庁へ―する」

【送付・送附】ソウフ 品物・書類などを相手に送り届けること。「招待状を―する」

【送別】ソウベツ 別れて行く人を送ること。「―の辞」「―会」

ソウ 【倉】 (10) 人 8 常 教 7 3350 / 4152 音 ソウ 訓 くら 外 にわか

筆順 ノ 𠆢 𠆢 今 今 今 今 倉 倉 倉

意味 ①くら。物を入れておく建物。「倉庫」「船倉」 ②にわか。あわてる。「倉皇」「倉卒」 類 蔵 類 怱(ソウ)・蒼

下つき 校倉(あぜくら)・営倉(エイソウ)・穀倉(コクソウ)・船倉(センソウ)

〈倉稲魂〉 うかのみたま 五穀の神。特に、イネの神。 表記 「宇迦御魂・稲魂」とも書く。 参考 「うかたま」とも読む。

【倉】 くら ①穀物を入れておく建物。②物を安全に保存しておく建物。 表記 ②「蔵」とも書く。 参考 本来「倉」は穀物や青草をしまい、「蔵」は物をしまっておく建物を指した。

【倉敷料】くらしきリョウ 倉庫に物を保管する料金。敷料。保管料。

【倉庫】ソウコ 品物を保管・貯蔵しておく建物。くら。「港に―が並ぶ」

【倉皇】ソウコウ あわてふためくさま。あわただしく急ぐさま。「―として逃げ去った」 書きかえ 「蒼惶」の書きかえ字。

【倉卒】ソウソツ あわただしいこと。急なこと。また、そのさま。「優劣は―に断言できない」 表記 「草卒・怱卒・匆卒」とも書く。

【倉廩】ソウリン 穀物を入れておく、くら。米ぐら。 参考 「廩」は米ぐらの意。

『倉廩(ソウリン)実(み)ちて礼節を知る』 人は生活が安定し、ゆとりができてはじめて礼儀や節度をわきまえるようになる。〈『管子』〉 類 衣食足りて礼節を知る

ソウ 【叟】 ★ (10) 又 8 1 5055 / 5257 音 ソウ 訓 おきな・としより

〔叟〕

意味 ①おきな。としより。②老人の尊称。 参考 「臾(ユ)」は別字。

下つき 迂叟(ウソウ)・村叟(ソンソウ)・野叟(ヤソウ)

ソウ 【奘】 (10) 大 7 1 5289 / 5479 音 ソウ・ジョウ・ゾウ 訓 さかん

〔弉〕 5518 / 5732

意味 おおきい。さかん。 類 壮

ソウ 【捜】 (10) 扌 7 常 準2 3360 / 415C 音 ソウ 訓 さがす

旧字 《搜》 (13) 扌 10 1/準1 5751 / 5953

筆順 一 十 扌 扌 打 扣 扣 押 拽 捜 捜

意味 さがす。さがしもとめる。さぐる。「捜査」「捜索」「捜討」

【捜す】さがす 見えなくなった人や物をさぐる。必要とするものをたずね求める。「鍵(かぎ)がなくなり、家中―す」「行方不明の兄を―す」

【捜査】ソウサ ①さがして調査すること。②警察や検察が、犯罪者や犯罪の証拠をさぐり調べること。「事件の―は難航している」「怪しい人物が―線上に浮かぶ」

【捜索】ソウサク ①さがしもとめること。「遭難者を―する」 類 探索 ②犯罪の証拠品などを求め、関係箇所を強制的に調べること。「家宅―」

ソウ 【挿】 (10) 扌 7 常 準2 3362 / 415E 音 ソウ 訓 さす 外 はさむ・すげる・さしはさむ

旧字 《插》 (12) 扌 9 1/準1 5771 / 5967

筆順 一 十 扌 扌 扌 扩 扩 捐 捐 插 挿

意味 さす。さしこむ。さしはさむ。「挿入」「挿話」

【〈挿頭〉す】かざす ①草木の枝や花を、髪の毛や冠にさす。「黒髪に野菊を―す」 ②物の上に飾りつける。 由来 「髪挿(かみさ)す」の転じたもの。

【挿絵】さしエ 新聞・雑誌・書物などの本文のなかに入れる絵。文章の理解を助け、興味を引くために用いる。多く、小説や物語に入れるものをいう。「―が文章とよく合っている」 類 挿画(ソウガ)

【挿し木】さしき 植物の茎や枝などを切り取って地中にさし入れ、根づかせて新株を作る方法。 季 春

【挿す】さす ①間にさしはさむ。また、さし入れる。はめこむ。「竹筒に一枝を―す」「髪にかんざしを―す」 ②挿し木・挿し花をする。

【挿げ替える】すげかえる ①別の新しいものにつけかえる。②役職にある人をその職からはずして、代わりの人をつける。更迭する。「監督を—える」

【挿げる】すげる さしこむ。はめこむ。また、穴に通して結びつける。「こけしの首を—げる」「げたの鼻緒を—げる」

【挿秧】ソウオウ イネの苗を植えつけること。また、その苗。田植え。

【挿花】ソウカ ①花を生けること。生け花。さしばな。②花をかんざしにすること。また、その花。

【挿画】ソウガ 「挿絵さしえ」に同じ。

【挿入】ソウニュウ なかにさし入れること。はさみこむこと。「原文に注釈を—する」「宣伝物に申込用紙を—する」

【挿話】ソウワ 文章や話の間にさしはさむ、本筋とは関係のない短い話。エピソード。「講演の途中に—を織りこむ」類逸話

【挿む】はさむ 間にさし入れる。はさみこむ。「本にしおりを—む」

ソウ【桑】(10) 木6 常 3 2312 372C 音ソウ高 訓くわ

筆順 フ ヌ ヌ ヌ 叒 叒 叒 叒 桑 桑

意味 くわ。クワ科の落葉高木の総称。「桑園」「桑田」

下つき 蚕桑サンソウ・滄桑ソウソウ・農桑ノウソウ・扶桑フソウ

【桑】くわ クワ科の落葉高木の総称。山野に自生するが、養蚕用に栽培もする。春、淡黄色の小花が咲く。実は紫色に熟し甘い。樹皮は紙の原料、材は家具用。葉は蚕の飼料として重要。季春

【桑蚕】くわご カイコガ科のガ。蚕の原種といわれる。カイコガに似るが、幼虫は黄褐色で成虫は暗褐色。幼虫はクワの葉を食う害虫。表記「野蚕」とも書く。

【桑原】くわばら ①桑の畑。②落雷や不吉なことなどを避けたいときに唱えるまじないの言葉。ふつうは二度繰り返す。

〈桑港〉サンフランシスコ アメリカ合衆国のカリフォルニア州にある港湾都市。

【桑果】ソウカ 一本の花軸の上に多数の花がつき、結実して多肉で多汁の果実の集まりになったもの。クワ・パイナップルなど。

【桑弧蓬矢】ソウコホウシ 男子が志を立てること。由来「桑弧」はクワの木でつくった弓、「蓬矢」はヨモギの矢の意で、昔、中国で男の子が生まれたとき、この弓と矢で四方を射て、将来の活躍を祈願したことから。《『礼記ライキ』》

【桑梓】ソウシ 父母を敬慕すること。また、郷里。ふるさと。由来昔、中国でクワとアズサの木を植えて、子孫の暮らしの助けとしたことから。《『詩経』》

【桑田変じて滄海と成る】ソウデンヘンじてソウカイとなる ▼滄海変じて桑田と成る(九四三)

【桑年】ソウネン 四八歳の別称。桑字年。由来「桑」の俗字「桒」を字画に分解すると、十が四つと八になることから。

【桑門】ソウモン 出家して修行する人。僧。「—として修行に入る」参考梵語ボンゴの音訳で、古く用いられた語。ふつうは沙門シャモンと音写する。

ソウ【笊】(10) 竹4 1 6785 6375 音ソウ 訓ざる・す

意味 ①ざる。竹で編んだかご。「笊籬ソウリ」②す。鳥のすむあな。

〈笊籬〉いかき 竹で編んだかご。ざる。「—を持って山菜採りに行く」

【笊】ざる ①細く裂いた竹ひごなどで編んだ器。②「笊碁ざるゴ」の略。③「笊蕎麦ざるそば」の略。④編んだ目からこぼれることから、抜けや落ちの多いたとえ。「あの法案は—法だ」

【笊碁】ざるゴ 打ち方のへたな碁。へぼ碁。ざる。「いつまでも—で上達しない」由来ざるの目のように打ち方が粗いことから。

【笊〈蕎麦〉】ざるそば 冷やして、ざるやすのこを敷いた器に盛り、汁つゆにつけて食べるそば。ざる。

【笊法】ざるホウ おおざっぱで、不備な法の比喩ヒユ。抜け穴・抜け道の多いことをざるの目にたとえていう。

ソウ【荘】(10) 艹7 7223 6837 ▼荘の旧字(九三五)

ソウ【蚤】(10) 虫4 準1 3934 4742 音ソウ 訓のみ・はやい・つめ

意味 ①のみ。ノミ科の昆虫の総称。②はやい。つとに。「蚤夜」類早 ③つめ(爪)。「蚤牙」

【蚤寝晏起】ソウシンアンキ 夜はやく寝て、朝おそく起きること。「蚤」ははやい、「晏」はおそい意。《『礼記ライキ』》

【蚤】のみ ノミ科の昆虫の総称。赤茶色で体は二、三ミリメートルと小さく、発達した後ろあしではねる。人畜の血を吸う。季夏

【蚤の夫婦】のみのフウフ 妻が夫より大柄な夫婦のこと。由来ノミは雌のほうが雄より大きいことから。

ソウ【送】(10) 辶6 ▼送の旧字(九三五)

ソウ【偬】(11) 亻9 1 4888 5078 音ソウ

意味 せわしいさま。あわただしいさま。「倥偬コウソウ」

ソウ【爽】(11) 大8 常 2 3354 4156 音ソウ 訓さわやか 外あきらか・たがう

筆順 一 ㇗ ㇗ ㇗ ㇗ ㇗ ㇗ ㇗ ㇗ 爽 爽

意味 ①さわやか。すがすがしい。「爽快」②あきら

そ ソウ

か。明るい。「爽旦（ソウタン）」③たがう。まちがえる。

下つき 豪爽（ゴウソウ）・颯爽（サッソウ）・清爽（セイソウ）・昧爽（マイソウ）

【爽やか】さわ-やか ①すがすがしく気持ちのよいさま。「―に目覚める」「―なミントの香り」季秋 ②話し方などがはっきりしているさま。「弁舌―な人」

【爽快】ソウカイ さわやかで気持ちがすっきりするさま。「―な秋の一日」

【爽秋】ソウシュウ 空気がさわやかで、すがすがしい秋。「―の候」

【爽然】ソウゼン ①心身のさわやかなさま。②失意でぼんやりとしたさま。「―自失」

【爽昧】ソウマイ 夜明け。あかつき。類昧爽 参考「爽」は明るい、「昧」は暗い意。

【爽籟】ソウライ 秋風のさわやかなひびき。また、すがすがしい清風。季秋

【爽涼】ソウリョウ さわやかで涼しいこと。また、そのさま。「―の候」類清涼

ソウ【娵】(11) 女 8 1 5323/5537 音 ソウ・シュ 訓 よめ・たおやめ

意味 ①よめ。新妻。息子の妻。②たおやめ。美しい女。参考「娶（シュ）」は別字。

【娵】よめ 結婚した女性。また、息子の妻。

ソウ【崢】(11) 山 8 1 5436/5644 音 ソウ 訓 たかい・けわしい

意味 山が高くけわしいさま。

ソウ【巣】(11) ⺍ 8 常 教 7 3367/4163 音 ソウ 高 訓 す

旧字《巢》(11) 巛 8 1/準1 8408/7428

筆順 丶 ⺍ ⺍ ⺍ 㞢 当 ⁷ 㟁 単 単 巣

意味 ①す。鳥のす。動物のすむ場所。また、すくう。すをつくる。「営巣」②盗賊などのかくれが。「巣窟」③あつまる。群がり集まるところ。「病巣」

下つき 営巣（エイソウ）・燕巣（エンソウ）・帰巣（キソウ）・鳩巣（キュウソウ）・精巣（セイソウ）・病巣（ビョウソウ）・古巣（ふるす）・卵巣（ランソウ）

【巣】す ①獣・鳥・虫などがすむ場所。「クモの―を払う」②悪人などが集まるところ。隠れ家。「盗賊の―」③人が暮らすところ。家庭。「愛の―」

【巣くう】すくう ①鳥などが巣を作ってすむ。②たまり場にする。「悪人の―うネオン街」③好ましくないものがはびこる。「心の底に―う怨念（オンネン）」「胃に―うガン」

【巣窟】ソウクツ 悪人などが隠れ住む場所。根城（ねじろ）。「悪の―を一掃する」

【巣林一枝】ソウリンイッシ 小さな家に満足してすむこと。また、分相応の暮らしに満足するたとえ。由来 鳥は林の中に巣を作るが、自分で使うのは一本の枝だけであるという意から。〈荘子（ソウジ）〉参考「一枝巣林」ともいう。類偃鼠飲河（エンソインガ）

ソウ【掃】(11) 扌 8 常 3 3361/415D 音 ソウ 訓 はく 外 はらう

旧字《掃》(11) 扌 8 1/準1

筆順 一 十 扌 扌 扌 扫 扫 ⁸ 掃 掃 掃

意味 ①はく。はらいきよめる。「掃除」「清掃」②はらう。とりのぞく。「掃討」「一掃」

下つき 一掃（イッソウ）・揮掃（キソウ）・洒掃（サイソウ）・清掃（セイソウ）

〈掃部〉かもん 律令（リツリョウ）制において、宮中の清掃や儀式の設営などをつかさどった掃部寮の役人の称。参考「かもり」とも読む。

【掃海】ソウカイ 海中で、機雷などの危険物を除去すること。「―艇」

【掃除】ソウジ ちり・ごみ・汚れなどを取り去ってきれいにすること。はき清めること。「念入りに部屋を―する」類清掃

【掃射】ソウシャ 機関銃などで、なぎ払うように射撃すること。「機銃―」

【掃苔】ソウタイ 墓参すること。特に、盂蘭盆（ウラボン）の墓参りをいう。季秋 参考 墓石のコケをはき清める意。

【掃討・掃蕩】ソウトウ 敵や悪人などをすっかりはらい除くこと。「ゲリラを―する」

【掃滅】ソウメツ すっかりほろぼすこと。「敵を―する」類全滅・殲滅（センメツ） 書きかえ「剿滅」の書きかえ字。

【掃門】ソウモン 人の家の門前をはき清めること。転じて、人に面会を求めること。

【掃墨】はいずみ 菜種油や胡麻（ゴマ）油などを燃やし、そのすすを集めたもの。にかわを混ぜて墨にしたり、漆や柿渋（かきしぶ）などを混ぜて塗料や薬として用いた。由来「はきずみ」の転じたもの。表記「灰墨」とも書く。

【掃き溜め】はきだめ ごみ捨て場。ごみため。転じて、なんの役にも立たない雑多な人や物の集められている場所。

【掃き溜めに鶴】はきだめにつる つまらない所にすぐれたものや美しいものがいることのたとえ。汚いごみ捨て場に美しいツルが舞いおりる意から。

【掃く】はく ①ほうきなどで、ごみ・ちりなどをはらい除く。「枯れ葉を―き寄せる」「―いて捨てるほど（非常に多く、ありふれていることのたとえ）」②はけ・筆などで、軽くなでるように塗る。「刷毛（はけ）で―いたような雲」表記②「刷く」とも書く。

【掃う】はらう 勢いよく除き去る。はく。「棚のほこりを―う」

ソウ【掫】(11) 扌 8 1 5756/5958 音 ソウ・シュウ・シュ 訓 よまわり

意味 ①よまわり。木を打ちならして夜回りをする。②手に持つ。類取

ソウ【曹】(11) 曰7 常 準2 3366 4162 音 ソウ 外ゾウ 訓 外つかさ・ともがら

筆順 一 ⼌ 冂 冊 冊 冊 曲 曲 曹 曹 曹

意味 ①つかさ。役人。また、役所の部局。「法曹」②軍隊などの階級の一つ。「曹長」「軍曹」③なかま。ともがら。④へや。つぼね。「曹司」

下つき 我曹ガソウ・軍曹グンソウ・爾曹ジソウ・法曹ホウソウ

【曹司】ゾウシ ①昔、宮中や官庁などの高級官吏や女官の部屋。つぼね。②昔、独立していない貴族の子弟に与えられた部屋。

〈曹達〉水】ソーダスイ 水に炭酸ガスを入れ、甘味料などを加えた清涼飲料水。ソーダ。季夏

【曹洞宗】ソウトウシュウ 鎌倉時代に、道元が宋ソウから帰り伝えた禅宗の一派。

【曹】ともがら 仲間。多くの友。また、多くの同輩。

〈曹白魚〉ひら ニシン科の海魚。南日本の近海に分布。体長約五〇センチメートルで、ニシンに似る。背は暗青色、腹は銀白色。食用。

ソウ【曽】(11) 曰7 常 2 3330 413E 音 ソウ・ゾ 外ソ・ゾ 訓 外かつて・かさなる・ます・すなわち

旧字《曾》(12) 曰8 1/準1 3329 413D

筆順 丶 丷 䒑 ⺌ 尚 尚 尚 曽 曽 曽 曽

意味 ①かつて。これまで。「曽遊」「未曽有ミゾウ」②かさねる。かさなる。かさなり。「曽孫」類層 ③ます。ふえる。④すなわち。参考「曾」の二画目までが片仮名の「ソ」に、草書体が平仮名の「そ」になった。

【曽て】かつ-て ①以前に。これまでに。「彼には―会っています」②今までまったく。これまで一度も。「―ない大惨事」参考「かって」ともいう。②は否定の語を伴う。

【曽参人を殺す】ソウシンひとをころす うそも度重ねて言われると、ついにはそれを信じるようになるというたとえ。故事 親孝行で名高い孔子の門人、曽参の母に、ある者が「曽参が人を殺した」と誤って伝えた。二人目までは信じなかった母親も、三人目が同じことを告げたときには、織りかけの機はたをほうりだして飛びだしたという故事から。《『戦国策』》

【曽祖】ソウソ 祖父の父母。曽祖父母。特に、祖父の父。

【曽祖父】ソウソフ 「曽祖父ひいじじ」に同じ。

【曽孫】ソウソン 「曽孫ひまご」に同じ。

【曽遊】ソウユウ 前に行ったことがあること。「―の地を回顧する」

〈曽祖父〉ひいじじ 祖父母の父。ひいおじいさん。対曽祖母 参考「ソウソフ・ひいおおじ」とも読む。

〈曽祖母〉ひいばばん 祖父母の母。ひいおばあさん。対曽祖父 参考「ソウソボ・ひいおおば」とも読む。

〈曽孫〉ひまご 孫の子ども。参考「ソウソン・ひいまご・ひこまご・ひこ」とも読む。

ソウ【淙】(11) 氵8 1 6242 5E4A 音 ソウ 訓 そそぐ

意味 ①水が流れるさま。また、水の流れる音。「淙淙」②そそ(注)ぐ。

【淙淙】ソウソウ 水がよどみなくさらさらと流れるさま。また、その音。「渓谷の水は―と流れる」

ソウ【窓】(11) 穴6 教 常 5 3375 416B 音 ソウ 訓 まど

旧字《窗》(12) 穴7 1/準1 6757 6359

筆順 丶 丶 宀 宀 穴 穵 空 空 空 窓 窓

意味 ①まど。あかりとり。「窓外」「車窓」②まどのある部屋。学校。「学窓」「同窓」

下つき 円窓エンソウ・まるまど・学窓ガクソウ・獄窓ゴクソウ・車窓シャソウ・深窓シンソウ・船窓センソウ・同窓ドウソウ

【窓蛍】ソウケイ ▼蛍雪の功(三九五)

【窓】まど ①室内に光や空気をとり入れるために、壁や屋根に設けられた開口部。「回転―」②外と内とをつなぐもののたとえ。「心の―を開く」「目は心の―」

【窓を鑿うがち牖まどを啓ひらく】自分の殻からに閉じこもるのをやめ、他に学び見識を広めるように努力すること。自分から積極的に窓を開き、外の光をとり入れる意から。「窓」は屋根にあけた採光用のまどをいい、「牖」は壁にあけた格子つきのまどをいう。《『論衡』》

【窓際】まどぎわ まどのそば。まどの近く。「―でうとうとする」

ソウ【荘】(11) 艹7 ▼荘の旧字(九三五)

ソウ【創】(12) 刂10 教 常 5 3347 414F 音 ソウ 訓 つくる 外きず・はじめる

筆順 ノ 人 今 今 今 刍 倉 倉 倉 創

意味 ①きず。きずつける。「創痍ソウイ」「創傷」②はじめ。はじめる。はじめて作る。「創意」「独創」

下つき 重創ジュウソウ・草創ソウソウ・刀創トウソウ・独創ドクソウ

【創】きず 切りきず。刃物で切ったきず。「ナイフで浅い―を負った」

【創案】ソウアン 最初に考えだすこと。また、そうして考えだされたもの。「彼の―になる新機種がヒットした」

【創痍】ソウイ ①刀で受けたきず。切りきず。「満身—」類創傷 ②手ひどく受けた痛手。こうむった損害。

【創意】ソウイ 新たなものを考えだすこと。また、その独創的な考えや思いつき。「—を凝らした絵画」

【創意工夫】ソウイクフウ 新しいことを考えだして、それを実現するための方策を巡らすこと。「—に富んだ作品」

【創刊】ソウカン 定期刊行物を新しく発刊すること。「仲間で雑誌を—した」対廃刊

【創業】ソウギョウ 事業を新たに開始すること。「—以来百年の老舗(しにせ)」

『創業は易(やす)く、守成(シュセイ)は難(かた)し』 事業を始めるのはさほど難しいことではないが、それを受け継ぎ、維持し続けるのはたいへん難しい。国家を興すことはたやすいが、その国家を維持するのは難しい意から。《貞観政要(ジョウガンセイヨウ)》

【創見】ソウケン これまでにない独創的な考えや意見。「—に富む論文」

【創建】ソウケン 建物などをはじめてつくること。「平安時代に—された寺」

【創痕】ソウコン 傷のあと。きずあと。類創瘢(ソウハン) 表記「瘡痕」とも書く。

【創作】ソウサク ①新しいものを作りだすこと。②新しい発想で芸術作品などを生みだすこと。また、その作品。「—活動」「文芸作品を—する」③作り話。つくりごと。うそ。「そんな言い訳は彼の—だ」

【創始】ソウシ 新しく開始すること。また、そのはじまり。「赤十字の—者」

【創傷】ソウショウ 刃物などによる表面にひらいている傷。「背中に—を受ける」

【創世】ソウセイ 神が世界をはじめてつくること。また、世界のできたはじめ。

【創設】ソウセツ 新しくつくり設けること。「研究所の—」類創立

【創造】ソウゾウ ①はじめてつくりだすこと。「—性豊かな人」対模倣 ②神が宇宙万物をつくりだすこと。「天地—の神話」

【創瘢】ソウハン 「創痕(ソウコン)」に同じ。表記「瘡瘢」とも書く。

【創立】ソウリツ 新たにつくり上げること。「学校の—記念日」類創設

【創る】つくる はじめて事業などを興す。「独立して自分の会社を—った」

【創める】はじめる 新しい事業や会社をつくりだす。「花屋を—める」

ソウ【喪】(12) 口9 常 準2 3351 4153 音ソウ 訓も 外うしなう・ほろびる・ほろぼす

筆順 一 十 十 … 8 … 喪 喪 喪

意味 ①も。人の死後、近親者が一定期間悲しみの意を表す礼。とむらい。「喪祭」「喪中」②うしなう。なくす。「喪失」「喪心」③ほろびる。ほろぼす。「喪亡」

下つき 国喪(コクソウ)・心喪(シンソウ)・送喪(ソウソウ)・大喪(タイソウ)・服喪(フクも)

【喪う】うしなう 自分から離れ、所有権をなくす。離れ去る。また、死んでいなくなる。

【喪家】ソウカ 亡(な)くなったばかりの人がいる家。喪中(もチュウ)の家。

『喪家の狗(いぬ)』 見る影もなくやせ衰えている人のたとえ。葬式のあった家では、イヌにえさを与えることも忘れるので、その家のイヌはやせ衰えることから。故事 孔子が流浪の旅をしていたとき、そのやつれ果てた姿を見た人が「まるで喪家のイヌのようだった」と評したという故事から。《史記》参考「喪」をうしなう意とし、家のないイヌ、野良犬とする説もある。

【喪失】ソウシツ うしなうこと。なくすこと。「記憶—」「自信を—する」対獲得

【喪心・喪神】ソウシン ①気をうしなうこと。類失神・気絶 ②気が抜けて、ぼんやりすること。正気をうしなうこと。また、「—した表情を浮かべる」類放心

【喪亡】ソウボウ なくなること。うしなうこと。滅亡すること。

【喪】も 近親者の死後一定の間、交際や祝い事などを避けること。また、その礼式や期間。忌。「父の—に服している」

【喪主】もシュ 葬儀をとり行う当主。「—の挨拶(アイサツ)が終わる」「—を務める」参考「ソウシュ」とも読む。

【喪章】もショウ 弔意を表すため、腕や胸に着ける黒い布。腕章やリボンなど。

【喪中】もチュウ 喪に服している期間。「—につき新年の挨拶(アイサツ)を欠礼する」

【喪服】もフク 葬儀や法事などに着る礼服。通例は、黒色の衣服。「粛々と—の列が続く」参考「ソウフク」とも読む。

ソウ【惣】(12) 心8 準1 3358 415A 音ソウ 訓すべて

意味 ①すべて。みんな。そうじて。「惣菜」②人名として長男の意に用いる。「惣領」

書きかえ「総」が書きかえ字。

【惣菜】ソウザイ ▼書きかえ 総菜(九四六)

【惣太鰹】ソウダがつお サバ科の海魚ヒラソウダとマルソウダの総称。▼宗太鰹(ソウダがつお)(六六七)

【惣領】ソウリョウ ①家名を受け継ぐ者。あとつぎ。②最初に生まれた子。長男または長女で、特に長男をいう。「—の甚六(大事に育てられることの多い長子は、弟妹にくらべおひとよしだということ)」表記「総領」とも書く。

〈惣暗〉つつくら 何も見えないまっくらなやみ。真のやみ。

ソウ【插】(12) 扌9 5771 5967 ▼挿の旧字(九三六)

ソウ【曾】(12) 曰8 3329 413D ▼曽の旧字(九三九)

ソウ【棗】(12) 木 8 1 6007 5C27 音 ソウ 訓 なつめ

意味 ①なつめ。クロウメモドキ科の落葉小高木。②なつめの実の形に似た茶器。

下つき 羊棗(ヨウソウ)

【棗】なつめ ①クロウメモドキ科の落葉小高木。中国原産。夏、黄緑色の小花をつけ、楕円(ダエン)形の果実を結ぶ。果実は食用や薬用。②抹茶を入れる茶入れ。形が①の果実に似る。由来 ①初夏に芽を出す「夏芽」の意から。

【棗椰子】なつめヤシ ヤシ科の常緑高木。ペルシャ湾沿岸地方原産。葉は大形の羽状複葉。果実は円柱形で、多数つき食用。樹液からは砂糖や酒をつくる。葉は勝利の象徴として祝賀に用いるので、戦捷木(センショウボク)ともいう。

ソウ【湊】★ (12) 氵 9 準1 4411 4C2B 音 ソウ 訓 みなと・あつまる

意味 ①みなと。ふなつきば。「湊泊」②あつまる。あつめる。「輻湊(フクソウ)」類 輳(ソウ)

下つき 輻湊(フクソウ)

【湊まる】あつ-まる 多くの物が四方から一か所に寄ってくる。

【湊】みなと 海や川などの水路のあつまってくる所。船があつまる所。船着き場。

ソウ【痩】(12) 疒 7 常 2 3373 4169 音 ソウ㊥高 ㊥外シュウ 訓 やせる ㊥外ほそい こける

旧字《瘦》(15) 疒 10 1/準1 9493 7E7D

筆順 丶 亠 广 广 疒 疒 疒 疒 疒 9 疒 疒 痩 12

意味 ①体がやせる。やせほそる。ほそい。「痩軀(ソウク)」「痩身」②土地がやせる。地味(チミ)が肥えていない。「痩地」「痩田」対 ①②肥

下つき 枯痩(コソウ)・肥痩(ヒソウ)

【痩ける】こ-ける 肉が落ちて、やせ細る。「疲労からだいぶ頬(ほお)が―けてきた」

【痩軀】ソウク やせ細っている身体。「長身―を折るようにして座った」類 痩身

【痩身】ソウシン 「痩軀(ソウク)」に同じ。対 肥満

【痩羸】ソウルイ やせて疲れること。やせ衰えること。また、そのさま。参考「羸」は疲労して弱くなる意。

【痩せ我慢】やせガマン 無理に我慢して、平気そうなふりをすること。「痛い注射を―する」

【痩せる】や-せる ①人や動物の体の肉が落ちて細くなる。②土地に植物を生長させるための養分が乏しくなる。「―せた土地」

ソウ【窗】(12) 穴 7 6757 6359 ▼窓の旧字(九三九)

ソウ【葬】(12) 艹 9 常 3 3382 4172 音 ソウ 訓 ほうむる㊥高

筆順 一 艹 3 艹 苂 苑 苑 苑 苑 葬 葬 12

意味 ほうむる。死体をおさめる。また、その儀式。とむらい。「葬式」「埋葬」参考 くさ(艹・廾)のなかに死者をほうむることを表した字。

下つき 会葬(カイソウ)・火葬(カソウ)・合葬(ガッソウ)・国葬(コクソウ)・水葬(スイソウ)・大葬(タイソウ)・鳥葬(チョウソウ)・土葬(ドソウ)・風葬(フウソウ)・本葬(ホンソウ)・埋葬(マイソウ)・密葬(ミッソウ)

【葬儀】ソウギ 「葬式」に同じ。

【葬祭】ソウサイ 葬式と祖先の霊をまつる祭祀(サイシ)。「冠婚―」

【葬式】ソウシキ 死者をほうむる儀式。とむらい。「友人の―に参列する」類 葬儀・葬礼

【葬送】ソウソウ 死者をほうむるために、墓地に送ること。また、死者をほうむるのを見送ること。「―行進曲が教会に響いた」表記「送葬」とも書く。

【葬礼】ソウレイ 「葬式」に同じ。

【葬斂】ソウレン 死者を棺(ひつぎ)におさめ、ほうむること。また、その儀式。参考「斂」はおさめる意。

〈葬帷子〉はぶりかたびら 葬儀のときに棺(ひつぎ)を覆うかたびら。

【葬る】ほうむ-る ①死体や遺骨を墓所などにおさめる。埋葬する。葬式をする。「海の見える墓地に―る」②世間から存在を隠す。また、表面に出てこないようにする。捨て去る。「事件は闇(やみ)に―られた」「この業界から―る」

ソウ【葱】★ (12) 艹 9 準1 3912 472C 音 ソウ 訓 ねぎ・き・あおい

意味 ①ねぎ。ユリ科の多年草。②き。あおい。あざやかな緑色、あるいは青色。「浅葱」

【葱青】ソウセイ ①草木の青々としているさま。②ネギの葉。

〈葱頭〉たまねぎ ユリ科の多年草。▼玉葱(たまねぎ)(三五二)

【葱】ねぎ ユリ科の多年草。シベリア、アルタイ地方原産。野菜として栽培。葉は管状で細長い。初夏、「葱坊主(ねぎボウズ)」と呼ばれる白緑色の小花を球状につける。葉は食用。季 冬

【葱坊主】ねぎボウズ ネギの花。季 春 由来 小花が球状に集まって咲くさまを坊主頭に見立てたことから。

【葱鮪】ねぎま ネギとマグロを一つの鍋(なべ)で煮て食べる料理。季 冬

ソウ【装】(12) 衣 6 教 常 5 3385 4175 音 ソウ・ショウ㊥中 訓 よそおう㊥高 ㊥外よそう

旧字《裝》(13) 衣 7 1/準1 7470 6A66

筆順 丨 丬 3 丬 丬 壮 壮 壮 8 装 装 装

そ ソウ

意味 ①よそおう。よそおい。身じたくをする。「装束」「服装」②かざる。見ばえをととのえる。かざり。「装飾」「外装」③とりつける。機械・器具などをそなえつける。「装甲」「装置」

書きかえ 「裳」の書きかえ字として用いられるものがある。

下つき 衣装・異装・改装・外装・仮装・偽装・擬装・軽装・正装・盛装・塗装・内装・表装・服装・武装・扮装・変装・包装・舗装・洋装・略装・礼装・和装

【装束】ショウゾク 身仕度をすること。また、その衣服。特に、儀式の礼服など。古くは衣冠・束帯などを指した。「白—」「晴れの—」

【装甲】ソウコウ ①よろいをつけて武装すること。②車体や船体に鋼鉄板を張ること。「機動隊の—車」

【装飾】ソウショク 美しく見えるように飾ること。また、その飾り。「壁に—を施す」

【装身具】ソウシング 首飾り・ブローチ・指輪など、体や衣服につけて身を飾るもの。アクセサリー。

【装置】ソウチ 機械・道具などを取りつけること。また、その仕掛けや設備。「冷房—のない部屋」「舞台—がそろった」

【装着】ソウチャク ①身につけること。「ヘルメットを—する」②付属品や器具を取りつけること。「シートベルトを—する」

【装丁】ソウテイ 書物をとじて表紙をつけ、一冊の本として整えること。また、書物の表紙などのデザイン。「本の—を画家に依頼する」類 装本 書きかえ 「装釘・装幀」の書きかえ字。

【装釘・装幀】ソウテイ ▼ 書きかえ 装丁

【装塡】ソウテン 内部につめて備えること。「銃に弾を—する」「フィルムを—する」

【装備】ソウビ 必要な用具・付属品などを準備すること。また、その身仕度や機材。「冬山登山の—をする」「ハイテクーの戦闘機」

【装模作様】ソウモサクヨウ 気取ったり、見栄をはったりすること。また、そのさま。

【装う】よそおう ①食べ物を器に盛る。よそる。「ご飯を—う」「豚汁を—う」②身仕度をする。よそおう。

【装う】よそおう ①服装などを飾り整える。身仕度する。「春らしく—って外出する」②見せかける。ふりをする。「できるだけ平静を—う」「他人を—う」

ソウ 【僧】 (13) 亻11 常 4 3346 414E 音 ソウ 訓

旧字《僧》(14) 亻12 1/準1 1441 2E49

筆順 亻 亻' 亻' 亻' 伫 伫 伫 伫 僧 僧 僧

意味 仏門に入って修行する人。坊主。法師。「僧侶」「僧正」対 俗

下つき 高僧・小僧・禅僧・尼僧・老僧

【僧形】ソウギョウ 僧の身なり。髪をそり、袈裟を身につけた僧の姿。「—の隠密」類 僧体 対 俗形

【僧綱】ソウコウ 僧や尼を統率し、寺を管理する職。僧の階級のうちで最高の位。大僧正・正僧正・権僧正に分かれる。参考 「綱」はかなめの意。

【僧正】ソウジョウ 僧の階級のうちで僧正に次ぐ位。大僧都・権大僧都・少僧都・権少僧都に分かれる。

【僧都】ソウズ 僧の階級のうちで僧正に次ぐ位。大僧都・権大僧都・少僧都・権少僧都に分かれる。

【僧籍】ソウセキ 僧や尼としての身分。「出家して—に入った」

【僧坊・僧房】ソウボウ 寺院の中にある僧の住居。「老師を—に訪ねる」

【僧侶】ソウリョ 出家して仏門に入った人。また、その集団。類 沙門・桑門 参考 「侶」はともがら・つれの意で、複数を表す。

ソウ 【剿】 (13) 刂11 1 4986 5176 音 ソウ・ショウ 訓 たつ・ほろぼす・かすめとる

〔勦〕

意味 ①たつ。ほろぼす。切る。ころす。②かすめる。かすめとる。類 抄・①②勦

【剿滅】ソウメツ ▼ 書きかえ 掃滅（九三八）

ソウ 【勦】 (13) 力11 1 5011 522B 音 ソウ・ショウ 訓 たつ・ほろぼす・かすめとる・すばやい

意味 ①つかれる。つかれさせる。②たつ。たちきる。殺す。ほろぼす。「勦滅」③かすめる。かすめとる。奪い取る。「勦説」類 ②③剿 ④すばやい。

【勦絶】ソウゼツ 「勦滅」に同じ。

【勦滅】ソウメツ すっかりほろぼすこと。勦絶。表記 「掃滅」とも書く。

ソウ 【嫂】 (13) 女10 1 音 ソウ 訓 あによめ

〔嫂〕 5331 553F

意味 あによめ。兄の嫁。

【嫂】あによめ 兄の妻。表記 「兄嫁」とも書く。

ソウ 【想】 (13) 心9 教 常 8 3359 415B 音 ソウ・ソ高 訓 外 おもう

筆順 一 十 木 朩 相 相 相 相 想 想

意味 おもう。おもいめぐらす。考え。「想像」「空想」

下つき 愛想・回想・感想・空想・懸想・幻想・構想・思想・随想・着想・追想・発想・無想・夢想・瞑想・妄想・黙想・予想・

理想・連想

【△想う】おもう 思い巡らす。特定の対象を思いやる。思い浮かべる。

【想起】ソウキ 以前にあったことを思い起こすこと。「当時を―させる古い写真だ」

【想像】ソウゾウ ①経験していないことや経験できないことを、頭のなかに思い描くこと。「―もつかないほど珍しい体験だ」「―を絶する世界」②知っていることをもとにして、新しい事実や観念をつくること。また、その心のはたらき。「ドラマの結末を―する」

【想定】ソウテイ 仮に考えてみること。「万一のことを―する」

【想到】ソウトウ さまざま考えた末に思い至ること。「ミスの原因に―する」

ソウ【愴】(13) 忄10 1 5640 5848 音 ソウ 訓 いたむ・かなしむ

意味 いたむ。かな(悲)しむ。いたましい。「愴然」

下つき 悄愴(ショウソウ)・悽愴(セイソウ)・悲愴(ヒソウ)

【愴む】いたむ 心の底からつらく悲しく思う。悲しみで心をいためる。

【愴然】ソウゼン つらく悲しみ、心をいためるさま。「―として涙を流す」類 愴愴

【愴愴】ソウソウ 「愴然(ソウゼン)」に同じ。

ソウ【★搔】(13) 扌10 準1 8486 7476 音 ソウ 訓 かく

〔☆掻〕3363 415F

意味 ①かく。つめでひっかく。「搔痒(ソウヨウ)」②さわぐ。さわがしい。「搔擾(ソウジョウ)」類 騒

【搔い△潜る】かいくぐる ①狭いすきまをすばやく通り抜ける。「網を―る」②危険なところをうまく通り抜ける。「取り締まりの目を―る」「猛火を―る」参考「かきくぐる」の転じた語。

【搔敷】かいしき 神への供物に敷くカシワやナンテンなどの木の葉や紙。表記「皆敷」とも書く。

【搔い出す】かいだす 水などを外にくみだす。「ボートにたまった海水をバケツで―す」参考「かきだす」の転じた語。

【搔取】かいどり ①着物の褄(つま)や裾(すそ)を手でつまんで持ち上げること。②女性の礼服。帯の上に羽織のようにして着る長い小袖(こそで)。うちかけ。「―前」参考 昔、武家の婦人が着たが、今は結婚式などに女性が着る。

【搔い掘り】かいぼり 魚をとるために、池や堀などの水をすべてくみだすこと。かえぼり。季 夏

【搔巻】かいまき 綿の薄く入った袖(そで)つきの夜着(よぎ)。掛け布団の下にかける。季 冬

【搔揚げ】かきあげ 天ぷらの一種。サクラエビやイカなどと細かく切った野菜の材料をころもでつなぎ、油で揚げたもの。

【搔く】かく ①爪(つめ)などでこする。「背中を―く」②刃物で削ったり、切りとったりする。「氷を―く」「寝首を―く」③払いのけたり、寄せ集めたりする。「シャベルで屋根の雪を―く」④手や道具で水をおしのける。⑤外にあらわしだす。「汗を―く」⑥身に受ける。「恥を―く」⑦弦をはじく。

【搔っ払い】かっぱらい 人の隙(すき)をねらい、金品を奪い取ること。

【搔爬】ソウハ 体内の組織をけずり取ること。特に、人工妊娠中絶の手術。

【搔痒・搔癢】ソウヨウ かゆいところをかくこと。

ソウ【▲捜】(13) 扌10 5751 5953 ▼捜の旧字(九三六)

ソウ【搶】(13) 扌10 1 5779 596F 音 ソウ・ショウ 訓 つく・あつまる

意味 ①うばう。無理にうばいとる。かすめる。「搶奪」②つく。つきあたる。③あつ(集)まる。

ソウ【歃】(13) 欠9 1 6129 5D3D 音 ソウ 訓 すする

意味 すする。すいこむ。「歃血」

【歃る】すする すぼめた口を皿にさしこんで血をすする。

ソウ【滄】(13) 氵10 1 6275 5E6B 音 ソウ 訓 あおい・さむい

意味 ①あおい。また、あおうなばら。うみ。「滄海」②さむい。つめたい。

【滄海】ソウカイ ひろびろと大きくあおい海。あおうなばら。おおうなばら。類 滄溟(ソウメイ) 表記「蒼海」とも書く。

【滄海の一粟】ソウカイのイチゾク 広大なもののなかのきわめて微小なもののたとえ。また、大宇宙のなかの人間の存在のはかなさをいう。大海のなかの一粒の粟(あわ)の意から。〈蘇軾(ソショク)の文〉

【滄海変じて桑田(ソウデン)と成る】予測できないほど、世の中の移り変わりが激しいこと。また、時勢の大きな変遷のたとえ。大海原(おおうなばら)が桑畑に変わってしまう意から。《神仙伝》参考「桑田変じて滄海と成る・滄海桑田・桑田滄海」ともいう。類 桑田碧海(ソウデンヘキカイ)

【滄桑の変】ソウソウのヘン 「滄海変じて桑田と成る」に同じ。

【滄溟】ソウメイ 「滄海(ソウカイ)」に同じ。

【滄浪】ソウロウ あおあおと澄んだなみの色。表記「蒼浪」とも書く。

ソウ【筲】(13) ⺮7 1 8966 7962 音 ソウ・ショウ 訓 ふご・かご・めしびつ

意味 ふご。かご。竹製のめしびつ。また、わずかの量。

下つき 斗筲(トソウ)

ソウ【腠】(13) 月9 1 9048 7A50 音 ソウ 訓

意味 はだ。はだのきめ。「腠理」

ソウ【蒼】(13) ⺾10 準1 3383 4173 音 ソウ 訓 あお・あおい・しげる

意味 ①あお。あおい。草のあおい色。「蒼海」「蒼茫(ソウボウ)」②しげる。草木が茂る。「蒼生」「蒼蒼」③古びる。年老いたさま。「蒼古」④あわてる。あわただしいさま。「蒼卒」「蒼惶(ソウコウ)」類 倉・怱(ソウ)

下つき 鬱蒼(ウッソウ)・穹蒼(キュウソウ)・青蒼(セイソウ)

【蒼い】あお-い ①干した草のようなくすんだあお色のさま。「―い海」②生気がなく、あおざめたさま。「―い顔」

【蒼褪める】あおざ-める 血の気を失って顔色があおじろくなる。

〈蒼鷹〉おおたか タカ科の鳥。低山の森林にすむ。背は灰褐色、腹は白地に黒い筋状のまだらが多数ある。雌は雄より大きい。鷹狩に用いられた。季冬 表記「大鷹」とも書く。参考「ソウヨウ」と読めば別の意になる。

〈蒼朮〉おけら キク科の多年草。▼朮(おけら)(七二四) 由来「蒼朮」は漢名から。

【蒼海】ソウカイ ひろびろと大きくあおい海。あおうなばら。表記「滄海」とも書く。

【蒼穹】ソウキュウ あおぞら。大空。「広大な―を仰ぎ見る」類 蒼天・蒼空

【蒼古・蒼枯】ソウコ 古色を帯びて趣があること。また、コケなどが生えて古めかしいさま。

【蒼惶】ソウコウ ▼書きかえ 倉皇(九三六)

【蒼生】ソウセイ 人民。庶民。類 蒼氓(ソウボウ) 参考 草木が多く茂っている意から、多くの人民にたとえていう。

【蒼然】ソウゼン ①色があおあおとしているさま。また、あおざめているさま。「顔色―」②夕方の薄暗いさま。「暮色―」③色あせて古びているさま。「古色―とした花瓶だ」

【蒼蒼】ソウソウ ①空や海の色があおあおとしているさま。「―たる大海原」②草木があおあおと生い茂っているさま。「―と茂る林」

【蒼天】ソウテン ①「蒼穹(ソウキュウ)」に同じ。②春の空。③天にいる神。天帝。

【蒼白】ソウハク あおじろいこと。血の気がうせてあおざめていること。「あまりのショックに顔面―となる」

【蒼氓】ソウボウ 人民の意。「蒼生」に同じ。参考「氓」は庶民・人民の意。

【蒼茫】ソウボウ 果てしなくあおあおとしているさま。「―たる大西洋」

【蒼蠅】ソウヨウ ①あおばえ。はえ。②陰で人を陥れようと中傷し、権力者にへつらうつまらない人のたとえ。

【蒼蠅驥尾】ソウヨウキビ 凡人でも、賢人についていけば功名を得ることができるというたとえ。「驥尾」は名馬のしっぽのこと。ハエは遠くまで飛んでいくことはできないが、名馬の尾についていれば遠くまで行くことができる意から。〈『史記』〉

【蒼鷹】ソウヨウ ①青白い羽色のタカ。②情け容赦のない役人のたとえ。〈『史記』〉参考「おおたか」と読めば別の意になる。

ソウ【裝】(13) 衣7 7470 6A66 ▼装の旧字(九四二)

ソウ【僧】(14) イ12 1441 2E49 ▼僧の旧字(九四二)

ソウ【嗾】(14) 口11 1 5153 5355 音 ソウ 訓 けしかける・そそのかす

意味 けしかける。そそのかす。「使嗾」

下つき 使嗾(シソウ)・指嗾(シソウ)

【嗾ける】けしか-ける ①人をそそのかしたりあおったりして、自分に都合のよいように行動させる。②動物が相手に向かって攻撃するように仕向ける。「犬を―ける」

【嗾す】そそのか-す うまく話を進めて、相手が自分の望む行動をするようにさそいすすめる。けしかける。「人に―されて犯罪を犯す」

ソウ【嗽】(14) 口11 1 5154 5356 音 ソウ・ソク 訓 くちすすぐ・うがい・せき・せく・すう

意味 ①くちすすぐ。うがいをする。「含嗽」類 漱(ソウ) ②せき。せきをする。せく。「咳嗽(ガイソウ)」③すう。すいこむ。

下つき 咳嗽(ガイソウ)・含嗽(ガンソウ)

【嗽】うがい 水などを口に含み、口中やのどをすすぐこと。すすいで吐き出すこと。「風邪防止に―をする」表記「漱」とも書く。

【嗽ぐ】くちすす-ぐ 水を含んで口中を清める。うがいをする。表記「漱ぐ」とも書く。

【嗽】せき 息を、急に反射的に吐きだすこと。風邪をひくなどして、のどや気管の粘膜が刺激されたときに出る。しわぶき。季冬

【嗽咳】ソウガイ せき。しわぶき。参考「嗽」「咳」ともにせきの意。

ソウ【層】(14) 尸11 常 教5 3356 4158 音 ソウ 訓 外 かさなる

旧字《層》(15) 尸12 1/準1 4765 4F61

筆順 「 コ 尸 … 層 層 (5 10 12 14)

意味 ①かさなる。かさねる。いくつもかさなったもの。「層雲」「地層」「電離層」②たかどの。かさなっている建物。「層閣」「高層」③階級。人々や社会の区分。「階層」「選手層」

下つき 階層(カイソウ)・下層(カソウ)・高層(コウソウ)・重層(ジュウソウ)・上層(ジョウソウ)・深層(シンソウ)・断層(ダンソウ)・地層(チソウ)・表層(ヒョウソウ)

【層雲】ソウウン 下層雲の一つ。霧のように低くただよう層状の雲。低い空に現れ、霧雨を降らせる。霧雲(きりぐも)。

【層積雲】ソウセキウン 下層雲の一つ。高度二〇〇〇メートル以下で、かたまり状や長いうねりで層をなす灰色の雲。うねぐも。

ソウ【槍】(14) 木10 準1 3368 4164 音 ソウ 訓 やり

意味 やり。武器の一種。「槍手」「槍術」 類 鎗

下つき 竹槍・長槍・刀槍・横槍

【槍術】ソウジュツ 槍を武器として使う武術。槍法。「—の達人」

【槍】やり ①長い柄の先に、とがった刃のついた武器。また、それを用いる武術。②①に似た陸上競技に用いる用具。「—投げ」③将棋で香車の別称。表記「鎗」とも書く。

〈槍烏賊〉やりいか ジンドウイカ科のイカ。各地の沿岸にすむ。胴は細長い円錐形で、左右に三角形のひれがある。刺身やするめにする。ササイカ。ツツイカ。サヤナガ。由来 形が槍の穂に似ていることから。表記「鎗烏賊」とも書く。

【槍玉】やりだま ①槍を手玉のように自在に扱いこなすこと。②人を槍の先で突き刺すこと。「—に挙げる(多くの中から選び出して、非難や攻撃の目標にする)」

【槍投げ】やりなげ 陸上競技の一種目。助走をして槍を投げ、その飛んだ距離を争う競技。

【槍衾】やりぶすま 多くの者が槍を前につきだして構え、すきまなく並ぶこと。

ソウ【漕】(14) 氵11 準1 3370 4166 音 ソウ 訓 はこぶ・こぐ

意味 ①はこぶ。船ではこぶ。「漕運」「回漕」②こぐ。舟をこぐ。「漕手」「漕艇」

下つき 運漕・回漕・競漕・転漕

【漕ぐ】こぐ ①櫓や櫂を動かして船を進める。「ボートを—ぐ」②足を屈伸させて反動をつけ、自転車やブランコなどを動かす。「ブランコを—ぐ」

【漕運】ソウウン 船で荷物を運ぶこと。水上の運送。類 運漕

【漕艇】ソウテイ 数人が力を合わせて、競技用のボートをこぐこと。また、その競技。

ソウ【漱】(14) 氵11 1 6291 5E7B 音 ソウ 訓 すすぐ・くちすすぐ・うがい

意味 すすぐ。口をすすぐ。うがいをする。「漱石」「含漱」 類 嗽

下つき 盥漱・含漱

【漱】うがい 水などを口に含み、口中やのどをすすぐこと。表記「嗽」とも書く。

【漱ぐ】くちすすぐ 口中を清めるためにすすぐ。うがいをする。表記「嗽ぐ」とも書く。

【漱ぐ】すすぐ 動かしながら、さっと洗う。「布を水につけて—ぐ」

【漱石枕流】ソウセキチンリュウ ▼石に漱ぎ流れに枕す(八七三)

ソウ【箒】(14) 竹8 1 6822 6436 音 ソウ・シュウ 訓 ほうき・はく・はらう

意味 ①ほうき。たけぼうき。②はく。はき清める。はらう。類 ①②帚

下つき 草箒・竹箒・手箒

【箒】ほうき ちりやごみをはき寄せて、きれいにする道具。表記「帚」とも書く。

【箒木】ほうきぎ アカザ科の一年草。中国原産。よく分枝した先に、小さな葉を多数つけ、全体の姿はほぼ球形となる。夏、淡緑色の小花をつけ、「とんぶり」と呼ばれる実を結ぶ。実は食用。茎は干して草箒を作る。ホウキグサ。季 夏 表記「帚木」とも書く。参考「ははきぎ」とも読む。

【箒草】ほうきぐさ ホウキギの別称。表記「帚草」とも書く。▼箒木

【箒星】ほうきぼし 彗星の別名。太陽系の小天体。白い尾を引いて見える。参考 昔は、その出現が凶兆として恐れられた。

ソウ【箏】(14) 竹8 1 6823 6437 音 ソウ・ショウ 訓 こと・そうのこと

〔箏〕6824 6438

意味 こと。そうのこと。しょうのこと。弦楽器の一つ。「箏曲」

下つき 風箏

【箏】こと 中国や日本の弦楽器の一つ。古くは五弦または一二弦。唐代以降に一三弦。日本では桐の胴に一三弦を張ったもの。参考 古くは「そうのこと」、近世以後「こと」という。

【箏曲】ソウキョク ことを演奏する楽曲。ことで伴奏する声楽曲と、ことと他の楽器を合わせた器楽曲がある。

ソウ【粽】(14) 米8 1 6880 6470 音 ソウ 訓 ちまき

意味 ちまき。もちごめをササやチガヤの葉で包んで蒸した食品。

【粽】ちまき もちごめやくず粉などをササや竹の子の皮などで包んで蒸した餅。端午の節句に食べる。季 夏 参考「ちまき」は茅巻きの意。

ソウ【総】(14) 糸8 教 常 6 3377 416D 音 ソウ 外 すべる・すべて・ふさ

旧字《總》(17) 糸11 1/準1 6933 6541

筆順 く 幺 糸 糸 糸 糸 糸 総 総(3 6 14)

意味 ①まとめる。ひとつにくくる。「総括」「総合」②すべる。全体を治める。とりしまる。「総理」「総領」③すべての。そろって。「総意」「総勢」④ふさ。糸や毛を束ねて先をばらばらにしたもの。⑤「上総の国」「下総の国」の略。「総州」

書きかえ「惣」の書きかえ字。また、「綜」の書きかえ字として用いられるものがある。

【〈総角〉】あげまき　古代の少年の髪形。二つに分けた髪の毛を、耳の上の両側でつののように丸く輪に結んだもの。また、その髪形にするころの子ども。角髪(つのがみ)。表記「揚巻」とも書く。参考「ソウカク」とも読む。

〔総角(あげまき)〕

【△総て】すべて　全部。みな。何もかも合わせて。「―うまくいった」

【△総べる】すべる　①まとめる。合わせ集める。また、まとめたものを一つにくくる。たばねる。②統率する。おさめる。

【総意】ソウイ　全員の考え。全体の意向。「全員の―で決めよう」

【総会】ソウカイ　団体や機関の関係者全員による会議。「株主―」「臨時―を開く」

【総角】ソウカク　①「総角(あげまき)」に同じ。②幼いころ。子どものころ。

『総角の△好(よしみ)』　幼いころの交友。おさな友だち。〈『晋書(シンジョ)』〉類竹馬の友・竹馬の好(よしみ)

【総画】ソウカク　一つの漢字をつくる、すべての画数の合計。「―索引」

【総額】ソウガク　全体の金額の合計。「賞金―三億円の宝くじ」類全額・総高

【総括】ソウカツ　①全体を一つにまとめて扱うこと。「工事現場の―責任者」類統括　②個々の活動などを反省し、評価をまとめること。「今年の活動を―する」

【総轄】ソウカツ　組織など全体をまとめて、取り締まること。「大会の運営を―する」

【総監】ソウカン　軍隊などの大きい組織で、全体の仕事や人員を統率・監督する役。また、その役の人。「警視―に就任した」

【総記】ソウキ　①全体をまとめた記述。②図書分類法の分類名の一つ。百科事典や新聞・雑誌など、分野が特定できないものが入る。

【総▲桐】ソウぎり　キリだけを使って全体が作られていること。「―の和箪笥(ワダンス)」

【総毛立つ】ソウけだつ　恐ろしさのために、鳥肌がたつほどぞっとする。恐ろしくて身の毛がよだつ。

【総見】ソウケン　相撲や演劇などを、ある団体の全員がそろって見ること。総見物。「横綱審議会の稽古(ケイコ)―」

【総合】ソウゴウ　①個々のものを一つに合わせること。「―得点で上回る」対分離　②個々の概念を一つにまとめること。対分析　書きかえ「綜合」の書きかえ字。

【総裁】ソウサイ　機関や団体などの組織をまとめあげる職務。また、その人。「党―を選ぶ」

【総菜】ソウザイ　家庭などで作るふだんのおかず。書きかえ「惣菜」の書きかえ字。

【総▲浚い】ソウざらい　①それまで学習したことを、全部復習すること。「一学期分の英語を―する」②演劇や音楽などで、公演前に行う最終的なけいこ。また、公演前日の出演者全員そろっての総げいこ。

【総辞職】ソウジショク　①ある役職にある関係者全員が、そろってその職をやめること。②内閣を構成する総理大臣と国務大臣の全員が、同時に辞職すること。「内閣が―する」

【総社】ソウジャ　参拝の便宜のために、その地域の数社の祭神を一か所に総合してまつる神社。参考「ソウシャ」とも読む。

【総称】ソウショウ　共通点をもつ個々のものを全体でひとまとめにし、一つの呼び名でいうこと。また、その名前。「ワニやトカゲなどを―して爬虫(ハチュウ)類という」

【総帥】ソウスイ　軍全体を指揮する人。最高指揮官。総大将。「―として全軍を率いる」

【総勢】ソウゼイ　ある団体や軍隊などに属する、すべての人数。全員。総員。「―五百人が参加した会合」

【総説】ソウセツ　全体をまとめて説きあかすこと。また、その説。対各説

【総選挙】ソウセンキョ　①衆議院議員を全員選ぶこと。また、その選挙。②委員や議員などの全員をいっせいに選ぶこと。

【総体】ソウタイ　①物事の全体。②そもそも。総じて。「―無理な話だ」

【総代】ソウダイ　関係者全員を代表すること。また、その人。「卒業生―で答辞を読む」

【総出】ソウで　全員がそろって出ること。また出かけること。「家族―で祭りに参加する」

【総統】ソウトウ　全体を一つにまとめて率いること。また、その役の人。

【総督】ソウトク　①全体を取り締まり率いること。また、その役。特に、軍隊を率いる最上位の人。②植民地の政治や軍事を取り締まる長官。

【総▲嘗め】ソウなめ　①物事の勢いが全体をおおいつくすこと。特に、すべてのものに被害を与えること。「火が町を―にした」②競技などで、対抗する相手全部を負かすこと。「対戦チームを―にして優勝した」

【総髪】ソウハツ　江戸時代の男性の髪形の一つ。全体の髪の毛を後ろへ垂らして束ねたもの。医者などが結った。表記「惣髪」とも書く。

【総花】ソウばな　①料亭などで、客が使用人全員に与える祝儀。②関係者全員に利益を与えること。「―的人事」

【総▲捲り】ソウまくり　①全部をかたっぱしからまくること。②すべてを批評すること。全部を取り上げること。③すべてを暴露(バクロ)すること。「政界―」

【総身】ソウみ　からだ全体。全身。参考「ソウシン」とも読む。

【総務】ソウム　会社などで、組織全体にかかわる事務を処理すること。また、その役目。

【総覧】ソウラン　①全部を見ること。類通覧　②ある事物に関係のある事柄を、一つにまとめた書物や表。表記「綜覧」とも書く。

【総▲攬】ソウラン 全体を一手に握り、おさめること。「教育行政を―する」

【総理】ソウリ ①事務全体を統一管理すること。また、その役。②「内閣総理大臣」の略。

【総領】ソウリョウ ①最初に生まれた子ども。②家督を継ぐ者。あととり。「―娘」 表記 「惣領」とも書く。

〖総領の甚六〗ソウリョウのジンロク 最初に生まれた子は甘やかされて大事に育てられるので、弟や妹に比べ、おっとりしておひとよしであるということ。「甚六」は、おひとよしの意。

【総量規制】ソウリョウキセイ 公害防止のため、一定地域あたりに企業が排出する汚染物質の総排出量を規制すること。

【総力】ソウリョク 全体がもっているすべての力。各方面から結集した力。総体の力。「―を挙げて取り組む」「―戦」

【総論】ソウロン 全体をまとめて述べた論。「提案に―賛成、各論反対だ」 対 各論

【△総】ふさ 多くの糸を、一つに束ねて垂らしたもの。「―のついた帽子」

【△総桜】ふさざくら フサザクラ科の落葉高木。山地に自生。春、葉より先に暗紅色の花が数個ずつふさ状に垂れる。樹皮から鳥黐(とりもち)をとる。

【△総△総】ふさふさ たくさん集まって垂れ下がり、ふさをなしているさま。「―とした髪」 表記 「房房」とも書く。

ソウ【綜】(14) 糸8 準1 3378 416E 音 ソウ 訓 すべる・まじえる・おさ

意味 ①すべる。すべくくる。すべおさめる。「綜合」 ②まじる。入りまじる。まじえる。「錯綜」 ③おさ。機織りの道具。

書きかえ ①「総」に書きかえられるものがある。

下つき 錯綜(サクソウ)

【綜べる】すべる ①多くのものをまとめる。②まとめた糸を織り上げる。③統一し、支配する。 表記 ①③「総べる」とも書く。

【綜▲絖】ソウコウ 織機の部品。縦糸を上下させて横糸の杼(ひ)を通すための器具。あぜ。

【綜合】ソウゴウ ▼書きかえ 総合(九四六)

〈▲綜麻〉へそ 織機にかけるために、紡いだ糸を環状に巻きとった束。おだまき。

〈▲綜麻〉繰り】へそくり 「綜麻繰り金(がね)」の略。やりくりして内緒でためた金。 表記 「臍繰り」とも書く。 参考 綜麻を繰ってためた金の意。

ソウ【聡】(14) 耳8 準1 3379 416F 音 ソウ 訓 さとい

旧字《聰》(17) 耳11 1/準1 7066 6662

意味 さとい。かしこい。耳がよく聞こえてわかる。「聡哲」「聡明」

下つき 天聡(テンソウ)

【聡い】さとい ①かしこい。「―い子」 ②すばやく気づくさま。敏感だ。「利に―い」

【聡▲慧】ソウケイ 非常に聡明なこと。きわめて才知のあること。 類 聡明

【聡察】ソウサツ かしこくて物事をよく見ぬくこと。物事に明るいこと。

【聡敏】ソウビン かしこくて物事の理解が早いこと。ものわかりがよいこと。

【聡明】ソウメイ 頭のはたらきがさえ、かしこいこと。 類 聡慧(ソウケイ)・賢明 参考 「聡」は耳がよく聞こえ、「明」は物事がよく見える意。

〖聡明▲叡▲智〗ソウメイエイチ 聖人の四つの徳のこと。「聡」は、あらゆることを聞き分けること。「明」は、あらゆることを見分けること。「叡」は、あらゆることに通じること。「智」は、あらゆることを知っていること。〈易経〉

ソウ【遭】(14) 辶11 常 3 3388 4178 音 ソウ 訓 あう

旧字《遭》(15) 辶11 1/準1

筆順 一 冂 曲 曲 曲 曹 曹 遭 遭 遭

意味 あう。であう。めぐりあう。「遭遇」「遭難」

【遭う】あう 災難や事件などに思いがけなく出あう。「猛吹雪に―い難儀した」「交通事故に―った」「盗難に―った」

【遭遇】ソウグウ 予期しない事柄などに、思いがけず出あうこと。「事件現場に―した」

【遭難】ソウナン 登山や航海などで命を落とすような災難にあうこと。「雪崩(なだれ)で―する」「―者は無事救出された」

【遭▲逢】ソウホウ 思いがけなく、あうこと。巡りあうこと。 類 遭遇

ソウ【★噌】(15) 口12 準1 3325 4139 音 ソウ・ソ 訓 かまびすしい

〔噌〕

意味 ①かまびすしい。やかましい。②調味料の「味噌」に用いられる字。

ソウ【▲層】(15) 尸12 4765 4F61 ▼層の旧字(九四四)

ソウ【槽】(15) 木11 常 準2 3369 4165 音 ソウ 訓 外 かいばおけ・おけ・ふね

筆順 一 木 木 朩 杧 栭 棈 棈 槽 槽

意味 ①かいばおけ。家畜の飼料を入れるおけ。「馬槽(うまぶね)」 ②おけ。ふね。水や酒などを入れる器。「水槽」「浴槽」 ③おけの形をしたもの。「歯槽」

下つき 歯槽(シソウ)・酒槽(シュソウ)・水槽(スイソウ)・浴槽(ヨクソウ)

【△槽】ふね ①家畜のえさを入れる容器。かいばおけ。②水や酒などを入れる方形の容器。

【槽▲櫪】ソウレキ かいばおけ。転じて、馬小屋。参考「槽」「櫪」ともにかいばおけの意。

ソウ【樔】(15) 木11 1 6070 5C66 音ソウ・ショウ 訓すくう・すくいあみ・す

意味 ①すくう。すくいあみ。②たえる。とだえる。「樔絶」③す。鳥の巣。

ソウ【▲瘦】(15) 疒10 9493 7E7D ▼痩の旧字(九四二)

ソウ【★瘡】(15) 疒10 1 6576 616C 音ソウ・ショウ 訓かさ・くさ・きず

意味 ①かさ。くさ。はれもの。できもの。「疱瘡(ホウソウ)」②きず。きりきず。「瘡痕(ソウコン)」「刀瘡」

下つき 汗瘡(カンソウ・あせも)・湿瘡(シッソウ)・凍瘡(トウソウ)・痘瘡(トウソウ)・疱瘡(ホウソウ)

【▲瘡】かさ ①皮膚にできる、吹き出物や腫れ物。また、かさぶた。②梅毒の俗称。

【▲瘡蓋】かさぶた 傷などが治りかけたとき、その上にできる乾いた皮。「―がはがれる」表記「痂」とも書く。

【▲瘡】くさ ①皮膚病の総称。②乳児の頭や顔などにできる湿疹(シッシン)。

【▲瘡▲瘢】ソウハン きずあと。類瘡痕(ソウコン) 表記「創瘢」とも書く。

ソウ【箱】(15) ⺮9 教 4002 4822 ▼はこ(一二四六)

ソウ【諍】(15) 言8 1 7558 6B5A 音ソウ・ショウ 訓いさめる・うったえる・あらそう・いさかい

意味 ①いさめる。いさめただす。「諫諍(カンソウ)」②うったえる。「諍訟」③あらそう。いさかい。「諍気」類争

参考 言い争うことを表した字。

下つき 諫諍(カンソウ)・廷諍(テイソウ)・紛諍(フンソウ)

【▲諍い】いさかい 言い争い。論争。もめごと。「兄弟間の―はしょっちゅうだ」

【▲諍める】いさ-める 強くうったえてやめさせる。過ちなどを指摘して改めさせる。

【▲諍論】ソウロン ジョウロン 互いに意見を主張して、議論すること。議論して、言い争うこと。類争論

ソウ【踪】(15) 𧾷8 常 2 7709 6D29 音ソウ 外シュウ 訓外あと

筆順 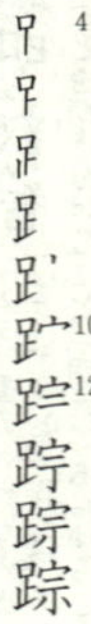

意味 あと。足あと。また、ゆくえ。「失踪」

下つき 失踪(シッソウ)

【踪跡】ソウセキ 人などが通ったあしあと。あとかた。転じて、ゆくえ。類蹤跡(ショウセキ)

ソウ【▲遭】(15) ⻌11 ▼遭の旧字(九四七)

ソウ【噪】(16) 口13 1 5168 5364 音ソウ 訓さわぐ・さわがしい

意味 さわぐ。さわがしい。「喧噪(ケンソウ)」類譟

下つき 喧噪(ケンソウ)

【▲噪ぐ】さわ-ぐ さわがしくする。ざわざわとやかましくする。

ソウ【懆】(16) 忄13 1 5674 586A 音ソウ 訓うれえる

意味 うれえる。心配で落ちつかない。

ソウ【操】(16) 扌13 教 常 5 3364 4160 音ソウ 訓みさお(高)・あやつる(中) 外とる

筆順 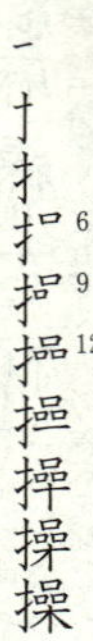

意味 ①あやつる。思いどおりに動かす。「操作」「体操」②とる。にぎる。「操觚(ソウコ)」③みさお。固く守って変えない志。「操行」「節操」

下つき 志操(シソウ)・情操(ジョウソウ)・節操(セッソウ)・体操(タイソウ)・貞操(テイソウ)

【操る】あやつ-る ①あつかう。言葉などをうまく使いこなす。「三か国語を自由に―る」②仕掛けた糸で、人形などを動かす。「人形を―る名人」③人をうまく利用して動かす。「陰で人を―る」

【操業】ソウギョウ 機械などを動かして仕事をすること。「―時間を短くした」「―短縮」「―停止」対休業

【操▲觚】ソウコ 詩文を作ること。文筆を仕事とすること。参考「觚」は、中国古代に文字を書きつけた四角い木札。

【操行】ソウコウ 日ごろの行い。身持ち。「―が悪い」類品行・素行

【操▲觚者流】ソウコシャリュウ 文筆に従事する連中。著述家やジャーナリストなど。「操觚者」は文章を書く人、「流」は仲間・たぐいの意。

【操作】ソウサ ①機械などを動かすこと。「機械の―に慣れてきた」②自分の都合に合わせてうまく処理すること。「資金を―する」

【操縦】ソウジュウ ①機械などをあやつり動かすこと。「飛行機の―士」②人を思いどおりに使うこと。「部下をうまく―する」

【操▲舵】ソウダ かじをあやつり、船を進ませること。船のかじをとること。「―手」

【操短】ソウタン 「操業短縮」の略。過剰生産などによる価格の下落を調整するため、作業日時を減らしたり、動かす機械を一部休止したりして生産を減らすこと。

【▲操る】と-る ①手にしっかりと持つ。②志を変えずに守る。正しく守る。

【操】みさお ①意志を固く守って変えないこと。節操。「信徒としての―を守る」②貞操(テイソウ)。

ソウ【澡】(16) 氵13 1 6322 5F36 音ソウ 訓あらう・すすぐ・きよめる

意味 あらう。すすぐ。きよめる。「澡雪」「澡浴」

【▲澡う】あら-う あらいきよめる。こまめに、あらいすすぐ。

【▲澡浴】ソウヨク 入浴して身体をきよめること。

ソウ【艙】(16) 舟10 1 7158 675A 音 ソウ 訓 ふなぐら

意味 ふなぐら。中央部の船室。「船艙」

下つき 船艙(セン)

【▲艙口】ソウ コウ 船倉(ふなぐら)に荷物を出し入れするため、甲板(カンパン)にあけた四角い穴。ハッチ。

ソウ【★艘】(16) 舟10 1 7159 675B 音 ソウ 訓 ふね

〔艘〕

意味 ①ふね。船の総称。②船の数をかぞえる語。

【艘】ソウ 小さい舟を数えるのに用いる助数詞。参考 大きい船の場合は「隻(セキ)」を用いる。

ソウ【輳】(16) 車9 1 7752 6D54 音 ソウ 訓 あつまる

意味 あつまる。車の輻(や)が轂(こしき)に集まる。「輻輳(フクソウ)」

下つき 輻輳(フクソウ)

類 湊(ソウ)

ソウ【錚】(16) 金8 1 7903 6F23 音 ソウ 訓 かね・どら

意味 ①金属の鳴る音。「錚然」②かね。どら。

【▲錚然】ソウ ゼン 金属のぶつかり合う音の形容。また、楽器の澄んだ音の形容。類 錚錚

【▲錚▲錚】ソウ ソウ ①「錚然」に同じ。②人物がすぐれてりっぱなさま。「―たる顔ぶれが集まった」

ソウ【燥】(17) 火13 常 4 3371 4167 音 ソウ 訓 外 かわく・はしゃぐ

筆順 7 10 13 15

意味 ①かわく。かわかす。「乾燥」「高燥」対 湿・潤 ②いらだつ。「焦燥」

下つき 乾燥(カンソウ)・枯燥(コソウ)・焦燥(ショウソウ)

【△燥く】かわ く 水分がまったくなくなる。乾燥しきる。参考「乾く」より乾燥の度合いが強い。

【△燥ぐ】はしゃ ぐ ①調子にのってさわぐ。うかれさわぐ。「子どもが―ぐ」②水分がなくなり、乾燥しきる。「盥(たらい)が―ぐ」

ソウ【★甑】(17) 瓦12 準1 2589 3979 音 ソウ 訓 こしき

〔甑〕

意味 こしき。せいろう。穀物を蒸すための器具。

下つき 釜甑(フソウ)

【▲甑】こしき 米や豆などを蒸す道具で、土焼きのおけ。底に湯気の通る穴があり、釜(かま)にのせて使用。今のせいろ。「遺跡から―が発掘された」

【▲甑▲塵△釜魚】ソウジン フギョ 非常に貧しいことのたとえ。故事 貧しくて長い間炊事をしていないので、穀物を蒸すための甑(こしき)には塵(ちり)が積もり、釜(かま)には魚がわいてしまったという故事から。〈『後漢書(ゴカンジョ)』〉参考「甑中(ソウチュウ)塵(ちり)を生じ、釜中(フチュウ)魚(うお)を生ず」ともいう。

ソウ【簇】(17) 竹11 1 6840 6448 音 ソウ・ゾク・ソク 訓 むらがる・あつまる

意味 ①むらがる。むらがり生える。「簇生」類 叢(ソウ) ②あつまる。類 湊(ソウ) ③やじり。

書きかえ ①「族」に書きかえられるものがある。

【▲簇▲簇】ソウ ソウ 集まり群がるさま。参考「ゾクゾク」とも読む。

【▲簇生】ゾク セイ ▼書きかえ 族生（九六二）参考「ソウセイ」とも読む。

【▲簇がる】むら がる むらがり生える。群生する。たくさん集まる。

ソウ【糟】(17) 米11 準1 3376 416C 音 ソウ 訓 かす

意味 ①かす。さけかす。「糟糠(ソウコウ)」「糟粕(ソウハク)」②もろみ。醸造してまだこしていない酒。

【▲糟】かす 酒のもろみをこしたあとに残ったもの。酒かす。表記「粕」とも書く。

【▲糟▲鮫】かす ざめ カスザメ科の海魚。本州中部以南の海底の砂中にすむ。体長約二メートル。エイに似た形で、背は暗褐色。皮はやすり、肉はかまぼこの原料。

【▲糟汁】かす じる 酒かすを加え、魚や野菜などを具にしたこくのある味噌(ソ)汁。季 冬 表記「粕汁」とも書く。

【▲糟漬】かす づけ 野菜や魚などを酒かすにつけたもの。表記「粕漬」とも書く。

【▲糟▲糠】ソウ コウ ①酒かすと米ぬか。転じて、粗末な食べ物。貧しい生活。②「糟粕(ソウハク)②」に同じ。

【▲糟▲糠の妻】貧しいときから苦労を共にしてきた妻は、自分が富貴になっても大切にすべきであるということ。「―は堂より下さず」故事 中国、後漢(ゴカン)の光武帝(コウブテイ)は、姉と、すでに妻のいた家臣の宋弘(ソウコウ)を結婚させようとしたが、宋弘は当時のことわざを引いて「酒かすや米ぬかを食べるほど貧しい生活を共にした妻は、離縁するようなことはしないと聞いております」と言って断ったという故事から。〈『後漢書(ゴカンジョ)』〉

【▲糟▲粕】ソウ ハク ①酒のしぼりかす。酒かす。②よい部分を取り去った残り。また、つまらないもののたとえ。類 糟糠(ソウコウ)

ソウ【▲總】(17) 糸11 6933 6541 ▼総の旧字（九四五）

ソウ【▲聰】(17) 耳11 7066 6662 ▼聡の旧字（九四七）

ソウ【艚】(17) 舟11 1 7161 675D 音 ソウ・ゾウ 訓 こぶね

意味 ふね。こぶね（小舟）。

ソウ【蹌】(17) 足10 1 7703 6D23 音 ソウ・ショウ 訓 うごく・よろめく・はしる

意味 ①うごく。動き回る。②よろめく。よろよろと歩く。「蹌踉（ソウロウ）」③はしる。速く走る。

下つき 踉蹌（ロウソウ）

【蹌蹌】ソウソウ ①立ち居振る舞いに、威儀のあるさま。力強く堂々と歩くさま。②動き回るさま。また、舞うさま。③「蹌踉（ソウロウ）」に同じ。

【蹌踉】ソウロウ よろめくさま。足元がふらつくさま。類 踉蹌

〈蹌踉〉めく よろ-めく ①体が不安定でよろよろと倒れそうになる。②誘惑にのる。また、浮気をする。

ソウ 【霜】 (17) 雨 9 常 準2 3390 417A 音 ソウ 高 訓 しも

筆順 3 6 8 10 12 17

意味 ①しも。しもばしら。「霜害」「晩霜」②しものように白いもの。また、鋭い、厳しいさま。「霜髪」「霜烈」③年月。「星霜」

下つき 厳霜（ゲンソウ）・降霜（コウソウ）・秋霜（シュウソウ）・春霜（シュンソウ）・星霜（セイソウ）・晩霜（バンソウ）・氷霜（ヒョウソウ）・風霜（フウソウ）

【霜】しも ①寒い夜、空気中の水蒸気が地面や物体に触れて凍った細かい氷のようなもの。「―がおりる」季冬 ②電気冷蔵庫のフリーザーにつく小さな結晶。③白髪のたとえ。

〖霜を履（ふ）んで堅氷（ケンピョウ）至る〗 物事が起きるには前兆があり、前兆が見えたらそれに対する準備を怠るなという戒め。霜を踏んで歩くようになると、ほどなく堅い氷の張る厳しい冬がやってくる意から。《易経》

【霜枯れ】しもがれ ①霜のために、草木が枯れしぼむこと。また、その枯れた草木。「―の野原」季冬 ②「霜枯れ時」の略。草木が霜枯れする季節。または、商売の景気の悪い時節。「―三月（みつき）」

【霜月】しもつき 陰暦一一月の異名。季冬

【霜柱】しもばしら 土中の水分が凍って、地表で氷が細い柱状の結晶になり、並んだもの。「―がたつ」季冬

【霜腫れ】しもばれ 寒さのために、血の巡りが悪くなって起こる、軽い凍傷。手・足・耳などが赤くはれて痒（かゆ）みを生じる。凍瘡（トウソウ）。しもやけ。季冬 参考「しもはれ」とも読む。

【霜降り】しもふり ①霜がおりること。②牛肉で、脂肪が白い斑点（ハンテン）状に細かく入りまじった上等の部分。③織物で、黒ずんだ布地に霜がおりたように白い斑点の見られるもの。④魚肉や鶏肉などを熱湯をくぐらせて白くし、醤油（ショウユ）をかけて食べるもの。

【霜夜】しもよ 霜がおりる寒い夜。季冬

【霜除け】しもよけ 農作物や庭木などを霜の害から守るために、わらやこもなどで覆いをかけること。また、その覆い。しもがこい。季冬

【霜害】ソウガイ 霜のおりる時期が早すぎたり、春先まで続いたりすることで、農作物や樹木の被る害。

【霜降】ソウコウ 二十四節気の一つ。陽暦で一〇月二三日ころに朝夕の気温が下がり、霜がおり始めるという。季秋

【霜天】ソウテン 大地に霜のおりた冬の朝の空。霜のおりた日の寒そうな空。霜空。「初冬の―」類 霜晨（ソウシン）

ソウ 【叢】★ (18) 又 16 準1 3349 4151 音 ソウ 訓 くさむら・むらがる

意味 ①くさむら。草木がむらがり生えている所。「叢林」類 簇（ソウ）②むらがる。一か所にあつまる。「叢書」「叢生」

下つき 稲叢（いなむら）・淵叢（エンソウ）・談叢（ダンソウ）・論叢（ロンソウ）

【叢】くさむら 草が、むらがり茂っている所。草叢（ソウソウ）。「へビが出現する―」

【叢起】ソウキ むらがり起こること。「我が胸裏には万感―せり」

【叢書】ソウショ ①同じ種類・形式で、続けて編集・刊行される一連の書物。シリーズ。「現代文学―」②多くの本を集めてまとめた書物。表記 ①「双書」とも書く。

【叢生】ソウセイ むらがり生えること。類 群生 表記「簇生」とも書く。

【叢林】ソウリン ①やぶと、はやし。木がむらがり生えている林。②仏寺院。特に、禅僧が集まって修行する禅寺。

【叢がる】むら-がる ひとところに寄り集まる。むれをなす。

【叢雲】むらくも むらがり集まった雲。「月に―花に嵐」表記「群雲・村雲」とも書く。参考「ソウウン」とも読む。

【叢雨】むらさめ ひとしきり激しく降り、すぐにやむ雨。にわかあめ。類 驟雨（シュウウ）表記「群雨・村雨」とも書く。

【叢〈時雨〉】むらしぐれ 初冬、ひとしきり降ってはやみ、やんでは降る小雨。季冬 表記「群時雨・村時雨」とも書く。

ソウ 【藪】★ (18) 艹 15 準1 7314 692E 音 ソウ 訓 やぶ・さわ

〔薮〕 4489 4C79

意味 ①やぶ。草・低木・タケなどが生い茂っているところ。「竹藪」②さわ。沼池。草木が生い茂って鳥獣が集まるところ。「藪沢」③物事の集まるところ。

下つき 淵藪（エンソウ）・竹藪（たけやぶ）・談藪（ダンソウ）

【藪沢】ソウタク ①草木が生い茂る沼沢。②多くの物事が集まった場所。

【藪】やぶ ①雑草やタケなどが生い茂った場所。②「藪医者」の略。技術の劣る医者。

〖藪をつついて蛇を出す〗 余計なことをして、かえって災いや悪い結果を招くこと。つつかなくてもよいやぶをつついて、ヘビをはいださせる意から。

参考「藪蛇」ともいう。

【▲藪井竹▲庵】やぶいちくあん 藪医者(技術の劣る医者)を人の名のようにいった語。

【▲藪入り】やぶいり 昔、奉公人が正月と盆の一六日ころに休暇をもらって実家に帰省すること。また、その日。参考 草深い田舎に入り帰る意。

【▲藪蚊】やぶか カ科の昆虫の総称。竹やぶなどにすむ。黒色で、体やあしに白いまだらがある。シマカ。季夏 表記「豹脚蚊」とも書く。

【▲藪枯】やぶがらし ブドウ科のつる性多年草。道端に自生。巻きひげで樹木にまきついて繁り、木を枯らすこともある。夏、黄緑色の小花をつけ、黒い球形の実を結ぶ。ビンボウカズラ。季秋

【▲藪から棒】やぶからボウ やぶの中からいきなり棒を突きだされる意で、だしぬけで唐突なこと。「―に何を言いだすんだ」類 青天(セイテン)の霹靂(ヘキレキ)・寝耳に水

【〈▲藪▲柑子〉】やぶこうじ ヤブコウジ科の常緑小低木。山林に自生。葉は長楕円(ダエン)形で厚い。夏、白い小花をつけ、赤い球形の実を結ぶ。季冬 由来 やぶに生え、葉がコウジミカンに似ていることから。表記「紫金牛」とも書く。

【▲藪▲虱】やぶじらみ セリ科の二年草。山野に自生。夏、白色の花を密生し、とげのある実を結ぶ。季秋 由来 やぶに入ると、実がシラミのように衣服につくことから。表記「窃衣」とも書く。

【▲藪▲蘇鉄】やぶソテツ オシダ科のシダ植物。山地や林野に自生。葉は羽状複葉で、羽片は楔(くさび)形。葉の裏に胞子嚢(ノウ)が散らばってつく。表記「貫衆」とも書く。

【〈▲藪▲煙草〉】やぶたばこ キク科の二年草。山野に自生。全体に細毛と臭気がある。葉はタバコに似る。夏から秋、黄色の頭花を下向きにつける。実を駆虫剤に用いる。表記「天名精」とも書く。

【▲藪手▲毬】やぶでまり スイカズラ科の落葉低木。山中の湿地に自生。葉は縁にぎざぎざがある。初夏、小花を密につけ、周りを白い大形の装飾花が囲む。表記「胡蝶樹」とも書く。

【▲藪▲睨み】やぶにらみ ①両目の瞳(ひとみ)が、見る対象にまっすぐ向かわないこと。斜視。②見当はずれの考え。「―の評論」

【▲藪蛇】やぶへび「藪をつついて蛇を出す」に同じ。

【▲藪▲茗荷】やぶミョウガ ツユクサ科の多年草。関東以西の山林に自生。葉は長楕円(ダエン)形でミョウガに似る。夏、白い小花を開き、のちに藍(あい)色で球形の実を結ぶ。

ソウ【贈】(18) 貝11 常 3403 4223 ▼ゾウ(九五五)

ソウ【鎗】(18) 金10 準1 3389 4179 音 ソウ・ショウ 訓 やり

意味 ①やり。武器の一種。類 槍(ソウ) ②金属や石などがふれあう音。「鎗然」③かなえ。

【▲鎗金】ソウキン 中国の漆器の装飾技法の一つ。漆面に毛彫りで文様をほどこし、金箔(キンパク)などを埋めこむもの。日本には室町時代に伝来し、沈金(チンキン)といわれた。

【▲鎗】やり 長い柄の先に刃をつけて、相手を突く武器。表記「槍」とも書く。

【〈▲鎗▲烏賊〉】やりいか ジンドウイカ科のイカ。▼槍烏賊(やりいか)(九四五)

ソウ【▲雙】(18) 隹10 5054 5256 ▼双の旧字(九一八)

ソウ【騒】(18) 馬8 常 4 3391 417B 音 ソウ 訓 さわぐ 外 ざわつく・ぞめく・うれい

旧字《騷》(20) 馬10 1/準1 8159 715B

筆順

意味 ①さわぐ。さわがす。さわがしい。「騒音」「喧騒(ケンソウ)」②うれい。うれえる。「離騒」③詩歌。風流なこと。「騒客」

下つき 狂騒(キョウソウ)・喧騒(ケンソウ)・風騒(フウソウ)・物騒(ブッソウ)・離騒(リソウ)

【〈騒騒〉】さいさい 物が揺れ動いてふれあい、さわさわと鳴るさま。参考「さえさえ・ざわざわ」とも読む。

【騒ぐ】さわ-ぐ ①声や音をたててやかましくする。「音楽会で―ぐのは非常識だ」②あわてて落ち着きをなくす。また、乱れる。「警報が鳴り、全員が―ぎだした」「不吉な予感で胸が―ぐ」③不満や抗議などを訴える。「判定に観客が―ぎだした」

【△騒つく】ざわ-つく ①ざわざわする。ざわめく。②穏やかでなくなる。落ち着かなくなる。「胸が―く」

【騒音】ソウオン うるさく感じる音。さわがしい音。「バイクの―で眠れない」

【騒客】ソウカク 詩人。風流の士。騒人。

【騒▲擾】ソウジョウ 大勢でさわぎを起こし、秩序を乱すこと。「―罪」類 騒乱・騒動

【騒人墨客】ソウジンボッカク 詩人や書画を書く人。風流な人々。「騒人」は詩人、「墨客」は書画や文筆に巧みな人の意。〈『宣和画譜(センナガフ)』〉類 詩人墨客・騒人詞客

【騒然】ソウゼン がやがやとさわがしいさま。「停電で場内は―となった」

【騒騒しい】ソウゾウ-しい ①物音や人声が大きくて、やかましい。がやがやと、さわがしい。「―い、何事だ」②世の中が落ち着かず、不穏だ。「政界が―い」

【騒動】ソウドウ ①大勢の人々がさわぎたてること。また、さわぎによって秩序が乱れるような事件や事態。「―が持ち上がった」「上を下への大―」「米―」類 騒擾(ソウジョウ) ②争い。内輪もめなどのもめごと。「お家(いえ)―」

【騒乱】ソウラン 世の中にさわぎが起こり、秩序が乱れること。また、そのような事件や

事態。「軍隊が出動して—を鎮(しず)める」 類騒擾(ソウジョウ)

【△騒く】ぞめ-く うかれさわぐ。さわいで遊び歩く。夜店などをひやかして歩く。「祭りの夜に—き歩く」

ソウ【△繰】(19) 糸13 常 2311/372B ▼くる(三八〇)

ソウ【藻】(19) 艹16 常 準2 3384/4174 音 ソウ 訓 も 外 あや

筆順 (3 6 9 12 15) 藻

意味 ①も。みずくさ。水中に生える植物の総称。「海藻」②あや。かざり。詩文などの美しい言葉。「藻翰(ソウカン)」「詞藻」「文藻」

下つき 海藻(カイソウ)・翰藻(カンソウ)・珪藻(ケイソウ)・才藻(サイソウ)・詞藻(シソウ)・辞藻(ジソウ)・文藻(ブンソウ)・緑藻(リョクソウ)

【藻類】ソウルイ 水中に生育し、独立栄養を営む緑藻・紅藻などの総称。食用、医薬・肥料用。

【藻】も 水中に生える海草・水草など藻類の総称。「金魚鉢に—を入れてやる」

【藻屑】もくず 海草などのくず。「海の—となる(水の中で死ぬ)」

【藻塩・藻汐】もしお 海水を多く含んだ海藻類を焼いて水にとかし、うわずみを煮つめてつくった塩。また、それをつくるためにくむ海水。

ソウ【△鏘】(19) 金11 7922/6F36 ▼ショウ(七六七)

ソウ【孀】(20) 女17 1 5350/5552 音 ソウ 訓 やもめ

意味 やもめ。夫に先立たれた女性。「孀婦」

【孀婦】ソウフ 「孀(やもめ)」に同じ。

【孀】やもめ 夫と死別した妻。未亡人。また、ひとりで暮らす女性。孀婦(ソウフ)。対鰥(やもお)

ソウ【譟】(20) 言13 1 7601/6C21 音 ソウ 訓 さわぐ・さわがしい

意味 さわぐ。さわがしい。「喧譟(ケンソウ)」 類噪(ソウ)

下つき 喧譟(ケンソウ)・鼓譟(コソウ)

【譟ぐ】さわ-ぐ がやがやと、やかましく声や音をたてる。

ソウ【★躁】(20) 足13 1 7715/6D2F 音 ソウ 訓 さわぐ・さわがしい・あわただしい・うごく

意味 ①さわぐ。さわがしい。「躁狂」 類噪(ソウ)・譟(ソウ) ②あわただしい。うごく。動き回る。③あらあらしい。いらだつ。

下つき 狂躁(キョウソウ)・軽躁(ケイソウ)

【躁がしい】さわ-がしい 落ち着きがなく、じっとしていないさま。ざわつくさま。

【躁鬱病】ソウウツビョウ 興奮した躁状態と、不安に沈み悲観的になる鬱状態が、交互に現れる精神疾患。双極性障害。

【躁急】ソウキュウ いらだって急ぐこと。せっかち。

【躁狂】ソウキョウ ①浮かれてさわぐこと。また、そのさま。②「躁病」に同じ。

【躁病】ソウビョウ 躁鬱(ソウウツ)病の躁状態だけが現れるもの。異様に明るく多弁になり、興奮した症状が続く。 類躁狂

ソウ【△騷】(20) 馬10 8159/715B ▼騒の旧字(九五一)

ソウ【★囃】(21) 口18 1 5182/5372 音 ソウ 訓 はやし・はやす

意味 ①はやし。歌や舞の調子をとるかけ声や鳴り物。②はやす。調子にのせる。言いたてる。

〈△囃子〉・△囃】はやし 歌の伴奏をする笛や太鼓などの鳴り物。また、その音曲。多く、歌舞伎(カブキ)や能・民俗芸能などで用いる。「—方」「祭りの—に合わせて踊る」

【△囃す】はや-す ①声をかけたり手を打ったりして調子をとる。「—しながら御輿(みこし)をかつぐ」②囃子(はやし)を演奏する。「鳴り物入りで—す」③口をそろえてひやかしたりほめたりする。「カップルを—す」

ソウ【★竈】(21) 穴16 準1 6762/635E 音 ソウ 訓 かまど・へっつい

〔竃〕1986/3376

意味 ①かまど。へっつい。物を煮炊きするところ。「竈突」②かまどの神。「竈君」

下つき 塩竈(しおがま)・炭竈(すみがま)・釜竈(フソウ)

【竈】かまど ①土やレンガなどで作られ、鍋(なべ)や釜(かま)をのせて下から火で煮炊きする設備。へっつい。②独立の生計を立てる所帯。世帯。一家。「—を分ける(別の所帯をもつ)」

【竈馬】かまどうま カマドウマ科の昆虫。台所や縁の下など暗い所にすむ。キリギリスやコオロギに近いが、はねがなく鳴かない。後ろあしが強く、よく跳ねる。オカマコオロギ。季秋

【竈突】ソウトツ かまどの煙突。「—未(いま)だ黔(くろ)まず」

〈竈食〉へぐい かまどで煮炊きした物を食べること。

【竈】へっつい 「竈(かまど)」に同じ。

ソウ【籔】(21) ⺮15 1 6856/6458 音 ソウ 訓 こめあげざる

意味 ざる。こめあげざる。研いだ米を入れて水を切るざる。

ソウ【★鰺】(22) 魚11 準1 8245/724D 音 ソウ 訓 あじ

〔鯵〕1619/3033

意味 ①あじ。アジ科の海魚の総称。②なまぐさい。

【▲鰺】あじ アジ科の海魚の総称。マアジ・シマアジ・ムロアジなどがあるが、ふつうマアジを指す。尾の近くに「ぜんご」というとげ状のうろこがある。食用。季夏

【▲鰺刺】あじさし ①カモメ科アジサシ亜科の鳥の総称。世界各地にすむ。翼は細長く、尾はツバメに似る。群れで生活し、水中に突入して魚を捕食する。季夏 ②①の一種。シベリア北東部・千島などで繁殖。日本では春と秋に見られる渡り鳥。

そう【沿う】(8) 氵5 教 1772 3168 ▼エン(九七)

そう【△副う】(11) 刂9 教 4191 497B ▼フク(一三四三)

そう【添う】(11) 氵8 常 3726 453A ▼テン(一一二五)

同訓異義 そう

【沿う】長いものをつたって行く。基準となるものにしたがっていく。「海岸に沿って道路が走る」「川沿いの集落」「設立の趣旨に沿って会を運営する」「監督の方針に沿う」

【添う】相手のそばにいる。かなう。ほかのものが加わる。「二人が連れ添って行く」「寄り添って生きる」「添い寝する」「母の期待に添う」「朝霧がたちこめ、一段と趣が添う」

【△副う】主となるものに寄りそう。かなう。「添う」に近い意。「正使に副う」「期待に副う」

ゾウ【造】(10) 辶7 教 常 6 3404 4224

音 ゾウ
訓 つくる 外 いたる・なる・はじめる・みやつこ

旧字《造》(11) 辶7 1/準1

筆順 ノ ⺈ 牛 生 牛 告 告 浩 造 造

意味 ①つくる。生みだす。こしらえる。「造営」「造作」「創造」類創 ②いたる。きわめる。「造詣ゾウケイ」③な(成)る。成就する。④はじめる。はじめ。⑤にわか。あわただしい。「造次」⑥みやつこ。古代の姓かばねの一つ。

下つき 営造エイゾウ・改造カイゾウ・贋造ガンゾウ・偽造ギゾウ・急造キュウゾウ・建造ケンゾウ・構造コウゾウ・酒造シュゾウ・醸造ジョウゾウ・新造シンゾウ・人造ジンゾウ・製造セイゾウ・創造ソウゾウ・築造チクゾウ・鋳造チュウゾウ・捏造ネツゾウ・変造ヘンゾウ・密造ミツゾウ・模造モゾウ・乱造ランゾウ

【△造る】いたーる とどく。だんだん進み行きつく。あるところに達する。

〈造酒児〉・〈造酒童女〉さかつこ 大嘗祭ダイジョウサイのとき、斎場で神に供える神酒みきの醸造に従事する少女。

【造営】ゾウエイ 神社・仏閣や宮殿などの建物をつくること。類築造

【造影剤】ゾウエイザイ 体内の臓器をレントゲンで検査するとき、撮影しやすくするために飲んだり注射したりする薬品。硫酸バリウムなど。

【造園】ゾウエン 石や樹木などをうまく配置して、庭園や公園などをつくること。

【造化】ゾウカ ①万物をつくりだすこと。また、その神。造物主。②天地。宇宙。自然。森羅万象。「—の妙」

【造花】ゾウカ 紙・布などで花に似せてつくったもの。つくりばな。対生花

【造形・造型】ゾウケイ 素材に手を加えて、絵画や彫刻など形があるものをつくりだすこと。「—美術」

【造詣】ゾウケイ 学問や技芸などの分野で、深くすぐれている知識や理解。「民族芸能に—が深い」類識見・蘊蓄ウンチク 参考「造」「詣」ともに行きつく・いたる意。

【造血】ゾウケツ 生理的なはたらきによって、体内で血液をつくりだすこと。「—機能」

【造語】ゾウゴ すでにある語を組み合わせ、新しい言葉をつくること。また、その言葉。「明治時代の—」「—力」

【造作】ゾウサ ①手間や面倒をかけること。「—もないことだ」②もてなし。ごちそう。「ご—にあずかる」表記①「雑作」とも書く。参考「ゾウサク」と読めば別の意になる。

【造作】ゾウサク ①家を建てたり、部屋の内装や建具を仕上げること。また、そのつくり。「りっぱな—の家だ」「この戸棚は—が見事だ」②顔のつくり。目鼻立ちのたとえ。「顔の—が派手だ」参考「ゾウサ」と読めば別の意になる。

【造次▲顚▲沛】ゾウジテンパイ とっさの場合。あわただしいとき。緊急のとき。「造次」はあわただしく過ぎる短い時間の意。「顚沛」は、つまずき倒れることで、転じてとっさのときの意。由来 孔子が、いついかなる場合でも、仁ジンを忘れてはならないことを説いた文から。《『論語』》

【造成】ゾウセイ すぐ利用できるように、手を加えてつくり上げること。「宅地を—する」

【造反】ゾウハン 組織の内部から、そのあり方を批判すること。反逆。むほん。「—者が続々と出る」

〖造反無道〗ゾウハンムドウ 体制にそむき、道理にはずれた行為をすること。「無道」は道理に合わない行いをする意。対造反有理

〖造反有理〗ゾウハンユウリ 反逆を起こす側には、必ず道理があるということ。参考 中国の革命での、毛沢東の言葉。

【造▲畢】ゾウヒツ 建設しおえること。特に、神社仏閣などにいう。「—供養」参考「畢」はおわる意。

【造幣】ゾウヘイ 貨幣をつくること。「—局」

【造兵▲廠】ゾウヘイショウ 旧日本陸海軍で兵器などを製造した工場や、それを管理した役所。「陸軍—」

【造る】つくーる つくる。こしらえる。材料を集め、手を加えてつくる。「船を—る」「酒を—る」参考 多く、規模の大きな物や材料をつなぎあわせた物をこしらえるときにいう。

【〈造酒司〉】みきのつかさ 律令制で、宮内省に属し、酒や酢などの醸造をつかさどった役所。表記「酒司」とも書く。

【造】みやつこ 古代の姓の一つ。世襲で朝廷などの部民を統率した氏族である伴造に多く与えられた。

ゾウ【曹】(11) 日7 常 3366 4162 ▼ソウ(九三九)

ゾウ【造】(11) 辶7 ▼造の旧字(九五三)

ゾウ【象】(12) 豕5 教 3061 3E5D ▼ショウ(七五七)

ゾウ【像】(14) 亻12 教 常 6 3392 417C 音 ゾウ 外ショウ 訓 外かたち・かたどる

筆順

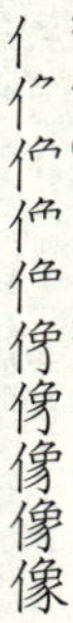

意味 ①すがた。かたち。「映像」「実像」類象 ②かたどる。また、かたどったもの。「仏像」「肖像」

下つき 映像・画像・胸像・虚像・偶像・群像・幻像・現像・座像・残像・実像・受像・肖像・石像・想像・塑像・彫像・銅像・仏像・木像・裸像・立像

【像】かたち すがた。ようす。「仏の―を石に刻む」「故人の生前の―を絵に描く」

【像る】かたどる 物の形を似せる。本物になぞらえて作る。

ゾウ【増】(14) 土11 教 常 6 3393 417D 音 ゾウ 外ソウ 訓 ます・ふえる・ふやす

旧字《增》(15) 土12 1/準1 1561 2F5D

筆順

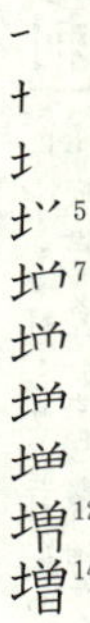

意味 ①ます。ふえる。「増加」「増大」対減 ②おごる。つけあがる。「増長」③ますます。

下つき 加増・急増・激増・漸増・倍増

【増悪】ゾウアク 病状などが悪化すること。「病勢が―した」

【増益】ゾウエキ ①利益がふえること。「前年度以上の―をはかる」対減益 ②まし加わること。まし加えること。類増加 対減損

【増援】ゾウエン 人をふやして手助けすること。「―部隊が到着した」類加勢

【増加】ゾウカ 数量がふえること。ふやすこと。「入学定員を―する」対減少

【増強】ゾウキョウ 人・設備・能力などを、ふやして強化すること。「軍備―」「体力―」

【増血】ゾウケツ 体内にある血液の量をふやすこと。また、血液量がふえること。

【増収】ゾウシュウ 収入額や収穫量などがふえること。「―を見込む」「―増益」対減収

【増長天】ゾウジョウテン 仏四天王の一つ。増長天王。世界の中心の須弥山に住み、南方を守護する神。怒りの形相で、矛を持ち、甲冑をつける。参考「ゾウチョウテン」とも読む。

【増上慢】ゾウジョウマン ①仏未熟なのに悟りを得たとして、高慢になること。また、その人。②自分を過信し高慢になること。

【増殖】ゾウショク ①ふやすこと。ふえること。「核燃料の―炉」②生物が生殖や細胞分裂でふえること。「アメーバーの―」

【増進】ゾウシン 体力や能力などがまし加わること。進歩すること。「食欲―」対減退

【増設】ゾウセツ 設備などを、新たにふやし設けること。「新興住宅地に学校を―する」

【増反】ゾウタン 田畑の作付面積をふやすこと。対減反 参考「反」は土地面積の単位。

【増築】ゾウチク 既設の建築物に新しく建て加えること。建てまし。「ひと部屋―する」

【増長】ゾウチョウ ①傾向や程度などが強まること。「不満が―する」②つけあがること。だんだん高慢になること。「甘やかされて―する」参考多く、よくないことにいう。

【増徴】ゾウチョウ 税金などを、これまでより多く徴収すること。

【増訂】ゾウテイ 「増補訂正」の略。書物の足りないところをつけ加えたり、誤りを正したりすること。「―版」類補訂・改訂

【増幅】ゾウフク ①光や音などの振幅を大きくすること。「スピーカーによる音の―効果」②真空管などで、電流や電圧を大きくすること。「―器」③物事の程度などが大きくなること。「静寂が孤独感を―させる」「噂は―して伝えられた」

【増補】ゾウホ 書物などの足りない箇所を、補ったり内容を充実させたりすること。「―版の出版」

【増える】ふえる 数量や程度などが多くなる。「体重が―える」「苦情が―える」

【増す】ます 数量や程度などが多くなる。また、多くする。「台風の勢いが―す」

ゾウ【憎】(14) 忄11 常 3 3394 417E 音 ゾウ 外ソウ 訓 にくむ・にくい・にくらしい・にくしみ

旧字《憎》(15) 忄12 1/準1 8462 745E

筆順

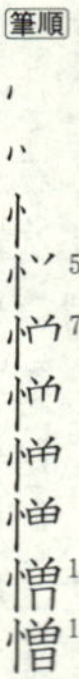

意味 にくむ。にくしみ。にくい。にくらしい。「憎悪」「愛憎」対愛

下つき 愛憎・生憎

【憎悪】ゾウオ にくんで嫌うこと。「―の感情があふれる表情」類嫌悪 対愛好 参考「憎」「悪」ともに、にくむ意。

【憎い】にくい ①相手のことがひどくしゃくにさわるさま。気にくわず、腹立たしい。②しゃくにさわるほど、感心したり見事と思うさま。「―いことをしてくれるね」

【憎体】にくテイ 人の態度・言動が、にくにくしいこと。また、そのさま。「―な口をきく」参考「にくタイ」とも読む。

【憎まれっ子世に憚る】にくまれっこよにはばかる　人からにくまれたり、嫌われたりしているような者が、案外、世の中では幅をきかせているということ。「憚る」は威勢を振るう意。

【憎む】にくむ　にくいと思う。ひどく嫌う。「彼は多少乱暴だが―めない奴だ」「罪を―んで人を―まず」

【憎らしい】にくらしい　にくいと思わせるさま。気にくわず、腹立たしく感じる。かわいげがない。「子どもも時には生意気で―い」

ゾウ【慥】(14) 忄11 1 5652 5854　音 ゾウ・ソウ　訓 たしか

意味 ①たしか。たしかに。②あわただしい。

【慥か】たしか　おそらく。たぶん。まちがいなく。

ゾウ【臧】(14) 臣8 1 7141 6749　音 ゾウ・ソウ　訓 よい・おさめる・かくす・まいない・しもべ

意味 ①よい。「臧否」対否 ②おさめる。かくす。「臧匿」類蔵 ③まいない。賄賂。④しもべ。男の召使い。

ゾウ【雑】(14) 隹6 教 2708 3B28 ▶ザツ(五七三)

ゾウ【▲増】(15) 扌12 1561 2F5D ▶増の旧字(九五四)

ゾウ【▲憎】(15) 忄12 8462 745E ▶憎の旧字(九五四)

ゾウ【蔵】(15) 艹12 教 常 5 3402 4222　音 ゾウ 外ソウ　訓 くら 中 外おさめる・かくれる

旧字《藏》(18) 艹14 1/準1　旧字《藏》(17) 艹14 1/準1 7322 6936

筆順 一 艹 3 广 芦 芦 芦 9 蒧 12 蔵 14 蔵

意味 ①くら。物をしまっておくところ。「土蔵」「宝蔵」②おさめる。しまっておく。「蔵書」「所蔵」③かくす。かくれる。「蔵匿」「埋蔵」類臓 ④仏教で、すべてを包みこむもの。「三蔵」「地蔵」

下つき 愛蔵・家蔵・経蔵・三蔵・死蔵・私蔵・地蔵・所蔵・貯蔵・土蔵・内蔵・秘蔵・腹蔵・宝蔵・埋蔵・冷蔵

【△蔵める】おさめる　しまっておく。隠ししまいこむ。「秘蔵の品を金庫に―める」

【蔵】くら　物を蓄えたり、しまったりしておく建物。「―のある大きな家」

【蔵▲浚え】くらざらえ　売れ残りの在庫品を集めて、整理してしまうために安売りすること。蔵払い。

【蔵元】くらもと　①江戸時代、蔵屋敷(諸藩が江戸・大坂に物産などを貯蔵していたところ)に出入りして年貢米などの販売や、金銭の用をつとめた商人。②酒・醤油などの醸造元。

〈蔵人〉くろうど　平安時代におかれた蔵人所の役人。機密文書や訴訟を扱い、のちに天皇の身近で宮中の諸儀式や雑事に当たった。参考「くらんど」とも読む。

【蔵書】ゾウショ　自分のものとしてもっている書籍。「あの人はかなりの―家だ」類蔵本

【蔵匿】ゾウトク　人に知られないようかくすこと。類隠匿 参考「蔵」「匿」ともにかくす意。

ゾウ【▲藏】(17) 艹14 7322 6936 ▶蔵の旧字(九五五)

ゾウ【▲藏】(18) 艹14 ▶蔵の旧字(九五五)

ゾウ【贈】(18) 貝11 常 4 3403 4223　音 ゾウ・ソウ　訓 おくる

旧字《贈》(19) 貝12 1/準1 9229 7C3D

筆順 目 5 貝 7 貝' 9 貯 貯 贈 14 贈 贈 18 贈

意味 おくる。金品や官位などをおくり与える。「贈与」「贈呈」「寄贈」

下つき 遺贈・寄贈・恵贈・追贈

【贈る】おくる　金品や位などを人に与える。「舞台で出演者に花束を―る」「卒業生に―る言葉」「名誉博士の称号を―る」

【贈▲諡】ゾウシ　死者に称号(諡)をおくること。また、その称号。

【贈収賄】ゾウシュウワイ　賄賂をおくることと、それを受け取ること。贈賄と収賄。「―事件が発覚した」

【贈呈】ゾウテイ　人に物をおくること。「花束の―」類進呈・献呈

【贈答】ゾウトウ　物をおくったり、その返礼をしたりすること。「―歌」「―品」

【贈与】ゾウヨ　①人に金品をおくり与えること。「―を受ける」②財産を無償で与えること。「おじの財産が―された」

【贈賄】ゾウワイ　賄賂をおくり与えること。「―の容疑で逮捕された」対収賄

ゾウ【臓】(19) 月15 教 常 5 3401 4221　音 ゾウ 外ソウ　訓 外はらわた

旧字《臟》(22) 月18 1/準1　旧字《臟》(21) 月17 1/準1 7139 6747

筆順 肝 8 肝 肝 12 肝 臓 臓 臓 臓 19 臓

意味 はらわた。動物の体内にある諸器官の総称。「臓器」「臓物」

下つき 肝臓・心臓・腎臓・膵臓・内臓・肺臓・脾臓

【臓器】ゾウキ　内臓の器官。心臓・腎臓・肺・胃など。「―の移植で命が助かった」

【臓▲腑】ゾウフ　内臓。はらわた。心臓・肺・腎臓などの五臓と、胃・腸などの六腑。

【臓物】ゾウモツ　内臓。はらわた。特に、ニワトリ・ウシ・ブタなどの内臓。「―料理」

【△臓】はらわた　内臓。特に、心臓・肺・肝臓・腎臓・脾臓の五臓。参考「腑」と書けば、胃や

腸など六腑の意。

ゾウ【▲贈】(19) 貝12 9229 7C3D ▼贈の旧字(九五五)

ゾウ【▲臟】(21) 月17 7139 6747 ▼臓の旧字(九五五)

ゾウ【贓】(21) 貝14 1 7659 6C5B 音 ゾウ・ソウ 訓 かくす

意味 ①不正な手段で金品を手に入れる。また、その金品。わいろ。「贓罪」「贓物」②かくす。盗んだ金品をかくす。類蔵

〈▲贓▲贖司〉あがないものつかさ 律令(リツリョウ)制で、刑部(ギョウブ)省に属し、罪人の資財の没収や盗品の管理などをつかさどった役所。

【▲贓罪】ゾウザイ 賄賂(ワイロ)などの不正な手段で手に入れた罪。

【▲贓品】ゾウヒン 賄賂(ワイロ)などの不正な手段で手に入れた品物。類贓物

【▲贓物】ゾウブツ 窃盗・詐欺などで不法に侵害して手に入れた他人の財物。盗品など。「一罪」類贓品 参考「ゾウモツ」とも読む。

【▲贓吏】ゾウリ 賄賂(ワイロ)を受け取る役人。参考「吏」は役人の意。

ゾウ【▲臟】(22) 月18 ▼臓の旧字(九五五)

そうろう【候】(10) イ8 教 2485 3875 ▼コウ(四九五)

そえうま【▲驂】(21) 馬11 8161 715D ▼サン(五九一)

そえる【添える】(11) 氵8 常 3726 453A ▼テン(一一二五)

そぎ【▲枌】(8) 木4 5935 5B43 ▼フン(一三五五)

ソク【★仄】(4) 人2 1 4828 503C 音 ソク・ショク・シキ 訓 ほのか・ほのめく・ほのめかす・かたむく・かたわら・そばだつ・いやしい

意味 ①ほのか。かすかに。「仄聞」②かたむく。かたよる。うらがえる。「仄日」「反仄」③かたわら。類側 ④そばだつ。そばだてる。「傾仄」⑤いやしい。せまい。⑥漢字音の上声(ジョウショウ)・去声(キョショウ)・入声(ニッショウ)の総称。「仄韻(ソクイン)」対平 下つき 平仄(ヒョウソク)

【仄く】かたむく 片側に寄る。また、そのさま。「日が西の山に一く(沈みかける)」

【仄韻】ソクイン 漢字の四声(シセイ)のうち、仄声(ソクセイ)の韻。対平韻(ヒョウイン)

【仄日】ソクジツ 夕日。夕方のかたむいた太陽。「水平線に沈む一」類斜陽

【仄声】ソクセイ 漢字を平声(ヒョウショウ)・上声(ジョウショウ)・去声(キョショウ)・入声(ニッショウ)の四声(シセイ)(四種の声調)に分けたとき、平声以外の音。類仄韻(ソクイン) 対平声

【仄聞】ソクブン 風のたよりに聞くこと。ほのかに聞くこと。「一によると彼女は中国にいるらしい」表記「側聞」とも書く。

【仄か】ほのか はっきり識別できないほど、かすかなさま。「一な物音に目を覚ます」「一な恋心を抱く」

【仄仄】ほのぼの ①ほんのりと。かすかに。「一と夜が明ける」②心があたたまるようなさま。「一とした親子のふれあい」

【仄めかす】ほのめかす それとなく態度や言葉などで表す。ほのかに示す。「本心を暗に一す」

【仄めく】ほのめく ①かすかに見える。「池に白いボートが一く」②態度や言葉などにそれとなく現れる。かすかに示す。「インタビューには引退の意志が一いた」

ソク【即】(7) 卩5 常 4 3408 4228 音 ソク 外ショク 訓 外つく・すなわち

旧字《卽》(9) 卩7 1/準1 1481 2E71

旧字《卽》(9) 卩7 1/準1

筆順 ㇆ ヨ ヨ 艮 艮 艮㇆ 即

意味 ①つく。地位や位置につく。「即位」「即応」②すぐに。ただちに。「即興」「即座」③すなわち。とりもなおさず。「色即是空」④もし。万一。類如・若

【△即ち】すなわち 言いかえれば。とりもなおさず。「国の主権者一国民」

【即位】ソクイ 天皇・君主が位につくこと。「皇帝に一する」対退位

【即応】ソクオウ ①状況などにすぐ対応すること。「火急時の一態勢を整えよ」②状況や目的にぴったりと合うこと。「時代に一した考え方」

【即吟】ソクギン その場ですぐに詩歌を作ること。また、その詩歌。類即詠

【即座】ソクザ その場ですぐ。ただちに。「難問を一に処理する」「一に返答する」類即刻・即時

【即死】ソクシ 事故などにあい、その場ですぐに死ぬこと。「バイクの衝突で一した」

【即時】ソクジ その時すぐ。すぐさま。「一に応答する」類即刻

〖即時一杯の酒〗死後に名声を残すよりも、今すぐ飲める一杯の酒のほうがありがたいということ。故事 中国、晋(シン)の張翰(チョウカン)は勝手気ままな振る舞いが多かった。ある人がいさめて、後世に名を残したくないのかと言ったところ、「死後の名声より、現在の一杯の酒のほうがよい」と答えたという故事から。《晋書(シンジョ)》

【即身成仏】ソクシンジョウブツ 仏 生きている体のまま仏になること。真言密教の根本的教義。即身菩提(ボダイ)。「即身」は生身のままの意。類即身是仏(ゼブツ)・即身即仏

【即する】ソクする 適応する。ぴったりつく。「実情に一した政策」

【即成】ソクセイ その場ですぐにでき上がること。「制服を着せれば、一ガードマン」

【即製】ソクセイ その場ですぐ作ること。その場の間に合わせに作ること。また、作られたもの。「枝を拾って一の釣り竿(ざお)を作る」

【即席】ソクセキ ①前もって準備せず、その場ですぐにすること。「一で祝賀会を開く」「一のスピーチ」②手間をかけずに、すぐ間に合うこと。「一ラーメン」

【即戦力】ソクセンリョク 訓練を受けなくても、すぐに戦える能力。また、その能力がある人。「この会社は―となる人材を求めている」

【即題】ソクダイ ①その場で答えさせる問題。対宿題 ②その場で出される詩歌や文章の題。「―一つにつき一人二句を作る」類席題 対兼題

【即断】ソクダン その場ですぐに判断し、決めること。「―できない問題を先送りする」

【即断即決】ソクダンソッケツ その場で即座に決断し、解決すること。参考「即決即断」ともいう。類当機立断・迅速果敢(ジンソクカカン) 対優柔不断

【即答】ソクトウ その場ですぐに答えること。また、その答え。「借金の保証人を頼まれたが、―を避けた」

【即売】ソクバイ 展示した品物をその場で直接売ること。「デパートの展示―会」

【即物的】ソクブツテキ ①物質的・金銭的な損得を優先して考えるさま。「何事も―な判断しかできない人」②主観を交えないで、事実に即して見たり考えたりするさま。「―に表現した文章」

【即興】ソッキョウ ①その場の出来事などに感じて、わき起こる興味。類座興 ②その場の感興で詩歌・楽曲などを作ること。「―演奏」

【即金】ソッキン その場で現金を払うこと。また、その金銭。キャッシュ。「―で車を買う」

【即決】ソッケツ その場ですぐに決めること。即座に解決すること。「書類選考のあと、面談で採用を―した」類即断

【即行】ソッコウ すぐに実行すること。「災害対策を―する」

【即効】ソッコウ 用いると、すぐに効果があらわれること。「―性のある新薬だ」

【即刻】ソッコク すぐその時。ただちに。「特使に―帰国せよと命じた」類即時

【即今】ソッコン ただいま。目下(モッカ)。

そ ソク

【即く】つ-く ①すぐそばに接する。ぴったりつく。②ある位置や地位に身を置く。

ソク【束】(7) 木 3 常 教 7 3411 422B 訓 音 ソク たば 外つか・つかねる

筆順 一 厂 冂 日 申 束 束

意味 ①たば。まとめてしばったもの。「束髪」②たばねる。しばる。つかねる。「束縛」③つなぎとめる。「拘束」④たばねた物を数える語。一束は稲一〇たば、半紙一〇帖(ジョウ)(二〇〇枚)。⑤つか。矢の長さをはかる単位。指四本を並べた長さ。

下つき 結束(ケッソク)・検束(ケンソク)・拘束(コウソク)・札束(サツたば)・収束(シュウソク)・装束(ショウゾク)・花束(はなたば)・約束(ヤクソク)

【束脩】ソクシュウ ①たばねた干し肉。②中国で昔、家臣や弟子になる際に①を進物に用いたことから、入門などのとき持参する謝礼や進物。

【束帯】ソクタイ 平安時代ころから、天皇や貴人が朝廷の儀式などで着用した正式の服装。「衣冠―」

〔束帯〕

【束縛】ソクバク 自由を制限すること。行動の自由を奪うこと。「親の―のない生活」参考たばねてしばる意。

【束髪】ソクハツ 明治・大正時代に流行した、女性の西洋風の髪の結い方。

〔束髪〕

【束】たば 一つにまとめて、くくったもの。また、くくったものを数える助数詞。「社員全員―になって社長に抗議する」「ひと―一〇〇円の葱(ねぎ)」「花―」

【束風】たばかぜ 冬、おもに日本海側で、北西方向から吹く強風。豪雪をもたらす。

【束ねる】たば-ねる ①細長いものを、ひとまとめにする。たばにする。「髪の毛を―ねる」「紙幣を―ねる」②集団や組織をまとめる。「町内会を―ねる」

〈束子〉たわし わらやシュロの毛などをたばねて作った、こすって洗う道具。

【束】つか ①「束柱」の略。梁(はり)と棟(むね)との間や、縁側の下などに立てる短い柱。②製本したときの、本の厚み。「―のある本」

【束ねる】つか-ねる ①たばねる。ひとまとめにしてしばる。「麦わらを―ねる」②腕を組む。こまぬく。「手を―ねて傍観した」

【束の間】つかのま ほんの少しの間。わずかの間。「―の幸せをかみしめる」由来「束(つか)」は指四本で握るほどの長さであることから。

ソク【足】(7) 足 0 常 教 10 3413 422D 訓 音 ソク あし・たりる・たる・たす

筆順 丨 冂 口 口 𠯁 𧾷 足

意味 ①あし。人間や動物のあし。「足下」「蛇足」②あるく。あしで行く。進む。「遠足」「長足」③たりる。たる。じゅうぶんにある。「具足」「満足」④たす。加える。おぎなう。「充足」「補足」⑤弟子。また、人。「高足」「俊足」⑥はきものを数えるのに用いる語。

下つき 遠足(エンソク)・快足(カイソク)・禁足(キンソク)・具足(グソク)・下足(ゲソク)・高足(コウソク)・自足(ジソク)・充足(ジュウソク)・俊足(シュンソク)・駿足(シュンソク)・蛇足(ダソク)・長足(チョウソク)・土足(ドソク)・鈍足(ドンソク)・人足(ニンソク)・発足(ハッソク・ホッソク)・百足(ヒャクソク・むかで)・不足(フソク)・補足(ホソク)・満足(マンソク)

【足掻く】あが-く ①ウマなどが前足で地面をける。②手足を動かしてもがく。じたばたする。「縛られた紐(ひも)をほどこうとして―く」③気をもむ。あくせくする。「原稿の締切に間に合わせようと―く」

【足】あし ①体を支え、歩行などの機能をもつ器官。股のつけねから足先までの部分を指す。特に、足首から下の部分を指すこともある。対手 ②歩くこと。歩み。「—が速い少年」「商品の—が速い（売れゆきがよい）」③出かけて行くこと。やって来ること。「頻繁に—を運ぶ」「客—が遠のく」④交通手段。乗り物。「大雪で通勤の—が乱れた」⑤お金。「お—が逃げてゆく」

『足を万里の流れに濯（あら）う』俗事にとらわれないことのたとえ。世俗に超然としたさま。ゆったりと流れる大河で世俗の汚れを洗い落とす意から。〈左思（サシ）の詩〉

【足間】あしあい 太刀を腰につるすひもを通す、一対の足金（ひもを通す金具）の間の部分。参考「あしま」とも読む。

【足焙り】あしあぶり ふたつきの鋳物製の器で、炭火を灰に埋めて足をあぶり、あたためる道具。足温め。季冬

【足裏】あしうら 足の地面にあたる部分。足のうら。「—にまめができた」

【足掛かり】あしがかり ①「足場」に同じ。②きっかけ。いとぐち。「担当課長に抜擢（バッテキ）されたのを—に事業を拡大した」類手掛かり

【足掛け】あしかけ ①足をかけ、支えるもの。足掛かり。②年月を数えるとき、初めと終わりの端数も一とする数え方。一年一か月を「足掛け二年」というなど。③柔道などで、自分の足を相手の足にかけて倒す技。あしがけ。

【足枷】あしかせ ①罪人の足にはめて行動の自由を奪った昔の刑具。類手枷 ②行動の自由を束縛するもの。足手まとい。「固定観念が発想の—となる」

【足搦】あしがら 柔道や相撲で、足を相手の足にからめて攻撃を防いだり倒したりすること。あしがらみ。

【足軽】あしがる ふだんは雑役に従事し、戦時には歩兵となった者。江戸時代の武士の最下位。類雑兵（ゾウヒョウ）

【足蹴】あしげ ①足でけること。②人にひどい仕打ちをすること。「恩人を—にする」

【足繁く】あししげく 同じ場所に、たびたび出向くさま。頻繁なさま。「図書館へ—通う」

【足駄】あしダ 雨天などにはく、歯の高い下駄。たかげた。「—で闊歩（カッポ）する」

【足代】あしダイ 交通費。乗り物の代金。「—は自己負担だ」類車代（くるまダイ）

【足手纏い】あしでまとい 仕事や行動のじゃまになること。また、じゃまになるもの。「やる気のない社員は—だ」参考 手足にまとわりつくものの意。「あしてまとい」とも読む。

【足半】あしなか 走りやすいように、踵（かかと）の部分がなく、足の半ばくらいの長さの草履（ゾウリ）。半草履。

【足場】あしば ①高所で作業するときに足を乗せるため、工事現場などに築かれたもの。②歩いたり立ったりするところの足元の状態。「ぬかるんで—が悪い」③行動や主張などのよりどころ。立脚点。「党内で着実に—を築く」④交通手段。「駅から遠くて—が悪い」

【足早】あしばや 歩き方がはやいさま。はやく歩くこと。「—に通り過ぎる」

【足踏み】あしぶみ ①立ち止まったまま、足を交互に地面や床の同じ所をふむこと。②物事がはかどらないこと。停滞。「計画は—状態だ」③能・舞楽などでの足の動作。足拍子。

【足下・足元・足許】あしもと ①歩いたり立ったりする足の下のあたり。「—のちりを拾う」②近辺。身辺。置かれている状態や立場。「—が危うくなる」「まず—を固めよう」③足どり。歩き具合。「酔って—がふらつく」

『足下から鳥が立つ』身近なところで突然思いもよらないことが起こる。また、急に思いついて物事を始めること。不意に足下から鳥が飛び立ち驚かされる意から。

【〈足末〉】あなすえ ①足の先。②子孫。末裔（マツエイ）。後裔。

【〈足結〉】あゆい 古代の男性の服装で、動きやすいように袴（はかま）を膝（ひざ）下で結んだひも。玉などをつけて飾りとすることもあった。表記「脚結」とも書く。参考「あしゆい」とも読む。

【足恭】スウキョウ 度が過ぎるほど、うやうやしいこと。おもねりへつらうこと。〈『論語』〉参考「スキョウ・シュキョウ」とも読む。

【足趾】ソクシ あし。また、あしあと。参考「趾」は、くるぶしから下の部分。

【足跡】ソクセキ ①人の歩いたあと。「みちのくに芭蕉（ばしょう）の—をたどる」②人がなし遂げた仕事のあと。業績。「故人の—をしのぶ」類事績 参考「あしあと」とも読む。

【足労】ソクロウ 足をわずらわせること。「ご—おかけしました」参考 多く、「ご」をつけて相手にわざわざ来てもらったことへの敬意を表す。

【足下】ソッカ ①足の下。足もと。②あなた。自分と同等、または下位の相手への敬称。類貴殿 ③手紙の脇付（わきづけ）に使う語。「鈴木一郎様—」

【足高】たしだか 江戸幕府の八代将軍吉宗のとき、人材登用のために家禄（カロク）以上の役高の職に就いた場合は、その在職中に限って不足額を補給した職俸制度。

【足す】たす ①数量などを加え合わせる。②足りないのを補う。「鍋（なべ）に水を—す」③目的をすませる。「外出のついでに用を—す」

【〈足袋〉】たび 和服のとき、防寒や礼装のため足にはく物。つま先が親指と他の四指を入れる二股（ふたまた）の袋状で、鼻緒のある履物がはけるようになっている。季冬 表記「単皮」とも書く。

【足りる】たりる ①必要なだけ十分にある。「努力が—りない」②それだけの価値がある。「彼の言葉は信ずるに—りる」「取るに—りない問題だ」③数量や力などが間に合う。「作業は三人で事—りる」「子どもでも—りる仕事」

【足るを知る者は富む】たるをしるものはとむ 分相応に満足することを知っている者は、貧しくても心は豊かであるということ。〈老子〉

ソク【促】

(9) イ 7 常 3 3405 4225 音 ソク 訓 うながす 外 せまる

筆順 ノ 亻 亻' 亻口 亻早 亻早 亻足 促 促

意味 ①うながす。せきたてる。「促進」「督促」②間をつめる。せまる。「促音」

下つき 催促(サイソク)・督促(トクソク)

【促す】うながす ①せきたてる。「―されて立ち上がった」②仕向ける。「発言を―す」③促進する。「観光客を誘致して町の発展を―す」

【促音】ソクオン 日本語の発音で、つまる音。「言った」など小さく「っ」と書き表す。

【促音便】ソクオンビン おもに、活用語の連用形語尾の母音が脱落して促音になる音便の変化。「打ちて」が「打って」、「売りた」が「売った」など。

【促進】ソクシン 物事が順調にいくように、うながし進めること。「販売―会議」

【促成】ソクセイ 人手を加えて、作物を早く生長させること。「野菜の―栽培」対抑制

ソク【則】

(9) リ 7 教 常 6 3407 4227 音 ソク 訓 のり・のっとる 外 すなわち

筆順 丨 冂 月 目 目 貝 貝 則 則

意味 ①のり。きまり。おきて。さだめ。「規則」「原則」「反則」②のっとる。手本とする。「則天」③すなわち。接続の助字。

下つき 会則(カイソク)・規則(キソク)・教則(キョウソク)・原則(ゲンソク)・校則(コウソク)・細則(サイソク)・準則(ジュンソク)・正則(セイソク)・総則(ソウソク)・通則(ツウソク)・定則(テイソク)・鉄則(テッソク)・罰則(バッソク)・反則(ハンソク)・変則(ヘンソク)・法則(ホウソク)・補則(ホソク)・本則(ホンソク)

【△則ち】すなわち そうすれば必ず。「願えば―叶(かな)う」参考「…すれば」「…ならば」の形の上の句を受けて当然の結果として起こる下の句へつなげる。

【則する】ソクする ある規準にしたがう。あることを基準としてならう。のっとる。「法に―して処分する」

【則天去私】ソクテンキョシ 私心を捨てて、自然の道理にしたがって生きること。「―の境地に至る」参考夏目漱石(なつめそうせき)の晩年の人生観。

【△則る】のっとる 手本とする。基準としてしたがう。ならう。「伝統に―った儀式」

【△則】のり ①守るべき手本。基準。②きまり。法則。③すじみち。道理。④仏仏の教え。

ソク【▲卽】(9) 卩 7 1481 2E71 ▼即の旧字(九五六)

ソク【▲卽】(9) 卩 7 ▼即の旧字(九五六)

ソク【息】

(10) 心 6 教 常 8 3409 4229 音 ソク 訓 いき 外 やすむ

筆順 ノ 亻 白 白 自 自 自 息 息 息

意味 ①いき。いきをする。呼吸。「息吹(いぶき)」「嘆息」②生きる。生きている。「消息」「生息」③やすむ。いこう。「安息」「休息」④やめる。おわる。消える。「息災」「終息」⑤こども。むすこ(息子)。「子息」「息女」⑥ふえる。ふやす。「利息」

下つき 安息(アンソク)・気息(キソク)・休息(キュウソク)・愚息(グソク)・姑息(コソク)・子息(シソク)・終息(シュウソク)・生息(セイソク)・喘息(ゼンソク)・嘆息(タンソク)・窒息(チッソク)・長息(チョウソク)・吐息(といき)・令息(レイソク)

【息】いき ①口や鼻から呼吸すること。また、その空気。「―が止まるほど驚く」「―を吹き返す」②共に物事をする人どうしの間の、気分や調子。「―がぴったり合う」

【息△急き切る】いきせききる 急いだため、激しい息づかいになる。あえぎながら、急いで行動する。「―ってかけつける」

【息遣い】いきづかい 息の調子。呼吸のようす。「―が荒い」

【息△衝く】いきづく ①呼吸する。確実に生きている。「伝統が―く古典芸能」②苦しそうに息をする。あえぐ。「―きながら山を登る」③ため息をつく。

【息巻く】いきまく ①激しい態度で言いたてる。威勢よくまくしたてる。②息を荒くして怒る。いきりたつ。「仕返ししてやると―く」

【息む】いきむ 腹に力を入れ、息を詰めて力(りき)む。息張(いきば)る。「出産の際、全身で―む」

〈息吹〉いぶき ①息をすること。呼吸。②いきいきした雰囲気。生気。「会場は若者の―に包まれた」「春の―」表記「気吹」とも書く。

〈息▲嘯〉おきそ ため息をつくこと。参考「おき」は息、「そ」は嘯(うそぶ)くで息を吐く意。

〈息長鳥〉しながどり カイツブリの古名。カイツブリ科の鳥。由来水の中から出てきて息を長くつくことから。

【息災】ソクサイ ①仏仏の力でわざわいを除くこと。②健康で無事なこと。「無病―」

【息女】ソクジョ 他人の娘を敬っていう語。また、身分の高い人の娘。「ご―」

〈息子〉むすこ 親からみて、自分の男の子ども。せがれ。「家業は―が継いだ」対娘

【△息む】やすむ 安らかにする。休息する。憩う。「疲れたのでしばし―む」

ソク【捉】

(10) 扌 7 常 2 3410 422A 音 ソク 訓 とらえる 外 つかまえる・とる

筆順 一 十 扌 扌 扣 扣 押 押 捉 捉

意味 ①とらえる。つかまえる。「捕捉」②とる。つかむ。にぎる。「把捉」

下つき 把捉(ハソク)・捕捉(ホソク)

【捉△える】つか‐まえる 押さえて動けなくする。とり押さえる。「袖(そで)を―える」

【捉える】とら‐える ①しっかりと押さえる。つかむ。「観客の心を―える」②自分のものとする。視野・知識などの範囲におさめる。「レーダーが台風の眼を―える」

ソク【速】(10) ⻌7 教 常 8 3414 422E 音 ソク 訓 はやい・はやめる・はやまる・すみやか中

旧字《速》(11) ⻌7 1/準1

筆順 一 厂 丙 丙 申 束 束 束 速 速

意味 ①はやい。すみやか。「速断」「速記」「早速」対遅 ②はやさ。「速度」「速力」「高速」

下つき 音速(オンソク)・快速(カイソク)・加速(カソク)・急速(キュウソク)・球速(キュウソク)・減速(ゲンソク)・高速(コウソク)・早速(サッソク)・時速(ジソク)・失速(シッソク)・迅速(ジンソク)・拙速(セッソク)・遅速(チソク)・低速(テイソク)・秒速(ビョウソク)・敏速(ビンソク)・風速(フウソク)・変速(ヘンソク)

〈速香〉すこう すぐに燃え尽きてしまうような、質の悪い香。

【速やか】すみ‐やか 動作がすばやいさま。「―な対応が望まれる」

【速写】ソクシャ 写真などを、すばやく写すこと。「ポーズをとるモデルを―する」

【速射】ソクシャ 銃などを、短い間隔ですばやく発射すること。「機関銃の―」

【速成】ソクセイ 短期間に仕上がること。急いで仕上げること。「―チームで優勝した」

【速戦即決】ソクセンソッケツ 戦いを長びかせず、一気に勝負を決めること。また、すみやかに物事を解決すること。「―で敵を次々に打ち破る」類短期決戦 対緩兵の計

【速達】ソクタツ 「速達郵便」の略。特別料金を払い、普通郵便よりもはやく配達される郵便。「合格通知が―で届く」

【速断】ソクダン ①すみやかに決断すること。「緊急事態には―を要する」②はやまった判断をすること。「―は避けるべきだ」

【速度】ソクド ①物事の進むはやさ。スピード。「制限―違反」②運動する物体の、単位時間当たりの位置の変化を表す量。

【速報】ソクホウ 情報をすばやく伝えること。また、その情報。「試合の―を伝える」

【速力】ソクリョク 物が動くはやさ。スピード。「全―で走る」類速度

【速記】ソッキ ①すばやく書き記すこと。②人の話を特殊な記号ですばやく記録し、それを普通の文章に書きなおす技術。速記術。

【速決】ソッケツ すみやかに決めること。「試験を略し、面接だけで―した」

【速攻】ソッコウ すばやく攻めること。「守備の乱れをついて―を仕掛ける」

【速効】ソッコウ ききめが短時間にあらわれること。「―性肥料」対遅効

〈速歩〉はやあし ①普通よりはやく歩くこと。急ぎ足。②ウマの歩く速度で、一分間に二一〇㍍進むはやさ。表記「早足」とも書く。参考 ①「ソクホ」とも読む。

【速い】はや‐い ①速度がすみやかである。動作などにかかる時間が少ない。「足が―い」②動きや変化が急である。「彼は社内で一番仕事が―い」「―いテンポの曲が好きです」「環境破壊の進みかたが―い」

【速める】はや‐める 速度をはやくする。「約束の時間に遅れないよう足を―めた」

ソク【側】(11) 亻9 教 常 7 3406 4226 音 ソク外ショク 訓 がわ外そば・はた・かたわら

筆順 亻 亻 们 们 俱 俱 側 側 側

意味 ①そば。わき。かたわら。「側近」「側室」②かわ。物の片面。一方のがわ。へり。ふち。「側面」「側壁」③かたよせる。そばだてる。「側耳」④ほのかに。かすかに。「側聞」

下つき 君側(クンソク)・舷側(ゲンソク)・体側(タイソク)

【側△ら】かたわら そば。わき。「―に座る」「―から話に口をはさむ」

【側】がわ ①相対するものの一方。また、物事の一面や一方の立場。「会社―と交渉する」②かたわら。わき。また、わきにいる人。「本人よりも―が心配した」③外のふち。周りをつつんでいる部分。「箱の外―に宛先を書く」参考「かわ」とも読む。

〈側△柏〉このてがしわ ヒノキ科の常緑小高木。由来「側柏」は漢名から。▼児手柏(このてがしわ)(六三四)

【側室】ソクシツ 身分の高い人のそばめ。めかけ。対正室

【側聞】ソクブン 人づてに聞くこと。ちょっと耳にすること。表記「仄聞」とも書く。

【側面】ソクメン ①物体の前後・上下以外の面。左右の面。「―に商品表示がある」②横の方面。わき。「―から協力する」対正面 ③複雑で多様な面をもつものの、一つの面。「彼のちがった―を見た」

【側近】ソッキン 権力者や身分の高い人のそばに仕える人。また、親しくそばにいる人。「首相の―の談話」

【側溝】ソッコウ 排水のために道路・鉄道などに沿って設けられたみぞ。

【側△】そば ①近くのところ。付近。「大学の―の喫茶店」②「側(はた)」に同じ。「―から口をはさむ」③動詞の下について、時間のあまり経過していないようす。「聞いた―から忘れていく」

【側△杖】そばづえ そばにいたために、直接関係ないのに災いや迷惑を受けること。まきぞえ。「―をくう」表記「傍杖」とも書く。

【側△次】そばつぎ ①武家時代の袖(そで)なしの上着。武士の常服でもあり、軍陣では鎧(よろい)の上にもはおった。②小直衣(このうし)の別称。そばつづき。表記「傍続」とも書く。

〈側妻〉・側△女 そばめ 本妻以外の妻。側室。めかけ。

【△側める】そば-める ①一方に寄せる。②横に向ける。そむける。「目をーめる」

【側用人】そばヨウニン 江戸幕府で老中に次ぐ要職。将軍の命令を老中に伝え、老中などの上申を将軍に取り次ぐ譜代大名。

【△側】はた ①物のへり・ふち。②かたわら。まわり。そば。また、まわりの人。「君の行動はー迷惑もいいところだ」

〈側金▲盞花〉ふくじゅそう キンポウゲ科の多年草。由来「側金盞花」は漢名より。花がキンセンカ(金盞花)に似ていることから。▼福寿草(一三四五)

ソク【▲速】(11)⻌7 ▼速の旧字(九六〇)

ソク【▲喞】(12)口9 5136 5344 ▼ショク(七八三)

ソク【惻】(12)忄9 1 5628 583C 音 ソク・ショク 訓 いたむ

意味 いたむ。悲しむ。あわれむ。「惻隠」「惻惻」

【▲惻む】いた-む いたみ悲しむ。心をいためる。あわれに思う。ひしひしと心にせまる。

【▲惻隠】ソクイン あわれみ心がいたむこと。「ーの情」参考「惻」も「隠」もあわれむ意。

〖▲惻隠の心は仁の端なり〗人の不幸をあわれみいたむことは、仁のきざしである。〈『孟子』〉参考「仁」は、儒教で最高の徳と説かれるもので、親愛の情を万人に及ぼすこと。

【▲惻▲惻】ソクソク ひしひしと悲しみ、心をいためるようす。類惻然

【▲惻▲怛】ソクダツ 悲しみいたむこと。「怛」も悲しみいたむ意。「ーの情」

ソク【測】(12)氵9 常 教 6 3412 422C 音 ソク 訓 はかる

筆順 氵 氵 汌 汨 泪 泪 浿 浿 測 測 3

意味 ①はかる。長さ・広さ・深さをはかる。「測定」「計測」「目測」②おしはかる。思いはかる。「憶測」「推測」「予測」

下つき 憶測オクソク・観測カンソク・計測ケイソク・実測ジッソク・推測スイソク・不測フソク・歩測ホソク・目測モクソク・予測ヨソク

【測定】ソクテイ 装置などを用いて、数量や価値などをはかり調べること。「身長と体重のー」「ダイオキシン濃度のー」「視力をーする」

【測量】ソクリョウ 器械などを用いて、地表上にあるものの長さ・面積・高さ・深さなどをはかり調べること。「ー技術」

【測候所】ソッコウジョ 気象庁の地方出先機関。管区気象台の下部組織で、気象や地震・火山現象などの観測・調査を行い、一部では予報・警報なども発表する。

【測る】はか-る ①一定の器機・基準をもとに長さ・高さ・深さ・速さ・面積・温度などを調べる。「水深をーる」②おしはかる。思いはかる。予測・推測する。「相手の気持ちをーる」「敵の出方をーる」参考「測」は本来、ものさしで水の深さをはかる意。

ソク【塞】(13)土10 常 2641 3A49 ▼サイ(五五八)

ソク【▲触】(13)角6 常 3108 3F28 ▼ショク(七八四)

ソク【熄】(14)火10 1 6379 5F6F 音 ソク 訓 きえる・やむ・うずみび

意味 ①きえる。火がきえる。②やむ。やめる。なくなる。「終熄」③おき。うずみび。

下つき 終熄シュウソク

【▲熄滅】ソクメツ ①消えてなくなること。②物事がやむこと。また、やめること。

【▲熄む】や-む 火が消えるように滅びてなくなる。消え入るように終わる。

ソク【▲燭】(17)火13 3104 3F24 ▼ショク(七八五)

そぐ【△削ぐ】(9)刂7 常 2679 3A6F ▼サク(五六五)

そぐ【△殺ぐ】(10)殳6 教 2706 3B26 ▼サツ(五七一)

ゾク【俗】(9)亻7 常 4 3415 422F 音 ゾク 訓 外ならわし・いやしい

筆順 ノ 亻 亻' 亻'' 伀 俗 俗 俗 俗

意味 ①ならわし。ならい。習慣。「習俗」「風俗」②世の中。世間。「俗世」「俗説」③ありきたり。ありふれた。「凡俗」「通俗」④いやしい。下品。「俗悪」「卑俗」対雅 ⑤仏門に入る前に住んでいた世間。また、仏門に入らない一般の人。「還俗」「俗人」

下つき 帰俗キゾク・還俗ゲンゾク・世俗セゾク・超俗チョウゾク・通俗ツウゾク・低俗テイゾク・道俗ドウゾク・土俗ドゾク・風俗フウゾク・民俗ミンゾク

【俗悪】ゾクアク 低級で卑しいこと。下品なこと。また、そのさま。「ーなビデオ」

【俗縁】ゾクエン ①俗人としてのつながり。世間の人と人とのかかわり合い。②僧や尼が出家する前の、親類や縁者。「ーを絶つ」

【俗気】ゾクケ 世間的な名声や富などに心引かれる気持ち。俗人の気風。「人一倍ーが多い奴だ」参考「ゾッケ・ゾッキ」とも読む。

【俗▲諺】ゾクゲン 世間で通用していることわざ。「石の上にも三年」など。類俚諺リゲン

【俗語】ゾクゴ ①くだけた言葉。または卑俗な言葉。「がめつい」「やばい」など。類隠語 ②日常生活で用いられる言葉。類口語 参考②詩歌や文章で用いる言葉の「雅語」に対していう。

【俗字】ゾクジ 世間で用いられている、正式の漢字(正字)ではない字。「卒」「恥」に対して、「卆」「耻」など。対正字

【俗耳】ゾクジ 世間一般の人々の耳。また、その耳で聞くこと。「ーに入りやすい(世間の人に受け入れられやすい)」類俚耳リジ

【俗事】ゾクジ 身の回りの雑多な用事。世間のわずらわしい事柄。「ーに疎うとい令嬢」

【俗臭】ゾクシュウ 富や名誉にこだわる下品な気風。卑しい趣。俗っぽさ。「ー芬々フンプンたる僧」

【俗習】ゾク シュウ 世間一般のならわし。世間一般の風習。世俗の習慣。

【俗称】ゾク ショウ ①世間で用いられている通り名。類通称 ②生前の名。③出家前の名。類①～③俗名(ゾクミョウ) 対②③戒名(カイミョウ)

【俗信】ゾク シン 宗教的な慣行やまじない・うらないなど、世間で信じられている迷信的な信仰。また、幽霊・つき物などの存在を信じる迷信。

【俗人】ゾク ジン ①世間一般の人。また、僧以外の人。②高尚なことに関心を示さず、風流を解さない人。③世俗的な利益や名声ばかり気にする卑しい人。類俗物

【俗塵】ゾク ジン 俗世間のわずらわしい事柄。「―にまみれる」参考世間の塵(ちり)の意。

【俗世】ゾク セ 「俗界(ゾッカイ)」に同じ。類世俗 参考「ゾクセイ」とも読む。

【俗世間】ゾク セケン ①一般の人が住むこの世の中。俗人の世。浮世。「―の波にもまれる」②仏出家しない人の世界。俗世。しゃば。対出世間(シュッセケン)

【俗説】ゾク セツ 根拠に乏しいのに、世間で広く伝えられている説。「―を鵜呑(うの)みにしてはいけない」

【俗諦】ゾク タイ 仏世間一般に信じられている真理。現世的真理。世間的知恵。対真諦

【俗念】ゾク ネン 世俗的な名声や利益を求めねがう心。俗人の卑しい考え。類俗情

【俗物】ゾク ブツ 世俗的な名声や利益ばかり求める、卑しい人。風流や高尚なことを解さない、つまらない人。「―根性の持ち主」類俗人

【俗名】ゾク ミョウ ①亡くなる前の名前。②仏門に入り、僧になる以前の俗世での名。③正式でない、世間で通用している名。類①～③俗称 ③通称 対①②法名・戒名(カイミョウ)

【俗謡】ゾク ヨウ 民間の通俗的なはやり歌。流行歌・民謡・小唄(こうた)など。

【俗流】ゾク リュウ 俗人の仲間。俗っぽい連中。俗物たち。「―に交じらないでいる」

【俗論】ゾク ロン 俗世間の人々の見識の狭い議論や意見。くだらない議論。低級な意見。

【俗化】ゾッ カ 世俗の気風に感化されること。通俗化。「この景勝地も近年―してきた」

【俗界】ゾッ カイ 俗人の住む世の中。わずらわしく、卑しい俗世間。俗世。類俗境 対天界

【俗解】ゾッ カイ 通俗的な解釈。世間一般にわかりやすい解釈。類諺解(ゲンカイ)

【俗曲】ゾッ キョク 酒席・寄席などで、三味線に合わせてうたう通俗的な歌曲。端唄(はうた)など。類俗謡・俗歌 対雅曲

ゾク【族】(11) 方7 常 教 8 3418 4232 音ゾク 訓外やから

筆順 ' 亠 方 方 方' 方ᐟ 扩 於 旌 族 族 11

意味 ①やから。みうち。血つづき。「家族」「親族」②家がら。血統上の身分。「王族」「豪族」③なかま。同類のものの集まり。「種族」「民族」④集まる。むらがる。「族生」

書きかえ ④「簇(ゾク)」の書きかえ字として用いられるものがある。

下つき 遺族(イゾク)・一族(イチゾク)・姻族(インゾク)・王族(オウゾク)・家族(カゾク)・華族(カゾク)・氏族(シゾク)・貴族(キゾク)・種族(シュゾク)・血族(ケツゾク)・親族(シンゾク)・眷族(ケンゾク)・皇族(コウゾク)・豪族(ゴウゾク)・士族(シゾク)・世族(セゾク)・部族(ブゾク)・民族(ミンゾク)

【族生】ゾク セイ 草木が群がり生えること。書きかえ「簇生」の書きかえ字。

【族】やから ①血縁のもの。一族。身内。②仲間。同類のグループ。「不逞(フテイ)の―」

ゾク【属】(12) 尸9 常 教 6 3416 4230 音ゾク 外ショク 訓外つく・やから

旧字《屬》(21) 尸18 1/準1 5404 5624

筆順 ㇆ コ 尸 尸 尸 尽 居 7 居 屈 属 属 属 属

意味 ①つく。つきしたがう。「属国」「帰属」②つける。たのむ。まかせる。「属目(ショクモク)」「属託(ショクタク)」「属望(ショクボウ)」類嘱 ③つらねる。つらなる。類続 ④なかま。たぐい。やから。同類。「属性」「金属」「卑属」類族 ⑤したやく。部下。「属官」⑥生物の分類上の単位。「科」の下、「種」の上。⑦さかん。律令(リツリョウ)制度で、四番目の地位。

下つき 帰属(キゾク)・金属(キンゾク)・軍属(グンゾク)・眷属(ケンゾク)・従属(ジュウゾク)・所属(ショゾク)・親属(シンゾク)・専属(センゾク)・尊属(ソンゾク)・直属(チョクゾク)・転属(テンゾク)・配属(ハイゾク)・卑属(ヒゾク)・服属(フクゾク)・付属(フゾク)・附属(フゾク)・部属(ブゾク)・隷属(レイゾク)

【属望】ショク ボウ 人を見込んでその将来に望みをかけること。「将来を―される若者」類期待 表記「嘱望」とも書く。

【属目】ショク モク ①目をつけること。関心をもって見守ること。類注目 ②目にふれること。「―吟(目にふれたものを即興で詠む俳句)」表記「嘱目」とも書く。

【属する】ゾク―する ①団体や仲間に入っている。したがう。「連邦に―する各国」②所属する。「総務部に―している」③ある範囲や種類に含まれる。「豹(ヒョウ)はネコ科に―する」参考「ショクする」と読めば、まかせる・頼む意になる。

【属性】ゾク セイ ①あるものにもとから備わっている性質。類特性・特質 ②哲学で、そのものに固有な性質。類本質

【属毛離裏】ゾクモウ リリ 親と子の深いつながりのこと。「離」はつらなる、「裏」は母胎の意。子の体は、皮膚・毛髪まですべて両親とつながっているということ。〈『詩経』〉

【属吏】ゾク リ ①下級の役人。②ある人の部下の役人。類①②属官

【属僚】ゾク リョウ 上官につきしたがう役人たち。下級役人。類属吏・属官

【属領】ゾク リョウ 他国に属している領土。「香港(ホンコン)はイギリスの―だった」類植民地

【属官】ゾッ カン ①官庁の下級官吏。②旧憲法下で、各省大臣などの権限で任用された役人。類①②属吏・属僚 参考「ゾクカン」とも読む。

【属国】ゾッコク 他国の支配下にあって、独立していない国。従属国。対独立国

【△属く】つく つきしたがう。また、くっつく。従属する。「大国の動向に―かない国」

ゾク【★粟】(12) 米 6 準1 1632 3040 音 ゾク・ショク・ソク 訓 あわ・もみ・ふち

意味 ①あわ。イネ科の一年草。「粟粒」②もみ。イネ・キビなどの外側のから。③穀物。五穀の総称。④ふち(扶持)。扶持米。俸禄(ホウロク)。

下つき 一粟(イチゾク)・罌粟(オウゾク)・官粟(カンゾク)・菽粟(シュクゾク)・脱粟(ダツゾク)・賦粟(フゾク)・米粟(ベイゾク)・秣粟(マツゾク)

【▲粟】あわ イネ科の一年草。秋、小花が穂状につく。実は小粒で黄色。五穀の一つ。季秋

【▲粟とも▲稗(ひえ)とも知らず】アワとヒエの区別もつかないほどの、高い身分や金持ちの生活をいった言葉。

【▲粟立つ】あわだーつ 寒さや恐怖のために、肌にアワのつぶがついたようになる。鳥肌が立つ。「あまりの寒さに全身が―つ」

〈▲粟米草〉ざくろそう ザクロソウ科の一年草。道端に自生。葉はザクロに似る。夏、黄褐色の小花をつける。由来「粟米草」は漢名から。表記「石榴草」とも書く。

【▲粟散辺地】ゾクサンヘンジ 世界の片隅にあって、アワつぶをまき散らしたような小さな国。また、日本。参考「ソクサンヘンジ」とも読む。「辺地粟散」ともいう。類粟散辺州・粟散辺土

【▲粟粒】ゾクリュウ アワの実。また、ごく小さいもののたとえ。「―のような土地」参考「あわつぶ」とも読む。

ゾク【続】(13) 糸 7 教 常 7 3419 4233 音 ゾク 外ショク 訓 つづく・つづける 外つぐ

旧字《續》(21) 糸15 1/準1 6984 6574

そ ゾク

筆順 幺 糸 糸 紅 紸 紸 続 続 続

意味 ①つづく。つづける。つぐ。つながる。「続続」「続行」「継続」対断 ②つづき。「続編」

下つき 永続(エイゾク)・勤続(キンゾク)・継続(ケイゾク)・後続(コウゾク)・持続(ジゾク)・接続(セツゾク)・相続(ソウゾク)・存続(ソンゾク)・断続(ダンゾク)・陸続(リクゾク)・連続(レンゾク)

〈続飯〉そくい めしつぶを押しつぶし、練って作ったねばり気の強いのり。「考えと―は練るほど良い」

【続出】ゾクシュツ 続いて出たり起こったりすること。「難題が―する」類続発

【続続】ゾクゾク 続いて絶えないさま。「閉店セールに客が―とつめかけた」類次次(つぎつぎ)

【続短断長】ゾクタンダンチョウ 過不足がないように、物事を調整すること。「続」は継ぐこと。参考「断長続短」ともいう。類採長補短・舍短取長・助長補短

【続編・続▲篇】ゾクヘン 書物や映画・ドラマなどで、本編や正編に引き続き作られる編。類後編 対正編・本編

【続報】ゾクホウ 前に続いて情報・知らせを流すこと。また、その情報・知らせ。「事件の―が入る」

【続行】ゾッコウ 中止しないで、続けて行うこと。「雨になったが試合を―した」対中止

【続く】つづーく ①同じ行為や状態などがつながる。継続する。「暑い日が―く」「長く―く坂道」②間を置かずに起こる。「中小企業の倒産が―く」「不祥事が―く」③すぐあとにしたがう。「前の人に―いて並ぶ」④すぐあとに位置する。「社長に―く権力者」

〈続断〉なべな マツムシソウ科の二年草。由来「続断」は漢名からの誤用。▼山芹菜(なべな)(五八二)

ゾク【賊】(13) 貝 6 常 3 3417 4231 音 ゾク 訓 外そこなう・わるもの

筆順 丨 冂 目 貝 貝 貝 賊 賊 賊

意味 ①そこなう。傷つける。「賊害」②ぬすむ。ぬすびと。どろぼう。「山賊」「盗賊」③ぞく。国家や君主にそむくもの。わるもの。むほん人。「賊臣」「国賊」

下つき 海賊(カイゾク)・義賊(ギゾク)・逆賊(ギャクゾク)・国賊(コクゾク)・山賊(サンゾク)・盗賊(トウゾク)・馬賊(バゾク)・匪賊(ヒゾク)

【賊害】ゾクガイ ①人を傷つけること。また、傷つけ殺すこと。損害を与えること。②賊から受けた被害。

【賊軍】ゾクグン 支配者、特に日本では朝廷に反逆する軍勢。朝敵としての兵。「勝てば官軍、負ければ―」対官軍

【賊心】ゾクシン ①人を傷つけようとする心。②ぬすもうとする心。類害心 ③謀反(ムホン)を企てようとする心。

【賊臣】ゾクシン 主君の身を滅ぼす悪い臣下。謀反(ムホン)を起こした家来。逆臣。類乱臣 対忠臣

【△賊なう】そこーなう 凶器で傷つける。殺傷、また乱暴する。害を与える。

ゾク【蔟】(14) 艹11 1 7287 6877 音 ゾク・ソウ・ソク 訓 まぶし・あつまる・むらがる

意味 ①まぶし。蚕が繭をかけやすいように、わらなどで作った道具。「蚕蔟」②あつまる。むらがる。類簇(ソウ)

下つき 蚕蔟(サンゾク)

ゾク【鏃】(19) 金11 1 7923 6F37 音 ゾク・ソク 訓 やじり・するどい

意味 ①やじり。矢の先。「石鏃」②するどい。

下つき 石鏃(セキゾク)

【▲鏃▲礪括羽】ゾクレイカツウ 学識を磨いて、世に役立つ人材になることのたとえ。「鏃礪」は、矢の先につける鏃(やじり)を研ぐこと。「括羽」は、矢はずと羽のこと。研いだ鏃をつけ、矢はずと羽をつけて鋭い矢にする意から。《説

〔苑ゼイエン〕

【▲鏃】やじり 矢の先の、射たときに突きささる尖とがった部分。矢の先。矢の根。

ゾク【▲屬】(21) 尸18 5404/5624 ▼属の旧字(九六二)

ゾク【▲續】(21) 糸15 6984/6574 ▼続の旧字(九六三)

そこ【底】(8) 广5 教 3676/446C ▼テイ(一〇九〇)

そこなう【△害なう】(10) 宀7 教 1918/3332 ▼ガイ(一九〇)

そこなう【△残なう】(10) 歹6 教 2736/3B44 ▼ザン(五九二)

そこなう【損なう】(13) 扌10 教 3427/423B ▼ソン(九六八)

そこなう【△賊なう】(13) 貝6 常 3417/4231 ▼ゾク(九六三)

そこねる【損ねる】(13) 扌10 教 3427/423B ▼ソン(九六八)

そしり【▲謗り】(17) 言10 7578/6B6E ▼ボウ(一四三三)

そしる【△刺る】(8) 刂6 常 2741/3B49 ▼シ(六〇九)

そしる【△非る】(8) 非0 教 4083/4873 ▼ヒ(一二七七)

そしる【▲詆る】(12) 言5 7541/6B49 ▼テイ(一〇九六)

そしる【△毀る】(13) 殳9 常 5244/544C ▼キ(二七九)

そしる【▲誹る】(15) 言8 4080/4870 ▼ヒ(一二八六)

そしる【▲謗る】(17) 言10 7578/6B6E ▼ボウ(一四三三)

そしる【▲譏る】(19) 言12 7588/6B78 ▼キ(二八五)

そしる【▲譖る】(19) 言12 7591/6B7B ▼シン(八二二)

そそぐ【△沃ぐ】(7) 氵4 常 4564/4D60 ▼ヨク(一五三八)

そそぐ【注ぐ】(8) 氵5 教 3577/436D ▼チュウ(一〇四六)

そそぐ【△雪ぐ】(11) 雨3 教 3267/4063 ▼セツ(八八五)

そそぐ【▲漑ぐ】(15) 氵12 6284/5E74 ▼ガイ(一九三)

そそぐ【▲澆ぐ】(15) 氵12 6304/5F24 ▼ギョウ(三四七)

そそぐ【▲瀉ぐ】(18) 氵15 6335/5F43 ▼シャ(六六二)

そ ゾク—ソツ

そそぐ【▲濺ぐ】(18) 氵15 6337/5F45 ▼セン(九一二)

そそぐ【▲灌ぐ】(20) 氵17 6285/5E75 ▼カン(二五一)

そそぐ【▲灑ぐ】(22) 氵19 6351/5F53 ▼サイ(五六一)

同訓異義 **そそぐ**

【注ぐ】水などが流れこむ。流しこむ。集中する。「川は北流して日本海に注ぐ」「桶おけに水を注ぐ」「庭の草花に日光が降り注ぐ」「火に油を注ぐ」「茶碗チャワンに湯を注ぐ」「新しい事業に心血を注ぐ」「資格試験に力を注ぐ」

【▲灌ぐ】水を引いて流しこむ。草木などに上から水をそそぎかける。「田んぼに水を灌ぐ」「作物に水を灌ぐ」「釈迦シャカ像に甘茶を灌ぐ」「墓石に水を灌ぐ」

【△雪ぐ】よごれや不名誉を消し去る。「すすぐ」とも読む。「恥を雪ぐ」「汚名を雪ぐ」

そそのかす【唆す】(10) 口7 常 2622/3A36 ▼サ(五四四)

そそのかす【▲嗾す】(14) 口11 5153/5355 ▼ソウ(九四四)

そぞろに【▲坐に】(7) 土4 2633/3A41 ▼ザ(五四七)

そぞろに【△漫ろに】(14) 氵11 常 4401/4C21 ▼マン(一四四九)

そだてる【育てる】(8) 肉4 教 1673/3069 ▼イク(四二)

ソツ【卒】

(8) 十6 教 常 7 3420/4234

音 ソツ 外シュツ
訓 外しもべ・おわる・おえる・にわかに・ついに

筆順 丶 亠 … 卒

意味 ①下級の兵士。「兵卒」対将 ②しもべ。めしつかい。「従卒」③おわる。おえる。「卒業」「高卒」④にわか。突然に。「卒然」「卒倒」⑤死ぬ。亡くなる。「卒去」「卒年」⑥ついに。

下つき 獄卒ゴクソツ・従卒ジュウソツ・新卒シンソツ・倉卒ソウソツ・兵卒ヘイソツ

【△卒わる】おーわる しめくくる。つきる。「三年間の学業を—る」

【卒去】ソッキョ 身分の高い人が死ぬこと。特に、律令リツリョウ制では四位・五位の人の死。参考「シュッキョ」とも読む。「ソッキョ」は慣用読み。

【卒業】ソツギョウ ①学校の所定の課程を、学びおわること。「—アルバム」「—論文」対入学 ②一定の段階を体験して、通りこすこと。「子育てを—する」

【卒▲爾】ソツジ 突然なさま。だしぬけで軽率なさま。「—ながらお伺いします」類卒然 表記「率爾」とも書く。

【卒寿】ソツジュ 九〇歳。また、九〇歳の祝い。由来 卒の俗字「卆」が九と十とに分けられることから。

【卒然】ソツゼン にわかなさま。「—として逝く」類突然 表記「率然」とも書く。

【卒中】ソッチュウ 出血・血栓など血管の障害のため、突然倒れて昏睡コンスイ状態になるなどの症状。脳卒中。

【卒倒】ソットウ 突然意識を失い、倒れること。脳や心臓の疾患、また精神の衝撃などによる。昏倒コントウ。「あまりのショックに—した」「—せんばかりに驚く」

【卒読】ソツドク ①読みおわること。読了。②急いでざっと読むこと。対熟読・精読

【△卒塔婆・△卒都婆】ソトバ 仏 ①仏舎利や遺体を安置した建物。②死者の供養クヨウのために、墓の後ろに立てる上部が塔形の細長い板。塔婆。板塔婆。

〔卒塔婆ソトバ②〕

表記「率塔婆」とも書く。参考「ソトウバ」とも読む。

ソツ【△帥】(9) 巾6 常 3167/3F63 ▼スイ(八二六)

ソツ【▲啐】(11) 口8 1507/2F27 ▼サイ(五五二)

ソツ【猝】 (11) 犭8 1 6444/604C 音 ソツ 訓 にわか・はやい

意味 ①にわか。だしぬけに。「猝嗟(ソッサ)」 類 卒 ②はやい。すみやか。類 疾

【▲猝か】(にわか) だしぬけに起こるさま。不意に起こるさま。表記「卒か」とも書く。

ソツ【率】 (11) 玄6 教 常 6 4608/4E28 音 ソツ㊥・リツ・スイ・シュツ㊦ 訓 ひきいる・したがう・おおむね・わりあい・かしら㊦

筆順 亠(2) … 率

意味 一ソツ ①ひきいる。引きつれる。みちびく。「率先」「引率」 ②にわか。だしぬけに。「率然」「率爾(ソツジ)」 類 卒・猝 ③ありのまま。自然の。すなお。「率直」 ④おおむね。だいたい。「大率」 ⑤すべて。「率土」 二リツ わりあい。程度。「確率」「能率」 三スイ かしら。おさ。「将率」 類 帥

下つき 一引率・軽率・統率 二確率・効率・税率・能率・倍率・比率・利率

【△率う】(したがう) ①ひきいる。ひきしたがえる。②つきしたがう。それないようにする。

【率先】(ソッセン) 自分から先に立って物事を行うこと。模範になることを進んで行うこと。「―して挨拶(アイサツ)をする」 表記「帥先」とも書く。

〖率先▲躬行〗(ソッセンキュウコウ) 人の先に立って、自ら実践すること。類 実践躬行・率先垂範・率先励行

〖率先垂範〗(ソッセンスイハン) 人の先に立って、模範を示すこと。「―して実行する」 類 実践躬行(ジッセンキュウコウ)・率先躬行

【率直】(ソッチョク) 飾ったり隠したりしないで、正直なさま。素直で、ありのままであるさま。「―な人柄」

【率土の浜】(ソットのヒン) 陸地の果て。国土の果て。また、国中。「浜」は地の果ての意。〈『詩経』〉 参考「率土」は「ソツド」とも読む。

【△率△塔婆】(ソトバ) 死者の供養(クヨウ)のために立てる塔。表記「卒塔婆・卒都婆」とも書く。

【率いる】(ひきいる) ①引き連れる。引率する。「大軍を―いて隣国に攻めこんだ」 ②先立ち導く。統率する。「劇団を―いること一〇年」

そで【袖】 (10) 衤5 常 3421/4235 ▼シュウ(六九〇)

そと【外】 (5) 夕2 教 1916/3330 ▼ガイ(一八八)

そなえる【供える】 (8) 亻6 教 2201/3621 ▼キョウ(三三〇)

そなえる【備える】 (12) 亻10 教 4087/4877 ▼ビ(一二九〇)

そなえる【▲饌える】 (21) 飠12 8134/7142 ▼セン(九一二)

同訓異義 そなえる

【供える】神仏や貴人に物を整えて差しあげる。「霊前に生花を供える」「神前に神酒(みき)を供える」「お供え物」

【備える】前もって準備しておく。十分に整えそろえる。「台風に備える」「老後に備える」「必需品を備える」「防火装置を備える」

【△具える】必要なものを十分にもっている。身につけている。「徳を具えた人」「知性と気品を具える」「絵の素質を具えている」

【▲饌える】食べ物を用意して並べる。食べ物を整えそろえる。「神前に新米を饌える」

そなわる【△具わる】 (8) 八6 教 2281/3671 ▼グ(三七一)

そねむ【△妬む】 (8) 女5 常 3742/454A ▼ト(一一二六)

そねむ【▲猜む】 (11) 犭8 6442/604A ▼サイ(五五四)

そねむ【△嫉む】 (13) 女10 常 2827/3C3B ▼シツ(六四九)

その【▲其の】 (8) 八6 3422/4236 ▼キ(二六四)

その【▲苑】 (8) 艹5 1781/3171 ▼エン(九七)

その【▲囿】 (9) 囗6 5192/537C ▼ユウ(一五〇九)

その【園】 (13) 囗10 教 1764/3160 ▼エン(一〇一)

そば【▲岨】 (8) 山5 3327/413B ▼ソ(九一九)

そば【△側】 (11) 亻9 教 3406/4226 ▼ソク(九六〇)

そば【△傍】 (12) 亻10 常 4321/4B35 ▼ボウ(一四一九)

そばだつ【▲屹つ】 (6) 山3 5408/5628 ▼キツ(二九五)

そばだつ【▲峙つ】 (9) 山6 5421/5635 ▼ジ(六三六)

そばだつ【▲崛つ】 (11) 山8 5433/5641 ▼クツ(三七七)

そばだつ【▲聳つ】 (17) 耳11 7064/6660 ▼ショウ(七六五)

そびえる【▲聳える】 (17) 耳11 7064/6660 ▼ショウ(七六五)

そびやかす【▲聳やかす】 (17) 耳11 7064/6660 ▼ショウ(七六五)

そま【★杣】 (7) 木3 国 1 5928/5B3C 音 訓 そま

意味 ①そま。木材を切りだす山。②山から切りだした木。「杣人」 参考 木をとる山を表す字。

【▲杣人】(そまびと) 杣の樹木を切ったり運びだしたりする職業の人。きこり。

【▲杣山】(そまやま) 材木を切りだすための、樹木を植える山。

そむく【▲乖く】 (8) ノ7 4810/502A ▼カイ(一七二)

同訓異義 そむく

【背く】決まりや命令・約束などにしたがわない。反抗する。世を捨てる。「法律に背く」「営業方針に背く」「親に背く」「友との誓いに背く」「世間に背く」「ファンの期待に背く」「横綱の名に背かぬ相撲」

【▲叛く】味方であった者が敵になる。反逆する。「主君に叛く」「社長に叛く」

そむく【▲叛く】(9) 又7 4032/4840 ▼ハン(一二六四)
そむく【背く】(9) 肉5 教 3956/4758 ▼ハイ(一二三四)
そむける【背ける】(9) 肉5 教 3956/4758 ▼ハイ(一二三四)
ぞめく【△騒く】(18) 馬8 常 3391/417B ▼ソウ(九五一)
そめる【初める】(7) 刀5 教 2973/3D69 ▼ショ(七二四)
そめる【染める】(9) 木5 教 3287/4077 ▼セン(八九九)
そもそも【△抑】(7) 扌4 常 4562/4D5E ▼ヨク(一五三八)
そよぐ【△戦ぐ】(13) 戈9 教 3279/406F ▼セン(九〇四)
そら【△天】(4) 大1 教 3723/4537 ▼テン(一一〇七)
そら【空】(8) 穴3 教 2285/3675 ▼クウ(三七二)
そら【▲霄】(15) 雨7 8028/703C ▼ショウ(七六三)
そらんじる【△暗んじる】(13) 日9 教 1637/3045 ▼アン(一二)
そらんじる【▲諳んじる】(16) 言9 7562/6B5E ▼アン(一四)
そらんじる【▲諷んじる】(16) 言9 7569/6B65 ▼フウ(一三四一)
そり【▲橇】(16) 木12 6082/5C72 ▼キョウ(三四二)

そり【艚】(17) 舟11 国 1 7160/675C 音訓 そり

意味 そり(橇)。雪や氷の上を滑らせて、人や物を運ぶ乗り物。「氷上を艚で行く」

そり【轌】(18) 車11 国 1 7758/6D5A 音訓 そり

意味 そり(橇)。雪や氷の上を滑らせて、人や物を運ぶ乗り物。「轌に乗って山をくだった」

そる【反る】(4) 又2 教 4031/483F ▼ハン(一二五七)
そる【▲剃る】(9) 刂7 3670/4466 ▼テイ(一〇九一)
それ【△夫】(4) 大1 教 4155/4957 ▼フ(一三三二)
それ【▲其】(8) 八6 3422/4236 ▼キ(二六四)
それがし【△某】(9) 木5 常 4331/4B3F ▼ボウ(一四一七)
それる【△逸れる】(11) 辶8 常 1679/306F ▼イツ(五六)
そろい【▲揃い】(12) 扌9 3423/4237 ▼セン(九〇三)
そろう【▲揃う】(12) 扌9 3423/4237 ▼セン(九〇三)

ソン【存】(6) 子3 教 常 5 3424/4238 音 ソン・ゾン 訓 外 ある・たもつ・ながらえる・とう

筆順 一ナ厂存存存

意味 ①ある。いる。「存在」「生存」 対 亡 ②たもつ。ながらえる。「存命」「保存」 ③と(問)う。安否をみまう。いたわる。「存問」 ④ぞんじる。思う。考える。心得る。「存分」「所存」

下つき 依存ゾン・イソン・異存ゾン・一存ゾン・温存ゾン・既存キソン・キゾン・共存キョウソン・キョウゾン・現存ゲンソン・ゲンゾン・残存ザンソン・ザンゾン・自存ジソン・実存ジツゾン・所存ショゾン・生存セイゾン・保存ホゾン

【〈存処〉】ありか 物や建物のある場所。人の居場所。「財宝の―をさがす」「盗賊の―をつきとめる」 類 所在

【△存る】ある 実在する。また、生きている。「彼女は戦後も異国の地に―る」

【存外】ゾンガイ 予想した以上であること。思いのほか。「―うまくできた」 類 意外・案外

【存在】ソンザイ 物事や人があること、いること。また、その物事や人。「古来の風習が今なお―している」

【存▲恤】ソンジュツ あわれんでねぎらうこと。慰問して恵むこと。 参考 「恤」はあわれむ・めぐむ意。

【存じる】ゾンじる ①「思う」「考える」の謙譲語。「以上のように―じております」 ②「知る」「承知する」の謙譲語。「お顔はよく―じております」

【存する】ソンする ①ある。存在する。「問題が―する」「人類が―する限り」 ②生きながらえる。生存する。 ③残る。保存する。「旧習を―する」 ④保つ。残しとどめる。「記憶に―する」

【存続】ソンゾク なくならないで、存在していること。そのまま残しておくこと。「会社の―をはかる」

【存置】ソンチ 現にある制度や機関・設備などを、そのまま残しておくこと。 対 廃止

【存念】ゾンネン いつも心に思っている考えや事柄。「―を申し述べる」 類 所存

【存廃】ソンパイ そのまま残して置くことと、やめてしまうこと。存続と廃止。「委員会の―が話題になる」 類 存否

【存否】ソンピ ①存在するかどうか。あるかないか。「犯罪事実の―を問う」 ②生きているか死んでいるか。無事かどうか。「―を確認する」 類 安否 ③「存廃」に同じ。

【存分】ゾンブン 思いのまま。思うとおり。じゅうぶん。「休暇を―に楽しむ」

【存亡】ソンボウ 引き続き存在するか、滅びるか。「国の―を賭かけた戦い」「危急―の秋とき」(存続するか滅びるかのあぶないとき) 類 興廃

【存問】ソンモン 安否をたずねること。慰問すること。

【存立】ソンリツ 他に影響されないで存在し成りたつこと。滅びないで、ながらえること。「国家の―に関かかわる問題」

【△存える】ながらえる 存在しつづけている。また、生きている。「命を―える」「百歳まで―える」

ソン【忖】(6) 忄3 1 5554/5756 音 ソン 訓 はかる・おしはかる

意味 はかる。おしはかる。「忖度」

【▲忖度】ソンタク 他人の心をおしはかること。「友の心情を―する」 類 推察 参考 「度」ははかる意。

ソン【村】(7) 木 3 教 常 10 3428 / 423C 音 ソン 訓 むら

筆順 一 十 才 木 木 村 村

意味 ①むらざと。いなか。「村落」「山村」 ②むら。地方自治体の一つ。「村会」「市町村」

下つき 寒村・漁村・山村・町村・農村

【村醸】ソンジョウ 田舎で作る酒。田舎酒。類 村酒

【村荘】ソンソウ 田舎にある別荘。類 村墅

【村夫子】ソンプウシ 田舎学者。見識の狭い学者をあざけっていう語。参考「夫子」は先生。「ソンフウシ」とも読む。

【村落】ソンラク むら。村里。集落。対 都市 参考「落」は人の寄り集まる所の意。

【村】むら ①田舎で人家の集まっている所。村里。村落。②地方公共団体の最小単位。そん。

【村濃】むらご 染色で、ところどころを濃くして、そのまわりを次第に薄くぼかす方法。表記「叢濃・斑濃」とも書く。

【村雨】むらさめ 局地的にひとしきり降ってやむ雨。にわか雨。表記「叢雨」とも書く。

【村八分】むらハチブ ①村のおきてに違反したときなどに、村民全部が絶つ制裁。②仲間はずれにすること。由来 葬式と火災の二つ以外は絶交することから。

ソン【邨】(7) 阝 4 1 7823 / 6E37 音 ソン 訓 むら

意味 むら。むらざと。いなか。

ソン【拵】(9) 扌 6 1 5747 / 594F 音 ソン 訓 こしらえる・よる

意味 ①こしらえる。つくる。②よる。すえる。

【拵える】こしらえる ①形あるものに作りあげる。「棚を―える」②うまく作る。「話を―える」③準備する。また、整える。「支度金を―える」④友人などをもつ。「心を許せる友を―える」⑤飾る。装う。「顔を―える(化粧する)」

ソン【孫】(10) 子 7 教 常 7 3425 / 4239 音 ソン 訓 まご

筆順 了 孑 孑 孖 孫 孫 孫 孫 孫

意味 まご。子の子。また、血筋をうけつぐもの。「外孫」「子孫」

下つき 王孫・外孫・子孫・曽孫・嫡孫・天孫・内孫・末孫

【孫康映雪】ソンコウエイセツ 苦学することのたとえ。「映雪」は、雪明かりで読書する意。故事 中国、晋の孫康は家が貧しく灯油が買えなかったため、雪明かりで勉強したという故事から。〈『初学記』〉類 蛍雪の功・車蛍孫雪

【孫】まご ①子の子。②もとのものから一つ隔てた関係であること。「―弟子にあたる人」

【孫子】まごこ ①孫と子。②子孫。「―の代まで栄える」

【孫引き】まごびき 他の本に引用してある文章などを、原典や原文を調べないでそのまま引用すること。引用の再引用。「資料を―する」

ソン【尊】(12) 寸 9 教 常 5 3426 / 423A 音 ソン 訓 たっとい・とうとい・たっとぶ・とうとぶ 外 みこと

旧字《尊》(12) 寸 9 1/準1

筆順 丷 䒑 芇 芮 酋 酋 酋 尊 尊

意味 ①たっとい。とうとい。たっとぶ。とうとぶ。「尊敬」「尊重」対 卑 ②敬意を表すために添える語。「尊顔」「尊公」③みこと。神や貴人の名に添える敬称。「日本武尊」

下つき 自尊・釈尊・独尊・本尊

【尊影】ソンエイ 相手の写真や肖像などを敬っていう語。手紙文などに用いる。「御―」

【尊家】ソンカ 相手の家や家族を敬っていう語。手紙文などに用いる。類 貴家・尊宅

【尊簡】ソンカン 相手からの手紙を敬っていう語。類 尊書・貴簡

【尊顔】ソンガン 他人の顔を敬っていう語。「御―を拝す」類 尊容

【尊敬】ソンケイ 他人の人格・見識・行為などを敬い、尊ぶこと。「人々の―を一身に集める」対 軽蔑

【尊厳】ソンゲン 尊くおごそかなこと。尊くおかしがたいこと。また、そのさま。「生命の―を守る」「―死」

【尊公】ソンコウ あなた。男性が相手の男性を敬っていう語。類 貴公・尊君・貴君

【尊称】ソンショウ ①敬意をこめた呼び名。類 敬称 対 卑称 ②特定の個人をたたえる呼称。徳川家康を「権現様」という類。

【尊崇】ソンスウ 神仏や偉大な力をもつものを、尊びあがめること。参考「ソンソウ」とも読む。

【尊俎】ソンソ ①酒樽と料理をのせる台。②宴会の席。表記「樽俎」とも書く。

【尊属】ソンゾク 親族関係で、父母と同列以上先の世代の血族。父母・祖父母などの直系尊属と、おじ・おばなどの傍系尊属に分かれる。対 卑属

【尊大】ソンダイ 偉そうに大きな態度をとること。おごりたかぶること。「―な態度でにらむ」類 傲慢・横柄 対 卑下

【尊台】ソンダイ あなたさま。目上の人を敬っていう語。手紙文などに用いる。「―のお手紙拝見致しました」類 貴台

【尊重】ソンチョウ 価値あるもの、尊いものとして重んじること。「人命を―する」「少数

意見の―」

[尊堂] ソンドウ 他人の家を敬っていう語。また、相手を敬っていう語。手紙文などに用いる。類尊家

[尊王・尊皇] ソンノウ 天子や天皇・皇室をあがめ尊ぶこと。「―論」「―の志士」類勤王キンノウ

[尊王▲攘▲夷] ソンノウジョウイ 江戸時代末期に天皇・皇室を尊ぶ尊皇論と、外国人を排撃しようとする攘夷論とが結合した政治思想。倒幕運動の基礎になった。対佐幕開国 参考「夷」は異民族・外敵の意。

[尊父] ソンプ 相手の父を敬っていう語。多く、手紙などに用いる。

[尊名] ソンメイ 相手の名前や名声を敬っていう語。「ご―は存じ上げております」類芳名

[尊慮] ソンリョ 他人の考えを敬っていう語。おぼしめし。お考え。類尊意

[尊い] とうとい 気高く徳にすぐれ、敬い重んじるべきである。「交通事故で―い命を失う」「仏の―い教え」参考「たっとい」とも読む。また、「貴い」と書けばりっぱで価値がある意。

[尊ぶ] とうとぶ 尊敬に値するもの、または価値があるものとして敬い大切にする。「平和を―ぶ」参考「たっとぶ」とも読む。

[△尊] みこと 昔、神や貴人の名前につけた尊称。「日本武やまとたけるの―」

ソン【巽】
(12) 己 9 準1 3507 4327 音 ソン 訓 たつみ・ゆずる

旧字《巽》(12) 己 9 1/準1

意味 ①たつみ。南東の方角。②ゆずる。うやうやしい。③易の八卦ハッケの一つ。風などを表す。

[▲巽位] ソンイ 南東の方角。たつみの方位。

[▲巽] たつみ 南東の方角。十二支で表す辰たつと巳みの中間。表記「辰巳」とも書く。

ソン【損】
(13) 扌 10 教 常 6 3427 423B 音 ソン 訓 そこなう中・そこねる中 外へる

筆順 一 十 才 扌 扌口[6] 扌冂 捐 捐 損[10] 損 損

意味 ①そこなう。傷つける。こわす。「損傷」「破損」②へる。へらす。少なくなる。「損耗」対益 ③うしなう。利益をなくす。「損害」「損失」対得

下つき 汚損オソン・毀損キソン・欠損ケッソン・破損ハソン

[損なう] そこなう ①物をこわす。傷つける。②状態を悪くする。「美観を―う」「健康を―う」③機会を失う。しそんじる。「宿題をし―った」参考 ③動詞の下につけて用いる。

[損ねる] そこねる ①気持ちや状態を悪くする。「気分を―ねる」②あることに失敗する。「最終バスに乗り―ねる」

[損益] ソンエキ ①損失と利益。「―計算書」類損得 ②出費と所得。

[損壊] ソンカイ 傷つけこわすこと。また、害を受けてこわれること。「家屋―」

[損害] ソンガイ ①そこない傷つけること。また、そこなわれだめになること。類損傷 ②事件・事故・災害などで不利益をこうむること。また、その不利益。「―賠償」類損失

[損金] ソンキン 損をして失った金銭。「経理上―に算入する」対益金

[損失] ソンシツ ①利益や財産などを失うこと。また、その額。「―を補塡ホテンする」②大切な人や物などを失うこと。「彼の退社は会社にとって大きな―だ」対①②利益

[損して得取れ] ソンしてトクとれ たとえ一時的には損をしても、それをもとに将来の大きな利益を考えるのが商売のこつであるという教え。類損せぬ人に儲もうけなし

[損者三友] ソンジャサンユウ 交際して損をする三種類の友人のこと。「三友」は便辟ベンペキ(体裁だけ)の人、善柔ゼンジュウ(こびへつらうだけ)の人、便佞ベンネイ(口先だけ)の人の三種類をいう。『論語』対益者三友

[損傷] ソンショウ 物や人体などをそこない傷つけること。「車のドアを―する」

[損せぬ人に▲儲けなし] ソンせぬひとにもうけなし 損失を恐れては、大きな利益を上げることはできないということ。商売でもうけるためには、ある程度の損は覚悟しなければならない意。類損して得取れ

[損得] ソントク 損することと得すること。損失と利益。「―抜きのつきあい」類損益

[損亡] ソンモウ 損害を受けて、利益を失うこと。「―を来たす」類損失・被害 参考「ソンボウ」とも読む。

[損耗] ソンモウ 使って減ること。また、使って減らすこと。「―がはげしい」参考「ソンコウ」の慣用読み。

[損料] ソンリョウ 物を借りたとき、その損耗のつぐないに支払う使用料。借用料。

ソン【遜】
(14) 辶 10 常 2 3429 423D 音 ソン 訓 外へりくだる・ゆずる・のがれる

〔遜〕

筆順 孑[3] 孒 孓 孫[7] 孫 孫[10] 遜 遜 遜 遜

意味 ①へりくだる。ひかえめな態度をとる。「遜譲」「謙遜」②おとる。ひけをとる。「遜色」③ゆずる。自分をさしおいて、他の人を先にする。「遜位」④のがれる。逃げ去る。「遁遜トンソン」

下つき 謙遜ケンソン・不遜フソン

[遜位] ソンイ 天皇・天子が位をゆずり、しりぞくこと。類譲位

[遜辞] ソンジ へりくだっていう言葉。類謙辞

[遜色] ソンショク 他と比べ劣っていること。見劣りすること。「―がない」

【遜る】へりくだ‐る 相手を敬い、自分を卑下する。謙遜する。「—った言い方」

【遜る】ゆず‐る 自分を差しおいて、他人を先にする。自分が後ろへ下がる。

ソン【噂】(15) 口12 準1 1729 313D 音 ソン 訓 うわさ

〔噂〕

意味 うわさ。うわさをする。「噂沓」

【噂】うわさ ①確かでない物事やその場にいない人についてあれこれ話すこと。また、その話。噂話。「結婚の—がたつ」②世間でまことしやかに言われている、確証のない話。「根も葉もない—」

【噂をすれば影が差す】人のうわさをしていると、そのうわさの当人がその場所に現れることが多いものだということ。「影が差す」は、その人が現れる意。

【噂話】うわさばなし 「噂」に同じ。「—に花が咲く」

ソン【樽】(16) 木12 準1 3514 432E 音 ソン 訓 たる

〔樽〕

意味 たる。さかだる。「樽酒」

下つき 金樽・琴樽・酒樽・芳樽

【樽俎】ソンソ ①酒樽と料理をのせる台。②宴会の席。表記「尊俎」とも書く。

【樽俎折衝】ソンソセッショウ 宴席での外交交渉を有利に運び、戦うことなく国威を高めること。転じて、かけひき。〈新序〉 参考「折衝樽俎」ともいう。

【樽】たる 木の板を円筒形に並べて周囲を箍で固定し、蓋と底をつけた容器。酒や醤油・味噌などを入れるのに用いる。

【樽柿】たるがき あいた酒樽に渋柿をつめて密閉し、残っている酒気で渋をぬいて甘くしたもの。たるぬき。季秋

【樽酒】たるざけ 樽に入っている酒。参考「ソンシュ」とも読む。

ソン【蹲】(19) 足12 1 7713 6D2D 音 ソン・シュン 訓 うずくまる・つくばう・つくばい

意味 ①うずくまる。しゃがむ。「蹲踞」②しりごみする。「蹲循」③つくばい。茶室の入り口に低く据えてある手水鉢。

【蹲る】うずくま‐る ①しゃがんでひざを曲げ、体を小さく丸くする。「めまいを起こして道端に—る」②動物が前足をそろえ、折り曲げてすわる。「犬が—って眠る」

【蹲踞・蹲倨】ソンキョ ①相撲や剣道で、相対して礼をするときの姿勢。つま先立ちのまま腰をおろし、ひざを開いて姿勢を正した形。「—して仕切りに入る」②うずくまること。しゃがむこと。参考「蹲踞」は「つくばい」と読めば別の意になる。

〈蹲踞〉・【蹲】つくばい 茶室の庭先などに据える石の手洗いの鉢。手水鉢。由来 手を洗うときに、つくばうようになることから。参考「蹲踞」は「ソンキョ」と読めば別の意になる。

【蹲う】つくば‐う うずくまる。しゃがむ。「地面に這いつくば—って謝る」

ソン【鱒】(23) 魚12 準1 4380 4B70 音 ソン・ゾン 訓 ます

〔鱒〕

意味 ます。サケ科で「マス」と名のつく魚の総称。

【鱒】ます サケ科で「マス」と名のつく魚の総称。海で成長し、川をさかのぼって産卵する。ベニマス・ニジマスなど。また、海へ下らないニジマスを指すこともある。食用。季春

ゾン【存】(6) 子3 教 3424 4238 ▼ソン(九六六)

た ソン—タ

た 太 夕 多

タ【太】(4) 大1 教 3432 4240 ▼タイ(九七六)

タ【他】(5) 亻3 常 教 8 3430 423E 音 タ 訓 ほか

筆順 ノ 亻 仂 仲 他

意味 ほかの。別の。自分以外のもの。「他意」「他人」「排他」対自

下つき 自他・排他・利他

【他意】タイ ①隠している別の考え。「—はない」②裏切りの心。ふたごころ。「—を抱く」類異心

【他界】タカイ ①人が死ぬこと。「祖母は昨年—した」類死去・永眠・逝去 ②仏十界のうち、人間界以外の世界。「—観」

【他行】タギョウ よそへ行くこと。外出すること。参考「タコウ」とも読む。

【他家】タケ よその家。「—へ嫁いだ娘がよく実家へ帰る」対自家

【他言】タゴン 漏らしてはいけないことを、他人にしゃべること。「—は無用」類口外 参考「タゲン」とも読む。

【他殺】タサツ 他人に殺されること。「自殺と—の両面から捜査する」対自殺

【他山の石】タザンのいし 他人のよくない言行も、自分の人格を磨くのに役立つということ。よその山から出た粗悪な石でも、砥石として使えば自分の宝石を磨くのに利用できる意から。〈詩経〉「知人の失敗を—とする」類人の振り見て我が振り直せ・反面教師

【他事】タジ その人には関係がない事柄。よそごと。「―ながらご安心ください」

【他日】タジツ 今日以降のいつか別の日。ほかの日。「―を期す」類後日

【他生】タショウ 仏過去および未来の生。前世と来世。対今生(コンジョウ) 参考「他生の縁」は、正しくは「多生の縁」と書くが慣用化している。

【他人】タニン ①自分以外の人。「―の目を気にする」対自分 ②家族・親族でない人。「赤の―」③そのことと関係のない人。局外者。「―の出る幕ではない」

【他人の疝気(センキ)を頭痛に病む】自分にとってまったく関係のないことで、無用の心配をすること。他人の腹痛を心配して悩み、頭痛になる意から。「疝気」は漢方で腹や腰の痛む病気。

【他人の念仏で極楽(ゴクラク)参(まい)り】他人の行為に便乗して、自分の利益をはかったり、義理を果たしたりすることのたとえ。他人の唱えた念仏のご利益(リヤク)で、極楽へ行こうとする意から。類人の牛蒡(ゴボウ)で法事する

【他人の飯を食う】親元を離れ、他人の家で世話になって暮らすこと。転じて、世間の荒波にもまれ、厳しい実社会の経験を積むたとえ。

【他聞】タブン 他人に聞かれること。「―をはばかる恥ずかしい話」

【他面】タメン ①ほかの面。②別の方面から見ると。一方では。「実直だが、―さばけたところがある」

【他力】タリキ ①他人の助力。②仏仏・菩薩(ボサツ)の加護の力。特に浄土宗や浄土真宗では、阿弥陀如来(アミダニョライ)の、すべての人を救おうという本願の力。「―本願」対①②自力

【他力本願】タリキホンガン ①仏阿弥陀仏(アミダブツ)の本願の力にすがって、極楽往生すること。『教行信証(キョウギョウシンショウ)』類悪人正機(アクニンショウキ) ②自分では努力せず、他人の助力をあてにすること。「―で自分の進路を決めてしまう」

【他律】タリツ 自分の意志ではなく、他人の命令などによって行動すること。「―性」「―的」対自律

【他流】タリュウ 武芸や芸事などで、自分が属さないほかの流儀・流派。「―試合」

【他愛ない】タワイ―ない ①とりとめがない。くだらない。「―いおしゃべり」②手ごたえがない。「―く負けてしまった」③正体(ショウタイ)がない。だらしない。「―く寝こむ」参考「他愛」は当て字。「タアイない」とも読む。

【〈他人〉事】ひとごと 自分に関係のないこと。「―でない(やがては自分の身にもふりかかってくるかもしれない)」表記「人事」とも書く。参考「タニンごと」とも読む。

【他】ほか ①別の場所。よそ。「―へ行こう」②別のこと。それ以外。「―に方法はない」

【〈他所〉】よそ ①ほかの場所。「―に行ってくれ」②自分に直接関係のない所や物・人。「―の問題に口出しするな」③わきの方向。「運転中の―見は厳禁だ」表記「余所」とも書く。

タ 【多】 (6) 夕 3 常 教 9 3431 423F 音 タ 訓 おおい

筆順 ノ ク 夕 夕 多 多

意味 ①おおい。たくさん。「多彩」「多様」「雑多」対少・寡 ②ほめる。ありがたく思う。「多謝」参考「多」の省略形が片仮名の「タ」になった。

下つき 幾多(イクタ)・過多(カタ)・雑多(ザッタ)・煩多(ハンタ)・繁多(ハンタ)

【多い】おおい 数や量がたくさんある。物が豊富である。対少ない

【多寡】タカ 数量の多いことと少ないこと。「寄付は金額の―を問わない」類多少

【多角】タカク ①角が多いこと。「―形」②多くの方面にわたっていること。「―経営」

【多額】タガク 金額が多いこと。「―の借金を抱える」類高額・巨額 対少額

【多感】タカン 物事に感じやすいこと。感受性に富んでいること。また、そのさま。「―な青春時代」

【多岐】タキ 物事が多方面にかかわり複雑なさま。「―にわたる問題を集約しよう」由来 道が幾筋にも分かれる意から。

【多岐亡羊】タキボウヨウ 学問の道が多方面になりすぎて、真理がとらえにくいこと。また、方針が多すぎて、選択に戸惑うたとえ。故事 中国、戦国時代の学者、楊朱(ヨウシュ)の隣家で一頭のヒツジに逃げられた。手分けして捜しても見当たらないというので、わけを尋ねたところ、「分かれ道が多いのでどこへ行ったか分からなかった」との答えに、楊朱が「学問の道も同じだ」と嘆いた故事から。『列子』類亡羊の嘆・岐路亡羊

【多芸】タゲイ 多くの技芸・技能を身につけているさま。「―多才」対無芸

【多芸は無芸】多芸の人は、奥深くきわめた専門の芸がないために、すべてが浅く、結局は芸がないのに等しいということ。類何でも来いに名人なし

【多元】タゲン 物事のおおもととなる要素が数多くあること。「―的に考える」対一元

【多言は数窮す】タゲンはしばしばキュウす 口数が多すぎると、無用なことやまちがったことを言って、窮地におちいることが多いものだということ。『老子』

【多幸】タコウ 幸福が多いこと。幸せに恵まれること。「ご―を祈ります」類多福 対薄幸

【多才】タサイ いろいろな方面に才能があること。「―な人」「多芸―」対無才・非才

【多彩】タサイ ①色彩が多く美しいこと。②種々さまざまで、見事なこと。「―な催し」「―な顔ぶれがそろう」

【多罪】タザイ ①罪の多いこと。②手紙文で、相手に対し無礼をわびるときに使う語。

「乱筆―」類多謝

【多産】タサン ①子どもや卵をたくさん産むこと。「―系」②物を多く産出すること。

【多士済済】タシセイセイ すぐれた人物が多くそろうさま。「済済」は人物の多いさま。《詩経》参考「済済」は「サイサイ」とも読む。「済済多士」ともいう。類人才済済

【多事多端】タジタタン いろいろな事が起こって忙しいさま。「多端」は忙しいさま。「―だったこの一年」類多事多忙

【多事多難】タジタナン 事件や困難が非常に多いこと。「―な局面を迎えた」類多事多患 対平穏無事

【多湿】タシツ 湿度が高いこと。しめり気が多いこと。「高温―の土地柄です」

【多謝】タシャ ①深く感謝すること。「御厚情を―する」②丁重にわびること。「妄評―」類①②深謝

【多重】タジュウ いくつも重なり合っていること。「音声―放送」

【多種多様】タシュタヨウ 種類が多く、さまざまに異なっていること。また、そのさま。「人の考えは―である」「―の商品が並ぶ」類種種・様様

【多少】タショウ ①数量の多いことと少ないこと。「―にかかわらず配達します」類多寡 ②いくらか。少し。「考えに―くいちがいがある」「―とも努力してほしい」

【多生】タショウ ①仏何回も生まれ変わること。②多くのものを生かすこと。「一殺―（一つの命を奪うことにより多数の命を救うこと）」

【多生の縁】タショウのエン 仏多くの生を経る間に結ばれた因縁。「袖摺り合うも―」参考「他生の縁」とも書くが、本来は誤り。

【多祥】タショウ 幸せなことやめでたいことの多いこと。「ご―を祈る」類多幸

【多情】タジョウ ①異性に対する愛情が移りやすいこと。移り気。②情が深く、物事に感じやすいこと。類多感

【多情多感】タジョウタカン 感情が豊かで、物事に感じやすいこと。また、そのさま。「思春期はだれもが―な年ごろだ」参考「多感多情」ともいう。

【多情多恨】タジョウタコン 物事に感じやすいために、恨みや悔い・悲しみも多いこと。参考「多恨多情」ともいう。

【多情仏心】タジョウブッシン 多情で移り気だが、薄情なことのできない性質のこと。

【多神教】タシンキョウ 同時に多くの神をみとめて、崇拝・信仰する宗教。それぞれの神が活動領域をもつ古代の原始的な諸宗教など。対一神教

【多数決】タスウケツ 議会などで、最も多くの賛成を得た意見を全体の意見として決定すること。また、その方法。

【多勢】タゼイ 人数の多いこと。おおぜい。「―の強み」対無勢

【多勢に無勢】タゼイにブゼイ 少数の者が多数の者に立ち向かっても、とても勝ち目はないということ。類衆寡敵せず

【多蔵厚亡】タゾウコウボウ あまりに欲深いと人間関係を損ない、やがては財物ばかりでなく、すべてを失ってしまうということ。「多蔵」は物を多く貯蔵する、「厚亡」は大きく失う意。《老子》

【多多】タタ 数多く。たくさん。「この種の事例は―ある」対少少

【多多ますます弁ず】タタますますベンず 数が多ければ多いほど、うまく処理できる。また、多ければ多いほど好都合であるということ。「弁ず」は処理する意。故事中国、漢の高祖が名将韓信と部下をどのくらい統率できるか話し合ったとき、韓信が、「陛下（高祖）は一〇万人ぐらいでしょうが、私は兵の数が多ければ多いほどうまくやれます」と答えたという故事から。《漢書》

【多大】タダイ きわめて大きいこと。非常に多いこと。「―の損害を与えた」類莫大

【多端】タタン ①事件などの多いこと。「国事―」②仕事などが多く、忙しいこと。「業務―で忙しい」類多忙 由来「端」はいとぐちのことで、広く手をつける意から。

【多難】タナン 困難や災難の多いこと。「前途―」「―な人生」

【多年】タネン 多くの年月。「―の苦労が実る」類長年・積年

【多年草】タネンソウ 多年生の草。常緑、または冬期は地上部が枯れても地下にある根や茎が残り、同一の株が三年以上生育するもの。ハナショウブ・ユリ・キクなど。

【多能】タノウ ①さまざまな才能をもっていること。なんでもよくできるさま。「多芸―」類多才 ②多くの性能・機能を備えていること。「―工作機械」

【多発】タハツ ①数多く発生すること。「事故―地帯」類頻発 ②発動機を多く備えていること。「―式」対単発

【多分】タブン ①数量や程度が多いこと。たくさん。「―の寄付」②おそらく。「―間に合うだろう」③たくさんの例。「ご―にもれず」

【多弁】タベン 口数が多いこと。おしゃべり。類多言・饒舌 対寡黙

【多忙】タボウ 用事が多く、非常にいそがしいこと。「―な毎日を送る」類多用 対閑暇

【多謀善断】タボウゼンダン 熟慮を重ねたうえでまちがいのない判断をくだすこと。類好謀善断・多略善断

【多面】タメン ①多くの平面。「―体」②いろいろの方面。「―にわたる活躍」対一面

【多毛作】タモウサク 同じ田畑に年三回以上別の作物を植えつけ、収穫すること。参考年一回が一毛作、年二回が二毛作。

【多聞天】タモンテン 仏毘沙門天の別称。仏法を守って福徳を授ける神。由来

仏を守り、その説法を多く聞くことから。

【多用】タヨウ ①用事が多く忙しいこと。「ご─中のところ」類多忙 ②ひんぱんに用いること。「漢語を─した文章」

【多様】タヨウ 種々さまざまで、変化に富んでいるさま。「生活の─化」類多種 対一様

【多量】タリョウ 分量が多いこと。「出血─で重体だ」対少量

タ【▲佗】(7) イ 5 1 4841 5049
音 タ・イ 訓 ほか・になう・わびる・わびしい・わび

意味 ①ほか。類他 ②になう。背負う。「佗負」③わびる。ひっそりと暮らす。④みだす。「佗髪」⑤わびしい。⑥わび。さび。参考「わびる・わびしい・わび」の意に用いるのは「侘タ」の誤用。

【▲佗】わび ①ひっそりと静かな生活を楽しむこと。②静かで落ち着いた味わい。閑寂な趣。茶道や俳諧カイの理念の一つ。「─寂さびの境地」

【▲佗しい】わびしい ①頼りなく心細い。もの悲しい。「─い一人暮らし」②貧しくみすぼらしい。「─い住まい」

【▲佗びる】わびる ①ひっそりと静かな生活を楽しむ。②それをし続けながらつらく思う。あぐねる。「待ち─びる」

タ【汰】(7) 氵 4 常 2 3433 4241
音 タ 外タイ 訓 外よなげる・にごる・おごる

筆順 丶 丶 氵 氵一 汁 汰 汰

意味 ①よなげる。よりわける。水で洗ってえらびわける。「淘汰トウタ」「沙汰サタ」②にごる。にご(濁)る。行いや志が清潔でない。③おご(奢)る。ほこる。「汰侈タシ」類泰

下つき 沙汰サタ・奢汰シャタ・淘汰トウタ

【△汰げる】よなげる ①細かい物をざるなどに入れ、水中でゆすって不要なものを流し去る。②より分けて悪いものを除く。淘汰トウタする。

た

タ─ダ

タ【★侘】(8) イ 6 1 4846 504E
音 タ 訓 ほこる・わびる・わびしい・わび

意味 ①ほこる。おごる。類詫 ②わびる。ひっそりと暮らす。また、心苦しく思う。③わびしい。さびしく思う。④わび。さび。

【▲侘助】わびすけ ツバキの一品種。赤・白の一重の小花をつける。茶花として好まれる。季冬 由来 一説に、豊臣秀吉とよとみひでよしの朝鮮出兵に従軍した侘助という人が持ち帰ったことからという。

【▲侘住い】わびずまい ①世間からのがれた、ひっそりと静かな暮らし。また、その住居。「山里の─」類閑居 ②貧しくみすぼらしい暮らし。また、その住居。

【▲侘茶】わびチャ 桃山時代に流行した茶の湯の一形態。道具・調度の豪奢ゴウシャを排して、簡素静寂の境地を重んじるもの。村田珠光が興し、千利休せんのりきゅうが完成させた。

タ【★咤】(9) 口 6 1 5103 5323
音 タ 訓 しかる・したうち

意味 ①しかる。大声でしかる。「叱咤シッタ」②したうち(舌打)ち。舌打ちする。音をたてて食べる。「咤食」

下つき 叱咤シッタ

【▲咤る】しかる 語気を強めて責めとがめる。声を荒だてて戒める。

タ【粏】(10) 米 4 国 1 8982 7972
音 タ 訓 ぬかみそ

意味 「糂粏ジンタ(ぬかみそ)」に用いられる字。

タ【詑】(12) 言 5 準1 3434 4242
音 タ 訓 あざむく

意味 あざむく。だます。参考「詫タ」は別字。

タ【跎】(12) 足 5 1 9233 7C41
音 タ・ダ 訓 つまずく

意味 つまずく。「蹉跎サタ・サダ」

下つき 蹉跎サタ・サダ

タ【★詫】(13) 言 6 準1 4745 4F4D
音 タ 訓 わびる・わび・ほこる

意味 ①わびる。あやまる。わび。②かこつ。かこつける。③ほこる。じまんする。参考「詑タ」は別字。

【▲詫び状】わびジョウ あやまりの手紙。謝罪の書状。「─を入れる」

【▲詫びる】わびる 許しを求める。あやまる。「不始末を─びる」「泣いて─びる」

タ【躱】(13) 身 6 1 7730 6D3E
音 タ 訓 かわす・さける

意味 ①かわす。身をかわす。さける。②み。からだ。

【▲躱す】かわす ぶつからないようにすばやく動いて避ける。また、避けて隠れる。「危うく切っ先を─す」

ダ【△駄】(14) 馬 4 常 3444 424C ▼ダ(九七五)

た【手】(4) 手 0 教 2874 3C6A ▼シュ(六六九)

た【田】(5) 田 0 教 3736 4544 ▼デン(一一二〇)

た【咫】(9) 口 6 5101 5321 ▼シ(六一一)

た【△誰】(15) 言 8 常 3515 432F ▼だれ(一〇一一)

ダ【打】(5) 扌 2 教 常 8 3439 4247
音 ダ 外チョウ・テイ 訓 うつ 外ぶつ・ダース

筆順 一 十 扌 扌一 打

意味 ①うつ。ぶつ。たたく。「打撃」「痛打」②動詞の上につけて語調をととのえる語。「打算」「打開」③「ダース」の当て字。一二個を一組とする単位。

下つき 安打アンダ・殴打オウダ・犠打ギダ・強打キョウダ・代打ダイダ・痛打ツウダ・猛打モウダ・乱打ランダ・連打レンダ

【打たれても親の▲杖】うたれてもおやのつえ たとえ厳しくしか

られ、杖で打たれても、親の杖には深い愛情がこめられているから、ありがたいものであるという教え。

【打毀し】うちこわし ①たたきこわすこと。とりこわし。②江戸時代に起こった暴動。農民や町人が群がって集まり、豪農・米穀商・高利貸の家屋や家財などを破壊した。一七世紀末以降、幕末まで多く見られた。

【打ち身】うちみ 体を強く打ちつけたときにできる、皮下組織の損傷。打撲傷。

【打ち水】うちみず ほこりをしずめたり涼しくしたりするために、道や庭などに水をまくこと。また、その水。季夏

【打つ】うつ ①物に勢いよく当てる。ぶつける。「ボールを―ち返す」「転んで頭を―つ」②仕事をしたり、物を作ったりする。「電報を―つ」「そばを―つ」③文字や符号をつける。「句読点を―つ」④感動を与える。「胸を―つ」⑤処置を施す。「逃げを―つ」⑥総金額の一部を払う。「手付を―つ」

『打つも撫でるも親の恩』子をしかるために打ったり、ほめてなでたりするのも、みな親の愛情の表れであるということ。

〈打遣〉る・〈打棄〉る うっちゃる ①投げすてる。②ほったらかしにする。③相撲で、寄ってきた相手を土俵際でひねって外に出す。④最後の場面で形勢を逆転させる。

【打】ダース 一二個を一組とする数え方の単位。「えんぴつを一―買う」

【打開】ダカイ 行き詰まった状態を切り開き、解決の方法を見つけること。「―策」

【打毬】ダキュウ ①まりけりの遊戯。けまり。②二組の騎馬に分かれ、つえでまりを打って勝負を争う競技。中国の唐から伝わり、平安時代に宮廷で盛んに行われた。

【打撃】ダゲキ ①物を強く打ちたたくこと。②相手の攻撃や思いがけない出来事による損害や精神的な痛手。ショック。「災害で―を受ける」③野球で、打者が投手の投げた球を打つこと。バッティング。

【打算】ダサン 物事を行う前に損得を考えること。「あの男はいつも―で動く」

【打成一片】ダジョウイッペン ①仏禅宗で、一切を忘れて座禅に没頭すること。座禅に徹することにより、自他の対立がまったくない境地に至ること。②すべてのことを忘れて物事に専心すること。『碧巌録ヘキガンロク』類一意専心 参考「打成」は「タジョウ」とも読む。

【打診】ダシン ①医者が患者の胸や背を指先でたたき、その音で内臓の状態を診断すること。②相手に軽くはたらきかけ、それとなくようすをさぐること。「先方の意向を―する」

【打草驚蛇】ダソウキョウダ 余計なことをしてつまらない災難を受けるたとえ。また、無用なことをして相手に余計な警戒心を起こさせるたとえ。草をたたいて、ヘビを驚かす意から。《南唐近事》

【打電】ダデン 電報や無線電信を打つこと。「SOSを―する」対入電

【打倒】ダトウ 打ちたおすこと。完全に負かすこと。「挑戦者を―する」

【打破】ダハ ①相手を打ちやぶること。類撃破 ②悪習や障害をとり除くこと。「現状を―する」

【打撲】ダボク 体を物に強く打ちつけること。体を強くなぐること。「腹部に―を受けてうずくまった」

【打眠】タメン 僧がねむること。参考「ダメン・ダミン」とも読む。

【打擲】チョウチャク 人を打ちたたくこと。なぐること。「むやみに―される」類殴打

【打打】チョウチョウ 物を続けて打ちたたく音。表記「丁丁」とも書く。

『打打発止チョウチョウハッシ』刀などで互いに打ちあうさま。▼丁丁発止チョウチョウハッシ（一〇五三）

【打板】チョウハン おもに禅宗の寺で庫裏リなどに掛け、時刻の合図などに打ち鳴らす楽器。金属製で雲形をしている。雲版ウンバン。表記「長板」とも書く。

ダ【朶】(6) 木 2 1 5920 5B34
音 ダ・タ
訓 えだ・しだれる・うごかす

意味 ①えだ。花のついた枝。「万朶バン」②しだれる。枝や花・実などがたれさがる。③たれさがっているもの。「朶雲」「耳朶」④うごかす。⑤ひとふさ。花や雲を数える語。「一朶」

下つき 耳朶ジ・みみたぶ・万朶バン

【朶】えだ ①花のついた枝。垂れ下がった枝。②花や雲のかたまりになったもの。

【朶頤】ダイ ①あごを下げ動かして、物を食べようとするさま。②物欲しげなさま。

【朶雲】ダウン ①垂れ下がった五色の雲。②「朶翰ダカン」に同じ。

【朶翰】ダカン 他人の手紙を敬っていう語。類朶雲

ダ【兌】(7) 儿 5 1 4928 513C
音 ダ・タイ・エツ・エイ
訓 かえる・よろこぶ・するどい

意味 一ダ ①かえる。とりかえる。「兌換」②易の八卦ハッケの一つ。沢・少女・秋などを表す。また、方角では西を表す。二エツ よろこぶ。三エイ するどい。「兌利」

下つき 一発兌ハツダ 二和兌ワエツ

【兌換】ダカン 紙幣を正貨と取り替えること。「―紙幣を発行する」

ダ【妥】(7) 女 4 常 準2 3437 4245
音 ダ 外タ
訓 外やすらか・おだやか

筆順

意味 ①やすらか。おだやか。「妥当」②おりあう。ゆずりあう。「妥協」「妥結」

【妥協】ダキョウ 意見の対立している者どうしがたがいに譲り合って、話を一つにまとめること。「―点を見いだす」「安易な―はしない」「―の産物」

【妥結】ダケツ 意見の対立する両者が折れ合って話をまとめ、約束を結ぶこと。「交渉が円満に―する」対決裂

【妥当】ダトウ 判断や処理のしかたに無理がなく、実情によくあてはまっていること。「―な結論だった」類適切

ダ【沱】(8) 氵5 1 6193 5D7D 音 ダ・タ 訓

意味 涙の流れ落ちるさま。「滂沱(ボウダ)」

下つき 滂沱(ボウダ)

ダ【陀】★ (8) 阝5 準1 3443 424B 音 ダ・タ 訓

意味 ①ななめ。平らでない。また、けわしい。「陂陀(ハダ)」②くずれる。やぶれる。③梵語(ボン)の音訳字。「仏陀」

下つき 頭陀(ズダ)・陂陀(ハダ)・仏陀(ブッダ)・弥陀(ミダ)

【陀羅尼】ダラニ 仏 真言密教で梵語(ボンゴ)を翻訳せずにそのまま唱える呪文(ジュモン)。

由来 梵語の音訳。善の徳をもち、すべての悪をおさえる意から。

ダ【柁】(9) 木5 準1 3440 4248 音 ダ・タ 訓 かじ

意味 かじ。船のかじ。「柁手」類舵(ダ)

【柁】かじ 船のかじ。船尾にあり、船の進行方向を定める装置。

ダ【娜】(10) 女7 1 〔娜〕5317 5531 音 ダ・ナ 訓 しなやか

意味 しなやか。たおやか。「婀娜(アダ)」

下つき 婀娜(アダ)・嫋娜(ジョウダ)

ダ【拏】★ (10) 手6 1 5729 593D 〔挐〕5728 593C 音 ダ・ナ 訓 とらえる・つかむ・ひく

意味 ①とらえる。つかむ。つかまえる。「拏捕」②ひく。力を入れてひっぱる。

【拏獲】ダカク 罪人などをとらえること。つかまえること。類拿捕・捕獲

【拏捕】ダホ とらえること。特に、軍艦などが領海を侵犯した外国の船舶をとらえること。「密航中の貨物船を―する」類拏獲

ダ【荼】(10) 艹7 7224 6838 ▼ト(二二七)

ダ【唾】(11) 口8 常 2 3435 4243 音 ダ 外タ 訓 つば

筆順 唾 唾

意味 つば。つばき。つばをはく。「唾液」「唾棄」

下つき 咳唾(ガイダ)・棄唾(キダ)

【唾液】ダエキ 口中の唾液腺(セン)から分泌される液。食物の消化を助ける。つば。つばき。

【唾棄】ダキ ①つばを吐き捨てるように、捨ててかえりみないこと。②忌み嫌い、軽蔑(ケイベツ)すること。「―すべき人物」

【唾壺】ダコ ①つばを吐き入れるつぼ。たんつぼ。②たばこ盆の灰吹き。

【唾】つば 「唾液(ダエキ)」に同じ。「事前に―をつける(他人に取られないように、自分のものであることを示す)」参考「つばき」とも読む。

ダ【梛】(11) 木7 1 〔梛〕5975 5B6B 音 ダ・ナ 訓 なぎ

意味 なぎ。マキ科の常緑高木。

【梛】なぎ マキ科の常緑高木。暖地に自生。葉はタケに似るが、厚くて光沢がある。樹皮はなめらかで紫褐色を帯びる。熊野神社では神木とされる。材は床柱・家具用。表記「竹柏」とも書く。

【梛筏】なぎいかだ ユリ科の常緑小低木。ヨーロッパ原産。葉は鱗片(リンペン)状に退化し、枝が卵形の葉のように見える。春、葉状の枝の中央に白い小花をつけ、球形の赤い実を結ぶ。観賞用。

【梛節】なぎぶし 投節(なげぶし)の古称。江戸初期に流行した三味線伴奏の小歌。

ダ【舵】★ (11) 舟5 準1 3441 4249 音 ダ・タ 訓 かじ

意味 かじ。船のかじ。「舵機」「舵手」類柁(ダ)

下つき 面舵(おもかじ)・操舵(ソウダ)・転舵(テンダ)

【舵】かじ 船の後部につけて船の進行方向を定める道具。「―を取る(物事の方向を誤らぬようようまく誘導する)」

【舵取り】かじとり ①船を操って方向を定める人。操舵(ソウダ)手。②目的や方針に合わせて進むように、団体・組織などを指導すること。また、その人。

【舵手】ダシュ 船のかじをとる人。かじとり。操舵手。

ダ【蛇】(11) 虫5 常 2856 3C58 ▼ジャ(六六一)

ダ【雫】★ (11) 雨3 国 準1 2822 3C36 音 ダ 訓 しずく

意味 しずく。水のしたたり。

【雫】しずく 水のしたたり。したたり落ちる水滴。「傘から―が垂れる」「ひと―の涙が頬(ほお)を伝う」「雨の―」

ダ【堕】(12) 土9 常 準2 3436 4244 音 ダ 訓 外おちる・こぼつ

旧字《墮》(15) 土12 1/準1 5256 5458

筆順 ７ ３ 阝 阝' 阡 陏 陏 陏 陏 堕

意味 ①おちる。くずれおちる。おとす。「堕胎」「堕落」②おこたる。なまける。「怠堕(タイダ)」類惰 ③こぼつ。建物などをこわす。

下つき 怠堕(タイダ)

【△堕ちる】おーちる ①高いところから低いところへ落下する。上から下へおちる。「名声が地にーちる」②崩れて悪い状態になる。堕落する。「悪の道にーちる」

【堕する】ダーする 好ましくない状態に陥る。悪いほうに変わる。「番組が低俗にーする」

【堕胎】ダタイ 胎児を人工的に流産させること。人工妊娠中絶。

【堕落】ダラク ①品行が悪くなること。身をもちくずすこと。また、健全さを失い、悪い状態になること。「ーした生活から立ち直った」②仏信心を失い、悪の道におちること。「ー僧」

【堕涙】ダルイ 涙をこぼすこと。類落涙

ダ【惰】

(12) 忄9 常 準2 3438 4246 音 ダ 外タ 訓 外おこたる

筆順 丶 丷 忄 忄 忄 忄 忄 忄 忄 忄 惰 惰

意味 ①なまける。おこたる。「惰気」「怠惰」②それまでの習慣や状態が続くこと。「惰性」「惰力」

下つき 怯惰(キョウダ)・勤惰(キンダ)・怠惰(タイダ)・遊惰(ユウダ)・懶惰(ランダ)

【△惰る】おこたーる ①だらける。なまける。②しまりがなくなる。だらしがなくなる。

【惰弱】ダジャク ①進んで物事をしようとする意気込みがないこと。意気地がないこと。②体力や気力の弱いこと。参考「懦弱」の誤用から慣用となった語。

【惰性】ダセイ ①今まで続いてきた習慣。従来からのくせ。「ーに流された生活を断ち切る」②物理で、物体が同じ状態を続けようとする性質。類慣性

【惰眠】ダミン なまけて眠ること。転じて、だらだらと何もしないで過ごすこと。「ーをむさぼる」

【惰力】ダリョク ①惰性の勢い。「ーで走り続ける」②今までの習慣のなごり。

ダ【★楕】

(13) 木9 準1 3442 424A 音 ダ

〔橢〕6083 5C73

意味 細長くまるみのある形。長円形。小判形。「楕円」

【▲楕円】ダエン ①円を押しつぶしたような小判形。長円形。「ー形の軌跡を描く」②数学で、平面上で二定点からの距離の和が一定である点の軌跡。二次曲線の一つ。類長円

ダ【駄】

(14) 馬4 常 準2 3444 424C 音 ダ 外タ 訓 外のせる

筆順 丨 ㄏ 𠂆 馬 馬 馬 馬 馬一 馬ナ 駄 駄

意味 ①のせる。ウマに荷物を背負わせる。また、その荷物。「駄賃」「荷駄」②つまらない。ねうちがない。「駄作」「駄弁」③はきもの。「下駄」「雪駄」

下つき 足駄(あしだ)・下駄(ゲタ)・雪駄(セッタ)・荷駄(ニダ)・無駄(ムダ)

【駄菓子】ダガシ 安い材料で作る安価で大衆的な菓子。

【駄作】ダサク できの悪い作品。つまらない作品。類愚作 対傑作・秀作

【駄〈▲洒落〉】ダじゃれ 下手でくだらないしゃれ。「ーをとばす」

【駄駄】ダダ 子どもが甘えてわがままを言うこと。「いい年をしてーをこねる」

【駄賃】ダチン 労力の礼として与える金銭。特に、使い走りや手伝いをした子どもへのほうび。「お使いをしてーをもらった」由来 駄馬で荷物を運ぶときの運賃の意から。

【駄馬】ダバ ①荷物を運ばせるウマ。②下等なウマ。血統のよくないウマ。

【駄文】ダブン ①まずい文章。②自分の文章をへりくだっていう語。類①②拙文

【駄△弁る】ダベーる 無駄話をする。とりとめのない話をする。由来「駄弁(ダベン)」が動詞化した俗な言い方。

【駄弁】ダベン くだらないおしゃべり。無駄口。「ーを弄(ロウ)する」

【駄△法▲螺】ダボラ いいかげんで大げさな言葉。つまらない大言。「ーを吹く」参考「法螺」は、大げさな言葉の意。

【駄目】ダめ ①きめのないこと。無益。無駄。「いくら言ってもーだ」②してはいけないこと。「廊下を走っちゃーだよ」③不可能なこと。「いくら頼まれてもーなものはー」④役に立たないこと。「壊れてーになる」⑤囲碁で、黒石・白石のどちらの目にもならないところ。⑥演劇や映画の演技指導で、演出家が出す注文。「ーを出す」

〈駄袋〉だんぶくろ ①布で作った物を運ぶ大きな袋。②幕末、武士が訓練のときなどに身につけたゆったりとしたズボン。由来「駄荷袋(ダニぶくろ)」の転。表記「段袋」とも書く。

ダ【▲墮】

(15) 土12 5256 5458 ▼堕の旧字(九七四)

ダ【駝】

(15) 馬5 1 8144 714C 音 ダ・タ 訓 らくだ

意味 ①らくだ(駱駝)。②だちょう(駝鳥)。類鴕

【▲駝鳥】ダチョウ ダチョウ科の鳥。アフリカの草原などにすむ。現存の鳥類では最大。飛べないが、あしが強大で走るのが速い。

【▲駝馬】ダバ ラクダの別称。▼駱駝(ラクダ)(一五四九)

ダ【鴕】

(16) 鳥5 1 8288 7278 音 ダ・タ 訓 だちょう

意味 だちょう（駝鳥）。類駝(ダ)

ダ【懦】(17) 忄14 1 5679 586F 音ダ・ジュ 訓よわい

意味 よわい。気がよわい。いくじがない。「懦弱」「懦者」「怯懦」

下つき 怯懦(キョウダ)・柔懦(ジュウダ)

【懦弱】ダジャク 気がよわいこと。意気地がないこと。類柔弱(ニュウジャク)

【懦夫】ダフ 気のよわい男性。臆病(オクビョウ)で意気地のない男性。

【懦い】よわ-い 意気地がない。精神的にもろい。臆病(オクビョウ)で気がよわい。

ダ【糯】(20) 米14 1 6889 6479 音ダ・ナ 訓もちごめ

意味 もちごめ。もちいね。対粳(コウ)

【糯粟】もちあわ 粟餅(あわもち)を作るのに用いる、ねばり気のあるアワ。対粳粟(うるあわ)

【糯米・糯】もちごめ ねばり気が強く、餅(もち)や赤飯などを作るのに適した米。対粳(うるち)

ダ【騨】(22) 馬12 9420 7E34 ▼タン（一〇二二）

ダース【打】(5) 扌2 教 3439 4247 ▼ダ（九七二）

タイ【大】(3) 大0 教 3471 4267 ▼ダイ（九八七）

タイ【太】(4) 大1 教 常 9 3432 4240 音タイ・タ 外ダイ 訓ふとい・ふとる 外はなはだ

筆順 一ナ大太

意味 ①おおきい。「太洋」「太陽」類大 ②ふとい。ふとる。「筆太」③はなはだしい。非常に。「太古」「太平」④おおもと。はじめ。おこり。「太初」「太祖」⑤最も尊い。最上位の。「太子」参考「太」の草書体が平仮名の「た」になった。

た ダ―タイ

下つき 筆太(ふでぶと)・骨太(ほねぶと)

【太一・太乙】タイイツ ①中国の古代思想で、天地創造のときの万物の根元。宇宙の本体。類太初 ②道教で、宇宙を支配する神。太一神。③陰陽道(オンヨウドウ)で、星の名。太一星。

【太陰潮】タイインチョウ 潮汐(チョウセキ)のうち、月の引力によって起こる部分。太陽潮より多くの部分を占める。対太陽潮

【太陰暦】タイインレキ 月の満ち欠けの周期を一か月として作った暦。陰暦。対太陽暦

【太虚】タイキョ ①おおぞら。虚空(コクウ)。②中国、宋(ソウ)の張載(チョウサイ)の宇宙万物の生成論。宇宙の本体である気が、運動して空虚になっている状態をいう。表記「大虚」とも書く。

【太極拳】タイキョクケン 中国古来の拳法。ゆるやかな動作を主体とし、現代は武術としてよりも健康法として普及している。

【太古】タイコ 大昔。有史以前。表記「大古」とも書く。

【太鼓】タイコ 筒状の胴の両面に皮を張り、ばちや手で打ち鳴らす打楽器。

【太鼓も撥(ばち)の当たりよう】相手がどう応じてくるかは、こちらの出方しだいだというたとえ。太鼓はばちの当て方ひとつで、音が大きくもなれば小さくもなることから。表記「撥」は「桴」とも書く。

【太閤】タイコウ 摂政(セッショウ)または太政(ダイジョウ)大臣の敬称。また、関白の地位を子に譲った人の称。特に、豊臣秀吉(とよとみひでよし)を指す。

【太公望】タイコウボウ ①中国、周の賢臣、呂尚(リョショウ)の尊称。②釣り好きの人。「休日は―をきめこむ」故事 中国、周の文王が狩りの途中、渭水(イスイ)の岸で釣りを楽しんでいた呂尚に出会い、ともに語り合った。そして、この人こそ「太公(文王の父)が待ち望んでいた人物だ」と言って重用したという故事から。〈『史記』〉

【太鼓判】タイコバン ①大きな判。②まちがいないという保証。「―を押す(確かだと保証する)」

【太鼓持ち】タイコもち ①酒席で客の機嫌をとり、その席のとりもちをする男。幇間(ホウカン)。②おせじを言って人にへつらう者。

【太歳神】タイサイジン 陰陽道(オンヨウドウ)の八将神の一つで、木曜星の精。その年の干支(えと)と同じ方角にあって年中の事柄を統率する。この方角に向かって木を切るのを忌む。

【太上】タイジョウ ①最もすぐれたもの。類最上・至上 ②天子。

【太政官】ダイジョウカン ①律令(リツリョウ)制で国政を総括した最高機関。②一八六八(慶応四)年に設置された明治政府の最高官庁。一八八五(明治一八)年に廃止された。参考①と②を区別して、②は慣習的に「ダジョウカン」とも読む。

【太政大臣】ダイジョウダイジン ①律令(リツリョウ)制の最高官庁である太政官の長官。②明治維新政府の最高官職。天皇を補佐して国政全般を統轄した。参考②は慣習的に「ダジョウダイジン」とも読む。

【太簇】タイソウ ①陰暦一月の異名。②中国音楽の十二律の三番目の音。日本の十二律の平調(ヒョウジョウ)にあたる。表記「大簇」とも書く。

【太白】タイハク ①「太白星」の略。金星の別称。②「太白糸」の略。太くて白い絹糸。③精製した白い砂糖。④「太白飴(あめ)」の略。③で作ったあめ。

【太平】タイヘイ 世の中が治まっていて平和なこと。「―の世」表記「泰平」とも書く。

【太平楽】タイヘイラク ①のんきに構えて、好き勝手なことを言うこと。「―を並べる」②太平を祝う雅楽の曲名。

【太陽】タイヨウ ①太陽系の中心をなす恒星。日。日輪。②明るく輝き、希望を与えてくれるもの。「心の―」

【太陽暦】タイヨウレキ 地球が太陽の周りを一回まわる時間を、一年とするこよみ。陽暦。新暦。対太陰暦

【太牢】タイロウ ①昔、中国で、天子・諸侯が神をまつるときに供物としたウシ・ヒツジ・ブタのいけにえ。②りっぱなごちそう。③江戸時代、戸籍をもつ庶民の犯罪者を入れた牢屋。表記「大牢」とも書く。

〈太刀〉たち 長大な刀の総称。短小の「かたな」に対していう。表記 現在、奈良時代以前の刀剣を「大刀」、平安時代以後の儀式や戦闘で用いた長い刀を「太刀」と書き分ける。

〈太刀魚〉たちうお タチウオ科の海魚。暖海にすむ。体は帯状に細長く銀白色で、うろこがない。潮流のゆるい所では立ち泳ぎする。肉は美味。季秋 由来 形と色が太刀(たち)に似ていることから。表記「帯魚」とも書く。

〈太刀〉打ち たちうち ①刀で斬(き)り合うこと。②張り合って勝負をすること。「とてもーできない」

〈太刀〉風 たちかぜ ①刀を振る勢いで起こる風。②刀で鋭く切りこむ勢いのたとえ。

【太布】タフ コウゾなどの樹皮の繊維を、つむいで織った粗い織物。労働着に用いられ、近年まで四国の山間部で生産された。

〈太夫〉たゆう ①能・浄瑠璃(ジョウルリ)・歌舞伎(カブキ)などの諸芸で、上位の者。格式の高い芸人。②最上位の遊女。表記「大夫」とも書く。

【△太だ】はなはだ 程度が大きく、激しいさま。ひどく。

【△太△太しい】ふてぶてしい ずぶとく平然としているさま。「ーい態度」

【太い】ふとい ①長さのわりに、幅やまわりの長さが大きい。「ーい柱」②低音で、声量が豊かなさま。「ーい声」③大胆な。小事にこだわらない。「肝っ玉がーい」④態度がふてぶてしい。ずうずうしい。「なんてーいやつだ」

【太藺】ふとい カヤツリグサ科の多年草。池沼に自生。茎は高さ約一・五メートル、円柱形で太く、中空。夏、黄褐色の花穂をつける。茎で花むしろを作る。マルスゲ。オオイ。季夏

【太棹】ふとざお 義太夫節(ギダユウぶし)に用いる、さおと弦が太い三味線。対細棹

〈太占〉・〈太兆〉ふとまに シカの肩の骨を焼き、その割れ目の形で吉凶を占う古代の占い。

【太△肉】ふとりじし 肉づきがよいこと。太っていること。

【太る】ふとる ①体の肉づきがよくなる。肥える。「丸々とーった赤ん坊」②ふえる。豊かになる。「財産がーる」

タイ【代】(5) イ3 教 3469 4265 ▼ダイ(九九六)

タイ【台】(5) ロ2 教 3470 4266 ▼ダイ(九九七)

タイ【体】(7) イ5 常 教 9 3446 424E 音 タイ・テイ(中) 訓 からだ

旧字《體》(23) 骨13 1/準1 8183 7173

筆順 ノ亻仁什休体体

意味 ①からだ。「体格」「身体」②もの。「物体」「固体」③かたち。かた。ようす。「体制」「形体」④おおもと。もとになるもの。「実体」「正体」⑤身につける。身をもってする。「体験」「体得」⑥仏像などを数える語。

下つき 遺体・一体・液体・得体(えタイ)・解体・合体・気体・機体・客体・球体・具体・形体・検体・国体・固体・五体・死体・肢体・字体・自体・実体・弱体・車体・重体・主体・正体(ショウタイ)・上体・書体・身体・人体・政体・全体・団体・天体・胴体・肉体・媒体・風体(フウテイ)・物体・文体・変体・本体・裸体・立体・老体

【体】からだ ①人間や動物の頭から足の先までの全体。身体。五体。「大きなー」②胴の部分。③肉体の調子や機能。健康の状態。「ーをこわす」「ーに気をつける」④活動する主体としての肉体。「忙しくてーがあかない」

【体位】タイイ ①体格や健康などの状態。「ーの向上」②体の位置や姿勢。

【体育】タイイク ①体の発達をうながし、体力の向上をはかるための教育。②運動や競技の実技・理論を教える教科。参考 ①知育・徳育に対していう。

【体格】タイカク 身長や体重・骨格や筋肉・栄養状態などで示される、外から見た体の状態。体のかっこう。体つき。「戦後、児童のーは向上した」

【体感温度】タイカンオンド 人間の体が感じる寒暖の度合い。気温のほか、湿度や風速なども関係する。

【体△軀】タイク 体つき。「堂々たるーの持ち主」類 体格 参考「軀」は、からだの意。

【体刑】タイケイ ①直接、体に苦痛を加える刑罰。②体の自由を束縛する刑罰。身体刑。懲役・禁固など。対財産刑

【体形】タイケイ ①体のかたち。「標準的なー」②物のかたち。類形体

【体系】タイケイ 別々のものを一定の原理のもとに秩序づけたものの全体。システム。「給与ー」「新しく学説のーを樹立する」

【体型】タイケイ 体格の型。人の体つきを特徴で分けたもの。やせ型・肥満型など。

【体験】タイケン 自分が身をもって経験すること。「二度と味わえないー」

【体言】タイゲン 文法で、活用がなく単独で用いられ、主語になることができる語。名詞・代名詞など。対用言

【体現】タイゲン 形のない事柄を、具体的な形としてあらわすこと。「人道主義をーする」

【体元居正】タイゲンキョセイ 善徳を身につけて、正しい立場に身を置くこ

と。「体元」は、善徳を身につける意。〈『春秋左氏伝』〉

【体腔】 タイコウ 動物の、体壁と内臓との間の空所。胸腔・腹腔など。参考 医学用語では「タイクウ」と読む。

【体質】 タイシツ ①生まれながらの体の性質。「虚弱—」②その組織・機構などに特有の性質。「保守的な—」

【体臭】 タイシュウ ①体のにおい。②作品などに表れた、その人独特の気分や個性。

【体制】 タイセイ ①全体が組織されている様式。「非常時の—」「組織の—が整わない」②国家や社会が組織されている様式。政治支配の様式。「自由主義—」「反—運動」③器官の配置や分化状態などからみた生物体の基本構造。

【体勢】 タイセイ 体のかまえ。姿勢。「—を崩す」「不利な—を立て直す」

【体積】 タイセキ 立体が空間のなかで占める大きさ。立体のかさ。「球の—を求める」類 容積 対 面積

【体操】 タイソウ ①健康の増進、体力の向上などを目的とした身体運動。「器械—」②教科の「体育」の古い言い方。

【体調】 タイチョウ 体の調子。健康状態。「—を崩して寝こむ」

【体得】 タイトク 体験などを通し、十分に理解して身につけること。「陶芸のこつを—する」類 会得(エトク)

【体罰】 タイバツ 直接、身体に苦痛を加えること。また、その懲罰。「—を加える」

【体貌閑雅】 タイボウカンガ 姿かたちが落ち着いていて、気品があること。「体貌」は、体つきと顔かたち。

【体面】 タイメン 世間に対する見栄(みえ)。世間体(セケンテイ)。「—を保つ」類 面目

【体様】 タイヨウ ありさま。ようす。表記「態様」とも書く。

【体力】 タイリョク ①労働や運動をする、体の能力。「マラソンを完走するほど—がある」②病気や傷害に対する、体の抵抗力。「—が落ちているときは風邪をひきやすい」

【体裁】 テイサイ ①外から見た様子。外見。「—のよい包装」②自分の姿や状態について、世間の人が見たときの感じ。世間体。「—が悪い」「—を気にする」「大切なのは—よりも中身だ」③一定の形式。「企画書としての—をなさない」④人に気に入られるようにうわべを飾ること。「お—を言う」「—をつくろう」

【体たらく】 テイたらく みっともないありさま。「なんという—だ」表記「為体」とも書く。

【体よく】 テイよく 差しさわりのないように巧みに。もっともらしく。「—断る」

タイ【対】

(7) 寸 4 常 教 8 3448/4250

音 タイ・ツイ(中)
訓 (外)むかう・つれあい・こたえる・そろい

旧字〖對〗(14) 寸11 1/準1 5384/5574

筆順 丶 亠 ナ 文 文 対 対

意味 ①むかう。むきあう。あいて。「対岸」「対面」「敵対」②つりあう。みあう。「対称」「対等」③つれあい。配偶者。④こたえる。応ずる。「対策」「応対」⑤つい。そろい。二つで一組となるもの。「対偶」「対句」⑥「対馬(つしま)の国」の略。「対州」

下つき 一対(イッツイ)・応対(オウタイ)・照対(ショウタイ)・絶対(ゼッタイ)・相対(ソウタイ)・敵対(テキタイ)・反対(ハンタイ)

【△対える】 こたえる 相手からの問いかけに応じて言葉を返す。返答する。応じる。

【対案】 タイアン 相手の案に対して、別に提示する案。「—を出す」

【対応】 タイオウ ①互いに向き合うこと。二つの物事が一定の関係にあること。「—する二つの角」②互いにつり合うこと。「収入に—した生活」類 相応 ③相手の出方や状況に応じて事を行うこと。「不測の事態に—する」

【対価】 タイカ 財産・労力などを人に与えた報酬として受け取るもの。

【対角線】 タイカクセン 多角形の、隣り合っていない二つの頂点を結ぶ直線。多面体では、同一面の上にない二つの頂点を結ぶ直線。

【対岸】 タイガン 川をはさんで向こう側の岸。「泳いで—にたどりついた」

『対岸の火事』 自分には何の利害関係もなく、痛くもかゆくもない出来事のたとえ。川を隔てた火事は、こちらの岸へ燃え移る心配がないことから。参考「火事」は「火災」ともいう。

【対牛弾琴】 タイギュウダンキン 愚かな人にいくら道を説いても益のないたとえ。ウシに琴を弾いて聞かせる意から。〈『通俗編』〉類 馬の耳に念仏・対驢撫琴(タイロブキン)

【対局】 タイキョク ①相対して囲碁・将棋の勝負をすること。②時局に対すること。

【対極】 タイキョク 反対の極。対立する極。「—に位置する考え方」

【対空】 タイクウ 空からの攻撃に対すること。「—ミサイル」対 対地

【対偶】 タイグウ ①つい。二つでひとそろいのもの。②夫婦。③ひとそろいの相対する語句。類 対句(ツイク) ④論理学などで、「AならばBである」に対し、「BでなければAでない」という形の命題。

【対決】 タイケツ ①関係する両者が直接相対して、物事の決着をつけること。②困難な事柄や問題の解決に立ち向かうこと。

【対向】 タイコウ ①互いに向き合うこと。「—ページ」②互いに向かい合って、走ること。「—車線」

【対抗】 タイコウ 相対して互いに張り合うこと。競い合うこと。「—意識を燃やす」「クラスーのバレーボール大会」

【対校】 タイコウ ①学校どうしで競い合うこと。「—試合」②系統の異なる写本を比べ合わせ、字句の異同を調べること。

【対座・対▲坐】タイザ 向かい合ってすわること。また、その席。「客と―する」

【対策】タイサク 事に応じてとる手段や方策。「―を講じる」「作業現場の安全―を練る」

【対治】タイジ ①害をなすものを平らげること。「蝗(いなご)を―する」②仏 人々を仏道に専心させるため、煩悩(ボンノウ)や怠惰な心を断つこと。③病気をなおすこと。表記「退治」とも書く。

【対▲峙】タイジ ①山などが競い合うようにそびえ立っていること。②対立する二つの勢力が、にらみ合っていること。「両軍が川をはさんで―している」

【対質】タイシツ 「対質尋問」の略。裁判で、被告人と他の証人とをつき合わせていろいろ尋ねること。

【対処】タイショ ある事態に対応して、適当な処置をとること。「問題に適切に―する」

【対称】タイショウ ①互いに対応し、つり合っていること。類相称 ②文法で、代名詞の第二人称。話し手に対して聞き手を指し示すもの。対自称・他称 ③数学で二つの点・線・図形が、ある点・直線・面に対し向き合う位置にあること。シンメトリー。「左右―の図形」

【対象】タイショウ ①はたらきかける目標。相手。「学生を―とした雑誌」②哲学で、主体が認識する相手となるもの。類客観

【対照】タイショウ ①二つのものを照らし合わせること。「比較―する」②二つのもののちがいがはっきりしていること。そういう取り合わせ。コントラスト。「二人は―的な性格だ」

【対症下薬】タイショウカヤク 問題点を具体的に確認して、それに対する有効な方策を講じるたとえ。医者は病状に応じて薬を処方する意から。〈『朱子語類』〉類因機説法・応機接物・応病与薬

【対症療法】タイショウリョウホウ ①病気の原因を除くのではなく、その症状を軽減するために行われる治療法。高熱に解熱剤を、痛みに鎮痛剤を与えるなど。②根本的な対策ではなく、その場だけを考えて物事を処理すること。「―で急場をしのぐ」

【対▲蹠的】タイショテキ 二つのものが正反対であるさま。「―な立場」類対照的 由来「蹠」は足の裏の意で、足の裏と向かい合わせる意から。参考「タイショ」は「タイセキ」の慣用読み。

【対人】タイジン 他人に対してのこと。他人とのかかわり。「―関係」「―担保」

【対する】タイ-する ①向かい合う。「テーブルをはさんで両者が―する」②相手にする。応対する。「客に―する態度が悪い」③対抗する。「暴力には言論で―する」「強豪チームに―する」④対照される。くらべる。「輸入に―して輸出が多い」⑤かかわる。「所信表明に―する代表質問」

【対生】タイセイ 植物の葉が、各節に二枚ずつ向かい合って生えること。対互生・輪生

【対戦】タイセン 互いに相手となって戦うこと。「―相手が決まる」

【対潜】タイセン 敵の潜水艦に対応すること。「―兵器」

【対談】タイダン 二人が向かい合って話をすること。

【対置】タイチ 二つの物事を、対照的な位置におくこと。「真実を虚偽に―する」

【対等】タイトウ 双方に優劣・上下の差がないこと。「―に渡り合う」類互角・同等・平等

【対比】タイヒ 二つのものを比べること。また、二つのものにはっきりしたちがいがあること。類対照・比較

【対面】タイメン ①顔を合わせること。面会すること。「初―」②向かい合うこと。「―交通」

【対訳】タイヤク 原文に並べて、その訳文を示すこと。「―源氏物語を読む」

【対立】タイリツ 二つのものが互いに張り合って譲らないこと。「意見が―する」「両派の―が激化する」

【対流】タイリュウ 物理学で、流体の流れによって熱が伝えられる現象。気体・液体の熱せられた部分が上昇し、他の冷たい部分が下降する循環運動。

【対話】タイワ 向かい合って話すこと。また、その話。「親子の―」類対談

【対句】ツイク 詩文で、語形や意味の類似した二つの句を対応するように並べた表現形式。「漢詩には―表現が多い」

【対▲聯】ツイレン 一対になっている掛け軸。参考「聯」は分けて書いた対句を掛けた飾りの意。

〈対馬〉つしま 旧国名の一つ。九州と朝鮮半島の間にある島で、現在は長崎県に属す。対州(タイシュウ)。

【△対かう】むかう 向き合う。対面する。また、相手になる。はり合う。

タイ【岱】(8) 山5 準1 3450 4252 音 タイ 訓

意味 山の名。「泰山(タイザン)」のこと。「岱華」

【▲岱山】タイザン 大きくて高い山。参考 中国の名山の「泰山」のことともいう。

タイ【★苔】(8) ⺾5 準1 3461 425D 音 タイ 訓 こけ

意味 こけ。コケ植物の総称。「苔類」「蘚苔(センタイ)」

下つき 舌苔(ゼッタイ)・蘚苔(センタイ)・海苔(のり)・緑苔(リョクタイ)

【▲苔】こけ コケ植物の総称。湿地・古木・岩石などに群生。特に、葉と茎の区別がないコケ植物(苔類(タイルイ))を指す。

【▲苔忍】こけしのぶ コケシノブ科のシダ植物。山地の岩や樹幹に着生。茎は糸状。葉は膜質で羽状に細かく分かれ、先端に胞子嚢(ホウシノウ)がある。

【▲苔▲筵】こけむしろ ①コケの一面に生え広がったのを、むしろにたとえていう語。②旅人や隠棲(インセイ)者のわびしい寝床。

【▲苔△生す】こけむーす ①コケが生える。「ーす岩」②年月を経て、古くなる。「ーした寺院」

【▲苔桃】こけもも ツツジ科の常緑小低木。高山に自生。初夏、紅色を帯びた白色の釣鐘形の花をつけ、赤い球形の実を結ぶ。実は食用。また、果実酒をつくる。表記「越橘」とも書く。

〈▲苔竜胆〉こけりんどう リンドウ科の二年草。草地に自生。高さ約五センチメートル。全体に非常に小さい。春、淡紫色の鐘形の小花を上向きにつける。季春

【▲苔径】タイケイ こけむした小道。コケの生えた小道。

タイ【△帝】(9)巾6 常 3675 446B ▼テイ(一〇九一)

タイ【待】(9)彳6 常 教 8 3452 4254 音タイ 訓まつ

筆順 ノ ク 彳 彳一 彳十 往 往 待 待

意味 ①まつ。まちうける。まちのぞむ。「待機」「待望」「期待」②もてなす。あつかう。「待遇」「接待」

下つき 歓待(カンタイ)・期待(キタイ)・虐待(ギャクタイ)・招待(ショウタイ)・接待(セッタイ)・特待(トクタイ)・優待(ユウタイ)

【待機】タイキ 準備を整えて、機会が来るのを待つこと。「連絡するまでーせよ」

【待遇】タイグウ ①客などをもてなすこと。あしらうこと。「ーのよいホテル」②人を地位に準じて取り扱うこと。「国賓ー」③職場での労働条件・給与などの取り扱い。「ーの改善を求める」

【待避】タイヒ 災難などをさけて、それが通り過ぎるのを待つこと。「ー所」

【待望】タイボウ ある事柄が起こるのを待ち望むこと。「ーの子どもが生まれる」

【待命】タイメイ ①命令が出るのを待つこと。②公務員などが職務や任地が決まらず、命令が出るまで待機すること。

た タイ

【待合】まちあい ①待ち合わせること。また、その場所。②男女が密会すること。③茶道で、客が茶室に入る前に待ち合わせる所。④「待合茶屋」の略。客が芸者などを呼んで遊興する所。

【待ち▲惚け】まちぼうけ 待っている人がなかなかやって来ないこと。また、ついに来ないこと。「ーを食う」

【待ち▲侘びる】まちわびる なかなか来ないのを、気をもみながら待つ。「春をーびる」

【待つ】まつ ①人・物などが来るのを望む。来るはずのものを迎えようとして時を過ごす。「返事をーつ」「駅で人をーつ」②行おうとする動作をいったんやめる。「明日までーとう」

【待たぬ月日は△経ち△易い】まてぬつきひはたちやすい 月日というものは、何かを心待ちにしているときはなかなかたたないが、漫然と過ごしているとまたたく間に過ぎ去ってしまうものだということ。

【待てば海路の〈日和〉あり】まてばかいろのひよりあり 今は思うようにいかなくても、焦らずに待っていれば、いつかきっと幸運が訪れてくるものだというたとえ。「海路の日和」は航海に適した穏やかな天候のこと。類果報は寝て待て・急(せ)いては事を仕損ずる

【待宵】まつよい ①陰暦一四日。特に、八月一四日の夜。季秋 ②来る人を待つ夕方。
参考 ①翌日の満月を待つ夜の意。

【待宵草】まつよいぐさ アカバナ科の二年草。南アメリカ原産。川原や空地に野生。夏の夕方、黄色の四弁花を開き、翌朝しぼんで赤くなる。ヨイマチグサ。季夏

タイ【怠】(9)心5 常 3 3453 4255 音タイ 訓おこたる・なまける 外だるい

筆順 ㄥ ム 厶 台 台 台 怠 怠 怠

意味 おこたる。なまける。たるむ。「怠惰」「怠慢」

下つき 過怠(カタイ)・緩怠(カンタイ)・懈怠(ケタイ)・倦怠(ケンタイ)・遅怠(チタイ)

【怠る】おこたーる しなければならないことを、しないままでいる。なまける。「注意をーらないようにせよ」

【怠業】タイギョウ 労働者が共同で意図的に業務の能率を低下させること。労働争議の戦術の一つ。サボタージュ。

【怠惰】タイダ するべきことをしないで、だらしのないこと。なまけていること。また、そのさま。「ーな生活を改める」対勤勉

【怠慢】タイマン なまけて、するべきことをしないこと。また、そのさま。「職務ー」

【△怠い】だるーい 体を動かすのがおっくうである。疲れていて力がない。「足がーい」

【怠け者の節供働き】なまけもののセックばたらき 日ごろ怠けている者は、世間の人が休んでいるときに限って、わざと働くものだということ。怠け者が忙しそうに働く姿をあざけっていう言葉。表記「節供」は「節句」とも書く。

【怠ける】なまーける するべきことを一所懸命に行わない。まじめに仕事や勉強などをしない。おこたる。「課外作業をーける」

タイ【★殆】(9)歹5 準1 4356 4B58 音タイ 訓あやうい・ほとんど・ほとほと

意味 ①あやうい。あぶない。あやぶむ。「危殆」「疑殆」②ほとんど。おおかた。

下つき 危殆(キタイ)・疑殆(ギタイ)

【▲殆うい】あやーうい よくないことが起こりそうで、不安である。

【▲殆】ほとほと 本当に。すっかり。まったくもう。いやな思いをしたり、困りきったときにいう。「あの子にはー手をやいた」

【▲殆ど】ほとんーど ①もう少しのところで。「ー死ぬところだった」②すべてといっていいほど。おおかた。大部分。「ー完成している」「ー雨

の降らない土地だ」

タイ【耐】

(9) 而 3 常 4 3449 4251 音 タイ 訓 たえる

筆順 一 ア ア 丙 而 而 而 耐 耐

意味 ①たえる。たえしのぶ。「耐乏」「忍耐」②もちこたえる。「耐久」「耐震」

下つき 忍耐ニンタイ

【耐火】タイカ 火や熱に強くたえること。燃えにくいこと。「―建築」

【耐寒】タイカン 寒さにたえること。「恒例の―訓練が始まる」対 耐暑

【耐久】タイキュウ 長くもちこたえること。「二四時間―レースに参加した」

【耐食・耐蝕】タイショク くさったり、むしばまれたりしにくいこと。腐食しにくいこと。「―性」

【耐震】タイシン 強度の地震にたえること。「高速道路は―工法で復旧された」

【耐性】タイセイ 病原菌や生物が、ある種の薬品に抵抗して生きていく性質。「―の強い新型のウイルス」

【耐乏】タイボウ 物がとぼしいのをたえ忍ぶこと。「難民は―生活を強いられている」

【耐用】タイヨウ 長期の使用にたえること。「建物には―年数がある」

【耐える】たーえる ①つらさや苦しさなどをこらえる。我慢する。「痛みに―える」②他からの圧力・作用に屈せず、もちこたえる。「風雪に―える」「重圧に―える」

タイ【胎】

(9) 月 5 常 3 3459 425B 音 タイ 訓 外 はらむ

筆順 丿 刀 月 月 月 肸 肸 胎 胎

意味 ①みごもる。はらむ。「胎教」「受胎」②子の宿るところ。子宮。「胎盤」「母胎」③はじめ。きざし。「胚胎ハイタイ」

下つき 懐胎カイタイ・受胎ジュタイ・堕胎ダタイ・奪胎ダッタイ・胚胎ハイタイ

【胎教】タイキョウ 妊婦が修養に努め、心を安らかに保って、胎児によい影響を与えるように気づかうこと。「―に音楽が良いという」

【胎児】タイジ 母親の胎内にある子。「―のように丸くなって寝る」

【胎生】タイセイ 子が母胎内である程度まで育ち、個体として生まれること。哺乳ホニュウ動物にみられる。対 卵生

【胎動】タイドウ ①母胎内で胎児が動くこと。②新しい物事が起こり始めようとしていること。「新時代の―を感じる」

【胎毒】タイドク 乳幼児の顔や頭にできる皮膚病。由来 母胎内で受けた毒が原因だといわれたことから。

【胎内】タイナイ 妊娠した母親の子宮の中。胎中。「―潜くぐり（仏像の胎内や洞くつなどをくぐり抜けること）」

【胎盤】タイバン 妊娠中、母体と胎児をつなぐ器官。胎児への栄養供給や呼吸、排出などのはたらきをする。

【△胎む】はらーむ 胎内に子を宿す。妊娠する。みごもる。

タイ【退】

(9) 辶 6 教 常 5 3464 4260 音 タイ 訓 しりぞく・しりぞける 外 のく・のける・すさる・しさる・ひく

旧字《退》(10) 辶 6 1/準1

筆順 フ ヨ ヨ 艮 艮 艮 㫐 退 退

意味 ①しりぞく。ひきさがる。「退却」「退場」対 進 ②しりぞける。遠ざける。追いはらう。「退治」「撃退」③やめる。身をひく。去る。「退位」「脱退」④おとろえる。すたれる。「退化」「衰退」

書きかえ ④「褪タイ・頽タイ」の書きかえ字として用いられるものがある。

下つき 引退インタイ・隠退インタイ・撃退ゲキタイ・減退ゲンタイ・後退コウタイ・辞退ジタイ・進退シンタイ・早退ソウタイ・脱退ダッタイ・中退チュウタイ・撤退テッタイ・敗退ハイタイ・廃退ハイタイ・勇退ユウタイ

【〈退紅〉】あらぞめ ①ベニバナで染めた薄い紅色。あらいぞめ。②薄紅色に染めた短い狩衣かりぎぬで仕丁ジチョウなどが着用した。表記「桃花染・荒染」とも書く。参考「タイコウ」とも読む。

【△退る】しさーる 後ろへさがる。引きさがる。あとずさりする。「後あとへ―る」「後あと―りする」由来「後去しりさる」の転ともいう。

【退く】しりぞーく ①後ろへひきさがる。後退する。「敵の攻撃を受けて―く」②去る。退出する。「面会室を―く」③ある地位から身を引く。引退する。「現役を―く」

【△退る】すさーる 後ろへさがる。しりぞく。「その座を―る」「後あとへ―る」

【退▲嬰】タイエイ 新しい物事に対して消極的なこと。ひっこみがち。しりごみ。「―的な考え方を排する」対 進取

【退役】タイエキ 兵役をしりぞくこと。「―軍人」参考 特に、士官以上にいう。

【退化】タイカ ①進歩が止まり、以前の状態に戻ること。類 退行 ②生物の器官や組織が衰え、縮小したり消失したりすること。対 進化

【退学】タイガク ①学生や生徒が、卒業する前に学校をやめること。「中途―」②規則などをおかした学生・生徒が、学校から除籍されること。放校。「―処分」類 退校

【退官】タイカン 官職をやめること。類 退職・退任 対 任官

【退却】タイキャク 戦争や競技で形勢が不利になり、今までいた位置からしりぞくこと。逃げ去ること。「敵軍に圧倒されて―した」類 後退 対 進撃

【退去】タイキョ ある場所から立ちのくこと。「―命令」

【退屈】タイクツ ①あきていやになること。「彼の話はいつも―だ」②することがなく、時間をもてあますこと。「テレビを見て―をまぎらす」

【退行】タイコウ ①あとにさがること。類後退 ②進化や発達の過程で、もとの状態や初期の状態に戻ること。類退化 ③惑星が天球上を東から西に運行すること。類逆行

【退紅色】タイコウショク 薄い紅色。うすもも色。表記「褪紅色」とも書く。

【退散】タイサン ①集まった人が、その場を引き揚げること。「宴会を早目に―する」②逃げ去ること。「敵軍が―した」類退却

【退治】タイジ 害をなすものをうち滅ぼすこと。「薬を散布して害虫を―した」

【退出】タイシュツ 改まった場所から引き下がって帰ること。出て行くこと。「来賓から先に―する」

【退場】タイジョウ ①会場や競技場などから去ること。「暴行した選手に審判が―を命じた」類退席 対入場 ②演劇で、舞台などから去ること。「下手(しもて)に―する」対登場

【退色】タイショク 色がさめること。書きかえ「褪色」の書きかえ字。

【退職】タイショク 勤めている職をやめること。現在の職をしりぞくこと。「定年―」類辞職 対就職

【退陣】タイジン ①陣地を後方へしりぞけること。類退却 ②ある地位や職務からしりぞくこと。「高齢幹部の―」「首相が―する」類引退

【退勢】タイセイ 勢いが弱まり衰えていくさま。類衰勢 書きかえ「頽勢」の書きかえ字。

【退蔵】タイゾウ 物品を使わずに、しまいこんでおくこと。「―物資」

【退潮】タイチョウ ①潮が引くこと。引き潮。②勢力が衰えること。「景気の―」類退勢

【退転】タイテン ①仏修行をおこたり、悪い方向に後戻りすること。②悪い方向へ移り変わっていくこと。また、落ちぶれて立ちのくこと。

【退廃】タイハイ 道徳や健全な気風が崩れること。「―した文化」書きかえ「頽廃」の書きかえ字。

【退避】タイヒ その場から離れて、危険をさけること。「強風で山小屋に―した」

【退歩】タイホ 物事が以前の状態より悪くなること。類後退 対進歩

【退路】タイロ 戻る道。逃げ道。「―を断って突き進む」対進路

【△退ける】のける ①その場所から他へ移す。どける。②見事になし遂げる。あえて物事をする。「やって―ける」

【△退っ引きならない】のっぴきならない 引き下がることも、避けて通ることもできない。どうにもならない。「―い立場に追いこまれる」

【△退く】ひく ①後ろにさがる。ひきさがる。また、もとの状態に戻る。「意地でもあとへは―かない」「潮が―く」「熱が―く」②その地位・職業から去る。引退する。「政界から身を―く」

【△退け時】ひけどき 会社や学校を退出する時刻。「会社の―に食事に誘う」

タイ【帯】

(10) 巾7 常 7 3451 4253 音タイ 訓おびる・おび

旧字《帶》(11) 巾8 1/準1 5472 5668

筆順 一 十 卄 卅 卌 卌 卌 卌 帯

意味 ①おび。おび状の細長いもの。「着帯」「包帯」②おびる。身につける。持つ。「帯刀」「携帯」「所帯」③行動を共にする。「帯同」④あたり。おび状の地域。「一帯」「地帯」⑤気候や植物の分類などの地理上の区分。「温帯」「針葉樹林帯」

下つき 衣帯(イタイ)・温帯(オンタイ)・拐帯(カイタイ)・冠帯(カンタイ)・寒帯(カンタイ)・眼帯(ガンタイ)・妻帯(サイタイ)・所帯(ショタイ)・靱帯(ジンタイ)・声帯(セイタイ)・世帯(セタイ)・束帯(ソクタイ)・暖帯(ダンタイ)・地帯(チタイ)・着帯(チャクタイ)・紐帯(チュウタイ)・熱帯(ネッタイ)・付帯(フタイ)・包帯(ホウタイ)・腰帯(ヨウタイ)・連帯(レンタイ)

【帯】おび ①和服の上から胴に巻いて結ぶ細長い布。「―を締める」②物に巻く、細長い形をしたもの。「―紙」「―封」

『帯に短し△襷(たすき)に長し』中途半端で役に立たないことのたとえ。帯にするには短過ぎるし、襷にするには長過ぎて使えない意から。

【帯解き】おびとき 子どもが付けひもをやめ、初めて帯を締める祝いの儀式。昔から男児は五歳から九歳、女児は七歳の一一月の吉日に行った。帯直し。ひもとき。季冬 参考 近年では、古来の髪置き・袴着(はかまぎ)などとまとめて一一月一五日(七五三)に多く行う。

【帯封】おびフウ 新聞・雑誌類を郵送するとき、その中央を細長い紙で巻き包むこと。また、その紙。

【帯びる】おびる ①身につける。腰にさげる。「刀を―びる」②含みもつ。「酒気を―びる」③引き受ける。「任務を―びる」

〈帯下〉こしけ 女性の生殖器から分泌される血液以外の生理的または病的な分泌物。おりもの。白帯下(ハクタイゲ)。表記「腰気」とも書く。参考「タイゲ」とも読む。

【帯剣】タイケン 刀剣を腰にさげること。また、その刀剣。類帯刀(タイトウ)・佩刀(ハイトウ)

【帯鉤】タイコウ 昔の中国で使われた、革帯の両端をかけ合わせて締めるための金具。

【帯出】タイシュツ 書類や備品などを一定の場所から持ち出すこと。「図書館は、禁―の本は館外貸し出ししない」

【帯状▲疱▲疹】タイジョウホウシン 胸から背にかけて帯状にできる水疱(スイホウ)状の発疹(ホッシン)。ウイルスが原因で、かゆみや発熱などを伴う。ヘルペス。

【帯刀】タイトウ 刀を腰にさすこと。また、その刀。「名字―」類佩刀(ハイトウ)・帯佩(タイハイ) 参考「たちはき」とも読む。

【帯同】タイドウ いっしょに連れて行くこと。「秘書を—して出張する」「家族—の海外赴任」類同行

【帯▲佩】タイハイ ①太刀などを身につけること。また、その姿。類帯刀 ②能・舞楽・武術などの型や作法。身構えや身のこなし方。参考「帯」「佩」ともに、身につける意。

〈帯魚〉たちうお タチウオ科の海魚。由来「帯魚」は漢名からで、帯のように細長い魚の意。▼太刀魚(九七七)

〈帯刀〉たちはき ①「帯刀タイトウ」に同じ。②古代、春宮坊の舎人のなかで、特に刀を身につけて皇太子の護衛をした役人。武芸に秀でた者が選ばれた。参考「たてわき」とも読む。

タイ【泰】(10) 氺5 常 準2 3457 4259 音 タイ 訓 外やすい・やすらか・おごる

筆順 一 二 三 丰 夫 夫 表 泰 泰 泰

意味 ①やすい。やすらか。おだやか。「泰平」「安泰」②大きい。ひろい。おちついている。「泰然」③はなはだしい。きわみ。果て。「泰西」類太 ④おごる。おごりたかぶる。

下つき 安泰アンタイ・驕泰キョウタイ・静泰セイタイ

〈泰〉タイ インドシナ半島の中央部とマレー半島の北部にある立憲王国。米やゴムの生産が盛ん。首都はバンコク。

【泰運】タイウン 安らかになる気運。平和で心やすらぐ風潮。

【泰山】タイザン ①中国の山東省中央部にある名山。②高く大きな山。表記「太山・岱山」とも書く。

【泰山▲鴻毛】タイザンコウモウ へだたりのはなはだしいこと。非常に重いものと、非常に軽いもの。「泰山」は重いもののたとえ。「鴻毛」は大形の水鳥の羽毛の意で、きわめて軽いもののたとえ。

【泰山卵を圧す】非常にたやすいことのたとえ。泰山が卵を押しつぶす意から。故事 中国、晋シン代に東海王の越エツが挙兵したとき、彼の義挙をたたえた孫恵の手紙のなかにある言葉「正が邪を討つのだから(中略)、泰山が卵を押しつぶすようにたやすく敵を打ち負かすことができる」から。〈『晋書ジンショ』〉

【泰山は土壌を譲らず】大事業をなし遂げる人は、度量が広く、どんな人の意見もよく取り入れるものだというたとえ。泰山は、どんな土くれでもえり好みせずにすべてを受け入れているので、あのような名山になったという意から。〈『文選モンゼン』〉類河海は細流を択えらばず

【泰山府君】タイザンフクン 泰山の山神のこと。道教で人の寿命をつかさどる神とされる。参考「府君」は「ブクン」とも読む。

【泰山北斗】タイザンホクト その分野の権威者、大家として最も仰ぎ尊ばれる人のたとえ。第一人者。泰斗タイト。「北斗」は北斗七星のことで、泰山とともにだれもが仰ぎ見る存在であることから。〈『新唐書シントウジョ』〉

【泰山木】タイサンボク モクレン科の常緑高木。北アメリカ原産。庭園などに植える。葉は大きな楕円ダエン形。初夏、芳香のある大きな白い花が咲く。表記「大山木・洋玉蘭」とも書く。

【泰西】タイセイ 西洋諸国。「—のすばらしい名画」対泰東 由来「泰」は極のことで、西の果ての意。

【泰然】タイゼン 落ち着きはらって、物事に動じないさま。「—として揺るぎない態度」「何があっても—とかまえる」

【泰然自若】タイゼンジジャク どっしりと落ち着いていて、少しも物事に動じないさま。類意気自如イキジジョ・神色自若シンショクジジャク 対右往左往・周章狼狽シュウショウロウバイ

【泰斗】タイト 「泰山北斗」の略。「—と仰がれる学者」

【泰平】タイヘイ 世の中が安らかに治まっていること。「天下—」「—の御世よ」表記「太平」とも書く。

【△泰い】やすい 平穏無事である。ゆったりと落ち着いている。やすらかなさま。

タイ【▲退】(10) 辶6 ▼退の旧字(九八一)

タイ【堆】(11) 土8 常 2 3447 424F 音 タイ 外ツイ 訓 外うずたかい

筆順 一 十 土 圴 圴 圻 坍 坍 埘 堆 堆

意味 ①うずたかい。積みあげる。「堆積」「堆肥」②おか。海底で丘状のところ。

【△堆い】うずたかい 盛り上がって高い。積み重なって高い。「火山灰が—く積もる」

【堆金積玉】タイキンセキギョク 多大な富を集めること。金持ちのたとえ。金銀や珠玉を積み上げる意から。〈『論衡』〉類猗頓イトンの富・積金累玉セキキンルイギョク

【堆積】タイセキ 幾重にも高く積み重なること。「土砂が—する」

【堆肥】タイヒ 落ち葉・わら・糞尿フンニョウなどを積み重ね、腐らせて作った肥料。つみごえ。「—をほどこす」

【△堆朱】ツイシュ 朱の漆を何重にも塗り重ね、模様を浮き彫りにした漆器。「—の椀を揃えた」参考「タイシュ」とも読む。

タイ【▲帯】(11) 巾8 5472 5668 ▼帯の旧字(九八二)

タイ【紿】(11) 糸5 1 6909 6529 音 タイ 訓 あざむく

意味 ①あざむく。いつわる。類詒 ②糸がゆるむ。

タイ【袋】(11) 衣5 常 3 3462 425E 音 タイ 高 外テイ 訓 ふくろ

筆順 イ 亻 代 代 代 代 岱 袋 袋 袋

意味 ふくろ。紙・皮・布などで作った入れもの。「袋耳」「風袋」

下つき 胃袋(いぶくろ)・足袋(たび)・手袋(てぶくろ)・戸袋(とぶくろ)・寝袋(ねぶくろ)・風袋(フウタイ)・布袋(ホテイ)・郵袋(ユウタイ)

〈袋鼠〉カンガルー カンガルー科の哺乳(ホニュウ)動物の総称。オーストラリアとニューギニアにすむ。草食。尾と後ろあしが長い。子は未発育で生まれ、雌の下腹部の袋で育てられる。由来「袋鼠」は漢名から。

【袋】ふくろ ①布や紙などで作った、中に物を入れるもの。②出口がなく行き詰まること。「とうとう—の中の鼠(ねずみ)になった」③ミカンなどの果肉を包んでいる薄い皮。④中に物が入るようになったもの。「手—」「胃—」

【袋の中の▲鼠(ねずみ)】追いつめられて、逃げることのできない状況にあることのたとえ。袋の中に追いこまれたネズミの意から。「犯人はもう—だ」

【袋小路】ふくろこうじ ①行き止まりになっている小道。「—に迷いこむ」②物事が行き詰まった状態。「議論が—に入った」

【袋▲叩き】ふくろだたき ①多数の人が取り囲んで、さんざんにたたくこと。「暴漢が住民に—にされた」②多数の人に非難や反対をされること。「世論の—に遭う」

【袋戸棚】ふくろとだな ①床の間や付け書院などの脇の上部や下部に、壁から張り出してつくる戸棚。袋棚。②茶道などで用いる、桑または桐(きり)で作った茶棚。

【袋耳】ふくろみみ ①一度聞いたら忘れないこと。また、そのような人。地獄耳。②織物の耳(へり)を袋織りにしたもの。

タイ【逮】(11) 辶 8 常 3 3465 4261 音 タイ 訓 外 およぶ・とらえる

た タイ

旧字《逮》(12) 辶 8 1/準1

筆順 フ ヲ ヨ 申 隶 隶 隶 隶 逮 逮

意味 ①およぶ。とどく。「逮夜」②追いかける。とらえる。「逮捕」

下つき 及逮(キュウタイ)・追逮(ツイタイ)・連逮(レンタイ)

【△逮ぶ】およぶ ①ある点に達する。とどく。②追いつく。

【逮捕】タイホ 警察官などが容疑者や犯人をつかまえること。「傷害の現行犯で—された」

【逮夜】タイヤ 仏 葬儀の前夜。また、命日・忌日の前夜。「—経(ギョウ)」類 宿忌 参考 葬儀におよぶ前夜の意。

タイ【替】(12) 曰 8 常 4 3456 4258 音 タイ 外 テイ 訓 かえる・かわる

筆順 ニ チ 夫 夫 夫 扶 扶 扶 替 替

意味 ①かえる。かわる。入れかわる。「交替」「代替」②すたれる。「衰替」「隆替」対 隆

下つき 為替(かわせ)・交替(コウタイ)・衰替(スイタイ)・頽替(タイタイ)・代替(ダイタイ)・隆替(リュウタイ)・両替(リョウがえ)

【替える】かえる あるものを別のものと取りかえる。入れかえる。「私服に着—える」

タイ【詒】(12) 言 5 1 7540 6B48 音 タイ・イ 訓 おくる・のこす・あざむく

意味 ①おくる。つたえる。のこす。類 貽(イ)・遺 ②いつわる。あざむく。類 紿(タイ)

タイ【貸】(12) 貝 5 常 教 6 3463 425F 音 タイ 中 訓 かす

筆順 イ 亻 代 代 代 代 貸 貸 貸 貸

意味 かす。金品をかす。かし。「貸与」「賃貸」対 借

下つき 恩貸(オンタイ)・賃貸(チンタイ)・転貸(テンタイ)

【貸方】かしかた ①金品を貸す側の人。貸手。②貸す方法。③複式簿記で、負債・資本の増加などを記入する右側の欄。対 ①〜③借方

【貸家】かしや 家賃をとって人に貸す家。対 借家 参考「かしいえ」とも読む。

【貸す】かす ①一時的に、金品を他人に渡したり使わせたりする。「金を—す」「部屋を—す」②知恵・能力を他人に与えて助ける。「手を—す」対 借りる

【貸借】タイシャク ①貸すことと借りること。かしかり。②複式簿記で、貸方と借方。

【貸費】タイヒ 費用を貸すこと。特に、学費などの費用を貸すこと。

【貸与】タイヨ 貸し与えること。「会社の制服を—する」対 借用

タイ【▲逮】(12) 辶 8 ▼逮の旧字(九八四)

タイ【隊】(12) 阝 9 常 教 7 3466 4262 音 タイ 外 ツイ 訓 外 くみ・おちる

旧字《隊》(12) 阝 9 1/準1

筆順 ７ ３ 阝 阝 阝 阝 隊 隊 隊 隊

意味 一 タイ ①兵の集まり。「軍隊」「部隊」②くみ。むれ。組織された人々の集まり。「隊商」「隊列」二 ツイ お(落)ちる。また、高い所から落とす。

下つき 一 横隊(オウタイ)・楽隊(ガクタイ)・艦隊(カンタイ)・軍隊(グンタイ)・縦隊(ジュウタイ)・除隊(ジョタイ)・船隊(センタイ)・入隊(ニュウタイ)・部隊(ブタイ)・兵隊(ヘイタイ)・編隊(ヘンタイ)・連隊(レンタイ)

【隊▲伍】タイゴ きちんと隊列を組んで並んだ組。隊列。参考「隊」「伍」ともに、組織された組の意。

【隊商】タイショウ ラクダに荷を積み、砂漠を越えて行商する団体。キャラバン。

た タイ

【隊列】タイレツ 隊になったものの列。隊の並び。「デモ隊が—を組む」類隊伍

タイ【滞】(13) 氵10 常 3 3458 425A 音 タイ 訓 とどこおる

旧字《滯》(14) 氵11 1/準1 6292 5E7C

筆順

意味 ①とどこおる。はかどらない。「滞貨」「滞納」②とどまる。「滞空」「滞在」

下つき 延滞・凝滞・結滞・渋滞・遅滞・沈滞・停滞・留滞

【滞貨】タイカ ①売れないために、たまっている商品。②輸送しきれずに、たまっている貨物。

【滞空】タイクウ 飛行機などが空を飛び続けること。「—時間の新記録」

【滞言滞句】タイゲンタイク 仏言葉にばかりこだわって、ほんとうの道理が理解できないこと。「滞」はこだわる意。類尋言逐語・尋章摘句

【滞在】タイザイ ある期間、よその地にとどまること。「親戚の家に—して名所旧跡を訪ねた」類滞留・逗留

【滞積】タイセキ 輸送貨物や処理すべき問題がとどこおってたまること。

【滞納】タイノウ 納めるべき金銭や物品を、期限を過ぎても納めないでいること。「税金を—する」

【滞留】タイリュウ ①「滞在」に同じ。「数日間—の予定です」②物の流れなどがとどこおること。「郵便物が—する」類停滞

【滞る】とどこおる ①物事が順調に進まず、つかえたりたまったりする。「車が—る」②期限が過ぎても支払いが済まない。「仕事が—って困る」「家賃が—る」

タイ【瑇】(13) 王9 1 8816 7830 音 タイ 訓

〔玳〕6462 605E 〔瑇〕

意味 海がめの一種「瑇瑁」に用いられる字。

【瑇玻盞・瑇皮盞】タイヒサン 昔、中国江西省の吉州窯で作られていた茶碗。「瑇玻」は瑇瑁(カメの一種)の皮の意。由来 釉をかけると、鼈甲のような文様が現れたことから。

【瑇瑁】タイマイ ウミガメ科のカメ。熱帯・亜熱帯の海にすむ。甲羅の長さは約一メートル。甲羅は鼈甲細工の材料にする。季夏

タイ【碓】(13) 石8 準1 1716 3130 音 タイ 訓 うす

意味 うす。からうす。足の力や水の力で穀物をつくうす。

【碓】うす 足や水力できねを動かし、米や麦などの穀物をつく道具。ふみうす。

タイ【對】(14) 寸11 5384 5574 ▼対の旧字(九七八)

タイ【態】(14) 心10 教 常 6 3454 4256 音 タイ 外テイ 訓 外さま・わざと

筆順

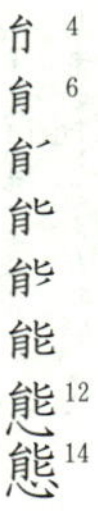

意味 ①さま。すがた。かたち。ようす。ありさま。「姿態」「状態」②心がまえ。身がまえ。「態勢」「態度」③わざと。わざわざ。

下つき 悪態・奇態・擬態・旧態・形態・姿態・事態・失態・実態・醜態・重態・状態・常態・酔態・生態・痴態・動態・変態・容態・様態

【態】ざま ようす・格好などをあざけっていう語。「なんという—だ」表記「様」とも書く。

【態勢】タイセイ 物事に対処する構えや状態。「準備—を整えて待つ」「—は万全だ」

【態度】タイド ①物事に対したときの、表に現れる動作や表情。そぶり。「真剣な—」②物事に対する身構え。心構え。「丁重な—をとる」

【態様】タイヨウ ようす。ありさま。表記「体様」とも書く。

【態と】わざと 意図的にするようす。故意に。「—負ける」

【態態】わざわざ 特別に何かをするようす。ことさら。「—集会に出向く」

タイ【滯】(14) 氵11 6292 5E7C ▼滞の旧字(九八五)

タイ【腿】(14) 月10 準1 3460 425C 音 タイ 訓 もも

〔腿〕

意味 もも。脛と股の総称。

下つき 下腿・上腿・大腿

【腿】もも あしのつけねからくるぶしまでの部分。大腿部と脛の総称。

タイ【蔕】(14) 艹11 1 7288 6878 音 タイ・テイ 訓 へた・うてな・ねもと・とげ

〔蒂〕7260 685C

意味 ①へた。果実が枝や茎につくところ。②うてな。花のがく。③ねもと。ね。④とげ。転じて、さしさわり。

下つき 芥蔕・苦蔕・根蔕

【蔕】へた ナスやカキなどの実についている萼。実が枝や茎につく部分。「—をとる」

タイ【颱】(14) 風5 1 8106 7126 音 タイ 訓 たいふう

意味 たいふう。英語の音訳字。

書きかえ 「台」に書きかえられるものがある。

【▲颱風】タイフウ ▼書きかえ 台風(九九八)

タイ【褪】(15) 衤10 1 7484 6A74 音 タイ・トン 訓 あせる・さめる

意味 ①あせる。色があせる。さめる。「褪紅」「褪色」②ぬぐ。衣服をぬぐ。

書きかえ ①「退」に書きかえられるものがある。

【▲褪せる】あせる 色・つやなどが薄くなる。さめる。また、容色などがおとろえる。「記憶が―せる」「古い写真の―せた色」

【▲褪める】さめる 色が薄れる。あせる。「服の色が―める」

【▲褪紅色】タイコウショク 薄い桃色。淡紅色。表記「退紅色」とも書く。

【▲褪色】タイショク ▼書きかえ 退色(九八二)

タイ【駘】(15) 馬5 1 8145 714D 音 タイ・ダイ 訓 にぶい・ふむ

意味 ①にぶい。のろい。②広くゆったりしている。のどかである。「駘蕩タイトウ」③ふ(踏)む。「駘藉」④ぬぐ。ウマがくつわをはずす。⑤「哀駘」は、さえないさま。みにくいさま。

下つき 駑駘ドタイ

【駘▲蕩】タイトウ ①のどかなさま。「春風―」②のびのびとしたさま。

タイ【★頽】(16) 頁7 1 8088 7078 音 タイ 訓 くずれる

〔頹〕

意味 ①くずれる。こわれ落ちる。「頽唐」②おとろえる。すたれる。「頽勢」「衰頽」

書きかえ ②「退」に書きかえられるものがある。

下つき 衰頽スイタイ・敗頽ハイタイ・廃頽ハイタイ

【▲頽れる】くずれる ①形がくずれる。②おとろえる。勢いがなくなる。

【▲頽勢】タイセイ ▼書きかえ 退勢(九八二)

【▲頽堕委▲靡】タイダイビ 体力や気力などが、しだいにおとろえていくこと。「頽堕」はくずれ落ちる、「委靡」はおとろえ弱る意。

【▲頽唐】タイトウ ①くずれ落ちること。②勢力がおとろえること。③道徳が乱れること。類 退廃

【▲頽廃】タイハイ ▼書きかえ 退廃(九八二)

【▲頽齢】タイレイ 老いおとろえた年齢。老衰する年齢。年寄り。類 老齢・高齢

タイ【黛】(16) 黒5 準1 3467 4263 音 タイ 訓 まゆずみ・まゆ・かきまゆ

旧字《黛》(17) 黒5 1/準1

意味 ①まゆずみ。まゆをかく墨。また、まゆずみでかいたまゆ。かきまゆ。「黛青」「眉黛ビタイ」②青々とした山や樹木。「翠黛スイタイ」

下つき 翠黛スイタイ・眉黛ビタイ・粉黛フンタイ・緑黛リョクタイ

【黛色】タイショク ①まゆずみの色。②「黛青タイセイ」に同じ。

【黛青】タイセイ まゆずみのような濃い青色。遠い山や樹木の青黒色。「―の色鮮やかな山」類 黛色・青黛

【黛眉】タイビ まゆずみで描いたまゆ。

【黛】まゆずみ 化粧品の一つ。まゆを描くための墨。また、まゆずみで描いたまゆ。

タイ【戴】(17) 戈13 常 2 3455 4257 音 タイ 訓 外いただく

筆順 一 十 土 𠮷 6 … 9 … 11 … 14 … 戴

意味 ①いただく。頭の上に物をのせる。「戴冠」「負戴」②ありがたくうける。もらう。「頂戴」③長としてあがめる。「推戴」

下つき 推戴スイタイ・頂戴チョウダイ・負戴フタイ・奉戴ホウタイ

【△戴く】いただく ①頭の上にのせる。「雪を―いた山」②その人を長として敬い仕える。「会長に―く」③「もらう」の謙譲語。「おみやげを―く」「教えて―きたい」④「食べる」「飲む」の謙譲語。「食事は十分に―きました」

【戴冠】タイカン 国王や皇帝が、即位後はじめて王冠を頭にのせること。「女王の―式」

【戴天】タイテン 天を頭上にいただくこと。この世に生きていること。「不倶グ―(憎しみが深く共存できないこと)」

〈戴勝〉やつがしら ヤツガシラ科の鳥。ユーラシアやアフリカに分布。日本には迷鳥としてまれに渡来。体は淡赤褐色で、背に白黒の横じまがある。扇状の冠羽と長いくちばしをもつ。由来「戴勝」は漢名からで、頭に髪飾り(勝)を戴いただいた鳥の意。表記「八首鳥」とも書く。

タイ【擡】(17) 扌14 1 5812 5A2C 音 タイ・ダイ 訓 もたげる・もちあげる

〔抬〕5813 5A2D

意味 もたげる。もちあげる。「擡頭」

【▲擡頭】タイトウ ①頭をもち上げること。②勢力を得てくること。「新人の―」③文章を書くとき、貴人の姓名などを文中で改行し、一字または二字分ほかの行よりも上に出して敬意を表す書式。一字上がるのが一字擡頭、二字上がるのが二字擡頭。表記「台頭」とも書く。

【▲擡げる】もたげる もち上げる。「不信の念が頭を―げてきた」

タイ【薹】(17) 艹14 1 7323 6937 音 タイ・ダイ 訓 とう・あぶらな

意味 ①とう。野菜類の花茎。②あぶらな。③はますげ。

【▲薹】とう アブラナ・フキなどの花茎。「—の立った(盛りを過ぎた)野菜は味が悪い」

タイ【▲黛】(17) 黒5 ▼黛の旧字(九八六)

タイ【蠆】(18) 虫12 1 9167 7B63 音 タイ 訓 さそり

意味 さそり。サソリ目の節足動物の総称。「蜂蠆(ホウタイ)」

下つき 蜂蠆(ホウタイ)

【▲蠆】さそり サソリ目の節足動物の総称。▼蠍(さそり)(二七)

タイ【鐓】(20) 金12 1 7930 6F3E 音 タイ 訓 いしづき・つち

意味 ①いしづき。矛や槍(やり)の柄の下にはめてある平底の金具。②つち(鎚)。大きなつち。

タイ【▲體】(23) 骨13 8183 7173 ▼体の旧字(九七七)

タイ【靆】(24) 雨16 1 8044 704C 音 タイ

意味 雲のたなびくさま。「靉靆(アイタイ)」

下つき 靉靆(アイタイ)

たい【▲鯛】(19) 魚8 3468 4264 ▼チョウ(一〇六九)

ダイ【乃】(2) ノ1 準1 3921 4735 音 ダイ・ナイ 訓 すなわち・なんじ・の

意味 ①すなわち。接続の助字。「乃至(ナイシ)」②なんじ。おまえ。「乃公」「乃父」③「の」の音を表すのに用いる。類 ①〜③ 迺(ダイ) 参考「乃」の一画目が片仮名の「ノ」に、草書体が平仮名の「の」になった。

【▲乃ち】すなわ-ち ①そこで。そうしてから。やっと。②しかるに。かえって。意外にも。

【▲乃公】ダイコウ ①おれさま。わが輩。「なんじの君」の意で、目上の人が目下の者に対していう自称。②「乃父(ダイフ)」に同じ。表記「迺公」とも書く。

【〖▲乃公△出(い)でずんば▲蒼生(ソウセイ)を〈如何(いかん)〉せん〗】 この自分が出馬して行動しなければ、世の人民はどうなるであろうか。世に出ようとする者の気負いを表す言葉。「蒼生」は人民の意。

【▲乃祖】ダイソ なんじの祖先。なんじの祖父。また、祖先。祖父。

【▲乃父】ダイフ なんじの父。父が子に対していう自称。類 乃公

【▲乃至】ナイシ ①…から…まで。数量などの上下の限界を定め、その間に含まれるすべての数量を示す語。「二五〇〜五〇〇メートルの距離」②または。あるいは。「学校—家庭の問題」

【▲乃】なんじ おまえ。そち。目上の人が目下の者にいう語。

【▲乃米】のうマイ 昔、官府に米を納入すること。年貢米。表記「納米」とも書く。

ダイ【大】(3) 大0 常 教 10 3471 4267 音 ダイ・タイ 外 タ・ダ 訓 おお・おおきい・おおいに

筆順 一ナ大

意味 ①形や規模がおおきい。「大河」「長大」対 小 ②数や量が多い。「大群」「大衆」③おおいに。たいへん。ひじょうに。はなはだ。「大安」「大慶」④重要な。たいせつな。「大義」「大役」⑤すぐれた。りっぱな。「偉大」「大器」⑥順序の最高位を表す語。「大将」「大僧正」対 中・小 ⑦物の大きさ。「等身大」⑧おおきくなる。おごる。いばる。「誇大」「尊大」⑨だいたい。おおよそ。「大意」「大要」⑩尊称・敬称・美称として添える語。「大兄」「大命」⑪「大学」の略。「短大」

下つき 偉大(イダイ)・遠大(エンダイ)・過大(カダイ)・寛大(カンダイ)・強大(キョウダイ)・巨大(キョダイ)・広大(コウダイ)・宏大(コウダイ)・誇大(コダイ)・細大(サイダイ)・最大(サイダイ)・自大(ジダイ)・事大(ジダイ)・重大(ジュウダイ)・甚大(ジンダイ)・盛大(セイダイ)・絶大(ゼツダイ)・壮大(ソウダイ)・増大(ゾウダイ)・尊大(ソンダイ)・多大(タダイ)・特大(トクダイ)・莫大(バクダイ)・肥大(ヒダイ)・膨大(ボウダイ)・雄大(ユウダイ)

【〈大葉藻〉】あまも ヒルムシロ科の多年草。浅い海底に群生。葉はひも状で長さ一メートルにもなる。昔、製塩に用いたことから「藻塩草(もしおぐさ)」ともいう。ウミヤナギ。アジモ。由来「大葉藻」は漢名から。表記「甘藻」とも書く。

【〈大角草〉】いささぐさ ソラマメの別称。▼蚕豆(そらまめ)(五八六)

【〈大人〉】うし ①学者や師匠を尊敬して呼ぶ語。先生。江戸時代によく用いられた。②古代、貴人などの敬称。①は「タイジン」とも読む。参考「おとな」と読めば別の意になる。

【大字】おおあざ 町村内の一行政区画。いくつかの小字(こあざ)を含む比較的広い地域。対 小字

【大味】おおあじ ①食べ物の味がおおまかで、微妙な風味に欠けるさま。②物事の趣に細やかさがないさま。「—な作品」

【大穴】おおあな ①大きなあな。②多額の欠損。「興行に失敗して—をあける」③競馬・競輪などで、予想外の結果。また、それによる高額の配当。「—をねらう」

【〈大炊〉】おおい 天皇の食事。また、それを作ること。由来「大飯(おおいい)」の転じたもの。

【大いに】おおいに 非常に。はなはだ。「今夜は—飲んで歌おう」

【〖大いに惑う者は終身解けず〗】 自分が迷っていることに気づかない者は一生涯、真理の何たるかを理解することができない。「大いに惑う者」は、自分が迷っていることに気づかない凡人のこと。〈『荘子(ソウジ)』〉

【〈大炊〉寮】おおいリョウ 律令(リツリョウ)制で、宮内省に属する役所の一つ。諸国から納められる米穀を収納し、各官庁に配分することなどをつかさどった。参考「おおいのつかさ」とも読む。「大炊(おおい)」は「大飯(おおいい)」の転。

【大△兄】おおえ ①最年長の兄。長兄。おいね。②皇子(みこ)。特に、古代日本の太子の称。

参考「タイケイ」と読めば別の意になる。

【大奥】おおおく 江戸城内で、将軍の夫人や側室たちが住んでいた所。将軍以外は男子禁制であった。

【大風が吹けば▲桶屋が喜ぶ】おおかぜがふけばおけやがよろこぶ 物事がめぐりめぐって思いがけない所に影響が出るたとえ。また、当てにならないことを期待するたとえ。由来 大風が吹けば砂ぼこりがひどく、そのため目を病んで盲人がふえ、盲人は三味線を習うからネコの皮の需要が多くなり、そのためネコが殺されるからネズミがふえる。ネズミは桶をかじるので桶屋が繁盛するという笑い話から。

【大方】おおかた ①大部分。大半。ほとんど。「工事は一済んだ」「客の一は女性だ」類 粗方(あらかた) ②一般の人々。「一の予想」③おそらく。たぶん。「一そんなところだろう」

【大形】おおがた 形が大きいこと。また、そのもの。「一の鳥」対 小形

【大型】おおがた 同類のもののなかで、規格や規模が大きいこと。また、そのもの。「一自動車」「一の台風」対 小型

【大▲矩】おおがね 土木・建築工事で、直角を測るのに用いる大形の三角定規。

〈大鼓〉・大革】おおかわ 能楽や長唄(ながうた)などで囃子(はやし)に使う大きなつづみ。左の膝(ひざ)の上に置いて右手で打つ。兄鼓(えつづみ)。参考「大鼓」は「おおつづみ」とも読む。

【大きい】おおきい ①形の面積・容積・長さ、または、数量が多い。「一い建物」「被害が一い」②規模や範囲がまさっている。「一い会社」③年齢が上である。「一くなったらパイロットになりたい」④おおげさである。偉ぶっている。「話が一い」⑤重要である。「こちらのほうが一い問題だ」

【大きい△薬缶(ヤカン)は沸きが遅い】大人物は、ふつうの人より大成するのに歳月を要するたとえ。大きい薬缶は容量が大きく役立つが、それだけに沸くのに時間がかかる意から。類 大器晩成 対 小鍋(こなべ)はじきに熱くなる

【大形・大行】おおギョウ ①おおげさで、わざとらしいこと。「一に顔をしかめる」②おおがかりなこと。大規模なこと。「一な舞台に客席がどよめいた」表記 ①「大仰・大業」とも書く。

【大口】おおぐち ①大きな口。口を大きくあけること。「一をあけて笑う」②おおげさにいばっていう言葉。「一をたたく」③取引などの金額や数量の多いこと。「一の注文」対 小口

【大口▲袴】おおくちばかま ①平安時代ごろから束帯の際、表袴(うえのはかま)の下に着用した裾口(すそぐち)が広い袴。②武家の者が、直垂(ひたたれ)・水干(スイカン)の下に着用した袴下。③能装束で、腰を大きく左右に張った袴。

〈大塊〉】おおぐれ 体格が大きいこと。類 大柄(おおがら) 参考「塊」はかたまりの意。「タイカイ」と読めば別の意になる。

【大▲袈▲裟】おおゲサ 実際より誇張して言ったりしたりするさま。「一に騒ぎ立てる」類 大仰・大形・大行

【大御所】おおゴショ ①大きな影響力をもっている、その道の第一人者。「文壇の一」類 大立者 ②隠居した親王・将軍などの居所。また、その人の尊称。

【大事】おおごと 重大な出来事。大事件。「ほうっておくと一になりかねない」

【大雑把】おおザッパ ①細かなことに注意が行かず、雑なさま。粗雑。「一な性格」②全体を大づかみにとらえること。おおまか。

【大路】おおじ 人が多く通る広い道。大通り。「都一」対 小路(こうじ)

【大地震】おおジシン ゆれの大きな地震。特に、マグニチュード七以上の地震。また、広域にわたり被害の大きな地震。参考「ダイジシン」とも読む。

【大島▲紬】おおしまつむぎ 鹿児島県奄美大島(あまみおおしま)特産の、かすり模様に織った絹の織物。

【大所帯・大〈世帯〉】おおジョタイ ①一家族などの人数が多いこと。また、その家の暮らし向き。「一で家計が苦しい」②組織などの、構成員の数が多いこと。「一を抱える工場」

【大筋】おおすじ 物事のだいたいの筋道。あらまし。「一で合意に達する」

【大隅】おおすみ 旧国名の一つ。現在の鹿児島県の東部。隅州(グウシュウ)。

【大勢】おおゼイ たくさんの人。多人数。「一集まる」類 多勢(タゼイ) 対 小勢(こゼイ) 参考「タイゼイ」とも読む。また、「タイセイ」と読めば別の意。

【大関】おおぜき 相撲で力士の位の一つ。横綱に次ぐ地位で、三役の最上位。参考 本来は力士の最高位で、その最優秀者を横綱と称した。

【大台】おおダイ ①金額・数量の、大きな境目となるけた。「一億円の一に乗る」②株式相場で、一〇円単位で相場を示す「台」に対して、一〇〇円の単位のこと。

【大立者】おおだてもの ①一座のうちで、最も技量のすぐれた役者。②その社会で、大きな影響力があり、重要な位置を占めている人。「財界の一」類 巨頭・大御所

【大▲摑み】おおづかみ ①手いっぱいに握ること。また、そのさま。「菓子を一にとる」②物事をおおざっぱにとらえること。あらましを理解すること。「一に説明する」

【大▲晦】おおつごもり 「大晦日(おおみそか)」に同じ。

【大詰め】おおづめ ①芝居で、最後の幕。また、その場面。②物事の終わり。終局。

【大手】おおて ①相場で、多額の売買をする人や会社。また、同業のなかで規模の特に大きな会社。大手筋。「一電機メーカー」②城の正面。

「—門」③敵を正面から攻める部隊。類②③追手(おうて) 対②③搦手(からめて)

【大手】(おおて) 肩から指の先まで。「—を左右に広げる」「—を振る(あたりをはばからない態度で堂々と物事を行う)」参考「おおて」と読めば別の意になる。参考「おおで」と読めば別の意。

〈大殿油〉(おおとなぶら) 宮殿などでともす灯火用の油。また、その灯火。

【大飛出】(おおとびで) 能面の一つ。口を大きく開き、金泥で彩色され、丸い目が飛びだすような相。たけだけしい神威を表す面。対小飛出

【大▲鉈】(おおなた) 大型のなた。「—を振るう(人員や経費などを大胆に処理する)」

【大葉子】(おおばこ) オオバコ科の多年草。▼車前(おおばこ)(六五五)

【大幅】(おおはば) ①通常より広い幅。②幅の広い布地。和服地で並幅(なみはば)(約三六センチメートル)の二倍の幅。洋服地でダブル幅。③数量・価格などの変動の範囲や開きが大きいこと。「—な値上げ」「—に記録を更新する」

【大▲祓】(おおはらえ) 罪やけがれをはらい清める神事。六月と一二月の末日に、宮中や神社で行う。参考「おおはらい」とも読む。

【大▲鷭】(おおバン) クイナ科の鳥。関東以北で繁殖し、冬は南方に渡る。全身黒色。額やくちばしは白色。足指にひれがあり、巧みに泳ぐ。季夏

【大盤振舞】(おおバンぶるまい) 人に気前よく食事や金品をふるまうこと。由来もとは「椀飯(オウバン)振舞」で、江戸時代、正月に一家の主人が親類などを招いて開いた宴会で椀(ワン)に盛った飯をふるまう意から。誤用の慣用化した言葉。

【大振り】(おおぶり) ①形がふつうより大きいこと。「—な皿に盛る」②大きく振ること。「—なバッター」対①②小振り 表記①「大風」とも書く。

【大風呂敷】(おおブロしき) ①大きなふろしき。②大げさに誇張して話すこと。また、その話や話す人。「—を広げる」

【大▵禍時】(おおまがとき) 夕暮れの薄暗くなったころのこと。逢魔(おうま)が時。由来災厄の起こりやすい時の意から。

【大股】(おおまた) 両足を広く開くこと。また、歩幅が広いこと。「—で歩く」対小股

【大見得】(おおみえ) ①芝居で、役者がことさら目立つ表情や演技をして感情の高まりを示すこと。②相手に対して、ことさらに自分を誇示する態度をとること。「—を切る」

【大▵御▲饗】(おおみあえ) ①天皇の食事。②宮中で臣下に賜る酒と食べ物。

【大▵御▵灯】(おおみあかし) 神前や仏前に供える灯明(トウミョウ)。

【大▲砌】(おおみぎり) 寝殿の雨やしずくを受ける、軒下の敷石や石畳のある所。

【大▵御▵食】(おおみけ) 神や天皇の食べ物。

【大〈▲晦日〉】(おおみそか) 一年の最後の日。一二月三一日。大晦(おおつごもり)。季冬 参考「みそか」は月の三〇日のこと。転じて、月の最終日の意。

【大向こう】(おおむこう) 劇場で、正面の観客席の後ろの立見席。転じて、一般の見物人。「—をうならせる(大衆の絶賛を得る)」参考大向こうに、芝居通の人が多かったともいわれる。

【〈大連〉】(おおむらじ) 大和朝廷で政治を行ったもの。連(むらじ)の姓(かばね)のなかで、有力者が任命された。

【大本】(おおもと) 物事の根本。一番のもと。「—を正す」

【大家】(おおや) ①貸家・アパートなどの持ち主。家主。対店子(たなこ) ②家人が住居にしている建物。おもや。表記①「大屋」とも書く。参考「タイカ」と読めば別の意になる。

【大八▲洲】(おおやしま) 日本の古い呼び方。また、美称。由来多くの島からなっている国の意から。

【大山▲蓮華】(おおやまレンゲ) モクレン科の落葉低木。関東以西の山地に自生。観賞用に庭に植える。初夏、芳香のある白い大形の花が下向きに咲く。ミヤマレンゲ。季夏

【大様】(おおヨウ) 性格や動作などがおっとりして、落ち着きのあること。おおらか。また、寛大で、細かいことにこだわらないこと。「—に構える」表記「鷹揚」とも書く。

【〈大凡〉】(おおよそ) ①あらまし。概略。「—の話は聞いている」②ほぼ。おおかた。「—見当はつく」表記「凡」とも書く。

【大枠】(おおわく) だいたいの限度や範囲。おおよその枠組み。「予算の—を決める」

【〈大曲〉】(おおわだ) 川や湖などが陸地に大きく入りこんだ所。入り江。参考「おおまがり」と読めば、秋田県大仙市の地名。

【大▵童】(おおわらわ) 一生懸命奮闘すること。非常に忙しいようす。「開店の準備で—だ」由来合戦の際、兜(かぶと)を脱いで髪を振り乱して戦うようすが、髪を束ねない童(子ども)のようであったことから。

【〈大▲鋸〉▲屑】(おがくず) のこぎりで木材を切ったときに出る粉状のくず。参考「大鋸(おが)」は、大きなのこぎりの意。

【〈大殿〉・〈大臣〉】(おとど) ①身分の高い人の住まいの敬称。②大臣や公卿(クギョウ)の敬称。③貴婦人や女房などの敬称。参考②「大臣」は「ダイジン」とも読む。

【〈大人〉】(おとな) ①一人前に成長した人。成人。対子供 ②考えや態度が一人前であるさま。分別があるさま。「年の若いわりには—だ」参考「うし」と読めば別の意になる。①は「タイジン・ダイニン」とも読む。

【▵大原女】(おはらめ) 京都郊外の大原の里から、花や薪などを頭にのせて市中に売りに来る女性。参考「おおはらめ」とも読む。

【〈大▲鮃〉】(おひょう) カレイ科の海魚。東北以北の北太平洋に分布。カレイに似るが、

大形で雌は全長二・六メートルに及ぶ。両眼は体の右側にある。肝臓から良質の肝油がとれる。肉は美味。

【〈大蛇〉】おろち 大きなヘビ。うわばみ。「八岐(やまた)の—」参考「ダイジャ」とも読む。

【〈大蚊〉】がんぼ ガガンボ科の昆虫の総称。カに似るが大きく、吸血しない。あしはきわめて長く、もげやすい。カトンボ。季夏

【〈大角豆〉】ささげ マメ科の一年草。中央アフリカ原産。夏、淡紫色の蝶(チョウ)形の花が咲き、長いさやをつける。種子と若いさやは食用。季秋 参考「ささぎ」とも読む。

【大安】タイアン 陰陽道(オンヨウドウ)で、結婚・旅行などすべてによいとされる日。大安日。参考「ダイアン」とも読む。

『大安吉日』タイアンキチジツ 陰陽道(オンヨウドウ)で、旅行・移転・結婚など物事を行うのに最も縁起の良いとされる日をいう。参考「吉日」は「キチニチ・キツジツ」とも読む。

【大意】タイイ 長い文章などの要点をまとめた、だいたいの意味。「文章の—をつかむ」

【大隠は朝市に隠る】タイインはチョウシにかくる 真に悟りきった隠者は、山野などに隠れ住まず、市中の俗世のなかで超然と暮らしているということ。「大隠」はすっかり悟りを開いた隠者の意。〈王康琚(オウコウキョ)の詩〉

【大△衍暦】タイエンレキ 中国から渡来した太陰太陽暦。唐の一行(イチギョウ)が作ったもので、日本では奈良時代に採択して用いた。

【大黄】ダイオウ ①タデ科の多年草。中国原産。葉は大きくてのひら状にさける。初夏、淡黄色の小花を多数つける。根茎は薬用。②①の根を干して砕き煎(セン)じた汁で作った、黄色の染料。

【大往生】ダイオウジョウ 苦痛や悩みがなく、安らかに死ぬこと。また、りっぱな死に方。「眠るがごとき—を遂げた」

【大音声】ダイオンジョウ 遠くまで響き渡る大声。「—で名乗りを上げる」

【大△陰神】ダイオンジン 陰陽道(オンヨウドウ)の八将神の一つ。土曜星の精。その方向にかかわる縁談や出産などを忌む。

【大恩は報ぜず】タイオンはホウぜず 小さな恩は忘れずに恩返しができるものだが、大きな恩は、その大きさのためにかえって気づかず、報いることなく終わることが多い意。参考「報ぜず」は「報(むく)いず」ともいう。

【大家】タイカ ①ある分野で特にすぐれ、名声の高い人。類巨匠 ②大きな家。金持ちの家。③家柄のりっぱな家。参考②③は「タイケ」とも読む。また、「おおや」と読めば別の意になる。

【大過】タイカ 大きな判断のあやまち。大失敗。「これまで—なく過ごしてきた」対小過

【大河】タイガ 水量が豊かで長大な川。「—小説(大規模な長編小説)」

【大塊】タイカイ ①大きな土のかたまり。②大地。また、地球。参考「おおぐれ」と読めば別の意になる。

【大概】タイガイ ①物事の大筋。あらまし。②大部分。ほとんど。「—のことには驚かない」③たぶん。「この問題なら—解けるだろう」④ほどほど。適度。「からかうのも—にしてください」

【大快人心】タイカイジンシン 世の人々を痛快な気分にさせること。特に、悪人や悪事が厳しく罰せられたときなどに使う。参考「人心大快」ともいう。類痛快無比

【大海は芥を△択ばず】タイカイはあくたをえらばず 度量の大きい人物は、えりごのみをせずによく人を受け入れるたとえ。大海は川からさまざまのごみが流れこんできても、すべてを受け入れる意から。参考「芥」は「塵(ちり)」ともいう。類河海は細流を択ばず

【大海を手で塞ぐ】タイカイをてでふさぐ 全く不可能なことをしようとするたとえ。類竿竹(さおだけ)で星を打つ

【大△廈高楼】タイカコウロウ 大きく高い建物のこと。また、豪壮な建物のこと。「廈」はひさし、「高楼」は高い建物の意。参考「高楼大廈」ともいう。

【大喝】ダイカツ 大声でどなりつけたり、しかりつけたりすること。また、その声。

『大喝一声』ダイカツイッセイ 大声を発してどなりつけたり、しかりつけたりすること。「—人の度胆を抜く」類大声一喝

【大△廈の△顛るや、一木の支うる所に△非ず】タイカのくつがえるや イチボクのささうるところにあらず 国が滅びかかっているときは、一人の力ではいかんともしがたいたとえ。大きな家が倒れかかったときには、一本の支柱だけで支えられるものではない意から。「大廈」は大きな家屋の意。〈『文中子(ブンチュウシ)』〉

【大△廈の材は一丘の木に△非ず】タイカのザイはイッキュウのきにあらず 天下に平和をもたらすことは決して少数の力ではできないということ。大きな建物を造るときの材木は、一つの丘の木だけではとても足りない意から。〈『四子講徳論』〉

【大官】タイカン 地位の高い官職。また、その地位にある人。類高官 対小官

【大△姦・大△奸】タイカン 非常な悪だくみをする人。大悪人。

『大△姦は忠に似たり』 大悪人は、自分の本性を隠したくみに振る舞うので、いかにも忠臣のように見えるということ。〈『宋史(ソウシ)』〉

【大患】タイカン ①大きな心配事。非常な不安。「国家の—」②重い病気。「—をわずらって入院中です」類重患・大病

【大観】タイカン ①広く全体を見渡すこと。全体を見通して大局から判断すること。「時勢を—する」②広大なながめ。

【大寒】ダイカン 陽暦で一月二〇日ころ。一年のうちで最も寒い時で、小寒と立春の間。

二十四節気の一つ。対小寒 季冬

【大願成就】タイガン ジョウジュ かねてからの大きな願いごとがかない、実現すること。参考「大願」は「ダイガン」とも読む。

【大旱の雲霓を望むが若し】タイカンのウンゲイをのぞむがごとし 好事の到来を熱望するたとえ。大日照りには、雨の降る前兆である雲や虹が出るのを待ちこがれる意から。「大旱」はひどい日照り、「雲霓」は雲と虹のこと。故事 中国、戦国時代、孟子が斉の宣王に、暴君から人民を救い、仁政を行った殷の湯王の例を引いて教えさとした言葉から。湯王がある地方へ出兵すると、他の地方の人民が自分たちのほうへ先に来てくれるように熱望したという。《『孟子』》

【大気】タイキ ①地球をとりまく空気全体。「―汚染」②度量の大きいさま。類大度

【大器】タイキ ①大きな入れ物。②大きな器量。すぐれた才能の持ち主。大人物。対小器

【大器小用】タイキショウヨウ 大人物につまらない小さな仕事をさせること。大きな器を小さなことに用いるということから。《『後漢書』》類驥服塩車・大材小用 対適材適所

【大器晩成】タイキバンセイ 大人物は普通の人より遅れて頭角を現すということ。大きな器は、完成するまでに時間がかかる意から。《『老子』》「―型の人物」

【大逵】タイキ 広く大きな四辻。大通り。大路。参考「逵」は、さまざまな方向へ通じる道の意。

【大義】タイギ ①人としてなすべき大切な道義。特に、国家・君主に対して臣民の守るべき道。「―に生きる」②重要な意義。

【大義親を滅す】タイギシンをメッす 人として守るべき道義を貫くためには、私情を捨てて親子兄弟でさえ犠牲にすることがあるということ。故事 中国、春秋時代、衛の国の石碏が、君主桓公を殺した州吁とともに、わが子石厚をも反逆者として殺したという故事から。《『春秋左氏伝』》

【大義名分】タイギメイブン ①人として、また臣民として守らなければならない道理や本分のこと。②何か事をするにあたって、そのよりどころとなる正当な理由。「政策を転換するには―が必要だ」

【大儀】タイギ ①骨のおれること。面倒でくたびれること。「家まで歩くのは―だ」②病気や疲れで何をするのもおっくうなさま。「口をきくのも―だ」③ご苦労。目下の者の労をねぎらうときの語。④重要な儀式。

【大吉】ダイキチ ①運勢が非常によいこと。「おみくじで―と出る」対大凶 ②よい運勢に恵まれる日。大吉日。

【大吉は凶に還る】ダイキチはキョウにかえる 吉は幸運だが、大吉になるとかえって凶に近くなる。幸運もほどほどがよいということ。参考易から出た言葉で、陽の卦が最上になると陰の卦になるとされている。

【大逆】タイギャク 人道にそむく最悪の行い。特に、君主や親を殺すことなどをいう。参考「ダイギャク」とも読む。

【大逆無道】タイギャクムドウ はなはだしく人の道にそむき、道理を踏みはずすこと。また、その行い。参考「無道」は「ブドウ・ブトウ」とも読む。類悪逆無道・極悪非道

【大挙】タイキョ ①多人数でそろって物事に立ち向かうこと。「―して押しかける」②壮大な計画。「―を胸に抱く」類壮挙

【大饗】タイキョウ ①盛大な宴会。②昔、宮中で催された、定例または臨時の大きな宴会。参考「ダイキョウ・おおあえ」とも読む。

【大業】タイギョウ ①偉大な事業。重大な仕事。「維新の―を成し遂げる」②帝王や君主の行う事業。参考「おおわざ」と読めば、格闘技で豪快なわざの意。

【大驚失色】タイキョウシッショク 非常に驚き恐れ、顔から血が引くさま。「失色」は顔色が青ざめる意。

【大局】タイキョク 全体のなりゆきや情勢。「日本経済の―を見通す」「―的見地に立って考える」由来 囲碁で、対局中の局面(全体の情勢)をいうことから。

【大魚は小池に棲まず】タイギョはショウチにすまず 大きな魚が狭い池にはすまないように、大人物といわれる人は、つまらぬ地位や仕事にとどまってはいられないたとえ。

【大工】ダイク おもに、木造家屋の建築や修理をする職人。きのたくみ。また、その仕事。「―の棟梁」

【大兄】タイケイ ①男性どうしで、同輩または年長の相手に使う敬称。手紙文で用いる。類賢兄 ②兄を敬っていう語。参考「おおえ」と読めば別の意になる。

【大系】タイケイ ある部門の著作物を集め、系統立ててまとめたもの。「古典文学―」

【大計】タイケイ 大きなはかりごと。遠大な計画。「国家百年の―」

【大慶】タイケイ 非常にめでたく、よろこばしいこと。「―至極に存じます」

【大圏】タイケン 地球とその中心を通る平面とが、交わってできる円。地球表面に描いた大円。「―航路で世界一周の旅に出る」

【大権】タイケン 国を統治する権利。明治憲法において定められていた、天皇の統治権。

【大絃急なれば小絃絶ゆ】タイゲンキュウなればショウゲンたゆ 国を治めるには寛容が大切で、過酷な政治を続けると民を疲れさせ国を滅ぼすもとになるという戒め。琴や琵琶などの弦を張るのに、大絃を強くすれば小絃は切れてしまう意から。「大絃」は琴や琵琶などの太い弦、

「小絃」は細い弦、「急」は強く張ること。〈『説苑』〉

【大言壮語】タイゲンソウゴ　できもしない大きなことや威勢のいいことを言うこと。また、その言葉。「あの男は―ばかりで信用できない」

【大賢は愚なるが△如し】タイケンはグなるがごとし　「大智は愚なるが如し」に同じ。

【大△賈】タイコ　財産の多い商人。大商人。豪商。参考「賈」は店を構えて売り買いする意。

【大悟】タイゴ　迷いを捨てて、悟りを開くこと。煩悩を脱して、真理を悟ること。多く、禅宗で用いる言葉。「―徹底」参考「大」は、完全の意。参考「大悟」は「ダイゴ」とも読む。

【大悟徹底】タイゴテッテイ　仏完全に悟りきり、少しの迷いもないこと。類廓然大悟

【大巧】タイコウ　非常にたくみなこと。すぐれて、たくみなこと。

『大巧は拙なるが△若し』タイコウはセツなるがごとし　名匠は小細工をしないから、また、芸をひけらかしたりしないから、見かけは下手なように見えるということ。〈『老子』〉

【大綱】タイコウ　①根本にある事柄。「条約の―を決める」②おおよその内容。あらまし。「新規事業の―を発表する」類大要　対細目

【大行は細謹を顧みず】タイコウはサイキンをかえりみず　大事業をなし遂げるためには、小さな事柄や欠点にこだわらない。「大行」は大事業、「細謹」はささいなつつしみの意。故事 中国の天下を争っていた漢の劉邦と楚の項羽が鴻門で会見した際、項羽の臣下が劉邦を殺そうとしたが、部下の機転で劉邦は命拾いをした。そのとき、劉邦は項羽に別れの挨拶をしようとしたが、忠臣樊噲が、「大事の前に挨拶など無用です」と説得した故事から。〈『史記』〉類大事の中の小事なし

【大功を成す者は衆に謀らず】タイコウをなすものはシュウにはからず　大事業をなし遂げる人は、他人に相談したりせず、自分独自の判断力で事を行う。〈『戦国策』〉

【大功を論ずる者は小過を録せず】タイコウをロンずるものはショウカをロクせず　大きな功績をあげたときには、たとえそこに小さな過失があったとしても問題にはしない。〈『漢書』〉

【大獄】タイゴク　重大な犯罪事件で多くの者が捕らえられること。また、そのような事件。「安政の―」

【大黒】ダイコク　①仏「大黒天」の略。仏・法・僧の三宝の守護神。中国や日本では、食物の神として寺の台所にまつった。②七福神の一人。頭巾をかぶり、左肩に大きな袋を負い、右手に打ち出の小づちを持つ福徳の神。③僧の妻の俗称。

【大極殿】ダイゴクデン　古代、大内裏の中心となっていた正殿。天皇が政務を執り、新年や即位などの大礼を行った建物。参考「ダイギョクデン」とも読む。

【大黒柱】ダイコクばしら　①建物の中心になるいちばん太い柱。②一家や集団などの中心人物のたとえ。「父は我が家の―だ」

【大国を治むるは小鮮を△烹るが△若くす】タイコクをおさむるはショウセンをにるがごとくす　小魚は形が崩れやすいので、煮るときはかき回さないようにするが、大国を治める場合も、あまり人心をかき乱すようなことをせず、寛大な政治を行うほうがよいという教え。「小鮮」は小魚のこと。〈『老子』〉

【大根を正△宗で切るよう】ダイコンをまさむねできるよう　おおげさなことのたとえ。また、才能のある人物に、つまらない仕事をさせるたとえ。「正宗」は鎌倉時代の刀工岡崎正宗が鍛えた刀で、代表的な名刀。

【大差】タイサ　大きなちがい。非常な隔たり。「両者の力に―はない」「―がつく」対小差

【大△鷺】ダイさぎ　サギ科の鳥。日本では冬鳥として本州以南に渡来する亜種と、夏鳥として渡来して繁殖する亜種とがある。水辺にすむ。全身白色で、くちばしやあしが長い。モモジロ。

【大冊】タイサツ　形が大きくて厚い本。「図書館で―を読みふける」対小冊

【大山鳴動して鼠一匹】タイザンメイドウしてねずみイッぴき　大騒ぎしたわりに、実際の結果は小さいことのたとえ。大きな山が鳴り動き、大噴火でも起きるかと思わせたが、ネズミが一匹出てきただけだった意から。表記「大山」は「泰山」とも書く。

【大志】タイシ　大きなこころざしや望み。「―を抱いて上京する」

【大使】タイシ　「特命全権大使」の略。国家を代表して他国に派遣される、最上位の外交使節。また、その外交官。「駐日フランス―」

【大姉】ダイシ　仏女性の戒名に添える称号。対居士

【大師】ダイシ　仏①仏や菩薩の尊称。②朝廷から名僧や高僧に与えられる称号。③特に、弘法大師(空海)をいう。

【大事】ダイジ　①大きな事業。だいそれた企て。「天下の―」②たいへんな事件。容易ならぬ事態。「―に至らずに済む」対①②小事　③ていねいに扱うこと。「お体、お―に」④重要なこと。「―な用件」

『大事の前の小事』①大事をなし遂げるためには、小事を犠牲にしてもやむを得ないということ。②大事をなし遂げるためには、小事にも油断してはならないという戒め。類①大事の中の小事なし

『大事は小事より起こる』どのような大事も、取

るに足りない小さな事が原因で起こる。小事にも注意せよという戒め。対大事の中の小事なし

【大死一番】ダイシイチバン 死ぬ覚悟で事にあたること。死んだつもりで奮起する意。〈『碧巌録(ヘキガンロク)』〉 参考 もと仏教語で、おのれを捨て去って仏道を修行する意。「大死」は「タイシ」とも読む。

【大司教】ダイシキョウ ローマ-カトリック教会の高位の聖職で、司教の上。

【大慈大悲】ダイジダイヒ 仏 仏の広大無辺な慈悲。特に、観世音菩薩(カンゼオンボサツ)の深い慈悲をいう。

【大赦】タイシャ 国家の慶事の際、政令で定めた罪を赦免すること。恩赦の一種。「―が行われる」

【大蛇】ダイジャ 大きなヘビ。うわばみ。参考「おろち」とも読む。

【大杓鷸・大尺鷸】ダイシャクしぎ シギ科の鳥。春と秋に日本を通る。シギ類のなかでは最大。くちばしは長く下方に曲がり、干潟(ひがた)で、カニやシャコなどを捕食。背は黒褐色のまだらがある。

【大車輪】ダイシャリン ①車の大きな輪。②器械体操の一つ。鉄棒を両手で握り、体をまっすぐに伸ばした状態で大回転する技。③力いっぱい懸命に働くこと。また、そのさま。「締切りに間に合うように―で原稿を書く」

【大樹】タイジュ 大きな樹木。大木。「寄らば―の陰(頼るなら、力のある者がいい)」

『大樹の下(もと)に美草なし』 大人物のいるところからは、その威光に頭を押さえられて、すぐれた人物が出にくい。大木の陰になっている場所によい草は生えない意から。〈『説苑(ゼイエン)』〉

【大衆】タイシュウ ①多数の人々。「―的な食べ物」②労働者や農民など、社会の大多数を占める勤労者。類民衆 参考「ダイシュ」と読めば、多くの僧の意。

【大書】タイショ 文字を大きく書くこと。また、おおげさな表現で書くこと。「特筆―する」

【大暑】タイショ ①厳しい暑さ。類酷暑 ②二十四節気の一つ。一年中で最も暑い時期。陽暦で七月二三日ころ。季夏

【大将】タイショウ ①全軍を指揮・統率する者。②軍隊で、将官の最上位。③一群のかしら。「お山の―」④人を親しみを込め、また、からかって呼ぶ語。⑤柔道や剣道の団体戦で主将として最後に出る選手のこと。

【大笑】タイショウ 大いに笑うこと。おおわらい。「呵々(カカ)―する」

【大勝】タイショウ 大きな差をつけて勝つこと。圧倒的な勝利。対大敗

【大乗】ダイジョウ 仏 他者の救済を重視し、多くの人を悟りに導こうとする仏教の教法。大乗仏教のこと。対小乗 参考「大乗」は人がたくさん乗る大きな乗り物の意。

【大嘗祭】ダイジョウサイ 天皇が、即位後に新しい穀物を供えて初めて行う新嘗祭(にいなめサイ)。一代一度の祭り。おおなめまつり。おおにえまつり。季冬

【大上段】ダイジョウダン ①剣道で、刀を両手で頭上に高くかざす構え。②おおげさに相手を威圧する態度。高姿勢。「規約を―に振りかざす」参考①上段の構えを強めていう語。

『大匠は拙工の為に縄墨を改廃せず』タイショウはセッコウのためにジョウボクをカイハイせず 人にものを教えるにあたっては、教える相手に合わせてレベルを低くしたりしないということのたとえ。すぐれた大工は、下手な大工に合わせて、すみなわの引き方を改めたりやめたりすることはしないという意から。〈『孟子(モウシ)』〉

【大丈夫】ダイジョウブ 危なげなく、しっかりしていること。また、そのさま。「彼に任せておけば―だ」参考「ダイジョウフ」と読めば、心身壮健な男子で、ますらおの意。

【大食】タイショク たくさん食べること。おおぐい。「無芸―」対小食・少食

【大食漢】タイショクカン 食べ物をたくさん食べる人。大食する人。

【大所高所】タイショコウショ 細かいことにはとらわれないで、全体を見渡す大きな観点。広い視野。「大所」は大きな立場。

【大処着墨】タイショチャクボク 大切なポイントをつかんで物事を行うたとえ。絵や文章を書くとき、最も大事なところを押さえたうえで墨をつける意から。

【大人】タイジン ①体の大きな人。巨人。②おとな。対①〜③小人(ショウジン) ③徳のある人。人格者。④官位の高い人。⑤師・学者・父の敬称。参考②「ダイニン・おとな」とも読む。⑤「うし」とも読む。

『大人は虎変(コヘン)す』 徳の高い大人物が革命をなし遂げたときは、トラの毛が秋に生え変わって模様が色鮮やかになるように、古い制度が面目一新されるものだ。「虎変」は、トラの毛が抜け変わり模様がきわだつように変化すること。〈『易経』〉

【大尽】ダイジン ①大金持ち。富豪。②昔、遊郭などで、大金を使って豪勢に遊ぶ上客。

【大臣】ダイジン ①内閣を構成する閣僚。各省の大臣および国務大臣。②律令(リツリョウ)制で、太政(ダイジョウ)大臣・左大臣・右大臣・内大臣の称。おとど。

【大豆】ダイズ マメ科の一年草。夏、白や紫色の花をつける。種子は食用のほか、油をとったり、味噌(ミソ)や醬油(ショウユ)などの原料とする。季秋

【大成】タイセイ ①りっぱになし遂げること。対小成 ②ある方面ですぐれた人物になること。「学者として―する」③関連するものを広く集め、一つにまとめ上げること。集大成。

【大勢】タイセイ ①おおよその形勢。「選挙の―は決した」②世の中のなりゆき。「天下の―に逆らう」参考「おおゼイ・タイゼイ」と読めば別の

意になる。

【大声疾呼】 タイセイシッコ 大声で激しく呼ぶこと。「疾呼」は激しく呼び叫ぶこと。

【大声、里耳に入らず】 タイセイリジにいらず あまりに高尚な道理は、俗人にはなかなか理解されない。高雅な音楽は俗人の耳には分かりにくい意から。「大声」は高雅な音律、「里耳」は俗人の耳の意。《荘子(ソウジ)》

【大切】 タイセツ ①価値が大きいこと。重要であること。「—な品物」②ていねいに扱うさま。「—にしまっておく」類①②大事 対①②粗末

【大喪】 タイソウ ①旧制で、天皇が大行(タイコウ)天皇・太皇太后・皇太后・皇后の喪に服すること。また、その葬儀。「—の儀」②「大喪の礼」に同じ。

【大層】 タイソウ ①物事の程度がはなはだしいさま。非常に。「—寒い」②言動・様子などがおおげさであるさま。「ご—なセリフ」

【大簇】 タイソウ ①中国音楽で十二律の一つ。下から三番目の音。②陰暦一月の異名。表記「太簇」とも書く。

【大喪の礼】 タイソウのレイ 天皇の葬儀。皇室典範に基づき、内閣が国葬として行う。

【大それた】 ダイそれた 道理や常識から大きくはずれた。とんでもない。「彼は—計画を思いついた」

【大体】 ダイタイ ①おおよそ。あらまし。大部分。「準備は—整った」②もとはと言えば。そもそも。「—先に暴力をふるったほうが悪い」

【大腿】 ダイタイ 足のつけねからひざまでの部分。ふともも。「落ちて—部を強打した」

【大内裏】 ダイダイリ 古代、天皇の居住する内裏を中心に、諸官庁が置かれた区域の総称。参考「タイダイリ」とも読む。

【大胆】 ダイタン ①度胸があって、恐れを知らないこと。また、そのさま。「—な正面攻撃」類豪胆 対小胆・小心 ②思い切って事をすること。「—なデザイン」

【大胆不敵】 ダイタンフテキ 度胸がすわっていて何物をも恐れないこと。また、そのさま。「—な白昼の犯行」

【大団円】 ダイダンエン 演劇や小説などで、めでたく解決して終わる最後の場面。「—て幕が下りる」参考「団円」は結末の意。

【大地】 ダイチ 地球の表面の広大な土地。天に対して、生活を確実に支えてくれるものとしての、地面。「母なる—」

【大地に槌】 ダイチにつち 絶対に確実で、外れることのないたとえ。大地を槌で打つ意で、失敗のしようがないことから。

【大智は愚なるが如し】 タイチはグなるがごとし ほんとうに知恵のある人は、その知恵をひけらかさないから、一見愚か者のように見えるということ。《蘇軾(ソショク)の詩》参考「大智」は「大賢」ともいう。

【大腸】 ダイチョウ 小腸に続いて肛門(コウモン)に至る消化器官。盲腸・結腸・直腸からなる。おもに、消化物の残りから水分吸収を行う。

【大抵】 タイテイ ①ほとんど。大部分。「—の人はそう思っている」②おそらく。「—我慢できるだろう」③ひととおり。ふつう。あとに打ち消しの語を伴う。「並み—の努力ではできない」④ほどほど。「夜遊びも—にしろ」

【大敵と見て懼るべからず、小敵と見て侮らず】 タイテキとみておそるべからず ショウテキとみてあなどらず 相手がどんなに強そうに見えてもむやみに恐れてはならない、また、弱そうに見えても決して侮ってはならないという戒め。

【大典】 タイテン ①国の重大な儀式。大礼。「天皇即位の御—」②重大な法律。

【大篆】 ダイテン 漢字の書体の一つ。中国、周の宣王の時代に、史籀(シチュウ)が作ったといわれる。籀書。籀文。

【大度】 タイド 度量が大きいこと。また、心が広いさま。「寛仁(カンジン)—」類大量

【大同】 ダイドウ ①だいたいにおいて同じであること。②多数の人が目的を一つにして合同すること。

【大同小異】 ダイドウショウイ だいたいは同じで、細かい点に少しちがいがあること。似たりよったり。《荘子(ソウジ)》「両者の考えは—だ」類同工異曲 対大異小同

【大同団結】 ダイドウダンケツ 多くの政党・団体などが、共通の目的のために、多少の意見の相違を越えて一つになること。「—して難局の打開にあたる」

【大道】 ダイドウ ①幅の広い大きな道路。「—芸人」②守るべき正しい道。根本の道理。正道。「聖賢の—」参考②「タイドウ」とも読む。

【大道廃れて仁義有り】 タイドウすたれてジンギあり 昔、人の踏み行うべき無為自然の大道が行われていた時代は、仁義を唱える必要はなかった。後世に大道がすたれたために、仁義を説くことが必要になったのだということ。《老子》

【大道不器】 タイドウフキ 聖人の行う大いなる道は、ごく限られた物しか盛ることができない器とはちがって、広く力を及ぼすことができるものだということ。「器」は道具で、一つの用にしか役立たないもののたとえ。《礼記(ライキ)》

【大徳】 ダイトク 仏①仏のこと。②徳の高い僧。また広く、僧。③富裕な人。金持ち。参考「ダイトコ」とも読む。

【大徳は小怨を滅す】 タイトクはショウエンをメッす 大きな恩恵は小さなうらみなどおのずと消滅させてしまう。「大徳」は大きな恩恵の意。《春秋左氏伝》

【大納言】 ダイナゴン ①律令(リツリョウ)制で、太政官(ダイジョウカン)の次官。大臣に次ぐ高官で国

政に参与した。②「大納言小豆(あずき)」の略。アズキの上質品種。大粒で色が濃く、美味。

【大脳】ダイノウ 脊椎(セキツイ)動物の脳の最上位の部分。複雑な精神作用を営むため、高等動物ほど発達し、人間では脳の大部分を占める。

【大納会】ダイノウカイ 取引所で、一年の最終の立会(たちあい)日。対大発会(ダイハッカイ)

【大の月】ダイのつき 陽暦で、日数が三一日ある月。一・三・五・七・八・一〇・一二の各月。対小の月

【大破】タイハ ①修理できないほどひどく破損すること。「事故で—した車」②敵をひどく打ちやぶること。

【大旆】タイハイ ①太陽・月と昇竜・降竜を描いた大きなはた。昔、中国で天子や将軍が用いた。②堂々とした大きな旗印。

【大敗】タイハイ ひどく負けること。大負けすること。「—を喫する」対大勝

【大は小を兼ねる】ダイはショウをかねる 小さい物より大きい物のほうが役に立つということ。大きい物は、小さい物の代わりになる意から。

【大八車】ダイハチぐるま 木製の大きな荷物運搬用二輪車。由来 八人分の仕事をこなすことから。表記「代八車」とも書く。

【大発会】ダイハッカイ 取引所で、新年最初の立会(たちあい)日。初立会。対大納会

【大半】タイハン 半分以上。過半。おおかた。大部分。「—の人は賛成だ」

【大盤石・大磐石】ダイバンジャク ①大きな岩。②基礎がしっかりしていてゆるぎないこと。「—の選挙陣営」

【大尾】タイビ 終わり。最終。終局。結末。

【大兵肥満】ダイヒョウヒマン 体が大きく、太っていること。またそのような人。「大兵」は体が大きくたくましい意。参考「大兵」は「タイヒョウ」とも読む。

【大輔】タイフ 律令(リツリョウ)制の八省の次官で、少輔(しょう)の上の位。

【大部】タイブ ①まとまりになっている書物の巻数やページ数が多いこと。大冊。「—の全集を買った」②大部分。

【大夫】タイフ 律令(リツリョウ)制で、職(シキ)・坊の長官。参考「タイフ」と読めば一位から五位までの総称。また、特に五位の称。「たゆう」と読めば別の意になる。

【大風子】ダイフウシ イイギリ科の落葉高木。東南アジア原産。果実は直径約一〇センチメートルの球形で、外皮は褐色。中に数十個の種子があり、油をとる。「—油」

【大福】ダイフク ①「大福餅(もち)」の略。薄くのばした餅の中にあんを包みこんだ菓子。②大きな幸運。富裕で福運のよいこと。

【大別】タイベツ おおまかに区分すること。だいたいの分類。「—すると三種類になる」

【大変】タイヘン ①重大な出来事。大事件。②程度がはなはだしいさま。驚くべきさま。非常に。「—うれしい結果が出た」「朝が早くて—な仕事を引き受けた」③たいそう。

【大砲】タイホウ ①大きな弾丸を発射する兵器。火砲。おおづつ。②野球などで強打者のこと。「—が並ぶ打線」

【大謀網】ダイボウあみ 垣網と袋網を組み合わせた大形の定置網の一種。数隻の漁船で魚を追いこんで捕獲する。

【大法小廉】タイホウショウレン 上下の臣がすべて忠良であること。大臣は法を守り、小臣は清く正しく国家に忠節を尽くす意から。〈『礼記(ライキ)』〉

【大麻】タイマ ①アサからつくった麻薬。マリファナなど。②伊勢(いせ)神宮や他の神社が授けるふだ。③幣(ぬさ)の尊称。おおぬさ。

【大枚】タイマイ たくさんのお金。多くの金額。「—をはたいて宝石を買う」類大金

【大味必淡】タイミヒッタン 淡白なものこそほんとうにおいしく、人々に長く好まれるものだということ。「大味」は非常によい味、「淡」はうすくあっさりしている味の意。〈『漢書(カンジョ)』〉

【大名】ダイミョウ ①平安時代末期から戦国時代にかけて大きな領地を所有し、支配していた武士の通称。守護大名、戦国大名など。②特に江戸時代、将軍と直轄の主従関係にあった一万石以上の諸侯。「—行列」対①②小名

【大明神】ダイミョウジン ①「明神」をさらに尊んでたたえる語。稲荷(いなり)大明神・春日(かすが)大明神など。②人名や事物名の下につけ、神に見立てて親しみやからかいでいう語。「かかあ—」

【大命】タイメイ 君主の命令。また、旧憲法下での天皇の命令。勅命。「—がくだる」

【大望】タイモウ 大きな望み。おもに、身に過ぎた望みをいう。「—を抱いて上京する」参考「タイボウ」とも読む。

【大厄】タイヤク ①大きな災難。②厄年のうちで最も注意すべき年。数え年で、男性四二歳、女性三三歳。

【大役】タイヤク ①大きな役目。「—を果たす」類大任 ②映画や演劇などの配役で、重要な役。「—に抜擢(バッテキ)される」類①②主役 対端役(はヤク)

【大約】タイヤク おおよそ。あらまし。「経緯の—は下記のとおり」類大略

【大勇】タイユウ 大事にあたって奮い起こす勇気。真の勇気。「—は闘わず」対小勇

【大洋】タイヨウ ①大きな海。②大陸を囲む広大な海洋。太平洋・大西洋・インド洋を三大洋、これに北氷洋・南氷洋を加え、五大洋という。

【大要】タイヨウ だいたいの要点。あらまし。「論文の—をまとめる」類概要

【大欲】タイヨク ①大きな望みや欲望。②非常に欲の深いこと。また、その人。類強欲(ゴウヨク) 対①②小欲 参考「ダイヨク」とも読む。書きかえ

「大慾」の書きかえ字。

『大欲は無欲に似たり』①大望をもつ者は、目先の小利にとらわれないために無欲に見える。②強欲な者は、欲に目がくらんで損をすることが多く、結果は無欲の者と変わらない。

『大欲非道タイヨクヒドウ』非常に欲が深く、道理にはずれて非人情なこと。

【大▲慾】タイヨク ▼ 書きかえ 大欲

【大陸】タイリク ①地球上の広大な陸地。ユーラシア、アフリカ、南・北アメリカ、オーストラリア、南極の六大陸に分かれる。②日本から見た中国、イギリスから見たヨーロッパを指す語。

【大理石】ダイリセキ 石灰岩が、熱変成作用でできた結晶質岩石。白色で美しい模様があり、建築や彫刻・装飾などに用いられる。マーブル。由来 中国、雲南省にある大理で多く産することから。

【大略】タイリャク ①おおよその内容。概要。「小説の―はこのとおりです」類大要 ②遠大なはかりごと。また、すぐれた知識。

【大▲呂】タイリョ ①中国音楽の音名で、十二律の二番目の音。日本の十二律の断金（タンギン）にあたる。②陰暦一二月の異名。参考 ①②「タイロ」とも読む。

【大量】タイリョウ ①数量の多いこと。「―生産の得失」類多量 対少量 ②心の広いこと。大きな度量。類大度 対①②小量

【大漁】タイリョウ 魚介がたくさんとれること。「港は秋刀魚（さんま）の―でわいている」類豊漁 対不漁 参考「タイギョ」とも読む。

【大輪】タイリン 花の輪郭がふつうよりも大きく開くこと。参考「ダイリン」とも読む。

【大礼は小譲を辞せず】タイレイはショウジョウをジせず 大事の前には、小事にかかわっていてはいけないという戒め。重大な礼節を守り通すためには、小さな譲り合いなど問題外だという意。〈『史記』〉参考「大行は細謹を顧みず」に続く言葉。

【大老】タイロウ 江戸幕府で最上位の職名。必要に応じて老中の上に置かれ、将軍を補佐した。

【大▲牢】タイロウ ①昔、中国で天子が神をまつるとき供物としたウシ・ヒツジ・ブタの三種のいけにえ。②すばらしい料理。③江戸時代、戸籍をもつ庶民の犯罪者を入れた牢屋。表記「太牢」とも書く。

【大麓】タイロク 山のふもとの広大な林。広々とした山すそ。

〈大▲戟〉たかとうだい トウダイグサ科の多年草。山野に自生。トウダイグサに似るが丈が高い。茎や葉は有毒。由来「大戟」は漢名からの誤用。表記「高灯台」とも書く。

〈大▲芥菜〉たかな アブラナ科の二年草。カラシナの一品種。暖地で栽培。葉は楕円（ダエン）形で大きい。辛味があり、漬物用。季夏 表記「高菜」とも書く。

【大△宰△帥】ダザイのソツ 律令（リツリョウ）制で、筑前（ちくぜん）の国（今の福岡県北西部）に置かれた大宰府の長官。九世紀以後は親王が任ぜられ、九州地方の行政・外交・国防に当たった。参考「ダザイのソチ」とも読む。

【大△宰府】ダザイフ 律令（リツリョウ）制で、筑前（ちくぜん）に置かれた役所。壱岐（いき）・対馬（つしま）と九州の行政・国防・外交をつかさどった。参考 地名のときは「太宰府」と書く。

【△大太鼓】ダダイコ 舞楽に用いる大形の太鼓。面の直径は約二メートル。上部に火焔（カエン）の彫刻があり、左方に置かれるものは日輪、右方に置かれるものは月輪の模様をつける。左右で色彩も異なる。火焔太鼓。参考「おおダイコ」と読めば、大形の和太鼓や洋楽の大形ドラムの総称。

〈大刀〉たち 奈良時代以前の反りのない刀剣の総称。参考「太刀」と書けば、平安時代以後に用いた反りのある長い刀のこと。「ダイトウ」とも読む。

〈大夫〉たゆう ①能や狂言などの芸人の長。②浄瑠璃（ジョウルリ）の語り手。③歌舞伎（カブキ）の女形。④最上位にある遊女。表記「太夫」とも書く。参考「ダイブ・タイフ」と読めば別の意になる。

〈大口魚〉たら タラ科の海魚の総称。由来「大口魚」は漢名から。口が大きい魚の意。▼鱈（たら）（八六九）

〈大▲蒜〉にんにく ユリ科の多年草。西アジア原産。全体に強烈な臭気がある。地下の鱗茎（リンケイ）は食用や薬用。ガーリック。季春 参考「おおびる」と読めばニンニクの古称。

〈大角〉はらのふえ 古代、戦場で小角（くだのふえ）とともに用いた、獣の角に似た形の笛。参考「はら」とも読む。

〈大豆▲粕〉まめかす ダイズから油をしぼりとった残りのかす。肥料や飼料に用いる。表記「豆粕」とも書く。

〈大和〉やまと ①旧国名の一つ。現在の奈良県全域。和州（ワシュウ）。②日本の古称。また、名詞の上につくと日本固有のものの意。「―絵」表記 もとは「倭」と書いた。

〈大和歌〉やまとうた 日本固有の歌。和歌。対唐歌（からうた）

〈大和魂〉やまとだましい 日本民族固有の勇敢で潔い精神。やまとごころ。

〈大和▲撫子〉やまとなでしこ ①日本女性の美称。みかけは可憐（カレン）で弱々しいが心（シン）は強いという意。②ナデシコの別称。カラナデシコに対していう。

ダイ【内】(4) 入 2 教 3866/4662 ▼ナイ（二八三）

ダイ【代】(5) イ 3 常 教 8 3469/4265 音 ダイ・タイ 訓 かわる・かえる・よ・しろ㊥

筆順 ノ イ 仁 代 代

意味 ①かわる。かえる。かわってする。「代表」「代理」②かわりになるもの。商品や労力にみあう金額。「代価」「代金」③よ(世)。㋐歴史上の大きな区分。「上代」㋑王朝。「唐代」㋒天子や家長がその地位にある期間。㋓年齢や年号の範囲。「二十代」④しろ。田地。「苗代」

下つき 永代・近代・現代・交代・古代・時代・上代・城代・初代・世代・舌代・先代・前代・総代・地代・当代・苗代・年代・譜代・末代・名代・歴代

【代わる】 かーわる 他のもののかわりの役割をする。代理をする。「石油に―る燃料」

【代】 しろ ①あるもののために必要な部分。「縫い―」②代わりとなるもの。代用。「御霊―」③代金。「飲み―」「身の―金」④田。「苗―」

【代掻き】 しろかき 田植えの準備として、田に水を入れて鍬などを用いて土をかきならすこと。季夏

【代田】 しろた 代掻きを終えて、田植えの準備の整った田。田植え前の田。季夏

【代物】 しろもの ①売買する品。商品。②ある評価を受ける人や物。「これはなかなか大変な―だ」

【代案】 ダイアン 代わりの案。代わりの考え。「―の検討を願い出る」

【代価】 ダイカ ①品物の値段。類代金 ②あることを実現するために避けられない犠牲や損害。類代償

【代官】 ダイカン ①室町時代、守護・地頭に代わってその職をつとめた者。②江戸時代、幕府の直轄地や諸藩で、年貢収納その他の民政をつかさどった地方官。

【代議士】 ダイギシ 国民によって選ばれ、国民の意見を代表して国の政治を論議する人。衆議院議員の通称で、参議院議員にはふつう使わない。

【代休】 ダイキュウ 休日の出勤や仕事の代わりとしてとる休暇。

【代言人】 ダイゲンニン 弁護士の旧称。

【代行】 ダイコウ 当人に代わって物事を行うこと。「引っ越し―業」

【代講】 ダイコウ 当人に代わって講義や講演を行うこと。また、その人。

【代作】 ダイサク 当人に代わって作品を作ること。また、その作品。

【代参】 ダイサン 当人に代わって神社や寺に参拝すること。また、その人。「―講」

【代赭】 タイシャ ①赤鉄鉱を粉末にした顔料。「―で絵付けをする」②茶色を帯びただいだい色。代赭色。

【代謝】 タイシャ ①古いものが新しいものと入れかわること。「新陳―」②生体内で起こる化学変化。外からとり入れた物質を分解・合成し、発生した老廃物を排出すること。物質代謝。

【代襲相続】 ダイシュウソウゾク 法定相続人が、相続の開始以前に死亡などにより相続権を失った場合、その者の直系卑属(子・孫・曽孫など)が、代わって相続順位により相続すること。

【代書】 ダイショ ①「代筆」に同じ。②「代書人」の略。役所に提出する書類などを、当人に代わって作成する職業の人。

【代署】 ダイショ 本人に代わって、その氏名を書くこと。また、その署名。

【代償】 ダイショウ ①与えた損害のつぐないとして、金品などを差し出すこと。②他人に代わって損害をつぐなうこと。代弁。③目標達成のために自ら払う犠牲。類代価

【代数】 ダイスウ 「代数学」の略。数の代わりに文字を記号として用い、数の性質や関係を研究する学問。

【代替】 ダイタイ 他のもので代えること。だいがえ。「―輸送」

【代人】 ダイニン 本人の代わりの人。代理人。「―を立てる」類名代

【代筆】 ダイヒツ 当人に代わって手紙や文書を書くこと。代書。対直筆・自筆

【代表】 ダイヒョウ ①多数の者に代わって、それらの人々の意思を表すこと。「―質問」②全体の性質や特徴を示す代わりとなるような一部分。「アメリカを―する詩人」

【代弁】 ダイベン ①当人に代わって意見を述べること。②当人に代わって弁償すること。代償。「治療費を―する」③当人に代わって物事を処理すること。

【代名詞】 ダイメイシ 品詞の一つ。名詞のうち、事物の名をいわないで人・事柄・場所などを指し示すのに用いる語。「わたし」「それ」「ここ」など。

【代役】 ダイヤク 本来するべき人に代わって、その役をつとめること。また、その人。

【代用】 ダイヨウ ある物の代わりとして用いること。「―品」

【代理】 ダイリ 当人に代わって、物事にあたること。また、その人。「首相―」類代行

【代】 よ ①ある支配者、または同一氏族・系統の者が国を治めている期間。「徳川の―」②人の一生。生涯。「わが―の春」

【代代】 よよ 代を重ねること。だいだい。仏過去、現在、未来、それぞれの代。表記「世世」とも書く。

ダイ【台】

(5) 口 2 常 教 9 3470 4266 訓 音 ダイ・タイ 外 うてな・しもべ

旧字《臺》(14) 至 8 1/準1 7142 674A

筆順 ㄥ ム ム 台 台

意味 ①うてな。物見台。見はらしのよい高い建造物。「台閣」「灯台」「楼台」②高く平らな土地。「台地」「高台」③物をのせたり、人が上がったりするもの。だい。「寝台」「舞台」④物事のもとになるもの。

「台帳」「台本」⑤相手に対する敬称。「貴台」「台臨」⑥めしつかい。しもべ。⑦数量の範囲を表す語。「千円台」⑧乗り物などの数をかぞえる語。
[書きかえ]「颱(タイ)」の書きかえ字として用いられるものがある。
[下つき] 縁台(エンダイ)・貴台(キダイ)・鏡台(キョウダイ)・高台(コウダイ・たかダイ)・燭台(ショクダイ)・寝台(シンダイ)・灯台(トウダイ)・番台(バンダイ)・舞台(ブタイ)・砲台(ホウダイ)・屋台(やタイ)・楼台(ロウダイ)

【△台】うてな ①見晴らしのよい高い建物。高殿(たかどの)。②物をのせる台。「蓮(はす)の―」

【〈台詞〉】せりふ ①演劇などで役者が話す言葉。②言いぐさ。言い分。決まった文句。「その―は聞きあきた」[表記]「科白」とも書く。

【台閣】タイカク ①高くてりっぱな建物。高殿(たかどの)。②国の政治を行うところ。内閣。「―に列する」[参考]「ダイカク」とも読む。

【台座】ダイザ ①物をのせる台。②仏像を安置する台。ハスの花の形の蓮華(レンゲ)座など。

【台紙】ダイシ 写真や絵などをはりつけるとき、土台とする厚紙。

【台子】ダイス 茶の湯で、茶碗(チャワン)や建水(ケンスイ)など、茶道具一式をのせる四本柱の棚。

【台地】ダイチ 周囲の地面よりもいちだんと高く、表面が平らな台状の地形。[類]高台

【台帳】ダイチョウ ①売買や事務上の記録のもととなる帳簿。原簿。元帳。「売上―」「土地―」②歌舞伎(カブキ)や芝居の脚本。台本。

【台頭】タイトウ 頭をもち上げること。勢力を増して進出してくること。「経済界では新勢力の―が著しい」[表記]「擡頭」とも書く。

【台所】ダイどころ ①家庭で、食物を調理する場所。炊事場。勝手。キッチン。②家計。金銭上のやりくり。「一家の―を預かる」

【台無し】ダイなし 物事がひどくいたんだり汚れたりすること。めちゃくちゃになること。「これまでの苦労が―だ」

【台風】タイフウ 夏から秋にかけて、北太平洋南西部に発生する熱帯低気圧の一つ。暴風雨をもたらす。[季]秋 [書きかえ]「颱風」の書きかえ字。

【台風一過】タイフウイッカ ①台風が一気に通り過ぎること。「―、青空が広がる」②嵐のような大騒ぎがおさまって、平静になることのたとえ。「孫たちが帰ったら、―、静かなわが家に戻った」

【台本】ダイホン 芝居などの脚本。出演者のせりふや動作が書かれている。シナリオ。

【台覧】タイラン 高貴な人が御覧になること。「―の栄に浴す」

ダイ【弟】(7) 弓 4 [教] 3679 446F ▼テイ(一〇八九)

ダイ【迺】(10) 辶 6 [準1] 7782 6D72 [音] ダイ・ナイ [訓] すなわち・なんじ・の

〈迺〉 3922 4736

[意味] ①すなわち。そこで。②なんじ。③「の」の音を表すのに用いる。[類]①～③乃(ダイ)

【迺ち】すなわち そこで。そして。[表記]「乃ち」とも書く。

【▲迺公】ダイコウ 「なんじの君主」の意で、男性が自分のことを尊大にいう語。わが輩。おれ様。[表記]「乃公」とも書く。

ダイ【第】(11) ⺮ 5 [教] [常] 8 3472 4268 [音] ダイ 外テイ [訓] 外ついで・やしき

[筆順] ノ 𠂉 ⺮ ⺮ ⺮ 笃 笃 第 第 (5)

[意味] ①ついで。しだい。物事の順序。「次第」②順序を表す語。「第一」③やしき。「第宅(テイタク)」[類]邸 ④昔の官吏登用試験。また、試験。「及第」「落第」

[下つき] 及第(キュウダイ)・次第(シダイ)・邸第(テイダイ)・登第(トウダイ)・落第(ラクダイ)

【第一】ダイイチ ①順序のいちばん初め。最初。「高校野球の―試合」②最も重要なこと。「安全を―に考える」③最もすぐれていること。「世界―の舞踊家」④何よりもまず。さしあたり。「―金がない」

【第一印象】ダイイチインショウ 人や物事に接して、最初に受けた感じ。「お見合いは―が大切だ」

【第一人者】ダイイチニンシャ ある社会や分野で、最もすぐれていると認められるほどの人。「民俗学の―」

【第一線】ダイイッセン ①戦場で、敵に最も近い前線。最前線。「精鋭部隊を―に投入する」②ある方面の重要なことが活発に行われているところ。「ファッション界の―で活躍する」「―を退く」

【第三国】ダイサンゴク 当面する事件や事柄に、直接関係のない国。「国境紛争を―が調停する」[対]当事国

【第三者】ダイサンシャ その事件や事柄に、直接関係のない人。当事者以外の人。「―に仲裁を頼む」[対]当事者

【第六感】ダイロッカン 五感(視覚・聴覚・嗅覚(キュウカク)・味覚・触覚)のほかにあると思われる感覚。理屈では説明できない、物事の本質を鋭く感じとる心のはたらき。直感。勘。「彼女の―はよくあたる」

【△第宅】テイタク 大きくてりっぱな家。やしき。[表記]「邸宅」とも書く。

ダイ【△提】(12) 扌 9 [教] 3683 4473 ▼テイ(一〇九五)

ダイ【▲臺】(14) 至 8 7142 674A ▼台の旧字(九九七)

ダイ【★醍】(16) 酉 9 [準1] 3473 4269 [音] ダイ・テイ

[意味] 仏教で最上の味とされる「醍醐(ダイゴ)」に用いられる字。

【▲醍▲醐味】ダイゴミ ①最上の味。②そのもののもつ、真のあじわい。「スポーツの―を味わう」③[仏]釈迦(シャカ)の最上の真実の教え。[由来]①「醍醐」は、牛乳・羊乳を精製した甘く濃厚な液汁で、最高の美味とされたことから。

【餒】 ダイ

(16) 食7 1 8115 712F

音 ダイ　訓 うえる・くさる

意味 ①う（飢）え。うえる。ひもじい。「餒饉」②くさる。魚肉がくさる。

下つき 寒餒・饑餒・凍餒・貧餒

【餒える】うーえる　食べる物がなく、ひどく腹がすく。栄養不足でからだがぐったりとする。

【題】 ダイ

(18) 頁9 教 常 8 3474 426A

音 ダイ 外テイ

筆順 口 旦 早 早 昰 是 是 題 題 題

意味 ①あたま。はじめ。書物などの巻頭。「題辞」②だい。書物や作品の名。見出し。しるし。「題名」「表題」③問い。解決を求められている事柄。「問題」「議題」④しるす。詩や文字などを書きしるす。「題画」「題詩」⑤品さだめをする。「品題」

下つき 演題・課題・季題・議題・外題・宿題・主題・出題・書題・探題・難題・表題・標題・副題・本題・品題・命題・問題・例題・論題・話題

【題詠】ダイ エイ　与えられた題から詩歌・俳句をよむこと。また、その詩歌・俳句。対 雑詠

【題材】ダイ ザイ　芸術作品や学問研究などの主題や内容のもととなる材料。「聖書に―をとった絵画」

【題字】ダイ ジ　書物や画幅、石碑などの上に題として記す文字。

【題辞】ダイ ジ　書物の巻頭や画幅、石碑などの初めに記す言葉。題詞。題言。

【題簽】ダイ セン　和漢書などで、題名を書いて表紙にはる細長い紙や布。また、その題字や題名。

【題跋】ダイ バツ　書物・書画などの題辞と跋文。序文とあと書き。

【題目】ダイ モク　①書物や文章などの題名。表題。タイトル。②研究や討論などにおける問題点。主題。テーマ。③日蓮宗で唱える「南無妙法蓮華経」の七字。おだいもく。

た　ダイ―たかい

だいだい【橙】 (16) 木12 6084 5C74 ▼トウ（一一五四）

たいら【平ら】 (5) 干2 教 4231 4A3F ▼ヘイ（一三六三）

たいら【坦ら】 (8) 土5 3519 4333 ▼タン（一〇一二）

たえ【妙】 (7) 女4 常 4415 4C2F ▼ミョウ（一四五六）

たえ【栲】 (10) 木6 5962 5B5E ▼コウ（四九六）

たえる【耐える】 (9) 而3 常 3449 4251 ▼タイ（九八一）

たえる【堪える】 (12) 土9 常 2014 342E ▼カン（二三四）

たえる【絶える】 (12) 糸6 教 3268 4064 ▼ゼツ（八八九）

> 同訓異義　たえる
>
> 【耐える】心身に迫る圧力や苦痛をじっとがまんする。外部からの作用に負けないでもちこたえる。「貧困に耐える」「病苦に耐える」「重圧に耐える」「迫害に耐える」「風雪に耐える」「高熱に耐えるガラス」
>
> 【堪える】それに値する力をもっている。「重役の任に堪える」「鑑賞に堪える力作」「読むに堪えない駄作」「見るに堪えない惨状」
>
> 【絶える】続いていたものが途切れる。滅びる。隔たる。「消息が絶える」「人通りが絶える」「息が絶える」「血統が絶える」「交際が絶える」「望みが絶える」

たおす【倒す】 (10) 亻8 常 3761 455D ▼トウ（一一四一）

たおす【殪す】 (16) 歹12 6148 5D50 ▼エイ（八九）

たおやか【婀やか】 (11) 女8 5320 5534 ▼ア（三）

たおやか【嫋やか】 (13) 女10 5330 553E ▼ジョウ（七七七）

たおれる【仆れる】 (4) 亻2 4829 503D ▼フ（一三三二）

たおれる【倒れる】 (10) 亻8 常 3761 455D ▼トウ（一一四一）

たおれる【僵れる】 (15) 亻13 4912 512C ▼キョウ（三四〇）

たおれる【殪れる】 (16) 歹12 6148 5D50 ▼エイ（八九）

たおれる【斃れる】 (18) 攵14 5845 5A4D ▼ヘイ（一三七一）

たおれる【蹶れる】 (19) ⻊12 7712 6D2C ▼ケツ（四一五）

たおれる【顚れる】 (19) 頁10 9403 7E23 ▼テン（一一一九）

たか【高】 (10) 高0 教 2566 3962 ▼コウ（四九九）

たか【鷹】 (24) 鳥13 3475 426B ▼ヨウ（一五三七）

たが【箍】 (14) ⺮8 6818 6432 ▼コ（四五九）

たかい【尭い】 (8) 土5 2238 3646 ▼ギョウ（三四五）

たかい【峻い】 (10) 山7 2952 3D54 ▼シュン（七一六）

たかい【高い】 (10) 高0 教 2566 3962 ▼コウ（四九九）

たかい【崇い】 (11) 山8 常 3182 3F72 ▼スウ（八三五）

> 同訓異義　たかい
>
> 【高い】基準となる位置より上にある。すぐれている。具象的にも抽象的にも、広い意で用いる。「背が高い」「気圧が高い」「高い評価を受ける」「高い見識をもつ」「格調が高い」
>
> 【貴い】身分・地位や価値が上である。「貴公子」「貴族」「高貴」
>
> 【崇い】山がそびえてたかい。転じて、けだかい。「崇高」
>
> 【峻い】山がすらりとそびえ立ってたかい。「峻嶺」
>
> 【卓い】ひときわ抜きんでてたかい。「卓越」
>
> 【隆い】盛り上がってたかい。「隆起」
>
> 【喬い】木などがすらりと伸びてたかい。「喬木」

たかい【△隆い】(11) 阝8 常 4620/4E34 ▼リュウ(一五七一)
たかい【▲喬い】(12) 口9 2212/362C ▼キョウ(三三九)
たかい【△貴い】(12) 貝5 教 2114/352E ▼キ(二七七)
たがい【互い】(4) 二2 常 2463/385F ▼ゴ(四六二)
たがう【△違う】(13) 辶10 常 1667/3063 ▼イ(三七)
たかどの【△楼】(13) 木9 常 4716/4F30 ▼ロウ(一六一八)
たかどの【△閣】(14) 門6 教 1953/3355 ▼カク(二〇一)
たがね【▲鏨】(19) 金11 7920/6F34 ▼ザン(五九四)
たがねる【▲綰ねる】(14) 糸8 6939/6547 ▼ワン(一六三二)
たかぶる【▲昂る】(8) 日4 2523/3937 ▼コウ(四八七)
たかまる【高まる】(10) 高0 教 2566/3962 ▼コウ(四九九)
たかむしろ【▲簟】(18) ⺮12 ▼テン(一一一九)
たかむら【▲篁】(15) ⺮9 6827/643B ▼コウ(五一二)
たかめる【高める】(10) 高0 教 2566/3962 ▼コウ(四九九)
たがやす【耕す】(10) 耒4 教 2544/394C ▼コウ(四九七)
たから【宝】(8) 宀5 教 4285/4A75 ▼ホウ(一三九八)
たから【△財】(10) 貝3 教 2666/3A62 ▼ザイ(五六二)
たから【△貨】(11) 貝4 教 1863/325F ▼カ(一五二)
たかる【△集る】(12) 隹4 教 2924/3D38 ▼シュウ(六九四)

たき【滝】(13) 氵10 常 3 3476/426C
音 外ロウ
訓 たき

旧字《瀧》(19) 氵16 1/準1 3477/426D

筆順 氵 氵 汁 泣 浐 浐 浐 渧 滝 (3) (7)

意味 たき。高い所から落下する水流。瀑布(バクフ)。

下つき 男滝(おだき)・白滝(しらたき)・女滝(めだき)

【滝口】「滝壺(たきつぼ)」

【滝】たき 高い所から急激に落下する水流。また、それがある所。瀑布(バクフ)。季夏

【滝▲壺】たきつぼ 滝の水が落ちてくぼんだ所。滝の下にある深いふち。季夏

たき【▲瀑】(18) 氵15 6338/5F46 ▼バク(一二四五)
たき【▲瀧】(19) 氵16 3477/426D ▼滝の旧字(一〇〇〇)
たきぎ【▲蕘】(15) ⺾12 7293/687D ▼ジョウ(七七八)
たきぎ【薪】(16) ⺾13 常 3137/3F45 ▼シン(八〇九)
たぎる【▲滾る】(14) 氵11 6288/5E78 ▼コン(五三九)

タク【宅】(6) 宀3 教 常 5 3480/4270
音 タク
訓 外いえ・やけ

筆順 ′ ′′ 宀 宀 宀 宅

意味 ①いえ。すまい。「宅地」「住宅」 ②自宅。自分の夫。相手の家。

下つき 火宅(カタク)・家宅(カタク)・帰宅(キタク)・在宅(ザイタク)・自宅(ジタク)・社宅(シャタク)・住宅(ジュウタク)・邸宅(テイタク)・別宅(ベッタク)・本宅(ホンタク)・来宅(ライタク)

【宅地】タクチ 住宅を建てるための敷地。また、建物の敷地として登録・登記された土地。「―造成を行う」

【宅配】タクハイ 物品や荷物、文書などを、事務所や家庭へ戸別に配達すること。「―便でお中元を送る」

タク【★托】(6) 扌3 準1 3481/4271
音 タク
訓 おく・たのむ・おす

意味 ①おく。手の上におく。物をのせる。「托鉢」 ②物をのせる台。「茶托」 ③たよる。たのむ。まかせる。「托生」「委托」 ④お(推)す。また、ひらく。

書きかえ ③「託」に書きかえられるものがある。

下つき 花托(カタク)・茶托(チャタク)

【▲托する】タクする ①用件や品物などを人に頼んでまかせる。ことづける。預ける。「後事を―する」「手紙を―する」 ②他のものや方法にかこつける。口実にする。「思いを歌に―する」 表記「託する」とも書く。

【▲托鉢】タクハツ 僧が修行のため経を唱えながら家々を訪れ、鉢に米や金銭の施しを受けること。類乞食(コツジキ)

タク【択】(7) 扌4 常 3 3482/4272
音 タク
訓 外えらぶ・よる

旧字《擇》(16) 扌13 1/準1 5804/5A24

筆順 一 十 扌 扌 扌 択 択

意味 えらぶ。えらびとる。よる。「択一」「選択」

下つき 簡択(カンタク)・採択(サイタク)・選択(センタク)

【〈択捉〉】えとろふ 北海道の東方沖にある、千島(ちしま)列島の最大の島。江戸時代から知られ、日露和親条約により日本領。第二次大戦後、ロシア連邦の統治下にある。

【△択ぶ】えらぶ 並んだもののなかから条件に合ったものを抜きだす。えりすぐる。より分ける。「きれいな花だけ―ぶ」

【択一】タクイツ 二つ以上のもののなかから一つをえらぶこと。「―を迫られる」「二者―」「―問題」

【択言択行】タクゲンタッコウ 言行がすべて道理にかなってりっぱであること。善悪を選択された言行の意から。〈『孝経』〉

【△択る】よる よいものを分けてえらびとる。「果実を―って出荷する」

タク【沢】(7) 氵4 常 4 3484/4274
音 タク
訓 さわ 外うるおう・つや

旧字《澤》(16) 氵13 1/準1 6323/5F37

筆順 丶 丷 氵 氵コ 氵コ 沪 沢

意味 ①さわ。草木の生えている湿地帯。「沢畔」「沼沢」②うるおう。うるおい。めぐみ。「恩沢」「潤沢」③つや。かがやき。「光沢」「色沢」

下つき 恩沢(オンタク)・恵沢(ケイタク)・光沢(コウタク)・色沢(シキタク)・沼沢(ショウタク)・贅沢(ゼイタク)・余沢(ヨタク)・麗沢(レイタク)

［〈沢▲瀉〉］ おもだか　オモダカ科の多年草。水田や池沼に自生。葉はやじり形で長い柄がある。夏、白色の三弁花をつける。塊茎は薬用。ハナグワイ。季夏 由来「沢瀉」は漢名から。表記「面高」とも書く。

［沢］ さわ　①浅く水がたまり、草の生い茂っている低地。「あの―には葦(あし)が群生している」②山あいの浅い谷川。「―づたいに山を下る」

［沢▲桔△梗］ さわギキョウ　キキョウ科の多年草。山野の湿地に自生。葉はササの葉形。初秋、紫色の唇形の花を総状につける。季秋 表記「山梗葉」とも書く。

［〈沢▲胡桃〉］ さわぐるみ　クルミ科の落葉高木。山地の谷間に自生。葉は羽状複葉。春、淡黄緑色の花穂を垂らし、翼のある果実を結ぶ。材は光沢があり、家具などに利用。季秋 表記「寿光木」とも書く。

［沢▲鵯］ さわひよどり　キク科の多年草。湿った草地に自生。葉は長楕円(ダエン)形。秋、茎頂に紅紫色の頭花を多数総状につける。

［沢▲庵］ たくあん　①江戸時代初期に文人としても活躍した臨済宗の僧。②「沢庵漬」の略。生干しのダイコンを塩とぬかで漬けた漬物。たくわん。由来 ②①の発案からという。

［沢山］ タクサン　①数量の多いこと。「お土産を―いただく」「―の人でにぎわう」②それ以上はいらないほど満ち足りていること。じゅうぶん。「説教はもう―だ」

［〈沢漆〉］ とうだいぐさ　トウダイグサ科の二年草。道端に自生。春、輪生した葉の上に黄緑色で杯形の花穂をつける。葉や茎を切ると乳液が出る。スズフリバナ。季春 由来「沢漆」は漢名より。和名は全体の形が、昔、明かりをともした灯台に似ていることから。表記「灯台草」とも書く。

［〈沢▲蒜〉］ ねびる　ノビルの別称。表記「根蒜」とも書く。▼野蒜(のびる)(一四九三)

タク **【卓】** (8) 十 6 常 3 3478 426E

音 タク 外 シツ
訓 外 つくえ・すぐれる

筆順 丨 ⺊ ⺊ 占 占 卣 卣 卓

意味 ①つくえ。テーブル。「卓上」「食卓」②すぐれる。ぬきんでる。「卓越」「卓見」

下つき 円卓(エンタク)・教卓(キョウタク)・座卓(ザタク)・食卓(ショクタク)・超卓(チョウタク)・電卓(デンタク)

［卓▲袱］ シッポク　①中国風の食卓。②めん類の上に、野菜・シイタケ・かまぼこなどの具をのせた食べ物。③「卓袱料理」の略。日本化した中国風の料理。各種の材料を大皿に盛って食卓の中央におき、各人が取り分けて食べる。長崎地方の郷土料理。参考「シツ」「ホク」はともに唐音。

［△卓れる］ すぐれる　能力や技量が他より抜きんでている。まさる。

［卓越］ タクエツ　他より抜きんでてすぐれていること。また、そのさま。「―した技能の持ち主」類 卓絶・卓抜

［卓子］ タクシ　つくえ。テーブル。

［卓識］ タクシキ　すぐれた見識や意見。類 卓見

［卓出］ タクシュツ　周りや同じもののなかで、抜きんでてすぐれていること。傑出。類 卓越・卓絶

［卓説］ タクセツ　抜きんでてすぐれた説。「名論―」類 卓論 対 愚説

［卓絶］ タクゼツ　他と比較できないほどすぐれていること。類 卓越・卓抜

［卓然］ タクゼン　ひときわすぐれているさま。とびぬけて目立つさま。

［卓抜］ タクバツ　他よりも大きく抜きんでていること。類 卓越・卓絶

［卓▲犖］ タクラク　このうえなく、すぐれていること。参考「卓」「犖」ともにすぐれる意。

［卓球］ タッキュウ　中央にネットを張った長方形の台をはさんで、ラケットで小球を打ち合う競技。ピンポン。

［卓見］ タッケン　すぐれた意見や考え。「―に富んだ論文である」類 卓識 対 浅見

［〈卓▲袱〉台］ ちゃぶダイ　折りたたみのできる短い脚のついた食卓。

タク **【拓】** (8) 扌 5 常 4 3483 4273

音 タク
訓 外 ひらく

筆順 一 十 扌 扌一 扌丆 扌石 拓 拓

意味 ①ひらく。未開地をきりひらく。「拓殖」「開拓」②おす。刷る。石碑の文字などを写しとる。「拓本」「魚拓」

下つき 開拓(カイタク)・干拓(カンタク)・魚拓(ギョタク)

［拓殖・拓植］ タクショク　未開の土地を切り開いて移り住むこと。「―事業に携わる」類 開拓

［拓地］ タクチ　荒地や山林など未開の土地を切り開くこと。類 開墾・開拓

［拓本］ タクホン　石碑・器物などに刻まれた文字や文様を、その上に墨をのせて紙に写し取ったもの。石ずり。

［拓落失路］ タクラクシツロ　退けられて出世の道を絶たれること。また、落ちぶれて失意のどん底に沈むこと。「拓落」は落ちぶれるさま、「失路」は出世の道を失うこと。

［△拓く］ ひらく　①荒地を開拓して、道や田畑などを新たにつくる。「原野を―く」②新たな方向に物事を広げる。開発する。「新市場を―く」

タク【拆】(8) 扌5 1 5730/593E 音 タク 訓 ひらく・さく

意味 ①ひらく。類 拓 ②さ(裂)く。わける。やぶる。

タク【度】(9) 广6 教 3757/4559 ▼ド(一一三三)

タク【柝】(9) 木5 1 5949/5B51 音 タク 訓 き・ひょうしぎ

意味 ①さく。ひらく。②ひょうしぎ(拍子木)。き。「柝声」参考「析」は別字。

下つき 寒柝カン・警柝ケイ・撃柝ゲキ

【柝】き 二つ打ち合わせて鳴らす直方体の木。芝居や相撲で使う拍子木。「―が入る」表記「木」とも書く。

【柝頭】きがしら 歌舞伎カブキなどで、幕切れや舞台転換のきっかけに打つ拍子木の最初の音。きのかしら。表記「木頭」とも書く。

タク【倬】(10) 亻8 1 4875/506B 音 タク 訓 たかい・おおきい・あきらか

意味 高く大きい。すぐれる。いちじるしい。あきらか。「倬詭タクキ」

タク【啄】(10) 口7 準1 3479/426F 音 タク・トク 訓 ついばむ

旧字《啄》(11) 口8 1/準1

意味 ついばむ。くちばしでつつく。「啄木」

〈啄木鳥〉きつつき キツツキ科の鳥の総称。鋭い爪つめのついた指が前後に二本ずつあり、木の幹に垂直にとまる。非常にかたいくちばしで木の幹に穴をあけ、長い舌で虫を引きだして食べる。タクボク。季秋 由来「啄木鳥」は漢名から。木を啄ついばむ鳥の意。参考「けら・けらつつき」とも読む。

【啄む】ついばむ 鳥がくちばしで物をつついて食べる。「餌えさを小鳥が―む」由来「突き食はむ」の転じたもの。

た タク

タク【託】(10) 言3 常 3 3487/4277 音 タク 訓 外ことづかる・かこつける・かこつ

筆順 、 亠 亠 言 言 言 言 訁 訐 託

意味 ①たのむ。たよる。あずける。「託児」「委託」「寄託」②かこつける。ことよせる。口実とする。「託言」「仮託」③かこつ。ぐちを言う。④神仏のお告げ。「託宣」「神託」

書きかえ ②「托タク」の書きかえ字として用いられるものがある。

下つき 依託イ・委託イ・仮託カ・寄託キ・供託キョウ・屈託クツ・結託ケツ・御託ゴ・受託ジュ・嘱託ショク・信託シン・神託シン・宣託セン・付託フ

【託つ】かこつ ①愚痴や不平不満を言う。嘆く。「不遇を―つ」②他のことを口実とする。かこつける。

【託ける】かこつける 他のもののせいにする。口実にする。ことよせる。「渋滞に―けて遅刻する」

〈託言〉かごと ①他のことにかこつけていう言葉。言いわけ。②ぐち。不平。恨みごと。

【託かる】ことづかる 人から伝言や用事を頼まれる。ことづけられる。「手紙を―る」「母親から買物を―る」

【託孤寄命】タクコキメイ 幼い君主を助け、国政をつかさどることができる、信頼できる重臣のこと。「孤」は父を亡くした幼君、「寄命」は政治をゆだねる意。《『論語』》

【託児所】タクジショ 保護者が業務などについている間、その乳幼児を預かり世話をする施設。類保育所

【託する】タクする ①用件や品物などを人の手にゆだねる。「子どもに夢を―する」②口実にする。かこつける。「荷物を友人に―する」表記「托する」とも書く。

【託宣】タクセン ①神や仏のお告げ。類神託 ②目上の人の指示などをちゃかしていう語。「社長のご―」

【託送】タクソウ 人にことづけて品物を送ること。「誕生日プレゼントを―する」

タク【啄】(11) 口8 ▼啄の旧字(一〇〇二)

タク【啅】(11) 口8 1 5122/5336 音 タク・トウ 訓 かまびすしい・ついばむ・さえずる

意味 ①かまびすしい。やかましい。②ついばむ。類啄タク ③小鳥がさえずる。

タク【琢】(11) 王7 準1 3486/4276 音 タク 訓 みがく

旧字《琢》(12) 王8 1/準1 8805/7825

意味 みがく。玉をみがく。また、学徳をみがく。「琢磨」「彫琢」

下つき 刻琢コク・切琢セツ・彫琢チョウ・追琢ツイ

【琢磨】タクマ ①玉をとぎみがいて形を整えること。②学問や技芸などをいっそう励み修めること。「切磋セッサ―」

【琢く】みがく ①つちやのみで玉を刻み、形を美しく整える。②学問や人格・技芸などを向上させようと努力する。練磨する。「玉―かざれば器を成さず」

タク【琢】(12) 王8 8805/7825 ▼琢の旧字(一〇〇二)

タク【磔】(15) 石10 1 〔磔〕6689/6279 音 タク 訓 はりつけ・さく

意味 ①はりつけ。柱にしばりつけ、槍やりで突き殺す刑。「磔刑」②さく。体を引き裂く刑罰。

下つき 刳磔コ・車磔シャ

【▲磔刑】タク ケイ 体をひきさいて殺す刑。また、はりつけの刑。はりつけ。参考「タッケイ」とも読む。

【▲磔】はりつけ 昔の刑罰で、罪人を柱にしばりつけ、槍(やり)で突き殺す刑。

タク【▲擇】(16) 扌13 5804 5A24 ▼択の旧字(一〇〇〇)

タク【▲澤】(16) 氵13 6323 5F37 ▼沢の旧字(一〇〇〇)

タク【★擢】(17) 扌14 準1 3707 4527 音 タク・テキ 訓 ぬく・ぬきんでる

〈擢〉

意味 ①ぬく。ひきぬく。②ぬきんでる。ぬきだす。

下つき 選擢(センタク)・超擢(チョウタク)・抜擢(バッテキ)「擢用(テキヨウ)」

【擢用】テキ ヨウ 多くの人材のなかから、選びだして取り立てること。参考「タクヨウ」とも読む。

【擢んでる】ぬきーんでる ①とびぬけてすぐれている。ひいでる。「衆にーでる技量」②他のものよりも高く突きでる。そびえる。「周囲にーでるビル」

【擢く】ぬーく ①高く引きあげる。引っ張りあげる。②選びだして用いる。抜擢(バッテキ)する。

タク【濯】(17) 氵14 常 準2 3485 4275 音 タク 訓 外あらう・すすぐ

筆順 …濯

意味 あらう。すすぐ。きよめる。「洗濯」

下つき 浣濯(カンタク)・洗濯(センタク)

【▵濯う】あらーう ①水ですすぎあらう。あらいきよめる。②心をきよめる。

【▵濯ぐ】すすーぐ ①水で汚れをあらい落とす。ゆすぐ。②恥や不名誉などを除き去る。そそぐ。「汚名をーぐ」

タク【戳】(18) 戈14 1 5707 5927 音 タク 訓 つく

意味 つく。さす。突きさす。

タク【謫】(18) 言11 1 7583 6B73 音 タク・チャク 訓 せめる・つみする・とが・ながす

意味 ①せめる。とがめる。②つみする。罪をきせて罰する。③とが(咎)。罪。④ながす。罪により、官位を下げて遠方へ流す。「謫居」「謫所」

下つき 遠謫(エンタク)・竄謫(ザンタク)・遷謫(センタク)・配謫(ハイタク)・貶謫(ヘンタク)・流謫(ルタク・リュウタク)

【謫める】せーめる 相手の罪をとがめる。罪をせめて罰する。

【謫徙】タク シ 罪によって辺境の地に移されること。

【謫所】タク ショ 罪を犯して流されている場所。「ーに月を賞す」類配所

【謫落】タク ラク 罪によってその官職を追われ、辺境の地へ左遷されること。

【謫居】タッ キョ おとがめを受け、家に引きこもっていること。また、流罪となって遠方の地で暮らすこと。

タク【★鐸】(21) 金13 準1 3488 4278 音 タク 訓 すず

意味 すず。大きな鈴。「鐸鈴」

下つき 金鐸(キンタク)・銅鐸(ドウタク)・馬鐸(バタク)・風鐸(フウタク)・宝鐸(ホウチャク・ホウタク)・木鐸(ボクタク)・鈴鐸(レイタク)

【鐸鈴】タク レイ ①軒下につるす鈴。風鈴。②中国で昔、命令を発するときに振り鳴らした大きな鈴。

たく【炊く】(8) 火4 常 3170 3F66 ▼スイ(八二八)

たく【炷く】(9) 火5 8740 7748 ▼シュ(六七六)

たく【焚く】(12) 火8 4218 4A32 ▼フン(一三五六)

たく【▵薫く】(16) 艹13 常 2316 3730 ▼クン(三八三)

同訓異義 たく

【炊く】米を煮て飯をつくる。食べ物を煮る。「ご飯を炊く」「炊き出し」「炊き込みご飯」「水炊き」

【▲焚く】木や物を燃やす。「火を焚く」「護摩を焚く」「焚き火をする」「風呂(フロ)を焚く」

【▲炷く】線香などに火をともす。「線香を炷く」「香を炷く」

【▵薫く】香をくゆらす。「炷く」と同じように用いる。「香を薫く」

ダク【諾】(15) 言8 常 3 3490 427A 音 ダク 訓 外うべなう

筆順 …諾

意味 ①こたえる。はいと答える。ゆっくり答える。「応諾」対唯 ②うべなう。ひきうける。「承諾」「快諾」

下つき 応諾(オウダク)・快諾(カイダク)・許諾(キョダク)・受諾(ジュダク)・承諾(ショウダク)

【▵諾う】うべなーう 同意する。相手の言うことを承知する。「申し出をーう気はない」

【諾意】ダク イ 承諾する意志・意向。うけあう気持ち。「ーを示す」

【諾諾】ダク ダク 逆らわずに、人の言うままになるさま。「唯唯(イイ)ーとしてしたがう」

【諾否】ダク ヒ 承知するか、しないか。承諾することと、しないこと。「ーを問う」

〈諾威〉ノルウェー ヨーロッパ北部、スカンジナビア半島西部にある立憲君主国。森林資源に恵まれ、木材やパルプを産出。水産業が盛ん。首都はオスロ。

ダク【濁】(16) 氵13 常 4 3489 4279 音 ダク 外ジョク 訓 にごる・にごす

筆順 …濁

意味 ①にごる。にごす。「濁音」「濁流」 対清 ②みだれる。けがれる。「濁世」「汚濁」

下つき 黄濁(オウダク)・汚濁(オダク)・混濁(コンダク)・清濁(セイダク)・白濁(ハクダク)・半濁(ハンダク)・鼻濁(ビダク)・連濁(レンダク)

【濁世】ジョクセ 仏人の心がにごり汚れた世。末世。参考「ダクセ」とも読む。

【濁音】ダクオン 仮名に濁点をつけて表す音。「カ」に対して「ガ」、「ハ」に対して「バ」など、それらに対応する拗音(ヨウオン)。対清音・半濁音

【濁酒】ダクシュ 「濁酒(どぶろく)」に同じ。

【濁点】ダクテン 濁音を表す符号。仮名の右上につける「が」「ザ」などの「゛」。濁音符。

【濁流】ダクリュウ にごった水の流れ。大雨のあとなどに水量が増し、激しく流れる川のにごった流れ。「大雨で河川は―と化した」対清流

【濁醪】ダクロウ 「濁酒(どぶろく)」に同じ。

〈濁声〉だみごえ ①にごった、耳ざわりな声。②なまりの強い声。表記「訛声」とも書く。

〈濁酒〉・〈濁醪〉どぶろく 発酵させただけで、かすをこし取らない白くにごった酒。にごりざけ。もろみざけ。季秋 参考「濁酒」は「ダクシュ」、「濁醪」は「ダクロウ」とも読む。

【濁す】にごす ①にごるようにする。にごらせる。「泥水が川を―す」②言葉や態度をあいまいにする。「返答に窮して言葉を―す」

【濁る】にごる ①まじりもので気体や液体の透明さがなくなる。「池の水が―る」②色や音が鮮明でなくなる。③濁音になる。④純粋さや正しさが失われる。けがれる。「―った世相を嘆く」

だく【抱く】(8) 扌5 常 4290 4A7A ▼ホウ(一三九九)

たぐい【比】(4) 比0 教 4070 4866 ▼ヒ(一二七三)

たぐい【倫】(10) 亻8 常 4649 4E51 ▼リン(一五八四)

たぐい【耦】(15) 耒9 9038 7A46 ▼グウ(三七六)

たぐい【類い】(18) 頁9 教 4664 4E60 ▼ルイ(一五九一)

たぐい【疇】(19) 田14 6538 6146 ▼チュウ(一〇五〇)

たぐえる【類える】(18) 頁9 教 4664 4E60 ▼ルイ(一五九一)

たくましい【逞しい】(11) 辶7 7787 6D77 ▼テイ(一〇九四)

たくみ【工】(3) 工0 教 2509 3929 ▼コウ(四七一)

たくみ【巧み】(5) 工2 常 2510 392A ▼コウ(四七四)

たくみ【匠】(6) 匚4 常 3002 3E22 ▼ショウ(七四一)

たくむ【巧む】(5) 工2 常 2510 392A ▼コウ(四七四)

たくらむ【企む】(6) 人4 常 2075 346B ▼キ(二五九)

たくわえる【畜える】(10) 田5 常 3560 435C ▼チク(一〇二七)

たくわえる【貯える】(12) 貝5 教 3589 4379 ▼チョ(一〇五二)

たくわえる【蓄える】(13) 艹10 常 3563 435F ▼チク(一〇二七)

たけ【丈】(3) 一2 常 3070 3E66 ▼ジョウ(七七〇)

たけ【竹】(6) 竹0 教 3561 435D ▼チク(一〇二六)

たけ【岳】(8) 山5 常 1957 3359 ▼ガク(二〇五)

たけ【茸】(9) 艹6 3491 427B ▼ジョウ(七七四)

たけし【健し】(11) 亻9 教 2382 3772 ▼ケン(四二四)

たけし【猛し】(11) 犭8 常 4452 4C54 ▼モウ(一四八一)

たけし【毅し】(15) 殳11 2103 3523 ▼キ(二八一)

たけなわ【酣】(12) 酉5 7839 6E47 ▼カン(二三七)

たけなわ【闌】(17) 門9 7976 6F6C ▼ラン(一五五二)

たけのこ【筍】(12) 竹6 6803 6423 ▼ジュン(七二二)

たける【長ける】(8) 長0 教 3625 4439 ▼チョウ(一〇五五)

たける【哮る】(10) 口7 5112 532C ▼コウ(四九六)

たこ【凧】(5) 几3 国 準1 3492 427C 訓 音 たこ

意味 たこ。空に揚げるたこ。いかのぼり。

下つき 奴凧(やっこだこ)

【凧糸】たこいと たこを揚げるために使う丈夫な糸。

たこ【胝】(9) 月5 7083 6673 ▼チ(一〇二二)

たこ【蛸】(13) 虫7 3493 427D ▼ショウ(七五八)

たこ【鮹】(18) 魚7 8235 7243 ▼ショウ(七六七)

たしか【慥か】(14) 忄11 5652 5854 ▼ゾウ(九五五)

たしか【確か】(15) 石10 教 1946 334E ▼カク(二〇二)

たしかめる【確かめる】(15) 石10 教 1946 334E ▼カク(二〇二)

たしなみ【嗜み】(13) 口10 5147 534F ▼シ(六二二)

たしなむ【耆む】(10) 老4 7045 664D ▼キ(二六九)

たしなむ【嗜む】(13) 口10 5147 534F ▼シ(六二二)

たしなめる【窘める】(12) 穴7 6759 635B ▼キン(三六一)

たす【足す】(7) 足0 教 3413 422D ▼ソク(九五七)

たす【贍す】(20) 貝13 7656 6C58 ▼セン(九一一)

だす【出す】(5) 凵3 教 2948 3D50 ▼シュツ(七一一)

たすき【襷】(22) 衤17 国 1 7507 6B27 訓 音 たすき

意味 たすき。たもとや袖(そで)をたくしあげるひも。

【襷反り】たすきぞり 相撲の決まり手の一つ。一方の手で相手の差し手の肘(ひじ)をかかえこみ、他方の手で相手の攻め足を内側から取って後ろに反りながら投げる技。

たすける【介ける】(4) 人2 常 1880 3270 ▼カイ(一六七)

たすける【右ける】(5) 口2 教 1706 3126 ▼ウ(六九)

たすける【▲丞ける】(6) 一5 3071/3E67 ▼ショウ(七四一)
たすける【△佐ける】(7) イ5 教 2620/3A34 ▼サ(五四二)
たすける【▲佑ける】(7) イ5 4504/4D24 ▼ユウ(一五〇八)
たすける【助ける】(7) 力5 教 2985/3D75 ▼ジョ(七三三)
たすける【△扶ける】(7) 扌4 常 4162/495E ▼フ(一三三五)
たすける【△相ける】(9) 目4 教 3374/416A ▼ソウ(九三二)
たすける【▲祐ける】(9) ネ5 4520/4D34 ▼ユウ(一五一一)
たすける【△救ける】(11) 攵7 教 2163/355F ▼キュウ(三〇八)
たすける【▲弼ける】(12) 弓9 4111/492B ▼ヒツ(一二九七)
たすける【△援ける】(12) 扌9 常 1771/3167 ▼エン(一〇〇)
たすける【△資ける】(13) 貝6 教 2781/3B71 ▼シ(六二四)
たすける【▲輔ける】(14) 車7 4269/4A65 ▼ホ(一三九一)
たすける【△賛ける】(15) 貝8 教 2731/3B3F ▼サン(五九〇)
たすける【▲幇ける】(17) 巾14 *0892*/*287C* ▼ホウ(一四一二)
たすける【△翼ける】(17) 羽11 常 4567/4D63 ▼ヨク(一五四〇)

同訓異義 たすける

【助ける】力を添えて困難や危険などから救う。物事がうまくいくように力を添える。ほか、広く用いる。「溺(おぼ)れた人を助ける」「家業を助ける」「生計を助ける」「消化を助ける」

【△扶ける】手を添えて世話をする。「扶助(フジョ)」「扶養(フヨウ)」「家族を扶ける」

【△介ける】そばにいて世話をする。介添えをする。「介護(カイゴ)」「高齢の父を介ける」

【▲輔ける】力を添えてうまくいくようにする。上の人を手伝う。「部長を輔ける」

【△佐ける】脇(わき)から力を添えてうまくいくようにする。「補佐(ホサ)」「長官を佐ける」

たずさえる【携える】(13) 扌10 常 2340/3748 ▼ケイ(三九八)
たずさわる【携わる】(13) 扌10 常 2340/3748 ▼ケイ(三九八)
たずねる【△原ねる】(10) 厂8 教 2422/3836 ▼ゲン(四四一)
たずねる【▲訊ねる】(10) 言3 3154/3F56 ▼ジン(八一九)
たずねる【訪ねる】(11) 言4 教 4312/4B2C ▼ホウ(一四〇六)
たずねる【尋ねる】(12) 寸9 常 3150/3F52 ▼ジン(八一九)
たずねる【△温ねる】(12) 氵9 教 1825/3239 ▼オン(一三〇)
たずねる【▲繹ねる】(19) 糸13 6972/6568 ▼エキ(九一)

同訓異義 たずねる

【訪ねる】会うために人の居所におもむく。ある場所をおとずれる。「叔父(おじ)の会社を訪ねる」「父の故郷を訪ねる」「秋の古都を訪ねる」「学生時代の友人を訪ねる」

【尋ねる】わからなくなった人や物事をさがし求める。質問する。道理や根源を探る。「友の行方(ゆくえ)を尋ねる」「お尋ね者」「駅への道を尋ねる」「道理を尋ねる」「地名の由来を尋ねる」

【▲訊ねる】下の者に問いただす。職権で質問する。「名前を訊ねる」「被告に訊ねる」

【△温ねる】復習する。根源を明らかにする。「故(ふる)きを温ねて新しきを知る」

ただ【▲只】(5) 口2 3494/427E ▼シ(五九九)
ただ【但】(7) イ5 常 3502/4322 ▼ただし(一〇〇五)
ただ【△徒】(10) 彳7 教 3744/454C ▼ト(一一二六)
ただ【△唯】(11) 口8 常 4503/4D23 ▼ユイ(一五〇五)
ただ【▲惟】(11) 忄8 1652/3054 ▼イ(三二)
たたえる【称える】(10) 禾5 常 3046/3E4E ▼ショウ(七四九)
たたえる【▲湛える】(12) 氵9 3525/4339 ▼タン(一〇一六)
たたえる【△賛える】(15) 貝8 教 2731/3B3F ▼サン(五九〇)
たたえる【▲讃える】(22) 言15 2730/3B3E ▼サン(五九一)
たたかう【戦う】(13) 戈9 教 3279/406F ▼セン(九〇四)
たたかう【闘う】(18) 門10 常 3814/462E ▼トウ(一一五七)

同訓異義 たたかう

【戦う】戦争をする。競技をして相手と勝ちを争う。「大国と戦う」「古い武器で戦う」「甲子園で戦う」「選挙戦を戦う」「戦わずして勝つ」「死力を尽くして戦う」

【闘う】利害の反するものが対立する。困難や障害に打ち勝とうと努力する。「自然災害と闘う」「労使が闘う」「貧困と闘う」「難病と闘う」「睡魔と闘う」

たたき【▲敲き】(14) 支10 5842/5A4A ▼コウ(五一〇)
たたく【叩く】(5) 卩3 3501/4321 ▼コウ(四七四)
たたく【▲扣く】(6) 扌3 5711/592B ▼コウ(四八一)
たたく【▲敲く】(14) 支10 5842/5A4A ▼コウ(五一〇)

ただし【但】

(7) イ5 常 準2 3502/4322
訓 音 外タン・ダン
訓 ただし 外ただ

筆順 ノ イ 仃 仴 伯 但 但

意味 ①ただ。いたずらに。限定を示す。②ただし。しかし。条件や例外を補足するときに添える語。③「但馬(たじま)の国」の略。「但州(タンシュウ)」

〈但馬〉たじま 旧国名の一つ。現在の兵庫県北部。但州(タンシュウ)。

【△但】ただ ①そのことだけ。もっぱら。「—無事を祈る」「—泣きじゃくるだけで理由を言わない」②ただし。しかし。「金品はやる。—命は困る」「品質はいい。—値段が高い」

【但し書】ただしがき 前の文の補足や条件・例外などを書き添えた文。「次の場合は―を適用する」「―をつける」由来「但し」と書き始めたことから。

ただしい【正しい】(5) 止1 教 3221/4035 ▼セイ(八四四)
ただしい【△貞しい】(9) 貝2 常 3671/4467 ▼テイ(一〇九二)
ただす【正す】(5) 止1 教 3221/4035 ▼セイ(八四四)
ただす【▲匡す】(6) 匚4 2209/3629 ▼キョウ(三三八)
ただす【▲糺す】(7) 糸1 6893/647D ▼キュウ(三〇五)
ただす【△糾す】(9) 糸3 常 2174/356A ▼キュウ(三〇八)
ただす【△訂す】(9) 言2 常 3691/447B ▼テイ(一〇九二)
ただす【△格す】(10) 木6 教 1942/334A ▼カク(一九七)
ただす【△規す】(11) 見4 教 2112/352C ▼キ(二七四)
ただす【▲董す】(12) ⺾9 3801/4621 ▼トウ(一一五一)
ただす【△質す】(15) 貝8 教 2833/3C41 ▼シツ(六五〇)

同訓異義 ただす

【正す】まちがいや欠点を改め直す。歪(ゆが)みなどを直してきちんとさせる。「文章の誤りを正す」「素行を正す」「姿勢を正す」「威儀を正す」「是非を正す」
【△質す】質問して確かめる。「真偽を質す」「相手の真意を質す」「方針を質す」
【△糾す】罪を犯したかどうかを厳しく調べ、追及する。きつく取り締まる。「罪を糾す」「不正を糾す」「疑惑を糾す」
【▲糺す】「糾す」に同じ。
【△訂す】文字や文章の誤りを直して正しいものにする。「旧版の本文を訂して新版を出す」「新訂(シンテイ)版」「改訂(カイテイ)版」
【▲匡す】枠からはずれたものを枠どおりに直す。

たたずむ【▲佇む】(7) 亻5 4842/504A ▼チョ(一〇五〇)
ただちに【直ちに】(8) 目3 教 3630/443E ▼チョク(一〇六九)
ただに【▲啻に】(12) 口9 5133/5341 ▼シ(六一八)
たたみ【畳】(12) 田7 常 3086/3E76 ▼ジョウ(七七七)
たたむ【畳む】(12) 田7 常 3086/3E76 ▼ジョウ(七七七)
ただよう【漂う】(14) 氵11 常 4126/493A ▼ヒョウ(一三〇六)
ただよう【▲漾う】(14) 氵11 6301/5F21 ▼ヨウ(一五三四)
たたり【▲祟り】(10) 示5 6714/632E ▼スイ(八一九)
たたる【▲祟る】(10) 示5 6714/632E ▼スイ(八一九)
ただれる【▲糜れる】(17) 米11 6886/6476 ▼ビ(一二九三)
ただれる【▲爛れる】(21) 火17 6405/6025 ▼ラン(一五五四)
たち【△性】(8) 忄5 教 3213/402D ▼セイ(八五四)
たち【△達】(12) 辶9 教 3503/4323 ▼タツ(一〇〇六)
たち【△質】(15) 貝8 教 2833/3C41 ▼シツ(六五〇)
たち【▲舘】(16) 舌10 2060/345C ▼カン(二四七)
たち【△館】(16) 食8 教 2059/345B ▼カン(二四八)
たちばな【▲橘】(16) 木12 2144/354C ▼キツ(二九六)
たちまち【▲乍ち】(5) ノ4 3867/4663 ▼サ(五四一)
たちまち【▲奄ち】(8) 大5 1766/3162 ▼エン(九六)
たちまち【▲忽ち】(8) 心4 2590/397A ▼コツ(五三〇)
たちまち【▲倏ち】(11) 犬7 6439/6047 ▼シュク(七〇九)

タツ【唽】(10) 口7 1 0391/237B 訓 音 タツ

意味 鳥の鳴き声を表す「嘲唽(チョウタツ・トウタツ)」に用いられる字。

下つき 嘲唽(チョウタツ・トウタツ)

タツ【達】(12) 辶9 教 常 7 3503/4323 訓 音 タツ 外ダチ・タチ 外とおる・とどく・たち・たし

旧字《達》(13) 辶9 1/準1

筆順 一 十 土 去 5 去 坴 8 幸 達 達 達

意味 ①とおる。道が通じる。「四通八達」②なしとげる。果たす。「達成」「到達」③とどく。とどける。「伝達」「配達」④すぐれる。物事によく通じる。「達人」「上達」⑤たっし。通知。命令。「通達」⑥たち。だち。複数を示す。

下つき 栄達(エイタツ)・下達(カタツ・ゲタツ)・闊達(カッタツ)・熟達(ジュクタツ)・上達(ジョウタツ)・先達(センダツ)・速達(ソクタツ)・調達(チョウタツ)・通達(ツウタツ)・伝達(デンタツ)・到達(トウタツ)・配達(ハイタツ)・発達(ハッタツ)・用達(ヨウたし)・練達(レンタツ)

【△達】たち 人や動物を示す語について、複数を表す語。「私―は同級生です」参考 昔は神や高貴な人に用い、敬意を表した。

【達意】タツイ 言いたいことが相手に伝わるように述べること。人に伝わるように、考えを十分に表現すること。「―の文章」

【達観】タッカン ①広く全体の情勢を見通すこと。「海外の情勢を―する」類大観 ②物事の本質を見きわめ、細事に動じない心境に至ること。「人生を―する」

【達見】タッケン 物事の道理を見通した考え。すぐれた見識。類達識 対浅見

【達し・達示】タッし 官庁から国民または下級官庁への通達。「お―による」参考「達示」は当て字。

【達者】タッシャ ①丈夫で健康なさま。「―に暮らす」②熟達していて、巧みなさま。「―な腕前」「口が―だ」

【達人】タツジン ①学術や技芸で、その道にとりわけひいでた人。「祖父は剣道の―だ」類名人 ②物事の道理に通じた人。また、人生を達観している人。「人生の―」

【達人は大観す】物事の道理をきわめた人は、広い立場から客観的に物事を見きわめるので、判断を誤ることがない。〈賈誼(カギ)の文〉

【達する】タッ‐する ①至る。届く。「山頂に―した」②なし遂げる。「目的に―する」③深く通じる。「茶道に―する」④広く告げ知らせる。「趣旨を―する」

【達成】タッセイ 目的をなし遂げること。「ついに長年の夢を―した」類成就

【達筆】タッピツ 勢いのある上手な文字を書くこと。また、その文字。能筆。対悪筆

【達文】タツブン 構成にすぐれた上手な文章。また、意図が明確な文章。

【達弁】タツベン よどみのない話しぶり。達者な弁舌。能弁。「―を振るう」類雄弁 対訥弁(トツベン)

【△達引】たてひき ①意地を張って争うこと。談判。「恋の―」②義理を立てること。
表記「立引」とも書く。

〈達▲頼▲喇▲嘛〉ダライラマ チベット仏教のラマ教の教主の称号。禅定菩薩(ゼンジョウボサツ)の化身とされ、宗教・政治上での最高支配者。

〈達▲磨〉ダルマ ①中国禅宗の開祖。南インドの僧で、六世紀の初め中国に渡り、少林寺で九年間壁に面して座り、悟りを開いたとされる。②①の座禅の姿を形どった丸くて赤い張り子の人形。だるまさん。③丸い形のもの。また、赤いもの。「―ストーブ」「火―」

【△達る】とおる ①滞ることなく進み、通じる。つらぬく。いたる。②遠くまで伝わり届く。行き渡る。③事柄や道理に通じている。

タツ【▲達】(13) ⻌9 ▼達の旧字(一〇〇六)

タツ【撻】(16) 扌13 1 5805 5A25 音 タツ 訓 むちうつ

意味 むちうつ。むちで打つ。「鞭撻(ベンタツ)」

下つき 捶撻(スイタツ)・笞撻(チタツ)・鞭撻(ベンタツ)

【▲撻つ】むちうつ ①むちを打つ。むちで打つ。②励ます。「老骨に―つ」

タツ【★燵】(17) 火13 国 1 6393 5F7D 音 タツ 訓

意味 暖房具「炬燵(コタツ)・火燵(コタツ)」に用いられる字。

タツ【闥】(21) 門13 1 7982 6F72 音 タツ・タチ 訓

意味 もん(門)。門の総称。また、宮中の小門。

下つき 禁闥(キンタツ)・紫闥(シタツ)・門闥(モンタツ)

タツ【韃】(22) 革13 準1 8071 7067 音 タツ・ダツ 訓 むち・むちうつ

意味 ①むち。むちうつ。類撻(タツ) ②蒙古(モウコ)系部族の「韃靼(ダッタン)」に用いられる字。

【▲韃▲靼】ダッタン モンゴル系の一部族。のち、モンゴル民族の総称。タタール。

【▲韃つ】むちうつ ①むちを打つ。むちで打つ。「競走馬に―つ」②励ます。「老骨に―って修行する」

たつ【立つ】(5) 立0 教 4609 4E29 ▼リツ(一五六二)
たつ【▲辰】(7) 辰0 3504 4324 ▼シン(七九四)
たつ【△発つ】(9) 癶4 教 4015 482F ▼ハツ(一二五〇)
たつ【△起つ】(10) 走3 教 2115 352F ▼キ(二七〇)
たつ【竜】(10) 竜0 常 4621 4E35 ▼リュウ(一五六九)
たつ【断つ】(11) 斤7 教 3539 4347 ▼ダン(一〇二三)
たつ【△経つ】(11) 糸5 教 2348 3750 ▼ケイ(三九二)
たつ【絶つ】(12) 糸6 教 3268 4064 ▼ゼツ(八八九)
たつ【裁つ】(12) 衣6 教 2659 3A5B ▼サイ(五五七)
たつ【▲竪つ】(13) 立8 3508 4328 ▼ジュ(六八二)
たつ【▲截つ】(14) 戈10 5703 5923 ▼セツ(八八八)

同訓異義 たつ

【断つ】続いているものを途中でさえぎる。切り離す。「補給路を断つ」「後続を断つ」「退路を断つ」「酒を断つ」「食事を断つ」「雑念を断つ」「悪の根を断つ」
【絶つ】続いているものを終わりにする。やめる。「交際を絶つ」「冒険で命を絶つ」「戦場で消息を絶つ」「悪縁を絶つ」
【裁つ】衣服の仕立てで布などを切る。「服地を裁つ」「裁ちばさみ」
【△発つ】出発する。「上野を七時に発つ」「旅に発つ」「故郷を発つ」
【△起つ】目的のために決意して物事を始める。「正義のために起つ」「労働者が起ち上がる」
【△経つ】時が移る。時間が経過する。「月日が経つ」「一時間経っても帰らない」

ダツ【妲】(8) 女5 1 5307 5527 音 ダツ 訓

意味 中国、殷(イン)の紂王(チュウオウ)の妃「妲己(ダッキ)」に用いる字。

【▲妲己】ダッキ 中国、殷(イン)の紂王(チュウオウ)の寵妃(チョウヒ)の名。残忍でみだらな性格とされ、邪悪な性格の女性のたとえにも用いられる。

ダツ【怛】(8) 忄5 1 5569 5765 音 ダツ・タン・タツ 訓 いたむ・おどろく

意味 ①いたむ。心がいたむ。かなしむ。「怛然」「怛怛」②おどろく。

下つき 惨怛(サンダツ)・震怛(シンダツ)

【▲怛む】いたむ 心をいため、なげき悲しむ。うれえ悲しむ。

ダツ【脱】(11) 月7 常 4 3506 4326 音 ダツ 外タツ 訓 ぬぐ・ぬげる

旧字《脫》(11) 月7 1/準1

筆順 丿刀月月月'月''肸肸脱脱

意味 ①ぬぐ。ぬげる。「脱衣」「脱帽」対着 ②ぬける。ぬけだす。のがれる。自由になる。「脱出」「解脱(ゲダツ)」③ぬく。のぞく。取り去る。「脱色」「脱臭」④ぬかす。ぬけおちる。「脱字」「脱落」⑤はずれる。「脱線」「逸脱」⑥あっさりしている。「洒脱(シャダツ)」

下つき 逸脱(イツダツ)・虚脱(キョダツ)・解脱(ゲダツ)・洒脱(シャダツ)・着脱(チャクダツ)・剝脱(ハクダツ)・離脱(リダツ)

【脱衣】ダツイ 衣服をぬぐこと。「―所」対着衣

【脱却】ダッキャク ①抜けでること。逃れでること。「古い観念から―する」②ぬぎ捨てること。捨て去ること。「悪い風習を―する」

【脱臼】ダッキュウ 骨の関節がはずれること。ほねちがい。「肘(ひじ)を―する」

【脱肛】ダッコウ 直腸の粘膜が、肛門の外に押しだされる疾患。

【脱稿】ダッコウ 原稿を最後まで書き終えること。対起稿

【脱穀】ダッコク ①イネ・麦・豆など穀物の粒を、穂から取り離すこと。②穀物の粒からもみがらを取り除くこと。もみすり。

【脱獄】ダツゴク 囚人が刑務所から脱走すること。「―囚」類破獄・脱監

【脱穀機】ダッコクキ イネや麦などの穀物の粒を穂から取り去る機械。

【脱脂】ダッシ 脂肪分を取り除くこと。「―乳」「―綿で傷口を消毒する」

【脱字】ダツジ 文章で書き落としたり、印刷の際に抜け落ちたりした文字。「誤字―」対衍字(エンジ)

【脱臭】ダッシュウ ものに含まれているいやなにおいを取り去ること。「冷蔵庫に―剤を置く」「―効果」

た ダツ

【脱出】ダッシュツ 逃れでること。抜けだすこと。「国外へ―する」「―速度」

【脱水】ダッスイ ①水分を取り去ること。②化合物から、水分子に相当する酸素と水素を取り去ること。③体内の水分が異常に少なくなること。「―症状をおこす」

【脱する】ダッする ①まぬがれる。抜けでる。「危機を―する」②程度や段階をこえる。「しろうとの域を―する」③抜けだす。④団体や仲間をやめる。「組合を―する」

【脱税】ダツゼイ 不正な方法で、税金を納めないで済ますこと。「―が発覚する」

【脱線】ダッセン ①列車の車輪が線路からはずれること。「電車が―して転覆した」②話が本筋からそれること。「―の多い講義」③常識をはずれた行いをすること。

【脱疽】ダッソ 血管の末端まで血が行き届かないため、体の組織が局所的に腐り落ちてしまうこと。壊疽(エソ)。

【脱走】ダッソウ 自由を束縛されている場所から、抜けだして逃げること。「―兵」

【脱俗】ダツゾク 俗世間から離れて生活すること。名声や利益を求める、俗気を捨て去ること。類超俗

【脱退】ダッタイ 所属している集団などから抜けること。「連合会を―する」類離脱・脱会 対加入・加盟

【脱兎】ダット 逃げ去るウサギ。非常にすばやい動きのたとえ。「―のごとく駆けだす」「―の勢い」

【脱藩】ダッパン 江戸時代、武士が藩を抜けでて浪人になること。藩籍を捨てること。

【脱皮】ダッピ ①ヘビや昆虫などが、成長に応じて古い表皮を脱ぎ捨てること。②古い考えなどから抜けだし、新しい方向に進むこと。「近代国家への―をはかる」

【脱糞】ダップン 大便をすること。類排便

【脱帽】ダツボウ ①帽子をぬぐこと。対着帽 ②相手に敬服すること。「彼の熱意には―するばかりだ」「叔父の博識には―した」

【脱落】ダツラク ①あるはずのものが抜け落ちていること。特に、印刷物でページや字句が抜けていること。「詩集に一行の―が見つかった」②仲間や組織についていけなくなること。「先頭集団から―する」「―者」類落伍(ラクゴ)

【脱漏】ダツロウ 必要なものが書きもれること。もれること。「名簿の一部に―がある」「調査の―を防ぐ」類遺漏

【脱ぐ】ぬぐ 体につけていたものを、取り去る。「玄関先でコートを―ぐ」「一肌―ぐ(本気で助力する)」

ダツ【奪】

(14) 大11 常 3 3505 4325 音ダツ 外タツ 訓うばう

筆順 一大衣衣衣衣奋奞奪奪

意味 うばう。うばいとる。「奪回」「争奪」対与

下つき 強奪(ゴウダツ)・争奪(ソウダツ)・剝奪(ハクダツ)・与奪(ヨダツ)・略奪(リャクダツ)

【奪う】うばう ①他人の所有物を、無理やり取り上げる。「盗賊が財宝を―う」②取り去る。「薬が熱を―う」③注意や関心を引きつける。「美しい景色に目を―われた」④戦って勝ちとる。獲得する。「先取点を―う」

【奪衣婆】ダツエバ 三途(サンズ)の川の岸にいて死者の着物を奪い取り、樹木の上にいる懸衣翁(ケンエオウ)に渡すという老女の鬼。奪衣鬼。

【奪回】ダッカイ 奪われていたものを奪い返すこと。「一か月ぶりに首位を―した」「政権の―を目指す」類奪還 対奪取

【奪還】ダッカン 奪われていたものを取り返すこと。「名人位の―」類奪回 対奪取

【奪取】ダッシュ 奪い取ること。争って手に入れること。「タイトルを―する」「三振―記録」対奪回・奪還

【奪▲掠】ダツリャク ▼書きかえ 奪略

【奪略】ダツリャク 力ずくで奪い取ること。書きかえ「奪掠」の書きかえ字。類略奪

ダツ【獺】

(19) 犭16 1 6460/605C

音 ダツ・タツ
訓 かわうそ・おそ

意味 かわうそ(川獺)。イタチ科の哺乳(ホニュウ)動物。おそ。「獺祭」

【▲獺】かわうそ イタチ科の哺乳(ホニュウ)動物。水辺にすむ。体は流線形で褐色。四肢は短いが、長い尾をもつ。指の間に水かきがあり、巧みに泳いで魚や小動物を捕食する。日本ではかつて、四国の一部に少数残存していたが、二〇一二(平成二四)年に環境省のレッドリスト上で絶滅に分類された。表記「川獺・水獺」とも書く。参考「おそ」とも読む。

【▲獺祭忌】ダッサイキ 正岡子規の命日(メイニチ)。九月一九日。由来 住まいを「獺祭書屋」と称したことから。

【▲獺祭魚】ダッサイギョ ①カワウソが捕らえた魚を岸に並べること。人が物を供えて先祖をまつるのに似る。②詩文を作るとき、①のように多くの参考書を周囲に並べ広げること。

【〈▲獺虎〉】らっこ イタチ科の哺乳(ホニュウ)動物。▼猟虎(らっこ)(一五七七)

ダツ【▲韃】(22) 革13 8071/7067 ▼タツ(一〇〇七)
たっとぶ【△崇ぶ】(11) 山8 常 3182/3F72 ▼スウ(八三五)
たっとぶ【貴ぶ】(12) 貝5 教 2114/352E ▼キ(二七七)
たづな【▲轡】(22) 車15 2305/3725 ▼ヒ(一二八七)
たづな【▲羈】(24) 罒19 7019/6633 ▼キ(二八六)
たつみ【▲巽】(12) 己9 3507/4327 ▼ソン(九六八)
たて【盾】(9) 目4 常 2966/3D62 ▼ジュン(七一九)
たて【▲楯】(13) 木9 2961/3D5D ▼ジュン(七二一)

た ダツ―たな

たて【▲竪】(13) 立8 3508/4328 ▼ジュ(六八二)
たて【縦】(16) 糸10 教 2936/3D44 ▼ジュウ(七〇六)
たで【▲蓼】(14) 艹11 7290/687A ▼リョウ(一五八〇)
たていと【△経】(11) 糸5 教 2348/3750 ▼ケイ(三九三)
たてがみ【▲鬣】(25) 髟15 8207/7227 ▼リョウ(一五八二)
たてまつる【奉る】(8) 大5 常 4284/4A74 ▼ホウ(一三九八)
たてる【立てる】(5) 立0 教 4609/4E29 ▼リツ(一五六二)
たてる【建てる】(9) 廴6 教 2390/377A ▼ケン(四二一)
たてる【△点てる】(9) 灬5 教 3732/4540 ▼テン(一一一四)
たてる【△閉てる】(11) 門3 教 4236/4A44 ▼ヘイ(一三六九)
たてる【△樹てる】(16) 木12 教 2889/3C79 ▼ジュ(六八三)

同訓異義 たてる

【立てる】人や物をまっすぐ上に向けて置く。出現させる。物事を成り立たせる。ほか、広く用いる。「旗を立てる」「声を立てる」「腹を立てる」「先輩の顔を立てる」「計画を立てる」
【建てる】建物などを築く。「マイホームを建てる」「銅像を建てる」「国を建てる」「建て前」
【△点てる】茶の湯をする。抹茶を入れる。「茶を点てる」
【△閉てる】戸や障子などをしめる。「雨戸を閉てる」「戸を開け閉てする」

たとえる【例える】(8) 亻6 教 4667/4E63 ▼レイ(一五九四)
たとえる【△喩える】(12) 口9 常 5140/5348 ▼ユ(一五〇三)
たとえる【▲譬える】(20) 言13 7602/6C22 ▼ヒ(一二八七)
たどる【▲辿る】(7) 辶3 3509/4329 ▼テン(一一一二)
たな【△店】(8) 广5 教 3725/4539 ▼テン(一一一三)

たな【△架】(9) 木5 常 1845/324D ▼カ(一四七)

たな【棚】

(12) 木8 常 準2 3510/432A

音 外ホウ
訓 たな

旧字《棚》(12) 木8 1/準1

筆順 一 十 才 木 杓 机 枂 棚(8) 棚 棚(12)

意味 たな。物をのせるために板を平らにかけ渡したもの。また、それに似たもの。「棚機」「―に上げる(ほうっておく)」

下つき 網棚(あみだな)・神棚(かみだな)・書棚(ショだな)・戸棚(とだな)・本棚(ホンだな)

【棚上げ】たなあげ ①問題の解決や処理に手をつけず、先へ延ばすこと。「提出された議案を―にする」②需給関係の調節のため、商品を一時たくわえて市場に出さないこと。③表面的には敬意を払いながら、遠ざけて関係の薄い立場に追いやること。「名誉顧問に―する」

【棚卸し】たなおろし ①商店などで、決算や整理のために、在庫品の数量や品質などを調べ、その価格を評価すること。②他人の欠点をいろいろあげて批評すること。表記「店卸し」とも書く。

【棚から▲牡△丹餅】たなからボタもち 思いがけない幸運が転がりこんでくるたとえ。棚の下で寝転んでいたら、牡丹餅が落ちてきて口に入ったという意から。「―のような幸運だ」参考 略して「棚牡丹(たなボタ)」ともいう。

【棚▲浚え】たなざらえ 商品の整理のため、在庫品を全部店頭に出して安売りすること。

【棚機月】たなばたづき 陰暦七月の異名。表記「七夕月」とも書く。参考「棚機」は五節句の一つ。

【棚引く】たなびく 煙や霞(かすみ)などが、横に長く引くようにゆっくりと動く。「山頂に

雲が―いている」
たなごころ【△掌】(12) 手8 常 3024/3E38 ▼ショウ(七五三)
たに【谷】(7) 谷0 教 3511/432B ▼コク(五二四)
たに【△渓】(11) 氵8 常 2344/374C ▼ケイ(三九三)
たに【▲澗】(15) 氵12 2034/3442 ▼カン(二四五)

だに【螨】(17) 虫11 国 1 8780/7770 音 訓 だに

意味 だに。ダニ目に属する節足動物の総称。

たぬき【▲狸】(10) 犭7 3512/432C ▼リ(一五五七)
たね【▲胤】(9) 肉5 1693/307D ▼イン(六三)
たのしい【楽しい】(13) 木9 教 1958/335A ▼ガク(二〇五)
たのしむ【△娯しむ】(10) 女7 常 2468/3864 ▼ゴ(四六六)
たのしむ【△愉しむ】(12) 忄9 常 4491/4C7B ▼ユ(一五〇三)
たのしむ【楽しむ】(13) 木9 教 1958/335A ▼ガク(二〇五)
たのしむ【▲嬉しむ】(15) 女12 2082/3472 ▼キ(二八一)
たのむ【▲怙む】(8) 忄5 5564/5760 ▼コ(四四九)
たのむ【▲恃む】(9) 忄6 5584/5774 ▼ジ(六三六)
たのむ【△嘱む】(15) 口12 常 3092/3E7C ▼ショク(七八四)
たのむ【▲憑む】(16) 心12 5665/5861 ▼ヒョウ(一三〇七)
たのむ【頼む】(16) 頁7 常 4574/4D6A ▼ライ(一五四六)
たのもしい【頼もしい】(16) 頁7 常 4574/4D6A ▼ライ(一五四六)
たば【束】(7) 木3 教 3411/422B ▼ソク(九五七)
たばこ【▲莨】(10) 艹7 7230/683E ▼ロウ(一六一七)
たび【度】(9) 广6 教 3757/4559 ▼ド(一一三三)
たび【旅】(10) 方6 教 4625/4E39 ▼リョ(一五七二)
たぶさ【▲髻】(16) 髟6 8201/7221 ▼ケイ(四〇一)

た
たな―ためる

たぶらかす【▲誑かす】(14) 言7 7552/6B54 ▼キョウ(三四〇)
たべる【食べる】(9) 食0 教 3109/3F29 ▼ショク(七八一)
たぼ【▲髱】(15) 髟5 8193/717D ▼ホウ(一四一一)
たま【玉】(5) 玉0 教 2244/364C ▼ギョク(三五一)
たま【▲圭】(6) 土3 2329/373D ▼ケイ(三八七)
たま【△珠】(10) 王6 常 2878/3C6E ▼シュ(六七七)
たま【球】(11) 王7 教 2169/3565 ▼キュウ(三〇九)
たま【弾】(12) 弓9 常 3538/4346 ▼ダン(一〇二四)
たま【▲瑶】(13) 王9 6486/6076 ▼ヨウ(一五三三)
たま【△魂】(14) 鬼4 常 2618/3A32 ▼コン(五四〇)
たま【霊】(15) 雨7 常 4678/4E6E ▼レイ(一五九七)
たま【△璧】(18) 玉13 常 6490/607A ▼ヘキ(一三七三)
たま【▲瓊】(18) 王14 ▼ケイ(四〇一)

同訓異義 たま

【球】野球・ゴルフ・テニスなどのボール。電球。「速い球で三振を取る」「球足が伸びる」「街灯の球が切れる」

【玉】飾りなどに使う美しい石。丸い形をしたもの。ほか、広く用いる。「玉磨かざれば光無し」「玉に瑕(きず)」「火の玉」「玉の汗」「替え玉」

【△珠】真珠。美しい丸いたま。丸い形のもの。「珠の首飾り」「数珠珠(じゅずだま)」「算盤(そろばん)の珠」

【弾】鉄砲の弾丸。「玉」とも書く。「大砲の弾」「流れ弾に当たる」

たまう【△給う】(12) 糸6 教 2175/356B ▼キュウ(三一〇)
たまう【△賜う】(15) 貝8 常 2782/3B72 ▼シ(六二五)
たまき【△環】(17) 王13 常 2036/3444 ▼カン(二四八)
たまき【▲鐶】(21) 金13 7934/6F42 ▼カン(二五二)
たまご【卵】(7) 卩5 教 4581/4D71 ▼ラン(一五五一)
たましい【魂】(14) 鬼4 常 2618/3A32 ▼コン(五四〇)
たましい【▲魄】(15) 鬼5 8216/7230 ▼ハク(一二四二)
だます【▲瞞す】(16) 目11 6654/6256 ▼マン(一四五〇)
だます【▲騙す】(19) 馬9 8157/7159 ▼ヘン(一三八三)
たまたま【△偶】(11) 亻9 常 2286/3676 ▼グウ(三七五)
たまたま【△適】(14) 辶11 教 3712/452C ▼テキ(一一〇一)
たまもの【△賜】(15) 貝8 常 2782/3B72 ▼シ(六二五)
たまり【▲溜り】(13) 氵10 4615/4E2F ▼リュウ(一五七一)
たまる【△堪る】(12) 土9 常 2014/342E ▼カン(二三四)
たまる【▲溜まる】(13) 氵10 4615/4E2F ▼リュウ(一五七一)
だまる【黙る】(15) 黒4 常 4459/4C5B ▼モク(一四八五)
たまわる【賜る】(15) 貝8 常 2782/3B72 ▼シ(六二五)
たみ【民】(5) 氏1 教 4417/4C31 ▼ミン(一四五七)
たみ【▲氓】(8) 氏4 6166/5D62 ▼ボウ(一四一六)
たむろする【△屯する】(4) 屮1 常 3854/4656 ▼トン(一一七九)
ため【△為】(9) 灬5 常 1657/3059 ▼イ(三〇)
ため【▲溜】(13) 氵10 4615/4E2F ▼リュウ(一五七一)
ためし【△例】(8) 亻6 教 4667/4E63 ▼レイ(一五九四)
ためす【試す】(13) 言6 教 2778/3B6E ▼シ(六二三)
ためす【△験す】(18) 馬8 教 2419/3833 ▼ケン(四三六)
ためらう【▲躊う】(21) 𧾷14 7720/6D34 ▼チュウ(一〇五〇)
ためる【▲溜める】(13) 氵10 4615/4E2F ▼リュウ(一五七一)
ためる【▲撓める】(15) 扌12 5790/597A ▼ドウ(一一六六)

ためる【矯める】(17) 矢12 常 2226/363A ▼キョウ(三四二)
たもと【▲袂】(9) 衤4 7454/6A56 ▼ベイ(一三七二)
たゆむ【▲弛む】(6) 弓3 3548/4350 ▼シ(六〇三)
たより【便り】(9) 亻7 教 4256/4A58 ▼ベン(一三八五)
たよる【頼る】(16) 頁7 常 4574/4D6A ▼ライ(一五四六)
たら【▲鱈】(22) 魚11 国 ▼セツ(八八九)
たらい【▲槃】(14) 木10 6049/5C51 ▼ハン(一二六七)
たらい【▲盥】(16) 皿11 6625/6239 ▼カン(二四七)
たらす【▲誑す】(14) 言7 7552/6B54 ▼キョウ(三四〇)
たりる【足りる】(7) 足0 教 3413/422D ▼ソク(九五七)
たりる【▲贍りる】(20) 貝13 7656/6C58 ▼セン(九一二)
たる【▲樽】(16) 木12 3514/432E ▼ソン(九六九)
だるい【△怠い】(9) 心5 常 3453/4255 ▼タイ(九八〇)
だるい【▲懈い】(16) 忄13 5672/5868 ▼カイ(一八五)
たるき【▲桷】(11) 木7 5968/5B64 ▼カク(一九八)
たるき【▲椽】(13) 木9 6029/5C3D ▼テン(一一一八)
たるむ【▲弛む】(6) 弓3 3548/4350 ▼シ(六〇三)
たれ【▲孰】(11) 子8 5357/5559 ▼ジュク(七一〇)

だれ【誰】(15) 言8 常 2 3515/432F 音 外スイ 訓 だれ 外たれ・た

筆順 2 亠 4 言 7 言 言 訁 訁 訃 訃 誰 14 誰

意味 だれ。たれ。どの人。人についての疑問・反語を示す。「誰何」

[△誰何] スイカ 「だれか」と声をかけて、名前や身分を問いただすこと。「警察官に―される」

[△誰] た だれ。たれ。「が」「そ」を伴って用いることが多い。「―がために鐘は鳴る」

[〈誰▲哉〉行△灯] たそや アンドン 江戸時代、吉原の遊郭で各妓楼(ギロウ)の前に立てた木製の屋外照明。

[誰] だれ ①名や正体のわからない人を指すときに用いる語。「―がこの絵を描いたのか」②任意の人や不明の人を指すときに用いる語。「希望者は―か」「―か助けて」③すべての人。「―もが平和を望んでいる」 参考 「たれ」とも読む。

『誰か▲烏(からす)の雌雄(シユウ)を知らん』 物事の是非や善悪の判断がむずかしいことのたとえ。カラスの性別をだれが見分けられるだろうか、の意から。〈『詩経』〉

[〈誰某〉] たれ がし 名をはっきり示さずに人を指す語。なにがし。 参考 「だれそれ」とも読む。

[誰彼] だれ かれ あの人やこの人。不特定の複数の人を指すときに用いる語。「―の別なしに」

たれがみ【▲髦】(14) 髟4 8188/7178 ▼ボウ(一四二〇)
たれる【垂れる】(8) 土5 教 3166/3F62 ▼スイ(八二七)
たわける【△戯ける】(15) 戈11 常 2126/353A ▼ギ(二八九)
たわごと【▲譫】(20) 言13 7594/6B7E ▼セン(九一二)
たわむれる【戯れる】(15) 戈11 常 2126/353A ▼ギ(二八九)
たわむれる【▲謔れる】(16) 言9 7566/6B62 ▼ギャク(二九九)
たわめる【▲撓める】(15) 扌12 5790/597A ▼ドウ(一一六六)
たわら【俵】(10) 亻8 教 4122/4936 ▼ヒョウ(一三〇四)

タン【丹】(4) 丶3 常 4 3516/4330 音 タン 訓 外に・あか・まごころ

筆順 丿 冂 冃 丹

意味 ①あか。に。あかい色。「丹朱」「丹頂」②まごころ。「丹誠」「丹念」③よくねった薬。不老不死の薬。「丹薬」「仙丹」④「丹波(たんば)の国」の略。「丹州」

下つき 金丹(キンタン)・仙丹(センタン)・牡丹(ボタン)・煉丹(レンタン)

[△丹] あか あかい色。丹砂(タンシャ)(水銀と硫黄が化合してできた赤い砂)の色。朱色。

[丹書鉄契] タンショ テッケイ 天子が功臣に与えた、鉄に朱書きの誓文(セイモン)の割符で、子孫まで罪を免ずる証拠としたもの。「鉄契」は、天子が功臣に賜る鉄製の割符で、子孫まで罪を免ずる証拠としたもの。〈『漢書(カンジョ)』〉

[丹心] タン シン いつわりのないこころ。まごころ。 類 赤心・丹誠

[丹唇] タン シン あかいくちびる。 類 朱唇

[丹青] タン セイ ①あかい色とあおい色。②あかとあおの絵の具。色彩。③彩色画。

[丹誠] タン セイ 誠実な心。まごころ。「―をこめる」 類 赤誠・赤心・丹心

[丹精] タン セイ まごころをこめて行うこと。精を出すこと。「父が―して育てた花だ」

[丹前] タン ゼン ゆったり仕立てた広袖(ひろそで)の綿入れ。防寒用として、着物に重ねたり寝具にする。どてら。 季 冬

[丹頂] タン チョウ ツル科の鳥。アジア北東部に分布。日本では北海道東部の湿原で少数繁殖する。全身が純白で、首と翼の一部が黒色。特別天然記念物。タンチョウヅル。 季 冬 由来 「丹」はあかい色の意で、頭頂があかいことから。

[丹田] タン デン へそから少し下の部分。全身の精気が集まるところとされ、ここに力を入れると健康と活力が得られるという。「臍下(セイカ)―」

[丹毒] タン ドク 皮膚の急性感染症。連鎖球菌が傷口から入って化膿(カノウ)し、赤くはれて高熱や激痛を伴う。

[丹念] タン ネン 細かいところまで念を入れてするさま。「―に作品を仕上げる」 類 入念

[△丹] に ①あかい色。朱色。「―塗りの鮮やかな鳥居だ」②赤色の土。赤土。

【丹塗り】にぬり 赤色の塗料で塗ること。また、その塗ったもの。

タン【反】(4) 又2 教 4031/483F ▼ハン(二五七)

タン【丼】(5) 丶4 常 4807/5027 ▼どんぶり(一一八三)

タン【旦】(5) 日1 常 2 3522/4336 音 タン・ダン 訓 外 あした

筆順 一 冂 日 日 旦

意味 あした。あさ。あけがた。「元旦」 対 夕 参考 日が水平線(一)の上にのぼるころを表す字。

下つき 元旦ガンタン・歳旦サイタン・早旦ソウタン・毎旦マイタン・明旦ミョウタン

【旦】あした 日の出るころ。夜明け。明け方。 類 朝 対 夕・暮

【旦日】タンジツ ①あくる日。あした。また、明朝。②夜明けの太陽。

【旦夕】タンセキ ①朝晩。明け暮れ。②始終。つねづね。③この朝か晩かというほどに時期がさし迫っているさま。「命は一に迫っている」

【旦那】ダンナ ①商家などの男の主人。②男性の客や目上の男性を呼ぶ語。③自分や他人の夫。「お隣の一さん」「うちの一」

タン【但】(7) 亻5 常 3502/4322 ▼ただし(一〇〇五)

タン【坦】(8) 土5 準1 3519/4333 音 タン 訓 たいら

意味 ①たいら。たいらか。「坦夷」「平坦」②おだやか。心がひろい。「坦懐」「坦然」

下つき 夷坦イタン・平坦ヘイタン

【坦ら】たいら ①道などが広くたいらなさま。②感情の起伏がない。心が穏やかなさま。

【坦夷】タンイ 地面がたいらなさま。 類 平坦 参考「坦」「夷」ともにたいらの意。

【坦懐】タンカイ 胸にわだかまりがなく、さっぱりとおおらかな気持ち。心がたいらかであること。「虚心一」

【坦坦】タンタン ①土地が広く、たいらなさま。「一とした平原」②変わったこともなく、平凡に過ぎていくさま。「一と日を送る」

タン【担】(8) 扌5 常 教 5 3520/4334 音 タン 訓 かつぐ高・になう高

旧字《擔》(16) 扌13 1/準1 5731/593F

筆順 一 十 扌 扌 扣 扣 担 担

意味 ①かつぐ。になう。「担架」②ひきうける。受けもつ。「担当」「分担」③たすける。味方する。「加担」

下つき 加担カタン・荷担カタン・負担フタン・分担ブンタン

【担ぐ】かつぐ ①肩にのせて支える。「重い荷物を一ぐ」②表面におしたてる。「長老を会長に一ぎ出す」③迷信を気にかける。「縁起を一ぐ人もいる」④だます。「友人にうまく一がれた」

〈担桶〉たご 水や肥やしなどを入れて、棒でかついで運ぶおけ。たごおけ。になおけ。

【担架】タンカ 病人や負傷者を寝かせたまま運ぶ道具。「骨折して一で運ばれた」 参考「架」は物などをのせる台の意。

【担税】タンゼイ 税金を負担すること。「一能力のある大会社」

【担当】タントウ 仕事などを割り当てられて、受け持つこと。「一者の意見を聞く」

【担任】タンニン ①任務を引き受けること。受け持ち。②学校の教員が、学級や教科を受け持つこと。また、その教員。「学級一にほめられた」

【担保】タンポ ①債権の安全保証をするために、債務者から債権者にあらかじめ提供されるもの。「自宅を一に借金をした」②抵当。しちぐさ。「無一」

【担う】になう ①肩で物を支え持つ。かつぐ。②仕事や責任を身に引き受ける。「重責を一う」「次代を一う若者に期待する」

タン【単】(9) ⺍6 常 教 7 3517/4331 音 タン 外 ゼン 訓 外 ひとつ・ひとえ

旧字《單》(12) 口9 1/準1 5137/5345

筆順 丶 丷 ⺍ ⺍ 肖 肖 当 当 単

意味 ①ひとつ。ひとり。「単独」「単身」 対 複 ②基準となるひとまとまり。「単位」「単元」③複雑でない。まじりけがない。「単調」「簡単」④ひとえ。裏をつけない着物。「単衣」

下つき 簡単カンタン

【単于】ゼンウ 中国北方の遊牧騎馬民族、匈奴キョウドの君主の称号。

【単位】タンイ ①ものをはかるときの基準となる量。長さのメートルや重さのグラムなど。②全体を構成する基本となる、ひとまとまり。「クラス一で参加する」③学習量をはかるときの基準。「規定の一を修得する」

【単一】タンイツ ①一つ。一人。「一行動」 類 単独 ②一種だけで、他のものがまじっていないこと。「一民族」「一の音色」

【単価】タンカ 商品の、一単位あたりの価格。また、品物一つの値段。

【単記】タンキ 一枚の用紙に、一人の名前だけを記入すること。「一投票」 対 連記

【単騎】タンキ ただ一人でウマに乗っていくこと。また、その人。 類 一騎

【単元】タンゲン あるテーマにそった、教材や学習活動のひとまとまりの単位。

【単語】タンゴ 特定の意味や機能をもち、文を組み立てている最小の言語単位。

【単行本】タンコウボン 叢書ソウショ・全集の一冊としてでなく、単独に刊行された本。

【単作】タンサク 一つの田畑に一年に一回、一種類の作物だけを作ること。一毛作。

【単産】タン サン 「産業別単一労働組合」の略。産業ごとに組織された労働組合。また、企業別組合を単位とする産業別連合体をもいう。

【単式】タン シキ ①単純・簡単な方式または形式。②「単式簿記」の略。対①②複式

【単車】タン シャ エンジンつきの二輪車。オートバイ。対四輪車

【単純】タン ジュン ①しくみや考え方などが、こみいっていないこと。「―なつくりの機械」「―な計算」「―な発想」②まじり気のないさま。「―な色」類純一 対①②複雑

【単純明快】タンジュン メイカイ 非常にはっきりしていて、分かりやすいさま。話や文章がこみいっていないで、内容や筋道がよく分かること。「―な説明」類簡単明瞭(カンタンメイリョウ)・直截簡明(チョクセツカンメイ) 対複雑怪奇

【単子葉植物】タンシヨウ ショクブツ 被子植物のうち、胚(ハイ)の子葉が一枚のもの。茎は維管束が不規則に散らばり、葉は細長く平行脈がある。花弁の数は三の倍数。イネ科・ユリ科・ラン科など。対双子葉植物

【単身】タン シン ただ一人だけであること。身一つ。「―赴任」

【単数】タン スウ ①数が一つであること。②一人の人または一つの事物を表す文法用語。「一人称―形」対①②複数

【単線】タン セン ①一本の線。②一本の線路を、上りと下りの列車が共用すること。単線軌道。「―区間」対①②複線

【単調】タン チョウ 単純で変化が少ないさま。一本調子。「―な生活」

【単刀直入】タントウ チョクニュウ 話や文章で、前置きなしに、いきなり本題に入ること。「―に質問する」由来一本の刀を持ち、単身で敵陣に切りこむ意から。《『景徳伝灯録』》

【単独】タン ドク ただ一人、または、一つだけであること。「―で行動する」「―首位」

【〈単寧〉】タン ニン 植物の樹皮や葉などに含まれる渋味の成分。インクや染料の原料。五倍子(ふし)・没食子(モッショクシ)などからとる。

【単発】タン パツ ①エンジンが一つだけであること。「―機」対双発 ②一発ずつ発射すること。「―銃」対連発 ③一回だけで終わり、連続しないこと。「シリーズ企画でなく、―で刊行する」

【単文孤証】タンブン コショウ 学問などで、証拠不足であること。わずか一つの文章と一つの証拠の意から。対博引旁証(ハクインボウショウ)

【単・〈単衣〉】ひと え 裏地をつけない和服。ひとえもの。対袷(あわせ) 季夏

タン【段】(9) 殳5 教 3542 434A ▼ダン(一〇二二)

タン【炭】(9) 火5 教 常 8 3526 433A 音タン 訓すみ

筆順 丨 山 山 山 屵 岸 岸 炭 炭

意味 ①すみ。木をむし焼きにして作った燃料。「薪炭」「木炭」②「石炭」のこと。「炭田」「採炭」③元素の一つ「炭素」のこと。「炭化」「炭酸」

下つき 亜炭(アタン)・褐炭(カッタン)・黒炭(コクタン)・採炭(サイタン)・石炭(セキタン)・貯炭(チョタン)・泥炭(デイタン)・塗炭(トタン)・氷炭(ヒョウタン)・木炭(モクタン)・練炭(レンタン)

【炭櫃】すびつ いろり。炉。また、四角い据(す)え火鉢。季冬

【炭】すみ ①木材をむし焼きにして作った燃料。木炭。「炬燵(コタツ)に―を入れる」②木が燃え残って黒くなったもの。季冬

【炭取・炭斗】すみ とり 炭を小出しにしておく容器。すみいれ。季冬

【炭団】タ ドン ①炭の粉をこねて球状に固めた燃料。季冬 ②相撲で、黒星の俗称。

【炭坑】タン コウ 石炭を掘り出すために掘ったあな。石炭坑。「以前は―で働いていた」

【炭鉱】タン コウ 石炭を採掘する鉱山。書きかえ「炭礦」の書きかえ字。

【炭礦】タン コウ 書きかえ 炭鉱

【炭酸】タン サン 二酸化炭素が水にとけてできる弱い酸。「―入りのジュース」

【炭塵】タン ジン 炭坑内の空気中にただよう、細かい石炭の粉末。

【炭水化物】タンスイ カブツ 炭素・水素・酸素の三元素からなる化合物で、糖類・でんぷん・セルロースなどの総称。動物の主要な栄養素の一つ。含水炭素。

【炭素】タン ソ 高温では燃えて二酸化炭素となる元素。天然には石炭・ダイヤモンドなどが単体として存在する。

【炭疽病】タンソ ビョウ 炭疽菌が原因で発病する感染症。ウシ・ウマ・ヒツジなどに多く発生するが、人間にも感染する。内臓がはれ、敗血症を起こす。炭疽。

タン【眈】(9) 目4 1 6630 623E 音タン 訓にらむ

意味 にらむ。ねらい見る。「眈眈」

【眈眈】タン タン 鋭い目つきでねらい見るさま。すきあらばとねらうさま。「虎視(コシ)―と好機をうかがう」

【眈む】にら-む 鋭い目つきで見つめる。欲深そうにねらい見つめる。

タン【胆】(9) 月5 常 3 3532 4340 音タン 外トウ 訓外きも

旧字《膽》(17) 月13 1/準1 7128 673C

筆順 丿 刀 月 月 刖 肌 胆 胆 胆

意味 ①きも。内臓の一つ。「胆汁」「胆石」②きもったま。度胸。「胆力」「大胆」③こころ。きもち。「魂胆」「心胆」

下つき 肝胆(カンタン)・剛胆(ゴウタン)・豪胆(ゴウタン)・魂胆(コンタン)・小胆(ショウタン)・嘗

【△胆】 胆ショウ・心胆シン・大胆ダイ・落胆ラク

【胆】きも ①肝臓が分泌した胆汁をたくわえる器官。胆嚢ノウ。②気力。胆力。度胸。きもったま。「—の太い人」③精神。こころ。

【胆汁】タンジュウ 肝臓で生成される消化液。脂肪の消化を助ける。肝胆汁。

【胆石】タンセキ 胆汁の成分が結晶または沈殿して、胆嚢タンノウや胆管内に生じる石。「—ができ腹痛を起こした」

【胆戦心驚】タンセンシンキョウ 恐怖で震えおののくこと。「胆」はきも、「心」は心臓のこと。〈『西遊記』〉

【胆大心小】タンダイシンショウ 大胆でいて、しかも細心の注意を払うこと。「胆」は度胸、「心」は気配りのこと。〈『旧唐書クトウジョ』〉 参考「胆大心細」ともいう。

【胆斗の△如し】タントのごとし きもったまがすわっていて、ものに動じないさま。故事 中国、蜀ショクの豪胆な武将として知られていた姜維キョウイのきもが一斗ますのように大きかったという故事から。当時の一斗は約二リットル。〈『三国志』〉

【胆▲囊】タンノウ 肝臓の下側にあり、胆汁を一時たくわえておく袋状の器官。

【胆力】タンリョク 物事に動じない気力。きもったま。「—のある人物」類 度胸 参考 漢方医学では、肝と胆がともに気力を保つはたらきをするという。

【胆を破る】タンをやぶる きもをつぶす。大いに驚き恐れる。故事 中国、前漢の文帝に仕えた賈誼カギが、国内平定の策として「大諸侯がきもをつぶすようなことをしましょう」と献言したという故事から。〈『漢書カンジョ』〉

タン【★疸】 (10) 疒5 1 6553 6155 音 タン 訓 おうだん

意味 おうだん(黄疸)。肝臓・胆嚢タンノウの疾患などで体が黄色くなる症状。参考「疽ソ」は別字。

タン【站】 (10) 立5 1 6775 636B 音 タン 訓 たつ・たたずむ・うまつぎ・えき

意味 ①たつ。たたずむ。②うまつぎ。宿場。宿駅。また、えき(駅)。「駅站」「兵站」

下つき 駅站エキタン・車站シャタン・兵站ヘイタン

タン【★耽】 (10) 耳4 準1 3531 433F 音 タン 訓 ふける

意味 ①ふける。夢中になる。「耽溺タンデキ」「耽美」②「耽耽タンタン」は奥深いさま。

下つき 荒耽コウタン

【耽溺】タンデキ 酒や女など不健全なことに夢中になって、ほかをかえりみないこと。「酒色に—する」類 惑溺

【耽読】タンドク 書物を夢中になって読みふけること。「学生時代に小説を—した」

【耽美】タンビ 美に最高の価値を求め、それにひたり熱中すること。「—的作風で知られた小説家」「—主義」

【耽▲湎】タンメン 酒色にふけり、おぼれること。参考「耽」「湎」ともに、物事に夢中になる意。「タンベン」とも読む。

【耽る】ふける 度を超して熱中する。没頭する。「物思いに—る」

タン【★袒】 (10) 衤5 1 7456 6A58 音 タン 訓 はだぬぐ・かたぬぐ

意味 ①はだぬぐ。かたぬぐ。肩をあらわす。「袒裼タンセキ」②ひとはだぬぐ。味方する。「左袒サタン」

下つき 右袒ウタン・左袒サタン・肉袒ニクタン・偏袒ヘンタン・裸袒ラタン

【袒▲裼】タンセキ 上着をぬぎ、肩をあらわすこと。はだぬぎ。参考「袒」「裼」ともに、はだぬぎになる意。

【▲袒▲裼裸▲裎】タンセキラテイ 非常に無礼な振舞いのこと。衣服を脱ぎ、はだかになる意から。「裸裎」は、はだかになる意。〈『孟子モウシ』〉

【▲袒ぐ】はだぬぐ 衣服の袖そでを引きぬいて、肩をあらわす。はだぬぎになる。

タン【★啖】 (11) 口8 1 5123 5337 音 タン 訓 くう・くらう・くらわす

〔啗〕 5124 5338

意味 くう。くらう。むさぼりくう。「啖啖」「健啖」

下つき 健啖ケンタン

【啖う】くう むさぼるように食べる。大きく口をあけてくらう。

【▲啖らわす】くらわす ①勢いよく食べさせる。②利得を与えて人をさそう。「賄賂ワイロをその筋に—わす」

【▲啖▲呵】タンカ ①威勢よく、歯切れのよい言葉。「—を切る」②香具師やしなどが品物を売るときの口上。参考「呵」は大声でどなる意。

タン【探】 (11) 扌8 教 常 5 3521 4335 音 タン 訓 さぐる㊥・さがす

筆順

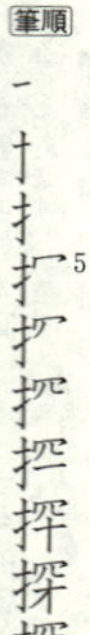

意味 ①さぐる。さがす。さがし求める。「探究」「探索」②たずねる。見物する。「探勝」「探訪」

下つき 試探シタン

【〈探湯〉】くかたち 古代の裁きの方法。神に誓って、熱湯に手を入れさせ、火傷やけどをしたものは邪、火傷をしなかったものは正とした。表記「盟神探湯・誓湯」とも書く。参考「くがたち」とも読む。

【探す】さがす 目的のものを見つけ出そうと、あちらこちらにたずね求める。「職を—す」

【探る】さぐる ①手足で触れて物をさがし求める。「手で—り当てた」②未知の事柄や事情などをさがし求める。探究する。「解決の方法を—る」③相手の思惑や様子をこっそり調べる。「敵の様子を—る」④美しい景色や知られていない土地

などをたずね求める。「秘境の温泉を—る」

【探求】タンキュウ どこまでもさがし求めること。「災害の原因を—する」類探索

【探究】タンキュウ 物事の真の姿や本質などを深く調べ、明らかにすること。「真理を—する」

【探検・探険】タンケン 未知の地域に危険をおかして踏みこみ、実地に調査すること。「世界各国の秘境を—する」

【探鉱】タンコウ 鉱床・石炭層・石油層などを、さまざまな方法でさがし求めること。

【探査】タンサ 様子をさぐり調べること。「地下資源の—を開始する」「火星—機」

【探索】タンサク 人の居場所や物のありかを、さがし求めること。「犯人を—する」類捜索

【探勝】タンショウ 景色のよい地をたずね歩き、それを味わい楽しむこと。

【探照灯】タンショウトウ 夜、遠方まで照らし出せるようにした大型の照明装置。サーチライト。「—が敵機をとらえた」

【探題】タンダイ ①詩歌の会で、いくつか用意された題の中から、くじで引き当てた題で詩歌をよむこと。②鎌倉・室町幕府の職名。重要な地方に置かれ、政務・訴訟・軍事などをつかさどった。

【探知】タンチ かくれているものなどを、さぐりあてること。「魚群—機」

【探鳥】タンチョウ 自然の中で生きている鳥の生態を観察したり、観賞したりすること。バードウォッチング。

【探偵】タンテイ 他人の行動や事情をひそかにさぐり調べること。また、それを職業とする人。「私立—」

【探訪】タンボウ 報道の材料を得るために実際に各地に出向いて、社会の実情や事件の真相をさぐること。「—記事」

タン【淡】

(11) 氵 8 常 4 3524 4338 音 タン 訓 あわい 外 うすい

筆順 2 氵 氵 氵 氵' 氵火 氵炎 淡 淡

意味 ①あわい。色や味などがうすい。「淡彩」「淡味」類澹タン 対濃 ②気持ちがさっぱりしている。こだわらない。「淡交」「冷淡」 ③塩分を含まない。「淡水」対鹹カン ④「淡路あわじの国」の略。「淡州」

下つき 枯淡コタン・清淡セイタン・濃淡ノウタン・平淡ヘイタン・冷淡レイタン

〈淡漬〉あまづけ ①塩を少なめにした漬物。②浅漬け。表記「味漬・甘漬」とも書く。

【淡い】あわ-い ①味や色などがうすい。あっさりしている。「—い色の洋服を好む人だ」②ほのかに感じられる。かすかである。「—い期待をかける」表記「澹い」とも書く。

【淡雪】あわゆき うっすらと積もった、消えやすい雪。「春の—」季春 参考「泡雪・沫雪」と書けば、あわのようにとけやすい雪の意になる。

【△淡い】うす-い ①色や味などがうすい。あっさりしている。②刺激がない。

【△淡緑】うすみどり うすい緑色。浅緑。参考「タンリョク」とも読む。

【淡紅】タンコウ うすいべに色。うすくれない。桃色。「—色の花をつけている」

【淡彩】タンサイ あっさりとした、うすい彩色。あわいいろどり。「—画を思わせる風景」

【淡粧】タンショウ あっさりとした化粧。薄化粧。参考「タンソウ」とも読む。

『淡粧濃抹』タンショウノウマツ 女性の薄化粧と厚化粧のこと。どちらも趣があって美しいという意。〈蘇軾ソショクの詩〉表記「濃抹」は「濃沫」とも書く。参考「濃抹」は「ノウバツ」とも読む。

【淡水】タンスイ 塩分を含まない水。まみず。「—魚」対鹹水カンスイ

【淡淡】タンタン ①味わいや感じが、あっさりしているさま。②態度や動作があっさりしていて、物事にこだわらないさま。「心境を—と語る」表記「澹澹」とも書く。

【淡泊・淡白】タンパク ①味や色があっさりしていること。「—な味の料理だ」対濃厚 ②欲がなく、さっぱりしていること。「金や地位に—な人」表記②「澹泊」とも書く。

〈淡竹〉はちく イネ科のタケ。中国原産。高さは約一〇メートル。幹の表面に白粉がつく。竹の子は食用。材は工芸用。クレタケ。カラタケ。

タン【★蛋】

(11) 虫 5 準1 3533 4341 音 タン 訓 たまご・えびす・あま

意味 ①たまご。鳥のたまご。「蛋白」類卵 ②中国南方の海岸に住む種族。えびす。類蜑タン ③あま(海人)。漁夫。

【▲蛋白】タンパク ①卵の白身。類卵白 ②「蛋白質」の略。動植物のおもな成分である化合物。「大豆には—質が多く含まれる」

タン【△貪】(11) 貝 4 常 7637 6C45 ▼ドン(一一八一)

タン【酖】

(11) 酉 4 1 7837 6E45 音 タン・チン 訓 ふける

意味 ①ふける。酒におぼれる。「酖酖タン」類耽タン ②羽に毒があるという鳥の名。「酖毒チンドク」類鴆チン

【▲酖溺】タンデキ 酒におぼれて、ほかをかえりみないこと。

【▲酖殺】チンサツ 酖毒チンドクのはいった毒酒を飲ませて人を殺すこと。毒殺。表記「鴆殺」とも書く。

【▲酖毒】チンドク 中国にすむといわれる、酖チンという鳥の羽にある猛毒。その羽を浸した酒を飲めば死ぬという。表記「鴆毒」とも書く。

タン【▲單】(12) 口 9 5137 5345 ▼単の旧字(一〇二一)

タン【★毯】

(12) 毛 8 1 6163 5D5F 音 タン 訓 けむしろ

意味 もうせん(毛氈)。けむしろ。毛織りの敷物。

下つき 絨毯ジュウタン

タン【湛】★ (12) 氵9 準1 3525 4339 音 タン・チン 訓 たたえる・あつい・ふける・しずむ・ふかい

意味 一タン ①たたえる。水が満ちている。「湛然」「湛湛」②あつ(厚)い。ゆたか。③ふける。おぼれる。 二チン ①しずむ。しずめる。類沈 ②ふか(深)い。

【湛える】たた-える ①器などを液体でいっぱいにする。水を満たす。「プールに水を―える」②感情を顔に出す。「満面に笑みを―える」

【湛然】タンゼン ①水が満ちあふれているさま。②落ち着いて静かなさま。

【湛湛】タンタン ①水が満ちているさま。②重厚なさま。③露の多いさま。

タン【湍】(12) 氵9 1 6258 5E5A 音 タン 訓 はやせ・はやい

意味 はやせ。急流。また、はやい。たぎる。「湍水」

下つき 急湍(キュウタン)・激湍(ゲキタン)・飛湍(ヒタン)・奔湍(ホンタン)

【湍流】タンリュウ 水の勢いが強くはやい流れ。はやせ。類湍水(タンスイ)・急流

【湍い】はや-い 水の流れが急であるさま。水が激しく流れるさま。たぎるさま。

タン【猯】(12) 犭9 1 6446 604E 音 タン 訓 まみ・たぬき

意味 まみ。アナグマ・タヌキの類。

【猯】まみ アナグマ、またはタヌキの別称。

タン【短】(12) 矢7 常 教 8 3527 433B 音 タン 訓 みじかい

筆順 ノ ⺈ 午 矢 矢 矢 知 知 短 短 短

意味 ①みじかい。長さがたりない。「短気」「短縮」「長短」②つたない。欠ける。おとる。「短所」「短慮」

対 ①②長

下つき 浅短(センタン)・操短(ソウタン)・長短(チョウタン)

【〈短手〉】しのびで 神道の葬儀で、音を出さないように打つ柏手(かしわで)。表記「忍び手」とも書く。参考「しのびて」とも読む。

【短歌】タンカ 和歌で五・七・五・七・七の五句三十一音からなる歌体。みそひともじ。対長歌

【短褐】タンカツ 麻や木綿でつくった丈の短い着物。身分の低い人や貧しい人が着た衣服。

【短褐穿結】タンカツセンケツ 貧しい人や卑しい人の衣服。貧者の粗末な身なりのようす。「穿結」は、破れていたり、結び合わせていたりすること。〈陶潜の文〉類短褐不完

【短気】タンキ 我慢が足りなくて、すぐにいらついたり怒ったりすること。また、そのさま。きみじか。「―を起こす」

【短気は損気】短気を起こすと、人間関係をこわしたりして、結局は自分が損をするという戒め。類腹は立て損喧嘩(ケンカ)は仕損

【短期】タンキ 短い期間。「―研修」「日本銀行―観測」対長期

【短軀】タンク 背丈の低いこと。また、そのからだ。短身。対長軀

【短檠】タンケイ 丈の短い灯火具。また、それにともす灯火。参考「檠」は、灯火を立てる台の意。

【短見】タンケン 思慮の足りない、つまらない意見。未熟な考え。あさはかな考え。「―を恥じる」類浅見

【短冊・短尺・短籍】タンザク ①字を書いたり、印として物に貼(は)ったり結びつけたりする、薄くて細長い紙。②和歌や俳句などを書く細長い厚紙。③「短冊形(がた)」の略。①のような細長い形。「雑煮の具を―に切る」参考「タンジャク」とも読む。

【短資】タンシ 「短期資金」の略。通常、一年以内の貸付資金。

【短時日】タンジジツ わずかな日数。短い期間。「―のうちに完成した」

【短日】タンジツ 昼が短く、日暮れの早い冬の日。冬の日の短いこと。対長日 季冬

【短日植物】タンジツショクブツ 日照時間が短くなると開花・結実する植物。キク・コスモスなど。対長日植物

【短銃】タンジュウ 片手で使える小型の銃。ピストル。類拳銃(ケンジュウ)

【短縮】タンシュク 時間や距離を短くちぢめること。「自己記録を二秒も―する」対延長

【短所】タンショ 劣っているところ。「自分の―を自覚する」類欠点 対長所

【短信】タンシン ①簡単な短い手紙。②新聞や雑誌などの短いニュース。「―欄」

【短艇】タンテイ 無甲板または半甲板の小舟。ボートの訳語。表記「端艇」とも書く。

【短刀】タントウ つばのない短い刀。あいくち。どす。類短剣 対長刀

【短波】タンパ 波長の短い電波。波長一〇～一〇〇メートル、周波数三～三〇メガヘルツの電磁波。遠距離通信用。「海外向けの―放送」対中波・長波

【短兵急】タンペイキュウ いきなり行動を起こすさま。だしぬけ。短兵急接。「―に結論を求められても困る」由来「短兵」は刀剣など短い武器の意で、それで急に突きかけることから。

【短篇】タンペン ▼書きかえ 短編

【短編】タンペン 小説や映画などの短い作品。対長編・中編 書きかえ「短篇」の書きかえ字。

【短命】タンメイ 寿命が短いこと。また、若くして死ぬさま。「―内閣」対長命

【短絡】タンラク ①電気回路がショートすること。②物事を、論理を無視して単純に結びつけて結論とすること。「―した考えでは困る」

【短慮】タンリョ ①考えのあさはかなさま。思慮の足りないさま。類浅慮 ②きみじか。せっかち。類短気

【短い】みじか-い ①端から端までの距離が小さい。「丈の―いスカート」②ある時点か

らある時点までの時の経過が少ない。「滞在期間が―い」③せっかちである。「気が―い」

【短夜】みじか よ すぐ明ける夜。夏の短い夜。季夏 参考「タンヤ」とも読む。

タン【覃】(12) 西6 1 7509 6B29 音 タン 訓 のびる・ひく・およぶ・ふかい

意味 ①のびる。ひく。およぶ。「覃及」類延 ②ふかい。深くひろい。「覃思」類潭タン・湛タン

タン【赧】(12) 赤5 1 7663 6C5F 音 タン・ダン 訓 あからめる・はじる

意味 あからめる。顔が赤くなる。はじる。「赧然」

下つき 愧赧キタン・羞赧シュウタン

【▲赧める】あから―める 恥ずかしくて顔を赤くする。赤面する。

【▲赧顔】タンガン 恥ずかしくて顔をあからめること。類赧面・赤面

【▲赧然】タンゼン 恥じて顔を赤くするさま。きまり悪く思うさま。

タン【亶】(13) 亠11 1 4825 5039 音 タン・セン 訓 あつい・まこと・ほしいまま・もっぱら

意味 ①あつ(厚)い。ゆたか。②まこと。まことに。③ほしいまま。もっぱら。類専・擅セン

【▲亶い】あつ―い ①物に厚みがある。②集めた物がたくさんあるさま。

タン【嘆】(13) 口10 常 4 3518 4332 音 タン 訓 なげく・なげかわしい

旧字《嘆》(14) 口11 1/準1 1515 2F2F

筆順 3 6 嘆 嘆

意味 ①なげく。かなしむ。「嘆願」「嘆息」「悲嘆」②たたえる。ほめる。感心する。「嘆賞」「感嘆」

書きかえ「歎タ」の書きかえ字。

下つき 永嘆エイタン・詠嘆エイタン・慨嘆ガイタン・感嘆カンタン・驚嘆キョウタン・賛嘆サンタン・賞嘆ショウタン・長嘆チョウタン・悲嘆ヒタン

【嘆願】タンガン 事情を訴えて、心からお願いすること。「助命―書」書きかえ「歎願」の書きかえ字。

【嘆傷】タンショウ なげきいたむこと。なげき悲しむこと。表記「歎傷」とも書く。

【嘆賞・嘆称】タンショウ 感心してほめたたえること。感心してほめそやすこと。「作品の見事なできばえに皆―した」表記「歎賞・歎称」とも書く。

【嘆声】タンセイ ①なげきの声。ため息。②感心して出す声。ため息。「美しい景色に思わず―をもらした」表記「歎声」とも書く。

【嘆息】タンソク なげいて、ため息をつくこと。非常になげくこと。「天を仰いで―する」表記「歎息」とも書く。

【嘆美】タンビ 感心または感動してほめること。「―の声をあげる」類嘆賞 表記「歎美」とも書く。

【嘆服】タンプク 感心して心からしたがうこと。感心して敬服すること。類感服 表記「歎服」とも書く。

【嘆かわしい】なげ―かわしい なげかずにはいられない。情けなく、悲しい。「軽薄な言動を―く思う」

【嘆く】なげ―く ①深く悲しむ。悲しみを口に出して言う。「親友の死を―く」②憤りなどを感じて憂える。「政治の腐敗を―く」表記「歎く」とも書く。

タン【椴】(13) 木9 準1 3846 464E 音 タン・ダン 訓 とど・とどまつ

意味 とど。とどまつ。マツ科の常緑高木。

【▲椴松】とどまつ マツ科の常緑高木。北海道以北に自生。松かさは直立してつく。材は建築・家具・製紙原料などに用いる。

タン【★痰】(13) 疒8 1 6566 6162 音 タン 訓

意味 たん。気管から排出される分泌物。「喀痰カクタン」

下つき 喀痰カクタン・去痰キョタン・血痰ケッタン

【痰咳】タンガイ たんとせき。たんの出るせき。参考「咳」はせきの意。

タン【蜑】(13) 虫7 1 7373 6969 音 タン 訓 えびす・あま

意味 ①中国南方の海岸に住む種族。えびす。類蛋タン ②あま(海人)。漁夫。

【▲蜑】あま 海などで魚介類をとって生活する人。漁民。漁師。表記「海人・海女」とも書く。

【▲蜑戸】タンコ あまの住む家。

タン【▲嘆】(14) 口11 1515 2F2F ▼嘆の旧字(一〇一七)

タン【摶】(14) 扌11 1 5786 5976 音 タン・セン 訓 まるい・まるめる・もっぱら

意味 一タン まるめる。まるい形にする。「摶飯タンパン」類団 二セン もっぱら。「摶一センイツ」類専

【▲摶める】まる―める ①手で丸く固める。②散在したものを一つにまとめる。

タン【端】(14) 立9 常 4 3528 433C 音 タン 訓 はし・は(高)・はた (外)ただしい・はな・はじめ・はした

筆順 2 4 10 14 端 端

意味 ①ただしい。きちんとしている。「端正」「端麗」「異端」②はし。すえ。はた。へり。「端末」「先端」③はじめ。いとぐち。きっかけ。「端緒」「発端」④ことがら。「万端」⑤はんぱ。はした。「端数はすう」⑥織物の長さの単位。鯨尺で二丈六尺または二丈八尺で、幅九寸の布。類反

下つき 異端・一端・極端・舌端・先端・戦端・途端・軒端・万端・半端・船端・発端・末端・目端・両端

【端倪】タン ゲイ ①物事のはじめと終わり。②物事のなりゆきをおしはかること。推測すること。由来①「端」は山の頂、「倪」は水のほとりの意からとも、「端」は糸口、「倪」は田の境界の意からともいう。

『端倪すべからず』物事の規模がどれほどなのか、おしはかれないこと。人格の大きいことなどにいう。〈『荘子』〉

【端月】タン ゲツ 陰暦正月の異名。由来中国、秦の始皇帝の名の「政」と「正」が同じ音であるのをはばかって「端」といったことから。

【端厳】タン ゲン 姿や態度が、きちんとしていておごそかなこと。端正厳格。

【端午】タン ゴ 五節句の一つ。五月五日の男子の節句。武者人形を飾り、鯉のぼりを立てて成長を祝う。重五。季夏 由来「端」ははじめの意、「午」は五に通じ、五月初めの五日の意から。

【端坐】タン ザ ▼書きかえ 端座

【端座】タン ザ 行儀よくすわること。姿勢を正して、きちんとすわること。「―して開始を待つ」類正座 書きかえ「端坐」の書きかえ字。

【端子】タン シ 電気回路や電気機器などの接続のために、電流の出入り口に取りつける金具。ターミナル。

【端舟】タン シュウ 帆や動力を使用しない舟。はしけ。ボート。類端艇

【端緒】タン ショ 物事の始まりや手がかり。いとぐち。「問題解決の―をつかむ」参考「タンチョ」と読むのは慣用読み。

【端正】タン セイ 動作や態度に乱れがなく、きちんとしているさま。「―な服装」「―な顔だちの武者人形」

【端整】タン セイ 顔だちがきれいに整っているさま。「名優の―な顔だちを偲ぶ」

【端然】タン ゼン 姿勢や身なりが整い、礼儀にかなっているさま。きちんとしているさま。「―と座る」

【端艇】タン テイ 船舶に搭載するボート。また、広く小舟。表記「短艇」とも書く。

【端的】タン テキ ①明白なさま。はっきりしたさま。「真実がそこに―に現れている」②てっとりばやく的確なさま。即座に要点を示すさま。「―な表現で分かりやすい文章」

【端木辞金】タンボク ジキン 納得のいかない金は受け取らないという潔癖な姿勢のこと。「端木」は孔子の弟子の子貢の本名。「辞金」は金を辞退する意。故事中国、春秋時代、魯国の法律では、他国で奴婢として働かされている者を買い戻す場合、公金を使うように決められていた。しかし、子貢はそのことを潔しとせず、公金を辞退し、私財で買い戻した。これを知った孔子は、貧しい人が多い魯国では、公金によらなければ何によって人を買い戻すことができるのかと、子貢の一人よがりの行為をいさめた故事から。〈『孔子家語』〉

【端末】タン マツ ①はし。終わり。②「端末装置」の略。コンピューターシステムで、利用者の手元にある入出力のための機器。

【端麗】タン レイ 姿や形が整っていて美しいさま。「容姿―な女性」類端整

〈端白〉つま じろ ①ふちが白いこと。②動物の足先が白いこと。また、その動物。

〈端端〉つま づま 物事のはしばし。すみずみ。「―を合わせて語る」

【端】は ①へり。ふち。「月が山の―にかかる」「人々の口の―に上る」②はした。はんぱであること。「―数」

【端唄】は うた 江戸時代末に始まった、三味線に合わせて歌う短い俗謡。

【端書】は がき 郵便はがき。表記「葉書」とも書く。

【端敵】は がたき 歌舞伎の役柄で、最も重要な敵役である立敵につきしたがう軽い敵役。

【端株】は かぶ ①商法上、一株に満たない株式。株式配当・株式分配・株式併合などにより生じる。②証券取引法上、売買取引の単位に満たない数の株式。

【端切れ】は ぎれ 裁断して残ったはんぱな布きれ。「―で小物入れを作る」

【端境期】はざかい キ ①前年産の古米に代わって、新米が市場に出回る時期。九、一〇月ころ。また、季節のある野菜や果物が入れ替わる時期。②物事の新旧入れ替わりの時期。

【端】はし ①細長い物の先のほう。先端。「ひもの―を結ぶ」②中央から最も遠い所。周辺の部分。へり。ふち。「道路の―を歩く」③切り離した部分。切れはし。「木の―」④物事の重要でない一部分。「言葉の―をとらえる」

【端居】はし い 縁側など、家屋のはし近くに出ていること。季夏

【端書き】はし がき ①書物の初めに、執筆の事情などを述べる文。序文。②手紙のはしに書き添える文。追って書き。追伸。③和歌などの前に書き添える文。類詞書き

【△端】はした ①不足または余分があって、数や量がそろわないこと。数量がある単位以下であること。端数。はんぱ。「―が出る」②「端金」の略。わずかの金。③中途はんぱなこと。

【△端色】はした いろ ①襲の色目の一種。表裏ともに薄紫色、または表が薄紫で裏が白。②染色で、薄めの色。表記「半色」とも書く。

【△端ない】はした-ない 慎みがなく下品だ。不作法だ。「食べ物のことで争うなど―い」

【端近】はし ぢか 上がり口や縁側など、家のなかではしに近い所。あがりはな。

【端なくも】はし-なくも 思いがけなく。はからずも。「―受賞の栄に浴する」

【端△食】はし ばみ 木の切り口に取りつけ、そりを防ぐふち取りの木。多く、扉に用いる。参考「はしばめ」とも読む。

【端▲折る】はしょ-る ①和服の裾(すそ)をつまんで帯にはさむ。②短く省略する。はぶいて簡単にする。「時間がないので—って話す」

【端数】はスウ はんぱの数。ある単位に満たない数。「—は切り捨てる」

【端】はた 物のはし。へり。ふち。「池の—に風流な茶店がある」

【▲端】はな ①物事のはじめ。最初。「—から疑ってかかる」②物の突き出た所。先端。「岬の—」③物事をやり始めた時。「寝入り—」

【端本】はホン 全集などひとそろいの書物のうち、何冊かが欠けているもの。類零本 対完本

【端物】はもの ①全部そろっていないもの。欠けてはんぱなもの。②浄瑠璃(ジョウルリ)などで、長編の作品に対して短編の作品。対段物

【端役】はヤク 映画や演劇などで、重要でない役。また、その役の人。対大役

【端山】はやま 人里に近い山。「—に霞(かすみ)がかかる」類外山(とやま) 対深山(みやま)・奥山

タン【綻】(14) 糸8 常 2 3530 433E 音 タン 訓 ほころびる

筆順 3 6 9 く 幺 糸 糸 綻 綻 綻 綻 綻 綻 綻

意味 ほころびる。ほころぶ。「破綻」

下つき 破綻(ハタン)

【綻びる】ほころ-びる ①縫い目がほどける。「袖(そで)が—びる」②つぼみが少し開く。「桜が—びる」③表情がやわらぐ。「口元が—びる」

タン【▲誕】(14) 言7 ▼誕の旧字(一〇一九)

タン【靼】(14) 革5 1 8058 705A 音 タン・タツ 訓 なめしがわ

意味 ①なめしがわ。なめして柔らかくした革。②蒙古(モウコ)系の民族「韃靼(ダッタン)」に用いられる字。

タン【憚】★ (15) 忄12 1 5663 585F 音 タン 訓 はばかる・はばかり

意味 ①はばかる。さしひかえる。おそれる。「忌憚」②はばかり。㋐遠慮。㋑便所。

下つき 畏憚(イタン)・忌憚(キタン)・敬憚(ケイタン)

【▲憚り】はばか-り ①おそれつつしむこと。遠慮。「—ながらこれでも学者です」②便所。

【▲憚る】はばか-る ①差し障りがあるとしてひかえる。遠慮する。「恩師の前を—らず反対論を唱える」②幅をきかす。のさばる。「憎まれっ子世に—る」

タン【歎】★ (15) 欠11 準1 3523 4337 音 タン 訓 なげく・たたえる

〔歎〕

意味 ①なげく。かなしむ。「悲歎」②ほめる。たたえる。感心する。「歎賞」「賛歎」

書きかえ 「嘆」が書きかえ字。

【▲歎願】タンガン ▼書きかえ 嘆願(一〇一七)

【▲歎傷】タンショウ なげきいたむこと。なげき悲しむこと。表記「嘆傷」とも書く。

【▲歎賞・▲歎称】タンショウ 感心してほめそやすこと。非常に感心すること。表記「嘆賞・嘆称」とも書く。

【▲歎息】タンソク 非常になげくこと。ため息。表記「嘆息」とも書く。

【▲歎美】タンビ 感心してほめること。感動してほめること。表記「嘆美」とも書く。

【▲歎服】タンプク 感じ入って心からしたがうこと。表記「嘆服」とも書く。

【▲歎く】なげ-く ①うれえ悲しむ。②悲しみいきどおる。表記「嘆く」とも書く。

タン【潭】(15) 氵12 1 6312 5F2C 音 タン・シン 訓 ふち・ふかい・みぎわ

〔潭〕

意味 ①ふち(淵)。水が深くよどんでいる所。②ふかい。奥深い。③みぎわ。きし。川岸。

下つき 江潭(コウタン)・碧潭(ヘキタン)・緑潭(リョクタン)

【潭▲潭】タンタン ①水を深くたたえているさま。②奥深いさま。

【潭】ふち 川や沼・湖などの、水がよどんで深くなった所。対瀬

タン【緞】(15) 糸9 1 6943 654B 音 タン・ダン・ドン

意味 厚地の絹織物。また、毛織物。「緞子(ドンス)」

下つき 絨緞(ジュウタン)

【緞通】ダンツウ さまざまな模様を織りこんだ、厚地の敷物用織物。中近東原産。室町時代に伝来。季冬 由来 中国語「毯子(タンツ)」の当て字から。表記「段通」とも書く。

【緞子】ドンス 練り糸で織った、厚地で光沢のある絹織物。帯や羽織の裏地用。

【▲緞帳】ドンチョウ ①刺繡(シシュウ)で模様をあしらった厚地の布。仕切りなどに用いる。②劇場で、巻いて上げ下ろしする厚地の幕。

タン【誕】(15) 言8 教 常 5 3534 4342 音 タン 訓 外うまれる・いつわる・ほしいまま

旧字《誕》(14) 言7 1/準1

筆順 4 7 亠 言 言 言 訁 訂 証 証 証 誕 誕

意味 ①うまれる。うむ。「誕生」「降誕」②いつわる。あざむく。でたらめ。「虚誕」「荒誕」③ほしいまま。きまま。「放誕」

下つき 虚誕(キョタン)・荒誕(コウタン)・降誕(コウタン)・生誕(セイタン)・聖誕(セイタン)・放誕(ホウタン)・妄誕(ボウタン・モウタン)

【誕生】タンジョウ ①生まれること。出生。「娘の—日を祝う」類生誕(セイタン) ②物事が新しく

できあがること。「新政権の―」

【誕▲辰】タン シン 生まれた日。誕生日。参考「辰」は日の意。

タン【鄲】(15) 阝12 1 7834 6E42 音 タン 訓 —

意味 中国、戦国時代の趙(チョウ)の都「邯鄲(カンタン)」に用いられる字。

タン【壇】(16) 土13 常 3537 4345 ▼ダン(一〇二六)

タン【憺】(16) 忄13 1 5675 586B 音 タン 訓 —

意味 ①やすんずる。やすらか。しずか。「憺然」「憺憺」類澹(タン)・恬(テン) ②おそれる。おそれさせる。

タン【▲擔】(16) 扌13 5731 593F ▼担の旧字(一〇一二)

タン【殫】(16) 歹12 1 6149 5D51 音 タン 訓 つきる・つくす・ことごとく

意味 ①つ(尽)きる。つくす。「殫尽」②ことごとく。あまねく。「殫見」

【殫きる】つ―きる 使い果たしてなくなる。全部なくなる。

【殫くす】つ―くす なくなるまで、ある限り使う。すべて使い切る。

タン【澹】(16) 氵13 1 6324 5F38 音 タン 訓 しずか・あわい・うすい

意味 ①しずか。おだやか。やすらか。「澹然」類憺 ②あわい。うすい。「澹泊」類淡

下つき 澄澹(チョウタン)・恬澹(テンタン)

【澹月】タン ゲツ おぼろ月。淡い光をはなつ月。表記「淡月」とも書く。

【澹乎】タン コ ①ゆるやかなさま。②静かで落ち着いたさま。類澹然

【澹▲澹】タン タン ①ものの味わいがあっさりしているさま。②水が静かに漂うさま。表記①「淡淡」とも書く。

【澹泊】タン パク 心があっさりしていて無欲なさま。さっぱりしていてこだわらないさま。表記「淡泊・淡白」とも書く。

た タン

タン【檀】(17) 木13 準1 3541 4349 音 タン・ダン 訓 まゆみ

意味 ①まゆみ。ニシキギ科の落葉低木。「檀弓」「檀車」②香木の類。「栴檀(センダン)」「白檀」③梵語(ボンゴ)の音訳に用いられる。布施。「檀家」「檀徒」

下つき 黒檀(コクタン)・紫檀(シタン)・栴檀(センダン)・白檀(ビャクダン)

【檀▲越】ダン オツ 仏寺院や僧に金品を贈与する信者。類檀那・檀家 参考「ダンエツ・ダンノツ」とも読む。

【檀家】ダン カ 仏一定の寺に墓地をもち、葬儀や法要などの仏事を依頼し、その寺に布施などの経済的援助を行う家や信徒。類檀越(ダンオツ)・檀那(ダンナ)

【檀紙】ダン シ 厚手でちりめんじわのある和紙。包装・表具用。みちのく紙。由来檀(まゆみ)の樹皮を材料としたことから。

【檀徒】ダン ト 仏一定の寺に属する信者。檀家の人々。

【檀那】ダン ナ 仏①ほどこし。布施。②施主。寺に布施をする人を僧が呼ぶ語。類檀家・檀越(ダンオツ)

【檀林】ダン リン ①仏「栴檀林(センダンリン)」の略。僧の集まる所。寺の学問所。寺院。②西山宗因が始めた、江戸時代の俳諧(ハイカイ)の一派。こっけい味のある俳風が特色。蕉風(ショウフウ)が興るとともに衰退。檀林派。表記②「談林」とも書く。

〈檀香〉びゃく だん ビャクダン科の半寄生常緑高木。由来「檀香」は漢名から。▼白檀(ビャクダン)(一三二八)

【▲檀】まゆ み ①ニシキギ科の落葉低木。山野に自生。初夏、淡緑色の小花をつける。秋、果実が熟すと赤い種子が現れる。材は、細工物用。②①の木で作った弓。表記「真弓」とも書く。

タン【▲膽】(17) 月13 7128 673C ▼胆の旧字(一〇一三)

タン【禫】(17) 衤12 1 7491 6A7B 音 タン 訓 ひとえ

〔禫〕7492 6A7C

意味 ①ひとえ。裏のない着物。「禫衣」②はだぎ。下着。「禫襦(タンジュ)」

【禫】ひとえ 裏地をつけない着物。ひとえもの。季夏 表記「単・単衣」とも書く。対袷(あわせ)

タン【賺】(17) 貝10 1 7649 6C51 音 タン・レン 訓 すかす・だます

意味 ①すかす。だます。あざむく。②なだめすかす。きげんをとる。

【賺す】すか―す ①機嫌をとってなだめる。「幼児をなだめ―す」②言葉でだます。たぶらかす。

タン【鍛】(17) 金9 常 3 3535 4343 音 タン 訓 きたえる

筆順

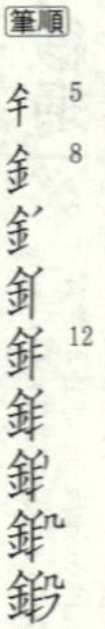

意味 きたえる。①金属をきたえる。「鍛工」「鍛冶」②技術や心身をきたえる。「鍛練」

下つき 鋳鍛(チュウタン)

〈鍛冶〉か じ 金属を熱し、打ちきたえて器具などをつくること。また、その職人。かじや。「刀―」参考「タンヤ」とも読む。

【鍛える】きた―える ①金属を何度も熱し、打って強くする。「名工の―えた刀」②修練を重ね、体や精神を強くする。「運動で体を―える」

【鍛造】タン ゾウ 金属を熱し、つちで打ちのばして必要な形につくり上げること。

【鍛練・鍛▲錬】タン レン ①金属を打ってきたえること。②訓練を積ん

で、心身・技能をみがくこと。「日ごろの—の成果」

タン【餤】(17) 食 8 1 8121 7135 音 タン 訓 くう・くわせる・すすむ・すすめる

意味 ①く(食)う。くらう。くわせる。類 啖タン ②すすむ。すすめる。

タン【簞】★ (18) ⺮12 準1 8973 7969 音 タン 訓 わりご・はこ・ひさご

〔箪〕3529 433D

意味 ①わりご。竹で編んだ丸い飯びつ。「簞食タンシ」 対 笥シ ②はこ。竹で編んだこばこ。「簞笥タンス」 ③ひさご。ひょうたん(瓢簞)。

下つき 瓢簞ヒョウタン

【簞食】タンシ 竹で編んだ器に、飯を盛ること。また、その盛った飯。

【簞食壺漿】タンシコショウ 民衆が食べ物と飲み物を用意して、自分たちを救ってくれる軍隊を歓迎すること。「壺漿」は、つぼに入れた飲み物の意。故事 中国、戦国時代、魏ギの梁恵王リョウケイオウが燕エンを討ったとき、圧政に苦しんでいた燕の民衆が梁恵王の兵士に食料や水を差し出して歓迎した故事から。〈『孟子モウシ』〉

【簞食瓢飲】タンシヒョウイン 粗末な食事のこと。貧しい暮らしに甘んじて、学問に励むたとえ。「瓢飲」はひさご一杯の汁のこと。由来 孔子が弟子の顔回ガンカイの清貧ぶりと向上心をほめた言葉から。〈『論語』〉 類 一汁一菜

【簞笥】タンス 引き出しや開き戸のついた箱形の家具。衣類の収納用。「洋服—」 参考「簞」「笥」ともに、竹で編んだ入れ物の意。

タン【譚】★ (19) 言12 1 7593 6B7D 音 タン・ダン 訓 はなし

〔譚〕

意味 ①はなし。ものがたり。「奇譚」 ②かたる。はなす。類 ①②談

下つき 奇譚キタン

【譚歌】タンカ ①神話や民話・伝説などから取材し、作り上げた物語詩。②物語風に歌い上げた歌曲。バラード。

【譚】はなし 内容や筋をもって語られたもの。談論。物語。

タン【鐔】(20) 金12 1 音 タン・シン 訓 つば

〔鐔〕7929 6F3D

意味 ①つば。刀のつば。「金鐔」 ②つかがしら。刀の柄の先。

下つき 金鐔キンつば

【鐔】つば ①刀剣の柄と刀身の境目に挟んで、手を保護する平たい金具。②帽子の周囲に張りだした部分。③釜かまの胴回りの突きでた部分。

【鐔迫り合い】つばぜりあい ①打ち合った刀をつばで受け止め、互いに押し合うこと。②両者が激しく、勝負を争うこと。

タン【攤】(22) 扌19 1 5826 5A3A 音 タン 訓 ひらく・ゆるやか

意味 ①ひらく。のばす。ひろげる。「攤書」 ②ゆるやか。③わりあてる。均等に分ける。

タン【驔】★ (22) 馬12 準1 9420 7E34 音 タン・タ・ダ

〔驒〕3445 424D

意味 白いまだらのある青黒色のウマ。連銭あしげ。

ダン【旦】(5) 日1 常 3522 4336 ▼タン(一〇二二)

ダン【団】(6) 囗3 教 常 6 3536 4344 音 ダン・トン㊥ ㊀タン 訓 ㊀まるい・かたまり

旧字〔團〕(14) 囗11 1/準1 5205 5425

筆順

意味 ①まるい。まるいもの。「団扇」「炭団」 ②まどか。おだやか。円満。「団欒ダンラン」 ③集まる。集まり。ひとまとまり。かたまり。「団結」「集団」

下つき 一団イチダン・楽団ガクダン・軍団グンダン・劇団ゲキダン・師団シダン・集団シュウダン・炭団タドン・布団フトン・旅団リョダン

〈団扇〉うちわ ①あおいで風を起こす道具。細い竹ひごを骨にし、紙や絹を張って柄をつけたもの。季 夏 ②相撲の行司が持つ軍配。軍配団扇グンバイダン。参考「ダンセン」とも読む。

【団円】ダンエン ①まるいこと。②円満なこと。仲がよいこと。③完結すること。終わり。しまい。「大—を迎える」

【団塊】ダンカイ かたまり。「—の世代(戦後のベビーブームに生まれた世代)」

【団結】ダンケツ 人々が心を合わせ、目的に向かって行動を一つにすること。「全員が一致—して学園祭開催にこぎつけた」

【団子】ダンご ①穀物の粉を水でこねて小さくまるめ、蒸したり焼いたりした食品。「花より—」「月見—」 ②ひとかたまりになっているさま。「—レース」

【団子隠そうより跡あと隠せ】 隠し事は思わぬことで露見してしまうものだから、十分な注意が必要だというたとえ。人に隠れて団子を食べて見つかりそうになったとき、あわてて団子だけを隠しても、串くしなどを残しておいてはすぐ分かってしまう意から。類 頭隠して尻しり隠さず

【団交】ダンコウ 「団体交渉」の略。特に、労働組合の代表者と使用者の間で行う、労働条件の改善などについての交渉。

【団扇】ダンセン 「団扇うちわ」に同じ。

【団体】ダンタイ ①人々の集まり。仲間。「―旅行」対個人 ②共通の目的をもって集まった人々の集団。各種の法人・政党・組合・クラブなど。「宗教―」

【団欒】ダンラン 集まって楽しく語り合うこと。親しい者どうしのなごやかな会合。「一家―のひとときを過ごす」類団居(まどい)

【団亀】ドンがめ スッポンの別称。由来「胴亀(ドウがめ)」の転じたもの。▼鼈(すっぽん)(一三七六)

【団栗】ドングリ カシ・クヌギ・ナラなどの、椀(ワン)形の殻に入っている果実の総称。季秋

『団栗の背競(くら)べ』どれもみな似たり寄ったりで、特にすぐれたものがないことのたとえ。団栗はみな同じような形をしており、大きさもほとんど差がないことから。表記「競べ」は「比べ」とも書く。

〈団居〉まどい ①人々がまるく並び座ること。類車座(くるまザ) ②親しい人々が集まり楽しむこと。類団欒(ダンラン) 表記「円居」とも書く。

【団い】まる-い 円形をしている。まるく囲んでいる。「焚(た)き火を囲んで―くなる」

ダン【男】(7) 田 2 教 常 10 3543 434B 音 ダン・ナン 訓 おとこ 外 おのこ

筆順 ｜ ⺆ 冂 田 田 男 男

意味 ①おとこ。成年のおとこ。おのこ。「男子」「男性」対女 ②むすこ。「嫡男」「長男」 ③五等爵(公・侯・伯・子・男)の第五位。「男爵」

下つき 下男(ゲナン)・善男(ゼンナン)・嫡男(チャクナン)・美男(ビナン)

〈男男〉しい おお-しい 危険や困難を恐れず、いさましい。男らしい。対女女(めめ)しい 表記「雄雄しい」とも書く。

【男】おとこ ①人間の性別で、女でないほう。男性。男子。②身体的・精神的に成熟した男性。成人し、一人前と認められる男性。「―になる」 ③男としての体面や価値。「―が立たない」 ④愛人としての男性。情夫。「―をつくる」 参考 ①②「おのこ」とも読む。

『男は閾(しきい)を跨(また)げば七人の敵あり』男が社会で活動するときには、常に多くの競争相手や敵がいるものだということ。参考「男は閾を跨げば」は「男子家を出ずれば」「男子門を出ずれば」ともいう。

『男は度胸女は愛嬌(アイキョウ)』この世に生きていくうえで、男は度胸、女は愛嬌がまず第一で、何よりも大切だということ。表記「愛嬌」は「愛敬」とも書く。

〈男郎花〉おとこえし 野に自生。オミナエシ科の多年草。山野に自生。オミナエシに似るが毛が多く、葉が大きい。初秋、白色の小花を多数つける。オトコメシ。季秋 表記「敗醤」とも書く。

【男心と秋の空】おとこごころとあきのそら 秋の天候が変わりやすいように、男の心も移ろいやすく、女に対する愛情も変わりやすいものだということ。参考逆に、「女心と秋の空」ともいう。「秋」は「飽き」に通じる。

【男〈伊達〉】おとこだて 男としての面目を立てるため、仁義を重んじ、弱者の味方をすること。男気(おとこギ)に富んだ人。

【男前】おとこまえ 男としての器量や顔立ち。男ぶり。また、特に顔立ちのよいこと。好男子。美男子。「彼はなかなかの―だ」

【男勝り】おとこまさり 女性が男性以上にしっかりした気性の持ち主であること。また、そういう女性。

【男冥利】おとこミョウリ 男性に生まれたことの幸せや喜び。「―に尽きる」類男冥加(おとこミョウガ) 対女冥利

【男鰥】おとこやもめ 妻に死別または生別して、再婚しないでいる男性。また、独身を通している男性。やもお。対女寡(おんなやもめ)

【男】おのこ ①成人の男子。男性。②男の子。男児。対①②女(おみな) 参考「おとこ」とも読む。

〈男茎〉おはせ 男性の生殖器の一部。陰茎。男根(ダンコン)。ペニス。

【男耕女織】ダンコウジョショク 男女それぞれの天職のこと。男は田畑を耕し、女は機(はた)を織ることが、天から与えられた職分であるということ。〈薩都剌(サットラ)の詩〉

【男子】ダンシ ①男の子。「―校」②男性。「―一生の仕事」対①②女子

【男爵】ダンシャク ①旧制で、五等爵(公・侯・伯・子・男)の第五位。「―は華族の階級の一つだ」②「男爵芋」の略。ジャガイモの一品種。

【男色】ダンショク 男性の同性愛。また、その人。参考「ナンショク」とも読む。

【男性】ダンセイ おとこ。男子。ふつう、成人男子を指す。対女性

【男装】ダンソウ 女が男の身なりをすること。「―の麗人」対女装

【男尊女卑】ダンソンジョヒ 男性を尊び重んじて、女性を卑しみ軽んじること。「―の風潮を改める」対女尊男卑

ダン【段】(9) 殳 5 教 常 5 3542 434A 音 ダン 外 タン 訓 外 きざはし

筆順 ′ ſ 亻 𠂆 阝 阝 段 段 段

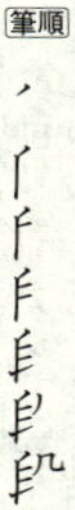

意味 ①だん。だんだん。きざはし。「段丘」「階段」 ②ひとくぎり。切れ目。こわけ。「段落」「分段」 ③技能の等級。「段位」「昇段」 ④方法。てだて。「算段」「手段」 ⑤ひときわ。いっそう。「一段」「格段」 ⑥たん。単位の名。(ア)織物の長さの単位。二丈六尺。また、二丈八尺。約一〇(メートル)。類端 (イ)土地の面積の単位。一町の一〇分の一。約一〇(アール)。「段別」 (ウ)距離の単位。六間。約一一(メートル)。類(ア)～(ウ)反

下つき 石段(いしダン)・階段(カイダン)・格段(カクダン)・手段(シュダン)・昇段(ショウダン)・初段(ショダン)・値段(ねダン)・別段(ベツダン)

〈段段〉ぎざぎざ ①のこぎりの歯のようなきざみ目。また、それが並んでいるさま。

「縁に―のある葉」②細かく切り刻むさま。ずたずた。「―に切り裂く」[表記]「刻刻」とも書く。[参考]「ダンダン」と読めば別の意になる。

【△段】タン ①田畑や山林の面積の単位。一段は三〇〇歩ブで、約一〇アール。「―当たり一〇俵の収穫」②布の長さの単位。一段はふつう、並幅（約三六センチメートル）で鯨尺くじらジャク二丈六尺（約九・八メートル）または二丈八尺。成人一人分の着物に相当する分量。[表記]①②「反」、②「端」とも書く。

【段階】ダンカイ ①能力差などによって分けた等級。順位。「成績を五―に分けた」②物事の進行過程での一区切り。「―を踏んで練習する」

【段丘】ダンキュウ 川や海の岸に、地盤隆起や浸食作用などで階段状に形成された地形。「河岸―」

【△段収】タンシュウ 一段（約一〇アール）当たりの農作物の収穫高。[表記]「反収」とも書く。

【△段銭】タンセン 中世に朝廷や幕府の行事に際して臨時に課せられた税金。「―奉行」

【段段】ダンダン ①階段状になっているもの。また、階段。「―畑」②一つ一つの事柄。「申入れの―、ご検討願います」③しだいに。おいおい。[参考]「ぎざぎざ」と読めば別の意になる。

【段取り】ダンどり 物事をうまく運ぶための手順。手はず。「式次第の―をつける」

【段〈梯子〉】ダンばしご 幅広い踏み板をつけた階段のようなはしご。

【段平】ダンびら 「段平物」の略。刀の幅の広いこと。また、そのような刀。太刀。

【△段歩】タンブ 田畑の面積を、段タンを単位として数えるときに用いる語。五段歩といえば五段分の面積の意。[表記]「反歩」とも書く。

【段幕】ダンマク 紅白・黒白などの布を、横に交互に幾段も縫い合わせて作った幕。

【段落】ダンラク ①長い文章の大きな切れ目。文章中の内容的なひとまとまり。段ダン。パラグラフ。「―に分ける」②物事の区切り。「仕事が一―する」

ダン【断】(11) 斤7 教 常 6 3539 4347
音 ダン
訓 たつ 中・ことわる 外 さだめる

旧字《斷》(18) 斤14 1/準1 5850 5A52

筆順

意味 ①たつ。たちきる。たえる。なくなる。「断絶」「切断」「中断」[対]続 ②きめる。さだめる。さばく。「断言」「決断」「判断」③思いきって。きっと。かならず。「断行」「断然」「果断」④ことわる。わけを述べる。「無断」

下つき 英断・横断・果断・間断・禁断・決断・裁断・遮断・縦断・処断・診断・寸断・切断・即断・速断・中断・道断・独断・判断・不断・分断・無断・勇断・油断・予断・両断・轢断

【断る】ことわる ①申し出や要求などを拒む。拒絶や辞退をする。「縁談を―り続けた」②前もって知らせて、了解を得る。「一言―っておく」

【断ち物】たちもの 神仏に願をかける間、特定の飲食物を口にしないこと。また、その飲食物。

【断つ】たつ ①つながりを途中でたち切る。ぷっつりと切り離す。「退路を―つ」「強風で送電線が―ち切られた」②さえぎる。へだてる。「補給路を―つ」③やめる。「目的達成まで茶を―つ」「酒色を―つ」

【断悪修善】ダンアクシュゼン [仏]悪い行いをたち、善い行いをすること。一切の煩悩ボンノウをたとうとする誓い。[参考]「断悪」は「ダンナク」「ダンマク」とも読む。[類]止悪修善シアクシュゼン

【断案】ダンアン ①最終的な考えを決めること。最終的な判断。断定した案。「―を下す」②論理学で、結論。

【断雲】ダンウン 「断雲ちぎれぐも」に同じ。[類]片雲

【断崖】ダンガイ 垂直に切り立った、険しいがけ。きりぎし。

【断崖絶壁】ダンガイゼッペキ 切り立った険しいがけのこと。また、物事が切羽ぜっぱつまって危険な状況にあることのたとえ。

【断簡零墨】ダンカンレイボク 切れ切れになった文書や書状、古人の筆跡などのこと。「断簡」は切れ切れになった文書。「零墨」は一滴の墨の意で、墨跡の断片のこと。[類]断編残簡・断編零墨

【断機の戒め】ダンキのいましめ 何事も、やり始めたら途中でやめては何にもならないという戒め。「断機」は織りかけの糸をたち切る意。[故事]孟子モウシが学業なかばで家に帰ったとき、孟子の母が織りかけていた機はたの糸をたち切ってみせ、学問でも機織りでも、中途でやめては仕上げることはできないと戒めたという故事から。〈『列女伝』〉[類]孟母断機

【断金】ダンキン 金属をたち切ること。また、友情のきわめて固いことのたとえ。

【断金の交わり】 非常に親密できわめて固い友情で結ばれていること。二人の友情の固さは、金属をもたち切るほどである意から。〈『易経』〉[参考]「交わり」は「契ちぎり」ともいう。[類]金石の交わり・金蘭の契り・管鮑カンポウの交わり

【断決】ダンケツ 物事を判断して決定すること。とりさばくこと。裁断決定。[類]決断

【断言】ダンゲン きっぱりと言い切ること。「これが彼の仕業だと―はできない」[類]明言

【断固・断乎】ダンコ きっぱりとした態度で物事に対処するさま。「―として拒否する」[類]断然

【断交】ダンコウ ①交際をやめること。[類]絶交 ②国家間の公式の関係をたつこと。

【断行】ダンコウ 反対や障害などを押し切って行うこと。強行すること。「熟慮―」[類]敢行

【断裁】ダンサイ 紙や布などをたち切ること。「製本所の―機」

【断罪】ダンザイ ①罪を裁くこと。有罪判決を下すこと。②打ち首にすること。類斬罪

【断食】ダンジキ 祈願や修行、あるいは病気治療や抗議手段などとして、一定の期間、食物をとらないこと。「寺で―の修行をする」

【断種】ダンシュ 手術によって生殖能力を失わせること。「雄の飼い犬を―する」

【断章】ダンショウ ①文章の断片。②「断章取義」に同じ。

【断章取義】ダンショウシュギ 詩や文章を引用するときに、その一部分を取り出し、自分に都合がいいように解釈して用いること。〈『孟子』〉類断章截句

【断じる】ダンじる ①きっぱり判断を下す。断定する。「実現不可能と―じる」②善悪や是非の裁きを下す。「同罪と―じる」

【断じて行えば鬼神も之を避く】物事は、断固として実行すれば、鬼神さえ恐れをなして道を避け、これを妨げないものだということ。〈『史記』〉

【断絶】ダンゼツ ①つながりや結びつきを切ること。また、切れること。「国交―」「親子の―」②とだえること。「家は―、身は切腹」

【断然】ダンゼン ①押し切って物事を行うさま。きっぱりとした態度をとるさま。類断固・決然 ②程度の差がはっきりしているさま。ずばぬけたさま。「実力において―先頭を行く」

【断層】ダンソウ ①地殻の割れ目に沿って、地層が互いにずれている現象。②二つのものの間のずれ。くいちがい。「新旧世代の―」

【断続】ダンゾク とぎれとぎれに続くこと。切れたり続いたりすること。「―的に降る雨」

【断腸】ダンチョウ はらわたがちぎれるほどの、非常な悲しみや苦しみ。

【断腸の思い】はらわたがちぎれるほど、つらく苦しく悲しいこと。故事 中国、晋の武将桓温が舟で長江を渡ったとき、部下が子猿を捕らえた。その母猿が悲しそうに鳴きながら岸づたいに子猿のあとを追い、舟に飛び移ることができたが、そのまま息絶えた。母猿の腹を割いてみると、悲しみのあまりはらわたがずたずたになっていたという故事から。〈『世説新語』〉

【断定】ダンテイ はっきりと判断を下すこと。「まだ犯人と―したわけではない」

【断頭台】ダントウダイ 罪人の首を斬り落とすための処刑台。ギロチン。

【断熱】ダンネツ 熱の伝導をさえぎること。保温・冷蔵効果を高めるために、熱が伝わらないようにすること。「―材」

【断念】ダンネン きっぱりとあきらめること。志をたち切ること。「立候補を―する」

【断髪】ダンパツ 髪の毛を短く切ること。また、短く切った髪形。「引退力士の―式」

【断髪文身】ダンパツブンシン 頭髪を短く切り詰め、いれずみをほどこした野蛮な風俗のこと。「文身」はいれずみのこと。参考 古代中国の、呉越地方一帯の風習を表現したもの。〈『春秋左氏伝』〉

【断片】ダンペン きれぎれになったものの一部分。「話が―的でまとまりがない」

【断編残簡】ダンペンザンカン 一部分だけが残った、不完全な文書や書物のこと。「断編」はきれぎれの文章、「簡」は書物の意。〈『宋史』〉類断簡零墨・断編零楮

【断末魔・断末摩】ダンマツマ 仏 死に際。また、その苦痛。由来「末魔」は梵語で、体にある急所。これに触れると激痛で死ぬといわれることから。〈『倶舎論』〉

【断面】ダンメン ①切り口の面。切断面。②物事をある観点から見たときの姿や状態。「社会の一―」

〈断雲〉ちぎれぐも ちぎれたように離れて浮かぶ雲。表記「千切れ雲」とも書く。参考「ダンウン」とも読む。

ダン 【弾】 (12) 弓9 常 4 3538 4346

音 ダン
訓 ひく・はずむ・たま 外 はじく・はじける・はずみ・ただす

旧字《彈》(15) 弓12 1/準1 5528 573C

筆順 フ コ 弓 弓' 弓'' 弓''' 弾 弾 弾 弾

意味 ①たま。銃砲のたま。「弾丸」「銃弾」②はずむ。はじく。はねかえる。はずみ。「弾力」「弾性」③ただす。せめる。「弾劾」「糾弾」④ひく。かなでる。「弾琴」「連弾」

下つき 糾弾・凶弾・散弾・指弾・実弾・銃弾・肉弾・爆弾・砲弾・防弾

【弾】たま 銃砲で撃ちだすたま。弾丸。「ピストルから―を抜き取る」

【弾圧】ダンアツ 政治権力や武力によって強く抑えつけること。「言論―」

【弾雨】ダンウ 雨のように激しく撃ってくる弾丸。「砲煙―」

【弾劾】ダンガイ 公の責任のある人の罪をあばいて責任を追及すること。「―裁判所」

【弾丸】ダンガン ①銃砲で撃ちだすたま。②非常に速いもののたとえ。「―列車」③古代中国で、小鳥などを捕るのに用いた、はじき弓のたま。

【弾丸雨注】ダンガンウチュウ 弾丸が大雨が降り注ぐように激しく飛んでくるさま。類弾丸雨飛・砲煙弾雨・断雨硝煙

【弾丸黒子】ダンガンコクシ きわめて狭い土地のたとえ。「弾丸」は小鳥などを捕るために使うはじきだま、「黒子」はほくろの意。参考「黒子の地」「弾丸の地」ともいう。類尺寸の地

【弾弓】ダンキュウ ①繰り綿(種をとっただけで精製していない綿)を打ってやわらかくする弓状の道具。わたゆみ。②古代中国で、小石などを用いた球形の弾丸をはじきとばし、小鳥などを射た弓。はじきゆみ。参考 ②「ダングウ・ダング」とも読む。

【弾痕】ダンコン 弾丸や砲弾の当たったあと。「城壁に―が残る」

【弾指】ダンシ 仏 ①曲げた指の先を親指のはらにあて、強くはじいて音を出すこと。警告や歓喜などの場合に行った。つまはじき。②きわめて短い時間。「―の間(カン)」 参考 ②指を一回はじくほどの意。「ダンジ」とも読む。

【弾△正台】ダンジョウダイ 律令(リツリョウ)時代の警察機関。風俗や犯罪の取り締まりを行った役所。「弾正」はその役人のこと。参考「弾正」は罪を責めただす意。

【弾性】ダンセイ 外力で変形した物体が、その力が除かれたときに元の形に戻る性質。

【弾奏】ダンソウ ①弦楽器を演奏すること。②罪をあばいて、上奏すること。

【弾頭】ダントウ 砲弾やミサイルなどで、爆薬が詰めてある先端部分。「核―」

【弾道】ダンドウ 発射された弾丸が空中を飛ぶ道筋。「―ミサイル」

【弾幕】ダンマク 多くの弾丸が連続して発射され、幕を張ったようにすき間のない状態になること。「―をかいくぐって逃げる」

【弾薬】ダンヤク 銃砲に込める弾丸と、それを発射させる火薬の総称。「―庫」

【弾力】ダンリョク ①物体が外部からの力に抗して、元の形に戻ろうとする力。「―性に富んだ素材です」類弾性 ②変化に適応できる力や性質。融通のきくこと。「―的な考え」

【△弾く】はじく ①はねとばす。「指で―く」②はねかえして寄せつけない。「水を―く」③計算する。「そろばんを―く」④弦楽器をつまびく。

【弾む】はずむ ①物に当たってはねかえる。「この球はよく―む」②うきうきとして元気になる。また、調子づく。「心が―む」「話が―む」③息づかいが激しくなる。「走ったので息が―む」④金銭を奮発する。「祝儀を―む」

【〈弾機〉】ばね ①鋼(はがね)などを、らせん状に巻いたりして弾力をつけたもの。②足腰の弾力性。「足の―が強い」表記「発条」とも書く。

【弾く】ひく 弦楽器や鍵盤(ケンバン)楽器を演奏する。かなでる。「琴を―く」「ピアノを―く」

た ダン

ダン【暖】(13) 日 9 常 教 5 3540 4348

旧字《暖》(13) 日 9 1/準1

音 ダン 外ノン

訓 あたたか・あたたかい・あたたまる・あたためる

筆順 2 5 9 … 暖

意味 ①あたたかい。あたたかさ。「暖流」「温暖」対寒 ②あたためる。あたたまる。「暖房」「暖炉」対①②冷

書きかえ「煖(ダン)」の書きかえ字として用いられるものがある。

下つき 温暖(オンダン)・寒暖(カンダン)

【暖かい】あたたかい 気候や気温がほどよく快い。「日増しに―くなる」表記「煖かい」とも書く。

【暖まる】あたたまる 日光や火気で適度な熱が加わり、ほどよい温度まで上がる。あたたかくなる。「空気が―る」「暖炉の火で―る」

【暖衣飽食】ダンイホウショク 暖かい衣服を身につけ、飽きるほど食べること。衣食に事欠かない安楽な暮らしのたとえ。表記「煖衣飽食」とも書く。参考「飽食暖衣」ともいう。類金衣玉食 対粗衣粗食

【暖気】ダンキ ①暖かい気候や空気。②暖かい気配。あたたかみ。参考「ノンキ」と読めば別の意になる。

【暖色】ダンショク 赤・だいだい・黄色など、暖かい感じを受ける色。「―のカーテン」類温色 対寒色

【暖冬】ダントウ 平均気温が平年に比べて高く、暖かい冬。「―で梅の開花も早い」

【暖房】ダンボウ 室内を暖めること。また、その装置。「―のきいた部屋」対冷房 書きかえ「煖房」の書きかえ字。

【暖流】ダンリュウ 周りの流域よりも高温の海流。赤道付近から高緯度海域へ向かって流れる。日本海流(黒潮)・対馬(つしま)暖流・メキシコ湾流など。対寒流

【暖炉】ダンロ 火をたいて室内を暖める装置。特に、壁に設けた暖房用の炉。「―のある居間」季冬 書きかえ「煖炉」の書きかえ字。

【暖△簾】ノレン ①商家で、屋号などを染め抜き、日よけのために店先に垂らす布。また、部屋の仕切り用に垂らす布。②店の格式や信用。「―にかかわる」参考昔は「ノンレン・ノウレン」ともいった。「ノン」は唐音、「ノウ」はその音便。

【〖暖△簾に腕押し〗】どうやっても、まるで相手に反応が見られず、張り合いがないたとえ。のれんを押しても、全く手ごたえがないことから。類糠(ぬか)に釘(くぎ)・豆腐に鎹(かすがい)

【△暖気】ノンキ 性格がのんびりしていて、物事にこだわらないさま。表記「暢気・呑気」とも書く。参考「ダンキ」と読めば別の意になる。

【△暖寮】ノンリョウ 禅寺で、新しく寺に入った僧が、古参の僧に茶菓子などを振る舞うしきたり。類暖席(ノンセキ)・暖寺(ノンジ)

ダン【煖】(13) 火 9 1 6375 5F6B

音 ダン・ナン

訓 あたたかい・あたためる

意味 ①あたたかい。あたためる。あたたまる。②やわらかい。

書きかえ「暖」に書きかえられるものがある。

【△煖める】あたためる 熱を加え、よい温度にまで上げる。表記「暖める」とも書く。

【△煖衣】ダンイ 衣服をたくさん着て、体をあたたかくすること。また、あたたかい衣服。「―飽食(安楽な生活を送るたとえ)」

【△煖然】ダンゼン あたたかなさま。温度などがほどよく、心地よいさま。

【△煖房】ダンボウ ▼書きかえ 暖房(一〇二五)

【▲煖炉】《ダンロ》 ▼ 書きかえ 暖炉(一〇三五)

ダン【▲團】(14) 口11 5205/5425 ▼団の旧字(一〇二一)

ダン【▲彈】(15) 弓12 5528/573C ▼弾の旧字(一〇二四)

ダン【▲緞】(15) 糸9 6943/654B ▼タン(一〇一九)

ダン【談】(15) 言8 常 教 8 3544/434C 音 ダン 外タン 訓 外かたる

筆順 2 ニ 4 亖 7 言 言 言 訁 訬 13 談 談 談

意味 かたる。はなす。はなし。はなしあい。「談合」「相談」

下つき 縁談《エンダン》・会談《カイダン》・怪談《カイダン》・閑談《カンダン》・歓談《カンダン》・奇談《キダン》・講談《コウダン》・懇談《コンダン》・座談《ザダン》・雑談《ザツダン》・示談《ジダン》・商談《ショウダン》・冗談《ジョウダン》・相談《ソウダン》・対談《タイダン》・破談《ハダン》・美談《ビダン》・筆談《ヒツダン》・漫談《マンダン》・密談《ミツダン》・面談《メンダン》・余談《ヨダン》

【△談《かた》る】 ①静かに話す。②さかんに話す。ものがたる。議論をする。

【談義・談議】《ダンギ》 ①自由に意見を交換し合うこと。議論。「憲法―に熱が入る」②ものの道理を説き聞かせること。「へたの長―」③仏 説法。説教。

【談言微中】《ダンゲンビチュウ》 物事をはっきりと言わず、それとなく遠回しに人の急所や弱みを突く話しぶりのこと。〈『史記』〉

【談合】《ダンゴウ》 ①話し合うこと。「―柱(頼りになる相談相手)」類 相談 ②競争入札の前に複数の業者が話し合い、価格などを決めておくこと。談合行為。「―請負」

【談笑】《ダンショウ》 笑いなどを交えて楽しく会話すること。「なごやかに―する」類 歓談

【談▲藪・談▲叢】《ダンソウ》 ①話題が豊富なこと。②いろいろな興味ある話を集めた本。類 叢談 参考 「藪」「叢」は、物事の集まるところの意。

【談判】《ダンパン》 物事の決着をつけたり取り決めをしたりするため、相手方と話し合うこと。かけあい。「ひざづめ―」類 交渉

【談論風発】《ダンロンフウハツ》 談話や議論がきわめて活発に行われること。「風発」は風が吹きまくるような盛んな勢いの意。「今日の会合は―で盛り上がった」類 議論百出・談論風生・百家争鳴《ヒャッカソウメイ》

【談話】《ダンワ》 ①話を交わすこと。「―室」類 会話 ②形式ばらずに見解などを述べること。「炉辺―(炉ばたのよもやま話)」

ダン【壇】(16) 土13 常 3 3537/4345 音 ダン・タン高 訓

筆順 2 十 土 5 圹 7 坊 10 埴 埴 埴 15 壇 壇

意味 ①ほかより一段高くした台。「壇上」「祭壇」②専門家の集団。「画壇」「文壇」

下つき 演壇《エンダン》・戒壇《カイダン》・花壇《カダン》・歌壇《カダン》・画壇《ガダン》・教壇《キョウダン》・降壇《コウダン》・祭壇《サイダン》・詩壇《シダン》・登壇《トウダン》・俳壇《ハイダン》・雛壇《ひなダン》・仏壇《ブツダン》・文壇《ブンダン》・論壇《ロンダン》

ダン【▲檀】(17) 木13 3541/4349 ▼タン(一〇二〇)

ダン【▲斷】(18) 斤14 5850/5A52 ▼断の旧字(一〇二三)

ダン【★灘】(22) 氵19 準1 3871/4667 音 ダン・タン 訓 なだ・はやせ

〔灘〕

意味 ①なだ。潮流が激しく波の荒い海。②せ。はやせ。岩石が多く、流れの急な所。類 湍《タン》

【▲灘響】《ダンキョウ》 急流のひびき。「―が耳に心地よい」参考 「タンキョウ」とも読む。

【▲灘】《なだ》 潮の流れが速く、波の荒い海。航海の難所とされる。「玄海―」

だんまり【△黙り】(15) 黒4 常 4459/4C5B ▼モク(一四八五)

ち

ダン―チ

ち 知

チ 千

チ【地】(6) 土3 常 教 9 3547/434F 音 チ・ジ 訓 外つち・ところ

筆順 一 十 土 圴 地 地

意味 ①つち。天に対するつち。土地。大地。陸地。「地面」「平地」対 天 ②ところ。特定の場所。「地域」「地所」「領地」③その土地の。「地酒」「地物《ジもの》」④よって立つところ。身分。位置。「地位」「窮地」⑤本来もっている性質。もと。「地声《ジごえ》」「素地」

下つき 意地《イジ》・基地《キチ》・窮地《キュウチ》・境地《キョウチ》・草地《くさチ》・見地《ケンチ》・現地《ゲンチ》・耕地《コウチ》・高地《コウチ》・心地《ここち》・更地《さらチ》・山地《サンチ》・敷地《しきチ》・死地《シチ》・湿地《シッチ》・実地《ジッチ》・陣地《ジンチ》・砂地《すなチ》・生地《セイチ・きジ》・整地《セイチ》・戦地《センチ》・素地《ソジ》・台地《ダイチ》・宅地《タクチ》・団地《ダンチ》・着地《チャクチ》・築地《つきジ》・低地《テイチ》・天地《テンチ》・転地《テンチ》・田地《デンチ》・土地《トチ》・任地《ニンチ》・布地《ぬのジ》・農地《ノウチ》・封地《ホウチ》・墓地《ボチ》・盆地《ボンチ》・無地《ムジ》・用地《ヨウチ》・余地《ヨチ》・立地《リッチ》・領地《リョウチ》・路地《ロジ》・露地《ロジ》

【〈地血〉】《あかね》 アカネ科のつる性多年草。由来 「地血」は漢名から。▼茜《あかね》(九〇一)

【〈地▲祇〉】《くにつかみ》 ①地の神。国土を守る神。②天孫降臨の前から、日本の国土を治めていた神。対 天《あま》つ神 表記 「国つ神」とも書く。参考 「チギ」とも読む。

【地合】《ジあい》 ①布地の品質。織り地。「着物の―」②取引市場の人気など、相場の状態。「―が弱い」③囲碁で、白と黒の石の占める地の大きさの比較。「―が悪い」

【地唄】《ジうた》 ①それぞれの土地の俗謡。②京阪地方に伝わる三味線歌曲。江戸唄に対して、上方《かみがた》唄。京唄。

【地謡】ジうたい 謡曲で地の文をうたうこと。また、その謡やそれをうたう人々。類地方(じかた) 参考能楽では、役者以外の演者たちが舞台の片隅に列座してうたう。

【地黄】ジオウ ゴマノハグサ科の多年草。中国原産。初夏、紫がかった紅色の花を数個横向きにつける。根茎は薬用。サホヒメ。

【地顔】ジがお 化粧などをしていない、ありのままの顔。類素顔

【地方】ジかた ①舞踊の伴奏の音楽。また、それを受け持つ人。②能楽での地謡。また、その役をする人。対①②立方(たちかた) ③江戸時代の農村。村方(むらかた)。対町方(まちかた) 参考「チホウ」と読めば別の意になる。

【地火日】ジカニチ 暦注で、土に火の気があるとされ、植樹・種まきや土木工事などに凶の日。

【地金】ジがね ①製品に加工する前の金属素材。②めっきの下地となる金属。③ふだんはわからないその人本来の性質。本性。「とうとう—が出た」 参考「ジキン」とも読む。

【地口】ジぐち ことわざや成句などと発音が似ていて、意味のちがう文句を作って言うしゃれ。口合(くちあい)。「下戸に御飯(猫に小判)」の類。

【地下】ジゲ ①昔、清涼殿に昇殿を許されなかった身分の低い官人。対殿上・堂上(ドウジョウ) ②昔、宮中に仕える人が、それ以外の一般の人を指していった語。参考「チカ」と読めば別の意になる。

【地声】ジごえ その人の生まれつきの声。また、意識しないで自然に発声する声。対作り声・裏声

【地獄】ジゴク ①仏生前に罪を犯した者が、死後に責め苦を受けるとされているところ。六道の最下位にあたる世界。対極楽 ②キリスト教で、神との対話を拒んだ者が落とされる滅びの世界。対天国 ③つらい苦しみを受けること。「受験—」「生き—」④火山の噴煙や温泉地の熱湯などが、たえず噴き出している所。「—谷」

【地獄で仏(ほとけ)】非常な苦境にあるときに、思わぬ助けに出会った喜びのたとえ。参考「地獄で仏に会ったよう」ともいう。類地獄の地蔵

【地獄の釜(かま)の蓋(ふた)も開(あ)く】正月一六日と盆の七月一六日は、地獄の鬼も罪人を責めるのをやめて休むとされることから、この世でもこの日だけは仕事を休めということ。参考昔は、この両日を「藪入(やぶい)り」といって、商家では使用人を休ませた。

【地獄の沙汰(サタ)も金(かね)次第】この世のことは、金さえあれば思うままにどうにでもなるというたとえ。厳しい地獄の裁きも金の力で自由になるという意から。参考「金」は「銭(ぜに)」ともいう。類人間万事金の世の中・阿弥陀(アミダ)の光も金次第

【地獄耳】ジゴクみみ 他人のうわさや秘密などを、素早く聞きつけることのたとえ。「話をどこから聞きつけたのか、まるで—だ」

【地酒】ジざけ その土地で造られ、おもにその土地で飲まれる酒。その土地特有の酒。

【地縛】ジしばり キク科の多年草。道端に自生。茎は地上をはう。春から夏、タンポポに似た黄色の頭花が咲く。

【地所】ジショ 建物の敷地・用地や財産としての土地。地面。参考「チショ」とも読む。

【地震】ジシン 急激な地殻の変動、火山の爆発などで、地面が広範囲に揺れること。

【地震雷火事〈親父(おやじ)〉】世の中で特に人が恐ろしく思っているものを、その順に並べた言葉。

【地▲辷・地滑】ジすべり ①地盤がゆるみ、土地の一部分がすべり落ちること。「—による家屋倒壊」②物事が急激に変動するたとえ。「革新勢力の—的な勝利」

【地蔵】ジゾウ 仏「地蔵菩薩(ボサツ)」の略。釈迦(シャカ)の没後、弥勒(ミロク)菩薩が現れるまでの無仏の期間、衆生(シュジョウ)を導いて救済するという菩薩。

【地代】ジダイ ①土地を借りるための代金。借地料。②土地の値段。類地価 参考「チダイ」とも読む。

【地卵】ジたまご その土地で産したニワトリの卵。じたま。

【地団駄・地団太】ジダンダ 怒ったり悔しがったりして、足を何度も踏みならすこと。「悔しくて—を踏む」参考「地蹈鞴(じたたら)」からの転。

【地鎮祭】ジチンサイ 土木・建築工事にとりかかる前に、その土地の神を祭って工事の安全や無事を祈る儀式。地祭り。

【地頭】ジトウ ①平安時代、荘園(ショウエン)を管理していた荘官。②荘園・公領の管理と租税の徴収などを行った、鎌倉幕府の職名。「泣く子と—には勝てぬ」

【地△均し】ジならし ①地面を平らにならすこと。また、その道具。②物事がうまく運ぶように、事前に調整しておくこと。

【地鳴り】ジなり 地震・火山爆発などで大地が鳴り響くこと。また、その音。地響き。

【地△緯】ジぬき 織物の地組織を織り出すよこ糸。類緯糸(ぬきいと) 参考「ジよこ」とも読む。

【地主】ジぬし 土地の所有者。参考「ジシュ」とも読む。

【地熱】ジネツ 地球内部の熱。「—発電」参考「チネツ」とも読む。

【地場】ジば ①その地方や地域。「—産業」類地元 ②その土地の株式取引所。その取引員・会員や出入りする常連の総称。

【地場産業】ジばサンギョウ 地元の資本と地元の労働力や伝統的な技術が結びつき、その地域の特産品を製造している産業。

【地肌・地△膚】ジはだ ①化粧をしていない肌。類素肌 ②草木などのない大地の表面。「—がむき出しの山」③焼き

物などの、生地(じき)のままの表面。

【地盤】ジバン ①地の表層。地殻(チカク)。「—沈下を防ぐ」②建築物などを支える土台となる土地。「—を固める」③活動を行う根拠地。また、勢力範囲。「選挙の—」

【地引き網・地▲曳き網】ジびきあみ 遠浅の海岸の沖に弧状の網をはり、大勢で陸上に引き寄せて魚類をとること。また、それに使う引き網。

【地袋】ジぶくろ ちがい棚の下に作られた、小さい袋戸棚。対天袋

【地〈吹雪〉】ジふぶき 地上に積もった雪が、強風で空中に巻き上げられて乱れ飛ぶ現象。雪あらし。季冬

【地味】ジミ 華やかさがなく、目立たないさま。また、質素なこと。「—な暮らし」対派手 参考「チミ」と読めば別の意になる。

【地道】ジみち 手堅く、着実に物事をするさま。「—に働く」

【地▲潜】ジむぐり ナミヘビ科のヘビ。低山や耕地にすむ。背面は灰赤褐色に黒斑(コクハン)があり、腹面は赤褐色に四角形の黒紋が並ぶ。土にもぐり、ネズミやモグラを捕食する。日本特産で、無毒。

【地物】ジもの その土地で産出する物。おもに、食べ物をいう。「—の白菜」

【地紋】ジモン 布地に織り出したり染め出したりした模様。また、工芸品・印刷物などの地の模様。

【地雷】ジライ 地中に埋めておいて、人や車がその上に乗ると爆発する仕掛けの武器。

【地力】ジリキ その人がもっている本来の力や能力。実力。「ここぞという場面で—を発揮する」参考「チリョク」と読めば別の意になる。

【〈地銭〉】ぜにごけ ゼニゴケ科のコケ植物。各地の陰湿地、特に人家付近に群生。濃緑色の葉状体。表記「銭苔」とも書く。

【地位】チイ ①所属する社会や組織における位置・役割。また、身分。「重要な—につく」②役割上の位置。「幼児教育の占める—」

【地異】チイ 地震・台風・洪水など、地上で起こる自然の異変。類地変 対天変

【地域】チイキ 一定の範囲の土地。「—社会に根ざした風習」類区域・地区

【地衣類】チイルイ 菌類と藻類との共生体で、単一の生物のように見える植物。地衣植物。チズゴケ・イワタケ・サルオガセなど。

【地役】チエキ ①自分の土地利用のために、通行など他人の土地を都合よく使うこと。②「地役権」の略。①の権利。

【地縁】チエン 同じ地域に住むことによってできた縁故関係。地域を基礎とする社会的関係。対血縁

【地下】チカ ①地面の下。対地上 ②死後の世界。冥土(メイド)。「—の恩師に報告する」③非合法な活動が行われる場。秘密の場所。「—組織」参考「ジゲ」と読めば別の意になる。

【地階】チカイ 建造物で地下にある階。「エレベーターが—に下りる」

【地核】チカク 地球の内部の中心。高温・高圧の部分。地心。対地表・地殻

【地殻】チカク 地球の表層部。厚さは、陸地では三〇～四〇キロメートル、海底部分は約六キロメートル。「—変動で海岸線が変化した」類地表 対地核

【地下茎】チカケイ 地中にある植物のくき。根茎・塊茎・球茎・鱗茎(リンケイ)などがある。「れんこんは蓮(はす)の—だ」対地上茎

【地▲祇】チギ 「地祇(くにつかみ)」に同じ。「天神—」類地神 対天神(テンジン)

【地久】チキュウ ①大地がいつまでも変わらずにあること。「天長—」②雅楽の一つ。高麗楽(コマガク)の準大曲。鼻高の赤い面をつけ、鳳凰(ホウオウ)を象(かたど)ったかぶとをかぶって六人で舞う。

【地球】チキュウ 太陽の惑星で、太陽系の内側から三番目にある。水と大気があり、人類をはじめとした各種生物が生存する。自転しながら、一年に一回太陽のまわりを公転し、衛星として月をもつ。

【地峡】チキョウ 二つの大陸を結ぶ、くびれて細長くなっている陸地。スエズ地峡・パナマ地峡など。対海峡

【地銀】チギン 「地方銀行」の略。地方にあって、おもに地元産業への融資をする普通銀行。対都銀

【地区】チク ①一定の土地の区域。②ある目的で定められた一定の区域。「文教—」

【地形】チケイ 山・川・平野など地表の様子。土地の高低や傾斜などの様子。「—図から土地の様子を読みとる」類地勢・地相 参考「ジギョウ」と読めば、建築物の基礎または地固めの意。

【地券】チケン 明治政府が地租改正に伴い、土地所有者に交付した証書。

【地▲窖】チコウ 地中のあなぐら。参考「窖」は土の中の深いあなの意。

【地溝】チコウ ほぼ平行な二つの断層間の地盤が、陥落して生じた細長い低地。「—帯」

【地衡風】チコウフウ 大気中で、等圧線に平行に吹く風。

【地誌】チシ ある地方の自然・地理、また社会・文化などの特質について記した書物。「郷土の—を編む」

【地磁気】チジキ 地球がもっている磁気と、それによって生じる磁場の総称。地球が一つの大きな磁石のようになっていて、磁針が地球のほぼ南北を指す原因とされる。地球磁気。

【地軸】チジク ①南極と北極を結ぶ、地球が自転するときの回転軸。②大地をつらぬき、その回転をささえていると想像された軸。

【地質】チシツ 地殻を構成する岩石や地層の性質・状態。「—時代」「—調査」

【地図】チズ 地形や土地の様子を、一定の縮尺を用いて記号や文字で平面上に表した図。

【地水火風空】チスイカフウクウ 仏 万物が生じるという五つの元素。五大。五輪。

【地勢】チセイ 土地の様子。土地の高低の状態や山・川・平野などの形勢。「険しい―」類地形

【地積】チセキ 一区画ごとの、土地の面積。土地の坪数。「―測定図」

【地籍】チセキ 土地の形状や位置・面積・所有権など、その土地に関する事柄。「―台帳」

【地租】チソ 旧法で、土地に課せられた租税。現在の固定資産税にあたる。

【地相】チソウ ①土地の形勢や方角などによる吉凶の相。②土地の様子。類地形

【地層】チソウ 地殻を形づくる層。砂岩・泥岩・礫岩(レキガン)などが積もってできる層。「―の年代を調査する」

【地帯】チタイ ある一定の広がりをもつ地域。「工場―」「砂漠―」

【地点】チテン 地上の、ある特定の場所や位置。「マラソンのスタート―」

【地動説】チドウセツ 地球は自転しながら他の惑星のように太陽の周囲を公転しているという説。コペルニクスらが唱えた。対天動説

【地の利は人の和に△如かず】チのりはひとのわにしかず 敵を防ぐ場合、どんなに地理的条件が有利でも、一致団結した人の和の力には及ばないということ。〈『孟子(モウシ)』〉

【地番】チバン 土地登記簿に登記するため、土地ごとにつけられた番号。

【地平線】チヘイセン 大地または海が、空と接するように見える線。

【地平天成】チヘイテンセイ 世の中が無事平穏で、万物が栄えること。「地平」は世の中が平穏に治まること。「天成」は天の運行が順調で万物が栄えること。〈『書経』〉参考「内平外成」とともに、年号の「平成」の出典とされる語。類天下泰平(テンカタイヘイ) 対天災地変

【地歩】チホ 社会や組織の中で占める自分の地位や立場。「―を固める」

【地方】チホウ ①ある特定の地域。「関西―」「―税」②首都や大都市以外の地域。いなか。「―に転勤する」対中央 参考「ジかた」と読めば別の意。

【地味】チミ 農作物を生産するための地質のよしあし。「―が肥えていて植物がよく育つ」参考「ジミ」と読めば別の意になる。

【地理】チリ ①土地の様子や事情。「この辺の―に不案内だ」②山川・海陸・気候・地形・人口・都市・産業・交通などのありさま。「―学」

【地力】チリョク 土地の作物を生産する能力。参考「ジリキ」と読めば別の意になる。

【地を△易うれば皆△然り】チをかうればみなしかり 人はその境遇や立場によって、考えや行為にちがいがあるが、立場をかえてみれば、だれでも皆同じものだ、考えや行為はそれぞれの立場に左右されるものだということ。「地」は立場の意。〈『孟子(モウシ)』〉

〈地錦〉つた ブドウ科のつる性落葉植物。由来「地錦」は漢名から。▼蔦(つた)(一〇六五)

【△地】つち ①大地。地面。「故国の―を踏む」対天(あめ) ②土壌。「よく肥えた―」

〈地胆〉つちはんみょう ツチハンミョウ科の甲虫の総称。体長は一～三センチメートルで、全体に青黒くて光沢がある。体内に有毒なカンタリジンを含み、皮膚に触れると炎症を起こす。由来「地胆」は漢名から。表記「土斑猫」とも書く。

【地△蛍】つちぼたる ホタルの幼虫、または、はねの退化した雌の成虫。水辺にすみ、尾部から光を発する。表記「蛍蛆」とも書く。

〈地△楡〉われもこう バラ科の多年草。由来「地楡」は漢名から。▼吾亦紅(われもこう)（四六三）

チ【△弛】(6) 弓 3 3548 4350 ▼シ（六〇三）

チ【池】(6) 氵 3 常 教 9 3551 4353 音 チ 訓 いけ

筆順 丶 冫 氵 汈 汋 池

意味 ①いけ。湖や沼の小さいもの。「池魚」「池畔」②水などをためておくところ。「硯池(ケンチ)」「墨池」

下つき 園池(エンチ)・硯池(ケンチ)・古池(コチ・ふるいけ)・電池(デンチ)・肉池(ニクチ)・墨池(ボクチ)・臨池(リンチ)

【池】いけ ①自然に土地のくぼみにできた大きな水たまり。また、人工的に掘って水をためたところ。②すずりの水をためるくぼんだ部分。

〈池溝〉うなて 田に水を引くためのみぞ。表記「溝」とも書く。

【池魚、故△淵を思う】チギョコエンをおもう 旅人が、生まれ故郷を懐かしむたとえ。由来 池に飼われている魚が、もとすんでいた川の淵(ふち)を懐かしむことから。〈陶潜の詩〉類胡馬(コバ)は北風に依(よ)り、越鳥は南枝に巣くう

【池魚の△殃い】チギョのわざわい 思いがけない災難にあうこと。まきぞえをくうこと。また、火事で類焼にあうこと。故事 中国、春秋時代、罪を犯して逃げた者が池に投げこんだという珠玉を探すため、宋(ソウ)の景公が臣下に命じて池の水をさらわせたところ、魚が死んでしまったという故事から。〈『呂氏春秋(リョシシュンジュウ)』〉

【池魚籠鳥】チギョロウチョウ 池の中の魚、また、かごの中の鳥のように、不自由な身の上のたとえ。特に、宮仕えに束縛されていることをいう。〈潘岳(ハンガク)の文〉

【池△塘】チトウ 池の土手。池のつつみ。

【池△塘春草】チトウシュンソウ 【池塘春草の夢】学問の道を志した少年時代の大きく楽しい夢が、老いの身にとってはまことにはかないことのたとえ。少年のころ、春の日に池の堤の若草の上でまどろんだときの夢のこと。由来「少年老(お)い易く学(ガク)成り難(がた)し」に続く、「未(いま)だ覚めず池塘春草の夢」の句から。〈朱熹(シュキ)の詩〉

【池畔】チハン 池のほとり。「―にたたずむ二人づれ」類池辺・池頭

チ【治】(8) 氵5 教 2803 3C23 ▼ジ(六三五)

チ【知】

(8) 矢3 常 教 9 3546 434E

音 チ 訓 しる 外 しらせる

筆順 ノ 𠂉 𠂉 ⺈ 矢 矢 知 知

意味 ①しる。さとる。わかる。「知覚」「認知」 ②ちえ。物事を考える能力。「知育」「知力」 ③しらせる。しらせ。「告知」「通知」 ④相手をしっている。しりあい。「知人」「旧知」 ⑤つかさどる。おさめる。「知行」「知事」 参考「知」の草書体が平仮名の「ち」になった。

書きかえ「智」の書きかえ字。

下つき 英知・覚知・感知・関知・既知・機知・熟知・旧知・検知・告知・才知・察知・周知・承知・全知・探知・通知・認知・報知・未知・与知・予知

【知客】シカ 禅寺で、客を接待する僧。参考「シ」「カ」ともに、唐音。

【知る】しる ①知識を得る。認識する。また、体験する。「初めて文字を―る」 ②気がつく。感知する。「ライバルの動静を―る」 ③物事の内容や意味を十分に理解する。精通する。「本物の良さを―る」 ④面識やつきあいがある。「作者の顔を―っている」 ⑤物事に責任や関係がある。「当方の―るところではない」

『知らざるを知らずと為せ是知るなり』 知らないことは知らないとすることが、真に知ることにつながるということ。故事 孔子が早のみこみで慎重さに欠ける門人の子路をさとした言葉。〈『論語』〉

『知らぬ顔の半兵衛』 よく知っているのに、とぼけて知らないふりをきめこみ、すましていること。そしらぬふりをすること。

『知らぬが仏』 知れば腹が立つことでも、知らずにいれば腹を立てることもなく、仏のように穏やかな気持ちでいられるということ。また、当人だけが知らずに、のほほんとしているのをあざ笑っていう言葉。

『知る者は言わず言う者は知らず』 物事を本当によく知っている者は、その知識をひけらかしたりはしない。よく知らない者ほど、知ったかぶりをしてしゃべるものであるということ。〈『老子』〉類 言う者は知らず知る者は黙す

【知る辺】しるべ 知り合い。知人。ゆかりのある人。「―をたよりに旅をする」

【知育】チイク 知識を豊かにし、知能を高めるための教育。参考 体育や徳育と並ぶ重要な教育の一側面。

【知音】チイン 音楽の音色を聞き分けること。転じて、心の底まで理解しあった友人。故事 中国、春秋時代、琴の名手伯牙が琴を奏でると、友人の鍾子期は伯牙が描く音の世界を必ず言い当てることができた。鍾子期が死んでからは、伯牙は琴の絃を切り、二度と琴を弾かなかったという故事から。〈『列子』〉類 知己

【知恵】チエ 物事の道理を的確に判断して、処理できる心のはたらき。また、その能力。「よく―がまわる人だ」「ない―をしぼる」 書きかえ「智慧」の書きかえ字。

『知恵と力は重荷にならぬ』 知恵と力はどんなにたくさんあっても負担になるものではなく、あればあるほどよいということ。

【知恵熱】チエネツ 離乳期の幼児に、突然一時的に出る原因のわからない熱。

【知覚】チカク ①知って理解すること。②感覚器官によって、外界の事物を判別して認識するはたらき。視覚・聴覚・嗅覚・触覚・味覚など。「―神経」

【知己】チキ 自分のことを本当によくわかっていてくれる人。親友。転じて、知り合い。知人。「十年来の―のごとく振る舞う」 故事 中国、春秋時代、予譲は趙の智伯に仕え重用された。智伯が趙襄子との戦いに敗れ、殺されたあげく、頭蓋骨を杯にされるはずかしめを受けた。予譲は、「士は自分を知ってくれる人のために命を投げ出す」との言葉を引用し、智伯のために復讐を誓ったという故事から。〈『史記』〉

『知己・朋友』チキホウユウ 自分の心や人柄をよく知ってくれている友人のこと。「知己」は己を知る、「朋友」は友だちの意。

【知行】チギョウ ①支配して管理すること。②中世以降、家臣が上の位の者から土地の支配権を与えられたこと。また、その領地や給料の扶持。参考「チコウ」と読めば別の意になる。

【知遇】チグウ 人格・見識・才能などを認められて手厚くもてなされること。「―を得る」

【知見】チケン ①実際に見て知ること。また、知識や見識。「―を広める」 ②仏知恵によって得た認識。悟り。表記「智見」とも書く。

【知行】チコウ 知識と行為。物事の道理を知ることと、道理にしたがって実際に行うこと。参考「チギョウ」と読めば別の意になる。

『知行合一』チコウゴウイツ 知識と行為とは一体であり、ほんとうの知識は必ず実際の行為を伴うものであるということ。〈『伝習録』〉参考 明の王陽明が唱えた学説。

【知歯】チシ 口の中で一番奥にある第三大臼歯の俗称。親知らず。知恵歯。表記「智歯」とも書く。

【知事】チジ 各都道府県を統轄し、代表する長。任期四年で、住民により直接公選される。「―選挙」「北海道―」

【知識】チシキ ①物事について知っている事柄。また、その内容。②仏仏の教えを導く導師。高僧。善知識。表記 ②「智識」とも書く。

【知悉】チシツ ある物事について、詳しく知り尽くすこと。「悉」は、ことごとく細かい点まですべての意。「互いに手の内を―している」「博学―の人」類熟知・精通

【知者】チシャ 物事の本質を知る人。また、知恵のある人。「―の教えを受ける」対愚者 表記「智者」とも書く。

〖知者は惑わず、勇者は懼れず〗知者は物事の道理をわきまえているので、事に当たっても迷うことはなく、勇者は勇気があり信念に基づいて行動するから、事に際しても恐れることがないということ。《論語》表記「懼れず」は「恐れず」とも書く。

〖知者楽水〗チシャラクスイ 知者は、とらわれた考え方をしないので、いつもよどみなく流れ、さまざまの変化を見せる水の姿を楽しむということ。《論語》類仁者楽山・楽山楽水

【知情意】チジョウイ 人間の精神活動の、三つの基本的なはたらき。知性・感情・意志。

【知小謀大】チショウボウダイ 自分の力もかえりみず、むやみに大きなことを企てること。「知小」は知力がとぼしい、「謀大」ははかりごとが大きい意。《易経》「―の批判を受けた」類知小言大

【知人】チジン 知り合い。顔・名前・人柄などを知っている人。「―を訪ねる」

【知崇礼卑】チスウレイヒ 真の知者は、知識が増せば増すほど、他人に対してへりくだり、礼を尽くすものだということ。「知崇」は知能が高くなる、「礼卑」は礼においてへりくだる意。《易経》

【知性】チセイ 物事を考えて判断する能力。特に、知覚をもとに新たに認識する精神のはたらき。「―豊かな人」

【知足】チソク 身のほどをわきまえて、欲張らないこと。足ることを知る意。《老子》

〖知足安分〗チソクアンブン 身のほどをわきまえ、高望みをしないこと。「安分」は、自分の境遇に満足すること。類安分守己・巣林一枝

〖知足不辱〗チソクフジョク 身のほどをわきまえ、それで満足をすれば、辱めを受けることはないということ。《老子》

【知的】チテキ ①知性に富んでいるさま。知性的。「―な雰囲気の人」②頭脳のはたらきに関するさま。知識的。「―水準が高い」「―労働」

【知得】チトク 知り得ること。知ることで自分のものにすること。「技術を―する」

【知徳】チトク 知識と道徳。知恵と徳行。「―を磨く」「―合一」表記「智徳」とも書く。

【知能】チノウ 思考して適切な判断をする能力。知恵のはたらき。「イルカは―が高い」「―犯」類知力・頭脳 書きかえ「智能」の書きかえ字。

【知謀】チボウ 知恵をはたらかせて、巧みなはかりごとをすること。また、そのはかりごと。「―をめぐらす」類知略 書きかえ「智謀」の書きかえ字。

【知名】チメイ 世間に広く名前が知られていること。また、その人。「海外での―度が高い財界人」類高名・著名・有名

【知命】チメイ ①天命を知ること。②五〇歳の異称。由来『論語』の「五十にして天命を知る」から。

【知友】チユウ 気心のしれた友だち。互いに相手のことをよくわかっている友人。「ようやく―を得た」類親友

【知勇】チユウ 知恵と勇気。「―兼備」表記「智勇」とも書く。

【知略】チリャク 知恵をしぼったはかりごと。「―に富む」類知謀・才略 表記「智略」とも書く。

〖知略縦横〗チリャクジュウオウ 才知をはたらかせて考えた計略を、思いのままに展開すること。類機略縦横

【知力】チリョク 知的な能力。知恵のはたらき。「―にすぐれた人」類知能・知性 対体力 表記「智力」とも書く。

〈知母〉はなすげ ユリ科の多年草。由来「知母」は漢名から。▼花菅(一四三)

チ【胝】(9) 月5 1 7083 6673 音 チ 訓 たこ・まめ・あかぎれ

意味 ①たこ(胼胝)。まめ。手足の皮が厚くかたくなったもの。②あかぎれ。ひび。

【胝】たこ 摩擦や圧迫などの刺激によって、皮膚の一部分がかたくなり、厚くなったもの。「書写の練習で指にペン―ができた」表記「胼胝」とも書く。

チ【致】(9) 至3 ▼致の旧字(一〇三二)

チ【値】(10) イ8 教 常 5 3545 434D 音 チ 外チョク 訓 ね・あたい 中 外あう

筆順 ノ イ 仁 什 佔 佶 侑 値 値 値

意味 ①ね。あたい。ねうち。物のねだん。「価値」「値幅」②数の大きさ。「数値」③あう。出あう。「値遇」

下つき 価値・数値

【値】あたい ①物の値段。代金。また、価値。ねうち。「―が安い」②数学で、文字や式が表す数。数値。「未知数xとyの―を求める」

【値千金】あたいセンキン 非常にねうちの高いこと。由来「春宵一刻直千金」〈蘇軾の詩〉から。表記「価千金・直千金」とも書く。

【値遇】チグウ ①出会うこと。めぐりあうこと。また、仏の縁によって現世で出会うこと。「―の縁」②人から認められ、手厚くもてなされること。表記②「知遇」とも書く。参考①「チグ」とも読む。

【値】ね ①売買の金額。値段。あたい。「ブランド品は―が張る」「―を一割引にしてもらった」②

物事の評価。ねうち。「この作品で彼も―を上げた」

【値▲鞘】ねざや ①売り値と買い値との差額。「―が出る」②場所や時間などの相違からくる同一の銘柄の相場の差額。「―かせぎ」

【値段】ねダン 売買する物に定められた代価。あたい。類価格

【値踏み】ねぶみ 前もって物の値段を見積もること。値づもり。「骨董品コットウヒンの―をしてから買値を交渉する」

チ【恥】(10) 心6 常 4 3549 4351 音チ 訓はじる・はじ・はじらう・はずかしい

筆順 一 丅 下 下 耳 耳 耳 恥 恥 恥

意味 ①はじる。はじ。「恥辱」「無恥」②はずかしい。「恥部」

下つき 詬恥コウチ・羞恥シュウチ・無恥ムチ・廉恥レンチ

【恥骨】チコツ 骨盤の前面下方にある骨。生殖器のすぐ上に位置する。

【恥辱】チジョク はずかしめ。はじ。「―を受ける覚えはない」類汚辱

【恥部】チブ ①人に見られたり知られたりしたくない部分。はじとなる部分。「組織内の―を隠す」②陰部。

【恥】はじ きまり悪く思うこと。知られたり見られたりすることをはずかしく思う気持ち。「とんだ―を掻かく」

【恥じらう】はじらう はずかしがる。はにかむ。「花も―う年ごろ」

【恥じる】はじる ①はずかしく思う。欠点や過ちなどに気がついて面目なく思う。「良心に―じる気配もない」「不明を―じる」②ひけをとる。劣る。「名に―じない態度」参考②多く、打ち消しの語を伴う。

【恥ずかしい】はずかしい ①失敗や欠点などに気がひけて、面目ないと思うさま。「―くて顔向けできない」「どこへ出しても―くない人物だ」②きまりが悪い。照れくさい。「人前で歌うのは―い」

ち チ

チ【致】(10) 至4 常 4 3555 4357 音チ 訓いたす

旧字《致》(9) 至3 1/準1

筆順 一 エ 云 云 至 至 到 致 致

意味 ①いたらせる。まねき寄せる。来させる。「引致」「誘致」②きわめる。つくす。行き着く。「致死」「合致」③おもむき。ありさま。「雅致」「風致」④官職をやめる。「致仕」⑤いたす。「する」の丁寧語・謙譲語。

下つき 一致イッチ・引致インチ・雅致ガチ・合致ガッチ・極致キョクチ・招致ショウチ・精致セイチ・送致ソウチ・風致フウチ・誘致ユウチ・拉致ラチ

【致す】いたす ①「する」「行う」の謙譲語。「私が―します」②「する」の丁寧語。「感謝―します」③力や精根を尽くす。④ある結果をもたらす。招く。「不徳の―すところです」⑤及ぼす。「故国に思いを―す」

【致仕・致▲事】チシ ①官職を辞任すること。②七〇歳の異称。由来②昔、中国では七〇歳で官職を辞任したことから。参考「チジ」とも読む。

【致死】チシ 死に至らせること。死なせてしまうこと。「過失―罪」

【致死量】チシリョウ それ以上の量を用いると、人や動物が死ぬという薬物の限界量。「―の睡眠薬を飲む」

【致知格物】チチカクブツ ▼格物致知(一九八)

【致命傷】チメイショウ ①死ぬ原因となったけがや傷。「胸部の傷が―となった」②取り返しがつかない痛手。「不良債権が会社の―となった」

【致命的】チメイテキ ①生命にかかわるようなさま。「―な重傷を負う」②再起不能の原因となるようなさま。「新車の―な欠陥」「株の暴落で―な打撃を受ける」

チ【笞】(11) 竹5 1 6790 637A 音チ 訓むち・しもと・むちうつ

意味 むち。しもと。むちで打つ。「笞刑」

下つき 撻笞タッチ・鞭笞ベンチ・掠笞リャクチ

【▲笞】しもと 罪人を打つために、細い木の枝で作ったむちやつえ。

【▲笞刑】チケイ むちで罪人の体を打つ刑。古代、律の五刑のうちで最も軽いもの。

【▲笞▲杖】チジョウ むちとつえ。また、むちで打つ刑罰とつえで打つ刑罰。

【▲笞▲撻】チタツ むちで打つこと。類鞭撻ベンタツ

【▲笞】むち ①罪人などを打つときに用いる、細長い竹などの棒。②物を指し示すときに用いる細長い棒。③人を叱咤シッタ激励するために発する言葉や行為。「愛の―」参考「鞭」と書けば、ウマを打つ革製のむちの意になる。

チ【智】(12) 日8 準1 3550 4352 音チ 訓ちえ・さとい

意味 ①ちえ。物事を考える能力。「智慧チエ」「才智」②さとい。かしこい。「智者」対愚

書きかえ 「知」が書きかえ字。

【▲智▲慧】チエ ①仏仏教の真理による善悪をわきまえ、正しい判断をする能力。また、悟りを開く心のはたらき。般若ハンニャ。「―の鏡(欲望などに曇らされることのないほど明らかなたとえ)」②▼書きかえ知恵(一〇三〇)

【▲智巧】チコウ 物事を進める才知にすぐれていること。表記「知巧」とも書く。

【▲智徳】チトク ①知識と道徳。「―合一」②仏すべてを知る仏の力。表記「知徳」とも書く。

【▲智能】チノウ ▼書きかえ 知能（一〇三二）

【▲智▲囊】チノウ 袋に物が詰まっているように、体のなかに知恵がいっぱい詰まっていること。また、その人。知恵に富んでいる人。知恵袋。「囊」は、大きな袋。故事 中国、戦国時代、秦シンの恵王の弟、樗里子チョリシが非常に頭のよい武将だったので、秦の人々が「智囊」と呼んだという故事から。《『史記』》表記「知囊」とも書く。

【▲智謀】チボウ ▼書きかえ 知謀（一〇三二）

【▲智勇】チユウ 知恵と勇気。「―兼備」表記「知勇」とも書く。

〈▲智利〉チリ 南アメリカ南西部の共和国。太平洋に面した細長い国。漁業や林業が盛んで、鉱物資源も豊か。首都はサンティアゴ。

チ【遅】

(12) 辶 9 常 4 3557 4359

音 チ 訓 おくれる・おくらす・おそい

旧字《遲》(16) 辶12 1/準1 7815 6E2F

筆順 ㇆ コ 尸 尸 尸⁵ 尸 屖 屖⁸ 遅 遅

意味 ①おそい。のろい。にぶい。「遅鈍」「巧遅」対速 ②おくれる。おくらす。まにあわない。「遅延」「遅刻」

下つき 巧遅コウチ・舒遅ジョチ

【遅れ▲馳せ】おくればせ 人よりおくれてかけつけること。また、適当な時機を逃し、おそくなること。「―ながらお祝い申し上げます」表記「後れ馳せ」とも書く。

【遅れる】おくれる 決められている時刻や時期よりおそくなる。「事故で列車は一時間ほど―れる」「到着時間が―れる」「書類の提出が―れる」

【遅い】おそい ①通常よりも時間があとである。「きょうは父の帰りが―い」②夜がふけている。「―いから帰ったほうがいい」③タイミングを逃して間に合わない。「今からではもう―い」対①～③早い ④速度がゆっくりである。のろい。「仕事が―い」対速い

【遅咲き】おそざき 同種の花よりも、開花の時期がおくれて咲くこと。また、そのような花。「庭の梅は―です」対早咲き

【遅場米】おそばマイ イネの成熟のおそい地域でとれる米。対早場米

【遅延】チエン 予定より時間や期日がおくれたり、のびたりすること。「開催日程が―する」「急行列車が―した」

【遅疑】チギ ぐずぐずと疑い迷って、なかなか判断しないこと。「―逡巡シュンジュン」類躊躇チュウチョ

【遅疑▲逡巡】チギシュンジュン いつまでも疑っていて、なかなか決断できずにためらうこと。「逡巡」は、ためらう・しりごみする意。類狐疑逡巡コギシュンジュン 対知者不惑

【遅刻】チコク 決められた時間におくれること。「絶対に―をしないように」

【遅参】チサン 時刻におくれて行くこと。また、遅刻して来ること。

【遅日】チジツ 日が暮れるのがおそく感じられる春の日。日なが。季春

【遅滞】チタイ おくれ、とどこおること。期日におくれること。「―なく納入します」「工事は―なく進んだ」類遅延・延滞

【遅遅】チチ ①ゆっくりとしていて、進み方がおそいさま。「仕事が―としてはかどらない」②日が暮れるのがゆっくりとしていて、のどかなさま。「春日シュンジツ―」

【遅鈍】チドン 頭の回転や動作がのろくて、にぶいさま。「生来の―な性質」

【遅配】チハイ 決められた期日よりも配達や支払いなどがおくれること。「配達物が―になる」「給料の―」

【遅筆】チヒツ 文章を書くのがおそいこと。「―で有名な作家」対速筆

【遅明】チメイ 夜が明けるころ。由来 明メイを遅まつ意から。

チ【黹】

(12) 黹 0 1 8367 7363

音 チ 訓 ぬう・ぬいとり

意味 ぬう。ぬいとり。刺繡シシュウ。

チ【痴】

(13) 疒 8 常 準2 3552 4354

音 チ 訓 外おろか・しれる・おこ

旧字《癡》(19) 疒14 1/準1 6587 6177

筆順 丶 亠 广 广 疒 疒 疒⁸ 疟 疾 疾 痴¹³

意味 ①おろか。おろかもの。「痴人」「痴鈍」②色情に迷う。「痴情」「痴話」

下つき 音痴オンチ・愚痴グチ・白痴ハクチ

【▲痴】おこ ばかげていること。愚かなこと。また、その人。「―の沙汰サタ」表記「烏滸・尾籠」とも書く。

【▲痴絵】おこエ おどけた絵。こっけいな絵。類戯画 表記「烏滸絵」とも書く。

【▲痴か】おろか ①知恵が止まってはたらかないさま。②物事に熱中していて、他のことが考えられないさま。機転がきかないこと。

【▲痴れ者】しれもの ①おろか者。ばか者。②乱暴者。無頼漢ブライカン。③一つのことにすっかり心を奪われている人。その道のしたたか者。「風流の―」

【▲痴れる】しれる ある物事に心を奪われ、判断能力がはたらかなくなる。おろかになる。「酔い―れる」

【痴漢】チカン ①おろか者。②女性に性的ないたずらをする男。参考「漢」は男の意。

【痴愚】チグ おろかなこと。ばか。「―の極み」

【痴情】チジョウ 理性を失い、男女間の色情にまどう心。「―のもつれ」

【痴人】チジン おろかな人。ばかな人。たわけもの。「―夢を説く（話のつじつまが合わないたとえ）」

【痴態】チタイ ばかげた振る舞い。おろかな姿。「酒に乱れて―を演ずる」

【痴鈍】チドン おろかで、にぶいこと。また、その人。ばかでのろま。

【痴▲呆】チホウ ①おろかなこと。また、その人。②脳疾患や脳障害によって、後天的に知能が低下した状態。また、その症状の人。

【痴話】チワ 恋人や情人たちがたわむれてする話。むつごと。転じて、情事。「―喧嘩（ゲンカ）」

チ【稚】(13) 禾8 常 3 3553 4355 音 チ 訓 外 わかい・いとけない

筆順 ニ千禾禾禾禾秆稚稚稚

意味 おさない。わかい。いとけない。また、おさない者。「稚魚」「稚拙」「幼稚」

下つき 丁稚（でっち）・幼稚（ヨウチ）

【△稚い】いとけない おさない。あどけない。「―い子どもの仕草」

【稚気】チキ 子どもっぽい態度や気質。「―のぬけない人」「―満満」

【稚魚】チギョ 卵からかえって間もない魚。「―を川に放流した」対成魚

〈稚児〉ちご ①祭や法会（ホウエ）などに、美しく着飾って参加する子ども。「京都祇園（ギオン）祭のお―さん」「―行列」②ちのみご。あかご。また、子ども。小児。③昔、公家（クゲ）・武家・寺院などで雑用などに従事した少年。

【稚児▲髷】チごわげ 頭上に高く左右に輪を結った少女の髪形。稚児輪。参考「チごまげ」とも読む。

【稚拙】チセツ 子どもじみて、へたであること。また、そのさま。「―な文章で理解に苦しんだ」

〈稚子〉みずこ ①生まれて間もない子。あかご。②流産や堕胎した胎児。「―供養」表記「水子」とも書く。参考「みずご」とも読む。

〈稚海藻〉わかめ 褐藻類コンブ科の海藻。▼若布（わかめ）(六七)

〈稚▲鰤〉わらさ ブリの未成魚。体長六〇センチメートル前後のもの。おもに関東地方でいう。季秋 ▼鰤（ぶり）(六六八)

チ【置】(13) 罒8 常 教 7 3554 4356 音 チ 訓 おく

筆順 丶冂罒罒罒罟罟置置置

意味 ①おく。すえる。そなえる。「安置」「設置」「装置」②しまつする。「処置」「措置」③やめる。すておく。「放置」

下つき 安置（アンチ）・位置（イチ）・拘置（コウチ）・常置（ジョウチ）・処置（ショチ）・設置（セッチ）・前置（ゼンチ）・装置（ソウチ）・措置（ソチ）・倒置（トウチ）・配置（ハイチ）・付置（フチ）・布置（フチ）・放置（ホウチ）・留置（リュウチ）

【置炬▲燵】おきゴタツ 移動させることのできるこたつ。対掘炬燵 季冬

【置く】おく ①人や物事などをあるところにすえる。位置させる。設置する。「机の上に鞄（かばん）を―く」「全員を管理下に―く」「支店を隣町に―く」②人を同居させる。また、雇う。「下宿人を―く」「事務員を―く」③間を隔てる。「しばらく距離を―く」④放置する。中止する。「言わずに―く」⑤動作や状態をそのままにする。「ドアを開けて―く」「もう少し寝かせて―く」⑥とどめる。残す。「子どもを家に―いて出かける」⑦霜や露などが降りる。「葉に露が―く」

【置換】チカン ある物の位置や順序などを、他の物におきかえること。また、おきかわること。「数字を記号に―する」

【置酒高会】チシュコウカイ 盛大に酒宴を開くこと。「置酒」は酒宴を催す、「高会」は盛大な宴会の意。〈『史記』〉

チ【軽】(13) 車6 1 7741 6D49 音 チ 訓 おもい

意味 ①ひくい。車の前が重くてさがっているさま。「軒軽」②おも（重）い。重みをかける。

チ【★雉】(13) 隹5 1 8021 7035 音 チ・ジ 訓 きじ

意味 きじ。きぎす（雉子）。キジ科の鳥。「雉兎（チト）」

下つき 城雉（ジョウチ）

【▲雉・〈▲雉子〉】きじ キジ科の鳥。林や草原にすむ。雄は尾が長く、全体に暗緑色を主体とした美しい羽をもつ。雌は全体に褐色。雄は「ケンケーン」と鋭く鳴く。雑食性で、植物の種子や芽、昆虫などを食べる。日本特産で、国鳥。季春 参考「きぎす・きぎし」とも読む。

【▲雉も鳴かずば撃たれまい】無用のことを言ったばかりに、わざわざ禍（わざわ）いを招くたとえ。キジも鳴かないでいれば見つからず、人間に撃たれることもないのにという意から。類口は禍（わざわ）いの門・鳴く虫は捕らえられる

【▲雉隠】きじかくし ユリ科の多年草。山地に自生。全体にアスパラガスに似る。初夏、緑白色の小花をつけ、球形の赤い実を結ぶ。

【▲雉▲鳩】きじばと ハト科の鳥。山地の林などにすみ、市街地にも現れる。「デデッポーポー」と鳴く。ヤマバト。由来つばさの色がキジの雌に似ることから。

【▲雉▲蓆】きじむしろ バラ科の多年草。山野に自生。春、イチゴに似た黄色い五弁花をつける。季春 由来放射状に葉を広げるさまを、キジの座る敷物に見立てたことから。

【▲雉焼】きじやき ①「雉焼豆腐」の略。塩をつけて焼いた豆腐に酒をかけた豆腐料理。②マグロなどの切り身を、醤油（ショウユ）などに浸して焼く料理。由来②キジが美味なため、その味に似せたことから。

【雉兎】チト キジとウサギ。また、それらを捕らえる猟師。

チ【★馳】(13) 馬3 準1 3558 435A 音 チ・ジ 訓 はせる

意味 はせる。かける。速く走る。「馳走」「馳名」

下つき 駆馳(クチ)・背馳(ハイチ)・奔馳(ホンチ)

【馳驟】チシュウ ウマや馬車に乗って、かけ回ること。

【馳走】チソウ 食事などのもてなしをすること。また、もてなしのりっぱな料理。「ご―をいただく」由来 食事の準備のためにかけ回ることから。

【馳騁】チテイ ①ウマを速く走らせること。ウマでかけ回ること。また、狩猟をすること。②あるものを支配すること。

【馳名】チメイ 誉れをあげること。名をはせること。名声が広まること。

【馳せ参じる】はせサンじる 目上の人のところへ、走るようにして参上する。大急ぎでかけつける。

【馳せる】はせる ①走る。「連絡を聞いて―せる」②走らせる。「車を―せる」③思いを向ける。「遠い故郷に思いを―せる」④名を世間に行き渡らせる。「剣の達人として名を―せる」

チ【★蜘】(14) 虫8 準1 3556 4358 音 チ 訓 くも

意味 虫の名「蜘蛛(チチュウ・くも)」に用いられる字。

【〈蜘蛛〉】くも クモ目の節足動物の総称。体は頭胸部と腹部とからなり、四対のあしをもつ。多くは腹部の先から糸を出し網を張る。小昆虫を捕食。季 夏 由来「蜘蛛」は漢名から。

【〈蜘蛛〉膜下出血】くもマクカシュッケツ 脳と脊髄(セキズイ)を包む三層の膜のうちの中間にある蜘蛛膜の下の脳血管が破れて、血がこの膜の下に流れこむ疾患。生命の危険が大きい。

【蜘蛛が網を張りて鳳凰を待つ】チチュウがあみをはりてホウオウをまつ 力のないものが強大なものに立ち向かう。はかない抵抗のたとえ。とうてい太刀打ちできないことのたとえ。参考 略して「蜘蛛の網」ともいう。類 蟷螂(トウロウ)が斧(おの)を以(もっ)て隆車に向かう・蟷螂(トウロウ)の斧(おの)

【〈蜘蛛抱蛋〉】はらん ユリ科の多年草。由来「蜘蛛抱蛋」は漢名から。▼葉蘭(ラン)(一五三二)

チ【褫】(15) 衤10 1 7485 6A75 音 チ 訓 うばう・はぐ

意味 うばう。はぐ。衣服をはぎとる。「褫奪」

【褫う】うばう さっとはぎ取る。衣服をはぐように横から取り上げる。

【褫奪】チダツ 衣服をはぎ取ること。また、官位や権利などを取り上げること。「政権を―される」

【褫魄】チハク たましいをうばうこと。心を驚かすこと。「魄」はたましい・こころの意。

チ【質】(15) 貝8 教 2833 3C41 ▼シツ(六五〇)

チ【踟】(15) 足8 1 7689 6C79 音 チ 訓 たちもとおる・ためらう

意味 たちもとおる。行きつもどりつする。ためらう。足ぶみする。

チ【篪】(16) 竹10 1 8366 7362 音 チ 訓 ちのふえ

意味 ちのふえ。横笛の一種。

チ【緻】(16) 糸10 常 2 6944 654C 音 チ 訓 外 こまかい

筆順 6 … 14 緻

意味 きめこまかい。くわしい。「緻密」「精緻」

下つき 巧緻(コウチ)・細緻(サイチ)・精緻(セイチ)

【△緻かい】こまかい ぴったりとすき間なく、きめがつんでいるさま。緻密(チミツ)なさま。

【緻密】チミツ ①きめのこまかいさま。②細部まで手落ちがないこと。「―な作業」「―な計画」

チ【△遲】(16) 辶12 7815 6E2F ▼遅の旧字(一〇三三)

チ【△癡】(19) 疒14 6587 6177 ▼痴の旧字(一〇三二)

チ【魑】(21) 鬼11 1 8221 7235 音 チ 訓 すだま・もののけ

意味 すだま。もののけ。山林の精から生じるといわれるばけもの。

【魑・〈魑魅〉】すだま 山林や木石などの生気から生じるとされる精霊。また、怪物。表記「魅」とも書く。参考「魑魅」は「チミ」とも読む。

【魑魅】チミ ①「魑(すだま)」に同じ。②人間の顔をした化け物。山の神。

【魑魅魍魎】チミモウリョウ さまざまな化け物の総称。また、私利私欲のために悪だくみをし、人に害を与える悪者のたとえ。「魍魎」は、河川の気から生じる水の化け物。『春秋左氏伝』類 百鬼夜行

チ【躓】(22) 足15 1 7721 6D35 音 チ 訓 つまずく

意味 ①つまずく。つまずきころぶ。「躓顚(チテン)」②しくじる。失敗する。③くじける。挫折する。④苦しむ。なやむ。

下つき 蹶躓(ケッチ)

【躓く】つまずく ①歩行中に、足先が何かに当たって体がよろめく。けつまずく。「階段の途中で―いた」②途中で障害があって失敗する。挫折(ザセツ)する。「途中で―かないよう入念に計画する」「進路に―く」

【▲躓く石も縁エンの端はし】世の中で出会うことは、ささいなことでもすべて因縁で結ばれているのだから大切にすべきだということ。ふとつまずいた石も、何かの縁があったからこその意から。類袖そで摺すり合うも多生タショウの縁

チ【黐】(23) 黍11 1 8355 7357 音チ 訓もち・とりもち

意味 もち。とりもち。「黐粘デチ」

【▲黐】もち ①モチノキの別称。②モチノキなどの樹皮で作った粘り気の強い物質。鳥や虫を捕らえるのに用いる、とりもち。

【▲黐▲竿】もちざお 鳥などを捕らえるための、先にとりもちを塗りつけたさお。

【▲黐の木】もちのき モチノキ科の常緑小高木。山野に自生。春、黄緑色の小花を多数つけ、赤い実を結ぶ。樹皮からとりもちを作る。モチ。

ち【血】(6) 血0 教 2376 376C ▼ケツ(四一〇)

ち【乳】(8) 乚7 教 3893 467D ▼ニュウ(一二〇〇)

ちいさい【小さい】(3) 小0 教 3014 3E2E ▼ショウ(七三六)

ちいさい【▲瑣さい】(14) 王10 6484 6074 ▼サ(五四六)

ちかい【近い】(7) 辶4 教 2265 3661 ▼キン(三五四)

ちかう【△盟う】(13) 皿8 教 4433 4C41 ▼メイ(一四七二)

ちかう【誓う】(14) 言7 常 3232 4040 ▼セイ(八六八)

ちがう【違う】(13) 辶10 常 1667 3063 ▼イ(三七)

ちがえる【違える】(13) 辶10 常 1667 3063 ▼イ(三七)

ちかづく【▲昵づく】(9) 日5 5867 5A63 ▼ジツ(六五二)

ちがや【▲茅】(8) 艹5 1993 337D ▼ボウ(一四一六)

ちから【力】(2) 力0 教 4647 4E4F ▼リョク(一五八二)

ちぎる【契る】(9) 大6 常 2332 3740 ▼ケイ(三九〇)

チク【竹】(6) 竹0 常 教 10 3561 435D 音チク 訓たけ

筆順 ノ 𠂉 ケ ケ' 竹 竹

意味 ①たけ。イネ科の多年生植物。「竹馬」「竹林」②ふえ。管楽器。「糸竹」

下つき 竿竹さおだけ・篠竹しのだけ・爆竹バクチク・破竹ハチク・真竹まだけ

〈竹筒〉ささえ 昔、酒を入れて持ち運んだ竹製の筒。表記「小筒」とも書く。

〈竹▲篦〉しっぺい ①仏禅宗で、修行者を打って戒めるために用いる竹製の棒。②人差し指と中指をそろえて相手の手首を打つこと。しっぺ。参考「たけべら」と読めば、竹を削って作ったへらの意になる。

〈竹▲篦〉返し しっぺがえし すぐに仕返しをすること。「手痛い―を受ける」参考「しっぺいがえし」とも読む。

〈竹刀〉しない 剣道で練習に用いる竹製のかたな。四本の割り竹を合わせて束ねたもの。

【竹△叢】たかむら タケが群生している所。竹林。竹藪たけやぶ。表記「篁」とも書く。

【竹】たけ ①イネ科の多年生植物の総称。地上の茎は節が多く、円筒形で中空。若芽は「竹の子」と呼ばれ、食用。「―を割ったよう(さっぱりした性格)」②尺八や笛など竹製の管楽器。

【竹馬】たけうま ①二本の竹に足がかりをつけて乗り、その上部を両手で握って歩くもの。高足たかあし。②葉のついた竹竿ざおをウマに見立て、子どもがまたがった格好をして遊ぶもの。季①②冬 参考「チクバ」とも読む。

【竹▲皺】たけしぼ 竹を並べたような、縦にしわの入った織物。

【竹▲籤】たけひご 竹を細かく割って削ったもの。竹細工などに用いる。竹のひご。「―で模型飛行機のつばさを作る」

【竹△光】たけみつ ①竹を削って刀身に見せかけた刀。②切れない刀をあざけっていう語。参考刀工の名に「光」が多くつくことからの造語。

【竹▲藪】たけやぶ タケの多く生えている林。「―に矢を射るよう(無益なことのたとえ)」類竹林

【竹矢来】たけやらい 竹を縦横に粗く組み、結び合わせてつくった囲い。

〈竹▲瓮〉たっぺ 竹を筒状あるいはかご状に編んだ魚をとる道具。うけ。季冬 参考「たつべ」とも読む。

【竹簡】チクカン 古代中国で、文字を書くために用いられた竹の札。また、それを編んだ書籍。参考「チッカン」とも読む。

【竹頭木▲屑】チクトウボクセツ ささいな物でも大切にすることのたとえ。また、将来への備えが、非常に綿密であることのたとえ。故事中国、東晋シンの陶侃トウカンは、船を造ったとき木屑くずや竹の切れはしを保存し、木屑はぬかるみ対策に、竹の切れはしは船を造るときの竹釘くぎに利用したという故事から。〈『晋書シンジョ』〉

【竹▲帛】チクハク 書物。歴史書。由来「帛」は絹織物の意で、紙が発明される以前、中国で竹の札や白い絹に文字を書いたことから。

【竹▲帛の功】チクハクのコウ 歴史に名を残すような功績のこと。〈『漢書カンジョ』〉類竹帛に著す・名を竹帛に垂たる

【竹馬の友】チクバのとも 幼友達のこと。幼いころ、竹馬に乗ってともに遊んだ仲間の意。故事中国、晋シンの殷浩インコウは教養豊かな将軍で、粗暴な将軍桓温カンオンとは対照的な人物だった。桓温は、殷浩と同列に見られるのを嫌い、少年の時、自分が捨てた竹馬を殷浩が拾ったものだったと吹聴し、自分が優位にあることを強調したという故事から。〈『晋書シンジョ』〉類竹馬の好よしみ

【竹夫人】チクフジン 夏の夜、涼をとるために寝床で抱いたり手足を寄せかけたりする、円筒形の竹のかご。抱きかご。季夏

【竹林】チク リン たけばやし。「―精舎(インドにあった最初の仏教寺院)」類竹藪(たけやぶ)

『竹林の七賢(シチケン)』中国、晋(シン)のころ、俗界を離れた竹林の中で、酒を酌(く)み交わし、もっぱら清談にふけったとされる七人の文人、阮籍(ゲンセキ)・嵆康(ケイコウ)・山濤(サントウ)・劉伶(リュウレイ)・阮咸(ゲンカン)・向秀(ショウシュウ)・王戎(オウジュウ)のこと。〈『世説新語(セセツシンゴ)』〉

【竹輪】チク わ 魚肉をすりつぶした材料を、竹などの棒のまわりに塗りつけて、焼くか蒸すかしたのちに、棒を抜き取って作った食品。由来 切り口がタケの輪に似ることから。

〈竹▲柏〉なぎ マキ科の常緑高木。由来「竹柏」は漢名から。参考「チクハク」とも読む。▼梛(なぎ)(九七四)

〈竹節虫〉ななふし ナナフシ科の昆虫。関東以南にすむ。体は褐色または緑色で細長く、腹部に七つの節がある。小枝に擬態する。由来「竹節虫」は漢名から。表記「七節」とも書く。

〈竹根蛇〉ひばかり ナミヘビ科のヘビ。森林の水辺にすむ。全長約五〇センチメートルと小さく、暗褐色。無毒。由来 有毒と思われ、かまれるとその日ばかりで命が終わると信じられていたことから。表記「日計」とも書く。

〈竹麦魚〉ほうぼう ホウボウ科の海魚。沿岸の砂底にすむ。体は赤紫色。胸びれの変化した三本の指状のもので海底をはい、浮き袋で音を出す。食用で美味。季冬 表記「魴鮄」とも書く。

チク【畜】

(10) 田5 常 3 3560 435C

音 チク 外キク
訓 外やしなう・かう・たくわえる

筆順 丶 亠 亠 玄 玄 畜 畜 畜 畜 畜

意味 ①やしなう。かう。動物を飼育する。「畜産」「牧畜」②人に飼われる動物。「家畜」「人畜」③たくわえる。たくわえ。「畜積」類蓄

下つき 家畜(カチク)・鬼畜(キチク)・獣畜(ジュウチク)・人畜(ジンチク)・牧畜(ボクチク)

【▵畜う】か-う 鳥・動物などを囲って飼育する。

【▵畜える】たくわ-える 手もとに集めてとっておく。表記「蓄える」とも書く。

【畜産】チク サン 家畜を飼って、肉や卵などを生産すること。「―製品」

【畜生】チク ショウ ①仏鳥・獣・虫・魚などの総称。けだもの。仏教では、前世に悪業の多い者が生まれかわると考えられている。②人をののしったり、悔しがったりするときに発する言葉。「―、覚えとけ」

『畜生にも▲菩▵提心(ボダイシン)』どんな生き物にも、悟りを求め成仏したいという気持ちがあるのだから、おろそかにしてはならないという教え。〈『梵網経(ボンモウキョウ)』〉

【畜養】チク ヨウ ①家畜などを飼い養うこと。②漁獲した魚介類を生け簀(す)などで飼育すること。値段が高くなるのを待ってから出荷することで、収益を上げる方法。

【▵畜う】やしな-う 動物にえさを与えて、大切にかばい育てる。

チク【逐】

(10) 辶7 常 準2 3564 4360

音 チク 外ジク
訓 外おう

旧字《逐》(11) 辶7 1/準1

筆順 一 ア 丂 豕 豕 豕 豕 豖 逐 逐

意味 ①おう。追いはらう。「駆逐」「放逐」②順を追う。順にしたがう。「逐一」「逐次」③きそう。争う。「逐鹿(チクロク)」「角逐」

下つき 角逐(カクチク)・駆逐(クチク)・追逐(ツイチク)・放逐(ホウチク)

【▵逐う】お-う ①後ろについて、おいこむ。おいかける。②おい払う。しりぞける。

【逐一】チク イチ 順をおって一つ一つ。いちいち詳しく。「―報告するには及ばない」参考「チクイツ」とも読む。

【逐語】チク ゴ 翻訳や解釈などで、一語一語を原文に忠実に進めること。「―訳でなく、意訳をする」

【逐次】チク ジ 順をおって次々に。「氏名を―入力する」類順次

【逐日】チク ジツ 日をおって。日がたつにしたがって。一日一日と。「―悲しみが薄れる」

【逐条】チク ジョウ 箇条の順をおって、進めること。「法案を議会で―審議する」

【逐電】チク デン 行方をくらまして逃げること。逃亡。「公金を横領して―した犯人が捕らえられた」由来 電光をおうように急ぐ意から。参考「チクテン」とも読む。

【逐年】チク ネン 年をおって。年々。一年たつごとに。「会の参加者は―増加している」

【逐▵鹿】チク ロク 権力の座や地位などを求め、争うこと。由来 中国の故事に、帝位をシカにたとえたことから。〈『史記』〉▼中原に鹿(しか)を逐(お)う(一〇四二)

チク【▲逐】(11) 辶7 ▼逐の旧字(一〇三七)

チク【★筑】

(12) 竹6 準1 3562 435E

音 チク・ツク

〔筑〕

意味 ①ちく。琴に似た楽器の名。②「筑紫(つくし)」の略。「筑前」

【▲筑後】ちく ご 旧国名の一つ。現在の福岡県南部。参考「筑州」は筑前と筑後の総称。

【▲筑前】ちく ぜん 旧国名。現在の福岡県北西部。参考「筑州」は筑前と筑後の総称。

【▲筑紫】つく し 九州地方の古名。また、特に九州北部の筑前(ちくぜん)・筑後(ちくご)の古名。

チク【蓄】

(13) 艹10 常 4 3563 435F

音 チク
訓 たくわえる

筆順 一 艹 艹 芏 芏 苎 苎 蓄 蓄 蓄

意味 たくわえる。たくわえ。「蓄財」「蓄積」

下つき 蘊蓄ウンチク・貯蓄チョチク・備蓄ビチク

【〈蓄縮〉】きっしく ①物惜しみするさま。けちなさま。②堅苦しくて融通がきかないさま。律義なさま。

【蓄える】たくわえる ①のちのために集めておく。ためておく。「小金を―える」②備えておく。身につけておく。「毎日の鍛練が実力を―えることになる」「知識を―える」③生やす。「ひげを―えた紳士」④養っておく。「弟子を―える」 表記「畜える」とも書く。

【蓄音機】チクオンキ レコードに録音した音を再生する機械。レコードプレーヤー。

【蓄財】チクザイ 金銭や財産をためること。また、そのためたもの。「―に励む」

【蓄積】チクセキ たくわえていくこと。ためこむこと。また、たくわえたもの。たくわえ。「努力の―が開花する」「疲労が―される」

【蓄電池】チクデンチ 電気エネルギーを化学エネルギーに変えてたくわえ、必要に応じて電気エネルギーとして取り出す装置。充電して繰り返し使用できる。バッテリー。

【蓄膿症】チクノウショウ うみが副鼻腔フクビコウなどにたまる病気。頭痛や鼻づまりなどを起こす。

チク【築】(16) 竹10 教 常 6 3559 435B 音 チク 訓 きずく 外 つく

旧字《築》(16) 竹10 1/準1

筆順 ⺮ 竺 竺 竺 筑 筑 筑 筑 築 築 16

意味 ①きずく。建造物をつくる。「築造」「建築」②つく。土でつき固める。

下つき 移築イチク・改築カイチク・建築ケンチク・構築コウチク・修築シュウチク・新築シンチク・増築ゾウチク

【築く】きずく ①土や石をつき固めて造る。「堤防を―く」②城やとりでを造る。③努力などを積み重ねてつくる。「富を―く」

【築室道謀】チクシツドウボウ 議論ばかり多くて計画が実現しないこと。「築室」は、家を建てること。「道謀」は、道行く人に相談すること。由来 家を建てようとして道行く人にいちいち相談していると、さまざまな意見が出て、なかなか家が建てられないことから。《詩経》

【築城】チクジョウ 城や陣地をきずくこと。「戦国時代に―の規模が大きくなった」

【築港】チッコウ 交通や運輸の便をはかるために、船舶を停泊させる港をきずくこと。「―工事が進んでいる」

【築垣・〈築牆〉】ついがき 「築地ついジ」に同じ。由来「つきがき」の転じたもの。

【築地・〈築牆〉】ついジ 板を芯シンにして土を塗り固め、瓦で屋根を葺ふいた塀へイ。築地塀。築垣ついがき。由来「築泥つきひじ」の転。参考「築地」は「つきジ」と読めば別の意になる。

〔築地ついジ〕

【築地】つきジ 海や沼などを埋め立ててつくった土地。埋め立て地。参考「ついジ」と読めば別の意になる。

【〈築山〉】つきやま 庭園などに、土砂を小高く盛り上げて山をかたどったもの。

【築く】つく 土や石をつき固めて積み上げる。きずく。

ちち【父】(4) 父0 教 4167 4963 ▼フ(一三三)

ちち【乳】(8) 乚7 教 3893 467D ▼ニュウ(一二〇〇)

ちぢむ【縮む】(17) 糸11 教 2944 3D4C ▼シュク(七〇九)

ちぢめる【縮める】(17) 糸11 教 2944 3D4C ▼シュク(七〇九)

ちぢれる【縮れる】(17) 糸11 教 2944 3D4C ▼シュク(七〇九)

チツ【帙】(8) 巾5 1 5469 5665 音 チツ 訓 ふまき・ふみづつみ

意味 ふまき。ふみづつみ。書物をつつむおおい。また、書物。「巻帙」

下つき 芸帙ウンチツ・巻帙カンチツ・書帙ショチツ・篇帙ヘンチツ

【帙】ふまき 和本を保護するためのおおい。書帙ショチツ。「―をひもとく」表記「文巻」とも書く。参考「チツ」とも読む。

チツ【秩】(10) 禾5 常 準2 3565 4361 音 チツ 訓 外 ついで・ふち

筆順 ノ 二 千 禾 禾 禾' 秆 秩 秩 秩

意味 ①ついで。物事の順序。次第。「秩序」②くらい。官職。また、役人の俸給。ふち(扶持)。「秩禄チツロク」

下つき 官秩カンチツ・俸秩ホウチツ・禄秩ロクチツ

【秩序】チツジョ 物事の正しい順序。特に、社会を整った状態に保つための決まり。「社会の―が乱れる」「―を確立する」

【秩禄】チツロク 官職などに基づいて、与えられる俸禄ホウロク。扶持フチ。特に、明治政府が士族や華族に与えたもの。

チツ【窒】(11) 穴6 常 3 3566 4362 音 チツ 訓 外 ふさがる

筆順 丶 宀 宀 穴 穴 空 空 窒 窒 窒 3

意味 ①ふさぐ。ふさがる。「窒息」②元素の名。「窒素」

【窒素】チッソ 無色・無味・無臭で、空気の体積の約八割を占める気体元素。肥料や火薬などの原料となる。

【窒息】チッソク ①呼吸ができなくなること。のどに物がつまったり、空気中の酸素が欠乏したりして起こる。「—死」②まわりに圧迫されて、活動がはばまれること。「細かい規則ずくめで—しそうだ」

〈窒扶▲斯〉チフス 細菌感染で起こる腸チフス・パラチフスなどの総称。特に、腸チフスのこと。

【△窒がる】ふさーがる ①行き詰まって動きがとれない。「予定が—る」「部屋が—っている」②道が閉ざされる。行き止まりになる。「道路が土砂で—る」

チツ【★膣】(15) 月11 1 7120 6734 音 チツ 訓

〈膣〉7121 6735

意味 女性の生殖器の一部。子宮から体外に通じる管。ちつ。

チツ【蟄】(17) 虫11 1 7415 6A2F 音 チツ・チュウ 訓 かくれる・とじこもる

意味 かくれる。虫が地中にとじこもる。「蟄居」「蟄虫」「啓蟄」

下つき 啓蟄ケイチツ・閉蟄ヘイチツ

【▲蟄れる】かくーれる 虫などが地中にかくれ、閉じこもる。

【▲蟄居】チッキョ ①虫が地中にこもること。②家に閉じこもって外出しないこと。③江戸時代、武士以上に与えられた刑の一つで、閉門のうえ外出を禁止し、一室にこもって謹慎させること。類 ①②蟄伏

【▲蟄居▲屛息】チッキョヘイソク 家にこもって外出せず、一室にじっとしていること。「屛息」は息を殺して隠れていること。

【▲蟄虫】チッチュウ 地中で冬ごもりをする虫。

【▲蟄伏】チップク ①ヘビ・カエル・虫などが、冬の間地中にこもっていること。②人が隠れひそむこと。閉じこもっていること。「山中の庵いおりに—する」類 ①②蟄居

【▲蟄△竜】チツリョウ 蟄伏している竜。風雲の機を得ないで活躍の機会をじっと待っている英雄をたとえていう。

ちどり【鵆】(17) 鳥6 国 1 8293 727D 音 訓 ちどり

意味 ちどり(千鳥)。チドリ科の鳥の総称。

ちなみ【△因】(6) 口3 教 1688 3078 ▼イン(六二)

ちなむ【△因む】(6) 口3 教 1688 3078 ▼イン(六二)

ちのみご【▲孩】(9) 子6 5356 5558 ▼ガイ(一九〇)

ちびる【▲禿びる】(7) 禾2 3837 4645 ▼トク(一二六八)

ちまき【▲粽】(14) 米8 6880 6470 ▼ソウ(九四五)

ちまた【△岐】(7) 山4 教 2084 3474 ▼キ(二六三)

ちまた【▲巷】(9) 己6 2511 392B ▼コウ(四九〇)

ちまた【▲衢】(24) 行18 7445 6A4D ▼ク(三七一)

チャ【茶】(9) 艹6 常 教 9 3567 4363 音 チャ・サ(中) 訓

筆順 一 十 廾 艹 艾 苎 苓 茶 茶

意味 ①ちゃ。㋐ちゃの木。ツバキ科の常緑低木。「茶畑」㋑ちゃの木の葉や芽を加工した飲料。「緑茶」「茶果」㋒色の名。黒みを帯びた赤褐色。「茶色」②抹茶をたてる作法。茶の湯。「茶道」「茶会」③こっけい。おどけ。ふざけ。「茶番」「茶目」

下つき 喫茶キッサ・紅茶コウチャ・煎茶センチャ・粗茶ソチャ・点茶テンチャ・番茶バンチャ・抹茶マッチャ・緑茶リョクチャ

【茶菓】サカ 茶と菓子。「—のもてなしを受ける」参考「チャカ」とも読む。

〈茶梅〉さざんか ツバキ科の常緑小高木。由来「茶梅」は漢名から。▼山茶花さざんか(五八一)

【茶道】サドウ ①茶をたてる作法を通じて精神修養をし、礼法を修める道。鎌倉時代、禅宗の寺院で始まり、千利休せんのりきゅうが大成した。茶の湯。②「茶道坊主」の略。茶の湯で仕える人。表記 ②「茶頭・茶堂」とも書く。参考「チャドウ」とも読む。

【茶飯事】サハンジ 日常のごくありふれたこと。珍しくもないこと。「けんか騒ぎなど日常—であった」由来 ご飯を食べ、茶を飲むようなことからいう。

【茶房】サボウ 紅茶やコーヒーなどを飲ませる店。喫茶店。

【茶寮】サリョウ ①喫茶店。②料理屋。③茶室。参考「チャリョウ」とも読む。

【茶話】サワ 茶を飲みながらする話。茶飲み話。「—会」参考「チャワ」とも読む。

【茶話会】サワカイ 茶などを飲み、菓子を食べながら、気楽に話し合う会。参考「チャワカイ」とも読む。

【茶請け】チャうけ 茶を飲むときに添えて食べる、菓子や漬物など。茶の子。「お—に羊羹ヨウカンを添える」

【茶会】チャカイ 客を招き、作法にしたがって茶を供する集まり。茶の湯の会。類 茶事チャジ 参考「サカイ」とも読む。

【茶化す】チャカーす ①はぐらかしたりごまかしたりして、冗談にする。②ひやかす。

【茶釜】チャがま 茶の湯に使う湯をわかすかま。口が狭く、つばがついている。類 茶鐺チャトウ

【茶気】チャキ ①茶道の心得。②風流な気質。浮世離れしている気質。③人を茶化す気質。ちゃめっけ。

【茶巾】チャキン ①茶の湯で、茶碗チャワンをふくのに使う麻などのふきん。②「茶巾絞り」の略。茶巾に包んで絞り、絞り目をつけた食品。

【茶▲漉し】チャこし 茶をいれる際に、茶殻をこすのに用いる網状の道具。

【茶匙】チャさじ ①小形のさじ。②抹茶をすくい取る小さな細長いさじ。茶杓チャシャク。
参考「サジ」とも読む。

【茶事】チャジ 茶道に関すること。また、茶の湯の会。「―七式(茶会の七種)」類茶会

【茶室】チャシツ 茶の湯の会に用いる部屋や建物。類茶席・茶寮

【茶杓】チャシャク ①抹茶をすくう小さく細長い竹製などのさじ。②茶の湯で、茶がまの湯をくみ取るひしゃく。茶びしゃく。

【茶人】チャジン ①茶道に通じ、茶の湯を好む人。②風流な人。また、一風変わった物好きな人。

【茶席】チャセキ 茶をたてる座席。茶室。また、茶の湯の会。類茶室

【茶筅・茶筌】チャセン ①抹茶に湯を注ぎ、かき回して茶をたてる竹製の道具。②「茶筅髪」の略。後ろに束ねてひもで結び、先を茶筅のようにした髪の結い方。男子は中世から、女子は江戸時代に普及した。

〔茶筅チャセン①〕

【茶代】チャダイ ①茶店で休んだときに払う、茶や席料などの代金。②旅館・飲食店などで払う、宿泊・飲食料以外の心づけの金。チップ。

【茶托】チャタク 茶を出すときに、湯飲み茶碗ヂャワンをのせる小さな受け皿。

【茶立虫・茶柱虫】チャたてむし チャタテムシ科の昆虫の総称。体長数ミリメートルと小さく、軟弱。アズキアライ。季秋 由来障子などに止まり、茶をたてるような「サッサッサ」という微音を出すことから。

【茶簞笥】チャダンス 茶器や飲食器などを収納する和風の家具。

【茶茶】チャチャ ①妨害、冷やかし。「人の話に―を入れる」②京阪地方の方言で、お茶。

【茶壺】チャつぼ 茶の葉をたくわえておく陶製のつぼ。葉茶壺。大壺。参考抹茶を入れるものは「茶入れ」、または「小壺」という。

【茶摘み】チャつみ 茶の若芽や若葉をつみとること。また、その人。季春

【茶鐺】チャトウ 「茶釜ちゃがま」に同じ。

【茶の子】チャのこ ①茶菓子。茶請け。②仏事の供物や配り物。③農家などで、朝食の前に仕事をするときにとる簡単な食事。
参考③の意から、朝飯前でもできるような簡単なことの意の「お茶の子さいさい」という言葉が生まれた。

【茶の湯】チャのゆ ①客を茶室に招き、抹茶をたててすすめる作法。また、その会合。茶会。②「茶道サドウ」に同じ。

【茶羽織】チャばおり 丈が腰のあたりまでの短い羽織。参考もと、茶人がほこりよけに着た羽織。

【茶腹も一時】チャばらもイッとき 本来必要とするものでなく、代わりのものでも、一時しのぎにはなるたとえ。由来茶を飲めば、とりあえずしばらくは空腹をしのげることから。

【茶番】チャバン ①茶をたてて客に出す接待役。②「茶番狂言」の略。③「茶番劇」の略。見えすいた行為。たあいのない出来事。「とんだ―だ」

【茶瓶】チャビン ①茶を煎センじる釜かまや土瓶。②「茶瓶頭あたま」の略。はげあたま。

【茶坊主】チャボウズ ①昔、剃髪テイハツで武家に仕えて接待や茶道などをつかさどった下級の職名。また、その人。②権力者にこびへつらう者をあざけり、ののしっていう語。

【茶目】チャめ 子どもっぽいいたずらをすること。また、その人。「お―な仕草」「―っけのある人」

【茶屋】チャや ①茶を作る店。また、茶を販売する店。葉茶屋。類茶舗 ②茶店。昔、通行人に茶や菓子などを出して休ませた店。③客に飲食、遊興などをさせる店。「―遊び」④相撲場や芝居小屋などで、客を案内したり料理を出したりする店。「芝居―」

【茶碗】チャワン 茶を注いだり、飯を盛ったりするのに使う陶磁器。「湯飲み―」

チャク【着】

(12) 羊 6 常 教 8 3569 4365
音 チャク・ジャク高
訓 きる・きせる・つく・つける

筆順 丷 2 䒑 ⺷ 兰 ⺶ 差 着 着 11 着

意味 ①きる。衣服などを身につける。「着衣」「着用」対脱 ②くっつく。ついて離れない。「着色」「執着」③ゆきつく。たどりつく。「着席」「到着」④きまりがつく。おちつく。「着実」「落着」⑤つける。とりかかる。「着工」「着目」⑥衣服を数える語。⑦到着の順序を表す語。「着順」

下つき 愛着アイチャク・延着エンチャク・横着オウチャク・帰着キチャク・決着ケッチャク・結着ケッチャク・膠着コウチャク・固着コチャク・執着シュウジャク・終着シュウチャク・接着セッチャク・先着センチャク・沈着チンチャク・定着テイチャク・到着トウチャク・土着ドチャク・頓着トンジャク・粘着ネンチャク・発着ハッチャク・必着ヒッチャク・付着フチャク・密着ミッチャク・癒着ユチャク・落着ラクチャク

【着心地】きごこち 衣服を着た際の感じ。着ぐあい。「―がいいセーター」

【着茣蓙】きゴザ ござでつくった合羽カッパ。旅や登山に用いた。季夏

【着熟す】きこな-す 衣服を自分に似合うように上手に着る。「流行の服を―す」

【着尺】きジャク 大人の和服一枚分の反物の長さと幅。また、その反物。対羽尺はジャク

〈着衣始〉きそはじめ 江戸時代、正月三が日中に日を選んで新しい衣服を着始めること。また、その儀式。季新年

【着丈】きたけ 身長に合わせた着物の襟から裾すそまでの寸法。類身丈みたけ 参考「きだけ」とも読む。

【着膨れ・着脹れ】きぶくれ たくさん重ね着をして体がふくれること。着太り。「―ラッシュ」季冬

【着物】きもの ①身体に着るもの。衣服。②和服。「正月には―を着る」

【着痩せ】きやせ 実際の体格より、衣服を着るとやせて見えること。「―するたち」 対着太り

【着る】きる ①衣類を身にまとう。②身に受ける。負う。「ぬれぎぬを―る」「恩に―る」

【着衣】チャクイ 衣服を身につけること。また、その衣服。「検診は―のままでよい」 類着服 対脱衣 参考「チャクエ」とも読む。

【着眼大局】チャクガンタイキョク 物事の細部にとらわれず、全体的に大きくとらえること。 類達人大観 対着手小局

【着実】チャクジツ 落ちついて確実なこと。まじめで危なげのないこと。「売上が―に伸びる」 類堅実・地道

【着手】チャクシュ 物事に手をつけること。取りかかること。「計画に―する」 対完成

【着色】チャクショク 色をつけること。また、その色。「人工―料」 対脱色

【着想】チャクソウ 心に思い浮かんだ新しい工夫や思いつき。「―が奇抜だ」 類着意

【着脱】チャクダツ ①つけたりはずしたりすること。「―可能なブラインド」②着たり脱いだりすること。「―式の帽子がついたコート」

【着地】チャクチ ①飛行機などが、地面に降り着くこと。着陸。②体操・スキー・跳躍競技などで、床・地面に降り立つこと。「―がきれいに決まる」③送った品物が到着する先。「―払い」

【着着】チャクチャク 物事が予定や順序どおりはかどるさま。「仕事が―と進む」 対遅遅

【着任】チャクニン 新しい任地に到着すること。新しい任務につくこと。 類赴任 対離任

【着服】チャクフク ①「着衣」に同じ。②金品をこっそり盗んで不当に自分のものとすること。「公金を―する」 類横領

【着目】チャクモク 目をつけること。特に、気をつけて見ること。「論文の、ある箇所に―する」 類着眼・注目

【着用】チャクヨウ 衣服や装身具などを身につけること。「ネクタイ―のこと」

【着陸】チャクリク 飛行機などが空から地上に降り着くこと。「無事に―する」 類着地 対離陸

【着工】チャッコウ 工事に取り掛かること。 類起工 対竣工（シュンコウ）・完工

【着く】つく ①移動や運動の結果、ある場所に至る。達する。「列車は定刻に―いた」「足が床に―く」②荷物や郵便物などが送り先に届く。到着する。「手紙が―く」③位置を占める。身を置く。「座に―く」「仕事に―く」

【着ける】つける ①身にまとう。きる。「下着を―ける」②ある場所に到着させる。至らせる。「車を入り口に―ける」「地面に手を―ける」③場所を占めさせる。「子どもを座席に―ける」

チャク【嫡】

(14) 女11 常 準2 3568 4364 音 チャク 外テキ 訓 外よつぎ

筆順 く 女 女 女亠 5 女立 7 女产 婶 嫡 嫡 14

意味 ①本妻。正妻。「嫡室」 対妾（ショウ） ②よつぎ。本妻の生んだ子。あとつぎ。あととり。「嫡子」「嫡男」 対庶 ③直系の血筋。「嫡流」「正嫡」

下つき 世嫡（セイチャク・セイテキ）・正嫡（セイチャク・セイテキ）・廃嫡（ハイチャク）

【嫡嫡】チャキチャキ 混じり気がなく純粋なこと。正統。生っ粋（きっスイ）。「神田生まれの―の江戸っ子」 由来「チャクチャク」の転じたもの。

【嫡妻】チャクサイ 正式な妻。本妻。正妻。 参考「テキサイ・むかいめ」とも読む。

【嫡子】チャクシ ①正妻の子で、跡継ぎとなる子。また、家督を相続する者。「名家の―として生まれる」 類嫡男 ②嫡出子。 対①②庶子 参考「テキシ」とも読む。

【嫡嗣】チャクシ 正妻から生まれた嗣子。家督を相続する子。跡取り。世継ぎ。「家元の―として生まれた」 参考「テキシ」とも読む。

【嫡出】チャクシュツ 法律上有効な婚姻をした夫婦の間に生まれること。 類正出（セイシュツ） 対庶出（ショシュツ） 参考「テキシュツ」とも読む。

【嫡男】チャクナン 正妻から生まれた男子。特に、長男。跡取り。「徳川家の―」 類嫡嗣

【嫡流】チャクリュウ 本家の血筋。正統の家系。「清和源氏の―」 類嫡統 対庶流

〈嫡妻〉むかいめ 「嫡妻（チャクサイ）」に同じ。 由来「向かい妻（め）」の意から。 表記「正妃」とも書く。

【嫡】よつぎ 正妻の生んだ家を継ぐ子。嫡嗣（チャクシ）。跡取り。 参考 多く、長子をいう。

チュ【蛛】★

(12) 虫6 準1 7365 6961 音 チュ・チュウ・シュ 訓 くも

意味 くも（蜘蛛）。虫の名。「蛛網」

下つき 蜘蛛（チチュ・チチュウ・くも）

【蛛網】チュモウ クモの巣。 参考「チュウモウ」とも読む。

チュウ【丑】

(4) 一3 準1 1715 312F 音 チュウ 訓 うし

意味 うし。十二支の第二。動物ではウシ。方位では北北東。時刻では午前二時およびその前後二時間。

▼干支順位表（一六〇）

【丑】うし ①十二支の二番目。②昔の時刻で、現在の午前二時ころ。また、その前後約二時間。「―の刻」③昔の方角の名。ほぼ北北東。

【丑寅】うしとら 丑と寅の中間の方角。北東。鬼門。

【丑紅】うしべに 寒中の丑の日に買う紅。口の荒れなどに効くとされた。寒紅（カンべに）。 季冬

【丑三つ時・丑満時】うしみつどき ①丑の刻を、四つに分けた三つ目の時刻。今の午前二時から二時半ごろ。また、午前三時から三時半とする説もある。②真夜中。深更。「草木も眠る―」

チュウ【中】 (4) 丨-3 常 教 10 3570 4366 音 チュウ・ジュウ 訓 なか 外 あたる・あてる

筆順 丨 口 口 中

意味 ①まんなか。「中央」「中心」「中核」 ②ある範囲のうちがわ。なかがわ。「意中」「車中」「忌中」 ③なかほど。三つに分けた二番目。「中等」「中流」「中盤」 ④あいだ。二者のあいだ。「中間」「中継」「中腹」 ⑤かたよらない。「中立」「中道」「折中」 ⑥あたる。あてる。「中毒」「命中」 ⑦ひとびと。仲間うち。「講中」「連中」 ⑧ずっと。その間ずっと。すべて。「年中」「世界中」 ⑨「中学校」「中国」の略。「中卒」「訪中」

下つき 暗中・意中・懐中・渦中・寒中・眼中・忌中・胸中・禁中・空中・講中・最中・在中・車中・集中・手中・術中・掌中・暑中・心中・陣中・卒中・的中・殿中・道中・途中・日中・熱中・秘中・必中・忙中・夢中・命中・喪中・連中

【中たる】あ-たる ①矢や予想などが、的中する。命中する。②毒や風などが体にさわる。中毒する。「生水に―る」

『中らずと雖も遠からず』 何事も真心から行えば、完全とはいえないまでも、ほぼそれに近い成果をあげることができるということ。転じて、的中しないまでも、それほど見当が外れていないこと。〈『大学』〉

【中陰】チュウイン 「中有」に同じ。

【中有】チュウウ 仏生き物が死んでから生まれ変わるまでの間。期間は最低七日、最大四九日間。中陰。「―に迷う」

【中央】チュウオウ ①真ん中。類中心 対周辺 ②物事の中心的な役目を果たすところや位置。「―行政機関」類中枢・中核 対①②末端 ③首都。対地方

【中押し】チュウおし 囲碁で、対戦中に勝敗がはっきりしたときに、劣勢の側が負けを宣言して終わりにすること。類投了 参考「なかおし」とも読む。

【中華】チュウカ 中国で、漢民族が自国や自民族を呼ぶ美称。参考自らを世界の中心と考え、文化的にすぐれているという意。

【中核】チュウカク 全体の中心。全体を構成する重要な部分。「組織の―として活躍する」「―農家」類核心

【中間】チュウカン ①二つのものの真ん中。また、進行の途中。「―管理職」「―報告」 ②程度・性質などが中ぐらいなこと。かたよっていないこと。「―色」「―的存在」

【中気】チュウキ ①「中風」に同じ。②二十四節気の冬至から次の冬至までの期間を一二等分した区分点。冬至・大寒・雨水・春分・穀雨・小満・夏至・大暑・処暑・秋分・霜降・小雪。

【中空】チュウクウ ①空のなかほど。「―にぽっかりと浮かぶ月」類中天 ②中がからっぽなこと。がらんどう。「幹が―になっている」参考①「なかぞら」とも読む。

【中宮】チュウグウ ①昔、皇后・皇太后・太皇太后の称。②昔、皇后と同格の天皇の妃。③皇后。皇后の居所。④一つの神社で、複数の社殿が異なる高さの土地にあるとき、なかほどに建てられている社殿。対上宮・下宮 参考①「なかのみや」とも読む。

【中啓】チュウケイ 儀式用の扇。外側の二本の親骨の上端を外へそらし、たたんでも半ば開いているように見える。参考「啓」は開く意。

〔中啓〕

【中継】チュウケイ ①二つの地点の中間で受け継ぐこと。なかつぎ。「―点で待機する」 ②「中継放送」の略。「プロ野球の生―」

【中堅】チュウケン ①社会や集団の中心として活躍する人。「劇団の―俳優」類中核 ②「中堅手」の略。野球で、センター。

【中元】チュウゲン ①陰暦七月一五日。半年の無事を祝い、先祖を祭る日。②①のころの、世話になった人への贈り物。季①②秋 参考陰暦正月一五日を上元、一〇月一五日を下元という。

【中原】チュウゲン ①広い野原の中央。②中国の黄河中流地域で、漢民族の起こった地。③国の中央部。転じて、政権争いの場。

『中原に鹿を逐う』 群雄が天子の位をめぐって争うたとえ。また、ある地位や権力の座をねらって関係者が争うたとえ。由来「中原」は黄河中流域を指すが、その地域が常に政権争奪の舞台であり、その争奪の戦いを、シカを追う狩りにたとえたことから。〈魏徴の詩〉 参考「逐鹿」・「中原に鹿を得う」ともいう。

【中古】チュウコ ①時代区分で、上古と近古との中間。日本文学史では、おもに平安時代。②一度使用したことのあるもの。また、やや古いもの。「―品を買う」参考②「チュウぶる」とも読む。

【中興】チュウコウ いったん衰えたものを、再び盛んにすること。「―の祖」

【中腰】チュウごし 腰を途中まで上げて、立ちかかった姿勢。「―になる」

【中座】チュウザ 会合などの途中で、その場から席をはずすこと。

【中止】チュウシ 進行途中でやめること。また、計画していたことを取りやめること。「運動会は雨天―」類中断 対続行・持続

【中耳炎】チュウジエン 鼓膜と内耳との中間の部分に起こる炎症。耳痛・耳鳴りや発熱などがあり、聴力も障害を受ける。

【中食】チュウジキ 昼の食事。ひるめし。由来昔は朝と夕の一日二食で、間の昼ころに軽い食事をとったことから。表記「昼食」とも書く。

ち チュウ

参考「チュウショク」と読めば別の意になる。

【中軸】チュウジク ①物の中心をつらぬく軸。②活動の中心となる人。「チームの―」

【中秋】チュウシュウ ①陰暦八月一五日の異名。この日に月見をする。「―の名月」②陰暦八月の異名。秋の半ば。季①②秋 参考「チュウジュウ」とも読む。

【中傷】チュウショウ 根拠のない悪口などを言って、他人の名誉を傷つけること。「―的な記事」「いわれのない―で困っている」

【中食】チュウショク ①食事の最中。②食べ物にあたること。参考「チュウジキ」と読めば別の意になる。

【中心】チュウシン ①真ん中。中央。「地球の―にはマグマがある」②物事が集中し、最も重要なはたらきをする場所や位置。また、そこにあるもの。かなめ。「若手が改革の―となる」③円周上または球面上の、すべての点から等距離にある点。

【中枢】チュウスウ 物事の中心。主要部分。「―神経が冒される」「経営の―を担う」

【中正】チュウセイ 両極の立場に偏らず、公平なこと。「―の立場で話を聞く」対偏向

【中世】チュウセイ ①古代と近世との間の時代。②日本史では、おもに鎌倉・室町時代。西洋史では、西ローマ帝国の滅亡した五世紀から一五世紀後半にいたる時代。

【中性】チュウセイ ①中間の性質。②化学物質で、酸性でもアルカリ性でもない性質。「―洗剤」③ドイツ語などで男性・女性以外の名詞の性。

【中絶】チュウゼツ ①進行中の物事を途中でやめること。また、途中で絶えること。類中止・中断 対継続 ②「人工妊娠中絶」の略。

【中退】チュウタイ 「中途退学」の略。卒業年限を修了せずに、途中で学校をやめること。「大学―」

【中断】チュウダン 続いているものが途中で断ち切れること。また断ち切ること。類中止

【中通外直】チュウツウガイチョク 君子の心が広く、その行いが正しいこと。「中通」は中に穴がとおっていることで、心に邪心のないたとえ。「外直」は外形がまっすぐなことで、君子のまっすぐな人柄のたとえ。いずれもハスの茎の形容で君子を説明したもの。〈周敦頤シュウトンイの文〉

【中天】チュウテン 天の真ん中。空のなかほど。類中空・天心

【中途】チュウト 道のりや定まった期間のなかほど。物事の半ば。「道の―で引き返す」「―退学」類途中

【中道】チュウドウ ①一方に偏らないこと。「―を歩む」類中庸・中正 ②物事のなかほど。半途。類中途

【中毒】チュウドク 薬物や飲食物などの毒性に当たって、体に障害を起こすこと。「食―」「―症状を起こす」対解毒ゲドク

【中途半端】チュウトハンぱ ①物事が未完成の状態であること。「―な仕事」②物事がはっきりと定まらず、どっちつかずなこと。「―な態度」

【中肉中背】チュウニクチュウぜい ふつうの身長で、ほどよい肉づきのこと。標準的な体格。「犯人は―の男だった」

【中日】チュウニチ ①仏彼岸の七日間の、真ん中の日。春分・秋分の日。季春 ②中国と日本。「―友好」③一定の期間や日数の、真ん中の日。「大相撲の―」参考③「なかび」とも読む。

【中年】チュウネン 青年と老年の間の年齢。四〇歳前後から五〇歳代までの年齢。また、その年齢の人。類壮年 対若年・老年

【中盤】チュウバン ①囲碁や将棋で、勝負がなかほどまで進み、本格的な戦いになるところ。「―の激しい攻防」②物事などが、いよいよ本格的な時期に差しかかるころ。「選挙戦も―に入った」対①②序盤・終盤

【中風】チュウブウ 脳梗塞ノウコウソクや脳出血などによって運動神経が麻痺ヒマし、全身または半身不随になる病気。中気。参考「チュウブ・チュウフウ」とも読む。

【中腹】チュウフク 山頂と、麓ふもととの中間。山腹。「山の―」対頂上・麓

【中馬】チュウま 江戸時代の半ばから明治初年にかけて、信州地方で物資を運んだウマ。また、その運送業。多く、宿場問屋を介さずに直接荷主と契約したものをいう。

【中庸】チュウヨウ ①極端に偏らないこと。②四書の一つ。もと『礼記ライキ』の一編。孔子の孫の子思シシの作という。儒教を総合的に解明した書。

【中葉】チュウヨウ ある時代のなかごろ。中期。「葉」は時代の意。「一九世紀―」

【中立】チュウリツ ①両者の間に立ち、どちら側にも偏らないこと。②戦争をしている国に対して、どちらにも援助しないという立場をとる国の国際法上の地位。類非同盟

【中略】チュウリャク 文章などの中間部分を省略すること。対前略・後略

【中流】チュウリュウ ①川が、源から海へ流れ出るまでのなかほどの部分。または、両岸から離れた川の真ん中付近。②生活程度や社会的地位が中程度の階級。「―意識」対①②上流・下流

【中﨟】チュウロウ ①平安時代、後宮に仕えた女官の一つ。②江戸時代、大奥などの女官の一つ。

【中和】チュウワ ①極端に偏らず、穏やかに調和していること。「民族対立を―する政策」②酸とアルカリの溶液とが反応して塩エンと水を生じること。転じて、異なった性質のものが融合して、それぞれの特性を失うこと。

【中】なか ①内側。内部。「部屋の―」対外 ②中間。中央。三つのものの二番目。「三人姉妹の―の娘」対上・下・末 ③限られた範囲。「五人の―で一番足が速い」④物事の進行する、その最中。「雨の―を歩く」

【中△潜り】なかくぐり 茶室の庭に設けられた小さな門。くぐり。中門チュウモン。由来 く

ぐって出入りするように造られていることから。

【中子】なかご ①物の真ん中。中心。②瓜類の中心の種のある部分。また、みかん類の果肉の部分。③刃物の柄の中に入る部分。④入れ子づくりの容器で、中に入る器。

【中州・中洲】なかす 川の中などで、積み重なった土砂が島のように水面に出ている所。

【中弛み】なかだるみ ①途中で緊張や勢いがゆるみ、だらけること。「長い芝居で—した」②なかほどがゆるんでたるむこと。「横断幕が—している」

〈中務〉なかつかさ 「中務卿」「中務省」の略。中務卿は、中務省の長官。中務省は、律令制で太政官八省の一つ。

【中次ぎ・中継ぎ】なかつぎ ①仕事などを他の人が、中途でひきつぐこと。「—投手」②ある物と他の物とを中途でつなぎ合わせること。③竿・尺八などで、つなぎ合わせるようにしたもの。また、そのつぎ目。

〈中稲〉なかて 早稲と晩稲の中間に収穫する品種のイネ。季秋

【中身・中味】なかみ なかに入っているもの。内容。「—の濃いドラマ」「箱の—」

チュウ【仲】

(6) イ4 常 教 7 3571 4367 音 チュウ(中) 訓 なか

筆順 ノ イ 亻 仆 仲 仲

意味 ①人と人との間。なかだち。「仲介」「仲裁」②兄弟の二番目。「仲兄」「伯仲」③なか。四季それぞれのまんなか。「仲秋」「仲春」

下つき 恋仲・伯仲

【仲介】チュウカイ 両方の間に入って話をまとめたり、便宜をはかったりすること。なかだち。「—の労をとる」

【仲兄】チュウケイ 二番目の兄。次兄。表記「中兄」とも書く。

【仲裁】チュウサイ 争いの間に入って、双方を和解させること。「喧嘩の—に入る」類 仲介・調停

【仲秋】チュウシュウ ①陰暦八月の異名。秋の三か月のなかの月。②秋の半ば。盛秋。季①②秋 参考「チュウジュウ」とも読む。

【仲呂】チュウリョ ①中国音楽の十二律の一つ。②陰暦四月の異名。

【仲】なか 人と人との間柄。人間関係。「—を直す」「二人の—を裂く」

『仲の良いで喧嘩する』 仲がよければよいで、互いに遠慮や我慢がなくなり、かえってよく喧嘩をするものだということ。

【仲居】なかい ①料理屋などで、客の接待をする女性。②殿中などの奥向きに仕える女性が控えていた部屋。また、そこの女性。表記「中居」とも書く。

【仲買】なかがい 商品の売買の仲介をして、利益を得ること。また、それをする人。仲買業。「—人(ブローカー)」

【仲仕】なかシ 荷物運びをする労働者。また、土木業を手伝う労働者。中衆。「沖—」

【仲違い】なかたがい 仲が悪くなること。人間関係が悪くなること。「親友と—する」参考「なかちがい」とも読む。

【仲立ち】なかだち 双方の間にたって、交渉・取引や結婚などの取り持ちをすること。また、その人。

【仲間】なかま ①一緒に物事をする人。同僚。同志。「—入りする」「悪い—と遊ぶ」②同じ種類。「トマトは野菜の—だ」

【仲見世・仲店】なかみせ 社寺の境内に並ぶ商店街。「浅草—」

〈仲人〉なこうど 結婚する男女の仲を取り持つ人。媒酌人。「—をつとめる」

チュウ【虫】

(6) 虫0 常 教 10 3578 436E 音 チュウ 訓 むし

旧字《蟲》(18) 虫12 1/準1 7421 6A35

筆順 丶 口 口 中 虫 虫

意味 ①むし。昆虫類の総称。「益虫」「幼虫」②動物の総称。参考②で、「羽虫」は鳥、「甲虫」はカメ、「毛虫」は獣、「裸虫」は人間、「鱗虫」は魚を表す。

下つき 益虫・回虫・害虫・駆虫・甲虫・昆虫・殺虫・除虫・成虫・精虫・蛆虫・防虫・幼虫

〈虫白〉蠟 いぼたロウ イボタノキに寄生するイボタロウムシの雄の幼虫が分泌した蠟。ろうそくの原料やつや出し・止血剤などに用いる。表記「水蠟樹蠟」とも書く。

【虫垂炎】チュウスイエン 虫垂に発生する炎症。俗にいう盲腸炎。

【虫媒花】チュウバイカ 昆虫によって花粉を運ばれ、受粉する花。花が美しく蜜や芳香がある。サクラ・リンゴ・アブラナなど。

【虫】むし ①人類・獣類・鳥類・魚介類以外の小動物の総称。特に、昆虫。②スズムシなど、美しく鳴く昆虫。季秋 ③回虫・ノミなど。「—くだしを飲む」「—に刺される」④人間のなかにひそみ、感情や考えなどを左右するもの。「—が好かない」⑤あることに熱中する人。「練習の—」「本の—」⑥そうした性質をもつ人。「泣き—」

【虫鰈】むしがれい カレイ科の海魚。沿岸の砂底にすむ。目のある側は暗褐色で、黒い輪状の斑点がある。干物にする。ミズカレイ。

【虫螻】むしけら ①虫を卑しめていう語。②人を卑しめていう語。「—のように扱う」

【虫酸・〈虫唾〉】むしず 胸やけしたときなどに、胃から口に逆流

するすっぱい胃液。「—が走る(非常に忌み嫌うたとえ)」

【虫△食む】むしばむ ①虫が食って形を少しずつそこなう。②身体や精神を少しずつそこなう。「環境汚染が健康を—む」表記「蝕む」とも書く。

チュウ【沖】

(7) 氵4 常 教 7 1813 322D
音 チュウ(高)
訓 おき (外)とぶ・むなしい

筆順

意味 ①おき。海・湖などの岸から遠く離れた所。「沖合」②わく。水がわき動く。「沖積」③とぶ。高くのぼる。「沖天」④むなしい。「沖虚」

下つき 虚沖(キョチュウ)・幼沖(ヨウチュウ)

【沖】おき 海や湖の岸から遠く離れた所。「—にヨットが見える」

【沖仲仕】おきなかシ はしけを使って、港湾に停泊する本船から荷物の積み降ろしをする労働者。

【沖△魚汁】おきなじる 漁師がとれたての魚介を入れて作る汁物。沖汁。

【沖▲膾】おきなます 沖でとった魚を、船上で料理したなます。また、出漁者が、それぞれ土産(げみや)として持ち帰る少しの魚。「膾」は生の魚を細かく切った料理。季夏

【沖虚】チュウキョ ①何もないこと。なかがからであること。類空虚(クウキョ) ②雑念を去り、心をむなしくすること。我執の念がなく、心がさっぱりしていること。

【沖する】チュウ-する 高く上がる。まっすぐ突き当たる。「天に—する煙」

【沖積】チュウセキ 氷河の流水によって運ばれた土砂が、しだいに積み重なること。「—平野」

【沖積世】チュウセキセイ 地質年代の区分で、新生代第四紀に属す、洪積世(更新世)の次の時代。約一万年前から現在までに及ぶ。由来 多くの沖積平野が形成された時代であったことからできた呼称。参考 地質学では、現在は「完新世」の呼称が用いられている。

【沖天】チュウテン ①まっすぐ空高くのぼること。②天にとどくほど勢力をのばすこと。「—の勢い」

チュウ【狆】

(7) 犭4 1 6430 603E
音 チュウ
訓 ちん

意味 ①中国、貴州省雲南地方に住む異民族の名。②犬の一品種。ちん。愛玩(アイガン)用の小形犬。

【▲狆】ちん 犬の一品種。小形で、顔は平たくしゃくれ、目は丸くて大きい。愛玩(アイガン)用。

チュウ【△肘】

(7) 月3 常 4110 492A ▼ひじ(二二九五)

チュウ【宙】

(8) 宀5 常 教 5 3572 4368
音 チュウ
訓 (外)そら

筆順

意味 そら。大空。空間。「宇宙」

下つき 宇宙(ウチュウ)

【宙返り】チュウがえり ①体を空中で回転させること。とんぼがえり。「二回半—」②飛行機が、空中で機首を上または下に向けて回転して飛ぶこと。「—で反転する」

チュウ【忠】

(8) 心4 常 教 5 3573 4369
音 チュウ
訓 (外)まごころ

筆順

意味 ①まこと。まごころ。まじめ。「忠告」「忠実」②国家・主君などにまごころを尽くして仕えること。「忠義」「忠臣」参考 心の真ん中を表す字。

下つき 尽忠(ジンチュウ)・誠忠(セイチュウ)・不忠(フチュウ)

【忠▲諫】チュウカン 真心をもって諫(いさ)めること。忠義による諫言(カンゲン)。

【忠義】チュウギ 主人や君主に真心から仕えること。「主君に—を尽くす」類忠節 対不忠

【忠勤】チュウキン 君主や主人などに、忠実に勤め励むこと。「—を励む」

【忠君愛国】チュウクンアイコク 君主に真心をもって尽くし、自分の国を心から愛すること。「—の思想」

【忠言】チュウゲン 真心をこめて忠告し、いさめること。また、その忠告やいさめの言葉。

『忠言耳に逆らう』 真心のこもった忠告は、とかく耳が痛く、素直に聞き入れにくいものだが、したがうべきだという戒め。〈『孔子家語』〉参考「忠言」は「諫言(カンゲン)」ともいう。類良薬は口に苦し

【忠孝一致】チュウコウイッチ 主君に忠義を尽くすことと、親に孝行を尽くすこととは同じであるということ。類忠孝両全

【忠告】チュウコク 真心こめて説きいさめること。また、その言葉。「先輩の—を聞き入れる」類忠言

【忠魂】チュウコン ①忠義の精神。②忠義を尽くして死んだ人の霊魂。

【忠魂義胆】チュウコンギタン ひたすら忠義を重んじ、正義を守る心のこと。「義胆」は正義を重んじ守る精神の意。

【忠実】チュウジツ ①真心をもって誠実に務めること。「—な弟子」対不実 ②そっくりそのまま正確に行うこと。「当時の様子を—に再現する」参考「まめ」と読めば別の意になる。

【忠▲恕】チュウジョ 真心と思いやりの心。真心があり、思いやりがあること。

【忠臣】チュウシン 忠義な家来。忠義な臣下。対逆臣・奸臣(カンシン)・佞臣(ネイシン)

『忠臣は孝子(コウシ)の門に求む』 忠臣を得よう

と思ったら、親孝行の家に求めるべきだということ。親に孝行な者は、主君にも忠誠を尽くす者であることから。〈『後漢書(ゴカンジョ)』〉

【忠臣は二君に△事(つか)えず】 忠誠な臣下というものは、その生涯でただ一人の主君にしかつかえないということ。忠誠心の厚いこと、節操の固いことのたとえ。〈『史記』〉 類賢臣二君に仕えず

【忠信】チュウシン 忠義と信実。誠実で、いつわりのないこと。

【忠誠】チュウセイ 真心を尽くして裏切らないこと。忠実、誠実であること。「―を誓う」 類忠義・誠忠

【忠節】チュウセツ 君主や国家に忠義を尽くすこと。また、その心。「主君に―を尽くす」

【忠貞】チュウテイ 忠節と貞節。忠実で正しいこと。まじめで行いがりっぱなこと。

【忠僕】チュウボク 主人に忠実に仕える下僕。忠実な下男。

【忠勇】チュウユウ 忠義と勇気。また、そのさま。「―な部下」

【忠勇義烈】チュウユウギレツ 忠義の心に厚く、勇気があり、正義を守る心が強いこと。「義烈」は、義を重んじる心が非常に強いこと。「―の士」

【忠霊】チュウレイ 忠義のために死んだ人の霊。「―塔」 類忠魂

【〈忠実〉】まめ ①まじめによく働くこと。「―な人」②おっくうがらずに体を動かして仕事をすること。「―に掃除をする」③健康なこと。「―に暮らす」 参考「チュウジツ」と読めば別の意になる。

チュウ【抽】(8) 扌 5 常 3 3574 436A 音チュウ 訓外ひく・ぬく

筆順 一 十 扌 扐 扣 抽 抽 抽

ち チュウ

意味 ひく。ひきぬく。ぬきだす。「抽出」「抽象」

【抽黄対白】チュウコウタイハク 美しい色を適切に配合すること。また、対句(ツイク)を用いて巧みに美しい文章を作ること。「抽黄」は黄色を抜き出すこと。「対白」は白に対する意。〈柳宗元の文〉

【抽出】チュウシュツ ①多くの中から抜き出すこと。引き出すこと。「名簿から名前を無作為に―する」②固体や液体から、ある物質を液体に溶かしてとり出すこと。

【抽象】チュウショウ 個々の事物や観念から、共通している要素を取り出して、一般的な概念をつくること。「―派の絵画」 対具象・具体

【抽象的】チュウショウテキ ①個々のものから、共通の性質を抜き出して一般化するさま。概念的。「―な思考力」②現実を離れ、物事を頭のなかだけで考えて、分かりにくいさま。観念的。「発言が―すぎる」「―な議論」 対①②具象的・具体的

【抽薪止沸】チュウシンシフツ 問題を根本的に解決するたとえ。「抽薪」は燃えている薪(まき)をかまどから引き出すこと。「止沸」は煮え立っている湯を火を止めてさますこと。〈『三国志』〉 類削株掘根(サクシュクッコン)・断根枯葉

【抽選・抽籤】チュウセン くじをひくこと。くじびき。「プレゼントが―で当たる」

【△抽んでる】ぬきんでる ①伸びて抜き出る。②多くのもののなかで飛び抜けてすぐれる。

【△抽く】ぬく ①引き出す。②抽出する。「エキスだけを―く」

【〈抽斗〉・△抽き出し】ひきだし たんすや机などの、抜き差しができるようにつくられた箱。表記「引き出し」とも書く。

【△抽く】ひく 手で引き出す。引き抜く。「くじを―く」

チュウ【注】(8) 氵 5 教 常 8 3577 436D 音チュウ 訓そそぐ 外つぐ・さす

筆順 丶 冫 氵 氵 氵 汁 汗 注

意味 ①そそぐ。つぐ。さす。流しこむ。「注射」「注入」②一点にむける。あつめる。「注意」「注目」③くわしく解きあかす。「注記」「訳注」④書き記す。あつらえる。「注文」「発注」

書きかえ 「註(チュウ)」の書きかえ字。

下つき 脚注(キャクチュウ)・傾注(ケイチュウ)・校注(コウチュウ)・頭注(トウチュウ)・評注(ヒョウチュウ)・傍注(ボウチュウ)・訳注(ヤクチュウ)

【△注す】さす ①液体をそそぎこむ。つぐ。「機械に油を―した」「目薬を―す」②加え入れる。「湯に水を―す」

【〈注連〉飾り】しめかざり 正月などに、門や神棚に注連縄を張って飾ること。また、その飾り。季新年 表記「七五三飾り・標飾り」とも書く。

【〈注連〉縄】しめなわ 神前や神事の場所にけがれが入らないように、張り巡らす縄。表記「七五三縄・標縄」とも書く。

【注ぐ】そそぐ ①液体が流れこむ。液体をつぎ入れる。「海に川の水が―ぐ」「カップに紅茶を―ぐ」②集中する。向ける。「日の光が―ぐ」「目をテレビの画面に―ぐ」

【注意】チュウイ ①心にとめること。気を配って集中すること。「―して説明を聞く」 類注目・留意 ②相手に気をつけるように言うこと。「生活態度を―する」③危険に対する用心。警戒。「頭上に―」

【注解】チュウカイ 本文に注をつけて、解釈すること。また、その解釈したもの。「―を頼りに古典作品を読む」 類注釈 書きかえ「註解」の書きかえ字。

【注記】チュウキ ①注釈をつけること。また、その注釈。②物事を記録すること。表記

「註記」とも書く。

【注脚】チュウキャク 本文中に小さく二行で挿入した注釈。割り注。由来 注は二行で書き入れられるのが一般であり、「脚」に似た形から。参考「脚注」は、本文の下の欄につける注記の意。

【注視】チュウシ じっと見つめること。「全員―のなかで判決が下った」類注目

【注射】チュウシャ 血管などに針を刺し、薬液を体内に入れること。「予防―」

【注釈】チュウシャク 注をつけて本文中の難しい語句や要点を説明・解釈すること。また、その注。「古文書に―を加える」類注解 書きかえ「註釈」の書きかえ字。

【注進】チュウシン 事件などを急いで報告すること。「事故発生を―する」

【注水】チュウスイ 水をかけること。また、水をそそぎ入れること。「プールに―する」

【注疏】チュウソ 詳しく説明すること。また、その説明。「疏」は、注にさらに詳しい説明を加えたもの。表記「註疏」とも書く。

【注入】チュウニュウ ①液体を注ぎ入れること。「栄養剤を鼻から―する」②人や事物などをつぎこむこと。「資本を―する」「知識を―する」

【注目】チュウモク 目を向けること。注意して見つめること。関心を寄せること。「世間の―を浴びる」「今度の新人は―に値する」類注視

【注文】チュウモン ①品物をあつらえること。種類・数・寸法などを指定して作らせたり、送らせたりすること。「店頭にない本を―する」「そばを二人前―する」②依頼のとき、希望や条件を示すこと。また、その希望や条件。「―をつける」書きかえ「註文」の書きかえ字。

【△注ぐ】つ-ぐ 液体をそそぎ入れる。流しこむ。「杯に酒を―ぐ」

チュウ【冑】★

(9) 冂7 1 4941 5149 音 チュウ 訓 かぶと・よろい

意味 ①かぶと。頭にかぶる武具。「甲冑カッチュウ」類兜ウト 対甲 ②よろい。身体をおおう武具。参考 ②は、よろいとかぶとを表す「甲冑」を日本でかぶととよろいに誤って解釈したことによる。なお、「胄チュウ」は別字。

下つき 鎧冑ガイチュウ・甲冑カッチュウ

【△冑】かぶと 合戦のとき、頭部を守るためにかぶる鉄または革製の武具。対甲よろい

【△冑】よろい 合戦のとき、身を守るために着用した武具。表記「甲」とも書く。参考 本来は「かぶと」の意。「甲冑カッチュウ」の訓を取りちがえたため、「よろい」にも用いられるようになった。

チュウ【昼】

(9) 日5 教 常 9 3575 436B 音 チュウ 訓 ひる

旧字《晝》(11) 日7 1/準1 5876 5A6C

筆順 ㇕コ尸尺尽昼昼昼昼

意味 ①ひる。ひるま。日の出から日没まで。「昼間」「白昼」対夜 ②まひる。正午ころ。「昼食」

下つき 白昼ハクチュウ

【昼△餐】チュウサン 昼の食事。ひるめし。「仲間内の気楽な―会」類午餐

【昼想夜夢】チュウソウヤム 昼に思ったことが夜、夢に出てくること。〈『列子』〉

【昼夜】チュウヤ ①昼と夜。「―を分かたず電話がかかる」②昼も夜もずっと。「―働き続ける」類日夜

【昼夜兼行】チュウヤケンコウ 昼夜の別なく、休まずに仕事をすること。また、昼も夜も休まず、道を急ぐこと。故事 中国、三国時代、呉の呂蒙リョモウが蜀ショクの将軍の関羽カンウの留守をねらって長江を船で渡り、昼夜を分かたず急行して、敵を襲撃した故事から。〈『三国志』〉類不眠不休

【昼】ひる ①朝から夕方までの、日が出ている間。昼間。「―日中ひなか」類日中 対夜 ②正午。真昼。「―になる」「―休み」類日中・白昼 ③昼食。「お―を食べる」

【昼行△灯】ひるアンドン ぼんやりとした人や、いても役に立たない人をあざけっていう語。日中にともっている行灯の意から。

【〈昼△餉〉・昼△食】ひるげ ひるめし。昼にとる食事。参考「ひるけ」とも読む。また「昼食」は「チュウショク」とも読む。

【昼下がり】ひるさがり 正午を少し過ぎたころ。午後二時前後。

【昼△鳶】ひるとんび 昼間、他人の家に忍びこんで、金品を盗む人。参考「ひるとび」とも読む。

チュウ【柱】

(9) 木5 教 常 8 3576 436C 音 チュウ 訓 はしら

筆順 一十才木木杧杧杵柱

意味 はしら。また、はしらのように物の支えになるもの。「柱石」「支柱」

下つき 円柱エンチュウ・角柱カクチュウ・支柱シチュウ・石柱セキチュウ・茶柱ちゃばしら・鉄柱テッチュウ・電柱デンチュウ・火柱ひばしら・氷柱ヒョウチュウ・帆柱ほばしら・水柱みずばしら・門柱モンチュウ

【柱石】チュウセキ ①柱といしずえ。②社会や組織を支える、頼りになる大事な人物。「国家の―となる」

【柱頭】チュウトウ ①柱の頭部。特に西洋建築などで、柱の上端の彫刻をほどこしてある部分。②被子植物のめしべの先端にある花粉のつく部分。

【柱△聯】チュウレン 詩文などを書き、柱に掛ける柱掛け。柱隠し。参考「聯」は、左右に掛けて一対とする書画などの細長い板や軸。

【柱】はしら ①土台の上に直立して屋根などを支える材。②直立して物を支えるもの。③頼りとなる人。また、中心として全体を支えるもの。「チームの―となる選手」

チュウ【紂】(9) 糸 3 1 6901/6521 音 チュウ 訓 しりがい

意味 ①しりがい。ウシやウマの尻(しり)にかけるひも。②中国、殷(イン)王朝最後の王。暴君として有名。

チュウ【冑】(9) 肉 5 1 7084/6674 音 チュウ 訓 よつぎ・ちすじ

意味 ①よつぎ。あとつぎ。「冑子」②ちすじ。子孫。「冑裔(チュウエイ)」 参考 「冑(チュウ)」は別字。

下つき 裔冑(エイチュウ)・華冑(カチュウ)

【▲冑子】チュウシ 跡継ぎの子ども。長男。跡取り。特に、天子や貴族の世継ぎの子。

【▲冑】よつぎ 「冑子(チュウシ)」に同じ。

チュウ【衷】(9) 衣 3 常 準2 3579/436F 音 チュウ 訓 外 うち・こころ・まこと

筆順 一 亠 亡 亩 声 吏 吏 衷 衷

意味 ①なか。なかほど。かたよらない。「折衷」②心のうち。まこと。まごころ。「衷心」「苦衷」 類 忠

下つき 苦衷(クチュウ)・宸衷(シンチュウ)・折衷(セッチュウ)・和衷(ワチュウ)

【△衷】うち ①衣に包まれた、そのなか。②なかみ。また、なかほど。③心のなか。まごころ。

【衷情】チュウジョウ 本心。誠心。まごころ。「―を披瀝(ヒレキ)する」 類 衷心

【衷心】チュウシン 心の底。本心。まごころ。「―より同情する」 類 衷情

チュウ【★紐】(10) 糸 4 準1 4119/4933 音 チュウ・ジュウ 訓 ひも

意味 ①ひも。「紐帯」②むすぶ。また、むすびめ。

下つき 解紐(カイチュウ)

【▲紐帯】チュウタイ ①二つのものを結びつけるもの。「加盟国の―となる条約」②社会を構成している地縁・血縁。「社会―」 参考 「ひもおび」の意。「ジュウタイ」とも読む。

【〈▲紐育〉】ニューヨーク アメリカ合衆国の北東部にある大西洋に面した州。また、その州にあるアメリカ最大の都市。国連本部があり、世界経済の中心地。

【▲紐】ひも ①物を束ねたりくくったり、しばりつけたりする細長いもの。糸より太く、綱より細いものをいう。「―で絡げる」②背後で操る人物や条件。「―つきの予算」③女性を働かせて、金品を貢がせる情夫を俗にいう語。

【▲紐革▲饂▲飩】ひもかわウドン 革のひものように平たく打ったうどん。きしめん。

【▲紐解く】ひもとく ①衣服の紐、特に下紐をほどく。転じて、男女が同床する。②つぼみが開く。ほころびる。③書物をめくり返して読む。「郷土史を―く」 表記 ③「繙く」とも書く。

チュウ【酎】(10) 酉 3 常 2 3581/4371 音 チュウ

筆順 一 冂 冂 万 西 西 酉 酉 酉一 酎 酎

意味 ①濃い酒。②しょうちゅう(焼酎)。雑穀やいもなどから造った蒸留酒の一種。

下つき 焼酎(ショウチュウ)

チュウ【▲偸】(11) 亻 9 4889/5079 ▼トウ(一一四五)

チュウ【惆】(11) 忄 8 1 5615/582F 音 チュウ 訓 うらむ・いたむ

意味 うらむ。いたむ。悲しみなげく。失望しているさま。「惆悵(チュウチョウ)」

【▲惆▲悵】チュウチョウ うらみ嘆くこと。残念がり悲しむこと。また、そのさま。 参考 「惆」「悵」ともに、うらむ意。

チュウ【▲晝】(11) 日 7 5876/5A6C ▼昼の旧字(一〇四七)

チュウ【紬】(11) 糸 5 準1 3661/445D 音 チュウ 訓 つむぎ・つむぐ

意味 ①つむぎ。つむぎ織り。絹織物の一つ。「絹紬」②つむぐ。繭や綿から糸を引き出す。「紬績」

下つき 絹紬(ケンチュウ)・繭紬(ケンチュウ)

【▲紬】つむぎ 「紬織り」の略。つむぎ糸で織った絹布。大島紬・結城(ゆうき)紬など。

チュウ【★厨】(12) 厂 10 準1 3163/3F5F 音 チュウ・ズ 訓 くりや

〔廚〕 5504/5724

意味 ①くりや。台所。料理場。「厨房」②ひつ。はこ。たんす。「厨子」

下つき 行厨(コウチュウ)・書厨(ショチュウ)・庖厨(ホウチュウ)

【▲厨】くりや 調理をする所。台所。「―船(ぶね)(本船に付き添って飲食物の調理をする船)」

【▲厨子】ズシ ①仏像または経巻などを安置する観音開きの仏具。②調度品や書籍などを入れる、観音開きの扉がついた戸棚。

【▲厨▲芥】チュウカイ 台所から出る、野菜や魚介類などのくず。

【▲厨房】チュウボウ 調理場。台所。勝手。くりや。キッチン。

チュウ【★註】(12) 言 5 準1 3580/4370 音 チュウ 訓 ときあかす

〔註〕

意味 ときあかす。字句の意味を解きあかす。

書きかえ 「注」が書きかえ字。

【▲註解】チュウカイ ▼ 書きかえ 注解(一〇四六)

【▲註記】チュウキ ①注釈をつけること。また、その注釈。②物事を記録すること。

【註釈】チュウシャク ▼書きかえ 注釈(一〇四七) 表記「注記」とも書く。

【註疏】チュウソ 詳しく説明すること。また、その説明。表記「注疏」とも書く。

【註文】チュウモン ▼書きかえ 注文(一〇四七)

チュウ【鈕】(12) 金 4 1 7870 6E66 音 チュウ・ジュウ 訓 つまみ・とって・ボタン

意味 ①つまみ。とって。器物の、手で持つところ。「印鈕（インチュウ）」②ボタン。「鈕釦（チュウコウ）」類 釦（コウ）

下つき 印鈕（インチュウ）

【鈕】つまみ 持ち上げたり引っ張ったりするために、器物についている突起部分。取っ手。

【鈕】ボタン 衣服などについていて、合わせ目をとめる物。表記「釦」とも書く。

チュウ【稠】(13) 禾 8 1 6739 6347 音 チュウ・チョウ 訓 おおい・しげる・こい

意味 おおい。しげる。こ(濃)い。こみあう。「稠密」対 稀（キ）

【稠い】おおい 人や物が多く密集しているさま。びっしりと詰まっているさま。

【稠人】チュウジン 密集している多くの人。衆人。

【稠密】チュウミツ 一か所に多く集まること。びっしりとこみ合っていること。「人口の―な地域である」表記「綢密」とも書く。

【稠林】チュウリン ①密生した森林。②仏 煩悩が多いことのたとえ。

チュウ【誅】★ (13) 言 6 1 7547 6B4F 音 チュウ・チュ 訓 せめる・うつ・ころす・ほろぼす

意味 ①せ(責)める。とがめる。罰する。「誅求」「誅罰」②うつ。ころす。ほろぼす。「誅殺」「天誅」③のぞ(除)く。

下つき 天誅（テンチュウ）・筆誅（ヒッチュウ）

【誅す】ころす 罪を責めてころす。罪をとがめて死刑にする。

【誅める】せめる 責任や罪を数え立ててとがめる。懲罰する。

【誅夷】チュウイ 一族皆ごろしにすること。参考「夷」は、たいらげる意。

【誅求】チュウキュウ ①金銭や財産をむさぼり求めること。②年貢や税金などを、きびしく取り立てること。

【誅殺】チュウサツ 罪を責めてころすこと。

【誅鋤】チュウジョ ①草などを根からすっかり抜き取ること。②罪のある者をころし、絶やすこと。

【誅する】チュウする 罪のある者をころす。悪人を攻め滅ぼす。成敗する。「反逆者を―する」

【誅伐】チュウバツ 罪をとがめて征伐すること。罪のある者を攻め滅ぼすこと。類 誅滅

【誅滅】チュウメツ 罪のある者を攻めて滅ぼすこと。類 誅伐

【誅戮】チュウリク 罪を犯した者をころすこと。罪をただしてころすこと。

チュウ【綢】(14) 糸 8 1 6934 6542 音 チュウ 訓 まとう・まつわる・こまかい

意味 ①まとう。まつわりつく。「綢繆（チュウビュウ）」②こまかい。こみあう。「綢密」類 稠（チュウ）

【綢繆】チュウビュウ ①巻きつくこと。もつれ合うこと。②結びしばること。

【綢繆未雨】チュウビュウミウ 前もって備えをして災いを防ぐこと。「綢繆」は固めふさぐ、つくろう意。(小鳥が)雨が降る前に、巣の出入り口や隙間（すきま）をふさいでつくろうという意から。〈『詩経』〉類 綢繆牖戸（チュウビュウユウコ）

【綢う】まとう ①すき間なく巻きつける。また、ひもを巻きつけてしばる。②まつわる。まつわりつく。

チュウ【鋳】(15) 金 7 常 3 3582 4372 音 チュウ 外 シュ 訓 いる

旧字《鑄》(22) 金 14 1/準1 7941 6F49

筆順 ノ(2) 亼(4) 牟 余(7) 金 釒(11) 鋍 鋳 鋳 鋳

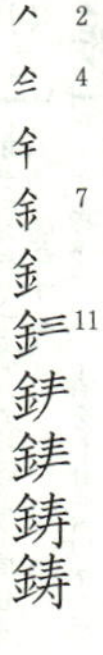

意味 いる。金属を溶かして型に流しこむ。「鋳金」「鋳造」「鋳鉄」

下つき 改鋳（カイチュウ）・私鋳（シチュウ）・新鋳（シンチュウ）・冶鋳（ヤチュウ）

【鋳掛屋】いかけや 鍋（なべ）や釜（かま）など金物にあいた穴や壊れた部分の修理を仕事とする人。鋳掛師。「―の天秤棒（テンビンボウ）」(普通より長いので、出過ぎることのたとえ)」

【鋳型】いがた 溶かした金属を流しこんで鋳物をつくるための型。「―にはめる(規則ばった教育で画一化された人間をつくる)」

【鋳物】いもの 鉄や青銅などの金属を溶かし、鋳型に流しこんでつくった器物。「―師」対 打物（うちもの）

【鋳る】いる 金属を溶かして型に流し入れ、固めて器物をつくる。鋳造する。「青銅の仏像を―る」

【鋳金】チュウキン 「鋳造」に同じ。

【鋳山煮海】チュウサンシャカイ 大量の財貨を蓄えるたとえ。また、山海の資源や産物が豊富であることのたとえ。「鋳山」は山の銅を採掘し、それを鋳（い）て銭をつくる、「煮海」は海水を煮て塩をつくる意。〈『史記』〉参考「鋳山」は「チュウザン」とも読む。

【鋳造】チュウゾウ 金属を鋳型（いがた）に溶かし入れ、器物をつくること。「記念金貨を―する」類 鋳金 対 鍛造

【鋳鉄】チュウテツ 鋳物の材料にする鉄合金。硬度は高いがもろく、溶けやすい。

チュウ【駐】(15) 馬5 常 3 3583 4373 音 チュウ 外チュ 訓 外とどまる

筆順 丨 厂 ㄏ 丌 用 馬 馬 馬 駐 駐 駐 (5 10 12)

意味 とどまる。とどめる。車やウマがとまる。「駐車」「常駐」

下つき 移駐イチュウ・常駐ジョウチュウ・進駐シンチュウ

【駐在】チュウザイ ①公務員や社員などが職務のために派遣され、所定の任地にとどまること。「社命で一年間パリに―する」「―武官」類 駐箚チュウサツ ②「駐在所」の略。また、駐在所の巡査の俗称。「村の―さん」

【駐▲箚】チュウサツ 派遣された公務員が任地に滞在すること。「中国―の大使」類 駐在

【駐車】チュウシャ 自動車などを、一定時間以上とめておくこと。「駅の周辺は―禁止です」参考 一時的にとめる「停車」とは区別される。

【駐屯】チュウトン 軍隊が一か所に陣地を構えてとどまること。「―部隊」類 駐留 参考 「屯」は、たむろする意。

【駐留】チュウリュウ 軍隊が一定期間ある土地に滞在すること。「占領国に―する」類 駐屯

【△駐まる】とど-まる 行列・軍隊・ウマ・車などが一か所にしばらくとまる。

チュウ【儔】(16) イ14 1 4918 5132 音 チュウ・ジュ 訓 ともがら

意味 ともがら。たぐい。なかま。「儔匹チュウヒツ」類 疇チュウ

【▲儔侶】チュウリョ 仲間。ともがら。「侶」もともがらの意。

【▲儔】ともがら 仲間。同輩。たぐい。つれ。類 疇たぐい

チュウ【鍮】(17) 金9 1 7911 6F2B 音 チュウ・トウ 訓

意味 金属の「真鍮シンチュウ」「鍮石トウセキ」に用いられる字。

チュウ【▲蟲】(18) 虫12 7421 6A35 ▼虫の旧字(一〇四四)

チュウ【★疇】(19) 田14 1 6538 6146 音 チュウ 訓 うね・たぐい・さきに・むかし・むくいる・だれ

〔畴〕6539 6147

意味 ①うね。耕地のうね。②はたけ。田畑。「田疇」③たぐい。ともがら。「範疇」類 儔チュウ ④さきに。むかし。「疇昔」⑤むく(報)いる。⑥だれ(誰)。

下つき 田疇デンチュウ・範疇ハンチュウ

【▲疇】うね 耕作地。特に、アサを植える畑。

【▲疇】たぐい 同類。仲間。類 儔ともがら

【▲疇昔】チュウセキ ①昨日。②先日。昔。参考 「疇」は以前にの意。

チュウ【籌】(20) ⺮14 1 6854 6456 音 チュウ 訓 かずとり・はかる・はかりごと

意味 ①かずとり。数をかぞえるときに使う竹の棒。②はか(謀)る。はかりごと。

下つき 運籌ウンチュウ・牙籌ガチュウ

【▲籌】かずとり 数をかぞえるときに、しるしとして使う細長い竹の棒。

【▲籌策・▲籌▲筴】チュウサク はかりごと。また、はかりごとをめぐらすこと。類 籌画・籌略

【▲籌略】チュウリャク はかりごと。策略。類 謀略ボウリャク

【▲籌】はかりごと よく考えて練った計画。策略。

チュウ【籀】(21) ⺮15 1 音 チュウ 訓 よむ

〔籒〕6858 645A

意味 ①漢字の書体の一つ。大篆ダイテン。「籀文」②よむ。文書を読む。

【▲籀書】チュウショ 漢字の書体の一つ。大篆ダイテン。類 籀文 由来 中国、周の宣王のとき、史籀シチュウがつくったとされることから。

【▲籀文】チュウブン 「籀書」に同じ。

チュウ【★躊】(21) ⻊14 1 7720 6D34 音 チュウ 訓 ためらう・たちもとおる

意味 ためらう。ぐずぐずする。たちもとおる。「躊躇チュウチョ」

【〈▲躊▲躇〉う・▲躊う】ためら-う 決心がつかなくて、迷ってぐずぐずする。躊躇チュウチョする。「返事を―う」

【▲躊▲躇】チュウチョ 決心がつかず迷うこと。ぐずぐずと、ためらうこと。「―なく実行に移す」

【▲躊▲躇▲逡巡】チュウチョシュンジュン なかなか決心がつかず、ためらってぐずぐずすること。参考 「躊躇」も「逡巡」もためらう意。同意の熟語を重ねて意味を強めた言葉。

チュウ【▲鑄】(22) 金14 7941 6F49 ▼鋳の旧字(一〇四九)

チュツ【黜】(17) 黒5 1 8357 7359 音 チュツ 訓 しりぞける・おとす

意味 しりぞける。おとす。官位を下げる。「黜陟チュッチョク」

下つき 糾黜キュウチュツ・降黜コウチュツ・貶黜ヘンチュツ・放黜ホウチュツ

対 陟チョク

【▲黜ける】しりぞ-ける 地位や官職からはずす。官位を罷免する。

【▲黜▲陟】チュッチョク 功績のない者をしりぞけて、功績のある者を昇官させること。「ほしいままに大臣を―する」「―幽明」

チョ【★佇】(7) イ5 1 4842 504A 音 チョ 訓 たたずむ・まつ

意味 たたずむ。たちどまる。また、まつ。「佇立」

下つき 延佇エンチョ

【佇まい】たたずまい ①立っているようす。「―の美しい人」②自然に感じられるさま。そこにあるものがかもし出す、雰囲気や風情。「庭園の落ち着いた―」

【佇む】たたずむ しばらくの間立ちどまる。そこに立っている。「街角に―む」

【佇思停機】チョシテイキ 仏 立ちつくして思いわずらい、心のはたらきを止めてしまうこと。「機」は心のはたらき。「佇思」は立ちどまって思いわずらうこと。《碧巌録ヘキガンロク》

【佇立】チョリツ じっとその場にたたずむこと。しばらくの間立っていること。参考「チョリュウ」とも読む。

チョ【杼】(8) 木4 1 5933 5B41 音 チョ・ジョ 訓 ひ・とち・どんぐり

意味 ①ひ。機はた織りで横糸を通す道具。「杼機」②とち。どんぐり。くぬぎの実。

【杼】ひ 機はた織りの道具の一つ。木製や金属製の舟形で、横糸を巻いた管を入れ、縦糸の間を左右に往復させて横糸を通すもの。

チョ【苧】(8) 艹5 準1 3587 4377 音 チョ 訓 からむし・お

意味 ①からむし。イラクサ科の多年草。「苧麻」②お。カラムシやアサの繊維をより合わせて作った糸。「苧殻」

【苧】お ①アサの古名。②アサやカラムシの繊維をつむいでできた糸。

【苧殻】おがら 皮をはいだアサの茎。盂蘭盆ウラボンの飾りや迎え火・送り火をたくのに用いる。あさがら。季秋 表記「麻幹」とも書く。

【〈苧屑〉頭巾】おくそズキン カラムシの茎を編んで作った頭巾。頭全体をおおう形で、鷹匠タカジョウや猟師などが用いた。苧頭巾からむしズキン。麻幹頭巾おがらズキン。山岡頭巾やまおかズキン。参考「ほくそズキン」とも読む。

【苧環】おだまき ①つむいだ麻糸を、中が空洞の玉のように巻いたもの。おだまき。②キンポウゲ科の多年草。ミヤマオダマキの改良種。晩春、青紫色または白色の花を下向きにつける。イトクリソウ。由来②花の形が①に似ていることから。

【苧縄】おなわ 麻糸をよりあわせて作った縄。

【苧・〈苧麻〉】からむし イラクサ科の多年草。原野に自生。夏、淡緑色の小花を穂状につける。茎から繊維をとる。木綿以前の代表的な繊維。チョマ。マオ。季夏

【苧麻】チョマ カラムシの別称。また、その茎からとった繊維。参考「まお・からむし」とも読む。

チョ【竚】(10) 立5 1 6776 636C 音 チョ 訓 たたずむ・まつ

意味 たたずむ。たちどまる。また、まつ。「竚立」

チョ【猪】(11) 犭8 準1 3586 4376 音 チョ 訓 いのしし・い

旧字《猪》(12) 犭9 1/準1 8779 776F

意味 いのしし。い。いのこ。イノシシ科の哺乳ホニュウ動物。「猪突」「猪勇」

下つき 家猪カチョ・野猪ヤチョ

【猪】い イノシシ・ブタ類の総称。特に、イノシシのこと。

【猪首・猪頸】いくび ①首がイノシシのように太くて短いこと。②兜かぶとを後ろにずらしてかぶること。「兜を―にかぶる」由来②首が短く見えることから。

【猪】いのしし イノシシ科の哺乳ホニュウ動物で、ブタの原種。山野にすむ。鋭いきばをもち、首は短く、体毛は硬くて暗褐色。興奮するとやみくもに突進する。肉は「山鯨やまくじら・牡丹ボタン」といわれ、食用。シシ。イ。季秋

【猪武者】いのししムシャ 思慮を欠き、向こう見ずに敵に突進する武士。また、無鉄砲な人。

【〈猪籠草〉】うつぼかずら ウツボカズラ科のつる性多年草で、食虫植物。南アジア原産。葉の先が筒状の袋になっていて虫を捕らえる。由来「猪籠草」は漢名より。捕虫袋が猪籠チョロウ(ブタを入れて運ぶ籠かご)に似ていることから。表記「靫蔓・靫葛」とも書く。

【猪牙】チョキ 「猪牙舟」の略。江戸時代に造られた、細長くて屋根のない先のとがった小舟。漁業や舟遊びなどに用いられた。

【猪口】チョク ①小さい陶磁器のさかずき。おちょこ。②①の形に似た、酢の物などを盛る器。参考「チョコ」とも読む。

【猪口才】チョコザイ こざかしくて、生意気な人をののしる言葉。「―な奴」

【猪突】チョトツ イノシシのように、向こう見ずにまっすぐ突進すること。

【猪突猛進】チョトツモウシン 目標に向かって、がむしゃらに突き進むこと。「―する若武者」類 暴虎馮河ボウコヒョウガ

【猪勇】チョユウ イノシシのように向こう見ずに突進する勇気。また、そのような人。

チョ【紵】(11) 糸5 1 6910 652A 音 チョ 訓 いちび・あさぬの

意味 いちび。アサの一種。また、いちびの繊維で織った布。あさぬの(麻布)。

チョ【著】(11) 艹8 教 常 5 3588 4378 音 チョ 外 チャク・ジャク 訓 あらわす中・いちじるしい中 外 きる・つく

旧字《著》(13) 艹9 1/準1

旧字《著》(12) 艹9 1/準1 9107 7B27

筆順 一 艹 3 艹 艹 芏 茡 荖 著 著 著

ち チョ

意味 ①あらわす。書きあらわす。「著作」「著述」②あらわれる。いちじるしい。目立つ。あきらか。「著名」「顕著」参考「着」の本字で、「きる」「つく」として使われることがある。

下つき 遺著・共著・近著・顕著・拙著・大著・編著・名著

【著す】あらわ-す 文章を書いて世に出す。著作する。「民話を集めて書物を—す」

【著しい】いちじる-しい はっきり目立つさま。程度がはなはだしい。「効果が—い」「進歩の跡が—い」

〈著長〉きせなが 大将が着ける大形の鎧の美称。表記「着背長」とも書く。

【著莪】シャガ アヤメ科の多年草。▼射干(六五七)

【著作】チョサク 書物などを書きあらわすこと。また、その書物。「—を世に送る」「—権」類著述・著書

【著者】チョシャ 書物を書いた人。著作物の作者。「—の序文」類筆者

【著述】チョジュツ 自分の考えなどを文章や書物に書きあらわすこと。また、その書物など。「—業」類著作・述作

【著書】チョショ その人が、書きあらわした書物。「—を出版する」類著作・著述

【著増】チョゾウ いちじるしく増えること。数量が目立って増加すること。対著減

【著名】チョメイ 名前が、世間に広く知られていること。「—な作家」類有名 対無名

【著明】チョメイ はっきりしていて明らかなこと。だれもが知っていること。「歴史上—な人物」

【〈著羅〉絹】チョロケン 近世、オランダまたは中国から渡来した絹織物。由来インドのチャウル産の絹織物の意から。

チョ【猪】(12) 犭9 8779/776F ▼猪の旧字(一〇五一)

チョ【著】(12) 艹9 9107/7B27 ▼著の旧字(一〇五一)

ち チョ

チョ【貯】(12) 貝5 常 教 6 3589/4379 音 チョ 訓 外たくわえる

筆順 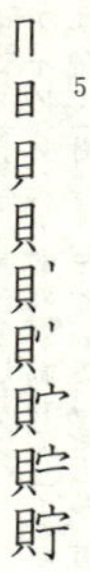

意味 たくわえる。ためる。「貯金」「貯蓄」類儲

【貯える】たくわ-える 物を一か所に集めてとっておく。「お金を—える」「水を—えるダム」表記「儲える」とも書く。

【貯金】チョキン ①金銭をたくわえること。また、その金銭。「箪笥—」②郵便局などに金銭を預けること。また、その預けた金銭。参考②銀行では一般に「預金」という。

【貯蔵】チョゾウ 物をたくわえておくこと。「穀物を—する倉庫」

【貯蓄】チョチク 金銭などをたくわえること。また、そのたくわえたもの。「せっせと—に励む」表記「儲蓄」とも書く。

【貯留・貯溜】チョリュウ 水などをためること。また、たまること。表記「瀦留・瀦溜」とも書く。

チョ【楮】(13) 木9 1 6026/5C3A 音 チョ 訓 こうぞ・かみ・さつ

意味 ①こうぞ。クワ科の落葉低木。②かみ(紙)。手紙。また、さつ(札)。紙幣。

下つき 毫楮・寸楮・尺楮

【楮】こうぞ クワ科の落葉低木。山野に自生。葉・実ともにクワに似る。樹皮から和紙の原料をとる。カゾ。「—の繊維は紙の原料となる」由来「紙麻」の転じたもの。

【楮紙】チョシ コウゾの木の樹皮から作った和紙。参考「こうぞがみ」とも読む。

【楮鈔】チョショウ 「楮幣」に同じ。

【楮先生】チョセンセイ 紙の別称。参考紙がコウゾの樹皮から作られることから、その紙を擬人化していう。

【楮幣】チョヘイ 紙幣。おさつ。類楮鈔

チョ【著】(13) 艹9 ▼著の旧字(一〇五一)

チョ【緒】(14) 糸8 常 2979/3D6F ▼ショ(七二九)

チョ【樗】(15) 木11 準1 3584/4374 音 チョ 訓 おうち

意味 ①ごんずい。ミツバウツギ科の落葉小高木。②役に立たないもののたとえ。「樗材」③おうち。センダンの古名。

【樗】おうち ①センダンの古名。▼栴檀(九〇一)②襲の色目。表は薄紫、裏は青。または表は紫、裏は薄紫。表記「楝」とも書く。

〈樗蚕〉しんじゅさん ヤママユガ科のガ。大形で褐色。幼虫はシンジュ・ニガキなどの葉を食べる。表記「神樹蚕」とも書く。

【樗材】チョザイ ①役に立たない木。②役に立たない人。自分をへりくだっていう語。類①②樗櫟

【樗散】チョサン 役に立たない、無能な人や物のこと。参考「樗櫟散木」の略。「樗」「櫟」「散木」は、いずれも使い道がなく役に立たない木。

【樗蒲】チョボ 「樗蒲一」の略。

【樗蒲一】チョボイチ ①中国から伝わった賭博の一種。一つのサイコロで出る目を一つ予測し、当たれば賭け金の四倍が戻るもの。②人をごまかすようなこと。いんちき。由来「樗」と「蒲」の実をサイコロとして用いたことから。参考「チョボ」ともいう。

チョ【箸】(15) 竹9 常 4004/4824 ▼はし(二四六)

チョ【儲】(18) 亻16 準1 4457/4C59 音 チョ 訓 もうける・たくわえる・そえ

〔儲〕
意味 ①もうけ。もうける。②たくわえる。たくわえ。「儲蓄」類貯 ③そえ。控え。④あとつぎ。皇太子。「儲宮」
下つき 皇儲(コウチョ)・帝儲(テイチョ)

【儲位】チョイ 世継ぎの地位。皇太子の地位。

【儲君】チョクン ①君主の世継ぎ。皇太子。もうけのきみ。②貴族の世継ぎ。

【儲嗣】チョシ 天子・君主の世継ぎ。皇太子。類儲君・儲弐(チョジ)

【儲蓄】チョチク 財貨をたくわえること。また、そのたくわえた財貨。表記「貯蓄」とも書く。

【儲ける】もうける ①利益を得る。得をする。「株売買で―ける」「労せずして―けた」②子どもを授かる。子どもをもつ。「子を三人―けた」

チョ【瀦】(19) 氵16 準1 3585 4375
音 チョ
訓 みずたまり・たまる

〔潴〕6344 5F4C

意味 みずたまり。ため池。また、水がたまる。

【瀦滞】チョタイ 水がたまること。停滞していること。停滞しているもの。「進まず退かずして―する」

【瀦留・瀦溜】チョリュウ 水がたまること。また、そのところ。水をためること。類貯水

チョ【躇】(19) 𧾷12 1 7716 6D30
音 チョ・チャク
訓 ふむ・ためらう・たちもとおる・わたる

意味 ①ふ(踏)む。足でふむ。②ためらう。たちもとおる。ぐずぐずする。「躊躇(チュウチョ)」③こ(越)える。とびこえる。わたる。
下つき 躊躇(チュウチョ)

チョウ【丁】(2) 一1 教 常 8 3590 437A
音 チョウ・テイ中 外トウ
訓 外ひのと・あたる

筆順 一丁

意味 ①ひのと。十干の第四。▼干支順位表(一六六〇)②働きざかりの男。一人前の若者。「丁男」「壮丁」③しもべ。男のめしつかい。「園丁」④あ(当)たる。であう。「丁憂」⑤ちょう。(ア)書物のページを数える語。「落丁」「乱丁」(イ)豆腐や料理を数える語。(ウ)町を区分した単位。(エ)さいころの目の偶数。対半 ⑥音のひびくさま。物音。「丁丁」
書きかえ 「挺(チョウ)・牒(チョウ)・叮(テイ)・釘(テイ)・幀(テイ)・鄭(テイ)」の書きかえ字として用いられるものがある。
下つき 園丁(エンテイ)・成丁(セイテイ)・壮丁(ソウテイ)・装丁(ソウテイ)・馬丁(バテイ)・包丁(ホウチョウ)・落丁(ラクチョウ)・乱丁(ランチョウ)

【〈丁翁〉】あけび アケビ科のつる性落葉低木。▼木通(あけび)(一四二四) 由来「丁翁」は漢名から。

【丁合】チョウあい 書籍や雑誌の製本で、印刷のすんだ紙をページ順にそろえる作業。

【〈丁香〉・丁子・丁字】ちょうじ フトモモ科の常緑高木。モルッカ諸島原産で、熱帯地域で栽培。花は淡緑色から淡紅色になり芳香がある。つぼみを乾燥させ、香料や薬用にする。クローブ。

【丁丁】チョウチョウ 物を続けて強くたたく音を表す語。表記「打打」とも書く。

【丁丁発止】チョウチョウハッシ ①物を続けて打ちたたく音の形容。また、刀などで互いに激しく打ちあうさま。また、その音。②激論をたたかわせるさま。「議場で―とやり合う」参考「発止」は当て字。硬い物どうしがぶつかり合う音を表す語。

【丁度】チョウド ①折よく。タイミングよく。「待っていた人が―来た」②きっちり。ぴったり。「さじ加減が―よい」「―一二時になる」③まるで。まさに。「―絵に描いたような景色」「形は―富士山のようだ」

【丁場】チョウば ①ある宿駅と次の宿駅との間の距離。ある区間の距離。「長(なが)―」②運送や道路工事などの夫役(ブヤク)で、割り当てられた受け持ち区域。持ち場。表記「町場」とも書く。

【丁半】チョウハン ①さいころの偶数(丁)と奇数(半)の目。②二個のさいころの目の合計が偶数か奇数かを当てて勝負を決めるばくち。

【〈丁髷〉】ちょんまげ 江戸時代の男性の髪形の一つ。前額をそり上げ、後頭部で髪を束ねて前に折りまげたもの。「―物(時代物)」由来 髷の形が踊り字の「丶」に似ていることから。

【丁字】テイジ 「丁字形」の略。漢字の「丁」の字のような形。撞木(シュモク)形。「―路」

【丁男】テイダン 成人した男性。一人前の男。壮丁。参考「テイナン」とも読む。

【丁重】テイチョウ ①態度などが手厚く礼儀正しいさま。ねんごろ。「―にもてなす」②扱いがていねいなさま。「漆器を―に収納する」
書きかえ「鄭重」の書きかえ字。

【丁寧】テイネイ ①礼儀正しいさま。「―にお辞儀をする」類丁重 ②細かいところまで気をつけているさま。念入りなさま。「字を―に書く」「―に準備する」類入念・丹念 書きかえ「叮嚀」の書きかえ字。

【丁年】テイネン 一人前の人間として認められる年齢。満二〇歳以上。成年。

【〈丁稚〉】でっち 昔、商家や職人の家などに奉公し、雑役をした少年。小僧。「―帽子(鳥打帽子)」

【〈丁抹〉】デンマーク 北ヨーロッパにある立憲君主国。ユトランド半島と付近の島々からなる。社会保障制度が充実。首都はコペンハーゲン。

【丁】ひのと 十干の第四番目。方角では南。五行では火。対丙(ひのえ) 参考「火の弟(と)」の意。

ち チョーチョウ

ち チョウ

チョウ【弔】(4) 弓1 常 準2 3604 4424 音 チョウ 訓 とむらう

筆順 ㇇ ㇇ 弓 弔

意味 とむらう。人の死を悲しみいたむ。「弔意」「弔辞」「弔問」

下つき 哀弔・敬弔・慶弔

【弔意】チョウイ 人の死を悲しみいたむ気持ち。「謹しんで—を表す」対祝意

【弔慰】チョウイ 死者をとむらい、遺族をなぐさめること。「—金」類弔問 対祝賀

【弔旗】チョウキ とむらいの気持ちを表すときに掲げる旗。特に、国家の凶事に際して黒い布をつけたり、半旗にしたりして掲げる国旗。

【弔辞】チョウジ とむらいの気持ちを記した言葉や文章。くやみの言葉。葬儀の席で述べることが多い。「友人を代表して—を読む」類弔詞・弔文・悼辞 対祝辞

【弔鐘】チョウショウ 死者をとむらうために打ち鳴らす鐘。

【弔電】チョウデン くやみのために打つ電信・電報。対祝電

【弔砲】チョウホウ 身分の高い人や軍人などの死をとむらうために発する儀礼の空砲。

【弔問】チョウモン くやみを述べるために、死者の遺族を訪問すること。「知人宅を—する」類弔慰

【〈弔上〉げ】とむらいあげ 死者の年忌が明けること。最終の年忌。弔い上げ。三三年目とする地方が多い。表記「問上げ」とも書く。

【弔い】とむらい ①人の死をいたみ、哀悼の気持ちを表すこと。くやみ。「—の言葉」②葬式。「—に参列する」③追善。「三回忌の—」

【弔い合戦】とむらいガッセン 死者のかたきを討って、死者の霊を慰めようとするいくさ。

【弔う】とむらう 人の死をいたみ、冥福を祈る。法要を営み、死者の霊を慰める。「死者をねんごろに—う」参考「とぶらう」とも読む。

チョウ【庁】(5) 广2 常 教 5 3603 4423 音 チョウ 外テイ

旧字《廳》(25) 广22 1/準1 5512 572C

筆順 ' 亠 广 广 庁

意味 役所。公の事務をとりあつかう場所。つかさ。「庁舎」

下つき 官庁・県庁・市庁・退庁・登庁・道庁・都庁・府庁

【庁舎】チョウシャ 官庁や役所の建物。「統合—」

チョウ【△打】(5) 扌2 教 3439 4247 ▶ダ(九七二)

チョウ【兆】(6) 儿4 常 教 7 3591 437B 音 チョウ 外ジョウ 訓 きざす高・きざし高 外うらない

筆順 丿 ⺈ ⺈ 兆 兆 兆

意味 ①きざす。きざし。まえぶれ。「兆候」「前兆」「予兆」類徴 ②うらない。うらなう。「占兆」③数の名。一億の一万倍。④数の多いこと。「兆民」

下つき 億兆・吉兆・前兆・予兆

【兆し】きざし 物事が起こる前ぶれ。兆候。また、気配。由来「兆」は、カメの甲の割れ目をかたどった文字。昔、カメの甲などを火で焼いて、その割れ具合から吉凶を予測したことから。

【兆す】きざす 物事が起こりそうなしるしが現れる。前兆がある。

【兆候】チョウコウ 何かが起こる前ぶれ。きざし。「大地震の—」類前兆

チョウ【★吊】(6) 口3 準1 3663 445F 音 チョウ 訓 つる・つるす

意味 つる。つるす。つり下げる。類釣

【▲吊▲虻】つりあぶ ツリアブ科の昆虫の総称。長い口吻で花の蜜を吸う。幼虫は他の虫に寄生する。由来 発達したはねを速く動かして空中に静止する姿が、糸でつり下げられたように見えることから。表記「長吻虻」とも書く。

【▲吊床】つりどこ ①つり下げた寝床。ハンモック。季夏 ②天井や壁などを床の間の形にした畳が続いたままの略式の床の間。類壁床

【▲吊橋】つりばし ①橋脚を用いず、両岸から空中に綱や鉄線を張り渡し、これに通路をつけた橋。②必要に応じて、かけ外しできるようにした橋。昔、城の濠などにかけた。

【▲吊輪・▲吊△環】つりわ つり下げた二本の綱の下端に、それぞれ輪をつけた体操用具。また、それを用いて懸垂・倒立などの演技を行う男子体操競技。

【▲吊し柿】つるしがき 干し柿。軒などにつるして干すことから。季秋

【▲吊す】つるす ひもや綱などで垂れ下げる。ぶら下げる。「風鈴を軒に—す」

チョウ【町】(7) 田2 常 教 10 3614 442E 音 チョウ 外テイ 訓 まち 外あぜみち

筆順 丨 冂 冊 田 田 田一 町

意味 ①まち。(ア)地方自治体の一つ。「町議」(イ)市や区を構成する一区分。また、市街地。②ちょう。単位の名。(ア)面積の単位。一町は一〇反。約九九・二アール。「町歩」(イ)距離の単位。一町は六〇間。約一〇九メートル。「町場」③あぜ。あぜみち。「町畦」

下つき 下町・裏町・横町

【町家】チョウカ ①商人の家。類商家 ②町のなかにある家。参考「まちや」とも読む。

【町歩】チョウ 田畑・山林の面積の単位。一町歩は約一ヘクタール。

【町】まち ①人家が多く、にぎやかなところ。「—に出て働く」類都市・都会・市街 ②地方自治体の一つ。村よりも大きく、町制をしく。「—役場」③市や区などを分けた小区画。参考 ②③「チョウ」とも読む。

チョウ【疔】(7) 疒 2 1 6543 614B 音 チョウ 訓 かさ・できもの

意味 かさ。できもの。顔にできるはれものの一種。「面疔」

下つき 面疔メンチョウ

チョウ【佻】(8) 亻 6 1 4847 504F 音 チョウ 訓 かるい・かるがるしい

意味 かるい。かるがるしい。あさはか。「軽佻」

下つき 軽佻ケイチョウ

チョウ【帖】★ (8) 巾 5 準1 3601 4421 音 チョウ・ジョウ 訓 かきもの・たれる

意味 ①かきもの。かきつけ。帳面。「画帖ガチョウ」②石刷りの書。習字の手本。「法帖ホウジョウ」③た(垂)れる。「帖耳」④じょう。紙や海苔のりなどを数える語。半紙二〇枚、海苔一〇枚。

書きかえ ①「帳」に書きかえられるものがある。

下つき 画帖ガジョウ・手帖テチョウ・法帖ホウジョウ・墨帖ボクジョウ

【帖】ジョウ ①紙や海苔のりなどをひとまとめに数える語。「海苔は一〇枚で一—」②屏風ビョウブや盾などを数える語。

【▲帖試】ジョウシ ①中国、唐の科挙の試験方法。類試帖シチョウ ②律令リツリョウ制時代の試験方法。古典文中の字句を隠し、その字句を答えさせるもの。

【〈▲帖紙〉】たとうがみ ①詩歌の下書きや鼻紙などに用いるため、懐ふところに入れておく紙。②厚手の和紙に渋や漆を塗り、折り目をつけて、和服などを包むのに用いる紙。表記「畳紙」とも書く。

チョウ【長】(8) 長 0 常 教 9 3625 4439 音 チョウ 外ジョウ 訓 ながい 外たける・おさ

筆順

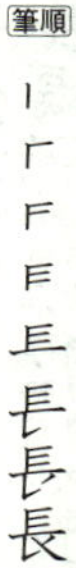

意味 ①ながい。(ア)距離やたけがながい。「長編」「身長」(イ)時間がながい。「長期」「長寿」②たける。育つ。大きくなる。「生長」「成長」③のびる。のばす。「延長」「助長」④年をとっている。目上。「長上」「長幼」⑤最も年上である。最年長。「長男」「長子」⑥おさ。かしら。最上位の人。「長官」「会長」⑦すぐれている。「長所」対①③⑦短 ⑧むだ。あまり。「長物」「冗長」⑨「長門ながとの国」の略。「長州」

下つき 延長エンチョウ・会長カイチョウ・家長カチョウ・議長ギチョウ・首長シュチョウ・助長ジョチョウ・消長ショウチョウ・冗長ジョウチョウ・身長シンチョウ・深長シンチョウ・生長セイチョウ・成長セイチョウ・増長ゾウチョウ・体長タイチョウ・隊長タイチョウ・特長トクチョウ・年長ネンチョウ・悠長ユウチョウ・霊長レイチョウ

【△長】おさ 多数の人の上に立つ人物。かしら。「村の—」参考「チョウ」とも読む。

【△長亀】おさがめ オサガメ科のカメ。熱帯や亜熱帯の海にすむ。カメの中で最大で、甲長二メートルに達する。表記「革亀」とも書く。

【△長百姓】おとなビャクショウ 中世から近世、村落で自治の中心になった有力な農民。表記「乙名百姓」とも書く。参考「おさビャクショウ」とも読む。

【〈長官〉】かみ 律令リツリョウ制の四等官シトウカンの最上の官位。参考「かみ」は役所により「守」「督」など用字が異なる。

【〈長寿花〉】きずいせん ヒガンバナ科の多年草。由来「長寿花」は漢名から。▼黄水仙ズイセン(五〇三)

【△長】たけ ①物の長さ。寸法。「スカートの—を短くする」②身長。せたけ。参考 ①特に、衣服についていう。

【△長ける】たける ①熟達する。すぐれる。「語学に—けている」②盛りになる。季節が深まる。「春が—ける」③盛りが過ぎる。末に近づく。「年—けた人」

【長安日辺】チョウアンニッペン 遠い場所のたとえ。また、才知に富んでいることのたとえ。「長安」は、多くの王朝の都となった中国の都市。「日辺」は太陽のあるあたりの意。故事 中国、晋シンの元帝が幼い太子(のちの明帝)に「太陽と長安はどちらが遠いか」と尋ねたところ、太子は「長安のほうが近い。太陽から来た人には会ったことがない」と答えた。翌日、群臣の前で同じ質問を受けた太子は、逆に「太陽のほうが近い」と言い、「太陽は見えるが、長安は見えないから」と答えたという故事から。〈『晋書シンジョ』〉

【長歌】チョウカ 和歌の形式の一つ。五音と七音の句を三回以上重ね、最後に七音を加えて結ぶ。ふつうは、あとに反歌を添える。対短歌

【長官】チョウカン 官庁で、事務を取り締まる最高の官職。また、その官僚。「官房—」「最高裁—」

【長技】チョウギ すぐれたわざ。すぐれた技術・技能。得意なわざ。類特技

【長久】チョウキュウ 長く久しいこと。変わりなくいつまでも続くこと。永久。「武運—を祈る」

【長駆】チョウク ①一気に長い距離を走ること。「—本塁をつく」②ウマに乗って遠くまで走ること。遠乗り。遠駆け。

【長▲頸▲烏▲喙】チョウケイウカイ くびが長く、口先のとがった人相。残忍・強欲で、ともにいると労苦が多く、安楽にいられない人の相といわれる。由来 中国、春秋時代、越エツの范蠡ハンレイが越を去ってのち、越王の勾践コウセンについて述べた言葉から。〈『史記』〉

【長考】チョウコウ 長い時間考えこむこと。「—を続ける」参考 特に、囲碁や将棋などの対局でいう。

ち チョウ

【長庚】チョウコウ 宵の明星。日が沈んだあとに西の空に見える金星。参考「ゆうずつ」とも読む。

【長講】チョウコウ 長時間にわたって講演や講談をすること。

【長広舌】チョウコウゼツ ①ながながとしゃべること。また、その話。「―をふるう」類長舌・多弁 ②大説法。参考「広長舌」から転じた語で、仏の三二相の一つで大きく長い舌の意。

【長恨歌】チョウゴンカ 中国、唐の白居易が作った長編叙事詩。七言、一二〇句からなる。唐の玄宗皇帝が楊貴妃(ヨウキヒ)を亡くした悲しみをうたったもの。

【長日植物】チョウジツショクブツ 日照時間が長くなると花を咲かせる植物。アブラナ・コムギなど。対短日植物

【長者】チョウジャ ①大金持ち。「億万―」対貧者 ②人の上に立つすぐれた人。長老。

『長者三代』チョウジャサンダイ 長者の家は、親子三代までしか続かないということ。初代が築き上げた財産を、二代目はその苦労を知っているので保持するが、三代目はぜいたくになり、浪費して財産を食いつぶしてしまうことが多いことから。

【長寿】チョウジュ 寿命が長いこと。長生き。「不老―」類長命 対短命・夭折(ヨウセツ)

【長所】チョウショ すぐれているところ。得意な点。とりえ。美点。対短所

【長嘯】チョウショウ 口をすぼめて声を長く伸ばすこと。また、声を長く引いて、詩歌をうたうこと。

【長上】チョウジョウ ①年上の人。目上の人。「―の教えに従う」②上官。

【長じる】チョウ―じる ①成長する。「―じるに及んで美しくなった」②すぐれる。秀でる。「音楽に―じている」③年が上である。

【長身】チョウシン 背の高いこと。また、その人。「―痩躯(ソウク)」類長軀(チョウク)

【長逝】チョウセイ 永遠に去って戻らない意から、死ぬこと。類死去・逝去・永眠

【長生久視】チョウセイキュウシ 長生きをすること。「長生」は長命、「久視」はいつまでも見る意で、永遠の生命を保つこと。〈『老子』〉類長生不老・不老長寿

【長生不死】チョウセイフシ 長生きをして死なないこと。類長生不老・不老長寿・不老不死

【長足】チョウソク ①長い足。②はやあし。おおまた。速度の速いこと。「―の進歩」

【長蛇】チョウダ ①長くて大きなヘビ。②ヘビのように長く連なったもの。「―の列」

『長蛇を逸す』チョウダをイッす 惜しいところで目指す大物を取り逃がすことのたとえ。〈頼山陽(さんよう)の詩〉類大魚を逸す

【長大息】チョウタイソク 長くて大きなため息をつくこと。また、そのため息。「落胆して―する」類長嘆息

【長嘆息・長歎息】チョウタンソク 長いため息をついて、なげくこと。「天を仰いで―する」類長大息

【長汀曲浦】チョウテイキョクホ 曲がりくねって長く続いている海辺。海岸線がはるかに続いているさま。

【長途】チョウト 長い道のり。長い旅程。「―の旅」

【長物】チョウブツ 長すぎて役に立たないもの。じゃまなもの。無駄なもの。「無用の―」

【長篇】チョウヘン ▼書きかえ 長編

【長編】チョウヘン 詩・小説・映画などで長い作品。長編物。対短編・中編 書きかえ「長篇」の書きかえ字。

【長鞭馬腹に及ばず】チョウベンバフクにおよばず いかに力があっても、なお及ばないところがあるたとえ。鞭(むち)が長すぎると、かえってウマの腹に届かないことから。故事 中国、春秋時代、強大な楚(ソ)に攻められた宋(ソウ)が晋(シン)に助けを求めたとき、宋を助けようとした晋侯に、大夫(タイフ)の伯宗(ハクソウ)が、古人の言「長鞭馬腹に及ばず」を引用し、救援をやめさせたという故事から。〈『春秋左氏伝』〉

【長命】チョウメイ 命が長いこと。長生きをすること。「―を保つ」類長寿 対短命

『長命富貴』チョウメイフウキ 長寿で裕福で身分が高いこと。「富」は財産が多い、「貴」は身分が高い意。〈『旧唐書(クトウジョ)』〉

【長夜の飲】チョウヤのイン 夜明けまで続けられるぜいたくな酒宴のこと。故事 暴虐で名高い殷(イン)王朝最後の王の紂(チュウ)が、宮廷で酒池肉林の酒宴を夜通し続け、夜が明けてからも窓や戸を閉めて、さらに続けたという故事から。〈『韓非子(カンピシ)』〉

【長揖】チョウユウ 中国の略式の敬礼。両手を組み合わせ、上から下におろす礼。

【長幼】チョウヨウ 年上と年下。年長者と年少者。おとなと子ども。

『長幼の序』チョウヨウのジョ 年上と年下の間にある社会慣習上の順序や席次。年齢による規律。

【長老】チョウロウ ①年をとった人。特に、その道で経験を積んだ先人。「政界の―」②仏高僧。名僧。また、住職。先輩の僧。③キリスト教で、教会の指導者。

【〈長吻虻〉】つりあぶ ツリアブ科の昆虫の総称。▼吊虻(つりあぶ)(一〇五四)

【長い】ながい ①距離の隔たりが大きい。「―い道のり」②時間の隔たりが大きい。「―い休憩」表記②「永い」とも書く。

『長い物には巻かれろ』権力や勢力が強い者には抵抗せず、とりあえずは相手の言いなりになるのが賢明であるということ。類太きには呑(の)まれよ

【長居】ながい 同じ場所に長時間いること。「―は無用」類長座・長尻(ながじり)

【長芋・長▲薯】ながいも ヤマノイモ科のつる性多年草。中国原産。塊根は長い棒状で、一メートルほどになる。とろろ汁などにして食用にするほか、漢方薬に用いる。季秋

【長唄】ながうた ①江戸時代に、歌舞伎(カブキ)舞踊の伴奏音楽として発展した三味線唄。江戸長唄。②端唄・小唄より長く、やや古典的な三味線歌曲。上方(かみがた)長唄。

【長柄】ながえ 長い柄。長い柄のついている道具。傘・槍(やり)など。「―のキセル」

【長口上は〈欠伸〉の種】ながコウジョウはあくびのたね 長たらしいあいさつは、聞いている人を退屈させ、あくびを催させるだけだということ。あいさつは簡潔にせよという戒め。

【〈長道〉・長路】ながじ 長く遠い道のり。遠路。参考「ながち」とも読む。

【長須鯨・長▲簀鯨】ながすくじら ナガスクジラ科の哺乳(ホニュウ)動物。世界中の海に分布。巨大で細長く、体長は二〇～二五メートル。エビスクジラ。

【長談義・長談議】ながダンギ 長たらしく話をすること。また、その話。ながばなし。

【長丁場・長町場】ながチョウば ①宿駅と宿駅の間の距離が長いこと。長い道のり。②きびしい仕事などが長く続くこと。「―をのりきる」③歌舞伎(カブキ)の脚本用語で、長く時間のかかる場面。

【長月】ながつき 陰暦の九月の異名。季秋 参考「ながづき」とも読む。

【長△門】ながと 旧国名の一つ。現在の山口県北西部。長州。

【長持ち】ながもち ①長い期間にわたって使用できること。よい状態を長く保つこと。「冷凍食品は―する」②衣類などを入れる、ふたのついた長方形の箱。

【長屋】ながや 一棟の細長い家を区切って、いくつかの世帯が別々に住めるようにしたもの。棟(むね)割り長屋。

【長患い】ながわずらい 長い間病気でいること。また、その病気。「祖父は五年ごしの―だ」

【〈長刀〉】なぎなた 長い柄の先に、反った長い刃をつけた武器。江戸時代にはおもに女性が用いた。表記「薙刀」とも書く。

【〈長押〉】なげし 日本建築で、柱と柱の間に水平に取り付けた材木。

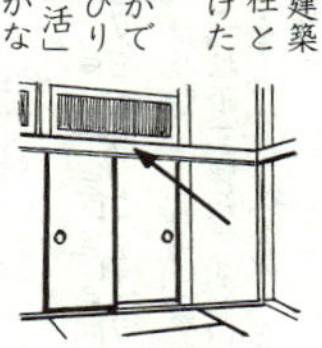
〔長押(なげし)〕

【〈長閑〉】のどか ①静かでのんびりしたさま。「―な田園生活」②天候がよく、おだやかなさま。「―な春の日」

【〈長▲庚〉】ゆうずつ 「長庚(チョウコウ)」に同じ。表記「夕星」とも書く。参考「ゆうつず」とも読む。

チョウ【挑】(9) 扌6 常 準2 3609 4429 音 チョウ 訓 いどむ

筆順 一 十 扌 扌 扌 扌 挑 挑 挑

意味 いどむ。しかける。けしかける。「挑戦」「挑発」

【挑む】いどむ ①闘争などをしかける。「戦いを―む」②積極的に立ち向かう。「危険を恐れず冬山に―む」③言い寄る。恋をしかける。

【挑戦】チョウセン ①戦いをしかけること。「世界チャンピオンに―する」②困難なことに立ち向かうこと。チャレンジ。「記録更新に―する」

【挑発・挑▲撥】チョウハツ ①事をひき起こすようにしかけること。「相手の―に乗るな」②欲情を起こすようにしむけること。「―的な服装」

チョウ【昶】(9) 日5 1 5868 5A64 音 チョウ 訓 のびる

意味 ①のびる。のびやか。類暢(チョウ) ②あきらか。③日がながい。久しい。参考日が永いことを表す字。

チョウ【迢】(9) ⻌5 1 7775 6D6B 音 チョウ 訓 はるか・とおい

意味 はるか。とおい。高い。「迢迢」「迢遥(チョウヨウ)」

【▲迢▲迢】チョウチョウ はるかなさま。はるかに遠いさま。また、はるかに高いさま。

チョウ【重】(9) 里2 教 2937 3D45 ▼ジュウ(七〇二)

チョウ【冢】(10) 冖8 1 4947 514F 音 チョウ 訓 つか・おおきい

意味 ①つか。大きな墓。「冢土」類塚 ②おか(丘)。③やしろ(社)。④おさ。かしら。「冢子」⑤おお(大)きい。「冢君」

下つき 蟻冢(ギチョウ)・丘冢(キュウチョウ)・荒冢(コウチョウ)

【▲冢】つか 土を高く盛って築いた墓。「―穴」表記「塚」とも書く。

チョウ【凋】(10) 冫8 準1 音 チョウ 訓 しぼむ

〔凋〕3592 437C

意味 しぼむ。しおれる。衰える。「凋傷」「凋落」

下つき 萎凋(イチョウ)・枯凋(コチョウ)・零凋(レイチョウ)

【▲凋む】しぼむ ①草花などがしおれる。なえてちぢまる。「干天が続き草木も―む」②勢いが衰え、張りを失う。「風船が―む」

【▲凋残】チョウザン ①草木などがしぼみそこなわれること。②疲れ衰えること。「旧友の―した姿を見た」

【▲凋落】チョウラク ①草花などがしおれ、枯れること。また、容色が衰えること。②勢いがなくなり落ちぶれること。「名門チームの―が

著しい」類零落

【凋零磨滅】チョウレイマメツ 学問や芸術など、文化的なものが滅び、なくなること。「凋零」は草花がしぼんで落ちる、「磨滅」はすりへり、なくなる意。〈『新唐書シントウジョ』〉

チョウ【▲挺】(10) 扌7 3682 4472 ▼テイ(一〇九三)

チョウ【晁】(10) 日6 1 5874 5A6A 音チョウ 訓あさ

意味 あさ。よあけ。類朝

チョウ【鬯】(10) 鬯0 1 8214 722E 音チョウ 訓においざけ・のびる

意味 ①においざけ。黒きびに鬱金香ウコンをまぜてかもした酒。②香草の名。鬱金草。③の(伸)びる。草木がのびしげる。

下つき 鬱鬯ウッチョウ・秬鬯キョチョウ

チョウ【帳】(11) 巾8 常 教 8 3602 4422 音チョウ 訓外とばり

筆順 …帳

意味 ①とばり。垂れ幕。引き幕。「開帳」「几帳キチョウ」②ものを書くために紙をとじたもの。ちょうめん(帳面)。「帳簿」「台帳」

書きかえ ②「帖チョウ」の書きかえ字として用いられるものがある。

下つき 帷帳イチョウ・開帳カイチョウ・画帳ガチョウ・几帳キチョウ・記帳キチョウ・台帳ダイチョウ・通帳ツウチョウ・手帳てチョウ・緞帳ドンチョウ・蚊帳ブンチョウ・かや・宿帳やどチョウ

【帳合い】チョウあい ①現金や在庫商品と帳簿とを照らし合わせること。②帳簿に収支を記入すること。

【帳消し】チョウけし ①勘定が済んで、帳簿に記載されている金高を消すこと。②借りがなくなること。「借金の―」③互いに差し引いて損得や功罪がなくなること。

ち チョウ

【帳尻】チョウじり ①帳簿に記入してある最後の箇所。②決算の結果。③事柄のつじつま。「―を合わせる(矛盾がないようにする)」

【帳場】チョウば 商店や旅館などで、帳簿をつけたり、勘定や金銭の出納などをする所。会計場。

【帳幕】チョウバク 帳とばりと幕まく。また、それを張りめぐらした所。類帳幄チョウアク・帷幄イアク

【帳簿】チョウボ 会計や営業・事務に必要な事柄を記入する帳面。「現金の出納を―に記入する」

【帳面面】チョウメンづら ①帳面上の記載。また、帳面上の収支。②表面上のこと。帳面ちょうづら。「―を合わせただけのことだ」

【▲帳】とばり 空間を隔てるために垂れ下げる布。たれぎぬ。「夜の―の後ろに隠れた」「夜の―がおりる(すっかり夜になって暗くなる)」表記「帷」とも書く。

チョウ【張】(11) 弓8 常 教 6 3605 4425 音チョウ 訓はる

筆順 …張

意味 ①はる。ひっぱる。はりわたす。「張力」「緊張」②ひろげる。大きくする。「拡張」「膨張」③言いはる。「主張」④はり。衣服・琴・弓・幕などを数える語。⑤「尾張おわりの国」の略。「張州」

下つき 拡張カクチョウ・緊張キンチョウ・誇張コチョウ・弛張シチョウ・主張シュチョウ・出張シュッチョウ・膨張ボウチョウ

【張三▲李四】チョウサンリシ ごくありふれた一般人のたとえ。由来 張氏の三男と李氏の四男の意で、中国では張氏と李氏が非常にありふれた姓であることから。〈『景徳伝灯録』〉類張三呂四チョウサンリョシ

【張本】チョウホン ①事件や悪事などのもと・原因。②「張本人」の略。悪事の中心人物。

【張力】チョウリョク ①ひっぱり伸ばす力。「表面―」②垂直に互いを離すようにひっぱり合う力。

【張り】はり ①張ること。開いて伸ばした状態。転じて、ひきしまったようす。「声に―がある」「気持ちの―が失せる」「仕事に―がある」②ひっぱること。また、その力の程度。「釣り糸の―が強い」③弓・提灯チョウチン・幕・テントなどを数える語。「ひと―の弓が敵を倒した」「テントが五〇―張れるキャンプ場」

【張扇】はりおうぎ 外側を紙で張った扇子。講談師などが、台を打って調子をとるのに用いる。

【張り子の虎】はりこのとら ①竹と紙でトラの形に作り、首が動くようにした玩具ガング。②見かけは強そうだが、実際は弱い人をさげすんでいう言葉。

【張りぼて】はりぼて 細い木や竹を編んで形を作り、紙を張ったもの。張り子。特に、張り子の芝居の小道具。

【張る】はる ①伸び広がる。「木の根が―る」②伸ばし渡す。ぴんとひっぱる。「紅白の幕を―る」「気が―る(緊張を保つ)」③一面をおおい、はちきれそうになる。満たす。「池に氷が―る」「お腹が―る」④設ける。「花見の宴を―る」⑤筋肉がかたくなる。「肩が―る」⑥つき出る。つき出す。「誇りに胸を―る」「そんなに意地を―るな」⑦ふやす。盛んにする。「勢力を―る」⑧普通以上に多くなる。「値が―る」⑨対抗する。「向こうを―る」

チョウ【彫】(11) 彡8 常 3 3606 4426 音チョウ 訓ほる

筆順 …彫

意味 ほる。きざむ。ほりきざむ。「彫金」「彫刻」

【彫金】チョウキン 金属にたがねを用いて彫刻を施すこと。また、その技術。

【彫刻】チョウコク ①木や石・金属などを彫りきざんで立体的な形をつくること。また、その作品。類彫鐫(チョウセン) ②木や石・金属などに模様を彫りきざむこと。また、その作品。「―家」類彫塑(チョウソ)

【彫心▲鏤骨】チョウシンルコツ 非常な苦労をすること。また、非常な苦心をして詩文を練ること。「彫心」は心にきざみこむ、「鏤骨」は骨にきざみつける意。参考「鏤骨」は「ロウコツ」とも読む。類刻骨銘肌(コクコツメイキ)・粉骨砕身(フンコツサイシン)

【彫塑】チョウソ ①彫刻と塑像(ソゾウ)。②彫刻の原型となる塑像をつくること。

【彫像】チョウゾウ 木や石などを彫りきざんで作った像。「観音の―」

【彫▲琢】チョウタク 宝石をきざみ磨くこと。転じて、詩文を練り磨くこと。類推敲(スイコウ)

【彫虫▲篆刻】チョウチュウテンコク 取るに足りない小細工。また、文章を作るのに字句ばかりを飾り立てること。虫の形や複雑な篆書の字を刻みつけるような、こまかな細工ということから。〈揚子法言(ヨウシホウゲン)〉表記「彫虫」は「雕虫」とも書く。

【彫▲鏤】チョウル 金属などに模様を彫りきざむこと。参考「チョウロウ」とも読む。「鏤」は金属に細かい模様をきざむ意。

【彫師】ほりシ 木や石・金属などに彫刻することを仕事とする人。また、入れ墨を彫ることを仕事とする人。彫り物師。

【彫る】ほ-る ①木や金属などをきざむ。きざんで模様をつける。②入れ墨をする。

チョウ【悵】(11) 忄8 1 5616 5830 訓 音 チョウ いたむ・うらむ

意味 いたむ。うらむ。なげく。がっかりする。「悵恨」「悵然」

下つき 惆悵(チュウチョウ)

【▲悵む】いた-む 心をいため、がっかりする。あてがはずれて残念に思う。

【▲悵恨】チョウコン うらめしく思うこと。残念がること。

【▲悵然】チョウゼン うらみ嘆くさま。がっかりするさま。類悵悵

【▲悵望】チョウボウ 悲しい気持ちで、うらめしげに遠くを眺めること。

チョウ【眺】(11) 目6 常 準2 3615 442F 訓 音 チョウ ながめる

筆順 丨 冂 月 目 目 目 目 眺 眺 眺 (4)

意味 ながめる。遠くを見わたす。ながめ。「眺望」

下つき 臨眺(リンチョウ)

【眺望】チョウボウ 遠く見渡すこと。また、そのながめ。見晴らし。「山頂からの―は抜群だ」類展望・遠望

【眺める】なが-める ①見渡す。「窓から海を―める」②見つめる。「庭の花を―める」③傍観する。「しばらく様子を―めよう」

チョウ【窕】(11) 穴6 1 6758 635A 訓 音 チョウ・ヨウ ふかい・あでやか

意味 一チョウ ①ふかい。奥深い。②奥ゆかしい。しとやかで美しい。「窈窕(ヨウチョウ)」 二ヨウ あでやか。なまめかしい。「窕冶(ヨウヤ)」

下つき 一窈窕(ヨウチョウ)

チョウ【釣】(11) 金3 常 準2 3664 4460 訓 音 チョウ(高) つる

旧字《釣》(11) 金3 1/準1

筆順 ノ 𠆢 亼 牟 牟 余 金 釗 釣 釣 (4)

意味 ①つる。魚をつる。つり上げる。「釣果」「釣竿(チョウカン)」②つりせん。

下つき 漁釣(ギョチョウ)・垂釣(スイチョウ)

【釣果】チョウカ 釣りの成果。釣りの獲物。「―を自慢する」

【釣▲鉤】チョウコウ 魚を釣るときに用いる、はり。釣りばり。

【釣り】つ-り ①釣りばりにえさをつけて水中に垂らし、魚を捕ること。②「釣り銭」の略。「―はいらない」

【釣り合う】つり-あ-う ①均衡がとれている。バランスがよい。「天秤(テンビン)が―う」②調和している。「海と空の色がよく―っている」

【釣り合わぬは不縁の基】つりあわぬはフエンのもと 育った境遇がちがいすぎる者どうしの結婚は、ものの考え方や価値観などが合わず、離婚することが多いということ。

【釣り▲竿】つりざお 魚釣りに使う、竹やグラスファイバーなどで作ったさお。

【釣忍】つりしのぶ シノブグサの根茎をたばねて軒先などにつるし、涼しい感じを出すもの。季夏

【釣る】つ-る ①釣りばりをつけた糸を垂らして魚をとる。「ハゼを―る」②相手の気を引いて誘う。その気にさせる。「甘言で―って契約させる」

【釣△瓶】つるべ 縄や竿(さお)の先につけて、井戸の水をくみ上げるおけ。「秋の日は―落とし(はやく暮れることのたとえ)」

チョウ【頂】(11) 頁2 常 教 5 3626 443A 訓 音 チョウ 外テイ いただく・いただき

筆順 一 丁 丁 丁 丁 丁 頂 頂 頂 頂 頂 (8)

意味 ①いただき。(ア)頭のてっぺん。「頂門」(イ)物のいちばん高いところ。「頂上」「頂点」②いただく。(ア)頭の上などに物をおく。(イ)人から物をもらうときの謙譲語。「頂戴(チョウダイ)」

下つき 円頂(エンチョウ)・骨頂(コッチョウ)・山頂(サンチョウ)・絶頂(ゼッチョウ)・丹頂(タンチョウ)・天頂(テンチョウ)・登頂(トチョウ)・頭頂(トウチョウ)

【頂】いただき 一番高いところ。頂上。てっぺん。「山の―に今も雪が残る」「―に白いものが目立つ（白髪になる）」

【頂く】いただく ①頭に載せる。「一年中雪を―く霊峰」②上の者として迎える。「総裁に―く」③「もらう」の謙譲語。「珍しい品を―いた」④「食う」「飲む」の謙譲語・丁寧語。「お菓子を―く」⑤「…してもらう」の謙譲語。「見て―く」

【頂上】チョウジョウ ①山などのいただき。てっぺん。「山の―に立つ」対麓 ②これ以上ないこと。「その道の―を極める」「暑さも今が―だ」類頂点・絶頂・最上

【頂戴】チョウダイ ①「もらうこと」の謙譲語。「ありがたく―する」対下賜・献上 ②ください。物を欲しがって、催促する語。「お茶を―」③…してください。「窓を閉めて―」

【頂点】チョウテン ①最も高いところ。類頂上 対底辺 ②物事の最も盛んなとき。ピーク。「興奮が―に達した」類絶頂・極限 ③多角形で隣り合う二辺の交わる点や、多面体で三つ以上の平面の交わる点。

【頂天立地】チョウテンリッチ 独立の気概をもってだれにも頼らず生きているさま。天を頂いて地に立つ意。「―の志」〈『五灯会元』〉

【頂門の一針】チョウモンのイッシン 人の急所を鋭くつく戒めのたとえ。「頂門」は頭のてっぺんのことで、そこに一本の針を突き刺す意から。〈蘇軾の文〉「―を加える」表記「一針」は「一鍼」とも書く。類寸鉄殺人・頂門の金椎

【頂礼】チョウライ 仏「頂戴礼拝」の略。古代インドの最高の敬礼。仏像や高貴の人の足下にひれ伏し、頭を地面につける。五体投地。

【頂相】チンゾウ 禅宗で、高僧の肖像画。中国、北宋時代に興盛。日本では、鎌倉時代にすぐれた作品が多い。参考「チン」は唐音。「チンソウ」とも読む。

【〈頂辺〉】てっぺん ①兜の鉢の頂上。②頭の頂上。てっぺん。表記「天辺」とも書く。

ち チョウ

チョウ【鳥】(11) 鳥0 常 教 9 3627 443B 音チョウ 訓とり

筆順 ′ 亻 户 户 白 自 鳥 鳥 鳥 鳥 10

意味 とり。鳥類の総称。「鳥獣」「候鳥」「野鳥」

下つき 愛鳥・益鳥・害鳥・花鳥・窮鳥・候鳥・水鳥・駝鳥・白鳥・飛鳥・猛鳥・野鳥・留鳥

【鳥瞰】チョウカン 高い所や空中から地上を見下ろすこと。「―図」類俯瞰

【鳥語花香】チョウゴカコウ のどかな春の風景のこと。鳥の鳴き声と花の香りの意から。〈呂本中の詩〉類桃紅柳緑

【鳥尽弓蔵】チョウジンキュウゾウ 目的を達すると、それまで重用されていた者が捨て去られるたとえ。鳥が射尽くされてしまうと、不要となった弓はしまわれてしまう意から。〈『史記』〉類狡兎良狗・得魚忘筌

【鳥葬】チョウソウ 遺体を野山に放置し、鳥が食うのに任せる葬り方。

【鳥目】チョウモク 穴のあいた銭。また、金銭。由来 昔の銭で、中央にあいた穴が鳥の目に似ていたことから。参考「とりめ」と読めば別の意になる。

【〈鳥渡〉】ちょっと ①わずか。また、少しの時間。②ためしに。「―見てくる」③少々のことでは。「―不可能だろう」④呼びかけの語。「―、待て」表記「一寸」とも書く。

【〈鳥栖〉・〈鳥座〉】とぐら 鳥のねぐら。鳥の巣。とや。表記「塒」とも書く。

【鳥総松】とぶさまつ 正月の飾りの一つで、門松を取り去った跡に松の枝先をさしておくもの。季新年

【鳥屋】とや ①鳥を飼う小屋。特に、タカを飼う小屋。「―に就く（タカなどが羽のぬけかわる時期に巣にこもる）」②鳥の羽が季節によってぬけかわること。③小鳥を捕らえるため、山中に建てた小屋。表記「塒」とも書く。

【鳥】とり ①鳥類の総称。②ニワトリ。また、その肉。表記②「鶏」とも書く。

『鳥なき里の〈蝙蝠〉』こうもり すぐれた人のいないところでは、つまらぬ者が我が物顔に振る舞うことのたとえ。コウモリは、鳥がいない場所では鳥のような顔で飛び回る意から。類貂なき森の鼬

『鳥の将に死せんとす、その鳴くや哀し』 鳥の鳴き声は、ふだんは楽しそうに聞こえるが、今まさに死のうとするときの声は、なんともうら悲しいものだということ。人でも鳥でも死ぬ間際には本音をもらすたとえ。〈『論語』〉

【鳥居】とりい 神社の参道の入り口に建てる門。神域を示すもので、二本の柱の上に笠木を渡し、その下に貫を入れる。

【鳥威】とりおどし 農作物を荒らす鳥を追い払うために田畑に作っておくしかけ。鳴子・かかしなど。季秋

【鳥籠】とりかご 鳥を中に入れて飼うかご。竹や針金などで作る。

【鳥兜・鳥甲】とりかぶと ①舞楽で、楽人や舞手がかぶる鳳凰の頭をかたどった冠。②キンポウゲ科の多年草。秋、青紫色の①に似た花を円錐状に多数つける。根は猛毒だが、乾燥したものは付子または鳥頭といい、鎮痛剤などに用いる。ブス。季秋 表記②「草鳥頭」とも書く。

【鳥肌・鳥膚】とりはだ 皮膚が寒さや恐怖などで、鳥の毛をむしったあとのようにぶつぶつになること。総毛立つ状態になること。「―が立つ」

【鳥目】とりめ　暗い所では視力が低下し、ものが見えにくくなる病気。夜盲症。由来 多くの鳥は、夜、目が見えないことから。参考「チョウモク」と読めば別の意になる。

【鳥▲黐】とりもち　小鳥・昆虫などを捕らえるのに使うガム状の粘着物質。モチノキなどの樹皮からとる。

〈鳥臓〉もつ　鳥の内臓。特に、胃袋。参考「もも・もも・ももげ」とも読む。

チョウ【★喋】(12) ロ 9 準1 3593 437D 音 チョウ 訓 しゃべる・ふむ

意味 ①しゃべる。口数が多い。「喋喋」 ②ふ(踏)む。血をふむ。血の流れる形容。「喋血」

【▲喋る】しゃべる　言う。話す。口数多く話をする。「余計なことを一り過ぎる」

【▲喋▲喋】チョウチョウ　ぺらぺらと軽々しくしゃべること。また、そのさま。

『▲喋▲喋▲喃▲喃チョウチョウナンナン』男女が小声でむつまじく語り合うこと。また、そのさま。「喃喃」は小声でしゃべること。参考「喃喃喋喋」ともいう。

チョウ【△塚】(12) ±9 常 3645 444D ▼つか(一〇八〇)

チョウ【▲幀】(12) 巾9 5476 566C ▼テイ(一〇九五)

チョウ【△提】(12) 扌9 教 3683 4473 ▼テイ(一〇九五)

チョウ【朝】(12) 月 8 教 常 9 3611 442B 音 チョウ 訓 あさ 外 あした

筆順 一 十 十 古 吉 6 直 卓 卓 朝 朝 12

意味 ①あさ。あした。「朝会」「早朝」対 夕 ②天子がまつりごとをするところ。「朝廷」対 野 ③天子の治める国。「王朝」 ④天子の治めている世。また、その期間。「唐朝」 ⑤天子におめにかかる。「朝見」「朝貢」 ⑥「朝鮮」の略。

下つき 一朝イッチョウ・王朝オウチョウ・帰朝キチョウ・今朝コンチョウ・けさ・参朝サンチョウ・早朝ソウチョウ・入朝ニュウチョウ・本朝ホンチョウ・明朝ミョウチョウ・翌朝ヨクチョウ・来朝ライチョウ

【朝】あさ　①夜明けからしばらくの間。「さわやかな一」「一が早い」対 夕・晩 ②夜明けから正午まで。午前。「一のうちの仕事」

【朝市】あさいち　朝に開かれる、その土地の野菜や魚などを商う市。

【朝顔】あさがお　①ヒルガオ科のつる性一年草。熱帯アジア原産。薬草として中国から渡来。夏の朝、ラッパ形の花をつけ、昼前にはしぼむ。種子は漢方で下剤に用いる。季 秋 ②キキョウ・ムクゲの古名。③形が似ていることから、男性用小便器。表記 ①「牽牛花」とも書く。

『朝顔の花一時ひととき』物事の衰えやすいことのたとえ。朝顔の花は朝咲いて、昼にはもうしぼんでしまうことから。類 槿花キンカ一日イチジツの栄エイ

【朝駆け】あさがけ　①ウマを朝早く走らせること。早朝から出かけること。②朝早く不意をついて、敵に攻めこむこと。③新聞記者などが取材のため、朝早く要人の家などを訪れること。「一で得た特ダネ」

『朝駆けの駄賃』物事がたやすくできるたとえ。朝のうちはウマも元気で、重い荷物を背負わせても平気なことから。参考「行き掛けの駄賃」をもじった言葉。

【朝▲霞】あさがすみ　①朝に立つかすみ。季 春 ②物がはっきり見えないことから、「ほのか」などにかかる枕詞まくらことば。

【朝▲餉】あさがれい　①天皇の日常の簡単な食事。②「朝餉の間」の略。清涼殿の天皇が食事をとる部屋。参考「あさげ」と読めば別の意。

〈朝▲餉〉あさげ　朝の食事。朝食。類 朝飯 対 夕餉　参考「あさがれい」と読めば別の意。

〈朝勤〉・朝事】あさじ　①浄土真宗の寺で、毎朝行われる勤行ゴンギョウ。②「朝事参り」の略。信徒が朝早く行われる勤行に参ること。

【朝題目に宵念仏】あさダイモクによいネンブツ　定見をもたないことのたとえ。朝は日蓮にちれん宗の題目を唱え、夕方には浄土宗の念仏を唱えることから。参考「宵念仏」は「夕念仏」ともいう。

【朝茶は七里帰っても飲め】あさチャはシチリかえってものめ　朝茶はその日の災難よけになるものだから、飲み忘れたら、たとえ七里の道を戻ってでも飲むべきだということ。類 朝茶は質を置いても飲め

【朝△月夜】あさづくよ　①有明の月。②月の残っている明け方。対 夕月夜

【朝▲凪】あさなぎ　朝、海風と陸風が吹き変わるときに見られる無風状態。風波が一時やむこと。対 夕凪 季 夏

【朝ぼらけ】あさぼらけ　明け方の、明るくなり始めるころ。あけぼの。「一有明の月と見るまでに」

【朝まだき】あさまだき　朝まだ夜が明けきっていないころ。「一、東の空が白むころ」類 早朝　参考「まだき」は、その時にはまだ早い意。

【朝飯前】あさめしまえ　①朝起きてから朝食をとる前。②たやすいこと。「この ような問題は一だ」由来 ②朝食前にもできるという意から。

【朝▲靄】あさもや　朝に立ちこめるもや。「一につつまれた山々」対 夕靄

【△朝】あした　①あさ。対 夕べ ②あくる朝。翌朝。「希望の一」

『△朝に紅顔ありて夕べに白骨となる』人の生死の計り知れないこと、人生は無常であることをいう。朝には若々しい美少年であっても、夕方には白骨になっている意から。〈『和漢朗詠集』〉

ち チョウ

『△朝に道を聞かば夕べに死すとも可なり』 朝、人の道(正しい道理)を聞いて、その真意を悟ることができたら、その日の夕方に死んでも悔いはないということ。道を知ることが人間にとっていかに重要であるかを力説した孔子の言葉。〈『論語』〉

『△朝に夕べを謀(はか)らず』 朝、その日の夕方のことまで考える余裕がないこと。それほど切迫した状態のたとえ。〈『戦国策』〉

【〈朝臣〉】あそん ①平安時代、五位以上の貴族につけた敬称。②古代の姓(かばね)の一つ。あそみ。

【朝衣朝冠】チョウイチョウカン 朝廷に出仕するときに着る、衣服や冠(かんむり)のこと。礼装。〈『孟子(モウシ)』〉

【朝雲暮雨】チョウウンボウ 男女の情交。男女のちぎりのこと。〈宋玉(ソウギョク)の文〉 類 雲雨巫山(ウンウフザン)・▼巫山(フザン)の夢(一三五)

【朝▲盈夕虚】チョウエイセキキョ 人生のはかないことのたとえ。「盈」は満ちること、「虚」はからっぽのこと。朝に栄え夕べに滅びるという意。類 朝栄夕滅・諸行無常

【朝賀】チョウガ 元日に、天皇が大極殿で臣下から祝賀を受ける儀式。元日の拝賀。

【朝改暮変】チョウカイボヘン ▼朝令暮改

【朝過夕改】チョウカセキカイ 過ちをすぐ改めること。「朝過」は朝に犯した過ち。「夕改」はその日の夕方までに過ちを改めること。〈『漢書(カンジョ)』〉 類 朝聞夕改

【朝観夕覧】チョウカンセキラン 朝な夕なに眺め見ること。書画などを愛玩(アイガン)することをいう。〈『歴代名画記』〉「―して飽くことのない水墨画」

【朝議】チョウギ 朝廷における評議。「―を開く」 類 廟議(ビョウギ)

【朝▲覲】チョウキン ①中国で、臣下が参内して天子にお目にかかること。類 朝謁・朝見 ②天皇が、太上(ダイジョウ)天皇・皇太后の御所に行幸すること。参考「覲」はまみえる意。

【朝菌は▲晦▲朔を知らず】チョウキンはカイサクをしらず 短命であることのたとえ。また、いのちのはかないことのたとえ。朝生えて夕方には枯れてしまうキノコ(朝菌)は、ひと月の晦(みそか)も、朔(ついたち)も知らないという意から。〈『荘子(ソウジ)』〉

【朝貢】チョウコウ 諸侯や外国からの使者が朝廷に貢ぎ物をすること。類 来貢

【朝三暮四】チョウサンボシ 目先のちがいだけにこだわり、結局は同じになることに気づかないことのたとえ。また、うまい言葉で人をあざむくこと。故事 中国、宋(ソウ)の猿飼いが、飼っていたサルたちに、好物のトチの実を朝三つ、夕方四つ与えると言ったら、サルたちが怒ったので、朝四つ夕方三つにすると言ったら喜んだという故事から。〈『列子』〉 参考「朝四暮三」ともいう。類 狙公配事(ソコウハイジ)

【朝種暮穫】チョウシュボカク 方針が一定しないたとえ。また、物事があわただしいさま。朝に作物を植えて、夕方には収穫する意から。〈『漢書(カンジョ)』〉

【朝真暮偽】チョウシンボギ 真実と虚偽の定めがたいことのたとえ。朝と夕方で真実と虚偽が入れかわる意から。〈白居易の詩〉 参考 無節操に変節する人々を風刺した言葉。

【朝▲秦暮▲楚】チョウシンボソ 住所が定まらず世を流浪するたとえ。また、主義・主張が一定でないたとえ。朝は中国北西の秦(シン)の国にいて、夕方は南の楚(ソ)の国にいる意から。〈晁補之(チョウホシ)の文〉

【朝生暮死】チョウセイボシ 生命がきわめて短いことのたとえ。人生のはかなさをいう。カゲロウなどが、朝に生まれて夕方には死ぬことから。〈『爾雅(ジガ)』〉 類 朝活暮死・朝開暮落

【朝夕】チョウセキ ①朝と夕方。朝と晩。②ふだん。いつも。明け暮れ。

【朝朝暮暮】チョウチョウボボ 毎朝毎晩。あさなゆうな。「朝朝」は毎朝、「暮暮」は毎夕の意。〈白居易の詩〉

【朝廷】チョウテイ 天皇や天子が国の政治を執る所。また、政治について臣下にたずね聞く所。類 朝堂・廟堂(ビョウドウ)

【朝▲暾】チョウトン 朝日。類 朝陽・朝旭(チョウキョク) 参考「暾」は日の出のまるい太陽の意。

【朝命】チョウメイ 朝廷の出す命令。天皇や天子の命令。「―にしたがう」

【朝野】チョウヤ ①朝廷と民間。官民。「―の別なく人材を集める」②天下。全国。「―をあげての大事業」

【朝▲蠅暮△蚊】チョウヨウボブン 小人物が世にはびこるたとえ。朝にはハエが、夕方には力が群がる意から。〈韓愈(カンユ)の詩〉

【朝来】チョウライ 朝からずっと。朝以来。「―の雨」 対 夜来

【朝礼】チョウレイ 会社や学校などで朝の始業前に、全員を集めて伝達事項を告げたりあいさつをしたりする行事。類 朝会

【朝令暮改】チョウレイボカイ 法令などがすぐに変更されて定まらず、あてにならないこと。朝出された命令が、夕方には改められる意から。〈『漢書(カンジョ)』〉 類 朝改暮変・朝立暮廃

チョウ【脹】(12) 月 8 準1 3617 / 4431
音 チョウ
訓 ふくれる・はれる・ふくよか

意味 ①ふくれる。はる。「脹満」「膨脹」②皮膚がはれる。「腫脹」③ふくよか。ふっくらしているさま。「脹よかな顔」

下つき 鼓脹(コチョウ)・腫脹(シュチョウ)・膨脹(ボウチョウ)

【▲脹満】チョウマン 腸管内に液体やガスがたまり、腹がふくれる症状。腹膜炎・腸閉塞などによる。類 鼓脹・鼓腸 表記「腸満」とも書く。

【▲脹れる】はーれる 炎症などで、皮膚がふくれあがる。

【脹▲雀】ふくらすずめ ①肥えてふくれたスズメ。また、寒さのため羽をふくらませたスズメ。②江戸時代の女性の髪形の一つ。③若い女性向けの帯の結び方。由来 ②③形が①に似ることから。表記「福良雀」とも書く。

【▲脹▲脛】ふくらはぎ 足の脛《すね》の後ろのふくらんだ部分。こむら。こぶら。

【▲脹らむ】ふくーらむ ①内側から盛り上がって大きくなる。ふくれる。「風船がーむ」②広がる。「夢がーむ」

【▲脹れる】ふくーれる ①内から外に盛り上がって大きくなる。ふくらむ。「腹がーれる」②頬《ほお》をふくらませて不平や不満を顔に出す。むくれる。「しかられてーれる」

チョウ【貂】
(12) 豸 5
1
7626
6C3A
訓 音 チョウ てん

意味 てん。イタチ科の哺乳《ホニュウ》動物。「貂裘《チョウキュウ》」

【▲貂▲裘】チョウキュウ テンの毛皮で作った高貴な人の着る衣服。

【▲貂】てん イタチ科の哺乳《ホニュウ》動物。本州以南の森林にすむ。大きさはネコくらいで、イタチに似る。夏毛は褐色で、冬毛は黄色。夜行性で、小動物を捕食する。毛皮は珍重される。季 冬 表記「黄鼬」とも書く。

【▲貂なき森の▲鼬《いたち》】権力者がいない所では、つまらない人間が幅をきかせるたとえ。テンのいない森では、イタチが身勝手な振る舞いをする意から。類 鳥なき里の蝙蝠《こうもり》

チョウ【貼】
(12) 貝 5
常
2
3729
453D
訓 音 チョウ 外 テン
はる 外 つける

筆順 丨 冂 月 目 貝 貝 貝丨 貝ト 貝ト 貝占 貼
4 7

意味 ①はる。つける。はりつける。「貼付」②薬の包みを数える語。

【貼付・貼附】チョウフ 紙などをはりつけること。「証明書に写真をーする」参考「テンプ」は慣用読み。

【貼用】チョウヨウ はりつけて使うこと。「膏薬《コウヤク》をーする」

【貼る】はーる のりなどでつける。はりつける。「切手をーる」

チョウ【超】
(12) 走 5
常
3
3622
4436
訓 音 チョウ
こえる・こす

筆順 一 十 土 キ 丰 走 走 起 起 超 超 12

意味 ①こえる。限度をこす。とびこえる。「超越」「超過」②かけはなれている。ぬきんでている。「超人」「超然」

下つき 高超《コウチョウ》・出超《シュッチョウ》・入超《ニュウチョウ》

【超える】こーえる ①数量がある程度以上になる。限界や一定の範囲をはみだす。「予想をーえる参加者」②抜けでる。まさる。「想像をーえた能力」

【超越】チョウエツ ①程度や範囲などをはるかにこえること。②世俗的なことに煩わされないこと。「利害をーした行動」

【超音波】チョウオンパ 毎秒二万回以上振動し、人間には聞こえない音波。医療・工業・漁業などに広く利用される。

【超過】チョウカ 時間や数量などが、決められた限度をこえること。「ー勤務」「予算をーする」対 未満・不足

【超克】チョウコク 苦しみや困難を乗りこえること。あるものに打ちかつこと。類 克服

【超人】チョウジン 普通の人間とかけ離れた能力をもつ人。スーパーマン。

【超絶】チョウゼツ 他と比較にならないほどずば抜けてすぐれていること。「ーした力」

【超然】チョウゼン 物事にこだわらないで、ゆうゆうとしているようす。俗世間から離れているようす。「時流にーとする」

【超俗】チョウゾク 俗世間の事柄にこだわらないこと。世間離れしていること。「ーの隠居生活」類 脱俗・超脱

【超脱】チョウダツ 俗世間をこえて、一段高い境地に抜け出ること。「俗世をーする」類 脱俗・超俗

【超伝導・超電導】チョウデンドウ 特定の温度以下になると、一部の金属の電気抵抗がなくなる現象。

【超党派】チョウトウハ 立場の異なる各政党が、それぞれの主張・政策の別をこえて意見や態度を一致させ、協力し合うこと。「ーの日中友好議員連盟」

【超▲弩級】チョウドキュウ 大きさや強さが、同類の物よりずば抜けていること。「ーの国際企業」「ーのホームラン」由来 イギリスの戦艦ドレッドノート型よりすぐれた戦艦を指す「超弩級艦」から出た語。「弩」はドレッドノートの頭文字「ド」の当て字。

【超▲邁】チョウマイ 飛び抜けてすぐれていること。参考「邁」は、すぎる・まさる意。

チョウ【★牒】
(13) 片 9
準1
3613
442D
訓 音 チョウ・ジョウ
ふだ

意味 ①ふだ。書きつけ。文書を記した木のふだ。「牒状」②公文書。「通牒」

書きかえ「丁」に書きかえられるものがある。

下つき 官牒《カンチョウ》・通牒《ツウチョウ》・符牒《フチョウ》

【▲牒状】チョウジョウ ①まわしぶみ。類 回文 ②訴状。

【▲牒】ふだ 文書を記した薄い木のふだ。

チョウ【腸】
(13) 月 9
教 常
5
3618
4432
訓 音 チョウ
外 はらわた・わた

筆順 丿 刀 月 月 胆 胆 腭 腸 腸

意味 ①はらわた。消化器官の一つ。「腸液」「胃腸」 ②こころ。精神。「断腸」

下つき 胃腸・浣腸・結腸・腔腸・小腸・心腸・大腸・脱腸・断腸・直腸・盲腸・羊腸

【〈腸線〉】ガット ヒツジやブタなどの腸から作る糸。ラケットの網やバイオリン・ギターなどの弦に用いる。

【腸捻転】チョウネンテン 腸がねじれる病気。激しい腹痛や嘔吐などがあり、死に至ることもある。

【腸閉塞】チョウヘイソク 腸管がつまり、内容物が通らなくなる病気。腹痛・嘔吐・便通停止などを伴う。腸不通症。イレウス。

【△腸】はらわた ①内臓。大腸・小腸など。わた。「酒が―にしみわたる」 ②ウリなどの内部の種がまじった柔らかな部分。 ③心。性根。精神。「―が腐ったような人物」

【△腸】わた 「腸(はらわた)」に同じ。

【△腸香】わたか コイ科の淡水魚。琵琶湖特産だが、移殖もされている。体長約三〇センチメートル。背部は淡い黒褐色、腹部は銀白色。食用。ウマウオ。ワタコ。季春

チョウ【誂】 (13) 言 6 1 7548 6B50 音 チョウ 訓 あつらえる・あつらえ

意味 ①あつらえる。注文して作らせる。あつらえ。 ②いどむ。類挑 ③もてあそぶ。からかう。類嘲

【▲誂え向き】あつらえむき 注文どおりであること。希望や要求に合っていること。「初心者にお―の講座」

【▲誂える】あつらえる 自分の希望どおりに、頼んで作らせる。注文する。特に、衣服にいう。「洋服を―える」

ち チョウ

チョウ【跳】 (13) 𧾷 6 常 4 3623 4437 音 チョウ 訓 はねる・とぶ 外おどる

筆順 口 ⻊ ⻊ 𧾷 𧾷 跳 跳 跳 跳

意味 ①とぶ。はねる。「跳馬」「跳躍」 ②おどる。おどりあがる。「跳梁」

【△跳る】おどる はねる。はね上がる。とび上がる。おどり上がる。

【跳馬】チョウバ ウマの背の形をした台に革を張った体操用具。また、それを用いた体操競技。

【跳躍】チョウヤク ①とび上がること。とびはねること。ジャンプ。「全身をばねにして―する」 ②「跳躍競技」の略。陸上競技での走り高跳び・走り幅跳び・三段跳び・棒高跳びなど。

【跳△梁】チョウリョウ ①おどり上がり、はね回ること。 ②思うまま自由に振る舞うこと。「無法者が―する」類横行・跋扈

【跳△梁△跋△扈】チョウリョウバッコ 悪者などがはびこり、思うままに行動すること。「跋扈」は悪者などが我が物顔にのさばること。参考「跋扈跳梁」ともいう。類横行闊歩・飛揚跋扈

【跳△鯊】とびはぜ ハゼ科の海魚。本州中部以南の河口付近にすむ。体長は約一〇センチメートル。頭上にある大きい目を水面に出して空中を見る。胸びれで干潟を歩行・跳躍できる。

【跳ぶ】とぶ ①はね上がる。「片足で―ぶ」 ②とび越える。「みぞを―ぶ」

【跳ね橋】はねばし ①大きな船が通行できるようにはね上がるしくみの橋。跳開橋。 ②城の入り口などで、敵の侵入を防ぐためにふだんは上げて往来を遮断し、必要に応じて下ろして通行する橋。

【跳ねる】はねる ①とび上がる。おどり上がる。「鯉が―ねる」「ぴょんぴょん―ねる」 ②とび散る。「自動車がどろ水を―ねる」 ③はじける。「炭が―ねる」 ④その日の興行や営業が終わる。「芝居が―ねる」

チョウ【徴】 (14) 彳 11 常 4 3607 4427 音 チョウ 外チ 訓 外しるし・めす

旧字【徵】 (15) 彳 12 1/準1 8436 7444

筆順 彳 彳 徉 徉 徉 徨 徨 徴 徴

意味 ①しるし。あらわれ。あかし。「徴候」「特徴」 ②めす。あつめる。取り立てる。「徴税」「徴兵」

下つき 吉徴・象徴・瑞徴・性徴・追徴・特徴・表徴・明徴

【△徴】しるし これから起こる事象が何らかの形で現れること。前ぶれ。徴候。類兆し

【徴候】チョウコウ 物事の起こりがそれと分かるしるし。「回復の―が現れる」類前兆

【徴収】チョウシュウ ①金を集めること。「会費を―する」 ②国や公共団体などが、法に基づいて税金や手数料などを取り立てること。「源泉―」対①②納入

【徴集】チョウシュウ ①人や物・金などを召し集めること。類徴募 ②兵役として国家が強制的に人を集めること。類徴兵・召集

【徴証】チョウショウ 目印になるしるし。証拠。あかし。類徴憑

【徴する】チョウする ①召し集める。官の用で呼び出す。「兵を―する」 ②取り立てる。徴収する。 ③証拠や根拠を求める。照らし合わせて考える。「歴史に―して明らかだ」 ④要求する。「識者の意見を―する」

【徴税】チョウゼイ 税金を取り立てること。また、取り立てた税金。対免税・納税

【徴発】チョウハツ ①戦時などに、国が人を強制的に集めること。「兵員を―する」 ②物品を強制的に取り立てること。「物資を民間から―す

る」類①②徴用

【徴表】チョウヒョウ ある物事の性質を、他の物事の性質から区別するしるしとしての性質。メルクマール。

【徴憑】チョウヒョウ ①証明のしるし。よりどころ。あかし。類徴証 ②犯罪などに関する事実を間接的に証明する材料。

【徴兵】チョウヘイ 国家が国民に兵役義務を課し、強制的に一定期間の兵役につかせること。「—制」対募兵

【徴募】チョウボ 召し集めること。つのり集めること。類徴集

【徴用】チョウヨウ ①国家が国民を強制的に動員して、兵役以外の仕事をさせること。「軍需工場に—される」②徴収して用いること。類①②徴発

【徴す】め—す 君主が臣下をめし出す。つのり集める。官命で呼び集める。

チョウ【暢】(14) 日10 準1 3610 442A 音 チョウ 訓 のびる・のべる・とおる

意味 ①の(伸)びる。のびやか。「暢達」②の(延)べる。のばす。広げる。③とお(通)る。よどみなくよく通る。「流暢」

下つき 条暢ジョウ・伸暢シン・明暢メイ・流暢リュウ

【暢月】チョウゲツ 陰暦の一一月の異名。

【暢達】チョウタツ ①のびのびと育っていること。また、そのようす。②文体などがのびのびとしていること。「—な筆跡」

【暢茂】チョウモ 草木が生長して生い茂ること。

【暢びる】の—びる ①長くなる。生長する。②行き渡る。

【暢気】のんキ ①心配や苦労がないさま。「引退して—な身分だ」「—にかまえる」②のんびりと気の長いさま。「—な性格」表記「暖気・呑気」とも書く。

チョウ【漲】(14) 氵11 1 6293 5E7D 音 チョウ 訓 みなぎる

意味 みなぎる。みちあふれる。「漲溢イツ」

下つき 怒漲ド・暴漲ボウ

【漲る】みなぎ—る ①水の勢いが盛んになる。水が満ちてあふれる。「濁流が—る」②あふれるほどに満ち広がる。「土俵に緊張感が—る」

チョウ【肇】(14) 聿8 準1 4005 4825 音 チョウ 訓 はじめる・はじめ

旧字《肇》(14) 聿8 1/準1

意味 はじめる。おこす。はじめ。「肇国」

【肇国】チョウコク はじめて国を建てること。国を興すこと。類建国

【肇造】チョウゾウ はじめてつくること。「国家を—する」類創造

【肇める】はじ—める はじめてする。はじまる。

チョウ【蔦】(14) ⺾11 準1 3653 4455 音 チョウ 訓 つた

意味 つた。ブドウ科のつる性落葉植物。

【蔦】つた ブドウ科のつる性落葉植物。山野に自生。吸盤のある巻きひげで、木や岩に固着する。夏、黄緑色の小花をつけ、黒紫色の実を結ぶ。秋、美しく紅葉する。季秋 表記「地錦」とも書く。

【蔦漆】つたうるし ウルシ科のつる性落葉植物。山地に自生。他にからみつき、初夏に黄緑色の小花をつける。樹液は有毒で、触れるとかぶれる。秋の紅葉が美しい。

【蔦葛】つたかずら つる草の総称。季秋

〈蔦紅葉〉つたもみじ ①紅葉したツタの葉。季秋 ②イタヤカエデの別称。カエデ科の落葉高木。葉はてのひら状に浅く裂け、秋に黄葉する。

チョウ【蜩】(14) 虫8 1 7383 6973 音 チョウ 訓 せみ・ひぐらし

意味 ①せみ(蟬)。セミ科の昆虫の総称。②ひぐらし。せみの一種。かなかなぜみ。

【蜩】せみ セミ科の昆虫の総称。▼蟬せみ(九一二)

【蜩】ひぐらし セミ科の昆虫。体は中形で黄褐色、頭部は緑色。はねは透明で、黄色の脈がある。初秋の早朝や夕方、「カナカナ」と澄んだ声で鳴く。カナカナゼミ。季秋 表記「茅蜩」とも書く。

チョウ【趙】(14) 走7 1 7668 6C64 音 チョウ 訓 こえる

意味 ①ゆっくり歩く。②およ(及)ぶ。③こ(超)える。④中国の戦国時代の国の名。

チョウ【輒】(14) 車7 1 7744 6D4C 音 チョウ 訓 すなわち

〔輙〕7745 6D4D

意味 ①すなわち。そのたびごとに。たやすく。たちまち。②わきぎ。車の両側で前にそりだしている木。

【輒ち】すなわ—ち ①そのたびごとに。いつも。②たやすく。すぐに。

【輒然】チョウゼン ①直立して身動きしないさま。②にわかなさま。突然。類忽然コツゼン

チョウ【銚】(14) 金6 準1 3624 4438 音 チョウ・ヨウ 訓 すき・なべ

意味 ①すき(鋤)。農具の一種。②つり手のついたなべ。「銚子」

〈銚子〉さしなべ 弦つると注ぎ口がついたなべ。つるして酒などを温めるのに用いた。参考「さすなべ」とも読む。「チョウシ」と読めば別の意になる。

【銚子】チョウシ ①細長く口の狭い、酒を入れる容器。ふつうは陶製。ガラス製や金

属製もある。徳利。「お―をつける」②木製または金属製で、酒を注ぐ柄の長い容器。参考「さしなべ」と読めば別の意になる。

【〈▲銚▲釐〉】ちろり 酒を温める筒型容器。銅などで作られ、注ぎ口と取っ手がある。湯婆(タンポ) 由来「ちろり」と短時間に温まるところからという。

〔銚釐(ちろり)〕

チョウ【嘲】(15) 口12 常 2 5162 535E 音 チョウ 外トウ 訓 あざける 外からかう

〔嘲〕

筆順 ロ ロ' ロ+ 叶 咕 啅 嘲 嘲

意味 あざける。からかう。たわむれる。「嘲笑」「嘲弄(チョウロウ)」「自嘲」

下つき 自嘲(ジチョウ)

【嘲る】あざけ-る 人をばかにして悪く言ったり、笑ったりする。「人の失敗を―る」

【△嘲笑う】あざわら-う ばかにして笑う。せせら笑う。あざけり笑う。

【嘲戯】チョウギ あざけりたわむれること。からかうこと。類嘲謔(チョウギャク)

【嘲笑】チョウショウ あざけり笑うこと。ばかにして笑うこと。「世間の―を買う」類冷笑 対称賛・賛嘆

【嘲罵】チョウバ あざけりののしること。類罵倒 対称賛・賛嘆

【嘲弄】チョウロウ あざけりからかうこと。「―に耐える」類愚弄

チョウ【▲徵】(15) 彳12 8436 7444 ▼徴の旧字(一〇六四)

チョウ【潮】(15) 氵12 常 教 5 3612 442C 音 チョウ 訓 しお 外うしお

ち チョウ

筆順 氵 氵 氵 沽 洁 淖 漳 潮 潮

意味 ①しお。うしお。㋐海の水の満ち引き。「干潮」㋑海の水。海水の流れ。「潮流」②時の流れ。傾向。「思潮」「風潮」参考①㋐で、満ちしおを「潮」、引きしおを「汐(セキ)」、また、朝の干満を「潮」、夕方の干満を「汐」とすることがある。

下つき 赤潮(あかしお)・渦潮(うずしお)・親潮(おやしお)・海潮(カイチョウ)・干潮(カンチョウ)・黒潮(くろしお)・紅潮(コウチョウ)・高潮(たかしお)・思潮(シチョウ)・初潮(ショチョウ)・大潮(おおしお)・退潮(タイチョウ)・血潮(ちしお)・風潮(フウチョウ)・防潮(ボウチョウ)・満潮(マンチョウ)

【△潮】うしお ①「潮(しお)」に同じ。②「潮汁」の略。③「潮煮」の略。魚介類を塩味で煮たもの。

【△潮汁】うしおじる 塩で味つけした魚介類の吸い物。魚や貝のすましじる。うしお。

【潮】しお ①月と太陽の引力によって、海水が周期的に満ちたり引いたりする現象。また、その海の水。海流。うしお。「ここは―の流れの速い所だ」②「潮時」の略。

【潮△騒】しおさい 潮がさしてくるときに波が立ち騒ぐこと。また、そのときの波の音。参考「しおざい」とも読む。

【潮路】しおじ ①潮の干満の通りみち。②海上の通路。海路。船路。「はるかな―」参考①「しおみち」とも読む。

【潮△溜り】しおだまり 海岸の岩場で、潮がひいたあとも海水が残っている所。

【潮時】しおどき ①海水が満ちたり引いたりする時。②物事をするのに最適な時。ころあい。しお。「―を見て始めよう」「選手交代の―」類好機・機会・時機

【潮▲沫・潮△泡】しおなわ 海水のあわ。しおのあわ。由来「潮のあわ」から転じた語。参考「沫」は水の細かいつぶやあわ、「泡」はまるくふくらんだあわの意。

【潮干狩り】しおひがり 干潮のときに海水の引いた干潟で、貝を採ること。季春

【潮位】チョウイ 基準面から測定する海面の高さ。潮の干満によって変化する。潮高。「―が上がる」

【潮解】チョウカイ 結晶が大気中の水分を吸収して、溶解すること。また、その化学現象。塩化カルシウムなどに見られる。

【潮▲汐】チョウセキ 月と太陽の引力により、通常一日に二回ずつの満潮と干潮が起こる現象。満ちしおと引きしお。参考満ちしおを「潮」といい、引きしおを「汐」という。また、朝のしおを「潮」、夕方のしおを「汐」という。

【潮流】チョウリュウ ①潮の干満によって起こる、海水の流れ。②世の中の動き。時の流れ。時勢。「時代の―が大きく変化する」類時流

チョウ【澄】(15) 氵12 常 4 3201 4021 音 チョウ 訓 すむ・すます高

〔澂〕 1 6313 5F2D

筆順 氵 氵 氵 氵 氵 氵 澄 澄

意味 すむ。すます。にごりがない。清い。「澄心」「澄明」「清澄」

下つき 清澄(セイチョウ)・明澄(メイチョウ)

【澄ます】す-ます ①液体などの濁りをなくして、すんだ状態にする。「刀をとぎ―す」②感覚や精神を集中する。「耳を―して小鳥の声を聴く」③すっかりそのものになる。「本人になり―す」④気取る。関係がないという態度をとる。「―した顔で取り合わない」

【澄む】す-む ①淀(よど)みや濁りがなくなって透きとおる。「水が―む」②曇りがなくなって明らかになる。「月の光が―んでいる」「―んだ目の人」③声や音が冴える。「―んだ笛の音」④落ち着く。しずまる。「心が―む」

【澄心】チョウシン 心を落ち着かせて、静かにすること。心をすますこと。また、その心。

【澄明】チョウ メイ　すみわたって明るいこと。また、そのさま。「―な空」

チョウ【▲澂】(15) 氵12 6313 5F2D　▼澄の異体字(一〇六六)

チョウ【蝶】(15) 虫9 準1 3619 4433 音 チョウ 訓

意味 ちょう。ちょうちょう。鱗翅(リンシ)目の一群の昆虫の総称。「胡蝶(コチョウ)」

下つき 胡蝶(コチョウ)

【▲蝶▲鮫】チョウ ざめ　チョウザメ科の魚の総称。体は細長く、四本の口ひげがあり、かたいうろこが五列に並ぶ。春、産卵のため川をさかのぼる。卵の塩漬けはキャビアと呼ばれ珍重される。

【蝶△番】チョウ つがい　①扉やふたなどの開閉のため、継ぎ目につける金具。②つなぎとめるもの。特に、体の関節。由来 蝶のはねの開閉と似ていることから。参考「チョウバン」とも読む。

チョウ【調】(15) 言8 教 常 8 3620 4434 音 チョウ 訓 しらべる・ととのう中・ととのえる中 外 やわらぐ・あざける・みつぎ

旧字《調》(15) 言8 1/準1

筆順 ニ 言 言 言 訁 訂 訶 訶 調 調

意味 ①ととのう。ととのえる。ほどよくする。つりあう。「調和」「調節」「協調」②やわらぐ。やわらげる。③あざける。からかう。④しらべる。「調査」「調書」⑤しらべ。詩や音楽のリズム。「曲調」「格調」⑥ようす。状態。「調子」「順調」⑦みつぎ。古代の税制の一つ。「調布」

下つき 哀調(アイチョウ)・音調(オンチョウ)・快調(カイチョウ)・格調(カクチョウ)・完調(カンチョウ)・基調(キチョウ)・協調(キョウチョウ)・強調(キョウチョウ)・空調(クウチョウ)・口調(クチョウ)・好調(コウチョウ)・高調(コウチョウ)・語調(ゴチョウ)・色調(シキチョウ)・主調(シュチョウ)・順調(ジュンチョウ)・新調(シンチョウ)・正調(セイチョウ)・体調(タイチョウ)・単調(タンチョウ)・短調(タンチョウ)・長調(チョウチョウ)・低調(テイチョウ)・転調(テンチョウ)・同調(ドウチョウ)・復調(フクチョウ)・不調(フチョウ)・変調(ヘンチョウ)・歩調(ホチョウ)

【調べ】しら べ　①音楽や詩歌の調子。また、音楽の演奏。「ワルツの軽快な―」②調査。検査。点検。「下―をする」③尋問。とりしらべ。「刑事の―を受ける」

【調べる】しら べる　①調査・研究・点検などをする。「分布状況を―べる」②尋問する。問いただす。「容疑者を―べる」③音律を合わせととのえる。④演奏する。かなでる。「琴を―べる」

【調印】チョウ イン　条約・交渉などで、双方の代表が文書の内容を確認して署名・捺印(ナツイン)すること。「停戦協定に―する」

【調教】チョウ キョウ　ウマ・イヌ・猛獣などを慣らしたり、芸を仕こむなどの訓練をすること。「盲導犬を―する」

【調貢】チョウ コウ　諸侯や外国の使者が、朝廷にみつぎ物を献上すること。また、そのみつぎ物。

【調合】チョウ ゴウ　二種類以上の薬品を、定まった分量で混ぜ合わせること。「火薬の―」類 調薬・調剤

【調査】チョウ サ　物事の実態や事実を明確にするために調べること。「世論―」

【調剤】チョウ ザイ　二種類以上の薬剤を調合して薬を作ること。「―師」類 調薬

【調子】チョウ シ　①音律の高低。音調。「―外れの歌」②声の強弱・緩急などの具合。口調。③文章表現や言い回しの具合。「勇壮な―の詩」④動き具合。はたらき具合。「機械の―が良い」「胃の―が悪い」⑤勢い。はずみ。「商売が―づく」⑥相手に応じた態度。「―を合わせる」

【調書】チョウ ショ　①調査の結果を記した書類。しらべがき。「身上―」②訴訟手続きの経過や内容などを記した公文書。「―をとる」

【調進】チョウ シン　注文の品物を取りそろえて納めること。類 調達・調製

【調製】チョウ セイ　注文に合わせて品物をつくること。「注文に応じて―する」類 調進

【調整】チョウ セイ　物事の調子を正しくととのえること。「意見の―を図る」類 調節

【調節】チョウ セツ　物事の調子をととのえて具合よくすること。つりあいをとること。「室内の温度を―する」類 調整

【調達】チョウ タツ　必要に応じて金品などをととのえること。また、それを届けること。「資金―」類 調進 参考「チョウダツ」とも読む。

【調停】チョウ テイ　①対立している二者の間に入って、争いをやめさせること。「―に乗り出す」②裁判所などの国家機関が中に立って、和解させること。「―案」類 ①②仲裁・斡旋(アッセン)

【調度】チョウ ド　①日常使う小道具や家具。②武家で、弓矢。

【調髪】チョウ ハツ　髪を刈ったり結ったりして、形をととのえること。類 理髪

【調布】チョウ フ　昔、みつぎ物として朝廷に納めた手織りの布。

【調△伏】チョウ ブク　①仏 心身をととのえて、諸悪を抑えつけること。②仏 祈りによって、悪魔や敵を降伏させること。③人をのろい殺すこと。参考 ①②「ジョウブク」とも読む。

【調法】チョウ ホウ　①使って便利なこと。「携帯電話は―な道具だ」②仏 調伏するための修法。表記 ①「重宝」とも書く。

【調味料】チョウミ リョウ　食べ物の味をととのえるために使う材料。醬油(ショウユ)・塩・砂糖など。

【調薬】チョウ ヤク　「調剤」に同じ。

【調理】チョウ リ　①食物を料理すること。類 炊事 ②物事をととのえること。類 調整

【調律】チョウ リツ　楽器の調子を、正しい音に合わせととのえること。「―師」類 調音

【調和】チョウ ワ　具合よくととのっていること。つりあうこと。バランス。「―した色」

【調える】ととの える　①整理された状態にする。適度な状態にする。「味を―える」②

調子をよくする。③不足のないように、そろえる。備える。「支度を―える」④まとめる。「婚約を―える」

【△調】みつぎ ①律令(リツリョウ)制の租税の一つ。穀物以外の現物納。②属国が支配国の君主に、服従のしるしとして献上する財物。みつぎ物。参考①「チョウ」とも読む。

チョウ【髫】(15) 髟5 1 8190 717A 音チョウ 訓うない・たれがみ

意味 ①うない。たれがみ。うなじまで垂れ下がっている子どもの髪形。「髫髪」②子ども。幼児。

下つき 齠髫(チョウ)・垂髫(スイチョウ)・髦髫(ボウチョウ)

〈△髫髪〉・△髫 うない ①髪の毛をうなじで束ねて垂らした、昔の子どもの髪形。②女児の髪をうなじの辺りで切り下げたもの。また、そういう髪形の子ども。

【△髫△齔】チョウシン おさなご。幼児。参考「齔」は、歯の抜け替わる意。

チョウ【褶】(16) 衤11 1 7489 6A79 音チョウ・シュウ 訓ひだ・あわせ・かさねる

意味 ①ひだ。しわ。「褶曲」②あわせ。裏付きの着物。③かさねる。衣服を重ねて着る。

下つき 袴褶(コシュウ)

【褶曲】シュウキョク 平らな地層が、地殻変動による横からの圧力で波状に曲がる現象。山や谷ができる。「―山脈」

【△褶】ひだ 衣料品などをたたんだときにできる折り目。また、そのようなもの。

チョウ【★諜】(16) 言9 準1 3621 4435 音チョウ 訓しめす・うかがう・さぐる・ふだ

意味 ①まわしもの。しのび。スパイ。「諜者」「間諜」②しめす。しめし合う。③うかがう。さぐる。敵のようすをさぐる。「諜報」④言葉の多いさま。「諜諜」類喋(チョウ) ⑤ふだ(札)。「譜諜」

下つき 間諜(カンチョウ)・偵諜(テイチョウ)・防諜(ボウチョウ)

【諜者】チョウシャ ひそかに敵中に忍び、内情をさぐる者。スパイ。類間者・間諜 参考「チョウジャ」とも読む。

【諜報】チョウホウ 敵のようすをさぐって知らせること。また、その知らせ。「―活動」「―機関」

チョウ【雕】(16) 隹8 1 8026 703A 音チョウ 訓わし・きざむ・ほる・える

意味 ①わし(鷲)。タカ科の鳥。②きざむ。ほる。える。「雕刻」類彫

【雕△琢】チョウタク ①宝石などを刻んで磨きあげること。②詩文を推敲(スイコウ)し、練り上げること。

【雕文刻△鏤】チョウブンコクル 文章中の字句を美しく飾ること。器物などに模様を彫り刻む意から。「雕文」は、模様を彫ること。「刻鏤」は彫りつける意で、木に彫りつけるのを「刻」、金属に彫りつけるのを「鏤」という。〈『漢書(カンジョ)』〉参考「刻鏤」は「コクロウ」とも読む。

【△雕】わし ▼鷲(六九八) タカ科の鳥のうち、大形のものの総称。

チョウ【聴】(17) 耳11 常 3 3616 4430 音チョウ 外テイ 訓きく 外ゆるす

旧字《聽》(22) 耳16 1/準1 7069 6665

筆順 一 丅 F E 耳 耳一 耳十 耳𠀋 聴 聴(4 10 13 17)

意味 ①きく。注意してきく。「聴覚」「聴取」②ゆるす。ききいれる。「聴許」

下つき 傾聴(ケイチョウ)・幻聴(ゲンチョウ)・広聴(コウチョウ)・視聴(シチョウ)・試聴(シチョウ)・静聴(セイチョウ)・盗聴(トウチョウ)・難聴(ナンチョウ)・拝聴(ハイチョウ)・吹聴(ふいチョウ)・傍聴(ボウチョウ)・来聴(ライチョウ)

【聴く】きく ①神経を集中して音を感じる。詳しくきき取る。「静かに古典音楽を―く」②きき入れる。「願いを―く」

【聴覚】チョウカク 音を感じる感覚。五感の一つ。類聴感

【聴許】チョウキョ きき入れて許すこと。きき届けること。類聴容

【聴講】チョウコウ 講義や講演をきくこと。「大学の公開講座を―する」

【聴視】チョウシ きくことと見ること。「―者参加番組」類視聴

【聴取】チョウシュ ①きき取ること。「関係者から事情を―する」②ラジオなどに耳を傾けてきくこと。「―率がアップした」

【聴衆】チョウシュウ 説教・演説・音楽などをききに集まった人々。多くのきき手。「―は深い感動を受けた」対観衆・観客

【聴診】チョウシン 医師が患者の心音など体内の音をきいて診断材料とすること。「―器」対視診・触診

【聴納】チョウノウ 他人の進言や願いなどをきき入れること。

【聴聞】チョウモン ①行政機関が重要な行政上の決定を行う場合に、広く利害関係者の意見をきくこと。「―会」②仏説教や説法、また演説などをきくこと。表記①「聴問」とも書く。

【△聴す】ゆるす きき入れる。望みをきき届ける。

チョウ【懲】(18) 心14 常 準2 3608 4428 音チョウ 訓こりる・こらす・こらしめる

旧字《懲》(19) 心15 1/準1 8465 7461

筆順 彳 彳山 彳止 彳㞢 徎 徴 徴 徴 懲 懲(3 6 10 12 16 18)

意味 こりる。こらす。こらしめる。「懲悪」「懲罰」

下つき 勧懲(カンチョウ)・膺懲(ヨウチョウ)

【懲らしめる】こらしめる 罰を加えたりして、二度と悪事をしないように思い知らせる。「いたずらっ子を―める」

【懲り懲り】こりごり すっかりこりて二度としたくないと思うさま。「兄弟げんかはもうーだ」

【懲りる】こーりる 痛手を受けて、二度とやるまいと思う。「失敗にーりない発明家」

【懲悪】チョウアク 悪をいましめ、こらしめること。「勧善ー（よい行いをすすめ、悪人をこらしめること）」

【懲役】チョウエキ 裁判で刑を受けた者を刑務所に入れ、労役などに服させること。

【懲戒】チョウカイ ①不正不当な行為に対し、制裁を加えること。こらしめいましめること。対表彰・褒賞 ②公務員の職務違反に対する行政処分。「不正が発覚してー免職になった」

【懲罰】チョウバツ 不正不当な行為をした人をこらしめ、罰すること。また、その罰。「違反するとーの対象となる」対表彰・褒賞

チョウ【★寵】(19) 宀16 準1 3594 437E 音 チョウ 訓 めぐむ・めぐみ・いつくしむ

意味 ①めぐむ。いつくしむ。かわいがる。「寵愛」「寵児」②めぐみ。いつくしみ。「恩寵」

下つき 恩寵オンチョウ・君寵クンチョウ・天寵テンチョウ

【▲寵愛】チョウアイ 特別に目をかけてかわいがること。「王のーを受ける」

【▲寵△姫】チョウキ 君主に、特に愛されている女性。お気に入りの女性。類愛妾アイショウ

【▲寵児】チョウジ ①親に、特にかわいがられる子ども。②時流などに乗って、世の中からもてはやされている人。人気者。売れっ子。「彼はまさに時代のーだ」

【▲寵▲妾】チョウショウ 気に入りのめかけ。特別に愛情をかけているめかけ。類愛妾

【▲寵辱】チョウジョク ①もてはやされることと、そしられてはずかしめられること。類栄辱 ②繁栄することと、落ちぶれること。

【▲寵臣】チョウシン 君主に気に入られている家来。寵愛を受けている家臣。

チョウ【▲懲】(19) 心15 8465 7461 ▼懲の旧字（一〇六八）

チョウ【鯛】(19) 魚8 準1 3468 4264 音 チョウ 訓 たい

旧字《鯛》(19) 魚8 1/準1

意味 たい。タイ科の海魚の総称。

下つき 真鯛まだい

【▲鯛】たい タイ科の海魚の総称。特に、マダイを指す。多くは紅色で種類が多い。食用。参考 色・形ともに美しく、また、「めでたい」に通じることから祝宴の料理に使われる。

【▲鯛の尾より▲鰯いわしの頭かしら】大きな集団の末端にいるよりは、小さな集団でもその長になるほうがよいということのたとえ。類鶏口ケイコウと為なるも牛後ギュウと為る無かれ

【▲鯛も〈一人〉ひとりは△旨うまからず】食事は大勢で食べるほうがおいしいということ。おいしいといわれるタイでも、一人で食べてはおいしくないという意から。

チョウ【鰈】(20) 魚9 1 8255 7257 音 チョウ 訓 かれい

意味 かれい。カレイ科の海魚の総称。

【▲鰈】かれい カレイ科の海魚の総称。海底の砂地にすむ。体は平たく、両眼とも体の右側にある。食用。表記「王余魚」とも書く。

チョウ【齠】(20) 歯5 1 8383 7373 音 チョウ 訓 みそっぱ

意味 ①子どもの歯が抜けかわる。前の歯。乳歯。みそっぱ。②おさない。歯の抜けかわる年ごろの子ども。

チョウ【▲聴】(22) 耳16 7069 6665 ▼聴の旧字（一〇六八）

チョウ【▲廳】(25) 广22 5512 572C ▼庁の旧字（一〇五四）

チョウ【糶】(25) 米19 1 6892 647C 音 チョウ 訓 うりよね・うる・せり

意味 ①うりよね。売りに出す米。だしよね。また、穀物を売り出すこと。対糴テキ ②せり。せりうり。競売。

下つき 糴糶テキチョウ

〈▲糶取〉せどり 同業者間の売買の仲介をして手数料を取ること。また、その人。表記「競取・糶取」とも書く。

【▲糶】せり ①多くの買い手に値段をつけさせ、最高値の人に品物を売る方法。せり売り。競売。「ーに掛ける」②競争すること。せり合いをすること。表記「競り」とも書く。

【▲糶市】せりいち せり売りの市。売り主が複数の買い手に価格のせり合いをさせる市。表記「競り市」とも書く。

【▲糶売】チョウバイ ①米を売ること。売り米よね。②せり売りすること。競売。

チョク【直】(8) 目3 教 常 9 3630 443E 音 チョク・ジキ 外チ 訓 ただちに・なおす・なおる 外じか・すぐ・あたい・ひた

筆順 一 十 十 古 古 有 直 直

意味 ①まっすぐである。「直線」「直進」対曲 ②すなお。正しい。「直情」「正直」③なおす。なおる。ただす。④間に何もおかない。じかに。「直接」「直売」⑤すぐに。ただちに。「直前」「直後」⑥あたる。番にあたる。「宿直」「当直」⑦あたい。ねだん。「安直」類値 ⑧ひたすら。ただ。

下つき 曲直キョクチョク・硬直コウチョク・剛直ゴウチョク・宿直シュクチョク・正直ショウジキ・垂直スイチョク・率直ソッチョク・当直トウチョク・日直ニッチョク

【△直】あたい ①値段。値打ち。「春宵一刻ー千金」②古代の姓かばねの一つ。あたえ。

【△直】じか 間に人や物を入れないこと。直接。「ー談判」「紹介者なしにーに会う」由来「直ジキ」の転。

【△直〈足袋〉】じかたび 労働作業用に作られた、たびの形をしたゴム底で丈夫な履き物。はだしたび。由来直接地面を踏むたびの意から。表記「地下足袋」とも書く。

【△直談判】じかダンパン 直接相手と交渉すること。直談(ジキダン)。「社長に―する」「―に応じる」

【△直火】じかび 料理などで、直接材料に火をあてること。また、その火。「串(くし)に刺した魚を―で焼く」

【△直播き】じかまき 苗代を用いないで、種を直接田畑にまくこと。直播(チョクハン)。参考「ジキまき」とも読む。

【直参】ジキサン 直接主君に仕える者。特に江戸時代、直接将軍家に仕えた旗本や御家人の総称。対陪臣

【直直】ジキジキ 直接。間に人を入れずにじかに。「社長―の命令」

【直訴】ジキソ 正式の手続きをとらないで、直接に上訴すること。「幕府は―を認めなかった」類直願

【直談】ジキダン 「直談判(じかダンパン)」に同じ。

【直弟子】ジキデシ 直接師から教えを受ける弟子。類直門

【直伝】ジキデン 師から弟子に、直接その道の秘伝などを伝えること。「師匠―の技」

【直綴】ジキトツ 上衣の偏衫(ヘンサン)と下衣の裙子(クンズ)とを直接綴(つづ)り合わせた、僧の衣服。参考「トツ」は呉音。

【直披】ジキヒ 手紙の脇付(わきづけ)の一つ。あて名の本人が直接開いてください、という意。類親展 参考「チョクヒ」とも読む。

【直筆】ジキヒツ 自分で書くこと。また、書いたもの。「―本」類自筆・親筆 対代筆 参考「チョクヒツ」と読めば別の意になる。

【直話】ジキワ 直接話すこと。また、その話。直接聞いた話。「体験者の―」

【△直歳】シッスイ 禅寺で、伽藍(ガラン)の修理や田畑などの管理をする僧。

【△直】すぐ ①ただちに。「―来る」②ごく近く。「駅はもう―だ」③容易に。簡単に。「―泣くな」④まっすぐなさま。「―な道」⑤心の素直なさま。「―な人」

【△直様】すぐさま 時を移さずすぐに。即刻。直ちに。「―飛び出した」

【直ちに】ただちに ①「直様(すぐさま)」に同じ。②じかに。直接。「油断は―事故につながる」

【直中】ただなか ①まんなか。②まっ最中。表記「只中」とも書く。

【直営】チョクエイ 直接に経営すること。「製造元―の売店」

【直往邁進】チョクオウマイシン まっすぐに、元気よく勇んで進むこと。「直往」はまっすぐに行く、「邁進」は勇んで進む意。類勇往邁進

【直音】チョクオン 日本語の一音節を仮名一字で書き表す音。拗音(ヨウオン)の「や・ゆ・よ」、促音の「っ」、撥音(ハツオン)の「ん」を除く音。

【直撃】チョクゲキ 爆弾や砲弾などが、直接当たること。まともに襲撃すること。「―弾」「台風の―を受ける」

【直言】チョクゲン 思っていることを遠慮なく、ありのままに言うこと。また、その言葉。「上役に―する」

【直後】チョクゴ すぐあと。すぐうしろ。「父は戦争―に生まれた」対直前

【直視】チョクシ ①目をそらさず、まっすぐに見つめること。類正視 ②物事の真実を見据えること。「現状を―する」

【直射】チョクシャ ①光線がじかに照らしつけること。「―日光」②弾丸を直線に近い弾道で飛ぶように発射すること。「敵陣に向けて―する」「―砲」対曲射

【直情】チョクジョウ 偽りや飾りのない正直な気持ち。ありのままの感情。

【直情径行】チョクジョウケイコウ 他の人のことや周りの状況などを考えずに、自分の思うことや感情をそのまま行動に表すこと。「径」は、まっすぐの意。《『礼記(ライキ)』》類直言直行

【直進】チョクシン まっすぐためらわずに進むこと。「目標に向かって―する」対蛇行

【直接】チョクセツ 間に何もなく、じかに接すること。じかにかかわること。ストレート。「本人から―聞く」対間接

【直截】チョクセツ ①ただちに裁決すること。②まわりくどくないこと。参考「チョクサイ」は慣用読み。

【直截簡明】チョクセツカンメイ まわりくどくなく、簡潔でわかりやすいこと。類単純明快 対婉曲迂遠(エンキョクウエン)

【直線】チョクセン ①まっすぐな線や方向。「トラックの―コースを走る」対曲線 ②二点を結ぶ最短の線。

【直前】チョクゼン すぐ前。「出発の―に駆けつける」「車の―を横切る」対直後

【直送】チョクソウ 直接に相手へ送ること。「産地―のリンゴ」対託送

【直属】チョクゾク 直接その下に所属すること。「―の部下」

【直腸】チョクチョウ 肛門(コウモン)に続く、大腸の最後の部分。

【直通】チョクツウ 直接に通じていること。乗り換えや中継なしに、目的地や相手へ直接に通じること。「―電話」「―電車」

【直答】チョクトウ ①その場ですぐに返答すること。「―を避ける」類即答 ②人を通さずに直接答えること。参考「ジキトウ」とも読む。

【直売】チョクバイ 販売業者をとおさずに、生産者から消費者に直接売ること。じかうり。「生産者―の野菜」類直販

【直販】チョクハン 流通機関をとおさずに、生産者が消費者に直接販売すること。「ワインの―ルートを開拓する」類直売

【直筆】チョクヒツ ①事実ありのままを書くこと。対曲筆 ②筆を直角に立てて書くこと。参考「ジキヒツ」と読めば別の意になる。

【直方体】チョクホウタイ 六つの長方形、または二つの正方形と四つの長方形で囲まれた平行六面体。直六面体。

【直木△先ず△伐らる】チョクボクまずきらる 能力や才能があると、かえって災いのもとになるたとえ。まっすぐな木は良材として使い道が多いので、真っ先に伐採(バッサイ)されてしまう意から。〈『荘子(ソウジ)』〉

【直面】チョクメン 直接に対すること。面と向かうこと。「困難に―する」参考「ひたメン・ひたおもて」と読めば別の意になる。

【直訳】チョクヤク 外国語の原文を、一語一語の字句や文法に忠実に訳すこと。逐語訳。対意訳

【直喩】チョクユ 修辞法の一種。「ように」「みたいに」「ごとく」などを使い、直接二つの物事を比べて表現する方法。「花のように美しい」など。類明喩 対隠喩・暗喩

【直立】チョクリツ ①まっすぐに立つこと。「―不動の姿勢」②高くそびえること。「―する岩壁」類屹立(キツリツ) ③垂直

【直流】チョクリュウ ①まっすぐに流れること。また、その流れ。対曲流 ②回路の中を、一定方向に流れる電流。対交流

【直隷】チョクレイ 直接に従属すること。特に、天子や中央政府に直接属していること。

【直列】チョクレツ ①まっすぐに並ぶこと。また、その列。②「直列接続」の略。電池や抵抗器などを導線で順次一列に並べて、異なる端子ごとに交互につなぐこと。対並列

【直下】チョッカ ①真下。すぐ下。「赤道―」「―型地震」②まっすぐに下がること。一直線に落ちること。「急転―」対①②直上

【直角】チョッカク 互いに垂直な二直線が交わる角。九〇度の角。「―三角形」

【直覚】チョッカク 「直観」に同じ。

【直轄】チョッカツ 直接に管理や支配をすること。「幕府の―地」

【直滑降】チョッカッコウ スキーで、斜面をまっすぐに滑り降りること。

【直感】チョッカン 理性によらず、瞬間的に感じとること。また、その感覚。第六感。「危険を―して逃げる」「―をはたらかす」

【直△諫】チョッカン 遠慮せずに、率直に相手をいさめること。「主君に―する」

『直△諫は一番△槍(イチバンやり)より難(かた)し』 直諫は、戦場での一番槍よりも勇気がいるものだということ。「一番槍」は、戦場で一番に敵陣に突入して槍を突き入れること。また、その人。

【直観】チョッカン 哲学で、経験や推理などによらず、直接に本質をとらえること。また、その内容。「真相を―する」類直覚

【直系】チョッケイ ①血筋が、祖先からずっと親子の関係でつながっている系統。②直接系統を受け継ぐこと。また、その人や組織。師弟・派閥など。「―の会社」対①②傍系

【直径】チョッケイ 円や球の中心をとおり、円周や球面上に両端を接する直線。さしわたし。「丸太の―を測る」

【直結】チョッケツ 直接結びついていること。また、結びつけること。「消費者―の行政」

【直行】チョッコウ ①まっすぐに目的地に行くこと。「現場に―する」②思いどおりに行うこと。「直言―」③まっすぐな正しい行い。

【直航】チョッコウ 船や飛行機がどこにも寄らず、直接目的地へ行くこと。「ニューヨーク―便」対寄航

【直す】なお-す ①正しくする。「誤りを―す」②悪い状態をよくする。「機嫌を―す」③修繕する。「建物を―す」④別のものに変える。「英語を日本語に―す」⑤もう一度改めてする。「書き―す」

【直△会】なおらい 祭礼が終わったのち、神に供えた酒食を下げて飲食する宴会。

〈直衣〉のうし 平安時代以降の、天皇や貴族の平服。ふつう烏帽子(えぼし)と指貫(さしぬき)の袴(はかま)を着ける。勅許を得た者は直衣のままで参内できた。参考「なおし」とも読む。由来 気分を直す衣の意から。

〔直衣(のうし)〕

【直△押し】ひたおし 少しも力をゆるめず、ひたすら押し続けること。「―に攻める」

【直△隠し】ひたかくし ひたすら悟られないように努めること。ひたむきに隠すこと。「―に隠す」

【直心】ひたごころ 一つの目的に向かって熱心に進む心。ひたむきな心。いちずな心。

【直垂】ひたたれ 昔、袴(はかま)と合わせて着用した上衣。もとは庶民の平服であったが、鎌倉時代以降に武家の礼服になり、公家(クゲ)も用いた。方形の襟で、袖(そで)くくり、胸ひもがついている。

〔直垂(ひたたれ)〕

【直と】ひた-と ①すき間なく。じかに。ぴったりと。「―寄り添う」②急に。にわかに。突然。「―立ち止まる」

【直走る】ひたはし-る ひたすら走り続ける。休むことなく一心に走る。「マラソンのゴールに向け―る」

【直路】ひたみち ①まっすぐなひと筋の道。また、ひと筋。②いちずなこと。ひたすらなさま。

【直向き】ひたむき　一つのことに熱中するさま。「―な愛」

【△直面】ひたメン　能楽を演じるとき、面をつけないこと。参考「ひたおもて」とも読む。また、「チョクメン」と読めば別の意になる。

【△直面物】ひたメンもの　シテ(主人公)が面をつけないで演じる能。神や幽霊でない現実の男性がシテの能。

チョク【勅】(9)力7 常 準2 3628 443C 音 チョク 訓 外みことのり

旧字《敕》(11)攵7 1/準1 5837 5A45

筆順 一 ┌ 冂 日 申 束 束 剌 勅

意味 ①みことのり。天皇のおおせ。「勅語」「勅命」「違勅」②天皇に関係する物事にそえる語。「勅撰」「勅使」

下つき 違勅イチョク・詔勅ショウチョク・神勅シンチョク・奉勅ホウチョク

【勅願】チョクガン　天皇による祈願。「東大寺は―により建立された」

【勅語】チョクゴ　天皇の言葉。みことのり。特に、旧憲法下で天皇が発表した意思表示。「教育―」

【勅使】チョクシ　勅命の使者。天皇の命令を伝えるための使者。

【勅書】チョクショ　勅命の書いてある文書。天皇の命令を伝える公の文書。

【勅諚・勅定】チョクジョウ　天皇の決定したこと。また、天皇の命令。みことのり。類勅命

【勅撰】チョクセン　①天皇の命令により、詩歌などをえらび編集すること。また、編集したもの。「―集」対私撰 ②天皇がみずから詩歌や文章を選定すること。

【勅題】チョクダイ　①天皇が出す詩歌の題。特に、新年恒例の歌会始の題。②天皇直筆の額。類勅額

【勅命】チョクメイ　天皇の命令。みことのり。類勅語・勅諚チョクジョウ

【勅令】チョクレイ　天皇の発した命令や法令。特に、旧憲法下で帝国議会を通さず、天皇の大権による命令。

【勅勘】チョッカン　勅命による勘当。天皇のとがめを受けること。

【勅許】チョッキョ　天皇の許し。勅命による許可。「―状」

【△勅】みことのり　天皇の言葉。また、それを書いたもの。勅語・勅命・宣旨など。参考「勅」は通常の小事に用い、大事には「詔」を用いる。

チョク【捗】(10)扌7 常 2 3629 443D 音 チョク 訓 外はかどる

〔捗〕

筆順 一 扌 扌 扌 扌 扩 拃 拃 捗 捗

意味 はかどる。仕事が順調に進む。「進捗」

下つき 進捗シンチョク

【△捗る】はかどる　物事が順調に進む。はかが行く。「好天に恵まれ仕事が―る」「通商交渉が―る」

【〈捗捗〉しい】はかばかしい　物事が順調に進むようす。思いどおりに進むようす。「病状が―くない」「―い結果が得られない」参考ふつう、打ち消しの形で使われる。

チョク【陟】(10)阝7 1 8002 7022 音 チョク 訓 のぼる・のぼらせる・すすむ

意味 ①のぼる。高い所にのぼる。対降 ②すすむ。官位があがる。「黜陟チュッチョク」対黜チュツ

下つき 進陟シンチョク

【▲陟る】のぼる　①高い所に歩いて上がる。②高い位につく。

チョク【▲敕】(11)攵7 5837 5A45 ▼勅の旧字(一〇七二)

チョク【飭】(13)力11 1 5012 522C 音 チョク 訓 いましめる・つつしむ・ただす・ととのえる

意味 ①いましめる。「戒飭」②つつしむ。ただ(正)す。ととのえる。「飭正」

下つき 戒飭カイチョク・謹飭キンチョク・修飭シュウチョク・整飭セイチョク

【▲飭める】いましめる　命令してきちんとさせる。緊張を維持するようにひきしめる。

チョク【躅】(20)⻊13 1 7717 6D31 音 チョク 訓 ふむ

意味 ふむ。あしぶみする。たたずむ。「躑躅テキチョク」

下つき 躑躅テキチョク

チョク【騭】(20)馬10 1 9415 7E2F 音 チョク・シツ 訓 のぼる・さだめる

意味 ①おすうま(牡馬)。②のぼる。類陟チョク ③さだめる。「品騭ヒンシツ」

ちらかす【散らかす】(12)攵8 教 2722 3B36 ▼サン(五八七)

ちらす【散らす】(12)攵8 教 2722 3B36 ▼サン(五八七)

ちり【▲塵】(14)土11 3148 3F50 ▼ジン(八二〇)

ちりばめる【▲鏤める】(19)金11 7927 6F3B ▼ロウ(一六一九)

ちる【散る】(12)攵8 教 2722 3B36 ▼サン(五八七)

チン【△灯】(6)火2 教 3784 4574 ▼トウ(一一三七)

チン【沈】(7)氵4 常 4 3632 4440 音 チン 外ジン 訓 しずむ・しずめる

筆順 丶 氵 氵 氵 氵 沙 沈

意味 ①しずむ。㋐水中にしずむ。しずめる。「沈下」「沈没」対浮 ㋑気持ちがしずむ。「沈痛」「消沈」②

おぼれる。「沈酔」「沈湎」③ものしずか。落ち着いている。「沈思」「沈着」④とどこおる。「沈滞」

下つき 撃沈・血沈・轟沈・自沈・消沈・爆沈・不沈・浮沈

【〈沈子〉】いわ ①漁網を沈めるためのおもり。②石のいかり。表記「錘」とも書く。

【〈沈菜〉】キムチ 塩漬けした野菜にトウガラシ・ニンニク・塩辛などを合わせた朝鮮の漬物。参考「キムチ」は朝鮮語から。

【沈む】しずむ ①水中に没する。「船が―む」②下がる。低くなる。「地盤が―む」③太陽や月が山や水平線に隠れる。「夕日が西の海に―む」④気分がふさぐ。「―んだ気持ち」⑤落ちぶれる。「どん底に―む」⑥倒れこむ。また、負ける。「対戦相手はマットに―んだ」⑦色や音が地味になる。

『沈む瀬あれば浮かぶ瀬あり』 人生にはいろいろなことがあり、良いときもあれば悪いときもある。今恵まれなくても、次には良運が待ち受けているかもしれないということ。類人間万事塞翁が馬・禍福は糾える縄の如し

【沈香】ジンコウ ①ジンチョウゲ科の常緑高木。熱帯アジアに自生。香木として珍重される。②①の材を土中で腐敗させてとる香料。良質のものを伽羅という。沈。沈水香。表記①「樒」とも書く。参考「チンコウ」とも読む。

『沈香も焚かず屁もひらず』 可もなく不可もなく平々凡々であることのたとえ。香をたいて良い香りを出すのでもなく、臭いおならをするのでもないという意から。参考「沈香」は「線香」ともいう。

【沈沈】シンシン ①ひっそりと静まりかえるさま。「―と夜が更ける」②寒さが身にしみるさま。「―と冷える」表記「深深」とも書く。参考①「チンチン」とも読む。

【沈水香】ジンスイコウ 「沈香」に同じ。

【沈丁花】ジンチョウゲ ジンチョウゲ科の常緑低木。中国原産。早春、紅紫色または白色の芳香の強い小花を球状につける。季春 由来 花の香りが、香木の沈香と、花を香料とする丁字の香りに似ることから。表記「瑞香」とも書く。参考「チンチョウゲ」とも読む。

【沈の箱】ジンのはこ ①沈香で作った箱。②沈香を収める箱。沈箱。

【沈鬱】チンウツ 気分が沈んでふさぐこと。また、そのさま。元気のないさま。「―な顔」

【沈下】チンカ ①沈み下がること。「地盤が―する」対隆起 ②物を沈めること。対浮上

【沈魚落雁】チンギョラクガン 絶世の美人のこと。一目見て魚が水中に沈み、ガンが空から落ちるほど魅力あふれる美人のたとえ。〈『荘子』〉参考「落雁沈魚」ともいう。類羞花閉月

【沈吟】チンギン ①小さい声で口ずさむこと。「漢詩を―する」②深く考えこむこと。

【沈降】チンコウ ①沈み下がること。「―海岸」類沈下 ②沈んで底にたまること。類沈殿

【沈思】チンシ じっくり深く考えこむこと。「―黙考」類黙視・瞑想

『沈思黙考』チンシモッコウ 黙って深く物事を考えこむこと。「―の末、断行する」類熟思黙想・沈思凝想

【沈静】チンセイ 落ち着いて静かなこと。静まること。また、気勢が上がらないこと。「ブームも―化に向かっている」対興奮・高進

【沈潜】チンセン ①水の底に深く沈み、隠れること。②落ち着いて深く考えること。また、物事に深く没頭すること。「研究に―する毎日」

【沈滞】チンタイ ①沈みとどこおること。「経済の―が心配だ」類停滞 ②活気がないこと。「―した空気を活気づかせる」対高揚・昂揚

【沈着】チンチャク ①落ち着いていること。あわてないさま。「―な判断」②底などに残り、付着すること。「色素が―して染みになる」

【沈沈】チンチン 「沈沈」に同じ。

【沈痛】チンツウ 深い悲しみや心配ごとで心を痛めるさま。「―な面持ち」

【沈溺】チンデキ ①水におぼれること。②あることにとらわれて抜け出せないこと。類耽溺・惑溺

【沈殿】チンデン ①液体に混じっている物質が底に沈むこと。「―物」対浮遊 ②化学反応により、溶液から不溶性の物質が分離する現象。書きかえ「沈澱」の書きかえ字。

【沈澱】チンデン ▼書きかえ 沈殿

【沈博絶麗】チンパクゼツレイ 文章などの意味や内容が奥深く、表現が非常に美しいこと。「沈」は深く沈む、「絶」は並はずれている意。「―な名文」

【沈没】チンボツ ①水中に沈むこと。特に、船が水中に沈むこと。「―船」対浮上 ②酒に酔いつぶれたり眠ったりして、自分を失うこと。

【沈湎】チンメン 酒におぼれて、すさんだ不健康な生活をすること。参考「沈」「湎」ともにおぼれる意。

【沈黙】チンモク 口をきかないでだまりこむこと。「彼は終始―していた」

『沈黙寡言』チンモクカゲン 口数が少なく、無口なこと。「―を押しとおす」対饒舌多弁 参考「寡言沈黙」ともいう。

『沈黙は金、雄弁は銀』 沈黙を守るほうがさわやかな弁舌よりまさっているということ。しゃべり過ぎに対する戒め。由来英語の Speech is silver, silence is golden. から。

【沈勇】チンユウ 落ち着いていて勇気のあること。「―の士」

【沈淪】チンリン ①深く沈むこと。「孤独に―する」②落ちぶれること。「不幸な境遇に―する」類零落 参考「沈」「淪」ともにしずむ意。

チン【△枕】(8) 木4 常 4377 4B6D ▼まくら(一四四〇)

チン【珍】(9) 王5 常 4 3633 4441 音 チン 訓 めずらしい

筆順 一 丁 干 王 王' 玠 玠 珍 珍

意味 ①めずらしい。思いがけない。「珍事」「珍客」②だいじな。たっとい。「珍重」「珍蔵」③かわっている。こっけいな。「珍奇」「珍妙」

下つき 袖珍(シュウチン)・殊珍(シュチン)・別珍(ベッチン)

〈珍珠菜〉おかとらのお　サクラソウ科の多年草。山野に自生。夏、白色の小花を多数尾状につける。トラノオ。季夏 由来「珍珠菜」は漢名からの誤用。和名は、花穂をトラの尾に見立てたことから。表記「岡虎尾」とも書く。

【珍奇】チンキ　珍しく変わっていること。「兄は―な話を好む」類珍妙

【珍客】チンキャク　めったに訪れない客。思いがけない客。「―到来」参考「チンカク」とも読む。

【珍事】チンジ　①めったにない珍しい事柄。②思いがけない事件。一大事。表記②「椿事」とも書く。

【珍説】チンセツ　①珍しい話。類珍談 ②風変わりな意見。ばかばかしい意見。「―を吐く」

【珍重】チンチョウ　珍しいものとして大切にすること。「昔から―されてきた品物」

【珍品】チンピン　珍しい品物。「世界中の―をそろえた店」類珍物

【珍粉漢粉・珍▲糞漢▲糞】チンプンカンプン　何がなんだかわからないさま。話が通じないさま。ちんぷんかんぷん。由来儒者の用いた漢語をまねた言葉とも、外国人の口まねからともいう。

【珍味】チンミ　珍しい味。珍しくおいしい食物。「山海の―」

【珍味佳▲肴】チンミカコウ　めったに味わえないおいしいご馳走(チソウ)。「佳肴」は、うまい料理の意。「―を取りそろえる」

【珍妙】チンミョウ　変わっていて不思議なこと。また、おかしいこと。「―な格好」類珍奇・奇妙

【珍無類】チンムルイ　他に比べようがないほど変わっていること。類のないほど珍しいこと。「彼は―のいでたちで現れた」

【珍しい】めずらしい　①めったにない。まれである。「今朝は―く早起きした」②変わっている。目新しい。「―い趣向のパーティー」

〈珍珠花〉ゆきやなぎ　バラ科の落葉小低木。由来「珍珠花」は漢名から。▼噴雪花(ゆきやなぎ)(一三五六)

チン【朕】(10) 月6 常 準2 3631 443F 音 チン 訓 外われ・きざし

筆順 丿 刀 月 月 月' 月'' 朕 朕 朕 朕

意味 ①われ。天子の自称。天皇の自称。②きざし。きざす。「朕兆」

【△朕】われ　①自分自身。②中国、秦(シン)の始皇帝以来、天子の自称。また、天皇の自称。

チン【砧】(10) 石5 準1 2146 354E 音 チン 訓 きぬた

意味 きぬた。布地などを打つときに使う台。「砧杵(チンショ)」「砧声」類碪(チン)

下つき 暮砧(ボチン)

【▲砧】きぬた　木づちで布を打つときに用いた木や石の台。また、それを打つこと。「―を打つ音が響く」表記「碪」とも書く。由来「衣板(きぬいた)」の転。

【▲砧▲杵】チンショ　砧(きぬた)とそれを打つ木づち。また、砧を打つ音。

チン【▲酖】(11) 酉4 7837 6E45 ▼タン(一〇二五)

チン【陳】(11) 阝8 常 3 3636 4444 音 チン 外ジン 訓 外つらねる・のべる・ひねる・ふるい

筆順 ７ ３ 阝 阝一 阝丆 阝帀 陌 陌 陣 陣 陳

意味 ①ならべる。つらねる。「陳列」「出陳」②のべる。告げる。申したてる。「陳謝」「開陳」③ふるい。「陳腐」対新 ④中国の王朝名。

下つき 開陳(カイチン)・具陳(グチン)・出陳(シュッチン)

【陳言】チンゲン　①言葉を述べること。②使い古された言葉。陳腐な言葉。

【陳謝】チンシャ　事情を話してわびること。「日程の遅れを責任者が―した」

【陳述】チンジュツ　①口頭で述べること。また、その内容。②訴訟当事者が裁判所に対し、事件について口頭または書面で述べること。「弁護側の―」類①②口述

【陳情】チンジョウ　実情を述べること。特に、行政機関などに事情を説明し、対策を願うこと。「―書を提出する」

【陳勝呉広】チンショウゴコウ　物事の先駆けをなす人のこと。また、反乱の指導者のたとえ。参考中国、楚(ソ)の人「陳勝」と「呉広」を組み合わせた語。二人は、ともに秦(シン)末に反乱の火ぶたを切った指導者で、敗れはしたが、これが口火となって、やがて秦は滅亡した。《史記》

【陳皮】チンピ　ミカンの皮を乾燥させたもの。痰(タン)や咳(せき)を除くなど薬用とされる。また、薬味や香辛料にも用いる。

【陳腐】チンプ　ありふれて古くさく、つまらないこと。また、そのさま。「―でおもしろみのない文章」類陳套(チントウ) 対新奇・斬新(ザンシン)

【陳弁】チンベン　いいわけ。弁解すること。申し開きすること。「百方―する」類弁明

【陳列】チンレツ　人に見せるために品物を並べること。「展示品を―する」類展覧

【△陳ねる】つら－ねる 列をそろえ、きちんと整えて並べる。また、平らに並べる。

【〈陳者〉】のぶれば 申し上げますが。さて。候文(そうろうブン)の手紙で挨拶(アイサツ)のあと、本文に入るときに用いる語。

【△陳べる】の－べる 自分の考えを申し立てる。意見を展開して説き示す。

【△陳〈生▲姜〉】ひねしょうが 貯蔵して古くなったショウガの根茎。薬味や紅ショウガなどに使用。

【△陳ねる】ひ－ねる ①古くなる。年を経て古びる。②大人びる。ませる。「都会育ちの－ねた子ども」

チン【趁】(12) 走 5 1 7667 6C63 音 チン 訓 おう・おもむく・ゆきなやむ

意味 ①おう。おいかける。②おもむく。③ゆきなやむ。④のる。のりこむ。また、つけこむ。

チン【椿】(13) 木 9 準1 3656 4458 音 チン 訓 つばき

意味 ①つばき。ツバキ科の常緑高木。「寒椿」②チャンチン(香椿)。センダン科の落葉高木。③思いがけないこと。変わったできごと。「椿事」 類 珍

下つき 寒椿(カンつばき)・大椿(ダイチン)

【〈椿象〉】かめむし カメムシ科の昆虫の総称。体は平たく、カメの甲に似る。触ると悪臭を放つ。農作物の害虫。クサガメ。ヘッピリムシ。由来「椿象」は漢名から。表記「亀虫」とも書く。

【▲椿事】チンジ 珍しいこと。思いがけない出来事。「一家に－がもち上がった」表記「珍事」とも書く。

【▲椿寿】チンジュ 長生き。長寿。「老父母の－を祝う」由来 太古の霊木である大椿(ダイチン)は、三万二〇〇〇年が人間の一年に当たるという、非常な長寿であったということから。

【▲椿庭】チンテイ 父の異名。類 椿堂 参考「椿(チン)」は中国で太古にあったという長寿の大木で、父にたとえる。

【▲椿桃】つばいもも モモの一品種。中国西域原産。果実はモモよりやや小さくて毛がなく、黄赤色で光沢がある。ネクタリン。由来 ツバキの実に似ることから、「つばきもも」が転じたもの。表記「油桃・光桃」とも書く。

【▲椿】つばき ツバキ科の常緑高木。葉は楕円(ダエン)形で光沢がある。早春、赤・白・淡紅色などの五弁花をつけ、咲いた形のまま、ぽとりと散る。種子から油をとる。季 春 表記「山茶・海石榴」とも書く。

【▲椿油】つばきあぶら ツバキの種子から絞りとった油。多く、伊豆諸島や九州地方で産出する。おもに、頭髪油として利用。食用油や灯用などにもする。

【▲椿餅】つばきもち 道明寺(ドウミョウジ)粉や糝粉(シンこ)を蒸してあんを包み、ツバキの葉で挟んだもち菓子。季 春

チン【椹】(13) 木 9 1 6027 5C3B 音 チン・ジン 訓 さわら・あてぎ・くわのみ

意味 ①さわら。ヒノキ科の常緑高木。②あてぎ。木をきるときに下にあてる台。「椹質」③くわ(桑)のみ(実)。

【▲椹】さわら ヒノキ科の常緑高木。山地に自生。ヒノキに似るが、葉の先はがとがり、裏は白色。材は耐水性にすぐれ、おけや建具用。由来 ヒノキに比べて材が「さわらか(やわらか)」であることから。表記「弱檜・花柏」とも書く。

チン【賃】(13) 貝 6 常 教 5 3634 4442 音 チン 外ジン 訓 外やとう

筆順 亻 亻 仁 仟 任 任 凭 賃 賃 賃 (2, 10, 13)

意味 ①報酬や代償として支払う金銭。「賃金」「運賃」②やとう。やとわれる。

下つき 運賃(ウンチン)・工賃(コウチン)・駄賃(ダチン)・店賃(たなチン)・船賃(ふなチン)・無賃(ムチン)・家賃(やチン)・宿賃(やどチン)・労賃(ロウチン)

【賃金・賃銀】チンギン 労働者が、その労働の報酬として受け取る金銭。類 労賃・労銀 参考「賃金」は「チンキン」と読めば、賃貸借の関係で借りた人が貸した人に支払う金銭の意。

【賃借】チンシャク 使用料を払って、他人の所有物を借りること。ちんがり。「－の店」対 賃貸

【賃銭】チンセン ①「賃金(チンギン)」に同じ。②物などを借りた人が貸した人に支払う金銭。

【賃貸】チンタイ 相手から使用料を取って、所有物を相手に貸すこと。ちんがし。「上京して－アパートを借りる」対 賃借

【賃貸借】チンタイシャク 「賃貸借契約」の略。当事者の一方が所有物を相手に使用させ、相手が借り賃を支払う契約。賃貸契約。

【賃餅】チンもち 手間賃を取って餅をつくこと。また、その餅。

チン【碪】(14) 石 9 1 6684 6274 音 チン・ガン 訓 きぬた

意味 きぬた。布地などを打つときに使う台。参考「砧(チン)」の異体字。

【▲碪】きぬた 木づちで布を打つときに用いた木や石の台。また、それを打つこと。表記「砧」とも書く。

チン【鴆】(15) 鳥 4 1 8281 7271 音 チン

意味 中国にすむという、羽に毒がある鳥の名。「鴆毒」類 酖(チン)

【▲鴆殺】チンサツ 鴆毒を飲ませて人を殺すこと。表記「酖殺」とも書く。

【▲鴆酒】チンシュ 伝説上の毒鳥、鴆の羽を浸して作った毒酒。表記「酖酒」とも書く。

【▲鴆毒】チンドク ①鴆という毒鳥の羽にある猛毒。また、その羽を酒に浸して得た毒物。②猛毒。非常な害毒。表記「酖毒」とも書く。

チン【鎮】(18) 釒10 常 3 3635 4443 音 チン 訓 しずめる・しずまる高・しず 外 おさえ

旧字《鎭》(18) 釒10 1/準1 7915 6F2F

筆順

意味 ①しずめる。しずまる。㋐おちつける。安らかにする。「鎮魂」「鎮静」「鎮痛」 ㋑おさえる。おさえつける。「鎮圧」「鎮定」 ②おさえとなるもの。おもし。「重鎮」「文鎮」

下つき 安鎮アンチン・地鎮ジチン・重鎮ジュウチン・風鎮フウチン・文鎮ブンチン

【鎮める】しずーめる ①騒ぎなどをおさえる。落ち着かせる。「薬で痛みをーめる」「騒乱をーめた功績は大きい」 ②神の霊をとどめる。「神のみたまをーめる」

〈鎮魂〉たましずめ ①「鎮魂チンコン」に同じ。②「鎮魂の祭り」の略。陰暦一一月の中の寅とらの日に、天皇・皇后などの魂を鎮めて長久を祈る宮中の儀式。みたまふり。

【鎮圧】チンアツ 反乱や暴動などを力でおさえしずめること。「反乱軍をーする」 類制圧

【鎮火】チンカ 火事がおさまること。火事を消しとめること。 類消火 対出火

【鎮▲咳剤】チンガイザイ せきをしずめる薬。特に、激しいせきの発作をおさえる薬。鎮咳薬。せき止め。

【鎮▲痙剤】チンケイザイ けいれんやけいれん性の痛みをしずめる薬。

【鎮護】チンゴ 反乱や災害をしずめて国を守護すること。「ー国家」

【鎮魂】チンコン 死者の魂を慰めしずめて落ち着かせること。「ー祭」「ーの思いを込める」 参考「たましずめ」とも読む。

【鎮座】チンザ ①神霊がその地にしずまること。「ーましまする神」 ②人や物がその場に居座ることのたとえ。「部屋の真ん中にーする」

つ チンーツイ

【鎮守】チンジュ ①その土地や住民を守る神。また、そのやしろ。「ーの森」 ②軍隊を駐留させて、その土地を守ること。

【鎮静】チンセイ 気持ちがしずまり落ち着くこと。また、そうさせること。「ー剤」

【鎮西探題】チンゼイタンダイ 博多はかたに置かれ、九州方面の軍事や行政を担当した鎌倉幕府の機関。

【鎮台】チンダイ ①ある地方を守るために置かれた軍隊。②明治初期、各地に設置された陸軍軍団。③「鎮台兵」の略。

【鎮痛】チンツウ 痛みを止めたり、やわらげたりすること。「頭痛がするのでー剤を飲む」

【鎮定】チンテイ 反乱や暴動などをしずめておさめること。「反乱をーする」 類鎮圧・平定

【鎮▲撫】チンブ 反乱や暴動などをしずめ、人民を安らかにすること。「反乱地区の暴徒をーする」

【鎮▲撫使】チンブシ 奈良時代の官職の一つ。国司の上に置かれ、治安維持や兵馬の動員、国司・郡司の監督を担当。また、明治維新のときにも置かれた。

チン【闖】(18) 門10 1 7979 6F6F 音 チン 訓 うかがう

意味 ①急に入りこむ。「闖入」 ②うかがう。ねらう。

【▲闖入】チンニュウ 突然、無断で入りこんでくること。「見知らぬ者がーしてきた」

ちん【▲狆】(7) 犭4 6430 603E ▼チュウ(一〇四五)

つ 川 ツ 川

ツ【通】(10) 辶7 教 3644 444C ▼ツウ(一〇七八)

ツ【都】(11) 阝8 教 3752 4554 ▼ト(一一二八)

つ【津】(9) 氵6 常 3637 4445 ▼シン(七九六)

ツイ【対】(7) 寸4 教 3448 4250 ▼タイ(九七八)

ツイ【追】(9) 辶6 常 教 8 3641 4449 音 ツイ 訓 おう

旧字《追》(10) 辶6 1/準1

筆順

意味 ①おいかける。あとをしたう。「追従」「追随」 ②おいはらう。「追討」「追放」 ③たずね求める。「追及」「追求」 ④あとからつけ加える。「追加」「追伸」 ⑤過去にさかのぼる。「追憶」「追悼」

下つき 急追キュウツイ・窮追キュウツイ・訴追ソツイ・猛追モウツイ

【追河】おいかわ コイ科の淡水魚。川の中流から上流にすむ。背は暗緑色、腹は銀白色。産卵期の雄は、体側に赤・青などの婚姻色が現れる。代表的な釣り魚。ハヤ。ハエ。 季夏

【追▲肴】おいざかな 追加で出す料理。 参考「肴」は、酒のさかなの意。

〈追風〉おいて おいかぜ。順風。「ーに帆を上げる(物事が順調に進む)」

【追い剝ぎ】おいはぎ 通行人をおどし、金品や衣類を奪い取ること。また、その賊。「ーに身ぐるみはがされる」

【追羽▲子・追羽根】おいばね 二人以上で一つの羽を羽子板で交互につく遊び。羽根つき。 季新年 参考「追羽子」は「おいはご」とも読む。

【追い▲遣る】おいやる 追いたてる。追いはらう。追いこむ。「うるさい犬をーる」「激しい追及で辞職にーった」

【追分】おいわけ ①街道が二つに分かれるところ。分岐点。②信州の追分宿で歌われた民

謡が各地に伝わったもの。哀調を帯びた旋律が特徴。江差(えさし)追分・信濃(しなの)追分など。追分節。

【追う】おう ①先に行くものや目標に達しようとして進む。「白球を―う」「理想を―う」②あとにしたがう。「回を―う」③しりぞける。「社長の地位を―われる」④せきたてる。「牛を―う」

【〈追▲而〉書】おってがき 手紙の本文のあとにつけ加えて書くこと。また、その文章。追伸。二伸。

【〈追▲儺〉】おにやらい 「追儺(ツイナ)」に同じ。

【追憶】ツイオク 過去や亡くなった人を思い出してしのぶこと。「遠い少年時代を―する」「―にふける」類追想・追懐

【追加】ツイカ あとからつけ加えること。また、そのもの。「―注文する」「―の補正予算」対削減・削除

【追懐】ツイカイ 昔のことをなつかしく思い出すこと。類追憶・追想

【追及】ツイキュウ ①逃げる相手を追いかけること。②追いつめて問いただすこと。「犯行を更に詳しく―する」

【追求】ツイキュウ 目的物を手に入れるために、追いもとめること。「利益を―する」

【追究・追窮】ツイキュウ わからない真実をどこまでも調べてきわめること。「本質を―する」類探究

【追啓】ツイケイ 「追伸」に同じ。

【追撃】ツイゲキ 逃げていく敵を追いかけて、さらに攻撃すること。おいうち。

【追号】ツイゴウ 生前の功績をたたえ、死後に贈る称号。おくり名。類諡号(シゴウ)

【追根究底】ツイコンキュウテイ 物事を、その根本まで徹底的に調べ尽くすこと。類追根究帯・追根尋底

【追試】ツイシ ①他人が行った実験を、もう一度そのとおりにやって確かめること。②「追試験」の略。病気や事故などで受けられなかったり、不合格であったりした試験を、あとで特別にもう一度行うもの。

【追従】ツイジュウ 人につきしたがうこと。人の言うままに行うこと。類追随 参考「ツイショウ」と読めば別の意になる。

【追叙】ツイジョ 死後に位階や勲等を授けること。

【追従】ツイショウ こびへつらうこと。おべっか。「上役に―する」対諫言(カンゲン) 参考「ツイジュウ」と読めば別の意になる。

【追▲蹤】ツイショウ ①あとを追いかけること。追跡。②過去を思い出すこと。参考「蹤」はしたがう意。

【追▲躡】ツイジョウ あとから追いかけること。追跡。参考「追」「躡」ともに、おいかける意。

【追伸・追申】ツイシン 手紙などで、本文を書き終えたあとにつけ加える文。また、その書き出しに記す語。二伸。類追啓・追白

【追随】ツイズイ ①人のあとにつきしたがうこと。「他の―を許さない成績」類追従(ツイジュウ) ②他人の意見には―しない」まねをすること。「他人の意見には―しない」

【追跡】ツイセキ ①あとを追いかけること。「渡り鳥を電波で―する」類追尾 ②その後の動向をたどること。「―調査」

【追善】ツイゼン 仏死者の冥福(メイフク)を祈るため、仏事・善事・興行などを行うこと。「―供養」「役者の―興行」類追福

【追訴】ツイソ 初めの訴えに、さらに追加して訴えること。また、その訴え。

【追想】ツイソウ 昔のことを思い出してしのぶこと。類追憶・追懐

【追贈】ツイゾウ 功労に対し、死後に官位や称号を贈ること。

【追体験】ツイタイケン 他人の体験したことを、その作品などを通して自分も体得すること。

つ ツイ

【追徴】ツイチョウ 足りない分をあとから取りたてること。追加して徴収すること。「税金の申告もれで、―金を払った」

【追討】ツイトウ 敵を追いかけて討つこと。追っ手をつかわして賊を討ちとること。

【追悼】ツイトウ 死者の生前をしのび、その死をいたみ悲しむこと。「―式を行う」類追惜・追弔

【追突】ツイトツ 乗り物が、後ろから突き当たること。「―事故」

【追▲儺】ツイナ 昔、宮中で大みそかの夜、疫病の悪鬼を追い払った儀式。節分の豆まきは、このなごり。季冬 参考「おにやらい」とも読む。

【追肥】ツイヒ 作物の生育中にほどこす肥料。おいごえ。類補肥 対元肥(もとごえ)・基肥

【追△捕】ツイブ 賊などを追いかけて捕らえること。参考「ツイホ」とも読む。

【追慕】ツイボ 死者や去った人などを思い出して恋いしたうこと。類追懐

【追放】ツイホウ ①追い出すこと。「暴力―」類放逐 ②不適当と認めた人をその地位・職業からしりぞけること。パージ。「公職―」

【追奔逐北】ツイホンチクホク 逃げる者を追いかけること。「奔」は逃げ走る、「逐」は追う、「北」は敗走する意。〈李陵(リリョウ)の文〉

【追録】ツイロク あとから書いたり録音したりして加えること。また、加えたもの。

ツイ【▲追】(10) ⻌6 ▼追の旧字(一〇七六)

ツイ【△堆】(11) 土8 常 3447 424F ▼タイ(九八三)

ツイ【椎】(12) 木8 常 2 3639 4447 音ツイ 外スイ 訓外しい・つち・せぼね・うつ

筆順 十 木 杧 杵 杵 椎 椎 椎 椎

意味 ①しい。ブナ科の常緑高木の総称。「椎茸(しいたけ)」②つち。物を打つ道具。③うつ。打ちたたく。類②

③槌・鎚④せぼね。「椎骨」「脊椎」⑤おろか。にぶい。「椎鈍」

下つき 胸椎・頸椎・脊椎・鉄椎・腰椎

【△椎】しい ブナ科の常緑高木の総称。暖地に自生。初夏、黄白色の小花を穂状につける。実は「どんぐり」と呼ばれ、食用。材はシイタケ栽培の原木用。シイノキ。シイガシ。

【△椎△茸】しいたけ シメジ科のキノコ。シイ・カシ・クヌギなどの枯れた木に生え、人工栽培もする。柄が短く笠は黒褐色。食用。季秋 表記「香蕈」とも書く。

【椎間板】ツイカンバン 背骨を形づくる椎骨と椎骨とをつなぐ円板状の軟骨組織。クッションの働きをする。「—ヘルニア」

【椎輪】ツイリン ①丸太を輪切りにした質素な古代の車。②物事のはじめの段階。転じて、素朴で飾り気のないもののたとえ。

【△椎】つち 物を打ち壊したり、くいなどを打つための道具。表記 木製は「槌」、金属製は「鎚」とも書く。

ツイ【槌】★ (14) 木10 準1 3640 4448 音 ツイ 訓 つち・うつ

〔槌〕

意味 ①つち。木づち。物をたたく道具。②うつ。木づちで打つ。類①②椎

下つき 相槌・木槌・小槌・鉄槌

【△槌】つち 柄がついて、物をたたくのに用いる木製の工具。木づち。表記「椎」とも書く。

ツイ【墜】(15) 土12 常 3 3638 4446 音 ツイ 訓 外おちる

字 旧《墜》(15) 土12 1/準1

筆順 ㇇ 了 阝 阝丷 阝䒑 阝㒸 隊 隊 隊 墜 6 8 10 14

つ ツイ—ツウ

意味 ①おちる。おとす。「墜落」「撃墜」②うしなう。なくす。「失墜」

下つき 撃墜・失墜・顛墜

【△墜ちる】おちる はずれたり崩れたりして、重い物が落下する。

【墜死】ツイシ 高い所から落ちて死ぬこと。墜落死。「スカイダイビングの事故で—する」

【墜落】ツイラク 高い所から落ちること。「飛行機が海に—する」

ツイ【縋】(16) 糸10 1 6955 6557 音 ツイ 訓 すがる

意味 ①すがる。つかまる。たよる。②たらす。つり下げる。

【▲縋る】すがる ①つかまって支えにする。しがみつく。「ロープに—る」「母に—って泣く」②助けを求める。頼りとする。「友の情けに—って生きる」「最後の希望に—る」

ツイ【鎚】★ (18) 金10 準1 3642 444A 音 ツイ・タイ 訓 つち・かなづち

〔鎚〕

意味 ①つち。かなづち。物をたたく道具。②うつ。かなづちで打つ。③はかりの重り。

下つき 鉄鎚

【▲鎚】つち 柄がついて、物をたたくために用いる金属製の工具。かなづち。参考「槌」と書けば木製の工具を指す。

つい【△終】(11) 糸5 教 2910 3D2A ▼シュウ(六九一)

ついえる【費える】(12) 貝5 教 4081 4871 ▼ヒ(一二八四)

ついえる【△弊える】(15) 廾12 常 4232 4A40 ▼ヘイ(一三七〇)

ついえる【△潰える】(15) 氵12 常 3657 4459 ▼カイ(一八四)

ついたち【▲朔】(10) 月6 2683 3A73 ▼サク(五六六)

ついで【△序で】(7) 广4 教 2988 3D78 ▼ジョ(七三四)

ついに【▲竟に】(11) 立6 8079 706F ▼キョウ(三三八)

ついに【△終に】(11) 糸5 教 2910 3D2A ▼シュウ(六九一)

ついに【△遂に】(12) 辶9 常 3175 3F6B ▼スイ(八三一)

ついばむ【▲啄む】(10) 口7 3479 426F ▼タク(一〇〇二)

ついやす【費やす】(12) 貝5 教 4081 4871 ▼ヒ(一二八四)

ツウ【通】(10) 辶7 常 教 9 3644 444C 音 ツウ・ツ高 訓 とおる・とおす・かよう

字 旧《通》(11) 辶7 1/準1

筆順 ㇇ マ 了 丙 甬 甬 甬 涌 涌 通

意味 ①とおる。とおす。つきぬける。「通行」「通風」②かよう。行き来する。「通勤」「通商」③知らせる。「通告」「通知」④親しく交わる。「通好」⑤くわしく知る。「通暁」「精通」⑥広くゆきわたる。一般に行われている。「通常」「通用」⑦最初から最後までとおす。「通読」「通夜」⑧人情や世情に明るい。「通人」「消息通」⑨男女が不義の交わりをする。「密通」⑩手紙や文書を数える語。

下つき 開通・貫通・共通・交通・私通・食通・神通・精通・疎通・直通・内通・不通・普通・文通・便通・密通・融通・流通

〈通草〉あけび アケビ科のつる性落葉低木。▼木通(一四四)

【通う】かよう ①定期的に行き来する。同じ所に頻繁に出かける。「野球場へ—う」「学校に—う」②伝わる。「友と気持ちが—う」③とおる。流れる。「電流が—う」④似る。「面影の—う人」

〈通条花〉きぶし キブシ科の落葉小高木。由来「通条花」は漢名から。▼木五倍子(一四五)

【通】ツウ ①ある事柄についてきわめて詳しいこと。また、その人。「彼は食—で知られてい

る。」②人間の繊細な心の動きや風流を解し、世なれていること。また、花柳界に通じていること。

【通運】ツウウン 荷物を運ぶこと。「―事業」類運送・運搬

【通貨】ツウカ 法律によって、一国内で通用を認められ流通している貨幣。「―単位」

【通過】ツウカ ①通り過ぎること。「途中―駅」対停車 ②無事に通ること。また、議案が可決されること。「法案が国会を―する」

【通款】ツウカン 敵方にひそかに通じること。内通すること。

【通関】ツウカン 関税法の規定の手続きをして、旅客や貨物が税関を通過すること。「―手続きを済ませる」

【通観】ツウカン 全体に目をとおすこと。また、そのもの。「政界の動きを―する」

【通気】ツウキ 内と外の間に空気を通わせること。「この部屋は―がよい」類通風・換気

【通暁】ツウギョウ ①夜明かしすること。夜通し。類徹夜 ②詳しく知り抜いていること。「流通業界に―している」類精通

〔通暁▲暢達〕ツウギョウチョウタツ 物事に深く通じていて、文章や言葉がのびやかなさま。「暢達」は、文体などがのびのびとしていて意味がよく通じるさま。

【通勤】ツウキン 勤務先に通うこと。「―電車」「―の途中で新聞を買う」

【通好・通交】ツウコウ よしみを通じること。特に、国家間で交わりを結ぶこと。仲良くすること。

【通行】ツウコウ ①通ること。行き来すること。「この先―止め」②世間一般に広く行われること。「―の貨幣」

【通告】ツウコク 公に決まったことを、告げ知らせること。また、その知らせ。「これが最後の―です」類通知

【通算】ツウサン 全体にわたって計算すること。また、そのように計算された結果。「―成績」類通計

【通事・通辞・通詞】ツウジ ①通訳。特に江戸時代、通訳や貿易事務に携わった幕府の役人。「オランダ―」②間に立って取り次ぐこと。また、その人。

【通称】ツウショウ 正式名ではなく、世間一般に呼ばれている名前。とおり名。

【通商】ツウショウ 外国と商業取引をすること。「―条約」類貿易・交易

【通常】ツウジョウ 特別ではないこと。普通。なみ。あたりまえ。「―業務に戻る」

【通じる】ツウじる ①一方から他方につながる。とおる。達する。かよう。「道が―じる」②理解される。伝わる。また、通用する。行き渡る。「英語が―じる」「世の中に―じる芸だ」③詳しく知っている。たくみである。「国際政治に―じている」

【通信】ツウシン ①便りをすること。知らせ。②情報を伝達すること。郵便・電信・電話など。「パソコン―」

【通人】ツウジン ①ある物事に非常に詳しい人。もの知り。「食の―」②世情や人情に通じても分かりのよい人。特に、花柳界の事情に明るい人。類粋人(スイジン)

【通性】ツウセイ 共通の性質。同類のものがもっている性質。「哺乳(ホニュウ)類の―」

【通説】ツウセツ ①世間に広く認められている説。特に、学問・芸術・技術などの分野での説。「―に従う」対異説・新説 ②全般にわたって解説すること。類通解・通釈

【通則】ツウソク ①一般に適用される規則。対変則 ②全般に通じる規則。対細則

【通俗】ツウゾク ①ありふれたこと。世間並み。②わかりやすいこと。③低俗なこと。興味本位であること。「―的な雑誌」対高尚

【通達】ツウタツ ①告げ知らせること。特に、上位官庁が下の機関に出す知らせ。「政府―」②深く通じていること。「三か国語に―する」類熟達 参考 ①古くは「通牒(ツウチョウ)」が用いられた。

【通知】ツウチ 告げ知らせること。また、その知らせ。「合否を―する」類通告

【通帳】ツウチョウ 預貯金や商品売買などの、月日・金額・数量などを記入しておく帳面。通い帳。「預金―」

【通▲牒】ツウチョウ ①書面で通知すること。また、その書面。②「通達①」の旧称。③国際法上、一方的に国家の態度・政策などを相手国に通知する文書。「最後―を発する」

【通読】ツウドク はじめから終わりまで一通り読みとおすこと。「―して批評する」

【通念】ツウネン 世間一般に普通となっている考え。「社会―にしたがう」

【通風】ツウフウ 風を通すこと。空気の流通をよくして新しい空気を入れること。風通し。「―孔」類通気

【通弊】ツウヘイ 一般に共通して見られる悪い点。「社会の―を打破する」類通患

【通報】ツウホウ 告げ知らせること。また、その知らせ。「気象―」「警察に―する」

【通謀】ツウボウ 示し合わせて悪事をたくらむこと。類共謀

【通訳】ツウヤク 言語のちがいなどにより、言葉が通じない人々の間で、両方の言葉を訳し伝えること。また、その人。「同時―」「―を目指して勉強する」

【通有】ツウユウ 共通してもっていること。「日本人に―な考え」

【通用】ツウヨウ ①一般に認められていること。「その考えは―しない」②広く用いられていること。「紙幣の―」③一般的に使用されること。いつも用いられること。「―口」

【通覧】ツウラン 書物や文書などの全体にざっと目をとおすこと。ひととおり見ること。「目録を―する」対熟覧

【通例】ツウレイ ①一般のならわし。世間のしきたり。普通の例。「―にしたがう」類慣例 ②一般に。通常。普通の場合。「―、土曜日は休む」

【通路】ツウロ 行き来する道路。通り道。「避難―の確保」

【通論】ツウロン ①全般にわたる議論。「法学―」類総論 ②世間で認められている議論。類公論・定論 ③道理がとおった議論。

【通話】ツウワ ①電話で話をすること。「電話回線の故障で―が不可能になる」②電話で話をするときの、一定時間の長さの単位。「―料金」

【通夜】ツヤ ①仏堂や神社などで、夜通し祈願すること。②葬式の前に、親類・縁者などが遺体を守って一夜を明かすこと。おつや。参考「ツウヤ」とも読む。

〈通古▲斯〉ツングース 東シベリアや中国東北部に住み、ツングース語を話す民族の総称。大部分は遊牧生活を営む。

【通る】とおーる ①通行する。過ぎて行く。「列車が―る」「毎日花屋の前を―る」②突き抜ける。とおりぬける。「雨が肌まで―る」「糸が針穴を―る」③室内に入る。「座敷に―る」④すみずみまで届く。「よく―る声」⑤認められる。「審査に―る」「意見が―る」「法案が―る」⑥通用する。「仕事にわがままは―らない」「無理が―る」⑦理解される。「意味がよく―らない文」

ツウ【▲通】(11) 辶7 ▼通の旧字(一〇七八)

ツウ【痛】(12) 疒7 常 教 5 3643 444B
音 ツウ 外トウ
訓 いたい・いたむ・いためる 外いたわしい・やめる

筆順 亠2 广 广 疒 疒 疔 疗 疳 痏 痛11 痛

意味 ①いたい。いたむ。いためる。やむ。㋐体がいたむ。「痛風」「腹痛」㋑心がいたむ。苦しむ。なやむ。「痛恨」「心痛」②いたく。はげしく。非常に。「痛快」「痛烈」

下つき 苦痛クツウ・劇痛ゲキツウ・激痛ゲキツウ・心痛シンツウ・陣痛ジンツウ・頭痛ズツウ・沈痛チンツウ・鎮痛チンツウ・鈍痛ドンツウ・悲痛ヒツウ・腰痛ヨウツウ

【痛い】いたーい ①体に傷を受けたり病気があったりして苦しい。「骨折した足が―い」②精神的な打撃を受けて苦しい。困る。つらい。「問題点が見つかり頭が―い」

『痛くない腹を探さぐられる』 何もやましいことをしていないのに、あれこれと疑いをかけられること。腹が痛くもないのに痛いところはどこかと探られる意から。

【痛し▲痒し】いたしかゆし どうしたらよいか迷うことのたとえ。かくと痛いし、かかなければかゆいの意から。「強すぎるのも―だ」

【痛手】いたで ①重い手傷。重傷。「―を負う」類深手ふかで ②大きな打撃や損害のたとえ。「株の暴落で大きな―を受けた」

【痛む】いたーむ ①体に痛みを感じる。「歯が―む」「寒くなると古傷が―む」②心に苦しみや悲しみを感じる。「失恋に心が―む」

【痛飲】ツウイン 大いに酒を飲むこと。「幼なじみに会い―する」

【痛快】ツウカイ 非常にこころよいこと。たいへん愉快なこと。「実に―な出来事だ」

【痛感】ツウカン 心に強く感じること。身にしみて感じること。「実力不足を―する」

【痛撃】ツウゲキ 激しい攻撃により、大きな打撃を与えること。「敵に―を加える」

【痛言】ツウゲン 手厳しく言うこと。また、その言葉。「―を浴びる」

【痛▲哭】ツウコク 激しく声を上げて泣くこと。ひどく嘆き悲しむこと。「母の死を―する」類痛嘆

【痛恨】ツウコン ひどくうらむこと。非常に残念に思うこと。「―の一球」類痛惜

【痛惜】ツウセキ ひどく惜しみ残念に思うこと。「友の急死は―に堪えない」類痛恨

【痛切】ツウセツ 身にしみるほど、強く感じること。「父を亡くして、その存在の大きさを―に感じる」

【痛嘆・痛▲歎】ツウタン ひどく悲しみなげくこと。「友人の死を―する」類痛哭ツウコク

【痛定思痛】ツウテイシツウ 過去の苦難を振り返ること。痛みがおさまったのちも、なおかつその痛みを忘れずに思うことから。「痛定」は痛みがおさまる意。〈韓愈カンユの文〉

【痛罵】ツウバ ひどくののしること。「―を浴びる」類悪罵

【痛風】ツウフウ 関節などに炎症を起こし、はれて痛む病気。尿酸塩が体内にたまるのが原因。「―の発作に苦しむ」

【痛憤】ツウフン 激しくいきどおること。ひどく腹を立てること。「―やる方なし」

【痛棒】ツウボウ ①仏座禅のとき、落ち着かない者を打つ棒。②厳しい非難や叱責シッセキ。手ひどい打撃。「師から―をくらった」

【痛▲痒】ツウヨウ ①痛みとかゆみ。②自分が受ける利害や影響。さしさわり。「なんの―も感じない」

【痛烈】ツウレツ 非常に激しいこと。また、そのさま。「―な批評」

【痛論】ツウロン 批判をこめて、激しく議論すること。また、その議論。「―を交わす」

つえ【▲杖】(7) 木3 3083 3E73 ▼ジョウ(七七二)

つえ【▲枴】(9) 木5 5942 5B4A ▼カイ(一七四)

つか【△束】(7) 木3 教 3411 422B ▼ソク(九五七)

つか【△柄】(9) 木5 常 4233 4A41 ▼ヘイ(一三六七)

つか【▲冢】(10) 冖8 4947 514F ▼チョウ(一〇五七)

つか【塚】(12) 土9 常 準2 3645 444D
音 外チョウ
訓 つか

旧字《塚》(13) 土10 1/準1 1555 2F57

筆順 3

意味 つか。もりつち。土を高く盛った墓。「貝塚」

下つき 蟻塚(ありづか)・貝塚(かいづか)・筆塚(ふでづか)

【塚】つか ①土を高く盛って築いた墓。②しるしとして、土などを小高く盛り上げた所。「一里―」

つか【▲塚】(13) 土10 1555 2F57 ▼塚の旧字(一〇八〇)

つが【▲栂】(9) 木5 国 3646 444E ▼とが(一一六七)

つかい【遣い】(13) 辶10 常 2415 382F ▼ケン(四三一)

つがい【△番い】(12) 田7 教 4054 4856 ▼バン(一二七〇)

つかう【使う】(8) 亻6 教 2740 3B48 ▼シ(六〇八)

つかう【遣う】(13) 辶10 常 2415 382F ▼ケン(四三一)

同訓異義 **つかう**

【使う】物を用いる。人を働かせる。目的のために物事を利用する。ほか、広く用いる。「パソコンを使う」「新入社員を使う」「木材を使う」「四字熟語を使う」「貴重な時間を使う」「人使いが荒い」「同音語の使い分け」

【遣う】物事を役に立つように工夫して用いる。多くは決まった言い方に用いる。「文楽では三人で人形を遣う」「言葉を巧みに遣う」「お金を大事に遣う」「息遣いが荒い」「優しい心遣い」「正しい仮名遣い」「上目遣い」「気遣い」「両刀遣い」「小遣い銭」

つがう【△番う】(12) 田7 教 4054 4856 ▼バン(一二七〇)

つかえ【▲痞え】(12) 疒7 6561 615D ▼ヒ(一二八三)

つかえる【△支える】(4) 支0 教 2757 3B59 ▼シ(五九七)

つかえる【仕える】(5) 亻3 教 2737 3B45 ▼シ(五九八)

つかえる【△事える】(8) 亅7 教 2786 3B76 ▼ジ(六三四)

つかえる【閊】(11) 門3 国 1 7959 6F5B 訓 音 つかえる

意味 つかえる。とどこおる。さしさわる。つまる。「後ろが閊える」

つかえる【▲痞える】(12) 疒7 6561 615D ▼ヒ(一二八三)

同訓異義 **つかえる**

【仕える】目上の人のそばにいて奉仕する。役所に勤める。「師匠に仕える」「神に仕える」「幕府に仕える」「宮仕え」

【△事える】目上の人のそばにいて奉仕する。「仕える」に近い意。「親に事える」

【△支える】ふさがってとどこおる。つっかえる。「差し支える」の形で多く用いる。「結婚に支える事情」「言葉が支える」「仕事に差し支える」

【▲痞える】胸やのどがふさがった感じになる。「胸が痞える」

【▲閊える】物事がとどこおって先へ進まなくなる。「餅(もち)が喉(のど)に閊える」「車が閊えて進めない」「事務が閊える」「天井に頭が閊えて動けない」「先が閊えて動けない」

つがえる【△番える】(12) 田7 教 4054 4856 ▼バン(一二七〇)

つかさ【△司】(5) 口2 教 2742 3B4A ▼シ(五九九)

つかさ【△吏】(6) 口3 常 4589 4D79 ▼リ(一五五五)

つかさ【△官】(8) 宀5 教 2017 3431 ▼カン(二三七)

つかさ【△寮】(15) 宀12 常 4632 4E40 ▼リョウ(一五八〇)

つかさどる【△司る】(5) 口2 教 2742 3B4A ▼シ(五九九)

つかさどる【△宰る】(10) 宀7 常 2643 3A4B ▼サイ(五五二)

つかさどる【△掌る】(12) 手8 常 3024 3E38 ▼ショウ(七五三)

同訓異義 **つかさどる**

【△司る】責任者としてその仕事を行う。支配・管理する。「農政を司る」「党務を司る幹事長」

【△掌る】役目としてその仕事を担当する。「広報を掌る」「会計を掌る」「体温調節を掌る器官」

【△宰る】主任者として仕事を切り盛りする。「主宰(シュサイ)」「宰相(サイショウ)」

つかす【尽かす】(6) 尸3 常 3152 3F54 ▼ジン(八一七)

つかねる【△束ねる】(7) 木3 教 3411 422B ▼ソク(九五七)

つかまえる【捕まえる】(10) 扌7 常 4265 4A61 ▼ホ(一三八九)

つかまえる【△捉まえる】(10) 扌7 常 3410 422A ▼ソク(九五九)

つかまつる【△仕る】(5) 亻3 教 2737 3B45 ▼シ(五九八)

つかむ【▲摑む】(14) 扌11 8489 7479 ▼カク(二〇一)

つかむ【▲攫む】(23) 扌20 5828 5A3C ▼カク(二〇三)

つかる【△浸かる】(10) 氵7 常 3127 3F3B ▼シン(七九八)

つかる【漬かる】(14) 氵11 常 3650 4452 ▼つける(一〇八三)

つかれる【▲劬れる】(7) 力5 5002 5222 ▼ク(三六七)

つかれる【疲れる】(10) 疒5 常 4072 4868 ▼ヒ(一二八〇)

つかれる【▲瘁れる】(13) 疒8 6565 6161 ▼スイ(八三二)

つかれる【▲憊れる】(16) 心12 5664 5860 ▼ハイ(一二三九)

つかれる【▲羸れる】(19) 羊13 7032 6640 ▼ルイ(一五九二)

つかわす【遣わす】(13) 辶10 常 2415 382F ▼ケン(四三一)

つき【月】(4) 月0 教 2378 376E ▼ゲツ(四一五)

つき【▲坏】(7) 土4 5215 542F ▼ハイ(一二三一)

つき【▲槻】(15) 木11 3648 4450 ▼キ(二八一)

つきる【尽きる】(6) 尸3 常 3152 3F54 ▼ジン(八一七)

つきる【▲殄きる】(9) 歹5 6141/5D49 ▼テン(一一一四)
つきる【▲竭きる】(14) 立9 6781/6371 ▼ケツ(四一四)
つきる【▲殫きる】(16) 歹12 6149/5D51 ▼タン(一〇二〇)
つく【付く】(5) 亻3 教 4153/4955 ▼フ(一三三三)
つく【△吐く】(6) 口3 常 3739/4547 ▼ト(一一二四)
つく【即く】(7) 卩5 常 3408/4228 ▼ソク(九五六)
つく【突く】(8) 穴3 常 3845/464D ▼トツ(一一七六)
つく【△附く】(8) 阝5 常 4177/496D ▼フ(一三三六)
つく【△浸く】(10) 氵7 常 3127/3F3B ▼シン(七九八)
つく【▲舂く】(11) 臼5 7146/674E ▼ショウ(七五二)
つく【就く】(12) 尢9 教 2902/3D22 ▼シュウ(六九三)

同訓異義 つく(1)

【付く】別々のものが離れないように一緒になる。新たな状態が加わる。ほか、広く用いる。「服にしみが付く」「車庫付きの家」「挿し木が付く」「利子が付く」「学力が付く」「決心が付く」

【△附く】そばに離れないようにいる。「付く」で代用することが多い。「病人に附き添う」

【着く】到着する。ある場所に達する。「京都駅に着く」「天井に手が着く」「席に着く」「仕事が手に着かない」「相場が落ち着く」

【就く】ある場所や役目などに身を置く。したがう。「志望した仕事に就く」「部長の任に就く」「守備に就く」「帰途に就く」「床に就く」

【△即く】即位する。すぐそばにくっつく。「帝位に即く」「即かず離れず」

【▲憑く】悪霊が乗り移る。「狐(きつね)が憑く」「物の怪(け)が取り憑く」

【△吐く】口から息などをはく。言い放つ。「一息吐く」「長いため息を吐く」「悪態を吐く」

つく【△属く】(12) 尸9 教 3416/4230 ▼ゾク(九六二)
つく【着く】(12) 羊6 教 3569/4365 ▼チャク(一〇四〇)
つく【▲馮く】(12) 馬2 8140/7148 ▼ヒョウ(一三〇五)
つく【▲搗く】(13) 扌10 5781/5971 ▼トウ(一一五一)
つく【▲撞く】(15) 扌12 3821/4635 ▼トウ(一一五二)
つく【△衝く】(15) 行9 常 3055/3E57 ▼ショウ(七六二)
つく【▲憑く】(16) 心12 5665/5861 ▼ヒョウ(一三〇七)
つく【△築く】(16) ⺮10 教 3559/435B ▼チク(一〇三八)
つく【▲擣く】(17) 扌14 5814/5A2E ▼トウ(一一五五)
つぐ【次ぐ】(6) 欠2 教 2801/3C21 ▼ジ(六二九)
つぐ【△亜ぐ】(7) 二5 常 1601/3021 ▼ア(一)
つぐ【△注ぐ】(8) 氵5 教 3577/436D ▼チュウ(一〇四六)
つぐ【接ぐ】(11) 扌8 教 3260/405C ▼セツ(八八四)

同訓異義 つく(2)

【突く】細長い物で強く押す。または打つ。押し当てる。強く刺激する。ほか、広く用いる。「槍(やり)で突く」「鐘を突く」「ところてんを突く」「ひじを突いて食べる」「手を突いて謝る」「鼻を突く悪臭」「突き進む」「篠(しの)突く雨」

【△衝く】相手の欠点などを攻撃する。障害を乗り越えて進む。強く刺激する。「敵の虚を衝く」「核心を衝いた攻撃」「読者の意表を衝く出版」「腐臭が鼻を衝く」「暴風雨を衝いて出発する」「意気天を衝く」

【▲撞く】棒状の物で釣り鐘などを打つ。「除夜の鐘を撞く」「玉撞き」

【▲搗く】杵(きね)で穀物などを打つ。「粟(あわ)を搗く」「餅(もち)を搗く」

【▲舂く】臼(うす)で穀物をつく。「搗く」とほぼ同じ。

つぐ【△嗣ぐ】(13) 口10 常 2744/3B4C ▼シ(六二一)
つぐ【継ぐ】(13) 糸7 常 2349/3751 ▼ケイ(三九八)

同訓異義 つぐ

【次ぐ】すぐあとに順に続く。「アジアに次いでアフリカのチームが入場」「昨年に次いで連続優勝」「自動車事故が相次ぐ」

【△亜ぐ】地位や順位がすぐ下である。「亜熱帯は熱帯に亜いで暑い」「社長に亜ぐ地位」

【継ぐ】家や仕事などのあとを受けて続ける。絶やさないように加える。つくろう。「家業を継ぐ」「後継ぎ」「志を継ぐ」「火鉢に炭を継ぐ」「ズボンのほころびを継ぐ」

【△嗣ぐ】家や財産・芸などを受けつぐ。「旧家を嗣ぐ」「家元を嗣ぐ」

【接ぐ】切れているものをつなぐ。接ぎ木をする。「骨を接ぐ」「割れ物を接ぎ合わせる」「ミカンにイヨカンの芽を接ぐ」「木に竹を接ぐ」

【△注ぐ】そそぎこむ。「酒を注ぐ」「投手を注ぎこんで勝つ」「資金を注ぎ込む」

つくえ【▲几】(2) 几0 4960/515C ▼キ(二五九)
つくえ【机】(6) 木2 教 2089/3479 ▼キ(二六〇)
つくえ【△案】(10) 木6 教 1638/3046 ▼アン(二二)
つくす【尽くす】(6) 尸3 常 3152/3F54 ▼ジン(八一七)
つくす【▲殄くす】(9) 歹5 6141/5D49 ▼テン(一一一四)
つくす【▲竭くす】(14) 立9 6781/6371 ▼ケツ(四一四)
つくす【▲殫くす】(16) 歹12 6149/5D51 ▼タン(一〇二〇)
つくす【▲殲くす】(21) 歹17 6151/5D53 ▼セン(九一二)
つくだ【▲佃】(7) 亻5 3649/4451 ▼デン(一一三二)
つくづく【△熟】(15) 灬11 教 2947/3D4F ▼ジュク(七一〇)

つぐなう【△賠う】(15) 貝8 常 3969/4765 ▼バイ(一二三二)
つぐなう【償う】(17) 亻15 常 2994/3D7E ▼ショウ(七六四)
つくねる【▲捏ねる】(10) 扌7 5752/5954 ▼ネツ(一二〇五)
つくばう【▲蹲う】(19) ⻊12 7713/6D2D ▼ソン(九六九)
つぐみ【▲鶫】(19) 鳥8 8309/7329 ▼トウ(一二五八)

つぐみ【鶫】(20) 鳥9 国 1 8310/732A 訓 音 つぐみ

意味 つぐみ。ヒタキ科の鳥。

【鶫】つぐみ ヒタキ科の鳥。晩秋、シベリアなどから大群で日本に渡来。背面は黒褐色、腹面や顔は黄白色で黒い斑点(ハンテン)がある。季秋

つぐむ【▲噤む】(16) 口13 5165/5361 ▼キン(三六三)
つくり【▲旁】(10) 方6 5853/5A55 ▼ホウ(一四〇四)
つくる【作る】(7) 亻5 教 2678/3A6E ▼サク(五六四)
つくる【造る】(10) ⻌7 教 3404/4224 ▼ゾウ(九三三)
つくる【創る】(12) 刂10 教 3347/414F ▼ソウ(九三九)
つくる【△製る】(14) 衣8 教 3229/403D ▼セイ(八六七)

同訓異義 つくる

【作る】おもに規模の小さいものや、抽象的なものをこしらえる。新しいものを生み出す。ほか、広く用いる。「人形を作る」「米を作る」「歌を作る」「記録を作る」「口実を作る」「作り話」
【造る】おもに規模の大きいもので、具体的なものをこしらえる。「自動車を造る」「貨幣を造る」「薬品を造る」「城を造る」「マイホームを造る」「酒を造る」「合掌造」「国造り」
【創る】新しいものを生み出す。初めてつくり出す。「神が天地を創る」「学校を創る」

つくろう【繕う】(18) 糸12 常 3322/4136 ▼ゼン(九一八)
つける【付ける】(5) 亻3 教 4153/4955 ▼フ(一三三三)
つける【△点ける】(9) 灬5 教 3732/4540 ▼テン(一一一四)
つける【着ける】(12) 羊6 教 3569/4365 ▼チャク(一〇四〇)

つける【漬】(14) 氵11 常 準2 3650/4452 訓 音 外シ つける・つかる

筆順 丶 冫 氵 氵[3] 汁 浐 洼 清 清 漬[12] 漬

意味 ①つける。つかる。つけたもの。「大根を漬ける」②ひたす。水につける。

【漬かる】つかる ①物が水の中にひたる。②漬物が熟して味が出る。「大根がよく—っている」
【漬物】つけもの 野菜を、塩・糠味噌(ぬかミソ)・酒粕(さけかす)などに漬けた食品。香のもの。

つげる【告げる】(7) 口4 教 2580/3970 ▼コク(五二四)
つごもり【▲晦】(11) 日7 1902/3322 ▼カイ(一七八)

つじ【★辻】(6) ⻌2 国 準1 3652/4454 訓 音 つじ

〔辻〕

意味 十字路。交差点。また、道端。参考 十の字に交わったみち(⻌)を表す国字。

【▲辻】つじ ①道が十文字に交わっている所。交差点。十字路。四つ辻。②道端。ちまた。
【▲辻占】つじうら ①昔、辻に立って通行人の言葉を聞き吉凶を判断したこと。②小紙に吉凶を占った文句を書いたもの。また、それを売る人。「恋の—」③偶然の出来事から吉凶を占うこと。
【▲辻斬り】つじぎり 腕試しや刀の切れ味をみるため、武士が夜、路上で通行人を斬(き)ること。また、そういう武士。
【▲辻強盗】つじゴウトウ 道端で通行人をおそう強盗。おいはぎ。
【▲辻説法】つじセッポウ 道端で通行人に説く説教。「日蓮(にちれん)の—」
【▲辻▲褄】つじつま 物事の道理や筋道。はじめと終わり。「話の—が合う」
【▲辻▲褄を合わせる】話の前後がきちんと合い、筋道がとおるようにする。

つた【▲蔦】(14) 艹11 3653/4455 ▼チョウ(一〇六五)
つた【▲蘿】(22) 艹19 7339/6947 ▼ラ(一五四三)
つたう【伝う】(6) 亻4 教 3733/4541 ▼デン(一一一二)
つたえる【伝える】(6) 亻4 教 3733/4541 ▼デン(一一一二)
つたない【▲拙い】(8) 扌5 常 3259/405B ▼セツ(八八三)
つち【土】(3) 土0 教 3758/455A ▼ド(一一三一)
つち【△地】(6) 土3 教 3547/434F ▼チ(一〇二六)
つち【△椎】(12) 木8 常 3639/4447 ▼ツイ(一〇七七)
つち【▲槌】(14) 木10 3640/4448 ▼ツイ(一〇七八)
つち【△壌】(16) 土13 常 3077/3E6D ▼ジョウ(七七八)
つち【▲鎚】(18) 金10 3642/444A ▼ツイ(一〇七八)
つちかう【培う】(11) 土8 常 3961/475D ▼バイ(一二三二)
つちくれ【△塊】(13) 土10 常 1884/3274 ▼カイ(一八一)
つちのえ【▲戊】(5) 戈1 4274/4A6A ▼ボ(一三九一)
つちのと【己】(3) 己0 教 2442/384A ▼コ(四四六)
つちふる【▲霾る】(22) 雨14 8042/704A ▼バイ(一二三二)
つつ【筒】(12) ⺮6 常 3791/457B ▼トウ(一一五〇)
つつ【△銃】(14) 金6 常 2938/3D46 ▼ジュウ(七〇五)
つつが【▲恙】(10) 心6 5589/5779 ▼ヨウ(一五二九)

つづく【続く】(13) 糸7 教 3419/4233 ▼ゾク(九六三)
つつしむ【▲恪む】(9) 忄6 5577/576D ▼カク(一九七)
つつしむ【▲祗む】(10) 礻5 6713/632D ▼シ(六一五)
つつしむ【▲虔む】(10) 虍4 7342/694A ▼ケン(四二四)
つつしむ【△粛む】(11) 聿6 常 2945/3D4D ▼シュク(七〇九)
つつしむ【▲欽む】(12) 欠8 2254/3656 ▼キン(三六〇)
つつしむ【慎む】(13) 忄10 常 3121/3F35 ▼シン(八〇五)
つつしむ【▲愨む】(14) 心10 5634/5842 ▼カク(二〇一)
つつしむ【▲愿む】(14) 心10 5637/5845 ▼ゲン(四四五)
つつしむ【謹む】(17) 言10 常 2264/3660 ▼キン(三六四)

同訓異義 **つつしむ**

【慎む】 失敗しないように気をつける。度を超さないよう控えめにする。「言葉を慎む」「身を慎む」「酒を慎む」「慎み深い」
【謹む】 うやうやしくかしこまる。敬意を表する。おもに「謹んで…する」の形で用いる。「謹んでお慶(よろこ)び申し上げます」「謹んでお受けします」「謹んで拝聴する」

つつましい【△慎しい】(13) 忄10 常 3121/3F35 ▼シン(八〇五)
つづまやか【△約やか】(9) 糸3 教 4483/4C73 ▼ヤク(一四九七)
つづまやか【△倹やか】(10) 亻8 常 2380/3770 ▼ケン(四二二)
つつみ【▲坡】(8) 扌5 5219/5433 ▼ハ(一二二五)
つつみ【堤】(12) 扌9 常 3673/4469 ▼テイ(一〇九五)
つつみ【▲塘】(13) 扌10 ▼トウ(一一五一)
つづみ【鼓】(13) 鼓0 常 2461/385D ▼コ(四五八)
つつむ【包む】(5) 勹3 教 4281/4A71 ▼ホウ(一三九六)

つつむ【▲裹む】(14) 衣8 7471/6A67 ▼カ(一五八)
つつむ【▲韜む】(19) 韋10 ▼トウ(一一五七)
つづめる【△約める】(9) 糸3 教 4483/4C73 ▼ヤク(一四九七)
つづら【△葛】(12) 艹9 常 1975/336B ▼カツ(二二四)
つづる【▲綴る】(14) 糸8 3654/4456 ▼テイ(一〇九七)
つづれ【▲綴れ】(14) 糸8 3654/4456 ▼テイ(一〇九七)
つて【△伝】(6) 亻4 教 3733/4541 ▼デン(一一二一)
つと【▲苴】(8) 艹5 7183/6773 ▼ショ(七二七)
つどう【集う】(12) 隹4 教 2924/3D38 ▼シュウ(六九四)
つとに【▲夙に】(6) 夕3 2940/3D48 ▼シュク(七〇六)
つとめる【△力める】(2) 力0 教 4647/4E4F ▼リョク(一五八二)
つとめる【努める】(7) 力5 教 3756/4558 ▼ド(一一三三)
つとめる【△勉める】(10) 力8 教 4257/4A59 ▼ベン(一三八六)
つとめる【務める】(11) 力9 教 4419/4C33 ▼ム(一四五九)
つとめる【▲勖める】(11) 力9 1470/2E66 ▼キョク(三四九)
つとめる【勤める】(12) 力10 教 2248/3650 ▼キン(三六〇)

同訓異義 **つとめる**

【努める】 力を尽くしてがんばる。努力する。「勉学に努める」「努めて早起きする」「サービスに努める」「問題の解決に努める」
【△勉める】 無理を押して励む。「努める」に近い意で用いる。
【勤める】 会社などに通って仕事を行う。勤務する。仏道の修行をする。「会社に勤める」「定年まで勤め上げる」「本堂でお勤めをする」
【務める】 与えられた役目を果たす。「議事進行を務める」「主役を務める」「親の務め」

つとめる【▲懋める】(17) 心13 5676/586C ▼ボウ(一四二二)
つな【綱】(14) 糸8 常 2543/394B ▼コウ(五二一)
つながり【▲繫がり】(19) 糸13 9494/7E7E ▼ケイ(四〇二)
つなぐ【△維ぐ】(14) 糸8 常 1661/305D ▼イ(三七)
つなぐ【▲繫ぐ】(19) 糸13 9494/7E7E ▼ケイ(四〇二)
つなぐ【▲羈ぐ】(24) 罒19 7019/6633 ▼キ(二八六)
つね【△毎】(6) 毋2 教 4372/4B68 ▼マイ(一四三八)
つね【常】(11) 巾8 教 3079/3E6F ▼ジョウ(七七四)
つね【△庸】(11) 广8 常 4539/4D47 ▼ヨウ(一五三〇)
つね【△雅】(13) 隹5 常 1877/326D ▼ガ(一六五)
つねに【△恒に】(9) 忄6 常 2517/3931 ▼コウ(四九〇)
つねる【▲抓る】(7) 扌4 5720/5934 ▼ソウ(九三一)
つの【角】(7) 角0 教 1949/3351 ▼カク(一九六)
つのさかずき【▲觥】(13) 角6 9191/7B7B ▼コウ(五〇八)
つのる【募る】(12) 力10 常 4271/4A67 ▼ボ(一三九三)
つば【唾】(11) 口8 常 3435/4243 ▼ダ(九七四)
つば【▲鍔】(17) 金9 3655/4457 ▼ガク(二〇六)
つば【▲鐔】(20) 金12 ▼タン(一〇二一)
つばき【▲椿】(13) 木9 3656/4458 ▼チン(一〇七五)
つばさ【▲翅】(10) 羽4 7034/6642 ▼シ(六一六)
つばさ【翼】(17) 羽11 常 4567/4D63 ▼ヨク(一五四〇)
つばめ【▲燕】(16) 灬12 1777/316D ▼エン(一〇七)
つぶ【粒】(11) 米5 常 4619/4E33 ▼リュウ(一五七〇)
つぶ【▲螺】(17) 虫11 4570/4D66 ▼ラ(一五四二)
つぶ【▲顆】(17) 頁8 8089/7079 ▼カ(一六〇)

つぶさに【△具に】(8) ハ6 教 2281 3671 ▼グ(三七一)

つぶさに【△備に】(12) イ10 教 4087 4877 ▼ビ(一二九〇)

つぶす【潰す】(15) 氵12 常 3657 4459 ▼カイ(一八四)

つぶて【▲礫】(20) 石15 6710 632A ▼レキ(一六〇一)

つぶやく【▲呟く】(8) 口5 5076 526C ▼ゲン(四四〇)

つぶらか【△円か】(4) 冂2 教 1763 315F ▼エン(九五)

つぶる【▲瞑る】(15) 目10 6652 6254 ▼メイ(一四七三)

つぼ【坪】(8) 土5 常 準2 3658 445A 訓 音 つぼ 外ヘイ

旧字《坪》(8) 土5 1/準1

筆順 一 十 土 圹 圻 圻 坪 坪

意味 ①つぼ。面積の単位。土地では一間四方。約三・三平方メートル。織物や印刷の製版などでは一寸四方。約九・一八平方センチメートル。②なかにわ。垣の内にある庭。③地面のたいらな所。

下つき 地坪(ジつぼ)・建坪(たてつぼ)

【坪】つぼ ①土地の面積の単位。一坪は六尺平方で約三・三平方メートル。「山林を一あたり五千円で購入した」②土砂の体積の単位。一坪は六尺立方、約六・〇一立方メートル。③印刷の製版やタイル・皮革などの面積の単位。

【坪刈】つぼがり 一坪分のイネや麦を刈り取って、これを基礎として田畑全体の収穫量を推定すること。

【坪庭】つぼにわ 敷地の中で、建物や塀に囲まれた中庭。「一の花が美しい」類内庭 表記「壺庭」とも書く。

つぼ【▲坩】(8) 土5 5216 5430 ▼カン(一二六)

つぼ【▲壺】(12) 士9 5268 5464 ▼コ(四五六)

つぼね【△局】(7) 尸4 教 2241 3649 ▼キョク(三三九)

つぼみ【▲莟】(10) 艹7 7217 6831 ▼ガン(二五五)

つぼみ【▲蕾】(16) 艹13 7318 6932 ▼ライ(一五四五)

つぼむ【▲窄む】(10) 穴5 2685 3A75 ▼サク(五六六)

つぼむ【▲蕾む】(16) 艹13 7318 6932 ▼ライ(一五四五)

つま【爪】(4) 爪0 常 3662 445E ▼つめ(一〇八五)

つま【妻】(8) 女5 教 2642 3A4A ▼サイ(五五〇)

つま【褄】(13) 衤8 国 1 7477 6A6D 訓 音 つま

意味 つま。着物の衽(おくみ)のへりの部分。着物の裾(すそ)の左右の両端。

【▲褄取り】つまどり ①着物の褄(つま)を手に取って、少し持ち上げること。②相撲の決まり手の一つ。相手の後ろに回って足首を持ち、相手を前側に這(は)わせるもの。

つま【▲嬬】(17) 女14 3660 445C ▼ジュ(六六四)

つましい【△約しい】(9) 糸3 教 4483 4C73 ▼ヤク(一四九七)

つましい【△倹しい】(10) イ8 常 2380 3770 ▼ケン(四一二)

つまずく【▲趺く】(12) 足5 7675 6C6B ▼テツ(一一〇四)

つまずく【▲蹉く】(17) 足10 7702 6D22 ▼サ(五四七)

つまずく【▲蹶く】(19) 足12 7712 6D2C ▼ケツ(四一五)

つまずく【▲躓く】(22) 足15 7721 6D35 ▼チ(一〇三五)

つまだてる【▲翹てる】(18) 羽12 7043 664B ▼ギョウ(三四七)

つまびらか【△詳らか】(13) 言6 常 3060 3E5C ▼ショウ(七五九)

つまびらか【△審らか】(15) 宀12 常 3119 3F33 ▼シン(八〇八)

つまびらか【△諦らか】(16) 言9 常 3692 447C ▼テイ(一〇九八)

つまみ【▲鈕】(12) 金4 7870 6E66 ▼チュウ(一〇四九)

つまむ【▲抓む】(7) 扌4 5720 5934 ▼ソウ(九三一)

つまむ【△摘む】(14) 扌11 常 3706 4526 ▼テキ(一一〇一)

つまむ【△撮む】(15) 扌12 常 2703 3B23 ▼サツ(五七二)

つまる【詰まる】(13) 言6 常 2145 354D ▼キツ(二九六)

つみ【▲辜】(12) 辛5 7767 6D63 ▼コ(四五七)

つみ【罪】(13) 罒8 教 2665 3A61 ▼ザイ(五六三)

つむ【▲抓む】(7) 扌4 5720 5934 ▼ソウ(九三一)

つむ【詰む】(13) 言6 常 2145 354D ▼キツ(二九六)

つむ【摘む】(14) 扌11 常 3706 4526 ▼テキ(一一〇一)

つむ【積む】(16) 禾11 教 3249 4051 ▼セキ(八七九)

つむ【▲錘】(16) 金8 3178 3F6E ▼スイ(八三一)

つむぎ【▲紬】(11) 糸5 3661 445D ▼チュウ(一〇四八)

つむぐ【紡ぐ】(10) 糸4 常 4334 4B42 ▼ボウ(一四一七)

つむぐ【▲緝ぐ】(15) 糸9 6941 6549 ▼シュウ(六九六)

つむじかぜ【▲飄】(20) 風11 8108 7128 ▼ヒョウ(一三〇八)

つむじかぜ【▲飆】(21) 風12 8110 712A ▼ヒョウ(一三〇八)

つめ【爪】(4) 爪0 常 2 3662 445E 訓 音 つめ・つま 外ソウ

筆順 一 厂 斤 爪

意味 つめ。手足のつめ。また、つめの形をしたもの。「爪痕(ソウコン)」「琴爪」 参考 手先で物をつまもうとする形からできた字。

下つき 貝爪(かいづめ)・鉤爪(かぎづめ)・牙爪(ガソウ)・苦爪(くづめ)・琴爪(ことづめ)・指爪(シソウ)・生爪(なまづめ)・深爪(ふかづめ)

【〈爪▲哇〉】ジャワ インドネシア共和国の中心となる島。首都のジャカルタがある。表記「闍婆」とも書く。

【爪牙(ソウガ)】①つめときば。転じて、相手を攻撃する武器・手段。「熊(くま)の―は危険だ」「―にかかる」②君主の手足となって働く家臣。「―の臣」

【爪音(つまおと)】①琴爪(ことづめ)で琴を弾く音。「―が響く」②ウマのひづめの地を踏む音。「駒(こま)の―」

【爪革・爪皮(つまかわ)】下駄(ゲタ)や草履の先にかけて、泥などを防ぐおおい。つまがけ。

【爪繰る(つまぐる)】指先で物を順に送って動かす。「数珠(ジュズ)を―る」

〈爪紅〉(つまぐれ) ホウセンカの別称。由来 花で爪(つめ)を赤く染めたことから。季 秋 参考「つまくれない・つまべに」とも読む。▼鳳仙花(ホウセンカ)(一四一〇)

【爪先(つまさき)】足の指の先。足の先。「―で立つ」「―上がりの道」

【爪弾き(つまはじき)】①嫌って仲間はずれにすること。「―にされる」②不満や腹立ちなどから、親指の腹に他の指の先をかけてはじくこと。

【爪楊枝(つまヨウジ)】歯の間に挟まったものを取り除いたり、食物を突き刺したりする小さいようじ。こようじ。「食事の後に―を使う」

【爪(つめ)】①人や動物の指先にある表皮が硬くなった角質の部分。「―が伸びる」②琴を弾くための道具で、①の形をしたもの。琴づめ。「―で弦をかき鳴らす」③物を引っかけるもの。小鉤(こはぜ)の類。類 鉤(かぎ)

『爪で拾って箕(み)で零(こぼ)す』苦労して少しずつ蓄えたものを、あっという間に使い果たしてしまうこと。爪の先で拾い集めて蓄えたものを、箕で一気にこぼしてしまう意から。「箕」は、穀物の殻・ごみなどをふるって取り除くために使われる、竹で編んだ農具。

『爪に爪なく瓜(うり)に爪あり』「爪」の字は下に何もついていないが、「瓜」の字にはある。似ていて誤りやすい漢字の区別を教える。

『爪に火を点(とも)す』非常にけちなたとえ。また、せっせと倹約するたとえ。油やろうそくの代わりに、爪に火をつけて明かりとする意から。「―す暮らし」

『爪の垢(あか)を煎(セン)じて飲む』すぐれた人に少しでもあやかろうとするたとえ。すぐれた人の爪のあかを煎じ薬にして飲めば、少しはその人に近づけるだろうという意から。

【爪痕(つめあと)】①爪でひっかいたあと。物に残っている爪の形。「猫が柱に―をつける」②災難などの被害や影響。「地震の―が生々しい」「台風の―」

【爪蓮華(つめレンゲ)】ベンケイソウ科の多年草。関東以西の山地の岩に着生。葉は多肉質で、先が動物の爪のようにとがっている。秋、白色の小花を密につける。

つめたい【冷たい】(7) 冫5 教 4668/4E64 ▼レイ(一五九三)
つめる【詰める】(13) 言6 常 2145/354D ▼キツ(二九六)
つもる【積もる】(16) 禾11 教 3249/4051 ▼セキ(八七九)
つや【艶】(19) 色13 常 1780/3170 ▼エン(一〇八)
つややか【艶やか】(19) 色13 常 1780/3170 ▼エン(一〇八)
つゆ【汁】(5) 氵2 常 2933/3D41 ▼ジュウ(七〇一)
つゆ【露】(21) 雨13 常 4710/4F2A ▼ロ(一六二一)
つよい【勁い】(9) 力7 5006/5226 ▼ケイ(三八九)
つよい【剛い】(10) 刂8 常 2568/3964 ▼ゴウ(五二〇)
つよい【勍い】(10) 力8 5007/5227 ▼ケイ(三九一)
つよい【強い】(11) 弓8 教 2215/362F ▼キョウ(三三五)
つよい【遒い】(13) 辶9 7804/6E24 ▼シュウ(六九六)
つよい【毅い】(15) 殳11 2103/3523 ▼キ(二八一)
つよい【彊い】(16) 弓13 2216/3630 ▼キョウ(三四一)
つよめる【強める】(11) 弓8 教 2215/362F ▼キョウ(三三五)
つら【面】(9) 面0 教 4444/4C4C ▼メン(一四七五)
つらい【辛い】(7) 辛0 常 3141/3F49 ▼シン(七九三)
つらつら【倩】(10) 亻8 4874/506A ▼セン(九〇一)
つらつら【熟】(15) 灬11 教 2947/3D4F ▼ジュク(七一〇)
つらなる【列なる】(6) 刂4 教 4683/4E73 ▼レツ(一六〇二)
つらなる【連なる】(10) 辶7 教 4702/4F22 ▼レン(一六〇三)
つらなる【聯なる】(17) 耳11 4694/4E7E ▼レン(一六〇八)
つらぬく【貫く】(11) 貝4 常 2051/3453 ▼カン(二三四)
つらねる【陳ねる】(11) 阝8 常 3636/4444 ▼チン(一〇七四)
つり【釣り】(11) 金3 常 3664/4460 ▼チョウ(一〇五九)
つる【弦】(8) 弓5 常 2425/3839 ▼ゲン(四四一)
つる【絃】(11) 糸5 2430/383E ▼ゲン(四四三)
つる【釣る】(11) 金3 常 3664/4460 ▼チョウ(一〇五九)
つる【鉉】(13) 金5 7875/6E6B ▼ゲン(四四五)
つる【蔓】(14) 艹11 4402/4C22 ▼マン(一四五〇)

つる【鶴】(21) 鳥10 常 2 3665/4461 音 外 カク 訓 つる

筆順
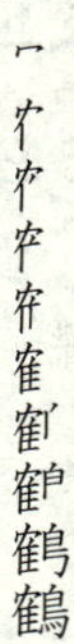
2 4 10 12 15 17 21

意味 ①つる。ツル科の鳥の総称。「鶴首」「鶴唳(カクレイ)」②白い色の形容。「鶴髪」

下つき 黄鶴(オウカク)・亀鶴(キカク)・跨鶴(コカク)・皓鶴(コウカク)・鍋鶴(なべづる)・舞

鶴ブ・夜鶴ヤカク・野鶴ヤカク・唳鶴レイカク

【鶴駕】カクガ ①皇太子の乗り物。②仙人の乗り物。故事 中国、周の霊王の太子である晋シンが仙人となり、白いツルに乗って立ち去ったという故事から。《『列仙伝』》

【鶴首】カクシュ ツルのように首を長くして、物事の到来を待ちわびること。「吉報を―して待つ」

【鶴寿】カクジュ 長命。ながいき。由来 ツルは千年生きるとされることから。

【鶴髪】カクハツ 真っ白な髪の毛。しらが。由来 ツルの羽毛が白いことから。

【鶴髪童顔】カクハツドウガン 年寄りが元気なこと。白髪頭の老人が、幼子のように血色がいい意から。「鶴髪」はツルのように白い髪の毛。参考「童顔鶴髪」ともいう。

【鶴翼】カクヨク 兵法で、ツルがつばさを広げたような形に軍隊を配置すること。敵兵を包囲するような陣形。

【鶴立企佇】カクリツキチョ 心から待ち望むこと。「企」はつまさき立つ、「佇」は待ち望む意。ツルの立ち姿のように、つまさき立って待ち望む意から。《『三国志』》参考「鶴企カクキ」ともいう。

【鶴林】カクリン ①沙羅双樹サラソウジュの林の別称。②釈迦シャカの死。由来 釈迦の死んだ場所に生えていた沙羅双樹が、その死を悲しみ、ツルの羽のように白く変わって枯れたという伝説から。

【鶴唳】カクレイ ①ツルが鳴くこと。また、その声。②悲しげな文章や言葉。ツルの鳴き声が悲しげなことから。

【鶴】つる ツル科の鳥の総称。日本では、留鳥のタンチョウのほか、渡来するマナヅル・ナベヅルが見られる。大形で、くちばし・首・あしが長い。湿地に飛来し、小魚や貝類を食べる。古くから長寿の象徴とされる。季冬

【鶴九皐キュウコウに鳴き声天に聞こゆ】 すぐれた人物は、隠れていてもその名声が遠くまで知れ渡ることのたとえ。ツルは奥深い沼沢にいても、その気品のある声は天にまで届く意から。「九皐」は奥深いところにある沼沢。《『詩経』》

【鶴の脛はぎも切るべからず】 ものにはそれぞれ本来の性質があるもので、無理に人為を加えてはならないという戒め。ツルのはぎが長いからといって切ってしまえばツルは悲しむということから。「脛」はすねの意。《『荘子ソウジ』》

【鶴の一声ひとこえ】 多くの対立する者の発言を制することのできる有力者や権威のある人の一声。

【鶴は枯れ木に巣をくわず】 すぐれた者は身を寄せる所を慎重に選ぶたとえ。類 大魚は小池に棲すまず

【鶴は千年亀かめは万年】 ツルは千年、カメは万年の長寿を保つとされることから、長寿でめでたいこと。

【鶴脛】つるはぎ 着物の丈が短く、すねが長く現れ出ていること。参考「カクケイ」と読めば、ツルの脛はぎの意。

【鶴嘴】つるはし かたい土砂などを掘り起こすのに使う道具。柄えの先に、両端がツルのくちばしのようにとがった鉄器をつけたもの。

つる【攣る】(23) 手19 5827/5A3B ▸レン(一六〇九)
つるぎ【剣】(10) 刂8 常 2385/3775 ▸ケン(四三三)
つるす【吊す】(6) 口3 3663/445F ▸チョウ(一〇五四)
つるばみ【橡】(16) 木12 3843/464B ▸ショウ(七六三)
つれあい【逑】(11) 辶7 7783/6D73 ▸キュウ(三一〇)
つれる【連れる】(10) 辶7 教 4702/4F22 ▸レン(一六〇三)
つわもの【兵】(7) 八5 教 4228/4A3C ▸ヘイ(一三六五)
つんざく【劈く】(15) 刀13 4992/517C ▸ヘキ(一三七三)

て 天 テ 天

て【弖】(4) 弓1 国 1 5523/5737 訓 音 て

意味 助詞の「て」の当て字。「弖爾乎波てにをは」

【弖爾乎波】てにをは ①漢文を訓読するとき補読する文字。助詞・助動詞・用言の活用語尾などの総称。特に、明治以降は助詞の称。てには。②言葉の使い方。話のつじつま。「―が合わない話」由来 漢文訓読に用いるヲコト点で、漢字の四隅にある点を左下から順に読むと「て」「に」「を」「は」となることから。表記「天爾遠波」とも書く。

て【手】(4) 手0 教 2874/3C6A ▸シュ(六六九)
デ【弟】(7) 弓4 教 3679/446F ▸テイ(一〇八九)
テイ【丁】(2) 一1 教 3590/437A ▸チョウ(一〇五三)

テイ【叮】(5) 口2 1 5058/525A 訓 音 テイ ねんごろ

意味 ねんごろにたのむ意の「叮嚀テイネイ」に用いられる字。

書きかえ 「丁」に書きかえられるものがある。

【叮嚀】テイネイ ▸書きかえ 丁寧(一〇五三)

テイ【汀】(5) 氵2 準1 3685/4475 訓 音 テイ みぎわ・なぎさ

意味 みぎわ。なぎさ。波打ちぎわ。「汀渚」

下つき 沙汀サテイ・長汀チョウテイ

【汀州・汀洲】テイシュウ 河川・海・湖などで、堆積タイセキした土

砂が水面に現れた所。中州(なかす)。

【汀渚】テイショ みぎわ。なぎさ。「野鳥の群れが―に満ちている」

【汀線】テイセン 海や湖で、水と陸地が接する線。みぎわ線。海岸線。

【汀】なぎさ 波の打ち寄せる所。波打ちぎわ。みぎわ。表記「渚」とも書く。

【汀】みぎわ 陸地と水の接する所。水ぎわ。なぎさ。表記「水際・渚」とも書く。

テイ【体】(7) イ 5 教 3446 424E ▼タイ(九七七)

テイ【低】(7) イ 5 常 教 7 3667 4463 音 テイ 訓 ひくい・ひくめる・ひくまる 外 たれる

筆順 ノ イ 亻 仁 仾 低 低

意味 ①ひくい。高さがひくい。位置がひくい。「低地」「低空」 ②程度がひくい。少ない。等級・順位が下である。「低額」「低級」 対①②高 ③たれる。うなだれる。「低頭」

書きかえ 「彽(テイ)」の書きかえ字として用いられるものがある。

下つき 高低(コウテイ)・最低(サイテイ)

【低下】テイカ ①低くなること。下がること。「気温の―」 対上昇 ②質や程度などが悪くなること。「能率の―」 対向上

【低回】テイカイ 物思いにふけりながら、うろうろと行ったり来たりすること。 書きかえ 「低徊」の書きかえ字。

『低回顧望』テイカイコボウ 心ひかれて行きつもどりつ振り返るさま。「顧望」は、振り返り前後を見回すこと。〈『日本外史』〉

【低減】テイゲン ①へること。へらすこと。「出生率の―」 ②安くなること。安くすること。

【低姿勢】テイシセイ 相手に対してへりくだり、下手(したて)に出る態度。「ひたすら―で頼みこむ」 対高姿勢

【低湿】テイシツ 土地が低くて、湿気が多いこと。「湖畔の―な土地」 対高燥

【低唱微吟】テイショウビギン 低く小さな声でしんみりと歌うこと。「微吟」は小声で詩歌を口ずさむ意。 類低吟微詠

【低俗】テイゾク 性質や趣味などが卑しいこと。下品で俗っぽいようす。「―なテレビ番組」 対高尚

【低調】テイチョウ ①水準や程度が低いこと。「―な応募作品」「相場は―だ」 ②調子が出ず盛り上がらないこと。はかどらないこと。「―な記録に終わる」

【低頭】テイトウ 謝罪の意や敬意などを表すため、頭を低く下げること。「ひたすら―してわびる」「平身―」

『低頭傾首』テイトウケイシュ うなだれること。謹慎すること。「傾首」は頭を傾ける意。〈『北史』〉「―の日々」

【低能】テイノウ 知能の発育が不十分で、はたらきが一般より劣ること。知能が低いこと。

【低木】テイボク 丈の低い木。一般に高さ三メートル以下の木を指す。植物学上の旧称は「灌木(カンボク)」。ツツジ・ナンテンなど。 対高木

【低迷】テイメイ ①低くさまようこと。「暗雲が―する」 ②悪い状態が長く続き、抜け出せないでいること。「景気が―する」

【低落】テイラク ①安くなること。「株価が―する」 類下落 対高騰 ②悪くなること。「人気が―する」 類凋落(チョウラク)

【低利】テイリ 安い利子。金利の低いこと。「―で借金する」 対高利

【低劣】テイレツ 程度が低く劣っていること。また、そのさま。「―な絵」 類愚劣・俗悪

【低廉】テイレン 値段が安いこと。「―な品物」 類安価・廉価

【△低人】ひきひと 身長のきわめて低い人。ひきうど。表記「侏儒」とも書く。

【低い】ひくい ①高さが少ない。「背が―い」「飛行機が―く飛ぶ」 ②音が小さい。「―い声で話す」 ③劣っている。「文化程度が―い」「地位が―い」 ④度数が小さい。「―い温度」

【低き所に水溜まる】ひくきところにみずたまる 利益にありつけそうなところに、人は自然に集まるものだということ。また、悪い者のいるところには悪い者が集まりやすいということ。水が低いところに流れこんでたまる意から。 参考 「低き所」は「窪(くぼ)き所」ともいう。

【低める】ひくめる 低くする。下げる。「頭を―める」「音量を―める」

テイ【呈】(7) 口 4 常 準2 3672 4468 音 テイ 訓 外 しめす

筆順 丨 口 口 吅 旦 早 呈

意味 ①しめす。あらわす。「呈示」「露呈」 ②さしだす。さしあげる。「呈上」「贈呈」

下つき 謹呈(キンテイ)・献呈(ケンテイ)・進呈(シンテイ)・贈呈(ゾウテイ)

【呈示】テイジ 差し出して見せること。「通行許可証を―する」

【呈出】テイシュツ ①ある状態を、あらわし出すこと。はっきりと示すこと。 ②差し出すこと。 表記 ②「提出」とも書く。

【呈上】テイジョウ 差し上げること。物を贈ることの謙譲語。「粗品を―する」 類進呈

【呈する】テイ―する ①差し出す。差し上げる。進呈する。「苦言を―する」 ②あらわす。見せる。示す。「活気を―する」

テイ【廷】(7) 廴 4 常 準2 3678 446E 音 テイ 訓 外 にわ

筆順 一 二 千 壬 廷 廷 廷

意味 ①政務を行う場所。官庁。「廷臣」「朝廷」②裁判を行う場所。「廷吏」「法廷」③にわ(庭)。

下つき 宮廷・朝廷・法廷

【廷臣】テイシン 朝廷に仕える臣下。官に任命された役人。類朝臣

【廷吏】テイリ 法廷の事務や雑務を担当する裁判所の職員。

テイ【弟】

(7) 弓4 常 教 9 3679 446F

音 テイ㊥・ダイ・デ

訓 ㊥おとうと

筆順 、 丷 䒑 肖 弟 弟 (stroke-order forms)

意味 ①おとうと。兄弟のうち、年下の者。「弟妹」「義弟」対兄 ②でし(弟子)。門人。教え子。「門弟」「師弟」③自分を謙遜していう語。「小弟」

下つき 義弟・兄弟・賢弟・高弟・昆弟・実弟・子弟・師弟・舎弟・従弟・徒弟・末弟・門弟

【弟】おとうと ①同じ親から生まれた子どものうち、年下の男性。年下の男兄弟。②配偶者の年下の兄弟。また、妹の夫。対①②兄

【△弟切草】おとぎりソウ オトギリソウ科の多年草。山野に自生。夏から秋、黄色の五弁花を開く。花や葉に黒点がある。葉をもんで傷薬とする。季秋 由来 平安時代の鷹匠が夕カの傷を治す秘薬を口外した弟を斬り殺し、そのときの血が飛び散って、花や葉に黒点がついたという伝説から。表記「小連翹」とも書く。

【△弟月】おとづき 陰暦一二月の異名。参考「おとうづき・おとどづき」とも読む。

〈弟▲鷹〉だい オオタカの雌。対兄鷹 由来 タカは雌が雄より大きいことから「大」「小」の字音を当てたものという。

【弟妹】テイマイ 弟と妹。「彼は―をとてもかわいがっている」対兄姉

【弟子】デシ 師について教えを受ける人。「陶芸家に―入りする」類門弟・門人 対師匠

テイ【定】

(8) 宀5 常 教 8 3674 446A

音 テイ・ジョウ

訓 さだめる・さだまる・さだか㊄ ㊉きまる

筆順 丶 丷 宀 宀 宁 宇 定 定 (stroke-order forms)

意味 ①さだめる。さだまる。きめる。きまる。「定員」「定期」「確定」②しずめる。しずまる。「安定」「平定」③おちつく。動かない。「定着」「固定」「一定」④さだめ。きまり。おきて。「定義」「規定」「定理」⑤さだめて。必ず。「必定」⑥じょう。仏教で、雑念を断って無念無想になること。「禅定」「入定」

下つき 安定・一定・改定・確定・仮定・勘定・鑑定・規定・協定・欽定・決定・検定・限定・公定・肯定・校定・固定・裁定・査定・暫定・指定・所定・推定・制定・設定・禅定・選定・剪定・断定・鎮定・特定・内定・入定・認定・判定・否定・必定・評定・不定・平定・法定・未定・約定・予定

【定か】さだか 確かなようす。はっきりしているようす。「記憶は―ではありません」

【定める】さだめる ①一つに決める。制定する。「進路を―める」「狙いを―める」「条例を―める」②心を決める。覚悟する。「度胸を―める」③騒動を鎮める。治める。「天下を―める」

【定規・定木】ジョウギ ①正確に線や角度をかいたり紙などを裁ったりするときにあてがう用具。「三角―」②物事を判断するときの基準や手本。「杓子―な考え(融通がきかない考え)」

【定業】ジョウゴウ 仏 やったことに対するむくいの結果として前世から定まっている行為。決定業。対不定業

【定小屋】ジョウごや ①常設の興行場。②特定の俳優・劇団などが、定期的に出演する興行場。

【定斎屋】じょうさいや 夏にてんびんで薬箱をかつぎ、煎じ薬を売り歩いた行商人。季夏 由来 桃山時代に村田定斎が製したのが最初ということから。

【定式幕】ジョウシキマク 歌舞伎の舞台で用いる正式の引き幕。黒・柿色・萌黄色の三色の縦縞。

【定石】ジョウセキ ①囲碁で、最も有利とされている決まった石の打ち方。②物事を処理する一定のやり方。「―どおりの行動」

【定跡】ジョウセキ 将棋で、最も有利とされる決まった駒の指し方。

【定命】ジョウミョウ 仏 前世からの因縁で定まっている人の寿命の限度。参考「常命」と書けば、単に寿命の意。

【定紋】ジョウモン 家ごとに決まっている紋所。家紋。表紋。

【定宿】ジョウやど そこと決めて、いつも宿泊する宿。泊まりつけの宿。表記「常宿」とも書く。

【定連】ジョウレン ①一つの飲食店や興行場などに、いつも来る客。常客。「―をつかむ」②いつも連れだって行動する仲間。表記「常連」とも書く。

【定員】テイイン 定められた人員。決められた人数。「電車の―」「―割れ」

【定価】テイカ 前もって決められている商品の売値。「―をつける」

【定款】テイカン 公益法人や会社などの、目的・組織・業務などについての基本規則。また、それを書いた文書。「新しい会社の―を作成する」

【定期】テイキ ①決められた一定の期間・期限・期日。「―便」「不―」②「定期預金」の略。③「定期乗車券」の略。

【定義】テイギ 概念や言葉の意味・内容を正確に限定すること。また、それを述べたもの。「文学とはなにかを―づける」

【定形】テイケイ 一定の形。また、形が決められていること。「不―」「―郵便物」

【定型】テイケイ 一定の型。決まった型。「無―」「―詩」

【定▲繋港】テイケイコウ その船舶が、おもに繋留する港。船籍港。

【定見】テイケン 一定の見識。しっかりした自分なりの考え。「無―」「―をもつ」

【定刻】テイコク 決められた時刻。「講演会は―に始まった」類定時

【定時】テイジ ①一定の時刻。「―発車」類定刻 ②一定の時期。「―総会」類定期

【定式】テイシキ 一定の方式・形式、また儀式。「―化する」参考「ジョウシキ」とも読む。

【定時制】テイジセイ 夜間や農閑期など、特別な時期に授業を行う学校。また、その教育課程。「―高校に通う」

【定収】テイシュウ 決まって入ってくる収入。固定収入。「定収入」の略。

【定住】テイジュウ 一定の場所に住居を定めて住みつくこと。「―の地」

【定食】テイショク 飲食店などで、あらかじめ料理の組み合わせが決めてある食事。一定の献立の食事。「日替わり―」

【定植】テイショク 苗床で育った植物を、田畑に本格的に植えつけること。「トマトの苗を―する」対仮植

【定職】テイショク 一定の収入が得られる決まった職業。「―につく」

【定数】テイスウ ①決められた数や量。「衆議院議員の―」②数学で、ある条件下で一定の値をとる数。類常数 対変数 ③自然事象の中で、値が定まり変わらない数。④仏定まった運命。類命数

【定席】テイセキ ①決まった座席。②なじみの家。③常設の寄席(よせ)。参考「ジョウセキ」とも読む。

【定説】テイセツ 世間で正しいと認められている説。「―をくつがえす」類定論・通説

【定礎】テイソ 建築工事の初めに、土台石を据えること。建築工事を始めること。「―式」

【定足数】テイソクスウ 議会など合議制の機関が、会議の開催または議決をするのに必要な最小限度の出席者数。「―に達する」参考国会では全議員の三分の一以上。

【定着】テイチャク ①しっかり定まり、広く社会で認められること。「新語が―する」②写真で、現像した乾板・印画紙などの感光性を除くこと。「―液」

【定年】テイネン 退官・退職するよう定められた年齢。「―退職」表記「停年」とも書く。

【定評】テイヒョウ 世間に広く認められた、動かない評判や評価。「―のある作品」

【定本】テイホン ①古典の異本などで、比較照合し最も原本に近い復元であると考えられる本。「―万葉集」②著者が加筆・訂正した決定版。

【定理】テイリ 公理や定義から、真実であると証明された一般的な命題。

【定律】テイリツ ①はっきりと決まった法律や規則。さだめ。②自然現象における因果関係の法則。

【定率】テイリツ 一定の割合や比率。「所得税は―で徴収される」

【定量】テイリョウ 一定の分量。「―以上の飲酒はひかえている」

【定例】テイレイ ①以前からのしきたりやならわし。さだめ。「―の会長挨拶(アイサツ)」②日時を定めて、定期的に行われるもの。「月一回の―会議」類恒例 対臨時

テイ【底】
(8) 广 5 常 教 7 3676 446C 音 テイ 訓 そこ

筆順 丶 亠 广 户 庀 庀 底 底

意味 ①そこ。ものの最も下の部分。奥深いところ。「底辺」「心底」「湖底」②物事のもとになるもの。「底本」「根底」

下つき 海底(カイテイ)・眼底(ガンテイ)・基底(キテイ)・胸底(キョウテイ)・胸底(むなそこ)・湖底(コテイ)・根底(コンテイ)・心底(シンテイ)・水底(スイテイ)・水底(みなそこ)・地底(チテイ)・徹底(テッテイ)・到底(トウテイ)・払底(フッテイ)

【〈底土〉】しはに 地面の下のほうにある土。対初土(はつに) 参考「そこつち」とも読む。

【底】そこ ①容器の下の部分。「鍋(なべ)の―」②一番下の部分。「川の―」③物事の限界。「絶望の―に沈む」④奥深いところ。「心の―をのぞかせる」「腹の―から笑う」⑤最も低い値をつけたところ。「―をうつ」

【底意】そこイ 心の奥にもっている考え。下心。本心。「―を読む」

【底意地】そこイジ 心の奥底に隠れている気性。「―が悪い」

【〈底▲翳〉】そこひ 眼球内に異常が起こり、視力が低下する病気の総称。緑内障・白内障・黒内障など。表記「内障」とも書く。

【底止】テイシ 行き着くところまで行って止まること。「株価の暴落は―するところを知らない」

【底辺】テイヘン ①数学で、三角形の頂点に対する辺や、台形の平行な二つの辺。②社会や集団の中の下層。「―に生きる人々」

【底本】テイホン 翻訳・校訂・校合(キョウゴウ)などの基礎になる本。参考「定本」と区別して「そこホン・そこボン」ともいう。

【底流】テイリュウ ①海や川などの底のほうの流れ。②表面には現れないが、奥深いところで動いている勢力や感情。「―に渦巻く不安感」「事件の―を探る」

テイ【彽】
(8) 彳 5 1 8431 743F 音 テイ 訓 たちもとおる

意味 たちもとおる。さまよう。「彽徊(テイカイ)」

書きかえ 「低」に書きかえられるものがある。

【▲彽▲徊】テイカイ ▼書きかえ 低回(一〇八八)

テイ【抵】(8) 扌5 常 4 3681 4471 音 テイ 外シ 訓 外あたる・ふれる・うつ

筆順

意味 ㊀テイ ①こばむ。さからう。「抵抗」 ②あたる。ふれる。「抵触」 ③相当する。「抵当」 ④おおよそ。「大抵」 ㊁シ うつ(撃つ)。

書きかえ ㊀「牴テイ・觝テイ」の書きかえ字として用いられるものがある。

下つき ㊀大抵タイテイ

【抵たる】あーたる ①ふれる。さわる。②相当する。「万金に―る」

【抵抗】テイコウ ①外部から加わる力に対して、押し戻そうとすること。特に、外部圧力や権力に逆らうこと。「体に―力をつける」「不当な要求に―した」 ②精神的に反発すること。「彼の言い方に―を感じる」 ③ある作用に対して、反対の方向にはたらく力。特に「電気抵抗」の略。「流線形は空気の―が少ない」

【抵触】テイショク ①さしさわること。法律などにふれること。「規約に―する」「校則に―する行為」 ②ふれたりぶつかったりすること。③くいちがうこと。矛盾すること。 書きかえ 「牴触・觝触」の書きかえ字。

【抵当】テイトウ 借金が返せない場合に、貸手が自由に処分することを認めて、借手が差し出す財産や権利。担保。かた。「店を―に入れる」

テイ【邸】(8) 阝5 常 準2 3701 4521 音 テイ 訓 外やしき

筆順

意味 やしき。大きな家。また、やど。「邸宅」「公邸」

下つき 官邸カンテイ・公邸コウテイ・豪邸ゴウテイ・私邸シテイ・藩邸ハンテイ・別邸ベッテイ・本邸ホンテイ

【邸第】テイダイ 「邸宅」に同じ。類第宅テイタク

【邸宅】テイタク りっぱで大きな家。やしき。「豪華な―を構える」 類邸第

【邸】やしき 広い敷地に建てた、りっぱで大きな住宅。参考「屋敷」とも書く。

テイ【亭】(9) 亠7 常 準2 3666 4462 音 テイ 外チン 訓 外あずまや

筆順

意味 ①宿屋。料理屋。茶屋。「亭主」「料亭」 ②あずまや。③屋号や雅号に添える語。「曲亭」

下つき 駅亭エキテイ・茶亭チャテイ・料亭リョウテイ・旅亭リョテイ

【亭】チン 庭園での休憩や展望用に設けた小さい建物。亭子チンシ。あずまや。参考「チン」は唐音。

【亭子】チンシ 「亭チン」に同じ。

【亭主】テイシュ ①家の主人。特に、宿屋や茶店などのあるじ。②夫。③茶席で、客に茶をたてて接待する人。

【亭主の好きな赤〈烏帽子〉】えぼし 赤い烏帽子をかぶるような非常識なことでも、一家の主人の好むことなら、家族はみな同調しなければならないということ。参考「烏帽子」は公家クゲや武士がかぶったもので、ふつうは黒色。

【亭亭】テイテイ 木などが高く、まっすぐにそびえているさま。「―とそびえ立つ大樹」

テイ【剃】(9) 刂7 準1 3670 4466 音 テイ 訓 そる

意味 そる。髪やひげをそり落とす。「剃刀」「剃髪」

下つき 剪剃センテイ

【〈剃刀〉】かみそり ①頭髪やひげなどをそる、薄く鋭い刃物。②考えなどの切れ味が鋭いことのたとえ。「―のように切れる人」

【剃る】すーる 「そる」のなまった言い方。「ひげを―る」

【剃る】そーる かみそりなどで、髪やひげを根元から切り落とす。「髪を―って仏門に入る」参考「する」とも読む。

【剃度】テイド 髪をそり落として仏門に入ること。得度。

【剃髪】テイハツ 仏 髪をそること。特に、髪をそり落として仏門に入ること。類薙髪チハツ

【剃髪落飾】テイハツラクショク 髪をそって出家すること。「落飾」は、身分の高い人が髪をそって仏門に入ること。

テイ【帝】(9) 巾6 常 3 3675 446B 音 テイ 外タイ 訓 外みかど

筆順

意味 ①みかど。天子。天皇。「帝王」「皇帝」 ②天の神。あまつかみ。「天帝」

下つき 皇帝コウテイ・女帝ジョテイ・ニョテイ・大帝タイテイ・天帝テンテイ

【帝釈天】タイシャクテン 仏 梵天ボンテンとともに仏法を守る神。十二天の一つ。

【帝位】テイイ 帝王の位。天子や天皇の位。「―を継ぐ」

【帝王】テイオウ ①君主国の元首。類皇帝 ②ある分野や社会において、絶対的な力で支配するもののたとえ。「無冠の―」

【帝国】テイコク ①皇帝が統治する国家。②「大日本帝国」の略。日本の旧称。「―芸術院(日本芸術院の前身)」「―陸軍」

【帝政】テイセイ 皇帝が統治する政治や政体。「―ロシア」

【帝】みかど 天皇や天子の尊称。参考「御門」と書けば、皇居の門や皇居を指す。

【帝揚羽】みかどあげは アゲハチョウ科のチョウ。本州西南部から沖縄にすむ。開

張は約七センチ。はねは黒色に黄白色の斑紋がある。特に、高知市のものは特別天然記念物。

テイ【柢】(9) 木 5 1 5950 5B52 音 テイ 訓 ね・ねもと

意味 ①木のね。ねもと。物事のもと。「根柢」②ねざす。もと(基)づく。

下つき 根柢

【柢】ね ①木のねもと。②物事のもと。根本。

テイ【牴】(9) 牛 5 1 6418 6032 音 テイ 訓 ふれる・あたる・おひつじ

意味 ①ふれる。あたる。さわる。「牴牾」②およそ。「大牴」③おひつじ。雄のヒツジ。類羝

書きかえ 「抵」に書きかえられるものがある。

【牴牾】テイ ゴ うまくかみ合わないこと。互いに、くいちがうこと。参考「牾」はそむく意。「もどき」と読めば別の意になる。

【牴触】テイ ショク ▼書きかえ 抵触(一〇九一)

【牴れる】ふ-れる 角が当たる。さわる。

〈牴牾〉もど-き ①他のものに似せて作ること。また、似て非なるもの。「がんもどき」②とがめること。非難すること。もどくこと。③日本の芸能で、主役をからかったり動作をまねたりして滑稽を演じる役。表記「抵牾・擬」とも書く。参考「テイゴ」と読めば別の意になる。

テイ【訂】(9) 言 2 常 3 3691 447B 音 テイ 訓 外 ただす・さだめる

筆順 、 亠 亖 言 言 言 訁 訂

意味 ①ただす。文字や文章の誤りをなおす。「訂正」「校訂」②はかる。相談する。さだめる。「訂盟」

下つき 改訂・更訂・校訂・再訂・修訂・重訂・増訂・補訂

【訂す】ただ-す 文字や文章の誤りやくいちがいを、正確になおす。

【訂正】テイ セイ 言葉や字句の誤りを、正確になおすこと。「誤植を次号で━する」

テイ【貞】(9) 貝 2 常 準2 3671 4467 音 テイ 外 ジョウ 訓 外 ただしい

筆順 丨 ト ⺊ 卢 卢 肖 貞 貞 貞

意味 ただしい。心が正しい。みさおを守る。「貞淑」「貞節」

下つき 堅貞・孝貞・忠貞・童貞・不貞

【貞享暦】ジョウキョウ レキ 渋川春海が作り、七〇年間行われた、日本人による最初の暦法。由来 一六八五(貞享二)年から行われたことから。

【貞しい】ただ-しい ①心がまっすぐで人の道を曲げないさま。②節操のあるさま。

【貞潔】テイ ケツ みさおがかたく、行いが潔白なこと。また、そのさま。

【貞実】テイ ジツ 女性がみさおを守り、誠実であること。

【貞淑】テイ シュク 女性のみさおがかたく、しとやかなこと。「劇で━な妻の役を演じた」

【貞女】テイ ジョ みさおのかたい女性。特に、かたくみさおを守る妻。類貞婦

【貞女は二夫に見えず】まみ 貞淑な女性は夫にみさおを立て、夫が死んでも生涯、再婚はしないということ。由来 もとは『史記』の「貞女は二夫を更えず」から。参考「二夫」は「両夫」ともいう。

【貞節】テイ セツ 女性のみさおが正しいこと。「━を守る」類貞操

【貞操】テイ ソウ ①「貞節」に同じ。「━観念」②男女が互いに性的な純潔を守ること。「━義務」

【貞烈】テイ レツ 節操がかたく、精神が強いこと。特に、女性がみさおを厳しく守って行いが正しいこと。

テイ【酊】(9) 酉 2 1 7836 6E44 音 テイ 訓 よう

意味 よう。酒に酔う。ひどく酔う。「酩酊」

下つき 酩酊

テイ【庭】(10) 广 7 常 教 8 3677 446D 音 テイ 訓 にわ

筆順 、 亠 广 广 庀 庄 庄 庭 庭 庭

意味 ①にわ。なかにわ。「庭園」「校庭」②家。家のなか。「家庭」「庭訓」③政務を行う場所。宮中。

下つき 園庭・家庭・校庭・前庭・築庭・中庭・箱庭

【庭園】テイ エン 手を入れた庭。樹木を植え、築山や泉水などを造り、眺めて楽しむ庭。

【庭訓】テイ キン 庭での教えの意から、家庭の教訓。家庭のしつけ。故事 孔子が、急ぎ足で庭を通り過ぎるわが子の伯魚を呼び止め、詩や礼を学ぶように教えさとした故事から。〈論語〉

【庭燎】テイ リョウ 昔、宮中へ夜中に参内する諸臣のために、庭でたいたかがり火。

【庭】にわ ①敷地内の建物のない所。特に、草木を植えたり池を造ったりした場所。庭園。②物事を行う所。「裁きの━」

【庭先】にわ さき 庭の縁側に近い部分。「━で子どもが遊んでいる」

【庭師】にわ シ 庭造りから庭の手入れや管理までを職業とする人。

【庭叩き】にわ たたき セキレイの別称。季秋 由来 尾を絶えず上下に振る姿が庭をたたくように見えることから。▼鶺鴒(八八一)

【庭常】にわ とこ スイカズラ科の落葉低木。▼接骨木(八八五)

テイ【悌】(10) 忄7 準1 3680 4470 音 テイ・ダイ 訓

意味 ①したがう。年長者に従順なこと。「孝悌」②兄弟の仲がよいこと。「悌友」③やわらぐ。やすらか。「豈悌ガイテイ」

下つき 豈悌ガイテイ・孝悌コウテイ

テイ【挺】★ (10) 扌7 準1 3682 4472 音 テイ・チョウ 訓 ぬく・ぬきんでる

意味 ①ぬきんでる。人より先に出る。「挺秀」「挺身」②ぬく。ひきぬく。③農具・銃など長い物を数える語。類 梃チョウ(▼テイ)

書きかえ ③「丁」に書きかえられるものがある。

【挺出】テイシュツ 他に比べて、すぐれてぬきんでること。

【挺進】テイシン 他の大勢より先に立って進むこと。「敵中深く—する」

【挺する】テイ—する 他より先んじて進む。先頭に立つ。「身を—して守りたたかう」

【挺然】テイゼン 多くのものに比べ、ぬきんでているさま。

【挺んでる】ぬき—んでる ①人より先に進み出る。②他よりすぐれる。

【挺く】ぬ—く ぬけ出る。また、引きぬく。

テイ【涕】(10) 氵7 1 6224 5E38 音 テイ 訓 なみだ・なく

意味 ①なみだ。「涕涙」②なく。なみだを流して泣く。「涕泣」

下つき 泣涕キュウテイ・垂涕スイテイ・流涕リュウテイ

【涕洟】テイイ 「涕泗テイシ」に同じ。

【涕泣】テイキュウ なみだを流して泣くこと。

【涕泗】テイシ 流れるなみだと、はなみず。類 涕洟テイイ 参考「泗」は、泣くときに出るはなみずの意。

【涕涙】テイルイ なみだを流すこと。また、そのなみだ。「—、ほおをぬらす」参考「涕」「涙」ともになみだの意。

【涕】なみだ 感情の高まりによって、目の涙腺ルイセンから分泌される透明な液体。特に、ほおを伝って流れるものを指す。

テイ【逓】(10) 辶7 常 準2 3694 447E 音 テイ 訓 外かわる・たがいに

旧字【遞】(14) 辶10 1/準1 7810 6E2A

筆順 一 厂 … 逓

意味 ①次々と伝え送る。「逓信」「逓伝」②しだいに。だんだんに。「逓減」③かわる。いれかわる。「逓更」④たがいに。交互に。「逓講」⑤宿場。宿駅。「駅逓」

下つき 駅逓エキテイ・郵逓ユウテイ

【逓減】テイゲン だんだん減ること、また、だんだんに減らすこと。「過疎地では人口が—している」類 漸減 対 逓増

【逓次】テイジ ①順を追って行うこと。類 順次 ②順の前後を決める並び方。類 順番・順序

【逓信】テイシン 郵便や電信などを、順次取りついで伝えること。「—分野の進歩はめまぐるしい」

【逓送】テイソウ 荷物や郵便を人の手から手、宿駅から宿駅へと順々に送ること。類 逓伝

【逓増】テイゾウ だんだん増すこと、また、だんだんに増やすこと。類 漸増 対 逓減

【逓伝】テイデン ①「逓送」に同じ。②宿駅へ荷物などを送るための車馬や人足。

テイ【釘】★ (10) 金2 準1 3703 4523 音 テイ・チョウ 訓 くぎ

意味 ①くぎ。「金釘」②くぎを打つ。「装釘」

書きかえ ②「丁」に書きかえられるものがある。

下つき 金釘かなくぎ・装釘ソウテイ・目釘めくぎ

【釘】くぎ 板を打ちつけたり、物を掛けたりするために鉄や木・竹でつくった、先のとがった棒状のもの。「糠ぬかに—」

【釘を刺す】くぎをさす あとで問題が起きないように、前もって念を押したり、注意したりすること。由来 日本の木造建築は伝統的に釘を使わずに、木材の切り込みや組み合わせによる高度な工法を用いてきたが、江戸時代中期から念のために釘を刺すようになり、この言葉が生まれたという。

【釘付け】くぎづけ ①くぎを打ちつけて、物が動かないようにすること。②動きがとれないようにすること。「テレビに—になる」

テイ【停】(11) 亻9 教 常 6 3668 4464 音 テイ 訓 外とまる・とどまる

筆順 亻 … 停

意味 ①とまる。とめる。とどまる。「停止」「停車」②やめる。一時中止する。「停電」「停戦」③とどこおる。「停滞」「停頓テイトン」

書きかえ 「碇テイ」の書きかえ字として用いられるものがある。

下つき 調停チョウテイ

【停止】チョウジ 差しとめること。特に、皇室などで凶事のときに歌舞音曲を差しとめること。参考「テイシ」と読めば別の意になる。

【停学】テイガク 学校が、校規に違反した学生や生徒に対し、罰として一定期間登校を停止すること。「—を命じる」

【停止】テイシ ①動きなどが途中でとまること。また、とめること。「信号で—する」②禁止すること。一時差しとめること。「発行—」「出場—」参考「チョウジ」と読めば別の意になる。

【停車】テイシャ 列車や車など車両がとまること。また、車両をとめること。「列車は事故

のため─している」対発車

【停職】テイショク 一定の期間、職務につかせないこと。公務員などの職務違反に対する処分の一つで、その間の身分は保有されるが無給。

【停船】テイセン 船の航行をとめること。また、船がとまること。「─を命じる」

【停戦】テイセン 合意により、一時的に戦闘行為を中止すること。「─協定を結ぶ」

【停滞】テイタイ 物事が同じ場所や状態にとどまり、進まないこと。はかどらないこと。「秋雨前線が─している」「作業が─する」

【停電】テイデン 電気の供給が一時とまること。また、そのために電気器具などが機能しなくなること。「落雷による─」

【停頓】テイトン 物事が行き詰まること。進展しないこと。「交渉が─する」

【停年】テイネン 退官・退職する決まりの年齢。「─を迎える」表記「定年」とも書く。

【停泊】テイハク 船が碇(いかり)を下ろしてとまること。「客船が港に─している」書きかえ「碇泊」の書きかえ字。

【停留】テイリュウ とまりとどまること。また、とどめること。「─所でバスを待つ」

【停まる】とまる ①連続していた動きがやむ。一か所にとどまる。「バスが─る」②通じなくなる。とどこおる。「電気が─る」

テイ【偵】(11) イ 9 常 準2 3669/4465 音 テイ 訓 外 うかがう

筆順 ノ イ イ' 仆 伯 偵 偵 偵 偵 8

意味 うかがう。ようすをさぐる。「偵察」「探偵」

下つき 探偵(タンテイ)・内偵(ナイテイ)・密偵(ミッテイ)

【偵う】うかがう こっそりと様子を探る。「物陰から中を─う」

【偵察】テイサツ ひそかに敵や相手の情勢や行動を探ること。「敵の動静を─する」

テイ【梯】(11) 木 7 準1 3684/4474 音 テイ・タイ 訓 はしご

意味 ①はしご(梯子)。きざはし。「梯形」「雲梯」②手引き。「階梯」

下つき 雲梯(ウンテイ)・階梯(カイテイ)・舷梯(ゲンテイ)

【梯形】テイケイ 一組の向かい合った辺が、平行な四辺形。台形の旧称。

【梯姑】デイコ マメ科の落葉高木。インド原産。沖縄などで観賞用に栽培。枝にはとげがある。初夏、鮮やかな赤色の蝶(チョウ)形花が集まって咲く。参考「デイゴ」とも読む。

【〈梯子〉・梯】はしご ①高い所に登るための道具。二本の長い材に横木を何本も取り付けたもの。寄せかけたりつるしたりして使う。「─を外される(味方の裏切りで孤立する)」②段ばしご。階段。③「梯子酒」の略。次々と店を変えて酒を飲み歩くこと。はしごのみ。「忘年会のあと二軒─した」

テイ【梃】(11) 木 7 1 5976/5B6C 音 テイ・チョウ 訓 てこ・つえ

意味 ①てこ。重いものを動かすための棒。②つえ。棒。③農具・銃など長い物を数える語。類 挺(チョウ)

【梃】チョウ 細長いものを数える語。銃・鍬(すき)・鍬(くわ)・墨・ろうそくなどに用いる。

【梃・〈梃子〉】てこ ある点を支点にし、そこを中心に小さな力で大きな物を動かす方法。また、そのために用いる棒。

【梃でも動かない】どんな手段を用いても、その場から絶対に動かないこと。また、決意が固く、いくら説得しても聞き入れようとしないこと。非常に重い物を動かすことのできるてこを使っても動かない意から。

【梃入れ】てこいれ ①順調に進まないものに援助を与えて、活動を盛んにすること。「業績の─をはかる」②相場の変動、特に下落を人為的にくいとめること。

【梃摺る】てこずる もてあます。処置に困る。「宿題に─る」「問題解決に─る」表記「手子摺る・手古摺る」とも書く。

テイ【第】(11) ⺮ 5 教 3472/4268 ▼ダイ(九九八)

テイ【羝】(11) 羊 5 1 7024/6638 音 テイ 訓 おひつじ

意味 おひつじ。雄のヒツジ。「羝羊」

【羝羊】テイヨウ おひつじ。雄のヒツジ。

【羝羊藩(まがき)に触(ふ)る】見さかいなく突進して、うまくいかずに進退きわまることのたとえ。雄のヒツジがまがきに突っこんで、角が引っかかって動けなくなるという意から。「藩」は垣根の意。《『易経』》

テイ【袋】(11) 衣 5 常 3462/425E ▼タイ(九八三)

テイ【逞】(11) ⻌ 7 1 7787/6D77 音 テイ 訓 たくましい・たくましくする・こころよい

〔逞〕

意味 ①たくましい。たくましくする。②ほしいままにする。「不逞」③こころよい。満足する。

下つき 不逞(フテイ)

【逞しい】たくましい ①体ががっしりしている。「筋骨─い若者」②意志や勢いが盛んで力強い。「商魂─い」

テイ【啼】(12) 口 9 1 5138/5346 音 テイ 訓 なく

意味 ①なく。鳥や獣などが鳴く。「啼鳥」②人が涙を流して泣く。「啼泣」「啼哭(テイコク)」

【啼泣】テイキュウ 声をあげて泣くこと。「接戦の末敗れて─した」

【啼哭】テイコク 大きな声をあげて泣き叫ぶこと。「父の訃報(フホウ)に妹は─した」

て テイ

【▲啼く】なく ①涙を流し、声をあげて泣き叫ぶ。②鳥や獣などが声を発する。

テイ【堤】(12) 土 9 常 4 3673 4469 音 テイ 訓 つつみ

筆順 一 十 土 圹 坦 坦 垾 垾 垾 堤 堤（5 7）

意味 つつみ。土手。「堤防」「突堤」

下つき 堰堤エンテイ・石堤セキテイ・築堤チクテイ・長堤チョウテイ・突堤トッテイ

【堤】つつみ ①川などの水があふれないよう、岸に土や石を高く積み上げたもの。土手。堤防。②水をためた池。貯水池。「大雨で━が切れる」

【堤・▲塘】テイトウ 土手。堤防。つつみ。

【堤防】テイボウ 海や湖・河川の水があふれ出ないように、土石やコンクリートなどで築いた構造物。土手。「━を越えて水が流れこむ」

テイ【幀】(12) 巾 9 1 5476 566C 音 テイ・チョウ 訓

意味 絹地にかいた絵。また、掛け物を仕立てる。「装幀」

書きかえ 「丁」に書きかえられるものがある。

テイ【提】(12) 扌 9 常 教 6 3683 4473 音 テイ 外ダイ・チョウ 訓 さげる中 外ひっさげる・ひさげ

筆順 一 十 扌 扣 扣 担 担 捍 捍 提 提（5 7）

意味 ①さげる。ひっさげる。手にさげて持つ。「提琴」②さしだす。かかげる。「提案」「提唱」③手をつなぐ。助けあう。「提携」④ひきつれる。統すべる。「提督」

下つき 招提ショウダイ・前提ゼンテイ・菩提ボダイ

【提げ重】さげジュウ 手にさげて持ち歩けるように作ってある重箱。提げ重箱。

【提げる】さげる 手や肩などにつるして持つ。「かばんを肩から重そうに━げる」

【▲提宇子】ダイウス デウス。キリスト教の神。天帝。天主。参考 デウスの漢字表記を音読みしたもの。表記「大宇須・大臼」とも書く。

【▲提▲灯】チョウチン 細い割り竹を骨にして円筒形などの枠を作り、それに紙などを張って囲った照明具。中にろうそくをともして使う。伸縮自在で、たたんでしまえる。表記「挑灯」とも書く。参考「チョウチン」は「吊灯」の唐音と混同したもの。

【▲提▲灯に釣り鐘】まったく比べものにならないこと、釣り合いがとれないことのたとえ。提灯と釣り鐘は形は似ているが、大きさや重さ、材質などがまったく異なることから。

【▲提▲灯持ちは先に立て】指導的立場にある者は自ら先頭に立って範を示さなくてはいけないという戒め。提灯を持っている者が後ろにいたのでは、役に立たないことから。

【提案】テイアン 議案や考えを提出すること。また、その議案や考え。「計画を━する」

【提起】テイキ 議題などを提出したり訴訟を起こすこと。「最初に問題を━します」

【提議】テイギ 議案や意見を提出すること。また、その議案や意見。「委員会に━する」「野党の━を受け入れる」

【提供】テイキョウ 情報や物品などを差し出して、他の人々の役に立てること。「番組に情報を━する」

【提琴】テイキン バイオリンの訳語。

【提携】テイケイ 互いに助け合い、共同で行うこと。タイアップ。「外国の企業と技術━をする」参考 もとは、手にさげる意。

【提・▲挈】テイケツ ①さげて持つこと。引っさげること。②互いに助け合うこと。類 提携

【提言】テイゲン 自分の考えや意見を人々に示すこと。また、その考えや意見。「二一世紀への━を記す」

【提示】テイジ かかげて見せること。「条件額を━する」「問題点の━」参考「呈示」と書けば、よく見えるようにさし出して示す意。

【提耳面命】テイジメンメイ 懇切ていねいに教えさとすこと。耳に口を近づけて言い聞かせ、面と向かって教えさとす意から。「提耳」は耳を引き上げ寄せること。由来 中国、衛エイの武公が、年若くして即位したために事の是非がまだ判断できない周の厲レイ王に対して、国政の安泰を願い、かんで含めるようにうたったという詩の一節から。《詩経》

【提出】テイシュツ 問題・意見・書類などを差し出すこと。「報告書を━する」

【提唱】テイショウ ①意見や主義などを示して、人々に呼びかけること。「日本での会議の開催を━する」②仏 禅宗で、教えのあらましを示して説法すること。

【提訴】テイソ 訴訟を起こすこと。訴え出ること。「不利益を受けたので━する」

【提督】テイトク 艦隊の司令官。海軍の将官。「ペリー━が黒船を率いて来航した」

【提要】テイヨウ 要領や要点を示すこと。また、示した書物。「論理学━」

〈提琴〉バイオリン 小型の弦楽器。四本の弦を、ウマの尾の毛を張った弓でこすって音を出す。参考「テイキン」とも読む。

〈提子〉・▲提 ひさげ 銀や錫すずなどでつくった、つると注ぎ口のある鍋なべ形の銚子チョウシ。

【▲提げる】ひっさげる ①手にさげて持つ。「刀を━げて駆けつける」②引き連れる。「手勢を━げる」表記「引っ提げる」とも書く。

テイ【棣】(12) 木 8 1 6008 5C28 音 テイ・タイ・ダイ 訓 にわざくら・にわうめ

て テイ

意味 にわざくら。バラ科の落葉低木。にわうめの一種。
下つき 唐棣（トウテイ）・棠棣（トウテイ）・はねず

【棣鄂の情】（テイガクのジョウ） 仲むつまじい兄弟の情愛。「棣鄂」は、ニワウメの花。兄弟にたとえる。〈『詩経』〉

テイ【渟】 (12) 氵 9 1 6259 5E5B
音 テイ 訓 とどまる・たまる・とめる
意味 とどまる。とどめる。水がたまる。また、とめる。類 停

【渟まる】（とどまる） 水などがたまったまま流れないでいる。

【〈渟足〉柵】（ぬたりのサク） 六四七（大化三）年、朝廷が蝦夷（えぞ）を討つために現在の新潟市沼垂（ぬったり）付近に設けたとりで。参考 「ぬたりのき」とも読む。

テイ【睇】 (12) 目 7 1 6641 6249
音 テイ・ダイ 訓 ぬすみみる・ながしめ・よこめ
意味 ぬすみみ（見）る。流し目で見る。また、ながしめ。よこめ（横目）。「睇視」

【睇視】（テイシ） 目を細くして見ること。ちらりと横目で見ること。

テイ【程】 (12) 禾 7 常 教 6 3688 4478
音 テイ 訓 ほど㊥ ㊕のり
旧字《程》 (12) 禾 7 1/準1
筆順 ニ 千 禾 和 和 和 程 程 程
意味 ①ほど。ほどあい。ぐあい。「程度」 ②のり。きまり。規則。「規程」「教程」 ③みちのり。みちすじ。「過程」「行程」 ④一定の分量。仕事の範囲。予定。「工程」「日程」
下つき 過程（カテイ）・課程（カテイ）・教程（キョウテイ）・工程（コウテイ）・行程（コウテイ）・規程（キテイ）・射程（シャテイ）・道程（ドウテイ）・日程（ニッテイ）・旅程（リョテイ）

【程度】（テイド） ①他の同種のものと比べたときの、大小・高低・長短・強弱などの度合。②適当と思われる基準に見合う段階。「被害の―は深刻だ」「高校卒業―の知識」「疲れない―に走る」「一時間―遅れる」

【程】（のり） 決まり。規定。手本。

【程】（ほど） ①物事の程度。ぐらい。ばかり。「仕事は半分―終わった」 ②空間的な度合。距離。「―近くに駅がある」 ③時間的な度合。「五時間―眠る」 ④様子。具合。「成否の―は定かでない」 ⑤分際。身分。「身の―を知らない」

【程合い】（ほどあい） ほどよい程度。ころあい。「―を見計らって挨拶（アイサツ）をする」「―の甘みの和菓子」

テイ【裎】 (12) 衤 7 1 9175 7B6B
音 テイ・チョウ 訓 はだか・ひとえ
意味 ①はだか。はだかになる。②ひとえ。ひとえの着物。
下つき 裸裎（ラテイ）

テイ【觝】 (12) 角 5 1 7526 6B3A
音 テイ 訓 ふれる
意味 ふれる。さわる。ぶつかる。「觝触」 類 抵（テイ）
書きかえ 「抵」に書きかえられるものがある。
下つき 角觝（カクテイ）

【觝触】（テイショク） ▼書きかえ 抵触（一〇九一）

テイ【詆】 (12) 言 5 1 7541 6B49
音 テイ 訓 そしる・しいる・はずかしめる・あばく
意味 ①そしる。し（誣）いる。人を悪く言う。「詆毀（テイキ）」 ②しかる。とがめる。③あざむく。「詆欺」 ④はずかしめる。⑤あばく。あばきたてる。⑥あ（当）てる。あたる。
下つき 毀詆（キテイ）

【詆る】（そしる） 人を悪く言う。けなしてはずかしめる。非難する。

【詆毀】（テイキ） そしること。人を悪く言うこと。参考 「毀」は、相手をつぶす意。

テイ【碇】★ (13) 石 8 準1 3686 4476
音 テイ 訓 いかり
意味 いかり。いかりをおろす。「碇泊」
書きかえ 「停」に書きかえられるものがある。

【碇】（いかり） 船をとめておくとき、流されないように綱や鎖につけて水底に沈めるおもり。「―をおろす」 参考 もと、石製のいかりを「碇」、鉄製のいかりを「錨」と使い分けた。

【碇草】（いかりソウ） メギ科の多年草。山地に自生。春、淡紫色の花を下向きにつける。茎や根は強壮剤に用いる。季 春 由来 花の形が船のいかりに似ていることから。

【碇泊】（テイハク） ▼書きかえ 「停泊」（一〇九四）

テイ【禎】 (13) 衤 9 準1 3687 4477
音 テイ 訓 さいわい
旧字《禎》 (14) 示 9 1/準1 8932 7940
意味 ①さいわい。めでたいしるし。「禎祥」 ②ただしい。類 貞
下つき 嘉禎（カテイ）

テイ【艇】 (13) 舟 7 常 準2 3690 447A
音 テイ 訓 ㊕こぶね
筆順 ノ 凡 月 舟 舟 舟 舟 舟 舟 艇 艇
意味 こぶね。はしけ。細長い小舟。「艇身」「舟艇」
下つき 艦艇（カンテイ）・競艇（キョウテイ）・舟艇（シュウテイ）・小艇（ショウテイ）・漕艇（ソウテイ）・短艇（タンテイ）

【艇身】（テイシン） ボートの全長。「接戦の末、一―の差で勝利を収めた」

テイ【蜓】(13) 虫7 1 8752 7754 音 テイ 訓

意味 「蜻蜓セイテイ(とんぼ)」に用いられる字。

テイ【逞】(13) ⻌9 1 7806 6E26 音 テイ 訓 うかがう・さぐる・さすが・さすがに

意味 ①うかがう。さぐる。類偵 ②さすが。さすがに。

【▲逞】さすが ①予想や評判どおり。やはり。思っていたとおり。「横綱は―に強い」 ②そうはいうものの、やはり。「図々しい彼も―に遠慮した」 ③いくら…でも、やはり。あれほどの。「―の彼も、入賞するのがやっとだった」 表記「流石」とも書く。

テイ【髢】(13) 髟3 1 8186 7176 音 テイ 訓 かもじ

意味 かもじ。少ない髪に添え足す髪。入れ髪。

【▲髢】かもじ 髪を結うとき、少ない部分に補う毛。入れ髪。「―を入れて結う」 由来 もとは「髪」を意味する女房詞ことばで、髪の「か」と「文字」とを合わせた「か文字」から。

テイ【鼎】★ (13) 鼎0 準1 3704 4524 音 テイ 訓 かなえ・まさに

意味 ①かなえ。食べ物を煮たり、祭りに用いたりする三本脚の器。「鼎俎テイソ」 ②王位。王をささえる大臣。「鼎臣」 ③三つのものが並び立つこと。「鼎立」「鼎談」 ④まさに。ちょうど。

下つき 鐘鼎ショウテイ

【▲鼎】かなえ ①古代中国の、両手と三本脚のある鉄や銅の釜かま。食器または祭器として使われた。②王位や権威の象徴。

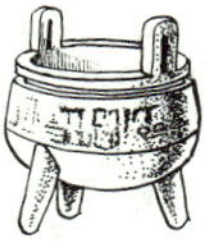
〔鼎かなえ〕

『▲鼎の軽重ケイチョウを問う』 権力者の実力を疑うこと。また、統治者を軽んじ、代わって天下を取ろうとするたとえ。古代中国、夏カの禹ウ王が黄金で鋳造させたといわれる「九鼎キュウテイ」は、帝位と権威の象徴であった。故事 中国、春秋時代に周王朝が衰えたころ、楚ソの荘王ソウオウが周の使者に、周の宝器「九鼎」の大小や軽重を尋ねた。しかし、それはかなえの譲渡、すなわち王位の譲渡を意味するので、無礼な振る舞いであったことから。〈『春秋左氏伝』〉

『▲鼎の沸くが△如ごとし』 かなえの中で湯が沸き立つように、群衆が騒ぎ立てておさまりがつかなくなるたとえ。鼎沸テイフツ。

【▲鼎▲坐】テイザ かなえの三本脚のように、三人が内側に向き合ってすわること。

【▲鼎▲峙】テイジ 「鼎立テイリツ」に同じ。参考「峙」は、並んでそびえ立つ意。

【▲鼎▲俎】テイソ ①かなえと、まないた。転じて、料理道具のこと。②かなえで煮たり、まないたで切ったりして料理されること。転じて、死ぬべき運命のたとえ。

【▲鼎談】テイダン かなえの三本脚のように、三人が向かい合って話すこと。また、その話。「三党首による―は議論が白熱した」

【▲鼎沸】テイフツ 「鼎かなえの沸くが如ごとし」に同じ。

【▲鼎立】テイリツ かなえの三本脚のように、三つのものが並び立ち、対立すること。「魏ギ・呉・蜀ショクの三国が―する」 類鼎峙テイジ

テイ【▲禎】(14) 礻9 8932 7940 ▼禎の旧字(一〇九六)

テイ【綴】★ (14) 糸8 準1 3654 4456 音 テイ・テツ 訓 つづる・とじる

意味 ①つづる。つなぐ。つなぎ合わせる。「点綴テンテイ」 ②詩や文章をつくる。「綴文」 ③つくろう。「補綴ホテイ」 ④とじる。ぬい合わせる。⑤とどめる。やめる。⑥あつ(集)める。

下つき 緝綴シュウテイ・点綴テンテイ・補綴ホテイ・連綴レンテイ

【▲綴り方】つづりかた ①文章の作り方。また、昔の小学校の教科の一つ。作文。②文字を連ねて単語を書き表す方法。スペリング。「ローマ字の―」

【▲綴る】つづる ①継ぎ合わせる。つくろう。「書類を―る」「シャツの破れを―る」 ②詩歌や文章を作る。「手紙を―る」 ③アルファベットを連ねて単語を書く。「イニシャルを―る」

【▲綴れ】つづれ ①つぎはぎだらけの衣服。ぼろ。②「綴れ織り」の略。

【▲綴れ織り】つづれおり 数種の色糸で模様を出した織物。帯や壁掛けなどにする。

【▲綴字】テイジ 言語を表音文字でつづり表すこと。また、そのつづった文字。つづり字。参考「テツジ」とも読む。

【▲綴文】テイブン 文章をつづり合わせること。また、そのつづった文。作文。参考「セツブン・テツブン」とも読む。

【▲綴じ代】とじしろ 紙などをとじるための、端のゆとり分。「―を残して印刷する」

【▲綴じる】とじる ①重ねて一つにつづり合わせる。「和本を―じる」 ②溶き卵やかたくり粉などで、料理の具をまとめる。

テイ【▲遞】(14) ⻌10 7810 6E2A ▼逓の旧字(一〇九三)

テイ【酲】(14) 酉7 1 7843 6E4B 音 テイ 訓 よう・わるよい・あきる

意味 ①よう。わるよい。二日酔い。②あきる。

テイ【締】(15) 糸9 常 3 3689 4479 音 テイ 訓 しまる・しめる 外むすぶ

筆順 幺 糸 糸 紵 紵 紵 締 締 締

意味 ①しめる。しまる。しめくくる。「結締」 ②むすぶ。とりきめる。「締結」「締約」

下つき 結締(ケッテイ)

【締まる】しーまる ①ゆるみがなく、かたく張りつめる。「結び目がーっている」②気持ちなどがしっかりする。緊張する。「ーっていこう」③倹約する。「彼女はーり屋だ」④相場の取り引きが堅実になる。

【締込み】しめこみ 相撲をとるときに力士が着けるふんどし。まわし。

【締める】しーめる ①細長い物をしっかり巻きつける。「ネクタイをーめた姿」②回し押さえて動かなくする。「ねじをーめる」③倹約する。「家計をーめる」④金銭などを合計する。「ーめて一七万円です」⑤酢や塩で魚肉をひきしめる。⑥しめくくりを祝って、手打ちをする。

【締結】テイケツ 条約や契約を取り結ぶこと。「外国と平和条約をーする」

【締盟】テイメイ 同盟や条約を結ぶこと。「ー国」

【締約】テイヤク 契約や条約を結ぶこと。また、その結んだ条約など。「ー強制」

【締ぶ】むすーぶ ①解けないように、かたくしめる。②約束などを取りかわす。

テイ【鄭】★ (15) 阝12 準1 3702 4522 音 テイ・ジョウ 訓 ねんごろ

意味 ①かさなる。ていねい。ねんごろ。「鄭重」②中国の国名の一つ。

書きかえ ①「丁」に書きかえられるものがある。

【鄭声】テイセイ 野卑でみだらな音楽。「声」は音楽の意。由来 中国、春秋時代、鄭の国の音楽がみだらであったと伝えられることから。

【鄭重】テイチョウ ▼書きかえ 丁重(一〇五三)

テイ【霆】(15) 雨7 1 8029 703D 音 テイ 訓 いかずち・いなずま

意味 いかずち。いなずま。かみなり。「霆撃」

下つき 震霆(シンテイ)・電霆(デンテイ)・雷霆(ライテイ)

【霆】いかずち かみなりの激しいとどろき。いなずま。季夏 由来「いかずち」は「厳(いか)つ霊(ち)」の転じたもの。

テイ【薙】★ (16) 艹13 準1 3869 4665 音 テイ・チ 訓 なぐ・かる・そる

意味 ①なぐ。かる。草を刈る。「薙刀」②そる。髪の毛をそり落とす。「薙髪」類 剃(テイ)

【薙髪】チハツ 髪の毛をそり落として仏門に入ること。類 剃髪(テイハツ)

【薙ぎ倒す】なぎたおーす ①横に払って倒す。「暴風が稲をーす」②次から次へと勢いよく打ち負かす。「群がる敵をーす」

〈薙刀〉なぎなた 長い柄の先に、反り返った長い刃をつけた武器。江戸時代以後は、おもに女性が用いた。表記「長刀」とも書く。

【薙ぐ】なーぐ 刃物などで、横に切り払う。「鎌(かま)で草をーぎながら進む」

テイ【諦】(16) 言9 常 2 3692 447C 音 テイ 外タイ 訓 あきらめる 外つまびらか・まこと

筆順 4 7 11

意味 ①あきらめる。のぞみをすてる。断念する。「諦念」②あきらか。つまびらか。「諦視」③まこと。真理。「真諦」

下つき 真諦(シンテイ・シンタイ)・俗諦(ゾクテイ・ゾクタイ)・妙諦(ミョウテイ・ミョウタイ)

【諦めは心の養生】あきらめはこころのヨウジョウ 過去の失敗や不運をいつまでも引きずらず、きっぱりと思い切ることが心の健康によいということ。

【諦める】あきらーめる 思い切る。見込みがないと断念する。「夢をーめるな」

【諦らか】つまびーらか 細かく詳しいさま。はっきりと明らかなさま。

【諦観】テイカン ①物事の本質を見きわめること。類 諦視 ②あきらめ悟ること。参考「タイカン」と読めば、仏教で悟りの境地の意。

テイ【赬】(16) 赤9 1 8921 7935 音 テイ 訓 あか

意味 あか。あかい。あかい色。「赬尾」

【赬】あか あかい色。二度染めのあか色。

テイ【蹄】★ (16) 𧾷9 準1 3693 447D 音 テイ 訓 ひづめ・わな

意味 ①ひづめ。ウシやウマなどのつめ。「蹄鉄」②わな。ウサギを捕らえるわな。

下つき 筌蹄(センテイ)・鉄蹄(テッテイ)・馬蹄(バテイ)

【蹄鉄】テイテツ ウマのひづめの底に装着して、ひづめの磨耗や損傷などを防止するU字形の鉄具。

【蹄】ひづめ ウマ・ウシ・ヒツジなどの、足の先にある角質の硬い爪(つめ)。

テイ【騁】(17) 馬7 1 8153 7155 音 テイ 訓 はせる

意味 ①はせる。ウマを走らせる。「騁馳(テイチ)」②思いをはせる。ほしいままにする。心ゆくまで述べる。「騁懐」類 逞(テイ)

下つき 駆騁(クテイ)・馳騁(チテイ)

【騁望】テイボウ 楽しんで見物すること。また、思う存分に眺めること。

【騁せる】はーせる ①ウマを走らせる。まっしぐらにウマを走らせる。②思いのままにする。ほしいままにする。

テイ【嚔】(18) 口15 1 5173 5369 音 テイ 訓 くしゃみ・くさめ・はなひる

〈嚔〉 5174 536A

意味 くしゃみ。くさめ。はなひる。

【▲嚔】くしゃみ 鼻の粘膜が刺激されて起こる反射運動で、発作的に激しく息を吐き出すこと。季冬 参考「くさめ」とも読む。

【▲嚔る】はなひ‐る くしゃみをする。

テイ【★鵜】 (18) 鳥7 準1 1713 312D 音 テイ 訓 う

意味 ①う。ウ科の鳥の総称。②がらんちょう(伽藍鳥)。ペリカンの別称。

【▲鵜】う ウ科の鳥の総称。川・湖・海岸などにすむ。全身黒色で、くちばしは細長く先が鋭く曲がる。水中にもぐって魚を捕り、のどに一時たくわえる習性がある。ウミウを鵜飼に用いる。季夏

【▲鵜の〈真似〉をする▲烏】うのまねをするからす 自分の実力をわきまえず、いたずらに人のまねをすると失敗するという戒め。カラスがウのまねをして魚を捕ろうとしても水におぼれる意から。

【▲鵜の目▲鷹の目】うのめたかのめ ウやタカが獲物を探すときの目のように、人がしつこく物を探し出そうとするときの鋭い目つきのたとえ。

【▲鵜飼】うかい 飼いならしたウを巧みに操り、アユなどの川魚を捕らせる漁。また、その漁師。季夏

【▲鵜匠】うジョウ 鵜飼で、ウを操る人。季夏 参考「うショウ」とも読む。

【▲鵜▲呑み】うのみ ①食べ物をかまないで、のみこむこと。②物事を十分に検討しないで、そのまま受け入れること。「説明を―にする」由来 ウが魚を丸呑(まるの)みすることから。

テイ【蟶】 (19) 虫13 1 7426 6A3A 音 テイ 訓 まて・まてがい

意味 まて。まてがい(蟶貝)。マテガイ科の二枚貝。

【▲蟶貝】まてがい マテガイ科の二枚貝。浅海の砂泥に垂直にすむ。殻は細長い円筒形で、長さは約一二センチメートル。穴に塩を入れると飛び出す習性がある。食用で美味。マテ。カミソリガイ。季春 表記「馬刀貝・馬蛤貝」とも書く。

デイ【泥】 (8) 氵5 常 準2 3705 4525 音 デイ高 訓 どろ 外なずむ

筆順 丶 冫 氵 氵コ 沪 沪 泥

意味 ①どろ。また、どろ状のもの。「泥水」「泥炭」②なずむ。こだわる。「拘泥」

下つき 雲泥(ウンデイ)・汚泥(オデイ)・金泥(キンデイ・コンデイ)・銀泥(ギンデイ)・拘泥(コウデイ)・朱泥(シュデイ)・春泥(シュンデイ)

【泥酔】デイスイ 正体をなくすまで、酒に酔うこと。「昨夜のことは―していて覚えていない」由来「泥(デイ)」は、南海にすむという骨のない伝説上の虫。ひどく酒に酔ったようすが、その虫の動きに似ることからという。

【泥船渡河】デイセントカ 世渡りのこのうえなく危険なことのたとえ。どろでつくった船で大きな川を渡る意から。〈『三慧経(サンエキョウ)』〉

【泥塑】デイソ 粘土で作った素焼きされていない人形。土人形。泥(どろ)人形。中国で、雨乞(あまご)いなどに用いた。

【泥中の▲蓮】デイチュウのはす 周囲の汚れに染まらず、心の清らかさや美しさを保って正しく生きるたとえ。泥沼の中で清らかに咲くハスの花の意から。〈周敦頤(シュウトンイ)の文〉

【泥塗】デイト ぬかるみ。どろみち。また、どろまみれになること。

【泥土】デイド ①水分を含んで、どろどろになった土。②つまらない、とるに足りないもののたとえ。

【泥濘】デイネイ 「泥濘(ぬかるみ)」に同じ。参考「泥」「濘」ともに、どろ・ぬかるみの意。

【泥▲鏝】デイマン こて。左官職人が、壁を塗るときに用いるこて。

【泥裏・泥▲裡】デイリ どろの中。「―に土塊を洗う(無駄な骨折り)」

【〈泥▲鰌〉】どじょう ドジョウ科の淡水魚。池沼や水田などにすむ。全体にぬめりがあり、体長は約一五センチメートルで、細長い円筒形をしている。五対の口ひげがある。食用。表記「鰌」とも書く。参考「どぜう」とも書くが、歴史的仮名遣いは「どぢやう」とする。

【泥】どろ ①水分が混じってやわらかくなった土。②罪や恥のたとえ。「―をかぶる(他人の失敗の責任をとる)」「顔に―を塗る(恥をかかせる)」③「泥棒」の略。「こそ―」

【泥臭い】どろくさ‐い ①どろのようなにおいがする。「―い川魚は苦手だ」②服装や行動などがやぼったい。あかぬけしない。

【泥仕合】どろジあい 互いに相手の揚げ足を取ったり、秘密や弱点などをあばき合う、醜い争い。「交渉が一転して―と化した」

【泥縄】どろなわ 「泥棒を捕らえて縄を綯(な)う」の略。「―式の勉強では合格できない」

【泥沼】どろぬま ①どろの深い沼。②いったん入りこんだら、なかなか抜け出せない状態のたとえ。「民族紛争は―に陥った」

【泥棒・泥坊】どろボウ 他人の物を盗むこと。また、その人。類 盗人

【泥棒を捕らえて縄を▲綯う】ふだんは用意をないがしろにしていて、事件が起こってからあわてて準備をするたとえ。泥縄。参考「捕らえて」は「見て」ともいう。類 敵を見て矢を矧(は)ぐ

【泥△塗れ】どろまみれ どろだらけになること。「―の靴を履く」

【〈泥梨〉・〈泥▲犁〉】ないり 仏 地獄。奈落(ナラク)。由来 梵語(ボンゴ)の音訳から。

【△泥む】なず‐む ①動作や状態がなかなか進行しないで停滞する。「暮れ―む空」②なじんだものにこだわる。執着する。「古い慣習に―む」

【〈泥▲濘〉】ぬかるみ 雨や雪のあとで、地面がどろどろになっているところ。「—に足を取られる」参考「デイネイ」とも読む。

デイ【瀰】(17) 氵14 1 6330 5F3E 音 デイ・ビ・ミ 訓 みちる
意味 みちる。水がみちる。また、数が多いさま。

デイ【★禰】(19) 示14 準1 3909 4729 音 デイ・ネ 訓 みたまや・かたしろ
〔祢〕3910 472A
意味 ①父のおたまや。みたまや。廟(ビョウ)にまつった父。「禰祖」②かたしろ。戦争のときに持っていく位牌(イハイ)。「公禰」参考「禰(祢)」の偏が片仮名の「ネ」に、草書体が平仮名の「ね」になった。

【▲禰宜】ネギ ①神職の階位の一つ。昔は神主、現在は宮司(グウジ)の下の神官。②神職の総称。「神社の—となった」由来 神に向かっていのる意の「祈(ね)ぐ」の連用形が名詞化したもの。

ておの【▲釿】(12) 金4 7867 6E63 ▼キン(三六一)

デカグラム【瓧】(7) 瓦2 国 1 6503 6123 音 訓 デカグラム
意味 重さの単位。デカグラム。一〇グラム。参考 十瓦(グラム)の意を表す字。

てかせ【▲梏】(11) 木7 5971 5B67 ▼コク(五二七)

てがた【△券】(8) 刀6 教 2384 3774 ▼ケン(四三〇)

デカメートル【籵】(8) 米2 国 1 6866 6462 音 訓 デカメートル
意味 長さの単位。デカメートル。一〇メートル。参考 十米(メートル)の意を表す字。

デカリットル【竍】(7) 立2 国 1 6771 6367 音 訓 デカリットル
意味 容量の単位。デカリットル。一〇リットル。参考 十立(リットル)の意を表す字。

て
デイ—テキ

テキ【狄】(7) 犭4 1 6431 603F 音 テキ 訓 えびす
意味 えびす。中国北方の異民族。「夷狄(イテキ)」
下つき 夷狄(イテキ)・戎狄(ジュウテキ)・北狄(ホクテキ)

【▲狄】えびす 昔の中国で、北方の異民族。また、未開の異民族の総称。

テキ【的】(8) 白3 常 教 7 3710 452A 音 テキ 訓 まと 外 あきらか
筆順 ノ 亻 白 白 白 的 的 的
意味 ①まと。めあて。ねらい。「射的」「目的」②あたる。要点をつく。たしか。あきらか。「的確」「的中」③英語の～ticの音訳字。そのような性質・状態・傾向である。「劇的」「公的」
下つき 外的(ガイテキ)・金的(キンテキ)・劇的(ゲキテキ)・公的(コウテキ)・質的(シツテキ)・史的(シテキ)・私的(シテキ)・詩的(シテキ)・射的(シャテキ)・心的(シンテキ)・人的(ジンテキ)・性的(セイテキ)・静的(セイテキ)・端的(タンテキ)・知的(チテキ)・動的(ドウテキ)・内的(ナイテキ)・美的(ビテキ)・標的(ヒョウテキ)・病的(ビョウテキ)・物的(ブッテキ)・法的(ホウテキ)・目的(モクテキ)・量的(リョウテキ)

【的確】テキカク 本質をぴたりとついているさま。「状況を—に判断する」表記「適確」とも書く。参考「テッカク」とも読む。

【的然】テキゼン 明らかなさま。はっきりとして確かなさま。

【的中】テキチュウ ①まとや目標にあたること。「矢が的に—する」類 命中 ②ぴったりとあてはまること。「予想問題が—した」「占いが—した」表記 ②「適中」とも書く。

【的屋】テキや 縁日などの盛り場に露店を出し、言葉巧みに品物を売ったり、見世物をひらいたりする人。類 香具師(やし) 由来 ねらいがあたればもうかる職業の意から。

【的】まと ①矢や弾丸などをあてる標的。「矢で—を射る」②めあて。目標。「志望大学の—をしぼる」③攻撃や関心が集中する対象。「同世代の羨望(センボウ)の—となる」

【△的▲鯛】まとうだい マトウダイ科の海魚。本州以南の近海にすむ。長卵形できわめて平たい。全体に暗灰色で、体側の中央に的(まと)に似た一個の黒い円紋がある。食用。マトダイ。マトウ。

【的外れ】まとはずれ 大事な点からはずれているさま。見当ちがい。「—な質問」

テキ【迪】(8) 辶5 1 7776 6D6C 音 テキ 訓 みち・みちびく・ふむ・すすむ
旧字《迪》(9) 辶5 1/準1
〔廸〕5515 572F
意味 ①みち。道徳。②みちびく。教えみちびく。③ふむ。すすむ。いたる。
下つき 啓迪(ケイテキ)

テキ【▲迪】(9) 辶5 ▼迪の旧字(一一〇〇)

テキ【剔】(10) 刂8 1 4981 5171 音 テキ・テイ 訓 えぐる・そる
意味 ㊀テキ えぐる。えぐり取る。除く。「剔去」「剔出」㊁テイ そる。毛髪をそる。
下つき ㊀抉剔(ケッテキ)・刳剔(コテキ)

【▲剔る】えぐる 刃物などを回し入れてくり抜く。ほじくり出す。「果物の芯(シン)を—る」

【▲剔出】テキシュツ えぐり出すこと。特に、肉体の一部を手術によって取り除くこと。「病巣を—する」

【▲剔▲抉】テッケツ えぐり出すこと。また、悪事などをあばくこと。「汚職を—した新聞」参考「剔」「抉」ともに、えぐる意。

テキ【★荻】(10) 艹7 準1 1814 322E 音 テキ 訓 おぎ
意味 おぎ。おぎよし。イネ科の多年草。「荻花」

下つき 岸荻(ガンテキ)・蘆荻(ロテキ)

【荻】おぎ イネ科の多年草。湿地に自生。秋、ススキに似た銀白色の花穂をつける。季秋

【荻花】カテキ オギの花。

テキ【笛】(11) 竹5 教 常 8 3711 452B 音 テキ 外ジャク 訓 ふえ

筆順 ノ ⺈ ⺮ ⺮ 笛 笛 笛 笛 笛

意味 ふえ。吹いて鳴らす楽器。「笛声」

下つき 横笛(オウテキ・よこぶえ)・汽笛(キテキ)・草笛(くさぶえ)・警笛(ケイテキ)・号笛(ゴウテキ)・鼓笛(コテキ)・吹笛(スイテキ)・角笛(つのぶえ)・魔笛(マテキ)・霧笛(ムテキ)

【笛】ふえ ①竹・木・金属などの管に穴をあけ、吹き口から息を吹きこみ、指で穴をふさいで音を出す楽器。②呼び子やホイッスルなど、合図のために鳴らす道具。

【笛吹けども踊らず】あることをさせる目的で準備を整え、さかんに誘っても、だれひとりそれに応じる者がいないたとえ。踊らせようと思ってどんなに笛を吹いても、だれも踊り出さない意から。〈『新約聖書・マタイ伝』〉

テキ【逖】(11) ⻌7 1 7788 6D78 音 テキ 訓 とおい・はるか

意味 とおい。はるか。また、遠ざける。遠ざかる。

【逖い】とおい 道のりの隔たりがはるかに大きい。距離がきわめて長い。

テキ【摘】(14) 扌11 常 4 3706 4526 音 テキ 訓 つむ 外つまむ

筆順 一 扌 扌 扩 摘 摘 摘 摘

意味 ①つむ。つまむ。つみとる。「摘出」②選び出す。「摘要」「指摘」③あばく。悪事をあばく。「摘発」

下つき 抉摘(ケッテキ)・指摘(シテキ)

【摘む】つまむ ①指先などではさみ持つ。「鼻を―む」②指で取って食べる。「菓子を―む」③重要部分を取り出す。かいつまむ。「要点を―んで話す」

〈摘入〉つみれ すりつぶした魚肉につなぎの卵や小麦粉などを入れてすり合わせ、少しずつつまみ取ってゆでた食品。「鰯(いわし)の―汁」由来「つみいれ」の転じたもの。表記「抓入」とも書く。

【摘む】つむ ①指先ではさんでちぎり取る。「春の七草を―む」②はさみなどで先を切り取る。「植木職人が枝を―んでいる」

【摘果】テキカ 品質をよくしたり大きさをそろえたりするため、枝になり過ぎた果実を適当な数だけ残して、つみ取ること。

【摘出】テキシュツ ①つまみ出すこと。「要点を―する」②手術などで患部や異物を取り除くこと。「腫瘍(シュヨウ)の―手術」③あばき出すこと。「不正を―する」

【摘発】テキハツ 悪事などをあばいて公表すること。「汚職を―する」

【摘要】テキヨウ 要点を抜き書きすること。また、そのもの。「公報の―を送付します」類 摘記・摘録

【摘記】テッキ 「摘要」に同じ。参考「テキキ」とも読む。

テキ【滴】(14) 氵11 常 4 3709 4529 音 テキ 訓 しずく・したたる 高 外たれる

筆順 氵 氵 汁 汸 滴 滴 滴 滴

意味 ①しずく。したたり。「水滴」「雨滴」②したたる。しずくが落ちる。たれる。「滴下」

下つき 雨滴(ウテキ)・水滴(スイテキ)・点滴(テンテキ)・余滴(ヨテキ)

【滴】しずく 水など液体がたまって、たれ落ちるもの。「額から汗の―が落ちる」

【滴る】したたる 水などがしずくとなって落ちる。「けがをした手から血が―った」由来「下(した)垂(た)る」の意から。

【滴下】テキカ 水などがしずくとなって落ちること。しずくのように落とすこと。「スポイトで試薬を―する」

【滴水成氷】テキスイセイヒョウ 冬の厳しい寒さのこと。また、極寒の地の寒さのたとえ。したたり落ちる水が、たちまち氷になる意から。

【滴滴】テキテキ 水などのしずくがしたたるさま。ぽたぽた。「―と落ちる涙」

テキ【適】(14) ⻌11 教 常 6 3712 452C 音 テキ 外セキ 訓 外かなう・ゆく・たまたま

旧字《適》(15) ⻌11 1/準1

筆順 亠 亣 产 商 商 商 滴 適

意味 ①かなう。ふさわしい。あてはまる。「適応」「適正」②心にかなう。こころよい。「快適」「自適」③ゆく。おもむく。「適従」④たまたま。偶然。

下つき 快適(カイテキ)・好適(コウテキ)・自適(ジテキ)・不適(フテキ)

【適う】かなう ぴったりあてはまる。うまく合う。「道理に―う」

【適さか】たまさか たまたま。ちょうど。偶然に。「―通りかかっただけだ」

【適】たま ①偶然に。ちょうど。「―旧友に出会った」②時折。「―行き会う人」表記「偶・偶偶」とも書く。

〈適間〉たまひま 偶然。たまたま。たまさか。

【適意】テキイ ①心にかなうこと。気に入ること。②思いどおりになること。類 随意

【適応】テキオウ ①状況や境遇などによく合うこと。「社会の変化に―する」②生物の構造や特質が、外界の変化に応じて変化すること。

【適格】 テキカク 必要な資格にかなっていること。定まったきまりに合うこと。「社長としてーな人物」「ー者」 対 欠格・不適格 参考「テッカク」とも読む。

【適確】 テキカク 本質をついてまちがいのないさま。「ーな措置をとる」 表記「的確」とも書く。 参考「テッカク」とも読む。

【適宜】 テキギ ①ほどよいさま。適当に。「情勢に応じてー対処する」②その時その場で各自の判断で行うさま。随意。「ー解散してよし」

【適合】 テキゴウ 条件や場合などにうまくあてはまること。

【適材適所】 テキザイテキショ その人の性格や能力に適した地位や任務につけること。「ーの人事配置」

【適時】 テキジ ちょうどよい時。時宜にかなうこと。「ー打」

【適者生存】 テキシャセイゾン 生物は、最も環境に適応したものだけが生き残るということ。 由来 イギリスの哲学者ハーバード・スペンサーによって提唱された生物進化論から。

【適従】 テキジュウ 頼りにしてつきしたがうこと。おもむいて頼ること。

【適所】 テキショ ①その人にふさわしい地位や仕事。「適材ー」②適した場所。

【適する】 テキーする ①よくあてはまる。ふさわしい。「登山にーする服装」②ある物事をするのに、資格・条件・能力などがかなっている。「政治家は彼にーした職業だ」

【適正】 テキセイ ふさわしくて正しいこと。「ー価格の本」

【適性】 テキセイ その人の性格や素質が、それをするのにふさわしいこと。また、その性格や素質。「駅伝選手としてのーを備えている」

【適切】 テキセツ ぴったりあてはまるさま。その場にふさわしいさま。「ーな配慮」

【適然】 テキゼン ①たまたま。ちょうど。 類 偶然 ②あたりまえ。つね。 類 当然

【適度】 テキド ちょうどよい程度。「ーな運動を心がけている」

【適当】 テキトウ ①その能力・性質・目的などにぴったりとあてはまること。「党首にーな人がいない」②分量や程度などが、ほどよいこと。「ーにあしらう」③いい加減なこと。「ーな温度にする」

【適任】 テキニン ①その人の能力などにふさわしい任務。②その任務にふさわしい人材。

【適否】 テキヒ 適しているかいないか。適不適。「役員としてのーを検討する」

【適法】 テキホウ 法律や規則にかなっていること。 類 合法 対 違法

【適役】 テキヤク 芝居や仕事などで、その役にふさわしいこと。はまり役。「彼女にとって司会はまさにーだ」 類 適任

【適用】 テキヨウ 法律・規則・方法などを、物事にあてはめて使うこと。「少年法をーする」

【適量】 テキリョウ ちょうどよい分量。適当な量。「ーの酒は、むしろ体によい」

【適例】 テキレイ ふさわしい例。よくあてはまる例。 類 好例

【適齢】 テキレイ あることをするのに適した年齢。ふさわしい年齢。「結婚ー期」

【△適く】 ゆーく 目的地に向かってまっすぐ進む。おもむく。

テキ【敵】

(15) 攵11 教 常 5 3708 / 4528

音 テキ
訓 かたき 中 外 あだ・かなう

筆順 亠 亣 产 啇 啇 啇 敵 敵 (2 4 6 11)

意味 ①かたき。てき。あだ。戦いの相手。「敵意」「強敵」「敵国」②てむかう。対抗する。「敵対」「無敵」③つりあう。かなう。「匹敵」

下つき 外敵(ガイテキ)・仇敵(キュウテキ)・強敵(キョウテキ)・宿敵(シュクテキ)・政敵(セイテキ)・大敵(タイテキ)・難敵(ナンテキ)・匹敵(ヒッテキ)・不敵(フテキ)・無敵(ムテキ)・論敵(ロンテキ)

【〈敵▲娼〉】 あいかた 遊里で、客の相手の遊女。 表記「相方」とも書く。

【敵】 かたき ①恨みのある相手。あだ。「親のーを討つ」②競争相手。「商売ー」

【敵討ち】 かたきうち ①主君や親などを殺された者が、仕返しに相手を討ち倒すこと。あだうち。②相手に仕返しをすること。雪辱。「前回の試合のーだ」

【△敵う】 かなーう 及ぶ。匹敵する。たちうちできる。「テニスでは彼にーう者がいない」

【敵意】 テキイ 敵対して憎み、害を加えようとする気持ち。「ーをむきだしにする」

【敵▲愾心】 テキガイシン 敵に対する憤(いきどお)りの気持ち。敵を憎み、怒りをあらわにして戦おうとする意気込み。「ーを燃やす」

【敵視】 テキシ 相手を敵とみなして憎むこと。「隣村の住民をーする」

【敵手】 テキシュ ①敵方の支配下。敵の手。「ーに落ちる」②競争相手。「好ー」

【敵情】 テキジョウ 敵の状況や様子。「忍びこんでーをさぐる」

【敵対】 テキタイ 敵意をもって対抗すること。手向かうこと。「ーする二国の関係」

【敵に塩を送る】 テキにしおをおくる 敵が苦境にあるとき、その弱みにつけこまずに、かえって援助をすること。 由来 戦国時代、上杉謙信(うえすぎけんしん)が、今川氏と北条(ほうじょう)氏による塩の封鎖に苦しんでいた宿敵の武田信玄(たけだしんげん)に塩を送って苦境を救ったことから。

【敵は本能寺にあり】 テキはホンノウジにあり ほんとうの目的が、まったく別のところにあることのたとえ。 由来 戦国時代、明智光秀(あけちみつひで)が備中(びっちゅう)の毛利攻めに出陣すると見せかけながら、途中で進路を変え、「わが敵は本能寺にあり」と言って京都の本能寺にいた主君の織田信長を滅ぼしたことから。

【敵塁】 テキルイ 敵のとりで。「戦車隊がーを突破して進軍した」

テキ【▲適】(15) ⻌11 ▼適の旧字(一一〇一)

テキ【▲擢】(17) 扌14 3707 4527 ▼タク(一〇三)

テキ【擲】(18) 扌15 1 5819 5A33 音 テキ・チャク 訓 なげうつ・すてる・なぐる・ふるう

意味 ①なげる。なげうつ。すてる。「投擲」「放擲」②なぐる。手でうつ。「打擲(チョウチャク)」③ふ(振)るう。はねる。はねあがる。

下つき 一擲(イッテキ)・打擲(チョウチャク)・投擲(トウテキ)・放擲(ホウテキ)

【▲擲果満車】テキカマンシャ 容姿の美しい者。特に、美少年のこと。「擲」は投げつける意。故事 中国、晋(シン)の詩人潘岳(ハンガク)は美男子だったので、洛陽(ラクヨウ)の町を行くと、彼を取り囲んだ女たちが投げ与える果物で、車がいっぱいになったという故事から。〈『晋書(ジンショ)』〉

【▲擲る】なぐる 拳(こぶし)などで力を込めて打ちたたく。なぐりつける。

【▲擲つ】なげうつ ①目標などになげつける。②惜しげもなく、なげ捨てる。「財産を―つ」表記「抛つ」とも書く。

テキ【鏑】(19) 釒11 準1 3713 452D 音 テキ 訓 かぶらや・かぶら・やじり

意味 ①かぶらや(鏑矢)。矢の先にかぶら(蕪)の形の中空の球をつけたもの。かぶら。「鳴鏑」②やじり。矢の先。

下つき 鋒鏑(ホウテキ)・鳴鏑(メイテキ)

〈▲鏑矢〉・▲鏑】かぶらや 木やシカの角などで作った蕪(かぶら)(カブ)の形のものを、先端につけた矢。中が空洞で穴があいているため、射ると音が出る。戦いの合図や儀式などに用いた。鳴り鏑。

〔鏑矢(かぶらや)〕

テキ【糴】(22) 米16 1 6891 647B 音 テキ 訓 かう・かいよね・いりよね

意味 ①かう。穀物を買い入れること。「糴糶(テキチョウ)」②かいよね。買い入れた米。いりよね。対 ①②糶(チョウ)

【〈▲糴取〉】せどり 同業者間の売買の仲介をして手数料を取ること。また、その人。表記「競取・糶取」とも書く。

テキ【覿】(22) 見15 1 7522 6B36 音 テキ 訓 みる・あう・しめす

意味 ①みる。あう。まみえる。②しめす。見せる。「覿武」

【▲覿う】あう 会見する。人と面会する。まみえる。

【▲覿面】テキメン 効果や報いが、すぐに現れるさま。「天罰―」「この薬は―にきく」

テキ【躑】(22) 𧾷15 1 7722 6D36 音 テキ 訓 たちもとおる

意味 たちもとおる。たちどまる。ためらう。

【〈▲躑▲躅〉】つつじ ツツジ科の常緑または落葉低木の総称。山地に自生。観賞用に栽培もされ、園芸品種が多い。春、白・紅・紫色などのラッパ形の美しい花をつける。季 春 由来「躑躅」は漢名から。参考「テキチョク」とも読む。

【▲躑▲躅】テキチョク ①足踏みすること。ためらうこと。②ツツジの漢名。類 躊躇(チュウチョ)

デキ【溺】(13) 氵10 常 2 3714 452E 音 デキ 外 ニョウ・ジョウ 訓 おぼれる 外 ゆばり・いばり

〔溺〕

筆順 3 … 13

意味 一 デキ ①おぼれる。水にはまる。「溺死」②心をうばわれる。夢中になる。「溺愛」「耽溺(タンデキ)」 二 ニョウ ゆばり。いばり。小便。

下つき 一 淫溺(インデキ)・陥溺(カンデキ)・耽溺(タンデキ)・惑溺(ワクデキ)

【溺れ谷】おぼれだに 陸上にあった谷が地盤の沈下などによって、海面下に沈んでできた入り江。

【溺れる】おぼれる ①水中で、息ができずに死にそうになる。また、水中で死ぬ。「海が荒れて―れる」②夢中になって正当な判断力を失う。「賭(か)け事に―れる」

【溺れる者は▲藁(わら)をも▲摑(つか)む】 非常な危険に直面している者は、およそ頼りにならないものにもすがりついて頼ろうとするたとえ。

【溺愛】デキアイ 愛情におぼれること。度を過ぎてかわいがること。「娘を―する」

【溺死】デキシ 水におぼれて死ぬこと。「増水した川で―する」類 水死

【溺没】デキボツ おぼれて水中に沈むこと。また、おぼれて死ぬこと。

【溺惑】デキワク あることに心を奪われて惑うこと。類 惑溺

デキ【滌】(14) 氵11 1 6294 5E7E 音 デキ・ジョウ 訓 あらう・すすぐ

意味 あらう。すすぐ。「滌蕩(デキトウ)」「洗滌」

下つき 洗滌(センデキ・センジョウ)・掃滌(ソウデキ)

【▲滌う】あらう 水で汚れをすすぐ。汚れた器や場所をぬぐい落とす。

【▲滌除】デキジョ ①あらいすすぐこと。②抵当物件の取得者が先の抵当権者に対し、所定の手続きをして金銭を支払い、先の抵当権を消滅させること。参考 ②法律では「テキジョ」と読む。

【▲滌▲蕩・▲滌▲盪】デキトウ 汚れや穢(けが)れを、あらい落とすこと。参考「テキトウ」とも読む。

てぐるま【▲輦】(15) 車8 7751 6D53 ▼レン(一六〇七)

てこ【▲梃】(11) 木7 5976 5B6C ▼テイ(一〇九四)

デシグラム【瓰】(9) 瓦4 国 1 6507 6127 音 訓 デシグラム

意味 重さの単位。デシグラム。一〇分の一グラム。

デシメートル【▵粉】(10) 米4 教 4220 4A34 ▼フン(一三五五)

デシリットル【竕】(9) 立4 国 1 6773 6369 音 訓 デシリットル

意味 容量の単位。デシリットル。一〇分の一リットル。

てすり【▲闌】(17) 門9 7976 6F6C ▼ラン(一五五二)

テツ【屮】(3) 屮0 1 4766 4F62 音 テツ・ソウ 訓 め・めばえる

意味 ①め。めばえる。②くさ(草)。参考 草の芽生える形からできた字。

テツ【迭】(8) 辶5 常 準2 3719 4533 音 テツ 訓 外かわる・たがいに

旧字《迭》(9) 辶5 1/準1

筆順 ノ ⺈ 仁 牛 失 失 迭 迭

意味 かわる。かわるがわる。たがいに。入れかわる。「更迭」

下つき 交迭コウテツ・更迭コウテツ

【迭立】テツリツ かわるがわる立つこと。かわるがわるある地位につくこと。「鎌倉時代後期に両統―の時代があった」

テツ【咥】(9) 口6 1 5090 527A 音 テツ・キ 訓 わらう・かむ・くわえる

意味 ①わらう。②かむ。口にくわえる。

【▲咥える】くわえる 物を歯や唇で軽くはさみもつ。「パイプを―える」

テツ【垤】(9) 土6 1 5225 5439 音 テツ 訓 ありづか・つか

意味 ①ありづか。「蟻垤ギテツ」②つか。小さな丘。

下つき 蟻垤ギテツ・丘垤キュウテツ・阜垤フテツ

て

デシメートル―テツ

【▲垤】ありづか アリやシロアリが地中に巣をつくるために運び出した土砂が、巣のまわりに積み上げられて塚のようになったもの。また、土や枯れ葉を積み上げてつくったアリの巣。蟻ありの塔。季夏 表記「蟻塚」とも書く。

テツ【★姪】(9) 女6 準1 4437 4C45 音 テツ 訓 めい

意味 めい。兄弟の娘。また、兄弟姉妹の娘。対甥セイ

参考 中国で、「おい」の意味で使われたこともある。

下つき 甥姪セイテツ

【▲姪孫】テッソン 兄弟姉妹のまご。甥おいの子と姪めいの子。

【▲姪】めい 自分の兄弟姉妹の娘。「叔父おじと―の間柄」対甥おい

テツ【▲迭】(9) 辶5 ▼迭の旧字(一一〇四)

テツ【哲】(10) 口7 常 3 3715 452F 音 テツ 訓 外あきらか・さとい

筆順 一 扌 才 扩 扩 折 折 折 哲 哲

意味 ①あきらか。道理にあかるい。「哲学」「哲理」②さとい。かしこい。また、その人。「哲人」「先哲」

下つき 英哲エイテツ・賢哲ケンテツ・聖哲セイテツ・先哲センテツ・明哲メイテツ

【▲哲らか】あきらか 道理にあきらかなさま。物事のやり方や言い方が明快なさま。

【▲哲い】さとい かしこい。理性があって、物事の正しい道筋をわきまえているさま。

【哲学】テツガク ①人生や宇宙などの理想的なあり方や根本原理を、理性によって究明する学問。「大学で―を専攻する」②経験などから築いた人生観や世界観。「独自の経営―」由来 ギリシャ語のphilosophia(知への愛)の訳語で、西周にしあまねが最初「希哲学」と訳し、のちに「哲学」とした。

【哲人】テツジン ①哲学者。大思想家。②知恵や学識が深く、道理に通じて賢明な人。「―の風格がある」

【哲理】テツリ 哲学上の原理。人生や世界の本質にわたる、奥深い道理。

テツ【耋】(12) 老6 1 7047 664F 音 テツ 訓 おいる・としより

意味 おいる。としより。八〇歳の老人の称。「耄耋」

下つき 耄耋ボウテツ

テツ【跌】(12) 𧾷5 1 7675 6C6B 音 テツ 訓 つまずく・あやまつ

意味 ①つまずく。たおれる。「跌墜」「蹉跌サテツ」類躓チ ②あやまつ。「跌誤」類失 ③こえる。度をこす。「跌宕」

下つき 蹉跌サテツ・顚跌テンテツ

【▲跌く】つまずく ①足先が物にあたって、ころびそうになる。「石に―く」②途中で失敗する。「人生に―く」

【▲跌▲宕・▲跌▲蕩】テットウ 細かい物事にこだわらず、のびのびしていること。また、雄大なさま。

テツ【畷】(13) 田8 準1 3877 466D 音 テツ 訓 なわて

意味 なわて。あぜみち。たんぼ道。

【▲畷】なわて ①田の間の道。あぜ道。②まっすぐで細長い道。表記「縄手」とも書く。

テツ【鉄】(13) 金5 教 常 8 3720 4534 音 テツ 訓 外くろがね・かね

旧字《鐵》(21) 金13 1/準1 7936 6F44

筆順 ノ 𠆢 4 𠈌 午 余 7 金 金 釒 11 鉄 鉄

意味 ①てつ。金属元素の一つ。くろがね。「鉄鉱」「鋼鉄」②刃物。兵器。「寸鉄」③てつのようにかた

く強い。「鉄人」「鉄腕」④「鉄道」の略。「私鉄」

下つき 屑鉄(くずテツ)・撃鉄(ゲキテツ)・鋼鉄(コウテツ)・砂鉄(サテツ)・寸鉄(スンテツ)・製鉄(セイテツ)・銑鉄(センテツ)・鍛鉄(タンテツ)

【〈鉄漿〉】おはぐろ 歯を黒く染めること。また、それに使う液。奈良時代に上流の女性の間で始まり、平安後期には貴族の男性も行った。江戸時代には既婚の女性のしるしとなった。かねつけ。表記「御歯黒」とも書く。参考 用いる液は「かね」とも読む。

【鉄頭】かながしら ホウボウ科の海魚。▼火魚(かながしら)(一三六)

【鉄気】かなけ ①水中などに溶け出た鉄分。「包丁の―を嫌って手でちぎる」②鉄製の鍋(なべ)などを初めて火にかけるときに出る、赤黒いしぶ。表記「金気」とも書く。

【鉄敷】かなしき 金属を打ち鍛える作業のときに使う鉄製の台。鉄床(かなとこ)。表記「金敷」とも書く。

【鉄渋】かなしぶ 鉄などの金属のさびが水に混じったもの。表記「金渋」とも書く。

【鉄梃】かなてこ 鉄製のてこ。鉄梃棒。「―親父(おやじ)(がんこで強情な父親)」表記「金梃」とも書く。参考「テッテイ」とも読む。

【鉄床・鉄砧】かなとこ 「鉄敷(かなしき)」に同じ。

【鉄床雲】かなとこぐも 積乱雲の上方で水平に広がった雲。由来 形が鉄床に似ることから。

【鉄】かね 金属。かなもの。特に、てつ。

【〈鉄漿〉】かね 鉄片を酢などにひたして作った、おはぐろに用いる液。参考「おはぐろ」とも読む。

【鉄】くろがね てつの古称。「―の城(きわめて防備の固い城のたとえ)」

【〈鉄蕉〉・〈鉄樹〉】そてつ ソテツ科の常緑低木。由来「鉄蕉・鉄樹」は漢名から。▼蘇鉄(ソテツ)(九二七)

【〈鉄刀木〉】たがやさん マメ科の常緑高木。インド・東南アジアに自生。花は鮮黄色で芳香があり、花後、大形のさやをつける。材は堅く黒色で、木目模様が美しい。家具や楽器などの用材。

【鉄亜鈴】テツアレイ 鉄の棒の両端に鉄球がついた運動用具。ダンベル。

【鉄火】テッカ ①真っ赤に焼いた鉄。やきがね。②刀剣と鉄砲。「―の間(戦場。修羅場)」③気性が激しく威勢のよいこと。④「鉄火巻」「鉄火丼(どんぶり)」の略。マグロの刺身を使った料理。⑤「鉄火打ち」の略。ばくち打ち。「―場(ば)」

【鉄拐】テッカイ 鉄でできた杖(つえ)。鉄杖(テツジョウ)。参考「拐」は老人用のつえの意。

【鉄火肌】テッカはだ 気性が激しく、さっぱりとしたさま。威勢がよくはっきりとした性質。特に、女性にいう。

【鉄兜】テツかぶと 弾丸や落下物から頭を守るための鉄製の帽子。

【鉄器】テッキ 鉄で作った道具や器具。「―時代」

【鉄筋】テッキン ①張力補強のため、コンクリート建築の芯(シン)に入れる鉄製の棒。②「鉄筋コンクリート」の略。「―三階建てのマンション」

【鉄血】テッケツ 兵器と兵隊。軍備。由来 ドイツ宰相ビスマルクが、ドイツの統一は政治家の言論でなく、鉄(兵器)と血(兵隊)によって達成されると説いたことから。

【鉄拳】テッケン かたくにぎったこぶし。げんこつ。「―制裁」

【鉄鉱】テッコウ 鉄の原料となる鉱石。赤鉄鉱・磁鉄鉱など。

【鉄鋼】テッコウ ①鉄とはがね。②鉄が主成分の鋼鉄・銑鉄(センテツ)・鋳鉄の総称。

【鉄骨】テッコツ 建築物の骨組みにする鉄材。おもに構造用圧延鋼材を使う。

【鉄鎖】テッサ ①鉄でできたくさり。②厳しい束縛や抑圧のたとえ。

【鉄材】テツザイ 工業や建築などの材料として使う鉄。鉄資材。

【鉄樹開花】テツジュカイカ どんなに待ち望んでも見込みのないたとえ。「鉄樹」は鉄でできた木。鉄の木に花が咲くことはあり得ないことから。〈『五灯会元(ゴトウエゲン)』〉

【鉄条網】テツジョウモウ 外敵などが入れないように、とげのある鉄線を網状に張りめぐらした柵(サク)。

【鉄杵を磨く】テッショをみがく 根気よく一つの事に励むたとえ。「鉄杵」は鉄製のきねのこと。故事 中国、唐の詩人李白(リハク)が少年時代、学業をやめて故郷へ帰ろうとした道すがら、老婆が鉄のきねを磨いて針を作ろうと汗しているのを見て感じ入り、引き返して再び学問に励んだという故事から。〈『新唐書(シントウジョ)』〉

【鉄心石腸】テッシンセキチョウ 意志が鉄石のように堅固で、何物にも動かされないたとえ。鉄石。〈蘇軾(ソショク)の文〉参考「鉄石心腸」ともいう。

【鉄石】テッセキ ①鉄と石。②「鉄心石腸」に同じ。「―心(きわめてかたい決意のたとえ)」

【〈鉄線蓮〉・鉄線】てっせん キンポウゲ科のつる性落葉植物。中国原産。茎は細くかたい。初夏、白色または淡紫色の花弁状のがくを六枚つける。季夏 由来「鉄線蓮」は漢名より。茎が鉄線のように暗褐色でかたく、花がハス(蓮)に似ていることから。

【鉄則】テッソク 変えることのできない、厳しい規則や法則。「全員一致が―です」「民主主義の―を守る」

【鉄中の錚錚】テッチュウのソウソウ 凡人のなかで、少しすぐれた者のたとえ。「錚錚」はもともと金属の発する澄んだ音色の意で、転じて、人物などがりっぱなさま。〈『後漢書(ゴカンジョ)』〉

【鉄腸】テッチョウ 容易に揺るがない、強い精神や堅固な意志。鉄心。鉄石心。

【鉄槌・鉄鎚】テッツイ ①大形のかなづち。②厳しい制裁のたとえ。「汚職摘発の—が下された」

【鉄桶】テットウ ①鉄でできたおけ。②守りや団結が、堅固ですきのないこと。「—水をも漏らさぬ布陣」

【鉄道】テツドウ レールを敷いてその上に車両を走らせ、人や物を輸送する交通機関。

【鉄は熱いうちに打て】テツはあついうちにうて 人の教育は、心身ともに柔軟性に富む若いうちに施さなければならないたとえ。また、何事も時機を逃してはならないという戒め。由来 鉄は赤く熱されている間なら、どのような形にもできるが、時間がたって冷めると形を変えられなくなることから。

【鉄鉢】テッパツ 仏 托鉢(タクハツ)をする僧が用いるはち。類 応器(オウキ)

【鉄扉】テッピ 鉄でつくったとびら。「正門に—を新設した」

【鉄瓶】テツビン 口とつるのある、鋳鉄製の湯沸かし器。「南部産の—は名高い」

【鉄壁】テッペキ ①鉄板を張った壁。②堅固な城壁。強固な守備。「—の守り」

【鉄砲・鉄炮】テッポウ ①火薬の力で弾丸を発射する大砲や小銃の総称。②据え風呂(ブロ)を沸かすための金属製筒形のかま。③相撲で、両手に力を込めて相手の胸を突き飛ばす技。④狐拳(きつねケン)の一手で、左手の握りこぶしを前に出すこと。⑤あたると死ぬことから、フグの別称。⑥かんぴょうを入れた細いのり巻き。

【鉄面皮】テツメンピ 恥知らずで厚かましいこと。また、そのような人。厚顔。参考 鉄のようにかたい面(つら)の皮の意から。

【鉄網・珊瑚】テツモウサンゴ すぐれた人物やめずらしいものを探し求めること。鉄製の網を海底に沈めてサンゴを生えさせ、成長したところでそれを引き上げるということから。〈『新唐書(シントウジョ)』〉

【鉄路】テツロ 鉄道。または、鉄道線路。レール。「大陸の—を行く」

【鉄腕】テツワン 鉄のように強いうで。また、その腕力。

〈鉄葉〉ブリキ 錫(すず)でめっきした薄い鉄板。「—のおもちゃ」表記「錻力」とも書く。

〈鉄脚梨〉ぼけ バラ科の落葉低木。由来「鉄脚梨」は漢名から。▼木瓜(ぼけ)(一四六)

〈鉄掃箒〉めどはぎ マメ科の小低木状の多年草。由来「鉄掃箒」は漢名から。▼蓍萩(めどはぎ)(六三)

て テツ

テツ【銕】(14) 金 6 1 7878 6E6E 音 テツ 訓 くろがね

意味 てつ。金属元素の一つ。くろがね。

テツ【徹】(15) 彳 12 常 準2 3716 4530 音 テツ 訓 外 とおる

筆順 ノ 2 … 5 … 7 … 9 … 11 … 徹

意味 とおる。とおす。つらぬく。つらぬきとおす。

下つき 一徹(イッテツ)・貫徹(カンテツ)・透徹(トウテツ)・明徹(メイテツ)

【徹宵】テッショウ 「徹夜」に同じ。

【徹する】テッする ①つらぬく。達する。「眼光紙背(ガンコウシハイ)に—する(読解力の鋭いこと)」②考え方や行動などを押しとおす。徹底する。「合理主義に—する」③ある時間ずっと続ける。「昼夜を—して論議する」

【徹底】テッテイ ①考え方や行動を中途半端でなく、どこまでも押しとおすこと。「—した倹約家」②あますところなく行きわたること。「通達を—する」

【徹頭徹尾】テットウテツビ 最初から最後まで。一貫して。とことんまで。「—反対する」

【徹夜】テツヤ 夜どおし起きていること。夜明かし。「祖母を—で看病した」類 徹宵

【△徹る】とおる つらぬきとおす。突き抜ける。「冷気が骨身に—る」

テツ【撤】(15) 扌 12 常 準2 3717 4531 音 テツ 訓 外 すてる

筆順 一 … 5 … 11 13 … 撤

意味 ①すてる。取り去る。取り除く。「撤回」「撤去」②ひきあげる。「撤収」「撤退」

【撤回】テッカイ 一度提出した文書や発言などを、取り下げること。「前言を—する」

【撤去】テッキョ 建物や設備などを取り払うこと。「旧館の—が始まった」

【撤収】テッシュウ ①取り去ってしまいこむこと。かたづけること。「テントを—する」②「撤退」に同じ。

【撤退】テッタイ 軍隊が、陣地などを取り払って退却すること。類 撤収「前線基地の—を命じる」

【撤廃】テッパイ 制度や規則などを取り除いたり廃止したりすること。「輸入制限の—運動をする」

【撤兵】テッペイ 派遣した軍隊を、その地から引きあげること。対 出兵

テツ【輟】(15) 車 8 1 7748 6D50 音 テツ 訓 やめる・とどめる・つづる

意味 ①やめる。とどめる。「輟耕」「輟食」②つづる。つくろ(繕)う。

テツ【錣】(16) 金 8 1 7904 6F24 音 テツ 訓 しころ

意味 ①しころ(錏)。かぶとの、首すじをおおうたれ。②ウマのむちの先につけた針。

【鑁】しころ かぶとや頭巾から左右や後ろに垂らして、首をおおって守るもの。表記「錏」とも書く。

テツ【饕】(18) 食9 1 8124 7138 音 テツ 訓 むさぼる

意味 むさぼる。むさぼりくう。

下つき 饕餮

テツ【★轍】(19) 車12 準1 3718 4532 音 テツ 訓 わだち

意味 ①わだち。車の輪の通ったあと。あとかた。「轍跡」「前轍」②のり。道。

下つき 軌轍・故轍・車轍・前轍・転轍・同轍・途轍・覆轍

【轍鮒の急】テップのキュウ 危険や災難が差し迫っていることのたとえ。車のわだちの水たまりで、苦しみあえぐフナの意から。故事 貧しかった荘子が穀物を借りに監河侯の家へ行ったところ、彼は「近々年貢が入ってくるから、そこから貸してやろう」と言った。そのとき、荘子が「ここへ来る途中、わだちの水たまりでもがいていたフナから助けを求められ、呉越に旅行したときに、西江の水をどっさり運んできてやろうと言ったら、今すぐ水が欲しいのだ、そんなのんびりした話は聞きたくないとしかられたが、今の私もそれと同じです」と怒った故事から。〈『荘子』〉 類 涸轍の鮒魚

【轍】わだち 車の通ったあと、道に残る車輪の跡。車輪の跡のくぼみ。

テツ【▲鐵】(21) 釒13 7936 6F44 ▼鉄の旧字(一一〇四)

デツ【★涅】(10) 氵7 1 6226 5E3A 音 デツ・ネツ・ネ 訓 くろつち・くろ・そめる・くろめる

意味 ①くろつち。水中にある黒土。②くろ。くろい。そめる。くろくそめる。くろめる。「涅歯」③梵語の音訳に用いられる。「涅槃」

【〈涅色〉】くりいろ 墨で染めたような色。黒い色。また、褐色を帯びた黒色。

【涅歯】デッシ 歯を黒く染めること。また、黒く染めた歯。参考「ネッシ」とも読む。

【涅槃】ネハン 仏 ①いっさいの煩悩を滅却した、不生不滅の悟りの境地。②死ぬこと。特に、釈迦の死。入滅。

【涅槃会】ネハンエ 仏 陰暦二月一五日(現在は三月一五日)の釈迦の入滅の日に行われる追悼報恩の法会。季 春

てのひら【△掌】(12) 手8 常 3024 3E38 ▼ショウ(七五三)

てら【寺】(6) 寸3 教 2791 3B7B ▼ジ(六二八)

てらう【▲衒う】(11) 行5 7442 6A4A ▼ゲン(四四四)

てらす【照らす】(13) 灬9 教 3040 3E48 ▼ショウ(七五八)

てる【照る】(13) 灬9 教 3040 3E48 ▼ショウ(七五八)

てる【△輝る】(15) 車8 常 2117 3531 ▼キ(二八二)

でる【出る】(5) 凵3 教 2948 3D50 ▼シュツ(七一一)

てれる【照れる】(13) 灬9 教 3040 3E48 ▼ショウ(七五八)

テン【天】(4) 大1 教 常 10 3723 4537 音 テン 訓 あめ㊥・あま・そら㊦

筆順 一 二 チ 天

意味 ①あめ。そら。「天空」「天上」対 地 ②そらもよう。「天気」「天候」③万物を支配するもの。「天帝」「天罰」④自然の道理。自然のはたらき。「天災」「天然」⑤めぐりあわせ。運命。「天運」「回天」⑥生まれつき。「天才」「天賦」⑦神の存在するところ。神の国。「天国」「天使」⑧天子や天皇に関する事柄につける語。「天顔」「天覧」⑨物の最上部。てっぺん。「脳天」参考「天」の三画目までが片仮名の「テ」に、草書体が平仮名の「て」になった。

下つき 雨天・炎天・回天・寒天・仰天・荒天・昊天・昇天・衝天・青天・晴天・中天・曇天・脳天・満天・楽天

【〈天晴〉】あっぱれ ①みごとだ。りっぱだ。「敵ながら―な腕前だ」②えらい。でかした。人の行為をほめるときにいう。「よくできた、―」表記「適」とも書く。

【天▲翔る】あまがける 神や霊魂などが大空をとびめぐる。おもに、神や霊魂などにいう。参考「あまかける」ともいう。

【〈天児〉・〈天▲倪〉】あまがつ 古く、祓のときとして凶事を移し負わせた人形。のち、幼児の形代をかたどったお守り(這子)をいうようになった。

【天△霧る】あまぎる 雲や霧がかかってきて空が曇る。

【天下り・天△降り】あまくだり ①天上界から地上(人間界)へおりてくること。②官庁から民間へ、または、上役から下役への一方的な命令。類 上意下達 ③退職した高級官僚が、官庁の関連団体や民間会社などに好条件で再就職すること。

【〈天魚〉】あまご サケ科の淡水魚。ビワマスの陸封型といわれる。本州中部以南の河川の上流にすむ。ヤマメに似るが、体側に赤色の斑点が並ぶ。美味。季 夏 参考「甘子」とも書く。

【天路・〈天道〉】あまじ ①天上にあるというみち。また天にのぼるみち。②仏 六道の一つで、天上にあるとされる世界。天上界。

【天の川・天の河】あまのがわ 銀河系に属する無数の恒星群が天球の大円に沿って川のように見える淡い光の帯。銀河。季 秋

【天邪△鬼】あまのジャク ①他人の意見にわざと逆らうひねくれもの。つむじまがり。②民話などで悪者として出てくる鬼。③仏像の仁王や四天王の像が踏みつけている小さな鬼。参考 ①②「あまんジャク」とも読む。

【天▲叢雲剣】あまのむらくものつるぎ　三種の神器の一つ。日本神話で、素戔嗚尊が八岐大蛇を退治したとき、尾から出たという剣。草薙の剣。

【天】あめ ①てん。そら。「―が下(空の下。地上)」 対 地 ②天上界。 参考 「あま」とも読む。「天の川」「天の原」など。

【天▵地】あめつち ①天と地。全世界。②天の神と地の神。 参考 ①「テンチ」とも読む。

〈天牛〉かみきりむし　カミキリムシ科の甲虫の総称。体は細長く、触角はきわめて長い。頑丈な大あごがあり、枝などをかみ切る。 季 夏 表記 「髪切虫」とも書く。 由来 「天牛」は漢名から。 参考 「テンギュウ」とも読む。

〈天社▲蛾〉しゃちほこが　シャチホコガ科のガ。▼鯱蛾(六六九)

〈天▲蛾〉すずめが　スズメガ科のガの総称。大形のガで、はねはスズメに似て茶と黒の斑模様。 季 夏 表記 「雀蛾」とも書く。

〈天皇〉すめらみこと　天皇を敬っていう語。 表記 「皇尊」とも書く。 参考 「すめらぎ・すべらぎ」とも読む。

【▵天】そら　地上の高方に広がる空間。上空をおおう空間。 対 地 参考 「テン」とも読む。

〈天青地白〉ちちこぐさ　キク科の多年草。山野に自生。ハハコグサに似て白い綿毛が密生するが、やわらかみに欠ける。春、茶褐色の小さな頭花をつける。 季 春 由来 「天青地白」は漢名から。 表記 「父子草」とも書く。

〈天柱〉ちりけ　①灸をすえる点の一つ。両肩の中央で、うなじの下。②頭に血がのぼる幼児の病気。疳。 表記 「身柱」とも書く。

〈天蚕糸〉てぐす　テグスサンの幼虫の分泌物で作った透明な糸。多く、釣り糸に用いる。 参考 「てぐすいと」とも読む。

【▵天辺】テッペン　①一番高いところ。いただき。頂上。「山の―」②兜の鉢の頂上。③頭の頂上。「頭の―から足の先まで」 表記 ②③「頂辺」とも書く。 参考 ②③「てへん」とも読む。「テンペン」と読めば、上空、また空の果ての意になる。

【天衣無縫】テンイムホウ　①詩文などに技巧の跡がなく、自然のままに美しく完成していること。②人柄が無邪気なこと。「―の性格」 由来 天女の衣には縫い目がなく、人工的なものが加わっていないことから。〈『霊怪録』〉 参考 「無縫天衣」ともいう。 類 ②純真無垢・天真爛漫

【天運】テンウン　①天の定める運命。自然のめぐりあわせ。「―が尽きる」 類 天命 ②天体の運行。

【天下】テンカ　①天がおおっている全世界。「天上―天下唯我独尊」②全国。国じゅう。また、国を支配する権力。「―をとる」③世の中。「―の笑い者」④江戸時代の将軍のこと。「お―様」⑤自分の思うままにふるまうこと。「かかあ―」 参考 「テンガ・テンゲ」とも読む。

『天下泰平』テンカタイヘイ　世の中が平穏無事であること。また、なんの心配ごともなく、のんびりしているさま。〈『礼記』〉「―の高いびき」 表記 「泰平」は「太平」とも書く。 類 泰平無事

『天下に独歩す』テンカにドッポす　天下に肩を並べる者がいないこと。天下を一人、我が物顔に歩く意から。 故事 中国、後漢の戴良は、奇抜な弁論で天下を驚かせていたが、自分を孔子や禹王になぞらえ、この世に自分に並ぶ者はいないと豪語した故事から。〈『後漢書』〉

『天下無双』テンカムソウ　天下に並ぶ者がないほど、すぐれていること。「無双」は世に並ぶ者がない意。〈『史記』〉「―の大横綱」 参考 「天下無比」ともいう。 類 国士無双

【天外】テンガイ　①はるかな空のすみ。非常に遠いところや高いところ。②想像を絶する場所。「奇想―」

【天涯】テンガイ　①空のはて。②遠く離れた土地。③世界中。広い世間。

『天涯孤独』テンガイコドク　この世に身寄りが一人もなく、独りぼっちであるさま。「―の身」

『天涯地角』テンガイチカク　きわめて遠く離れていることのたとえ。また、遠くへんぴな場所のたとえ。天の果てと地の果ての意から。「地角」は地の果ての意。〈韓愈の文〉 参考 「地角天涯」ともいう。 類 天涯海角

『天涯比隣』テンガイヒリン　たとえ天の果てのような遠い所に住んでいても、心はすぐ近くに住んでいるように通い合っているということ。「比隣」は隣近所の意。〈王勃の詩〉 類 千里比隣

【天蓋】テンガイ　①仏像や棺などの上にかざす絹笠。②虚無僧がかぶる編み笠。

【天花粉・天▲瓜粉】テンカフン　キカラスウリの根から採ったでんぷんを精製した白い粉。あせもやただれの薬として用いる。 季 夏

【天眼】テンガン　仏 神通力があって、ふつうは見えないものも思いのままに見通す眼力。「―通」 類 千里眼 参考 「テンゲン」とも読む。

【天眼鏡】テンガンキョウ　柄のついた大形の凸レンズ。手相見などが用いる。

【天気】テンキ　①空模様。気圧・風向・気温・降水などの気象状態。「―予報」「―がよい」②よい天候。晴れ。晴天。「きょうも―だ」③天子の機嫌。 類 天機

【天機】テンキ　①神だけが知っている秘密。転じて、重大な機密。②生まれつきの性質や才能。③天子の機嫌。 類 天気

『天機▲洩漏すべからず』テンキロウセツすべからず　重大な秘密は絶対に人にもらしてはならない。〈『儒林外史』〉

【天宮】テンキュウ　天帝・天人の宮殿。転じて、大空。天空。 参考 「テングウ」とも読む。

【天球】テンキュウ　地球上の観測者を中心として、天体の座標を球面に描いた仮想の球

体。「―儀」

【天金】テンキン 製本で、書物の上部の小口だけに金箔(キンパク)をつけたもの。また、その金箔。 由来 書物の上部を「天」ということから。

【天狗】テング ①鼻が異常に高く顔が赤い、人の姿に似た想像上の怪物。深山に住み、神通力で空中を飛ぶという。②うぬぼれ、自慢すること。また、その人。「ほめられて―になる」 由来 ②自信たっぷりな表情を「鼻が高い」ということから、①の特徴が連想されたもの。

【天空】テンクウ 果てしなく広がっている空。大空。 類 天穹(テンキュウ)・虚空(コクウ)

【天空海闊】テンクウカイカツ 空や海が果てしなく広がっているように、度量が大きく、心が広いたとえ。「闊」は広い意。 参考 「海闊天空」ともいう。 類 豪放磊落(ゴウホウライラク)

【天花・天華】テンゲ 仏 天上界の霊妙な花。また、それにたとえられるすばらしい花。

【天花乱墜】テンゲランツイ 話が生き生きとしていて、人を感動させること。転じて、事実を誇張して話したり、うまいことを言って人をだましたりすること。「乱墜」は乱れ落ちること。 由来 中国、梁(リョウ)の雲光(ウンコウ)法師が説法したとき、それを聞いて感動した天が花を降らせたという伝説から。

【天恵】テンケイ 天子の恩恵。神の助け・慈悲。また、天のめぐみ。 類 天恩・天眷(テンケン)

【天啓】テンケイ 天の導き。神のお告げ。神が真理を人間に示すこと。

【天眷】テンケン ①天のめぐみ。 類 天恵 ②天子のめぐみ。 参考 「眷」は目をかける意。

【天譴】テンケン 天のとがめ。神のおしかり。天から下される罰。 類 天罰

【天元】テンゲン ①万物が生育するみなもとである天。②碁盤の中央の目(め)。③「天元術」の略。中国、宋(ソウ)代末から元代初めに発達した代数学。

【天懸地隔】テンケンチカク 天と地のように、へだたりがはなはだしいこと。「懸」「隔」は、ともにへだたる意。〈『南斉書(ナンセイショ)』〉 類 雲泥の差・天壌懸隔(テンジョウケンカク)

【天候】テンコウ 天気の状態。空模様。「―不順の日が続く」

【天国】テンゴク ①キリスト教で、神や天使がすみ人間の死後の霊が祝福されるという、天上の理想的な世界。②苦しみや悩みのない理想的な環境。楽園。「歩行者―」 対 ①②地獄

【天才】テンサイ 生まれつき備わっている、抜群にすぐれた才能。また、それを備えた人。「数学の―」 類 英才・奇才

【天災】テンサイ 地震や暴風、洪水など、自然の力によって起こる災害。自然災害。 対 人災

【天災地変】テンサイチヘン 自然界に起こる災難や異変。暴風・地震・洪水など。〈『魏書(ギショ)』〉 類 天変地異(テンペンチイ)

【天災は忘れた頃(ころ)にやって来る】 天災は、人々がその恐ろしさを忘れかけたころにまた起こるものだから、ふだんの用心を怠ってはいけないという戒め。〈寺田寅彦(てらだとらひこ)の言葉〉

【天使】テンシ ①キリスト教で、神が人間界につかわした使者。神意を人に伝え、人の祈りを神に伝える。エンゼル。②清らかで愛情深い人のたとえ。「白衣の―(女性看護師)」

【天資】テンシ 生まれつき備わっている性質や資質。「―英明」 類 天性・天賦(テンプ)・天質

【天竺】テンジク ①中国・朝鮮・日本で用いられたインドの古称。②ある語に添え、外国産、舶来の意を表す語。「天竺牡丹(ボタン)」など。③「天竺木綿(もめん)」の略。厚地の平織りの綿布で、シーツやテーブルかけなどに用いる。

【天竺牡丹】テンジクボタン ダリアの別称。キク科の多年草。メキシコ原産。古くから観賞用に栽培。夏から秋、紅・白・黄色などの大きな頭花をつける。 季 夏

【天竺様】テンジクヨウ 寺院の建築様式の一つ。鎌倉時代、東大寺再建のため、中国、宋(ソウ)の様式を取り入れたもの。大仏様(ダイブツヨウ)。

【天姿国色】テンシコクショク 生まれながらの絶世の美人のこと。「天姿」は天から与えられた美しい姿。「国色」は国中で一番の美人の意。 類 傾城傾国(ケイセイケイコク)・一顧傾城(イッコケイセイ)

【天寿】テンジュ 天から授かった寿命。自然に定まっている命の長さ。「―を全うする」 類 定命(ジョウミョウ)・天命

【天守閣】テンシュカク 城の本丸の中心に、高く築かれたやぐら。

【天上】テンジョウ ①空のうえ。天空。②このうえもないこと。 類 無上 ③天に昇ること。また、死ぬこと。 類 昇天

【天上天下唯我独尊】テンジョウテンゲユイガドクソン この広大な天地の間で、自分より尊い者はいないということ。釈迦(シャカ)が誕生したときに、自ら唱えたという言葉。 故事 釈迦は、生まれるとすぐに四方に七歩ずつ歩み、天地を指さしてこの句を唱えたといわれる。〈『大唐西域記(ダイトウサイイキキ)』〉 参考 「天下」は「テンガ」とも読む。

【天井】テンジョウ ①屋根裏を覆い隠して張った板。室上部の仕切り。「宮殿の―画を見上げる」②物の内側の一番高いところ。「箱の―に円い穴を空ける」③物価・相場の最高値。「―知らずの株式相場が続く」

【天井〈桟敷〉】テンジョウさじき 劇場で、最上階の後方に設けられた低料金の観客席。「桟敷」は見物席のこと。

【天壌無窮】テンジョウムキュウ 天地と同じように永遠にかぎりなく続くさま。「天壌」は天と地。「無窮」はきわまりないこと。〈『日本書紀』〉 類 天長地久

【天職】テンショク ①天から授かった職。生まれながらの才能や性質にふさわしい職業。「教師を―とする」②神聖な職務。特に、天子が

国を治める務め。

【天知る地知る我知る子知る】（テンしるチしるわれしるシしる） だれにも知られないと思っても、天も地も私も君も知っているのだから、不正や悪事は必ず露見するものだということ。故事 中国、後漢の役人、楊震が太守に赴任する途中、地方の役人王密が賄賂を差し出した。そのときに楊震がこの言葉を述べて断った故事から。〈『資治通鑑』〉

【天心】（テンシン） ①空のまんなか。空の中心。「月、―にかかる」類中天 ②天帝の心。天子の心。

【天神】（テンジン） ①天の神。あまつかみ。対地神 ②菅原道真。菅原道真を祭った神社。天満宮。また、菅原道真。「―様」参考 ①「テンシン」とも読む。

『天神地▲祇』（テンジンチギ） 天と地のすべての神々のこと。「地祇」は地の神の意。類天地神明

【天真▲爛漫】（テンシンランマン） いつわり飾らず純真な生まれつきの心そのままで、明るく無邪気なさま。「天真」は自然のままの心情の意。「爛漫」は光り輝くさま。〈『輟耕録』〉「主人公の―な性格が魅力だ」類天衣無縫

【天水】（テンスイ） ①空と水。②天から降った水。雨水。③「天水桶」の略。防火用に雨水をためておく桶。

【天成】（テンセイ） ①物事が自然にできあがること。「―の要害に布陣する」②「天性」に同じ。「―の美声」

【天性】（テンセイ） 生まれつきの性質。「―の楽天家」類天資・天成

【天▲祚】（テンソ） 天子の位。天皇の位。天位。皇位。類皇祚

【天造草昧】（テンゾウソウマイ） 天地の開け始めで、まだ物事に秩序がなく混沌としていること。「天造」は天が万物を創造すること。「草」は始め、「昧」は暗い意。〈『易経』〉

【天測】（テンソク） 経度と緯度を知るために、六分儀などで天体を観測すること。船の位置を知るためなどに行う。

【天孫】（テンソン） ①天の神の子孫。②日本神話で、天照大神の子孫。特に、その子孫とされる瓊瓊杵尊のこと。

『天孫降臨』（テンソンコウリン） 『古事記』『日本書紀』が伝える神話で、天照大神の命を受け、瓊瓊杵尊が国土平定のため高天原から日向国（今の宮崎県）の高千穂峰に天降ったこと。

【天体】（テンタイ） 太陽・月・星など、宇宙空間に存在する物体の総称。「―を観測する」

【天高く馬肥ゆ】（テンたかくうまこゆ） さわやかで快適な秋の好時節をいう言葉。秋は空が高く澄み渡り、ウマも草をよく食べ肥える意から。参考「天」は「秋」ともいう。

【天地】（テンチ） ①天と地。②宇宙。世界。「新―を開拓する」③本や荷物などの上と下。「―無用」参考 ①②「あめつち」とも読む。

『天地一指』（テンチイッシ） この世に存在するものは、個々のちがいを超えて斉一なものであるという考え。すべての対立を超えた絶対的な観点からすると、天も地も一本の指も同じ存在であるということ。〈『荘子』〉

『天地開▲闢』（テンチカイビャク） この世の始まり。世界の初め。天地創造のこと。「開闢」は開き分かれること。参考「開天闢地」ともいう。類天地創造

『天地玄黄』（テンチゲンコウ） 天は黒色、地は黄色であること。天地、また、宇宙のこと。中国、梁の周興嗣がつくった「千字文」の第一句。〈『易経』〉参考「千字文」は古くから中国の習字の手本となり、日本にも伝わって漢字の学習書、また、習字の手本として愛用された。

『天地神明』（テンチシンメイ） 天と地とをつかさどるすべての神々のこと。「明」は神の意で、「神明」は神々のこと。〈『椿説弓張月』〉「―に誓う」類天神地祇

『天地は万物の△逆旅、光陰は百代の過客』（テンチはバンブツのゲキリョ、コウインはヒャクダイのカカク） この世のすべてのものは、はかなく変わりやすいものだということ。「逆旅」は宿屋の意。天地を万物が訪れては立ち去っていく宿に、月日を永遠に歩み続ける旅人にたとえる。〈李白の文〉

『天地無用』（テンチムヨウ） 荷物を運搬するとき、中身の破損を防ぐために荷物を逆さまにしないよう注意をうながす注意書き。「天地」は上下のこと。

【天▲誅】（テンチュウ） ①天が下す罰。類天罰 ②天に代わって悪人の罪を責め、罰を加えること。また、その罰。「逆賊に―を加える」

【天頂】（テンチョウ） ①てっぺん。いただき。②「天頂点」の略。地球上の任意の観測地点における鉛直線が、天球と交わるところ。対天底

【天聴】（テンチョウ） 天皇が聞くこと。天皇の耳に入ること。「―に達する」

【天長地久】（テンチョウチキュウ） 天地は永遠の存在で尽きることがないこと。また、天地が永久に変わらないように、物事がいつまでも続くたとえ。〈『老子』〉類天壌無窮・天地無窮

【天△汁】（テンつゆ） てんぷらを食べるときにつけるつけじる。

【天敵】（テンテキ） 自然界で、ある生き物を捕食したり寄生したりして殺す他の生き物。「ヘビはカエルの―である」

【天手古舞】（テンてこまい） ①非常に忙しくて、休む暇もなく立ち働くこと。「―の忙しさ」②うろたえて騒ぐこと。「急な来客に―する」由来「天手古」は、里神楽などの太鼓の音のことで、その音につられて舞う意から。

【天道】（テントウ） ①太陽。おひさま。日輪。「お―様」②天地を支配する神。天帝。「―人を

殺さず〈天の慈悲が深く広いこと〉」参考①「てんとう」と仮名書きにすることが多い。②「テンドウ」とも読む。

【天道】テンドウ ①自然の法則。宇宙の道理。「―にのっとる」②天体の運行する道。③仏六道の一つで、欲界・色界・無色界。類天界 ④天地を支配する神。参考④「テントウ」とも読む。

【天道花】テントウばな 四月八日の灌仏会(カンブツエ)に竹ざおの先にかかげて供える花。西日本で行う。高花(たかばな)。八日花(ようかばな)。

【天道虫】テントウむし テントウムシ科の甲虫の総称。▼瓢虫(てんとうむし)(一三〇七)

【天南星】テンナンショウ サトイモ科の多年草の総称。山地の林下に自生。葉は根生し、大きな鳥の足形。春、仏炎苞(ブツエンホウ)に包まれた花穂をつける。球茎は有毒だが、薬用になる。マムシグサ・ウラシマソウなど。由来「天南星」は漢名から。

【天、二物を与えず】テン ニブツをあたえず 天は一人の人間に多くのすぐれた才能や資質を与えることはしない。人はすぐれた面と劣った面とをあわせもっているものだということ。

【天女】テンニョ ①仏天上界にすむという想像上の、女性の姿をした天人。②美しく優しい女性のたとえ。

【天人】テンニン 仏天上界にすむという想像上のひと。人間よりすぐれた力をもち、羽衣を着て空を飛び、舞楽が巧みである。多く、美しい女性の姿で表される。参考「テンジン」と読めば、天と人の意。

【天人の五衰】テンニンのゴスイ 仏天人が死ぬときに現れる五つの衰弱の相（死相）。「五衰」は、衣服が汚れる、頭上の華鬘(ケマン)がしおれる、体が臭くなる、腋(わき)の下に汗が流れる、天上界の生活を嘆くの五つ。〈『涅槃経(ネハンギョウ)』〉

【天然】テンネン ①人の手が加わらない、自然のままの状態。「―の真珠」対人工・人造 ②生まれつき。天性。「―パーマ」③人力ではどうにもならないこと。

【天然痘】テンネントウ ウイルスによる感染症の一つで、高熱が出て、皮膚に膿(うみ)をもった発疹(ハッシン)が発生する。種痘によって予防する。疱瘡(ホウソウ)。痘瘡(トウソウ)。参考一九八〇(昭和五五)年、WHOによって絶滅宣言が出された。

【天の与うるを取らざれば△反って其の△咎めを受く】テンのあたうるをとらざればかえってそのとがめをうく 天が与えてくれた好機をのがすと、逆に天から罰を受けることになるということ。好運・好機は、大切にして十分生かすべきであるという教え。故事中国の秦(シン)末、項羽と劉邦(リュウホウ)が天下の覇(ハ)を争っていたとき、劉邦の重臣韓信(カンシン)に対し、蒯通(カイトウ)が劉邦への謀反(ムホン)をすすめたときの言葉。これをしりぞけた韓信は、やがて天下統一を果たした劉邦に斬罪(ザンザイ)されてしまった。〈『史記』〉

【天皇】テンノウ ①日本の天子。すめらぎ。みかど。旧憲法では元首、新憲法では日本国および日本国民の統合の象徴。②その世界で絶対的な権力をもつ人のたとえ。「財界の―」

【天王山】テンノウザン 勝敗の大きな分かれ目。重大な勝負や運命の決する機会。「年末商戦が販売合戦の―だ」由来豊臣秀吉(とよとみひでよし)と明智光秀(あけちみつひで)が、天王山（京都と大阪の間にある山）で戦い、勝敗が決したことから。

【天の時は地の利に△如かず】テンのときはちのりにしかず 戦いにおいては、天が与えてくれた絶好の機会や天候に恵まれても、要害堅固な地形上有利な敵にはかなわないということ。〈『孟子(モウシ)』〉参考原文は「地の利は人の和に如かず」と続き、人の和の大切さを強調している。

【天馬】テンバ ①天上界にいるというウマ。天帝が乗って空を駆けるというウマ。②駿馬(シュンメ)。足の速いすぐれたウマ。③ギリシャ神話で、翼をもち天空を行くというウマ。ペガサス。

『天馬空(クウ)を行く』天馬が空を自在に駆けめぐるように、考え方が何ものにも束縛されず、自由奔放であること。「天馬」は天帝の乗るウマ。〈劉廷振(リュウテイシン)の文〉

【天罰】テンバツ 悪い行いに対して天がくだす罰。自然に受ける悪事の報い。「洪水は乱開発の―だ」類神罰

『天罰△覿面』テンバツテキメン 悪事を行うと、たちどころに天罰が下されるという戒め。「覿面」は、まのあたりに見る、効果などがたちどころに現れる意。

【天は人の上に人を造らず】テンはひとのうえにひとをつくらず 天は人間をみな平等につくっており、身分の上下や貧富の差、家柄や職業のちがいなどで差別すべきではないということ。〈『学問のすゝめ』〉参考『学問のすゝめ』の冒頭。「人の下に人を造らず」と続く。福沢諭吉の言葉。

【天は自ら助くる者を助く】テンはみずからたすくるものをたすく 天は、人に頼らず自分の力だけで目標に向かって努力する人には援助の手を差しのべ、成功に導いてくれるということ。由来原文は英語で、ベンジャミン＝フランクリンの『富にいたる道』から。

【天火】テンピ 西洋料理用の加熱蒸し焼き器。オーブン。

【天日】テンピ 太陽の光または熱。「ふとんを―に干す」

【天引き】テンびき ①他人に渡す金や給料などの総額の中から、先に一定の金額を引き去ること。「給与から税金の分を―する」②貸し金から契約期間中の利子を、あらかじめ引き去ること。

【天△秤】テンビン ①梃子(てこ)の中央を支点として、両側の皿の一方にはかる物、他方に分銅(フンドウ)をのせて重さを測る器械。②二つのものの優劣・損得などを比べるたとえ。「―にかける」③「天秤棒」の略。

【天稟】テンピン 天から与えられた生まれつきの性質・才能。「―に恵まれる」類天性・天賦(テンプ)・天分 参考「天から稟(う)ける」意。

【天賦】テンプ 生まれつきの才能。もちまえ。「新記録は―の素質と努力とによって生まれる」類天性・天稟(テンピン)・天質

【天袋】テンぶくろ 和室で、床の間のわきや押入れの上などにある小さい戸棚。対地袋

【天麩羅】テンプラ ①魚介類や野菜などに小麦粉のころもをつけ油で揚げた食べ物。②めっきしたもの。「―の時計」③見せ掛けだけで中身のないもののたとえ。にせ。えせ。「―学生」

【天分】テンブン 生まれつきの才能・性質。「豊かな―に恵まれる」類天質・天稟(テンピン)

【天変地異】テンペンチイ 地震・暴風・噴火など、天地の間に起こる自然の異変のこと。「―に見舞われる」類天変地変 対地平天成

【天幕】テンマク ①天井から垂らす飾りの幕。②野外で寒暑や雨露を防ぐためなどに張る幕。テント。

【天満宮】テンマングウ 菅原道真(すがわらのみちざね)をまつる神社。学問の神として信仰されている。天満神社。てんまぐう。

【天命】テンメイ ①天の命令。人の力ではどうにもならない運命。「人事を尽くして(人として行うべきことを実行して)―を待つ」②天から与えられた寿命。類天寿

【天網恢恢疎にして漏らさず】テンモウカイカイソにしてもらさず 天が張りめぐらした網は広く、目は粗(あら)いようだが、何一つ取りこぼすことはない。悪人は一人残らず捕らえるということ。悪事をはたらいた者には、必ずその報いがあるという戒め。「恢恢」は広大なさま。〈『老子』〉参考「天網恢恢疎にして失わず」ともいう。

【天目茶碗】テンモクヂャワン 茶道で使う、浅いすりばち形の抹茶茶碗。由来中国、浙江(セッコウ)省の天目山の禅寺で用いられ、日本に伝わったことから。

【天文】テンモン 天体に起こるさまざまな現象。「東京―台」参考「テンブン」と読めば、年号の一つ。

【天門冬】テンモンドウ クサスギカズラの根を蒸して乾燥させたもの。薬用。

【天佑・天祐】テンユウ 天のたすけ。天帝の加護。

【天佑神助】テンユウシンジョ 天のたすけと神の助け。また、偶然に恵まれて助かること。

【天与】テンヨ 天から与えられたもの。生まれつき。類天賦・天性

【天来】テンライ 天から来たもの。この世のものとは思われないほどすばらしいこと。「―の妙案」

【天籟】テンライ ①風などの自然に鳴る音。対地籟 ②詩文・音楽の調子が優美であることのたとえ。

【天覧】テンラン 天皇が見ること。「―試合」「―を賜る」類叡覧(エイラン)・上覧

【天理人欲】テンリジンヨク 人間の心のなかにもともとある天の正しい道理と、外からの影響で生じてくる感情や欲望のこと。〈『孟子(モウシ)』〉

【天倫】テンリン ①父子・兄弟のように、自然に成り立っている人の秩序。②自然の道理。類天理

【天禄】テンロク ①天から授かった幸福。②天子の位。

【天を仰いで唾す】テンをあおいでつばきす 人に害を加えようとして、かえって自分がその害を受ける結果になることのたとえ。天に向かって唾(つば)を吐くと、その唾がそのまま自分の顔に落ちてくることから。〈『雲笈七籤(ウンキュウシチセン)』〉参考「天に唾(つば)する」ともいう。類寝て吐く唾・お天道様に石

【天を怨みず人を尤めず】テンをうらみずひとをとがめず どんなに不遇であっても、運命を恨んだりとがめだてしたりしないで、自分の足りない点を反省し、修養に努めるべきだということ。〈『論語』〉

【天を指して魚を射る】テンをさしてうおをいる 手段や方法をまちがえては、目的を達成することはできないというたとえ。また、かなえられるはずのない望みをいだくことのたとえ。魚を射るのに天に向かって銛(もり)を打つ意から。〈『説苑(ゼイエン)』〉類木に縁(よ)りて魚を求む

〈天一神〉なかがみ 陰陽道(オンヨウドウ)で、常に八方をめぐり、人の吉凶禍福を決めるという神。表記「中神」とも書く。参考「テンイチジン」とも読む。

〈天鵝絨〉ビロード 毛を立たせた毛羽(けば)などで表面を覆った、柔らかくなめらかな織物。ベルベット。

〈天糸瓜〉へちま ウリ科のつる性一年草。▼糸瓜(へちま)(六〇六)

〈天名精〉やぶたばこ キク科の二年草。由来「天名精」は漢名から。▼藪煙草(やぶたばこ)(九五一)

〈天蚕〉やままゆ ヤママユガ科のガ。参考「テンサン」とも読む。▼山繭(やままゆ)(五八四)

テン【★辿】(7) 辶 3 準1 3509 4329 音 テン 訓 たどる

〔辿〕

意味 たどる。さがしながら行く。ゆっくり歩く。

【辿る】たどる ①さぐりながら行く。②道や川などに沿って進む。「地図を―って進む」「険しい山道を―る」③手がかりや筋道を追って進む。「おぼろげな記憶を―る」④事態がある方向に進んで行く。「会社は没落の運命を―った」

テン【典】(8) 八6 教 常 7 3721 4535 音 テン 訓 外 ふみ・のり

筆順 丨 冂 巾 曲 曲 曲 典 典

意味 ①ふみ。書物。「典籍」「教典」②のり。手本。規則。「典型」「典範」③よりどころ。しきたり。「典故」「典例」④儀式。儀礼。「典礼」「式典」⑤正しい。整っている。「典雅」「典麗」⑥つかさどる。「典獄」「典薬」⑦さかん。律令(リツリョウ)制の四等官のうち、大宰府(ダザイフ)の第四位。

下つき 恩典(オンテン)・楽典(ガクテン)・教典(キョウテン)・経典(ケイテン)・原典(ゲンテン)・香典(コウテン)・古典(コテン)・祭典(サイテン)・式典(シキテン)・字典(ジテン)・事典(ジテン)・辞典(ジテン)・祝典(シュクテン)・出典(シュッテン)・聖典(セイテン)・大典(タイテン)・特典(トクテン)・仏典(ブッテン)

〈典薬頭〉くすりのかみ 律令(リツリョウ)制で、宮中の医療や医薬・薬園などをつかさどった典薬寮(テンヤクリョウ)の長官。参考「テンヤクのかみ」とも読む。

【典雅】テンガ 正しく、みやびやかなこと。整っていて上品なさま。「―な舞い」

【典拠】テンキョ 正しいよりどころ。確かな根拠。類出典 参考おもに、古典などの記録を根拠とする場合にいう。

【典型】テンケイ 同類のなかで、その種類の特徴を最もよく表しているもの。見本。模範。「―的な夏の気圧配置」「彼は恐妻家の―だ」

【典故】テンコ よりどころとなる故事。典拠となる故事。典例故実。

【典籍】テンセキ 書物。書籍。「漢和の―」参考「テンジャク」とも読む。

【典△座】テンゾ 仏禅寺で、僧の食事などをつかさどる役の僧。参考「ゾ」は唐音。「テンザ」とも読む。

【典範】テンパン 手本となる正しい規則。守らなければならないおきて。のり。「皇室―」

【典礼】テンレイ ①一定の儀式・儀礼。②儀式をつかさどる役職。

【典例】テンレイ よりどころとなる先例。「―を古文書にもとめる」

【典麗】テンレイ きちんと整っていて美しいさま。「―な文章」

〈典侍〉ないしのすけ 律令(リツリョウ)制で、天皇の日常生活や後宮の儀式などをつかさどった内侍司(ないしのつかさ)の次官。参考「テンジ」とも読む。

【△典】のり ①法則。守るべき事柄。おきて。②手本。模範。

【△典】ふみ 貴ぶべき書物。書籍。

テン【店】(8) 广5 教 常 9 3725 4539 音 テン 訓 みせ 外 たな

筆順 丶 亠 广 广 庐 庐 店 店

意味 ①みせ。品物を並べて売るところ。「店舗」「商店」②たな。貸家。「店子(たなこ)」「店賃(たなチン)」

下つき 開店(カイテン)・支店(シテン)・商店(ショウテン)・書店(ショテン)・売店(バイテン)・飯店(ハンテン)・閉店(ヘイテン)・本店(ホンテン)・名店(メイテン)・露店(ロテン)

【△店】たな ①みせ。商店。②貸家。借家。「―賃」由来①「店棚(だな)」の略。棚に商品を並べて売ることから。

【△店卸し】たなおろし ①決算や整理のために、在庫の商品や製品を帳簿と引き合わせて数量を調べ、その金額を評価すること。②他人の欠点を数えあげて、いろいろと批評すること。表記「棚卸し」とも書く。

【△店子】たなこ 家を借りて住んでいる人。借家人。「―と言えば子も同然」対大家(おおや)・家主(やぬし)

【△店△晒し】たなざらし ①商品が売れないで、店の棚にいつまでも置かれていること。売れ残り。②懸案の問題が、未解決のまま放置されていること。「―の案件を論議する」

【店頭】テントウ 店さき。店の、表に面した部分。「―で販売する」

【店舗】テンポ 商品を売るための建物。みせ。「目抜き通りに―を構える」「―を売りに出す」類商店

【店屋物】テンやもの 飲食店から取り寄せる食べ物。

【店】みせ 商品を陳列して、客に見せて売る所。商店。「―を出す」「―を畳む(商売をやめる)」表記「見世」とも書く。

【店仕舞い】みせじまい ①店を閉めて、その日の営業を終えること。閉店。「大雨だから早々に―だ」②商売を廃業すること。「不景気のため―した」対①②店開き

テン【忝】(8) 小4 1 5559 575B 音 テン 訓 かたじけない・はずかしめる

意味 ①かたじけない。もったいない。②はずかしめる。けがす。

【忝い】かたじけない ①おそれ多い。もったいない。②身にしみてありがたい。「ご親切、―く存じます」

テン【沾】(8) 氵5 1 6194 5D7E 音 テン・セン・チョウ 訓 うるおう・うるおす

意味 うるおう。うるおす。ぬれる。ぬらす。「沾湿」

テン【恬】(9) 忄6 1 5587 5777 音 テン 訓 やすい・やすらか・やすんずる・しずか

意味 やすい。やすらか。やすんずる。しずか。また、あっさりしているさま。「恬然」

下つき 文恬(ブンテン)

【恬安】テンアン 心がやすらかで、もの静かなさま。おだやかなさま。参考「恬」「安」ともに、やすらかの意。

【恬然】テンゼン ①やすらかで静かなさま。穏やかなさま。②平気でいるさま。心に感じないさま。「―として恥じない」類平然

【恬淡・恬澹】 テン タン　あっさりとしていて欲にとらわれないさま。「金銭に—としている」 執着しないさま。無

テン【殄】(9) 歹 5　1　6141 5D49
音 テン　訓 つきる・つくす・たつ・ことごとく
意味 ①つきる。つくす。た(絶)やす。たつ。「殄滅」②ことごとく。

【殄きる】 つ-きる　滅びる。滅び絶える。

【殄滅】 テン メツ　滅ぼす。絶やす。残らず滅びる。死に絶える。類 絶滅

テン【点】(9) 灬 5　常 教　9　3732 4540
旧字《點》(17) 黒 5　1/準1　8358 735A
音 テン　訓 外 つける・ともる・とぼる・たてる

筆順 ⺊ ⺊ ⺊ 占 占 占 点 点 点

意味 ①ほし。ぽち。小さなしるし。「点在」「点点」②文の区切りなどを示す符号。「句点」「読点」③漢字の字画の一つ。「点画」④特定の場所・位置を示す。「起点」「原点」⑤ある部分・事柄を示す。「欠点」「弱点」⑥評価の結果を示す数値。「得点」「評点」⑦そそぐ。つぐ。「点眼」「点滴」⑧しるす。加える。「点描」「点鬼簿」⑨火をつける。ともす。とぼる。「点火」「点灯」⑩しらべる。「点検」「点呼」⑪物を数えるときに添える語。「三点セット」

下つき 汚点(オテン)・合点(ガッテン・ガテン)・観点(カンテン)・起点(キテン)・拠点(キョテン)・訓点(クンテン)・欠点(ケッテン)・採点(サイテン)・弱点(ジャクテン)・終点(シュウテン)・重点(ジュウテン)・得点(トクテン)・美点(ビテン)・氷点(ヒョウテン)・評点(ヒョウテン)・満点(マンテン)・力点(リキテン)

【点てる】 た-てる　抹茶に湯を入れ、茶筅(チャセン)でかきまぜたり練ったりする。茶の湯を行う。「茶を—てる」

〈点点〉 ちょぼちょぼ　①ところどころに少しずつあるさま。「若木に実が—生(な)る」②両者とも大きな差のないさま。「彼の成績は私と—だ」 参考「テンテン」と読めば別の意になる。

【点ける】 つ-ける　①あかりをともす。②火を燃やす。「ストーブを—ける」③電気製品のスイッチを入れる。「テレビを—ける」

【点前】 テ まえ　茶道で、茶をたてるときの茶の湯の作法や様式。「結構なお—」 表記「手前」とも書く。

【点火】 テン カ　①火をつけること。「聖火が—された」②機関などを始動させるために、発火の操作をすること。「原子炉に—する」 参考「とぼし」と読めば別の意になる。

【点画】 テン カク　漢字の形を構成する点と線。「—を正しく書く」

【点額】 テン ガク　①額に字や画をかくこと。②試験に落第すること。「竜門—」 由来 ②鯉(こい)が竜門を登れば竜となり、失敗すれば額に傷をつけて帰るという伝説から。

【点眼】 テン ガン　目薬を目にさすこと。薬液で目を洗うこと。「—水」 類 点薬

【点鬼簿】 テンキ ボ　死者の姓名を記した帳面。過去帳。 参考「点」はしるす、「鬼」は死者の意。

【点景】 テン ケイ　風景画や写真に、趣を出すために人物や動物を取り入れて点在させること。また、その人や動物。 表記「添景」とも書く。

【点検】 テン ケン　誤りや異常がないかどうかを、一つ一つ調べること。「機械を—する」

【点呼】 テン コ　一人一人の名を呼んで、出欠や人数を調べること。「出席者の—をとる」

【点在】 テン ザイ　あちらこちらに散らばってあること。「民家が—する過疎地」 類 散在

【点竄】 テン ザン　文章の字句を訂正すること。「竄」は改める意。

【点字】 テン ジ　視覚障害者用の文字。指でさわって判読できるように、紙面などに六つの突起した点を方式にしたがい組み合わせたもの。

【点者】 テン ジャ　連歌(レンガ)や俳諧(ハイカイ)、和歌などで、その優劣を決める評点をつける人。 類 判者

【点心】 テン シン　①仏 簡単な食事をとること。また、その食事。禅家では特に、昼食。②茶うけの菓子。③中国料理の軽食や菓子。 参考 古く、「テンジン」ともいった。

【点茶】 テン チャ　抹茶(マッチャ)をたてること。 参考「テンサ・たてチャ」とも読む。

【点綴】 テン テイ　①物がほどよく散らばっていること。②散らばっていたものを、うまくつづり合わせること。 参考「テンテツ」とも読む。「テンセツ」は慣用読み。

【点滴】 テン テキ　①液体のしたたり。雨だれ。②「点滴注射」の略。時間をかけて静脈内に栄養分や薬品・血液を一滴ずつ注入する治療法。

『点滴石をも穿(うが)つ』 ▼雨垂れ石を穿つ(七二)

【点点】 テン テン　①点を打ったように、あちらこちらに散らばっているさま。「家々の灯が—と見える」②しずくなどがしたたり落ちるさま。 参考「ちょぼちょぼ」と読めば、別の意になる。

【点灯】 テン トウ　あかりをつけること。「車のヘッドライトを—する」 対 消灯

【点描】 テン ビョウ　①点の集まりだけで線を使わずに描く絵画の技法。「—画」②人物や事物の特徴的部分を取り出して描写すること。「人物を—したエッセイ」

【点滅】 テン メツ　あかりがついたり消えたりすること。また、あかりをつけたり消したりすること。「信号が—する」

【点訳】 テン ヤク　言葉や文章を点字(視覚障害者のための文字)に直すこと。点字訳。「—の奉仕活動」

【点薬】 テン ヤク　①目に薬をさすこと。 類 点眼 ②①の薬。 類 目薬・点眼薬

〈点火〉 とぼし　火をつけて闇(やみ)を照らす道具。松明(たいまつ)など。ともし。 表記「灯」とも書く。 参考「テンカ」と読めば別の意になる。

【点す】 とも-す　あかりをつける。点灯する。 参考「とぼす」とも読む。

【△点る】ともる　あかりがつく。ともし火が燃える。「ネオン灯が―る」 参考「とぼる」とも読む。

テン【展】(10) 尸 7 常 教 5 3724 4538 音 テン 訓 外 のべる・ひろげる・つらねる

筆順 ㇕ コ 尸 尸 屏 屏 屈 展 展 展

意味 ①のべる。ならべる。ひろげる。つらねる。「展示」「展覧」 ②のびる。ひろがる。「展開」「進展」 ③ながめる。広く見る。「展望」 ④「展覧会」の略。「個展」

下つき 伸展シン・進展シン・親展シン・発展ハッ

【展開】テンカイ ①視界に大きく広がること。「眼下に―する風景」 ②情況・場面などが、次々に発展し進行すること。「事件は思いがけぬ―を見せた」 ③軍隊で、密集した隊形から散らばった隊形になること。 ④立体を切り開いて、同一平面上に広げること。「―図」

【展観】テンカン 広げて見せること。一般の人に見せること。「秘宝を―する」 類 展覧

【展示】テンジ 作品・品物・資料などを並べて一般の人に見せること。「新型車の―場」

【展性】テンセイ 打ったり圧力を加えたりして、薄くひきのばすことのできる金属の性質。「金・銀・銅などは―が大きい」

【展転】テンテン ①車輪が回転すること。 ②不安や悩みのために、眠れずに寝返りを打つこと。反側ハンソク。 表記「輾転」とも書く。

【展墓】テンボ 墓参り。墓参。 参考「展」は参詣サンケイする意。

【展望】テンボウ ①遠くまで見渡すこと。見晴らし。「この山からは市内が―できる」 ②社会の出来事や将来などを広く見通すこと。「将来への―が開ける」

【展覧】テンラン 作品や資料などを並べたり広げたりして、一般の人に見せること。「―会に絵を出品する」 類 展観

【△展べる】のべる 広げる。平面的に長くのばす。また、広く並べる。

【△展げる】ひろげる のばし開く。広くする。「巻き物を―げる」

テン【★唸】(11) 口 8 1 5125 5339 音 テン 訓 うなる・うなり

意味 うなる。長く低い音を出す。うなり。

【▲唸り】うなり ①うなること。また、その声や音。「―独楽ごま」 ②振動数がちがう二つの音が重なるとき、干渉のため、音が強くなったり弱くなったりする現象。 ③凧たこにつけて、風によって音が出るようにしたもの。「大凧の―」

【▲唸る】うなる ①苦しそうな声を出す。うめく。「激痛で―る」 ②機械が低く鈍い音を出す。「モーターが―る」 ③力を入れてのどをしぼり、長く声を出す。「浪曲を―る」 ④感嘆の声を出す。「大向こうを―らせる名演技」 ⑤力や物があり余っている。「金庫に現金が―るほど詰まっている」

テン【添】(11) 氵 8 常 4 3726 453A 音 テン 訓 そえる・そう

筆順 丶 氵 氵 汇 汘 沃 沃 添 添 添 (2)

意味 ①そえる。つけくわえる。「添加」「添削」 ②そう。つきそう。「添乗」

下つき 加添カ

【添い遂げる】そいとげる ①困難を乗り越えて、望みどおり夫婦になる。「周囲の反対を押し切って―げる」 ②夫婦として死ぬまで共に暮らす。

【添い寝】そいね 寝ている人のそばに寄り添って、寝ること。そいぶし。「母親が赤ん坊に―する」

【添う】そう ①付け加わる。 ②そばに離れずにいる。つきしたがう。「影のように―う」 ③親しく交わる。また、夫婦となって一緒に暮らす。つれそう。「永年つれ―った妻に先立たれた」 ④期待・目的にこたえる。かなう。「みんなの期待に―える出来映え」

【添△水】そうず なかほどに支点を置いた竹筒の、斜めに切り落とした一方に水を落とし入れると重みで下がり、水が流れ出た反動でもう一方が石の上に落ちて音を立てる装置。ししおどし。 季 秋 表記「僧都」とも書く。

【添乳】そえぢ 乳児に添い寝して、乳を飲ませること。「―して赤ん坊を寝かす」

【添える】そえる ①そばにつける。つきそわせる。 ②つけ加える。「肉料理に野菜を―える」 ③補助として加える。「案内状に地図を―える」

【添加】テンカ ある物に別の物を加えること。別の物が加わること。「食品―物の検査」「香料を―する」

【添削】テンサク 他人の文章や答案、詩歌などに、文字を書き加えたり取り除いたりして悪い部分を直すこと。「作文を―する」

【添書】テンショ ①使いの人に手紙を持たせたり、贈り物につけたりすること。また、その手紙。添え状。 ②書類などに、気づいたことを書き添えること。また、そのもの。 ③紹介状。

【添乗】テンジョウ 団体旅行などで、旅行社の社員などが旅行者の世話をするためにつきそって行くこと。「―員付きの海外旅行」

【添付・添附】テンプ 書類などに、補うものをつけ加えること。「報告書に領収書を―する」

テン【★淀】(11) 氵 8 準1 4568 4D64 音 テン・デン 訓 よど・よどむ

意味 ①よど。よどみ。水が滞っている所。 ②よどむ。水の流れが滞る。

下つき 川淀かわ

【▲淀】よど 水の流れが滞っているところ。よどみ。 表記「澱」とも書く。

【淀舟】よどぶね 大阪平野を流れる淀川を往来し貨物や客を運んだ舟。

【淀む】よど-む ①水や空気が流れずにたまり、滞る。②物事などがなめらかに進まず、滞る。「言葉が―むことなく、話を進めた」③物が底に沈んでたまる。沈殿する。「泥が底に―む」④沈んで活気を失う。表記「澱む」とも書く。

テン【甜】(11) 甘 6 準1 3728 453C 音テン 訓あまい・うまい

意味 あまい。うまい。「甜菜」

【甜い】あま-い 舌にあまい。砂糖や蜜(ミツ)など、糖分の味がする。

【甜言蜜語】テンゲンミツゴ 蜜のようにあまく、聞いて心地よく感じる言葉。人にへつらうような話や勧誘の言葉にいう。『宵光剣伝奇(ショウコウケンデンキ)』「―にだまされる」

【甜菜】テンサイ サトウダイコンの別称。アカザ科の二年草。根の汁から砂糖をつくる。

〈甜瓜〉まくわうり ウリ科のつる性一年草。由来「甜瓜」は漢名より。▼真桑瓜(まくわうり)(八〇〇)

テン【転】(11) 車 4 常 教 8 3730 453E 音テン 訓ころがる・ころげる・ころがす・ころぶ 外こける・まろぶ・うつる・うたた・くるり

旧字《轉》(18) 車11 1/準1 7759 6D5B

筆順 一 厂 戸 百 亘 車 車 転 転 転 5

意味 ①ころがる。ころがす。まわる。まわす。「転回」「自転」②ころぶ。ひっくり返る。「転倒」「逆転」③うつす。うつる。位置をかえる。「転居」「移転」④うつる。うつりかわる。「変転」「流転(ルテン)」⑤うたた。ますます。

書きかえ ②「顚(テン)」の書きかえ字として用いられるものがある。

て テン

下つき 暗転(アン)・一転(イッ)・移転(イ)・運転(ウン)・栄転(エイ)・横転(オウ)・回転(カイ)・気転(キ)・機転(キ)・逆転(ギャク)・急転(キュウ)・空転(クウ)・公転(コウ)・好転(コウ)・自転(ジ)・退転(タイ)・動転(ドウ)・捻転(ネン)・反転(ハン)・輪転(リン)・流転(ルテン)

【転た】うた-た ①ますます。程度が進んでいよいよ。「―今昔の感に堪えない」②ひどく。常とちがってはなはだしく。

【転た寝】うたたね 寝るつもりもないのに、ついうとうとと寝ること。仮寝(かりね)。

【転ける】こ-ける ころぶ。倒れてころがる。転倒する。「石につまずいて―ける」

【転】ころ ①重いものを移動させるときに下に敷き、その回転を利用するために用いる丸棒。ころばし。五郎太(ごろた)。②さいころ。表記①「木呂」とも書く。

【転柿】ころがき 渋柿の皮をむいて干したあと、むしろの上にころがして白い粉を発生させた食品。季秋 表記「枯露柿」とも書く。

【転がる】ころ-がる ①回転しながら進む。「ボールが床に―る」②ころぶ。転倒する。「土俵に―る力士」③横になる。からだを横にする。「ベッドで寝―って本を読む」④ありふれていて、どこにでもある。「川原に―っている石」

【転がる石には苔(こけ)が生えぬ】①よく動きよく働く人は、常に生き生きしているたとえ。また、意欲をもって活動している人は老いないたとえ。類使っている鍬(くわ)は光る ②一定の場所に落ち着かない人は、地位や財産ができないたとえ。参考「転石苔を生ぜず・転石苔むさず」ともいう。

〈転寝〉ごろね 寝具の準備や着がえをしないで、その場にごろっと横になって寝ること。

【転ぶ】ころ-ぶ ①重心を失って倒れる。「―んでも決して泣かない子だ」②回転しながら進む。ころがる。③別の方向へ変化する。「どちらに―んでも結果は悪くない」④弾圧に遭い、宗教の信者や社会運動家などが改宗・転向する。⑤威力に負ける。「金に―ぶ」

【転ばぬ先の杖(つえ)】何事も失敗しないように十分な準備をしておくことが大切だということ。事前につまずいてころぶ前に、あらかじめ杖をついて用心する意から。類濡(ぬ)れぬ先の傘 対火事後の火の用心

【転んでもただでは起きぬ】たとえ失敗しても、その失敗のなかから何かしら利益になるものを見つけ出すたとえ。また、欲が深く、どのような場合にも何かしら利益を得ようとする人のこと。転んでも、そこで何かを拾ってから起きる意から。

【転位】テンイ 位置が変わること。また、位置を変えること。

【転移】テンイ ①場所が移ること。場所を移すこと。類移転 ②病原体や腫瘍(シュヨウ)細胞が、体の他の組織へ移り、そこでも初めの病巣と同じ症状を起こすこと。「癌(ガン)が―する」

【転化】テンカ ①ある状態から別の状態に変わること。「意味が―してできた言葉」類変化 ②物質の変換。蔗糖(ショトウ)を加水分解してぶどう糖と果糖に変えることなど。「―糖」

【転訛】テンカ 言葉の本来の音が、なまって別の音に変わること。また、その言葉や音。

【転嫁】テンカ ①罪や責任などを他になすりつけること。「責任を他人に―するな」②女性が二度めの結婚をすること。類再嫁

【転回】テンカイ ①ぐるぐる回ること。また、回すこと。類回転 ②大きく回って向きを変えること。大きく向きが変わること。「コペルニクス的―」

【転換】テンカン 傾向や方針などが、それまでとまったく変わること。また、変えること。「散歩で気分―を図る」

【転帰】テンキ 病状が進んで行きつく状態。病気の結果。「死の―をとる」

【転記】テンキ 帳簿などに記載されている事項を、他の書類などに書き写すこと。「元帳

に—もれがあった」

【転機】テンキ 生活や境遇などがある状態から別の状態へ変わるきっかけ。変わり目。「結婚が人生の—となった」

【転居】テンキョ 住居を変えること。引っ越し。「友人から—通知が届いた」類転宅・転住

【転勤】テンキン 同じ会社・官庁のなかで勤務する場所が変わること。「家を買ってすぐ—になる」類転任

【転向】テンコウ ①途中で方向・方針などを変えること。「愛煙家から嫌煙派に—する」②思想的立場を変えること。特に、弾圧などにより、左翼思想の持ち主が保守的な思想・主義に立場を変えること。「—作家」

【転載】テンサイ 新聞・雑誌・書籍などに載った文章や写真を、他の印刷物にそのまま載せること。「記事の無断—を禁ずる」

【転写】テンシャ 文字や図形などを、そのまま他から写しとること。

【転借】テンシャク 人が借りている物を、さらにその人からまた借りること。またがり。対転貸テンタイ

【転出】テンシュツ ①他の土地へ住所を移すこと。「市外へ—する」対転入 ②他の職場へ移って行くこと。「地方の支店へ—する」

【転じる】テンじる ①移る。移す。「窓の外へ視線を—じる」②方向・状態などが変わる。また、変える。「反論に—じる」

【転身】テンシン 職業・身分・生活態度・考え方などを、すっかり変えること。「俳優から作家に—する」

【転進】テンシン 方向を変えて進むこと。特に、軍隊が別の目的地に向かって移動すること。参考軍隊で「退却」という語を嫌い、代わりに用いた。

【転生】テンセイ 死んだものが、次の世で別の人や物に生まれ変わること。「輪廻リンネ—」参考仏教では「テンショウ」と読む。

【転成】テンセイ ①性質のちがう別のものに変わること。②文法用語で、ある語が意味・用法を転じて別の品詞に変わること。「—語」

【転籍】テンセキ 本籍や学籍などをほかの所へ移すこと。

【転送】テンソウ 送られてきた物を、さらに他の場所に送ること。「郵便を転居先へ—する」類回送

【転宅】テンタク 住居を他の場所へ移すこと。引っ越し。類転居

【転地】テンチ 病気の療養などのために、住む土地を変えること。「—療養」

【転注】テンチュウ 漢字の六書リクショの一つ。ある漢字を、本来の意味から他の意味に転じて用いること。「音楽」の「楽ガク」を「たのしむ」、「悪事」の「悪アク」を「にくむ」の意味に用いるなど。参考「転注」の解釈については諸説がある。

【転▲轍機】テンテツキ 鉄道で、列車の通る線路を切り換えて、車両を他の線路に導くための装置。線路の分岐点に設置する。ポイント。類転路機

【転転】テンテン ①次々と移り行くさま。「—と国内を移り住む」②転がっていくさま。「ボールが—と転がる」

【転倒】テントウ ①逆さになること。また、逆さにすること。「主客—」「本末—」②横倒しになること。ころんで倒れること。「樹木が—している」「—したが二位に入賞した」③びっくりしてうろたえること。「気が—する」書きかえ「顚倒」の書きかえ字。

【転入】テンニュウ ①他の土地から移って来て、その土地の住民になること。「—届」対転出 ②他の学校から転校して入ってくること。転入学。「—生」

【転覆】テンプク ①車両や船などがひっくり返ること。また、ひっくり返すこと。「船の—事故が起きた」「列車が脱線—した」②政府などの組織が倒れること。滅びること。また、倒すこと。滅ぼすこと。「体制の—を謀はかる」書きかえ「顚覆」の書きかえ字。

【転変】テンペン 物事の状態が次々と移り変わること。「有為ウイ—」

【転迷開悟】テンメイカイゴ 仏迷いから脱して悟りを開くこと。

【転用】テンヨウ 本来の目的以外の用途で使うこと。「農地を宅地に—する」

【転落】テンラク ①ころがり落ちること。「車ごと崖がけから—する」②落ちぶれる。堕落する。「—の人生」表記「顚落」とも書く。

【転輪△聖王】テンリンジョウオウ 古代インドで、正義により世界を治める理想的な帝王。三二相・七宝をもつとされ、七宝の一つである輪宝リンボウの種類により、鉄輪王・銅輪王・銀輪王・金輪王がいる。参考「転輪王」ともいう。

【転炉】テンロ 製鋼用または銅の精錬用に使うつぼ形の炉。前後に傾けながら回転させて精製した金属を取り出す。

テン【奠】

(12) 大 9 1 5291 547B

音 テン・デン
訓 まつる・そなえる・さだめる

意味 ①まつる。神仏に酒食などを供える。「奠茶」②そなえる。そなえもの。「香奠」③さだめる。位置を決める。「奠都」

下つき 香奠コウデン・祭奠サイテン・釈奠セキテン・奉奠ホウテン

〈▲奠稲〉くましね 神仏に供える、洗い清めた米。あらいよね。かしよね。おくま。

【▲奠める】さだめる すえおく。安置する。位置を決める。

【▲奠茶】テンチャ 仏前や霊前に茶を供えること。また、その茶。類奠湯

【▲奠都】テント みやこをある地に定めること。みやこを建設すること。

テン【腆】

(12) 月 8 1 7102 6722

音 テン
訓 あつい・てあつい

意味 あつい。てあつい。多い。「腆贈」「不腆」

下つき 洗腆・不腆

テン【覘】(12) 見 5 [1] 7513 6B2D 音 テン 訓 うかがう・のぞく

意味 うかがう。のぞく。ぬすみ見る。

【▲覘う】うかがう そっと様子をのぞく。狭いすきまなどから、ぬすみ見る。「相手の動静を—う」

【覘望】テンボウ 遠くからようすをうかがうこと。

【▲覘く】のぞく ひそかにうかがい見る。かいま見る。すきまからぬすみ見る。

テン【△貼】(12) 貝 5 常 3729 453D ▼チョウ(一〇六三)

テン【塡】(13) 土 10 常 [2] 1556 2F58 音 テン 訓 外 ふさぐ・ふさがる・うずめる・うずまる・はめる

〔塡〕3722 4536

筆順 一 十 土 圹 坾 埴 埴 塡 塡

意味 ①ふさぐ。ふさがる。「塡塞」②うずめる。はめる。みたす。「充塡」

下つき 充塡・装塡・配塡・補塡

【△塡まる】うずまる ①物におおわれて、外から見えなくなる。「洪水で田んぼが土砂に—る」②場所が人や物でいっぱいになる。「会場が観客で—る」

【塡詞】テンシ 中国、宋代に流行した漢詩の形体。楽府から変化した歌曲の一種で、譜面に合わせて文字をうずめて作る。

【塡足】テンソク 足りないところを補って満たす。類 補足・充足

【塡塞】テンソク うずめふさぐこと。いっぱいに満ちふさがること。

【塡補】テンポ 不足や欠損をうめておぎなうこと。類 補塡

【△塡める】はめる ①入れる。さしこむ。「指輪を—める」「手袋を—める」②おとしいれる。だます。「敵を計略に—める」

【△塡ぐ】ふさぐ ①すきまや穴などをつめる。うずめる。「壁の穴を土で—ぐ」②おおい閉ざす。ふたをする。「耳を—ぐ」

テン【椽】(13) 木 9 [1] 6029 5C3D 音 テン 訓 たるき

意味 たるき。丸いたるき。家の棟から軒にわたして屋根を支える材木。対 桷

下つき 采椽

【▲椽】たるき 棟から軒に渡し、屋根板を支える材木。参考「垂木」とも書く。

【▲椽大の筆】テンダイのふで 堂々としたりっぱな文章のたとえ。「椽」は垂木のこと。垂木のように太く大きな筆の意から。故事 中国、西晋の王珣は垂木のような大きな筆を賜った夢を見た。近いうちにこのような筆をふるう日が来ると思っていたところ、武帝が亡くなり、その弔辞や葬儀関係の文章などをすべて堂々とした文章で書いたという故事から。〈『晋書』〉

テン【殿】(13) 殳 9 常 3734 4542 ▼デン(一一三三)

テン【廛】(15) 广 12 [1] 5505 5725 音 テン 訓 やしき・みせ

〔㕓〕5263 545F

意味 ①やしき。すまい。「廛宅」②みせ。店舗。「廛肆」類 店

テン【碾】(15) 石 10 [1] 6690 627A 音 テン・デン 訓 うす・ひく

意味 ①うす。ひきうす。②ひく。うすでひいて粉にする。「碾茶」

【▲碾】うす 穀物を砕いて粉にする道具。石うす。ひきうす。

【▲碾臼】ひきうす 平らな円筒状の石を二つ重ね、上の石を回しながら二つの石の間で穀物をすりつぶして粉にする道具。表記「挽臼」とも書く。

【▲碾茶】ひきチャ チャの若芽を蒸して、もまずに乾燥させたものを茶うすでひいて粉にした茶。抹茶。類 散茶 表記「挽茶」とも書く。

【▲碾割り】ひきわり ①うすで穀類をひいて割りくだくこと。②「碾割り麦」の略。大麦を粗くひいて割ったもの。対 押割り

【▲碾く】ひく ひきうすを回して穀物をすりつぶし、粉にする。「大豆を—く」

テン【★篆】(15) ⺮ 9 [1] 6831 643F 音 テン 訓

意味 古代漢字の書体の一種。大篆とそれを簡略化した小篆がある。「篆刻」「篆書」

下つき 小篆・大篆・鳥篆

【▲篆刻】テンコク 石や木、金属に文字を刻むこと。由来 その文字に、多く篆書体を使ったことから。

【▲篆書】テンショ 漢字の書体の一つ。周代の大篆と、秦代の小篆がある。現在は印鑑・碑銘などに用いる。類 篆文

テン【諂】(15) 言 8 [1] 7559 6B5B 音 テン 訓 へつらう・おもねる・こびる

意味 へつらう。おもねる。こびる。「諂諛」

下つき 讒諂

【▲諂笑】テンショウ おせじ笑いをすること。作り笑いをして人にへつらうこと。

【▲諂▲諛】テンユ こびへつらうこと。おもねりへつらうこと。類 阿諛

【▲諂う】へつらう 気に入られようと機嫌をとる。こびる。おもねる。「権力者に—う」

テン【霑】(16) 雨 8 [1] 8033 7041 音 テン 訓 うるおう・うるおす

意味 うるおう。うるおす。しめらす。類 沾(テン)
下つき 均霑(キンテン)

【霑う】うるおう ①水分をおびる。適度にしめる。「干天のあとの雨で草木も―った」②心などが豊かになる。また、ゆとりができる。恩恵や利益を受ける。「ふところが―う」「博覧会の開催で市の財政が―う」

【霑体塗足】テンタイトソク 体をぬらし、足を泥まみれにして農作業をする姿のこと。つらい労働の形容。「塗」は、どろ。どろにまみれる意。《『国語』》

テン【靦】(16) 面 7 1 8051 7053 音 テン 訓 あつかましい・はじる

意味 ①あつかましい。あつかましい顔つき。「靦然」②はじる。「靦汗」

【靦然】テンゼン あつかましいさま。恥じる表情のないさま。類 恬然(テンゼン)

テン【輾】(17) 車 10 1 7757 6D59 音 テン・デン・ネン 訓 めぐる・ころがる・ひきうす

意味 ①めぐる。ころがる。まろぶ。「輾転」②ひきうす。類 碾(テン)

【輾転】テンテン ①車輪が回転すること。②不安や悩みのために、眠れずに寝返りを打つこと。表記「展転」とも書く。参考「輾」「転」ともに、回転する意。

【輾転反側】テンテンハンソク 思い悩んで眠れず、何度も寝返りを打つこと。「輾転」「反側」ともに、寝返りを打つ意。《『詩経』》「解決策に悩み、―の一夜を明かす」表記「展転反側」とも書く。

テン【點】(17) 黒 5 8358 735A ▼点の旧字(一二一四)

テン【癜】(18) 疒 13 1 6585 6175 音 テン・デン 訓 なまず

意味 なまず。皮膚病の一種。

【癜】なまず 皮膚病の一種。肌に灰白色または紫褐色の斑点(ハンテン)ができる。糸状菌の一種が寄生して起こる。

テン【簟】(18) ⺮ 12 1 6850 6452 音 テン 訓 たかむしろ・すのこ

意味 たかむしろ。細く割った竹で編んだむしろ。すのこ。「簟床」
下つき 枕簟(チンテン)

【簟】たかむしろ 細く割った竹や籐(トウ)を編んだ敷物の総称。夏に寝るときなどに敷く竹のむしろ。竹のすのこ。季 夏 表記「竹席・竹筵」とも書く。

テン【轉】(18) 車 11 7759 6D5B ▼転の旧字(一一二六)

テン【顚】★(19) 頁 10 準1 9403 7E23 音 テン 訓 いただき・たおれる・くつがえる

〔顛〕3731 453F

意味 ①いただき。てっぺん。「山顚」②はじめ。はじまり。「顚末」③たおれる。ころぶ。くつがえる。「顚倒」「顚覆」
書きかえ ③「転」に書きかえられるものがある。
下つき 山顚(サンテン)・絶顚(ゼッテン)

【顚】いただき 一番高いところ。頂上。てっぺん。

【顚れる】たおれる ①さかさまになる。ひっくり返る。②転ぶ。

【顚倒】テントウ ▼書きかえ 転倒(一一二七)

【顚沛】テンパイ ①つまずき倒れる。②短い間。とっさの間。

【顚覆】テンプク ▼書きかえ 転覆(一一二七)

【顚末】テンマツ 物事の初めから終わりまでの事情。一部始終。事のいきさつ。「事件の―を報告する」類 経緯

て テン

テン【囀】★(21) 口 18 1 5183 5373 音 テン 訓 さえずる

意味 さえずる。小鳥が続けて鳴く。
下つき 鶯囀(オウテン)

【囀る】さえずる ①小鳥がさかんに鳴き続ける。②やかましくしゃべる。

テン【纏】★(21) 糸 15 準1 3727 453B 音 テン 訓 まとう・まつわる・まとい・まとめる・まつる

〔纒〕6985 6575

意味 ①まとう。まといつく。からまる。まつわる。「纏綿」②まとい。陣営や火消しの組の印として用いたもの。③まとめる。
下つき 糾纏(キュウテン)・半纏(ハンテン)・蔓纏(マンテン)

【纏足】テンソク 昔の中国の風習で、幼い女児の足に布をかたく巻き、足が大きくならないようにしたこと。

【纏着】テンチャク まといつくこと。からまりつくこと。類 纏繞(テンジョウ)

【纏頭】テントウ 「纏頭(はな)」に同じ。

【纏綿】テンメン ①複雑にからみついて、離れないこと。まつわりつくこと。②心にまつわりついて離れないさま。③情が深く、細やかなさま。「情緒―な女性だ」

〈纏頭〉はな 芸人などへの祝儀。心づけ。由来 もとは衣服を与えられ、これを頭にまとったことから。参考「テントウ・テンドウ」とも読む。

【纏る】まつる 着物の裾(すそ)などがほつれないように布の端を裏へ折りこんで、その折り山と、表側の布とを交互にすくって縫いつける。まつりぐけをする。「袴(はかま)の裾を―る」

【纏わる】まつわる ①からみついて離れないでいる。まきつく。「蔓草(つるくさ)が―る」

②くっついて離れないでいる。つきまとう。「子猫が母猫に―る」③かかわり合う。関係する。「この屋敷に―る噂うわさ」

【▲纏】まとい ①昔、戦陣で大将のそばに立てた目印。さおの先に、さまざまな飾りをつけたもの。②江戸時代以後、火事場で使った火消しの組の目印。

〔纏まとい②〕

【▲纏う】まと-う ①まきつく。からみつく。からまる。「幼児が母親に―いつく」②巻いて包むように、身に着ける。「コートを身に―う」

【▲纏める】まと-める ①ばらばらなものを集めて一つにする。「荷物を一か所に―める」②ばらばらなものを整理して一つにする。「党の統一見解を―める」③完成させる。「卒業論文を―める」④成立させる。「商談を―める」

テン【巓】(22) 山19 1 5460 565C 音テン 訓いただき

意味 いただき。山の頂上。「山巓」

下つき 山巓サンテン・絶巓ゼッテン

【▲巓】いただき ①山の頂上。みね。②あたま。かしら。

テン【躔】(22) ⻊15 1 7723 6D37 音テン 訓ふむ・めぐる

意味 ①ふむ。足でふむ。②めぐる。めぐって行く。

テン【癲】(24) 疒19 1 6601 6221 音テン 訓くるう

意味 ①くるう。気がふれる。「癲狂」②ひきつけを起こし、意識不明になる病気の「癲癇テンカン」に用いられる字。

下つき 瘋癲フウテン

【▲癲▲癇】テンカン 突然の発作で意識を失ったりけいれんを起こしたりする病気。脳の損傷や遺伝的素質などによって起こる症状。

て　テン―デン

てん【▲貂】(12) 豸5 7626 6C3A ▼チョウ(一〇六三)

デン【田】(5) 田0 常 教 10 3736 4544 音デン 訓た 外かる・かり

筆順 丨 冂 冂 田 田

意味 ①た。たはた。耕作地。「田園」「田畑」「水田」②特定の物を産出する地域。「塩田」「炭田」「油田」③いなか。「田舎」「田紳」「田夫」④か(狩)る。かり。「田猟」 類畋デン

下つき 塩田エンデン・火田カデン・瓜田カデン・均田キンデン・墾田コンデン・新田シンデン・水田スイデン・みずた・桑田ソウデン・炭田タンデン・屯田トンデン・班田ハンデン・美田ビデン・油田ユデン

〈田舎〉いなか ①都会から遠く離れた所。地方。また、人家が少なく田畑の広がる所。②生まれ故郷。郷里。ふるさと。「正月を―でゆっくり過ごす」

【田】た 耕してイネを植える土地の総称。水田。たんぼ。対畑

【田作る道は農に問え】何事もその道の専門家に教えをこうのが最善の方策であるたとえ。稲作の方法は農民に聞くのが一番よい意から。類海の事は漁師に問え・餅もちは餅屋

〈田人〉たうど 田打ちや田植えをする人。また、田で働く日雇い作業員。類田子たご 季夏 参考「とうど」とも読む。

【田▵長鳥】たおさどり ホトトギスの別称。季夏 由来 農夫のかしらである田長に、田植えをうながすように鳴くことからという。▼杜鵑ほととぎす(一一二六)

【田▲鼈】たがめ タガメ科の昆虫。▼水爬虫たがめ(八二五)

【田▲芥】たがらし キンポウゲ科の二年草。湿地に自生。葉は三つに深く切れこんでいる。春に黄色の五弁花をつける。葉や茎は有毒。

【田▲鳧・田▵計里】たげり チドリ科の鳥。ユーラシア大陸の北部に分布。日本へは冬に渡来し、水田や湿地にすむ。頭の後ろに黒くて長い冠羽をもつ。季冬

【田▲吾作・田子作】たごサク 農民や田舎の人をあざけっていう言葉。

〈田鶴〉たず ツルの別称。参考 ふつう歌語として用いる。

〈田荘〉・田所】たどころ ①田のある所。田。②大化の改新以前、豪族の私有地。③古代・中世、田園の事務を行った役所。

【田▲螺】たにし タニシ科の巻き貝の総称。水田や池沼にすむ。殻は丸みのある円錐エンスイ形で黒緑色。食用。季春

〈田雲▲雀〉たひばり セキレイ科の鳥。冬鳥として渡来し、田畑などにすむ。羽は褐色で、尾を上下に振って歩く。季秋

【田平子】たびらこ キク科の二年草。田のあぜなどに自生。春、タンポポに似た黄色い花をつける。若い葉は食用。春の七草のホトケノザは本種のこと。季新年

【田舟】たぶね 泥深い水田で、苗や肥料などを運ぶ底の浅い小ぶね。苗ぶね。

【田ん▲圃】たんぼ 田になっている土地。田。田圃デンポ。

【田園】デンエン ①田と畑。②いなか。田畑・林・野原の多い郊外。「―生活を体験する」

【田翁】デンオウ いなかの年老いた男。年をとった農夫。

【田楽】デンガク ①平安時代の田植え祭りの舞楽。鎌倉・室町時代に田楽能に発展した。②「田楽豆腐」の略。串くしに刺した豆腐に練り味噌みそを塗って焼いた料理。③「田楽焼」の略。②の豆腐の代わりに、ナス・サトイモ・魚などを用いた料理。季②③春

【田紳】デンシン 「田舎紳士」の略。紳士ぶってはいるが、やぼったい人。

【田鼠】デンソ モグラの別称。▼土竜もぐら(二三二)

〖田鼠化して鴽うずらとなる〗陰暦三月のこと。ウズラが麦畑などでしきりに鳴くのどかな春の季節感を表した言葉。由来 モグラがウズラになるという中国古代の民間伝承から。〈『礼記ライキ』〉

【田疇】デンチュウ ①耕作地。田と畑。②田畑のあぜ。参考「疇」は、うねの意。

【田畑】デンぱた 田と畑。たはた。「先祖代々の田地―を人手に渡す」

【田麩】デンブ タイ・タラなどの魚肉を蒸して細かくほぐし、醬油ショウユ・砂糖などで味をつけて炒いった食品。表記「デンプ」とも読む。

【田夫野人】デンプヤジン 振る舞いが粗野で教養のない人。いなか者。「田夫」は農夫、「野人」はいなか者の意。

【田畝・田圃】デンポ ①耕作地。水田。②田のあぜ。畑のうね。

【田猟】デンリョウ 狩り。狩りをすること。参考「田」「猟」ともに狩りの意。類 狩猟

デン【伝】

(6) イ 4 教 常 7 3733 4541
音 デン
訓 つたわる・つたえる・つたう 外 つて

旧字《傳》(13) イ 11 1/準1 4903 5123

筆順 ノ イ 仁 伝 伝

意味 ①つたえる。つたわる。つぐ。「伝言」「伝授」「伝統」②ひろめる。「伝道」「伝播デンパ」「喧伝ケンデン」③言いつたえ。一代記。ものがたり。「伝記」「自伝」「列伝」④馬継ぎ場。宿場。「伝舎」「駅伝」⑤つて。てづる。ことづて。

下つき 遺伝イデン・駅伝エキデン・口伝クデン・喧伝ケンデン・直伝ジキデン・自伝ジデン・宣伝センデン・相伝ソウデン・秘伝ヒデン・評伝ヒョウデン・列伝レツデン

【伝う】つたう あるものに沿って移動する。伝わる。「涙がほおを―う」「音が壁を―う」

【伝える】つたえる ①広く言葉で知らせる。「ニュースを―える」②言葉や物などを時をへだてて受け渡す。「家訓を子孫に代々―える」③他から持ってきて広める。「海外から新技術を―える」④教え授ける。伝授する。「秘伝を―える」⑤取り次ぐ。伝言する。「よろしくお―えください」⑥他に作用を及ぼす。「空気が振動を―える」

【伝・〈伝手〉】つて ①てづる。縁故。「就職の―を同窓の先輩に求める」「―を頼って上京する」②ことづて。人づて。③ついで。便宜。

【伝家】デンカ その家に代々伝わること。先祖伝来。「―の宝刀」

〖伝家の宝刀〗いざというとき以外はみだりに使わない、とっておきの物や手段のこと。家に代々家宝として伝わる名刀の意から。「―を抜く」

【伝奇】デンキ ①怪奇や幻想に富んだ物語。②中国の唐・宋ソウ代の、奇談や逸話を題材とした短編小説。

【伝記】デンキ 個人の生涯の事跡を書きしるしたもの。一代記。

【伝言】デンゴン 人に頼んで、用件を相手に伝えること。また、その言葉。ことづけ。ことづて。「―を頼む」「駅の―板」

【伝授】デンジュ 教え授けること。特にその分野の奥義や秘伝などを、師匠から弟子に教え授けること。「古今―」

【伝習】デンシュウ 伝えられて習うこと。特に、学問・技術などを先生から教えられて学ぶこと。

【伝承】デンショウ 昔からの風習・信仰などを受け継いで伝えること。また、その伝えられた事柄。「民間―」

【伝助】デンすけ 「伝助賭博バクト」の略。目盛りのある円盤の中心に棒を水平に支え、それを回転させてかけていたところに止まったら勝ちとなる街頭とばく。

【伝説】デンセツ ①昔から人々に語り伝えられてきた話。言い伝え。「浦島―」「羽衣―」②うわさ。風説。風聞。

【伝染】デンセン ①病気がうつること。類 感染 ②悪い習慣や性質などが他に移って、同じような状態になること。「あくびが―する」

【伝送】デンソウ 次から次へと伝え送ること。「情報を―する」

【伝達】デンタツ 命令や指示を伝え知らせること。連絡事項を取り次いで届けること。類 通達

【伝統】デントウ ある民族や社会集団のなかで、昔から受け伝えてきた風習や様式、考え方など。「輝かしい―を守る」「―産業」「―芸術」

【伝動】デンドウ 動力を、機械の他の部分や他の機械に伝えること。「―装置」

【伝道】デンドウ 教義を伝え広めること。布教活動。おもに、キリスト教でいう。「―師」類 宣教

【伝導】デンドウ 熱や電気が、ある物体内または物体間を移り伝わっていく現象。「金属は石よりも早く熱を―する」

【伝播】デンパ ①次々と伝わり広まること。「多くの文化が中国から―した」②波動が媒質の中を広がって伝わっていくこと。

【伝票】デンピョウ 銀行や会社、商店などで、金銭の収支計算や取引内容の伝達などを記載する紙片。「出金―をきる」

【伝聞】デンブン 他の人から伝え聞くこと。人づてに聞いたこと。またぎき。「―するに病状はよくないらしい」

【伝法】デンポウ ①仏 仏の教えを師から弟子へと伝えること。類 伝灯・付法 ②芝居小屋などに無料で押し入ること。また、その人。③粗暴ソボウな言動や振る舞いをすること。④勇み肌であること。いなせ。由来 ②昔、浅草の伝法院の下男が、寺の威光をかさに着て乱暴な振る舞いをしたことから。参考「デンボウ」とも読む。

て デン

【〈伝馬船〉】てんません 荷物を運ぶ手こぎの小舟。はしけ。てんまぶね。

【伝来】デンライ ①外国から伝わってくること。「仏教の—」類 渡来 ②先祖から代々受け継いできたもの。「父祖—の土地」

【伝令】デンレイ 軍隊などで命令や報告を伝えること。また、その役の兵士。

〔伝馬船てんません〕

デン【★佃】(7) イ5 準1 3649 4451 音 デン・テン 訓 つくだ・たがやす・かり

意味 ①つくだ。(ア)開墾して作った耕作地。(イ)荘園ショウエンの領主などの直営地。(ウ)江戸の「佃島」の略。「佃煮」②たがやす。田畑を耕す。「佃作」③かり。狩りをする。

【▲佃】つくだ ①開墾によって作られた耕作地。②荘園ショウエン制度下の領主・地頭などの直営地。それを農民が小作した。由来「作り田」が変化してできた語という。

【▲佃煮】つくだに 小魚・貝・海草などを、醤油ショウ・砂糖・みりんなどで濃い味に煮つめた保存食品。「茶請けに—を出す」由来 江戸の佃島で作られていたことから。

デン【甸】(7) 勹5 1 5020 5234 音 デン・テン 訓 おさめる・かり・かる

意味 ①天子直属の都周辺の土地。「甸服」「畿甸キデン」②郊外。③おさ(治)める。④農作物。⑤かり。狩りをする。かる。類 畋デン

下つき 畿甸キデン

【▲甸服】デンプク 中国、古代の五服(五つの地域)の一つ。王城の周囲、各五〇〇里以内の天子に直属した地。畿内キナイ。

デン【畋】(9) 攵5 1 5834 5A42 音 デン・テン 訓 かり・かる

て デン

意味 ①たがやす。耕作する。類 佃デン ②かり。狩りをする。かる。

【▲畋り】かり 狩猟をすること。野生の鳥や獣を捕らえること。

デン【▲奠】(12) 大9 5291 547B ▼テン(一一七)

デン【▲傳】(13) イ11 4903 5123 ▼伝の旧字(一二一)

デン【殿】(13) 殳9 常 4 3734 4542 音 デン・テン 訓 との・どの 外 しんがり

筆順 コ 尸 尸 屈 屈 屏 屏 展 展 殿 殿 殿 殿

意味 ①大きな建物。貴人の住まい。「殿堂」「宮殿」②貴人・君主の尊称。また、相手に対する敬称。「殿下」「貴殿」③しんがり。しり。「殿後」「殿軍」類 臀デン ④どの。人の姓名の下につける敬称。

書きかえ 「澱デン」の書きかえ字として用いられるものがある。

下つき 貴殿キデン・宮殿キュウデン・御殿ゴテン・昇殿ショウデン・神殿シンデン・寝殿シンデン・高殿たかどの・沈殿チンデン・拝殿ハイデン・湯殿ゆどの

【△殿】しんがり ①軍隊が退却するとき、最後部で敵の追撃を防ぐこと。また、その部隊。②列・順番などの最後。「登山隊の—をつとめる」

【殿宇】デンウ 御殿。宮殿。殿堂。壮大でりっぱな建物。

【殿下】デンカ ①昔、皇族や摂政・関白・将軍などの敬称。②天皇・皇后・皇太后・太皇太后以外の、皇族の敬称。

【殿軍】デングン 軍隊が退却するとき、最後部で敵の追撃を防ぐ部隊。しんがりの部隊。

【殿上人】テンジョウびと 昔、清涼殿の殿上の間にのぼることを許された、四位・五位以上の人の一部および六位の蔵人くろうど。類 雲上人ウンジョウびと 対 地下人ジゲニン

【殿△司・殿主】デンス 禅宗の寺で、掃除や灯燭トウショク、供え物などの仏殿に関わることを管理する役の僧。

【殿堂】デンドウ ①大きくてりっぱな建物。御殿。「白亜の—」②神仏をまつっている建物。③ある分野ですぐれた業績を残した人物やその事績、成果などが集められている建物や施設。「野球の—に名を残した選手」

【殿】との ①家来が主君を、また、妻が夫を呼ぶ古い敬称。②身分の高い人。特に、摂政・関白。③高貴な人の住む、大きくてりっぱな邸宅。御殿。

【殿方】とのがた 女性が、男性一般を指していねいにいう語。「—はご遠慮ください」

【殿御】とのご 女性が、夫や恋人を指していう古い敬称。殿。

デン【鈿】(13) 金5 1 7879 6E6F 音 デン・テン 訓 かんざし

意味 金や貝をはめこんだ飾り。かんざし。かねかざり。「螺鈿ラデン」

下つき 花鈿カデン・金鈿キンデン・螺鈿ラデン

【▲鈿】かんざし 金属や象牙ゾウゲ・竹などで作った女性の髪飾り。頭髪にさしてつける。

【▲鈿車】デンシャ 鮑あわび貝・蝶チョウ貝など、螺鈿ラデンをはめこんで飾った車。

デン【電】(13) 雨5 常 教 9 3737 4545 音 デン 外 テン 訓 外 いなずま

筆順 一 ㇀ 冖 巾 币 雨 雨 雨 雷 雷 雷 雷 電

意味 ①いなずま。いなびかり。「電光」「雷電」②でんき(電気)。「電圧」「充電」③「電信」「電報」「電話」の略。「電文」「打電」④「電車」の略。「市電」「終電」⑤動作がすばやいさま。「電撃」「電光石火」

下つき 外電ガイデン・感電カンデン・市電シデン・終電シュウデン・充電ジュウデン・祝電シュクデン・節電セツデン・送電ソウデン・帯電タイデン・逐電チクデン・弔電チョウデン・停電テイデン・入電ニュウデン・配電ハイデン・発電ハツデン・放電ホウデン・無電ムデン・雷電ライデン・漏電ロウデン

【△電】いなずま 雷がなるとき、空中での放電によって起きる電光。雷光。いなびかり。季 秋 表記

「稲妻」とも書く。参考 動作がすばやいことや、時間が非常に短いことにたとえられる。

【電圧】デンアツ 電気の流れが生じる二点間の電位の差。単位はボルト。記号はV。

【電解質】デンカイシツ 化合物を水に溶かしたときに電離してイオンを生じ、電流を通すことのできる物質。酸(サン)や塩(エン)など。

【電気】デンキ ①エネルギーの一種。乾いたガラス棒を絹布でこすると紙を引きつけるなどの現象のもととなるもの。電荷や電流として測定される。②電灯。「―をつける」

【電器】デンキ 「電気器具」の略。電気を利用した、おもに家庭用の器具。「家庭用―の普及で家事が楽になった」

【電機】デンキ 「電気機械」の略。電力を使って運転する機械。

【電極】デンキョク 電池や発電機などで電流が出入りする部分。電流が流れ出るほう、電位の高いほうを陽極(+)、流れ入るほう、電位の低いほうを陰極(−)という。

【電撃】デンゲキ ①電流を体に通したときに受ける衝撃。「―療法」②稲妻のようにすばやく鋭い行動。突然のはげしい攻撃。「―作戦」

【電源】デンゲン ①電気を起こし、電力を供給するみなもと。「―開発」②電流をとるもと。電気コードの差しこみ口。「―を切る」

【電光】デンコウ ①いなびかり。いなずま。「―石火」②電灯の光。

『電光影裏』デンコウエイリ 人生ははかないものだが、人生空なりと悟った者の魂は滅びることがないということ。「影」は光の意。参考「電光影裏春風を斬(き)る(稲妻が春風を斬るようなもので、魂まで滅ぼすことはできない)」の略。

『電光石火』デンコウセッカ 動作が非常にすばやいこと。また、きわめて短い時間のたとえ。稲妻の光や石を打ったときに出る火花の意から。「石火」は火打ち石を打つときに出る火花のこと。《『五灯会元(ゴトウエゲン)』》「―の早業」

『電光朝露』デンコウチョウロ きわめて短い時間のたとえ。また、人生のはかないことのたとえ。稲妻の光と朝の露の意から。《『金剛経』》

【電子】デンシ 素粒子の一つで、原子を構成する非常に小さい粒子。電荷は負。エレクトロン。

【電磁石】デンジシャク 軟鉄心に絶縁した銅線(コイル)を巻きつけ、電流を流して磁石にしたもの。電動機・発電機などに利用。

【電信】デンシン 電流や電波を利用した通信。通信機を用いて、文字や写真などの情報を電気信号に変えて送る。

【電送】デンソウ 電流や電波を利用して、遠隔地に写真や文字などの像を送ること。「海外のニュース映像が―される」

【電卓】デンタク 「電子式卓上計算機」の略。電子計算機の技術を応用した小型計算機。

【電池】デンチ 化学作用・温度差・光の作用などによって電極間に電位差をつくり、電流を発生させる装置。乾電池・蓄電池・熱電池など。

【電灯】デントウ 電気を流して、光源として光を出すこと。また、その装置。「白熱―の下では色がよく見える」

【電動】デンドウ 電気を動力にして、機械を動かすこと。「―モーター」

【電熱】デンネツ 電流が電気抵抗を起こすところを流れるときに生じる熱。「―器」

【電波】デンパ 赤外線より波長の長い電磁波。電磁波の波長が〇・一ミリメートル以上のものの総称。ラジオなどの電気通信に利用するものなど。

【電報】デンポウ 通信の一つ。電信で文字・符号を送ること。また、その文書。「入学試験の合格―を打つ」

【電纜】デンラン 絶縁体でおおった電線、またはそれを束にしたもの。ケーブル。

【電離】デンリ 「電気解離」の略。①酸(サン)・塩(エン)類の溶液中で、分子の一部が陰または陽のイオンに分かれること。②原子や分子が電子を放出したり吸収したりすること。「―層」

【電流】デンリュウ 電気が導体内を流れる現象。単位はアンペア。記号はA。

【電力】デンリョク 電流が単位時間にする仕事の量。直流では電圧と電流の積で表す。単位はワット。記号はW。

デン 【澱】 (16) 氵13 準1 3735 4543 音 デン・テン 訓 おり・よど・よどむ

意味 ①おり。かす。水底に沈んでたまったもの。②よど。よどむ。水がとどこおって流れない。

書きかえ 「殿」に書きかえられるものがある。

【澱】おり ①液体の底のほうに沈んだかす・不純物。②心のなかにかすのようにたまって、離れないもの。

【澱粉】デンプン 炭水化物の一つ。葉緑素を多くもつ植物の種子・根・塊茎などに含まれる無味無臭の白い粉末。動物の重要な栄養源。

【澱む】よどむ ①水や空気などが流れずにたまり、滞る。「濁った空気が室内に―む」②物事がなめらかに進まず、滞る。「言葉が―む」③物が底に沈んでたまる。沈殿する。「川にごみが―む」

表記 「淀む」とも書く。

デン 【鮎】 (16) 魚5 準1 1630 303E 音 デン・ネン 訓 あゆ

意味 あゆ。アユ科の淡水魚。参考 中国ではなまずの意。日本では、なまずには国字「鯰」を用いる。

〈鮎魚女〉・〈鮎並〉あいなめ アイナメ科の海魚。近海の岩礁にすむ。体色は黄褐色や緑褐色。美味。アブラメ。季 春 由来 アユのように縄張りをもつことから「あゆなみ(鮎並)」が転じたものという。

【鮎】あゆ アユ科の淡水魚。川の清流で生まれ、海で越冬し、春に川を上る。背は青緑色で腹は銀白色。香気があり、美味。「―漁が解禁される」季 夏 表記 「香魚・年魚」とも書く。

デン【★臀】(17) 肉13 1 7129 673D 音 デン 訓 しり・そこ

意味 しり。そこ。ものの底。「臀部」

【臀】しり 動物の肛門コウモンのそばの肉の豊かについた部分。腰の後ろ下の部分。けつ。

【臀部】デンブ 体のしりの部分。

と 止 ト 止

ト【土】(3) 土0 教 3758 455A ▼ド（一三二）

ト【斗】(4) 斗0 常 3 3745 454D 音 ト 外トウ 訓 外ます・ひしゃく

筆順 、 ミ 三 斗

意味 ①ます。とます。ひしゃく。また、ますやひしゃくの形をしたもの。「科斗」②尺貫法の容量の単位。一升の一〇倍。約一八リットル。「斗酒」③星座の名。天の南と北にある星座「南斗」「北斗」のこと。

下つき 熨斗のし・科斗カト・泰斗タイト・南斗ナント・北斗ホクト・漏斗ロウト・じょうご

【斗掻き】とかき ますに盛った穀類などを、ますのふちに合わせて平らにならすための短い棒。升掻ますかき。

【斗酒】トシュ 一斗（約一八リットル）の酒。転じて、多量の酒。「―なお辞せず（大酒を飲む）」

【斗酒隻鶏】トシュセキケイ 一斗の酒と一羽のニワトリ。亡き友を哀悼アイトウするたとえ。故事 中国、魏ギの曹操ソウソウは親友の橋玄キョウゲンと、互いの死後、酒とニワトリで墓をまつることはやめようと約束したが、橋玄の死後この言葉の奥に深い友情を感じて、その墓にもうでたという故事から。曹操が思い出を述べた文の言葉。《後漢書ゴカンジョ》

【斗折蛇行】トセツダコウ 道や川などが、くねくねと折れ曲がって続いているさま。「斗折」は、北斗七星のように折れ曲がる意。《柳宗元リュウソウゲンの文》類 羊腸小径

【斗筲の人】トソウのひと ①器量が小さい人。度量が狭い人。②給料が少なく、身分が低い人。「筲」は、一斗二升を入れる竹の器。当時の一斗は約二リットルで、わずかな分量の意。由来 孔子が弟子の子貢シコウに当時の政治家の人物について尋ねられたときの答え「斗筲の人、何ぞ算かぞうるに足らんや」から。《論語》参考「斗筲」は「トショウ」とも読む。

【斗南の一人】トナンのイチニン 天下第一の人。この世に並ぶ者のないすぐれた人のこと。「斗南」は北斗七星以南の意で、北斗七星に対して南に輝くのはただこの人のみということ。《新唐書シントウジョ》類 泰山北斗・天下無双

【△斗】ます ①穀物や酒・油などの量をはかる器。また、その器ではかった分量。②ます目。③相撲や芝居の、四角に仕切った席。ます席。表記「升・枡」とも書く。

【△斗組】ますぐみ ①障子や襖ふすまなどの骨組みを方形に組むこと。また、そのもの。②寺院建築などで、柱の上の軒を支える部分。表記「枡組」とも書く。

ト【吐】(6) 口3 常 4 3739 4547 音 ト 訓 はく 外つく・ぬかす

筆順 丨 口 口 口一 口十 叶 吐

意味 ①はく。口からはき出す。「吐血」「嘔吐オウト」対 呑ドン ②のべる。うちあける。「吐露」

下つき 嘔吐オウト・呑吐ドント・反吐へど

【〈吐綬鶏〉】しちめんちょう シチメンチョウ科の鳥。アメリカ大陸原産。頭から首にかけて皮膚が裸出。のどの下に肉だれがある。食用。由来「吐綬鶏」は漢名より。のどの肉だれが綬ジュ（飾りひも）を吐いているように見えることから。和名は、皮膚の裸出した部分が赤・青・紫色などに変わることから。表記「七面鳥」とも書く。

【△吐く】つく ①息などをはき出す。「仕事の膨大さにふと溜息ためいきを―く」「やっと一息―いたところだ」②口に出して言う。口外する。「うそを―く」

【吐息】といき ため息。思わずほっとつく息や、落胆したときにはく大きな息。「青息―」「観衆の中から―がもれた」

【吐逆】トギャク 食べた物が胃から逆流して口へ戻ってくる現象。吐き気はない。

【吐血】トケツ 口から血をはくこと。消化器官からの出血をいう。参考「喀血カッケツ」といえば、肺などから出血して血をはくこと。

【吐月峰】トゲッポウ たばこ盆についている吸い殻や灰を落とし入れる竹筒。灰吹き。由来 灰吹き竹の産地である、静岡県にある山の名から。

【吐故納新】トコノウシン 道家の健康修練法の一つで、口から古い気を吐き出し、鼻から新しい気を入れること。深呼吸。「吐故」は古い物を吐き出すこと。「納新」は新しい物を入れる意。《荘子ソウジ》参考「吐納」ともいう。類 除旧更新・新旧交替 対 旧套墨守キュウトウボクシュ

【吐哺捉髪】トホソクハツ ▼握髪吐哺アクハツトホ（二二）

【吐△瀉】トシャ 食物をはいたり下したりすること。はきくだし。「―物に血が混じる」

【〈吐△魯△蕃〉】トルファン 中国、新疆シンキョウウイグル自治区、天山山脈南麓ナンロクの地域。また、そこにあるオアシス都市。シルクロードに沿う東西貿易の要所。

【吐露】トロ 自分の考えや心に思っていることをつつみ隠さずに述べること。「苦しい心境を―する」

【△吐かす】ぬ–かす 「言う」をいやしめていう語。言いやがる。「屁理屈(ヘリクツ)を―すな」

【吐く】は–く ①口や鼻から体の外へ出す。「息を―く」②胃の中のものを口から出す。もどす。「車に酔って―く」③言う。心に思っていることを言葉に出す。「練習がきつくて弱音を―く」「泥を―く(白状する)」④内にあるものを外に出す。「汽車が煙を―いて走っていく」

ト【★兎】(7) 儿5 準1 3738 4546 音ト 訓うさぎ

〔兎〕〔兔〕 4929 513D

意味 ①うさぎ。ウサギ科の哺乳(ホニュウ)動物。「脱兎」②月にウサギがいるという伝説から、月の異名。「烏兎(ウト)」「玉兎」

下つき 烏兎(ウト)・玉兎(ギョクト)・狡兎(コウト)・脱兎(ダット)

〈兎唇〉いぐち 口唇の先天的破裂。上唇に多い。としん。みつくち。表記「欠唇」とも書く。

【兎】うさぎ ウサギ科の哺乳(ホニュウ)動物の総称。一般に耳は長く、尾が短い。後ろあしが前あしより長く、よくとびはねる。草食性でおとなしいことから家畜化され、愛玩用にもされる。季冬

『兎を見て犬を呼ぶ』 ①状況をよく見きわめてから対策を講じても遅くないということ。また、手遅れだと早合点してあきらめてはいけないということ。②手遅れになるたとえ。ウサギを見つけてから猟犬を放つ意から。〈『新序』〉

【兎馬】うさぎうま ロバの別称。由来耳が長いことから。表記「驢」とも書く。

【兎の毛】うのけ ①ウサギの毛。②きわめて小さなこと。ほんのわずかなこと。

【兎角】トカク ①あれこれ。いろいろと。「―するうちに一年が過ぎた」②ややもすると。ともすれば。「少数派の意見は―無視されがちだ」③いずれにせよ。とにかく。「―この世はままならぬ」

【兎起鶻落】トキコツラク 書の筆致が軽快で勢いのあるたとえ。野ウサギが跳びはねたり、ハヤブサが獲物をめがけて急降下したりしているさまから。「鶻」はハヤブサのこと。〈蘇軾(ソショク)の文〉

【兎走烏飛】トソウウヒ 歳月があわただしく過ぎ去るたとえ。月日の速く過ぎるたとえ。類露往霜来 由来中国古代の伝説で日(太陽)にカラスがすみ、月にウサギがすむということから、「烏兎(ウト)」で歳月や月日にたとえる。〈荘南傑(ソウナンケツ)の詩〉 参考「烏飛兎走」ともいう。

【兎に角】とにかく 問題はあるが、いずれにしても。何にせよ。「―やってみよう」 参考「兎も角」ともいう。

ト【図】(7) 口4 教 3162 3F5E ▼ズ(八二二)

ト【杜】(7) 木3 準1 3746 454E 音ト・ズ 訓やまなし・ふさぐ・とじる・もり

意味 ①やまなし。バラ科の落葉小高木。②ふさぐ。とじる。「杜絶」③もり。神社の森。

書きかえ ②「途」に書きかえられるものがある。

〈杜若〉かきつばた アヤメ科の多年草。湿地に自生。アヤメに似るが、葉は幅広く脈は目立たない。初夏、濃紫色の美しい花をつける。カオヨバナ。季夏 由来「杜若」は漢名からの誤用。表記「燕子花」とも書く。

〈杜夫魚〉かくぶつ カマキリの別称。カジカ科の淡水魚。カジカに似るが、体長は約三〇センチメートルになる。冬、美味。季冬

〈杜父魚〉かじか カジカ科の淡水魚。水が澄み小石の多い川にすむ。体長約一五センチメートル。体はハゼに似るが、うろこがない。体は暗灰色で、背面に暗色のまだら模様がある。食用。マゴリ。ゴリ。季秋 由来「杜父魚」は漢名から。和名は、「河鹿」の意で、川にすみ夜鳴くことから。また、背面のまだらが鹿の子(かのこ)模様に似ているからともいう。表記「鰍」とも書く。

〈杜衡〉かんあおい ウマノスズクサ科の多年草。山地の樹下に自生。葉は革質のハート形で、シクラメンに似る。初冬、暗紫色の花をつける。季冬 由来「杜衡」は漢名からの誤用。和名は、冬でも枯れず、葉の形がアオイに似ていることから。表記「寒葵」とも書く。

【杜撰】ズサン 詩や文章などにまちがいが多いこと。また、仕事に手抜かりや誤りが多く、ぞんざいでいいかげんなこと。「―な仕事をして信用を失う」由来中国、北宋(ホクソウ)の詩人、杜黙(トモク)の詩は、作詩上のきまりからはずれているものが多かったことから。「杜撰」は、杜黙の作品の意。〈『野客叢書(ヤカクソウショ)』〉

【杜漏】ズロウ いいかげんで手抜かりが多いこと。参考「杜撰脱漏(ズサンダツロウ)」の意から。「脱漏」は、本来あるべきものがもれる意。

【杜氏】トウジ 酒を造る職人。また、その長。さかとうじ。「越後(えちご)―」由来一説に、酒を発明したとされる中国の杜康(トコウ)の姓から。参考「トジ」とも読む。

【杜鵑花】トケンカ サツキの別称。由来ホトトギス(杜鵑)の鳴くころに咲く花の意から。

【杜絶】トゼツ ▼書きかえ 途絶(一一二七)

【杜仲】トチュウ トチュウ科の落葉高木。中国の南西部に自生。樹皮を干して薬用に、また、葉を煎(セン)じて飲料とする。「―茶を飲む」参考「はいまゆみ」とも読む。

〈杜翁〉トルストイ ロシアの小説家・思想家。一八二八〜一九一〇年。小説は、一九世紀後半のロシア社会を描き、リアリズム文学の最高峰とされる。代表作『戦争と平和』『アンナ・カレーニナ』『復活』など。

〈杜松〉ねず ヒノキ科の常緑低木または小高木。西日本の山地に自生。葉は針形でかたい。実は球形で、黒紫色に熟し、漢方では利

と ト

尿薬にする。ムロ。ネズミサシ。由来「杜松」は漢名から。

【▲杜ぐ】ふさぐ 閉じる。ふたをする。目や口を手でおおう。「口を—ぐ」

【〈▲杜▲鵑〉・〈▲杜宇〉】ほととぎす ホトトギス科の鳥。初夏、日本に渡来し、初秋に東南アジアに渡る。背面は灰褐色、腹面は白地に黒の横斑（オウハン）がある。山林で繁殖するが、ウグイスなどの巣に托卵（タクラン）（他の鳥の巣に産卵して育ててもらうこと）する。「テッペンカケタカ」「トッキョキョカキョク」などと鳴く。古くから日本人に愛され、別表記・別称も多く、和歌などの文学にも数多く登場する。ウヅキドリ。サナエドリ。イモセドリ。タオサドリ。アヤメドリ。季夏 由来「杜鵑・杜宇」は漢名から。和名は鳴き声からという。表記「不如帰・子規・時鳥・郭公・蜀魂・霍公鳥・沓手鳥」とも書く。

【〈▲杜▲鵑草〉】ほととぎす ユリ科の多年草。山野に自生。全体に粗い毛がある。秋、白色に紫斑（シハン）のある花をつける。季秋 由来 花の紫斑を鳥のホトトギスの腹の斑点（ハンテン）に見立てたことから。表記「油点草・郭公花」とも書く。

【▲杜】もり 神社などのある地で、樹木が多く茂った所。「鎮守の—」「—の都」参考 一般に使われる「森」に対し、多く神社のそれをいう。

ト【肚】(7) 月3 1 7076 666C 音ト 訓はら・いぶくろ

意味 ①はら（腹）。はらのなか。「肚裏」②い（胃）。いぶくろ。

下つき 腸肚（チョウト）

【肚裏・▲肚▲裡】トリ 腹のうち。転じて、心のなか。

【▲肚】はら ①腹部。おなか。②心のなか。考え。③度量。胆力（タンリョク）。表記「腹」とも書く。

ト【妬】(8) 女5 常 2 3742 454A 音ト 訓ねたむ 外そねむ・やく

筆順 く 女 女 女 女 妬 妬 妬

意味 ねたむ。そねむ。やく。「妬心」「嫉妬（シット）」

下つき 嫉妬（シット）

【▲妬む】そねむ 自分よりすぐれている者をうらやみ憎む。また、嫉妬（シット）する。「同僚の昇進を—む」

【妬心】トシン ねたむ気持ち。やきもち。嫉妬心（シットシン）。

【妬婦】トフ 嫉妬（シット）深い女性。やきもちやきの女性。

【妬む】ねたむ 他人の長所や幸福などをうらやみ憎む。また、嫉妬（シット）する。やきもちをやく。「二人の仲を—む」

【▲妬く】やく 嫉妬（シット）する。やきもちをやく。ねたむ。

ト【度】(9) 广6 教 3757 4559 ▼ド（一一三三）

ト【徒】(10) 彳7 教 常 7 3744 454C 音ト 外ズ 訓 外かち・いたずらに・むだ・あだ・ともがら・ただ

筆順 ノ 彳 彳 彳 彳 徒 徒 徒 徒 徒

意味 ①かち。乗り物に乗らずに歩く。「徒歩」「徒渉」②手に何も持たない。素手。「徒手」③いたずらに。むだ。むなしい。役に立たない。「徒食」「徒労」④なかま。ともがら。「徒党」「学徒」⑤弟子。門人。「徒弟」「使徒」⑥労役。労役に服させる刑罰。「徒刑」⑦ただ（唯）。…だけ。限定や強意を表す助字。

下つき 学徒（ガクト）・教徒（キョウト）・使徒（シト）・囚徒（シュウト）・信徒（シント）・生徒（セイト）・博徒（バクト）・暴徒（ボウト）・門徒（モント）

【▲徒】あだ ①むだ。「好意を—にする」②はかないさま。実のないさま。

【▲徒▲疎か】あだおろそか いいかげんにするさま。粗末にするさま。「—にできない」参考「あだやおろそか」ともいう。一般に打ち消しの語を伴う。

【▲徒事】あだごと ①意味のない、むだなこと。つまらないこと。②はかないなぐさみごと。また、情事。

【▲徒し心】あだしごころ 誠意のない移り気な心。変わりやすい心。浮気心。

【▲徒情け】あだなさけ 一時の、その場かぎりの親切。また、気まぐれな愛情、恋心。「夏の夜の—」

【▲徒花】あだばな ①咲いても実を結ばない花。転じて、うわべは華やかでも実質の伴わない物事。「繁栄の陰に咲いた—」②はかなく散る花。「—に終わった恋」参考「むだばな」とも読む。類①②無駄花

【▲徒人】あだびと ①浮気な人。まごころのない人。②風流を解する人。参考「他人（あだびと）」と書けば、別の人の意。

【▲徒に】いたずらに 無駄に。意味もなく。役に立たず無益に。「—時が過ぎてゆく」「—事を大きくする」

【〈徒歩〉・▲徒】かち ①乗り物に乗らず歩いていくこと。とほ。②江戸時代、騎乗を許されなかった下級の武士。表記②「徒士」とも書く。

【▲徒▲跣】かちはだし 履物をはかずに、はだしで歩くこと。はだし。表記「トセン」とも読む。

【▲徒目付】かちめつけ 江戸幕府で、目付の指揮により監察・取り締まり・探偵などを行った役職。御徒目付（おかちめつけ）。徒横目（かちよこめ）。

【▲徒】ただ ふつう。取り立てて何もないこと。「そんなことをすれば—ではすまない」「有名人も引退すれば—の人だ」

【▲徒事】ただごと ふつうのこと。あたりまえのこと。特別でないこと。「あの動転ぶりは—ではない」表記「只事・唯事」とも書く。参考「あだごと・トジ」と読めば別の意になる。

【徒広い】だだっぴろ‐い　やたらと広い。むやみに広い。「―く殺風景な部屋」

【徒者】ただもの　ふつうの人。なみの人。「あの男は―ではない」表記「只者」とも書く。

【〈徒然〉】つれづれ　①何もすることがなく退屈なさま。「入院の―に本を読む」②つくづくと物思いにひたるさま。また、しんみりともの寂しいさま。参考「トゼン」とも読む。

【徒競走】トキョウソウ　走って速さを競う競技。かけっこ。

【徒刑】トケイ　罪人を労役につかせる刑罰。中国古代に行われた五刑の一つ。

【徒刑囚】トケイシュウ　旧刑法で、重刑を科せられた囚人。男は島送り、女には内地での労役を課した。

【徒死】トシ　いたずらに死ぬこと。無駄死にすること。犬死に。

【徒事】トジ　何の役にも立たないこと。効果のないこと。参考「あだごと・ただごと」と読めば別の意になる。

【徒爾】トジ　無駄なさま。無益なさま。「―に終わる」

【徒手】トシュ　手だけ。手に何も持たないこと。素手。「―で闘う」類素手

【『徒手空拳』】トシュクウケン　手に何も持っていないこと。また、物事を行おうとするときに、ほかに頼るものがないこと。「徒手」「空拳」は、ともに素手の意。類赤手空拳

【徒渉】トショウ　歩いて川や海の浅い所を渡ること。かちわたり。表記「渡渉」とも書く。

【徒食】トショク　仕事をせずに、ぶらぶらと遊んで日々を暮らすこと。「―の日を送る」類座食・居食(いぐい)

【徒跣】トセン　「徒跣(かちはだし)」に同じ。

【徒然】トゼン　「徒然(つれづれ)」に同じ。

【徒卒】トソツ　徒歩でたたかう兵隊。類歩兵・歩卒

【徒長】トチョウ　肥料過多や日照不足で、植物の葉や茎が無駄に伸びすぎること。

【徒弟】トテイ　①弟子。門人。②商人や職人の家に住み込みで働く見習いの少年。「―制度で高度な技術が継承される」

【徒党】トトウ　一緒に事を行うために集まる仲間や一味。「―を組む」参考多く悪事についていう。

【徒輩】トハイ　仲間の者。やから。ともがら。やつら。連中。

【徒費】トヒ　金・時間・労力などを無駄遣いすること。また、無駄に使った費用。類浪費

【徒歩】トホ　乗り物などを使わずに、足で歩くこと。かち。参考「かちあるき」ともいう。

【徒労】トロウ　骨を折ったことが無駄になること。無駄な苦労。「せっかくの努力も―に終わった」類徒骨(むだぼね)

【徒】むだ　何も得ることがないこと。無意味で役に立たないこと。「出費の―を省く」表記「無駄」とも書く。

【徒口】むだぐち　必要のないおしゃべり。つまらないおしゃべり。「さんざん―をたたく」表記「無駄口」とも書く。

【徒骨】むだぼね　骨を折った結果が無に終わること。骨折り損。苦労が報われないこと。「―を折る」類徒労　表記「無駄骨」とも書く。

ト【荼】(10) 艹7　1　7224　6838　音ト・ダ・タ　訓にがな・くるしみ

意味 ①にがな(苦菜)。のげし。キク科の多年草。②くるしみ。害毒。「荼毒」③梵語(ボンゴ)の音訳に用いられる。「荼毘(ダビ)」

【荼吉尼天・荼枳尼天】ダキニテン　人の死を六か月前に予知して心臓を食うという夜叉(ヤシャ)の類。インドの民間信仰から仏教に入ったもので、日本では稲荷(いなり)大明神などと同一視する。

【荼毘】ダビ　仏火葬にすること。「亡骸(なきがら)を―に付す」

【荼毒】トドク　①非常に苦しめること。また、苦しむこと。②害毒をなすこと。

ト【蚪】(10) 虫4　1　7349　6951　音ト・トウ　訓

意味 「蝌蚪(カト)(おたまじゃくし)」に用いられる字。

ト【途】(10) 辶7　常4　3751　4553　音ト　外ズ　訓外みち

旧字《途》(11) 辶7　1/準1

筆順 ノ 人 亼 今 全 余 余 涂 涂 途

意味 ①みち。みちすじ。「途中」「帰途」②手段。方法。「用途」「使途」

書きかえ 「杜(ト)」の書きかえ字として用いられるものがある。

下つき 帰途(キト)・三途(サンズ)・使途(シト)・前途(ゼント)・壮途(ソウト)・中途(チュウト)・長途(チョウト)・別途(ベット)・用途(ヨウト)

【途次】トジ　目的地へ行く途中。まだ到着しないうち。みちすがら。「出張の―に友人に会った」類途上

【途上】トジョウ　①路上。みちなか。また、道の途中。「通勤の―」②物事の中途。「この国はまだ発展の―にある」

【途絶】トゼツ　とだえること。ふさがり絶えること。「外部との通信が―した」書きかえ「杜絶」の書きかえ字。

【途絶える】とだ‐える　①行き来が絶える。「人通りが―えた街」②中途で絶える。とぎれる。「通信が―えた」表記「跡絶える・杜絶える」とも書く。

【途端】トタン　ちょうどその瞬間。はずみ。ひょうし。「外へ出た―、雨が降りだした」

【途中】トチュウ ①目的地に到着しないうち。道中。類途上 ②物事のまだ終わらないうち。類中途・半途

【途▲轍もない】トテツもない まったく理屈に合わない。とんでもない。

【途方】トホウ ①とるべき方法。手段。方針。「打つ手がなく、―に暮れる」「―を失う」「そんな―計画は実現不可能だ」類途方もない ②すじみち。道理。「―もない（道理にはずれている）」類途轍

【△途】みち 平らで長くのびた道路。みちすじ。また、みちのり。表記「塗」とも書く。

ト【▲兜】(11) 儿9 1985/3375 ▼トウ（一二四五）

ト【菟】(11) 艹8 準1 3749/4551 音ト 訓うさぎ

〔菟〕3749/4551 〔莵〕7225/6839

意味 ①ヒルガオ科の寄生植物「菟糸（ねなしかずら）」に用いられる字。②うさぎ。類兎

【〈▲菟▲葵〉】いそぎんちゃく イソギンチャク目の腔腸（コウチョウ）動物の総称。▼磯巾着（いそぎんちゃく）（二八四）

【▲菟▲裘の地】トキュウのチ 退官して余生を過ごす土地。隠居の地。由来「菟裘」は中国、春秋時代の魯の地名で、隠公がその地に隠居したことから。〈『春秋左氏伝』〉

【▲菟糸▲燕麦】トシエンバク また、役に立たないもののたとえ。「菟糸」はネナシカズラ、「燕麦」はカラスムギ。「菟糸」は「糸」の字があっても織ることができず、「燕麦」は「麦」の字があっても食用にならないということから。〈『太平御覧（タイヘイギョラン）』〉表記「菟糸」は「兎糸」とも書く。類菟葵燕麦（トキエンバク）・南箕北斗（ナンキホクト）有名無実のたとえ。

【▲菟糸子】トシシ ヒルガオ科のネナシカズラ・マメダオシの種子。漢方で強壮薬として用いる。

【〈▲菟糸〉】ねなしかずら ヒルガオ科の一年生寄生植物。根はなく、茎はつる状で、吸盤で他の植物の栄養を吸収する。夏から秋に黄白色の小花を穂状につける。参考「根無葛」とも書く。

ト【▲途】(11) 辶7 ▼途の旧字（一一二七）

ト【都】(11) 阝8 教 常 8 3752/4554 音ト・ツ 訓みやこ 外すべて

旧字《都》(12) 阝9 1/準1 9274/7C6A

筆順 一 + 土 耂 耂 者 者 者 都⁸ 都

意味 ①みやこ。(ア)天子の居城のあるところ。「首都」「帝都」(イ)にぎやかな大きなまち。「都会」「都市」②みやびやか。美しい。「都雅」③統べる。まとめる。「都督」④すべて。ことごとく。「都度（ツド）」「都合（ツゴウ）」⑤東京都のこと。「都営」「都庁」

下つき 旧都（キュウト）・古都（コト）・州都（シュウト）・主都（シュト）・首都（シュト）・遷都（セント）・帝都（テイト）・奠都（テント）

【△都て】すべて みんな。何もかも。ことごとく。

【都合】ツゴウ ①ぐあい。折り合い。事情。「相手の―を聞く」②工面すること。やりくりすること。「―をつけて出席する」「金の―をつける」③すべて合わせること。合計すること。また、その合計。「―いくらですか」

【都度】ツド 毎回。そのたびごと。「その―精算する」

【都雅】トガ 姿や振る舞いの上品なこと。みやびやかなこと。また、そのさま。

【都会】トカイ 人口が密集した、にぎやかなまち。商工業の盛んな文化的設備の整った地。類都市 対田舎

【都市】トシ 人口が多く、その地方の政治・経済・文化の中心になっている大きなまち。「工業―」「研究学園―」類都会

【都▲塵】トジン 都会のちり。都会のごみごみした騒々しい環境。都会の雑踏。「―にまみれる」

【△都△都▲逸・△都△都一】どどいつ 江戸時代末期に始まった俗曲の一つ。七・七・七・五の四句二六文字で男女の情愛などを口語で歌う。由来江戸の芸人・都都逸坊扇歌（どどいつぼうせんか）が節回しを完成させたことから。

【都督】トトク ①全体を統率すること。また、その人。統率者。総大将。②中国の官名で、地方の軍政官。転じて、大宰府（ダザイフ）の最高責任者、大宰大弐（ダイニ）の唐名。

【都▲鄙】トヒ 都会と田舎。

【都府】トフ みやこ。都会。類都邑（トユウ）

【都▲邑】トユウ ①都会と村。②みやこ。都会。類都府

【都】みやこ ①帝王の宮殿や皇居のある土地。「宮処（みやこ）」の意から。「奈良（なら）の―」②中央政府のある都市。首都。③人口の密集した、にぎやかなまち。都会。「―育ち」対鄙（ひな）④何らかの特徴をもち、人が集まる都会。また、楽しく暮らせる土地。「音楽の―」「杜（もり）の―」「住めば―」

ト【★堵】(12) 土9 準1 3740/4548 音ト 訓かき

〔堵〕

意味 ①かき。かきね。へい。「堵列」②ふせぐ。さえぎる。

下つき 阿堵（アト）・安堵（アンド）・環堵（カント）

【▲堵列】トレツ 垣根のようにずらりと立ち並ぶこと。大勢で横に並び立つこと。また、その列。

ト【★屠】(12) 尸9 1 3743/454B 音ト 訓ほふる・さく

〔屠〕

意味 ①ほふる。家畜を殺す。「屠殺」「屠所」②きる。さく。「屠腹」

下つき 狗屠(クト)・浮屠(フト)

【屠牛】トギュウ ウシを殺すこと。

【屠殺】トサツ 肉や皮などを得るために、牛馬などの家畜を殺すこと。

【屠者は藿を羹にす】トシャはカクをあつものにす 物を作る人は、とかく自分で作った物を利用することがないたとえ。また、他人のためだけに苦労するたとえ。屠殺業者は、肉を食べずに豆の葉のあつものを食べる意から。〈『淮南子(エナンジ)』〉

【屠所】トショ ウシ・ブタなどの食用にする家畜を殺して解体処理する所。類屠場・屠殺場

【屠所の羊】トショのひつじ 死が目前に迫っているもののたとえ。屠殺場に引かれて行くヒツジの意から。〈『涅槃経(ネハンギョウ)』〉類生簀(いけす)の鯉(こい)

【屠蘇】トソ ①屠蘇散。山椒(サンショウ)・肉桂皮(ニッケイヒ)などを調合して袋に入れたもの。②①を入れたみりん・酒。邪気を払い、長寿に効くとして正月に飲む。おとそ。季新年

【屠腹】トフク 腹を切って自殺すること。切腹。割腹(カップク)。

【屠竜の技】トリョウのギ 習得しても実際には役立たない技術のたとえ。由来 朱泙漫(シュヒョウマン)という男が竜を屠殺する技術を支離益(シリエキ)という者に大金を払って学び、三年かかって習得した。しかし、せっかくの技術も、竜が実在しないので役立てることはできなかったという寓話(グウワ)から。〈『荘子(ソウジ)』〉

【屠る】ほふ-る ①鳥獣の体を切り裂く。「羊を―る」②みなごろしにする。③敵を打ち破る。「大関を―る」

ト【渡】(12) 氵9 常 4 3747 454F

音 ト
訓 わたる・わたす

筆順 氵 氵 氵 汁 沪 沪 沪 沪 渡 渡

意味 ①わたる。わたす。川や海をわたる。「渡河」「渡航」②とおる。過ぎる。経る。「渡世」「過渡」③手わたす。ゆずる。「譲渡」

下つき 過渡(カト)・譲渡(ジョウト)

【渡御】トギョ ①神輿(みこし)が進むこと。季夏 ②天皇・皇后などのおでまし。

【渡航】トコウ 航空機や船で海を越えて外国へ行くこと。「海外―の手続きをとった」

【渡渉】トショウ 川や海の浅い所を歩いてわたること。徒渉。かちわたり。表記「徒渉」とも書く。参考「渉」はひざぐらいまで水のある所を、ひと足ひと足わたる意。

【渡世】トセイ ①よわたり。暮らし。②生業。なりわい。「板前を―とする」

【渡船】トセン 川や湖などで、対岸へ移動するための小さな船。わたしぶね。「―場が近くにある」

【渡線橋】トセンキョウ 鉄道線路の上を横切って架けた橋。跨線橋(コセンキョウ)。

【渡来】トライ 海を越えて来ること。外国からもたらされること。「大陸から―した文明」「南蛮―の品」類舶来

【渡す】わた-す ①水の上を対岸へ運ぶ。「客を船で向こう岸へ―す」②手から手へ移す。与える。「バトンを―す」③一方から一方へとどかせる。張る。「長い板を―してぬかるみの上を通る」「綱を―す」

【渡り鳥】わたりどり 毎年決まった季節に繁殖や越冬のために移動する鳥。カモやツバメなど。類候鳥 対留鳥(リュウチョウ) 季秋

【渡りに舟】わたりにふね あることをしようと思っているときに、思いがけなく好都合なことが起こること。川を渡ろうとするときに、折よくそこに舟があるの意から。〈『法華経(ホケキョウ)』〉類闇夜(やみよ)の提灯(チョウチン)

【渡る】わた-る ①水の上を対岸へ行く。海を越えて移動する。隔たった所へ移動する。「川を泳いで―る」「仏教が日本へ―った」②ある所を通って向こう側へ行く。「信号を―る」「橋を―る」③所有が一方から他方へ移る。「人手に―る」④世の中を生きてゆく。生活する。「世間を―る」

〔渡る世間に鬼はない〕 世間には鬼のような恐ろしい人ばかりでなく、心優しく思いやりのある人も必ずいるものだということ。対人を見たら泥棒と思え

ト【登】(12) 癶7 教 3748 4550 ▼トウ(一一四九)

ト【▲都】(12) 阝9 9274 7C6A ▼都の旧字(一一二八)

ト【塗】(13) 土10 常 3 3741 4549

音 ト
訓 ぬる 外どろ・まみれる・まぶす・みち

筆順 氵 氵 汄 氵 泠 涂 涂 涂 涂 塗 塗

意味 ①ぬる。ぬりつける。「塗装」「塗布」「塗料」②どろ。どろにまみれる。「塗炭」「泥塗」③みち。道路。「塗説」類途

下つき 糊塗(コト)・泥塗(デイト)・道塗(ドウト)

【塗擦】トサツ 薬などをぬってすり込むこと。「すりむいた傷口に―剤をつける」

【塗装】トソウ 建築工事などで、塗料をぬること。塗料をぬって仕上げをすること。「外壁の―を完了した」

【塗炭の苦しみ】トタンのくるしみ 非常な苦しみ、苦痛のたとえ。「塗」はどろ、「炭」はすみ火で、どろにまみれ、すみ火に焼かれる苦しみの意から。〈『書経』〉

【塗地】トチ ①地面に倒されて泥まみれになること。②転じて、負けること。

【塗布】ト フ ぬりつけること。一面にぬること。「患部に薬を―する」類塗抹

【塗抹】ト マツ ①ぬりつけること。類塗布 ②ぬりつぶすこと。ぬり消すこと。③物事をおおい隠したり除いたりすること。

【塗抹詩書】トマツシショ 幼児のいたずらのこと。また、幼児のこと。「詩書」は『詩経』と『書経』のこと。由来 幼児は大切にしている『詩経』や『書経』でも平気で塗りつぶしてしまうことから。〈『書言故事』〉

【塗料】ト リョウ 着色・防腐・保護などの目的で、木材・金属などの表面にぬる流動性の物質。ペンキ・漆・ラッカーなどの類。「―がはがれる」「水性―」

【△塗】とろ 土に水がまじって、やわらかくなったもの。

【△塗師】ぬ シ 漆ぬりの職人。また、漆細工や漆器を作る職人。由来「ぬりシ」の転。

【塗籠】ぬり ごめ 寝殿造の母屋にある、周りを厚い壁で囲んだ部屋。寝室または納戸として用いた。

【塗物】ぬり もの 漆をぬって作ったものの総称。漆器（シッキ）。「―師」

【塗る】ぬ る ①物の表面に液体や塗料などをのばしてつける。「ペンキを―る」「人の顔に泥を―る（名誉を傷つける）」②化粧する。「真っ白に―った顔」

【△塗す】まぶ す 粉などを物の表面全体にむらなくつくように、なすりつける。「餅（もち）にきなこを―す」

【△塗れる】まみ れる 粉や液状の物が一面について汚れる。「汗に―れて働く」「埃（ほこり）に―れた顔」

ト【睹】(14) 目 9 1 6649 6251 音 ト 訓 みる

意味 みる。じっと見る。「目睹」

下つき 逆睹（ギャクト）・目睹（モクト）

ト【跿】(14) 𧾷 7 1 7685 6C75 音 ト 訓 はだし・すあし

意味 はだし。すあし。

ト【覩】(16) 見 9 1 7515 6B2F 音 ト 訓 みる

意味 みる。じっと見る。「目覩」

ト【賭】(16) 貝 9 常 2 3750 4552 音 ト高 訓 かける 外かけ

〔賭〕

筆順 5 目 7 貝 貝 貝 貝 貝 貝 貝 賭 賭 16

意味 かける。かけをする。かけごと。ばくち。「賭博」「賭場」

【△賭】かけ ①金品を出し合って勝負をし、勝った者がそれを取ること。また、その金品。「競技に一〇〇万円の―をする」②選んだことについて、結果を運命にまかせること。「人生の―に出る」

【賭ける】か ける ①勝った者がもらう約束で、金品を出し合って争う。「金を―けてまで勝負事をするな」②何かの犠牲や危険を覚悟して事にあたる。「社運を―けた大事業」

【賭する】ト する ①かけごとをする。②何かのために大事なものを犠牲にする。また、そのような覚悟で事をする。「生命を―して闘う」

【賭場】ト ば 賭博（トバク）をする所。ばくち場。類鉄火場（テッカば）

【賭博】ト バク 金品などをかけて勝負をする遊び。かけごと。ばくち。

ト【頭】(16) 頁 7 教 3812 462C ▼トウ（一一二四）

ト【鍍】(17) 金 9 準1 3753 4555 音 ト 訓 めっき

意味 めっき。金属の薄い膜で他の金属の表面をおおうこと。「鍍金」

【鍍・〈鍍金〉】めっ き ①金属や非金属の表面に、装飾やさびどめなどの目的で金・銀などの薄い膜をかぶせること。また、そのようにしたもの。②表面だけをよく見せること。また、そう見せかけたもの。「―がはげる（本性が表れてごまかしがきかなくなる）」表記「滅金」とも書く。参考「鍍金」は「トキン」とも読む。

ト【★闍】(17) 門 9 1 7975 6F6B 音 ト・ジャ 訓 うてな・まち

意味 ①うてな。城門の物見台。②まち。城の外郭の内側の町。③梵語（ボンゴ）の音訳に用いる。「阿闍梨（アジャリ）」

ト【蠹】(24) 虫 18 1 7437 6A45 音 ト 訓 きくいむし・しみ・むしばむ・そこなう

〔蠹〕7438 6A46

意味 ①きくいむし。キクイムシ科の甲虫。「蠹居」②しみ（衣魚・紙魚）。シミ科の昆虫。衣類や書物を食う虫。「蠹簡」③むしばむ。そこなう。

【△蠹】きくい むし キクイムシ科の甲虫の総称。▼木蠹虫（きくいむし）（一四四）

【〈△蠹魚〉】し み シミ科の昆虫の総称。由来「蠹魚」は漢名から。参考「トギョ」とも読む。▼衣魚（しみ）（二七）

【△蠹害】ト ガイ ①虫が本や衣服などを食って害をなすこと。また、その害。②物事をむしばみそこなうこと。類①②蠹毒

【△蠹魚】ト ギョ ①シミの別称。②いつも本を読むばかりで活用する才のない者。参考「しみ」とも読む。

【△蠹毒】ト ドク ①害虫が樹木や本などをむしばむこと。②物事に害を与えること。また、その害毒。類①②蠹害

と【戸】(4) 戸 0 教 2445 384D ▼コ（四四六）

と【△門】 (8) 門0 教 4471 4C67 ▼モン(一四八八)

と【▲砥】 (10) 石5 3754 4556 ▼シ(六三五)

ド【土】 (3) 土0 常 教 10 3758 455A 音 ド・ト 訓 つち

筆順 一 十 土

意味 ①つち。どろ。地面。大地。「土壌」「粘土」「土地」②くに。領地。人が居住するところ。「王土」「国土」「領土」③地方。その土地の。「土俗」「土着」「土豪」④五行の一つ。⑤七曜の一つ。土曜。⑥「土佐(さと)の国」の略。「土州」

下つき 穢土(エド)・黄土(オウド・コウド)・客土(カクド・キャクド)・郷土(キョウド)・国土(コクド)・出土(シュツド)・焦土(ショウド)・浄土(ジョウド)・泥土(デイド)・粘土(ネンド)・風土(フウド)・本土(ホンド)・沃土(ヨクド)・領土(リョウド)

〈土常山〉あまちゃ ユキノシタ科の落葉低木。由来「土常山」は漢名から。▼甘茶(二三二)

〈土▲荊▲芥〉ありたそう アカザ科の一年草。メキシコ原産の帰化植物。茎や葉に強烈な臭気があり、駆虫剤とする。表記「有田草」とも書く。由来「土荊芥」は漢名からの誤用。

〈土当帰〉うど ウコギ科の多年草。由来「土当帰」は漢名からの誤用。▼独活(二七二)

〈土器〉かわらけ ①釉(うわぐすり)をかけていない素焼きの陶器。②素焼きの杯。参考「ドキ」とも読む。

〈土筆〉つくし スギナの胞子茎。早春、茶褐色で筆形の穂をつける。食用。つくづくし。すぎなぼうず。季春 由来「澪標(みおつくし)」(船が港に入る通路を示す杭(くい))のように突き立って見えることから。表記「筆頭菜」とも書く。

【土】つち ①岩石が細かい粉末状になったもの。土壌(ドジョウ)。「一にまみれる」「稲作によい一だ」②地面。大地。「故郷の一を踏む」

【土に▲灸(キュウ)】いくら努力しても効果がないこと。無駄なことのたとえ。類糠(ぬか)に釘(くぎ)

〈土木通〉・〈土通草〉つちあけび ラン科の多年草。山地の木陰に生える腐生植物。全体が黄褐色で、葉はない。初夏、淡黄色の花を総状につけ、形がアケビに似た赤い果実を結ぶ。表記「山珊瑚」とも書く。

〈土塊〉つちくれ ①土のかたまり。②墳墓。表記「塊」とも書く。参考「ドカイ」とも読む。

【土気色】つちけいろ 土のような色。転じて、生気のない顔色。類土色

【土煙】つちけむり 土や砂が風で舞い上がって、煙のように見えるもの。参考「つちけぶり」とも読む。

【土踏まず】つちふまず 足の裏の内側のくぼんだところ。土付かず。由来 地面につかない部分であることから。

【土▲芥】ドカイ 土とごみ。転じて、価値のないもの。参考「芥」は、ごみやくずの意。

【土塊】ドカイ 土のかたまり。参考「つちくれ」とも読む。

【土階三等】ドカイサントウ 質素な宮殿のたとえ。宮殿入り口の土の階段がわずか三段しかない意から。「等」は「階段」のこと。《史記》類堂高三尺・堯階三尺(ギョウカイサンジャク)

【土▲竈・土窯】ドがま 土で築いた炭を焼くかまど。木材が炭化したら、密閉して火を消すもの。「一炭は火つきがよい」

【土器】ドキ ①「土器(かわらけ)」に同じ。②原始時代の土製の器物。「縄文一」

【土偶】ドグウ 縄文時代の遺跡から多く出土する土製の人形。土人形。

【土△公神】ドクジン 陰陽道(オンヨウドウ)で、土の神。春は竈(かまど)、夏は門、秋は井戸、冬は庭におり、そこをおかすとたたりがあるとされる。土神(ドジン)。

【土下座】ドゲザ 地面や床にひざまずいて礼をすること。「一して謝る」参考 昔、大名などの通行の際に町人などが行った。

【土語】ドゴ その土地で昔から使われている言葉。類方言

【土豪】ドゴウ その土地の豪族。その地方に勢力をもつ一族。

『土豪劣紳』ドゴウレッシン 中国で、思いのままに農民からしぼり取る強欲な大地主や資産家などをさげすんでいった語。「劣紳」は卑劣な紳士の意。

【土左▲衛門】どざえもん 溺死(デキシ)人の死体。水死体。由来 江戸時代の力士、成瀬川土左衛門の太って肌の白い姿が、溺死者の体のようだといわれたことからという。

【土砂】ドシャ 土と砂。「大量の一で道路がふさがれた」

【土壌】ドジョウ ①地球の表面の岩石が分解し、生物がくさってできた有機物とまじり合ったもの。つちくれ。「水田の一を改良する」②物事を生じさせる地盤・環境。「青少年を育てる一」参考「壌」は、まぜかえした柔らかい土の意。

【土性骨】ドしょうぼね 性質・性根(ショウね)を強調して、あるいはののしっていう語。「一をたたき直せ」

【土倉】ドソウ 室町時代の高利貸し。由来 土倉を建てて質物や金品を保管したことから。参考「どくら・つちぐら」とも読む。

【土葬】ドソウ 遺体をそのまま土に埋めて葬ること。また、その葬法。「今も一の慣習が残っている」

【土蔵】ドゾウ 土やしっくいなどで四面を塗り固めた倉庫。「一破り」参考「つちぐら」とも読む。

【土足】ドソク ①はき物をはいたままの足。「一厳禁」②泥のついたままの足。

【土俗】ドゾク その土地に固有の風俗や習慣。「一学(民俗学・民族学の旧称)」類民俗

【土台】ドダイ ①建築物の基礎となって、上部を支える部分。「家の―」②物事の基礎。基本。「―を固める」③もともと。根本から。「―まちがっていたことだ」

【土壇場】ドタンば ①昔の死刑場。しおきば。②せっぱつまった場合。進退きわまった場面。「九回二死の―で逆転した」「話が―でひっくりかえった」由来 昔、首切りの刑を執行するために築いた壇を「土壇」といったことから。

【土着】ドチャク その土地に先祖代々住んでいること。また、その土地に根づくこと。「―の旧家」「―の文化」

【土手】ドて ①風・水害を防ぐために土を小高く積んだ所。堤防。つつみ。②マグロやブリなどの背側の大きな切り身。

【土鍋】ドなべ 土製のなべ。素焼きのなべ。参考「つちなべ」とも読む。

【土嚢】ドノウ 土をつめた袋。積み重ねて戦場の陣地の構築や大雨の場合の堤防の補強などに用いる。

【土鳩】ドばと ハト科の鳥。▼鴿(どばと)(五一六)

【土匪】ドヒ その地にいて乱を起こす民。土着の賊。参考「匪」は非行をなす者の意。

【土俵】ドヒョウ ①土をつめた俵。「堤防の決壊に備えて―を積んだ」②相撲をとる円形の競技場。直径約四・五メートルの周囲を①で囲んだもの。③物事が行われる場。「同じ―で交渉する」

【土瓶】ドビン 湯をわかしたり、茶をいれたりするのに使う陶製の器具。

【土塀】ドベイ 土を練り固めた塀。「城下町のおもかげが残る―が続く」類 築地(ついじ)

【土崩瓦解】ドホウガカイ 土が崩れ落ち瓦(かわら)が砕けるように、物事が土台から崩れて手のほどこしようがないこと。《史記》参考「瓦解土崩」ともいう。

【土木】ドボク 「土木工事」の略。土石・木材・鉄材などを使って、道路・建物・橋などを建設する工事。「―工学」

【土木壮麗】ドボクソウレイ 庭園や建物が壮大で美しいさま。「土木」は家の造作のことで、庭や建物の意。《国史略》

【土間】ドま ①家の中で、床を張らない地面のままの所。類 三和土(たたき) ②舞台正面の一階平面の座席。由来 ②昔、野外にあった劇場で地面に敷物を敷いて観客席としたことから。

【土饅頭】ドマンジュウ 土をまるく盛り上げた墓。土墳。由来 饅頭のような形からいう。

【土盛り】ドもり 建築工事などで、地面を高くするために土を運んできて盛り上げ、ならすこと。「敷地が低いので―をする」参考「つちもり」とも読む。

【土用】ドヨウ 陰暦で、立春・立夏・立秋・立冬の前のそれぞれ一八日間。現在では、特に立秋前の夏の土用をいう。季 夏

『土用丑(うし)に鰻(うなぎ)』 夏の最も暑いさかりの土用丑の日に滋養に富むウナギを食べれば、元気がついて暑気あたりを防げるということ。

〈土耳古〉トルコ アジア西部、小アジア半島とヨーロッパのバルカン半島の南東部を占める共和国。首都はアンカラ。

〈土当帰〉のだけ セリ科の多年草。山野に自生。葉は羽状複葉。秋、暗紫色の小花を密生する。根は漢方薬用。由来「土当帰」は漢名から。表記「野竹・前胡」とも書く。

〈土師〉はじ 古代、土器・埴輪(はにわ)・陵墓などの製作を担当した人。

〈土師器〉はじキ 古墳時代から平安時代ころまで作られた赤褐色の素焼き土器。文様はなく実用的なもの。

〈土芋〉ほど マメ科のつる性多年草。▼塊芋(ほど)(一八二)

〈土産〉みやげ ①他の家を訪問するときに持って行く贈り物。てみやげ。②外出先や旅先から持ち帰る、その土地の産物。「海外旅行のお―をもらった」参考「ドサン」とも読む。

〈土竜〉もぐら モグラ科の哺乳(ほにゅう)動物の総称。体は黒褐色。地中にすむため目は退化。前足はシャベル形で土を掘るのに適す。由来「土竜」は漢名でミミズ。ミミズを好むことからの誤用。和名は、古名の「もぐらもち」からで、地にもぐって土をもち上げることから。表記「鼹鼠」とも書く。

ド【奴】(5) 女 2 常 4 3759 455B

音 ド 外 ヌ
訓 外 やっこ・やつ

筆順 く 女 女 奴 奴

意味 ①やっこ。(ア)しもべ。下男。「奴隷」(イ)江戸時代の男だて。「町奴(まちやっこ)」②やつ。他人、または自分を卑しめていう語。「奴輩」参考「奴」の旁(つくり)が片仮名の「ヌ」に、草書体が平仮名の「ぬ」になった。

下つき 匈奴(キョウド)・農奴(ノウド)・蛮奴(バンド)

【奴輩】ドハイ 人々をいやしめていう語。あいつら。類 奴原(やつばら)・奴等(やつら)

【奴隷】ドレイ ①昔、人間としての自由や権利が認められず、他人に所有されて労働に服したり、売買されたりした人。「―制度」②ある物事に心を奪われ、それにしばられている人。「まるで、金の―だ」

〈奴国〉なのくに 弥生(やよい)時代、九州北部にあった小国。参考「ナコク」とも読む。

【奴婢】ヌヒ ①召使い。下男・下女。②律令(リツリョウ)制で、人格が認められず、所有者の財産として扱われた者。参考 ①②「ドヒ」とも読む。②「奴」は男、「婢」は女を指す。

【奴僕】ヌボク 召使いの男。下男。やっこ。参考「ドボク」とも読む。

【奴】やつ ①人をいやしめたり、目下の者などを親しみを込めて呼ぶ語。「―の仕業にちがいない」「かわいい―だ」②物などをぞんざいにいう語。「もっと大きい―をくれ」

【△奴】やっこ ①人に使役される身分の低い者。下男。②江戸時代の武家の下僕。中間。③江戸時代の男伊達。「旗本―」④目下の者などを軽んじて、また親しんでいう語。「―さんのお出ましだ」⑤「奴凧」「奴豆腐」などの略。由来「家つ子」の意から。

【△奴▲凧】やっこだこ やっこ(江戸時代の武家の下僕)が両手を広げた姿に似せて作った紙だこ。

【△奴豆腐】やっこドウフ 四角に切った豆腐に薬味を添え、醤油をつけて食べる料理。やっこ。

【△奴原・△奴▲儕】やつばら やつら。やつども。参考「ばら」は複数を表す語。「奴原」は当て字。「儕」は仲間の意。

ド
【努】
(7) 力 5 教 常 7 3756 4558
音 ド
訓 つとめる 外 ゆめ

筆順 く 女 女 奴 奴 努 努

意味 ①つとめる。はげむ。「努力」②ゆめ。ゆめゆめ。けっして。

【努める】つとめる 努力する。はげむ。力を尽くして行う。「試験勉強に精一杯―める」「―めて平静を保とうとしている」

【努力】ドリョク 力を尽くして行うこと。精を出すこと。「―がむくわれる」「前向きに―する」

【△努】ゆめ けっして。つとめて。気をつけて。「―疑うなかれ」「―油断するなかれ」参考多く禁止や打ち消しの語句を伴う。

【△努△努】ゆめゆめ けっしてけっして。必ず必ず。「―油断をするな」参考「努」を重ねて強めた語。あとに禁止や打ち消しの語句を伴う。

ド
【呶】
(8) ロ 5 1 5083 5273
音 ド・ドウ
訓 かまびすしい

意味 かまびすしい。やかましい。「呶呶」

【▲呶しい】かまびすしい さわがしい。やかましい。かしましい。「―い宣伝カーが通る」

【▲呶▲呶】ドド くどくど言うこと。やかましく言うこと。また、そのさま。「―を要しない」参考「ドウドウ」の慣用読み。

ド
【孥】
(8) 子 5 1 5355 5557
音 ド・ヌ
訓 つまこ

意味 ①つまこ(妻子)。「孥戮」②こ(子)。こども。③しもべ。類奴

ド
【帑】
(8) 巾 5 1 5470 5666
音 ド・トウ
訓 かねぐら・つまこ

意味 ①かねぐら。かねぶくろ。財貨を入れておくところ。「帑庫」②つまこ(妻子)。家族。また、子。「妻帑」類孥

下つき 妻帑・財帑・内帑

【▲帑】かねぐら 金銀などをしまっておくところ。表記「金庫・金蔵」とも書く。

【▲帑幣】ドヘイ かねぐらにある金銀。

ド
【弩】
(8) 弓 5 1 5524 5738
音 ド
訓 いしゆみ・おおゆみ

意味 いしゆみ。おおゆみ。矢や石を発射する弓。「弩弓」「強弩」

下つき 弓弩・強弩

【▲弩】いしゆみ 古代中国の武器で、ばね仕掛けで大矢や石を発射する強い弓。弩弓。参考「おおゆみ」とも読む。

【▲弩弓】ドキュウ 「弩」に同じ。

ド
【度】
(9) 广 6 教 常 8 3757 4559
音 ド・ト 高・タク 中
訓 たび 中 外 のり・めもり・わたる・はかる

筆順 ' 亠 广 广 庐 庐 庐 度 度

意味 ㊀ド・ト ①ものさし。長さの基準。「度量衡」②のり。きまり。さだめ。「制度」「法度」③ほどあい。「限度」「程度」④めもり。数・量・大きさなどを表す単位。「濃度」「角度」⑤たび。回数。「度数」「頻度」⑥人がら。ようす。器量。「度量」「態度」⑦わたる。越える。類渡 ⑧仏教で、さとりの世界や仏の世界へ導き入れる。すくう。「済度」「得度」㊁タク はかる。おしはかる。みつもる。「忖度」

下つき ㊀緯度・温度・角度・過度・感度・強度・極度・経度・限度・高度・済度・湿度・尺度・純度・深度・進度・震度・制度・精度・節度・鮮度・速度・態度・丁度・調度・程度・適度・得度・年度・濃度・頻度・法度・密度・用度 ㊁支度・忖度

【度徳量力】タクトクリョウリキ 自分の人望と力量を推しはかったうえで、事にあたること。身のほどを知ること。「度」「量」はともに、はかる・計算する意。《『春秋左氏伝』》

【度】たび ①その時ごと。時。おり。「会う―に成長のあとが見える」②回数。度数。「いく―も訪れた場所」

【度重なる】たびかさなる 何度も同じことがひき続いて起こる。「偶然が―る」「―る不祥事」

【度外視】ドガイシ 問題にしないこと。心にかけないこと。「採算を―したイベントを企画する」

【度肝・度△胆】ドぎも きも。きもったま。「―を抜く(ひどく驚かす)」参考「ド」は強めの接頭語。

【度胸】ドキョウ 何事にも動じなくて、恐れない気力。「―がすわっている」

【度数】ドスウ ①回数。また、度合。②温度・角度などを表す数値。

と
ド

【度僧】ドソウ ①官から身分を公認された僧侶。②出家剃髪して、僧籍に入った者。

【度外れ】ドはずれ ふつうの程度や限度をこえること。「彼は―に声が大きい」類並外れ

【度量】ドリョウ ①長さと容積。また、ものさしとます。②他人の言行を受け入れる寛大な心。「―の大きい人」参考「タクリョウ」と読めば、量をはかる。また、はかり考える意。

【度量衡】ドリョウコウ ①長さ、容積、重さ。②①をはかるものさし、ます、はかり。「―の単位」

【度忘れ】ドわすれ よく知っているはずの事柄をふと忘れてしまって、思い出せないこと。「旧友の名前を―してしまった」

【△度る】はか-る ①計器で長さ・重さ・速さなどを調べる。②相手の気持ちや将来の成り行きなどを、おしはかる。推定する。

〈度度〉よりより ときどき。おりおり。表記「寄り寄り」とも書く。参考「たびたび」と読めば、なんども の意になる。

ド【怒】(9) 心 5 常 4 3760 455C 音ド 外ヌ 訓いかる・おこる

筆順 く 乄 女 奴 奴 奴 奴 怒 怒 怒

意味 ①おこる。いかる。いきどおる。「怒気」「激怒」②勢いがはげしい。「怒張」「怒濤」

対喜

下つき 赫怒・喜怒・激怒・忿怒・憤怒・憤怒

【怒りを△遷さず】いかりをうつさず 八つ当たりをしないこと。腹の立つことがあっても、それを関係のない人に向けてはならないという戒め。故事 中国、魯の哀公に、門人のなかで一番の学問好きはだれかと尋ねられた孔子は、即座に顔回の名を挙げ、顔回は腹を立てても八つ当たりをしないし、同じ過ちを二度と繰り返さないから、と答えた故事から。《『論語』》

【怒る】いか-る ①腹を立てる。②激しくなる。荒れ狂う。「嵐で海が―り狂う」③角ばる。「肩が―る」参考①「おこる」とも読む。

〖怒れる拳笑面に当たらず〗いかれるこぶししょうめんにあたらず 強い態度で出てきた相手には、優しい態度で応じたほうが効果的だということ。怒ってこぶしを振り上げても、相手が笑顔では気勢をそがれてしまうということから。《『五灯会元』》

【怒る】おこ-る ①腹を立てる。いきどおる。②しかる。「子どもを―る」参考①「いかる」とも読む。

【怒気】ドキ 腹が立っているようす。おこった気持ち。「―を帯びた顔つきだ」

【怒号】ドゴウ ①腹を立てて、大声でどなること。また、その声。「思わず―を上げる」②風や波が荒れ狂う音。類怒声

【怒声】ドセイ おこった声。おこってどなる声。「―が乱れ飛ぶ」

【怒張】ドチョウ ①血管などがふくれあがること。②肩などをいからして張ること。

【怒△濤】ドトウ ①荒れ狂う大波。「―のごとく押し寄せる大軍」②移り変わりの激しいこと。「疾風―の時代」

【怒鳴る】どな-る ①大声で叫ぶ。大声で呼ぶ。「遠くの人に―ったが、聞こえなかった」②声高にしかる。「ミスをして上司に―られた」

【怒罵】ドバ いかり、ののしること。「罵」はののしる意。

【怒髪】ドハツ 激しい怒りのために、逆立った髪の毛。

〖怒髪冠を△衝く〗どはつかんむりをつく 怒りのあまり、髪の毛が逆立ち、冠を突き上げる意で、憤怒の形相のたとえ。故事 中国、秦の昭王から秘宝の和氏の璧と十五の城との交換を強要された趙は、やむを得ず藺相如に璧を持参させたが、昭王には誠意がなく、壁を奪われる危険を感じた相如が言葉たくみに壁を取り戻したときの怒りの形相から。《『史記』》参考「冠」は「天」ともいう。

ド【駑】(15) 馬 5 1 8146 714E 音ド・ヌ 訓のろい・にぶい・おろか

意味 ①のろいウマ。「駑馬」対駿 ②のろい。にぶい。おろか。「駑鈍」

下つき 罷駑

【△駑△駘】ドタイ ①のろいウマ。鈍いウマ。②鈍才。劣った人。類①②駑馬

【△駑鈍】ドドン 鈍くて才能が劣っていること。鈍才。類愚鈍・魯鈍

【△駑馬】ドバ ①あしの遅いウマ。類駄馬 ②才能のない人のたとえ。類①②駑駘

〖△駑馬に△鞭打つ〗どばにむちうつ 能力以上のことを無理に強要するたとえ。駑馬に鞭打って無理に速く走らせようとする意から。また、自分の努力をへりくだっていう言葉。

〖△駑馬も十△駕〗どばもじゅうが 才能に恵まれない者でも、たゆまぬ努力を続ければ、すぐれた者に追いつくことができるということ。あしの遅いウマでも一〇日走れば、名馬の一日分に追いつくことができる意から。「十駕」は一〇日間続けてウマを走らせること。《『荀子』》

とい【問い】(11) 口 8 教 4468 4C64 ▼モン(一四九〇)

とい【△樋】(15) 木 11 4085 4875 ▼トウ(一一五三)

といし【△砥】(10) 石 5 3754 4556 ▼シ(六二五)

トウ【刀】(2) 刀 0 教 常 9 3765 4561 音トウ 訓かたな

筆順 フ 刀

意味 ①かたな。はもの。「刀剣」「短刀」②かたなの形に似た中国古代の貨幣。「刀銭」「刀幣」

ド―トウ

下つき 快刀・牛刀・軍刀・執刀・帯刀・太刀・単刀・短刀・竹刀・長刀・剃刀・雛刀・佩刀・抜刀・宝刀・木刀・名刀

【刀】かたな ①刀剣類・片刃のはものなどの総称。②脇差しとともに腰にさす大刀。

『刀折れ矢尽きる』精根つき果てたさま。すべての力を出しつくし、万策がつきたこと。激戦のすえ、刀が折れ矢もつき果てる意から。故事 中国、後漢の段熲の軍が夜明けに異民族の羌に急襲されたとき、段熲は馬をおりて奮戦したが、正午になって刀が折れ矢もつきて絶体絶命になった。しかし、羌も恐れをなして退却したという故事から。〈『後漢書』〉

【刀伊】トイ 中国の東北部付近を占めていた女真人。一〇一九年、壱岐・対馬・博多湾などに来襲したが、大宰府の官人に撃退された。由来 朝鮮半島の高麗人が用いた呼称によるという。参考 朝鮮語で、野蛮な異民族の意。

【刀圭】トウケイ ①薬を盛るさじ。類 薬匙 ②医術。「―家」

【刀剣】トウケン かたなとつるぎ。また、それらの総称。

【刀耕火種】トウコウカシュ 焼き畑農業のこと。山林を伐採し、山を焼き払って、そこに作物の種をまく意。〈『東斎記事』〉参考「刀耕火耨」ともいう。

【刀光剣影】トウコウケンエイ 刀を抜き合って、殺気がみなぎる険悪な状況のたとえ。刀が光り、剣の影がちらつく意から。

【刀山剣樹】トウザンケンジュ つるぎの刃を上向きにして並べ、その上を渡らせる残酷な刑罰のこと。「刀山」はかたなの山、「剣樹」は逆さにしたつるぎを林のように並べたものの意。〈『宋史』〉

【刀刃】トウジン ①刀の刃。②はもの。

【刀子】トウス 短い刀。小型の刀。多く、古代の鉄製や青銅製などのものをいう。

【刀俎】トウソ 包丁とまないた。

『刀俎魚肉の際』▼俎上の肉(九一九)

【刀創】トウソウ 刀で斬られた傷あと。かたなきず。類 刀痕・刀瘢

【刀筆の吏】トウヒツのリ 文書を書き写すだけが仕事の下級役人のこと。「刀」は小刀のことで、古代中国で文字を書くのに用いた竹簡の誤字を削り取る道具。〈『史記』〉

【刀自】トジ ①家事をする女性。一家の主婦。②年配の女性を敬っていう語。由来「とぬし(戸主)」の意から。「刀自」は当て字。

【刀禰】トネ ①律令制で、主典以上の官人の総称。②平安時代、行政や警衛をになった役人。③古代、地方の有力者。

【〈刀豆〉】なたまめ マメ科のつる性一年草。由来「刀豆」は漢名から。▼鉈豆(六五九)

【〈刀背〉打ち】みねうち 相手を斬らずに打撃を与えるため、刀の峰(背)で打つこと。むねうち。「―で気絶させる」表記「峰打ち」とも書く。

トウ【冬】(5) 冫3 教 常 9 3763 455F 音 トウ 訓 ふゆ

筆順 ノ ク 夂 冬 冬

意味 ふゆ。四季の一つ。「冬至」「冬眠」対 夏

下つき 越冬・厳冬・暖冬・立冬

【〈冬青〉】そよご モチノキ科の常緑低木。山地に自生。葉は楕円形で厚い。初夏、白色の四弁花をつけ、球形の赤い実を結ぶ。材はそろばんの珠などにする。葉は染料用。フクラシバ。

【冬安居】トウアンゴ 仏 僧の冬の修行。陰暦の一〇月一六日から翌年の一月一五日まで一室にこもって行う。類 雪安居 対 夏安居 季 冬 参考「ふゆアンゴ」とも読む。

【冬夏青青】トウカセイセイ 変わらぬ節操をもち続ける人のたとえ。由来 マツやカシワなどの常緑樹は、冬も夏もかわらずに青々と茂っていることから。〈『荘子』〉

【〈冬瓜〉】とうがん ウリ科のつる性一年草。ジャワ島原産。果実は大きな円柱形で、完熟すると白い粉が生じる。食用。トウガ。カモウリ。季 秋 由来「冬瓜」は漢名から。保存性にすぐれ、冬になっても食べられるウリの意という。

【冬季】トウキ 冬の季節。「―オリンピック大会」対 夏季

【冬期】トウキ 冬の期間。「―通行禁止区間の山岳道路」対 夏期

【冬至】トウジ 二十四節気の一つ。北半球では昼が一番短くなり、南半球では昼が一番長くなる日。一二月二二日ころ。対 夏至

【冬眠】トウミン 動物が、土や穴の中などで眠ったような状態で冬を越すこと。

【冬】ふゆ 四季の一つ。一二月から二月までの一年のうちで、最も気温の低い季節。参考 陰暦では一〇月から一二月をいう。

【冬枯れ】ふゆがれ ①冬、草木の葉が枯れること。また、その寂しいながめ。季 冬 ②冬、特に二月に商売の景気が悪くなること。対 夏枯れ

【冬籠もり】ふゆごもり 冬の間、家に閉じこもって暮らすこと。また、動物が巣にこもること。季 冬

【冬ざれ】ふゆざれ 冬の草木が枯れてもの寂しいようす。また、そのころ。季 冬

【冬将軍】ふゆショウグン 寒さの厳しい冬をいう語。「―が到来した」由来 ナポレオンがロシアに侵出しようとした際、冬の厳しい寒さにあって大敗したことから。

【〈冬眠鼠〉】やまね ヤマネ科の哺乳動物。▼山鼠(五八三)

トウ【叨】(5) ロ2 1 5059 525B 音 トウ 訓 むさぼる・みだりに

意味 ①むさぼる。②みだりに。かたじけなくも。おかげをこうむる。受ける。

【夲】トウ (5) 大 2 1 5281 5471 音 トウ 訓

意味 すすむ。速く進む。参考「本」の俗字としても用いられる。

【吋】トウ (6) ロ 3 準1 1705 3125 音 トウ・スン 訓 インチ

意味 ①インチ。ヤード・ポンド法の長さの単位。約二・五四(センチメートル)。②しか(叱)る。

【吋】(インチ) ヤード・ポンド法の長さの単位。一(インチ)は、約二・五四(センチメートル)。

【当】トウ (6) ⺌ 3 常 教 9 3786 4576 音 トウ 訓 あたる・あてる (外)まさに…べし

旧字《當》(13) 田 8 1/準1 6536 6144

筆順 丨 丷 ⺌ 当 当 当

意味 ①あたる。あてる。あてはまる。「当選」「相当」②あたりまえ。道理にかなう。「当然」「正当」③わりあてる。うけもつ。「当番」「担当」④この。その。さしあたっての。「当座」「当面」⑤まさに…べし。

下つき 穏当(オン)・該当(ガイ)・勘当(カン)・見当(ケン)・至当(シ)・充当(ジュウ)・正当(セイ)・相当(ソウ)・妥当(ダ)・担当(タン)・抵当(テイ)・適当(テキ)・日当(ニッ)・配当(ハイ)・不当(フ)・別当(ベッ)・弁当(ベン)・本当(ホン)

【当たり障り】(あたりさわり) 他に悪い影響を及ぼす事柄。さしさわり。「—のない話題」

【当たり鉢】(あたりバチ) すりばち。参考 商家などで「する(すり減ってなくなる)」の忌み言葉として用いる。

【当たる】(あ-たる) ①ぶつかる。さわる。「小石に—る」②身にそそぎ受ける。「外で風に—る」③担当する。割り当てられる。「今期役員が—った」④的中する。「予測が—る」⑤直面する。対抗する。「送別に—って宴を設ける」「強豪に—る」⑥あてはまる。「彼女は私の叔母に—る」「中学校は街の東側に—る」⑦つらいめにあわせる。「部下に—る」⑧照らし合わせる。「辞書に—って調べる」⑨成功する。「企画が—った」

『当たるも八卦(ハッケ)当たらぬも八卦』 占いは当たるときも当たらないときもあるのだから、その結果を気にすることはないということ。類 合うも不思議合わぬも不思議

【当て擦る】(あてこす-る) 他のことにかこつけながら、相手に悪口や皮肉を言う。当てつける。

【当て字】(あてジ) 漢字の意味とは関係なく、その音訓を用いて言葉を表すこと。また、その漢字。「目出度(めでた)い」など。

〈当所〉(あてど) めあてとするところ。目的。「—なく街をさまよう」

〈当薬〉(せんぶり) リンドウ科の二年草。▼千振(センブリ)(八九二) 参考「トウヤク」とも読む。

【当為】(トウイ) そうあるべきこと。当然なすべきこと。参考 哲学用語で、現実にあることと、必然的にあらざるを得ないことに対していう。独語Sollenの訳語。

【当意即妙】(トウイソクミョウ) その場その場に応じて、すばやく巧みに機転をきかすこと。「—の名答弁」

【当該】(トウガイ) ①前にのべたことに関係がある。その。「—事項」②その受け持ちであること。「—部署に問い合わせる」

【当局】(トウキョク) ①そのことを担当している機関。②重要な政務を担当し、その責任をもつこと。また、その関係官庁。「薬害問題で—の責任が追及された」

【当機立断】(トウキリツダン) 機会をとらえ、速やかに決断して処理すること。参考「応機立断」ともいう。

【当家】(トウケ) この家。自分の家。「—の家訓」参考 相手の家については「御当家」と敬意を添える。

【当今】(トウコン) このごろ。この節。近ごろ。「—では珍しい風習」類 当節・現今

【当座】(トウザ) ①その席。その場。②さしあたり。当分。「—しのぎにはなるお金だ」

【当歳】(トウサイ) ①ことし。類 当年 ②生まれたその年。また、その年の生まれ。「—の孫」「—馬」

【当時】(トウジ) ①その時。そのころ。「終戦—の話を聞く」②現在。現今。こんにち。類 当節・当今

【当事者】(トウジシャ) そのことに、直接関係している人。「—から事情を聞く」類 関係者 対 第三者

【当日】(トウジツ) その日。そのことのある日。指定の日。「入学試験の—は大雪だった」

【当主】(トウシュ) その家の現在の主人。「父は一五代続く茶道の家の—だ」類 当代 対 先代

【当初】(トウショ) 最初。はじめの時期。「—成功は危ぶまれていた」

【当節】(トウセツ) このごろ。ちかごろ。いまの時節。「—の流行」類 当今

【当選】(トウセン) ①くじ・クイズなどに応募して、選にあたること。「懸賞に—した」類 入選 ②選挙で選出されること。対 落選

【当然】(トウゼン) 道理上そうすべきこと。あたりまえ。「そうなるのは—の帰結だ」

【当代】(トウダイ) ①この時代。現代。類 当世 ②その当時。その時代。③その家の現在の主人。類 当主 対 先代

【当地】(トウチ) いま自分がいる所。この地。この地方。また、話題にしているその地。その地方。類 当所 参考「御—」といえば、相手の土地を敬っていう語。

【当直】(トウチョク) 宿直や日直の当番にあたること。また、その人。「—の医師」

【当人】トウニン その人。本人。「―でなければわからない」

【当年】トウネン ①ことし。本年。「―とって五〇歳」類当歳 ②その年。そのころ。類当時

【当番】トウバン 交代で行う仕事などの番になること。また、番にあたる人。「掃除―」対非番

【当否】トウヒ ①当たることと、はずれること。当たりはずれ。②道理に合うことと、合わないこと。当不当。「―の判断をする」類正否

【当分】トウブン しばらくの間。現在のところ。「術後なので―の間静養する」類当座

【当方】トウホウ 自分のほう。こちら。私ども。「―で処理致します」「―へお越しください」対先方

【当面】トウメン ①解決や対処しなければならない問題・事態などにぶつかること。現在直面すること。「難局に―する」②いまのところ。さしあたり。「―この分量で間にあう」類当座

【当用】トウヨウ ふだん用いること。さしあたっての用事。「―日記」

【当来】トウライ 仏今からのち。未来。将来。

【当落】トウラク 当選と落選。「わが党は―すれすれの候補者が多い」

【当路】トウロ 重要な地位にいること。また、その人。「―者」由来 交通の要路にあたる意から。

【当惑】トウワク まよい、とまどうこと。途方に暮れること。「突然の計画変更で―している」類困惑

【△当に】まさ―に 「―に…べし」の形で、それが当たりまえであるさま。当然。「―に勉励すべし」

トウ【灯】(6) 火2 教 常 7 3784 4574
音 トウ 外ドン・チン・チョウ・テイ
訓 ひ 高 外ともしび・あかり・あかし・ともす・とぼす・ともし・とぼし

旧字《燈》(16) 火12 1/準1 3785 4575

筆順 丶 丷 ⺌ 火 火一 灯

意味 ひ。ともしび。あかり。「灯下」「灯明」

下つき 行灯(アンドン)・街灯(ガイトウ)・幻灯(ゲントウ)・消灯(ショウトウ)・提灯(チョウチン)・点灯(テントウ)・電灯(デントウ)・仏灯(ブットウ)・法灯(ホウトウ)

【△灯】あかり ともしび。灯火。「―をともす」参考「あかし」とも読む。

【灯影】トウエイ ともしびや電灯などの光。ほかげ。

【灯下】トウカ ともしびのもと。あかりのそば。「―に書をひもとく」

【灯火】トウカ あかり。「―管制（敵の空襲にそなえ、あかりが屋外にもれないようにすること）」参考「ともしび」とも読む。

【灯火親しむべし】秋の夜は涼しく長いので、灯火のもとで読書するのに最適であるということ。〈韓愈(カンユ)の詩〉

【灯▲檠】トウケイ 灯火の油皿をのせる台。灯台(ダイ)。類燭台(ショクダイ)

【灯芯で鐘を▲撞く】トウシンでかねをつく 不可能なことや効果のないたとえ。柔らかい灯芯で鐘をつくことはできない意から。類灯芯で竹の根を掘る

〈灯心〉とうすみ 行灯(アンドン)やランプなどに使う火をともす芯(シン)。参考「とうしみ・トウシン」とも読む。

【灯台】トウダイ ①港口や岬などで、夜間に灯光を放つなどして船の安全を守る塔状の設備。「―守」②昔、灯火をとりつけた木製の台。灯明台。類燭台(ショクダイ)

〔灯台②〕

【灯台下暗し】もとくらし 身近なことはかえって見落としがちであるということのたとえ。灯明台のあかりは周囲を明るく照らすが、すぐ下は陰になって暗い意から。

〈灯台▲躑▲躅〉どうだんつつじ ツツジ科の落葉低木。暖地に自生。よく分枝する。春、白い壺(つぼ)形の小花を多数下向きにつける。紅葉が美しい。季春 由来「とうだい（灯台）つつじ」が転じたもので、分枝する形が灯明台に似ることから。表記「満天星」とも書く。

【灯明】トウミョウ 神仏にそなえる灯火。御明(みあか)し。「仏壇に―を供える」類御灯

【灯油】トウユ 石油の原油からつくる燃料用の油。参考「ともしあぶら」と読めば別の意になる。

【灯籠】トウロウ 戸外に据えたり軒先につるしたりする灯火用具。石・木・金属などで火舎(ほや)を作り、中にあかりをともす。

【△灯油】ともしあぶら 灯火用のあぶら。参考「トウユ」と読めば別の意になる。

【△灯火・△灯】ともしび ともした火。ともしたあかり。「風前の―」参考「灯火」は「トウカ」とも読む。

【△灯す】とも―す あかりをつける。火を燃やす。「ランプを―す」参考「とぼす」とも読む。

【灯】ひ ともしび。灯火。あかり。「街の―に誘われる」

〈灯台木〉みずき ミズキ科の落葉高木。由来「灯台木」は漢名から。▼水木(みずき)(八二六)

トウ【投】(7) 扌4 教 常 8 3774 456A
音 トウ
訓 なげる

筆順 一 十 扌 扌 扒 投 投

意味 ①なげる。(ア)なげうつ。なげつける。「投下」「投擲(トウテキ)」(イ)捨てる。なげだす。やめる。「投棄」「投降」②いれる。おくる。与える。「投稿」「投与」③とまる。とどまる。「投宿」類逗(トウ) ④あう。あてはまる。

と トウ

かなう。「投合」⑤「投球」の略。「完投」

下つき 悪投(アクトウ)・完投(カントウ)・好投(コウトウ)・失投(シットウ)・暴投(ボウトウ)

〈投網〉とあみ 魚具で、投げると円錐(エンスイ)形に広がり、魚を上からおおいかぶせて捕らえる網。「―を打つ」参考「なげあみ」とも読む。

【投影】トウエイ ①物の姿・形を影としてうつすこと。また、その影。②ある物事の影響が他に現れること。「時代の動きを―した考え」③数学で、立体に平行光線をあてたと仮定してできる形を平面上に書き表すこと。また、その図形。

【投下】トウカ ①高い所から下へ投げ落とすこと。「ヘリコプターから救援物資を―する」②事業のために資本を出すこと。「新商品開発のために五千万円―する」

【投函】トウカン ①郵便物をポストに入れること。「年賀状を―する」②決められた箱に用紙を入れること。

【投棄】トウキ 不用なものとして投げ捨てること。「廃材を不法―する」

【投機】トウキ ①損をする危険をおかして、偶然の大きな利益をねらう行為。②相場の変動を予測して、利益を得るために行う商取引。

【投降】トウコウ 自ら武器を捨てて敵軍に降参すること。「白旗をかかげて―する」類降伏

【投稿】トウコウ 新聞・雑誌社などに、掲載されることを期待して自分の原稿を送ること。また、その原稿。投書。「―した作品が佳作に入選した」類寄稿

【投合】トウゴウ 気持ちなどが互いに一致すること。「初対面で意気―する」

【投獄】トウゴク 罪人を牢(ロウ)・監獄に入れること。「政治犯を―する」類収監

【投資】トウシ 利益を見込んで、事業に資本を投入すること。「設備―」類出資

【投射】トウシャ ①光を物体にあてること。また、光で影や像などをスクリーンにうつし出すこと。類投影 ②心理学で、自分のもつ性質・傾向などを外部のものに移しかえて判断すること。

と　トウ

【投宿】トウシュク 旅館に泊まること。宿をとること。「港の旅館に―する」類宿泊 参考「投」はとどまる意。

【投書】トウショ ①意見や苦情を書いて当局者やマスコミに送ること。「視聴者がテレビ局へ―する」②新聞・雑誌などに投稿すること。また、その原稿。

【投じる】トウ‐じる ①つけいる。乗じる。「この機に―じる」②投降する。屈服する。「敵軍に―じる」③泊まる。「海辺の宿に―じる」④うまく合う。一致する。「意気相―じる」⑤なげかける。なげ入れる。「世論に一石を―じる」「変化球を―じる」「福祉に身を―じる」⑥与える。「小鳥に餌(え)を―じる」

【投身】トウシン 自殺するために、水中へ、また高所から下へ身を投げること。身投げ。

【投扇興】トウセンキョウ 扇を投げて台の上に立てた的を落とす、江戸時代後期に流行した遊戯。投扇(トウセン)・なげおうぎ。季新年

【投杼】トウチョ いつわりの告げ口も、たび重なると人が信ずるようになるたとえ。「投杼」は機(はた)の杼(ひ)のこと。▼曽参(ソウシン)人を殺す(九三九)

【投擲】トウテキ ①投げとばすこと。②陸上競技で、「投擲競技」の略。砲丸投げ・円盤投げ・やり投げ・ハンマー投げの総称。

【投入】トウニュウ ①投げ入れること。投げこむこと。「自動販売機のコイン―口」②資本や人員などをつぎこむこと。「新しい部署に優秀な社員を―する」

【投票】トウヒョウ 選挙や採決で、選出したい人の名前や賛否などを書いて、規定の箱などに入れること。

【投錨】トウビョウ 船のいかりをおろすこと。「港に―する」対抜錨(バツビョウ)

【投薬】トウヤク 医師が薬を処方して、患者に与えること。投与。

【投与】トウヨ 医師が薬を処方して、患者に与えること。投薬。「鎮痛剤を―する」

【投了】トウリョウ 囲碁・将棋で、一方が負けを認めて勝負を終えること。

【投げ文】なげぶみ だれからか知らせずに、手紙を投げ入れること。また、その手紙。

【投げ遣り】なげやり 物事をいいかげんに行うこと。また、そのさま。やりっぱなし。「―な態度」

【投げる】な‐げる ①手に持った物を飛ばす。ほうる。②格闘技で、相手をほうる。③あきらめる。なげやりにする。「さじを―げる」「勝負を―げる」④身投げをする。「屋上から身を―げる」⑤囲碁・将棋などで、投了する。⑥提供する。「彼女はその問題について疑問を―げかけた」

トウ【抖】(7) 扌4 1 5721 5935 音 トウ・ト 訓 ふるう・あげる

意味 ふるう。あげる。ふるい起こす。ふるい落とす。

トウ【豆】(7) 豆0 常 教 8 3806 4626 音 トウ・ズ 訓 まめ 外 たかつき

筆順 一 ｢ ｢ 戸 戸 戸 豆

意味 ①まめ。マメ科の植物の総称。五穀の一つ。「豆腐」「納豆」②たかつき。食物を盛る脚のついた器。③「伊豆(いず)の国」の略。「豆州」

下つき 小豆(あずき)・大豆(ダイズ)・納豆(ナットウ)

〈豆娘〉いととんぼ イトトンボ科のトンボの総称。▼糸蜻蛉(いととんぼ)(六〇五)

〈豆汁〉ごじる 水に浸しやわらかくした大豆をすりつぶして入れた味噌(ミソ)汁。表記「呉汁・醐汁」とも書く。

【豆腐】トウフ 大豆を加工した食品。水に浸した大豆をすりつぶして煮た汁をしぼり、かすを取り去ったものににがりを加え、固めたもの。

『豆腐に鎹(かすがい)』 手ごたえや効き目のないことのたとえ。豆腐にかすがいを打ちこんでも、豆腐がくずれるだけの意から。類糠(ぬか)

に釘・暖簾に腕押し

【豆】まめ ①マメ科の植物で食用にするものの総称。また、その種子。五穀の一つ。ダイズ・アズキ・エンドウなど。②特に、ダイズのこと。表記「荳・菽」とも書く。

【豆を煮るに▲萁まめがらを△然やく】兄弟・仲間同士が互いに傷つけあうたとえ。「然」は燃やすの意。豆を煮るのに、その豆の殻を燃やす意から。故事 魏の曹操の子、曹植は、詩才にすぐれていた。それをねたんでいた兄の文帝から「七歩あるくうちに詩を作れ」と言われ、たちどころに兄弟の不和を嘆く詩を作ったという故事から。〈『世説新語』〉参考「煮豆然萁」「煮豆燃萁」ともいう。類 七歩の才

【豆▲粥】まめがゆ 豆をまぜて炊いたかゆ。参考「トウシュク」とも読む。

【豆△幹・豆殻】まめがら 種子を取ったあとの豆のさや・茎など。季秋 表記「萁」とも書く。

【〈豆田〉・豆△生】まめふ 豆を植えている畑。まめばたけ。

【豆▲撒き】まめまき 節分に「鬼は外、福は内」と唱えながら豆をまくこと。豆打ち。季冬 参考「豆蒔き」と書けば、豆の種を畑などにまきうえる意。

【〈豆腐皮〉】ゆば 豆乳を煮立て、表面に張った薄い皮をすくい上げて作った食品。うば。表記「湯葉・湯波・油皮」とも書く。

トウ【到】

(8) 刂 6 常 4 3794 457E 音 トウ 訓 外 いたる

筆順 一 𠫓 云 𠫔 至 至 到 到

意味 ①いたる。目的の場所に着く。「到達」「到来」②極限までいきつく。「到底」「到頭」③ゆきとどく。ぬかりがない。「周到」

下つき 殺到・周到・精到

【△到る】いたる ①ある場所・時点に着く。達する。「五時間で山頂に―る」「双方合意に―った」②やってくる。到来する。「実力を発揮すべき時―る」③ある状態・段階になる。「事情を知るに―る」④およぶ。ゆきとどく。「老人から子どもに―るまで」

【到達】トウタツ 行き着くこと。ある点にとどくこと。「目的としたレベルに―する」「―目標をたててがんばる」類到着

【到着】トウチャク 目的地点に行き着くこと。とどくこと。「列車の―時刻」類到達

【到底】トウテイ どうしても。とても。「―納得できない」「―不可能な願いである」参考 打ち消しの語を伴う。本来は「結局は・つまり」の意。

【到頭】トウトウ ついに。結局。「―その日彼は来なかった」

【到来】トウライ ①こちらへ来ること。また、時機が来ること。「チャンス―」②贈り物がとどくこと。また、その品物。「―物のウイスキー」

トウ【宕】

(8) 宀 5 準1 3770 4566 音 トウ 訓 ほらあな・ほしいまま

意味 ①ほらあな。いわや。②気まま。ほしいまま。

下つき 佚宕・跌宕

トウ【沓】

(8) 曰 4 準1 2303 3723 音 トウ 訓 くつ・かさなる・むさぼる

意味 ①くつ。はきもの。②かさなる。かさなりあう。こみあう。「雑沓」③よくしゃべるさま。「沓沓」④むさぼる。

下つき 雑沓

【▲沓】くつ 足を入れるのに用いるはきもの。「―脱ぎの平たい石」

【▲沓石】くついし 柱をささえる土台の石。類柱石

【〈▲沓手鳥〉】ほととぎす ホトトギス科の鳥。▼杜鵑(一一二六)

と トウ

トウ【東】

(8) 木 4 常 教 9 3776 456C 音 トウ 訓 ひがし 外 あずま

筆順 一 丆 冂 币 曰 申 東 東

意味 ①ひがし。「東洋」「極東」②はる。五行で、春。「東風」「東作」参考「あずま」といえば、箱根から東方の国を指す。

下つき 関東・極東・近東・泰東・中東・日東・坂東

【△東】あずま ①日本の東国。箱根山から東の諸国。「―下り」②京都から見た江戸や鎌倉。

【△東男】あずまおとこ 東国生まれの男。関東また、江戸の男。

【△東男に京女】あずまおとこにきょうおんな 男は、たくましくて気っぷのいい江戸の男がよく、女は、しとやかで情のある京都の女がよいということ。類越前男に加賀女・京男に伊勢女・讃岐男に阿波女

【△東屋】あずまや 屋根を四方にふきおろし、柱だけで壁のない小屋。表記「四阿」とも書く。

【〈東風〉】こち 春、東のほうから吹いてくる風。ひがしかぜ。こちかぜ。季春

【〈東雲〉】しののめ ①明け方。あけぼの。②明け方、東のほうの空にたなびく雲。

【〈東風菜〉】しらやまぎく キク科の多年草。山地に自生。茎や葉に短い毛がある。夏から秋、白色で中央が黄色い頭花をつける。由来「東風菜」は漢名から。表記「白山菊」とも書く。

【東▲夷】トウイ ①昔、中国で東の異民族を呼んだ語。類西戎・南蛮・北狄 ②昔、京都から見て関東の武士をいった語。あずまえびす。③「東方のえびす」の意で、見下していう語。

【東▲瀛】トウエイ ①東のほうの海。東海。②日本。参考「瀛」は大海の意。

と トウ

【東家の丘】トウカのキュウ 人を見る目がないことのたとえ。また、人を軽視するたとえ。故事 孔子(コウシ)が聖人として万人に崇敬(スウケイ)されていたころ、孔子の西隣に住んでいた人がその事を知らず、孔子のことをいつも東隣の丘さんと呼んでいたという故事から。「丘」は孔子の名前。〈『三国志』〉

【東△窺西望】トウキセイボウ あちこちをちらちら見ること。落ち着きのないようす。「窺」はうかがい見ること。「合格の知らせを―して待つ」

【東宮】トウグウ 皇太子の住む宮殿。また、皇太子。由来 昔、皇太子の宮殿が皇居の東にあったことから。表記「春宮」とも書く。

【東西】トウザイ ①東と西。東洋と西洋。東方と西方。「―に道路が走る」「古今―にわたる」②方向。方角。「慣れない街で―を失う」③興行などで、最初に客をしずめるための口上。「―(トザイ)―(トウザイ)」

【東西を弁ぜず】トウザイをベンぜず 分別がなく、物の道理が全然分かっていないたとえ。東と西の区別さえできない意から。〈白居易の詩〉参考「弁ぜず」は「弁(わきま)えず」ともいう。

【東遷】トウセン 都などが、東のほうや東国へ移動すること。

【東漸】トウゼン 文明や勢力が、しだいに東のほうへ移り進むこと。「仏教の―」対 西漸

【東△浄】トウチン 禅寺で、便所のこと。東司(トウス)。参考「チン」は唐音。

【東天紅】トウテンコウ ①夜明けに鳴くニワトリの声。②高知県特産の、ニワトリの一品種。抑揚のある声で長く鳴く。参考 東の空が紅(あか)くなる意に当てた語。

【東道の主】トウドウのシュ 道案内をする人。また、客をもてなす世話役のこと。故事 中国、春秋時代、強国の秦(シン)と晋(シン)の軍勢に取り囲まれた鄭(テイ)の燭之武(ショクシブ)が、秦に対して、鄭は東方の主人となって秦のためにつくしたいと申し出て許され、危機を脱した故事から。〈『春秋左氏伝』〉

【東奔西走】トウホンセイソウ 仕事や用事のため東へ西へと忙しく走り回ること。「奔」は勢いよく走る意。参考「東走西奔」ともいう。類 南船北馬

【東△籬】トウリ 建物の東側にある竹などの垣。東側のまがき。

【東】ひがし ①日が昇る方角。②東から吹く風。東風(こち)。③京都から見た鎌倉、また関東。④相撲の番付表の東方(ひがしかた)。土俵正面から見た左側。「―の横綱」対 ①〜④西

トウ【苳】(8) 艹 5 1 7184 6774 音 トウ 訓 ふき

意味 ふき(蕗)。キク科の多年草。

【△苳】ふき キク科の多年草。▼蕗(ふき)(一六一〇)

トウ【恫】(9) 忄 6 1 5588 5778 音 トウ・ドウ 訓 いたむ・おどす・おどかす

意味 ①いたむ。心がいたむ。②おどす。おどかす。「恫喝(ドウカツ)」

【△恫喝・△恫△愒】ドウカツ おどして、怖がらせること。おどかし。「弱みにつけこんで―する」類 脅迫

トウ【荅】(9) 艹 6 1 7209 6829 音 トウ 訓 あずき・こたえる

意味 ①あずき。小豆。②こたえる。

トウ【逃】(9) 辶 6 常 4 3808 4628 音 トウ 訓 にげる・にがす・のがす・のがれる

旧字《逃》(10) 辶 6 1/準1

筆順 ノ ﾉ ﾘ 兆 兆 兆 兆 逃 逃

意味 にげる。のがれる。にがす。のがす。「逃亡」「逃走」「逃避」

下つき 遁逃(トントウ)・逋逃(ホトウ)

【△逃散】チョウサン 昔、農民が領主への反抗手段として、耕作を放棄して他領へ逃げたこと。参考「トウサン」とも読む。

【逃△竄】トウザン 逃げ隠れること。参考「竄」は穴にもぐりこんで隠れる意。

【逃走】トウソウ 逃げ去ること。のがれること。「国外へ―した」

【逃避】トウヒ 責任や困難などを避けてのがれること。また、世間から逃げ隠れること。「現実から―してはいけない」「―行」

【逃亡】トウボウ 逃げて身を隠すこと。逃げていなくなること。「―中の容疑者」

【逃がした魚は大きい】にがしたさかなはおおきい 手に入れかけて失ったものは、実際よりも重大なものを失ったように思えて、いちだんと惜しまれるたとえ。釣り上げようとして逃げられた魚は実際よりも大きく思われることから。参考「逃がした」は「逃げた」ともいう。類 死んだ子は賢い

【逃げ腰】にげごし 逃げようとするさま。また、困難や責任をなんとかのがれようとする態度。「彼は初めから―だ」

【逃げ水】にげみず 遠くに水があるように見えて、近づくとまた遠のく気象現象。草原や強い日差しの道路などで見られる。蜃気楼(シンキロウ)の一種。地鏡(ジかがみ)。

【逃げる】にげる ①つかまらないように去る。のがれる。「犬に追いかけられて―げる」②危険を避ける。また、責任や面倒なことを避ける。「敵の手から―げる」「きつい仕事から―げる」

【逃げるが勝ち】にげるがかち 譲ったほうが、のちに有利になることもあるたとえ。場合によっては戦わずに逃げたほうが、最終的には勝利に導くことになる意から。類 三十六計逃げるに如(し)かず・負けるが勝ち

【逃す】のが-す にがす。逸する。「犯人を—す」「あと一歩のところで優勝を—す」

【逃れる】のが-れる 追手や責任・困難などからはなれる。逃げ去る。「一瞬の差で難を—れる」「責任を—れることはできない」

トウ【倒】(10) 亻8 常 4 3761 455D 音 トウ 訓 たおれる・たおす 外 さかさま・こける

筆順 ノ 亻 仁 仁 仨 侄 侄 侄 倒 倒

意味 ①たおれる。たおす。ひっくりかえす。「倒産」「打倒」②さかさま。さかさまになる。「倒錯」「倒置」「倒立」③状態がはなはだしい。ひどく。激しく。「圧倒」「絶倒」

下つき 圧倒アットウ・驚倒キョウトウ・傾倒ケイトウ・昏倒コントウ・絶倒ゼットウ・卒倒ソットウ・打倒ダトウ・転倒テントウ・罵倒バトウ

【倒ける】こ-ける ①ころぶ。倒れる。「つまずいて—ける」②興行があたらず、不入りに終わる。

【倒】さかさま 物の位置や順序などが、ふつうとは逆になっているさま。さかしま。

【倒す】たお-す ①立っているものを横にする。②ころがす。「ぶつかって前の人を—した」③くつがえす。滅ぼす。「政権を—す」④勝負して相手を負かす。「強豪チームを—す」⑤殺す。死なせる。「一発で野獣を—す」

【倒れる】たお-れる ①立っていたものが横になる。「地震で電柱が—れる」②ころぶ。③くつがえる。④勝負に負ける。⑤病気で寝こむ。また、死ぬ。「過労で—れる」

【倒影】トウエイ ①水面などに、さかさまにうつった影。倒景。②夕日の影。

【倒潰】トウカイ ▼書きかえ「倒壊」

【倒壊】トウカイ 建物などが、たおれてこわれること。書きかえ「倒潰」の書きかえ字。

【倒語】トウゴ もとの単語を構成する音節の順序を、逆にした語。隠語や卑語に多い。「ばしょ(場所)」を「しょば」、「たね(種)」を「ねた」などという類。

【倒行逆施】トウコウギャクシ 正しい道理に逆らって物事を行うこと。また、通常とは逆のやり方をすること。《『史記』》参考「逆施倒行」ともいう。

【倒錯】トウサク ①さかさまになること。逆になること。②正常とされる状態とは反対の行動をとること。「性の—」

【倒産】トウサン 経営がいきづまり、企業がつぶれること。類 破産

【倒置】トウチ ①さかさまに置くこと。②強調などのために語の順序を逆にすること。「この文には—法が使われている」

【倒立】トウリツ ①さかさまに立つこと。「水面に—した像が映る」②逆立ち。

トウ【党】(10) 儿8 教 常 5 3762 455E 音 トウ 訓 外 なかま・むら

旧字《黨》(20) 黒8 1/準1 8362 735E

筆順 丨 ⺌ ⺌ 𭕄 屵 尚 尚 尚 党 党

意味 ①なかま。ともがら。「残党」「徒党」②政治的な団体。「党首」「政党」③むら。むらざと。故郷。「郷党」

下つき 悪党アクトウ・郷党キョウトウ・挙党キョトウ・結党ケットウ・残党ザントウ・政党セイトウ・徒党トトウ・野党ヤトウ・与党ヨトウ・郎党ロウトウ

【党紀】トウキ 党の風紀・規律。「—を乱す派閥活動は禁止する」

【党規】トウキ 党の規則・規約。党の内規。党則。「—違反で除名される」

【党首】トウシュ 党の首領。党の最高責任者。「—会談を開く」

【党人】トウジン 党に所属する人。特に、生え抜きの政党人。類 党員

【党同伐異】トウドウバツイ 事の是非・善悪に関係なく、常に仲間に味方し、対立する相手を攻撃すること。《『後漢書ゴカンジョ』》参考「伐異党同」ともいう。

【党派】トウハ ①主義や思想を同じくする人々の集まり。また、その党。「超—の議員による政策研究会」②党のなかの分派。「三つの—が総裁候補をかつぐ」

【党利党略】トウリトウリャク 特定の政党・党派だけのための利益と策略。「—のみに走る」

【党】なか 行動などをともにする人。また、同志の集まり。

トウ【凍】(10) 冫8 常 3 3764 4560 音 トウ 訓 こおる・こごえる 外 いてる・しみる

筆順 丶 冫 冫 冫 汀 泂 洞 渞 凍 凍

意味 ①こおる。いてる。いてつく。「凍結」「凍土」②こごえる。「凍死」「凍傷」

下つき 解凍カイトウ・冷凍レイトウ

【凍て返る】いてかえ-る 春、暖かくなったあと、また急に寒くなる。季 春

【凍て付く】いてつ-く こおりつく。また、こおりつくように冷たく感じられる。「寒気で道路が—く」

【凍て解け】いてどけ こおっていた地面がとけること。また、とけてぬかるみになること。季 春

【凍てる】いてる こおる。また、こおるように冷たく感じられる。

【凍る】こお-る 氷が広く張る。いてつく。「湖が—る」「血も—るような恐ろしさ」参考「氷る」と書けば、液体が氷状になる意。

【凍える】こご-える 寒さのために手足などが感覚を失い、自由がきかなくなる。「—えた体を暖める」「手が—えて動かない」

【凍△鮒】こごりぶな フナを煮て、煮汁をかたまらせた料理。季冬 表記「凝鮒」とも書く。

【凍△み豆腐】しみドウフ 豆腐を小形に切って寒中の野外で凍らせ、乾かしたもの。湯などでもどして調理する。凍(こお)り豆腐。高野豆腐。季冬

【凍△みる】しみる 温度が低く、こおるように冷たい。また、こおる。「夜道が―みる」

【凍餓】トウガ 寒さでこごえて、飢えること。また、非常に衣食に窮すること。

【凍解氷釈】トウカイヒョウシャク 疑問や問題が、氷が解けていくように解決すること。《『朱子全書』》

【凍結】トウケツ ①こおりつくこと。「湖はすっかり―した」類氷結 ②物事の移動や使用、状態の変更をさしとめること。また、その状態。「論議を一時―することにした」

【凍死】トウシ 寒さのために、こごえ死ぬこと。こごえ死に。季冬

【凍傷】トウショウ 強い寒気によって体の一部や全身に起こる損傷。類凍瘡(トウソウ) 季冬

【凍上】トウジョウ 寒さのために、土中の水分がこおって地面が盛り上がること。しみあがり。

【凍△瘡】トウソウ 寒さのために手足などが血行不良となり、赤くはれ、かゆみを伴う症状。しもやけ。類凍傷 季冬

【凍土】トウド こおった土。また、その土地や地層。類凍野・凍原

トウ【唐】(10) 口 7 常 4 3766/4562 音 トウ 訓 から 外 もろこし

筆順 丶 亠 广 户 户 声 庚 庚 唐 唐

意味 ①中国の王朝名。「唐音」「唐書」②から。もろこし。中国の古い呼び名。また、外国のこと。「唐人」「毛唐」③にわかに。出しぬけに。「唐突」④ほら。でたらめ。「荒唐無稽(コウトウムケイ)」

下つき 毛唐(ケトウ)・荒唐(コウトウ)

【唐】から ①中国の古称。②語の上につけて、それが中国もしくは外国から渡来したものであることを表す語。「―獅子(ジシ)」参考「トウ」と読めば、中国の王朝名を指す。

【唐揚げ】からあげ 魚・肉などを衣をつけずに、または小麦粉やかたくり粉をまぶして油で揚げること。また、その揚げたもの。「鶏肉(ケイニク)の―」表記「空揚げ」とも書く。

【唐臼】からうす うすを地面に埋めて、きねの一端を足で踏みながら、他の一端を上下させて穀物をつくもの。ふみうす。

【唐傘】からかさ 割竹の骨に油紙を張り、柄(え)をつけた雨がさ。番がさ・蛇の目がさなど。参考中国風のかさの意。

【唐紙】からかみ ①中国渡来の美しい色模様の紙。②「唐紙障子」の略。①をはった障子。また、ふすま。「―を張り替える」参考①「トウシ」とも読む。

【唐△衣】からぎぬ 宮廷女性の礼装のころも。綾(あや)などでつくられ、丈は短く、平安時代には十二単衣(ジュウニひとえ)の一番外側に着た。

【唐草模様】からくさモヨウ つる草のつるや葉がからみあうようすを、図案化した模様。絵画や染物、織物などに用いられる。

〔唐草模様(からくさモヨウ)〕

【唐紅】からくれない 濃い紅色。深紅色。表記「韓紅」と書けば「朝鮮から渡来した紅」の意。

【唐子】からこ ①中国風の装いをした子ども。②江戸時代の幼児の髪形で、頭の上や左右に髪を残して他を剃(そ)るもの。③「唐子人形」の略。①の姿をした人形。

【唐△獅子】からジシ ①外国のしし。ライオン。②①を装飾化したもの。参考日本のイノシシ・シカを「しし」というのに対していう語。

【唐△鋤】からすき 農具の一つ。柄(え)が曲がっていて刃が広く、牛馬に引かせて田畑を耕すもの。表記「犂」とも書く。

【唐△橘】からたちばな ヤブコウジ科の常緑小低木。暖地の樹林に自生。夏、白い小花をつけ、赤くて丸い実を結ぶ。タチバナ。

【唐手】からて 中国から伝来して沖縄に伝わった素手で身を守る武術。突き・蹴(け)り・受けの三方法が基本の拳法(ケンポウ)。表記「空手」とも書く。

【唐△櫃】からびつ 四本、または六本の脚のついた中国風の箱。衣類・調度品などを入れる。

【唐松】からまつ マツ科の落葉高木。由来葉の出るようすが唐絵のマツに似ていることから。▼落葉松(からまつ)(一五七)

【唐様】からヨウ ①中国風。類唐風 ②明(ミン)風の漢字書体。特に、江戸時代に流行した書体。また、楷書(カイショ)・篆書(テンショ)・隷書(レイショ)の書体。対①②和様 ③鎌倉期に宋(ソウ)から伝わった禅寺の建築様式。類禅宗様

【唐音】トウオン 唐末から清(シン)までの中国音に基づく日本の漢字音。平安時代中期から江戸時代までに日本に伝わった漢字音の総称。「行灯(アンドン)」「提灯(チョウチン)」など。対漢音・呉音 参考「トウイン」とも読む。

【唐△楓】トウかえで カエデ科の落葉高木。中国原産。庭園や街路に植える。葉は三つに浅くさけ、紅葉が美しい。表記「三角楓」とも書く。

【唐辛子・唐〈△芥子〉】トウがらし ナス科の一年草。熱帯アメリカ原産。細長い果実は熟すと赤くなり辛い。香辛料・薬用。季秋 表記「蕃椒」とも書く。

【唐△黍】トウきび トウモロコシの別称。季秋 ▼玉蜀黍(とうもろこし)(三五二)

【唐△鍬】トウぐわ 頭部が鉄製で、柄(え)が木製のくわ。開墾や木の根切りなどに用いる。

【唐桟】トウザン たてじまの綿織物。桟留縞(サントめじま)。桟留。由来 インド南東岸のサントメから渡来したことから。参考 もとは輸入物の桟留縞を指したが、後に日本でもつくられるようになり、すべて唐桟と呼ぶようになった。

【唐人】トウジン ①中国人。②外国人。異国人。参考「からびと」とも読む。

【唐土】トウド 「唐土(もろこし)」に同じ。

【唐突】トウトツ だしぬけなさま。突然なさま。「一に質問されて戸惑う」

【唐檜】トウひ マツ科の常緑高木。深山に自生。葉は平らな線形で、裏面は灰白色。建築・土木・パルプなどに用いる。トラノオモミ。

【唐物】トウブツ 中国や他の外国から渡来した品物。舶来品。洋品。「一屋(洋品店)」参考「トウモツ・からもの」とも読む。

【唐変木】トウヘンボク 気のきかない人、わからずやなどを、あざけっていう語。

【唐本】トウホン 中国から渡った書籍。類 漢籍

【唐箕】トウみ 穀物の実と粃(しいな)・もみ殻などを選別して、吹き分ける農具。

【〈唐木香〉】もっこう キク科の多年草。インド北部原産。暗紫色のアザミに似た花をつける。根は芳香と苦味があり、漢方で健胃薬にする。表記「木香」とも書く。

【〈唐土〉・唐】もろこし ①昔、日本から中国を呼んだ名称。②昔、中国から伝来したものにつけた語。「一歌(漢詩)」参考「唐土」は「トウド」とも読む。

【〈唐黍〉】もろこし イネ科の一年草。▼蜀黍(もろこし)(七八四)

トウ【套】★ (10) 大 7 準1 3769 4565 音 トウ 訓 かさねる・おおい

意味 ①かさねる。かぶせる。おおう。また、おおい。「外套」②ありきたり。古くさい。「套語」「常套」

下つき 外套(ガイトウ)・旧套(キュウトウ)・常套(ジョウトウ)

【套ねる】かさねる 外からおおう。かぶせてつつむ。「毛皮のコートを一ねる」

【套言】トウゲン きまり文句。ありふれた言葉。常套句。類 套語

トウ【島】(10) 山 7 常 教 8 3771 4567 音 トウ 訓 しま

筆順 ノ 丆 户 户 白 自 鳥 鳥 島 島

意味 しま。水に囲まれた陸地。「島嶼(トウショ)」「孤島」

下つき 遠島(エントウ)・群島(グントウ)・孤島(コトウ)・諸島(ショトウ)・絶島(ゼットウ)・半島(ハントウ)・本島(ホントウ)・離島(リトウ)・列島(レットウ)

【島】しま ①四方を水で囲まれた陸地。②池・築山(つきやま)などのある庭園。③他から区別された一区画。④暴力団などの勢力範囲。なわばり。⑤頼りや助けとなるもの。「とりつく一もない」

【島影】しまかげ 島のすがた。海上にかすんで見える島のかたち。「船も一も見えない」

【島台】しまダイ 州浜(すはま)の形をした台の上に松竹梅や鶴亀(つるかめ)などを配し、蓬莱山(ホウライサン)をかたどった置物。婚礼などに用いる。参考「蓬莱山」は仙人が住むという中国の伝説の霊山。

【島田髷】しまだまげ 代表的な日本髪で、おもに未婚の女性や花嫁が結う。参考「しまだわげ」とも読む。

【島流し】しまながし ①昔、罪人を遠くの島や遠方の地へ送った刑罰。類 遠島・流刑(ルケイ) ②遠方の不便な地へ転勤すること。左遷(サセン)。

【島嶼】トウショ いくつかの島。島々。「南太平洋の一群」参考「嶼」は小さな島の意。

トウ【桃】(10) 木 6 常 4 3777 456D 音 トウ 訓 もも

筆順 一 十 才 木 村 村 杪 桃 桃 桃

意味 もも。バラ科の落葉小高木。「白桃」

下つき 桜桃(オウトウ)・胡桃(コトウ・くるみ)・白桃(ハクトウ)・扁桃(ヘントウ)

【〈桃金嬢〉】てんにんか フトモモ科の常緑小低木。沖縄など暖地に自生。夏、紅紫色の五弁花をつけ、楕円(ダエン)形の実を結ぶ。果実は、暗紫色に熟し、ジャムなどにする。由来「桃金嬢」は漢名から。表記「天人花」とも書く。

【桃園結義】トウエンケツギ 義兄弟の契(ちぎ)りを結ぶこと。由来 中国、蜀(ショク)の劉備(リュウビ)と関羽と張飛の三人が、張飛の家の桃園で義兄弟の契りを結んだ物語から。《『三国志演義』》

【桃花】トウカ モモの花。「一の節句(三月三日の桃の節句)」季 春

【桃源郷・桃源境】トウゲンキョウ 俗世間を離れた平和な別世界。理想郷。類 仙郷・仙境 由来 漁夫が桃林の奥に、戦乱から逃れた人々が平和に暮らす地を発見したという話から。《『桃花源記』》

【桃紅柳緑】トウコウリュウリョク モモの花の紅色と、ヤナギの新芽の緑色。春の美しい景色をいう。〈王維(オウイ)の詩〉参考「柳緑桃紅」ともいう。類 柳暗花明

【桃仁】トウニン モモの種子を乾燥させてつくる薬。鎮痛剤・消炎剤などに用いる。「一酒」

【桃李】トウリ モモとスモモ。また、モモの花とスモモの花。

【『桃李言(もの い)わざれども、下(した)自(おの)ずから蹊(ケイ)を成す』】人徳のある人には、自然と人々が慕って集まるというたとえ。モモの木やスモモの木は何も言わないが、その花を見ようとして人が集まり、自然に道ができるということ。《『史記』》参考「桃李成蹊(トウリセイケイ)」ともいう。

【〈桃花鳥〉】とき トキ科の鳥。▼鴇(とき)(一二四二)

【桃】もも バラ科の落葉小高木。中国原産。春、淡紅色などの五弁花が咲き、夏、球形で多汁の

果実をつける。果実は食用で美味。種子は薬用。

【桃▲栗(くり)三年柿(かき)八年】 何事をなし遂げるにも、相応の年数が必要であることのたとえ。モモやクリは芽が出てから実になるまで三年かかり、カキは八年かかる意から。

【桃の節句】(もものセック) 三月三日の節句。ひなまつり。季春

【桃割れ】(ももわれ) 若い娘の結う日本髪の一つ。髪を、左右に分け、輪にして後頭部でまとめた、モモを割ったような形の結い方。

〔桃割(もも わ)れ〕

トウ 【★疼】 (10) 疒 5 [1] 6554/6156 音 トウ 訓 うずく・うずき・いたむ

〔疼〕 意味 うずく。ずきずきいたむ。「疼痛」

【▲疼く】(うずく) ①傷などがずきずきと痛む。「虫歯が—く」②心が痛く感じる。「胸が—く」「良心が—く」

【▲疼痛】(トウツウ) ずきずきとうずくように痛むこと。また、その痛み。

トウ 【納】 (10) 糸 4 教 3928/473C ▼ノウ(一二二〇)

トウ 【荳】 (10) 艹 7 [1] 7226/683A 音 トウ・ズ 訓 まめ

意味 まめ。マメ科の植物の総称。五穀の一つ。

トウ 【討】 (10) 言 3 常 [5] 3804/4624 音 トウ 訓 うつ㊥ ㊓たずねる

筆順 、 亠 亠 言 言 言 言 言 討 討

意味 ①うつ。せめうつ。「討伐」「追討」②たずねる。しらべる。きわめる。「討論」「検討」

下つき 検討(ケントウ)・征討(セイトウ)・掃討(ソウトウ)・追討(ツイトウ)

【討ち入り】(うちいり) 敵の陣地や住居に攻めこむこと。攻め入ること。

【討ち死に】(うちじに) 武士が、戦場で敵と戦って死ぬこと。類戦死

【討つ】(うつ) ①刀などで、人を斬(き)る。また、殺す。「江戸の敵(かたき)を長崎で—つ」②敵を攻め滅ぼす。征伐する。「敵を—つため前進した」

【討議】(トウギ) おおぜいで意見をたたかわせること。ディスカッション。類討論

【討究】(トウキュウ) ①検討や討議を重ねて深く研究すること。②道理や真相をたずねきわめること。類探究

【討幕】(トウバク) 幕府をせめうつこと。「尊王—」表記「倒幕」と書けば、幕府をたおすこと。

【討伐】(トウバツ) 兵を派遣して、したがわない者を攻めうつこと。類征伐

【討論】(トウロン) 意見を出して論じ合うこと。「会社再建について—が交わされた」類討議

トウ 【透】 (10) 辶 7 常 [4] 3809/4629 音 トウ 訓 すく・すかす・すける ㊓とおる

旧字《透》(11) 辶 7 1/準1

筆順 一 二 千 禾 禾 秀 秀 秀 诱 透

意味 ①すく。すかす。すきとおる。「透視」「透写」②とおる。とおす。つきぬける。「浸透」

下つき 浸透(シントウ)・滲透(シントウ)

【△透△垣】(すいがい) 竹や板などで、間を少しずつ透かして作った垣根。由来「すきがき」の転じたもの。参考「すいがき」とも読む。

【透かし】(すかし) ①すきまを作ること。また、そのすきまの部分。②紙を光のほうに向けると見える文字や模様。「日本の紙幣には—が入っている」

【透かし彫り】(すかしぼり) 彫刻の技法の一つ。木・石や金属などの薄い板の模様をくりぬいて彫ったもの。欄間(ランま)や刀の鍔(つば)の類。

〈透百合〉(すかしゆり) ユリ科の多年草。海岸の岩場に自生。夏、黄赤色の花を上向きにつける。由来 花弁のつけねが細く、花弁と花弁の間にすきまがあることから。

【透かす】(すかす) ①すきまを作る。間隔をあける。また、間引(まび)く。「庭の樹木の枝を—す」②すきとおらせる。物をとおして向こう側を見る。「コップを—して見ると水は濁っていた」

【透▲綾】(すきや) すけて見えるような薄い絹織物。肌ざわりがよく、夏の婦人用衣服に用いる。由来「すきあや」の転じたもの。

【透く】(すく) ①すきまができる。「雨戸の間が—いてきた」②物をとおして向こうが見える。すける。「カーテンから人影が—いて見える」

【透ける】(すける) 物をつきぬけて向こうが見える。すく。「清流の川底が—けて見える」

〈透波〉(すっぱ) ①戦国時代、武家が野盗などを雇い使ったスパイ。間者。②盗人。すり。③うそ。うそつき。表記「素破」とも書く。

【透過】(トウカ) ①すきとおること。②光や放射線などが物質をとおり抜けること。

【透視】(トウシ) ①すかして見ること。「心の奥まで—するような目だ」②心理学で、特殊な感覚によってものを認知すること。③X線の投影で身体内部を直接観察する方法。「胃の—を受けた」

【透写】(トウシャ) 薄紙をのせて下の字などを写し取ること。敷写し。トレース。「図面を—する」参考「すきうつし」とも読む。

【透析】(トウセキ) ①半透膜などが高分子物質を通さない性質を用いて、コロイド溶液中の低分子物質を除く操作。コロイドなどを精製する方法。②「人工透析」の略。

【透徹】(トウテツ) ①はっきりとすみきっていること。「—した大気」②物事の筋道がとおって、一貫していること。「—した理論を展開する」

【透明】トウメイ ①光をよくとおし、向こうがすきとおって見えること。また、そのさま。「あの湖の―度は高い」②濁りや曇りなどのないこと。澄んでいること。「―な心」

【▵透る】とおーる ①すける。光などが、すきまをつきぬける。「血管まで―って見える」②遠くまでとどく。「声がよく―る」

トウ【▲逃】(10)⻌6 ▼逃の旧字(一一四〇)

トウ【偸】(11)亻9 1 4889 5079 音 トウ・チュウ 訓 ぬすむ・うすい・かりそめ

意味 ①ぬすむ。ぬすみ。「偸盗」②むさぼる。「偸安」③うす(薄)い。④かろんずる。おろそかにする。かりそめ。

下つき 苟偸コウトウ

【▲偸盗】チュウトウ ①仏五戒の一つで、人の物をぬすむこと。ぬすみ。②ぬすむ人。参考「トウトウ」の慣用読み。

【▲偸安】トウアン 将来のことを考えず目前の安楽をむさぼること。一時逃れ。「―の夢」

【▲偸薄】トウハク 軽はずみで不誠実なこと。人情がうすいこと。類軽薄・薄情

【▲偸む】ぬすーむ 人に知られないよう、手に入れる。中の物をこっそり抜き取る。

トウ【★兜】(11)儿9 準1 1985 3375 音 トウ・ト 訓 かぶと

意味 かぶと。頭を守る武具。参考 人がかぶとをつけた形からできた字。

【兜】かぶと 合戦のとき、頭を守るためにかぶる鉄や革でできた武具。

【兜菊】かぶとギク トリカブトの別称。▼鳥兜とりかぶと(一〇六〇)

【兜虫】かぶとむし コガネムシ科の甲虫。▼甲虫かぶとむし(四七六)

【兜巾】トキン 修験者シュゲンジャがかぶる黒い小さなずきん。山川の悪気を防ぐという。

【▲兜率天】トソツテン 仏欲界の六天のうち第四位の天。内院と外院があり、内院には弥勒菩薩ミロクボサツがすみ、外院には天人がすむとされる。類知足天 由来「兜率」は梵語ボンゴの音訳語。

トウ【剳】(11)刂9 1 4985 5175 音 トウ・サツ 訓 かま・かぎ

意味 かま(鎌)。また、かぎ(鉤)。

トウ【悼】(11)忄8 常 準2 3773 4569 音 トウ 訓 いたむ 高

筆順 丶 丷 忄 忄 忄 忄 忄 忄 悼 悼 悼

意味 いたむ。人の死を悲しむ。「悼辞」「哀悼」

下つき 哀悼アイトウ・深悼シントウ・追悼ツイトウ

【悼む】いたーむ 死んだ人を思って悲しむ。死者をかわいそうに思う。「友の死を―み弔電を送る」

【悼詞】トウシ 人の死をいたみとむらう言葉や文。類悼辞・弔辞

【悼辞】トウジ 「悼詞」に同じ。

トウ【掏】(11)扌8 1 5759 595B 音 トウ 訓 する・えらぶ

意味 ①する。すりとる。「掏摸」②えらぶ。類淘 ③くむ。くみとる。すくう。

〈▲掏▲摸〉・〈▲掏児〉すり 人ごみなどで人が身につけている金品を、本人に気づかれずに抜き取ること。また、その者。巾着キンチャク切り。由来「摩り」の意。体をすり寄せて盗むからという。

【▲掏る】すーる 人が身につけている金品を、手探りでかすめ取る。「財布を―る」

トウ【掉】(11)扌8 1 5760 595C 音 トウ・チョウ 訓 ふるう・ふる

意味 ふるう。ふる。振り動かす。「掉尾」

【▲掉尾】トウビ ①物事や文章の終わりの勢いがよいこと。また、そのさま。「―の勇を奮う」②終わり。「オリンピックの―を飾る」由来 魚が水中に潜るとき激しく尾を振る意から。参考「チョウビ」の慣用読み。

【▲掉う】ふるーう 手でゆり動かす。ゆする。

トウ【★桶】(11)木7 準1 1819 3233 音 トウ 訓 おけ

意味 おけ。木製の円筒形の容器。「湯桶」

下つき 棺桶カンおけ・手桶ておけ・火桶ひおけ・湯桶ゆトウ

【▲桶】おけ 縦に丸く並べてたてた細長い板を、たがでしめて、底をつけた円筒形の容器。「洗い―」「風呂フロ―」

【▲桶胴】おけドウ 日本の太鼓の一種で、囃子はやしや民俗芸能などに用いる。桶のように板を合わせた胴の両面に革を張り、ひもで締めたもの。

トウ【★淘】(11)氵8 準1 3781 4571 音 トウ 訓 よなげる

意味 よなげる。よりわける。「淘金」「淘汰トウタ」

【▲淘汰】トウタ ①よりわけて不用のものを除くこと。②環境に適応する生物だけが生き残り、適応しないものは滅びること。「自然―」参考「汰」は水で洗ってよりわける意。

〈▲淘金〉ゆりがね 土砂に混じっている砂金を、水中でゆすって分けること。また、その砂金。

【▲淘げる】よなーげる ①米を水に入れてとぐ。②水中でゆすりながらよりわける。よりわけて悪いものを捨てる。「砂金を―げる」

トウ【盗】(11)皿6 常 4 3780 4570 音 トウ 訓 ぬすむ 外とる

旧字《盜》(12)皿7 1/準1 6125 5D39

と

トウ

筆順 冫 冫 冫 次 次 次 咨 咨 盗 盗 盗

意味 ①ぬすむ。他人のものをとる。ぬすみ。「盗作」「盗難」②こっそり行う。「盗聴」「盗視」

下つき 怪盗カイトウ・群盗グントウ・強盗ゴウトウ・窃盗セットウ・偸盗チュウトウ・夜盗ヤトウ

【盗汗】トウカン 「盗汗ねあせ」の医学的な言い方。

【盗掘】トウクツ 鉱産物や古墳の埋蔵品を無断で掘りおこして盗むこと。

【盗作】トウサク 他人の作品やアイデアを無断で使用し、自分の作品として発表すること。また、その作品。「デザインを—する」類剽窃ヒョウセツ

【盗賊】トウゾク 他人の金品を略奪する者。ぬすびと。特に、大規模な盗みをする集団。

【盗聴】トウチョウ 他人の電話などをこっそり聞くこと。ぬすみ聞き。「—器を仕掛ける」

【盗難】トウナン 金品を奪われること。また、金品を盗まれる災難。「旅先で—に遭あう」

【盗伐】トウバツ 他人の所有する山の木などを、ひそかに切って盗むこと。

【盗癖】トウヘキ 衝動的に盗みをしてしまう、病的なくせ。ぬすみぐせ。「—のある人」

【盗用】トウヨウ 他人の発明や所有物を、許可なく使うこと。「アイデアを—する」

【△盗る】とーる 他人の金品をぬすむ。奪う。「財布を—られた」

〈盗人〉△猛△猛しい ぬすっとたけだけしい 悪事をとがめられて、逆に食ってかかること。盗みをはたらきながら、ずうずうしく大きな態度をしているさま。

【盗人】ぬすびと 他人の金品を盗み取る者。どろぼう。参考「ぬすっと・ぬすと」とも読む。

『盗人に追い銭セン』 損をしたうえに、さらに損をするたとえ。盗んだ相手に、さらに金まで与えてやる意から。参考「盗人」は「泥棒」ともいう。

『盗人に鍵かぎを預ける』 信用してはいけない人を信用して損をすることのたとえ。わざわいのもとになるものを助長して、かえって被害を大きくすることのたとえ。盗人と知らずに、自分の家の鍵を預ける意から。類盗人に蔵の番

『盗人にも三分の理』 何事にもこじつければ理屈はつけられるたとえ。盗んだことを正当化しようと思えば、なんらかの理由はつけられるということから。参考「盗人にも五分の理」ともいう。

『盗人の△隙ひまはあれども守り手の△隙はなし』 盗難を防ぐのは困難であることのたとえ。盗人は、機会をねらって入るので、休もうと思えば休めるが、それに備えているほうは、いつ入るか分からない相手に油断することができないという意から。

【盗む】ぬすーむ ①他人の金品をひそかにとる。②人に気づかれないように何かをする。「深夜、家族の目を—んで出かける」③ひそかにまねて自分のものとする。「親方の技を—む」④忙しいなかでわずかな時間をやりくりする。「暇を—んでは書いた小説です」

〈盗汗〉ねあせ 病気による発熱や過労などが原因で、寝ているときにかく汗。「—をかく」表記「寝汗」とも書く。参考「トウカン」とも読む。

トウ【★逗】(11) 辶7 準1 3164 3F60 音トウ・ズ 訓とどまる

〔逗〕

意味 ①とどまる。たちどまる。滞在する。「逗留」②くぎり。文章の切れ目。

【▲逗留】トウリュウ 旅先で、ある期間とどまること。自宅以外の所に滞在すること。「湯治場トウジに長—する」類滞留・滞在

【▲逗まる】とどーまる 同じ場所から動かない。しばらく立ちどまる。滞在する。

トウ【▲透】(11) 辶7 ▼透の旧字(一一四)

トウ【陶】(11) 阝8 常 3 3811 462B 音トウ 外ヨウ 訓外すえ

筆順 ７ ３ 阝 阝' 阝'' 阝ケ 阝勹 陶 陶 陶 陶

意味 ①すえ。やきもの。せともの。「陶器」「陶芸」②人を教え育てる。「陶冶トウヤ」「薫陶クントウ」③たのしむ。うっとりする。「陶酔」「陶然」④うれえる。心をふさぐ。「陶鬱トウウツ」

下つき 鬱陶ウットウ・鈞陶キントウ・薫陶クントウ

【△陶】すえ 「陶物すえもの」に同じ。

【△陶物】すえもの やきもの。とうき。すえ。「—師（陶器を作る職人）」

【陶器】トウキ ①原料の土をねって形をつくり、釉うわぐすりをかけて焼いた器。類磁器 対土器 ②陶器・磁器類の総称。やきもの。せともの。

【陶芸】トウゲイ 陶磁器の美術や工芸。「—家」「—教室に通う」

【陶犬瓦鶏】トウケンガケイ 見かけだけはりっぱだが、実際の役に立たない物のたとえ。焼き物のイヌと素焼きのニワトリの意から。《金楼子キンロウシ》 参考「瓦鶏陶犬」ともいう。

【陶工】トウコウ 陶磁器を作る職人。焼き物師。参考「すえつくり」とも読む。

【△陶砂】ドウサ みょうばんをとかした水に、にかわの液をまぜたもの。和紙などの表面に引いて、すみや絵の具などがにじむのを防ぐ。表記「礬水」とも書く。

【陶磁器】トウジキ 釉うわぐすりをかけて焼いた陶器や磁器の総称。やきもの。

【陶酔】トウスイ ①気持ちよく酒に酔うこと。②自然や芸術などの美にうっとりするほど

心を奪われ、その気分にひたること。「古典音楽に―する」

【陶然】トウゼン ①気持ちよく酒に酔うさま。②心を奪われてうっとりするさま。「―と見入る」

【陶潜帰去】トウセンキキョ 中国、東晋の自然詩人、陶潜（字は淵明）が彭沢の県令に任命されたにもかかわらず、役人生活に嫌気がさして八〇日あまりで辞職し、「帰去来辞」を作ったという故事をいう。〈『晋書』〉

【陶△枕】トウチン 陶磁器製の中空のまくら。夏に用いる。季夏

【陶土】トウド 陶磁器の原料となる粘土。白色の純良な粘土。白土。類陶石

【陶冶】トウヤ ①陶器を焼くことと鋳物を作ること。②才能・素質を引き出し、人材を育てること。「人格を―する」類薫陶

トウ【塔】

(12) 土 9 常 4 3767 4563 訓 音 トウ

筆順 一 十 土 圹 坩 坩 坎 垬 塔 塔

意味 ①高くそびえる建造物。「鉄塔」「尖塔」「五重の塔」②そとば。(ア)仏の骨を納めるための層状の建物。「堂塔」「宝塔」(イ)死者を埋葬したしるしに立てる木や石の標識。「塔婆」

下つき 斜塔・石塔・尖塔・層塔・鉄塔・仏塔・宝塔

【塔△主・塔△司】タッス 仏禅宗で、塔頭をとりしまり監督する役。また、その役の僧。

【塔△頭・塔△中】タッチュウ 仏①禅宗で高僧の死後、弟子がその遺徳をしたい、墓塔のそばや敷地内に建てた小院。②大寺の山内にある小寺院や別坊。寺中。子院。参考「塔」は墳墓、「頭」はほとりの意。

【塔婆】トウバ ①仏仏舎利（仏骨）を安置するために建てる塔。②「卒塔婆」の略。死者の供養のために墓の後ろに立てる、上部を塔形にした薄くて細長い板。板塔婆。

トウ【搭】

(12) 扌 9 常 準2 3775 456B 訓 音 トウ 外のる・のせる

筆順 一 十 扌 扌 扌 扌 扌 搭 搭 搭 搭 搭

意味 ①のる。のせる。積みこむ。「搭載」「搭乗」②かける。つるす。つける。

【搭載】トウサイ ①人員・物品などを、車両や船舶などに積みこむこと。「飛行機に―して運ぶ」類積載 ②兵器などを装備すること。「核兵器―の可能性がある」③機器や車などに、ある機能・装備を組み込むこと。「ターボエンジン―の軽自動車」

【搭乗】トウジョウ 艦船や飛行機などに乗りこむこと。「―手続き」

【△搭せる】の―せる 上に物を積む。乗り物にのせる。「戦闘機を―せた航空母艦」

トウ【棟】

(12) 木 8 常 準2 3779 456F 訓 音 トウ むね・むな高 外かしら

筆順 十 木 木 杧 杧 柜 柜 桓 棟 棟 棟

意味 ①むね。屋根の最も高いところ。②むなぎ。むねに使う木。「棟宇」③建物。家屋。「病棟」④かしら。おさ。「棟梁」

下つき 飛棟・病棟

【棟△梁】トウリョウ ①大工のかしら。親方。②国や各々の集団で、指導的立場にある人。由来「棟」は家のむなぎ、「梁」は家のはりの意で、ともに家屋を支えることから。

【棟△梁の器】トウリョウのうつわ 一国を支えるに足りる統治者。また、重い任務にたえうる人。屋根は棟と梁で支えられていることからいう。〈『南史』〉類棟梁の材

【棟木】むなぎ 家のむねに使う木材。屋根の頂上に横にわたす木。「昔の家は太い―を使っている」参考「むねぎ」とも読む。

【棟】むね 屋根の最も高い所。屋根の二つの面が交わる所。また、そこにわたす棟木。

【棟上げ】むねあげ 家を建てる際、柱・梁などの骨組みができたのち、その上に棟木を上げること。また、それを祝う儀式。建て前。「ようやく―の運びとなった」類上棟

【棟瓦】むねがわら 屋根のむねに用いられる瓦。参考「むながわら」とも読む。

【棟別銭】むねベツセン 中世に将軍や領主などが臨時費用調達のため、家屋の一棟ごとに課した税金。戦国時代には租税に組みこまれるようになった。棟分銭。参考「むなベツセン・むねベチセン」とも読む。

トウ【棹★】

(12) 木 8 1 6010 5C2A 訓 音 トウ・タク さお・さおさす

意味 ①さお。舟をこぐのに用いる棒。かい。「棹歌」②三味線の糸を張る部分。③箪笥・長持などを数える語。

【棹】さお ①舟をこぐ長い棒。②三味線の糸を張る柄の部分。また、三味線。③目盛りを刻んだはかりの棒。さおばかり。④箪笥・長持を担ぐ棒。また、それらを数える語。

【△棹す】さお―す ①さおで水底をついて、舟を進める。②時流にうまくのる。「時勢に―す」

【△棹歌】トウカ 船頭が舟をこぐときにうたう歌。ふなうた。表記「櫂歌」とも書く。

トウ【棠】

(12) 木 8 1 6011 5C2B 訓 音 トウ・ドウ やまなし・からなし

意味 ①やまなし。からなし。こりんご。バラ科の落葉高木。「甘棠」②植物の「棠棣」「海棠」「沙棠」に用いられる字。

と トウ

［〈▲棠梨〉］（ずみ） バラ科の落葉小高木。山地に自生。全体にとげがある。春、白い五弁花をつけ、黄色または紅色の丸い実を結ぶ。樹皮は黄色の染料となる。ヒメカイドウ。コリンゴ。由来「棠梨」は漢名から。表記「酸実・桷」とも書く。

トウ【湯】

(12) 氵 9 常 教 8 3782/4572 音 トウ 外 ショウ 訓 ゆ

筆順 冫 氵 汩 泪 浥 浔 湯 湯 湯

意味 ゆ。水をわかしたもの。また、ふろ。「湯治」「茶湯」「熱湯」

下つき 茶湯（サトウ）・銭湯（セントウ）・熱湯（ネットウ）・薬湯（ヤクトウ）

［△湯△婆］（タンポ） ①「湯湯婆（ゆタンポ）」に同じ。②京阪地方で、酒を温めるのに用いる取っ手と注ぎ口のある金属製の器。ちろり。参考①「タン」「ポ」はともに唐音。「トウバ」とも読む。

［△湯麺］（タンメン） 中華そばの一種。いためた野菜などを加えた塩味のスープのそば。参考「タンメン」は中国語から。

［湯治］（トウジ） 温泉に入って、病気などの療養をすること。「―て病後の養生をする」

［湯治場］（トウジば） 病気やけがなどの療養をする温泉場。

［湯池鉄城］（トウチテツジョウ） 守りの固いたとえ。熱湯の濠（ほり）と鉄の城の意から。〈『漢書（カンジョ）』〉参考「金城湯池」ともいう。

［湯］（ゆ） ①水を沸かして熱くしたもの。「鍋（なべ）に―を沸かす」②銭湯。風呂（ふろ）。「―に行く」「―につかる」③温泉。いでゆ。「子宝の―」

『湯の辞儀は水になる』 遠慮も、時と場合によるということのたとえ。風呂（ふろ）をすすめられて遠慮をしていると、せっかくわいた湯も冷めて水になってしまうという意から。「辞儀」は遠慮する意。

［湯△浴み］（ゆあみ） 風呂（ふろ）に入ること。入浴。湯に入り、体を温め洗うこと。

［湯▲掻く］（ゆがく） 野菜などのあくをぬくために、熱湯にさっと入れること。「ほうれん草を―く」類湯引く

［湯〈▲帷子〉］（ゆかたびら） 昔、入浴の時に身につけた単衣（ひとえ）の着物。のちに入浴後も水気を取るために着るようになった。ゆかた。類湯具・湯巻 季夏

［湯▲灌］（ゆカン） 仏葬で、遺体を納棺の前に湯でふき清めること。湯洗。

［湯気］（ゆゲ） 湯や熱した食べ物などから水蒸気が立ち上り、白い煙のように見えるもの。「浴室に―がたちこめる」

［湯煙］（ゆけむり） 温泉や風呂（ふろ）から立ち上る湯気。参考「ゆけぶり」とも読む。

［湯煎］（ゆセン） 容器を二重にして間に湯を入れ、間接的に中身を熱すること。「蠟（ロウ）を―して溶かす」

［湯銭］（ゆセン） 銭湯で入浴時に払う料金。入浴料。風呂（ふろ）銭。

［湯玉］（ゆだま） ①湯が沸騰したときにわき上がる泡。湯花。②玉のように飛び散った熱湯。

［湯△湯△婆］（ゆタンポ） 金属や陶器で作った容器の中に湯を入れ、寝床や足などを温める道具。たんぽ。季冬

［湯▲桶］（ゆトウ） 湯を入れるための注ぎ口と柄（え）のついた木製の器。蕎麦（そば）湯などに用いる。湯つぎ。

［湯▲桶読み］（ゆトウよみ） 漢字二字の熟語で、上の字を訓読み、下の字を音読みで読むこと。「手本（てホン）」など。対重箱（ジュウばこ）読み

［湯殿］（ゆどの） 入浴するためにこしらえた部屋。浴室。風呂場（ふろば）。浴場。

［〈湯女〉］（ゆな） ①温泉宿で客の接待をする女。②江戸時代、湯屋にいた遊女。

［湯▲熨・湯〈▲熨斗〉］（ゆのし） 布を湯気にあてたり湯でしめらせたりして、しわをのばすこと。

［湯の花］（ゆのはな） ①温泉に生じる鉱物質の沈殿物。温泉華（オンセンカ）。ゆばな。②湯あか。

［湯葉・湯波］（ゆば） 豆乳を煮たとき、表面にできるうす皮をすくいとって作った食品。生と干したものとがある。うば。表記「豆腐皮・油皮」とも書く。

［湯引き］（ゆびき） 魚や薄く切った肉などをさっと湯にとおすこと。ゆがくこと。

［湯△槽・湯船］（ゆぶね） 入浴のとき湯を張り、人がその中に入るおけ。浴槽。

［湯水］（ゆみず） ①湯と水。②たくさんあるもののたとえ。「金を―のように遣う（金を惜しげもなく遣う）」

［湯文字］（ゆモジ） ①女性の腰巻き。類湯巻 ②昔、入浴の際に着た衣。ゆかたびら。

［湯屋］（ゆや） ①銭湯。風呂屋（ふろや）。②風呂場。類①②湯具

トウ【痘】

(12) 疒 7 常 3 3787/4577 音 トウ 訓 外 もがさ

筆順 丶 亠 广 广 疒 疒 疔 痁 痘 痘

意味 もがさ。ほうそう。皮膚に豆つぶのような水ぶくれができる感染症。「痘瘡（トウソウ）」

下つき 牛痘（ギュウトウ）・種痘（シュトウ）・水痘（スイトウ）

［〈痘痕〉］（あばた） 天然痘の治ったのち、皮膚に残る小さなくぼみ。また、それに似たもの。

『〈痘痕〉も▲靨（えくぼ）』 ひいき目で見れば短所も長所に見えるたとえ。好きになれば、相手のあばたもえくぼのようにかわいらしく見える意から。類惚（ほ）れた欲目

［痘▲瘡］（トウソウ） 感染症の一つ。高熱・発疹（ホッシン）を生じ、あばたを残す。天然痘。疱瘡（ホウソウ）。参考「もがさ」とも読む。

【痘苗】 トウビョウ 種痘に用いる弱毒化された痘瘡トウソウワクチン。

〈痘▲瘡〉 もがさ 「痘瘡トウソウ」に同じ。

トウ
【登】
(12) 癶 7 教 常 8
3748 4550
音 トウ・ト
訓 のぼる

筆順 フ ヌ ダ 癶 癶 癶 ⁸ 癸 登 登 ¹¹ 登

意味 ①のぼる。(ア)高いところにあがる。「登山」「登頂」(イ)高い位につく。人をひきあげて用いる。「登用」(ウ)でかける。公の場所へ行く。「登校」「登庁」②公の書類に記載する。「登録」「登記」

下つき 攀登ハントウ

【登記】 トウキ 民法上の権利などを公示するため、一定の事項を登記簿に記載すること。「購入した土地の─を済ませる」

【登校】 トウコウ 授業を受けるため、生徒・児童が学校に行くこと。「─拒否」 対 下校

【登載】 トウサイ ①文章などを、新聞・雑誌などにのせること。「投書が─される」 類 掲載 ②帳簿・台帳などに公式に記すこと。「備品台帳に─する」 類 記載

【登場】 トウジョウ 舞台や映画・小説などの場面に人物が現れること。「主人公が─して拍手がわいた」 対 退場

【登仙・登▲僊】 トウセン ①仙人になって、天にのぼること。また、仙人。「羽化─」 類 昇仙 ②貴人の死。特に、天皇・天子の死を敬っていう。

【登壇】 トウダン 壇に上がること。演壇にのぼること。「─して所信を述べる」 対 降壇

【登頂】 トウチョウ 山などの頂上にのぼること。「未登峰─を目指す登山隊」 参考 「トチョウ」とも読む。

【登坂】 トウハン 車両が坂道をのぼって走ること。「─車線」 参考 「トハン」とも読む。

【登▲攀】 トウハン 高山や岩崖などをよじのぼること。「アイガー北壁を─する」

【登板】 トウバン 野球で、球を投げるため投手がマウンドに立つこと。投手として試合に出ること。「リリーフとして─する」 対 降板

【登用・登庸】 トウヨウ 人を、これまでよりも上の地位に引き上げて用いること。「若手の人材を─する」

【登竜門】 トウリュウモン 立身出世への難しい関門のたとえ。中国の黄河上流にある竜門は、激しい急流で、ここを登りきった鯉こいは竜になるという伝説から生まれた言葉。 故事 後漢の末期、乱れた政治を刷新した李膺リヨウは人望がきわめて厚く、若手官僚の中で李膺に認められた者は、その将来が約束されたようなもので、人々から「竜門に登った」と言われた故事から。〈『後漢書ゴカンジョ』〉

【登録】 トウロク ①帳簿に記載すること。「住民─」②一定の事項を公簿に記載すること。「─家」

【登山】 トザン ①山にのぼること。 類 山登り ②山上の寺に参詣サンケイすること。③修行するために、僧・修験者などが山にこもること。 対 ①〜③下山 参考 ②③「トウセン」とも読む。

【登る】 のぼ─る 下方から上方へだんだんと行く。高い所へ上がる。「坂を─る」「壇上に─る」 参考 「上る」と書けば、下から上へまっすぐに移動する意。

トウ **【▲盜】** (12) 皿 7 6125 5D39 ▼盗の旧字(一一四五)

トウ
【答】
(12) ⺮ 6 教 常 9
3790 457A
音 トウ
訓 こたえる・こたえ

筆順 ノ ⺈ ⺮ ⺮⁶ 竺 笂 笒 答 答

意味 こたえる。応ずる。報いる。こたえ。「答弁」「解答」 対 問

下つき 応答オウトウ・回答カイトウ・解答カイトウ・確答カクトウ・口答コウトウ・誤答ゴトウ・自答ジトウ・正答セイトウ・贈答ゾウトウ・即答ソクトウ・筆答ヒットウ・返答ヘントウ・問答モンドウ

【答え】 こたえ ①返事。返答。「呼んでも─がない」②解答。「─合わせ」

【答える】 こた─える ①返事をする。「振り向いて─える」②問題を解く。

【△答拝】 タッパイ ①盛大な饗宴キョウエンのときに主人が堂を降りて迎え、互いに行う拝礼。②丁重なあいさつ。丁重なもてなし。 参考 「トウハイ」とも読む。

【答案】 トウアン 問題に対する答え。また、それを記した用紙。「─の採点」

【答辞】 トウジ 式場での返答の言葉。祝辞・送辞などに対して述べる言葉。「卒業生代表として─を読んだ」 対 送辞

【答申】 トウシン 上司や上級官庁の問いに対して、意見を申し述べること。「審議会の─」 対 諮問シモン

【答弁】 トウベン 質問に答えて、弁明・説明をすること。また、その答え。「市議会での市長の─を傍聴する」

【答礼】 トウレイ 相手の礼にこたえて礼をすること。また、その礼。「敬礼に─する」「─訪問」 類 返礼

トウ
【等】
(12) ⺮ 6 教 常 8
3789 4579
音 トウ
訓 ひとしい 外 ら・など

筆順 ノ ⺈ ³ ⺮ ⺮ ⁵ 竺 竺 笙 笙 等 等

意味 ①ひとしい。おなじ。「等分」「平等」②くらい。順位。階級。「等級」「上等」③なかま。ともがら。ら。など。「郎等」

下つき 下等カトウ・均等キントウ・勲等クントウ・高等コウトウ・上等ジョウトウ・初等ショトウ・親等シントウ・対等タイトウ・中等チュウトウ・同等ドウトウ・特等トクトウ・平等ビョウドウ・優等ユウトウ・劣等レットウ・郎等ロウドウ・ロウトウ

【等温】 トウオン 温度がひとしいこと。同じ温度。「─線(天気図上で同一気温の地点を結んだ線)」

【等価】トウ カ 価値や価格がひとしいこと。また、その価値・価格。「―交換」

【等閑】トウ カン 「等閑(なおざり)」に同じ。「問題を―に付することは許せない」

【等級】トウ キュウ 上下や優劣の段階。「―別に分けて出荷する」類階級

【等号】トウ ゴウ 二つの数や式などの間にはさんで、両方が等しいことを表す記号。イコール。対不等号

【等高線】トウコウ セン 「等高曲線」の略。地図上で、高度や傾斜など、地形を表すために、標準海面からの高さがひとしい点を結んだ線。同高線。水平曲線。対等深線

【等式】トウ シキ 二つまたはそれ以上の数または式を、等号で結び、それがひとしいことを示す恒等式と方程式。対不等式

【等質】トウ シツ 全体にわたって、性質や成分などがひとしいこと。均質。類同質

【等親】トウ シン 一八七〇(明治三)年に定めた旧法の親族の計算法。夫を一等親、妻を二等親などとした。参考現行法の「親等」は、しばしば混用されているが別語。

【等身大】トウシン ダイ ①肖像・彫像などが、人間の身長と同じくらいの高さであること。「―のポスター」②現実的で、身近に感じられること。「―のヒーロー像」

【等比】トウ ヒ 二つの比がひとしいこと。「―数列(隣り合う二項の比が一定である数列)」

【等分】トウ ブン ①ひとしく分けること。同じ分量で分けること。また、その分量。「ケーキを六―する」類均分 ②同じ程度。「子どもたちの顔を―にながめる」

【等量齊視】トウリョウ セイシ すべての人々を差別することなく、平等に扱うこと。ひとしくはかり、ひとしくみる意から。

【〈等閑〉】なおざり おろそかにするさま。いい加減にしておくさま。「少子化は―にできない社会問題だ」参考「トウカン」とも読む。

【等】など ①それ以外の類するものの存在を示す語。「花―を祝いに贈る」②謙遜(ケンソン)や強意の意を表す語。「私―にはできません」「気落ち―していません」③表現をやわらげていう語。「菓子―いかが」参考②多く否定や反語の表現に用いる。

【等しい】ひとしい ①複数の物事で数量・性質などの同じであるさま。「長さが―い」②そろっているさま。一斉であるさま。「―く感嘆の声をあげた」

【等し並み】ひとしなみ 区別なく、等しいこと。「全員を―に扱う」類同等・同列

【等】ら ①複数を表す語。「職員―が対応する」②人の代名詞について謙遜(ケンソン)・軽視などを表す語。「私―に行かせてください」③方向・場所などをおおよそに示す語。「ここ―で休もう」

トウ【筒】(12) ⺮6 常 準2 3791 457B 音 トウ 訓 つつ

筆順 ノ ⺈ ⺮ ⺮ 6 ⺮ 筒 筒 筒 筒

意味 つつ。つつ状のもの。「水筒」「竹筒」

下つき 円筒(エントウ)・気筒(キトウ)・水筒(スイトウ)・竹筒(たけづつ)・封筒(フウトウ)

【筒】つつ ①丸くて細長く、中が空いているもの。「―形の入れ物」類管 ②銃身。砲身。転じて、銃や大砲。③井戸の外わく。井筒。

【筒袖】つつ そで 和服でたもとがなく、つつのような形をした細い袖。また、そのような袖の衣服。

【筒抜け】つつ ぬけ ①話し声などがそのまま他人に聞こえること。秘密などがそのまま他に伝わること。「営業戦略が先方へ―になる」②とまらずに素通りすること。「右から左へ―だ」

【筒元】ドウ もと ①賭博(バクチ)を主催している人。ばくちの親。②物事を締めくくりまとめる人。元締め。由来賭博でさいころを筒に入れて振る人の意から。表記「胴元」とも書く。

トウ【統】(12) 糸6 常 教 6 3793 457D 音 トウ 訓 すべる(高) (外)おさめる・すじ

筆順 く 幺 糸 3 糸 糸 6 糸 紅 紘 統 統

意味 ①すべる。おさめる。一つにまとめる。「統率」「統治」②すじ。つながり。「系統」「伝統」

下つき 一統(イットウ)・王統(オウトウ)・系統(ケイトウ)・血統(ケットウ)・正統(セイトウ)・総統(ソウトウ)・伝統(デントウ)

【統べる】すべる ①一つにまとめて支配する。おさめる。「天下を―べる野望を抱く」②たばねる。とりまとめる。

【統一】トウ イツ 多くのものを一つにまとめること。また、まとまること。「秀吉は全国―を成しとげた」類統合

【統覚】トウ カク ①哲学で、自我が経験や感覚を総合し統一する作用。②心理学で、注意作用の結果、知覚内容がはっきりすることをいう。

【統括】トウ カツ ばらばらに分かれているものを、ある基準で一つにまとめること。「販売と営業の部門を―する」「意見を―する」類総括

【統轄】トウ カツ 多くの人や組織を統一して取り締まること。「総理大臣は政務を―する」

【統監】トウ カン 政治や軍事の全体を、まとめて監督すること。また、その人や職務。

【統御・統馭】トウ ギョ 全体を統一して率いること。全体を思い通りに動かすこと。「官僚組織を―する」

【統計】トウ ケイ 同種のものを集めて分類・整理し、数値で表示すること。また、その数値。

【統合】トウ ゴウ 独立した二つ以上のものを、一つにまとめ合わせること。「二つの学校を―する」類統一・合併

【統帥】トウ スイ 軍隊を統率し指揮すること。また、その人。「陸軍を―する」

【統制】トウ セイ ①一つにまとめて治めること。「―のとれたチーム」②一定の方針にした

がって取り締まること。「―経済」

【統率】トウソツ 多くの人をまとめて率いること。「委員長にふさわしい―力がある」「―のとれたチーム」

【統治】トウチ ①まとめておさめること。②主権者が国土や人民を支配すること。「―権を主張する」「一国を―する」「信託―」参考「トウジ」とも読む。

【統領】トウリョウ 集団をまとめておさめること。また、その人。かしら。類首領

トウ【董】(12) 艹9 準1 3801 4621 音 トウ 訓 ただす

意味 ①ただす。とりしまる。おさめる。「董正」「董督」②「骨董(古道具)」に用いられる字。

【董す】ただ-す 見張る。監督し管理する。「威をもってこれを―す」

【董狐の筆】トウコのふで 権勢に屈せず、ありのままに歴史を記すこと。故事 中国、晋(シン)の霊公(レイコウ)が、趙穿(チョウセン)に殺されたとき、執政の大臣で同じく趙一族の趙盾(チョウトン)が趙穿を討伐しなかったことを、当時の晋の史官の董狐が、趙盾に罪があるとして「趙盾、その君を殺す」と記録した故事から。《『春秋左氏伝』》

【董督】トウトク 人々や軍隊を取り締まること。監督すること。

トウ【道】(12) 辶9 教 3827 463B ▼ドウ(一一六三)

トウ【塘】(13) 土10 準1 3768 4564 音 トウ 訓 つつみ

意味 ①つつみ。どて。「堤塘」②いけ。ためいけ。

下つき 池塘(チトウ)・堤塘(テイトウ)・坡塘(ハトウ)

「池塘」

【塘】つつみ 水をためるために築いた土手。また、土手を築いて水をためた池。ため池。参考「堤」と書けば、川に沿って長くのびた堤防の意。

トウ【搗】(13) 扌10 1 5781 5971 音 トウ 訓 つく・たたく・うつ・かつ・かてて

意味 ①つく。うすでつく。②たたく。うつ。類①②擣 ③かてて。そのうえ。

〈搗布〉かじめ 褐藻類コンブ科の海藻。太平洋岸に多い。茎は長さ約一～二メートルで、葉は羽状。ヨード・アルギン酸の原料。ノロカジメ。季春

【搗ち合う】かち-あう ①ぶつかり合う。衝突する。「頭と頭が―う」②重なる。「予定が―う」

【搗栗】かちぐり クリの実を干してうすでつき、殻と渋皮を除いたもの。表記「勝栗」とも書き、祝いごとなどに使う。

【搗く】つ-く 蒸したもち米などをうすに入れ、杵(きね)や棒の先でこねるようにしてたたく。表記「擣く」とも書く。

【搗いた餅(もち)より心持ち】物をもらうよりも、その心づくしのほうがもっとうれしいということ。参考「搗いた」は「食うた」ともいう。対思し召しより米の飯

【搗衣】トウイ 砧(きぬた)の上に布や絹をのせて、槌(つち)などで打つこと。表記「擣衣」とも書く。

【搗臼】トウキュウ 上部のくぼみに米などを入れてつくうす。参考「つきうす」とも読む。

【搗精】トウセイ 玄米をついて白くすること。参考「精」は精白する意。

トウ【搨】(13) 扌10 1 5782 5972 音 トウ 訓 する・うつす

意味 す(刷)る。うつしとる。石ずりにする。なする。

「搨本」

【搨本】トウホン 石碑などの文字を、墨などで刷り写したもの。石ずり。また、それを集めた本。類拓本

トウ【滔】(13) 氵10 1 6277 5E6D 音 トウ 訓 はびこる・うごく・あつまる

意味 ①はびこる。水が広がりあふれる。また、広く大きいさま。「滔天」②うごく。うごかす。「滔蕩(トウトウ)」③あつまる。あつめる。

【滔天】トウテン 水が、天に届くほど満ちあふれること。また、勢力の盛んなたとえ。「―の勢い」

【滔滔】トウトウ ①水が勢いよく、盛んに流れるさま。「―と流れる大河」②すらすらとよどみなく話すさま。「―とした演説」③世間の風潮が、強い勢いである方向に流れ向かうさま。「―たる時代の流れ」

【滔る】はびこ-る 水が勢いよく広がる。水が満ちあふれる。

トウ【溏】(13) 氵10 1 6279 5E6F 音 トウ 訓 いけ

意味 ①いけ。池のつつみ。②どろ(泥)。

トウ【當】(13) 田8 6536 6144 ▼当の旧字(一一三六)

トウ【絛】(13) 糸7 1 6922 6536 音 トウ・ジョウ 訓 さなだ・うちひも

意味 さなだ。絹糸を平たく編んだひも。うちひも。くみひも。

下つき 馬絛(バトウ)

【絛虫】ジョウチュウ 扁形(ヘンケイ)動物で、脊椎(セキツイ)動物の腸内に寄生する虫。体は平たく、多くの節があり、真田紐(さなだひも)に似ている。表記「条虫」とも書く。参考「さなだむし」とも読む。

トウ【罩】(13) 罒8 1 7013 662D 音 トウ 訓 かご・こめる

意味 ①かご。魚をとる竹かご。②こめる。入れて包む。

トウ【嶋】(14) 山11 準1 3772 4568 音 トウ 訓 しま

意味 しま。水に囲まれた陸地。

トウ【榻】(14) 木10 1 6048 5C50 音 トウ 訓 こしかけ・ねだい・ゆか・しじ

意味 ①こしかけ。ながいす。ねだい(寝台)。②しじ。牛車のながえのささえ。

下つき 臥榻(ガトウ)・床榻(ショウトウ)・石榻(セキトウ)・禅榻(ゼントウ)

【榻】しじ 牛車からウシを外したとき、轅(ながえ)の軛(くびき)の支えや、乗り降りの踏み台にした台。

トウ【稲】(14) 禾9 常 4 1680 3070 音 トウ 訓 いね・いな

旧字《稻》(15) 禾10 1/準1 6743 634B

筆順 二 千 禾 禾 禾 稲 稲 稲 稲 稲 (2 5 8 14)

意味 いね。イネ科の一年草。五穀の一つ。「稲田」

下つき 水稲(スイトウ)・晩稲(バントウ)・陸稲(リクトウ)・早稲(わせ)

【稲幹】いながら イネの茎。参考「幹」は枝が生える中心の太い部分の意。

【稲置】いなぎ 大和朝廷時代の地方官。イネなどの穀物の収納をとりあつかった役。

【稲妻】いなずま 雷雨のとき、空中での放電によって起こる電光。稲光。季秋 由来 イネの実る時期に多いため、その光によってイネが実ると考えられたことから。表記「電」とも書く。

【稲穂】いなほ イネの穂。「ーが重そうに垂れている」季秋

【稲叢】いなむら 刈り取ったイネを積み重ねたもの。季秋

【稲荷】いなり ①五穀をつかさどる神。また、その神をまつる神社。②キツネの別称。③油揚げ。また、「いなり寿司」の略。由来 ②キツネを①の使いとする俗信から。③油揚げがキツネの好物とされることから。

【稲】いね イネ科の一年草。東南アジア原産。水田で栽培する水稲(スイトウ)と畑で栽培する陸稲(リクトウ)・おかぼがある。収穫した種子は米といい、五穀の一つ。主食とするほか、酒やみそなどの原料にする。季秋 表記「禾」とも書く。

【稲扱き】いねこき 刈り取ったイネの穂から、籾(もみ)をこき取ること。また、その道具。

【稲春虫】いねつきむし ショウリョウバッタの別称。バッタ科の昆虫。

【稲熱病】いもちびょう いもち病菌の寄生によるイネの病害の一つ。葉・茎に褐色の小さな斑点(ハンテン)ができて種子がつかなくなる。参考「トウネツビョウ」とも読む。

【稲魂】うかのみたま 食物、特にイネの神。また、五穀の神。稲荷(いなり)信仰の祭神。表記「倉稲魂」とも書く。

【稲麻竹葦】トウマチクイ 多くの人や物が入り乱れているさま。また、周囲を幾重にも取り囲んでいるさま。イネ・アサ・タケ・アシが群がって生えている意から。《法華経(ホケキョウ)》

【稲架】はさ 刈ったイネを干すために木やタケを組んだ設備。稲掛け。季秋 参考「はざ」とも読む。

トウ【綯】(14) 糸8 1 6935 6543 音 トウ 訓 なう・なわ

意味 ①なう。縄をなう。糸をよる。よりあわせる。②なわ。

【綯い交ぜ】ないまぜ 種類や性質の異なるものが、一つにまぜ合わさること。また、そのもの。ごちゃごちゃなもの。「事実と想像をーにして語る」参考 種々の色糸を、一本の糸により合わせる意。

【綯う】なう 数本の糸・わらなどをより合わせて一本にする。よる。あざなう。「泥棒を捕らえて縄をーう」

トウ【読】(14) 言7 教 3841 4649 ▼ドク(一一七四)

トウ【骰】(14) 骨4 1 8177 716D 音 トウ 訓 さい・さいころ

意味 さい。さいころ。「骰子」

【骰子】さいころ 小さな立方体の各面に、一から六までの目を記した遊び道具。ゲームや賭博(バク)などに用いる。さい。表記「賽子」とも書く。

トウ【嶝】(15) 山12 1 5451 5653 音 トウ 訓 さか・さかみち

意味 さか。さかみち。山道。

トウ【幢】(15) 巾12 1 5481 5671 音 トウ・ドウ 訓 はた

意味 はた。はたぼこ。軍の指揮に用いるはた。

【幢幢】トウトウ 光が薄暗く、ゆらゆら揺れ動いて落ち着かないさま。

【幢幡】ドウバン 仏 仏堂に飾るはた。装飾のついた竿(さお)に長い布をたらしたもの。参考「トウハン」と読めば、のぼりの一種の意。

【幢】はた ①朝廷・軍の儀仗(ギジョウ)や、軍の指揮などに用いるはた。②仏具の一つのはた。

トウ【撞】★(15) 扌12 準1 3821 4635 音 トウ・ドウ・シュ 訓 つく

意味 つく。突きあたる。つき鳴らす。「撞着(ドウチャク)」「撞木(シュモク)」類衝

【撞木】シュモク ①仏具の一つ。鉦(たたきがね)・磬(ケイ)などを打ち鳴らすT字形の棒。かねたたき。②つり鐘をつく棒。参考「シモク」とも読む。

【撞木鮫】シュモクざめ シュモクザメ科の海魚の総称。太平洋や大西洋の温帯に分布し、日本近海にもすむ。頭部が左右に張り出してT字形をし、その両端に目がある。性質は獰猛(ドウモウ)。由来 頭部が仏具の撞木に似ていることから。

【撞く】つ-く ①棒でつきあてる。打つ。「鐘を—く」②つきとおす。刺す。「—いて壊す」

【撞球】ドウキュウ 玉つき。ビリヤード。

【撞着】ドウチャク ①つき当たること。ぶつかること。②前後が一致しないため、つじつまが合わないこと。類矛盾 表記「撞著」とも書く。

トウ【樋】★ (15) 木11 準1 4085 4875 音 トウ 訓 ひ・とい

〈樋〉

意味 ひ。かけひ。とい。「雨樋」 参考 木でつくった、水を通すみちを表す字。

下つき 雨樋(あまどい)

【樋】とい ①雨水を集めて地面に流すため、屋根のへりに取りつけた装置。とよ。「雨—」②「樋(ひ)①」に同じ。

【樋】ひ ①水を流し送るため、竹や木などで作った細長い管。とい。②水門。③刀や弓などの、物の表面につけた細長いみぞ。

トウ【滕】(15) 氺10 1 音 トウ 訓 わく・わきあがる

〈滕〉6278 5E6E

意味 わく。水がわきあがる。

トウ【稲】(15) 禾10 6743 634B ▶稲の旧字(一一五二)

トウ【蕩】★ (15) 艹12 準1 3802 4622 音 トウ 訓 うごく・ほしいまま・あらう・はらう・とろける

意味 ①うごく。ただよう。ゆれうごく。「蕩揺」「震蕩」②のびやか。ひろびろとしているさま。「駘蕩(タイトウ)」「蕩蕩」③ほしいままにする。だらしがない。みだす。「蕩児」「放蕩」類宕(トウ) ④あらう。洗い去る。はらいのぞく。すっかりなくす。「蕩尽」「蕩滌(トウデキ)」⑤とろける。類①③④⑤盪(トウ)

下つき 震蕩(シントウ)・掃蕩(ソウトウ)・駘蕩(タイトウ)・漂蕩(ヒョウトウ)・飄蕩(ヒョウトウ)・放蕩(ホウトウ)・遊蕩(ユウトウ)・揺蕩(ヨウトウ)

【蕩産】トウサン 酒色におぼれるなどして、財産を使い果たすこと。類破産

【蕩児】トウジ 酒や女遊びにふける者。素行が悪く、身持ちのよくない者。放蕩息子。道楽者。類蕩子

【蕩尽】トウジン 財産などを使い果たし、すっかりなくしてしまうこと。

【蕩然】トウゼン ①洗い流されてなにもないこと。跡かたもないさま。②ほしいままのさま。だらしのないさま。

【蕩蕩】トウトウ ①広々と大きいさま。②ゆったりと穏やかなさま。平らかなさま。③水の勢いが激しいこと。「滝の水が—としぶきをたてる」

【蕩揺】トウヨウ 揺れ動くこと。また、揺り動かすこと。動揺。類揺蕩

【蕩ける】とろ-ける ①固体がとけて液状になる。とけて形が崩れる。「高温で金属が—ける」②心のしまりがなくなる。うっとりする。「—けた表情になる」

トウ【踏】(15) 𧾷8 常 4 3807 4627 音 トウ 訓 ふむ・ふまえる

筆順

意味 ふむ。ふまえる。あるく。ふみ行う。「踏査」「踏襲」「未踏」

書きかえ 「蹈(トウ)」の書きかえ字。

下つき 高踏(コウトウ)・雑踏(ザットウ)・舞踏(ブトウ)・未踏(ミトウ)

【踏査】トウサ 実際に出かけて行って、調査すること。「離島で実地—をする」

【踏襲】トウシュウ それまでのやり方を受け継ぐこと。「古いしきたりは一切—しない」 書きかえ 「蹈襲」の書きかえ字。

【踏破】トウハ 困難な道のりや、遠い行程などを歩き通すこと。また、歩き尽くすこと。「南アルプスを—する」「全行程を無事に—した」

【踏まえる】ふ-まえる ①足で踏みつける。②ある事実や考え方を根拠とする。「歴史を—えて交流する」「経験を—えて助言する」

【踏絵】ふみエ ①江戸時代、キリスト教徒を調べ出すために踏ませた、銅板や木版に浮き彫りにしたキリストや聖母マリアの像。また、それを踏ませること。②人の思想・立場などを試す手段。

【踏切】ふみきり ①鉄道線路と道路が交わる所。「—で車が渋滞する」②陸上競技や体操競技で、跳躍するときに足を強く踏むこと。また、その場所。③決断。ふんぎり。

【踏み躙る】ふみにじ-る ①踏み荒らす。「花畑を—る」②人の気持ちや面目を台なしにする。「人の好意を—る行い」

【踏む】ふ-む ①足で物の上に乗る。足を動かして体重をかける。「薄氷を—む思い」②その地や場に立つ。「故郷の土を—む」③経験する。「初舞台を—む」「場数を—む」④規範にしたがって行う。「順序を—む」⑤見当をつける。評価をする。「ざっと—んでも一億円は下らない美術品だ」

〖踏んだり蹴(け)ったり〗何度も重ねてひどい仕打ちを受けること。また、そのさま。

【踏ん切り】ふんぎり きっぱり決断すること。決心。 参考 「踏み切り」の音便。

トウ【鬧】(15) 門5 1 8209 7229 音 トウ・ドウ 訓 さわがしい・さわぐ

〈鬧〉7963 6F5F

意味 さわがしい。さわぐ。さわがす。あらそう。「鬧歌」「鬧市」「喧鬧(ケントウ)」類呶(ド)

下つき 喧鬧(ケントウ)・熱鬧(ネットウ)

【鬧がしい】さわ-がしい やかましい。うるさい。そうぞうしい。

トウ【★橙】(16) 木12 1 6084 5C74 音 トウ 訓 だいだい

意味 ①だいだい。ミカン科の常緑小高木。「橙黄」②こしかけ。つくえ。

【▲橙】だいだい (一六九) ミカン科の常緑小高木。▼回青橙

【▲橙色】だいだいいろ 赤みがかった黄色。ダイダイの実の色。オレンジ色。

【▲橙皮】トウヒ ダイダイの皮を乾燥させたもの。芳香・苦味があり、健胃剤・防臭剤として用いる。

トウ【橦】(16) 木12 1 6085 5C75 音 トウ・ショウ 訓 つく・はたざお

意味 ①つく。うつ。②とばりの柱。はたざお。

トウ【▲燈】(16) 火12 3785 4575 ▼灯の旧字(一二一七)

トウ【糖】(16) 米10 常 教 5 3792 457C 音 トウ 訓 外あめ

筆順 丷 半 米 粁 粐 粓 粬 糖 糖

意味 ①あめ。さとう(砂糖)。「糖衣」「精糖」②水にとけ、甘味のある炭水化物。「糖分」「乳糖」

下つき 果糖(カトウ)・血糖(ケットウ)・黒糖(コクトウ)・砂糖(サトウ)・蔗糖(ショトウ)・精糖(セイトウ)・製糖(セイトウ)・乳糖(ニュウトウ)

【△糖】あめ 米やサツマイモなどの澱粉(デンプン)を糖化させた甘い食品。

【糖衣錠】トウイジョウ 飲みやすいように、糖製品で外側を包んだ錠剤。「—の薬」

【糖尿病】トウニョウビョウ 糖分の代謝異常の生活習慣病。膵臓(スイゾウ)の機能異常による高血糖と尿中への糖排出などが特徴。

【糖蜜】トウミツ ①砂糖の製造工程で、糖液を蒸発させて結晶糖を分離した残りの液。②砂糖をとかした液体。みつ。シロップ。

と トウ

トウ【縢】(16) 糸10 1 音 トウ 訓 かがる・からげる・とじる・むかばき

〔縢〕6956 6558

意味 ①かがる。からげる。とじる。しばる。②むかばき。きゃはん。「行縢」③かな。四本の縦糸をまとめた織り糸。

下つき 行縢(コウトウ・むかばき)

【▲縢る】かがる 布の縁や破れた部分を糸をからげて縫う。まつる。「ボタン穴を—る」

トウ【螗】(16) 虫10 1 音 トウ 訓 なつぜみ

意味 せみの一種。なつぜみ。「螗蜩(トウチョウ)」

トウ【頭】(16) 頁7 常 教 9 3812 462C 音 トウ・ズ・ト高 外ジュウ 訓 あたま・かしら中 外こうべ・かぶり・ほとり

筆順 一 豆 豆 豆 豆 豆 頭 頭 頭

意味 ①あたま。こうべ。つむり。「頭脳」「頭巾(ズキン)」「頭角」②いただき。物の上の端。「頭注」「頭書」③物事のはじめ。最初。「先頭」「年頭」「冒頭」対尾 ④上に立つ人。かみ。かしら。おさ。「頭首」「頭領」「巨頭」⑤あたり。ほとり。「街頭」「店頭」⑥動物を数える語。「頭数」⑦かみ。律令(リツリョウ)制で四等官の長官。

下つき 咽頭(イントウ)・駅頭(エキトウ)・音頭(オンド)・街頭(ガイトウ)・巻頭(カントウ)・教頭(キョウトウ)・口頭(コウトウ)・叩頭(コウトウ)・座頭(ザトウ)・地頭(ジトウ)・出頭(シュットウ)・初頭(ショトウ)・心頭(シントウ)・陣頭(ジントウ)・船頭(センドウ)・弾頭(ダントウ)・低頭(テイトウ)・店頭(テントウ)・年頭(ネントウ)・旗頭(はたがしら)・番頭(バントウ)・筆頭(ヒットウ)・冒頭(ボウトウ)・没頭(ボットウ)・前頭(まえがしら)・羊頭(ヨウトウ)・路頭(ロトウ)

【頭】あたま ①人間や動物の首から上の部分。②頭脳。また、そのはたらき。「—を使う」③頭髪の毛。「—を刈る」④物の上部や先端部。「マッチの—」「渋滞の—」⑤人数。「—割り」参考 ①「かしら・こうべ」とも読む。

【頭押さえりゃ尻(しり)上がる】両方がうまくいくことは少ないたとえ。一方がうまくいけば、もう一方はうまくいかない意から。類あちら立てればこちらが立たぬ 対一石二鳥

【頭隠して尻(しり)隠さず】悪事や欠点を隠したつもりでも、他人には気づかれてしまうものだということ。キジは草むらに隠れたつもりでも、長い尾が見えている意から。類身を蔵(かく)し影を露(あらわ)す・柿(かき)を盗んで核(さね)隠さず

【頭▲剃(そ)るより心を▲剃れ】外見より内容が肝心であることのたとえ。頭を剃って僧の姿になっても、心が伴わなければ何にもならないということから。類衣(ころも)を染めるより心を染めよ

【頭の黒い▲鼠(ねずみ)】物をかすめ取る者。特に、主人の目を盗んで悪事をはたらく雇い人。物がなくなったときなどに、人間の頭髪が黒いのをネズミになぞらえていう。

【頭】かしら ①あたま。「尾—つきの鯛(たい)」②髪の毛。また、能楽などの仮髪。「—を下ろす(髪をそって出家する)」③一番初め。「—文字」④一団を率いる人。首領。「窃盗一味の—」⑤人形の首。「人形浄瑠璃(ジョウルリ)の—」

【頭△椎の〈大刀〉・頭△槌の〈大刀〉】かぶつちのたち 古代の大刀の様式の一つ。滑り止めなどのため柄頭(つかがしら)が塊状をなしたもの。参考「くぶつちのたち」とも読む。

【△頭】かぶり あたま。かしら。「—を振る(否定の意志表示をする)」

【△頭】こうべ 首から上の部分。あたま。かしら。「—を垂れる」

【頭重】ずおも ①頭が重苦しく感じられること。「—で気分がすぐれない」②他人にたやすく頭を下げない態度。③取引で、相場が上がりそうで上がらない状態。

【頭蓋骨】ズガイコツ 頭蓋を形成している骨の総称。多数の骨で構成され、外部の衝撃などから脳を保護する。頭骨。参考「トウガイコツ」とも読む。

【頭寒足熱】ズカンソクネツ 頭部を冷たくして、足部を温かくすること。

【頭巾】ズキン 布製で、頭にかぶる袋状のもの。防寒・防災のために頭部をすっぽりとおおい、顔を隠すものもある。季冬

〖頭巾と見せて頬▵被り〗ほおかむり 見かけの体裁はよいが、内実が伴わないことのたとえ。本人は頭巾をかぶっているつもりでも、他人には頬かむりにしか見えない意から。参考「ほおかむり」は「ほおかぶり」ともいう。

【頭巾雲】ズキンぐも 頭巾のような薄い雲。積乱雲や積雲の上部に現れる。

【頭▲陀】ズダ 衣・食・住に関する欲を払い除(よ)ける修行。特に、僧が各地をめぐり歩いて食べ物を乞(こ)い、野宿をしながら修行をすること。また、その僧。「―行」

【頭▲陀袋】ズダぶくろ ①頭陀行を行う僧が経文などの携帯品を入れ、首に掛ける袋。②何でも入れられる、簡単なつくりの布袋。

【頭痛】ズツウ ①頭が痛むこと。また、その痛み。「―がやっとおさまった」②心配事。悩み。苦労。「―の種」

【頭脳】ズノウ ①脳。類脳髄 ②頭のはたらき。「―プレー」「明敏な―の持ち主」類知能・知力 ③中心になる人物。「わが社の―」類首脳

【頭▵捻り】ずぶねり 相撲の決まり手の一つ。頭を相手の肩につけ、相手の手を抱えこんでひねり倒す技。

【頭蓋】トウガイ 脊椎(セキツイ)動物の頭部の骨格。あたま。「―骨」参考「ズガイ」とも読む。

【頭角を▵見す】トウカクをあらわす 才能や学問・技芸が、他人よりひときわすぐれて目立つようになる。「頭角」は頭の先の意。〈韓愈(カンユ)の文〉表記「見す」は「露す・現す」とも書く。類一頭地を抜く

【頭書】トウショ ①文の最初に書かれた事柄。「―の件」②書物の本文の上欄に注などを書き加えること。また、そのもの。類頭注

【頭状花】トウジョウカ 多くの小花が集まって花茎の頂上につき、一つの花に見えるもの。キク・タンポポ・アザミなど。頭状花序。頭花。

【頭注・頭▲註】トウチュウ 書物の本文の上欄に記されている注釈。類頭書 対脚注

【頭取】トウどり ①頭(かしら)立つ人。トップ。②銀行などの取締役の代表者。③劇場の楽屋内を取り締まり、興行を統轄する人。

【頭髪】トウハツ 頭の毛。髪の毛。「―を染める」

〖頭髪上指〗トウハツジョウシ 激しく怒るさま。怒りと緊張で、髪の毛が上方を指して逆立つこと。〈『史記』〉類怒髪衝天(ドハツショウテン)・怒髪衝冠

【頭目】トウモク かしら。親方。リーダー。多く、悪い意味に用いる。「山賊の―」類頭領・首領 対手下・配下

【頭領】トウリョウ 集団をまとめる人。人々のかしら。類頭目・首領 対配下・弟子

〈頭▲垢〉ふけ 頭皮の角質細胞に分泌物が混じって乾燥し、うろこ状にはがれ落ちた白いもの。「―性」表記「雲脂」とも書く。

トウ【擣】

(17) 扌14 1 5814 5A2E

音 トウ 訓 つく・うつ・たたく

意味 ①つく。うすでつく。②うつ。たたく。きぬたをうつ。「擣衣」「擣碪(トウチン)」「擣練」類①②搗(トウ)

【▲擣つ】うつ 棒でたたく。砧(きぬた)をうつ。

【▲擣く】つく うすでつく。杵(きね)や棒の先でこねるようにしてたたく。「餅(もち)を―く」表記「搗く」とも書く。

【▲擣衣】トウイ 布をしなやかにし、つやを出すために砧(きぬた)をうつこと。表記「搗衣」とも書く。

トウ【檔】

(17) 木13 1 8620 7634

音 トウ 訓 かまち

意味 ①かまち(框)。なげし。また、文書。②文書を保存する棚。書棚。

トウ【濤】★

(17) 氵14 準1 6225 5E39

音 トウ 訓 なみ

〔涛〕3783 4573

意味 なみ。おおなみ。波立つ。「怒濤」「波濤」

下つき 狂濤(キョウトウ)・銀濤(ギントウ)・松濤(ショウトウ)・怒濤(ドトウ)・波濤(ハトウ)・風濤(フウトウ)

【▲濤声】トウセイ 水の大きなうねりの音。大波の音。

【▲濤】なみ 水の大きなうねり。水が風などによって大きくうねるもの。

トウ【盪】

(17) 皿12 1 6627 623B

音 トウ 訓 あらう・うごく・うごかす・とろける

〔蘯〕6628 623C

意味 ①あらう。洗い清める。「盪滌(トウデキ)」②うごく。うごかす。ゆれうごく。「震盪」③ほしいままにする。「放盪」類宕(トウ) ④とろける。類①〜④蕩(トウ)

下つき 震盪(シントウ)・放盪(ホウトウ)

【▲盪う】あらう ①洗いすすぐ。水を多量に注いで洗い流す。②洗い清める。

【▲盪く】うごく ゆらゆらと揺れ動く。ゆらぐ。

トウ【磴】

(17) 石12 1 6704 6324

音 トウ 訓 いしざか・いしだん・いしばし

意味 ①いしざか(石坂)。いしだん(石段)。「磴道」

と トウ

②いしばし（石橋）。

下つき 石磴（セキトウ）

トウ【▲螳】(17) 虫11 1 7416 6A30 音 トウ 訓

意味 「螳螂（トウロウ）（かまきり）」に用いられる字。

〈▲螳▲螂〉かまきり カマキリ科の昆虫の総称。由来「螳螂」は漢名から。参考「トウロウ」とも読む。▼蟷螂（かまきり）（一二五七）

【▲螳▲螂】トウロウ カマキリの漢名。

トウ【謄】(17) 言10 常 準2 3805 4625 音 トウ 訓 外うつす

旧字《謄》(17) 言10 1/準1

筆順 4 6 8 14 謄

意味 うつす。うつしとる。書き写す。「謄写」「謄本」

【▵謄す】うつ-す 原本のとおりに書きうつす。原本を敷いてうつす。

【謄写】トウシャ ①書きうつすこと。「原本を—する」②謄写版で印刷すること。

【謄本】トウホン ①原本の内容を全部そのままうつし取った文書。「登記簿の—を請求する」対抄本 ②「戸籍謄本」の略。

トウ【蹈】(17) 𧾷10 1 7705 6D25 音 トウ・ドウ 訓 ふむ

意味 ふむ。足ぶみする。ふみおこなう。「蹈義」

書きかえ 「踏」が書きかえ字。

〈▲蹈▲鞴〉たたら 足で踏み、風を送る大きなふいご。砂鉄の製錬や鋳物製造などに用いる。「—を踏む（勢いがあまってよろめく）」表記「踏鞴」とも書く。

【▲蹈襲】トウシュウ ▼書きかえ 踏襲（一一五三）

【▲蹈常襲故】トウジョウシュウコ 従来の習慣やきまりにしたがい古いしきたりを守ること。常道を守る意から。〈蘇軾（ソショク）の文〉

【▲蹈む】ふ-む ①とんとんと足ぶみする。足でふみつける。②ふみおこなう。

トウ【鞜】(17) 革8 1 8065 7061 音 トウ 訓 くつ・かわぐつ

意味 くつ。かわぐつ。

トウ【★檮】(18) 木14 準1 5977 5B6D 音 トウ 訓 きりかぶ・おろか

〔梼〕3778 456E

意味 ①きりかぶ。②おろかなさま。「檮昧（トウマイ）」

【▲檮昧】トウマイ 愚かで道理に暗いこと。また、そのさま。無知。類蒙昧（モウマイ）・愚昧

トウ【★櫂】(18) 木14 1 6105 5D25 音 トウ 訓 かい・かじ

意味 かい。かじ。また、かいで舟をこぐ。「櫂歌」「櫂舟」類棹（トウ）

【▲櫂】かい 水をかき、舟を進ませる木製の棒。先の部分は平たくなっている。オール。

【▲櫂は三年▲櫓（ロ）は三月（みつき）】何事も一人前になるのは容易でないたとえ。櫓は三月で使えるようになるが、櫂を使いこなすまでには三年かかるという意から。参考「櫂」は「棹（さお）」ともいう。

【▲櫂先】かいさき ①櫂の先端の部分で、水をかくところ。②茶杓（チャシャク）の先の部分で、抹茶をすくいのせるところ。

【▲櫂歌】トウカ 船頭が舟をこぐときにうたう歌。舟歌。表記「棹歌」とも書く。

トウ【礑】(18) 石13 1 6707 6327 音 トウ 訓 そこ・はたと・はったと

意味 ①そこ。物の底。②はたと。はったと。

【▲礑と】はた-と ①強く打つようす。「—膝（ひざ）を打った」②険しくにらむさま。「—にらみつける」③胸にこたえたさま。「—思い当たる」参考「はったと」とも読む。

トウ【藤】(18) 艹15 常 2 3803 4623 音 トウ 訓 ふじ

筆順 3 5 7 9 11 13 18 藤

意味 ①ふじ。マメ科のつる性落葉低木。「藤架」②かずら。つる性の植物の総称。「葛藤（カットウ）」③四姓（源・平・藤（トウ）・橘（キツ））の一つ。「藤原（ふじわら）氏」の略。

下つき 葛藤（カットウ）

【藤八拳】とうはちケン 二人が対座し、身振りによってキツネ・庄屋（ショウや）・鉄砲の形をして、勝負を競う遊び。狐拳（きつねケン）。由来 江戸時代の藤八五文薬（ゴモンぐすり）の売り声からとも、吉原の幇間（ホウカン）藤八からともいう。

【藤】ふじ マメ科のつる性落葉低木。山野に自生。初夏に紫色の小花が総状に垂れて咲く。つるは細工物などに利用。季春

【藤▵空木】ふじうつぎ フジウツギ科の落葉低木。山野に自生。夏、フジに似た紫色の花穂が垂れ下がる。葉は有毒。表記「酔魚草」とも書く。

【藤▵葛】ふじかずら フジのつる。また、茎がつる状になる植物の総称。

【藤波・藤▵浪】ふじなみ フジの花房が波のように揺れ動くさま。季春

【藤▲袴】ふじばかま キク科の多年草。山野や川岸に自生。葉は三つに深く切れこむ。秋の七草の一つ。初秋、淡紅紫色の頭花を密生する。季秋 表記「蘭草」とも書く。

トウ【襠】(18) 衤13 1 7493 6A7D 音 トウ 訓 うちかけ・まち

意味 ①したおび。「褌襠（コントウ）」②うちかけ。「裲襠（リョウトウ）」

③まち。衣服の布幅の足りない部分を補う布。

下つき 褌襠(コントウ)・裲襠(リョウトウ・うちかけ)

【襠】まち 衣服や袋物で、幅や厚みの不足するところを補う布。「―を入れる」

トウ【闘】

(18) 門10 常 4 3814 462E 音 トウ 訓 たたかう

旧字《鬪》(20) 門10 1/準1 8212 722C

《鬭》 1 9431 7E3F

筆順

意味 ①たたかう。あらそう。「闘志」「闘争」 ②たたかわせる。「闘犬」「闘牛」

下つき 格闘(カクトウ)・敢闘(カントウ)・共闘(キョウトウ)・苦闘(クトウ)・激闘(ゲキトウ)・決闘(ケットウ)・拳闘(ケントウ)・健闘(ケントウ)・死闘(シトウ)・私闘(シトウ)・戦闘(セントウ)・熱闘(ネットウ)・奮闘(フントウ)・乱闘(ラントウ)

【闘う】たたかう ①互いに対抗して勝ちを争う。「スポーツマンシップをもって―う」 ②困難や障害などに打ち勝とうと努力する。「眠気と―う」「病気と―う」 ③向きあって切りあったり組み打ちしたりする。

【闘う雀(すずめ)人を恐れず】 夢中になって我を忘れているときには、思いがけない力を発揮するものであることのたとえ。スズメのような臆病(オクビョウ)な鳥でも、喧嘩(ケンカ)をしているときには、人が近づいても逃げないものであるという意から。類 嚙(か)み合う犬は呼び難し 参考「闘う雀」は「闘雀(トウジャク)」ともいう。

【闘牛】トウギュウ ①ウシとウシを、角を突き合わせて闘わせる競技。牛合わせ。 ②人間と猛牛との闘技。「―士」

【闘魚】トウギョ キノボリウオ科の淡水魚の総称。東南アジア原産。熱帯魚として観賞用に飼う。雄は激しい闘争性をもつ。ベタ・タイワンキンギョなど。季 夏

【闘鶏】トウケイ ニワトリとニワトリを闘わせ、優劣を比べる遊戯。蹴(け)合い。鶏(とり)合わせ。また、そのためのニワトリ。多く、シャモ。季 春

【闘魂】トウコン 力の続く限り闘おうとする激しい意気込み。闘争精神。ファイト。「不屈の―を燃やす」類 闘志・戦意

【闘士】トウシ ①戦闘にたずさわる人。類 戦士 ②闘争心に満ちている人。特に、主義・主張のために闘う人。「学生運動の―」

【闘志】トウシ 相手をうち負かそうとする意欲。闘争心。ファイト。「―を内に秘める」類 闘魂

【闘将】トウショウ ①勇ましく闘う大将や主力選手。 ②闘志あふれ、先頭に立って行動する指導者。「反戦運動の―」

【闘争】トウソウ ①闘うこと。あらそい。「―本能」 ②自分たちの要求を通すために争うこと。「賃金―」

【闘病】トウビョウ 病気と闘うこと。強い気持ちをもって治療に励むこと。「―生活」

トウ【鞳】

(18) 革9 1 8069 7065 音 トウ

意味 ①兵器。 ②つづみなどの音を表す「鞺鞳」に用いられる字。

トウ【鼕】

(18) 鼓5 1 8374 736A 音 トウ

意味 つづみなどの鳴りひびく音。「鼕鼕」

【鼕鼕】トウトウ ①鼓や太鼓のとんとんと鳴りひびく音。また、そのさま。 ②波や水の流れが勢いよくたてる音。また、そのさま。

トウ【禱】★

(19) 示14 準1 8935 7943 音 トウ 訓 いのる・まつる

《祷》 3788 4578

意味 ①いのる。いのり。「祈禱」「黙禱」 ②まつる。

下つき 祈禱(キトウ)・祝禱(シュクトウ)・黙禱(モクトウ)

【禱る】いのる 神仏に訴えて念じる。神仏に加護を願う。

【禱祀】トウシ 熱心に神仏に祈り、それをまつること。

トウ【蟷】

(19) 虫13 1 7427 6A3B 音 トウ

意味 「蟷螂(トウロウ)(かまきり)」に用いられる字。

〈蟷螂〉かまきり カマキリ科の昆虫の総称。本州以南の草むらにすむ。体は緑色または褐色で細長く、前あしは鎌(かま)の形に曲がる。他の昆虫などを捕食。イボジリ。イボムシリ。季 秋 由来「蟷螂」は漢名から。車が近づいても逃げないことから當郎(当郎・当たり屋)の意。参考「トウロウ」とも読む。表記「螳螂・鎌切」とも書く。

【蟷螂の斧】トウロウのおの 弱い者が非力も顧みず、強い者に無鉄砲に立ち向かっても無理なことのたとえ。カマキリ(蟷螂)が前あしを上げて大きな車の進行を止めようとする意から。《『韓詩外伝(カンシガイデン)』》表記「蟷螂」は「螳螂」とも書く。

トウ【韜】

(19) 韋10 1 8075 706B 音 トウ 訓 ゆみぶくろ・つつむ・かくす・ゆごて

意味 ①弓や刀剣を入れるふくろ。ゆみぶくろ。 ②つつむ。つつみかくす。「韜晦(トウカイ)」 ③ゆごて。弓を射るとき左のひじをおおう道具。

【韜む】つつむ おおうようにしてなかにしまいこむ。おさめる。なかに隠す。

【韜晦】トウカイ 才能・地位・形跡などをつつみ隠すこと。他人の目をくらまし、わからないようにすること。

【韜光晦迹】トウコウカイセキ 才能などをつつみ隠して表面にあらわさないこと。「韜光」は才能をつつみ隠す意。「光」は

人の才能などのたとえ。「晦迹」はあとをくらます意。「迹」は「跡」に同じ。参考 仏教では「韜光晦迹(マイセキ)」と読み、高い境地に達した人が、俗世を避けて人里離れた所にいる意にいう。

【韜略】トウリャク 「六韜三略(リクトウサンリャク)」の略。中国の兵法書。「六韜」は周の太公望の著、「三略」は秦(シン)の黄石公の撰(セン)といわれる。

トウ【鶫】(19) 鳥8 1 8309 7329 音 トウ 訓 つぐみ

意味 つぐみ。ヒタキ科の鳥の名。参考「鶇(つぐみ)」は「鶫」に似せて作った国字。

トウ【竇】(20) 穴15 1 6769 6365 音 トウ・トク 訓 あな・あなぐら・みぞ

意味 ①あな。あなぐら。②くぐり戸。③みぞ。水道。

【竇】あな ①出入りする、くぐりあな。②あなぐら。穀物をたくわえておく大きなあな。

トウ【鐙】(20) 金12 準1 3810 462A 音 トウ 訓 あぶみ・たかつき

意味 ①あぶみ。馬具の一種。「馬鐙」②たかつき。昔の祭器の一つ。

下つき 馬鐙(バトウ)

【鐙】あぶみ 馬具の一つ。くらの両脇に垂らして、ウマに乗るときに足をのせる金具。「―を踏ん張り立ち上がる」参考「足(あ)踏み」の意。

【〈鐙靼〉】みずおつ 馬具の一つ。鐙(あぶみ)をつる革ひも。表記「水緒」とも書く。

〔鐙(あぶみ)〕

トウ【騰】(20) 馬10 常 準2 3813 462D 音 トウ 訓 外 あがる・のぼる

旧字《騰》(20) 馬10 1/準1

筆順 4 8 11 15 20

意味 あがる。のぼる。高くあがる。「騰貴」「高騰」

類 昇・登

下つき 急騰(キュウトウ)・高騰(コウトウ)・上騰(ジョウトウ)・反騰(ハントウ)・沸騰(フットウ)・暴騰(ボウトウ)・奔騰(ホントウ)

【騰がる】あがる 勢いや物の値段が高くなる。高くあがる。参考 本来はウマが勢いよく跳ね上がる意。

【騰貴】トウキ 物価や相場が高くなること。「地価の―が激しい」「凶作で米価が―する」 類 高騰 対 下落

【騰勢】トウセイ 物価・相場が高くなる勢い。また、その傾向。「株価が―の一途をたどる」 対 落勢

【騰落】トウラク 騰貴と下落。物価・相場の上がり下がり。「株価の―を予測する」

【騰る】のぼる 跳ね上がる。勢いよく躍り上がる。高いところにのぼる。

トウ【鬪】(20) 門10 8212 722C ▼闘の旧字(一二五七)

トウ【黨】(20) 黒8 8362 735E ▼党の旧字(一二四一)

トウ【籐】(21) 竹15 1 音 トウ 訓

〔籐〕6859 645B

意味 とう。ヤシ科のつる性植物。茎で家具や器具をつくる。

【籐】トウ ヤシ科のつる性植物の総称。熱帯アジア・中国南部に自生。茎は二〇〇メートルにも生長し、節ごとに大形の羽状複葉をつける。茎は強くしなやかで籐細工に用いる。

【籐椅子】トウイス トウの茎を編んで作ったいす。季 夏

【籐蓆】トウむしろ トウの茎で編んだむしろ。多く、夏の敷物とする。季 夏 参考「トむしろ」とも読む。

トウ【鐺】(21) 金13 1 7938 6F46 音 トウ・ソウ 訓 くさり・あしがなえ・こじり・こて

意味 ①くさり。②なべ。酒をあたためる三本脚のかなえ。あしがなえ。「酒鐺」類 鎗(ソウ) ③こじり。刀のさやの末端の金具。④こて。壁などを塗る工具。

【鐺】こじり ①刀の鞘(さや)の先端。また、その飾りの金具。鞘尻(さやじり)。②垂木(たるき)などの末端。また、その飾り。参考「木尻」の意。

トウ【鰧】(21) 魚10 1 9368 7D64 音 トウ 訓 おこぜ

意味 おこぜ。魚の名。オニオコゼ科とハオコゼ科の海魚の総称。

【鰧】おこぜ オニオコゼ科とハオコゼ科の海魚の総称。一般にはオニオコゼを指す。頭がでこぼこで奇妙な形をしている。背びれに毒針をもつものが多い。季 夏 表記「虎魚」とも書く。

トウ【儻】(22) 亻20 1 4924 5138 音 トウ 訓 すぐれる・もし・あるいは

意味 ①すぐれる。ひいでる。②もし。あるいは。仮定を示す助字。

トウ【饕】(22) 食13 1 8135 7143 音 トウ 訓 むさぼる

意味 むさぼる。食物や金銭などをむさぼる。類 叨(トウ)

下つき 饕餮(トウテツ)

【饕る】むさぼる 財貨・飲食などむやみに欲しがる。「財宝を―り集めた」

トウ【纛】(24) 糸18 1 6991 657B 音 トウ・トク 訓 はたぼこ

意味 はたぼこ。先に旄牛(ボウギュウ)(からうし)の尾やキジの羽などの飾りをつるしたはた。「牙纛(ガトウ)」「大纛(タイトウ)」

トウ【鬭】(25) 門15 9431 7E3F ▼鬪(闘の旧字)の異体字(一二五七)

とう【▲訊う】(10) 言 3 3154/3F56 ▼ジン(八一九)

とう【問う】(11) 口 8 教 4468/4C64 ▼モン(一四九〇)

とう【△訪う】(11) 言 4 教 4312/4B2C ▼ホウ(一四〇六)

とう【▲詢う】(13) 言 6 7546/6B4E ▼ジュン(七三二)

とう【△諮う】(16) 言 9 常 2780/3B70 ▼シ(六二七)

同訓異義 とう

【問う】分からないことを質問する。追究する。問題にする。「何が欲しいか問う」「道を問う」「事故の責任を問う」「年齢は問わない」

【▲訊う】上の人が下の者にといただす。「遅刻の事情を訊う」「警察で厳しく訊われる」

【△訪う】おとずれる。「古代の史跡を訪う」「友の故郷を訪う」

【△諮う】上の人が下の者に意見を聞く。「遊休地の活用について市民に諮う」

とう【▲薹】(17) ⺾14 7323/6937 ▼タイ(九八六)

ドウ【同】(6) 口 3 教 常 9 3817/4631 音 ドウ 外トウ 訓 おなじ 外ともに

筆順 丨冂冋同同同

意味 ①おなじ。ひとしい。「同一」「同様」 対 異 ②ともに。ともにする。いっしょに。「同居」「合同」 ③なかま。みな。「同志」「一同」 ④その。「同月」「同氏」

下つき 一同(イチドウ)・異同(イドウ)・共同(キョウドウ)・協同(キョウドウ)・合同(ゴウドウ)・混同(コンドウ)・賛同(サンドウ)・帯同(タイドウ)・不同(フドウ)・雷同(ライドウ)

【同い年】(おないどし) 同じ年齢。また、その人たち。「彼と私は―だ」 参考 「おなじとし」の転。

【同じ】(おな―じ) ①同一である。また、内容などが共通である。「毎日―服を着る」「―屋根の下」 ②区別・差別がない。等しい。「男女―待遇だ」 ③「―…なら」の形で、どうせ。「―買うなら、質の良いもの」

『同じ穴の▲貉(むじな)』 悪事をたくらむ仲間であることのたとえ。別なように見えても実は悪賢いムジナであることに変わりはない意から。 参考 「同じ穴」は「一つ穴」、「貉」は「狸(たぬき)・狐(きつね)」ともいう。

『同じ釜(かま)の飯を食う』 一緒に生活して苦楽をわかち合う、非常に親しい仲のたとえ。「―った仲」

【同意】(ドウイ) ①同じ意味。同義。 ②同じ意見。 ③他の意見に賛成すること。「―を求める」 類 合意・賛意

【同一】(ドウイツ) ①同じこと。「―人物」 ②差がないこと。等しいこと。「大人と―に扱う」

【同化】(ドウカ) ①他を感化して同じものにすること。「環境に―する」 ②外から取り入れて自分のものにすること。「知識を―する」 ③生物学で、外から取った栄養分を自分の成分に変えること。「―作用」 対 異化

【同格】(ドウカク) ①身分・格式・資格などが同じであること。「部長と―」 ②文中で二つ以上の語句が同じ関係であること。「首都東京」の「首都」と「東京」の類。

【同学】(ドウガク) ①同じ学校、また同じ先生について学ぶこと。また、その人。 類 同門・同窓 ②同じ専門分野を学ぶこと。「―の士」

【同感】(ドウカン) 他の人と同じように感じること。同じ意見であること。「君の意見にまったく―だ」

【同気】(ドウキ) 気の合った仲間。同じ気質の者。「―相求める」

『同気相求(あいもと)む』 気の合った者どうしは、互いに同類を求めて自然に集まるものであること。〈『易経』〉 参考 「同類相求む」ともいう。 類 類は友を呼ぶ・目の寄る所へは玉も寄る

【同義語】(ドウギゴ) 形は異なるが、同じ意味の語。シノニム。「討論」と「討議」など。 類 同意語 対 反義語・対義語

【同居】(ドウキョ) ①同じ家に住むこと。特に、夫婦・親子の居住。「両親と―する」 類 同棲(ドウセイ) 対 別居 ②家族以外の人が一緒に住むこと。 類 雑居

【同郷】(ドウキョウ) 出身地が同じであること。また、その人。「―のよしみ」 類 同国・同県

【同行】(ドウギョウ) ①仏 信仰や修行をともにする仲間。 ②仏 一緒に巡礼・参詣に行く人。 ③文章や五十音図の同じ行。 ①禅宗では「ドウアン」と読む。 参考 「ドウコウ」と読めば別の意になる。

【同業】(ドウギョウ) 職業や業種が同じであること。また、その人。「―者」

【同▲衾】(ドウキン) 同じ夜具に一緒に寝ること。特に、男女の共寝。

【同形】(ドウケイ) 形が同じであること。また、同じ形。「―の三角形」

【同型】(ドウケイ) 型が同じであること。また、同じ型。同じタイプ。「―の車」

【同慶】(ドウケイ) 自分にとっても相手と同じく喜ばしいこと。多く、手紙文で使用。「業績が向上しご―の至りです」

【同権】(ドウケン) 権利が同じであること。平等な権利。「男女―」

【同好】(ドウコウ) 趣味や好みが同じであること。また、その人。「―の士を求む」「―会」

【同行】(ドウコウ) ①一緒に行くこと。また、その人。道づれ。 類 同道・同伴 ②ついて行くこと。連れて行くこと。また、その人。「首相に―する」 類 随行 参考 「ドウギョウ」と読めば別の意になる。

【同▲庚・同甲】(ドウコウ) 同じ年齢。おないどし。 参考 「庚」は年齢の意。

【同工異曲】(ドウコウイキョク) 音楽の演奏や詩文を作る手際に差はないが、表現や作品の趣が異なること。見かけがちがうだけで、だいたい同じであることにもいう。〈韓愈(カンユ)の文〉 参考 「異曲同工」ともいう。

【同根】ドウコン ①根本が同じであること。もとを同じくすること。「—の事件」②同じ根から生じたもの。転じて、兄弟。

【同士】ドウシ 関係・種類が同じであるもの。また、その人。「似た者—」「兄弟—」「—討ち」類仲間

【同志】ドウシ 志や主義が同じであること。また、その人。「—を募る」「—諸君」類仲間

【同質】ドウシツ 質が同じであること。また、そのもの。「—の油」類等質・均質 対異質

【同日】ドウジツ ①同じ日。「衆院選と参院選が—に行われる」②その日。

〖同日の論にあらず〗あまりにちがいがありすぎて、同列には扱えないということ。〈『史記』〉参考「論」は「談」ともいう。

【同じて和せず】ドウじてワせず 小人は他人の意見に共鳴はするが、他人と調和することがないということ。よく人と調和するが、付和雷同はしない君子と対比させた孔子の言葉。〈『論語』〉対和して同ぜず

【同舟】ドウシュウ 同じ舟に乗り合わせること。また、その人。「呉越—(仲が悪くても利害や目的が共通であれば、互いに協力すること)」

〖同舟相救う〗ドウシュウあいすくう 利害を同じくする立場になれば、ふだん仲の悪い者どうしでも助け合うたとえ。同じ舟で共に波をしのぐ立場になれば、見知らぬ者どうしでも皆協力する意から。〈『戦国策』〉類呉越同舟 対同床異夢

【同宿】ドウシュク 同じ宿に泊まること。同じ下宿にいること。また、その人。

【同乗】ドウジョウ 同じ乗り物に乗り合わせること。「友人の車に—する」

【同情】ドウジョウ 他人の苦しみ・悲しみなどを思いやること。「—を寄せる」類憐憫(レンビン)

【同床異夢】ドウショウイム 境遇が同じでも心は別々であること。同じことをしていても考えは異なっているたとえ。同じ床の中に寝ていても、見る夢は別々である意から。参考「同床各夢(ドウショウカクム)」ともいう。対異榻同夢(イトウドウム)

【同心】ドウシン ①心を同じにすること。「一味—」②中心が同じであるもの。「—円」③江戸時代の奉行所などの下級役人。与力の下で雑務・警察のことに従事した。

【同人】ドウジン ①同一人物。その人。対別人 ②同じ趣味・嗜好・志をもつ人。同好の士。「—誌」類仲間 参考「ドウニン」とも読む。

【同▲塵】ドウジン 俗世間と調子を合わせること。和光同塵(一六二六)▼

【同姓】ドウセイ 姓が同じ。名字が同じであること。「—同名」

【同性】ドウセイ ①性が同じであること。対異性 ②性質が同じであること。

【同▲棲】ドウセイ 同じ家に住むこと。特に、正式な婚姻関係にない男女の生活。類同居

【同勢】ドウゼイ 行動を同じくしている人々。また、その人数。「—一〇人で旅行する」

【同声異俗】ドウセイイゾク 人の本性はもともと同じであるが、成長する環境のちがいによって、善悪の差が生じるたとえ。生まれてくるときの泣き声はみな同じだが、成長するにしたがって習慣・教育などが異なってくる意から。〈『荀子(ジュンシ)』〉

【同席】ドウセキ ①同じ集まりに出席すること。類同座 ②同じ席次・地位。「—の重役」

【同然】ドウゼン 同じであること。また、そのさま。「手に入れたも—だ」類同様

【同窓】ドウソウ 同じ学校・先生に学んだこと。また、その人。「—会」

【同族】ドウゾク 同じ血筋や家系などに属しているもの。「—会社」類一族・一門

【同体】ドウタイ ①同じ体。「一心—」類一体 ②相撲で、両者が同じ体勢で倒れたり土俵の外へ出たりして、勝敗を決めがたいこと。「—により取り直し」

【同断】ドウダン ほかと同じであること。前のとおりであること。また、そのさま。「以下—」類同様・同然

【同調】ドウチョウ ①他の意見・態度などに調子を合わせること。「多数派に—する」類共鳴 ②ラジオ受信機などで、回路の共振周波数を調節して、目的の周波数に合わせること。チューニング。「FM波に—させる」

【同定】ドウテイ ①同じであることを見さだめること。②生物の分類学上の所属を決めること。

【同等】ドウトウ 価値・等級・程度などが同じであること。「大卒と—の資格」

【同道】ドウドウ 一緒に行くこと。また、その人。道づれ。「両親と—する」類同行・同伴

【同輩】ドウハイ 年齢・経歴などが同じである仲間。「学校の—」類同僚 対先輩・後輩

【同伴】ドウハン ともなうこと。連れ立って行くこと。「先輩に—する」「奥様ご—でお越しください」類同行

【同病】ドウビョウ 同じ病気。また、同じ病気にかかっている人。

〖同病相▲憐れむ〗ドウビョウあいあわれむ 同じ悩みをもつ者どうしは、とかく慰め助け合うものだということ。同じ病気の者は、互いにその苦しみが分かるので、同情しあうという意から。〈『呉越春秋(ゴエツシュンジュウ)』〉

【同封】ドウフウ 封筒の中に手紙と一緒に入れて送ること。「写真を—する」

【同腹】ドウフク ①同じ母親から生まれたこと。また、その人。「—の兄弟」対異腹 ②同じ考えであること。また、その人。「—の志」類同志

【同文】ドウブン ①同じ文章。「以下—」②同じ文字。特に日本と中国のように、異なる国家・民族間で使用する文字が共通していること。

〖同文同軌〗ドウブンドウキ 王者が天下を統一すること。各国の文字を一つに定め、車輪の間隔を同一にする意から。〈『中庸』〉

参考「同軌同文」ともいう。

【同文同種】ドウブンドウシュ 使用する文字も人種も同じであること。特に、日本と中国の関係についていう。参考「同種同文」ともいう。

【同胞】ドウホウ 「同胞(はらから)」に同じ。

【同▲朋】ドウボウ ①友人。仲間。②「同朋衆」に同じ。

【同▲朋衆】ドウボウシュウ 室町時代、足利(あしかが)将軍や大名に仕え、芸能や茶事・雑役を行った僧侶(ソウリョ)の姿をした者。

【同盟】ドウメイ 共通の目的達成のために、同一行動をとると約束すること。また、その約束によって生じる関係。「軍事―を結ぶ」「日英―」「―国」

【同盟罷業】ドウメイヒギョウ 労働者が労働条件の向上などの目的を実現するため、集団で仕事を停止すること。ストライキ。類同盟罷工

【同門】ドウモン 同じ先生について学ぶこと。また、同じ流派に所属すること。相弟子。

【同憂】ドウユウ 同じ心配をすること。また、その人。「―の士」

【同僚】ドウリョウ 同じ職場で働く人。特に、地位や役目が同じ人。朋輩(ホウハイ)。「職場の―と力を合わせる」類同輩・同役

【同類】ドウルイ ①同じ種類。「―の植物」対異類 ②同じ仲間。「君も彼とは―だ」

【同列】ドウレツ ①同じ並び。「友人と―に並ぶ」②地位・程度(がけ)などが同じであること。「―に論じられない」③同じ仲間。

【〈同胞〉】はらから ①同じ母親から生まれた兄弟姉妹。また、一般に兄弟姉妹。②同じ国民。類同国 対異邦人・外国人 参考「ドウホウ・ドウボウ」とも読む。

ドウ【▲恫】(9) 忄6 5588 5778 ▼トウ(一一四〇)

と ドウ

ドウ【洞】(9) 氵6 常 準2 3822 4636 音 ドウ 外トウ 訓 ほら 外うろ・つらぬく・ふかい・うつろ

筆順 丶 冫 氵 氵 汀 汩 洞 洞 洞

意味 ①ほら。ほらあな。うろ。「洞窟(ドウクツ)」「空洞」②つらぬく。見とおす。「洞察」③ふかい。おくぶかい。④うつろ。むなしい。

下つき 空洞(クウドウ)・雪洞(セツドウ・ぼんぼり)・仙洞(セントウ)・風洞(フウドウ)

【▲洞】うろ 「洞(ほら)」に同じ。

【洞窟】ドウクツ 「洞(ほら)」に同じ。参考「洞」「窟」ともにほらあなの意。

【洞穴】ドウケツ 「洞(ほら)」に同じ。参考「ほらあな」とも読む。

【洞察】ドウサツ 見抜くこと。見通すこと。「優れた―力の持ち主」類洞見・明察

【洞▲簫】ドウショウ 中国の管楽器。竹製で、長さは六〇センチメートルくらいの縦笛。指孔は前面に五つ、背面に一つある。尺八に似ている。

【洞庭春色】ドウテイシュンショク ミカンから造った酒の名。また、美酒のたとえ。《荊楚歳時記(ケイソサイジキ)》

【洞房】ドウボウ ①奥深い部屋。特に、ねや。類閨房(ケイボウ) ②遊女の部屋。

【洞門】ドウモン ①ほらあなの入り口。②通り抜けることができるほらあな。

【洞】ほら 岩や崖(がけ)にできた、中が空っぽのあな。ほらあな。類洞窟(ドウクツ)・洞穴 参考「うろ」とも読む。

【洞ヶ峠】ほらがとうげ 形勢を傍観して、有利なほうにつこうとする日和見(ひよりみ)的な態度。「―をきめこむ」由来明智光秀(あけちみつひで)と豊臣秀吉(とよとみひでよし)が天下を争った山崎の戦いで、筒井順慶が洞ヶ峠に陣を止めて形勢を見守り、有利なほうにつこうとしたことから。

ドウ【衲】(9) 衤4 1 7453 6A55 音 ドウ・ノウ 訓 ころも・つくろう

意味 ①ころも。僧の衣。「衲衣(ノウエ)」②僧。また、僧侶(ソウリョ)の自称。「衲子」「老衲(ロウノウ)」③つくろう。つぎはぎする。「衲被」

下つき 愚衲(グノウ)・老衲(ロウノウ)

【▲衲▲衣】ノウエ ①僧衣。衲袈裟(ノウゲサ)。②僧侶(ソウリョ)。特に、禅宗の僧。

【▲衲子】ノウス ①衲衣(ノウエ)を着ている僧。特に、禅宗の僧。②僧の自称。類衲僧 参考「ノウシ・ノッス」とも読む。

ドウ【桐】(10) 木6 準1 2245 364D 音 ドウ・トウ 訓 きり

意味 ①きり。ゴマノハグサ科の落葉高木。「桐梓(トウシ)」「梧桐(ゴトウ)」②こと(琴)。「桐糸」

下つき 梧桐(ゴトウ)

【▲桐】きり ゴマノハグサ科の落葉高木。中国原産。葉は大きな広卵形。初夏、薄紫色の花を円錐(エンスイ)状につける。材は軽く、狂いが少ないので、たんす・琴・げたなどに用いる。

【▲桐一葉】きりひとは 桐の葉が一枚散るのを見て、秋の訪れを知ること。また、衰亡のきざしのたとえ。季秋

【▲桐油】トウユ ①アブラギリの種子からとる乾性油。きりゆ。きりあぶら。②「桐油紙」の略。①を塗った防水・防湿紙。

ドウ【胴】(10) 月6 常 4 3825 4639 音 ドウ 外トウ

筆順 丿 刀 月 月 月 肌 胴 胴 胴 胴

意味 ①首・手足を除いた体の中央の部分。「胴体」②物の中央の太い部分。また、楽器の中空の部分。「太鼓の胴」③よろい・剣道具で胸や腹部をおおう部分。「胴着」

【胴上げ】ドウあげ 大勢で、一人の体を横にして何度か宙にほうり上げること。多くは祝福の意を表すために行う。「—をして喜ぶ」

【胴衣】ドウイ 「胴着」に同じ。「救命—は座席の下にある」

【胴着・胴衣】ドウぎ ①上着と肌着の間につける、袖のない防寒用の衣類。チョッキ。②剣道の用具で、胴を保護するもの。参考「胴衣」は「ドウイ」とも読む。

【胴体】ドウタイ 体の中心部。胴の部分。飛行機や船にもいう。「飛行場に—着陸した」

【胴間声】ドウまごえ 調子はずれの下品な濁った太い声。胴声。参考「ドウまんごえ」とも読む。

【胴元】ドウもと ①ばくちの席を貸して、出来高に応じた歩合を取る人。胴親。胴取り。②物事をしめくくる人。元締。表記「筒元」とも書く。

【胴欲】ドウヨク とても欲が深くて、情け知らずなこと。また、そのさま。「—な高利貸し」参考「貪欲(ドンヨク)」が転じた語。

【胴乱】ドウラン ①薬・印章・たばこなどを入れて、腰に下げる布・革製の四角い袋。②植物を採集して入れるブリキやトタン製の容器。

【胴忘れ】ドウわすれ 知っている物事を、ふと忘れてしまい、思い出せないこと。度忘れ。「友の名を—する」

ドウ【動】(11) 力 9 常 教 8 3816 4630 音 ドウ 外トウ 訓 うごく・うごかす 外ややもすれば

筆順 ノ 二 千 斉 育 盲 重 重 重 動 動

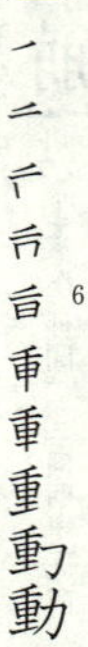

意味 ①うごく。うごかす。うごき。「動揺」「運動」「変動」対静 ②ふるまう。ふるまい。はたらき。「動作」「活動」「行動」 ③乱れる。さわぐ。「動乱」「騒動」「暴動」 ④おどろく。心がときめく。「動転」「感動」「衝動」 ⑤ややもすれば。

下つき 異動・運動・活動・稼動・感動・挙動・激動・言動・行動・鼓動・作動・始動・自動・出動・受動・衝動・振動・震動・制動・扇動・騒動・胎動・他動・電動・能動・発動・反動・微動・不動・浮動・変動・暴動・鳴動・妄動・躍動・流動・連動

【動く】うごく ①位置や状態が変わる。「右から左へ—く」「世の中が激しく—く」「説得されて心が—く」 ②揺れる。「振り子が—く」 ③活動する。「組織が—くらしい」 ④機械などが作動する。「時計が—く」

【動因】ドウイン 直接の原因。きっかけ。「事を引き起こす—」類動機・誘因

【動員】ドウイン ①目的のために人や物を集めること。「観客—数」 ②兵士の召集など、軍隊を戦時編制にすること。 ③資源・工場などを戦時体制にすること。

【動画】ドウガ 少しずつ位置をずらして描いた絵を一こまごとに撮影し、連続して写すことにより動いているように見せる映画。アニメーション。

【動感】ドウカン 動きのある感じ。動いているような感じ。「—に満ちた絵」

【動悸】ドウキ 心臓が普段より激しく鼓動すること。また、その鼓動。「胸の—」

【動機】ドウキ 意志や行動を決定させる直接の理由。きっかけ。「犯行の—を調べる」「—付け」対結果

【動議】ドウギ 会議で、予定議案以外の議題を提出すること。また、その議題。「緊急—」

【動向】ドウコウ 人の心や行動などの動いていく方向。なりゆき。「政界の—を探る」

【動作】ドウサ 体の動き。立ち居振る舞い。「すばやい—」類挙動・所作

【動産】ドウサン 土地や建物以外で、形を変えずに動かすことのできる資産。現金・株券・商品など。対不動産

【動じる】ドウじる 心が動く。あわてる。動揺する。「なにがあろうと—じない」

【動静】ドウセイ ①ようす。うごき。物事の移り変わり。「敵の—を探る」 ②動くことと動かないこと。動と静。

【動態】ドウタイ 動いて変化する状態。「人口の—調査」対静態

【動的】ドウテキ いきいきと動いているようす。ダイナミック。「—な描写」対静的

【動転・動顚】ドウテン 非常に驚くこと。「気が—する」類仰天

【動脈】ドウミャク ①血液を心臓から体の各器官に運ぶ血管。対静脈 ②重要な交通路のたとえ。「日本列島の—」

【動脈瘤】ドウミャクリュウ 動脈の一部が瘤(こぶ)のように拡張する疾患。原因は外傷や動脈硬化症などによる。

【動揺】ドウヨウ ①揺れ動くこと。「列車の—が大きい」対不動 ②不安で気持ちが落ち着かないこと。「意外な出来事に心が—した」対安定

【動乱】ドウラン 世の中が騒がしく乱れること。「各地で—が起こる」類騒乱

【動力】ドウリョク 機械を動かす力。電力・水力・風力・原子力など。「—計」

【動もすれば】ややもすれば どうかすると。ともすれば。物事がそうなりやすい傾向にある意を表す。「—気持ちがゆるむ」「—遅れがちになる」

ドウ【堂】(11) 土 8 常 教 6 3818 4632 音 ドウ 外トウ 訓 外たかどの

筆順 丨 丷 ⺌ 尚 尚 尚 堂 堂 堂

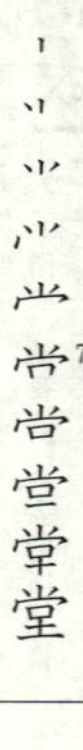

意味 ①たかどの。大きな建物。「堂宇」「殿堂」「講堂」 ②神仏をまつった建物。「堂塔」「金堂」「経堂」 ③いえ。すまい。「草堂」 ④ざしき。広間。 ⑤いかめしくりっぱ。さかん。「堂堂」 ⑥他人の母の敬称。「母堂」 ⑦屋号や雅号などにつける語。

下つき 経堂・講堂・金堂・正堂・禅堂・草堂

・殿堂デンドウ・廟堂ビョウドウ・仏堂ブツドウ・母堂ボドウ

【堂宇】ドウウ 堂の軒。堂の建物。殿堂。「寺の—を改修する」参考「宇」は、のきの意。

【堂奥】ドウオウ ①堂の内部の奥まった所。②学問・技芸の奥深いところ。奥義。

【堂が▲歪んで経が読まれぬ】ドウがゆがんでキョウがよまれぬ 自分の失敗を責任転嫁して言いわけするたとえ。また、もったいぶって理屈ばかり言い、実行が伴わないたとえ。仏堂がゆがんでいるので、落ち着いて経が読めないと不平を言う意から。類地が傾いて舞が舞われぬ 参考「堂が歪んで」は「寺が曲がって」ともいう。

【堂上】ドウジョウ ①堂の上。②昔、昇殿を許された四位以上の者。殿上人テンジョウびと。公家クゲ。対地下ジゲ 参考「トウショウ・ドウショウ」とも読む。

【堂△頭】ドウチョウ 禅寺で、住職の居所。また、その住職。どうとう。類方丈

【堂塔】ドウトウ 寺院の堂と塔。「山の中腹に寺院の—が見える」

【堂塔▲伽藍】ドウトウガラン 塔・金堂コンドウ・講堂・僧房・経蔵・鐘楼・食堂などが一定の方式で配置される、仏教寺院の建造物。

【堂堂】ドウドウ ①貫禄カンロクがあり、りっぱなさま。「—たる体格」②包み隠しのないさま。「白昼—」類公然

【堂堂巡り・堂堂△回り】ドウドウめぐり ①仏祈願のため、社寺の堂の周りを何度も回ること。②物事が同じところをぐるぐる回って、進展しないこと。「—の議論」③国会で議案を採決するとき、議員が順番に投票箱の置いてある演壇を投票するためにめぐること。④手をつなぎ、円陣を作って一か所を回る子どもの遊び。

ドウ【★萄】(11) 艹8 準1 3826 463A 音 ドウ・トウ 訓

意味 果樹の「葡萄ブドウ」に用いられる字。

ドウ【▲棠】(12) 木8 6011 5C2B ▼トウ(一一四七)

ドウ【童】(12) 立7 教 常 8 3824 4638 音 ドウ 外トウ 訓 わらべ 中 外わらわ

筆順

意味 ①わらべ。こども。わらわ。「童顔」「童話」類僮ドウ ②はげる。(ア)頭髪がなくなる。(イ)山に草木がなくなる。

下つき 悪童アクドウ・学童ガクドウ・児童ジドウ・神童シンドウ・牧童ボクドウ

〈童男〉おぐな 男の子。少年。おのわらわ。

【童画】ドウガ ①子ども向けの絵。②子どもが描いた絵。児童画。

【童顔】ドウガン ①子どもの顔。②子どものような顔つき。

【童形】ドウギョウ 昔の、元服・結髪する前の子どもの姿。また、その子ども。稚児チゴ姿。

【童子】ドウジ 「童わらわ」に同じ。

【童女】ドウジョ 女の子。幼女。少女。参考「ドウニョ」とも読む。また、「わらわめ」と読めば召使いの女の子の意も含む。

【童心】ドウシン ①子どもの心。おさなごころ。「—を傷つける」②子どものような無邪気な心。「—に返る」

【童貞】ドウテイ ①男性が、まだ女性と性的な経験をしていないこと。また、その人。対処女 ②カトリックの修道女。

【童謡】ドウヨウ ①子どものために作られたうた。「—歌手」②古くから民間に伝えられてきたわらべうた。③子どもが作った詩歌。参考「わざうた」と読めば別の意になる。

【童話】ドウワ 子どものために作られた物語。また、おとぎ話やイソップ物語などの寓話グウワ、伝説なども含まれる。

〈童謡〉わざうた 古代、政治や社会を風刺、または予言したはやり歌。神が子どもの口を借りて歌わせると考えられた。上代歌謡の一種。表記「謡歌」とも書く。参考「ドウヨウ」と読めば別の意になる。

【童】わらべ 「童わらわ」に同じ。「—歌を口ずさむ」参考「わらわべ」の転の「わらんべ」が、さらに転じたもの。

【△童】わらわ ①一〇歳前後の元服前の子ども。わらべ。②子どもの召使い。童男おわらわ・童女めわらわ。類①②童子

【△童〈▲巫子〉・△童〈▲巫女〉】わらわみこ 子どものみこ。特に、巫かんなぎなどをつとめる少女。

ドウ【道】(12) 辶9 教 常 9 3827 463B 音 ドウ・トウ 高 訓 みち 外 いう

旧字《道》(13) 辶9 1/準1

筆順

意味 ①みち。(ア)通りみち。「道路」「水道」(イ)人の守るべきみち。物事のみちすじ。「道義」「道徳」②老子の教え。「道家」「道教」③てだて。方法。また、技芸・学芸。「道具」「書道」「武道」④い(言)う。となえる。⑤「北海道」の略。「道立」「道央」

下つき 沿道エンドウ・王道オウドウ・街道カイドウ・軌道キドウ・求道キュウドウ・グドウ・芸道ゲイドウ・剣道ケンドウ・公道コウドウ・茶道サドウ・参道サンドウ・士道シドウ・私道シドウ・車道シャドウ・邪道ジャドウ・柔道ジュウドウ・常道ジョウドウ・書道ショドウ・神道シントウ・人道ジンドウ・水道スイドウ・隧道ズイドウ・赤道セキドウ・大道ダイドウ・弾道ダンドウ・中道チュウドウ・鉄道テツドウ・天道テンドウ・テントウ・同道ドウドウ・入道ニュウドウ・武道ブドウ・報道ホウドウ・歩道ホドウ

【△道う】いう 話す。言葉を述べる。説く。

【〈道祖土〉焼】さいとやき 小正月に門松や注連しめ飾りなどを焼く道祖神の火祭り。さいのちょう。さいとうばらい。参考

と ドウ

おもに東日本で行われる。

〈道祖神〉 さえのかみ 悪霊の侵入を防ぎ、道路の安全や旅人を守る神。さいのかみ。由来 伊弉諾尊（いざなぎのみこと）が黄泉（よみ）の国から逃げ帰ったとき、追いかけてきた黄泉醜女（よもつしこめ）を防ぎ止めるために投げた杖（つえ）からできた神。類 道陸神（ドウロクジン） 参考「ドウソジン」とも読む。表記「障の神・塞の神」とも書く。

【道灌草】 どうかんソウ ナデシコ科の一年草。ヨーロッパ原産で観賞用。晩春、淡紅色の小花をつける。種子は薬用。由来 東京の道灌山で初めて栽培されたことから。表記「王不留行」とも書く。

【道義】 ドウギ 人として守るべき正しい道。「―を重んじる」「―上の問題」「―的責任」類 道徳・道理

【道教】 ドウキョウ 中国の不老長寿を求める宗教。無為自然を説く老子や荘子の思想を基に、陰陽（オンヨウ）五行説・神仙思想・仏教などが混合して成立したもの。

【道具】 ドウグ ①物の製作や仕事に使う器具。「大工―」②一般の器具・家具。「家財―」③体に備わっているもの。特に、顔の部分のことをいう。④手段として利用するもの。「出世の―に使う」⑤芝居の大道具・小道具。

【道化】 ドウケ ①おどけた言葉や動作で、人を笑わせること。また、その人。「―役に徹する」②「道化方（がた）」の略。歌舞伎（カブキ）で人を笑わせる役。三枚目。

【道士】 ドウシ ①道義を身につけた人。②仏 仏教を修めた人。類 沙門（シャモン） ③道教を修めた人。類 道家 ④仙術を修めた人。類 ③④道人・仙人

【道床】 ドウショウ 鉄道レールの枕木（まくらぎ）の下に敷いて、車両の重さを分散させたり振動を緩和したりする砂利・コンクリートなどの層。

【道心】 ドウシン ①道徳の心。②仏 仏道を信仰する心。③仏 一三歳あるいは一五歳を過ぎてから仏門に入った人。

【道祖神】 ドウソジン 「道祖神（さえのかみ）」に同じ。

【道中】 ドウチュウ ①旅行の途中。旅路。「珍―」②盛装した遊女が、遊郭の中を練り歩くこと。「花魁（おいらん）―」

【道聴塗説】 ドウチョウトセツ 学問が身についていないたとえ。また、根拠のない話のたとえ。道で聞きかじったことを知ったかぶりをして、道で他人に話す意から。「塗」は道の意。《論語》

【道程】 ドウテイ ①「道程（みちのり）」に同じ。②ある目的や状態に至る道すじ。「完成までの―は長い」類 過程

【道徳】 ドウトク 社会秩序を保つために、人が守るべき行為の規準となるもの。「彼には―心のかけらもない」類 道義 対 不道徳・悪徳

【道破】 ドウハ 物事の核心を、きっぱりと言い切ること。言ってのけること。「古人の―した言葉」

【道標】 ドウヒョウ 道行く人のために、方向・距離などを記した道端の立て札。道案内。参考「みちしるべ」とも読む。

【道傍の苦李】 ドウボウのクリ 人に見向きもされないことのたとえ。道端に実っている苦いスモモは、だれも取ろうとしないことから。《晋書（シンジョ）》

【道楽】 ドウラク ①本職ではなく、趣味として楽しむこと。また、その趣味。「食い―」②ばくち・酒・女などの遊びにのめり込むこと。「―息子」類 放蕩（ホウトウ）・遊蕩

【道理】 ドウリ ①物事のあるべき筋道。ことわり。類 条理 ②人の行うべき正しい道。「―にかなう」類 道義

【道路】 ドウロ 人や車が通るために整備した通路。みち。「高速―」

【道陸神】 ドウロクジン 「道祖神（さえのかみ）」に同じ。

【道産子】 ドサンこ ①北海道産のウマ。②北海道出身の人。

【道】 みち ①道路。「舗装された―」②距離。「―が遠い」③途中。「公園への―すがら」④進路。「これが私の進むべき―だ」⑤道徳。「―ならぬ恋」⑥手段。方法。「これ以外助かる―はない」⑦分野。方面。「学問の―一筋」

【道に遺ちたるを拾わず】 政治が正しく行われていて、世の中が泰平で景気がよいこと。また、刑罰が厳正で、人々が法律を犯さないこと。人々が道に落ちている物を拾おうともしないほど、満ち足りている意から。《韓非子（カンピシ）》

【道は邇きに在りて遠きに求む】 学問の本質は自分自身にもとづくべきものであるのに、人はとかく遠く外に求めたがるので及ばないのだということ。《孟子（モウシ）》

【道饗の祭】 みちあえのまつり 昔、都に妖怪などが入るのを防ぐため、陰暦六月と一二月に京都の四隅に神をまつった祭り。参考「ちあえのまつり」とも読む。

【道標・道導】 みちしるべ ①「道標（ドウヒョウ）」に同じ。②あることの手引きとなるもの。

【道列・道面】 みちづら 道すじ。路上。途上。

【道形】 みちなり 途中の角で曲がらずに、道のまま。道沿い。「このまま―に行くと駅前に出る」

【道程】 みちのり 目的地までの道路の距離。「遠い―を行く」類 行程 参考「ドウテイ」とも読む。

【道捗・道果】 みちはか 道を歩く進み具合。転じて、旅の進み具合。「歩いても、歩いても―がゆかない」

【道端】 みちばた 道のほとり。道のはし。「―で草花を摘む」類 路傍

【道行】みちゆき ①「道行文」の略。旅の道々の光景や心情などを述べた文章。②芝居で、道中を演じる場面。男女の駆け落ちや情死などの場が多い。③女物の和装コート。

〔道行みちゆき③〕

ドウ【働】(13) 亻11 教 常 国 7 3815 462F 音 ドウ 訓 はたらく

筆順 亻 仁(2) 仟 佰(4) 佰 侢 俥(8) 俥 僅 働 働

意味 はたらく。仕事をする。はたらき。「労働」

下つき 稼働カドウ・実働ジツドウ・労働ロウドウ

【働く】はたらく ①仕事をする。「朝から晩まで―く」②活動する。活躍する。「組織のために―く」③作用する。効果が現れる。「理性が―く」「薬が―く」④活用する。語尾が変化する。「四段に―く」⑤よくないことをする。「悪事を―く」

ドウ【▲道】(13) ⻌9 ▼道の旧字(一一六三)

ドウ【僮】(14) 亻12 1 4910 512A 音 ドウ・トウ 訓 わらべ・おろか・しもべ

意味 ①わらべ。こども。「僮児」類童 ②おろか。おろか者。③しもべ。めしつかい。「僮僕」

下つき 家僮カドウ・侍僮ジドウ・僕僮ボクドウ

【▲僮僕】ドウボク 召使いの少年。しもべ。表記「童僕」とも書く。

ドウ【慟】(14) 忄11 1 5654 5856 音 ドウ・トウ 訓 なげく

意味 なげく。身もだえして悲しむ。「慟哭ドウコク」

【▲慟▲哭】ドウコク ひどく悲しみ、大声をあげて泣くこと。「父の訃報フホウに―する」参考「哭」は声を上げて泣く意。

【▲慟く】なげく 身を震わせ、ひどく悲しむ。

ドウ【銅】(14) 金6 教 常 6 3828 463C 音 ドウ 訓 外あかがね

筆順 ノ 𠆢 亼(4) 今 牟(7) 金 釗 釦 鈳 銅(14)

意味 どう。あかがね。金属元素の一つ。「銅線」

下つき 黄銅オウドウ・赤銅シャクドウ・青銅セイドウ・白銅ハクドウ・分銅フンドウ

【△銅】あかがね 金属元素の一つ。色は暗赤色。薄く延び、熱や電気をよく通す。あか。由来「赤金」の意から。参考「ドウ」とも読む。

【銅貨】ドウカ 硬貨の一種。銅を主原料として造った貨幣。「一〇円―」

【銅▲壺】ドウコ 銅や鉄でできた湯沸かし器。長火鉢などの中に置いて使用する。

【銅臭】ドウシュウ 官位を金銭で手に入れること。買官。財力で地位・名誉を手に入れた者をののしっていう語。銅貨の悪いにおいの意から。故事 中国、後漢ゴカンの崔烈サイレツは英才のほまれが高い有能な人物だったが、丞相ジョウショウ(最高位の官職)の地位を大金で買ったため、その銅臭を嫌われて人望を失った故事から。〈『後漢書ゴカンジョ』〉

【銅▲牆鉄壁】ドウショウテッペキ 堅固な城壁のこと。また、頑丈なもののたとえ。銅の塀へいと鉄の壁の意から。

【銅▲鐸】ドウタク 弥生やよい時代に作られた、偏平な円筒形で釣り鐘状の青銅器。祭器あるいは楽器として使われたともいう。

【銅▲駝▲荊▲棘】ドウダケイキョク 国の滅亡を嘆くたとえ。故事 中国、晋シンの索靖サクセイが、天下が乱れるのを察知して、洛陽ラクヨウの宮門にある銅の駱駝ラクダの像も、やがていばらのなかに埋もれることだろうと嘆いたという故事による。〈『晋書シンジョ』〉参考「荊棘銅駝」ともいう。

【銅頭鉄額】ドウトウテツガク 非常に精悍セイカンで勇猛なさま。銅の頭と鉄のひたいの意から。〈『史記』〉

【銅版】ドウバン 銅の板に彫刻をしたり、薬品で腐食させたりして、絵画・文字を描いた印刷原版。エッチング。

【銅▲鉾・銅矛】ドウほこ 弥生やよい時代に大陸から伝わった青銅製のほこ。祭儀用とされる。

【△銅▲鑼】ドラ 青銅製で円盤形の打楽器の一種。ひもでつるし、ばちで打ち鳴らす。寺院や、船の出る合図などに使用。「出航の―が鳴る」

【△銅▲鑼焼】どらやき 小麦粉・卵・砂糖などを混ぜて銅鑼のような円盤形に焼き、二枚合わせた間にあんをはさんだ和菓子。

ドウ【儂】(15) 亻13 1 4915 512F 音 ドウ・ノウ 訓 わし・われ

意味 ①わし。われ。②かれ。やつ。参考 ①②とも俗語。

【▲儂】わし おれ。自分。多く、年配の男性が下位の者に対して使う自称。

ドウ【導】(15) 寸12 教 常 6 3819 4633 音 ドウ 訓 みちびく 外しるべ

旧字《導》(16) 寸13 1/準1

筆順 䒑(3) 屰(5) 芇 首(9) 首 道 道 道 導 導

意味 ①みちびく。案内する。教え。「導師」「指導」②熱・電気などを伝える。「導体」「伝導」

下つき 引導インドウ・教導キョウドウ・訓導クンドウ・指導シドウ・唱導ショウドウ・先導センドウ・伝導デンドウ・補導ホドウ・誘導ユウドウ

【△導】しるべ ①手引き。みちびき。「師の教えを―とする」②道の案内をすること。また、その人や物。「地図を―に進む」

【導火線】ドウカセン ①口火をつける線。「ダイナマイトの―」②事件が起きる原因のたとえ。「大統領暗殺が内戦の―となった」

【導師】ドウシ 仏 ①仏道に導く師。仏・菩薩(ボサツ)など。②法会・葬儀のとき、中心になって儀式を執り行う僧。

【導水】ドウスイ 水を導いて流すこと。「―管」「―橋」

【導線】ドウセン 電流を流す金属の線。類電線

【導体】ドウタイ 熱や電気をよく伝える物体。銀・銅・アルミニウムなど。伝導体。良導体。対絶縁体

【導入】ドウニュウ ①導き入れること。「新しい通信機器の―」②本題に入る前段階として、興味をもたせるようにする部分。「話の―部」

【導く】みちびく ①道案内をする。「客を茶室に―く」②指導をする。「生徒を―く」③仕向ける。「状況を有利に―く最善の方法だ」④結果や答えを出す。

ドウ【▲幢】(15) 巾12 5481 5671 ▼トウ(一一五二)

ドウ【△憧】(15) 忄12 常 3820 4634 ▼ショウ(七六一)

ドウ【▲撞】(15) 扌12 3821 4635 ▼トウ(一一五二)

ドウ【撓】(15) 扌12 1 5790 597A 音 ドウ・トウ・コウ 訓 たわむ・たわめる・しなう・しわる・くじける・みだれる・いためる・しおり・ためる

意味 ①たわむ。たわめる。まがる。まげる。「撓屈」②くじく。くじける。屈服する。「不撓」③みだす。みだれる。「撓乱」

下つき 屈撓(クットウ)・逗撓(トウドウ)・不撓(フトウ)

【▲撓める】いためる 牛皮を膠(にかわ)の溶液に浸し、金づちなどで打ち固める。

【▲撓】しおり 芭蕉(ばしょう)の俳諧(ハイカイ)理念の一つ。深い愛情をもって眺める作者の心情が句の余情となってにじみ出るもの。

【▲撓う】しなう 弾力があって、折れずに曲がる。しなやかにたわむ。「竹が―う」「よく―うからだ」

【▲撓垂れる】しなだれる ①人にこびたり甘えたりして寄りかかる。しなだれかかる。「甘えん坊が母親に―れる」②枝などがしなって垂れ下がる。

【▲撓る】しわる 重さや圧力などのためにしなう。たわむ。「雪で枝が―る」

【▲撓める】ためる 折らずにしんなりと曲げる。やわらかく曲げて形を整える。「竹ひごを―める」

【▲撓める】たわめる 折らずにしんなりと曲げる。しならせる。「枝を―める」

【撓屈】トウクツ たわんで曲がること。また、力を加えてしならせること。

ドウ【▲導】(16) 寸13 ▼導の旧字(一一六五)

ドウ【橈】(16) 木12 1 6086 5C76 音 ドウ・ジョウ・ニョウ 訓 たわむ・まげる・くじく・かじ・かい

意味 ①たわむ。たわめる。まがる。まげる。②みだす。みだれる。③くじく。弱める。④かじ。かい。船を進める道具。

下つき 逗橈(トウドウ)

【▲橈】かじ 船をこぐ道具。たわめた形をしたかい。

【橈骨】トウコツ ひじから手首までの前腕の親指側にある長い骨。尺骨と平行する。

ドウ【瞠】(16) 目11 1 6653 6255 音 ドウ・トウ 訓 みはる・みつめる

意味 みはる。目を見張る。みつめる。「瞠目」

【▲瞠若】ドウジャク 驚きあきれて目を見張るさま。「天下を―させる」

【瞠目】ドウモク 感心や驚きのあまり、目を見張ること。「―すべき作品」

【▲瞠る】みはる 目を大きく開いてよく見る。目を見開いてまともに見る。「見事な出来ばえに目を―る」

ドウ【耨】(16) 耒10 1 7053 6655 音 ドウ 訓 くわ・くさぎる・すく

意味 くわ。くわで草をかる。くさぎる。すく。「耨耕」

下つき 耕耨(コウドウ)

【耨耕】ドウコウ 手すきで田畑の雑草を除き、耕すこと。

ドウ【獰】(17) 犭14 1 6456 6058 音 ドウ 訓 わるい

意味 わるい。にくにくしい。「獰猛」

【獰悪】ドウアク 性質が荒々しく凶悪なこと。また、そのさま。「―な殺人犯」

【▲獰猛】ドウモウ 性質が荒っぽくたけだけしいこと。また、そのさま。残忍で凶暴なこと。「―な犬」

ドウ【瞳】(17) 目12 常 2 3823 4637 音 ドウ 外トウ 訓 ひとみ

筆順

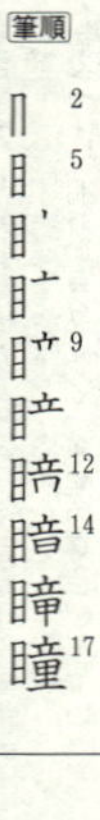

意味 ①ひとみ。「瞳孔」②くらい。無知なさま。「瞳朦(ドウモウ)」

下つき 重瞳(ジュウドウ)・双瞳(ソウドウ)

【瞳孔】ドウコウ 眼球の虹彩(コウサイ)の中央にある穴。光線を加減して取り入れる。ひとみ。「反射的に―が開いた」類瞳子

【瞳子】ドウシ 「瞳孔」に同じ。

【瞳▲睛】ドウセイ 「瞳孔」に同じ。

【瞳】ひとみ 「瞳孔(ドウコウ)」に同じ。「つぶらな―」

ドウ【艟】(18) 舟12 1 7162 675E 音 ドウ・トウ 訓 いくさぶね

意味 いくさぶね。「艨艟(モウドウ)」

【艟艨】ドウ モウ 軍艦。いくさぶね。類 艨艟

ドウ【鐃】(20) 金12 1 7931/6F3F 音 ドウ・ニョウ 訓 どら

意味 どら。じんがね。陣中で用いる打楽器。「鐃歌」「鐃吹」

【鐃】どら 軍隊や陣中で使う小さなかね。じんがね。

ドウ【曩】(21) 日17 1 5908/5B28 音 ドウ・ノウ 訓 さき・さきに・ひさしい

意味 ①さき。さきに。かつて。「曩祖」類 嚮(キョウ) ②ひさ(久)しい。昔からの。

【曩に】さきに 以前に。かつて。「―訪ねたときは一人で住んでいた」

【曩時】ノウジ さきの時。さきごろ。昔。往時。類 曩日・曩昔

【曩日】ノウジツ さきの日。さきごろ。以前。類 曩時・曩昔

【曩昔】ノウセキ 昔。かつて。以前。類 曩時・曩日

【曩祖】ノウソ 先祖。祖先。

【曩篇】ノウヘン 先人の作品。昔の書物。

とうげ【峠】(9) 山6 国 常 4 3829/463D 音 訓 とうげ

筆順 丨 山 山 山' 山ト 山上 山上 峠 峠

意味 とうげ。①山ののぼりつめた所。②物事の頂点。「暑さは峠を越した」参考 山の上りと下りのさかいめを表す国字。

とうとい【尊い】(12) 寸9 教 3426/423A ▼ソン(九六七)

とうとい【貴い】(12) 貝5 教 2114/352E ▼キ(二七七)

同訓異義 とうとい

【貴い】それ自身の価値が高い。地位や身分が高い。「勇気ある行動が貴い」「貴い人命を救う」

【尊い】大切なものとして敬うべきである。尊敬の気持ちを起こさせる。「尊い神のご加護」「尊い教えに導かれる」「尊い犠牲を払う」

とうとぶ【尊ぶ】(12) 寸9 教 3426/423A ▼ソン(九六七)

とうとぶ【貴ぶ】(12) 貝5 教 2114/352E ▼キ(二七七)

とお【十】(2) 十0 教 2929/3D3D ▼ジュウ(六九九)

とおい【逖い】(11) 辶7 7788/6D78 ▼テキ(一一〇一)

とおい【遠い】(13) 辶10 教 1783/3173 ▼エン(一〇三)

とおい【遐い】(13) 辶9 7802/6E22 ▼カ(一五六)

とおる【亨る】(7) 亠5 2192/357C ▼コウ(四八三)

とおる【通る】(10) 辶7 教 3644/444C ▼ツウ(一〇七八)

とおる【透る】(10) 辶7 常 3809/4629 ▼トウ(一一四四)

とおる【疏る】(12) 疋7 3333/4141 ▼ソ(九二五)

とおる【達る】(12) 辶9 教 3503/4323 ▼タツ(一〇〇六)

とおる【徹る】(15) 彳12 常 3716/4530 ▼テツ(一一〇六)

とおる【融る】(16) 虫10 常 4527/4D3B ▼ユウ(一五一六)

同訓異義 とおる

【通る】一方から他方まで届く。中に入る。開通する。ほか、広く用いる。「客間へ通す」「都心へ鉄道が通る」「試験に通る」「名の通った料理人」

【透る】光がとおりぬける。「日光が海底まで透る」「肌まで透って見えるシャツ」

【徹る】突きぬけてとおりぬける。貫きとおす。「声がよく徹る」「筋が徹った話だ」

とが【咎】(8) 口5 5075/526B ▼キュウ(三〇五)

とが【栂】(9) 木5 国 準1 3646/444E 音 訓 とが・つが

意味 とが。つが。マツ科の常緑高木。参考 工作・建築用材の母体となる木の意を表す国字。

【栂】つが マツ科の常緑高木。山地に自生。幹は直立して、高さは三〇メートルにも及ぶ。葉は線形。材は建築・家具・パルプ用。樹皮からタンニンをとる。トガ。

とが【科】(9) 禾4 教 1842/324A ▼カ(一四八)

とが【過】(12) 辶9 教 1865/3261 ▼カ(一五三)

とかきぼし【奎】(9) 大6 5287/5477 ▼ケイ(三九〇)

とかす【溶かす】(13) 氵10 常 4547/4D4F ▼ヨウ(一五三三)

とかす【解かす】(13) 角6 教 1882/3272 ▼カイ(一八二)

とかす【熔かす】(14) 火10 4548/4D50 ▼ヨウ(一五三四)

とかす【銷かす】(15) 金7 7889/6E79 ▼ショウ(七六二)

とかす【爍かす】(19) 火15 6403/6023 ▼シャク(六六六)

とかす【鑠かす】(23) 金15 7943/6F4B ▼シャク(六六六)

同訓異義 とかす

【溶かす】ある物を液体に入れて混ぜ、均一にする。固体のものを液状にする。ほか、広く用いる。「薬品を水に溶かす」「砂糖を水に溶かす」「絵の具を油で溶かす」

【解かす】固まっているものを緩める。「相手の警戒心を解かす」「砂糖を解かして飴(あめ)にする」

【融かす】「解かす」とほぼ同じ。「融解」

【熔かす】金属を熱してとかす。「鉛を熔かして型に流しこむ」

【鑠かす】鉱石や金属を混ぜ、熱してとかす。

とがめる【▲尤める】(4) 尢1 4464/4C60 ▼ユウ(一五〇六)

とがめる【▲咎める】(8) 口5 5075/526B ▼キュウ(三〇五)

とがる【▲尖る】(6) 小3 3277/406D ▼セン(八九七)

とき【△刻】(8) 刂6 教 2579/396F ▼コク(五二五)

とき【△秋】(9) 禾4 教 2909/3D29 ▼シュウ(六八八)

とき【時】(10) 日6 教 2794/3B7E ▼ジ(六三六)

とき【△斎】(11) 斉3 常 2656/3A58 ▼サイ(五五六)

とき【▲鴇】(15) 鳥4 3830/463E ▼ホウ(一四一一)

とき【▲鬨】(16) 門6 8210/722A ▼コウ(五一四)

とき【▲鴾】(17) 鳥6 8292/727C ▼ボウ(一四二三)

とき【鴇】(17) 鳥6 国 1 9459/7E5B 音 とき 訓

意味 とき(鴇)。トキ科の鳥。参考 年を告げる鳥の意を表す国字。

とぎ【▲伽】(7) 亻5 1832/3240 ▼カ(一四一)

トク【★禿】(7) 禾2 準1 3837/4645 音 トク 訓 はげ・はげる・かむろ・ちびる

意味 ①はげ。はげる。頭髪がない。山などに樹木がない。「禿頭」②かむろ。かぶろ。昔の童子の髪形。③ちびる。先がすり切れる。「禿筆」

下つき 頑禿ガントク・愚禿グトク・老禿ロウトク

【禿】かむろ ①昔の子どもの髪形の一つ。垂らした髪を短く切りそろえたもの。また、その子ども。「—髪の童女」②遊女の身の回りを世話する見習いの少女。参考「かぶろ」の転。

【禿びる】ちびる 先がすり切れて減る。すれて短くなる。「—びた鉛筆ではうまく書けない」

【禿頭】トクトウ 髪が抜け落ちてはげた頭。はげあたま。類光頭

【禿頭病】トクトウビョウ 頭髪の一部分、または全体が少しずつ抜けてなくなる疾患。類脱毛症・禿髪症

【禿筆】トクヒツ ①先のすり切れた筆。ちびた筆。②自分の書いた文章や書の謙称。参考 ①「ちびふで」とも読む。

【禿▲鷹】はげたか ①ハゲワシの別称。▼禿鷲はげわし ②コンドルの別称。コンドル科の大形の鳥で、頭部には羽毛がない。南米のアンデス山脈にすむ。

【禿げる】はげる ①髪の毛が抜け落ちて地肌が見えてくる。「頭が—げる」②山の草や樹木がなくなり地面があらわになる。「むやみに木が伐採され、山が次々と—げていく」

【禿▲鷲】はげわし タカ科の一群の鳥の総称。アフリカ大陸とユーラシア大陸に分布。草原などにすむ。頭部には羽毛がない。動物の死肉を食べる。ハゲタカ。

トク【★竺】(8) ⺮2 準1 2819/3C33 音 トク・ジク 訓 あつい

意味 ①あつ(厚)い。類篤 ②インドの古称「天竺」に用いられる字。「竺学」

トク【△独】(9) 犭6 教 3840/4648 ▼ドク(一一七二)

トク【匿】(10) 匚8 常 3 3831/463F 音 トク 外ジョク 訓 外かくれる・かくまう

筆順 一 二 廾 廾 芀 芀 若 若 匿

意味 かくす。かくれる。かくまう。「匿名」

下つき 隠匿イントク・蔵匿ゾウトク・秘匿ヒトク

【△匿う】かくまう 追われている人などをひそかに隠す。「逃亡者を—う」

【匿名】トクメイ 本名を隠すこと。また、本名を隠し、別の名前を使うこと。「新聞に—で投書した」

トク【特】(10) 牜6 教 常 7 3835/4643 音 トク 外ドク 訓 外おうし・とりわけ・ひとり・ひとつ

筆順 ノ 𠂉 牛 牜 牜 牪 牡 特 特

意味 ①おうし。たね牛。②とくに。とりわけ。抜きんでる。「特色」「特別」③ひとり。ひとつ。「孤特」類独

下つき 奇特キトク・孤特コトク・殊特シュトク・独特ドクトク

〈特牛〉こというし 大きくて丈夫な雄のウシ。頑強で重荷を背負うことのできるウシ。ことい。こっていうし。こといのうし。

【特異】トクイ 特に他とちがっていること。また、特にすぐれていること。「—な才能の持ち主」「—体質で酒が飲めない」

【特技】トクギ 特別の技能。特にすぐれた技量。「—を身につける」

【特産】トクサン 特に、その地で生産・産出されること。また、そのもの。「—品」

【特使】トクシ 特別の任務で派遣される使者。特に総理大臣などの代理として外国に派遣される使節。「—を立てる」

【特質】トクシツ 他に見られない、特別な性質。「平安文化の—」類特性

【特赦】トクシャ 恩赦の一つ。有罪判決を受けた特定の犯罪人に対し、刑の執行を免除すること。類大赦

【特殊】トクシュ 普通とちがうこと。また、そのさま。「—技能」「—な例を示す」類特別 対一般・普遍

【特種】トクシュ 特別な種類。「—な生き物」参考「トクだね」と読めば別の意になる。

【特需】トクジュ 特別な需要。特に、軍事面での物資や労役など。「—景気」

【特集】トクシュウ 新聞・雑誌・テレビなどで、特定の問題を中心に編集・放送すること。「—記事」書きかえ「特輯」の書きかえ字。

【特▲輯】トクシュウ ▼書きかえ 特集

【特出】トクシュツ 特別にすぐれて抜きんでていること。「―した技能」類傑出・卓越

【特色】トクショク 他と異なる点。他よりすぐれている箇所。「―のある絵」

【特進】トクシン 特別に進級・昇進すること。「二階級―」

【特性】トクセイ そのものだけに備わっている、特別にすぐれた性質や性能。「地域の―を生かす」類特質 対通性

【特製】トクセイ 特別に製造すること。また、そのもの。特別製。「―のドレス」対並製

【特設】トクセツ 特別に設けること。「会場に―のコーナーをオープンする」

【特▲撰】トクセン ①特に力を入れて作ること。また、そのもの。②よい品物として特別に推薦すること。「―品」

【特選】トクセン ①特別に選び抜くこと。また、そのもの。「産地―の品」②展覧会などで、優秀であると認められること。「―に入賞する」

【特待生】トクタイセイ 成績や品行が優秀で、授業料免除などの特別の取り扱いを受けている生徒・学生。

【特種】トクだね 新聞・雑誌などの記事で、ある社だけが入手できた重要な情報。スクープ。「―合戦」参考「トクシュ」と読めば別の意になる。

【特段】トクダン 特別。格段。格別。「―の配慮を賜る」「―気にはしていない」

【特長】トクチョウ 特にすぐれたところ。「保温性が高いのが―だ」

【特徴】トクチョウ 他と比べて目立つところ。「―のある歌声」

【特定】トクテイ ①特に指定すること。「犯人を―する」②特に決められていること。「許可を得た―の人」対①②不特定・包括

【特典】トクテン 特別の待遇。特別に与えられる恩典。「会員には割引の―がある」

【特電】トクデン 「特別電報」の略。ある新聞社だけに特別に送られる電報通信。海外特派員の通信など。

【特等】トクトウ 一等より上の、特別の等級。「―で入選する」

【特売】トクバイ ①特別に安く売ること。「―日」②特定の人に売ること。

【特派員】トクハイン ①特別の任務で派遣される人。「―として英国に出立する」②海外取材のために送られる新聞・雑誌・放送などの記者。

【特筆】トクヒツ 特に取り立てて記すこと。「―すべき出来事」

〖特筆大書〗トクヒツタイショ 特別の重大事として記すこと。目立つようにひときわ大きく書き記すこと。

【特別】トクベツ 一般のものとは区別されること。また、そのさま。「―室」類格別 対普通

【特報】トクホウ 特別の報告や報道。特別ニュース。「選挙―」

【特務】トクム 特別の任務。特殊な任務。スパイなど。「―機関」

【特命】トクメイ 特別の命令。また、特別の任命。「―を受けて出発する」「―全権大使」

【特約】トクヤク 特別の条件や利益を付けて交わす約束や契約。「―店」

【特有】トクユウ そのものだけが特にもっているもの。また、そのさま。「チーズ―のにおい」類独特・独自 対共有・通有

【特立】トクリツ ①特に抜きんでていること。「―した才能」②だれにも頼ることなく、自立していること。類独立

【特例】トクレイ ①特別な例。「―は認めません」対通例 ②特別な事例に適用される法規。

【特価】トッカ 特に割り引いて、安くした値段。「休日―品」対定価

【特記】トッキ 特別に書き留めておくこと。「―に値する重要事項」類特筆

【特急】トッキュウ ①特別に急ぐこと。「―で仕上げる」②「特別急行」の略。主要な駅のみに停車し、急行より高速で遠距離運行の列車・バス。「乗車券の他に―券が必要だ」

【特級】トッキュウ 一級より上の等級。最高級。また、そのもの。「―品」

【特許】トッキョ ①特定の人のために、特定の権利を設定すること。②新しい発明・商標・意匠などの独占使用を、当事者もしくは当事者の認めた者のみに許すこと。また、その権利そのもの。「商標登録を―庁に申請した」

【特訓】トックン 「特別訓練」の略。能力や技能の向上のために短時間に集中して行われる訓練。「水泳の―で泳げるようになった」

【特恵】トッケイ 特別な恩恵やはからい。特別待遇。「―関税」

【特権】トッケン 特別な権利。限られた身分・地位の人だけに許される権利。「若者の―」

【特攻隊】トッコウタイ 「特別攻撃隊」の略。第二次世界大戦中、死を覚悟で飛行機や艦艇に爆弾を積み、体当たり攻撃をした日本軍の特別部隊。

【特効薬】トッコウヤク ある病気や傷に対し、とりわけよくきく薬。「水虫の―」

トク 【得】

(11) 彳 8 常 教 6 3832 4640 音 トク 訓 える・うる㊥

筆順 ノ 彳 彳' 彳口 彳日 但 得 得

意味 ①える。手に入れる。「得点」「取得」対失 ②さとる。わかる。気に入る。「得心」「納得」③もうけ。とく。「得策」「欲得」類徳 対損

下つき 一得イットク・会得エトク・獲得カクトク・既得キトク・自得ジトク・収得シュウトク・拾得シュウトク・取得シュトク・所得ショトク・損得ソントク・体得タイトク・納得ナットク・両得リョウトク

〈得▲撫草〉うるっぷそう ゴマノハグサ科の多年草。アラスカ・オホーツク

海沿岸や本州中部の高山に自生。夏、唇形の紫色の小花を穂状につける。ハマレンゲ。由来 千島（ちしま）列島のウルップ島で発見されたことから。

〈得撫〉島 ウルップトウ 千島（ちしま）列島の中央部の島。一九四五（昭和二〇）年よりロシア領。オットセイの繁殖地。

【得体】えタイ 真実の姿。本性。「―が知れない」類 正体・実体

【得たりや応】えたりやオウ 承知したり、うまくいったりしたときに発する語。しめた。うまくいった。「―と立つ」

【得手】えて ①非常に得意としていること。「―不得手」②「得手勝手」の略。③サル（猿）のこと。えてこう。サルが「去る」に通じるのを嫌って用いる。

【得手勝手】えてかって 自分の都合のよいことばかり考えること。また、すること。わがまま。手前勝手。類 勝手気儘（かってきまま）

【得手に帆を揚げる】えてにほをあげる 得意なことを実行に移す好機の到来を、のがさずに利用するたとえ。類 追風（おいて）に帆を上げる 参考「揚げる」は「掛ける」ともいう。

【得物】えもの ①手にする武器。得意とする武器。また、広く武器や道具のこと。「―を手に立ち上がる」②得意としているもの。

【得る】える ①手に入れる。受ける。「利益を―る」「志を―る」②…することができる。動詞の連用形について用いる。「知り―る」「あり―る話だ」参考「うる」とも読む。

【得意】トクイ ①希望がかなって満足すること。対 失意 ②自慢すること。③手慣れていること。自信のあること。「―な分野」対 苦手（にがて）④ひいきにしてくれる客。「―先」

【得意忘言】トクイボウゲン 真理を体得すれば、意は言外にあるから、言葉はいらないということ。〈『荘子（ソウジ）』〉

【得意満面】トクイマンメン 思いどおりに事が運び、誇らしい表情が顔全体に浮かぶさま。

と トク

【得策】トクサク うまい方法。有利なやり方。「反対するのは―ではない」対 愚策・下策

【得失】トクシツ 得ることと失うこと。利益と損失。「改革の―を考える」類 損得

【得心】トクシン 心から承知すること。深く納得すること。「―がいく」

【得点】トクテン 試験や競技などで点数を得ること。また、得た点数。「大量―」対 失点

【得度】トクド 仏 ①悟りの世界に入ること。②仏門に入ること。類 出家

【得得】トクトク いかにも得意そうなさま。「手柄を―と語る」

【得票】トクヒョウ 選挙で票を得ること。また、その票。「―数」

【得分】トクブン ①取り分。分け前。「自分の―を減らす」②利益。もうけ。「経費を引いた―」表記「徳分」とも書く。

【得用】トクヨウ 値段のわりに利益の多いこと。おとく。「―の洗剤を買う」類 割安 表記「徳用」とも書く。

【得を取るより名を取れ】トクをとるよりなをとれ 利益より名誉を重んじよという教え。

トク【督】(13) 目 8 常 準2 3836 4644
音 トク
訓 外 みる・ただす・ひきいる・うながす・かしら

筆順 …督（13）

意味 ①みる。見はる。ただす。ひきいる。す（統）べる。「監督」「督励」②うながす。せきたてる。「督促」「督戦」③かしら。おさ。長官。「総督」④家を継ぐ者。長男。「家督」

下つき 家督（カトク）・監督（カントク）・総督（ソウトク）・提督（テイトク）

【督学】トクガク 昔の官職の名。学校や教育を監督・指導する人。

【督軍】トクグン 辛亥（シンガイ）革命後の中国で、各省に置かれた軍事の長官。やがて民政長官も兼ねて文武の実権を掌握した。一九二八年に廃止。

【督責】トクセキ ただし責めること。職務を果たすように取り締まること。

【督戦】トクセン 部下を励まして戦わせること。「兵を―する」

【督促】トクソク せきたてること。催促すること。特に、債務履行の催促。「図書館から本の返却の―状が届いた」

【督励】トクレイ 監督して、励ますこと。「社員を―して仕事を急がせる」

トク【徳】(14) 彳 11 教 常 7 3833 4641
音 トク
訓

旧字《德》(15) 彳 12 1/準1 8437 7445

筆順 …徳（14）

意味 ①身にそなわった品性。人としてねうちのある行い。「徳義」「道徳」②めぐみ。教え。「徳化」「恩徳」③もうけ。利益。「徳用」類 得

下つき 悪徳（アクトク）・威徳（イトク）・遺徳（イトク）・有徳（ウトク・ユウトク）・恩徳（オントク）・功徳（クドク）・君徳（クントク）・公徳（コウトク）・高徳（コウトク）・修徳（シュウトク）・淑徳（シュクトク）・人徳（ジントク）・仁徳（ジントク）・聖徳（セイトク）・知徳（チトク）・道徳（ドウトク）・背徳（ハイトク）・美徳（ビトク）・不徳（フトク）・報徳（ホウトク）・利徳（リトク）

【徳育】トクイク 徳性を養い育てる教育。道徳教育。対 知育・体育

【徳義】トクギ 道徳上守らねばならないこと。「―心」

【徳高望重】トクコウボウジュウ 徳が高く、人望が厚いこと。「望重」は信望が厚い意。

【徳孤ならず必ず隣有り】トクコならずかならずとなりあり 人徳のある人やその行為には、かならず共感し、理解して協力する者が現れるから、人格

者は孤立することはないということ。〈『論語』〉

【徳性】トクセイ 道徳心をもった品性。道徳的な意識。「―を養う」

【徳性▲涵養】トクセイカンヨウ じっくりと道徳心を養うこと。「涵養」は水がゆっくりしみこむように養い育てる意。参考「徳性滋養」ともいう。

【徳政】トクセイ ①恵み深い政治。類仁政 ②「徳政令」の略。鎌倉・室町時代、一定期間内の負債を無効にするという法令。

【徳操】トクソウ かたく守って変わらないみさお。道徳をかたく守りとおす心。

【徳俵】トクだわら 相撲の土俵で、東西南北の中央にあるたわら。たわらの幅だけ外側にずらしてある。

【徳望】トクボウ 徳が高く、多くの人に慕われること。また、その人に寄せられる尊敬。類人望「―の高い人」

【徳目】トクモク 徳を細目に分類してつけた名称。仁・義・孝など。

【徳用】トクヨウ 値段の割に、利益の多いこと。「―箱」表記「得用」とも書く。

【徳利】トクリ ①細長く口がつぼまった酒器。多く、陶製。類銚子(チョウシ) ②①がすぐに水に沈むことから、泳げない人。かなづち。参考「トックリ」とも読む。

【徳量寛大】トクリョウカンダイ 人格がりっぱで、度量が大きいこと。

【徳を△以て△怨みに報ゆ】トクをもってうらみにむくゆ 怨みのある相手を憎まずに、かえって恩恵で報いること。〈『論語』〉

【徳化】トッカ 人々を徳により感化し、よくすること。徳による教化。「民衆を―する」「―を及ぼす」

【△徳利蜂】トックリばち ドロバチ科のハチの総称。泥でつぼ形の巣を作る。由来 巣の形が徳利に似ていることから。

【徳行】トッコウ 道徳にかなった正しい行為。「君子の―」類善行

トク【慝】(14) 心10 1 5655 5857 音 トク 訓 わるい・よこしま・わざわい

意味 ①わるい。よこしま。「淑慝」②わざわ(災)い。

トク【読】(14) 言7 教 3841 4649 ▼ドク(一一七四)

トク【▲德】(15) 彳12 8437 7445 ▼徳の旧字(一一七〇)

トク【篤】(16) ⺮10 常 3 3838 4646 音 トク 訓 外あつい

筆順 (2) (6) (16) 篤

意味 ①あつい。人情にあつい。熱心である。「篤志」「篤行」「篤学」②病気が重い。「危篤」

下つき 危篤(キトク)・懇篤(コントク)・仁篤(ジントク)

【△篤い】あつい ①人情が細やかなさま。「友情に―い」②病状が重い。「病が―い」

【篤学】トクガク 学問に熱心に励むこと。また、その人。「―の若者」

【篤志】トクシ あついこころざし。特に、社会事業などに熱心に力を尽くすこと。「―家」

【篤実】トクジツ 人情にあつく、誠実なこと。まじめで思いやりがあること。「―な人柄が信頼を得る」「温厚―」

【篤信】トクシン 信仰する気持ちが強いこと。信仰心があついこと。「―家」

【篤と】トクと 入念に。よく注意をして。じっくりと。「―ご覧ください」

【篤農】トクノウ 農業に励み、その研究にも熱心な人。篤農家。「村一番の―です」

【篤厚】トッコウ 人情にあつく、だれに対しても親切なこと。「―の士」

トク【★瀆】(18) 氵15 準1 8729 773D 音 トク 訓 みぞ・けがす・あなどる

〔涜〕3834 4642

意味 ①みぞ(溝)。どぶ。「溝瀆」②けがす。けがれる。よごす。「瀆職」類黷(トク) ③あなどる。みくだす。

下つき 汚瀆(オトク)・溝瀆(コウトク)・四瀆(シトク)・自瀆(ジトク)・冒瀆(ボウトク)

【▲瀆す】けがす よごす。また名誉などに傷をつけること。「美しい心を―す行為だ」

【▲瀆職】トクショク 職をけがすこと。特に、公務員が賄賂(ワイロ)などをもらうこと。「私欲にかられて―罪に問われた」類汚職

【▲瀆聖】トクセイ 神聖な存在とされるものを冒瀆したり、みだりに接触したりすること。神聖冒瀆。

【▲瀆】みぞ 耕地に用水を通す水路。

トク【牘】(19) 片15 1 6417 6031 音 トク 訓 ふだ・かきもの・てがみ

意味 文字を書くふだ。かきもの。また、文書。てがみ。ふみ。「牘書」「尺牘」

下つき 案牘(アントク)・簡牘(カントク)・尺牘(セキトク)

【▲牘】ふだ 文字が書かれた木や竹の札。転じて、文書。

トク【犢】(19) 牛15 1 6425 6039 音 トク 訓 こうし

意味 こうし。ウシの子。「犢車」

下つき 舐犢(シトク)

【▲犢】こうし ウシの子。「―に車を引かせる」

【〈▲犢鼻▲褌〉】ふんどし 男性が陰部をおおうのに用いる布。したおび。ふどし。表記「褌」とも書く。参考「たふさぎ・トクビコン」とも読む。

トク【黷】(27) 黑15 1 8366 7362 音 トク 訓 けがす・けがれる

意味 けがす。よごす。けがれる。よごれる。不正を

する。「黷職」類瀆(トク)

下つき 干黷(カントク)・冒黷(ボウトク)

【▲黷れる】けが-れる よごれる。名誉や誇りを傷つけられる。表記「瀆れる」とも書く。

とく【▲梳く】(10) 木6 ▼ソ(九二〇)

とく【△疾く】(10) 疒5 常 2832 3C40 ▼シツ(六四七)

とく【△釈く】(11) 釆4 常 2865 3C61 ▼シャク(六六五)

とく【解く】(13) 角6 教 1882 3272 ▼カイ(一八二)

とく【説く】(14) 言7 教 3266 4062 ▼セツ(八八八)

同訓異義 とく

【解く】ひとつになっているものを分けて離す。制限や契約などを取りやめにする。解決する。ほか、広く用いる。「結び目を解く」「交通規制を解く」「武装を解く」「専属契約を解く」「難問を解く」「誤解を解く」

【説く】道理などを教え諭す。説明する。「開祖の教えを説く」「意味が分かるように説く」「改革の必要性を説く」

【▲梳く】髪の乱れを櫛(くし)でととのえる。「長い髪を梳く」

とぐ【研ぐ】(9) 石4 教 2406 3826 ▼ケン(四二二)

とぐ【△磨ぐ】(16) 石11 常 4365 4B61 ▼マ(一四三七)

ドク【毒】(8) 毋4 常 教 6 3839 4647 音 ドク 訓 外 そこなう・わるい

筆順 一 十 キ 主 圭 毒 毒 毒

意味 ①どく。健康や生命を害するもの。「毒薬」「中毒」②どくする。そこなう。ためにならない。わるい。「毒手」「毒舌」

下つき 鉛毒(エンドク)・害毒(ガイドク)・劇毒(ゲキドク)・解毒(ゲドク)・鉱毒(コウドク)・消毒(ショウドク)・丹毒(タンドク)・中毒(チュウドク)・梅毒(バイドク)・服毒(フクドク)・防毒(ボウドク)・無毒(ムドク)・猛毒(モウドク)・有毒(ユウドク)

【毒悪】ドクアク たいへん悪いこと。非常に害をなすこと。

【毒牙】ドクガ ①毒蛇などにある、毒液を出すきば。②悪どい手段。わるだくみ。「―にかかる」類毒手

【毒▲蛾】ドクガ ドクガ科のガ。日本全土にすむ。全体に黄色で、毒毛をもつ。幼虫・成虫ともに人が触れるとかぶれ、かゆくなる。

【毒害】ドクガイ 毒を飲ませて殺すこと。「死因は―による」類毒殺

【毒気】ドクケ ①有毒な成分を含む気体。「メタンガスの―に当たる」②人を害する気持ち。「―を含む言葉」類悪意・害心 参考「ドッキ・ドッケ」とも読む。

【毒蛇】ドクジャ 毒牙(ドクガ)から、毒液を分泌するヘビの総称。ハブ・マムシ・コブラなど。参考「ドクへび」とも読む。

【毒手】ドクシュ ①殺しの手段。殺害方法。②「毒牙(ドクガ)」に同じ。

【毒刃】ドクジン 人に危害を加えるために用いるやいば。「―に倒れる」類凶刃

【毒舌】ドクゼツ ひどい悪口や辛辣(シンラツ)な皮肉。「―をふるう」類毒言・毒口

【毒素】ドクソ 生物体がつくり出す有毒な物質。動物体に中毒作用を起こさせる。

【毒づく】ドクづく ひどくののしる。ひどい悪口をいう。「酔って―く」

【毒毒しい】ドクドク-しい ①毒がありそうなようす。②色がどぎつい。けばけばしい。「―いキノコ」「―い化粧」③悪意を含んでいるようす。にくにくしい。「―い言葉を吐く」「―い批評」

【毒婦】ドクフ 悪い心をもち、人に害を与える女。類奸婦(カンプ)

【毒物】ドクブツ 毒性をもつ物質や薬物。「グラスから―が検出された」

【毒味・毒見】ドクミ ①飲食物を人に出す前に、毒の有無を確かめること。②料理の味付けの加減をみること。類味見(あじみ)

【毒薬】ドクヤク わずかな量でも体内に入ると生命を奪う危険のある薬品。青酸カリなど。

【毒を食らわば皿まで】ドクをくらわばさらまで 一度悪事に手を染めたからには、悪の限りを尽くしてしまえというたとえ。毒を食ってしまった以上は、皿までなめ尽くす意から。

【毒を△以て毒を制す】ドクをもってドクをセイす 悪人を利用して他の悪人を除くたとえ。毒薬を使って他の毒を消す意から。類火は火で治まる

ドク【独】(9) 犭6 常 教 6 3840 4648 音 ドク 外 トク 訓 ひとり

旧字《獨》(16) 犭13 1/準1 6455 6057

筆順 ノ 犭 犭 犭 犭 犯 狆 独 独

意味 ①ひとり。ひとつ。相手がいない。「独身」「独占」②ひとりよがり。自分だけ。「独善」「独断」③「独逸(ドイツ)」の略。「独文」「独語」

下つき 孤独(コドク)・単独(タンドク)

【〈独活〉】うど ウコギ科の多年草。山野に自生。また、野菜として栽培。若芽は柔らかく香気があり食用。季春 由来「独活」は漢名より。風もないのに独りで動くように見えることからという。表記「土当帰」とも書く。

【〈独活〉の大木】うどのタイボク 姿かたちばかりが大きくて、なんの役にもたたず、取り柄のない人のたとえ。由来ウドの茎は高く伸びると食用にならなくなり、また、柔らかいので材木にもならず、使いみちがないことから。

【〈独脚蜂〉】きばち キバチ科のハチの総称。雌は尾の先に針状の産卵管をも

と トク―ドク

ち、それを樹幹に差しこんで産卵する。幼虫は針葉樹を食害。由来 雌は産卵後管が抜けず、一本脚で立っているように見えることから「独脚蜂」の字が当てられた。表記「樹蜂」とも書く。

〈独楽〉こま 木や金属で作った円形の胴に軸を通し、手やひもで回して遊ぶおもちゃ。「正月に―回しをして遊ぶ」季 新年

『〈独楽〉の舞い倒れ』(こまのまいだおれ) 自分ひとりで張り切って働いてみたものの、結局はそれほどの成果もなく、疲れて力尽きてしまうたとえ。

〈独楽▲鼠〉こまねずみ ネズミ科の哺乳(ホニュウ)動物。由来 こまのようにくるくる回る習性があることから。▼高麗鼠(こまねずみ)(五〇〇)

〈独逸〉ドイツ ヨーロッパ中部にある連邦共和国。第二次世界大戦後東西に分裂したが、一九九〇年に統一された。首都はベルリン。

【独演】ドクエン 演芸などをひとりで演じること。転じて、ひとりで話をすること。「落語の―会」「講演会で―する」対 共演

【独往】ドクオウ ひとりで行くこと。ひとりの力で進むこと。「自主―」類 独歩・独行

【独学】ドクガク 学校に行ったり先生についたりしないで、ひとりで学ぶこと。「―で英語をマスターする」類 独修・自修

【独眼竜】ドクガンリュウ ①片目の英雄や豪傑。②江戸時代初期の武将、伊達政宗(だてまさむね)のこと。独眼竜政宗。由来 ①中国、唐の群雄の一人として活躍した片目の英傑・李克用(リコクヨウ)(後唐の太祖(タイソ)(コウトウ))の異名から。〈『新唐書(シントウジョ)』〉

【独吟】ドクギン ①ひとりで詩歌・謡曲などを吟じること。「川のほとりで―する」対 連吟 ②ひとりで連歌・俳諧(ハイカイ)などを作ること。また、その歌や句。「―千句」

【独弦哀歌】ドクゲンアイカ 悲痛な面持ちでひとりで論じるたとえ。ひとりで弦を弾きながら、悲しい調子で歌う意から。〈『荘子(ソウジ)』〉

【独語】ドクゴ ①ひとりごとをいうこと。また、そのひとりごと。類 独言・独話 対 対話・会話 ②ドイツ(独逸)語。

【独裁】ドクサイ ①ひとりの考えで物事を決定すること。「社長の―経営」②ある個人・団体が、全権力を握って思いのままに支配すること。「―政治」類 専制

【独自】ドクジ ①自分ひとり。「―に調査する」②そのものだけに特有なこと。「―の文化を育む」「―性を発揮する」類 独特・特有

【独酌】ドクシャク ①自分で酌をして酒を飲むこと。類 手酌 ②ひとりで酒を飲むこと。

【独修】ドクシュウ 先生につかず一人で修得すること。「洋裁の技術を―で身につけた」類 独学・自修

【独習】ドクシュウ 学校に行ったり先生についたりしないで、ひとりで学び習うこと。類 独学

【独唱】ドクショウ ひとりで歌うこと。ソロ。「オペラのアリアを―する」対 合唱

【独身】ドクシン 結婚していないこと。また、その人。ひとり者。ひとり身。「―貴族が増加している」対 既婚

【独△参湯】ドクジントウ ①気付けに効果のある煎(セン)じ薬。②いつ上演しても必ず大当たりする歌舞伎(カブキ)の演目。特に、「仮名手本忠臣蔵」のこと。

【独占】ドクセン ①ひとりじめにすること。「部屋を―する」②ある特定の資本が、市場を支配していること。「―禁止法」

【独善】ドクゼン 自分だけで正しいと思うこと。ひとりよがり。「―に陥る」

【独▲擅場】ドクセンジョウ ひとりだけが思うままに活躍するところ。ひとり舞台。参考「擅」は、ほしいままにする意。

【独走】ドクソウ ①ひとりで走ること。②他を大きく引き離した状態でひとりで先頭を走ること。「マラソンでトップが―態勢に入る」③自分ひとりだけの勝手な思いで行動すること。「執行部の―があった」

【独奏】ドクソウ ひとりで楽器を演奏すること。ソロ。「ピアノの―会」対 合奏

【独創】ドクソウ 他をまねることなく、独自の考えでつくり出すこと。「―的な演出」「―性にあふれた作品」対 模倣

【独断】ドクダン 自分ひとりで判断すること。また、その判断。「―で決められては困る」「―と偏見」

【独断専行】ドクダンセンコウ 自分ひとりの判断で勝手に行うこと。「―してはばからない」

【独壇場】ドクダンジョウ 「独擅場(ドクセンジョウ)」に同じ。参考「擅」と「壇」とをまちがえて慣用になった語。

【独特】ドクトク その人だけがもつ特別なさま。ユニーク。「―の考え」類 特有

【独得】ドクトク ①その人だけが会得しているさま。②「独特」に同じ。

【独白】ドクハク ①劇中、相手なしにひとりで語ること。また、そのせりふ。モノローグ。②ひとりごとをいうこと。

【独房】ドクボウ 刑務所で、受刑者をひとりだけ入れておく部屋。対 雑居房

【独立】ドクリツ ①他から離れて一つだけ存在すること。「一戸だけ―して建つ家」②他の援助・支配を受けないで、自力でやっていくこと。ひとりだち。「―運動」「―国家」対 隷属

『独立自尊』ドクリツジソン 何事も人に頼らずに自分の尊厳を保つこと。「―の精神」

『独立独歩』ドクリツドッポ ①他人の力を借りず、束縛も受けずに、自分の思うところを実行すること。類 独立独行・独立不羈(フキ) ②他に並ぶものがないほど特色があること。

【独力】ドクリョク 自分ひとりの力。「―でなし遂げる」類 自力(ジリキ)

【独居】ドッキョ ひとりでいること。ひとりで暮らすこと。「―老人」

【△独△鈷】トッコ ①仏密教で用いる金剛杵(コンゴウショ)の一種。中央部がくびれて両端が尖(とが)った金属製の仏具。煩悩を打ちくだくとされる。②①の模様を織り出した織物。また、その模様。「一本―の帯」参考「ドッコ・トコ」とも読む。

〔独鈷(トッコ)①〕

【独行】ドッコウ ①ひとりで行くこと。②自分ひとりの力で行うこと。「独立―」類②独歩

【独航船】ドッコウセン 漁場に一隻で航行し、捕った魚を契約を結んだ母船に渡す小型の漁船。

【独歩】ドッポ ①ひとりで歩くこと。②「独行②」に同じ。③すぐれていて他に比べるものがないこと。「古今―」類無比

【独り】ひとり ①相手がいないこと。自分だけのこと。「―で暮らす」「―っ子」②独身であること。③単独で。自分ひとりで。「―涙にくれる」④ただ単に。多く、打ち消しの語を伴う。「―私個人の問題ではない」

【独り歩き】ひとりあるき ①ひとりだけで歩くこと。「夜道の―」②助けを借りないで自分の力で歩くこと。また、独力で行うこと。ひとりだち。「子どもも―を始めた」③本来の意図や性質などから離れて進むこと。「噂(うわさ)の―」

【独り合点】ひとりガテン 自分ひとりだけで勝手に考えて、分かったつもりになること。「それは君の―だ」参考「ひとりガッテン」とも読む。

【独り〈相撲〉】ひとりずもう ①自分ひとりだけで一生懸命になること。「計画は―に終わる」②差がありすぎて、勝負にならないこと。

【独り立ち】ひとりだち ①自分ひとりの力で世に立つこと。独立。自立。「修業を終えて―する」②ひとりで立てるようになること。

【独り〈法師〉】ひとりぼっち ただひとりであること。孤独であること。由来「ひとりボウシ」が転じたもの。

【独り善がり】ひとりよがり 「独善(ドクゼン)」に同じ。

と　ドク

ドク【読】(14) 言 7 常 教 9 3841 4649 音 ドク・トク・トウ 訓 よむ

旧字《讀》(22) 言15 1/準1 7606 6C26

筆順 言 言 言 言 言 言 4 言 6 計 計 詰 読 読

意味 ①よむ。よみとる。「読書」「解読」②文章のくぎり。「読点(トウテン)」「句読(クトウ)」

下つき 愛読(アイドク)・音読(オンドク)・解読(カイドク)・句読(クトウ)・訓読(クンドク)・講読(コウドク)・購読(コウドク)・誤読(ゴドク)・熟読(ジュクドク)・速読(ソクドク)・多読(タドク)・通読(ツウドク)・判読(ハンドク)・必読(ヒツドク)・黙読(モクドク)・乱読(ランドク)・輪読(リンドク)・朗読(ロウドク)

【読点】トウテン 文中の切れ目に打つ点。てん。対句点 参考「、」で表す。

【〈読経〉】どきょう 声を出して経文を読み上げること。「本堂から―の声が聞こえる」類読誦(ドクジュ) 対看経(カンキン) 参考「ドッキョウ」とも読む。

【読後】ドクゴ 本などを読んだあと。「―感を語り合う」「―にコーヒーを飲む」

【読者】ドクシャ 書籍や新聞などを読む人。読み手。「―層が厚い」

【読△誦】ドクジュ 「読経(どきょう)」に同じ。

【読書】ドクショ 書物を読むこと。本を読むこと。「―家」「―感想文」類書見

【読書三到】ドクショサントウ 読書するときに大切な三つの心得。心を集中する(心到)、目を集中する(眼到)、口に出して読む(口到)。由来南宋(ナンソウ)の朱熹(シュキ)の言葉から。《『訓学斎規(クンガクサイキ)』》参考「三到」ともいう。

【読書三昧】ドクショザンマイ 余念なくひたすらに書物を読むこと。「―の明け暮れ」参考「三昧」は仏教語で、すべての邪念をはらいのけて、心を平静に保つことをいう。

【読書三余】ドクショサンヨ 読書するのに都合がよい三つの余暇。冬・夜・長雨をいう。三余。由来中国、三国時代、魏(ギ)の董遇(トウグウ)が、弟子に語った勉強法から。《『三国志』》

【読書尚友】ドクショショウユウ 書物を読んで、昔の賢者を友とすること。「尚友」は古代の賢者を友とする意。《『孟子(モウシ)』》

【読書百遍(ヒャッペン)義△自(おの)ずから△見(あら)わる】難しい書物でも何度も繰り返し読めば、意味が自然と分かるようになるものだ。熟読することが大切であることのたとえ。由来中国、三国時代、魏(ギ)の董遇(トウグウ)が弟子に語った言葉から。《『三国志』》参考「読書百遍意自ら通ず」ともいう。

【読書亡羊】ドクショボウヨウ 他の事に気を取られているうちに、本来のつとめをおろそかにするたとえ。読書に夢中になっているうちに、放牧していたヒツジを見失ってしまう意から。《『荘子(ソウジ)』》「―の失態」

【読心術】ドクシンジュツ 他人の考えていることを顔の表情や動作などから感じ取る技術。

【読唇術】ドクシンジュツ くちびるの動きを見て言葉を読みとり理解する技術。多く、聾者(ロウシャ)が用いる。類読話

【読破】ドクハ 難しい本や分量の多い本を、すべて読み通すこと。「全集を―する」

【読本】トクホン ①読み物の本。②旧制学校で使った国語の教科書。③入門書。教科書。「人生―」「文章―」参考①絵本に対して用いる。

【読了】ドクリョウ すべて読み終えること。「一気に―した」類読破

【読会】ドッカイ 議会での議案を審議する制度。現在日本の国会法にはない。由来印刷技術の未熟なころのイギリスの議会で、書記官に議案を三度朗読させたことに起源するといわれる。

【読解】ドッカイ 文章を読み、その内容を理解すること。「―力」

【読み△止し】よみさし 本を読み始めて、途中でやめること。読みかけ。「―の本」

【読む】よ-む ①文字や文章を目で見て声に出す。「大きな声で教科書を―む」②文字や文章を見て意味を理解する。「説明書を―む」③察する。「彼の心を―む」④数える。「票を―む」⑤囲碁・将棋などで先の手を考える。「次の相手の手を―む」

ドク【▲獨】(16) 犭13 6455/6057 ▼独の旧字(一一七二)

ドク【▲讀】(22) 言15 7606/6C26 ▼読の旧字(一一七四)

ドク【髑】(23) 骨13 1 8181/7171 音 ドク・トク 訓 されこうべ・しゃれこうべ

意味 されこうべ。風雨にさらされて白くなった頭骨。しゃれこうべ。「髑髏(ドクロ)」

〈▲髑▲髏〉されこうべ 風雨にさらされて白骨だけになった頭蓋骨(ズガイコツ)。由来「曝(さ)れ頭(こうべ)」の意から。参考「しゃれこうべ・ドクロ」とも読む。

とぐろ【▲塒】(13) 土10 5245/544D ▼シ(六二二)

とげ【△刺】(8) 刂6 常 2741/3B49 ▼シ(六〇九)

とげ【▲棘】(12) 木8 5989/5B79 ▼キョク(三五〇)

とける【▲渙ける】(12) 氵9 6250/5E52 ▼カン(二三七)

とける【溶ける】(13) 氵10 常 4547/4D4F ▼ヨウ(一五三三)

とける【△融ける】(16) 虫10 常 4527/4D3B ▼ユウ(一五一六)

とげる【遂げる】(12) 辶9 常 3175/3F6B ▼スイ(八三二)

とこ【床】(7) 广4 常 3018/3E32 ▼ショウ(七四二)

とこ【常】(11) 巾8 教 3079/3E6F ▼ジョウ(七七四)

ところ【△処】(5) 几3 教 2972/3D68 ▼ショ(七二四)

ところ【所】(8) 戸4 教 2974/3D6A ▼ショ(七二五)

とざす【閉ざす】(11) 門3 教 4236/4A44 ▼ヘイ(一三六九)

とざす【△鎖す】(18) 金10 常 2631/3A3F ▼サ(五四七)

とし【年】(6) 干3 教 3915/472F ▼ネン(一二〇六)

とし【△歳】(13) 止9 常 2648/3A50 ▼サイ(五五九)

どじょう【鯲】(19) 魚8 国 1 音 訓 どじょう

〈鯲〉 8246/724E

意味 どじょう。ドジョウ科の淡水魚。

どじょう【▲鰌】(20) 魚9 8253/7255 ▼シュウ(六九八)

とじる【閉じる】(11) 門3 教 4236/4A44 ▼ヘイ(一三六九)

とじる【▲綴じる】(14) 糸8 3654/4456 ▼テイ(一〇九七)

とじる【▲緘じる】(15) 糸9 6940/6548 ▼カン(二四六)

とじる【▲闔じる】(18) 門10 7978/6F6E ▼コウ(五一六)

とち【栃】(9) 木5 教 常 国 7 3842/464A 音 訓 とち

筆順 一 十 才 木 木 杤 杤 栃 栃

意味 とち。トチノキ科の落葉高木。

【栃】とち トチノキ科の落葉高木。山地に自生。葉は大きな五～七枚の小葉からなる複葉で、てのひら形。実は食用。トチノキ。表記「橡・七葉樹」とも書く。

【栃葉人△参】とちばニンジン ウコギ科の多年草。山地の木の下に自生。葉はトチの葉に似る。夏、淡緑色の小花が咲き、秋に赤い実を結ぶ。根茎は漢方で、竹節(チクセツ)人参といい、チョウセンニンジンの代用とする。

【栃麺棒】とちメンボウ ①トチの実を原料とした食品の栃麺をのばす棒。②うろたえあわてること。また、あわて者。由来②栃麺は手早く延ばさなければならないことから。

とち【▲橡】(16) 木12 3843/464B ▼ショウ(七六三)

トツ【凸】(5) 凵3 常 準2 3844/464C 音 トツ 訓 外でこ

筆順 丨 ㇗ 几 凸 凸

意味 でこ。中央がつき出ているさま。また、そのもの。「凸面」「凹凸」対凹

下つき 凹凸(オウトツ)

〈凸凹〉でこぼこ 物の表面に高低があるさま。また、ふぞろいで一様でないさま。「―した道を歩く」「社員の能力に―がある」

【凸版】トッパン インクのつく文字や線画などの部分が盛り上がっている印刷版。また、その印刷法。活版・木版・写真版など。対凹版

〈凸▲柑〉ポンかん ミカン科の常緑小高木。インド原産。九州などで栽培。果実は大形で、皮が厚く、香気があり甘い。季冬 由来「凸柑」は台湾名より。「ポン」は原産地インドの地名から。

トツ【吶】(7) 口4 1 5069/5265 音 トツ・ドツ 訓 どもる

意味 ①どもる。口ごもる。「吶吶」類訥(トツ) ②鬨(とき)の声をあげる。さけぶ。「吶喊(トッカン)」

【▲吶▲喊】トッカン ①大勢が大声で叫ぶこと。鬨(とき)の声。②大声を発しながら、敵陣に突撃すること。表記②「突貫」とも書く。

【▲吶▲吶】トツトツ 口ごもりながら話すさま。「―と語る」表記「訥訥」とも書く。

【▲吶る】ども-る 口ごもってなめらかにものが言えない。表記「訥る」とも書く。

トツ【★咄】(8) 口5 1 5084/5274 音 トツ 訓 しかる・したうち・はなし

意味 ①しかる。したうちする。「咄嗟(トッサ)」②おやおや。驚き発する声。「咄咄」③はなし。昔話。落語。「咄家(はなしか)」

【咄嗟】トッサ 一瞬のこと。短い時間。「―の機転で救われた」「―に身をかわした」

【咄咄】トツトツ ①舌うちする音。②意外さに驚いて発する声。「―の怪事(たいへん奇妙なこと・けしからぬこと)」

【咄】はなし ①昔話。物語。「おとぎ―」②落語。落とし話。「人情―が得意な―家」表記②「噺」とも書く。

【咄家】はなしカ 落語・人情話などを話すことを職業とする人。落語家。表記「噺家」とも書く。

トツ【突】(8) 穴 3 常 4 3845 464D 音 トツ 訓 つく

旧字《突》(9) 穴 4 1/準1 8949 7951

筆順 、 ハ 宀 穴 穴 空 突 突

意味 ①つく。つきあたる。「突撃」「突破」②つきでる。つきでたもの。「突起」「煙突」③だしぬけに。にわかに。「突然」「唐突」

下つき 煙突(エントツ)・衝突(ショウトツ)・猪突(チョトツ)・追突(ツイトツ)・唐突(トウトツ)

【突く】つ-く ①先の尖(とが)ったもので刺す。「槍(やり)で―く」②手や棒状のもので押す。また、打つ。「書類に印鑑を―く」「相手を拳骨(ゲンコツ)で―く」③支える。「杖(つえ)を―いて山に登る」「壁に手を―く」④攻める。「痛いところを―く」「相手の意表を―く作戦だった」⑤刺激する。「悪臭が鼻を―く」⑥障害をものともしないで進む。「雨を―いて出かけた」⑦とっさに飛び出す。「感謝の言葉が口を―く」表記④～⑦「衝く」とも書く。

【突っ△支い棒】つっかいボウ 戸が開いたり、物が倒れたりしないようにあてて支える棒。突っ張り。

【突っ▲慳貪】つっケンドン 言葉や態度がとげとげしく、愛想がないさま。じゃけん。「―な受け答え」

【突貫】トッカン ①突き進むこと。一気に仕上げること。「目下―工事中」②関(とき)の声をあげて敵陣に突撃すること。表記②「吶喊」とも書く。

【突起】トッキ 一部分が突き出ること。また、突き出たもの。でっぱり。「―物」

【突撃】トツゲキ 勢いよく進んで攻撃すること。「―隊」

【突▲厥】トッケツ トルコ系の遊牧民。また、彼らが六世紀中ごろにモンゴル高原から中央アジアを支配して建てた大帝国。参考「トックツ」とも読む。

【突▲兀】トッコツ 岩や山が険しくそびえるさま。「奇岩―」参考「兀」は山などが高く突出する意。

【突出】トッシュツ ①高く突き出ること。「ひときわ―したビル」②突き破って出ること。「工事中に岩盤からガスが―した」③他より特に目立つこと。「―した成績」

【突如】トツジョ だしぬけに。急に。にわかに。「天候が―として変わった」類突然

【突進】トッシン 突き進むこと。一気に前へ進むこと。「ゴールに向かって―する」

【突然】トツゼン だしぬけに。不意に。いきなり。「―の訪問」類突如・忽然(コツゼン)

【突然変異】トツゼンヘンイ 遺伝子の性質が変化して、親の系統にない形態や性質が突然に現れ、それが遺伝すること。

【突端】トッタン 突き出た先。先端 参考「トッぱな」とも読む。「岬の―に立つ灯台」類

【突堤】トッテイ 岸から、海・川に突き出た細長い堤防。防波堤・防砂堤などとする。

【突入】トツニュウ 勢いよく入りこむこと。「戦闘状態に―する」「ストに―する」

【突破】トッパ ①障害などを突き破ること。「第一関門―」②数量が一定の値を超えること。「人口が一〇億を―した」

【突破口】トッパコウ 難所をつきやぶるための入り口。転じて、問題解決のための手掛かり。「一人の証言を―に事件を解決した」「―を開く」

【突発】トッパツ 思いがけなく発生すること。不意に起こること。「―事故」

【突△端】とっぱな ①「突端(トッタン)」に同じ。②最初。しょっぱな。

【突飛】トッピ 考えもつかないさま。ひどく変わっているさま。「―な行動」類奇抜

【突拍子】トッピョウシ 途方もないこと。度はずれなこと。「そんな―もない話は信じられない」「―もない声を出す」参考「―もない」の形で用いる。

【突風】トップウ 突然吹く強い風。急に吹く激しい風。「―で家が倒れた」

トツ【柮】(9) 木 5 1 5951 5B53 音 トツ 訓

意味 きれはし。ほた。たきぎ。「榾柮(コツトツ・ほた)」

トツ【▲突】(9) 穴 4 8949 7951 ▼突の旧字(二一七六)

トツ【訥】(11) 言 4 1 7536 6B44 音 トツ 訓 どもる

意味 どもる。口ごもる。口が重い。口べた。「訥弁」「朴訥」類吶 対弁

下つき 木訥(ボクトツ)・朴訥(ボクトツ)

【訥言敏行】トツゲンビンコウ 徳のある人は、口は重くても、実行は機敏でありたいと望むものだということ。《論語》

【▲訥▲訥】トツトツ 口が重いさま。口ごもりながら話をするさま。「―と語る」表記「吶吶」とも書く。

【▲訥弁】トツベン どもったりして、つかえがちな話し方。口べた。「実直さを物語るかのような―」対能弁

ドツ【肭】(8) 月4 1 7077/666D 訓 音 ドツ

意味 肥えるさまの「膃肭(オットツ)」、哺乳(ホニュウ)動物の「膃肭臍(おっとせい)」に用いられる字。

とつぐ【嫁ぐ】(13) 女10 常 1839/3247 ▼カ(一五五)

とても【迚】(8) 辶4 国 1 7773/6D69 訓 音 とても・とて

意味 ①とても。とうてい。どうやっても。「迚も及びもつかないことだ」②とて。といって。さりながら。

とどく【届く】(8) 尸5 教 3847/464F ▼とどける(一一七)

とどける【届】(8) 尸5 教 常 5 3847/464F 訓 音 外カイ とどける・とどく

旧字《屆》(8) 尸5 1/準1 5392/557C

筆順 ㇕ コ 尸 尸 屆 屆 届 届

意味 とどく。とどける。とどけ。「忘れ物が届けられている」

【届く】とど-く ①送られた物が目的の場所に着く。「故郷の母から便りが-いた」「小包が-く」②達する。及ぶ。また、願いなどがかなう。「声が向こう岸に-く」「五〇歳に手が-く」「相手に思いが-いたようだ」③十分に行き渡る。「隅々まで注意が-く」

とどこおる【滞る】(13) 氵10 常 3458/425A ▼タイ(九八五)

ととのう【△諧う】(16) 言9 常 7563/6B5F ▼カイ(一八六)

ととのえる【△斉える】(8) 斉0 常 3238/4046 ▼セイ(八五六)

ととのえる【調える】(15) 言8 教 3620/4434 ▼チョウ(一〇六七)

ととのえる【整える】(16) 攵12 教 3216/4030 ▼セイ(八六九)

同訓異義 ととのえる

【整える】乱れのないようにきちんとする。調和させる。「隊列を整える」「部屋の中を整える」「服装を整える」「体調を整える」

【調える】過不足のないようにそろえる。まとめる。成立させる。「家財道具を調える」「費用を調える」「味を調える」「示談を調える」

【△斉える】物事をきちんとする。きちんとそろえる。「家を斉える」「心を斉える」

とどまる【△止まる】(4) 止0 教 2763/3B5F ▼シ(五九七)

とどまる【△留まる】(10) 田5 教 4617/4E31 ▼リュウ(一五六八)

とどまる【▲逗まる】(11) 辶7 3164/3F60 ▼トウ(一一四六)

とどまる【▲渟まる】(12) 氵9 6259/5E5B ▼テイ(一〇九六)

とどまる【▲駐まる】(15) 馬5 常 3583/4373 ▼チュウ(一〇五〇)

とどめる【△禁める】(13) 示8 教 2256/3658 ▼キン(三六一)

とどめる【▲遏める】(13) 辶9 7801/6E21 ▼アツ(一五)

とどろく【▲轟く】(21) 車14 2576/396C ▼ゴウ(五三三)

となえる【▲徇える】(9) 彳6 5546/574E ▼ジュン(七一九)

となえる【▲倡える】(10) 亻8 4873/5069 ▼ショウ(七四六)

となえる【△称える】(10) 禾5 常 3046/3E4E ▼ショウ(七四九)

となえる【唱える】(11) 口8 教 3007/3E27 ▼ショウ(七五一)

となえる【▲誦える】(14) 言7 7554/6B56 ▼ショウ(七六〇)

となり【隣】(16) 阝13 常 4657/4E59 ▼リン(一五八六)

となる【隣る】(16) 阝13 常 4657/4E59 ▼リン(一五八六)

との【殿】(13) 殳9 常 3734/4542 ▼デン(一一一三)

どばと【▲鴿】(17) 鳥6 8291/727B ▼コウ(五一六)

とばり【△帳】(11) 巾8 教 3602/4422 ▼チョウ(一〇五八)

とばり【▲帷】(11) 巾8 5473/5669 ▼イ(三一)

とばり【▲幄】(12) 巾9 5474/566A ▼アク(一一)

とばり【▲幃】(12) 巾9 5475/566B ▼イ(三四)

とび【▲鳶】(14) 鳥3 3848/4650 ▼エン(一〇五)

とび【▲鵄】(16) 鳥5 8286/7276 ▼シ(六二七)

とびら【扉】(12) 戸8 常 4066/4862 ▼ヒ(一二八三)

とびら【▲闔】(18) 門10 7978/6F6E ▼コウ(五一六)

とぶ【飛ぶ】(9) 飛0 教 4084/4874 ▼ヒ(一二七九)

とぶ【▲翔ぶ】(12) 羽6 7038/6646 ▼ショウ(七五六)

とぶ【跳ぶ】(13) 𧾷6 常 3623/4437 ▼チョウ(一〇六四)

同訓異義 とぶ

【飛ぶ】空中を速く移動する。急いで行く。急になくなる。順序を抜かす。ほか、広く用いる。「鳥が飛ぶ」「事件現場へ飛んで行く」「儲(もう)けが飛ぶ」「話が飛びますが」「飛び石連休」

【跳ぶ】足で高くはねあがる。物の上をはねて越える。「跳び上がってボールを捕る」「カエルが跳ぶ」「棒高跳び」「溝を跳び越す」

【▲翔ぶ】空をかけめぐる。「飛翔(ヒショウ)」「鷲(わし)が大空を翔ぶ」

どぶ【△溝】(13) 氵10 常 2534/3942 ▼コウ(五〇八)

とぼける【▲恍ける】(9) 忄6 5582/5772 ▼コウ(四九〇)

とぼける【▲惚ける】(11) 忄8 2591/397B ▼コツ(五三二)

とぼしい【乏しい】(4) 丿3 常 4319/4B33 ▼ボウ(一四一三)

とぼそ【△枢】(8) 木4 常 3185/3F75 ▼スウ(八三四)

とま【▲苫】(8) 艹5 3849/4651 ▼セン(八九八)

とま【▲篷】(17) 竹11 6843/644B ▼ホウ(一四一二)

とまる【止まる】(4) 止0 教 2763 3B5F ▼シ(五九七)
とまる【泊まる】(8) 氵5 常 3981 4771 ▼ハク(一三三九)
とまる【△停まる】(11) イ9 教 3668 4464 ▼テイ(一〇九三)

同訓異義 **とまる**

【止まる】動いているものが動かなくなる。続いていたものが終わりになる。ほか、広く用いる。「車の流れが止まる」「立ち止まる」「蝶(チョウ)が花に止まる」「水道が止まる」「止めどがない」「笑いが止まらない」

【△停まる】一か所にとどまる。動作を中止する。「車が停まる」「特急が停まる駅」

【泊まる】宿泊する。停泊する。「ホテルに泊まる」「貨物船が港に泊まる」

【留まる】固定する。注意を引かれる。「ネクタイがピンで留まる」「留め金」「怪しい男が目に留まる」「気にも留めない」

とみ【富】(12) 宀9 教 4157 4959 ▼フ(一三三〇)
とみに【△頓に】(13) 頁4 常 3860 465C ▼トン(一一八〇)
とむ【富む】(12) 宀9 教 4157 4959 ▼フ(一三三〇)
とむらう【弔う】(4) 弓1 常 3604 4424 ▼チョウ(一〇五四)
とめる【留める】(10) 田5 教 4617 4E31 ▼リュウ(一五六八)
とも【友】(4) 又2 教 4507 4D27 ▼ユウ(一五〇五)
とも【共】(6) ハ4 教 2206 3626 ▼キョウ(三三七)
とも【△伴】(7) イ5 常 4028 483C ▼ハン(一二六二)
とも【供】(8) イ6 教 2201 3621 ▼キョウ(三三〇)
とも【▲朋】(8) 月4 4294 4A7E ▼ホウ(一四〇一)
とも【△侶】(9) イ7 常 4623 4E37 ▼リョ(一五七二)
とも【▲舳】(11) 舟5 7156 6758 ▼ジク(六四三)

とも【鞆】(14) 革5 国 1 音 訓 とも

〔鞆〕8061 705D

意味 とも。弓を射るとき、弦が手首を打たないように、左腕につける革製の道具。

【▲鞆音】ともね 弓を射るとき、弓の弦が鞆に触れて鳴る音。

とも【▲艫】(22) 舟16 7167 6763 ▼ロ(一六二一)
ともえ【△巴】(4) 己1 3935 4743 ▼ハ(一二一五)
ともがら【△曹】(11) 日7 常 3366 4162 ▼ソウ(九三九)
ともがら【△輩】(15) 車8 常 3958 475A ▼ハイ(一二三九)
ともがら【▲儕】(16) イ14 4917 5131 ▼サイ(五六〇)
ともがら【▲儔】(16) イ14 4918 5132 ▼チュウ(一〇五〇)
ともしび【△灯】(6) 火2 教 3784 4574 ▼トウ(一一三七)
ともしび【▲燭】(17) 火13 3104 3F24 ▼ショク(七八五)
ともす【△灯す】(6) 火2 教 3784 4574 ▼トウ(一一三七)
ともづな【▲纜】(27) 糸21 6992 657C ▼ラン(一五五五)
ともなう【伴う】(7) イ5 常 4028 483C ▼ハン(一二六二)
ともに【▲倶に】(10) イ8 1401 2E21 ▼ク(三六九)
ともに【▲偕に】(11) イ9 4883 5073 ▼カイ(一七八)
ともる【△点る】(9) 灬5 教 3732 4540 ▼テン(一一一四)
どもる【▲吃る】(6) 口3 2141 3549 ▼キツ(二九四)
どもる【▲吶る】(7) 口4 5069 5265 ▼トツ(一一七五)
どもる【▲謇る】(17) 言10 7573 6B69 ▼ケン(四三五)
とや【▲塒】(13) 土10 5245 544D ▼シ(六三一)
とよ【△豊】(13) 豆6 教 4313 4B2D ▼ホウ(一四〇八)

とら【虎】(8) 虍2 常 2455 3857 ▼コ(四五〇)
とら【▲寅】(11) 宀8 3850 4652 ▼イン(六四)
どら【▲鐃】(20) 金12 7931 6F3F ▼ドウ(一一六七)
とらえる【△囚える】(5) 口2 常 2892 3C7C ▼シュウ(六八五)
とらえる【△拘える】(8) 扌5 常 2520 3934 ▼コウ(四八七)
とらえる【捕らえる】(10) 扌7 常 4265 4A61 ▼ホ(一三八九)
とらえる【捉える】(10) 扌7 常 3410 422A ▼ソク(九五九)
とらえる【▲擒える】(16) 扌13 5802 5A22 ▼キン(三六三)

同訓異義 **とらえる**

【捕らえる】追いかけて取り押さえる。「逃げようとする泥棒を捕らえる」「獲物を捕らえる」

【捉える】しっかりとつかんで離さない。「腕を捉える」「要点を捉える」「特徴を捉える」「機会を捉える」「捉えどころがない人」

【△囚える】身柄を拘束して自由を奪う。「牢(ロウ)に囚われる」

とり【▲酉】(7) 酉0 3851 4653 ▼ユウ(一五〇八)
とり【鳥】(11) 鳥0 教 3627 443B ▼チョウ(一〇六〇)
とり【▲禽】(13) 内8 2257 3659 ▼キン(三六一)
とり【△鶏】(19) 鳥8 常 2360 375C ▼ケイ(四〇三)
とりこ【▲俘】(9) イ7 4858 505A ▼フ(一三一七)
とりこ【△虜】(13) 虍7 常 4626 4E3A ▼リョ(一五七三)
とりこ【▲擒】(16) 扌13 5802 5A22 ▼キン(三六三)
とりで【△柵】(9) 木5 常 2684 3A74 ▼サク(五六六)
とりで【▲砦】(10) 石5 2654 3A56 ▼サイ(五五一)
とりで【△塁】(12) 土9 常 4661 4E5D ▼ルイ(一五九〇)

とりで【▲堡】(12) 土9 5240 5448 ▼ホウ(一四〇七)
とりで【△塞】(13) 土10 常 2641 3A49 ▼サイ(五五八)
とりで【▲寨】(14) 木10 6045 5C4D ▼サイ(五六〇)
とる【△把る】(7) 扌4 常 3936 4744 ▼ハ(一二一五)
とる【取る】(8) 又6 教 2872 3C68 ▼シュ(六七五)
とる【▲秉る】(8) 禾3 6729 633D ▼ヘイ(一三六七)
とる【△采る】(8) 釆1 常 2651 3A53 ▼サイ(五五一)
とる【捕る】(10) 扌7 常 4265 4A61 ▼ホ(一三八九)
とる【執る】(11) 土8 常 2825 3C39 ▼シツ(六四八)
とる【採る】(11) 扌8 教 2646 3A4E ▼サイ(五五三)
とる【△盗る】(11) 皿6 常 3780 4570 ▼トウ(一一四五)
とる【△摂る】(13) 扌10 常 3261 405D ▼セツ(八八六)

同訓異義 **とる**

【取る】手に持つ。自分のものにする。とり除く。ほか、広く用いる。「受話器を取る」「金を取る」「魚を取る」「服のしみを取る」「朝食を取る」「責任を取る」「メモを取る」

【採る】つみとる。採取する。採用する。「山菜を採る」「菜種から油を採る」「社員を採る」「決を採る」「すぐれた案を採る」

【捕る】つかまえて離さない。「ネズミを捕る」「生け捕る」「ファウルボールを捕る」

【△盗る】人のものを奪う。ぬすむ。「金を盗る」「宝石を盗られる」

【△摂る】栄養を体にとりいれる。「栄養を十分に摂る」「食事を摂る」

【執る】手に持って使う。仕事を処理する。「筆を執る」「教鞭(キョウベン)を執る」「事務を執る」「指揮を執る」「政務を執る」

【撮る】撮影する。「写真を撮る」「映画を撮る」

とる【▲搴る】(14) 手10 5775 596B ▼ケン(四三二)
とる【撮る】(15) 扌12 常 2703 3B23 ▼サツ(五七二)
とる【△操る】(16) 扌13 教 3364 4160 ▼ソウ(九四八)
とる【▲攬る】(24) 扌21 5816 5A30 ▼ラン(一五五四)
ドル【▲弗】(5) 弓2 4206 4A26 ▼フツ(一三四九)
とろ【▲瀞】(19) 氵16 3852 4654 ▼セイ(八七〇)
どろ【泥】(8) 氵5 常 3705 4525 ▼デイ(一〇九九)
どろ【▲淤】(11) 氵8 ▼オ(一一〇)
どろ【△塗】(13) 土10 常 3741 4549 ▼ト(一一二九)
とろける【▲蕩ける】(15) 艹12 3802 4622 ▼トウ(一一五二)

トン【屯】
(4) 屮1 常 準2 3854 4656
訓 音 **トン** 外**チュン** 外**たむろ・なやむ**

筆順 

意味 ①たむろ。たむろする。寄り集まる。「屯営」「駐屯」②なやむ。苦しむ。③重さ・容量の単位「トン」の音訳字。噸(トン)。

下つき 駐屯(チュウトン)

【△屯する】たむろ-する 大勢の人が一か所に寄り集まる。「―していた学生たちが動き出した」
【△屯▲蹇】チュンケン 行き詰まってなやむ。うまく行かずになやみ苦しむ。「蹇」もなやむ意。類屯険(チュンケン)・屯困(チュンコン)・屯難(チュンナン)
【屯営】トンエイ 兵士がたむろすること。また、そのところ。類屯所・陣営・営所
【屯所】トンショ ①兵士などが詰めているところ。「新撰組(シンセングミ)の―」類陣所・屯営 ②警察署の旧称。
【屯田兵】トンデンヘイ 明治時代、北海道の開拓と警備にあたった兵。
【〈屯田〉】みた ①神領の田。神田。②大化の改新前、皇室の直轄領。表記「御田」とも書く。参考②「トンデン」とも読む。
【〈屯家〉・〈屯倉〉】みやけ 古代、大和(やまと)朝廷の直轄領から収穫した稲米の倉。転じて、大和朝廷の直轄領。表記「官家」とも書く。

トン【団】(6) 口3 教 3536 4344 ▼ダン(一〇二一)

トン【★沌】
(7) 氵4 準1 3857 4659
訓 音 **トン** **ふさがる**

意味 ①ふさがる。水が流通しない。②万物が成立する以前の物のけじめがつかない状態を表す「混沌・渾沌(コントン)」に用いられる字。

下つき 混沌(コントン)・渾沌(コントン)

トン【瓲】
(9) 瓦4 国 1 6506 6126
訓 音 **トン**

意味 トン。重量の単位。一〇〇〇瓩(キログラム)。英語の音訳。

トン【豚】
(11) 豕4 常 3 3858 465A
訓 音 **トン** **ぶた**

筆順 

意味 ①ぶた。イノシシ科の哺乳(ホニュウ)動物。「豚舎」②つまらないもの、おろかなもののたとえ。「豚児」

下つき 海豚(カイトン・いるか)・河豚(カトン・ふぐ)・養豚(ヨウトン)

【豚児】トンジ 不出来な息子。自分の息子をへりくだっていう語。類愚息
【豚汁】トンじる 豚肉と野菜を入れ、味噌(ミソ)で仕立てた汁。参考「ぶたじる」とも読む。
【豚】ぶた イノシシ科の哺乳(ホニュウ)動物。イノシシを改良して家畜としたもの。食用・皮革用。表記「家猪」とも書く。
【豚に真珠】価値の分からない者に貴重な物を与えても意味がないことのた

とえ。由来『新約聖書』〈マタイ伝〉から。類猫に小判

【豚に念仏猫に経(キョウ)】どんなに有益なことを聞かせても、何も分からない者には効果のないたとえ。類馬の耳に念仏・犬に論語

【豚草(ぶたくさ)】キク科の一年草。北アメリカ原産の帰化植物。荒地などに群生。夏から秋、淡緑色の小花が穂状に咲く。花粉が多く、風によって運ばれアレルギー性鼻炎などの花粉症を起こす。季夏

トン【敦】(12) 攵 8 準1 3856 / 4658 音トン 訓あつい

意味 ①あつい。てあつい。人情があつい。「敦厚」類惇(ジュン) ②とうと(貴)ぶ。重んじる。

【敦盛草(あつもりソウ)】ラン科の多年草。山地に自生。初夏、紅紫色で、大きな袋状の花を一つつける。季夏 由来花を平敦盛(たいらのあつもり)の鎧(よろい)の背の母衣(ほろ)に見立てたことから。

【敦厚(トンコウ)】誠実で人情にあついこと。篤実なこと。「―な人柄が慕われる」

【敦朴・敦樸(トンボク)】人情があつく、正直で飾らないこと。

トン【遁】★ (13) ⻌ 9 準1 3859 / 465B 音トン・シュン・ジュン 訓のがれる・しりごみする

〔遁〕

意味 ①のがれる。かくれる。「遁走」「隠遁」類遯(トン) ②しりごみする。あとずさりする。「遁巡」類逡(シュン)

下つき 隠遁(イントン)・火遁(カトン)・逡遁(シュンジュン)・土遁(ドトン)

【遁辞(トンジ)】責任のがれのためにいう言葉。言いのがれ。逃げ口上。「―を弄(ロウ)する」

【遁世(トンセイ)】①俗世間との交渉を断つこと。類隠棲(インセイ)・隠遁(イントン) ②世俗を捨て、仏門に入ること。類出家・遁俗(トンゾク)

【遁走(トンソウ)】逃げて走ること。「一目散に―する」類逃亡・逃走

【遁逃(トントウ)】逃げてのがれること。「多くの兵が―した」

【遁れる(のがれる)】こっそり逃げる。逃げ隠れる。「都会を―れて山村に住む」

トン【頓】(13) 頁 4 常 2 3860 / 465C 音トン 外トツ 訓外ぬかずく・とどまる・つまずく・くるしむ・つかれる・とみに・ひたぶる

筆順
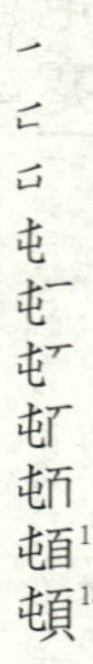

意味 ①ぬかずく。額を地につけておじぎをする。「頓首」 ②とまる。とどまる。つまずく。くじける。「頓挫(ザ)」「停頓」 ③くるしむ。困り果てる。 ④つかれる。「疲頓」 ⑤とみに。にわかに。「頓死」「頓才」 ⑥おちつける。ととのえる。「頓着」「整頓」

下つき 困頓(コントン)・整頓(セイトン)・停頓(テイトン)

【頓に(とみに)】急に。にわかに。また、しきりに。めっきり。「近ごろ―小じわが増えた」「―力をつけた新人」

【頓狂(トンキョウ)】だしぬけで調子はずれなこと。すっとんきょう。「―な声を出す」

【頓宮(トングウ)】昔、天皇の旅行のときなどに設けられた仮の御所。かりみや。類行宮(アングウ)

【頓悟(トンゴ)】仏修行の段階を通らずに突然悟りを開くこと。対漸悟

【頓挫(トンザ)】物事の勢いが急に弱くなること。計画などが行き詰まって進まなくなること。「開発事業が―する」類挫折(ザセツ)

【頓才(トンサイ)】機転がきくこと。臨機応変の才知。「―のある人」類機知・頓知

【頓死(トンシ)】突然死ぬこと。あっけなく死ぬこと。「旅先で―する」類急死・急逝

【頓首(トンシュ)】①手紙文の末尾に書いて、相手に敬意を表す語。「草々―」 ②昔の中国の敬礼の仕方。頭を地面につける。参考①「頓首再拝」といえば、さらにていねいになる。「再拝」は二度おじぎをする意。

【頓証菩提(トンショウボダイ)】仏修行をすることなく、すみやかに悟りを開くこと。「頓証」は、ただちに悟りを開く、「菩提」は、修行を積んで開く悟りの意。参考「頓証仏果」ともいう。

【頓知・頓智(トンチ)】とっさの知恵。ウイット。「―がはたらく人」類機知・頓才

【頓痴気(トンチキ)】気がきかない人。まぬけ。類頓馬(トンマ)

【頓着(トンチャク)】深く心にかけること。気遣うこと。「服装に無―な人」「何事にも―しない」類執着 参考「トンジャク」とも読む。

【頓珍漢(トンチンカン)】言動・行動などがちぐはぐで、つじつまの合わないこと。また、そういう人。「―な受け答え」由来鍛冶屋(かじや)の相槌(あいづち)は交互に打つため、音がそろわないことから。その音に漢字を当てた語。

【頓と(トンと)】①いっこうに。少しも。否定の語を伴って使う。「―思い出せない」 ②全くすっかり。「彼とは―ご無沙汰(ブサタ)だ」

【頓服(トンプク)】薬を日に何度と分けるのではなく、必要なときに一回だけ飲むこと。また、その薬。「―薬」

【頓馬(トンマ)】まぬけ。のろま。「―なまねをするな」参考「頓馬」は当て字。

【頓(ひたぶる)】ひたすら。一途に。むやみに。「―に探し求める」表記「一向」とも書く。

トン【飩】(13) 飠 4 1 8111 / 712B 音トン・ドン

意味「餛飩(ウドン)」(うどん)に用いられる字。

トン【遯】(15) ⻌ 11 1 7812 / 6E2C 音トン・ドン 訓のがれる・にげる・かくれる

意味 のがれる。にげる。かくれる。「遯世」「隠遯」類遁(トン)

下つき 隠遯(イントン)

【遯月】トン ゲツ 陰暦六月の異名。由来 易の六十四卦(ケ)で、遯の卦に配されることから。

【遯竄】トン ザン 逃げ隠れすること。どこかへ逃げうせること。類 逃竄 表記「遁竄」とも書く。

【遯世】トン セイ ①仏 俗世間を捨てて仏門に入ること。類 出家・遁俗 ②世間を離れて隠居すること。類 隠遁(イントン) 表記「遁世」とも書く。

【遯れる】のが-れる 避け逃げる。逃げ隠れる。「世間のわずらわしさから―れる」

トン【噸】
(16) 口13 国 準1 3853 4655 音 トン 訓 トン

意味 トン。重量の単位。一〇〇〇キログラム。また、船舶の容量の単位。英語の音訳字。

トン【暾】
(16) 日12 1 5893 5A7D 音 トン 訓 あさひ

意味 あさひ。日の出。

トン【燉】
(16) 火12 1 6387 5F77 音 トン 訓

意味 あきらか。火のさかんなさま。

ドン【灯】(6) 火2 教 3784 4574 ▼トウ(一一三七)

ドン【呑】★
(7) 口4 準1 4794 4F7E 音 ドン・トン 訓 のむ

〔吞〕3861 465D

意味 ①のむ。まるのみにする。「呑舟」対 吐 ②とりこむ。「併呑」

下つき 鯨呑(ゲイドン)・併呑(ヘイドン)

【呑牛の気】ドンギュウのキ ウシを丸ごと呑(の)んでしまうほどの大きな気概のこと。〈杜甫(トホ)の詩〉

【呑舟】ドン シュウ 舟をまるのみにすること。「―の魚(大人物のたとえ)」

【呑舟の魚(うお)は枝流に游(およ)がず】大人物は小者とは交わらない。小さな川にはすまない意から。高邁(コウマイ)な志をもつ者は小事にこだわらないことのたとえ。舟をのみこんでしまうような大魚は、小さな川にはすまない意から。〈『列子』〉類 大魚は小池に棲(す)まず

【呑舟の魚(うお)も水を失えば則(すなわ)ち螻蟻(ロウギ)に制(セイ)せらる】大人物も、才能にふさわしい地位や役職を与えられなければ、その能力を存分に発揮できず、つまらぬ者に苦しめられることになるというたとえ。舟をのみこむほどの大魚でも、水から離れると、虫けらにもかなわないという意から。「螻蟻」はケラとアリのことで、小人物のたとえ。〈『荘子(ソウジ)』〉参考「呑舟の魚も陸処(リクショ)すれば則ち螻蟻に制せらる」ともいう。

【呑噬】ドン ゼイ ①のむこととかむこと。②他国を攻めて領土を奪うこと。

【呑吐】ドン ト のんだりはいたりすること。また、出たり入ったりすること。

【呑み行為】のみ コウイ ①証券業者が取引所を通さずに株の売買をし、不当な利益を得ようとする違法行為。②競輪・競馬などで、私設の馬券や車券の売買をし、不当な利益を得ようとする違法行為。

【呑む】の-む ①口に入れたものをかまずに胃に送け入れる。②要求などを受け入れる。収める。「野党の出した条件を―む」③こらえようとする。おさえる。「涙を―む」④相手を軽く見る。相手を圧倒する。「敵を―んでかかる」⑤水流などがとりこむ。「濁流が家を―みこんだ」

(②要求などを受け入れる部分の原文:「る。特に、酒をのむ。②要求などを受け入れる。」)

【呑気】のん キ ①心配や苦労がなく気楽なこと。「―に暮らす」②のんびりと気の長いこと。「―な人だ」表記「暢気・暖気」とも書く。

ドン【貪】
(11) 貝4 常 2 7637 6C45 音 ドン 外 タン 訓 むさぼる

筆順 ノ 𠆢 今 今 含 含 貪 貪 貪 貪(4)

意味 むさぼる。よくばる。よくばり。「貪婪(ドンラン)」「貪欲(ドンヨク)」

下つき 慳貪(ケンドン)

【貪婪・貪淫】タン イン 度をはずれて色事にふけること。女色をむさぼること。参考「婬」「淫」は色事にふける意。

【貪汚】タン オ 欲が深く、心がきたないこと。「―の吏」

【貪吝・貪悋】タン リン 欲が深くけちなこと。参考「吝」「悋」ともに、けちである意。「ドンリン」とも読む。

【貪戻】タン レイ 欲が深く、人の道にはずれていること。参考「ドンレイ」とも読む。

【貪着】トン ジャク むさぼり求めること。仏 物事に欲深く執着すること。参考「頓着」と書けば、気にする意になる。

【貪瞋痴】トンジン チ 仏 貪欲(トンヨク)・瞋恚(シンイ)・愚痴の、三毒。三つの根本的な煩悩。「貪欲」は欲が深いこと、「瞋恚」は怒り、「愚痴」は理非を見失うおろかさの意。

【貪欲・貪慾】ドン ヨク 非常に欲が深いこと。また、そのさま。参考「タンヨク」とも読む。「トンヨク」と読めば、仏教の十悪の一つで、強い欲望をもつことの意になる。

【貪婪】ドン ラン 非常に欲が深いこと。類 貪欲 参考「貪」「婪」ともに、むさぼる意。「トンラン・タンラン」とも読む。

【貪る】むさぼ-る ①ひどく欲張る。際限なく欲しがる。「安逸を―る」「暴利を―る」②ある事を飽きることなく続ける。「―るように本を読む」

ドン【鈍】
(12) 金4 常 4 3863 465F 音 ドン 外 トン 訓 にぶい・にぶる 外 なまる・にび・のろい

筆順 2 4

意味 ①にぶい。刃物の切れあじが悪い。「鈍刀」「鈍器」対利 ②のろい。おろか。頭のはたらきや動作がのろい。「鈍感」「鈍痛」「いつも鈍なことをする」対敏・鋭

下つき 暗鈍(アンドン)・愚鈍(グドン)・遅鈍(チドン)

【鈍化】ドンカ にぶくなること。「伸び率が―する」対激化

【鈍角】ドンカク 九〇度より大きく、一八〇度より小さい角。「―三角形」対鋭角

【鈍感】ドンカン 感覚、感じ方がにぶいこと。「気温の変化に―な人もいる」対敏感

【鈍器】ドンキ ①よく切れない刃物。対利器 ②こん棒やかなづちなど、刃のついていない重くてかたい道具。凶器として使われるもの。

【鈍△甲】ドンコ カワアナゴ科の淡水魚。ハゼの一種。本州中部以南の川や沼にすむ。すむ場所により異なるが、多くは黒褐色。食用。

【鈍行】ドンコウ 各駅に停車する普通列車の俗称。鈍行列車。対急行

【鈍根】ドンコン 頭のはたらきや理解力が乏しいこと。対利根

【鈍才】ドンサイ 頭のはたらきがにぶいこと。また、その人。対英才・秀才

【鈍色】ドンジキ ①濃い灰色。また、にごった青色や紅色。②法衣の一種。袍(ほう)と袴(はかま)がひとつになった単衣(ひとえ)状のもの。多くは白色。参考 ①「にびいろ」とも読む。

【鈍重】ドンジュウ 動作がのろくて反応がにぶいさま。「―な動物だ」

【鈍痛】ドンツウ にぶく重苦しい痛み。「胃の辺りに―がある」対激痛

【鈍麻】ドンマ 感覚がにぶり、機能が弱くなること。「痛覚が―する」

【鈍磨】ドンマ すりへったため、切れあじがにぶくなること。

【△鈍る】なまる ①刃物の切れあじが悪くなる。「包丁が―る」②勢いや力量・技量などが弱まる。「最近腕が―ってきた」

【△鈍】にび 「鈍色(にびいろ)」の略。

【△鈍色】にびいろ 濃いねずみ色。薄墨の色。昔、喪服や僧衣にこの色を用いた。にび。参考「にぶいろ・ドンジキ」とも読む。

【鈍い】にぶい ①刃物がよく切れないさま。「刀が―くなる」②光や音が弱くてはっきりしないさま。「街灯の―い光」「車が―い音を立てて止まる」③動きや反応がおそいさま。「緊急事態だが、対応が―い」

【鈍る】にぶる ①にぶくなる。鋭さがなくなる。「切れ味が―る」「感覚が―る」②力や勢い・はたらきなどが弱まる。「往年の腕が―る」

【△鈍い】のろい ①動作がゆっくりしているさま。速度が遅いさま。「歩みが―い」「仕事が―い」②頭のはたらきがにぶい。おろかである。

【△鈍△鈍】のろのろ 動きがおそいさま。のろくさ。「―と前へ進む」「―運転をする電車」

【△鈍間】のろま 動作がおそいことや、気がきかないこと。また、そのような人。表記「野呂松」とも書く。

ドン【▲飩】(13) 飠4 8111 712B ▼トン(一一八〇)

ドン【嫩】(14) 女11 1 5336 5544 音 ドン・ノン 訓 わかい

意味 わかい。わかくてやわらかい。「嫩芽」「嫩葉」

【▲嫩葉】ドンヨウ 「嫩葉(わかば)」に同じ。

【▲嫩緑】ドンリョク 芽生えたばかりの若葉の緑。類 新緑

【▲嫩い】わかい 生じたばかりでやわらかい。あたらしくやわらかい。

【▲嫩草】わかくさ わかわかしく、やわらかい草。季春 表記「若草」とも書く。参考「ドンソウ」とも読む。

【▲嫩葉】わかば 芽生えたばかりのやわらかい葉。新葉。季夏 表記「若葉」とも書く。参考「ドンヨウ」とも読む。

ドン【▲緞】(15) 糸9 6943 654B ▼タン(一〇一九)

ドン【曇】(16) 日12 常 4 3862 465E 音 ドン 外タン 訓 くもる

筆順 4 7 10 12

意味 くもる。くもらす。くもり。「曇天」対晴

下つき 悉曇(シッタン)・晴曇(セイドン)

【曇る】くもる ①雲などで空がおおわれる。「にわかにかき―る空」②かすんで色や光がはっきりしなくなる。「フロントガラスが露で―る」③心が不安などで晴れず、ふさいだ状態になる。「悲しげに顔を―らせる」

〈曇華〉どんげ カンナ科の多年草。インド原産。カンナに似た紅色の小花を総状につける。観賞用に栽培。夏から秋。季秋 由来「曇華」は漢名から。表記「檀特」とも書く。

【曇天】ドンテン くもった空。くもり空。また、その天気。「梅雨の時期は―が続く」対晴天

ドン【壜】(19) 土16 1 5264 5460 音 ドン・タン 訓 びん

意味 ①びん。細長いガラスの容器。②さけがめ。酒を入れるかめ。

【壜】びん 液体を入れるおもに細長い容器。ガラスや陶器・金属製などがある。「ビール―」「―のまま冷蔵庫に入れる」

ドン【罎】(22) 缶16 1 7004 6624 音 ドン 訓 さけがめ・びん

意味 ①さけがめ。酒を入れるかめ。②びん。細長いガラスの容器。

とんび【▲鳶】(14) 鳥3 3848 4650 ▼エン(一〇五)

どんぶり【丼】(5) 丶4 常 2 4807 5027 音 外タン・トン 訓 どんぶり・どん

筆順 一 二 ナ 井 丼

意味 ①どんぶり。どんぶりばち。また、それに盛った一品料理。「丼飯」「天丼」②職人などの腹がけの前につけた物入れ。「丼勘定」

下つき 牛丼(ギュウどん)・天丼(テンどん)

【丼】どんぶり ①厚みのある深い陶製の鉢。どんぶり鉢。②どんぶり鉢に盛った飯に、具をのせた料理。どんぶり物。どん。「親子―」③職人などの腹がけの前につけてある物入れ。由来 井戸の中に物(丶)を投げ入れたときの音から。

【丼勘定】どんぶりカンジョウ 収入や支出をはっきり区別しないで、いいかげんに行う計算。また、計算をしないで金を出し入れすること。由来 職人が「どんぶり(腹がけの前につけてある物入れ)」に金を入れておき、おおざっぱに金の出し入れをしたことから。

【丼飯】どんぶりめし どんぶり鉢に盛っためし。

な 奈 ナ 奈

ナ【那】(7) 阝4 常 2 3865 4661 音 ナ 外ダ 訓 外なんぞ・いかんぞ・なに

筆順 フ ヲ ヲ ヲ ヲ 那 那

意味 ①なんぞ。いかんぞ。疑問・反語の助字。類 何・奈(ナ) ②どこ。どれ。「那辺」③なに。いずれ。④梵語(ボン)の音訳に用いられる。「刹那(セツナ)」「那落」

下つき 刹那(セツナ)・禅那(ゼンナ)・旦那(ダンナ)

【那▲智黒】なちぐろ 三重県熊野地方で産出する黒くて硬い粘板岩。主に、黒の碁石やすずり石として使用される。

【那辺】ナヘン どのへん。どのあたり。どの点。どこ。表記「奈辺」とも書く。

【那由他・那由多】ナユタ ①仏きわめて大きな数。②数の単位で一〇の六〇乗。また、一〇の七二乗という説もある。参考 梵語(ボン)を音訳した語。

【那落】ナラク ①仏地獄。②劇場の舞台や花道の床下の地下室。③どん底。どんづまり。表記「奈落」とも書く。

ナ【奈】(8) 大5 教 常 7 3864 4660 音 ナ 外ナイ・ダイ 訓 外いかん・いかんぞ・なんぞ

筆順 一 ナ 大 太 夲 夲 奈 奈

意味 ①いかん。いかんせん。いかんぞ。なんぞ。疑問・反語の助字。「奈辺」類 那(ナ) ②梵語(ボン)・外国語の音訳に用いられる。「奈落」「加奈陀(カナダ)」参考「奈」の二画目までが片仮名の「ナ」に、草書体が平仮名の「な」になった。

〈奈何〉・▲奈】いかん ①事の次第。どうであるか。「理由の―は問わない」②どのように。「―せん仕方がない」表記「如何」とも書く。参考「いかに」の転じたもの。

【奈辺】ナヘン どのへん。どのあたり。どの点。どこ。表記「那辺」とも書く。

【奈落】ナラク ①仏地獄。「―に落ちる」②物事のどん底。「―の底」③劇場の舞台や花道の床下の地下室。せり出しや回り舞台の仕掛けがある。由来 梵語(ボン)の音訳。表記「那落」とも書く。

【奈▲良漬】ならづけ シロウリやナスなどを酒粕(さけかす)に漬けこんだもの。由来 奈良地方で最初に作られたことから。

ナ【南】(9) 十7 教 3878 466E ▼ナン(一一九〇)

ナ【▲拿】(10) 手6 5729 593D ▼ダ(九七四)

ナ【納】(10) 糸4 教 3928 473C ▼ノウ(一二一〇)

ナ【▲梛】(11) 木7 ▼ダ(九七四)

ナ【儺】(21) 亻19 1 4921 5135 音 ナ・ダ 訓 おにやらい

意味 おにやらい。鬼(疫病神)を追いはらう儀式。「追儺(ツイナ)」

な【名】(6) 口3 教 4430 4C3E ▼メイ(一四六六)

な【菜】(11) ⺾8 教 2658 3A5A ▼サイ(五五五)

ナイ【▲乃】(2) ノ1 3921 4735 ▼ダイ(九八七)

ナイ【内】(4) 入2 教 常 9 3866 4662 音 ナイ・ダイ中 外ノウ・ドウ 訓 うち 外いる

旧字《內》(4) 入2 1/準1

筆順 丨 冂 内 内

意味 ①一定の範囲のなか。うち。「内海」「内容」対 外 ②家のなか。家庭。「内助」「内室」③心のなか。「内心」「内省」④宮中。朝廷。「内裏」「入内(ジュダイ)」⑤表向きでない。うちうちの。「内規」「内申」⑥い(入)る。いれる。おさめる。「内服」

下つき 案内(アンナイ)・以内(イナイ)・宇内(ウダイ)・屋内(オクナイ)・管内(カンナイ)・境内(ケイダイ)・圏内(ケンナイ)・構内(コウナイ)・国内(コクナイ)・参内(サンダイ)・室内(シツナイ)・入内(ジュダイ)・城内(ジョウナイ)・場内(ジョウナイ)・体内(タイナイ)・胎内(タイナイ)

【内】うち ①ものの内側。なか。特に家のなか。対 外 ②数量の一定限度内。③時間的なあいだ。「昼の―に出かける」④自分の属するところ。また、家族。「―の学校」「―の夫」⑤心のなか。「―に秘めた思い」

『内閻魔(エンマ)の外恵比須(エビス)』家のなかではいかめしい顔をしていばっているのに、外では愛想がいい人のたとえ。類内弁慶の外地蔵

『内で蛤(はまぐり)外では蜆(しじみ)』家のなかでは大きな態度で威張っているが、外では意気地がなく、小さくなっていることのたとえ。類内弁慶の外地蔵

【内海】うちうみ ①島などの陸地にはさまれた海。入り海。対外海 ②湖。参考①「ナイカイ」とも読む。

【内兜を見透かす】うちかぶとをみすかす 相手の内部事情や弱点を見抜く。参考「内兜」は「内懐(うちぶところ)」ともいう。類足下を見る

【内気】うちキ ひかえめで遠慮がちな性質。また、そのさま。

【内つ臣】うちつおみ 古代、天皇の側近の官職。大化の改新で中臣鎌足(なかとみのかまたり)が任ぜられた。参考「内臣(ナイシン)」ともいう。

【内面】うちづら 家族や内部の人に対する顔つきや態度。「父は―が悪い」対外面(そとづら) 参考「ナイメン」と読めば別の意になる。

【内弟子】うちデシ 師匠の家に住み込み、家事などを手伝いながら芸を習う弟子。

【内外】うちと ①内と外。②「内外の宮」の略。伊勢(いせ)神宮の内宮(ナイクウ)と外宮(ゲクウ)。③仏教と儒教。「―の典(ふみ)(仏教の書と儒教の書)」参考①「ナイガイ」とも読む。

【内法】うちのり 容器などの内側ではかった寸法。対外法(そとのり)

【内懐】うちぶところ ①和服のえりを合わせたとき一番奥のはだに近いところ。類下懐 対外懐 ②相撲でかまえたときの胸のあたり。③心の内。内情。内心。「―を見透かされる」

【内弁慶】うちベンケイ 外へ出たら意気地がなく弱いが、家のなかではいばっていること。また、その人。かげ弁慶。

『内弁慶の外地蔵(そとジゾウ)』「内弁慶」に同じ。

【内堀・内濠】うちぼり 城の内部にあるほり。また、二重に巡らしたほりの内側のもの。対外堀

【内孫】うちまご 自分の跡継ぎ夫婦の子ども。対外孫 由来かつては同じ家に住んだことから。参考「ナイソン」とも読む。

【内股】うちまた ①ももの内側の部分。内もも。②足の爪先(つまさき)を内側に向ける歩き方。「―で歩く」対外股

『内股膏薬(うちまたゴウヤク)』都合によってあちらこちらにつきしたがい、態度が一定しないたとえ。由来内股に貼(は)った膏薬が両方の股についてしまう意から。参考「うちまたコウヤク」とも読む。「二股膏薬」ともいう。

【内輪】うちわ ①家族や仲間など、親しい者同士。身内。「―の集まり」②内部。また、内密。「―のことなので話せない」③ひかえめなこと。少なめなこと。「―に計算する」

【内訳】うちわけ 金銭の総額や物品の総量の内容を項目別に分けたもの。明細。「必要経費の―書を作成する」

〈内舎人〉うどねり ①律令(リツリョウ)制で、中務(なかつかさ)省に属し、宮中の宿直(とのい)や天皇の雑役、警護に当たった官職。②明治官制で、主殿寮(とのもリョウ)・東宮職で最下級の職員。参考「うちとねり」の転。

〈内蔵寮〉くらりょう 律令(リツリョウ)制で、中務(なかつかさ)省に属し、宝物の管理、日用品の調達や供進などをつかさどった役所。参考「くらづかさ」とも読む。

〈内障〉そこひ 眼球内の病気の総称。白内障・緑内障・黒内障など。対上翳(うわひ) 表記「底翳」とも書く。

【内裏】ダイリ ①天皇の御殿。御所。皇居。転じて、天皇。②「内裏雛(びな)」の略称。天皇・皇后の姿をかたどった一対の雛人形。

〈内匠〉たくみ 昔、宮廷で建物や細工物をつくった職人。

〈内匠寮〉たくみづかさ 七二八(神亀(ジンキ)五)年に設置された令外官(リョウゲのカン)。中務(なかつかさ)省に属し、宮中の装飾や器物の製作などを担当した。参考「たくみりょう・うちのたくみのつかさ」とも読む。

【内意】ナイイ 心中で考えていること。公にしていない考え。内々の意向。「―を伺う」

【内謁】ナイエツ 内々に身分の高い人に面会すること。「―を賜る」参考「謁」は目上の人に面会する意。

【内縁】ナイエン 正式な婚姻の届け出をしていない夫婦関係。「―の妻」

【内応】ナイオウ 内部の者がひそかに敵に通じること。類内通

【内奥】ナイオウ 精神などの内部の奥深いところ。「意識の―にひそむ願望」

【内科】ナイカ 内臓諸器官の病気を、手術的処置をせずに診断・治療する医学の一分科。

【内閣】ナイカク 内閣総理大臣と国務大臣で組織する国の最高行政機関。政府。「―の改造が行われた」

【内患】ナイカン ある組織・国家などの内部に存在する、もめごとなどの心配事。類内憂 対外患

【内規】ナイキ ある組織の内部の人たちだけに適用する決まり。内部の規定。

【内儀・内義】ナイギ ①他人の妻を呼ぶ敬称。特に、町人の妻にいう。②内々のこと。類内密・内証

【内勤】ナイキン 勤務先の建物の中で仕事をすること。また、その人。対外勤

【内宮】ナイクウ 三重県伊勢(いせ)市にある、天照大神(あまてらすおおみかみ)をまつる伊勢神宮の皇大神宮(コウタイジングウ)。対外宮(ゲクウ)

【内向】ナイコウ 気持ちが自分の内部にばかり向かうこと。内気な傾向。「彼女は―的性格

だ」対外向

【内攻】ナイコウ ①病気が外に現れないで内部器官をおかすこと。「病菌が臓器中に―している」②精神的な痛手や感情が内につもること。「不満が―する」

【内▲訌】ナイコウ 内部でもめること。うちわもめ。類内紛 参考「訌」はもめる意。

【内妻】ナイサイ 正式な婚姻の届け出をしていない妻。内縁の妻。対正妻・本妻

【内済】ナイサイ 事柄を表ざたにしないで内々で解決すること。

【内在】ナイザイ ある原因や問題点がそのものの内部に存在すること。対外在

【内△侍】ナイシ 律令（リツリョウ）制で、内侍司（ナイシのつかさ）に属し、天皇の日常生活にたずさわった女官。

【内示】ナイジ 公表する前に内々に示すこと。「課長昇進の―があった」対公示

【内室】ナイシツ 他人の妻の敬称。特に、身分の高い人の妻にいう。令夫人。「御―」類令室

【内実】ナイジツ ①内部の実情。「―に詳しい人」②その実。実際。「―弱っている」

【内需】ナイジュ 国内の需要。「政府は―拡大の政策をとる」対外需

【内柔外剛】ナイジュウガイゴウ 気が弱いのに、うわべは強く見せること。《易経》参考「外剛内柔」ともいう。対外柔内剛

【内緒・内所・内△証】ナイショ ①関係者以外には表向きにせず、内々に事を済ますこと。秘密。「―事」②内輪の財政状態。暮らし向き。「―（家計）が苦しい」参考「内証」は「ナイショウ」とも読む。

【内助】ナイジョ 内部からの援助。特に、妻が家庭内を守って夫の働きを側面から助けること。「―の功」

【内証】ナイショウ ①「内緒」に同じ。②仏 心のなかで仏法の真理をさとること。

【内情】ナイジョウ 内輪のようす。内部の事情。内実。「―に詳しい者の犯行」対外情

【内職】ナイショク ①本職以外にする仕事。類副業 対本職 ②主婦が家事の合間にする賃仕事。③授業中にこっそり別のことをすること。

【内緒話・内△証話】ナイショばなし ひそひそばなし。人に知られないようこっそりとする話。

【内心】ナイシン ①心のなか。心中（シンチュウ）。「―困っていた」②数学で、多角形に内接する円の中心。対外心

【内心如夜▲叉】ナイシンニョヤシャ 女性は、外見は菩薩（ボサツ）のようにやさしく美しいが、内心は夜叉のような恐ろしさをもっているということ。参考「外面（ゲメン）似菩薩（ボサツ）、内心如夜叉」の略。昔、仏教で、修行者への戒めとした言葉。

【内申書】ナイシンショ 内々に申し述べる事項を記した書類。特に進学などの際、志願者の出身校から志望校へ送る学業成績・行動などの報告書。

【内親王】ナイシンノウ 皇室典範で、嫡出の皇女、および嫡男系嫡出の皇孫中の女子。古くは、天皇の姉妹・皇女を指した。対親王

【内省】ナイセイ ①自分の行動や考え方を反省すること。「今日一日の自分を―する」②自分の内面を見つめること。内観。

【内清外濁】ナイセイガイダク 内心は清く正しいが、外見は世事の汚れに染まっているように装うこと。乱世に身を処する方法をいう。《通俗編》類和光同塵（ワコウドウジン）

【内政干渉】ナイセイカンショウ ある国の政治に他国が口出しして、その主権を侵害すること。

【内戦】ナイセン 同じ国の異なる勢力どうしが、国内でおこす戦争や武力衝突。類内乱

【内線】ナイセン 屋内の電線。特に会社・官庁などの内部連絡用の電話線。「担当者の―につなぐ」対外線

【内奏】ナイソウ 内々に天皇に申し上げること。参考「奏」は天皇や君主に申し上げる意。

【内蔵】ナイゾウ そのもの自体の内部に含まれていること。「フラッシュ―のカメラ」

【内臓】ナイゾウ 動物の体の胴体内部にある消化器・呼吸器などの諸器官の総称。

【内疎外親】ナイソガイシン 内心ではうとましく思っているが、表面上、親しげに装うこと。《韓詩外伝（カンシガイデン）》

【内諾】ナイダク 内々で承諾すること。「次期会長就任の―を得る」対確約

【内談】ナイダン 非公式の話し合い。内密の相談。類密談

【内地】ナイチ ①植民地に対する本土・本国。②国外に対する国内。対①②外地 ③北海道や沖縄の人が、本州を指していう語。④海岸から遠く入った内部の地方。類内陸

【内通】ナイツウ ①ひそかに敵に通じていること。「味方のなかに―者がいる」②ひそかに男女関係を結ぶこと。類密通

【内定】ナイテイ 正式に発表されていないが、内々に決まっていること。また、決めること。「就職が―する」対確定

【内偵】ナイテイ こっそりとさぐること。内々に偵察すること。

【内的】ナイテキ ①物事の内部に関するようす。内部的。②精神・心に関するようす。内面的。「―生活を充実させたい」対①②外的

【内▲帑金】ナイドキン 天皇のお手元金。「―を賜る」参考「帑」は金庫の意。

【内内】ナイナイ ①内密に行うこと。非公式なさま。「―の話ですが」②心のうちでひそかに。「―心配した」類内心 参考①「うちうち」とも読む。

【内燃機関】ナイネンキカン シリンダーの内部でガス・ガソリン・重油などの燃料を燃焼・爆発させ、その熱エネルギーによりピストンを動かして動力とする原動機。

【内服】ナイフク 薬を飲むこと。「食後に―してください」「―薬」類内用

【内福】ナイフク 外見はそれほどでもないが、実際は裕福なこと。

【内紛】ナイフン 組織内部のもめごと。内輪もめ。「国内では—が続いている」類内訌(ナイコウ)

【内分】ナイブン ①表ざたにしないこと。世間に知られないようにすること。「—に済ませる」類内密 ②数学で一つの線分をその上の一点を基準にして二つの部分に分けること。対外分

【内聞】ナイブン ①高貴な人が非公式に聞くこと。②「内分」に同じ。表記①「内聞」とも書く。

【内分泌腺】ナイブンピツセン 血液・体液中に直接ホルモンを分泌する腺。脊椎(セキツイ)動物の脳下垂体・甲状腺・副甲状腺・副腎(フクジン)・生殖腺など。対外分泌腺 参考「ナイブンピセン」とも読む。

【内包】ナイホウ ①内部にもっていること。「危険性を—する」②哲学で、一つの概念に含まれる、すべての共通する性質や属性。対外延

【内密】ナイミツ 外部に知れないようにすること。表ざたにしないこと。「このことは—に願います」類内緒・内分・秘密 対公然

【内命】ナイメイ 内々の命令。秘密の命令。「—を帯びた任務」類密命

【内面】ナイメン ①表からは見えない、そのものの内側。内部に向いている面。対表面 ②人間の精神・心理のはたらく面。心のうち。「知識人の—を描いた小説」対外面 参考「うちづら」と読めば別の意になる。

【内憂外患】ナイユウガイカン 内部の心配事と外部から受ける災難。国内で起きる問題と、外国との間に生じるさまざまな摩擦。〈『春秋左氏伝』〉類内患外禍

【内用】ナイヨウ ①「内服」に同じ。「—薬」対外用 ②内々の用事。

【内容】ナイヨウ ①なかに含まれているもの。中身。「セットの—」②表現されているものの実質や意味。「—のないおしゃべり」「—の濃い番組」対形式

【内乱】ナイラン 国内の騒乱。特に、政府と反政府勢力との武力による戦い。類内戦

【内覧】ナイラン 公開の前に特定の人たちが内々に見ること。「新製品の—会」類内見

【内陸】ナイリク 海岸より遠く、陸の奥まった地域。「—性気候」類内地

ない【亡い】(3) 亠1 教 4320/4B34 ▼ボウ(一四一二)

ない【▲毋い】(4) 毋0 6157/5D59 ▼ブ(一三三五)

ない【▲莫い】(10) 艹7 3992/477C ▼ボ(一三九三)

ない【無い】(12) 灬8 教 4421/4C35 ▼ム(一四五九)

ないがしろ【△蔑ろ】(14) 艹11 常 4246/4A4E ▼ベツ(一三七六)

なう【▲綯う】(14) 糸8 6935/6543 ▼トウ(一一五二)

なえ【苗】(8) 艹5 常 4136/4944 ▼ビョウ(一三〇九)

なえる【萎える】(11) 艹8 常 1664/3060 ▼イ(三四)

なえる【▲痿える】(13) 疒8 6563/615F ▼イ(三六)

なお【△尚】(8) 小5 常 3016/3E30 ▼ショウ(七四二)

なお【△猶】(12) 犭9 常 4517/4D31 ▼ユウ(一五一二)

なおす【治す】(8) 氵5 教 2803/3C23 ▼ジ(六三五)

なおす【直す】(8) 目3 教 3630/443E ▼チョク(一〇六九)

同訓異義 なおす

【直す】悪いところをなくして正常に戻す。修理する。ほかのものに置き換える。ほか、広く用いる。「誤りを直す」「手紙を書き直す」「自転車を直す」「英文を和文に直す」「機嫌を直す」

【治す】病気やけがを治療して健康にする。「持病を治す」「休んで風邪を治す」

なか【中】(4) 丨3 教 3570/4366 ▼チュウ(一〇四二)

なか【仲】(6) 亻4 教 3571/4367 ▼チュウ(一〇四四)

ながあめ【▲霖】(16) 雨8 8035/7043 ▼リン(一五八七)

ながい【永い】(5) 水1 教 1742/314A ▼エイ(八四)

ながい【長い】(8) 長0 教 3625/4439 ▼チョウ(一〇五五)

ながえ【▲轅】(17) 車10 7755/6D57 ▼エン(一〇八)

なかご【△茎】(8) 艹5 常 2352/3754 ▼ケイ(三八九)

ながす【流す】(10) 氵7 教 4614/4E2E ▼リュウ(一五六六)

なかだち【△媒】(12) 女9 常 3962/475E ▼バイ(一二三一)

なかば【半ば】(5) 十3 教 4030/483E ▼ハン(一二五九)

なかば【△央ば】(5) 大2 教 1791/317B ▼オウ(一一一)

なかま【△党】(10) 儿8 教 3762/455E ▼トウ(一一四一)

ながめる【眺める】(11) 目6 常 3615/442F ▼チョウ(一〇五九)

ながら【▲乍ら】(5) ノ4 3867/4663 ▼サ(五四一)

ながらえる【△存える】(6) 子3 教 3424/4238 ▼ソン(九六六)

なかれ【▲勿れ】(4) 勹2 4462/4C5E ▼モチ(一四八六)

なかれ【▲毋れ】(4) 毋0 6157/5D59 ▼ブ(一三三五)

なかれ【▲莫れ】(10) 艹7 3992/477C ▼ボ(一三九三)

ながれる【流れる】(10) 氵7 教 4614/4E2E ▼リュウ(一五六六)

なぎ【凪】

(6) 几4 国 準1 3868/4664 訓 音 なぎ・なぐ

意味 なぎ。なぐ。風がやんで、波がおだやかになること。「夕凪」「朝凪」参考かぜ(几)がや(止)むことを表す国字。

下つき 朝凪(あさなぎ)・夕凪(ゆうなぎ)

【▲凪ぐ】なぐ 風がやんで海面が静まる。波がおだやかになる。「海が—ぐ」

なぎ【△和】(8) 口5 教 4734/4F42 ▼ワ(一六二四)

なぎ【▲梛】(11) 木7 ▼ダ(九七四)
なぎさ【▲汀】(5) 氵2 3685 4475 ▼テイ(一〇八七)
なぎさ【▲渚】(11) 氵8 2977 3D6D ▼ショ(七二八)
なく【泣く】(8) 氵5 教 2167 3563 ▼キュウ(三〇五)
なく【▲哭く】(10) 口7 5113 532D ▼コク(五二六)
なく【▲啼く】(12) 口9 5138 5346 ▼テイ(一〇九四)
なく【鳴く】(14) 鳥3 教 4436 4C44 ▼メイ(一四七三)

同訓異義 なく

【泣く】人が声を立てずに涙を流してなく。つらい目にあう。ほか、広く用いる。「叱(しか)られて泣く」「泣きべそをかく」「忍び泣く」「不況に泣く」「泣き言を並べる」「泣きを見る」

【▲哭く】人が大声を出してなく。「夫の亡骸(なきがら)にすがって哭く」

【鳴く】動物が声を立ててなく。「蟬(せみ)が鳴く」「犬が鳴く」「雉子(きじ)も鳴かずば撃たれまい」

【▲啼く】鳥や獣などの動物が声を立ててなく。「不如帰(ほととぎす)が啼く」

なぐ【▲凪ぐ】(6) 几4 国 3868 4664 ▼なぎ(一一八六)
なぐ【△和ぐ】(8) 口5 教 4734 4F42 ▼ワ(一六一四)
なぐ【▲薙ぐ】(16) 艹13 3869 4665 ▼テイ(一〇九八)

同訓異義 なぐ

【▲凪ぐ】風がやんで波が静かになる。「海が凪ぐのを待って出航する」「朝凪(あさなぎ)」

【△和ぐ】心がおだやかになる。「その一言で気持ちが和いだ」「会えば心が和ぐ」

【▲薙ぐ】刃物などを横に払って切る。「雑草を薙ぐ」「敵を薙ぎ倒す」「薙ぎ払う」「薙刀(なぎなた)」

なぐさむ【慰む】(15) 心11 常 1654 3056 ▼イ(三七)
なぐさめる【慰める】(15) 心11 常 1654 3056 ▼イ(三七)
なぐる【殴る】(8) 殳4 常 1805 3225 ▼オウ(一一四)
なぐる【△撲る】(15) 扌12 常 4348 4B50 ▼ボク(一四二九)
なぐる【▲擲る】(18) 扌15 5819 5A33 ▼テキ(一一〇三)
なげうつ【▲抛つ】(8) 扌5 ▼ホウ(一四〇〇)
なげうつ【▲擲つ】(18) 扌15 5819 5A33 ▼テキ(一一〇三)
なげかわしい【嘆かわしい】(13) 口10 常 3518 4332 ▼タン(一〇一七)
なげく【▲喟く】(12) 口9 5132 5340 ▼キ(二七六)
なげく【嘆く】(13) 口10 常 3518 4332 ▼タン(一〇一七)
なげく【▲嗟く】(13) 口10 5145 534D ▼サ(五四五)
なげく【慨く】(13) 忄10 常 1920 3334 ▼ガイ(一九二)
なげく【▲慟く】(14) 忄11 5654 5856 ▼ドウ(一一六五)
なげく【▲歎く】(15) 欠11 3523 4337 ▼タン(一〇一九)
なげる【投げる】(7) 扌4 教 3774 456A ▼トウ(一一三七)
なごむ【和む】(8) 口5 教 4734 4F42 ▼ワ(一六一四)
なごやか【和やか】(8) 口5 教 4734 4F42 ▼ワ(一六一四)
なさけ【情け】(11) 忄8 教 3080 3E70 ▼ジョウ(七七五)

なし【梨】

(11) 木7 教 常 7 4592 4D7C 訓 音 なし 外 リ

筆順 一 二 千 禾 和 利 利 梨 梨 梨 5

意味 なし。バラ科の落葉高木。「梨花」「梨園」

下つき 洋梨(ヨウなし)

【梨】なし バラ科の落葉高木。古くから果樹として栽培。晩春、白色の五弁花をつける。果実は大きな球形で、食用。季秋 参考「無し」と通じるのを忌んで「有りの実」ともいう。

【梨の▲礫(つぶて)】こちらから便りを送っても、相手から一向に返事のこないこと。「礫」は、投げられた小石の意。小石を投げても返ってこないことから。「梨」を「無し」に掛けた語。

〈梨子〉地】なしジ ①蒔絵(まきエ)の技法の一種。漆を塗った上に、ナシの実の斑点(ハンテン)のように金銀の粉をまき、透明な漆でおおったもの。②織物の一種で、ナシの実の皮のざらざらした感じを出したもの。

【△梨園】リエン 演劇界。特に、歌舞伎(カブキ)役者の社会のこと。故事 中国、唐の玄宗皇帝が宮中のナシの木を植えた庭園で、自ら音楽と舞踏を教えた故事による。〈『新唐書(シントウジョ)』〉

【△梨花】リカ ナシの花。季春 参考「―一枝春(はる)雨(あめ)を帯ぶ」は、美人の楊貴妃(ヨウキヒ)が涙ぐんでいる姿の形容として名高い。〈白居易の詩〉

なじる【△詰る】(13) 言6 常 2145 354D ▼キツ(二九六)
なす【△生す】(5) 生0 教 3224 4038 ▼セイ(八四六)
なす【△作す】(7) 亻5 教 2678 3A6E ▼サク(五六四)
なす【▲茄】(8) 艹5 1856 3258 ▼カ(一四七)
なす【△為す】(9) 灬5 常 1657 3059 ▼イ(三〇)
なす【△済す】(11) 氵8 教 2649 3A51 ▼サイ(五五三)

同訓異義 なす

【△為す】物事を行う。する。「事を為す」「為せば成る」「為す術(すべ)もない」「神の為せる業(わざ)」

【成す】物事をしとげる。つくりあげる。「快挙を成す」「成し遂げる」「体(タイ)を成す」

【△生す】出産する。「子どもを生す」「生さぬ仲」

【△済す】借りたものを返す。すます。「借金を済す」「済し崩しに進める」

なずな【▲薺】(17) 艹14 7321/6935 ▼セイ(八七〇)

なずむ【△泥む】(8) 氵5 常 3705/4525 ▼デイ(一〇九九)

なする【△擦る】(17) 扌14 常 2704/3B24 ▼サツ(五七三)

なぞ【謎】(17) 言10 常 2 3870/4666 音 外メイ・ベイ 訓 なぞ

〔謎〕

筆順 4 7 9 13 言 言 言 言 言 言 言 謎 謎

意味 なぞ。なぞなぞ。隠語。「謎語」

【謎】なぞ ①意味や実体などがよくわからないこと。不明なもの。「―の遺跡が発掘された」「―が多い人」 ②遠回しに言って、それとなくわからせようとすること。また、その言葉。「―を掛ける」 ③なぞなぞ。

【△謎語】メイゴ なぞが含まれた言葉。また、意味のわかりにくい語。

なぞらえる【△准える】(10) 冫8 常 2958/3D5A ▼ジュン(七一九)

なぞらえる【△準える】(13) 氵10 教 2964/3D60 ▼ジュン(七二三)

なぞらえる【△擬える】(17) 扌14 常 2128/353C ▼ギ(二九〇)

なた【岃】(5) 山2 国 1 5407/5627 音 訓 なた

意味 なた。幅が広く厚い刃物に柄えをつけたもの。まきなどを割る刃物。 参考「山刀(なた)」を一つに合わせた国字。

なた【▲鉈】(13) 金5 7877/6E6D ▼シャ(六五九)

なだ【▲灘】(22) 氵19 3871/4667 ▼ダン(一〇二六)

なだめる【▲宥める】(9) 宀6 4508/4D28 ▼ユウ(一五〇九)

ナッ【納】(10) 糸4 教 3928/473C ▼ノウ(一二一〇)

ナツ【捺】(11) 扌8 準1 3872/4668 音 ナツ・ダツ 訓 おす

意味 おす。おさえつける。「捺印」

下つき 押捺オウナツ

【捺す】おーす 判を紙などに押さえつけて写す。力を入れて手で押さえつける。「はんこを―す」

【▲捺印】ナツイン 判を押すこと。「届出用紙に署名―する」 類 押印オウイン

【▲捺染】ナッセン 染色方法の一つ。糊のりに染料をまぜて、布地に直接模様を染めつけるやり方。特に、型紙を用いた模様染めのこと。型染め。プリント。「―友禅」

なつ【夏】(10) 夂7 教 1838/3246 ▼カ(一四八)

なつかしい【懐かしい】(16) 忄13 常 1891/327B ▼カイ(一八五)

なつかしむ【懐かしむ】(16) 忄13 常 1891/327B ▼カイ(一八五)

なつく【懐く】(16) 忄13 常 1891/327B ▼カイ(一八五)

なつめ【▲棗】(12) 木8 6007/5C27 ▼ソウ(九四一)

なでる【▲拊でる】(8) 扌5 5735/5943 ▼フ(一三三六)

なでる【▲撫でる】(15) 扌12 4179/496F ▼ブ(一三三七)

など【▲抔】(7) 扌4 5724/5938 ▼ホウ(一三九七)

など【△等】(12) ⺮6 教 3789/4579 ▼トウ(一一四九)

ななつ【七つ】(2) 一1 教 2823/3C37 ▼シチ(六四四)

ななめ【斜め】(11) 斗7 常 2848/3C50 ▼シャ(六五八)

なに【何】(7) 亻5 教 1831/323F ▼カ(一四〇)

なに【▲曷】(9) 曰5 5911/5B2B ▼カツ(二二二)

なにがし【△某】(9) 木5 常 4331/4B3F ▼ボウ(一四一七)

なびく【▲靡く】(19) 非11 8351/7353 ▼ヒ(一二八七)

なぶる【▲嬲る】(17) 女14 5343/554B ▼ジョウ(七七九)

なべ【鍋】(17) 金9 常 2 3873/4669 音 外カ 訓 なべ

筆順 4 8 17 金 金 釒 釕 釦 鈤 鈤 鍋 鍋

意味 なべ。炊事に用いる器。「鍋釜なべかま」「鍋物」

下つき 手鍋てなべ・土鍋どなべ・夜鍋よなべ

【鍋】なべ ①食物を煮炊きする器。「破われ―に綴とじ蓋ぶた」 ②「鍋料理」の略。食卓で煮ながら食べる料理。なべ物。

〖鍋が釜かまを黒いと言う〗 自分のことを棚に上げて他人をからかうたとえ。鍋が自身の黒いことを棚に上げて、釜が黒いのを笑うことから。類 目糞めくそ鼻糞を笑う

なま【生】(5) 生0 教 3224/4038 ▼セイ(八四六)

なまぐさい【▲腥い】(13) 月9 7109/6729 ▼セイ(八六五)

なまぐさい【▲羶い】(19) 羊13 7031/663F ▼セン(九二一)

なまける【怠ける】(9) 心5 常 3453/4255 ▼タイ(九八〇)

なまじ【▲憖】(16) 心12 5659/585B ▼ギン(三六六)

なまじいに【▲憖に】(16) 心12 5659/585B ▼ギン(三六六)

なます【▲膾】(17) 月13 7126/673A ▼カイ(一八六)

なます【▲鱠】(24) 魚13 8270/7266 ▼カイ(一八七)

なまず【魸】(15) 魚4 国 1 音 訓 なまず

意味 なまず。ナマズ科の淡水魚。

なまず【▲癜】(18) 疒13 6585/6175 ▼テン(一一一九)

なまず【▲鯰】(19) 魚8 国 8248/7250 ▼ネン(一二〇九)

なまめかしい【△妖かしい】(7) 女4 常 4537/4D45 ▼ヨウ(一五二六)

なまめかしい【▲嬌かしい】(15) 女12 5340 5548 ▼キョウ(三四〇)
なまめかしい【△艶かしい】(19) 色13 常 1780 3170 ▼エン(一〇八)
なまり【▲訛】(11) 言4 7534 6B42 ▼カ(一五二)
なまり【鉛】(13) 金5 常 1784 3174 ▼エン(一〇四)
なまり【▲譌】(19) 言12 7587 6B77 ▼カ(一六〇)
なまる【▲訛る】(11) 言4 7534 6B42 ▼カ(一五二)
なまる【△鈍る】(12) 金4 常 3863 465F ▼ドン(一一八一)
なみ【並】(8) 一7 教 4234 4A42 ▼ヘイ(一三六六)
なみ【波】(8) 氵5 教 3940 4748 ▼ハ(一二二六)
なみ【△浪】(10) 氵7 常 4718 4F32 ▼ロウ(一六一六)
なみ【▲濤】(17) 氵14 6225 5E39 ▼トウ(一一五五)
なみ【▲瀾】(20) 氵17 6349 5F51 ▼ラン(一五五四)
なみだ【涙】(10) 氵7 常 4662 4E5E ▼ルイ(一五九〇)
なみだ【▲涕】(10) 氵7 6224 5E38 ▼テイ(一〇九三)
なみだぐむ【涙ぐむ】(10) 氵7 常 4662 4E5E ▼ルイ(一五九〇)
なめす【▲鞣す】(18) 革9 8068 7064 ▼ジュウ(七〇六)
なめらか【滑らか】(13) 氵10 常 1974 336A ▼カツ(二二五)
なめる【▲舐める】(10) 舌4 7151 6753 ▼シ(六一六)
なめる【▲嘗める】(14) 口11 3008 3E28 ▼ショウ(七五九)
なやむ【悩む】(10) 忄7 常 3926 473A ▼ノウ(一二一〇)
なやむ【▲懊む】(16) 忄13 5669 5865 ▼オウ(一一七)
なやむ【▲艱む】(17) 艮11 7169 6765 ▼カン(二四九)
なやむ【▲蹇む】(17) 足10 7701 6D21 ▼ケン(四三五)
なら【▲楢】(13) 木9 3874 466A ▼ユウ(一五一五)

ならう【△効う】(8) 力6 教 2490 387A ▼コウ(四八六)
ならう【倣う】(10) 亻8 常 4279 4A6F ▼ホウ(一四〇四)
ならう【習う】(11) 羽5 教 2912 3D2C ▼シュウ(六九二)
ならう【▲傚う】(12) 亻10 4891 507B ▼コウ(五〇四)
ならう【▲肄う】(13) 聿7 7071 6667 ▼イ(三六)
ならう【▲嫺う】(15) 女12 5338 5546 ▼カン(二四四)

同訓異義 **ならう**

【習う】くり返し練習して身につける。教えを受ける。「英会話を習う」「見習う」「習い性(せい)となる」「習うより慣れよ」「第一人者に習う」

【倣う】すでにあるものを手本にしてまねる。「前例に倣う」「先輩に倣う」「右へ倣え」

【△効う】先例をまねる。「倣う」とほぼ同じ。

【▲嫺う】物事に習熟する。

ならす【△均す】(7) 土4 教 2249 3651 ▼キン(三五三)
ならびに【並びに】(8) 一7 教 4234 4A42 ▼ヘイ(一三六六)
ならぶ【△双ぶ】(4) 又2 常 3348 4150 ▼ソウ(九二八)
ならぶ【△比ぶ】(4) 比0 教 4070 4866 ▼ヒ(一二七三)
ならぶ【並ぶ】(8) 一7 教 4234 4A42 ▼ヘイ(一三六六)
ならぶ【△併ぶ】(8) 亻6 常 4227 4A3B ▼ヘイ(一三六七)
ならぶ【▲幷ぶ】(8) 干5 9492 7E7C ▼ヘイ(一三六七)
ならぶ【▲駢ぶ】(18) 馬8 ▼ヘン(一三八三)
ならぶ【▲儷ぶ】(21) 亻19 4922 5136 ▼レイ(一六〇〇)
ならわし【△慣】(14) 忄11 教 2023 3437 ▼カン(二四二)
なる【△生る】(5) 生0 教 3224 4038 ▼セイ(八四六)
なる【成る】(6) 戈2 教 3214 402E ▼セイ(八五〇)
なる【△為る】(9) 灬5 常 1657 3059 ▼イ(三〇)
なる【△就る】(12) 尢9 教 2902 3D22 ▼シュウ(六九三)
なる【鳴る】(14) 鳥3 教 4436 4C44 ▼メイ(一四七三)

同訓異義 **なる**

【成る】物事が出来上がる。成功する。ほか、広く用いる。「為せば成る」「将棋の駒(こま)が成る」「事業が成り立つ」「功成り名遂げる」

【△就る】物事が成功する。物事がまとまる。「成就(ジョウジュ)」「大事就る」

【△生る】植物が実を結ぶ。みのる。「柿(かき)がたくさん生る」「枝もたわわに生る」「末(うら)生り」

【△為る】ある状態からほかの状態に変わる。一般にかな書きにする。「氷が水に為る」「もう九時に為る」「大人に為る」「男に為る」

なれる【▲狃れる】(7) 犭4 6429 603D ▼ジュウ(七〇二)
なれる【▲狎れる】(8) 犭5 6432 6040 ▼コウ(四八八)
なれる【▲馴れる】(13) 馬3 3875 466B ▼ジュン(七三二)
なれる【慣れる】(14) 忄11 教 2023 3437 ▼カン(二四二)
なれる【△熟れる】(15) 灬11 教 2947 3D4F ▼ジュク(七一〇)

同訓異義 **なれる**

【慣れる】同じことを繰り返して平気になる。習慣になる。熟練する。「世慣れする」「早起きに慣れる」「慣れない手つき」

【▲馴れる】動物が人になれ親しむ。人にも用いる。「犬が飼い主に馴れる」「馴れ初め」

【▲狎れる】礼を失するほどなれなれしくする。「寵愛(チョウアイ)に狎れる」「男女が狎れる」

【△熟れる】時間が経過して食べごろになる。熟成する。「漬物が熟れる」「熟れ鮨(ずし)」

なわ【苗】(8) 艹5 常 4136/4944 ▼ビョウ(一三〇九)

なわ【縄】(15) 糸9 教 3876/466C ▼ジョウ(七七八)

なわて【▲畷】(13) 田8 3877/466D ▼テツ(一二〇四)

ナン【男】(7) 田2 教 3543/434B ▼ダン(一〇二二)

ナン【南】

(9) 十7 常 教 9 3878/466E

音 ナン・ナ㊂ ㊀ダ

訓 みなみ

筆順 一 十 十 冇 冇 冇 冇 南 南

意味 ①みなみ。「南極」「南国」 対北 ②梵語ボンゴの音訳に用いられる。「南無」

下つき 江南コウナン・指南シナン・湘南ショウナン・洛南ラクナン

〈南瓜〉カボチャ ウリ科のつる性一年草。熱帯アメリカ原産。夏、黄色い花をつけ、大きな扁球ヘンキュウ形の実を結ぶ。果肉と種子は食用。トウナス。ボウブラ。ナンキン。季秋 由来 ポルトガル人が寄港先のカンボジアより伝えたことから。

〈南五味子〉さねかずら モクレン科のつる性常緑低木。由来「南五味子」は漢名からの誤用。▼真葛さねかずら(七九九)

〈南▲燭〉しゃしゃんぼ ツツジ科の常緑低木。暖地の山中に自生。初夏、白いつぼ形の小花をつける。果実は小球形で、黒く熟し、食用。由来「南燭」は漢名から。表記「小小ん坊」とも書く。

【南殿】ナデン ①紫宸殿シシンデンの別称。▼紫宸殿(六一九) ②サクラの一種。サトザクラとチョウジザクラの雑種とされ、花は半八重咲き。葉の裏側に軟毛が密にある。季春 参考 ①「ナンデン」とも読む。

【南無】ナム 仏 仏・菩薩ボサツをおがむときにまず唱える語。心からの帰依キエを表す。由来 梵語ボンゴの音訳から。

【南無三宝】ナムサンボウ ①仏 仏と仏の教えと僧の三宝に帰依キエすることを表す語。②大変だ。しまった。驚いたときや失敗したときに、三宝に助けを求める語。参考 ②「南無三」ともいう。

【南緯】ナンイ 赤道以南の緯度。赤道を〇度とし、南極を九〇度として測る。対北緯

【南画】ナンガ 「南宗画ナンシュウガ」の略。中国から始まった絵画の流派。唐の王維を祖とし、多く、水墨または淡彩で山水を描いた。日本では江戸中期から盛んになり、谷文晁たにぶんちょう・渡辺華山わたなべかざんが代表画家。文人画。対北画

【南郭濫吹】ナンカクランスイ 実力がない者が、才能のある者のなかに紛れこんでいること。故事 中国、斉セイの宣王センオウは、三〇〇人の竽ウの名手を集めて合奏させていたが、そのなかに南郭という竽を吹けない者が、混じって高禄コウロクを得ていた。湣王ビンオウの代になって、一人一人に竽を吹かせると南郭は逃げ去ったという故事から。《韓非子カンピシ》 参考「南郭濫竽ナンカクランウ」ともいう。

【南▲柯の夢】ナンカのゆめ 人生のはかないことのたとえ。故事 中国、唐トウの淳于棼ジュンウフンが、酒に酔って槐えんじゅの木の下で眠り、夢を見た。夢の中で槐安カイアン国に行き、南柯郡の長官となり、二〇年がたった。夢から覚めて槐の下を見てみると、アリの穴があり、それが夢で見た国であったという故事から。《異聞集》 参考「槐安の夢」ともいう。

【南▲橘北▲枳】ナンキツホクキ 人は環境によって善にも悪にもなることのたとえ。江南の橘たちばなを江北に移植すると枳からたちに変わってしまう意から。《晏子春秋アンシシュンジュウ》

【南極】ナンキョク ①地球の自転軸の南端の地点。南緯九〇度の地点。南極点。②南極大陸とその周辺の地域。南極圏。③磁石の南を指すほうの磁極。S極。対①〜③北極

【南△京】ナンキン ①中国、長江下流にある工業都市で交通の要地。②中国または東南アジア方面から渡来したものを表す語。「一豆」③カボチャの別称。

〈南京黄▲櫨〉なんきんはぜ トウダイグサ科の落葉高木。中国原産。暖地で栽培。葉はひし形で、紅葉が美しい。種子からとった脂肪は、せっけん・ろうそくの原料。根皮は利尿剤にする。表記「烏臼」とも書く。

【南▲洽北▲暢】ナンコウホクチョウ 天子の威光と恩恵が、四方八方に広く行き渡ること。「洽」も「暢」も広く行き渡る意。

【南山の寿】ナンザンのジュ 南山が崩れないのと同じように、事業が末永く続くこと。転じて、長寿を祝う言葉。《詩経》 参考「南山」は終南山シュウナンザンのこと。「泰山」ともいう。中国陝西センセイ省にある名山。類大椿ダイチンの寿

【南山不落】ナンザンフラク 城などが堅固で容易には滅びないこと。終南山シュウナンザンのように永久に崩れない意から。類金城鉄壁・金城湯池

【南征北伐】ナンセイホクバツ あちらこちらと戦争を繰り返して、平穏なときがないこと。「征」も「伐」も敵を攻めうつ意。

【南船北馬】ナンセンホクバ あちらこちらを忙しく駆け回ること。参考 中国では南は河川が多いので船を用い、北は山野が多いのでウマを用いるという交通手段の便宜をいう原意から。《淮南子エナンジ》 類東奔西走・南行北走

【南中】ナンチュウ 天体が子午線を通り過ぎること。このとき、天体の高度は最高となる。類正中 参考 おもに太陽と月について用いる語で、太陽以外の恒星には「正中セイチュウ」を用いる。

【南天・〈南天▲燭〉】ナンテン メギ科の常緑低木。暖地に自生。庭木にもする。初夏に白い花が咲き、赤くて丸い実を結ぶ。由来「南天燭」は漢名から。

【南都北▲嶺】ナントホクレイ 奈良興福寺と比叡ひえい山延暦エンリャク寺のこと。昔、奈良は京都の南にあるので、南都といい、そこの旧勢力の寺院を代表する興福寺と、北方の比叡山にある、新興宗派である天台宗の延暦寺を対比した語。

【南蛮】ナンバン ①昔、中国で南方の異民族を指した蔑称(ベッショウ)。②室町時代から江戸時代にかけて、シャム・ルソン・ジャワなど南方諸島の旧称。③南方を経て渡来した人やもの。また、異国風なもの。「—鉄」④ポルトガル人・スペイン人。オランダ人を紅毛というのに対していう。⑤トウガラシの別称。

【南蛮▲鴃舌】ナンバンゲキゼツ やかましいばかりで、意味の分からない言葉のたとえ。「南蛮」は南方の野蛮な人、「鴃舌」はモズの鳴き声の意。由来 孟子(モウシ)が、南方の楚(ソ)の人、許行(キョコウ)の話しぶりを評した言葉から。〈『孟子』〉

【南蛮北▲狄】ナンバンホクテキ 南方の異民族と北方の異民族のこと。昔の中国で、「蛮」「狄」は、ともに異民族に対する蔑称(ベッショウ)。類 東夷西戎(トウイセイジュウ)

〈南蛮煙管〉なんばんぎせる ハマウツボ科の一年草。ススキなどの根に寄生。葉緑素がなく、全体に黄褐色。秋、淡紫色のキセル形の花を横向きにつける。オモイグサ。季秋 表記「野菰」とも書く。

【南風競わず】ナンプウきそわず 南方の国、楚(ソ)の勢威が振るわないことのたとえ。「南風」は南の音楽の意。故事 中国、春秋時代、晋(シン)の音楽官・師曠(シコウ)が、晋に敵対していた南方の楚の音楽の調子がよわよわしいことをあげ、国力の衰えを予言した故事から。〈『春秋左氏伝』〉参考 日本で、南北朝時代の南朝の不振にたとえる。

【南面】ナンメン ①南に向いていること。南向き。対 北面 ②帝位につくこと。天子として国を治めること。由来 ②中国では、天子は南に向いて座についたことから。

【南△呂】ナンリョ ①中国の音の名称。十二律の一つ。日本では盤渉(バンシキ)に当たる。②陰暦八月の異名。

【南▲鐐】ナンリョウ ①上質の銀。また、銀の別称。類 南挺(ナンテイ) ②江戸時代の貨幣、二朱銀の別称。参考「鐐」は良質の銀の意。

〈南風〉はえ 南から吹く風。季夏 参考 おもに西日本で用いられる。

【南】みなナン ①方角の一つ。太陽の昇るほうに向かって右の方向。対 北 ②南風。季夏

ナン【納】(10) 糸 4 教 3928 473C ▼ノウ(一二〇)

ナン【軟】(11) 車 4 常 準2 3880 4670
音 ナン 外 ゼン・ネン
訓 やわらか・やわらかい

筆順 一 ｢ 亓 百 亘 車 軟 軟 軟 軟 5

意味 ①やわらかい。しなやか。「軟化」「柔軟」対 硬 ②よわい。よわよわしい。「軟弱」
下つき 硬軟(コウナン)・柔軟(ジュウナン)

【軟△障】ゼジョウ 宮中で行事のときなどに、御簾(みす)の内側などに添えて垂らす装飾を兼ねたしきり用の幕。絹地に絵を描いたもの。ぜぞう。ぜんじょう。由来「軟らかい障子」の意から。「ぜ」は「軟」の漢音「ゼン」が略されたもの。

【軟化】ナンカ ①かたい物がやわらかくなること。また、やわらかくすること。②態度や意見が穏やかになること。また、穏やかにすること。「姉の結婚に反対している父が—してきた」対 ①②硬化

【軟球】ナンキュウ 軟式の野球・テニスなどで使用するやわらかいボール。対 硬球

【軟禁】ナンキン 外部と接触しないように、家または室内に閉じこめて外に出さないこと。程度の軽い監禁。

【軟▲膏】ナンコウ 脂肪・ろう・ワセリン・グリセリンなどを練りまぜてやわらかくつくったぬり薬。対 硬膏

【軟紅▲塵中】ナンコウジンチュウ 華やかな事物にあふれる都会のようす。参考「軟紅」はやわらかい花びら。転じて、華やかな都会の意。「塵」は俗世間の意。

【軟骨】ナンコツ やわらかくて弾力のある骨。人では耳・鼻・関節のつなぎ目などにある。対 硬骨

【軟式】ナンシキ 野球・テニスなどで、軟球を使って行う競技方式。対 硬式

【軟弱】ナンジャク ①やわらかく弱いこと。②意志や態度が弱々しくしっかりしていないこと。「—な精神を鍛え直す」対 強硬

【軟体動物】ナンタイドウブツ 貝類・タコ・イカなどのように、骨格や環節がなく、外套膜(ガイトウマク)で覆われた体のやわらかな動物。無脊椎(ムセキツイ)動物の一種。

【軟着陸】ナンチャクリク 宇宙飛行体などが、衝撃をやわらげるようにゆっくりと着陸すること。ソフトランディング。

【軟調】ナンチョウ ①やわらかな調子。②相場が下がり気味になること。対 堅調 ③写真の画面で明暗の差が少ないこと。「—プリントに仕上げる」対 硬調

【軟鉄】ナンテツ 炭素の含有量が非常に少ない鉄。展性・延性に富んでいるので、鉄板や鉄線などの材料に用いる。

【軟派】ナンパ ①積極的な主張をしない、意見の弱い人々。②新聞・雑誌で社会・文化面を担当する者の俗称。③異性交遊や軟弱な風俗に関心をもつ者。転じて、交遊目的で異性に声をかけること。対 ①〜③硬派

【軟風】ナンプウ 心地よく感じるやわらかな風。そよ風。類 微風

【軟らかい】やわ-らかい ①しんがなく、ぐにゃぐにゃしているさま。わずかな力で形が変わるさま。「雨上がりの—い土」②かたくるしくないさま。

ナン【喃】(12) 口 9 1 5139 5347
音 ナン・ダン
訓 しゃべる・のう

意味 ①しゃべる。べらべらしゃべる。「喃語」「喃喃」②のう。もしもし。呼びかけの声。

【▲喃語】ナンゴ ①男女の仲むつまじいささやきあい。②赤ん坊が発する、まだ言葉にならない音。

【▲喃▲喃】ナンナン つまらないことを、ぺちゃくちゃしゃべり続けること。また、ひそひそとよく話すさま。「喋喋チョウチョウ—」

【▲喃】のう ①呼びかけの語。もしもし。②同意を求める語。なあ。ねえ。「みごとだ—」

ナン【楠】

(13) 木 9 準1 3879 466F　音 ナン　訓 くすのき

意味 くす。くすのき。クスノキ科の常緑高木。参考 日本では「樟ショウ」と同じに用いる。

【▲楠】くすのき クスノキ科の常緑高木。▼樟くすのき(七六二)

ナン【難】

(18) 隹 10 常 教 5 3881 4671　音 ナン 外ダン　訓 かたい 高・むずかしい 外にくい

旧字《難》(19) 隹 11 1/準1 9367 7D63

筆順 艹 苎 茣 莫 莫 𦰩 𦰩 𦰩 難 (3 6 8 10 18)

意味 ①むずかしい。かたい。たやすくない。「難解」「難関」「至難」対易イ ②わざわい。苦しみ。「難儀」「災難」「避難」 ③せ(責)める。とがめる。なじる。「難詰」「非難」

下つき 一難イチナン・海難カイナン・艱難カンナン・危難キナン・救難キュウナン・苦難クナン・国難コクナン・困難コンナン・災難サイナン・至難シナン・受難ジュナン・殉難ジュンナン・遭難ソウナン・多難タナン・盗難トウナン・万難バンナン・批難ヒナン・非難ヒナン・避難ヒナン・無難ブナン

【難い】かたい むずかしい。なかなかできない。「言うは易やすく行うは—し」「想像に—くない」対易い

【難】ナン ①わざわい。苦難。「やっとのことで—を逃れる」「不慮の—にあう」②むずかしいこと。「—に当たって一致団結する」③欠点。弱点。「その作品にはやや—がある」

【難易】ナンイ むずかしいこととやさしいこと。むずかしさ。「仕事の—は問わない」

【難解】ナンカイ むずかしくてわかりにくいこと。「—な文章」対平易

【難関】ナンカン 簡単には切り抜けることができない事柄や場面。「幾多の—を次々と突破した」参考「難しい関門」の意から。

【難儀】ナンギ ①苦しむこと。つらいこと。「骨折で—した」②困難でたいへんなこと。「病後の体で働くのは—だ」③めんどうなこと。迷惑なこと。「—な話」

【難詰】ナンキツ 欠点をあげて非難し、問い詰めること。

【難行苦行】ナンギョウクギョウ ①ひどく苦しみながら仕事などを続けて行うこと。「研修は—の連続」②仏 心身を苦しめ、鍛えたえる修行。〈『法華経ホケキョウ』〉

【難局】ナンキョク 対応のむずかしい情勢や事態。困難な局面。「—を乗り切る」

【難癖】ナンくせ 非難すべき点。欠点。「—をつける(あら探しをする)」

【難航】ナンコウ ①航海が困難になること。②物事がはかどらないこと。「交渉が—する」

【難攻不落】ナンコウフラク ①城などが攻め落としにくいこと。「—の要塞ヨウサイ」②いくらはたらきかけても、こちらの願いや希望を受け入れてくれないたとえ。

【難産】ナンザン ①出産が困難で胎児がなかなか生まれ出ないこと。対安産 ②物事の成立が困難なこと。「—の末に成立した法案」

【難治】ナンジ ①病気やけががなおりにくいこと。②人民を治めるのが困難であること。参考「ナンチ」とも読む。

【難渋】ナンジュウ ①物事が思うように進まないこと。「山道に迷って—した」②苦労すること。困ること。類難儀

【難所】ナンショ けわしくて通行の困難な場所。「バスが—にさしかかる」

【難色】ナンショク 不賛成。また、不承知だという様子や態度。「提案に—を示す」

【難船】ナンセン 船が暴風雨や大波のためにこわれたり沈んだりすること。また、その船。

【難題】ナンダイ ①詩や文のつくりにくい題。②むずかしい問題。「—を解く」類難問 ③処理しにくい事柄。また、無理ないいがかり。「—をふっかける」

【難中の難】ナンチュウのナン 仏 むずかしいなかでも最もむずかしいこと。〈『無量寿経ムリョウジュキョウ』〉

【難聴】ナンチョウ ①耳がよく聞こえないこと。「—のため補聴器をつける」②ラジオなどが聞きとりにくいこと。「—地域」

【難点】ナンテン ①欠点。非難すべきところ。「—が少ない」②処理が困難なところ。さばきにくい点。

【難破船】ナンパセン 暴風雨などでこわれたり、転覆したりした船。

【難▵平】ナンピン ①相場の高騰・下落のときにさらに売り増し・買い増しをし、損失を平均化して回復させること。②おろか者。身の程知らず。由来 ②裏付けもなく①を行い損をすることから。参考 ①「損(難)を均ならす」意。

【難物】ナンブツ 扱いのむずかしい人や物。手にあまる人や物。「彼はなかなかの—だ」

【難民】ナンミン 天災や戦災、政治的迫害などで生活に困っている人々。特に、そのために住んでいた所を離れて避難している人々。避難民。

【難問】ナンモン むずかしい質問や問題。「—にぶつかる」「—山積」

【▵難い】にくい …するのが困難である。むずかしい。…しづらい。「読み—い字」「言い—い話」対易やすい

【難しい】むずかしい ①理解したり解決したりするのが困難なさま。「問題が—い」②複雑なさま。解決や処理に手間がかかるさま。「—い入国手続きを済ませた」「—い事情がある」「とても

な ナン

—い病気だ」③機嫌が悪い。また、気むずかしい。
参考「むつかしい」とも読む。

ナン【▲難】(19) 隹11 9367/7D63 ▼難の旧字（一一九二）

なんじ【▲乃】(2) ノ1 3921/4735 ▼ダイ（九八七）

なんじ【▲汝】(6) 氵3 3882/4672 ▼ジョ（七三三）

なんじ【△若】(8) ⺾5 教 2867/3C63 ▼ジャク（六六六）

なんじ【▲爾】(14) 爻10 2804/3C24 ▼ジ（六三九）

なんぞ【▲曷ぞ】(9) 曰5 5911/5B2B ▼カツ（二二二）

なんぞ【▲胡ぞ】(9) 肉5 2453/3855 ▼コ（四五四）

なんぞ【▲奚ぞ】(10) 大7 5288/5478 ▼ケイ（三九一）

なんぞ【▲盍ぞ】(10) 皿5 6620/6234 ▼コウ（四九七）

なんなんとする【△垂とする】(8) 土5 教 3166/3F62 ▼スイ（八二七）

に 仁 二 ニ

ニ
【二】
(2) 二0 教 常 10 3883/4673

音 ニ 外ジ
訓 ふた・ふたつ

筆順 一 二

意味 ①ふたつ。数の名。「二重」「二倍」 ②ふたたび。「二度」「二伸」 ③次の。にばんめ。「二次」「二世」 ④別の。異なる。「二心」「二言」 参考「二」の全画が片仮名の「ニ」になった。

下つき 不二（フジ）・無二（ムニ）

【〈二合半〉】こなから 半分の半分。四分の一。また、特に一升の四分の一、二合五勺（シャク）をいう。「—徳利に酒を入れる」 表記「小半」とも書く。

【二階から目薬】ニカイからめぐすり 思うようにいかず、じれったいたとえ。また、二階から下にいる人に目薬を差してやっても思うようにいかない意から。参考「二階」は「天井」ともいう。類二階から尻（しり）あぶる

【二河白道】ニガビャクドウ 仏浄土教（ジョウドキョウ）の教えて人が浄土に往生（オウジョウ）できるたとえ。「二河」は、水の河と火の河のこと。これに挟まれた白道を水や火を恐れず、ひたすらに進めば、西岸の安楽な世界に至るというもの。〈『観経疏（カンギョウショ）』〉

【二期作】ニキサク 同じ耕地で同じ作物を、一年に二度作って収穫する方法。参考ふつう、水稲栽培についていう。

【二元論】ニゲンロン ①ある問題について、相互に独立する二つの根本原理を認める考え方。②哲学で、宇宙は相互に独立する二つの根本原理や要素から成り立っているとする世界観。対①②一元論・多元論

【二言】ニゴン ①二度ものを言うこと。②前に言ったことを取り消して、自分に都合のよいことを言うこと。「武士に—はない」 類二枚舌 参考「ニゲン」とも読む。

【二次元】ニジゲン 次元が二つあること。長さと幅からなる平面上のひろがり。対三次元・四次元

【二者択一】ニシャタクイツ 二つの事柄のうち、どちらか一方を選び取ること。「—の問題に迫られている」

【二▲豎】ニジュ 病魔のたとえ。故事中国、晋（シン）の景公（ケイコウ）が病気にかかったとき、病魔である二人の子ども（二豎）が良医から逃れようとして心臓の下の肓（コウ）と胸の上部の膏（コウ）の部分に隠れる夢を見たという故事による。〈『春秋左氏伝』〉

【二重】ニジュウ 同じことやものが重なったり、くりかえされたりすること。重複。「—構造」「—登録」 参考「ふたえ」とも読む。

【二十四節気】ニジュウシセッキ 陰暦で、太陽の黄道上の位置にしたがい、一年を二四等分した季節区分。立春、秋分など。二十四節。二十四気。

【二重人格】ニジュウジンカク 一人の人間が二つのちがう人格をもっていること。また、そういう人。

【二乗】ニジョウ 数学で同一の数・式を二度かけ合わせること。類自乗・平方 参考「ジジョウ」とも読む。

【二心】ニシン 「二心（ふたごころ）②」に同じ。表記「弐心」とも書く。参考「ジシン」とも読む。

【二親等】ニシントウ 親等の一つ。本人および配偶者と、二世代をへだてた関係にある親族。また、その関係。本人と、その祖父母・孫・兄弟姉妹など。

【二進法】ニシンホウ 〇と一の二つの数字を用い、あらゆる数を二つずつまとめて上の位に上げていく数の表し方。十進法の二・三・四・五は、二進法では、一〇・一一・一〇〇・一〇一となる。コンピューターに利用する。

【二世】ニセ 仏現世と来世。この世とあの世。「親子は一世、夫婦は—」 参考「ニセイ」と読めば別の意になる。

【二世】ニセイ ①移民した先で生まれた子で、その国の市民権をもつ者。「日系—」 ②同じ名で、その家や地位をついだ二代目。③その人の子。特に、息子。「—誕生」 参考「ニセ」と読めば別の意になる。

【二束三文】ニソクサンモン 数量を多くまとめても値打ちがなく、安いこと。「—で売り払う」 表記「二束」は「二足」とも書く。

【二足の〈草▲鞋〉を履く】ニソクのわらじをはく 両立しない職業を一人で兼ねるたとえ。また、一人で二つの仕事をもつたとえ。由来昔、博徒（バクト）が十手を預かり、博打（ばくち）の取り締まりを任されたことから。

【〈二進〉も〈三進〉も】にっちもさっちも どうにもこうにも。どう工夫しても。「―行かない」由来 そろばんの割り算から出た言葉。計算のやりくりの意から。

【二途】ニト 物事を行ううえで二つの異なった方向。「言い分が―に分かれる」

【二兎を追う者は一兎をも得ず】ニトをおうものはイットをもえず 欲張って一度に二つの成功を得ようとすると、かえってどちらも成功しないたとえ。類 虻蜂(あぶはち)取らず 対 一石二鳥

【二人三脚】ニニンサンキャク ①二人が並んで隣り合った足首をひもでくくり、三本足の状態で走る競技。②二人で力を合わせて一つのことをすることのたとえ。「夫婦―で家業を営む」類 同心協力

【二人称】ニニンショウ 話し手が、話しかける相手を指していう代名詞。「きみ」「あなた」など。第二人称。対称。対 一人称・三人称

【二年草】ニネンソウ 「二年生草本」の略。植物が発芽して開花・結実し、枯れるまでの期間が二年にわたる植物。ダイコン・ニンジン・アブラナなど。類 越年草

【二の句】ニのク 次に言いだす言葉。あとの言葉。「あきれて―が継(つ)げない」

【二の次】ニのつぎ 二番め。そのつぎ。あとまわし。「勉強が―では困る」

【二の舞】ニのまい 人のまねをすること。また、前の人と同じ失敗をくり返すこと。「兄の―を演じる」由来 舞楽で、安摩(アマ)の舞に続くそれをこっけいにまねた舞を指す語から。

【二杯酢】ニハイず 酢に醤油(ショウユ)、または塩をまぜあわせた調味料。

【二番煎じ】ニバンセンじ ①一度煎じた茶や薬をもう一度煎じたもの。②前の繰り返しで、魅力を感じさせないもののたとえ。「そんな―は通用しない」

【二百十日】ニヒャクとおか 立春から数えて二一〇日めの日。九月一日ころ。このころによく大きな台風が来るので、農家は災害に備える。季 秋

【二枚舌】ニマイじた 前とちがうことを言うこと。また、うそを言うこと。心にないことを言うこと。「―を使う」

【二枚目】ニマイめ ①芝居や歌舞伎(カブキ)の番付で二番目に書かれた美男役。立役者。②美男子。色男。対 三枚目

【二毛作】ニモウサク 同じ耕地に一年に二回、ちがう作物を植えつけること。対 一毛作

【二卵を以て干城の将を棄つ】ニランをもってカンジョウのショウをすつ ささいな過失にこだわり、有能な人物を用いないことのたとえ。「干城」は、外敵を防ぐ干(たて)と城。転じて、軍人。故事 昔中国で、孔子の孫の子思(シシ)が衛公(エイコウ)に仕え、苟変(コウヘン)という人物を推挙した。衛公は苟変の将軍としての才能は認めたが、役人のとき人民から卵を二個ずつ取り立てたことを問題にして用いようとしなかった。これを聞いた子思が「ささいなことにこだわらず、将軍としてすぐれた能力のある人物を用いるべきだ」といさめ、衛公もその言葉に従ったという故事から。〈『孔叢子(クゾウシ)』〉

【二律背反】ニリツハイハン 二つの命題が、ともに論理的に正しいと思われ、しかも相互に対立矛盾していること。

【二流】ニリュウ ①二つの流れ。二つの流派。また、二つの方法。「絵画の―」②一流には及ばない地位や程度。また、そのもの。「―の作家」「―の品物」

【二六時中】ニロクジチュウ 一昼夜。一日中。類 四六時中 由来 昔、一日を昼六時(ロクとき)と夜六時の一二の時に分けたことから。

【〈二十重〉】はたえ 物が何重にも重なること。「十重(とえ)―」

【〈二十〉・〈二十歳〉】はたち 二〇歳。「―になって選挙権を得た」

【〈二十日〉】はつか 月の第二〇番目の日。また、二〇の日数。二〇日間。

【二藍】ふたあい 色の名。紅花(べにばな)と藍で染めた赤みのある藍色。また赤紫色。参考「ふたい」とも読む。

【二心】ふたごころ ①同時に二とおりの心をもつこと。うわき心。②味方や主君などを疑う心・裏切る心。「主君に対して―を抱く」参考 ②「ニシン・ジシン」とも読む。

【二言目】ふたことめ 口を開くと必ず言う言葉。口ぐせや決まり文句のようになって出てくる言葉。「実家に帰ると父は―には結婚しろと言う」

【二つ】ふたつ ①一より一多い数。②二歳。③両方。「―とも買った」

【二形・二成】ふたなり ①一つのものが、二つの形をそなえていること。②一人で、男女両性をそなえた人。表記「双成」とも書く。

【〈二布〉・〈二幅〉】ふたの ①反物のふつうの二倍の幅。また、それで作った布。②①の幅の布を用いることから、女性の腰巻き。

【二股膏薬】ふたまたゴウヤク 都合によってあちらこちらにつきしたがい、態度が一定しないこと。また、そのような行動をとる人。参考「ふたまたコウヤク」とも読む。また、「内股膏薬」ともいう。

【〈二人〉】ふたり 二個の人。両人。二名。「―の将来を祝う」「―連れの客」参考「ニニン」とも読む。

【〈二日〉】ふつか ①二の日数。二日間。両日。②月の第二番目の日。

二【仁】(4) イ 2 教 3146/3F4E ▼ジン(八一七)

ニ【弍】(5) 二3 1 4817 5031 音 ニ・ジ 訓 ならぶ・つぐ・うたがう

意味 ①ふたつ。数の名。②ならぶ。③つぐ。次の。④うたがう。

ニ【尼】(5) 尸2 常 準2 3884 4674 音 ニ 高 外ジ 訓 あま

筆順 ㇆ コ 尸 尸 尼

意味 あま。女の僧。出家した女性。「比丘尼(ビクニ)」の略。「尼寺」「尼僧」

下つき 禅尼(ゼンニ)・僧尼(ソウニ)

【尼】あま ①出家して仏門に入った女性。比丘尼(ビクニ)。②キリスト教の修道女。③女性の蔑称(ベッショウ)。あまっこ。

【尼寺】あまでら ①尼の住む寺。住職が尼僧の寺。②キリスト教の女子の修道院。

【尼僧】ニソウ 女性の僧。比丘尼(ビクニ)。あま。

ニ【弐】(6) 弋3 常 4 3885 4675 音 ニ 外ジ 訓 外ふた・ふたつ

旧字《貳》(12) 貝5 1/準1 7640 6C48

筆順 一 二 三 三 弐 弐

意味 ①ふたつ。「弐千円」類 二 ②ふたごころがある。うらぎる。「弐心」参考 ①金銭証書などでまちがいを防ぐために「二」の代わりに用いる。

下つき 疑弐(ギジ)・副弐(フクジ)・離弐(リジ)

【弐心】ジシン そむく気持ちや疑いの心。ふたごころ。表記「二心」とも書く。参考「ニシン」とも読む。

【弐臣】ジシン 二心ある家臣。また、二君に仕えた臣。

ニ【児】(7) 儿5 教 2789 3B79 ▼ジ(六三三)

ニ【貳】(12) 貝5 7640 6C48 ▼弐の旧字(一一九五)

に【丹】(4) 丶3 常 3516 4330 ▼タン(一〇一一)

に【荷】(10) 艹7 教 1857 3259 ▼カ(一五一)

に【瓊】(18) 王14 ▼ケイ(四〇一)

にい【新】(13) 斤9 教 3123 3F37 ▼シン(八〇六)

にえ【沸】(8) 氵5 常 4208 4A28 ▼フツ(一三五〇)

にえ【摯】(15) 手11 常 5785 5975 ▼シ(六二五)

にえ【銋】(15) 金7 国 1 7906 6F26 音 訓 にえ

意味 にえ。焼きによって刀身にできる模様。

にえ【贄】(18) 貝11 7651 6C53 ▼シ(六二七)

にえる【煮える】(12) 灬8 常 2849 3C51 ▼シャ(六五九)

にお【鳰】(13) 鳥2 国 1 8276 726C 音 訓 にお

意味 にお。かいつぶり。水鳥の一種。「鳰の海(琵琶湖(ビワコ))」参考 水に入る鳥の意を表す字。

【鳰の浮巣】におのうきす 不安定なことのたとえ。人生の浮き沈みなどをいう。「鳰」は水鳥で、カイツブリのこと。季 夏 由来 沼や池にすむニオはアシの間に巣を作るが、それが水に浮いているように見えることから。

におう【匂】(4) 勹2 国 常 2 3887 4677 音 訓 におう

筆順 ノ 勹 匀 匂

意味 におう。よいかおりがする。におい。

【匂い松茸味湿地】においまつたけあじしめジ キノコの中で、香りで選ぶのならマツタケが一番よく、味で決めるのならシメジがよいということ。

におう【臭う】(9) 自3 常 2913 3D2D ▼シュウ(六八九)

にがい【苦い】(8) 艹5 教 2276 366C ▼ク(三六七)

にがる【苦る】(8) 艹5 教 2276 366C ▼ク(三六七)

にかわ【膠】(15) 月11 7117 6731 ▼コウ(五二二)

にぎやか【賑やか】(14) 貝7 3888 4678 ▼シン(八〇八)

にぎる【握る】(12) 扌9 常 1614 302E ▼アク(一一)

にぎわう【賑わう】(14) 貝7 3888 4678 ▼シン(八〇八)

ニク【肉】(6) 肉0 教 常 9 3889 4679 音 ニク 外ジク 訓 外しし

筆順 丨 冂 内 内 肉 肉

意味 ①にく。動物の骨を包むにく。「肉食」「筋肉」②にくに似て、やわらかく厚みのあるもの。果物や野菜などの皮に包まれた部分。「果肉」「朱肉」③人間のからだ。「肉体」「肉感」④じか。直接。「肉眼」「肉筆」⑤血のつながり。血縁。「肉親」

下つき 印肉(インニク)・果肉(カニク)・牛肉(ギュウニク)・魚肉(ギョニク)・筋肉(キンニク)・狗肉(クニク)・苦肉(クニク)・鶏肉(ケイニク)・骨肉(コツニク)・歯肉(シニク)・獣肉(ジュウニク)・朱肉(シュニク)・酒肉(シュニク)・生肉(セイニク)・精肉(セイニク)・贅肉(ゼイニク)・多肉(タニク)・馬肉(バニク)・皮肉(ヒニク)

【肉】しし ①鳥獣のにく。特に食用のものを指す。「鹿(かの)の―」②人体のにく。「最近―がついた」

【肉合い彫り】ししあいぼり 彫金技法の一つ。模様の周囲を深く彫り下げ、浮き彫り風にしたもの。

【肉付き】ししつき 体の肉のつきぐあい。ししおき。参考「ニクづき」とも読む。

【肉醤】ししびしお 干した肉を刻み、こうじや塩をまぜて作った食品。塩辛など。

に

ニ―ニク

【△肉▲叢】しし むら 肉のかたまり。また、体の肉。肉体。

【肉芽】ニク ガ ①ヤマイモなどの葉のつけねにできる球状の芽。零余子(むかご)。②皮膚の傷が治りかけたときに表面にもり上がってくる肉。

【肉感】ニク カン ①肉体上に起こる感覚。②性欲をそそる感じ。「―的な魅力」

【肉眼】ニク ガン 本来の目。また、その視力。「―で見える星」 類 裸眼

【肉山▲脯林】ニクザン ホリン ぜいたくな宴会のたとえ。肉の山と干し肉の林の意から。〈『帝王世紀』〉 類 酒池肉林

【肉食妻帯】ニクジキ サイタイ 仏 僧が戒律を破って肉食し、妻をもつこと。 参考 公式には禁止されていたが、日本では早くからこの原則が崩れ、特に親鸞(しんらん)は「非僧非俗(ヒソウヒゾク)」の立場から、これを公然と表明した。

【肉腫】ニク シュ 骨や神経などにできる悪性のはれもの。 参考 一般に上皮組織にできるものを癌(ガン)という。

【肉食】ニク ショク ①人間が鳥獣の肉を食べること。 対 菜食 ②動物が他の動物の肉を食べること。 対 草食 参考 ①「ニクジキ」とも読む。

【肉親】ニク シン 親子や兄弟など血縁の近い人々。また、その関係。

【肉声】ニク セイ マイクや電話などの機械を通した声に対して、直接人の口から出る声。

【肉体】ニク タイ 人間の生身のからだ。「―労働者」 対 精神

【肉▲袒】ニク タン 上衣を脱いで肉体の一部を現すこと。昔、中国で謝罪の意を表すために行い、打たれる覚悟を示したもの。肌脱ぎ。

『肉▲袒▲牽羊』ニクタン ケンヨウ 降伏の意思を表すこと。肌脱ぎして謝罪し、ヒツジを引いて料理人として仕えようとする意から。〈『春秋左氏伝』〉 類 肉袒負荊(ニクタンフケイ)

『肉▲袒負▲荊』ニクタン フケイ 謝罪の意思を表すこと。肌脱ぎして上半身を現し、刑罰に用いるいばらの杖(つえ)を背負う意から。〈『史記』〉 類 肉袒牽羊(ニクタンケンヨウ)・肉袒面縛

【肉弾】ニク ダン 自分の肉体を弾丸として、体ごと敵陣につっこむこと。「―戦」

【肉薄・肉迫】ニク ハク ①敵や相手の近くに迫ること。②するどく問いつめること。「核心に―する」

【肉離れ】ニク ばなれ 急激な運動などの衝撃で、筋肉や筋繊維が切れること。「サッカーの試合中に―を起こす」

【肉筆】ニク ヒツ 印刷や複製したものではなく、自分で書いた文字や絵。 類 自筆・真筆

【肉欲・肉▲慾】ニク ヨク 肉体上の欲望。特に、性欲。 類 色欲・情欲

【肉▲桂】ニッ ケイ クスノキ科の常緑高木。インドシナ原産。暖地で栽培。樹皮と根に芳香があり、香料や健胃薬に用いる。ニッキ。シナモン。

〈肉刺〉ま め はげしい摩擦などで手足にできる豆状の水ぶくれ。

ニク【宍】(7) 宀4 準1 2821 3C35 音 ニク・ジク 訓 しし

意味 しし。獣類の肉。 参考 「肉」の俗字。

【▲宍】しし 食用のイノシシやシカの肉。

にくい【憎い】(14) 忄11 常 3394 417E ▼ゾウ(九五四)

にくい【△難い】(18) 隹10 教 3881 4671 ▼ナン(一一九二)

にくむ【△悪む】(11) 心7 教 1613 302D ▼アク(九)

にくむ【憎む】(14) 忄11 常 3394 417E ▼ゾウ(九五四)

にくらしい【憎らしい】(14) 忄11 常 3394 417E ▼ゾウ(九五四)

にげる【△亡げる】(3) 亠1 教 4320 4B34 ▼ボウ(一四一二)

にげる【逃げる】(9) 辶6 常 3808 4628 ▼トウ(一一四〇)

にごす【濁す】(16) 氵13 常 3489 4279 ▼ダク(一〇〇三)

にごる【▲渾る】(12) 氵9 6253 5E55 ▼コン(五三九)

にごる【▲溷る】(13) 氵10 6271 5E67 ▼コン(五三九)

にごる【濁る】(16) 氵13 常 3489 4279 ▼ダク(一〇〇三)

にし【西】(6) 西0 教 3230 403E ▼セイ(八五一)

にし【▲螺】(17) 虫11 4570 4D66 ▼ラ(一五四二)

にじ【虹】(9) 虫3 常 2 3890 467A 音 外コウ 訓 にじ

筆順 丨 口 中 虫 虫 虫 虹 虹 虹

意味 ①にじ。「虹橋」「虹彩」②はし(橋)。 参考 にじを竜とみなし、雄を「虹」、雌を「霓(ゲイ)」と呼ぶ。

下つき 彩虹(サイコウ)・長虹(チョウコウ)・白虹(ハッコウ)

【△虹橋】コウ キョウ にじの橋。また、美しい橋をにじにたとえていう言葉。

【△虹▲霓】コウ ゲイ にじ。 由来 昔、にじは竜の一種と考えられていて、雄の竜を「虹」、雌の竜を「霓」と呼んだことから。

【△虹彩】コウ サイ 眼球のまわりにあって、眼のなかに入ってくる光の量を調整する円盤状の膜。色素を含み、日本人は多く茶褐色。

【虹】にじ 雨上がりなどに、太陽の反対方向の空中に弧を描く七色の帯。太陽光が大気中の水滴によって反射、屈折してできるもので、赤・橙(だいだい)・黄・緑・青・藍(あい)・紫の七色からなるとされる。 季 夏

【虹▲鱒】にじ ます サケ科の淡水魚。北アメリカ原産。日本各地で養殖される。体の側面に紅色をした帯状のまだら模様がある。食用。 季 夏

にじ【▲霓】(16) 雨8 8031 703F ▼ゲイ(四〇五)

にしき【錦】(16) 金8 常 2251 3653 ▼キン(三六三)

にじむ【▲滲む】(14) 氵11 6290 5E7A ▼シン(八〇八)

にじゅう【▲廿】(4) 十2 3891/467B ▼ジュウ(七〇二)

にじる【▲躪る】(26) 𧾷19 7725/6D39 ▼リン(一五八九)

にしん【▲鯡】(19) 魚8 8244/724C ▼ヒ(一二八七)

にしん【▲鰊】(20) 魚9 8257/7259 ▼レン(一六〇八)

にせ【偽】(11) 亻9 常 2122/3536 ▼ギ(二八七)

にせ【▲偐】(11) 亻9 4884/5074 ▼ガン(二五五)

にせ【▲贋】(19) 貝12 2070/3466 ▼ガン(二五八)

ニチ【日】(4) 日0 教 常 10 3892/467C 音 ニチ・ジツ 訓 ひ・か

筆順 丨 冂 月 日

意味 ①ひ。太陽。「日光」「落日」対月 ②太陽の出ている間。ひるま。「日中」「日夜」対夜 ③いちにち。一昼夜。ひにち。「日給」「平日」④ひごと。ひび。「日常」「日用」⑤七曜の一つ。日曜。⑥「日本」の略。「日米」「駐日」⑦「日向(ひゅうが)の国」の略。「日州」

下つき 縁日(エンニチ)・過日(カジツ)・元日(ガンジツ)・忌日(キジツ・キニチ)・期日(キジツ)・吉日(キチジツ・キチニチ)・近日(キンジツ)・後日(ゴジツ・ゴニチ)・今日(コンニチ・きょう)・祭日(サイジツ)・在日(ザイニチ)・昨日(サクジツ・きのう)・終日(シュウジツ)・祝日(シュクジツ)・初日(ショニチ・はつひ)・親日(シンニチ)・夕日(セキジツ・ゆうひ)・昔日(セキジツ)・即日(ソクジツ)・中日(チュウニチ・なかび)・天日(テンぴ)・当日(トウジツ)・平日(ヘイジツ)・毎日(マイニチ)・末日(マツジツ)・明日(ミョウニチ・あす)・命日(メイニチ)・厄日(ヤクび)・曜日(ヨウび)・来日(ライニチ)・落日(ラクジツ)・烈日(レツジツ)・連日(レンジツ)

【日月に私照無し】ジツゲツにシショウなし 自然の恵みはすべて平等であること。太陽や月は特定の人だけを照らすのではなく、世の中全体を公平に照らすという意から。〈『礼記(ライキ)』〉類天に私覆(シフ)無し

【日▲暈】ニチウン 光の屈折などにより太陽の周囲に見える輪。参考「ひがさ」とも読む。

【日限】ニチゲン 日を限ること。また、あらかじめ定められた日。期限。期日。「論文作成の―が迫る」類日切り

【日常】ニチジョウ ふだん。つねひごろ。「―の出来事」類平素・平常

【日常▲坐▲臥】ニチジョウザガ ふだんの行動。ひごろの生活。「坐臥」は、すわったり寝たりする意。類常住坐臥

【日常茶飯】ニチジョウサハン きわめて平凡でありきたりなこと。ひごろの食事の意から。類家常茶飯

【日日△是好日】ニチニチこれコウジツ 毎日毎日が楽しくすばらしい。決して同じ一日はないという反省をもって、かけがえのない今を受けとめよという教え。〈『碧巌録(ヘキガンロク)』〉参考「日日」は「ひび」とも読む。

【日没】ニチボツ 太陽が地平線などに沈むこと。日の入り。対日出(ニッシュツ)・日の出

【日夜】ニチヤ ①昼と夜。昼夜。「―を分かたず」②常に。いつも。「―努力を重ねる」

【日陵月替】ニチリョウゲッタイ 日に日に衰えていくこと。「陵」は丘、また衰えること、「替」はすたれることで、丘が少しずつ低くなるように衰えること。〈『貞観政要(ジョウガンセイヨウ)』〉

【日輪】ニチリン 太陽。「―を拝する」

【日輪草】ニチリンソウ ヒマワリの別称。▼向日葵(ひまわり)(四七九)

【日▲蓮宗】にちれんシュウ 鎌倉時代、日蓮が開いた仏教の一派。法華経(ホケキョウ)によるため、法華宗(ホッケシュウ)とも呼ばれる。

【日課】ニッカ 毎日決めてする物事。「父は―として毎朝ジョギングする」

【日記】ニッキ ①個人の日々のできごとや感想などを書き記したもの。ダイアリー。類日誌 ②「日記帳」の略。①を書くためのノート類。

【日給】ニッキュウ 一日いくらと決めた給料。日当。対月給・年俸

【日居月諸】ニッキョゲッショ ①日よ、月よ。君と臣、君主とその夫人、父と母のたとえ。〈『詩経』〉②月日が過ぎ去ること。参考「居」「諸」はともに助字。

【日光】ニッコウ ①太陽の光。「―をあびる」②仏「日光菩薩(ボサツ)」の略。

【日光を見ずして結構と言うな】にっこうをみずしてケッコウというな 日光東照宮(トウショウグウ)のすばらしさを称賛した言葉。「日光」と「結構」の語呂(ゴロ)を合わせたもの。参考日光東照宮は、栃木県日光市にある徳川家康の霊廟(レイビョウ)。一七世紀中ごろに造営された江戸時代の代表的な霊廟建築。

【日参】ニッサン ①頼みごとなどがあって毎日同じところに行くこと。「―して約束をとりつけた」②社寺に毎日参拝すること。

【日産】ニッサン 一日単位の生産高。産出高。「―限定一〇〇個のケーキ」

【日子】ニッシ 日数。「多くの―を費やして完成した家」

【日誌】ニッシ 毎日の出来事などを記録した、公的な性格をもつ日記。「学級―」

【日射】ニッシャ 太陽の光が地上に照りつけること。ひざし。「―病で倒れた」類日照

【日照】ニッショウ 太陽が地上を照らすこと。「―時間を計算する」類日射

【日章旗】ニッショウキ 日の丸の旗。日本国旗。「―を掲げる」

【日食】ニッショク 月が太陽と地球の間に入り、太陽をおおい隠す現象。対月食 参考太陽の全部をおおい隠すのを皆既食、部分的におおい隠すのを部分食、中心部が隠されて月のまわりに太陽が環状に見えるのを金環食という。書きかえ「日蝕」の書きかえ字。

【日▲蝕】ニッショク ▼書きかえ日食

【日進月歩】ニッシンゲッポ 日々、絶えず進歩すること。「技術は―で向上している」対旧態依然

【日直】ニッチョク ①その日ごとの当番。「今日の―は誰ですか」②昼の当直。対宿直

【日程】ニッテイ 仕事や旅行などの毎日の予定。スケジュール。「海外旅行の—表を配る」

【日当】ニットウ 一日の手当。一日の給料。日給。「一八千円のアルバイト」

【日報】ニッポウ ①毎日行う業務上などの報告やそれを記した書類。「セールス—」 類 週報・旬報・月報・年報 ②毎日の報道。新聞。

【日本】ニホン わが国の国号。参考「ニッポン」とも読む。

【日】ひ ①太陽。また、その光や熱。「海の向こうに—が沈む」 ②日の出から日の入りまで。昼間。「—が長い」 ③ある特定の日。また、過去の一時代。「文化の—」「若き—の思い出」 ④日数。期限。表記 ①「陽」とも書く。

『日暮れて△途(みち)遠し』 年老いても、いまだ人生の目的が達せられないたとえ。また、期限が迫っていながら仕事がはかどらないたとえ。〈『史記』〉

『日、西山に△薄(せま)る』 老人の死期がせまっているたとえ。太陽が西の山に隠れようとしている意から。〈李密(リミツ)の文〉

『日に△就(な)り月に△将(すす)む』 学業が日に月に進んでいくこと。また、物事が日進月歩でよくなっていくこと。〈『詩経』〉

【日脚・日足】ひあし ①太陽が空を移動する動きやその速さ。②日が出ている間の時間。昼間の時間。

【日当たり】ひあたり 日光が物などに当たること。また、その当たりぐあい。

【日覆い】ひおおい 強い直射日光をさえぎるためのおおい。日よけ。ひおおい。季 夏

【日面】ひおもて 日光の当たる所。ひなた。対 日陰

【日陰・日▲蔭】ひかげ ①日光の当たらない場所。「—でひと休みする」 対 日向(ひなた)・日面(ひおもて) 季 夏 ②「日陰者」の略。

『日陰の豆も時が来れば△爆(は)ぜる』 成長が遅い人でも、年ごろになれば自然と一人前の大人になるたとえ。日陰で育った豆でも時期がくれば、さやが裂けて豆がはじけることから。類 陰裏(かげうら)の桃の木も時が来れば花咲く

【日影】ひかげ ①日の光。日ざし。②「日脚」に同じ。

【日陰者】ひかげもの 表だっては世の中で生活することのできない人。日陰の身。日陰。

【日傘】ひがさ 強い日光やその熱・紫外線をさけるためにさす傘。季 夏 対 雨傘

【日▲暈】ひがさ 「日暈(ニチウン)」に同じ。参考「暈」は太陽や月の周りの光の輪の意。

【日がな一日】ひがなイチニチ 一日じゅう。朝から晩まで。「—将棋に打ち興じた」 類 終日(ひねもす) 対 終夜(よもすがら)

【日柄】ひがら その日の縁起のよしあし。「本日はお日柄—もよく」

〈日▲雀〉ひがら シジュウカラ科の小鳥。山地の森林にすむ。シジュウカラに似るが、小形。背は青灰色で、頭は黒く、ほおと腹は白色。頭に冠状の羽がある。季 夏

【日切り】ひぎり 「日限(ニチゲン)」に同じ。

【日暮らし】ひぐらし 朝から晩まで。一日じゅう。終日。「—テレビを見て過ごす」

【日盛り】ひざかり 一日のうちで、日ざしの最も強いころ。季 夏

【日銭】ひぜに ①毎日収入として入ってくる金。「—を稼ぐ」 ②毎日少しずつ返す約束で貸し借りする金。ひなしがね。

【日▲溜まり】ひだまり 日当たりのよい暖かい場所。「—で子守をする」

【日△嗣】ひつぎ ①天皇の位。皇位。「—の御子(みこ)(皇太子)」 ②天皇の位をつぐこと。

【日付変更線】ひづけヘンコウセン 地球上の時差を調整するため、太平洋上の一八〇度の経線を基準として設定した日付の境界線。東から西へ越えるときは日付を一日進ませ、西から東へ越えるときは一日遅らせる。

【日中】ひなか ①ひるま。にっちゅう。「昼—から酒を飲む」 対 夜中 ②半日。「—仕事」

【日長・日永】ひなが 昼間が長いこと。特に、春にそう感じられること。また、そういう時節。対 夜長 季 春

【日△済し】ひなし ①「日賦(ひブ)」に同じ。②毎日返すという約束で貸し借りする金。日銭。ひなしがね。

〈日向〉ひなた ①日の当たる場所。②恵まれた環境のたとえ。「常に—を歩いてきた人」 対 ①②日陰 参考「日の方」の意。

〈日次〉・日並ひなみ ①日のよしあし。ひがら。「—を選んで式を挙げる」 ②日の次第。「—記(日記)」

【日延べ】ひのべ ①予定の期日を先へのばすこと。延期。「雨のため試合が—になった」 ②予定の期間より長くのばすこと。「—興行」

【日歩】ひブ 元金一〇〇円に対する一日の利息。また、その利率。

【日賦】ひブ 借金などを毎日一定額ずつ返すこと。日済(ひな)し。

【日短】ひみじか 冬の昼間の短いこと。短日(タンジツ)。季 冬 参考 俳句の季語などで用いる。

【日▲捲り】ひめくり 毎日一枚ずつはいで使う暦。柱や壁にかけて使う。捲り暦。

【日△保ち・日持ち】ひもち 食物が日数を経過しても腐ったりせずに食べられる状態にあること。「この菓子は—がする」「—が悪い」

〈日向〉ひゅうが 旧国名の一つ。現在の宮崎県と鹿児島県の一部。日州(ニッシュウ)。向州(コウシュウ)。

【日▲傭】ひヨウ その日だけやとうこと。日やとい。また、その賃金。「—取り」

【日△除け】ひよけ 直射日光をさえぎること。また、そのためのおおい。日おおい。

【〈日和〉】ひより ①天気。空模様。「結構なお―で」②おだやかに晴れた天気。「小春―」③何かをするのによい天候。「行楽―」④物事のなりゆき。形勢。季夏「―のついた窓」由来日(よい天気)のほうへ片寄る意の「日寄り」からきた語。

【〈日和〉見】ひよりみ ①有利なほうへつこうと形勢をうかがっていて、態度をはっきり示さないこと。「―主義は敬遠される」②天気のようすを見ること。

【〈日霊〉・〈日女〉】ひるめ 日の女神。天照大神(あまてらすおおみかみ)の美称。ひるみ。おおひるめのむち。

【〈日置〉流】へきリュウ 弓術の一派。室町時代、日置弾正正次が創始した。

にな【▲蜷】(14) 虫8 7380 6970 ▼ケン(四三二)

にな【▲蠡】(21) 虫15 7434 6A42 ▼レイ(一六〇〇)

になう【担う】(8) 扌5 教 3520 4334 ▼タン(一〇二二)

になう【△荷う】(10) 艹7 教 1857 3259 ▼カ(一五一)

にび【△鈍】(12) 釒4 常 3863 465F ▼ドン(一一八一)

にぶい【鈍い】(12) 釒4 常 3863 465F ▼ドン(一一八一)

にぶる【鈍る】(12) 釒4 常 3863 465F ▼ドン(一一八一)

ニャ【△若】(8) 艹5 教 2867 3C63 ▼ジャク(六六六)

ニャク【若】(8) 艹5 教 2867 3C63 ▼ジャク(六六六)

ニャク【▲蒻】(13) 艹10 7274 686A ▼ジャク(六六九)

にやす【煮やす】(12) 灬8 常 2849 3C51 ▼シャ(六五九)

ニュウ【入】(2) 入0 教 常 10 3894 467E

音 ニュウ 外ジュウ・ジュ

訓 いる・いれる・はいる 外しお

筆順 ノ入

意味 ①はいる。「入社」「進入」②いれる。なかにおさめる。「入念」「導入」対①②出 ③要る。かかる。「入費」「入用」④漢字の四声の一つ。「入声(ニッショウ)」⑤「入学」の略。「入試」

下つき 移入(イニュウ)・加入(カニュウ)・記入(キニュウ)・吸入(キュウニュウ)・購入(コウニュウ)・混入(コンニュウ)・歳入(サイニュウ)・収入(シュウニュウ)・出入(シュツニュウ)・侵入(シンニュウ)・進入(シンニュウ)・新入(シンニュウ)・先入(センニュウ)・潜入(センニュウ)・挿入(ソウニュウ)・転入(テンニュウ)・投入(トウニュウ)・導入(ドウニュウ)・突入(トツニュウ)・納入(ノウニュウ)・搬入(ハンニュウ)・編入(ヘンニュウ)・輸入(ユニュウ)・乱入(ランニュウ)

【入会】いりあい 一定地域の住民が、慣習的な権利で特定の山林・原野・漁場を共同で使用し、利益を得ること。

【入相】いりあい ①夕暮れ。日がくれるころ。②「入相の鐘」の略。夕方、寺でつく鐘。

【入り江】いりえ 海や湖が陸地にはいりこんだ所。「波の静かな―に船が停泊する」類入り海

【入り船に良い風は出船に悪い】いりふねによいかぜはでふねにわるい 物事の両方を同時に満足させることが難しいたとえ。類彼方(あち)立てれば此方(こち)が立たぬ

【入△母屋】いりもや 建築で屋根の形式の一つ。上方が切り妻となり、下方は四方にひさし屋根を出したもの。

〔入母屋(いりもや)〕

【入り用】いりヨウ ①目的のために必要なこと。入用(ニュウヨウ)。「急に金が―になった」②必要な費用。かかり。

【入る】いーる ①はいる。「日が山に―る」②ある状態になる。「悦に―る(心のなかで喜んで満足する)」③動詞の連用形について、その動作を強調する。「恐れ―ります」

【入るを量(はか)りて△以(もっ)て△出(いだ)すを△為(な)す】収入を計算してから、支出額を決めること。国家財政の心得を述べた言葉。〈『礼記(ライキ)』〉

【入れ△籠・入れ子】いれこ 同じ形で大きさのちがう箱や器を、小さい順から入れること。また、その箱や器。「―杯」参考「入れ子」には、「実子が死んだあとに迎える養子」の意もある。

【入れ質】いれジチ 中世、物を担保に入れて米や金を借りること。

【入れる】いーれる ①中に入らせる。「客を家に―れる」②納める。「服をたんすに―れる」③加入させる。「娘を大学に―れる」④他人の意見を聞き入れる。「要望を―れる」⑤こめる。「身を―れる」⑥飲み物を作る。「コーヒーを―れる」⑦含める。「消費税を―れた値段」⑧はさむ。「疑いを―れる」⑨加える。直す。「文章に手を―れる」⑩機械などを機能するようにする。「スイッチを―れる」表記④「容れる」、⑥「淹れる」とも書く。

【△入】しお 布を染料にひたして染める、度数を表す語。

【△入魂】ジッコン 親しくつきあうこと。ねんごろ。懇意。表記「昵懇」とも書く。参考「ニュウコン」と読めば別の意になる。

【△入眼】ジュガン ①仏像をつくって最後に眼を入れること。類開眼(カイゲン)②物事の成就。③臣下に位を与えるときなどに、位だけが書かれた文書に名前を書き入れること。参考③「ジュゲン」とも読む。

【△入水】ジュスイ 水中に身を投げて自殺すること。投身。参考「ニュウスイ」とも読む。

【△入内】ジュダイ 皇后・中宮・女御となる女性が、正式に内裏へ入ること。

【△入木道】ジュボクドウ 書道の別称。▼入木三分(ニュウボクサンプ) 参考「ニュウボク

ドウ」とも読む。

【入来】ジュライ 「入来ニュウライ」に同じ。

【入牢】ジュロウ 牢に入ること。また、牢に入れられること。対出牢 参考「ニュウロウ」とも読む。

〈入梅〉ついり 「入梅ニュウバイ」に同じ。季夏 由来「つゆいり」の転じたもの。

【入声】ニッショウ 漢字の四声の一つ。語尾がk・p・tなどの子音で終わる短い発音。入声の字は日本ではク・キ・チ・ツ・フで表す。参考「ニッセイ・ニュウショウ」とも読む。

【入唐】ニットウ 奈良・平安時代、日本から僧や留学生が中国の唐へ行ったこと。

【入荷】ニュウカ 店や市場に商品が入ること。「―したばかりの品です」「取り寄せ品の―状況を確認する」対出荷

【入閣】ニュウカク 国務大臣に選ばれて、内閣の一員となること。

【入居】ニュウキョ 家に新たに入って住むこと。「新築した家に―する」

【入漁】ニュウギョ 他の共同体・他国などが占有権をもつ、特定の漁場に入って漁業を行うこと。「―料を払って鮎あゆを釣る」参考「ニュウリョウ」とも読む。

【入鋏】ニュウキョウ 乗車券や入場券などに、係員が特別のはさみを入れること。

【入境問禁】ニュウキョウモンキン その土地の習慣やしきたりにしたがうのがよいということ。国境を越えたら、その国の禁制を確認するという意から。〈『礼記ライキ』〉類殊俗帰風シュゾクキフウ

【入魂】ニュウコン ①ある事に全精神をそそぎこむこと。「一球―」②ある物に魂を吹きこむこと。「仏像の―式」参考「ジッコン」と読めば別の意になる。

【入札】ニュウサツ 請負や売買などで、一番有利な条件の者を契約する約束で、競争者に見積り価格を書いて出させること。対落札

【入寂】ニュウジャク 仏聖者や僧が死ぬこと。入滅。入定ニュウジョウ。

【入定】ニュウジョウ 仏①精神を集中させて無心の境地に入ること。禅定ゼンジョウに入ること。②「入滅・入寂」に同じ。

【入植】ニュウショク 植民地や開拓地に移ってきて生活すること。

【入信】ニュウシン 信仰の道に入ること。「妹はキリスト教に―した」

【入籍】ニュウセキ 結婚や養子縁組によって相手の戸籍に入ること。また、籍を入れること。「結婚式の一週間前に―した」

【入選】ニュウセン 応募した作品が審査に合格すること。選に入ること。「油絵が日展に―した」対落選

【入超】ニュウチョウ 「輸入超過」の略。一国のある期間内の輸入総額が、輸出総額よりも多いこと。対出超

【入道雲】ニュウドウぐも 積乱雲の俗称。夏によく見られる、入道(坊主頭の化け物)のようにもりあがった雲。季夏

【入内雀】ニュウナイすずめ ハタオリドリ科の小鳥。スズメに似る。秋になると大群で稲田に集まり、イネを食害する。季秋

【入念】ニュウネン 細かい点にまで注意がはらわれているさま。念入り。「―に調べる」「―な準備をして旅に出た」

【入梅】ニュウバイ 梅雨の季節に入ること。また、梅雨の季節。つゆ入り。季夏 参考「ついり」とも読む。

【入費】ニュウヒ 仕事やあることをするのにかかる費用。経費。かかり。

【入夫】ニュウフ 旧民法で、戸主の女性と結婚してその夫になること。また、その夫。いりむこ。

【入木三分】ニュウボクサンプン 書道で、筆跡のすぐれていること。故事 中国、晋シンの書の名手、王羲之オウギシが板に文字を書くと、墨が木の中に三分も深くしみこんだという故事から。〈『書断ショダン』〉参考「入木」は「ジュボク」とも読む。

【入滅】ニュウメツ 仏涅槃ネハンに入ること。聖者や僧が死ぬこと。入寂。入定ニュウジョウ。

【入門】ニュウモン ①門のなかに入ること。「―許可証」対出門 ②弟子入りすること。対破門 ③初心者のための手引きとなる書物。「バレエ―コース」「英文学史―」

【入用】ニュウヨウ 「入り用」に同じ。対不用

【入浴】ニュウヨク 風呂フロに入ること。「―剤を入れてリラックスする」

【入来】ニュウライ 人が会場や家などを訪れ、なかに入ること。「お客さまがご―です」類来訪 参考「ジュライ」とも読む。

【入洛】ニュウラク 京都に入ること。類上洛 参考「ジュラク」とも読む。

【入力】ニュウリョク ①ある機械や装置に外部から供給される、エネルギーなど。②データを、コンピューターに入れて処理させること。また、そのデータ。インプット。対①②出力

【入る】はいる ①外からなかへ移る。「玄関から―る」②団体や組織などの一員になる。「小学校に―る」「野球部に―る」③収容できる。「金庫に―った書類」④自分のものにする。「文法はもう頭に―った」⑤その時期になる。「スキーシーズンに―る」「梅雨に―る」

ニュウ【乳】(8) 乚7 常 教 5 3893 467D

音 ニュウ 外ジュ・ニュ

訓 ちち・ち中

旧字《乳》(8) 乚7 1/準1

筆順 ノ … 孚 乳

意味 ①ちち。ちちしる。「乳牛」「母乳」②ちちのように白く濁った液。「乳液」「豆乳」③ちぶさ。また、

それに似たもの。「乳首」「鍾乳ショウニュウ」④ちちを飲んでいるとしごろ。ちのみご。「乳児」「乳歯」

【〈乳母〉】うば 母親に代わって、子に乳を飲ませ育てる女性。参考「おんば・めのと」とも読む。

下つき 牛乳ギュウニュウ・搾乳サクニュウ・授乳ジュニュウ・粉乳フンニュウ・哺乳ホニュウ・母乳ボニュウ・離乳リニュウ・練乳レンニュウ

【〈乳母〉日傘】おんばひがさ 恵まれた環境で、大事に子どもが育てられるたとえ。うばをつけたり、日傘を差しかけられたりする意から。おんばひからかさ。

【乳】ち ①ちち。乳汁。「―離れ」②乳房。乳首。③旗・幕・羽織のえりやわらじのふちにつけて、ひもなどを通す小さい輪。④釣り鐘の表面にある突起。

【乳兄弟】ちキョウダイ 血のつながりはないが、同じ人の乳で育てられた者どうし。参考「ちおととい」とも読む。

【乳首】ちくび ①乳房の先の突き出た部分。ちちくび。②乳児にくわえさせる①の形をしたゴム製品。

【乳】ちち ①乳房。②乳房から出る白色の液。

【乳繰る】ちちくる 男女がこっそり会って情を交わす。また、男女がかげでいちゃつく。参考「乳繰る」は当て字。

【乳飲み子・乳▲呑み子】ちのみご まだ母乳を飲んでいるくらいの幼児。乳児。赤子。

【〈乳▲脹〉】ちぶくら ①三味線の棹さおの上部で、糸倉いとぐらの下の左右に丸くふくれた所。②鼓の胴の両端のふくれた所。乳袋ちぶくろ。

【乳房】ちぶさ 哺乳ホニュウ類の雌の胸や腹にある、乳汁を出す器官。おっぱい。参考「ニュウボウ」とも読む。

【乳液】ニュウエキ ①植物のなかに含まれている乳色の液体。②皮膚に油分や水分を与える、乳状の化粧用クリーム。

【乳▲癌】ニュウガン 乳腺ニュウセンにできるがん。

【乳▲狗人を▲搏ち伏鶏▲狸を▲搏つ】ニュウクひとをうちフクケイりをうつ 弱い者でも子どものためなら奮い立つたとえ。子持ちのイヌは人間に打ってかかり、卵をあたためているニワトリはタヌキにも打ってかかる意から。《『列女伝』》

【乳酸菌】ニュウサンキン 糖分を分解して、乳酸に変えるバクテリア。ヨーグルトやチーズなどの製造に利用される。

【乳歯】ニュウシ 人で、最初に生えそろう二〇本の歯。生後六か月ごろから生え始め、一〇歳前後に永久歯に抜けかわる歯。対永久歯

【乳児】ニュウジ 生後一年ぐらいまでの、まだ母乳を飲んでいる子。赤子。ちのみご。

【乳臭】ニュウシュウ ①乳汁のにおい。また、乳くさいこと。②幼いこと。また、若くて未熟なこと。

【乳腺】ニュウセン 哺乳ホニュウ類の雌に発達し、出産すると乳汁を出す腺セン。

【乳濁】ニュウダク 乳汁のように白くにごること。「―質(液体の小滴がコロイド粒子大の乳濁液)」

【乳鉢】ニュウバチ 薬などを入れて、乳棒で細かくすったり練ったりするためのガラス製・陶磁製のはち。

【乳▲糜尿】ニュウビニョウ 乳糜(脂肪を含んだ乳白色のリンパ液)または脂肪が混じって白くにごった尿。多く、フィラリアの寄生によるリンパ管の異常によって起こる。

【乳酪】ニュウラク ウシやヤギの乳から作った食品。バターやクリームなど。

【〈乳母〉】めのと 「乳母うば」に同じ。

ニュウ【柔】(9) 木5 常 2932 3D40 ▼ジュウ(七〇二)

ニョ【女】(3) 女0 教 2987 3D77 ▼ジョ(七三一)

ニョ【如】(6) 女3 常 3901 4721 ▼ジョ(七三二)

ニョウ【女】(3) 女0 教 2987 3D77 ▼ジョ(七三一)

ニョウ【尿】(7) 尸4 常 3 3902 4722

音 ニョウ
訓 外 いばり・ゆばり・しと

筆順 フ コ 尸 尸 尿 尿 尿

意味 いばり。ゆばり。しと。小便。「尿意」対屎シ 参考 しり(尸)から出る水を表す字。

下つき 遺尿イニョウ・血尿ケツニョウ・検尿ケンニョウ・屎尿シニョウ・排尿ハイニョウ・糞尿フンニョウ・放尿ホウニョウ・夜尿ヤニョウ・利尿リニョウ

【▲尿】いばり 血液中の水分や体内の不用物が、膀胱ボウコウにたまって体外に排出される淡黄色の液。小便。小水。「―を垂れる」参考「ゆばり・しと・ニョウ」とも読む。

【▲尿袋】いばりぶくろ 膀胱ボウコウ。参考「ゆばりぶくろ」とも読む。

【▲尿】しと 「尿いばり」に同じ。「蚤虱のみしらみ馬の―する枕まくらもと」〈松尾芭蕉ばしょうの句〉

【▲尿筒】しとづつ 竹筒の便器。昔、儀式の際に貴人が束帯を着用した時などに用いた。

【尿意】ニョウイ 小便をしたいという感じ。「急に―をもよおす」類便意ベンイ

【尿素】ニョウソ 尿中のたんぱく質が体内で分解した、最終の生成物。無色の柱状結晶で、二酸化炭素とアンモニアから合成され、肥料・医薬品・尿素樹脂などの原料となる。

ニョウ【▲鐃】(20) 金12 7931 6F3F ▼ドウ(一一六七)

にら【▲韮】(12) 艹9 3903 4723 ▼キュウ(三一〇)

にらぐ【▲淬ぐ】(11) 氵8 6235 5E43 ▼サイ(五五四)

にらぐ【▲焠ぐ】(12) 火8 8747 774F ▼サイ(五五七)

にらむ【▲盻む】(9) 目4 6629 623D ▼ケイ(三九〇)
にらむ【▲眈む】(9) 目4 6630 623E ▼タン(一〇二三)
にらむ【▲睨む】(13) 目8 6643 624B ▼ゲイ(四〇四)
にる【似る】(7) イ5 教 2787 3B77 ▼ジ(六三三)
にる【△肖る】(7) 肉3 常 3051 3E53 ▼ショウ(七四二)
にる【▲烹る】(11) 灬7 4303 4B23 ▼ホウ(一四〇六)
にる【煮る】(12) 灬8 常 2849 3C51 ▼シャ(六九)
にる【△煎る】(13) 灬9 常 3289 4079 ▼セン(九〇五)

同訓異義 にる

【煮る】食べ物に水を加えて熱を通す。ほか、広く用いる。「大根を煮る」「煮立てる」「煮込む」「煮付け」「煮ても焼いても食えない」
【▲烹る】よく調味してにる。芯(シン)までやわらかくにる。「割烹(カッポウ)」
【△煎る】汁がなくなるまでにつめる。せんじる。

にれ【▲楡】(13) 木9 6032 5C40 ▼ユ(一五〇四)
にわ【庭】(10) 广7 教 3677 446D ▼テイ(一〇九二)
にわか【▲俄か】(9) イ7 1868 3264 ▼ガ(一六四)
にわか【▲猝か】(11) 犭8 6444 604C ▼ソツ(九六五)
にわか【▲霍か】(16) 隹8 8025 7039 ▼カク(二〇二)
にわか【▲驟か】(24) 馬14 8169 7165 ▼シュウ(六九八)
にわかに【△勃かに】(9) カ7 常 4354 4B56 ▼ボツ(一四三〇)
にわかに【▲遽かに】(17) ⻌13 7817 6E31 ▼キョ(三三〇)
にわたずみ【▲潦】(15) 氵12 6319 5F33 ▼ロウ(一六一八)
にわとり【鶏】(19) 鳥8 常 2360 375C ▼ケイ(四〇三)
ニン【人】(2) 人0 教 3145 3F4D ▼ジン(八一二)

ニン【△刃】(3) 刀1 常 3147 3F4F ▼ジン(八一七)

ニン【任】

(6) イ4 常 教 6 3904 4724 音 ニン 外 ジン 訓 まかせる・まかす

筆順 ノ イ 仁 仟 任

意味 ①しごと。役目。役目につく。「任務」「任命」「就任」 ②まかせる。思うままにする。ゆるす。「任意」「一任」「信任」 ③おとこぎ。「任侠(ニンキョウ)」

下つき 一任(イチニン)・委任(イニン)・解任(カイニン)・兼任(ケンニン)・後任(コウニン)・在任(ザイニン)・辞任(ジニン)・就任(シュウニン)・主任(シュニン)・常任(ジョウニン)・信任(シンニン)・新任(シンニン)・責任(セキニン)・専任(センニン)・選任(センニン)・前任(ゼンニン)・大任(タイニン)・退任(タイニン)・担任(タンニン)・着任(チャクニン)・適任(テキニン)・転任(テンニン)・背任(ハイニン)・赴任(フニン)・放任(ホウニン)・留任(リュウニン)・歴任(レキニン)

【任意】ニンイ 思うままにまかせること。制限をもうけず、自由に決めること。心まかせ。「―の寄付金を募る」 類 随意

【任重くして道遠し】ニンおもくしてみちとおし 道を志す者の任務は重く、行く道ははるかに遠い。 由来 曽子(ソウシ)が道に志す者の任務が重大であることを説いた言葉から。〈論語〉

【任官】ニンカン 官職に任じられること。また、官職につくこと。「裁判官に―する」 対 免官・退官

【任期】ニンキ その職務を務める、一定の期間。在職の期限。「委員長の―は一年です」「―満了」

【任▲俠】ニンキョウ 弱い者を助け、強い者をくじくという気風。おとこ気。おとこだて。 表記「仁侠」とも書く。

【任じる】ニンじる ①自分の任務や責任として引き受ける。「上司の責めに―じる」 ②その役目が果たせると思いこむ。自任する。「自らその分野の第一人者をもって―じる」 ③職務につかせる。任命する。「特使に―じる」 ④担当させる。「交渉を部下に―じる」

【任地】ニンチ 任務を行うために在住する土地。赴任地。「―におもむく」

【任放】ニンポウ 礼儀作法を捨てて、ほしいままにふるまうこと。思いのままに行動すること。

【任務】ニンム 責任をもって果たさなければならない仕事や役目。「与えられた―を遂行する」

【任命】ニンメイ 官職や役目につくよう命じること。「総理大臣に―する」

【任免】ニンメン 職務に任じることと、職務を免じること。任官と免官。

【任用】ニンヨウ 職務や役目をあたえて使うこと。「民間人を大使に―する」

【任せる】まかせる ①自然のなすがままにさせる。「なりゆきに―せる」「雑草の生えるに―せる」 ②他者に一任する。ゆだねる。「信頼して仕事を―せている」「家計を妻に―せる」 ③所有物や力などを十分にはたらかせる。「金に―せて集めた絵画」

〈任那〉みまな 四世紀から六世紀ころ朝鮮半島の南部にあった国。『日本書紀』によると、大和(やまと)朝廷が日本府を置き支配していたという。にんな。

ニン【妊】

(7) 女4 常 準2 3905 4725 音 ニン 外 ジン 訓 外 はらむ・みごもる

筆順 く 女 女 女 奷 妊

意味 はらむ。みごもる。子を宿す。「妊娠」「懐妊」

下つき 懐妊(カイニン)・避妊(ヒニン)・不妊(フニン)

【妊娠】ニンシン 胎児を宿すこと。子をみごもること。懐妊。「―七か月です」 表記「姙娠」とも書く。

【妊婦】ニンプ 妊娠している女性。「―も軽い運動は必要だ」

【△妊む】はらむ ①「妊る」に同じ。②布などがふくらむ。「風で帆が―む」

【△妊る】みごもる 胎内に子を宿す。妊娠する。懐胎する。「初めての子を―る」

ニン【忍】(7) 心 3 常 準2 3906 4726 音 ニン 外ジン 訓 しのぶ・しのばせる 外むごい

旧字《忍》(7) 心 3 1/準1

筆順 フ 刀 刃 刃 忍 忍 忍

意味 ①しのぶ。こらえる。たえる。「忍耐」「堪忍」②むごい。「忍心」「残忍」③しのばせる。しのび。「忍者」「忍術」

下つき 隠忍イン・堪忍カン・堅忍ケン・残忍ザン・耐忍タイ

【忍ばせる】しの―ばせる ①他に知られないように、そっとする。「足音を―せる」②気づかれないように、隠しもつ。「短刀を―せる」

【忍び泣き】しのびなき 声をひそめて泣くこと。そっと声を立てないように、泣くこと。「参列者から―の声がもれた」

【忍】しのぶ シノブ科のシダ植物。山地の岩や樹木に着生。葉は三角形で羽状に深く裂ける。根や茎を丸めて忍玉しのぶだまをつくり、軒下につるして観賞する。シノブグサ。季夏 由来 土のない所でも耐え忍ぶことから。表記「荵」とも書く。

【忍ぶ】しの―ぶ ①人の目をさけてこっそり行動する。また、隠れる。「人目を―んで会った」②がまんする。こらえる。「悲しさを―ぶ」

【忍▲摺り】しのぶずり シノブの葉や茎の色素でねじれたような模様を布にすりつけたもの。しのぶもじずり。表記「信夫摺り」とも書く。

【〈忍冬〉】すいかずら スイカズラ科のつる性常緑低木。山野に自生。初夏、甘い香りの白い筒形の花をつける。葉は利尿や解熱剤に用いる。季夏 由来「忍冬」は漢名より。冬でも葉が枯れないことから。表記「荵冬」とも書く。参考「ニンドウ」とも読む。

【忍苦】ニンク 苦しみをがまんして、こらえること。「―の日々」

【忍者】ニンジャ 敵方に忍び入り、様子をさぐるなどする者。しのびの者。間者。

【忍従】ニンジュウ その境遇をたえしのぶこと。じっとがまんして服従すること。「―の生活を続ける」

【忍術】ニンジュツ 武家時代に忍者が使った、人目につかずに行動する術。甲賀流・伊賀流などが有名。しのびの術。

【忍耐】ニンタイ 辛さ・怒りなどを辛抱強くがまんすること。じっとたえしのぶこと。「―を要する仕事」

【忍冬】ニンドウ スイカズラの別称。また、その葉の生薬名。▼忍冬すいかずら

【忍△辱】ニンニク 仏 どんなはずかしめや苦しみにもこらえて、心を動かさないこと。

【忍の一字は衆妙の門】ニンのイチジはシュウミョウのモン 忍耐こそが何事をも可能にする決め手であるということ。「衆妙の門」は老子の言葉で、万物を生み出す根源の意。〈呂本中リョホンチュウの文〉

ニン【姙】(9) 女 6 1 5312 552C 音 ニン 訓 はらむ・みごもる

意味 はらむ。みごもる。子を宿す。「姙娠」「懐姙」

【▲姙娠】ニンシン 胎児を宿すこと。子をみごもること。懐妊。表記「妊娠」とも書く。

ニン【荵】(10) 艹 7 1 音 ニン・ジン 訓 しのぶ・しのぶぐさ

〔荵〕7227 683B

意味 ①しのぶ。しのぶぐさ。シノブ科のシダ植物。②スイカズラ科のつる性常緑低木「荵冬ニンドウ(すいかずら)」に用いられる字。

【▲荵】しのぶ シノブ科のシダ植物。▼忍しのぶ(一二〇三)

【▲荵冬】ニンドウ スイカズラの別称。また、その葉の生薬名。▼忍冬すいかずら(一二〇三)

ニン【認】(14) 言 7 常 教 5 3907 4727 音 ニン 中 外ジン 訓 みとめる 外したためる

筆順 ニ 言 言 言 訒 訒 訒 認 認

意味 ①みとめる。㋐ゆるす。承知する。「認可」「認定」㋑見わける。見きわめる。「認識」「誤認」②したためる。書きしるす。③みとめ。「認め印」の略。

下つき 確認カク・公認コウ・誤認ゴ・自認ジ・承認ショウ・是認ゼ・追認ツイ・否認ヒ・黙認モク・容認ヨウ

【△認める】したた―める ①書き記す。「手紙を―める」②食事をする。「夕飯を―める」

【認可】ニンカ ①適当と認めて許すこと。類 認容 ②法律で、行為の実行に許可を与えて効力を生じさせる行政処分。「新規事業の―が下りた」「―営業」

【認識】ニンシキ ①物事を十分知り、その本質を理解し、判断すること。また、その心のはたらき。「―を新たにした」②哲学で、ある対象を知る作用とそれによって記憶する作用。

【認証】ニンショウ ①ある行為や文書の成立、内容が正式な手続、方法で行われたことを公的機関で証明すること。②天皇の国事行為。特定公務員の任免などを天皇が証明すること。

【認知】ニンチ ①物事をはっきり認識すること。②法律で嫡出ではない子を、父または母が自分の子であると認めること。

【認定】ニンテイ 事実や資格などを調べ、一定の条件を満たすと判断し、認めること。

【認否】ニンピ 認めることと、認めないこと。認めるか、認めないか。「罪状の―を問う」

【認容】ニンヨウ ある物事をよいと認めて、許すこと。容認。類 許容

【認める】みとーめる ①見て知る。「人影をーめる」「これといって異状はーめられない」②見て判断する。許可する。「入学をーめる」③価値を評価する。「長年の研究実績をーめられた」「能力をーめる」

ぬ 奴 ヌ 奴

ヌ【△奴】(5) 女2 常 3759/455B ▼ド(一一三二)
ヌ【△怒】(9) 心5 常 3760/455C ▼ド(一一三四)
ぬいとり【▲繡】(19) 糸13 9022/7A36 ▼シュウ(六九七)
ぬう【縫う】(16) 糸10 常 4305/4B25 ▼ホウ(一四一二)
ぬえ【▲鵺】(19) 鳥8 8312/732C ▼ヤ(一四九五)
ぬか【▲糠】(17) 米11 2539/3947 ▼コウ(五一四)
ぬかす【△吐かす】(6) 口3 常 3739/4547 ▼ト(一一二四)
ぬかす【抜かす】(7) 扌4 常 4020/4834 ▼バツ(一二五三)
ぬかずく【△額ずく】(18) 頁9 教 1959/335B ▼ガク(二〇七)
ぬかる【抜かる】(7) 扌4 常 4020/4834 ▼バツ(一二五三)
ぬかる【▲濘る】(17) 氵14 6331/5F3F ▼ネイ(一二〇五)
ぬき【△貫】(11) 貝4 常 2051/3453 ▼カン(二三四)
ぬきんでる【▲挺んでる】(10) 扌7 3682/4472 ▼テイ(一〇九三)
ぬきんでる【▲擢んでる】(17) 扌14 3707/4527 ▼タク(一〇〇三)
ぬく【抜く】(7) 扌4 常 4020/4834 ▼バツ(一二五三)
ぬく【△抽く】(8) 扌5 常 3574/436A ▼チュウ(一〇四六)
ぬく【▲挺く】(10) 扌7 3682/4472 ▼テイ(一〇九三)
ぬく【△貫く】(11) 貝4 常 2051/3453 ▼カン(二三四)

ぬく【▲擢く】(17) 扌14 3707/4527 ▼タク(一〇〇三)
ぬぐ【脱ぐ】(11) 月7 常 3506/4326 ▼ダツ(一〇〇七)
ぬくい【△温い】(12) 氵9 教 1825/3239 ▼オン(一三〇)
ぬぐう【拭う】(9) 扌6 常 3101/3F21 ▼ショク(七八一)
ぬぐう【▲揩う】(12) 扌9 5766/5962 ▼カイ(一七九)
ぬくめる【△温める】(12) 氵9 教 1825/3239 ▼オン(一三〇)
ぬけがら【▲蛻】(13) 虫7 7372/6968 ▼ゼイ(八七一)
ぬさ【△幣】(15) 巾12 常 4230/4A3E ▼ヘイ(一三七〇)
ぬし【主】(5) 丶4 教 2871/3C67 ▼シュ(六七三)
ぬすむ【△窃む】(9) 穴4 常 3264/4060 ▼セツ(八八三)
ぬすむ【▲偸む】(11) 亻9 4889/5079 ▼トウ(一一四五)
ぬすむ【盗む】(11) 皿6 常 3780/4570 ▼トウ(一一四五)
ぬすむ【▲攘む】(20) 扌17 5823/5A37 ▼ジョウ(七七九)
ぬた【▲饅】(20) 食11 8129/713D ▼マン(一四五〇)
ぬなわ【▲茆】(8) 艹5 7191/677B ▼ボウ(一四一六)
ぬなわ【▲蓴】(14) 艹11 ▼ジュン(七二三)
ぬの【布】(5) 巾2 教 4159/495B ▼フ(一三一四)
ぬま【沼】(8) 氵5 常 3034/3E42 ▼ショウ(七四五)
ぬめ【▲絖】(12) 糸6 6913/652D ▼コウ(五〇六)
ぬめる【△滑る】(13) 氵10 常 1974/336A ▼カツ(二一五)
ぬる【塗る】(13) 土10 常 3741/4549 ▼ト(一一二九)
ぬるい【△温い】(12) 氵9 教 1825/3239 ▼オン(一三〇)
ぬるい【△緩い】(15) 糸9 常 2043/344B ▼カン(二四六)
ぬるむ【△温む】(12) 氵9 教 1825/3239 ▼オン(一三〇)
ぬれる【▲濡れる】(17) 氵14 3908/4728 ▼ジュ(六八四)

ね 祢 ネ 祢

ネ【▲涅】(10) 氵7 6226/5E3A ▼デツ(一一〇七)
ネ【▲禰】(19) 礻14 3909/4729 ▼デイ(一一〇〇)
ね【△子】(3) 子0 教 2750/3B52 ▼シ(五九五)
ね【▲柢】(9) 木5 5950/5B52 ▼テイ(一〇九二)
ね【音】(9) 音0 教 1827/323B ▼オン(一二八)
ね【値】(10) 亻8 教 3545/434D ▼チ(一〇三二)
ね【根】(10) 木6 教 2612/3A2C ▼コン(五三六)

ネイ【佞】

(7) 亻5 1 5304/5524

音 ネイ・デイ

訓 おもねる・へつらう・よこしま

意味 おもねる。へつらう。口先がうまい。よこしま。「佞言」「佞臣」「佞人」

下つき 奸佞(カンネイ)・姦佞(カンネイ)・巧佞(コウネイ)・邪佞(ジャネイ)・弁佞(ベンネイ)・便佞(ベンネイ)・不佞(フネイ)

【▲佞▲奸・▲佞▲姦】ネイカン 口先がうまくて表面は従順だが、心はねじけていて正しくないこと。また、そのようすやその人。

【▲佞言】ネイゲン こびへつらう言葉。おべっか。「ーは忠に似たり(へつらいの言葉は忠義のように聞こえるから、警戒せよ)」

【▲佞者】ネイシャ 「佞人(ネイジン)」に同じ。

【▲佞臣】ネイシン 主君におもねる、心の不正な臣下。口先がうまく、こびへつらう腹黒い家来。類 奸臣(カンシン)

【▲佞人】ネイジン 心がよこしまで口先がうまく、人にこびへつらう者。「側近はーばかり

だ」類佞者

【▲佞諂】ネイテン おもねりへつらうこと。「諂」もへつらう意。類佞諛(ネイユ)

【▲佞弁】ネイベン よこしまで口先がうまく、人にこびへつらうこと。また、その言葉。

ネイ【寧】(14) 宀11 常 準2 3911 472B
音 ネイ 外デイ・ニョウ
訓 外やすい・ねんごろ・むしろ・なんぞ・いずくんぞ

筆順 丶 宀 宓 宓 宓 宻 寍 寍 寍 寧

意味 ①やすらか。やすんじる。「寧日」「安寧」②ねんごろ。「丁寧」③むしろ。どちらかといえば。選択の助字。④なんぞ。いずくんぞ。反語の助字。

下つき 安寧(アンネイ)・晏寧(アンネイ)・帰寧(キネイ)・康寧(コウネイ)・小寧(ショウネイ)・静寧(セイネイ)・丁寧(テイネイ)

【△寧んぞ】いずくーんぞ 反問を表す。どうして…であろうか。なんで…しようか。

〈寧楽〉なら 古都「奈良」の古い表記。表記「那羅・平城」とも書いた。

【寧▲馨児】ネイケイジ すぐれた子ども。神童。「寧馨」は、中国の晋(シン)・宋(ソウ)代の俗語で「このような」という意味。

【寧日】ネイジツ 気にかかることもなく、心が安らかな日。平穏無事な日。「―なし(毎日が忙しい)」

【寧▲謐】ネイヒツ 世の中が安らかで平穏に治まっていること。また、そのさま。

【△寧ろ】むしーろ どちらかといえば。いっそ。「―暑いくらいの天気だ」

【△寧い】やすーい じっとして落ち着いているさま。ていねいなさま。

ネイ【嚀】(17) 口14 1 5170 5366
音 ネイ
訓 ねんごろ

意味 ねんごろ。参考「寧」の俗字。

ネイ【濘】(17) 氵14 1 6331 5F3F
音 ネイ
訓 どろ・ぬかるみ・ぬかる

意味 どろ。ぬかるみ。ぬかる。「泥濘」

下つき 汀濘(テイネイ)・泥濘(デイネイ)

【▲濘る】ぬかーる 雨などで道がどろどろになる。「道が―って歩きにくい」

ネイ【檸】(18) 木14 1 6106 5D26
音 ネイ・ドウ

意味 ミカン科の常緑低木「檸檬(ネイモウ)(レモン)」に用いられる字。

〈檸檬〉レモン ミカン科の常緑低木。インド原産。果実は楕円(ダエン)形で、緑色から淡黄色に熟す。香りが高く、酸味が強い。果汁はビタミンCなどに富む。季秋

ねえさん【▲姐さん】(8) 女5 1625 3039 ▼ソ(九一八)

ねがう【願う】(19) 頁10 教 2074 346A ▼ガン(二五八)

ねかす【寝かす】(13) 宀10 常 3118 3F32 ▼シン(八〇四)

ねぎ【▲葱】(12) 艹9 3912 472C ▼ソウ(九四一)

ねぎらう【△労う】(7) 力5 教 4711 4F2B ▼ロウ(一六一五)

ねぎらう【▲犒う】(14) 牛10 6423 6037 ▼コウ(五一〇)

ねぐら【▲塒】(13) 土10 5245 544D ▼シ(六三一)

ねこ【猫】(11) 犭8 常 3913 472D ▼ビョウ(一三一〇)

ねじける【▲拗ける】(8) 扌5 5725 5939 ▼ヨウ(一五二六)

ねじる【△捻る】(11) 扌8 常 3917 4731 ▼ネン(一二〇八)

ねじる【▲捩る】(11) 扌8 ▼レイ(一五九五)

ねじれる【▲拗れる】(8) 扌5 5725 5939 ▼ヨウ(一五二六)

ねずみ【▲鼠】(13) 鼠0 3345 414D ▼ソ(九二六)

ねたむ【妬む】(8) 女5 常 3742 454A ▼ト(一一二六)

ねたむ【▲悋む】(10) 忄7 5607 5827 ▼リン(一五八四)

ねたむ【△嫉む】(13) 女10 常 2827 3C3B ▼シツ(六四九)

ネツ【★捏】(10) 扌7 1 5752 5954
音 ネツ・デツ
訓 こねる・つくねる

意味 ①こねる。土をこねて物を作る。②でっちあげる。こじつける。「捏造」

【▲捏ねる】こーねる ①粉や土などに水分を加えて練る。「団子を―ねる」「理屈を―ねる」②無理にあれこれ言う。「駄々を―ねる」

【▲捏ね揚げ】つくねあげ 鶏(とり)のひき肉や魚のすり身に片栗(かたくり)粉や卵をまぜてこね、丸めて油で揚げた料理。つくね。

【▲捏ね▲薯】つくねいも ヤマノイモ科のつる性多年草。▼仏掌薯(つくねいも)(一三五〇)

【▲捏ねる】つくーねる 手でこねて丸くする。「泥を―ねて遊ぶ子ども」

【▲捏ち上げる】デッちあーげる ①事実ではないことを本当のように作り上げる。捏造(ネツゾウ)する。②体裁だけつくろっていいかげんにまとめる。「宿題を一晩で―げる」

【▲捏造】ネツゾウ 事実でないことを事実らしく作ること。「―記事を掲載された」参考「デツゾウ」とも読む。

ネツ【熱】(15) 灬11 教 常 7 3914 472E
音 ネツ
訓 あつい 外ほてる・いきる・ほとぼり

筆順 一 十 土 ナ 夫 坴 埶 埶 埶 熱

意味 ①あつい。温度が高い。あつくなる。「熱湯」「焦熱」対寒・冷 ②温度を高める力。焼く力。「熱源」「加熱」③体のあつさ。ねつ。「熱病」「微熱」④心を打ちこむ。夢中になる。「熱狂」「熱烈」

下つき 炎熱(エンネツ)・加熱(カネツ)・過熱(カネツ)・解熱(ゲネツ)・光熱(コウネツ)・地熱(ジネツ・チネツ)・灼熱(シャクネツ)・焦熱(ショウネツ)・耐熱(タイネツ)・断熱(ダンネツ)・電熱(デンネツ)・白熱(ハクネツ)・発熱(ハツネツ)・微熱(ビネツ)・平熱(ヘイネツ)・余熱(ヨネツ)

【熱熱】あつあつ ①非常に熱いさま。「―のグラタン」②男女がたいそう愛し合っているさま。「あの夫婦は新婚でもないのに―だ」

【熱い】あつ‐い ①温度が高い状態。「―いコーヒー」②熱心なさま。心がこもっているさま。「―い思いがこみあげる」③男女が熱烈に愛し合っているさま。「―い仲だ」

【熱▲燗】あつかん 酒のあたため方が熱めであること。また、その酒。「雪見酒は―に限る」季冬

【△熱り立つ】いきりたつ 激しく怒って興奮する。いきまく。「―った群衆が集まった」

【△熱る】いき‐る ①熱くなる。ほてる。熱気でむっとする。②興奮して怒る。いきまく。

【熱愛】ネツアイ 熱烈に愛すること。また、その愛情。「―が発覚する」

【熱意】ネツイ 熱心な気持ち。熱烈な意気込み。「仕事に―が感じられる」類情熱

【熱演】ネツエン 芝居・講演・音楽などで、全力をかたむけて情熱的に演じること。「この映画はヒロインの―がみどころだ」

【熱願冷諦】ネツガンレイテイ 熱心に願うことと、冷静に物事の本質を見きわめること。「諦」は観察して明らかにする意。

【熱気】ネッキ ①熱い空気。高温の気体。「―消毒」対冷気 ②高まった意気。「コンサート会場はファンの―につつまれた」③高い体温。

【熱狂】ネッキョウ ひどく興奮して狂うほど熱中すること。「―した若者であふれる」

【熱血】ネッケツ 血がわくほど熱烈な意気込みや情熱。感動しやすく情熱的であること。「―教師」

【熱血漢】ネッケツカン 熱い情熱やはげしい意気のある男。熱血男児。

【熱砂・熱沙】ネッサ ①日に焼けた熱い砂。②熱くなった砂漠。季夏 参考「ネッシャ」とも読む。

【熱し△易きは冷め△易し】ネッしやすきはさめやすし 物事にすぐ熱中する人は、飽きるのも早いたとえ。

【熱射病】ネッシャビョウ 長時間高温多湿のところにいて、体温の調節ができなくなって起こる病気。

【熱情】ネツジョウ 熱烈な愛情。熱心な気持ち。情熱。「―のこもった手紙」類熱意

【熱心】ネッシン 深く物事に心を打ちこむこと。「研究―な精鋭を集める」

【熱誠】ネッセイ 相手に対する熱いまごころや誠意。

【熱戦】ネッセン 熱のこもった激しい試合や勝負。「高校野球で―をくりひろげる」

【熱帯】ネッタイ 気候区分の一つで、赤道を中心に南北の緯度二三度二七分以内の地帯。一年中暑い地帯。対寒帯

【熱中】ネッチュウ 熱心に、ある一つのことに心を集中させること。「部活に―する」

【熱湯】ネットウ 煮えたぎっている湯。煮え湯。「布巾(ふきん)の―消毒」

【熱▲鬧】ネットウ 多数の人で混雑し、騒がしいこと。参考「ネツドウ」とも読む。

【熱闘】ネットウ 熱のはいった激しい試合や勝負。また、それを闘うこと。熱戦。

【熱弁】ネツベン 熱のこもった話し方。熱く語ること。「―をふるう」

【熱望】ネツボウ 熱心に希望すること。「彼は留学を―している」類切望

【熱涙】ネツルイ 感激して思わず流す涙。熱い涙。「―にむせぶ」類感涙

【熱烈】ネツレツ 感情が高ぶって勢いが激しいさま。「市民から―な歓迎を受けた」

【熱論】ネツロン 熱をおびた議論。熱心に議論すること。また、その論議。「友人と―を闘わせる」

【△熱る】ほて‐る 体や顔が熱くなる。また、そのように感じる。「恥ずかしさで体中が―る」

【△熱】ほとぼり ①ほてり。余熱。②感情の余勢。「興奮の―がまだ残る」③事件が終わった後まで続く、世間の関心やうわさ。「―が冷めるまで姿を隠す」

ねばる【粘る】(11) 米5 常 3920/4734 ▼ネン(一二〇九)

ねぶる【▲舐る】(10) 舌4 7151/6753 ▼シ(六一六)

ねむい【眠い】(10) 目5 常 4418/4C32 ▼ミン(一四五八)

ねむる【眠る】(10) 目5 常 4418/4C32 ▼ミン(一四五八)

ねむる【△睡る】(12) 目8 常 3171/3F67 ▼スイ(八三一)

ねや【▲閨】(14) 門6 7965/6F61 ▼ケイ(三九九)

ねらう【狙う】(8) 犭5 常 3332/4140 ▼ソ(九一九)

ねる【▲寐る】(12) 宀9 5371/5567 ▼ビ(一二九一)

ねる【寝る】(13) 宀10 常 3118/3F32 ▼シン(八〇四)

ねる【▲煉る】(13) 火9 4691/4E7B ▼レン(一六〇五)

ねる【練る】(14) 糸8 教 4693/4E7D ▼レン(一六〇六)

ねる【△錬る】(16) 金8 常 4703/4F23 ▼レン(一六〇七)

ネン【年】

(6) 干3 教 常 10 3915/472F 音 ネン 訓 とし 外 とせ

筆順 ノ 𠂉 仁 仨 仨 年

意味 ①とし。一二か月。三六五日を一つと数える時間の単位。「年報」「新年」②よわい。ねんれい(年齢)。「年長」「老年」③みのる。穀物のみのり。「祈年祭」

下つき 永年(エイネン)・越年(エツネン)・往年(オウネン)・隔年(カクネン)・学年(ガクネン)・元年(ガンネン)・凶年(キョウネン)・行年(ギョウネン)・去年(キョネン)・光年(コウネン)・後年(コウネン)・今年(コンネン・ことし)・昨年(サクネン)・若年(ジャクネン)・弱年(ジャクネン)・周年(シュウネン)・閏年(ジュンネン・うるうどし)・少年(ショウネン)・初年(ショネン)・新年(シンネン)・生年(セイネン)・青年(セイネン)・先年(センネン)・前年(ゼンネン)・多年(タネン)・中年(チュウネン)・定年(テイネン)・停年(テイネン)・当年(トウネン)・同年(ドウネン)・晩年(バンネン)・平年(ヘイネン)・豊年(ホウネン)・忘年(ボウネン)・本年(ホンネン)・毎年(マイネン・マイとし)・明年(ミョウネン)・幼年(ヨウネン)・翌年(ヨクネン・ヨクとし)・来年(ライネン)・留年

リュウネン・例年(レイネン)・歴年(レキネン)

〈年魚〉(あゆ)　アユ科の淡水魚。由来「年魚」は寿命が一年であることから。▼鮎(あゆ)

(一二三)

【年】(とし)　①太陽暦で地球が太陽を一周する時間。一月一日から一二月三一日までの一二か月間。一年。「生まれた―」②年齢。「―上の恋人」

『年問わんより世を問え』年齢の多少を問題にするのではなく、その人がどのような経験をしてきたかが重要であるということ。

【年〈甲▲斐〉】(としがい)　年をとっただけのねうち。年に相応した思慮や分別。「―もなくはしゃぐ」参考多く、「―もなく」の形で使う。

【年▲嵩】(としかさ)　①他の人と比べたとき、年齢が上であること。また、その人。年上。②高齢。老年。類年高

【年子】(としご)　同じ母親から生まれた一歳ちがいの兄弟姉妹。「―の兄妹」

【年籠もり】(としごもり)　年末、特に大晦日(おおみそか)の夜に社寺にこもって新年を迎えること。季冬

【年頃】(としごろ)　①だいたいの年齢。ちょうどそのことにふさわしい年齢。「遊びたい―」②一人前の年齢。特に女性の結婚適齢期。「―の娘」

【年高】(としだか)　年をとっていること。また、そのような人。類年嵩(としかさ)

【年強】(としづよ)　①年長であること。また、その人。②数え年で年齢をいう場合に、その年の前半に生まれたこと。また、その人。対年弱(としよわ)

〈年次〉・【年並】(としなみ)　①「年次(ネンジ)」に同じ。②毎年の標準ぐらいである。平年並み。「―の寒さ」

【年波】(としなみ)　年をとることを、波が寄ることにたとえた語。「寄る―には勝てない」

【年端】(としは)　年齢。また、その程度。おもに、年少者についていう。「―も行かぬ子」

【年増】(としま)　娘盛りをすぎ、少し年かさの増した女性。参考江戸時代では二〇歳すぎの女性、今では四〇歳をすぎた女性をいう。

【年寄】(としより)　①年をとった人。老人。②室町幕府以後の老中・家老、江戸幕府の大奥女中の重職、江戸時代の町民の長などの称。③相撲で、引退した十両以上の力士や行司のうち年寄株を買い、力士の養成や経営に当たる人。日本相撲協会の評議員。

『年寄の言う事と牛の▲鞦(しりがい)は外れない』経験を積んできた老人の意見は、尊重すべきだということ。「鞦」はウシと牛車をつなぐひもで、老人の言葉と鞦は決して外れることのないことから。

『年寄の冷や水』老人が、年に不相応な無理をするたとえ。老人らしからぬ元気な振る舞いをひやかしていう。年寄が若者のように、冷たい水を飲んだり浴びたりする意から。類老いの木登り・年寄の力自慢

【年弱】(としよわ)　①年が若いこと。また、その人。②数え年で年齢をいう場合に、その年の後半に生まれたこと。また、その人。対年強(としづよ)

〈年星〉・〈年三〉(ねそう)　陰陽道(オンヨウドウ)で、生まれた年の星をまつって開運を祈ること。また、正月・五月・九月の三回、精進をすること。参考「ねんそう」の転。

【年賀】(ネンガ)　新年の祝い。年始の祝賀。季新年「お―の品」「友人に―状を出す」

【年鑑】(ネンカン)　一年間の出来事・文化・統計・調査などをまとめた、年刊の本。「美術―」

【年忌】(ネンキ)　仏人の死後、毎年めぐってくるその人の死亡月日。忌日。命日。類回忌

【年季】(ネンキ)　昔、人を雇うときの約束の年限。年期。「―が入っている(長年習練を積んで、技術が確かである)」

【年期】(ネンキ)　①一年を単位とする期間。②「年季」に同じ。

【年金】(ネンキン)　毎年定期的に支払われる一定の金。厚生年金や国民年金などの公的年金と、企業年金や個人年金などの私的年金がある。

【年貢】(ネング)　①昔、農民が領主に納めた租税。②明治時代以降、小作料。季冬

『年貢の納め時』悪事を重ね、ついに捕らえられた者が、罪に服する時期。また、物事に見切りをつけ、観念するべき時期。滞納していた年貢を清算する時期の意から。

【年限】(ネンゲン)　一年を単位として定めた期限。年期。「修業―」

【年功】(ネンコウ)　①長年の功労や功績。「―に報いる」②長年の熟練。「―を積んだ技」

【年功序列】(ネンコウジョレツ)　年齢や勤続年数によって地位や賃金の上下がきまっていること。

【年号】(ネンゴウ)　年につける呼び名。元号。参考中国では漢の武帝の時に制定された。日本では、六四五年の「大化」が最初とされる。

【年始】(ネンシ)　①年のはじめ。年初。年頭。「―回り」②新年の祝い。年賀。「―状」対年末　季①②新年

【年歯】(ネンシ)　年齢。よわい。参考「歯」は年の意。

【年次】(ネンジ)　①毎年。年間。「―休暇」②年度。「卒業―」③年の順序。「―計画」参考①「としなみ」とも読む。

【年中】(ネンジュウ)　①一年の間。「―無休」②いつも。たえず。あけくれ。「―小言を言う」参考①「ネンチュウ」とも読む。

【年初】(ネンショ)　年のはじめ。年始。年頭。対年末　季新年

【年少】(ネンショウ)　年齢が少ないこと。幼いこと。また、その人。「―組」対年長

【年頭】(ネントウ)　年のはじめ。年始。年初。「―にあたり抱負を述べる」季新年

『年年歳歳花相似たり、歳歳

【年年人同じからず】(ネンネンサイサイはなあいにたり サイサイネンネンひとおなじからず) 人の世のはかなさのたとえ。毎年、時季が来れば、花は同じように咲くが、人は、時の流れとともに生まれたり死んだりして顔ぶれが変わる意から。〈劉希夷(リュウキイ)の詩〉

【年輩・年配】ネンパイ ①年のころ。おおよその年齢。②世の中の経験のある年ごろ。中年。「―の紳士」③年上。「彼女は私より二つ―だ」

【年百年中】ネンビャクネンジュウ いつも。たえず。年がら年中。

【年賦】ネンプ 支払いの金額を一年にいくらと割り当てて払うこと。年払い。対月賦

【年譜】ネンプ ある個人または団体の経歴について、年代順に書き記したもの。

【年俸】ネンポウ 一年を単位とした給料。年給。「破格の―で契約した」対月給・日給

【年来】ネンライ 何年も前から。長年。「―の友人と海外に遊ぶ」

【年輪】ネンリン ①樹木の断面に見られる同心円状の輪の層。一年に一層できるので、樹齢を知ることができる。②人の成長や努力の積み重ねのたとえ。「―を重ねる」

【年齢】ネンレイ 生まれてからの年数。とし。「女性に―をきくのは失礼だ」

ネン【念】(8) 心4 常 教 7 3916 4730 音ネン 訓外おもう

筆順 ノ 人 亼 今 今 念 念 念

意味 ①おもう。考える。おもい。「懸念」「残念」②心にとめて忘れない。ねんのため。「念書」「丹念」③となえる。「念仏」「念誦(ネンジュ)」

下つき 一念(イチネン)・概念(ガイネン)・観念(カンネン)・祈念(キネン)・記念(キネン)・疑念(ギネン)・懸念(ケネン)・残念(ザンネン)・失念(シツネン)・執念(シュウネン)・信念(シンネン)・専念(センネン)・丹念(タンネン)・断念(ダンネン)・入念(ニュウネン)・放念(ホウネン)・無念(ムネン)・余念(ヨネン)

【△念う】おもう いつも心にかけて考える。忘れないで心に深くおもっている。

【念願】ネンガン いつも実現するように願っていること。願い。「―かなって合格した」

【念珠】ネンジュ 仏念仏をとなえるときに使うじゅず。参考「ネンズ」とも読む。

【念誦】ネンジュ 仏心に仏をおもい、口に仏の名号や経文をとなえること。念仏誦経。参考「ネンズ」とも読む。

【念書】ネンショ 後日の証拠として、念のために相手にわたす文書。「―をとられる」

【念じる】ネンじる ①深く心にとめておもう。②心のなかで祈る。願う。「合格を―じる」③経文などをとなえる。

【念頭】ネントウ 心。思い。考え。「―に置く(いつも心にかけて考える)」

【念には念を入れよ】ネンにはネンをいれよ 注意の上にも注意をして、事に当たるべきだということ。

【念仏】ネンブツ 仏仏の名、特に阿弥陀仏(アミダブツ)の名を唱えること。

【念仏三昧】ネンブツザンマイ 仏一心不乱に仏の名を唱えること。また、ひたすら瞑想(メイソウ)して仏の姿や功徳を思い浮かべること。

【念力】ネンリキ 一心に思いこむことで、わいてくる力。思いをこめた精神力。

【念力岩をも△徹す】ネンリキいわをもとおす 何事も心をこめて行えば、できないことのないたとえ。

【念慮】ネンリョ あれこれと思いめぐらすこと。おもんぱかり。思慮。

ネン【拈】(8) 扌5 1 5732 5940 音ネン・デン 訓つまむ・ひねる

意味 つまむ。ひねる。ねじる。「拈出」類捻(ネン)・撚(ネン)

【拈華】ネンゲ 花をひねって取ること。ふつう「拈華微笑(ネンゲミショウ)」の故事にもとづいて用いられる。

【拈華△微笑】ネンゲミショウ 仏花をつまんで、ほほえむこと。禅宗の公案の一つ。故事 釈迦(シャカ)が霊鷲山(リョウジュセン)で、一本の花を手にとって示したところ、みな意味を理解できず黙っていたが、摩訶迦葉(マカカショウ)だけが納得してほほえんだので、釈迦は、摩訶迦葉に仏法の真理が伝わったと告げたという故事による。類以心伝心

【拈古】ネンコ 仏禅宗で、古人の言行などを取り上げて批評すること。類拈則・拈提

【拈香】ネンコウ 香を指先でつまんでたくこと。焼香。表記「捻香」とも書く。

【拈出】ネンシュツ ①考えなどをひねり出すこと。②金銭などをやりくり算段すること。表記「捻出」とも書く。

【拈る】ひねる ①指先でつまんでねじる。②趣向をこらす。「―った問題を作る」表記「捻る」とも書く。

ネン【捻】(11) 扌8 常 2 3917 4731 音ネン 外デン 訓外ねじる・ひねる

筆順 一 十 扌 扌 扲 拎 拎 捻 捻

意味 ねじる。ひねる。よじる。「捻挫(ネンザ)」「捻出」類拈(ネン)・撚(ネン)

〈捻子〉ねじ ①物をしめつけたりするための機械などの部品。らせん状のみぞをつけたもの。「雌―」②時計などのぜんまいを巻くもの。また、ぜんまい。表記「螺子・捩子」とも書く。

【△捻る】ねじる ①物の両端または一部を持って逆の方向に回す。ひねり曲げる。②体の一部をひねる。また、ひねって痛める。

【捻挫】ネンザ 手足などの関節をひねってくじくこと。「つまずいて足首を―する」

【捻出】ネンシュツ ①ひねって考え出すこと。②費用をやりくりして、無理に出すこと。「食費を―する」表記「拈出」とも書く。

【捻転】ネンテン ねじれて向きが変わること。また、ねじって向きを変えること。「腸―」

【△捻る】ひね-る ①指先でねじる。②体の一部をねじって曲げる。また、ねじって痛める。「足を―った」③考えたり工夫したりする。「頭を―る」④歌や俳句を作る。「山道で句を―る」⑤簡単に負かす。「軽く―ってやった」表記 ①③④「拈る」とも書く。

ネン【粘】(11) 米 5 常 3 3920 4734 訓 音 ネン 外 デン ねばる

〔黏〕1 8354 7356

筆順 丷 丷 半 米 米 粘 粘 粘 粘

意味 ねばる。ねばり気がある。「粘液」「粘土」

〈粘葉装〉でっちょうそう 和本のとじの一つ。紙を二つ折りにし、折り目をそろえて重ね、折り目の外側を糊で貼りつけて表紙をつけたもの。参考 本を開くとチョウがはねを広げたように見えることから、「胡蝶装」ともいう。

【粘粘】ねばねば ねばり気のあるさま。ねばり気のあるもの。「手に―とした液体がつく」

【粘る】ねば-る ①やわらかでべとついて、よく物にくっつく。②根気強く何かをする。「要望を聞き入れてもらうよう―る」

【粘液】ネンエキ ねばり気のある液。「―を分泌して虫を溶かす植物」対 漿液ショウエキ

【粘着】ネンチャク ねばりつくこと。「―テープ」「非常に―力が強い」

【粘稠】ネンチュウ ねばり気があって密度や濃度の濃いこと。また、そのさま。「―剤」

【粘土】ネンド 岩石や鉱石が風化・分解してできた、細かい粒子の土。水を吸収するとねばり気がでて、陶器・瓦・セメントなどの原料となる。また、ねばり気のある土の総称。参考 「ねばつち・へなつち」とも読む。

【粘膜】ネンマク 消化管や口・鼻などの内面をおおうやわらかい膜。粘液を分泌する。

〈粘土〉へなつち 水底にある黒くてねばり気のある泥土。へな。表記 「埴」とも書く。参考 「ネンド・ねばつち」とも読む。

ネン【然】(12) 灬 8 教 3319 4133 ▼ゼン(九一七)

ネン【★撚】(15) 扌 12 準1 3918 4732 訓 音 ネン・デン ひねる・よる・より

意味 ①ひねる。よる。ねじる。「撚糸」類 拈ネ・捻ネ ②より。こより。

【撚糸】ネンシ 糸を二本以上合わせ、よりをかけたもの。参考 「よりいと」とも読む。

【▲撚る】ひね-る 指先でねじってよること。「紙を―って捨てる」

【▲撚り】よ-り ねじって、からみあわせること。よること。よったもの。「―を戻す(もとの関係にかえる)」

【▲撚る】よ-る 指でねじりからませる。二本以上のものをねじり合わせて一本にする。「紙を―ってこよりをつくる」

ネン【燃】(16) 火 12 教 常 6 3919 4733 訓 音 ネン 外 ゼン もえる・もやす・もす

筆順 丶 火 炒 炒 炒 炒 炒 燃 燃 燃 燃

意味 もえる。もやす。もす。「燃焼」「燃料」

下つき 可燃カネン・再燃サイネン・内燃ナイネン・不燃フネン

【燃▲犀の見】ネンサイのケン 見識が豊かで事物を的確に見抜く能力のあるたとえ。サイの角を燃やして深い淵を照らし、底のさまざまなありさまを見る意から。〈『晋書シンジョ』〉参考 「燃犀の明」ともいう。

【燃焼】ネンショウ ①燃えること。「油を注いで―させた」②何かをするのに全力をかたむけること。「試合で完全―する」

【燃費】ネンピ 燃料一リットルに対する自動車の走行距離。燃料消費率。「―のいい車」

【燃料】ネンリョウ 燃やして熱・光・動力などを得る材料。薪・石炭・石油・ガスなど。

【燃える】も-える ①火がついて炎を出す。②あることをしようという情熱や意欲がさかんに起こる。「勉強に―えています」③火がもえるように光る。「夕焼けで空が―えているようだ」

【燃やす】も-やす ①火をつけて焼く。②感情を高ぶらせる。「闘志を―す」

ネン【▲黏】(17) 黍 5 8354 7356 ▼粘の異体字(一二〇九)

ネン【鯰】(19) 魚 8 国 1 8248 7250 訓 音 ネン なまず

意味 なまず。ナマズ科の淡水魚。類 鮎デ

【鯰】なまず ナマズ科の淡水魚。池や沼にすむ。形は平たくてうろこがない。口に二対のひげがある。食用。「―に瓢簞ヒョウタン(つかみどころのないこと)」季 夏 表記 「鮎」とも書く。

【▲鯰▲髭】なまずひげ ①ナマズのひげに似た細長い口ひげ。また、それをはやしている人。②①の人が多かったので、明治初期に官吏をののしっていう語。

ねんごろ【懇ろ】(17) 心 13 常 2609 3A29 ▼コン(五四〇)

ねんごろ【▲懃ろ】(17) 心 13 5673 5869 ▼キン(三六四)

の 乃 ノ 乃

の【野】(11) 里 4 教 4478 4C6E ▼ヤ(一四九二)

の【▲篦】(16) ⺮ 10 6836 6444 ▼ヘイ(一三七一)

ノウ【▲衲】(9) 衤 4 7453 6A55 ▼ドウ(一一六一)

ノウ【悩】

(10) 忄7 常 4 3926 473A

音 ノウ 外ドウ

訓 なやむ・なやます

旧字《惱》(12) 忄9 1/準1 5629 583D

筆順 丶 丷 忄 忄 忄 忄 忄 悩 悩 悩

意味 なやむ。なやます。なやみ。「悩殺」「苦悩」

下つき 懊悩オウノウ・苦悩クノウ・煩悩ボンノウ

【悩む】なやむ ①精神的な負担や苦痛を感じ、心を痛める。思い苦しむ。「恋愛が成就せず—む」「自分の将来に—む」②肉体的な痛みに苦しむ。病む。「頭痛に—まされる」「慢性的な腰痛に—む」

【悩殺】ノウサツ おおいに悩ますこと。特に、女性がその美しさや性的魅力で男性の心をとらえて、かき乱すこと。

【悩乱】ノウラン 悩み苦しむあまり、心が乱れること。心が狂いそうなほど、悩むこと。

ノウ【納】

(10) 糸4 常 教 5 3928 473C

音 ノウ・ナッ中・ナ高・ナン高・トウ中

訓 おさめる・おさまる 外いれる

筆順 ㄑ 幺 幺 糸 糸 糸 糸 紅 納 納

意味 ①いれる。受け入れる。「納得」「受納」②おさめる。しまいこむ。「収納」「格納」③支払う。差し出す。「納税」「献納」④おわる。しめくくる。「納会」

下つき 延納エンノウ・格納カクノウ・完納カンノウ・帰納キノウ・献納ケンノウ・収納シュウノウ・受納ジュノウ・笑納ショウノウ・上納ジョウノウ・出納スイトウ・前納ゼンノウ・滞納タイノウ・聴納チョウノウ・分納ブンノウ・返納ヘンノウ・奉納ホウノウ・未納ミノウ・結納ゆいノウ・領納リョウノウ

【△納れる】いれる ①支払う。納める。金品を受け取り手に渡す。「月末に家賃を—れる」②自分のほうに受け入れる。「相手の忠告を—れる」

【納める】おさめる ①金や税を支払ったり、品物を送りこんだりすること。「税金を—める」「神社にお札ふだを—める」②金や品物を受け取る。「粗品ですが、お—めください」③終わりにする。「歌い—める」④入れておく。しまっておく。「倉庫に美術品を—める」

【納△曽利・納△蘇利】ナソリ 舞楽の一つ。紺色の竜の面をつけ、ばちを持って舞う二人舞。双竜舞。

【納所】ナッショ 仏禅寺で、施し物を納めたり、会計などを取りあつかう所。また、そこに勤める僧。「納所坊主」の略。

【納△音】ナッチン 運命判断の一つ。六〇通りの干支えとの組み合わせに五行を配し、人の生まれ年にあてはめるもの。

【納豆】ナットウ ①煮た大豆を適温中におき、納豆菌で発酵させた食べ物。糸引き納豆。季冬 ②発酵させた大豆を塩水につけて香料を加え、干した食べ物。浜納豆。

【納得】ナットク 人の行為や考えなどを理解して承知すること。「説明を聞いて—した」類得心

【納屋】なや 農家などの屋外にある物置き小屋。「農機具は—にしまっている」

【納戸】なんど 衣服や調度品をしまっておく部屋。物置き部屋。

【納△衣】ノウエ 僧尼が身につける袈裟ケサ。僧衣。表記「衲衣」とも書く。類法衣ホウエ

【納会】ノウカイ ①その年の最後にする会合。また、長く続いた仕事などが終わったあとの反省会や慰労会。②取引所で月末に行う立ち会い。特に、年末最後のものは「大納会」という。対発会

【納棺】ノウカン 遺体を棺のなかに入れること。

【納期】ノウキ 商品や税金などを納入する期限・期日。

【納骨】ノウコツ 火葬した遺骨を骨つぼや墓などに納めること。「—堂」

【納采】ノウサイ 皇族が結納ゆいノウを取りかわすこと。「—の儀」

【納受】ノウジュ ①受けて納めること。受納。②神仏が人の願いを聞き入れること。

【納税】ノウゼイ 税金を納めること。「国民の義務の一つに—がある」対徴税・収税

【納入】ノウニュウ 金品を納め入れること。「大学の学費を—する」類納付 対徴収

【納付】ノウフ 官庁などに金品を納めわたすこと。「手数料を印紙で—する」類納入

【納涼】ノウリョウ 暑さを避けて涼しさを味わうこと。すずみ。「—花火大会」季夏

ノウ【能】

(10) 肉6 常 教 6 3929 473D

音 ノウ 外ドウ

訓 外あたう・よく・よくする・はたらき

筆順 ㇜ ム 厶 台 台 育 育 育 能 能

意味 ①あたう。よくする。よくできる。「能弁」「能吏」「可能」②はたらき。わざ。また、ききめ。「能率」「機能」「効能」③のう。「能楽」のこと。「能面」④「能登のとの国」の略。「能州」

下つき 官能カンノウ・機能キノウ・技能ギノウ・芸能ゲイノウ・効能コウノウ・才能サイノウ・性能セイノウ・全能ゼンノウ・知能チノウ・低能テイノウ・万能バンノウ・本能ホンノウ・無能ムノウ

【△能う】あたう できる。なし得る。「—う限りの努力」参考古くは打ち消し語を伴ったが、現在では肯定の形でも用いる。

【能ある△鷹は爪を隠す】ノウあるたかはつめをかくす よく獲物をとるタカは、その鋭い爪をふだんは見せないようにしている。すぐれた才能の持ち主ほど謙虚で、それをひけらかしたりしないものだということのたとえ。類逸物イチモツの猫は爪を隠す 対能なし犬の高吠たかぼえ

【能書き】ノウがき ①薬の効能を書いた文。②自分の長所を並べた自己宣伝の文。

【能楽】ノウガク 室町時代に、観阿弥(かんあみ)・世阿弥(ぜあみ)父子が大成した日本の古典芸能の一つで、歌や音楽に合わせて舞う歌劇。能。「―師」

【能事】ノウジ しなければならないこと。なすべきこと。

【能事▲畢わる】やるべきことはすべてなし遂げたということ。能事足る。《『易経』》

【能書】ノウショ 特に毛筆で文字を上手に書くこと。また、その人。能筆。「―家」

【能書筆を△択ばず】名人は道具を選ばない、道具のせいにしないことのたとえ。書の名人はどのような筆でもうまく書く意から。参考「弘法(こうぼう)筆を択ばず」ともいう。

【能動】ノウドウ 自分からはたらきかけること。自分の意志で活動すること。対受動

【能なし犬の高▲吠え】ノウなしいぬのたかぼえ 取り柄のないイヌはむやみに吠える。才能のない者に限って大言壮語することのたとえ。類能なし犬は昼吠える 対能ある鷹(たか)は爪(つめ)を隠す

【能筆】ノウヒツ 「能書」に同じ。

【能文】ノウブン 文章が上手なこと。また、その人。「父は―家で有名だ」

【能弁】ノウベン 話し方が上手なこと。また、その人。「君は―でうらやましい」対訥弁(トツベン)

【能面】ノウメン 能楽に使う仮面。おもて。「―のような顔(無表情な顔)」

【能吏】ノウリ 有能な役人。事務処理能力の高い役人。「経理にすぐれた―である」

【能率】ノウリツ 一定時間内にできる仕事の割合。仕事のはかどり具合。「家事を―よく終わらせる」

【能力】ノウリョク ①ある特定の事をなしうる力やはたらき。「彼は運動―にすぐれている」②法律で、完全に私権を行使できる資格。

【△能登】のと 旧国名の一つ。現在の石川県北部の能登半島を占める。能州(ノウシュウ)。

【△能く】よく 上手に。みごとに。「―書けた文章」

ノウ【脳】
(11) 月7 教 常 5 3930 473E 訓 音 ノウ 外 ドウ

旧字《腦》(13) 月9 1/準1 7110 672A

筆順 丿 刀 月 月 月 肸 肸 脳 脳 (4)

意味 ①のう。のうみそ。「脳死」「脳髄」②あたま。頭のはたらき。「脳天」「脳裏」③中心となる人。「首脳」

下つき 間脳(カンノウ)・主脳(シュノウ)・首脳(シュノウ)・小脳(ショウノウ)・樟脳(ショウノウ)・髄脳(ズイノウ)・頭脳(ズノウ)・洗脳(センノウ)・大脳(ダイノウ)

【脳▲溢血】ノウイッケツ 「脳出血」に同じ。

【脳血栓】ノウケッセン 脳の血管内に血液のかたまりがつき、血液の流れがさまたげられ、血管がつまる病気。意識障害や半身不随などが起こる。

【脳梗塞】ノウコウソク 脳の血管の一部がふさがり、血流の途絶えた部分の脳がさまざまな機能障害を起こす病気。老年に多く見られる。

【脳死】ノウシ 脳の機能が停止すること。脳波の止まった状態。参考「心臓死」に対する言葉。

【脳出血】ノウシュッケツ 脳の血管が破れて脳組織内に出血する病気。脳内出血。脳溢血(ノウイッケツ)。

【脳▲漿】ノウショウ ①脳の外側や脳室内にある液。髄液。②知恵や頭脳。「―を絞る(もっている知恵を出し尽くす)」

【脳震▲盪】ノウシントウ 頭を強く打つなどして脳が衝撃を受け、一時的に起こる意識障害。

【脳髄】ノウズイ 中枢神経系の主要な部分を占め、多数の神経細胞が集合している部分。脳味噌(ノウミソ)。脳。

【脳塞栓】ノウソクセン 脳の血管が血栓などによってつまり、脳組織が出血や破壊を起こす疾患。心疾患などが原因で突発的に起こることが多く、麻痺(ヒマ)を生じる。参考「脳栓塞」ともいう。

【脳卒中】ノウソッチュウ 脳の血管障害による症状。急に意識を失って倒れ、多く、運動・言語機能に障害を起こす。脳出血などによる。

【脳天】ノウテン 頭のてっぺん。脳頭。「―から出たようなかん高い声」

【脳▲膿▲瘍】ノウノウヨウ 脳のなかに細菌や病原体などが運ばれて、うみがたまる病気。

【脳膜】ノウマク 脳の表面をおおい包むうすい膜。脳脊髄(セキズイ)膜・髄膜。

【脳味▲噌】ノウミソ ①脳の俗称。脳髄。②知力。「―が足りない」

【脳裏・脳▲裡】ノウリ 頭のなか。意識や心のなか。「友の顔が―に浮かんだ」

ノウ【▲惱】(12) 忄9 5629 583D ▼悩の旧字(一二一〇)

ノウ【瑙】
(13) 王9 1 6479 606F 訓 音 ノウ

意味 宝石の「瑪瑙(メノウ)」に用いられる字。

ノウ【▲腦】(13) 月9 7110 672A ▼脳の旧字(一二一一)

ノウ【農】
(13) 辰6 教 常 8 3932 4740 訓 音 ノウ 外 ドウ 外 たがやす

筆順 丶 冂 曲 曲 曲 曲 严 農 農 農 (4 6 10)

の ノウ

意味 ①たがやす。作物をつくる。「農業」「農耕」②たがやす人。「農民」「農夫」
下つき 豪農・小農・大農・篤農・半農・貧農・酪農

【農閑期】ノウカンキ 一年のうち、季節的に農作業のひまな時期。対農繁期

【農業】ノウギョウ 土地を利用して作物を作ったり家畜を飼ったりして、人間生活に必要な食品・嗜好品や工業資材を生産する産業。

【農芸】ノウゲイ ①農業と園芸。②農作物を育て作ること。また、農業に関する技術。

【農隙】ノウゲキ 農作業の合間。農間。

【農耕】ノウコウ 田畑をたがやして農業を行うこと。

【農事】ノウジ 農業の仕事や農業に関する事柄。「―試験場」

【農奴】ノウド 中世ヨーロッパ封建社会の農民。領主に隷属し、与えられた土地を耕作して、賦役などを納めた。奴隷と異なり人格は認められていたが、移転などの自由はなく束縛されていた。

【農は政の本為り】ノウはまつりごとのもとたり 農業は国政の根本である。国家の維持には食糧の充足が必要不可欠であることから。〈帝範〉

【農繁期】ノウハンキ 一年のうち、季節的に植えつけや収穫などで農事の最も忙しい時期。対農閑期

【農圃】ノウホ 農作物を育てる田畑。農業を行う田畑。

【農本主義】ノウホンシュギ 農業を重んじ、農業を、国を建設していくうえでの産業の基本とする考え方。

【農薬】ノウヤク 農業用の薬品。殺虫・殺菌や除草などに使う。「無―野菜」

ノウ【濃】(16) 氵13 常 4 3927 473B
音 ノウ 外ジョウ
訓 こい 外こまやか

筆順 氵 泂 浀 浀 浀 浀 濃 濃 濃

意味 ①こい。色・味などがこい。「濃厚」「濃縮」「濃抹」対淡 ②こまやか。「濃密」③「美濃の国」の略。「濃州」

【濃い】こ‐い ①色・味が強い。対淡い「―いピンク」②濃度や密度が高い。「―い味つけ」「ひげの―い人」③物事の程度が強い。「可能性が―い」対①～③薄い

【濃茶】こいチャ ①抹茶の一種で、直射日光が当たらないように日おおいをしたチャの古木の葉から製したもの。②茶道で「濃茶手前」の略。①を用い、湯に対して茶の量を多くしてたてた茶。対①②薄茶

【濃鼠】こいねず 濃いねずみ色。濃い灰色。参考「こいねずみ」とも読む。

【濃色】こきいろ 染め色や織り色の名。濃い紫色。または、濃い紅色。

【濃漿】こくショウ 濃い味噌で魚などを煮込んだ汁。鯉こくなど。参考「こんず」と読めば別の意になる。

【濃染月】こぞめづき 陰暦八月の異名。季秋 由来 木々が色濃く染まる月の意から。表記「木染月」とも書く。

【濃やか】こま‐やか ①情の厚いさま。心がこもっているさま。「―な愛情」②色が濃いさま。「松の緑―に」

【濃紫】こむらさき 黒色がかった濃い紫色。濃くて紺色に近い紫色。対薄紫

〈濃漿〉こんず ①米を煮た汁。おもゆ。②酒。③濃い汁。由来「こみず(濃水)」の転じたもの。参考「こくショウ」と読めば別の意になる。

〈濃絵〉だみえ ①壁などの大きな画面に金銀や濃い原色を使って描いた絵。特に、桃山時代に隆盛した狩野派などの障壁画をいう。②濃い彩色をほどこした絵。表記「彩絵」とも書く。

【濃艶】ノウエン あでやかで美しいさま。人をひきつけるつやっぽい美しさ。

【濃厚】ノウコウ ①色・味・成分などが濃いこと。こってりしているさま。「―な味の煮物」「―な牛乳」対淡泊 ②ある可能性が強く感じられること。「優勝の可能性は―だ」③男女関係が情熱的なさま。

【濃紺】ノウコン 濃い紺色。深みのある紺色。「―のスーツ」類紫紺

【濃縮】ノウシュク 加熱や減圧などで、溶液の濃度を濃くすること。「―果汁」「―ウラン」対希釈

【濃淡】ノウタン 色や味の濃さと薄さ。「―の配色が美しい絵画だ」

【濃度】ノウド 液体などの濃さの度合。溶液や混合気体などの中に含まれる各成分の量の割合。「二酸化炭素―の高い空気」

【濃密】ノウミツ ①すきまがなくて、こまやかなさま。「両者は―な関係にある」②色合い・味わいなどが濃くてこまやかなようす。「―な味わいのチーズ」

【濃霧】ノウム 前方が見えないくらい深くたちこめた霧。「―にご注意ください」季秋

〈濃餅汁〉のっぺいじる 肉・油揚げ・ダイコン・サトイモ・ニンジン・シイタケ・こんにゃくなどを刻んで煮込み、醤油などで調味して、片栗粉などでとろみをつけた料理。季冬 表記「能平汁」とも書く。

ノウ【膿】★ (17) 月13 準1 3931 473F
音 ノウ・ドウ
訓 うみ・うむ

意味 ①うみ。はれものなどから出る汁。「膿汁」②うむ。ただれる。うみをもつ。「化膿」
下つき 化膿

【膿】うみ ①傷やできものの化膿したところから出る、黄白色の不透明な液。②排除しなければならない弊害のたとえ。「早急に会社内の―

を出すべきだ」

【膿む】うーむ うみをもつ。化膿（カノウ）する。「傷口が—む」

【膿痂疹】ノウカシン 皮膚病の一つ。化膿菌によってできるかさぶたを伴う水疱（スイホウ）・膿疱など。のち破れて痂皮となる。

【膿胸】ノウキョウ 肺と胸膜との間の、胸膜腔（キョウマクコウ）にうみがたまる病気。多く、高熱・胸痛を起こす。化膿（カノウ）性胸膜炎。

【膿血】ノウケツ うみしると血が混じったもの。ちうみ。参考「うみち」とも読む。

【膿汁】ノウジュウ うみ。化膿（カノウ）した傷口などから出る不透明な粘液。参考「うみしる」とも読む。

【膿疱】ノウホウ 水疱が化膿し、中にうみがたまったもの。「—疹（とびひ）」

【膿瘍】ノウヨウ 皮膚や内臓などに細菌が侵入してそこにうみがたまる病気。

【膿漏眼】ノウロウガン 多量にうみを伴う目やにが出る急性結膜炎。風眼。

ノウ【★嚢】 (22) ロ19 準1 1532/2F40 音 ノウ・ドウ 訓 ふくろ

〔嚢〕 3925/4739

意味 ふくろ。物をつつみ入れるもの。「嚢中」「嚢底」「土嚢」

下つき 衣嚢（イノウ）・陰嚢（インノウ）・ふぐり・気嚢（キノウ）・精嚢（セイノウ）・胆嚢（タンノウ）・知嚢（チノウ）・土嚢（ドノウ）・背嚢（ハイノウ）・氷嚢（ヒョウノウ）

【嚢中】ノウチュウ ①ふくろの中。「—の錐（きり）」 ②さいふの中。所持金。「—が少しあたたかくなった」

【嚢中の錐（きり）】賢者が多くの人のなかから、その才能を現すことのたとえ。ふくろの中の錐は、その尖端（センタン）がふくろを破って突き出ることから。〈『史記』〉

【嚢底】ノウテイ ふくろの底。特に、さいふの底。

【嚢】ふくろ 中に物をつめこむための、口のある入れ物。紙・布・皮などで作る。

のう【喃】 (12) ロ9 5139/5347 ▼ナン（一一九一）

のがす【逃す】 (9) 辶6 常 3808/4628 ▼トウ（一一四〇）

のがれる【逃れる】 (9) 辶6 常 3808/4628 ▼トウ（一一四〇）

のがれる【逋れる】 (11) 辶7 7789/6D79 ▼ホ（一三八九）

のがれる【遁れる】 (13) 辶9 3859/465B ▼トン（一一八〇）

のがれる【遯れる】 (15) 辶11 7812/6E2C ▼トン（一一八〇）

のがれる【竄れる】 (18) 穴13 6766/6362 ▼ザン（五九三）

のがん【鴇】 (15) 鳥4 3830/463E ▼ホウ（一四一一）

のき【宇】 (6) 宀3 教 1707/3127 ▼ウ（六九）

のき【軒】 (10) 車3 常 2414/382E ▼ケン（四二四）

のき【檐】 (17) 木13 6089/5C79 ▼エン（一〇八）

のき【簷】 (19) 竹13 6851/6453 ▼エン（一〇八）

のぎ【禾】 (5) 禾0 1851/3253 ▼カ（一三九）

のぎ【芒】 (6) 艹3 7174/676A ▼ボウ（一四一四）

のける【退ける】 (9) 辶6 教 3464/4260 ▼タイ（九八一）

のける【除ける】 (10) 阝7 教 2992/3D7C ▼ジョ（七三五）

のこぎり【鋸】 (16) 金8 2188/3578 ▼キョ（三三〇）

のこす【残す】 (10) 歹6 教 2736/3B44 ▼ザン（五九二）

のこす【遺す】 (15) 辶12 教 1668/3064 ▼イ（三八）

のこる【残る】 (10) 歹6 教 2736/3B44 ▼ザン（五九二）

のす【伸す】 (7) イ5 常 3113/3F2D ▼シン（七九一）

のす【熨す】 (15) 火11 6381/5F71 ▼イ（三八）

のせる【搭せる】 (12) 扌9 常 3775/456B ▼トウ（一一四七）

のせる【載せる】 (13) 車6 常 2660/3A5C ▼サイ（五五九）

同訓異義 のせる

【載せる】物を何かの上におく。車などに積む。掲載する。「机の上にパソコンを載せる」「トラックに荷物を載せる」「会員名簿に連絡先を載せる」「額に冷たいタオルを載せる」「雑誌に写真を載せる」

【乗せる】人を車にのせる。言葉巧みに人をだます。調子に合わせる。「車に家族を乗せる」「口車に乗せる」「計略に乗せる」「リズムに乗せる」「電波に乗せる」

【搭せる】乗り物にのせる。「飛行機に搭せる」

のぞく【除く】 (10) 阝7 教 2992/3D7C ▼ジョ（七三五）

のぞく【覗く】 (12) 見5 3933/4741 ▼シ（六二〇）

のぞく【覘く】 (12) 見5 7513/6B2D ▼テン（一一一八）

のぞく【窺く】 (16) 穴11 1714/312E ▼キ（二八三）

のぞむ【望む】 (11) 月7 教 4330/4B3E ▼ボウ（一四一八）

のぞむ【覬む】 (17) 見10 7517/6B31 ▼キ（二八四）

のぞむ【臨む】 (18) 臣11 教 4655/4E57 ▼リン（一五八七）

同訓異義 のぞむ

【望む】遠くのほうから眺める。そうなって欲しいと期待する。「遠く富士山を望む港町」「進学を望む」「平和を望む」

【臨む】目の前にする。面する。君臨する。立ち向かう。ある場所に出る。「湖に臨むホテル」「日本海に臨む豪雪地帯」「試験に臨む」「その場に臨んで」

【覬む】分を過ぎたことを願いのぞむ。

のたまう【宣う】 (9) 宀6 教 3275/406B ▼セン（八九八）

のたまわく【曰わく】 (4) 曰0 5909/5B29 ▼エツ（九三）

のち【△后】(6) 口3 教 2501/3921 ▼コウ(四七九)
のち【後】(9) 彳6 教 2469/3865 ▼ゴ(四六三)
ノット【△節】(13) ⺮7 教 3265/4061 ▼セツ(八八七)
のっとる【△法る】(8) 氵5 教 4301/4B21 ▼ホウ(一四〇二)
のっとる【△則る】(9) 刂7 教 3407/4227 ▼ソク(九五九)
のっとる【△憲る】(16) 心12 教 2391/377B ▼ケン(四三三)
のど【▲亢】(4) 亠2 4822/5036 ▼コウ(四七一)
のど【▲吭】(7) 口4 5066/5262 ▼コウ(四八三)
のど【△咽】(9) 口6 常 1686/3076 ▼イン(六三)
のど【喉】(12) 口9 常 2502/3922 ▼コウ(五〇五)
ののしる【▲詈る】(12) 言5 7542/6B4A ▼リ(一五五九)
ののしる【罵る】(15) 罒10 常 3945/474D ▼バ(一二三三)
のびる【伸びる】(7) 亻5 常 3113/3F2D ▼シン(七九一)
のびる【延びる】(8) 廴5 教 1768/3164 ▼エン(九六)
のびる【▲暢びる】(14) 日10 3610/442A ▼チョウ(一〇六五)

同訓異義 **のびる**

【伸びる】それ自身の全体が長くなる。曲がったものがまっすぐになる。発展する。「身長が伸びる」「木の芽が伸びる」「シャツのしわが伸びる」「成績が伸びる」「日脚が伸びる」

【延びる】時間や距離が長くなる。溶けて広がる。「期限が延びる」「寿命が延びる」「鉄道が隣県まで延びる」「クリームがよく延びる」「終了時刻が予定より延びる」

【▲暢びる】長くのびる。ゆったりする。

のべ【延べ】(8) 廴5 教 1768/3164 ▼エン(九六)
のべる【▲抒べる】(7) 扌4 5719/5933 ▼ジョ(七三四)
のべる【延べる】(8) 廴5 教 1768/3164 ▼エン(九六)
のべる【述べる】(8) 辶5 教 2950/3D52 ▼ジュツ(七一四)
のべる【△叙べる】(9) 又7 常 2986/3D76 ▼ジョ(七三四)
のべる【△宣べる】(9) 宀6 教 3275/406B ▼セン(八九八)
のべる【△展べる】(10) 尸7 教 3724/4538 ▼テン(一一一五)
のべる【△陳べる】(11) 阝8 常 3636/4444 ▼チン(一〇七四)
のべる【▲舒べる】(12) 舌6 4816/5030 ▼ジョ(七三六)
のべる【△演べる】(14) 氵11 教 1773/3169 ▼エン(一〇五)
のぼせる【上せる】(3) 一2 教 3069/3E65 ▼ジョウ(七六八)
のぼり【▲幟】(15) 巾12 5480/5670 ▼シ(六二五)
のぼる【上る】(3) 一2 教 3069/3E65 ▼ジョウ(七六八)
のぼる【昇る】(8) 日4 常 3026/3E3A ▼ショウ(七四四)
のぼる【▲陞る】(10) 阝7 7994/6F7E ▼ショウ(七五〇)
のぼる【▲陟る】(10) 阝7 8002/7022 ▼チョク(一〇七二)
のぼる【登る】(12) 癶7 教 3748/4550 ▼トウ(一一四九)
のぼる【△騰る】(20) 馬10 常 3813/462D ▼トウ(一一五八)
のぼる【▲躋る】(21) 𧾷14 7719/6D33 ▼セイ(八七〇)

同訓異義 **のぼる**

【上る】上のほうへ移る。高いところへ進む。ほか、広く用いる。「階段を上る」「屋根に上る」「川の上流へ上る」「上り坂」「上り列車で行く」「被害額は数億円に上る」「話題に上る」

【昇る】高いところへ向かって勢いよくあがる。「太陽が昇る」「天に昇る」「神殿に昇る」「専務の地位まで昇りつめる」

【登る】低いところから高いところへ移って行く。「夏山へ登る」「木によじ登る」「演壇に登る」

のみ【▲蚤】(10) 虫4 3934/4742 ▼ソウ(九三七)
のみ【▲鑿】(28) 金20 7956/6F58 ▼サク(五六九)
のむ【▲呑む】(7) 口4 4794/4F7E ▼ドン(一一八一)
のむ【△咽む】(9) 口6 常 1686/3076 ▼イン(六三)
のむ【△喫む】(12) 口9 常 2142/354A ▼キツ(二九五)
のむ【飲む】(12) 食4 教 1691/307B ▼イン(六六)
のむ【▲嚥む】(19) 口16 5175/536B ▼エン(一〇八)

同訓異義 **のむ**

【飲む】水や酒などの液体をのどに入れる。「茶を飲む」「ビールを飲む」「薬を飲む」

【▲嚥む】つかえた食物をのみくだす。「嚥下(エンゲ)」

【△喫む】たばこの煙などを吸いこむ。「たばこを喫み過ぎる」「阿片(アヘン)を喫む」

【▲呑む】かまないでのどを通す。受け入れる。がまんする。「蛇(へび)が蛙(かえる)を呑む」「濁流に呑まれる」「鵜(う)呑みにする」「雰囲気に呑まれる」「厳しい条件を呑む」「涙を呑む」「息を呑む」「声を呑む」「清濁併せ呑む」

のり【△式】(6) 弋3 教 2816/3C30 ▼シキ(六四二)
のり【△典】(8) 八6 教 3721/4535 ▼テン(一一一三)
のり【△法】(8) 氵5 教 4301/4B21 ▼ホウ(一四〇二)
のり【△則】(9) 刂7 教 3407/4227 ▼ソク(九五九)
のり【△律】(9) 彳6 教 4607/4E27 ▼リツ(一五五四)
のり【△紀】(9) 糸3 教 2110/352A ▼キ(二六七)
のり【▲矩】(10) 矢5 2275/366B ▼ク(三六九)
のり【△規】(11) 見4 教 2112/352C ▼キ(二七四)
のり【△程】(12) 禾7 教 3688/4478 ▼テイ(一〇九六)

のり【△儀】(15) 亻13 常 2123/3537 ▼ギ(一二八九)
のり【△範】(15) ⺮9 常 4047/484F ▼ハン(一二六七)
のり【▲糊】(15) 米9 2450/3852 ▼コ(四五九)
のり【△憲】(16) 心12 教 2391/377B ▼ケン(四三三)
のる【△伸る】(7) 亻5 常 3113/3F2D ▼シン(七九一)
のる【乗る】(9) ノ8 教 3072/3E68 ▼ジョウ(七七二)
のる【載る】(13) 車6 常 2660/3A5C ▼サイ(五五九)
のる【▲駕る】(15) 馬5 1879/326F ▼ガ(一六六)
のる【△騎る】(18) 馬8 常 2119/3533 ▼キ(二八四)
のろ【▲麕】(19) 鹿8 8343/734B ▼キン(三六五)
のろい【△鈍い】(12) 金4 常 3863/465F ▼ドン(一一八一)
のろう【呪う】(8) 口5 常 2886/3C76 ▼ジュ(六八二)
のろう【▲詛う】(12) 言5 7539/6B47 ▼ショ(七二九)
のろし【▲烽】(11) 火7 6366/5F62 ▼ホウ(一四〇六)
のろし【▲燧】(17) 火13 6392/5F7C ▼スイ(八三二)
ノン【△暖】(13) 日9 教 3540/4348 ▼ダン(一〇二五)

は 波 ハ 八

ハ【巴】
(4) 己1 準1 3935/4743

音 ハ 訓 ともえ・うずまき

意味 ともえ。うずまき。うずまき形の模様。参考 とぐろを巻いたヘビの形を描いた字。

【▲巴】ともえ ①鞆(とも)に描いた紋様。水の渦巻とも、ヘビをかたどったともいわれる。②紋所の名。③円形を描くように一方向に回るようす。「決勝戦は三つ―だ(三者が入り乱れて争うこと)」

【▲巴投げ】ともえなげ 柔道の技の一つ。自分の体を仰向けに倒し、相手の腹に自分の足の裏を当てて自分の頭ごしに投げ飛ばす技。

【▲巴豆】ハズ トウダイグサ科の常緑小高木。熱帯アジア原産。春、黄白色の花が総状に咲く。実は楕円(ダエン)形で、三個の白い種子をもつ。種子からとった巴豆油は薬用。

【▲巴旦▲杏】ハタンキョウ ①アーモンドの別称。▼扁桃(アーモンド)(一三八〇) ②スモモの一品種。果実は肉が厚く、熟すと甘い。季 夏

【▲巴調】ハチョウ ①俗歌。俗曲。②自作の詩歌の謙称語。由来 中国四川省、巴の地方(重慶地方)の人のうたう歌の調子の意から。

【〈▲巴布〉】パップ 薬剤を塗った布を皮膚の患部にはって治療すること。また、その薬剤。参考「パップ」はオランダ語から。

【〈▲巴奈馬〉】パナマ 中央アメリカ最南端の共和国。パナマ運河が横断している。首都はパナマ。

【〈▲巴里〉】パリ フランス共和国の首都。セーヌ川中流域を同心円状に西欧の主要な文化・政治・経済都市として発展。美術品・衣装類の生産が盛ん。

【〈▲巴▲爾幹〉】バルカン ヨーロッパ南東部、バルカン半島一帯の称。

ハ【叭】
(5) 口2 1 5060/525C

音 ハ 訓

意味 楽器の「喇叭(ラッパ)」に用いられる字。

ハ【把】
(7) 扌4 常 準2 3936/4744

音 ハ 訓 外とる・にぎる

筆順

意味 ①とる。つかむ。にぎる。「把握」「把持」②とって。にぎり。つか。「把手」③たば。また、たばねたものを数える語。

下つき 拱把(キョウハ)・刀把(トウハ)

【〈把手〉】とって 手で握って扱うのに便利なように、器具や機械などに取りつけたつまみ。表記「取っ手」とも書く。参考「ハシュ」とも読む。

【△把る】とる 手に持つ。手に握る。つかむ。「棚から本を一冊―って読む」「武器を―る」

【把握】ハアク ①しっかりつかむこと。「部下を―する」②しっかりと理解すること。「状況を―することが肝要だ」類 把捉(ハソク)

【把持】ハジ しっかりと手に持つこと。また、権力などを独占的に握ること。

【把手】ハシュ 「把手(とって)」に同じ。

【把捉】ハソク ①かたく握ること。②難しい文章や複雑な情勢を、しっかりと理解すること。「話の要点を―する」類 把握

【把】ワ 束ねたものを数える語。「ほうれん草を二―買う」参考 手でひと握りにする意。「バ・パ」とも読む。

ハ【坡】
(8) 土5 1 5219/5433

音 ハ・ヒ 訓 つつみ・さか

意味 ①つつみ。土手。「坡塘(ハトウ)」②さか(坂)。「坡陀(ハダ)」③ななめ。ななめの。

【▲坡】つつみ 土を盛った、どて。表記「陂」とも書く。

ハ【怕】
(8) 忄5 1 5570/5766

音 ハ・ハク 訓 おそれる

意味 ①おそれる。こわがる。②しずか。心が安らかなさま。

【▲怕れる】おそ-れる 気づかい、不安がる。あやぶみ心配する。また、いやがる。「冬の寒さを―れる」

【〈▲怕▲痒樹〉】さるすべり ミソハギ科の落葉高木。由来「怕痒樹」は漢名か

ら。▼百日紅（さるすべり）（一三〇〇）

【杷】ハ★

(8) 木4 準1 3939 4747 音 ハ 訓 さらい

意味 ①さらい。地面をならしたり、穀物をかき集めたりする農具。②バラ科の常緑高木「枇杷（びわ）」に用いられる字。

【杷】 さらい かきならす農具。木製などで、歯を粗く並べた横板に長い柄がつき、土をかきならしたり、ごみなどを集めたりするもの。

【波】ハ

(8) 氵5 常 教 8 3940 4748 音 ハ 訓 なみ

筆順 、 ⺀ 氵 氵 沪 沪 波 波

意味 ①なみ。「波頭」「波浪」②なみのような動きや形をとるもの。「波長」「電波」参考「波」の草書体が平仮名の「は」になった。

下つき 音波（オン）・寒波（カン）・金波（キン）・銀波（ギン）・秋波（シュウ）・短波（タン）・長波（チョウ）・津波（つなみ）・電波（デン）・風波（フウ）・余波（ヨ）

【波】 なみ ①水面に起こる起伏運動。「風が吹いて—が立つ」②振動が伝わる現象。波動。「光の—」③物事の動向に変化や動揺の起こる状態。「時代の—に乗る」④①の形に似た連続した起伏。「甍（いらか）の—」

【波風】 なみかぜ ①波と風。風によって波が立つこと。「—が強まる」②苦労の多いたとえ。また、もめごとのたとえ。「浮世の—」「平和な家庭に—が立つ」

【波路】 なみじ 船の通る道。「—はるかを進む船」類 航路・船路

【波の花】 なみのはな ①波が白く砕け散るのを花にたとえた言葉。季冬 ②塩の別称。もとは女房詞（ことば）。

【波枕】 なみまくら ①船中に寝ること。船の旅。②波の音が枕元に聞こえてくる旅寝のこと。

【波及】 ハキュウ 波が伝わるように、物事の影響がだんだんに周囲におよぶこと。「世界中に—する問題だ」

【波及効果】 ハキュウコウカ 影響が徐々に広がり伝わっていき、広い範囲に効き目がおよんでいくこと。

【波状】 ハジョウ ①波のようにうねった形。②波のように、一定の間隔をおいて繰り返すこと。「—攻撃」

【波長】 ハチョウ ①波動の隣り合う山と山、谷と谷の距離。位相の等しい二点間の距離。②考え方・感じ方の調子。「彼とは—が合う」

【波濤】 ハトウ 大波。「万里の—」参考「濤」は大きな波の意。

【波動】 ハドウ ①波の動き。波のうねり。②波のような動き。波のように周期的な高低の変化。「景気の—」

〈波止場〉・波戸場 はとば 陸から海中に突き出た構築物。波をよけて船を泊め、乗客の乗り降りや荷物の上げ下ろしをしたりする場所。船着き場。類 埠頭（フトウ）

【波布】 ハブ クサリヘビ科のヘビ。沖縄や奄美（あまみ）諸島にすむ。体長一〜二メートル、頭は三角形で大きい。背面は黄褐色で不規則な暗褐色の斑紋（ハンモン）がある。猛毒をもつ。季夏 表記「飯匙倩」とも書く。

【波布茶】 ハブチャ マメ科のハブソウやエビスグサの種子を炒（い）って煎（せん）じた茶。薬用で、健胃・解毒に効能がある。

【波紋】 ハモン ①石などを水に投げたとき、水面に広がる波の模様。②周囲に、次々に及ぶ物事の影響。「事件の—が広がっていた」

【波羅蜜】 ハラミツ ①仏 生死にとらわれている世界、此岸（シガン）を脱して、彼岸（ヒガン）に達すること。永遠の悟りを開くこと。また、そのための修行。波羅蜜多（ハラミッタ）。②クワ科の常緑高木。インド原産。葉は楕円（ダエン）形で黄色。果実は円筒形で、淡黄色に熟す。実は食用、材は建築・器具用。参考「パラミツ」とも読む。

【波瀾】 ハラン ①もめごと。ごたごた。「ひと—ありそうだ」②物事に変化・起伏があること。「—の幕開け」参考「瀾」は、大波の意。「波乱」で代用することもある。

【波瀾万丈】 ハランバンジョウ 物事の変化が激しく、劇的であるさま。「—の生涯」参考「万丈」はきわめて高いこと、深いこと。

〈波斯菊〉 はるしゃぎく キク科の一年草。北アメリカ原産。夏、中心が赤褐色で蛇の目模様の黄色い頭花をつける。由来「ハルシャ」はペルシャ（現イラン）の転じた語だが、ペルシャには自生しない。表記「春車菊」とも書く。

【波浪】 ハロウ なみ。大波小波。「—が洗う岩場」「—注意報が発令された」参考「浪」は大波の意。

〈波斯〉 ペルシャ イランの旧称。

〈波蘭〉 ポーランド ヨーロッパ東部、バルト海の南岸にある共和国。首都はワルシャワ。

【爬】ハ★

(8) 爪4 1 6408 6028 音 ハ 訓 かく・はう

意味 ①か（掻）く。ひっかく。「掻爬（ソウハ）」②はう。はっていく。「爬行」

下つき 掻爬（ソウハ）

【爬く】 かく つめを立ててこする。つめでひっかく。「背中を—く」「こびりついた汚れを—いて取る」

【爬行】 ハコウ 地面をはって行くこと。

【爬掻】 ハソウ つめでかくこと。

【爬虫類】 ハチュウルイ 脊椎（セキツイ）動物爬虫綱に属するものの総称。多くは卵生で、肺呼吸をする変温動物。体は鱗（うろこ）や甲羅におおわれている。ヘビ・トカゲ・ワニ・カメなど。

【爬羅剔抉】ハラテッケツ ①人材を探し出すこと。②人の欠点を暴き出すこと。かき集めえぐり出す意から。「爬」はつめでかき寄せる、「羅」は網で鳥を残らず捕る、「剔抉」はそぎ取る意。〈韓愈の文〉 参考「ハラテキケツ」とも読む。

ハ【派】(9) 氵6 教 常 5 3941 4749
音 ハ 外ハイ
訓 外わかれる・つかわす

筆順 丶 丶 氵 氵 汀 沪 沂 派 派

意味 ①わかれる。分かれ出る。「派生」②一つの元から分かれ出たもの。「学派」「宗派」「二派が争う」③つかわす。さしむける。「派遣」「派兵」

下つき 一派・右派・学派・教派・硬派・左派・宗派・新派・党派・特派・軟派・分派・別派・門派・流派

【派遣】ハケン 命令して任務を与え、ある地へ差し向けること。「外国に大使を―する」

【派出】ハシュツ 任務のため、出向かせること。出張させること。「―所に勤務する」

【派生】ハセイ 同じ源から分かれ生じること。また、そのもの。「予期せぬ問題が―した」

【派手】ハで はなやかで目立つこと。おおげさなこと。また、そのさま。「―な色」「―な身振り」対地味

【派閥】ハバツ 組織の内部で出身・利害などで結びついた排他的な集団。「―の解散」

【△派かれる】わか-れる 元から分かれて出る。「本部から―れた支部」

ハ【玻】(9) 王5 1 6464 6060
音 ハ
訓

意味 七宝の一つ「玻璃」に用いられる字。

【玻璃】ハリ ①仏七宝の一つ。水晶。梵語の音訳による語。「瑠璃も―も照らせば光る」②ガラスの別称。

ハ【破】(10) 石5 教 常 6 3943 474B
音 ハ
訓 やぶる・やぶれる 外われる

筆順 一 ア 不 石 石 矿 矿 矿 砂 破

意味 ①やぶる。やぶれる。こわす。こわれる。「破壊」「破局」②道にはずれる。きまりからはずれる。「破戒」「破格」③まかす。打ち負かす。「撃破」「論破」④やり抜く。しとげる。「読破」「走破」⑤雅楽・謡曲などの構成部分の一つ。「序破急」

下つき 喝破・看破・撃破・小破・走破・大破・打破・踏破・読破・突破・難破・爆破・発破・連破・論破

〈破落戸〉ごろつき 一定の住所や職をもたず、ゆすりやたかりなどの悪事をはたらくならず者。無頼漢。無頼。

【破瓜】ハカ ①女性の一六歳。瓜の字を二つに分けると、八の字が二つになることから。②男性の六四歳。八の八倍から。③処女膜が性交により破れること。

【破戒】ハカイ 仏戒めを破ること。特に、受戒した僧が戒律にそむくこと。「―僧」対持戒

『破戒無慙』ハカイムザン 仏仏教に帰依しながら、五戒を破り、しかも恥じることがないこと。「慙」は恥の意。

【破潰】ハカイ ①軍隊が、やぶれくずれること。また、やぶりくずすこと。②堤防や山などが、やぶれくずれること。

【破壊】ハカイ こわすこと。こわれること。「復旧のため障害物を―した」類破損・損傷 対建設 参考「ハエ」とも読む。

【破格】ハカク 先例・決まりを破ること。なみはずれ。「―の待遇を受ける」「―の文章」

【破瓜病】ハカビョウ 統合失調症の一つ。一〇代後半から二〇代前半に不眠や憂鬱症などを経て幻聴・妄想などを起こす。由来 破瓜の時期(思春期)に起こることから。

【破顔一笑】ハガンイッショウ 顔をほころばせて、にっこりと笑うこと。参考「破顔」はまじめな顔をほころばせる意。

【破棄】ハキ ①破り捨てること。「不要な書類を―した」②取り決めや約束を取り消すこと。「婚約を―する」対締結 ③上級裁判所で、原判決を取り消すこと。「一審を―する」書きかえ「破毀」の書きかえ字。

【破毀】ハキ ▼書きかえ 破棄

【破鏡】ハキョウ 夫婦が離別すること。離婚のたとえ。「―再び照らさず」故事 昔中国で、離れて暮らす夫婦が鏡を二つに割って一片ずつを持った。のちに妻の不義でその一片がカササギとなって夫のもとに飛んで行き、離縁になった故事から。〈『神異経』〉

『破鏡重円』ハキョウジュウエン 生き別れた夫婦がまた一緒になること。故事 中国、南朝、陳の徐徳言と楽昌公主の夫婦が、戦乱のために別れ別れになるとき、鏡を破って半分に分け、再会のときの証としたという故事から。〈『太平広記』〉

【破局】ハキョク 事がやぶれた局面。悲劇的な結末。「結婚生活が―を迎える」

【破婚】ハコン 婚約または結婚を解消すること。類離婚・破談

【破砕】ハサイ 破れくだけること。くだくこと。こなごなにすること。「鉱石を―する」書きかえ「破摧」の書きかえ字。

【破摧】ハサイ ▼書きかえ 破砕

【破産】ハサン ①財産をすべて失うこと。身代限り。類蕩産 ②借金を返せなくなったとき、その債務者の全財産を債権者に対して公平に支払わせる裁判上の手続き。「自己―」「―宣告を受ける」類倒産

【破邪】ハジャ 仏邪道を打ち破ること。誤った説を説きふせること。「―の利剣」

『破邪顕正ハジャケンショウ』 仏邪道・邪説を打ち破り、正しい道理をあらわし広めること。

【破傷風ハショウフウ】 破傷風菌が傷口から体内に入って、中枢神経をおかす急性の病気。症状は高熱・硬直・けいれんなど。重症の場合は一日以内に死亡することもある。

【破水ハスイ】 出産のとき、子宮内で胎児を包み保護する羊膜が破れて、中の羊水が体外に流れ出ること。また、その羊水。

【破線ハセン】 等間隔に切れ目の入った線。類点線 対実線

【破損ハソン】 破れこわれること。ものがいたむこと。また、破きこわすこと。「建物の―状況を調べる」

【破綻ハタン】 物事がだめになること。「会社の経営が―する」類失敗・破局 参考「綻」はほころびる意。

【破談ハダン】 ①一度決めた約束や相談事などを取り消すこと。「契約交渉を―にする」②縁談をとりやめること。類破婚

【破竹ハチク】 ①タケを割ること。②「破竹の勢い」の略。「―の一〇連勝」参考②タケは最初の端に亀裂キレツが入ればあとは容易に割れることから。

『破竹の勢い』 勢いが激しく、止めがたいこと。立ち向かうことのできない勢いのたとえ。《『晋書シンジョ』》「―で勝ち進む」類飛ぶ鳥を落とす

〈破天連〉バテレン ①キリスト教が日本に伝来した当時の外国人の宣教師・司祭。②キリスト教。また、その信者。表記「伴天連」とも書く。由来ポルトガル語で神父の意から。

【破天荒ハテンコウ】 それまでだれもなし遂げたことのないことを初めて行うこと。天地がまだ分かれる前の混沌コントンとした状態を破り開く意から。故事中国、唐の時代、毎年、荊州ケイシュウから官吏登用試験を受ける者がいても、実際に合格する者はいなかった。そのことを「天荒」と呼んでいたが、劉蛻リュウゼイという者が初めて合格し、天荒を破ったという故事から。《『北夢瑣言ホクボウサゲン』》

【破風ハフ】 日本建築で、切妻・入母屋造の屋根の両側につける合掌形の飾り板。また、それに囲まれた所。形や位置によって唐から破風・千鳥破風などがある。

【破△釜沈船ハフチンセン】 戦争に行くにあたって、生きて帰ろうと思わず、決死の覚悟をすること。出陣に際し、炊事用の釜かまを打ちこわし、軍船を沈める意から。《『史記』》類背水の陣

【破片ハヘン】 堅い物などのこわれたかけら。「ガラスの―が飛び散った」類砕片・断片

【破防法ハボウホウ】 「破壊活動防止法」の略。暴力的な破壊活動を行った団体に対し、規制措置と刑罰規定を定めた法律。一九五二(昭和二七)年制定。

【破魔矢ハマや】 ①悪魔を払い除くという破魔弓につがえる矢。のちに男児の玩具となり、現在は正月の縁起物。季新年 ②棟むね上げ式で、鬼門の方角に破魔弓とともに立てる二本の矢の飾り。

【破目ハめ】 追いこまれた立場。苦しい境遇。「とうとう退学する―になった」表記「羽目」とも書く。

【破滅ハメツ】 破綻ハタンを生じて滅亡すること。すっかりだめになること。「身の―」

【破門ハモン】 ①師が弟子に対して師弟関係を絶ち、門人から外すこと。②仏宗門から信者を除名すること。

【破約ハヤク】 約束を取り消すこと。また、約束を実行しないこと。類解約・破談

【破裂ハレツ】 ①勢いよく破れさけること。「寒さで水道管が―した」②交渉がまとまらないこと。もの別れ。「談判が―した」類決裂

【破廉恥ハレンチ】 恥を恥とも思わないさま。恥知らず。厚顔無恥。「―罪」

【破る】やぶる ①紙や布などを切り裂く。「表紙を―る」②安定した状態を乱す。「静寂を―る」③だめにする。違反する。「約束を―る」④相手を負かす。「優勝候補を―る」⑤記録を更新する。「記録の壁を―る」⑥傷つけこわす。「敵の囲みを―る」「窓ガラスを―る」

【破れても小袖】やぶれてもこそで 元がよければ、たとえ古びたものでもそれだけの価値があることのたとえ。「小袖」は絹の綿入れのことで、たとえ破れても絹のよさは残っているという意から。類腐っても鯛たい・ちぎれても錦にしき

【△破れ】やれ ①やぶれること。また、そのもの。②印刷物のきずもの。刷りやれ。「―紙」

【△破り子・△破り△籠】わりご ヒノキの薄い白木で作った弁当箱。中に仕切りがあり、ふたがついている。また、それに入れた携帯用の食物。

【△破れ鐘】われがね ①ひびの入った釣り鐘。②太くて濁った声のたとえ。「―のような大音声ダイオンジョウ」

【△破れ鍋に△綴じ蓋】われなべにとじぶた どんな人にも似つかわしい配偶者がいるというたとえ。また、配偶者は自分にふさわしい者がよいというたとえ。こわれた鍋にも、探せばそれに合う蓋があるものだという意から。類ねじれ釜かまにねじれ蓋

【△破れる】われる くだける。こわれる。「ガラスが―れる」

ハ【笆】(10) 竹 4 1 6786 / 6376

音 ハ
訓 いばら・いばらだけ・たけがき

意味 ①いばらだけ。とげのあるタケ。いばらだけで作ったかきね。「笆籬ハリ」②たけがき。

ハ【耙】(10) 耒 4 1 7050 / 6652

音 ハ
訓 まぐわ

意味 まぐわ。土をならす農具。

ハ【菠】(11) 艹8 1 7242 684A 音 ハ・ホウ 訓

意味 野菜の「菠薐(ほうれんそう)」に用いられる字。

【菠薐草】ホウレンソウ アカザ科の二年草。西アジア原産。野菜として世界各地で栽培。ビタミンA・Cや鉄分などに富み、代表的な緑黄色野菜。季春 由来「菠薐」は漢名からで、ネパール、またはペルシャのことをいう。「菠薐」の「ハロウ」の発音が変わって「ホウレン」となった。表記「法蓮草・鳳蓮草」とも書く。

ハ【琶】(12) 王8 準1 3942 474A 音 ハ 訓

意味 弦楽器の「琵琶(ビワ)」に用いられる字。

ハ【葩】(12) 艹9 1 7261 685D 音 ハ 訓 はな・はなびら

意味 ①はな。はなびら。「葩卉(ハキ)」②はなやか。

下つき 瓊葩(ケイハ)・紅葩(コウハ)

ハ【跛】(12) 𧾷5 1 7676 6C6C 音 ハ・ヒ 訓 かたよる

意味 ①片足が不自由なこと。「跛行」②かたよる。かたむく。片足で立つ。

【跛行】ハコウ ①片足が不自由で、引きずるように歩くこと。②物事がつりあいのとれない状態で進むこと。「—景気」

ハ【頗】(14) 頁5 準1 3192 3F7C 音 ハ 訓 かたよる・すこぶる

意味 ①かたよる。公平でない。「偏頗」②すこぶる。たいそう。

下つき 偏頗(ヘンパ)

【頗る】すこぶ‐る たいそう。非常に。「体調は—よろしい」「彼女は—つきの美人だ」「—迷惑な話だ」

ハ【播】(15) 扌12 準1 3937 4745 音 ハ・バン 訓 まく・しく

意味 ①まく。種をまく。「播種」②しく。広く及ぼす。「伝播」③さすらう。のがれる。④「播磨(はりま)の国」の略。「播州」

下つき 伝播(デンパ)

【播種】ハシュ 作物の種をまくこと。種まき。「—期」

【播植・播殖】ハショク 種をまき、苗を植えること。

〈播磨〉はりま 旧国名の一つ。現在の兵庫県南西部。播州(バンシュウ)。

【播く】ま‐く ①種を育てるため、土に散らしてうめる。「—かぬ種は生えぬ」②物事の原因をつくる。「自分が—いた種」

ハ【簸】(19) 竹13 準1 4086 4876 音 ハ 訓 ひる・あおる

意味 ①ひる。箕(み)で穀物のぬかやごみを除く。②あおる。あおりあげる。

【簸却】ハキャク 箕(み)であおってふるい分けるように、悪い部分を捨て去ること。「因習を—する」

【簸る】ひ‐る 箕(み)で穀物をふるって、ちり・ぬかを除く。

ハ【覇】(19) 襾13 常 準2 3938 4746 音 ハ 訓 外 はたがしら

〔霸〕 1 5917 5B31

筆順

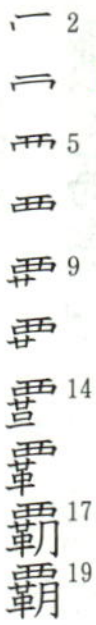

意味 ①はたがしら。武力で天下をしたがえるもの。「覇王」「覇道」②勝者。競技などで優勝すること。「覇権」「制覇」「覇を競う」

下つき 王覇(オウハ)・制覇(セイハ)・争覇(ソウハ)・連覇(レンパ)

〈覇王樹〉サボテン サボテン科の植物の総称。▼仙人掌(サボテン)(八四四)

【覇王】ハオウ ①覇者と王者。武力で治める覇道と仁徳で治める王道。②武力や策略で諸侯をしたがえ、天下を治める者。「覇者の長、—」

【覇気】ハキ ①進んでしようとする意気込み。「若者らしい—に満ちている」②他に勝ち抜こうという意気込み。類 野心・野望

【覇業】ハギョウ 力によって天下を統一する仕事。また、覇者としての事業。「連続優勝の—を遂げる」

【覇権】ハケン 力で他をしたがえる覇者の有する権力。また、競技などで優勝して得る名誉。「—を握る」「—争いを繰り広げる」

【覇者】ハシャ ①武力や権力によって天下を治める者。対 王者 ②競技などで優勝した人やチーム。「連続して全国大会の—となった」類 勝者

【覇】はたがしら 諸侯の盟主。覇者。参考「旗頭」と書けば、集団のかしら・首領の意。

【覇道】ハドウ 武力や策略によって天下を治める方法。「—を争う」対 王道

ハ【霸】(21) 襾13 5917 5B31 ▼覇の異体字(一二一九)

は【刃】(3) 刀1 常 3147 3F4F ▼ジン(八一七)

は【牙】(4) 牙0 常 1871 3267 ▼ガ(一六一)

は【葉】(12) 艹9 教 4553 4D55 ▼ヨウ(一五三二)

は【歯】(12) 歯0 教 2785 3B75 ▼シ(六二〇)

は【端】(14) 立9 常 3528 433C ▼タン(一〇一七)

バ【芭】(7) 艹4 準1 3946 474E 音 バ・ハ 訓

意味 バショウ科の多年草「芭蕉(バショウ)」に用いられる字。

【芭蕉】バショウ バショウ科の多年草。中国原産。高さ約五メートルで、葉は二メートルくらいの長い楕円(ダエン)形。夏から秋、淡黄色の花穂がつき、ま

れに結実する。葉から繊維をとる。観賞用。薬用。季秋 由来「芭蕉」は漢名から。

【▲芭▲蕉布】《バショウフ》 バショウの葉の繊維で織った布。蚊帳《かや》や着物などに用いる。沖縄の名産。季夏

バ【馬】 (10) 馬0 教 常 9 3947 474F 音 バ 外メ・マ 訓 うま・ま

筆順 丨 厂 F F F 馬 馬 馬 馬 馬

意味 うま。ウマ科の哺乳《ホニュウ》動物。「馬脚」「騎馬」

下つき 鞍馬《アンバ》・汗馬《カンバ》・騎馬《キバ》・牛馬《ギュウバ》・曲馬《キョクバ》・軍馬《グンバ》・競馬《ケイバ》・下馬《ゲバ》・犬馬《ケンバ》・車馬《シャバ》・駿馬《シュンメ》・乗馬《ジョウバ》・人馬《ジンバ》・駄馬《ダバ》・竹馬《チクバ》《たけうま》・調馬《チョウバ》・伝馬《テンマ》・駑馬《ドバ》・木馬《モクバ》・落馬《ラクバ》

【〈馬酔木〉】《あせび》 ツツジ科の常緑低木。山地に自生。早春、つぼ形の白い小花を総状につける。葉や枝は有毒。葉は殺虫剤に用いる。季春 由来ウマが葉を食べると酔って動けなくなることから。参考「あしび」とも読む。

【馬】《うま》 ①ウマ科の哺乳《ホニュウ》動物。顔が長く、たてがみがある。あしは丈夫で、よく走る。乗用・運搬・耕作などに用いる。また、食用。②踏み台。脚立。③将棋の駒《こま》。成角《なりカク》。④「つけうま」の略。不払いの遊興費を取り立てるため、客の家までついて行く人。

『馬には乗ってみよ、人には添うてみよ』 何事も自分自身で直接経験して判断を下すべきであるという教え。ウマの良し悪しは実際に乗ってみなくては分からないし、人柄も結婚して一緒に暮らしてみなければ分からない意から。参考「人には添うてみよ、馬には乗ってみよ」ともいう。

『馬の耳に念仏』 どんなに有益な忠告をしても、聞き流すだけで効果のないことのたとえ。ウマに念仏を聞かせてもありがたさが分からない意から。類馬耳東風

【馬印・馬▵標】《うまじるし》 昔、戦場で大将のウマのそばに立てた目印。類馬幟《うまのぼり》

〔馬印〕

【〈馬柵〉・〈馬塞〉】《うませ》 ウマを追いこんで囲っておく柵《サク》。うまふせぎ。

【馬面剥】《うまづらはぎ》 カワハギ科の海魚。日本各地の沿岸にすむ。体は楕円《ダエン》形でカワハギより細長い。食用。ウマヅラ。ハゲ。由来目と口の間がウマのように長いことから。

【〈馬の陰貝〉】《うまのくぼがい》 コヤスガイの別称。由来形がウマの陰門に似ていることから。▼子安貝《こやすがい》(五九六)

【〈馬▲兜鈴〉・馬鈴草】《うまのすずくさ》 ウマノスズクサ科のつる性多年草。山野に自生。葉には悪臭がある。夏、ラッパ形の暗紫色の花をつけ、球形の実を結ぶ。由来「馬兜鈴」は漢名より。和名は、実が六つに裂けるさまがウマの首につけた鈴に似ることから。

【〈馬▲蹄草〉】《かきとおし》 シソ科のつる性多年草。道端に自生。春、淡紫色で唇形の花をつける。季春 由来「馬蹄草」は漢名より。和名は、茎が垣根を通り抜けて伸びることから。表記「連銭草・垣通」とも書く。

【〈馬▲鞭草〉】《くまつづら》 クマツヅラ科の多年草。由来「馬鞭草」は漢名から。▼熊葛《くまつづら》(三七九)

【〈馬▲鮫魚〉】《さわら》 サバ科の海魚。由来「馬鮫魚」は漢名から。▼鰆《さわら》(七一八)

【馬鹿】《バか》 ①愚かなこと。また、その人。対利口 ②無益でつまらないこと。「そんなーなことはするな」「ー話」 ③度を超えていること。「ーに暑い」「ー正直」 ④効き目がなくなること。「ねじがーになる」

『馬鹿と▲鋏《はさみ》は使いよう』 愚か者も使い方次第で役に立つのだから、人を使うには使い方が大切であるということ。鋏が使い方によって、切れたり切れなかったりすることから。参考「鋏」は「剃刀《かみそり》」ともいう。

『馬鹿の一つ覚え』 同じことを何度も言ったり、同じやり方に固執して、他のことを理解しないこと。愚か者は何か一つのことを覚えると、得意になって何度も同じことを繰り返すことから。

【馬▲珂貝・馬鹿貝】《バカがい》 バカガイ科の二枚貝。日本各地の浅海にすむ。淡い褐色で成長脈が目立つ。むき身は「青柳《あおやぎ》」という。食用。季春

【馬脚を▵露す】《バキャクをあらわす》 隠していた事柄や正体が露見することのたとえ。芝居でウマのあしの役をしていた人が、はずみで姿をあらわしてしまう意から。〈『元曲』〉類尻尾《しっぽ》を出す・化けの皮がはがれる

【馬牛襟▵裾】《バギュウキンキョ》 学問・知識のない人のたとえ。「襟裾」は衣服の意で、教養のない人はウマやウシが衣服を着ているにすぎないという意から。由来中国、唐《トウ》の文豪韓愈《カンユ》が、わが子の符《フ》に、学問の大切なことをさとした詩句から。

【馬具】《バグ》 ウマにつける装具の総称。鞍《くら》・轡《くつわ》・鐙《あぶみ》・手綱など。

【〈馬▲喰〉】《ばくろう》 ①ウマのよしあしを見分ける人。②牛馬の売買やその仲介をする人。表記「博労・伯楽」とも書く。

【馬耳東風】《バジトウフウ》 人の忠告や意見を心にとめず聞き流すこと。東風(春風)が吹くと人は感動するが、ウマは耳に東風が吹いても感動を示さない意から。〈李白《リハク》の詩〉「親切に忠告してもーだ」類馬の耳に念仏

【馬歯徒増】《バシトゾウ》 役に立つことは何もせず、いたずらに年ばかり

とったということ。「馬歯」は自分の年齢を謙遜していう語。類馬歯日増・馬歯加長

【馬氏の五常】バシのゴジョウ 才能豊かな兄弟のこと。由来 中国、三国時代、蜀の馬良の兄弟五人はそろって字に「常」の字を用い、それぞれ才人として有名であったことから。〈『三国志』〉

【馬車】バシャ 人や荷物を乗せ、ウマに引かせる車。「幌ー」「ー馬のように働く」

〈馬尾毛〉ばす ウマの尾の毛。織物や釣り糸などに使用する。

【馬△爪】バず ウマのつめ。鼈甲の代用とする。

【馬賊】バゾク 中国、清朝末期、中国北東部にウマに乗って出没した群盗。

【馬▲盥】バだらい ①ウマを洗う大きなたらい。②花器の一種で、①の形に似た水盤。参考「うまだらい」とも読む。

【馬丁】バテイ ウマの口取り。ウマの轡を引く人。類馬方・馬子 参考「丁」は下働きの男性の意。

【馬▲蹄】バテイ ウマのひづめ。「ー形」参考「蹄」は牛馬などのひづめの意。

【馬▲蹄▲螺】バテイラ ニシキウズガイ科の巻貝。房総半島以南に分布。潮間帯の岩礁にすむ。殻は円錐形で黒褐色。食用。

【馬場】ばば 乗馬の練習や競馬をする場所。「重ー（雨や雪で水分を含んだ競馬の馬場）」

【馬匹】バヒツ ウマ。一匹二匹とウマを数えることからの言葉。

【馬▲糞】バフン ウマのくそ。参考「まぐそ」とも読む。

〈馬▲銜〉はみ ①ウマの轡で、口にくわえさせる部分。②荒馬を静めるのに口にかませて頭にしばっておく縄。

【馬力】バリキ ①仕事率（動力）の単位。一秒間に七六キログラムの重量を一メートル動かし七四六ワットに相当する一英馬力と、七五キログラムの重量を動かし七三六ワットに相当する一仏馬力がある。②精力的な力。体力。活力。「やみくもにーをかける」③明治時代、荷馬車の別称。

【馬糧・馬料】バリョウ ウマのえさ。ウマの飼料。かいば。

【馬齢】バレイ 自分の年齢の謙称。犬馬の齢。「ーを重ねる」由来 ウマの歯が年齢につれて伸びることから。

【馬鈴▲薯】バレイショ ジャガイモの別称。ナス科の多年草。地下の塊茎は食用。季秋 由来 塊茎がウマにつける鈴に似ることから。

【馬▲楝・馬連】バレン 木版刷りの用具。平らな円形の芯を竹皮で包んだもので、版木にのせた紙の上をこする。

〈馬尾藻〉ほんだわら 褐藻類ホンダワラ科の海藻。浅海の岩に生育。よく分枝し、米俵形の気泡を多くつける。正月の飾りや飼料用。また、食用。ホダワラ。季新年 由来「馬尾藻」は漢名から。表記「神馬藻」とも書く。

【馬草】まぐさ 牛馬のえさにする干し草・わら。飼い葉。表記「秣」とも書く。

【馬▲櫛・馬▲梳】まぐし ウマの毛をすくくし。ウマのあかとり。参考「うまぐし」とも読む。

【馬▲鍬】まぐわ 横木に数本の歯をつけたものに柄をつけ、牛馬に引かせて田畑をならす道具。参考「まんが・うまぐわ」ともいう。

【馬子】まご ウマに人や荷物を乗せて運ぶ仕事をする人。馬引き。類馬方・馬丁

〈馬塞〉棒】ませボウ ウマが出られないように作った、柵や馬小屋の入り口をふさぐ棒。参考「ませんボウ」とも読む。

〈馬刀貝〉・〈馬▲蛤貝〉まてがい マテガイ科の二枚貝。▼蟶貝（一〇九九）

〈馬刀葉椎〉まてばしい ブナ科の常緑高木。暖地の海沿いに自生。葉は長楕円形で厚く光沢がある。初夏、黄褐色の花穂をつける。実はどんぐりで、食用。マテバガシ。サツマジイ。季秋 表記「全手葉椎」とも書く。

〈馬克〉マルク ドイツの旧通貨単位。一マルクは一〇〇ペニヒ。

〈馬来〉マレー マレー半島南部とその周囲の島々の呼称。マライ。

【馬△頭】メズ 仏 頭がウマで、体は人の形をした地獄にいる鬼。類牛頭

【馬△手】めて ①ウマの手綱を持つ手。右手。②右のほう。対①②弓手・左手 表記「右手」とも書く。

【馬△道】メドウ 殿舎と殿舎の間に板を渡して土間とし、必要なときにはずしてウマを引き入れた通路。また、長廊下の別称。参考「メド・メンドウ」とも読む。

【馬△寮】メリョウ 律令制で、ウマに関する仕事をつかさどった役所。また、その役人。左馬寮・右馬寮がある。参考「マリョウ」とも読む。

〈馬陸〉やすで ヤスデ目の節足動物の総称。陰湿地にすむ。体はムカデに似る。触れるとまるくなり、臭気を放つ。ゼニムシ。エンザムシ。オサムシ。季夏 由来「馬陸」は漢名から。

バ【婆】

(11) 女 8 常 3 3944 474C

音 バ 訓 外 ばば

筆順 ２ 氵 氵 汇 沪 波 波 婆 婆

意味 ①ばば。年老いた女性。「婆心」②梵語の音訳に用いられる。「塔婆」

下つき 産婆・娑婆・塔婆・老婆

〈婆さん〉ばあさん 「婆」に同じ。対爺さん

【婆▲娑羅】バサラ 派手に飾りたてたり、奔放にふるまったりすること。室町時代に流行した風潮。「ー絵」由来 仏教語の「跋折羅」からという。参考「バシャラ」とも読む。

【婆▲娑羅髪】バサラがみ 結わずに、ばらばらになった髪。乱れ髪。

【婆心】バシン くどすぎる親切。老婆心ロウバシン。

【△婆】ばば ①年取った女性。類老女 ②両親の母。祖母。対①②爺じじ ③乳母。④トランプのジョーカー。

【婆羅門教】バラモンキョウ 古代インドで、最上位の階級バラモン(司祭・僧侶ソウリョ)を中心として発展した民族宗教。

バ【罵】(15) 罒10 常 2 3945 474D 音 バ 訓 ののしる

筆順 丶 罒 罒 罒 罒 罒 罵 罵 罵 罵

意味 ののしる。口ぎたなくけなす。「罵声」「罵倒」

下つき 悪罵アクバ・嘲罵チョウバ・痛罵ツウバ・面罵メンバ

【罵る】ののしる ①どなる。声高にしかる。②悪口を言い立てる。「相手を口汚く―る」

【罵言】バゲン ののしる言葉。「相手の―を制する」類悪口

【罵声】バセイ ののしる声。「―を浴びせる」「―が飛び交う」

【罵倒】バトウ ひどくののしること。徹底的に悪く言うこと。「―の言葉」

【罵▲詈】バリ ののしること。悪口を言うこと。参考「罵」も「詈」も、ののしる意。

【罵▲詈雑言】バリゾウゴン 口ぎたなくののしり、また、その言葉。「雑言」は悪口や言いがかりの意。「―を浴びせる」類悪口雑言・罵詈讒謗バリザンボウ

バ【蟇】★(16) 虫10 1 7417 6A31 音 バ・マ・バク 訓 ひきがえる・がま

【蟆】7418 6A32

意味 「蝦蟇ガマ(がまがえる・ひきがえる)」に用いられる字。

【〈蟇股〉】かえるまた 日本建築で、梁はりの上に置いて上の重みを支える受け木。多く、装飾も兼ねる。表記「蛙股」とも書く。

【〈蟇▲蛙〉・蟇】ひきがえる ヒキガエル科のカエル。大形で動作が鈍い。背は暗褐色でいぼがある。皮膚から分泌される毒液は「がまの油」といい、薬用。ガマガエル。イボガエル。季夏 表記「蟾蜍」とも書く。

【〈蟇子〉】ぶゆ ブユ科の昆虫の総称。▼蚋ぶゆ(八七一)

ば【場】(12) 土9 教 3076 3E6C ▼ジョウ(七七七)

ハイ【吠】★(7) 口4 準1 4342 4B4A 音 ハイ・バイ 訓 ほえる

意味 ほえる。犬が鳴く。参考 犬が口でほえることを表す字。

【吠える】ほえる ①イヌや猛獣などが大声で鳴く。「ライオンが―える」②人が大声で泣く。③声高にどなる。「酒に酔って―える」

【吠える犬は▲噛かみつかぬ】威張ったりやかましい者ほど能力がなく、実行が伴わないたとえ。やたらに吠えるイヌほど臆病オクビョウで、めったに人には噛みつかないことから。類鳴く猫は鼠ねずみを捕らぬ

ハイ【坏】(7) 土4 1 5215 542F 音 ハイ 訓 おか・つき

意味 ①おか。盛り土。②つき。物を盛る器の名。

【坏】つき 古代、飲食物を盛る器。初めは土器で椀ワンよりは浅く、皿よりは深い。高坏など。

【坏土】ハイド 陶磁器を作る素地きじの土。

ハイ【孛】(7) 子4 1 5354 5556 音 ハイ・ボツ 訓 ほうきぼし

意味 ①草木がしげるさま。②光りかがやくさま。「孛孛」③ほうきぼし(彗星)。

ハイ【沛】(7) 氵4 1 6179 5D6F 音 ハイ 訓 さわ・たおれる

意味 ①さわ。水が浅く草木の生えている湿地。②雨や水の勢いがよいさま。さかんなさま。「沛然」③たおれる。「顛沛」

下つき 顛沛テンパイ・滂沛ホウハイ・ボウハイ

【沛然】ハイゼン ①勢いよく広がるさま。盛大なさま。②雨が激しく降るさま。「―たる豪雨」表記②「霈然」とも書く。

ハイ【佩】(8) 亻6 1 4848 5050 音 ハイ 訓 おびだま・おびる・はく

意味 ①おびだま。腰に下げるかざりの玉。「佩玉」②おびる。身につける。はく。「佩刀」「佩用」③心にとめて忘れない。「感佩」

下つき 感佩カンパイ・環佩カンパイ・玉佩ギョクハイ・服佩フクハイ

【佩びる】おびる 腰や帯に下げる。身につける。佩はく。「刀を―びる」「玉を―びる」

【佩物】おもの 貴人が身につける装飾品。特に、佩玉ハイギョク・おびだまのこと。参考「おびもの」とも読む。

【佩玉】ハイギョク 昔、貴人が腰に下げた飾り玉。歩くと音を出す。参考「おびだま」とも読む。

【佩帯】ハイタイ 刀剣などを身におびること。腰におびること。

【佩▲楯】はいだて よろいの下につける付属具で、ひざやももを保護するもの。表記「脛楯・膝甲」とも書く。

【佩刀】ハイトウ 刀を腰につけること。また、その刀。類佩剣

【佩服】ハイフク ①刀・飾りなどを、身につけること。類佩用 ②心にとどめて忘れないこと。③感服すること。

【佩用】ハイヨウ 身につけて用いること。特に、刀や勲章などにいう。類着用

【佩く】はく 「佩(お)びる」に同じ。「長い太刀を―いて決闘に臨む」

ハイ【拝】(8) 扌5 常 教 5 3950 4752 音 ハイ 訓 おがむ
字 旧《拜》(9) 手5 1/準1 5733 5941

筆順 一 十 扌 扌 扌 拝 拝 拝

意味 ①おがむ。(ア)おじぎをする。「拝跪(ハイキ)」「拝礼」(イ)神仏をうやまう。「拝殿」「参拝」②官をさずかる。「拝命」③自分の動作に添える謙譲語。「拝啓」「拝見」「拝借」

下つき 跪拝(キハイ)・九拝(キュウハイ)・再拝(サイハイ)・三拝(サンパイ)・参拝(サンパイ)・崇拝(スウハイ)・伏拝(フクハイ)・礼拝(レイハイ・ライハイ)

〈拝所〉うがんじゅ 沖縄で、神を拝む場所。神がおりてきたとされる岬なども指す。

【拝む】おがむ ①手を合わせて祈る。「日の出を―む」②体をかがめておじぎをする。また、頼み込む。「伏し―む」「―み倒して承諾をもらう」③拝見する。拝顔する。「見る」の謙譲語。「国宝の仏像を―ませていただいた」

【拝謁】ハイエツ お目にかかること。高貴な人に面会することの謙譲語。おめみえ。「―を許される」「女王陛下に―した」類 拝顔

【拝賀】ハイガ ①目上の人に会って、お祝いを申し上げること。また、任官・叙位のときに礼を申し上げること。②朝賀。季 新年

【拝外】ハイガイ 外国人や外国の文物・様式・思想などを崇拝すること。「―思想」対 排外

【拝火教】ハイカキョウ 紀元前六世紀ころ、ペルシャのゾロアスターが始めた宗教。世界は善神と悪神の闘争の場であるとして、善神の象徴の火などを礼拝する。ゾロアスター教。

【拝観】ハイカン 神社や寺院、その宝物などを謹んで見ること。「見ること」の謙譲語。「国宝展の―料を払う」

【拝顔】ハイガン お目にかかること。「会うこと」の謙譲語。「―の栄に浴する」類 拝眉(ハイビ)・拝芝(ハイシ)

【拝跪】ハイキ ひざまずいておがむこと。参考「跪」はひざまずく意。

【拝金】ハイキン 金銭をこのうえなく尊重すること。「―主義」

【拝啓】ハイケイ 手紙の初めに用いるあいさつの言葉。謹んで申し上げる意。類 謹啓

【拝見】ハイケン 謹んで見ること。「見ること」の謙譲語。「お手並み―」類 拝読・拝覧

【拝察】ハイサツ 「察すること」の謙譲語。「御心痛のことと―いたします」

【拝△芝】ハイシ 「拝顔」に同じ。

【拝辞】ハイジ ①「断ること」の謙譲語。「御依頼の件―いたします」②いとまごいをすること。「去ること」の謙譲語。

【拝借】ハイシャク 「借りること」の謙譲語。「お知恵を―したい」「―金」

【拝受】ハイジュ 謹んでいただくこと。「受けること」の謙譲語。「お便りを―いたします」

【拝承】ハイショウ 謹んでうけたまわること。「聞くこと」と「承知すること」の謙譲語。「大臣の命令を―する」類 拝聴

【拝趨】ハイスウ うかがうこと。「出掛けて行くこと」の謙譲語。類 参上 参考「趨」はおもむく意。

【拝聴】ハイチョウ 「聞くこと」の謙譲語。「あなたのご意見を―したい」類 拝承

【拝殿】ハイデン 神社の本殿の前にあり、礼拝をする建物。「―にぬかずく」

【拝読】ハイドク 「読むこと」の謙譲語。「お手紙―いたしました」類 拝誦(ハイショウ)

【拝眉】ハイビ 「拝顔」に同じ。

【拝復】ハイフク 返信の初めに用いるあいさつの言葉。「謹んでお答えする」意。類 復啓

【拝命】ハイメイ ①「命令を受けること」の謙譲語。②「任命されること」の謙譲語。「部長職を―する」

【拝領】ハイリョウ 貴人や目上の人からいただくこと。「もらうこと」の謙譲語。「主君から―した壺」参考「領」は自分の手中にする意。

【拝礼】ハイレイ 頭を下げて礼をすること。「仏像に―する」類 礼拝

ハイ【杯】(8) 木4 常 4 3953 4755 音 ハイ 訓 さかずき

筆順 一 十 木 木 杠 杯 杯 杯

意味 ①さかずき。酒をつぐ器。「杯洗」「乾杯」②器に入ったもの、また、イカ・船などを数える語。

下つき 乾杯(カンパイ)・玉杯(ギョクハイ)・金杯(キンパイ)・銀杯(ギンパイ)・苦杯(クハイ)・献杯(ケンパイ)・賜杯(シハイ)・祝杯(シュクハイ)・酒杯(シュハイ)・賞杯(ショウハイ)・聖杯(セイハイ)・返杯(ヘンパイ)・満杯(マンパイ)・木杯(モクハイ)

【杯】さかずき ①酒を飲む小さな器。「三三九度の―を交わす」類 猪口(チョコ) ②「杯事」の略。約束を固めるために、杯を取り交わして酒を飲むこと。表記「盃」とも書く。参考 酒坏(さかつき)の意。

【杯水車薪】ハイスイシャシン 力量がとぼしく、役に立たないたとえ。たった一杯の水を、燃えている荷車一台分の薪(まき)に注ぐ意から。〈『孟子(モウシ)』〉

【杯洗】ハイセン 酒席でさかずきを交わすときに、洗いすすぐ器。表記「盃洗」とも書く。

【杯中の蛇影】ハイチュウのダエイ 疑いの目で見れば、何でもないことにまで悩んでしまうたとえ。故事 中国、晋(シン)の楽広(ガクコウ)の友人が、杯の中に蛇の姿を見て、それを気にして病気になってしまったが、楽広にそれは壁に掛けた弓が映ったものだと説明され、すぐに治ったという故事から。〈『晋書(ジンショ)』〉類 疑心暗鬼を生ず

【杯盤】ハイバン 酒席の道具で、さかずき・皿・鉢など。また、酒席のこと。表記「盃盤」とも書く。

書く。

〘杯盤▲狼▲藉ハイバンロウゼキ〙 酒席のあと卓上がさかずきや皿などで乱れたさま。また、口論などで酒席の乱れたさまにもいう。さかずきや皿が乱れ散らばっている意から。「狼藉」は物が散乱している意。〈『史記』〉 対浅酌低唱

ハイ【▲拜】(9) 手5 5733/5941 ▼拝の旧字(一二二三)

ハイ【盃】(9) 皿4 準1 3954/4756 音ハイ 訓さかずき

意味 さかずき。酒をつぐ器。「金盃」「献盃」「祝盃」

ハイ【背】(9) 肉5 常 教5 3956/4758 音ハイ 訓せ・せい・そむく中・そむける中 外うしろ

筆順 丨 ㇀ 丬 丬 北 北 背 背 背

意味 ①せ。せなか。うしろ。「背筋」「背面」 対腹 ②そむく。そむける。「背信」「背徳」 対向 ③せい。身長。「背丈」「上背」

書きかえ 「悖」の書きかえ字として用いられるものがある。

下つき 違背イハイ・上背うわぜい・乖背カイハイ・光背コウハイ・向背コウハイ・後背コウハイ・紙背シハイ・中背ちゅうぜい・腹背フクハイ

〈背負〉子 しょいこ 荷物を背負うため、背に当てる木製の長方形の枠。せおいばしご。参考「背負籠しょいご」は、ひもをつけて背負うようにしたかご。

【背】せ ①背中。対腹 ②うしろ。背部。「お城を—にして並ぶ」③山の尾根。「山の—」④身長。せたけ。「—が高い」参考④「せい」とも読む。

〘背に腹は代えられぬ〙 緊急の大事のためには、小事を犠牲にすることもやむを得ないということ。

【背負う】せおう ①背にのせる。「赤ん坊を—う」②引き受ける。全責任をもつ。「苦しい仕事を—う」「借金を—う」参考「しょう」とも読む。

【背筋】せすじ ①背骨に沿った筋肉の部分。「—を伸ばす」②衣服の背にある、たての縫い目。参考①「ハイキン」とも読む。

【背丈】せたけ ①背の高さ。身長。「孫の—を測ってみた」②着物の丈の長さ。参考「せいたけ」とも読む。

【背戸】せど ①家の裏口。裏門。②家の後方のかくれた所。裏手。「—の竹藪やぶ」

【背▲蒲団】せなブトン 背中に負う防寒用の小さいふとん。季冬

【背伸び】せのび ①つま先で立ち、背筋を伸ばして背丈を高くすること。「—して棚の上をふく」②実力以上のことをしようとすること。「—して上級試験を受ける」

【背▲鰭】せびれ 魚類の背中にある鰭ひれ。

【背広】せびろ 男性が着る洋服。折り襟の上着と共布のズボンが組になったもの、またはチョッキがある三つぞろい。スーツ。

【背美鯨】せみくじら セミクジラ科の哺乳ホニュウ動物。体長は約一五〜二〇メートル。全身黒色。頭部が大きく、背びれがない。セビクジラ。

【背▲腸】せわた ①エビの背にある黒いすじ状の腸。②サケの腎臓。また、それでつくった塩辛。めふん。参考「みなわた」とも読む。

〈背向〉そがい ①背中合わせ。②後ろのほう。後方。背後。

〈背面〉そとも ①山の、日の当たる南に対して日の当たらない背面。山の北側。また、物の背面。対影面かげとも ②後ろ。後方。対正面 参考「背そつ面おも」の転じたもの。

【背く】そむく ①背を向ける。「太陽に—いて立つ」②反する。したがわない。「親の期待に—く」「規則に—く」③謀反ムホンする。「主君に—く」④世間や人から離れる。捨てる。「世を—く(出家する)」

【背ける】そむける ①顔・視線を別方向に向ける。よそにそらす。「惨状に思わず目を—けた」②離反する。心を離す。

【背泳】ハイエイ 泳法の一つ。あおむけになり、両手を交互に頭上にまわして水をかき、両足はばた足で進む。せおよぎ。バックストローク。

【背教】ハイキョウ ①教えにそむくこと。②宗教の信者、特にキリスト教の信者が信仰を捨てたり他に改宗したりすること。「—の徒」

【背筋力】ハイキンリョク 背中にある筋肉の力や強さ。「—を強くする」

【背景】ハイケイ ①絵画・写真などで、後ろの景色。②演劇・舞踊などで、舞台の奥に描かれた景色。③背後の勢力・事情。「事件の—を探る」「小説の時代—」

【背後】ハイゴ ①後ろのほう。②物事の表面に出ない陰の部分。裏面。「事件の—関係を暴く」

【背日性】ハイジツセイ 植物の根などが、光と反対の方向に生長する性質。類背光性 対向日性

【背信】ハイシン 信義にそむくこと。信頼・信用を裏切ること。「—行為」

〘背信棄義ハイシンキギ〙 信頼を裏切り、道義をすてて去ること。

【背水の陣】ハイスイのジン 決死の覚悟で勝負に挑むこと。川・湖・海などを背にして、逃げ場をなくして構える陣の意から。「—を敷く」故事 中国、漢の韓信カンシンが趙チョウ王の歇ケツと戦ったとき、背後は川という陣立てを敷き、兵士に決死の覚悟で戦わせて敵を破った故事から。〈『史記』〉 類破釜沈船ハフチンセン

【背▲馳】ハイチ ちがうこと。理にそむくこと。「言葉と行動の—」「従来の規則に—しない」類矛盾・背反 参考背を向けて走る意。

【背徳】ハイトク 道徳や人倫にそむくこと。「—行為はすべきではない」類不徳・無道 書きかえ「悖徳」の書きかえ字。

【背任】ハイニン 公務員・会社員などが、自分の利益のために地位を悪用して役所・会社に損害を与えること。「―罪に問われる」

【背▲嚢】ハイノウ 兵士などが背中に背負う、皮・布製のかばん。参考「嚢」は袋の意。

【背反】ハイハン ①そむくこと。「命令に―する」類違反・違背 ②互いに相いれないこと。「二律―」類矛盾・背馳

【背面】ハイメン 後ろのほう。「走り高跳びの―跳び」類後方・背後 対正面

【背理】ハイリ 論理に合わないこと。道理にそむくこと。「―の議論」

【背離】ハイリ そむいて離れること。「大衆の意向に―する」類背反・乖離

【背戻】ハイレイ 道理にそむくこと。参考「戻」は、そむく・もとる意。

ハイ【肺】(9) 月 5 教 常 5 3957 4759 音 ハイ 訓

筆順 丿 刀 月 月 月' 肝 肺 肺

意味 ①五臓の一つ。呼吸をつかさどる器官。はい。「肺炎」「肺門」 ②こころ。まごころ。心のなか。「肺腑」「肺肝」

下つき 肝肺・珪肺・塵肺・炭肺

【肺炎】ハイエン 細菌・ウイルスなどによって起こる肺臓の炎症。高熱・胸痛などを伴う。

【肺活量】ハイカツリョウ 息を深く吸ってから、吐き出すときの空気の全量。「マラソン選手の―」

【肺肝】ハイカン ①肺臓と肝臓。 ②心の奥底。「―を披く（心中を打ち明ける）」

【肺肝を▲摧く】ハイカンをくだく 心を尽くして考え抜くこと。なみなみならぬ苦心をすること。「戦争回避に―く」由来 古くは肺や肝臓に心があって、物事を考えるとされていたことから。〈杜甫の詩〉

【肺魚類】ハイギョルイ えら呼吸のほか、浮嚢が肺のはたらきをして乾季には空気呼吸もする淡水魚類。古生代後期ころに栄え、オーストラリア・南アメリカ・アフリカに現存。

【肺臓】ハイゾウ 脊椎動物の呼吸器官の一つ。ヒトでは、胸の両側で横隔膜の上に一対ある。肺。

【肺▲腑】ハイフ ①肺。「―に達する傷」類肺臓 ②心の奥底。「―を衝く（深い感銘を与える）」類肺肝

【肺門】ハイモン 肺の内側の中央部分。気管支・肺動脈・肺静脈が出入りしているところ。

【肺▲癆】ハイロウ 肺結核の旧称。類癆咳 参考「癆」は、おとろえやせる意。

ハイ【★胚】(9) 月 5 1 7085 6675 音 ハイ 訓 はらむ・はじめ

意味 ①はらむ。みごもる。「胚胎」 ②はい。多細胞生物の発生初期の個体。「胚芽」「胚乳」 ③物事のはじめ。きざし。

【▲胚芽】ハイガ 種子の中で、芽となって生長する部分。「―米」

【▲胚子】ハイシ 受精後発生し始めた卵細胞または幼生物。動物では養分を母体や卵黄から吸収する過程。植物では種子の中にある小さな芽。胚。

【▲胚珠】ハイシュ 種子植物の花の部分にある生殖器官。中に卵細胞をもつ胚嚢があり、受粉後種子になる。裸子植物ではむきだし、被子植物では子房内にある。

【▲胚胎】ハイタイ ①身ごもること。 ②物事の起こる原因が生じること。きざし。

【▲胚乳】ハイニュウ 種子の中にあって胚を包んでいる組織。胚が発芽・生長するために養分を供給する。

ハイ【俳】(10) イ 8 教 常 5 3948 4750 音 ハイ 訓 外 わざおぎ・たわむれ

は ハイ

筆順 ノ イ 亻 付 付 俳 俳 俳 俳

意味 ①わざおぎ。役者。芸人。「俳優」 ②おどけ。たわむれ。「俳諧」 ③俳諧・俳句のこと。「俳画」「俳人」「俳壇」

下つき 雑俳・連俳

【俳画】ハイガ 日本画の一つ。俳句の趣のある、簡略な墨画・淡彩画。多く、俳句を記す。俳諧画。

【俳諧】ハイカイ ①滑稽。おどけ。 ②「俳諧連歌」の略。室町時代末期、山崎宗鑑・荒木田守武らが始めたこっけいな連歌。 ③発句・連句の総称。俳句。表記「誹諧」とも書く。

【俳句】ハイク 俳諧連歌の発句が独立した形。五・七・五の一七字からなり、原則として季語を読み込む。「旅行先で―を作る」

【俳号】ハイゴウ 俳句作者が俳句をつくるときに用いる名。雅号。類俳名

【俳聖】ハイセイ 俳句の名人。特に、松尾芭蕉のこと。

【俳壇】ハイダン 俳句を作る人たちの社会・仲間。「―に認められる」

【俳優】ハイユウ 演劇や映画などに出演することを職業とする人。「幼いときから―を志していた」類役者 参考「俳」も「優」も役者の意。「わざおぎ」と読めば別の意になる。

〈俳優〉わざおぎ おかしい動作で歌い舞い、神や人を楽しませること。また、その人。わざびと。参考「ハイユウ」と読めば別の意になる。

ハイ【悖】(10) 忄 7 1 5603 5823 音 ハイ・ボツ 訓 もとる・みだれる

意味 ①もとる。道理にはずれる。そむく。「悖徳」 ②みだれる。「悖乱」 ③さかん。さかんに起こるさま。「悖然」類勃

書きかえ ①「背」に書きかえられるものがある。

下つき 狂悖・老悖

【▲悖逆】ハイギャク ①道理にさからうこと。②上にそむくこと。類反逆 表記「背逆」とも書く。

【▲悖徳】ハイトク ▼書きかえ 背徳（一二二四）

【▲悖乱】ハイラン ①正道にそむいて乱を起こすこと。むほん。類反乱 ②道にもとり、正義を乱すこと。

【▲悖礼】ハイレイ 礼法にそむくこと。礼儀に反すること。また、その行い。

【▲悖戻】ハイレイ 道理にそむくこと。参考「悖」も「戻」も、もとる意。

【▲悖る】もとーる 道にそむく。道理にさからう。「人の道にーる行為」

ハイ【旆】(10) 方 6 1 5852 5A54 音 ハイ 訓 はた

意味 はた。大将のはた。「旆旌ハイセイ」

下つき 征旆セイハイ

【▲旆】はた 黒地にさまざまな色の絹のふち飾りがつき、末端をツバメの尾のように二つに裂いた旗。旗あし。大将の旗の先につける。

ハイ【珮】(10) 王 6 1 6467 6063 音 ハイ 訓 おびだま

意味 おびだま。腰に下げるかざりの玉。参考「佩ハイ」の俗字。

ハイ【配】(10) 酉 3 常 教 8 3959 475B 音 ハイ 訓 くばる 外 ならぶ・つれあい・ながす

筆順 一 丆 丌 丙 两 西 酉 酉 酊 配

意味 ①くばる。わりあてる。「配達」「分配」②ならぶ。ならべる。くみあわせる。とりあわせる。「配合」「交配」③つれあい。夫婦の一方。「配偶」④したがえる。とりしまる。「配下」「支配」⑤ながす。島流しにする。「配所」「配流」

下つき 按配・軍配・減配・交配・高配・采配・差配・支配・集配・心配・増配・宅配・遅配・手配・分配

【配る】くばーる ①割り当てて渡す。分配する。「映画の割引券をーる」「飴あめを一個ずつーる」②配達する。「郵便をーる」③注意を行き渡らせる。「心をーる」④配置する。「人を適所にーる」

【配下】ハイカ ある人の支配のもとにいる人。「ーの者を差し向ける」類手下・部下

【配管】ハイカン ガス・水道などを通すための管を取りつけること。「ー工事」

【配給】ハイキュウ 割り当ててくばること。また、国が支給すること。「被災者にパンをーする」「映画のー会社」

【配偶】ハイグウ 「配偶者」の略。夫婦の一方から他方をいう言葉。つれあい。

【配合】ハイゴウ 二種以上のものを組み合わせること。取り合わせ。「色のー」「薬のー」「家畜のー飼料」類調合

【配剤】ハイザイ ①薬を調合すること。②ほどよく取り合わせること。「天のー」

【配所】ハイショ 罪をおかして流された土地。流罪の地。「ーの月」

【配色】ハイショク いくつかの色を調和するように組み合わせること。また、その色合い。「明るいー」

【配する】ハイーする ①くばる。割り当てる。「見張りを要所にーする」②取り合わせる。「色をーする」③配属させる。「出張所にーする」④夫婦にする。めあわせる。⑤流刑にする。

【配膳】ハイゼン 料理の膳を客の前にくばること。また、食卓に料理を並べること。

【配送】ハイソウ ①配達と発送。②物を行き先ごとに、送り届けること。「ー係」「ー車」

【配属】ハイゾク 人を割り当てて、各部署に所属させること。「人事課にーされる」類配置

【配▲謫】ハイタク 「配流ハイル」に同じ。類流刑 参考「謫」は罪をとがめて遠方へ追放する意。

【配達】ハイタツ 物をくばり届けること。また、その人。「新聞ー」「郵便ー」

【配置】ハイチ 割り当てて、それぞれの位置につけること。また、その位置・持ち場。「人員のーを考える」「ーにつく」

【配転】ハイテン 「配置転換」の略。従業員の勤務地・職務などを変えること。配置換え。「ーの辞令が下りる」

【配電】ハイデン 電流・電力を供給すること。「ビルのー室」「ー盤の修理」

【配当】ハイトウ ①割り当てること。②会社などが、利益金の一部を株主・出資者に分配すること。また、その分配金。「ー金」

【配備】ハイビ 前もって配置して備えること。「警察官をーする」「戦闘機をーする」

【配付】ハイフ せまい範囲の、めいめいにくばり渡すこと。「答案用紙をーする」類交付

【配布】ハイフ 広く、くばって行き渡らせること。「お知らせをーする」「選挙公報をーする」類頒布

【配分】ハイブン 割り当ててくばること。「利益の公正なー」類分配

【配役】ハイヤク 演劇・映画などで、出演者に役を割り当てること。また、その役。キャスト。「オーディションでーを決める」

【配慮】ハイリョ 気をくばること。心づかい。「行き届いたーが望ましい」「病人へのーが足りない」類考慮

【配流】ハイル 罪人を遠地に送ること。島流し。「江戸時代に罪人がーされた土地」類流刑・配謫ハイタク 参考「ハイリュウ」とも読む。

【配列】ハイレツ 順序にしたがって並べること。また、その並べ方。「アルファベット順にーする」表記「排列」とも書く。

ハイ【徘】★ (11) 彳 8 1 5549 5751 音 ハイ 訓 さまよう

意味 さまよう。ぶらぶら歩く。「徘徊ハイカイ」

【徘▲徊】ハイカイ あてもなく歩き回ること。ぶらつくこと。「夜の街を━する」類彷徨(ホウコウ) 参考「徘」「徊」ともに、さまよう意。

ハイ【排】(11) 扌8 常 3 3951 4753 音ハイ 訓外おしのける・つらねる

筆順 一 十 扌 扌 扌 扌 扌 扌 排 11

意味 ①おしのける。しりぞける。「排気」「排斥」②ならぶ。ならべる。つらねる。「排列」「按排(アンバイ)」類配

下つき 按排(アンバイ)・觝排(テイハイ)

【排外】ハイガイ 外国人や外国の文物・様式・思想などを排斥すること。「━運動」類排他 対拝外

【排気】ハイキ ①内部の空気を外へ出すこと。「━孔」②エンジンなどから吐き出されるガス・蒸気。「━ガス」対吸気

【排球】ハイキュウ コートの中央にネットを張り、六人または九人の二組に分かれ、ボールを手や腕で打ち合って相手のコート内に落とす競技。バレーボール。

【排撃】ハイゲキ 非難・攻撃してしりぞけること。「古い思想を━する」

【排出】ハイシュツ ①内部の不要な物を外へ押し出すこと。「有害物質を━する」②「排泄(ハイセツ)」に同じ。

【排除】ハイジョ いらないものや邪魔になるものを取り除くこと。「路上の障害物を━する」類除去

【排水】ハイスイ ①不用の水を外に出すこと。水はけ。「汚れた水は━溝に流れる」②水に浮かんだ物体が、水中に沈んだ部分と同体積の水を押しのけること。多く、艦船にいう。「━量」

【排する】ハイ-する ①押しのける。排斥する。「反対意見を━する」「万難を━する」②押し開く。「戸を━する」③並べる。「文字を五十音順に━する」

【排▲擠】ハイセイ 人を押しのけたり落とし入れたりすること。類排斥・排陥 参考「排」も「擠」も、押しのける意。

【排斥】ハイセキ 押しのけしりぞけること。「海外での日本商品━運動」

【排▲泄】ハイセツ 生物が、老廃物や栄養を取った残りかすなどの、不用または有害な物質を体外に出すこと。「━物」類排出 対摂取

【排他】ハイタ 仲間以外をしりぞけること。「━的な集団」類排外

【排置】ハイチ 順序立てて並べおくこと。類排列

【排日】ハイニチ 外国で、日本人や日本の文化・製品などを排斥すること。「━感情」対親日

【排尿】ハイニョウ 尿を体外に出すこと。小便をすること。尿の排泄(ハイセツ)。

【排便】ハイベン 大便を体外に出すこと。大便の排泄(ハイセツ)。類脱糞(ダップン)

【排卵】ハイラン 哺乳(ホニュウ)動物の雌が、卵子を卵巣から排出すること。「━日」

【排列】ハイレツ 並べつらねること。また、その並び方。「値段の高い順に━する」表記「配列」とも書く。

ハイ【敗】(11) 攵7 教 常 7 3952 4754 音ハイ 訓やぶれる 外やぶる

筆順 丨 冂 月 目 目 貝 貝 貝 貝 敗 4

意味 ①やぶれる。いくさに負ける。「敗北」「完敗」対勝 ②そこなう。だめになる。くさる。「敗血症」「腐敗」③しくじる。やりそこなう。「失敗」「成敗」対成

下つき 完敗(カンパイ)・惨敗(ザンパイ)・失敗(シッパイ)・勝敗(ショウハイ)・成敗(セイバイ)・惜敗(セキハイ)・全敗(ゼンパイ)・大敗(タイハイ)・腐敗(フハイ)・劣敗(レッパイ)・連敗(レンパイ)

〈敗▲醬〉おとこえし オミナエシ科の多年草。▼男郎花(おとこえし)(一〇三三) 由来「敗醬」は漢名から。

【敗因】ハイイン 負けた原因。「━を分析し、次の試合までに是正する」対勝因

【敗毀】ハイキ やぶれこわれること。やぶりこわすこと。参考「毀」は物をこわす意。

【敗軍】ハイグン 戦いに負けること。負けいくさ。また、負けた軍。

『敗軍の将は兵を語らず』 失敗した者はそのことについて言い訳をしないのがよいということ。戦いに敗れた将軍は、戦略について言う資格がない意から。〈『史記』〉 参考「敗軍の将は敢(あ)えて勇を語らず」ともいう。

【敗血症】ハイケツショウ 細菌が血管・リンパ管に入って起こる高熱を伴う病気。「━を併発する」

【敗残】ハイザン ①戦いにやぶれて生き残ること。「━兵」②心身が損なわれ、落ちぶれること。「人生の━者」表記②「廃残」とも書く。

【敗▲衄】ハイジク 戦いに負けること。参考「衄」はくじける意。

【敗色】ハイショク 負けそうなようす。負けいろ。「━濃厚な試合」類敗勢

【敗訴】ハイソ 民事訴訟などの当事者の一方が、自分に不利益な判決を下されること。「一審は被告の━」対勝訴

【敗走】ハイソウ 戦いに負けて逃げること。「━する敵軍を追う」類敗北

【敗退】ハイタイ 戦いや試合に負けてしりぞくこと。「全国大会の一回戦で━した」類敗北

【敗▲頽】ハイタイ やぶれくずれること。くずれすたれること。「━した反対意見」

【敗亡】ハイボウ 戦いに負けて滅びること。戦いに負けて死ぬこと。敗死。「一族の━」

【敗北】ハイボク ①戦いに負けて逃げること。「━を喫する」類敗走 ②戦いや試合に負けること。「━主義(初めから敗北すると決めこんで、戦いを避ける傾向)」対勝利 参考「北」は、背を向けて逃げる意。

【敗柳残花】ハイリュウザンカ 美人の美しさが衰えるたとえ。枯れた柳と咲き残りの花の意から。〈『西廂記セイショウキ』〉

【敗れる】やぶ-れる 戦いや争いに負ける。失敗する。くじける。「決勝戦で―れる」

〈敗荷〉やれはす やれ葉のやぶれたハス。やれはちす。季秋 表記「破れ蓮」とも書く。参考「ハイカ」とも読む。

ハイ【廃】(12) 广9 常 準2 3949/4751 音ハイ 訓すたれる・すたる 外やめる

旧字《廢》(15) 广12 1/準1 5506/5726

筆順 亠 ²广 户 户 户 庐 庐 座 座 廃¹⁰

意味 ①すたれる。おとろえる。だめになる。「廃家」「荒廃」対興 ②すてる。やめる。「廃止」「撤廃」

書きかえ「癈ハイ」の書きかえ字として用いられるものがある。

下つき 改廃カイハイ・荒廃コウハイ・興廃コウハイ・全廃ゼンパイ・存廃ソンパイ・退廃タイハイ・撤廃テッパイ・老廃ロウハイ

【廃れる】すた-れる ①使われなくなる。はやらなくなる。「―れた言葉」②衰える。だめになる。「動物愛護の精神が―れる」

【廃案】ハイアン 議決されなかった議案。また、採用されなかった考案。「最終決議で―になった」

【廃液】ハイエキ 使ったあとに不用になった液。「工場の―が川に流れこむ」「―処理」

【廃園】ハイエン ①使う人がなく荒れ果てた庭園。②遊園地・幼稚園などを廃止すること。

【廃屋】ハイオク 荒れ果てて住む人もなくなった家。無人のあばらや。類廃家

【廃刊】ハイカン 定期刊行物の発行をやめること。「雑誌が―になる」類休刊 対発刊・創刊

【廃棄】ハイキ ①不用なものとして捨てること。「―物の処理」「産業―物」②条約の効力を当事国の一方の意思でなくすること。「不可侵条約を―する」

【廃虚・廃▲墟】ハイキョ 建物・城郭・街などの荒れ果てた跡。「戦争によって街が―と化す」類廃址ハイシ

【廃業】ハイギョウ それまでの商売や職業をやめること。「店を―する」対開業・創業

【廃坑】ハイコウ 炭鉱や鉱山を廃棄すること。また、その坑道。「―跡にできた石炭博物館」

【廃鉱】ハイコウ 鉱石や石炭の採掘をやめること。また、その鉱山や炭鉱。

【廃合】ハイゴウ 廃止と合併。やめることと合わせること。「組織の―を検討する」「統―」

【廃止】ハイシ 今までの制度・習慣・設備などをやめること。「伝統ある儀式が―された」「鉄道の―」「虚礼―」対存置

【廃▲址】ハイシ 「廃虚」に同じ。

【廃疾】ハイシツ ①治すことのできない病気。②律令リツリョウ制の規定で、病気やけがのために働けないこと。また、その人。類残疾・篤疾 表記「癈疾」とも書く。

【廃除】ハイジョ ①やめのぞくこと。②「廃嫡」に同じ。

【廃人】ハイジン 体や精神に障害が生じ、仕事などふつうの生活ができなくなった人。表記「癈人」とも書く。

【廃寝忘食】ハイシンボウショク 少しの時間も無駄にしないで努力すること。寝ることをやめ、食事をとることも忘れる意から。〈『魏書ギショ』〉

【廃絶】ハイゼツ ①すたれて絶えること。「名門の家も跡継ぎがなく―した」類廃滅 ②廃止してなくすこと。「核兵器―会議」

【廃退・廃▲頽】ハイタイ ①すたれくずれること。②道徳などがすたれること。「―した社会」類①②退廃・頽廃

【廃嫡】ハイチャク 旧民法で相続される人の意思により、家督の推定相続人の地位をなくさせること。類廃除

【廃品】ハイヒン 役に立たなくなった品物。使えなくなった品物。「―を再生利用する」「―回収」類廃物

【廃物】ハイブツ 「廃品」に同じ。「上手に―を利用する」

【廃仏毀釈】ハイブツキシャク 仏教を廃止すること。わが国では明治政府が、伊勢いせ神宮を皇室の宗廟ソウビョウとする国家神道政策を進めたとき、祭政一致で神仏分離をはかり、仏教を排斥した。「毀釈」は釈迦シャカの教えを放棄する意。

【廃立】ハイリツ 臣下が勝手に君主をやめさせて、別の君主を立てること。参考「ハイリュウ」とも読む。

ハイ【湃】(12) 氵9 1 6260/5E5C 音ハイ 訓

意味 波などの勢いがはげしいさま。「澎湃ホウハイ」

ハイ【★牌】(12) 片8 準1 3955/4757 音ハイ 訓ふだ

〈牌〉

意味 ①ふだ。(ア)文字を書いて掲げる札。かけ札。「牌楼」「門牌」(イ)戒名を書いた札。「位牌」(ウ)遊びや勝負ごとに使う札。「牙牌」「骨牌」②メダル。「賞牌」

下つき 位牌イハイ・牙牌ガハイ・金牌キンパイ・銀牌ギンパイ・骨牌コッパイ・賞牌ショウハイ・霊牌レイハイ

【▲牌】ふだ ①板などに文字を書いてしるしとしたもの。看板やメダルなど。②遊戯などに使う絵や字をかいた木片や紙片。カルタ・トランプ・マージャンなど。

ハイ【碚】(13) 石8 1 6680/6270 音ハイ 訓

意味 かさなり。また、つぼみ。

ハイ【★稗】(13) 禾 8 準1 4103 4923 音 ハイ 訓 ひえ・こまかい

〔稗〕

意味 ①ひえ。イネ科の一年草。②小さい。こまかい。「稗史」

【▲稗官】《ハイカン》 ①昔の中国の官職名。民間の説話・風評など細かい話を集めて記録することを任務としていた。②①が集めた民間伝承や物語。小説。

【▲稗史】《ハイシ》 ①昔の中国で、民間の細かい話などを歴史風に記録した書。「郷土の―を一読した」類 野史 対 正史 ②小説風の歴史。小説。

【▲稗】《ひえ》 イネ科の一年草。葉は細長く、イネに似る。夏、円柱状の花穂をつけ、小さい実を結ぶ。食用、または小鳥・家畜の飼料用。古くから救荒作物として栽培されてきた。季 秋

【▲稗▲蒔】《ひえまき》 鉢や水盤に水を浸した綿などを入れてヒエ・アワなどをまき、出た芽を青田に見立て涼感をめでる盆栽。季 夏

ハイ【裴】(14) 衣 8 1 7474 6A6A 音 ハイ 訓 たちもとおる

意味 ①衣服の長いさま。「裴裴」②たちもとおる。ぶらぶら歩く。「裴回」類 徘《ハイ》

ハイ【▲廢】(15) 广12 5506 5726 ▼廃の旧字(一二二八)

ハイ【輩】(15) 車 8 常 4 3958 475A 音 ハイ 訓 外 ともがら・やから

筆順 ノ ヲ ヲ丨 4 ヲ⺊ 非 8 非 非 非 13 輩

意味 ①ともがら。やから。なかま。たぐい。「輩下」「先輩」②ならぶ。つらなる。つぎつぎと並ぶ。「輩出」類 排 ③ついで。順序。「輩行」

下つき 後輩《コウハイ》・若輩《ジャクハイ》・弱輩《ジャクハイ》・先輩《センパイ》・同輩《ドウハイ》・年輩《ネンパイ》・朋輩《ホウバイ》・末輩《マッパイ》

【△輩】《ともがら》 仲間。同輩《ドウハイ》。同類の人たち。参考「やから」とも読む。

【輩出】《ハイシュツ》 才能のある人物が次々と世に出ること。「すぐれた人材が―する」

【△輩】《やから》 「輩《ともがら》」に同じ。

ハイ【霈】(15) 雨 7 1 8030 703E 音 ハイ 訓 おおあめ

意味 水が勢いよく流れるさま。雨がさかんに降るさま。おおあめ。「霈然」類 沛《ハイ》

【▲霈然】《ハイゼン》 雨が激しく降るようす。「雨が―と降る」表記「沛然」とも書く。

ハイ【憊】(16) 心12 1 5664 5860 音 ハイ・ヘイ 訓 つかれる

意味 つかれる。よわりきる。「困憊」

下つき 倦憊《ケンパイ》・困憊《コンパイ》・衰憊《スイハイ》・疲憊《ヒハイ》

【▲憊れる】《つか―れる》 倒れるほどに弱る。力も尽きるほどにくたびれきる。

ハイ【癈】(17) 疒12 1 6583 6173 音 ハイ

意味 ①不治のやまい。「癈疾」②すたれる。おとろえる。

書きかえ 「廃」に書きかえられるものがある。

【▲癈疾】《ハイシツ》 ①治らない病気。②律令《リツリョウ》制の規定で、身体に疾病や障害があり仕事ができないこと。また、その人。表記「廃疾」とも書く。

ハイ【擺】(18) 扌15 1 5820 5A34 音 ハイ 訓 ひらく・ふるう

意味 ①ひらく。おしひらく。②ならべる。類 配 ③ふるう。ふるい落とす。

【▲擺脱】《ハイダツ》 束縛・習慣などを抜け出すこと。それらを除き去ること。

【▲擺く】《ひら―く》 左右に押しひらく。押しのける。きりひらく。

はい【灰】(6) 火 2 教 1905 3325 ▼カイ(一七〇)

バイ【売】(7) 士 4 教 常 9 3968 4764 音 バイ 訓 うる・うれる

旧字《賣》(15) 貝 8 1/準1 7646 6C4E

筆順 一 十 士 士 声 声 売

意味 うる。あきなう。ひろめる。「売却」「売名」「商売」対 買

下つき 淫売《インバイ》・競売《キョウバイ・ケイバイ》・商売《ショウバイ》・専売《センバイ》・即売《ソクバイ》・直売《チョクバイ》・転売《テンバイ》・特売《トクバイ》・発売《ハツバイ》・販売《ハンバイ》・密売《ミツバイ》・乱売《ランバイ》・廉売《レンバイ》

【売り家と唐様で書く三代目】《うりいえとからヨウでかくサンダイめ》 初代が苦労して築き上げた財産を、贅沢三昧《ゼイタクザンマイ》の末、手放すことになった三代目は、売り家の札も道楽者らしく風流に中国流の書で書くということ。先祖の残した財産を食いつぶす道楽者を皮肉った川柳。

【売り言葉に買い言葉】《うりことばにかいことば》 相手の暴言に対して、暴言で言い返すこと。

【売る】《う―る》 ①代金と引き換えに渡す。「家を―る」対 買う ②世間に知られるようにする。「名を―った」③利益のために裏切る。「仲間を―る」④押しつける。仕掛ける。「媚《こ》びを―る」

〖売られた▲喧▲嘩《ケンカ》は買わねばならぬ〗 自分に害が及びそうなときは、いやおうなく防がなければならないたとえ。類 降りかかる火の粉は払わねばならぬ

【売れる】《う―れる》 ①買われる。「福袋がよく―れる」②世間に知られる。評判になる。

は ハイ―バイ

「少しずつ名が—れてきた」

【売却】バイキャク 売り払うこと。「不動産を—する」「—損が生じた」

【売剣買牛】バイケン バイギュウ 戦争をやめて農業に従事すること。また、平和に暮らすこと。剣を売り払って、ウシを買う意から。〈『漢書(カンジョ)』〉 参考「買牛売剣」ともいう。

【売春】バイシュン 女性が金品を得るため、不特定の男性と性交すること。「—防止法」 類売淫(バイイン)・売笑 対買春 参考「春」は色欲の意。

〈売女〉ばいた ①売春婦。②女性、特に身持ちの悪い女性をののしっていう語。

【売店】バイテン 学校・駅・病院・劇場などに設置した物を売る小規模な店。

【売買】バイバイ 売ったり買ったりすること。うりかい。「—契約を結ぶ」

【売文】バイブン 文章を書き、それを売って生活すること。「—業」

【売卜】バイボク うらないを商売にすること。「—者」 参考「卜」はうらなう意。

【売名】バイメイ 利益や見栄のために、世間に自分の名前を広めようとすること。「—行為は見苦しい」

【売約】バイヤク 売り渡しの約束をすること。また、その約束。「—済みの商品」

【売僧】マイス 仏法を売り物にする僧。俗悪な僧。僧をののしっていう語。 参考「マイ」「ス」はともに唐音。

バイ【貝】(7) 貝0 教 1913 332D ▼かい(一八七)

バイ【玫】(8) 王4 1 8788 7778 音 バイ・マイ 訓

意味 美しい玉、また植物のハマナスを表す「玫瑰(バイカイ・マイカイ)」に用いられる字。

〈玫瑰〉はまなす バラ科の落葉低木。はまなし。 由来「玫瑰」は漢名からの誤用。 ▼浜梨(はまなす)(一三三三)

バイ【苺】(8) ⺾5 1 7185 6775 音 バイ・マイ 訓 いちご・こけ

〔莓〕7186 6776

意味 ①いちご。きいちご。くさいちご。バラ科の落葉小低木または多年草の総称。②こけ。「苺苔(バイタイ)」

【苺】いちご バラ科の落葉小低木または多年草の総称。実は赤または黄色で、表面に種子がある。キイチゴ・ノイチゴ・ヘビイチゴなどがあるが、ふつう食用に栽培するオランダイチゴを指す。 季夏 表記「覆盆子」とも書く。 参考 実が乳首に似ていることから「母」の漢字が用いられた。

バイ【倍】(10) イ8 常 教 8 3960 475C 音 バイ 外ハイ 訓 外ます・そむく

筆順 ノ イ 仁 仕 仲 位 位 倍 倍 倍

意味 ①ます。多くする。「倍旧」②同じ数を加える。「倍加」「倍増」③ある数をかける。「倍率」「数倍」④そむく。反する。「倍反」 類背

下つき 層倍(ソウバイ)・鄙倍(ヒバイ)

【倍加】バイカ ①二倍に増えること。また、増やすこと。 類倍増 ②非常に増加すること。「損害が—する」

【倍旧】バイキュウ 前よりもさらに程度を増すこと。「—のお引き立てを願う」

【倍する】バイする ①二倍になる。二倍にする。②増す。加える。「旧に—するご声援を(以前にまさる声援を乞(こ)う)」

【倍増】バイゾウ 二倍に増えること。また、大いに増やすこと。「議席が—する」 対半減

【倍率】バイリツ ①ある数が他の数の何倍であるかを示す率。「入学試験の—」②実物との大きさの比率。「地図の縮小—」「顕微鏡の—」

〈倍良〉べら ベラ科の海魚の総称。 ▼遍羅(べら)(一三八二)

バイ【唄】(10) 口7 常 1720 3134 ▼うた(七五)

バイ【梅】(10) 木6 常 教 7 3963 475F 音 バイ 訓 うめ

旧字《梅》(11) 木7 1/準1 8569 7565

筆順 一 十 才 木 木 杧 构 梅 梅 梅

意味 ①うめ。うめの木。バラ科の落葉高木。「梅花」「寒梅」②「梅雨」の略。「入梅」

下つき 塩梅(アンバイ・エンバイ)・寒梅(カンバイ)・観梅(カンバイ)・紅梅(コウバイ)・黄梅(コウバイ)・入梅(ニュウバイ)・白梅(ハクバイ・しらうめ)

【梅】うめ バラ科の落葉高木。中国原産。早春、葉より先に紅や白色の香りのよい花をつける。果実は球形で、初夏に熟し、食用。 季春

【梅に鶯】うめにうぐいす 組み合わせとしてよいもののたとえ。 類竹に虎(とら)・波に千鳥

【梅の樹苔】うめのきごけ ウメノキゴケ科の地衣植物。ウメやマツなどの老木の樹皮や岩に着生。全体の形は円形または楕円(ダエン)形で、表面は灰青色、裏面は暗褐色。大気汚染に弱いので、環境保全の指標にされる。

【梅醤】うめびしお 梅干しの肉をつぶして砂糖を入れ、まぜ合わせたもの。 参考「醤」は、なめもの(少しずつなめる副食物)の意。

【梅擬】うめもどき モチノキ科の落葉低木。山地に自生。葉はウメに似る。初夏、淡紫色の花をつけ、小さな赤色の実を結ぶ。実は落葉後も残る。 季秋 表記「落霜紅」とも書く。

〈梅花皮〉かいらぎ ①ウメの花形の粒状の突起がある魚の皮。刀の柄(つか)や鞘(さや)の装飾用。②表面が①のような陶磁器。 表記「鰄」とも書く。

〈梅雨〉つゆ 六月(陰暦では五月)ころ、長く降り続く雨。また、その季節。五月雨(さみだれ)。 季夏 類梅霖(バイリン) 由来 ウメの実が熟すころに降る長

は バイ

雨の意から。表記「黴雨」とも書く。参考「バイウ」とも読む。

【〈梅雨〉寒】つゆざむ 梅雨のころ、季節外れに寒いこと。梅雨冷え。季夏

【梅雨】バイウ 「梅雨(つゆ)」に同じ。

【梅花△空木】バイカうつぎ ユキノシタ科の落葉低木。ウツギの一種。山地に自生。初夏、ウメに似た白い四弁花が咲く。

【梅妻△鶴子】バイサイカクシ 俗世を離れた、清らかで風雅な隠遁(イントン)生活のたとえ。妻をもたずウメを植え、子のかわりにツルを飼って暮らす意から。参考「妻梅子鶴(サイバイシカク)」ともいう。

【梅毒】バイドク 性病の一種。スピロヘータパリダ菌によって起こる感染症。瘡(かさ)。類瘡毒 表記「黴毒」とも書く。

【梅△霖】バイリン 「梅雨(つゆ)」に同じ。参考「霖」は長雨の意。

【〈梅桃〉】ゆすらうめ バラ科の落葉低木。▼山桜桃(ゆすらうめ)(五八四)

バイ【★狽】
(10) 犭7 準1 3966 4762
音 バイ
訓

意味 獣の名。オオカミの一種。参考オオカミ(狼)と一緒に行動し、離れると倒れてしまうといわれる。ここから、うろたえる意の「狼狽」という語ができた。

下つき 狼狽(ロウバイ)

バイ【培】
(11) 土8 常 準2 3961 475D
音 バイ 外ホウ・ハイ
訓 つちか(う)高 外おか

筆順 一 十 土 圹 圹 垃 垃 垃 培 培 培

意味 ①つちかう。そだてる。草木を養い育てる。「培養」「栽培」②つか。おか。小高い丘。

下つき 啓培(ケイバイ)・栽培(サイバイ)

【培う】つちかう ①草木の根に土をかけて育てる。「菊を—う」②性質や能力を養い育てる。「克己心を—う」「三年間—った技術」参考土で養(やしな)う意。

【培養】バイヨウ ①草木、または物事の基礎を養い育てること。②微生物・動植物などを、人工的に増殖させること。「試験管の中で—する」「純粋—」

バイ【▲梅】
(11) 木7 8569 7565
▼梅の旧字(一二三〇)

バイ【陪】
(11) 阝8 常 3 3970 4766
音 バイ
訓 外したが(う)

筆順 フ 了 阝 阝' 阝+ 阝立 阝立 阝卉 阝咅 陪 陪

意味 ①つきそう。つきしたがう。おともする。「陪審」「陪席」②家来の家来。またげらい。「陪臣」

下つき 追陪(ツイバイ)

【陪従】バイジュウ ①高貴な人の供をすること。随行すること。また、その人。②祭りのときなどに、演奏を行う地下(ゲジ)の楽人。参考「ベイジュウ」とも読む。

【陪食】バイショク 身分の高い人や目上の人と一緒に食事をすること。「御—を賜る」

【陪臣】バイシン ①臣下の家来。②江戸時代、諸藩の大名に仕えていた家臣。対①②直参

【陪審】バイシン 裁判で、一般市民から選ばれた陪審員が訴訟の審判に参与すること。「—員が一人ずつ意見を述べる」参考日本では一九四三(昭和一八)年に停止されたが、アメリカでは現在も行われている。

【陪席】バイセキ ①身分の高い人や目上の人と同席すること。②「陪席裁判官」の略。合議制の裁判所で、裁判長と共に審理にあたり、裁判長を補佐する裁判官。陪席判事。

【陪△塚・陪△冢】バイチョウ 大きな古墳のすぐ近くにあり、従者・近親者を葬ったとされる小さな古墳。参考「バイづか」とも読む。

【陪賓】バイヒン 主客とともに招待される客。相伴(ショウバン)する客。類陪客

【△陪△堂】ホイトウ ①禅宗で、僧堂の外で食事のもてなしを受けること。②僧の食事の世話をすること。また、その僧や飯米。③ものもらい。ほいと。参考「ホイ」は唐音。

バイ【媒】
(12) 女9 常 準2 3962 475E
音 バイ
訓 外なかだち

筆順 く 女 女 女一 姅 姅 娸 娸 媒 媒 媒 媒

意味 なかだち。関係をとりもつ。「媒介」「媒酌」

下つき 触媒(ショクバイ)・鳥媒(チョウバイ)・風媒(フウバイ)・溶媒(ヨウバイ)・良媒(リョウバイ)・霊媒(レイバイ)

【〈媒鳥〉】おとり ①他の鳥や獣を誘い捕らえるための鳥や獣。季秋 ②人を誘い寄せるための人や物。「景品を—にする」「—捜査」表記「囮」とも書く。

【△媒】なかだち 両者の間に立って取り持つこと。また、その人。「知人の—で結婚式を挙げた」表記「仲立ち」とも書く。

【媒介】バイカイ 両方の間に立って取り持つこと。仲立ち。「感染症を—する害虫だ」

【媒質】バイシツ 物理的作用を他の場所に伝える仲立ちとなる物質や空間。音波を伝える空気など。

【媒酌・媒△妁】バイシャク 結婚の仲立ちをすること。また、その人。「—人」「—の労をとる」類仲人・媒人(なこうど)

【媒染】バイセン 染料がよく染まるよう、薬品などを使って染料を繊維に吸収・固着させる染色法。また、その薬品。「—液に布を浸す」

【媒体】バイタイ ①媒質としての物体。「風土病の—となる生物だ」②情報などを伝える媒介となる手段。メディア。「広告—」

バイ【買】(12) 貝5 常 教 9 3967 4763 音 バイ 訓 かう

筆順

意味 かう。代金を出して品物などを求める。「買収」「購買」対売 参考「努力を買う」「けんかを買う」など、値うちを認める、応じるなどの意味にも使われる。

下つき 購買コウバイ・故買コバイ・仲買なかがい・売買バイバイ・不買フバイ

【買い△被る】かいかぶる 人を実際以上に高く評価する。「経験者を―る」

【買う】かう ①代金を払って自分のものにする。「本を―う」対売る ②自分から進んで引き受ける。「代表を―って出る」③悪いことを身に招く。「反感を―う」④高く評価する。「彼の技術を―う」⑤芸者や遊女を呼んで遊ぶ。

【買うは▲貰うに勝る】かうはもらうにまさる 物はもらえば費用はかからないが、借りができて引け目を感じてしまう。自分で買うほうが何にも束縛されないのでよいということ。類只ただより高い物は無い

【買収】バイシュウ ①買い取ること。「会社の株を―する」②ひそかに利益を与えて味方に引き入れること。「反対派を―する」

【買弁】バイベン ①昔、中国で外国と取り引きをするときの仲介業者。②外国資本の手先となって私的な利益を得ること。また、その人。

バイ【楳】(13) 木9 準1 3964 4760 音 バイ 訓 うめ

意味 うめ。うめの木。バラ科の落葉高木。

バイ【★煤】(13) 火9 準1 3965 4761 音 バイ 訓 すす・すすける

意味 すす。煙のなかに含まれる黒い粉。また、すすける。「煤煙」

下つき 煙煤エンバイ

【▲煤】すす ①煙のなかに含まれる黒い炭素の粉。②煙とほこりが混ざって黒くかたまったもの。「大仏さまの―払い」

【▲煤ける】すすける ①すすで黒く汚れる。「だいぶ天井が―けてきたようだ」②古くなって薄汚くなる。「―けた着物」

【▲煤籠もり】すすごもり 年末のすす払いの日に、病人や老人などが別の部屋にこもること。季冬

【▲煤竹色】すすたけいろ タケがすすけたような赤黒い色。

【▲煤払い】すすはらい 家の中のすすやほこりを掃除すること。多く、年末に行う。類煤掃き 季冬

【▲煤煙】バイエン 石炭や油などを燃やしたときに出る、すすとけむり。

【▲煤炭】バイタン 石炭の旧称。

バイ【賠】(15) 貝8 常 準2 3969 4765 音 バイ 訓 外 つぐなう

筆順

意味 つぐなう。他に与えた損害を代償する。「賠償」

【△賠う】つぐなう 人に与えた損害を金品や労力などで埋め合わせる。弁償する。

【賠償】バイショウ 他に与えた損害の埋め合わせをすること。「損害の―に応じる」類弁償・補償

バイ【▲賣】(15) 貝8 7646 6C4E ▼売の旧字(一二二九)

バイ【霾】(22) 雨14 1 8042 704A 音 バイ・マイ 訓 つちふる・つちぐもり

意味 ①つちふる。風が土砂を巻きあげて降らせる。②つちぐもり。巻きあげられた土砂で空がくもること。「霾翳バイエイ」

【▲霾る】つちふる 黄砂コウサが降る。季春 表記「土降る」とも書く。参考 黄砂は、中国大陸の黄土地帯から吹きあげられた砂のこと。

バイ【黴】(23) 黒11 1 8364 7360 音 バイ・ビ・ミ 訓 かび・かびる

意味 ①かび。かびる。「黴菌」②かさ(瘡)。性病の一種。「黴毒バイドク」③あかがついて黒ずむ。よごれる。

【▲黴】かび 菌類のうち、キノコを生じないものの総称。動植物・食物・衣類などに生える。アオカビ・クロカビなど。季夏

【▲黴びる】かびる かびが生える。「餅もちが―びる」「―びたような臭においい」

【〈▲黴雨〉】つゆ 六月(陰暦では五月)ころ、長く降り続く雨。五月雨さみだれ。また、その季節。つゆどき。季夏 由来 物に黴かびが生えやすい季節であることから。表記「梅雨」とも書く。参考「バイウ」とも読む。

【▲黴菌】バイキン ①細菌のうち、人畜に有害なものの総称。②有害なもののたとえ。

【▲黴黒】バイコク 色が黒い。あかがついて黒い。「社会の―」

【▲黴毒】バイドク 性病の一種。スピロヘータパリダ菌によって起こる感染症。表記「梅毒」とも書く。

はいたか【▲鷂】(21) 鳥10 8324 7338 ▼ヨウ(一五三七)

はいる【入る】(2) 入0 教 3894 467E ▼ニュウ(一一九九)

はう【▲這う】(11) 辶7 3971 4767 ▼シャ(六五八)

はえ【▲鮠】(17) 魚6 8230 723E ▼ガイ(一九三)

はえ【▲蠅】(19) 虫13 7404 6A24 ▼ヨウ(一五三七)

はえる【生える】(5) 生0 教 3224 4038 ▼セイ(八四六)

はえる【映える】(9) 日5 教 1739 3147 ▼エイ(八五)

はえる【栄える】(9) 木5 教 1741 3149 ▼エイ(八五)

同訓異義 はえる

【映える】光を受けて美しく輝く。調和して引き立つ。「朝日に映える山桜」「瀬戸の夕映え」「和服の映える女性」「代わり映えがしない」

【栄える】栄光に輝く。りっぱに見える。「優勝に栄える」「栄えある受賞」「見栄えがする」「出来栄え」「話が栄えない」

【生える】植物の芽などが伸びて出てくる。「雑草が生えて困る」「白髪が生える」

はか【△果】(8) 木4 教 1844/324C ▼カ(一四四)
はか【墓】(13) 土10 教 4272/4A68 ▼ボ(一三九四)
はか【▲塋】(13) 土10 5242/544A ▼エイ(八七)
はか【△墳】(15) 土12 常 4215/4A2F ▼フン(一三五六)
はかどる【△捗る】(10) 扌7 常 3629/443D ▼チョク(一〇七二)
はかない【▲儚い】(15) 亻13 4919/5133 ▼ボウ(一四二二)
はかなむ【▲儚む】(15) 亻13 4919/5133 ▼ボウ(一四二二)
はがね【鋼】(16) 金8 教 2561/395D ▼コウ(五一四)
はかま【▲袴】(11) 衤6 2451/3853 ▼コ(四五六)
はからう【計らう】(9) 言2 教 2355/3757 ▼ケイ(三九一)
はかり【▲秤】(10) 禾5 3973/4769 ▼ショウ(七四九)
はかり【▲銓】(14) 金6 7884/6E74 ▼セン(九〇七)
はかり【△衡】(16) 行10 常 2553/3955 ▼コウ(五一四)
ばかり【△許り】(11) 言4 教 2186/3576 ▼キョ(三一八)
はかりごと【▲揆】(12) 扌9 5768/5964 ▼キ(二七六)
はかりごと【△策】(12) ⺮6 教 2686/3A76 ▼サク(五六七)
はかりごと【△謀】(16) 言9 常 4337/4B45 ▼ボウ(一四二二)
はかりごと【▲籌】(20) ⺮14 6854/6456 ▼チュウ(一〇五〇)

はかる【図る】(7) 口4 教 3162/3F5E ▼ズ(八三三)
はかる【△画る】(8) 田3 教 1872/3268 ▼ガ(一六三)
はかる【▲咨る】(9) 口6 5094/527E ▼シ(六二一)
はかる【△度る】(9) 广6 教 3757/4559 ▼ド(一一三三)
はかる【計る】(9) 言2 教 2355/3757 ▼ケイ(三九一)
はかる【△料る】(10) 斗6 教 4633/4E41 ▼リョウ(一五七六)
はかる【▲揆る】(12) 扌9 5768/5964 ▼キ(二七六)

同訓異義 はかる

【計る】まとめて数えたり計算したりする。くわだてる。あざむく。ほか、広く用いる。「時間を計る」「頃合いを計って話しかける」「計り知れない恩義」「国の将来を計る」「利益を計る」「心憎い計らい」「計り事」「まんまと計られる」

【測る】水の深さをはかる意から、長さ・高さ・広さ・温度など広く計測する意で用いる。推測する。「学校までの距離を測る」「血圧を測る」「能力を測る」「人の心を推し測る」「真意を測る」

【量る】穀物の重さをはかる意から、かさ・重さ・大きさなどをはかる。推量する。「体重を量る」「量り売り」「人の気持ちを量る」「推し量る」

【△度る】長さをはかる。転じて、推量する。「度量(ドリョウ)」

【図る】物事をくわだてる。物事を実行するために工夫する。「改革を図る」「自殺を図る」「解決を図る」「経費節減を図る」「便宜を図る」

【謀る】相談して悪事をたくらむ。「暗殺を謀る」「しまった、謀られたか」

【諮る】ほかの人に相談する。特に、上の者が下の者に意見を求める。「スタッフに諮って決める」「審議会に諮る」

【△議る】筋道をたてて話し合う。論じる。「議題を総会で議る」「議論」

はかる【▲揣る】(12) 扌9 5769/5965 ▼シ(六一八)
はかる【測る】(12) 氵9 教 3412/422C ▼ソク(九六一)
はかる【量る】(12) 里5 教 4644/4E4C ▼リョウ(一五七八)
はかる【▲猷る】(13) 犬9 4518/4D32 ▼ユウ(一五一五)
はかる【▲詢る】(13) 言6 7546/6B4E ▼ジュン(七三二)
はかる【▲銓る】(14) 金6 7884/6E74 ▼セン(九〇七)
はかる【△権る】(15) 木11 教 2402/3822 ▼ケン(四三二)
はかる【諮る】(16) 言9 常 2780/3B70 ▼シ(六二七)
はかる【謀る】(16) 言9 常 4337/4B45 ▼ボウ(一四二二)
はかる【▲謨る】(17) 言10 7585/6B75 ▼ボ(一三九五)
はかる【△議る】(20) 言13 教 2136/3544 ▼ギ(二九二)
はぎ【▲脛】(11) 月7 7090/667A ▼ケイ(三九四)
はぎ【▲萩】(12) 艹9 3975/476B ▼シュウ(六九三)

ハク【白】

(5) 白0 教 常 10 3982/4772

訓音 ハク・ビャク(高) しろ・しら・しろい
(外) あきらか・もうす・せりふ

筆順 ノ 亻 冂 白 白

意味 ①しろ。しろい。「白衣」「紅白」 ②きよい。けがれがない。「潔白」 対 ①②黒 ③しろくする。しらげる。「精白」「漂白」 ④あかるい。あきらか。はっきりしている。「白日」「明白」 ⑤なにもない。「白紙」「空白」 ⑥もうす。告げる。「白状」「建白」 ⑦せりふ。「科白」

下つき 科白(カハク・せりふ)・関白(カンパク)・空白(クウハク)・敬白(ケイハク)・潔白(ケッパク)・建白(ケンパク)・紅白(コウハク)・告白(コクハク)・黒白(コクビャク)・自白(ジハク)・純白(ジュンパク)・精白(セイハク)・蒼白(ソウハク)・独白(ドクハク)・漂白(ヒョウハク)・明白(メイハク)・余白(ヨハク)・卵白(ランパク)

【〈白馬〉】あおうま ウマ。 白い毛色のウマ。また、葦毛(あしげ)のウマ。 由来 宮中の年中行事「白馬節会」に用いたウマ。もと青毛のウマを用いたが、のちに白毛のウマを用いるようになり、読み方は「あおうま」のまま漢字を「白馬」と改めたことから。参考「ハクバ」とも読む。

〈白地〉あからさま 隠さずありのまま。はっきり。おおっぴら。「―な告白」

〈白辛樹〉あさがら エゴノキ科の落葉高木。西日本の山地に自生。初夏、白い花が多数垂れ下がる。実から油をとる。アサギ。表記「麻殻」とも書く。

〈白梨樹〉うらじろのき バラ科の落葉高木。山地に自生。葉の裏は白毛が密生する。春、白い花が咲き、赤い実を結ぶ。表記「裏白の木」とも書く。

〈白頭翁〉おきなぐさ キンポウゲ科の多年草。由来「白頭翁」は漢名から。▼翁草(一二五)

〈白朮〉おけら キク科の多年草。由来「白朮」は漢名から。参考「ビャクジュツ」と読めば、根茎を乾燥させた生薬の意。▼朮(七一四)

〈白朮祭〉おけらまつり 京都の八坂神社で大晦日から元日にかけて行われる祭り。オケラを加えたかがり火を焚き、参拝者はその火を火縄に受けて帰り、雑煮などを煮る。季新年 表記「朮祭」とも書く。

〈白粉〉おしろい 化粧に使う白い粉や液体。「粉―をはたく」

〈白粉花〉おしろいばな オシロイバナ科の多年草。ペルー原産。夏から秋の夕方、紅・白・黄色のラッパ形の花をつけ、翌朝しぼむ。観賞用。ユウゲショウ。季秋 由来種子の胚乳が白粉状であることから。表記「紫茉莉」とも書く。

〈白屈菜〉くさのおう ケシ科の二年草。道端に自生。初夏、黄色の四弁花をつける。茎や葉の汁は有毒。季夏 由来「白屈菜」は漢名から。表記「草の王・草の黄」とも書く。

〈白眼〉さめ 毛の白いウシやウマ。また、両眼の縁が白いウシやウマともいう。

〈白湯〉さゆ 水を沸かしただけで何も加えない湯。「―で薬を飲む」表記「素湯」とも書く。

【白△和え・白▲齏え】しらあえ 豆腐と白味噌と白ゴマをすり混ぜ、魚肉・野菜などをあえた料理。「ゴボウの―」

〈白髪〉しらが 白くなった毛髪。「―まじりの頭」参考「ハクハツ」とも読む。

【白重ね・白△襲】しらがさね ①白地の薄い着物と白地の汗とりとを重ねて着ること。昔、更衣に用いた。季夏 ②表裏ともに白い襲の色の名。

〈白髪太郎〉しらがたろう クスサンの幼虫。白髪のような長い毛が密生する。しなのたろう。くりけむし。

【白▲樺】しらかば カバノキ科の落葉高木。高原に自生。樹皮は白色で、薄くはがれる。春に黄褐色の花が咲く。材は細工・建築用。

【白河夜船】しらかわよふね 知ったかぶり。また、熟睡して前後を知らないことのたとえ。「―の高いびき」由来京都を見てきたといつわる者が京都の白河のことを聞かれて、川の名だと思い、船で夜通ったから知らないと答えた話から。表記「白河」は「白川」、「夜船」は「夜舟」とも書く。

【白木】しらき ①塗料を塗っていない、木地のままの木材。「―のタンス」②トウダイグサ科の落葉小高木。初夏、黄色い花が穂状に咲く。材は白く、細工物用。種子の油は塗料・髪油用。

〈白▲癬〉・〈白▲禿▲瘡〉しらくも 白癬菌の感染で起こる皮膚病。多く、幼児や小児の頭部にできる白い円形斑が大きくなり、乾燥して頭髪がぬける。参考「白癬」は「ハクセン」とも読む。

【白ける】しらける ①色があせて白っぽくなる。②興が冷めて、気まずくなる。「つまらないジョークで座が―ける」

【白子】しらこ ①雄の魚の精巣。乳白色をしている。食用。「鱈の―」②人や動植物で先天的にメラニン色素などが欠乏し、皮膚や髪が白いこと。類白皮症 参考②「しろこ」ともいう。また、「しらス」と読めば別の意になる。

【白▲鷺】しらさぎ サギ科の鳥のうち、全身純白のものの総称。アマサギ・チュウサギ・コサギなど。季夏 参考「ハクロ」とも読む。

【白絞油】しらしめユ 菜種油を精製した上質の油。また、大豆油を精製した油。

【白白しい】しらじらしい ①見えすいているさま。「―いお世辞」「―いうそをつく」②知っていて知らないふりをするさま。「―い態度」③興ざめするさま。しらばくれるさま。「―い思い」

【白子】しらス カタクチイワシ・アユ・ウナギなどの稚魚の呼称。食用。参考「しらこ」と読めば別の意になる。

【白州・白▲洲】しらす ①庭・玄関などの白い砂の敷いてあるところ。②江戸時代に、奉行所で訴訟を裁いたところ。奉行所。「お―」由来②白い砂を敷いてあったことから。

【白子干し・白子△乾し】しらすぼし カタクチイワシ・マイワシなどの稚魚を生で、またはゆでて干したもの。食用。季春

【白太】しらタ 材木で樹皮に近い白い部分。白肌。辺材。類白身 対赤身

【白滝】しらたき ①落ちていく水が、白い布のように見える滝。②糸のように細いこんにゃく。すき焼きやなべ料理などに使う。

【白玉】しらたま ①白い玉。特に、真珠の古称。②白玉粉で作った団子。季夏 ③「白玉椿」の略。白い花が咲くツバキ。

【白茶】しらチャ ①薄い茶色。白っぽい茶色。②灰汁につけないで、蒸して焙じた上等の

茶。参考 ②「しろチャ」とも読む。

【白露】しらつゆ 草木の葉などに置いた、光って白く見える露。「葉先に―を置く」季秋 参考「ハクロ」とも読む。

【白波・白△浪】しらなみ ①波頭がくだけて白く見える波。②どろぼう。「―五人男」類盗賊 由来 ②昔、中国で黄巾(コウキン)の賊が白波谷(ハクハコク)にたてこもったことから。

【白羽】しらは 鳥の白い羽。また、それで作った矢羽。

〘白羽の矢が立つ〙 多くの者のなかから選ばれるたとえ。もとの意は、犠牲者になること。由来 人身御供(ひとみゴクウ)として神が望む娘の家の屋根に、白羽の矢が立てられるという俗信からきた言葉。

【白〈南風〉】しらはえ 九州地方などで、梅雨の明けるころに吹く南風。季夏 参考「しろはえ」とも読む。

【白旗】しらはた ①白い旗。特に、降服の旗。「―を揚げる」②平氏の赤旗に対し、源氏の旗。参考「ハッキ」とも読む。

【白▲檜△曽】しらびそ マツ科の常緑高木。高山に自生。樹皮は灰白色で、実はまつかさに似る。材はパルプ・建材用。シラベ。

【白拍子】しらビョウシ ①平安時代末期に始まった歌舞。また、それを歌い舞う女。②江戸時代、遊女の別称。

【〈白面〉】しらふ 酒を飲んでいない普段の状態。また、その顔つき。「―では言えない話」表記「素面」とも書く。参考「ハクメン」と読めば別の意になる。

【白む】しら-む ①白くなる。②夜が明け、空が明るくなる。「東の空が―む」③興がさめる。しらける。「座が―む」

【〈白及〉】しらん ラン科の多年草。▼紫蘭(シラン)(六三〇)

【白】しろ ①雪・塩などのような色。白色。また、白色のもの。②碁石の白い石。また、それを持つほうの人。③無実。潔白。「この事件の容疑者は―だと思う」対 ①～③黒

【白▲蟻】しろあり シロアリ目の昆虫の総称。形はアリに似るが別種で、体は白または淡黄色。木材の内部に巣を作り、家屋を害する。「―の駆除」季夏

【白い】しろ-い ①白色である。「―い肌」②よごれていない。③染めていない。紙などに何も書いていない。「―いページ」④潔白である。「彼は断じて―い」

【白金】しろがね ①銀(ギン)のこと。「―造りの刀」②銀色。③銀貨。表記「銀」とも書く。

【白△酒】しろき 大嘗祭(ダイジョウサイ)などの際、神前に供える白色の酒。参考 白酒に黒ゴマの粉を入れたものを黒酒(くろき)といい、ともに供えた。また、「しろざけ」と読めば、ひな祭りなどに供える白くて甘い酒の意。

【白装束】しろショウゾク 白ずくめの服装。また、それを着ること。神事や弔事に着用する。

【白△妙・白▲栲】しろたえ ①カジノキの皮の繊維で織った白い布。②白い色。「―の富士の峰」

【白詰草】しろつめくさ マメ科の多年草。ヨーロッパ原産。葉は三枚の小葉からなる複葉。夏、白い小花を球状につける。牧草・肥料用。クローバー。季春 由来 江戸時代にオランダから渡来したガラス器の箱につめられていたことから。

【白▲癜】しろなまず 皮膚病の一つ。色素の欠乏で、皮膚に白い斑紋(ハンモン)ができる。

【白▲鼠】しろねずみ ①白いネズミ。②ドブネズミの改良品種。全身白色で目は赤い。実験用。③主家に忠実な使用人や番頭。①が大黒天に仕えたということから。対黒鼠

【〈白灯▲蛾〉】しろひとり ヒトリガ科のガ。全体が白色で、腹の両側に赤い斑紋(ハンモン)がある。夏、灯下に飛んでくる。

【白星】しろぼし ①中が白い丸形または星形のしるし。②相撲の星取り表で勝ちを表すことから、試合で勝つこと。勝ち星。また、手柄。成功。「―をあげる」対 ①②黒星

【白身】しろみ ①卵の中の透明な部分。卵白。「―を泡立てる」対黄身 ②魚肉の白い部分。また、肉が白い魚。「―の刺身」③獣肉の脂身の多い白い部分。④木材の白い部分。類 ④白太(しらタ) 対 ②～④赤身

【白無▲垢】しろムク 上着も下着も白ずくめの着物。「―の花嫁衣装」「―姿の行者」

【〈白▲茅〉】ちがや イネ科の多年草。▼茅萱(ちがや)(一四一六)

【〈白痢〉】なめ はげしい下痢のときに出る白色の便。参考「ビャクリ」とも読む。

【〈白▲膠木〉】ぬるで ウルシ科の落葉小高木。山野に自生。ウルシに似る。夏、黄白色の小花を円錐(エンスイ)状につける。紅葉が美しい。フシノキ。季秋 由来「白膠木」は漢名より。木から白い膠(にかわ)状の液をとり、塗料にすることから。

【白亜・白▲堊】ハクア ①白色の壁。「―の殿堂が聳(そび)えている」②石灰岩の一種。有孔虫などの死骸(シガイ)や貝殻などからできたもの。白墨・白壁塗料の原料。チョーク。

【白衣】ハクイ 白色の衣服。白い上っ張り。多く、医療関係者や科学技術の実験者などが着る。「―の天使(女性看護師の美称)」参考「ビャクエ・ビャクイ」とも読む。

〘白衣の宰相(サイショウ)〙 官位がないのに、宰相のような権勢のある人のたとえ。「白衣」は無位無官の意。〈『新唐書(シントウジョ)』〉

〘白衣の三公(サンコウ)〙 中国、前漢の公孫弘(コウソンコウ)が、庶民の身分から天子の三公になったことをいう。「三公」は三つの高い官職のこと。〈『史記』〉

【白雲孤飛】ハクウンコヒ 故郷を離れて親を思うたとえ。故事 中国、唐の狄仁傑(テキジンケツ)が并州(ヘイシュウ)の法曹参軍の職に就き、太

行山に登り、白雲の飛んで行くのを見て、親はあの下にいると言って涙した故事から。《『大唐新語』》

【白眼視】ハクガンシ 冷たい目で見ること。また、その目。故事 竹林の七賢の一人として知られる晋の阮籍が、好きな人は青い目で、嫌いな人は白い目で迎えたということから。《『晋書』》

【白玉楼中】ハクギョクロウチュウ 文人の死のたとえ。「白玉楼」は文人が死後に行くという、天上にある御殿。故事 中国、唐の詩人である李賀の臨終のとき、天帝の使いが現れて「白玉楼ができたので、君を召して記を作ることになった。天上は地上よりも楽しく、苦しいことはない」と告げられたという故事から。《『唐詩紀事』》

【白銀】ハクギン ①銀。しろがね。②降り積もった雪の形容。「—の世界」③江戸時代の貨幣で、銀を長さ一〇センチメートルほどの楕円形に造ったもの。贈答用に用いた。

【白紙】ハクシ ①白い紙。②何も書かれていない紙。「—の答案」③先入観のないこと。「交渉に—で臨む」④何もなかった状態。「契約を—に戻す」「計画の—撤回を求める」

【白磁】ハクジ 白色の磁器。中国の六朝時代に起こり、青磁とともに東洋独特のもの。白い素地で、釉は透明。

【白日】ハクジツ ①明るく輝く太陽。「青天—」「—の下にさらされる(すべて明らかになる)」②「白昼」に同じ。「—夢」

【白日昇天】ハクジツショウテン 仙人になること。また、急に富貴になるたとえ。真昼に天に昇る意から。《『魏書』》

【白砂青松】ハクシャセイショウ 海辺の美しい景観のこと。白い砂浜と青い松林が広がる海岸線の意から。「—の地」参考「白砂」は「ハクサ」とも読む。

【白寿】ハクジュ 九九歳。また、その祝い。由来「百」の文字から一を除くと「白」になることから。

【白首窮経】ハクシュキュウケイ 老人になっても経書を研究すること。「白首」は白髪頭、「窮経」は儒教の経書をきわめる意。《蘇轍の文》

【白書】ハクショ 政府が外交・行政・経済・社会などの実情を発表し、将来の政策を述べる報告書。「農業—」由来 イギリス政府が公式報告書に白い表紙を使ったことから。

【白状】ハクジョウ ①自分の犯した罪や隠していたことを打ち明けること。「余罪を—する」類自白・自供 ②罪人の申し立てたことを記した書面。口書き。

【白刃】ハクジン 鞘から抜いた刀。抜き身。「—を振りかざす」「—を踏む(危険を冒す)」参考「しらは」とも読む。

【白水真人】ハクスイシンジン 中国の貨幣、銭の別称。また、後漢王朝が興るという予言になった語。故事 中国、新の王莽が用いた銭に「貨泉」と書いてあった。その文字を分解すると、「貨」は「人」と「眞(真)」、「泉」は「白」と「水」に分けられるので、「白水真人」と呼んだ。やがて白水郷から光武帝が立って後漢を興したので、貨幣がその前兆であったといわれた故事から。《『後漢書』》

【白皙】ハクセキ 肌の色が白いこと。「長身—」類色白 参考「皙」は顔色が白い意。

【白鶺鴒】ハクセキレイ セキレイ科の鳥。水辺にすむ。頭・背・胸は灰黒色で、顔と腹は白い。長い尾を上下に振って歩く。

【白癬】ハクセン 白癬菌などにより起こる、白いまだらを生じる皮膚病。たむし・はたけ・しらくもなど。参考「しらくも」とも読む。

【白髯】ハクゼン 白いほおひげ。「髯」はほおひげの意。「—の翁」

【白濁】ハクダク 白っぽくにごること。「入浴剤でお湯が—する」

【白地】ハクチ ①白い生地。②水がなく乾いた畑。また、何もない土地。類白田

【白痴】ハクチ 脳の障害などにより、知能の発達がいちじるしく遅れていること。また、その人。

【白地図】ハクチズ 地形の輪郭だけを記した地図。地名などの記入がなく、地理の学習や分布図の作成などに使われる。白図。参考「しろチズ」とも読む。

【白昼】ハクチュウ 日中。まひる。ひるひなか。「—夢」「—堂々と強盗に入る」類白日

【白丁花】ハクチョウゲ アカネ科の常緑小低木。中国原産。よく枝分かれするので、生け垣などに用いる。初夏、白色または淡紫色の先が五裂したラッパ形の小花をつける。季夏 表記「満天星・六月雪」とも書く。

【白頭翁】ハクトウオウ ①白髪の老人。②オキナグサの根を乾燥したもの。漢方で下痢止めに用いる。③ムクドリの別称。▼椋鳥(一五七八)

【白頭新の如く、傾蓋故の如し】ハクトウシンのごとく ケイガイコのごとし 交友の深さは付き合った年月の長さによらず、互いの心を知る深さによるたとえ。ともに白髪になるまで長い間付き合っても、新しい友人のように心が通わないこともあるが、ちょっと車を止めて車の蓋を傾けて話しただけでも、意気投合して昔からの親友のようになれる意から。《『史記』》

【白灯油】ハクトウユ 無色透明の精製した灯油。燃焼性がよく刺激臭が少ない。おもに家庭の暖房・燃料用。

【白内障】ハクナイショウ 目の水晶体が白く濁る病気。視力が落ち、失明することもある。白底翳。

【白熱】ハクネツ ①高い温度に熱せられ、白い光を出すこと。「—電球」②熱気が最高潮に達すること。「—した好試合」「議論が—する」

【白馬】ハクバ ①毛色の白いウマ。②「白馬」に同じ。

『白馬は馬(うま)に△非(あら)ず』まちがった理屈を、あたかも正しいもののように、強く言い張るたとえ。中国、周(シュウ)の公孫竜(コウソンリュウ)が概念を分析するために唱えた命題。論理的にいえば、ウマという抽象的概念と、白馬の毛が白いという具体的概念は区別されるべきであり、白馬はあくまでも白馬であって、ウマではないことをいったもの。

【白白】ハク ハク ①白いさま。②曇ったところがなく、はっきりしたさま。「明明—」参考①「しらじら」とも読む。「しらじら」には「夜がしだいに明けるさま」「興ざめのさま」の意もある。

【白髪】ハク ハツ 白い毛髪。「—の老人」参考「しらが」とも読む。

『白髪三千丈(サンゼンジョウ)』おおげさな表現のたとえ。もとは、白髪が非常に長い意。由来年老いて憂愁のあまり、白い髪の毛が三千丈もの長さになってしまったという意の詩句から。〈李白(リハク)の詩〉

【白板の天子】ハクハンのテンシ 正当な手続きをせずに即位した天子のこと。由来中国、晋(シン)は、北方の異民族に押されて南へ遷都し、東晋を立てたが、天子の象徴である国璽(コクジ)(国家を表す印)をもたずに即位したので、北人がこの天子をあざけって呼んだ語。「白板」は何も書いていない板の意。〈『南斉書(ナンセイショ)』〉

【白眉】ハク ビ 多くの人の中で最もすぐれた人のたとえ。由来中国、三国時代、蜀(ショク)の馬氏(バシ)の五人の兄弟はいずれも秀才のほまれが高かったが、中でも馬良(バリョウ)が最もすぐれていた。彼の眉毛(まゆげ)には白い毛がまじっていたので、人々は特に白眉がよいと評した故事から。〈『三国志』〉

【白票】ハク ヒョウ ①国会で、無記名投票の場合に賛成を表す議員が投じる票。対青票 ②投票で、記入すべきところを白紙のままで出された票。「あえて—を投じる」

【白描】ハク ビョウ 日本画・東洋画で、墨一色で描く技法。また、その絵。「—画」

【白文】ハク ブン ①句読点・訓点などをつけない漢文。②本文だけで注釈をつけない漢文。

【白兵】ハク ヘイ 抜き身の刀・槍(やり)など。接近戦で、敵を切ったり突いたりする武器。類白刃

【白璧の微△瑕】ハクヘキのビカ すぐれたものにわずかな欠点のあるたとえ。完全無欠でないことのたとえ。白い輪になった玉(ギョク)に、ほんのわずかのきずがある意から。〈昭明太子の文〉

【白墨】ハク ボク 焼石膏(ショウセッコウ)または白亜の粉末を棒状に固めたもの。黒板に書くのに用いる。チョーク。「黒板に—で文字を書く」

〈白熊〉はぐま チベットなどにすむヤクの尾の毛。白く光沢があり、払子(ホッス)や旗・槍(やり)・兜(かぶと)などの飾りとして用いる。

【白面】ハク メン ①素顔。②色の白い顔。「—の貴公子」③年が若く、経験の少ないこと。未熟なこと。「—の書生」参考「しらふ」と読めば別の意になる。

『白面の書生』書物ばかり読んでいて経験の乏しい若い学者のこと。青二才。〈『宋書(ソウジョ)』〉

【白△楊】ハク ヨウ ハコヤナギの別称。▼白楊(はこやなぎ)

【白藍】ハク ラン ①藍(あい)を薬品で還元させてとり出した白い粉末。その溶液を藍染めに用いる。②ハクサイとキャベツを交配改良してつくった野菜。参考①「しろあい」とも読む。

【白露】ハク ロ ①「白露(しらつゆ)」に同じ。②二十四節気の一つ。秋分の前で、九月八日ころ。このころから秋らしくなる。季秋

【白△蠟】ハク ロウ ハゼノキやウルシなどの実からとった木蠟(モクロウ)を、日光にさらして白くした蠟。類晒(さら)し蠟

【白話】ハク ワ 中国で、日常の話し言葉を基礎にした文章語。「—小説」対文言(ブンゲン)

〈白△楊〉はこやなぎ ヤナギ科の落葉高木。山野に自生。葉は広卵形。早春、葉よりも先に赤褐色の花穂を垂れ下げる。材は軽くやわらかい。ヤマナラシ。由来「白楊」は漢名からの誤用。和名は、この木で箱をつくったことから。表記「箱柳」とも書く。

【白△駒】ハッ ク ①白い毛のウマ。類白馬 ②つきひ。歳月のたとえ。

『白△駒の隙(ゲキ)を過ぐるが△若(ごと)し』年月がたつのが驚くほど早いことのたとえ。人間の一生は、白馬が走りすぎるのをわずかな隙間(すきま)から一瞬見るようなものだという意から。〈『荘子(ソウジ)』〉表記「隙」は原文では「郤」。類光陰矢の如(ごと)し

【白血球】ハッ ケッキュウ 血液中の血球の一つ。無色でアメーバ状に変形し、体内に入った病原菌を細胞内に取り入れて殺す。対赤血球

【白血病】ハッケツ ビョウ 血液中の白血球が異常に増える病気。貧血が起こり、全身が衰弱する。

【白鍵】ハッ ケン ピアノ・オルガンなど鍵盤楽器の白いキー。対黒鍵

【白△虹】ハッ コウ 霧の中などに現れる白色のにじ。類月虹

『白△虹日(ひ)を貫(つらぬ)く』臣下の兵が、君主に危害を加える前兆。白色のにじが太陽を突きとおす意から。〈『戦国策』〉参考真心が天に通じたときに起こる現象ともいわれる。「白虹貫日(ハッコウカンジツ)」ともいう。

【白黒分明】ハッコク ブンメイ よいことと悪いことの区別が明らかなこと。「白黒」は善悪・正邪・是非などの意。〈『漢書(カンジョ)』〉

【白△毫】ビャク ゴウ 仏のまゆの間にあり、光明を放つといわれる長く白い巻き毛。参考「毫」は長い毛の意。

【白△朮】ビャク ジュツ オケラの根茎を乾燥させた生薬。芳香があり、利尿剤・健胃剤用。また、屠蘇散(トソサン)の材料。類蒼朮(ソウジュツ) 参考「おけら」と読めば植物の名前。

【白檀】ビャクダン ビャクダン科の半寄生常緑高木。インド・東南アジア原産。材は淡黄色で堅く芳香があり、仏像や扇子をつくる。表記「檀香」とも書く。参考「栴檀（センダン）は双葉より芳（かんば）し」のセンダンは、このビャクダンのこと。

【白夜】ビャクヤ 北極・南極などに近い地方で、夏、夜になっても太陽の光の反映で空が薄明るいこと。また、その夜。参考「ハクヤ」とも読む。

【白▲蓮】ビャクレン ①白いハスの花。季夏 ②心が清らかでけがれのないたとえ。

【白狐】ビャッコ ①毛の白いキツネ。神通力をもち、人を化かすとされた。②ホッキョクギツネの別称。北極にすみ、冬毛は純白になる。参考「しろぎつね」とも読む。

【白虎】ビャッコ 青竜・玄武・朱雀（スザク）とともに四神の一つ。トラで表され、天上の西方を守る神。

〈白英〉ひよどりじょうご ナス科のつる性多年草。由来「白英」は漢名から。▼鵯上戸（ひよどりジョウゴ）（一二八七）

〈白花菜〉ふうちょうそう フウチョウソウ科の一年草。西インド諸島原産。夏、雄しべの長い白色の花を総状につける。季夏 由来「白花菜」は漢名から。表記「風蝶草」とも書く。

〈白耳義〉ベルギー ヨーロッパ北西部の立憲君主国。北海に臨み、オランダとフランスの間に位置する。首都はブリュッセル。

【△白す】もう‐す 率直に言う。はっきりと告げる。隠さずに語る。

ハク【伯】(7) イ 5 常 準2 3976 476C 音 ハク 外ハ 訓 外はたがしら・かしら・おさ

筆順 ノ イ 亻' 伯 伯 伯 伯

意味 一ハ はたがしら。諸侯の盟主。類覇 二ハク ①おじ。おば。父母の兄・姉。「伯父」「伯母」対叔 ②兄弟姉妹の最年長。「伯・仲・叔・季」の一番目。「伯兄」③かしら。おさ。「河伯」④一芸に秀でたものの称。「画伯」「詩伯」⑤五等爵（公・侯・伯・子・男）の第三位。「伯爵」⑥「伯耆（ほうき）の国」の略。「伯州」⑦「伯剌西爾（ブラジル）」の略。

下つき 二河伯（カハク）・画伯（ガハク）・詩伯（シハク）・匠伯（ショウハク）・水伯（スイハク）・風伯（フウハク）・方伯（ホウハク）

〈伯父〉おじ 父母の兄。また、父母の姉の夫。対叔父

〈伯母〉おば 父母の姉。また、父母の兄の妻。対叔母

【伯牙琴を破る】ハクガキンをやぶる 自分のよき理解者の死を悼（いた）むたとえ。故事 琴の名手だった伯牙が演奏すると、友人の鍾子期（ショウシキ）は、伯牙が思い描く情景を言い当てて理解した。その鍾子期が死んでしまうと、伯牙は琴の弦（ゲン）を絶ち、二度と琴を奏でることがなかったという故事から。〈『呂氏春秋（リョシシュンジュウ）』〉参考「伯牙弦を絶つ」ともいう。

【伯爵】ハクシャク 明治憲法下で五等爵の第三位。五等爵は華族で、公・侯・伯・子・男爵。

【伯叔】ハクシュク ①兄と弟。②父の兄と弟。伯父（おじ）と叔父（おじ）。

【伯仲】ハクチュウ ①兄と弟。長兄と次兄。②どちらもすぐれて、優劣のつけられないこと。「二人の実力は—している」類互角

『伯仲の間』カン 優劣のないことのたとえ。由来 中国には兄弟の順序を表すのに、長兄から順に伯・仲・叔・季という習慣があり、長兄と末っ子の差はあっても、長兄（伯）と次兄（仲）の差はほとんどないという意から。

【伯仲叔季】ハクチュウシュクキ 中国で、兄弟の生まれた順序を表す言葉。伯が長兄、次が仲、叔で、末弟を季という。〈『論語』〉

【伯楽】ハクラク ①よいウマを見分けることがうまい人。②有望な新人を見つけて成功させることがうまい人。「芸能界の—」由来 中国、周代のウマの鑑定名人の名から。〈『戦国策』〉参考 ①「バクロウ」とも読む。

『伯楽の一顧』イッコ 不遇だった者が有力者によって引き立てられるたとえ。故事 良馬を売ろうとして市に出た者が、いっこうに売れないので、ウマの鑑定の名人、伯楽に頼んで、通りすがりにそのウマを一度振り返って見てもらうと、たちまち一〇倍の値がついたという故事から。〈『戦国策』〉

【△伯△楽】バクロウ ①「伯楽（ハクラク）」に同じ。②牛馬の売買やその仲介をする人。由来 伯楽（ハクラク）が転じた語。伯楽は、中国周代の人で、ウマのよしあしを見分けるのが巧みであったことから。表記「博労・馬喰」とも書く。

〈伯▲剌西▲爾〉ブラジル 南アメリカ東部の連邦共和国。複雑な人種構成をなし、日系人も多い。首都はブラジリア。

〈伯林〉ベルリン ドイツ連邦共和国の首都で、ドイツの北東部にある都市。

〈伯▲耆〉ほうき 旧国名の一つ。現在の鳥取県西部。伯州（ハクシュウ）。

ハク【佰】(8) イ 6 1 4849 5051 音 ハク・ヒャク 訓 おさ

意味 ①かしら。おさ。一〇〇人の長。②東西に通じるあぜ道。「仟佰（センパク）」対仟（セン）参考 数の「百」の代わりに用いることがある。

下つき 仟佰（センパク）

ハク【帛】★ (8) 巾 5 1 5471 5667 音 ハク 訓 きぬ・しろぎぬ・ぬさ

意味 ①きぬ。しろぎぬ。絹織物の総称。「帛書」②ぬさ。神前に供える白いきぬ。「幣帛」参考 白いぬの（巾）を表す字。

下つき 雁帛（ガンパク）・玉帛（ギョクハク）・竹帛（チクハク）・布帛（フハク）・幣帛（ヘイハク）

【▲帛】きぬ 精巧に織った絹織物。薄くなめらかで、つやのある絹織物。特に、白い絹布をいう。参考 中国古代、紙が発明される以前に、書写材

料としても用いられた。

【帛書】ハクショ 絹に書いた文書や手紙。

【帛紗】フクサ ①絹やちりめんの、儀礼に用いる小形のふろしき。進物の上にかけたり、包んだりする。②茶の湯で、茶器のちりを払ったり、茶碗チャワンを受けたりするときなどに用いる絹布。表記「袱紗・服紗」とも書く。

ハク【拍】

(8) 扌5 常 4 3979 476F 訓 音 ハク・ヒョウ 外うつ

筆順 一 十 扌 扌' 扚 拍 拍 拍

意味 ①うつ。手でたたく。「拍手」類搏ハク ②リズムや音数の単位。「拍子」

下つき 脈拍ミャクハク

〈拍つ〉うつ 手のひらでたたく。手のひらを打ち合わせる。「手を―つ」

〈拍手〉かしわで 神を拝むとき、てのひらを合わせ打って鳴らすこと。表記「柏手」とも書く。参考「ハクシュ」と読めば別の意になる。

【拍車】ハクシャ 乗馬靴のかかとに取り付ける歯車状の金具。ウマの腹をけって速力を上げさせるもの。「景気の回復に―をかける」

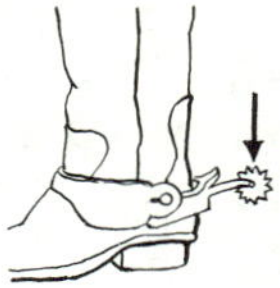

〔拍車ハクシャ〕

【拍手】ハクシュ 両手のひらを打ち合わせて音を出すこと。賛成や賞賛の気持ちを表す。参考「かしわで」と読めば別の意になる。

【拍手喝采】ハクシュカッサイ 多数の人が手をたたき、声をあげてほめたたえること。「聴衆は弁士の演説に―した」

【拍子】ヒョウシ ①楽曲のリズムで、周期的な音の強弱の組み合わせ。「三―」②音楽・歌・踊りなどの調子。リズム。「手―」③はずみ。その瞬間。「転んだ―にお金を落とした」

〈拍板〉びんざさら 短冊状の薄い木片を数十枚つづり合わせた打楽器。両端の取っ手を持ち動かすと、板が打ち合い音を出す。田楽デンガクなどに使う。ささら。ささらぎ。表記「編木」とも書く。

ハク【泊】

(8) 氵5 常 4 3981 4771 訓 音 ハク とまる・とめる

筆順 丶 冫 氵 氵' 氵' 泊 泊 泊

意味 ①人が自宅以外のところにとまる。宿る。「宿泊」「外泊」②船がとまる。船をとめる。「停泊」③さっぱりしているさま。「淡泊」

下つき 外泊ガイハク・仮泊カハク・宿泊シュクハク・淡泊タンパク・停泊テイハク・漂泊ヒョウハク・旅泊リョハク

【泊まる】とまる ①自宅以外の場所で宿泊する。「旅館に一晩―る」②船が港などにとどまる。「横浜港に―る」③宿直する。「交代で会社に―る」

ハク【狛】

(8) 犭5 準1 2593 397D 訓 音 ハク こま・こまいぬ

意味 ①こま。こまいぬ(狛犬)。②オオカミに似た獣の一種。

【狛】こま 「狛犬こまいぬ」の略。

【狛犬】こまいぬ 神社の社頭や社殿の前に、向かい合わせに置かれた一対の獅子シシに似た獣の像。高麗こまから伝来したといわれ、魔除よけとされる。こま。「拝殿の左右には―が鎮座している」

【狛笛】こまぶえ 雅楽に用いる横笛の一種。指穴が六つあり、音色が高い。細笛。由来 高麗こま(朝鮮半島)から渡来したことから。表記「高麗笛」とも書く。

ハク【迫】

(8) 辶5 常 4 3987 4777 訓 音 ハク せまる 外せる

旧字《迫》(9) 辶5 1/準1

筆順 ノ 亻 白 白 白 泊 迫 迫

意味 ①せまる。さしせまる。近づく。「迫真」「迫力」②おいつめる。苦しめる。「迫害」「脅迫」

下つき 圧迫アッパク・気迫キハク・急迫キュウハク・脅迫キョウハク・強迫キョウハク・緊迫キンパク・切迫セッパク・肉迫ニクハク・逼迫ヒッパク

【迫る】せまる ①間隔が狭くなる。せばまる。「川幅が―る」②近づく。差し迫る。「展覧会の期日が―る」「危機が刻々と―ってくる」「真に―った演技」③胸が苦しくなる。感情がこみあげる。「強く心に―るものがある」「息が―る」④せきたてる。強いる。「必要に―られてしたことです」「返答を強く―る」「交際を―る」⑤追いつめる。苦しめる。「暴力で―る」

〈迫り出す〉せりだす ①上方または前方へ押し出す。②劇場で、舞台下から舞台へ役者などを押し出す。③前へ出る。つき出る。「腹が―してきた」

〈迫る〉せる じりじりと上や前に移動する。また、間隔を少しずつせばめる。「―り上がる」「―り出す」「―って勝つ」

【迫害】ハクガイ 押さえつけ、害を与えること。苦しめ、しいたげること。「長期の―に耐えてきた民族」

【迫撃】ハクゲキ 敵に迫って、近距離から攻撃すること。

【迫真】ハクシン 表現や表情などが真に迫り、本物のように見えること。「―の演技に感動した」

【迫力】ハクリョク 人の心に強く迫ってくる力。「―のある演奏だ」

〈迫間〉はざま ①物と物などの間の狭いところ。「生死の―をさまよう」②谷間。③矢や鉄砲などを発射するため城壁にあけた穴。表記「狭間・間」とも書く。

は　ハク

ハク【★柏】(9) 木5 準1 3980 4770 音 ハク・ビャク 訓 かしわ

意味 ①かしわ。ブナ科の落葉高木。「柏餅（かしわもち）」②ヒノキ・コノテガシワなどの常緑樹の総称。「柏酒」

下つき 松柏（ショウハク）・竹柏（チクハク）・扁柏（ヘンパク）

【▲柏】かしわ ブナ科の落葉高木。山地に自生。春、黄褐色の花が咲く。樹皮はタンニンを含み染料用。材は建材・薪炭用。葉は大きく、食物を包むのに用いた。表記「槲」とも書く。

【▲柏手】かしわで 神を拝むとき、両方のてのひらを打ち合わせて鳴らすこと。「―を打つ」表記「拍手」とも書く。参考「柏」は「拍」の誤りからともいう。

【▲柏餅】かしわもち ①米の粉をこねて蒸した餅の中に餡（アン）を入れ、カシワの若葉で包んだ和菓子。五月五日の節句に作る。季夏 ②一枚の布団を二つに折って中で寝ること。

【▲柏舟の操】ハクシュウのみさお 夫が死んだのちも、妻が貞操を守ること。故事 中国、周代、衛（エイ）の太子共伯の妻の共姜（キョウキ）が、夫の死後、再婚を勧められたが、それを断り、誓いの歌「柏舟」を詠んだという故事から。《『詩経』》

【▲柏槙】ビャクシン イブキの別称。▼伊吹（いぶき）(二五)

ハク【珀】(9) 王5 1 6465 6061 音 ハク

意味 宝玉の「琥珀（コハク）」に用いられる字。

ハク【▲迫】(9) 辶5 ▼迫の旧字(一二三九)

ハク【陌】(9) 阝6 1 7989 6F79 音 ハク・バク 訓 みち・あぜみち・まち

意味 ①みち。あぜみち。東西に通じるあぜみち。「陌阡（ハクセン）」対阡（セン）②まち。街路。参考 数の「百」の代わりに用いられることがある。

下つき 街陌（ガイハク）・阡陌（センパク）

【▲陌上】ハクジョウ ①あぜ道のほとり。田畑。②街路の上。路上。道ばた。

【▲陌上の▲塵】ハクジョウのちり 路上のちりや砂ぼこり。転じて、飛び散って定めないことのたとえ。「人生根蔕（コンタイ）無く、飄（ヒョウ）として―の如し」〈陶潜の詩〉

ハク【剝】(10) 刂8 常 2 1594 2F7E 音 ハク 外ホク 訓 はがす・はぐ・はがれる・はげる 外むく・とる

〔剥〕3977 476D

筆順 ㇄ 𠂉 彑 彔 彔 彔 彔 剝 剝 剝

意味 ㊀ハク ①はぐ。はぎとる。むく。「剝製」「剝奪」②はがれる。はなれる。はげおちる。「剝離」「剝脱」㊁ホク とる。撃つ。

下つき ㊀剽剝（ヒョウハク）

【▲剝き身】すきみ 魚肉などを、薄くそぎ切った切り身。参考「むきみ」と読めば別の意になる。

【剝がす】はがす ①はぎとる。「シールを―がす」②明らかにする。「ベールを―がす」

【剝ぐ】はぐ ①むき取る。取り去る。「皮を―ぐ」②取り上げる。「官を―ぐ」

【剝製】ハクセイ 動物の内臓などを取り除いて綿などをつめ、縫い合わせて生きているように作ったもの。「―の標本」

【剝脱】ハクダツ 表面がはがれて落ちること。「塗料が―する」

【剝奪】ハクダツ はぎとること。無理に取り上げること。「公民権を―する」

【剝落】ハクラク はがれて落ちること。「樹脂加工の被膜が―する」

【剝離】ハクリ はがれ、離れること。「網膜―の手術」「仏壇の塗りが―してきた」

【△剝き身】むきみ 貝類の、殻を取り除いた肉。「浅蜊（あさり）の―」参考「すきみ」と読めば別の意になる。

【△剝く】むく ①表面をはぎとる。「果物の皮を―く」②あらわにする。「目を―いて怒る」「牙（きば）を―く（敵意を示す）」

ハク【★粕】(11) 米5 準1 3984 4774 音 ハク 訓 かす

意味 かす。酒のしぼりかす。「糟粕（ソウハク）」

下つき 油粕（あぶらかす）・酒粕（さけかす）・糟粕（ソウハク）

【▲粕】かす ①酒をこして、あとに残ったもの。酒粕。②良いところをしぼり取ったあとの残りもの。表記「糟」とも書く。

【▲粕汁】かすじる 根菜類や塩魚を具とし、酒粕を溶いて入れた汁物。季冬

【▲粕漬】かすづけ 魚や野菜を、酒粕などに漬けること。また、そのように漬けたもの。

ハク【舶】(11) 舟5 常 準2 3985 4775 音 ハク 訓 外おおぶね

筆順 ′ 亻 介 内 舟 舟 舟′ 舟′ 舶 舶 舶

意味 ふね。おおぶね。海を渡る大きな船。「舶来」「船舶」

下つき 海舶（カイハク）・船舶（センパク）

【舶載】ハクサイ ①船に積んで運ぶこと。②外国から船で運んでくること。類舶来

【舶来】ハクライ 外国から運ばれて来ること。また、その品。対国産

ハク【博】(12) 十10 常 教 7 3978 476E 音 ハク・バク高 訓 外ひろい

筆順 一 十 十 忄 恒 恒 博 博 博 博 博 博

意味 ①ひろい。広く行きわたる。「博愛」「博識」②「博士」「博覧会」などの略。「医博」「万国博」③かけごと。ばくち。「博徒」「賭博」

下つき 淵博(エンパク)・該博(ガイハク)・賭博(トバク)

〈博士〉はかせ ①ある分野のことによく通じている人。「お天気―」②「博士(ハクシ)」に同じ。

【△博多織】はかたおり 九州・博多地方特産の絹織物。地が厚く、手触りはかたい。帯・袴(はかま)地などに用いる。

【博愛】ハクアイ すべての人を平等に愛すること。「―主義」

【博引▲旁証】ハクインボウショウ 多くの事例を引き、証拠を挙げて、物事を論じること。「―に豊んだ論考」

【博▲奕】バクエキ 「博奕(ばくち)①」に同じ。

【博雅】ハクガ 広く物事を知っていて、行いが正しいこと。また、その人。

【博学】ハクガク 広く学問に通じ、豊富な知識をもっていること。また、その人。「―の士」「―多識」類博識

『博学審問』ハクガクシンモン 広く学んで詳しく問うこと。学問研究の方法を述べた言葉。〈『中庸』〉

『博学多才』ハクガクタサイ 学識が広く、才能が豊かな人のこと。類博識多才 対浅学菲才

『博学篤志』ハクガクトクシ 広く学んで熱心に志して努力すること。学問をする者の心構えを述べた言葉。〈『論語』〉

【博士】ハクシ 学位の最高位。大学院の博士課程を修了、またはそれと同等の学力をもつと認められて学位論文の審査・試験に合格した者。ドクター。参考「はかせ」とも読む。

【博識】ハクシキ 広く物事を知っていること。また、その人。「―の小説家」「―をひけらかす」類博学

【博施済衆】ハクシサイシュウ 広く民衆に恩恵を施し、苦しみから救うこと。参考「済」は不足を補い、すくう意。〈『論語』〉

【博する】ハクする ①得る。占める。「喝采(カッサイ)を―する」②広める。「名声を―する」

【博捜】ハクソウ 広く探し求めること。「文献を―する」

【博大】ハクダイ 知識や学問が深く広大なこと。

〈博▲奕〉・〈博打〉ばくち ①金品を賭(か)けて、さいころや花札などの勝負をすること。とばく。②成功は運まかせというような危険な試みをあえてすること。「一世一代の大―」参考①「博奕」は「バクエキ」とも読む。

【博徒】バクト ばくちを打つ者。ばくちうち。

【博物館】ハクブツカン 歴史・芸術・民俗・科学などの資料を広く集めて保管・整理し、陳列して一般に公開する施設。

【博聞強記】ハクブンキョウキ 広く見聞して、よく記憶していること。「強記」は記憶力の強いこと。〈『韓詩外伝(カンシガイデン)』〉表記「強記」は「彊記」とも書く。参考「博覧強記」ともいう。

【博文約礼】ハクブンヤクレイ 広く学んで道理をきわめ、礼を基準にして学んだことを集約して実践すること。孔子が学問の指針を示した言葉。〈『論語』〉

【博覧】ハクラン ①広く書物を読み、多くのことを知っていること。類博識 ②広く一般の人が見ること。

『博覧強記』ハクランキョウキ 「博聞強記」に同じ。

【博労】バクロウ 牛馬の仲買人。由来 中国古代のウマを見分ける名人「伯楽(ハクラク)」の転。表記「馬喰・伯楽」とも書く。

【△博い】ひろい ①ひろく行き渡っているさま。「顔が―い」②物事にひろく通じているさま。「見聞が―い」

ハク【搏】 (13) 扌10 1 5783 5973 音 ハク 訓 うつ・とる・はばたく

意味 ①うつ。たたく。「搏戦」「脈搏」類拍 ②とる。とらえる。つかまえる。「搏執」類捕 ③はばたく。「搏風」参考「摶(タン)」は別字。

下つき 手搏(シュハク)・脈搏(ミャクハク)

【搏つ】うつ ①手のひらでたたく。素手でうつ。②闘う。組みうちする。

【搏△景】ハクエイ 「物の影をうつ」ということで、捕らえることのできないことのたとえ。また、手ごたえのないことのたとえ。「景」は影。表記「搏影」とも書く。

【搏撃】ハクゲキ ①手でうつこと。なぐりつけること。②攻めること。攻撃して押さえつけること。

【搏戦】ハクセン 組みうちして戦うこと。格闘。類搏闘

【搏闘】ハクトウ 手でなぐりあって戦うこと。組みうちすること。類搏戦

ハク【雹】 (13) 雨5 1 8027 703B 音 ハク 訓 ひょう

意味 ひょう。空から降る氷の粒。「雹害」

下つき 降雹(コウヒョウ)

【△雹】ひょう 多く夏、雷雲から降る直径五ミリメートル以上の氷塊。季夏

ハク【★箔】 (14) ⺮8 準1 3983 4773 音 ハク 訓 すだれ・のべがね

意味 ①すだれ。日よけや部屋のしきりに使う竹製の道具。②はく。金属を薄くのばしたもの。のべがね。「金箔」③まぶし。蚕を入れ、まゆを作らせる養蚕用の道具。

下つき 金箔(キンパク)・銀箔(ギンパク)・珠箔(シュハク)・簾箔(レンパク)

ハク【膊】 (14) 月10 1 7114 672E 音 ハク 訓 うで・ほじし

意味 ①うで。「上膊」②ほじし。うすく切ってほした肉。類脯(ホ)

下つき 下膊(カハク)・上膊(ジョウハク)

ハク【魄】(15) 鬼 5 1 8216/7230 音 ハク・タク 訓 たましい

意味 ①たましい。こころ。「気魄」「魂魄」 対 魂 ②月の光。また、月のかげの部分。「死魄」 ③おちぶれる。「落魄」

下つき 気魄(キハク)・魂魄(コンパク)・死魄(シハク)・生魄(セイハク)・落魄(ラクハク)

[魄] たましい 人の体内に宿り、その活力のもとになると考えられるもの。精神・心を支配する「魂」に対して肉体を支配し、死後も地上をさまようとされる。

ハク【璞】(16) ⺩ 12 1 6489/6079 音 ハク 訓 あらたま

意味 あらたま。みがいていないたま。「璞玉」

下つき 和璞(カハク)

[璞] あらたま 掘りだしたままで、みがいていない玉。 表記 「粗玉・新玉」とも書く。

[璞玉] ハクギョク 鉱山から掘りだしたままで、みがいていない玉。あらたま。

ハク【薄】(16) 艹 13 常 4 3986/4776 音 ハク 訓 うすい・うすめる・うすまる・うすらぐ・うすれる 外 せまる・すすき

筆順 艹 3 艹 6 艹 芦 9 莒 11 蒲 蒲 薄 薄

意味 ①うすい。厚みがすくない。「薄氷」「薄片」 ②内容がすくない。わずか。とぼしい。「薄給」「薄利」 対 ①②厚 ③かるい。かろんじる。「薄情」「軽薄」 ④せまる。ちかづく。「薄暮」「肉薄」 類 迫 ⑤すすき。イネ科の多年草。

下つき 希薄(キハク)・軽薄(ケイハク)・厚薄(コウハク)・酷薄(コクハク)・浅薄(センパク)・肉薄(ニクハク)・浮薄(フハク)

[薄い] うすい ①厚みが少ない。「氷が―く張る」 対 厚い ②色や味などが淡い。「髪の毛が―い」「味が―い」 ③濃度・密度が少ない。「―い雲」 ④物事の程度が弱い。「人情が―い」「印象が―い」「縁が―い」 対 ②～④濃い ⑤足りない。とぼしい。「関心が―い」

[薄紙] うすがみ 厚みの少ない紙。「―を剝(は)ぐ(病気が少しずつよくなるたとえ)」 対 厚紙

[薄△衣] うすぎぬ 地の薄い着物。「―をまとう」 参考 「うすごろも」とも読む。

[薄口] うすくち ①醬油(ショウユ)などの色や味が薄いこと。②陶器類で薄手に仕上げたもの。「―の茶碗(チャワン)」

[薄紅] うすくれない 薄いべに色。淡紅色(タンコウショク)。 参考 「うすべに」とも読む。その場合、唇・ほおにうすくつけた紅の意もある。

〈薄粧〉 うすけわい 目立たない程度に薄く化粧すること。薄化粧。

[薄茶] うすチャ ①抹茶の量を少なくし、うすくたてた茶。おうす。 対 濃茶(こいチャ) ②薄い茶色。

[薄△鈍] うすにび 薄いネズミ色。また、その色をした衣服。喪服や僧衣など。

[薄△鈍] うすのろ 動作や反応がにぶいこと。また、そういう人をあざける語。

[薄刃] うすば 刃の薄いもの。特に、刃の薄い包丁をいう。

[薄端] うすばた ①口が大きくひらいた金属製の花器。②さかずきなどの、口が広くて底の浅いもの。

[薄△縁] うすべり 畳表に、布のふちをつけた敷物。「板の間に―を敷く」

[薄める] うす―める 色や味などの濃さを減らし、薄くする。「水で二倍に―める」

[薄様・薄葉] うすヨウ ①薄くすいた鳥の子紙。②上を濃く、下のほうをだんだん薄くした染め方。

[薄らぐ] うす―らぐ ①次第に薄くなってゆく。「夕焼けが―いできた」 ②少なくなる。弱くなる。衰える。「立春を過ぎて寒さが―いだ」「日に日に痛みが―いできた」

[薄ら氷] うすらひ 薄く張った氷。うすごおり。薄氷(ハクヒョウ)。 季 春

[△薄] すすき イネ科の多年草。山野に群生。秋、黄褐色の花穂(カスイ)をつける。葉・茎は屋根をふくのに用いい、秋の七草の一つ。花穂は「オバナ」といった。カヤ。 季 秋 表記 「芒」とも書く。

[△薄る] せま―る 草木が間をあけず、びっしりと生える。すきまなくくっつく。

[△薄△伽△梵] バガボン 仏 如来(ニョライ)。特に、釈迦(シャカ)の尊称。 類 世尊 由来 梵語(ボンゴ)から。 表記 「婆伽梵」とも書く。 参考 「バカボン」とも読む。

[薄遇] ハクグウ 冷淡にもてなすこと。冷淡なもてなし。粗末な待遇。冷遇。「―に甘んじる」 対 厚遇

[薄志] ハクシ ①意志が弱いこと。②わずかばかりの謝礼。「―を包む」 類 寸志・薄謝 参考 ②謝礼をへりくだっていう語。

『薄志弱行』 ハクシジャッコウ 意志が弱く、実行力に欠けること。「弱行」は決断力や実行力が乏しい意。「―のやから」

[薄謝] ハクシャ わずかばかりの謝礼。「―進呈いたします」 類 寸志・薄志 参考 謝礼をへりくだっていう語。

[薄弱] ハクジャク ①精神力や体力などが弱いこと。また、そのさま。「意志―」 対 強固 ②頼りないこと。また、そのさま。確かでないさま。「根拠が―で、信じがたい」

[薄暑] ハクショ 初夏のころのまだ本格的ではない暑さ。 季 夏

[薄情] ハクジョウ 愛情や人情に薄いこと。また、思いやりの気持ちが乏しいこと。「―な素振りを示す」

[薄氷] ハクヒョウ 薄く張った氷。うすごおり。「明け方の冷えこみで―が張る」

『薄氷を△履む』 非常に危険な事態に臨むたとえ。薄い氷の上を歩く意から。〈『詩経』〉「―む思い」 類 虎(とら)の尾を踏む

[薄物細故] ハクブツサイコ ささいな物事。役に立たないもの。「薄物」「細故」ともに、取るに足りないもののこと。〈『史記』〉

【薄暮】ハクボ 夕暮れ。たそがれ。「延長戦は―ゲームとなった」

【薄暮冥冥】ハクボメイメイ 夕方の薄暗いさま。また、夕暮れ時のように薄暗くなるさま。〈『岳陽楼記(ガクヨウロウのキ)』〉

【薄命】ハクメイ ①寿命が短いこと。短命。「佳人―」②ふしあわせなこと。不運。類薄幸

【薄明】ハクメイ 明け方や夕方に、空がぼんやり明るいこと。うすあかり。

【薄力粉】ハクリキこ ねばり気が少ない小麦粉。菓子・天ぷら用に適している。対強力粉(キョウリキこ)

【薄利多売】ハクリタバイ 商品一点当たりの利益を少なくして売り値を安くし、大量に販売することによって、全体として利益が上がるようにすること。

【薄荷】ハッカ シソ科の多年草。湿地に自生。全体に芳香がある。夏から秋、淡紅紫色の唇形の小花が咲く。葉にはメントールが含まれ、薄荷油をとる。由来「薄荷」は漢名から。

【薄給】ハッキュウ 給料が少ないこと。安月給。「―に甘んじる」対高給

【薄幸】ハッコウ 幸せにめぐまれないさま。不幸。対多幸 書きかえ「薄倖」の書きかえ字。

【薄▲倖】ハッコウ ▼書きかえ 薄幸

ハク【駁】(16) 馬6 1 8148 7150 音ハク・バク 訓まだら・ぶち・なじる

意味 ①まだら。ぶち。②ただす。非難する。なじる。といただす。「駁議」類①②駁(バク)

【▲駁議】ハクギ 他人の意見を批判してただすこと。また、その議論。

ハク【擘】(17) 手13 1 5806 5A26 音ハク・バク 訓おやゆび・さく・つんざく

意味 ①おやゆび。また、特にすぐれたもの。「巨擘」②さ(裂)く。つんざく。「擘裂」

下つき 巨擘(キョハク)

ハク【檗】(17) 木13 1 6101 5D21 音ハク 訓きはだ・きわだ

〔蘗〕6102 5D22

意味 きはだ。きわだ。ミカン科の落葉高木。

下つき 黄檗(オウバク・きはだ)

【▲檗】きはだ ミカン科の落葉高木。▼黄檗(きはだ)(五〇三)

はく【吐く】(6) 口3 常 3739 4547 ▼ト(一一一四)

はく【▲佩く】(8) 亻6 4848 5050 ▼ハイ(一二二三)

はく【△刷く】(8) 刂6 教 2694 3A7E ▼サツ(五七一)

はく【△欧く】(8) 欠4 常 1804 3224 ▼オウ(一一四)

はく【▲哇く】(9) 口6 5087 5277 ▼アイ(五)

はく【▲穿く】(9) 穴4 3292 407C ▼セン(九〇〇)

同訓異義 はく

【履く】履き物を足につける。「草履(ぞうり)を履く」「スケートを履く」「履き違え」

【▲穿く】下半身に着るものをつける。「ズボンを穿く」「靴下を穿く」「袴(はかま)を穿く」

【▲佩く】刀などを腰につける。武器を身につける。「長い太刀を佩く」

【掃く】ほうきでごみを取り除く。「庭を掃く」「落ち葉を掃き集める」「掃き出し窓」「大学出は掃いて捨てるほどいる」

【△刷く】刷毛(はけ)や筆でさっとなでて塗る。「頰(ほお)に薄く紅を刷く」「眉(まゆ)を刷く」

【吐く】体内のものを口から外へ出す。言葉に出して言う。「げろを吐く」「蚕が糸を吐く」「弱音を吐く」「気炎を吐く」

【▲喀く】のどに詰まったものをはき出す。「喀血(カッケツ)」「血を喀いて倒れる」

はく【掃く】(11) 扌8 常 3361 415D ▼ソウ(九三八)

はく【▲喀く】(12) 口9 5129 533D ▼カク(一九〇)

はく【履く】(15) 尸12 常 4590 4D7A ▼リ(一五五九)

はく【▲瀉く】(18) 氵15 6335 5F43 ▼シャ(六六一)

はぐ【▲矧ぐ】(9) 矢4 3974 476A ▼シン(七九六)

はぐ【剝ぐ】(10) 刂8 常 1594 2F7E ▼ハク(一二四〇)

はぐ【△接ぐ】(11) 扌8 教 3260 405C ▼セツ(八八四)

バク【麦】(7) 麦0 教 常 9 3994 477E 音バク㊥ 訓むぎ

旧字《麥》(11) 麥0 1/準1 8346 734E

筆順 一 十 キ 主 声 麦 麦

意味 むぎ。イネ科のオオムギ・コムギなどの総称。「麦芽」「麦秋」

下つき 燕麦(エンバク)・大麦(おおむぎ)・烏麦(からすむぎ)・蕎麦(キョウバク・そば)・玄麦(ゲンバク)・原麦(ゲンバク)・小麦(こむぎ)・米麦(ベイバク)

【麦芽】バクガ オオムギを発芽させて乾燥したもの。ビールや水あめの原料になる。

【麦秋】バクシュウ 麦の実る初夏のころ。むぎあき。季夏

【麦秀▲黍離】バクシュウショリ 亡国の嘆き。▼麦秀の嘆(バクシュウのタン)・▼黍離の嘆(ショリのタン)(七二九)

【麦秀の嘆】バクシュウのタン 国の滅亡を嘆き悲しむこと。「麦秀」は麦の穂がのびていること。故事 中国、殷(イン)の滅亡後、殷の王族だった箕子(キシ)が旧都を通り、栄華をきわめた宮殿跡が畑になり、麦が育っているのを見て、詠嘆の詩を作った故事から。〈『史記』〉

【麦穂両岐】バクスイリョウキ 豊年のきざし。また、国がよく治まるたとえ。

麦の穂が一本の茎から二またになってたわわに実る意から。〈『後漢書(ゴカンジョ)』〉類両岐麦秀

【麦門冬】バクモンドウ　ジャノヒゲの漢名。また、その根を天日で乾燥させた生薬。漢方で鎮咳(チンガイ)・強壮などに用いる。▼蛇の鬚(ジャのひげ)（六六二）

【麦粒腫】バクリュウシュ　まつ毛の根もとの脂腺(シセン)にできる化膿(カノウ)性炎症。まぶたが赤く腫(は)れて、痛む。ものもらい。

【麦▲稈】バッカン　刈り取った麦の茎。また、それを乾燥したもの。むぎわら。

〈麦酒〉ビール　麦芽にホップで苦みと香りをつけ、発酵させたアルコール飲料。季夏

【麦】むぎ　イネ科のオオムギ・コムギ・ハダカムギ・ライムギ・エンバクの総称。温帯で栽培。秋に種子をまき、冬を越し、初夏に収穫する。五穀の一つ。食用や飼料用。季夏

【麦焦がし】むぎこがし　オオムギの実を煎(い)って粉にしたもの。食用。また、菓子の材料。香煎(コウセン)。季夏

【麦▲扱き】むぎこき　刈り取った麦の穂から実をこき落とすこと。また、その道具。「―機」季夏

【麦〈▲薯▲蕷〉】むぎとろ　麦飯にとろろ汁をかけた食べ物。季秋

〈麦索〉・【麦縄】むぎなわ　①小麦粉と米粉を練り、縄状に細長くねじって油で揚げた菓子。索餅(サクベイ)。②うどん、またはひやむぎ。

【麦▲藁】むぎわら　実を取ったあとの麦の茎。むぎから。「―細工を楽しむ」「―籠(かご)」「―帽子」季夏

バク【▲莫】(10) ⺾7 3992 477C ▼ボ（一三九三）

バク【▲麥】(11) 麥0 8346 734E ▼麦の旧字（一二四三）

バク【博】(12) 十10 教 3978 476E ▼ハク（一二四〇）

バク【寞】(13) 宀10 1 5375 556B　音 バク・マク　訓 さびしい・しずか

意味 さびしい。しずか。ひっそりとしている。「寞然」「寂寞」

下つき 索寞(サクバク)・寂寞(セキバク)・落寞(ラクバク)

【▲寞しい】さびしい　静かなさま。人影も音もなくひっそりとしているさま。

【▲寞▲寞】バクバク　静かでさびしいさま。ひっそりと静まりかえっているさま。

バク【幕】(13) 巾10 教 4375 4B6B ▼マク（一四三九）

バク【漠】(13) 氵10 常 準2 3989 4779　音 バク 外マク　訓 外すなはら・ひろい

筆順

意味 ①すなはら。広々とした砂原。荒野。「砂漠」②ひろい。果てしないさま。「茫漠(ボウバク)」「空漠」③はっきりしない。とりとめのないさま。「漠然」④ものさびしい。「寂漠」「索漠」

下つき 空漠(クウバク)・広漠(コウバク)・荒漠(コウバク)・索漠(サクバク)・砂漠(サバク)・寂漠(セキバク)・茫漠(ボウバク)

【漠然】バクゼン　とりとめがなく、はっきりしないさま。ぼんやりしたさま。漠としたさま。「―とした説明でよく理解できない」

【漠として】バクとして　広くてとりとめのないさま。ぼんやりしたさま。「―つかみどころがない」

【漠漠】バクバク　①ぼんやりとして、とらえどころのないさま。②広くて果てしないさま。「―たる荒野」

バク【獏】(13) 犭10 1 6451 6053　音 バク　訓

意味 ①ばく。バク科の哺乳(ホニュウ)動物の総称。②中国の想像上の動物。人の悪夢を食うという。

バク【貊】(13) 豸6 1 7629 6C3D　音 バク　訓 えびす

意味 えびす。中国北方の異民族の名。「夷貊(イバク)」

下つき 夷貊(イバク)・蛮貊(バンバク)

【▲貊】えびす　古代の中国で、北方に住んでいた異民族をさげすんでいった語。

バク【★駁】(14) 馬4 準1 3993 477D　音 バク・ハク　訓 まだら・ぶち・まじる・なじる

意味 ①まだら。ぶち。また、入りまじる。「雑駁」②ただす。非難する。なじる。「駁撃」「論駁」類①②駮(ハク)

下つき 雑駁(ザッパク)・反駁(ハンパク)・弁駁(ベンパク)・論駁(ロンパク)

【▲駁撃】バクゲキ　他人の言論を非難・攻撃すること。類反駁

【▲駁雑】バクザツ　入りまじって雑然としていること。また、そのさま。参考「ハクザツ」とも読む。

【▲駁する】バクする　他人の意見などを批判・攻撃する。反駁する。

【▲駁論】バクロン　他人の意見に反論し攻撃すること。また、その議論。

【▲駁】ぶち　動物の毛色で、地色と異なるものが入りまじっているさま。「―の犬」

【▲駁】まだら　色が数種まじったり、色の濃淡があったりして単一でないこと。「溶け出した雪が―に残る道」

バク【暴】(15) 日11 教 4329 4B3D ▼ボウ（一四二一）

バク【縛】(16) 糸10 常 3 3991 477B　音 バク 外ハク　訓 しばる 外いましめる

筆順

意味 しばる。自由を奪う。いましめる。「束縛」「捕縛」

下つき 緊縛(キンバク)・繋縛(ケイバク)・自縛(ジバク)・就縛(シュウバク)・呪縛(ジュバク)・束

縛バク・捕縛ホバク

【縛る】しばる ①縄やひもなどで結びつけ、離れないようにする。ゆわえる。「泥棒を―る」「古紙を―る」②自由な行動ができないようにする。束縛する。「時間に―られる」

【△縛△日羅】バサラ 仏 ①金剛、または金剛石。②密教で、煩悩ボンノウを打ち砕く法具。金剛杵コンゴウショ。表記「伐折羅・跋折羅」とも書く。参考 梵語ボンゴから。

バク【▲藐】(17) ⺾14 7324 6938 ▼ビョウ(一三二一)

バク【貘】(17) 豸10 1 7634 6C42 音 バク 訓
意味 ①ばく。バク科の哺乳ホニュウ動物の総称。②中国の想像上の動物。人の悪夢を食うという。

バク【瀑】★ (18) 氵15 1 6338 5F46 音 バク・ボウ 訓 たき・しぶき・にわかあめ
意味 ①たき(滝)。「瀑布」②しぶき。水しぶき。③にわかあめ。
下つき 飛瀑ヒバク

【瀑】たき 高い所から勢いよく流れ落ちる水流。大きな滝。季夏

【瀑布】バクフ 大きくて勢いのある滝。「ナイアガラ―」季夏

バク【曝】★ (19) 日15 準1 3988 4778 音 バク・ホク 訓 さらす・さらける・さらばえる
意味 ①さらす。日にさらしてかわかす。「曝書」②さらける。かくさないで、すっかり見せる。③さらばえる。骨だけになる。また、やせおとろえる。
書きかえ「暴」に書きかえられるものがある。

【▲曝し】さらし 江戸時代、罪人をしばり世間の目にさらした刑罰。また、さらし首。表記「暴し」とも書く。

【▲曝す】さら-す ①日光や風雨に当たるままにする。②危険な状態のままにする。「危険に身を―す」③かくさずに、広く人々の目にふれるようにする。さらけだす。「恥を―す」表記「暴す」とも書く。

【▲曝書】バクショ 書物を日光や風にさらして湿気をとばすこと。虫干し。季夏

【▲曝涼】バクリョウ 衣類や本類・道具類などを日に当てて、風を通すこと。虫干し。季夏

【曝露】バクロ ▼書きかえ 暴露(一四一二)

バク【爆】(19) 火15 常 4 3990 477A 音 バク 外ハク・ホウ 訓 外はぜる・さける

筆順 2 4 8 11 14 17 19

意味 ①はぜる。はじける。破裂する。さける。「爆発」「爆破」②「爆撃」「爆弾」の略。「空爆」「原爆」
下つき 起爆キバク・空爆クウバク・原爆ゲンバク・自爆ジバク・水爆スイバク・被爆ヒバク・盲爆モウバク・猛爆モウバク・誘爆ユウバク

【爆音】バクオン ①火薬・ガスなどが爆発するときに出す音。爆発音。②飛行機・自動車・オートバイなどのエンジンが発する大きな音。

【爆撃】バクゲキ 飛行機から爆弾などを落として敵を攻撃すること。「敵の基地を―する」

【爆砕】バクサイ 爆発物を使ってこなごなに砕くこと。「敵の陣地を―する」

【爆笑】バクショウ 大勢の人々が、一斉にどっと笑うこと。「―の渦」

【爆心】バクシン 爆発や爆撃の中心地点。「原爆ドームは―地に唯一残った建物だ」

【爆弾】バクダン ①爆発物を中につめ込んで投下、爆発させ、敵を攻撃する兵器。「原子―」②突然で影響力の大きいもののたとえ。「―発言がとび出す」

【爆竹】バクチク ①中国などで、竹筒や紙筒に火薬をつめ、点火して大きな音を立てるもの。祝祭などに使われる。②正月一五日に門松・しめなわなどを燃やす左義長の行事にたく火。季新年
由来 ①中国で、青竹を焼いて音を立て、鬼を追い払った正月行事が始まり。

【爆破】バクハ 爆薬を用いて、建造物や岩石などを破壊すること。

【爆発】バクハツ ①急速な化学反応で、多量のガスや熱が光・音・衝撃波などを伴って一度に発生し、破壊作用を起こす現象。②おさえていたものが一度にふき出すこと。「怒りが―する」「新製品が―的に売れ出す」

【爆裂】バクレツ 爆発し、破裂すること。「地雷が―する」

〈爆米〉はぜ もち米を煎いって膨らませた食品。江戸時代、年賀の客に出したり、雛ひなの節句の菓子とした。季新年 表記「葩煎」とも書く。

【△爆口】はぜぐち 裂けて開いた口。石榴ざくろ口。

【△爆ぜる】は-ぜる いきおいよく裂ける。はじける。「炉端の栗りが勢いよく―ぜる」

バク【驀】(20) 馬10 1 8162 715E 音 バク 訓 のる・のりこえる・まっしぐら・たちまち
意味 ①のる。ウマにのる。のりこえる。「驀越」②まっしぐら。たちまち。にわかに。「驀進」「驀然」

【▲驀進】バクシン 非常な勢いで、まっしぐらに進むこと。「―する戦車」

【▲驀然】バクゼン にわかに起こるさま。不意に。だしぬけに。たちまちのうちに。

〈▲驀地〉まっしぐら 勢いよく目的に向かって進むさま。「―に突進する」

はぐき【▲齗】(21) 歯6 8385 7375 ▼ギン(三六六)

はぐき【▲齶】(24) 歯9 8391 737B ▼ガク(二〇七)

はぐくむ【▲孚む】(7) 子4 5353 5555 ▼フ(一三三五)

はぐくむ【育む】(8) 肉4 教 1673 3069 ▼イク(四二)

はぐくむ【△哺む】(10) 口7 常 5114 532E ▼ホ(一三八八)

はぐさ【▲莠】(10) 艹7 7228/683C ▼ユウ(一五二一)
はぐれる【△逸れる】(11) 辶8 常 1679/306F ▼イツ(五六)
はげしい【△烈しい】(10) 灬6 常 4685/4E75 ▼レツ(一六〇二)
はげしい【△劇しい】(15) 刂13 教 2364/3760 ▼ゲキ(四〇六)
はげしい【激しい】(16) 氵13 教 2367/3763 ▼ゲキ(四〇七)
はげます【励ます】(7) 力5 常 4669/4E65 ▼レイ(一五九四)
はげむ【励む】(7) 力5 常 4669/4E65 ▼レイ(一五九四)
はける【▲捌ける】(10) 扌7 2711/3B2B ▼ハチ(一二五〇)
はげる【▲禿げる】(7) 禾2 3837/4645 ▼トク(一一六八)
ばける【化ける】(4) 匕2 教 1829/323D ▼カ(一三五)
はこ【▲匣】(7) 匚5 5026/523A ▼コウ(四八三)
はこ【▲函】(8) 凵6 4001/4821 ▼カン(二二六)
はこ【▲笥】(11) ⺮5 3158/3F5A ▼シ(六一七)
はこ【▲筐】(12) ⺮6 6794/637E ▼キョウ(三三九)
はこ【▲筥】(13) ⺮7 6808/6428 ▼キョ(三一九)

はこ【箱】
(15) ⺮9 教 常 8 4002/4822 音 外ショウ・ソウ 訓 はこ

筆順 ノ ⺈ ⺈ ⺮ 6 … 10 … 箱 15

意味 はこ。入れもの。物を入れる器。「重箱」
下つき 重箱(ジュウばこ)・手箱(てばこ)

【箱入り】はこいり ①箱に入っていること。また、そのもの。②大事にすること。また、その人や物。「―娘」③得意な物事。おはこ。「―の隠し芸」

【箱書】はこがき 書画・器物などを収めた箱に、その中身の名称を書いたもの。また、作者や鑑定人などが、その品が本物であることを証明して署名・押印したもの。

【箱師】はこし 列車・電車など、乗り物のなかで専門にかせぐ掏摸(すり)。

【箱〈梯子〉】はこばしご 下部の空間を利用して、戸棚や引き出しなどを設けた階段。はこばし。

【箱船】はこぶね ①長方形の船。②『旧約聖書』のなかの「ノアの箱船」のこと。表記「方舟」とも書く。

【箱枕】はこまくら 箱形の台の上にくくり枕をのせたもの。日本髪を結ったときなどに使う。

はこ【▲篋】(15) ⺮9 6826/643A ▼キョウ(三四一)

同訓異義 はこ

【箱】竹製の荷かごの意から、物を入れるはこの意で広く用いる。「リンゴを箱に詰める」「箱に入れて蔵にしまう」「空き箱」「私書箱」「重箱」「箱入り娘」
【筥】米などを入れる、丸い竹製のかご。竹製の重ねばこ。
【笥】飯や衣服などを入れる、葦(あし)や竹で編んだ四角いはこ。
【函】物をしまい込むためのはこや櫃(ひつ)。「文函(ぶんこ)」
【篋】書物などを入れる、四角い竹製のかご。
【匣】ふたのついた小さなはこ。「パンドラの匣」

はこぶ【運ぶ】(12) 辶9 教 1731/313F ▼ウン(八〇)
はこぶ【△搬ぶ】(13) 扌10 常 4034/4842 ▼ハン(一二六六)
はざま【△峡】(9) 山6 常 2214/362E ▼キョウ(三三二)

はざま【硲】
(12) 石7 国 準1 4003/4823 音 訓 はざま

意味 はざま。谷あい。谷間。「生と死の硲」「硲の村」
参考 石のごろごろしている谷あいを表す国字。

はざま【△間】(12) 門4 教 2054/3456 ▼カン(二三八)
はさみ【▲鋏】(15) 金7 7887/6E77 ▼キョウ(三四一)
はさむ【▲夾む】(7) 大4 5283/5473 ▼キョウ(三三九)
はさむ【挟む】(9) 扌6 常 2220/3634 ▼キョウ(三三二)
はさむ【△挿む】(10) 扌7 常 3362/415E ▼ソウ(九三六)
はさむ【▲剪む】(11) 刀9 4982/5172 ▼セン(九〇二)
はさむ【▲箝む】(14) ⺮8 6815/642F ▼カン(二四二)
はさむ【▲鋏む】(15) 金7 7887/6E77 ▼キョウ(三四一)
はし【▲梁】(11) 木7 4634/4E42 ▼リョウ(一五七六)
はし【▲觜】(12) 角5 7525/6B39 ▼シ(六二〇)
はし【端】(14) 立9 常 3528/433C ▼タン(一〇一七)
はし【▲嘴】(15) 口12 5160/535C ▼シ(六二五)

はし【箸】
(15) ⺮9 常 2 4004/4824 音 外チョ 訓 はし

〔箸〕

筆順 3 … 6 … 箸 15

意味 ①はし。食事用のはし。②いちじるしい。あきらか。類著
下つき 菜箸(サイばし)・象箸(ゾウチョ)・火箸(ひばし)

【箸】はし 食物などを挟みつかむための二本の細い棒。

『箸にも棒にも掛からぬ』あまりにもひどすぎてどうにも手のつけようがないたとえ。また、なに一つ取り柄のないたとえ。細い箸にも太い棒にも引っ掛からないので扱えない意から。

『箸の転んだもおかしい』若い娘が日常のごくありふ

は はぐさ―はし

れた出来事にもおかしがり、よく笑うこと。箸が倒れるのを目にしただけでおかしがることから。

はし【橋】(16) 木12 教 2222 3636 ▼キョウ(三四一)
はじ【恥】(10) 心6 常 3549 4351 ▼チ(一〇三二)
はじ【△辱】(10) 辰3 常 3111 3F2B ▼ジョク(七八六)
はじ【▲愧】(13) 忄10 5635 5843 ▼キ(二七八)
はじ【▲詬】(13) 言6 7545 6B4D ▼コウ(五〇九)
はじ【▲慙】(15) 心11 5647 584F ▼ザン(五九三)
はじかみ【▲薑】(16) 艹13 7308 6928 ▼キョウ(三四二)
はじく【△弾く】(12) 弓9 常 3538 4346 ▼ダン(一〇二四)
はしけ【▲艀】(13) 舟7 7157 6759 ▼フ(一三三一)
はしご【▲梯】(11) 木7 3684 4474 ▼テイ(一〇九四)
はした【△端】(14) 立9 常 3528 433C ▼タン(一〇一七)
はしたない【△端ない】(14) 立9 常 3528 433C ▼タン(一〇一七)
はしため【▲婢】(11) 女8 5325 5539 ▼ヒ(一二八二)
はしばみ【▲榛】(14) 木10 3126 3F3A ▼シン(八〇八)
はじめ【△元め】(4) 儿2 教 2421 3835 ▼ゲン(四三七)

同訓異義 はじめ

【初め】物事の最初の段階。「後」の対で、時・時間に関して用いる。「年の初め」「昭和の初め」「初めは怖い人だった」「初めての体験」
【始め】物事を新しく行うこと。物事の起こり。「終わり」の対。「仕事始め」「歌会始め」「鳥の鳴き始め」「手始め」「始めよければ終わりよし」
【△創め】今までなかった物事の新しい起こり。「天地の創め」「国の創め」「会社の創め」
【△首め】順に並ぶ場合の先頭。主だったもの。「団長を首め全員が出席」

はじめ【初め】(7) 刀5 教 2973 3D69 ▼ショ(七三四)
はじめ【▲孟め】(8) 子5 4450 4C52 ▼モウ(一四七九)
はじめ【△首め】(9) 首0 教 2883 3C73 ▼シュ(六七六)
はじめて【初めて】(7) 刀5 教 2973 3D69 ▼ショ(七三四)
はじめる【始める】(8) 女5 教 2747 3B4F ▼シ(六一〇)
はじめる【△創める】(12) 刂10 教 3347 414F ▼ソウ(九三九)
はじめる【▲肇める】(14) 聿8 4005 4825 ▼チョウ(一〇六五)
はしゃぐ【△燥ぐ】(17) 火13 常 3371 4167 ▼ソウ(九四九)
はしら【柱】(9) 木5 教 3576 436C ▼チュウ(一〇四七)
はしら【▲楹】(13) 木9 6019 5C33 ▼エイ(八七)
はじらう【恥じらう】(10) 心6 常 3549 4351 ▼チ(一〇三二)
はしる【走る】(7) 走0 教 3386 4176 ▼ソウ(九三一)
はしる【△奔る】(8) 大5 常 4359 4B5B ▼ホン(一四三三)
はしる【△逸る】(11) 辶8 常 1679 306F ▼イツ(五六)
はしる【▲趨る】(17) 走10 3186 3F76 ▼スウ(八三六)
はじる【▲忸じる】(7) 忄4 5557 5759 ▼ジク(六四三)
はじる【▲怩じる】(8) 忄5 5566 5762 ▼ジ(六三五)
はじる【恥じる】(10) 心6 常 3549 4351 ▼チ(一〇三二)
はじる【△羞じる】(11) 羊5 常 7023 6637 ▼シュウ(六九二)
はじる【▲愧じる】(13) 忄10 5635 5843 ▼キ(二七八)
はじる【▲慙じる】(15) 心11 5647 584F ▼ザン(五九三)
はす【△斜】(11) 斗7 常 2848 3C50 ▼シャ(六五八)
はす【▲蓮】(13) 艹10 4701 4F21 ▼レン(一六〇六)
はす【▲藕】(18) 艹15 7325 6939 ▼グウ(三七六)
はず【▲筈】(12) 竹6 4006 4826 ▼カツ(二二四)

はずかしい【恥ずかしい】(10) 心6 常 3549 4351 ▼チ(一〇三二)
はずかしめる【辱める】(10) 辰3 常 3111 3F2B ▼ジョク(七八六)
はずかしめる【▲詬める】(13) 言6 7545 6B4D ▼コウ(五〇九)
はずす【外す】(5) 夕2 教 1916 3330 ▼ガイ(一八八)
はずむ【弾む】(12) 弓9 常 3538 4346 ▼ダン(一〇二四)
はぜ【▲鯊】(18) 魚7 8234 7242 ▼サ(五四七)
はぜ【▲櫨】(20) 木16 4007 4827 ▼ロ(一六一一)
はせる【▲馳せる】(13) 馬3 3558 435A ▼チ(一〇三五)
はせる【▲騁せる】(17) 馬7 8153 7155 ▼テイ(一〇九八)
はぜる【△爆ぜる】(19) 火15 常 3990 477A ▼バク(一二四五)

はた【畑】(9) 田4 常 教 国 8 4010 482A 訓 音 はた・はたけ

筆順

意味 はた。はたけ。「畑作」「畑物（はたもの）」 類 畠（はた） 参考 水田に対して火田の意の国字。

下つき 田畑（デンぱた・たはた）

【畑】はた はたけ ①野菜・穀物・果樹などを栽培する、水をはっていない耕地。はた。②専門の領域・分野。「医学―を歩む」「―がちがう」 表記 「畠」とも書く。

『畑で水練を習う』実地の訓練をしないで、理論や方法を習っただけでは実際の役に立たないことのたとえ。畑の中で水泳の練習をする意から。類 畳の上の水練・机上の空論

はた【△将】(10) 寸7 教 3013 3E2D ▼ショウ(七四六)
はた【▲旃】(10) 方6 5851 5A53 ▼セン(九〇一)
はた【▲旆】(10) 方6 5852 5A54 ▼ハイ(一二二六)

はた【★畠】(10) 田 5 国 準1 4011 482B 訓 音 はた・はたけ

意味 はた。はたけ。「畠物はたもの」類 畑 参考 白くかわいた田の意の国字。

【▲畠】はたけ 野菜・穀物・果樹などを栽培する、水をはっていない耕地。はた。表記「畑」とも書く。

はた【▲秦】(10) 禾 5 3133 3F41 ▼シン(八〇一)
はた【△側】(11) イ 9 教 3406 4226 ▼ソク(九六〇)
はた【▲旌】(11) 方 7 5855 5A57 ▼セイ(八五九)
はた【△傍】(12) イ 10 常 4321 4B35 ▼ボウ(一四一九)
はた【旗】(14) 方 10 教 2090 347A ▼キ(三八〇)
はた【端】(14) 立 9 常 3528 433C ▼タン(一〇一七)
はた【▲幡】(15) 巾 12 4008 4828 ▼ハン(一二六七)
はた【▲幢】(15) 巾 12 5481 5671 ▼トウ(一一五二)
はた【機】(16) 木 12 教 2101 3521 ▼キ(三八二)

同訓異義 はた

【旗】四角い整ったはた。はたの総称として広く用いる。「旗を揚げる」「旗色が悪い」「旗を巻く」「旗竿はたざお」「旗印はたじるし」
【▲旛】広げて垂らしたはた。
【▲幡】「旛」に同じ。
【▲幢】筒形に包んで垂らした絹の幕で、朝廷の儀式などの飾りや軍の指揮に用いるものがある。
【▲旌】旗竿はたざおに鮮やかな五色の鳥の羽毛をつけたはたじるし。
【▲旃】無地の赤いはたで、兵や人夫の指揮などに用いた。
【▲旆】ツバメの尾のように端が二つに開く縁飾りをつけたはた。

はた【▲旛】(18) 方 14 5857 5A59 ▼ハン(一二六八)

はだ【肌】(6) 月 2 常 準2 4009 4829 訓 音 はだ 外キ 外はだえ

筆順 丿 刀 月 月 月 肌

意味 はだ。はだえ。皮膚。「肌膚」「肌を刺すような寒さ」「学者肌の人物」

下つき 素肌すはだ・雪肌セッキ・氷肌ヒョウキ

【△肌膚】キフ はだ。皮膚。

〈肌理〉きめ ①皮膚や物の表面の細かいあや。「—の粗い肌」②心くばりの行き届く度合。「—細やかな配慮」③もくめ。表記③「木目」とも書く。

【肌合い】はだあい ①はだざわり。②気質。気だて。

【△肌】はだえ ①はだ。皮膚。「雪のような—」②刀剣の表面。「—の輝き」表記「膚」とも書く。

【肌脱ぎ】はだぬぎ 和服の帯から上を脱いで腕を出し、上半身のはだをあらわにすること。「—になる」季夏

【肌身】はだみ はだ。体。「お守りを—はなさず身につけている」

はだ【△膚】(15) 肉 11 常 4170 4966 ▼フ(一三三四)
はたあし【▲旒】(12) 方 8 ▼リュウ(一五七一)
はだえ【△肌】(6) 月 2 常 4009 4829 ▼はだ(一二四八)
はだえ【△膚】(15) 肉 11 常 4170 4966 ▼フ(一三三四)
はだか【裸】(13) 衤 8 常 4571 4D67 ▼ラ(一五四二)
はたがしら【▲覇】(19) 襾 13 常 3938 4746 ▼ハ(一二一九)
はだかる【△開かる】(12) 門 4 教 1911 332B ▼カイ(一七九)
はたく【▲叩く】(5) 口 3 3501 4321 ▼コウ(四七四)

はたけ【畑】(9) 田 4 国 教 4010 482A ▼はた(一二四七)
はたけ【▲疥】(9) 疒 4 6546 614E ▼カイ(一七七)
はたけ【▲圃】(10) 囗 7 4264 4A60 ▼ホ(一三八九)
はたけ【▲畠】(10) 田 5 国 4011 482B ▼はた(一二四八)
はだける【△開ける】(12) 門 4 教 1911 332B ▼カイ(一七九)
はだし【▲跣】(13) 足 6 7681 6C71 ▼セン(九〇六)
はたす【果たす】(8) 木 4 教 1844 324C ▼カ(一四四)
はたと【▲礑と】(18) 石 13 6707 6327 ▼トウ(一一五六)
はだぬぐ【▲袒ぐ】(10) 衤 5 7456 6A58 ▼タン(一〇一四)
はだぬぐ【▲裼ぐ】(13) 衤 8 7473 6A69 ▼セキ(八九九)

はたはた【鰰】(21) 魚 10 国 1 8264 7260 訓 音 はたはた

意味 はたはた。ハタハタ科の海魚。かみなりうお。類 鱩はたはた 参考 かみなり(神鳴り)がなるとき、よくとれる魚の意を表す国字。

はたはた【鱩】(24) 魚 13 国 1 9386 7D76 訓 音 はたはた

意味 はたはた。ハタハタ科の海魚。かみなりうお。類 鰰はたはた 参考 雷がなるときによくとれる魚の意を表す国字。

はたらく【働く】(13) イ 11 国 教 3815 462F ▼ドウ(一一六五)

ハチ【八】(2) 八 0 教 常 10 4012 482C 訓 音 ハチ や・やっ・やっつ・よう

筆順 ノ 八

意味 ①やっつ。数の名。やっつめ。「八景」「八方」②多くの。たくさん。「八百万やおよろず」「八千代」参考「八」の全画が片仮名の「ハ」になった。

下つき 尺八（シャクハチ）

【〈八仙花〉】あじさい ユキノシタ科の落葉低木。▼紫陽花（あじさい）（六一九） 由来「八仙花」は漢名から。

【八十八夜】ハチジュウハチヤ 立春から数えて八八日めの日。五月一、二日ころ。「夏も近づく―」 季春

『八十八夜の別れ霜（じも）』 八十八夜を過ぎると霜が降りないことをいう。 参考 農作で立春から八八日目ころの晩霜（バンソウ）を境に、種まきの目安とした。

【八▲幡】ハチマン ①「八幡宮」「八幡大神」の略。②断じて。誓って。決して。 由来 ②八幡宮に誓う意から。

【八面▲玲▲瓏】ハチメンレイロウ ①どこから見ても透きとおって明らかに見えること。「玲瓏」は玉のように光り輝くさま。②人あたりがよく交際上手なこと。 類 八方美人 ③心が晴れやかなこと。「―の心境」

【八面六▲臂】ハチメンロッピ 多方面で大活躍すること。また、一人で数人分の働きをするたとえ。もとは仏像のつくりなどで、八つの顔と六つのひじを備えていること。「臂」はひじの意。「―の大活躍」

【八▲卦】ハッケ ①易で、陰と陽とを示す算木を組み合わせてできる八種類の形。②占い。易。「当たるも―、当たらぬも―」

【八▲紘】ハッコウ 四方と四隅（すみ）。八方。全世界。 参考 「紘」は地の果ての意。

『八▲紘一宇（ハッコウイチウ）』 全世界を統一して一つの家のような状態にすること。「宇」は家の意。第二次世界大戦中に、日本が海外進出の名分として用いたスローガンの一つ。『日本書紀』に基づく語。

【八▲朔】ハッサク ①陰暦八月朔日（ついたち）。この日、農家では、その年の新しい穀物を取り入れ、田実（たのみ）の節句として祝う。 季秋 ②ミカンの一品種。ナツミカンより小形で甘い。

【八索九丘】ハッサクキュウキュウ 古代中国にあったとされる書物の名。「八索」は占いに関するもので、「九丘」は九つの州の地理に関するものであったという。〈『春秋左氏伝』〉 類 三墳五典（サンプンゴテン）

【八宗兼学】ハッシュウケンガク ①仏教八宗（倶舎（グシャ）・天台・真言など）の教義を、広く学ぶこと。特に東大寺で、華厳（ケゴン）を宗として他の諸宗をもあわせて学ぶこと。②広く物事に通じること。博識。

【八端】ハッタン 「八端織り」の略。縦横に黄色と褐色のしま模様のある厚地の絹織物。ふとんなどに用いる。

【八丁】ハッチョウ 物事に巧みで、達者なこと。「口も―手も―」 由来 八つの道具を巧みに使いこなす意から。

【八頭身】ハットウシン 身長が頭部の長さの八倍あること。現代女性の理想的なスタイルとされる。「―美人」

【八方美人】ハッポウビジン だれに対してもよく思われようと、要領よく振る舞う人。「―の人は時に世間の信を失う」

【八方塞がり】ハッポウふさがり どの方面にも障害があって手の打ちようがなく、頼れる人もいなくて途方に暮れること。 由来 陰陽道（オンヨウドウ）で、どの方角も不吉なため、何もできないことから。

【△八▲幡船】バハンセン ①室町時代ころ、中国や朝鮮の沿岸に出没した日本の海賊船。②江戸時代の密貿易船。

【八重】やえ ①八つ、またはいくつも重なっていること。また、そのもの。②「八重咲き」の略。花弁がいくえにも重なって咲くこと。また、その花。「―桜の苗木を植えた」

【八重▲葎】やえむぐら ①アカネ科の一年草または二年草。茎は四角形でとげがある。夏、黄緑色の小花をつける。②いくえにも生い茂ったくさむら。 季夏

【〈八百長〉】やおちょう ①勝負事で、前もって勝ち負けをきめておき、表面はいかにも真剣に争っているようによそおうこと。②なれあい。いんちき。 由来 八百屋の長兵衛（ちょうべえ）が適当に碁を打って、勝ったり負けたりしたことからとも。

【〈八百屋〉】やおや 野菜や果物を売る店。また、それを売る人。

【〈八百〉△万】やおよろず 数がきわめて多いこと。「―の神」

【〈八色〉の△姓】やくさのかばね 六八四（天武一三）年に制定された姓制度。真人（まひと）・朝臣（あそみ）・宿禰（すくね）・忌寸（いみき）・道師（みちのし）・臣（おみ）・連（むらじ）・稲置（いなぎ）の八姓を定め、天皇中心の新体制確立を図った。

【〈八尺▲瓊〉△曲玉】やさかにのまがたま ①多くの玉をひもで通して輪にした古代の装飾品。②三種の神器の一つ。 表記 「曲玉」は「勾玉」とも書く。

【八△入】やしお 染料液に何度もひたし、濃く染めあげること。また、そのもの。

【八▲洲・八△州】やしま 「八洲国（やしまくに）」の略。多くの島の意で、「日本国」の別称。おおやしま。

【〈八十〉】やそ ①八〇。②数の多いこと。「―島（しま）」

【〈八十〉路】やそじ ①八〇。②八〇歳。「元気に―を迎える」

【八▲咫】やた 長いこと。巨大なこと。「―の鏡（三種の神器の、鏡）」 参考 「やあた」とも読む。「咫」は上代に用いた長さの単位。

【八▲衢】やちまた 道が多くの方向に分かれている所。また、迷いやすい所のたとえ。 参考 「八」は多い、「衢」はあちこちに通じる道の意。

【〈八握〉・八△束】やつか 束（つか）（握った拳（こぶし）の小指から人差し指まで指四本分の長さ）八つ分の長さ。また、長いこと。

【八つ】やっつ ①数の名。はち。②八歳。 参考 「やつ」と読めば昔の時刻の名。現在の午

前・午後の二時ころ。

【〈八角金盤〉・八手】やつで ウコギ科の常緑低木。暖地に自生。葉は大形で厚く、てのひら状に七〜九つに裂ける。晩秋、白い五弁花を球状につける。表記「金剛纂」とも書く。由来「八角金盤」は漢名から。

【八つ橋】やつはし ①日本庭園の池などで、幅のせまい数枚の橋板を交互に組み合わせ、稲妻の型に並べてかけた橋。②京都名物「八つ橋煎餅(センベイ)」の略。

【八拍子】やつビョウシ 能の音楽(謡と囃子(はやし))の基本単位。一単位は八拍(パク)。能の句や旋律・舞の型などの基本。類地拍子

【八△枚手】やひらで 神前への供物を盛る大形の器。参考「枚手」は柏(かしわ)の葉を数枚用いた器、のちにそのような形の器の意。

【〈八岐大蛇〉】やまたのおろち 記紀神話にあらわれる大蛇(ダイジャ)。頭と尾がそれぞれ八つずつあり、酒を好んだという。

【〈八方〉・八△面】やも 八つの方面。あらゆる方向。四方八方。

【八▲幡黒】やわたぐろ まっ黒く染めた柔らかな革。下駄の鼻緒などに用いた。由来石清水八幡宮(いわしみずハチマングウ)の神官が作ったことから。

ハチ【★捌】(10) 扌7 準1 2711 3B2B 音ハチ・ハツ・ベツ 訓さばく・さばける・はける・はかす

意味 さばく。さばける。はける。参考手(扌)で別々にすることを表す字。「八」の代わりに用いることがある。

【▲捌く】さばく ①入りくんだ物事をきちんと整理する。「乗降客を—く」②商品を売り尽くす。「在庫品を—く」③物事をうまく処理する。「仕事を—く」④魚や鳥などを料理用に切り分ける。「鮪(まぐろ)を—く」

【▲捌ける】さばける ①混乱していたものが整理される。筋道がはっきりする。②商品が売り切れる。はける。③世なれていて物わかりがいい。「苦労人で—けている」

【▲捌け口】はけぐち ①水などが流れ出る口。②商品などの売れ先。「品物の—を探す」③内にたまった感情などを発散させる機会・対象。「怒りの—」

【▲捌ける】はける ①水などが、よどみなく流れる。②商品などがよく売れてなくなる。さばける。

ハチ【鉢】(13) 金5 常 準2 4013 482D 音ハチ・ハツ(高) 訓

筆順 人 亼 仐 余 金 金一 針 鈢 鉢 鉢

意味 ①はち。皿より深く、口の大きい器。「乳鉢」②盆栽などの植木をうえる容器。植木鉢。「鉢植え」③頭蓋骨(ズガイコツ)。「鉢巻」④僧侶(ソウリョ)の食器。「衣鉢」「托鉢」

下つき 衣鉢(イハツ・エハツ)・托鉢(タクハツ)・鉄鉢(テッパツ)・乳鉢(ニュウバチ)

【鉢合わせ】ハチあわせ ①出会いがしらに頭と頭がぶつかること。②思いがけずばったり出会うこと。「駅で先輩と—した」

【鉢▲叩き】ハチたたき 念仏信仰の一つ。空也(クウヤ)を祖とし、かねなどをたたき念仏をとなえて勧進(カンジン)したもの。空也念仏。季冬

【鉢巻】ハチまき ①頭部を幅のせまい布で巻くこと。また、その布。気を引き締めるときなどにも用いる。②土蔵の軒下に、防火のために特に厚く土を塗ること。また、その部分。

はち【▲盂】(8) 皿3 6619 6233 ▼ウ(七〇)

はち【△盆】(9) 皿4 常 4363 4B5F ▼ボン(一四三五)

はち【蜂】(13) 虫7 常 4310 4B2A ▼ホウ(一四〇八)

バチ【罰】(14) 罒9 常 4019 4833 ▼バツ(一二五五)

バチ【▲撥】(15) 扌12 5791 597B ▼ハツ(一二五三)

ばち【▲枹】(9) 木5 5952 5B54 ▼ホウ(一四〇四)

ばち【▲桴】(11) 木7 5979 5B6F ▼フ(一三三〇)

はちす【▲蓮】(13) 艹10 4701 4F21 ▼レン(一六〇六)

ハッ【法】(8) 氵5 教 4301 4B21 ▼ホウ(一四〇二)

ハツ【発】(9) 癶4 教 常 8 4015 482F 音ハツ・ホツ(中) 訓(外)はなつ・たつ・ひらく・あばく

旧字《發》(12) 癶7 1/準1 6604 6224

筆順 フ ヲ ヺ 癶 癶 癶 𤼴 𤼵 発

意味 ①はなつ。矢や弾丸をはなつ。「発射」「発砲」「散発」②たつ。でかける。また、送りだす。「発車」「発送」「出発」対着 ③でる。生じる。起こす。「発生」「発奮」「突発」④のびる。のばす。さかんにする。「発達」「発育」「発展」⑤ひらく。あける。開かせる。「発見」「開発」「啓発」⑥あらわれる。あらわす。「発表」「発露」⑦あばく。明るみに出す。「発覚」「摘発」「告発」

書きかえ「撥(ハツ)・潑(ハツ)・醱(ハツ)」の書きかえ字として用いられるものがある。

下つき 延発(エンパツ)・開発(カイハツ)・揮発(キハツ)・偶発(グウハツ)・群発(グンパツ)・啓発(ケイハツ)・後発(コウハツ)・再発(サイハツ)・散発(サンパツ)・始発(シハツ)・自発(ジハツ)・終発(シュウハツ)・出発(シュッパツ)・蒸発(ジョウハツ)・触発(ショクハツ)・先発(センパツ)・増発(ゾウハツ)・即発(ソクハツ)・多発(タハツ)・単発(タンパツ)・挑発(チョウハツ)・徴発(チョウハツ)・摘発(テキハツ)・突発(トッパツ)・爆発(バクハツ)・不発(フハツ)・奮発(フンパツ)・併発(ヘイハツ)・暴発(ボウハツ)・誘発(ユウハツ)・乱発(ランパツ)・連発(レンパツ)

【△発く】あばく 土を掘りおこし、埋めた物を取り出す。外にさらけ出す。「墓を—く」

【△発つ】たつ 出発する。出かける。「明日ヨーロッパに—つ」

【発案】ハツアン ①計画などを考え出し、最初に言い出すこと。②議案を提出すること。類提案・発議

【発意】ハツイ 思いつくこと。意見・計画などを考え出すこと。類発案 参考「ホツイ」と

は ハチ—ハツ

も読む。その場合、「発心（ホッシン）」の意にもなる。

【発育】ハツイク 育って大きくなること。成長すること。「―のよい少年」「―不全」類成育

【発煙筒】ハツエントウ 危険を知らせたり連絡したりする信号用に、発煙剤をつめた筒。「―のお陰で事故が未然に防げた」

【発音】ハツオン 言語の音声を出すこと。また、出した音声。「きれいな―」

【発火】ハッカ ①火を出すこと。燃え始めること。「自然―による山火事」②鉄砲に火薬だけをつめ、空砲をうつこと。③火打ち石の火を移しとる火口（ほくち）。

【発芽】ハツガ 植物が、芽を出すこと。種子・胞子・枝芽などが生育を始めること。類出芽

【発会】ハッカイ ①会ができて初めて会合を開くこと。会が発足すること。②取引所で行われるその月最初の立ち会い。対納会

【発覚】ハッカク 悪事や陰謀などが人に知られること。秘密がばれること。「不法行為が―する」「事件の―を恐れる」類露見

【発刊】ハッカン ①新聞・雑誌などの定期刊行物を新しく刊行すること。②書籍類を出版すること。類①②刊行・発行 対廃刊・休刊

【発汗】ハッカン 汗をかくこと。汗が出ること。汗を出すこと。「薬の―作用」

【発癌物質】ハツガンブッシツ 生体内に短期間で癌を発生させる確率の高い物質。

【発揮】ハッキ もっている能力や特性をあらわし示すこと。「本領を―する」「実力が―できて満足だ」

【発議】ハツギ ①議論や意見を言い出すこと。②議員が議案を提出すること。類発案 参考「ホツギ」とも読む。

【発給】ハッキュウ 官公庁が書類を発行し、渡すこと。「旅券を―する」

【発狂】ハッキョウ 精神に異常をきたすこと。

【発禁】ハッキン 「発売禁止」の略。有害な印刷物やコンパクトディスクなどの発行・発売を禁止する行政処分。

【発掘】ハックツ ①地中に埋もれているものを掘り出すこと。「遺跡を―する」対埋蔵 ②世に知られていないすぐれたものを見つけ出すこと。「優秀な人材を―する」

【発見】ハッケン それまで知られていなかった事物を、はじめて見つけ出すこと。「新しい彗星（スイセイ）を―する」

【発言】ハツゲン 人前で意見を言うこと。また、その意見。「活発な―が相次いだ」

【発現】ハツゲン はっきりとあらわれ出ること。また、あらわすこと。「愛国心の―」

【発語】ハツゴ ①言い出すこと。発言すること。②文章や談話のはじめに用いる語。「さて」「そもそも」など。③語調を整えたり軽い意味を添えたりする、接頭語の別名。「か弱い」「さ霧」の「か」「さ」など。参考「ホツゴ」とも読む。

【発光】ハッコウ 光を出すこと。「ホタルは腹部から―する」

【発行】ハッコウ ①図書・新聞・雑誌などを作って世に出すこと。類刊行 ②紙幣・債券・証明書などを作って通用させること。

【発効】ハッコウ 条約・法律などの効力が発生すること。「条約が―する」対失効

【発酵】ハッコウ 酵母類・細菌類などが、有機化合物を分解してアルコール類・有機酸類・二酸化炭素などを生成する現象。酒・味噌（ミソ）・醬油（ショウユ）などの製造に利用される。「葡萄（ブドウ）の果汁を―させてワインを造る」書きかえ「醱酵」の書きかえ字。

【発散】ハッサン ①内部にたまったものが外に飛び散ること。外に散り広がること。「思いきり泳いでストレスを―させた」②光線があらゆる方向に広がること。対集束 ③数学で、級数・数列・関数の値などが定まらなくなること。対収束

【発車】ハッシャ 止まっていた汽車・電車・自動車などが動き出すこと。対停車

【発射】ハッシャ ①弾丸・ロケットなどを撃ち出すこと。②矢を射ること。

【発祥】ハッショウ ①物事が起こり始まること。「黄河文明の―の地」②天子となる、めでたいきざしが現れること。

【発情】ハツジョウ 情欲を起こすこと。特に、繁殖期の動物が性的な興奮状態を起こすこと。「―期」

【発色】ハッショク カラー写真や染め物などの色が出ること。また、その色の仕上がり具合。「―剤」

【発信】ハッシン 電信・電波・情報・郵便などを送り出すこと。対受信・着信

【発疹】ハッシン 皮膚に小さな吹き出物ができること。また、その吹き出物。皮疹。参考「ホッシン」とも読む。

【発進】ハッシン 飛行機・軍艦・自動車などが動き出すこと。

【発人深省】ハツジンシンセイ 人を啓発して、物事をより深く考えるようにさせること。

【発する】ハッ―する ①起こる。起こす。始まる。始める。生じる。「北アルプス山中に源を―する川」「悪臭を―する」「小さな誤解に端（タン）を―する争い」②外へあらわれる。外にあらわす。公表する。「声明を―する」③出発する。「京都を―する」④矢や弾丸などを発射する。「砲弾を―する」⑤人をさしむける。「使者を―する」

【発生】ハッセイ 新たに生じること。生まれること。また、物事が始まること。「新たな難問が―した」「冷害の―が危ぶまれる」

【発声】ハッセイ ①声を出すこと。また、その声。②大勢で唱和するとき、最初に声を出し、音頭をとること。「乾杯の―を依頼する」③歌会のとき、最初に歌をよみあげること。また、その役。

【発走】ハッソウ ①競技で、いっせいにスタートを切って走り出すこと。②競輪・競馬・競艇などの競技が行われること。

【発送】ハッソウ 郵便物や荷物を送り出すこと。「荷物を―する」

【発想】ハッソウ ①思いつき。アイデア。「斬新(ザンシン)な―」②思想・感情などを文章や詩歌などで表現すること。③音楽で、楽曲の気分を演奏の強弱・緩急などで表現すること。

【発▲兌】ハツダ 書籍や雑誌などを印刷して発行すること。

【発達】ハッタツ ①成長して、より完全なものになっていくこと。「心身の―」②技術などが進歩すること。また、規模が次第に大きくなること。「情報システムの―」

【発着】ハッチャク 出発することと、到着すること。「列車の―時刻を調べる」

【発注】ハッチュウ 注文を出すこと。「製品を―する」対受注

【発展】ハッテン ①勢いがのび広がること。栄えること。「戦後わが国の産業はめざましい―を遂げた」②より高い段階へ進むこと。「社業のさらなる―を目指す」類①②進展 ③さかんに活躍すること。多く、異性関係についていう。「―家」

【発動】ハツドウ ①動き出すこと。活動を始めること。②特定の法的権限を行使すること。「―機」「指揮権を―する」③動力を起こすこと。

【発破】ハッパ ①岩石や鉱石を火薬の力で爆破すること。また、その火薬。②強く勢いづけること。「―をかける」

【発売】ハツバイ 物を売り出すこと。売り出し。「全国一斉に―を開始する」

【発表】ハッピョウ 表向きに知らせること。「婚約―」「ピアノの―会」「研究―」

【発病】ハツビョウ 病気になること。病気が起こること。また、症状があらわれること。

【発布】ハップ 新しい法律などを、世に広く知らせること。「憲法を―する」

【発憤・発奮】ハップン 気力をふるい起こすこと。「おおいに―して勉強に打ち込む」

【発憤興起】ハップンコウキ 気持ちをふるい起こすこと。また、気持ちをふるい立たせて努力すること。

【発憤忘食】ハップンボウショク 気持ちをふるい起こして、食事をするのも忘れるほど夢中になって励むこと。〈『論語』〉

【発泡】ハッポウ あわが発生すること。「―剤」「―飲料」「―スチロール」

【発砲】ハッポウ 小銃・大砲などの弾丸・砲弾を発射すること。「―事件が発生した」

【発墨】ハツボク 硯(すずり)ですった墨の色合いや濃淡の度合のこと。墨のすれ具合。

【発明】ハツメイ ①今まで世になかった物を、新しく作り出すこと。「自動車を―する」②かしこいさま。利発。「―な子ども」

【発▲蒙・発▲矇】ハツモウ ①道理に暗い人を導いて、物事が分かるようにすること。「蒙・矇」は暗い・愚かの意。②覆っているものを取り除くこと。きわめてたやすいことのたとえ。

【発揚】ハツヨウ 精神や気力をふるいたたせること。「士気を―する」

【発令】ハツレイ 法令や辞令、警報などを出すこと。「大雨洪水警報―」

【発露】ハツロ 心のなかのことが表面にあらわれ出ること。「友情の―」

【△発つ】はなつ 矢を射たり鉄砲を撃ったりする。発射させる。「矢を―つ」

〈発条〉ばね ①鋼鉄などを巻いたり曲げたりして、弾力をもたせたもの。スプリング。②人の跳躍力や弾力性のたとえ。「足腰の―が強い」表記「弾機・撥条」とも書く。参考①「ハツジョウ・ぜんまい」とも読む。

〈発船〉ふなだち 船が港を出発すること。船出。

【発願】ホツガン ①神仏に祈り、願をかけること。②仏衆生(シュジョウ)を救おうと念願を起こすこと。

【発起】ホッキ ①新しい計画をたて、実行に移すこと。「―人」②仏信仰心を起こして仏門に入ること。類発心(ホッシン)

【発句】ホック ①連歌・連句の最初の句。五・七・五の一七文字からなる句。立て句。「―合わせ」②俳句。①の句が独立して詠まれるようになったもの。

【発作】ホッサ 病気の症状が不意に起こること。「心臓―」

【発心】ホッシン ①悟りを開こうと心を固めること。信仰心を起こすこと。仏道に入ること。類発起(ホッキ) ②思い立つこと。

【発足】ホッソク ①新しく団体・組織が作られ、活動を始めること。「協議会が―した」②出発すること。参考「ハッソク」とも読む。

【発端】ホッタン 物事の始まり。いとぐち。「事件の―を調べる」対終末

【発頭人】ホットウニン 物事を最初にくわだてた人。首謀者。張本人。

ハツ【▲發】(12) 癶7 6604/6224 ▼発の旧字(一二五〇)

ハツ【鉢】(13) 金5 常 4013/482D ▼ハチ(一二五〇)

ハツ【髪】(14) 髟4 常 4 4017/4831 音 ハツ 外ホツ 訓 かみ

旧字《髮》(15) 髟5 1/準1 8191/717B

筆順 丨 厂 F 巨 長 4 長 7 髟 10 髟 髮 髪

意味 かみ。かみの毛。「洗髪」「白髪」

下つき 遺髪(イハツ)・金髪(キンパツ)・結髪(ケッパツ)・散髪(サンパツ)・整髪(セイハツ)・洗髪(センパツ)・束髪(ソクハツ)・断髪(ダンパツ)・長髪(チョウハツ)・調髪(チョウハツ)・剃髪(テイハツ)・怒髪(ドハツ)・白髪(ハクハツ・しらが)・毛髪(モウハツ)・理髪(リハツ)

〈髪菜〉いぎす 紅藻類イギス科の海藻。▼海髪(いぎす)(一七四)

【髪】かみ ①頭の毛。髪の毛。②頭髪をゆった形。髪形。「日本―」

【髪置き】かみおき 幼児が髪をのばし始める儀式。中世以降の風習。多く、三歳の陰暦一一月一五日に行った。類髪立て・櫛くし置き 季冬

【髪形・髪型】かみがた 髪のかっこう。

【髪結い】かみゆい 髪をゆうこと。また、それを職業とする人。

【髪文字】かもじ 女性がまげをゆうときに加える髪。入れ髪。添え髪。表記「髢」とも書く。

〈髪際〉こうぎわ 髪の生えぎわ。参考「かみぎわ」の転じたもの。

【髪冠を衝く】ハッかんむりをつく ▼怒髪ドハツ冠かんむりを衝つく（一一三四）

【髪膚】ハップ 頭髪と皮膚。また、からだ。「父母から授かった身体―」

ハツ【撥】(15) 扌12 1 5791 597B 音 ハツ・ハチ・バチ 訓 はねる・かかげる・のぞく・おさめる

意味 ①はねる。はねかえす。はねあげる。かかげる。はじく。「撥音」②はらい去る。のぞく。③おさ(治)める。「撥乱」④ばち。楽器の弦をかき鳴らす器具。

書きかえ ①「発」に書きかえられるものがある。

〈撥条〉ぜんまい 弾力のある薄い板状、または糸状の鋼鉄などを渦巻き状に巻き、機械や器具の動力としたもの。表記「発条」とも書く。参考「ばね」とも読む。

【撥】バチ 琵琶ビワ・三味線などの音を出すために弦をはじく道具。また、太鼓などを打って鳴らすための棒状の道具。

【撥音】ハツオン 国語の発音で、はねる音。「ン」「ん」で書かれる。参考「バチおと」と読めば、琵琶ビワ・三味線などばちでひき鳴らす楽器の音の意になる。

【撥乱反正】ハツランハンセイ 乱世を治めて、正しい平和な状態に戻すこと。『春秋公羊伝シュンジュウクヨウデン』

【撥ね釣瓶】はねつるべ 柱に渡した横木の一端に重石おもしをつけ、他の端につけたつるべを石の重みではね上げて井戸水をくみ上げるようにした装置。ふりつるべ。

〔撥はね釣瓶つるべ〕

【撥ねる】はねる ①はじきとばす。「車が歩行者を―ねる」②基準に合わないものを取り除く。「不良品を―ねる」③かすめとる。「うわまえを―ねる」④拒否する。はねつける。「要求を―ねる」⑤書道で、字画の末尾の部分を筆先を払い上げるように書く。

ハツ【潑】(15) 氵12 準1 8709 7729 音 ハツ 訓 そそぐ・はねる

〔溌〕4014 482E

意味 ①そそぐ。水を注ぐ。はねる。「潑墨」②勢いのよいさま。「潑剌ハツラツ」

書きかえ ②「発」に書きかえられるものがある。

【潑墨】ハツボク 中国、唐の時代に起こった水墨画の技法の一つ。画面に墨を落とし、そのかたまりをぼかしながら描く方法。

【潑剌・潑溂】ハツラツ 生き生きとして、元気のよいさま。「生気―」類活発

ハツ【髮】(15) 髟5 8191 717B ▼髪の旧字（一二五二）

ハツ【醱】(19) 酉12 準1 9290 7C7A 音 ハツ 訓 かもす

〔醗〕4016 4830

意味 かもす。酒をかもす。

書きかえ 「発」に書きかえられるものがある。

【醱す】かもす できた酒を、もう一度発酵させる。参考「醸す」と書けば、一度発酵させて酒・醬油ショウユなどを造る意となる。

【醱酵】ハッコウ ▼書きかえ 発酵（一二五一）

はつ【初】(7) 刀5 教 2973 3D69 ▼ショ（七二四）

バツ【末】(5) 木1 教 4386 4B76 ▼マツ（一四四二）

バツ【伐】(6) 亻4 常 3 4018 4832 音 バツ 外ハツ 訓 外きる・うつ・ほこる

筆順 ノ 亻 仁 代 伐 伐

意味 ①きる。木をきり倒す。「伐採」「乱伐」②う(討)つ。殺す。敵をうつ。「征伐」「討伐」③ほこる。自慢する。「矜伐キョウバツ」

下つき 殺伐サツバツ・征伐セイバツ・討伐トウバツ・乱伐ランバツ・濫伐ランバツ

【伐つ】うつ 武器を使って敵や悪者などを攻めうつ。攻めほろぼす。

【伐る】きる 斧おのなどで木をきる。刃物を使って二つに分ける。

【伐採】バッサイ 樹木をきり倒して運び出すこと。「森林―による自然破壊が心配だ」

【伐木】バツボク 木をきり倒すこと。また、その木。

バツ【抜】(7) 扌4 常 4 4020 4834 音 バツ 訓 ぬく・ぬける・ぬかす・ぬかる

旧字《拔》(8) 扌5 1/準1 5722 5936

筆順 一 十 扌 扌 扐 抜

意味 ①ぬく。引きぬく。ぬける。「抜刀」「抜本」②選びだす。「抜粋」「選抜」③ぬきんでる。きわだつ。「抜群」「卓抜」

下つき 海抜カイバツ・奇抜キバツ・卓抜タクバツ・不抜フバツ

は ハツ―バツ

【抜かす】ぬかす ①入れもらす。あいだをとばす。「一人―して数える」②追い越す。③力がなくなる。「腰を―す」

【抜かる】ぬかる 油断をしたり、うっかりしたりして失敗する。「相手は手ごわいぞ、―るな」

【抜き打ち・抜き撃ち】ぬきうち ①刀を抜くやいなや切りつけること。また、ピストルを抜くと同時に撃つこと。②物事を予告なしに突然行うこと。「―検査」「―テスト」

【抜き差し】ぬきさし ①抜き取ることと差し込むこと。取り除いたり付け加えたりすること。②あれこれとやりくりして処理すること。「―ならない関係」

【抜きんでる】ぬきんでる ①他のものより、ひときわ高く突き出る。②他よりとび抜けてすぐれる。

【抜く】ぬく ①取り出す。引き出す。「とげを―く」②除き去る。「肩の力を―く」③選び出す。「クラスのなかから三人を―く」④つらぬく。突き通す。「ニンジンを花形に―く」「底を―く」⑤すり取る。「掏摸(すり)に財布を―かれた」⑥省略する。「主語を―いた文」⑦追い越す。「前の車を―く」⑧攻め落とす。「敵の城を―く」

【抜け駆け】ぬけがけ ①他の者を出し抜いて先に行動すること。②戦場でひそかに陣を抜け出して、人より先に敵陣へ攻め入ること。「―の功名(コウミョウ)」

【抜け殻】ぬけがら ①セミやヘビなどが脱皮したあとの殻。②心を奪われて、うつろな状態にあるさま。また、その人。「魂の―同然になる」③中身がなくなってあとに残ったもの。

【抜苦与楽】バックヨラク 仏 仏や菩薩(ボサツ)が、衆生(シュジョウ)を苦しみから救い、福楽を与えること。仏の慈悲をいう。《秘蔵宝鑰(ヒゾウホウヤク)》

【抜群】バツグン 大勢のなかで、とび抜けてすぐれていること。「―の成績」

【抜山蓋世】バツザンガイセイ 体力が盛んで気力が雄大であることのたとえ。力は山を引き抜き、気力は他のだれをも圧倒する意から。「蓋世」は、世の中を圧倒するほど元気盛んなこと。《史記》

【抜糸】バッシ 手術の切り口がふさがったあと、切り口を縫い合わせた糸を抜き取ること。「一週間後に―する」

【抜歯】バッシ 悪くなったり不用になったりした歯を抜くこと。

【抜粋】バッスイ 文章や楽曲などから、必要な部分だけを抜き出すこと。また、抜き出したもの。「新聞から関係記事を―する」 書きかえ「抜萃」の書きかえ字。

【抜▲萃】バッスイ ▼書きかえ 抜粋

【抜染】バッセン 無地に染めた布の一部分の色を抜いて模様を出すこと。ぬきぞめ。

【抜▲擢】バッテキ 多くの人のなかからすぐれた人を選び出して要職につけること。「力量を認め―する」

【抜▲錨】バツビョウ 船がいかりをあげて出帆すること。対投錨

【抜本】バッポン 根本となる原因を取り除くこと。「汚職を根絶する―的対策」

【抜本塞源】バッポンソクゲン 災いの原因となるものを徹底的に取り除くたとえ。木の根を抜き取り、水源を塞(ふさ)ぐ意から。《春秋左氏伝》

【抜来報往】バツライホウオウ 行き来が、非常に速やかなこと。速やかに来て、速やかに行く意から。《礼記(ライキ)》

バツ【▲拔】(8) 扌5 5722 5936 ▼抜の旧字(一二五三)

バツ【袙】(10) 衤5 1 7458 6A5A 音 バツ・ハ 訓 あこめ

意味 ①はちまき。昔の軍人が額に巻いて飾りとした布。「袙頭」②うちかけ。胸と背をおおう衣。③あこめ。衣服の一つ。「衵(ジ)」の誤用。

【▲袙】あこめ ①平安時代の男子の中着。束帯・直衣(のうし)の着用時、下襲(したがさね)と単衣(ひとえ)の間に着た衣服。②平安時代の婦人・童女の下着。表記「衵」とも書く。

バツ【★筏】(12) ⺮6 準1 4021 4835 音 バツ・ハツ 訓 いかだ

意味 いかだ。木や竹を組んで水に浮かべるもの。「舟筏」

下つき 舟筏(シュウバツ)・津筏(シンバツ)

【▲筏】いかだ 材木を綱(つな)などでつなぎ合わせ、水に浮かべるもの。木材の運搬や船の代用として用いる。

【筏師】いかだシ いかだをあやつることを職業としている人。

バツ【★跋】(12) ⻊5 1 7677 6C6D 音 バツ・ハツ 訓 ふむ・こえる・つまずく・おくがき

意味 ①ふむ。こ(越)える。「跋渉」②つまずく。ころぶ。③あとがき。書物の終わりに書く文。おくがき。「跋文」対序

下つき 序跋(ジョバツ)・題跋(ダイバツ)

【▲跋△折羅】バサラ 仏 ①金剛、または金剛石。②密教で、煩悩(ボンノウ)を打ち砕く法具。金剛杵(コンゴウショ)。表記「縛日羅・伐折羅」とも書く。参考 梵語(ボンゴ)から。

【▲跋▲扈】バッコ 権威をほしいままにして、のさばり、はびこること。また、思うがままに振る舞うこと。由来「扈」はタケで作った梁(やな)。大きな魚は梁を飛び越えて逃げてしまうことから。《後漢書(ゴカンジョ)》

【▲跋渉】バッショウ 山野を越え、川を渡ること。各地を歩きまわること。「日本の山野を―する」

【▲跋文】バツブン 書物の終わりに書く文章。あとがき。類跋語 対序文

【▲跋む】ふむ ふみつける。ふみにじる。乱暴に振る舞う。

バツ【罰】(14) 罒9 常 4 4019 4833 音 バツ・バチ 外ハツ 訓 —

筆順

意味 ①ばつ。しおき。こらしめ。「罰金」「罰則」「処罰」②ばち。罪のむくい。悪事のむくい。神仏のとがめ。「天罰」「神罰」

下つき 刑罰(ケイバツ)・軽罰(ケイバツ)・厳罰(ゲンバツ)・重罰(ジュウバツ)・賞罰(ショウバツ)・処罰(ショバツ)・神罰(シンバツ)・体罰(タイバツ)・誅罰(チュウバツ)・懲罰(チョウバツ)・天罰(テンバツ)・必罰(ヒツバツ)

【罰】バチ 人間の悪事に対する神仏のこらしめ。「—が当たる」「この—当たりめ」「—は目の前(悪事をすれば、すぐにそのむくいがある)」

【罰金】バッキン ①刑罰の一種で、罪人から取り立てる金銭。②こらしめのために罰として出させる金銭。

【罰則】バッソク 法律や規則に違反した者を罰するための規則。

【罰杯】バッパイ 宴会などで、遅れて来た人などに座興で罰として無理に酒を飲ませること。また、その酒。

【罰俸】バッポウ 官公吏の懲戒処分の一つで、一定期間の給料を減らすこと。

バツ【閥】(14) 門6 常 準2 4022 4836 音 バツ 外ハツ 訓 外いえがら・いさお

筆順

意味 ①出身や利害を同じくするもののつながり。「学閥」「派閥」②いえがら。門地。「門閥」③いさお。功績。「功閥」

下つき 学閥(ガクバツ)・官閥(カンバツ)・軍閥(グンバツ)・功閥(コウバツ)・財閥(ザイバツ)・派閥(ハバツ)・藩閥(ハンバツ)・門閥(モンバツ)

【閥族】バツゾク ①地位の高い家柄の一族。②出身や利害を同じくする人々の集団。

バツ【魃】(15) 鬼5 1 8217 7231 音 バツ・ハツ 訓 ひでり

意味 ひでり。「旱魃(カンバツ)」

下つき 旱魃(カンバツ)

はつる【△削る】(9) 刂7 常 2679 3A6F ▼サク(五六五)

はて【△涯】(11) 氵8 常 1922 3336 ▼ガイ(一九一)

はてる【果てる】(8) 木4 教 1844 324C ▼カ(一四四)

はと【▲鳩】(13) 鳥2 4023 4837 ▼キュウ(三一一)

はとば【▲埠】(11) 土8 4154 4956 ▼フ(一三三〇)

はな【花】(7) 艹4 教 1854 3256 ▼カ(一四一)

はな【▲洟】(9) 氵6 6206 5E26 ▼イ(三〇)

はな【華】(10) 艹7 常 1858 325A ▼カ(一五一)

はな【▲葩】(12) 艹9 7261 685D ▼ハ(一二一九)

はな【△端】(14) 立9 常 3528 433C ▼タン(一〇一七)

はな【鼻】(14) 鼻0 教 4101 4921 ▼ビ(一二九二)

同訓異義 はな

【花】草木に咲くはな。はなやかなものなど比喩(ユ)的な意に広く用いる。「朝顔の花」「生け花」「花も実もある」「花形役者」「花曇り」「花盛りの娘」「人生の花道」「両手に花」「一花咲かせる」

【華】草木に咲くはなの意から、はなやかなことやはなやかなもののたとえに用いる。「華やか」「華やぐ」「華々しい」「火事と喧嘩(ケンカ)は江戸の華」「文化の華」

はなし【▲咄】(8) 口5 5084 5274 ▼トツ(一一七五)

はなし【話】(13) 言6 教 4735 4F43 ▼ワ(一六二七)

はなし【★噺】(16) 口13 国 準1 4024 4838 音 — 訓 はなし

意味 はなし。ものがたり。参考 新しくめずらしいはなし(口)の意を表す国字。

【▲噺家】はなしカ 落語や人情話などを話すことを職業とする人。落語家。表記「咄家」とも書く。

はなし【▲譚】(19) 言12 7593 6B7D ▼タン(一〇二二)

同訓異義 はなし

【話】はなすこと。はなす内容。うわさ。相談。物事の道理。ほか、広く用いる。「子どもの話を聞く」「話が弾む」「彼女は離婚したという話だ」「みんなに話がある」「話に乗る」「話に花が咲く」「話の分かる人」

【▲噺】珍しいはなし。物語。「お伽(とぎ)噺」「昔噺」「桃太郎の噺」「一口噺」

【▲咄】昔ばなし。落語。「寄席で咄を聴く」「咄家」「人情咄」

はなす【放す】(8) 攵4 教 4292 4A7C ▼ホウ(一四〇〇)

はなす【話す】(13) 言6 教 4735 4F43 ▼ワ(一六二七)

同訓異義 はなす

【放す】握ったり拘束したりしていたものを自由にする。そのままの状態にする。「魚を海に放す」「放し飼い」「解き放す」「手放して喜ぶ」「窓を開け放す」「違反を野放しにする」「見放す」

【離す】くっついているものを隔てる。距離を開ける。「苗木を離して植える」「握った子どもの手を離す」「肌身離さず」「二人の仲を離す」「二位を大きく引き離す」「目を離した隙(すき)に」

はなぢ【▲衄】(10) 血4 7440 6A48 ▼ジク(六四三)

はなつ【放つ】(8) 攵4 教 4292/4A7C ▼ホウ(一四〇〇)
はなつ【△発つ】(9) 癶4 教 4015/482F ▼ハツ(一二五〇)
はなはだ【△太だ】(4) 大1 教 3432/4240 ▼タイ(九七六)
はなはだ【甚だ】(9) 甘4 常 3151/3F53 ▼ジン(八一八)
はなはだしい【甚だしい】(9) 甘4 常 3151/3F53 ▼ジン(八一八)
はなひる【▲嚔る】(18) 口15 5173/5369 ▼テイ(一〇九八)
はなぶさ【△英】(8) 艹5 教 1749/3151 ▼エイ(八五)
はなむけ【▲餞】(17) 飠8 8120/7134 ▼セン(九一一)
はなむけ【▲贐】(21) 貝14 7657/6C59 ▼ジン(八二一)
はなやか【華やか】(10) 艹7 常 1858/325A ▼カ(一五一)
はなやぐ【華やぐ】(10) 艹7 常 1858/325A ▼カ(一五一)
はなれる【放れる】(8) 攵4 教 4292/4A7C ▼ホウ(一四〇〇)
はなれる【離れる】(18) 隹10 常 4605/4E25 ▼リ(一五六〇)
はなわ【▲塙】(13) 土10 4025/4839 ▼カク(二〇〇)
はに【▲埴】(11) 土8 3093/3E7D ▼ショク(七八二)
はねる【▲刎ねる】(6) 刂4 4970/5166 ▼フン(一三五四)
はねる【跳ねる】(13) 𧾷6 常 3623/4437 ▼チョウ(一〇六四)
はねる【▲撥ねる】(15) 扌12 5791/597B ▼ハツ(一二五三)
はは【母】(5) 毋1 教 4276/4A6C ▼ボ(一三九二)
はは【▲媽】(13) 女10 5332/5540 ▼ボ(一三九四)
はば【幅】(12) 巾9 常 4193/497D ▼フク(一三四三)
ばば【△婆】(11) 女8 常 3944/474C ▼バ(一二一一)
はばかり【▲憚り】(15) 忄12 5663/585F ▼タン(一〇一九)
はばかる【▲憚る】(15) 忄12 5663/585F ▼タン(一〇一九)

はばき【鎺】(18) 金10 国 1 9334/7D42 音 訓 はばき
意味 はばき。刀剣などのもとにはめる金具。刀の刀身が鞘(さや)から抜け出さないように鍔元(つばもと)を押さえる金具。
【▲鎺金】はばきがね

ははそ【▲柞】(9) 木5 5948/5B50 ▼サク(五六六)
はばむ【▲沮む】(8) 氵5 6192/5D7C ▼ショ(七二七)
はばむ【阻む】(8) 阝5 常 3343/414B ▼ソ(九一九)
はびこる【▲滔る】(13) 氵10 6277/5E6D ▼トウ(一一五一)
はぶく【省く】(9) 目4 教 3042/3E4A ▼セイ(八五八)
はべる【△侍る】(8) 亻6 常 2788/3B78 ▼ジ(六三五)
はま【浜】(10) 氵7 常 4145/494D ▼ヒン(一三二三)
はまぐり【▲蚌】(10) 虫4 7351/6953 ▼ボウ(一四一八)
はまぐり【▲蛤】(12) 虫6 4026/483A ▼コウ(五〇七)
はまち【▲魬】(15) 魚4 9336/7D44 ▼ハン(一二六八)
はむ【△食む】(9) 食0 教 3109/3F29 ▼ショク(七八一)
はめる【▲嵌める】(12) 山9 5440/5648 ▼カン(二三六)
はめる【△塡める】(13) 土10 常 1556/2F58 ▼テン(一一一八)
はも【▲鱧】(24) 魚13 8271/7267 ▼レイ(一六〇〇)
はや【▲鮠】(17) 魚6 8230/723E ▼ガイ(一九三)

はや【鰙】(19) 魚8 国 1 9364/7D60 音 訓 はや・はえ・わかさぎ
意味 ①はや。コイ科の淡水魚。はえ。②わかさぎ。キュウリウオ科の淡水魚。▼公魚(わかさぎ)
【▲鰙】わかさぎ キュウリウオ科の淡水魚。(四七二)

はやい【▲夙い】(6) 夕3 2940/3D48 ▼シュク(七〇六)
はやい【早い】(6) 日2 教 3365/4161 ▼ソウ(九二九)
はやい【△迅い】(6) 辶3 常 3155/3F57 ▼ジン(八一八)
はやい【△疾い】(10) 疒5 常 2832/3C40 ▼シツ(六四七)
はやい【速い】(10) 辶7 教 3414/422E ▼ソク(九六〇)
はやい【▲捷い】(11) 扌8 3025/3E39 ▼ショウ(七五一)
はやい【▲湍い】(12) 氵9 6258/5E5A ▼タン(一〇一六)
はやい【▲駛い】(15) 馬5 8143/714B ▼シ(六二六)

同訓異義 はやい
【早い】時刻や時期がはやい。「晩」の対。まだその時期ではない。短い時間ですむ。「朝早い電車に乗る」「もうプロポーズとは気が早い」「早死に」「花見にはまだ早い」「喜ぶのは早い」「会って頼むのが早い」「手早い」

【速い】動きがすみやかなさま。スピードがある。「遅」の対。「食べるのが速い」「足が速い」「流れが速い」「頭の回転が速い」「仕事が速い」「脈拍が速い」

【△疾い】進むのが矢のようにはやい。「疾風(シップウ)」「疾い弾丸」

【△迅い】飛ぶようにはやい。「迅速(ジンソク)」

【▲捷い】身のこなしがすばやい。「敏捷(ビンショウ)」

はやし【林】(8) 木4 教 4651/4E53 ▼リン(一五八三)
はやし【▲囃】(21) 口18 5182/5372 ▼ソウ(九五二)
はやす【▲囃す】(21) 口18 5182/5372 ▼ソウ(九五二)
はやぶさ【▲隼】(10) 隹2 4027/483B ▼シュン(七一六)
はやぶさ【▲鶻】(21) 鳥10 8319/7333 ▼コツ(五三二)
はやまる【早まる】(6) 日2 教 3365/4161 ▼ソウ(九二九)
はやめる【早める】(6) 日2 教 3365/4161 ▼ソウ(九二九)

はやめる【速める】(10) ⻌7 教 3414/422E ▼ソク(九六〇)

はやる【▵逸る】(11) ⻌8 常 1679/306F ▼イツ(五六)

はら【▲肚】(7) 月3 7076/666C ▼ト(一一一六)

はら【原】(10) 厂8 教 2422/3836 ▼ゲン(四四一)

はら【腹】(13) 月9 教 4202/4A22 ▼フク(一三四五)

ばら【▵散】(12) 攵8 教 2722/3B36 ▼サン(五八七)

はらう【払う】(5) 扌2 常 4207/4A27 ▼フツ(一三四九)

はらう【▲祓う】(10) 礻5 6717/6331 ▼フツ(一三五〇)

はらう【▵掃う】(11) 扌8 常 3361/415D ▼ソウ(九三八)

はらう【▲禊う】(14) 礻9 6720/6334 ▼ケイ(三九九)

はらう【▲攘う】(20) 扌17 5823/5A37 ▼ジョウ(七七九)

はらう【▲禳う】(22) 礻17 6726/633A ▼ジョウ(七八〇)

同訓異義 はらう

【払う】金銭の支払いをする。不要なものを取り除く。心を向ける。ほか、広く用いる。「新聞代を払う」「銀行で払い込む」「服のごみを払う」「足を払う」「注意を払う」「努力を払う」「犠牲を払う」

【▵掃う】はき清める。取り除く。「床のほこりを掃う」「雪を掃う」「庭木の枝を掃う」

【▲禊う】水を浴びて体を清める。「けがれを禊う」

【▲祓う】神に祈って罪や災いを取り除く。「悪霊を祓う」「厄を祓う」「祓い清める」

【▲攘う】入り込んでくるものをはらいのける。「攘夷(ジョウイ)」「外国船を打ち攘う」

はらか【鰉】(20) 魚9 国 1 9365/7D61 訓 音 はらか

意味 はらか。ニベ(鮸)、または、マス(鱒)の別称という。参考 腹が赤いことから、「はらあか」が「はらか」に転じたもの。

はらす【晴らす】(12) 日8 教 3218/4032 ▼セイ(八六三)

はらむ【▲孕む】(5) 子2 5352/5554 ▼ヨウ(一五一四)

はらむ【▵妊む】(7) 女4 常 3905/4725 ▼ニン(一二〇二)

はらむ【▵胎む】(9) 月5 常 3459/425B ▼タイ(九八一)

はらむ【▵娠む】(10) 女7 常 3117/3F31 ▼シン(七九八)

はららご【▲鮞】(19) 魚8 8244/724C ▼ヒ(一二八七)

はらわた【▲腑】(12) 月8 7105/6725 ▼フ(一三三一)

はらわた【▵腸】(13) 月9 教 3618/4432 ▼チョウ(一〇六三)

はらわた【▵臓】(19) 月15 教 3401/4221 ▼ゾウ(九五五)

はり【針】(10) 金2 教 3143/3F4B ▼シン(八〇一)

はり【▲梁】(11) 木7 4634/4E42 ▼リョウ(一五七六)

はり【▲箴】(15) ⺮9 6830/643E ▼シン(八〇九)

はり【▲鍼】(17) 金9 7910/6F2A ▼シン(八一一)

はりつけ【▲磔】(15) 石10 ▼タク(一〇〇二)

はりねずみ【▲蝟】(15) 虫9 7386/6976 ▼イ(三八)

はる【春】(9) 日5 教 2953/3D55 ▼シュン(七一五)

はる【張る】(11) 弓8 教 3605/4425 ▼チョウ(一〇五八)

はる【貼る】(12) 貝5 常 3729/453D ▼チョウ(一〇六三)

はる【▵撲る】(15) 扌12 常 4348/4B50 ▼ボク(一四一九)

はるか【▲杳か】(8) 日4 5866/5A62 ▼ヨウ(一五一七)

はるか【▲迥か】(9) ⻌5 7774/6D6A ▼ケイ(三九一)

はるか【▵悠か】(11) 心7 常 4510/4D2A ▼ユウ(一五一一)

はるか【▲遥か】(12) ⻌9 4558/4D5A ▼ヨウ(一五二二)

はるか【▲敻か】(14) 夂11 ▼ケイ(三九九)

はるか【▲遼か】(15) ⻌12 4643/4E4B ▼リョウ(一五八一)

はれる【晴れる】(12) 日8 教 3218/4032 ▼セイ(八六三)

はれる【▲脹れる】(12) 月8 3617/4431 ▼チョウ(一〇六二)

はれる【腫れる】(13) 月9 常 2880/3C70 ▼シュ(六七九)

はれる【▲霽れる】(22) 雨14 8041/7049 ▼セイ(八七一)

ハン【凡】(3) 几1 常 4362/4B5E ▼ボン(一四三四)

ハン【反】

(4) 又2 教 常 8 4031/483F

音 ハン・ホン(高)・タン(中)

訓 そる・そらす (外) かえる・かえす・そむく

筆順 一 厂 反

意味 ①かえる。かえす。はねかえす。「反映」「反撃」「反転」②そむく。さからう。「反抗」「謀反」③くりかえす。「反復」「反芻(ハンスウ)」④正反対の。逆の。「反面」「反比例」⑤そる。そらす。⑥たん。単位の名。㋐土地の面積で一町の一〇分の一。約一〇(アール)。㋑布類の長さで二丈六尺、また二丈八尺。約一〇(メートル)。㋒距離で六間。約一一(メートル)。

書きかえ ②「叛(ハン)」の書きかえ字。

下つき 違反(イハン)・造反(ゾウハン)・背反(ハイハン)・謀反(ムホン)・離反(リハン)

【▵反る】(かえ-る) ①表と裏とが逆になる。裏がえる。「和服の裾(すそ)が―る」②上と下とが逆になる。ひっくりかえる。くつがえる。「ボートが―る」「軍配が―る」

〈反転〉(くるべき) 糸を繰る道具。参考「ハンテン」と読めば別の意になる。

【反っ歯】(そっぱ) 前歯が前方にそり出ていること。また、その歯。出っ歯。参考「そりは」の転。

【反る】(そ-る) ①平たいものが弓のように曲がる。「板が―る」②体がうしろへ曲がる。のけぞる。「背中を―らせる運動」

【反▲嘴▲鴫】(そりはししぎ) シギ科の鳥。アフリカ・ユーラシアなどに分布。

春と秋、旅鳥として日本各地の海岸に渡来。背は灰色で腹は白い。くちばしは長く、上に反っている。

【反】タン ①土地面積の単位。一町の一〇分の一で、三〇〇坪。一反は約一〇アール（九九二平方メートル）。②布の長さの単位。一反は約一〇メートル。表記①「段」とも書く。②「端」とも書く。参考もとは距離や和船の帆の幅の単位。

【反収】タンシュウ 田畑の耕作面積一反あたりの農作物の収穫高。表記「段収」とも書く。

【反歩】タンブ 田畑の面積を、反を単位として数えるときにつける語。「水田五―」表記「段歩」とも書く。

【反物】タンもの ①和服用の織物の総称。呉服。②一反ずつになっている織物。「―から和服を仕立てる」

【反映】ハンエイ ①光や色が反射して見えること。「入日が湖面に―する」②影響が他に及んで、その結果が現れること。「市民の意思を―させた条例」

【反歌】ハンカ 長歌のあとに詠（よ）み添える短歌。長歌の大意を要約したり、補足したりした歌。返し歌。

【反間】ハンカン ①敵の間者（カンジャ）を利用して、敵の戦略の裏をかくこと。②敵陣に入りこみ、敵どうしの仲間割れをはかること。

【反間苦肉】ハンカンクニク 敵情を探り、敵の仲間割れをさせるために、わざと味方に自分の身を傷つけさせて敵を欺く策略のこと。また、苦しまぎれにとる手段のこと。参考「反間の計」（『孫子』）と「苦肉の計」（『三国志演義』）を組み合わせた語。▼苦肉の計（三六八）

【反感】ハンカン 相手に対して反発したり反抗したりする気持ち。相手に対する悪い感情。「―を抱く」「先生の―を買う」

【反旗】ハンキ 謀反人（ムホンニン）の立てる旗。「―を翻（ひるがえ）す（反逆する）」書きかえ「叛旗」の書きかえ字。

【反逆】ハンギャク 権威や権力に対して、逆らい、そむくこと。むほん。「―の罪に問われた」書きかえ「叛逆」の書きかえ字。

【反響】ハンキョウ ①音波が障害物に当たって反射し、再び聞こえること。また、その音。こだま。やまびこ。②ある出来事に対して反応が起こること。「この作品は大きな―を呼んだ」

【反撃】ハンゲキ 攻めてくる敵に対して反対に攻撃を加えること。「―に転じる」類反攻

【反語】ハンゴ ①疑問の形で相手に問いかけ、自分の考えや判断を強調する言い方。「そんなことを言うだろうか（言うはずがない）」という類。②実際と反対のことを言って皮肉る言い方。遅刻して来た人に、「時間を正確に守るね」と言うなど。アイロニー。

【反抗】ハンコウ 権威や権力にはむかうこと。相手に逆らうこと。「親に―する」対服従

【反攻】ハンコウ 守勢にあった者が、逆に攻撃に転じること。類反撃

【反骨】ハンコツ 権力などに対して反抗する気概。「―精神」表記「叛骨」とも書く。

【反魂】ハンゴン 死んだ人の魂をこの世に呼び戻すこと。

【反魂香】ハンゴンコウ 死者に会いたいときにたくと、その姿が煙のなかに現れるという香。由来中国、漢の武帝が、この香をたいて死んだ夫人の面影を見たという故事から。

【反作用】ハンサヨウ ①物理学で、ある物体が他の物体に力を及ぼすとき、同時に同じ大きさの力を相手から受けること。また、その力。対作用 ②ある動きや現象に対して、それとは逆の動きや現象が起こること。

【反射】ハンシャ ①光や電波などが物に当たって方向を変えること。②人間や動物が刺激に対して無意識におこす反応。

【反証】ハンショウ 相手の主張が正しくないとして、反対の証拠をあげて否定すること。また、その証拠。「―を挙げる」

【反照】ハンショウ ①光が照り返すこと。②夕焼けの光。また、その明るさ。夕映え。

【反芻】ハンスウ ①ウシ・ヒツジ・ラクダなどが、一度飲みこんだ食物を、また、口に戻してかむこと。②言葉の意味などをくり返し考えたり味わったりすること。「恩師の忠告を―する」

【反省】ハンセイ 自分の行動や言葉を顧みて、まちがっていなかったかどうか、よく考えてみること。

【反噬】ハンゼイ 動物が恩を忘れ、飼い主にかみつくこと。転じて、恩を受けた人にはむかうこと。恩を仇（あだ）で返すこと。参考「噬」は嚙（か）みつく意。

【反訴】ハンソ 民事訴訟中に、被告が、原告を相手どって逆に訴訟を起こすこと。

【反則】ハンソク 法律・規則や競技のルールに違反すること。規則違反。「―技をかける」表記「犯則」とも書く。

【反俗】ハンゾク 世間一般のやり方や価値観に逆らうこと。「―の姿勢を貫く」

【反対】ハンタイ ①まるで逆であること。対する位置や方向にあること。あべこべ。②意見や提案などに逆らうこと。「法案に―する」対賛成

【反体制】ハンタイセイ 既存の政治体制や社会体制を否定し、これを打破しようとすること。また、その立場。

【反転】ハンテン ①ひっくり返ること。ひっくり返すこと。また、ころぶこと。ころばせること。「体を―させる」②位置・方向などが反対に変わること。また、反対に変えること。「図形を―させる」③写真で、陰画のフィルムを陽画にすること。参考「くるべき」と読めば別の意になる。

【反動】ハンドウ ①与えた力の正反対の方向に生じる力。反作用。②ある動きや運動に対し、それに反対する動き・運動。③歴史の流れに逆らう保守的な傾向。「―勢力」

【反応】ハンノウ ①他からのはたらきかけに応じて起こる変化や動き。てごたえ。「相手側

の—」「キャンペーンの—がいい」②刺激によって生じる諸現象。「音に—する」③物質と物質との間に起こる化学変化。「化学—」

【反駁】ハンバク 他人の批判や攻撃に対して、論じかえすこと。「新聞の批評に—を加える」類反論 参考「駁」は非難する意。

【反発】ハンパツ ①はねかえすこと。②反抗すること。「先生に—する」③下がっていた株式相場が、急に上がること。「株価が急—する」対反落 書きかえ「反撥」の書きかえ字。

【反▲撥】ハンパツ ▼書きかえ 反発

【反比例】ハンピレイ 数学で、二つの数量のうち、一方が増すと、同じ割合で他方が減ること。逆比例。対正比例

【反復】ハンプク 何度もくり返すこと。同じことをたびたびすること。「—練習することが大切だ」

【反哺】ハンポ 親に恩返しをすること。「—の孝」由来カラスの子は成長してから老いた親に食物を口移しして養うということから。参考「哺」は口にふくむ・はぐくむ意。

【反面】ハンメン ①反対側の面。裏面。②他の面から見た場合。他面。「陽気な—、さびしがり屋でもある」

〖反面教師〗ハンメンキョウシ 悪い面を示すことが、かえって悪を戒める教訓になるような人や事例のこと。参考中国の毛沢東の言葉。類他山の石

【反目】ハンモク 仲が悪いこと。対立してにらみ合うこと。「民族間の—が根深い地域」「相続をめぐって兄弟が—しあう」

【反問】ハンモン 質問した相手に逆に問い返すこと。「厳しく—する」

【反落】ハンラク 取引で、上昇していた相場が急に下落すること。対反騰

【反乱】ハンラン 政府や支配者などにそむいて、乱を起こすこと。書きかえ「叛乱」の書きかえ字。

【反論】ハンロン 相手の主張や批判に対して、反対意見を述べること。また、その議論。「まだ—の余地がある」類反駁(ハンバク)

〈反吐〉へど 食べて胃に入った飲食物を嘔吐(オウト)すること。また、その物。げろ。「—が出る」

〈反閉〉・〈反▲陪〉へんばい ①昔、貴人が外出するとき、陰陽師(オンヨウジ)が行った呪法(ジュホウ)で、千鳥足のように歩くこと。禹歩(ウホ)。②能や神楽などに見られる特殊な足づかい。

〈反古〉・〈反故〉ほご ①書きそこなっていらなくなった紙。②役に立たないもの。無駄なもの。③取り消し。破棄。「約束を—にする(無効にする)」参考①「ほうご・ほうぐ・ほぐ」とも読む。

ハン【半】
(5) 十 3 教 常 9 4030 483E 音 ハン 訓 なかば

旧字《半》(5) 十 3 1/準1

筆順 丶 丷 䒑 兰 半

意味 ①二つに分ける。また、二つに分けた一方。「半分」「折半」②なかほど。なかば。「半途」「夜半」③不十分。不完全。「半玉」「半可通」④小さい。「半鐘」「半弓」⑤奇数。「丁半」対丁

下つき 一半(イッパン)・過半(カハン)・後半(コウハン)・折半(セッパン)・前半(ゼンハン)・大半(タイハン)・夜半(ヤハン)

〈半銭〉きなか 一文(イチモン)の半分。半文。半銭(ハンセン)。転じて、ほんのわずかなこと。由来直径が一寸(イッスン)の一文銭の半分の意から。表記「寸半」とも書く。

【半ば】なかば ①半分。半数。また、半分程度。「国際空港が—完成した」「—あきらめている」②まん中。中央。「九月—に帰国する」③最中。中途。「旅の—で病にふせる」

【半ら】なから ①なかば。半分。②真ん中あたり。③途中。なかほど。

【半▲蔀】はじとみ 上部を外側へつりあげるようにし、下部をはめこみにしてある、格子組の裏に板を張った戸。

〈半被〉はっぴ ①大工などの職人が着るしるしばんてん。②昔、武家で家の紋をつけて使用人などに着せたはんてん。表記「法被」とも書く。

〈半首〉・〈半頭〉はつぶり 平安末期から鎌倉時代にかけて用いられた、額から頰(ほお)にかけての部分を守る武具。参考「はつむり」とも読む。

【半襟】ハンえり 襦袢(ジュバン)の襟の上に重ねてかける汚れ防止や飾り用の襟布。

【半解】ハンカイ 物事を一部分だけしか知らず、全体を理解していないこと。なまかじり。「一知—」

【半壊】ハンカイ 建物などが半分ほどこわれること。「台風で家屋が—した」

【半角】ハンカク 正方形の活字一字の半分の大きさ。「数字は—にする」

【半可通】ハンカツウ よく知りもしないのに、通をきどって知ったかぶりをすること。また、その人。

【半眼】ハンガン 目を半分ほど開くこと。また、その目。「まぶしくて—になる」

【半官半民】ハンカンハンミン 政府と民間が、共同で出資・経営する事業形態。「—の会社」

【半旗】ハンキ 弔意を表すために、国旗などを旗竿(はたざお)の先から三分の一ほど下げて掲げること。また、その旗。

【半玉】ハンギョク まだ一人前として扱われない若い芸者。おしゃく。由来玉代(芸者を揚げるための代金)が半分であることから。

【半夏生】ハンゲショウ ①ハンゲ(カラスビシャクの別称)が生えるころの意で、夏

至から一一日め。陽暦では七月二日ごろ。②ドクダミ科の多年草。水辺に自生。夏、白い花穂がつくころ、花の近くの葉が半分白くなる。カタシログサ。季①②夏 表記②「三白草」とも書く。

【半舷上陸】 ハンゲン ジョウリク 艦船の乗組員を左舷と右舷の二つに分け、一方が当直に残り、他方が上陸・休養をする方式。

【半紙】 ハンシ 縦が約二五センチメートル、横が約三五センチメートルの大きさに漉(す)いた薄手の和紙。習字などに用いられる。由来 もと、延紙(のべがみ)を半分に切って使ったことから。

【半死半生】 ハンシ ハンショウ やっと生きてはいるが、今にも死にそうなこと。死にかけていること。瀕死(ヒンシ)。「―で生還した」

【半寿】 ハンジュ 八一歳の祝い。由来「半」の字が「八」「十」「一」に分けられることから。

【半獣神】 ハンジュウシン 上半身が人間で、下半身が獣の姿をした神のこと。特に、ギリシャ神話の牧神パンの呼称。

【半熟】 ハンジュク ①食べ物が半分煮えて半分生の状態であること。なまにえ。②「半熟卵」の略。③果実が、十分に熟していないこと。④技芸などが、十分に熟達していないようす。

【半鐘】 ハンショウ 火の見やぐらの上に取りつけた、火事などの警報用の釣り鐘。

【半畳】 ハンジョウ ①たたみ一畳の半分。「―ほどの広さの花壇」②昔の芝居小屋で、見物人が敷いた小さいござ。

【半畳を入れる】 他人の言動を冷やかしたり、非難したりするたとえ。由来 江戸時代、歌舞伎(カブキ)の観客が、役者の芸が気に入らないとき、敷いていた半畳(小さなござ)を舞台に投げこんだことから。参考「入れる」は「打つ」ともいう。

【半信半疑】 ハンシン ハンギ 真偽を決めかねて迷う状態。「―の面持(おもも)ち」

【半身不随】 ハンシン フズイ 脳内出血などのために、運動神経障害を起こし、左半身または右半身が麻痺(ヒ)する症状。へんまひ。かたまひ。

【半△使】 ハンス 朝鮮から伝わった抹茶茶碗(ヂャワン)の一種。白土に灰色の釉(うわぐすり)をかけ、淡紅色のまだら模様のあるもの。表記「判事」とも書く。参考「半使」は一説に李(リ)朝の通訳官の意。

【半生】 ハンセイ ①一生の半分。「―をかえりみる」②死と生の間にいること。参考②「ハンショウ」とも読む。

【半△済】 ハンゼイ ①南北朝時代の年貢制度。戦費や恩賞のために、荘園の年貢の半分を守護を通じて武士に与えたもの。武士の荘園侵略を促した。②半分返済すること。参考②「ハンサイ」とも読む。

【半醒半睡】 ハンセイ ハンスイ なかば目覚め、なかば眠っている状態。夢うつつ。類 半覚半醒

【半切・半△截】 ハンセツ ①半分に切ること。また、半分に切ったもの。②「半折」に同じ。

【半折】 ハンセツ 全紙を縦半分に切ったもの。また、それに書いた書画。表記「半切・半截」とも書く。

【半挿】 ハンゾウ 柄(え)に水の通る溝のある、水や湯をそそぐ容器。由来 柄の半分が容器の中にさしこまれていることから。表記「楾」とも書く。

【半田】 ハンだ 金属の接合に用いる鉛と錫(すず)の合金。熱で溶かして用いる。表記「盤陀」とも書く。

【半濁音】 ハンダクオン ハ行の仮名の右肩に、半濁音符「゜」をつけて表す。パ・ピ・プ・ペ・ポの五つ。対 清音・濁音

【半知半解】 ハンチ ハンカイ 知識や理解が中途半端で、ものの役に立たないこと。類 一知半解

【半△纏】 ハンテン ①丈が短く、羽織に似るが、折り襟でなく胸ひものない和風の上着。②「印(しるし)半纏」の略。背中などに屋号や氏名を染めぬいた半纏。表記「袢纏」とも書く。

【半途】 ハント ①道のなかば。途中。②学業や事業のなかば。「事業―にして失敗する」

『半途にして廃す』 物事を途中でやめる。由来「君子は道にしたがって行動するものだが、なかには途中でやめてしまう者がいる。しかし、私にはやめることができない」という孔子の言葉から。《『中庸』》

【半導体】 ハンドウタイ 低温ではほとんど電流を通さず、高温になるにしたがい電流を通すようになる、導体と絶縁体の中間にある物質。ゲルマニウム・セレン・シリコンなど。トランジスタやダイオードなどに利用するほか用途は広い。

【半時】 ハンとき ①昔の一時(イットキ)の半分。今の約一時間。②少しの時間。わずかな時間。

【半端】 ハンぱ ①全部はそろっていないさま。はした。②どっちともつかないさま。「中途―な練習」③一人前でないこと。気がきかないこと。また、そのさま。「―者(もの)」

【半白】 ハンパク 白髪の入りまじった頭髪。胡麻塩(ゴマしお)頭。「―の紳士」表記「斑白・頒白」とも書く。

【半△臂】 ハンピ 平安時代、束帯を身につけるときに着る袖(そで)なしの胴着。腰をひもで結び、忘れ緒(お)(かざりのひも)をたらす。

【半風子】 ハンプウシ シラミの別称。由来「虱(しらみ)」という字が「風」の字の半分であることから。

【半片・半△平】 ハンペン 魚のすりみにヤマノイモ・でんぷん・調味料などを混ぜて蒸し固めた食品。由来 初めてつくった料理人の名「半平(はんぺい)」が転じたものという。参考「半片」にはひときれの半分の意もある。

【半間】 ハンま ①そろっていないさま。はんぱなさま。②気がきかないこと。間がぬけていること。また、そういう人。まぬけ。

【半身】 ハンみ ①相撲や剣道などで、相手に対し体を斜めにして構えること。また、そ

の姿勢。「―に構える」②魚を二枚におろした時の片身。参考「ハンシン」と読めば体の半分の意。

【半面】ハンメン ①顔の半分。②一方だけの面。一面。片面。「―の真理」

『半面の識シキ』ちょっと見かけた人の顔をよく覚えていること。また、一、二度会ったことのある程度の知り合い。故事 中国、後漢ゴカンの応奉オウホウが、扉の間から顔の半分をちらりと見ただけの人を、数十年後に道で会ったときに覚えていたという故事から。〈『後漢書ゴカンジョ』〉

【半裸】ハンラ 半身がはだかであること。「―の若者がみこしをかつぐ」対 全裸

ハン【氾】(5) 氵2 常 2 4037 4845 音 ハン 訓 外 ひろがる・あふれる

筆順 丶 氵 氵 氾 氾

意味 ①ひろがる。あふれる。「氾濫」②ひろい。あまねく。「氾愛」「氾論」③うかぶ。ただよう。「氾氾」類 ①〜③汎ハン

【氾愛兼利】ハンアイケンリ あらゆる人をわけへだてなく愛し、広く利益をともにすること。由来 墨子ボクシが人間愛と非戦を述べた言葉から。〈『荘子ソウジ』〉類 兼愛交利

【氾濫】ハンラン ①河川の水が堤防などからあふれ出ること。「―原」類 洪水 ②好ましくない物が、世の中に多く出まわること。「悪書が―している」表記「汎濫」とも書く。

【△氾がる】ひろ―がる 水があふれる。水がいっぱいにひろがる。

ハン【犯】(5) 犭2 常 教 6 4040 4848 音 ハン 外 ボン 訓 おかす 中

筆順 ノ 犭 犭 犭 犯

意味 ①おかす。そむく。規律や戒律を破る。「犯逆」「犯罪」「不犯」②つみびと。きまりをおかした人。「犯人」「共犯」

下つき 違犯イハン・共犯キョウハン・再犯サイハン・主犯シュハン・初犯ショハン・侵犯シンパン・戦犯センパン・女犯ニョボン・不犯フボン・防犯ボウハン

【犯す】おか―す ①法律や規則・道徳などに反する行為をする。「めずらしく過ちを―した」②女性を暴行する。

【犯意】ハンイ 罪になると前もって知りながらそれを実行しようとする意思。悪事を行おうとする気持ち。

【犯行】ハンコウ 犯罪を実行すること。また、犯罪となる行為。「―に及ぶ」「―現場」

【犯罪】ハンザイ 罪をおかすこと。また、おかした罪。「―撲滅運動」

【犯則】ハンソク 法令や規則をおかすこと。規則違反。表記「反則」とも書く。

【犯人】ハンニン 犯罪をおかした人。犯罪者。犯罪人。「力を合わせて―をとりおさえた」

ハン【帆】(6) 巾3 常 3 4033 4841 音 ハン 訓 ほ

筆順 丨 口 巾 巾 帆 帆

意味 船のほ。ほかけぶね。また、船を走らせる。「帆船」「帆走」「出帆」

下つき 帰帆キハン・孤帆コハン・出帆シュッパン・満帆マンパン

【帆船】ハンセン 帆をかけて風の力で走る船。ほかけぶね。帆前船。参考「ほぶね」とも読む。

【帆走】ハンソウ 船が帆をかけて走ること。「風を受けて外洋を―する」

【帆腹飽満】ハンプクホウマン 船が、帆いっぱいに風を受けて軽快に進むさま。〈陸游リクユウの文〉「―で快走するヨット」

【帆】ほ 船の帆柱にあげて風を受け、船を進める布製の船具。「―を張って外海に出て行く」

【帆影】ほかげ 遠くに見える船の帆。帆だけが見える場合に用いる。

【帆掛け船】ほかけぶね 「帆船ハンセン」に同じ。

【帆桁】ほげた 帆を張るために、帆柱に水平にわたした横木。

ハン【汎】(6) 氵3 常 2 4038 4846 音 ハン 外 フウ・ホウ 訓 外 ひろい・うかぶ・あふれる

旧字《汎》(6) 氵3 1/準1

筆順 丶 氵 氵 汎 汎 汎

意味 ①ひろい。広く行き渡る。あまねく。「汎愛」「汎論」②うかぶ。ただよう。③水があふれる。「汎濫」類 ①〜③氾ハン

下つき 広汎コウハン

【汎愛】ハンアイ すべてのものを差別することなく、平等に愛すること。類 博愛

【汎称】ハンショウ 広くひっくるめて呼ぶこと。また、その名称。類 総称 表記「泛称」とも書く。

【汎心論】ハンシンロン 人間と同じように、あらゆる自然物にも心があるという、哲学上の説。類 物活論

【汎神論】ハンシンロン 宇宙の万物が神であり、神の現れ方が万物であるという、宗教的・哲学的立場。万有神論。

【汎汎】ハンパン ①水面に浮かびただようさま。②水が広々とみなぎるさま。また、川幅いっぱいに満ちた水が、勢いよく流れるさま。③軽々しいさま。表記「泛泛」とも書く。

【汎用】ハンヨウ 一つの物を広くいろいろな方面に用いること。また、そのもの。「―コンピューター」

【汎濫】ハンラン ①河川などの水が増し、あふれ出ること。②物があふれるほど多く出まわること。特に、好ましくないものにいう。③あいまいなこと。不確定なこと。「権利という―な名称」

表記①②「氾濫」とも書く。

【汎論】ハンロン ①広く全体にわたって論じること。また、その議論。類通論 ②全体を概括した論。類概論 表記「泛論」とも書く。

【汎い】ひろ‐い とりとめなくひろい。あまねくひろい。全体に行き渡っているさま。

ハン【伴】(7) イ5 常 3 4028 483C 音 ハン・バン 訓 ともな(う) 外とも

旧字《伴》(7) イ5 1/準1

筆順 ノ イ 仆 仏 伫 伴

意味 ①とも。つれ。つれの人。「伴侶ハンリョ」 ②ともなう。つれだつ。つきしたがう。「伴奏」「同伴」

下つき 相伴ショウバン・随伴ズイハン・同伴ドウハン

【伴】とも 「伴侶ハンリョ」に同じ。

【伴う】ともな‐う ①つきしたがって行く。また、連れて行く。「妻を―って出席する」 ②同時に起こる。引き起こす。また、つきまとう。「危険を―う実験は慎重にしよう」

【伴造】とものみやつこ 大和朝廷に奉仕した品部しなべの統率者。品部は朝廷に貢ぎ物を納めたり労働奉仕などをした世襲の集団。参考「伴部」と書けば、伴造のうちの技術者を指す。

〈伴天連〉バテレン ①日本にキリスト教が伝来したとき、その伝道のために渡来した宣教師。②キリスト教。また、その信者の称。表記「破天連」とも書く。参考「バテレン」は神父の意のポルトガル語から。

【伴食】バンショク ①主客のともをして、ご馳走チソウになること。類相伴ショウバン・陪食 ②ついている職や地位にふさわしい実権や実力が、伴わないこと。「―大臣」

【伴食宰相】バンショクサイショウ りっぱな地位についているが、無能でただ名前だけの人をいう。客と食事をすることだけが能の宰相の意から。故事 中国、唐の時代、黄門監コウモンカンという役職についた盧懐慎ロカイシンが、政務は尊ぶほどのことではないと思い、姚崇ヨウスウという者に代わって裁決させ、その手腕に頼ったので、人々が「伴食宰相」と呼んだという故事から。《旧唐書クトウジョ》

【伴走】バンソウ 競技者につきそって走ること。「マラソンの―車」

【伴奏】バンソウ 声楽や器楽の演奏に合わせ、他の楽器で補助的に演奏すること。また、その演奏。

【伴侶】ハンリョ とも。なかま。連れだつ者、特に配偶者。「人生の―と決める」参考「伴」「侶」ともに、つれの意。

ハン【判】(7) リ5 常 教 6 4029 483D 音 ハン・バン 外ホウ 訓 外わける・わかる

旧字《判》(7) リ5 1/準1

筆順 丶 ソ 丷 兰 半 判 判

意味 ①わける。区別する。見分ける。「判定」「批判」 ②わかる。はっきりさせる。あきらかになる。「判然」「判明」 ③さばく。さばき。「判事」「裁判」 ④はん。はんこ(判子)。いん。しるし。「印判」「血判」 ⑤昔の金貨の呼び名。「大判」「小判」 ⑥紙などの大きさの規格。「菊判」

下つき 印判インバン・大判おおバン・菊判キクバン・血判ケッパン・公判コウハン・小判こバン・裁判サイバン・審判シンパン・談判ダンパン・批判ヒハン・評判ヒョウバン・連判レンバン・論判ロンパン

〈判官〉じょう 律令リツリョウ制で四等官の第三位。特に、検非違使ケビイシの尉じょう。ほうがん。参考「ハンガン」とも読む。

【判型】ハンがた 書籍などの紙面の大きさ。「ハンケイ」とも読む。

【判決】ハンケツ 訴訟事件について、裁判所が法律に基づいて判断し、決定すること。また、その判断。「―を下す」

【判子】ハンこ 印・印判・印鑑。参考「版行ハンコウ」が転じたもの。

【判事】ハンジ 高等裁判所・地方裁判所・家庭裁判所で、裁判事務を行う裁判官の官名。参考「ハンス」と読めば、抹茶碗チャワンの一種になる。

【判じ物】ハンじもの 絵や文字などにある意味を隠しておいて、それを人に当てさせるもの。なぞなぞの一種。

【判じる】ハンじる ①優劣・可否などを判定する。見わける。判断する。②推測で判断する。推しはかる。

【判然】ハンゼン はっきりとよくわかるさま。明らかなさま。「―としない理由」

【判断】ハンダン ①物事の是非や善悪などを考え、決めること。「―を下す」 ②うらない。「姓名―に凝っている」

【判定】ハンテイ 物事を見分けて、その是非や勝敗などを決定すること。また、その決定。「ボクシングの―勝ち」

【判読】ハンドク わかりにくい文字や文章を、前後の文脈などから推量して読むこと。「―に苦しむ手紙」

【判別】ハンベツ はっきりと見分けること。他と区別すること。「優劣を―する」

【判明】ハンメイ 事実がはっきりすること。「調査結果が―する」

【判例】ハンレイ それまでに下された、裁判の判決の実例。判決例。「―集」

【判官】ホウガン ①「判官じょう」に同じ。②検非違使ケビイシの尉じょうであったことから、源義経みなもとのよしつねの称。参考「ハンガン」と読めば、裁判官の意も含む。

【判官贔屓】ホウガンビイキ 弱者や薄幸の人に対して、第三者が同情し、味方すること。また、その気持ち。「贔屓」は目をかけること。由来 判官源義経を薄命の英雄として、多くの人がひいきすることから。参考「判官」は「ハンガン」とも読む。

【判る】わかる はっきりさせる。また、明らかになる。判明する。「真相が―った」

【判ける】わける はっきりと見分ける。きちんと区別する。

ハン【坂】(7) 土4 教 常 8 2668 3A64 音 ハン高 外バン 訓 さか

筆順 一 十 土 圹 圻 坜 坂

意味 ①さか。傾斜している道。「急坂」②つつみ(堤)。土手。類①②坡ハ

下つき 急坂キュウ・峻坂シュン・登坂トハン・トバン

【坂】さか ①傾斜している道。「急な―を上る」②物事の区切りや境目のたとえ。「六〇の―にさしかかる」表記「阪」とも書く。

【坂東】バンドウ 関東地方の古名。「―武者」由来 箱根の坂より東の方の意から。

ハン【泛】(7) 氵4 1 6202 5E22 音 ハン・ホウ 訓 うかぶ・うかべる・ひろい・あまねく・くつがえす

意味 ㊀ハン ①うかぶ。うかべる。ただよう。「泛舟」②ひろい。あまねく。「泛論」類①②氾ハ・汎ハ ㊁ホウ くつがえす。ひっくりかえす。

下つき ㊀飄泛ヒョウ・浮泛フハン

【泛かぶ】うかぶ 水面にういてただよう。水にうく。

〈泛子〉うき ①釣り糸につけて水面にうかべ、魚がかかったことを知る目印。②魚網につけて浮かせ、網の場所を知るためのもの。表記「浮子」とも書く。

【泛称】ハンショウ 同じ種類のいくつかのものを、一つにまとめていう名称。表記「汎称」とも書く。

【泛泛】ハンパン ①水にうかびただようさま。②水が満ちて流れるさま。③軽々しいさま。表記「汎汎」とも書く。

【泛論】ハンロン ①広く全体にわたって論じること。類通論 ②全体を総括した論。類概論 表記「汎論」とも書く。

ハン【返】(7) 辶4 教 4254 4A56 ▼ヘン(一三七八)

ハン【阪】(7) 阝4 教 常 7 2669 3A65 音 ハン中 訓 外さか

筆順 ７ ３ 阝 阝 阝 阪 阪

意味 ①さか。傾斜している道。②つつみ(堤)。土手。類①②坡ハ ③「大阪」のこと。「阪神」参考「坂」の本字。

【阪】さか ①勾配コウバイのある道。②物事の区切りや境目のたとえ。表記「坂」とも書く。

ハン【拌】(8) 扌5 1 5734 5942 音 ハン 訓 かきまぜる・さける・わる・すてる

意味 ①かきまぜる。「攪拌カクハン・コウハン」②さける。さく。わける。わる。類判 ③すてる。

ハン【板】(8) 木4 教 常 8 4036 4844 音 ハン・バン 訓 いた

筆順 一 十 オ 木 木 杤 板 板

意味 ①いた。木を薄く平らにしたもの。「板金」「鉄板」②はんぎ。印刷用の版木。類①②版

下つき 画板ガバン・看板カンバン・甲板カンパン・コウハン・乾板カンパン・魚板ギョバン・原板ゲンバン・ゲンパン・降板コウバン・合板ゴウハン・黒板コクバン・石板セキバン・鉄板テッパン・登板トウバン・銅板ドウバン・平板ヘイバン

【板】いた ①薄く平たい木材。②薄く平たくのばした金属・ガラス。③「俎板まないた」の略。④「板前」の略。「―さん」⑤「板つきかまぼこ」の略。⑥舞台。「―にのせる(上演する)」「―に付く(なじむ)」

【板子一枚下は地獄】いたごイチマイしたはジゴク 船乗りの仕事は危険がつきものであることのたとえ。また、危険な仕事に従事するたとえ。和船の船底に敷く板の下は海で、いつ破れて沈むともかぎらない意から。類一寸下は地獄

【板庇】いたびさし 板でつくったひさし。板でふいたひさし。

【板葺き】いたぶき 板で屋根をふくこと。また、その屋根。

〈板山葵〉いたわさ 板つきかまぼこを薄く切って、すりおろした山葵わさびを添えた料理。

【板木】ハンギ 印刷するために文字・絵画・図形などを彫った板。表記「版木」とも書く。参考「バンぎ」と読めば、集会の合図や警報として寺院で打ち鳴らす板のこと。

【板金】バンキン ①金属を板のように薄く打ちのばしたもの。いたがね。②金属板を加工すること。「―工」表記「鈑金」とも書く。

【板書】バンショ 授業で、黒板に文字や絵などを書くこと。「化学式を―する」

【板元】ハンもと 書物などを出版するところ。発行所。表記「版元」とも書く。

ハン【版】(8) 片4 教 常 6 4039 4847 音 ハン 訓 外ふだ・いた

筆順 丿 丿 丬 片 片 片 版 版

意味 ①ふだ。いた。文字を書きつけるふだ。②文字などを彫りつけた印刷用のいた。はんぎ(版木)。「版下」「木版」類①②板 ③印刷して刊行する。「版権」「出版」④土地や人口を記した帳簿。「版籍」「版図」

下つき 鉛版エンパン・凹版オウハン・活版カッパン・原版ゲンバン・孔版コウハン・再版サイハン・重版ジュウハン・出版シュッパン・初版ショハン・新版シンパン・図版ズハン・製版セイハン・絶版ゼッパン・銅版ドウハン・凸版トッパン・木版モクハン

【版木】ハンギ 文字や図形などを彫って、版画や印刷のもととする板。形木かたぎ。表記「板木」とも書く。

【版権】ハンケン 著作物を複製・発売・頒布ハンプする権利。出版権。

【版下】ハンした ①版木を彫るために、はりつける書画の下書き。②製版用に清書した絵・図・表などの原稿。

【版籍】ハンセキ ①土地台帳と戸籍簿。②領地と人民。

【版籍奉還】ハンセキホウカン 一八六九(明治二)年に、徳川幕府の諸大名が、領地や人民を朝廷に返還したこと。

【版築】ハンチク 土を打ち固めて城壁や土塀を築く土木工事。また、その方法。

【版図】ハント 一国の領土。「―を広げる」参考「版」は戸籍、「図」は地図の意。

【版本】ハンポン 文字などを彫った版木で印刷した本。表記「板本」とも書く。

【版元】ハンもと 書物などの発行所。出版元。出版社。表記「板元」とも書く。

【版屋】ハンや 版木を彫ることを仕事にしている人。また、その家。版木屋。表記「板屋」とも書く。

【▲版】ふだ 姓名や戸籍・土地区分などを書いた木のふだ。

ハン【范】(8) 艹 5 1 7187 6777 音 ハン 訓 かた・いがた・のり

意味 ①はち(蜂)。虫の名。②かた。いがた(鋳型)。③のり。規範。類 ②③笵ハン・範

〈叛〉

ハン【★叛】(9) 又 7 準1 4032 4840 音 ハン・ホン 訓 そむく・はなれる

意味 そむく。さからう。はなれる。手むかう。「叛意」「謀叛ムホン」

書きかえ 「反」が書きかえ字。

【▲叛く】そむ-く さからう。反逆する。裏切る。「主君に―く」

【▲叛意】ハンイ 主君などにそむこうとする気持ち。反逆の意志。「主君に―を抱く」

【▲叛旗】ハンキ ▼書きかえ 反旗(二五八)

【▲叛逆】ハンギャク ▼書きかえ 反逆(二五八)

【▲叛骨】ハンコツ 権力や時勢などに反抗する気概。「―精神」「―の作家」表記「反骨」とも書く。

【▲叛心】ハンシン 国や支配者に対して、むほんを起こそうとする心。むほんをくわだてる心。表記「反心」とも書く。

【▲叛乱】ハンラン ▼書きかえ 反乱(二五九)

ハン【胖】(9) 月 5 1 7086 6676 音 ハン 訓 ゆたか

意味 ゆたか。のびやか。また、ふとる。

ハン【班】(10) 王 6 常 教 5 4041 4849 音 ハン 訓 外わける・かえす

筆順 一 丅 千 王 玎 玎 玔 玔 班 班

意味 ①組み分けされたグループ。組。「班長」②わける。わかつ。わかちあたえる。「班田」③席次。地位。「首班」④かえす。めぐらす。かえる。

下つき 首班シュハン

〈班田〉あかちだ 律令リツリョウ制で、人民に分かち与えた田。参考「ハンデン」とも読む。

【班長】ハンチョウ 班をまとめ指揮する人。班のかしら。班の統率者。

【班田収授の法】ハンデンシュウジュのホウ 国家が一定年齢に達した公民に口分田クブンデンを与えて耕作させ、死後に返還させた土地制度。中国の唐代と日本の大化改新後に律令リツリョウ制の要かなめとして行われた。

【△班ける】わ-ける ①物を分配する。わけ与える。②群れを二つにわける。

ハン【畔】(10) 田 5 常 3 4042 484A 音 ハン 訓 外ほとり・あぜ・くろ・そむく

旧字《畔》(10) 田 5 1/準1

筆順 丨 冂 冊 田 田 田 田丶 田丷 畔 畔

意味 ①ほとり。水ぎわ。「河畔」「湖畔」②あぜ。くろ。田と田のさかい。「畔路」③そむく。違反する。

下つき 河畔カハン・橋畔キョウハン・畦畔ケイハン・湖畔コハン・水畔スイハン・池畔チハン・墓畔ボハン

【△畔】あぜ ①土を盛りあげて作った水田の仕切り。くろ。②敷居やかもいの溝と溝との間にある仕切り。表記「畦」とも書く。

【△畔道】あぜみち 田と田の間の畔の幅を広げてつくった道。表記「畦道」とも書く。

【△畔】ほとり ①川・池・湖などの水ぎわ。きしべ。ふち。②物のかたわら。そば。

ハン【般】(10) 舟 4 常 4 4044 484C 音 ハン 訓 外たぐい・めぐる

筆順 ノ 丿 月 月 舟 舟 舟 舟几 般 般

意味 ①物事の種類。たぐい。「諸般」「全般」②めぐる。めぐらす。「般旋」③梵語ボンゴの音訳に用いられる。「般若ハンニャ」

下つき 一般イッパン・今般コンパン・諸般ショハン・先般センパン・全般ゼンパン・万般バンパン・百般ヒャッパン

【般△若】ハンニャ ①仏 真理を見きわめる知恵。②能面の一つ。二本の角をもち怒りや悲しみ・苦悩をたたえた鬼女の面。

【般△若心経】ハンニャシンギョウ 仏 大乗仏教の経典。一巻。日本では玄奘ゲンジョウによる訳が流布。「空クウ」の思想を説く。般若波羅

蜜多心経。摩訶般若波羅蜜多心経。

【般若湯】ハンニャトウ　僧侶の隠語で、酒。参考 梵語で、知恵の湯の意。

ハン【袢】(10) 衤5 1 7459 6A5B 音 ハン・バン 訓 はだぎ

意味 はだぎ。あせとり。また、無色のころも。「袢纏（ハンテン）」「襦袢（ジュバン）」

ハン【笵】(11) ⺮5 1 6791 637B 音 ハン 訓 のり

意味 ①かた。いがた（鋳型）。②のり（法）。法律。
類 ①②范・範 参考「範」の異体字とする説もある。

ハン【絆】(11) 糸5 1 6911 652B 音 ハン・バン 訓 きずな・つなぐ・ほだす

意味 ①きずな。物をつなぎとめるもの。ほだし。②つなぐ。つなぎとめる。ほだす。「羈絆（キハン）」「籠絆（ロウハン）」
下つき 羈絆・脚絆・籠絆

【絆】きずな ①人間どうしの結びつき。人と人をつなぎとめているもの。「親子の―」②動物の足などに絡めてつなぎ止める綱。

【絆創膏】バンソウコウ 傷口を保護したり傷口につけたガーゼなどを固定したりする、粘着性のある布や紙。

【絆す】ほだ―す ①ウシやウマを綱などでつなぎ止める。②人間の自由を奪う。束縛する。

ハン【販】(11) 貝4 常 4 4046 484E 音 ハン 訓 外 あきなう・ひさぐ

筆順 丨 冂 冃 目 目 貝 貝一 貝厂 販 販

意味 あきなう。ひさぐ。商売する。「販売」「販路」
下つき 市販・信販・直販

【販う】あきな―う 物を売る。行商をする。「海産物を販う」

【販売】ハンバイ 商品を売りさばくこと。「新しい商品を―する」

【販路】ハンロ 商品を売りさばく経路。商品のはけぐち。「新製品の―を開拓する」

〈販女〉・〈販婦〉ひさぎめ 行商して歩く女性。表記「鬻女」とも書く。

【販ぐ】ひさ―ぐ 売る。あきなう。「雑貨を―いで暮らす」

ハン【斑】(12) 文8 常 2 4035 4843 音 ハン 訓 外 まだら・ふ・ぶち

筆順 一 丅 千 王 王 玎 玟 玟 斑 斑

意味 まだら。ぶち。むら。色がまじるさま。「斑点」「斑紋」
下つき 黄斑・紅斑・虎斑・死斑・紫斑・白斑・母斑

〈斑鳩〉いかる アトリ科の鳥。低山にすむ。体は灰色で、頭・翼・尾羽は黒色。くちばしは太くて黄色。澄んだ声で鳴く。サンコウチョウ。季夏 由来「斑鳩」は漢名より。和名は、鳴き声が怒っているように聞こえることからという。参考「いかるが」とも読む。表記「鵤」とも書く。

〈斑葉〉いさは ①葉緑素の欠乏などで、白や黄などのまだらが混じった葉。斑入り。②白髪まじりの頭のたとえ。

〈斑馬〉しまうま ウマ科の哺乳動物の総称。▼縞馬（五二三）

〈斑雪〉はだれゆき うっすらと降り積もった雪。また、まだらに残った雪。はだれ。季春 参考「はだらゆき」とも読む。

【斑点】ハンテン ぽつぽつとまばらに散らばる点。ふ。「皮膚に赤い―ができる」

【斑斑】ハンパン まだらなさま。また、いろいろな色やもようが複雑にまじりあっているさま。

【斑猫】ハンミョウ ハンミョウ科の昆虫。山道でよく見かける。光沢があり、赤・紫・緑などの斑紋をもつ。季夏 参考 山道で人が歩く前にとまっては飛んで逃げることから「ミチオシエ・ミチシルベ」の別称をもつ。

【斑紋・斑文】ハンモン まだらな模様。とらふ。「―をもつ蝶」

【斑】ふ 「斑点」に同じ。参考「ぶち・まだら」と読めば別の意になる。

【斑入り】ふいり 地の色のなかにちがった色がまだらに混じること。植物の葉や花びらなどに多く生じる。「―のあさがお」

【斑】ぶち 「斑」に同じ。「―の犬」参考「ふ」と読めば別の意になる。

【斑】まだら 地色とちがう色が、入り混じるさま。また、その模様。ぶち。「雪が―に残っている」「―模様の牛」参考「ふ」と読めば別の意。

〈斑杖〉まむしぐさ サトイモ科の多年草。由来「斑杖」は漢名から。▼蝮草（一三四七）

〈斑気〉むらき 気が変わりやすいこと。移り気なこと。心の定まらぬこと。気まぐれ。また、一方に偏る心。「―な少女」参考「むらぎ」とも読む。

〈斑霧〉むらぎり むらになって立つ霧。

〈斑濃〉むらご 染色で、ところどころに濃い部分をつくり、まわりを次第に薄くなるようにぼかしていく染め方。表記「叢濃・村濃」とも書く。

ハン【鈑】(12) 金4 1 7871 6E67 音 ハン・バン 訓 いたがね

意味 いたがね。金属の延べ板。「鈑金」

【鈑金】バンキン ①金属を薄く板のようにしてつくること。②金属板を加工すること。また、そのもの。また、そのもの。表記「板金」とも書く。

ハン【飯】

(12) 食 4　教 常　7　4051／4853
音 ハン　訓 めし　外 いい・ま
旧字《飯》(13) 食 4　1/準1

筆順 ノ 𠆢 今 今 食 食 飣 飯 飯

意味 ①めし。いい。ごはん。「飯米」「炊飯」 ②食事。また、養う。「飯台」「飯店」

下つき 一飯イッパン・御飯ゴハン・残飯ザンパン・炊飯スイハン・赤飯セキハン・粗飯ソハン・麦飯バクハン・むぎめし・噴飯フンパン・米飯ベイハン

【飯】いい 「飯めし」に同じ。「干し―」

【飯蛸】いいだこ マダコ科のタコ。内海にすむ。全長約二五センチメートルで、黄褐色または黒褐色。食用。季春 由来 産卵期のものは、卵が飯粒めしつぶ状に詰まっていることから。表記「望潮魚」とも書く。

〈飯粒〉いいぼ ①めしつぶ。②形が①に似ていることから、いぼ。

【飯櫃】いいびつ ①ゆがんだ形であるさま。事の状態が正常でないさま。②物「飯櫃めしびつ」に同じ。④楕円ダエン形。長円形。いびつなり。③表記「歪」とも書く。参考「いいびつ」の転。

【飯櫃形】いびつなり ①「飯櫃いびつ④」に同じ。②小判形の金貨・銀貨。表記「歪形」とも書く。

〈飯匙倩〉はぶ クサリヘビ科のヘビ。▼波布ハブ(一二六)

【飯盒】ハンゴウ アルミニウム製などの携帯できる、炊飯兼用の底の深い弁当箱。野外での煮炊きに便利で、登山やキャンプなどに使われる。

【飯台】ハンダイ 食事をするための台。ちゃぶ台。食卓。

【飯店】ハンテン 中国料理店につけられる名称。参考 本来の中国語は、ホテルの意。

【飯場】ハンば 鉱山や土木工事の現場などで働く労働者の宿泊設備。

【飯米】ハンマイ 飯に炊いて食用にあてる米。食用米。

【飯】まま 「飯めし」に同じ。

【飯借り】ままかり 瀬戸内地方でサッパの別称。また、その酢漬け。サッパはニシン科の海魚で、マイワシに似る。

【飯事】ままごと 料理や家庭生活のまねをする、子どもの遊び。

【飯】めし ①米や麦を炊いたもの。ごはん。いい。まま。②食事のこと。ごはん。まま。

【飯櫃】めしびつ 飯を入れる蓋ふたのついた木製の器。おひつ。おはち。いびつ。

ハン【搬】

(13) 扌10　常　4　4034／4842
音 ハン　外 はこぶ

筆順 一 十 扌 扌 扩 扪 护 拚 拚 拚 搬

意味 はこぶ。持ち運ぶ。移す。「搬出」「搬送」

下つき 運搬ウンパン

【搬ぶ】はこぶ 物を他の場所へはこんで動かす。物を左から右へと移す。

【搬出】ハンシュツ 運び出すこと。持ち出すこと。「倉庫から荷物を―する」対 搬入

【搬送】ハンソウ 荷物などを遠くまで運び送ること。「至急商品を―します」類 運送

【搬入】ハンニュウ 運び入れること。持ちこむこと。「展示作品を会場に―する」対 搬出

ハン【煩】

(13) 火 9　常　準2　4049／4851
音 ハン・ボン 高　訓 わずらう・わずらわす　外 うるさい

筆順 丶 丷 火 火 灯 灯 炘 炘 煩 煩 煩

意味 ①わずらう。なやむ。苦しむ。「煩悶ハンモン」「煩悩ボンノウ」 ②わずらわしい。うるさい。「煩瑣ハンサ」「煩雑」「煩多」

【煩い】うるさい ①音や声が大きくてやかましい。「ジェット機の騒音が―い」 ②小さなことにまで口出しする。口やかましい。「母は―い」 ③しつこくてやりきれない。「―くつきまとう」 ④見識があり、批評をしたがる。「部長は料理に―い」 ⑤わずらわしい。面倒だ。「手続きが―い」

【煩苛】ハンカ わずらわしいこと。法律が煩雑で政治が厳しいこと。

【煩言砕辞】ハンゲンサイジ わずらわしいほどくどくて、細かい言葉。〈『漢書カンジョ』〉「―に耳をふさぐ」

【煩瑣】ハンサ こまごまとしていて、わずらわしいさま。「―な手続き」

【煩雑】ハンザツ 物事がこみ入っていて、わずらわしいさま。「―な事務を処理する」

【煩擾】ハンジョウ 物事がごたごたと入り組み、乱れていること。

【煩多】ハンタ 面倒なことが非常に多くてわずらわしいこと。また、そのさま。「仕事が―てなかなか進まない」

【煩忙】ハンボウ 用事が多く、忙しいこと。また、そのさま。「―な業務」類 多忙 表記「繁忙」とも書く。

【煩悶】ハンモン 悩んでもだえ苦しむこと。「罪の意識に―する」

【煩慮】ハンリョ 思いわずらうこと。また、わずらわしい思い。

【煩累】ハンルイ わずらわしく、やっかいなかかわりあい。面倒な問題。

【煩労】ハンロウ 心や体をわずらわし、疲れさせること。また、わずらわしい骨折り。

【煩悩】ボンノウ 仏 人間の心身を悩ませ苦しめるいっさいの欲望。「―を断ち、悟りを開く」

『煩悩の犬は追えども去らず』 犬が人にまつわりついて離れないのと同じように、煩悩は人の心につきまとい、なかなか離れないものだということ。

は　ハン

【煩悩菩提】ボンノウボダイ 仏 人間には迷いの煩悩があるからこそ悟りもあるのだということ。「菩提」は一切の迷いを断ち切って至る悟りの境地。「煩悩即菩提」の略。

【煩う】わずら-う ①思い悩む。心がいらいらする。「人は時に悩み―う」②病気になる。

【煩わしい】わずら-わしい こみ入っていてやっかいだ。めんどうくさい。「人間関係が―い」「―い手続きを省略する」

【煩わす】わずら-わす ①心配をかける。苦しめる。②めんどうをかける。手数をかける。「他人の手を―すまでもない」

ハン【頒】(13) 頁4 常 準2 4050 4852 音 ハン 訓 外 わける・しく・まだら

筆順 ノ ハ 分 … 頒(11) 頒(13)

意味 ①わける。わけあたえる。また、広く行きわたらせる。しく。「頒行」「頒布」②まだら。「頒白」 類 斑

【頒価】ハンカ 非売品などを頒布するときの値段。「会員名簿の―」

【頒行】ハンコウ 広く世間に配布すること。

【頒白】ハンパク 白髪まじりの頭髪。胡麻塩頭。「油気のない―な髪」 表記「半白・斑白」とも書く。

【頒布】ハンプ 多くの人々に配り分けること。配布。分配。「産直野菜の―会」

【頒ける】わ-ける 全体をいくつかに割って、おおぜいにわけ与える。

ハン【飯】(13) 食4 飯の旧字(一二六六)

ハン【槃】(14) 木10 1 6049 5C51 音 ハン・バン 訓 たらい・たのしむ・めぐる

意味 ①たらい。平らな鉢。類 盤 ②たのしむ。たのしみ。「考槃」③めぐる。たちもとおる。進まない。④梵語の音訳に用いられる。「涅槃」

下つき 考槃・涅槃

【槃】たらい 手をすすいだ水を受ける容器。平たい木鉢。

ハン【幡】(15) 巾12 準1 4008 4828 音 ハン・マン・ホン 訓 はた・のぼり・ひるがえる

意味 ①はた。のぼり。「幡旗」 類 旛 ②ひるがえる。「幡然」「幡幡」 類 翻 参考「マン」の読みは「八幡(宮)」に用いられる。

下つき 幢幡

【幡】はた 仏 仏や菩薩を供養するため、また、その威徳を示すための飾りの道具。大法要などのとき、寺院の境内に立てた。ばん。

ハン【樊】(15) 木11 1 6072 5C68 音 ハン 訓 まがき・かご・とりかご・みだれる

意味 ①まがき。かきね。かこい。「樊籬」②かご。とりかご。「樊籠」③みだれる。「樊然」 類 藩

【樊籠】ハンロウ ①鳥獣を入れるおりやかご。②自由を束縛された境遇のたとえ。「―の身を嘆く」③仏 煩悩に縛られるたとえ。

【樊】まがき 木の囲い。竹や柴などを粗く編んで作った垣根。

ハン【潘】(15) 氵12 1 6315 5F2F 音 ハン 訓 しろみず・うずまき

意味 ①しろみず。米のとぎ汁。②うずまき。うずまく水。

ハン【瘢】(15) 疒10 1 6577 616D 音 ハン 訓 きず・きずあと・そばかす

意味 ①きず。きずあと。あと。「瘢痕」「瘢瘡」②しみ。そばかす。「雀瘢」 類 斑

下つき 紫瘢・雀瘢・創瘢・瘡瘢

【瘢痕】ハンコン 創傷や潰瘍などが治ったあとに残るあと。傷あと。

【瘢瘡・瘢創】ハンソウ 切り傷のあと。創痕。

ハン【磐】(15) 石10 準1 4056 4858 音 ハン・バン 訓 いわ・わだかまる

意味 ①いわ。大きな岩。いわお。「磐石」②わだかまる。③「磐城の国」の略。「磐州」

書きかえ ①②「盤」に書きかえられるものがある。

【磐】いわ 大きなどっしりとした石。いわお。

【磐城】いわき 旧国名の一つ。現在の福島県東部と宮城県南東部。磐州。

〈磐座〉いわくら 神が住むところ。神の御座所。表記「岩座」とも書く。

【磐舟柵】いわふねのサク 六四八(大化四)年、現在の新潟県村上市に蝦夷に備えて築かれた城柵。大和朝廷の北方進出の拠点。参考「いわふねのき」ともいう。

【磐石】バンジャク ①大きなどっしりとした岩。いわお。「―の重み」②非常に堅固なこと。どっしりとして動じないたとえ。「―の構え」 参考「盤石」とも書く。

【磐石の安き】バンジャクのやすき 非常に堅固で安定していること。どっしりとして、ゆるぎないたとえ。《荀子》 類 磐石の固め

ハン【範】(15) ⺮9 常 4 4047 484F 音 ハン 訓 外 のり・いがた

筆順 𠂉(2) … ⺮(6) … (9) … (11) … 範

意味 ①てほん。のり。きまり。「範例」「模範」「範を垂れる」②さかい。くぎり。わく。「範囲」「広範」③かた。いがた(鋳型)。「範型」

下つき 軌範・規範・教範・師範・垂範・典範・模範

【範】のり 物事の基準となる手本。はみだしてはいけない枠。

は ハン

【範囲】ハンイ 一定の限られた区域内。「できる—で協力する」

【範▲疇】ハンチュウ ①範囲。部類。部門。領域。カテゴリー。②哲学で、実在や思惟(シイ)の根本的な形式。

【範例】ハンレイ 模範または手本となる例。「歴史は後生の教訓かつ—である」

ハン【▲蕃】(15) 艹12 4057 4859 ▼バン(一二七二)

ハン【魬】(15) 魚4 1 9336 7D44 音 ハン・バン 訓 はまち

意味 はまち。ブリの幼魚。

【魬】はまち ブリの幼魚の呼称。体長は四〇センチメートルくらい。参考 おもに関西地方で用いられる。関東地方ではイナダという。季夏

ハン【燔】(16) 火12 1 6388 5F78 音 ハン・ボン 訓 やく・あぶる・ひもろぎ

意味 ①やく。あぶる。「燔柴(サイ)」②ひもろぎ。祭りに供える焼いた肉。「燔肉」類膰(ハン)

【燔書】ハンショ 書物に火をつけて、燃やしてしまうこと。

【▲燔く】や-く ①火をつけて燃やす。②肉を燃える火の上にかざしてやく。

ハン【繁】(16) 糸10 常 4 4043 484B 音 ハン 訓 外しげる・わずらわしい

旧字《繁》(17) 糸11 1/準1 9019 7A33

筆順 2 丿 𠂉 𠂉 每 每 每 每 敏 敏 繁 16

意味 ①しげる。草木が生い茂る。ふえる。「繁茂」「繁殖」②盛んになる。「繁栄」「繁盛」③回数が多い。わずらわしい。いそがしい。「頻繁」「繁忙」

書きかえ ①「蕃(ハン)」の書きかえ字として用いられるものがある。

下つき 頻繁(ヒン)

【▲繁く】しげ-く 回数が多いさま。しばしば。ひんぱんに。「友人の見舞いに足—通う」

【▲繁▲繁】しげしげ ①たびたび。何度も。「なじみの店に—と足を運ぶ」②よくよく。じっくり。「—と鏡に見入る」

【▲繁る】しげ-る 草や木の枝葉がのびて重なり合う。「青葉が—る」

〈繁吹〉しぶき ①細かい粒状になって勢いよく飛び散る水。②強く吹きつける雨。表記「飛沫」とも書く。

〈繁吹〉く しぶ-く ①雨のまじった風が吹きつける。はげしい雨が降りしきる。「台風の雨が—く」②しぶきが飛び散る。表記「重吹く」とも書く。

〈繁▲縷〉はこべ ナデシコ科の二年草。道端に自生。春から夏、白い小さな五弁花をつける。春の七草の一つ。季春 由来「繁縷」は漢名から。参考「はこべら」とも読む。

【繁栄】ハンエイ 大いに栄え、発展すること。「国家の—をめざす」類繁盛 対衰退

【繁▲衍】ハンエン 草木が繁ってのび広がる。はびこる。表記「蕃衍」とも書く。

【繁華】ハンカ いつも人が多く集まって、にぎやかなさま。「—な駅前通り」

【繁簡】ハンカン こみ入ったことと簡単なこと。繁雑と簡略。

【繁劇】ハンゲキ 仕事がこまごましていて、非常に忙しいこと。また、そのさま。「—の任に就く」類繁忙

【繁雑】ハンザツ 物事が多くて、わずらわしいさま。「事務が—をきわめる」

【繁盛・繁▲昌】ハンジョウ 商店などへの人出が多く、にぎわい栄えること。「商売—で何よりです」類繁栄

【繁殖】ハンショク 生物がさかんに生まれ、ふえること。ふえはびこること。「弱い生物ほど—力が強い」書きかえ「蕃殖」の書きかえ字。

【繁▲縟】ハンジョク ①さまざまな彩色がほどこされていること。②「繁文縟礼」の略。

【繁多】ハンタ ①物事が非常に多いこと。②用事が多くていそがしいこと。また、そのさま。「御用—な折柄」類繁用

【繁▲蕪】ハンブ ①雑草が生い茂っていること。②文章がくど過ぎること。

【繁文】ハンブン ①こまごまとしてわずらわしい飾り。また、装飾の多い文章。②規則などが非常に煩雑なこと。

【繁文▲縟礼】ハンブンジョクレイ 規則や礼式が細かくて、わずらわしいこと。「縟礼」は細かな礼式の意。繁縟。

【繁忙】ハンボウ 用事が多く、忙しいさま。「—を極める毎日を送っている」類多忙・繁劇 表記「煩忙」とも書く。

【繁茂】ハンモ 草や木が生い茂ること。「庭一面に雑草が—する」

【繁用】ハンヨウ 用事がたくさんあって忙しいこと。類繁多・繁忙

ハン【膰】(16) 月12 1 7124 6738 音 ハン 訓 ひもろぎ

意味 ひもろぎ。祭りに供える焼いた肉。「膰肉」

【▲膰】ひもろぎ 祖先のみたまやなどの祭りに供える、火であぶった肉。

ハン【▲繁】(17) 糸11 9019 7A33 ▼繁の旧字(一二六八)

ハン【旛】(18) 方14 1 5857 5A59 音 ハン・バン 訓 はた

意味 はた。のぼり。

【▲旛】はた 長く下に垂らし下げる、しるしばた。のぼり。旗の総称。

ハン【繙】(18) 糸12 1 6970 6566 音 ハン・ホン 訓 ひもとく

意味 ①ひもとく。書物を開いて読む。「繙閲」②ひ

は ハン

るがえる。はためく。「繽繙(ヒンパン)」類 翻 ③ひきつづく。「連繙」

下つき 繽繙(ヒンパン)

【▲繙閲】ハンエツ 書物を開いて、読み調べること。

【▲繙読】ハンドク 書物をめくり返して読むこと。

【▲繙く】ひもとく 書物をめくり返して読む。「絵巻物をーく」「注釈書をーく」由来 巻物や書物の帙(チツ)のひもを解く意味から。表記「紐解く」とも書く。

ハン【藩】(18) 艹15 常 3 4045 484D 音 ハン 訓 外 まがき

筆順

意味 ①はん。江戸時代、大名の領地・領民・政治機構の総称。「藩主」「藩臣」 ②まがき。かきね。かこい。類 樊(ハン)・蕃(バン)

下つき 親藩(シンパン)・脱藩(ダッパン)・列藩(レッパン)

【藩▲翰】ハンカン 「藩屏(ハンペイ)」に同じ。

【藩札】ハンサツ 江戸時代、各藩で発行し、その藩内だけで通用した紙幣。

【藩主】ハンシュ 藩の領主。藩侯。大名。「加賀百万石前田家のー」

【藩閥】ハンバツ 明治時代に勢力の強かった藩の出身者で作られた政治的な派閥。

【藩▲屏】ハンペイ ①防ぎ守るための垣根や囲い。②皇室を守ること。また、その人。類 藩翰(ハンカン)・①②藩籬(ハンリ) ③直轄の領地。

【藩▲籬】ハンリ 「藩屏(ハンペイ)」に同じ。

【△藩】まがき 枝などを逆方向にそらせてからませた、生垣。垣根。

ハン【▲蟠】(18) 虫12 7422 6A36 ▼バン(一二七二)

ハン【蹣】(18) ⻊11 1 7710 6D2A 音 ハン・マン・バン 訓 よろめく

意味 よろめく。よろける。「蹣跚(マンサン)」

【▲蹣▲跚】マンサン よろめきながら歩くさま。「酔歩ー」

【〈▲蹣▲跚〉▲縞】よろけじま たて、またはよこ糸を湾曲させて織り出した波状の縞模様。また、その織物。

【〈▲蹣▲跚〉ける】よろける 足もとが不安定でころびそうになる。よろめく。表記「蹌踉ける」とも書く。

ハン【★攀】(19) 手15 1 5821 5A35 音 ハン 訓 よじる・すがる・ひく

意味 ①よじる。よじのぼる。すがる。「攀援」 ②ひ(引)く。

下つき 追攀(ツイハン)・登攀(トウハン・トハン)

【▲攀援】ハンエン ①よじのぼること。②頼りにすること。表記 ①「攀縁」とも書く。

【▲攀縁】ハンエン ①「攀援」に同じ。②俗事に心をひかれてかかわりあうこと。③怒ること。憤怒。

【▲攀じ登る・▲攀じ上る】よじのぼーる 物にすがりつきながらのぼる。「険しい崖(がけ)をーる」「大木にーる」

【▲攀じる】よじる のぼろうとしてすがりつく。また、よじのぼる。

ハン【鷭】(23) 鳥12 1 8329 733D 音 ハン・バン 訓

意味 ばん。クイナ科の鳥。

【▲鷭】バン クイナ科の鳥。各地の水辺にすみ、冬は暖地に渡る。ハトくらいの大きさで、体は灰黒色。鳴き声は人の笑い声に似る。季 夏

バン【万】(3) 一2 教 4392 4B7C ▼マン(一四四五)

バン【卍】(6) 十4 1 5036 5244 音 バン・マン 訓 まんじ

意味 ①まんじ。梵字(ボンジ)で「万」にあたる字。②「卍」のような形。また、入りみだれるさま。

参考 「万字」の意。

【▲卍・▲卍字】まんじ ①仏の身に表れるという吉祥の相のこと。②地図などで、寺院の記号。③卍の形と、その紋所。

バン【伴】(7) 亻5 常 4028 483C ▼ハン(一二六二)

バン【判】(7) 刂5 教 4029 483D ▼ハン(一二六二)

バン【板】(8) 木4 教 4036 4844 ▼ハン(一二六三)

バン【★挽】(10) 扌7 準1 4052 4854 音 バン 訓 ひく

〔挽〕

意味 ①ひ(引)く。ひっぱる。ひきもどす。「挽回」 ②人の死をいたむ。「挽歌」類 ①②輓(バン) ③のこぎりで切る。また、すりつぶす。

下つき 推挽(スイバン)

【▲挽歌】バンカ ①死者を悲しみ悼む詩歌。②『万葉集』の三大部立ての一つ。相聞(ソウモン)・雑歌(ゾウカ)に並ぶ。人の死を追悼する歌。由来 昔、中国の葬送でひつぎをのせた車をひく人がうたった歌をいったことから。表記「輓歌」とも書く。

【▲挽回】バンカイ 失ったものなどを取り返すこと。元に引き戻すこと。「名誉をーする」類 回復 対 失墜

【▲挽臼・▲挽▲碓】ひきうす 穀物や豆類を粉にする道具。上下二個の平たい石の間に穀物などを上の穴から入れ、上の石を回してすりつぶすもの。表記「碾臼」とも書く。

【▲挽茶】ひきチャ 茶の新芽を蒸して乾燥させ、臼(うす)でひいて粉にした上等な茶。類 抹茶 表記「碾茶」とも書く。

【挽肉】ひきニク 器械で細かくひいたウシ・ブタ・ニワトリなどの肉。ミンチ。

【挽物】ひきもの ろくろを使って作った、丸い木器や細工物。

【挽家】ひきや 茶を入れておく茶入れを、保存するための容器。木材をひいて、なつめ形のふた物に作る。

【挽く】ひ-く ①かんなやのこぎりなどで、削ったり切ったりする。「のこぎりで丸太を—く」②ひき臼(うす)やろくろなどを回して、物を作る。③ウシやウマなどが車をひっぱる。

バン【▲袢】(10) ネ5 7459 6A5B ▼ハン(一二六五)

バン【▲晩】(11) 日7 8528 753C ▼晩の旧字(一二七〇)

バン【▲絆】(11) 糸5 6911 652B ▼ハン(一二六五)

バン【晩】(12) 日8 常 教 5 4053 4855 音 バン 訓 外 くれ・おそい

旧字《晩》(11) 日7 1/準1 8528 753C

筆順 冂 日 (2) 日′ (4) 日⺈ 昈 晗 晗 晚 晩

意味 ①くれ。日暮れ。夕暮れ。また、夜。「晩鐘」「今晩」②おそい。終わりに近い。あと。「晩春」「晩成」「晩年」対早

下つき 今晩(コン)・歳晩(サイ)・昨晩(サク)・早晩(ソウ)・毎晩(マイ)・明晩(ミョウ)・翌晩(ヨク)

〈晩生〉おくて ①野菜・果実などの作物で、通常より遅く熟すもの。②肉体的や精神的に成熟の遅い人のたとえ。対①②早生(わせ) 表記「奥手」とも書く。参考①「バンセイ」とも読む。

〈晩稲〉おくて 通常のものより遅く実るイネ。対早稲(わせ) 季秋 表記「奥手」とも書く。参考「バントウ」とも読む。

【△晩い】おそ-い ①夜が更けている。②時代や時期があとである。

【△晩霜】おそじも 晩春(四、五月)に降りる霜。クワや野菜などの若葉に害を与える。表記「遅霜」とも書く。参考「バンソウ」とも読む。

【晩学】バンガク 年をとってから学問を学び始めること。

【晩景】バンケイ ①夕方の風景。夕景色。②夕方のたたずまい。晩方。参考②「バンゲイ」とも読む。

【晩婚】バンコン ふつうよりも年をとってから結婚すること。対早婚

【晩▲餐】バンサン 夕方の食事。特に、改まった感じの豪華な夕食。「—会に招待された」参考「餐」はごちそうの意。

【晩酌】バンシャク 家で晩の食事のときに酒を飲むこと。また、その酒。

【晩秋】バンシュウ ①秋の末。対初秋 季秋 ②陰暦九月の異名。類①②暮秋

【晩熟】バンジュク 通常よりも遅れて成熟すること。おくて。対早熟

【晩春】バンシュン ①春の末。対早春 季春 ②陰暦三月の異名。類①②暮春

【晩照】バンショウ 夕日の光。夕日の影。

【晩鐘】バンショウ 夕方に鳴らす寺院や教会の鐘。入相(いりあい)の鐘。夕暮れの鐘の音。「寺の—の音が響く」対暁鐘

【晩▲翠】バンスイ 冬の季節になっても、ある種の草木が青々としていること。また、その草木のみどり。

【晩生】バンセイ ①「晩生(おくて)」に同じ。対早生(わせ) ②あとから生まれた者。先輩に対して、自分の謙称。

【晩成】バンセイ ①通常よりも遅く出来上がること。②年をとってから人間が完成すること。また、成功すること。「大器—」

【晩節】バンセツ ①「晩年」に同じ。②時代や季節などの終わりの時期。③晩年の節操。「—を全うする」

【晩年】バンネン 一生の終わりの時期。人が年をとった時期。「幸せな—を送る」「—の作品」類晩節

バン【番】(12) 田7 常 教 9 4054 4856 音 バン 外 ハン・ハ 訓 外 つがい・つがう・つがえる

筆順 一 ㇒ ㇓ 立 平 采 采 (9) 番 番 (12) 番

意味 ①かわるがわる事にあたる。「週番」「輪番」②順序。順位。「番号」「欠番」③見張り。「番人」「門番」④常用の。そまつな。「番傘」「番茶」⑤取り組み。組み合わせ。「番付」「番組」

下つき 一番(イチ)・角番(かど)・局番(キョク)・欠番(ケツ)・交番(コウ)・週番(シュウ)・順番(ジュン)・地番(チ)・出番(で)・当番(トウ)・非番(ヒ)・本番(ホン)・門番(モン)・輪番(リン)・連番(レン)

〈番紅花〉サフラン アヤメ科の多年草。南ヨーロッパ原産。秋、線形の葉を出し、淡紫色の六弁花をつける。赤い三本の花柱を乾燥させ、薬用・香料・黄色染料とする。季秋 由来「番紅花」は漢名から。

【△番い】つが-い ①二つそろって一組になること。また、そのもの。②雄と雌。「小鳥を—で飼う」③つなぎめ。また、関節。

【△番鳥】つがいどり 雌雄がいつも一緒にいる鳥。

【△番う】つが-う ①二つのものが組み合う。対になる。②動物の雌雄が交尾する。つるむ。

【△番える】つが-える ①二つ以上のものを組み合わせる。②弓の弦(つる)に矢をあてがう。「一の矢を—える」③しっかり約束する。

【番外】バンガイ ①番組・番数などが、定まっているものから外れたもの。②ふつうとはちがっていて特別扱いをするもの。例外。「—地(番地が付与されていない土地)」

【番傘】バンがさ 和傘の一種。竹製の骨に丈夫な油紙をはった雨傘。

【番号】バンゴウ 物事を整理するために、順番につける数字や符号。ナンバー。

【番匠】バンジョウ ①昔、飛驒や大和から交替で京都に上り、宮廷の建築や修繕を行った大工。②大工。参考「バンショウ」とも読む。

【番台】バンダイ 公衆浴場や見せ物小屋の入り口に、番をする者が乗る、高く作った見張り台。また、その係の人。

【番茶】バンチャ 摘み残りのかたい葉などで作った下等の茶。「鬼も十八―も出花（年ごろになればそれ相応に美しくなる）」

【番長】バンチョウ ①非行少年少女集団のリーダー。②律令制で、兵衛の上番ごとの頭。また、諸衛府の下級幹部。

【番付】バンづけ ①地位や序列を順番に記したもの。「長者―」「相撲の―発表」②演芸などの番組を書いたもの。

【番頭】バントウ 商店や旅館などの使用人の頭で、現場を預かる者。由来 昔、交替で勤務する人々の頭をいったことから。

【番屋】バンや ①番人の詰め所。江戸時代、放火や盗人の番をする者がいた小屋。②北海道でニシン漁などの漁師が泊まる小屋。

【〈番瀝青〉】ペンキ 油に顔料を混ぜた塗料。ペイント。

バン【蛮】(12) 虫 6 常 3 4058 485A 音 バン 訓 外 えびす

旧字《蠻》(25) 虫19 1/準1 7439 6A47

筆順 亠 亣 亦 亦 亦 峦 峦 蛮 蛮 蛮

意味 ①えびす。中国南方の未開種族。また、文明の開けていない土地に住む民族。「蛮族」「南蛮」②あらあらしい。乱暴な。「蛮行」「蛮勇」

書きかえ 「蕃」の書きかえ字として用いられるものがある。

下つき 夷蛮・荊蛮・南蛮・野蛮

【△蛮】えびす 未開の土地の人。粗野な異民族。参考 古代中国で、南方の未開の民族のこと。

【蛮▲夷】バンイ 未開の人。古来、中国で、周辺の異民族をあなどっていった言葉。「―戎狄」表記「蕃夷」とも書く。

【蛮カラ】バンカラ 言葉や行動、風采が粗野であること。また、わざとそのように振る舞う人やさま。「―学生」由来 おしゃれをいう「ハイカラ」をもじった語。

【蛮行】バンコウ 野蛮な行為。礼儀にそむいた乱暴な振る舞い。

【蛮骨】バンコツ 言動が荒々しくて気風が粗野なこと。類 蛮カラ

【蛮習】バンシュウ 未開の地の粗野な習慣。また、野蛮な風習。表記「蕃習」とも書く。

【蛮触の争い】バンショクのあらそい ▼蝸牛角上の争い（一五九）

【蛮人】バンジン 乱暴で野蛮な人。

【蛮声】バンセイ 荒々しい大声。粗野な大声。どら声。「―を張り上げる」

【蛮族】バンゾク 未開の地にすむ民族。粗野な民族。書きかえ「蕃族」の書きかえ字。

【蛮勇】バンユウ 理非を十分に考えずに突進する勇気。無鉄砲な勇気。向こう見ずの勇気。「―を振るって断行する」

【蛮力】バンリョク 分別のない向こう見ずな腕力。乱暴な腕力。

バン【▲鈑】(12) 金 4 7871 6E67 ▼ハン（一二六五）

バン【輓】(14) 車 7 1 7746 6D4E 音 バン 訓 ひく・おそい

意味 ①ひ(引)く。車や船をひく。対 推 ②人の死をいたむ。「輓歌」類 ①②挽 ③人をひきあげて用いる。「推輓」④おそい。ちかい。「輓近」類 晩

下つき 推輓

【▲輓歌】バンカ ①死者を悲しみ悼む歌。葬送の歌。②『万葉集』で相聞・雑歌に並ぶ、部立ての一つ。人の死を追悼する歌。表記「挽歌」とも書く。

【▲輓近】バンキン ①近ごろ。近年。②古代に対して、最近の世。

【▲輓馬】バンバ そりや車をひかせるウマ。「雪原での―競走」

【▲輓く】ひく 車やふねなどを、そろそろと前にひき進める。

バン【▲播】(15) 扌12 3937 4745 ▼ハ（一二一九）

バン【盤】(15) 皿10 常 4 4055 4857 音 バン 外 ハン 訓 外 おおざら・まがる・わだかまる・めぐる

筆順 ⺆ 凢 舟 舟 舟几 般 般 般 盤 盤 盤

意味 ①はち。たらい。おおざら。また、皿状のもの。「盤台」「円盤」②物をのせる台。また、台状の道具や機械。「碁盤」「旋盤」③大きく平らな岩。「岩盤」「盤石」④わだかまる。曲がりくねる。めぐる。「盤舞」「盤踞」類 蟠

書きかえ ③④「磐」の書きかえ字として用いられるものがある。

下つき 円盤・音盤・岩盤・基盤・吸盤・銀盤・鍵盤・原盤・骨盤・算盤・地盤・終盤・序盤・水盤・旋盤・胎盤・中盤・銅盤・廃盤・落盤

【〈盤領〉】あげくび 昔の衣服の着方。袍、狩衣などで領を立てて着ること。対 垂頸 表記「上げ頸」とも書く。

【〈盤▲秤〉】さらばかり はかる物をのせる部分が皿の形になっているはかり。表記「皿秤」とも書く。

【盤▲桓】バンカン ①あちらこちらを歩きめぐること。徘徊。②ぐずぐずして先に進ま

ないこと。

【盤▲踞】バンキョ ①うずくまり、しっかりと根を張って、動かないこと。②広く土地を占領して、勢力をふるうこと。表記「蟠踞」とも書く。

【盤曲】バンキョク 道などが大きく曲がりくねること。類盤回

【盤屈】バンクツ ①めぐり曲がること。類屈曲 ②わだかまること。気が晴れないこと。表記「蟠屈」とも書く。

【盤根錯節】バンコンサクセツ 物事が複雑に入り組んでいて、処理に手をやくたとえ。「盤根」は、はびこった木の根、「錯節」は、入り組んだ木の節で、ともに物事の処置が困難な意。〈『後漢書』〉

【盤△渉調】バンシキチョウ 雅楽の六調子の一つ。一二律の下から一〇番目にあたる盤渉の音を主音とする。

【盤石】バンジャク ①どっしりと重たく、大きな岩。②事の安泰なこと。きわめて堅固なこと。「―の構え」表記「磐石」とも書く。

【盤△陀】ハンダ 錫と鉛の合金。熱で溶かし、金属を接合するのに使う。「―付け」表記「半田」とも書く。

【盤台】バンダイ 魚屋が魚を入れて運ぶときに使う、底の浅い大きな楕円形のたらい。参考「ハンダイ」とも読む。

バン【▲磐】(15) 石10 4056 4858 ▼ハン(一二六七)

バン【★蕃】(15) 艹12 準1 4057 4859 音 バン・ハン 訓 しげる・ふえる・まがき・えびす

意味 ①しげる。草木が生い茂る。ふえる。「蕃殖」②まがき。かきね。かこい。「蕃屏」類藩 ③えびす。未開の異民族。「蕃境」「蕃人」

書きかえ ①「繁」に書きかえられるものがある。③「蛮」に書きかえられるものがある。

下つき 生蕃・吐蕃

【▲蕃る】しげる 草木が、重なり合うようにして生える。

〈▲蕃▲椒〉とうがらし ナス科の一年草。由来「蕃椒」は漢名から。▼唐辛子(一一四二)

〈▲蕃南▲瓜〉とうなす カボチャの別称。季秋 表記「唐茄子」とも書く。

〈▲蕃▲茄〉トマト ナス科の一年草。南アメリカのアンデス高地原産。夏、黄色の花をつけ、赤い球形の実を結ぶ。生食のほか、ジュースやケチャップにする。アカナス。季夏 由来「蕃茄」は漢名から。

〈▲蕃瓜樹〉パパイア パパイア科の常緑高木。熱帯地方で栽培。果実は円柱形で、黄熟し香りがよい。生食のほか、ジャムや砂糖づけなどにする。季夏

【▲蕃書調所】バンショしらべショ 江戸時代末期、幕府がおいた洋学の研究施設。洋学の教育や外交文書の翻訳なども行った。

【▲蕃殖】ハンショク ▼書きかえ 繁殖(一二六八)

【▲蕃人】バンジン ①未開の人。えびす。②外国人。③台湾を日本が統治していたとき、台湾原住民に対する呼称。

【▲蕃族】バンゾク ▼書きかえ 蛮族(一二七一)

【蕃布】バンプ 台湾で織られる麻織物の古称。

【▲蕃▲茘枝】バンレイシ バンレイシ科の常緑低木。熱帯アメリカ原産。いぼ状の突起でおおわれた果実は球形で黄緑色に熟し、ゼリー状で甘い。生食用。参考釈迦の頭に似るので、「仏頭果・釈迦頭」ともいう。

バン【蟠】(18) 虫12 1 7422 6A36 音 バン・ハン 訓 わだかまる・めぐる

意味 ①わだかまる。うずくまる。とぐろをまく。曲がる。曲がりくねる。「蟠踞」類盤 ②めぐる。まわる。

【▲蟠▲踞】バンキョ ①しっかりと根を張って動かないこと。②広く領地を占領して勢力をふるうこと。表記「盤踞」とも書く。

【▲蟠屈】バンクツ ①めぐり曲がること。②わだかまったまま気が晴れないこと。表記「盤屈」とも書く。参考「ハンクツ」とも読む。

【▲蟠る】わだかまる ①複雑な感情が心のなかに残ってさっぱりしない。気が晴れない。「胸の奥に深く―る」②輪のようにうずまく。曲がりくねってとぐろをまく。

バン【礬】(20) 石15 1 6709 6329 音 バン・ハン

意味 硫酸を含んだ鉱物の一種。「明礬」

下つき 明礬・緑礬

〈▲礬水〉どうさ 膠と明礬を水に溶かした液体。和紙や絹地の表面にひいて、墨や絵の具などがにじむのを防ぐ。表記「陶砂」とも書く。

バン【▲鷭】(23) 鳥12 8329 733D ▼ハン(一二六九)

バン【▲蠻】(25) 虫19 7439 6A47 ▼蛮の旧字(一二七一)

はんぞう【楾】(13) 木9 国 1 6025 5C39 訓 はんぞう

意味 はんぞう(半挿)。水つぎの道具の一種。また、耳のついた小さなたらい。由来 胴に水を通す柄が挿しこんであることから。

ひ 比 ヒ 比

ヒ【匕】(2) 匕0 1 5024 5238 音 ヒ 訓 さじ

意味 ①さじ(匙)。「匕箸」②あいくち(匕首)。短

剣。

【〈匕首〉】 あいくち つばのない短刀。九寸五分(クスンゴブ)。〔由来〕鞘(さや)の口と柄(つか)の口が直接合うことから。〔表記〕「合口」とも書く。〔参考〕「ヒシュ」とも読む。

【〈匕首〉に▲鍔】 つば 釣り合わないことや不調和なことのたとえ。匕首は本来鍔のない短刀なので、鍔をつけると似つかわしくないことから。〔類〕小刀に鍔

【▲匕】 さじ 食べ物や液体、粉末をすくい取る、金属や木などの器具。スプーン。「―を投げる」「―加減(手ごころ)」〔表記〕「匙」とも書く。

ヒ【比】

(4) 比 0 教 常 6 4070 4866

音 ヒ 訓 くらべる 外 ならぶ・たぐい・ころ

筆順 一 ヒ ヒ 比

〔意味〕①くらべる。てらしあわせる。「比較」「対比」②たとえる。なぞらえる。「比喩(ユ)」「比況」③ならぶ。ならべる。「比肩」「比翼」〔類〕並 ④たぐい。仲間。「比類」「比倫」⑤ころ。ころおい。「比年」⑥同種の二つの数量の割合。「比率」「比例」⑦梵語(ボン)の音訳に用いられる。「比丘(ク)」⑧「比律賓(フィリピン)」の略。「比国」

〔参考〕「比」の省略形が片仮名の「ヒ」に、草書体が平仮名の「ひ」になった。

〔下つき〕逆比(ギャク)・対比(タイ)・等比(トウ)・無比(ム)・連比(レン)

【比べる】 くらべる 二つ以上のものを照らし合わせて、その優劣や異同を調べる。比較する。「背の高さを―べる」

【▲比】 ころ だいたいの時期。時分。ころおい。「彼女と婚約をしていた―」

【▲比】 たぐい 同じ程度や種類のもの。並ぶもの。釣り合うもの。「―まれな秀才」

【▲比う】 たぐう 同じ程度のものとして並ぶ。匹敵する。「その美貌(ビボウ)は―うものなし」

【▲比ぶ】 ならぶ 同じ程度である。同列にある。匹敵する。「天下に―ぶもののない偉業」

【比較】 ヒカク 二つ以上のものを照らし合わせて、その優劣や異同をくらべること。「―の対象にする」

【比況】 ヒキョウ ①他とくらべてたとえること。②文法で、…のようだ、…のごとしなど、状態や動作を他のものにたとえて表すこと。

【▲比▲丘】 ビク 〔仏〕出家して具足戒(グソクカイ)(僧になるときの儀式)を受けた男性。修行僧。〔対〕比丘尼(ビクニ)

【▲比▲丘尼】 ビクニ 〔仏〕出家して仏門に入った女性。尼僧。あま。〔対〕比丘

【〈比▲丘尼〉に▲笄】 こうがい 必要のないことや不似合いなことのたとえ。「笄」は女性の髪を整えるのに使う道具。また、日本髪にさす飾り。

【比肩】 ヒケン 肩を並べること。また、匹敵すること。「他に―するもののない実力」

【比肩随▲踵】 ヒケンズイショウ 人が次から次へと続いて絶え間のないさま。「随踵」は踵(かかと)を接して続くこと。〈『韓非子(カンピシ)』〉〔類〕摩肩接踵・揮汗成雨

【比周】 ヒシュウ ①かたよった交際と、公正な交際。〈『論語』〉②徒党を組むこと。かたよって一方に仲間入りすること。〈『春秋左氏伝』〉

【比重】 ヒジュウ ①物質の重さと、同体積のセ氏四度の純水の重さとの比。②物事の全体に占める割合。ウエート。「人間性に―を置く」

【比定】 ヒテイ ある事物を、既に確定された他の類似の事物と比較して、成立年代や形式などを推定すること。

【比熱】 ヒネツ ある物質一グラムの温度を、セ氏一度上げるのに要する熱量。

【比喩】 ヒユ 相手に分かりやすく説明するために、特徴がはっきりしている他の類似したものを引き合いに出して表現すること。また、そのもの。たとえ。〔表記〕「譬喩」とも書く。

【比翼】 ヒヨク ①つばさを並べること。②「比翼の鳥」の略。中国の想像上の鳥で、常に雌雄が並んで飛ぶといわれることから、夫婦、男女の仲がよいことのたとえ。③「比翼仕立て」の略。服の打ち合わせを二重にし、ボタンが外から見えないようにする仕立て。

【比翼連理】 ヒヨクレンリ 夫婦の情愛のきわめて深いことのたとえ。男女のちぎりの深いことのたとえ。「連理」は連理の枝のことで、根元は別々の二本の幹でも枝が一つに連なっている木。〈白居易の詩〉「―の仲」〔類〕偕老同穴(カイロウドウケツ)

【比来】 ヒライ このごろ。ちかごろ。近来。

【〈比目魚〉】 ひらめ ヒラメ科の海魚。〔由来〕「比目魚」は漢名から。▼鮃(ひらめ)(一三七一)

【比率】 ヒリツ 二つ以上の数量をくらべた割合。比。「交換―」

【比倫】 ヒリン 同列のもの。たぐい。なかま。〔類〕比類

【比類】 ヒルイ くらべることのできるもの。たぐい。「世界に―がない作品」

【比例】 ヒレイ ①二つの数量の比が、他の二つの数量の比に等しいこと。正比例。②二つのものが一定の関係をもって、ともに変化すること。「成果は努力に―する」③例をあげて比較すること。④釣り合いがとれていること。

【〈比律賓〉】 フィリピン 東南アジア、ルソン島・ミンダナオ島を中心とした多くの島からなる共和国。住民の大多数はカトリック教徒。首都はマニラ。

ヒ【丕】

(5) 一 4 1 4803 5023

音 ヒ 訓 おおきい・うける

〔意味〕①おおきい。りっぱな。「丕績」②はじめ。もと。「丕子」③うける。つつしんで受ける。

【▲丕きい】 おおきい 盛大なさま。おおいにふくらんでりっぱなさま。

【▲丕基】 ヒキ 天子が国を統治する大事業の土台。〔参考〕「丕」は大の意で、天子のことに

ひ ヒ

関する接頭語として用いる。

【丕業】ヒギョウ 大きな事業。大業(タイギョウ)。

ヒ【皮】

(5) 皮 0 常 教 8 4073 4869 音 ヒ 訓 かわ

筆順 ノ 厂 广 皮 皮

意味 ①体や物の表面をおおうもの。かわ。「皮膚」「樹皮」 ②うわべ。表面。「皮相」

下つき 外皮(ガイ)・牛皮(ギュウ)・毛皮(けがわ)・樹皮(ジュ)・脱皮(ダッ)・表皮(ヒョウ)・面皮(メン)・羊皮(ヨウ)

【皮】かわ ①動植物の外面をおおい包むもの。「ミカンの―」 ②物の外側を包んでいるもの。「ふとんの―」 ③本質や本性などをおおい隠しているもの。「化けの―がはがれる」

【皮切り】かわきり ①物事の最初。手始め。「東京を―に全国各地でコンサートを開く」 ②最初に据えるときの一つの灸(キュウ)。「―の一灸(イッキュウ)」(何事も最初は苦しいということのたとえ)

【皮算用】かわザンヨウ まだ手に入るかどうかわからないうちから、あてにして、計算に入れてしまうこと。「捕らぬ狸(たぬき)の―」

【皮剝ぎ】かわはぎ ①動物の皮をはぐこと。また、皮をはいでなめし皮を作る職業の人。②カワハギ科の海魚。本州中部以南の沿岸にすむ。体は平たく、口先が突出している。季 夏 由来 ②厚い皮をはいで調理することから。

〈皮茸〉こうたけ イボタケ科のキノコ。▼革茸(こうたけ)(一九七)

【皮蛋】ピータン アヒルの卵を殻のまま、木炭・石炭・塩・泥などをこねて塗り付け発酵させた食品。中国料理の材料。参考 中国語から。

【皮下】ヒカ 皮膚の下層。皮膚の内部。「―注射」「―脂肪を減らす体操」

【皮革】ヒカク ①毛がわと、なめしがわ。②かわ。動物の加工されたかわ類の総称。

【皮質】ヒシツ 外層と内層をもつ器官の、外層の組織。副腎(フクジン)・腎臓などの表層部分。「大脳―」「副腎―」 対 髄質

【皮癬】ヒゼン 感染性の皮膚病。かゆみがひどい皮膚の病気。疥癬(カイセン)。

【皮相】ヒソウ ①上っ面。うわべ。②見方や考え方が浅く、本質をとらえていないさま。「表面だけの―な観察」

【皮相浅薄】ヒソウセンパク 物事がうわべだけで内容に乏しいこと。「浅薄」は浅はかで薄っぺらなさま。「―な文芸批評」 参考「浅薄皮相」ともいう。

【皮肉】ヒニク ①相手の欠点などを、遠回しに意地悪く非難すること。また、その言葉。あてこすり。「―を込めた話しぶり」 ②予期や希望に反した結果になるさま。あいにくなさま。「―な運命をたどる」

【皮膚】ヒフ 動物の体の表面をおおい包んでいる組織。はだ。

【皮膚の見】ヒフのケン うわべだけを見て、その本質を見ようとしないこと。浅はかな見解のこと。類 皮相の見

【皮膜】ヒマク ①皮膚と、粘膜。②皮のようなうすい膜。③区別がむずかしいごく微妙な違い。「虚実―の間」

【皮裏の陽秋】ヒリのヨウシュウ 口には出さないが、心のなかで人の是非を判断し、ほめたりけなしたりすること。「皮裏」は皮膚の裏側のことで心の意。「陽秋」は孔子の著作といわれる『春秋』のことで、歴史の正邪をただした書。〈『晋書(ジンジョ)』〉

ヒ【妃】

(6) 女 3 常 準2 4062 485E 音 ヒ 訓 外 きさき

筆順 く 女 女 女 妃 妃

意味 きさき。皇太子の妻。また、皇族・王族の妻。「王妃」「正妃」

下つき 王妃(オウ)・后妃(コウ)・皇妃(コウ)・正妃(セイ)

【妃】きさき ①天皇の妻。皇后。中宮。また、皇太子や皇族の妻。②王族の妻。

【妃殿下】ヒデンカ 皇族や王族の妻に対する敬称。

【妃嬪】ヒヒン ①天子のそばに付き添う女性。②身分の高い女官。

ヒ【否】

(7) 口 4 常 教 5 4061 485D 音 ヒ 外 フ 訓 いな 高 外 いや・わるい

筆順 一 ア 不 不 否 否

意味 ①いな。いなむ。同意しない。「否決」「拒否」 対 可 ②しからず。そうではない。反対の意を表す語。「安否」「当否」 ③わるい。「否運」

下つき 安否(アン)・可否(カ)・拒否(キョ)・合否(ゴウ)・採否(サイ)・賛否(サン)・真否(シン)・正否(セイ)・成否(セイ)・存否(ソン)・諾否(ダク)・適否(テキ)・当否(トウ)・認否(ニン)・良否(リョウ)

【否】いな ①不同意。不承知。「賛成か―か」 ②「否(いや)」に同じ。

〈否諾〉いなせ ①不承知と承知。否応(いやおう)。諾否(ダク)。②安否。消息。

【否む】いなむ ①承知しない。断る。②否定する。「時期尚早の感は―めない」

【否】いや いいえ。いえ。いな。不承知を表す語。また、否定や打ち消しの語。

【否否】いやいや 「いや」を重ねて否定の気持ちを強めた言葉。いえいえ。

【否応無し】いやオウなし 有無を言わせず、無理やり。「―に連れ戻す」 参考「否」は不承知、「応」は承知。

【否運】ヒウン 巡り合わせが悪いこと。類 不運(フウン) 対 幸運(コウ) 表記「非運」とも書く。

【否決】ヒケツ 会議で、提出された議案を承認しないことを決定すること。「内閣不信任案は―された」 対 可決(カケツ)

ひ ヒ

【否定】ヒテイ ある事柄を、そうでないと決めること。打ち消すこと。「頭から—する」「二重—」対肯定(コウテイ)

【否認】ヒニン 事実として認めないこと。否と認めること。「罪状を—する」対是認(ゼニン)

【妣】ヒ
(7) 女4 1 5306 5526 音 ヒ 訓 なきはは

意味 はは。なきはは。亡母。対考

下つき 顕妣(ケンピ)・皇妣(コウヒ)・考妣(コウヒ)・先妣(センピ)・祖妣(ソヒ)

【屁】ヒ ★
(7) 尸4 1 5391 557B 音 ヒ 訓 へ

意味 へ。おなら。「放屁」

下つき 放屁(ホウヒ)

【屁】へ ①腸にたまった臭いガスが、肛門(コウモン)から出たもの。おなら。②取るに足りないもののたとえ。「—とも思わぬ」「—のカッパ」

【屁糞葛・屁屎葛】へくそかずら アカネ科のつる性多年草。山野に自生。夏、ラッパ形で外が白色、中が紅紫色の小花をつけ、黄褐色の丸い実を結ぶ。ヤイトバナ。季夏 由来 全体に悪臭があることから。表記「牛皮凍・女青」とも書く。

【屁っ放り腰】へっぴりごし ①体をかがめて尻を後ろにつき出した不安定な姿勢。②自信がなくおっかなびっくりなさま。およびごし。「—の答弁」

【屁放虫】へひりむし ミイデラゴミムシやカメムシなど、捕まえると悪臭を放つ昆虫の総称。ヘッピリムシ。ヘコキムシ。季秋

【屁理屈】へリクツ つまらないこじつけがましい理由づけ。筋のとおらない理屈。「—をこねる」

【庇】ヒ ★
(7) 广4 準1 4063 485F 音 ヒ 訓 かばう・ひさし

意味 ①おおう。かばう。保護する。「庇護」②ひさし。家の軒に張り出した小屋根。「雪庇」

下つき 蔭庇(インピ)・曲庇(キョクヒ)・高庇(コウヒ)・雪庇(セッピ)

【庇う】かばう ①他から害を受けないように、おおいまもり、まもり助ける。「彼女を—って前へ出た」②身体に負った傷や痛みなどが、さらに悪くならないようにいたわること。「膝(ひざ)の痛みを—いながら走る」

【庇蔭】ヒイン ①ひさしのかげ。②かばい助けること。③おかげ。たすけ。

【庇護】ヒゴ かばいまもること。まもり助けること。

【庇】ひさし 雨や日光を防ぐために、家の軒先に張り出した小さい屋根。

【庇を貸して〈母屋〉(おもや)を取られる】①一部分を貸しただけなのに、それがもとで全部を奪われてしまうこと。②恩を仇(あだ)で返されるたとえ。

【批】ヒ
(7) 扌4 教 常 5 4067 4863 音 ヒ 訓 (外)うつ・ただす

筆順 一 十 扌 扌 扌 批 批

意味 ①うつ。たたく。「批頰(ヒキョウ)」②ただす。是非を決める。品定めをする。「批判」「批評」③主権者が承認する。「批准」

下つき 御批(ギョヒ)・高批(コウヒ)・妄批(モウヒ)

【批准】ヒジュン ①国家を代表する全権委員が署名・調印した条約を、主権者が承認すること。「通商条約を—する」「—書の交換」②臣下が差し出した文書を、君主が裁決して許すこと。「准」は許す意。

【批正】ヒセイ 物事を批評・批判し、訂正すること。「教授に修士論文の—を請う」

【批点】ヒテン ①詩歌や文章などの、たくみな箇所や重要な箇所のわきに打つ傍点。②詩歌や文章などを批評・訂正してつける評点。③訂正、あるいは非難すべき点。きず。類欠点

【批判】ヒハン ①物事の善悪を検討し、その価値や正当性などを判定すること。「—を浴びる」②他の誤りなどを論じて非難すること。参考 本来の論理的・科学的な判定から、現在では否定的な意味に使われることが多い。

【批評】ヒヒョウ 善悪や良否、優劣などについて考えを述べ、価値や正当性などを定めること。「互いに作品を—する」類批判

【卑】ヒ
(8) 十6 1478 2E6E ▼卑の旧字(一二七八)

【彼】ヒ
(8) 彳5 常 4 4064 4860 音 ヒ 訓 かれ・かの

筆順 ノ ク 彳 彳 彳 彷 彼 彼

意味 ①かれ。あの人。第三者。「彼我」対我 ②あれ。あの。かの。かなたの。「彼岸」対此(シ)

〈彼奴〉あいつ ①相手を親しみ、あるいは軽蔑(ケイベツ)の気持ちをこめて呼ぶ語。「—は竹馬(チクバ)の友だ」「—はだめな男だ」②「あそこの人」「あそこの物」などのぞんざいな言い方。「—は捨てよう」参考「あやつ・かやつ・きゃつ」とも読む。

〈彼処〉・〈彼所〉あそこ ①相手・自分のどちらからも離れた所。あの所。②あの時点。あの場面。「—でヒットになっていれば」参考「彼処」は「かしこ」とも読む。

〈彼方此方〉あちこち ①いろいろな場所や方向。あちらこちら。「—探し回る」②物事の順序などが食いちがうこと。あべこべ。「話が—になる」

〈彼方〉あちら ①相手や自分から離れた場所、また、方向や人。「—はどなたさまですか」②外国。特に、欧米をいう。「—にいたころ覚えた料理」参考「あっち・あなた・かなた」とも読む。「かなた」と読めば、より遠い意になる。

〈彼是〉・〈彼此〉あれこれ あれと、これ。あれやこれや。さま

ざま。「―忠告してみたが無駄だった」参考「彼此」は「ヒシ」とも読む。また、「かれこれ」と読めば別の意もある。

【〈彼方〉】かなた 時間的・空間的に遠く離れたところ。ずっとむこう。あなた。「宇宙の―」参考「彼方(あち)」よりも遠いものを指す。

【彼の】かの あの。例の。相手もよく知っているはずの。「―有名な小説家」

【彼女】かのジョ ①話し手と話し相手以外の、女性を指す語。あの女性。②恋人などの女性。対①②彼・彼氏

【彼】かれ ①話し手と話し相手以外の、男性を指す語。あの男性。②恋人などの男性。類①②彼氏 対①②彼女 ③あれ。

【彼も一時(イチジ)・此(これ)も一時】あれはあの時、これはこの時の意で、時とともに世の中は変わっていくものだから、あの時はあのやり方、今はこのやり方でよいということ。《『孟子(モウシ)』》

【彼も人なり、予(われ)も人なり】彼も自分と同じ人間なのだから、彼にできて自分にできないはずがないということ。何事も一生懸命に努力すれば、大概のことはできるという教え。参考「彼」は中国の伝説上の聖王、舜(シュン)。《韓愈(カンユ)の文》

【彼を知り己(おのれ)を知れば、百戦殆(あや)うからず】相手方の実力や味方の実力を知り尽くしたうえで戦えば、何回戦っても敗戦はないということ。《『孫子』》

【彼・此】かれこれ ①「彼是(あれこれ)」に同じ。②なにやかや。とやかく。「―口出しするな」③おおよそ。まもなく。「開店して―五年だ」参考①「ヒシ」とも読む。

【彼氏】かれシ 「彼(かれ)」に同じ。参考昭和初期の造語で、からかいの意を含めてもいう。

【彼我】ヒガ かれと、われ。相手方と自分方。「―の実力の差」「―の利害関係」

【彼岸】ヒガン ①向こう岸。②仏煩悩(ボンノウ)をなくして悟りを開いた世界。涅槃(ネハン)の境地。対此岸(シガン) ③春分・秋分の日を中日(チュウニチ)とする前後各三日間。「暑さ寒さも―まで」④「彼岸会(エ)」の略。③に行われる法事。参考③秋は特に、秋彼岸という。

【彼・此】ヒシ 「彼是(あれこれ)」に同じ。

ヒ【披】(8) 扌5 常 準2 4068 4864 音ヒ 訓外ひらく

筆順 一 十 扌 扌 扩 扩 扐 披

意味 ①ひら(開)く。ひろげる。「披見」②あばく。うちあける。「披瀝(レキ)」「披露」

下つき 開披(カイヒ)・直披(チョクヒ)・紛披(フンピ)

【〈披鍼〉】はばり ①平たい諸刃(もろは)で先のとがった外科用のメス。ランセット。②鍼術(シンジュツ)に用いる、諸刃で先がとがったはり。表記「刃針」とも書く。参考「ヒシン」とも読む。

【披・荊斬・棘】ヒケイザンキョク 困難を克服して進むこと。「荊」も「棘」もいばらの意。とげのある草木の総称で、困難のたとえ。「披」は切り開く、「斬」は切る。いばらの道を切り開いて、前へ進むということ。《『後漢書(ゴカンジョ)』》参考「荊を披(ひら)き棘を斬(き)る」ともいう。

【披見】ヒケン 文書や手紙などを開いて見ること。「ご―のほどお願い申し上げます」

【披く】ひらく 心のなかにある思いを打ち明ける。あらわし示す。

【披瀝】ヒレキ 心中を包み隠さず打ち明けること。忠誠を示すこと。「真情を―する」

【披露】ヒロウ 広く世間に、知らせたり見せたりすること。ひろめ。「新作を―する」

ヒ【★枇】(8) 木4 準1 4090 487A 音ヒ・ビ 訓さじ・くし

意味 ①バラ科の常緑高木「枇杷(ビワ)」に用いられる字。

---

②さじ。木のさじ。③くし。歯の細かいくし。

【枇・杷】ビワ バラ科の常緑高木。西日本の一部に自生。冬に白い花を開き、初夏にだいだい色で卵形の実を結ぶ。果実は食用。葉と種子は薬用。季夏 由来「枇杷」は漢名から。

ヒ【泌】(8) 氵5 常 4071 4867 ▼ヒツ(二九七)

ヒ【狒】(8) 犭5 1 6433 6041 音ヒ 訓ひひ

意味 さるの一種の「狒狒」に用いられる字。

【狒・狒】ヒヒ ①オナガザル科の大形のサルの総称。アフリカにすむ。マントヒヒなど。鼻口部が突出し、顔が赤く、性質は荒い。②好色な、中年以上の男性のたとえ。「―おやじ」

ヒ【肥】(8) 月4 教 常 6 4078 486E 音ヒ 訓こえる・こえ・こやす・こやし 外ふとる

筆順 ノ 刀 月 月 月ᄀ 月ᄁ 月コ 肥

意味 ①こえる。(ア)ふとる。肉づきがよい。「肥大」「肥満」対痩(ソウ) (イ)地味が豊かである。「肥土」「肥沃(ヒヨク)」②こえ。こやし。「肥料」「追肥」③「肥前の国」「肥後の国」の総称。

下つき 魚肥(ギョヒ)・金肥(キンピ)・施肥(セヒ)・堆肥(タイヒ)・追肥(ツイヒ)

【肥】こえ 農地の収穫を増やすため、田畑に施す肥料。こやし。しもごえ。

【肥〈担桶〉】こえたご 肥料にする糞尿(フンニョウ)を運ぶおけ。肥桶。

【肥える】こえる ①体重が増える。太る。②土質がよくなる。「―えた土地」③善悪の判断力が豊かになる。「目が―えている」

【肥やし】こやし ①農作物を育てるため、田畑に施す栄養分。こえ。類肥料 ②成長を助け、のちに効きめを現すもののたとえ。「読書は知恵の―だ」

ひ ヒ

【肥育】ヒイク 食用の家畜の肉量を増やすため、良質の飼料を多く与え運動を制限して短期間に太らせること。

【肥後守】ひごのかみ 小刀の一種。折りこみ式で、鉄製の鞘(さや)に「肥後守」の銘がある。

【肥痩】ヒソウ 肥えることと、やせること。体が太っていることと、やせていること。また、地味がよいことと悪いこと。類肥瘠(ヒセキ)

【肥大】ヒダイ ①太って大きくなること。②組織が、異常に大きくなること。

【肥立ち】ひだち ①出産や病気のあと、体調が日を追って回復すること。「産後の―がいい」②日一日と成長すること。

【肥肉厚酒】ヒニクコウシュ 肥えておいしい肉と、上等なうまい酒。〈『呂氏春秋(リョシシュンジュウ)』〉「―の歓待」参考「厚酒肥肉」ともいう。類肥肉大酒

【肥馬】ヒバ 太ってたくましいウマ。

【肥胖】ヒハン 太っていること。また、そのさま。肥満。「―症」

【肥満】ヒマン 体が太ること。「―体」「食生活を改善し―を防ぐ」

【肥沃】ヒヨク 土地の栄養分が十分で、作物の生育に適していること。類肥饒(ヒジョウ)

【肥料】ヒリョウ 植物の生長を促すために、土壌に与える栄養分。窒素・燐酸(リンサン)・カリウムなど。「―を施す」

【肥る】ふとる ①体に肉や脂肪がついて体重が増える。こえる。②財産などが殖える。「身代が―る」表記「太る」とも書く。

ヒ【陂】(8) 阝5 1 7988 6F78 音ヒ・ハ 訓さか・つつみ・かたむく

意味 ①さか(坂)。②つつみ。土手。③かたむく。かたよる。また、よこしま。「陂曲」参考もともと「坡(ハ)」の異体字。

ヒ【非】(8) 非0 常 教 6 4083 4873 音ヒ 訓外わるい・そしる・あらず

筆順 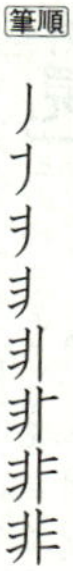

意味 ①正しくない。わるい。あやまち。「非行」「非道」対是 ②そしる。よくないとする。「非難」「非議」類誹(ヒ) ③あらず。…でない。否定を表す助字。「非常」「非凡」

下つき 是非(ゼヒ)・前非(ゼンピ)・理非(リヒ)

【非ず】あらず ①…ではない。「…に―」の形で用いて否定を表す。「富貴は吾が願いに―ず」②いいえ。そうではない。前に述べた事柄を強く打ち消す語。

【非る】そしる 人の欠点を指摘して、見下げて悪くいう。非難する。責める。表記「誹る」とも書く。

【非違】ヒイ 法にそむくこと。道にはずれもとること。「―をただす」

【非運】ヒウン 巡り合わせが悪いこと。「―が続く」「―の闘将」類不運 対幸運 表記「否運」とも書く。

【非毀】ヒキ 人の悪事や醜態を暴いて、名誉を傷つけること。そしり。類誹謗(ヒボウ) 表記「誹毀」とも書く。

【非議】ヒギ そしり論じること。あれこれ非難すること。表記「誹議」とも書く。

【非業】ヒギョウ 平安時代、諸国の博士・医師のうち、試験に合格するなどの正当な手続きを経ずに任ぜられた者。対受業(ジュギョウ) 参考「ヒゴウ」と読めば別の意になる。

【非金属】ヒキンゾク ①金属の性質をもたない物質。②「非金属元素」の略。金属以外のすべての元素の総称。酸素・水素・硫黄(いおう)など。

【非行】ヒコウ 社会の規範や道徳に反した行為。「―に走る」

【非業】ヒゴウ 仏不運が前世の報いではなく、現世の思いがけない災難によるものであること。「若くして―の死をとげる」類非命 対定業(ジョウゴウ) 参考「ヒギョウ」と読めば別の意になる。

【非公式】ヒコウシキ 表向きでないこと。また、そのさま。「―の首相談話」「―会談」対公式

【非合法】ヒゴウホウ 法律の規定に反していること。また、そのさま。「―運動」対合法 参考「違法」と異なり、法の正当性を否認する趣がある。

【非才】ヒサイ ①才能がないこと。非材。類鈍才 ②自分の才能を謙遜(ケンソン)していう語。「浅学―」表記「菲才」とも書く。

【非常】ヒジョウ ①程度がはなはだしいさま。「―な寒さ」②思いがけない異常なこと。普通でないこと。「―の事態」対通常

【非情】ヒジョウ ①喜怒哀楽がなく、人間味や思いやりがないこと。冷酷なこと。「―の仕打ち」②仏感情のないもの。木・石・草・水など。「―の虫けら」類①②無情 対有情(ウジョウ)

【非常時】ヒジョウジ ①平常とは異なる重大な出来事が起きたとき。対常時 ②戦争や内乱など、国際的・国家的な重大な危機に直面したとき。類戦時 対①②平時

【非常識】ヒジョウシキ 常識にはずれていること。常識のないこと。「深夜によその家に行くなんて―だ」対常識

【非職】ヒショク ①職務についていないこと。また、その人。②公務員などが地位はそのままで、職務を免ぜられていること。また、その人。休職。

【非斥】ヒセキ 難くせをつけて、しりぞけること。類排斥

【非道い】ひどい ①見ていられないほど残酷だ。むごい。「年寄りをだますとは―い」②程度がはなはだしい。激しい。「―い寒さだ」表記「酷い」とも書く。

ひ ヒ

【非道】ヒドウ ものの道理や人の道にはずれていること。また、その行為。「極悪ーなやり方」類非理

【非難】ヒナン 他人の欠点や過失を、取り上げて責めること。また、その言葉。「ーの的になる」表記「批難」とも書く。

【非人】ヒニン ①仏人ではないものの意で、夜叉(ヤシャ)・悪鬼の類。②昔、罪人・乞食(コジキ)・貧民を卑しめていった語。③江戸時代、刑場の雑役などをする、士農工商以下の最下層の身分に置かれた人。

【非売品】ヒバイヒン 一般の人に売らない製品。見本や特定の人に配るためのものなど。対売品

【非番】ヒバン 交代制の仕事で、当番などに当たっていないこと。また、その人。対当番

【非望】ヒボウ 身分不相応の大きな希望。高望み。類野望・野心

【非凡】ヒボン ふつうより特にすぐれているさま。ずば抜けているさま。対平凡

【非命】ヒメイ 天命を全うするのではなく、思いがけない災難で死ぬこと。「ーの死をとげた」類非業(ヒゴウ)・横死

【非理】ヒリ 道理にそむくこと。理屈に合わないこと。類非道

【非力】ヒリキ ①腕力が弱いこと。②実力が不足していること。類微力(ビリョク) 対①②強力

【非礼】ヒレイ 礼儀にそむいているさま。「ーをはたらく」類無礼・失礼

ヒ【卑】(9) 十 7 常 3 4060 485C
音 ヒ
訓 いやしい高・いやしむ高・いやしめる高 外ひくい

旧字《卑》(8) 十 6 1/準1 1478 2E6E

筆順 ノ ｲ 白 白 白 由 申 甶 卑

意味 ①ひくい。いやしい。㋐地位や身分が低い。下品な。「卑屈」「卑賤(ヒセン)」「尊卑」㋑心がいやしい。「卑俗」②いやしめる。さげすむ。「卑下」対①②尊 ③自分のことをいうときの謙称。「卑見」④ちかい。身近な。「卑近」

書きかえ 「鄙(ヒ)」の書きかえ字として用いられるものがある。

下つき 下卑(ゲビ)・尊卑(ソンピ)・野卑(ヤヒ)

【卑しい】いやしい ①品性が下劣である。げびている。「言葉がーい」②身分や地位が低い。③みすぼらしい。粗末である。「ーい身なり」④欲望をむき出しにする。意地きたない。さもしい。「ーい目つきで見る」

【卑しめる】いやしめる いやしい者として見下す。さげすむ。「人をーめる行為」

【卑官】ヒカン ①位の低い官職。②役人が自分のことをへりくだっていう言葉。

【卑怯】ヒキョウ ①気が弱く、物事を恐れること。勇気がなく、ずるいこと。類臆病(オクビョウ) ②心情がいやしく、よくないこと。正々堂々としていないこと。類卑劣

【卑近】ヒキン 身近なこと。日常ありふれたこと。「ーな例で説明する」類通俗

【卑金属】ヒキンゾク 空気中の水分や二酸化炭素などで酸化されやすく、さびやすい金属。鉄・亜鉛など。対貴金属

【卑屈】ヒクツ 品性がいやしく、人にこびたりして自分に自信のないこと。また、そのさま。「ーな態度をとる」

【卑下】ヒゲ 劣っているものとして、自分をいやしめること。「むやみに自分をーすることはない」

『卑下も自慢のうち』 表面では謙遜(ケンソン)しているようで、実はそのことを美徳として自慢していること。

【卑見】ヒケン つまらない意見。自分の意見を謙遜(ケンソン)した語。「ーを申し述べる」表記「鄙見」とも書く。

【卑語】ヒゴ 下品でいやしい言葉。スラング。表記「鄙語」とも書く。

【卑小】ヒショウ つまらなくて価値がないさま。取るに足りないさま。「ーな存在」

【卑称】ヒショウ 自分または相手や、その動作・状態をいやしめていうこと。また、その言葉。「てめえ」「貴様」「ぬかす」など。対尊称

【卑賤】ヒセン 身分や地位が低く、いやしいこと。「ーの身から天下を取る」表記「鄙賤」とも書く。

【卑俗】ヒゾク 態度や言動などが、俗っぽく品がないこと。「ーな趣向」類低俗 対高尚 表記「鄙俗」とも書く。

【卑属】ヒゾク 戸籍上で親族系統に属し、本人より世代があとの者。子・孫・甥(おい)・姪(めい)など。対尊属(ソンゾク)

【卑劣】ヒレツ 性質や言動などが、ずるくて下劣なこと。「ーな手段を使う」類卑怯(ヒキョウ) 表記「鄙劣」とも書く。

【卑陋】ヒロウ 身分・品性・行動などがいやしいこと。下品なこと。類下劣

【卑猥】ヒワイ いやしくて、みだらなこと。下品でけがらわしいこと。「ーな行為」表記「鄙猥」とも書く。

ヒ【朏】(9) 月 5 1 5912 5B2C
音 ヒ
訓 みかづき

意味 みかづき(三日月)。また、明けがたのうすぐらいさま。参考 出たばかりのうすぐらい月を表す字。

ヒ【毘】★ (9) 比 5 準1 4091 487B
音 ヒ・ビ
訓 たすける

〔毗〕8644 764C

意味 ①たすける。②梵語(ボンゴ)の音訳に用いられる。「茶毘(ダビ)」

下つき 茶毘(ダビ)

【毘沙門天】ビシャモンテン 仏 甲冑(カッチュウ)を身にまとい、仏法を守護し、福徳をさずける神。四天王の一つ。日本では七福

ひ ヒ

神の一人。

【毘首羯磨】ビシュカツマ 仏帝釈天(タイシャクテン)に仕えて、道具や工芸品をつくり、建築をつかさどる神。

【毘盧遮那仏】ビルシャナブツ 仏知徳の光で万物を照らしだす仏。華厳経(ケゴンキョウ)の本尊。密教では大日如来(ダイニチニョライ)と同じ。

ヒ【★砒】(9) 石4 1 6671 6267 音ヒ 訓

意味 ヒソ(砒素)。非金属元素の一つ。

【砒酸】ヒサン 亜砒酸を濃硝酸で熱し、酸化させたもの。無色の結晶で猛毒。染料や殺虫剤などの原料。

【砒石】ヒセキ 砒素・硫黄(いおう)・鉄などからなる鉱物。猛毒。防腐剤・医薬品の原料。

【砒素】ヒソ 灰白色で金属のような光沢がある、もろい固体。非金属元素の一つで、化合物は猛毒。農薬・医薬の原料。

ヒ【秕】(9) 禾4 1 6730 633E 音ヒ 訓しいな・くずごめ・わるい

〔粃〕6867 6463

意味 ①しいな。殻ばかりで実のない穀物。くずごめ。「秕糠(ヒコウ)」②名ばかりで役に立たないこと。わるい。かす。「秕政」

下つき 糠秕(コウヒ)

【秕】しいな ①殻ばかりで中身のない、もみ。②実らないままにしなびた、草木の実。

【秕糠】ヒコウ ①しいなと、ぬか。②役に立たないつまらないもの。かす。

【秕政】ヒセイ 悪い政治。「―を正す」

ヒ【飛】(9) 飛0 常 教 7 4084 4874 音ヒ 訓とぶ・とばす

筆順 乁 乁 飞 飞 飞 飞 飛 飛 飛

意味 ①空をとぶ。「飛行」「雄飛」②とびあがる。とびちる。「飛散」「飛躍」③とばす。速く行く。急な。「飛脚」「飛報」④たかい。「飛泉」「飛瀑(ヒバク)」⑤根拠のない。でたらめ。「飛語」⑥将棋の駒(こま)の「飛車」の略。⑦「飛騨(ひだ)の国」の略。「飛州」

書きかえ 「蜚(ヒ)」の書きかえ字として用いられるものがある。

下つき 突飛(トッピ)・雄飛(ユウヒ)

〈飛鳥〉あすか 日本で、六世紀末から八世紀初めまで都があった所。現在の奈良県高市郡明日香村付近。古墳や古寺など史跡が多い。由来「あすか」にかかる枕詞(まくらことば)「飛ぶ鳥の」から。表記「明日香」とも書く。

〈飛鳥〉川の〈淵瀬〉あすかがわのふちせ 世の中の変転きわまりないこと、また、人の世の無常なことのたとえ。由来「飛鳥川」は奈良盆地を流れる川。昔は流れの変化が激しく、淵(深い所)と瀬(浅い所)がよく変わったことから。参考「飛鳥川」は「明日(あす)」ともいう。

〈飛白〉かすり かすったような模様をところどころに入れた織物や染物。また、その模様。表記「絣」とも書く。

〈飛沫〉しぶき 細かい粒状になって、勢いよく飛び散る水。「水―をあげる」「―を浴びる」表記「繁吹」とも書く。参考「ヒマツ」とも読む。

〈飛礫〉つぶて 小石を投げること。また、その小石。「梨(なし)の―(返事のないこと)」表記「礫」とも書く。

【飛魚】とびうお トビウオ科の海魚。暖海にすむ。背は銀青色で、腹は白い。長大な胸びれを広げて海面上を飛ぶ。食用。アゴ。ホントビ。季夏

【飛び級】とびキュウ 成績優秀者が、正規の課程をとび越えて、例外的により上の学年や課程に進級すること。

〈飛螻蛄〉とびけら トビケラ目の昆虫の総称。水辺にすむ。ガのように飛び、ケラにやや似る。幼虫はいさごむし。

【飛出】とびで 目が飛び出すように開き、口も大きく開いた能面。大飛出は神、小飛出は畜類などに用いる。

【飛ぶ】とぶ ①空中を移動する。飛行する。「社用でアメリカへ―ぶ」②はね上がり、物を越える。「みぞを―ぶ」③世間に広がる。「デマが―ぶ」④急いで行く。「記者が現場へ―ぶ」⑤途中を抜かして先へ進む。「ページを―ばして読む」⑥消えてなくなる。「百万円が―ぶ」「アルコール分が―ぶ」

【飛ぶ鳥の献立】とぶとりのコンだて 当てにならないことを期待して計画を立てる愚かさのたとえ。まだ捕らえてもいない、空を飛んでいる鳥の料理を考える意から。類捕らぬ狸(たぬき)の皮算用

『飛んで火に入(い)る夏の虫』 自分から進んで、危険や災難に身を投じるたとえ。夏の夜、光に誘われて集まった虫が、灯火のなかに飛びこんで焼け死ぬことから。

〈飛蝗〉ばった バッタ科の昆虫の総称。後ろばねは薄く飛行に適し、後ろあしは長く、よくはねる。イネを食害する。トノサマバッタ・ショウリョウバッタ・イナゴなど種類が多い。季秋 表記「蝗虫」とも書く。参考「ヒコウ」と読めば、バッタが大集団をつくって移動する現象。

【飛燕】ヒエン ①飛んでいるツバメ。②剣道などで、①のようにすばやく身をひるがえすことのたとえ。

【飛蛾火に赴く】ヒガひにおもむく 自分から好んで危険な場所へおもむくたとえ。ガが飛んできて灯火に身を焼かれることから。《梁書》類飛んで火に入る夏の虫

【飛花落葉】ヒカラクヨウ 人の世の無常なことのたとえ。春には花が風

に吹かれて飛び散り、秋には木の葉が枯れ落ちていく意から。類一栄一落

【飛脚】ヒキャク ①昔、急ぎの用を遠くに知らせる使者。②江戸時代、手紙や金品などを遠くに送り届けることを職業とした人。

【飛脚に三里の灸】ヒキャクにサンリのキュウ 勢いのある者に勢いが加わることのたとえ。もともと足の速い飛脚の足に灸をすえれば、ますます速さを増す意から。「三里」は膝頭（ひざがしら）の下の少しくぼんだところで、灸の急所。

【飛語】ヒゴ 根拠のない無責任なうわさ。デマ。「流言―」類飛言 書きかえ「蜚語」の書きかえ字。

【飛行】ヒコウ 空中を飛んで進むこと。「宇宙空間を―する」類飛翔（ヒショウ）

【飛散】ヒサン 飛び散ること。細かくなって散乱すること。

【飛耳長目】ヒジチョウモク 物事の観察が鋭く世情にも精通していること。「飛耳」は、遠くのことを聞くことができる耳。「長目」は、遠方まで見通せる目。《管子》参考「長目飛耳」ともいう。

【飛車】ヒシャ 縦と横にいくつでも進退できる将棋の駒（こま）。成れば竜王といい、さらに斜めに一つずつ動くことができる。「王手―取り」

【飛錫】ヒシャク 仏僧が諸国を遍歴修行すること。行脚（アンギャ）。由来 錫杖（シャクジョウ）を飛ばして行くことから。

【飛翔】ヒショウ 空中を飛びかけること。「大空を―する」類飛行

【飛泉】ヒセン ①高い所から勢いよく落ちる水。滝。瀑布（バクフ）。類飛瀑 ②ふき出る泉。

【飛箭】ヒセン 飛んでくる矢。「箭」は矢の意。

【飛驒】ひだ 旧国名の一つ。現在の岐阜県の北部。飛州（ヒシュウ）。

【飛鳥尽きて良弓蔵めらる】ヒチョウつきてリョウキュウおさめらる 役に立つときは使われるが、役に立たなくなると捨てられるたとえ。鳥を射落とし尽くすと、良い弓も無用となり、しまわれてしまう意から。《論衡》参考「蔵めらる」は「蔵（かく）る」ともいう。

【飛兎竜文】ヒトリュウブン 才能にあふれた、すぐれた子ども。神童のこと。「飛兎」「竜文」はともに駿馬（シュンメ）の名。

【飛瀑】ヒバク 高い所から勢いよく落ちる滝。類飛泉 季夏

【飛蚊症】ヒブンショウ 目の前を力が飛ぶように見える目の症状。眼球のガラス体にできる混濁などにより起こる。

【飛沫】ヒマツ 「飛沫（しぶき）」に同じ。

【飛躍】ヒヤク ①高く飛び上がること。②急速に発展・向上すること。「―が予想される業種」③理論などが、正しい順序や段階を踏まずに進むこと。「論理に―がある」

【飛揚】ヒヨウ ①飛んで高く上がること。舞い上がること。類飛翔（ヒショウ） ②高い地位につくこと。

【飛揚跋扈】ヒヨウバッコ 勝手気ままに横行すること。また、臣下がのさばり、君主をないがしろにするたとえ。「飛揚」は、ワシやタカなどが舞い上がること。「跋扈」は、大魚が躍り上がって梁（やな）を飛び越えること。《北史》類跳梁跋扈（チョウリョウバッコ）・横行闊歩（オウコウカッポ）

【飛鷹走狗】ヒヨウソウク タカを飛ばし、イヌを走らせる意で、狩猟をすること。《後漢書（ゴカンジョ）》

【飛竜雲に乗る】ヒリュウくもにのる 賢者や英雄が時勢に乗って、その才能や力を存分に発揮するたとえ。竜が雲に乗って自由に空を飛び回る意から。《韓非子（カンピシ）》参考「ヒリュウ」は「ヒリョウ」とも読む。

【飛竜頭】ヒリュウズ ①粳米（うるちマイ）と糯米（もちごめ）を混ぜて水で練り、形を整えて油で揚げた食品。②がんもどきの別称。参考「ヒリョウズ」とも読む。

【飛輪】ヒリン 太陽の別称。

ヒ【俾】(10) イ 8 1 4876 506C 音 ヒ・ヘイ 訓 しもべ・にらむ

意味 一ヒ ①たすける。益する。「俾益」類裨（ヒ） ②しもべ。めしつかい。二ヘイ にらむ。横目で見る。「俾倪（ヘイゲイ）」類睥（ヘイ）

【俾倪】ヘイゲイ ①横目でにらむこと。尻目（しりめ）に見ること。②あたりをにらみつけて勢いを示すこと。「天下を―する」表記「睥睨」とも書く。

ヒ【匪】(10) 匚 8 準1 4059 485B 音 ヒ 訓 あらず・わるもの

意味 ①あらず。否定の助字。「匪石」類非 ②わるもの。「匪賊」

下つき 拳匪（ケンピ）・土匪（ドヒ）

【匪ず】あら-ず …ではない。…しない。あとに続く語を否定する語。

【匪石の心】ヒセキのこころ 心や志が堅固であることのたとえ。心は石ではないから、石のように転がして変えさせることはできない意から。《詩経》

【匪賊】ヒゾク 集団で出没し、略奪や殺人などを犯す盗賊。群盗。類土匪・匪徒

ヒ【疲】(10) 疒 5 常 4 4072 4868 音 ヒ 訓 つかれる

筆順 丶 亠 广 广 疒 疒 疒 疒 疲 疲

意味 つかれる。おとろえる。「疲弊」「疲労」

【疲れる】つか-れる ①精力や体力を消耗して、体や神経が弱る。元気がなくなる。「遊びすぎて―れる」②使いすぎて、本来ある能力や性

ひ ヒ

質が低下する。「ーれたエンジン」

【疲▲憊】ヒハイ 疲れて弱ること。疲れ果てること。疲労困憊(コンパイ)。「徹夜の仕事が続いて心身共にーする」

【疲弊】ヒヘイ ①精神的・肉体的に疲れ弱ること。②経済的に困窮し、疲れ弱ること。「国の財政がーする」

【疲労】ヒロウ ①肉体的・精神的にくたびれること。疲れ弱ること。「ーが頂点に達する」②金属材料などが頻繁に使われたことで強度を失うこと。「金属ー」

〖疲労困▲憊〗ヒロウコンパイ 疲れきって苦しむこと。「困憊」は苦しみ疲れる意。「ーして寝込む」類 精疲力尽

ヒ
【秘】
(10) 禾 5 教 常 5 4075 486B

旧字《祕》(10) 示 5 1/準1 6716 6330

音 ヒ
訓 ひめる㊥ ㊕かくす・ひそか

筆順 ノ 二 千 千 禾 禾 秒 秘 秘 秘

意味 ①ひめる。かくす。人に見せない。「秘策」「秘密」②奥深くて、人知でははかりしれない。「秘奥」「神秘」③つまる。とじる。「便秘」

下つき 奥秘(オウヒ)・厳秘(ゲンピ)・極秘(ゴクヒ)・神秘(シンピ)・深秘(シンピ)・便秘(ベンピ)・黙秘(モクヒ)

【秘奥】ヒオウ 容易に知ることができない物事の奥底。特に、学問や技芸などの奥深い道理。「芸道のーを究める」

【秘境】ヒキョウ 人が足を踏み入れたことがほとんどなく、事情がよく知られていない地域。「アマゾンのーを探検する」

【秘曲】ヒキョク 特別の家系の継承者や特定の資格のある者にだけ伝授し、一般の人には伝えることがない楽曲。秘伝の曲。

【秘計】ヒケイ 秘密のはかりごと。「ーを巡らす」類 秘策

【秘▲訣】ヒケツ 人には知られていない、合理的・効果的なすぐれた方法。奥の手。奥義(オウギ・オクギ)。「勝利のー」

【秘結】ヒケツ 大便が固くなって排出されないこと。類 便秘

【秘策】ヒサク 人の気づかない秘密の計画。「ーを練る」類 秘計

【秘史】ヒシ 世間一般には知られていない歴史。隠された表面に出ない歴史。

【秘事】ヒジ 秘密の事柄。ひめごと。「一身にかかわるーを明かす」

【秘術】ヒジュツ 人に容易に知らせない、すぐれた技。奥の手。類 秘法

【秘書】ヒショ ①重要な役職に就いている人のそばにいて、機密の仕事や文書を取り扱う人。②秘密で重要な文書。機密文書。③人に容易に見せない書物。秘蔵の書物。

【秘跡・秘▲蹟】ヒセキ 洗礼など神の恵みを信者に与えるための、カトリックの重要な儀式。サクラメント。

【秘蔵】ヒゾウ ①大切にしまって持っていること。また、そのもの。「寺でーの宝物を展示する」②大切にしてかわいがり、育てること。また、その者。「ーっ子の愛弟子(まなデシ)」

【秘△か】ひそーか 人に知られないようにするさま。ないしょのさま。「ーな恋心」

【秘△色】ヒソク ①中国、浙江(セッコウ)省の越州窯(エッシュウヨウ)で焼かれたといわれる青磁。②「秘色色」の略。瑠璃(ルリ)色。③襲(かさね)の色の名。表が瑠璃色で、裏が薄色。あるいは縦糸が紫色、横糸が青色で、裏が薄色。

【秘中】ヒチュウ 秘密にしている物事のうち。「ーの秘(特に秘密にしている事柄)」

【秘伝】ヒデン 容易には一般の人に伝授しない秘密の方法や技術。武道や芸道の奥義(オウギ)。「特別にーを授かる」

【秘匿】ヒトク 第三者には、ひそかに隠しておくこと。「金塊をーしている」「取材源をーする」類 隠匿

【秘宝】ヒホウ めったに人に見せない大切な宝。一般に公開しない宝。

【秘密】ヒミツ 人に知られないように隠すこと。公開しないこと。また、その事柄。「個人のーを守る」「ー兵器」類 機密

【秘める】ひーめる 隠して、人に知らせないでいる。表面に表さずに隠しもつ。「無限の可能性をーめている」「悲しみを胸にーめる」

【秘薬】ヒヤク 製法を秘密にした、すばらしい効能のある不思議な薬。「不老不死のー」類 妙薬

【秘▲鑰】ヒヤク 秘密を明らかにする手がかり。「宇宙の神秘を解き明かすー」参考「鑰」は戸締まりする鍵の意。

【秘話】ヒワ 包み隠されて、世間一般には知られていない話。「終戦ー」

〈秘露〉ペルー 南アメリカ北西部の共和国。自然に恵まれ、鉱物資源が豊富。かつてインカ帝国のあった地。首都はリマ。

ヒ
【紕】
(10) 糸 4 1 6903 6523

音 ヒ
訓 かざる・かざり・あやまり

意味 ①かざる。旗や冠のふちをかざる。ふちかざり。②あやまり。まちがい。「紕繆(ヒビュウ)」

【▲紕▲繆】ヒビュウ あやまり。まちがい。類 誤謬(ゴビュウ)

ヒ
【被】
(10) 衤 5 常 4 4079 486F

音 ヒ
訓 こうむる ㊕おおう・かぶる・かぶせる・かずける

筆順 ゛ ラ ネ ネ ネ 衤 衤 衤 被 被

意味 ①おおう。おおいかぶさる。「被覆」「被膜」「光被」②着る。かぶる。「被服」「被布」③こうむる。うける。「被害」「被災」④る。らる。受身の助字。「被疑」「被告」

ひ
ヒ

下つき 衣被・加被・光被・法被

【被う】おお-う 保護したり、隠したりするために上にかぶせる。「ベッドをカバーで―う」「不始末を―う」

〈被衣〉かずき 平安時代以降、身分の高い女性が外出のとき人目を避けるために頭からかぶった薄い衣。きぬかずき。

【被ける】かず-ける ①責任を負わせる。②かこつける。「病気に―けて欠席する」③頭にかぶらせる。また、ご祝儀や褒美として衣類を肩に掛ける。

【被る】かぶ-る ①頭や顔をおおう。「帽子を―る」②水やほこり・粉などを浴びる。「火の粉を―る」③責任や負担を背負いこむ。こうむる。「罪を―る」

〈被綿〉きせわた ①物の上に綿をかぶせること。また、その綿。②重陽の節句(陰暦九月九日)の前夜、キクの花にかぶせた綿。露や香りを移した綿で、体をふくと長寿を保つといわれた。菊の被綿。季秋 表記「着せ綿」とも書く。

【被る】こうむ-る ①恩恵や被害などを受ける。「おかげを―る」「迷惑を―る」②お許しいただく。おことわりする。「ご免を―る」

【被害】ヒガイ 損害や危害を受けること。「幸いに―がなかった」対加害

【被害妄想】ヒガイモウソウ 他人からありもしない危害を加えられていると思いこむこと。

【被褐懐玉】ヒカツカイギョク 見かけは粗末だが、内にはりっぱな徳を備えているたとえ。粗末な衣服をまといながら、ふところに玉を隠している意から。「被」はまとう、「褐」は粗末な衣服の意。《老子》類被褐懐宝

【被疑者】ヒギシャ 犯罪の疑いを受けて捜査の対象とされているが、まだ起訴されていない人。容疑者。

【被虐】ヒギャク 他人からしいたげられること。残酷に扱われること。対加虐

【被堅執鋭】ヒケンシツエイ 堅固なよろいを身に着け、鋭利な武器を持って戦うこと。完全武装すること。《戦国策》

【被験者】ヒケンシャ 実験や検査などの対象者。表記 検査の場合は「被検者」とも書く。

【被告】ヒコク 民事・行政訴訟において訴えられた当事者。対原告

【被災】ヒサイ 天災・戦災などで、損害や危害を受けること。「地震の―地で救援活動を行う」類罹災

【被写体】ヒシャタイ 写真に写し撮られる人や物。「孫は格好の―だ」

【被選挙権】ヒセンキョケン ①選挙される権利。②国民の公選により、一定の公職につくことができる権利。対①②選挙権

【被曝】ヒバク 放射能にさらされること。放射能の被害を受けること。「許容量をこえて―する」「―線量」

【被爆】ヒバク 爆撃を受けること。特に、原子・水素爆弾の被害を受けて、その放射能を受けること。

【被髪】ヒハツ ①髪の毛を結ばずに振り乱すこと。②冠をつけない未開地の風俗。

【被髪纓冠】ヒハツエイカン 非常に急いで行動すること。「纓冠」は冠のひもを結ぶことで、髪の毛を振り乱したまま、冠のひもを結ぶ意から。《孟子》

【被髪文身】ヒハツブンシン 髪を結ばず、体に入れ墨をする異民族の野蛮な風俗のこと。「文身」は体に入れ墨をする意。《礼記》類被髪左衽

【被布・被風】ヒフ 和服の上に羽織るコート風の衣服。外出・防寒用。季冬 参考 江戸時代より、茶人や俳人などが好んで着用し、のちに女性や子どもが着用した。表記「披風」とも書く。

【被服】ヒフク 体をおおうもの。着物。衣服。「―費」

【被覆】ヒフク おおいかぶせること。かぶせ包むこと。また、そのもの。「電線を絶縁体で―する」「―用の塗料」

【被膜】ヒマク 物の表面をおおい包んでいる薄い膜。「一面―に包まれている」「野菜・果実の表皮の―剤」

ヒ【婢】(11) 女8 1 5325 5539 音 ヒ 訓 はしため

意味 はしため。身分の低い女性。下女。「婢妾」対奴・僕

下つき 下婢・侍婢・奴婢・僕婢

【婢】はしため 召使いの女性。下女。下働きをする身分の低い女性。

【婢妾】ヒショウ 下女やめかけ。召使いの女性。

【婢僕】ヒボク 下女と下男。男女の召使い。しもべ。類婢僮

ヒ【菲】(11) 艹8 1 7243 684B 音 ヒ 訓 うすい・かんばしい

意味 ①うすい。そまつな。つまらない。「菲才」②かんばしい。かぐわしい。

【菲い】うす-い 手軽で粗末なさま。品質や程度があまり良くない。

【菲才】ヒサイ ①才能がないこと。②自分の才能をへりくだっていう語。「浅学―」類不才 表記「非才」とも書く。

【菲徳】ヒトク 薄い徳。人間としての価値ある行いが薄いこと。類寡徳

【菲薄】ヒハク ①才能や徳などが劣ること。②衣服や食物などが粗末なこと。また、質素な生活をすること。

ヒ【悲】(12) 心8 常 教8 4065 4861 音 ヒ 訓 かなしい・かなしむ

ひ ヒ

筆順 ノ ナ ヲ ヲ 非 非 非 非 悲 悲 (10 12)

意味 ①かなしい。かなしむ。「悲哀」「悲話」対喜 ②あわれみの心。「悲願」「慈悲」

下つき 慈悲(ジヒ)・大悲(ダイヒ)

【悲しい】かなしい ①心が痛むさま。気持ちが沈むさま。「友人が転校して―い」②嘆かわしい。

【悲しむ】かなしむ ①心が痛む。気持ちが沈む。「愛犬の死を―む」②嘆かわしく思う。うれえる。「昨今の言語の乱れを―む」

【悲哀】ヒアイ 悲しく哀れなこと。また、その感情。「人生の―を感じる」

【悲運】ヒウン 悲しい運命。「―に泣く」類不運 対幸運

【悲歌▲慷慨】ヒカコウガイ 世の中やわが身を憤り、嘆いて、悲壮な心境を歌うこと。「悲歌」は悲しんで歌う、「慷慨」は憤り嘆く意。〈『史記』〉参考「慷慨悲歌」ともいう。

【悲観】ヒカン ①先行きに望みや期待がもてず、落胆すること。「前途を―する」②世の中は苦しいことや悪いことばかりであると否定的に思うこと。「―論」対楽観

【悲願】ヒガン ①心から是非ともなし遂げたいと思う願い。悲壮な願い。「―の甲子園出場」②仏仏や菩薩(ボサツ)が衆生(シュジョウ)を救おうという願い。「阿弥陀(アミダ)の―」

【悲喜】ヒキ 悲しみと、喜び。類哀歓 参考悲しみと喜びが、一つのことに同時に存在するときに使う。

【悲喜〈交交〉】ヒキこもごも 悲しみと喜びが入り交じっていること。また、悲しみと喜びをかわるがわる味わうこと。「―至る」類悲喜交集

【悲喜劇】ヒキゲキ ①悲劇と喜劇の要素が混ざっている劇。②悲しみと喜びとが重なり合った出来事。「人生の―」

【悲境】ヒキョウ 悲しい境遇。不幸な身の上。「―に泣く」類逆境

【悲劇】ヒゲキ ①人生における悲しみを題材にして、破滅や敗北などの結末になる劇。対①②喜劇 ②人生の悲惨な出来事や事件。

【悲惨・悲酸】ヒサン 悲しく、むごたらしいこと。哀れで、痛ましいこと。「目を背けたくなる―な光景」類無惨

【悲愁】ヒシュウ 悲しみと、うれい。悲しみのあまり、うれえること。

【悲壮】ヒソウ 哀れで、勇ましいこと。悲しさのなかにも、雄々しさの感じられること。「―な決意で家を出る」

【悲▲愴】ヒソウ 悲しくいたましいさま。「―な顔つき」類悲傷

【悲嘆・悲▲歎】ヒタン 心が深く傷つき、悲しみ嘆くこと。「―に暮れる」

【悲痛】ヒツウ 悲しみのあまり、心が激しく痛むこと。「―な叫び声」

【悲憤▲慷慨】ヒフンコウガイ 世の不正や自分の運命などを悲しみ、いきどおり嘆くこと。「時世を憂えて―する」参考「慷慨悲憤」ともいう。

【悲報】ヒホウ ①悲しい知らせ。「交通事故の―が届いた」類凶報 対朗報 ②人の死の知らせ。「恩師の―に接する」類訃報(フホウ)

【悲鳴】ヒメイ ①突然の恐怖感や驚いたときなどに発する叫び声。②自分の能力で、対応できないことへの泣き言。弱音(よわね)。「過重な業務に―をあげる」

【悲恋】ヒレン 悲しい結末に終わる恋。悲劇的な恋。「―を主題にした映画」

【悲話】ヒワ その人物や事柄にまつわる心が痛む話。悲しい物語。「タイタニック号の―を映画で見た」

ヒ【扉】

(12) 戸 8 常 準2 4066 4862

音 ヒ(高) 訓 とびら

旧字《扉》(12) 戸 8 1/準1

筆順 一 ㇇ ㇇ 戸 戸 戸 扉 扉 扉 扉 (7 11)

意味 とびら。開き戸。「開扉」「門扉」

下つき 開扉(カイヒ)・鉄扉(テッピ)・門扉(モンピ)

【扉】とびら ①建物などの出入り口の、半回転する戸。開き戸。ドア。②書物の見返しの次のページ。書名や著者名などを記す。雑誌では、本文の前の第一ページ。題字や巻頭言などを記す。

ヒ【斐】

(12) 文 8 準1 4069 4865

音 ヒ 訓 あや

意味 あや。あや模様が並んで美しいさま。「斐然」

下つき 甲斐(かい)

【▲斐】あや あやのあるさま。縦糸と横糸で織り出した、美しい模様。

【▲斐然】ヒゼン あやがあって、美しいさま。「―として章(あや)をなす」

ヒ【琲】

(12) 王 8 1 6474 606A

音 ヒ・ハイ

意味 ①玉を連ねた飾り。②コーヒーの音訳字に用いられる。「珈琲(コーヒー)」参考中国では、コーヒーは「咖啡」と書く。

ヒ【痞】

(12) 疒 7 1 6561 615D

音 ヒ 訓 つかえ・つかえる

意味 つかえ。腹のなかに塊のようなものがあって痛む病気。また、胸がふさがること。「痞結」

【▲痞え】つかえ 胸や心などがつまるようで苦しいこと。「胸の―がおりる」

【▲痞える】つかえる 胸やのどなどがふさがるような感じになる。「胃が―える」

ヒ【★脾】

(12) 月 8 1 7103 6723

音 ヒ 訓 ひぞう・もも

ひ ヒ

意味 ①五臓の一つ。ひぞう(脾臓)。「肝脾」②もも。「脾肉」類髀ヒ

下つき 肝脾カン

【脾腫】ヒシュ 脾臓がはれて大きくなった状態。白血病・悪性リンパ腫・感染症などに見られる。

【脾臓】ヒゾウ 胃の左後ろにある楕円ダエン形の臓器。白血球をつくり、古くなった赤血球を破壊し、また血液をたくわえる器官。

【脾肉】ヒニク 足の股ももの部分の肉。表記「髀肉」とも書く。

【脾腹】ひばら はらの脇わきの部分。脇腹。横腹。

ヒ【腓】(12) 月 8 1 7104 6724 音 ヒ 訓 こむら・ふくらはぎ

意味 こむら。ふくらはぎ。すねの後ろのふくらんだところ。

【▲腓】こむら すねの後ろ側のふくれた部分。ふくらはぎ。こぶら。

【▲腓返り】こむらがえり ふくらはぎの筋肉が急にけいれんし、激しく痛むこと。こぶらがえり。

【腓骨】ヒコツ 脛骨ケイコツの外側にある細い骨。ひざからくるぶしにかけての骨の一つ。

ヒ【費】(12) 貝 5 常 教 6 4081 4871 音 ヒ 訓 ついやす中・ついえる中

筆順
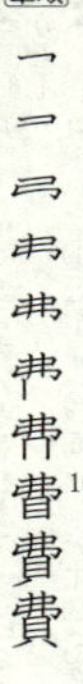

意味 ①ついやす。金品を使いへらす。ついえる。「消費」「浪費」②ついえ。ものいり。かかり。「費用」「会費」「食費」

下つき 会費カイ・学費ガク・給費キュウ・経費ケイ・工費コウ・公費コウ・国費コク・歳費サイ・雑費ザッ・失費シッ・実費ジッ・私費シ・自費ジ・出費シュッ・消費ショウ・食費ショク・燃費ネン・乱費ラン・濫費ラン・旅費リョ・浪費ロウ

【費える】ついえる ①乏しくなる。使われて減る。「長年の貯えがーえた」②無駄に時間が経過する。「月日がーえる」

【費やす】ついやす ①使ってなくす。「読書に時間をーす」「一〇年をーして完成」②無駄に使う。「貴重な時間をーす」

【費消】ヒショウ 金銭や物品などをすっかり使い果たしてしまうこと。

【費目】ヒモク 支出する費用の項目。経費の名目。「帳簿上のー」

【費用】ヒヨウ 何かをするときに必要な金銭。「開発研究のためのー」

〈費府〉フィラデルフィア アメリカ合衆国北東部、ペンシルベニア州南東部にある港湾都市。

ヒ【痹】(13) 疒 8 1 *8155* *7157* 音 ヒ 訓 しびれる・しびれ

意味 しびれる。しびれ。

下つき 麻痹マヒ

ヒ【★痺】(13) 疒 8 1 6567 6163 音 ヒ 訓 しびれる

意味 ①鳥のウズラのめす。②しびれる。しびれ。「麻痺」参考 もともと①の意であったが、「痹ヒ」と混用され、②の意も表す。

下つき 麻痺マヒ・痲痺マヒ

【▲痺れ】しびれ しびれること。強い刺激などを受けて、感覚がなくなったり、麻痺マヒしたりして、運動の自由がきかない状態。「ーを切らす」

【▲痺れ鰻】しびれうなぎ デンキウナギの別称。デンキウナギ科の淡水魚。南アメリカのアマゾン川などにすむ。発電力が魚類中で最大。放電されて動けなくなった小魚を捕食する。

【▲痺れる】しびれる ①正常の感覚がなくなって、運動の自由がなくなる。「長時間の正座で足がーれる」②電気などの強い刺激を受けて、びりびりする。「感電して手がーれる」③ひどく興奮する。快感を覚えてうっとりする。「オペラ歌手の美声にーれる」

ヒ【▲碑】(13) 石 8 8907 7927 ▼碑の旧字(一二八五)

ヒ【蓖】(13) ⺾10 1 7279 686F 音 ヒ

意味 薬草の「蓖麻(トウゴマ)」に用いられる字。

【蓖麻】ヒマ トウゴマの別称。トウダイグサ科の一年草。アフリカ原産。ひまし油をとるために栽培。由来「蓖麻」は漢名から。

【蓖麻子油】ヒマシユ トウゴマ(ヒマ)の種子からとった油。下剤や潤滑油などの原料となる。

ヒ【裨】(13) 衤 8 1 7475 6A6B 音 ヒ 訓 おぎなう・たすける・たすけ

意味 ①おぎなう。たすける。たすけ。「裨益」類俾ヒ ②ちいさい。いやしい。

【裨益】ヒエキ おぎなって利益を与えること。助けとなること。役に立つこと。「弱者をーする」類補益 表記「俾益」とも書く。

【裨補】ヒホ 不足している部分を補って、助けること。たすけ。

ヒ【賁】(13) 貝 6 1 音 ヒ・ホン・フン 訓 かざる・かざり・あや・つわもの

〔賁〕7644 6C4C

意味 ①かざる。かざり。あや。あや模様の美しいさま。②勢いよくはしる。類奔 ③いさむ。また、つわもの。「虎賁コホン」

【賁臨】ヒリン 客が訪れてくることの敬称。お越し。類光臨

ヒ【榧】(14) 木 10 1 6050 5C52 音 ヒ 訓 かや

意味 かや。イチイ科の常緑高木。

【榧】かや イチイ科の常緑高木。山野に自生。葉は平たい線形で、先がとがる。種子は油の原料、また食用・薬用とする。材は高級な碁盤や将棋盤の材料に用いる。

ヒ【碑】(14) 石 9 常 3 4074 486A 音 ヒ 訓 (外)いしぶみ

旧字《碑》(13) 石 8 1/準1 8907 7927

筆順 一 丆 石 石 5 矿 7 矿 矿 砷 11 砷 碑 碑

意味 いしぶみ。たていし。文字などを刻んでたてた方形の石。「碑名」「碑文」 対 碣

下つき 板碑・歌碑・句碑・建碑・詩碑・石碑・墓碑

【碑】いしぶみ 事跡や業績を記念し、後世に伝えるために文章を刻んで建てた石。また、その文章。石碑。碑碣。表記「石文」とも書く。

【碑碣】ヒケツ 「碑(いしぶみ)」に同じ。参考「碑」は四角形の石、「碣」は円形の石の意。

【碑文】ヒブン 碑に刻んだ文章。「—は古代日本を知るよい資料だ」類 碑銘 参考「ヒモン」とも読む。

【碑銘】ヒメイ 石碑に刻む銘。姓名・業績・経歴などを記す。類 碑文

ヒ【緋】(14) 糸 8 準1 4076 486C 音 ヒ 訓 あか

意味 あか。濃い赤色。ひいろ(緋色)。また、あかい絹。「緋縅」

【緋】あか 濃く鮮やかな赤色。火のような明るい赤色。ひいろ。

【緋衣】あけごろも 五位の官人が着た緋色の礼服。転じて、五位のこと。参考 大宝令では、深い緋は四位、浅い赤は五位であった。

【緋色】ひいろ 「緋(あか)」に同じ。

【緋縅】ひおどし ①鎧のおどしで、革や糸を緋色に染めたもの。②緋色の革や糸で札をつづり合わせた鎧。

〈緋水鶏〉・〈緋秧鶏〉ひくいな クイナ科の鳥。日本には夏鳥として渡来し、水辺にすむ。背は緑褐色、顔から腹は赤褐色で、あしは赤色。夜、「キョッキョッ」と鳴く。ナツクイナ。季 夏 参考 古来、単に「クイナ」と呼ばれることが多く、その声は「門の戸をたたく」と形容された。

【緋鯉】ひごい コイの一変種。全身が緋色または赤黄色を帯びたコイ。黒や白の斑紋のあるものもある。観賞用。季 夏

【緋金錦】ヒゴンキ 金を織りこんだ錦。金襴など。ひごん。

【緋〈縮緬〉】ひぢりめん あかい色に染めたちりめん。古くは、婦人の長襦袢や腰巻きなどに用いた。

【緋連雀】ひレンジャク レンジャク科の鳥。シベリアで繁殖し、秋に日本へ渡来する。体はブドウ色で、尾は紅色。頭に冠羽がある。季 秋

ヒ【翡】(14) 羽 8 1 7039 6647 音 ヒ 訓 かわせみ

意味 かわせみ。カワセミ科の鳥。また、カワセミの羽の色。「翡翠」 参考 カワセミの雄を「翡」、雌を「翠」という。

〈翡翠〉かわせみ カワセミ科の鳥。水辺にすむ。背は美しい青緑色で、腹は赤褐色。くちばしは長大。季 夏 由来「翡翠」は漢名より。翡(赤羽)と翠(青羽)をもつ鳥の意から。また、雄を翡、雌を翠ということからともいう。表記「魚狗・魚虎・水狗・川蟬」とも書く。

【翡翠】ヒスイ ①カワセミの別称。▼翡翠(かわせみ) ②カワセミの羽に似た鮮やかな青緑色で半透明な宝石。硬玉の一種。古くから装飾品に用いられる。「—のブローチ」

ヒ【蜚】(14) 虫 8 1 7384 6974 音 ヒ 訓 あぶらむし・とぶ

意味 ①いなむし。イネの害虫。②あぶらむし。ごきぶり。③とぶ。

書きかえ ③「飛」に書きかえられるものがある。

〈蜚蠊〉ごきぶり ゴキブリ科の昆虫の総称。体は平たくて楕円形。多くは黒褐色で、油を塗ったような光沢がある。夜間に活動する。アブラムシ。季 夏 由来「蜚蠊」は漢名より。和名は、「御器(ふたつきの椀)噛」の転じたもの。

【蜚語】ヒゴ ▼書きかえ 飛語(一二八〇)

ヒ【鄙】(14) 阝 11 1 7833 6E41 音 ヒ 訓 ひな・ひなびる・いやしい・いやしむ

意味 ①ひな。いなか。さと。「辺鄙」②ひなびる。田舎めいて素朴な感じがする。③いやしい。とるにたりない。「鄙語」「野鄙」④自分のことをいうときの謙称。「鄙見」

書きかえ ③④「卑」に書きかえられるものがある。

下つき 都鄙・辺鄙・野鄙

【鄙しい】いやしい ①田舎びている。②身分や地位などが低い。③趣味や品性が下劣である。④見識が浅く狭い。

【鄙しむ】いやしむ いやしい者として見下げる。さげすむ。

【鄙見】ヒケン つまらない考え。自分の意見を謙遜していう語。「—をのべさせていただきます」表記「卑見」とも書く。

【鄙諺】ヒゲン 世間で言われていることわざ。類 俚諺

【鄙語】ヒゴ ①ひなびた言葉。田舎言葉。②下品な言葉。俗っぽい言葉。類 鄙言 表記「卑語」とも書く。

【鄙俗】ヒゾク ①田舎びていること。また、そのさま。「—な習わし」②品がなく低俗

なこと。また、そのさま。「―な言葉」表記「卑俗」とも書く。

【▲鄙】ひな　都から遠く離れた土地。田舎。郊外。「―にはまれな美人」

【▲鄙びる】ひなびる　田舎風で、素朴な感じがする。田舎めく。「―びた温泉」

【▲鄙▲俚】ヒリ　①田舎。②言葉や風俗などが田舎びていること。あかぬけしないこと。類鄙野ヒヤ

【▲鄙▲吝】ヒリン　心がいやしくて、物惜しみすること。けちなこと。

【▲鄙▲陋】ヒロウ　身分・行動・品性などがいやしいこと。下品なこと。表記「卑陋」とも書く。

【▲鄙▲猥】ヒワイ　いやしくてみだらなこと。下品で慎みがないこと。「―な話をする」表記「卑猥」とも書く。

ヒ【鞁】(14) 革5　1　8059 705B　音ヒ　訓むながい

意味 車を引くウマの飾り。むながい。はらおび。

ヒ【罷】(15) 罒10 常 準2　4077 486D　音ヒ　訓外やめる・つかれる・まかる

筆順 冂 罒 罒 罒 罒 罷 罷 罷 罷 罷 (2 4 11)

意味 ①やめる。やすむ。「罷業」②役目をやめさせる。しりぞける。「罷免」③つかれる。「罷弊」類疲 ④まかる。退出する。行く。

【罷業】ヒギョウ　①業務を中止すること。②「同盟罷業」の略。ストライキ。類罷工

【罷工】ヒコウ　「罷業」に同じ。

【罷馬は▲鞭▲箠を畏れず】ヒバはベンスイをおそれず　貧苦にあえぐ人々は、どんな厳罰をも恐れなくなるということ。疲れきった馬は、どんなに鞭むちで打たれても命令にしたがわない意から。〈『塩鉄論』〉

【罷弊】ヒヘイ　①精神的・肉体的に疲れて弱ること。②経済的に困窮し活動力が鈍ること。表記「疲弊」とも書く。

【罷免】ヒメン　公務員の職務を辞めさせること。免職にすること。「汚職が発覚して、大臣が―された」

【△罷り通る】まかりとおる　①あたり構わず堂々と行き過ぎる。「大手を振って―る」②不正行為が大っぴらに行われる。「賄賂ワイロが―る」

【△罷る】まかる　①高貴な人や目上の人の前から退出する。おいとまする。②都から地方へ下る。③「行く」「来る」の丁寧語。④「死ぬ」の丁寧語。みまかる。

【△罷める】やめる　①続いていた動作や状態を中止する。②地位や職などからしりぞく。「都合で会社を―める」

ヒ【★誹】(15) 言8　準1　4080 4870　音ヒ　訓そしる

意味 そしる。悪く言う。「誹謗」類非 対誉

下つき 怨誹エンピ

【▲誹る】そしる　人の非を指摘して悪く言う。非難する。けなす。「陰で―る」

【▲誹▲諧】ハイカイ　①「誹諧歌」「誹諧連歌」の略。②俳句・連句の総称。表記「俳諧」とも書く。参考もとは、おどけや滑稽コッケイの意。

【▲誹毀】ヒキ　他人の悪口を言い、名誉を傷つけること。そしること。類誹謗ヒボウ　表記「非毀」とも書く。参考「誹」も「毀」も悪口を言う意。

【▲誹議】ヒギ　そしって、あれこれ言うこと。非難すること。表記「非議」とも書く。参考「誹」も「議」もそしる意。

【▲誹▲謗】ヒボウ　根拠のない悪口や陰口を言うこと。そしること。「仲間を―する」類誹毀ヒキ

ヒ【避】(16) 辶13 常　4　4082 4872　音ヒ　訓さける 外よける

旧字《避》(17) 辶13　1/準1

筆順 コ 尸 吕 启 启 辟 辟 辟 避 避 (6 8 10 12 15)

意味 さける。よける。のがれる。「避難」「逃避」

下つき 回避カイヒ・忌避キヒ・待避タイヒ・退避タイヒ・逃避トウヒ

【避ける】さける　①都合が悪い場所や人から、意識して遠ざかる。「―けて通れない問題」②不都合な結果になる行動をしないようにする。「無用な刺激を―ける」

【避寒】ヒカン　冬の一時期、暖かい土地に行き、寒さをさけること。「―を兼ねて温泉に滞在する」対避暑 季冬

【避暑】ヒショ　涼しい土地で過ごし、暑さをさけること。「猛暑で、―地はどこもおおにぎわい」対避寒 季夏

【避難】ヒナン　災難をさけて、安全な別の場所へ移ること。「全員校庭に―した」「―訓練」「緊急―」

【避妊】ヒニン　妊娠しないように、人為的に予防措置を施すこと。

【避雷針】ヒライシン　落雷による被害を防ぐために、建物などの頂に立てる金属の棒。電気を地下に埋めてある金属板に導いて放電する。

【△避ける】よける　①いやなものや害をなすものに、出あわないようにする。さけて防ぐ。「水たまりを―ける」②あるものを取りのける。除外する。

ヒ【霏】(16) 雨8　1　8034 7042　音ヒ　訓

意味 ①雨や雪の降るさま。「霏霏」②もや。きり（霧）。「林霏」

ひ
ヒ

【霏霏】ヒヒ 雪や細かい雨がしきりに降り続くさま。「—として雪が降る」
下つき 煙霏（エンピ）・林霏（リンピ）

ヒ【嚊】(17) 口14 1 5171 5367
音 ヒ
訓 かかあ・かか・はないき

意味 ①かかあ。かか。妻。庶民の間で、妻を荒っぽくいう語。類 嬶（かか） ②はないき。いびき。

【嚊】かかあ 親しんで呼ぶ語。また、庶民の間で、妻を荒っぽくいう語。対 亭主

【嚊天下】かかあデンカ 家庭内で、妻が夫よりも威張っていること。「上州名物—に空っ風」対 亭主関白

ヒ【臂】★(17) 肉13 1 7130 673E
音 ヒ
訓 うで・ひじ

意味 ①うで。かいな。②ひじ。
下つき 猿臂（エンピ）・攘臂（ジョウヒ）

【臂】ひじ 肩と手首の間にあり、関節で折れ曲がる部分の外側。

ヒ【避】(17) 辶13 ▼避の旧字（一二八六）

ヒ【髀】(18) 骨8 1 8179 716F
音 ヒ
訓 もも

意味 ①もも（股）。ふともも。足のひざから上の部分。「髀肉」②ももの骨。

【髀胝】ヒチ 股（もも）肉が、厚く堅くなったもの。しりだこ。

【髀肉】ヒニク 股（もも）の部分の肉。表記「脾肉」とも書く。

〖髀肉の嘆（タン）〗実力を発揮し、手柄を立てる機会がないことを嘆くたとえ。故事 中国、三国時代、蜀（ショク）の劉備（リュウビ）が長い間戦いがなかったためウマに乗る機会がなく、股（もも）の部分の肉が肥えてしまったことを嘆いた故事から。《『三国志』》

【髀】もも 足の大腿部（ダイタイブ）。ひざから腰に連なる部分。表記「脾」とも書く。

ヒ【羆】(19) 罒14 1 7017 6631
音 ヒ
訓 ひぐま

意味 ひぐま。クマ科の哺乳（ホニュウ）動物。

【羆】ひぐま クマ科の哺乳（ホニュウ）動物。北海道などの寒地の森林にすむ。大形で気性は荒く、しばしば人畜を襲う。胆嚢（タンノウ）は薬用。季 冬

ヒ【靡】★(19) 非11 1 8351 7353
音 ヒ・ビ・ミ
訓 なびく・なびかす・おごる・ただれる

意味 ①なびく。したがう。「靡然」②おごる。おごり。ぜいたく。はなやか。「奢靡（シャビ）」③ただれる。④ち（散）る。ちらす。⑤ほろびる。ほろぼす。
下つき 萎靡（イビ）・淫靡（インビ）・侈靡（シビ）・奢靡（シャビ）・風靡（フウビ）

【靡く】なびく ①風や水などの勢いによって、動いたり傾いたりする。「風に草木が—く」②ある者の意志や威力にしたがう。また、はたらきかけられて、相手を好きになる。「権威に—く」

ヒ【鯡】(19) 魚8 1 8244 724C
音 ヒ
訓 にしん・はららご・はらご

意味 ①にしん（鰊）。ニシン科の海魚。②はららご。魚のたまご。はらご。

【鯡】はららご 魚類の産卵前の卵のかたまり。また、それを塩漬けなどにした食品。腹子。季 秋

【鯡】にしん ニシン科の海魚。▼鰊（にしん）（一六〇九）

ヒ【鵯】(19) 鳥8 1 8311 732B
音 ヒ・ヒツ
訓 ひよ・ひよどり

意味 ひよ。ひよどり。ヒヨドリ科の鳥。

【鵯】ひよどり ヒヨドリ科の鳥。低山にすむ。全体に暗灰色で、腹部は淡く、ほおは茶色。「ヒーヨヒーヨ」とやかましく鳴く。季 秋

【鵯上戸】ひよどりジョウゴ ナス科のつる性多年草。山野に自生。初秋に白い小花が咲き、赤い実を結ぶ。全草有毒。季 秋 由来 ヒヨドリが実を食べることから。表記「白英」とも書く。

【鵯花】ひよどりばな キク科の多年草。山野に自生。秋、淡紅色または白色の花を密につける。季 秋 由来 ヒヨドリが鳴く季節に花が咲くことから。表記「山蘭」とも書く。

ヒ【譬】(20) 言13 1 7602 6C22
音 ヒ
訓 たとえる・たとえ・さとす

意味 たとえる。たとえ。また、さとす。「譬喩（ヒユ）」

【譬える】たとえる 身近にある他の似ているものを引き合いに出して説明する。

【譬喩】ヒユ 特徴がはっきりした他の似ているものを引き合いに出して、わかりやすく説明する表現方法。たとえ。たとえばなし。表記「比喩」とも書く。

ヒ【贔】(21) 貝14 1 7661 6C5D
音 ヒ・ヒイ

意味 引き立てる。味方をする。「贔屓（ヒイキ）」

【贔屓・贔負】ヒイキ 気に入ったものに特別に目をかけて、力添えをすること。好意を寄せて、後援すること。また、その後援者。「知人の店を—にする」

〖贔屓の引き倒し〗贔屓しすぎて、かえってその人をだめにしたり迷惑をかけたりすること。

ヒ【轡】(22) 車15 準1 2305 3725
音 ヒ
訓 たづな・くつわ

意味 ①たづな（手綱）。「轡銜（ヒカン）」②くつわ。くつばみ。「轡虫」
下つき 鞍轡（アンピ）・猿轡（さるぐつわ）

【轡】くつわ ウマの口にくわえさせて、手綱をつけてウマを操るのに用いる金具。くつばみ。「—を並べる（馬首を並べる）」参考「口の輪」の意。

【轡虫】くつわむし キリギリス科の昆虫。日本特産で、関東以南の各地の草むらにすむ。触角が長い。雄は、「ガチャガチャ」とやかましく鳴く。ガチャガチャ。季 秋 表記「聒聒児」とも書く。

【轡屋】くつわや 遊女屋。置屋。

【轡】たづな ウマのくつわに結びつけて、他方を手に持ってウマを操る綱。「―を締める(勝手なことをしないように監視する)」表記「手綱」とも書く。

ひ【日】(4) 日0 教 3892 467C ▼ニチ(一二九七)

ひ【火】(4) 火0 教 1848 3250 ▼カ(一三五)

ひ【氷】(5) 水1 教 4125 4939 ▼ヒョウ(一三〇二)

ひ【灯】(6) 火2 教 3784 4574 ▼トウ(一一三七)

ひ【杼】(8) 木4 5933 5B41 ▼チョ(一〇五一)

ひ【梭】(11) 木7 5972 5B68 ▼サ(五四五)

ひ【陽】(12) 阝9 教 4559 4D5B ▼ヨウ(一五三二)

ひ【樋】(15) 木11 4085 4875 ▼トウ(一一五三)

ひ【檜】(17) 木13 5956 5B58 ▼カイ(一八六)

同訓異義 ひ

【火】物が燃えて光や熱を発している状態。火事。炭火。激しい情熱。「ストーブの火で湯を沸かす」「廃屋から火が出る」「七輪で火を熾(おこ)す」「火を吐く論争」「火を見るよりも明らか」「飛んで火に入る夏の虫」

【灯】ともしび。明かり。「街角に灯が点(とも)る」「灯にかざして見る」「伝統の灯が絶える」

ビ【未】(5) 木1 教 4404 4C24 ▼ミ(一四五二)

ビ【尾】(7) 尸4 常 4 4088 4878 音 ビ 訓 お

筆順 一 コ 尸 尸 尸 尸 尾

意味 ①お。動物のしっぽ。「尾骨」「牛尾」②うしろ。あと。すえ。「尾行」「船尾」対首 ③動物の雌雄が交わる。つるむ。「交尾」④魚を数える語。⑤「尾張(おわり)の国」の略。「尾州」

下つき 牛尾(ギュウビ)・交尾(コウビ)・後尾(コウビ)・語尾(ゴビ)・首尾(シュビ)・船尾(センビ)・掉尾(チョウビ・トウビ)・末尾(マツビ)

【尾】お ①動物の尻(しり)から細く伸びたもの。しっぽ。②物の後方に細く伸び出したもの。「彗星(スイセイ)の―」③物事の終わり。④山の裾(すそ)が伸びた所。対峰

【尾を塗中(トチュウ)に曳(ひ)く】役人の高官になって自由を束縛されるより、貧しくても自由で安らかな生活を送るほうがよいたとえ。カメは死んで占いに使われる神亀(シンキ)として祭られるよりも、泥のなかに尾を引きずってでも生きていたいものであるという意から。「塗中」は泥のなかの意。故事 中国、戦国時代、荘子が楚(ソ)王から宰相就任の要請を受けたときの断りの言葉から。〈『荘子(ソウジ)』〉

【尾頭付き】おかしらつき 尾も頭も切り離さないままの魚。一般に神事や祝い事に使う。「鯛(たい)の―」

【尾籠】おこ 非常に愚かなこと。ばかばかしいこと。「―の沙汰(サタ)」表記「痴・烏滸」とも書く。参考「尾籠」は当て字。「ビロウ」と読めば別の意になる。

【尾長鶏】おながどり 日本固有のニワトリの一種。雄の尾は八(メートル)にも達する。特別天然記念物。チョウビケイ。ナガオドリ。

【尾根】おね 山頂と山頂を結んで続く、峰続き。稜線(リョウセン)。「頂上を目指して―伝いに登る」

【尾羽】おは 鳥の尾と羽。

【尾羽打ち枯らす】おはうちからす 羽振りのよかった者が、落ちぶれてみすぼらしい姿になるたとえ。由来 タカの尾羽は傷つくと、みすぼらしくなることから。

【尾花】おばな 動物の尾に似ることから、ススキの花穂。ススキ。秋の七草の一つ。季 秋

【尾鰭】おひれ ①魚の本体ではない尾とひれ。②本体以外に付け加わったもの。「話に―が付く」参考「おびれ」と読めば別語。

【尾鰭】おびれ 魚類などの後ろ端にあるひれ。参考「おひれ」と読めば別語。

〈尾能〉きりのう 一日の番組の最後に演ずる能。五番目物。表記「切能」とも書く。

【尾行】ビコウ 人のあとをつけること。特に、警察官が容疑者などを、気づかれないようにつけ、行動を監視すること。

【尾骨】ビコツ 脊柱(セキチュウ)の末端にある三～五個の椎骨(ツイコツ)がくっついてできた骨。骨盤を形成している。尾骶骨(ビテイコツ)。尾閭骨(ビリョコツ)。

【尾錠】ビジョウ 左右から寄せて引き締めるための金具。しめがね。バックル。尾錠金(ビジョウがね)。

【尾生の信】ビセイのシン ①約束を固く守るたとえ。②ばか正直すぎて融通がきかないたとえ。「信」は信義の意。故事 中国魯の国の尾生という男が、女と橋の下で会う約束をした。折からの大雨で川の水かさが増し、それでも女を待ち続けた尾生は、ついにおぼれ死んだという故事から。〈『史記』〉

【尾大なれば掉わず】ビダイなればふるわず 上にある者の勢力よりも、下にある者の勢力が強いと、下を制御できなくなるたとえ。「尾大」は尾が大きい、「掉」は振り動かす意。〈『春秋左氏伝』〉

【尾灯】ビトウ 自動車などの後部についている赤やオレンジ色の標識のランプ。テールライト。対 前照灯

【尾翼】ビヨク 飛行機の胴体の後部についているつばさ。飛行中の機体を安定させる、水平尾翼・垂直尾翼など。

【尾籠】ビロウ けがらわしいさま。きたないさま。「―な話で恐縮です」由来「おこ」の当て字の音読から。参考 もとは無礼の意で、転じて人前で口にすることがはばかられる意になった。

ひ ヒ―ビ

ビ【△弥】(8) 弓5 常 4479 4C6F ▼や(一四九五)

ビ【▲枇】(8) 木4 4090 487A ▼ヒ(一二七六)

ビ【弭】(9) 弓6 1 5525 5739

音 ビ・ミ
訓 ゆはず・やめる

意味 ①ゆはず。弓の両端の弦をかけるところ。②やめる。とめる。「弭兵」

〈▲弭巻〉(はずまき) ①弓の両端の弦をかけるところに巻いてある籐。②矢の弭の下の糸を固めたところ。表記「筈巻」とも書く。

【▲弭】(ゆはず) 弓の両端にある弓弦をかけるところ。ゆみはず。表記「弓弭・弓筈」とも書く。

ビ【▲毘】(9) 比5 4091 487B ▼ヒ(一二七八)

ビ【眉】(9) 目4 常 2 4093 487D

音 ビ高・ミ
訓 まゆ 外ふち・としより

筆順 ㇕ ㇖ ㇇ 尸 𡰱 屵 眉 眉 眉

意味 ①まゆ。まゆげ。「眉目」「白眉」②へり。ふち。③としより。老年。「眉寿」

下つき 蛾眉ガビ・秀眉シュウビ・愁眉シュウビ・焦眉ショウビ・拝眉ハイビ・白眉ハクビ・柳眉リュウビ

〈眉児豆〉(いんげんまめ) マメ科のつる性一年草。由来「眉児豆」は漢名から。▼隠元豆(六七)

〈眉▲尖刀〉(なぎなた) 長い柄の先に、反り返った長い刃をつけた武器。表記「長刀・薙刀」とも書く。

【眉宇】(ビウ) まゆ。まゆのあたり。「才気が―に溢れる」参考「宇」は家の軒の意で、まゆを家の軒に当てた。

【眉月】(ビゲツ) まゆのような形をした月。三日月。参考「まゆづき」とも読む。

【眉雪】(ビセツ) 雪のように白いまゆ毛。転じて、老人の形容に使う。

【眉目】(ビモク) まゆと目。また、顔かたち。容貌ヨウボウ。

【眉目秀麗】(ビモクシュウレイ) 顔かたちがすぐれ、美しいさま。男性を形容する語。「―な青年」類眉目清秀

〈眉▲庇〉(まびさし) ①兜かぶとや帽子などについているひさし。②窓の上の小さいひさし。表記「目庇」とも書く。

〈眉相〉(まみあい) 眉間ミケン。①まゆ。②まゆとまゆの間。

【眉】(まゆ) まゆ毛。「―をひそめる」「―に火がつく(災難が身に迫る)」

【眉を伸のぶ】 心配事がなくなり、ほっとした表情になること。それまでしかめていた眉を伸ばすの意から。《漢書カンジョ》類愁眉シュウビを開く

【眉墨】(まゆずみ) まゆをかいたり形を整えたりする墨。表記「黛」とも書く。

【眉唾物】(まゆつばもの) だまされないよう用心すべきもの。まゆつば。あやしいもの。「あの骨董コットウ品は―だ」由来まゆにつばを塗ればキツネやタヌキなどにだまされないという俗信から。

【眉間】(ミケン) 両まゆの間の部分。額ひたいの中央部。「―にしわをよせて考える」類眉相まみあい 参考「ビカン」とも読む。

ビ【美】(9) 羊3 教 常 8 4094 487E

音 ビ 外ミ
訓 うつくしい 外よい・ほめる

筆順 丶 ソ 䒑 ⺷ 兰 𦍌 羊 美 美

意味 ①うつくしい。きれい。「美人」「優美」対醜 ②よい。すぐれている。りっぱな。「美点」「美徳」対悪 ③よしとする。ほめる。たたえる。「美称」「賛美」④うまい。おいしい。「美酒」「美味」参考「美」の草書体が平仮名の「み」になった。

下つき 華美カビ・賛美サンビ・賞美ショウビ・審美シンビ・耽美タンビ・褒美ホウビ・優美ユウビ

【美しい】(うつくしい) ①形・色・音などがこころよく感じられる。きれいなさま。「―い大自然」②行動や性質などが心を打つさま。感心だ。「―い親子愛」

〈美味〉い(うまい) 飲食物の味がよい。美味である。おいしい。「休日は何か―いものを作る」「鰹かつおの―い季節」対不味まずい 表記「旨い・甘い」とも書く。

〈美し国〉(うましくに) よい国。すばらしい国。美しい国。

〈美味〉しい(おいしい) 飲食物の味がよい。美味である。うまい。対不味まずい 参考「美味うまい」よりていねいな語。

〈美人局〉(つつもたせ) 女が夫や情夫と共謀し、他の男を誘惑して、それを口実に金品をゆすり取ること。由来中国、元ゲンのころ、遊女を妻妾サイショウと偽り、少年を欺いて行った犯罪を「美人局ビジンキョク」といったことから。《武林旧事ブリンキュウジ》

【美化】(ビカ) ①美しく変えること。「校内を―する」「社内の―月間」②実際以上に美しく認識したり、表現したりすること。「思い出は―されるものだ」

【美果】(ビカ) ①味がよい果物。②よい結果。「勝利の―を手中にする」

【美感】(ビカン) 美しいと感じる気持ち。美に対しての感覚。「鋭い―」

【美観】(ビカン) 美しいながめ。「絵に描いたような―を大切に」類美景

【美顔術】(ビガンジュツ) 顔の美しさを保ち、あるいは増すための、皮膚フの生理機能を高める美容法。マッサージ・化粧法など。

【美△姫】(ビキ) 美しい姫。また、美しい女性。美人。

【美技】(ビギ) みごとな演技。すばらしいわざ。ファインプレー。「―を競う」

【美挙】(ビキョ) りっぱな行為。感心すべき行い。「―をたたえる」類善行・義挙

【美形】ビケイ ①美しいかたち。②美しい容貌。美女や美男。類美貌

【美▲肴】ビコウ おいしい酒の肴。おいしい料理。ごちそう。

【美辞】ビジ 美しく飾った言葉。「―を並べ立てた文章」

『美辞麗句』ビジレイク うわべだけを巧みに飾った、内容の乏しい言葉。「―の宣伝には注意」

【美質】ビシツ よい性質。すぐれた性質。「天性の―の持ち主」

【美醜】ビシュウ 美しいことと、みにくいこと。「外観の―は問題ではない」「善悪―の判断」

【美酒佳▲肴】ビシュカコウ 非常においしいご馳走のこと。おいしい酒と、うまいさかな。「遠来の客を―でもてなす」

【美称】ビショウ 飾ったりほめたりする言い方。また、その語。「御酒」を「豊御酒」、「霰」を「玉霰」というなど。

【美食】ビショク ぜいたくな物やうまい物を、食べること。また、その食べ物。「―家」 対粗食

【美人薄命】ビジンハクメイ ▼佳人薄命(一四四)

【美▲髯】ビゼン 美しい、みごとなほおひげ。「―をたくわえる」

【美談】ビダン りっぱな行いについての話。聞く人を感心させる美しい話。「隠れた―を披露する」

【美田】ビデン よく肥えた田地。「児孫のために―を買わず(子孫に財産を残すことはためにならない)」類良田

【美徳】ビトク りっぱな徳。ほめるべきよい行い。「謙譲の―」対悪徳

【美男】ビナン 顔かたちの美しい男性。美男子。好男子。男前。「―美女」参考「ビダン」とも読む。

【美の成るは久しきに在り】びのなるはひさしきにあり よい物事は短い時日でなし遂げることはできない。長い時間をかけて完成するものである。由来 孔子が楚の沈諸梁に説いた、使者の心得の言葉から。〈『荘子』〉

【美肌・美▲膚】ビはだ 美しい肌。また、肌を美しくすること。

【美美しい】びびしい はなやかなさま。美しいさま。きらびやかである。「―い衣装の王朝貴族」

【美風】ビフウ よい習俗。りっぱな風習。「礼節をつくすのが本校の―だ」類良風 対悪風

【美貌】ビボウ 顔かたちの美しいこと。美しい容貌。「―に恵まれる」

【美味】ビミ 味がよいこと。また、その食べ物。「旬の松茸は―だ」「山海の―を取りそろえる」

【美妙】ビミョウ 何ともいえず美しく、すぐれていること。「―な琴の音」

【美名】ビメイ ①聞こえのよい名目。「社会福祉という―に隠れて私利をはかる」②よい評判。りっぱな名声。「彼の行いは―を求めるためのものだ」対悪名

【美容】ビヨウ ①顔かたちを美しくすること。「―マッサージ」「―院」②美しい顔かたち。「野菜は―と健康に必要だ」類美貌

【美麗】ビレイ 美しくうるわしいこと。「きわめて―な表紙の本である」対醜悪

【美▲禄】ビロク ①たくさんの給料。よい俸給。「―を食む」類高禄 対微禄 ②酒の美称。「酒は天の―(酒は天からのすばらしいさずかり物である)」〈『漢書』〉

【▲美事】みごと ①りっぱなこと。すばらしいこと。「―な出来映え」②完全なこと。「―に失敗した」表記「見事」とも書く。

【美▲濃】みの 旧国名の一つ。現在の岐阜県南部。濃州。

【美▲濃紙】みのがみ 紙質は厚くて強く、半紙より大形の和紙。文書の写しや障子紙などに用いる。由来 美濃産のものが良質だったことから。

【美▲濃判】みのバン 約縦二七・横三九センチメートルの美濃紙の大きさ。美濃紙判。

〈美作〉みまさか 旧国名の一つ。現在の岡山県の北東部。作州。

ビ ★【梶】 (11) 木7 準1 1965 3361 音 ビ 訓 かじ・こずえ

意味 ①かじのき。クワ科の落葉高木。②かじ。(ア)舟をこぐ道具。(イ)車のかじ棒。③こずえ。木の先。

【▲梶】かじ ①船の尾につけて、船の進行方向を定める装置。「―をとる」②水をかいて船を進める道具。櫂・櫓などの総称。③「梶棒」の略。表記 ①「舵」、②「楫」とも書く。

【▲梶棒】かじボウ 人力車やリヤカーなどで、ひっぱるための柄。かじ。

【▲梶▲鞠】かじまり 七夕に飛鳥井・難波の両家が催した蹴鞠の行事。季秋 由来 梶の枝にまりをかけて二星に供えたことから。

ビ【備】 (12) 亻10 教 常 6 4087 4877 音 ビ 外ヒ 訓 そなえる・そなわる 外つぶさに

筆順 亻 仁 2 什 5 伊 伊 俌 備 備 備 備

意味 ①そなえる。用意する。そなえ。「備品」「準備」②そなわる。そろっている。「完備」「具備」③つぶさに。みな。ことごとく。④「吉備の国」の略。「備前」

下つき 完備・具備・軍備・警備・兼備・守備・準備・常備・整備・設備・装備・配備・不備・防備・予備

【備えあれば▲患いなし】そなえあればうれいなし ふだんから万一に備えて準備をしておけば、いざというときにもあわてたり、心配したりしないですむ

という教え。《書経》

【備える】そなーえる ①前もって用意する。「台風に―える」②整えておく。設備する。「電話を―えた部屋」③生まれつきもっている。「良い素質を―えている」

【備わらんことを一人に求むるなかれ】そなわらんことをイチニンにもとむるなかれ 人には必ず長所と短所があり、完全無欠の人はいないのだから、一人の人にそれを求めてはいけないという教え。由来 周公旦(シュウコウタン)が、子の伯禽(ハクキン)に教えさとした言葉から。《論語》

【△備に】つぶさーに ことごとく。残らず。「―辛酸をなめる」

【備考】ビコウ 参考のために書き添えること。また、その事柄。「留意点を―欄に記す」

【備荒】ビコウ 凶作や飢饉(キキン)に対して、ふだんから準備しておくこと。「―作物」

【備蓄】ビチク 万が一のために、たくわえること。「震災に備えて食料などを―する」

【備品】ビヒン 建物や施設などに備え付けておく物品。つくえ・ロッカーなど。

【備忘録】ビボウロク 忘れたときのために、書き留めておくノート。メモ。

【〈備後〉表】びんごおもて 広島県の尾道・福山付近で産出する上質の畳表(たたみおもて)。

ビ【★媚】(12) 女 9 1 5327 553B 音 ビ 訓 こびる・こび・うつくしい

意味 ①こびる。へつらう。なまめかしい。「媚態」②うつくしい。「明媚」

下つき 阿媚(アビ)・明媚(メイビ)

【媚】こび ①相手に気に入られようとする動作や態度。「上司に―を売る」②女性が男性の気を引こうとする、なまめかしいしぐさや表情。

【媚びる】こーびる ①相手の気に入るように振る舞う。機嫌をとる。「客に―びる」類 諂(へつら)う ②女性が男性に対して、なまめかしい様子をして気を引く。色っぽくする。

【媚笑】ビショウ 人にこびた笑い。「彼女は男の気を引くような―をする」

【媚態】ビタイ ①男性にこびる、女性のなまめいたしぐさ。②人にとり入ろうとする態度。「―を示す」

【媚薬】ビヤク ①性欲を増進させる薬。催淫薬(サイインヤク)。②恋心を起こさせる薬。

ビ【寐】(12) 宀 9 1 5371 5567 音 ビ 訓 ねる

意味 ねる。ねむる。「寐語」「仮寐」対 寤(ゴ)

下つき 仮寐(カビ)・夢寐(ムビ)

【寐る】ねーる 寝入る。ねむりこむ。ねむりのなかに入る。

【寐語】ビゴ ねごと。転じて、とるに足りない言葉。たわごと。

ビ【嵋】(12) 山 9 1 5443 564B 音 ビ 訓

意味 中国四川省にある山の名「峨嵋(ガビ)」に用いられる字。

ビ【★琵】(12) 王 8 準1 4092 487C 音 ビ 訓

意味 弦楽器の一種の「琵琶(ビワ)」に用いられる字。

【琵琶】ビワ 木製のしゃもじ形の胴に、弦を四、五本を張る。東洋の弦楽器。ばちをはじいて音を出す。「―を抱いて演奏する」

ビ【微】(13) 彳 10 常 4 4089 4879 音 ビ 外ミ 訓 外かすか

筆順

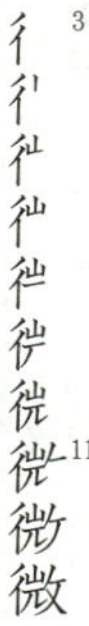

意味 ①かすか。わずか。ほのか。「微笑」「微風」②小さい。細かい。弱い。「微細」「微小」③ひそか。ひそかに。「微行」④おとろえる。なくなる。「衰微」⑤いやしい。とるに足りない。「微賤(ビセン)」⑥自分のことをへりくだって用いる語。「微意」「微力」

下つき 機微(キビ)・軽微(ケイビ)・細微(サイビ)・衰微(スイビ)・精微(セイビ)

【△微か】かすーか はっきりと認識しにくいさま。ほのか。「―に見える」

〈微風〉そよかぜ そよそよと静かに吹く風。参考「ビフウ」とも読む。

〈微温〉い ぬるーい ①少しあたたかい。「―いスープ」②ゆるやかであるさま。きびしくない。「―い処分」表記「温い」、②「緩い」とも書く。

〈微温湯〉ぬるまゆ ①低い温度の湯。②刺激や緊張のない状態のたとえ。「―につかる」参考 ①「ビオントウ」とも読む。

【微意】ビイ ほんの少しの心づかい。寸志。自分の意思の謙称。「―を表す」類 微志

【微温】ビオン ほのかにあたたかいこと。なまぬるいこと。「彼は―的だ(態度が中途半端でにえきらないさま)」

【微吟】ビギン 小さな声で詩や歌をうたうこと。小声で口ずさむこと。

【微軀】ビク いやしい体。つまらぬ身。自分を謙遜(ケンソン)していう語。

【微苦笑】ビクショウ 微笑とも苦笑とも判断できない笑い。軽いにが笑い。「思わず―をもらす」由来「新思潮」の同人・劇作家の久米正雄(くめまさお)の造語から。

【微醺】ビクン 少し酒に酔うこと。ほろよい。「―を帯びる」類 微酔

【微言大義】ビゲンタイギ 簡潔な表現のなかに、奥深い道理が含まれていること。「微言」はわずかな言葉、奥深い言葉の意。孔子の言葉についていう。《漢書(カンジョ)》類 意在言外・意味深長・微言精義

【微光】ビコウ かすかで弱い光。ほのかな光。「―を放つ」

【微行】ビコウ 身分の高い人が、姿や身分を隠して出歩くこと。おしのびあるき。

【微香】ビコウ ほのかなかおり。「―が漂う」「整髪料の―が心地よい」
【微細】ビサイ 非常に細かいこと。「貝殻の―な破片」「心理の動きを―に観察する」
【微罪】ビザイ きわめて軽い犯罪。わずかなつみ。「―釈放」
【微視的】ビシテキ ①人間の感覚では識別できないほど、対象が小さいさま。「―生物」②個別にとらえ、細かに観察・分析するさま。ミクロ的。「―な研究」対①②巨視的
【微弱】ビジャク 勢いや力が、小さくて弱々しいさま。「―な地震」「―な脈拍」
【微小】ビショウ 形などがきわめて小さいようす。「―な動物」類微細 対巨大
【微少】ビショウ 分量などがきわめて少ないようす。「台風による損害は―に留まった」類僅少キンショウ 対多大
【微笑】ビショウ わずかに笑うこと。ほほえみ。「―をたたえた美しい顔」
【微震】ビシン かすかな地震。特に注意している人にだけ感じる程度の、地震。
【微酔】ビスイ ほんのりと酒に酔うこと。ほろよい。類微醺ビクン
【微生物】ビセイブツ 顕微鏡でなければ観察できないほど、小さい生き物。細菌・かびなど。
【微賤】ビセン 身分・地位が低くて、卑しいこと。また、その人。「―の輩やから」類卑賤
【微衷】ビチュウ わずかばかりの真心。自分の本心の謙称。「―をお察しください」
【微動】ビドウ わずかに動くこと。「表情は―だにしない」
【微熱】ビネツ ①少しの熱。「―を加える」②健康なときの体温よりも少し高い体温。「―はあるが心配はいらない」
【微微】ビビ かすかなさま。ささやかなさま。わずかなさま。「新事業は―としてふるわない」「昇給は―たるものだ」

【微風】ビフウ 「微風そよかぜ」に同じ。
【微服】ビフク 身分の高い者が身分を隠すため、目立たないように質素な服装をすること。身なりをやつすこと。しのびの姿。
【微分】ビブン ①数学で、ある関数の微関数(微小変化の割合の極限)を求めること。②「微分学」の略。関数の微分に関する性質を研究する、高等数学の一分科。対①②積分
【微妙】ビミョウ 細かく複雑にからみ合っていて、簡単に言い表せないさま。デリケート。「両者の意見には―なちがいがある」
『微妙玄通』ビミョウゲンツウ 道理に奥深く精通していること。また、道理を体得しているさま。「玄通」は、奥深く通じている意。〈老子〉「―の聖人」
【微恙】ビヨウ 軽い病気。気分が少しすぐれないこと。「―で臥ふせる」参考「恙」は病気・心配ごとの意。
【微量】ビリョウ きわめてわずかな量。「―の砂糖を加える」
【微力】ビリョク ①力の少ないこと。②自分の力量の謙称。「―ながらがんばるつもりです」類非力
【微禄】ビロク ①わずかな給料。薄給。対高禄 ②落ちぶれること。零落。
〈微笑〉む ほほえむ ①声を立てず、にっこりと笑う。「にこやかに―む少女」②つぼみが少し開く。「花も―む春三月」表記「頰笑む」とも書く。
〈微酔〉ほろよい 酒に少し酔うこと。また、その気分のよい状態。「―機嫌」
〈微睡〉む まどろむ 少しの間うとうとと眠る。仮眠する。「縁側で―む」
【微塵】ミジン ①細かいちりや、ほこり。②微細なもの。「木っ端―に砕け散った」③ごくわずかな分量や程度。「反省のそぶりは―もない」④「微塵切り」の略。

【微塵切り】ミジンぎり 料理で、野菜を細く切ったものをさらに細かく切ること。微塵。「玉ねぎを―にする」
【微塵子】ミジンこ ミジンコ科の甲殻類。池や沼などにすむ。体は卵形で半透明。体長約一～三ミリメートル。魚のえさになる。表記「水蚤」とも書く。
【微塵粉】ミジンこ もちごめを蒸して干し、挽ひいて作った粉。和菓子などの原料となる。

ビ【鼻】
(14) 鼻0 常 教 8 4101 4921
音 ビ(中) 訓 はな (外)はじめ
字 旧《鼻》(14) 鼻0 1/準1
筆順 3 6 鼻 鼻
意味 ①はな。呼吸や嗅覚キュウカクをつかさどる器官。「鼻孔」②はじめ。「鼻祖」参考②人間は、はなから形ができるという言い伝えから。
下つき 阿鼻アビ・酸鼻サンビ
【鼻】はな 哺乳ホニュウ類の顔の中央にある器官で、呼吸を助ける。また、広く動物の嗅覚キュウカクをつかさどる部分。「―が利きく」「―が高い(得意である)」「―に掛ける(自慢する)」
【鼻息】はないき ①鼻でする息。②人の意気込み。「―が荒い(意気込みが激しい)」参考「ビソク」とも読む。
【鼻息を窺う】はないきをうかがう 相手の意向や機嫌をさぐる。相手の気に入るように行動する。「―いながら話をする」
【鼻緒】はなお 下駄ゲタや草履などのはき物の、足の指をかける部分。また、そのひも。「赤い―がぷつりと切れた」
【鼻薬】はなぐすり ①鼻の病気に使用する薬。②少額の賄賂ワイロ。「―を嗅かがせる(賄賂を

贈る」③子どもをなだめるために与える菓子の類。由来 ③子どもが鼻を鳴らして泣くのを、止める薬の意から。

【鼻白む】はなじろむ　気おくれした顔つきや興ざめした顔つきをする。「歓迎されない様子に客はすっかり―んだ」

【鼻▲茸】はなたけ　鼻の穴に、粘膜の炎症によりできるはれもの。

【鼻っ柱】はなっぱしら　人と張り合う気持ち。負けん気。向こう気。はなっぱし。はなばしら。「相手の―を折ってやる」「―の強い奴(やつ)だ(気が強い)」

【鼻△摘み】はなつまみ　まわりの人からひどく嫌われること。また、その人。「世間の―者」由来 鼻を摘んで不快なにおいを避けることから。

【鼻持ちならない】はなもちならない　①いやなにおいがひどく、我慢できない。②相手の言動が不愉快で聞くに耐えない。「まったく―奴(やつ)だ」

【鼻元思案】はなもとジアン　目先だけの浅はかな考え。思いつき。参考「鼻元」は鼻のつけ根を指し、手近なところの意。

【鼻下長】ビカチョウ　女性に甘く、だらしないこと。また、そういう男性。女好き。由来 鼻の下が長い意から。

【鼻孔】ビコウ　鼻の穴。「―がかわいて気持ちが悪い」

【鼻▲腔】ビコウ　鼻の内部のがらんどうになったところ。気道の入り口にあたる。参考 医学では「ビクウ」と慣用的に読む。

【鼻祖】ビソ　物事を最初に始めた人。始祖。元祖。《『漢書(カンジョ)』》「立体画の―」参考「鼻」は、はじめの意。

【鼻濁音】ビダクオン　発声のとき、吐く息が鼻に抜けて柔らかく聞こえる濁音。東京などでは、文節の初め以外のガ行音に現れる。「大学」の「ガ」など。

【鼻▲梁】ビリョウ　鼻筋。鼻茎(ビケイ)。はなばしら。「―の目立つ顔」

ビ【▲糒】(16) 米10 1 6885 6475　音 ビ・ヒ　訓 ほしいい・かれいい

意味 ①ほしいい。かれいい。かれい。米を蒸して乾燥させた保存食。②かて(糧)。「糧糒」

【▲糒】ほしいい　貯蔵用に米を蒸して乾燥させたもの。湯や水に浸して食べる。類 餉(かれいい) 季 夏 表記「干飯・乾飯」とも書く。参考「ほしい」とも読む。

ビ【★薇】(16) ⺾13 1 7315 692F　音 ビ　訓 ぜんまい・のえんどう

意味 ①ぜんまい。ゼンマイ科の多年生シダ植物。②のえんどう。からすのえんどう。マメ科の二年草。③「紫薇(さるすべり)」「薔薇(ショウビ・ソウビ・ばら)」に用いられる字。

下つき 蕨薇(ケツビ)・紫薇(シビ)・薔薇(ショウビ・ソウビ・ばら)

【▲薇】ぜんまい　ゼンマイ科の多年生シダ植物。山野に自生。葉は羽状複葉。早春に出る若芽はうず巻き状で、綿毛におおわれている。若芽は食用。季 春 表記「紫萁」とも書く。

ビ【▲彌】(17) 弓14 5529 573D　▼弥の旧字(一四九五)

ビ【糜】(17) 米11 1 6886 6476　音 ビ　訓 かゆ・ただれる・ほろびる・ついやす

意味 ①かゆ。濃いかゆ。「糜粥(ビシュク)」②ただれる。「糜爛(ビラン)」③ほろぼす。ほろびる。「糜滅」④ついやす。むだにする。「糜費」

【▲糜】かゆ　米を、砕けるまで軟らかく煮たもの。参考 昔は、水を入れて米を炊いたもの。

【▲糜れる】ただれる　つぶれて、どろどろになる。由来 かゆのように、もとの形が崩れることから。

【▲糜▲爛】ビラン　①ただれ崩れること。②世の中の乱れ、人民の疲弊のはなはだしいたとえ。参考「爛」は、火によって形が崩れるまで煮る意。

ビ【縻】(17) 糸11 1 6959 655B　音 ビ　訓 きずな・つなぐ・しばる

意味 ①つな。きずな。ウシをつなぎとめるなわ。②つなぐ。しばる。「羈縻(キビ)」

ビ【麋】(17) 鹿6 1 8340 7348　音 ビ・ミ　訓 おおじか・なれしか・まゆ・くだける

意味 ①おおじか(大鹿)。なれしか(馴鹿)。「麋鹿(ビロク)」②まゆ(眉)。③くだける。みだれる。「麋散」

【麋】おおじか　アカシカ・ワピチ・ヘラジカなど、大形のシカの別称。

【麋▲粥】ビシュク　うすいかゆ。汁(しる)かゆ。

【麋△鹿】ビロク　①大形のシカ(麋)とシカ(鹿)。②田舎びて野卑なこと。下品で卑しいたとえ。

ビ【▲靡】(19) 非11 8351 7353　▼ヒ(一二八七)

ビ【瀰】(20) 氵17 1 6348 5F50　音 ビ　訓 はびこる・ひろい

意味 ①みちる。水が満ちあふれるさま。また、はびこる。②ひろい。はてしなく広がるさま。「瀰漫」

【瀰散】ビサン　広がりちること。類 拡散

【瀰漫】ビマン　風潮などが広がりはびこること。「退廃的気分が―する」表記「弥漫」とも書く。

ひいては【△延いては】(8) 廴5 教 1768 3164　▼エン(九六)

ひいでる【秀でる】(7) 禾2 常 2908 3D28　▼シュウ(六八六)

ひいでる【△英でる】(8) ⺾5 教 1749 3151　▼エイ(八五)

ひいらぎ【▲柊】(9) 木5 4102 4922　▼シュウ(六八七)

ひうち【▲燧】(17) 火13 6392/5F7C ▼スイ(八三一)
ひえ【▲稗】(13) 禾8 4103/4923 ▼ハイ(一一三九)
ひえる【冷える】(7) 冫5 教 4668/4E64 ▼レイ(一五九三)
ひがい【▲鰉】(20) 魚9 8251/7253 ▼コウ(五一七)
ひかえる【▲扣える】(6) 扌3 5711/592B ▼コウ(四八一)
ひかえる【控える】(11) 扌8 常 2521/3935 ▼コウ(五〇二)
ひがし【東】(8) 木4 教 3776/456C ▼トウ(一一三九)
ひがむ【▲僻む】(15) 亻13 4240/4A48 ▼ヘキ(一三七三)
ひかり【光】(6) 儿4 教 2487/3877 ▼コウ(四七八)
ひかる【光る】(6) 儿4 教 2487/3877 ▼コウ(四七八)
ひかる【▲暉る】(13) 日9 5886/5A76 ▼キ(二七八)
ひかる【▲熙る】(15) 灬11 8406/7426 ▼キ(二八一)
ひき【匹】(4) 匸2 常 4104/4924 ▼ヒツ(一二九六)
ひき【▲疋】(5) 疋0 4105/4925 ▼ヒツ(一二九七)
ひきいる【△帥いる】(9) 巾6 常 3167/3F63 ▼スイ(八二八)
ひきいる【△将いる】(10) 寸7 教 3013/3E2D ▼ショウ(七四六)
ひきいる【率いる】(11) 玄6 教 4608/4E28 ▼ソツ(九六五)
ひきがえる【▲蟇】(16) 虫10 7417/6A31 ▼バ(一二三一)
ひきつる【▲痙る】(12) 疒7 6559/615B ▼ケイ(三九六)
ひく【引く】(4) 弓1 教 1690/307A ▼イン(六一)
ひく【▲曳く】(6) 曰2 1740/3148 ▼エイ(八四)
ひく【△延く】(8) 廴5 教 1768/3164 ▼エン(九六)
ひく【△抽く】(8) 扌5 常 3574/436A ▼チュウ(一〇四六)
ひく【△退く】(9) 辶6 教 3464/4260 ▼タイ(九八一)
ひく【▲挽く】(10) 扌7 4052/4854 ▼バン(一二六九)
ひく【▲掎く】(11) 扌8 5754/5956 ▼キ(二七四)
ひく【▲牽く】(11) 牛7 2403/3823 ▼ケン(四一五)
ひく【弾く】(12) 弓9 常 3538/4346 ▼ダン(一〇一四)
ひく【▲惹く】(12) 心8 2870/3C66 ▼ジャク(六六八)
ひく【▲掣く】(12) 手8 5758/595A ▼セイ(八六二)

同訓異義 ひく

【引く】自分の方へ近づけるように動かす。ほか、以下「曳く・牽く・抽く・惹く・退く」の平易な表記として広く用いる。「荷車を引く」「用水を引く」「血を引く」「古典の用例を引く」「線を引く」「辞書を引く」「注意を引く」「身を引く」

【▲曳く】綱などをつけてひっぱる。後ろにつけたまま進む。「曳航(エイコウ)」「馬を曳く」「舟を曳く」「裾(すそ)を曳く」「惨敗が尾を曳く」

【▲牽く】前からひっぱって前進させる。「牽引(ケンイン)」「機関車が貨車を牽く」

【△抽く】多くのなかから抜きだす。「抽出(チュウシュツ)」「カードを抽く」「抽斗(ひきだし)」

【▲惹く】人の関心をひきつける。「人目を惹く」「男の心を惹く」「同情を惹く」

【△退く】後ろに下がる。退却する。「兵を退いて機を待つ」「一歩退いて形勢を窺(うかが)う」「現役を退く」「身を退く」「退き際が良い」「潮が退く」

【▲挽く】無理にひっぱる意から、のこぎりで切る。ろくろで陶器などをつくる。うすなどをひいて細かくする。「丸太を挽いて板にする」「ろくろを挽く」「挽き肉」「挽き茶」

【▲碾く】ひきうすでひいて粉にする。「粉を碾く」「碾き割り納豆」「碾き茶」

【▲轢く】車が人などを踏みつけて通り過ぎる。「猫が自動車に轢かれる」「轢き逃げ」

【▲弾く】弦楽器やピアノなどをはじいて音を出す。「ギターを弾く」「爪弾(つまび)く」

ひく【▲輓く】(14) 車7 7746/6D4E ▼バン(一二七一)
ひく【▲碾く】(15) 石10 6690/627A ▼テン(一一一八)
ひく【▲轢く】(22) 車15 7764/6D60 ▼レキ(一六〇一)
ひくい【低い】(7) 亻5 教 3667/4463 ▼テイ(一〇八八)
ひくい【▲矮い】(13) 矢8 6668/6264 ▼ワイ(一六三八)
ひぐま【▲羆】(19) 罒14 7017/6631 ▼ヒ(一二八七)
ひくめる【低める】(7) 亻5 教 3667/4463 ▼テイ(一〇八八)
ひぐらし【▲蜩】(14) 虫8 7383/6973 ▼チョウ(一〇六五)
ひげ【▲髯】(14) 髟4 *9320*/*7D34* ▼ゼン(九一八)
ひげ【▲髭】(15) 髟5 4106/4926 ▼シ(六三六)
ひげ【▲鬚】(22) 髟12 8204/7224 ▼シュ(六八〇)

同訓異義 ひげ

【▲髭】鼻の下に生えるひげ。口ひげ。ひげの総称。「ちょび髭」「鯰髭(なまずひげ)」「髭の塵(ちり)を払う」「髭を蓄える」「髭を剃(そ)る」「付け髭と眼鏡を使って変装する」

【▲鬚】顎(あご)に生えるひげ。顎ひげ。植物のひげ状のもの。「山羊鬚(やぎひげ)」「顎鬚をしごく」「鬚鯨(ひげくじら)」「稲の鬚根」「胡瓜(きゅうり)の巻き鬚」

【▲髯】頰(ほお)に生えるひげ。頰ひげ。「髯やっこ」「顔を埋める髯」

ひける【引ける】(4) 弓1 教 1690/307A ▼イン(六一)
ひこ【▲彦】(9) 彡6 4107/4927 ▼ゲン(四四一)
ひご【▲籤】(23) ⺮17 6862/645E ▼セン(九一三)
ひこばえ【▲糵】(20) 木16 *1576*/*2F6C* ▼ゲツ(四一六)

ひざ【膝】

(15) 月11 常 2 4108/4928

音 外シツ
訓 ひざ

筆順 4 8 15

意味 ひざ。ひざがしら。もも(股)とすね(脛)の間の関節部。「膝下」「膝行」

下つき 鶴膝(カクシツ)・屈膝(クッシツ)・容膝(ヨウシツ)・擁膝(ヨウシツ)

【〈膝行〉る】いざ-る ①すわったまま進む。膝(ひざ)や尻(しり)を床などにつけて移動する。②物がもとの場所からずれ動く。

【膝下】シッカ ①膝(ひざ)のそば。②養育してくれる人のそば。親もと。「—を離れた」③父母などへの手紙の脇付(わきづけ)に書く語。「母上様—」 参考 ①②「ひざもと」とも読む。

【膝蓋骨】シツガイコツ 膝(ひざ)の関節の前面にある、皿のような形の骨。ひざざら。

【膝行】シッコウ 神仏や貴人の前で、ひざまずいたまま進んだり退いたりすること。「仏前に—して合掌する」

【〈膝甲〉】はいだて 鎧(よろい)付属具の一つ。腰の前から左右に垂らして股(もも)と膝(ひざ)をまもるもの。 表記「脛楯・佩楯」とも書く。

【膝】ひざ ①ももとすねの間にある関節の前面。ひざがしら。「—が笑う(疲れて膝ががくがくする)」②ももの前面。

〖膝とも談合〗一人で悩むよりは、どんな相手にでも相談したほうがよいということ。由来 考えがまとまらず困ったときは、抱いた膝でも相談相手になるところから。

【膝頭】ひざがしら 膝関節の前面の出っ張ったところ。ひざこぞう。

【膝組み】ひざぐみ ①あぐらをかくこと。②膝をつき合わせて対座すること。

【膝▲栗毛】ひざくりげ 歩いて旅行すること。参考 膝を栗毛のウマの代わりにする意。「東海道中—」

【膝詰め】ひざづめ 膝と膝を突き合わせること。相手が逃げられないようにして、厳しく迫るようす。「—の談判」

【膝枕】ひざまくら 他人の膝をまくらにして寝ること。

【膝元・膝下】ひざもと ①膝のそば。②養育してくれる人のすぐ近く。おひざもと。参考「膝下」は③権力者のそば近く。「シッカ」とも読む。

ひさぎ【▲楸】(13) 木9 6022 5C36 ▼シュウ(六九五)

ひさぐ【△販ぐ】(11) 貝4 常 4046 484E ▼ハン(一二六五)

ひさぐ【▲粥ぐ】(12) 米6 2001 3421 ▼シュク(七〇九)

ひさぐ【▲鬻ぐ】(22) 鬲12 6888 6478 ▼イク(四二)

ひさげ【△提】(12) 扌9 教 3683 4473 ▼テイ(一〇九五)

ひさご【▲匏】(11) 勹9 5023 5237 ▼ホウ(一四〇五)

ひさご【▲瓠】(11) 瓜0 ▼コ(四五六)

ひさご【▲瓢】(17) 瓜11 4127 493B ▼ヒョウ(一三〇七)

ひさご【▲蠡】(21) 虫15 7434 6A42 ▼レイ(一六〇〇)

ひさし【▲庇】(7) 广4 4063 485F ▼ヒ(一二七五)

ひさし【▲廂】(12) 广9 5491 567B ▼ショウ(七五三)

ひさしい【久しい】(3) ノ2 教 2155 3557 ▼キュウ(三〇〇)

ひざまずく【▲跪く】(13) 足6 7678 6C6E ▼キ(二七九)

ひし【▲菱】(11) 艹8 4109 4929 ▼リョウ(一五七八)

ひじ【肘】(7) 月3 常 2 4110 492A 訓 音 ひじ 外チュウ

筆順

意味 ①ひじ。うでの関節の外側の部分。「肩肘」②ひじをおさえてとめる。「掣肘(セイチュウ)」

下つき 肩肘(かたひじ)・掣肘(セイチュウ)・両肘(リョウひじ)

【肘▲腋】チュウエキ ①胸の両横で、腕のついている部分。わき。②ひじと、わき。転じて、非常に近いところ。

【肘】ひじ 上腕と前腕をつなぐ関節。また、その折れ曲がる外側の部分。「—で小突いて合図を送る」

【肘掛け】ひじかけ 寄りかかり、楽な姿勢をとるためひじをのせておく部分。②和室で座ったとき、ひじをかけ体をもたせかけて楽にする道具。脇息(キョウソク)。 ①いすなどにある、ひじをのせて

【肘▲笠雨】ひじがさあめ にわか雨。参考 ひじでしのげる程度の雨の意。

【肘鉄砲】ひじデッポウ ①ひじの先で突きのけること。②誘いや申し込みを断ること。特に、女性が男性の誘いをはねつけること。「—をくわせる」参考「肘鉄(ひじテツ)」ともいう。

【肘枕】ひじまくら 自分の片方のひじを曲げて頭をのせ、まくらの代わりにすること。「手枕。「—で赤子の添い寝をする」

ひじ【▲肱】(8) 月4 2547 394F ▼コウ(四八八)

ひじ【▲臂】(17) 肉13 7130 673E ▼ヒ(一二八七)

ひしお【▲醢】(17) 酉10 7847 6E4F ▼カイ(一八六)

ひしお【▲醤】(18) 酉11 9289 7C79 ▼ショウ(七六六)

ひしぐ【△拉ぐ】(8) 扌5 常 5739 5947 ▼ラ(一五四二)

ひしめく【▲犇く】(12) 牛8 6422 6036 ▼ホン(一四三四)

ひしゃく【▲杓】(7) 木3 2861 3C5D ▼シャク(六六三)

ひしゃげる【△拉げる】(8) 扌5 常 5739 5947 ▼ラ(一五四二)

ひじり【△聖】(13) 耳7 教 3227 403B ▼セイ(八六四)

ひずむ【▲歪む】(9) 止5 4736 4F44 ▼ワイ(一六二七)

ひそか【△私か】(7) 禾2 教 2768 3B64 ▼シ(六〇七)

ひそか【△秘か】(10) 禾5 教 4075 486B ▼ヒ(一二八一)

ひそかに【△窃かに】(9) 穴4 常 3264 4060 ▼セツ(八八三)

ひそかに【△密かに】(11) 宀8 教 4409 4C29 ▼ミツ(一四五四)

ひそみ【▲嚬み】(19) 口16 1529/2F3D ▼ヒン(一三一五)
ひそみ【▲顰み】(24) 頁15 8094/707E ▼ヒン(一三一五)
ひそむ【潜む】(15) 氵12 常 3288/4078 ▼セン(九〇七)
ひそめる【▲嚬める】(19) 口16 1529/2F3D ▼ヒン(一三一五)
ひそめる【▲顰める】(24) 頁15 8094/707E ▼ヒン(一三一五)
ひだ【▲襞】(16) 衤11 7489/6A79 ▼チョウ(一〇六八)
ひだ【▲襞】(19) 衣13 7494/6A7E ▼ヘキ(一三七四)
びた【▲鐚】(20) 金12 7928/6F3C ▼ア(四)
ひたい【額】(18) 頁9 教 1959/335B ▼ガク(二〇七)
ひたき【▲鶲】(21) 鳥10 8316/7330 ▼オウ(一一九)
ひたす【浸す】(10) 氵7 常 3127/3F3B ▼シン(七九八)
ひたす【▲涵す】(11) 氵8 6230/5E3E ▼カン(二三三)
ひたと【△直と】(8) 目3 教 3630/443E ▼チョク(一〇六九)
ひたぶる【△頓】(13) 頁4 常 3860/465C ▼トン(一一八〇)
ひだり【左】(5) 工2 教 2624/3A38 ▼サ(五四一)
ひたる【浸る】(10) 氵7 常 3127/3F3B ▼シン(七九八)
ヒチ【▲篳】(17) 竹11 ▼ヒツ(一二九八)

ヒツ【匹】(4) 匚2 常 4 4104/4924 音 ヒツ 訓 ひき 外 たぐう

筆順 一 丆 兀 匹

意味 ①二つがならぶ。対(つい)になる。なかま。「匹敵」「匹偶」 ②いやしい。身分の低い。「匹夫」 ③ひき。㋐動物を数える語。㋑布の長さの単位。二反。また、昔の金銭の単位。一〇文。

［〈匹如身〉］するすみ 財産も家族もなく、身一つであること。また、その人。

［匹］ひき ①獣や虫・魚などを数える語。②反物の単位。一匹は二反。③昔の金銭の単位。一匹は一〇文。表記「疋」とも書く。参考 ①「ぴき・びき」とも読む。本来は家畜に用いた。一説に、ウマの尻(しり)が左右にわかれて一対となることから動物を数える語となったという。表記「単己」とも書く。参考「するつみ」とも読む。

［匹偶・匹▲耦］ヒツグウ ①相手や仲間になること。また、その相手や仲間。②結婚すること。また、つれあい、めおと。類配偶 由来 対(つい)になる意から。

［匹▲儔］ヒッチュウ 同程度であること。肩を並べること。また、その相手。たぐい。仲間。類匹敵 参考「匹」「儔」ともに仲間の意。

［匹敵］ヒッテキ ほぼ対等であること。肩を並べること。「初段に―する実力がある」

［匹夫］ヒップ 身分の低い男。また、道理を解せず教養もない、ただの男。「―下郎(身分の低い男)」 対 匹婦

『匹夫罪なし△璧(たま)を△懐(いだ)いて罪あり』 身分の低い者は、その身に罪はなくても、身分にそぐわない宝玉をもつと欲が出て、さまざまな災いを招きやすいということ。〈『春秋左氏伝』〉

『匹夫の勇』 深い考えもなく、ただ血気にはやるだけの勇気。〈『孟子(モウシ)』〉

『匹夫匹婦(ヒップヒップ)』 身分の低い男と女。庶民の夫婦。教養がない者たちの意で、平凡なつまらぬ男女のこと。〈『論語』〉

『匹夫も志(こころざし)を奪うべからず』 身分が低い者でも、その志が固ければ、だれもその志を変えさせることはできないということ。人の志は尊重しなければならないたとえ。〈『論語』〉 類 一寸の虫にも五分の魂

［匹婦］ヒップ 身分の低い女。また、道理を解せず教養もない、ただの女。 対 匹夫

ヒツ【必】(5) 心1 常 教 7 4112/492C 音 ヒツ 訓 かならず

筆順 丶 ソ 义 必 必

意味 ①かならず。きっと。まちがいなく。「必至」「必然」 ②ぜひともしなければならない。「必携」「必要」

［必ず］かならず 例外なく。まちがいなく。確実に。きっと。「―名前を書いてください」「来年は―合格してみせる」

［必携］ヒッケイ 必ずもっていなければならないこと。また、そのもの。「高校生―の参考書」「登山者―の磁石と地形図」

［必見］ヒッケン 必ず見なければならないもの。また、見るべき価値のあるもの。「考古学ファン―の展覧会」

［必殺］ヒッサツ 必ず殺すこと。また、相手を倒すという意気込み。「―技が炸裂(サクレツ)する」「―のパンチを浴びせる」

［必死］ヒッシ ①死を覚悟して全力を尽くすこと。「―になって攻める」 類 決死 ②必ず死ぬこと。③将棋で、受け手を指さなければ次の一手で詰む形。しばり手。「―をかける」 表記 ③「必至」とも書く。

［必至］ヒッシ ①必ずそうなるにちがいないこと。事態が避けられないこと。「解散は―の情勢である」 類 必然 ②「必死」に同じ。

［必需］ヒツジュ 必ず入り用になること。欠くことのできないこと。「辞書は学生の―品である」 類 必須

［必修］ヒッシュウ 必ず学び修めなければならないこと。「国語は―科目だ」

［必勝］ヒッショウ 必ず勝つこと。また、必ず勝とうとすること。「―祈願」

［必定］ヒツジョウ 必ずそうなると予測されること。必ずそうなるのが確かであること。「ひとつまちがえば被害が出ることは―だ」「勝利は―、

とくとご覧ください」類必至

【必須】ヒッス 必ず要ること。なくてはならないこと。「—アミノ酸」類必需 参考 必要性の度合いは「必要」よりも強い。

【必然】ヒツゼン 必ずそうなること。そうならざるを得ないこと。「練習をしないで試合に負けたのは—の結果だ」「—的に増大する予算」類必至 対偶然

【必中】ヒッチュウ 必ず命中すること。必ずあたること。「一発—」

【必要】ヒツヨウ 必ず要ること。なくてはならないこと。「仕事に—な知識」「人生には適度な遊びも—だ」類必須ヒッス 対不要

【必要は発明の母】 発明は必要から生まれるということ。人は必要に迫られ、あれこれ工夫を重ねて発明を生む意から。

ヒツ【疋】★

(5) 疋 0 準1 4105 4925 音 ヒツ・ショ・ソ 訓 あし・ひき

意味 ①あし(足)。②ひき。(ア)動物を数える語。(イ)布の長さの単位。二反。また、昔の金銭の単位。一〇文。類(ア)(イ)匹

【疋】ひき ①動物などを数える語。②反物タンものの単位。一疋は布二反。「絹一〇—」③昔の金銭の単位。一疋は銭一〇文。表記「匹」とも書く。

ヒツ【泌】

(8) 氵 5 常 3 4071 4867 音 ヒツ・ヒ高 訓 外 にじむ

意味 にじむ。しみる。液体がしみ出る。「分泌」

下つき 分泌ブンピ・ブンピツ

筆順 丶 丶 氵 氵 氵 泌 泌 泌

【泌尿器】ヒニョウキ 尿を生成し、体外に排泄ハイセツするための器官。腎臓ジンゾウ・尿管・膀胱ボウコウ・尿道などの総称。参考「ヒツニョウキ」とも読む。

ヒツ【畢】★

(11) 田 6 準1 4113 492D 音 ヒツ 訓 おわる・ことごとく

意味 ①おわる。おえる。「畢生」「畢竟ヒッキョウ」②ことごとく。すべて。

【畢わる】おわる 物事が尽きておしまいになる。すっかり済む。

【畢竟】ヒッキョウ つまるところ。要するに。結局のところ。参考「畢」「竟」ともにおわる意。

【畢生】ヒッセイ 終生。生涯。一生を終わるまで。「—の大業ここに成る」参考 一生をかけた重大な事柄であることを形容する語。

ヒツ【弼】

(12) 弓 9 準1 4111 492B 音 ヒツ 訓 たすける・たすけ・すけ

意味 ①たすける。たすけ。「輔弼ホヒツ」②すけ。昔の官名。弾正台ダンジョウダイの次官。「大弼」

下つき 少弼ショウヒツ・大弼ダイヒツ・輔弼ホヒツ・良弼リョウヒツ

【弼】すけ 律令リツリョウ制の警察機関である弾正台ダンジョウダイの次官。四等官の第二位にあたり、長官かみを補佐する。参考「すけ」は官名で、役所により「助・副・亮・輔・佐・介」などの字を用いた。

【弼ける】たすける 補佐する。道をはずれないよう付き添って補助する。

ヒツ【筆】

(12) ⺮ 6 教 常 8 4114 492E 音 ヒツ 訓 ふで

筆順 ノ ト ⺮ ⺮ 6 竺 竺 筀 筀 筀 筆

意味 ①ふで。「運筆」「毛筆」②かく。かきしるす。「筆記」「代筆」③かいた文字や絵。「筆禍」「筆跡」

下つき 悪筆アクヒツ・一筆イッピツ・遺筆イヒツ・運筆ウンピツ・鉛筆エンピツ・加筆カヒツ・健筆ケンピツ・硬筆コウヒツ・直筆ジキヒツ・執筆シッピツ・自筆ジヒツ・主筆シュヒツ・朱筆シュヒツ・随筆ズイヒツ・絶筆ゼッピツ・代筆ダイヒツ・達筆タッピツ・遅筆チヒツ・特筆トクヒツ・肉筆ニクヒツ・能筆ノウヒツ・文筆ブンピツ・補筆ホヒツ・末筆マッピツ・毛筆モウヒツ・乱筆ランピツ

【〈筆頭菜〉】つくし スギナの胞子茎。由来「筆頭菜」は漢名より。筆のように見えることから。▼土筆つくし(一一三一)

【筆架】ヒッカ ふでをのせたりつるしたりしておく道具。ふでかけ。

【筆禍】ヒッカ 自分が書いて発表した文章が原因で、法律的・社会的に制裁や非難を受けること。また、その災難。「何気なく書いた文章が—を招いた」対舌禍

【筆画】ヒッカク 漢字を構成している点や線。文字の画。類字画

【筆記】ヒッキ 書き記すこと。書き取ること。また、書き記したもの。「口述—で遺言を作成する」「—試験」

【筆硯】ヒッケン ①ふでとすずり。②文章を書くこと。また、その文章や仕事。③手紙で、文筆家や書家などの日常生活をいう語。「—益々ますますご清祥のこととお慶よろこび申し上げます」

【筆耕】ヒッコウ ①文章や文字を筆写したり清書したりして、報酬を得ること。また、それをする人。「—料」②文筆で生計を立てること。

【筆耕硯田】ヒッコウケンデン 文筆を生業なりわいとして暮らしを立てること。「硯」はすずりの意で、文筆家の硯を農民の田に見立て、耕に対応させた語。

【筆算】ヒッサン 紙などに数字を書いて、計算すること。対暗算・珠算

【筆紙】ヒッシ ①ふでと紙。②文章に書き表すこと。「この思いは—に尽くしがたい」

【筆者】ヒッシャ その文章や書画をかいた人。類著者・作者

【筆陣】ヒツジン ①文章による鋭い論戦をすること。また、そのような文章。「堂々たる—を張る」類論陣 ②筆者の顔ぶれ。筆者の陣容。参考 戦陣にたとえていう語。

【筆勢】ヒッセイ 書画に見るふでの勢いや趣。また、文章の勢い。「力強い—の書」類筆致・筆力

【筆跡】ヒッセキ ①書き残された文字。②個人の文字の書き癖や特徴。「―を鑑定する」類手跡 書きかえ「筆蹟」の書きかえ字。

【筆▲蹟】ヒッセキ ▼書きかえ筆跡

【筆舌】ヒツゼツ ふでと舌。文章と話し言葉。「終戦直後の生活は―に尽くしがたい」

【筆端】ヒッタン ①ふでの先。②書画や文章のふでの運び・はしばし。

【筆談】ヒツダン 口で話すかわりに、用件や意志を文字や文章に書いて伝え合うこと。

【筆致】ヒッチ 文字・文章・絵画などのかきぶり。ふでの趣。「流れるような―の文字だ」類筆勢

【筆▲誅】ヒッチュウ 人の罪悪や過失などを書きたてて、責めること。「―を加える」参考「誅」は罪を責める意。

【筆答】ヒットウ 問いに対して、文字や文章で答えること。また、その答え。「―試問」対口答

【筆頭】ヒットウ ①ふでの先。転じて、文章。②連名の一番目。また、一番にあげられる人や物。「前頭(まえがしら)―」「優勝候補の―に挙げられる」

【筆法】ヒッポウ ①書や絵画のふでづかい。ふでの運び方。「三筆の―を手本とする」類運筆・用筆・書法 ②文章の書き方。言いまわし。③物事のやり方や手段。「うまい―だ」

【筆▲鋒】ヒッポウ ①ふでの穂先。類筆端 ②批評を加えて論じる、文章の勢い。「―鋭く批評する」参考「鋒」は、きっさきの意。

【筆墨】ヒツボク ふでと墨。また、それで書き記したもの。「―に親しむ」

【筆力】ヒツリョク ①ふでの勢いや力。類筆勢 ②文章によって人に訴える力。文章の表現力。「特異な体験を書き表すには―が及ばない」

【筆力▲扛▲鼎】ヒツリョクコウテイ 文章の筆力が非常に強いこと。「扛鼎」は鼎(かなえ)を持ち上げる意。由来 筆勢が鼎を持ち上げるほど強くてすばらしいと、韓愈(カンユ)が張籍(チョウセキ)の文章をほめたたえた言葉から。参考「筆力鼎を扛(あ)ぐ」ともいう。

【筆録】ヒツロク 文字や文章にして記録すること。また、その記録。

【筆】ふで ①タヌキやウマなどの毛を束ねて軸に取りつけ、墨や絵の具を含ませて文字や絵画をかくのに用いる道具。また、筆記用具。「―箱」②①を用いてかくこと。また、そのかいた書や絵画。「この書は名人の―によるものだ」③文章。「―が立つ(文章がうまい)」「―を入れる(添削する)」「―を折る(文筆活動をやめる)」

【筆△遣い】ふでづかい ①ふでの運び方・つかい方。「―に書く人の性格が表れている」類運筆・筆法 ②文字や文章の趣。筆つき。「軽妙な―に魅せられる」類筆致

【筆不精・筆無精】ふでブショウ 手紙などを書くのを面倒がること。また、その人。対筆忠実(ふでまめ)

【筆〈忠実〉】ふでまめ 手紙や文章を面倒がらずに書くこと。また、その人。「毎週両親に手紙を出すとは―な人だ」対筆不精

ヒツ【★逼】(13) ⻌9 準1 4115 492F 音 ヒツ・ヒョク 訓 せまる

〔逼〕 意味 ①せまる。さしせまる。近づく。「逼迫」②せばまる。縮まる。「逼塞(ヒッソク)」

【▲逼る】せまる ①時間や場所・状況などが確実に近づく。すぐそばにおしよせる。「夕闇(ゆうやみ)が―る」「海岸が―る」「死期が―る」②無理じいする。強く要求する。「即時の返答を―る」

【▲逼塞】ヒッソク ①八方ふさがりであること。どうにも動きがとれないこと。「経済の―状況を打ち破る」類逼迫 ②落ちぶれて、世間をはなれてひっそりと暮らすこと。「山深い村に―する」③江戸時代の武士や僧侶(ソウリョ)に科した、昼間の外出を禁止する刑。

【▲逼迫】ヒッパク ①危険や災難など、事態が身にさしせまること。「国際情勢が―している」類切迫 ②行き詰まること。困窮すること。特に、金銭面でいう。「生活が―する」類逼塞(ヒッソク)

ヒツ【篳】(17) ⺮11 1 音 ヒツ・ヒチ 訓 まがき・いばら・しば

〔篳〕6842 644A 意味 ①まがき。しば・竹・いばらなどで編んだ垣。「篳門」②いばら。しば。③雅楽用のたて笛「篳篥(ヒチリキ)」に用いられる字。

【▲篳▲篥】ヒチリキ 奈良時代に中国より伝来した、雅楽用の管楽器。竹製のたて笛で、表に七つ、裏に二つの指穴があり、縦に構えて吹く。音色は哀調を帯びて高い。

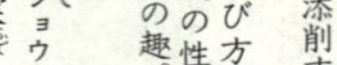

〔篳篥(ヒチリキ)〕

ヒツ【謐】(17) 言10 1 7577 6B6D 音 ヒツ・ビツ 訓 しずか・やすらか

意味 しずか。やすらか。ひっそりと静かなさま。「謐然」「静謐」

下つき 清謐(セイヒツ)・静謐(セイヒツ)

【▲謐か】しずか ひっそりと音のないさま。転じて、安らかなさま。

ヒツ【蹕】(18) ⻊11 1 音 ヒツ 訓 さきばらい

〔蹕〕7711 6D2B 意味 さきばらい。貴人の行列の先頭を行き、前方の通行人をよけさせること。「警蹕」

下つき 警蹕(ケイヒツ)・駐蹕(チュウヒツ)

ひつ【▲匱】(14) ⼖12 5028 523C ▼キ(二七九)

ひつ【▲櫃】(18) 木14 6104 5D24 ▼キ(二八四)

ひつぎ【▲柩】(9) 木5 5945/5B4D ▼キュウ(三〇七)
ひつぎ【△棺】(12) 木8 常 2029/343D ▼カン(二三七)
ひっさげる【▲挈げる】(10) 手6 5745/594D ▼ケツ(四二二)
ひっさげる【△提げる】(12) 扌9 教 3683/4473 ▼テイ(一〇九五)
ひつじ【△未】(5) 木1 教 4404/4C24 ▼ミ(一四五一)
ひつじ【羊】(6) 羊0 教 4551/4D53 ▼ヨウ(一五二五)
ひつじさる【▲坤】(8) 土5 2605/3A25 ▼コン(五三五)
ひづめ【▲蹄】(16) 𧾷9 3693/447D ▼テイ(一〇九八)
ひでり【▲旱】(7) 日3 5861/5A5D ▼カン(二二五)
ひと【人】(2) 人0 教 3145/3F4D ▼ジン(八一二)
ひとえ【△単】(9) ⺍6 教 3517/4331 ▼タン(一〇一二)
ひとえ【▲襌】(17) 衤12 7491/6A7B ▼タン(一〇二〇)
ひとえに【△偏に】(11) 亻9 常 4248/4A50 ▼ヘン(一三八一)
ひとしい【△均しい】(7) 土4 教 2249/3651 ▼キン(三五二)
ひとしい【△斉しい】(8) 斉0 常 3238/4046 ▼セイ(八五六)
ひとしい【等しい】(12) ⺮6 教 3789/4579 ▼トウ(一一四九)
ひとしい【▲鈞しい】(12) 金4 7866/6E62 ▼キン(三六一)
ひとしく【△斉しく】(8) 斉0 常 3238/4046 ▼セイ(八五六)
ひとつ【一つ】(1) 一0 教 1676/306C ▼イチ(四四)
ひとつ【△壱つ】(7) 士4 常 1677/306D ▼イチ(五六)
ひとつ【△隻つ】(10) 隹2 常 3241/4049 ▼セキ(八七七)
ひとみ【▲睛】(13) 目8 6645/624D ▼セイ(八六四)
ひとみ【瞳】(17) 目12 常 3823/4637 ▼ドウ(一一六六)
ひとや【▲牢】(7) 牛3 4720/4F34 ▼ロウ(一六一五)
ひとや【▲圄】(11) 囗8 5194/537E ▼ギョ(三三〇)
ひとや【△獄】(14) 犭11 常 2586/3976 ▼ゴク(五二八)
ひとり【△孤り】(9) 子6 常 2441/3849 ▼コ(四五一)
ひとり【独り】(9) 犭6 教 3840/4648 ▼ドク(一一七二)

同訓異義　ひとり

【独り】相手になる人や仲間がいないこと。独身であること。「独りぼっち」「独り合点(ガテン)」「独り言」「独り占め」「独り立ち」「独り善(よ)がり」「いつまでも独り歩きできない男」「独り身はそろそろ卒業したい」

【一人】一個の人。人数に重点を置いた言葉。「乗客が一人もいない」「一人娘」「一人二役」「女性の一人歩きは危険」「一人口は食えぬが二人口は食える」

ひな【▲鄙】(14) 阝11 7833/6E41 ▼ヒ(一二八五)
ひな【▲雛】(18) 隹10 3187/3F77 ▼スウ(八三六)
ひなびる【▲鄙びる】(14) 阝11 7833/6E41 ▼ヒ(一二八五)
ひねる【▲拈る】(8) 扌5 5732/5940 ▼ネン(一二〇八)
ひねる【△捻る】(11) 扌8 常 3917/4731 ▼ネン(一二〇八)
ひねる【△陳ねる】(11) 阝8 常 3636/4444 ▼チン(一〇七四)
ひねる【▲撚る】(15) 扌12 3918/4732 ▼ネン(一二〇九)
ひのえ【△丙】(5) 一4 常 4226/4A3A ▼ヘイ(一三六三)
ひのき【▲檜】(17) 木13 5956/5B58 ▼カイ(一八六)
ひのし【▲熨】(15) 火11 6381/5F71 ▼イ(三八)
ひのと【△丁】(2) 一1 教 3590/437A ▼チョウ(一〇五二)
ひび【▲皸】(12) 皮7 6615/622F ▼シュン(七一七)
ひび【▲皹】(14) 皮9 6617/6231 ▼クン(三八三)
ひび【▲罅】(17) 缶11 7001/6621 ▼カ(一六〇)
ひびき【△韻】(19) 音10 常 1704/3124 ▼イン(六八)
ひびく【響く】(20) 音11 常 2233/3641 ▼キョウ(三四四)
ひま【△閑】(12) 門4 常 2055/3457 ▼カン(二三九)
ひま【暇】(13) 日9 常 1843/324B ▼カ(一五五)
ひま【△隙】(13) 阝10 常 2368/3764 ▼ゲキ(四〇六)
ひめ【▲姬】(9) 女6 ▼姫の旧字(一二九九)

ひめ【姫】

(10) 女7 常 3 4117/4931 訓 ひめ 音 外キ

旧字《姬》(9) 女6 1/準1

筆順 く 女 女 女 女 女 女 姫 姫 姫

意味 ひめ。高貴な女性。また、女子の美称。「姫姜(キキョウ)」「歌姫」 対 彦(ゲン)

下つき 歌姫(うたひめ)・王姫(オウキ)・乙姫(おとひめ)・寵姫(チョウキ)・妖姫(ヨウキ)

【姫】ひめ ①女子の美称。「歌―」「舞―」 対 彦(ひこ) ②貴人の娘。姫君(ひめぎみ)。③小さくてかわいいものを指す語。「―鏡台」「―百合(ゆり)」

〈姫▲莎草〉ひめくぐ カヤツリグサ科の多年草。湿地に自生。夏から秋、茎の先に葉状の長い苞(ホウ)を二、三個つけ、中心に淡緑色の小穂を球状に多数つける。

【姫小松】ひめこまつ ①小さいマツ。特に、正月の子(ね)の日に子どもたちが遊びで引くヒメマツ。季 新年 ②ゴヨウマツの別称。

【姫▲鱒】ひめます ベニザケの陸封型。湖沼で養殖されたもの。食用。季 夏

【姫昔▲艾】ひめむかしよもぎ キク科の二年草。北アメリカ原産。日本には明治初めに渡来し、各地に群生。秋に白い小さな頭花を多数つける。メイジソウ。テツドウソウ。

ひめ【△媛】(12) 女9 教 4118/4932 ▼エン(一〇〇)

ひめ【▲嬪】(17) 女14 5345/554D ▼ヒン(一三一四)

ひめる【秘める】(10) 禾5 教 4075/486B ▼ヒ(一二八一)

ひも【▲紐】(10) 糸4 4119/4933 ▼チュウ(一〇四八)

ひも【▲綬】(14) 糸8 2890/3C7A ▼ジュ(六八三)

ひもとく【▲繙く】(18) 糸12 6970/6566 ▼ハン(一二六八)

ひもろぎ【▲胙】(9) 月5 7082/6672 ▼ソ(九二〇)

ひもろぎ【▲膰】(16) 月12 7124/6738 ▼ハン(一二六八)

ひや【冷や】(7) 冫5 教 4668/4E64 ▼レイ(一五九三)

ひやかす【冷やかす】(7) 冫5 教 4668/4E64 ▼レイ(一五九三)

ヒャク【百】(6) 白1 常 教 10 4120/4934 音 ヒャク 外ハク 訓 外もも

筆順 一丆丆丅百百百

意味 ①ひゃく。数の名。もも。「百分率」②多くの。たくさん。もろもろの。「百貨」「百獣」

下つき 凡百ボンピャク

〈百両金〉からたちばな ヤブコウジ科の常緑低木。由来「百両金」は漢名からの誤用。▼唐橘からたちばな(二一四二)

〈百済〉くだら 四世紀から七世紀にかけて朝鮮半島にあった国。仏教文化などを日本に伝えた。参考「ヒャクサイ」とも読む。

〈百日紅〉さるすべり ミソハギ科の落葉高木。中国原産。樹皮ははげやすい。夏、紅・紫・白色のちぢれた六弁花を多数つける。観賞用。季夏 由来「百日紅」は漢名より。花期が長いことから。和名は、幹がなめらかで木登りの得意なサルでも滑る意。表記「猿滑・紫薇・怕痒樹」とも書く。参考「ヒャクジツコウ」とも読む。

【百依百順】ヒャクイヒャクジュン 何から何まで人の言いなりになること。ご無理ごもっとも。参考「百順百依」ともいう。類唯唯諾諾イイダクダク

【百歳の童、七歳の△翁】ヒャクサイのわらべシチサイのおきな 人の思慮分別の有無ウムは、年齢にはかかわらないということ。幼い子どもでも分別を備えている者もあれば、経験を積んだ老人のなかにも分別のない者がいる意から。

【百載無窮】ヒャクサイムキュウ 永遠きわまりなく果てしないこと。「百載」は「百歳」に同じく一〇〇年のことで、転じて、永遠に・永久にの意。類天壌無窮テンジョウムキュウ・天地長久

【百獣】ヒャクジュウ すべてのけもの。数多くのけもの。「ライオンは一の王といわれる」

【百出】ヒャクシュツ さまざまに、数多く出ること。「意見が一する」

【百姓】ヒャクショウ 農業従事者。農民。農家。「一一揆イッキ」参考「ヒャクセイ」と読めば、一般の人民・万民の意になる。

【百世不磨】ヒャクセイフマ いつまでも消滅せず、永久に残ること。「百世」は永遠の意。「不磨」はすり減らない、なくならない意。《後漢書ゴカンジョ》類永遠不滅・永久不変

【百△尺▲竿頭】ヒャクセキカントウ 一〇〇尺もある長い竿さおの先の意で、到達できる極点。また、向上し得る最高点のこと。参考「百尺」は「ヒャクシャク」とも読む。一〇〇尺は約三〇メートル。

【百△尺▲竿頭一歩を進む】 ある目的に到達しても、それに満足することもなく、さらなる向上をめざし努力することのたとえ。一〇〇尺もある竿さおの先にいて、さらにもう一歩を進める意から。《景徳伝灯録》

【百折不撓】ヒャクセツフトウ たび重なる困難にめげず、耐え抜くこと。意志が非常に固いことのたとえ。「百折」は何度も困難に遭う意。「不撓」はくじけない意。《近古史談》類不撓不屈フトウフクツ・独立不撓

【百川海に朝す】ヒャクセンうみにチョウす 利益のあるところには自然と人が集まってくることのたとえ。あらゆる川の水は海に向かって流れる意から。「朝す」は川の水が海に流れ注ぐ意。《書経》

【百川帰海】ヒャクセンキカイ 人はそれぞれ生まれや育ちが異なっているが、結局は考え方や気持ちが一つに集約されること。多くの川が別な源に発していずれも海に注ぐ意から。《淮南子エナンジ》

【百戦百勝】ヒャクセンヒャクショウ 戦うたびに必ず勝つこと。《孫子》類全戦全勝・連戦連勝

【百戦錬磨】ヒャクセンレンマ 多くの実戦で鍛えられること。また、数多くの経験を積むこと。表記「錬磨」は「練磨」とも書く。類海千山千・千軍万馬

【百足の虫は死に至るまで▲僵れず】ヒャクソクのむしはシにいたるまでたおれず 身の回りに協力者が多くいる人は簡単には滅びないたとえ。百足むかでは足が多いので、死ぬまで横に倒れたりしない意から。《曹冏ソウケイの文》

【百代の過客】ヒャクダイのカカク 時間・歳月のたとえ。永久に歩き続ける旅人の意から。「百代」は永遠、「過客」は旅人の意。《李白リハクの文》参考「百代」は「ヒャクタイ・ハクタイ」、「過客」は「カキャク」とも読む。松尾芭蕉まつおばしょうの『奥の細道』の書き出し文で有名。

【百鍛千練】ヒャクタンセンレン 詩文の字句を何回も何回も苦心を重ねて練り直すこと。類月下推敲ゲッカスイコウ

【百日▲咳】ヒャクニチぜき 百日咳菌による、幼児に多い呼吸器の感染症。痙攣ケイレン性の特徴ある咳が出る。

【百日の説法▲屁一つ】ヒャクニチのセッポウへひとつ

長い間の苦心が、わずかなしくじりで、まったく無駄になってしまうことのたとえ。由来 一〇〇日間も仏の教えを説き、信者からあがめられていた坊さんが、うっかりおならをもらしたために、説法のありがたみを台無しにしてしまったという意から。

【百二の山河】ヒャクニのサンガ 非常に堅固な要塞(ヨウサイ)やとりでのこと。「百二」は百分の二の意で、二の兵力で一〇〇の敵に対抗可能なこと。「山河」は敵を防ぐのに適した土地のこと。中国古代、秦(シン)の地の守りが固いことをたとえた言葉。〈『史記』〉

【百人百様】ヒャクニン ヒャクヨウ 人はひとりひとりがそれぞれちがった考えをもち、ちがったやり方をするということ。一〇〇人いれば、一〇〇種類の姿・形がある意。類 十人十色・各人各様

【百人力】ヒャクニンリキ ①一〇〇人分の力があること。②非常に力強く感じること。「君が加われば—だ」

【百年】ヒャクネン ①一年の一〇〇倍。②長い年月。「—の計（遠い将来まで考えた計画）」③人の一生。「—の不作（一生の大失敗）」

【百年河清を△俟(ま)つ】どんなに待ち望んでも、けっして実現しないことのたとえ。また、あてにできないことを期待するたとえ。中国、黄河の水は常に黄土で濁っていて、一〇〇年たっても澄むことはないことから。〈『春秋左氏伝』〉

【百八煩悩】ヒャクハチ ボンノウ 仏 人間のもつ一〇八種類の煩悩のこと。人間の心身を悩ませる迷いのもととなる欲望のすべてをいう。「煩悩」は、人間の心身をわずらわし、心を乱す欲望のこと。

【△百部】ビャクブ ビャクブ科のつる性多年草。中国原産。江戸時代に渡来。夏、淡緑色の四弁花をつける。根は薬用。

【百分】ヒャクブン ある数や量を一〇〇に分けること。また、分けたもの。「—率」

【百聞は一見に△如かず】ヒャクブンはイッケンにしかず 物事は人の話を何回も聞くよりも、実際に自分の目で見たほうが確かで、よく理解できるものである。〈『漢書(カンジョ)』〉

【百分率】ヒャクブンリツ 全体を一〇〇としたときの、あるものの数や量の一〇〇に対する割合。パーセンテージ。百分比。

【百△眼】ヒャクまなこ ①厚紙に眉(まゆ)・目などの形を描いた、めがね状の仮面。ひもで耳に掛ける。目鬘(めかずら)。②①を掛けて目つきや表情を変化させ、小噺(こばなし)などをする寄席芸。

【百万】ヒャクマン ①一万の一〇〇倍。②非常に数が多いこと。「—言を費やす」

【百味△簞△笥】ヒャクミダンス 漢方の薬剤を入れる小さなひきだしがたくさんついたたんす。参考「薬味簞笥」ともいう。

【百面相】ヒャクメンソウ ①さまざまな表情をすること。また、その顔。②寄席演芸の一つ。簡単な衣装で変装し、さまざまな表情をしてみせる芸。

【百物語】ヒャクものがたり 夜、数人が集まって怪談話を語り、一話済むごとに灯(あかり)を一つずつ消す遊び。また、その怪談話。季 夏

【百薬の長】ヒャクヤクのチョウ ①数ある薬のうちでもいちばんすぐれたもの。最良の薬。「適度な酒は—である」②酒をほめたたえていう語。

【百葉箱】ヒャクヨウばこ 気象観測用の野外に設けられた箱。白塗りでよろい戸がついており、温度計・湿度計などが入れてある。参考「ヒャクヨウソウ」とも読む。

【百里に米を負う】ヒャクリにこめをおう 貧しい暮らしのなかで、親に孝養を尽くすたとえ。故事 孔子の弟子の子路は家が貧しく、いつもアカザや豆の葉を食べていたが、両親には百里もの遠方から米を背負ってきて食べさせたという故事から。〈『孔子家語』〉

【百里を行く者は九十を半ばとす】ヒャクリをゆくものはキュウジュウをなかばとす 物事を成すには、終わりのほうに困難が多いから、最後の最後まで油断してはいけないという教え。一〇〇里の道を行くときは、九〇里まで来て、そこを半分と考えるのがよいという意から。〈『戦国策』〉参考 中国、戦国時代当時の一里は約四〇〇メートル。

【百錬成鋼】ヒャクレン セイコウ 心身を鍛えに鍛えて、はじめてりっぱな人物になるということ。「成鋼」は鋼(はがね)になる意。「百錬」は何度も鍛えること。

【百花斉放】ヒャッカ セイホウ 文学・芸術活動などが自由活発に行われること。多種多様な花が一斉に咲き競う意から。由来「百家争鳴」とともに中国共産党が掲げたスローガン。類 百家争鳴・百花繚乱(ヒャッカリョウラン)

【百家争鳴】ヒャッカ ソウメイ 多くの学者や専門家が、自由に議論を戦わせること。「百家」は大勢の学者・専門家のこと。「争鳴」は自由に論争すること。由来「百花斉放」とともに中国共産党が掲げたスローガン。類 議論百出・百花繚乱(ヒャッカリョウラン)

【百箇日】ヒャッカニチ ①一〇〇日。②人の死後一〇〇日目。また、その法事。「—の法要を営む」類 百日忌

【百下百全】ヒャッカ ヒャクゼン まったく完全であること。一〇〇のうち一つも欠けることがない意から。〈『漢書(カンジョ)』〉類 完全無欠(ケツ)

【百花△繚乱】ヒャッカ リョウラン ①いろいろな花が美しく咲き乱れること。②すぐれた人物が数多く現れて、りっぱな業績をあげること。「繚乱」は花などが咲き乱れているさま。類 千紫万紅・百花斉放

【百官】ヒャッカン 多くの官。もろもろの役人。「文武—」

【百鬼夜行】ヒャッキヤコウ いろいろな化け物が、夜中に列をつくって歩き回ること。転じて、多くの悪人どもがのさばって、勝手気ままに振る舞うこと。参考「夜行」は「ヤギョウ」とも読む。

【百計】ヒャッケイ いろいろなはかりごと。あらゆる方法。「―を案ずる」「―尽きる」

【百古不磨】ヒャッコフマ のちの世まで、滅びずに残ること。「百古」は非常に長い年月のこと。「不磨」は永久に磨滅しない意。類百世不磨

【百発百中】ヒャッパツヒャクチュウ ①矢や銃弾がすべて的に命中すること。②予想や意図がすべて当たること。故事 中国、楚の養由基という弓の名人は、一〇〇歩離れた場所から柳の葉を射たが、一〇〇本射て一〇〇本とも命中させたという故事から。〈『戦国策』〉

【百般】ヒャッパン あらゆる方面。種々さまざま。「武芸―に通ずる」類万般

【百歩穿楊】ヒャッポセンヨウ 射撃の技術がすぐれていること。一〇〇歩離れた所から、細い柳の葉を射抜いて穴をあける意。〈『戦国策』〉参考「百歩楊を穿つ」ともいう。▼百発百中

【〈百足〉】むかで ムカデ類の節足動物の総称。体は細長く、多数の体節をもち、各節に一対ずつ足がある。口に毒腺をもち、かまれると激痛が走る。季夏 表記「蜈蚣」とも書く。

【〈百舌〉】もず モズ科の鳥。低山にすむ。頭と背は赤褐色。腹は白色。カエルなどを捕食。秋、「キイーキイー」と鋭い声で高鳴きする。季秋 表記「鵙・鴃」とも書く。参考「モズの速贄」とは、木の枝に獲物を刺しておくモズの習性をいう。

【〈百舌〉勘定】もずカンジョウ うまいことを言って、自分だけ支払わないで済ませるような勘定の仕方。由来 モズとハトとシギが一五文の買い物をして、支払いの際、口のうまいモズが、ハトに八文、シギに七文を払わせ、自分は一文も払わずに済ませたという昔話から。

【△百】もも ①一〇〇。②数の多いことをいう語。「―枝(多くの枝)」「―歳(長い年月)」

【△百重】ももえ 数多く重なっていること。「連なる―の山々が美しい」

【△百〈△磯城〉・△百敷】ももしき 宮中。皇居。内裏。由来「ももしきの」が「大宮」「内」などにかかる枕詞であることから。数多くの石で築いた城の意とも。

【△百千】ももち ①一〇〇と一〇〇〇。②数の多いことをいう語。「―度(何度も)」

【△百千鳥】ももちどり ①多くの小鳥。さまざまな鳥。②チドリの別称。

【△百代・△百世】ももよ 多くの歳月。長い年月。「―草」類百歳

【△百夜】ももよ 一〇〇の夜。また、多くの夜。

【〈百合〉】ゆり ユリ科の多年草の総称。花はラッパ形のものが多く、芳香があり美しい。地下の鱗茎は食用。季夏 由来「百合」は漢名より。鱗茎が多数重なり合っていることから。

【〈百合△鷗〉】ゆりかもめ カモメ科の鳥。体は白くくちばしとあしが赤い。古く歌に詠まれた「都鳥」はこの鳥を指す。季冬

ビャク【白】(5) 白0 教 3982/4772 ▼ハク(一二三二)

ヒュウ【△彪】(11) 彡8 準1 4123/4937 音 ヒュウ・ヒョウ 訓 まだら・あや

意味 ①まだら。トラの皮のあざやかな模様。「彪彪」②あや。模様。

【△彪△蔚】ヒュウウツ あや模様がりっぱなさま。「蔚」は盛んなさま。参考「ヒョウウツ」とも読む。

ビュウ【繆】(17) 糸11 1 6957/6559 音 ビュウ・リョウ・ボク・キュウ 訓 あやまる・たがう・もとる・いつわる・まつわる

意味 一ビュウ ①まとう。からみつく。「綢繆」②あやま(誤)る。まちがえる。「繆説」類謬 ③たがう。もとる。④いつわる。いつわり。二リョウ まつわる。めぐらす。「繆繞」類繚 三ボク やわらぐ。おだやか。類穆 四キュウ ①まじわる。②ひもを巻きつけて絞める。

ビュウ【★謬】(18) 言11 準1 4121/4935 音 ビュウ 訓 あやまる

【謬】

意味 あやま(誤)る。まちがえる。あやまり。「謬見」類繆

下つき 過謬・誤謬・錯謬・差謬

【謬る】あやまる 筋道をまちがう。たがう。言いまちがう。「―った方向を修正した」「見通しを―る」表記「繆る」とも書く。

【謬見】ビュウケン あやまった見解や意見。「―が多くて説得力がない」表記「繆見」とも書く。

【謬説】ビュウセツ まちがった意見。あやまった説。「―に反論する」表記「繆説」とも書く。

ヒョウ【△平】(5) 干2 教 4231/4A3F ▼ヘイ(一三六二)

ヒョウ【氷】(5) 水1 教 常 8 4125/4939 音 ヒョウ 訓 こおり・ひ(高) 外 こおる

筆順 丨 刁 刁 氺 氷

意味 ①こおり。こおる。「氷河」「結氷」②こおりのように。「氷解」

下つき 解氷・結氷・砕氷・樹氷・薄氷・浮氷・霧氷・流氷

【〈氷菓子〉】アイスクリーム 牛乳・卵黄・砂糖・香料などをかきまぜ、空気を含ませながらこおらせた菓子。季夏

ひ

ヒャク—ヒョウ

【〈氷州〉】アイスランド 大西洋北極圏付近の共和国。氷河・火山・温泉が多い。首都はレイキャビク。

【氷】こおり ①水が冷えて氷点下の温度で固体になったもの。「―石(水晶の別称)」「―に座す(きわめて危険な地位にいる)」「―と炭(性質が正反対であることのたとえ)」②「氷水」の略。①を削ってシロップなどをかけた食べ物。季①②夏

【氷に▲鏤め脂に△画く】こおりにちりばめあぶらにえがく ▼脂に画き氷に鏤む(六二六)

【氷▲蒟▲蒻】こおりコンニャク こんにゃくを一度煮たあと、こおらせて乾燥したもの。凝こり蒟蒻。季冬

【氷枕】こおりまくら 氷をゴム製の袋に入れて、枕とするもの。「発熱には―で頭を冷やすといい」類水枕

【△氷る】こおる 水分などが冷えて固まる。「冷凍庫に入れたジュースが―った」季冬 参考「凍る」と書けば、氷が広い範囲に張る意。

【〈氷下魚〉・〈氷魚〉】こまい タラ科の海魚。北海道以北の日本海と太平洋沿岸にすむ。タラに似るが小形。氷に穴をあけて釣る。食用。季冬

【〈氷柱〉】つらら 水滴が次々にこおって垂れ下がり、棒状になったもの。垂氷たるひ。季冬 参考「ヒョウチュウ」とも読む。

【氷】ひ ①こおり。水がこおったもの。②ひょう。あられ。また、氷雨ひさめ。

【氷魚】ひうお アユの稚魚。体長約二～三センチメートルで半透明。琵琶ビワ湖産が有名。参考「ひお」とも読む。季冬

【氷雨】ひさめ ①ひょう。季夏 ②みぞれ。みぞれのような冷たい雨。あられ。季冬

【氷室】ひむろ 天然の氷を夏までたくわえておくための部屋や穴。季夏

【氷△面】ひも 氷の張った表面。参考多く、歌では「紐ひも」に掛けて用いられる。

【氷△面鏡】ひもかがみ 鏡のように光る、氷の表面。季冬

【氷河】ヒョウガ 高緯度の地方や高山の固まった万年雪が氷となり、低地に向かって流れるもの。大陸氷河と山岳氷河がある。「―期」「―時代」

【氷海】ヒョウカイ 一面に氷の張った海。季冬

【氷解】ヒョウカイ 氷がとけるように、疑問や不満などがなくなること。「長年のわだかまりが―した」

【氷結】ヒョウケツ 液体がこおること。寒さのために氷が張りつめること。「港が―する」類凍結

【氷原】ヒョウゲン 氷でおおわれている広い平原。こおりついた原野。季冬

【氷▲壺の心】ヒョウコのこころ 潔白で汚れのない心のこと。「氷壺」は氷を入れた玉製のつぼの意で、清廉潔白な心のたとえ。

【氷山の一角】ヒョウザンのイッカク 表面に現れているのは、物事のごくわずかな部分にすぎないことのたとえ。「氷山」は海に浮かぶ氷の塊かたまりで、海面上に出ているのは全体の七分の一程度であることから。「摘発された不正は―にすぎない」

【氷人】ヒョウジン 男女の仲をとりもつ人。結婚の仲人なこうど。▼月下氷人ゲッカヒョウジン(四一五)

【氷炭】ヒョウタン ①こおりと、すみ。②まったく相反するものどうしであること。

『氷炭相愛アイす』①世の中にそのような例のないたとえ。氷と炭火とは性質がまったく反対であることから。②性質のまったくちがうものが、相手にない点を補ったり、助け合ったりするたとえ。〈『淮南子エナンジ』〉

『氷炭相あい△容いれず』氷を溶かす炭火と、炭火を消す氷が両立しないように、性質がまったくちがっていて、調和や協力をしない間柄のたとえ。〈『楚辞ソジ』〉類水と油

【氷柱】ヒョウチュウ ①「氷柱つらら」に同じ。②夏、涼感を呼ぶために室内に立てて置く角柱の氷。こおりばしら。

【氷点】ヒョウテン 水が氷結し始める、あるいは氷が融解し始める温度。一気圧のもとではセ氏〇度。「―下一〇度の寒さ」類零点

【氷▲嚢】ヒョウノウ 氷や水を入れて、患部を冷やすのに用いるもの。こおりぶくろ。「―で頭を冷やす」

【氷壁】ヒョウヘキ 壁のように切り立った氷の崖がけ。こおった岩壁。「ピッケルを使って―をよじ登る」

ヒョウ【兵】(7) ハ5 教 4228 4A3C ▼ヘイ(一三六五)

ヒョウ【凭】(8) 几6 1 4963 515F 訓音 ヒョウ よる・もたれる

意味 よる。もたれる。よりかかる。

【▲凭れる】もたれる ①ものを支えにして体重をかける。よりかかる。「壁に―れる」「長い間―れ合って生きてきた」②食べた物がよく消化されず、胃がすっきりとしない。「胃が―れて困っている」

【▲凭る】よる ものを支えにして体重をかける。もたれかかる。「椅子イスに―りかかる」

ヒョウ【拍】(8) 扌5 常 3979 476F ▼ハク(一二三九)

ヒョウ【表】(8) 衣2 教 常 8 4129 493D 訓音 ヒョウ おもて・あらわす・あらわれる 外しるし

筆順 一 十 キ 主 声 耒 耒 表

意味 ①おもて。うわべ。物事の外側にあらわれた部分。「表紙」「表面」対裏 ②あらわす。あらわれる。「表現」「表情」③しるし。めじるし。「表札」「墓表」④のり。手本。「儀表」「師表」⑤主君や役所に申し

出る文書。「表白」「辞表」⑥事柄が一目でわかるように整理して記したもの。「図表」「年表」

下つき 意表・儀表・公表・師表・辞表・上表・図表・地表・年表・発表・付表・墓表

【表す】あらわ-す ①感情・意志・思想などを言葉や色・形・音、または表情・行動などで示す。「怒りを顔に―す」「感謝の気持ちを手紙に―す」②内容を示す。象徴する。「温度変化をグラフで―した」「筆跡はその人の性格を―す」参考「現す」と書けば、隠れていたものが出てくる意になる。

〈表着〉うわぎ 最も外側に着る衣服。対下着 表記「上着」とも書く。

【表】おもて ①物の表面・外側・上面・前面。「箱の―を磨く」②家屋などの正面・前面。「―門」「家の―から奥に回る」対奥 ③戸外や屋外。「―で遊ぶ」対内・中 ④人のうわべ。見かけ。「―を飾っても中身が伴わない」⑤正式。おおやけ。「―むきの顔」「内密の事柄が―に出る」⑥野球で、イニングの前半。「九回―の攻撃」対①②⑤⑥裏

【表方】おもてかた 劇場などで、観客に関する業務を行う人。支配人・案内係・切符係など。対裏方

【表芸】おもてゲイ ①たしなみとして習得すべき技芸。「日舞・長唄は歌舞伎役者の―だ」②専門とする技芸。本業の技芸。対裏芸

【表沙汰】おもてザタ ①事柄が世間に公然と知れわたること。「過去の逮捕歴が―になる」②公開された争い。訴訟や裁判沙汰。類公沙汰 対内沙汰 参考「沙汰」は評定・処置などの意。

【表記】ヒョウキ ①表面に書き記すこと。おもて書き。「―の番号」②文字や記号で書き表すこと。「―法」「―のまちがい」

【表具】ヒョウグ 紙や布を貼って、掛軸・巻物・屏風・ふすまなどをつくること。「―店に襖の貼り替えを依頼する」類表装

【表敬】ヒョウケイ 敬意を表すこと。「視察団が市庁舎を―訪問する」

【表決】ヒョウケツ 議案に対して賛否の意思を表し示すこと。「拍手で―する」参考「票決」と書けば、賛否を投票で決定する意になる。

【表現】ヒョウゲン 精神的なものを、表情・身振り・言語・文字・色・音・形などで表すこと。また、表されたもの。「ペンを―の武器とする」「感情を具体的に―する」類表出

【表札】ヒョウサツ 戸口や門などに掲げて、居住者の氏名を表示するふだ。類門標 表記「標札」とも書く。

【表示】ヒョウジ ①外部にはっきりと表し示すこと。「意思―をする」②図や表にして示すこと。「行き先を矢印で―する」参考「標示」と書けば、文字・記号・絵を目印にして示す意。

【表出】ヒョウシュツ 精神的なものを、絵・文字・動作などの具体的な形に表すこと。また、表されたもの。「感情の―」類表現

【表象】ヒョウショウ ①外面に現れた形や姿。類象徴 ②哲学で、ある対象が形やイメージとして意識に記憶されたもの。また、意識に思い浮かぶ像。類心象

【表彰】ヒョウショウ 善行・功労・成績などをほめたたえ、世に広く知らせること。「全国大会で優勝し、―された」「―式」

【表情】ヒョウジョウ ①感情や情緒を、顔つきや態度に表すこと。「―豊かに踊る」「無―になる」②様相やありさま。「テレビが全国各地の元旦の―を伝える」

【表装】ヒョウソウ 「表具」に同じ。

【表層】ヒョウソウ 表面の層。上側。「―雪崩は新雪が降ったあとに起きやすい」

【表題】ヒョウダイ ①書籍などの表紙に記された題名。類外題 ②演劇・演説・芸術作品などの題目。

【表徴】ヒョウチョウ ①外部に現れたしるし。②抽象的な概念を具体化すること。シンボル。類象徴

【表白】ヒョウハク 言葉や文章で表し述べること。「自分の決意を―する」参考「ヒョウビャク」と読めば、法事の最初に趣旨などを仏前に申し述べる意。

【表皮】ヒョウヒ 動植物の体表面をおおう、細胞組織の層。

【表明】ヒョウメイ 考えや態度を人に表し、明らかにすること。「支持を―する」

【表面】ヒョウメン ①物の外側。おもて。②物事の見える部分。外見。うわべ。「―をとり繕う」「派閥争いが―化する」対①②裏面

【表面張力】ヒョウメンチョウリョク 液体の表面にはたらく、収縮して最小の面積になろうとする力。水滴などが球状になるのは、この力による。類界面張力

【表裏】ヒョウリ ①おもてと、うら。外と内。うわべと内心。②言葉や態度が内心とちがうこと。陰ひなた。「―者(外面と内心が異なる者)」

【表裏一体】ヒョウリイッタイ 二つのものの関係が、おもてとうらのように密接で、切り離せないこと。

【表六玉】ヒョウロクだま 愚かな人をののしっていう語。表六。表記「兵六玉」とも書く。

ヒョウ 【俵】 (10) イ 8 常 教 5 4122 4936 音 ヒョウ 訓 たわら

筆順 ノ イ 仁 什 仹 佳 佳 俵 俵 俵

意味 たわら。また、たわらを数える語。「土俵」

下つき 米俵・砂俵・炭俵・土俵

【俵】たわら わら・かやなどを編んで作った、米や穀類・炭などを入れる袋。「米―を担ぐ」

ヒョウ 【豹】★ (10) 豸 3 準1 4131 493F 音 ヒョウ 訓

ひ ヒョウ

〔豹〕

意味 ひょう。ネコ科の哺乳動物。「豹変」 参考 「海豹」はあざらしのこと。

【豹は死して皮を留め、人は死して名を留む】ヒョウはしてかわをとどめ ひとはしてなをとどむ

ヒョウは獣ではあるが、死んだあとに美しい毛皮を残す。人間も、死後に名を残すように心掛けよという戒め。由来 中国、後梁の武将、王彦章の言葉から。〈『五代史』〉 類 虎は死して皮を留め、人は死して名を残す

【豹変】ヒョウヘン 態度・意見ががらりと変わること。悪いほうに変わる意に用いることが多い。由来 ヒョウの毛は季節が変わると、毛が抜け変わって斑紋が美しくなるように、君子は過ちを認めると自己を一変させるという意。「君子は—す」〈『易経』〉から。

【豹文・豹紋】ヒョウモン ヒョウの毛皮の斑紋。また、そのような模様。

【豹紋蝶】ヒョウモンチョウ タテハチョウ科のチョウ。本州の山地や北海道にすむ。だいだい色のはねに黒斑がある。

〈豹脚蚊〉やぶか カ科の昆虫の総称。由来 あしにヒョウのような斑紋があることから。▼藪蚊(九五二)

ヒョウ【殍】(11) 歹 7 1 6143 5D4B 音 ヒョウ・フ 訓 うえじに・うえじにする

意味 ①うえじに。うえじにする。「殍餓」 ②かれる。草木がかれて落ちる。

【殍】うえじに 食べる物がなくて死ぬこと。また、空腹で死んだ人。類 餓死

ヒョウ【票】(11) 示 6 常 教 7 4128 493C 音 ヒョウ 訓 外 ふだ

筆順 一 一 冂 襾 覀 覀 覀 覀 票 票 票

意味 ①ふだ。書きつけ用の紙片。手形・切手・証券など。「軍票」「伝票」 ②選挙や採択などに用いるふだ。「票決」「投票」

下つき 開票・軍票・伝票・投票・得票・白票

【票決】ヒョウケツ 賛否を投票で決定すること。参考 「表決」と書けば、議案に対して賛否の意思を表す意になる。

【票田】ヒョウデン 選挙で、ある党や候補者の得票が大量に予想される地域を、田地にたとえていう語。「この地区は我が党の大—だ」

ヒョウ【猋】(12) 犬 8 1 音 ヒョウ 訓 はしる・つむじかぜ

意味 ①イヌが群がり走るさま。②つむじかぜ。はやて。「猋風」 類 飄

ヒョウ【評】(12) 言 5 常 教 6 4130 493E 音 ヒョウ 外 ヘイ 訓 外 はかる・あげつらう

旧字《評》(12) 言 5 1/準1

筆順 亠 亖 言 言 言 言 訂 訂 評 評

意味 はかる。あげつらう。物事のよしあしを判断する。「評決」「評判」「批評」

下つき 悪評・合評・好評・酷評・書評・寸評・世評・短評・定評・批評・品評・風評・不評・論評

【評価】ヒョウカ ①人の価値や品物の値段を決めること。「実力を正しく—する」「—額」 ②物事の成果を判定すること。また、善悪・優劣などの価値を定めること。「諸君の頑張りを—する」

【評議】ヒョウギ 多くの人が意見を交換して相談すること。「—会を開く」

【評決】ヒョウケツ 評議して、決定すること。参考 「票決」と書けば投票で賛否を決定する。「表決」と書けば賛否の意思表示をする意になる。

【評語】ヒョウゴ ①批評の言葉。類 評言 ②成績の等級を表す語。「優・良・可」など。

【評釈】ヒョウシャク 詩歌や文章などに対する、批評や解釈。「—を加える」

【評定所】ヒョウジョウショ ①鎌倉幕府の役所で、評定衆が事務を取り扱ったところ。②江戸幕府の置いた最高の裁判機関。老中・大目付・三奉行などが政治の合議を行った。

【評注・評註】ヒョウチュウ 詩歌や文章などに対して、批評や注釈を加えること。また、その批評や注釈。

【評定】ヒョウテイ ①一定の基準によって評価を定めること。「—価格」「勤務—」 ②多くの人が相談して決めること。類 評決 参考 ②「ヒョウジョウ」とも読む。

【評点】ヒョウテン ①評語と批点。批評の言葉や批評・訂正のために原文に加えた点。②評価してつけた成績などの点数。「新任の先生は—が厳しい」

【評伝】ヒョウデン その人への批評をまじえた伝記。評論を加えた伝記。

【評判】ヒョウバン ①世間の批評。また、うわさ。「新製品の—を聞く」「新しい町長は—がいい」「彼女の—でもちきりだ」類 世評 ②有名なこと。名高いこと。「うまさで—のお店」

【評論】ヒョウロン 物事の価値や是非や優劣などを批評して論を述べること。また、その文章。「小説の—を発表する」

ヒョウ【馮】(12) 馬 2 1 8140 7148 音 ヒョウ・フウ 訓 よる・つく・たのむ・かちわたる・いかる

意味 ①ウマが速く走る。②よる。よりかかる。類 凭 ③たのむ。たよりとする。「馮依」 ④かちわたる。川を徒歩で渡る。「馮河」 類 ②〜④ 憑 ⑤いか

ひ ヒョウ

る。いきどおる。

【馮く】つ-く 神仏や霊がのりうつる。とりつく。「狐(きつね)が—く」「物の怪(け)が—く」表記「憑く」とも書く。

【馮河】ヒョウガ 無謀な行動のたとえ。「暴虎(ボウコ)—」由来 徒歩で大きな川を渡る意から。〈『論語』〉

【馮る】よ-る よりかかる。あてにしてたのむ。たよりとする。表記「憑る」とも書く。

ヒョウ【剽】

(13) 刂11 1 4987 5177 音 ヒョウ 訓 おびやかす・すばやい

意味 ①おびやかす。おどす。「剽劫(ヒョウキョウ)」②ぬすむ。かすめとる。「剽窃」③かるい。すばやい。「剽悍(ヒョウカン)」

下つき 軽剽(ケイヒョウ)

【剽かす】おびや-かす 急におどす。さっと現れて襲う。「おいはぎに—される」

【剽悍】ヒョウカン 動作がすばやく、荒々しく強いこと。「—な戦士」表記「慓悍」とも書く。

【剽軽】ヒョウキン 明るく滑稽(コッケイ)なさま。また、その言動や人。「—な動作が笑いを誘う」「—玉(ヒョウキンだま)(ひょうきんなこと。ひょうきんな人)」参考「キン」は唐音。「ヒョウケイ」と読めば身軽ですばやいこと、軽率なことの意。

【剽疾】ヒョウシツ 動作がすばやいこと。表記「慓疾」とも書く。参考「剽」も「疾」もすばやい意。

【剽窃】ヒョウセツ 他人の詩歌や文章などをぬすんで、自分のものとして発表すること。「—が判明して入選を取り消された」類盗作・剽賊 参考「剽」も「窃」もぬすむ意。

【剽賊】ヒョウゾク ①「剽窃」に同じ。また、その人。②「剽盗」に同じ。

【剽盗】ヒョウトウ 通行人などをおどして衣服や持ち物を奪い取ること。おいはぎ。類剽賊・剽掠(ヒョウリャク)

【剽掠・剽略】ヒョウリャク 強奪すること。おびやかし奪うこと。かすめとること。類剽盗

ヒョウ【嫖】

(14) 女11 1 5337 5545 音 ヒョウ 訓 かるい・みだら

意味 かるい。すばやい。また、みだら。

【嫖客】ヒョウカク 芸者買いをする男。うかれお。類遊客 表記「飄客」とも書く。

ヒョウ【慓】

(14) 忄11 1 5656 5858 音 ヒョウ 訓 すばやい

意味 はやい。すばやい。「慓悍(ヒョウカン)」類剽(ヒョウ)

【慓悍】ヒョウカン 動作がすばやく、気性がきつくて強いこと。「—な騎馬部隊」表記「剽悍」とも書く。

ヒョウ【漂】

(14) 氵11 常 3 4126 493A 音 ヒョウ 訓 ただよう 外 さらす

筆順

意味 ①ただよう。流れに浮かぶ。さまよう。「漂流」②さらす。水や薬品で白くする。「漂白」

下つき 浮漂(フヒョウ)・流漂(リュウヒョウ)

【漂う】ただよ-う ①空中や水面に浮かんで揺れる。「小舟が波間に—っている」②ある雰囲気やにおいがその場にみちる。「会場には和(なご)やかな雰囲気が—う」「庭一面に花の香りが—う」③さまよい歩く。ふらふらとする。「大陸を—う」

【漂着】ヒョウチャク ただよい流れて岸に着くこと。「無人島に—した」

【漂鳥】ヒョウチョウ 同じ地方の中で繁殖地と越冬地を小規模に移動する鳥。ウグイス・メジロなど。季秋

【漂白】ヒョウハク 日光や水にさらしたり、薬品を使ったりして、色を白くすること。「黄ばんだシャツを—する」

【漂泊】ヒョウハク ①あてもなくさまようこと。「異郷を—する」「—の詩人」類放浪 ②水の上をただよい流れること。類漂流

【漂母】ヒョウボ 洗濯を仕事とする老婆。また、食事を恵む老婆。由来 韓信(カンシン)が放浪していたとき、洗濯を仕事とする老婆に食事を恵まれたという故事から。〈『史記』〉

【漂流】ヒョウリュウ ①船などが、波や風にまかせてただよい流れること。「椰子(ヤシ)の実が南の海から—してきた」類漂泊 ②あてもなくさまようこと。

【漂浪】ヒョウロウ ①さすらい歩くこと。類放浪 ②波にただようこと。また、ただよう波。類漂流・①②漂泊

ヒョウ【標】

(15) 木11 教 常 7 4124 4938 音 ヒョウ 訓 外 しるし・しるべ・しめ・しるす・こずえ

筆順

意味 ①しるし。めじるし。「標識」「商標」②まと。めあて。「標準」「目標」③あらわす。しるす。書きしるす。「標記」「標榜(ヒョウボウ)」④こずえ。高い小枝。

下つき 座標(ザヒョウ)・指標(シヒョウ)・商標(ショウヒョウ)・道標(ドウヒョウ)・墓標(ボヒョウ)・目標(モクヒョウ)・門標(モンヒョウ)

【標】しめ ①土地の領有を示すため、また、場所を限るために木を立てたり縄を張ったりして、しるしとしたもの。「—を立てる」②「標縄」の略。表記「注連」とも書く。

【標飾り】しめかざり 正月や祭りのとき、神前や神棚、門戸などにしめ縄を張って飾りにすること。また、その飾り。季新年 表記「注連飾り・七五三飾り」とも書く。

【標縄】しめなわ ①神聖な場所にけがれが入らないように張る縄。しめ。②新年に、門口や神棚に、魔除けのために張る縄。表記「注連縄・七五三縄」とも書く。

【△標野】しめの　皇族や貴族が所有する野原で、一般の出入りを禁じた所。狩猟などの場とされた。類禁野

【△標】しるし　高くかかげて目につくようにしたもの。目じるし。まと。「遠くの―をめがけて矢を放つ」

【△標】しるべ　進むべき方向を指し示すもの。道案内となるもの。「北極星を―に進む」「道―」

【標記】ヒョウキ　①符号をつけて目じるしにすること。また、その符号や文字。②標題を書くこと。見出しをつけること。また、その書いた事柄。「―の会議を本日行います」参考「表記」と書けば、文字や文章で書き表す意。

【標語】ヒョウゴ　主義・主張・信条などをわかりやすく簡潔に言い表した言葉。スローガン。「社内で省エネの―を募集する」

【標高】ヒョウコウ　平均海面から垂直にはかった土地の高さ。類海抜

【標札】ヒョウサツ　戸口や門などにかかげ、居住者の氏名・住所などを示すふだ。類門標　表記「表札」とも書く。

【標示】ヒョウジ　交通道路で、目じるしをつけてかかげ、示すこと。「道路―」類標識　参考「表示」と書けば、外部に表し示す意。

【標識】ヒョウシキ　案内や伝達の目じるし。しるし。「交通―」類標示

【標準】ヒョウジュン　①判断や比較のめあてとなるもの。手本。「―時」「―価格を設定する」類基準　②度合いが平均的なもの。普通であること。「―サイズ」「―語」

【標章】ヒョウショウ　しるしとする記号・符号。また、目じるしとしてつけるバッジ・記章。「大会の―を胸につけて入場する」

【標注・標▲註】ヒョウチュウ　書物の本文の欄外につける注釈文。頭注や脚注。

【標的】ヒョウテキ　①弓や鉄砲のまと。目じるし。また、めあて。「―に命中する」「―射撃」類目標　②ねらっている相手やもの。「責任追及の―にされる」

【標▲榜】ヒョウボウ　①主義・主張を公然と掲げること。「ガンジーは非暴力・不服従を―した」②人の善行をほめ、それを札などに記して公衆に示すこと。

【標本】ヒョウホン　①見本。雛形(ひながた)。典型的なもの。「あの住職は俗人の―だ」②教育用・研究用に、動植物や鉱物などを実物のまま保存したもの。「めずらしい蝶(チョウ)の―」「―採集」③統計調査で全体の集団から抜き出したそれぞれの要素。サンプル。「―を抽出する」

ヒョウ【★凴】(16) 心12 1 5665 5861　音 ヒョウ　訓 よる・かかる・つく・たのむ

意味 ①よる。かかる。よりかかる。類凭(ヒョウ) ②つく。たのむ。とりつく。「凴依」③かちわたる。川を徒歩で渡る。「凴河」類①～③馮(ヒョウ)

下つき 証凴(ショウヒョウ)・信凴(シンピョウ)

【▲凴む】たのむ　たのみにする。たよる。また、よりどころとする。

〈▲凴子〉たのもし　掛け金を出し合い、くじや入札で決めた順序で金を融通し、全員に融通した時点で解散する組合。たのもし講。表記「頼母子」とも書く。

【▲凴き物】つきもの　人にとりつき、異常な行動をさせる霊。物の怪(ケ)。「―が落ちる」

【▲凴く】つく　怨霊(オンリョウ)などが人にのりうつる。とりつく。「弱り身の者に物の怪(ケ)が―く」表記「馮く」とも書く。

【▲凴依】ヒョウイ　①霊がのりうつること。「―現象」②よりすがること。たのみにすること。表記②「馮依」とも書く。

【▲凴依妄想】ヒョウイモウソウ　神仏や悪魔、動物などの霊がのりうつって自分を支配しているという妄想。

【▲凴拠】ヒョウキョ　証明のよりどころとすること。よりどころ。類根拠

【▲凴代】よりしろ　神霊が宿るもの。岩石や樹木・動物など。神霊に代わるものとしてまつられる。表記「依代」とも書く。

〈▲凴▲坐〉よりまし　祈禱(キトウ)師が一時的に神霊をのりうつらせ、お告げを言わせる子どもや人形。表記「尸童」とも書く。

【▲凴る】よる　たよりとする。よりかかる。たのむ。表記「馮る」とも書く。

ヒョウ【★瓢】(17) 瓜11 準1 4127 493B　音 ヒョウ　訓 ひさご・ふくべ

〔瓢〕

意味 ひさご。ふくべ。ひょうたん(瓢簞)。「瓢飲」

下つき 干瓢(カンピョウ)・乾瓢(カンピョウ)・酒瓢(シュヒョウ)

〈▲瓢虫〉てんとうむし　テントウムシ科の甲虫の総称。体長約七ミリメートルで、半球形。黄または赤の地に黒い斑点(ハンテン)のあるものが多い。季夏　表記「天道虫・紅娘」とも書く。

【▲瓢】ひさご　①ユウガオ・ヒョウタン・トウガン・フクベなどの総称。季秋　②「瓢簞(ヒョウタン)」に同じ。表記「瓠・匏」とも書く。参考②「ふくべ」とも読む。

【▲瓢▲簞】ヒョウタン　①ウリ科のつる性一年草。アフリカ原産。夏の夕方、白色の花をつける。果実は中央がくびれている。季秋　②成熟したヒョウタンの果実の中身を除き、酒や水などを入れる容器にしたもの。ふくべ。ひさご。

『▲瓢▲簞から駒(こま)が出る』ヒョウタンからウマが

飛びだす意で、あり得ないことが実現するたとえ。また、冗談(ジョウダン)で言ったことが実際に起こってしまうたとえ。「駒」はウマのこと。

『▲瓢▲簞で▲鯰(なまず)を押さえる』ヒョウタンで

ナマズを取り押さえようとしても、なかなかつかまえられないように、言動がぬらりくらりとして、とらえどころがなく、要領を得ないたとえ。

【▲瓢▲簞に釣り鐘（がね）】比べものにならないもののたとえ。また、不釣り合いなもののたとえ。ヒョウタンと釣り鐘は、ぶら下がるという点では同じだが、大きさ、重さもまったくちがう意から。類月と鼈（すっぽん）　参考「瓢簞」は「提灯（チョウチン）」ともいう。

【▲瓢の実】（ひょんのみ）イスノキの葉にできた虫こぶ。虫が出たあとの空洞に口をあてて吹くと笛のように鳴る。季秋

【▲瓢】（ふくべ）①ウリ科のつる性一年草。ユウガオの変種で、果実から干瓢（カンピョウ）を作り、果皮から盆や花器を作る。②ヒョウタンの別称。また、その果実で作った容器。季①②秋　表記①②「瓠・匏」とも書く。参考②の容器は、「ひさご」とも読む。

ヒョウ【縹】(17) 糸11 1 6961 655D 音ヒョウ 訓はなだ・はなだいろ

意味①はなだ。薄いあい色。また、はなだ色の絹。「縹帙（ヒョウチツ）」②遠い。はるかな。「縹渺（ヒョウビョウ）」

【〈縹緻〉】（きりょう）顔だち。みめ。容姿。「―がよい」表記「器量」とも書く。

【縹色】（はなだいろ）①薄い藍（あい）色。そらいろ。②「縹色威（おどし）」の略。はなだいろの緒（お）を用いた鎧（よろい）。

【縹草】（はなだぐさ）ツユクサの別称。▼鴨跖草（つゆくさ）（二八）

【縹▲渺・縹▲眇・縹▲緲】（ヒョウビョウ）①かすかに見えるさま。はっきりしないさま。②かぎりなく広いさま。「海原が―として眼前に広がる」類渺茫（ビョウボウ）

ヒョウ【飄】(20) 風11 1 8108 7128 音ヒョウ 訓つむじかぜ・ひるがえる・はやい・ただよう

意味①つむじかぜ。はやて。「飄風」②ひるがえる。風に吹かれて舞い上がる。「飄揚」③はやい。「飄疾」④ただよう。⑤おちる。また、おちぶれる。

【〈飄石〉】（ずんばい）小石。また、小石を投げること、そのような遊び。石投げ。

【▲飄】（つむじかぜ）渦を巻きながら、はげしく吹き上がる風。つじかぜ。つむじ。表記「飆・旋風」とも書く。

【飄逸】（ヒョウイツ）世の中の出来事を気にせず、気楽でのんびりしているさま。「―な俳人」表記「漂逸」とも書く。

【飄客】（ヒョウカク）遊里にうかれ遊ぶ男性。「花街の―」類遊客　表記「嫖客」とも書く。

【飄然】（ヒョウゼン）①一か所にとどまらず、さすらうさま。「―と旅に出る」②世の中の物事を気にしないで、のんきでいるさま。「―とした暮らしを楽しむ」類超然

【飄飄】（ヒョウヒョウ）①俗世間にとらわれず、つかまえどころのないさま。「―とした人物」類飄然　②風に吹かれてひるがえるさま。「―と舞う落ち葉」③行き先や居場所が定まらないさま。「―踉踉（ロウロウ）（ふらふらと歩くこと）」

【飄風】（ヒョウフウ）急に吹きあがる風。つむじ風。類旋風　表記「飆風」とも書く。

【飄揚】（ヒョウヨウ）風に吹かれてひるがえり、高く上がること。

【飄揺】（ヒョウヨウ）風にひるがえること。空中に舞い上がること。ひらひらと動いて定まらないこと。

【飄零】（ヒョウレイ）①木の葉がひらひらと落ちること。②おちぶれること。うらぶれること。類零落　表記「漂零」とも書く。

【飄る】（ひるがえる）風に吹かれて物がふわりと舞い上がる。ふわふわとただよう。「風船が―る」

ヒョウ【飆】(21) 風12 1 8110 712A 音ヒョウ 訓かぜ・つむじかぜ・みだれる

意味①かぜ。つむじかぜ。大風。「飆塵（ヒョウジン）」類飄（ヒョウ）②みだ（乱）れる。参考イヌが風をまきおこしながら群がって走るさまを表した字。

【▲飆】（つむじかぜ）渦を巻きながら、はげしく舞い上がる風。局地的な空気の渦巻き。大風。表記「飄・旋風」とも書く。

【飆飆】（ヒョウヒョウ）風がはげしく吹くさま。風が強く吹き上がるさま。

【飆風】（ヒョウフウ）つむじ風。はやて。また、暴風。表記「飄風」とも書く。

ヒョウ【驃】(21) 馬11 1 8163 715F 音ヒョウ 訓しらかげ・つよい

意味①しらかげ（白鹿毛）。白い毛のまじった黄色いウマ。②つよい。勇ましい。

ヒョウ【鰾】(22) 魚11 1 8268 7264 音ヒョウ 訓ふえ・うきぶくろ

意味ふえ。魚の腹にあるうきぶくろ。

【鰾】（うきぶくろ）魚類の消化器官の背面にある袋。中の気体の量を調節して浮き沈みをする。参考「ふえ」とも読む。

【〈鰾膠〉】（にべ）①ニベ科の魚の鰾（うきぶくろ）を原料にした膠（にかわ）。粘着力が強い。②愛想。世辞。「―もなく断られる」「―もしゃしゃりもない（味もそっけもない。無愛想）」表記「鮸膠」とも書く。参考②否定語を伴って用いる。

【鰾】（ふえ）「鰾（うきぶくろ）」に同じ。

ひょう【雹】(13) 雨5 8027 703B ▼ハク（二四一）

ビョウ【平】(5) 干2 教 4231 4A3F ▼ヘイ（一三六三）

ビョウ【杪】(8) 木4 1 5934 5B42 音ビョウ 訓こずえ・すえ・ちいさい

意味①こずえ。木の先。類梢（ショウ）②すえ。おわり。「杪春」「杪歳」③ちいさい。細い。

【杪】（こずえ）木の細い枝の先。

【杪春】（ビョウシュン）春の末。暮れの春。陰暦三月ころ。類暮春

ビョウ【苗】
(8) 艹 5 常 3 4136/4944
音 ビョウ高 外ミョウ
訓 なえ・なわ 外かり

筆順 一 十 廾 艹 芇 芇 苗 苗

意味 ①なえ。種子から生えたばかりの植物。「種苗」「稲苗」②すじ。血筋。子孫。「苗字」③か(狩)り。農作物の被害を防ぐために行う狩猟。

下つき 種苗・早苗

【苗】なえ ①種子から生えたばかりの植物。なえぎ。なえくさ。「桜の―を庭に植える」②田に植える前の、芽生えてまもないイネ。「―床をつくる」

【苗床】なえどこ 植物の種をまき、苗を育てるところ。「―に種をまく時期だ」季春

【苗代】なわしろ 田植えまでの間、イネの種をまき苗に育てる田。なわしろだ。

【苗▲裔】ビョウエイ 遠い血筋の子孫。後胤。末裔。末孫。

【苗▲圃】ビョウホ 植物の苗を育てるための田畑。類苗床

【△苗字】ミョウジ 代々つながる血筋の名。姓。表記「名字」とも書く。

ビョウ【眇】
(9) 目 4 1 6631/623F
音 ビョウ・ミョウ
訓 すがめ・すがめる・ちいさい・かすか・はるか・おくぶかい

意味 ①すがめ。片方の目が小さい。または、見えない。「眇目」②すがめる。片目を細くして見る。③ちいさい。かすかな。はるか。「眇眇」④おくぶかい。精妙な。

下つき 微眇・縹眇・飄眇

【▲眇】すがめ ①片目が細いこと。また、片目が不自由なこと。②斜視。やぶにらみ。③横目。

【▲眇める】すがめる ①片目を細めて見る。②片目をつぶり、あるいは細めてねらいをつけて見る。

【▲眇然】ビョウゼン 遠くにあって小さく、かすかなさま。表記「渺然」とも書く。

【▲眇▲眇】ビョウビョウ ①かすかで小さいさま。転じて、ごくつまらないさま。②遠く果てしないさま。表記②「渺渺」とも書く。

【▲眇目】ビョウモク ①やぶにらみ。すがめ。また、片目が不自由なこと。②目を細くして凝視すること。

ビョウ【秒】
(9) 禾 4 教 常 8 4135/4943
音 ビョウ
訓 外のぎ

筆順 ノ 二 千 禾 利 利 秒 秒

意味 ①時間や角度の単位。一秒は一分の六〇分の一。「秒速」「寸秒」②のぎ。イネの穂先。③かすか。わずか。きわめて細かいもの。

下つき 寸秒・分秒

【秒速】ビョウソク 運動するものの速度を、一秒あたりに進む距離で表したもの。一秒間に進む速さ。

【秒読み】ビョウよみ ①時間の経過を一秒ずつ数えること。特に、残っている時間を一秒ずつ読み上げて数えること。「スペースシャトル打ち上げの―が開始された」②事が起こる瞬間などが間近に迫った状態にあること。「犯人逮捕は―段階に入った」

ビョウ【病】
(10) 疒 5 教 常 8 4134/4942
音 ビョウ・ヘイ高
訓 やむ中・やまい

筆順 丶 亠 广 广 疒 疒 疔 病 病 病

意味 ①やむ。わずらう。やまい。わずらい。「病気」「看病」②欠点。短所。「病根」「病癖」

下つき 疫病・看病・急病・仮病・疾病・疾病・持病・重病・大病・多病・熱病・万病

【病▲痾】ビョウア 長びいていつまでも治らない病気。類宿痾 参考「痾」はこじれて治らない病気の意。

【病院】ビョウイン 病人やけが人を収容し、医師が治療する施設。類医院・診療所

【病▲臥】ビョウガ 病気で床につくこと。「―の身となる」参考「臥」はふせて寝る意。

【病害】ビョウガイ 農作物や家畜の病気によってこうむる害。「稲を―から守る」

【病菌】ビョウキン 病気をひきおこす細菌。類病原菌

【病苦】ビョウク 病気による苦しみ。「―にうち克つ」

【病▲軀】ビョウク 病気にかかっている体。「―をおして仕事をする」類病身

【病原・病源】ビョウゲン 病気の原因。「―菌」「―体」類病因・病根

【病根】ビョウコン ①病気のもと。類病原・病因 ②悪い習慣の根本原因。「―を断つ」

【病床・病▲牀】ビョウショウ 病人のねどこ。「先月から―に伏している」

類病褥

【病状】ビョウジョウ 病気の容態。病気の具合。「医師に―を尋ねる」

【病▲褥・病▲蓐】ビョウジョク 病人のねどこ・しとね。「―に伏せる」類病床 参考「褥・蓐」は寝るときの柔らかい敷物の意。

【病勢】ビョウセイ 病気の進み具合。病気の勢い・様子。「―は一進一退を繰り返す」

【病巣・病▲竈】ビョウソウ 病菌におかされている部分。「手術で―を除く」参考「巣」はす、「竈」はかまどの意。

【病体】ビョウタイ 病気にかかっている身体。病人の体。類病身

【病態】ビョウタイ 病気の具合・ようす。症状。類病状・容態

【病棟】ビョウトウ 病院などで、病室が並んでいる建物。「小児―」「外科―」類病舎

【病弊】ビョウ ヘイ　物事の内にひそむ害となる事柄。「組織の―を断つ」参考「弊」は、弊害の意。

【病癖】ビョウ ヘキ　病的な悪い癖。なおりにくい悪癖。「盗みの―がある」

【病没】ビョウ ボツ　病気で死亡すること。類病死　書きかえ「病歿」の書きかえ字。

【病▲歿】ビョウ ボツ　▼書きかえ 病没

【病魔】ビョウ マ　病気を魔物にたとえた語。また、病気そのもの。「不幸にして―に冒された」

【病理】ビョウ リ　病気についての理論。また、病気の原理。「―学」「―解剖」

【病歴】ビョウ レキ　今までにかかった病気の経歴。

【病】やまい　①病気。患い。いたつき。「―に倒れる」「―を養う（病気を気長になおす）」②悪いくせ。欠点。「ギャンブルは彼の―だ」

【病▲膏▲肓に入る】①病気が重くなり、治る見込みがなくなること。②趣味や道楽におぼれて抜け出せなくなるたとえ。「膏」「肓」は、内臓の深奥部の名で、薬も鍼も届かない箇所。故事 中国、春秋時代、晋の景公が病床で病魔が膏と肓に入りこんだ夢を見、名医が「この病は膏肓に入ったので治せない」と診断したという故事から。《『春秋左氏伝』》

【病治りて医師忘る】人はとかく、楽になると、苦しいときに助けてくれた人の恩をすっかり忘れてしまうたとえ。病気が治ると、助けてくれた医者のありがたさを忘れてしまう意から。類雨晴れて笠を忘る

【病無くして自ら▲灸す】不必要なことをして自分でつらい目を見るたとえ。病気でもないのに自分で灸をすえる意から。故事 中国、春秋時代、孔子が大盗賊の盗跖を説教したがまったく聞く耳をもたず、逆におどかされて命からがら戻って来たときに孔子が引用した言葉。《『荘子』》

【病は気から】病気は気の持ち方一つで、よくも悪くもなるということ。

【病は口より入り、▲禍いは口より出ず】病気は口から入る飲食物がもとで起こる。言葉は慎まなければならないという戒め。《『太平御覧』》

【病は少し▲愈ゆるに加わる】病気は、少し治りかけたころ、つい油断して治療を怠り、悪化させることがある。また、災いはちょっとした油断から起こるたとえ。「愈」は病気が治ること。《『説苑』》

【病む】やむ　①病気にかかる。「長く―んでいる」②ひどく気にかける。心配する。「成功するか否か気に―んでも仕方ない」

〈病葉〉わくらば　病気や害虫のために、変色したり枯れたりした葉。特に、夏のうちに赤や黄に色づいて縮まった葉。季夏

ビョウ【▲屏】(11) 尸8　9491 7E7B　▼ヘイ(一三六八)

ビョウ【描】(11) 扌8　常 4　4133 4941　音ビョウ　訓えがく・かく

筆順 一 十 扌 扌 扌 扌 扌 描 描 描 描 11

意味 えがく。かく。形やようすを絵や文章でかきあらわす。「描写」「素描」

下つき 寸描・線描・素描・点描

【描く】えがく　①絵や図にかき表す。「デザイン画を―く」②文章などで表現する。「若者の心理を―いた小説」③あるものの軌跡が形をなす。「トンビが輪を―いて飛ぶ」④思い浮かべる。「旅先のことを心に―く」

【描写】ビョウ シャ　うつしえがくこと。言葉・絵・文章などで、物事の姿かたちや状態などを表現すること。「心理―にすぐれた小説だ」

【描出】ビョウ シュツ　文章や絵画などで、えがきだすこと。「心の内面を―した私小説」

ビョウ【猫】(11) 犭8　常 準2　3913 472D　音ビョウ(高) (外)ミョウ　訓ねこ

筆順 ノ 犭 犭 犭 犭 猫 猫 猫 猫 猫 猫 11

意味 ねこ。ネコ科の哺乳動物。「猫額」参考「ビョウ」はネコの鳴き声から。

【猫】ねこ　ネコ科の哺乳動物。体はしなやかで、足の裏に肉球がある。愛玩用やネズミの駆除用に飼う。「―の額（非常に狭いたとえ）」

【猫に▲鰹節】過ちが起こりやすいことのたとえ。また、危険で油断がならないことのたとえ。ネコのそばに大好物の鰹節を置く意から。

【猫に小判】価値の分からない者に高価なものを与えても、なんの役にも立たないたとえ。類豚に真珠

【猫の魚辞退】本当は欲しいのに、うわべだけ断ること。また、長続きしないことのたとえ。ネコが大好物の魚を断るという意から。参考「魚辞退」は「さかなジタイ」とも読む。

【猫の手も借りたい】非常に忙しくて働き手が足りず、どんな手伝いでもほしいたとえ。「―ほど忙しい」

【猫は三年飼っても三日で恩を忘れる】ネコは飼われた恩をすぐに忘れてしまう。対犬は三日飼えば三年恩を忘れぬ

【猫も▲杓子も】だれもかれも。みんな。そろいもそろって。何もかも。「―テレビゲームに夢中だ」

【猫足・猫脚】ねこあし　①机や膳などのあしで、ネコのあしに似た形

をしたもの。②ネコのように音を立てない歩き方。

【猫△被り】ねこかぶり 本性を隠しておとなしく見せかけること。また、その人。

【猫車】ねこぐるま 箱の前部に車輪がついた一輪車。後部の柄(え)を押して土などを運ぶ。

【猫舌】ねこじた ネコのように、熱い食べ物が苦手なこと。また、その人。

【猫背】ねこぜ ネコのように背中が丸く曲がり、首がやや前に出ている姿勢。また、そのような人。「—にならぬよう姿勢を正しなさい」

【猫▲撫で声】ねこなでごえ ネコが体をなでられるときに出すような、やさしそうで人にこびる声。「—ですり寄る」参考 一説に、ネコをなでる人が出す甘ったるい声ともいう。

【猫▲糞】ねこばば 落とし物を拾って自分の物にしてしまうこと。よくないことをして、知らん顔をしていること。「—を決めこむ」由来 ネコが排便後に砂をかけて糞(フン)を隠すことから。

【猫▲跨ぎ】ねこまたぎ まずい魚の俗称。由来 魚好きのネコでさえもまたいで通る意から。

ビョウ 【渺】

(12) 氵9 1 6261 / 5E5D
音 ビョウ
訓 はるか・かすか

意味 ①果てしなく広がるさま。はるか。「渺然」「渺漫」②はっきりと見えないさま。かすか。「縹渺(ヒョウビョウ)」

下つき 浩渺(コウビョウ)・縹渺(ヒョウビョウ)

【▲渺然】ビョウゼン 果てしなく広がっているさま。はるかに遠く、かすんでいるさま。表記「眇然」とも書く。

【▲渺▲渺】ビョウビョウ 水面や平原などが果てしなく広がっているさま。類 渺茫(ビョウボウ) 表記「眇眇」とも書く。

【▲渺▲茫】ビョウボウ ①水面や平原などが果てしなく広いさま。「—たる砂漠」類 渺・渺漫 ②遠くかすんでいるさま。

【▲渺漫】ビョウマン 「渺渺」に同じ。参考「渺」「漫」ともに広い意。

ビョウ 【★廟】

(15) 广12 準1 4132 / 4940
音 ビョウ
訓 たまや・みたまや・やしろ

〔廟〕

意味 ①みたまや。おたまや。祖先の霊をまつる場所。「廟宇」②王宮の正殿。政治を行うところ。表御殿。「廟議」③やしろ。ほこら。「神廟」

下つき 祠廟(シビョウ)・聖廟(セイビョウ)・宗廟(ソウビョウ)・霊廟(レイビョウ)

【▲廟宇】ビョウウ ①祖先の霊をまつる建物。みたまや。類 廟堂 ②神体をまつる建物。やしろ。参考「宇」は大きな家の意。

【▲廟議】ビョウギ 朝廷の評議。「—での決定を知らせる」類 朝議

【▲廟堂】ビョウドウ ①「廟宇」に同じ。類 宗廟 ②天下の政治をつかさどるところ。朝廷。由来 ②昔、天子が①で政治のことを祖先の霊に告げ、群臣に相談したことから。

ビョウ 【緲】

(15) 糸9 1 6945 / 654D
音 ビョウ
訓 かすか

意味 かすか。はるか。遠い。「縹緲(ヒョウビョウ)」類 渺(ビョウ)

下つき 縹緲(ヒョウビョウ)

ビョウ 【鋲】

(15) 金7 国 準1 4138 / 4946
音 ビョウ

意味 びょう。頭が丸くて大きい、くぎの一種。「画鋲」「鋲を打つ」

下つき 画鋲(ガビョウ)

ビョウ 【錨】

(16) 金8 準1 4137 / 4945
音 ビョウ
訓 いかり

意味 いかり。船をとめておくために水底に沈めるおもり。「錨地」

下つき 投錨(トウビョウ)・抜錨(バツビョウ)

【▲錨】いかり ①船を停泊(テイハク)させるため水中に沈める、鎖・綱などのついたつめのあるおもり。アンカー。「—を打つ」「—を下ろす」②水中のものをつりあげるための道具。①の形をしている。参考 もと、石製を「碇」、鉄製を「錨」と使い分けた。

【▲錨地】ビョウチ 船舶がいかりを下ろしてとまる所。停泊(テイハク)する場所。類 停泊地

ビョウ 【藐】

(17) 艹14 1 7324 / 6938
音 ビョウ・ミョウ・バク
訓 ちいさい・はるか・とおい

意味 一 ビョウ・ミョウ ①かろんじる。さげすむ。「藐視(ビョウシ)」②ちいさい。③美しい。二 バク はるか。かすか。とおい。遠くはなれたさま。「藐然(バクゼン)」

【▲藐▲焉】バクエン ①はるかに遠いさま。「—たる大空」②孤独なさま。

【▲藐▲姑△射の山】バクコヤのやま ①中国で、不老不死の仙人が住むという想像上の山の名。姑射山(コヤサン)。②上皇または法皇の御所を祝っていう語。仙洞(セントウ)。参考「藐姑射」は「ハコヤ」とも読む。

【▲藐視】ビョウシ 軽んじて見ること。軽視すること。みくだすこと。

ひよこ【▲雛】(18) 隹10 3187 / 3F77 ▼スウ(八三六)
ひよどり【▲鵯】(19) 鳥8 8311 / 732B ▼ヒ(一二八七)
ひら【△片】(4) 片0 教 4250 / 4A52 ▼ヘン(一三七六)
ひら【平】(5) 干2 教 4231 / 4A3F ▼ヘイ(一三六三)
ひらく【△拓く】(8) 扌5 常 3483 / 4273 ▼タク(一〇〇一)
ひらく【△披く】(8) 扌5 常 4068 / 4864 ▼ヒ(一二七六)
ひらく【△啓く】(11) 口8 常 2328 / 373C ▼ケイ(三九二)
ひらく【開く】(12) 門4 教 1911 / 332B ▼カイ(一七九)
ひらく【△墾く】(16) 土13 常 2606 / 3A26 ▼コン(五四〇)
ひらく【▲擺く】(18) 扌15 5820 / 5A34 ▼ハイ(一二三九)
ひらく【▲闡く】(20) 門12 7981 / 6F71 ▼セン(九一二)
ひらく【▲闢く】(21) 門13 7983 / 6F73 ▼ヘキ(一三七四)

同訓異義 ひらく

【開く】閉じたものをあける。「閉」の対。新しく始める。隔たりができる。ほか、広く用いる。「門を開く」「口を開く」「店が開く」「得点の差が開く」「花が開く」「全国大会を開く」
【△拓く】未開の土地を切りひらく。今までなかったことを始める。「不毛の大地を拓く」「未来を拓く」「運命を拓く」
【△啓く】人の目をひらいて、わからないことを理解できるようにする。「啓発」「蒙を啓く」「知識を啓く」「悟りを啓く」
【△披く】押しひらく。手紙や書物をひらいて読む。「披見(ヒケン)」

ひらける【開ける】(12) 門4 教 1911/332B ▼カイ(一七九)
ひらける【▲豁ける】(17) 谷10 ▼カツ(一二六)
ひらめ【▲鮃】(16) 魚5 8225/7239 ▼ヘイ(一三七一)
ひらめく【▲閃く】(10) 門2 3314/412E ▼セン(九〇二)
ひる【△干る】(3) 干0 教 2019/3433 ▼カン(二三一)
ひる【△放る】(8) 攵4 教 4292/4A7C ▼ホウ(一四〇〇)
ひる【昼】(9) 日5 教 3575/436B ▼チュウ(一〇四七)
ひる【▲蛭】(12) 虫6 4140/4948 ▼シツ(六四九)
ひる【▲蒜】(13) 艹10 4139/4947 ▼サン(五八九)
ひる【▲簸る】(19) 竹13 4086/4876 ▼ハ(一二一九)
ひるがえる【▲翩る】(15) 羽9 ▼ヘン(一三六三)
ひるがえる【翻る】(18) 羽12 常 4361/4B5D ▼ホン(一四三四)
ひるがえる【▲飄る】(20) 風11 8108/7128 ▼ヒョウ(一三〇八)
ひるむ【▲怯む】(8) 忄5 2217/3631 ▼キョウ(三三一)
ひれ【▲鰭】(21) 魚10 4141/4949 ▼キ(二八五)

ひろ【△尋】(12) 寸9 常 3150/3F52 ▼ジン(八一九)
ひろい【広い】(5) 广2 教 2513/392D ▼コウ(四七五)
ひろい【▲弘い】(5) 弓2 2516/3930 ▼コウ(四七六)
ひろい【△汎い】(6) 氵3 常 4038/4846 ▼ハン(一二六一)
ひろい【▲宏い】(7) 宀4 2508/3928 ▼コウ(四八四)
ひろい【▲恢い】(9) 忄6 1890/327A ▼カイ(一七四)
ひろい【▲浩い】(10) 氵7 2532/3940 ▼コウ(四九七)
ひろい【△博い】(12) 十10 教 3978/476E ▼ハク(一二四〇)
ひろい【△寛い】(13) 宀10 常 2018/3432 ▼カン(二四〇)
ひろい【▲豁い】(17) 谷10 ▼カツ(一二六)
ひろい【▲闊い】(17) 門9 7972/6F68 ▼カツ(一二六)
ひろう【△拾う】(9) 扌6 教 2906/3D26 ▼シュウ(六八七)
ひろがる【広がる】(5) 广2 教 2513/392D ▼コウ(四七五)
ひろがる【△氾がる】(5) 氵2 常 4037/4845 ▼ハン(一二六一)
ひろげる【△拡げる】(8) 扌5 教 1940/3348 ▼カク(一九六)
ひろげる【△展げる】(10) 尸7 教 3724/4538 ▼テン(一一一五)
ひろまる【広まる】(5) 广2 教 2513/392D ▼コウ(四七五)
ひろめる【▲弘める】(5) 弓2 2516/3930 ▼コウ(四七六)
ひわ【▲鶸】(21) 鳥10 8320/7334 ▼ジャク(六六九)

ヒン【★牝】(6) 牛2 準1 4438/4C46 音 ヒン 訓 めす・め

意味 めす。鳥獣のめす(雌)。「牝鶏」対 牡(ボ)

下つき 玄牝(ゲンピン)・牡牝(ボヒン)

【▲牝鶏】ヒンケイ めすのニワトリ。めんどり。「—牡鳴(ボメイ)(めんどりがおんどりの鳴きまねをするように、女性が権力を握り、中心になって物事を行う)」

【▲牝鶏▲晨(あした)す】女性が権勢を振るうたとえ。また、それが家庭や国を滅ぼすもととなるたとえ。「牝鶏」はめんどり。「晨す」は夜明けを告げる意。由来 夜明けの時を告げるのはおんどりで、めんどりが代わってするのは秩序の乱れであり、家や国の滅亡の前兆とされたことから。〈『書経』〉

【▲牝馬】ヒンバ めすのウマ。めすうま。めうま。対 牡馬(ボバ) 参考「めま」とも読む。

【▲牝▲牡】ヒンボ 動物のめすとおす。雌雄(シユウ)。

【▲牝】めす 動物で、産卵や妊娠の能力をもつもの。対 牡(おす) 参考「牝」は本来、ウシのめすの意。「雌」と書けば本来ニワトリのめすを指し、現在は広く生物のめすをいう。

ヒン【品】(9) 口6 教 常 8 4142/494A 音 ヒン 外 ホン 訓 しな

筆順

意味 ①しな。しなもの。「商品」「物品」 ②そのものに備わっているねうち。ひん。等級。「品位」「品格」 ③しなさだめをする。「品評」 ④物の種類。また、種類に分けること。「品詞」「品種」 ⑤昔、親王に賜った位。ほん。

下つき 一品(イッピン)・逸品(イッピン)・遺品(イヒン)・佳品(カヒン)・気品(キヒン)・金品(キンピン)・景品(ケイヒン)・下品(ゲヒン)・現品(ゲンピン)・作品(サクヒン)・残品(ザンピン)・出品(シュッピン)・小品(ショウヒン)・商品(ショウヒン)・上品(ジョウヒン)・食品(ショクヒン)・人品(ジンピン)・製品(セイヒン)・絶品(ゼッピン)・粗品(ソシナ)・珍品(チンピン)・納品(ノウヒン)・廃品(ハイヒン)・備品(ビヒン)・物品(ブッピン)・部品(ブヒン)・薬品(ヤクヒン)・用品(ヨウヒン)

【品】しな ①もの。しなもの。また、商品。「お礼の—を送る」「—数が豊富だ」 ②人や物のよしあし。人の品格。物の品質。「あんな身なりではちょっと—が落ちる」「よい—揃(ぞろ)え」 ③地位や身分。

〈品部〉ともべ ①大化改新以前、世襲的な職業をもって大和朝廷につかえた人々の組織。②律令(リツリョウ)制で、諸官司に配属された特殊技術者の集団。参考「しなべ」とも読む。

【品位】ヒン イ ①人や物に備わっている品格。ひん。「あの人は—に欠ける」「—を保つ」②地金(じがね)や金貨・銀貨に含まれる金銀の割合。また、鉱石中に含まれる金属の割合。「—の高い原石」「—証明(造幣局が地金の金属の割合を証明すること)」参考「ホンイ」と読めば、律令(リツリョウ)制で親王や内親王に与えられた位。

【品彙】ヒン イ 種類分けしてまとめること。また、分類したもの。類(たぐ)い。類 品類

【品格】ヒン カク ①人に備わっている品位や気品。ひとがら。「—のあるりっぱな人物だ」②「品質」に同じ。

【品行方正】ヒンコウ ホウセイ 心や行いが正しく、行いや身もちがきちんとしているさま。「—な人物」

【品詞】ヒン シ 文法上の形態やはたらきにもとづき、単語を分類したもの。一般に、名詞・形容詞・動詞などの一〇種類。

【品質】ヒン シツ 品物の性質。品物のよしあし。しながら。「最高—を誇る製品」「—の管理に万全を期す」類 品格

【品種】ヒン シュ ①品物の種類。「—を選ぶ」「豊富な—を誇る店」②農作物や家畜の分類のなかで、遺伝的に特定の形態・性質をもつもの。「イネの—改良」

【品性】ヒン セイ 人の品格や性質。人柄。特に、道徳的価値からみた人柄をいう語。「—を疑う」「—下劣なやつだ」類 人格・人品(ジンピン)

【品等】ヒン トウ ①品物の等級。②品質のよしあし。また、品位の等級。

【品評】ヒン ピョウ 産物・製品や作品などのよしあし・優劣を論じ定めること。品定め。「菊の—会に出品する」

【品目】ヒン モク 品物の種類や種目。また、品物の目録。「輸入—」

【△品題】ホン ダイ 仏 経の内容を章や編に分けたもの。経の題目。

ヒン【浜】(10) 氵7 常 4 4145 494D 音 ヒン 訓 はま

旧字《濱》(17) 氵14 1/準1 6332 5F40

筆順 、 、 氵 氵' 氵' 汇 汇 浐 浜 浜

意味 ①はま。水ぎわ。波うちぎわ。「浜涯」②「横浜」の略。「京浜」

下つき 磯浜(いそはま)・浦浜(うらはま)・海浜(カイヒン)・京浜(ケイヒン)・塩浜(しおはま)・水浜(スイヒン)・砂浜(すなはま)

【浜】はま ①海や湖に沿った水辺の平地。浜辺。「—づたいに散歩する」類 海岸 ②囲碁で、囲んで取った相手の石。上げ石。あげはま。③「横浜」の略称。「—っ子」

【浜▲豌豆】はま エンドウ マメ科の多年草。海岸の砂地に自生。エンドウに似るがやや小さく、夏、紅紫色の花が咲く。季 夏

【浜▲鷸】はま しぎ シギ科の鳥。日本には旅鳥として干潟などで群れをなす。ユーラシア大陸北部から渡来し、背は褐色で夏は赤っぽく、冬は灰色がかる。くちばしが長く首は短い。

【浜▲菅】はま すげ カヤツリグサ科の多年草。海岸などに自生。葉はかたく線形。地下の塊茎は薬用。季 夏 表記「莎草・莎」とも書く。

【浜▲芹】はま ぜり セリ科の二年草。浜辺に自生。夏、白い小花を密に咲かせ、楕円(ダエン)形の実を結ぶ。実は煎(セン)じて薬用とする。ハマニンジン。表記「蛇牀」とも書く。

〈浜梨〉・〈浜▲茄子〉はま なす バラ科の落葉低木。北日本の海岸に自生。細かいとげがある。初夏、紅色の五弁花をつける。果実は赤く熟し、食用。季 夏 由来 果実をナシに見立てて「はまなし」と呼んだのが、東北でなまったもの。表記「玫瑰」とも書く。

【浜辺】はま べ 浜のあたり。浜。「朝早く—を散歩する」類 海辺

【浜防風】はま ボウフウ セリ科の多年草。海浜に自生。葉は羽状複葉。夏、小さな白い花が密生。若葉は食用。根は薬用。季 夏

〈浜木綿〉はま ゆう ヒガンバナ科の多年草。海浜に自生。葉はオモトに似て大形。夏、芳香のある白い六弁花を傘状につける。花弁は細長く、そり返る。ハマオモト。季 夏

ヒン【彬】(11) 彡8 準1 4143 494B 音 ヒン 訓 あきらか

意味 あきらか。ほどよく調和して美しい。そなわるさま。「彬彬」

【彬▲彬】ヒン ピン 外形と内容がそろって整い、調和がとれているさま。特に、文章についていう。「文質—」表記「斌斌」とも書く。

ヒン【貧】(11) 貝4 常 教 6 4147 494F 音 ヒン(中)・ビン 訓 まずしい

筆順 ノ 八 分 分 分 谷 谷 貧 貧 貧(8)

意味 ①まずしい。みすぼらしい。「貧困」「貧民」対 富 ②たりない。少ない。「貧血」

下つき 極貧(ゴクヒン)・清貧(セイヒン)・赤貧(セキヒン)

【貧寒】ヒン カン まずしく、みすぼらしい生活をしていること。参考「貧」「寒」ともに物資や財産がとぼしく、まずしい意。

【貧窮】ヒン キュウ まずしくて、生活が苦しいこと。「—に耐える」類 貧困 対 富裕

【貧苦】ヒン ク まずしくて生活に苦しむこと。「—にあえぐ」類 貧窮・貧困

【貧▲寠】ヒン ク まずしさのためにやつれること。参考「ヒンル」とも読む。

【貧血】ヒン ケツ 血液中の赤血球や血色素が減少すること。また、その状態。「—で倒れる」類 貧窮 対 富裕

【貧困】ヒン コン ①まずしくて生活が苦しいこと。類 貧窮 対 富裕 ②必要なものなどが、とぼしいさま。「ボキャブラリーが—だ」

【貧弱】ヒンジャク ①内容などが不十分で、必要なものを備えていないさま。「―な設備」②見劣りがして、弱々しいさま。「―な体つき」

【貧者の一灯】ヒンジャのイットウ 金持ちがささげる形式的な大量の寄進よりも、たとえわずかでも、貧しい者の真心のこもった寄進のほうが尊いということ。故事 古代インドで、釈迦（シャカ）のために阿闍世王（アジャセオウ）が大量の灯火をともした。貧しい老婆もようやく買い求めた一本の灯火を寄進したが、王の灯火が燃え尽きても、老婆の灯火だけはいつまでも光り輝いていたという故事から。《『阿闍世王受決経（アジャセオウジュケツキョウ）』》

【貧する】ヒンする びんぼうになる。びんぼうをする。

〖貧すれば鈍する〗まずしくなると、生活の苦労に圧迫されて頭のはたらきがにぶり、心もさもしくなりやすい。

【貧賤】ヒンセン まずしくて身分が低いこと。「―なれども豊かな心」対 富貴

〖貧賤の知は忘るべからず〗どんなに裕福になっても、まずしい時代に苦楽をともにした友人を忘れることなく、交友を大切にしなくてはならないということ。《『後漢書（ゴカンジョ）』》参考 あとに、「糟糠（ソウコウ）の妻は堂より下さず」と続く。「知」は「交わり」ともいう。

〖貧賤も移す能（あた）わず〗▼富貴も淫（イン）する能わず、貧賤も移す能わず（一三三一）

【貧相】ヒンソウ ①容貌（ヨウボウ）や姿などがみすぼらしいようす。「―な身なり」類 貧弱 ②びんぼうそうな顔つき。対 福相

【貧にして道を楽しむ】ヒンにしてみちをたのしむ まずしい境遇にあっても、心安らかに道徳を修め、それを実行することを楽しむこと。《『論語』》

【貧富】ヒンプ まずしさと豊かさ。びんぼうと富裕。「―の差が広がる」

【貧乏】ビンボウ 生活がまずしく、物や財産などがとぼしいこと。

〖貧乏暇（ひま）なし〗貧乏人は生活に追われ、休む間もなく働き続けるので、時間の余裕がない。

【貧骨に到る】ヒンほねにいたる 非常にまずしい暮らしのたとえ。まずしさが骨にまでしみとおる意から。〈杜甫（トホ）の詩〉類 赤貧洗うが如（ごと）し

【貧民窟】ヒンミンクツ 貧乏で生活に苦しむ人々が集まり住む所。スラム街。類 貧民街

【貧しい】まずしい ①貧乏なさま。金銭や物にとぼしい。「少年時代の生活は―かった」②とぼしい。貧弱である。また、劣っている。「心の―い人になるな」「想像力が―い」

ヒン【斌】(12) 文 8 準1 4144 494C 音 ヒン 訓 うるわしい

意味 ほどよく調和して美しい。うるわしい。「斌斌」類 彬（ヒン）

〖斌斌〗ヒンピン ①外面の形と内面の質がともに備わるさま。「―たる人柄を偲（しの）ばせる」②文化が隆盛するさま。表記「彬彬」とも書く。

ヒン【稟】(13) 禾 8 6740 6348 ▼リン（一五八五）

ヒン【賓】(14) 貝 7 9224 7C38 ▼賓の旧字（一三一四）

ヒン【賓】(15) 貝 8 常 準2 4148 4950 音 ヒン 訓 外 まろうど・したがう

旧字《賓》(14) 貝 7 1/準1 9224 7C38

筆順 3 13 15

意味 ①まろうど。客人。たいせつな客。「賓客」「来賓」②したがう。主たるものにしたがう。「賓服」

下つき 貴賓（キヒン）・迎賓（ゲイヒン）・国賓（コクヒン）・主賓（シュヒン）・来賓（ライヒン）

【賓客】ヒンキャク 大切な客。正式な客。「―を接待する」参考「ヒンカク」とも読む。

【賓頭盧】ビンズル 仏 仏の弟子で十六羅漢の第一。日本では本堂の前に置き、これをなでて病気の回復を祈る。なでぼとけ。由来 梵語（ボンゴ）から。

【賓】まろうど 訪問客。訪れ来た人。表記「客・客人」とも書く。

ヒン【頻】(16) 頁 7 9391 7D7B ▼頻の旧字（一三一四）

ヒン【嬪】(17) 女 14 1 5345 554D 音 ヒン 訓 ひめ・そう

意味 ①ひめ。女性の美称。「別嬪」②そう。つれそう。嫁に行く。③こしもと。「妃嬪」

下つき 貴嬪（キヒン）・妃嬪（ヒヒン）・別嬪（ベッピン）

【嬪】ひめ ①天子に仕える女官やそばめ。②女性の美称。

ヒン【擯】(17) 扌 14 1 5815 5A2F 音 ヒン 訓 しりぞける・みちびく

意味 ①しりぞける。のけものにする。「擯斥」②みちびく。客を案内する。「擯介」

【擯ける】しりぞける 押しのけて外へ出す。押し出す。のけものにする。

【擯斥】ヒンセキ しりぞけてのけものにすること。類 排斥

ヒン【濱】(17) 氵 14 6332 5F40 ▼浜の旧字（一三一三）

ヒン【頻】(17) 頁 8 常 準2 4149 4951 音 ヒン 外 ビン 訓 外 しきる・しきりに

旧字《頻》(16) 頁 7 1/準1 9391 7D7B

筆順 4 7 10 12 15 17

意味 ①しきる。しきりに。しばしば。何度も。「頻

出」「頻度」②ひそめる。顔をしかめる。類顰(ヒン)

【△頻りに】しきりに ①何度も。たびたび。しばしば。「人を―呼び出す」②熱心に。ひどく。むやみに。「―残念がる」

【△頻る】しきる 絶え間なく起こる。たび重なる。盛んに続く。「雪が降り―る」参考 多く、動詞の連用形につく。

【頻出】ヒンシュツ 何度も同じものが出てくること。「―問題を重点的に解く」

【頻度】ヒンド 同じことが繰り返し行われる度数。また、繰り返し現れる度数。「使用―の高い車」

【頻尿】ヒンニョウ 排尿の回数が多くなること。「膀胱炎(ボウコウエン)による―症」

【頻発】ヒンパツ 何度も起こること。たびたび起こること。「交通事故の―する交差点」

【頻繁】ヒンパン ひっきりなしであるさま。たびたび起こるさま。「トラックが―に出入りする」「電話が―にかかってくる」

【頻頻】ヒンピン 物事がしきりに起こるさま。「事件が―と発生する」

ヒン【檳】(18) 木14 1 6107 5D27 音 ヒン・ビン 訓

意味 ヤシ科の常緑高木「檳榔(ビンロウ)」に用いられる字。

【△檳△榔】ビロウ ヤシ科の常緑高木。九州以南の海岸付近に自生。葉は大きな円形で多数の深い切れこみがあり、シュロに似る。笠(かさ)やうちわなどに利用。表記「蒲葵」とも書く。参考「ビンロウ」と読めば別の植物。

【△檳△榔毛】ビロウゲ「檳榔毛の車」の略。白くさらしたビロウの葉を、細かく裂いて車箱(くるまばこ)に貼(は)りつけた牛車(ギッシャ)。上皇・親王・大臣・高僧などが乗ったもの。檳榔車。

【△檳△榔】ビンロウ ビンロウジュの別称。参考「ビロウ」と読めば別の植物。

【△檳△榔樹】ビンロウジュ ヤシ科の常緑高木。マレーシア原産。高さ一〇～二五メートル。葉は羽状複葉で、幹の頂に集まってつく。卵形の果実は檳榔子(ビンロウジ)といい、薬用や染料にする。

ヒン【殯】(18) 歹14 1 6150 5D52 音 ヒン 訓 かりもがり・かりもがりする

意味 ①かりもがり。葬る前に遺体を棺に納めて安置しておくこと。「殯宮」②かりもがりする。③ほうむる。埋葬する。

【△殯】かりもがり 死者を葬る前に、しばらくの間、遺体を棺におさめて安置すること。もがり。あらき。

【殯宮】ヒンキュウ 天皇や皇族の棺を、葬送のときまでに安置する御殿。かりもがりのみや。あらきのみや。類殯殿

ヒン【嚬】(19) 口16 1 1529 2F3D 音 ヒン 訓 ひそめる・しかめる・ひそみ

意味 ひそめる。顔をしかめる。ひそみ。「嚬呻(ヒンシン)」

【△嚬み】ひそみ 眉(まゆ)を寄せて顔をしかめること。表記「顰み」とも書く。

【△嚬める】ひそめる 眉(まゆ)のあたりにしわを寄せる。顔をしかめる。表記「顰める」とも書く。

ヒン【瀕】★(19) 氵16 準1 4146 494E 音 ヒン 訓 せまる・みぎわ・そう

〔瀕〕

意味 ①せまる。近づく。「瀕死」②ほとり。みぎわ。③そ(沿)う。土地が川や海に沿っている。類浜

【瀕死】ヒンシ 今にも死にそうな状態。死にかかること。「―の重傷を負う」

【瀕する】ヒンする 重大な事態がさし迫る。直面する。「倒産の危機に―する」

ヒン【蘋】(19) 艹16 1 7332 6940 音 ヒン 訓 うきくさ・かたばみも

意味 ①うきくさ。水面に浮かび生える草の総称。「蘋風」類萍(ヘイ) ②でんじそう。デンジソウ科のシダ植物。かたばみも。「蘋藻(ヒンソウ)」

下つき 藻蘋(ソウヒン)・萍蘋(ヘイヒン)

ヒン【繽】(20) 糸14 1 6979 656F 音 ヒン 訓

意味 ①多くさかんなさま。「繽繽」②乱れるさま。「繽紛」

【繽紛】ヒンプン 多くのものが入り乱れるさま。また、花や雪などが乱れ散るさま。

ヒン【顰】(24) 頁15 1 8094 707E 音 ヒン・ビン 訓 ひそめる・しかめる・ひそみ

意味 ひそめる。顔をしかめる。ひそみ。「顰蹙(ヒンシュク)」

【顰め面】しかめづら にがにがしそうな顔。しかめた顔。類渋面 参考「しかみづら・しかめっつら」ともいう。

【顰める】しかめる 心配・不快・苦痛などのために、顔や額にしわを寄せる。「歯痛に顔を―める」参考「ひそめる」とも読む。

【顰み】ひそみ 顔をしかめること。眉(まゆ)をひそめること。表記「嚬み」とも書く。

【顰みに△効う】ひそみにならう ①事の善悪も考えず、むやみに人まねをすること。②人の言行を見習い、同じようなことをするのを謙遜(ケンソン)していう言葉。「孔子の―」故事 中国、春秋時代、越の絶世の美女、西施(セイシ)が胸を患い、故郷へ帰った。西施が咳(せ)きこんで顔をしかめるのを、村の女たちが美しいと思い、早速まねたところ、村人に気味悪がられ、敬遠された故事から。〈『荘子(ソウジ)』〉表記「効う」は「倣う」とも書く。

【顰める】ひそめる 眉(まゆ)のあたりにしわを寄せる。顔をしかめる。「無礼な態度に眉を―める」表記「嚬める」とも書く。参考「しかめる」とも読む。

【顰△蹙】ヒンシュク 顔をしかめて不快感を表すこと。「―を買う(相手にいやがられる)」参考「顰」も「蹙」も額にしわを寄せる意。

ひ ヒン

ビン【旻】(8) 日 4 1 5865 5A61 音 ビン・ミン 訓 そら・あきぞら

意味 そら。あきぞら。「旻天」

下つき 高旻(コウビン)・秋旻(シュウビン)・蒼旻(ソウビン) 参考 日光が淡く、かぼそい空の意。

【▲旻】あきぞら 秋の空。

【▲旻天】ビンテン ①空。天空。②秋の空。秋の天。

ビン【泯】(8) 氵 5 1 6203 5E23 音 ビン・ミン・ベン・メン 訓 ほろびる・つきる

意味 一ビン ほろびる。つきる。なくなる。「泯滅」 二ベン 目がくらむ。「眩泯(ゲンベン)」

【▲泯滅】ビンメツ ほろんでなくなること。尽きてなくなること。参考「泯」「滅」ともにほろびる意。

【▲泯びる】ほろ-びる 尽きてなくなる。つきはてる。滅亡する。

ビン【便】(9) 亻 7 教 4256 4A58 ▼ベン(一三六五)

ビン【敏】(10) 攵 6 常 4 4150 4952 音 ビン 訓 外とし・さとい

旧字《敏》(11) 攵 7 1/準1 8508 7528

筆順 ノ 𠂉 𠂉 句 每 每 每 每 敏 敏

意味 ①とし。はやい。すばやい。「敏速」「敏捷(ビンショウ)」「機を見るに敏だ」②さとい。かしこい。「敏感」「鋭敏」

下つき 鋭敏(エイビン)・過敏(カビン)・機敏(キビン)・慧敏(ケイビン)・俊敏(シュンビン)・不敏(フビン)・明敏(メイビン)

【▲敏い】さと-い かしこい。頭の回転がはやい。ものわかりが早い。また、感覚が鋭い。「耳が―い」「利に―い」

【▲敏耳】とみみ すばやく聞きつける耳。はやみみ。

【〈敏▲捷〉い】はしこ-い 頭の回転や動作がすばやい。すばしこい。機敏である。表記「捷い」とも書く。

【敏活】ビンカツ 頭のはたらきや動作がすばやく、利口なこと。「―に対応する」

【敏感】ビンカン 感覚が鋭いこと。細かい変化にもすぐ気がつくこと。「―な神経の持ち主だ」対鈍感

【敏▲捷】ビンショウ 動作や反応がすばやいこと。すばしこいこと。「―に行動する子ども」類敏速

【敏速】ビンソク 行動がすばやいこと。「危機にあたって―に対処する」対緩慢

【敏腕】ビンワン 物事をてきぱきとさばく能力があること。また、その腕前。うできき。「記者として―を振るう」「―刑事」

ビン【▲紊】(10) 糸 4 6904 6524 ▼ブン(一三六二)

ビン【罠】★ (10) 罒 5 1 7011 662B 音 ビン・ミン 訓 わな・あみ

意味 ①わな。獣をとらえるしかけ。また、人をおとしいれる計略。②あみ。獣をとらえる網。

【罠】わな ①鳥や獣をとらえるしかけ。網や落とし穴など。②他人をおとしいれる計略。「―にかけて失脚させる」

ビン【▲敏】(11) 攵 7 8508 7528 ▼敏の旧字(一三一六)

ビン【瓶】(11) 瓦 6 常 準2 4151 4953 音 ビン 外ヘイ 訓 外かめ

旧字《瓶》(13) 瓦 8 1/準1 8839 7847

筆順 丷 䒑 䒑 并 并 并 瓶 瓶 瓶 瓶 (2)

意味 かめ。びん。液体を入れる器。「花瓶」「土瓶」

下つき 花瓶(カビン)・茶瓶(チャビン)・鉄瓶(テツビン)・土瓶(ドビン)

【▲瓶】かめ ①水や酒などを入れておく、底が深い陶磁器。「―に水を張る」②壺(つぼ)の形の花器。花瓶。③酒を注ぐための徳利。参考②③「ビン」とも読む。

【〈瓶▲爾小草〉】はなやすり ハナヤスリ科のシダ植物。▼花鑢(はなやすり)(二四三)

【瓶詰】ビンづめ びんにつめること。また、つめたもの。「果物の―を贈る」表記「壜詰」とも書く。

【▲瓶子】ヘイジ 酒を入れて狭い口からそそぐ、細い壺(つぼ)形のびん。徳利。表記「ヘイシ」とも読む。

【▲瓶酒】ヘイシュ びんづめの酒。

ビン【貧】(11) 貝 4 教 4147 494F ▼ヒン(一三一三)

ビン【閔】(12) 門 4 1 7960 6F5C 音 ビン・ミン 訓 あわれむ・うれえる・つとめる

意味 ①あわれむ。うれえる。また、おしむ。「閔傷」「閔然」類愍(ビン)・憫(ビン) ②つと(勉)める。「閔勉」

【▲閔れむ】あわ-れむ 細かいところまで思いやる。同情する。気の毒に思う。表記「愍れむ・憫れむ」とも書く。

【▲閔える】うれ-える こまごまと気に病む。心配する。表記「憫える」とも書く。

ビン【愍】(13) 心 9 1 5630 583E 音 ビン・ミン 訓 あわれむ・うれえる

意味 あわれむ。うれえる。「愍然」「憐愍(レンビン)」類閔(ビン)・憫(ビン)

下つき 不愍(フビン)・憐愍(レンビン)

【▲愍れむ】あわ-れむ 人の不幸を思いやる。不憫(フビン)に思って同情する。表記「閔れむ・憫れむ」とも書く。

ビン【▲瓶】(13) 瓦 8 8839 7847 ▼瓶の旧字(一三一六)

ビン【▲黽】(13) 黽0 8370 7366 ▼ベン(一三六六)

ビン【★憫】(15) 忄12 1 5666 5862 音 ビン・ミン 訓 あわれむ・うれえる

意味 あわれむ。うれえる。「憫察」類 閔・愍

下つき 愛憫・隠憫・矜憫・慈憫・不憫・憂憫・憐憫

【▲憫れむ】あわれむ 細やかに思いやる。気の毒に思い、情けをかける。表記「閔れむ・愍れむ」とも書く。

【▲憫える】うれえる 人知れず心をいためる。あれこれと心配して気に病む。表記「閔える」とも書く。

【▲憫察】ビンサツ ①あわれみ思いやること。②相手が自分を察してくれることの尊敬語。「どうぞ御―ください」参考 ②手紙文で用いることが多い。

【▲憫笑】ビンショウ あわれだとさげすんで笑うこと。また、その笑い。「―を買う」表記「愍笑」とも書く。

【▲憫然】ビンゼン あわれで痛ましいさま。かわいそうなさま。「―たる様相を呈していた」表記「閔然・愍然」とも書く。

【▲憫▲諒】ビンリョウ あわれみ思いやること。「―の念が募る」

ビン【緡】(15) 糸9 1 6946 654E 音 ビン・ミン 訓 いと・さし

意味 ①いと。釣り糸。②さし。穴のある銭をさし通すなわ。銭さし。「緡銭」

ビン【▲檳】(18) 木14 6107 5D27 ▼ヒン(一三二五)

ビン【★鬢】(24) 髟14 1 8206 7226 音 ビン・ヒン

意味 びん。耳ぎわの髪の毛。「鬢髪」「鬢毛」

下つき 雲鬢・双鬢・霜鬢

〈▲鬢除〉・〈▲鬢▲枇〉・〈▲鬢▵曽木〉びんそぎ 近世、女子が一六歳の六月一六日に、垂れ髪の鬢の毛を切りそろえた儀式。婚約者、または父兄が行った。男子の元服にあたる。

【▲鬢付け油】ビンつけあぶら 鬢がほつれないように用いる日本髪用の油。木蠟・菜種油・香料などを固く練って作る。

【▲鬢長】ビンなが サバ科の海魚。小形のマグロ。温帯の外洋に分布。胸びれがきわめて長い。缶詰に加工する。参考「ビンチョウ」とも読む。

びん【▲壜】(19) 土16 5264 5460 ▼ドン(一一八二)

ふ 不 フ 不

フ【不】(4) 一3 教 常 7 4152 4954 音 フ・ブ 訓 外 …ず

筆順 一 ア 不 不

意味 …ず。…でない。…しない。打ち消しの助字。「不安」「不義」「不変」参考「不」の二画目までが片仮名の「フ」に、草書体が平仮名の「ふ」になった。

〈不生女〉うまずめ 子を産めない女性を卑しんでいう語。表記「石女」とも書く。

〈不知不識〉しらずしらず 無意識の間に。知らないうちに。いつのまにか。「―わが家に向かっていた」表記「知らず知らず」とも書く。

〈不知火〉しらぬい 夜、海上に多くの火の影がゆらめいて見える現象。熊本県八代沖で見られるものなどが有名。漁り火の異常屈折反射によるといわれる。季 秋

【不安】フアン 心配であること。気にかかること。「なぜか―に駆られる」「―がよぎる」

【不意】フイ 思いがけないこと。予期しないこと。また、突然。だしぬけ。「―をつかれてとまどう」「相手の―を襲う」

【不一・不▵乙】フイツ ①手紙の終わりに書く結びの語。まだ十分に気持ちを表していない意。類 不悉・不尽 ②そろっていないさま。一様でないこと。

【不運】フウン 運が悪いこと。「身の―を嘆く」類 非運 対 幸運

【不▵壊】フエ こわれないこと。堅固なこと。「金剛―(簡単にはこわれないことのたとえ)」「―の白珠」

【不易】フエキ 長い間、変わらないこと。「万古―」類 不変 対 流行

【不易流行】フエキリュウコウ 本質は永遠に変わらないが、それを表現する様式は時々に変化するということ。「流行」は、新しさを求めて変わっていくこと。松尾芭蕉が提唱した俳諧の理念の一つ。

【不得手】フえて ①得意でないこと。不得意。「―な科目」「数学は―だ」「得手―はだれにでもあるものだ」②好きでないこと。たしなまないこと。「どうも日本酒は―だ」類 ①②苦手 対 ①②得手

【不縁】フエン ①夫婦や養子などの縁組みを切ること。類 離縁 ②縁組みが成立しないこと。縁がないこと。「見合いは―に終わった」「釣り合わぬは―の基」

【不穏】フオン おだやかでないこと。何かよくないことが起こりそうな気配を感じること。険悪。「―な空気に包まれる」対 平穏

【不▵飲酒戒】フオンジュカイ 仏 仏教の五戒の一つ。酒を飲むことを禁じた戒め。

【不穏当】フオントウ　さしさわりがあり、おだやかでないこと。不適切。「―なコメントを撤回する」

【不快】フカイ　①おもしろくないこと。不愉快。また、気持ちのよくないこと。「彼の言動には―感を覚える」②気分の悪いさま。病気。「―な症状を訴える」

【不可解】フカカイ　複雑すぎてわけがわからないこと。理解できないこと。「世の中には―なことが多い」

【不覚】フカク　①意識や感覚のないこと。「前後―になって眠る」②思わずそうしてしまうこと。「―の涙がこぼれる」③油断をして失敗すること。「剣道の試合で―を取って負けた」

【不可欠】フカケツ　欠くことのできないこと。また、そのさま。「必要―な要素」

【不可抗力】フカコウリョク　どんなに注意したり予防したりしても、人の力では防ぐことができない事態や自然の力。

【不可思議】フカシギ　①人間の知恵や常識などでは理解や想像ができないこと。不思議。②奇怪なこと。異様なこと。「―な事件が頻繁に起こる」

【不可侵条約】フカシンジョウヤク　国と国が互いに侵略しないことを約束した条約。不侵略条約。

【不格好・不恰好】ブカッコウ　姿や形のよくないこと。また、見かけや体裁が悪いこと。「―だが歩きやすい靴」「―な服装」

【不可避】フカヒ　どうしても避けられないこと。必ず起こること。「会談の決裂はついに―となった」

【不堪】フカン　物事が上手でないこと。特に技芸がうまくないこと。

【不軌】フキ　①規則や習慣を守らないこと。法にそむくこと。「―の輩（やから）」②謀反（ムホン）をたくらむこと。反逆。「―の臣」

【不帰】フキ　二度と帰らないこと。転じて、死ぬこと。「―の客となる（死ぬ）」

【不羈】フキ　①束縛されず自由にふるまうこと。「奔放―な行動」②すばらしい才知の持ち主で、常識の範囲では扱い切れないこと。「―の才」参考「羈」はつなぎとめる意。

【不羈奔放】フキホンポウ　伝統や習慣にとらわれず、思いのままに行動すること。参考「奔放不羈」ともいう。類不羈自由

【不義】フギ　①義理や道理からはずれること。「―をはたらく」②男女が道にはずれた関係をもつこと。「―密通の罪」

【不吉】フキツ　縁起が悪いこと。よくないことが起こりそうな兆しがあること。「―な予感がする」

〈不器用〉ぶきっちょ　「不器用（ブキヨウ）」に同じ。

【不気味】ブキミ　正体がわからず、気味が悪いこと。「―なほどの静けさ」表記「無気味」とも書く。

【不朽】フキュウ　朽ちたり滅びたりすることなく、後の世まで残ること。「―の名作」

【不朽不滅】フキュウフメツ　永久に朽ちたり滅んだりしないこと。「ピカソの作品は―だ」

【不急】フキュウ　急いでする必要がないこと。差し当たり急がないこと。「不要―」

【不況】フキョウ　景気が悪いこと。「―のために会社が倒産した」「―にあえぐ」類不景気　対好況

【不興】フキョウ　①おもしろみのないこと。おもしろくないこと。「座の―をかこつ」②主人や目上の人の機嫌を損ねること。「上司の―を買う」

【不器用】ブキヨウ　①器用でないこと。ぶきっちょ。「手先が―だ」②要領が悪いこと。対処のしかたが下手なこと。「―な生き方」対①②器用　表記「無器用」とも書く。

【不行跡】フギョウセキ　行いがよくないこと。また、身持ちがよくないこと。「―をはたらく」類不行状（フギョウジョウ）

【不協和音】フキョウワオン　①複数の音を同時に出したとき、調和しないで聞き苦しい感じを与える音。対協和音　②考え方や主張などが一致せず、まとまらないことのたとえ。「両国間に―が高まる」

【不義理】フギリ　義理に欠ける行いをすること。特に、借金を返さないこと。「―を重ねる」

【不器量】ブキリョウ　①顔かたちが醜いこと。類不細工　②才能や能力が乏しいこと。表記「無器量」とも書く。

【不謹慎】フキンシン　ふまじめなこと。慎みのないこと。「―な発言を叱（しか）る」

【不具】フグ　①体の一部に障害があること。②手紙の終わりに書く結びの語。不一（フイツ）。

【不遇】フグウ　よい運にめぐりあえず、世間に認められないこと。「―の人生をおくる」

【不倶戴天】フグタイテン　共存することは絶対に許さないほど相手を憎むこと。同じ天の下に生きてはいられない意から。《『礼記（ライキ）』》「―の敵」

【不屈】フクツ　困難に負けずに、最後まで意志を貫くこと。「多くの困難を―の精神で乗り越えた」「不撓（フトウ）―」

【不敬】フケイ　皇室や社寺に対して敬意をはらわず、失礼な言動をすること。無礼。「―罪に問われる」

【不潔】フケツ　①よごれていてきたないこと。「―な食堂」②精神的にけがらわしいこと。「賄賂（ワイロ）を贈るなんて―だ」対①②清潔

【不言実行】フゲンジッコウ　よけいなことを言わず、やるべきことを実行すること。「必要なのは理屈屋ではなく―の人だ」

【不言不語】フゲンフゴ　黙っていて話をしないこと。言わず語らず。

【不辜】フコ 罪がないこと。無実の罪。また、無実の罪をかぶせられた人。類無辜 参考「辜」は重い罪の意。

【不孝】フコウ 子が親に心配をかけたり、悲しませたりすること。また、その行い。「彼は親―者だ」対孝行

【不幸】フコウ ①ふしあわせ。幸福でないこと。「―のどん底」対幸福 ②身内の者の死去。「親戚に―があった」

【不耕不織】フコウフショク ①生活のための仕事を何もしないこと。②武士。田畑を耕したり機を織ったりしない意から。

【不心得】フこころえ 心がけのよくないこと。「―者」「日頃の―を反省する」

【不在】フザイ その場所にいないこと。留守。「―者投票」「父は―です」

【不細工】ブサイク ①格好が悪いこと。整っていないこと。「―な出来上がり」類不格好 ②容貌が醜いこと。類不器量 表記「無細工」とも書く。参考「ブザイク」とも読む。

【不作為】フサクイ 積極的な行動を、あえて起こさないこと。「―と見なされて罪に問われた」対作為

【不作法】ブサホウ 礼儀をわきまえず、作法に反すること。「茶席での―を詫びる」類不躾 表記「無作法」とも書く。

【不参】フサン 式や行事などを欠席すること。不参加。

【不二】フジ ①二つとないこと。唯一。無二。②二つではなく実際は一つであること。同一。③手紙の終わりに書く結びの語。不一。④富士山。

【不治】フジ 病気が治らないこと。「―の病に冒される」参考「フチ」とも読む。

【不時】フジ 思いがけないとき。予想外のとき。「―の出費に備えて貯金する」

【不思議】フシギ 「不可思議」の略。考えても原因や理由がわからないこと。想像もできないこと。「―と力が湧いてくる」「世界の七―」「―な現象」

【不時着】フジチャク 「不時着陸」の略。故障や事故などにより、飛行機などが予定外の地点や時刻に着陸すること。

【不死鳥】フシチョウ エジプト神話のなかで五〇〇年ごとに焼け死に、またよみがえってくるという霊鳥。フェニックス。転じて、滅んでも再びよみがえるもののたとえ。「―のようにカムバックした」

【不日】フジツ 近日。近いうちに。「―改めて参ります」

【不実】フジツ ①誠意がないこと。「―な男だ」②事実でないこと。いつわり。「公文書の―記載」

【不躾】ブしつけ 礼儀をわきまえないこと。無礼なこと。「―な態度をとる」類不作法

【不失正鵠】フシツセイコク 的をはずさないこと。急所や要点を的確につかむこと。「正鵠」は的の中心のこと。

【不始末】フシマツ ①あとしまつの仕方が悪いこと。「煙草の―から火事になった」②人に迷惑をかけるようなふとどきな行動。「―をしでかす」

【不死身】フジみ ①どんな打撃を受けても決して弱らない、強い体。「あの事故で怪我一つしないとは―だ」②どんな困難にあってもくじけないこと。

【不惜身命】フシャクシンミョウ 仏衆生を救うために自分の体や命を惜しまないこと。《『法華経』》対可惜身命

【不祝儀】ブシュウギ 不吉な出来事。凶事。特に葬式。対祝儀 参考「フシュウギ」とも読む。

【不十分・不充分】フジュウブン 満足できないさま。足りないところがあるさま。「彼の説明ではまだ―だ」「―な書類」

【不首尾】フシュビ ①悪い結果が出ること。不都合な結果。「契約は―に終わった」類不成功 対上首尾 ②評判や具合の悪いこと。「社長に―になる(受けが悪くなる)」参考「首」ははじめ、「尾」は後ろの意。はじめとおわりが一貫しないことから。

【不純】フジュン 純粋、または純真でないこと。「動機が―だ」

【不順】フジュン ①順調でないこと。「今年は気候が―だ」②道理にもとること。

【不肖】フショウ ①父親や師に似ず、愚かで劣っていること。「―の息子」②自分のことをへりくだっていうときに用いる語。「―私がその役を務めます」参考「肖」は似る意。

【不詳】フショウ 詳しくはわからないこと。「年齢―」「作者―の作品がある」

【不浄】フジョウ ①けがれていること。また、そのさま。対清浄 ②大小便や月経などを汚ないものとしていう語。③便所。「御―」

【不精】ブショウ 面倒くさがること。精を出さず、なまけること。「―髭をのばす」「筆―で手紙を書かない」表記「無精」とも書く。

【不祥事】フショウジ よくない事件。まずい事柄。「前代未聞の―が起きた」参考「不祥」は不吉で縁起の悪いことの意。

【不将不迎】フショウフゲイ 去るままに去らせ、来るままに受け入れ、心を動かしたりこだわったりしないこと。「将」は送る意。《『荘子』》

【不承不承】フショウブショウ 不本意ながら。いやいや。「―相手の命令にしたがう」表記「不請不請」とも書く。

【不条理】フジョウリ 道理に合わないこと。矛盾していること。類不合理

【不信】フシン ①信用できないこと。「政治への―感がつのる」②約束を守らないこと。不実。「彼は―を働いた」③信仰心がないこと。不信心。

【不振】 フシン　勢いやいつもの調子が出ないこと。「経営の—が続いている」

【不審】 フシン　疑問に思うこと。また、嫌疑を受けること。「挙動—な男」「—な点は先生に質問しよう」

【不尽】 フジン　①尽きないこと。②手紙の終わりに書く結びの語。不一（フイツ）。

【不寝番】 フシンバン　一晩中寝ないで見張り番をすること。寝ずの番。

【不随】 フズイ　体が思うように動かず、不自由なこと。「事故にあって半身—になった」

【不粋】 ブスイ　粋（いき）でないこと。人情の機微や風情がわからないこと。「場所柄もわきまえぬ—な行為」類野暮 対粋 表記「無粋」とも書く。

【不随意筋】 フズイイキン　意識的に動かすことのできない筋肉。心臓の筋肉など。対随意筋

【不正】 フセイ　正しくないこと。よこしまなこと。「試験で—が明らかになった」

【不世出】 フセイシュツ　世にまれな、すぐれた存在であること。めったに現れないほどすばらしいこと。〈『史記』〉「—の名工」

【不整脈】 フセイミャク　脈拍が不規則になった状態。またそのような脈拍。「健康診断で—を指摘された」

【不摂生】 フセッセイ　健康に気を配らないこと。健康によくないことをすること。「—がたたって肝臓を悪くした」類不養生

【不▲屑の教▲誨】 フセツのキョウカイ　物事を教えるときに、相手の発奮を待って悟らせること。「不屑」は軽々しく物事を行わない、「教誨」は教えさとす意。〈『孟子（モウシ）』〉

【不戦】 フセン　試合などで戦わないこと。また、戦争をしないこと。「—勝で三回戦に進む」「—条約を結ぶ」

【不全】 フゼン　発育や機能などに欠けるところがあること。不完全。不良。「発育—」「心—で亡くなる」

【不善】 フゼン　よくないこと。人の道にはずれること。「小人（ショウジン）閑居して—を為（な）す（つまらない人間は、一人でいると暇なため、悪いことをしがちである）」

【不相応】 フソウオウ　ふさわしくないこと。つりあいがとれないこと。「贅沢（ゼイタク）な生活は彼には分—だ」

【不足】 フソク　①足りないこと。欠けていること。不十分。「料金が—している」②満足しないこと。「今の生活は何の—もない」類不服・不満

【不測】 フソク　予測ができないこと。思いもよらないこと。「—の事態に右往左往する」

【不即不離】 フソクフリ　あまり近づかないが、離れもしない関係を保つこと。つかずはなれず。参考「不離不即」ともいう。

【不遜】 フソン　謙遜（ケンソン）せず、思いあがること。高慢なこと。「—な態度をとる」

【不退転】 フタイテン　①仏決して退かずに修行すること。類不退 ②何に対しても屈せずに意志をつらぬくこと。「—の覚悟」

【不断】 フダン　①絶えることがなく続くこと。「—の努力で目的を達成する」②決断力や決定力に欠けること。「優柔—な態度」③いつも。日ごろ。「—の行い」参考③「普段」と書くことが多い。

『不断節季』 フダンセッキ　日ごろから支払い日のことを考えて生活すれば、決算日に困ることがないということ。参考「節季」は江戸時代の決算の日のこと。盆と暮れの二回。

【不知】 フチ　①知らないこと。②知恵がないこと。愚かなこと。

『不知案内』 フチアンナイ　実情や様子を知らないこと。不案内。

【不調】 フチョウ　①事がまとまらないこと。成立しないこと。「商談は—に終わった」②調子が悪いこと。「体の—を訴える」対好調

【不調法】 ブチョウホウ　①配慮が足りないこと。行き届かないこと。転じて、しくじり。失敗。「—をしでかし申し訳ない」②酒やタバコがのめないこと、芸事ができないことを謙遜（ケンソン）していう語。「—でお酒は飲めません」表記「無調法」とも書く。

【不通】 フツウ　①交通や通信などが通じないこと。「台風で列車が—となった」②連絡がとれないこと。また、交際を断つこと。「三年間彼とは音信—だ」

【不都合】 フツゴウ　①都合の悪いこと。「—が生じる」対好都合 ②人の道にはずれたこと。ふとどき。「—な振る舞い」

〈不束〉 ふつつか　能力や考えが足りず、行き届かないさま。不調法なさま。「—者ですがよろしくお願いします」

【不定】 フテイ　一定しないこと。決まっていないこと。「—形の封筒」「住所—」参考「フジョウ」と読めば、仏教で定めがない意。

【不貞】 フテイ　みさおを守らないこと。貞節でないこと。「—をはたらく」

【不▲逞】 フテイ　勝手きままにずうずうしく行動すること。「—の輩（やから）は許さない」参考「逞」は無鉄砲に振る舞うさまをいう。

【不定愁訴】 フテイシュウソ　はっきりした疾患がないのに、頭痛・めまい・肩こりなど原因不明の自覚症状を訴えること。

【不適】 フテキ　適当でないこと。適さないこと。不向き。「ドライブには—な天候」

【不敵】 フテキ　敵を敵とも思わないこと。恐れを知らず大胆なこと。乱暴で無法なこと。また、そのさま。「大胆—な奴（やつ）」「—な面（つら）構え」

【不手際】 ふてぎわ　物事のやり方や出来ばえが悪いこと。手際がよくないこと。「主催者側の—でコンサートは中止になった」

【不△貞腐れる】 ふてくされる　不平や不満の気持ちをあらわにして、言うことをきかない。なげやりになる。ふてる。「服装を注意されて—れている」

【不△貞寝】 ふてね　ふてくされて寝ること。「親に叱（しか）られて—した」

【不当】フトウ 正しくないこと。道理にはずれていること。「―な処分」「―表示」類不正 対正当

【不撓】フトウ 屈しないこと。くじけないこと。参考「撓」はたわむ・曲がる意。

【不撓不屈】フトウフクツ どのような困難にもくじけないこと。〈『漢書(カンジョ)』〉「―の精神」参考「不屈不撓」ともいう。類百折不撓

【不同】フドウ 同じでないこと。また、そろっていないこと。「順―」

【不動】フドウ ①外部からの力に対し、肉体的にも精神的にも動かされないこと。「直立―」「―の信念でやりぬく」②「不動明王」の略。また、不動尊をまつった神社。「お―様の縁日」

【不倒翁】フトウオウ 「おきあがりこぼし」の別称。倒してもすぐに起き上がる、達磨(ダルマ)形の人形。起き上がり小法師。

【不動明王】フドウミョウオウ 五大明王の一つ。大日如来の命により煩悩(ボンノウ)を滅ぼすために現れ、火炎のなかで怒りの姿を表す。右手に剣、左手に縄を持つ。不動尊。

【不徳】フトク ①人の道にはずれること。不道徳。類背徳 ②徳が足りないこと。「私の―の致すところです」

【不得要領】フトクヨウリョウ 肝心な点がはっきりしないこと。要領を得ないこと。「彼の返事は―で困る」

【不届き】ふとどき ①注意などが行き届かないこと。「―を詫(わ)びる」②道徳や法に反すること。「この―者めが」類無礼

【不仲】ふなか 人と人との関係がよくないこと。仲が悪いこと。「あれ以来―になった」

【不如意】フニョイ 思いどおりにならないこと。特に、家計が苦しいこと。金銭の都合がつかないこと。「手元―」

【不妊】フニン 妊娠しないこと。「―手術」

【不抜】フバツ 意志が強くて、動揺したりくじけたりしないこと。「堅忍―」

【不備】フビ ①備えが十分でないこと。整っていないこと。「書類の―で手続きができない」②手紙の終わりに書く結びの語。不一(フイツ)。

【不評】フヒョウ 評判が悪いこと。不評判。「―を買う(悪い評価を受ける)」対好評

【不敏】フビン ①動作がきびきびしていないこと。②才能や才知が少ないこと。多く自分のことを謙遜(ケンソン)していう語。参考「敏」は敏捷(ビンショウ)なさま・さとい意。

【不憫・不愍】フビン 気の毒なこと。あわれでかわいそうなようす。「その子どもの境遇を―に思う」

【不服】フフク ①満足できないこと。納得できないこと。「裁判の―申し立て」②したがわないこと。不服従。

【不文律】フブンリツ ①仲間うちで、黙っていても了解し合っている約束事。「駆けつけ三杯がわれわれの―だ」②文書に記載されずに成立したきまり。慣習法など。類不文法

【不平】フヘイ 満足や納得ができず、穏やかでない気持ち。不満。「―を並べたてる」

【不変】フヘン 変わらないこと。「自然の営みは―である」「永久―の真理」対可変

【不便】フベン 便利でないこと。「交通が―な街」「左利(き)きにとって―な道具がある」対便利

【不偏不党】フヘンフトウ 特定の主義や党派に属さず、中正公平であること。

【不法】フホウ 法や人の道にはずれること。「―侵入」「―滞在者が増えている」

【不犯】フボン 仏僧が、異性と交わらないという戒律を守ること。

【不本意】フホンイ 自分の本当の気持ちや希望ではないこと。「―な成績」

【不満】フマン 満足できないこと。不満足。「―を爆発させる」「欲求―」

【不眠】フミン 眠らないこと。また、眠れないこと。「―症に悩まされる」

【不眠不休】フミンフキュウ 眠りもせず休みもとらずに、ひたすら事に当たること。「被災者救助に―の活動をした」

【不明】フメイ ①明らかでないこと。はっきりわからないこと。「―な点が多い」「行方―者」②物事を見とおす能力や見きわめる力が乏しいこと。「我が身の―を恥じる」

【不滅】フメツ 滅びないこと。のちの世までなくならないこと。「―の記録をもつ選手」

【不毛】フモウ ①気候が厳しかったり、土地が肥えていなかったりするため、作物や草木が育たないこと。「―地帯」②よい結果がおさめられないこと。何も発展しないことのたとえ。「―な議論が続く」

【不問】フモン 取り立てて問題にしないこと。「―に付す」「この仕事は年齢―だ」

【不夜城】フヤジョウ 夜でも昼間のように明るく、ネオンや灯火のついたにぎやかな場所。

【不予】フヨ ①不快。不愉快。楽しくないこと。②天皇や貴人の病気。「御―」類不例 参考「予」はたのしむ意。

【不用】フヨウ 使わないこと。不使用。また、役に立たないこと。「―品を処分する」

【不要】フヨウ 必要でないこと。いらないこと。「―な物まで買ってしまった」

【不用意】フヨウイ ①用意していないこと。②うっかりして用心や気くばりが足りないこと。「―な発言で物議をかもす」

【不養生】フヨウジョウ 健康に気をつけないこと。自分の身体を大事にしないこと。「医者の―(理屈のよくわかっている立場の人が、自分では実行をしないこと)」類不摂生(フセッセイ)

【不用心】ブヨウジン ①用心しないこと。警戒の足りないこと。「鍵(かぎ)をかけないのは―だ」②物騒なこと。「この街は―だ」

表記「無用心」とも書く。

【不埒】フラチ 人の道や法にはずれること。「—な奴(やつ)」類不届き 参考「埒」は囲い・柵(さく)の意。

【不利】フリ ①利益のないこと。「わが社にとって—な取引だ」②状況や条件などが悪いこと。「体勢が—になった」対有利

【不立文字】フリュウモンジ 仏悟りは、文字や言葉によるものではなく、それを超えてはじめて達せられるということ。禅宗の基本的な立場をいう。類以心伝心・教外別伝(キョウゲベツデン)

【不慮】フリョ 思いがけないこと。不意。不測。「—の事故に遭う」

【不良】フリョウ ①状態がよくないこと。「体調—につき休みます」②行いがよくないこと。また、その人。「—少年」「—のたまり場」

【不猟】フリョウ 狩りをしたとき、鳥や獣などの獲物が少ないこと。対大猟 参考「不漁」と書けば、魚の獲物が少ない意になる。

【不料簡】フリョウケン よくない考え。あやまった考え。「—を起こす」

【不倫】フリン 人の道にそむくこと。特に、男女が配偶者以外の者と関係をもつこと。

【不例】フレイ 貴人や天皇の病気。「御—」の形で用いる。類不予

【不労所得】フロウショトク 勤労せずに得る所得。地代や利子配当など。対勤労所得

【不老長寿】フロウチョウジュ いつまでも年をとらずに長生きすること。類不老不死

【不老不死】フロウフシ いつまでも年をとらず、死ぬこともないこと。「—の霊薬」類不老長寿

【不和】フワ 仲が悪いこと。「家庭—の原因」

【不惑】フワク ①惑わないこと。②四〇歳のこと。由来②『論語』の「四十にして惑わず」から。

【不渡り】フわたり 手形や小切手の持ち主が期限になっても支払いを受けられないこと。また、その手形や小切手。

〈不如帰〉ほととぎす ホトトギス科の鳥。▼杜鵑(ほととぎす)(一一二六)

〈不味〉い まずい ①味が悪い。おいしくない。「—くて食べられない料理」②できばえや技術がへたである。「—い芝居」「—い試合運びで負けた」③都合が悪い。「—いところで出会った」「話を聞かれると—い」④顔形が悪い。醜い。表記②「拙い」とも書く。

〈不見〉転 みずテン ①あとさきを考えずに事を行うこと。「—契約」②芸者などが金次第で、どんな相手にも容易に身をまかせること。また、そのような女性。由来花札で、相手や状況を考えずに札を出す意から。

フ【仆】(4) イ 2 1 4829 503D 音フ・ホク 訓たおれる

意味 たおれる。たおれ伏す。死ぬ。「仆偃(フエン)」

【仆れる】たおれる 立っている状態から、ぱったりと前に伸び伏せる。

フ【夫】(4) 大 1 常 教 7 4155 4957 音フ・フウ中 外ブ 訓おっと 外おとこ・それ

筆順 一二チ夫

意味 ①おとこ。一人前の男。「夫子」「丈夫」②おっと。「夫婦」「夫妻」対妻・①②婦 ③労働にたずさわる人。「夫役」「農夫」④それ。かれ。かな。発語・指示・句末などの助字。

下つき 一夫(イップ)・駅夫(エキフ)・漁夫(ギョフ)・工夫(コウフ・クフウ)・坑夫(コウフ)・鉱夫(コウフ)・車夫(シャフ)・丈夫(ジョウフ・ジョウブ)・水夫(スイフ)・大夫(タイフ)・人夫(ニンプ)・農夫(ノウフ)・匹夫(ヒップ)・凡夫(ボンプ)

【夫】おっと 夫婦の男性のほう。対妻 表記「良人」とも書く。

【夫】おとこ 成人した男性。一人前の男子。

【夫】それ そもそも。いったい。文章の冒頭や話題転換などに使われる語。

【夫夫】それぞれ おのおの。めいめい。「—の分野に進む」表記「其其」とも書く。

【夫籠み】つまごめ 夫婦が一緒に住むこと。つまごみ。表記「妻籠み」とも書く。参考昔は夫婦とも互いに相手を「つま」と呼んだ。

【夫子】フウシ ①長老・賢者・先生などに対する尊称。②中国で、男子の敬称。③孔子の敬称。④あなた。あのおかた。男性の当人を指す語。「—自身が実践すべきだ」

【夫婦】フウフ 夫と妻。婚姻関係にある一組の男女。「申込みは—に限る」参考「めおと」とも読む。

〔夫婦喧嘩は犬も食わぬ〕夫婦喧嘩(ゲンカ)はつまらないことが原因で始まり、しかも簡単に仲直りするものだから、他人が真剣に心配したり仲裁したりするものではないということ。

〔夫婦は合わせ物離れ物〕夫婦はもともと他人どうしが一緒になったのだから、別れることがあっても仕方がないということ。

【夫君】フクン 他人の夫の敬称。

【夫妻】フサイ 夫婦。自分や身内以外の夫と妻をいう。「媒酌人ご—」

【夫食】フジキ 江戸時代、農民の食料となる米穀のこと。「—貸し(領主が貸し付けること)」参考「ブジキ」とも読む。

【夫唱婦随】フショウフズイ 夫が言い出し、妻がそれにしたがうこと。

【夫人】フジン 他人の妻の敬称。「—同伴のパーティーに出席する」類令室 参考もとは日本や中国の高貴な人の妻の意。また、「婦人」と書けば成人した女性の意になる。

【△夫役】ブヤク 人民を強制的に公の労働につかせること。また、その労役。表記「賦役」とも書く。参考「ブエキ」とも読む。

【〈夫婦〉】めおと 夫と妻。みょうと。「金婚式の旅行で―茶碗(ヂャワン)を買った」参考「フウフ」とも読む。

フ【父】 (4) 父 0 常 教 9 4167 4963 音 フ 外ホ 訓 ちち

筆順 ノハグ父

意味 ①ちち。ちちおや。「父君」「父兄」対母 ②親族の年長の男子。「伯父」「叔父」③年老いた男子。「父老」「漁父」④男性に対する敬称。「尼父」類甫

下つき 異父(イフ)・岳父(ガクフ)・義父(ギフ)・漁父(ギョフ・ギョホ)・厳父(ゲンプ)・実父(ジップ)・叔父(シュクフ・おじ)・神父(シンプ)・祖父(ソフ)・尊父(ソンプ)・伯父(ハクフ・おじ)・養父(ヨウフ)・老父(ロウフ)

【〈父母〉】かぞいろは 父と母。両親。かぞいろ。参考「フボ」とも読む。

【父】ちち ①その人の男親。「―からの手紙」対母 ②ある物事・分野を創始・開拓した男。また、業績を残した男性のたとえ。先駆者。「ワルツの―ヨハン＝シュトラウス」③キリスト教で、人格をそなえた唯一神をいう。「天にまします我らが―よ」

【父父たり、子子たり】父親が父親としての務めを果たせば、子は子としてやるべきことをきちんとやるから、家も国も安泰になる、ということ。〈『論語』〉

【父の恩は山より高く、母の恩は海より深し】父母の恩はこのうえなく高く、はかり知れないほど深いということ。〈『童子教(ドウジキョウ)』〉

【父は子の△為(ため)に隠し、子は父の△為に隠す】父と子とが互いをかばい、父が子の失敗や過ちを隠し、子が父の小さい罪を外部に出さないで隠すのは、親子の情愛として自然なことだ、ということ。〈『論語』〉

【〈父さん〉】とうさん 父親を親しみ敬って呼ぶ語。「お父さん」よりくだけた呼び方。対母さん(かあさん)

【父君】フクン 他人の父の敬称。参考「ちちぎみ」とも読む。

【父兄】フケイ ①父と兄。②学校へ通っている子をもつ親、保護者の旧称。

【父系】フケイ 父方の血統に属すること。父方の系統。対母系

【父事】フジ 父に対するように敬って、相手に仕えること。

【父子相伝】フシソウデン 父からあとを継ぐ子にだけ、奥義(オウギ)や秘伝を代々伝えること。類一子相伝

【父祖】フソ 父や祖父。転じて、祖先や先祖。「―の代からの田畑」

【父母△在せば老を称せず】フボいませばロウをショウせず 父や母の前では「老」という言葉を口にしない。両親に老いを意識させる言動をしてはならないという戒め。〈『礼記(ライキ)』〉

フ【付】 (5) イ 3 常 教 7 4153 4955 音 フ 訓 つける・つく 外あたえる

筆順 ノイ仁付付

意味 ①つける。つく。「付加」「付帯」②あたえる。わたす。「付与」「交付」③たのむ。まかせる。「付託」「付議」類①～③附

下つき 下付(カフ)・還付(カンプ)・寄付(キフ)・給付(キュウフ)・交付(コウフ)・送付(ソウフ)・貼付(チョウフ・テンプ)・添付(テンプ)・納付(ノウフ)・配付(ハイフ)

【付き添う】つきそう そばについて世話をする。また、身分の高い人にかしずく。「病人に―って泊まりこむ」「入学式に保護者が―う」「花嫁に―う」

【付き▲纏う】つきまとう ついて離れないでいる。うるさくついてまわる。「いつも不安が―っている」

【付く】つく ①あるものに別のものが密着する。付着する。「絵の具が服に―いた」②そこに位置して離れない状態になる。跡などが残る。「車に傷が―く」「雑草の根が―く」③あるものが加わり、その結果が残る。「預けた金に利息が―く」「街にあかりが―いた」④物事が定まる。決まる。「美術品に高値が―いた」⑤近くに身を置く。寄り添って従う。「師匠に―いて習う」「母に―いて買物に行く」⑥感覚器官に感じられる。「あの作品は一番に目に―く」「彼の言動は鼻に―く」表記「附く」とも書く。

【付け出し】つけだし ①売掛金を請求するために代金を書いたもの。勘定書。②相撲で、一番下の位である序の口から始めるのでなく、最初から実力が認められて番付に格付けされること。また、その力士。

【付焼刃】つけやきば その場しのぎで知識や技術などを身につけること。また、その見せかけの知識など。「忘年会で―の落語を披露する」由来 鈍い刀に鋼(はがね)の刃だけを焼き付けたものをいい、見かけはよいがもろいことのたとえ。

【付ける】つける ①あるものに別のものを密着させる。「技術を身に―ける」「ハンドクリームを―ける」②あるものを加える。また、新たな状態を起こさせる。「粗品を―けます」「電気を―ける」③それ以前の状態を終わらせる。決着する。決める。「話を―ける」「値段を―ける」④人のそばにいさせる。また、見失わないようにあとを追う。「家庭教師を―ける」「容疑者を―ける」⑤感覚器官で感じ取って、注意を向ける。「有力選手に目を―ける」「自動車に気を―ける」表記「附ける」とも書く。

【付加】フカ 今あるものにさらにつけ加えること。「新たな条件を―する」表記「附加」とも書く。

【付加価値】フカカチ 生産をとおしてつけ加えられる価値。生産された品物

から、必要な原料費・動力費・機械の減価償却費などを差し引いたもの。

【付会】フカイ ①ばらばらになっているものを、一つにまとめること。つなぎあわせること。②関係のないものを無理に結びつけること。こじつけること。「牽強《ケンキョウ》—（自分に都合のよいように理屈をこじつけること）」表記「附会」とも書く。

【付記】フキ つけ加えて書きしるすこと。また、書きしるしたもの。「使用方法を—する」表記「附記」とも書く。

【付議】フギ 会議にかけること。新たに議題とすること。表記「附議」とも書く。

【付言】フゲン つけ加えて言うこと。また、その言葉。類付語 表記「附言」とも書く。

【付す】フす ①添える。つけ加える。「巻末に年表を—した」②相手や他のものにまかせる。託す。「総会の決議に—す」「失敗は不問に—される」③交付する。わたす。「推薦状を—す」表記「附す」とも書く。参考「付する」ともいう。

【付図】フズ 本文などに添えられている図面・地図・図表。表記「附図」とも書く。

【付随】フズイ ある事柄につきしたがうこと。連動すること。「事業拡大に—する問題」表記「附随」とも書く。

【付▲贅懸▲疣】フゼイケンユウ 無用のもののたとえ。「付贅」はくっついているこぶ、「懸疣」は引っかかっているいぼの意。表記「付贅」は「附贅」、「懸疣」は「懸肬」とも書く。

【付設】フセツ 付属させて設けること。「体育館にシャワー室を—する」表記「附設」とも書く。

【付箋】フセン 疑問点や注意点を書いたり、目印になるように本や書類などにつける紙切れ。表記「附箋」とも書く。

【付則】フソク ①もとになる規則を補うために付け加えた規則。②法令のおもな事項に付随した末尾につける規定。経過規則・施工期日・細目の定めなどの類。対本則 表記「附則」とも書く。

【付属】フゾク 主となるものに属していること。「別売りの—品」「大学の—病院」表記「附属」とも書く。

【付帯】フタイ 主となるものに伴うこと。「—決議」表記「附帯」とも書く。

【付託】フタク 他にたのみまかせること。ゆだねること。特に、議会で本会議の前に、委員会に審議をゆだねること。「本案の審議を委員会に—した」表記「附託」とも書く。

【付置】フチ 主となるものに付属させて設置すること。付設。「美術館に売店を—する」表記「附置」とも書く。

【付着】フチャク ある物が別の物にくっつくこと。「べったり—して落ちない油汚れ」表記「附着」とも書く。

【付与】フヨ 権利・称号などをさずけ与えること。「交渉権を—する」表記「附与」とも書く。参考「賦与」と書けば、生まれつき天からさずかる意になる。

【付録】フロク ①本文の補足や参考のためにつけ加えること。また、そのつけ加えた記事。②雑誌などに添えられた冊子や物。おまけ。「この雑誌にはたくさん—がついている」表記「附録」とも書く。

【付和雷同】フワライドウ 自分自身にはっきりした考えや主張がなく、他人の意見に無批判にしたがうこと。「—する人が多く、議案がすんなりとおった」表記「付和」は「附和」とも書く。参考「雷同付和」ともいう。類吠影吠声《ハイエイハイセイ》

フ【布】(5) 巾2 常 教 6 4159 495B 音 フ 外ホ 訓 ぬの 外しく

筆順 ノ ナ 才 冇 布

意味 ①ぬの。織物。「布巾《フキン》」「綿布」②しく。ひろげる。「布陣」「散布」類敷 ③広く行きわたらせる。「布教」「流布」

下つき 画布《ガフ》・乾布《カンプ》・絹布《ケンプ》・公布《コウフ》・財布《サイフ》・散布《サンプ》・湿布《シップ》・塗布《トフ》・配布《ハイフ》・発布《ハップ》・頒布《ハンプ》・分布《ブンプ》・綿布《メンプ》・毛布《モウフ》・流布《ルフ》

【〈布地〉】きれじ ①織物。生地。②織物や反物のきれはし。きれ。はしぎれ。表記「切れ地」とも書く。参考①「ぬのじ」とも読む。

【△布く】しく ①平たく広げる。「シーツを—く」②広く行き渡らせる。また、広く行き渡る。「新しい制度を—く」表記「敷く」とも書く。

【布】ぬの ①織物の総称。「草木で—を染めた」②麻・葛《くず》・木綿などの織物。③建築で水平・横・平行などの意を表す語。名詞に冠して用いる。「—羽目《はめ》」「—竹」

【布子】ぬのこ 木綿の綿入れ。季冬 参考絹の綿入れは「小袖《こそで》」という。

【〈布▲哇〉】ハワイ アメリカ合衆国の州の一つ。太平洋上のハワイやマウイなどの火山島からなる世界的な観光地。州都はホノルル。

【布衣の友】フイのとも 地位身分や貧富などのちがいを越えてつきあう友人のこと。「布衣」は木綿または麻の衣服のことで、庶民をいう。《『史記』》

【布教】フキョウ その宗教を広めること。「—活動に回る」

【布巾】フキン 食卓や食器などをふく布。「台—を漂白する」

【布告】フコク ①国家の重大な意志決定を一般に知らせること。「宣戦—」②明治初期に発布された法律や政令。

【布▲衫】フサン 単衣《ひとえ》の襦袢《ジュバン》。和服の肌着。参考昔、麻などで作ったもの。

【布陣】フジン ①戦争や試合などで、兵や選手を配置すること。また、その配置。「最強の—で臨んだ」②闘争や論争のために、組織を構成すること。参考「陣」は戦闘での隊列の配置の意。

【布施】フセ ①仏ほどこし恵むこと。②仏僧に金銭や品物をほどこし与えること。ま

ふ
フ

た、その金品。「修行僧にお—を渡す」参考 多く「お—」の形で用いる。

『布施ない経に▲袈▲裟《ケサ》落とす』報酬が少ないと、手抜きをするたとえ。僧は、布施がないときは略式にして、経を読むのに袈裟を掛けない意から。類 布施ない経は読まぬ

【布石】《フセキ》①囲碁で、対局の序盤に先を読んで自分に有利になるように並べる石の配置。②将来のための準備や手配りのたとえ。「資格を取り、独立への—を打つ」

【布達】《フタツ》人々に広く知らせること。また、その知らせ。通達。「官公庁の—」

【布置】《フチ》物をそれぞれ適当な場所に置くこと。配置。

【布団】《フトン》布を袋に縫い、綿などをつめたもの。寝るときや座るときに使う。「羽毛の掛け—」季 冬 表記「蒲団」と書けば、ガマの葉で作った円座の意もある。

【〈布海▲苔〉】《ふのり》紅藻類フノリ科の海藻の総称。浅い海の岩に繁茂する。煮汁は着物などの洗い張りに用いる。季 夏 表記「海蘿」とも書く。

【布▲帛】《フハク》木綿と絹。転じて、織物や布地。参考「布」は木綿、「帛」は絹の意。

【布令】《フレイ》役所が法令や命令を一般に広く知らせること。また、その法令や命令。

【△布衣】《ホイ》官位をもたない人が着た無紋の狩衣《かりぎぬ》。また、それを着る身分の人。参考「ホウイ」とも読む。また、「フイ」と読めば、庶民が着る麻布の着物、転じて庶民の意。

【△布▲袴】《ホウコ》指貫《さしぬき》の別称。指貫はすそにひもを通してくくった袴《はかま》。

【△布△袋】《ホテイ》七福神の一人。太って腹が出ていて、大きな袋をかついだ僧。参考 中国、後梁《リョウ》の禅僧契此《カイシ》がモデルという。

【△布△袋▲葵】《ホテイあおい》ミズアオイ科の多年草。南アメリカ原産で、暖地の池沼に野生化。葉柄が大きくふくらみ浮き袋の役割をして水面に浮く。夏に淡い青紫色の花が咲く。水槽などに入れて観賞用にする。ホテイソウ。季 夏

フ【▲缶】(6) 缶 0 2044 / 344C ▼カン(B)(二三四)

フ【孚】(7) 子 4 [1] 5353 / 5555

音 フ
訓 はぐくむ・かえす・まこと

意味 ①はぐくむ。(ア)かえす。卵をかえす。(イ)養い育てる。「孚育」②まこと。まごころ。類 孵《フ》

下つき 感孚《カンプ》

【▲孚む】《はぐくむ》親鳥が羽で卵を抱いてかえす。また、育てる。

フ【★巫】(7) 工 4 [1] 5464 / 5660

音 フ・ブ
訓 みこ・かんなぎ

意味 みこ。神に仕える女性。かんなぎ。「巫祝」「巫女」参考 一説に男のみこは「覡《ゲキ》」という。

【▲巫】《かんなぎ》神に仕えることを職務とする女性。みこ。かみなぎ。こうなぎ。

【▲巫医】《フイ》みこと医者。また、医者。由来 古代では、みこが医者を兼ねたことから。

【▲巫▲覡】《フゲキ》かんなぎの総称。祈禱《キトウ》をしたり舞を踊ったりして、神を招いて神の託宣を告げる人。参考「巫」は女のみこ、「覡」は男のみこという。

【▲巫▲蠱】《フコ》みこやまじない師。また、神に祈ったり、まじないをしたりして人をのろうこと。参考「蠱」はまじないで人をのろう者の意。

【〈▲巫山戯〉る】《ふざける》①冗談を言ったり、おどけたりする。たわむれる。「授業中に—ける」②うかれて騒ぐ。興にのってたわいもないことをする。③人をばかにする。「—けたことを言うな」④男女が人前でいちゃつく。

【▲巫山の夢】《フザンのゆめ》男女の情交のこと。故事 中国、楚《ソ》の懐王《カイオウ》が巫山に近い高殿で遊び、夢のなかで、朝には雲となり夕には雨となる巫山の神女と情を交わしたという故事から。〈宋玉《ソウギョク》の文〉類 雲雨巫山《ウンウフザン》

【▲巫祝】《フシュク》神に仕える者。かんなぎ。みこ。

【▲巫術】《フジュツ》みこの行う呪術《ジュジュツ》など霊的なわざ。まじない。シャーマニズム。

【〈▲巫女〉・▲巫】《みこ》神に仕えて、神楽や祈禱《キトウ》を行い神託を告げる未婚の女性。かんなぎ。「—が神楽を舞う」表記「神子」とも書く。

フ【扶】(7) 扌 4 常 準2 4162 / 495E

音 フ
訓 (外)たすける

筆順 一 十 扌 扌 扌 扶

意味 たすける。世話をする。力を添える。「扶育」「扶助」「扶養」

下つき 家扶《カフ》

【△扶ける】《たすける》①手を添えてささえる。②助力する。手伝う。

【扶育】《フイク》世話をしてたすけ育てること。「戦争孤児の—に尽力する」

【扶▲掖】《フエキ》「扶助」に同じ。参考「扶」も「掖」もたすける意。

【扶助】《フジョ》力を添えてたすけること。「現代社会では相互—の精神が特に大切である」類 扶掖《フエキ》

【扶植】《フショク》勢力などを人々に植えつけて広げること。「勢力を—する」

【扶桑】《フソウ》昔の中国による日本の呼称。扶桑国。由来 中国の伝説で、東海の太陽の出る所にある神木およびその地の称から。

【扶△持】《フチ》①助けること。②江戸時代、主君が家臣に与えた給与。俸禄《ホウロク》。③「扶持米」の略。参考 ①「フジ」とも読む。

【扶△持米】《フチマイ》武士に給与として与えられた米。

【扶養】フヨウ 生活上の世話をし、養うこと。「年老いた両親を―する」「―家族」

【扶翼】フヨク 仕事や任務などが順調にいくように扶助すること。「―の臣」

フ【芙】(7) 艹4 準1 4171 4967 音 フ 訓 はす

意味 はす(蓮)。はちす。スイレン科の多年草。「芙渠(フキョ)」「芙蓉(フヨウ)」

【芙蓉】フヨウ ①アオイ科の落葉低木。暖地の海岸近くに自生。初秋、淡紅色の大きな五弁花をつけ、一日でしぼむ。キハチス。季秋 ②ハスの花の別称。

【芙蓉峰】フヨウホウ 富士山の美称。由来 ハスの花の形に似た峰の意から。

フ【咐】(8) 口5 1 5085 5275 音 フ・ホ 訓 ふく・いいつける

意味 ①息をはく。ふく。②いいつける意の「吩咐(フンプ)」に用いる字。

フ【坿】(8) 土5 1 5220 5434 音 フ・ブ 訓 ます

意味 つける。つけたす。ま(増)す。類 附

フ【府】(8) 广5 常 教 7 4160 495C 音 フ 訓 外 くら・みやこ

筆順 、亠广广庍府府府

意味 ①くら。文書や財宝をしまうくら。「府庫」②つかさ。役所。「政府」「幕府」③みやこ。まち。中心になるところ。「首府」④地方行政区画の一つ。「府立」⑤江戸時代の江戸。「出府」

下つき 学府(ガクフ)・国府(コクフ)・参府(サンプ)・出府(シュップ)・首府(シュフ)・城府(ジョウフ)・政府(セイフ)・幕府(バクフ)

【府庫】フコ 文書や財貨・器物などを収容・貯蔵しておく建物。くら。

フ【怖】(8) 忄5 常 4 4161 495D 音 フ 訓 こわい 外 おそれる・おじける

筆順 丶 忄 忄 忄 怖 怖 怖 怖

意味 こわい。おそれる。おじけづく。「畏怖」「恐怖」

下つき 畏怖(イフ)・恐怖(キョウフ)・驚怖(キョウフ)

〈怖気〉おじけ こわがる気持ち。恐怖に震える心。「お化け屋敷の入り口で―づく」参考「おぞけ」とも読む。

【怖じける】おじける 恐怖にしりごみしたり、ひるんだりする。「怪しい物音に―けて眠れない」

【怖れる】おそれる 恐怖にびくびくする。おののく。「暗がりを―れる」

【怖めず臆せず】おめずオクせず 少しも気おくれしたりおそれたりしないで。堂々と。「―言いたいことを言う」

【怖い】こわい おそろしい。「習慣とは―いものだ」「―いもの見たさ(こわいものはかえって好奇心をそそる意)」

【怖怖】こわごわ こわいと思いながら物事をするさま。おそるおそる。「―のぞいてみる」「つり橋を―渡る」

フ【拊】(8) 扌5 1 5735 5943 音 フ 訓 うつ・なでる

意味 ①うつ。軽くたたく。「拊手」②なでる。「拊循」類 撫(ブ)

【拊つ】うつ 手のひらで軽くたたく。ぽんとたたく。

【拊でる】なでる 手のひらでやさしくさする。表記「撫でる」とも書く。

フ【斧】★ (8) 斤4 準1 4164 4960 音 フ 訓 おの

意味 ①おの。まさかり。「斧斤」「石斧」②切る。おので切る。

下つき 石斧(セキフ)・手斧(ちょうな・ておの)・雷斧(ライフ)

【斧】おの 木を伐採したり割ったりするのに使う道具。刃のあるくさび形の鉄に柄(え)をつけたもの。よき。参考 大形のものは「鉞(まさかり)」という。

『斧を掲げて淵に入る』道具の用途をまちがえること。また、適材を適所に配しないこと。斧を持って川の深い所に入っても、なんの役にも立たない意から。〈『淮南子(エナンジ)』〉

【斧鉞】フエツ おのとまさかり。「―を加える(他人の文章を修正する)」

【斧斤】フキン おのやまさかり。木を伐採する道具。

【斧鑿】フサク ①おのと、のみ。また、それで細工をすること。②詩文や書画などに技巧をこらすこと。「―の痕」

【斧正】フセイ 人に自作の詩文の添削をしてもらうときに用いる謙譲語。「―を請う」参考 おので正す意。

フ【歩】(8) 止4 教 4266 4A62 ▼ホ(一三八七)

フ【苻】(8) 艹5 1 7188 6778 音 フ 訓 さや・あまかわ

意味 ①草の名。鬼目草。②さや。草の実のさや。また、あまかわ。

フ【附】(8) 阝5 常 準2 4177 496D 音 フ 外 ブ 訓 外 つく・つける

筆順 ７ ３ 阝 阝 阝 附 附 附

意味 ①つく。つける。「附着」「附録」②したがう。つきしたがう。「附随」「附属」③わたす。「附与」「交附」参考 ほとんど「付」が使われるが、官庁や法律用語で「附」が用いられることがある。

下つき 下附(カフ)・寄附(キフ)・添附(テンプ)

【附く】つ-く 別々のものが離れない状態になる。くっつく。ひっつく。ぴったりよりそう。「列の最後尾に―く」 表記「付く」とも書く。

【附加】フカ 今あるものにつけ加えること。 表記「付加」とも書く。

【附記】フキ つけ加えて書きしるすこと。また、書きしるしたもの。「箱に注意が―されている」 表記「付記」とも書く。

【附議】フギ 会議にかけること。 表記「付議」とも書く。

【附言】フゲン つけ加えて言うこと。また、その言葉。 表記「付言」とも書く。

【附子】ブシ トリカブトの根を乾燥させた生薬。身体の機能の回復や興奮・鎮痛に用いる。アルカロイドを含む。猛毒がある。烏頭(ウズ)。 表記「付子」とも書く。 参考「ブス」とも読む。

【附図】フズ 本文などに添えられている図面・地図・図表。 表記「付図」とも書く。

【附随】フズイ 主体となる物事に関連すること。「―する問題」 表記「付随」とも書く。

【附箋】フセン 用件を書きつけたり、また目印とするために、本や書類などに貼(は)る小さい紙。 表記「付箋」とも書く。

【附則】フソク ①ある規則を補うためにつけ加えた規則。②法令の末尾につける経過規則・施工期日・細目などの規定。 対本則 表記「付則」とも書く。

【附属】フゾク 主となるものに属していること。「―高校からその大学に進学する」 表記「付属」とも書く。

【附帯】フタイ 主となるものに伴うこと。「法案の―決議案」 表記「付帯」とも書く。

【附置】フチ 付属させて設置すること。付設。 表記「付置」とも書く。

【附着】フチャク ある物が別の物にくっつくこと。 表記「付着」とも書く。

【附与】フヨ さずけ与えること。「勲章を―する」 表記「付与」とも書く。

【附録】フロク ①本文に、補足や参考のためにつけ加えること。また、そのつけ加えたもの。「巻末の―」②雑誌などに添えられた冊子や物。おまけ。「―欲しさに雑誌を買う」「別冊―」 表記「付録」とも書く。

フ【阜】

(8) 阜 0 教 常 7 4176 496C

訓音 フ 外おか・ゆたか

筆順 丿 𠂆 户 户 白 自 皀 阜

意味 ①おか。つちやま。台地。②大きい。ゆたか。さかんである。

下つき 殷阜(インプ)・丘阜(キュウフ)

【阜】おか 土が大きく盛りあがってずんぐりと小高くなったところ。

フ【俘】

(9) 亻 7 1 4858 505A

訓音 フ とりこ・とる

意味 ①とりこ。とらえた敵。「俘囚」「俘虜」②とりこにする。いけどる。③とる。うばう。

下つき 夷俘(イフ)・囚俘(シュウフ)

〈俘虜〉・俘 とりこ 戦争で敵に捕らえられた者。いけどりになった人。捕虜。 参考「フリョ」とも読む。「俘」も「虜」もとりこの意。

【俘囚】フシュウ 戦争でいけどりにした敵。とりこ。 類俘虜・捕虜

【俘虜】フリョ 「俘虜(とりこ)」に同じ。

フ【柎】

(9) 木 5 1 5953 5B55

訓音 フ・ブ うてな・つける・いかだ

意味 ①うてな。花のがく。②つける。③いかだ。

フ【罘】

(9) 罒 4 1 7009 6629

訓音 フ・フウ あみ・うさぎあみ

意味 あみ。うさぎあみ。ウサギをとる網。

ふ フ

フ【訃】

(9) 言 2 常 2 7530 6B3E

訓音 フ 外つげる・しらせ

筆順 、 亠 亠 亠 言 言 言 訁 訃

意味 つげる。しらせる。しらせ。人の死の知らせ。「訃音」 類赴

【訃音】フイン 人が死んだという知らせ。死亡の知らせ。死亡通知。訃報。「―に接する」 参考「フオン」とも読む。

【訃告】フコク 「訃報」に同じ。

【訃報】フホウ 人が死んだ知らせ。訃音(フイン)。訃告。「―を聞いて駆けつける」

フ【負】

(9) 貝 2 教 常 8 4173 4969

訓音 フ 外ブ・フウ まける・まかす・おう 外たのむ・そむく

筆順 ノ ク 个 角 角 負 負 負 負

意味 ①おう。せおう。になう。「負荷」「負担」②受ける。こうむる。「負傷」③たよる。たのむ。たのみとする。「自負」「抱負」④そむく。さからう。⑤まける。戦いや競争にまける。「勝負」 類敗 対勝 ⑥〇より小さい数。マイナス。「負数」「負号」 対正

下つき 荷負(カフ)・自負(ジフ)・勝負(ショウブ)・抱負(ホウフ)

【負う】おう ①人や物を背中に乗せる。背負う。「子どもを―う」②自身で引き受ける。また、身に受ける。「私が全責任を―います」「傷を―う」③恩恵や利益などを受ける。「先人の研究に―うところが大きい」④評判に値する。「さすがは名にし―うパリだ(有名なだけのことはある意)」

【負うた子に教えられて浅瀬を渡る】 時と場合によっては、自分より未熟な者に教えられることのあるたとえ。

『負うた子より抱いた子』同じように身近にいても、すぐ見えるところにいる者のほうをついつい大事に扱うたとえ。

『負うた子を三年探す』すぐ身近にある物に気づかずに、あちこち探し回ること。

【負んぶ】おんぶ ①背負うこと。「子どもを―する」②人に頼ること。特に、費用を人に払ってもらうこと。「―に抱っこ(なんでもかんでも他人に頼る)」「タクシー代を兄に―する」

【負荷】フカ ①荷物をかつぐこと。転じて、責任を負うこと。②機械を動かして実際に仕事をする量。「―率」

【負笈】フキュウ 本を入れたかごを背負うこと。転じて、遠い土地へ遊学すること。「笈を負う。」〈『抱朴子』〉 参考「笈」は旅の際に背に負って運ぶ竹製のかご。

【負荊】フケイ 自分の罪を深くわびること。参考「荊」といういばらのむちを、自ら背負って処罰を請うことから。

【負債】フサイ 他から金銭を借りること。また、借りた金銭。債務。「膨大な―を抱える」

【負傷】フショウ けがをすること。傷を負うこと。「事故で運転手が―する」

【負薪の憂い】フシンのうれい 自分が病気であることを遠回しにいう言い方。薪を背負って働いたために体調をくずしたという意から。〈『礼記』〉

【負託】フタク 引き受けさせて、任せること。「交渉を代理人に―する」

【負担】フタン ①荷物を背負うこと。転じて、身に引き受けること。また、その義務や責任。「入場料は各自―してください」「相当に―の重い仕事だ」②仕事や責任が大きすぎること。重荷。「あまり期待されると―になる」

【負かす】まかす 相手を負けさせる。相手をやぶる。「口で言い―かした」

【負ける】まける ①力や技能が相手に及ばずにやぶれる。また、相手より劣る。「練習試合で―ける」②欲求や欲望に抵抗できずに、楽なほうに流される。「食欲に―けて間食をした」③肌がかぶれる。「漆に―けやすい体質」④大目にみる。また、店側が値段を安くしたり、おまけをしたりする。「大根一本―けてあげる」 表記①「敗ける」とも書く。

『負けるが勝ち』相手に勝ちをゆずって、しいて争わないことが結局は勝利をもたらすということ。類逃げるが勝ち

フ【赴】(9) 走2 常 3 4175 496B 音フ 訓おもむく 外つげる

筆順 一 十 土 キ キ 未 走 赴 赴

意味 ①おもむく。出かけて行く。「赴任」②つげる。人の死の知らせ。「赴告」類訃

【赴く】おもむく ある場所や状態に向かって急いで行く。「父は単身で任地に―いた」「病状が快方に―く」 表記「趣く」とも書く。

【赴任】フニン 任地へ行くこと。「近く外国へ単身―することになった」

フ【風】(9) 風0 教 4187 4977 ▼フウ(一三三八)

フ【俯】★(10) 亻8 1 4877 506D 音フ 訓ふせる・ふす・うつむく・うつぶす

意味 ふせる。ふす。うつむく。「俯角」「俯瞰」対仰

下つき 畏俯・陰俯

【俯す】うつぶす 顔や腹を地面につけて伏せる。「地面に―す」

【俯く】うつむく 頭を下げて顔を下に向ける。「黙って―いていた」「―いて涙ぐむ」対仰向く

【俯角】フカク 目の高さより下を見るときに、その視線と水平面との角度。対仰角

【俯瞰】フカン 高い所から見おろすこと。「―図」類鳥瞰

【俯仰】フギョウ うつむくこととあおむくこと。転じて、立ち居振る舞い。

『俯仰天地に愧じず』自分の心や行動は公明正大で、天に対しても、世間に対しても、まったくやましいところがない。〈『孟子』〉

【俯仰の間】フギョウのカン わずかなあいだ。つかのま。〈王羲之の文〉 表記「俯仰」は「俛仰」とも書く。

【俯せる】ふせる 体をかがめてうつむく。「はずかしくて顔を―せた」

【俯伏】フフク うつむき伏せること。かしこまってひれ伏すこと。平身低頭。 表記「俛伏」とも書く。

フ【浮】(10) 氵7 常 4 4166 4962 音フ 外フウ・ブ 訓うく・うかれる・うかぶ・うかべる

旧字《浮》(10) 氵7 1/準1

筆順 丶 冫 氵 氵 氵 氵 浮 浮 浮 浮

意味 ①うく。うかぶ。うかべる。「浮上」「浮力」対沈 ②はかない。よりどころがない。「浮生」「浮説」③うわつく。うわべだけの。「浮華」「浮薄」

下つき 軽浮

【浮かぶ】うかぶ ①水面・水中・空中などに存在する。「小舟が湖上に―んでいる」「空に―ぶ雲」②表面や外面に現れる。「不安の色が彼女の顔に―ぶ」「涙が目に―んだ」③物事を意識的にとりあげる。イメージされる。「彼のことが心に―ぶ」④「浮かばれる」の形で、逆境から抜け出る。死者の霊が成仏する。「あの扱いでは彼は―ばれない」

【浮かれる】うかれる 心がうきうきして落ち着かない。ふらふらして定まらない。また、興に乗ってはしゃぐ。「酒を飲んで―れ騒いだ」

【〈浮子〉】うき ①釣り糸につけて浮かせ、その動きで魚がかかったことを知る道具。②漁網につけて浮かせ、そのありかを知る木片やプラスチック球など。あば。表記「泛子」とも書く。

【浮草・〈浮萍〉】うきくさ ①ウキクサ科の多年草。池沼などの水面に浮かぶ。三個の平らな葉状体の中央から数本のひげ根を出す。季夏 ②水面に浮かんで生える草の総称。③不安定で落ち着かない生活のたとえ。「―稼業」表記「萍」とも書く。参考「浮萍」は「フヘイ」とも読む。

【浮鮴・浮吾里】うきごり ハゼ科の淡水魚。各地の河川や湖沼にすむ。体には雲形の斑紋(ハンモン)がある。食用。

【浮名】うきな ①男女の情事のうわさ。「―を流す」②よくない評判。ありもしない陰口。表記②「憂き名」とも書く。

【浮彫り】うきぼり ①形が表面に浮き出るように彫ること。また、その彫り物。「花の部分を―にする」②物事がはっきりとわかるようになること。際立つもののたとえ。「問題点が―になった」

【浮矢幹】うきやがら カヤツリグサ科の多年草。沼地に自生。夏から秋に褐色の穂を数個つける。根は薬用。ミクリ。由来 水に浮く枯れた茎が矢幹に似ていることから。

【浮世】うきよ ①はかない世の中。②つらいことが多く、苦しい世の中。③この世。世の中。「―離れした生活」表記②本来は「憂き世」と書いた。参考①「フセイ」とも読む。

『浮世の苦楽は壁一重』この世の中の苦と楽とは隣り合っていて、いつでも変わる可能性があるということ。

【浮世絵】うきよエ 江戸時代の、景色や役者などを題材にした風俗画。肉筆や版画によるもの。喜多川歌麿(うたまろ)の美人画、安藤広重(ひろしげ)や葛飾北斎(ほくさい)の風景画が名高い。「有名な―が海外へ流出した」

【浮く】うく ①表面・水中・空中などにある。「水面に花びらが―く」「額に汗が―く」②何か違和感を生じる。周囲から孤立する。「社内で―いた存在」③うきうきする。陽気になる。「給料をもらって気分が―き立つ」④時間やお金などに余裕ができる。「電車代が―く」

【〈浮気〉】うわき ①心がうわついていて、興味の対象が変わりやすいこと。移り気。②異性に次々と心を移すこと。また、配偶者などがいるのに、一時の気まぐれで他の異性と通じること。「―がばれる」

【〈浮つく〉】うわつく ふわふわと浮いたような感じで落ち着かない。慎重さに欠ける。「―いた気分を吹き飛ばされる」

【〈浮塵子〉】うんか ウンカ科の昆虫の総称。セミに似るが、体長約五ミリメートルと小さい。大群をなして飛ぶ。イネやムギなどの害虫。季秋 由来 雲霞(ウンカ)のように群がることから。

【浮雲朝露】フウンチョウロ 不安定で当てにならないたとえ。物事のはかないたとえ。《周書》類朝露夕電

【浮華】フカ うわべははなやかに見えるが、実質が伴わないこと。

【浮花浪蕊】フカロウズイ 何の取り柄(え)もない平凡なさまのたとえ。「浮」も「浪」も当てにならない意。「蕊」は花のしべ。実を結ばないむだ花ということ。〈韓愈(カンユ)の詩〉

【浮腫】フシュ 「浮腫(むくみ)」に同じ。

【浮上】フジョウ ①水上に浮かびあがること。「潜水艦が―する」②順位などがあがって、よい状態になってくること。また、表面化すること。「最下位から―する」「株価が急―する」「急に―してきた発想だ」

【浮声切響】フセイセッキョウ 高く軽い声と低く重い声。音韻の大きい小さい、高い低いをいう。《宋史(ソウシ)》

【浮生夢の若し】フセイゆめのごとし 人生ははかなく、夢のようだということ。〈李白(リハク)の文〉

【浮石沈木】フセキチンボク 多数の無責任な言論が、道理に反することを押しとおすこと。水に石が浮いて木が沈む意から。《三国志》

【浮説】フセツ 根拠のないうわさ。風説。流言。「世間の―に惑わされるな」

【浮沈】フチン ①浮いたり沈んだりすること。②栄えたり衰えたりすること。「一国の―にかかわる大事だ」

【浮動】フドウ 浮き漂って動くこと。固定していないこと。「―票の獲得に乗り出す」

【浮薄】フハク 態度や行動が軽々しいこと。あさはかなこと。「軽佻(ケイチョウ)―」

【浮標】フヒョウ ①航路・暗礁・漁網などの位置を知らせるために、水上に浮かべる標識。ブイ。②漁網などにつけるうき。

【浮萍】フヘイ 「浮萍(うきくさ)」に同じ。

【浮遊・浮游】フユウ ①水面や空中に浮かびただようこと。「水中に―する生物」「空中―と題する出し物」②ふらふらと遊び歩くこと。

【浮揚】フヨウ 水中や空中に浮かび上がること。また、浮かび上がらせること。転じて、よい方向へ上がっていくこと。「景気の―策を講じる」「―力」

【浮流】フリュウ 水中に浮かんで流れること。「―機雷」

【浮力】フリョク 地球上において、水や空気などの流体の中で、物体が流体の圧力によって重力と反対方向に押し上げられる力。「海中では―が大きいので浮きやすい」

【浮浪】フロウ 住居や職業がなく、街をさまようこと。また、その人。「終戦後はたくさんの―児が町にいた」

〈浮薔〉みずあおい ミズアオイ科の一年草。由来「浮薔」は漢名から。▼雨久花(七二)

〈浮腫〉むくみ 病気や疲労などにより、皮下組織にリンパ液や組織液などが多量にたまる症状。類水腫 参考「フシュ」とも読む。

〈浮腫〉む むくむ むくみを生じ、体の一部や全体がはれたようになる。「今朝は顔が—んでいる」

フ【郛】(10) 阝7 1 7830 6E3E 音フ 訓くるわ

意味 くるわ。城の外囲い。「郛郭」

下つき 説郛セップ

【郛】くるわ 城や町の外を囲む土や石でつくられた壁。類城郭

フ【釜】(10) 金2 常 1988 3378 ▼かま(二八)

フ【埠】(11) 土8 準1 4154 4956 音フ 訓はとば・つか

意味 ①はとば。船着き場。「埠頭」②つか。おか。

【埠】はとば 船着き場。海中に土石を盛り、船を着けてつなぎとめる岸をつくった場所。表記「波止場」とも書く。

【埠頭】フトウ 港で、船をつなぎとめ、船客の乗降や荷物の積み降ろしをする場所。船着き場。「—で豪華客船を見た」

フ【婦】(11) 女8 教 常 6 4156 4958 音フ 訓外おんな

旧字《婦》(11) 女8 1/準1

筆順 く 女 女 女ヨ 女ヨ 女ヨ 婦 婦 婦 婦 婦

意味 ①つま。よめ。夫のいる女性。「主婦」「夫婦」②おんな。成人した女性。「婦人」対①②夫

下つき 寡婦カフ・産婦サンプ・主婦シュフ・娼婦ショウフ・情婦ジョウフ・新婦シンプ・妊婦ニンプ

【婦】おんな 成人した女性。一人前の女性。

【婦女】フジョ 女性。成人した女性。「—子シ」「—暴行の罪」類婦人

【婦人】フジン 成人した女性。女性。「—雑誌」「—用の腕時計」

フ【桴】(11) 木7 1 5979 5B6F 音フ 訓いかだ・ばち・むなぎ

意味 ①いかだ。小さないかだ。「桴筏フバツ」②ばち。太鼓などを打つ棒。「桴鼓」③むね(棟)。むなぎ。

【桴】いかだ 木材や竹をつるなどでつないで、水上に浮かべるもの。「—に乗って川に浮かぶ」参考「筏」と書けば大きないかだの意になる。

【桴】ばち 太鼓や鉦鼓ショウコなどの楽器を打ち鳴らす棒。表記「枹」とも書く。

フ【符】(11) ⺮5 常 3 4168 4964 音フ 訓外わりふ

筆順 ノ ⺊ ⺮ 竹 竹 符 符 符 符 符 符

意味 ①わりふ。あいふだ。証書のかきつけ。証拠となるふだ。「符合」「切符」②しるし。記号。「符丁」「音符」③神仏の守りふだ。「護符」

下つき 音符オンプ・切符きっぷ・休符キュウフ・合符ゴウフ・護符ゴフ

【符契】フケイ 「符節」に同じ。

【符合】フゴウ 話の内容などがぴったりと合致すること。「事実と—する証言を得た」

【符節】フセツ 木などの札に文字を書き、印を押して割ったもの。のちに合わせて証明とするもの。わりふ。「—を合わせたよう(双方がぴったりと一致するさま)」類符契

【符丁】フチョウ ①商品の値段を示す目印の記号。②他の人にはわからない仲間うちの合図。「—で会話する」③何らかの意味を示す文字や記号。符号。書きかえ「符牒」の書きかえ字。

【符牒】フチョウ ▼書きかえ 符丁

【符】わりふ 「符節」に同じ。参考「割符」とも書く。

フ【趺】(11) ⻊4 1 7671 6C67 音フ 訓あし・あぐら・うてな

意味 ①あし。足の甲。②両足を組んですわる。あぐら。「趺坐フザ」③うてな。花のがく。

下つき 跏趺カフ

〈趺坐〉あぐら 両ひざを左右に開き、両足の甲を股ももの上に置いて楽にすわること。また、その姿勢。表記「胡坐・胡床」とも書く。参考「フザ」とも読む。

フ【傅】(12) 亻10 1 4892 507C 音フ 訓つく・かしずく・もり

意味 ①つく。つきそう。かしずく。「傅育」②もり。もりやく。「師傅」③しく。並べる。類布・敷

下つき 師傅シフ・保傅ホフ

【傅く】かしずく そばに付き添ってたすける。人に仕えて大切に世話をする。

【傅育】フイク 守り育てること。かしずき育てること。「王子の—を任とする」

【傅】もり 子どもなどに付き添って世話をする人。付き人。また、養育係。

フ【富】(12) 宀9 教 常 7 4157 4959 音フ・フウ高 訓とむ・とみ

筆順 ˋ ˊ 宀 宀 宀 宀 宀 富 富 富 富 富

意味 とむ。ゆたかにある。とみ。「富裕」「豊富」対貧

下つき 殷富インプ・巨富キョフ・国富コクフ・貧富ヒンプ・豊富ホウフ

【富】とみ ①多くの財産や財貨。「巨万の—を築く」②豊かな資源や物資。「山の—に恵まれ

ふ フ

る」③「富籤（とみくじ）」に同じ。

【富籤】とみくじ 江戸時代に流行した宝くじの一種。社寺で番号付きの富札を買い、くじ引きで当たった人が賞金をもらうしくみ。とみ。

【富魚】とみよ トゲウオ科の淡水魚。北日本の水の澄んだ池などにすむ。全長約五センチメートル。灰黄色で、背びれに九本前後のとげがある。

【富む】とむ ①たくさんの財産をもつ。金持ちになる。「―んだ暮らし」②豊富に含む。豊かである。「独創性に―んだ作品」「地下資源に―んだ国」

【富貴】フウキ 財産が多く、社会的地位が高いこと。対貧賤（ヒンセン） 参考「フッキ」とも読む。

【富貴栄華】フウキエイガ 富と高い地位や名誉をきわめた、はなやかな生活のこと。〈『潜夫論』〉

『富貴天にあり』富むことや高い身分になることは、人の力ではなく、天から与えられるものである。〈『論語』〉

『富貴には他人も合（ガッ）し、貧賤（ヒンセン）には親戚（シンセキ）も離る』人のつきあいは、財産と地位次第だということ。財産と地位があれば余禄（ヨロク）にあずかろうと他人まで集まって来るが、貧しくて身分が低いと、親戚さえも寄りつかなくなる意から。〈『文選（モンゼン）』〉

『富貴は驕奢（キョウシャ）を生ず』財産をつくり、地位が高くなると、心がおごりぜいたくになる。

【富貴浮雲（フウキフウン）】財力や地位・名誉は浮雲のようにはかないもので、すぐに消え去ってしまうたとえ。〈『論語』〉

【富貴福沢（フウキフクタク）】天から授かる富貴と幸福。〈『通俗編』〉類富貴福禄（フウキフクロク） 対貧賤憂戚（ヒンセンユウセキ）

『富貴も淫（イン）する能（あた）わず、貧賤（ヒンセン）も移す能わず』志操堅固のりっぱな男子にいう言葉。どのような富貴をもってしても心をまどわすことはできず、どのような貧賤の苦しみで責められようと志操を変えさせることはできないということ。「淫」は心をまどわす、「移」は志を変える意。〈『孟子（モウシ）』〉

【富貴利達（フウキリタツ）】富と高い地位を得て立身出世すること。〈『名臣言行録』〉「―を望まぬ生き方」

【富岳】フガク 富士山の別称。「―百景」

【富強】フキョウ ①国が富んでいて勢力の強いこと。②「富国強兵」の略。

【富豪】フゴウ 財産家。たくさんの財産がある人。大金持ち。

【富国強兵】フコクキョウヘイ 国の経済力を高くし、兵力を強くすること。

【富士絹】ふじぎぬ 羽二重（はぶたえ）に似た、くず繭から作った織物。

【富士額】ふじびたい 額の髪の生えぎわが富士山の形に似ていること。昔、美女の条件とされた。「―の女性には日本髪が似合う」「―の舞妓（まいこ）」

【富饒】フジョウ 財力に富んでいてたくさんの物があること。参考「フウジョウ・フニョウ」とも読む。

【富贍】フセン 財力や知識が富んで豊かなこと。参考「贍」は足りる意。

【富貴草】フッキソウ ツゲ科の多年草。山地の林に自生。葉は常緑で、断続的に群がって生える。夏、黄緑色の小花を穂状につける。キチジソウ。季夏

【富裕】フユウ 富んで豊かに栄えていること。「社会の―層」類裕福 対貧困・貧窮 表記「富有」と書けば、多くの財産がある意。参考「裕」は物が有り余るほど十分にある意。

【富有柿】フユウがき カキの一品種。岐阜県の原産で、実は平たい球形で甘い。季秋 参考「フユガき」とも読む。

フ【普】(12) 日 8 常 4 4165 4961 音フ 訓外あまねく

筆順 2 … 12 普

意味 ①あまねく。広く行き渡る。「普及」「普遍」類溥（フ） ②なみ。ふつう。「普段」③「普魯西（プロシア）」の略。

【普く】あまねく 全体に行き渡っているさま。ひろく。「世界に―知られている」

【普及】フキュウ 広く一般に行き渡ること。「パソコンはずいぶん―した」

【普化宗】フケシュウ 禅宗の一派。江戸時代、虚無僧（コムソウ）と称して尺八を吹いて各地を歩いた。明治維新で廃宗された。由来中国、唐の普化を祖としたことから。

【普賢菩薩】フゲンボサツ 仏釈迦（シャカ）の脇士（キョウジ）で、白象に乗って釈迦の右側にいる。真理や悟りのシンボル。対文殊（モンジュ）菩薩

【普請】フシン 建築・土木の工事。「今年中に家を―する」参考もとは禅寺で衆徒を集めて、堂塔などの建築・修繕をすること。

【普請奉行】フシンブギョウ 室町・江戸幕府で土木工事などを担当した職名。江戸幕府では老中直属で、常設。

【普段】フダン 日ごろ。いつも。「―から準備している」表記「不断」とも書く。

【普茶料理】フチャリョウリ 黄檗（オウバク）山の僧が伝えた中国式の精進料理。葛粉（くずこ）と油を用いる。黄檗料理。由来「普茶」は茶をふるまう意で、その後に料理を出したことからいう。

【普通】フツウ ①一般に。たいてい。いつもは。「―八時に出勤する」類通常 ②これといって変わっておらず、ありふれていること。「―の感覚では理解できない」対特別・特殊

【普天】フテン 大地をあまねくおおっている空。転じて、全世界。天下。

『普天率土』フテンソツト 全世界のこと。空がおおっているすべて、地の続くかぎり。参考「普天の下、率土の浜」の略。

【普遍】フヘン 広くまんべんなく行き渡ること。また、すべてに共通すること。「時代を越えた—性がある」類一般 対特殊

『普遍妥当』フヘンダトウ 対象となるすべての場合に当てはまり、真理として認められること。

【普門品】フモンボン 法華経の一つの、「観世音菩薩普門品」の略称。観世音菩薩の功徳クドクを説く。参考「観音経カンノンギョウ」ともいう。

〈普魯西〉プロシア プロイセンの英語名。もとドイツ連邦の中心的王国。第二次大戦後、東ドイツ・ポーランド・ソ連(現在のロシア連邦)に分割された。

フ【腑】★ (12) 月8 1 7105 6725 音フ 訓はらわた・こころ

意味 ①はらわた。動物の臓器。「臓腑」②こころ。心のなか。「肺腑」

下つき 臓腑ゾウフ・肺腑ハイフ・六腑ロップ

【腑】はらわた 体内におさめられている、それぞれの器官。内臓。臓器。漢方医学では特に胃・腸・胆嚢タンノウなどを指す。「—にしみわたる」

【腑〈甲斐〉無い】ふがいない 意気地がない。気力に欠け、役に立たない。情けないほどである。「こんな—い成績ではだめだ」「一言も反論できないとはなんと—い」表記「不甲斐無い」とも書く。

【腑抜け】ふぬけ 意気地がないこと。また、その人。腰抜け。由来内臓を抜き取られた人間のようであることから。

【腑分け】ふわけ 解剖。解体。「—する蘭学者ランガクシャ」参考 江戸時代の医学用語。臓腑を分ける意。

フ【補】(12) 衤7 教 4268 4A64 ▼ホ(一三八九)

フ【溥】(13) 氵10 1 6280 5E70 音フ 訓あまねし・ひろい・おおきい・しく

意味 ①あまねし。広く行き渡る。類普 ②ひろい。おおきい。「溥天」③し(敷)く。

【溥し】あまねし すみずみまで広く行き渡っているさま。及ばないところがないさま。表記「普し」とも書く。

フ【艀】(13) 舟7 1 7157 6759 音フ・ブ・フウ 訓はしけ・こぶね

意味 はしけ。こぶね。波止場と本船との間を往来する小舟。

【艀】はしけ 「艀船はしけぶね」の略。本船と陸との間を往来して、船客や荷物などを運ぶ小舟。

フ【蒲】(13) 艹10 1987 3377 ▼ホ(一三九〇)

フ【蜉】(13) 虫7 1 7374 696A 音フ

意味 「蜉蝣フユウ(かげろう)」に用いられる字。

〈蜉蝣〉かげろう カゲロウ目の昆虫の総称。形はトンボに似るが、小さく弱々しい。幼虫は水中で二〜三年過ごす。成虫の寿命は数時間と短く、はかないもののたとえにされる。季秋 由来「蜉蝣」は漢名から。表記「蜻蛉」とも書く。参考「フユウ」とも読む。

【蜉蝣の一期】フユウのイチゴ 人生が、カゲロウの一生のように短くはかないこと。「蜉蝣」はカゲロウのこと。

フ【鳧】(13) 鳥2 1 8274 726A 音フ 訓かも・けり

〔鳧〕8275 726B

意味 ①かも(鴨)。まがも。カモ科の鳥。「鳧翁」②けり。チドリ科の鳥。

【鳧】かも カモ科の鳥。▼鴨かも(一一八)

【鳧】けり ①チドリ科の鳥。日本で繁殖し、冬は南方に渡る。大きさはハトほど。背は灰褐色で、腹は白く胸に黒い帯がある。「ケリリ、ケリリ」と鳴く。季夏 ②物事の終わり。「—をつける」表記①「計里」とも書く。参考②古語の過去の伝聞を表す助動詞「けり」からで、「鳧」を当てて用いる。

【鳧脛短しといえども之をつがば則ち憂えん】フケイみじかしといえどもこれをつがばすなわちうれえん 「鳧脛」は、カモの脛はぎの意。カモの脚は短いけれど、これをつぎ足してのばしてやれば、カモは嫌がる。物には、それぞれにふさわしい自然の特徴があるから、いたずらに手を加えたりしないで自然のままに従うのがよいということ。〈『荘子ソウジ』〉

フ【孵】★ (14) 子11 1 5359 555B 音フ 訓かえる・かえす

意味 かえる。たまごがかえる。たまごをかえす。「孵化」「孵卵」類孚フ

【孵る】かえる 卵が、ひなや幼虫になる。「卵から雛ひなが—る」

【孵化】フカ 卵がかえること。また、卵をかえすこと。「人工—」

【孵卵器】フランキ 魚や鳥などの卵を人工的にかえすための器具。

フ【榑】(14) 木10 1 6052 5C54 音フ 訓くれ

意味 ①東方の日の出る所にあるという神木の名「榑桑」に用いられる字。②くれ。へぎいた。また、皮のついたままの丸太。

【榑】くれ ①木材で、まだ皮がついた状態のもの。「節—立った手(ごつごつとした手)」②丸太から柱などを作るときに出る薄いそぎ板。へぎ

いた。③板材。榑木。

【榑縁】くれエン 細長い板を縁かまちに対して平行に張った縁側。対切目縁きりめエン

【榑木】くれき 「榑」に同じ。

フ【腐】(14) 肉8 常 4 4169 4965
音 フ
訓 くさる・くされる・くさらす 外くさす

筆順 亠 广 广 庁 府 府 府 腐 腐 腐 腐

意味 ①くさる。くちる。「腐敗」「防腐」②古い。古くさい。古くて役にたたない。「腐儒」「陳腐」③心をいためる。「腐心」

下つき 陳腐チン・豆腐トウ・防腐ボウ

【腐す】くさ-す 悪口を言ったり非難したりする。こきおろす。けなす。「ライバルの作品をさんざんに―す」

【腐る】くさ-る ①食べ物・木・金属などがいたんで、だめになる。「夏は食物が―りやすい」「柱が―る」②心根が悪くなる。堕落する。「根性まで―ってしまった」③やる気をなくす。「少々の失敗で―ることはない」④動作をする相手をさげすんでいう語。「何をし―る」参考④動詞の連用形につけて用いる。

【腐っても鯛】くさってもたい もともと価値の高いものは、古くなっていたんでも、やはりそれなりの価値を示すたとえ。

【腐れ縁は離れず】くされエンははなれず 長い間ひきずっている好ましくない関係は、断とうとしてもなかなか断ち切れないものだということ。

【腐朽】フキュウ 木材や金属が腐って、だめになること。

【腐儒】フジュ 理屈ばかり並べて、役に立たない儒者・学者。参考学者が自分のことを謙遜ケンソンするときにも使う。

【腐臭】フシュウ 腐った物が出すにおい。「生ゴミが―を発する」

【腐食】フショク 金属などが錆さびたり腐ったりして、形がくずれること。また、薬品を使って金属・ガラスなどを変質させること。「鉄骨の―で倒壊した」「―銅板」書きかえ「腐蝕」の書きかえ字。

【腐植】フショク 枯れ葉などの有機物が土の中で、微生物により分解すること。また、その分解の途中にできた暗黒色の物質。植物の栄養分になる。「―土は作物の生育に適している」

【腐蝕】フショク ▼書きかえ 腐食

【腐心】フシン 考えこんだり、悩んだりすること。心をいためること。苦心。「会社の再建に―する」

【腐鼠の嚇】フソのカク いやしい心をもつ者が、その心で他をおしはかって威圧的な態度をとること。由来腐ったネズミを手に入れたフクロウが、鳳凰ホウオウにそれを奪われるのではないかと威嚇したという寓話グウワから。《荘子ソウジ》

【腐敗】フハイ ①有機物が微生物や細菌の作用で分解し、悪臭のある有毒なものになること。腐ること。「―が進む」②悪い状態や状況になること。堕落すること。「―した政治」

【腐敗堕落】フハイダラク 健全さを失い身をもちくずすこと。社会や組織の規律が失われ、不健全な好ましくない状態に陥ること。「上流階級の―が国の滅亡を招く」

【腐葉土】フヨウド 落ち葉が腐ってできた土。養分に富み、園芸に用いる。「花壇に―を入れる」

【腐乱】フラン 腐りただれること。「山で―死体が発見された」参考本来用いた字の「爛」はただれる意。書きかえ「腐爛」の書きかえ字。

【腐爛】フラン ▼書きかえ 腐乱

フ【誣】(14) 言7 1 7556 6B58
音 フ・ブ
訓 しいる・あざむく・そしる

意味 しいる。あざむく。そしる。ありもしないことを事実のように言う。「誣言」「誣告」

下つき 欺誣ギ・讒誣ザン

【誣い言】しいごと 「誣言フゲン」に同じ。

【誣いる】し-いる 人を窮地に追いこむために、事実でないことを言う。偽って言う。「後生畏おそるべし、来者―い難し」

【誣言】フゲン ありもしないことを偽って言うこと。また、その言葉。誣しい言ごと。参考「ブゲン」とも読む。

【誣告】フコク 他人を陥れるため、故意に偽った事実を告げること。「―罪」

【誣妄・誣謗】フボウ 事実を曲げて言うこと。誹謗ヒボウ。類誣罔フモウ

【誣罔】フモウ 「誣妄フボウ」に同じ。

フ【敷】(15) 攵11 常 4 4163 495F
音 フ 高
訓 しく

筆順 一 亓 亩 亩 亩 甫 専 旉 旉 敷

意味 しく。しきならべる。広げる。また、あまねく。「敷衍フエン」「敷設」類普

下つき 桟敷さじき・座敷ざしき・屋敷やしき

【敷居】しきい 戸・障子・ふすまなどを開閉するために方側につくられた、みぞがある横木の下。「―が高い(不義理なことをして、その家に行きにくい)」対鴨居かもい

【敷桁】しきげた 建物で、柱の上方の端をつなげる横木。小屋梁こやばりや根太ねだを支える。

【敷島】しきしま やまとの国。日本国の別称。「―の道(和歌、歌の道)」由来崇神すじん天皇・欽明きんめい天皇の宮があった奈良県の地名から。

ふ

フ

【敷布】しき フ 敷き布団の上からおおう布。シーツ。「清潔な―で気持ちよく眠れた」

【敷く】しく ①平らに広げる。また、広く散りばめる。「自分でふとんを―きなさい」「庭に小石を―く」②物の下に置く。また、下にして押さえつける。「コップの下にコースターを―く」「亭主を尻しりに―く」③設置・配置する。「線路を―く」④広く行き渡らせる。「戒厳令を―く」 表記 ①④「布く」とも書く。

【敷衍】フエン おし広げ、行き渡らせること。転じて、わかりやすい言葉で詳しく説明すること。「―して説明する」 表記 「布衍」とも書く。 参考 「衍」は広げる意。

【敷設】フセツ 装置や設備を設置すること。鉄道・電話・水道などにいう。「新たに鉄道線路を―した」 表記 「布設」とも書く。

フ【膚】(15) 肉11 常 4 4170 4966 音 フ 訓 外 はだ・はだえ

筆順 丨 ト 卜 广 卢 虍 虐 膚 膚 膚 (6 8 11 13 15)

意味 ①はだ。はだえ。体の表皮。「皮膚」「完膚」②うわべ。物の表面。「膚浅」

下つき 完膚カン・肌膚キ・皮膚ヒ

【膚】はだ ①体の表皮。皮膚。「冬は―が乾燥する」②物の表面。「木の―」 参考 「肌」と書けば、きめ細かく組織がつまったはだの意。

【膚】はだえ ①はだ。皮膚。「寒風―を刺す」②刀剣の身の表面。

【膚浅】フセン あさはかなこと。物事を深く考えず思慮に欠けること。浅薄。

フ【賦】(15) 貝8 常 4 4174 496A 音 フ 訓 外 みつぎ・わかつ

筆順 目 貝 貝 貝 貝 貝 貝 貝 賦 賦 (5 7)

意味 ①みつぎ。ねんぐ。財物や労役を割り当てる。「天賦」「賦役」②あたえる。さずける。また、さずかる。「天賦」「賦与」③わかつ。分ける。分割してとる。「月賦」「年賦」④詩経の六義の一つ。「詩賦」

下つき 割賦カッ・ワッ・月賦ゲッ・貢賦コウ・重賦ジュウ・租賦ソ・天賦テン・年賦ネン

【賦役】フエキ 国などに納めなければならない年貢・租税や労働力。地租と夫役ブヤク。

【賦課】フカ ある一定の税金や労働を割り当てて、負担させること。

【賦奉行】フブギョウ 鎌倉・室町幕府の職制。受け取った訴状に氏名や日付などを書き、各番にふり分ける役。賦分くばりわけ奉行。

【賦与】フヨ 配り分け与えること。もって生まれること。特に、神が分け与えること。「天から―された文才の持ち主だ」

【賦】みつぎ 金や年貢などを役所に献上すること。また、その金や品物。

フ【麩】(15) 麦4 1 8347 734F 音 フ 訓 ふすま

〔麸〕8348 7350

意味 ①ふすま。コムギをひいて粉にしたあとに残る皮のかす。②ふ。小麦粉のたんぱく質で作った食品。

【麩】ふすま コムギをひいて粉にするときに残る皮のくず。洗い粉や家畜のえさにする。「―を飼料にする」 参考 「フ」と読めば別の意になる。

フ【鮒】★ (16) 魚5 準1 4211 4A2B 音 フ 訓 ふな

意味 ふな。コイ科の淡水魚。「轍鮒テップ」

下つき 寒鮒カン・轍鮒テッ

【鮒】ふな コイ科の淡水魚。湖沼や河川にすみ、釣り魚として一般的。コイに似ているが、口ひげがなく小形。食用。

【鮒膾】ふなます フナの身をうすくそぎ切りにして、辛子酢や酢味噌ミソであえた料理。フナの卵をいり煮にして身にまぶすものもある。 季 春

フ【賻】(17) 貝10 1 7650 6C52 音 フ 訓 おくる・おくりもの

意味 おくる。金品を贈って葬儀を助ける。また、そのおくりもの。「賻儀」

下つき 贈賻ゾウ

フ【覆】(18) 襾12 常 4204 4A24 ▼フク(一三四七)

フ【譜】(19) 言12 常 準2 4172 4968 音 フ 訓 外 しるす・つづく

筆順 言 言 言 言 言 言 言 譜 譜 譜 (7 9 17 19)

意味 ①しるす。系統だてて記す。また、記したもの。「系譜」「年譜」②音楽の曲節を符号で記したもの。「譜面」「音譜」③つづく。代々ひきつぐ。「譜代」

下つき 暗譜アン・音譜オン・楽譜ガク・家譜カ・棋譜キ・系譜ケイ・採譜サイ・写譜シャ・年譜ネン

【譜代・譜第】フダイ ①代々、臣下としてその主家に仕えること。②江戸時代、関ヶ原の合戦以前から徳川氏に仕えていた武士。 対 外様とざま

【譜牒】フチョウ 系図。血縁関係などを図式化したもの。 参考 「牒」は木の札の意。

フ【黼】(19) 黹7 1 8369 7365 音 フ・ホ 訓 あや・ぬいとり

意味 ①あや。いろどり。②黒糸と白糸によるぬいとり。また、ぬいとりした衣服。「黼座」

【黼黻】フツ ①古代の天子の礼服のぬいとり。②美しい文章のたとえ。③天子を助けること。 参考 「ホフツ」とも読む。

ふ【斑】(12) 文8 常 4035 4843 ▼ハン(一二六五)

ブ【不】(4) 一3 教 4152 4954 ▼フ(一三一七)

ブ【分】(4) 刀2 教 4212 4A2C ▶ブン(一三五八)

ブ【毋】(4) 毋0 1 6157 5D59 音 ブ・ム 訓 ない・なかれ

意味 ①なかれ。してはいけない。禁止を表す助字。②ない。否定を表す助字。参考「母」は別字。

【▲毋い】なーい …がない。否定の意を表す語。

【▲毋れ】なかーれ …するな。禁止の意を表す語。「ゆめゆめ疑うーれ」

ブ【侮】(8) イ6 常 準2 4178 496E 音 ブ 訓 あなどる 高

旧字《侮》(9) イ7 1/準1 1424 2E38

筆順 ノ イ 亻 仁 佐 佐 侮 侮

意味 あなどる。さげすむ。相手を軽んじる。「侮辱」「侮蔑(ブベツ)」

下つき 外侮(ガイブ)・軽侮(ケイブ)・慢侮(マンブ)

【侮る】あなどーる 相手や物事を軽く見てばかにする。見下す。見くびる。「対戦相手は無名だが、決してーるな」

【侮言】ブゲン 相手や物事をあなどって言う言葉。ばかにする言葉。

【侮辱】ブジョク 相手をばかにして、はずかしめること。「公衆の面前でーされた」参考「辱」は恥をかかせる意。

【侮罵】ブバ 相手をばかにして、ののしること。参考「罵」はののしる意。

【侮蔑】ブベツ 相手をばかにして、ないがしろにすること。「あのー的な態度は許せない」参考「蔑」は見下げる意。

ブ【奉】(8) 大5 常 4284 4A74 ▶ホウ(一三九八)

ブ【歩】(8) 止4 教 4266 4A62 ▶ホ(一三八七)

ブ【武】(8) 止4 教 常 6 4180 4970 音 ブ・ム 訓 外 たけし・もののふ

筆順 一 二 千 千 正 正 武 武

意味 ①たけし。たけだけしい。いさましい。「武名」「武勇」②いくさ。たたかい。軍事に関するもの。「武術」「演武」対文 ③もののふ。軍人。「武官」「武者」④兵器。「武器」「武庫」⑤ひとまたぎ。半歩の長さ。「歩武」⑥「武蔵(むさし)の国」の略。「武州」参考「武」の草書体が平仮名の「む」になった。

下つき 威武(イブ)・演武(エンブ)・公武(コウブ)・講武(コウブ)・尚武(ショウブ)・文武(ブンブ)・歩武(ホブ)・勇武(ユウブ)・練武(レンブ)

【武威】ブイ たけだけしい威力。武力による威勢。「ーを示す」

【武運】ブウン 戦いで、勝つか負けるかの運命。また、武人としての運命。「ーつたなく敗れる」

〖武運長久〗ブウンチョウキュウ 戦いにおいて、幸運がいつまでも続くこと。また、武人としての勝利の運が長く続くこと。「出征兵士のーを祈る」

【武火】ブカ 強く燃える火。激しい火。類烈火 対文火

【武器】ブキ ①戦闘において、攻撃と防御に使う道具や器具。類兵器 ②その人の持つ有力な手段のたとえ。「勘の良さが彼のーだ」「ペンをーとして世論に訴える」

【武技】ブギ 「武芸」に同じ。

【武勲】ブクン 戦争で立てた手柄や功績。類武功・武烈 対文勲

【武芸】ブゲイ 武道の技。剣・弓・槍(やり)・馬・鉄砲などの技術。「ーに秀(ひい)でる」「ー百般に通じる」類武技・武術

【武庫】ブコ 武器などを納める倉庫。武器庫。兵庫(ヘイコ)。

【武功】ブコウ 「武勲」に同じ。

【武骨】ブコツ ①ごつごつして骨張っていること。②洗練されていないこと。また、無作法なこと。「ーな手」「ー者」表記「無骨」とも書く。

【武士】ブシ 昔、武芸を身につけ、軍事にたずさわっていた人。また、その階級。さむらい。「ーに二言(ニゴン)はない(一度言ったことは絶対に守り抜く)」「ーの魂(刀のこと)」類武人・武者(ムシャ) 参考「もののふ」とも読む。

〖武士は相身(あいみ)互い〗同じ立場や状況に置かれている者どうしは、互いに思いやって助け合うものだということ。

〖武士は食わねど高▲楊枝(たかヨウジ)〗志の高い者は、どんなに貧しくても誇りを失わないたとえ。武士たる者はたとえ貧しくて食事がとれなくても、十分に食べたようなふりをして楊枝を使うものだという意から。「高楊枝」は、食後さも満腹したように楊枝を使う意。

〖武士は戦略坊主は方便〗うそでも、使う人とその時の状況によって言い方がちがってくること。人間は所詮(ショセン)うそをつくものであることをいう。同じうそをさむらいは戦略と言い、僧は方便だという意から。

【武将】ブショウ ①武士の大将。軍隊の大将。②剣術・弓術・馬術などの武道にたけた将。参考「将」は、軍を率いる人の意。

【武人】ブジン 軍事にたずさわることを職業としている人。類武士・軍人 対文人

【武装】ブソウ 武器を身につけること。戦闘の装備をすること。また、その装備。「ーした警官が包囲する」「ーを解く」

【武断】ブダン ①武力でおさえて政治を強行すること。「ー政治」対文治(ブンチ) ②武力によって処置すること。

【武道】ブドウ ①武士が守らなければならない道。武士道。「—の精神」②剣道・柔道・弓道などの技術。武術や武芸の道。「精神と肉体を鍛錬するため、—に励む」

【武徳】ブトク 武道や武事において、守らなければならない道徳・徳義。

【武張る】ブばる 強く、勇ましい振る舞いをする。また、いかめしい様子をする。

【武辺】ブヘン 武道に関係するいろいろな事柄。「—者(シャ・もの)」

【武弁】ブベン 武士。武官。武家。参考「弁」は、武官がかぶった冠(かんむり)の意。

【武名】ブメイ 武人としての名声や評判。武勇の誉(ほま)れ。「一躍—を馳(は)せる」

【武門】ブモン 武士の家柄や血統。「—の誉(ほま)れ」「—の出」類武家

【武勇】ブユウ 武術にたけていて、勇ましいこと。強く勇ましいこと。「—伝」

【武略】ブリャク 軍事上の策略や計略。戦術。戦略。いくさのかけひき。類軍略

【武陵桃源】ブリョウトウゲン 俗世間から離れた理想郷のこと。桃源郷。
故事 武陵の一漁師がたまたま迷いこんだ所は、桃の花が咲き乱れ、人々は平和な暮らしを楽しんでいた理想郷だったという故事から。〈陶潜の文〉

【武力】ブリョク 武器や軍隊によって他をおさえる力。軍事力。「国境付近で—衝突が起こる」「—行使に及ぶ」類兵力

【武烈】ブレツ 「武勲」に同じ。

〈武蔵〉むさし 旧国名の一つ。現在の東京都・埼玉県の大部分と神奈川県の東部。武州(ブシュウ)。

【武者】ムシャ 「武士(ブシ)」に同じ。参考 特に、鎧(よろい)と兜(かぶと)を身に着けた者。

【武者修行】ムシャシュギョウ ①武士が、諸国を巡り歩きながら武芸を修行すること。②他の土地に行って技芸を修行すること。「料理の—のために渡欧した」

【武者震い・武者振るい】ムシャぶるい 戦いや重要な事柄を行う際に、心が勇み立って、体がふるえること。

〈武士〉もののふ 「武士(ブシ)」に同じ。

ブ【侮】(9) イ7 1424 2E38 ▼侮の旧字(一三三五)

ブ【部】(11) 阝8 常 教 8 4184 4974 音 ブ 外ホウ・ホ 訓 外わける・すべる・くみ・べ・つかさ

筆順 丶 亠 亣 立 立 咅 咅 咅 音⻏ 部

意味 ①わける。また、分けたものの一つ一つ。「部品」「部分」「一部」②すべる。統率する。③組織上の区分。くみ。「部署」「部員」「本部」④集落。むれ。「部族」⑤つかさ。役所。「工部」⑥新聞や書物などの分量や冊数。「部数」「大部」参考「部」の草書体の旁(つくり)が片仮名の「ヘ」、平仮名の「へ」になった。

下つき 一部(イチブ)・外部(ガイブ)・患部(カンブ)・幹部(カンブ)・局部(キョクブ)・軍部(グンブ)・残部(ザンブ)・支部(シブ)・全部(ゼンブ)・内部(ナイブ)・本部(ホンブ)

〈部曲〉かきべ 古代、各地の豪族が私有していた民。表記「民部」とも書く。

〈部領〉ことり ①一部族の長。集団を統率する者。②古代、春宮(とうぐう)坊の帯刀(たちはき)の官。皇太子の護衛をし、陣の事務を執った。

【部位】ブイ 全体に対して、ある部分が占める位置。「損傷の—によって修理法が異なる」

【部下】ブカ ある人の指示や監督を受け、それに従って行う人。手下(てした)。

【部首】ブシュ 漢字を分類・配列するときに、共通する構成要素となる字。漢和辞典では各部の最初に配列される。「刀」「水」など。

【部署】ブショ 組織の中でそれぞれに割り当てられた役目や場所。持ち場。「—につく」「—を移る」「担当—」

【部族】ブゾク 一定の地域で生活し、共通の言語・宗教・文化などをもっている共同体。

【部分】ブブン 全体を小分けにしたものの一つ。「—的に訂正する」

【部門】ブモン 全体をいくつかに区分した一つ一つ。「コンテストの成人—と学生—」「吹奏楽—」

【部類】ブルイ 種類によって分けたそれぞれの組。グループ。「この酒は極上の—だ」

【△部】べ 上代に、朝廷や豪族に属して一定の職業についた世襲的な集団。「—民(べのたみ)」

〈部屋〉へや ①家の中を区切ってできた所。「休日には—を片付けよう」類間(ま)・室(シツ) ②大相撲で親方を中心に、弟子たちを養成する集まり。相撲部屋。③江戸時代、大名の江戸屋敷にあった、小者(こもの)や人足(ニンソク)の詰め所。④殿中で、女中の居間。つぼね。

ブ【無】(12) 灬8 教 4421 4C35 ▼ム(一四五九)

ブ【▲葡】(12) 艹9 4182 4972 ▼ホ(一三八九)

ブ【▲蒲】(13) 艹10 1987 3377 ▼ホ(一三九〇)

ブ【▲舞】(14) 舛8 ▼舞の旧字(一三三七)

ブ【▲誣】(14) 言7 7556 6B58 ▼フ(一三三三)

ブ【▲嘸】(15) 口12 1 5163 535F 音 ブ・ム 訓 さぞ

意味 ①さぞ。さだめし。推量の意を表す語。②はっきりしないさま。「嘸然」

【▲嘸】さぞ さだめし。きっと。さぞかし。「おばあさん、—お疲れでしょう」

ブ【廡】(15) 广12 1 5507 5727 音 ブ 訓 ひさし

意味 ①のき。ひさし。「殿廡」②しげる。草木が茂る。類蕪(ブ)

下つき 殿廡(デンブ)・堂廡(ドウブ)

ふ ブ

ブ【憮】(15) 忄12 1 5667 5863 音 ブ・ム 訓 いつくしむ

意味 ①いつくしむ。かわいがる。類 撫ブ ②がっかりする。「憮然」

【憮然】ブゼン 失望や不満でむなしい気持ちになるさま。がっかりしてぼんやりするさま。「—として立ちつくす」

ブ【★撫】(15) 扌12 準1 4179 496F 音 ブ・フ 訓 なでる

意味 ①なでる。手でさする。類 拊フ ②いつくしむ。かわいがる。「撫育」「愛撫」 ③しずめる。おさえる。「慰撫」「鎮撫」

下つき 愛撫アイ・慰撫イ・鎮撫チン

【撫で肩】なでがた なだらかに下がっている肩。「彼女は—で和服がよく似合う」対 怒いかり肩

【撫で斬り・撫で切り】なでぎり ①なでるように刃物を動かしてきること。②人を次から次へと、残らず斬きり捨てること。転じて、敵やライバルをかたっぱしから負かすこと。「時代劇で、敵を—にする」「優勝候補を—にして、栄冠を勝ち取る」

【撫子】なでしこ ナデシコ科の多年草。山野に自生。葉は先のとがった広線形。夏から秋、縁が細かく切れこんだ淡紅色の花をつける。秋の七草の一つ。季 夏 表記「瞿麦」とも書く。

【撫でる】なでる ①手のひら、指先でやさしく触れ、動かす。なぜる。「頭を—でてほめた」「胸を—で下ろす(安心する)」 ②髪をくしでとかす。撫でつける。

【撫育】ブイク かわいがって養うこと。いつくしんで育てること。「心を尽くして—する」類 撫養

【撫恤】ブジュツ いつくしみあわれむこと。物を恵むこと。参考「恤」は、あわれむ意。

【撫する】ブする ①手でなでる。さする。「腕を—して時節到来を待つ」 ②いつくしむ。かわいがる。「民を—して善導する」

ブ【舞】(15) 舛8 常 4 4181 4971 音 ブ 外ム 訓 まう・まい 外もてあそぶ

旧字《舞》(14) 舛8 1/準1

筆順 ノ 仁 午 無 無 無 舞 舞 舞 舞 舞

意味 ①まう。おどる。まい。「舞踏」「舞踊」 ②ふるいたたせる。はげます。「鼓舞」 ③もてあそぶ。「舞文」

下つき 円舞エン・演舞エン・歌舞カ・群舞グン・剣舞ケン・鼓舞コ・仕舞シ まい・日舞ニチ・洋舞ヨウ・乱舞ラン・輪舞リン

【舞楽】ブガク 雅楽の一つで、器楽合奏を伴奏として舞をまうもの。

【舞曲】ブキョク ①舞踊と音曲。②舞踊に伴奏として用いる楽曲。また、その形式で作った楽曲。メヌエットなど。

【舞台】ブタイ ①演技や演奏・芸能などを行う、客席に見せるための高い場所。ステージ。「—に上がる」 ②①で演じる演技や演奏、また芸能。「すばらしい—を堪能した」 ③活躍ぶりを見せる場所。また、技能を発揮して注目される場所のたとえ。「国際—をふむ」「晴れの—に立つ」

【舞踏・舞蹈】ブトウ 舞い踊ること。特に、西洋風の踊り。ダンス。「鹿鳴館ロクメイカンで催された—会」類 舞踊 参考「踏・蹈」は、足ぶみをする意。

【舞馬の災い】ブバのわざわい 火災のこと。故事 中国、晋シンの黄平コウヘイが、ウマが舞い、数十人の人が手拍子を打っている夢を見たところ、家が火事で焼けたという故事から。《晋書シンジョ》

【舞文】ブブン ①法律を勝手に解釈して乱用すること。②言葉や表現をもてあそび、自分の都合がよいように文章を作ること。

【舞文曲筆】ブブンキョクヒツ 文辞をもてあそび、事実をゆがめて書き記すこと。参考「曲筆舞文」ともいう。類 舞文弄墨ブブンロウボク

【舞文弄法】ブブンロウホウ 法律の条文を勝手に解釈し、乱用すること。「舞」「弄」はともに、もてあそぶ意。《史記》

【舞踊】ブヨウ 音楽に合わせるなどして、手足や体を動かすこと。「日本—の師匠」「高名な—家の公演会」参考「踊」は、本来はとび上がる・はね回る意。

【舞】まい 歌や音楽に合わせて、体や手足を動かすこと。特に、すり足などで静かに動く踊りをいう。「地唄じうた—の名手」

【舞扇】まいおうぎ 舞うときに用いる大形の扇。「菊を描いた—が美しい」

【舞妓・舞子】まいこ 宴席で舞を見せ、興をそえることを職業としている少女。「京都祇園ギオンの—」参考「舞妓」は「ブギ」とも読む。

【舞姫】まいひめ 舞や舞踏を職業とする女性。踊り子やバレリーナなど。参考「ブキ」とも読む。

【舞舞】まいまい ①「舞舞虫」の略。ミズスマシの別称。▼鼓豆虫みずすまし(四五八) ②「舞舞螺まいまいつぶり」に同じ。

【舞舞螺】まいまいつぶり カタツムリの別称。▼蝸牛かたつむり(一五九)

【舞良戸】まいらど 板戸の一種。舞良子まいらこという細い桟を表面に狭い間隔で取りつけた引き戸。

【舞う】まう ①舞を演じる。「舞台でひと差し—う」 ②回転しながら飛ぶ。「帽子が風に—う」「落ち葉の—う季節」

ブ【★蕪】(15) 艹12 準1 4183 4973 音 ブ・ム 訓 あれる・しげる・みだれる・かぶら

意味 ①あれる。しげる。雑草が茂って荒れる。「蕪

ふ
ブ

荒」②みだれる。「蕪雑」③かぶ。かぶら（蕪菁）。アブラナ科の二年草。
[下つき] 荒蕪コウ・青蕪セイ・繁蕪ハン

【蕪れる】あーれる 雑草が生い茂る。草が生えてはびこる。「手入れせずに―れた庭」

【〈蕪菁〉・蕪】かぶら 古く中国から渡来し、アブラナ科の二年草。野菜として栽培。根は平たい球形で、白色のほか、紅色・紫色もある。根・葉は食用。スズナ。[季]冬 [由来]「蕪菁」は漢名から。[参考]「かぶ」とも読む。

【蕪無し】かぶらなし 花器の一種。胴にカブのような丸いふくらみのない、青磁や古銅の花器。

【蕪穢】ブアイ 土があれて、雑草が生い茂ること。[参考]「ブワイ」とも読む。

【蕪雑】ブザツ 乱れていて、整っていないこと。雑然としていること。「―に書き連ねる」「―な文章」

【蕪辞】ブジ ごたごたして整っていない言葉。また、自分の文章や言葉をへりくだっていう語。「―を連ねて祝辞とした」

ブ【錻】(16) 金8 国 1 7907 6F27 音 ブ 訓 ブリキ

[意味] オランダ語の「ブリキ」の音訳「錻力」に用いられる国字。

【錻・錻力】ブリキ 錫すずをめっきした薄い鉄板。「―製のおもちゃで遊んだ」
[表記]「鉄葉」とも書く。

フィート【呎】(7) 口4 国 1 5072 5268 音 訓 フィート

[意味] フィート。長さの単位。約三〇・五センチメートル。[参考]英語の「フィート」に当てた国字。中国でも用いられている。

ふいご【鞴】(19) 革10 8070 7066 ▼フク（一三四八）

フウ【夫】(4) 大1 教 4155 4957 ▼フ（一三三二）

フウ【封】(9) 寸6 常 3 4185 4975 音 フウ・ホウ 訓 外とじる・さかい・ポンド

[筆順] 一 十 土 圭 圭 圭 圭 封 封

[意味] ①ふうじる。㋐とじる。また、とじたもの。「封印」「封書」㋑とじこめる。「封鎖」「封殺」②ほうずる。領地を与えて諸侯とすること。「封建」「封土」③さかい。「封域」④ポンド。重さの単位。約四五三グラム。英語の「ポンド」の音訳字「封度」の略。
[下つき] 帯封おび・開封カイ・緘封カン・厳封ゲン・素封ソ・同封ドウ・密封ミツ

【封印】フウイン 封じ目に印を押すこと。また、その証として押した印。「―を破る」

【封緘】フウカン 手紙などに封をして、とじること。「―紙を貼はる」[参考]「封」「緘」ともに、封をする意。

【封鎖】フウサ 出入りのできないよう、通行や出入り口などを閉ざすこと。「高速道路の一部―が解かれた」「海上―」

【封殺】フウサツ ①相手の言動や活動を封じこめること。②野球で、進塁しなければならない走者が次の塁に達する前に、ボールを送ってアウトにすること。フォースアウト。

【封じ手】フウじて ①囲碁や将棋で、その日に勝負がつかないとき、次の手の順番の人が最後の手を打たず（指さず）に、紙に書いて密封しておくこと。また、その手。②相撲などで、使うことを禁じられている技。[類]禁じ手

【封書】フウショ 封をした手紙や書状。封じ文ぶみ。「葉書ではなく―で送った」

【封じる】フウ―じる ①封をする。②出入り口をふさいでとじこめる。「逃げ道を―じる」③自由に活動ができないようにする。禁止する。「警官の規制でデモ行進は―じられた」

【封筒】フウトウ 手紙などを入れて郵送するための紙袋。状袋。「かわいい模様の―」

【封入】フウニュウ 袋などに入れて、口をぴったりふさぐこと。とじこめること。「封筒に写真を―する」「電球にアルゴンガスを―する」

【封戸】フコ 律令リツリョウ制で、食封ジキフの対象となった戸。皇族や高官などの位階・勲功などに応じて支給した。その戸から租の半分と庸・調の全部が被支給者の収入となった。また、食封の制度。[参考]「ホウコ」とも読む。

【封建】ホウケン 君主が領地を諸侯に分け与えて、領地を治めさせること。「―的で、娘の自由を認めない父親」

【封豕長蛇】ホウシチョウダ 強欲で思いやりがなくむごい悪人のたとえ。「封豕」は、大きなイノシシの意。〈『春秋左氏伝』〉

【封土】ホウド ①封建時代に、君主が家臣の大名に与えた領地。[類]封地 ②土を高く盛り上げた祭壇。[参考]②「フウド」とも読む。

【〈封度〉・封】ポンド ヤード・ポンド法の重量の単位。一ポンドは約四五三・六グラム。[表記]「听・英斤」とも書く。[参考]英語の音訳語。

フウ【風】(9) 風0 常 教 9 4187 4977 音 フウ・フ高 訓 かぜ・かざ 外ならわし・すがた・ふり

[筆順] ノ 几 凡 凡 凧 凧 風 風 風

[意味] ①かぜ。かぜが吹く。「風雪」「疾風」②かぜのたより。うわさ。「風聞」「風説」③なびかせる。教え。「風教」「風靡フウビ」④ならわし。しきたり。「風習」「風俗」⑤おもむき。さま。㋐すがた。かたち。「風体フウテイ」「風格」㋑けしき。「風景」「風致」㋒傾向。様式。ふり。「気風」「作風」⑥病気の名。「中風」「痛風」⑦ほのめかす。それとなく言う。「風刺」「風諭」⑧詩経の六義の一つ。
[書きかえ] ⑦「諷フウ」の書きかえ字として用いられるものがある。

下つき 一風・遺風・温風・学風・気風・逆風・薫風・校風・古風・作風・疾風・順風・新風・旋風・送風・台風・中風・通風・美風・微風・防風・暴風・洋風・涼風・烈風・和風

【風穴】かざあな ①空気を通すための穴。通風口。②風の出入りする、すき間や、やぶれ穴。「障子にあいた―」③山腹などにある風の吹き出す奥深い穴。参考③「フウケツ」とも読む。

【風上】かざかみ 風が吹いてくる元の方向。「―にも置けぬ男だ（卑劣で許せない男だ）」対風下 参考「かざうえ」とも読む。

【風気】かざケ 風邪を引いた感じがすること。風邪ぎみ。表記「風邪気」とも書く。参考「かぜケ」とも読む。

【風花】かざばな ①風上の降雪地から、まばらに吹き送られてくる雪。また、晴れた日にちらつく小雪。②初冬、風の吹き起こる前にちらつく雨や雪。季①②冬 ③風邪で発熱後、皮膚に生じる発疹。かざほろし。参考「かざはな」とも読む。

【風見鶏】かざみどり ①屋上などに取りつけて風の方向を知る、ニワトリの形をした風向器。②自分の意見をもたず、世間の流れに合わせて都合よく立ち回る人のたとえ。

【風除け】かざよけ 風を防ぐこと。また、そのためのもの。季冬 参考「かぜよけ」とも読む。

【風】かぜ ①ゆれ動く空気の流れ。「―が立つ」②人が感じる世間の態度のたとえ。「世間の冷たい―」③態度。そぶり。「先輩―を吹かせる」

【風が吹けば桶屋が儲かる】
▼大風が吹けば桶屋が喜ぶ（九八八）

【風の前の塵】 物事のはかなく、もろいことのたとえ。類風前の灯

【〈風邪〉】かぜ 咳・頭痛・発熱などを伴う呼吸器系の病気の総称。感冒。季冬 参考「フウジャ」とも読む。

【〈風邪〉は万病の因】 風邪はいろいろな病気の原因になるから、軽くみてはいけないという戒め。参考「万病の因」は「百病の長」ともいう。

【〈風巻〉】しまき 激しく吹きまくる風。また、雪混じりのもの。季冬 参考「し」は風の意。

【〈風信子〉】ヒヤシンス ユリ科の多年草。地中海沿岸原産。葉は鱗茎から出て広線形。春、香りのよい赤・青・紫・白色などのラッパ形の花を総状につける。ニシキユリ。季春

【風韻】フウイン 趣のあること。すぐれた趣。類風致・風趣

【風雲】フウウン ①風と雲。また、風をはらんだ雲。②変事が起こりそうな形勢。「―急を告げる」③竜が風と雲を得て天に昇るように、すぐれた人物が活躍する好機。また、そういう時勢。

【風雲月露】フウウンゲツロ いたずらに花鳥風月を詠じただけの詩。詩文が技巧に走り、社会や人心に何の益もないのをそしった語。「風」「雲」「月」「露」は、いずれも詩歌の題材。《隋書》類嘲風詠月

【風雲の器】 時勢に乗じて功名をあげ、天下をねらうに足りる能力と度量を備えた人物。《後漢紀》

【風雲児】フウウンジ 社会の変動期などに乗じて、活躍する人。「政界の―」

【風化】フウカ ①地表の岩石が水・風・熱などの作用により、しだいに崩れて砂や土になる現象。②記憶や印象がしだいに薄れることのたとえ。「戦争体験が―する」③結晶水を含んだ結晶が空気中で水分を失い、粉のようになること。風解。

【風雅】フウガ ①上品で、趣のあるさま。「石庭には―な趣がある」類風流 ②詩歌・書画・文芸などの道。「―に聞こえた人物」

【風懐】フウカイ ①ゆかしい心。風流を愛する気持ち。②心に思っていること。

【風格】フウカク ①風采と品格。人柄。「王者の―を漂わせるボクサー」②文章・詩などの趣や味わい。「―の感じられる字」

【風紀】フウキ 社会生活上の規律。特に、男女間のつきあいの上の規律。「最近の―の乱れは憂慮される」類風俗

【風狂】フウキョウ ①狂気。狂人。②風流に徹すること。また、その人。

【風棘】フウキョク 手足の指の骨が紡錘形にふくらみ、痛みを伴う結核性炎症。

【風琴】フウキン ①オルガン。②「手風琴」の略。アコーディオン。

【風景】フウケイ ①目に見える自然の様子。眺め。類風光 ②その場の状態や様子。「教室からグラウンドの練習―が見える」

【風月】フウゲツ ①趣のある自然。心をなぐさめ楽しませる自然界の景色。「―を友とする」「花鳥―」②①を材料として詩歌・文章を作ること。「―の才」

【風月玄度】フウゲツゲンタク 友人と長い間会っていないたとえ。また、高潔な人のたとえ。故事 中国、晋の劉尹が、清風名月の美しい夜になると、友人の玄度を思い出したという故事から。《世説新語》

【風光】フウコウ 自然の美しい景色や眺め。「―に恵まれた地」

【風光明媚】フウコウメイビ 自然の景色が清らかで美しいこと。また、そのさま。「明媚」は山水の景色が美しくすぐれているさま。「―な海辺の町」

【風采】フウサイ りっぱ・貧弱などの印象を与える、その人の見かけ上の様子。姿。みなり。「堂々たる―を備える」「くたびれて―の上がらない人」類風姿風体・風貌

【風餐露宿】フウサンロシュク 野宿の苦しみのたとえ。吹きさらす風の中で食事し、露にぬれて寝る意。「風餐」は、風に吹かれながら食事をする意。〈陸游の詩〉類風餐雨臥

【風刺】フウシ それとなく皮肉ること。特に、社会や人物の欠点や罪悪などを、遠回しにおもしろく批評すること。「当世の政治を―した詩だ」書きかえ「諷刺」の書きかえ字。

【風姿】フウシ 身なり。すがた。なり。類風采(フウサイ)・風体(フウテイ)・容姿

【風趣】フウシュ 趣。風情(フゼイ)のある味わい。「―に富んだ水郷」類風韻・風致

【風習】フウシュウ その土地に古くから伝わっているしきたり。生活上のならわし。風俗習慣。「国によって―がちがう」類慣習・因習

【風樹の嘆】フウジュのタン 親孝行をしようとしても、すでに親は死んでしまって、それができない嘆き。樹木が静かになりたくても風がなかなかおさまらないように、孝行のままならないことをいう。〈『韓詩外伝(カンシガイデン)』〉

【風色】フウショク ①景色。風光。眺め。②風のぐあい。天候。

【風食・風蝕】フウショク 風による浸食作用。風が地表の砂や土を吹き飛ばして、その砂や土が岩石をすりへらすこと。「―による特異な地形」

【風疹】フウシン ウイルスにより、はしかに似た発疹(ホッシン)ができる急性皮膚感染症。三日ばしか。子どもに多い。

【風塵】フウジン ①風で舞い上がるちり。類砂塵 ②わずらわしい俗世間や俗事のたとえ。③非常に小さく軽いもののたとえ。「身を―よりも軽んずる」④乱世。戦乱。

【風声鶴唳】フウセイカクレイ 風の音やツルの鳴き声など、かすかな物音にも敵が来たかとおびえること。また、わずかなことに恐れおののくたとえ。〈『晋書(シンジョ)』〉参考「鶴唳風声」ともいう。類草木皆兵

【風清弊絶】フウセイヘイゼツ 社会の風習が改まり、悪行や弊害がなくなること。「風」は風習や気風、「弊絶」は悪事が絶える意。〈周敦頤(シュウトンイ)の詩〉参考「弊絶風清」ともいう。

【風雪】フウセツ ①風と雪。②風とともに降る雪。「―注意報」類吹雪(ふぶき) ③強風を伴う雪。人生のきびしい試練や苦難。「―に耐える」類風霜

【風説】フウセツ 世間のうわさ。「―を流して人を惑わす」類風評・風聞

【風船】フウセン ①空気や水素などを入れてふくらまし、手でついたり飛ばしたりする紙製・ゴム製のおもちゃ。②軽気球。バルーン。

【風前の灯】フウゼンのともしび 危険が迫って、今にも命が絶えようとしているたとえ。また、物事のはかなく弱いことのたとえ。類風前の塵(ちり)・轍鮒(テップ)の急

【風葬】フウソウ 死体を風雨にさらし、自然に消滅させるほうむり方。

【風騒】フウソウ ①詩文を作ること。②自然や詩歌に親しみ風流を楽しむこと。類風雅 由来「風」は『詩経』の国風、「騒」は『楚辞(ソジ)』の離騒のことで、ともに詩文の模範とされたことから。

【風霜高潔】フウソウコウケツ 清らかに澄みきった秋の景色のこと。風が空高く吹きわたり、霜が清らかに降りる意。〈欧陽脩(オウヨウシュウ)の文〉

【風俗】フウゾク ①ある時代や社会の生活上の様式やしきたり。「明治時代の―」類風習 ②「風紀」に同じ。「―を乱す」

【風俗壊乱】フウゾクカイラン 世の中のよい風習やしきたりを打ちこわし、混乱させること。類風紀紊乱(フウキビンラン)・傷風敗俗

【風袋】フウタイ ①はかりで重さをはかるときの、その品物の容器・箱・包装紙など。また、その重量。「―込みの目方」②うわべや外観のたとえ。「―はいいが、中身が伴わない」

【風鐸】フウタク ①寺の堂や塔などの軒の四隅などにつり下げてある、青銅製でつりがね形の鈴。②「風鈴(フウリン)」に同じ。季夏

【風致】フウチ 自然の趣や味わい。「伝統的な古都の―を保護しよう」「―地区に指定される」「―林」類風趣

【風潮】フウチョウ 時代とともに変わっていく、世の中の傾向。時勢。「社会の―を反映した作品」「金権万能の―を戒める」

【風鎮】フウチン 掛け物が揺れ動かないように軸の両端に下げる、玉や石などの重し。

【風体】フウテイ その人の身分や職業などをうかがい知ることができる、顔かたちや服装などの外見。「むさ苦しい―をしている」参考「フウタイ」とも読む。

【風土】フウド その土地の気候や地質・地形などの状態。「―病」「―に適した産業」

【風洞】フウドウ 人工的に高速の気流を生じさせるトンネル型の装置。流体力学の実験や飛行機の設計などに使う。

【風媒花】フウバイカ 風の仲立ちで花粉がめしべにつけられる花。マツやイネ科などの花。

【風馬牛】フウバギュウ 互いに遠く離れているたとえ。転じて、まったく無関心、または無関係であることのたとえ。「風」は、さかりがつく意。「現代音楽には―だ」由来交尾期に相手を求めて駆け回るウマやウシでも行けないほど、遠く離れている意から。〈『春秋左氏伝』〉参考「風馬牛も相及ばず」の略。

【風発】フウハツ ①風の吹き起こること。②①のように言葉などが勢いよく口をついて出ること。「談論―する」

【風靡】フウビ 草木が風になびくように、大勢の人をなびかせしたがわせること。「一世を―した歌」参考「靡」は、なびく意。

【風評】フウヒョウ 世間のとりざた。うわさ。特に、よくない評判。「素行が悪いという―が立つ」類風説・風聞

【風物】フウブツ ①自然の景色。②その土地や季節に関係の深いもの。「秋の―、サンマ」

【風物詩】フウブツシ ①風景や季節をうたった詩。②その季節の感じをよく表しているもの。「夏の―、金魚売り」

【風聞】フウブン それとなく世間に広まっているうわさ。また、うわさを風のたよりに聞くこと。「とかくの―を耳にする」類風説・風評

【風防】フウボウ 風を防ぐこと。また、そのしくみ。防風。かざよけ。「―ガラス」

【風貌】フウボウ 外から見た、その人の身なりや顔かたちの様子。「気品のある―」類風采(フウサイ)・容貌(ヨウボウ)

【風味】フウミ その食物のもつ独特で趣のある味。「素材の―を生かす料理」

【風紋】フウモン 風が吹いて、砂面にできた波形の模様。「砂丘に広がる―」

【風来坊】フウライボウ ①どこからともなく来たり、去ったりする人。②気まぐれで、一つ所に落ち着かない人。

【風流】フウリュウ ①上品で趣のあるさま。「―な庭」類風雅 ②世俗を離れて自然に親しみ、詩歌・茶の湯・書画などをたしなむこと。「―を解する」「―人」

【風流韻事】フウリュウインジ 詩文や書画などの趣味のこと。また、自然を相手として詩文などを作ること。「韻事」は、詩歌や書画などの意。類風流三昧(フウリュウザンマイ)

【風流三昧】フウリュウザンマイ 世間との交わりをやめて、詩文や書画などの風流な趣味にふけること。類風流韻事(フウリュウインジ)

【風鈴】フウリン 金属・陶器・ガラスなどで作った、小さいつりがね形の鈴。軒下につり下げ、風が吹くと涼しげに鳴る。季夏 類風鐸(フウタク)

【風林火山】フウリンカザン 戦いにおける重要な心構えを述べた中国の兵法書の中の言葉をまとめた語。風のように敏速に動く、林のように静かに構える、火のように激しく攻める、山のようにどっしりと構える意。由来「其(そ)の疾(はや)きこと風の如(ごと)く、其の徐(しず)かなること林の如く、侵掠(シンリャク)すること火の如く、動かざること山の如し」の文句から。『孫子』 参考 戦国時代の武将、武田信玄(たけだしんげん)が、軍旗に用いたことで知られる。

【風炉】フウロ ①茶の湯で、釜(かま)を掛けて湯をわかす土製・鉄製の炉。②自然通風を利用する金属溶解用の小さいるつぼ。参考①「フロ」とも読む。

【風浪】フウロウ ①風となみ。②風が吹いてなみが立つこと。また、そのなみ。なみかぜ。

【風情】フゼイ ①そのもの独特の情緒。特に、風流な味わい。趣。「琴の音が一段と―を添えた」類風趣・情趣 ②様子。気配。「消えいりそうな―」③…のような者。謙遜(ケンソン)や軽蔑(ケイベツ)の意を表す語。「私ども―には口が出せません」

【風土記】フドキ ①奈良時代の地誌。朝廷が諸国に命じて編纂(ヘンサン)させた。郡郷名の由来や産物・伝承などを記載。「出雲(いずも)―」②地方別に、風土や文化などを記したもの。

【△風】ふり ある人が外面に表している様子。態度や挙動。ふう。表記「振り」とも書く。

【風呂】フロ ①体を湯に浸したり蒸気に当てたりしてあたため、また、洗って清潔にする場所。浴槽や設備。また、その湯。「ひと―浴びる」②銭湯。風呂屋。

【風呂敷】フロしき 物を包んで持ち運ぶ四角い布。「大―を広げる(途方もないことを言う)」由来 風呂で衣類を包んだり、上がったときに足をふいたりしたことから。

フウ【富】(12) 宀9 教 4157 4959 ▼フ(一三二〇)

フウ【楓】

(13) 木9 準1 4186 4976 音 フウ 訓 かえで

意味 ①かえで。もみじ。カエデ科の落葉高木。②マンサク科の落葉高木。

下つき 錦楓(キンプウ)・江楓(コウフウ)・霜楓(ソウフウ)

【▲楓】かえで カエデ科の落葉高木の総称。葉は、カエルの手のひらに似た形で、秋に美しく紅葉するものが多い。観賞用。材は細工用。モミジ。季秋 由来 葉の形をカエルの手(かえるで)に見立てたことから。表記「槭樹・蛙手・鶏冠木」とも書く。

【▲楓葉】フウヨウ カエデの葉。特に、紅葉したカエデの葉。もみじば。

フウ【瘋】

(14) 疒9 1 6570 6166 音 フウ 訓 ずつう

意味 ①ずつう(頭痛)。②精神病。狂人。「瘋癲(フウテン)」

【瘋▲癲】フウテン ①定職をもたず、ぶらぶらしている人。②言行錯乱や感情激発など精神状態に異常が見られること。また、そういう症状の人。

フウ【諷】★

(16) 言9 1 7569 6B65 音 フウ 訓 そらんじる・ほのめかす

意味 ①そらんじる。そら読みする。「諷詠」「諷誦」②ほのめかす。あてこする。「諷意」「諷刺」

書きかえ ②「風」に書きかえられるものがある。

下つき 吟諷(ギンプウ)

〈▲諷言〉そえこと 他のことになぞらえるなどの技巧を用いて、それとなくいう言葉。参考「そえごと・フウゲン」とも読む。

【▲諷んじる】そらんじる そら読みする。そらでうたう。また、声を出して朗読したり、節をつけてうたう。

【▲諷意】フウイ ほのめかしや、あてこすりに込めた気持ち。「―が通じない」

【▲諷詠】フウエイ 詩歌をよんだり、吟じたりすること。「花鳥―」類吟詠

【▲諷▲諫】フウカン それとなく忠告すること。遠回しにいさめること。また、その忠告やいさめの言葉。参考「諫」は、いさめる意。

【▲諷刺】フウシ ▼書きかえ 風刺(一三四〇)

【▲諷▲誦】フウジュ 仏経文などを声を出して読むこと。読経(ドキョウ)。参考「フジュ・フウショウ」とも読む。

【▲諷する】フウ-する 遠回しに言う。ほのめかす。あてこする。「政治を―した絵」「世相を―する」

【▲諷喩】フウユ 遠回しにそれとなくさとすこと。たとえだけを示して、本当の意味を推察させたりすること。「―を用いる」表記「風諭」とも書く。

【▲諷△経】フギン 仏経文を声を出して読むこと。また、禅宗においては仏前で勤行ゴンギョウすること。対看経カンキン 参考「フキョウ」とも読む。

フウ【△覆】(18) 襾12 常 4204 4A24 ▼フク(一三四七)

ふえ【笛】(11) ⺮5 教 3711 452B ▼テキ(一一〇一)

ふえ【▲龠】(17) 龠0 8394 737E ▼ヤク(一四九九)

ふえ【▲鰾】(22) 魚11 8268 7264 ▼ヒョウ(一三〇八)

ふえ【▲籥】(23) ⺮17 6864 6460 ▼ヤク(一四九九)

ふえる【殖える】(12) 歹8 常 3103 3F23 ▼ショク(七八三)

ふえる【増える】(14) 土11 教 3393 417D ▼ゾウ(九五四)

同訓異義 ふえる

【増える】数や量が多くなる。ほか、広く用いる。「減」の対。「広場で遊ぶ子どもが増える」「会員が増える」「売り上げが増える」「人口が増える」「輸出が増える」

【殖える】生物が繁殖する。財産が多くなる。「野良ネコが殖えて困る」「細菌が殖える」「財産が殖える」「利子が殖える」「株分けで殖える」「殖産ショクサン興業」「殖財ショクザイ」

ふか【▲鱶】(26) 魚15 8272 7268 ▼ショウ(七六八)

ふかい【深い】(11) 氵8 教 3128 3F3C ▼シン(八〇二)

ふかす【△蒸かす】(13) ⺾10 教 3088 3E78 ▼ジョウ(七七七)

ふかまる【深まる】(11) 氵8 教 3128 3F3C ▼シン(八〇二)

ふき【▲苳】(8) ⺾5 7184 6774 ▼トウ(一一四〇)

ふき【▲蕗】(16) ⺾13 4189 4979 ▼ロ(一六一〇)

フク【伏】(6) 亻4 常 3 4190 497A

音 フク 外ブク

訓 ふせる・ふす 外かくれる・したがう

筆順 ノ イ 仁 什 伏 伏

意味 ①ふせる。ふす。うつぶせになる。「伏臥フクガ」「平伏」対起 ②かくれる。ひそむ。「伏兵」「潜伏」③したがう。「伏罪」「屈伏」類服

下つき 起伏キフク・屈伏クップク・降伏コウフク・雌伏シフク・承伏ショウフク・折伏シャクブク・拝伏ハイフク・俯伏フフク・平伏ヘイフク

【伏在】フクザイ 内にひそみかくれて存在すること。「内心に―する悔恨」類潜在

【伏罪】フクザイ 罪を犯した者が刑に服すること。表記「服罪」とも書く。

【伏日】フクジツ 夏の最も暑い期間とされる、三伏サンプクの日。盛夏の日。猛暑の時節。

【伏線】フクセン ①あとに起こることを予想して、あらかじめひそかに準備しておくもの。②小説や劇などで、あとの筋の展開や主題に備えて、それとなく述べておくこと。「最初から犯人を特定する―が張られていた」

【伏兵】フクヘイ ①待ち伏せして不意に敵を襲う兵。伏せ勢。②予期せずに現れて、敵対者や競争相手となる者のたとえ。「とんだ―にホームランを打たれる」

【伏魔殿】フクマデン ①魔性のものの、ひそむ屋敷。②悪事や陰謀などがたくらまれている所。「政界の―」

【伏流】フクリュウ 地上の水の流れが扇状地などで、一時的に地下を流れるもの。

【伏△竜▲鳳▲雛】フクリョウホウスウ まだ世の中に知られていないすぐれた人物のたとえ。また、将来有望な若者のたとえ。「伏竜」は地中に隠れている竜、「鳳雛」は鳳凰ホウオウのひなの意。由来 中国、三国時代、蜀ショクの司馬徽シバキが諸葛亮ショカツリョウ(孔明)を伏竜に、龐統ホウトウ(士元)を鳳雛にたとえたことから。〈『三国志』〉類孔明臥竜コウメイガリョウ

【伏す】ふ-す ①うつむく。また、顔を下に向けて、体を地面などにつける姿勢をする。「―してお願いします」②横になる。腹ばいになる。「ベンチに―す」③隠れる。ひそむ。「物陰に―して様子をうかがう」

【伏△籠】ふせご ①香炉や火鉢の上に伏せておくかご。衣類に香をたきしめたり、衣類を乾かしたりするのに用いる。②伏せてニワトリなどを入れておくかご。

【伏せ字】ふせじ ①印刷物で、明記をはばかる言葉を○や×などの符号で書くこと。また、その符号。②活版印刷で、該当する活字がない部分にありあわせの活字を裏にして仮に組み入れておくこと。また、その活字。げた。

【△伏▲兎】ぶと 餅もちを油で揚げたもの。平安時代の食べ物。

フク【服】(8) 月4 教 常 8 4194 497E

音 フク

訓 外きもの・きる・したがう・のむ

筆順 丿 刀 月 月 月ᄀ 肞 服 服

意味 ①きもの。着るもの。「服飾」「衣服」②き(着)る。身につける。また、自分のものにする。「佩服ハイフク」「着服」③したがう。(ア)つきしたがう。受け入れる。くだる。「服従」「敬服」類伏 (イ)つとめに従事する。「服役」「服務」④喪にこもる。「服喪」⑤のむ。薬や茶を飲む。また、その回数を数える語。「服用」「内服」

下つき 衣服イフク・感服カンプク・屈服クップク・敬服ケイフク・元服ゲンプク・克服コクフク・五服ゴフク・呉服ゴフク・式服シキフク・私服シフク・承服ショウフク・心服シンプク・制服セイフク・征服セイフク・喪服ソウフク・もふく・着服チャクフク・頓服トンプク・内服ナイフク・被服ヒフク・不服フフク・平服ヘイフク・洋服ヨウフク・礼服レイフク・和服ワフク

【△服う】したが-う ①服従する。つきしたがう。②感服する。心からしたう。

【〈服部〉・〈服織〉】はとり 機を織ること。また、それを職業とした人。織工。由来「はたおり」が転じた語。

【〈服部〉】はとりべ　大化改新以前、機織りを業として大和朝廷に直属した世襲制の品部しなべ。

【服役】フクエキ　兵役や懲役に服すること。「殺人の罪で―する」類服罪

【服▲紗】フクサ　①絹製で、染め・織りなどの小形のふろしき。進物などの上に掛ける。②茶の湯で、茶器をふいたり茶碗チャワンを受けたりするのに使う絹布。「―さばき」表記「帛紗・袱紗」とも書く。

【服罪】フクザイ　罪を犯した者が刑に服すること。表記「伏罪」とも書く。

【服従】フクジュウ　他人の意志や命令にしたがうこと。「絶対―」類屈従　対反抗

【服飾】フクショク　①衣服とその装身具。「―関係の仕事につきたい」②衣服の飾り。

【服する】フクする　①他がもたらした事柄を受け入れて、したがう。服す。「刑に―する」「兵役に―する」②薬や茶などを飲む。服用する。③衣服を着る。

【服装】フクソウ　衣服や装身具などをつけたようす。よそおい。身なり。「改まった―で外出する」

【服属】フクゾク　部下や属国として、つきしたがうこと。「大国に―する」類従属

【服毒】フクドク　毒薬を飲むこと。「―自殺をとげる」

【服務】フクム　職務に就いて、仕事をすること。「―規程に違反する」類勤務

【服喪】フクモ　身内に死者が出たとき一定期間、身を慎むこと。喪に服すること。「家に籠こもって―する」

【服薬】フクヤク　「服用」に同じ。

【服用】フクヨウ　薬を飲むこと。「一日に三度、食後に―する」類服薬

【服▲膺】フクヨウ　心にしっかりとどめて、片時も忘れないこと。「拳拳ケンケン―する」参考「膺」は胸の意。

フク【茯】(9) 艹6　1　7210　682A　音フク・ブク　訓

意味　薬用のキノコの一種「茯苓ブクリョウ(まつほど)」に用いられる字。

【茯▲苓】ブクリョウ　サルノコシカケ科のキノコの菌核。キノコがアカマツの根などに寄生して形成する。薬用。まつほど。季秋

フク【副】(11) 刂9　常　教　7　4191　497B　音フク　外フウ　訓外そう

筆順　一 冖 戸 戸 畐 畐 畐 畐 畐 副 副

意味　①そう。そえる。たすける。「副業」「副将」②つけ加える。つけたし。「副賞」「副葬」③ともなう。「副因」「副作用」④ひかえ。うつし。「副本」「正副」

対①②④正

下つき　正副セイフク

【▲副う】そう　そばにつきしたがう。かたわらについて助ける。

【▲副え木】そえぎ　①植物などが傾いたり倒れたりしないように、支えにする木。②骨折した部分を固定するためにあてがう板。副木フクボク。表記「添え木」とも書く。

【▲副▲寺・▲副▲司】フウス　禅寺で、会計を担当する役僧。庫頭クトウ。参考「フウ」「ス」は唐音。

【副業】フクギョウ　本業のかたわらに行う仕事。サイドビジネス。内職。対本業

【副作用】フクサヨウ　薬が治療を目的とする本来の作用とともに起こる、別の作用。おもに悪い作用をいう。

【副使】フクシ　正使につきしたがって補佐し、ときにはその代行をする使者。対正使

【副次的】フクジテキ　主となるものに付随した位置にあるさま。二次的。「植林は治水という―な効果をもたらす」

【副将】フクショウ　主将の次の地位にあって、主将を補佐する者。

【副腎】フクジン　左右両側の腎臓の上端にある、黄褐色の内分泌器官。皮質からは副腎皮質ホルモンを、髄質からはアドレナリンなどの副腎髄質ホルモンを分泌する。

【副葬】フクソウ　生前の愛用品などを遺骸イガイにそえて埋葬すること。「―品の出土」

【副題】フクダイ　書籍や論文などの表題にそえて書く題。サブタイトル。対主題

【副読本】フクドクホン　学校で、教科書の補助として使う学習用の本。「歴史の―として古文書コモンジョを読ませる」

【副本】フクホン　①原本の写し。類副書　対原本　②正本の予備として、内容を正本どおりに記した文書。対正本　参考①「複本」とも書く。

フク【匐】(11) 勹9　1　5022　5236　音フク　訓はう・はらばう

意味　はう。はらばう。「匐枝」「匍匐ホフク」

【匐枝】フクシ　地上または地中を、水平にはう枝。匍匐茎ホフクケイ。

フク【袱】(11) 衤6　1　7464　6A60　音フク・ホク　訓ふくさ・ふろしき

意味　ふくさ(袱紗)。物を包む布。ふろしき。

【▲袱▲紗・▲袱】フクサ　①絹などの小形のふろしき。進物などの上に掛ける。②茶の湯で、茶器をふいたり茶碗チャワンを受けたりするのに使う絹布。表記「服紗・帛紗」とも書く。

フク【幅】(12) 巾9　常　4　4193　497D　音フク　訓はば

筆順　丨 冂 巾 巾 帀 帀 帕 幅 幅 幅 幅 幅

意味　①はば。物の横の長さ。「幅員」「全幅」②ふ

ち。へり。「辺幅」③かけもの。掛け軸。また、それを数える語。「画幅」「一幅」

下つき 恰幅カップク・画幅ガフク・紙幅シフク・書幅ショフク・振幅シンプク・全幅ゼンプク・双幅ソウフク・増幅ゾウフク・半幅ハンはば・辺幅ヘンプク・満幅マンプク

【幅】はば ①物の左端から右端までの長さ。「狭い道幅」②はぶり。勢力。「—を利かす」③ある制約の中で自由にできる余地。ゆとり。融通性。「規則に—をもたせる」④二つのものの差。ひらき。「値上げ—」

【幅寄せ】はばよせ ①自動車の運転で、車を道路際に寄せること。また、並走する車にわざと車体を近づけること。②車を前後に動かしながら、駐車位置を横方向に移すこと。

【幅員】フクイン 道路・船舶・橋などの横の長さ。「橋の—を測定する」

フク【復】

(12) 彳 9 常 教 6 4192 497C 音 フク 訓 外 かえる・かえす・また・ふたたび

筆順 ノ 彳 彳 彳 彳 彳 彳 復 復 (2 5)

意味 ①かえる。もどる。行った道をかえる。「復路」「往復」対往 ②かえす。もどす。もとにもどる。「復活」「回復」③むくいる。しかえしをする。「復讐」「報復」④くりかえす。ふたたびする。「復習」「反復」類覆 ⑤こたえる。報告する。「復命」「拝復」

下つき 往復オウフク・回復カイフク・克復コクフク・修復シュウフク・反復ハンプク・報復ホウフク・本復ホンプク・来復ライフク

【復水】おちみず 飲めば若返るという水。月は欠けて、また満ちることから、若返りの象徴とされて月の神がもっていると信じられた。表記「変若水」とも書く。参考「フクスイ」と読めば、蒸気を液体に戻す意になる。

【△復る】かえ-る もと来た道を戻って行く。行った道をまた戻って来る。

【〈復習〉う】さら-う 教えられたことを繰り返して練習する。復習する。「師匠について日本舞踊を—う」

【復員】フクイン 軍隊に召集されていた人が、兵役を解かれて一般市民にもどること。

【復縁】フクエン 離縁した人が、再びもとの関係にもどること。「元の夫が—を迫る」

【復啓】フクケイ 返事の手紙で、最初に書くあいさつの言葉。「フッケイ」とも読む。類拝復 参考「副啓」と書けば「追伸」の意。

【復元・復原】フクゲン 元の位置や状態にかえること。また、かえすこと。「昔の仏像を—する」「当時の町の—図」

【復習】フクシュウ 一度習ったことを繰り返して勉強すること。おさらい。対予習

【復▲讐】フクシュウ 仇をかえすこと。仕返し。「—の機会を狙う」類報復

【復唱・復▲誦】フクショウ 受けた命令や注意を確認するため、言われたことをもう一度繰り返して言うこと。

【復職】フクショク 退職・停職・休職にあった者が、元の職にかえること。「産休明けの教師が—する」

【復籍】フクセキ 婚姻や養子縁組によって戸籍を離れた者が、元の籍にもどること。類帰籍

【復調】フクチョウ 体や物事の調子が元のよい状態にもどること。「スランプから—する」「日本経済が—傾向にある」

【復▲辟】フクヘキ 君主の地位を退いた者が、再びその地位につくこと。類重祚・再祚 参考「辟」は君主の意。

【復命】フクメイ 命令を受けて実行したことの経過や結果を報告すること。「—書」類復申

【復活】フッカツ ①生き返ること。よみがえること。②衰えたものや廃止したものを、再び生かすこと。「花火大会が—した」③ユダヤ教やキリスト教で、一度死んだ者が再びよみがえるという信仰。特に、イエス＝キリストのよみがえりをいう。

【復刊】フッカン 休止または廃止していた定期的な雑誌・新聞などを、再び発行すること。参考「フクカン」とも読む。

【復帰】フッキ 一時離れていた元の地位・部署・状態にもどること。また、もどすこと。「病気が全快して職場に—する」

【復▲仇】フッキュウ 敵討ちをすること。あだうち。「—を遂げる」類復讐

【復旧】フッキュウ いったん壊れたものが、元どおりに直ること。また、直すこと。「新幹線は徹夜工事で—した」

【復権】フッケン ①刑や破産の宣告によって失った権利や資格を、回復すること。「民主主義の—」②衰えたものが、権力を取りもどすこと。

【復古】フッコ 思想・制度などが、昔の考え方やありさまにもどること。また、もどすこと。「王制—」対改新

【復興】フッコウ 一度衰えたものが、元のように盛んになること。また、盛んにすること。「戦後の—は目ざましい」類再興 対衰退

【復刻】フッコク 写本・木版本・初版本などを、できるだけ原本の体裁や内容のとおりにして刊行すること。「—版」表記「覆刻」とも書く。

【△復】また ①再び。「いずれ—お伺いします」②いったい。「これは—どうしたことか」

フク【愎】

(12) 忄 9 1 5631 583F 音 フク・ヒョク 訓 もとる

意味 もとる。そむく。片意地をはる。「愎戻」「剛愎」

【▲愎る】もと-る 人の言葉に片意地を張ってそむく。人の言うことを聞かない。自信が強くて人に逆らう。「人の忠告に—る強情な奴だ」

フク【福】

(13) ネ 9 常 教 8 4201 4A21 音 フク 訓 外 さいわい

旧字《福》(14) 礻 9 1/準1 8933 7941

筆順 丶 ラ ネ ネ ネ一 ネ戸 ネ戸 ネ畐 福 福 (7 10 13)

意味 さいわい。しあわせ。神から与えられる助け。

ふ フク

「福音」「幸福」対禍

下つき 禍福・幸福・至福・祝福・寿福・冥福・裕福

【福い】さいわい しあわせ。幸福。「—は皆に盈たず、禍いは世に溢る」〈班固の文〉対禍い

【福音】フクイン ①キリスト教で、キリストが人類を救い、神の国を実現するという教え。ゴスペル。「—を説く」「—書」②喜ばしい知らせ。「—が届く」

【福運】フクウン めでたい運命。しあわせな運。「—に恵まれる」

【福重ねて至らず】フクかさねていたらず 幸福はいくつも重なってくることはないが、悪いことは続いてくるものである。〈『説苑』〉

【福祉】フクシ 社会の構成員に等しくもたらされるべき幸福。特に、生活環境を安定させるもの。「老齢—年金」参考「福」「祉」ともにしあわせの意。

【福寿草】フクジュソウ キンポウゲ科の多年草。山野に自生。早春、キンセンカに似た黄金色の花をつける。めでたい花とされ、盆栽にして正月の飾りにする。根と茎は有毒。ガンジツソウ。季新年 表記「側金盞花」とも書く。

【福神漬】フクジンづけ 漬物の一種。ダイコン・ナス・ナタマメなど七福神になぞらえた七種の野菜を細かく刻んで塩づけし、醬油やみりんで煮つめたもの。

【福助】フクすけ ①幸福を招くという男の人形。童顔で大きな頭にちょんまげを結い、裃を着て正座した人形。②①のように、頭がたいそう大きい人のたとえ。

【福相】フクソウ いかにも幸福に恵まれているような人相。ふくぶくしい人相。対貧相

【福茶】フクチャ 黒豆・昆布・山椒などを加えて、煎じ出した茶。正月・節分などに縁起物として飲む。季新年

【福徳】フクトク ①仏善行とそれによって得る福利。②幸福と利益。また、それらに恵まれること。

【福徳円満】フクトクエンマン 財力も心の満足も、すべてが備わっていること。類円満具足

【福引】フクびき 商店の客寄せなどのために、くじ引きで景品を与えること。また、そのくじ。季新年 由来昔、正月に二人で一つの餅を引き合い、取り分の多少で年の吉凶を占ったことから。

【福利】フクリ 幸福と利益。類福祉

【福利厚生】フクリコウセイ 生活の面で満足感をもたらすような利益と、人間の暮らしや健康をよりよくすること。「—施設の充実している会社」

【福禄】フクロク ①幸福と封禄。しあわせ。②「福禄寿」の略。

【福禄寿】フクロクジュ 七福神の一人。幸福と寿命の神。背が低く頭が長い。ひげが長く、経巻を結んだ杖を持ち、ツルを伴う。福禄人。

【福藁】フクわら 正月、庭や門口に敷く新しいわら。季新年

【福笑い】フクわらい 正月の遊びの一つ。目隠しをして、顔の輪郭だけが描かれた紙の上に、眉・目・鼻・口を描いた紙を置いてゆき、出来上がった顔の滑稽さを笑うもの。季新年

フク【腹】

(13) 月 9 常 教 5 4202 4A22 音 フク 訓 はら 外 こころ

筆順 月 月 月 月' 胪 胪 脜 腹 腹

意味 ①はら。おなか。「腹筋」「空腹」対背 ②こころ。心のなか。考え。「腹案」「腹心」③母親の胎内。母体。「異腹」「同腹」④物の中央の部分。「山腹」「船腹」⑤ふところ。「私腹」

下つき 異腹・開腹・割腹・空腹・剛腹・山腹・私腹・自腹・切腹・船腹・中腹・同腹・抱腹・満腹・立腹

【腹】はら ①動物の体の胃・腸・子宮などが入っている部分。おなか。「—を抱えて笑う」「—八分目」「—を痛めた子」②本心。感情。気持ち。「相手の—を読む」「—に据えかねる」「—を括る」③ものを恐れない気力。度量。度胸。「—がすわっている人だ」④物の中央のふくらんだ部分。「親指の—で押す」「徳利の—」

【腹が減っては戦ができぬ】空腹では仕事ができないということ。何をするにも、まず十分な準備をしてかかれというたとえ。

【腹立てるより義理立てよ】つまらないことで腹を立てるよりも、冷静になって、これまでの義理を大切にすれば事がうまくいくということ。

【腹の皮が張れば目の皮が弛む】満腹になれば眠くなるということ。転じて、飽食は怠惰につながることのたとえ。参考「弛む」は「たるむ」とも読む。

【腹は借り物】母親の腹は子が生まれるまでの借り物にすぎず、生まれた子に関することは父系に属し、母親にはなんの権利もないということ。参考父系の血筋を重んじた武家社会でいわれた。

【腹は立て損、喧嘩は仕損】腹は立てるだけ損だし、喧嘩はするだけ損になるから、何事も我慢や忍耐が大事だということ。

【腹も身の内】腹も自分の体のうちなのだから、あまり大食をすると苦しむのは自分自身だという、暴飲暴食への戒め。

【腹癒せ】はらいせ 怒りや恨みを他のほうに向けて、気をまぎらわすこと。「先輩に怒られた—にボールをけとばす」

【腹掛け】はらがけ ①胸から腹を覆い、前面にどんぶりという物入れのある、職人用の腹当て。②子どもの寝冷えを防ぐために着ける、首からつるして腹を覆う布。季夏

【腹芸】はらゲイ ①言葉や行動によらず、度胸や経験で問題を処理すること。「—にたけた政治家」②演劇で、役者がせりふやしぐさを使わずに、表情などで役の人物の心のなかを表すこと。③人間の腹を使って芸をすること。

【腹拵え】はらごしらえ 食事をすること。何かを始める前に、食事をしておくこと。「—して畑仕事にかかる」

【腹鼓】はらつづみ ①腹を、つづみのようにたたくこと。「狸(たぬき)の—」②十分に食べて満足することのたとえ。参考「はらづつみ」とも読む。

【腹積もり】はらづもり 心のなかにあるだいたいの予定や計画。腹案。心積もり。

【腹這い】はらばい ①腹部を地につけてはうこと。②うつぶせになって寝そべること。「—になって本を読む習慣がある」

【腹案】フクアン 心の中に考えていて、まだ発表していない案。「長編小説の—を練る」

【腹式呼吸】フクシキコキュウ 腹の筋肉を伸び縮みさせ、横隔膜の運動によって行う呼吸法。類胸式呼吸

【腹心】フクシン ①心の奥底。真心。「—を友にうちあけた」②心から信頼していて、なんでも相談したりまかせたりすることのできる人。「ワンマン社長には—の部下がいない」参考同輩か自分よりも目下の人に使う。

〖腹心を布く〗しく 心のなかにあることをすべて打ち明けること。真心を示すこと。〈『春秋左氏伝』〉類腹心を披(ひら)く

【腹蔵】フクゾウ 考えを心のなかにしまっておくこと。「—無い御意見を伺いたい」表記「覆蔵」とも書く。

【腹痛】フクツウ 腹が痛むこと。「—で欠席した」参考「はらいた」とも読む。

【腹背】フクハイ ①腹と背中。前と後ろ。「—に敵が迫ってくる」②心のなかで逆らうこと。「面従—」

【腹膜】フクマク ①腹壁や腹部内臓の表面を覆う薄い膜。②「腹膜炎」の略。

【腹話術】フクワジュツ 唇や歯を動かさずに、まったく別の声を出し、自分以外の者がしゃべっているような感じを与える話術。また、この話術で人形との対話をしてみせる演芸。

【腹筋】フッキン 腹壁を形成する筋肉の総称。腹直筋・腹横筋などからなる。「—運動」参考「はらすじ」とも読む。

【腹腔】フッコウ 脊椎(セキツイ)動物の腹にある、胃や肝臓など内臓の入っている部分。参考医学では「フククウ」という。「フクコウ」とも読む。

フク【福】(14) 礻9 8933/7941 ▼福の旧字(一三四四)

フク【箙】(14) ⺮8 1 音フク 訓えびら・やなぐい

〔箙〕6825/6439 意味えびら。やなぐい。矢を入れて背負う道具。

【箙】えびら 矢を入れて携帯する武具。ふつう背負う。

〔箙(えびら)〕

フク【蔔】(14) ⺾11 1 7289/6879 音フク 訓だいこん

意味だいこん(大根)。「萊蔔(ライフク)」
下つき 萊蔔(ライフク)・蘿蔔(ラフク)

フク【複】(14) 衤9 常 教 6 4203/4A23 音フク 訓外かさねる

筆順 7 11

意味①かさねる。かさなる。二つ以上ある。「複式」「重複」対単 ②こみいる。「複雑」③かさねてする。ふたたび。「複写」「複製」
下つき 単複(タンプク)・重複(チョウフク)

【複ねる】かさねる あるものの上に、同じ種類のものを加える。二重にする。

【複眼】フクガン ①トンボなど節足動物の目で、多数の小さな目が集まって、一つの大きな目のように見えるもの。対単眼 ②物事をいろいろな立場や位置から見ることのたとえ。

【複合】フクゴウ 二種類以上のものが合わさり、一つになること。また、一つに合わせること。「スキーの—競技」「—語」

【複雑】フクザツ いく種もの事情や関係が重なり合い、入り組んでいるさま。込み入ってめんどうなさま。「—なしくみの機械だ」対単純

〖複雑怪奇〗フクザツカイキ 事情が入り組んで、あやしく不思議なこと。「事件は—を極めている」対単純明快

〖複雑多岐〗フクザツタキ 内容が入り組んでいて、しかも多方面に分かれていること。「問題は—にわたる」類複雑多様

【複式】フクシキ ①二つ以上からなる方式。「—学級」②「複式簿記」の略。取引や収支ごとに借方(かりかた)と貸方(かしかた)との両方に記入する記録計算の形式。対①②単式

【複写】フクシャ ①写して、同一のものをいくつか作ること。「三枚—の書類」②写真・絵画・文書などを複製すること。また、複製したもの。コピー。③一度写したものをもう一度写すこと。

【複数】フクスウ ①二つ以上の数。②その語の表す事物や人の数が、二つ以上であることを示す文法形式。「名詞の—形」対①②単数

【複製】フクセイ 美術品・著作物などで、原作とそっくりの物を別に作ること。また、その物。「ピカソの—画」

【複線】フクセン ①平行して二本以上並んだ線。②上りと下りの鉄道線路を平行して敷く

こと。また、その線路。「—化工事をして輸送力を増強する」対①②単線

【複本】フクホン ①一つの手形関係について作った、同じ内容の数通の手形証券。②文書などの原本の写し。類副書 表記②「副本」とも書く。

【複利】フクリ 複利法で計算する利子や利率。類重利 対単利

フク【蝠】
(15) 虫 9 1 7385 6975 音フク 訓

意味 動物の名「蝙蝠(ヘンプク)(こうもり)」に用いられる字。

フク【蝮】
(15) 虫 9 1 7393 697D 音フク 訓まむし

意味 まむし。クサリヘビ科の毒ヘビ。くちばみ。「蝮蠍(フクケツ)」「蝮蛇」

【▲蝮】まむし クサリヘビ科の毒ヘビ。日本各地にすむ。頭は三角形。全身暗褐色で、円形の斑紋(ハンモン)がある。全長は約六〇センチメートル。卵胎生。まむし酒・黒焼きは強壮剤に用いる。季夏

〈蝮草〉まむしぐさ サトイモ科の多年草。林下に自生。晩春、淡緑色または淡紫色の仏炎苞(ブツエンホウ)に包まれた花穂をつける。根茎は薬用。季春 由来 茎のような葉柄のまだら模様が、マムシに似ることから。表記「斑杖」とも書く。

フク【輻】
(16) 車 9 1 7753 6D55 音フク 訓や

意味 や。車輪の矢。「輻射」

【輻射】フクシャ ①ある一点から周囲に放射すること。②熱・電波などが物体から四方に放射する現象。類①②放射 参考 車の輻(や)のように、中心から周囲に射出する意。

【輻射熱】フクシャネツ 輻射によって伝えられる熱。類放射熱

【輻▲輳・輻▲湊】フクソウ いろいろな場所から物事が一か所に寄り集まること。混み合うこと。「—する交通機関」由来「輳」「湊」ともに集まる意で、車の輻(や)が中心の轂(こしき)に集まることから。

【▲輻】や 車輪の軸から、輪に向かって放射状に出ている細長い棒。スポーク。

フク【輹】
(16) 車 9 1 7754 6D56 音フク 訓とこしばり

意味 とこしばり。車の箱と車軸を結びつけるもの。

フク【覆】
(18) 襾 12 常 3 4204 4A24 音フク 外フ・フウ 訓おおう・くつがえす高・くつがえる高

筆順 一 3 5 9 11 15 覆

意味 ①おおう。かぶせる。つつむ。「覆土」「覆面」「被覆」②くつがえす。くつがえる。ひっくり返す。「覆水」「転覆」③くりかえす。かさねる。「覆刻」「反覆」類復

下つき 転覆(テンプク)・反覆(ハンプク)・被覆(ヒフク)

〈覆盆子〉いちご バラ科の落葉小低木または多年草の総称。由来「覆盆子」は漢名から。▼苺(いちご)(一二三〇)

【覆う】おおう ①物の上に他の物をかぶせる。また、物の上に広がってそれを見えなくする。「目を手で—う」②つつみかくす。「不始末を—う」③周りを取り囲む。転じて、あたりいっぱいになる。「雪に—われて一面の銀世界だ」

【覆す】くつがえす ①ひっくり返す。②政権や国家をうち倒す。ほろぼす。「独裁制を—す」③今までのことを根本からすっかり改める。変革する。「定説を—す新しい発想」

【▲覆育】フクイク 天地が万物をおおって守り育てること。参考「フウイク・フクイク」とも読む。

【▲覆載】フウサイ ①万物をおおう天と、万物をのせる地。また、天が万物をおおい、地が万物をのせること。②天地。宇宙。乾坤(ケンコン)。

【覆車の戒め】フクシャのいましめ 先人の失敗を見て、教訓とするたとえ。前の車の転覆は後続の車の戒めとなる意から。《『晋書(シンジョ)』》類前者覆轍(ゼンシャフクテツ)・前覆後戒

【覆水】フクスイ こぼれた水。水を入れた容器をひっくり返して、

『覆水盆に返らず』一度した失敗はとり戻すことはできないたとえ。また、離婚した夫婦はもとには戻れないたとえ。《『通俗編』》類反水(ハンスイ)収まらず

【覆▲轍】フクテツ 後に続く者の教訓となる、失敗した前例のこと。ひっくり返った前車のわだちの意。《『荀子(ジュンシ)』》

【覆土】フクド 種まきの後や、株の根元などに土をおおいかぶせること。また、その土。

【覆没】フクボツ ①船などがくつがえって、沈むこと。「—した貨物船」②戦いに敗れて、ほろびること。

【覆滅】フクメツ 完全にくつがえって、ほろびること。また、ほろぼすこと。

【覆面】フクメン ①顔をおおい隠すこと。また、その布。「—をした強盗に襲われた」②正体をあかさないこと。「—パトカー」「—作家」

【覆輪】フクリン ①刀の鞘(さや)、ウマの鞍(くら)などのへりを、金銀などでおおった装飾。②衣服の袖(そで)や裾(すそ)を、他の布地で細くふちどったもの。表記「伏輪」とも書く。

【覆刻】フッコク 写本・木版本・初版本などを、原本のとおりに新たな版を作って出版すること。「待望の—本が出る」表記「復刻」とも書く。

フク【馥】
(18) 香 9 1 8138 7146 音フク 訓かおる・かおり・かんばしい

意味 かおる。かおり。かんばしい。「馥郁(フクイク)」

下つき 芬馥(フンプク)・芳馥(ホウフク)

【▲馥しい】かんばしい 香気が盛んであるさま。香りが高い。こうばしい。「—い茶の香

りが立つ居間」

【馥郁】フクイク 香りの高いさま。よい香りがたちこめるさま。「梅が―と香気を漂わせる」「―たる伽羅(キャラ)の香りが立ち籠(こ)める」 参考「郁」はかぐわしい意。

フク【鞴】

(19) 革10 1 8070/7066 音 フク・ホ・ビ・ヒ・ブ 訓 ふいご

意味 ①ふいご。ふいごう。風を送り火をおこす革製の袋。②うつぼ。矢入れ。「鞴靫(ホサイ)」 類 箙(フク)

【鞴】ふいご 金属の精錬に用いる、火をおこす送風器。とってを押したり引いたりして風を出す。初期は革袋状のものが使われたが、しだいに改良されて、箱状のものや、アコーディオン状のものなどがある。ふきがわ。参考「ふいごう」とも読む。

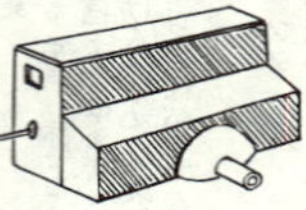

〔鞴(ふいご)〕

【鞴祭り】ふいごまつり 鍛冶(かじ)屋や鋳物師などが旧暦一一月八日にふいごを清めて行う祭事。たたら祭り。季冬

フク【鰒】

(20) 魚9 1 8256/7258 音 フク 訓 あわび・ふぐ

意味 ①あわび(鮑)。巻貝の一種。②ふぐ(河豚)。フグ科の海魚の総称。

【鰒】あわび ミミガイ科の巻貝の総称。▼鮑(あわび)(一四二一)

【鰒】ふぐ フグ科の海魚の総称。▼河豚(ふぐ)(一四六)

ふく【吹く】(7) 口4 常 3165/3F61 ▼スイ(八二七)

ふく【拭く】(9) 扌6 常 3101/3F21 ▼ショク(七八一)

ふく【葺く】(12) 艹9 4188/4978 ▼シュウ(六九三)

ふく【噴く】(15) 口12 常 4214/4A2E ▼フン(一三五六)

同訓異義 **ふく**

【吹く】風が起こる。口から息を出す。息を出して楽器を鳴らす。中のものが表面に現れる。「そよ風が吹く」「ろうそくの灯を吹き消す」「笛を吹く」「木々が芽を吹く」「転柿(ころがき)が粉を吹く」「吹き出物」「ほらを吹く」

【噴く】勢いよく外へ出る。「事故車が火を噴く」「火山が煙を噴き上げる」「おかしくて噴き出す」「汗が噴き出す」

【拭く】汚れや水分を紙や布などでぬぐう。「食卓を拭く」「蒸しタオルで顔を拭く」「汗を拭く」

【葺く】瓦(かわら)やカヤなどで屋根をおおう。「トタンで屋根を葺く」「板葺きの屋根」

ふぐ【鰒】(20) 魚9 8256/7258 ▼フク(一三四八)

ブク【茯】(9) 艹6 7210/682A ▼フク(一三四三)

ふくさ【袱】(11) 衤6 7464/6A60 ▼フク(一三四三)

ふくべ【瓠】(11) 瓜6 ▼コ(四五六)

ふくべ【瓢】(17) 瓜11 4127/493B ▼ヒョウ(一三〇七)

ふくむ【含む】(7) 口4 常 2062/345E ▼ガン(二五三)

ふくむ【哺む】(10) 口7 常 5114/532E ▼ホ(一三八八)

ふくむ【銜む】(14) 金6 7882/6E72 ▼カン(二四四)

ふくめる【含める】(7) 口4 常 2062/345E ▼ガン(二五三)

ふくよか【膨よか】(16) 月12 常 4336/4B44 ▼ボウ(一四二一)

ふくらむ【膨らむ】(16) 月12 常 4336/4B44 ▼ボウ(一四二一)

ふくれる【脹れる】(12) 月8 3617/4431 ▼チョウ(一〇六二)

ふくれる【膨れる】(16) 月12 常 4336/4B44 ▼ボウ(一四二一)

ふくろ【袋】(11) 衣5 常 3462/425E ▼タイ(九八三)

ふくろ【嚢】(22) 口19 1532/2F40 ▼ノウ(一二一三)

ふくろう【梟】(11) 木7 5970/5B66 ▼キョウ(三三八)

ふける【老ける】(6) 耂2 教 4723/4F37 ▼ロウ(一六一三)

ふける【更ける】(7) 曰3 常 2525/3939 ▼コウ(四八五)

ふける【耽る】(10) 耳4 3531/433F ▼タン(一〇一四)

ふける【深ける】(11) 氵8 教 3128/3F3C ▼シン(八〇二)

同訓異義 **ふける**

【更ける】時間がたって夜が深まる。季節が深まる。「読書に夢中で夜が更ける」「秋が更け、夜が長くなる」「夜更かし」

【深ける】季節がたけなわになる。「秋も深け、紅葉が冴(さ)える」

【老ける】年をとる。年寄りじみてくる。「急に老けこむ」「老け役を演じる」「年よりも老けて見える」

【耽る】物事に熱中する。一つの事におぼれる。「研究に耽る」「読書に耽る」「物思いに耽る」「遊びに耽る」「酒色に耽る」

【蒸ける】食物に熱がとおり、やわらかくなる。「芋が蒸ける」「饅頭(マンジュウ)がうまそうに蒸ける」

ふご【畚】(10) 田5 6529/613D ▼ホン(一四三三)

ふさ【房】(8) 戸4 常 4328/4B3C ▼ボウ(一四一五)

ふさ【総】(14) 糸8 教 3377/416D ▼ソウ(九四五)

ふさがる【阨がる】(7) 阝4 7985/6F75 ▼アイ(四)

ふさがる【窒がる】(11) 穴6 常 3566/4362 ▼チツ(一〇三八)

ふさぐ【杜ぐ】(7) 木3 3746/454E ▼ト(一一二五)

ふさぐ【堙ぐ】(12) 土9 ▼イン(六六)

ふさぐ【湮ぐ】(12) 氵9 ▼イン(六六)

ふさぐ【塞ぐ】(13) 土10 常 2641/3A49 ▼サイ(五五八)

ふさぐ【△塡ぐ】(13) ±10 常 1556/2F58 ▼テン(一一一八)
ふさぐ【▲壅ぐ】(16) 土13 5257/5459 ▼ヨウ(一五三六)
ふさぐ【▲閼ぐ】(16) 門8 ▼アツ(一五)
ふさぐ【△鬱ぐ】(29) 鬯19 常 6121/5D35 ▼ウツ(七六)
ふし【節】(13) ⺮7 教 3265/4061 ▼セツ(八八七)
ふじ【藤】(18) ⺾15 常 3803/4623 ▼トウ(一一五六)
ふす【伏す】(6) 亻4 常 4190/497A ▼フク(一三四一)
ふす【▲臥す】(8) 臣2 1873/3269 ▼ガ(一六四)

同訓異義 ふす
【伏す】うつむく。腹ばいになる。身を隠す。「顔を伏す」「地面に伏して弾をよける」「伏してお願いする」「物陰に伏す」「伏し目がちに話す」
【▲臥す】横になって寝る。病気になって寝る。「横臥(ガ)」「病の床に臥す」

ふすべる【▲燻べる】(18) 火14 6378/5F6E ▼クン(三八四)
ふすま【▲衾】(10) 衣4 7448/6A50 ▼キン(三五九)
ふすま【▲麩】(15) 麦4 8347/734F ▼フ(一三三四)
ふすま【▲襖】(18) 衤13 1808/3228 ▼オウ(一一八)
ふせぐ【▲扞ぐ】(6) 扌3 5710/592A ▼カン(二一四)
ふせぐ【防ぐ】(7) 阝4 教 4341/4B49 ▼ボウ(一四一五)
ふせぐ【△拒ぐ】(8) 扌5 常 2181/3571 ▼キョ(三二六)
ふせぐ【▲禦ぐ】(16) 示11 2190/357A ▼ギョ(三三六)
ふせご【▲篝】(16) ⺮10 6832/6440 ▼コウ(五一三)
ふせる【▲俛せる】(9) 亻7 4859/505B ▼ベン(一三八五)
ふせる【▲俯せる】(10) 亻8 4877/506D ▼フ(一三二八)
ふせる【▲偃せる】(11) 亻9 4880/5070 ▼エン(九九)

ふた【双】(4) 又2 常 3348/4150 ▼ソウ(九二八)
ふた【蓋】(13) ⺾10 常 1924/3338 ▼ガイ(一九二)
ふだ【札】(5) 木1 教 2705/3B25 ▼サツ(五七一)
ふだ【△版】(8) 片4 教 4039/4847 ▼ハン(一二六三)
ふだ【▲牌】(12) 片8 3955/4757 ▼ハイ(一二二八)
ふだ【△策】(12) ⺮6 教 2686/3A76 ▼サク(五六七)
ふだ【▲牒】(13) 片9 3613/442D ▼チョウ(一〇六三)
ふだ【▲槧】(15) 木11 6065/5C61 ▼ザン(五九三)
ふだ【△簡】(18) ⺮12 教 2042/344A ▼カン(二四九)
ふだ【▲牘】(19) 片15 6417/6031 ▼トク(一一七一)
ぶた【▲豕】(7) 豕0 7621/6C35 ▼シ(六〇八)
ぶた【豚】(11) 豕4 常 3858/465A ▼トン(一一七九)
ふたたび【再び】(6) 冂4 教 2638/3A46 ▼サイ(五四九)
ふたつ【二つ】(2) 二0 教 3883/4673 ▼ニ(一一九三)
ふたつ【△双つ】(4) 又2 常 3348/4150 ▼ソウ(九二八)
ふたつ【△両つ】(6) 一5 教 4630/4E3E ▼リョウ(一五七四)
ふち【△俸】(10) 亻8 常 4280/4A70 ▼ホウ(一四〇四)
ふち【▲淵】(12) 氵9 4205/4A25 ▼エン(一〇〇)
ふち【▲潯】(15) 氵12 6309/5F29 ▼ジン(八二一)
ふち【▲潭】(15) 氵12 ▼タン(一〇一九)
ふち【縁】(15) 糸9 常 1779/316F ▼エン(一〇六)
ぶち【△斑】(12) 文8 常 4035/4843 ▼ハン(一二六五)
ぶち【▲駁】(14) 馬4 3993/477D ▼バク(一二四四)

フツ【弗】
(5) 弓2 準1 4206/4A26
音 フツ・ホツ
訓 …ず・ドル

ふ ふさぐ―フツ

意味 ①…ず。…ない。打ち消しの助字。類不 ②ドル。アメリカの通貨単位のドルの記号に当てる。③非金属元素の一つ(弗素)の略。

【▲弗】ドル ①アメリカ合衆国などの貨幣の単位。一ドルは一〇〇セント。記号は$、$。「―建て相場」②金銭。参考「弗」は、記号$の形に近い漢字を当てたもの。

【▲弗箱】ドルばこ ①金庫。また、金銭的援助をしてくれる人のたとえ。②金もうけをさせてくれる人や物。「映画黄金期の―スター」

【▲弗素】フッソ ハロゲン元素の一つ。淡黄緑色の気体。刺激臭があり、化合力が非常に強く、有毒。

フツ【払】
(5) 扌2 常 4 4207/4A27
音 フツ(高)
訓 はらう
旧字《拂》(8) 扌5 1/準1 5736/5944
筆順 一 十 扌 払 払

意味 ①はらう。はらいのける。なくなる。「払拭(フッショク)」「払底」②夜が明ける。「払暁」

【払い下げる】はらいさげる 国や官公庁の所有物を民間に売り渡す。「国有地を―げる」

【払う】はらう ①じゃまな物や不要な物を取り去る。退ける。「机の上のほこりを―う」「群衆を―う」②棒状の物を、勢いよく横や斜めに動かす。「刀を―う」③金銭を支払う。納入する。「税を―う」④立ちのく。「下宿を―う」⑤心や力をそのものに傾ける。「かねてから敬意を―っている先輩」⑥不要な物を売りわたす。「古新聞を―う」

【払暁】フツギョウ 夜明け方。あかつき。「災害救助のため―に出発した」

【払拭】フッショク はらいぬぐうように、すっかりなくすこと。一掃すること。「疑惑を―する」「因習を―する」参考「拭」はぬぐい去る意。

「フッシキ」とも読む。

【払底】フッテイ　必要なものが欠乏して供給できなくなること。すっかりなくなること。「政界に人材が―している」「食糧物資が―する」

【△払子】ホッス　獣毛や麻などを束ね、柄をつけた僧の使う法具。もと、インドで虫やちりなどを払うのに用いた。日本では真宗以外の高僧が煩悩を払うのに用いる。

〔払子(ホッス)〕

フツ【彿】(8) 彳5 1 5542 574A 音 フツ 訓 にかよう・ほのか

意味 にかよう、また、ほのかの意の「彷彿(ホウフツ)」に用いられる字。

フツ【怫】(8) 忄5 1 5571 5767 音 フツ・ヒ・ハイ 訓 いかる・もとる

意味 ①いかる。むっとする。「怫然」②ふさぐ。気がふさぐ。「怫鬱(フツウツ)」③もとる。たがう。

【△怫然】フツゼン　むっとして怒りを表すさま。むっとして顔色を変えるさま。「―として席を蹴(け)る」

フツ【▲拂】(8) 扌5 5736 5944 ▼払の旧字(一三四九)

フツ【沸】(8) 氵5 常 準2 4208 4A28 音 フツ 外ヒ 訓 わく・わかす 外たてる・にえ

筆順 丶 冫 氵 氵 沪 沪 沸 沸

意味 わく。わかす。①わき出る。わきあがる。「沸沸」「沸声」②にえたつ。たぎる。「沸点」「沸騰」

下つき 煮沸(シャフツ)・鼎沸(テイフツ)

【△沸】にえ　刀の焼きによって、刀身の地肌と刃との境目にできる、銀砂をまいたような輝くもの。「日本刀の―」表記「錵」とも書く。

【沸点】フッテン　沸騰する際の液体の温度。気圧により異なり、水の沸点は一気圧の下で約セ氏一〇〇度。沸騰点。

【沸騰】フットウ　①水が熱せられて、内部から気泡を生じて気化すること。煮えたぎること。②わき立つように盛んになること。騒ぎ立つこと。「議論が―する」

【沸沸】フツフツ　①湯などが煮えたぎるさま。「鉄瓶が―と湯気を立てている」②泉などがわき出るさま。また、わき出るように感情が高ぶるさま。「―と恋心がわく」

【沸く】わく　①水が煮立って、湯気が盛んに出ること。「やかんの湯が―く」②金属が溶ける。③騒ぎ立てる。熱気をおびる。「観客は―きに―いた」「勝利に―く」

フツ【★祓】(10) 礻5 1 6717 6331 音 フツ 訓 はらう・はらい

意味 はらう。はらい清める。はらい。「祓除」

下つき 修祓(シュウフツ・シュバツ)

【祓う】はらう　神に祈って、罪・けがれ・災いなどを除き清める。「厄を―う」「土俵を―い清める」

【▲祓殿】はらえどの　神社で、はらいを行う殿舎。

【▲祓除】フツジョ　災いを除き、けがれをはらうこと。また、その儀式。表記「払除」とも書く。参考「バツジョ」とも読む。

フツ【髴】(15) 髟5 1 8192 717C 音 フツ・ヒ 訓 にる・ほのか

意味 にる、にかよう、また、かすか、ほのかの意の「髣髴(ホウフツ)」に用いられる字。

フツ【黻】(17) 黹5 1 8368 7364 音 フツ 訓 ぬいとり・ひざかけ

意味 ①あや。ぬいとり。「黻衣」②ひざかけ。礼装用の前かけ。「黻冕(フツベン)」

ブツ【仏】(4) 亻2 常 教 6 4209 4A29 音 ブツ 外フツ 訓 ほとけ

旧字《佛》(7) 亻5 1/準1 4839 5047

筆順 ノ 亻 仏 仏

意味 ①梵語(ボン)の音訳「仏陀(ブッダ)」の略。ほとけ。ほとけの教え。「仏教」「成仏」②「仏蘭西(フランス)」の略。「仏文」「仏和」

下つき 成仏(ジョウ)・神仏(シン)・石仏(セキ)・念仏(ネン)・大仏(ダイ)

〈仏掌▲薯〉つくねいも　ヤマノイモ科のつる性多年草。ナガイモの一品種。塊根は、手でこねて丸めたような形をしていて、食用。コブシイモ。ツクイモ。季 秋 由来「仏掌薯」は漢名から。表記「捏ね薯」とも書く。

【△仏手▲柑】ブシュカン　ミカン科の常緑低木。インド東部原産。初夏、白い五弁花をつける。果実は楕円(ダエン)形で先が指のように裂けている。観賞用。季 冬 由来「仏手柑」は漢名から。

【仏縁】ブツエン　仏道に入るきっかけ。また、仏の引き合わせ。

【仏閣】ブッカク　寺院。また、寺の建物や楼閣。「京都には神社―が多い」

【仏▲龕】ブツガン　仏像などを納める厨子(ズシ)。

【仏教】ブッキョウ　紀元前五世紀ころ、インドで釈迦(シャカ)牟尼(ムニ)が開いた宗教。現世の苦悩を超越し、悟りの境地に至ることを目的とする。類 釈教(シャッキョウ)

【仏刹】ブッサツ　①寺院。仏寺。仏閣。②極楽浄土。仏土。参考「刹」は寺の意。「ブッセツ」とも読む。

【仏師】ブッシ　仏像を彫る工匠。仏像をつくる職人。仏工。

【仏事】ブツジ　仏を供養する行事。法会(ホウエ)。法要。類 法事

【仏舎利】ブッシャリ [仏]釈迦《シャカ》の遺骨。仏の骨。「—塔」 [参考]「舎利」は梵語《ボンゴ》の音訳で、遺骨の意。

【仏性】ブッショウ [仏]仏としての本性。すべての生物がもっているとされる。仏心。

【仏生会】ブッショウエ 陰暦四月八日に行う釈迦《シャカ》の誕生日の法会。釈迦の像に、ひしゃくで甘茶をかけて祝う行事。花祭り。[類]灌仏会《カンブツエ》 [季]春

【仏心】ブッシン ①慈悲深い、仏の心。②「仏性《ブッショウ》」に同じ。[参考]①「ほとけごころ」とも読む。

【仏像】ブツゾウ 仏教で礼拝の対象となる、仏の姿の彫像や画像。[類]仏体

【仏桑△花】ブッソウゲ アオイ科の常緑小低木。中国原産。夏から秋、赤・白・黄色などのラッパ形の大きな五弁花を開く。ハイビスカス。観賞用。[季]夏 [表記]「扶桑花」とも書く。

【仏足石歌】ブッソクセキカ 仏足石のかたわらの石碑に刻まれた歌。五・七・五・七・七・七の形式をとる。仏足石は、釈迦《シャカ》の足跡の形を刻んだ石。

【仏▲陀】ブッダ 仏。特に、釈迦牟尼《シャカムニ》。また、煩悩《ボンノウ》を超越し、真理を悟った人。[参考]梵語《ボンゴ》の音訳で、悟りに至った人の意。

【仏壇】ブツダン 仏像や位牌《イハイ》などを安置した、礼拝するための壇・厨子《ズシ》。「—に花を供える」 [対]神棚

【仏頂面】ブッチョウづら ふくれっつら。無愛想な顔つき。「納得がいかず—をする」 [由来]釈迦《シャカ》の頭上に現れるという、仏頂尊のいかめしい相から。

【仏典】ブッテン 仏教の教理を書いた書物。[類]経典《キョウテン》・仏書・仏経《ブッキョウ》

【仏法僧】ブッポウソウ ①仏教で最も重要な、仏と法(仏道)と僧の三宝。②ブッポウソウ科の鳥。夏鳥として渡来し、林にすむ。体は青緑色で、「ゲッゲッ」と鳴く。[参考]②「ブッポーソー」と鳴くと思われついた名だが、実際にそのように鳴くのはコノハズクだと分かり、「姿の仏法僧」と呼ぶ。

【仏滅】ブツメツ ①釈迦《シャカ》の死。入滅。②「仏滅日《ニチ》」の略。陰陽道《オンヨウドウ》で何を行うにも凶とされている日。[対]大安

【仏門】ブツモン 仏が説いた道。仏道。「—に入る(出家する)」

【仏▲籬祖室】ブツリソシツ 仏教の教え。仏の家の垣根と禅宗の祖の部屋の意から。

【〈仏▲蘭西〉】フランス ヨーロッパ大陸の西部に位置する共和国。ブドウ・コムギ・トウモロコシなどの農業生産が盛ん。世界有数の観光国。首都はパリ。

【仏】ほとけ ①悟りを開いた人。仏陀《ブッダ》。②仏像。仏法。③死者の霊。「—になる」④慈悲深い人のたとえ。

『仏頼んで地獄へ△堕《お》ちる』 物事が期待と反対の結果になるたとえ。願いが不本意な結果となるたとえ。

『仏作って魂《たましい》入れず』 物事のほとんどを完成させながら、最も重要な点が欠けているたとえ。[類]画竜点睛《ガリョウテンセイ》を欠く

『仏の顔も三度』 どんなに温厚な人でも、道理にはずれた乱暴なことを再三されれば腹を立てる。たび重なる侮辱は我慢できないたとえ。

【仏の座】ほとけのザ ①タビラコの別称。春の七草の一つで、黄色い花をつける。[季]新年 ②シソ科の二年草。道端に自生。春、紅紫色の唇形花が輪状に咲く。[季]春 [由来]②半円形の葉が対生するさまが仏像の台座に似ることから。[表記]②「元宝草・宝蓋草」とも書く。

ブッ【▲佛】 (7) イ5 4839/5047 ▼仏の旧字(一三五〇)

ブツ【物】 (8) 牛4 [教][常] 8 4210/4A2A [音]ブツ・モツ [訓]もの

[筆順] ノ 𠂉 牛 牛 牜 物 物 物

[意味] ①もの。有形・無形で存在しているすべてのもの。「物体」「万物」②ことがら。「物理」「禁物《キンモツ》」③ひと。人柄。「人物」「難物」④世間。「物議」⑤見る。さがす。「物色」⑥死ぬ。「物故」

[下つき] 一物《イチブツ》・《イチモツ》・異物《イブツ》・遺物《イブツ》・汚物《オブツ》・怪物《カイブツ》・貨物《カモツ》・禁物《キンモツ》・果物《くだもの》・供物《クモツ》・傑物《ケツブツ》・見物《ケンブツ》・《みもの》・好物《コウブツ》・古物《コブツ》・作物《サクブツ》・《サクモツ》・産物《サンブツ》・実物《ジツブツ》・品物《しなもの》・私物《シブツ》・事物《ジブツ》・植物《ショクブツ》・食物《ショクモツ》・書物《ショモツ》・進物《シンモツ》・生物《セイブツ》・《なまもの》・静物《セイブツ》・俗物《ゾクブツ》・動物《ドウブツ》・毒物《ドクブツ》・荷物《にモツ》・廃物《ハイブツ》・博物《ハクブツ》・万物《バンブツ》・風物《フウブツ》・宝物《ホウモツ》・名物《メイブツ》・唯物《ユイブツ》

【物価】ブッカ 諸商品の市価。いろいろな商品の価格を総合的にいう語。「—高に苦しむ」「消費者—指数」

【物我一体】ブツガイッタイ 物と我とが一つになること。また、物と心、他者と自己、客観と主観との対立を超えること。

【物換星移】ブッカンセイイ 世の中が移り変わり、歳月が過ぎること。「星移」は歳月が過ぎる意。〈王勃《オウボツ》の詩〉

【物議】ブツギ 世間の論議。世間の取り沙汰《ザタ》。世評。「—の的になる」「—を醸《かも》す」

【物件】ブッケン 事務処理や契約などの対象としてのもの。物品。また、動産のほか土地・建物などの不動産。「事件の証拠—」「マンションの優良—」

【物権】ブッケン 所有権・地上権・抵当権など、物を直接に支配し、その利益を受けることのできる権利。財産権の一つ。[対]債権

【物故】ブッコ 人が死ぬこと。死去。「—者名簿」 [参考]「物」「故」ともに死ぬ意。

【物産】ブッサン その土地で産出する品物。産物。「北海道—展は黒山の人だかりだ」

【物資】ブッシ 人の活動や生活を支えるのに必要な物。特に、食料や衣料など。「被災者に救援―が届いた」「軍事―の輸送」

【物質】ブッシツ ①見たりさわったりでき、質量によって物体を構成している実質。②金銭や品物など。物品。「―的な援助が望まれる」

【物証】ブッショウ 「物的証拠」の略。罪の有無を判定するための、物品による証拠。「―を固める」

【物情】ブツジョウ ①物の性質やありさま。②世間の様子。世人の心情。参考 多く、穏やかでない場合にいう。

『物情騒然』ブツジョウソウゼン 世の中が騒がしくなり、人心が不安な状態になること。「物情」は世の中の様子。「騒然」は騒がしいさま。「―とした昨今」類 物議騒然

【物色】ブッショク ①多くのなかから適当な人物や事物を探すこと。「最適な人材を―する」②物の色や形。

【物心】ブッシン ものと、こころ。物質と精神。「―両面にわたる援助」参考「ものごころ」と読めば別の意になる。

【物騒】ブッソウ ①悪いことが起こりそうで、世間が穏やかでないさま。「―きわまる世の中だ」②乱暴をはたらきそうで、危ないさま。「刃物など持って―だ」

【物納】ブツノウ 租税などを物品でおさめること。対 金納

【物物交換】ブツブツコウカン 貨幣を使わないで、物と物とを直接とりかえ合うこと。バーター。

【物欲】ブツヨク 金銭や品物をほしがる気持ち。「―にとらわれる」書きかえ「物慾」の書きかえ字。

【物▲慾】ブツヨク ▼書きかえ 物欲

【物理】ブツリ ①物事の道理。「―にしたがう」②「物理学」の略。物質の構造・性質・運動、熱・光・エネルギーなどの作用を研究する学問。対 化学

【物流】ブツリュウ 「物的流通」の略。商品が生産者から消費者に届くまでのすべての活動。「町の―センター」

【物量】ブツリョウ 物の分量。物資の多さや豊かさ。「―作戦」

【物▲怪】モッケ 思いがけないさま。意外なこと。「―の幸い」表記「勿怪」とも書く。

【物相】モッソウ ご飯の量を盛って計る器。また、飯を一人分ずつ盛る器。「―飯を食う（牢屋ロウやに入る）」表記「盛相」とも書く。参考「相」は木でできた型の意。

【物】もの ①触ったり見たりできる形を備えた対象。物体や物質。また、その品質。「この器は―がいい」②動作の対象を漠然という語。「―思う季節」③取り立てていう価値のある対象。「危険を―ともしない」④神仏・鬼・悪霊など、超人間的な存在。「―につかれる」⑤道理。「―が分かる」

【物言えば唇くちびる寒し秋の風】余計なことを言えば、そのためにかえって災いを招くということ。由来 松尾芭蕉ばしょうの句で、他人の欠点を言ったり、自分の長所を自慢したあとは、むなしい気持ちになるという句意から。類 口は禍いの門

【物盛んなれば▲則すなわち衰う】すべて物事はいつまでも盛んなままでいられるものはない、必ず衰えるときが来るということ。《戦国策》

【物には時節】物事を成功させるには時機があるということ。また、そういう時は必ずやって来るということ。類 事は時節

【物は言いようで角かどが立つ】物事は口の利き方しだいで、円滑にいかなくなってしまうから気をつけよという戒め。

【物は試し】物事はためらわずに、まず一度やってみることだ。試してみなければ、善し悪しも、できるかできないかも分からないということ。

【物洗貝】ものあらがい モノアラガイ科の巻貝。各地の池沼や小川の水草に付着。殻は卵形で半透明。殻口が広い。

【物忌み】ものいみ ①神をまつるとき、一定期間、飲食や行いなどを慎み、心身を清めて家にこもること。②不吉として、ある種の物事を避けること。縁起かつぎ。

【物憂い】ものうい おっくうで、何をするにも気がすすまない。何となくゆううつで、けだるい。「雨の日の外出はどうも―い」「―い春の一日」

【物▲怖じ】ものおじ 物事に対し、恐れること。おじけること。「―しない子」

【物思い】ものおもい 思いわずらうこと。あれこれ考えこむこと。「―にふける」

【物語】ものがたり ①昔から語り伝えられている話。②平安時代から鎌倉時代にかけての、作者の見聞や想像を基にして人物や事件を叙述した散文作品の総称。「説話―」「軍記―」③何かを話すこと。また、その話。「寝―」

【物臭】ものぐさ めんどうくさがること。また、そのような性質の人。類 無精

『物臭道心ものぐさドウシン』信仰心からではなく、生活の苦労がいやで出家した僧。また、広く怠け心をいう。「道心」は仏道に帰依する心、また、その修行者の意。

【物乞い】ものごい ①他人に、物を恵んでくれるように頼むこと。②こじき。

【物心】ものごころ 世の中のことについての判断。物事を理解する知恵。「―がつく年」参考「ブッシン」と読めば別の意になる。

【物腰】ものごし 人に接するときの言葉づかいや態度。「―の柔らかい人だ」

【物知り・物▲識り】ものしり 物事を広く知っていること。また、その人。博識。

【物好き・物数奇】ものずき ①特殊で風変わりな物事を好む性質。また、その人。②物事にさまざまな趣向をこらすこと。ものごのみ。

【物△凄い】ものすごーい ①非常に恐ろしい。気味が悪い。「—い形相をした男」「—い雷の音」②程度がはなはだしい。「—く寒い」「—い雨が降った」

【物種】ものだね ①物事の根本となるもの。「命あっての—」②草花や野菜のたね。季春

【物の哀れ】もののあわれ ①平安時代の文学や貴族生活の中心的理念。外界(もの)と感情(あわれ)とが一致するところに生じた、調和的な情趣の世界。②物事に触れて起こるしみじみとした情緒や哀感。参考①本居宣長(もとおりのりなが)の説では、その最高の達成が『源氏物語』であるとした。

【物の△怪・物の気】もののケ 恨みをもち、祟(たた)るといわれる、死者または生きている人の霊魂。「—が憑(つ)く」「—のたたり」類悪霊

【物見】ものみ ①見物すること。②戦争で、敵情を調べる役の人。「—を放つ」類斥候(セッコウ) ③「物見櫓(ものみやぐら)」の略。遠くを見渡すために、高く築いた建物。

【物見遊山】ものみユサン 見物して遊び回ること。観光旅行。

【物△貰い】ものもらい ①人に金品をもらって生活する者。こじき。かたい。②まつげの毛根に細菌が入って、化膿(カノウ)したまぶたのはれもの。麦粒腫(バクリュウシュ)。

ふで【▲聿】(6) 聿0 7070 6666 ▼イツ(五六)
ふで【筆】(12) ⺮6 教 4114 492E ▼ヒツ(一一九七)
ふで【▲翰】(16) 羽10 2045 344D ▼カン(二四七)
ふとい【太い】(4) 大1 教 3432 4240 ▼タイ(九七六)
ふところ【懐】(16) 忄13 常 1891 327B ▼カイ(一八五)

ふとる【太る】(4) 大1 教 3432 4240 ▼タイ(九七六)
ふとる【△肥る】(8) 月4 教 4078 486E ▼ヒ(一二七六)
ふな【▲鮒】(16) 魚5 4211 4A2B ▼フ(一三二四)
ぶな【▲椈】(12) 木8 5988 5B78 ▼キク(二九二)
ふなばた【△舷】(11) 舟5 常 2431 383F ▼ゲン(四四四)
ふね【舟】(6) 舟0 常 2914 3D2E ▼シュウ(六八五)
ふね【船】(11) 舟5 教 3305 4125 ▼セン(九〇三)

同訓異義 ふね

【舟】水上で人や物を運ぶ小形の乗り物。人力のふね。「小舟」「笹舟(ささぶね)」「丸木舟」「渡し舟」「舟を漕(こ)ぐ」「渡りに舟」

【船】水上で人や物を運ぶ大形の乗り物。「船で大陸へ渡る」「大船に乗った気持ち」「千石船」「船乗り」「船旅」「船出する」「船は帆(ほ)でもつ帆は船でもつ」

ふまえる【踏まえる】(15) 𧾷8 常 3807 4627 ▼トウ(一一五三)
ふまき【▲帙】(8) 巾5 5469 5665 ▼チツ(一〇三八)
ふみ【文】(4) 文0 教 4224 4A38 ▼ブン(一三六〇)
ふみ【△冊】(5) 冂3 教 2693 3A7D ▼サツ(五七〇)
ふみ【△史】(5) 口2 教 2743 3B4B ▼シ(五九九)
ふみ【△典】(8) ハ6 教 3721 4535 ▼テン(一一一三)
ふみ【△書】(10) 曰6 教 2981 3D71 ▼ショ(七一七)
ふみ【△籍】(20) ⺮14 常 3250 4052 ▼セキ(八八一)
ふむ【▲跋む】(12) 𧾷5 7677 6C6D ▼バツ(一二五四)
ふむ【△践む】(13) 𧾷6 常 3309 4129 ▼セン(九〇六)
ふむ【△履む】(15) 尸12 常 4590 4D7A ▼リ(一五五九)

ふむ【踏む】(15) 𧾷8 常 3807 4627 ▼トウ(一一五三)
ふむ【▲蹂む】(16) 𧾷9 7690 6C7A ▼ジュウ(七〇六)
ふむ【▲蹈む】(17) 𧾷10 7705 6D25 ▼トウ(一一五六)
ふむ【▲躡む】(25) 𧾷18 7726 6D3A ▼ジョウ(七八〇)

ふもと **【梺】** (11) 木7 国 1 5982 5B72 訓 音 ふもと

意味 ふもと。山のすそ。山の下のほうの部分。「山の梺でひと休み」

ふもと【麓】(19) 木15 常 4728 4F3C ▼ロク(一六一三)
ふゆ【冬】(5) 冫3 教 3763 455F ▼トウ(一一三五)
ぶゆ【▲蚋】(13) 虫7 ▼ゼイ(八七一)
ふり【△風】(9) 風0 教 4187 4977 ▼フウ(一三二八)
ぶり【▲鰤】(21) 魚10 8262 725E ▼シ(六二八)
ブリキ【▲錻】(16) 金8 国 7907 6F27 ▼ブ(一三一八)
ふる【振る】(10) 扌7 常 3122 3F36 ▼シン(七九八)
ふる【降る】(10) 阝7 教 2563 395F ▼コウ(四九八)
ふるい【古い】(5) 口2 教 2437 3845 ▼コ(四四七)
ふるい【△旧い】(5) 日1 教 2176 356C ▼キュウ(三〇二)
ふるい【△故い】(9) 攵5 教 2446 384E ▼コ(四五二)
ふるい【▲篩】(16) ⺮10 6833 6441 ▼シ(六二六)
ふるう【振るう】(10) 扌7 常 3122 3F36 ▼シン(七九八)
ふるう【▲掉う】(11) 扌8 5760 595C ▼トウ(一一四五)
ふるう【△揮う】(12) 扌9 教 2088 3478 ▼キ(二七六)
ふるう【震う】(15) ⻗7 常 3144 3F4C ▼シン(八〇九)
ふるう【奮う】(16) 大13 教 4219 4A33 ▼フン(一三五七)
ふるう【▲篩う】(16) ⺮10 6833 6441 ▼シ(六二六)

同訓異義 ふるう

【振るう】ふり動かす。勢いを盛んにする。ほか、広く用いる。「刀を振るう」「権力を振るう」「大いに士気が振るう」「業績が振るわない」

【△揮う】力を十分に発揮する。自分の思うままに動かす。「腕を揮う」「熱弁を揮う」「筆を揮う」

【奮う】気力を揮い立てる。「勇気を奮って突き進む」「奮って参加する」「精神を奮い起こす」

【震う】小刻みにふるえる。「寒くて体が震う」「恐ろしくて震え上がる」「武者震い」

【▲篩う】ふるいにかけて不要なものを除く。ある基準で選別する。「土を篩って苗床を作る」「筆記試験で篩い落とす」

ふるえる【震える】(15) 雨7 常 3144 3F4C ▼シン(八〇九)
ふるえる【▲顫える】(22) 頁13 8092 707C ▼セン(九一三)
ふるす【古す】(5) 口2 教 2437 3845 ▼コ(四四七)
ふるびる【古びる】(5) 口2 教 2437 3845 ▼コ(四四七)
ふるびる【△旧びる】(5) 日1 教 2176 356C ▼キュウ(三〇二)
ふれぶみ【▲檄】(17) 木13 6092 5C7C ▼ゲキ(四〇八)
ふれる【△狂れる】(7) 犭4 常 2224 3638 ▼キョウ(三三九)
ふれる【▲抵れる】(9) 扌5 6418 6032 ▼テイ(一〇九二)
ふれる【触れる】(13) 角6 常 3108 3F28 ▼ショク(七八四)
フン【分】(4) 刀2 教 4212 4A2C ▼ブン(一三五八)

フン【刎】
(6) 刂4 1 4970 5166 音 フン・ブン 訓 はねる・くびはねる

意味 はねる。くびはねる。首を切る。「刎死」「自刎」

【▲刎】はね 助数詞の一つ。兜などを数える語。
【▲刎ねる】は-ねる 飛ばすように切り捨てる。薙ぎ切る。「小枝の先を-ねる」「罪を犯して首を-ねられる」
【▲刎▲頸】フンケイ 首をはねること。首を切ること。斬首。
【▲刎▲頸の交わり】相手のためなら首を切られて死んでも後悔しないほどの親密な交際。故事 中国、春秋時代、武勇で鳴る趙の廉頗将軍は、藺相如が弁舌だけで王の信頼を得ていると反発していた。しかし、藺相如は二人が争えば強国秦がすぐさま攻め入ってくるから個人的な争いを避けており、これを知った廉頗は藺相如に謝罪し、以後親密な交際をするようになったという故事から。〈『史記』〉 類 管鮑の交わり
【▲刎死】フンシ 自分で自分の首を切って死ぬこと。自刎。

フン【吻】★
(7) 口4 準1 4213 4A2D 音 フン 訓 くちびる・くちさき

意味 ①くちびる。くちさき。「吻合」 ②くちぶり。ことばつき。「口吻」
下つき 口吻・接吻

【▲吻】くちびる 口のふちの皮の柔らかい部分。飲食・発声などに関係する。
【▲吻合】フンゴウ 物事がぴったり合うこと。「共犯者の供述を-する」 由来 上下のくちびるがぴったり合う意から。

フン【吩】
(7) 口4 1 5070 5266 音 フン 訓 ふく・いいつける

意味 ①ふく。は(吐)く。類 噴 ②いいつける。命令する。「吩咐」 類 咐

フン【扮】★
(7) 扌4 準1 4217 4A31 音 フン・ハン 訓 よそおう・かざる

意味 よそおう。かざる。「扮飾」「扮装」

【▲扮飾】フンショク ①身なりをかざり、よそおうこと。みづくろい。②化粧すること。参考「粉飾」と書けば、りっぱに見せようとする意になる。
【▲扮する】フン-する 他の人の身なりをする。特に、俳優が劇中の人物のある姿となる。「大石内蔵助に-する」
【▲扮装】フンソウ ①ある人物に似せてよそおうこと。「-を見破られる」 類 変装 ②俳優が役のために、身なりや顔立ちなどをよそおうこと。また、そのよそおい。「-を凝らす」

フン【芬】
(7) ⺾4 1 7178 676E 音 フン 訓 かおる・こうばしい・かおり

意味 ①かおる。こうばしい。「芬芬」 ②かおり。よいかおり。また、よい評判。ほまれ。「芬香」 ③おお(多)い。さかん。
下つき 清芬・芳芬

【〈▲芬▲蘭〉】フィンランド ヨーロッパ北部、スカンジナビア半島にある共和国。森林が国土の大半を占める。首都はヘルシンキ。
【▲芬▲芬】フンプン ①かんばしいさま。よいかおりがするさま。②においが強く感じられるさま。「悪臭-たるごみ捨て場」 参考 本来はよいかおりについていった語。

フン【忿】
(8) 心4 1 5561 575D 音 フン 訓 いかる

意味 いかる。おこる。いきどおる。「忿怒」
下つき 感忿・狷忿・小忿

【▲忿る】いか-る いきどおる。かっとなっておこる。かんしゃくを起こす。
【▲忿▲恚】フンイ いかりいきどおること。憤怒。類 瞋恚 表記「憤恚」とも書く。 参考「忿」「恚」ともに、いかる意。
【▲忿怨】フンエン 激しくいかりうらむこと。類 忿恨 表記「憤怨」とも書く。
【▲忿然】フンゼン 激しくいかって、心が安らかでないさま。表記「憤然」とも書く。
【▲忿△怒】フンヌ いかりいきどおること。たいへん腹を立てること。「-の念をおぼえ

ふ ふるえる―フン

る」表記「憤怒」とも書く。参考「フンド」とも読む。

【忿懣】フンマン いきどおり、心中にわだかまること。腹立たしく、もだえること。「―やる方ない」表記「憤懣」とも書く。

フン【枌】(8) 木4 1 5935 5B43 音フン 訓そぎ・にれ

意味 ①そぎ。木を薄くそいだ板。②にれ。ニレ科の落葉高木。「枌楡(フンユ)」

【枌】そぎ 「枌板(そぎいた)」に同じ。

【枌板】そぎいた 木を薄く削った板で、屋根をふくのに用いるもの。そぎ。表記「削ぎ板」とも書く。

【枌楡】フンユ ①ニレの木。②神聖な場所。神社。③郷里。「―同契(郷里が同じであること)」由来 ②③中国、漢の高祖が、郷里の神社にあったニレの木を、都に移して神としてまつったという故事から。

フン【氛】(8) 气4 1 6168 5D64 音フン 訓き・わざわい

意味 ①き(気)。空中にただようもの。けはい。②わざわい。

下つき 埃氛(アイフン)

フン【粉】(10) 米4 教 常 6 4220 4A34 音フン 訓こ・こな 外デシメートル

筆順 丶 丷 䒑 半 米 米 米 粉 粉

意味 ①こな。こ。くだけて細かくなったもの。「粉末」「花粉」②こなごなにする。くだく。「粉砕」「粉骨砕身」③おしろい。「粉黛」「脂粉」④かざる。「粉飾」⑤デシメートル。一〇センチメートル。

下つき 白粉(おしろい)・花粉(カフン)・金粉(キンプン)・受粉(ジュフン)・澱粉(デンプン)

【粉】こ 穀物などのこな。また、砕いて細かにしたもの。「肉を小麦―のころもをつけて揚げる」「身を―にして働く(非常に苦労して働く)」

【粉米】こごめ 精白するときに砕けた米。砕米(サイマイ)。表記「小米」とも書く。

〖粉米も噛めば甘くなる〗 つまらないものでも、細かくていねいに見れば、興味を引くところや、よいところがあるものだということ。たとえ粉米のようなものでも、かめばおいしい味が出る意。

【粉灰】こっぱい 細かく砕けること。「微塵(ミジン)―」表記「骨灰」とも書く。

【粉】こな ①非常に小さい粒になっている固体。粉末。特に、穀物を砕いて細かくしたもの。②おしろい。

【粉微塵】こなミジン 固形物が細かく砕けること。こなごなになること。「大切なガラス細工が―になる」類木っ端微塵(こっぱミジン)

【粉】デシメートル 長さの単位。一メートルの一〇分の一。一〇センチメートル。

【粉骨砕身】フンコツサイシン 全力を尽くして働くこと。骨を粉にし、身を砕くほど努力する意。《禅林類纂(ゼンリンルイサン)》「―して社会のために尽くす」類砕骨粉身・粉身砕骨

【粉砕】フンサイ ①こなごなに打ち砕くこと。②徹底的に打ち破ること。「強敵を―する」

【粉粧玉琢】フンショウギョクタク 女性の美しい顔の形容。化粧をして、玉を磨いたようであるという意。《紅楼夢(コウロウム)》

【粉飾】フンショク ①よく見せようとして、うわべを装い飾ること。「事実を―して報告する」②「粉飾決算」の略。参考「扮飾」と書けば、身なりを飾る意になる。

【粉飾決算】フンショクケッサン 企業会計で、会社の財政や経営の実態が赤字であるのに、黒字のように見せかける決算。「―が発覚した」

【粉塵】フンジン ①粉のような細かいちり。②石炭などが砕けて粉状になったちりが、空気中を浮遊しているもの。「―公害」

ふ フン

【粉黛】フンタイ ①おしろいとまゆずみ。また、化粧。「―を施す」②化粧をした美人。

【粉乳】フンニュウ 濃縮して乾燥させ、粉状にした牛乳。粉ミルク。ドライミルク。「―で育てる」「脱脂―」

【粉末】フンマツ 粉状にしたもの。こな。こ。「―の化学調味料」

フン【紛】(10) 糸4 常 3 4222 4A36 音フン 訓まぎれる・まぎらす・まぎらわす・まぎらわしい 外みだれる・まがう・まぎれ

筆順 ㄑ 幺 幺 糸 糸 糸 紒 紛 紛

意味 ①みだれる。入りみだれる。もつれる。「紛糾」「紛争」②まぎれる。まぎらわしい。「紛失」

下つき 世紛(セイフン)・内紛(ナイフン)・繽紛(ヒンプン)

【紛紜】フンウン 物事が入り乱れるさま。また、もめ事。ごたごた。参考「紛」「紜」ともに、入り乱れる意。

【紛議】フンギ 議論がもつれてまとまらないこと。また、その議論。

【紛糾】フンキュウ 物事が乱れもつれること。「審議が―する」類紛乱

【紛失】フンシツ 他のものにまぎれてなくなること。また、なくすこと。「旅行の途中で財布を―した」類遺失

【紛擾】フンジョウ 乱れもつれること。もめ事。争い事。「国際的な―に発展した」類紛争 参考「紛」「擾」ともに入り乱れる意。

【紛然】フンゼン 物事が雑然と入り混じっているさま。ごたごたと混じっているさま。「―たる様相」類紛紛・混然

【紛争】フンソウ 入り乱れて争うこと。また、その争い。もめ事。いざこざ。「宗教が国際―にからむ」「―地域」類紛擾(フンジョウ)

【紛紛】フンプン 入り混じって乱れるさま。ごたつくさま。「諸説―とする」類紛然

【紛乱】フンラン 物事がまぎれ乱れること。ごたごた。類紛糾・混乱

【紛い物】まがいもの 本物によく似せてつくったもの。にせもの。「―のダイヤ」

【紛う】まがう ①まちがえるほど、よく似ている。「雪にも―う花吹雪」②入り混じって、わからなくなる。まぎれる。参考 多く、連体形で用い、「まごう」と発音する。

【紛らす】まぎらす ①他に心を向けてごまかす。「気を―すため旅行に出かける」②他のものと混じって区別がつかないようにする。「照れくささを笑いに―す」

【紛らわしい】まぎらわしい よく似ていて区別がつきにくい。まちがいやすい。「両社の商標はたいへん―い」「―い表現を避ける」

【紛れる】まぎれる ①他のもののなかに入り混じって、わからなくなる。「繁華街で人混みに―れる」②他に気を奪われて、本来のことを忘れる。「多忙に―れて失念した」

【紛れ】まぐれ 思いがけない結果。まぐれあたり。偶然。「―で合格する」

フン【焚】★ (12) 火8 準1 4218 4A32 音 フン 訓 やく・たく

意味 やく。たく。もやす。もえる。「焚書」

【焚き合わせ】たきあわせ 野菜と魚・肉などを別々に煮て、一つの器に盛ること。また、その料理。表記「炊き合わせ」とも書く。

【焚き火】たきび ①落ち葉や木片などを集めて燃やすこと。また、その火。季冬 ②かまどや炉でたく火。③かがり火。燎火(リョウカ)。

【焚く】たく ①火を燃やす。また、火にくべて燃やす。「缶(かま)を―く」「風呂(フロ)をまきで―く」②香をくゆらせる。「香を―く」

【焚琴煮鶴】フンキンシャカク 風流心のないことのたとえ。また、殺風景なこと。琴を焼き、ツルを煮る意から。《『義山雑纂(ギザンザッサン)』》

【焚刑】フンケイ 火あぶりの刑罰。「―に処す」

【焚殺】フンサツ 焼き殺すこと。類焼殺(ショウサツ)

【焚書坑儒】フンショコウジュ 自由な言論・思想・学問などを禁止すること。「焚」は焼く、「坑」は穴埋めにする、「儒」は儒学者の意。故事 中国、秦(シン)の始皇帝が言論統制のために、実用書以外の儒家の書物を焼き、学者を生き埋めにした故事から。《『史記』》

【焚く】やく 火をつけて燃やす。参考 林野に火を放つ意から。

フン【雰】(12) 雨4 常 準2 4223 4A37 音 フン 訓 外きり

筆順 … 雰

意味 ①き(気)。大気。また、気分。けはい。「雰囲気」②きり(霧)。もや。「雰雰」類氛(フン)

【雰囲気】フンイキ その場やそこにいる人から自然につくり出される気分。ある傾向をもつ感じ。ムード。「大会の―にのまれる」「華やいだ―の人」

フン【噴】(15) 口12 常 4 4214 4A2E 音 フン 外ホン 訓 ふく 外はく

旧字《噴》(16) 口13 1/準1

筆順 … 噴

意味 ふく。は(吐)く。ふき出す。「噴火」「噴出」

【噴く】ふく 勢いよく外へ出す。勢いよくはき出す。「火山が煙を―き上げる」

【噴井】ふけい 水がたえず勢いよくふき出している井戸。ふき井戸。季夏 表記「吹井」とも書く。参考「ふきい」とも読む。

【噴煙】フンエン 火山などの火口からふき出す煙。「火山の―が立ちこめる」

【噴火】フンカ 火山が爆発して、火口から火山灰や溶岩などをふき出すこと。「―口」「―予知」

【噴気】フンキ 火山などで、蒸気やガスをふき出すこと。また、その蒸気やガス。「―孔に異常がある」

【噴射】フンシャ 圧力を加えて気体や液体などを勢いよくふき出すこと。「霧状に―する消火器」

【噴出】フンシュツ 強くふき出ること。また、強くふき出すこと。「水が勢いよく―している」「不満が―する」

【噴水】フンスイ ①ふき出る水。②水が高くふき出るようにした装置。また、その水。ふき上げ。「公園の―」季夏

【噴嚏】フンテイ くしゃみ。「嚏」はくしゃみの意。

【噴飯】フンパン 口の中に入れた食物をふき出す意から、おかしくてふき出して笑うこと。「あの誤りは―ものだ」

【噴霧器】フンムキ 薬液や水などを、霧状にしてふき出す器具。スプレー。

【噴門】フンモン 食道につながる胃の入り口。食物が入ると反射的に開く。

〈噴雪花〉ゆきやなぎ バラ科の落葉小低木。中国原産。たまに暖地の川辺に野生化している。葉はヤナギに似るが、小さく短い。春、白い小花を雪が積もったように多数つける。観賞用。コゴメバナ。季春 由来「噴雪花」は漢名から。表記「珍珠花・雪柳」とも書く。

フン【墳】(15) 土12 常 3 4215 4A2F 音 フン 訓 外はか

旧字《墳》(16) 土13 1/準1

筆順 3 13 15

意味 はか。つか。土を盛り上げた墓。「墳墓」「古墳」

下つき 円墳(エンプン)・丘墳(キュウフン)・古墳(コフン)

【△墳】はか 土を高く盛り上げ、死体や遺骨を葬ったはか。

【墳丘】フンキュウ 土・石などを小高く盛り上げたはか。「方形の―」

【墳墓】フンボ はか。おくつき。参考「墓」は、盛土のない平らなはかの意。

【墳墓の地】①先祖代々の墓のある土地。②故郷。

フン【憤】
(15) 忄12 常 準2 4216 4A30
音 フン 訓 いきどおる(高) むずかる(外)

旧字《憤》(16) 忄13 1/準1

筆順 2 5 13 15

意味 ①いきどおる。はげしく腹を立てる。「憤慨」「憤然」類忿(フン) ②ふるいたつ。「発憤」類奮

下つき 鬱憤(ウップン)・義憤(ギフン)・私憤(シフン)・発憤(ハップン)・悲憤(ヒフン)

【憤る】いきどおる 非難の気持ちをもって怒り嘆く。立腹する。いきりたつ。「人情の薄らいだ世を―る」「幹部の裏切りに―る」参考「いかる」「おこる」が外面的な行動を伴うことが多いのに対して、内面的なことが多い。

【憤慨】フンガイ 非常に腹を立てて嘆くこと。ひどく怒ること。「発言を無視されて―する」類慨嘆・慷慨(コウガイ)

【憤激】フンゲキ ひどくいきどおること。はげしく怒ること。「―を買う(人をひどく怒らせる)」類憤怒(フンヌ・フンド)

【憤死】フンシ ①いきどおりのあまり死ぬこと。「非業の―」②野球で、走者が進む塁の寸前で惜しくもアウトになること。「一塁走者の―が悔やまれる」

【憤嫉】フンシツ いきどおりねたむこと。激しくねたむこと。

【憤然】フンゼン 怒りいきどおるさま。激しく怒るさま。「高慢さに―と退席した」表記「忿然」とも書く。

【憤△怒】フンヌ 激しくいきどおること。「―にかられた形相」表記「忿怒」とも書く。参考「フンド」とも読む。

【憤△懣】フンマン いきどおり、もだえること。心のなかにわだかまっている怒り。「夫の仕打ちに―やるかたない面持ち」類憤悶(フンモン) 表記「忿懣」とも書く。参考「憤」「懣」ともに、もだえいきどおる意。

【△憤る】むずかる 乳幼児が機嫌を悪くして、泣いたりだだをこねたりする。「赤ん坊が眠くて―る」参考「むつかる」とも読む。

フン【▲噴】(16) 口13 ▼噴の旧字(一三五六)

フン【▲墳】(16) 土13 ▼墳の旧字(一三五六)

フン【奮】
(16) 大13 教 常 5 4219 4A33
音 フン 訓 ふるう

筆順 3 5 11 16

意味 ふるう。ふるいたつ。勇みたつ。「奮闘」参考 田の上でとり(隹)が大きくはばたくことを表す字。

下つき 感奮(カンプン)・興奮(コウフン)・発奮(ハップン)

【奮い立つ・奮い△起つ】ふるいたつ 心が勇み立つ。元気づく。「大声援で選手が―つ」

【奮う】ふるう 気力をわき立たせる。「勇気を―うことが大切だ」「―ってご参加ください」参考「奮」は鳥が羽ばたく意。

【奮起】フンキ ふるい立つこと。気力や勇気をふるい起こすこと。「選手の―をうながす」類発奮

【奮激】フンゲキ 心をふるい起こすこと。激しくふるい立つこと。参考「奮撃」と書けば、力をふるって敵をうつ意。

【奮迅】フンジン 勢い激しくふるい立つこと。激しい勢いで突き進むこと。「彼の獅子(シシ)―の活躍で試合に勝った」

【奮戦】フンセン 力をふるって戦うこと。力をふるって、頑張ること。「目標達成に―する」類奮闘

【奮然】フンゼン ふるい立つさま。気力をふるい事にあたるさま。「―と反撃に移る」

【奮闘】フントウ 力をふるって、争い戦うこと。また、力いっぱい努力すること。「孤軍―」「事態収拾のために―する」類奮戦

【奮発】フンパツ ①気力をふるい起こすこと。「敗勢に―して逆転をはかる」②思い切って多くの金品を出すこと。「祝儀を―する」

【奮励】フンレイ 気力をふるい立たせ、一生懸命はげむこと。「あと一歩―するしかない」

【奮励努力】フンレイドリョク 気力をふるい立たせ、力を尽くすこと。「優勝をめざして―する」類精励恪勤(セイレイカッキン)

フン【▲憤】(16) 忄13 ▼憤の旧字(一三五七)

フン【濆】
(16) 氵13 1
音 フン 訓 わく・ふく・みぎわ・ほとり

〔濆〕 6325 5F39

意味 ①わく。ふく。水がわき出る。②きし。みぎわ。ほとり。

【▲濆く】わく 水が盛んにわき出る。「―き上がる泉」

フン【★糞】
(17) 米11 準1 4221 4A35
音 フン 訓 くそ・けがれ・はらう・つちかう

意味 ①くそ。大便。「糞尿」「馬糞」類屎(シ) ②けがれ。きたないもの。「糞土」③はらう。掃除する。「糞除」

④つちかう。こやしをやる。また、こやし。「糞壌」

下つき 鶏糞・人糞・脱糞

【糞】くそ ①肛門から出る、食物のかす。大便。うんこ。ふん。②分泌物。物のかす。「鼻―」③悔しいときや反発するときなどに発する語。また、人をいやしめたり、ののしったりする語。「―、今に見ていろ」「―坊主」④度が過ぎる意や、強めの意を表す語。「―まじめ」「下手―」表記「屎」とも書く。

【糞味噌】くそミソ ①価値のあるものとないものとを、区別なしに扱うさま。「宝石もガラス玉も―に扱う」②相手をひどくやりこめるさま。ぼろくそ。めちゃくちゃ。「―にけなす」参考「味噌糞」ともいう。

【糞掃衣】フンゾウエ 僧の衣のこと。由来 糞や塵のように捨てられた布を洗ってつくろい、衣を作ったことから。

【糞土】フンド ①きたない土。②けがらわしいもの。いやしむべきもの。③役に立たないもの。

【糞土の牆は杇るべからず】 怠惰で意欲のない者には、教えても無駄だというたとえ。ぼろぼろの土塀は、上塗りしても平らにすることができない意から。《論語》

【糞尿】フンニョウ 大便と小便。大小便。「―処理」類 屎尿

ブン【分】 (4) 刀 2 常 教 9 4212 4A2C 音 ブン・フン・ブ 訓 わける・わかれる・わかる・わかつ

筆順 ノ八分分

意味 ①わける。いくつかにわける。「分類」「分解」「半分」②くばる。わけあたえる。「分配」「分納」「配分」③みわける。わきまえる。「分析」「分別」「検分」④わかれる。ばらばらになる。「分散」「分布」「分裂」⑤あたえられたもの。「分際」「性分」「本分」⑥物質を成り立たせる要素。「分子」「成分」「養分」⑦物事の状態。程度。ようす。「気分」「当分」「時分」⑧全体を一〇、また一〇〇にわけた一つの量。「九分九厘」「五分五分」⑨単位を表す。㋐重さの単位。一匁の一〇分の一。約〇・三七五グラム。㋑長さの単位。一寸の一〇分の一。約三ミリメートル。㋒時間の単位。一時間の六〇分の一。㋓角度の単位。一度の六〇分の一。㋔貨幣の単位。一両の四分の一。

下つき 案分・応分・過分・気分・区分・検分・自分・秋分・十分・春分・性分・職分・処分・随分・寸分・成分・積分・節分・存分・多分・通分・天分・当分・等分・配分・半分・微分・部分・本分・身分・名分・養分・余分・領分

【分】ブ ①長さ・重さ、また体温・角度など数値の単位。「体温は三六度五―」②江戸時代の貨幣単位で、一両の四分の一。「一―銀」③利害や優劣などの度合。「この試合は―が悪い」「こちら側に―のよい契約」④全体からみて一〇分の一。「桜が三―咲き」参考「フン」と読めば、時間・角度・重さの単位。

【分限】ブゲン ①身のほど。類 分際 ②金持ち。富豪。分限者。「町一番の―」参考「ブンゲン」とも読む。

【分陰を惜しむ】フンインをおしむ たとえわずかな時間でも、惜しんで無駄に使わない。由来 中国古代の聖人、夏の禹王さえ、寸陰を惜しんだのだから、凡人は分陰をも惜しむべきであるという、晋の陶侃の言葉から。《晋書》

【分化】ブンカ ①等質のものから異質な部分がわかれること。「学問の―」②生物の発生の過程で、組織や器官が特殊に発達して形態・機能を変えていく現象。

【分科】ブンカ 科目や業務などをわけること。また、わけられた科目や業務。

【分解】ブンカイ ①一体のものを、各部分や要素にわけること。また、わかれること。「ミニチュアカーを―する」②化学変化で、化合物が二種類以上の物質にわかれること。対 化合

【分割】ブンカツ ①いくつかにわけて、別々にすること。「植民地を―統治する」「東西に―されていた国」②「分割払い」の略。代金を何回かにわけて払うこと。

【分岐】ブンキ 本筋からわかれること。道などが枝わかれすること。「勝敗の―点」

【分業】ブンギョウ ①手わけして仕事をすること。「医薬―」②生産の工程をわけ、各分担者が、それぞれ生産すること。また、その組織やしくみ。

【分家】ブンケ 家族の一部がわかれ、別に一家を構えること。また、その一家。対 本家

【分蘖】ブンケツ イネやムギなどが、根に近い茎の関節から新しく茎を出すこと。参考「ブンゲツ」とも読む。

【分権】ブンケン 権力や権限を一つに集中させず、それぞれに分散させること。「地方―」対 集権

【分毫】ブンゴウ きわめてわずかなこと。ほんの少しのこと。類 寸毫 参考「毫」は細い毛の意。

【分際】ブンザイ 身分に応じた程度。身のほど。「弟の―で兄貴に逆らうな」類 分限

【分冊】ブンサツ 一冊にまとまっている書物を、何冊かにわけること。また、わけた各冊。「この本は五―の一つです」対 合冊

【分散】ブンサン 一つにまとまっていたものが、いくつかにわかれ散ること。また、わけ散らすこと。「中堅社員を各部署に―する」「各地域に人口が―している」対 集中

【分子】ブンシ ①集団を構成する各個人。成員。「批判―」②ある物質がその化学的性質を失わずに、存在できる最小単位の粒子。「化学の―式が苦手だ」③分数や分数式で、横線の上に書かれる数または式。対 分母

【分掌】ブンショウ 仕事をわけて、責任と権限をもって受け持つこと。「業務の―が進められた」類 分担

【分乗】ブンジョウ 一つの集団の人々が、二台以上の乗り物にわかれて乗ること。「バス一〇台に―して甲子園へ出発した」

【分譲】ブンジョウ 広い土地や大きい建物などを、いくつかにわけて売り渡すこと。「―マンションが売り出された」

【分身】ブンシン ①一つの身体や物が、その形や性質などを受け継いでわかれ出たもの。「子は親の―」②仏 衆生（シュジョウ）を救うため、仏が種々の姿でこの世に現れること。また、その現れたもの。

【分水嶺】ブンスイレイ 分水界（雨水が川に流れる方向をわける境界）となっている山の峰（みね）。「―を越える」

【分析】ブンセキ ①複雑な事物をいくつかの要素や成分にわけて、構造を明らかにすること。「事態を―して対応する」対 総合 ②化学的・物理的方法を用い、物質の組成を明らかにすること。

【分相応】ブンソウオウ 身分・地位・能力にふさわしいさま。応分。「―の身なり」

『分相応に風が吹く』生活程度に応じて、いろいろな出来事があり出費もあるということ。

【分担】ブンタン 負担すべき仕事や費用などを、わけて受け持つこと。「役割―」類 分掌

【分断】ブンダン まとまったものを、いくつかにたち切ること。「大雨で鉄道が―された」「組織の―をはかる」類 寸断

【分銅】フンドウ はかりで重さを測るとき、基準とする一定の重さの金属製のおもり。

【分度器】ブンドキ 角度を測るための器具。半円形や円形の薄い板の周囲に目盛りをつけたもの。

【分捕る】ぶんどる ①他人の物を奪いとる。「他人の土地を―る」②戦争で、敵の武器などを奪いとる。

【分派】ブンパ 学問・芸術・政治などの世界で、中心勢力からわかれ出て一派を立てること。また、その一派。「―行動をとる」

【分配】ブンパイ ①わけて、くばること。配分。「補償金を該当者で―する」②労働者に対する賃金、出資者に対する配当、地主に対する地代というように、生産に参加した者がそのわけ前を受け取ること。

【分泌】ブンピ 生物の腺（セン）や細胞が生体の維持に必要な液をつくり、血液中や体外などに出すこと。汗・消化液・ホルモンなど。「薬で胃酸の―抑制をする」参考「ブンピツ」とも読む。

【分秒】フンビョウ 一分一秒。きわめて短い時間。「結論は―を争う（一刻もぐずぐずしていられない）」

【分布】ブンプ ①わかれて広く存在すること。「人口―の状態」②動植物の種類により、区域を異にして生育すること。「西日本各地に広く―する」

【分袂】ブンベイ たもとをわかつ意から、人と別れること。類 決別

【分別】フンベツ 世間の道理をよくわきまえ、物事を考え判断すること。また、その能力。「四〇過ぎて―がつかないのか」類 思慮 参考「ブンベツ」と読めば別の意になる。

『分別過ぎれば愚に返る』あまり考えすぎると迷いが生じて、かえってまちがえてしまうということ。

【分別】ブンベツ 種類によって区別してわけること。「ゴミは―して出す」類 類別 参考「フンベツ」と読めば別の意になる。

【分娩】ブンベン 胎児を母体外に出すこと。子を生むこと。出産。「無痛―」「―室」

【分崩離析】ブンポウリセキ 組織などが崩壊し、ばらばらになること。「分崩」は崩れてばらばらになる、「離析」は、はなればなれになる意。〈『論語』〉類 四分五裂

【分明】ブンメイ ①あきらかにすること。あきらかになること。類 判明 ②あきらかなこと。はっきりしているさま。「結論は―だ」類 明白 参考「フンミョウ」とも読む。

【分野】ブンヤ 物事の領域や範囲。「新しい勢力―の開拓」「自然科学の各―」

【分離】ブンリ 一つのものから、わかれはなれること。また、わけはなすこと。「少数民族が―して独立国をつくる」「原油を蒸留するときナフサを―する」類 分裂

【分立】ブンリツ ①わかれて別々に存在すること。「三権―」②わけて設立すること。「支店を―する」参考「ブンリュウ」とも読む。

【分留・分溜】ブンリュウ 「分別蒸留」の略。液体の混合物を蒸留して、沸騰点の低い順に各成分をわけて取り出すこと。

【分量】ブンリョウ 目方・かさ・数などの量や程度。「入れる―をまちがえる」

【分類】ブンルイ 種類や性質などで別々にわけること。「動物学上の―」類 類別

【分列】ブンレツ それぞれの列にわかれて並ぶこと。また、わけて並ぶこと。「参加者は三つのコースにわかれて―行進した」

【分裂】ブンレツ ①一つのものがわかれて、いくつかになること。「政党が三派に―した」②生物体の細胞や核が、わかれて増殖すること。「細胞―」類 分離 対 統一・統合

【分かる】わかる ①はっきりと明らかになる。見たり聞いたりして、知ることができる。「居場所が―る」②意味内容を理解できる。「妻はドイツ語が―る」③人の気持ちや物事の事情に理解がある。「話の―る父をもって幸せだ」

【分葱】わけぎ ユリ科の多年草。シベリア原産という。ネギの変種で、葉は細く香りが少ない。食用。フユネギ。フユギ。季 春 由来 株分けで増やすことから。

【分け隔て】わけへだて 相手により、対応の仕方やもてなし方を変えること。差別待遇。「だれとも―なくつき合う」

【分ける】わける ①まとまったものを、離して別々にする。「根を―けて、移し植える」②雑多なものを分類する。③全体をいくつか

に割って分配する。「財産を―ける」④障害となるものを左右に押しわける。「人ごみを―ける」⑤筋道を立てる。「話を―けて説明する」⑥争っている者を引き離す。また、引きわけにする。「水入りで行司が両力士を―ける」

ブン【文】 (4) 0 常 文 教 10 4224 4A38
音 ブン・モン
訓 ふみ㊥ ㊆あや・かざる

筆順 丶 亠 ナ 文

意味 ①あや。もよう。いろどり。「文様」「文質」「文飾」②もじ(文字)。ことば。「文句」「金文」「邦文」③ことばをつづったもの。「文書」「詩文」「序文」④本。記録。書物。「文献」「文庫」⑤学問や芸術の分野。「文化」「文明」「人文」対武 ⑥もん。単位を表す。(ア)昔の貨幣の単位。一貫の一〇〇〇分の一。(イ)たび・くつなどの大きさの単位。一文は二・四センチメートル。

下つき 悪文・案文・韻文・英文・欧文・回文・漢文・経文・金文・空文・言文・原文・構文・国文・古文・作文・散文・詩文・重文・呪文・条文・証文・序文・人文・成文・単文・短文・注文・弔文・長文・篆文・電文・天文・独文・美文・複文・仏文・邦文・本文・名文・訳文・乱文・例文・論文・和文

【文色】 あいろ 物事の様子。区別。「暗くて物の―も見えない」類文目 由来「あやいろ」の転。

【文】 あや ①物の表面の模様。また、織物の模様。「落ち葉が色とりどりの―をなす」②言葉や文章の飾りや言い回し。「言葉の―」③物事の筋道。しくみ。「事件の―を説き明かす」表記①「紋」とも書く。参考「綾」と書けば、線が斜めに交わった模様の意になる。

【文目】 あやめ ①模様。色合い。「―も分かぬ暗闇」②物事の区別。また、筋道。「―も知らぬ愚かな男」

〈文身〉 いれずみ ①肌に針や刃物で傷をつけて色素を入れ、文字・模様・絵などを彫りつけること。彫り物。仕事師や遊び人などの間で行われた。②顔や腕に墨汁を刺し入れて、前科者の印としたもの。表記①「刺青・入れ墨」とも書く。②本来「黥」と書く。参考「ブンシン」とも読む。

【文る】 かざる ①模様をつけて、美しくりっぱにする。②うわべをとりつくろう。見かけをりっぱに見せる。「字句を―った祝辞」「美辞麗句で―られた文章」参考「飾る」と書けば、外観に手を加える意になる。

〈文珠蘭〉 はまゆう ヒガンバナ科の多年草。由来「文珠蘭」は漢名から。
▼浜木綿(一三三三)

【文月】 ふづき 「文月ふみづき」に同じ。

【文箱・文筥】 ふばこ ①手紙などを入れて保管する手箱。②手紙などを入れ、相手に届けるための細長い箱。類状箱 ③書物を入れ、背負って運ぶ箱。参考「ふみばこ」とも読む。

【文】 ふみ ①物事を書き記したもの。文書。書物。②手紙。書状。「―をつける(恋文を渡す)」③学問。特に、漢学。

【文月】 ふみづき 陰暦七月の異名。文披月。参考「ふづき」とも読む。

【文机】 ふみづくえ 書物を読んだり、文章を書いたりする和風のつくえ。類書机 参考「ふづくえ」とも読む。

【文披月】 ふみひろげづき 「文月」に同じ。参考「ふみひらきづき」とも読む。

【文案】 ブンアン 文章の下書き。「挨拶状の―を練る」類草稿・草案

【文意】 ブンイ 文章に表現された内容や意味。「―が把握できない悪文」類文義

【文運】 ブンウン 学問や芸術が盛んになる気運や勢い。また、文化・文明の発展する勢い。「―隆盛」「―が衰退する」対武運

【文苑】 ブンエン ①文学者の世界。文人の仲間。類文壇 ②文集。

【文化】 ブンカ ①人間がつくりだして伝達し、共有しあう有形・無形の活動。また、その活動の成果。「―遺産」「―功労者」対自然 ②世の中が進歩して、生活が物心両面で高まること。文明開化。「―的な生活を営む」類文明 参考①狭義には、芸術・宗教・学問・道徳などの精神的な活動を指す。

【文雅】 ブンガ ①詩歌や文章をつくって味わう風雅の道。「―を尊ぶ」「―には縁がない」②みやびであるようす。「―な催し」類優雅

【文学】 ブンガク ①感情・思想などを言語や文字によって表現する芸術。小説・詩歌・戯曲・随筆・評論など。「若いころは―青年だった」類文芸 ②①を研究する学問。③文芸学・哲学・歴史学・言語学・社会学などの総称。「大学の―部に通う」類人文科学

【文化勲章】 ブンカクンショウ 科学・学問・芸術など、文化の発展に大きな功績のあった人に与えられる勲章。一九三七(昭和一二)年に制定された。

【文化財】 ブンカザイ 文化活動によってつくりだされた価値の高いもの。特に、一九五〇(昭和二五)年公布の文化財保護法により指定・保護されている、有形文化財・無形文化財・民俗文化財・記念物・文化的景観・伝統的建造物群のこと。「貴重な研究成果を―として後世に残す」「重要無形―の保持者」

【文化人】 ブンカジン 教養の高い社会人。特に、学者や芸術家などをいう。

【文教】 ブンキョウ 学問や教育によって人を教え導くこと。また、その指導や教化。特に、文部科学省の教育行政。「―地区(教育施設が集まっている地区)」「―政策の貧弱な国」

【文金高島田】 ブンキンたかしまだ 島田まげの根やまげの部分を高くした、女性の日本髪の結い方。花嫁が結う。文金。

ふ ブン

文金島田。由来男性のまげの「文金風」から。

【文芸】ブンゲイ ①学問と技芸。また、文学と芸術。類学芸 ②小説・詩歌・戯曲・随筆・評論などの総称。類文学

【文芸復興ブンゲイフッコウ】ルネサンス（再生の意味のフランス語）の訳語。一四～一六世紀にイタリアを中心に起きた芸術・思想の革新運動。人間性復活を目指し、近代西欧文化の基盤となった。

【文献】ブンケン 研究の資料になる文書や書物。由来「文」は文字に書かれたもの、「献」は賢者が記憶しているもののこと。昔の制度や文物の証拠となる典籍テンセキと賢者の意から。〈『論語』〉

【文庫】ブンコ ①書物を保管する蔵。図書館の古称。「内閣―」「―活動を地域に広げる」類書庫 ②多くの本を集めまとめたもの。また、まとまった蔵書。「学級―」「大宅―」 ③書類・文具などを入れておく箱。「手―」 ④叢書につける名称。 ⑤小型で、簡単な装丁の書物。普及を目的として、携帯に便利で比較的廉価な本。「―判」

【文語】ブンゴ ①文章を書くときに使う言葉。書き言葉。文章語。「―的な言い回しを多用する」 ②現代の口語体以前の文法体系をもつ言葉。おもに、平安時代の文法を基礎とした言語体系をいう。「―体」「シェークスピアを―訳で読む」類古文 対①②口語

【文豪】ブンゴウ 歴史に残るような偉大な作家。文章や文学に抜きんでた人。「昭和の―」

【文才】ブンサイ すぐれた文章や文学作品をつくる才能。「彼は―が豊かである」

【文士】ブンシ 詩文などをつくることをなりわいとする人。特に、小説家。「三文サンモン―」「―の端くれ」類文人

【文事ある者は必ず武備あり】ブンジあるものはかならずブビあり 平時でも戦時でも、文武は必ず両方を備えなければならないということ。〈『史記』〉参考「武事ある者は必ず文備あり」と続く。

【文質】ブンシツ 飾りと中身。表面の美しさと実質。はなやかなことと地味なこと。「―を兼ね備える」

【文質彬彬ブンシツヒンピン】外見の美しさと内容の良さとがよく調和していること。また、教養の豊かさと生まれつきの資質の良さが調和していること。「彬彬」は、外見と内容がともにすぐれているさま。〈『論語』〉

【文弱】ブンジャク 学問や芸術などにふけって、強さや勇ましさがなく弱々しいこと。「―の徒」「宋ソウ王朝は―に流れて滅んだ」

【文繡】ブンシュウ あや模様の縫い取り。転じて、美しい衣服。

【文従字順ブンジュウジジュン】文章表現と文字づかいが穏やかでほどよいこと。〈韓愈カンユの文〉

【文書】ブンショ 文章にして記したもの。書きつけ。ふみ。「―にて回答されたし」類書類・記録 参考「モンジョ・ブンジョ」とも読む。

【文章】ブンショウ いくつかの文を連ね、まとまりのある思想や感情を表したもの。ふつうは、韻文に対する散文をいう。「―を推敲スイコウする」

【文章絶唱ブンショウゼッショウ】文章や詩歌の、最もすぐれたもののこと。〈『鶴林玉露カクリンギョクロ』〉

【文飾】ブンショク ①文章や語句を飾ること。文章のあや。文彩。「―を施す」「―が過ぎた文」類文藻ブンソウ ②いろどること。飾ること。また、そのいろどりや飾り。修辞。

【文身】ブンシン 「文身いれずみ」に同じ。

【文人】ブンジン 文学・芸術・学問に従事する人。また、文事にたずさわる風雅な心のある人。「彼のコレクションは―趣味だ」類文士 対武人

【文人墨客ブンジンボッカク】詩文や書画などにすぐれ、風雅を楽しむ人たちのこと。参考「墨客」は「ボッキャク」とも読む。

【文責】ブンセキ 書いた文章に関する責任。「内容や表現など、記事の―は担当記者にある」

【文選】ブンセン 活版印刷で、原稿に合わせて活字を拾うこと。また、その作業をする人。「彼は―工として年季が入っている」参考「モンゼン」と読めば別の意になる。

【文藻】ブンソウ ①文章の飾り。文章のいろどり。類文飾・文彩 ②詩文を巧みにつくる才能。「彼は―が豊かだ」類文才

【文壇】ブンダン 作家や文芸批評家などの文学者たちが形成する社会。文学界。「―の重鎮」類文苑

【文治】ブンチ 武力によらず、教育や法律によって世の中を治めること。「―政治」類文政 対武断 参考「ブンジ」とも読む。

【文致】ブンチ 文章の趣。書きぶり。

【文鎮】ブンチン 紙や書類が風などで動かないよう、おもしとして置く文房具。

【文通】ブンツウ 手紙のやりとりをすること。「―相手を募集する」類通信

【文典】ブンテン 文法を説明した書物。文法書。「国語の―」

【文筆】ブンピツ 文章、特に詩歌・小説・評論などを書くこと。「―業」

【文武】ブンブ 学問と武芸。文事と武事。「―二道をこなす」参考「ブンプ」とも読む。

【文武一途ブンブイット】文官と武官との区別がないこと。〈『日本外史』〉

【文武両道ブンブリョウドウ】学業とスポーツ。また、その両方にすぐれていること。もとは、武士に必要とされた学問と武道のこと。類文武兼備

【文物】ブンブツ 学問・法律・芸術・宗教など、文化に関するもの。「中国の―を受け入れる」

【文房具】ブンボウグ 書き物をするのに必要な道具。筆・紙・ペン・鉛筆・消しゴム・定規など。文具。参考「文房」は、読書や書き

物などをする部屋の意。

【文脈】ブンミャク ①文章中の文と文や、文中の語と語の意味の続きぐあい。文章の筋道。「—にそって内容を理解する」「前後の—から意味を考える」②事柄の筋道。背景。「相手の言い分からは—が読みとれない」

【文明】ブンメイ ①文教が進み、人知が開けたようす。また、人間の意識や知恵が進み、高度な文化をもった状態。「黄河—」「—にとり残された地域」類文化 ②科学技術などの発達で得られた物質的成果による豊かな状態。「—の利器」

『文明開化』ブンメイカイカ 世の中が開けて、生活が便利になること。特に、明治初年、日本が西洋文明の流入により急速に近代化したことをいう。

【文楽】ブンラク 義太夫節(ぎだゆうぶし)の語りに合わせて演じるあやつり人形の芝居。人形浄瑠璃(ジョウルリ)の一種。由来 人形浄瑠璃小屋の文楽座から。

【文理】ブンリ ①筋目。あや。②文章の筋道。脈絡。「—を整然とさせる」類文脈 ③文科と理科。「—学部」

【文△旦】ボンタン ザボンの別称。参考「ブンタン」とも読む。▼朱欒(ザボン)(六七五)

【文△尼】ムニ ①仏教で、修行する者の呼称。類聖人 ②釈迦(シャカ)。「釈迦—」由来 梵語(ボンゴ)の音訳から。表記「牟尼」とも書く。

【文字】モジ ①言葉を表す記号。字。「彼女はきれいな—を書く」②文章や語句。また、読み書きや学問。「—を理解しない(読み書きができない)」参考「モンジ」とも読む。

【文字△詞】モジことば 言葉の下部の音の代わりに「もじ」をつけていう語。昔、女官などが婉曲(エンキョク)表現のために用いた。かもじ(髪)・しゃもじ(杓子)・すもじ(寿司)などの類。類女房詞(ことば)

【文】モン ①足袋(たび)や靴の大きさの単位。一文は約二・四センチメートル。「一二—の足袋」②昔の貨幣の単位。由来 ①一文銭を並べてはかったことから。

【文句】モンク ①文章中の語句。「陳腐な決まり—」類文言(モンゴン) ②言い分や苦情。「挨拶(アイサツ)の—を考える」「食事に—ばかり言う」「店の対応に—をつける」類異議

【文言】モンゴン 文章中の語句。「契約書の—を一字一句確認する」類文句

【文△籍】モンジャク 書いた物。文書。書籍。参考「ブンセキ」とも読む。

【文殊】モンジュ 「文殊菩薩(ボサツ)」の略。知恵をつかさどる菩薩。普賢(フゲン)と対になり、獅子(シシ)に乗って釈迦(シャカ)の左側にいる。「三人寄れば—の知恵」

【文章〈博士〉】モンジョウはかせ 律令(リツリョウ)時代の官名の一つ。大学寮で詩文や歴史をつかさどった。教官の長。類紀伝博士 参考「モンゾウはかせ」とも読む。

【文選】モンゼン 中国の書名。もと三〇巻。のちに六〇巻。周から梁(リョウ)まで約一〇〇〇年間にわたる詩文の中から選定し、編集したもの。日本では平安時代、知識人の必読書として多く読まれた。参考「ブンセン」と読めば別の意になる。

【文無し】モンなし ①「一文無し」の略。所持金がまったくないこと。②大きさが一二文以上の、並はずれに大きい足袋(たび)。由来 ②それ以上の文数がないことから。

【文盲】モンモウ 文字が読めないこと。また、そのような人。「無学—」対識字(シキジ)

【文様】モンヨウ 衣服・調度類などに飾りとして施す、いろいろな図案や色の組み合わせ。模様。あや。表記「紋様」とも書く。

ブン 【紊】 (10) 糸 4 1 6904 6524 音 ブン・ビン 訓 みだれる・みだす

意味 みだれる。みだす。「紊乱」

【▲紊乱】ブンラン 秩序・規律・道徳などがみだれること。また、みだすこと。「風紀の—が顕著だ」参考「ビンラン」と読むのは慣用読み。

【▲紊れる】みだ—れる さまざまに入り混じって、秩序などがなくなる。入り組んで筋道が立たなくなる。「都市の風紀が—れる」「雑念で考えが—れる」「秩序が—れる」由来 糸がもつれみだれる意から。

ブン 【△蚊】 (10) 虫 4 常 1867 3263 ▼か(二六二)

ブン 【聞】 (14) 耳 8 教 常 9 4225 4A39 音 ブン・モン高 訓 きく・きこえる

筆順 丨 ｢ 「 門 門 門 門 聞 聞 聞 (4, 9, 12)

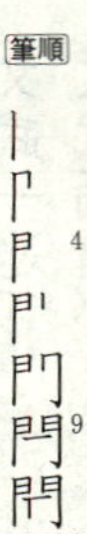

意味 ①きく。きこえる。きいて知る。「聞知」「見聞」「伝聞」②うわさ。評判。「醜聞」「風聞」③においをかぐ。「聞香」

下つき 異聞(イブン)・外聞(ガイブン)・旧聞(キュウブン)・見聞(ケンブン)・醜聞(シュウブン)・新聞(シンブン)・奏聞(ソウモン)・聴聞(チョウモン)・伝聞(デンブン)・内聞(ナイブン)・百聞(ヒャクブン)・風聞(フウブン)・未聞(ミモン)

【聞く】き—く ①音や声などを耳に感じる。また、話などが耳に入る。「鳥のさえずりを—く」「物音を—く」「悪いうわさを—く」②承知する。「忠告を—く」③問う。「道を—く」④においをかぐ。また、味や香りのよしあしを調べる。「茶の香りを—く」「—き酒」表記 ④「利く」とも書く。参考「聴く」と書けば、耳を傾けて詳しく聞き取り、また、聞き入れる意。

『聞いて極楽(ゴクラク)見て地獄』話に聞くとまるで極楽のようによさそうだが、実際に自分の目で見てみると地獄のようにひどいこと。他人の話やうわさで聞くのと自分で実際に見るのとでは、大きな相違があるたとえ。類聞いて千金見て一毛

『聞くは一時(イットき)の恥、聞かぬは一生の恥』知らないことは、恥ずかしくてもすぐに人に聞いておけという戒め。それを嫌がって聞かずにいれば、一生恥ずかしい思いをしなくてはならないということ。参考「一生」は「末代(マツダイ)」ともいう。類問うは当座の恥問わぬは末代の恥

【〈聞道〉・〈聞説〉】きくならく 聞いたことには。聞くところによると。

【聞こえる】きこえる ①音や声などが耳に感じ取れる。耳に届く。「川のせせらぎが―える」②そのように受け取られる。「彼の言葉は嫌味に―える」③筋道が通る。納得できる。「それは―えません(納得できない)」④広く知れ渡る。「世に―えた名医」

【聞達】ブンタツ 世間に名高くなること。有名になること。名聞栄達。「―を求めず」

【聞知】ブンチ 聞き知ること。以前から聞き及んでいること。「私の―しないことです」

【聞風喪胆】ブンプウソウタン 自分についての悪いうわさや他人についての悪評を聞いて、非常に驚くこと。「風」は風の音でうわさ、「喪胆」は胆を失うことで、びっくりする意。

【聞香】モンコウ 香をかぐこと。また、香をかぎわけること。ききこう。かぎこう。参考「ブンコウ」とも読む。

ふんどし【▲褌】(14) 衤9 7478 6A6E ▼コン(五三九)

へ部 へ部

へ【▲屁】(7) 尸4 5391 557B ▼ヒ(一二七五)

べ【△部】(11) 阝8 教 4184 4974 ▼ブ(一三三六)

ヘイ【丙】(5) 一4 常 準2 4226 4A3A 音 ヘイ 訓 外 ひのえ

筆順 一 丆 冂 丙 丙

意味 ①ひのえ。十干の第三。「丙午」▼干支順位表(一六〇〇) ②物事の三番目。「丙種」

【△丙】ひのえ 十干の第三番目。方角では南。五行では火。対丁ひのと 参考「火の兄え」の意。

【△丙△午】ひのえうま 干支の第四三番目。十干の第三にあたる「丙」と、十二支の第七にあたる「午」とが組み合わさった年。参考「ヘイゴ」とも読む。この年には火災が多いとか、この年に生まれた女は夫を殺すという迷信があった。

【丙午】ヘイゴ 「丙午ひのえうま」に同じ。

ヘイ【平】(5) 干2 教 常 8 4231 4A3F 音 ヘイ・ビョウ 外 ヒョウ 訓 たいら・ひら

旧字《平》(5) 干2 1/準1

筆順 一 丷 亚 平

意味 ①たいら。ひらたい。「平地」「水平」②かたよらない。ひとしい。「平等」「平均」③おだやか。やすらか。「平和」「太平」④たいらげる。しずめる。「平定」⑤つね。なみ。ふつう。「平常」「平素」⑥やさしい。簡単。「平易」「平明」⑦漢字音の四声の一つ。「平声」⑧四姓(源・平・藤・橘)の一つ。「平氏」の略。「平家」⑨「平方」のこと。「平米」

下つき 公平コウヘイ・水平スイヘイ・太平タイヘイ・泰平タイヘイ・地平チヘイ・不平フヘイ・偏平ヘンペイ・和平ワヘイ

【平ら】たいら ①高低や傾斜のないさま。ひらたいさま。「穴を埋めて―にする」「―な道が続く」②穏やかなさま。「―な気持ちで過ごす」③足を崩し、あぐらなどの楽な姿勢でいること。「どうぞお―に」④山あいの平地。多く、地名の後ろにつけていう。

【平らげる】たいらげる ①平らにする。②敵対勢力などを負かして、世の中をしずめる。平定する。「敵を―げて、天下を統一する」③食べ物をすっかり食べてしまう。「出された料理をすべて―げた」

【〈平城〉】なら 奈良時代、平城京へいじょうきょうが置かれた所。現在の奈良市付近。表記「寧楽・那羅」とも書く。

【〈平江帯〉】ひごたい キク科の多年草。西日本の山地の草原にまれに自生。葉は羽状に裂け、アザミに似る。秋、濃青色の頭花を球状につける。表記「漏盧」とも書く。

【△平声】ヒョウショウ ①漢字の声調で、高低がなく平らに発音するもの。四声の一つ。対仄声ソクセイ ②日本語のアクセントで、比較的低く平らな発音。参考「ヒョウセイ」とも読む。

【△平調】ヒョウジョウ 日本の音名で、十二律の三番目の音。音の高さは、洋楽のホ音にほぼ等しい。

【△平▲仄】ヒョウソク ①漢字の四声を大きく二つに分けていう語。「平」は平声ヒョウショウ、「仄」は上声ジョウショウ・去声キョショウ・入声ニッショウの三声。漢詩をつくるとき、この二種の声調の字の並べ方に細かい規則がある。②話の筋道。前後の脈絡。つじつま。「きみの話は―が合わない」

【平等】ビョウドウ すべてわけへだてがなく、等しいこと。「不―」「学生を―に扱う」

【△平文】ヒョウモン 奈良時代に唐から伝来した漆工芸の技法の一つ。金銀の薄い板を模様に切って漆の面に貼り、さらに漆を塗って研ぎ出し、平らにしたもの。参考「ひらモン」とも読む。

【平】ひら ①平らなこと。ひらたいこと。また、でこぼこがないところ。「手の―に載せる」「―屋に引っ越す」②普通であること。特に、会社組織などで役職についていないこと。また、その人。「うだつの上がらぬ―社員」③「平碗ひらワン」の略。底の浅くてひらたい形の碗。御平おひら。④「平織り」の略。経糸たていとと緯糸よこいとを一本ずつ交差させる基本的な織り方の織物。「―絹の反物」「仙台―の袴」

【平▲絎】ひらぐけ ①裁縫で、平らにくけること。②「平絎帯」の略。帯芯を入れず、平らにくけた細い帯。参考「絎」は、縫い目が出ないように縫う意。

【平城】ひらじろ 平らな土地に築いた城。対山城 参考「ひらジョウ」とも読む。

【平幕】ひらマク 相撲で、横綱と三役(大関・関脇・小結)以外の幕内力士。前頭。「三役から—に落ちる」

【平家・平屋】ひらや 一階建ての家。「—造りの家屋」

〈平伏〉すひれふ—す 額が地面につくほど体を低くする。「神前に—す」

【平安】ヘイアン ①何事もなく穏やかなこと。「旅の—を祈る」類平穏・安穏 ②封筒のあて名の脇付に用いる語。変事の知らせではないことを示す。類平信 ③「平安京」の略。④「平安時代」の略。平安京への遷都以降の約四〇〇年間をいう。

【平易】ヘイイ たやすく、わかりやすいこと。難しくないこと。「内容を—に説く」「—な言葉で書き表す」類容易 対難解

【平穏】ヘイオン 穏やかで、とりたてて変わりがないこと。「戦争も終わり—な日が続いた」類平安・安穏 対不穏

【平穏無事】ヘイオンブジ 穏やかで、何事も起きないこと。「両親は田舎で—に暮らしている」類無事安穏 対多事多難

【平価】ヘイカ ①二国間の貨幣の交換比率。金・ドルなどとの比率で示される。「—切下げ」②有価証券の相場価格が、その証券の額面金額と同じであること。参考①一九七三(昭和四八)年、変動為替相場制に移行後は廃止状態にある。

【平滑】ヘイカツ 平らでなめらかなこと。「—な板」「—筋(胃腸など内臓や血管などの壁を形成している筋肉)」

〖平滑流暢〗ヘイカツリュウチョウ 言葉などがなめらかに、よどみなく流れ出るさま。

【平気】ヘイキ ①心の状態が落ち着いて穏やかなこと。「彼女は—の様子だ」②物事に動じないこと。困難や悪いことがあっても、気にかけないこと。「—の平左」「少々の借金は—だ」類①平静 ③大丈夫であること。さしつかえのないこと。「失敗しても—だ」

〖平気虚心〗ヘイキキョシン 気持ちが平らかで、心にわだかまりがないこと。わだかまりをもたないこと。「—を保つのは難しい」類虚心坦懐・虚心平意 参考「虚心」は、心にわだかまりをもたないこと。

【平曲】ヘイキョク 琵琶の伴奏に合わせて『平家物語』を語る音曲。中世歌謡の一つで、「平家」とも呼ばれた。平家琵琶。

【平均】ヘイキン ①数・量・質などにふぞろいのないこと。また、そのようにならすこと。「品質の—化をはかる」②つりあいがとれていること。バランス。「—台」「—運動」類平衡 ③多くの量や数の中間的な値。また、それを求める演算。「中間試験の—点を出す」「全体の—をとる」

【平行】ヘイコウ ①同一の平面にある二直線、または平面とその外にある直線や平面が、いくら延長しても交わらないこと。「—線を書く」②二つ以上の物事が同時に行われること。「二つの実験を—して行う」表記②「並行」とも書く。

【平衡】ヘイコウ つりあいのとれていること。「生産と消費の—を保つ」「体の—を失う」

【平衡感覚】ヘイコウカンカク ①重力に対し、全身の位置やつりあいを知る感覚。内耳の奥にある器官がつかさどる。平衡覚。②バランスのとれた考え方や感じ方。「彼の評論は—にすぐれている」「—に富んでいる」

【平沙万里】ヘイサバンリ 砂漠が果てしなく広がっているさま。「沙」は、砂・砂漠の意。〈岑参の詩〉

【平時】ヘイジ ①平常の時。ふだん。「—であっても地震への備えは怠るべきではない」類常時・平生 ②戦争のない平和な時。対戦時・①②非常時

【平日】ヘイジツ ①常の日。ふだんの日。「—どおりに出社する」類平生 ②土曜日・日曜日・祝祭日など以外の日。ウイークデー。「—ダイヤ」「—料金」対休日

【平準】ヘイジュン ①水準器ではかって水平にすること。②物価などを均一にすること。「各社間の運賃の—化をはかる」

【平叙】ヘイジョ ①ありのまま飾らずに述べること。②疑問・感嘆・命令以外の普通の文章。「—文」

【平常】ヘイジョウ 特別な事柄がない状態。ふだん。「—どおり電車を運行する」「—心を保つ」類平生・平素

【平信】ヘイシン ①特別ではない普通の手紙。②手紙の脇付に用いる語。類平安

【平身低頭】ヘイシンテイトウ ひたすら謝罪すること。体をかがめ、頭を低く下げて恐れ入る意から。「—して非礼をわびる」参考「低頭平身」ともいう。類三拝九拝

【平静】ヘイセイ 穏やかであるようす。人の心や態度などが落ち着きのあること。「街は—を取り戻した」「動揺を隠して—を装う」類冷静

【平生】ヘイゼイ 常日ごろ。いつも。ふだん。「—の鍛錬を欠かさない」「何事も—の心掛けが大切だ」類平常・平素

【平素】ヘイソ 普通の生活をしている時。ふだん。「—のご無沙汰をお許しください」「—は穏やかな人だ」類平常・平生

【平太】ヘイダ 能面の一つ。たくましい武将の霊などに用いる男面。

【平坦】ヘイタン ①土地が平らなこと。「ずっと—な道が続く」「—部の水田地帯」②物事に起伏がなく穏やかなこと。「—な口調で話す」「ここまで成功するには、—な道のりではなかった」

【平淡】ヘイタン あっさりしていること。さっぱりしていること。「—なリズムの曲」「—な付き合い」

【平談俗語】ヘイダンゾクゴ 日常使っている言葉や言い回しのこと。参考「平談」は日常の会話の意。

【平地】ヘイチ 起伏がなく、平らな地面。平坦地。「—の多い地域」対山地 参考「ひら

チ」とも読む。

【平地に波瀾を起こす】物事が平穏無事にいっているところに、あえてもめごとや騒ぎを起こすこと。〈劉禹錫の詩〉

【平定】ヘイテイ 武力で攻め滅ぼし、服従させること。乱がおさまり、世が安定すること。「反乱を—する」「天下—」類鎮定・鎮圧

【平年】ヘイネン ①平常の年。特に、農作物の収穫や天候の状況が平均的な年。「稲の作況は—並だ」「今年は—に比べて暖冬だ」類例年 ②太陽暦で二月が二八日で、一年が三六五日の年。対閏年

【平板】ヘイバン ①凹凸のない平らな板。②変化がなく、おもしろみが感じられないこと。「この小説の後半は—でつまらない」「講演の内容は—だった」類単調

【平伏】ヘイフク 両手をつき、頭を地につけて礼をすること。ひれふすこと。「足下に—する」類平身・拝伏 参考多く、神や貴人に対して祈願・畏敬・恭順などの意を示す。

【平服】ヘイフク ふだんに着る服。ふだんぎ。日常着。「当日は—でおいで下さい」対礼服

【平平坦坦】ヘイヘイタンタン 地面に高低や凹凸がなく、きわめて平らなさま。参考「平坦」を重ねた語。

【平平凡凡】ヘイヘイボンボン きわめてありふれていること。「—とした暮らし」類無声無臭 参考「平凡」を重ねた語。

【平方】ヘイホウ ①同じ数や式を二つ掛けること。また、その数や式。二乗。②正方形をさす語。「五メートル—(一辺の長さが五メートルの正方形)の区画」類四方 ③面積の単位を表す語。「床面積六〇—メートル」

【平凡】ヘイボン ありふれているさま。特に、すぐれたり変わったりするところのないこと。「毎日—な生活を送っている」「—な選手」類凡庸 対非凡

【平民】ヘイミン ①官位のない人民。庶民。「—宰相」②明治憲法下における旧民法の戸籍上の階級で、華族・士族以外の者。参考②一九四七(昭和二二)年、日本国憲法の施行に伴って廃止。

【平明】ヘイメイ ①理解しやすく、はっきりしていること。「彼の文章は—で読みやすい」「—な解説」②夜が明けるころ。夜明け方。「新しい時代の—」

【平面】ヘイメン ①平らな表面。「この小説は—描写の手法を用いている(作者の主観を入れずに客観的に描く)」②一つの面上にある任意の二点を結ぶ直線が、常にその面上に含まれる面。対曲面

【平癒】ヘイユ 病気が治ること。「無事に—して退院の運びとなる」類平復・全快

【平礼】ヘイライ 薄く漆を塗った烏帽子で、雑色(下級役人)が頂を折ってかぶる粗末なもの。平礼烏帽子。参考「ヘイレイ・ひれ」とも読む。

【平和】ヘイワ ①戦争がなく、世の中が無事で穏やかなこと。「戦争と—」「紛争を—的に解決する」類太平 対戦争 ②穏やかで安定していること。また、そのさま。「—な暮らしを送る」類平穏

【平鯛】へだい タイ科の海魚。本州中部以南の沿岸にすむ。丸みのある体は青灰色で、腹部は白っぽい。美味。

ヘイ【兵】

(7) 八 5 常 教 7 4228 4A3C

音 ヘイ・ヒョウ
訓 外つわもの・いくさ

筆順 ノ 厂 厂 斤 丘 乒 兵

意味 ①つわもの。軍人。「兵士」「徴兵」②武器。「兵器」「兵刃」③いくさ。戦争。「兵火」「兵法」

下つき 衛兵・騎兵・挙兵・工兵・出兵・将兵・水兵・雑兵・徴兵・番兵・伏兵・砲兵・歩兵・練兵

【兵】つわもの 武士。兵士。軍人。特に、勇ましく強い武人。参考「強者」と書けば、勇者・猛者の意になる。

【兵衛佐】ヒョウエのすけ 兵衛府の次官。兵衛府は律令制において、皇居の守衛、行幸の警備、都の巡視などをつかさどった役所で、六衛府の一つ。

【兵部】ヒョウブ 「兵部省」の略。①律令制で、太政官八省の一つ。武官の人事や軍事一般をつかさどる。②一八六九(明治二)年に置かれた六省の一つ。陸海軍・軍備・兵学校などに関することをつかさどり、一八七二(明治五)年に陸軍省・海軍省が設けられたのに伴い廃止。

【兵糧】ヒョウロウ 軍隊の食糧。また、活動を支えるのに十分な食糧。「—攻め(敵の食糧供給の道を妨害し、戦力を弱めさせる戦い方)」「とうとう—が尽きた」

【兵六玉】ヒョウロクだま まぬけ。愚鈍な人をののしっていう語。兵六。表記「表六玉」とも書く。

【兵営】ヘイエイ 兵隊が宿営する場所。兵舎のある区域。類兵舎

【兵役】ヘイエキ 軍籍に編入され、軍務に服すること。「志願して—につく」類軍役

【兵戈】ヘイカ ①ほこ。武器。「隣国と—を交える」②戦争。類①②干戈・兵革・兵甲 参考「戈」は、ほこの意。

【兵戈搶攘】ヘイカソウジョウ 敵味方が入り乱れる激しい戦闘の形容。「搶攘」は乱れるさま。〈『金史』〉表記「搶攘」は「槍攘」とも書く。

【兵火】ヘイカ ①戦争により起きる火災。「—の街」類兵燹 ②戦争。類①②戦火

【兵戟】ヘイゲキ ①刀とほこ。武器。「戟」は枝刃のあるほこの意。②いくさ。戦争。

【兵士】ヘイシ 軍隊において士官の指揮を受け、軍務に服する者。「出征—を見送る」類兵卒・兵隊

【兵舎】 ヘイシャ 軍隊で、兵士が起居・寝食する建物。類兵営

【兵術】 ヘイジュツ 戦争において、軍隊を運用する技術。類戦術・兵法

【兵▲仗】 ヘイジョウ ①いくさに用いる道具。類兵器・武器 ②武器を持って護衛する兵士。参考「ヒョウジョウ」とも読む。

【兵刃】 ヘイジン 武器のやいば。しらは。「昔、―を交えた古戦場だ」

【兵制】 ヘイセイ 軍事上の備えに関する制度。「―を改める」類軍制

【兵▲燹】 ヘイセン 戦争により起こる火災。類兵火・戦火 参考「燹」は野火(のび)の意。

【兵卒】 ヘイソツ 下級の兵士。類兵隊 参考「兵」「卒」ともに、下級の兵士の意。

【兵隊】 ヘイタイ ①兵士。兵。「息子を―にとられる」類兵卒 ②兵士を編制して隊としたもの。類軍隊

【兵▲站】 ヘイタン 戦場の後方にあって、車両・食糧・弾薬など軍需品の補給や輸送、また連絡の確保にあたる機関。「―基地」「―線」参考「站」は車馬や人のとまる宿場の意。

【兵強ければ△則ち滅ぶ】 ヘイつよければすなわちほろぶ 勢力が強いと、それに慢心して、かえって失敗するという戒め。兵力が強大だと、おごりや油断が生まれ、滅ぶことになる意から。《『淮南子(エナンジ)』》

【兵馬】 ヘイバ ①兵器と軍馬。転じて、軍隊・軍備。「―の権(軍隊の統帥権)」②軍用に供される馬。類軍馬 ③戦争。戦い。

『兵馬▲倥▲偬』 ヘイバコウソウ 戦争のあわただしいなかに生活すること。また、苦労の多い軍人の生活のこと。「倥偬」は忙しいさま。また、苦労の多いさま。参考「兵馬」は「戎馬(ジュウバ)」ともいう。

【兵は▲詭道なり】 ヘイはキドウなり 戦争はただ敵に勝てばよいので、相手をあざむく方法にほかならない。「兵」は戦争、「詭」はいつわる意。《『孫子』》

【兵は凶器なり】 ヘイはキョウキなり 武器は人を傷つける不吉な道具である。「兵」は兵器の意。《『国語』》

【兵は神速を貴ぶ】 ヘイはシンソクをたっとぶ 戦術は、まず迅速であることが第一である。《『三国志』》

【兵は拙速を聞く】 ヘイはセッソクをきくは、 戦争で多少やり方にまずいところがあっても、すばやく決着をつけることが大事だということ。《『孫子』》

【兵馬▲俑】 ヘイバヨウ 副葬品として兵士・馬・人をかたどったもの。中国、秦(シン)の始皇帝陵からのものが有名。「―坑(コウ)を見学する」参考「俑」は、死者を埋葬するときに一緒に埋める人形。わりに埋葬したことから始まった。

【兵法】 ヘイホウ ①戦術に関する理論。いくさの方法。「―に長(た)ける」「―書」類戦術・軍略 ②剣術や柔術などの武術。「―者」参考「ヒョウホウ」とも読む。

【兵乱】 ヘイラン 戦争により世の中が乱れること。また、その乱れ。「―に巻きこまれて死ぬ」類戦乱

【△兵△児帯】 へこおび 男子や子どもが着物にしめる、しごき帯。由来「兵児」は鹿児島地方で、一五歳から二五歳の男子の意で、その兵児が用いたことから。

ヘイ【並】 (8) 一 7 常 教 5 4234 4A42

旧字《竝》(10) 立 5 1/準1 6777 636D

音 ヘイ(中)
訓 なみ・ならべる・ならぶ・ならびに

筆順 、 丷 䒑 竝 並 並 並 並

意味 ①ならぶ。ならべる。「並行」「並立」②ならびに。ともに。あわせて。類①②併 ③なみ。ふつう。「並製」

【△並べて】 なべて 全般に。総じて。おしなべて。「―この地方は温暖だ」今週は平穏だった」

【並】 なみ ①よくも悪くもないこと。中くらい。あたりまえ。「―の選手」「―の出来ばえ」②並んでいること。ならび。列。つづき。「山―が連なる」③同程度であるさま。たぐい。「仕事を人―にこなす」「世間―の暮らし」

【並み居る】 なみいる その場に大勢で並んでいる。列座している。居ならぶ。「―る強豪を破って優勝する」

【並びに】 ならびに および。また。二つの事項を並べて示すのに用いる語。「氏名、住所―電話番号を明記して下さい」

【並ぶ】 ならぶ ①列をつくる。連なる。「三列に―ぶ」「棚に品物が―んでいる」②同じ程度である。匹敵する。「両雄―び立たず」③近くに接している。また、同列である。「教室の席が―んでいる」表記①②「併ぶ・幷ぶ」とも書く。

【並▲駕斉駆】 ヘイガセイク 同じ程度の力の者が、互いに張り合って物事に取り組むさま。「駕」は馬車・乗り物、「斉」は等しい意。《『文心雕竜(ブンシンチョウリョウ)』》類並駆斉駕

【並行】 ヘイコウ ①並んで行くこと。「高速道路と線路が―している」②同時期に行われること。「決算報告と予算報告が―して行われた」表記②「平行」、①②「併行」とも書く。

【並称】 ヘイショウ あわせて呼ぶこと。また、並べてほめること。「杜甫(トホ)は李白(リハク)と―される詩人である」表記「併称」とも書く。

【並置】 ヘイチ 二つ以上のものを、同じ場所に設置すること。あわせ置くこと。「市役所に図書館を―する」表記「併置」とも書く。

【並立】 ヘイリツ 二つ以上のものが並び立つこと。特に、対立する二つのものが並び立つこと。「二つの勢力が―する」参考三つのものがならび立つことは「鼎立(テイリツ)」という。

【並列】ヘイレツ ①複数のものが並び連なること。また、並べ連ねること。「―行進をする」②「並列接続」の略。発電機・電池・抵抗器などの同じ極どうしをつなぐこと。パラレル。対直列

ヘイ【併】(8) イ6 常 準2 4227 4A3B
旧字《倂》(10) イ8 1/準1 1428 2E3C
音 ヘイ
訓 あわせる 外 ならぶ・しかし

筆順 ノ イ 亻' 亻" 伫 併 併

意味 ①ならぶ。ならべる。ならんで。「併記」「併発」②あわせる。あわせて。「併合」「併用」類 幷ヘイ・①② 並 ③しかし。しかしながら。
下つき 合併ガッペイ・兼併ケンペイ

【併せる】あわ-せる 並べて一緒にする。「成功を祝し―せて健康を祈る」「二つの銀行を―せる」表記「幷せる」とも書く。

【併し】しか-し けれども。そうではあるが。「今回の危機は乗り越えた。―今後が大変だ」

【併ぶ】なら-ぶ ①二つ以上のものが隣り合う。連なる。「横に―ぶ」「店頭に―ぶ商品」②同程度である。「―ぶ者がないほどの勢力を誇る」表記「並ぶ・幷ぶ」とも書く。

【併記】ヘイキ 二つ以上の事柄を並べて書くこと。「両論―」

【併行】ヘイコウ ①並んで行くこと。「線路と道路が―している」②同時に行うこと。「二つの論文を―して書く」表記②「平行」、①②「並行」とも書く。

【併合】ヘイゴウ 二つ以上のものをあわせて一つにすること。「会社を一つに―する」類 合併ガッペイ・統合

【併称】ヘイショウ あわせて呼ぶこと。また、他と並べてほめること。「三国志演義は水滸伝スイコデンと―される中国の古典小説である」表記「並称」とも書く。

【併進】ヘイシン 並んで進むこと。「二台の自動車が―する」「二つの事業が―して行われている」表記「並進」とも書く。

【併設】ヘイセツ 中心となる施設や設備に、あわせて設置すること。「美術館に絵画教室を―している」「大学に付属病院を―する」類 併置

【併存】ヘイゾン 二つ以上のものが、共に存在すること。「人の心には善悪が―している」類 共存 表記「並存」とも書く。参考「ヘイソン」とも読む。

【併置】ヘイチ 複数のものを同じ場所に設置すること。「公民館と図書館を―する」類 併設 表記「並置」とも書く。

【併読】ヘイドク 同じ時期に、二種類以上のものを並行して読むこと。「ベストセラーと古典を―する」「中央紙と地方紙を―している」

【併呑】ヘイドン 他の勢力をしたがえて支配下に置くこと。「清濁セイダク―」「小国が大国に―される」表記「幷呑」とも書く。参考 あわせのみこむ意から。

【併発】ヘイハツ 同じ時期に起こること。一つの物事に、もう一つの物事が重なること。「風邪をこじらせて、気管支炎を―する」参考 多く、事件や病気などにいう。

【併用】ヘイヨウ 二つ以上のものを一緒に使うこと。「そろばんと電卓を―する」表記「並用」とも書く。

ヘイ【坪】(8) 土5 常 3658 445A ▼つぼ(一〇八五)

ヘイ【幷】(8) 干5 1 9492 7E7C
音 ヘイ
訓 あわせる・ならぶ
〔并〕 5485 5675

意味 ①あわせる。一つにする。「幷合」「幷呑ヘイドン」類 併 ②ならぶ。ならべる。類 並

【幷せる】あわ-せる 一つにする。一緒にする。「二つの組織を―せて一つにする」「清濁―せ飲む」表記「併せる」とも書く。

【幷ぶ】なら-ぶ ①二つ以上のものが隣り合って位置する。連なる。「料理の腕前で、彼女に―ぶ者はない」②同じ程度である。表記「併ぶ・並ぶ」とも書く。

【幷呑】ヘイドン 他の勢力を支配下に置くこと。表記「併呑」とも書く。

ヘイ【秉】(8) 禾3 1 6729 633D
音 ヘイ
訓 いねたば・とる・まもる・え

意味 ①いねたば。ひとにぎりのイネの束。②とる。手に持つ。にぎる。「秉燭ヘイショク」③まもる。心にかたく守る。「秉公」④え(柄)。転じて権勢。「権秉」

【秉る】と-る 手に持つ。しっかりつかんで守る。転じて、心に固く守る。「松明たいまつを―る」

【秉彝】ヘイイ 人が、天から与えられた正しい道を守ること。参考「彝」は、きまりの意。

【秉燭】ヘイショク 灯ともしびを手に持つこと。転じて、灯をともすところ。宵よい。夕方。「―夜遊(好機を逃さずに行楽すること)」〈李白リハクの文〉

ヘイ【苹】(8) ⺾5 1 7189 6779
音 ヘイ・ヒョウ
訓 うきくさ・よもぎ

意味 ①うきくさ。ウキクサ科の多年草。類 萍ヘイ ②よもぎ。キク科の多年草。③リンゴの実「苹果」に用いられる字。

【苹果】ヘイカ リンゴの果実。季 秋 参考「ヒョウカ」とも読む。

ヘイ【柄】(9) 木5 常 4 4233 4A41
音 ヘイ 高
訓 がら・え 外 つか・いきおい

筆順 一 十 才 木 木 杠 柄 柄 柄

意味 ①え。つか。器物の取っ手。「長柄」「葉柄」②いきおい。権力。「横柄」「権柄」「政柄」③たね。材料。「話柄」④がら。性質。種類。状態。「人柄」「銘柄」

下つき 家柄・横柄・権柄・国柄・続柄・手柄・長柄・人柄・身柄・銘柄・話柄

【柄】え 持ちやすいように器物につけた細長い部分。また、棒状の握りの部分。「かなづちの―が折れた」「―のないところに―をすげる(むりやりに理屈をつける)」

【柄樽】えだる 祝儀などに用いる酒だる。角のように突き出た一対の柄がついている。類角樽

【柄長】えなが エナガ科の小鳥。森林にすむ。尾が長く、全体にひしゃくの形をしている。頭頂部と顔・腹は白色、目の上・翼・尾は黒色。精巧な巣を作ることで知られる。季夏

【柄】がら ①布地などの模様。「派手な―の服」②人の体の大きさ。からだつき。「彼は―が小さい」「大―な人」類体格 ③人の地位・品位・性質・能力などの様子。「人―は申し分ない」「―にもない態度」④そのものの性質や状況。「場所―、客の入りは見込めない」「商売―、ペンは手離せない」

【柄行】がらゆき 模様。がら。「自分に似合った―を選ぶ」

【柄】つか ①刀剣などの手で握る部分。②筆の軸。参考①刀剣の場合、刀身より握る部分が短ければ「つか」、刀身が短ければ「え」ということが多い。「刀の柄」「槍の柄」など。

〈柄杓〉ひしゃく 湯や水などをくみ取る道具。木・竹・金属などでつくった、わん形の容器に柄のついたもの。

【柄臣】ヘイシン 政治の権力を握っている家臣や臣下。類権臣

ヘイ【炳】(9) 火5 1 6359 5F5B 音 ヘイ 訓 あきらか・いちじるしい

〔炳〕

意味 あきらか。はっきりしている。また、いちじるしい。「炳焉」

下つき 彪炳

【炳らか】あき-らか ①光が明るく照らしているさま。明るく輝いているさま。「太陽が―に照る」②はっきりしたさま。明白なさま。「彼のまちがいは―だ」

【炳乎】ヘイコ 光り輝くさま。また、あきらかなさま。類炳然

【炳として】ヘイ-として 光り輝いて。あきらかに。

ヘイ【併】(10) 亻8 1428 2E3C ▼併の旧字(一三六七)

ヘイ【俾】(10) 亻8 4876 506C ▼ヒ(一二八〇)

ヘイ【娉】(10) 女7 1 5318 5532 音 ヘイ・ホウ 訓 めとる・とう

意味 ①めとる。嫁にもらう。②とう。おとずれる。③めす。よぶ。類①～③聘

ヘイ【病】(10) 疒5 教 4134 4942 ▼ビョウ(一三〇九)

ヘイ【竝】(10) 立5 6777 636D ▼並の旧字(一三六六)

ヘイ【陛】(10) 阝7 常 教 5 4237 4A45 音 ヘイ 訓 外 きざはし

筆順 フ 阝 阝 阝ト 阝止 阝比 阝比 陛 陛 陛

意味 きざはし。天子の宮殿の階段。「陛下」

【陛】きざはし 本殿の前に設けた石積み。転じて、宮殿の階段。参考おもに雅語として用いる。「階」と書けば、昇降するために造った階段、また、はしごの意になる。

【陛下】ヘイカ 天皇・皇后・太皇太后(先々帝の皇后)・皇太后(先帝の皇后)の尊称。「天皇―にお会いした」由来 天皇などには、陛の下にいる近臣を通じて奏上することから。

ヘイ【屏】(11) 尸8 1 9491 7E7B 音 ヘイ・ビョウ 訓 かき・ついたて・しりぞく・しりぞける・おおう

〔屛〕 5402 5622

意味 ①へい。かき。かきね。類塀 ②ついたて。「屏風」③しりぞく。しりぞける。「屏居」④おおう。かくす。「屏息」類蔽

下つき 藩屏

【屏う】おお-う ①さえぎり守る。さえぎり防ぐ。「ついたてを立てて、人目を―う」②さえぎり隠す。見えないようにする。「失策を―う」参考「覆う」と書けば、布などを上からかぶせて包む意になる。

【屏く】しりぞ-く 遠ざかる。また、遠ざける。人を近くに寄せつけない。「密談のため人を―く」「誘いを―く」参考現代では、多く「しりぞける」という。

【屏風】ビョウブ 室内に置いて風をさえぎったり、仕切りや装飾などに用いたりする道具。木の枠に絵や書がかいてある布や紙などを張って、折りたためるようにしたものが多い。「―絵」類衝立 季冬 参考「ヘイフウ」とも読む。

【屏風と〈商人〉は直には立たぬ】 自分の意地や考えを押しとおすのではなく、相手と妥協することで商売はうまくいくということ。「直には」は「まっすぐには」の意で、屏風は曲がるから立っていることをたとえに説いた、商売をする者への教え。

【屏風絵】ビョウブエ 屏風に描かれた絵。「尾形光琳のみごとな―」

【屏居】ヘイキョ ①家の一室に引きこもっていること。②世の中からしりぞいて家にいること。類隠居

【屏障】ヘイショウ さえぎり隔てること。また、隔てる仕切り。屏風・衝立・障子など。

【屏息】ヘイソク 息を殺して慎むこと。転じて、恐れをなして縮こまること。「上官の怒りにふれて―する」

ヘイ【△瓶】(11) 瓦6 常 4151 4953 ▼ビン(一三一六)

ヘイ【萍】(11) 艹8 1 7244 684C 音 ヘイ・ビョウ 訓 うきくさ・よもぎ

意味 ①うきくさ。ウキクサ科の多年草。類 苹(ヘイ) ②ただよう。さまよう。③よもぎ。キク科の多年草。

下つき 浮萍(フヘイ)

【▲萍】うきくさ ウキクサ科の多年草。▼浮草(うきくさ)(一三一九)

【▲萍水】ヘイスイ ウキクサと水。転じて、あちこちをさすらうことのたとえ。

ヘイ【閉】(11) 門3 常 教 5 4236 4A44 音 ヘイ 訓 とじる・とざす中・しめる・しまる 外 たてる

筆順 丨 ｢ 冃 冃 門 門 門 門 閂 閇 閉

意味 ①とじる。とざす。しめる。「閉鎖」「閉門」②おえる。おわる。「閉会」「閉館」③とじこもる。とじこめる。「閉居」「閉塞(ヘイソク)」 対 ①〜③開

下つき 開閉(カイヘイ)・密閉(ミッペイ)・幽閉(ユウヘイ)

【閉める】しーめる ①開いていたものをふさぐ。とざす。とじる。「玄関を一める」「蓋(ふた)を一める」②閉店する。また、廃業する。「もう店を一める時間だ」「景気が悪くなり、店を一めた」

【△閉てる】たーてる 戸・ふすま・とびらなどをしめる。とざす。「雨戸を一てる」「人の口に戸を一てることはできない」

【閉ざす】とーざす ①戸や門などをぴったりしめる。「正門を一す」②出入り口をふさいで、通れなくする。外部との連絡や関係を絶つ。「港を一す」「出世の道を一す」③とじこめる。また、おおい包む。「積雪のために道が一された」 参考「鎖す」と書けば、かぎをかける意になる。

【閉じる】とーじる ①開いていたものがしまる。ふさがる。また、しめる。ふさぐ。「幕が一じる」「蓋(ふた)を一じる」②終わる。また、終わりにする。「総会を一じる」「店を一じる」

【閉口】ヘイコウ 口をとじて黙ること。転じて、言い負かされて返答できないこと。手におえなくて困ること。「騒音に一する」「親の小言にはいつも一している」 類 辟易(ヘキエキ)

【閉鎖】ヘイサ ①出入り口などをとじること。また、とざすこと。社会や心をとざすことにもいう。「午後五時には入り口を一します」「一経済」「一的な集団」 対 開放 ②活動や機能を停止すること。「鉱山を一する」「学級一」

【閉止】ヘイシ 機能や活動などが止まること。また、止めること。「月経が一する」

【閉塞】ヘイソク とじてふさぐこと。また、とざされてふさがること。「一した時代を迎える」「城門を一する」 類 閉鎖

【閉門】ヘイモン ①門をとじること。門をしめること。「一時間」 対 開門 ②江戸時代、武士や僧に対する刑罰の一つ。住居の門を固くとざし、一定期間出入りを禁じた。

ヘイ【塀】(12) 土9 常 国 準2 4229 4A3D 音 ヘイ

旧字《塀》(14) 土11 1/準1 1558 2F5A

筆順 一 十 土 圹 圹 圹 坥 坪 埍 塀 塀

意味 へい。かき。住宅や敷地などの境界に設ける囲い。「土塀」「板塀」

下つき 板塀(いたベイ)・石塀(セキベイ)・土塀(ドベイ)

ヘイ【敝】(12) 攵8 1 5841 5A49 音 ヘイ 訓 やぶれる・やぶる・おとろえる・つかれる

意味 ①やぶれる。やぶる。ぼろぼろになる。「敝衣」②つかれる。よわる。③自分のことにつける謙称。 類 ①〜③弊

下つき 衰敝(スイヘイ)

【敝衣】ヘイイ やぶれた着物。ぼろぼろの衣服。「一破帽(身なりに気を使わず、粗野なさま)」 表記「弊衣」とも書く。

【△敝衣▲蓬髪】ヘイイホウハツ ぼろぼろの衣服に伸び放題に乱れた頭髪で、なりふりにかまわないたとえ。 類 蓬頭垢面(ホウトウコウメン)・弊衣破袴(ヘイイハコ)

【▲敝履】ヘイリ やぶれたはきもの。転じて、惜しげもなく捨てられるもの。「一のごとく捨てる」 表記「弊履」とも書く。

【▲敝れる】やぶーれる ①ぼろぼろになる。こわれる。「一れた障子」②疲れて負ける。衰える。 表記「弊れる」とも書く。

ヘイ【▲迸】(12) 辶8 ▼ホウ(一四〇八)

ヘイ【睥】(13) 目8 1 6646 624E 音 ヘイ 訓 にらむ・ながしめ

意味 にらむ。横目で見る。うかがいみる。ながしめ。「睥睨(ヘイゲイ)」

【睥▲睨】ヘイゲイ ①横目でにらむこと。流し目で見ること。②城壁のくぼみから敵情をのぞき見ること。転じて、周囲をにらみつけて勢いを示すこと。「天下を一する大名」 表記「俾倪」とも書く。

ヘイ【聘】★(13) 耳7 1 7059 665B 音 ヘイ 訓 とう・めす・まねく・めとる

意味 ①とう。おとずれる。たずねる。「聘問」②めす。まねく。「招聘」③めとる。嫁にもらう。 類 ①〜③娉(ヘイ)

下つき 雇聘(コヘイ)・招聘(ショウヘイ)・重聘(チョウヘイ)・幣聘(ヘイヘイ)・傭聘(ヨウヘイ)・来聘(ライヘイ)・礼聘(レイヘイ)

【聘する】ヘイーする ①礼品を贈って、安否を尋ねる。②結納(ゆいのう)を贈って、妻として迎える。③礼を尽くして、招き迎える。「教授として一する」

ヘイ

【聘問】ヘイモン 贈り物をたずさえて訪問する。

【聘礼】ヘイレイ ①礼を厚くして人を招くこと。また、そのときに贈る礼物(レイモツ)。②婚約時に贈る礼物。類結納(ゆいノウ)

ヘイ【塀】(14) 土11 1558 2F5A ▼塀の旧字(一三六九)

ヘイ【幣】(15) 巾12 常 準2 4230 4A3E 音 ヘイ 訓 外 ぜに・ぬさ・みてぐら

旧字《幣》(15) 巾12 1/準1

筆順 丶 ⺌ 尚 尚 尚 敝 敝 敝 幣 幣（6 8 10 12）

意味 ①おかね。ぜに。「幣制」「貨幣」②ごへい。白紙を切って柄にはさんだ神祭用具。「幣束」③ぬさ。みてぐら。神にささげる絹。「幣帛(ヘイハク)」④ひきでもの。みつぎもの。「幣物」

下つき 貨幣(カヘイ)・官幣(カンペイ)・国幣(コクヘイ)・御幣(ゴヘイ)・紙幣(シヘイ)・造幣(ゾウヘイ)・重幣(チョウヘイ)

〈幣帛〉にきて 神に祈るときに神前に供えたり、祓(はら)えに使ったりするもの。古くは麻などの布、のちに絹や紙などを用いた。表記「和幣」とも書く。参考「にぎて・ヘイハク」とも読む。

【幣】ぬさ 「幣帛(ヘイハク)」に同じ。

【幣制】ヘイセイ 貨幣に関する制度。単本位制・複本位制・併行本位制の三種に分かれる。

【幣束】ヘイソク 神へのささげ物で、裂いた麻や切った紙などを細長い木に挟んだもの。または、榊(さかき)に結びつけたもの。御幣(ゴヘイ)。

【幣殿】ヘイデン 神社で、参拝者が幣帛(ヘイハク)を奉る建物。本殿と拝殿との間にある。

【幣帛】ヘイハク ①神への供え物。ぬさ。みてぐら。②進物(シンモツ)。類①②幣物 参考①「にきて」とも読む。

【幣物】ヘイモツ 「幣帛(ヘイハク)」に同じ。参考「ヘイブツ」とも読む。

【幣】みてぐら 「幣帛(ヘイハク)」に同じ。

ヘイ【弊】(15) 廾12 常 準2 4232 4A40 音 ヘイ 訓 外 やぶれる・ついえる・つかれる

旧字《弊》(15) 廾12 1/準1

筆順 丶 ⺌ 尚 尚 尚 敝 敝 敝 弊 弊（3 5 8 10 15）

意味 ①よくない。害になる。「弊害」「旧弊」②やぶれる。ぼろぼろになる。「弊衣」「弊履」③つかれる。よわる。たおれる。「疲弊」④自分のことにつける謙称。「弊社」「弊店」類②～④敝(ヘイ)

下つき 悪弊(アクヘイ)・旧弊(キュウヘイ)・語弊(ゴヘイ)・困弊(コンペイ)・習弊(シュウヘイ)・衰弊(スイヘイ)・積弊(セキヘイ)・疲弊(ヒヘイ)・病弊(ビョウヘイ)

【弊える】ついえる ①負けて総崩れとなる。「守備兵はもろくも―えた」②やぶれてだめになる。「夢が―える」

【弊衣破帽】ヘイイハボウ ぼろぼろの衣服とやぶれた帽子のこと。衣服や身なりにこだわらないことのたとえ。特に、旧制高等学校生徒の蛮カラな服装。表記「弊衣」は「敝衣」とも書く。参考「破帽弊衣」ともいう。類敝衣蓬髪(ヘイイホウハツ)・蓬頭垢面(ホウトウコウメン)

【弊屋】ヘイオク ①やぶれ、こわれた家。②自分の家を謙遜(ケンソン)していう語。類弊廬・拙宅

【弊害】ヘイガイ 害となる悪いこと。「この改革は―も伴う」「行きすぎた教訓は―が多い」

【弊袴】ヘイコ いたんで、やぶれたはかまやズボン。表記「敝袴」とも書く。

【弊社】ヘイシャ 自分の会社をへりくだっていう語。「―の製品」類小社

【弊習】ヘイシュウ よくない習慣。悪い風習やしきたり。「旧来の―を改める」「―を絶つ」類弊風・悪習

【弊帚千金】ヘイソウセンキン 身のほどをわきまえず、思い上がる。また、自分のつまらない持ち物を価値があると思っているたとえ。こわれたほうきに千金の価値があるという意から。由来 中国、三国時代、魏(ギ)の曹丕(ソウヒ)が、人は得意なことで過ちを犯し、相手の不得意なことを軽んじるものだと述べたときに引いたことわざから。〈魏文帝(ギブンテイ)『典論』〉表記「弊帚」は「敝帚」とも書く。

【弊竇】ヘイトウ 害のある点。「この法案にはまったく―がない」参考「竇」は穴の意。

【弊風】ヘイフウ 悪い習俗や風習。「政治家は賄賂(ワイロ)という―に浸かっている」類弊習

【弊履】ヘイリ いたんで、やぶれたはきもの。転じて、惜しみなく捨てるもの。「―のごとく捨てる」表記「敝履」とも書く。

【弊廬】ヘイロ ①いたんでこわれた家。あばら屋。②自分の家を謙遜(ケンソン)していう語。類弊屋・拙宅

【弊れる】やぶれる いたむ。くずれる。ぼろぼろになる。「襖(ふすま)が―れる」表記「敝れる」とも書く。

ヘイ【蔽】(15) 艹12 常 2 4235 4A43 音 ヘイ 訓 外 おおう・おおい・さだめる・くらい

〔蔽〕

筆順 艹 艹 芇 芇 茼 莔 蔽 蔽（3 6 8 13）

意味 ①おおう。おおいかくす。おおい。「蔽塞(ヘイソク)」「隠蔽」「遮蔽」②さだめる。判断する。③くらい。道理に暗い。

下つき 隠蔽(インペイ)・掩蔽(エンペイ)・遮蔽(シャヘイ)

【蔽い】おおい 物をさえぎって、人目・風雨・ほこりなどを避けるもの。カバー。「日除けの―」「幕を張って―にする」「積み荷にビニールの―をかける」

【△蔽う】おお-う さえぎって隠す。包みこんで見えないようにする。「失政を―う」「両手で目を―う」

【蔽遮】ヘイシャ おおいをして、さえぎること。くい止めること。また、くい止めるもの。「放射線を―する」類遮蔽

ヘイ【餅】(15) 食6 常 2 4463 4C5F 音ヘイ 訓もち

旧字《餠》(17) 食8 1/準1 8122 7136

〔餅〕

筆順 ノ 今 今 今 今 食 食 飠 餅 餅 (2 4 9 11 13)

意味 もち。穀物の粉をこねて蒸した食品。「画餅」

下つき 画餅ガベイ・煎餅センベイ

【餅】もち もちごめを蒸し、臼うすや機械でついた食品。多く、正月や祝い事のときに食べる。アワやキビなどでも作る。「年末に―を搗つく」「絵に描いた―」

【餅は餅屋】物事はそれぞれの専門の者に任せるのが一番よいということ。同じ餅でも、餅屋がついた餅が一番うまいという意から。類船は船頭に任せよ・蛇ジャの道は蛇へび

【餅▲搗き】もちつき 餅をつくこと。また、その人。「恒例の―大会」

【餅肌・餅△膚】もちはだ つきたての餅のように、白くきめが細かく、なめらかな柔らかい肌。多く、女性の美しい肌をほめていう語。

ヘイ【嬖】(16) 女13 1 5342 554A 音ヘイ 訓おきにいり

意味 おきにいり。貴人にかわいがられている、身分の低い女性や家臣。「嬖愛」「嬖妾ヘイショウ」

下つき 外嬖ガイヘイ・内嬖ナイヘイ・便嬖ベンペイ

【▲嬖臣】ヘイシン 主君に、特にかわいがられる臣下。気に入りの家来。

ヘイ【箆】(16) ⺮10 準1 6836 6444 音ヘイ 訓へら・の・すきぐし・かんざし

〔篦〕4247 4A4F

意味 ①へら。竹片を薄くけずったもの。②の。矢がら。矢竹。③くし。すきぐし。④かんざし。「銀箆」

下つき 靴箆くつべら・竹箆チクヘイ・シッペイ・たけべら

【▲箆】の 矢の、竹で作られた棒の部分。矢箆やの。矢の柄え。矢柄やがら。

【▲箆中】のなか 矢の柄えのなかほど。矢は、箆の一端に羽を、他端にやじりをつける。

【▲箆太い】のぶとい ①ずぶとい。②声が太い。「―い男の声」表記「野太い」とも書く。

【▲箆】へら 竹・木・金属などを、平たく細長く削った道具。布地に折り目をつけたり、物を練ったりする。「靴―くつべら」「―を使う(どちらつかずの曖昧アイマイな口調で話す)」

【▲箆台】へらダイ 裁縫で布をのせる台。へらで布にしるしをつけるときに用いる。

【▲箆▲鮒】へらぶな ゲンゴロウブナを人工的に飼育し、溜池ためいけ養殖や釣り堀用などにしたもの。ヘラ。

【▲箆棒】べらボウ 程度がはなはだしく異常なこと。並はずれてひどいこと。また、そのさま。「値段が―に高い」「―め(相手をののしる意)」「そんな―な話があるか」

ヘイ【薜】(16) ⺾13 1 7316 6930 音ヘイ・ハク 訓まさきのかずら

意味 つる草の名。まさきのかずら。かずら。「薜幄ヘイアク」

【▲薜▲蘿】ヘイラ ①つる草。かずら。「薜」も「蘿」もつる性の植物の意。②隠者の衣服。また、その住居。

ヘイ【鮃】(16) 魚5 1 8225 7239 音ヘイ・ヒョウ 訓ひらめ

意味 ひらめ。ヒラメ科の海魚。

【鮃】ひらめ ヒラメ科の海魚。近海の砂底にすむ。体は平たくカレイに似るが、両眼とも左側にある。周囲に合わせて体の上面の色を変える。食用で美味。季冬 表記「比目魚・平目」とも書く。

ヘイ【▲餠】(17) 食8 8122 7136 ▼餅の旧字(一三七一)

ヘイ【★斃】(18) 攵14 1 5845 5A4D 音ヘイ 訓たおれる・しぬ

意味 たおれる。たおれて死ぬ。ほろびる。「斃死」

【▲斃れる】たお-れる たおれて死ぬ。また、たおし殺す。「重い病に―れた」「暗殺者の凶弾に―れた」表記「敝れる」とも書く。

【▲斃れて△后のち▲已やむ】命のある限り、力を尽くし続ける。《『礼記ライキ』》類死して後のち已む

【▲斃死】ヘイシ たおれて死ぬこと。のたれじに。「飢えて―する」類斃仆ヘイフ

【▲斃▲仆】ヘイフ 「斃死ヘイシ」に同じ。

ベイ【△皿】(5) 皿0 教 2714 3B2E ▼さら(五七五)

ベイ【米】(6) 米0 教 常 9 4238 4A46 音ベイ・マイ 外メ 訓こめ 外よね・メートル

筆順 丶 丷 ⺍ 半 米 米

意味 ①こめ。よね。イネの実。「米穀」「玄米」「精米」②メートル。長さの単位。③「亜米利加アメリカ」の略。「米国」「渡米」

下つき 玄米ゲンマイ・古米コマイ・新米シンマイ・精米セイマイ・白米ハクマイ

【米】こめ もみがらを除いたイネの実。そのままのものを玄米、精白したものを白米・精米と

いう。日本人の主食で、炊いて食べる。また、菓子・酒・味噌などの原料にもなる。五穀の一つ。「―一粒」

『米食った犬が叩かれずに糠食った犬が叩かれる』 大きな罪をおかした者が罰を逃れ、小さな罪をおかしたものが罰を受けること。また、首謀者が罰せられず、手先になった者が罰せられること。類 皿嘗めた猫が科を負う

『米の飯と天道様は〈何処〉へ行っても付いて回る』 実生活に対し、きわめて楽天的なたとえ。どこへ行っても、生きていくことぐらいはできるということ。「天道様」は太陽のこと。

『米を数えて炊ぐ』 つまらないことに細かく気をつかうこと。また、物惜しみすることのたとえ。〈『荘子』〉

『米を百里の外に負う』 貧しくても親に孝行をすることのたとえ。故事 孔子の弟子の子路が、両親のために百里も離れた所から米を持って来たという故事から。〈『孔子家語』〉

【米搗き】こめつき 玄米をついて糠を除き、白米にすること。精米すること。また、その仕事をする人。「―飛蝗（人に頭をぺこぺこ下げて機嫌をとる人をあざけっていう語）」

【米櫃】こめびつ ①ふだん使う米を入れる箱。②生活費のもと。また、それを稼ぐ人。

【米塩】ベイエン ①米と塩。生きていくのに欠かせない物資。「―の資（生活費）」②わずらわしくささいなことのたとえ。

『米塩博弁』ベイエンハクベン 多方面にわたって詳細に交わされる議論。また、細かいことまで詳しく話すこと。〈『韓非子』〉

【米穀】ベイコク こめ。また、穀類一般。「―年度（米の収穫時期を基準に区切った年度）」

【米作】ベイサク 米を栽培して収穫すること。米づくり。また、イネの実りぐあい。「―農家と畑作農家」類 稲作

【米寿】ベイジュ 八八歳。また、八八歳の祝い。米の祝い。由来「米」の字を分解すると「八」「十」「八」になることから。

【米食】ベイショク 米を食べること。特に、米を主食とすること。「日本人は―民族である」「パン食より―を好む」

【米】メートル ①メートル法の長さの単位。国際単位系の基本単位。「―原器」「―尺」②電気・ガス・水道・タクシーなどの使用量をはかる自動計量器。メーター。「―を上げる（酒を飲んで気炎を吐く）」由来 ①フランスの長さの単位を音訳した「米突」から。

〈米利堅〉メリケン ①アメリカ。アメリカ人。「―波止場」「―粉」②げんこつでなぐること。また、そのげんこつ。「―を食う」参考「アメリカン」の転じたもの。

【米】よね ①こめ。②八八歳の別称。米寿。「祖父の―の祝い」由来 ②「米」の字を分解すると「八」「十」「八」になることから。

【米酢】よねず 米を原料とした醸造酢。食酢として鮨などに用いる。参考「こめず」とも読む。

ベイ【袂】★ (9) ネ 4 1 7454 6A56 音 ベイ 訓 たもと

意味 ①たもと。そで。「袂別」②きわ。かたわら。

下つき 衣袂・分袂

【袂】たもと ①和服の袖の下の、袋のような部分。また、衣服の袖。「―に縋る」「―を絞る（ひどく泣き悲しむ）」「―を分かつ（縁を切り別れる）」②山のすそ。ふもと。③すぐ近く。そば。きわ。「橋の―の堤防にすわる」参考「手本」の意から。

【袂別】ベイベツ たもとを分かつこと。別れること。「長年の盟友と―する」参考 ①「そで」とも読む。

ページ【頁】(9) 頁 0 4239 4A47 ▼ケツ（四二二）

ヘキ【辟】(13) 辛 6 1 7768 6D64 音 ヘキ・ヒ 訓 さける・きみ・めす・よこしま・かたよる・ひらく

意味 ①さける。しりごみする。「辟易」②つみ（罪）。刑罰。「大辟」③きみ（君）。天子。「復辟」④めす。まねく。「徴辟」⑤よこしま。かたよる。⑥ひらく。土地をひらく。

下つき 招辟・大辟・百辟・復辟・便辟

【辟易】ヘキエキ ①勢いや困難に押されて立ちのいたり、しりごみしたりすること。②手におえなくて困ること。「友人のいびきには―した」「彼女のじゃじゃ馬ぶりには―する」「難関に―する」類 閉口 参考 道を辟けて所を易える意。

ヘキ【碧】(14) 石 9 準1 4243 4A4B 音 ヘキ 訓 あお・みどり

意味 ①あお色の美しい石。「碧玉」②あお。みどり。あおみどり。「碧空」「紺碧」

下つき 一碧・紺碧・丹碧・藍碧

【碧】あお 濃いあお色。または、濃い緑色。あおみどり。「きれいな―色のトルコ石」参考「みどり」とも読む。

【碧海】ヘキカイ あおい海。青々と広がる海。類 青海原・蒼海

【碧眼】ヘキガン あおい色をした目。転じて、西洋人。「金髪―」「―紅毛」

【碧玉】ヘキギョク ①青や緑の美しい玉。転じて、空や水が澄んで、あおく美しいたとえ。②不純物を含む石英。不透明で紅・緑・黄褐色などがある。印材・指輪などに用いる。

【碧空】ヘキクウ あおい空。「孤帆の遠影―に尽く」類 青空・碧天

【碧血丹心】ヘキケツタンシン きわめて強い忠誠心のこと。「碧」は青、「丹心」は真心の意。故事 中国、周の楽官、萇弘は、

主君をいさめて追放され、郷里の蜀(ショク)に戻ったのち、自刃した。蜀の人々が哀れに思い、その血を器に入れておいたところ、三年後、それが美しい碧玉になったという故事から。〈『荘子(ソウジ)』〉 類丹石の心

【碧▲梧】ヘキゴ アオギリの別称。▼梧桐(あおぎり)(四六六)

【碧落】ヘキラク ①青空。大空。②世界の果て。果てしなく遠く離れた所。

【▲碧落一洗】ヘキラクイッセン 空がからりと晴れ渡ること。大空を雨でひと洗いする意から。

【碧】みどり 「碧(あお)」に同じ。

ヘキ【★僻】(15) イ13 準1 4240 4A48 音 ヘキ・ヘイ 訓 かたよる・ひがむ・ひめがき

意味 一ヘキ ①かたよる。ひがむ。よこしま。「僻見」「僻説」②かたすみ。かたいなか。「僻村」「僻地」 二ヘイ ひめがき。たけの低い垣。

下つき 一邪僻(ジャヘキ)

【▲僻る】かたよ-る 中心からずれている。一方に寄る。また、不公平である。「―った考えは捨てるべきだ」

【▲僻言】ひがごと 事実や道理に合わない、かたよった言葉。「―は聞きづらい」

【▲僻事】ひがごと 事実や道理に合わない事柄。正しくないこと。心得ちがいの事柄。「―を言うな」 参考「ヘキジ」とも読む。

【▲僻み根性】ひがみコンジョウ ひねくれた性質。ねじけた心。

【▲僻耳】ひがみみ 聞きまちがうこと。聞きそこなうこと。転じて、思い過ごし。「父も老いて―が多くなった」

【▲僻む】ひが-む ①心がひねくれる。ねじける。特に、自分だけが不当に扱われたと考える。「同期の出世を―む」「邪魔もの扱いにされて―む」②まげて受け取る。ゆがめて考える。

【▲僻目】ひがめ ①見まちがうこと。見あやまり。見そこない。「相手の―で迷惑を被る」②ひとみの位置が正常でないもの。また、その目つき。すがめ。類斜視

【▲僻者】ひがもの 心のねじけた人。心のゆがんだ人。また、変人。

【▲僻遠】ヘキエン 文化や行政などの中心から、遠く離れていること。また、その場所。「―の地から上京する」類辺鄙(ヘンピ)

【▲僻見】ヘキケン かたよっている考え方や見方。「友人の―を正す」類偏見

【▲僻▲陬】ヘキスウ 「僻地」に同じ。参考「陬」はすみっこの意。

【▲僻説】ヘキセツ 道理にはずれた見解。かたよった正しくない考え。類僻論

【▲僻村】ヘキソン ①都会から遠く離れている村。かたいなかの村。「―に赴任する」類寒村 ②自分の郷里、自分の住んでいる村の謙譲語。

【▲僻地】ヘキチ 都会や中央から遠く離れている土地。辺鄙(ヘンピ)な土地。「―の医療対策」類僻陬(ヘキスウ)・辺地

ヘキ【劈】(15) 刀13 1 4992 517C 音 ヘキ 訓 さく・つんざく

意味 さく。ひきさく。つんざく。「劈開」「劈頭」

【▲劈く】さ-く 刃物で二つに切り開く。ひき分ける。「獣の腹をナイフで―く」

【▲劈く】つんざ-く 手や爪(つめ)で強くやぶる。転じて、激しい勢いでひきさく。「耳を―く轟音(ゴウオン)」参考「つみさく」の転。

【▲劈開】ヘキカイ ①さき開くこと。ひびが入り、割れること。②長石などの結晶体が一定方向に割れること、また、その性質。

【▲劈頭】ヘキトウ 物事の始まり。まっさき。冒頭。「開会―からもめる」

ヘキ【壁】(16) 土13 常 4 4241 4A49 音 ヘキ 訓 かべ 外 がけ

筆順 コ 尸 启 启 辟 辟 辟 辟 壁 壁

意味 ①かべ。部屋と部屋の仕切り。「壁面」「障壁」②がけ。かべのように切り立った所。「岩壁」「絶壁」③建物のかこい。とりで。「城壁」「塁壁」

下つき 胃壁(イヘキ)・岩壁(ガンペキ)・岸壁(ガンペキ)・城壁(ジョウヘキ)・絶壁(ゼッペキ)・鉄壁(テッペキ)・防壁(ボウヘキ)・面壁(メンペキ)・塁壁(ルイヘキ)

【壁】かべ ①建築物の外周部分や、内部の仕切り。②物事の進行を妨げる障害物や困難な事態。「予算の―にぶつかって、研究が進展しない」「記録の―を打ち破る」③直立した岸壁。「厚い雪の―を登る」

【壁に耳あり障子に目あり】どこでだれに聞かれていたり見られていたりしているか、分からないこと。秘密がもれやすいことのたとえ。類闇夜(やみよ)に目あり

【壁を▲穿(うが)ちて書を読む】貧しくても一生懸命勉強すること。また、苦学すること。故事 中国、前漢の匡衡(キョウコウ)は若いころ、貧しくてあかりがなく、壁に穴を開け、隣家からもれる光で勉強したという故事から。〈『西京雑記(セイケイザッキ)』〉

〈壁▲蝨〉だに ①ダニ目の節足動物の総称。体は円形。人畜に寄生し、血を吸うものが多い。かゆみを与え、病気を媒介するものもある。季夏 ②働かずに他人にたかって生活する、きらわれ者。「町の―」 表記「蜱」とも書く。

【壁画】ヘキガ ①建築物のかべや天井などに描いた絵。「遺跡から古代の―が発見された」②かべにかけてある絵。

〈壁虎〉やもり ヤモリ科の爬虫(ハチュウ)類の総称。▼守宮(やもり)(六七五)

ヘキ【璧】(18) 玉13 常 2 6490 607A 音 ヘキ 訓 外 たま

筆順 2 6 11 17

意味 ①たま。輪の形をした平たい玉器。「璧玉」 ②たまのようにりっぱなもの。「完璧」「双璧」

下つき 完璧・拱璧・双璧

【△璧】たま ①中央にまるい穴のあいた、輪の形の平たいたま。祭祀などに用いた。②美しいたま。また、たまのように美しく、りっぱなもの。

参考「ヘキ」とも読む。

【△璧を△懐いて罪あり】▶匹夫罪なし璧を懐いて罪あり（二九六）

ヘキ【甓】(18) 瓦13 1 6518 6132 音 ヘキ 訓 かわら・しきがわら

意味 かわら。しきがわら。「瓦甓」

【▲甓】かわら 土間などに敷き並べた平たい瓦。敷き瓦。

ヘキ【癖】(18) 疒13 常 3 4242 4A4A 音 ヘキ 訓 くせ

筆順 2 5 7 11 13 15 17

意味 くせ。かたよった習性。「性癖」「盗癖」

下つき 悪癖・潔癖・性癖・盗癖・病癖

【癖】くせ ①意識せずに行う、ちょっとした言動や考えなどの習慣。「悩んだとき、頭をかく―がある」 ②普通とは異なった傾向や性質。「彼はひと―ある男だ」「―のある字を書く」 ③ある状態が固定して、もとに戻りにくくなったもの。「髪に―がついた」「夜更かしの―がついた」

ヘキ【★襞】(19) 衣13 1 7494 6A7E 音 ヘキ・ヒャク 訓 ひだ・しわ

意味 ひだ。衣服の折り目。また、しわ。「褶襞」

下つき 褶襞・山襞

【▲襞】ひだ ①衣服につけた細長い折り目。また、そのように見えるもの。「スカートの―」「山―の残雪」 ②複雑で細やかな部分。「心の―」

ヘキ【躄】(20) 足13 1 7718 6D32 音 ヘキ 訓 いざる

〔躃〕

意味 あしなえ。足の不自由なこと。類跛

【▲躄魚】いざりうお イザリウオ科の海魚。日本の中部以南にすむ。体は黄褐色に黒斑がある。胸びれと腹びれで海底を移動し、アンコウと同じような突起で小魚をおびき寄せて捕食。

ヘキ【闢】(21) 門13 1 7983 6F73 音 ヘキ・ビャク 訓 ひらく・ひらける・しりぞける

意味 ①ひらく。ひらける。「開闢」対闔 ②さける。しりぞける。「闢邪」類避

下つき 開闢

【▲闢く】ひらく 閉じていたものをあける。押しのけてひろげる。「大門を―く」

ヘキ【霹】(21) 雨13 1 8040 7048 音 ヘキ 訓 かみなり

意味 はげしく鳴りひびく雷。「霹靂」

〈▲霹▲靂〉かみとき 雷が落ちること。落雷。由来 雷解きの意から。参考「かみとけ」「ヘキレキ」とも読む。

〈▲霹▲靂〉神〉はたたがみ 激しく鳴りひびく雷。いかずち。はたかみ。季 夏 由来 はたたく雷の意から。

【▲霹▲靂】ヘキレキ ①引き裂くような激しい雷。また、雷鳴。「青天の―（突然起こった大事件）」 ②激しい音が響くさま。「―たる雷鼓」

ベキ【汨】(7) 氵4 1 6181 5D71 音 ベキ・コツ 訓 しずむ

意味 ①中国の川の名。汨水。②しずむ。没する。

【▲汨羅】ベキラ 中国の湖南省北部を流れる川。戦国時代、楚の屈原が投身自殺をした川として有名。汨羅江。汨水。

ベキ【覓】(11) 見4 1 7512 6B2C 音 ベキ 訓 もとめる

意味 もとめる。さがしもとめる。「覓索」

【▲覓める】もとめる ないものを得ようと探す。「幻の逸品を―めて奔走する」

ベキ【幎】(13) 巾10 1 5477 566D 音 ベキ 訓 おおう・とばり

意味 ①おおう。おおい。類冪 ②とばり。死者の顔をおおう布。「幎冒」

ベキ【冪】(15) 冖13 1 4949 5151 音 ベキ 訓 おおう

意味 ①おおう。おおい。「冪冪」類幎 ②べき。同じ数の相乗積。「冪数」

【▲冪級数】ベキキュウスウ ある変数の累乗の定数倍から成り立つ、無限級数。「―に展開する」

【▲冪▲冪】ベキベキ 霧や雲などがたれこめ、一面をおおうさま。

ベキ【羃】(18) 罒13 1 7018 6632 音 ベキ 訓 おおう

意味 おおう。おおい。

ヘクトグラム【瓸】(11) 瓦6 国 1 6509 6129 音 ― 訓 ヘクトグラム

意味 ヘクトグラム。重さの単位。一〇〇グラム。参考「百瓦」の意。

ヘクトメートル【粨】(12) 米6 国 1 6874 646A 訓 ヘクトメートル

意味 ヘクトメートル。長さの単位。一〇〇メートル。参考「百米」の意。

ヘクトリットル【陌】 (11) 立 6 国 1 6778 636E 音 訓 ヘクトリットル

意味 ヘクトリットル。容量の単位。一〇〇リットル。参考「百立（リットル）」の意。

へこむ【凹む】 (5) 凵 3 常 1790 317A ▼オウ（一一一）

へさき【▲舳】 (11) 舟 5 7156 6758 ▼ジク（六四三）

べし【△可し】 (5) 口 2 教 1836 3244 ▼カ（一三八）

へす【△圧す】 (5) 土 2 教 1621 3035 ▼アツ（一四）

へそ【▲臍】 (18) 月 14 7133 6741 ▼セイ（八七〇）

へた【▲蔕】 (14) 艹 11 7288 6878 ▼タイ（九八五）

へだてる【△距てる】 (12) 𧾷 5 常 2187 3577 ▼キョ（三二九）

へだてる【隔てる】 (13) 阝 10 常 1954 3356 ▼カク（二〇〇）

ベツ【別】 (7) 刂 5 教 常 7 4244 4A4C 音 訓 ベツ 外ベチ わかれる 外わける・わかつ

筆順 丶 口 口 另 另 別 別

意味 ①わける。わかつ。「区別」「類別」 ②わかれる。はなれる。「別居」「告別」 ③異なる。よそ。ほか。「別件」「別人」 ④とりわけ。「格別」「特別」

下つき 哀別・一別・永別・格別・鑑別・区別・決別・告別・個別・差別・識別・死別・種別・生別・性別・惜別・選別・餞別・送別・大別・特別・人別・判別・分別・袂別・弁別・離別・類別

［別格］ ベッカク 定まった格式のほかであること。特別なこと。「―の扱いを受ける」

［別記］ ベッキ 本文・主文のほかに、別に書き添えること。また、その記録。「詳細は―の通り」類付記

［別儀］ ベツギ ①ほかのこと。別のこと。「これは―ながら」類別事 ②特別の事情。「―なく終了する」

［別居］ ベッキョ 親子・夫婦などが、別々に住むこと。「夫婦仲がこじれて―に至る」「親から―して独立をはかる」対同居

［別口］ ベツくち ①別の種類。また、別の方面・経路。「それとこれとは―の話だ」「―から情報を仕入れる」 ②別取引や入り口。「―の口座に預金する」

［別掲］ ベッケイ 別にかかげること。別に示すこと。「詳細は―の表に譲る」

［別件］ ベッケン 別の事件や用件。ほかの事柄。「―で逮捕する」

［別個・別△箇］ ベッコ ①他と切り離された一つ一つ。「―に調査する」 ②他と異なっていること。「―の意見をもつ」

［別項］ ベッコウ 別の項目。ほかの条項。「―に記載する」

［別号］ ベツゴウ 別につけた呼称。ほかの呼び名。参考「号」は名称の意。

［別懇］ ベッコン とりわけ親しいこと。「彼とは―の仲だ」類昵懇

［別辞］ ベツジ 別れのあいさつ。送別の言葉。「―を述べる」

［別▲墅］ ベッショ 本宅以外の郊外に設けた家。類別荘 参考「墅」は、田畑の中に建てた家の意。

［別条］ ベツジョウ ふつうとちがった事柄。ほかとは異なった事柄。「―なく暮らす」参考「別状」と書けば、ふつうとちがった状態や様子の意になる。

［別世界］ ベッセカイ ①世間とちがった世界。別天地。「山小屋の暮らしは―だ」 ②自分のいる所とは、まったくちがった社会や境遇。「彼女はわれわれとは―に育った」

［別荘］ ベッソウ 休養などの目的で、本宅以外に設けた家。「貸し―」類別墅

［別宅］ ベッタク ふだん住んでいる家とは別に設けた家。「週末は海辺の―で過ごす」類別邸 対本宅

［別段］ ベツダン ①ほかとはちがうこと。常とは異なること。特別。「―の待遇を受ける」 ②とりわけ。特に。「―大事ない」類①②格別

［別天地］ ベッテンチ 俗世間とかけ離れた理想的な場所。別世界。由来 中国、唐代の詩人李白の詩句「別に天地の人間に非ざる有り」から。

［別途］ ベット ①別の方法。ちがうやり方。「―の解決策を考える」 ②別の方面。ほかの道。「―会計にしてください」

［別杯・別▲盃］ ベッパイ 別れのさかずき。別れに、くみかわす酒。

［別▲嬪］ ベッピン 非常に美しい女性。類美人 由来「嬪」は女性の美称で、とりわけ美しい女性の意から。

［別封］ ベップウ ①それぞれ別に封をすること。また、そのもの。「申込み用紙を―する」 ②別に添えてある封書。「贈り物に手紙を―して送る」

［別法］ ベッポウ 別の方法。ほかのしかた。「行き詰まって、―を講ずる」

［別名］ ベツメイ 別の名前。本名以外の呼び名。また、その名。類別称・異称・異名 参考「べツミョウ」とも読む。

［別離］ ベツリ 離れ離れになること。わかれ。「親しい友人との―を悲しむ」類離別

［別れ霜］ わかれじも 春の終わりの霜。八十八夜のころにおりて、チャの新芽などの害となる。忘れ霜。「八十八夜の―」季春

［別れる］ わか-れる 離れ離れになる。特に、離縁・死別する。「友と明日の約束をして―れた」「親と―れて一人で暮らす」参考「分かれる」と書けば、一つのものがいくつかになる意。

［△別ける］ わ-ける ①離して別々にする。わけ隔てる。「子の独立で住居を―けた」 ②区別する。また、けじめをつける。「昔は、男女の教室を―けていた」参考「分ける」に比べ、混雑しないように別々にする意味合いが強い。

ベツ【蔑】(14) 艹11 常 2 4246 4A4E 音 ベツ 訓 さげすむ・ないがしろ・なみする 外ない・くらい

筆順 艹 芇 苗 苗 苜 茵 茵 蔑 蔑 蔑

意味 ①さげすむ。ないがしろにする。あなどる。なみする。「蔑視」「軽蔑」②くらい。よく見えない。③こまかい。小さい。

下つき 軽蔑ケイベツ・侮蔑ブベツ

【蔑む】さげすむ 相手を見下げる。軽蔑ケイベツする。「流行ばかり追いかける人を—む」

【△蔑ろ】ないがしろ あなどり軽んじるさま。無視すること。「教師を—にする」参考「無きが代(しろ)」の転で、無いも同然の意。

【蔑視】ベッシ あなどって見ること。見下すこと。「女性—の発言」類軽視

【蔑如】ベツジョ 他人をさげすむこと。ないがしろにすること。「—たる態度」類蔑視

【蔑称】ベッショウ 人や物をさげすんでいう呼称。「人を—で呼ぶな」類卑称 対敬称

ベツ【★瞥】(17) 目12 準1 4245 4A4D 音 ベツ 訓 みる

〈瞥〉

意味 みる。ちらっと見る。「瞥見」「一瞥」

下つき 一瞥イチベツ

【▲瞥見】ベッケン ちらりと見ること。ざっと目を通すこと。「—の限り、異常はなかった」

類 一見・一瞥イチベツ

ベツ【襪】(19) 衤14 1 7504 6B24 音 ベツ・バツ 訓 たび・くつした

意味 たび(足袋)。くつした。「襪線」

ベツ【衊】(20) 血14 1 8805 7825 音 ベツ 訓 けがす・はなぢ・はずかしめる

意味 ①けがす。血でよごす。②はなぢ。③はずかしめる。恥をかかせる。「汚衊」

【▲衊す】けがす 血でよごす。転じて、はずかしめる。「刃傷沙汰ニンジョウザタで殿中を—した」

ベツ【韈】(23) 革14 1 8073 7069 音 ベツ 訓 たび・くつした

意味 たび(足袋)。くつした。

ベツ【鼈】(25) 黽12 1 8372 7368 音 ベツ・ヘツ 訓 すっぽん

意味 ①すっぽん。スッポン科のカメ。「鼈甲」②わらびの別名。

下つき 亀鼈キベツ・魚鼈ギョベツ

【▲鼈】すっぽん ①スッポン科のカメ。沼や川など淡水にすむ。甲羅はほぼ円形で、中央部がかたい。あごが強く、物によくかみつく。肉は美味。ドロガメ。「月と—(差異が大きいこと)」②歌舞伎カブキ劇場の花道にある切り穴。役者の登退場に使う。

【▲鼈▲羹】ベッカン 禅宗の寺院で用いる菓子の一種。ヤマノイモをすって小麦粉や砂糖などと練り合わせ、蒸して亀甲キッコウの形に切ったもの。

【▲鼈甲】ベッコウ ①ウミガメ科のタイマイの甲羅を煮て作る装飾材料。黄褐色の地に褐色の斑紋ハンモンがある。くしやかんざし、また眼鏡の縁などに用いる。②カメ類の甲羅。特に、スッポンの甲羅。薬用。由来 ①江戸時代、タイマイの甲羅を装飾品として使うことが禁止され、スッポン(鼈)の甲羅と言いのがれたことから。

【▲鼈甲蜂】べっこうばち ベッコウバチ科のハチ。日本から東南アジアに分布。体は黒く、はねの色が黄褐色で鼈甲に似る。雌はクモを捕らえて地中の穴に運び、卵を生みつけて幼虫のえさにする。

【▲鼈人を食わんとして△却って人に食わる】ベツひとをくわんとしてかえってひとにくわる おろかな者が他人に危害を加えようとして、かえって自分がひどい目に遭うということのたとえ。人をとって食おうとしたスッポンが、逆に、人につかまって食べられてしまうという意から。「鼈」は、スッポン。類人捕る亀かめが人に捕られる

へっつい【▲竈】(21) 穴16 6762 635E ▼ソウ(九五二)

へつらう【▲諂う】(15) 言8 7559 6B5B ▼テン(一一一八)

へつらう【▲諛う】(16) 言9 ▼ユ(一五〇四)

べに【紅】(9) 糸3 教 2540 3948 ▼コウ(四九二)

へび【蛇】(11) 虫5 常 2856 3C58 ▼ジャ(六六二)

へら【▲篦】(16) 竹10 6836 6444 ▼ヘイ(一三七一)

へり【△縁】(15) 糸9 常 1779 316F ▼エン(一〇六)

へりくだる【△遜る】(14) 辶10 常 3429 423D ▼ソン(九六八)

へりくだる【△謙る】(17) 言10 常 2412 382C ▼ケン(四三四)

へる【△耗る】(10) 耒4 常 4455 4C57 ▼モウ(一四八〇)

へる【経る】(11) 糸5 教 2348 3750 ▼ケイ(三九三)

へる【減る】(12) 氵9 教 2426 383A ▼ゲン(四四四)

へる【△歴る】(14) 止10 教 4682 4E72 ▼レキ(一六〇〇)

ヘン【片】(4) 片0 常 教 5 4250 4A52 音 ヘン中 訓 かた 外きれ・ひら・ペンス

筆順 丿 丿' 片' 片

意味 ①かた。かたほう。「片月」 ②きれ。きれはし。かけら。「片雲」「破片」 ③わずか。すこし。「片言」「片鱗（ヘンリン）」 ④イギリスの貨幣単位「ペンス」の音訳字。参考「木」の字の右半分からできたもので、かたほうの意を表す。

下つき 阿片（アヘン）・紙片（シヘン）・断片（ダンペン）・破片（ハヘン）・木片（モクヘン）

【片】かた ①二つ一組の一方。対の一つ。ならび立つものの一方。「—親に育てられる」「—棒を担ぐ」 ②不完全なこと。「—言（かたこと）の英語をしゃべる」 ③少ないこと。「—時も手放さない」「—手間にこなす」 ④かたよって、中心部から遠いこと。「—田舎で暮らす」

【片意地】かたイジ 自分の意志を、頑固に押しとおすこと。また、その性質。「—を張っても仕方がない」

【片〈田舎〉】かたいなか 都会から遠く離れた村里。へんぴな村里。「—に住んでいる」 類 辺地（ヘンチ）・僻地（ヘキチ）

【片腕】かたうで ①片方の腕。 ②最も頼りとする補佐役。「社長の—となって働く」 類 腹心

【〈片方〉】かたえ ①対になっているものの一方。 ②半分。また、一部分。 ③かたわら。そば。 ④かたわらの人。参考 ①「かたホウ」とも読む。

【片▲靨】かたえくぼ 片側の頬（ほお）にだけできるえくぼ。参考「靨」は笑ったとき、頬にできる小さなくぼみ。

【片陰】かたかげ ①ある方向から見て、かげになる場所。類 物陰 ②日のあたらない所。特に、夏の午後の日かげ。季 夏

【片△才】かたかど 少しばかりの才能。わずかな才芸。「—を披露する」

【片仮名】かたかな かな文字。漢字の字画の一部から作った、かな文字。おもに外来語や動植物名などの表記に用いる。参考 漢文に、音や訓などを書きこむかなとして発達した。

【片口】かたくち ①一方のみの言い分。片一方の発言。一方口（イッポウぐち）。「—を信じて行動してはならない」 類 片言（かたこと） ②一方だけに注ぎ口のある鉢や銚子（チョウシ）。

【片口▲鰯】かたくちいわし カタクチイワシ科の海魚。近海に分布。全長一五センチメートルほどで、背は青黒色。生食のほか、幼魚や稚魚は煮干し・しらす干し・ごまめにする。季 秋 由来 上あごが長く突き出ていて、片口に見えることから。

【片▲栗粉】かたくりこ カタクリの根茎からとれる白いでんぷん。料理にとろみをつけ、菓子にも用いる。現在は、ほとんどがジャガイモのでんぷんで代用。

【片△食】かたけ ①朝夕どちらか一回の食事。 ②食事の回数を数える助数詞。由来 江戸時代、朝夕二回の食事が一般的であったことから。

【片言】かたこと ①言葉の一部分。ちょっとした言葉。「通りすがりに—を交わす」 ②たどたどしく不完全な言葉。また、その話し方。「幼児が—で話す」 ③一方のみの言い分。類 片口 参考 ①「ヘンゲン」とも読む。

【片隅】かたすみ 一方のすみ。真ん中ではない、目立たないところ。はしっこ。「部屋の—に押しやられた」「都会の—にひっそりと暮らす」

【片▲岨】かたソ 山の片方のがけ。断崖（ダンガイ）。「岨」は岩石のけわしく切り立った山の意。参考「かたそわ・かたそば」とも読む。

【片付く】かたづく ①整理される。きちんとした状態になる。「部屋が—く」 ②解決する。終了する。片がつく。「事件が—いた」 ③嫁に行く。「先日三女が—いた」

【片手で▲錐は▲揉めぬ】かたてできりはもめぬ 物事を行うには協力が大切であることのたとえ。

【片時】かたとき ほんの少しの間。わずかの時間。「受けた恩は—も忘れてはいない」「—目を離したすきに見失った」 類 寸刻・暫時（ザンジ） 由来「一時」の半分の意から。参考「ヘンジ」とも読む。

【片肌・片△膚】かたはだ 上半身の片方の肌。また、片方の肩。「—脱ぐ（手を貸して助ける）」 対 諸肌（もろはだ）

【片腹痛い】かたはらいたい 滑稽（コッケイ）で見ていられない。笑止である。ちゃんちゃらおかしい。「その実力で勝負を挑もうとは—い」 由来「傍（かたわら）」を「片腹」に誤ったことから。

【片▲庇】かたびさし 片流れになっている屋根。また、そのような粗末な屋根。参考「庇」は、建物から外へ突き出た屋根のこと。

【片肘】かたひじ 片方の肘。対 両肘 参考「肩肘」と書けば、肩と肘の意。

【片棒】かたボウ 棒を用いて、二人で駕籠（かご）や重い物を担ぐときの一方の人。転じて一緒に物事を行う相手。「知らぬ間に悪事の—を担がされた」 類 相棒

【片△辺】かたほとり ①かたすみ。「村の—にたつ小屋」 ②かたいなか。「—に庵（いおり）を結ぶ」

【片身】かたみ ①体の半分。特に魚の切り身で、背骨をさかいにした半分。「—を刺身にする」 類 半身 ②衣服の身ごろの半分。片身ごろ。

【片割れ】かたわれ ①割れた物の一片。また、わかれた物の一部分。「おもちゃの—を接着剤でつける」 ②仲間の一人。「彼も敵の—にちがいない」

【△片】ひら 花びら・葉・紙など薄く平たいものを数える語。「山茶花（さざんか）の花びらがひと—散る」「ひと—の雲が空に浮かぶ」

【△片木】へぎ ①「片木板」の略。ヒノキ・スギなどを薄くはいだ板。また、食物を包むために、片木板をさらに薄くはいだもの。 ②①を折り曲げて作った折敷（おしき）（供物用の角形盆）や折り箱。表記「折ぎ」とも書く。

【△片羅】ペラ ①紙幣。札びら。 ②薄い一枚の紙。 ③二〇〇字詰めの原稿用紙の俗称。参考「半片羅」の略語。

【片雲】ヘンウン ひとかけらの雲。ちぎれ雲。「—一つ見えない青空」

【片影】ヘンエイ わずかな影。少し見えた姿。「沖で飛び交う鳥の—」 類 隻影

【片言】《ヘンゲン》 わずかな言葉。ちょっとした一言。「―も聞き漏らすまいと耳をそばだてる」 参考「かたこと」とも読む。

〖片言隻句〗《ヘンゲンセキク》 ちょっとした言葉。また、言葉のはし。「―をとらえて問題にすることはない」 類 一言半句

〖片言折獄〗《ヘンゲンセツゴク》 ただ一言でだれもが納得するような裁判の判決を下すこと。「折」は断じる、「獄」は訴訟の意。 由来 孔子が、人々の信望が厚く、決断力に富んだ弟子の子路《シロ》をほめた言葉から。〈『論語』〉

【△片】《ペンス》 イギリスの貨幣単位。一〇〇ペンスで一ポンド。単数形ペニーの複数形。

【片頭痛】《ヘンズツウ》 発作的に、頭の片側に起こる断片的な激しい頭痛。 表記「偏頭痛」とも書く。 参考「かたズツウ」とも読む。

【片務】《ヘンム》 契約の当事者の一方だけが義務を負うこと。「―契約」 対 双務

【片片】《ヘンペン》 ①断片的なさま。また、断片がひるがえるさま。「―たる小冊子」「落ち葉が―と舞い散る」 ②それほど重要でないさま。たいした価値もないさま。「―たる小事」

【片利共生】《ヘンリキョウセイ》 ともに生きていながら片方にだけ得になり、他方にはなんら損得がないこと。樹木とその樹皮につく地衣類の関係など。 対 相利共生

【片▲鱗】《ヘンリン》 一枚のうろこ。転じて、全体のごく一部分。きわめてわずかな部分。「大器の―を見せる」 類 一端

ヘン【辺】 (5) 辶2 教 常 7 4253 4A55 音 ヘン 訓 あたり・べ 外 ほとり

旧字《邊》 (19) 辶15 1/準1 7820 6E34

筆順 フ 刀 刀 辺 辺

意味 ①あたり。ほとり。そば。「海辺」「周辺」 ②ふち。へり。「辺幅」 ③はずれ。国ざかい。「辺地」「辺境」 ④はて。かぎり。「天辺」「無辺」 ⑤多角形を作っている線分。「底辺」「斜辺」

下つき 海辺《カイヘン》《うみべ》・川辺《かわべ》・岸辺《きしべ》・近辺《キンペン》・四辺《シヘン》・周辺《シュウヘン》・身辺《シンペン》・水辺《スイヘン》《みずべ》・窓辺《ソウヘン》《まどべ》・底辺《テイヘン》・天辺《テンペン》・浜辺《はまべ》・無辺《ムヘン》

【辺り】《あたり》 ①付近。近くの場所。また、その周囲。「―一面の銀世界」「―をうかがう男」 ②時間・人物・場所など、だいたいの見当を表す語。「来週―、検査結果が出る」

【辺涯】《ヘンガイ》 遠く離れたはて。地のはて。はるかかなた。 類 辺際・際涯

【辺境】《ヘンキョウ》 中心から遠く離れた国ざかい。また、その地。「―地区を開発する」 類 辺界・国境 書きかえ「辺疆」の書きかえ字。

【辺▲疆】《ヘンキョウ》 ▼ 書きかえ 辺境

【辺塞】《ヘンサイ》 国境にある、外敵の侵入を防ぐためのとりで。

【辺際】《ヘンサイ》 国土や物事のはて。際限。かぎり。 参考「ヘンザイ」とも読む。

【辺▲陬】《ヘンスウ》 都会から遠く離れた地方。 類 辺鄙《ヘンピ》・僻地《ヘキチ》 参考「陬」はすみの意。

【辺地】《ヘンチ》 都会から遠く離れ、交通などの不便な土地。「教員として―に赴く」 類 辺鄙《ヘンピ》・僻地《ヘキチ》 参考「ヘンジ」と読めば、仏教で極楽浄土の辺境の地の意。

【辺土】《ヘンド》 ①都会から遠く離れた地方。かたいなか。 類 辺地 ②近郊の地。

【辺▲鄙】《ヘンピ》 都会から遠く離れ、開けていない不便な土地。かたいなか。「―な所に引っ越す」 類 辺地・辺土・辺陬《ヘンスウ》

【辺幅】《ヘンプク》 布地などのふち。転じて、外観。うわべ。見栄《みえ》。「―を飾る」

〖辺幅修飾〗《ヘンプクシュウショク》 見えるところだけを飾ること。転じて、うわべを飾り体裁をつくろうこと。〈『後漢書《ゴカンジョ》』〉 参考「修飾辺幅」ともいう。

【辺▲邑】《ヘンユウ》 国境の村。また、片田舎の村。

【△辺】《ほとり》 ①近く。そば。あたり。「神社の―にある古木」 ②きわ。ふち。特に、水ぎわ。「池の―に立つ」

ヘン【返】 (7) 辶4 教 常 8 4254 4A56 音 ヘン 外 ハン・ホン 訓 かえす・かえる

旧字《返》 (8) 辶4 1/準1

筆順 一 厂 万 反 反 返 返

意味 ①かえる。かえす。もとへ戻す。「返還」「返済」 ②回数を数える語。「三返」

下つき 往返《オウヘン》・復返《フクヘン》

【返す】《かえ-す》 ①もとの状態に戻す。「友人に本を―す」 ②もとの状態に戻る。「波が寄せては―す」 ③受けた行為に応じてはたらきかける。報いる。「酒杯を―す」「なぐり―す」 ④向きを変える。ひっくりかえす。また、掘りおこす。たがやす。「手のひらを―す」「魚を―して両面を焼く」「畑の土を―す」 ⑤同じ動作をする。「教科書を何度も読み―す」 表記「反す」とも書く。

【返還】《ヘンカン》 一時的に譲り受けた物や借りていた物をもとに戻すこと。「領土の―問題」「優勝旗の―」

【返却】《ヘンキャク》 借りた物や預かった物を戻すこと。「図書館の本を―する」「約束の期日までに―する」 類 返戻

【返済】《ヘンサイ》 借りた金品を返すこと。「住宅ローンの―計画」「借財はすべて―した」

【返事・返辞】《ヘンジ》 呼びかけや問いかけに答えること。また、その言葉や書面。「大きな声で―する」「―を急《せ》かす」「手紙の―を書く」 類 返答

【返書】《ヘンショ》 返事の手紙。「―を受け取る」 類 返信・返状

【返照】ヘンショウ ①光が照り返すこと。照り返し。②夕日の輝き。夕ばえ。「浜辺の―」類夕照(セキショウ)

【返上】ヘンジョウ 受け取らないこと。戻すこと。また、「返す」の謙譲語で、お返しすること。「休日―で仕事をする」「汚名を―する」「退職金を―する」

【返信】ヘンシン 返事の手紙や通信。「―用の切手」「ファクシミリで―を送る」対往信

【返答】ヘントウ 問いかけや呼びかけに答えること。また、その答え。「―がすばやい」「―に困る難問」類返事・応答

【返納】ヘンノウ 受け取ったものを、もとに返し納めること。「神社にお札を―する」「奨学金の―手続」

【返杯】ヘンパイ つがれた酒を飲みほして、相手に杯を返すこと。また、その杯。

【返報】ヘンポウ ①人からの好意に報いること。類返礼 ②人から受けた恨みに仕返しをすること。類報復 ③呼びかけや問いかけに答えること。類返事・返答

【返礼】ヘンレイ 他から受けた礼・恩・贈り物などに対して、礼や物品を返すこと。また、そのもの。「丁重に―する」「―の品を贈る」

【返戻】ヘンレイ 一度受け取ったものを戻すこと。「書類不備のため―する」類返却・返還

ヘン【▲返】(8) ⻌4 ▼返の旧字(一三七八)

ヘン【変】(9) 夂6 常 教 7 4249 4A51 音 ヘン 訓 かわる・かえる

旧字《變》(23) 言16 1/準1 5846 5A4E

筆順 丶 亠 亣 亣 亦 亦 亦 変 変

意味 ①かわる。うつりかわる。かえる。「変化」「変更」「変遷」②ふつうでない。「変則」「変体」「変哲」対①②常 ③ふしぎ。かわったできごと。「異変」「事変」「政変」④音楽で半音低くすること。対嬰(エイ)

下つき 一変(イッペン)・異変(イヘン)・応変(オウヘン)・改変(カイヘン)・急変(キュウヘン)・激変(ゲキヘン)・事変(ジヘン)・千変(センペン)・大変(タイヘン)・地変(チヘン)・天変(テンペン)・豹変(ヒョウヘン)・不変(フヘン)

【変わる】か-わる ①状態・位置・性質などが、以前と異なる状態になる。「このところ天気が―る」「転居して環境が―った」②ふつうとちがう。「一風(イップウ)―った人」

【変位】ヘンイ 物体が位置を変えること。また、その移動した変化の量。

【変異】ヘンイ ①ふつうでない出来事。「地殻の―」類異変 ②同種の生物間に見られる個体の形態や性質のちがい。また、そのちがいの生ずること。「突然―で現れた昆虫」参考①多く、自然界の変動にいう。

【変移】ヘンイ 他のものに移し変えること。また、移り変わること。変遷。「時代の―を実感する」

【変易】ヘンエキ 変わること。また、変えること。変改。「容易に―することはない」

【変温動物】ヘンオンドウブツ 外界の温度変化によって、体温が変動する動物。哺乳(ホニュウ)類・鳥類以外のすべての動物がこれに属する。類冷血動物 対恒温動物・定温動物

【変化】ヘンカ ①物事の性質や状態などが変わること。「状況が―する」「心境の―が著しい」類変遷・変移 ②用法に対応して、単語の語形が変わること。語形変化。類活用 参考「ヘンゲ」と読めば別の意になる。

【変革】ヘンカク 社会や制度などが変わり改まること。また、変え改めること。「政治機構の―」「選挙制度の―」類改革

【変換】ヘンカン ①別のものに変わること。また、変えること。「風力を電気に―する」「ワープロで平仮名を漢字に―する」②数学で、ある点・数式・図形・座標などを別の形に変えて表すこと。「数式の―」

【変記号】ヘンキゴウ 楽譜で、音符の高さを本来の音より半音低める記号。フラット(♭)。対嬰(エイ)記号

【変局】ヘンキョク 平常とは異なる局面。非常の場面。「―に直面する」

【変化】ヘンゲ ①神仏が、仮に人の姿になって現世に現れること。また、そのもの。類化身(ケシン)・権化(ゴンゲ) ②動物などが、姿を変えて現れること。また、そのもの。化け物。「妖怪(ヨウカイ)―」参考「ヘンカ」と読めば別の意になる。

【変形】ヘンケイ 形が変わること。形を変えること。また、その形。「プラスチックが熱で―する」「―した腰の骨を治す」

【変幻自在】ヘンゲンジザイ 思いのままに、変化したり出没したりすること。「変幻」は、まぼろしのように現れたり消えたりすること。「―の怪盗に警察も手を焼く」類千変万化

【変更】ヘンコウ 決まっていたものを変え改めること。変わり改まること。「予定は多少―することがあります」類変改

【変死】ヘンシ ふつうではない死に方。また、不自然に死ぬこと。自殺・他殺・災害死・事故死など。類横死(オウシ)

【変事】ヘンジ 平常とは異なる出来事。変わった出来事。「―が出来(シュッタイ)する」「―に駆けつける」類異変 参考多く、よくない出来事にいう。

【変質】ヘンシツ ①物質や物事などの性質が変わること。また、変えること。「貯蔵しておいた酒が―する」「昔の写真が―した」②性格などが通常と異なって病的なこと。「―者による犯罪」

【変種】ヘンシュ ①ふつうとは変わった種類。かわりだね。②同種の生物で形質の一部や分布地域が異なるもの。「この蝶(チョウ)は―が多い」

【変成・変生】ヘンジョウ 仏仏の功徳(クドク)で成り変わること。特に、女子が男子に生まれ変わること。参考「変成」は「ヘンセイ」と読めば、形が変わって生じること、また、形を変えてつくる意。

【変色】ヘンショク 色が変わること。また、色を変えること。「本の背表紙が―する」「古びて―したシャツ」

【変心】ヘンシン 心変わりすること。気持ちや意志を変えること。「―して急に恋人に冷たくなる」

【変身】ヘンシン 姿を変えること。また、その姿。「彼は大学卒業を機に―した」「あまりの―ぶりに驚いた」

【変人】ヘンジン 一風変わった性格の人。変わり者。類奇人 表記「偏人」とも書く。

【変成岩】ヘンセイガン 火成岩・水成岩が、地球の内部で高温・高圧のために成分や組織などを変えたもの。大理石・片麻(ヘンマ)岩など。

【変声期】ヘンセイキ 思春期に起こる声変わりの時期。また、その年ごろ。参考 おもに男子にいうが、女子にもある。

【変節】ヘンセツ それまで自分が守ってきた主義や主張を変えること。「―漢」「彼はよく―するから、信用できない」

【変遷】ヘンセン 時間の経過とともに移り変わること。また、その移り変わり。「流行は時代とともに―する」「庶民の服装の―」類推移

【変装】ヘンソウ 別人に見せるため、服装や髪形・顔つきなどに手を加えて変えること。また、その姿。「女に―して尾行する」類仮装

【変造】ヘンゾウ 物の形や内容に変更を加えること。特に、文書や紙幣・貨幣にいう。「文書に―された痕(あと)がある」「―硬貨が出回る」

【変奏曲】ヘンソウキョク 一つの主題をもとに、旋律・和音・リズムなどを変化させて構成した楽曲。バリエーション。

【変則】ヘンソク ふつうの規則や規定からはずれていること。「―的な日程」対正則

【変速】ヘンソク 速力を変化させること。「自転車の―機」「―ギヤ」

【変体】ヘンタイ 体裁や様式などがふつうと異なっていること。また、その体裁や様式。「―仮名の読み方を学ぶ」

【変態】ヘンタイ ①形を変えること。また、その形。②正常ではない状態。③「変態性欲」の略。異常な形態の性欲。また、その傾向のある者。④動物が発育の過程で形態を変えること。カエルや昆虫などに見られる。「不完全―」「幼虫から蛹(さなぎ)に―する」

【変態百出】ヘンタイヒャクシュツ 姿かたちをさまざまに変えていくこと。「百出」は次から次へと出ること。〈『新唐書(シントウジョ)』〉

【変調】ヘンチョウ ①調子が変わること。調子を変えること。また、その調子。対正調 ②調子が狂うこと。「体に―をきたす」③楽曲の調子を変えること。類移調 ④搬送電流の振幅や周波数などを信号によって変化させること。振幅変調(AM)・周波数変調(FM)など。

【変▲梃】へんてこ 変なさま。奇妙なさま。へんてこりん。「―な形の帽子」「まったく―な話だ」参考「変梃」は当て字。

【変哲】ヘンテツ 変わったこと。また、変わっているところ。「一見したところ、何の―もない」参考 一般に、打ち消しの語を伴って用いる。

【変転】ヘンテン 状態が移り変わること。「運命の―に翻弄(ホンロウ)される」

【変電所】ヘンデンショ 発電所から受けた電流の電圧を昇降させる施設。変圧器によって電圧を下げて消費者へ配電したりする。

【変動】ヘンドウ ①変わり動くこと。また、変え動かすこと。「人口の―を調査する」「為替(かわせ)の―」②世の中の大きな動き。「―の時代」

【変貌】ヘンボウ 姿・形・様子などが見ちがえるほど変わること。また、変えること。「農地が住宅地に―する」「彼女は留学によって見事に―した」類変容

【変法自強】ヘンポウジキョウ 法律や制度を変えて、国力を強くすること。由来 中国、清(シン)朝末期に起こった改革運動のスローガン。

【変容】ヘンヨウ 姿や形が変わること。また、変えること。「街並みが―する」類変貌(ヘンボウ)

【変乱】ヘンラン 事変によって、世の中が乱れること。事変による社会の混乱。類騒乱

〔扁〕

ヘン【★扁】(9) 戸 5 1 5708 5928 音ヘン 訓ふだ・ひらたい

意味 ①ふだ。門や室内にかける札。「扁額」②ひらたい。うすい。「扁平」③小さい。「扁舟」

〈▲扁桃〉アーモンド バラ科の落葉高木。中央アジア原産。全体にモモに似る。果実は熟すと裂開する。核(さね)は平たく、食用や薬用。ハタンキョウ。由来「扁桃」は漢名から。

〈▲扁▲螺〉きさご ニシキウズガイ科の巻貝。▼細螺(きさご)(五五四)

〈▲扁▲柏〉ひのき ヒノキ科の常緑高木。由来「扁柏」は漢名からの誤用。▼檜(ひのき)(一八六)

〈▲扁爪〉ひらづめ 霊長類がもつ平たいつめ。表記「平爪」とも書く。

〈▲扁虫〉ひらむし ジョウチュウなど、平たい虫の総称。表記「平虫」とも書く。

【▲扁額】ヘンガク 室内や門戸にかける横に長い額。「―を掲げる」

【▲扁形動物】ヘンケイドウブツ 体は平たくてやわらかく、体節がない無脊椎(ムセキツイ)動物。雌雄同体で口はあるが肛門(コウモン)がなく、寄生するものが多い。ジョウチュウ・ジストマなど。

【▲扁舟】ヘンシュウ 舟底の平らな小さい舟。

【▲扁桃腺】ヘントウセン のどの奥にある、楕円(ダエン)形をした左右一対のリンパ組織。細菌の侵入を防ぐ。由来「扁桃」はアーモンドのことで、その核(さね)に形状が似ていることから。

【▲扁平】ヘンペイ 平らなこと。「日本人の顔は欧米人に比べて―だ」

【扁平足】ヘンペイソク 足の裏が平たく、土踏まずの部分がほとんどない足。

ヘン【偏】(11) 亻9 常 準2 4248 4A50 音 ヘン 訓 かたよる 外 ひとえに

旧字《偏》(11) 亻9 1/準1

筆順 亻 亻 仁 仨 伊 伊 偏 偏 偏 偏

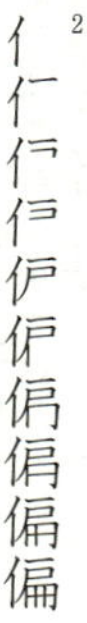

意味 ①かたよる。中正でない。「偏見」「偏差」②漢字を構成する左側の部分。「偏旁（ヘンボウ）」「人偏（ニンベン）」「立心偏（リッシンベン）」対 旁（ホウ） ③ひとえに。もっぱら。

下つき 頗偏（ハヘン）・不偏（フヘン）

【偏る】かたよる 一方に寄り、全体の均衡を欠く。また、不公平になる。「人口が大都市に—る」「—った裁定に不満を述べる」表記「片寄る」とも書く。

【△偏に】ひとえに ひたすら。そのことだけ。ただただ。「—君の奮起に期待する」「—お詫び申し上げます」

【偏愛】ヘンアイ 特定の人や物だけを、かたよって愛すること。「父は妹を—している」

【偏▲倚】ヘンイ ①一方にかたよること。②「偏差」に同じ。参考「倚」はよりかかる・かたよる意。

【偏狭】ヘンキョウ ①度量が狭いこと。「なんという—な男だ」「その考え方は—にすぎる」類 狭量 ②土地などが狭いこと。「—な土地に家を建てる」類 狭小 表記「褊狭」とも書く。

【偏屈・偏窟】ヘンクツ 性質がかたよっていて素直でないこと。頑固なこと。「彼は—で、友人が少ない」

【偏見】ヘンケン 公正でない、かたよった見解。「従来の—を捨てるべきだ」

【偏向】ヘンコウ 物事や考え方が中正でない、かたよった傾向。「—教育を正す」「彼の思想は—している」

【偏差】ヘンサ ①標準となる数値・方向・位置などからの、かたよりずれること。また、その度合い。「標準—」「—値教育」類 偏倚（ヘンイ）

【偏在】ヘンザイ かたよって存在すること。「権力の—により、政治にゆがみが生じる」「石油資源は—する」対 遍在

【偏差値】ヘンサチ ①個々の数値が平均値からどの程度ずれているかを示した数値。②学力試験で、その人の得点が全体の受験生の中でどの程度の水準にあるかを表す数値。

【偏▲衫】ヘンサン 僧衣の一種。上半身をおおう法衣。表記「褊衫」とも書く。

【偏私】ヘンシ かたよっていて公平でないこと。特定の人だけをひいきすること。えこひいき。類 偏頗（ヘンパ）

【偏執】ヘンシュウ ある物事にきわめて強い執着を示すこと。一つのことに異常に強くこだわり、他人の意見を聞かないこと。「—狂（モノマニア）」参考「ヘンシツ」とも読む。

【偏食】ヘンショク 食べ物の好き嫌いが激しく、食事内容がかたよること。「子どもの—に手を焼く」

【偏人】ヘンジン 一風変わった性質の人。変わり者。類 奇人 表記「変人」とも書く。

【偏頭痛】ヘンズツウ 発作的に、頭の片側に起こる激しい頭痛。表記「片頭痛」とも書く。

【偏する】ヘンする ある一方にかたよる。「彼の思想は、いささか—している」

【偏西風】ヘンセイフウ 南北両半球の中緯度の上空を吹く強い西風。

【偏▲袒・扼腕】ヘンタンヤクワン 興奮して激しく怒ったり、悔しがったりすること。「偏袒」は片肌を脱いで力む、「扼腕」は片手でもう一方の腕を強くつかむ意。《『戦国策』》類 切歯（セッシ）扼腕

【偏重】ヘンチョウ 一方を、特に重んじること。「学歴—はなかなか是正されない」

【偏聴▲姦を生ず】ヘンチョウカンをショウず 一方の言い分だけを聞いて物事を処理したり仲裁をしたりすると、悪い結果になるということ。「偏聴」は、一方の言い分だけを聞くこと。由来 中国、前漢時代、同僚の中傷によって投獄された鄒陽（スウヨウ）が梁（リョウ）の孝王に無実を訴えた手紙の言葉から。《『史記』》

【偏▲頗】ヘンパ 一方にかたより、不公平なこと。えこひいき。「その裁定は—と見られてもしかたがない」「—な愛情」類 偏私 参考「ヘンバ」とも読む。

【偏▲旁】ヘンボウ 漢字の偏（へん）と旁（つくり）。多く、漢字構成の左側と右側の部分。「—冠脚（カンキャク）」

ヘン【貶】(11) 貝4 1 7642 6C4A 音 ヘン 訓 おとす・しりぞける・おとしめる・けなす・そしる・さげすむ・へらす

意味 ①おとす。しりぞける。官位を下げる。「貶斥」②おとしめる。けなす。そしる。「褒貶」対 褒 ③へらす。へる。

下つき 褒貶（ホウヘン）

【▲貶める】おとしめる 劣ったものとして馬鹿（バカ）にする。見下げる。さげすむ。「人を—めた言い方をする」

【▲貶とす】おとす ①低く評価する。「名声を地に—す」②官位を下げる。

【▲貶す】けなす 悪く言う。悪いところだけを取り上げてけちをつける。そしる。「妹をさんざんに—す」

【▲貶む】さげすむ 能力や人格などが、劣っているとして見下す。軽蔑（ケイベツ）する。「人を—むような目で見る」

【▲貶▲竄】ヘンザン 官位を下げ、遠方へ追放すること。「菅原道真（すがわらのみちざね）は讒言（ザンゲン）により—された」類 貶謫（ヘンタク）・貶流（ヘンリュウ）

【▲貶する】ヘンする ①けなす。そしる。悪口を言う。②地位や身分を下げる。官位を下げる。「失策により、閑職に—する」

【貶斥】ヘンセキ 官位を下げてしりぞけること。また、官位を下げたり免職にしたりすること。類貶退

【貶謫】ヘンタク 官位を下げ、遠方へ流すこと。貶竄ヘンザン・貶流ヘンリュウ

【貶黜】ヘンチュツ 官位を下げ、しりぞけること。類貶退・貶斥 参考「ヘンチツ」は慣用読み。

ヘン【胼】(12) 月 8 1

音 ヘン
訓 たこ・あかぎれ

〔胼〕7106 6726

意味 ①たこ。まめ。手足の皮膚が厚くなったもの。「胼胝ヘンチ」②あかぎれ。ひび。

〈胼胝〉たこ ①皮膚の一部分が繰り返し同じ刺激を受け、固く盛り上がったもの。「ペンー」「座りー」②同じことの繰り返して、感じなくなること。「同じ話を何度も聞いて、耳にーができる」

ヘン【遍】(12) ⻌ 9 常 準2 4255 4A57

音 ヘン
訓 外あまねく

旧字《遍》(13) ⻌ 9 1/準1

筆順 一 ㇇ ㇇ 戸 戸 肩 肩 扁 扁 遍 遍 (9) (11)

意味 ①あまねく。すみずみまで行きわたる。「遍在」「遍歴」②回数を数える語。「一遍」

下つき 普遍フ・万遍マン・満遍マン

【遍く】あまねく 及ばないところがなく。広く。まんべんなく。「彼の腕前はー知れ渡っている」

【遍羅】ベラ ベラ科の海魚の総称。暖海の沿岸にすむ。雌雄で体色・斑紋ハンモンが異なるものもある。鮮やかで美しい。キュウセン・ニシキベラなど。季夏 表記「倍良」とも書く。

【遍在】ヘンザイ 広く行き渡って、存在すること。「広く世界にーしている」対偏在

【遍照】ヘンジョウ 仏仏の光明が、世界をあまねく照らすこと。「ー如来」参考「ヘンショウ」とも読む。

【遍歴】ヘンレキ ①各地を巡り歩くこと。「諸国ーの旅に出る」②さまざまな経験をすること。「ーを重ねた人生を終える」

【遍路】ヘンロ 仏祈願のため、弘法大師コウボウダイシ(空海)の修行の遺跡とされる、四国八八箇所の霊場を巡り歩くこと。また、その人。巡礼。「おーさん」季春

ヘン【遍】(13) ⻌ 9 ▼遍の旧字(一三八二)

ヘン【褊】(14) 衤 9 1

音 ヘン
訓 せまい

〔褊〕7479 6A6F

意味 せまい。心がせまい。きみじか。気が短い。「褊心」

【褊狭】ヘンキョウ ①度量が狭いこと。「ーな考えは捨てよ」類狭量 ②土地などが狭いこと。類狭小 表記「偏狭」とも書く。

【褊衫】ヘンサン 僧衣の一種。上半身をおおう法衣ホウエ・ホウイ。表記「偏衫」とも書く。

【褊綴】ヘントツ 江戸時代に医師などが着た羽織。褊衫ヘンサンと直綴ジキトツ(腰から下にひだのある僧衣)とを折衷してつくった衣。参考「ヘンテツ」とも読む。

ヘン【篇】★ (15) ⺮ 9 準1 4251 4A53

音 ヘン
訓 ふだ・ふみ・まき

〔篇〕

意味 ①ふだ。文字を書きつける竹片。②ふみ。書きもの。一まとまりになった詩歌や文章。「篇什ヘンジュウ」「長篇」③まき(巻)。書物の部分け。「前篇」「続篇」④詩文を数える語。「詩一篇」

書きかえ「編」が書きかえ字。

【篇次】ヘンジ 順序にしたがって編集すること。また、その内容の順序。表記「編次」とも書く。

【篇什】ヘンジュウ 詩歌を集めたもの。また、詩歌。由来『詩経』の雅ガや頌ショウの一〇篇ずつを什ということから。

【篇章】ヘンショウ 詩文の篇と章。転じて、文章や詩文。また、書物。表記「編章」とも書く。参考句の連なったものを章といい、章の連なったものを篇という。

【篇帙】ヘンチツ 書物を保護するために包むおおい。また、その書物。類巻帙

【篇目】ヘンモク 書物の篇や章につけた題目。表記「編目」とも書く。

ヘン【編】(15) 糸 9 常 教 6 4252 4A54

音 ヘン
訓 あむ 外とじいと・ふみ

旧字《編》(15) 糸 9 1/準1

筆順 幺 糸 糸 糸 糸 紀 紀 紀 絹 絹 編 編 (3) (6) (12) (15)

意味 ①あむ。(ア)順序だてて並べる。組み入れる。「編成」「編入」(イ)文を集めて書物を作る。「編集」「編者」②とじいと。書物をとじる糸。「韋編イヘン」③ふみ。書物。作品。「短編」「長編」④書物の部分け。「前編」「続編」⑤詩文を数える語。「詩一編」

書きかえ「篇」の書きかえ字。

下つき 韋編イ・共編キョウ・後編コウ・再編サイ・詩編シ・新編シン・全編ゼン・前編ゼン・短編タン・長編チョウ

【編笠】あみがさ わら・すげ・イグサなどで編んだかぶり笠。季夏

【編む】あむ ①糸・竹・髪など細長いものを互いちがいに組む。「縄をーむ」「毛糸でセーターをーむ」②種々の材料を集めて書物や計画表などを作る。「論文集をーむ」「新しい企画をーみ出す」表記①「辮む」とも書く。

【編△席△】あむしろ 竹やアシで編んだ目の粗いむしろ。類竹席

〈編木〉びんざさら 数十枚の短冊形の板をひもでつづり合わせた打楽器。田楽などに用い、両端の取っ手を動かして音を出す。ささらぎ。ささら。表記「拍板」とも書く。

【編曲】ヘンキョク ある楽曲を、別の演奏形態用に組み替えること。「吹奏楽用に—する」

【編▲纂】ヘンサン 多くの材料を集め、ある方針のもとに手を加えて書物を作ること。「市史の—に従事する」類編集

【編者】ヘンジャ 書物などの編集者。「百科事典の—」参考「ヘンシャ」とも読む。

【編修】ヘンシュウ 資料を集め整理して、書物にまとめあげること。特に、史書や研究書などにいう。「国史を—する」

【編集】ヘンシュウ ある方針のもとに種々の材料を集め整理し、出版物・映画のフィルム・音声や画像のディスクまたはテープなどに作り上げること。「雑誌の—に携わる」類編纂ヘンサン 書きかえ「編輯」の書きかえ字。

【編▲輯】ヘンシュウ ▼書きかえ編集

【編成】ヘンセイ 多くの人や物をまとめて、一つの組織や体系をつくること。「五輪代表チームを—する」「列車運行表の—」

【編制】ヘンセイ 個々のものをまとめて組織化すること。特に、団体や軍隊にいう。「上陸部隊を—する」

【編隊】ヘンタイ 飛行機などが、隊形を組むこと。また、その隊形。「戦闘機の—飛行」

【編著】ヘンチョ ①編集と著作。「—者」②執筆して編集した書物。

【編▲綴】ヘンテツ 文章をまとめ、つづること。「財産目録などの—」

【編入】ヘンニュウ ある団体や組織に、あとから組み入れること。「高校の—試験」「三年生に—する」

【編年体】ヘンネンタイ 年代順に事実を記した、歴史書の記述形式。「—で書く」参考歴史書の記述形式にはほかに、人物を中心とした「紀伝体」、事件を中心とした「紀事本末体」などがある。

ヘン【翩】(15) 羽 9 1

音 ヘン 訓 ひるがえる

〔翩〕7041 6649

意味 ひるがえる。ひらひらする。「翩翻」

【翩る】ひるがえる ひらひらと軽やかに動く。「校庭にめぐらした万国旗が風に—る」参考羽を返す意から。

【▲翩▲翩】ヘンペン ①軽くひるがえるさま。②軽々しいさま。身軽に飛ぶさま。

【翩翻】ヘンポン 旗などがひらひらと風にひるがえるさま。「青空の下、日章旗が—とひるがえる」

ヘン【蝙】(15) 虫 9 1

音 ヘン 訓

〔蝙〕7394 697E

意味 哺乳ニュウ動物の「蝙蝠ヘンプク（こうもり）」に用いられる字。

〈蝙▲蝠〉こうもり ①翼手目の哺乳ホニュウ動物の総称。顔はネズミに似る。前肢の指の間に飛膜があり、空中を飛ぶ。昼間は暗い所にぶら下がっていて、夜間に活動する。カワホリ。季夏 ②「蝙蝠傘」の略。③①が鳥か獣か区別しにくいことから、どっちつかずの態度をとる人のたとえ。由来「蝙蝠」は漢名から。参考「蝠」が「福」に通じることから、中国では縁起のよい動物とされた。

【〈▲蝙▲蝠〉も鳥のうち】ちょっとしたかかわりがあるだけなのに、仲間のように振る舞うこと。また、取るに足りない者でも仲間に加えること。

ヘン【諞】(16) 言 9 1

音 ヘン 訓 へつらう

〔諞〕7570 6B66

意味 言葉たくみに言う。へつらう。類便

ヘン【駢】(18) 馬 8 1

音 ヘン・ベン 訓 ならぶ・ならべる

〔駢〕8156 7158

意味 ならぶ。二つをならべる。「駢肩」「駢文」

【駢ぶ】ならぶ ウマを二頭ならべる意から、ならび連なる。対になってならぶ。「馬が—んで走る」

【駢文】ベンブン 四字と六字の対句を用い、音調を整えて故事を多用する文体。内容よりも形式を重んじる。中国、六朝リクチョウから唐の時代に流行した。四六駢儷体シロクベンレイタイ。類駢体文・駢儷文・四六文シロクブン 参考中国で、反対に形式より内容を重んじた漢代以前の文体を「古文」という。

ヘン【▲邊】(19) 辶 15 7820 6E34

▼辺の旧字（一三七八）

ヘン【騙】★ (19) 馬 9 1 8157 7159

音 ヘン 訓 かたる・だます

〔騙〕

意味 ①かたる。だます。言葉たくみに言う。「騙取」②ウマにとびのる。

下つき 欺騙ギヘン

【騙る】かたる ①金品をだまし取る。②うその肩書きや名称などをいう。いつわる。「他人の名を—る」

【騙す】だます ①うそを本当らしく思いこませる。あざむく。「他人の好意につけこんで—す」②なだめる。「泣く子を—す」③調子を見ながらうまく扱う。「体調を—しながら、試合に出る」

【騙詐】ヘンサ だましていつわること。巧みな口調で騙(かた)ること。参考「騙」「詐」ともに、いつわりあざむく意。

【騙取】ヘンシュ だまし取ること。「老人の財産を―する」類詐取

ヘン【▲變】(23) 言16 5846 5A4E ▼変の旧字(一三七九)

ベン【弁】(5) 廾2 常 教 6 4259 4A5B 音ベン 訓外わきまえる・わける・はなびら・とく・かたる・かんむり

(A)旧字《辨》(16) 辛9 1/準1 4994 517E

(B)旧字《瓣》(19) 瓜14 1/準1 ▼瓣(一三八七)

(C)旧字《辯》(21) 辛14 1/準1 7771 6D67

(D)【弁】 1 4259 4A5B

筆順 ㄥ ム 厶 弁 弁

意味 (A)[辨]わきまえる。わける。処理する。「弁証」「弁別」「明弁」(B)[瓣]はなびら。また、液体や気体の出入りを調節するもの。「弁膜」「花弁」「安全弁」(C)[辯]かたる。話す。述べる。説きあかす。また、言葉づかい。「弁解」「答弁」「雄弁」(D)[弁]かんむり。「武弁」参考本来別の意味の四つの字を「弁」にまとめた。

下つき (A)勘弁(カンベン)・支弁(シベン)・思弁(シベン)・自弁(ジベン) (B)花弁(カベン) (C)詭弁(キベン)・強弁(キョウベン)・多弁(タベン)・駄弁(ダベン)・答弁(トウベン)・訥弁(トツベン)・熱弁(ネツベン)・雄弁(ユウベン) (D)武弁(ブベン)

【弁解】ベンカイ 言い訳をすること。申し開き。「―は許されない」「まったく―の余地はない」類弁明

【弁韓】ベンカン 古代朝鮮の南部にあった部族国家。今の慶尚南道の南西部に当たる。馬韓(バカン)・辰韓(シンカン)と合わせて三韓と称した。

【弁護】ベンゴ その人に有利になるようなことを主張し、まもり助けること。「―士」「自己―をするな」

【弁巧】ベンコウ 言い回しの巧みなこと。話しぶりの巧みなこと。口先のうまいこと。「―にのせられる」

【弁護士】ベンゴシ 民事・刑事の訴訟などで、被告や原告の代理としてその権利や利益を守ることを職務とする人。特に、巧みな話術で人...

【弁才】ベンサイ 弁舌の才能。特に、巧みな話術で人をごまかす才能。「彼は―に長(た)けている」類口才

【弁済】ベンサイ 債務を履行して、債権を消滅させること。借りた物を返すこと。「債務の―が終わる」

【弁財天・弁才天】ベンザイテン 音楽・知恵・財福をつかさどり、琵琶(ビワ)を弾(ひ)く女神。七福神の一人として信仰を集めている。弁天。参考もとはインドの河川の神だが、のちに日本で吉祥天と混同されるようになった。

【弁士】ベンシ ①弁舌の巧みな人。②演壇に立ち、演説や講演などをする人。「―の発言に聞き入る」③無声映画で画面の説明をする人。活動弁士。活弁。

【弁識】ベンシキ 物事をわきまえて知ること。見分けること。「自己の技量を―する」

【弁償】ベンショウ 他に与えた損害を金品でつぐなうこと。弁済と賠償。「自分が割ったガラスを―する」

【弁証法】ベンショウホウ ①弁論の方法や技術。②哲学で、物事の対立や矛盾を克服して統一することにより、さらに高い次元での統合をはかるという考え方。「―的唯物論(ユイブツロン)」

【弁じる】ベンじる ①話す。述べる。「講演を―じる」②言い訳をする。「遅刻の理由を―じる」③区別する。「善悪を―じる」④処理する。「最初に教授の用を―じる」⑤整う。済む。「準備が―じる」

【弁説】ベンセツ 物事のよしあしを明らかにして説くこと。参考「ベンゼツ」とも読む。

【弁舌】ベンゼツ ものを言うこと。また、言い方。話しぶり。「彼は―さわやかに話した」

【弁疏】ベンソ 言い訳をすること。言い開き。類弁解・弁明

【弁知・弁智】ベンチ ①道理をわきまえて、知慮のあること。②話がうまく、利口なこと。

【弁難】ベンナン 種々の点から言い立てて非難すること。言い立てて相手をやりこめること。「論敵を―する」類論難

【弁駁】ベンバク 他人の説の誤りを論じ、攻撃すること。「相手の意見を鋭く―する」参考「ベンパク」とも読む。

【弁別】ベンベツ 物事のちがいを見分けること。区別すること。「物事の善悪を―する」類識別

【弁膜】ベンマク 心臓・静脈・リンパ管にあって、血液やリンパ液の逆流を防ぐ弁のはたらきをする膜。

【弁明】ベンメイ ①説明して、物事を明らかにすること。「新しい物理法則を―する」②説明して、自分の言動を納得してもらうこと。「昨日の行動について―する」類弁解

【弁理】ベンリ 物事のちがいを見きわめて、処理すること。

【弁理士】ベンリシ 特許・実用新案・商標などに関し、特許庁に対する手続の代理や鑑定を職業とする人。

【弁論】ベンロン ①人々の前で、自己の意見を述べること。また、その意見。「―大会」類演説 ②互いに論じ合うこと。また、その議論。③法廷において、訴訟の当事者の行う意見陳述。「最終―」

【弁を△以て知を飾らず】ベンをもってチをかざらず 巧みな弁舌で、自分の知恵や知識の不足を飾り立て

てはならないという戒め。《『荘子』》

【〈弁別〉】わいだめ 区別。差別。けじめ。表記「分別」とも書く。

【弁える】わきまえる ①正しく判断して見きわめる。判別する。「場所柄を―えて行動する」②物事を十分に理解している。心得る。「道理を―える」

【弁ける】わける 見きわめる。よりわける。区別する。「善悪を―ける」

ベン【抃】(7) 扌4 1 5723 5937 音 ベン・ヘン 訓 うつ

意味 うつ。喜んで手をたたく。「抃手」

下つき 舞抃

【抃つ】うつ 手をうつ。特に、喜んで手をたたく。手をたたいて喜びの気持ちを表す。

【抃舞】ベンブ 手をうって喜び、舞いおどるさま。

【抃躍】ベンヤク 手をうって喜び、おどり上がるさま。類抃舞

ベン【便】(9) イ7 教 常 7 4256 4A58 音 ベン・ビン 訓 たより 外 よすが・いばり・へつらう・すなわち

筆順 ノ 亻 亻 亻 佰 佰 佰 便 便

意味 ①たより。手紙。「便箋」「郵便」②都合がよい。やりやすい。また、ついで。てだて。「便船」「便乗」「便利」③くつろぐ。やすらぐ。「便衣」「便殿」④大小の排泄物。いばり。「便所」「便通」⑤口がうまい。へつらう。「便巧」「便佞」⑥すなわち。接続の助字。

下つき 音便・穏便・簡便・軽便・検便・幸便・小便・宿便・大便・排便・船便・不便・別便・方便・郵便・用便

【便ち】すなわち ①…するとすぐに。そのまま。「林は水源に尽き、―一山を得たり」《『桃花源記』》②つまり。言いかえると。参考 おもに漢文訓読に用いる。

【便り】たより 様子を知らせること。音信。手紙。「しばらく―が途絶えている」「風の―に聞く」「花の―が届く」

【便乗】ビンジョウ ①他の目的の乗り物に、ついでに乗せてもらうこと。「知人の車に―して会場へ向かう」②都合のよい機会を、巧みに利用すること。「戦後の混乱に―して財産を築く」「―値上げ」

【便船】ビンセン ちょうど都合よく出る船。また、それに乗ること。「―を待つ」

【便箋】ビンセン 手紙を書くために用いる紙。書簡箋。レターペーパー。

【便覧】ビンラン ある事柄を知るのに便利なように、簡明にまとめた冊子。ハンドブック。「大学―」「国語―」参考「ベンラン」とも読む。

【便乱坊】べらぼう ①筋のとおらないこと。ばかげているさま。「―な値をつける」②人をあざけりののしる語。ばか。たわけ。あほう。「この―め」由来 江戸時代、見世物にされていた便乱坊という人の名からとも。表記「可坊・篦棒」とも書く。

【便衣】ベンイ ふだん着。簡単で便利な服の意から。類平服・便服

【便意】ベンイ 大小便をしたくなる気持ち。「急に―を催す」

【便益】ベンエキ 便利で有益であること。「組織の―を図る」類便宜

【便宜】ベンギ 物事をするうえで、都合のよいこと。また、特別な処置。「友人のための―を図る」類便益 参考「ビンギ」とも読む。

【便通】ベンツウ 大便が出ること。通じ。「しばらく―がない」

【便殿】ベンデン 高貴な人が休息するための臨時の休憩所。参考「ビンデン」とも読む。

【便佞】ベンネイ 口が巧みで、人にこびへつらい、心がねじけていること。「阿諛―の徒(口先でへつらって、ずるがしこく立ち回るやから)」表記「弁佞」とも書く。

【便秘】ベンピ 便通がとどこおること。「―に悩まされる」類秘結

【便服】ベンプク 通常の服。ふだん着。類平服・便衣 対礼服

【便便】ベンベン ①無駄に時間が過ぎてゆくさま。「―と時を過ごす」②太っていて腹が張り出しているさま。「―たる腹をさする」

【便法】ベンポウ ①便利な方法。「学問に―はない」②便宜上の方法。都合に応じてとる一時的な手段。「―を講じて、急場をしのぐ」

【便利】ベンリ 都合がよいこと。役に立つこと。「―な道具」「交通の―なマンション」類簡便 対不便

【便】よすが たよりとなる物や人。よりどころ。「叔父を―として転職した」

ベン【俛】(9) イ7 1 4859 505B 音 ベン・メン・フ 訓 ふせる

意味 ①つとめる。「俛焉」類勉 ②ふす。ふせる。うつむく。「俛仰」類俯

【俛首帖耳】フシュチョウジ 人にあわれみを乞いへつらうさま。「俛首」は頭を下げる、「帖耳」は耳を垂れる意。イヌが飼い主に服従するようすをいう。〈韓愈の文〉表記「俛首」は「俯首」とも書く。

【俛せる】ふせる かがめる。また、うつむく。「はずかしくて顔を―せる」表記「俯せる」とも書く。

ベン【勉】(9) カ7 1467 2E63 ▼勉の旧字(一三六六)

ベン【眄】(9) 目4 1 6632 6240 音 ベン・メン 訓 みる・ながしめ・ながめる・かえりみる

意味 ①みる。流し目で見る。横目でにらむ。ながし目。「流眄」②ながめる。かえりみる。「顧眄」

下つき 一眄・眷眄・顧眄

ベン【勉】(10) 力 8 常 教 8 4257 4A59 音 ベン 訓 外 つとめる

旧字《勉》(9) 力 7 1/準1 1467 2E63

筆順 ノ ㇒ 𠂊 丆 㔾 缶 免 免 勉 勉

意味 つとめる。はげむ。「勉学」「勉強」

下つき 勤勉(キンベン)・策勉(サクベン)・弔勉(チョウベン)

【△勉める】つとめる つと― 精を出して励む。頑張る。「たゆみなく学問に―める」

【勉学】ベンガク 学業に励むこと。「学生は―が本分だ」類勉強

【勉強】ベンキョウ ①学問や仕事などで、知識や技能の習得に励むこと。「もっと―して成績を上げたい」②将来に役立つ貴重な経験。「今回の旅行はよい―になった」③安い値段で商品を売ること。「―して半額にします」

【勉励】ベンレイ つとめ励むこと。「刻苦―して、学問を修める」類奮励

ベン【★娩】(10) 女 7 準1 4258 4A5A 音 ベン 訓 うむ

意味 ①うむ。出産する。「娩痛」「分娩」②美しい。「娩沢」

【▲娩む】うむ う― 女性が子を体外に出す。うみ落とす。表記「産む」とも書く。

ベン【冕】(11) 冂 9 1 4943 514B 音 ベン 訓 かんむり

意味 かんむり。古代、位の高い人がつけた礼装用のかぶりもの。

下つき 軒冕(ケンベン)・麻冕(マベン)

【▲冕】かんむり かん― 中国で、天子から大夫(タイフ)までが礼式に用いるかぶりもの。

【▲冕冠】ベンカン かんむりの上部に、冕旒(ベンリュウ)を垂らした冕板をつけたもの。日本では、天皇と皇太子が大儀に着用した。礼冠(ライカン)。

【▲冕服】ベンプク ベン 貴人が礼装として身につけるかんむりと衣服。

【▲冕▲旒】ベンリュウ 冕冠(ベンカン)の上の冕板に垂らす、珠玉を通した糸縄(シジョウ)。参考 支配者の目が利きすぎると、臣下の欠点が気にかかり寛大さを失うので、適度に目をおおうためという。

ベン【湎】(12) 氵 9 1 6262 5E5E 音 ベン・メン 訓 おぼれる・しずむ

意味 おぼれる。しずむ。「沈湎」

下つき 耽湎(タンベン・タンメン)・沈湎(チンベン・チンメン)

【▲湎れる】おぼれる おぼ― 夢中になる。心を奪われる。「酒に―れる」「女色に―れる」

ベン【黽】(13) 黽 0 1 8370 7366 音 ベン・ビン・ボウ 訓 あおがえる・つとめる

意味 ①かえる。あおがえる。「蛙黽(アボウ)」②つとめる。はげむ。「黽勉」類勉

【黽勉】ビンベン つとめ励むこと。精を出すこと。類勉励

ベン【▲辧】(16) 辛 9 4994 517E ▼弁の旧字(一三八四)

ベン【★鞭】(18) 革 9 準1 4260 4A5C 音 ベン・ヘン 訓 むち・むちうつ

意味 むち。むちうつ。「鞭杖(ベンジョウ)」「鞭撻(ベンタツ)」

下つき 教鞭(キョウベン)・先鞭(センベン)

【▲鞭策】ベンサク ①ウマのむち。②むちで打つこと。③戒めること。また、むち打って励ますこと。

【▲鞭声粛粛】ベンセイシュクシュク ひそかに攻撃を進めること。由来 川中島の戦いで、上杉謙信が夜陰(ヤイン)に軍馬のむちの音を立てずにひっそりと川を渡り敵陣に迫る情景を詠じた、頼山陽(らいさんよう)の漢詩から。

【▲鞭▲撻】ベンタツ ①むち打つこと。処罰して戒めること。②戒め励ますこと。「御―をお願い致します」類鞭笞(ベンチ) 類督励

【▲鞭▲笞】ベンチ ①革のむちと竹のむち。②むち打つこと。むち打って戒めること。類鞭撻(ベンタツ)

【▲鞭毛】ベンモウ 生物の細胞に見られる細長いむち状のもの。運動器官で、付着・捕食・感覚などのはたらきをする。

【▲鞭】むち ①竹や革製の細長い棒。牛馬を打って進ませたり、罪人を打ったりする。また、人に物を指し示したりするのに使う。「馬に―を当てる」②人を励ましたり、しかったりする言葉や行為。「愛の―」

【▲鞭を惜しめば子供は駄目になる】厳しく育てなければ子どもは正しい人間にならないという戒め。子どものしつけに、むちをためらうなということ。

【▲鞭打ち症】むちうちショウ 追突事故などで、首がむちを振ったときのように激しく前後に揺さぶられた結果、頸椎(ケイツイ)などの損傷により起こる痛みなどの症状。「―の後遺症に悩まされる」

【▲鞭つ・▲鞭打つ】むちうつ むちう―つ ①むちで打つ。「罪人を―つ」「馬を―って疾走させる」②励まし奮い立たせる。元気づける。「疲れた体に―って働く」「老骨に―って修行する」

ベン【▲騈】(18) 馬 8 ▼ヘン(一三八三)

ベン【鮸】(18) 魚 7 1 9346 7D4E 音 ベン・メン 訓 にべ

意味 にべ。ニベ科の海魚。

【〈▲鮸▲膠〉】にべ ニベ科の海魚の鰾(うきぶくろ)からつくった膠(にかわ)。粘着力が強く、食用・工業用・薬用に広く使われる。「―も無い(愛想がない)」

表記「鰾膠」とも書く。

ベン【瓣】(19) 瓜14 1 6502 6122 音ベン 訓はなびら・うりのなかご

〔瓣〕6502 6122

意味 ①はなびら。「花瓣」②液体や気体の出入りを調節するもの。「瓣膜」「安全瓣」③うりのなかご。うりの種。

▼弁の旧字(一三八四)

ベン【辮】(20) 糸14 1 6980 6570 音ベン・ヘン 訓あむ・くむ

意味 あむ。くむ。糸をあむ。「辮髪」類編

【▲辮む】あ-む 細長いものを組み合わせる。組む。参考 糸を並べる意から。

【▲辮髪】ベンパツ 周囲の頭髪をそり、中央の髪をあんで長く後ろに垂らした男子の髪形。古くからアジア北方民族の習俗で、中国、清代に広く行われた。表記「弁髪」とも書く。

ベン【▲辯】(21) 辛14 7771 6D67 ▼弁の旧字(一三八四)

ペンス【△片】(4) 片0 教 4250 4A52 ▼ヘン(一三七六)

ほ 保 ホ 保

ホ【△布】(5) 巾2 教 4159 495B ▼フ(一三三四)

ホ【▲步】(7) 止3 8635 7643 ▼歩の旧字(一三八七)

ホ【甫】(7) 用2 準1 4267 4A63 音ホ・フ 訓はじめ・おおきい

意味 ①はじめ。はじめて。②ひろい。おおきい。③男子に対する敬称。「尼甫(ジホ)」類父

下つき 衆甫(シュウホ)・章甫(ショウホ)・台甫(タイホ)

ホ【歩】(8) 止4 教 常 9 4266 4A62 音ホ・ブ(中)・フ(高) 訓あるく・あゆむ

旧字《步》(7) 止3 1/準1 8635 7643

筆順 丨 ト 𣥂 止 屮 屮 歩 歩

意味 ①あるく。あゆみ。「歩行」「散歩」「徒歩」②進みぐあい。なりゆき。「国歩」「進歩」③立場。地位。「地歩」④ひとまたぎ。「五十歩百歩」⑤土地の面積の単位。一坪。約三・三平方メートル。⑥ぶ。割合。一割の一〇分の一。「歩合」「日歩」類分 ⑦ふ。将棋の駒(こま)の一つ。「歩兵」

下つき 闊歩(カッポ)・牛歩(ギュウホ)・競歩(キョウホ)・国歩(コクホ)・散歩(サンポ)・譲歩(ジョウホ)・初歩(ショホ)・進歩(シンポ)・退歩(タイホ)・地歩(チホ)・独歩(ドッポ)・徒歩(トホ)・日歩(ひブ)・漫歩(マンポ)・遊歩(ユウホ)

【歩む】あゆ-む ①足で進む。あるく。「木曽路(きそじ)を—む」②さまざまな経験などを経る。また、進行する。「彼は苦難の人生を—んで来た」「交渉決裂の道を—む」

【歩く】ある-く ①足で進む。あゆむ。「川縁(かわべり)を—く」②過ごす。経る。「二〇年間、教育者の道を—いてきた」③方々をまわる。「名物を食べ—く」「景勝地を見て—く」

〈歩行虫〉おさむし オサムシ科の甲虫の総称。はねが退化して飛べないが、敏速に歩行することから。由来「歩行虫」は漢名より。▼筬虫(おさむし)(八六四)

〈歩射〉かちゆみ 歩きながら弓を射ること。また、その弓。表記「徒弓」とも書く。参考「ブシャ」とも読む。

〈歩行虫〉ごみむし ゴミムシ科の甲虫の総称。▼塵芥虫(ごみむし)(八二〇)

【歩】ブ ①土地面積の単位。一歩は曲尺(かねジャク)で六尺平方、一坪に当たる。②町・反など面積の単位につけて、端数がないことを表す語。「三町—」③歩合。割合。表記③「分」とも書く。

【歩合】ブあい ①基準になる数量に対して、他の数量の比の値を小数で表したもの。「三割三分」のように割・分・厘・毛を用いて表すこともある。類割合・比率 ②取引や生産の数量に相当する手数料や報酬など。「給料を—制で支払う」

【歩留まり】ブどまり ①原料を加工した際、使用原料に対する製品の比率。②不確かな部分を除いた確かな部分の割合。入学試験の全合格者に対する、実際の入学者の割合など。「—を考慮して、多めに合格させる」

【歩行】ホコウ 歩くこと。あゆむこと。「—者」「—困難」「二足—のロボット」

【歩▲哨】ホショウ 陣地や兵営などの要所に立ち、警戒や見張りをする役。また、その兵士。「夜間—に立つ」

【歩▲趨】ホスウ ①歩くことと小走りに走ること。②物事の進み具合。

【歩測】ホソク 一定の歩幅で歩き、その歩数で距離をはかること。

【歩調】ホチョウ 歩くときの調子。また、まとまって行動するときの調子。足並み。「各国が—を合わせて、軍縮に取り組む」

【△歩荷】ボッカ 山から山へ、または山小屋などへ重い荷物を背負って運んで行くこと。また、それを仕事とする人。

【歩幅】ほはば 歩くときに、一歩で進む距離。一歩の幅。「—を一定に保って行進する」「—が広い」

【歩武】ホブ 足どり。あゆみ。「—堂々と進む」類歩調 参考「武」は半歩の意。

【歩兵】ホヘイ ①昔、徒歩で戦った兵士。雑兵(ゾウヒョウ)。足軽(あしがる)。②旧陸軍で小銃や機関銃などを装備し、徒歩で接近して戦った兵隊。参考「フヒョウ」と読めば、将棋の駒(こま)の一つ。

【歩廊】ホロウ ①二列に並んだ柱の間に、土を固めたりコンクリートや瓦(かわら)を敷いたりしてつくった通路。「寺院の—」類回廊 ②駅のプラットホーム。

ホ 【保】 (9) イ 7 常 教 6 4261 4A5D
音 ホ 外ホウ
訓 たもつ 外もつ・やすんじる

筆順 ノ亻亻仁但伻保保

意味 ①たもつ。もつ。もちつづける。「保持」「保有」②やすんじる。たすける。やしなう。「保育」「保護」③うけあう。ひきうける。「保証」「担保」 参考 「保」の終わり四画が片仮名の「ホ」に、草書体が平仮名の「ほ」になった。

書きかえ ②「哺(ホ)」の書きかえ字として用いられるものがある。

下つき 確保(カク)・酒保(シュ)・担保(タン)・留保(リュウ)

【保つ】たもつ ①ある状態が長く続く。「あれでは一時間と─てまい」②一定の状態を長くもち続ける。また、維持する。守り支える。「常時二〇度を─つ」「名声を─つ」「健康を─つ」 参考 「もつ」とも読む。

【保安】ホアン 安全を保つこと。国や社会の秩序を保つこと。「─態勢をとる」「─林」

【保育】ホイク ①幼児を保護し育てること。「─所」②子どもに乳や食べ物を与え、はぐくみ育てること。 書きかえ ②「哺育」の書きかえ字。

【保温】ホオン 一定の温度を保つこと。特に、あたたかな温度を保つこと。

【保革伯仲】ホカクハクチュウ 保守派と革新派との勢いが同じくらいであること。「伯仲」は、優劣がつけにくいこと。

【保管】ホカン 大切なものを保護・管理すること。「試験問題を金庫に─する」

【保健】ホケン 健康を保ち、また増進すること。「─所」「─体育の授業」

【保険】ホケン ①金銭を積み立てて共同の基金をつくり、病気・火災・死亡などの偶発的事故によって損害を受けたとき、一定の給付を受ける制度。「国民健康─制度」「─金詐欺」②損害をつぐなう保証。また、確かであることの保証。

【保護】ホゴ 安全を保つように守ること。かばうこと。「迷子の児童を無事─する」「野生動物の─を訴える」 類 擁護・庇護(ヒゴ)

【保持】ホジ 保ち続けること。「健康を─する」「会員権を─する」 類 維持・持続

【保釈】ホシャク 未決勾留(コウリュウ)中の刑事被告人を、一定の保証金を納めさせて釈放すること。「収賄容疑で逮捕された政治家が─される」

【保守】ホシュ ①機械や施設などの正常な状態を保つこと。「器具の─点検作業」②これまでの制度や伝統を尊重し、守ること。また、そういう姿勢や立場。「─政党」「彼は─的だ」 対 革新

【保証】ホショウ 物事が確かで、まちがいやうそいつわりがないことを請け合うこと。「友人の身元を─する」「借金の─人を頼まれる」

【保障】ホショウ ある状態や地位がおかされないように保護すること。特に、危険や災害をこうむらないように守ること。「安全─会議」「帰国後の身分を─する」

【保身】ホシン 自分の地位・名誉や身体の安全などを守ること。「自己─を図る」「─に汲々(キュウキュウ)とする」 類 護身

【保税】ホゼイ 輸入品に対して関税の賦課が猶予されている状態。「─倉庫」「─貨物」「─区」

【保線】ホセン 鉄道線路の安全を保つこと。「─工事」

【保全】ホゼン 保護して安全であるようにすること。「自然環境の─を図る」

【保存】ホゾン そのままの状態でとっておくこと。「資料を─する」「食品の─状態」

【保母】ホボ 養護施設や保育所などの児童福祉施設で、幼児や児童の保育にあたる女性職員の通称。 対 保父 参考 正式名称は男女ともに「保育士」。 書きかえ 「保姆」の書きかえ字。

【保姆】ホボ ▼ 書きかえ 保母

【保有】ホユウ 自分のものとしてもち続けること。「国が軍隊を─する」「株を─する」

【保養】ホヨウ 心身を休めて健康を保つこと。「会社の─所」 類 養生

【保留】ホリュウ そのままの状態でとどめて保つこと。すぐには決めずに、先にのばすこと。「態度を─する」 類 留保

〈保合〉もちあい 取引市場で、相場にあまり変動がないこと。「相場は─状態が続く」 表記 「持合」とも書く。

【△保んじる】やすんじる ①養い育てる。世話をする。②助ける。かばう。守る。

ホ 【匍】 (9) 勹 7 1 5021 5235
音 ホ
訓 はう・はらばう

意味 はう。はらばう。「匍匐(ホフク)」

【匍匐】ホフク 腹ばうこと。また、腹ばいになって進むこと。

【匍匐茎】ホフクケイ つる状に伸びて地上をはい、節から葉や根を生じる茎。サツマイモ・オランダイチゴなど。ランナー。

ホ 【哺】 (10) ロ 7 常 2 5114 532E
音 ホ
訓 外ふくむ・はぐくむ

筆順 ｌ ロ ロ 叮 叮 呵 哺 哺 哺

意味 ①ふくむ。口にふくむ。食べる。 類 餔(ホ) ②はぐくむ。やしなう。「哺乳」「反哺」

書きかえ ②「保」に書きかえられるものがある。

下つき 吐哺(ホ)・反哺(ハン)

【△哺む】はぐくむ 親が子に、口にふくんだ食べ物を与えて育てる。養い育てる。

【△哺む】ふくむ 口の中に食べ物を入れる。また、食べる。

【哺育】ホイク ▼ 書きかえ 保育(一三八八)

【哺乳】ホニュウ 母乳を飲ませること。また、母乳を飲ませて子を育てること。「クジラは─類である」「─瓶(ビン)」

ほ ホ

ホ【★圃】(10) 口7 準1 4264 4A60 音 ホ 訓 はたけ

意味 はたけ。はた。畑仕事。また、農夫。「圃畦(ホケイ)」

下つき 園圃(エンポ)・田圃(デンポ)・農圃(ノウホ)

【圃】はたけ 野菜や果樹を栽培する耕地。菜園や果樹園。

ホ【捕】(10) 扌7 常 4 4265 4A61 音 ホ 外ブ 訓 とらえる・とらわれる・とる・つかまえる・つかまる

筆順 一 十 扌 扌 扩 扪 捐 捕 捕 捕

意味 とる。とらえる。つかまえる。「捕獲」「捕縛」

下つき 逮捕(タイホ)・拿捕(ダホ)

【捕まえる】つかまえる 逃げないようにとりおさえる。おさえて動きを止める。

【捕らえる】とらえる 逃げるものを、追いかけてとりおさえる。しっかりとつかまえる。「犯人を―える」「真相を―える」

【捕る】とる つかまえて放さない。「ネコがネズミを―る」「―り物」

【捕らぬ▲狸(たぬき)の皮(かわ)算用(ザンヨウ)】まだとりかかっていない計画の成功を、楽天的に予期すること。まだタヌキをとらえてもいないのに、その毛皮が高価に売れると計算することから。

【捕逸】ホイツ 野球で、捕手が投手の投げたボールをとりそこない、後方にそらすこと。パスボール。

【捕獲】ホカク ①鳥・魚・獣などをいけどること。とりおさえること。②戦時に、国際法に基づいて敵の軍艦などをとらえること。

【捕鯨】ホゲイ クジラをとること。「調査―」「―船」季冬

【捕縄】ホジョウ 警官が、犯人などをとらえてしばる縄。とりなわ。

【捕捉】ホソク つかまえること。とらえること。「実態は―しがたい」「敵を―する」

【捕縛】ホバク つかまえてしばること。「逃走中の犯人を―する」

【捕吏】ホリ 犯人をつかまえる役人。召しとる役人。とり手。

【捕虜】ホリョ 戦争で、敵にとらえられた将兵。とりこ。「―収容所」類 俘虜(フリョ)

ホ【△浦】(10) 氵7 常 1726 313A ▼うら(七九)

ホ【△畝】(10) 田5 常 3206 4026 ▼うね(七八)

ホ【脯】(11) 月7 1 7093 667D 音 ホ・フ 訓 ほじし

意味 ほじし。ほした肉。「脯資」

【▲脯】ほじし 細かく裂いて干した鳥獣の肉。干し肉。参考「ほしし」とも読む。

ホ【逋】(11) ⻌7 1 7789 6D79 音 ホ・フ 訓 のがれる・にげる・おいめ

意味 ①のがれる。にげる。かくれる。「逋逃」②おいめ。負債や租税をはらわない。「逋欠」

【▲逋れる】のがれる 悪事をはたらいて逃げ隠れする。また、税金や借金が払えないで、逃げてゆくえをくらます。「税金を―れる」

【▲逋税】ホゼイ 税からのがれること。また、滞納している税。類 脱税

ホ【★葡】(12) 艹9 準1 4182 4972 音 ホ・ブ

意味 ①ブドウ科のつる性落葉低木「葡萄(ブドウ)」に用いられる字。②「葡萄牙(ポルトガル)」の略。「日葡」

【〈▲葡▲萄〉】えび ①ブドウの別称。②エビヅル・エビカズラの略。③「葡萄色(えびいろ)」の略。えび染の色。赤紫色。

【〈▲葡▲萄〉茶】えびチャ 黒みがかった赤茶色。「―の袴(はかま)」表記「海老茶」とも書く。

【▲葡▲萄】ブドウ ブドウ科のつる性落葉低木。夏から秋、暗紫色や淡緑色の球形の果実を房状につける。生食のほか、干しぶどうやワイン・ジュースなどの原料にする。エビ。季秋 由来「葡萄」は漢名から。

【〈▲葡▲萄牙〉】ポルトガル ヨーロッパ南西端の共和国。一五、六世紀には東方貿易により繁栄した。日本に鉄砲やキリスト教をもたらした。首都はリスボン。

ホ【葆】(12) 艹9 1 7262 685E 音 ホ・ホウ 訓 しげる・たもつ・たから・はねかざり・つつむ

意味 ①しげる。草木がむらがり生える。「葆葆(ホウホウ)」②たもつ。守る。③たから。宝とする。「葆祠(ホウシ)」④はねかざり。車や旗ざおの先につける羽飾り。⑤つつむ。包み隠す。

ホ【補】(12) 衤7 教 常 5 4268 4A64 音 ホ 外フ 訓 おぎなう 外たすける

筆順 ` ラ ネ ネ 衤 衤 衤 衤 補 補 補 補

意味 ①おぎなう。つくろう。「補強」「補充」②たすける。たすけ。「補佐」「補助」③官職を授ける。「補職」「補任」④正式の職に就く前の身分。「候補」

書きかえ「輔(ホ)」の書きかえ字。

下つき 改補(カイホ)・候補(コウホ)・修補(シュウホ)・増補(ゾウホ)・追補(ツイホ)・塡補(テンポ)・訳補(ヤクホ)

【補う】おぎなう 不足したところや欠けたところを満たす。「施設の不備を―う」「損失を―う」参考 もとは、衣服のほころびに当て布をしてつくろう意。

【△補▲陀落】フダラク インドの南海岸にあり、観世音菩薩(カンゼオンボサツ)が住むという山。中国・チベット・日本では、観音の霊場に多くこの名を用いる。補陀落山(フダラクセン)。由来 梵語(ボンゴ)の音訳。表記「普陀落」とも書く。

ほ
ホ

【補遺】ホイ 書物や文書などで、書き漏らした事柄などを補うこと。また、そのもの。「先に執筆した本の—として出版する」 類 拾遺・追補

【補益】ホエキ 足りない分を補って、利益を与えること。

【補完】ホカン 不足しているところを補って、完全にすること。「論文の文章を—する」「—的役割を果たす」

【補給】ホキュウ 不足している分を補うこと。「燃料を—する」「—基地」 類 補充

【補強】ホキョウ 弱かったり不足していたりする部分を補って、全体として強いものとすること。「新戦力を—する」

【補欠】ホケツ 欠けて不足した人や物を補うこと。また、そのために用意しておく予備の人や物。「—の選手」「衆議院議員の—選挙」

【補語】ホゴ ①英文法などで、不完全自動詞・不完全他動詞の意味を補う語。②国文法で、述語の意味を補う語。「湯が水になる」「白を黒という」の「水に」「黒と」など。

【補考】ホコウ 本論や先に述べた内容を補うための考察。

【補講】ホコウ 知識や学力の不足を補うための講義・講座。「期末試験で赤点の学生は—が義務づけられた」

【補佐】ホサ 人の仕事に力添えして助けること。また、その役や人。「会長を—して会を運営する」「課長—」 類 補弼(ホヒツ) 書きかえ 「輔佐」の書きかえ字。

【補修】ホシュウ 足りない部分を補ったり、破損した部分をつくろったりすること。「道路の—工事」 類 修繕・修理

【補習】ホシュウ 正規の授業以外に、学力不足を補充するために学習すること。「夏休みに—授業がある」

【補充】ホジュウ 不足した部分を補って、十分なものとすること。「商品を—する」 類 補塡(ホテン)・補給

【補助】ホジョ 不足したり不十分だったりするものを、補って助けること。「アルバイトをして家計を—する」 類 援助・補佐

【補償】ホショウ 与えた損害や損失などをつぐなうこと。「事故の被害者に—する」

【補色】ホショク 二つの色を混ぜて光では白色、絵の具では灰色になるとき、一方の色に対する他方の色のこと。赤と青緑、青と黄褐色、紫と黄緑など。 類 余色

【補正】ホセイ 足りない部分を補って、正しくすること。「計算の誤りを—する」「—予算を審議する」

【補整】ホセイ 補って整えること。「計器を—する」「精密時計の—振り子」

【補箋】ホセン 本紙に補充のために付け加える紙片。付け紙。

【補足】ホソク 不十分な部分に付け加えて補うこと。「新しい制度運用の—説明をする」 類 補充

【補則】ホソク 法令の規定を補うために、末尾に付け加えた規則。

【補注・補▲註】ホチュウ 前の注釈での不足を補うもの。

【補聴器】ホチョウキ 聴力を補うために耳に当てて使う器具。 類 聴話器

【補訂】ホテイ 文書や書物の書き足りない部分を補い、誤りを正すこと。「—版」「—を加える」 類 改訂

【補▲綴】ホテイ ①破れやほころびなどを補いつづること。また、文章の不足を書き補うこと。「文中の不備を—する」 類 補筆 ②古人の字句をつづり合わせ、詩文を作ること。「先人の字句を—する」 参考 「ホテツ」とも読む。

【補塡】ホテン 不足分を補って埋めること。「損失—」「赤字を—する」 類 補充

【補導】ホドウ 正しい方向へ教え導くこと。特に、少年少女の非行を防ぎ、指導することをいう。「夜の盛り場で少年を—する」 類 教導・訓導・善導 書きかえ 「輔導」の書きかえ字。

【補▲弼】ホヒツ 君主が政治を行うのを助けること。また、その役や人。「—の大任を負う」 類 補佐 表記 「輔弼」とも書く。

【補筆】ホヒツ 文章の不足しているところを書き加えること。 類 加筆

ホ【★蒲】 (13) ⺾10 準1 1987 3377

音 ホ・ブ・フ
訓 がま・かわやなぎ・むしろ

意味 ①がま。ガマ科の多年草。②かわやなぎ。ヤナギ科の落葉小低木。「蒲柳」 ③むしろ。ガマで編んだむしろ。「蒲団(フトン)」「蒲席(ホセキ)」

下つき 菖蒲(ショウブ)

【▲蒲焼】かばやき ウナギ・ハモ・アナゴなどを開いて骨を取り、適当な長さに切って串(くし)に刺し、たれをつけて焼いた料理。 由来 もと、ウナギを丸のまま縦に串刺しして焼いた形と色がガマの穂に似ていたことから。

【▲蒲】がま ガマ科の多年草。水辺に自生。茎は直立し、葉は線形で厚い。夏、円柱形の花穂をつける。花粉は薬用。葉は干してむしろやすだれを編むのに用いる。 季 夏 表記 「香蒲」とも書く。

【〈▲蒲魚〉】かまとと わかっているのに、上品ぶってわからないふりをすること。また、その人。 由来 知らないふりをして、蒲鉾(かまぼこ)は魚(とと)から作るのかと聞いたことから。うぶらしく振る舞うこと。

【▲蒲▲鉾】かまぼこ ①白身の魚肉をすりつぶして味をつけ、練って板に盛り、また簀巻(すま)きにして蒸したり焼いたりした食品。②宝石のついていない中高の指輪。 由来 ①板蒲鉾が作られる前、竹の棒にすり身をつけて焼いたものの形と色が、ガマ(蒲)の穂に似ていたことから。

【〈▲蒲公英〉】たんぽぽ キク科の多年草の総称。野原などに自生。葉は根から放射状に出る。春、花茎を伸ばし、黄色の頭花を開く。種子には白い冠毛があり風に飛び散る。若葉は食用。根は薬用。 季 春 由来 「蒲公英」は漢名から。

【〈蒲葵〉】びろう ヤシ科の常緑高木。由来「蒲葵」は漢名から。▼檳榔(ビロウ)（一三五）

【〈蒲桃〉】ふともも フトモモ科の常緑小高木。東南アジア原産。花は緑白色の四弁花で、雄しべは長い。果実は芳香があり食用。

【蒲団】フトン ①ガマの葉を、円形に編んだもの。座禅などのときに使う。②綿や羽毛などを布でくるみ、寝たり座ったりするときに使うもの。季冬 表記②「布団」とも書く。参考①「ホタン」とも読む。

【蒲鞭の罰】ホベンのバツ ガマの鞭(むち)で、罪人に恥を与えるだけの軽い罰。故事中国、後漢(ゴカン)の太守の劉寛(リュウカン)は心がやさしく、部下が過ちを犯しても、ガマで作った鞭で打って恥をさとらせ、苦痛は与えなかった故事から。〈『後漢書(ゴカンジョ)』〉類蒲鞭の政

【蒲柳】ホリュウ ①カワヤナギの別称。▼水楊(かわやなぎ)（八三）②カワヤナギの弱々しい性質から、体質が弱いこと。類虚弱

【蒲柳の質】ホリュウのシツ 生まれつき体が弱いこと。由来蒲柳は木自体が細くて弱く、秋も早くに葉を落とすことから。〈『晋書(シンジョ)』〉

ホ【輔】
(14) 車7 準1 4269 4A65 音 ホ・フ 訓 たすける・すけ

意味 ①たすける。力を添える。「輔佐」「輔弼(ホヒツ)」②すけ。律令(リツリョウ)制で、省の第二等官。

書きかえ ①「補」が書きかえ字。

下つき 匡輔(キョウホ)・公輔(コウホ)・宰輔(サイホ)・左輔(サホ)・師輔(シホ)

【輔】すけ 律令(リツリョウ)制における四等官の第二位。「省」の次官で長官を補佐し、長官に事故があった場合はその代理を務めた。参考他の官司では、「佐・介・助」などと異なる表記を用いる。

【輔ける】たすける 控えになって、わきから手伝う。介添えする。

【輔佐】ホサ ▼書きかえ 補佐（一三九〇）

【輔車】ホシャ 互いに助け合って離れにくい関係にあるもの。由来頬骨(ほおぼね)と下顎(したあご)の骨。また、一説に車の添木と車の意からともいう。

【輔車相依】ホシャソウイ 互いに助け合っている関係のたとえ。「輔」は頬骨(ほおぼね)、「車」は下顎(したあご)の骨の意。〈『春秋左氏伝』〉類唇歯輔車(シンシホシャ)

【輔相】ホショウ ①天子をたすけて政治を行うこと。また、その人。②一八六八(明治一)年に置かれた政府の最高官職。翌年に廃止された。類宰相

【輔導】ホドウ ▼書きかえ 補導（一三九〇）

【輔弼】ホヒツ 天子が政治を行うのを助けること。また、その役や人。「一の責務を果たす」類補佐・輔翼 表記「補弼」とも書く。

【輔翼】ホヨク 鳥が羽でかばうように、助け守ること。「天子を一する」類補弼(ホヒツ)・補佐

ホ【舗】
(15) 舌9 常 4 4262 4A5E 音 ホ 外フ 訓 外みせ・しく

旧字《鋪》(15) 舌9 1/準1 7152 6754

筆順 3 8 13 舗

意味 ①みせ。商店。「店舗」「老舗」②しく。しきつめる。ならべる。「舗装」「舗道」

書きかえ 「鋪(ホ)」の書きかえ字として用いられるものがある。

下つき 商舗(ショウホ)・店舗(テンポ)・本舗(ホンポ)・老舗(ロウホ・しにせ)

【舗く】しく 一面にしきつめる。また、整然と並べる。「境内に玉砂利を一く」

【舗装】ホソウ 道路の表面をコンクリートやアスファルトなどで固めて整えること。「一道路」書きかえ「鋪装」の書きかえ字。

【舗道】ホドウ 表面を平らに舗装した道路。ペーブメント。表記「鋪道」とも書く。

ホ【鋪】
(15) 金7 準1 4263 4A5F 音 ホ 訓 しく・みせ

意味 ①しく。しきつめる。「鋪装」②みせ。商店。「店鋪」

書きかえ 「舗」に書きかえられるものがある。

【鋪装】ホソウ ▼書きかえ 舗装（一三九一）

ホ【餔】
(16) 食7 1 8116 7130 音 ホ・フ 訓 ゆうめし・くう・やしなう

意味 ①ゆうめし。夕食。「餔時」②夕暮れ。③くう。くらう。食べる。「餔啜(ホセツ)」④やしなう。食物を与える。

ほ【火】(4) 火0 教 1848 3250 ▼カ（一三五）

ほ【帆】(6) 巾3 常 4033 4841 ▼ハン（一二六一）

ほ【穂】(15) 禾10 常 4270 4A66 ▼スイ（八三二）

ボ【戊】
(5) 戈1 準1 4274 4A6A 音 ボ・ボウ 訓 つちのえ

意味 つちのえ。十干の第五。「戊辰(ボシン)」▼干支順位表（一六〇〇）参考「戊(ボ)」「戍(ジュ)」「戌(ジュツ)」「戎(ジュウ)」は別字。

【戊】つちのえ 十干の第五番目。方角では中央。五行では土。対己(つちのと) 参考「土の兄(え)」の意。

【戊申詔書】ボシンショウショ 一九〇八(明治四一)年、戊申の年に日露戦争後の国民道徳の強化を目的として発布された詔書。

【戊辰戦争】ボシンセンソウ 一八六八(明治一)年、戊辰の年から翌年にかけて維新政府軍と旧幕府側との間に起こった内戦。戦いに勝った新政府側が、明治政府の基礎を固めた。戊辰の役。

【戊夜】ボヤ 一夜を五つに分けた、五夜あるいは五更の第五。およそ、午前三時から五時に当たる。寅(とら)の刻。

ボ
【母】
(5) 母 1 教 常 9 4276 4A6C
音 ボ 外 モ・ボウ
訓 はは

筆順 く 口 口 日 母

意味 ①はは。ははおや。「母堂」「賢母」対父 ②親族の年長の女子。「伯母」「叔母」③母がわりの女性。うば。めのと。「乳母」「保母」④物事のもととなるもの。「母型」「字母」⑤帰るべきところ。ねじろ。「母港」⑥出身地。「母校」「母国」参考「毋」は別字。

書きかえ ③「姆」の書きかえ字として用いられるものがある。

下つき 異母・雲母・空母・継母・賢母・酵母・実母・字母・慈母・叔母・水母・生母・聖母・祖母・乳母・伯母・父母・分母・保母・養母

〈母屋〉・〈母家〉 おもや ①ひさしや廊下などに対して、建物の中央の部分。②離れや物置などに対して、住居に用いる建物。本屋。おおや。③分家や支店に対して、本家や本店。参考「母屋」は「モや」とも読む。

〈母さん〉 かあさん 子どもが母親を呼ぶときに使う語。「お母さん」よりもややくだけた言い方。対父さん

〈母様〉 かかさま 母を親しみ敬っていう語。おかあさま。対父様

【母】 はは ①その人を産んだ女性。女親。また、家族の中で、法律上あるいは習慣上、それと同様の立場に立つ人。実母・継母・養母・義母など。対父 ②物事を産み出すもととなるもの。「―なる地球」「必要は発明の―」

【母音】 ボイン 単音の分類で、声帯の振動により生じた声が口の中で通路を妨げられずに発音される音。現代日本語ではア・イ・ウ・エ・オの五つ。対子音 参考「ボオン」とも読む。

【母艦】 ボカン 航空機・潜水艦などの、整備や燃料補給をする設備のある軍艦。航空母艦・潜水母艦など。

【母系】 ボケイ ①母親の系統や血族。「―には背の高い者が多い」②母方の系統で家系が続いていること。「古代日本は―社会であったといわれる」対①②父系

【母型】 ボケイ 活字を鋳造するもとになる、金属の鋳型。字母。

【母権】 ボケン ①家族や種族の支配権を女性がもつこと。②母親としての権利。対①②父権

【母語】 ボゴ ①生まれたときから聞いて育ち、最初に身につけた言語。母国語。②同じ系統に属する諸言語のもとの言葉。祖語。

【母后】 ボコウ 天皇の母。先代の天皇の皇后。皇太后。参考「ははきさき」とも読む。

【母港】 ボコウ その船が出発した港。また、本拠地とする港。「横浜を―とする客船」

【母国】 ボコク 自分の生まれ育った国。類祖国・故国・本国 対異国

【母子】 ボシ 母親と子ども。「―手帳」「―家庭に育つ」対父子

【母性】 ボセイ 女性がもっている、母親としての性質。「―愛」「―に目覚める」対父性

【母船】 ボセン 船団の中で漁船の中心となる船。付属する船の物資の補給や、漁獲物の処理などをする。類親船

【母倉日】 ボソウニチ 暦注で、万事に大吉とされる日。

【母体】 ボタイ ①母親の体。特に、出産前後をいう。「―の健康に万全を期す」②分かれ出るもと。「先行論文を―にした論文」「出身―」

【母胎】 ボタイ ①母親の体の中。②物事が生まれるもと。

【母堂】 ボドウ 他人の母への敬称。母上。「御―にもよろしくお伝えください」

〈母衣〉 ほろ 昔、鎧の背につけて流れ矢を防いだ袋状のもの。また、飾りや目印としても用いた。

【△母屋】 モや ①家の中心になる部屋。寝殿造においては、庇のなかの中央の間。②住居として用いる中心となる建物。表記「身屋・身舎」とも書く。参考「おもや」とも読む。

ボ
【★牡】
(7) 牛 3 準1 1820 3234
音 ボ・ボウ
訓 おす・お

意味 おす。鳥獣のおす(雄)。「牝牡」対牝

下つき 牝牡

【▲牡牛】 おうし おすのウシ。「―座」対牝牛 表記「雄牛」とも書く。

【▲牡】 おす 動物で、精巣を有し精子をつくる能力をもったもの。人間の男に当たる。対牝

〈▲牡▲蠣〉 かき イタボガキ科の二枚貝の総称。沿岸の岩場にすむ。殻は岩に付着するほうは丸く、ふたの役割をするほうは平ら。肉は美味で栄養に富む。殻は肥料用・養鶏飼料用。季冬 由来「牡蠣」は漢名から。和名は、岩から「掻き」取ることからという。参考「ボレイ」とも読む。

【▲牡△丹餅】 ボタもち もちごめにうるち米を少し混ぜて炊き、軽くついて丸め、小豆餡・黄な粉などをつけた食物。おはぎ。はぎのもち。由来赤い小豆餡をまぶしたところが、ボタンの花に似ることから。

【▲牡丹】 ボタン ①ボタン科の落葉低木。中国原産。初夏、大形の紅・紫・白色などの美しい花をつける。観賞用・薬用に栽培。季夏 ②イノシシの肉。「―鍋」③はなやかで、大きなもののたとえ。「―エビ」由来「牡丹」は漢名から。

『▲牡丹に唐▲獅子、竹に虎』 ボタンにからジシ、たけにとら 豪華できらびやかな図柄のたとえ。また、取り合わせのよいたとえ。

【▲牡丹雪】 ボタンゆき ボタンの花びらのような大きな雪片が降る雪。ぼた雪。

【▲牡▲蠣】 ボレイ ①カキの漢名。②カキの殻を粉末にしたもの。鎮静剤などの薬用や小鳥のえさに混ぜて用いる。

ボ
【姆】
(8) 女 5　1　5308 / 5528
音 ボ・モ　訓 うば

意味 ①うば。めのと。もり。「保姆」 類 姥 ②あによめ。弟の妻が兄の妻をよぶ語。
書きかえ ①「母」に書きかえられるものがある。

ボ
【拇】
(8) 扌 5　1　5737 / 5945
音 ボ・ボウ　訓 おやゆび

意味 おやゆび(親指)。「拇印」「拇指」

【拇】おやゆび ①ゆび。②親指。おおゆび。

【拇印】ボイン 親指の先に朱肉または墨をつけて指紋を押し、印鑑の代わりとするもの。爪印。「―を押す」

ボ
【姥】
(9) 女 6　準1　1724 / 3138
音 ボ・モ　訓 うば・ばば

意味 ①うば。めのと。もり。類 姆 ②ばば。老女。

【姥】うば ①年をとった女性。老女。②能楽で、老女の顔をかたどった面。対 尉 表記 ①「媼」とも書く。参考 ①「おうな」とも読む。

【姥貝】うばがい バカガイ科の二枚貝。鹿島灘以北に分布し、浅い海の砂底にすむ。殻は卵形で、長さは約一〇センチメートル。肉は美味。ホッキガイ。表記「雨波貝」とも書く。

【姥桜】うばざくら ①葉より先に花が開くサクラの通称。ヒガンザクラなど。②娘盛りを過ぎても、なまめかしさの残っている女性。由来 ①葉(歯)なしのサクラの意からという。

【姥捨山】うばすてやま 年をとってあまり働けなくなった人が配属される部局や地位のたとえ。▼姨捨山(二九)

【姥目樫】うばめがし ブナ科の常緑高木。暖地の海岸近くに自生。高さは約一〇メートルに達する。葉は長楕円形でかたい。初夏、黄褐色の小花が咲く。材は備長炭の原料。実は食用。参考「うまめがし」とも読む。

【〈姥百合〉】うばゆり ユリ科の多年草。林の樹陰などに自生。茎の中ほどに楕円形の葉をつける。夏、ユリに似た緑白色の花が咲く。由来 開花期に根元の葉(歯)が枯れてなくなることから。表記「蕎麦葉貝母」とも書く。

ボ
【莫】
(10) ⺾ 7　準1　3992 / 477C
音 ボ・モ・バク・マク　訓 くれ・ない・なかれ・さびしい

意味 ①くれ。ゆうぐれ。「莫春」 類 暮 対 早 ②ない。なし。なかれ。否定・禁止の助字。③大きい。はてしないさま。「莫大」「広莫」 類 漠 ④むなしい。さびしい。「寂莫」 類 寞
下つき 索莫・寂莫・落莫

【莫い】ない 打ち消しを表す語。「君仁なれば仁ならざるはーし」〈『孟子』〉 参考 おもに漢文訓読に用いる。

【莫】なかれ …するな。禁止する意を表す語。

【〈莫迦〉】ばか ①愚かなこと。また、その人。②無益なこと。「―なことをしたものだ」③役に立たなくなること。「ねじが―になる」④程度がはなはだしいさま。「―正直」 表記「馬鹿」とも書く。

【莫逆】バクギャク 非常によく気心が通じ、互いに争うことのないこと。「逆らうこと莫し」の意から。「―の交わり」 参考「バクゲキ」の慣用読み。

『莫逆の友』 意気投合して、何にでも気が合う親友。〈『荘子』〉

【莫大】バクダイ 非常に大きく、このうえないさま。「これより大なるは莫し」の意から。「―な収入を得る」 類 多大・巨大

【莫連】バクレン さまざまな経験を経て、悪賢くなっている女。すれっからしの女。あばずれ。「―女にひっかかる」

【〈莫大小〉】メリヤス 綿糸や毛糸などを、機械でよくのびちぢみするように編んだ布地。表記「目利安」とも書く。

【〈莫臥児〉】モール ①縦に絹糸、横に金糸・銀糸を使った浮き織り。帯地などにする緞子に似た織物。②金糸・銀糸・色糸をからませた飾り用のひも。③針金に色糸などを撚りつけたもの。

【〈莫斯科〉】モスクワ ロシア連邦の首都。同国最大の工業都市で、政治・経済・文化の中心地。

ボ
【菩】
(11) ⺾ 8　準1　4278 / 4A6E
音 ボ・ホ

意味 梵語の音訳に用いられる。「菩薩」

【菩薩】ボサツ 仏 ①仏陀の次に置かれ、慈悲の心をもって衆生を導く修行者。②昔、朝廷から徳の高い僧に与えられた称号。③神仏習合思想により、仏になぞらえて日本の神へ贈られた称号。「八幡大―」 由来 梵語の音訳から。

【菩提】ボダイ 仏 ①煩悩を断ち切って得た悟り。②極楽浄土に往生し、仏果を得ること。冥福。「亡き父母の―を弔う」 由来 梵語の音訳から。

【菩提寺】ボダイジ 先祖の墓があり、代々家の葬式や法事を行う寺。類 菩提所・檀那寺

【菩提樹】ボダイジュ ①クワ科の常緑高木。インド原産。葉は卵円形で、先が長く伸びる。花と果実はイチジクに似る。釈迦がこの下で悟りを開いたとされる。テンジクボダイジュ。②シナノキ科の落葉高木。中国原産。夏に香りのよい黄褐色の五弁花が咲き、丸い実を結ぶ。

ボ
【募】
(12) 力 10　常　3　4271 / 4A67
音 ボ 外 モ　訓 つのる

筆順 一 艹 艹 芀 苩 3 苴 草 莫 7 募 募

意味 つのる。広く求める。「募金」「募集」
下つき 応募・急募・公募・徴募

【募る】つのーる ①勢いや傾向などがますます激しくなる。「悲しみがーる」②広く求めて集める。招き集める。「有志をーって試合に参加する」「退職希望者をーる」

【募金】ボキン 寄付金などを広く集めること。「街頭でのー活動」「歳末のー運動」

【募集】ボシュウ 一般より広く求めて集めること。「アルバイトをーする」「火災予防運動の標語をーする」

ボ【墓】

(13) 土10 常 教 6 4272 4A68 音 ボ 訓 はか

筆順 一 艹 芇 苩 苴 荁 莫 菓 墓 墓

意味 はか。はかば。「墓穴」「墓石」

下つき 丘墓・展墓・墳墓・陵墓

【墓】はか 遺体や遺骨を葬る場所。おくつき。また、その上に立てる墓標。類 塚

【墓穴】ボケツ 死体を埋葬する穴。「自らーを掘る」(自分自身の行為により、破滅または敗北する)」 参考「はかあな」とも読む。

【墓参】ボサン 墓に行っておがむこと。墓参り。季 秋 特に、盂蘭盆の墓参りをいう。

【墓誌】ボシ 死者の経歴や事績を、墓石に刻んだ文。また、石板や銅板などに刻み、墓中に納めた文。

【墓誌銘】ボシメイ 墓誌の文章の末尾に加えられる韻文。

【墓所】ボショ ある人やある家の墓のある所。墓場。類 墓地

【墓前】ボゼン 墓のまえ。「父のーにぬかずき、復讐を誓う」

【墓碑銘】ボヒメイ 墓石に刻まれた、死者の経歴や事績などを表した文章や字句。「ーを刻む」

【墓標・墓表】ボヒョウ 墓のしるしとして立てる木の柱や石。

ボ【媽】

(13) 女10 1 5332 5540 音 ボ・モ 訓 はは

意味 はは(母)。おかあさん。「媽祖」

【媽】はは 母親。かあちゃん。参考 おもに俗語として用いられる。

ボ【慕】

(14) 小10 常 3 4273 4A69 音 ボ 訓 したう 外 しのぶ

筆順 一 十 艹 苩 苴 荁 莫 慕 慕 慕

意味 したう。思いをよせる。懐かしく思う。しのぶ。「慕情」「思慕」

下つき 愛慕・敬慕・思慕・追慕・恋慕

【慕う】したーう ①あこがれて近づきたいと思う。恋しく思う。また、恋しく思ってあとを追う。「亡き母をーう」「だれからもーわれる人になりたい」②懐かしく思う。懐かしく思って、そこへ行きたいと思う。「故国をーって手紙を書く」③他人の人格・学問などを敬って、それにならおうとする。「先学をーう」

【慕情】ボジョウ 恋い慕う心。恋しく思う気持ち。「故郷へのーはつのるばかりだ」

ボ【暮】

(14) 日10 常 教 5 4275 4A6B 音 ボ中 訓 くれる・くらす

筆順 一 艹 苩 苴 荁 莫 莫 暮 暮 暮

意味 ①くれる。(ア)日がくれる。夕ぐれ。「暮色」「薄暮」(イ)季節・年・人生などの終わり。「暮春」「歳暮」②くらす。くらし。

下つき 歳暮・夕暮・日暮・薄暮

【暮らす】くーらす ①生活する。生計をいとなむ。「質素にーす」②日や時を過ごす。月日を送る。「待てどーせど音沙汰がない」③動詞の下について、そのことをし続ける意を表す。「親の遺産で遊びーす」

【暮新月】くれシづき 陰暦一月の異名。対 暮古月

【暮れ泥む】くれなずーむ 日が暮れそうでなかなか暮れないでいる。「ーむ弥生の空」

【暮れる】くーれる ①太陽が落ちて暗くなる。「日がーれるまで遊ぶ」②時節や歳月などが終わりを迎える。「今年も、もうすぐーれる」「一日中、仕事でーれた」③一つのことにとらわれて、長い時を過ごす。「悲嘆の涙にーれていた」④迷って、どうしてよいかわからなくなる。「途方にーれる」「思案にーれる毎日」

【暮れぬ先の提灯】くれぬさきのチョウチン 手回しのよいこと。また、物事の手回しがよすぎて、間が抜けていること。

【暮靄】ボアイ 夕暮れのもや。夕方に立つもや。類 晩靄

【暮雲春樹】ボウンシュンジュ 遠くに離れ住む友人を思う情のこと。由来 杜甫が李白を思って書いた詩中の表現で、私は春の樹木を見てあなたを思っているが、あなたも日暮れの雲を見て私のことを思っていることだろうという意味の句から。〈杜甫の詩〉 参考「春樹暮雲」ともいう。

【暮秋】ボシュウ ①秋の終わりころ。晩秋。②陰暦九月の異名。季 ①②秋

【暮春】ボシュン ①春の終わりころ。晩春。②陰暦三月の異名。季 ①②春

【暮鐘】ボショウ 夕暮れに寺などで打ち鳴らす鐘。また、その音。日暮れの鐘。入相の鐘。晩鐘。対 暁鐘

【暮色】ボショク 夕方の薄暗さ。また、その薄暗い様子や色合い。「ようやくーが迫る」

『暮色蒼然』ボショクソウゼン 夕暮れの薄暗い情景のこと。「蒼然」は、日暮れどきの薄暗いさま。〈柳宗元の文〉 参考「蒼然暮色」ともいう。

【暮夜】ボヤ よる。夜分。夜中(ヤチュウ)。「―、ひそかに家をしのび出る」

ボ【模】(14) 木10 教 4447 4C4F ▼モ(一四七八)

ボ【謨】(17) 言10 1 7585 6B75 音 ボ・モ 訓 はかる・はかりごと

意味 はかる。はかりごと。「謨訓」

下つき 宏謨(コウボ)・聖謨(セイボ)・廟謨(ビョウボ)

【▲謨る】はかる 物事の解決のために広く議論して、企画や戦略などを定める。

【▲謨訓】ボクン 国家の大計や後世の政治の手本となる教え。「聖に―有り」〈『書経』〉

ボ【簿】(19) ⺮13 常 3 4277 4A6D 音 ボ 外ホ

筆順 6 9 14 19

意味 文字を書くための竹のふだ。また、ものを書きこむために紙をとじたもの。とじもの。帳面。「簿記」

下つき 原簿(ゲンボ)・帳簿(チョウボ)・名簿(メイボ)

【簿記】ボキ 金銭の出し入れ、財産の増減などを一定の形式で分類・記録・計算・整理して、その結果を明らかにする記帳法。「複式―」

ホウ【匚】(2) 匚0 1 5025 5239 音 ホウ 訓 はこ

意味 はこ。四角いはこ。参考 箱の形を描いた字。

ホウ【方】(4) 方0 常 教 9 4293 4A7D 音 ホウ 訓 かた 外かく・ただしい・まさに

筆順

意味 ①むき。「方角」「方向」②いくつかある物事のうちの一つ。部面。分野。「方面」「双方」③ある土地。都以外の地。「方言」「地方」④かく(角)。四角。四角い。「方形」「方丈」対円 ⑤ただしい。きちんとしている。「方正」⑥やりかた。てだて。わざ。「方式」「方法」「方術」⑦まさに。ちょうど。「方今」⑧かた。(ア)他人を指して呼ぶ敬称。(イ)係。係の人。「裏方」「煮方」(ウ)身寄り先。…のところ。(エ)ころ。時分。「夕方」

下つき 裏方(うらかた)・遠方(エンポウ)・奥方(おくがた)・快方(カイホウ)・片方(かたホウ)・漢方(カンポウ)・三方(サンポウ)・四方(シホウ)・処方(ショホウ)・先方(センポウ)・双方(ソウホウ)・他方(タホウ)・地方(チホウ)・当方(トウホウ)・途方(トホウ)・八方(ハッポウ)・平方(ヘイホウ)・行方(ゆくえ)・立方(リッポウ)・両方(リョウホウ)

【方】かた ①方向。向き。方角。「西の―」②場所や位置。「道なき―」③漠然とした時間。とき。「来し―」④方法。手だて。「もはや、やる―なし」⑤人を敬っていう語。「ご臨席の―」

【〈方人〉】かとうど ①歌合わせなどで、両方に分かれたときの一方の組の人。②味方。仲間。参考 ①「かたひと」とも読む。

【方▲違え】かたたがえ 陰陽道(オンヨウドウ)で目的地が禁忌に当たる場合、前日に吉となる方角に宿泊して方角を変えてから行くこと。参考「方違い」ともいう。

【方▲塞がり】かたふたがり 陰陽道(オンヨウドウ)で、天一神や太白神(タイハクジン)がいる方角を凶として忌むこと。その方角に行くと災いがあるといわれる。参考「かたふさがり」とも読む。

【〈方頭魚〉】かながしら ホウボウ科の海魚。▼火魚(かながしら)(一三六)

【〈方済各〉】ザビエル 日本に初めてキリスト教を伝えた、スペイン生まれの宣教師。フランシスコ＝ザビエル。

【〈方便〉】たつき ①事を始めたり、ようすなどを知ったりする手段。手がかり。②生活の手段。生計。「アルバイトを―とする」表記「活計」とも書く。参考「たずき」とも読む。また、「ホウベン」と読めば別の意。

【〈方舟〉】はこぶね ①方形の舟。②ノアの方舟。旧約聖書にある話で、神が悪に満ちた人類に怒って洪水を起こしたとき、神の恩恵でノアが一族とつがいの鳥獣を乗せて難を逃れたという方形の舟。表記「箱船」とも書く。

【方位】ホウイ ①東西南北を基準にして決定した方向。類方角 ②陰陽道(オンヨウドウ)などで、方向の吉凶。「―を見る(占う)」

【方位家の家潰し】ホウイカのいえつぶし 占いなどに凝ると自由が制限されて、かえって失敗してしまうということ。方位にこだわっている人は、あれこれと制約をうけて、家をつぶすことになるということから。

【方円】ホウエン 方形と円形。四角と丸。「水は―の器に随(したが)う」

【方解石】ホウカイセキ 炭酸カルシウムを主成分とする鉱物。純粋なものは無色透明で、菱面(リョウメン)体に結晶する。

【方角】ホウガク ①東西南北などの向き。方位。「北の―」②あるものの進んでゆく向き。「南に―を向ける」類①②方向 ③見当。「―ちがいの苦情だ」

【方眼】ホウガン 規則正しく区切られた真四角なます目。「―紙」

【方形】ホウケイ 四角。四角形。「正―の紙」「長―の箱」

【方言】ホウゲン ①一つの国語の中で、地域によって音韻・語彙(ゴイ)・文法などが異なるとき、それぞれの地域で使われている言語全体を指す語。「南方―」②ある地方独特の言葉。国なまり。さとことば。類俚言(リゲン) 対標準語・共通語

【方向】ホウコウ ①向き。進んでゆく向き。「北の―に歩く」類方角 ②進む目当てや目標。「卒業後の―を決める」類方針

【方今】ホウコン ちょうど今。ただ今。現在。「―の経済状況は悪化している」類当今・現今

【方策】ホウサク ①てだて。はかりごと。「名誉挽回(バンカイ)の―を講じる」類策略・対策 ②文書。記録。由来「方」は木の板、「策」は竹簡のこと。昔、紙が発明される前の中国で書写の材料として使われたことから。

【方式】ホウシキ 物事の一定のやり方・形式・手続き。「予算の算定—」「総当たり—で大会を行う」

【方術】ホウジュツ ①方法。手段。②技術。わざ。③仙人などの使う奇怪な術。魔術。

【方丈】ホウジョウ ①一丈(約三メートル)四方。また、その広さのすまい。②寺院の長老や住職などが起居する場所。転じて、住職。

【方針】ホウシン 目指す方向。進む目標。また、行動の原則や基本。「指導—を立てる」「—は決して曲げない」類指針・針路・方途 由来羅針盤の方位を指し示す針の意から。

【方図】ホウズ 物事の限り。さだめ。際限。「—がない」「野放(のほう)—な生活」

【方寸】ホウスン ①一寸(約三センチメートル)四方。転じて、非常に狭い所。②胸の内。心中。「友人の秘密を自分の—だけに収めておく」

【方正】ホウセイ 心や行いが正しく、誤りのないこと。「品行—」

【方底円蓋】ホウテイエンガイ 物事がうまく合わないたとえ。底を四角にして、ふたを円くする意から。〈顔氏家訓(ガンシカクン)〉

【方程式】ホウテイシキ 数学の変数を含む等式で、その変数に特定の数値を与えたときにだけ成り立つもの。由来「方程」は、中国の数学書『九章算術』の章の名から。

【方途】ホウト 目指すべき方向。なすべき方法。進むべき道。「将来の—を定める」類方針

【方便】ホウベン 目的を達成するための、便宜的な手段。「うそも—」由来もと仏教用語で、衆生(シュジョウ)を救い真実に導くための仮の方法から。

【方法】ホウホウ 目的を果たすためのやり方。てだて。「ありとあらゆる—を試みる」

【方面】ホウメン ①その方向にあたる地域。「関東—へ行きました」②分野。領域。「彼は法律の—に明るい」

【方略】ホウリャク ある目的を達成するための計画。はかりごと。「—を練る」類計略

【方に】まさ-に ちょうど今。ただ今。時あたかも。「終列車が—発車しそうだ」「彼女は芳紀—十八歳」

ホウ【包】(5) 勹 3 常 教 7 4281 4A71 音 ホウ 訓 つつむ 外 くるむ

旧字《包》(5) 勹 3 1/準1

筆順 ノ 勹 勺 匀 包

意味 つつむ。くるむ。つつみ。「包囲」「包装」

書きかえ「庖(ホウ)・繃(ホウ)」の書きかえ字として用いられるものがある。

下つき 小包(こづつみ)・梱包(コンポウ)・内包(ナイホウ)

【包む】くる-む 全体を巻くようにしてつつみこむ。巻きこむ。「新聞紙で野菜を—む」

【包む】つつ-む ①物をなかに入れ、外側からおおう。「土産を風呂敷(ふろしき)に—む」②あたりを囲む。一面をおおう。「山の頂上が霧に—まれた」「親の愛情に—まれて暮らす」③心のなかにもつ。秘める。「—みきれない喜び」

【包子】パオズ 肉・野菜・あんなどを入れた中国風のまんじゅう。参考中国語から。

【包囲】ホウイ まわりをとりかこむこと。「犯人の立てこもったビルを—する」

【包括】ホウカツ さまざまな物事を、ひっくるめて一つにすること。「国家間の課題を—的に協議する」「全体の意見を—する」

【包含】ホウガン そのなかにつつみふくむこと。「多くの矛盾を—している」類内包・含有

【包摂】ホウセツ ある概念がより一般的な概念のなかに含まれること。また、その従属関係。

【包装】ホウソウ ①物をつつむこと。また、物の上包み。「商品の—が簡素化された」②荷物をまとめてつつむこと。荷造り。パッキング。

【包蔵】ホウゾウ 内部につつみもっていること。「問題点を—している」

【包蔵禍心】ホウゾウカシン 他人を陥れようとする心を隠しもっていること。「包蔵」は心のなかに抱くこと。「禍心」は悪事のたくらみ。〈『春秋左氏伝』〉

【包帯】ホウタイ 医療で、疾患部の保護や固定のために、おおったり巻きつけたりする布など。書きかえ「繃帯」の書きかえ字。

【包丁】ホウチョウ ①料理に用いる刃物。②料理をすること。料理。また、料理人。「—さばき」書きかえ「庖丁」の書きかえ字。

【包容】ホウヨウ 中につつみ入れること。また、人を寛大に受け入れること。「—力のある上司の下で働きたい」

ホウ【呆】(7) 口 4 準1 4282 4A72 音 ホウ・ボウ・タイ 訓 おろか・あきれる

意味 ①おろか。ぼんやりした。「痴呆」②あきれる。あっけにとられる。「呆然」

下つき 阿呆(アホウ)・痴呆(チホウ)

【呆れる】あき-れる ①物事の意外さに驚く。あっけにとられる。「横綱は—れるほどの強さを見せた」②ひどいようすに愛想をつかす。「政治家の醜態に—れる」

【呆気】あっケ 意外なことに驚いてぼんやりとした気分。「わけもわからず怒鳴られて—にとられる」

【呆気ない】あっケ-ない 予期に反して、簡単で物足りない。張り合いがない。「—い幕切れ」

【〈呆気〉者】うつけもの 愚か者。ぼんやりしている者。のろま。表記「空け者」とも書く。

【呆か】おろ-か 頭のはたらきが鈍いさま。ぼんやりしているさま。

【呆然】ボウゼン ①驚いて、あっけにとられるさま。類唖然(アゼン) ②気が抜けて、ぼんやりするさま。「—と空を見上げる」表記「惘然」、②「茫然」とも書く。

ホウ【彷★】(7) 彳4 1 5539 5747 音 ホウ 訓 さまよう・にかよう

意味 ①さまよう。あてもなく歩く。「彷徨（ホウコウ）」②にかよう。ほのか。はっきりしない。「彷彿（ホウフツ）」

【〈彷徨〉う・彷う】さまよう あてもなく、歩き回る。一か所にとどまらず、うろうろする。「吹雪の中を―う」「生死の境を―う」類流離（さすら）う

【彷徨】ホウコウ あてもなくさまよい歩くこと。「夜の盛り場を―する」参考「彷」「徨」ともに、さまよう意。

【彷彿】ホウフツ ①よく似ているさま。はっきりと思い浮かぶさま。「亡父の面影が―とする」②姿や形などが、ぼんやりと見えるさま。表記「髣髴」とも書く。

ホウ【抔】(7) 扌4 1 5724 5938 音 ホウ 訓 すくう・など

意味 ①すくう。てのひらですくう。「抔飲」②など(等)。複数を示す語。

【抔う】すくう 手のひらでくむ。すくいとる。「川の水を―って飲む」「砂を―う」

【抔】など 例を示す語。同じ種類の物があること。それに限らない気持ちを言外にこめる。「八百屋で大根―を買った」

ホウ【芳】(7) 艹4 常 3 4307 4B27 音 ホウ 訓 かんばしい 高 外 かおり・かぐわしい

筆順 一 十 廾 艹 芒 芳 芳

意味 ①かおり。におい。②かんばしい。よい香りがする。「芳香」「芳醇（ホウジュン）」③評判がよい。ほまれ。「芳声」「芳名」④他人の物事に冠する敬称。「芳意」「芳志」「芳書」

下つき 遺芳（イホウ）・佳芳（カホウ）・流芳（リュウホウ）

【芳しい】かぐわしい ①上品な香りである。「花が―しく香る」②うっとりするほどすばらしい。美しい。「―い姫君」

【芳しい】かんばしい ①よいにおいがする。香りが高い。こうばしい。「一輪の花が―い香りを放つ」「―い焙（ほう）じ茶」②おもわしい。りっぱである。「―い成果は得られなかった」参考②多く、下に打ち消しの言葉を伴う。

【芳ばしい】こうばしい よい香りがするさま。特に、こんがりと焼けたようなよい香りがするさま。「パンの焼けた―い香り」表記「香ばしい」とも書く。

【芳意】ホウイ 他人の気持ちや心づかいを敬っていう語。おぼしめし。類芳志

【芳恩】ホウオン 相手から受けた恩情を敬っていう語。御恩。おかげ。

【芳気】ホウキ よい香り。かんばしい香り。「あたりを―が包む」類香気

【芳紀】ホウキ 女性の美しさが現れる年ごろをいう語。「―まさに一八歳の乙女」参考「紀」は年の意。

【芳馨】ホウケイ よい香り。いいにおい。「梔子（くちなし）の花が―を放つ」類芳香

【芳香】ホウコウ よい香り。かぐわしい香り。「えもいわれぬ―が漂う」「―剤」類香気・芳気 対悪臭

【芳志】ホウシ 相手の心づかいや贈り物に対して、敬っていう語。「ご―に感謝いたします」「恩師の―を賜った」類芳情・芳意

【芳醇】ホウジュン 酒などの香りが高く、味わい深いこと。「―なワイン」参考「醇」はこくがある意。

【芳書】ホウショ 相手の手紙に対する敬称。芳信。「御―を賜り、感謝に堪えません」類芳墨・芳翰（ホウカン）

【芳情】ホウジョウ 他人の厚意に対する敬称。「ご―に感謝いたします」「―を賜る」類芳志・芳意

【芳信】ホウシン ①「芳書」に同じ。②花のたより。類花信

【芳菲】ホウヒ 草花などがかぐわしいこと。また、かぐわしい草花。

【芳芬】ホウフン ①花の香気。かんばしい香り。②ほまれの高いこと。名声。類芳名

【芳墨】ホウボク ①香りのよい墨。②他人の手紙や筆跡に対する敬称。類芳書

【芳名】ホウメイ ①よい評判。ほまれ。類令名・名声・芳声 ②他人の名前に対する敬称。「―帳」「―録にご署名ください」

【芳烈】ホウレツ ①香気が強いさま。②正義の心がきわめて強いこと。類義烈

【芳を後世に流す】ホウをコウセイにながす 名声を後世まで伝え残すこと。故事 中国、晋（シン）の権臣で、帝位をうかがった野心家の桓温（カンオン）が、同輩に向かって「後世に汚名も残せないようでは、美名も残せないだろう」となじった故事から。『晋書（シンジョ）』

ホウ【邦】(7) 阝4 常 3 4314 4B2E 音 ホウ 訓 外 くに

筆順 一 二 三 丰 丰 邦 邦

意味 ①くに。国家。領土。「邦家」「連邦」②わがくに。日本の。「邦画」「邦人」

下つき 異邦（イホウ）・本邦（ホンポウ）・友邦（ユウホウ）・連邦（レンポウ）

【邦】くに 一定の土地と住民からなり、統治上の組織をもった集団。また、その体制。国家。国土。参考 もとは古代中国で、諸侯が天子から賜った領土の意。

【邦家】ホウカ くに。国家。特に、自分の国をいう。「―存亡の危機」

【邦貨】ホウカ 日本の国の貨幣。「外国製品の値段を―に換算する」対外貨

【邦画】ホウガ ①日本画。②日本で作られた映画。日本映画。対①②洋画

【邦楽】ホウガク ①日本に固有の伝統的な音楽。特に、琴・三味線・尺八などで演奏する近世の音楽。②広く日本の音楽全体。和楽。対洋楽

【邦人】ホウジン 自国の人。自分の国の国籍をもつ人。特に、海外に住む日本人。「在留—」

【邦舞】ホウブ 日本舞踊。日舞。日本のおどり。対洋舞

【邦文】ホウブン 日本語の文字や文章。「—の海外新聞」類和文 対欧文

【邦訳】ホウヤク 外国語を日本語に訳すこと。また、その訳したもの。日本語訳。和訳。

ホウ【咆】(8) 口5 1 5086 5276 音ホウ 訓ほえる

意味 ほえる。獣がほえる。「咆哮(ホウコウ)」

【咆▲哮】ホウコウ 猛獣などが、たけりほえること。また、その声。参考「咆」「哮」ともに、獣がほえる意。

【▲咆える】ほーえる ①獣が大きな声でなく。たけりなく。「トラが—える」②大声でどなる。「天下国家を論じて大いに—える」

ホウ【奉】(8) 大5 常 3 4284 4A74 音ホウ・ブ 訓たてまつる(高)(外)まつる・うけたまわる

筆順 一 二 三 丰 夫 奏 叁 奉

意味 ①まつる。たてまつる。さしあげる。「奉献」「奉納」②つつしんで行う。「奉賀」「奉還」③つかえる。つとめる。つくす。「奉公」「供奉(グブ)」④うけたまわる。「奉勅」「信奉」

下つき 供奉(グブ)・遵奉(ジュンポウ)・信奉(シンポウ)

【奉る】たてまつる ①献上する。神仏や身分の高い人に差し上げる。「上奏文を—る」「神前に供物を—る」②形式的に高い地位に置く。「名誉職に—る」③申し上げる。謙譲の意を表す語。「新春を賀し—ります」

【奉行】ブギョウ ①主君の命令を受けて行うこと。また、その人。②鎌倉時代に始まり、江戸時代まで幕府の政務を受けもった武家の長官の職名。江戸幕府は寺社奉行・勘定奉行・町奉行など、全国に多くの奉行を設置した。

【奉安】ホウアン うやうやしく安置すること。尊い物を安置すること。「—殿」

【奉加】ホウガ 神仏のために謹んで財物をささげ、納めること。転じて、金品を寄付すること。「—帳を回す」類寄付・寄進

【奉賀】ホウガ お祝い申し上げること。賀し奉ること。「—新年」類謹賀

【奉還】ホウカン 謹んでお返し申し上げること。「大政—」

【奉献】ホウケン 謹んで物を差し上げること。献上すること。「神仏に財物を—する」類奉納・奉呈

【奉公】ホウコウ ①国家のために尽くすこと。「忠君愛国、滅私—」②封建時代、家臣が主君に対し軍役などで仕えること。「御恩と—」③住みこむなどして、使用人として仕えること。「丁稚(でっち)—に上がる」

【奉賛・奉▲讃】ホウサン 社寺の仕事に謹んで協賛すること。「—金」

【奉仕】ホウシ ①損得を考えずに、国家・社会・他人のために尽くすこと。「地域のために—活動をしている」「勤労—」②品物を安く売ること。サービス。「—価格」③謹んで仕えること。「神仏に—する」

【奉伺】ホウシ 謹んでおうかがい申し上げること。「関白の御機嫌を—する」

【奉▲祀】ホウシ 神仏や祖先などを、謹んでおまつりすること。「祖先の墓を—する」

【奉書】ホウショ ①武家時代、将軍などの命令を受けた臣下が下の者に伝達する文書。②「奉書紙」の略。

【奉書紙】ホウショがみ コウゾを原料にした上質の和紙。純白できめが細かい。由来「奉書」に用いたことから。

【奉職】ホウショク 官公庁や学校など、公の職場に勤めること。

【奉じる】ホウ—じる ①差し上げる。献上する。「書を—じる」②謹んで承る。「君命を—じる」③主君としていただく。「幼君を—じる」④うやうやしくささげ持つ。「校旗を—じる」⑤謹んで職に就く。

【奉戴】ホウタイ 謹んでいただくこと。「戴」は長としてあがめる意。「君主として—する」

【奉呈】ホウテイ 謹んで差し上げること。献上すること。類奉献

【奉▲奠】ホウテン 神仏に謹んでお供えすること。「玉串(たまぐし)—」類奉献・奉納 参考「奠」は供え物の意。

【奉読】ホウドク 謹んで読むこと。「詔書を—する」

【奉納】ホウノウ 神仏にささげおさめること。「—相撲(境内などで行われる神仏にささげる相撲)」「絵馬を—する」類奉献・奉奠(ホウテン)

【奉幣】ホウヘイ 神に幣帛(ヘイハク)をたてまつること。幣(ぬさ)をささげること。「—使」

ホウ【宝】(8) 宀5 常 5 4285 4A75 音ホウ 訓たから

字旧《寶》(20) 宀17 1/準1 5379 556F

筆順 丶 丷 宀 宀 宁 宇 宝 宝

意味 ①たから。たからもの。また、たからとする。「宝石」「宝典」②天子・仏などに関して添える敬称。「宝位」

下つき 家宝(カホウ)・国宝(コクホウ)・財宝(ザイホウ)・三宝(サンボウ)・七宝(シッポウ)・重宝(ジュウホウ・チョウホウ)・秘宝(ヒホウ)

【宝】たから ①金銀や宝石のように珍しく貴重な品物。宝物。「—の山に分け入る」②かけがえのない大切な物や人。「子は国の—だ」③金銭。

金。「お―」

【宝の持ち腐れ】役に立つ物を、使わないままでもっているたとえ。また、すぐれた才能や技術をもちながら、活用しないままでいるたとえ。

【宝の山に入りながら△空しく帰る】せっかくの機会に巡り合いながら、何もできないで終わるたとえ。〈『正法念経』〉

【宝冠】ホウカン ①宝石で飾った豪華なかんむり。「女王陛下の―」

【宝鑑】ホウカン ①宝とするりっぱな鏡。②手本となることが書いてある書物。「書道―」 類宝典

【宝篋印塔】ホウキョウイントウ 供養塔、また墓碑塔。もとは宝篋印陀羅尼(ダラニ)の経文を納めた塔。石づくりの方形が多い。

【宝▲髻】ホウケイ ①仏像が頭上に結んでいるもとどり。②奈良時代、女官や内親王が礼装の際、髪を高く結い上げ金銀の玉を飾った髪形。

【宝庫】ホウコ ①宝物を納める蔵。②産物や価値あるものが多くある所。「中東は石油の―だ」「東北地方は民話の―だ」

【宝算】ホウサン 天皇の年齢の尊称。類聖算・聖寿

【宝珠】ホウシュ ①宝のたま。類宝玉 ②仏「宝珠の玉」の略。上方がとがって炎の形をした、さまざまな願いをかなえる力があるという玉。類摩尼 参考「ホウジュ」とも読む。

【宝生流】ホウショウリュウ 能楽の流派の一つ。能楽には、ほかに喜多流、観世流などがある。

【宝石】ホウセキ 鉱物で、産出量が少なく、硬質で色彩や光沢が美しく、装飾用として珍重されるもの。ダイヤモンド・エメラルドなど。

【宝▲祚】ホウソ 天子の位。あまつひつぎ。類皇位・玉座 参考「祚」は、天から受ける幸い・天子の位の意。

【宝蔵】ホウゾウ ①宝物を入れる蔵。②仏寺院で、経典を納める蔵。類経蔵

【宝相華】ホウソウゲ 中国の唐代、日本の奈良・平安時代に盛んに使われた装飾文様。唐草模様の一種。由来花の文様のように見えることから。

【宝▲鐸】ホウチャク ①仏堂や塔の四方の軒につるす大きな鈴。類風鐸(フウタク) ②銅鐸(ドウタク)の美称。参考「ホウタク」とも読む。

【宝典】ホウテン ①貴重な書物。②実際に役立つ知識を集めた便利な本。「医学―」「家庭―」類宝鑑

【宝刀】ホウトウ 宝物として大切にしている刀。「伝家の―を抜く」類宝剣

【宝引】ホウびき 福引きの一種。何本かの束ねた綱を引かせ、ダイダイの実がついた綱を引いた者が商品を得たもの。のちに、綱に直接品物や金銭などをつけた。季新年

ホウ【★庖】

(8) 广5 準1 4289 4A79 音ホウ 訓くりや

〈庖〉

意味 ①くりや。台所。「庖丁」「庖厨(ホウチュウ)」②料理人。「庖人」

書きかえ「包」に書きかえられるものがある。

【▲庖】くりや ①台所。調理場。庖厨(ホウチュウ)。②料理人。くりやびと。

【▲庖人】ホウジン 料理人。くりやびと。類庖宰・庖丁

【▲庖厨】ホウチュウ 「庖(くりや)」に同じ。

【▲庖丁】ホウチョウ ▼書きかえ 包丁(一三九六)

ホウ【怦】

(8) 忄5 1 5572 5768 音ホウ・ヒョウ

意味 はやる。心がせく。せわしい。「怦怦」

ホウ【抱】

(8) 扌5 常 4 4290 4A7A 音ホウ 訓だく・いだく・かかえる

旧字《抱》(8) 扌5 1/準1

筆順 一 十 扌 扚 扚 拘 抱

意味 ①だく。いだく。両手でかかえる。「抱腹」「抱擁」②心にいだく。思う。「抱負」「辛抱」

下つき 介抱(カイホウ)・懐抱(カイホウ)・辛抱(シンボウ)

【抱く】いだく ①腕でかかえる。「赤ん坊を―く」②心に思う。「希望を―く」③囲む。包む。「深い山に―かれた村里」

【抱える】かかえる ①両手や腕で囲むように持つ。また、わきに挟んで持つ。「本を―えて運ぶ」「荷物を―えて歩く」②負担や責任を引き受ける。「難問続出に頭を―える」「難しい仕事を―えている」③雇う。「七人の社員を―える」

【抱く】だく 腕にかかえ持つ。いだく。また、動物が卵を温める。「子どもを―く」「雄が卵を―く習性の鳥もある」

〈抱瓶〉だちびん 沖縄で用いられる携帯用の酒びん。陶製で、腰につけやすいように横断面が三日月形をしている。

【抱懐】ホウカイ 心にいだきもつこと。心に思うこと。また、その思い。「独立の意を―する」

【抱関撃▲柝】ホウカンゲキタク 下級の役人のこと。かんぬきの番をする門番、「撃柝」は拍子木を打ち鳴らして巡回する夜警の意。〈『孟子(モウシ)』〉

【抱薪救火】ホウシンキュウカ 害を取り除きに行って、かえって害を広げてしまうたとえ。火を消すのに薪を抱えて行く意から。〈『淮南子(エナンジ)』〉類負薪救火

【抱柱の信】ホウチュウのシン 約束を堅く守るたとえ。絶対に信義を裏切らないたとえ。由来尾生(ビセイ)という男が、会う約束

ほ
ホウ

をした女性を橋の下で待っていたところ、川の水があふれてきた。それでも尾生は橋げたにすがって待ちつづけ、ついにおぼれ死んだという話から。〈『荘子(ソウジ)』〉 参考「抱柱」「尾生の信」ともいう。

【抱負】ホウフ 心にいだいている考えや計画。「新年に当たって―を述べた」

【抱腹絶倒】ホウフクゼットウ 腹を抱えて大笑いすること。「抱腹」は本来は「捧腹」で、腹を抱える意。「絶倒」は笑いころげる意。「―のコメディ」 参考「抱腹」は「捧腹」の誤用が慣用化されたもの。

【抱擁】ホウヨウ 愛情をこめてだきかかえること。また、だき合い愛撫(アイブ)すること。「再会を喜んで―する」「熱い―を交わす」 参考「抱」「擁」ともに、だきかかえる意。

ホウ【抛】(8) 扌5 1 5738 5946 音 ホウ 訓 なげる・なげうつ・ほうる

意味 なげる。なげうつ。ほうりなげる。「抛擲(ホウテキ)」
書きかえ「放」に書きかえられるものがある。

【▲抛つ】なげうつ ①投げつける。「手裏剣を―つ」②惜しげもなく投げ捨てる。「私財を―って、学校をつくる」

〈▲抛銀〉なげがね 江戸初期、豪商が朱印船貿易や外国船貿易の商人を相手に行った金融。表記「投銀」とも書く。

【▲抛棄】ホウキ ▼書きかえ 放棄(一四〇〇)

【▲抛▲擲】ホウテキ なげうつこと。ほうってしまうこと。うち捨てること。顧みないこと。「地位も名誉も―して隠遁(イントン)する」「陣地を―する」類放棄

【▲抛物線】ホウブツセン ▼書きかえ 放物線(一四〇一)

【▲抛る】ほうる 物を高く投げ飛ばす。投げる。「野球のボールを―る」

ホウ【放】(8) 文4 常 教 8 4292 4A7C
音 ホウ
訓 はなす・はなつ・はなれる・ほうる
外 ゆるす・ほしいまま・まかす・さく・ひる・こく

筆順 ' 亠 方 方 方' 方' 放 放

意味 ①はなす。ときはなす。自由にさせる。ゆるす。「放牧」「解放」②はなつ。おいやる。しりぞける。「放校」「追放」③発する。送り出す。「放射」「放流」④ほしいまま。思うままにする。まかす。「放蕩(ホウトウ)」「奔放」⑤なげる。ほうり出す。「放棄」「放置」
書きかえ ⑤「抛(ホウ)」の書きかえ字として用いられるものがある。
下つき 開放(カイホウ)・解放(カイホウ)・豪放(ゴウホウ)・釈放(シャクホウ)・粗放(ソホウ)・追放(ツイホウ)・奔放(ホンポウ)

【△放く】こく ①はなつ。ひる。「屁(へ)を―く」②はばかりなく言う。ぬかす。「見えすいたうそを―くな」

【放す】はなす ①つかむのをやめる。自由にする。「馬を草原に―す」「握った手を―す」②ほうっておく。ある状態を続ける。「戸を開け―す」

【放つ】はなつ ①自由にさせる。「鳥を空に―つ」②遠ざける。追放する。「罪人を南の島に―つ」③射る。うつ。「矢を―つ」④発する。「作品は異彩を―っている」「刺激臭を―つ」⑤火をつける。「城に火を―つ」⑥送りこむ。「敵陣に間者を―つ」

【放れる】はなれる つないでいたものが解ける。自由になる。「舟が―れて流される」「鎖から犬が―れる」

【△放る】ひる 体外に勢いよく出す。排泄(ハイセツ)する。「屁(へ)を―る」

〈放▲屁虫〉へひりむし ミイデラゴミムシ・オサムシ・カメムシなど、触ると悪臭を出す昆虫の俗称。ヘコキムシ。季秋

【放逸・放▲佚】ホウイツ 勝手気ままでしまりのないこと。「逸」「佚」はともに気ままの意。「―に暮らす」類放恣(ホウシ)・放埒(ホウラツ)

【放映】ホウエイ テレビで映像を放送すること。「名作映画を―する」

【放下】ホウカ ①投げ捨てること。投げおろすこと。②中世・近世に行われた田楽から転化した民間芸能。手品・曲芸や小切子(こきりこ)を操って小歌をうたうなどの大道芸。「―僧」参考「ホウゲ」と読めば、仏教用語で悟りを開くために俗世の執着を投げ捨てる意。

【放火】ホウカ 火事を起こすために、火をつけること。つけ火。「―魔」

【放課後】ホウカゴ 学校で、一日の授業の終わったあと。

【放歌高吟】ホウカコウギン 周囲のことを考えずに大きな声で歌うこと。「放歌」は大声で歌う、「高吟」は大声で詩を吟じる意。参考「高歌放吟」ともいう。

【放棄】ホウキ 打ち捨てて顧みないこと。投げだすこと。「投票の権利を―しないようにしよう」「試合―」類放擲(ホウテキ) 書きかえ「抛棄」の書きかえ字。

【放吟】ホウギン あたりかまわず、大声を張り上げて詩歌をうたうこと。「公道を高歌―しながら歩く」類放歌

【放言】ホウゲン 勝手気ままに言うこと。無責任な発言。「大臣による―が繰り返される」類暴言

【放言高論】ホウゲンコウロン 勝手な言い分や無責任な発言を、大声で言い立てること。「高論」は、大声で論じる意。〈蘇軾(ソショク)の文〉類大言壮語

【放校】ホウコウ 校則に違反した学生・生徒を、学校から追放すること。類退校・退学

【放散】ホウサン 広く散ること。また、広く散らすこと。「地面から熱が―される」

【放恣・放▲肆】ホウシ 「放逸(ホウイツ)」に同じ。

【放射】ホウシャ ①一点より四方八方へ出ること。「道路が―状にのびる」②物体から熱・

光・電波などを放出すること。「—性元素」類輻射(フクシャ)

【放射能】ホウシャノウ 元素の原子核が放射線を出しながら、他の原子核に転化していく性質やはたらき。

【放縦】ホウジュウ 勝手気ままなこと。わがままなこと。「—な生活を改める」類放埒(ホウラツ) 参考「ホウショウ」の慣用読み。

【放出】ホウシュツ ①勢いよく出すこと。また、出ること。「間欠泉が—する」②蓄えているものを手ばなすこと。「県が災害救助のために物資を—する」「球団が選手を—する」

【放生】ホウジョウ 仏つかまえた生き物を逃がしてやること。

【放生会】ホウジョウエ 供養のため、捕らえた生き物をはなす儀式。陰暦八月一五日に行う。季秋

【放心】ホウシン ①心をほかの事に奪われて、ぼんやりすること。「—状態に陥る」②心づかいをやめること。「どうぞ御—願います」類安心・放念 表記②「放神」とも書く。

【放送】ホウソウ 多くの人に伝えることを目的として電波を使い、音声や映像を送ること。また、その番組や情報。「テレビの深夜—」「ラジオ—局」「有線—」「館内—」

【放題】ホウダイ 思う存分にすること。「食べ—」「言いたい—」「わがまま—に育つ」

【放胆】ホウタン 思い切りよく大胆なこと。「—にも丸腰で敵地へ向かう」

〖放胆小心〗ホウタンショウシン 文章を書くには、最初書き流し、熟達してきたら細心の注意を払い、規則を守って書くべきだという教え。「小心」は、細部に注意をはらって字句をよく練ること。〈『文章規範』〉

【放談】ホウダン 思ったことを自由に語ること。また、その話。「酒の席での—」「大臣の新春—」類放言

【放置】ホウチ 置いたままにすること。ほうっておくこと。「自動車を道路に—する」

【放逐】ホウチク 追い払うこと。「裏切者を—する」類追放

【放▲擲】ホウテキ 「放棄」に同じ。「義務を—する」表記「抛擲」とも書く。参考「放」も「擲」も、ほうり出す意。

【放電】ホウデン ①蓄電池などに貯えた電気を放出すること。対充電 ②気体などの絶縁体を通して、離れた電極の間に電流が流れること。「空中に—する」

【放▲蕩】ホウトウ 酒や女におぼれ、品行が修まらないこと。「若いときからの—癖が直らない」「—息子を勘当する」類道楽・遊蕩・放埒(ホウラツ)

〖放▲蕩無頼〗ホウトウブライ 酒色におぼれて品行が悪く、生活にしまりがないこと。「無頼」は、定職をもたず性行の不良なこと。類流連荒亡・放蕩不羈(ホウトウフキ)

【放尿】ホウニョウ 小便をすること。

【放任】ホウニン なりゆきに任せておくこと。干渉や束縛をしないで、自由にさせること。「—主義の家庭に育つ」「自由—がモットー」

【放念】ホウネン 気にしないこと。心配しないこと。多く、手紙文で用いる。「こちらのことはご—ください」類安心・放心

【放伐】ホウバツ ①敵を討ち滅ぼすこと。②中国で昔、悪政を行う天子を帝位から追放すること。

【放屁】ホウヒ 屁(へ)を放つこと。おならをすること。

【放物線】ホウブツセン ①物を斜め上に投げたとき、空中に描く曲線。②定点と定直線それぞれからの距離が等しい点をつないだ曲線。書きかえ「抛物線」の書きかえ字。

【放▲辟邪▲侈】ホウヘキジャシ わがまま勝手で心がねじけていて、したい放題のことをすること。「放」はほしいまま、「辟」はかたよる、「邪侈」はよこしまでおごり高ぶる意。〈『孟子(モウシ)』〉

【放牧】ホウボク 牛馬などの家畜を放し飼いにすること。「—地」類遊牧

【放漫】ホウマン やりっぱなしで、だらしないこと。「—経営で会社が傾く」

【放免】ホウメン ①拘束から解放し、自由にすること。「受験勉強から—された」②勾留(コウリュウ)した容疑者や、刑期を終えた囚人を釈放すること。「無罪—」

【放▲埒】ホウラツ ①「放逸」に同じ。類放縦 ②酒や色欲にふけること。「—な生活を送る」類放蕩(ホウトウ) 由来ウマが馬場の囲いの埒(ラチ)をはなれる意から。

【放流】ホウリュウ ①せきとめていた水などを流すこと。「ダムの—」類放水 ②養殖などのため、魚を川や湖にはなすこと。「サケの稚魚を—する」

【放る】ほうる ①投げる。「石を—る」②途中でやめる。「試験勉強を—り出す」③放置する。「現状のまま—っておく」

【放列】ホウレツ ①射撃するため、大砲を横に並べた隊形。②ずらりと並んだようす。「報道陣によるカメラの—」表記①「砲列」とも書く。

【放浪】ホウロウ あてもなくさまようこと。「世界を—する」類流浪

【△放下す】ほかす 捨てる。うち捨てておく。ほったらかす。「そんな天邪鬼(あまのジャク)は—しておけばいい」

ホウ【朋】(8) 月 4 準1 4294 4A7E 音ホウ 訓とも・なかま

意味 とも。ともだち。なかま。「朋友」「同朋」

下つき 旧朋(キュウホウ)・同朋(ドウホウ)・友朋(ユウホウ)

【▲朋】とも ①友人。ともだち。「生涯の—」②同門の学友。相弟子。③仲間。

〖▲朋あり遠方より来(きた)る▲亦(また)楽しからずや〗学問に励んでいると自然に同じ志をもつ友ができ、遠方からも訪ね

て来るようになり、本当に楽しいものである。〈『論語』〉

【朋党】ホウトウ 主義や利害を同じくする仲間。「―を結集する」類徒党

【朋輩】ホウバイ 身分や年齢が同じくらいである仲間。友人。類同輩

【朋友】ホウユウ 友人。ともだち。参考「朋」は同門、「友」は同志の意。

ホウ【枋】(8) 木 4 1 5936 5B44 音ホウ・ヘイ 訓まゆみ・いかだ・え

意味 一ホウ ①ニシキギ科の落葉低木。まゆみの一種。「楡枋(ユボウ)」②マメ科の落葉小高木「蘇枋(スオウ)」に用いられる字。③いかだ。二ヘイ え(柄)。

ホウ【法】(8) 氵5 常 教 7 4301 4B21 音ホウ・ハッ高・ホッ高 訓外のり・のっとる・フラン

筆順 丶 冫 氵 氵 汁 汢 法 法

意味 ①のり。㋐きまり。おきて。「法律」「憲法」㋑手本。基準。「法帖(ホウジョウ)」㋒しきたり。礼儀。「法式」「作法」②てだて。やりかた。「方法」「兵法」③仏の教え。仏の道。「法会」「仏法」④フラン。スイスなどの貨幣単位。

下つき 違法・技法・軍法・刑法・剣法・拳法・憲法・合法・語法・作法・司法・手法・順法・遵法・商法・書法・寸法・製法・説法・戦法・調法・筆法・仏法・不法・文法・兵法・便法・方法・末法・魔法・民法・無法・用法・立法・礼法・論法・話法

【法る】のっとる 基準・模範として、ならいしたがう。「先例に―る」

【法】のり ①守るべき事柄。おきて。「―を守って暮らす」②手本。模範。「後世に―を示す」③仏仏の教え。「―を聞く」④寸法。さしわたし。「内―を測る」

【法度】ハット ①守るべき事柄。おきて。特に、武家時代の法令。「武家諸―」②禁止されている事柄。「この部屋では喫煙は御―です」類禁制・禁令

【法堂】ハットウ 禅寺で、住職が教えを説く建物。他宗では講堂にあたる。

【法被】ハッピ ①職人などが着る、屋号や紋を染め抜いたしるしばんてん。②江戸時代、武家の中間(チュウゲン)が着た丈の短い上着。③禅宗で、高僧の椅子(イス)にかける金襴(キンラン)の布。表記「半被」とも書く。

【法印】ホウイン ①仏「法印大和尚位(カショウイ)」の略。僧の最高の位。②中世以後、儒者・医師・絵師・連歌師などに与えた称号。③山伏などの俗称。

【法衣】ホウエ 仏僧尼の着る衣服。類僧衣 参考「ホウイ」とも読む。

【法会】ホウエ 仏①人を集めて仏法を説くこと。また、その集会。②死者の追善供養を行うこと。また、その仏事。類法事・法要

【法益】ホウエキ 法律で保護される、社会生活上の利益。

【法悦】ホウエツ ①仏仏法の教えによって得られるような深い喜び。類法喜 ②うっとりする喜び。「―にひたる」類陶酔

【法王】ホウオウ ①カトリック教会の最高位の聖職。類教皇 ②仏釈迦如来(シャカニョライ)。

【法皇】ホウオウ 「太上法皇」の略。譲位した後、出家した上皇(ジョウコウ)の呼称。「後白河―」

【法家】ホウカ ①古代中国で、国を治める根本は仁・義・礼などでなく、法律であると唱えた思想家・政治家の一派。韓非子(カンピシ)は、その大成者。②法律学者。法律家。

【法外】ホウガイ 道理や常識からはずれ、妥当な限度を超えること。「―な要求をされる」

【法界悋気】ホウカイリンキ かかわりのない他人のことに嫉妬(シット)すること。特に、他人の恋愛にやきもちを焼くこと。「法界」は縁のない他人、「悋気」は嫉妬心の意。

【法規】ホウキ 国民の権利や義務などに影響を及ぼす法律上の規則。「交通―」

【法義】ホウギ 仏道の教義。仏法の教理。

【法鼓】ホウク 仏①仏法を説くこと。②法堂(ハットウ)の北東の隅にある太鼓。由来①太鼓が鼓舞するように仏道に導く意から。参考「ホック」とも読む。

【法眼】ホウゲン ①仏五眼の一つで、諸法を観察する智慧(チエ)の目。②「法眼和尚位(カショウイ)」の略。法印に次ぐ僧位の第二位。

【法語】ホウゴ 仏①仏法を説いた語句や文章。②高僧などが仏の教えをわかりやすく解説した訓話や文章。法談。法話。

【法三章】ホウサンショウ 三か条だけの法律。転じて、簡単な法律のこと。

▼約法三章(ヤクホウサンショウ)〈一四九七〉

【法師】ホウシ ①仏僧。②男の子。昔、男の子は髪をそったことからいう。③他の語について、人の意を表す語。多く、「ボウシ」と発音。「やせ―」「影―」

【法嗣】ホウシ 仏仏法の伝統を受け継ぐ跡取り。

【法事】ホウジ 仏死者の追善供養のための仏事。「三回忌の―を営む」類法要・法会

【法式】ホウシキ 儀式などの定められたやり方。おきて。作法。「茶会の―」

【法人】ホウジン 法律的人格を認められて社会活動の単位をなし、権利・義務の主体となる会社や団体。財団法人・宗教法人・学校法人など。

【法制】ホウセイ ①法律と制度。「―を改める」②法律上、定められた制度。「税の―」

【法曹】ホウソウ 法律に関係する仕事に従事する人。裁判官・検事・弁護士など。「―界をめざす」参考「曹」は、役人・役所の意。

【法則】ホウソク ①社会生活において守るべききまり。ルール。類規則・規範 ②一定の

条件のもとで、常に成立する事物相互の関係。「慣性の―」「自然界の―」

【法談】ホウダン 仏法の教義や信仰のあり方を説いた話。説法。法話。類法語

【法治】ホウチ 法律によって政治が行われること。また、その政治。「―国家」

【法廷】ホウテイ 裁判官が審理や裁判を行う所。裁判所。「―で争う」類公廷

【法定】ホウテイ 法律によって定められていること。「―相続人」

【法典】ホウテン ①きまり。おきて。「ハムラビ―」②法律を体系的に編纂した書物。

【法灯】ホウトウ 仏①迷いの闇を照らす、仏法や釈迦の教えのたとえ。②仏祖。高徳の僧。③仏前の灯火。みあかし。類灯明

【法統】ホウトウ 仏仏法の伝統。「ほぼ千年の―を受け継ぐ名刹」

【法名】ホウミョウ 仏①仏門に入るとき、授けられる名。②死者につける名。類①②法号・戒名 対①②俗名

【法網】ホウモウ 法のあみ。法律。「―をくぐろうとする悪人だ」参考犯罪者をつかまえる網にたとえた語。

【法要】ホウヨウ 仏①追善供養などの仏事。「五十年忌の―」類法事・法会 ②仏法の教えのかなめ。

【法楽】ホウラク ①仏仏法を信じ、善を積む楽しみ。②仏法会などで経を誦し、音楽を奏して供養すること。③なぐさみ。「見るも―、聞くも―」類道楽 表記③「放楽」とも書く。

【法律】ホウリツ 国家が定めたきまり。特に、国会で制定された法規範。類法規・公法・国法

【法輪】ホウリン 仏仏法。仏の教えが人に伝わることを輪にたとえていう語。

【法令】ホウレイ ①国のきまり。おきて。②法律と命令。「―用語」

【法例】ホウレイ ①法律上の定め。②法律の適用の範囲を定めた規定。

【法話】ホウワ 仏仏法の話。仏の教えをわかりやすく説く話。類説教・説法・法談

【△法華経】ホケキョウ 仏「妙法蓮華経」の略。天台宗・日蓮宗で中心となる経典。参考「ホッケキョウ」とも読む。

【法橋】ホッキョウ 「法橋上人位」の略。法眼に次ぐ僧位の第三位。参考「ホウキョウ」とも読む。

【法華宗】ホッケシュウ 仏①天台宗の別称。②日蓮宗の別称。

【法身】ホッシン 仏①「法身仏」の略。永遠の真理そのものとしての仏。対色身 ②法体(出家の姿)となった身。僧侶の身。

【法主】ホッス 仏①一宗派の長。浄土真宗では管長。②法会の主宰者。参考「ホッシュ・ホウシュ」とも読む。

【法相宗】ホッソウシュウ 仏教の一派で南都六宗の一つ。中国では、唐の玄奘が伝え、弟子の窺基が大成した。日本へは入唐した道昭により伝わった。本山は奈良の興福寺・薬師寺。

【法体】ホッタイ 仏①あらゆるものの実体。宇宙万有の本体。②出家した僧の姿。「―装束」類僧形・僧体 対俗体 参考「ホウタイ・ホッテイ」とも読む。

【法△螺】ホラ ①「法螺貝」の略。②大げさなうそ。大げさに言うこと。

【法△螺と△喇△叭は大きく吹け】どうせ大うそをつくのならば、できるだけ大きなうそをつくのがよいということ。

【法△螺を吹く】①大きなことを言ったり、ありもしないことを言ったりすること。②法螺貝を吹き鳴らすこと。

【法△螺貝】ホラがい ①フジツガイ科の巻貝。暖海に分布。殻は円錐形で大きく、殻の高さは約四〇センチ。肉は食用。②①の殻の先に吹き口をつけ、鳴らすようにしたもの。山伏が山中で猛獣を追い払うため、また、戦陣での合図などに用いた。表記「吹螺・梭尾螺」とも書く。

【法△論味△噌】ホロミソ 焼き味噌を乾燥させ、ゴマ・クルミ・サンショウの実などを細かくきざんで混ぜた食品。「―売りの夕立(物を損なうことを恐れること)」

ホウ【泡】(8) 氵5 常 準2 4302 4B22 音ホウ 訓あわ 外あぶく

旧字《泡》(8) 氵5 1/準1

筆順 、 : 氵 氵' 汋 泃 泃 泡

意味 あわ。あぶく。「泡沫」「気泡」

下つき 気泡・水泡・発泡

【△泡】あぶく 「泡」に同じ。

【△泡銭】あぶくぜに 苦労せず、また不正な方法で手に入れた金銭。類悪銭

【泡】あわ 液体が気体を包んでできる小さな玉。「―のようにはかない命だった」「冗談とは知らず―を食った(驚きあわてた)」類泡沫 参考「あぶく」とも読む。

【泡吹虫】あわふきむし アワフキムシ科の昆虫の総称。成虫は五～一五ミリで、形はセミに似る。幼虫は草木の葉や枝に白い泡を分泌し、その中で植物の液を吸って成長する。

【泡盛】あわもり 沖縄特産の焼酎の一種。アルコール度が高い。アワ・米から作る。季夏

【泡雪】あわゆき ①泡のように軽くて溶けやすい雪。②「泡雪羹」の略。卵白を泡立てて砂糖などを加え、寒天で固めた和菓子。参考①「沫雪」とも書く。

〈△泡△沫〉うたかた ①水面にできる泡。水泡。②はかなく消えやすいもののたとえ。「―の恋だった」参考「ホウマツ」とも読む。

〈△泡糖〉カルメラ ざらめ糖と水を煮つめて泡立たせ、重曹を加えてふくらませて固

まらせた菓子。カルメ焼。カルメル。表記「浮石糖」とも書く。

【泡影】ホウエイ ①水の泡と物の影。②一瞬に消えてしまう、はかないことのたとえ。類泡沫(ホウマツ・うたかた) 参考「ホウヨウ」とも読む。

【泡沫】ホウマツ 「泡沫(うたかた)」に同じ。

【泡沫夢幻】ホウマツムゲン 消えやすく、はかないもののたとえ。「夢幻」はゆめとまぼろし。参考「夢幻泡沫」ともいう。類夢幻泡影(ムゲンホウヨウ)

ホウ【苞】★ (8)艹5 1 7190 677A 音 ホウ 訓 つと・つつみ・つつむ・ねもと

意味 ①あぶらがや。カヤツリグサ科の多年草。②つと。つつみ。また、みやげ。みやげもの。「苞苴(ホウショ)」③つつむ。「苞裹(ホウカ)」②③類包 ④ねもと。もと。「苞桑」

【〈苞苴〉】あらまき ①魚を竹の皮やわらなどで巻いたもの。つと。②甘塩にしたサケ。北海道名産のあらまきざけ。季冬 由来 ②もと荒縄で巻いたことから。表記「荒巻・新巻」とも書く。参考「ホウショ」と読めば別の意もある。

【〈苞苴〉・苞】つと ①食品を、わらなどを束ねて包んだもの。わらづと。あらまき。「─納豆」②携えていく土産(みやげ)。参考「苞苴」は「ホウショ」と読めば別の意もある。

【苞苴】ホウショ ①「苞苴(つと)」に同じ。②わいろ。まいない。参考①「あらまき」とも読む。

ホウ【封】(9) 寸6 常 4185 4975 ▼フウ(一三三八)

ホウ【枹】(9) 木5 1 5952 5B54 音 ホウ・フ 訓 なら・ばち

意味 ①なら(楢)。ブナ科の落葉高木。②ばち。大鼓などを打つ棒。

【枹】ばち 太鼓・鉦(かね)などを打って鳴らす棒。「太鼓の─」表記「桴」とも書く。

ホウ【炮】(9) 火5 1 6360 5F5C 音 ホウ 訓 あぶる・やく

意味 ①あぶる。やく。「炮烙(ホウラク・ホウロク)」②おおづつ。大砲。類砲

【炮る】あぶ─る 物を包み焼きする。また、まるごと焼く。「羊を─る」

ホウ【胞】(9) 月5 常 3 4306 4B26 音 ホウ 訓 外はら

旧字《胞》(9) 月5 1/準1

筆順 丿 刀 月 月 肑 肑 朐 胞 胞

意味 ①えな。胎児を包む膜。「胞衣」②はら。母の胎内。「同胞」③生物体を組織する原形質。「胞子」「芽胞」

下つき 細胞(サイボウ)・同胞(ドウホウ)

【〈胞衣〉】えな 出産直後に母体から排出される、胎児を包んでいた膜や胎盤などの総称。後産(あとザン)。

【胞子】ホウシ シダ植物・コケ植物・菌類・藻類などの下等植物が、無性生殖をするときにできる生殖細胞。厚くて丈夫な被膜におおわれている。「椎茸(しいたけ)を─から栽培する」類芽胞(ガホウ)

ホウ【倣】(10) 亻8 常 3 4279 4A6F 音 ホウ 訓 ならう高

筆順 ノ 亻 亻' 仿 仿 仿 倣 倣

意味 ならう。まねる。「模倣」

下つき 模倣(モホウ)

【倣う】なら─う すでにあるものを手本または基準として、まねる。同じようにする。「前例に─って儀式を行う」「兄に─って早起きしよう」「諸外国に─う」

ホウ【俸】(10) 亻8 常 準2 4280 4A70 音 ホウ 訓 外ふち

筆順 ノ 亻 仁 仨 伕 佚 佚 俸 俸

意味 ふち(扶持)。給料。手当。「俸給」「年俸」

下つき 月俸(ゲッポウ)・減俸(ゲンポウ)・増俸(ゾウホウ)・年俸(ネンポウ)・本俸(ホンポウ)

【俸】ふち 給料。特に、武士に与えられる主として米の手当。「─をあてがう」類禄(ロク) 表記「扶持」とも書く。

【俸給】ホウキュウ 官公庁の職員や会社の社員が、労働に対して定期に受け取る報酬。サラリー。類給料・給与

【俸禄】ホウロク 武士が仕える主人から支給される米、または金銭。俸と禄。類扶持(フチ)

ホウ【剖】(10) 刂8 常 4322 4B36 ▼ボウ(一四一七)

ホウ【峰】(10) 山7 常 4 4286 4A76 音 ホウ 外フ 訓 みね

筆順 丨 山 山 山' 山ク 山夂 山夂 峉 峰 峰

意味 みね。山のいただき。また、高い山。「秀峰」「霊峰」「連峰」

下つき 高峰(コウホウ)・秀峰(シュウホウ)・主峰(シュホウ)・霊峰(レイホウ)・連峰(レンポウ)

【峰】みね ①山の頂。「─伝いに夏山を踏破した」対麓(ふもと)・尾 ②物の高くなっているところ。「雲の─」③刀や刃物の背の部分。「─打ちにする」

ホウ【峯】(10) 山7 準1 4287 4A77 音 ホウ 訓 みね

意味 みね。山のいただき。また、高い山。「霊峯」

ホウ【旁】(10) 方6 1 5853 5A55 音 ホウ・ボウ 訓 かたわら・つくり・あまねし・ひろい・かたがた・よる

ほ ホウ

意味 ①かたわら。わき。「旁若無人」②つくり。漢字を構成する右側の部分。類①②傍 対偏 ③あまねし。ひろい。ひろく。④かたがた。ついでに。⑤よる。よりそう。

下つき 偏旁ヘンボウ

【旁・〈旁旁〉】かたがた ①ついでに。一方で。②…をかねて。…がてら。「散歩—立ち寄る」

【旁ら】かたわら ①そば。わき。「恋人の—に座る」②その一方では。…と同時に。「仕事をする—大学にも通う」表記「傍ら」とも書く。

【旁】つくり 漢字を構成する右側の部分。「組」の「且」、「時」の「寺」など。対偏 表記「傍」とも書く。

【旁引】ボウイン 広く調べだすこと。あまねく引きだすこと。類博引

【旁午】ボウゴ ①往来が激しいこと。縦横に行き交うこと。②込み入って煩雑なこと。表記「傍午」とも書く。

ホウ【疱】★

(10) 疒5 1 6555 6157 音 ホウ 訓 もがさ・とびひ

意味 ①もがさ。ほうそう(疱瘡)。天然痘。②とびひ。皮膚病の一種。

下つき 水疱スイホウ・膿疱ノウホウ

【疱疹】ホウシン 皮膚に小水疱・小膿疱が集まってできた状態。ヘルペス。

【疱瘡】ホウソウ 天然痘の別称。高熱を発し、赤い発疹ハッシンができて痕あとを残す感染症。病原体はウイルス。もがさ。類痘瘡トウソウ・痘瘡もがさ 表記「皰瘡」とも書く。

【疱】もがさ 「疱瘡ホウソウ」に同じ。表記「皰・痘瘡」とも書く。

ホウ【皰】

(10) 皮5 1 6614 622E 音 ホウ 訓 にきび・もがさ

意味 ①にきび。顔にできるふきでもの。「面皰」②もがさ。天然痘。「皰瘡ホウソウ」

ホウ【砲】

(10) 石5 常 4 4304 4B24 音 ホウ 訓 外 つつ・おおづつ

旧字《砲》(10) 石5 1/準1

筆順 一 丆 不 石 石 石 矽 矽 矽 砲

意味 ①つつ。おおづつ。火薬で弾丸を撃ちだす兵器。「砲弾」「鉄砲」②いしゆみ。

下つき 空砲クウホウ・号砲ゴウホウ・銃砲ジュウホウ・祝砲シュクホウ・主砲シュホウ・大砲タイホウ・鉄砲テッポウ・発砲ハッポウ・礼砲レイホウ

【砲】おおづつ 火薬で弾丸を撃ちだす兵器で、口径が大きいもの。大砲。火砲。

【砲音】つつおと 鉄砲や大砲が弾丸を撃ちだすときの音。「—が響きわたる」

【砲煙弾雨】ホウエンダンウ 戦闘の激しいさま。「砲煙」は大砲の煙。「弾雨」は、弾丸が雨のように飛んでくるさま。類硝煙弾雨ショウエンダンウ・弾丸雨注

【砲火】ホウカ 発砲のときに出る火。また、砲弾。「—を浴びる」「—を交える」

【砲丸】ホウガン ①陸上競技で、投擲トウテキに用いる金属製の球。「彼女は—投げの選手だ」②大砲のたま。砲弾。

【砲撃】ホウゲキ 大砲で攻撃すること。「敵の—で多数の負傷者が出た」

【砲熕】ホウコウ 大砲。おおづつ。参考「砲」「熕」ともに、おおづつの意。

【砲弾】ホウダン 大砲のたま。砲丸。「—をかいくぐって生き延びた」

【砲門】ホウモン 大砲の弾丸を発射する口。「—を開く(砲撃を開始する)」類砲口

【砲塁】ホウルイ 大砲を据えつけてあるとりで。「山頂の—」

ホウ【舫】

(10) 舟4 1 7154 6756 音 ホウ 訓 ふね・もやいぶね・もやう

意味 ①ふね。もやいぶね。二隻ならべてつないだ舟。②もやう。舟をつなぐ。

下つき 画舫ガボウ

【舫船】もやいぶね ①岸につないである船。②互いにつなぎ合わせられている船。

【舫う】もやう ①船と船とを互いにつなぎ合わせる。②杭くいなどに船をつなぎとめる。「船を岸に—う」

ホウ【袍】

(10) 衤5 1 7460 6A5C 音 ホウ・ボウ 訓 わたいれ・ぬのこ・うわぎ

意味 ①わたいれ。ぬのこ。「縕袍オンポウ・どてら」②ほう。昔の束帯のうわぎ(上着)。

下つき 位袍イホウ・縕袍オンポウ・どてら・錦袍キンポウ・黄袍コウホウ

【袍】わたいれ 寒さを防ぐために綿を入れた、体をすっぽり包む着物。どてら。ぬのこ。表記「綿入れ」とも書く。

ホウ【匏】

(11) 勹9 1 5023 5237 音 ホウ 訓 ひさご・ふくべ

意味 ひさご。ふくべ。ひょうたん。「匏瓜ホウカ」

下つき 繋匏ケイホウ

【匏】ひさご ①ヒョウタン・ユウガオ・フクベなどの総称。季秋 ②ヒョウタンの果実の内部をくりぬいて、酒などを入れる容器としたもの。ふくべ。表記「瓠・瓢」とも書く。

【匏土】ホウド 匏と土。それぞれ中国古代の楽器。金・石・糸・竹・匏・土・革・木の八種類の楽器をいう八音のうちの二つ。「匏」は瓜うりをくりぬいて作った楽器で笙ショウの類。「土」はつちを焼いて作った楽器。

ホウ【堋】

(11) 土8 1 音 ホウ・ボウ 訓 ほうむる・あずち

〔堋〕5236 5444

意味 ①うめる。ほうむる。②あずち。弓の的を立てかける盛り土。

【▲堋】あずち 弓を射るとき、的を立てかけるために後ろの土を山形に盛った所。

ホウ【崩】(11) 山 8 常 3 4288 4A78 音 ホウ 訓 くずれる・くずす

旧字《崩》(11) 山 8 1/準1

筆順 丨 山 山 屵 屵 岸 岸 崩 崩 崩 崩 11

意味 ①くずれる。くずす。「崩壊」「崩落」②天子・天皇が死ぬ。「崩御」

下つき 土崩（ドホウ）・雪崩（なだれ）

【崩れる】くずーれる ①こわれて砕け落ちる。「ーれた石垣を直す」②乱れる。状態が悪くなる。「週末には天気がーれそうだ」「列がーれる」「体調がーれる」③小銭になる。④相場が急に下落する。

【崩潰】ホウカイ ▼ 書きかえ 崩壊

【崩壊】ホウカイ ①くずれこわれること。「軍事政権はついにーした」「大雪で山小屋がーした」類 瓦解（ガカイ）・倒壊 ②放射性元素が、放射線を出して他の元素に変わる現象。「原子核ー」 書きかえ 「崩潰」の書きかえ字。

【崩御】ホウギョ 天皇・皇后・皇太后・太皇太后の死去を敬っていう語。「天皇のー」

【崩ずる】ホウーずる 崩御する。おかくれになる。天皇・皇后・皇太后・太皇太后が死去する。

【崩落】ホウラク ①くずれ落ちること。「あの岩はーの危険がある」②相場が急に下落すること。「株価のー」類 暴落

ホウ【弸】(11) 弓 8 1 5526 573A 音 ホウ・ビョウ 訓 みちる

意味 ①弓の強いさま。②みちる。みたす。

ほ ホウ

ホウ【★捧】(11) 扌 8 準1 4291 4A7B 音 ホウ 訓 ささげる・かかえる

意味 ①ささげる。ささげ持つ。さしあげる。「捧持」「捧読」類 奉 ②かかえる。いだく。「捧腹」

下つき 跪捧（キホウ）

【▲捧げる】ささーげる ①両手で目のあたりまで上げて持つ。「優勝旗をーげ持つ」②献上する。「墓前に花をーげる」③真心・愛情などを差し出す。「研究に命をーげる」表記「奉げる」とも書く。

【▲捧持】ホウジ 高くささげ持つこと。「日の丸の旗をーする」

【▲捧呈】ホウテイ 手に高く持って、謹んで差し上げること。「目録をーする」

【▲捧読】ホウドク 手にささげ持って、謹んで読むこと。「宣命をーする」

【▲捧腹】ホウフク 腹をかかえて大いに笑うこと。また、そのさま。「ー大笑（タイショウ）」〈『史記』〉参考「抱腹」とも書くが、これは誤用が慣用化したもの。

【▲捧腹絶倒】ホウフクゼットウ ▼抱腹絶倒（ホウフクゼットウ）（一四〇〇）

ホウ【烹】(11) 灬 7 準1 4303 4B23 音 ホウ 訓 にる

意味 に（煮）る。料理をする。「割烹（カッポウ）」

【▲烹る】にーる 水などを加えて、やわらかくなるまで火にかける。「小魚をーる」

【▲烹炊】ホウスイ にることと、たくこと。煮炊きすること。

【▲烹煎】ホウセン 食べ物をにたり、いったりすること。食べ物を料理すること。

【▲烹鮮】ホウセン ①生魚をにること。②国を治めるのにあせって余計な策を施すと、かえって効果の上がらないたとえ。小魚をにるとき、手を加えすぎると崩れてしまうことから。「鮮」は生魚の意。〈『老子』〉

ホウ【烽】(11) 火 7 1 6366 5F62 音 ホウ 訓 のろし

意味 のろし。合図のために高くあげる煙。「烽火」

【〈▲烽火〉・▲烽】のろし ①昔、戦争や急な事件を知らせるために火を燃やし、煙を高く上げるしかけ。「山頂に合戦のーが上がった」類 烽煙・烽燧（ホウスイ）②大きなことを起こす合図、そのきっかけとなる行動のたとえ。「革命のーを上げる」表記「狼煙」とも書く。参考 ①「烽火」は「ホウカ」とも読む。

【▲烽煙】ホウエン 「烽火（のろし）」に同じ。また、その煙。

【▲烽火】ホウカ 「烽火（のろし）」に同じ。

【▲烽▲燧】ホウスイ 「烽火（のろし）」に同じ。参考「烽」は夜のろし、「燧」は昼のろし。

ホウ【▲菠】(11) 艹 8 7242 684A ▼ハ（一二九）

ホウ【訪】(11) 言 4 常 教 5 4312 4B2C 音 ホウ 訓 おとずれる㊥・たずねる㊀とう・おとなう

筆順 丶 亠 亠 亠 言 言 言 訁 訪 訪 訪 4

意味 ①おとずれる。とう。人をたずねる。「訪問」「来訪」②たずね求める。「探訪」

下つき 探訪（タンボウ）・来訪（ライホウ）・歴訪（レキホウ）

【訪れる】おとずーれる ①ある場所や人をたずねる。訪問する。「久しぶりに母校をーれた」②やって来る。季節・状態などにもいう。「秋のーれるのが早かった」「実力を発揮する好機がーれた」

【△訪う】おとなーう たずねる。おとずれる。文語的な表現。「師の庵（いおり）をーう」

【訪ねる】たずーねる ある場所や人のもとへ行く。おとずれる。「学生の家をーねる」

【△訪う】とーう 「訪ねる」に同じ。「旧友を─う」「病床の恩師を─う」

【訪客】ホウキャク やって来る客。訪問客。「─の声がする」参考「ホウカク」とも読む。

【訪問】ホウモン 人をたずねること。「友人の家を─する」「就職のための会社─」

ホウ【★逢】(11) 辶7 準1 1609 3029 音ホウ 訓あう・むかえる・おおきい

〔逢〕

意味 ①あう。出会う。むかえる。「逢会」「逢迎」②おお(大)きい。③ゆたか。「逢年」

下つき 遭逢(ソウホウ)

【逢引】あいびき 恋をしている男女がひそかにあうこと。密会。表記「媾曳」とも書く。

【逢う】あーう 両方が出あう。また、偶然に出あう。「思いがけない所で知人に─う」

【逢瀬】おうせ 恋愛関係にある男女がひそかにあうこと。また、その機会。「人目をしのんで─を重ねる」類逢引(あいびき)・密会

【逢魔が時】おうまがとき 夕暮れの薄暗くなったころ。たそがれどき。由来「大禍時(おおまがとき)(わざわいの起こるとき)」の転。

【逢着】ホウチャク 出あうこと。でくわすこと。「災難に─する」類遭遇 表記「逢著」とも書く。

ホウ【△傍】(12) 亻10 常 4321 4B35 ▼ボウ(一四一九)

ホウ【報】(12) 土9 教 常 6 4283 4A73 音ホウ 訓むくいる中 外しらせる

筆順 一 十 土 ⺼ 幸 幸 幸 郣 報 報 (5 7)

意味 ①むくいる。こたえる。お返しをする。むくい。「報酬」「応報」②しらせる。しらせ。「報告」「報道」

下つき 一報(イッポウ)・応報(オウホウ)・会報(カイホウ)・果報(カホウ)・官報(カンポウ)・吉報(キッポウ)・凶報(キョウホウ)・警報(ケイホウ)・公報(コウホウ)・情報(ジョウホウ)・速報(ソクホウ)・通報(ツウホウ)・電報(デンポウ)・訃報(フホウ)・予報(ヨホウ)

【△報せる】しらーせる 他の人が知るように告げる。通知する。「訃報(フホウ)を─せる」

【報恩】ホウオン 受けた恩にむくいること。恩返し。「師への─を果たす」類報徳 対忘恩

【報告】ホウコク ①つげ知らせること。「事件発生を─する」②与えられた任務などの経過や結果について述べ伝えること。また、その内容。「委員会からの中間─」

【報国】ホウコク 国より受けた恩にむくいること。国のために尽くすこと。「尽忠─」

【報▲賽・報祭】ホウサイ 祈願成就のお礼に神仏に参拝すること。お礼参り。

【報謝】ホウシャ ①恩にむくいること。特に、お礼の品を贈って感謝すること。②仏仏の恩にむくいるため、僧や巡礼に金品を施すこと。「巡礼に御─ください」

【報酬】ホウシュウ 労力・尽力や器物の使用などに対して支払う謝礼の金品。「仕事の─を受け取る」

【報奨】ホウショウ 努力や勤労にむくい、励ますこと。「─金」

【報償】ホウショウ ①損害をつぐなうこと。類弁償・賠償 ②仕返し。類報復

【報知】ホウチ 事件などを知らせること。また、その知らせ。「火災─器」類報道・通報

【報道】ホウドウ 広く告げ知らせること。また、その知らせ。特に、新聞・テレビなどで知らせること。ニュース。「災害─」「─機関の取材」

【報徳】ホウトク 受けた徳にむくいること。恩返し。類報恩

【報復】ホウフク 仕返しをすること。「─の機をうかがう」類復讐(フクシュウ)・復仇(フッキュウ)・報償

【報本反始】ホウホンハンシ 万物を生んでくれた天をまつってその恩恵にむくい、自分を生んでくれた祖先の霊をまつって感謝すること。「報本」は、天地や祖先など存在の根本にむくいる、「反始」は発生のはじめに思いをいたす意。〈『礼記(ライキ)』〉

【報労】ホウロウ 苦労にむくいること。労務に対して、むくいること。「─金」

【報いる】むくーいる ①人から受けた物事に対して、こたえる。「親の苦労に─いたい」「善意に─いる」②仕返しをする。「一矢を─いる」

ホウ【堡】(12) 土9 1 5240 5448 音ホウ・ホ 訓とりで・つつみ

意味 ①とりで。土や石で築いた小城。「堡塁」②つつみ。どて。

下つき 城堡(ジョウホウ)

【堡】とりで 土や石を積み重ね、敵を防ぐために造った陣地。城砦(ジョウサイ)。「─を築く」類保砦(ホウサイ)・保塁・要塞(ヨウサイ)

【堡▲砦・堡塞】ホウサイ 「堡(とりで)」に同じ。参考「ホサイ」とも読む。

【堡塁】ホウルイ 「堡(とりで)」に同じ。参考「ホルイ」とも読む。

【堡礁】ホショウ 岸から離れ、海岸を取り巻いているサンゴ礁。

ホウ【彭】(12) 彡9 1 5537 5745 音ホウ

意味 さかんなさま。「彭彭」

【▲彭▲彭】ホウホウ 物事が盛んなさま。また、多くて盛大なさま。

ホウ【△棚】(12) 木8 常 3510 432A ▼たな(一〇〇九)

ホウ【焙】(12) 火8 1 6368 5F64 音ホウ・ハイ・ホイ 訓あぶる

意味 あぶる。火にかざして焼く。ほうじる。「焙茶」「焙烙(ホウロク)」

【焙る】あぶーる 火にかざして熱する。こげ目がつく程度に焼く。「魚の干物を─る」

【焙煎】バイセン 火で煎ること。特に、コーヒー豆や茶の葉を焙じて煎ること。「自家―」参考「バイ」は呉音。

【焙炉】ホイロ ①火にかざして茶などを焙じたり、物を熱したりするのに用いる容器。②製茶に用いる乾燥炉。季春

【焙じる】ホウじる あぶって湿り気を取り去る。炒る。「薬草を―じる」

【焙烙】ホウロク 平たい素焼きの土なべ。豆などを煎ったり、魚・マツタケなどを蒸し焼きにするのに使う。「―千に槌一つ」表記「炮烙」とも書く。参考「ホウラク」とも読む。

ホウ【珐】(12) 王8 1 6475 606B 音ホウ 訓

意味 ガラス質の釉「珐琅」に用いられる字。

【珐琅】ホウロウ 金属器や陶磁器の表面に、さび止めや飾りとして焼き付ける釉。また、焼きつけたもの。瀬戸引き・七宝焼など。「―の鍋で煮る」

ホウ【絣】★ (12) 糸6 1 6919 6533 音ホウ 訓かすり

〔絣〕

意味 かすり。また、かすり模様のある織物。

【絣】かすり 輪郭がかすれたような模様をところどころにあしらった織物や染物。また、その模様。「―の着物」表記「飛白」とも書く。

ホウ【迸】(12) 辶8 1 音ホウ・ヘイ 訓ほとばしる・はしる

〔迸〕7794 6D7E

意味 ①ほとばしる。勢いよく飛びちる。たばしる。「迸散」「迸出」②はしる。にげる。

【迸り】とばっちり ①飛び散る水滴。しぶき。②そばにいたために、振りかかる災い。巻き添え。「―を食う」参考「とばしり」とも読む。

【迸出】ヘイシュツ ほとばしり出ること。勢いよくわき出ること。「間欠泉が―する」類迸発 参考「ホウシュツ」とも読む。

【迸発】ホウハツ 勢いよく発すること。ほとばしり出ること。「―岩」類迸出

【迸る】ほとばしる 激しい勢いで飛び散る。「鮮血が―る」「手紙に真情が―る」

ホウ【滂】(13) 氵10 1 6281 5E71 音ホウ・ボウ 訓

意味 ①水が盛んに流れるさま。「滂沱」②豊かに広いさま。「滂洋」

【滂沱】ボウダ ①涙がとめどなく流れるさま。「涙―として流る」②雨が激しく降るさま。「雨が―と降る」

【滂湃】ホウハイ 水の流れや水しぶきの勢いが盛んなさま。「―たる濁流に呑まれる」表記「澎湃」とも書く。

ホウ【硼】(13) 石8 1 音ホウ 訓

〔硼〕6679 626F

意味 非金属元素の一つ。「硼酸」「硼素」

【硼酸】ホウサン 硼素酸化物が水の分子と結合したもの。無色無臭で、光沢のあるうろこ状の結晶。うがい薬・化粧品・防腐剤などに用いる。

【硼素】ホウソ 非金属元素の一つ。天然には単体で存在せず、硼酸・硼砂として産する。黒褐色で無定形の個体。原子炉材料・航空機工業などに広く用いられる。

ホウ【蜂】(13) 虫7 常 2 4310 4B2A 音ホウ 訓はち 外むらがる

筆順 口 口 中 虫 虫 虫 虫 蚁 蚁 蜂 蜂 蜂

意味 ①はち。昆虫の一種。「蜂巣」②むらがる。むれる。「蜂起」

下つき 養蜂

【蜂】はち 膜翅目のうち、アリ以外の昆虫の総称。種類が多い。体は頭・胸・腹に分かれ、はねは二対。雌は産卵管が毒針となる。ミツバチ・スズメバチなど。季春

【蜂蜜】はちみつ ミツバチが花から集めて巣にたくわえたもの。また、それを精製した食品。栄養価が高く、食用・薬用。

【蜂窩】ホウカ ハチの巣。多く、多数の穴があき、球状。「窩」は深い穴の意。

【蜂窩織炎】ホウカシキエン 皮下や内臓・筋肉などの組織の粗い部分にできる、急性の化膿性炎症。ブドウ球菌などによって起こり、腫れて痛む。患部の広がる様子がハチの巣に似る。蜂窩炎。蜂巣炎。

【蜂起】ホウキ ハチが巣から一斉に飛び立つように、大勢の人が群がり行動すること。「民衆が各地で―した」類決起・群起

【蜂蠆】ホウタイ ハチとサソリ。小さくても恐ろしいもののたとえ。

【蜂腰】ホウヨウ ハチのようにくびれた女性の腰。類柳腰

ホウ【豊】(13) 豆6 常 教 6 4313 4B2D 音ホウ 訓ゆたか 外とよ

旧字〔豐〕(18) 豆11 1/準1 7620 6C34

筆順 丨 冂 巾 曲 曲 曲 曲 豊 豊 豊

意味 ①ゆたか。多い。満ちている。「豊富」「豊満」②農作物の実りがよい。「豊作」「豊年」③とよ。語の上につけてほめる意を表す。「豊葦原」④「豊前の国」「豊後の国」の略。「筑豊」

【豊】とよ ①ゆたか。物が豊富で、十分に満ち足りていることをたたえていう語。「―秋津

島（日本国の美称）」「―の御酒（みき）」②五穀の実りがよいこと。「―の年」

【豊葦原】とよあしはら 日本国の美称。由来 豊かにアシが生い茂る原の意から。

〈豊前〉ぶぜん 旧国名の一つ。大半は現在の福岡県東部で、一部は大分県北部。豊州（ホウシュウ）。

〈豊後〉ぶんご 旧国名の一つ。現在の大分県の大部分。豊州（ホウシュウ）。

【豊艶】ホウエン 女性が、ふくよかで美しく魅力的なさま。「―な女優」

【豊凶】ホウキョウ 豊作と凶作。豊年と凶年。農作物の実りが多いときと少ないとき。

【豊頬】ホウキョウ 肉づきがよく、ふっくらと美しいほお。多く、美人の形容に用いる。

【豊作】ホウサク 農作物がよく実り、多く取れること。多く、稲作にいう。「―を祝う」類満作・豊穣（ホウジョウ） 対凶作・不作 季秋

【豊熟】ホウジュク 「豊穣（ホウジョウ）」に同じ。

【豊潤】ホウジュン ゆたかで、うるおいのあること。「―な大地」

【豊穣】ホウジョウ 穀物などがゆたかに実ること。「五穀―を祈願する」類豊作・豊熟

【豊饒】ホウジョウ ①農作物などがあり余るほどであること。②土地が肥えてゆたかであること。「―な田畑」類豊沃（ホウヨク） 参考「ホウニョウ」とも読む。

【豊年満作】ホウネンマンサク 農作物、特にイネがよく実って、十分な米の収穫があること。また、その年のこと。

【豊富】ホウフ ゆたかに富んでいること。物がたっぷりあること。種類・数量が多いこと。「―な資金がある」「―な話題の持ち主」「―な表現」類潤沢

【豊満】ホウマン ①ゆたかに満ちているさま。②肉づきのよいさま。多く、女性についていう。「―な容姿」

【豊沃】ホウヨク 土地が肥えて、農作物がよく実ること。「―な大地に恵まれる」類肥沃・豊饒（ホウジョウ）

【豊麗】ホウレイ ゆたかでうるわしいこと。ゆったりして美しいこと。

【豊か】ゆたか ①たっぷりとあるさま。豊富なさま。「―な経験」「―な資源」②財貨・物質に恵まれているさま。「―な暮らし」「―な家計」③心が満ち足りているさま。ゆとりのあるさま。「名曲は人の心を―にする」④ゆるやかなさま。ふっくらとしたさま。「―な胸」

ホウ【鉋】(13) 金5 1 7880 6E70 音 ホウ 訓 かんな

意味 かんな。材木を削る工具。

【鉋】かんな 材木の表面を削って平らにする道具。木の台に鉄の刃を斜めにはめこんだもの。

ホウ【飽】(13) 食5 常 3 4316 4B30 音 ホウ 訓 あきる・あかす

旧字《飽》(14) 食5 1/準1

筆順 ノ 𠆢 今 今 𩙿 食 飣 飽 飽 飽

意味 あきる。腹いっぱい食べる。満たされる。「飽食」「飽和」

下つき 温飽（オンポウ）・酔飽（スイホウ）

【飽かす】あかす ①飽きさせる。「話題が豊富で人を―さない」②ふんだんに使う。「金に―して贅沢三昧（ゼイタクザンマイ）をする」

【飽きる】あきる ①十分満足して、もう欲しくなくなる。「河豚（ふぐ）を―きるほど食べた」②満ち足りすぎてうんざりする。続ける意欲を失う。「美食に―きる」「勉強に―きる」

【飽経風霜】ホウケイフウソウ 世の中の困難や苦労を十分経験し、したたかなこと。「飽経」はあきるほど経験する意。「風霜」は困難や苦労のたとえ。類海千山千（うみセンやまセン）

【飽食】ホウショク 飽きるほど食べること。食物に不足のないこと。また、暮らしに不自由のないたとえ。「―の時代」「―暖衣」

『飽食終日』ホウショクシュウジツ 腹いっぱい食べて一日を終わる。何もしないで一日を過ごすこと。〈『論語』〉類無為徒食（ムイトショク）

【飽満】ホウマン ①飽きるほど腹いっぱい食べること。②十分に満ち足りること。

【飽和】ホウワ ①限界まで満ちていること。「東京の人口は―状態である」②一定条件のもとで、気体や液体中に他の物質が最大限まで含まれている状態。「水蒸気が―状態になる」

ホウ【蓬】★ (14) 艹11 準1 4309 4B29 音 ホウ 訓 よもぎ

〔蓬〕

意味 ①よもぎ。キク科の多年草。もちぐさ。「蓬矢」②物の乱れているさま。「蓬髪」

下つき 孤蓬（コホウ）・転蓬（テンポウ）・飛蓬（ヒホウ）

【蓬艾】ホウガイ 「蓬（よもぎ）」に同じ。

【蓬戸】ホウコ ヨモギで編んだ戸。粗末な家。あばらや。類蓬屋

【蓬矢】ホウシ ヨモギで作った、邪気を払うという矢。

【蓬頭】ホウトウ ヨモギのように、髪の乱れた頭。ぼさぼさ頭。類蓬髪

『蓬頭垢面』ホウトウコウメン 身なりにかまわず、外見を気にしないたとえ。ヨモギのように髪の毛が乱れた頭と、垢（あか）だらけの顔の意から。故事 北魏（ホクギ）の封軌（ホウキ）が、あなたは学者なのに、なんでそんなに身なりを飾るのかと聞かれ、『論語』を引用しながら、君子は衣冠を整えることが大切で、身なりを粗末にするのは愚かなことだと答えた故事から。〈『北史』〉類弊衣破帽（ヘイイハボウ）

【蓬髪】ホウハツ　ヨモギのように、伸びて乱れた髪。おどろがみ。類蓬頭

【蓬蓬】ホウホウ　風が強く吹くさま。また、煙などが盛んに立ち昇るさま。「—として天より吹き下る風」

【蓬莱】ホウライ　①「蓬莱山」の略。中国の伝説で神仙がすむという山。蓬莱島。類蓬壺(ホウコ)　②「蓬莱台」の略。①をかたどり、松竹梅・鶴亀などを飾ったもの。祝い事に用いる。③「蓬莱飾り」の略。新年の祝いに、三方に米・アワビ・数の子・ダイダイなどを盛ったもの。

【蓬】よもぎ　キク科の多年草。山野に自生。夏から秋に淡緑色の花が咲く。若葉は草もちなどに入れる。また、葉から灸(キュウ)に用いるもぐさを作る。蓬艾(ホウガイ)。モチグサ。季春　表記「艾・蒿」とも書く。

【蓬生】よもぎう　ヨモギなどが生い茂って荒れ果てた土地。季春

ホウ【蔀】(14) ⺾11　準1　2835　3C43　音ホウ・ブ　訓しとみ・おおい

意味 ①しとみ。日光や風雨をよけるための板戸。②おおい。おおう。

【蔀】しとみ　昔の建具の一つ。格子組みの裏に板を張り、上下二枚からなる戸。日光をさえぎり、風雨を防いだ。蔀戸(しとみど)。「—を上げて月を見る」

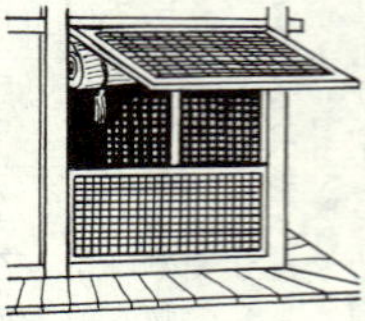

〔蔀(しとみ)〕

ホウ【褓】(14) ネ9　1　7480　6A70　音ホウ・ホ　訓むつき・かいまき

意味 むつき。うぶぎ。幼児に着せるかいまき。「褓乳」「襁褓(キョウホウ)」

ホウ【靤】(14) 面5　1　8050　7052　音ホウ　訓にきび

意味 にきび。顔にできるふきでもの。類皰(ホウ)

ホウ【鞄】★ (14) 革5　準1　1983　3373　音ホウ　訓かばん・なめしがわ

〔鞄〕

意味 ①かばん。②なめしがわ。また、なめしがわを作る職人。

【鞄】かばん　革・布などで作り、物を入れて携帯するためのもの。参考 一説に、箱を意味する中国語の夾板(キャバン)を、明治時代に「鞄」に当てて日本語化したものとも。

ホウ【飽】(14) 食5　▼飽の旧字(一四〇九)

ホウ【髣】(14) 髟4　1　8187　7177　音ホウ　訓にる・ほのか・かすか

意味 ①に(似)る。似ているさま。あたかも。②ほのかなさま。かすかなさま。

【髣髴】ホウフツ　①よく似ていること。ありありと思い出すこと。「往時を—とさせる」②ぼんやりと見えること。「水天—」表記「彷彿」とも書く。

ホウ【鳳】(14) 鳥3　準1　4317　4B31　音ホウ・ブウ　訓おおとり

意味 ①おおとり。古代中国で、徳のすぐれた天子の世に現れると伝えられる想像上の霊鳥。「鳳凰(ホウオウ)」「瑞鳳(ズイホウ)」②天子・宮中に関することにつける語。「鳳駕(ホウガ)」参考「おおとり」は雄を「鳳」、雌を「凰(オウ)」という。

下つき 雛鳳(スウホウ)・瑞鳳(ズイホウ)・麟鳳(リンポウ)

〈鳳蝶〉あげはちょう　アゲハチョウ科のチョウの総称。▼揚羽蝶(あげはチョウ)(一五三〇)

【鳳】おおとり　古代中国で、聖王の世に現れるという想像上のめでたい鳥。特に、その雄。

〈鳳尾松〉そてつ　ソテツ科の常緑低木。由来「鳳尾松」は漢名から。▼蘇鉄(ソテツ)(九二七)

〈鳳梨〉パイナップル　パイナップル科の多年草。熱帯アメリカ原産。葉は剣形。果実は長さ約二〇センチメートルの松かさ状で、香りがよく多汁。アナナス。季夏　由来「鳳梨」は漢名から。

【鳳凰】ホウオウ　古代中国で、めでたいとされた想像上の鳥。「鳳」は雄、「凰」は雌。徳のすぐれた天子の世に現れるという。

【鳳凰群鶏(グンケイ)と食を争わず】誇りが高く、孤高を守って世俗の人たちと行動を共にしないたとえ。鳳凰は、ニワトリの群れと食べ物を争い合うようなことはしない意から。

【鳳字】ホウジ　「鳳」の字を分解すると「凡」「鳥」になることから、凡人をあざける語。

【鳳雛】ホウスウ　鳳凰のひな。転じて、将来、英雄となるようなすぐれた少年のたとえ。〈『晋書(ジンショ)』〉「伏竜(フクリョウ)—」類麒麟児(キリンジ)

【鳳声】ホウセイ　他人からの伝言・便りの敬称。手紙文で用いる。「御—確かに承りました」類鶴声(カクセイ)

【鳳仙花】ホウセンカ　ツリフネソウ科の一年草。東南アジア原産。夏、紅色・桃色・白色などの花が咲く。実は熟すと種子をはじき出す。ツマベニ。ツマグレ。季秋　表記「染指草」とも書く。

【鳳輦】ホウレン　①屋根に金色の鳳凰(ホウオウ)をつけた御輿(みこし)。天皇即位の大嘗祭(ダイジョウサイ)などに用いる。類鸞輿(ランヨ)・鳳輿　②天皇の乗り物の美称。③古代中国で、天子の乗る車。

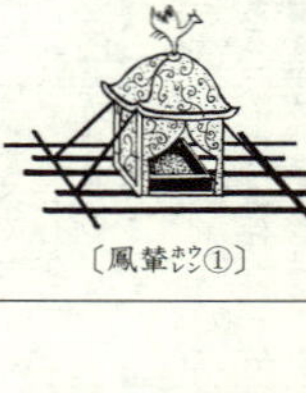

〔鳳輦(ホウレン)①〕

ホウ【澎】(15) 氵12　1　6316　5F30　音ホウ

意味 水のみなぎるさま。水のわきたつさま。「澎湃(ホウハイ)」

【澎▲湃】ホウハイ ①水の勢いが盛んなさま。「―たる大河の流れ」②物事が盛んに起こるさま。「―として新しい気運が起こる」表記①「滂湃」とも書く。

ホウ【磅】(15) 石10 1 6692 627C 音ホウ 訓ポンド

意味 ①石の落ちる音。②ポンド。英語の音訳。(ア)重さの単位。約四五三・六グラム。(イ)イギリスの貨幣の単位。一〇〇ペンス。

【磅】ポンド ①イギリスの貨幣単位。一〇〇ペンスが一ポンド。②ヤード・ポンド法における質量の単位。一ポンドは約四五三・六グラム。

ホウ【褒】(15) 衣9 常 準2 4311 4B2B 音ホウ高 訓ほめる

旧字《褒》(17) 衣11 1/準1 7481 6A71

筆順 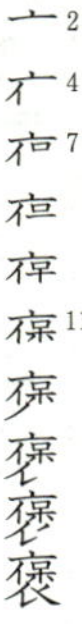

意味 ほめる。ほめたたえる。「褒美」「褒賞」

下つき 過褒カホウ

【褒詞】ホウシ ほめ言葉。賛辞。「―を賜る」類賞詞・褒辞

【褒章】ホウショウ 社会・文化に貢献した専門の活動を表彰して、国家が授ける記章。紅綬コウジュ・緑綬・藍綬ランジュ・紺綬・黄綬・紫綬の六種。「紫綬―を受けた俳優」

【褒賞】ホウショウ すぐれた行いをほめたたえること。また、そのほうびとして与える金品。「記念式典で―の授与があった」類褒美

【褒状】ホウジョウ すぐれた行為や業績などをほめたたえる書きつけ。「おぼれた人を助けて―いただいた」類賞状

【褒美】ホウビ ほめて与える金品。「入賞者に―を与える」類褒賞・恩賞 参考「褒」「美」ともにほめる意。

【褒▲貶】ホウヘン ほめることとけなすこと。「彼については毀誉キヨ―が激しい」「筆削―」

【褒める】ほ-める たたえる。よい物や行いを称賛してすすめる。「子どもは―めるとやる気を起こす」

ホウ【鋒】(15) 金7 準1 4315 4B2F 音ホウ 訓ほこさき・きっさき・ほこ

意味 ①ほこさき。きっさき。刃物の先端。「鋒刃」②勢いのするどいたとえ。「鋒起」「舌鋒」③さきて。先陣。「先鋒」④さきがけ。物の先端。

下つき 鋭鋒エイホウ・軍鋒グンポウ・剣鋒ケンポウ・先鋒センポウ・論鋒ロンポウ

【鋒▲鏑】ホウテキ ほこさきとやじり。刀と矢。転じて、武器。

【鋒▲鋩】ホウボウ ①刀やほこなどの先。切っ先。ほこさき。②鋭い気性や言葉のたとえ。「―を表す」

【▲鋒】ほこ 金属製で先がとがり、長い柄のついた武器。転じて、武器。「―を収める(攻撃を中止する)」表記「矛・鉾」とも書く。

【▲鋒】ほこさき ①ほこの先端。切っ先。②論争・非難などの攻撃の目標。また、攻撃の勢い。「政府に非難の―を向ける」「―が鈍る」表記「矛先・鉾先」とも書く。

ホウ【髱】(15) 髟5 1 8193 717D 音ホウ 訓たぼ・つと

意味 ①たぼ。日本髪の後方に張り出している部分。たぼがみ。つと。②ひげが濃い。

【▲髱】たぼ ①日本髪で、後ろに張り出している部分。つと。たぼがみ。②若い女性の俗称。「肴さかなは気取り、酌は―」

【▲髱髪】たぼがみ 「髱たぼ」に同じ。

ホウ【魴】(15) 魚4 1 8223 7237 音ホウ 訓おしきうお・かがみだい

意味 ①おしきうお。淡水魚の一種。②ホウボウ科の海魚の名「魴鮄ホウボウ」に用いられる字。③かがみだい。また、まとうだい。いずれもマトウダイ科の海魚。

ホウ【鴇】(15) 鳥4 準1 3830 463E 音ホウ 訓とき・のがん

意味 ①とき。トキ科の鳥。②のがん。ガンの一種。

【▲鴇】とき トキ科の鳥。東アジアに分布。水田や湿地にすむ。全身白色で、翼と尾羽が淡紅色。顔とあしが赤く、頭に冠羽がある。くちばしは黒くて長く、下に曲がる。特別天然記念物。国際保護鳥。日本では野生のものは絶滅。季秋 表記「朱鷺・桃花鳥・鴾・鵇」とも書く。

【▲鴇色】ときいろ トキの羽のような淡紅色。うすもも色。

【▲鴇】のがん ノガン科の鳥。シベリア・朝鮮半島などに分布。首は灰色で、背には黄褐色に黒褐色の斑紋ハンモンがある。繁殖期の雄には、のどの両側に白い飾り羽が生える。肉は食用で美味。表記「野雁」とも書く。

ホウ【縫】(16) 糸10 常 3 4305 4B25 音ホウ 訓ぬう

旧字《縫》(17) 糸11 1/準1

筆順 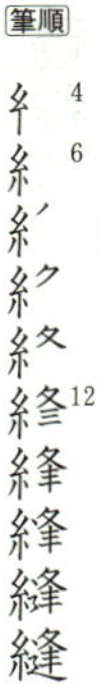

意味 ①ぬう。ぬい合わせる。また、ぬいめ。「縫合」「裁縫」②とりつくろう。「弥縫ビホウ」

下つき 裁縫サイホウ・弥縫ビホウ・無縫ムホウ

【縫い△包み】ぬいぐるみ ①布の中に綿などを入れて縫ったもの。特に、動物をかたどった玩具ガング。「犬の―」②芝居や催しなどで、人が動物に扮フンするときに着る衣装。「学芸会で猿の―を着る」

【縫い代】ぬいしろ 布を縫い合わせるとき、縫いこみにするために、余分にとっておく布の部分。

【縫う】ぬ-う ①糸を通した針で、布などを刺しつづる。「衣服のほころびを―ってもらう」「傷口を―う」②ぬい取りをする。刺繡(シシュウ)をする。「布地に模様を―う」③物と物との間などを通り抜ける。「人混みを―って走る」

【縫衣浅帯】ホウイセンタイ 学者や文人のこと。由来 縫腋(ホウエキ)の衣(そでの下部から両わきを縫い合わせた衣服)と幅の広い帯の意で、儒家の用いる服装であったことから。《荘子(ソウジ)》

【縫合】ホウゴウ ①縫い合わせること。②傷口や手術による切開のあとを縫い合わせること。「深い傷は―する」

【縫製】ホウセイ 縫って衣服などを作ること。「―工場」「ていねいな―で定評がある」「婦人服を―する」

ホウ【鮑】(16) 魚5 1 8226 723A 音 ホウ 訓 あわび

意味 ①あわび(鰒)。ミミガイ科の巻貝。②塩づけにした魚。「鮑魚」

下つき 花鮑(はなあわび)

【鮑】あわび ミミガイ科の巻貝の総称。殻は口がきわめて大きく、二枚貝の片側だけに見える。内側は光沢があり美しい。肉は食用で美味。殻は細工・ボタン用。「磯の―の片思い(片思いの恋のたとえ)」季夏 表記「鰒・蚫・石決明」とも書く。

【鮑魚】ホウギョ 塩づけにした魚。また、干した魚。

ホウ【麭】(16) 麦5 1 8350 7352 音 ホウ 訓 こなもち

意味 こなもち。だんご。「麺麭(メンポウ)」

ホウ【幫】(17) 巾14 1 0892 287C 音 ホウ 訓 たすける・なかま

〔幇〕5483 5673

意味 たすける。手伝う。また、なかま。「幫助」

〈幫間〉たいこもち ①宴席などに出て客の機嫌をとり、座をにぎわすことを職業とする男性。②人の機嫌をとって、うまく世渡りする人。人にへつらい、機嫌をとるのに懸命な人。「あいつは部長の―だ」表記「太鼓持ち」とも書く。参考 ①「ホウカン」とも読む。客の間を取りもち助ける意。

【幫ける】たす-ける 力を添える。手伝う。

【幫間】ホウカン 「幫間(たいこもち)①」に同じ。

【幫助】ホウジョ ①力を添えて助けること。②他人の違法な行為の実行を助ける行為。「自殺―罪」類 従犯

ホウ【篷】(17) ⺮11 1 6843 644B 音 ホウ 訓 とま・ふね

意味 ①とま。竹や茅などで編んだ、舟や車のおおい。②ふね。とま舟。小舟。

下つき 船篷(センポウ)・釣篷(チョウホウ)

【篷】とま 竹や茅(かや)などで編み、舟や小屋などをおおって風雨を防ぐもの。

ホウ【▲縫】(17) 糸11 ▼縫の旧字(一四一一)

ホウ【繃】(17) 糸11 1 音 ホウ 訓 まく・たばねる

〔繃〕6962 655E

意味 ①つかねる。まく。たばねる。くくる。つつむ。②せおいおび。

書きかえ ①「包」に書きかえられるものがある。

【繃帯】ホウタイ ▼書きかえ 包帯(一三九六)

ホウ【▲襃】(17) 衣11 7481 6A71 ▼褒の旧字(一四一一)

ホウ【▲豐】(18) 豆11 7620 6C34 ▼豊の旧字(一四〇八)

ホウ【龐】(19) 广16 1 9486 7E76 音 ホウ・ロウ 訓 おおきい・みだれる

意味 ①たかどの。②たかい。おおきい。③みだれる。入り乱れる。「龐錯」

ホウ【鵬】(19) 鳥8 準1 4318 4B32 音 ホウ 訓 おおとり

意味 おおとり。想像上の大きな鳥。「鵬雲」

下つき 鯤鵬(コンポウ)・大鵬(タイホウ)

【鵬】おおとり 古代中国で、想像上の巨大な鳥。大きさは三千里、一度に九万里を飛ぶという。

【鵬程】ホウテイ 鵬(おおとり)が飛ぶ道のように、遠くはるかな道のり。

【鵬程万里】ホウテイバンリ 前途はるかな道のりのこと。また、果てしなく広がる大海のたとえ。《荘子(ソウジ)》参考「万里鵬程」ともいう。類 前程万里

【鵬図】ホウト 大事業や壮大な志。大きなもくろみ。類 壮図・雄図 参考 鵬(おおとり)が北から南へ一挙に飛んでいこうとする、大きなくわだての意から。

【鵬翼】ホウヨク ①鵬(おおとり)のつばさ。②飛行機。また、そのつばさ。

ホウ【▲寶】(20) 宀17 5379 556F ▼宝の旧字(一三九八)

ボウ【亡】(3) 亠1 常 教 5 4320 4B34 音 ボウ・モウ高 訓 ない高外・ほろびる・うしなう・にげる

筆順 丶 亠 亡

意味 ①ほろびる。ほろぼす。「亡国」「興亡」対 存 ②うしなう。「亡失」「損亡」③ない。なくなる。死ぬ。「亡霊」「死亡」④にげる。「亡命」「逃亡」

下つき 興亡(コウボウ)・死亡(シボウ)・存亡(ソンボウ)・損亡(ソンボウ)・逃亡(トウボウ)・滅亡(メツボウ)・流亡(リュウボウ)

ほ

ホウ―ボウ

【亡い】なーい 生存しない。この世にいない。「すでに父母はーい」「ーき友をしのぶ」

【〈亡骸〉・〈亡軀〉】なきがら 死者の体。死体。遺体。しかばね。類死骸

【△亡げる】にーげる のがれて姿を隠す。「敵の罠わなからーげる」

【亡君】ボウクン なくなった主君。また、なくなった先代の主君。「ーの仇あだを討つ」

【亡国】ボウコク ①国をほろぼすこと。「ー論がまかりとおる」②ほろびた国。また、ほろびようとする国。「ーの民を救う」対①②興国

【亡国の音】ボウコクのオン 滅亡した国の音楽のこと。また、国を滅亡にいざなうような、みだらで乱れた音楽のこと。由来 国が乱れて人心がすさむと、音楽も健全さを失い、やがては国の滅亡につながることから。〈『礼記ライキ』〉類濮上ボクジョウの音

【亡失】ボウシツ 物がなくなること。また、なくすこと。「環境破壊で文化遺産がーする」「重要書類をーする」

【亡年の友】ボウネンのとも ▼忘年の交わり(一四一五) 参考「亡年」は「忘年」とも書く。

【亡八】ボウハチ ①遊女を買うこと。②遊女屋。また、その主人。由来 仁義礼智チ忠信孝悌テイの八徳を失った者、また、八徳を忘れさせるほどおもしろい所の意から。表記「忘八」とも書く。

【亡命】ボウメイ 政治的な理由などで、自国を脱して他国へ逃げること。「ー者を受け入れる」参考「命」は名籍の意。

【亡羊の嘆】ボウヨウのタン 物事の方法や進め方がいろいろあって、かえって困るたとえ。また、学問の道が細分化しすぎて、真理に到達することが難しいたとえ。故事 中国、戦国時代、思想家・楊朱ヨウシュの隣人が逃げたヒツジを追うのに道がいくつにも分かれていて見失ってしまった。それを聞いた楊朱が、学問も同様だと嘆いた故事から。〈『列子』〉類多岐亡羊・岐路亡羊

【亡羊補牢】ボウヨウホロウ 過ちを悔いても取り返しがつかないたとえ。また、過ちを犯しても、すぐに手立てを講じれば、被害が少なくてすむたとえ。ヒツジが逃げたあとで、囲いを修繕する意から。〈『戦国策』〉類牢補羊亡

【亡霊】ボウレイ ①死者の魂。類亡魂・霊魂 ②①がこの世に現れたもの。類幽霊

【△亡びる】ほろーびる 存在したものがなくなる。「祖国がーる」

【△亡状】ムジョウ ①これといった善行や手柄がないこと。②礼儀に欠けていること。また、そのさま。無礼。不作法。表記「無状」とも書く。参考「ブジョウ」とも読む。

【亡者】モウジャ ①仏死者。特に、死んだのち成仏できずに冥土メイドに迷っている者。②金銭・地位・権力などに強い執着をもつ人。「金のー」

ボウ【乏】(4) ノ3 常 3 4319 4B33 音 ボウ 外ホウ 訓 とぼしい

筆順 ノ ィ 乏 乏

意味 とぼしい。足りない。まずしい。「欠乏」「貧乏」

下つき 窮乏キュウボウ・欠乏ケツボウ・耐乏タイボウ・貧乏ビンボウ

【乏しい】とぼーしい ①足りない。不足している。「ーい資源を大切にしよう」「判断力にーい」②貧しい。「懐中がーくなった」

【△乏少】ボクショウ 物がとぼしく少ないこと。参考「ボウショウ」とも読む。

ボウ【卯】(5) 卩3 準1 1712 312C 音 ボウ 訓 う

意味 う。十二支の第四。動物ではウサギ。方位では東。時刻では午前六時およびその前後二時間。「卯月」▼干支順位表(一六〇〇)

【△卯】う ①十二支の四番目。ウサギ。②昔の時刻で、現在の午前六時ころ。また、その前後二時間。「ーの刻」③昔の方角の名。東。

【〈卯木〉】うつぎ ユキノシタ科の落葉低木。▼空木うつぎ(三七二)

【卯月】うづき 陰暦四月の異名。うのはな月。季夏 参考「ボウゲツ」と読めば陰暦二月の意になる。

【△卯槌】うづち モモの木などを長さ一〇センチメートル、幅三センチメートルほどの直方体に切り、縦に穴をあけ、五色の組ひもを通して垂らした飾り物。平安時代、正月の初卯の日に、悪鬼・邪気よけとして宮中で用いられた。

【卯の花】うのはな ①ウツギの花。また、ウツギの別称。初夏、白い小花が群れ咲く。季夏 ②①に似ることから、豆腐を作るときにできるしぼりかす。おから。きらず。

【卯酉線】ボウユウセン 天頂を通り、天の子午線と直角に交わる天球上の大円。参考「卯」は東、「酉」は西の意。「卯酉圏」ともいう。

ボウ【△矛】(5) 矛0 常 4423 4C37 ▼ム(一四五八)

ボウ【妄】(6) 女3 常 4449 4C51 ▼モウ(一四七九)

ボウ【忙】(6) 忄3 常 4 4327 4B3B 音 ボウ 外モウ 訓 いそがしい 外せわしい

筆順 丶 丷 忄 忄 忙 忙

意味 いそがしい。せわしい。「忙中」「繁忙」対閑

下つき 怱忙ソウボウ・多忙タボウ・煩忙ハンボウ・繁忙ハンボウ

【忙しい】いそがーしい ①用事が多くてひまがない。「決算を前に帳簿の整理でーい」②落ち着きがない。「泣いたり笑ったりーい人だ」

【△忙しい】せわーしい いそがしくて気があせる。動作などが落ち着かない。「行事が近づいたのでーい毎日だ」

【△忙しない】せわーしない いかにもいそがしい。たいへん落ち着かない。「まったくーい人だ」参考「忙せわしい」を強めた語。

【忙殺】ボウサツ 非常にいそがしいこと。多忙なこと。「雑務に―される」参考「殺」は意味を強める語。

【忙中】ボウチュウ いそがしいさなか。せわしい間。対閑中

【忙中閑カンあり】いそがしいさなかにも、一息いれる時間がある。いそがしくても心の余裕を忘れないこと。

ボウ【牟】(6) 牛 2 準1 4422 4C36 音 ボウ・ム 訓 なく・むさぼる

意味 ①な(鳴)く。ウシの鳴き声。②むさぼる。奪う。③かぶと。④梵語ボンの音訳に用いる。「釈迦牟尼シャカムニ」

参考「牟」の二画目までが片仮名の「ム」になった。

ボウ【芒】(6) 艹 3 1 7174 676A 音 ボウ 訓 のぎ・けさき・すすき・くらい・つかれる

意味 ①のぎ。穀物の先端。草木のとげ。けさき。「芒種」「芒刺」②きっさき。刃剣の刃先。③すすき。イネ科の多年草。おばな。④ひかり。光線の先端。「光芒」⑤広々としたさま。「芒洋」⑥くらい。かすか。おろか。⑦つかれる。いそがしい。

下つき 光芒コウボウ・毫芒ゴウボウ・星芒セイボウ・鋒芒ホウボウ

【▲芒】すすき イネ科の多年草。▼薄すすき(一二四二)

【▲芒】のぎ イネ科の植物の実の殻につく、かたい毛のような突起。のげ。

【▲芒種】ボウシュ 二十四節気の一つ。陰暦五月の節で、太陽暦では六月六日ごろ。季夏

【▲芒洋】ボウヨウ 広々と限りのないさま。また、広くて見当がつかないさま。「―たる大海原」「―とした人柄」表記「茫洋」とも書く。

ボウ【▲呆】(7) 口 4 4282 4A72 ▼ホウ(一三九六)

ボウ【坊】(7) 土 4 常 4 4323 4B37 音 ボウ・ボッ 外ホウ 訓 外まち・へや

筆順 一 十 土 圹 圹 坊 坊

意味 ①てら。僧侶ソウリョの住まい。また、僧。「坊主」「僧坊」②まち。市街。「坊間」「坊門」③へや。いえ。はなれ。④男子を親しんで呼ぶ語。「坊や」⑤他人に親しみやあざけりを表す語。「寝坊」

下つき 街坊ガイボウ・教坊キョウボウ・宿坊シュクボウ・春坊シュンボウ・僧坊ソウボウ

【坊間】ボウカン 町のなか。市中。世間。「―のうわさになる」

【坊主】ボウズ ①寺の主僧。住職。②僧。③髪を短く刈ったり、そったりした頭。また、そのような状態のたとえ。「丸―」「山が―になる」④男の子を親しんでいう語。「いたずら―」⑤あざけっていう語。「三日―(あきやすくて長続きしないこと)」⑥「茶坊主」の略。大名などに仕えて茶の湯などを受け持った人。

【坊主憎けりゃ▲袈▲裟ケサまで憎い】その人を憎いと思うと、その人にかかわるすべてが憎らしくなるということ。「袈裟」は、僧が衣の上に左肩から右わき下にかけてかける布のこと。

【坊主の花▲簪かんざし】持っていてもなんの役にも立たない物のたとえ。髪の毛がない僧に髪飾りは必要ないことから。

【坊主丸▲儲もうけ】元手や経費なしで利益を得ること。僧は、費用も使わず、なんの元手もなしに収入を得る意から。

【坊門】ボウモン ①町の門。②平安京の区画で、二条大路以南の東西方向の小路。③囲碁で、本因坊の門下。

【坊ちゃん】ボッちゃん ①他人の男の子の敬称。また、男の子を親しんでいう呼称。「お宅の―」②大事に育てられて、世間知らずの男の子。「―育ち」

ボウ【妨】(7) 女 4 常 3 4324 4B38 音 ボウ 外ホウ 訓 さまたげる

筆順 く 女 女 女' 妒 妨 妨

意味 さまたげる。じゃまをする。「妨害」「妨止」

下つき 乱妨ランボウ

【妨げる】さまた-げる じゃまをする。妨害する。「騒音に安眠を―げられた」「再任を―げるものではない」

【妨害】ボウガイ じゃまをすること。「大きな石が進路を―している」類阻害 書きかえ「妨碍」の書きかえ字。

【妨▲碍】ボウガイ ▼書きかえ 妨害

ボウ【尨】(7) 尢 4 1 5388 5578 音 ボウ 訓 むくいぬ・おおきい・まじる

意味 ①むく。むくいぬ。②おおきい。「尨大」類厖ボウ ③まじる。雑色。

【▲尨然】ボウゼン むくむくと盛り上がるように大きなさま。表記「厖然」とも書く。

【▲尨大】ボウダイ 非常に大きいさま。規模がふくれあがって大きいさま。表記「厖大」とも書く。

〈▲尨犬〉むくいぬ 長い毛がふさふさと生えているイヌ。むく毛のイヌ。むく。

〈▲尨毛〉むくげ 長くふさふさと垂れ下がった動物の毛。「―の犬」表記「毳」とも書く。

ボウ【忘】(7) 心 3 常 教 5 4326 4B3A 音 ボウ中 外モウ 訓 わすれる

筆順 丶 亠 亡 亡 忘 忘 忘

意味 わすれる。おぼえていない。「忘却」「忘失」

下つき 健忘ケンボウ・備忘ビボウ

【忘恩】ボウオン 恩をわすれること。恩知らず。「奴は―の徒だ」対報恩

ほ ボウ

【忘恩負義】ボウオン フギ 受けた恩をわすれ、道義にそむく行いをすること。「負」はそむく意。類得魚忘筌(トクギョボウセン)

【忘我】ボウガ 我をわすれること。夢中になること。「読書に熱中して―の境地に浸る」類無我・没我

【忘却】ボウキャク わすれ去ること。「―の彼方」参考「却」はしりぞける意。

【忘形】ボウケイ ①自分の肉体をわすれ、無為自然の道を悟ること。②人の外見や地位などを問題にしないこと。「―の交わり(親密な交際)」

【忘失】ボウシツ ①すっかりわすれること。②わすれてなくすこと。参考「亡失」と書けば、なくなること・なくすこと。

【忘年】ボウネン ①年の終わりに、その年の苦労をわすれること。年忘れ。「―会」②年齢の隔たりをわすれること。③老いをわすれること。

【忘年の交わり】 年齢の差に関係なく、相手の才能や学問に敬意を払って親しく交わる友人関係のこと。《『後漢書(ゴカンジョ)』》参考「交わり」は「友」ともいう。類亡年の友

【忘憂】ボウユウ ①憂いをわすれること。②①の意から、酒の別称。③カンゾウの別称。▼萱草(カンゾウ)(四二九)

【忘れ形見】わすれがたみ ①わすれないための記念品。②死後に残された子ども。遺児・遺子。「夫の―」

【忘れる】わす-れる ①思い出せなくなる。記憶がなくなる。「道順を―れる」②気がつかないで過ごす。また、うっかりして置いてくる。「寝食を―れて仕事に励む」「財布を―れる」③思い出さないようにする。「酒を飲んで、憂さを―れる」

ボウ【防】

(7) 阝4 常 教 6 4341 4B49 音 ボウ 外ホウ 訓 ふせぐ 外まもる

筆順 ㇇ ㇋ 阝 阝' 阝亠 阝方 防

意味 ①ふせぐ。そなえる。まもる。「防衛」「防犯」②つつみ。土手。「堤防」③「周防(すおう)の国」の略。「防州」

下つき 海防(カイボウ)・警防(ケイボウ)・攻防(コウボウ)・国防(コクボウ)・消防(ショウボウ)・水防(スイボウ)・堤防(テイボウ)・辺防(ヘンボウ)・予防(ヨボウ)

〈防人〉さきもり 律令(リツリョウ)制下で、九州北部の沿岸などの守りに派遣された兵士。多くは、東国から交替で派遣された。「―歌」

〈防已〉つづらふじ ツヅラフジ科のつる性落葉植物。由来「防已」は漢名から。▼葛藤(つづらふじ)(二二四)

【防ぐ】ふせ-ぐ ①せき止める。防止する。「インフルエンザの流行を―ぐ」②外からの害などをさえぎる。くい止める。「外敵の侵入を―ぐ」

【防遏】ボウアツ 防ぎ止めること。「外からの圧力を―する」類防止 参考「遏」はとどめる意。

【防衛】ボウエイ 防ぎ守ること。「過剰―」「正当―」類防御

【防疫】ボウエキ 感染症の発生や海外からの侵入などを防ぐこと。「コレラが発生したので―態勢をとる」

【防寒】ボウカン 寒さを防ぐこと。「―対策」「冬に備えて―具を買う」対防暑

【防御】ボウギョ 防ぎ守ること。「―の姿勢」「―に徹する」類防衛・防護・防備 対攻撃 書きかえ「防禦」の書きかえ字。

【防禦】ボウギョ ▼書きかえ 防御

【防空】ボウクウ 航空機などによる空からの攻撃を防ぐこと。「―壕(ゴウ)」

【防護】ボウゴ 防ぎ守ること。「敵の攻撃に対する―壁を築く」類防御・防備

【防災】ボウサイ 災害を防ぐこと。「―訓練」「―センター」

【防塞】ボウサイ 外敵を防ぐとりで。防塁。「―を築く」

【防止】ボウシ 防ぎ止めること。「青少年の非行を未然に―する」「火災―活動」

【防縮】ボウシュク 布地などがちぢむのを防ぐこと。「―加工を施す」

【防食・防蝕】ボウショク 金属表面が、さびてくさるのを防ぐこと。塗料などによる被覆やめっきなど。「―剤」

【防塵】ボウジン ちりやほこりを防ぐこと。「―マスク」

【防戦】ボウセン 敵の攻撃を防いで戦うこと。また、その戦い。「―一方の試合展開」

【防諜】ボウチョウ スパイの侵入や活動を防ぐこと。「―機関」

【防潮堤】ボウチョウテイ 大波や高潮などの害を防ぐための堤防。

【防犯】ボウハン 犯罪の発生を防ぐこと。「―組織」「―ベルを鳴らす」

【防備】ボウビ 防ぎ守ること。また、その設備や準備。「厳重な―態勢を固める」類防御・防護

【防腐】ボウフ くさるのを防ぐこと。「―剤」「―処理」

【防壁】ボウヘキ 外敵や風雨・火事などを防ぐための壁。

ボウ【房】

(8) 戸4 常 3 4328 4B3C 音 ボウ 外ホウ 訓 ふさ 外へや・いえ

旧字《房》(8) 戸4 1/準1

筆順 一 ㇐ ㇋ 戸 戸 戸 房 房

意味 ①へや。小さなへや。「官房」「独房」②いえ。すまい。「房屋」「山房」③部屋のように区切られたもの。「子房」「心房」④ふさ。ふさの形をしたもの。「花房」「乳房」⑤「安房(あわ)の国」の略。「房州」

下つき 花房(カボウ・はなぶさ)・官房(カンボウ)・空房(クウボウ)・閨房(ケイボウ)・工房(コウボウ)・茶房(サボウ)・山房(サンボウ)・子房(シボウ)・書房(ショボウ)・心房(シンボウ)・僧房(ソウボウ)・暖房(ダンボウ)・厨房(チュウボウ)・独房(ドクボウ)・乳房(ニュウボウ・ちぶさ)・女房(ニョウボウ)・文房(ブンボウ)・冷房(レイボウ)

【房】ふさ ①糸などの先を束ね、散らして垂らしたもの。「―のついた帽子」②花や実など、群がって垂れ下がっているもの。「ブドウの―に袋をかけた」③袋状に垂れ下がったもの。乳房など。

【房屋】ボウオク 家。建物。家屋。

【房事】ボウジ 男女の交わり。ねやごと。寝室の中のことの意。

【房室】ボウシツ ①へや。特に、夫婦の寝室。②植物の子房の内腔(ナイコウ)。胞。

ボウ【氓】(8) 氏 4 1 6166 5D62 音 ボウ・モウ 訓 たみ

意味 たみ。移住民。庶民。「氓俗」「民氓」

下つき 蒼氓(ソウボウ)・民氓(ミンボウ)・流氓(リュウボウ)

【氓】たみ ①他国から逃げてきた人。移住民。②人民。庶民。

ボウ【肪】(8) 月 4 常 4 4335 4B43 音 ボウ 外ホウ 訓 外あぶら

意味 あぶら。動物の体内のあぶら。「脂肪」

下つき 脂肪(シボウ)

筆順

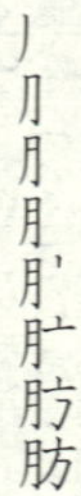

【肪】あぶら 動物の体内の油質の固まったもの。重要なエネルギー源となる。脂肪。

ボウ【茅】(8) ⺾ 5 準1 1993 337D 音 ボウ 訓 かや・ち・ちがや

意味 ①かや。ススキ・すげなどイネ科やカヤツリグサ科の多年草の総称。「茅茨(ボウシ)」類 茆(ボウ) ②かやぶき。かやぶき屋根。「茅屋」

下つき 衡茅(コウボウ)・草茅(ソウボウ)・包茅(ホウボウ)

〈茅膏菜〉いしもちそう モウセンゴケ科の多年草。▼石持草(いしもちソウ)(八七三)

【茅】かや 屋根をふく材料にする草の総称。イネ科のチガヤ・ススキ・アシ、カヤツリグサ科のカサスゲなど。季 秋 表記「萱」とも書く。

【茅潜】かやくぐり イワヒバリ科の小鳥。日本特産種。高山のハイマツ帯で繁殖し、冬は本州以南の低地に移動。全身はほぼ褐色で地味。鈴のような美しい声で鳴く。季 夏 由来 低木の間や草むらをくぐり歩くことから。

【茅葺き】かやぶき かやで屋根をふくこと。また、その屋根。「離れの茶室は―で風情がある」表記「萱葺き」とも書く。

〈茅蕈〉こうたけ イボタケ科のキノコ。▼革茸(こうたけ)(一九七)

【茅萱・茅】ちがや イネ科の多年草。原野に群生。葉は広線形。春、絹のような光沢のある白毛をつけた花穂をつける。茎葉は屋根をふくのに用いる。根茎は消炎剤・浄血剤などに用いる。季 秋 表記「白茅」とも書く。

〈茅渟鯛〉ちぬだい クロダイの別称。特に、関西以西でいう。チヌ。季 夏 由来「茅渟」は、大阪府南部の旧国名和泉(いずみ)の古称から。

〈茅生〉ちふ チガヤの生えている所。類 茅原

〈茅花〉つばな チガヤの花穂。春、小花をつけたあと白い穂になる。若いうちは食用になる。季 春 参考「ちばな」とも読む。

〈茅蜩〉ひぐらし セミ科の昆虫。▼蜩(ひぐらし)(一〇六五)

【茅屋】ボウオク ①かやでふいた屋根。また、その家。類 茅舎 ②粗末な家。みすぼらしい家。あばらや。③自分の家の謙称。「―ですが一度お越し下さい」

【茅茨】ボウシ かやといばら。また、屋根をそれでふいた質素な家。

ボウ【茆】(8) ⺾ 5 1 7191 677B 音 ボウ 訓 じゅんさい・ぬなわ・かや

意味 ①じゅんさい。スイレン科の多年草。ぬなわ。②かや。ちがや。類 茅(ボウ)

【茆】ぬなわ ジュンサイの別称。季 夏 表記「蓴・沼縄」とも書く。▼蓴菜(ジュンサイ)(七三)

ボウ【厖】(9) 厂 7 1 5045 524D 音 ボウ 訓 おおきい・あつい

意味 ①おおきい。あつ(厚)い。おおい。「厖然」「厖大」類 尨(ボウ) ②いりまじる。乱れる。「厖雑」

書きかえ ①「膨」に書きかえられるものがある。

【厖然】ボウゼン 豊かで大きいさま。むっくりと大きいさま。表記「尨然」とも書く。

【厖大】ボウダイ ▼書きかえ 膨大(一四三一)

ボウ【昴】(9) 日 5 1 5869 5A65 音 ボウ 訓 すばる

意味 すばる。星の名。二十八宿の一つ。

【昴】すばる 牡牛(おうし)座にあるプレアデス星団の和名。肉眼では六つの星が確認できる。二十八宿の一つ。六連星(むつらぼし)。類 昴宿(ボウシュク)・昴星 由来 一つにまとまる意の「統(す)ばる」から。

【昴宿】ボウシュク「昴(すばる)」に同じ。

【昴星】ボウセイ「昴(すばる)」に同じ。

ボウ【冒】(9) 日 5 常 4 4333 4B41 音 ボウ 外ボク・モウ 訓 おかす 外おおう・むさぼる・ねたむ

旧字《冐》(9) 冂 7 1/準1

筆順

意味 ①おかす。無理にする。「冒険」②けがす。「冒瀆(ボウトク)」「感冒」③おおう。おおい。かぶりもの。④はじまり。「冒頭」⑤むさぼる。⑥ねたむ。そねむ。「冒疾」

下つき 感冒(カンボウ)

【冒う】おおう ①上にかぶる。②上からかぶせて隠す。

ほ ボウ

【冒す】おか－す ①危険なことをあえて行う。「強風を―して出発した」②神聖なものをけがす。③体などをむしばまれる。「病魔に―される」④他人の姓を勝手に名のる。

【冒険】ボウケン 危険なことや、成功するかどうかわからないことを行うこと。「―家」「少し―だがやってみよう」

【冒頭】ボウトウ ①物事のはじめ。前置き。②文章・談話・討論などのはじめ。「交渉は―から紛糾した」対末尾

【冒瀆】ボウトク 神聖・尊厳・清純なものを、おかしけがすこと。「神を―する所行」

ボウ【某】(9) 木5 常 3 4331 4B3F 音 ボウ 訓 外 それがし・なにがし

筆順 一 十 廾 廿 甘 甘 草 草 某

意味 ①それがし。わたくし。自分をへりくだっていう語。②なにがし。はっきりしないものや人を表す語。「某氏」「某所」

下つき 誰某(だれがし・だれそれ)・何某(なにがし・なにぼう)

【某】それがし ①わたくし。一人称の代名詞。「―は存ぜぬ」②だれそれ。なにがし。名のはっきりしない人を指す代名詞。

【▵某】なにがし はっきりしない人や物、また、ぼかしていう場合に用いる代名詞。「木村―」「入会には―かのお金が必要だろう」表記「何某」とも書く。

【某国】ボウコク ある国。特定できなかったり、ぼかしていうときに用いる。「―首相」「―大使館」

【某氏】ボウシ ある人。名前がわからなかったり、ぼかしていうときに用いる。「―の言によると」

【某某】ボウボウ だれそれ。なにがし。「友人の―の言によれば」参考 氏名不明のときや、氏名を出すのを控えるときに使う。

ボウ【茫】★ (9) 艹6 1 7211 682B 音 ボウ・モウ 訓 外 とおい・ひろい・はるか

意味 ①とおい。ひろい。果てしない。はるか。「茫漠」「茫洋」②はっきりしない。ぼんやりした。「茫然」「茫茫」

下つき 蒼茫(ソウボウ)・渺茫(ビョウボウ)・杳茫(ヨウボウ)

【▲茫然】ボウゼン ①ぼんやりとして、とりとめがないようす。②気が抜けて、ぼんやりしているようす。表記 ②「呆然・惘然」とも書く。

【▲茫然自失】ボウゼンジシツ 突然の出来事にあっけにとられたり、気が抜けたりして、どうしてよいか分からなくなること。

【▲茫漠】ボウバク ①広く果てしないようす。「―たる荒野が広がる」②はっきりしないようす。「彼の話はどうも―としている」

【▲茫▲茫】ボウボウ ①広く限りのないようす。「―たる草原」②ぼんやりとして、とりとめもないようす。③草や髪の毛が伸びているようす。「裏庭は草―だ」④風や波の音の激しいようす。表記「芒芒」とも書く。

【▲茫洋】ボウヨウ 広く限りないようす。また、広すぎて目当てのつかないようす。「―たる荒地」「―とした人柄」表記「芒洋」とも書く。

ボウ【虻】★ (9) 虫3 準1 1626 303A 音 ボウ・モウ 訓 あぶ

〔蝱〕 9158 7B5A

意味 あぶ。アブ科の昆虫の総称。

下つき 蚊虻(ブンボウ)

【▲虻】あぶ アブ科の昆虫の総称。ハエに似るがやや大きく、黄褐色。雌は人畜の血を吸うものが多い。雄は花の蜜(ミツ)や樹液を吸う。季春

【▲虻▲蜂(はち)取らず】欲を深くすると失敗するたとえ。あれもこれもとねらうと、どれも手に入らないこと。類 虻蜂取らず鷹(たか)の餌食(えジキ)・二兎(ニト)を追うものは一兎をも得ず

ボウ【剖】(10) 刂8 常 準2 4322 4B36 音 ボウ 外 ホウ 訓 外 わける・さく

筆順 丶 亠 亠 立 立 音 咅 咅 剖

意味 わける。さく。また、見分ける。「剖析」「解剖」

下つき 解剖(カイボウ)

【▵剖く】さ－く わる。開く。特に、真ん中から二つに分ける。「獣の腹を―く」

【剖析】ボウセキ 細かく分解して分析すること。

【▵剖判】ホウハン ①天地が分かれて開けること。類 開闢(カイビャク) ②区別すること。

ボウ【▲旁】(10) 方6 5853 5A55 ▼ホウ(一四〇四)

ボウ【旄】(10) 方6 1 5854 5A56 音 ボウ・モウ 訓 はた・はたかざり・からうし・としより

意味 ①はた。はたかざり。からうしの尾をさおに飾った旗。「羽旄」②からうし。ヤク。また、からうしの尾。「旄牛」③としより。老人。

下つき 羽旄(ウボウ)・旗旄(キボウ)・白旄(ハクボウ)

【▲旄牛】ボウギュウ ヤクの別称。ウシ科の哺乳(ホニュウ)動物。ヒマラヤなどの高地にすむ。

ボウ【紡】(10) 糸4 常 準2 4334 4B42 音 ボウ 外 ホウ 訓 つむぐ 高

筆順 く 幺 幺 糸 糸 糸 糸 紡 紡 紡

意味 つむぐ。ワタ・アサなどの繊維をより合わせて糸にする。「紡織」「紡績」

下つき 混紡(コンボウ)

〈紡▲錘〉つむ 糸をつむぎながらよりを加えて巻き取る道具。表記「錘」とも書く。参考「ボウスイ」とも読む。

【紡ぐ】つむ-ぐ ワタや繭から繊維を引き出し、よって糸にする。「綿を―いで糸にする」

【紡織】ボウショク 糸をつむぐことと、布を織ること。「―の盛んな町だった」

【紡錘】ボウスイ 「紡錘(つむ)」に同じ。「ギリシャ建築は―形の柱が多い」

【紡績】ボウセキ ①糸をつむぐこと。また、織物産業。②「紡績糸」の略。繊維類を加工して作った糸。

ボウ【蚌】(10) 虫4 1 7351 6953 音 ボウ・ホウ 訓 どぶがい・からすがい・はまぐり

意味 ①どぶがい。からすがい。イシガイ科の二枚貝。「蚌貝」②はまぐり。マルスダレガイ科の二枚貝。「蚌蛤(ボウコウ)」

〈蚌貝〉からすがい イシガイ科の二枚貝。湖沼にすむ。殻の長さ約二〇センチメートル。卵形で、表面は黒色、内面は真珠光沢がある。肉は食用。殻は細工物やボタンの材料に用いる。季春 表記「烏貝」とも書く。

【▲蚌】はまぐり マルスダレガイ科の二枚貝。▼蛤(はまぐり)(五〇七)

ボウ【惘】(11) 忄8 1 5617 5831 音 ボウ・モウ 訓 あきれる・ぼんやりする

意味 ①あきれる。②ぼんやりするさま。「惘然」「惘惘」

【▲惘れる】あき-れる ぼんやりする。あっけにとられる。

【▲惘然】ボウゼン ①驚いてあっけにとられるさま。②気が抜けてぼんやりするさま。表記「呆然」、②「茫然」とも書く。参考「モウゼン」とも読む。

【▲惘▲惘】モウモウ がっかりして、ぼんやりするさま。参考「ボウボウ」とも読む。

ボウ【望】(11) 月7 常 教 7 4330 4B3E 音 ボウ・モウ中 訓 のぞむ 外 もち・うらむ

筆順
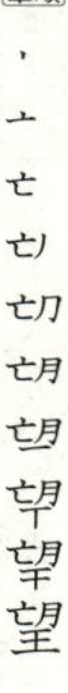

意味 ①のぞむ。㋐遠くを見る。見わたす。「望見」㋑ねがう。まちのぞむ。「願望」「希望」②ほまれ。人気。「人望」「衆望」③もちづき。満月。「既望」④うらむ。「怨望」

下つき 一望(イチボウ)・遠望(エンボウ)・渇望(カツボウ)・希望(キボウ)・既望(キボウ)・失望(シツボウ)・志望(シボウ)・衆望(シュウボウ)・所望(ショモウ)・信望(シンボウ)・人望(ジンボウ)・声望(セイボウ)・切望(セツボウ)・絶望(ゼツボウ)・羨望(センボウ)・待望(タイボウ)・大望(タイモウ)・眺望(チョウボウ)・展望(テンボウ)・徳望(トクボウ)・熱望(ネツボウ)・本望(ホンモウ)・名望(メイボウ)・野望(ヤボウ)・要望(ヨウボウ)・欲望(ヨクボウ)

〈望潮魚〉いいだこ マダコ科のタコ。▼飯蛸(いいだこ)(一一六)

〈望潮〉しおまねき スナガニ科のカニ。有明海に多くすむ。雄のはさみは片方がきわめて大きい。砕いて塩辛にする。季春 由来 干潮時に大きなはさみを上下に動かすさまが、潮を招くように見えることから。表記「潮招き」とも書く。

【望む】のぞ-む ①遠くを眺める。「はるかに富士を―む」②希望する。願う。「娘の幸福を―む」③仰ぐ。慕う。「師の徳を―む」

【望外】ボウガイ 期待以上であること。思いのほか。「―の成果を得る」

【望郷】ボウキョウ 故郷をなつかしく思うこと。「―の念は断ちがたい」類 懐郷

【望見】ボウケン 遠くから眺めること。また、はるか遠くを眺めること。「山頂より夜景を―する」

【望▲蜀】ボウショク 一つの望みを達すると、それ以上のことを望むこと。▼隴(ロウ)を得て蜀(ショク)を望む(一六二〇)

【望文生義】ボウブンセイギ 文章や語句の意味を考えずに、前後の関係から推定してもっともらしく解釈すること。

【望聞問切】ボウブンモンセツ 医師が診察するうえでの大事な四つの方法。「望」は目で察する、「聞」は耳で判断する、「問」は言葉で問う、「切」は指でさする意。

【望洋】ボウヨウ ①遠くを眺めること。仰ぎ見ること。②非常に広大で、見当のつかないこと。とりとめのないこと。また、そのさま。「―たる大河が目前に横たわる」

【望楼】ボウロウ 遠くを広く見渡すための高い建物。物見櫓(ものみやぐら)。

【△望】もち ①「望月」の略。満月。②陰暦で、月の一五日。「―の日」

【△望▲粥】もちがゆ 望(もち)の日、特に正月一五日に食べた小豆(あずき)粥。のちに、餅(もち)を入れた粥をいう。類 十五日粥 季新年 表記「餅粥」とも書く。

【△望月】もちづき ①陰暦一五日の満月。もち。②陰暦八月一五日の月。中秋の名月。季秋

ボウ【眸】(11) 目6 1 6640 6248 音 ボウ・ム 訓 ひとみ

意味 め。ひとみ。眼球の黒い部分。「眸子」「双眸」

下つき 晴眸(セイボウ)・双眸(ソウボウ)・明眸(メイボウ)

【▲眸子】ボウシ ひとみ。黒目。瞳孔(ドウコウ)。

ボウ【萌】(11) 艹8 準1 4308 4B28 音 ボウ・ホウ 訓 めぐむ・めばえ・きざす・もえる・もやし・たみ

〔萠〕7246 684E

意味 ①もえる。草木が芽を出す。めぐむ。めばえ。「萌芽」②きざす。きざし。事の起こるしるし。「萌兆」③たみ(民)。「萌隷」

【▲萌す】きざ-す ①草木が芽生える。「新芽が―す」②物事が起ころうとする気配がある。「幸福が―す」

【▲萌芽】ホウガ ①草木の芽が出ること。また、その芽。芽生え。②物事のはじまり。きざし。「平等意識の―」

【▲萌生】ホウセイ ①草木がもえ出ること。②物事の起こるきざしが現れること。「殺意が―する」

ほ ボウ

【萌動】ホウドウ 草木が芽をふき始めること。また、物事のきざしが現れること。

【萌む】めぐ－む 芽を出す。芽生える。芽吹く。季春 「木々が－む候になった」

【萌葱・萌黄】もえぎ 「萌葱色・萌黄色」の略。芽が出たばかりの葱（ねぎ）の黄色がかった緑色。うすみどり色。

【萌葱糸縅】もえぎいとおどし 鎧（よろい）の縅の一種。萌葱色の糸で札（さね）をつづること。萌葱縅。

【萌える】も－える 草木の芽が出る。芽生える。「若芽が－える季節になった」

【萌やし】もやし 光に当てないで、豆や麦などの種子を発芽させたもの。食用。「－っ子（ひょろひょろとひ弱な子どもの形容）」表記「糵」とも書く。

ボウ【袤】 (11) 衣 5 1 7461 6A5D 音 ボウ 訓 ながさ・ひろがり

意味 ①衣の帯から上の部分。②ながさ。南北の長さ。対広（東西の長さ） ③ひろがり。

下つき 広袤（コウボウ）

ボウ【傍】 (12) イ10 常 4 4321 4B35 音 ボウ 外ホウ 訓 かたわら高 外そば・はた・わき・そう

筆順 2 4

意味 ①かたわら。そば。わき。「傍観」「近傍」 ②わかれた。派生した。「傍流」「傍系」 ③そう。近づく。 ④つくり。漢字を構成する右側の部分。「偏傍」 類①③旁（ホウ） 対偏

下つき 近傍（キンボウ）・路傍（ロボウ）

【傍惚れ】おかぼれ ①決まった相手のいる異性に恋すること。横恋慕（よこレンボ）。 ②相手の心がわからないのに、一方的に好きになること。片思い。表記「岡惚れ」とも書く。

【傍目八目】おかめハチモク 当事者よりも第三者のほうが、物事を冷静に正しく判断できるたとえ。由来 囲碁で、わきから見ている者のほうが、対局者よりもよく手が見えることから。表記「傍目」は「岡目」とも書く。

【傍焼き】おかやき 自分には直接関係がない男女の仲がいいのを、はたでねたむこと。「－半分にひやかす」表記「岡焼き」とも書く。

【傍ら】かたわら ①そば。わき。「辞書を－に置く」 ②その一方では。あいま。「勤めの－絵をかいている」表記「旁ら」とも書く。

【傍】そば ①近くの所。すぐ横。「大学の－にある食堂」 ②…したすぐあと。「謝った－から同じことをする」

【傍杖】そばづえ 自分には関係ないのに、偶然そばにいたために巻きこまれた災難。巻き添え。「－を食う」由来 けんかのそばにいて、杖で打たれることから。表記「側杖」とも書く。

【傍】はた わき。そば。近く。また、近くの人々。「自分の行いで、－が迷惑する」

【傍目】はため 当事者以外の人が見る目。よそめ。「－には幸せな家族だった」

【傍迷惑】はたメイワク 周囲の人が迷惑すること。また、その迷惑。「－な話」

【傍観】ボウカン 関係がないという態度で、そばからただ見ていること。「何もせず－するのはよくない」

【傍系】ボウケイ ①直系より分かれた系統。「家系は源氏の－に当たる」対直系・正系 ②その世界で、主流からはずれた存在。「－の茶道の一派」類傍流

【傍若無人】ボウジャクブジン まわりの人を無視して勝手気ままに振る舞うこと。また、そのさま。『後漢書（ゴカンジョ）』「－な態度に非難が集中した」

【傍受】ボウジュ 他人の間でやりとりされている無線通信を、故意あるいは偶然に受信すること。「外国からの電波を－する」

ほ ボウ

【傍証】ボウショウ 事実を証明するために、間接的に役立つ証拠。「事件の－を固めた」

【傍線】ボウセン 注意や強調などをするため、文字や文章のわきに引く線。サイドライン。「重要な部分に－をつける」

【傍注・傍註】ボウチュウ 本文のわきに添えた注釈。表記「旁注・旁註」とも書く。

【傍聴】ボウチョウ ①そばで聞くこと。 ②会議や公判などを、当事者でない人がかたわらで聞くこと。「－席」「国会の本会議を－した」

【傍輩】ホウバイ 主人や先生が同じである仲間。また、友人。同輩。同僚。

【傍白】ボウハク 演劇で、他の役者には聞こえないで観客にだけ聞こえることにして言うせりふ。わきぜりふ。

【傍流】ボウリュウ ①本流から分かれた流れ。支流。類分流 ②主流に属さない流派や系統。類傍系

【傍】わき 近く。そば。本筋からはずれた方向。「－に控える」「注意を－にそらす」

ボウ【帽】 (12) 巾 9 常 4 4325 4B39 音 ボウ

旧字《帽》 (12) 巾 9 1/準1

筆順 5 11

意味 かぶりもの。ぼうし（帽子）。「脱帽」「着帽」

下つき 角帽（カクボウ）・学帽（ガクボウ）・制帽（セイボウ）・脱帽（ダツボウ）・着帽（チャクボウ）

【帽子】ボウシ ①悪い気象条件や危険から身を守るために、また、装身具として頭にかぶるもの。「登山には－をかぶったほうがよい」 ②物の上部にかぶせるもの。参考「モウス」と読めば別の意になる。

【帽子】モウス 僧のかぶる頭巾（ズキン）。参考「モウ」は呉音、「ス」は唐音。「ボウシ」と読め

ば別の意になる。

【帽額】もこう 御簾や御帳などの上部に装飾のために横に張る幕。額隠。「―の簾」

ボウ【棒】(12) 木8 常 教 5 4332 4B40 音 ボウ 外 ホウ 訓

筆順

意味 ①ぼう。つえ。また、打つ。「金棒」「痛棒」②まっすぐ引いた線。「縦棒」③まっすぐで変化のないこと。「棒暗記」

下つき 相棒・後棒・梶棒・片棒・金棒・警棒・棍棒・先棒・心棒・打棒・痛棒・鉄棒・綿棒

【棒暗記】ボウアンキ 内容を理解しないで、機械的に覚えること。丸暗記。「日本史の年号を―する」

【棒喝】ボウカツ 仏 禅宗で、悟りを開かない弟子を導くとき、師が大声でしかって棒で打つ修行。

【棒杙・棒杭】ボウぐい 棒状のくい。丸い木材のくい。

【棒鱈】ボウだら タラを三枚におろし、頭・背骨・内臓を取って日に干したもの。季 春

【棒引き】ボウびき 線を引くこと。特に、帳簿の記載事項を線を引いて消すこと。転じて、貸借をないことにすること。「借金の―を頼む」 類 帳消し

【棒ほど願って針ほど叶う】ボウほどねがってはりほどかなう 神仏に祈願したり、人に頼み事をするときは大きな望みをかけるものだが、実際にかなうことは少ない。望みを大きくもつのはいいが、すべてがかなうと思ってはいけないというたとえ。

【棒手振り】ボてふり 天秤棒で魚や野菜などをかついで、声を出しながら売り歩くこと。また、その人。類 振り売り・棒手担ぎ 参考「ボウてふり」とも読む。

ボウ【貿】(12) 貝5 常 教 6 4339 4B47 音 ボウ 訓 外 あきなう

筆順

意味 かえる。とりかえる。あきなう。「貿易」

【貿易】ボウエキ 外国と商品の取引をすること。また、その取引。「―摩擦の解消を目指す」「自由―」

ボウ【滂】(13) 氵10 6281 5E71 ▼ホウ（一四〇八）

ボウ【蒡】(13) 艹10 1 7280 6870 音 ボウ・ホウ 訓

意味 野菜の「牛蒡」に用いられる字。

ボウ【榜】(14) 木10 1 6054 5C56 音 ボウ 訓 ふだ・たてふだ・かかげる・むちうつ・ゆだめ・かじ・こぐ

意味 ①ふだ。たてふだ。②かかげる。かかげしめす。「標榜」③むち。むちうつ。④ゆだめ。弓の曲がり具合を直す道具。⑤かじ。舟をこぎ進める道具。⑥こぐ。舟をこぐ。

下つき 金榜・黄榜・虎榜・標榜

ボウ【膀】(14) 月10 1 7115 672F 音 ボウ・ホウ 訓 ゆばりぶくろ

意味 ①わきばら。②尿をたくわえる臓器。ゆばりぶくろ。「膀胱」

【膀胱】ボウコウ 脊椎動物の排泄器官。腎臓より送られてくる尿を、一時的にためておく臓器。

ボウ【貌】(14) 豸7 常 2 4338 4B46 音 ボウ 訓 外 かたち

筆順

意味 ①かたち。すがた。「貌状」「容貌」②ようす。ありさま。「外貌」「全貌」

下つき 外貌・顔貌・形貌・才貌・全貌・体貌・美貌・風貌・変貌・容貌

【貌】かたち ①顔つき。容姿。②外見。うわべ。「―ばかりを取り繕っても意味がない」

【貌には恭を思う】ボウにはキョウをおもう 表情や態度には、常に慎みが表れるように心掛けよという戒め。由来 孔子が君子の心掛けについて述べた言葉から。《論語》

ボウ【鉾】(14) 金6 準1 4340 4B48 音 ボウ・ム 訓 ほこ・きっさき

意味 ①ほこ。武器の一種。類 矛 ②きっさき。ほこさき。

下つき 玉鉾（たまぼこ）・山鉾（やまぼこ）

【鉾】ほこ 両刃の剣に長い柄のついた武器。「―を収めて撤退する」「―を交える（戦う）」 表記「矛」とも書く。

ボウ【鋩】(14) 金6 1 〔鋩〕7890 6E7A 音 ボウ・モウ 訓 きっさき

意味 きっさき。刃物の先端。「剣鋩」

【鋩子】ボウシ 刀剣のきっさきの焼き刃。つくられた時代や刀工の流派の特徴を示す。

ボウ【髦】(14) 髟4 1 8188 7178 音 ボウ・モウ 訓 たれがみ・さげがみ・すぐれる

意味 ①たれがみ。まゆのあたりまで垂らした子どもの前髪。さげがみ。「髦髫」②すぐれる。抜きんでる。すぐれた人。「髦士」

下つき 俊髦

【▲髦】たれがみ 子どもの前髪が、まゆの近くまで垂れた髪形。

ボウ【儚】(15) 亻13 1 4919 5133 音 ボウ・モウ 訓 はかない・はかなむ・くらい

意味 ①はかない。②くらい。「儚儚」

【▲儚い】はかない 夢のように頼りなく、消えてなくなりやすい。もろくて弱い。「桜は哀れで―い」

【▲儚む】はかなむ はかないと思う。「世を―んで出家した」

ボウ【暴】(15) 日11 教 常 6 4329 4B3D 音 ボウ・バク(中) 訓 あばく(高)・あばれる (外)あらい・にわか・あらわす・さらす

筆順 曰 4 旦 旱 7 昱 昦 10 昪 暴 暴 暴 暴

意味 一ボウ ①あばれる。あらす。あらい。あらあらしい。はげしい。「暴行」「暴風」 ②度をすごす。「暴食」「暴走」 ③にわか。にわかに。たちまち。急に。「暴発」「暴落」 ④打つ。素手で打つ。「暴虎馮河(ボウコヒョウガ)」 二バク あばく。あらわす。さらす。「暴露」

書きかえ 二「曝(バク)」の書きかえ字として用いられるものがある。

下つき 一横暴(オウボウ)・凶暴(キョウボウ)・自暴(ジボウ)・粗暴(ソボウ)・乱暴(ランボウ)

【暴く】あばく ①他人の秘密や悪事などを、探り出して言いたてる。「業界の現状を―く」「黒幕の正体を―く」 ②土中に埋められた物を掘り出す。「墓を―く」

【暴れる】あばれる ①乱暴をする。荒れ狂う。「馬が驚いて―れだす」 ②思う存分に力をふるう。大胆に行動する。「試合で存分に―れる」

【暴露】バクロ 秘密や悪事などが明らかになること。また、あばき出すこと。「事業の内幕を―した」 書きかえ「曝露」の書きかえ字。

【暴圧】ボウアツ 行動や言論などを、力ずくで抑えつけること。「抗議集会を―する」

【暴威】ボウイ 乱暴な威力。荒々しい勢い。「台風が関東に―をふるった」 類猛威

【暴飲暴食】ボウインボウショク 程度を超えて、多量に飲み食いすること。

【暴漢】ボウカン 人に乱暴をはたらく男。乱暴者。「―に襲撃される」

【暴虐】ボウギャク 乱暴なひどいやり方で、人を苦しめること。「―の限りを尽くす」

【暴虐非道】ボウギャクヒドウ 荒々しくむごい、人道にはずれた行為をすること。また、そのさま。「―に年貢を取り立てる」

【暴挙】ボウキョ ①乱暴な行い。無謀な振る舞い。「軍隊が―に出た」 ②不法な行動や一揆(イッキ)を起こすこと。 類暴動

【暴君】ボウクン ①乱暴で人民を苦しめる君主。「―を退位させる」 ②職場や家庭などで勝手気ままに振る舞う、横暴な人。「わが家の―」

【暴言】ボウゲン 乱暴で無礼な言葉。「教師に―を吐く」

【暴言多罪】ボウゲンタザイ 乱暴で失礼な言葉を使って大変申し訳ない意で、手紙の末尾に書くおわびの言葉。 類妄言多謝

【暴行】ボウコウ ①乱暴な行い。②人に暴力を加えること。「路上での―」 ③強姦(ゴウカン)すること。「婦女―の罪に問われる」

【暴虎馮河】ボウコヒョウガ 勢いこんで向こう見ずに危険をおかすことのたとえ。素手でトラに立ち向かい、黄河を歩いて渡るということから。〈『論語』〉

【暴状】ボウジョウ 乱暴な行いや様子。乱暴なありさま。「―に堪えかねる」

【暴走】ボウソウ ①規則などを無視して、乱暴に走ること。「―族」 ②運転手がいないか、運転者の制御を離れて乗り物がひとりでに走ること。③周囲の状況や他人の思惑を考えずに、物事を勝手に行うこと。④野球で、無茶な走塁をすること。

【暴徒】ボウト 暴動を起こした人々。「―と化した観衆」

【暴騰】ボウトウ 物価や相場が、急に大きく上がること。「物価の―」 対暴落

【暴動】ボウドウ 多くの者が集まり、騒ぎを起こして社会の安定を乱すこと。「―の鎮圧」

【暴発】ボウハツ ①事件などが突然に起こること。突発。②不注意のため、火薬が破裂したり銃弾が発射したりすること。「散弾銃の―事故が起きた」

【暴風】ボウフウ 激しく吹き荒れる風。被害をもたらす強風。「―警報が発令される」

【暴慢】ボウマン 乱暴で気ままに、いばりちらすこと。また、そのさま。「―な態度」

【暴落】ボウラク 物価や相場が、急に大きく下がること。「円の相場が―する」 対暴騰

【暴利】ボウリ 不当な利益。法外な利益。「消費者の無知につけこみ―をむさぼる」

【暴力】ボウリョク 乱暴な力。力ずくの行い。「―団追放」「非―主義」

【暴戻】ボウレイ 乱暴で、人の道にはずれること。「―な弾圧を受ける」 類非道

【暴論】ボウロン 筋のとおらない乱暴な議論や論理。「会議で―を吐く」

【暴を△以て暴に△易う】ボウをもってボウにかう 暴力に対しては暴力で対抗する。また、暴力を取り除くのに別の暴力を使うと、結局は改善にならず、暴力を取り除いたことにならないこと。〈『史記』〉

ボウ【甍】(15) 瓦10 1 6516 6130 音 ボウ・モウ 訓 いらか

意味 いらか。むながわら。棟をおおうかわら。「甍宇」「甍棟」

下つき 連甍(レンボウ)

【▲甍】いらか ①屋根がわら。②かわらで葺(ふ)いた屋根。「仏閣が―を並べている」

ボウ【膨】(16) 月12 常 3 4336 4B44 音 ボウ (外)ホウ 訓 ふくらむ・ふくれる (外)ふくよか

筆順 月 月 肝 胩 胩 胩 腊 腊 膨 膨

意味 ふくらむ。ふくれる。はれる。「膨大」「膨張」
書きかえ 「厖(ボウ)」の書きかえ字として用いられるものがある。

【△膨よか】ふくよか 柔らかで、ふっくらしているようす。「—な顔立ち」

【膨らむ】ふくらむ ①内から外へ大きく盛り上がる。「風船が—む」②考えや計画などが、大きく広がる。「期待に胸を—ませる」

【膨れっ面】ふくれっつら 不満や怒りで頰(ほお)をふくらませた顔つき。「—で口もきかない」表記「脹れっ面」とも書く。

【膨れる】ふくれる ①内側から外側へふくらむ。大きく盛り上がる。「腹が—れる」②不満や怒りなどを顔に表す。不機嫌な表情になる。「娘はすぐ泣いて—れる」

【膨大】ボウダイ ①きわめて大きい、あるいは多いようす。「—な資料を検索している」②ふくらんで大きくなること。「支出が年々—する」類膨張 書きかえ ①「厖大」の書きかえ字。

【膨張・膨△脹】ボウチョウ ①ふくれて大きくなること。「腹部が—する」類膨大 ②数や組織などが、発展・増大すること。「学生数が—する」「予算が—する」③固体・液体・気体の体積が、熱などによって増すこと。「温度を上げると体積は—する」

ボウ【蟒】(16) 虫10 1 音 ボウ・モウ 訓 うわばみ・おろち

〈蟒〉 7428 6A3C

意味 うわばみ。おろち。大蛇。

【〈蟒蛇〉・△蟒】うわばみ ①巨大なヘビの俗称。大蛇。おろち。②大蛇は物を多量にのみこむことから、大酒飲みのたとえ。「—のように飲む」

ボウ【謀】(16) 言9 常 3 4337 4B45 音 ボウ・ム高 訓 はかる高 外はかりごと

筆順 言 言 言 計 計 計 計 謀 謀 謀

意味 ①はかる。くわだてる。考えをめぐらす。「謀議」「参謀」②悪事をたくらむ。はかりごと。たくらみ。「謀反」「陰謀」
下つき 陰謀(イン)・遠謀(エン)・共謀(キョウ)・権謀(ケン)・策謀(サク)・参謀(サン)・主謀(シュ)・首謀(シュ)・深謀(シン)・無謀(ム)

【謀る】たばかる 「謀(はか)る」に同じ。「た」は接頭語。

【△謀】はかりごと くわだて。計画。もくろみ。「念を入れて—をめぐらす」

【謀る】はかる ①計画を思案する。くわだてる。「暗殺を—る」②たぶらかす。だます。「まんまと敵に—られた」表記②「計る」とも書く。

【謀議】ボウギ はかりごとの相談をすること。特に、犯罪の相談。「共同—」「—をこらす」

【謀計】ボウケイ 相手をおとしいれる計略。人をだます計画。

【謀殺】ボウサツ 前もって計画をして人を殺すこと。

【謀略】ボウリャク 人をだまして、おとしいれるはかりごと。「相手の—を見抜いた」

【謀反・謀△叛】ムホン ①逆らいそむくこと。特に、臣下が主君にとってかわろうとして、兵を挙げること。②ひそかにはかって事を挙げること。

ボウ【懋】(17) 心13 1 5676 586C 音 ボウ・モ 訓 つとめる・さかん

意味 ①つとめる。②さかん。さかんにしげる。類茂

【△懋める】つとめる 目標に向かって励む。困難なことにあえて挑戦する。

【△懋戒】ボウカイ つとめて身をつつしむこと。「戒」はつつしむ・注意する意。

ボウ【謗】★ (17) 言10 1 7578 6B6E 音 ボウ・ホウ 訓 そしる・そしり

意味 ①そしる。悪口を言う。そしり。「謗言」「誹謗(ヒボウ)」②うらむ。のろう。
下つき 毀謗(キボウ)・讒謗(ザンボウ)・誹謗(ヒボウ)

【△謗り】そしり 悪口を言うこと。非難すること。また、その言葉。「人の—を受ける」「軽率の—を免れない」

【△謗る】そしる 悪口を言う。公に非難する。言葉で攻撃する。「政敵を—る」

【△謗れば影さす】人の悪口を言っていると、そこに当人がやって来るものだということ。類噂(うわさ)をすれば影がさす

【謗毀】ボウキ 人を悪く言うこと。そしること。そしり。類毀謗 参考「謗」「毀」ともにそしる意。

ボウ【鴇】(17) 鳥6 1 8292 727C 音 ボウ・ム 訓 とき・つき

意味 ①とき(鴇)。トキ科の鳥。つき。②鳥の名「鴇母(ふなしうずら)」に用いられる字。

【〈鴇毛〉】つきげ ウマの毛色の一種。葦毛(あしげ)の赤みをおびたもの。また、その毛色のウマ。表記「月毛」とも書く。

【△鴇】とき トキ科の鳥。▼鴇(とき)(一四一一)

ほうき【△帚】(8) 巾5 5468 5664 ▼ソウ(九三一)

ほうき【△彗】(11) ヨ8 5534 5742 ▼スイ(八二九)

ほうき【△箒】(14) ⺮8 6822 6436 ▼ソウ(九四五)

ほうける【△耄ける】(10) 老4 7046 664E ▼モウ(一四八〇)

ほうける【△惚ける】(11) 忄8 2591 397B ▼コツ(五三一)

ほうむる【葬る】(12) 艹9 常 3382 4172 ▼ソウ(九四一)

ほうる【△拋る】(8) 扌5 ▼ホウ(一四〇〇)

ほうる【放る】(8) 文4 教 4292/4A7C ▼ホウ(一四〇〇)

ほえる【▲吠える】(7) 口4 4342/4B4A ▼ハイ(一二三二)

ほえる【▲吼える】(7) 口4 5067/5263 ▼ク(三六七)

ほえる【▲咆える】(8) 口5 5086/5276 ▼ホウ(一三九八)

ほお【△朴】(6) 木2 常 4349/4B51 ▼ボク(一四三七)

ほお【頬】(16) 頁7 常 2 9390 7D7A 訓 音 ほお 外キョウ

〔頰〕4343/4B4B

筆順 一 厂 厂 双 夾 夾 夾 頬 頬

意味 ほお。ほほ。ほっぺた。参考 かお(頁)を両側からはさむ(夾)の意を表す字。

下つき 緩頬カン・紅頬コウ・双頬ソウ・豊頬ホウ

〈頬▲杖〉つらづえ 「頬杖ほおづえ」に同じ。表記「面杖」とも書く。

〈頬貫〉つらぬき ①ふちの貫緒ぬきを引きしめて足の甲で結ぶ毛皮製の浅沓あさぐつ。軍陣・乗馬用。②雨雪のときに用いる白い皮の沓。表記「貫」とも書く。

【頬】ほお 顔の両わきの目の下から耳にかけてのやわらかい所。ほっぺた。「―が落ちる(大変おいしいことの形容)」参考「ほほ」とも読む。

【頬返し】ほおがえし ①ほおばったものを反対のほおへ移してかむこと。②なすべき手段や方法。「―がつかない」

〈頬▲輔〉ほおがまち 「頬桁ほおげた」に同じ。

【頬△被り・頬△冠り】ほおかぶり ①頭からあごにかけて手ぬぐいでおおい包むこと。ほっかぶり。「―をきめこむ」参考「ほおかむり」とも読む。

【頬桁】ほおげた ほおの上部に出ている骨。頬骨。類 頬輔ほおがまち

【頬白】ほおじろ ホオジロ科の鳥。低地の林にすむ。背は褐色で縦に黒い点が並び、ほおに白いすじが目立つ。鳴き声が美しい。季 夏

【頬擦り】ほおずり 自分のほおを相手のほおに擦りつけること。愛情を表す動作。

【頬▲杖】ほおづえ ひじを立てて、手のひらでほおを支えること。「―をつく」参考「つらづえ」とも読む。

【頬張る】ほおばる ほおがふくれるほど口いっぱいに食べ物を詰めこむ。また、そのようにして食べる。「おにぎりを―る」

【頬っ△辺】ほっぺた ほおのあたり。ほっぺ。ほお。参考「ほおべた」の転。

【頬笑む】ほほえむ ①声を出さないで、かすかにわらう。微笑する。②花のつぼみが少し開く。ほころびる。「花も―む春」表記「微笑む」とも書く。参考「ほおえむ」とも読む。

ほか【他】(5) イ3 教 3430/423E ▼タ(九六九)

ほか【外】(5) タ2 教 1916/3330 ▼ガイ(一八八)

ぼかし【▲暈し】(13) 日9 5884/5A74 ▼ウン(八二)

ぼかす【▲暈す】(13) 日9 5884/5A74 ▼ウン(八二)

ほがらか【朗らか】(10) 月6 教 4715/4F2F ▼ロウ(一六二六)

ホク【北】(5) ヒ3 教 常 9 4344 4B4C 訓 音 ホク きた 外にげる・そむく

筆順 丨 ⺊ 丬 北 北

意味 ①きた。きたの方角。「北上」「北方」対 南 ②まけてにげる。「敗北」③そむく。

下つき 敗北ハイ・洛北ラク

【北】きた ①方角の一つ。太陽が昇る方向に向かって左の方向。②「北風」の略。対 ①②南

【北枕】きたまくら ①死者の頭を北にして寝かせること。②頭を北に向けて寝ること。一般には不吉だと忌む。由来 釈迦シャカの死んだときの姿から。

【北緯】ホクイ 赤道から北極までを測った緯度。「東京は―三五度付近にある」対 南緯

【北上】ホクジョウ 北方へ向かって進んでいくこと。北進。「台風が―する」対 南下

【北▲辰】ホクシン 北極星の別称。小熊座の首星。方位・緯度の指針となる。参考「北天の星辰」の意。

【北窓三友】ホクソウサンユウ 琴・詩・酒の三つをいう。〈白居易の詩〉

【北▲叟笑む】ほくそえむ 物事が思いどおりにうまくいったとき、満足してひそかに笑う。にやにやする。ほくそわらう。「独りひそかに―んだ」故事「人間万事塞翁サイオウが馬」の主人公である北叟ホクソウが喜憂に対して少し笑ったという故事から。

【北端】ホクタン 北のはし。「日本の最―に位置する」対 南端

【北▲狄】ホクテキ 昔、中国人が北方の異民族をさげすんでいった呼称。参考 異民族の住む方角により、それぞれ南蛮・東夷トウイ・西戎セイジュウと呼ばれた。

【北▲轍南▲轅】ホクテツナンエン 志と行動が相反することのたとえ。「轍」は車輪の跡、わだち。「轅」は車のかじ棒、ながえ。わだちが北に向かっているのに、ながえを南に向けている意で、あべこべ、行き違いということから。参考「南轅北轍ナンエンホクテツ」ともいう。類 北轅適楚ホクエンテキソ

【北堂】ホクドウ ①古代中国で、主婦のいるところ。②母、また、他人の母の敬称。母堂。

【北斗七星】ホクトシチセイ 北天にあって、柄杓ひしゃくの形に並んだ七つの星。大熊座の一部。参考「斗」は柄杓の意。

【北▲溟・北冥】ホクメイ 北方にある大海。

【北面】ホクメン ①北に向いていること。また、北側の面。対南面 ②臣下として君主に仕えること。③「北面の武士」の略。法皇や上皇の院や御所を警護した武士。由来②君主が南面して臣下に対面したことから。

【北▲嶺】ホクレイ ①高野山を南山というのに対し、比叡(ひえい)山の別称。②奈良の興福寺を南都というのに対し、比叡山延暦(エンリャク)寺の別称。

ボク【▲卜】★ (2) 卜 0 準1 4346 4B4E 音 ボク・ホク 訓 うらなう・うらない

意味 うらなう。うらない。「卜占」「卜辞」

下つき 亀卜(キボク)・筮卜(ゼイボク)・売卜(バイボク)

〈▲卜兆〉うらかた カメの甲やシカの骨を焼いてうらないをしたときに現れる形。うらないの結果。表記「占形・占象」とも書く。

【▲卜う】うらなう 将来の運命や物事の吉凶を予知する。「国の行く末を―う」参考 昔は、亀甲(キッコウ)や獣骨を焼いて表面にできた割れ目から判断した。

〈▲卜書〉うらぶみ うらないの結果を記した文書。表記「占文」とも書く。

【▲卜辞】ボクジ 王の行動などについて、うらなったことを記した甲骨文字の文章。

【▲卜する】ボクする ①うらないをする。②うらなって決める。「居を―する」

【▲卜▲筮】ボクゼイ うらない。「卜」は亀甲(キッコウ)、「筮」は筮竹(ゼイチク)を用いてうらなうこと。

【▲卜占】ボクセン うらなうこと。うらない。類占卜

ボク【木】(4) 木 0 常 教 10 4458 4C5A 音 ボク・モク 訓 き・こ

筆順 一十才木

意味 ①き。たちき。「木石」「樹木」②建築や器具の用材。「木刀」「材木」③五行の一つ。④七曜の一つ。木曜。⑤かざりけがない。「木訥(ボクトツ)」類樸(ボク)

下つき 灌木(カンボク)・巨木(キョボク)・香木(コウボク)・高木(コウボク)・古木(コボク)・材木(ザイモク)・雑木(ゾウキ)・樹木(ジュモク)・植木(うえき)・草木(ソウモク)・啄木(タクボク・きつつき)・低木(テイボク)・土木(ドボク)・名木(メイボク)・老木(ロウボク)

〈▲木通〉あけび アケビ科のつる性落葉低木。山地に自生。春、薄紫色の小花をつけ、楕円(ダエン)形の果実を結ぶ。果実は熟すと縦に割れる。果肉は甘く、食用。つるは細工物用。季秋 由来「木通」は漢名から。表記「通草・丁翁・山女」とも書く。

〈木▲蓮子〉いたび イヌビワの別称。クワ科の落葉低木。果実は食用。

【木】き ①立ち木の総称。樹木。②建築や道具のための用材。材木。「―の椅子(イス)」③「拍子木」の略。「―を鳴らす」表記③「柝」とも書く。

【木から落ちた猿】頼みにするものを失って、途方に暮れている状態のたとえ。木の上では自由自在に動けるサルでも、地上では勝手がちがい動けなくなることから。《説苑(ゼイエン)》類陸(おか)に上がった河童(かっぱ)

【木強ければ△則(すなわ)ち折る】気の強い人や強壮な人は、かえって粘りがなくもろいものだというたとえ。《老子》

【木で鼻を△括(くく)る】冷淡に扱うことのたとえ。「まるで―ったような冷たい応対」参考「括る」は「こくる(こする)」の誤用の慣用化。類木っ端(ぱ)で鼻かむ

【木に竹を接(つ)ぐ】とってつけたようで前後の調和がとれないさま。また、筋がとおらないことのたとえ。「それは―いだような話だ」由来木に性質のちがうタケを接ぎ木しようとしても、うまくいかないことから。

【木に△縁(よ)りて魚(うお)を求む】木によじ登って魚を捕らえようとするように、求める方法がまちがっているたとえ。また、非常に難しい望みをもつことのたとえ。故事中国の、戦国時代、武力を用いて覇者になろうとする斉の宣王を孟子(モウシ)が戒めた故事から。《孟子(モウシ)》

【木の股(また)から生まれる】人情に通ぜず、人間味に乏しいことのたとえ。また、男女の情が分からない人のたとえ。

【木を見て森を見ず】細かいことに気を取られて、物事の全体や本質をとらえられないことのたとえ。

【木▲苺】きいちご バラ科の落葉小低木の総称。山野に自生。葉や幹にとげがある。春に白色の五弁花が咲き、黄色や赤色の果実が熟す。季夏 表記「懸鉤子」とも書く。

〈木尺〉・木▲矩】きがね 表具師が模様のゆがみを調べるのに用いる木製の直角定規。

〈木▲蠹虫〉・木食虫】きくいむし ①キクイムシ科の甲虫の総称。樹木に穴をあけてすむ、林業の害虫。季夏 ②キクイムシ科の甲殻類。海にすみ、杭(くい)や木造船の船底を食害する。体は円筒形で黄白色。由来「木蠹」は漢名から。表記「蠹」とも書く。

【木口】きぐち ①建築用木材の性質や等級。木質。②横切りにした木材の切り口。③手提げ袋などの口に取り付けた、木の取っ手。参考②「こぐち」とも読む。

【木△履・木▲沓】きぐつ 木製のはきものの総称。木をくりぬいて作ったくつ。ぽっくりなど。

〈木耳〉きくらげ キクラゲ科のキノコ。クワやブナなどの枯木に群生。人の耳に似た形で、暗褐色。乾燥させたものを水で戻して食用にする。中国料理に多用。季夏 由来「木耳」は漢名から。

〈木淡〉・木▲醂】きざわし 木で甘く熟したカキ。きざらし。木練(こねり)。季秋

【木地】きじ ①木材の質。木目。②地肌のまま、何も塗っていない木。③木彫などの細工に用いる材料の木を、荒びきしたもの。④「木地塗

り」の略。木目が見えるように、漆を薄く塗ること。また、そういう器具。

【木地屋】きじや 木材をろくろなどで加工し、椀や盆などの器物を作る職人。ろくろ師。木地師。

【木摺】きずり 「木摺貫」の略。漆喰塗りの壁などで下地に用いる、小さい間隔で取りつけた小幅の貫板。

【木叩】きたたき ①キツツキの別称。②キツツキ科の鳥。東南アジア・朝鮮半島に分布。日本では、対馬で天然記念物に指定されていたが絶滅。カラスぐらいの大きさで、胸・腹・翼の一部が白色以外は黒色。雄は頭頂と頰が赤い。

【木賃宿】きチンやど ①昔、宿泊客が自炊し、その燃料の薪代(木賃)だけを払って泊まった宿。②粗末で、宿泊料の安い宿。

【木蔦】きづた ウコギ科のつる性常緑低木。山野に自生。観葉植物として栽培もする。葉は先のとがった卵形で光沢がある。晩秋に黄緑色の小花を球状につける。フユヅタ。[季]冬

【木槌】きづち 柄の先に円柱形の金属または木をとりつけた、木製のつち。

【木戸】きど ①庭や通路の出入り口につける、屋根のない開き戸の門。②興行小屋の見物人の出入り口。③「木戸銭」の略。④江戸時代、町々の境界や要所に置かれた警備のための門。[参考]「城戸」と書けば、城や柵の小門の意。

【木戸銭】きどセン 興行を見物するために、芝居小屋などの木戸口で支払う入場料。木戸。

【木肌】きはだ 樹木の外側の皮。樹皮。

【〈木五倍子〉・木付子】きぶし キブシ科の落葉小高木。山野に自生。早春、葉に先立ち黄色い花穂をつける。果実は暗褐色でタンニンを含み、五倍子の代用として黒色染料にする。[表記]「通条花・旌節花」とも書く。

【木仏】きブツ ①木彫の仏像。②情に薄い、冷たい人。「―金仏石仏(情に動かされない人のたとえ)」

【木彫】きぼり 木を彫刻して作ること。また、その彫刻。「展覧会には―の作品が多かった」[参考]「モクチョウ」とも読む。

【木目】きめ ①「木目」に同じ。②皮膚や物の表面の細かいあや。また、その手触り。「―細かい肌の女性」③心づかい。配慮。「―の細かい文章を書く」[表記]②「肌理」とも書く。

【木遣り】きやり ①大木や大石などを、大勢で音頭をとりながら運ぶこと。②「木遣り歌」の略。①でうたわれる歌。また、地突き・祭礼・祝賀のときにも歌われる。

【〈木瓜〉】きゅうり(四五四) ウリ科のつる性一年草。▼胡瓜

【木陰・木蔭】こかげ 樹木のかげ。「―で休む」

【木枯らし】こがらし 晩秋から初冬にかけて強く吹く、冷たい風。「―の吹きすさぶ夜」[季]冬 [表記]「凩」とも書く。[参考]木を吹き枯らす意。

【〈木屑〉】こけら 材木を削ったときに出る細かい木のくず。

【木染月】こぞめづき 陰暦八月の異名。[由来]木の葉の紅葉する月の意から。[表記]「濃染月」とも書く。

【木工・木匠】こだくみ 材木を使って建具や家屋をつくる人。[類]大工・番匠

【木立】こだち 木が群生している所。また、その木々。「―に囲まれた神社」「夏―」

【木霊】こだま ①樹木に宿っているという精霊。②山や谷などで音が反響して同じように聞こえること。やまびこ。[由来]②昔、木の精霊のしわざと考えられたことから。[表記]「谺」とも書く。

【木っ端】こっぱ ①斧や鋸で切った、木の切れはし。②取るに足りないつまらないもの。多く、名詞の上につけて使う。「―役人」

『木っ端微塵』こっぱミジン 粉々に砕け散った状態。こなみじん。「彼の野望は―にされた」

『木っ端を拾うて材木を流す』つまらないことにかかわって、大切な物を失ってしまうこと。

【〈木末〉】こぬれ 木の若い枝先。木の末。こずえ。

【木練】こねり 「木練柿」の略。木になったまま熟して甘くなったカキの実。甘柿。

【木の下闇】このしたやみ 木が茂って、その木陰が薄暗いこと。また、その場所。[季]夏

【木の葉〈時雨〉】このはしぐれ 木の葉が盛んに散るのを、時雨にたとえた語。[季]冬

【〈木の葉木菟〉】このはずく フクロウ科の鳥。北海道や本州の低山で繁殖し、冬は南へ移る。小形のミミズクで、頭に耳状の羽毛がある。夜間活動し、「ブッポーソー」と鳴くので「声の仏法僧」ともいう。

【木の葉採り月】このはとりづき 陰暦四月の異名。[由来]クワの葉を採る月の意から。

【〈木皮〉・木肌・木膚】こはだ ①木の皮。②「木皮葺き」の略。屋根を木皮でふくこと。また、その屋根。[表記]「樸」とも書く。

【木挽】こびき 木をのこぎりでひいて、材木にすること。また、それを職業とする人。

【木舞・木搔】こまい 壁の下地に竹や細木を縦横に組むこと。また、その職人。

【木叢】こむら 木が群がり密集して茂っている所。また、木々の下の暗い場所。

【木漏れ日・木洩れ日】こもれび

ほ ボク

茂った木々の葉の間から差してくる日光。

【〈木椎〉】さいづち 胴の部分がふくらんでいる小さい木製のつち。竹の釘(くぎ)・工具の木部などをたたくのに使う。「一頭(後頭部と額とが出た頭)」 表記「才槌」とも書く。

【〈木菟〉入】ずくニュウ 僧や坊主頭の人をののしっていう語。 参考 一説に、「木菟(みみずく)入道」の意という。

【〈木菟鳥〉】つくとり ミミズクの別称。▼木菟(みみずく)

【〈木偶〉】でく ①木彫の人形。②あやつり人形。 類 傀儡(くぐつ) ③何の役にも立たない人。でくのぼう。 参考「モクグウ・ボクグウ」とも読む。

【〈木偶〉の坊】でくのぼう 「木偶(でく)」に同じ。

【〈木賊〉】とくさ トクサ科の多年草。山中の湿地に自生。茎は円柱形で直立し、縦に多数のみぞがありざらつく。夏、ツクシに似た胞子穂(ホウシスイ)をつける。物をみがくのに用いる。 季 秋 由来「木賊」は漢名から。 表記「砥草」とも書く。

【木鶏に似たり】ボクケイににたり 強敵に対して、びくともしないこと。また、精神を統一して外からの刺激にまったく動じないこと。「木鶏」は木彫のニワトリ。また、闘鶏用の強いニワトリのたとえ。《『荘子(ソウジ)』》

【木石】ボクセキ ①木と石。②人情や男女間の愛情を理解しない者のたとえ。「一漢(かたいばかりで人間としてのおもしろみのない男)」

【木鐸】ボクタク 世の中の人々に警告して、正しく導く人のこと。「社会の一でありたい」 由来 中国古代で法令を知らせるために、木鐸(木の舌をもつ鈴)を鳴らしたことから。《『論語』》

【木訥】ボクトツ 口数が少なく、飾り気のないこと。 表記「朴訥」とも書く。

【木履】ボクリ ①木で作ったはきもの。げた・木靴など。②「木履(ぽっくり)」に同じ。

【〈木瓜〉】ぼけ バラ科の落葉低木。中国原産。枝にはとげがある。春、紅色・白色などの五弁花をつけ、球形の実を結ぶ。実は黄熟し芳香を放つ。観賞用。 表記「鉄脚梨」とも書く。 参考「きゅうり・マルメロ」と読めば別の植物。

【木強】ボッキョウ 性質が飾り気がなく一徹なこと。ぶこつ。生直(きすぐ)。

【△木履】ぽっくり 女児用の下駄。厚い台の底をくりぬき、後部を丸くし、前部を前のめりにしたもの。 由来「ボクリ」の転じたもの。

【木剣】ボッケン 木製の太刀。木で作った刀。きだち。 類 木刀 参考「ボクケン」の転。

【〈木天蓼〉】またたび マタタビ科のつる性落葉低木。山地に自生。夏、ウメに似た白い花を開く。果実は先のとがった長楕円(ダエン)形で、黄熟し食用・薬用。茎・葉・実ともネコが好む。ナツウメ。 由来「木天蓼」は漢名より。和名は、食べると元気が回復して、また旅ができることからという。

【〈木瓜〉】マルメロ バラ科の落葉高木。西アジア原産。春、白色または淡紅色の五弁花をつける。秋、ヨウナシ形の香りのよい果実を結び、砂糖漬けや缶詰にする。セイヨウカリン。 季 秋 参考「きゅうり・ぼけ」と読めば別の植物。

【〈木乃伊〉】ミイラ 死体が、腐らず原形に近い形を保って乾燥し固まったもの。天然のものと人工のものとがある。

【〈木乃伊〉取りが〈木乃伊〉になる】ミイラとりがミイラになる 人を連れもどそうと出かけた者が、自分もとりこになって帰らなくなる。また、人を説得しようとした者が、相手にまるめこまれてしまうたとえ。 由来 ミイラを取りに行った者が、自分がミイラになってしまったことから。

【〈木菟〉】みみずく フクロウ科の鳥のうち、頭に耳状の羽毛をもつものの総称。ふつう、オオコノハズクを指す。夜間活動し、小動物を捕食。ツクトリ。 季 冬 由来 木にすむウサギ(菟)の耳のような羽をもつ鳥の意。 表記「角鴟」とも書く。 参考「ずく」とも読む。

【〈木槿〉】むくげ アオイ科の落葉低木。もくげ。 由来「木槿」は漢名から。▼槿(むくげ)(三六三)

【木阿△弥】もくあみ 「元の木阿弥」の略。一度は良くなった状態が、再び元のつまらないものに戻ること。▼元の木阿弥(もとのもくあみ)(四三八)

【木魚】モクギョ 読経や念仏のときにたたいて鳴らす木製の仏具。円形の中空で、横に割れ目があり、表面にうろこの形を刻んである。

〔木魚(モクギョ)〕

【木偶】モクグウ 「木偶(でく)」に同じ。 参考「ボクグウ」とも読む。

【木犀】モクセイ モクセイ科の常緑小高木の総称。中国原産。秋、香りのよい白や黄色の小花が集まって咲く。キンモクセイ・ギンモクセイなど。観賞用。 季 秋 由来「木犀」は漢名から。

【木彫】モクチョウ 「木彫(きぼり)」に同じ。

【木〈螺子〉・木〈捻子〉】モクねじ 胴に螺旋(ラセン)状の筋が刻んである釘(くぎ)。ねじ回してねじこみ、木材を固定させる。

【木本】モクホン 木質の茎をもつ植物。樹木。 対 草本

【木目】モクめ 木材の切り口に現れる年輪の線や模様。柾目(まさめ)と板目がある。肌理(きめ)。 類 木理(モクリ) 参考「きめ」とも読む。

【木蘭】モクラン ①「木蓮(モクレン)」に同じ。②「木蘭色(モクランジキ)」の略。黄・紅・赤の混じった染色の名。③「木蘭地」の略。縦糸が黒、横糸が黄の織色の、狩衣・直垂(ひたたれ)などの地の名。

【木理】モクリ 「木目(モクめ)」に同じ。

【△木工寮】モクリョウ 律令(リツリョウ)制で、宮殿の造営や修理などを行った役所。

参考「こだくみのつかさ」とも読む。

【木蓮・〈木蘭〉】モクレン　モクレン科の落葉低木。中国原産。春、葉の出る前に暗紫色の大きな六弁花を上向きにつける。モクラン。シモクレン。モクレンゲ。季春

【木欒子】モクレンジ　モクゲンジの別称。ムクロジ科の落葉高木。

【木簡】モッカン　古代、文字を書き記した薄い長方形の木片。用途は、公文書の記録や貢進物の荷札など。

【木琴】モッキン　長さと厚みの異なる木片を音階順に並べ、丸い球のついた棒で打ち鳴らす打楽器。シロホン。

【木斛】モッコク　ツバキ科の常緑高木。暖地に自生。葉は厚くつやがある。夏、白色の五弁花を下向きにつけ、球形の実を結ぶ。実は熟すと裂けて赤い種子を出す。材は細工用、樹皮は染料用。表記「厚皮香」とも書く。

【木骨】モッコツ　建築で、外部が煉瓦(レンガ)や石造りで、骨組みを木造にすること。また、その骨組み。対鉄骨

【〈木綿〉】もめん　①ワタの種子についている、白く柔らかい繊維。弾力性・吸湿性・保温性に富み、衣料用・寝具用。②「木綿糸」「木綿織」の略。「いつも―の作務衣(サムエ)を着ている」参考「ゆう」と読めば別の意になる。

【〈木綿〉】ゆう　コウゾの皮をはぎ、その繊維を蒸して水にひたし、裂いて糸としたもの。祭礼のとき榊(さかき)につける幣(ぬさ)に用いた。参考「もめん」と読めば別の意になる。

【〈木綿〉鬘】ゆうかずら　①木綿で作ったかつら。物忌みのしるしとして頭部につけた。②明け方の雲のたとえ。

【〈木綿〉四手・〈木綿〉垂】ゆうしで　木綿を垂れること。また、垂れた木綿。木綿で作った四手(神前に供える玉串(たまぐし)や注連縄(しめなわ)などにつけて垂らすもの)。

ボク【目】(5) 目0 教 4460 4C5C ▼モク(一四八三)

ボク【朴】

(6) 木2 常 準2 4349 4B51

音 ボク 外ハク
訓 外すなお・ほお

筆順 一 十 才 木 朴 朴

意味 ①うわべを飾らない。すなお。「朴訥(ボクトツ)」「素朴」類樸 ②ほお。ほおのき。モクレン科の落葉高木。③むち。むちうつ。

下つき 簡朴(カンボク)・素朴(ソボク)

【朴】ほお　ホオノキの別称。▼厚朴(ほおのき)(四八九)

【朴歯】ほおば　ホオの木で作ったげたの歯。また、それを入れたげた。

【朴実】ボクジツ　飾り気がなく、実直であること。素朴で誠実なこと。また、そのさま。「―の気風」類質朴 表記「樸実」とも書く。

【朴直】ボクチョク　飾り気がなく正直なこと。また、そのさま。「―な人柄」表記「樸直」とも書く。

【朴訥】ボクトツ　口数が少なく飾り気のないこと。「―そうな話しぶり」表記「木訥」とも書く。

【朴念仁】ボクネンジン　①口数が少なく無愛想な人。②人情や道理のわからない人。わからずや。

ボク【牧】

(8) 牛4 教 常 7 4350 4B52

音 ボク 外モク
訓 まき中 外かう・やしなう・つかさ

筆順 ノ ⺧ 牛 牛 牜 牧 牧 牧

意味 ①まき。ウシ・ウマ・ヒツジなどを放し飼いにする所。「牧場」「遊牧」②かう。家畜をかう。「牧畜」③やしなう。みちびく。「牧師」「牧民」④つかさ。地方長官。また、役人。

下つき 放牧(ホウボク)・遊牧(ユウボク)

【牧師】ボクシ　キリスト教のプロテスタントで、信者の指導や教区・教会の管理をする職。また、その人。「―の説教を聞く」参考 カトリックでは神父という。

【牧舎】ボクシャ　牧場で、ウシやウマなどの家畜を入れておく建物。

【牧守】ボクシュ　古代中国における地方長官。類牧民官 参考「牧」は州の長官、「守」は郡の長官。

【牧場】ボクジョウ　ウシ・ウマ・ヒツジなどの家畜を放し飼いにする所。放牧場。まき。「北海道には―が多い」「―経営」「御料―」参考「まきば」とも読む。

【牧神】ボクシン　林野や牧畜をつかさどる、半人半獣の神。ギリシャ神話のパンやローマ神話のファウヌスなど。牧羊神。

【牧畜】ボクチク　ウシ・ヒツジ・ブタなどの家畜を飼って繁殖させること。また、その仕事や産業。「―の盛んな国を訪ねた」

【牧笛】ボクテキ　牧場の人が、家畜を集めるときなどに吹く笛。

【牧童】ボクドウ　①牧場で、家畜の世話をする少年。②カウボーイ。牧人。牧者。

【牧民】ボクミン　人民を養い治めること。「―官(地方長官)」

【牧羊】ボクヨウ　ヒツジを飼うこと。また、そのヒツジ。「―神」「―犬」

【牧養】ボクヨウ　牧場で、家畜を飼い育てること。

【牧歌】ボッカ　①牧童などがうたう歌。②牧人・農民の生活を主題とする、素朴で叙情的な詩歌。「―的な雰囲気」

【牧】まき　「牧場(ボクジョウ)」に同じ。

ボク【睦】

(13) 目8 常 2 4351 4B53

音 ボク 外モク
訓 外むつまじい・むつむ・むつぶ

筆順 冂 目 目一 目十 目土 目圥 目坴 睦 睦 睦

意味 むつまじい。親しい。むつむ。仲よくする。むつぶ。「親睦」「和睦」

下つき 親睦シン・敦睦トン・友睦ユウ・和睦ワ

〈睦月〉むつき 陰暦正月の異名。むつびづき。季 春

【睦言】むつごと 仲むつまじく語り合う話。特に、寝床の中での男女の会話。むつがたり。「―を交わす」

【睦まじい】むつまじい 気が合って仲がよい。情愛が細やかで親しい。「―い夫婦」

【睦む】むつむ 親しくする。仲よくする。むつぶ。「同級生と―む」

ボク【僕】(14) イ12 常 準2 4345 4B4D 音 ボク 訓 外 しもべ・やつがれ

筆順 イ イ' イ'' 伴 伴 僕 僕 僕 僕

意味 ①めしつかい。しもべ。「僕夫」「下僕」②ぼく。男性の自称。やつがれ。われ。

下つき 下僕ゲ・公僕コウ・従僕ジュウ・忠僕チュウ・童僕ドウ・僮僕ドウ・奴僕ド・老僕ロウ

【僕】しもべ ①身分の低い者。②雑事に使われる者。召使い。表記「下部」とも書く。

【僕童・僕▲僮】ボクドウ 子どもの召使い。年少のしもべ。参考「僕」は雑役に従事する召使いの意。

【僕▲婢】ボクヒ 召使い。下男下女。僕妾ボクショウ。参考「僕」は下男、「婢」は下女の意。

【僕▲射】ボクヤ ①中国の尚書省の次官で、左右各一人。唐・宋ソウ代には宰相の任に当たった官名。②日本では、左右大臣の唐名。

【僕】やつがれ わたくしめ。一人称の代名詞。自分の謙称。「それは―がしたことでございます」「―にお申しつけください」

ボク【墨】(14) 土11 常 3 4347 4B4F 音 ボク 外 モク 訓 すみ

字 旧《墨》(15) 土12 1/準1 1562 2F5E

筆順 冂 冂 甲 甲 里 里 黒 黒 墨 墨 墨

意味 ①すみ。すみでかいたもの。「墨汁」「水墨」②きたない。また、むさぼる。「墨吏」③「墨子」のこと。また、その学派。「墨家」「墨守」④「隅田（墨田）川」のこと。「墨堤」⑤「墨西哥メキシコ」の略。「米墨」

下つき 遺墨イ・朱墨シュ・縄墨ジョウ・水墨スイ・石墨セキ・白墨ハク・筆墨ヒツ

〈墨魚〉いか 頭足類コウイカ目とツツイカ目の軟体動物の総称。▼烏賊いか(七二)

【墨】すみ ①質の良い油煙をにかわで練り、香料などを加えて固めたもの。また、それを硯すずですった汁。②黒色。「―一色」③「墨糸」「墨縄」の略。墨壺についている糸で、木材や石材などに直線を引くのに使う。「―を打つ」④イカやタコが吐く黒い汁。⑤煙や炎のなかに含まれる黒い粉。すす。

【墨染め】すみぞめ ①墨で染めたような黒い色。②「墨染め衣ごろも」の略。黒い僧衣。また、ねずみ色の喪服。

【墨▲壺】すみつぼ ①墨汁を入れる器。墨斗すみつぼ。②木材や石材などに直線を引くのに使う道具。墨汁を含ませた糸を張り、指ではじいて線を付ける。

〔墨壺すみつぼ②〕

【墨流し】すみながし 水面に墨汁や顔料を落として波状の模様を作り、それを布や紙に染めること。また、その模様や製品。

【墨子糸に泣く】ボクシいとになく 環境や他からの影響によって、人は善くも悪くもなるということ。故事 墨子が、白い糸が染料によって黄色にも黒にもなるのを見て嘆いたという故事から。〈『淮南子エナンジ』〉参考「墨子染センを悲しむ」ともいう。

【墨子兼愛】ボクシケンアイ だれに対しても同じように愛するという墨子の思想のこと。墨子は中国、戦国時代の思想家。「兼愛」は博愛の意。〈『孟子モウシ』〉

【墨子薄葬】ボクシハクソウ 中国、戦国時代、儒家が豪華な葬礼（厚葬）を主張したのに対し、墨子が葬礼を簡素にすること（薄葬）を主張したこと。〈『孟子』〉

【墨守】ボクシュ 自分のやり方や主張を固く守って改めないこと。「従来の方針を―する」故事 中国、戦国時代、楚ソの公輸盤コウシュハンが宋ソウを攻略するため雲梯ウンテイという城攻め用のはしごを作った。これを知った非戦論者の墨子は、その攻撃をとめるべく公輸盤と論争の末、雲梯の模型を作って戦い、墨子が勝って、宋への攻撃をあきらめさせたという故事から。〈『墨子』〉

【墨汁】ボクジュウ ①墨をすった液。また、すぐ毛筆で書けるように、にかわ液とカーボンブラックを混合した黒色の液。②イカやタコが分泌する墨色の液。

【墨跡・墨▲蹟】ボクセキ 筆で書いた墨のあと。筆跡。「―うるわしい祖母の手紙」

【墨突▲黔まず】ボクトツくろまず いつも家を留守にして、外で動き回るたとえ。「墨突」は墨子の家の煙突、「黔まず」は黒く汚れない意。故事 中国、戦国時代の思想家の墨子は、自分の考えを世に広めるために奔走し、ほとんど家にいる暇がなかったので、煙突が汚れなかったという故事から。〈班固ハンコの文〉

【墨名儒行】ボクメイジュコウ 表向きの主義や主張と実際の行動とがちがっているたとえ。表面では墨家といいながら、実際は儒家の行動をしている意。参考 墨家と儒家は、中国、戦国時代に激しく対立した思想学派。〈韓愈カンユの文〉対 儒名墨行

【墨客】ボッカク 書画に親しみ、よくかく人。「文人—」 参考「ボッキャク」とも読む。

【墨痕】ボッコン 墨のあと。筆で字を書いたあと。墨のつきぐあい。「—鮮やかな書だ」

『墨痕▲淋▲漓』ボッコンリンリ 筆で書いた文字が、黒々と、生き生きとしているさま。「淋漓」は水や汗などが流れ落ちるさま。また、筆勢などの盛大なさま。

〈墨西▲哥〉メキシコ 北アメリカ大陸南部にある連邦共和国。古くはマヤ文明やアステカ文明が繁栄。一八二一年スペインから独立した。首都はメキシコシティ。

ボク【▲墨】(15) 土12 1562 2F5E ▼墨の旧字(一四二八)

ボク【撲】

(15) 扌12 常 準2 4348 4B50

音 ボク 外ホク 訓 外うつ・なぐる・はる

筆順 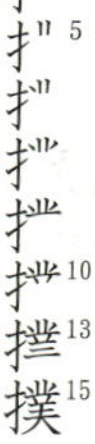

意味 うつ。なぐる。たたく。「撲滅」「打撲」

下つき 相撲ソウ・すもう・打撲ダ

【△撲る】なぐる 手で打つ。たたく。「力を入れて—る」

【△撲り倒す】はりたおす 平手で強くたたいて倒す。なぐり倒す。

【△撲る】はる 平手で強く打つ。「頬おほを—る」

【撲殺】ボクサツ なぐり殺すこと。打ち殺すこと。

【撲滅】ボクメツ 完全に滅ぼしてしまうこと。打ち滅ぼすこと。「麻薬—運動」

ボク【樸】

(16) 木12 1 6087 5C77

音 ボク・ハク 訓 あらき・きじ・すなお

意味 ①あらき(荒木)。切り出したままの木材。きじ。②ありのまま。飾り気がない。「樸直」 類 朴

下つき 質樸シツ・純樸ジュン・素樸ソ・敦樸トン

【▲樸】あらき 切り出したまま、加工していない木。「—の弓」 表記「荒木・粗木」とも書く。

【▲樸実】ボクジツ 飾り気がなく誠実なこと。質朴。「—な好青年」 表記「朴実」とも書く。

【樸直】ボクチョク 飾り気がなく、正直であること。実直で素直なこと。また、そのさま。「—の校風」 類 樸実 表記「朴直」とも書く。

〈▲樸樹〉むくのき ニレ科の落葉高木。 由来「樸樹」は漢名から。▼椋の木むくのき(一五七八)

ボク【穆】

(16) 禾11 準1 4352 4B54

音 ボク・モク 訓 やわらぐ

意味 ①やわらぐ。なごやか。むつまじい。「穆穆」 ②てあつい。ていねいな。「敦穆ボク」

下つき 清穆セイ・和穆ワ

【▲穆▲穆】ボクボク ①穏やかで、うるわしいさま。②つつましく威儀正しいさま。

ボク【蹼】

(19) 𧾷12 1 7714 6D2E

音 ボク・ホク 訓 みずかき

意味 みずかき。水鳥などのあしにある膜。

【▲蹼】みずかき 水鳥や両生類のてやあしの指の間にある、薄い膜状のもの。水をかいて泳ぐ。 表記「水搔き」とも書く。

ボク【鶩】

(20) 鳥9 1 8315 732F

音 ボク・ブ 訓 あひる

意味 ①あひる(家鴨)。カモ科の鳥。「鶩列」 ②かける。はやく走る。

下つき 鶏鶩ケイ

【▲鶩】あひる カモ科の鳥。▼家鴨あひる(一四九)

ほぐれる【△解れる】(13) 角6 教 1882 3272 ▼カイ(一八二)

ほくろ【▲黶】(26) 黒14 8365 7361 ▼エン(一〇九)

ぼける【▲惚ける】(11) 忄8 2591 397B ▼コツ(五三一)

ほこ【▲戈】(4) 戈0 5689 5879 ▼カ(一三五)

ほこ【矛】(5) 矛0 常 4423 4C37 ▼ム(一四五八)

ほこ【▲戟】(12) 戈8 2365 3761 ▼ゲキ(四〇六)

ほこ【▲槊】(14) 木10 6046 5C4E ▼サク(五六八)

ほこ【▲鉾】(14) 金6 4340 4B48 ▼ボウ(一四一〇)

ほこ【▲鋒】(15) 金7 4315 4B2F ▼ホウ(一四一一)

ほこさき【▲鋒】(15) 金7 4315 4B2F ▼ホウ(一四一一)

ほこら【▲祠】(10) 示5 6712 632C ▼シ(六二五)

ほこり【▲埃】(10) 土7 5228 543C ▼アイ(五)

ほこる【▲矜る】(9) 矛4 6666 6262 ▼キョウ(三三三)

ほこる【誇る】(13) 言6 常 2456 3858 ▼コ(四五七)

ほころびる【綻びる】(14) 糸8 常 3530 433E ▼タン(一〇一九)

ほし【星】(9) 日5 教 3217 4031 ▼セイ(八五七)

ほしい【欲しい】(11) 欠7 教 4563 4D5F ▼ヨク(一五三九)

ほしいい【▲糒】(16) 米10 6885 6475 ▼ビ(一二九三)

ほしいまま【△恣】(10) 心6 常 5583 5773 ▼シ(六一四)

ほしいまま【▲肆】(13) 聿7 7072 6668 ▼シ(六二二)

ほしいまま【▲擅】(16) 扌13 5803 5A23 ▼セン(九〇九)

ほしいまま【△縦】(16) 糸10 教 2936 3D44 ▼ジュウ(七〇六)

ほじくる【▲穿る】(9) 穴4 3292 407C ▼セン(九〇〇)

ほじし【▲脯】(11) 月7 7093 667D ▼ホ(一三八九)

ほじる【▲穿る】(9) 穴4 3292 407C ▼セン(九〇〇)

ほす【干す】(3) 干0 教 2019 3433 ▼カン(二三一)

ほす【△乾す】(11) 乙10 常 2005 3425 ▼カン(二三一)

ほぞ【▲臍】(18) 月14 7133 6741 ▼セイ(八七〇)

ほそい【細い】(11) 糸5 教 2657 3A59 ▼サイ(五五四)

ほそる【細る】(11) 糸5 教 2657 3A59 ▼サイ(五五四)
ほた【▲榾】(14) 木10 6043 5C4B ▼コツ(五三二)
ほだす【▲絆す】(11) 糸5 6911 652B ▼ハン(一二六五)
ほたる【蛍】(11) 虫5 常 2354 3756 ▼ケイ(三九四)
ボタン【▲釦】(11) 金3 4353 4B55 ▼コウ(五〇二)
ボタン【▲鈕】(12) 金4 7870 6E66 ▼チュウ(一〇四九)
ホッ【法】(8) 氵5 教 4301 4B21 ▼ホウ(一四〇二)
ホツ【発】(9) 癶4 教 4015 482F ▼ハツ(一二五〇)
ボッ【坊】(7) 土4 常 4323 4B37 ▼ボウ(一四一四)

ボツ【没】
(7) 氵4 常 3 4355 4B57 音 ボツ 外モツ 訓 外しずむ・おぼれる・しぬ・ない

旧字《沒》(7) 氵4 1/準1 6183 5D73

筆順 、 氵 氵 氵 氵 沕 没

意味 ①しずむ。水中にしずむ。おぼれる。また、もぐる。「水没」「沈没」 対浮 ②地中にうずまる。「埋没」 ③うちこむ。はまりこむ。「没入」「没頭」 ④かくれる。かくす。「出没」 対出 ⑤なくなる。なくす。うしなう。「没我」「没却」 ⑥ほろびる。おちぶれる。「没落」 ⑦おわる。し(死)ぬ。「没年」「病没」 ⑧とりあげる。「没収」 ⑨ない。「没交渉」

書きかえ ⑦「歿」の書きかえ字。

下つき 陥没・出没・水没・戦没・沈没・日没・病没・埋没

【△没む】しずむ 物の下に隠れて見えなくなる。「海中に—む」「月が山の端に—む」

【没我】ボツガ 物事に打ちこみ、我を忘れること。「—の境地となって、筆を走らせる」

【没却】ボッキャク すっかり忘れ去ること。また、無視すること。「自我を—する」

【没後】ボツゴ 人が死んだのち。死後。「—百年を記念して著書を復刻する」 対没前 表記「歿後」とも書く。

【没交渉】ボッコウショウ 交渉をもたないこと。関係がなくなること。「彼とはすっかり—だ」「世間とは—の作家」 参考「ボツコウショウ」とも読む。

【没収】ボッシュウ ①無理に取り上げること。「所持品を—する」「—試合」 ②国家が、犯罪に関連する物の所有権を取り上げる刑罰。

【没趣味】ボツシュミ 趣味に乏しいこと。おもしろみがないこと。また、そのさま。 類無趣味 参考「ボッシュミ」とも読む。

【没書】ボッショ 新聞や雑誌などが、投稿を採用しないこと。また、その投稿。ぼつ。

【没する】ボッする ①沈んだりうずまったりして隠れる。「夕日が海に—する」「水中に姿が—する」 ②死ぬ。「父は昨年—した」 ③取り上げる。「権利を—する」

【没溺】ボツデキ ①水中に落ちておぼれること。②度を過ごして、物事に熱中すること。「色事に—する」 類耽溺

【没頭】ボットウ 他のことを忘れ、一つのことに熱中すること。「彼はバイクの趣味に—している」 類没入

【没入】ボツニュウ ①沈み入ること。「水中に—する」 ②一つのことに熱中すること。「教授は研究に—している」 類没頭

【没年】ボツネン ①死んだときの年齢。享年。「—七二歳」 類行年 ②死んだときの年次。 対生年 表記「歿年」とも書く。

【没落】ボツラク 栄えていたものが、衰えること。衰え滅びること。「名家が—する」「—貴族」 類凋落

【△没義道】モギドウ 人の道にはずれていること。非道。不人情。「—に離縁した」 参考 一説に「無義道」の転じたもの。

【△没官】モッカン 重い罪を犯した者の家人・財産・田畑屋敷を取り上げ、朝廷や幕府の所有の奴婢や領地などとすること。律令制時代に始まる。 参考「ボッカン」とも読む。

【△没骨】モッコツ 東洋画の技法の一つ。線で輪郭を描かずに、水墨または彩色で直接物の形を描く方法。特に、花鳥画の画法。 参考「ボッコツ」とも読む。

〈没分暁漢〉わからずや 道理をわきまえない人。がんこで聞き分けのない人。 表記「分からず屋」とも書く。 参考「ボツブンギョウカン」とも読む。

ボツ【歿】
(8) 歹4 1 6139 5D47 音 ボツ 訓 しぬ・おわる

意味 しぬ。おわる。「歿年」

書きかえ「没」が書きかえ字。

下つき 死歿・生歿・戦歿・病歿

【▲歿年】ボツネン 死んだときの年齢。また、その年次。 対生年 表記「没年」とも書く。

ボツ【勃】
(9) 力7 常 2 4354 4B56 音 ボツ 外ホツ 訓 外おこる・にわか

筆順 一 十 十 圭 孛 孛 孛 勃 勃

意味 ①おこる。急におこる。にわかに。「勃起」「勃発」 ②勢いが盛んなさま。「勃興」「鬱勃」 ③むっとするさま。「勃如」 ④「勃牙利」の略。

下つき 鬱勃・蓬勃

【△勃かに】にわかに 急に。突然。「—別の問題が起こった」

〈勃牙利〉ブルガリア バルカン半島の南東部にある共和国。首都はソフィア。

【勃起】ボッキ ①急に力強く起こり立つこと。②陰茎が硬化し起こり立つこと。

【勃興】ボッコウ 急に勢いを得て盛んになること。「新たな勢力が—する」

【勃如】ボツジョ むっとして怒るようす。怒りのために顔色を変えるようす。「ーとして気色ばむ」類勃然

【勃然】ボツゼン ①急に起こり立つようす。「ーと鬨の声が上がる」「ーと席を立つ」②顔色を変えて怒るようす。むっとするさま。「ーと色をなす」類勃如

【勃発】ボッパツ 急に起こること。事件などが、突然発生すること。「第二次世界大戦がーする」

【勃勃】ボツボツ 物事が、盛んにわき起こるようす。「ーたる野望はとめられない」「雄心ー」

ほっする【欲する】(11) 欠7 教 4563 4D5F ▼ヨク(一五三九)
ほつれる【△解れる】(13) 角6 教 1882 3272 ▼カイ(一八二)
ほてる【△熱る】(15) 灬11 教 3914 472E ▼ネツ(一二〇五)
ほど【程】(12) 禾7 教 3688 4478 ▼テイ(一〇九六)
ほとぎ【▲缶】(6) 缶0 2044 344C ▼カン(B)(二二四)
ほどく【△解く】(13) 角6 教 1882 3272 ▼カイ(一八二)
ほとけ【仏】(4) イ2 教 4209 4A29 ▼ブツ(一三五〇)
ほどこす【施す】(9) 方5 常 2760 3B5C ▼シ(六二三)
ほとばしる【▲迸る】(12) 辶8 ▼ホウ(一四〇八)
ほとびる【△潤びる】(15) 氵12 常 2965 3D61 ▼ジュン(七三二)
ほとほと【▲殆】(9) 歹5 4356 4B58 ▼タイ(九八〇)
ほとぼり【△熱】(15) 灬11 教 3914 472E ▼ネツ(一二〇五)
ほとり【△辺】(5) 辶2 教 4253 4A55 ▼ヘン(一三七八)
ほとり【△畔】(10) 田5 常 4042 484A ▼ハン(一二六四)
ほとんど【▲殆ど】(9) 歹5 4356 4B58 ▼タイ(九八〇)
ほとんど【△幾ど】(12) 幺9 常 2086 3476 ▼キ(二七六)
ほね【骨】(10) 骨0 教 2592 397C ▼コツ(五三〇)

ほのお【炎】(8) 火4 常 1774 316A ▼エン(九七)
ほのお【▲焔】(12) 火8 8749 7751 ▼エン(一〇一)

同訓異義 ほのお
【炎】火が燃えて赤く立ち上がる部分。ほむら。「ろうそくの炎」「小屋が炎を上げて燃える」「焚き火の炎」「炎に包まれる」
【▲焔】心の中で起こる激しい感情。「怒りの焔」「嫉妬の焔を燃やす」

ほのか【▲仄か】(4) 人2 4828 503C ▼ソク(九五六)
ほのめかす【▲仄めかす】(4) 人2 4828 503C ▼ソク(九五六)
ほのめく【▲仄めく】(4) 人2 4828 503C ▼ソク(九五六)
ほばしら【▲檣】(17) 木13 6094 5C7E ▼ショウ(七六五)
ほふる【▲屠る】(12) 尸9 3743 454B ▼ト(一一二八)
ほぼ【△略】(11) 田6 教 4612 4E2C ▼リャク(一五六五)
ほぼ【△粗】(11) 米5 常 3338 4146 ▼ソ(九三二)
ほまれ【誉れ】(13) 言6 常 4532 4D40 ▼ヨ(一五三二)
ほめる【△誉める】(13) 言6 常 4532 4D40 ▼ヨ(一五三二)
ほめる【▲頌める】(13) 頁4 8083 7073 ▼ショウ(七五九)
ほめる【褒める】(15) 衣9 常 4311 4B2B ▼ホウ(一四一一)
ほめる【△賞める】(15) 貝8 教 3062 3E5E ▼ショウ(七六二)
ほめる【▲讃める】(22) 言15 2730 3B3E ▼サン(五九一)
ほら【△洞】(9) 氵6 常 3822 4636 ▼ドウ(一一六一)
ぼら【▲鯔】(19) 魚8 8243 724B ▼シ(六二七)

ほり【堀】(11) 土8 常 準2 4357 4B59
音 外クツ・コツ
訓 ほり 外あな

ほ ボツーほろ

筆順 堀

意味 ①ほり。地面をほって水を通した所。「堀端」「城の堀」②ほる。地をほる。類掘 ③あな。あなむろ。「堀室」類窟 参考 現代では、動詞には「掘」、名詞には「堀」を用いる。

下つき 内堀・外堀

ほり【▲塹】(14) 土11 5247 544F ▼ザン(五九三)
ほり【▲壕】(17) 土14 2572 3968 ▼ゴウ(五二二)
ほり【▲濠】(17) 氵14 2574 396A ▼ゴウ(五二三)

同訓異義 ほり
【堀】地面を掘って水を通した水路。ほか、広く用いる。「堀を築く」「用水堀」「釣り堀」
【▲濠】敵の侵入を防ぐために、城の周りを掘って水をたたえたほり。「江戸城の外濠」
【▲壕】敵の侵入を防ぐために、城の周りを掘ってつくった水のないほり。「空壕の内側に柵を巡らす」「防空壕」
【▲塹】敵の侵入を防ぐために、城などの周りに掘った人が入るほり。「塹壕」「砦の塹に潜む兵士」

ほる【彫る】(11) 彡8 常 3606 4426 ▼チョウ(一〇五八)
ほる【掘る】(11) 扌8 常 2301 3721 ▼クツ(三七七)
ほる【▲鐫る】(21) 金13 7935 6F43 ▼セン(九一二)
ほれる【▲惚れる】(11) 忄8 2591 397B ▼コツ(五三一)

ほろ【袰】(11) 衣5 国 1 7462 6A5E
訓 ほろ

意味 ほろ(母衣)。昔、よろいの背につけて矢を防いだり装飾として用いたりした布製の袋状のもの。

参考 母衣を一つにした国字。

ほろ【▲幌】(13) 巾10 4358/4B5A ▼コウ(五〇八)

ぼろ【▲襤】(19) 衤14 7502/6B22 ▼ラン(一五五三)

ほろびる【△亡びる】(3) 亠1 教 4320/4B34 ▼ボウ(一四二二)

ほろびる【▲泯びる】(8) 氵5 6203/5E23 ▼ビン(一三二六)

ほろびる【滅びる】(13) 氵10 常 4439/4C47 ▼メツ(一四七四)

ホン【反】(4) 又2 教 4031/483F ▼ハン(一二五七)

ホン【本】(5) 木1 教 常 10 4360/4B5C 音 ホン 訓 もと

筆順 一十才木本

意味 ①もと。(ア)物事のおおもと。おこり。はじまり。「本源」「本末」対末 (イ)もとで。元金。「資本」「元本」(ウ)もとからある。もともとの。「本性」「本能」(エ)中心となる。もととする。「本業」「本尊」②正しい。正式の。「本式」「本名」③真実の。心からの。「本心」「本望」④この。当の。「本件」「本日」⑤自分。自分の。わが。「本官」「本国」⑥書物。文書。「本箱」「原本」⑦植物。「草本」⑧棒・映画・通信・勝負などの数を数える語。

下つき 絵本(エホン)・合本(ガッポン)・元本(ガンポン)・基本(キホン)・脚本(キャクホン)・教本(キョウホン)・献本(ケンポン)・原本(ゲンポン)・根本(コンポン・ねもと)・資本(シホン)・写本(シャホン)・抄本(ショウホン)・製本(セイホン)・草本(ソウホン)・台本(ダイホン)・張本(チョウホン)・手本(てホン)・謄本(トウホン)・読本(トクホン)・抜本(バッポン)・標本(ヒョウホン)・見本(みホン)・訳本(ヤクホン)

【△本意無い】ホイ なーい 不本意である。思うようにならない。「―い結末」

【本位】ホン イ ①もとの位置や地位。「―に返る」②考えなどの基準や中心となるもの。「金―制度」「実用―で道具を選ぶ」

【本意】ホン イ ①本来の意志。本心。「不―な結果に終わる」類真意 ②本来の望み。本懐。③本来の意味。本義。参考「ホイ」とも読む。

【本因坊】ホンインボウ 選抜制の囲碁の試合の優勝者に与えられる称号。由来 江戸時代、囲碁の家元であった初代算砂の住居の僧坊の名から。

【本営】ホンエイ 総指揮官がいる軍営。「大―発表」類本陣

【本懐】ホンカイ 本来の望み。もとからの願い。本意。「積年の―を遂げる」

【本願】ホンガン ①本来の願い。長い間の願い。「―を成就する」②仏仏や菩薩(ボサツ)が衆生すべてを救おうと立てた誓い。誓願。

【本気】ホンキ 遊びや冗談でない、本当の気持ち。まじめな気持ち。また、そのような気持ちであるさま。「―を出して勉強する」

【本紀】ホンギ 紀伝体(人物の伝記を集めた書き方)の歴史書で、帝王や君主の一代の事業や功績を記したもの。対列伝

【本義】ホンギ ①語や文字の本来の意味。本意。対転義 ②根本にある大切な意義。

【本拠】ホンキョ 仕事や活動のおもなよりどころ。また、その場所。根拠。「敵の―地」

【本業】ホンギョウ 主とする職業。本職。「―をおろそかにする」対副業

【本家】ホンケ 一族・一門・一派のもととなる家筋。「―に養子に入る」類宗家 対分家

【本▲卦帰り・本▲卦△還り】ホンケがえり 干支(えと)が一回りして、生まれた年と同じ干支の年となること。満六〇歳。還暦。

【本源】ホンゲン 物事のみなもと。おおもと。根源。「事件の―を探る」

【本山】ホンザン ①一宗一派の中心となって、末寺を統轄する寺。「大―永平寺」②この寺。当山。③中心になるもの。元締。「柔道の総―」

【本旨】ホンシ 本来の主旨。もともとの目的。本当のねらい。「政策の―を説明する」

【本質】ホンシツ そのものが存在するのに、大切で欠かせない性質や要素。固有の性質。

【本初】ホンショ 物事のはじめ。もと。「―子午線」参考「ホンジョ」とも読む。

【本性】ホンショウ ①生まれついての性質。②もとの正体。「物の怪(け)の―をあばく」③確かな心。正気。「―を取り戻す」参考 ①「ホンセイ」とも読む。

【本陣】ホンジン ①総大将のいる陣営。類本営 ②江戸時代、宿駅で貴人や大名などが泊まった公認の宿。

【本籍】ホンセキ その人の戸籍を登録してある土地。原籍。「―地」「―を尋ねる」

【本然】ホンゼン 自然のままであること。生まれつき。「―の姿に返る」類天然 参考「ホンネン」とも読む。

【本膳】ホンゼン ①正式な日本料理の膳立てで、二の膳・三の膳に対して主になる膳。一の膳。②「本膳料理」の略。正式な膳立てで出される日本料理。

【本葬】ホンソウ 本式の葬儀。対仮葬 参考ほかに、内々で行う葬儀を密葬という。

【本草学】ホンゾウガク 中国古来の薬物学。植物・動物・鉱物を薬物とする目的で研究する学問。由来おもに植物を対象としたことから。

【本則】ホンソク ①根本の法則。原則。②法令の本体である部分。対付則

【本尊】ホンゾン ①仏寺院に安置され、信仰の対象として重んじられる仏や菩薩(ボサツ)。本体。②中心となる人物。本人。からかう感じで使われる。

【本土】ホンド ①生まれ育った国。ふるさと。本国。②属国または離島などに対して、おもな国土。特に、本州。

【本途物成】ホントものなり 江戸時代、検地を受けた農民の田畑や屋敷などに課せられた年貢。本途取米。対小物成

【本音】ホンね ①楽器などの本当の音。②本心から出た言葉。口に出さないで隠している考え。「―を吐露する」「―と建前(たてまえ)」

【本能】ホンノウ 動物が、生まれながらにもっている性質や能力。「母性―」「帰巣―」

ほ

ほろ―ホン

【本復】ホンプク 病気が完全に治ること。全快。参考「ホンブク」とも読む。

【本分】ホンブン 本来の果たすべき義務。「学生の―を尽くす」類本務

【本舗】ホンポ ①営業の本拠となる店。類本店 ②特定の商品の製造・販売元。

【本坊】ホンボウ ①所属する末寺からいう本寺。本院。②住職が居住するところ。

【本邦】ホンポウ わが国。「―初公開の秘宝である」

【本俸】ホンポウ 諸手当などを加えない、主要な俸給。基本給。類本給

【本末転倒】ホンマツテントウ 物事の重要なところと、どうでもよいところとを取りちがえること。根幹になるところと枝葉の先とを逆さまにする意から。

【本命星】ホンミョウショウ 生まれた年の九星のうち、その人の生まれた年に当たる星。

【本務】ホンム ①本来のつとめ。主となる任務。「―に専念する」②道徳上、当然なすべき義務。「学生の―を果たす」類本分

【本命】ホンメイ ①生まれ年の干支(えと)。②競馬や競輪などでの一着候補。対対抗 ③最も有力な人。「総裁候補の大―」参考①「ホンミョウ」とも読む。

【本望】ホンモウ ①長い間の望み。本懐。「やっと―を遂げた」②望みがかなって満足であること。「あこがれの人に会えて―だ」

【本来】ホンライ ①もともと。元来。「彼は―几帳面(キチョウメン)な性格だ」「―の目的」②当然そうあるべきこと。あたりまえ。「―なら参加すべきだ」類通常・通例

〖本来の面目〗仏自然のままで、少しの人為も加えないありのままの心性。「面目」は顔かたちのこと。

【本流】ホンリュウ ①川の主流。対支流 ②主となる流派・系統。「保守―」類主流

【本領】ホンリョウ ①その人独特の性質や才能。もちまえの力。「土壇場で―を発揮する」②先祖代々の領地。

【本】もと ①草木の根や幹。「―が枯れる」②物事の根幹。基本。「生活の―を正す」対末(すえ) ③本性。④もとで。

【本木に勝る末木なし】もときにまさるうらきなし 最初に伸びる幹以上にりっぱな枝はないということから、いろいろ取り換えてみたが、やはり最初の相手が一番いいというたとえ。多く、男女の関係についていう。「本木」は木の幹、「末木」は枝やこずえの意。

【本成り・本生り】もとなり 植物の実が、幹やつるのもとのほうになること。また、その実。対末成(うらなり)

ホン【奔】(8) 大 5 常 準2 4359 4B5B 音 ホン 訓 外 はしる

旧字〖奔〗(9) 大 6 1/準1

筆順 一 ナ 大 太 本 夲 奔 奔

意味 ①はしる。かけまわる。「奔走」「狂奔」②にげる。まける。「出奔」③思うままにする。「奔放」④勢いがよい。「奔流」「奔騰」

下つき 淫奔(インポン)・狂奔(キョウホン)・出奔(シュッポン)・逃奔(トウホン)

【奔る】はしる ①勢いよく駆けて行く。疾走する。「事故現場へ―る」②敗れて逃げる。敗走する。逃亡する。「敵陣に―る」

【奔逸】ホンイツ ①走り逃げること。②勝手気ままに振る舞うこと。「―な行動をするな」

【奔車の上に仲尼無く、覆舟の下に伯夷無し】ホンシャのうえにチュウジなくフクシュウのしたにハクイなし 聖人や賢者は、あやうい国家のもとに身は置かないということのたとえ。狂奔する車には孔子(コウシ)もおとなしく乗っていられず、転覆した舟の下からは伯夷でものがれようとする意から。「仲尼」は、孔子の字(あざな)。「伯夷」は、中国の殷(イン)末周初の賢者。「奔車」「覆舟」は、ともにあやうい国家のたとえ。〈『韓非子(カンピシ)』〉

【奔出】ホンシュツ 激しくほとばしり出ること。「間欠泉が―する」

【奔走】ホンソウ 物事がうまく運ぶよう、走り回って努力すること。世話をすること。「事態に収拾をつけるために―する」

【奔湍】ホンタン 勢いの激しい流れ。また、流れのはやい川。早瀬。急流。類奔流

【奔騰】ホントウ 物価や相場などが、急に非常な勢いで上がること。「地価が―する」

【奔南狩北】ホンナンシュホク 天子が難を避けて、南に北に逃げること。「奔」は逃げる意。〈鄭思肖(テイシショウ)の詩〉参考「狩」はかりの意だが、天子が逃げまわることをはばかっていう。

【奔馬】ホンバ ①激しい勢いで走るウマ。「―の如(ごと)く迫る」②勢いの激しいさま。

【奔放】ホンポウ 世間の常識や慣習にしばられず、思うままに振る舞うこと。また、そのさま。「自由―に生きた人だった」

【奔命】ホンメイ 命令にしたがい、忙しく立ち働くこと。「―に疲れる」由来 君命にしたがって奔走する意から。

【奔流】ホンリュウ 勢いがある激しい流れ。急流。類奔湍(ホンタン)

ホン【叛】(9) 又 7 4032 4840 ▼ハン(一二六四)

ホン【品】(9) 口 6 教 4142 494A ▼ヒン(一三二一)

ホン【奔】(9) 大 6 ▼奔の旧字(一四三三)

ホン【畚】(10) 田 5 1 6529 613D 音 ホン 訓 ふご・もっこ

意味 ふご。もっこ。縄やわらで編んだ、土などを運ぶかご。

【▲畚】ふご ①「畚もっこ」に同じ。②釣った魚を入れる竹かご。びく。

【▲畚】もっこ 土砂や農産物などを運ぶ道具。縄などで編んだ正方形の網の四隅に綱をつけ、棒でつって使う。参考「ふご」とも読む。

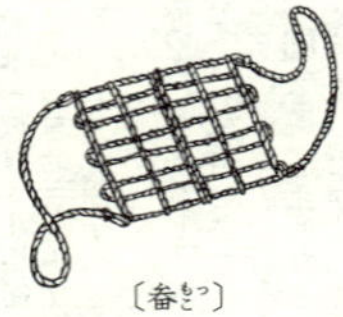
〔畚もっこ〕

ホン【笨】(11) ⺮5 1 6792 637C 音ホン 訓あらい・おろかな

意味 ①あらい。そまつな。「粗笨」②おろかな。

【▲笨い】あら-い 粗末な。また、粗雑な。

ホン【犇】(12) 牛8 1 6422 6036 音ホン 訓ひしめく・はしる

意味 ①ひしめく。押し合ってさわぎたてる。②はしる。ウシが驚いて走る。「犇散」類奔 参考たくさんのウシ(牛)が走るさまを表す字。

〈▲犇▲犇〉ひしひし ①身や心に強くこたえるさま。「不況を―と感じる」②少しのすき間もないほど迫ってくるさま。「敵が―と城を取り囲む」

【▲犇く】ひしめ-く 多くのものが集まり、押し合って騒ぐ。「祭の見物客が―いている」

ホン【翻】(18) 羽12 常 3 4361 4B5D 音ホン 外ハン 訓ひるがえる高・ひるがえす高

旧字《翻》(18) 羽12 1/準1

〔飜〕1 7044 664C

筆順 3 7 9 13 15 18 平 采 番 翻 翻 翻

意味 ①ひるがえる。ひるがえす。ひっくりかえす。「翻意」「翻弄ホンロウ」②うつしかえる。うつしとる。「翻案」「翻訳」

下つき 騰翻トウホン・飜翻ヘンポン

【翻る】ひるがえ-る ①裏返る。また、ひっくり返る。「風で着物のすそが―る」「一審判決が―る」②風にひらめく。「日章旗が風に―る」

【翻案】ホンアン 小説や戯曲などで、原作を生かして改作すること。「外国小説を―する」

【翻意】ホンイ 決心や意志をひるがえすこと。「やっとのことで―させた」

【翻刻】ホンコク 写本や刊本などを、そのままの内容で製版・印刷して出版すること。「江戸時代の古文書を―する」

【翻然】ホンゼン ①旗などが、ひるがえるようす。「国連旗が―とはためく」②心を急に改めるようす。「己の罪を―として悟る」

【翻訳】ホンヤク ある国の言語で表された文章を、他の国の言語に直すこと。「三か国語に―する計画です」

【翻弄】ホンロウ 思うままに、もてあそぶこと。「運命に―された一生」

〈翻車魚〉まんぼう マンボウ科の海魚。暖海にすむ。全長約四メートル。卵形で縦に平たく、胴が途中で切れたような形をしている。食用。ウキギ。由来「翻車魚」は漢名から。

〈翻筋斗〉もんどり 飛び上がって空中で一回転すること。とんぼがえり。「―打って落馬した」

ホン【▲飜】(21) 飛12 7044 664C ▼翻(翻の旧字)の異体字(一四三四)

ボン【凡】(3) 几1 常 4 4362 4B5E 音ボン・ハン高 訓外すべて・なみ・およそ

筆順 丿 几 凡

意味 ①すべて。みな。おしなべて。「凡例ハンレイ」「凡百」②ありふれた。なみ。ふつうの。「凡人」「凡夫」「平凡」③およそ。

下つき 大凡タイハン・非凡ヒボン・平凡ヘイボン

【△凡そ】およ-そ ①だいたい。ほぼ。あらまし。「―の事態は把握できた」②一般に。総じて。「―人というものは」③まったく。下に打ち消しの語や否定的な表現を伴って使う。「そんなことは―考えられない」

【△凡て】すべ-て ことごとく。おしなべて。全部。「―終わった」

【凡例】ハンレイ 書物や地図のはじめに、編集方針・読み方・利用法などを箇条書きに記したもの。例言。「最初に辞書の―を読む」

【凡愚】ボング 平凡でおろかなこと。また、そのような人やそのようなさま。

【凡骨】ボンコツ 平凡な素質。人並みの器量。また、その人。類凡才

【凡才】ボンサイ 平凡な才能。また、その人。類凡骨

【凡作】ボンサク 平凡なできばえ。また、つまらない作品。

【凡人】ボンジン 平凡な人。世間並みの人。普通の人。「―には思いつかぬことだ」類凡夫

【凡俗】ボンゾク 平凡で俗っぽいこと。下品なこと。また、その人。

【凡退】ボンタイ 野球で、打者が出塁や犠牲打などを果たせずに退くこと。「三者―」

【凡百】ボンピャク いろいろのものや人。かずかず。「―の論も、彼のものにはかなわない」参考「ボンビャク・ハンピャク」とも読む。

【凡夫】ボンプ ①仏煩悩ボンノウに迷わされている人。②平凡な人。普通の人。類凡人

【凡庸】ボンヨウ 平凡なこと。すぐれたところがないこと。また、その人。凡人。「一見―な人物にみえる」参考「庸」は、常または並みの意。

【凡慮】ボンリョ 凡人の考え。つまらない考え。「―の推測できることではない」

ボン【△犯】(5) 犭2 教 4040 4848 ▼ハン(一二六二)

ボン【盆】

(9) 皿 4 常 4 4363 4B5F 訓 音 ボン 外ホン 外はち

筆順 ノ八分分分盆盆盆盆

意味 ①ぼん。食器などをのせる平らな器。また、それに似た形のもの。「盆栽」「盆地」 ②はち。水や酒などを入れる器。③先祖の霊を迎えて供養する行事「盂蘭盆」の略。「盆と正月に帰省する」

下つき 旧盆・鼓盆・新盆

【△盆】はち 浅く平らな形状をした水・酒・食物などを入れる容器。

【盆踊り】ボンおどり 盂蘭盆会の前後の夜に、人が集まって音頭や歌に合わせてする踊り。もとは、死者の霊を慰めるためのもの。季秋

【盆景】ボンケイ 盆の上に、小さな石・砂・木などで自然の風景をかたどった置物。観賞用。「自作の―の世界に浸る」類盆石

【盆栽】ボンサイ 鉢などに小形の植物を植え育て、自然の趣を表現したもの。観賞用。「朝から熱心に―の手入れをしている」

【盆過ぎての▲鯖商い】ボンすぎてのさばあきない 時機を逸してしまうたとえ。参考江戸時代、盆の七月一五日に、サバの干物を供えたり贈り物にしたりする風習があり、盆前はサバの需要が高く、盆を過ぎると買い手がなくなったことから。類六日の菖蒲十日の菊

【盆石】ボンセキ ①箱庭や盆景に用いる観賞用のきれいな石。②「盆景」に同じ。

【盆地】ボンチ 四方を、山や高地に囲まれた平らな地域。「―霧」

【盆と正月が一緒に来たよう】ボンとショウガツがイッショにきたよう 喜ばしく楽しいことが重なること。また、よいことで非常に忙しくなること。

【盆を△戴きて天を望む】ボンをいただきてテンをのぞむ 一度に別々のことはできないというたとえ。盆を頭にのせたまま空を仰ぐことはできないことから。〈司馬遷の文〉

ボン【★梵】〔梵〕

(11) 木 7 1 5980 5B70 訓 音 ボン

意味 ①婆羅門教の最高原理ブラフマン。また、それが神格化された万物の創造主「梵天王」のこと。②インド古代のサンスクリット語のこと。「梵語」「梵字」 ③仏教に関する事物に冠する語。「梵鐘」

下つき 暁梵

【▲梵△論】ボロ 鎌倉末期に現れた有髪の乞食僧。のち、尺八を吹きながら物乞いをする虚無僧を指した。ぼろぼろ。ぼろんじ。表記「暮露」とも書く。

【▲梵論子】ボロンジ 「梵論」に同じ。

【▲梵語】ボンゴ 古代インドの文章語であるサンスクリット語。音訳されて仏教語として伝来した、中国・日本での呼称。

【▲梵妻】ボンサイ 仏僧の妻。大黒。

【▲梵字】ボンジ 梵語を書き表す文字。字体は種々あるが、日本ではおもに悉曇文字。寺院で用いるつりがね。おもに青銅でつくられている。

【▲梵鐘】ボンショウ 寺院で用いるつりがね。おもに青銅でつくられている。

【▲梵▲砌】ボンゼイ 寺院の境内。参考「砌」は、階段の下の石だたみの意。

【▲梵刹】ボンセツ 仏寺。寺院。参考「ボンサツ」とも読む。

【▲梵天】ボンテン ①「梵天王」の略。バラモン教で万物創造の神。のちに仏教に取り入れられて仏法守護の神。②祭礼などに用いる一種の大きな御幣。③延縄漁業で目じるしに用いる漁具。

【▲梵△唄】ボンバイ ①「声明」の別称。②①のうち、梵語を漢字音訳した歌詞による唄。法会の始まりに僧が独唱する経文。

ボン【▲煩】(13) 火 9 常 4049 4851 ▼ハン(一二六六)

ポンド【▲听】(7) ロ 4 5065 5261 ▼キン(三五三)

ポンド【△封】(9) 寸 6 常 4185 4975 ▼フウ(一三三八)

ポンド【▲磅】(15) 石 10 6692 627C ▼ホウ(一四一一)

ま 末 マ 万

マ【麻】

(11) 麻 0 常 準2 4367 4B63 訓 音 マ 外バ あさ 外しびれる

筆順 亠广广庁床床府府麻麻

意味 ①あさ。クワ科の一年草。また、あさ類の総称。「亜麻」「乱麻」 ②しびれる。しびれ。「麻酔」「麻痺」類痲

下つき 亜麻・黄麻・胡麻・蕁麻・大麻・苧麻・乱麻

【麻】あさ ①クワ科の一年草。中央アジア原産。熱帯から温帯にかけて栽培。茎は直立し、一〜三メートルになる。茎の皮から繊維をとり、麻糸にする。種子からは油をとる。タイマ。季夏 ②麻糸。また、それで織った布。「―の布地は汗をよく吸い取る」

【麻の中の▲蓬】あさのなかのよもぎ 悪人も善良な人と交われば、自然に感化されて善人になるたとえ。人は環境によって善くも悪くもなるたとえ。茎が曲がって伸びるヨモギも、まっすぐに伸びるアサの中で育つと、自然にまっすぐになることから。〈『荀子』〉対蓬に交わる麻

『麻を荷(にな)って金(かね)を捨てる』 目の前の利益に目がくらみ、取るに足りないものを大事にして、より大切なものを失うことへの戒め。ほしかったアサを手に入れてうれしくなり、それを運ぶために、もっていた金がじゃまになって捨ててしまう意から。〈『諺苑(ゲンエン)』〉

【〈麻幹〉】(おがら) アサの皮をはいだ茎。盆の迎え火や送り火をたくのに用いる。あさがら。「―をたく」 季秋 表記「苧殻」とも書く。

【〈麻葉繡毬〉】(こでまり) バラ科の落葉小低木。 由来「麻葉繡毬」は漢名から。▼小手毬(こでまり)(七三八)

【〈麻疹〉】(はしか) 幼児に多い急性の感染症。発熱し、全身に発疹(ハッシン)が出て、口中に白い斑点(ハンテン)ができる。一度かかると、一生の免疫を得る。 参考「マシン」とも読む。

【麻雀】(マージャン) 中国から伝わった室内遊戯。四人一組で、あらかじめ配られる一三個の牌(パイ)をもとに、場の牌を順ぐりに取捨して規定の組み合わせを作っていき、上がりを競う。 参考 中国語から。

【麻婆豆腐】(マーボードウフ) 豚ひき肉と豆腐をいため、唐辛子味噌(ミソ)で味つけした中国料理。 参考「麻婆(マーボー)」は中国語から。

【麻黄】(マオウ) マオウ科の常緑小低木。中国北部原産。高さ五〇センチメートル前後で、茎はトクサに似る。初夏、卵形の花穂をつける。漢方で茎を煎(セン)じて解熱やせき止めなどの薬とする。

【麻姑搔痒】(マコソウヨウ) 物事が思いのままになること。かゆいところによく手が届く意から。「麻姑」は中国の伝説で、美しい仙女の名。鳥のような長いつめをもつという。「搔痒」は、かゆいところをかくこと。 故事 中国、漢の桓帝(カンテイ)のとき、蔡経(サイケイ)という人が麻姑の長いつめを見て、それで背中をかかせたら、さぞかし気持ちがよいだろうと思ったという故事から。〈『神仙伝』〉 表記「搔痒」は「搔癢」とも書く。 対 隔靴搔痒(カッカソウヨウ)

【麻酔】(マスイ) 手術などを無痛の状態で行うために、薬剤により、一時的に体の一部や全身を麻痺(ヒマ)させ、知覚を失わせること。「手術のため―をかける」 表記「痲酔」とも書く。

【麻痺】(マヒ) ①神経または筋肉の機能が停止したり、低下したりすること。「右足が―して感覚がなくなる」 ②本来のはたらきができなくなること。「交通が―する」 表記「痲痺」とも書く。 参考「痺」は一般に用いるが、「痹」の誤用。

【麻耶】(マヤ) 釈迦(シャカ)の生母。インドの城主、浄飯王(ジョウボンノウ)の妃となり釈迦を生んだが、その七日後に没した。摩迦摩耶(マカマヤ)。摩耶夫人(マヤブニン)。

【麻薬】(マヤク) 麻酔・鎮痛・幻覚作用をもち、常用すると依存性のある薬物。モルヒネ・コカイン・アヘン・大麻など。

マ【痲】 (13) 疒 8 1 6568 6164 音 マ・バ 訓 しびれる・しびれ

意味 しびれる。しびれ。「痲酔」「痲痺(マヒ)」 類 麻

【痲れる】(しびれる) 神経がおかされて体の感覚がなくなり、自由がきかなくなる。

【痲疹】(マシン) はしか。幼児が多くかかる感染症麻痺(ヒマ)する。疫を得る。 表記「麻疹」とも書く。

【痲酔】(マスイ) 薬剤により一時的に体の一部、または全身を麻痺(ヒマ)させること。 表記「麻酔」とも書く。

【痲痹】(マヒ) ①神経や筋肉の機能が停止したり低下したりすること。「心臓―」 ②本来のはたらきができなくなること。「良心が―する」 表記「麻痺」とも書く。

マ【嘛】 (14) 口 11 1 5155 5357 音 マ 訓

意味 ラマ教の僧「喇嘛(ラマ)」に用いられる字。チベット語の音訳。

マ【麼】 (14) 幺 11 1 5487 5677 音 マ・モ・バ 訓

意味 ①こまかい。小さい。「麼虫」 ②なに。どんな。か。や。疑問を表す語。

マ【摩】 (15) 手 11 常 準2 4364 4B60 音 マ 訓 外 する・さする・こする

筆順 ⼇ 广 庁 庍 庥 麻 麽 麿 摩 摩 (2, 5, 11)

意味 ①する。さする。こする。「摩擦」「按摩(アンマ)」 ②みがく。とぐ。「研摩」 ③せまる。とどく。「摩天楼」 ④梵語(ボンゴ)の音訳に用いる。「摩耶(マヤ)」「護摩」

書きかえ ①②「磨」の書きかえ字として用いられるものがある。

下つき 按摩(アンマ)・研摩(ケンマ)

【摩る】(さする) 手のひらで軽くこする。「母の背をやさしく―る」

【摩り替える】(すりかえる) 人にわからないように別のものに取りかえる。特に、にせ物にかえる。「話を―える」

【摩る】(する) 手ですりもんでこする。なでる。また、みがく。

【摩れ摩れ】(すれすれ) ①いまにも触れそうなほど近いさま。「道を車が―に行き交う」 ②ぎりぎりでやっと間に合うさま。「志望校に―で合格する」 表記「擦れ擦れ」とも書く。

【摩訶不思議】(マカフシギ) きわめて不思議なさま。「摩訶」は、大きい意。「―な出来事」

【摩擦】(マサツ) ①こすること。②二つの物体が接触するとき、一方の運動を妨げようとする状態。また、その力。③折り合いが悪いこと。不和。「貿易―解消のため首脳会談を行う」 類 軋轢(アツレキ)

【摩損】(マソン) すれ合って減ること。「部品の―が激しい」 表記「磨損」とも書く。

ま マ

【摩頂放踵】マチョウホウショウ　自分の身を犠牲にして、他人のために尽くすこと。頭のてっぺんから足のかかとまですり減らす意から。「踵」はかかと、「放」は至る意。〈『孟子』〉

【摩天楼】マテンロウ　天に届くほどの非常に高い建物。超高層ビル。「―が林立しているニューヨーク」

【摩滅】マメツ　すり減ること。すり減ってなくなること。「やすりの表面が―する」
書きかえ「磨滅」の書きかえ字。

【摩耗】マモウ　機械や道具を使用しているうちに、すり減ること。「タイヤの―が激しい」類摩滅　表記「磨耗」とも書く。

【摩利支天】マリシテン　仏身を隠し、祈る人の障害を除き、利益を与えるというインドの女神。通常、イノシシにまたがっている。日本では武士の守護神とされた。

〈摩西〉モーセ　古代イスラエル民族の指導者。紀元前一四世紀ころ、苦役にあえぐ同胞を率いてエジプトを脱出、約束の地カナンに導いた。モーゼ。

〈摩納哥〉モナコ　フランス南東部、地中海に面した立憲君主制の公国。公設のカジノで有名。首都はモナコ。

〈摩洛哥〉モロッコ　アフリカ北西端、大西洋と地中海に面した王国。首都はラバト。アトラス山脈を中心とする高原の国。

マ【磨】(16)　石11　常　準2　4365　4B61
音マ 外バ
訓みがく 外とぐ・する

筆順　丶 亠 广 戸 庁 床7 厤 麻11 厤 磨 磨16

意味①みがく。とぐ。「研磨」②つとめる。はげむ。「琢磨」「練磨」③する。すりへる。「磨滅」④梵語の音訳に用いられる。「達磨」

書きかえ①③「摩」に書きかえられるものがある。

下つき　研磨・琢磨・練磨

【磨臼】すりうす　もみがらを取るのに使う臼。製粉にも用いる。平たい円筒形の臼を上下に二つ重ねて、上の臼を回転させて両臼の間ですり合わせる。ひき臼。唐臼。

【磨〈硝子〉】すりガラス　表面を金剛砂などでこすって凹凸をつけ、不透明にしたガラス。くもりガラス。つや消しガラス。

【磨る】する　こする。参考「磨」は細かく砕く意から石臼の意。

【磨ぐ】とぐ　砥石・やすりなどでこすって、切れるようにする。「包丁を―ぐ」

【磨崖仏】マガイブツ　自然の岩壁に彫られた仏像。インドや中国に多い。

【磨揉遷革】マジュウセンカク　人をよい方向に教え導くこと。「磨揉」は、善をみがき短所を直す、「遷革」は、よいほうへ改める意。〈欧陽脩の文〉

【磨穿鉄硯】マセンテッケン　強い意志をもってたゆまずに勉学に励むこと。「磨穿」は、すり減って穴があく意。「今日の栄光は―の成果だ」故事中国五代、晋の桑維翰が、鉄の硯がすり減って穴があくまで猛勉強を続け、科挙（官吏の登用試験）に合格した故事から。〈『五代史』〉参考「鉄硯磨穿」ともいう。類蛍窓雪案

【磨損】マソン　すれ合って減ること。表記「摩損」とも書く。

【磨滅】マメツ　▼書きかえ摩滅（一四三七）

【磨耗】マモウ　すり減ること。表記「摩耗」とも書く。

【磨礪】マレイ　みがきとぐこと。といで鋭くすること。転じて、努め励むこと。

【磨く】みがく　①こすって、つやを出す。「靴を―く」「肌を―く」②上達するように、物事に励み努める。「技を―く」

マ【蟇】(16)　虫10　7417　6A31　▼バ（一二二二）

マ【魔】(21)　鬼11　常　3　4366　4B62
音マ 外バ

筆順　广3 庐 麻7 麻11 麻 磨14 磨 魔17 魔19 魔

意味①人の心を迷わせたり害を与えたりする悪鬼。「魔王」「悪魔」②あやしいわざ。ふしぎな術。「魔法」

下つき　悪魔・閻魔・色魔・邪魔・睡魔・天魔・破魔・病魔・妖魔

【魔王】マオウ　①仏人間を惑わして、仏道の妨げをする天魔の王。六欲天の第六天。②魔界の王。悪魔の王。

【魔界】マカイ　悪魔のすんでいる世界。人の心を惑わす所。類魔境

【魔境】マキョウ　悪魔のすむ、神秘的で恐ろしい地域。類魔界

【魔窟】マクツ　①悪魔たちのすみか。②悪いことをする者が集まり住んでいる所。

【魔手】マシュ　人に害悪を与えるもののたとえ。「誘惑の―にかかる」類毒牙

【魔術】マジュツ　①人の心を迷わす不思議な術。②大がかりな手品。「―ショー」

【魔性】マショウ　悪魔のような、人をたぶらかし惑わす性質。「―の女を演じる」

【魔神】マジン　災いをもたらすという神。悪魔の神。参考「マシン」とも読む。

【魔法】マホウ　ふつうの人間にはできそうもない不思議な術。魔術。「―使い」

【魔魅】マミ　①人をたぶらかし惑わす魔物。化け物。②邪悪な人。

【魔除け】まよけ　悪魔を避けること。また、そのためのお守り。

【魔羅】マラ　①仏仏道修行を妨げ、人の心を惑わすもの。②陰茎。参考②もと、僧の隠語から。

【魔力】マリョク　①不思議なことを起こす力。②人を迷わす、あやしい不思議な力。

ま【目】(5) 目0 教 4460 4C5C ▼モク(一四八三)

ま【真】(10) 目5 教 3131 3F3F ▼シン(一七九九)

ま【馬】(10) 馬0 教 3947 474F ▼バ(一二一〇)

ま【間】(12) 門4 教 2054 3456 ▼カン(一三六八)

マイ【毎】(6) 母2 教 常 9 4372 4B68 音 マイ ㊀バイ 訓 ㊀ごと・つね・むさぼる

旧字《每》(7) 母3 1/準1 8642 764A

筆順 ノ 𠂉 𠂉 仁 匃 毎 毎

意味 ①ごと。つね。つねに。たびごとに。「毎次」「毎毎」②むさぼる。もとめる。

[△毎]つね つねに。いつも。そのたびに。事あるごとに。

[毎次]マイジ 事がおこるそのたびごと。そのつど。「—大会記録を更新する」類毎回・毎度

[毎事]マイジ ことごと。事あるたび。事件の発生するたびごと。

[毎毎]マイマイ いつも。つねづね。たびたび。そのたびごと。類毎回・毎度

マイ【米】(6) 米0 教 4238 4A46 ▼ベイ(一三七一)

マイ【△每】(7) 母3 8642 764A ▼毎の旧字(一四三八)

マイ【妹】(8) 女5 教 常 9 4369 4B65 音 マイ㊥ ㊀バイ 訓 いもうと ㊀いも

筆順 く 女 女 女 妒 妹 妹 妹

意味 ①いもうと。年下の女のきょうだい。「妹婿」対姉 ②いも。男性が妻や恋人を親しんで呼ぶ語。「妹背いもせ」

下つき 義妹ギマイ・姉妹シマイ・弟妹テイマイ・令妹レイマイ

[△妹]いも 古くは男性が、妻や恋人などを親しんで呼んだ語。対兄せ

[妹]いもうと ①年下の女のきょうだい。対姉 ②古くは男性からみての女のきょうだい。姉にも用いた。対兄人せうと

[△妹背・〈妹兄〉]いもせ ①愛し合う男女。夫婦。②兄と妹。まれに、姉と弟のこともいう。

マイ【枚】(8) 木4 教 常 5 4371 4B67 音 マイ ㊀バイ 訓 ㊀ひら

筆順 一 十 才 木 木' 朼 杦 枚

意味 ①紙・板など、薄くて平たいものを数える語。ひら。②かぞえる。一つ一つ数えあげる。「枚挙」

下つき 大枚タイマイ

[枚挙]マイキョ 一つ一つ数えあげること。「すべての理由を—する」類列挙

[枚挙に△遑がない]マイキョにいとまがない あまりにいちいち数えあげることができない。多すぎての意。「不注意から起きる交通事故は—い」「遑」は、ひまの意。

マイ【昧】(9) 日5 常 2 4370 4B66 音 マイ ㊀バイ 訓 ㊀くらい

筆順 丨 冂 日 日 日一 日二 旪 昧 昧

意味 ①夜明け。夜明けのうすぐらいとき。「昧爽マイソウ」②はっきりしない。あやふや。「曖昧アイマイ」③道理にくらい。おろか。「蒙昧モウマイ」参考「眛マイ」は別字。

下つき 曖昧アイマイ・愚昧グマイ・三昧サンマイ・草昧ソウマイ・幽昧ユウマイ

[△昧い]くらい ①ほの暗くて、物がかすかにしか見えない。②愚か。道理にうとい。

[昧死]マイシ 死を覚悟で君主などに真実を直言すること。参考中国で、君主に上奏する文に用いた語。

[昧爽]マイソウ 夜明けがた。早朝。あかつき。未明。類昧旦マイタン

マイ【埋】(10) 土7 常 3 4368 4B64 音 マイ 訓 うめる・うまる・うもれる ㊀うずもれる・うずまる・いける

筆順 一 十 土 圢 圩 坦 坦 坦 埋 埋

意味 うめる。うもれる。うずめる。「埋没」「埋葬」

[△埋炭]いけずみ 火力をながく保たせるため、灰にうずめた炭火。表記「活炭」とも書く。

[△埋ける]いける ①炭火が消えないように、灰にうずめる。②土の中にうめる。

[△埋まる]うずまる ①物に覆われ、外から見えなくなる。「土砂に—る」②人や物で場所がいっぱいになる。「広場が人で—る」

[△埋み火]うずみび はやく燃え尽きないように、灰の中にうずめた炭火やたどんの火。いけび。季冬

[△埋もれる]うずもれる ①物に覆われている。物の下に隠れる。「雪に—れた家」②世に知られないでいる。「—れた人材を発掘する」参考「うもれる」とも読む。

[埋め木]うめき 木材などのすき間に木切れを詰めること。また、その木切れ。

[埋め草]うめくさ 雑誌や新聞などで、余白をうめるための短い文章。由来敵の城を攻めるとき、堀をうめるのに用いた草の意から。

[埋める]うめる ①物を詰めてふさぐ。物で覆って見えなくする。「池を土砂で—める」「土の中に—める」②人や物でいっぱいにする。「大勢の観客が会場を—める」③欠けているものや不足しているものを補う。「赤字を—める」④水を加えて湯をぬるくする。「風呂ふろを—める」

[埋もれ木]うもれぎ ①長い歳月、土の中などにうずもれて炭化が進み、堅くなった木。良質のものは細工物に利用される。②

世間からかえりみられない人。また、その境遇。

『埋もれ木に花咲く』 世間から忘れられ、恵まれなかった人が再び世に出ることのたとえ。《『平家物語』》

【埋もれる】うもれる 「埋(う)もれる」に同じ。

〈埋葬虫〉しでむし シデムシ科の甲虫の総称。世界中に分布。体は平たく長い楕円(ダエン)形のものが多い。動物の死体に群がって食う。由来「埋葬虫」は、動物の死体を土の中にうめる習性があることから。

【埋玉】マイギョク 宝玉をうずめること。転じて、英才や美人などの死を悼むたとえ。《『晋書(シンジョ)』》

【埋骨】マイコツ 火葬にした死者の骨を墓に納めること。遺骨を埋葬すること。

【埋設】マイセツ 地中にうめて取りつけること。「水道管の―工事中」

【埋葬】マイソウ ①遺体を土中にうめ、ほうむること。類土葬 ②遺骨を墓に納めること。類埋骨

【埋蔵】マイゾウ ①地中にうずめ隠すこと。「宝物を―する」②地中にうもれていること。「―文化財の調査」

【埋没】マイボツ ①うもれ隠れてしまうこと。「地中に―する」②世間に知られないこと。また、知られなくなること。「市井(シセイ)に―して暮らす」③ある状況のなかにひたりきること。「研究に―した毎日だ」

マイ【眛】(10) 目5 1 6638 6246 音 マイ・バイ 訓 くらい

意味 くらい。目がよく見えない。参考「昧(マイ)」は別字。

【▲眛い】くらい 目がよく見えないさま。暗くてはっきり見分けられない。

マイ【瑁】(13) 王9 1 6480 6070 音 マイ

意味 海がめの一種「瑇瑁(タイマイ)」に用いられる字。

マイ【★邁】(16) 辶12 1 7818 6E32 音 マイ・バイ 訓 ゆく・すぎる・つとめる

意味 ①ゆく。すぎる。すすむ。「邁進」②すぐれる。まさる。「英邁」「豪邁」③つとめる。はげむ。

下つき 英邁(エイマイ)・高邁(コウマイ)・豪邁(ゴウマイ)・俊邁(シュンマイ)・衰邁(スイマイ)・超邁(チョウマイ)・雄邁(ユウマイ)

【▲邁往】マイオウ 勇み立ってひたすら進むこと。類邁進・勇往

【邁進】マイシン 勇敢に突き進むこと。「一路―あるのみ」「勇往―」(目的に向かって勇ましく突き進むこと) 類邁往

【▲邁く】ゆく ①遠く行く。前進する。②過ぎ去る。月日がたつ。

まい【舞】(15) 舛8 常 4181 4971 ▼ブ(一三三七)
まいない【△賂】(13) 貝6 常 4708 4F28 ▼ロ(一六〇九)
まいなう【△賂う】(13) 貝6 常 4708 4F28 ▼ロ(一六〇九)
まいる【参る】(8) ム6 教 2718 3B32 ▼サン(五八四)
マイル【▲哩】(10) 口7 4373 4B69 ▼リ(一五五七)
まいる【△詣る】(13) 言6 常 2356 3758 ▼ケイ(三九九)
まう【舞う】(15) 舛8 常 4181 4971 ▼ブ(一三三七)
まえ【前】(9) 刂7 教 3316 4130 ▼ゼン(九一四)
まが【△禍】(13) ネ9 常 1850 3252 ▼カ(一五五)
まがい【△擬】(17) 扌14 常 2128 353C ▼ギ(二九〇)
まがう【△紛う】(10) 糸4 常 4222 4A36 ▼フン(一三五五)
まがき【▲樊】(15) 木11 6072 5C68 ▼ハン(一二六七)
まがき【△藩】(18) ⺾15 常 4045 484D ▼ハン(一二六九)
まがき【▲籬】(25) ⺮19 6865 6461 ▼リ(一五六一)
まかす【負かす】(9) 貝2 教 4173 4969 ▼フ(一三一七)
まかせる【任せる】(6) 亻4 教 3904 4724 ▼ニン(一二〇二)
まかせる【△委せる】(8) 女5 教 1649 3051 ▼イ(一八)
まかなう【賄う】(13) 貝6 常 4737 4F45 ▼ワイ(一六二八)
まかる【△罷る】(15) 罒10 常 4077 486D ▼ヒ(一二八六)
まがる【△勾がる】(4) 勹2 常 2491 387B ▼コウ(四七三)
まがる【曲がる】(6) 曰2 教 2242 364A ▼キョク(三四八)
まがる【▲紆がる】(9) 糸3 6894 647E ▼ウ(七一)
まき【牧】(8) 牛4 教 4350 4B52 ▼ボク(一四一七)
まき【巻】(9) 己6 教 2012 342C ▼カン(二二八)
まき【▲槙】(14) 木10 4374 4B6A ▼シン(八〇八)
まき【△薪】(16) ⺾13 常 3137 3F45 ▼シン(八〇九)
まぎらす【紛らす】(10) 糸4 常 4222 4A36 ▼フン(一三五五)
まぎらわしい【紛らわしい】(10) 糸4 常 4222 4A36 ▼フン(一三五五)
まぎれる【紛れる】(10) 糸4 常 4222 4A36 ▼フン(一三五五)

マク【幕】(13) 巾10 常 教 5 4375 4B6B 音 マク・バク

筆順 一 艹 芇 苜 莒 莫 莫 幕 幕

意味 ①まく。㋐物のしきりに使う布。たれまく。「暗幕」「天幕」㋑芝居のひとくぎり。「幕間」「幕が開く(はじまる)」㋒相撲の位。「幕内」②将軍の陣営。将軍が政務をとるところ。「幕営」「幕府」③「徳川幕府」の略。「幕末」「討幕」

下つき 暗幕(アンマク)・内幕(うちマク)・煙幕(エンマク)・開幕(カイマク)・銀幕(ギンマク)・鯨幕(くじらマク)・黒幕(くろマク)・佐幕(サバク)・字幕(ジマク)・終幕(シュウマク)・序幕(ジョマク)・陣幕(ジンマク)・弾幕(ダンマク)・天幕(テンマク)・倒幕(トウバク)・討幕(トウバク)・入幕(ニュウマク)・平幕(ひらマク)・閉幕(ヘイマク)

【幕臣】バクシン 幕府の臣下。旗本や御家人など、将軍直属の家来。

【幕天席地】バクテンセキチ 士気が盛んで豪放なさま。志が大きく、小さなことにこだわらないさま。天を幕とし、大地をむしろにする意から。「席」は、むしろ。〈劉伶の詩〉

【幕府】バクフ ①将軍の居所。陣営。②武家政治の役所。武家政権。「江戸―」 由来 昔、戦場で幕を張って事を治めたことから。

【幕末】バクマツ 江戸幕府の末期。明治維新の直前のころ。「―の志士」

【幕僚】バクリョウ ①将軍や君主などの参謀。②軍隊で、司令官などに直属して作戦を補佐する将校。

【幕間】マクあい 芝居で、一幕が終わって次の幕があくまでの間。幕を引いている間の休憩時間。参考「マクま」は誤読。

【幕内】マクうち 相撲で、番付の最上段に名を掲げられる「前頭」以上の力士。また、その位。まくのうち。由来 江戸時代、将軍の上覧相撲のとき、優秀な力士は幔幕の内側にいることが許されたことから。

【幕の内】マクのうち ①「幕の内弁当」の略。ごまをまぶした俵形のにぎり飯とおかずとを詰め合わせた弁当。②「幕内」に同じ。由来 ①芝居の幕間に食べたことから。

マク【膜】(14) 月10 常 3 4376 4B6C 音 マク 外 バク

筆順 丿 月 月 月一 月艹 月艹 月芦 月昔 膜 膜

意味 ①まく。体内の器官を包む薄い皮。「粘膜」②物の表面をおおう薄い皮。「鼓膜」「被膜」

下つき 角膜・結膜・骨膜・鼓膜・粘膜・脳膜・皮膜・被膜・腹膜・弁膜・網膜

まく【巻く】(9) 己6 教 2012 342C ▼カン(二三八)

まく【▲捲く】(11) 扌8 2394 377E ▼ケン(四二五)

まく【▲蒔く】(13) 艹10 2812 3C2C ▼シ(六三二)

まく【▲撒く】(15) 扌12 2721 3B35 ▼サツ(五七三)

まく【▲播く】(15) 扌12 3937 4745 ▼ハ(一二一九)

同訓異義 まく

【巻く】ぐるぐるとからめる。丸くまきとる。ぐるぐると回す。ほか、広く用いる。「足に包帯を巻く」「毛糸を巻く」「錨を巻く」「ねじを巻く」「舌を巻く」「煙に巻かれる」

【▲捲く】「巻く」にほぼ同じ。

【▲播く】植物の種を地面に散らしてうめる。「蒔く」より本格的な農作業の意が強い。「トラクターで畑に種を播く」「種を播く人」

【▲蒔く】植物の種を地面に散らしてうめる。蒔絵をつくるため、模様を漆で描いて金粉をふる。「早蒔きにする」「直蒔き」「蒔かぬ種は生えぬ」「金粉を蒔く」「蒔絵」

【▲撒く】あたり一面に散らす。尾行者や連れの人をはぐれさせる。「道路に水を撒く」「ビラを撒く」「予算をばら撒く」「同行の仲間を撒く」「愛想を振り撒く」

まぐさ【▲秣】(10) 禾5 6734 6342 ▼マツ(一四四四)

まぐさ【▲芻】(10) 艸4 7177 676D ▼スウ(八三五)

まくら【枕】(8) 木4 常 2 4377 4B6D 訓 まくら 外 チン・シン

筆順 一 十 才 木 木' 村 杪 枕

意味 まくら。まくらをして横になる。「枕頭」「枕木」

下つき 徒枕・腕枕・高枕・旅枕・手枕・陶枕・夢枕

【枕▲戈待旦】チンカタイタン 戦いの準備を、常に怠らないたとえ。戈を枕にして寝て、朝を待つ意から。〈『晋書』〉 類 枕戈寝甲

【枕席】チンセキ ①枕と敷物の意から、寝床。②寝室。また、男女が同じふとんで寝ること。表記 ②「枕藉」とも書く。

【枕▲藉・枕籍】チンセキ ①互いを枕にして寄りかかり、重なり合うように寝ること。②「枕席」に同じ。③書物がうずたかく積んであること。また、書物を枕にすること。参考「チンシャ」とも読む。

【枕頭】チントウ 枕元。「この書をいつも―に置いている」 類 枕上

【枕流▲漱石】チンリュウソウセキ ▼石に漱ぎ流れに枕す(八七三)

【枕】まくら ①寝るとき、頭を乗せる寝具。「―を高くする(安心して寝る)」②長い物の下に置いて支えとするもの。「―木」③「枕詞」の略。④話の前置き。「落語の―」

『枕を扇ぎ▲衾を温む』 愛情を込めて親を養うたとえ。故事 中国、後漢時代、黄香は母を失ったのち、父に孝養を尽くし、暑いときには扇で父の枕元をあおぎ、寒いときには身をもって父の寝具をあたためたという故事から。〈『東観漢記』〉

【枕詞】まくらことば ①和歌の修辞で、意味とは無関係に、特定の語句に冠して句調を整える語。「ちはやぶる(↓神など)」「ひさかたの(↓光など)」など。類 冠辞・発語 ②前置きの言葉。

まくる【▲捲る】(11) 扌8 2394 377E ▼ケン(四二五)

まぐれ【紛れ】(10) 糸4 常 4222 4A36 ▼フン(一三五五)

まぐろ【▲鮪】(17) 魚6 4378 4B6E ▼イ(四〇)

まげ【▲髷】(16) 髟6 8194 717E ▼キョク(三五一)

まげて【▲枉げて】(8) 木4 5930 5B3E ▼オウ(一一四)

まける【負ける】(9) 貝2 教 4173 4969 ▼フ（一三二七）

まげる【曲げる】(6) 曰2 教 2242 364A ▼キョク（三四八）

まげる【▲枉げる】(8) 木4 5930 5B3E ▼オウ（一一四）

同訓異義 まげる

【曲げる】まっすぐなものをゆがめる。主義や志を変える。質に入れる。「針金を曲げる」「腰を曲げる」「信念を曲げずに貫く」「時計を曲げて旅費をつくる」

【▲枉げる】事実や道理をゆがめる。おしまげる。こじつける。「事実を枉げて伝える」「法は枉げられない」「そこを枉げてお願いします」

まご【孫】(10) 子7 教 3425 4239 ▼ソン（九六七）

まこと【▲忱】(7) 忄4 5558 575A ▼シン（七九一）

まこと【△実】(8) 宀5 教 2834 3C42 ▼ジツ（六五一）

まこと【△信】(9) 亻7 教 3114 3F2E ▼シン（七九四）

まこと【▲恂】(9) 忄6 5586 5776 ▼ジュン（七一九）

まこと【▲洵】(9) 氵6 6213 5E2D ▼ジュン（七一九）

まこと【△真】(10) 目5 教 3131 3F3F ▼シン（七九九）

まこと【▲惇】(11) 忄8 3855 4657 ▼ジュン（七二〇）

まこと【△款】(12) 欠8 常 2030 343E ▼カン（二三七）

まこと【誠】(13) 言6 教 3231 403F ▼セイ（八六五）

まこと【▲愨】(14) 心10 5634 5842 ▼カク（二〇一）

まこと【▲諒】(15) 言8 4642 4E4A ▼リョウ（一五八一）

まことに【▲允に】(4) 儿2 1684 3074 ▼イン（六一）

まことに【▲寔に】(12) 宀9 5370 5566 ▼ショク（七八三）

まこも【▲蔣】(14) 艹11 9122 7B36 ▼ショウ（七六〇）

まさ【正】(5) 止1 教 3221 4035 ▼セイ（八四四）

まさ【柾】

(9) 木5 国 準1 4379 4B6F 訓 音 まさ・まさき

意味 ①まさ。まさめ。木目がまっすぐにとおっているもの。②まさき。ニシキギ科の常緑低木。

【▲柾】まさき ニシキギ科の常緑低木。海岸近くの山地に自生。葉は楕円(ダエン)形で厚くつやがある。初夏、緑白色の小花が咲き、赤い実を結ぶ。表記「正木」とも書く。

【▲柾目】まさめ まっすぐ縦に平行にとおった木目。対 板目 表記「正目」とも書く。

まさかり【▲戉】(5) 戈1 5690 587A ▼エツ（九三）

まさかり【▲鉞】(13) 金5 7872 6E68 ▼エツ（九四）

まさき【▲柾】(9) 木5 国 4379 4B6F ▼まさ（一四四一）

まさに【△方に】(4) 方0 教 4293 4A7D ▼ホウ（一三九五）

まさに【△且に】(5) 一4 常 1978 336E ▼かつ（二二七）

まさに【△当に】(6) 小3 教 3786 4576 ▼トウ（一一三六）

まさに【△応に】(7) 心3 教 1794 317E ▼オウ（一一二）

まさに【△将に】(10) 寸7 教 3013 3E2D ▼ショウ（七四六）

まさる【勝る】(12) 力10 教 3001 3E21 ▼ショウ（七五三）

まさる【△優る】(17) 亻15 教 4505 4D25 ▼ユウ（一五一七）

まじない【△呪い】(8) 口5 常 2886 3C76 ▼ジュ（六八二）

まします【△在す】(6) 土3 教 2663 3A5F ▼ザイ（五六一）

まします【▲坐す】(7) 土4 2633 3A41 ▼ザ（五四七）

ましら【△猿】(13) 犭10 常 1778 316E ▼エン（一〇二）

まじる【交じる】(6) 亠4 教 2482 3872 ▼コウ（四七七）

まじる【混じる】(11) 氵8 教 2614 3A2E ▼コン（五三七）

まじる【▲淆じる】(11) 氵8 6234 5E42 ▼コウ（五〇二）

まじる【△雑じる】(14) 隹6 教 2708 3B28 ▼ザツ（五七三）

まじる【▲糅じる】(15) 米9 6882 6472 ▼ジュウ（七〇五）

まじる【△錯じる】(16) 金8 常 2688 3A78 ▼サク（五六八）

同訓異義 まじる

【交じる】いろいろなものが入り組む。とけ合わずにまじる。「子どもたちの中に大人が交じる」「漢字に仮名が交じる言葉」「白髪交じりの頭」「男に交じって働く」「敵味方が入り交じって戦う」「芝生に雑草が交じる」

【混じる】もともと別のものが一体になる。とけ合ってまじる。ほか、広く用いる。「毒物が混じる」「雑音が混じって聞き取れない」「西洋人の血が混じる」「混じり気のない酒」

【△雑じる】いろいろなものが雑然と入りまじる。純粋さがなくなる。「純」の対。「異物が雑じる」「柴犬(しばいぬ)などの血が雑じった雑種」

【▲淆じる】入りまじる。「交じる」に近い意。「玉石混淆(ギョクセキコンコウ)」

【▲糅じる】米に雑穀がまじる。

まじろぐ【△瞬ぐ】(18) 目13 常 2954 3D56 ▼シュン（七一八）

まじわる【交わる】(6) 亠4 教 2482 3872 ▼コウ（四七七）

ます【升】(4) 十2 常 3003 3E23 ▼ショウ（七四〇）

ます【△斗】(4) 斗0 常 3745 454D ▼ト（一一一四）

ます【★枡】

(8) 木4 国 1 5938 5B46 訓 音 ます

〔☆桝〕4381 4B71 〔桝〕

意味 ます。容量をはかる正方形の器。また、そのような形をしたもの。

【▲枡形】ますがた ①ますのような四角い形。②敵の直進を防ぐために、城の入り口に設けられた方形の土地。③柱などの上に設けた四角い木。表記「升形」とも書く。

【▲枡席】ますせき 芝居小屋や相撲興行場などで、四角に仕切った見物席。ます。「一で相撲を観戦する」表記「升席」とも書く。

【▲枡で量って▲箕でこぼす】ますではかってみでこぼす 苦労してためたものを無駄なことに一度に使ってしまうたとえ。ますできちんと量るように苦労してためたものを、箕に移して一度にこぼしてしまう意から。「箕」は、竹などで編んだ目の粗いふるい。表記「枡」は「升」とも書く。参考「枡で量って」は、「爪(つめ)で拾って」ともいう。

【▲枡目】ますめ ①ますではかった量。②格子状に区切られた枠。「原稿用紙の一を埋める」表記「升目」とも書く。

ます【△益す】(10) 皿5 教 1755/3157 ▼エキ(九一)
ます【増す】(14) 土11 教 3393/417D ▼ゾウ(九五四)
ます【▲鱒】(23) 魚12 4380/4B70 ▼ソン(九六九)
まず【△先ず】(6) 儿4 教 3272/4068 ▼セン(八九五)
まずい【△拙い】(8) 扌5 常 3259/405B ▼セツ(八八三)
まずしい【貧しい】(11) 貝4 教 4147/494F ▼ヒン(一三三三)
ますます【△益】(10) 皿5 教 1755/3157 ▼エキ(九一)
まぜる【混ぜる】(11) 氵8 教 2614/3A2E ▼コン(五三七)
まぜる【▲攪ぜる】(23) 扌20 5788/5978 ▼コウ(五一七)

また【又】
(2) 又0 常 3 4384/4B74 音 外ユウ 訓 また 外ふたたび

筆順 フ 又

意味 また。そのうえ。ふたたび。さらに。

【又〈従兄弟〉・又〈従姉妹〉】またいとこ 双方の親が互いにいとこどうしである子の関係。また、その人。ふたいとこ。はとこ。

【又貸し】またがし 借りたものを、さらに他の人に貸すこと。「雑誌を一する」類 転貸 対 又借り

【又聞き】またぎき 話を聞いた人から、さらに聞くこと。人づてに聞くこと。「一したうわさ話」「一では信用できない」

【又△候】またぞろ またまた。またしても。またもや。同じようなことが、繰り返されるさま。「一子どもたちが騒ぎだした」

また【▲叉】(3) 又1 2621/3A35 ▼サ(五四一)
また【▲亦】(6) 亠4 4382/4B72 ▼エキ(九〇)
また【股】(8) 月4 常 2452/3854 ▼コ(四五〇)

また【★俣】
(9) 亻7 国 準1 4383/4B73 音 訓 また

意味 また。分かれめ。

また【▲胯】(10) 月6 7088/6678 ▼コ(四五五)
また【△復】(12) 彳9 教 4192/497C ▼フク(一三四四)
また【▲跨】(13) 𧾷6 2457/3859 ▼コ(四五八)
まだ【△未だ】(5) 木1 教 4404/4C24 ▼ミ(一四五一)
またがる【▲跨がる】(13) 𧾷6 2457/3859 ▼コ(四五八)
またぐ【▲跨ぐ】(13) 𧾷6 2457/3859 ▼コ(四五八)
またたく【瞬く】(18) 目13 常 2954/3D56 ▼シュン(七一八)
まだら【△斑】(12) 文8 常 4035/4843 ▼ハン(一二六五)
まだら【▲駁】(14) 馬4 3993/477D ▼バク(一二四四)
まち【町】(7) 田2 教 3614/442E ▼チョウ(一〇五四)

同訓異義 まち
【町】人家が多く集まった所。郡の下にある地方自治体。市街地の小区画の称。「町に住む」「町外れ」「焼き物の町」「城下町」「町役場」「下町」
【街】商店などが立ち並んでいる通り。ストリート。「若者の街」「街でショッピングを楽しむ」「人混みの街角に立つ」「街の声を聞く」

まち【街】(12) 行6 教 1925/3339 ▼ガイ(一九一)
まち【▲襠】(18) 衤13 7493/6A7D ▼トウ(一一二六)

マツ【末】
(5) 木1 常 教 7 4386/4B76 音 マツ・バツ高 訓 すえ 外うら

筆順 一 ニ キ 末 末

意味 ①すえ。(ア)枝の先。物のはし。「末端」「本末」(イ)つまらない。大切でない。「末節」「粗末」対(ア)(イ)本 ②おわり。果て。「年末」「終末」対始 ③しも。低い位。下位。「末座」「末席」④子孫。「末裔」「末代」⑤細かい。こな。くず。「瑣末」「粉末」参考「末」の草書体が平仮名の「ま」になった。また、二画目までが片仮名の「マ」になったという説もある。

下つき 巻末・期末・結末・月末・歳末・瑣末・始末・終末・週末・粗末・端末・顚末・年末・幕末・粉末・本末

【△末枯れる】うらがれる 草木の枝の先や葉先が枯れる。「この寒さで庭の木々が一れてしまった」参考「すがれる」と読めば別の意になる。

【〈末殺〉】うらごけ 樹木の幹の太さがこずえの辺りで急に細くなること。表記「梢殺」とも書く。

【△末成り・△末△生り】うらなり ①時季が過ぎて、ウリなどのつるの先のほうに実がなること。また、その実。

ま ます―マツ

対本成り ②顔色が青白く、健康そうでない、弱々しい人のたとえ。

【末】すえ ①物の先。はし。「—広がりの扇」②将来。行く先。「—が楽しみな新人選手」③子孫。④末っ子。⑤ある期間の終わり。果て。「忙しい年の—」⑥重要でないこと。取るに足りないこと。「その問題は—の—だ」⑦和歌の下の句。⑧道義などがすたれること。末世。「世も—だ」

『末始終より今の三十』さきざき得となるうまそうな話よりも、たとえ少なくても、当面の利益のほうがよいということ。参考「末始終」は末の末で、ずっと先の意。「始終」を「四十」に掛けた言葉。類明日の百より今日の五十

『末大なれば必ず折る』下位にある者の勢力があまり強くなりすぎると、上位の者の統御が利かなくなり、やがて倒れてしまうたとえ。枝葉が大きく茂りすぎると肝心の幹が折れてしまう意から。〈『春秋左氏伝』〉類尾大掉わず

『末の露本の雫』人の命は早い遅いのちがいはあっても、やがては消えてしまうはかないものであることのたとえ。草木の葉末の露と、根もとの雫の意。

【末摘花】すえつむはな ベニバナの別称。季夏 由来茎の末のほうから順次花を摘み取ることから。▼紅花(四九二)

【末広】すえひろ ①末端のほうにいくにつれて広がっていること。②扇。扇子。季夏 ③中啓(たたんでも先が少し開いた形の儀式用の扇)。④将来に向かってだんだんと栄えること。

【末枯れる】すがれる ①草木やこずえが盛りの季節を過ぎて枯れ始める。②人などの盛りが過ぎて衰えてゆく。表記「尽れる」とも書く。参考「うらがれる」と読めば別の意。

【末黒】すぐろ 春の野焼きのあとに、草木が焦げて黒くなっているさま。また、その草木。由来焼かれて残った草木の先(末)が黒いことから。季春

〈末濃〉すそご 上を淡く、下にいくほど濃くしたぼかし染め。表記「裾濃」とも書く。

【末子】バッシ すえっこ。対長子 参考「マッシ」とも読む。

【末裔】マツエイ 子孫。「平家の—」類後裔・末孫 参考「バツエイ」とも読む。

【末期】マッキ 終わりの時期。物事の終わりごろ。「—的症状」類末葉 対初期 参考「マツゴ」と読めば別の意になる。

【末期】マツゴ 人の一生が終わるとき。死に際。類臨終 参考「マッキ」と読めば別の意になる。

『末期の水』人の死に際に、口に含ませる水。死に水。

【末寺】マツジ 仏本山の支配下にある寺。本寺に付属する寺。対本寺

【末梢】マッショウ ①枝の先。こずえ。②物のはし。先端。また、ささいなこと。「—神経」「いつまでも—にこだわるな」

【末世】マッセ ①道義がすたれ、乱れた世の中。すえの世。類末代・澆季 ②仏仏法の衰えた末法の世。参考①「マッセイ」とも読む。

【末席】マッセキ 下位の座席。しもざ。「—を汚す(同席することを謙遜していう)」類末座 対上席 参考「バッセキ」とも読む。

【末節】マッセツ 本質でない、ささいなつまらない事柄。「枝葉—」

【末代】マツダイ ①すえの世。②死んだのちの世。「人は一代、名は—」類後世

【末端】マッタン ①物のはし。さき。「神経の—」②組織や機構の中心から最も遠い部分。「—価格」

【末輩】マッパイ ①地位や技術などが劣っている者。②つまらない者。参考自分のことを謙遜して用いることが多い。

【末尾】マツビ 物事の終わりの部分。「手紙の—」「—の数字だけがちがう」

【末筆】マッピツ 手紙などの終わりにつけ加える文句。「—ながらご自愛を祈ります」

【末法】マッポウ ①仏釈迦入滅後、正法・像法の次の一万年間。仏法が衰えすたれる時期をいう。②すえの世。

『末法末世』マッポウマッセ 時代が下り、仏教が衰えて道徳が乱れたすえの世のこと。

【末法思想】マッポウシソウ 仏仏教の歴史観で、釈迦の入滅後、正法・像法・末法と時代が移り、末法になると世の中が混乱するという考え。末法の時代にも釈迦の教えは残るが、どんなに修行して悟りを得ようとしてもできないといわれる。

【末葉】マツヨウ ①時代の終わりのころ。「一九世紀の—」類末期 ②祖先から遠い子孫。類末裔・末孫 参考「バツヨウ」とも読む。

【末流】マツリュウ ①川の下流。②子孫。③すえの流派。類末派 ④すえの世。参考「バツリュウ」とも読む。

【末路】マツロ ①一生の終わり。類晩年 ②なれの果て。「悪人の—」

マツ【抹】(8) 扌5 常 準2 4385 4B75

音 マツ 外バツ
訓 外する・けす・こな

筆順

意味 ①する。こする。なする。「塗抹」「一抹」②ぬりつぶす。けす。「抹殺」「抹消」③こな。こなにする。「抹香」「抹茶」

下つき 一抹・塗抹・濃抹

【抹香】マッコウ シキミの葉や皮を粉にした香。仏前の焼香に用いる。

〈抹額〉まっこう 冠がずれ落ちるのを防ぐために、冠の縁に巻いた紅色の絹の鉢巻。参考

下級武官が用いた。表記「末額」とも書く。

【抹香鯨】マッコウくじら マッコウクジラ科の哺乳(ホニュウ)動物。暖海に分布。全身灰色。体長は二〇メートル前後で頭部が非常に大きい。まれに腸内から竜涎香(リュウゼンコウ)という香料がとれる。季冬

【抹殺】マッサツ ①消してなくすこと。「名簿から該当箇所を―する」類抹消 ②存在を無視・否定すること。「社会的に―される」

【抹消】マッショウ 消して除くこと。また、塗り消すこと。「登録を―する」類削除・塗抹

【抹茶】マッチャ 臼(うす)でひいて粉にした茶。茶の湯では、湯を加えて茶筅(チャセン)でかきまぜて飲む。類挽茶(ひきチャ)・碾茶(ひきチャ)

マツ【沫】★ (8) 氵5 準1 4387 4B77 音マツ 訓あわ・しぶき

意味 ①あわ。水のあわ。「泡沫」②しぶき。水のほとばしり。「飛沫」③よだれ。つばき。

下つき 水沫(スイマツ・みなわ)・飛沫(ヒマツ・しぶき)・浮沫(フマツ)・泡沫(ホウマツ)

【沫】あわ ①水の細かいつぶやしぶき。②口のあたりにふくつばの玉。

【沫雪】あわゆき あわのように軽くて消えやすい雪。季春 表記「泡雪」とも書く。

マツ【茉】(8) 艹5 1 7193 677D 音マツ・バツ 訓

意味 モクセイ科の常緑小低木「茉莉(マツリ)」に用いられる字。

【茉莉】マツリ 「茉莉花(マツリカ)」に同じ。由来「茉莉」は漢名から。

【茉莉花】マツリカ モクセイ科の常緑小低木。インド原産。ジャスミンの一種。夏、白色で、芳香がある花をつける。中国では花を乾燥させ、茶の香料とする。マツリ。季夏

マツ【秣】(10) 禾5 1 6734 6342 音マツ・バツ 訓まぐさ・まぐさかう

意味 ①まぐさ。かいば。牛馬の飼料にする草やわら。「糧秣」②まぐさかう。牛馬に飼料を与える。

下つき 芻秣(スウマツ)・料秣(リョウマツ)・糧秣(リョウマツ)

【秣】まぐさ ウシやウマなどの飼料にする草やわら。かいば。表記「馬草」とも書く。

マツ【靺】(14) 革5 1 8060 705C 音マツ・バツ 訓

意味 ①かわたび。革製のたび。②「靺鞨(マッカツ)」(中国東北部にいたツングース系民族)に用いられる字。

【靺鞨】マッカツ 中国古代、東北地区の異民族。ツングース族の一種族。

まつ【松】(8) 木4 教 3030 3E3E ▼ショウ(七四四)
まつ【俟つ】(9) 亻7 4856 5058 ▼シ(六二一)
まつ【待つ】(9) 彳6 教 3452 4254 ▼タイ(九八〇)
まつ【△候つ】(10) 亻8 教 2485 3875 ▼コウ(四九五)
まつ【竢つ】(12) 立7 6779 636F ▼シ(六一九)
まつ【△須つ】(12) 頁3 常 3160 3F5C ▼ス(八三二)
まつげ【睫】(13) 目8 6644 624C ▼ショウ(七五八)
まったく【全く】(6) 入4 教 3320 4134 ▼ゼン(九一三)
まっとうする【△完うする】(7) 宀4 教 2016 3430 ▼カン(二二五)
まつり【祭り】(11) 示6 教 2655 3A57 ▼サイ(五五四)
まつりごと【政】(9) 攵5 教 3215 402F ▼セイ(八五七)
まつる【祀る】(8) 礻3 6711 632B ▼シ(六二一)
まつる【祠る】(10) 礻5 6712 632C ▼シ(六二五)
まつる【祭る】(11) 示6 教 2655 3A57 ▼サイ(五五四)
まつる【纏る】(21) 糸15 3727 453B ▼テン(一一一九)
まつわる【纏わる】(21) 糸15 3727 453B ▼テン(一一一九)
まて【鮇】(17) 魚6 国 9345 7D4D ▼こち(五二九)

まて【蟶】(19) 虫13 7426 6A3A ▼テイ(一〇九九)
まと【的】(8) 白3 教 3710 452A ▼テキ(一一〇〇)
まと【鵠】(18) 鳥7 2584 3974 ▼コウ(五一六)
まど【窓】(11) 穴6 教 3375 416B ▼ソウ(九三九)
まど【牖】(15) 片11 8769 7765 ▼ユウ(一五一六)
まとい【纏】(21) 糸15 3727 453B ▼テン(一一一九)
まとう【△絡う】(12) 糸6 常 4577 4D6D ▼ラク(一五四六)
まとう【綢う】(14) 糸8 6934 6542 ▼チュウ(一〇四九)
まとう【纏う】(21) 糸15 3727 453B ▼テン(一一一九)
まどう【惑う】(12) 心8 常 4739 4F47 ▼ワク(一六三〇)
まどか【△円か】(4) 冂2 教 1763 315F ▼エン(九五)
まとめる【纏める】(21) 糸15 3727 453B ▼テン(一一一九)
まどわす【惑わす】(12) 心8 常 4739 4F47 ▼ワク(一六三〇)
まないた【俎】(9) 人7 4857 5059 ▼ソ(九一九)
まなこ【眼】(11) 目6 教 2067 3463 ▼ガン(二三五)
まなじり【眥】(10) 目5 6636 6244 ▼セイ(八五九)
まなじり【睚】(13) 目8 6642 624A ▼ガイ(一九二)
まなぶ【学ぶ】(8) 子5 教 1956 3358 ▼ガク(二〇四)
まぬかれる【免れる】(8) 儿6 常 4440 4C48 ▼メン(一四七五)
まねく【招く】(8) 扌5 教 3023 3E37 ▼ショウ(七四三)
まばたく【△瞬く】(18) 目13 常 2954 3D56 ▼シュン(七一八)
まばゆい【眩い】(10) 目5 6633 6241 ▼ゲン(四四二)
まばら【△疎ら】(12) 疋7 常 3334 4142 ▼ソ(九二四)
まぶしい【眩しい】(10) 目5 6633 6241 ▼ゲン(四四二)
まぶす【△塗す】(13) 土10 常 3741 4549 ▼ト(一一二九)

まぶた【▲瞼】 (18) 目13 6659/625B ▼ケン(四三五)
まぼろし【幻】 (4) 幺1 常 2424/3838 ▼ゲン(四三八)
まま【△飯】 (12) 食4 教 4051/4853 ▼ハン(一二六六)
まま【△継】 (13) 糸7 常 2349/3751 ▼ケイ(三九八)
まま【▲儘】 (16) イ14 4854/5056 ▼ジン(八二二)
まみ【▲猯】 (12) 犭9 6446/604E ▼タン(一〇一六)
まみえる【△見える】 (7) 見0 教 2411/382B ▼ケン(四一八)
まみえる【△謁える】 (15) 言8 常 1758/315A ▼エツ(九四)
まみえる【▲覲える】 (18) 見11 7519/6B33 ▼キン(三六五)
まみれる【△塗れる】 (13) 土10 常 3741/4549 ▼ト(一一二九)
まむし【▲蝮】 (15) 虫9 7393/697D ▼フク(一三四七)
まめ【豆】 (7) 豆0 教 3806/4626 ▼トウ(一一三八)
まめ【▲菽】 (11) 艹8 7235/6843 ▼シュク(七〇九)
まめがら【▲萁】 (11) 艹8 9104/7B24 ▼キ(二七四)
まもる【守る】 (6) 宀3 教 2873/3C69 ▼シュ(六七四)
まもる【△衛る】 (16) 行10 教 1750/3152 ▼エイ(八九)
まもる【△護る】 (20) 言13 教 2478/386E ▼ゴ(四六八)

同訓異義 **まもる**

【守る】大切なものとして保護する。大事に保つ。規則や約束などに従う。ほか、広く用いる。「家族を守る」「留守を守る」「伝統を守る」「約束を守る」「三塁を守る」

【△護る】外から害を受けないように、かばいまもる。防衛する。保護する。「国を護る」「国境を護る」「身を護る」「銃後の護り」

【△衛る】周りをとりまいて中をまもる。「身辺を衛る」「首相を衛る」「国を衛る」

まゆ【眉】 (9) 目4 常 4093/487D ▼ビ(一二八九)
まゆ【▲繭】 (18) 糸12 常 4390/4B7A ▼ケン(四三五)
まゆずみ【▲黛】 (16) 黒5 3467/4263 ▼タイ(九八六)
まゆみ【▲檀】 (17) 木13 3541/4349 ▼タン(一〇二〇)
まよう【迷う】 (9) 辶6 教 4434/4C42 ▼メイ(一四七一)
まり【▲毬】 (11) 毛7 6160/5D5C ▼キュウ(三〇九)
まり【▲鋺】 (16) 金8 7892/6E7C ▼エン(一〇七)
まり【▲鞠】 (17) 革8 2139/3547 ▼キク(二九三)
まるい【丸い】 (3) 丶2 教 2061/345D ▼ガン(二五三)
まるい【円い】 (4) 冂2 教 1763/315F ▼エン(九五)
まるい【△団い】 (6) 囗3 教 3536/4344 ▼ダン(一〇二二)
まるい【▲圜い】 (16) 囗13 5208/5428 ▼カン(二四六)

同訓異義 **まるい**

【丸い】立体的に球形をしている。角がない。穏やかである。ほか、広く用いる。「地球は丸い」「顔の丸い人」「丸い屋根のドーム」「背を丸くする」「人柄が丸い」「丸く収める」「木材の角を丸く削る」

【円い】平面的に円形をしている。「方」の対。「円い窓」「円い筒」「トラックの円いコーナーで前の走者を抜く」「円い月が夜空にのぼる」「円く輪になる」

まるめる【丸める】 (3) 丶2 教 2061/345D ▼ガン(二五三)
まるめる【▲摶める】 (14) 扌11 5786/5976 ▼タン(一〇一七)
まれ【△希】 (7) 巾4 教 2085/3475 ▼キ(二六三)
まれ【▲稀】 (12) 禾7 2109/3529 ▼キ(二七七)
まれに【▲罕に】 (7) 网3 7007/6627 ▼カン(二二五)

まろ【麿】

(18) 麻7 国 準1 4391/4B7B 訓 音 まろ

旧字《麿》 (18) 麻7 1/準1

意味 ①われ。おのれ。自称の代名詞。まろ。②人の名に添える接尾語。参考「麻呂」を合わせて一字にした国字。

まろうど【△客】 (9) 宀6 教 2150/3552 ▼キャク(二九七)
まろうど【△賓】 (15) 貝8 常 4148/4950 ▼ヒン(一三一四)
まろやか【△円やか】 (4) 冂2 教 1763/315F ▼エン(九五)
まわり【周り】 (8) 口5 教 2894/3C7E ▼シュウ(六六六)

同訓異義 **まわり**

【周り】あるものを取り囲む周辺。付近。「湖の周りをドライブする」「家の周りを見回る」「周りの人に気を遣う」

【回り】まわること。行き渡ること。周囲。「湖を一回りする」「回り道をする」「酒の回りが早い」「身の回りを整理する」「時計回りの順番」

【▲廻り】「回り」にほぼ同じ。

まわる【回る】 (6) 囗3 教 1883/3273 ▼カイ(一六八)
まわる【▲廻る】 (9) 廴6 1886/3276 ▼カイ(一七三)

マン【万】

(3) 一2 教 常 9 4392/4B7C 訓 音 マン・バン(中) (外)よろず

旧字《萬》 (13) 艹9 1/準1

旧字《萬》 (12) 艹9 1/準1 7263/685F

筆順 一 ㄱ 万

意味 ①まん。数の単位。一〇〇〇の一〇倍。「数万」②数の多いこと。よろず。「万策」「万感」「万能」③

けっして。かならず。「万万(バンバン)」「千万(センバン)」参考「万」の二画目までが片仮名の「マ」になった。

下つき 億万(オクマン)・巨万(キョマン)・千万(センマン・センバン)

【〈万年青〉】おもと ユリ科の多年草。暖地の山林に自生。観賞用に栽培もする。葉は根茎から出て、革質で光沢がある。夏、淡黄色の花穂をつけ、赤い実を結ぶ。季秋 由来「万年青」は漢名より。

【万感】バンカン さまざまな思い。心に浮かぶいろいろな感情。「―胸に迫る」

【万機】バンキ 政治上の重要な多くの事柄。天下の政治。「―公論に決すべし(政治は世論のおもむくところにしたがって決定せよ)」

【万鈞】バンキン 非常に重いこと。「―の重み」参考「鈞」は重さの単位。一鈞は三〇斤、中国、周代では約七・六八キログラム。

【万愚節】バングセツ エープリルフール。四月一日に、うそをついて人をだましてもとがめられないという風習。欧米に始まり、日本に伝わった。季春

【万頃】バンケイ 地面または水面が広々としているさま。参考「バンキョウ」とも読む。「頃」は中国の面積の単位で、一頃は一町で、約一〇〇アール。

【万古】バンコ ①永遠。永久。②「万古焼」の略。三重県四日市地方で生産される陶器。

『万古千秋』バンコセンシュウ はるか過去から未来までずっと。永遠に。「千秋」は千年で、長い年月の意。

『万古長青』バンコチョウセイ 永久に変わらないこと。よい関係がいつまでも続くこと。「長青」は、松の葉がいつまでも色あせないで青々としていること。類万古長春・万古不易

『万古不易』バンコフエキ 永久に変わらないこと。「不易」は変わらない意。類千古不易・万世不易 対一時流行・有為転変(ウイテンペン)

【万国】バンコク 世界中のすべての国。あらゆる国。「会場入り口に―旗がはためく」「―共通」類諸国

【万斛】バンコク きわめて多い分量。参考「斛」は容量の単位で、一斛は約一八リットル。

【万骨】バンコツ 多くの人々の骨。多くの犠牲。「一将功成りて―枯る」

【万歳】バンザイ ①長い年月。万年。「千秋―」②いつまでも生きながらえて栄えること。③めでたいこと。また、祝福して唱える言葉。「―を三唱する」④降参すること。お手上げ。「負債を抱えて―する」参考①〜③「バンゼイ」とも読む。「マンザイ」と読めば別の意になる。

【万策】バンサク あらゆる方法や手段。「もはや―尽きてしまった」

【万死】バンシ ①命の助かる見込みがまったくないこと。②命を投げだすこと。「罪―に値す(命をいくつ投げだしてもつぐない切れないほど罪が重い)」

『万死一生』バンシイッセイ ①命がきわめて危ないこと。②絶体絶命の状況の中で、かろうじて助かること。参考「一生」は「イッショウ」とも読む。

【万事】バンジ すべてのこと。あらゆること。「―うまくいく」類一切・多事

『万事休す』 もはやなすすべもなく、どうしようもない。すべてのことが終わる意。《宋史(ソウシ)》「これで甲子園への道は―だ」

【万象】バンショウ すべての形あるもの。さまざまな現象。「森羅―」類万物

【万障】バンショウ いろいろの差し支え。あらゆる障害や難儀。「―お繰り合わせのうえご出席ください」類万難

【万丈】バンジョウ ①きわめて高いこと。「―の山」②勢いが盛んなこと。参考「丈」は長さの単位。一丈は一〇尺、中国周代では約二・二五メートル。

【万乗】バンジョウ 天子。また、その位。由来中国、周代、天子は戦時に兵車一万台を出したことから。

【万世】バンセイ 永遠。永久。限りなく長い年月。「―不易」類万代

『万世一系』バンセイイッケイ 同じ血統や系統が永久に続くこと。「一系」は同じ血筋。多く、皇統についていう。「―の天皇」

『万世不刊』バンセイフカン 長く伝わり、いつまでも滅びないこと。永遠に残ること。「不刊」は滅びない、「刊」は削り取る意。昔は竹や木に漆で文字を書き、不要な部分などは削り取ったことから。〈揚雄の文〉参考「万世」は「万代」ともいう。類万世不滅

【万全】バンゼン 完全なこと。少しの手抜かりもないこと。「―の策を施す」「試合に向けて体調を―に整える」

『万卒は得易く一将は得難し』バンソツはえやすくイッショウはえがたし 数多くの兵士を集めることは簡単だが、一人のすぐれた将軍を求めることは難しい。世の中に平凡な人間はいくらでもいるが、すぐれた人物はめったにいるものではないということ。

【万朶】バンダ 花の咲いた多くの枝。多くの垂れ下がった枝。「朶」は枝の意。「―の山桜に目を奪われる」

【万代】バンダイ いつまでも続く世。永久。永遠。よろずよ。類万世

【万端】バンタン ①すべての事柄。「用意―ととのった」類万般 ②あらゆる方法や手段。

【万難】バンナン 多くの困難。さまざまな障害。「―を排して参加する」類多難・万障

【万人】バンニン 多くの人。すべての人。類衆人 参考「バンジン・マンニン」とも読む。

【万能】バンノウ ①すべてに効果のあること。「―薬」②すべてにすぐれて、なんでもできること。「スポーツ―の人」参考「マンノウ」と読めば除草などに使用する農具の意もある。

『万能一心』バンノウイッシン 何事も一心に集中して学ばなければ、身につか

ないということ。また、いろいろ技能をもっていても、真心が欠けていればなんの役にも立たないということ。真心で事を行うことの大切さをいう。

【万馬奔騰】バンバホントウ　非常に勢いの盛んなさま。たくさんのウマが勢いよく走ったり飛び跳ねたりする意から。「奔」は勢いよく走る、「騰」は高く飛び跳ねる意。

【万万】バンバン　①万が一にも。決して。「—異存はあるまい」②十分に。すべて。「—承知している」類万事・万端　③数量の多いさま。参考①あとに打ち消しの語を伴う。

【万万千千】バンバンセンセン　きわめて数の多いことの形容。類幾千幾万

【万般】バンパン　いろいろの事柄。すべての方面。さまざま。「—よろしくお願い致します」類百般・万端

【万福】バンプク　多くの幸い。転じて、祝いのときの言葉。「皆様の—を祈ります」類多幸・多福　参考「マンプク」とも読む。

【万物】バンブツ　宇宙に存在するすべてのもの。ありとあらゆるもの。「人間は—の霊長である」類万象・万有

【万物斉同】バンブツセイドウ　人間の知恵は相対的の対立概念で成り立つが、それらを超越した絶対の無の境地に立てば是非・善悪などの一切の対立と差別は消滅し、すべてのものは同じであるとする説。人間の相対的な知を否定した荘子の学説。類万物一馬・天地一指

【万物の逆旅】ゲキリョ　▼天地は万物の逆旅、光陰は百代の過客（一二〇）

【万夫不当】バンプフトウ　多くの男がかかっても、かなわないほどの剛勇なさま。また、その人。「不当」はかなわない意。「—の豪傑」

【万邦】バンポウ　あらゆる国。すべての国。類万国　参考「マンポウ」とも読む。

【万民】バンミン　多くの民。すべての人々。全国民。「—の幸福」類万人

【万有引力】バンユウインリョク　質量をもった、すべての物体間に作用する引力。その力は物体の質量の積に比例し、距離の二乗に反比例する。参考イギリスの科学者ニュートンが発見した法則。

【万雷】バンライ　多くのかみなり。転じて、滝や拍手などの大きく激しい音や響きのたとえ。「—の拍手に迎えられる」

【万籟】バンライ　風に吹かれて、さまざまなものが立てる物音。風に鳴る音。「籟」は響きや声の意。類衆籟

【万里】バンリ　非常に遠く長い道のり。また、その距離。「—の長城を訪ねる」参考一里の万倍。「里」は道のりをはかる単位。

【万里同風】バンリドウフウ　天下が統一されて、はるか遠くまで風俗が同じになること。また、世の中が平和に治まっていること。「同風」は、風俗が同化されること。天下が統一されること。〈『漢書（カンジョ）』〉類千里同風

【万緑】バンリョク　見渡すかぎり一面、草木の緑でおおわれていること。季夏

【万緑叢中紅一点】バンリョクソウチュウコウイッテン　多くの男性のなかに、女性がただ一人いることのたとえ。また、多くのもののなかに、一つだけすぐれたものが存在するたとえ。あたり一面の緑の草むらのなかに、一輪の赤い花がある意から。〈王安石の詩〉

【万一】マンイチ　①非常にまれにあること。万分の一。「—に備える」②もしも。万が一。「—失敗したら大変だ」参考「マンイツ」とも読む。

【万巻】マンガン　非常に多くの書物。また、多くの巻物。「—の書」

【万華鏡】マンゲキョウ　筒の中に三枚の長方形の鏡を三角柱状に組み合わせて、細かい色ガラスや色紙を入れて回転しながらのぞくと、さまざまに変わる美しい模様が見られるおもちゃ。カレードスコープ。類錦眼鏡（にしきめがね）　参考「バンカキョウ」とも読む。

【万劫】マンゴウ　きわめて長い年月。まごう。「—末代」類永久・永劫（エイゴウ）

【万恒河沙】マンゴウガシャ　仏無限・無数のたとえ。参考「恒河沙」はガンジス河の沙（すな）の意。

【万歳】マンザイ　正月、烏帽子（えぼし）・素襖（すおう）姿で鼓を打ち、祝言を述べて舞う門付（かどづけ）芸。また、それをする芸人。季新年　参考「バンザイ・バンゼイ」と読めば別の意になる。

【万灯】マンドウ　①神仏にともす多くのともしび。数多くの灯明（トウミョウ）。②木の枠に紙を張って箱形につくり、中に火をともし、長い柄を取りつけてささげ持つ行灯（アンドン）。

【万灯会】マンドウエ　懺悔（ザンゲ）や滅罪のためにたくさんの灯明（トウミョウ）をともして、仏や神を供養する行事。

【万年】マンネン　①多くの年月。②長い間その状態が続き、いつまでも変わらないことを表す言葉。「—青年」

【万引】マンびき　商店で客をよそおい、すきを見て商品を盗むこと。また、その人。「—の常習犯」

【万病】マンビョウ　あらゆる病気。「風邪は—のもといわれる」

【万葉仮名】マンヨウがな　昔、国語を表記するために、漢字本来の意味とは無関係にその音・訓を仮に用いて発音を写した文字。ひらがな・かたかな成立のもととなった。由来『万葉集』に多く用いられたことから。

【万力】マンリキ　工作材料をはさんで固定させる工具。バイス。

【万両】マンリョウ　ヤブコウジ科の常緑小低木。暖地の山中に自生。夏、小さな白い花が咲き、赤い球形の実を結ぶ。季冬　由来センリョウよりも実が美しいことから。

【万】よろず　①一〇〇〇の一〇倍。まん。②数の多いこと。たくさん。「—の神々」③すべて。「—引き受けます」

マン【★曼】(11) 曰7 1 5056 5258 音 マン・バン 訓 ひく・ながい・ひろい・うつくしい

意味 ①ひく。ひっぱる。②ながい。ひろい。ひろがる。「曼曼」③うつくしい。「曼姫」④梵語ボンの音訳に用いられる。「曼珠沙華マンジュシャゲ」

下つき 衍曼エンマン・靡曼ビマン

【曼珠△沙華】マンジュシャゲ ヒガンバナの別称。季秋 参考 梵語ボンの音訳で、天上の花の意。▼石蒜ひがんばな（八五五）

【▲曼▲陀羅・▲曼▲荼羅】マンダラ ①仏 諸仏の悟りの境地を絵図にしたもの。また、仏や菩薩ボサツを一定の方式で配置して宇宙の真理を表した絵図。胎蔵界タイゾウ曼陀羅・金剛界曼陀羅・四種曼陀羅などがある。②転じて、浄土の世界を描いたものなどにもいう。参考 ①梵語ボンの音訳で、本質を有するものの意。

マン【満】(12) 氵9 常 教 7 4394 4B7E 音 マン 外 バン 訓 みちる・みたす

旧字《滿》(14) 氵11 1/準1 6264 5E60

筆順 氵 2 4 氵 汁 汼 洪 洪 湍 満 満 満

意味 ①みちる。みたす。みちたりる。いっぱいになる。「満腹」「充満」②ゆきわたる。すべて。全体。「満開」「満天」③ゆたか。「満悦」「円満」④年齢がちょうど。「満十歳」

下つき 円満エンマン・干満カンマン・充満ジュウマン・肥満ヒマン・不満フマン・豊満ホウマン・飽満ホウマン・未満ミマン

〈満江紅〉あかうきくさ サンショウモ科の多年生シダ植物。水田や池沼などに自生。葉はうろこ状で、紅色。ヒノキモ。表記「赤浮草」とも書く。由来「満江紅」は漢名から。

〈満天星〉どうだんつつじ ツツジ科の落葉低木。由来「満天星」は漢名から。▼灯台躑躅どうだんつつじ（一二三七）

〈満天星〉はくちょうげ アカネ科の常緑小低木。由来「満天星」は漢名から。▼白丁花ハクチョウゲ（一二三六）

【満員】マンイン ①定員数に達すること。「―御礼の垂れ幕が下がった」②人がいっぱいに詰まること。「―電車」

【満悦】マンエツ 満足して喜ぶこと。おおよろこび。「手厚いもてなしに全員がご―のようすだ」

【満開】マンカイ 花がすっかり開ききること。花の真っ盛り。「―の桜の下で酒を酌くみ交わす」

〈満俺〉マンガン 銀白色で赤みを帯び、鉄よりも硬く、炭素を含むともろい金属元素。

【満願】マンガン 仏 ①願いごとがかなうこと。②期限を定めて神仏に祈願し、その日数に達すること。類 結願ケチガン

【満艦飾】マンカンショク ①祝祭日などに、停泊中の軍艦が、艦全体を信号旗や照明などで飾ること。②派手に着飾ること。③洗濯物をいっぱいに広げて干すこと。また、そのさま。

【満期】マンキ 一定の期限に達すること。また、その時期。「定期預金が―になる」

【満喫】マンキツ ①十分に飲み食いすること。「山海の珍味を―する」②十分に味わい満足するほど楽しむこと。「高原の秋を―する」

【満▲腔】マンコウ 気持ちが体中に満ちていること。「―の謝意を表す」類 満身

【満座】マンザ その場にいる、すべての人。「―の中で笑われる」

【満載】マンサイ ①人や物をいっぱい積みこむこと。②新聞や雑誌などに、記事や読物などをいっぱいのせること。「買い物情報―の週刊誌」

【満更】まんざら 必ずしも。「―いやでもない」参考 あとに打ち消しの語を伴う。

【満場一致】マンジョウイッチ その場にいる全員が、同じ意見でまとまること。全員の異議のないこと。「提案を―で可決した」

【満身】マンシン 体中。全身。「―の力をこめてぶつかる」

【満身創▲痍】マンシンソウイ 体中が傷だらけであるさま。また、他から非難されるなどして精神的にひどく痛めつけられているさま。「創痍」は傷のこと。「―の事故被害者」参考「満身傷痍ショウイ」ともいう。類 百孔千瘡ヒャッコウセンソウ

【満足】マンゾク ①十分に満ち足りること。「五体―」②望みが満たされ、不平・不満がないこと。「―できる成績」

【満潮】マンチョウ 潮が満ちて、海水面が一日のうちで最も高くなった状態。みちしお。類 上げ潮 対 干潮

【満天】マンテン 空いっぱい。空一面。空全体。「―の星を仰ぐ」類 一天

【満天下】マンテンカ 世の中全体。世界中。国中。「馬術にかけては―に彼に並ぶ者はいない」

【満堂】マンドウ 堂いっぱいに満ちていること。また、堂の中の人すべて。「―の拍手」

【満杯】マンパイ 入れ物や乗り物などが、物や人でいっぱいになること。「駐車場が車で―だ」

【満は損を招く】マンはソンをまねく 満ち足りておごり高ぶる者は、やがては損失をこうむるということ。〈『書経』〉参考 このあとに、「謙ケンは益を受く」と続く。類 満つれば虧かける

【満帆】マンパン ①帆が風をいっぱいにはらむこと。「事業は順風―だ」②帆をいっぱいに張ること。また、その帆。

【満幅】マンプク 幅、または広さ全体。すべての面に及ぶこと。「―の自信」類 全幅

【満腹】マンプク 腹がいっぱいになること。「―で動けない」対 空腹

【満遍ない】マンベン―ない 行き届かないところがない。もれがない。「選挙区

を―く回る」「参考書で―く学習した」 表記「万遍ない」とも書く。

【満満】マンマン 満ちあふれているさま。「―と水をたたえた湖」「自信―の表情」

【満面】マンメン 顔いっぱい。顔全体。「―に笑みを浮かべる」

【満目】マンモク 見渡す限り。目の届く限り。「山を染める―の紅葉」

〖満目荒涼〗マンモクコウリョウ 見渡す限り荒れ果てて寂しいさま。〈王維の詩〉「荒涼」は、荒れ果ててもの寂しいさま。〈王維の詩〉「―たる原野」 類 満目荒寥・満目蕭条

〖満目▲蕭条〗マンモクショウジョウ 見渡す限り、もの寂しいさま。「蕭条」は、ほそぼそとしてもの寂しいさま。〈李白の詩〉 類 満目荒涼・満目蕭然

【満了】マンリョウ 決められた期間がすっかり終わること。「任期―」 類 完了

【満を持す】マンをジす 準備を完全に整えて、好機の到来を待つこと。また、物事の極点に達した状態を保っているたとえ。弓をいっぱいに引き絞って、いつでも発射できる体勢で放つべき時を待つ意から。〈『史記』〉「―して五輪出場の選抜競技にいどむ」

【満たす】みーたす いっぱいにする。「プールに水を―す」

【満ちる】みーちる ①いっぱいになる。「人で―ちる」 ②広く行き渡る。「花の香りが室内に―ちる」 ③欠けたところがなく完全になる。「月が―ちる」 ④期限になる。「任期が―ちる」 ⑤潮がさしてくる。

マン【▲萬】(12) 艹9 7263 685F ▼万の旧字(一四四五)

マン【▲萬】(13) 艹9 ▼万の旧字(一四四五)

マン【幔】(14) 巾11 1 5479 566F 音 マン・バン 訓 まく

意味 まく。ひきまく。とばり。「幔幕」

下つき 帷幔・羅幔

【▲幔幕】マンマク 式場や会場などのまわりに張り巡らす幕。「錦の―を張る」

マン【慢】(14) 忄11 常 4 4393 4B7D 音 マン 外バン 訓 外おこたる・おごる・あなどる

筆順 7 11 慢

意味 ①おこたる。なまける。「怠慢」 ②おごる。あなどる。「慢心」「高慢」 類 謾 ③ゆるやか。おそい。長びく。「慢性」「緩慢」

下つき 我慢・緩慢・高慢・傲慢・自慢・上慢・怠慢

【△慢る】あなどーる ばかにする。いいかげんにあしらう。 表記「謾る」とも書く。

【△慢る】おこたーる なまける。するべきことをしない。いいかげんにする。

【慢心】マンシン 思い上がること。また、その心。うぬぼれ。「勝っても―してはいけない」

【慢性】マンセイ 急激な変化はないが、いつまでもなおらずに長びく病気などの状態。「病状はすでに―化している」 対 急性

【慢罵】マンバ 人をあなどり、ののしること。

【慢侮】マンブ 人をあなどり、軽視すること。ばかにすること。

マン【漫】(14) 氵11 常 4 4401 4C21 音 マン 外バン 訓 外みだりに・そぞろに

筆順 3 7 11 漫

意味 ①みだりに。とりとめがない。「散漫」「放漫」 ②そぞろに。なんとなく。「漫然」「漫遊」 ③ひろい。「瀰漫」「爛漫」 ④みなぎる。一面に広がる。「瀰漫」 ⑤こっけいな。「漫画」「漫才」

下つき 散漫・冗漫・瀰漫・放漫・爛漫

【〈漫事〉】すずろごと 取るに足りないこと。つまらないこと。くだらないこと。

【△漫ろに】そぞーろに なんとなく。意識せずに。あてもなく。「湖畔の道を―歩く」

【漫画】マンガ 社会や人情を風刺し、軽妙な手法で描くこっけいな絵。また、絵とせりふで描いた物語。「少女―」

【漫言】マンゲン とりとめのない言葉。深く考えずにいう言葉。そぞろごと。 類 漫語 参考「みだりごと」と読めば別の意になる。

〖漫言放語〗マンゲンホウゴ 口からでまかせに勝手なことを言い散らすこと。言いたい放題。 参考「放語漫言」ともいう。

【漫才】マンザイ 芸人が二人で、こっけいな掛け合い話をする演芸。寄席演芸の一種。

【漫然】マンゼン はっきりした目的や意識がなく、とりとめのないさま。なんとなく。「ただ―と暮らすな」

【漫談】マンダン ①とりとめのないこっけいな話。②世相や人情・風俗などを風刺しながら、こっけいな話やしゃれで客を笑わせる、寄席の話術演芸。

【漫罵】マンバ 根拠もなしに、やたらにののしること。「―を浴びせられる」

【漫筆】マンピツ 筆にまかせて気の向くまま、軽い気持ちで書くこと。また、そのように書いた文章。 類 随筆・漫録

【漫評】マンピョウ 思いつくままにする、とりとめのない気楽な批評。

【漫文】マンブン 思いつくままにとりとめもなく、気楽に書いた文章。

【漫歩】マンポ あてもなくぶらぶらと歩くこと。そぞろ歩き。 類 散歩・散策

【漫漫】マンマン はてしなく広々としているさま。「―たる大海原」

【漫遊】マンユウ 目的なしに気の向くままに、各地を旅すること。「諸国を―する」「―記を出版した」

【▵漫言】みだりごと　いいかげんな言葉。冗談。ざれごと。みだれごと。参考「マンゲン」と読めば別の意になる。

【▵漫りに】みだりに　むやみに。わけもなく。考えもなく。とりとめもなく。「貴重な時間を―過ごす」

マン【▴滿】(14) 氵11 6264 5E60 ▼満の旧字(一四八)

マン【★蔓】(14) 艹11 準1 4402 4C22 音 マン・バン 訓 つる・はびこる

意味 ①つる。つる草。かずら。②のびる。はびこる。からむ。「蔓延」「蔓生」

【▴蔓】つる　①植物の茎の一種で、細長く伸びて、ものにからまったり地をはったりするもの。「朝顔の―が巻きつく」②手がかり。つて。③めがねの耳にかける部分。

【▴蔓梅▵擬】つるうめもどき　ニシキギ科のつる性落葉低木。山野に自生。初夏、緑黄色の小花をつけ、黄褐色の実を結ぶ。実は熟すと黄赤色の種子を露出する。ツルモドキ。季秋 由来ウメモドキに似ているつる性の木の意から。

【▴蔓菜】つるな　ツルナ科の多年草。海岸の砂地に自生。新芽や葉は食用となるので栽培もされる。茎・葉とも多肉質。春から秋、黄色の小花を開く。ハマヂシャ。ハマナ。季夏

【▴蔓▴柾】つるまさき　ニシキギ科のつる性常緑低木。山地に自生。葉はマサキに似る。夏、黄緑色の小花を開く。実は秋に熟し、黄赤色の種子を現す。季秋

【〈▴蔓延〉る】はびこる　①草木が伸びて広がり茂る。「雑草が―る」②よくないものが盛んになって幅をきかす。横行する。「悪が―る世を正そう」

【〈▴蔓▴荊〉】はまごう　クマツヅラ科の落葉低木。海岸の砂地に自生。茎は砂の上をはう。葉は卵形で、裏に白い毛が密生。夏、紫色の唇形の花を多数つける。由来「蔓荊」は漢名から。

【▴蔓延・▴蔓▴衍】マンエン　雑草や感染症などがはびこり広がること。好ましくないものの流行。「風邪が―する」

【▴蔓生】マンセイ　茎がつるとなって生えること。つるが伸びて生長すること。つるだち。

マン【▴幡】(15) 巾12 4008 4828 ▼ハン(一二六七)

マン【★瞞】(16) 目11 1 6654 6256 音 マン・バン・モン 訓 だます・あざむく・はじる

意味 ㊀マン ①だます。あざむく。くらます。「瞞着」「欺瞞」類謾 ②くらい。はっきり見えない。㊁モン はじる。「瞞然」

【▴瞞す】だます　本当のことを隠す。あざむく。ごまかす。たぶらかす。

【▴瞞着】マンチャク　あざむくこと。だますこと。ごまかすこと。「世人を―する」表記「謾着」とも書く。

マン【縵】(17) 糸11 1 6960 655C 音 マン・バン 訓 ゆるやか

意味 ①無地の絹。むじぎぬ。②ゆるい。ゆるやか。③つれびき。合奏する。「縵楽」

【〈縵面〉】なめ　銭の裏側の、文字がなくてなめらかな面。対形

マン【懣】(18) 心14 1 5680 5870 音 マン・モン 訓 もだえる

意味 もだえる。なやみ苦しむ。「煩懣」類悶

下つき 忿懣・憤懣

【▴懣える】もだえる　怒りのはけ口がなく、心のなかに詰まり苦しむ。いきどおる。

マン【謾】(18) 言11 1 7584 6B74 音 マン・バン 訓 あざむく・あなどる・おこたる

意味 ①あざむく。ごまかす。「謾欺」「謾語」類瞞 ②あなどる。類慢 ③おこたる。ゆるむ。

下つき 欺謾・誕謾

【▴謾く】あざむく　だます。たぶらかす。言葉で真実を覆いかくす。

マン【鏝】(19) 金11 1 7924 6F38 音 マン・バン 訓 こて

意味 こて。壁を塗る道具。

【▴鏝】こて　壁などを塗るときに使う、鉄の平たい板に柄をつけた道具。

マン【★饅】(20) 食11 1 8129 713D 音 マン・バン 訓 ぬた

意味 ①食品の「饅頭」に用いられる字。②ぬた。魚肉や野菜を酢みそであえた料理。

【▴饅】ぬた　魚介類や野菜などを酢みそであえた料理。ぬたあえ。ぬたなます。

【▴饅▴鱠】ぬたなます　「饅」に同じ。

【饅▵頭】マンジュウ　小麦粉などをこねて作った皮の中に、あんや肉などを入れて蒸した食べ物。

マン【★鬘】(21) 髟11 1 8203 7223 音 マン・バン 訓 かずら・かつら

意味 ①かずら。かみかざり。つる草などを連ねた飾り。「華鬘」②かつら。毛髪で作ったかぶりもの。かもじ。

下つき 華鬘・玉鬘

【▴鬘】かずら　①古代、つる草や花などで作った髪飾り。②「鬘」に同じ。

【▴鬘】かつら　毛髪などでさまざまな髪形を作り、頭にかぶったり添えたりするもの。参考「かずら」とも読む。

マン【★鰻】(22) 魚11 準1 1723 3137 音 マン・バン 訓 うなぎ

意味 うなぎ。ウナギ科の魚。

【▴鰻】うなぎ　ウナギ科の魚。深海で産卵し、稚魚は川を上って親になる。ぬるぬるとして細長

く、かば焼きにして食べる。季夏

【鰻の寝床】うなぎのねどこ 間口が狭く奥行きの深い、細長い建物や場所のたとえ。

【鰻登り・鰻上り】うなぎのぼり 物事の程度や価値などが、見る見るうちに上がること。「新人歌手の人気は―だ」「物価が―に上がる」

まんじ【卍】(6) 十4 5036 5244 ▼バン(一二六九)

み 美 ミ ミ三

ミ【未】(5) 木1 常 教 7 4404 4C24

音 ミ 外ビ

訓 外いまだ・いまだ…ず・まだ・ひつじ

筆順 一 二 キ 未 未

意味 ①いまだ。いまだ…ず。まだ…しない。「未知」「未来」対既 ②ひつじ。十二支の第八。動物ではヒツジ。方位では南南西。時刻では午後二時およびその前後二時間。「未申」▼干支順位表(一六〇)

【未だ】いまだ ①まだ。今になっても。「―現れない」「原因は―明らかではない」②今なお。ずっと。「―健在だ」参考①あとに打ち消しの語を伴う。

〈未通女〉おぼこ ①まだ世間をよく知らないこと。また、その人。うぶ。②まだ男性を知らないこと。また、そのような女性。きむすめ。

【未】ひつじ ①十二支の八番目。②昔の時刻で、現在の午後二時ころ。また、その前後二時間。「―の刻」③昔の方角の名。南南西。

【未申】ひつじさる 十二支で表した方角の呼び方で、未と申の間。南西。表記「坤」とも書く。

【未央柳】ビヨウやなぎ オトギリソウ科の半落葉低木。中国原産。観賞用に栽培。夏、多数の長い雄しべが目立つ黄色い五弁花をつける。季夏 由来「未央柳」は漢名より。和名は、花が美しく、葉がヤナギに似ることからという。表記「金糸桃・美容柳」とも書く。

【未だ】まだ ①一定の段階や時期にまで至っていない。「目的地に―着かない」「―疲れていない」②今でもなお。いまだに。「―子どもだ」③さらに。もっと。「問題は―ある」④どちらかといえば。「これは―ましなほうだ」

【未開】ミカイ ①文明がまだ開けていないこと。人知の開けていないさま。「―の種族」②まだ開拓や開発が進んでいないこと。未開拓。「―の原野」「―の分野」

【未完】ミカン まだ完成していないこと。未完成。「―の大器」「作者の急死でその作品は―に終わった」

【未決】ミケツ ①まだ決まっていないこと。②法律で、刑事被告人の刑が有罪か無罪かまだ確定していないこと。「―囚」対①②既決

【未婚】ミコン まだ結婚していないこと。「―の女性」対既婚

【未済】ミサイ まだ終わっていないこと。特に、金品の納入や返済がすんでいないこと。「借金の―分」対既済

【未熟】ミジュク ①まだ果実がうれていないさま。「―な蜜柑(ミカン)」対完熟 ②学問や技術などの修得がまだ十分でなく、上達していないさま。「まだまだ―者です」対熟練

【未詳】ミショウ 今のところ、くわしくわかっていないこと。まだ明らかでないこと。「古典には作者―の作品が多い」

【未遂】ミスイ 計画だけでまだなし遂げていないこと。また、実行に移したが失敗すること。「自殺―」「暗殺計画は―に終わった」対既遂

【未成年】ミセイネン まだ成年に達しないこと。また、その人。二〇歳未満。類未丁年 対成年

【未設】ミセツ まだ敷設や設置がされていないこと。対既設

【未然】ミゼン まだそうなっていない状態。まだ、事が起こらない状態。「事故を―に防ぐ」「―に予知する」

【未曽有】ミゾウ これまでに、まだ一度もないこと。「―の惨事」参考「未(いま)だ曽(かつ)て有らず」の意。

【未知】ミチ まだ知らないこと。まだ知られていないこと。「―の世界」「―の生物」対既知

【未知数】ミチスウ ①数学の方程式のなかの文字で、まだ値の不明な数。②予想や程度などのわからないこと。「新入社員の実力は―だ」対既知数

【未定】ミテイ まだ決まっていないこと。「日時は―」「うまく行くかどうか―だ」対既定

【未定稿】ミテイコウ まだ完全には仕上がっていない原稿。「まだまだ―の段階で刊行できない」対定稿

【未到】ミトウ まだ、だれも到達した人がいないこと。「前人―の大記録が誕生した」

【未踏】ミトウ まだ、だれも足をふみ入れたことのないこと。「人跡―の地を探検する」

【未発】ミハツ ①まだ起こっていないこと。「うわさされた事件は―に終わった」②まだ発明・発表されていないこと。「先人―の理論」

【未必の故意】ミヒツのコイ 実害の発生を意識的に意図・希望したわけではないが、自分の行為から実害が発生してもしかたがないと認識しながら行動を起こすこと。また、そのときの心理状態。

【未亡人】ミボウジン 夫に死別したあと、独身でいる女性。類寡婦(カフ・やもめ)・後家 参考本来は、夫に死なれて、共に死ぬはずの身が生

き残っている意の自称の語。

【未満】ミマン ある一定の数量に達しないこと。一定の数にみたないこと。「一八歳―入場禁止」 参考 二〇歳未満は二〇歳を含まない。

【未明】ミメイ 夜がまだ、すっかり明けきらないころ。夜明け前。明け方。「本日―火事が起きた」

【未聞】ミモン いまだかつて、聞いたことがないこと。生まれて初めて聞くこと。「前代―の大惨事」

【未来】ミライ ①今より先の時間。これから先にくる時。将来。「―に夢をたくす」 ②仏 死後に行く世界。来世。 ③文法で、これから起きる事象を表す語法。 対 ①〜③過去・現在

『未来永▲劫』ミライエイゴウ 仏 これから先、未来にわたって永遠に果てしなく続く長い年月。未来永久。「永劫」はとてつもなく長い年月の意。 類 万劫末代(マンゴウマツダイ)・未来永永 参考 「永劫」は「ヨウゴウ」とも読む。

〈未▲蘭〉ミラノ イタリア北部の商工業都市。オペラの殿堂のスカラ座やミラノ聖堂などで有名。

【未了】ミリョウ まだ終わっていないこと。「時間切れで審議―となった」

【未練】ミレン きっぱりとあきらめきれないこと。いつまでも心が引かれるさま。「―を断ち切る」 類 心残り

ミ **【味】** (8) 口 5 教 常 8 4403 / 4C23

音 ミ 外 ビ
訓 あじ・あじわう

筆順 丨 口 口 口一 口二 口+ 口未 味

意味 ①あじ。あじわい。(ア)舌の感覚。「味覚」「美味」(イ)物事のおもむき。「興味」「趣味」 ②あじわう。(ア)舌であじをみる。「賞味」(イ)物事を考えて理解する。「味読」「吟味」 ③内容。なかみ。「正味」 ④なかま。「味方」「一味」

下つき 一味(イチミ)・意味(イミ)・嫌味(いやミ)・加味(カミ)・甘味(カンミ・あまミ)・玩味(ガンミ)・気味(キミ)・興味(キョウミ)・吟味(ギンミ)・苦味(クミ・にがミ)・酸味(サンミ)・地味(ジミ)・滋味(ジミ)・趣味(シュミ)・正味(ショウミ)・賞味(ショウミ)・新味(シンミ)・調味(チョウミ)・珍味(チンミ)・美味(ビミ)・風味(フウミ)・妙味(ミョウミ)・無味(ムミ)・薬味(ヤクミ)

【味】あじ ①口に入った飲食物が舌に触れたときの感じ。甘さ・苦さなど。「―のよいコーヒー」 ②体験してわかる感じ。「苦労の―を知る」 ③独特な趣。「―のある文章」 ④しゃれて、気がきいていること。「―なはからい」

【味わいを△一せず】あじわいをジせず 日々の食事のおかずを一品ですます。質素な食事のこと。 故事 中国、春秋時代、呉王の闔廬(コウリョ)が質素倹約を実践した故事から。〈『春秋左氏伝』〉

【味わう】あじーわう ①飲食物を口に入れ、舌で味をみる。味を楽しむ。「土地の名産をゆっくり―う」 ②よさを十分に理解する。鑑賞する。「音楽を―う」 ③経験して感じとる。体験する。「幸せを―う」

〈味漬〉あまづけ ①塩気を薄くした甘塩のつけ物。 ②野菜を塩などで短期間つけた物。あさづけ。 表記 「淡漬」とも書く。

〈味酒〉うまさけ 味のいい、おいしい酒。美酒(ビシュ)。 表記 「旨酒」とも書く。

【味覚】ミカク 舌などで感じる味の感覚。五感の一。「―の秋」

【味方】ミかた ①自分の仲間。 対 敵 ②仲間として力を貸すこと。支持し加勢すること。「彼の―をする」 表記 「身方・御方」とも書く。

【味▲噌】ミソ ①大豆・麦などを蒸し、こうじと塩を混ぜて発酵させた調味料。 ②①に似たもの。「カニの―」 ③特に工夫をこらしたところ。重要な点。また、自慢な点。「この料理は弱火で煮るのが―だ」「手前―」

【味得】ミトク 内容を味わって、自分のものにすること。「茶の道を―する」 類 味到

【味読】ミドク 内容を十分に味わって読むこと。「名句を―する」 類 熟読 対 速読

【味▲蕾】ミライ 舌の表面や口の中にあって、味覚をつかさどる器官。味覚芽(ミカクガ)。

【味▲醂】ミリン 焼酎(ショウチュウ)に蒸したもちごめやこうじなどを混ぜて醸造し、かすを絞りとった酒。甘味があり、おもに調味料に用いる。 参考 「醂」は、しぶをぬく・さわす意。

ミ 【△弥】 (8) 弓 5 常 4479 / 4C6F ▼や(一四九五)

ミ 【眉】 (9) 目 4 常 4093 / 487D ▼ビ(一二八九)

ミ 【△微】 (13) 彳 10 常 4089 / 4879 ▼ビ(一二九一)

ミ **【魅】** (15) 鬼 5 常 3 4405 / 4C25

音 ミ 外 ビ
訓 外 もののけ・すだま

筆順 ノ 白 由 3 鬼 6 鬼 8 鬼 鬼 鬼 12 魅 魅

意味 ①もののけ。すだま。ばけもの。「魑魅(チミ)」 ②みいる。人の心を惑わし、ひきつける。「魅了」「魅惑」

下つき 鬼魅(キミ)・魑魅(チミ)・魔魅(マミ)

【魅入る】ミいーる 悪霊などがとりつく。たたる。「悪魔に―られる」

【魅了】ミリョウ 完全に人の心を引きつけて、夢中にさせてしまうこと。「聴衆を―する演奏だった」

【魅力】ミリョク 人の心を引きつけ、夢中にさせる不思議な力。「―のある話」「―のある文章に引きこまれる」

【魅惑】ミワク 魅力で人の心を引きつけ、まどわせること。「―的な女性」

み 【▲巳】 (3) 己 0 4406 / 4C26 ▼シ(五九七)

み 【身】 (7) 身 0 教 3140 / 3F48 ▼シン(七九二)

み 【実】 (8) 宀 5 教 2834 / 3C42 ▼ジツ(六五一)

み 【▲躬】 (10) 身 3 7727 / 6D3B ▼キュウ(三〇八)

み 【▲箕】 (14) 竹 8 4407 / 4C27 ▼キ(二八〇)

みえる【見える】(7) 見0 教 2411/382B ▼ケン(四一八)
みお【▲澪】(16) 氵13 6326/5F3A ▼レイ(一五九八)
みがく【△研く】(9) 石4 教 2406/3826 ▼ケン(四二二)
みがく【▲琢く】(11) 王7 3486/4276 ▼タク(一〇〇二)
みがく【▲瑳く】(14) 王10 2628/3A3C ▼サ(五四六)
みがく【▲磋く】(15) 石10 6688/6278 ▼サ(五四六)
みがく【磨く】(16) 石11 常 4365/4B61 ▼マ(一四三七)
みがく【▲礪く】(19) 石14 6674/626A ▼レイ(一五九九)
みかど【△帝】(9) 巾6 常 3675/446B ▼テイ(一〇九一)
みかん【▲柑】(9) 木5 2027/343B ▼カン(二二九)
みき【幹】(13) 干10 教 2020/3434 ▼カン(二四〇)
みぎ【右】(5) 口2 教 1706/3126 ▼ウ(六九)
みぎり【▲砌】(9) 石4 6670/6266 ▼セイ(八五八)
みぎわ【▲汀】(5) 氵2 3685/4475 ▼テイ(一〇八七)
みぎわ【▲渚】(11) 氵8 2977/3D6D ▼ショ(七二八)
みこ【▲巫】(7) 工4 5464/5660 ▼フ(一三三五)
みこと【△命】(8) 口5 教 4431/4C3F ▼メイ(一四六八)
みこと【△尊】(12) 寸9 教 3426/423A ▼ソン(九六七)
みことのり【△勅】(9) 力7 常 3628/443C ▼チョク(一〇七二)
みことのり【詔】(12) 言5 常 3059/3E5B ▼ショウ(七五七)
みごもる【▲孕る】(5) 子2 5352/5554 ▼ヨウ(一五一四)
みごもる【△妊る】(7) 女4 常 3905/4725 ▼ニン(一二〇二)
みさお【操】(16) 扌13 教 3364/4160 ▼ソウ(九四八)

みさき【岬】

(8) 山5 常 準2 4408/4C28
訓 みさき 音 外 コウ

筆順

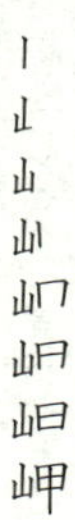

意味 みさき。陸地が海や湖に突き出た地形。

みさご【▲雎】(13) 隹5 8019/7033 ▼ショ(七二九)
みさご【▲鶚】(20) 鳥9 8313/732D ▼ガク(二〇七)
みささぎ【陵】(11) 阝8 常 4645/4E4D ▼リョウ(一五七八)
みじかい【短い】(12) 矢7 教 3527/433B ▼タン(一〇一六)
みじめ【惨め】(11) 忄8 常 2720/3B34 ▼サン(五八六)
みず【水】(4) 水0 教 3169/3F65 ▼スイ(八二三)
みず【▲瑞】(13) 王9 3180/3F70 ▼ズイ(八三四)
みずうみ【湖】(12) 氵9 教 2448/3850 ▼コ(四五六)
みずかき【▲蹼】(19) 足12 7714/6D2E ▼ボク(一四二九)
みずから【自ら】(6) 自0 教 2811/3C2B ▼ジ(六二〇)
みずから【▲躬ら】(10) 身3 7727/6D3B ▼キュウ(三〇八)
みずから【△親ら】(16) 見9 教 3138/3F46 ▼シン(八一〇)
みずち【▲蛟】(12) 虫6 7364/6960 ▼コウ(五〇七)
みずのえ【▲壬】(4) 士1 3149/3F51 ▼ジン(八一七)
みずのと【▲癸】(9) 癶4 6603/6223 ▼キ(二六七)
みずら【▲髻】(16) 髟6 8201/7221 ▼ケイ(四〇一)
みずら【▲鬟】(23) 髟13 8205/7225 ▼カン(二五二)
みせ【店】(8) 广5 教 3725/4539 ▼テン(一一一三)
みせ【▲肆】(13) 聿7 7072/6668 ▼シ(六二二)
みせる【見せる】(7) 見0 教 2411/382B ▼ケン(四一八)
みぞ【▲洫】(9) 氵6 6209/5E29 ▼キョク(三四九)
みぞ【▲渠】(12) 氵9 2184/3574 ▼キョ(三二九)

みぞ【溝】(13) 氵10 常 2534/3942 ▼コウ(五〇八)
みぞ【▲瀆】(18) 氵15 8729/773D ▼トク(一一七一)
みそか【▲晦】(11) 日7 1902/3322 ▼カイ(一七八)
みそぎ【▲禊】(14) 礻9 6720/6334 ▼ケイ(三九九)
みぞれ【▲霙】(16) 雨8 8036/7044 ▼エイ(八九)
みたす【△充たす】(6) 儿4 常 2928/3D3C ▼ジュウ(七〇一)
みたす【満たす】(12) 氵9 教 4394/4B7E ▼マン(一四四八)
みだら【▲姦ら】(9) 女6 2015/342F ▼カン(二二九)
みだら【▲婬ら】(11) 女8 5321/5535 ▼イン(六四)
みだら【淫ら】(11) 氵8 常 1692/307C ▼イン(六四)
みだら【▲猥ら】(12) 犭9 6448/6050 ▼ワイ(一六二七)
みだりに【△妄りに】(6) 女3 常 4449/4C51 ▼モウ(一四七九)
みだりに【▲猥りに】(12) 犭9 6448/6050 ▼ワイ(一六二七)
みだりに【△漫りに】(14) 氵11 常 4401/4C21 ▼マン(一四四九)
みだりに【△濫りに】(18) 氵15 常 4584/4D74 ▼ラン(一五五二)

同訓異義 みだりに

【△妄りに】しっかりした根拠もなく。むやみやたらに。「妄りに人を信用するな」「妄りに論ずべからず」「妄りに会社を休む」

【△漫りに】しまりなく。だらだらと。勝手きままに。「漫りに時間を過ごす」「漫りに女性を口説く」「漫りに軽口をたたく」

【△濫りに】抑制しないでむやみに。度を超して。「濫りに原生林を伐採する」「濫りに酒を飲むな」「濫りに金を遣う」

【▲猥りに】正当な意味もなく、原則を押しまげてやたらに。「猥りに禁句を口にする」「猥りに立ち入ることを禁止する」

みだれる【▲乱れる】(7) 乚6 教 4580 4D70 ▼ラン(一五〇)
みだれる【▲紊れる】(10) 糸4 6904 6524 ▼ブン(一三六二)
みだれる【▲擾れる】(18) 扌15 3081 3E71 ▼ジョウ(七七九)
みだれる【△濫れる】(18) 氵15 常 4584 4D74 ▼ラン(一五二)
みち【△径】(8) 彳5 教 2334 3742 ▼ケイ(三八八)
みち【△倫】(10) 亻8 常 4649 4E51 ▼リン(一五八四)
みち【△途】(10) 辶7 常 3751 4553 ▼ト(一一二七)
みち【道】(12) 辶9 教 3827 463B ▼ドウ(一一六三)
みち【△路】(13) 𧾷6 教 4709 4F29 ▼ロ(一六一〇)
みち【▲衢】(24) 行18 7445 6A4D ▼ク(三七一)

同訓異義 みち

【道】人や車が行き来する所。道路。人として守るべき行い。ほか、広く用いる。「都へ通じる道」「道に迷う」「人の道に外れる」「道ならぬ恋」「仏の道」「機械の使い道」「解決への道をさぐる」「その道の第一人者」
【径】特に小さく細いみち。「小径(こみち)」「庭園の径」「畦径(あぜみち)」
【路】ふつうの道に対して、特に大きく広いみち。「街路」「町を南北に貫く路」「路いっぱいに広がってデモ行進する」
【途】目的地に向かって行く、その途中。物事の過程。手段。「会社へ向かう途で友人に会う」「帰り途に買い物をする」「解決の途をさぐる」
【▲衢】四方に通じる大通り。
【倫】人のまもり行うべき道理。「倫にはずれた行い」「倫理」「人倫」

みちびく【導く】(15) 寸12 教 3819 4633 ▼ドウ(一一六五)
みちる【△充ちる】(6) 儿4 常 2928 3D3C ▼ジュウ(七〇一)
みちる【▲盈ちる】(9) 皿4 1746 314E ▼エイ(八六)
みちる【満ちる】(12) 氵9 教 4394 4B7E ▼マン(一四四八)
みちる【▲溢ちる】(13) 氵10 1678 306E ▼イツ(五七)

同訓異義 みちる

【満ちる】いっぱいになる。ゆきわたる。満月になる。ほか、広く用いる。「街に人が満ちる」「花の香りが部屋に満ちる」「月が満ちる」「潮が満ちてくる」「任期が満ちる」
【△充ちる】ある基準に達する。予定の枠がいっぱいになる。「定員に充ちる」「不足が充ちる」「規定打席数に充たない」
【▲盈ちる】いっぱいになる。みちあふれる。「満ちる」に近い意。

ミツ【密】

(11) 宀8 常 教 5 4409 4C29
音 ミツ 外ビツ
訓 外ひそか・こまかい

筆順 丶 宀 宀[3] 宀 宓 宓 宓 宻 密 密

意味 ①ひそか。ひそかに。「密告」「秘密」「計りごとは密なるを要す」②すきまがない。こみいっている。厚い。「密集」「密生」「密林」③こまかい。くわしい。「細密」「綿密」「連絡を密にする」対②③疎 ④「密教」のこと。「顕密」

下つき 隠密(オンミツ)・気密(キミツ)・機密(キミツ)・顕密(ケンミツ)・厳密(ゲンミツ)・細密(サイミツ)・詳密(ショウミツ)・親密(シンミツ)・枢密(スウミツ)・精密(セイミツ)・疎密(ソミツ)・緻密(チミツ)・内密(ナイミツ)・秘密(ヒミツ)・綿密(メンミツ)

【△密かに】ひそ-かに だれにも知られないように。人目をさけるように。こっそりと。「一旅に出る」「一あの人を思う」

【△密かに▲諫(いさ)めて公(おおやけ)にほめよ】人の至らないところや欠点はこっそりと忠告し、人の美点は表立ってほめよという教え。

【△密△密】ひそひそ 他人に聞かれないように小声で話すさま。「一話」

〈密夫〉・〈密男〉まおとこ 夫のある女が他の男と関係をもつこと。また、その相手の男。表記「間男」とも書く。

【△密事】みそかごと ①秘密のこと。内緒。②男女がひそかに恋愛をすること。参考「ミツジ」とも読む。

【密雲】ミツウン すきまなく重なっている厚い雲。密集した雲。

【密雲不雨】ミツウンフウ 前兆があるのに、まだ事が起こらないたとえ。空に黒い雲が垂れこめているのに、まだ雨が降ってこない意から。《易経》

【密画】ミツガ 線や色彩などの細かいところまで精密に描いた絵。細密画。対疎画

【密会】ミッカイ 人目を避けてこっそりと会うこと。特に、男女が人目をしのんでひそかに会うこと。

【密議】ミツギ 秘密の相談や評議。「地下室で一をこらす」

【密教】ミッキョウ 仏 大日如来(ダイニチニョライ)が説いた深遠秘密の教え。加持・祈禱(キトウ)を重視する。日本では真言(シンゴン)宗系の東密と天台(テンダイ)宗系の台密の二系統がある。類密宗 対顕教(ケンギョウ)

【密計】ミッケイ ひそかにめぐらすはかりごと。秘密の計略や策略。「一をめぐらす」

【密航】ミッコウ 船や飛行機に隠れてひそかに乗りこみ、正規の手続きをとらずに外国へ行くこと。「一者」

【密告】ミッコク 本人に知られないように、関係者にこっそりと知らせること。内密の報告。「内部に一者がいる」

【密使】ミッシ 内密につかわす使者。秘密の使命をおびた使者。「緊急の一を送る」

【密室】ミッシツ ①閉めきって、外から入れないようにした部屋。「一殺人事件」②人に知られないようにつくった秘密の部屋。「地下の一」

【密宗】ミッシュウ 空海(くうかい)の広めた真言(シンゴン)宗の別称。類密教

【密集】ミッシュウ すきまがないほど、ぎっしりと集まっていること。「ビルの―地域」

【密書】ミッショ 秘密の文書や手紙。「―の中身が漏れる」

【密生】ミッセイ 草木や毛などが、すきまなく生えること。「葦(あし)が―している河原」

【密接】ミッセツ ①きわめて関係が深いさま。「これらの企業は―な関係がある」②すきまがないほど近づいていること。「―して並ぶ建物」

【密葬】ミッソウ 内々で行う葬儀。身内だけでひそかに行う葬儀。対本葬

【密造】ミツゾウ 法律をおかして、こっそりと物をつくること。「―酒」「銃の―」

【密▲陀】ミツダ 一酸化鉛(イッサンカなまり)の別称。密陀僧。黄色の粉末で、鉛ガラスや顔料などの原料。

【密▲陀絵】ミツダエ ①密陀の油に絵の具を混ぜて描く油絵。油画(ユガ)。②にかわに顔料を混ぜて描いた絵の表面に、保護や光沢を出す目的で密陀の油を塗ったもの。油色(ユショク)。

【密談】ミツダン こっそり相談すること。ひそかにする会談。

【密着】ミッチャク ①ぴったりくっついていること。「―取材」②写真のネガをそのままの大きさで印画紙に重ねて焼きつけること。

【密勅】ミッチョク 秘密に下される天子の命令。内々の勅命。「討幕の―が下った」

【密通】ミッツウ ①ひそかに相手と連絡をとること。「敵と―して裏切る」②男女がひそかに情を通じること。「不義―」類私通

【密偵】ミッテイ 相手の秘密や内情などをひそかにさぐること。また、その人。スパイ。「敵陣に―を放つ」

【密度】ミツド ①一定範囲内での、疎密の度合。「人口―」②内容の充実度。「―の濃い授業」③物理で、物質の単位体積あたりの質量。

【密売】ミツバイ 法律で売買が禁じられている物をひそかに売ること。「麻薬の―組織」

【密封】ミップウ 厳重に封をすること。「重要書類を―して届ける」類厳封

【密閉】ミッペイ まったくすきまがないように完全に閉じること。「―された容器」

【密密】ミツミツ ①ひそかなさま。内々。「―に話をすすめる」②非常に親しいさま。

【密約】ミツヤク こっそりと約束すること。秘密の約束や条約。「―を結ぶ」

【密輸】ミツユ 「密輸出」「密輸入」の略。法をおかして、こっそり輸出や輸入をすること。「象牙(ゾウゲ)の―」

【密猟】ミツリョウ 禁制をおかして、こっそり狩猟をすること。「保護地区での―があとを絶たない」

【密漁】ミツリョウ 違法と知りながら、禁じられている漁をすること。「鮭(さけ)の―」

【密林】ミツリン 樹木がうっそうと生い茂っている林。ジャングル。「熱帯の―」対疎林

ミツ【蜜】(14) 虫8 常 2 4410 4C2A 音ミツ 外ビツ 訓

筆順 3 10 14

意味 ①みつ。ミツバチが花から集めた甘い液。「蜜蠟(ミツロウ)」「蜂蜜(はちミツ)」②みつのように甘い。「蜜月」

下つき 餡蜜(アンミツ)・水蜜(スイミツ)・糖蜜(トウミツ)・蜂蜜(ホウミツ・はちミツ)

【蜜△柑】ミカン ミカン科の常緑小高木の総称。また、その果実。暖地で栽培。初夏に白色の五弁花をつけ、黄色く丸い果実を結ぶ。ふつうウンシュウミカンを指す。食用。季冬

【蜜月】ミツゲツ 結婚したばかりのころ。新婚の時期。ハネムーン。「―旅行」

【蜜豆】ミツまめ さいの目に切った寒天に、塩ゆでしたえんどう豆や果物などを混ぜ合わせて蜜をかけた食べ物。季夏

【蜜▲蠟】ミツロウ ミツバチが巣を作る際に分泌するろう。ミツバチの巣を加熱してしぼりとり、化粧品やろうそくなどの原料に用いる。

ミツ【樒】(15) 木11 1 6073 5C69 音ミツ・ビツ 訓しきみ・じんこう

〔樒〕6074 5C6A

意味 ①しきみ。モクレン科の常緑小高木。類梻(しきみ) ②じんこう。ジンチョウゲ科の常緑高木。

【樒】しきみ モクレン科の常緑小高木。暖地の山林に自生。春、淡黄色の花を開く。葉は長い楕円(ダエン)形で光沢と香気があり、抹香をとる。また、枝を仏前に供える。果実は有毒。シキビ。「―を持って墓参する」表記「梻」とも書く。

みつ【▲褌】(14) 衤9 7478 6A6E ▼コン(五三九)

みつぎ【△調】(15) 言8 教 3620 4434 ▼チョウ(一〇六七)

みつぎ【△賦】(15) 貝8 常 4174 496A ▼フ(一三三四)

みつぐ【貢ぐ】(10) 貝3 常 2555 3957 ▼コウ(四九八)

みっつ【三つ】(3) 一2 教 2716 3B30 ▼サン(五七六)

みてぐら【△幣】(15) 巾12 常 4230 4A3E ▼ヘイ(一三七〇)

みとめる【認める】(14) 言7 教 3907 4727 ▼ニン(一二〇三)

みどり【▲碧】(14) 石9 4243 4A4B ▼ヘキ(一三七二)

みどり【緑】(14) 糸8 教 4648 4E50 ▼リョク(一五八三)

同訓異義 みどり

【緑】青と黄の中間の色。草木の葉の色。「緑の大地」「緑の豊かな町」

【翠】青みを帯びた緑色。青緑色。もとは鳥のカワセミ(翡翠)の背の色をいった。「翠に輝く山々」「翠の黒髪」

【碧】うすく澄んだ青緑色。「碧眼(ヘキガン)」「碧の海」

みどり【▲翠】(14) 羽8 3173/3F69 ▼スイ(八三二)
みな【▲咸】(9) 口6 5089/5279 ▼カン(二三九)
みな【皆】(9) 白4 常 1907/3327 ▼カイ(一七七)
みなぎる【▲漲る】(14) 氵11 6293/5E7D ▼チョウ(一〇六五)
みなごろし【▲鏖】(19) 金11 7918/6F32 ▼オウ(一一八)
みなと【港】(12) 氵9 教 2533/3941 ▼コウ(五〇五)
みなと【▲湊】(12) 氵9 4411/4C2B ▼ソウ(九四二)
みなみ【南】(9) 十7 教 3878/466E ▼ナン(一一九〇)
みなもと【源】(13) 氵10 教 2427/383B ▼ゲン(四四五)
みにくい【醜い】(17) 酉10 常 2925/3D39 ▼シュウ(六九七)
みね【▲岑】(7) 山4 5410/562A ▼シン(七九一)
みね【峰】(10) 山7 常 4286/4A76 ▼ホウ(一四〇四)
みね【▲嶺】(17) 山14 4670/4E66 ▼レイ(一五九八)
みの【▲蓑】(13) 艹10 4412/4C2C ▼サ(五四六)
みのる【実る】(8) 宀5 教 2834/3C42 ▼ジツ(六五一)
みのる【▲稔る】(13) 禾8 4413/4C2D ▼ジン(八二〇)
みはり【▲哨】(10) 口7 3005/3E25 ▼ショウ(七四六)
みはる【▲瞠る】(16) 目11 6653/6255 ▼ドウ(一一六六)
みまかる【▲薨る】(16) 艹13 7310/692A ▼コウ(五二四)
みみず【▲蚓】(10) 虫4 7346/694E ▼イン(六四)
みみだま【▲珥】(10) 王6 6466/6062 ▼ジ(六三八)
みみなぐさ【▲苓】(8) 艹5 4674/4E6A ▼レイ(一五九五)
みや【宮】(10) 宀7 教 2160/355C ▼キュウ(三〇八)

ミャク【脈】

(10) 月6 常 教 6 4414/4C2E
音 ミャク 外バク
訓 外すじ

筆順 丿 刀 月 月 月 月' 脈 脈 脈 脈

意味 ①すじ。血のすじ。血管。「血脈」「動脈」 ②みゃく。血管の規則的な鼓動。「脈動」「脈搏(ミャクハク)」 ③ひとすじになって続くもの。「山脈」「鉱脈」 ④すじみち。つながり。「脈絡」「人脈」

下つき 気脈(キミャク)・血脈(ケツミャク)・鉱脈(コウミャク)・山脈(サンミャク)・静脈(ジョウミャク)・人脈(ジンミャク)・水脈(スイミャク)・遅脈(チミャク)・動脈(ドウミャク)・文脈(ブンミャク)・命脈(メイミャク)・乱脈(ランミャク)

【脈動】ミャクドウ 脈搏(ミャクハク)のように、周期的にとぎれずに動いていること。また、その動き。「—する世界情勢」

【脈▲搏・脈拍】ミャクハク 心臓から血液が送り出されることで動脈内の圧力が変化し、そのためにおこる動脈壁の規則的な鼓動。心臓の搏動数に等しい。脈。

【脈脈】ミャクミャク 長く続いて絶えることのないさま。「村人に—と受け継がれてきた郷土芸能」

【脈絡】ミャクラク 物事のつながり。関連。すじみち。「前後の—がはっきりしない」「話に—がない」

『脈絡貫通』ミャクラクカンツウ 物事のすじみちが首尾一貫してとおっていること。〈朱熹(シュキ)の文〉 類 脈絡通徹・脈絡一貫

みやこ【△京】(8) 亠6 教 2194/357E ▼キョウ(三三〇)
みやこ【都】(11) 阝8 教 3752/4554 ▼ト(一一二八)
みやこ【△畿】(15) 田10 常 2106/3526 ▼キ(二八一)
みやつこ【△造】(10) 辶7 教 3404/4224 ▼ゾウ(九五三)
みやび【△雅】(13) 隹5 常 1877/326D ▼ガ(一六五)
みやびやか【△雅やか】(13) 隹5 常 1877/326D ▼ガ(一六五)
みやびやか【▲嫺やか】(15) 女12 5338/5546 ▼カン(二四四)
ミョウ【名】(6) 口3 教 4430/4C3E ▼メイ(一四六六)

ミョウ【妙】

(7) 女4 常 4 4415/4C2F
音 ミョウ 外ビョウ
訓 外たえ・わかい

筆順 く 女 女 女 女 妙 妙

意味 ①たえ。美しい。「妙麗」 ②たくみな。くわしい。念入りな。「妙案」「巧妙」 ③不思議な。おかしい。「奇妙」「珍妙」「妙な話」 ④わかい。「妙齢」

下つき 奇妙(キミョウ)・軽妙(ケイミョウ)・巧妙(コウミョウ)・神妙(シンミョウ)・精妙(セイミョウ)・絶妙(ゼツミョウ)・即妙(ソクミョウ)・珍妙(チンミョウ)・微妙(ビミョウ)

【△妙】たえ 不思議なくらい美しく、すぐれているさま。「—なる笛の音が響く」

【妙案】ミョウアン よい思いつき。すぐれたよい考え。「なかなか—が思い浮かばない」 類 名案・妙計・妙策

【妙技】ミョウギ 非常にすぐれた技。巧みな技。すばらしい技術。「—を競う」

【妙計】ミョウケイ 非常にすぐれたはかりごと。「—をひねり出す」 類 妙策

【妙策】ミョウサク うまい考え。巧みなはかりごと。 類 妙計

【妙辞】ミョウジ たいそうすぐれた文章や言葉。

【妙手】ミョウシュ ①すぐれた腕前。また、すぐれた技能の持ち主。「琴の—」 類 名人・名手 ②囲碁・将棋などで、きわめてうまい手。

【妙趣】ミョウシュ なんともいえない、すぐれたおもむき。「—のある庭園」 類 妙味・妙致

【妙諦】ミョウテイ すぐれた真理。 参考 「ミョウタイ」とも読む。

【妙法】ミョウホウ ①うまい方法。 ②仏 きわめてすぐれた仏法。 ③「妙法蓮華経(ミョウホウレンゲキョウ)」の略。法華経(ホケキョウ)。

『妙法一乗』ミョウホウイチジョウ 仏 法華経(ホケキョウ)に説かれる一乗の教え。「妙法」は法華経の意。「一乗」は悟りを得る唯一の道、真実の教えのこと。

【妙味】ミミョウ すぐれた味わい、おもむき。うまみ。「叙情詩の—を味わう」「—のある商売」類妙趣・妙致

【妙薬】ミョウヤク 不思議なほど、きわめてよくきく薬。

【妙齢】ミョウレイ うら若い年ごろ。「—の女性」参考おもに女性に用いる。

ミョウ【命】(8) 口5 教 4431 4C3F ▼メイ(一四六八)

ミョウ【明】(8) 日4 教 4432 4C40 ▼メイ(一四六九)

ミョウ【△苗】(8) ⺾5 常 4136 4944 ▼ビョウ(一三〇九)

ミョウ【▲茗】(9) ⺾6 7212 682C ▼メイ(一四七一)

ミョウ【冥】(10) 冖8 常 4429 4C3D ▼メイ(一四七一)

ミリグラム【瓱】(9) 瓦4 国 1 6508 6128 訓 ミリグラム

意味 ミリグラム。重さの単位。一〇〇〇分の一グラム。

参考「毛」は一〇〇〇分の一、「瓦」はグラムの意。

ミリメートル【粍】(10) 米4 国 準1 4416 4C30 訓 ミリメートル

意味 ミリメートル。長さの単位。一〇〇〇分の一メートル。

参考「毛」は一〇〇〇分の一、「米」はメートルの意。

ミリリットル【竓】(9) 立4 国 1 6774 636A 訓 ミリリットル

意味 ミリリットル。容量の単位。一〇〇〇分の一リットル。

参考「毛」は一〇〇〇分の一、「立」はリットルの意。

みる【見る】(7) 見0 教 2411 382B ▼ケン(四一八)

みる【△看る】(9) 目4 教 2039 3447 ▼カン(二三〇)

みる【△視る】(11) 見4 教 2775 3B6B ▼シ(六一七)

みる【診る】(12) 言5 常 3139 3F47 ▼シン(八〇四)

みる【△察る】(14) 宀11 教 2701 3B21 ▼サツ(五七二)

みる【△監る】(15) 皿10 常 2038 3446 ▼カン(二四五)

みる【▲瞰る】(17) 目12 6655 6257 ▼カン(二四九)

みる【△覧る】(17) 見10 教 4587 4D77 ▼ラン(一五五二)

みる【▲瞿る】(18) 目13 6658 625A ▼ク(三七〇)

みる【▲瞻る】(18) 目13 6661 625D ▼セン(九一一)

みる【△観る】(18) 見11 教 2049 3451 ▼カン(二五〇)

同訓異義 みる

【見る】目のはたらきで物事をとらえる。目で感じる。ほか、広く用いる。「信号を見る」「手相を見る」「料理の味を見る」「甘く見る」「見るに忍びない」「能力を見る」「馬鹿(ばか)を見る」「見ると聞くとは大違い」

【△観る】遠くから眺める。見物する。「野球を観る」「演劇を観る」「菊の花を観る」

【△視る】よく注意して調べる。「事故の現場を視る」「被災地を視る」

【△覧る】ひととおり目を通す。「新聞を覧る」「目録を覧る」「折込み広告を覧る」

【△看る】そばにいて世話をする。「病人を看る」「乳児を看る」「老後の面倒を看る」

【診る】医者が患者の体を調べる。診察する。「主治医が診る」「脈を診る」「病後の経過を診る」「胃カメラで診る」

ミン【民】(5) 氏1 教 常 7 4417 4C31 訓 音 ミン たみ(中)

筆順 「 コ 尸 巳 民

意味 たみ。ひと。国家社会を構成する人々。「民権」「民衆」「国民」

下つき 移民(イミン)・官民(カンミン)・公民(コウミン)・国民(コクミン)・済民(サイミン)・士民(シミン)・市民(シミン)・住民(ジュウミン)・植民(ショクミン)・庶民(ショミン)・臣民(シンミン)・人民(ジンミン)・賤民(センミン)・難民(ナンミン)・農民(ノウミン)・貧民(ヒンミン)・平民(ヘイミン)・流民(リュウミン)

【民】たみ ①国家や社会を形成している人々。人民。国民。②君主に支配される臣民。

【民の口を防ぐは水を防ぐよりも甚(はなは)だし】人民の言論の自由を奪って政治への批判をおさえると、人々の不平不満がつのり、恐ろしい結果をもたらす。それは、洪水を防ぐよりも難しく危険であるということ。〈『国語』〉参考「水を」は「川を」ともいう。

【民を貴しと△為(な)し社▲稷(シャショク)▲之(これ)に次ぐ】人民が国家の根本で最も大切であり、国家のことはこれに次ぐものであるということ。「社稷」は国家の意。参考中国戦国時代、民本思想を展開した孟子(モウシ)の言葉。

【民草】たみくさ 人民。民衆。たみ。参考人民の数の多さを草にたとえた語。「たみぐさ」ともいう。

【民意】ミンイ 国民の意思。国民の意向。「—を反映した政策」

【民営】ミンエイ 民間が経営すること。「国営の事業を—化する」対国営・官営

【民間】ミンカン ①一般庶民の社会。世間。「—伝承」「—療法」②公的機関に属していないこと。「—企業」

【民芸】ミンゲイ 庶民の生活のなかから生まれた、その土地の特色がある工芸。「—品」

【民権】ミンケン 人民の権利。人民が政治に参与する権利。「自由—運動」

【民事】ミンジ 民法・商法などの私法(個人の権利関係を規定した法律)の適用を受ける事柄。「—裁判」「—訴訟」対刑事

【民主】ミンシュ 国家の主権が国民にあること。「—主義」「—政治」

【民需】ミンジュ 民間の需要。「—の拡大をはかる」対官需

【民衆】ミンシュウ 世間一般の人々。「—の立場に立って考える」類庶民・大衆

【民宿】ミンシュク 観光地などで、一般の民家が許可を得て副業的に営む、比較的安い料金の簡易宿泊施設。

【民主主義】ミンシュシュギ 人民が主権をもち、人民によって人民のために政治を行う主義。デモクラシー。参考ギリシャ都市国家に発し、現在では社会生活のあらゆる面で、人間の自由や平等を尊重する思想やそれを具現化した制度についてもいう。

【民情】ミンジョウ ①国民の生活事情。「—を視察する」②国民の心情。類民心

【民心】ミンシン 国民の心情。「—を把握する」類人心・民情・民意

【民生】ミンセイ 国民の生活・生計。「—の安定をはかることが急務だ」

【民政】ミンセイ ①国民の幸福をはかる政治。「軍政から—への移管を図る」②文官によって行われる政治。対軍政

【民選】ミンセン 国民が選挙によって選び出すこと。対官選

【民俗】ミンゾク 庶民の間に古くから伝えられている風俗や習慣。「村の伝承を—調査する」「—学」

【民族】ミンゾク 文化・言語・歴史などを共有し、帰属意識を同じくする人間の集まり。「—意識が強い」「—衣装」「多—国家」

【民譚】ミンダン 民間で語り継がれている説話。昔話。伝説。類民話 参考「ミンタン」とも読む。

【民度】ミンド 人民の生活や文化の水準。人民の文明の程度。「—が高い」

【民部】ミンブ ①「民部省」の略。②昔の中国の官名。人事・戸籍を受け持ち、租税・賦役を担当した。唐代に戸部と名を改めた。

【民部省】ミンブショウ ①律令(リツリョウ)制の八省の一つ。民政全般、特に財政をつかさどった。②明治の初めに設置された中央官庁の一つ。戸籍や水利などをつかさどった。

【民兵】ミンペイ 民間人で結成された軍隊。また、その兵士。

【民望】ミンボウ ①世間の人望。世間の人気。「—のある政治家」類衆望 ②人民の希望。「—をになう国づくり」

【民法】ミンポウ 財産や身分など、国民の私権全般について規定した法律。

【民謡】ミンヨウ 民衆の間で生まれ伝えられてきた、その土地の生活や感情をうたった素朴で郷土色の濃い歌。「公民館で—大会を開く」

【民話】ミンワ 民間で語り継がれている説話。昔話や伝説など。「日本の—」類民譚(ミンダン)

ミン【△明】(8) 日4 教 4432 4C40 ▼メイ(一四六九)

ミン【眠】(10) 目5 常 4 4418 4C32

音 ミン 外ベン
訓 ねむる・ねむい

筆順 丨 ⺆ ⺆ 月 目 目 目ᄀ 眀 眠 眠

意味 ねむる。ねむい。ねむり。「安眠」「睡眠」「不眠」

下つき 安眠(アンミン)・永眠(エイミン)・快眠(カイミン)・仮眠(カミン)・夏眠(カミン)・休眠(キュウミン)・催眠(サイミン)・就眠(シュウミン)・春眠(シュンミン)・睡眠(スイミン)・惰眠(ダミン)・冬眠(トウミン)・不眠(フミン)

【眠い】ねむい 眠りたくてたまらない。眠気に襲われているさま。「疲れていてとても—い」

【眠気】ねむけ 睡眠に引きこむ力。眠りたい気分。「—が襲ってくる」「—を催す」「—を覚ます」

【眠る】ねむる ①心身の活動がにぶくなり、目を閉じて無意識の状態になる。「何日も—れない夜が続いた」②死ぬ。永眠する。「父母の—る墓」③活用されないままである。「倉庫に—っている器材を活用する」

【△眠蔵】メンゾウ 禅宗で寝室。また、納戸(衣服や調度品をしまっておく部屋)のこと。

む

武 ム 牟

ム【△亡】(3) 亠1 教 4320 4B34 ▼ボウ(一四二二)

ム【矛】(5) 矛0 常 4 4423 4C37

音 ム 外ボウ
訓 ほこ

筆順 フ マ 孑 予 矛

意味 ほこ。長い柄の先に両刃の剣をつけた武器。「矛戟(ボウゲキ)」「矛盾」

【矛△戟】ボウゲキ ほこ。参考「矛」は柄の先に両刃の剣のついた、「戟」は枝状に刃のついたほこの意。

【矛】ほこ ①長い柄の先に両刃の剣がついている武器。形はやりに似ている。「—を収める(戦いをやめる)」②「矛山車(ほこだし)」の略。ほこの飾りがついた山車。表記「鉾」とも書く。

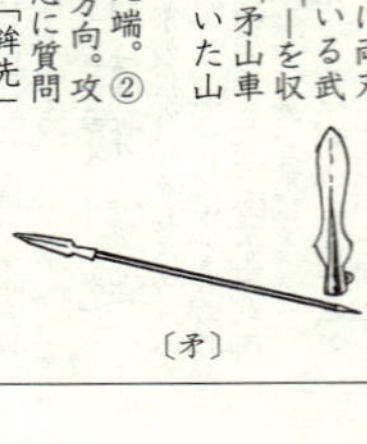

〔矛〕

【矛先】ほこさき ①矛の先端。②攻撃する方向。攻撃目標。「—をかわす」「急に質問の—を向けられた」表記「鉾先」とも書く。

【矛盾】ムジュン 前後がくいちがって論理が合わないこと。「両者の説明には—がある」故事 中国、戦国時代、楚(ソ)の商人が矛(ほこ)と盾(たて)を売りつけようとして「この矛はどんな盾でも突き通し、この盾はどんな矛でも防ぐことができる」と言ったので、「それではその矛でその盾を突いたらどうなるか」と聞かれ、返答できなかったという故事から。〈『韓非子(カンピシ)』〉類自家撞着(ジカドウチャク)

ム【武】(8) 止4 教 4180 4970 ▼ブ(一三三五)

ム【務】(11) カ9 常 教 6 4419 4C33

音 ム 外ブ
訓 つとめる・つとまる 外あなどる・あなどり

筆順 フ マ ヌ 予 矛 矛 矜 敄 務 務

意味 ①つとめる。つとめ。「義務」「任務」 ②あなどる。あなどり。

下つき 外務ガイム・義務ギム・急務キュウム・業務ギョウム・勤務キンム・兼務ケンム・公務コウム・国務コクム・債務サイム・財務ザイム・雑務ザツム・残務ザンム・執務シツム・実務ジツム・事務ジム・主務シュム・乗務ジョウム・常務ジョウム・職務ショクム・庶務ショム・政務セイム・税務ゼイム・責務セキム・内務ナイム・任務ニンム・服務フクム・法務ホウム・用務ヨウム・労務ロウム

【務める】つとめる 役目や仕事を受け持つ。困難な物事に力を入れて励む。「会議の司会を—める」「父の代理を—める」

ム【無】(12) 灬8 常 教 7 4421 4C35

音 ム・ブ
訓 ない

筆順 ノ 𠂉 二 午 乍 無 無 無 無 無

意味 ①ない。…がない。存在しない。「絶無」「有無」「皆無」②打ち消しを表す助字。「無我」「無罪」「無名」 対 ①②有

下つき 有無ウム・皆無カイム・虚無キョム・絶無ゼツム・南無ナム

〈無花果〉いちじく クワ科の落葉小高木。西アジア原産。葉は大きく、てのひら形。初夏、つぼ状の袋の中に多数の花をつける。果実は食用。季秋 由来「無花果」は漢名より。花が外からは見えないことから。表記「映日果」とも書く。

〈無頼〉ごろつき 住所や仕事を定めず、うろついて脅しなどをするならず者。無頼漢ブライカン。表記「破落戸」とも書く。参考「ブライ」とも読む。

〈無言〉しじま 口を閉じて何も言わないこと。沈黙。表記「黙」とも書く。参考「ムゴン」とも読む。また、「静寂」を当てれば、静まりかえっている意。

【無い】ない 存在しない。いない。また、所有しない。「宇宙には空気が—い」「お金が—い」対有る

【無い袖そでは振れぬ】ほんとうに無いものは、出したくても出せないということ。類無い知恵は出せぬ

『無くて七癖くせ』なくてななくせ 人はだれでも、多かれ少なかれ癖をもっているということ。人は、どんなに少ない人でも七つの癖をもっている意から。参考「無くて七癖、有って四十八癖」ともいう。

〈無名〉指 ななしゆび 小指と中指の間の指。薬指くすりゆび。表記「名無し指」とも書く。参考「ムメイシ」とも読む。

〈無礼〉なめ 無作法なさま。人を馬鹿ばかにする意の「なめる」は、この語を動詞化して「無礼る」となったもの。参考「ブレイ」とも読む。

【無愛想】ブアイソウ 態度にかわいげのないこと。ぶっきらぼう。「—に返事をする」参考「ブアイソ」とも読む。

【無音】ブイン 長い間、便りをしないこと。長く連絡のないこと。「久しく—に打ち過ぎました」類無沙汰ブサタ

【無塩】ブエン ①塩を用いないこと。②保存用の塩を使わないで、生なまであること。新鮮なこと。特に、魚介類の鮮度が高いこと。③うぶで、純粋な人。参考「ムエン」と読めば、塩分が入っていない意になる。

【無気味】ブキミ 気味の悪いさま。恐ろしいような、いやな感じを抱かせるようなさま。「—な物音」表記「不気味」とも書く。

【無器用】ブキヨウ ①手先の仕事が巧みでないこと。また、そのさま。ぶきっちょ。「—で鉛筆も削れない」②物事の処理が下手なこと。要領の悪いこと。また、そのさま。「世渡りが—な父」対①②器用 表記「不器用」とも書く。

【無骨】ブコツ ①洗練されていないさま。無作法で、風流でないさま。「生来の—者」②骨張ってごつごつしているさま。「—な手」表記「武骨」とも書く。

【無沙汰】ブサタ 長い間、便りを出さず訪問もしないでいること。類無音ブイン

『無沙汰は無事の便り』何も連絡がないのは無事である証拠だから、心配することはないということ。

【無作法】ブサホウ 礼儀を心得ないこと。作法にはずれていること。また、そのさま。「—をお許しください」類無礼・失礼 表記「不作法」とも書く。

【無様】ぶざま 格好の悪いこと。見苦しいこと。「—な姿をさらす」類醜態 表記「不様」とも書く。

【無事】ブジ 病気や事故など、特に変わったことがないこと。「仕事を—に終える」「ご—でなによりです」類平穏 対有事

『無事息災』ブジソクサイ 病気や心配事・災いがなく、平穏に暮らしていること。「息」はやめる・しずめる、「息災」は災厄サイヤクを防ぎ止める意。「家族全員—に暮らしている」参考「息災無事」ともいう。類平穏無事・無病息災

【無精】ブショウ めんどうくさがって何もしないこと。ものぐさ。「筆—なので返事がなかなか書けない」「—者で部屋もきたない」表記「不精」とも書く。

【無粋】ブスイ 人情や男女間の情の微妙さなど、粋いきを理解できないこと。風流でないこと。「お祝いの席で—な話をもち出すな」類野暮

【無勢】ブゼイ 人数が少ないこと。「多勢タゼイに—」類小勢こぜい 対多勢

【無調法】ブチョウホウ ①行きとどかないこと。また、そのさま。「口が—だ」②過ち。そそう。「とんだ—をいたし

ました」③酒・たばこをたしなまないことや、芸事のできないことをへりくだっていう語。「―で酒はひとロも飲めません」表記「不調法」とも書く。

【無難】 ブナン ①欠点のないこと。また、特別によくも悪くもないこと。「仕事は―にこなす人だ」②災難や危険のないこと。「―な航海だった」類無事

【無人】 ブニン ①人数が少ないこと。人手が足りないこと。「あいにく―で申し訳ないが手伝えない」②人がだれもいないこと。参考「ムニン」とも読む。また、②「ムジン」とも読む。

【無頼】 ブライ 定職をもたず、道徳にはずれた行いをすること。また、その人。「―の徒」参考「ごろつき」とも読む。

【無頼漢】 ブライカン 無頼な男。素行の悪い人。ならず者。ごろつき。

【無・聊】 ブリョウ ①することがなく、退屈なこと。つれづれ。「日がな一日―をかこつ」②気になることがあって楽しめないこと。

【無礼】 ブレイ 礼儀作法をわきまえないこと。「―な振る舞い」類失礼・無作法 参考「なめ」とも読む。

【無礼講】 ブレイコウ 地位の上下などの区別なく、礼儀にこだわらない宴会。「今日は―だ」

【無為】 ムイ ①自然のままで人の手が加わらないこと。②何もしないで、ぶらぶらと時間を過ごすこと。「休みを―に過ごしたくない」③仏生滅(ショウメツ)変化のない永遠の存在。対有為(ウイ)

【無為自然】 ムイシゼン 何もしないであるがままにまかせること。人の手を加えず自然にまかせる意。人為的なものを否定し、自然にしたがうことを説く老子や荘子の思想。

【無為徒食】 ムイトショク 何もしないで、ただぶらぶらと日々を過ごすこと。「徒食」は働かずに遊び暮らす意。類酔生夢死

【無為無策】 ムイムサク なんの対策も立てられないまま、手をこまぬいていること。「―のまま放置する」類拱手傍観(キョウシュボウカン)

【無為無能】 ムイムノウ 何もしないし、何もできないこと。なし遂げる力もないこと。意義のあることを行いもせず、自分をへりくだっていうときにもいう。類無学無能・無芸無能

【無一物】 ムイチモツ 価値のあるものを何ももっていないこと。参考「ムイチブツ」ともいう。

【無一文】 ムイチモン まったく金銭をもっていないこと。類一文無し

【無位無官】 ムイムカン 位階も官職もないこと。在野の人。

【無益】 ムエキ 役に立たず、無駄なこと。「―な争いは止めなさい」類無用 対有益 参考「ムヤク」とも読む。

【無縁】 ムエン ①縁のないこと。関係のないこと。「庶民には―の話だ」②仏死んだのち、とむらってくれる親類縁者がいないこと。「―仏(ボトケ)」③仏前世において、仏や菩薩(ボサツ)と因縁を結んだことがないこと。対①～③有縁(ウエン)

【無我】 ムガ ①私心や私欲のないこと。「―の境地」②我(ワレ)を忘れること。

【無我夢中】 ムガムチュウ あることに熱中して自分を忘れること。「子どもたちはテレビゲームに―だ」「こわくて―で逃げる」類一心不乱・無我無心

【無何有の郷】 ムカウのキョウ 何もなく果てしない、ひろびろとした無為の仙境。荘子のいう理想郷。ユートピア。由来荘子が友人の恵施(ケイシ)に、大木の役に立たないことを憂えるより、その大木を広い野原に植え、その下でゆったりと寝そべって過ごしてはどうか、と「無用の用」を説いた言葉から。〈『荘子(ソウジ)』〉参考「無何有」は「ムカユウ」とも読む。

【無学文盲】 ムガクモンモウ 学問がなく、文字が読めないこと。また、その人。類一文不通(イチモンフツウ)・一文不知(イチモンフチ)

【無冠】 ムカン 位や肩書きが何もないこと。権威ある賞を取っていないこと。「生涯―に終わる」

【無季】 ムキ 「無季俳句」の略。一句の中に季語が入っていないこと。

【無期】 ムキ 一定の期限がないこと。「―延期」「―懲役の刑」対有期

【無機】 ムキ 「無機物」「無機化合物」などの略。炭素を成分として含まない物質。対有機

【無給】 ムキュウ 給料が支払われないこと。「―で働く」対有給

【無窮】 ムキュウ 果てしないさま。「天壌(テンジョウ)―」類無限・永遠・永久

【無・垢】 ムク ①混じり気のないこと。純粋なこと。「金―」②表裏が無地で同色の衣服。特に、白色をいう。「白―の花嫁」③心にけがれのないさま。「純真―」④仏欲望・執着などの煩悩(ボンノウ)を離れた、けがれがないさま。

【無功△用】 ムクユウ 仏意識的な努力を何もしないで、自然のままであること。参考「功用」は、身・口・意の意識的作用のこと。

〈無患子〉 むくろじ ムクロジ科の落葉高木。西日本の山地に自生。夏、淡緑色の小花を円錐(エンスイ)状につけ、球形の果実を結ぶ。種子は黒色でかたく、羽根つきの羽根の玉に用いる。また、果皮はサポニンを含み、石けんの代用にした。季秋 由来「無患子」は漢名から。

【無△価】 ムゲ 仏値段をつけられないほど高価で、貴重なこと。参考「ムカ」とも読む。

【無・碍・無・礙】 ムゲ 障害や邪魔をするものが何もなく、自由なこと。「融通―に活動する」参考「碍・礙」はさまたげる意。

【無形】 ムケイ 形に現れないこと。形のないこと。また、そのもの。「有形―の援助」対有形

【無稽】 ムケイ よりどころがなく、でたらめなこと。「荒唐―」類不稽(フケイ) 参考「稽」はくらべて考える意。

【無芸】ムゲイ 他人に見せられるほどの芸をもっていないこと。対多芸

『無芸大食』ムゲイタイショク これといった特技や才能もなく、ただ人並み以上に食べるだけのこと。また、その人。類飲食の人・酒嚢飯袋（シュノウハンタイ）

【無形文化財】ムケイブンカザイ 長い歴史をへて洗練され伝承されてきた演劇・音楽・工芸技術などの文化的所産のうち、文化財保護法の対象となる価値の高いもの。対有形文化財

【無月】ムゲツ 空が曇っていて月が見えないこと。特に、陰暦八月一五日の中秋の名月が見られないこと。

【無下に】ムゲに そっけなく。むやみに。「―断ることはできない」

【無限】ムゲン 限りがないこと。終わりがないこと。「―に広がる宇宙」対有限

【無間地獄】ムケンジゴク 仏大悪を犯した者が、絶えることなく責め苦を受ける地獄。八大地獄の一つ。参考「無間」は「ムゲン」とも読み、絶え間のないこと。類無間奈落（ムゲンナラク）

【無▲辜】ムコ 罪がないこと。また、その人。「多数の―の民が犠牲になった」類無罪 参考「辜」は罪の意。

【無効】ムコウ 効力や効果のないこと。また、そのさま。「その入場券は期限切れで―だ」対有効

【無告の民】ムコクのたみ 悩みや苦しみを訴えるところのない人々。頼るべきものをもたない、立場の弱い人々。《書経》

【無根】ムコン 根拠がまったくないこと。「事実―のうわさ」

【無言】ムゴン ①しゃべらないでいること。ものを言わないこと。「―でうなずく」類沈黙 ②「無言の行（ギョウ）」の略。無言でする修行。

【無罪】ムザイ ①罪のないこと。②法律で、犯罪が証明されないこと。また、その判決。「―放免」対①②有罪

【無策】ムサク 適切な対策や方策が何もないこと。「無為―」

【無作為】ムサクイ 特別な意見や考えを入れず、偶然にまかせて行うこと。作為のないこと。「調査対象者を―に選び出した」

【無雑】ムザツ 混じり気がないこと。純粋なこと。また、そのさま。

【無産】ムサン 財産や資産をもっていないこと。「―階級」対有産

【無残・無惨】ムザン ①残酷なさま。むごいこと。「彼の夢は―にも打ち砕かれた」②むごい目にあって、見るのもかわいそうなこと。いたましいこと。「見るも―な姿」表記「無慚」とも書く。

【無▲慚】ムザン ①仏罪を犯しながらも、恥ずかしいと思わないこと。②「無残」に同じ。

『無▲慚無▲愧』ムザンムキ 仏まったく恥じることなく、平気で悪事を行うこと。「無愧」は、他人や世の法に照らして恥じるところがないこと。「―の極悪人」

【無私】ムシ 利己心のないこと。「公平―」「―の奉仕精神」

『無私無偏』ムシムヘン 利己心がなく公平なこと。「偏」は、かたよること。「―の立場を貫く」類公平無私・無偏無党

【無視】ムシ 現にあるものを、ないように扱うこと。存在価値を認めないこと。「規則を―する」「嫌いな人を―する」類黙殺

【無地】ムジ 全体が単一色で模様がないこと。また、そのもの。「―の布」

【無実】ムジツ ①実質がないこと。「有名―」②根拠となる事実がないこと。特に、罪がないのに罪を犯したとされること。「―の罪」

【無始無終】ムシムジュウ 仏始めのない過去から、終わりのない未来まで。常に存在して不変のこと。生死を無限に繰り返す輪廻（リンネ）を表す語。参考「無終」は「ムシュウ」とも読む。

【無邪気】ムジャキ 悪意がなく、素直であること。あどけなく、かわいらしいさま。「―ないたずら」「―な笑顔」類無心

【無宿】ムシュク ①住む家がないこと。また、その人。宿なし。②江戸時代、人別帳（ニンベツチョウ）から除名されること。また、その人。「―者（もの）」

【無償】ムショウ ①報償がないこと。お返しを求めないこと。「―の仕事」「発展途上国への―援助」②無料。「見本を―で配る」対有償

【無上】ムジョウ このうえないこと。「―の喜びにひたる」類最上・最高・至上

【無常】ムジョウ ①仏あらゆるものは生滅（ショウメツ）・流転して、不変のものはないということ。「諸行―」対常住 ②人の世のはかなさ。特に、命のはかなさ。

『無常迅速』ムジョウジンソク 仏人の世は移り変わりが速く、むなしいものであるということ。類老少不定（ロウショウフジョウ）

【無情】ムジョウ ①思いやりや情けがないこと。無慈悲。「―の雨」類薄情 ②感情がないこと。「―の草花」類非情 対①②有情（ウジョウ）

【無性に】ムショウに むやみやたらに。どうしようもなく。「―腹が立つ」

【無心】ムシン ①心に欲や雑念などがないこと。無邪気なさま。「子どもが―に遊ぶ」対成心 ②遠慮せずに金品をねだること。「親に―する」③「無心連歌」の略。洒落（しゃれ）や滑稽（コッケイ）さを求めたもの。④狂歌の別称。対③④有心（ウシン）

【無尽】ムジン ①尽きることがないこと。「―蔵（ゾウ）」②「無尽講」の略。

【無尽講】ムジンコウ 一定の掛け金を出しあい、くじや入札によって順番に金銭を融通する組織。頼母子講（たのもしコウ）。

【無尽蔵】ムジンゾウ いくら取ってもなくならないこと。また、そのように多いさま。いくら取り出しても尽きることのない蔵（くら）の意。〈蘇軾（ソショク）の文〉「石油は―ではない」

【無声映画】ムセイエイガ　音楽や音声など、音のしない映画。会話などは字幕で表された。サイレント。対発声映画

【無声無臭】ムセイムシュウ　まったく人目につかないこと。声もしなければ、においもしない意。〈詩経〉類無味無臭

【無銭】ムセン　金銭をもたないこと。また、代金を支払わないこと。「―旅行」「―飲食」

【無線】ムセン　①線を用いないこと。特に、電線を必要としないこと。「―綴(と)じの本」「―操縦」対有線　②「無線通信」「無線電話」などの略。「アマチュア―」

【無双】ムソウ　①並ぶものがないほど、すぐれていること。「天下―の名人」類無二・無比　②衣服や道具など、表裏・内外を同じ素材で作ったもの。③相撲で、体をひねりながら片手を相手のももやひざに当てて倒す技。

【無造作・無雑作】ムゾウサ　軽い気持ちで物事を行うこと。手軽にすること。また転じて、不用意に行うこと。「―に部屋を片付ける」「―に足を投げ出す」

【無双窓】ムソウまど　すきまのある板戸ののぞき窓に、すきまのある引き戸を重ね合わせたもの。閉めると一枚の板のようになる。

〔無双窓〕

【無駄】ムダ　効果や利益がないこと。役に立たないこと。「時間の―を省く」「すべての努力が―になった」表記「徒」とも書く。

『無駄方便』ムダホウベン　なんの役にも立たないように見えるものでも、時にはなんらかの役に立っているということ。「方便」は便宜的な手段。類無用の用

【無体】ムタイ　①無理なこと。道理に合わないこと。「無理―なことを言う」類無法・乱暴　②形のないこと。「―財産」類無形

【無駄死に】ムダじに　死んだことがなんの役にも立たないこと。無益な死。犬死に。表記「徒死に」とも書く。

【無駄骨】ムダぼね　努力や苦労が何の役にも立たないこと。無駄な骨折り。「何度も説得したが―だった」類徒労　表記「徒骨」とも書く。

【無断】ムダン　許しを得ないこと。何の断りもなく行うこと。「―で駐車する」「―欠勤」

【無知】ムチ　知識がないこと。また、知恵がなく愚かなこと。「―につけこむ」書きかえ「無智」の書きかえ字。

『無知蒙昧』ムチモウマイ　知恵や学問がなく、物事の道理がわからないこと。また、その人。「蒙」「昧」はともにくらい意で、道理にくらいこと。類愚昧無知(グマイムチ)・無知無能

【無恥】ムチ　恥を恥とも思わないこと。恥知らずなこと。「厚顔―の男」

【無▲智】ムチ　▼書きかえ 無知

【無茶苦茶】ムチャクチャ　筋道が立たないさま。また、物事のやり方などが度を超してひどいさま。「あまりに―な考えだ」類滅茶苦茶(メチャクチャ)　参考「無茶」を強めていう語で、当て字。

【無定見】ムテイケン　自分の意見や見解を、はっきりもっていないこと。「―な政策を憂う」

【無手勝流】ムてかつリュウ　①相手と戦わずに、策をめぐらして勝つこと。また、その方法。②自分勝手なやり方。自己流。

【無敵】ムテキ　相手になる者がいないほど強いこと。「天下―」「―の強さを誇る」

【無鉄砲】ムテッポウ　前後のことをよく考えずに物事を行うこと。むこうみず。「―なことをする」参考「無手法・無点法」の変化したものという。

【無道】ムドウ　道理にはずれた行いをすること。「悪逆(アクギャク)―」類非道　参考「ブドウ」とも読む。

【無頓着】ムトンチャク　物事をまったく気にかけないこと。「服装に―だ」参考「ムトンジャク」とも読む。

【無二】ムニ　二つとないこと。かけがえのないこと。「―の親友」類無比・無双

『無二無三』ムニムサン　ただ一つだけで、ほかに類がないこと。転じて、わき目もふらずに物事を行うさま。由来もとは仏教語で、仏になる道は二乗もなく三乗もなく、ただ一乗の教えだけであるという意から。参考「無三」は「ムザン」とも読む。類唯一無二・遮二無二

【無任所】ムニンショ　①特定の仕事を分担しないこと。割り当てられた仕事のないこと。②「無任所大臣」の略。国務大臣として内閣の構成員となるが、各省大臣としての行政事務を担当しない人。

【無念】ムネン　①仏無我の境地に入って、心に何事も思わないこと。②ひどく、くやしいこと。残念に思うこと。「―をはらす」「―の敗退」

『無念無想』ムネンムソウ　一切の邪念から離れ、無我の境地に入った状態。「―で試合に臨む」対千思万考・多情多恨

【無能】ムノウ　才能や能力がないこと。また、役に立たないこと。「―を恥じる」「―な対応」対有能

【無配】ムハイ　「無配当」の略。株式の配当がないこと。「業績不振で―に転落」対有配

【無比】ムヒ　比べるものがないほど、すぐれていること。「正確―」類無双・無二・無類

【無筆】ムヒツ　読み書きができないこと。また、その人。文盲(モンモウ)。

【無病息災】ムビョウソクサイ　病気をしないで、健康であること。「息災」は仏の力で災いや病気を防ぐ意。転じて、健康で無事なさま。「仏前で―を祈る」類無事息災

【無辺】ムヘン　限りなく広いこと。果てしないこと。「広大―な海」類無限

【無辺際】ムヘンサイ 広々と限りのないこと。また、そのさま。「広大―な大空」類無限 参考「ムヘンザイ」とも読む。

【無法】ムホウ ①法や秩序が無視されること。「―地帯」②乱暴なこと。「―者」

【無謀】ムボウ よく考えずに行動すること。「あまりにも―な計画であった」類無鉄砲

【無△品】ムホン 親王で、位階をもたないこと。「―親王」参考「ムボン」とも読む。「品」は、親王に与えた位の意。

【無味乾燥】ムミカンソウ 内容に乏しく、味わいや潤いがないこと。「―な話ばかりが続いた」

【無明】ムミョウ 仏煩悩にとらわれて、真理が理解できない状態。真実に無知なこと。「―の闇に迷う」

【無明△長夜】ムミョウジョウヤ 仏煩悩にとらわれ、いつまでも迷いから覚めきれないこと。「無明」を、明けることのない長い夜の闇にたとえた語。

【無名】ムメイ ①名前がないこと。無記名。②名前が記されていないこと。「―の投書」③名前がわからないこと。「―戦士の墓」④名前が世間に知られていないこと。「―の新人」

【無銘】ムメイ 美術工芸品などに、作者の名がしるされていないこと。また、そのもの。対在銘

【無闇】ムやみ ①深く考えないで行うこと。「―な行動を避ける」②度を超していること。「―に電話する」

【無用】ムヨウ ①役に立たないこと。「―の長物」対有用 ②必要のないこと。「問答―」③用事のないこと。「―の者、立入り禁止」④してはならないこと。禁止を表す語。「天地―」

【無用の用】表面上なんの役にも立たないと思われるものが、かえって重要な役割を果たしているということ。〈『荘子』〉類無駄方便 参考「無用」は「不用」ともいう。

【無欲】ムヨク 欲がないこと。欲を出さないこと。「―の勝利」対貪欲 書きかえ「無慾」の書きかえ字。

【無欲・恬淡】ムヨクテンタン あっさりしていて欲がなく、物事に執着しないさま。「恬淡」は無欲であっさりしていること。「あの人は―とした人だ」表記「恬淡」は「恬澹・恬憺」とも書く。類雲心月性

【無・慾】ムヨク ▼書きかえ 無欲

【無理】ムリ ①道理に反していること。「怒るのも―はない」②強引に行うこと。「―に割り込む」③なし遂げることが困難なこと。「それはたぶん―だ」

【無理往生】ムリオウジョウ 無理やり押しつけてしたがわせること。「往生」はもと「圧状」と書き、人をおどして無理に書かせた文書のこと。類無理無体

【無理が通れば道理が引っ込む】道理に反することが広く世の中で行われるようになると、正しいことが行われなくなるということ。

【無理算段】ムリサンダン きわめて苦しい状況の中で、物事をおさめたり、金のやりくりをつけること。「息子の学費を―して送り続けた」

【無理難題】ムリナンダイ とうてい聞き入れられないような要求のこと。また、明らかに解決不可能な問題のこと。「―をふっかける」

【無理非道】ムリヒドウ 道理や人道からはずれていること。「乱れた世には―がまかりとおるものだ」

【無理無体】ムリムタイ 相手のことなどは考えず、無理やりに強制すること。「無体」は道理を考えず無理に物事を行うこと。また、道理に合わず乱暴なこと。「それは―な要求だ」類無理往生

【無理強い】ムリじい 相手のいやがることを無理やりさせること。類強要

【無慮】ムリョ およそ。だいたい。おおまかに。「―数千人の人出」

【無量】ムリョウ はかりしれないほど多いこと。「ここで会えるなんて感―だ」

【無類】ムルイ 比べるものがないこと。抜きんでてはなはだしいこと。「―の世話好き」類無比

【無△漏】ムロ 仏なんの迷いもなく心が澄みきっていること。煩悩がまったくないこと。対有漏 参考「漏」は、不浄なものがもれ出す意。

【無論】ムロン 論じるまでもなく。もちろん。「―私も出席する」

ム【夢】(13) 夕10 常 教 6 4420 4C34 音 ム 外ボウ 訓 ゆめ

旧字《夢》(14) 夕11 1/準1

筆順

意味 ゆめ。ゆめみる。また、ゆめのようにはかないもの。「夢幻」「夢想」「悪夢」

下つき 悪夢アクム・異夢イム・凶夢キョウム・残夢ザンム・酔夢スイム・同夢ドウム・迷夢メイム・霊夢レイム

【夢幻】ムゲン ①夢とまぼろし。「―の境地」②はかないこと。参考「ゆめまぼろし」とも読む。

【夢幻泡△影】ムゲンホウヨウ 仏世の物事のはかないたとえ。夢と幻、泡と影、いずれも一瞬のうちに消え去ってしまうものであることから。〈『金剛般若経』〉参考「泡影」は「ホウエイ」とも読む。

【夢想】ムソウ ①夢に見ること。夢のなかで思うこと。②夢のようなことを心に浮かべること。③夢で神仏のお告げがあること。

【夢中】ムチュウ ①夢のなか。夢を見ている間。②我を忘れて物事に没頭すること。「—で勉強する」「テレビゲームに—になる」

【夢▲寐】ムビ 眠ること。また、眠って夢を見ている間。「—にも忘れない」

【夢魔】ムマ ①夢に現れる恐ろしい悪魔。②不安や恐怖を感じる夢。「—にさいなまれる」

【夢遊病】ムユウビョウ 睡眠中に急に起きあがって動作や歩行などをして、また、眠りにつくが、目が覚めてから少しもそのことを思いだせないという病気。夢中遊行症。夢遊症。類離魂症

【夢】ゆめ ①眠っているときに、さまざまな物事を現実のように見聞きしたり感じたりする現象。「—を見る」「—にも思わない」②実現しそうにない空想。また、はかないこと。「すべてが—に終わる」③将来実現したいと思う希望。「いつまでも—をもち続ける」④現実を離れた甘く楽しい環境や状態。「太平の—」

『夢は五臓の疲れ』夢は五臓が疲れているために見るものだということ。「五臓」は肝臓・心臓・脾臓(ヒゾウ)・肺臓・腎臓(ジンゾウ)のこと。

『夢は逆夢(さかゆめ)』夢では、現実で起こることとは相反するものを見るということ。悪い夢を見たときの縁起(エンギ)直しにいう。

【夢△現】ゆめうつつ ①夢と現実。②意識が定かでなく、夢なのか現実なのかはっきりとわからない状態。「合格の知らせを—のうちに聞いた」

【夢路】ゆめじ 夢。また、夢を見ている状態。「—をたどる」

【夢枕】ゆめまくら ①「夢枕に立つ」の略。睡眠中に、神仏や故人が枕元に立って何かを告げること。「亡父が—でその死を伝えてきた」②夢を見ているときの枕元。夢のなか。

ム【▲夢】(14) 夕11 ▼夢の旧字(一四六三)

ム【謀】(16) 言9 常 4337/4B45 ▼ボウ(一四三二)

ム【霧】(19) 雨11 常 4 4424/4C38 音ム 外ブ 訓きり

筆順 3 6 8 10 12 16 18 霧

意味 きり。また、きりのようなもの。「霧氷」「霧散」

下つき 煙霧(エンム)・濃霧(ノウム)・氷霧(ヒョウム)・噴霧(フンム)・迷霧(メイム)

【霧】きり ①水蒸気が、地表近くで細かい水滴となり煙のように浮かんだもの。「—が深い」②水や液体を細かくして空中に吹き飛ばしたもの。「—吹き」

【霧散】ムサン 霧が晴れるように散って、あとかたもなく消え去ること。「長年の疑問が—した」

【霧中】ムチュウ ①霧の中。②予測や予想がつかないこと。「五里—」

【霧笛】ムテキ 霧が深くて視界が悪いとき、航海の安全をはかって船や灯台が鳴らす汽笛。参考「きりぶえ」とも読む。

【霧氷】ムヒョウ 木の枝などについた霧が凍ってできる不透明な氷。樹氷など。季冬

ム【★鵡】(19) 鳥8 準1 4425/4C39 音ム・ブ 訓

意味 オウム科の鳥「鸚鵡(オウム)」に用いられる字。

むかう【向かう】(6) 口3 教 2494/387E ▼コウ(四七九)
むかう【△対かう】(7) 寸4 教 3448/4250 ▼タイ(九七八)
むかう【▲嚮かう】(19) 口16 5176/536C ▼キョウ(三四二)
むかえる【迎える】(7) 辶4 常 2362/375E ▼ゲイ(四〇四)
むかえる【▲邀える】(17) 辶13 7819/6E33 ▼ヨウ(一五三六)
むかし【昔】(8) 日4 教 3246/404E ▼セキ(八七六)

むぎ【麦】(7) 麦0 教 3994/477E ▼バク(一二四三)
むく【向く】(6) 口3 教 2494/387E ▼コウ(四七九)
むく【△剝く】(10) 刂8 常 1594/2F7E ▼ハク(一二四〇)
むく【▲椋】(12) 木8 4426/4C3A ▼リョウ(一五七八)
むくいる【報いる】(12) 土9 教 4283/4A73 ▼ホウ(一四〇七)
むくいる【△酬いる】(13) 酉6 常 2923/3D37 ▼シュウ(六九六)
むくいる【▲讐いる】(23) 言16 2918/3D32 ▼シュウ(六九八)
むくげ【▲毳】(12) 毛8 6162/5D5E ▼ゼイ(八七一)
むくげ【▲槿】(15) 木11 6061/5C5D ▼キン(三六一)
むぐら【▲葎】(12) 艹9 4610/4E2A ▼リツ(一五六四)
むくろ【△骸】(16) 骨6 常 1928/333C ▼ガイ(一九三)
むくろ【▲軀】(18) 身11 9242/7C4A ▼ク(三七〇)
むこ【婿】(12) 女9 常 4427/4C3B ▼セイ(八六二)
むごい【△惨い】(11) 忄8 常 2720/3B34 ▼サン(五八六)
むごい【△酷い】(14) 酉7 常 2583/3973 ▼コク(五二八)
むこう【向こう】(6) 口3 教 2494/387E ▼コウ(四七九)
むさぼる【▲婪る】(11) 女8 5326/553A ▼ラン(一五五一)
むさぼる【貪る】(11) 貝4 常 7637/6C45 ▼ドン(一一八一)
むさぼる【▲愒る】(12) 忄9 *1259*/*2C5B* ▼カイ(一七九)
むさぼる【▲饕る】(22) 食13 8135/7143 ▼トウ(一一五八)
むし【虫】(6) 虫0 教 3578/436E ▼チュウ(一〇四四)
むじな【▲狢】(9) 犭6 6434/6042 ▼カク(一九七)
むじな【▲貉】(13) 豸6 7627/6C3B ▼カク(二〇〇)
むしば【▲齲】(24) 歯9 8390/737A ▼ウ(七三)
むしばむ【▲蝕む】(15) 虫9 3110/3F2A ▼ショク(七八五)

むしる【毟】 (8) 毛 4 国 1 6159 5D5B 音 訓 むしる

意味 むしる。むしりとる。「毛を毟る」 参考 毛を少なくすることを表す国字。

むしる【挘】 (9) 扌 6 国 1 8477 746D 音 訓 むしる

意味 むしる。むしりとる。「隠元豆を挘る」 参考 手(扌)で、力ずくで少なくすることを表す国字。

むしろ【△席】 (10) 巾 7 教 3242 404A ▼セキ(八七七)
むしろ【▲莚】 (10) 艹 7 7215 682F ▼エン(九九)
むしろ【▲筵】 (13) 竹 7 6807 6427 ▼エン(一〇三)
むしろ【▲蓆】 (13) 艹 10 7278 686E ▼セキ(八七八)
むしろ【△寧ろ】 (14) 宀 11 常 3911 472B ▼ネイ(一二〇五)
むす【▲烝す】 (10) 灬 6 6363 5F5F ▼ジョウ(七七四)
むす【蒸す】 (13) 艹 10 教 3088 3E78 ▼ジョウ(七七七)
むずかしい【難しい】 (18) 隹 10 教 3881 4671 ▼ナン(一一九二)
むずかる【△憤る】 (15) 忄 12 常 4216 4A30 ▼フン(一三五七)
むすぶ【結ぶ】 (12) 糸 6 教 2375 376B ▼ケツ(四一二)
むすぶ【△締ぶ】 (15) 糸 9 常 3689 4479 ▼テイ(一〇九七)
むすめ【△女】 (3) 女 0 教 2987 3D77 ▼ジョ(七二二)

むすめ【娘】 (10) 女 7 常 4 4428 4C3C 音 (外)ジョウ・ニョウ 訓 むすめ (外)こ

筆順
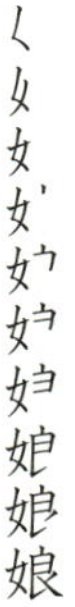

意味 むすめ。①親からみた女の子。②未婚の女性。おとめ。こ。「娘子」 類 嬢 参考 ①の場合、対義語は「息子」。

下つき 花娘(カジョウ)・生娘(きむすめ)

【△娘子】ジョウシ ①むすめ。少女。②女性。母・妻など婦人の通称。「一軍」

【娘三人持てば身代潰す】むすめサンニンもてばシンダイつぶす 女子を育て上げ、嫁入りさせるまでには、多額の費用がかかるたとえ。「身代」は「財産」の意。類 盗(ぬすっと)も五女(ゴジョ)の門を過(よ)ぎらず

【娘婿】むすめむこ むすめの夫。「一が取り仕切ってくれた」 類 女婿(ジョセイ)

むすめ【▲嬢】 (16) 女 13 常 3078 3E6E ▼ジョウ(七七八)
むせぶ【△咽ぶ】 (9) 口 6 常 1686 3076 ▼イン(六三)
むせぶ【▲噎ぶ】 (15) 口 12 5157 5359 ▼エツ(九四)
むせる【▲噎せる】 (15) 口 12 5157 5359 ▼エツ(九四)
むだ【△徒】 (10) 彳 7 教 3744 454C ▼ト(一一二六)
むち【▲笞】 (11) 竹 5 6790 637A ▼チ(一〇三一)
むち【△策】 (12) 竹 6 教 2686 3A76 ▼サク(五六七)
むち【▲鞭】 (18) 革 9 4260 4A5C ▼ベン(一三八六)
むちうつ【▲撻つ】 (16) 扌 13 5805 5A25 ▼タツ(一〇〇七)
むちうつ【▲鞭つ】 (18) 革 9 4260 4A5C ▼ベン(一三八六)
むちうつ【▲韃つ】 (22) 革 13 8071 7067 ▼タツ(一〇〇七)
むっつ【六つ】 (4) 八 2 教 4727 4F3B ▼ロク(一六一二)
むつまじい【△睦まじい】 (13) 目 8 常 4351 4B53 ▼ボク(一四二七)
むつむ【△睦む】 (13) 目 8 常 4351 4B53 ▼ボク(一四二七)
むな【胸】 (10) 月 6 教 2227 363B ▼キョウ(三三四)
むな【棟】 (12) 木 8 常 3779 456F ▼トウ(一一四七)
むながい【▲鞅】 (14) 革 5 8057 7059 ▼オウ(一一六)
むなしい【△空しい】 (8) 穴 3 教 2285 3675 ▼クウ(三七二)
むなしい【△虚しい】 (11) 虍 5 常 2185 3575 ▼キョ(三一七)
むなしい【▲曠しい】 (19) 日 15 5905 5B25 ▼コウ(五一六)

同訓異義 むなしい

【△空しい】中がからっぽである。効果がない。はかない。「空しい夢を見る」「空しい結果に終わる」「時が空しく過ぎる」「空しい努力」

【△虚しい】内容や中身が何もない。「実」の対。「虚しい名声」「大臣の虚しい答弁」「心が虚しくなる」「人生は虚しい」

【▲曠しい】広々として何もない。「曠しい荒野」「眼前に曠しく広がる大海原」

むね【旨】 (6) 日 2 常 2761 3B5D ▼シ(六〇三)
むね【△宗】 (8) 宀 5 教 2901 3D21 ▼シュウ(六八七)
むね【胸】 (10) 月 6 教 2227 363B ▼キョウ(三三四)
むね【棟】 (12) 木 8 常 3779 456F ▼トウ(一一四七)
むね【▲膺】 (17) 肉 13 7131 673F ▼ヨウ(一五三六)
むべ【△宜】 (8) 宀 5 常 2125 3539 ▼ギ(二八七)
むら【村】 (7) 木 3 教 3428 423C ▼ソン(九六七)
むらがる【▲簇がる】 (17) 竹 11 6840 6448 ▼ソウ(九四九)
むらがる【▲叢がる】 (18) 又 16 3349 4151 ▼ソウ(九五〇)
むらさき【紫】 (12) 糸 6 常 2771 3B67 ▼シ(六一九)
むらす【蒸らす】 (13) 艹 10 教 3088 3E78 ▼ジョウ(七七七)
むれる【群れる】 (13) 羊 7 教 2318 3732 ▼グン(三八五)
むれる【蒸れる】 (13) 艹 10 教 3088 3E78 ▼ジョウ(七七七)
むろ【室】 (9) 宀 6 教 2828 3C3C ▼シツ(六四七)

むろ【椌】 (13) 木 9 国 1 6035 5C43 音 訓 むろ

意味 むろ。ヒノキ科の常緑小高木ネズ（杜松）の古名。

むろあじ【鮏】(20) 魚9 国 1 9363 7D5F 訓 音 むろあじ

意味 むろあじ。アジ科の海魚。

め 女 メ 女

メ【△馬】(10) 馬0 教 3947 474F ▼バ（一二一〇）

メ【瑪】(14) 王10 1 6485 6075 訓 音 メ・バ

意味 宝石の一種「瑪瑙」に用いられる字。

【▲瑪▲瑙】メノウ 石英などの結晶の混合物。紅・緑・白などの美しいしま模様があり、装飾品などに用いられる。「―細工」

メ【碼】(15) 石10 1 6691 627B 訓 音 メ・バ・マ ヤード

意味 ヤード。長さの単位。約九一・四四センチ。参考「瑪瑙」を「碼瑙」と書くこともある。

【▲碼】ヤード ヤードポンド法の長さの単位。一ヤードは三フィートで、約九一・四四センチメートル。ヤール。

め【女】(3) 女0 教 2987 3D77 ▼ジョ（七三二）

め【目】(5) 目0 教 4460 4C5C ▼モク（一四八三）

め【芽】(8) 艹5 教 1874 326A ▼ガ（一六四）

め【△眼】(11) 目6 教 2067 3463 ▼ガン（二五五）

め【雌】(14) 隹6 常 2783 3B73 ▼シ（六二四）

メイ【名】(6) 口3 教 常 10 4430 4C3E 音 メイ・ミョウ 訓 な

筆順 ノ ク タ タ 名 名

意味 ①なまえ。よびな。「名称」「姓名」 ②なづける。よぶ。「名状」「命名」 ③なだかい。すぐれている。ほまれ。「名声」「名誉」 ④人数を数える語。「両名」

下つき 悪名・異名・汚名・戒名・改名・学名・仮名・家名・偽名・御名・芸名・功名・高名・指名・襲名・署名・除名・人名・姓名・知名・著名・匿名・売名・筆名・美名・品名・変名・芳名・本名・無名・命名・有名・連名

【名】な ①他と区別するためにつける呼び方。名称。名前。「あの美しい山の―は岩木山です」 ②姓名。氏名。また、姓に対して個人を呼ぶ名前。「私の―は中村太郎」「姓は中村、―は太郎」 ③名声。評判。「政治家として―を成す」 ④表向きの口実。名目。体裁。「正義の―の下に暴力をふるう」

【名の無い星は宵から出る】よいものは、初めのうちに出てくるもののなかにはないたとえ。また、待ってもいない人が早くから現れて、待っている人がなかなか来ないたとえ。

【名は実の賓】名目には実質が伴っていなければならないということ。「実」は内容や実質、「賓」は客の意で、名は実質の賓客のようなものである意から。由来 中国古代の伝説上の聖天子・尭帝が高潔の士とされる許由に帝位を譲ろうとしたときに、許由は「よく治まっている天下で自分が天子となっても、それは名目だけで、私は主人のいない客のようにむなしい存在になってしまう」と言って譲位を辞退した伝説から。《『荘子』》

【名は体を表す】物や人の名は、その実体や性質を表していることが多いということ。類 名詮自性

【名を△棄てて実を取る】世間に対する体裁や名誉を得るよりも、実質的な利益のあるほうを選ぶこと。

【名折れ】なおれ 名誉に傷がつくこと。不名誉。「一族の―だ」

【名子】なご 封建社会で、領主や名主に隷属した農民。耕地や住居などを借り、一般の農民より地位は低い。

【名越】なごし 「名越の祓え」の略。陰暦の六月末日に行われる大祓の神事。神社で、参詣者は茅の輪をくぐり身を清めることなどをする。季 夏 表記「夏越」とも書く。

【〈名残〉】なごり ①物事が過ぎ去ったあとに残る気分や気配。「昔の―」類 余波・余韻 ②別れるときの心残り。「行く年の―を惜しむ」 ③「名残の折」の略。連歌や俳諧で、句を書き連ねる最後の紙。

【名代】なだい 世間に広く名が知られていること。名高いこと。参考「ミョウダイ」と読めば別の意になる。

【名題】なだい ①歌舞伎や浄瑠璃などの表題。類 外題 ②「名題看板」の略。歌舞伎の劇場で、上演狂言の題名をかいた看板。 ③「名題役者」の略。②に名をのせる資格がある役者。

【名立たる】なだたる 名前が広く知られているさま。有名な。名高い。「―剣豪」

【名主】なぬし 江戸時代に、村内の民政をつかさどった村の長。参考 西日本では「庄屋」、東北・北陸では「肝煎」といった。「ミョウシュ」と読めば、中世の荘園制下で、村落の中心となった農民の長のこと。

【名乗・〈名告〉】なのり ①名を名乗ること。特に、武士が戦場で戦う前に自分の名や素性を大声で叫んだこと。 ②昔、公家および武家の男子が元服後につけた実名。

【名広め・名▲弘め・名披露目】なびろめ 芸人が芸名を得たとき、また、商人が店を開いたときに、その名を世間に広く知らせること。

【名寄せ】なよせ 名所や人や物などの名前を集めて記した書物。

【名号】ミョウゴウ 仏 仏や菩薩(ボサツ)の名。特に、阿弥陀仏(アミダブツ)の名。「弥陀の—を唱える」

【名字】ミョウジ その家を表す名。家系の名。姓。氏(うじ)。「江戸時代、—帯刀(タイトウ)は武士の特権だった」表記「苗字」とも書く。

【名跡】ミョウセキ 代々受けつがれる名字や家名。「一五代続いた—を継ぐ」類跡目 参考「メイセキ」と読めば別の意になる。

【名詮自性】ミョウセンジショウ 仏 名はそのものの本質を表すということ。「詮」は備える意。「自性」はそのものの性質のこと。〈『唯識論(ユイシキロン)』〉表記「自性」は「自称」とも書く。類名実相応・名実一体

【名代】ミョウダイ 目上の人の代理として公的な場所に出ること。また、その人。参考「なダイ」と読めば別の意になる。

【名△簿・名符】ミョウブ 古代・中世に、主従関係を結ぶときなどに下の者から上の者に証明として送った、官位・姓名・年月日などを記した名札。なぶみ。参考「名簿」は「メイボ」と読めば別の意になる。

【名聞】ミョウモン 世間での評判。ほまれ。類名声 参考「メイブン」とも読む。

『名聞利養』ミョウモンリヨウ 仏 名声を得ることと、財産を増やすこと。「利養」は財産を得て身を肥やすこと。五欲のなかの名誉欲と財欲。

【名利】ミョウリ 名誉と利益。「—を求める」参考「メイリ」とも読む。

【名案】メイアン すぐれた考え。よい思いつき。「—を思いつく」類妙案

【名園・名▲苑】メイエン 由緒のあるすぐれた庭園。有名な庭園。

【名家】メイカ ①古くから続いているりっぱな家柄。類名門 ②その道にすぐれている有名な人。類名士

【名鑑】メイカン ある分野に関連する人や物の名前を集めて分類した本。「選手—」

【名義】メイギ ①表面上や形式上の名前。「—上の所有者」「—変更」②名に応じて守る義理。名分。「—が立たぬ」

【名君】メイクン すぐれた君主。りっぱな君主。「—のほまれが高い」

【名月】メイゲツ 陰暦で八月一五日、また九月一三日の夜の月。前者を中秋の名月・芋名月、後者を後(のち)の月・栗(くり)名月・豆名月という。季秋

【名言】メイゲン たくみに物事や人生の本質をついた短い言葉。有名な言葉。「古今の—」「けだし—だ」

【名工】メイコウ すぐれた腕前をもつ職人。名高い工芸家。類名匠

【名刹】メイサツ 由緒ある、名を知られた寺院。有名な寺。「古寺—を訪ねる」

【名産】メイサン その土地の有名な特産物。「リンゴの—地」類名物

【名山勝川】メイザンショウセン 景色のよい山や川。景勝の地。「名勝」と「山川」を組み合わせた語。〈『晋書(シンジョ)』〉

【名士】メイシ ある分野や社会で、名を知られている人。「各界の—が集まる」

【名刺】メイシ 氏名・住所・勤務先・身分などを記した、小形の厚紙。「—を交換する」

【名実】メイジツ 名前と実質。世間での評判と実際の内容。「彼は—ともに一流の俳優だ」

『名実一体』メイジツイッタイ 名称と実質、名声と実際が一致していること。「—の活躍ぶりであった」対有名無実・名存実亡

【名手】メイシュ ①すぐれた技術をもつ人。「琴の—」類名人・達人 ②囲碁・将棋などで、うまい手。「—を打つ」類妙手

【名所】メイショ 景色のよさや、古跡などで有名な土地。「—をめぐる旅」類名勝

『名所に見所なし』めいしょにみどころなし 一般に景勝地といわれる所は見る価値のないものが多いということ。名声は必ずしも実質を伴わないたとえ。類名物に旨(うま)い物なし

【名匠】メイショウ 学術や芸術の分野で、すぐれた腕前や業績をもつ人。

【名称】メイショウ 名前。呼び名。「漢字の部首の—を調べる」「会社の正式—」

【名勝】メイショウ すばらしい景色の土地。「—を訪れる」類名所・景勝

【名状】メイジョウ 状況を言葉で言い表すこと。「—しがたい気持ち」

【名人】メイジン ①とりわけすぐれた技能をもつ人。類名手・達人 ②囲碁・将棋で、名人戦の勝者に贈られる最高位の称号。

『名人は人を▲謗らず』めいじんはひとをそしらず 名人といわれるほどの人は、他人の短所や欠点を批判するようなことはしないものである。

【名数】メイスウ ①同類をまとめ、数字をつけて表す呼び方。「四天王」「三景」「三筆」など。②数学で、単位の名や助数詞をつけた数。「五グラム」「八本」など。対無名数

【名声】メイセイ 高い評価。よい評判。ほまれ。「世界的な—を博する」

『名声▲赫▲赫』メイセイカクカク 世間で非常に評判のよいさま。「赫赫」は、勢いがきわめて盛んなさま。

『名声実に過ぐ』めいせいジツにすぐ 実際よりも評判のほうが高いこと。

【名跡・名▲蹟・名▲迹】メイセキ ①有名な旧跡。②りっぱな業績。参考「名跡」は、「ミョウセキ」と読めば別の意になる。

【名存実亡】メイソンジツボウ 名前だけが残って、実質が失われること。物事が見かけだけになり、内実が失われること。〈韓愈(カンユ)の文〉類有名無実 対名実一体

【名著】メイチョ すぐれた著書。高い評価を受けている書物。

【名答】メイトウ うまく言い当てた、みごとな答え。的確な答え。「ご―です」

【名馬に癖あり】メイバにくせあり 人並みはずれた才能をもつものは、強烈な個性をもつたとえ。また、個性のない平凡なものは傑出することのないたとえ。

【名物】メイブツ ①その土地特有の産物。類名産 ②その土地や社会で有名な人や事柄。名高いもの。「―教師」「熱帯―のスコール」 ③茶道具など由緒あるもの。

【名分】メイブン ①身分に応じて守らなくてはならない、道徳上のきまり。「大義―」 ②表向きの理由。「許可するには―が必要だ」類名目

【名簿】メイボ 姓名や住所などを一定の順序に記した表。「会員―」「五十音順の―」 参考「ミョウブ」と読めば別の意になる。

【名望】メイボウ 名声が高く人望も厚いこと。「―を集める」「郷土で―のある政治家」

【名目】メイモク ①表向きの名前や呼び方。②表向きの理由。「研修の―で図書を買う」類口実 対実質 参考「ミョウモク」とも読む。

【名門】メイモン 名を知られた由緒ある家柄。名家。学校などにもいう。「―の出」「―校」

【名優】メイユウ すぐれた有名な俳優。演技がきわめてうまい役者。

【名誉】メイヨ ①すぐれていると認められ、高い評価を受けること。ほまれ。また、それを自ら誇りにすること。「母校の―のためにがんばった」「―を傷つける」 ②功績のあった人に敬意を表し、たたえるために贈る称号。「―市民の称号を与える」

【名誉毀損】メイヨキソン 名誉を損なうこと。「―罪」「―で訴える」 表記「毀損」は「棄損」とも書く。

【名誉挽回】メイヨバンカイ 失われた信用や名声を取り戻すこと。「挽回」はもとに引き戻す意。名誉回復。「―のチャンスが到来した」類面目一新

【名誉欲】メイヨヨク 名誉を得たいと望む心。「―にかられる」 書きかえ「名誉慾」の書きかえ字。

【名誉▲慾】メイヨヨク ▼書きかえ 名誉欲

【名流】メイリュウ 名高い人々。特に、上流階級や伝統ある流派に属する人々。「東西―舞踊会」類名士

【名論卓説】メイロンタクセツ 見識の高いすぐれた論説。類高論卓説

メイ【命】

(8) 口 5 常 教 8 4431 4C3F

音 メイ・ミョウ(中) 訓 いのち (外)おおせ・みこと

筆順 ノ 人 亼 亼 合 合 合 命

意味 ①いいつける。おおせ。「命令」「勅命」 ②なづける。「命名」「命題」 ③名簿。戸籍。「亡命」 ④いのち。「命脈」「生命」 ⑤天の定め。めぐりあわせ。「命運」「宿命」 ⑥まと。めあて。「命中」 ⑦みこと。神の名に添えた敬称。「大国主命おおくにぬしのみこと」類尊

下つき 運命ウンメイ・延命エンメイ・革命カクメイ・救命キュウメイ・懸命ケンメイ・厳命ゲンメイ・使命シメイ・宿命シュクメイ・寿命ジュミョウ・助命ジョメイ・人命ジンメイ・生命セイメイ・絶命ゼツメイ・存命ゾンメイ・大命タイメイ・短命タンメイ・致命チメイ・勅命チョクメイ・天命テンメイ・特命トクメイ・任命ニンメイ・拝命ハイメイ・薄命ハクメイ・亡命ボウメイ・余命ヨメイ・落命ラクメイ

【命】いのち ①生物が生きてゆくもととなる力。生命。「―を失う」 ②生きている間。寿命。「―が縮まる思いをした」 ③最も大切なもの。「この仕事はアイデアが―だ」

【命あっての物種】いのちあってのものだね 何事も生きているからこそできるのであり、死んでしまってはなんにもならないということ。「物種」は物事の根源のこと。

【命長ければ恥多し】いのちながければはじおおし 長生きをすれば、それだけ恥をさらす機会も多くなるということ。表記「命長ければ」は「寿ければ」とも書く。

【命長ければ▲蓬▲莱ほうらいを見る】 長生きをしていれば、思いがけない幸運に会うこともあるということ。「蓬莱」は蓬莱山の略。中国の伝説で、仙人が住み不老不死の地とされる東海の霊山。参考「蓬莱を見る」は「蓬莱に会う」ともいう。

【命は▲鴻毛こうもうよりも軽かろし】 正義のためであれば、命を捨てても惜しくないということ。「鴻毛」はおおとりの羽毛のことで、非常に軽いもののたとえ。〈司馬遷シバセンの文〉

【命懸け】いのちがけ 生死をかえりみずに物事を行うこと。死ぬ覚悟ですること。「―で守り抜いた」「―の冒険」

【命辛辛】いのちからがら かろうじて命だけは失わずに。「―逃げてきた」

【△命】みこと 神または貴人の名に添える尊称。「大国主おおくにぬしの―」 参考「みこと」は、『日本書紀』では最も貴い人には「尊」を用い、『古事記』では「命」に統一されている。

【命終】ミョウジュウ 死ぬこと。生命が終わること。参考「ミョウジュ」とも読む。

【命婦】ミョウブ ①律令リツリョウ制で女官の呼称。五位以上を内命婦ナイミョウブ、五位以上の役人の妻を外命婦ゲミョウブという。 ②平安時代、宮中に仕えた中﨟チュウロウの女房。

【命運】メイウン 運命。「―が尽きる」「新企画に会社の―をかける」

【命じる】メイじる ①言いつける。命令する。「遣つかいを―じる」 ②任命する。「部長を―じる」 ③名前をつける。命名する。

【命数】メイスウ ①命の長さ。寿命ジュミョウ。「―が尽きる」 ②天から与えられた運命。天命。 ③数学で、ある数に名をつけること。

【命題】メイダイ ①題をつけること。②論理学で、一つの判断の内容を言葉で表したもの。③解決するよう課せられた問題。課題。「与えられた―」

【命旦夕にあり】メイタンセキにあり その日の命が危ないこと。今にも死にそうなこと。「旦夕」は朝と夕方の意。参考「旦夕」は「朝夕《チョウセキ》」ともいう。

【命中】メイチュウ 目標としたものに当たること。「矢が的《まと》に―する」類的中

【命日】メイニチ 毎年または毎月の、その人が死んだのと同じ日。類忌日《キニチ・キジツ》

【命脈】メイミャク 生命が続くこと。いのち。「細々と―を保つ」

【命名】メイメイ 人や物に名をつけること。「ビルの―式」「長男誕生で―に頭をひねる」

【命令】メイレイ ①上の人が下の者に言いつけること。また、その内容。「父の―を聞く」「上司の―に背く」②国の行政機関が出す法の形式。政令・省令・規則など。

【命を知らざれば△以て君子と△為ること無し】メイをしらざればもってクンシとなることなし 天命を知らない者は、君子の資格がない。君子は天命をわきまえているから、常に平静であるということ。〈『論語』〉

メイ【明】(8) 日 4 教 常 9 4432 4C40
音 メイ・ミョウ ミン(外)
訓 あかり・あかるい・あかるむ・あからむ・あきらか・あける・あく・あくる・あかす

筆順 丨 冂 日 日 旫 明 明 明

意味 ①あかるい。「明星」「清明」②あかり。あかりがつく。「明滅」「灯明」対滅 ③あきらか。あきらかにする。「明確」「証明」④さとい。かしこい。「明君」「賢明」対①③④暗 ⑤あける。夜があける。また、つぎの。あす。「明晩」「未明」⑥神。また、神聖なもの。「神明」⑦みん。中国の王朝名。

下つき 解明《カイメイ》・簡明《カンメイ》・究明《キュウメイ》・糾明《キュウメイ》・賢明《ケンメイ》・言明《ゲンメイ》・光明《コウミョウ》・克明《コクメイ》・失明《シツメイ》・自明《ジメイ》・釈明《シャクメイ》・松明《ショウメイ・たいまつ》・証明《ショウメイ》・照明《ショウメイ》・神明《シンメイ》・声明《セイメイ・ショウミョウ》・説明《セツメイ》・鮮明《センメイ》・聡明《ソウメイ》・透明《トウメイ》・発明《ハツメイ》・判明《ハンメイ》・表明《ヒョウメイ》・不明《フメイ》・文明《ブンメイ》・平明《ヘイメイ》・弁明《ベンメイ》・未明《ミメイ》・黎明《レイメイ》

【明かす】あ-かす ①隠されていたものをはっきり示す。「手品の種を―す」「秘密を―す」②眠らずに夜を過ごす。「まんじりともせずに夜を―す」

〈明衣〉あかは 神事や儀式に用いる白い礼服。浄衣《ジョウエ》。もとは、天皇が沐浴《モクヨク》の後に用いる衣服。参考「あかはとり・メイイ・ミョウイ」とも読む。

【明星】あかぼし 「明けの明星《ミョウジョウ》」に同じ。表記「赤星」とも書く。参考「ミョウジョウ」と読めば、その世界で輝く人の意もある。

〈明白〉あからさま ありのままに表すさま。露骨なさま。参考「メイハク」と読めば別の意になる。

【明らむ】あか-らむ 夜があけてきて、空がだんだん明るくなる。「東の空が―む」

【明かり】あか-り ①光。光線。「―がさしこむ部屋」「月―」②ともしび。「―をともす」

【明り障子】あかりショウジ 室内に明かりを取り入れるために、木枠に桟《サン》を渡して和紙などを貼《は》った建具。現在の障子。季冬 参考昔は、ふすまを「ふすま障子」といった。

【明るい】あか-るい ①光が十分に満ちて、物がよく見えるさま。「部屋が―い」②色がくすんでいない。「壁を―い色に塗る」③性格が明朗なさま。楽しそうなさま。「―い表情」④隠し事や不正などがないさま。「―い政治」⑤希望がもてるさま。「未来は―い」⑥よく知っているさま。「事情に―い」対①～⑥暗い

【明らか】あき-らか ①はっきりして疑いがないさま。「責任を―にしよう」②光が満ちて明るいさま。「―な満月」

【明くる】あ-くる 明けての。次の。翌。「―日の出来事」「―年」「―朝」

【明け透け】あけすけ 包み隠さないさま。ありのまま。「―に話す」

【明けの明星】あけのミョウジョウ 夜明け方、東の空にひときわ明るく輝く金星のこと。あかぼし。参考夕方に輝く金星は「宵の明星」という。

【明け△易い】あけやす-い 夏の夜が短くて、早くあけるさま。季夏

【明ける】あ-ける ①朝になる。「夜が―けたら、すぐに出発する」②新しい年になる。「年が―ける」対①②暮れる ③期間が終わる。「連休が―ける」「休暇が―ける」

〈明後日〉あさって あすの次の日。翌々日。参考「ミョウゴニチ」とも読む。

〈明日〉は〈明日〉の風が吹く あしたはあしたのかぜがふく 明日はどんなことが起こるかわからないのだから、くよくよ心配しても始まらないということ。明日のことを先取りして心配しても仕方がないということ。

〈明日〉あす 今日の次の日。参考「あした・ミョウニチ」とも読む。

『〈明日〉ありと思う心の▲仇桜《あだざくら》』 明日があると思って今日できることをしないでおくと、好機を逃してしまうこと。また、世の中の無常なことのたとえ。参考親鸞《しんらん》の歌とされ、「夜半《よわ》に嵐《あらし》の吹かぬものかは」と続く。

『〈明日〉の百より〈今日《きょう》〉の五十』 量が多くても手に入ることが不確実ならば、少なくても確実に手に入るもののほうがよいということ。

【△明か】さや-か はっきりしているさま。澄んで清らかなさま。「―な月光」「―な鈴の音が聞こえる」

〈明明後日〉しあさって あさっての次の日。やのあさって。参考あさっての翌々日をいう地方もある。

【明後日】ミョウゴニチ 「明後日(あさって)」に同じ。

【明神】ミョウジン 神の尊称。神をうやまっていう語。「―様」「稲荷(いなり)大―」

【明日】ミョウニチ 「明日(あす)」に同じ。

【明礬】ミョウバン 硫酸アルミニウムとアルカリ金属などの結合物で、無色透明の正八面体の結晶。染色・医薬・製紙などに使用される。

【△明朝】ミンチョウ ①中国の明(ミン)の朝廷。②「明朝活字」の略。縦線が太く、横線が細い。新聞や書籍の本文に最も一般的に用いられているもの。明朝体。

【明暗】メイアン ①明るいことと暗いこと。転じて、幸と不幸、喜びと悲しみ、勝利と敗北など。「―を分ける」②絵画・写真などで、色の濃淡や明るさの度合。「―のコントラストが強い絵」

【明快】メイカイ きちんと順序立てができていて、わかりやすいこと。「単純―な話だ」「―な解説」

【明解】メイカイ はっきりとわかりやすく解釈すること。また、その解釈。「―に答弁する」

【明確】メイカク はっきりしていて、まちがいのないこと。「―に記す」「―な答えを出す」

【明記】メイキ はっきりと書き記すこと。「氏名を―のこと」

【明鏡止水】メイキョウシスイ 邪念がなく、澄みきって落ち着いた心境。「明鏡」は一点の曇りもない鏡、「止水」は静止して澄みきった水の意。《荘子(ソウジ)》「―の心境である」類光風霽月(コウフウセイゲツ)・虚心坦懐(キョシンタンカイ)

【明君】メイクン 賢くすぐれた君主。明主。「―の誉れが高い」対暗君

【明言】メイゲン きっぱりと言い切ること。言明。「―を避ける」類断言

【明細】メイサイ ①細かいところまで明らかで詳しいこと。「事の―を記す」「―な報告書」類詳細 ②「明細書」の略。項目などを詳しく書いた書類。「給与―」

【明察】メイサツ ①真相をはっきりと見抜くこと。「事態を―する」②相手の推察に対する敬語。「ご―のとおり」

【明視】メイシ はっきりと見ることができること。「―の距離はふつう二五センチメートル」

【明示】メイジ はっきりと示すこと。「理由を―する」対暗示

【明珠暗投】メイシュアントウ どんな貴重なものでも、人に贈るときに礼儀を失すれば、かえって恨みを招くたとえ。また、貴重なものをその価値のわからない人がもっているたとえ。「明珠」は輝く宝玉のこと。故事 中国、梁(リョウ)の孝王の臣鄒陽(スウヨウ)は、讒言(ザンゲン)によって死刑にされようとしたとき、王に「どんなすぐれた玉も暗闇(くらやみ)の中を行く人に投げつければ、剣に手をかけてにらまぬ者はない。それはいわれもなく目の前に飛んでくるからだ」と、身の潔白を述べた故事から。《史記》

【明晰】メイセキ 筋道がとおっていて、はっきりしているさま。「頭脳―」類明白

【明窓浄机】メイソウジョウキ 明るくきれいに整頓された書斎のこと。〈欧陽脩(オウヨウシュウ)の文〉表記「浄机」は「浄几」とも書く。

【明達】メイタツ かしこくて、物事の道理によく通じていること。「―の士」

【明断】メイダン 迷うことなく明快にさばくこと。また、そのような裁断。きっぱりとした判断。「―を下す」

【明徴】メイチョウ はっきりと証明すること。また、その証拠。「国体―」

【明澄】メイチョウ 濁りや曇りがなく、澄みわたっているさま。「―な響き」

【明哲保身】メイテツホシン 聡明でよく道理に通じた人は、危険を避けて身を安全に保つこと。また、賢く世に処して自分の地位を守ること。「明哲」は聡明で道理に詳しいこと。《詩経》「―の姿勢を貫く」参考「保身」は本来悪い意味はないが誤解されて、自分の身の安全のみを考える処世術をいう場合もある。

【明答】メイトウ 明確な答え。はっきりした答え。「首相は―を避けた」

【明徳】メイトク ①りっぱな徳性。②天性のすぐれた本性(ホンショウ)。生まれつきの徳性。

【明白】メイハク はっきりしていて、疑いのないこと。疑う余地がないほど、明らかなこと。また、そのさま。「―な事実」類明晰(メイセキ) 参考「あからさま」と読めば別の意になる。

【明媚】メイビ 自然の風景が清らかで美しいこと。「風光―」

【明敏】メイビン 頭の回転がよく、物事にすばやい対応ができること。「頭脳―」

【明文】メイブン はっきりと文章に表すこと。また、その文章や条文。

【明文化】メイブンカ はっきりと条文に書きあらわすこと。条文に明らかに規定すること。「罰則規定を―する」

【明眸】メイボウ 澄んだ美しいひとみ。目もとがはっきりとした美人の形容。

【明眸皓歯】メイボウコウシ 美しく澄んだひとみと、白く美しい歯並びの意。参考 杜甫(トホ)が絶世の美人である楊貴妃(ヨウキヒ)の美貌(ビボウ)を形容した詩句の語。類蛾眉皓歯(ガビコウシ)

【明明白白】メイメイハクハク はっきりとしていて疑う余地のまったくないこと。「彼が犯人なのは―だ」対曖昧模糊(アイマイモコ)・渾渾沌沌(コンコントントン) 参考「明白」を強めていう語。

【明滅】メイメツ 明かりがついたり消えたりすること。明るくなったり暗くなったりすること。「ネオンの―」類点滅

【明目張胆】メイモクチョウタン 周囲に気を配り、思い切って事に当たること。「明目」は目を見張って注意する意。「張胆」はきもを張ることで、大胆に構える意。《新唐書(シントウジョ)》

【明も見ざる所あり】メイもみざるところあり 賢くて物がよく見える人でも、時には見落とすことがある。すべ

てに完全を求めるのは難しいということ。〈『史記』〉

【明亮】メイ リョウ ①声がはっきりしていて、聞き取りやすいこと。「ーに話す先生」②「明瞭」に同じ。

【明瞭】メイ リョウ はっきり明らかなさま。「簡単ー」類明白 対曖昧 表記「明亮」とも書く。

【明朗】メイ ロウ ①明るくほがらかなこと。「ーな人柄で好感がもてる」②ごまかしがなく、はっきりしていること。「ー会計」

【明朗闊達】メイロウ カッタツ 明るくほがらかで、細かな事にこだわらないさま。「闊達」は心が広く小さな事にこだわらない意。「ーな好青年」表記「闊達」は「豁達」とも書く。類明朗快活

【△明太子】メンタイ こ スケトウダラの卵巣を塩漬けにし、唐辛子などで調味した食品。参考「明太」はスケトウダラの朝鮮半島での呼び名。

メイ【茗】(9) 艹 6 1 7212 682C 音 メイ・ミョウ 訓 ちゃ・よう

意味 ①ちゃ。チャの木・芽。「茗宴」「茗器」②よう。酒に酔う。「茗艼」参考①おそく採ったチャの芽を「茗」、新しいものを「茶」と呼ぶ。

下つき 芳茗

【茗荷】ミョウ ガ ショウガ科の多年草。熱帯アジア原産で、暖地の山林に野生化。また、栽培もする。夏、根元から淡赤褐色の苞に包まれた花穂を出し淡黄色の花が咲く。若い花穂と若芽は食用。メガ。

【茗宴】メイ エン 茶会。茶をたてて客をもてなす茶の湯の会。

メイ【迷】(9) 辶 6 教 常 6 4434 4C42 音 メイ(中) 訓 まよう 外まどう

旧字《迷》(10) 辶 6 1/準1

筆順 丶 丷 䒑 半 米 米 迷 迷 迷

意味 ①まよう。まどう。道がわからない。「迷宮」「迷路」②こまる。明らかでない。「迷惑」「低迷」③すじがとおらない。奇妙な。「迷答」参考③「名」に当てた洒落。

下つき 頑迷・昏迷・混迷・低迷

〈迷子〉まい ご 連れの大人にはぐれたり、道に迷ったりした子ども。まよいご。「遊園地でーになった」

【迷う】まよ う ①道が分からなくなる。「道にーって遅刻した」②決断がにぶる。惑う。「どちらがよいかーってしまう」③心を奪われて判断力を失う。おぼれる。「色香にーう」④仏死者の霊が成仏できないでいる。

『迷わぬ者に悟りなし』大いに迷うことによって、初めて真の悟りが得られるということ。類大疑は大悟の基

【迷宮】メイ キュウ ①通路が複雑で、なかなか出口が分からないように造られた建物。②犯罪事件などで、状況や事情が複雑で容易には解決ができない状態。「事件がー入りになる」

【迷悟一如】メイゴ イチニョ 仏迷いも悟りも、たどりつくところは一つであるから、迷いとか悟りとかにとらわれる必要はないということ。「一如」は一体である意。類迷悟一途・迷悟不二

【迷彩】メイ サイ 敵の目をごまかすため、戦闘服・兵器・建造物などに、周囲と区別がつかないようにさまざまな色を塗ること。カムフラージュ。「ー服」「ーを施す」

【迷者不問】メイシャ フモン 人が迷うのは賢人に尋ねて教えを受けないからで、分からないことは積極的に尋ねるべきであるという戒め。「迷える者は路を問わず」の略。〈『荀子』〉

【迷信】メイ シン 科学的な根拠のない言い伝えを信じること。また、その言い伝えや事柄。「旧来のーを否定する」「祖母はー家だ」

【迷走】メイ ソウ 予想される進路と異なった方向へ行くこと。不規則な進み方をすること。「台風がーする」

【迷夢】メイ ム 夢のようにとりとめのない愚かな考え。心の迷い。「ーからさめる」

【迷妄】メイ モウ 物事の道理をよくわきまえず、まちがったことを事実と思いこむこと。「自我のーを断ち切る」

【迷路】メイ ロ ①入りこむとなかなか出られないように迷いやすい道。また、わざとそのようにつくった道。「ーから抜けだせない」②内耳の別称。

【迷惑】メイ ワク 他人の行動で、困ったりいやな思いをしたりすること。「人にーをかけない」「演奏中の私語はーです」

『迷惑千万』メイワク センバン 非常に迷惑なこと。「千万」は数の多いこと。転じて、程度のはなはだしい意。迷惑至極。「毎日のように送られて来るダイレクトメールはーだ」

メイ【冥】(10) 冖 8 常 2 4429 4C3D 音 メイ・ミョウ(高) 訓 外くらい

筆順 丶 冖 冖 冖 冃 冃 冒 冒 冥 冥

意味 ①くらい。光がない。「晦冥」「冥冥」類瞑 ②道理にくらい。おろか。「頑冥」③あの世。死者の行く世界。「冥土」「冥福」④目に見えない神仏のはたらき。「冥加」「冥利」

下つき 晦冥・頑冥・昏冥・幽冥

【△冥い】くら い ①光が少なく、よく見えないさま。②道理がわからない。おろかなさま。

【冥加】ミョウ ガ ①気づかずに受けている、神仏の加護。「ーを願う」類冥助・冥利 ②幸運に恵まれること。「命ーな人」③「冥加金」の

略。①の礼として寺社に納める金銭。また、商売の許可の礼として幕府に納めた金銭。

【冥護】ミョウゴ ひそかに神仏の加護があること。「―を頼る」

【冥利】ミョウリ ①知らないうちに神仏から与えられている恩恵。ご利益リヤク。類冥加ミョウガ ②ある立場にいることで受ける恩恵。「男おとこ―」「役者―に尽きる大役です」③仏善い行いをした報いとして受ける、現在の幸福。

【冥王星】メイオウセイ 太陽系の準惑星で、海王星の外側を回る星。軌道が交差して海王星の内側になる場合もある。一九三〇年に発見された。

【冥界】メイカイ 「冥土ドメイ」に同じ。

【冥想】メイソウ 目をとじて雑念をはらい、静かに深く考えること。沈思黙想。表記「瞑想」とも書く。

【冥土・冥途】メイド 仏死者の魂が行く世界。あの世。黄泉よみ。「―へ旅立つ」類冥界

【冥福】メイフク 死後の幸福。あの世での安らかさ。「故人の―を祈る」

【冥冥】メイメイ ①暗くてよく見えないさま。②はっきりしないさま。「―のうちに（知らぬまに）」表記「瞑瞑」とも書く。

メイ【迷】(10) ⻌6 ▼迷の旧字（一四七一）

メイ【溟】(13) 氵10 1 6282 5E72 音メイ 訓くらい・うみ・おおうなばら

意味 ①くらい。うすぐらい。「溟溟」類冥メイ ②うみ。おおうなばら。「溟海」

下つき 滄溟ソウメイ・南溟ナンメイ・北溟ホクメイ

【溟】うみ 大海。海水の色が黒ずんだうす暗いおおうなばら。溟海メイカイ。

【溟い】くらい ①小雨が降っていて暗いさま。「外は―い」②うす暗くはっきりと見えないさま。

【溟海】メイカイ 「溟うみ」に同じ。

【溟濛】メイモウ 小雨が降ったり曇ったりして、うす暗くぼんやりしているさま。「―たる霧の林を歩く」

メイ【盟】(13) 皿8 常 教 5 4433 4C41 音メイ 訓外ちかう

筆順 冂 日 日 明 明 明 明 盟 盟 盟

意味 ちかう。ちかい。神仏や人との約束をかためる。「盟約」「同盟」「連盟」

下つき 加盟カメイ・同盟ドウメイ・連盟レンメイ

〈盟神探湯〉くかたち 古代、神に誓約してから熱湯に手を入れさせ、火傷やけどを負ったものを邪とし、火傷を負わないものを正とした裁きの方法。表記「誓湯・探湯」とも書く。参考「くがたち・メイシンタントウ」とも読む。

【盟う】ちかう かたい約束をかわす。「ともに戦うことを―う」参考いけにえを殺し、互いにその血をすすって神に誓いをたてる意。

【盟主】メイシュ 同盟の中心となる者。主宰者。「―と仰ぐに足る人物」

【盟約】メイヤク かたく約束すること。また、その約束。「二国間で―を結ぶ」

【盟友】メイユウ かたい約束を結んだ友人。「無二の―」

メイ【酩】(13) 酉6 1 7841 6E49 音メイ 訓よう

意味 よう。酒に酔う。「酩酊メイテイ」

【酩酊】メイテイ 酒を飲んでひどく酔うこと。「すっかり―する」「―者を保護する」類大酔・泥酔

【酩う】よう 酒を飲んで目がくらむほど、ひどく酔う。

メイ【暝】(14) 日10 1 5889 5A79 音メイ・ミョウ 訓くらい・くれる・かすか

意味 ①くらい。日が暮れて暗い。「暝天」「暝暝」②くれる。日が沈む。③かすか。参考「暝メイ」は別字。

【暝い】くらい 日が暮れて物が見えにくいさま。くらがりのようす。

メイ【銘】(14) 金6 常 準2 4435 4C43 音メイ 外ミョウ 訓外しるす

筆順 ノ 𠆢 亼 今 全 余 金 金 釒 鈔 銘

意味 ①しるす。きざむ。金属や石碑などに名をきざむ。また、その文章。「銘刻」「銘文」②製作者の名まえ。「刀銘」「無銘」③深く心にきざむ。「銘記」「感銘」④めい。特に精製された上等なもの。一流の。「銘菓」「銘柄」

下つき 肝銘カンメイ・感銘カンメイ・記銘キメイ・刻銘コクメイ・刀銘トウメイ

【銘菓】メイカ 特別の名をもつ有名な菓子。名を知られている上等な菓子。

【銘柄】メイがら ①市場で取引の対象となる商品や株券などの名称。「一流―の株が値下がりする」②商品の商標。「ビールの―を指定する」

【銘記】メイキ 心に深く刻みつけて忘れないこと。「教訓を深く心に―する」

【銘肌鏤骨】メイキルコツ 心に深く刻みこんで忘れないこと。「銘肌」は皮膚にきざみこむこと。「鏤骨」は骨にきざむこと。〈『顔氏家訓』〉参考「鏤骨」は「ロウコツ」とも読む。類銘心鏤骨

【銘酒】メイシュ 特別の名のある上質の酒。特に、銘柄のよい清酒。「伏見の―」

【銘じる】メイじる 心に刻みつける。「十分に肝きもに―じておくべきだ」

【銘仙】メイセン 太い絹糸を染めて平織りにした、実用織物。着物やふとんなどに用いる。「―のふだん着」

め メイ

【銘茶】メイチャ 特別の名前がついている上質の茶。銘柄のある茶。

【銘刀】メイトウ 刀工の名前のはいっている刀。銘の打ってある刀。参考「名刀」と書けば、すぐれた刀や有名な刀工の作った刀の意。

【銘文】メイブン 銘として、金石や器物などに刻んだ文章。参考「メイモン」とも読む。

【銘木】メイボク 形や材質がよく、趣がある木材。床柱(とこばしら)や床の間に用いる。

【銘銘】メイメイ おのおの。それぞれ。「―の席につく」類各自 参考「面面(メンメン)」の転じた語。

【銘銘皿】メイメイざら 菓子や料理を一人一人に取り分けるための皿。

メイ【鳴】

(14) 鳥 3 常 教 9 4436 4C44 音メイ 外ミョウ 訓なく・なる・ならす

筆順 口 口' 口' 叩 叩 叩 咱 咱 唣 鳴 鳴 鳴

意味 ①なく。鳥獣がなく。「鶏鳴」②声を出す。「悲鳴」③なる。なりひびく。ならす。「鳴動」「雷鳴」参考 鳥が口でなく意を表す字。

下つき 蛙鳴(アメイ)・共鳴(キョウメイ)・鶏鳴(ケイメイ)・吹鳴(スイメイ)・悲鳴(ヒメイ)・雷鳴(ライメイ)・鹿鳴(ロクメイ)

【鳴く】なく 鳥・獣・虫などが声や音を出す。「猫が―く」

【鳴く猫は▲鼠(ねずみ)を捕らぬ】口数の多い者にかぎって実行力がなく、役に立たないということ。

【鳴くまで待とう〈時鳥〉(ほととぎす)】時機がくるまで無理をせずに待つ忍耐力の大切さをいった言葉。《甲子夜話(カッシヤワ)》由来 徳川家康の忍耐強さを表した「鳴かぬなら鳴くまで待とう時鳥」の句から。

【鳴り物入り】なりものいり ①楽器を奏してにぎやかにすること。②前宣伝が華々しいことのたとえ。「―の新人」参考「鳴り物」は、歌舞伎(カブキ)で三味線以外の楽器。

【鳴る】なる ①音が出る。「鈴が―る」②広く世間に知れ渡る。「勇猛で―る戦士」

【鳴子】なるこ 田畑を荒らす鳥獣をおどして追い払う道具。小さな板に竹筒を並べてぶら下げたものを縄にかけ連ね、遠くから縄を引いて鳴らすもの。引き板。季秋

〈鳴子百合〉なるこゆり ユリ科の多年草。山野に自生。茎は弓状に曲がる。初夏、ササの葉形の葉のつけねに白い筒形の花が数個ずつ垂れ下がる。由来 花の垂れ下がるさまが鳥獣を追い払う鳴子に似ていることから。表記「黄精」とも書く。

【鳴▲禽】メイキン よい声でさえずる鳥。「禽」は鳥の意。

【鳴弦】メイゲン 魔よけのために、手で弓のつるを鳴らして妖気(ヨウキ)をはらうまじない。宮中の作法として行われる。つるうち。ゆみづるうち。「読書(トクショ)―の儀(皇子誕生後に湯殿で行う儀式)」

【鳴動】メイドウ 大きな音を立てて揺れ動くこと。「大山―して鼠(ねずみ)一匹(大騒ぎした割に結果が小さいこと)」

メイ【瞑】★

(15) 目 10 1 6652 6254 音メイ・メン・ミョウ 訓つぶる・くらい

意味 ①つぶる。目をとじる。「瞑想」「瞑目」②くらい。よく見えない。「瞑瞑」類冥(メイ) ③目がくらむ。めまいがする。「瞑眩(メンゲン)」参考「暝(メイ)」は別字。

【▲瞑い】くらい 目をおおう意から、目を閉じて何も見えないさま。

【▲瞑る】つぶる 目を閉じる。ふさぐ。また、見て見ぬふりをする。「失敗には目を―って何も言わない」参考「つむる」とも読む。

【▲瞑▲坐・▲瞑座】メイザ 目を閉じ、心静かに座ること。

【▲瞑色】メイショク 夕暮れのような、薄暗い色合い。類暮色 表記「冥色」とも書く。

【▲瞑する】メイ―する ①目を閉じる。②眠る。また、安らかに死ぬ。

【▲瞑想】メイソウ 目を閉じて、心静かに深く考えること。「―にふける」「―録」表記「冥想」とも書く。

【▲瞑目】メイモク ①目をつむること。「―して思いめぐらす」②安らかに死ぬこと。

【▲瞑▲眩】メンゲン 目がくらむこと。めまい。特に、強い薬の反応で起こるめまい。参考「メンケン・メイゲン」とも読む。

メイ【螟】

(16) 虫 10 1 7406 6A26 音メイ・ミョウ 訓ずいむし

意味 ①ずいむし。くきむし。イネの茎などを食う害虫。②あおむしの一種。「螟蛉(メイレイ)」に用いられる字。

下つき 焦螟(ショウメイ)

〈▲螟虫〉ずいむし 昆虫類の幼虫で、草木・イネなどの茎や枝の中心を食い荒らす害虫の総称。特に、メイガ科のガの幼虫。表記「髄虫」とも書く。参考「メイチュウ」とも読む。

【▲螟▲蛾】メイガ メイガ科のガの総称。夜行性で、街灯などの下によく集まる。種類は一万種以上といわれ、幼虫は害虫の螟虫(ずいむし)。季夏

【▲螟虫】メイチュウ 「螟虫(ずいむし)」に同じ。

【▲螟▲蛉】メイレイ ①青虫(あおむし)。②養子。由来 ②ジガバチが青虫を養い育てて自分の子にするという故事から。《詩経》

メイ【△謎】(17) 言 10 常 3870 4666 ▼なぞ(一一八八)

めい【▲姪】(9) 女 6 4437 4C45 ▼テツ(一一〇四)

メートル【△米】(6) 米 0 教 4238 4A46 ▼ベイ(一三七一)

めかけ【▲妾】(8) 女 5 3010 3E2A ▼ショウ(七四三)

めかす【△粧す】(12) 米 6 常 3049 3E51 ▼ショウ(七五六)

めぐまれる【恵まれる】(10) 心 6 常 2335 3743 ▼ケイ(三九一)

めぐむ【△芽む】(8) ⺾ 5 教 1874 326A ▼ガ(一六四)

めぐむ【▲恤む】(9) 忄 6 5585 5775 ▼ジュツ(七一四)

めぐむ【恵む】(10) 心6 常 2335/3743 ▼ケイ(三九一)
めぐむ【▲萌む】(11) 艹8 4308/4B28 ▼ボウ(一四一八)
めぐらす【△回らす】(6) 口3 教 1883/3273 ▼カイ(一六八)
めくる【▲捲る】(11) 扌8 2394/377E ▼ケン(四二五)
めぐる【▲匝る】(5) 巾2 3357/4159 ▼ソウ(九二八)
めぐる【巡る】(6) 巛3 常 2968/3D64 ▼ジュン(七一八)
めぐる【△周る】(8) 口5 教 2894/3C7E ▼シュウ(六八六)
めぐる【▲廻る】(9) 廴6 1886/3276 ▼カイ(一七三)
めぐる【△旋る】(11) 方7 常 3291/407B ▼セン(九〇二)
めぐる【△週る】(11) 辶8 教 2921/3D35 ▼シュウ(六九二)
めぐる【△循る】(12) 彳9 常 2959/3D5B ▼ジュン(七二〇)
めぐる【△運る】(12) 辶9 教 1731/313F ▼ウン(八〇)
めぐる【▲匯る】(13) 匚11 5027/523B ▼カイ(一八一)
めぐる【▲斡る】(14) 斗10 1622/3036 ▼アツ(一五)
めぐる【▲圜る】(16) 口13 5208/5428 ▼カン(二四六)

同訓異義　めぐる

【巡る】一定の範囲を順に見てまわる。「名所旧跡を巡る」「奈良の名刹(メイサツ)を巡る」「友人の家々を巡り歩く」「堂々巡り」
【△回る】ぐるぐるまわる。ぐるりとまわって元へもどる。「湖の周りを回る」「体を回る血液」「春が回って来る」「月日が回る」
【▲廻る】「回る」に同じ。
【△周る】ぐるりとひとまわりする。「周遊(シュウユウ)」
【△旋る】ぐるぐるまわる。「旋回(センカイ)」
【▲繞る】周りを取り巻く。「盆地を繞る山々」「容疑者を繞る噂(うわさ)」「政権を繞る争い」
【△環る】ぐるりと取り囲む。「集落を環る濠(ほり)」

めぐる【▲徼る】(16) 彳13 5553/5755 ▼キョウ(三四一)
めぐる【△環る】(17) 王13 常 2036/3444 ▼カン(二四八)
めぐる【▲繞る】(18) 糸12 6969/6565 ▼ジョウ(七七九)
めぐる【▲邏る】(23) 辶19 7822/6E36 ▼ラ(一五四三)
めし【飯】(12) 食4 教 4051/4853 ▼ハン(一二六六)
めす【召す】(5) 口2 常 3004/3E24 ▼ショウ(七四一)
めす【▲牝】(6) 牛2 4438/4C46 ▼ヒン(一三二二)
めす【△徴す】(14) 彳11 常 3607/4427 ▼チョウ(一〇六四)
めす【雌】(14) 隹6 常 2783/3B73 ▼シ(六二四)
めずらしい【△奇しい】(8) 大5 常 2081/3471 ▼キ(二六五)
めずらしい【珍しい】(9) 王5 常 3633/4441 ▼チン(一〇七四)

メツ【滅】(13) 氵10 常 3 4439/4C47
音 メツ 外 ベツ
訓 ほろびる・ほろぼす

筆順

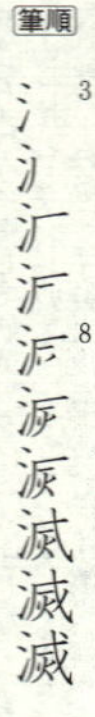

意味 ①ほろびる。ほろぼす。「滅亡」「絶滅」②きえる。火や明かりが消える。「点滅」「明滅」対 明 ③死ぬ。釈尊や高僧の死。「寂滅」「入滅」

下つき 隠滅(インメツ)・潰滅(カイメツ)・壊滅(カイメツ)・撃滅(ゲキメツ)・幻滅(ゲンメツ)・死滅(シメツ)・自滅(ジメツ)・寂滅(ジャクメツ)・消滅(ショウメツ)・絶滅(ゼツメツ)・全滅(ゼンメツ)・点滅(テンメツ)・破滅(ハメツ)・撲滅(ボクメツ)・摩滅(マメツ)・磨滅(マメツ)

【滅びる】ほろ-びる　絶えてなくなる。栄えたものが姿を消す。「美しい自然が―びてゆく」「文明が―びる」

【△滅入る】メ い-る　元気がなく、ふさぎこむ。「気が―るような話ばかりだ」

【△滅茶】メチャ　①道理に合わないこと。むちゃ。「―を言う」②並はずれて法外なこと。程度のひどいさま。「――に安い」③ひどく混乱すること。「―苦茶(クチャ)になる」表記「目茶」とも書く。参考「滅茶」は当て字。

【滅△金】メッキ　①金属の表面に他の金属の薄い層をかぶせること。また、そのもの。②中身が悪いのを隠すため表面だけ飾るたとえ。「―がはげて本性が現れる」表記「鍍金」とも書く。

【滅却】メッキャク　ほろぼしなくすこと。また、すっかり消えてなくなること。「心頭―すれば(無我の境地に入り、雑念をなくせば)火もまた涼し」

【滅菌】メッキン　熱や薬品などで細菌を死滅させること。「―されたガーゼ」類 殺菌

【滅紫】メッシ　黒みがかった紫。紫のくすんだ色。参考「けしむらさき」とも読む。

【滅私奉公】メッシホウコウ　自分の利益や欲望を捨てて、公のために尽くすこと。「滅私」は私利私欲を捨てる、「奉公」は国や社会、主君や主人などに尽くす意。類 奉公克己

【滅相】メッソウ　①とんでもないこと。「お祝いなんて―もない」②仏 業(ゴウ)が尽きて、命が終わること。

【滅多】メッタ　①むやみやたら。「―なことを言うな」②ほとんど。容易に。「―に外出しない」参考 下に打ち消しの語を伴って使う。「滅多」は当て字。

【滅頂の災い】メッチョウのわざわい　おぼれて死ぬこと。また、破滅すること。「滅頂」は頭が水中に沈む意。《『易経』》

【滅亡】メツボウ　ほろびて消え去ること。絶えて存在しなくなること。「国家の―」

【滅法】メッポウ　①非常に。はなはだしい。度を越しているさま。「今朝は―冷える」②仏 一切の相を滅する法。因縁を離れた法。

めっき【▲鍍】(17) 金9 3753/4555 ▼ト(一一三〇)
めでる【△愛でる】(13) 心9 教 1606/3026 ▼アイ(五)
めでる【△賞でる】(15) 貝8 教 3062/3E5E ▼ショウ(七六二)
めどぎ【▲筴】(13) 竹7 6809/6429 ▼キョウ(三四〇)

めどぎ【▲筮】(13) 竹7 6814/642E ▼ゼイ(八七一)

めどぎ【▲蓍】(13) 艹10 7273/6869 ▼シ(六三二)

めとる【▲娶る】(11) 女8 5324/5538 ▼シュ(六七九)

メン【▲免】(7) 儿5 1448/2E50 ▼免の旧字(一四七五)

メン【免】(8) 儿6 常 3 4440/4C48

音 メン 外ベン・ブン
訓 まぬかれる高 外ゆるす・やめる・うむ

旧字《免》(7) 儿5 1/準1 1448/2E50

筆順 ノ ク ク 么 各 免 免 免

意味 一メン ①ゆるす。「免許」「免罪」 ②まぬかれる。のがれる。「免疫」「免責」 ③やめさせる。「免職」「罷免」 二ブン うむ。子を産む。

下つき 減免(ゲンメン)・赦免(シャメン)・任免(ニンメン)・罷免(ヒメン)・放免(ホウメン)

【免れる】まぬかれる ①好ましくない物事からのがれる。「危ういところで難を—れた」 ②やらなくてすむ。「掃除当番を—れた」 参考「まぬがれる」とも読む。

『免れて恥無し』 悪事をはたらいても、刑罰をのがれさえすればよいとして、恥じないこと。〈『論語』〉

【免疫】メンエキ ①病原菌や毒素に対して抵抗力をもち、病気にかからなくなること。「予防接種で—ができる」 ②幾度も経験することで、それに慣れてしまうことのたとえ。「お説教には—になっている」

【免官】メンカン 官職をやめさせること。「依願—」 類 罷免

【免許】メンキョ ①公の機関が許可を与えること。また、その許可。「自動車—」 ②師が弟子にその道の奥義(オウギ)を伝えること。また、その修了したときに授かる証書。

『免許皆伝』メンキョカイデン 師が武芸や技能などの奥義(オウギ)を、弟子にすべて残さずに伝えること。「免」「許」は、ともにゆるす意。「皆伝」は師から奥義を全部伝えられる奥伝の意。

【免罪符】メンザイフ ①中世、ローマ-カトリック教会が発行した、所持すれば罪が許されるとした証書。贖宥(ショクユウ)状。 ②罪や責任などからまぬかれるための行為。「どんな償いをしても、裏切りの—にはならない」

【免除】メンジョ 義務や役目などを果たさなくてもよいという許しを与えること。「授業料を全額—する」

【免状】メンジョウ ①免許や赦免のしるしとして与えられる証書。免許状・赦免状など。 ②「卒業証書」の俗称。

【免職】メンショク 職をやめさせること。特に、公務員の身分を失わせること。「懲戒—の処分が下る」 類 解職・罷免

【免じる】メン—じる ①義務や責任を免除する。特に、周囲との関連や経歴などさまざまな点を考慮して許す。「親に—じて許す」 ②職務をやめさせる。「委員を—じる」

【免税】メンゼイ 税金を免除すること。「空港内の—店でみやげを買う」

【免責】メンセキ 負うべき責任を免除されること。責任を問われないこと。

【免租】メンソ 法定の事由があるとき、租税の一部または全部を免除すること。

【免訴】メンソ 刑事裁判で、時効の成立などの一定の理由がある場合、有罪・無罪の判決を出さずに訴訟を打ち切ること。

【免▲黜】メンチュツ 官職をやめさせ、地位から退けること。 参考「黜」は退ける意。

メン【面】(9) 面0 教 常 8 4444/4C4C

音 メン 外ベン
訓 おも中・おもて中・つら高 外も

筆順 一 ア ア 丙 丙 而 而 面 面

意味 ①おも。おもて。人の顔。つら。「面相」「赤面」 ②顔につけるかぶり物。おめん。「仮面」「能面」 ③向き合う。顔を合わせる。「面談」「直面」 ④うわべ。物のおもて。「地面」「表面」 ⑤文字などの記されたところ。「紙面」「画面」 ⑥むき。方向。「正面」「方面」

下つき 海面(カイメン)・外面(ガイメン)・額面(ガクメン)・画面(ガメン)・顔面(ガンメン)・局面(キョクメン)・紙面(シメン)・誌面(シメン)・地面(ジメン)・斜面(シャメン)・渋面(ジュウメン)・正面(ショウメン)・書面(ショメン)・人面(ジンメン)・水面(スイメン)・図面(ズメン)・赤面(セキメン)・洗面(センメン)・全面(ゼンメン)・前面(ゼンメン)・側面(ソクメン)・体面(タイメン)・対面(タイメン)・断面(ダンメン)・帳面(チョウメン)・直面(チョクメン)・当面(トウメン)・内面(ナイメン)・能面(ノウメン)・背面(ハイメン)・場面(ばメン)・反面(ハンメン)・半面(ハンメン)・表面(ヒョウメン)・文面(ブンメン)・平面(ヘイメン)・方面(ホウメン)・満面(マンメン)・裏面(リメン)・両面(リョウメン)・路面(ロメン)

【〈面▲繋〉・〈面▲懸〉】おもがい 馬具の一つ。ウマの頭の上からくつわにかけてつなぐ飾りひも。 表記「羈」とも書く。

【面影】おもかげ ①記憶に残る姿やありさま。「往時の日本の—をしのぶ」 ②特定の人に似た顔つきや姿。「弟には亡き父の—がある」 表記「俤」とも書く。

【面▲舵】おもかじ ①船を右に向けるときの舵の取り方。 ②船の右舷(ゲン)。 対 ①②取り舵

【〈面▲瘡〉】おもくさ 顔にできるかさ。また、その跡。顔にできるはれものや、にきび・そばかすなど。

【面差し】おもざし 顔のようす。顔つき。顔立ち。「親によく似た—」 類 面立ち

【面白い】おもしろ—い ①楽しく愉快だ。「ピクニックは—かった」 ②興味がわくさま。心ひかれるさま。「—いテーマ」 ③普通と変わっていておかしい。こっけいである。「彼は—い人だ」 ④打ち消しの形で、好ましくない。不満だ。「試合は—くない結果に終わった」

【面】おもて ①顔。「—を上げる」 ②能面。仮面。「—をつける」 ③表面。「湖の—」

【面長】おもなが 普通より長めの顔。「細い目の—な顔立ちの人」

【面△映ゆい】おもは—ゆい はずかしい。てれくさい。「皆にほめられて—い思いをする」 参考 顔を合わせるのがまぶしい意。

【面持ち】おももち 顔に表れた感情。表情。顔つき。「安堵(アンド)の―」

【面】つら ①顔。「―を貸せ」「泣き―に蜂(はち)(悪いことの上にさらに悪いことが起こること)」②物の表面。「上っ―だけの言葉だ」③面目。「―汚し」参考 ①よい意味では使わないことが多い。

【面魂】つらだましい 強い性格や意志が表れた顔。「一歩も退(ひ)きそうにない―」

【面憎い】つらにくい 顔を見るだけでも憎らしい。「―いほど落ち着いている」

【面の皮】つらのかわ 顔の表面の皮膚。「―が厚い(ずうずうしい)」

『面の皮の千枚張り』あまりにもずうずうしく、恥知らずなことのたとえ。

〈面皰〉にきび 思春期に多くできる吹き出物。毛穴に皮脂がつまってできる。参考「メンポウ」とも読む。

【面会】メンカイ 人に会いに行くこと。また、訪ねて来た人と会うこと。「―謝絶の状態です」「―を求める」

【面詰】メンキツ 面と向かって相手を問い詰めること。「契約違反を―する」類面責

【面食らう・面喰らう】メンくらう 突然のことにあわてる。不意のことにうろたえる。「思いがけない質問に―う」

【面子】メンこ 厚紙を円形や方形に切り、絵をつけたおもちゃ。地面に打ちつけて、相手の札を裏返して遊ぶ。参考「メンツ」と読めば体面・面目の意。

【面晤】メンゴ 面会すること。また、面会して話すこと。

【面向不背】メンコウフハイ 前後どちらから見ても美しく、表裏のないこと。もとは、三方正面の仏像のことをいった語。

【面識】メンシキ 互いに顔を知っていること。顔見知り。「彼とは―がある」

【面従後言】メンジュウコウゲン 面と向かってはこびへつらってしたがい、陰ではあれこれと悪口を言うこと。「面従」は人の前ではへつらいしたがうこと。『書経』類面従腹背・面従背毀(ハイキ)

【面従腹背】メンジュウフクハイ 表面上は服従するふりをして、内心は反抗していること。「腹背」は腹の底ではそむいていること。類面従後言・面従腹誹(フクヒ)

【面責】メンセキ 面と向かって相手をとがめること。「無断欠勤を―する」「責任者を―する」類面詰(メンキツ)

【面折廷諍】メンセツテイソウ 主君の面前で臆(オク)することなくいさめること。「面折」は面と向かって責めること。「廷諍」は朝廷で争いいさめること。『史記』表記「廷諍」は「廷争」とも書く。参考「廷諍面折」ともいう。

【面前】メンゼン 顔の前。目の前。「事件は公衆の―で起こった」

【面相】メンソウ 人の顔つき。顔かたち。「ひどい―だ」「百―」類人相

【面談】メンダン 直接会って話をすること。「個人―」「委細は―の上でお話しします」

【面疔】メンチョウ 顔面にできる悪性のはれもの。毛穴に細菌が入って炎症を起こす。

【面張牛皮】メンチョウギュウヒ 面の皮の厚いたとえ。顔にウシの皮を張る意から。類鉄面皮

【面体】メンテイ 顔かたち。顔つき。面差(おもざ)し。「怪しい―」類面相

【面倒】メンドウ ①手間がかかってわずらわしいこと。やっかい。「後片づけが―だ」②世話。「子の―を見る」

【面に唾せば自ら乾く】メンにダせばおのずからかわく 他人に侮辱されてもじっと耐えて、不満を示さない忍耐力が大切であることのたとえ。故事 中国、唐の役人で武将であった婁師徳(ロウシトク)が、役人になる弟に「相手につばを吐きかけられても、つばが乾くまでこらえよ」と忍耐について教え諭したという故事から。『新唐書(シントウジョ)』

【面罵】メンバ 面と向かって相手をののしること。「衆人のなかで―される」

【面皮】メンピ ①顔の皮。つらの皮。「鉄―(ずうずうしいさま)」②世人への面目。体面。「―を失う」

『面皮を剝ぐ』厚かましい者の真実をあばき、はずかしめる。『裴氏語林(ハイシゴリン)』

【面壁】メンペキ 壁に向かって座禅を組むこと。また、その座禅。

『面壁九年』メンペキクネン 長い間一つのことに忍耐強く専心して成し遂げるたとえ。長い間あることに苦しみ、専心するたとえ。故事 中国南北朝時代、達磨(ダルマ)大師が嵩山(スウザン)の少林寺で九年間、壁に向かって座禅を組み続け、ついに悟りを開いたという故事から。『景徳伝灯録』参考「九年面壁」ともいう。

【面貌】メンボウ 顔つき。かおかたち。「訃報(フホウ)を聞いて―が一変した」類面相 参考「メンミョウ」とも読む。

【面面】メンメン おのおの。めいめい。一人一人。「議員の―が到着する」

【面目】メンモク 世間から受ける評価。体面。「時間内に完成して―を施した」「あんな負け方をして―ない」参考「メンボク」とも読む。

『面目一新』メンモクイッシン これまでの評価がまったく改まり、高い評価を得ること。また、今までとは外見や内容がすっかり変わること。「―の大改装」類名誉挽回(メイヨバンカイ)

『面目躍如』メンモクヤクジョ 世間の評価にふさわしい活躍をして、りっぱであるさま。「躍如」は生き生きとしたさま。「―の大躍進をする」

【面諛】メンユ 面と向かって、こびへつらうこと。「権力者に―する」

【面妖】メン ヨウ 不思議なこと。怪しいさま。「はて、―なことが起こるものだ」参考「面妖」は当て字。

メン【棉】(12) 木 8 準1 4441 4C49 音 メン 訓 わた

意味 わた。ワタのき。アオイ科の一年草。

書きかえ 「綿」に書きかえられるものがある。

【棉花】メンカ ▼書きかえ 綿花(一四七七)

【棉】わた アオイ科の一年草。▼綿わた(一四七七)

メン【▲湎】(12) 氵 9 6262 5E5E ▼ベン(一三八六)

メン【綿】(14) 糸 8 教 常 6 4442 4C4A 音 メン 外ベン 訓 わた 外つらなる

筆順 く 幺 糸 糸 糸 糸 紵 綿 綿 綿 綿 (3 6 11)

意味 ①わた。まわた。「綿花」「木綿」②つらなる。長く続く。「綿綿」「連綿」③こまかい。小さい。「綿密」

書きかえ ①「棉メン」の書きかえ字として用いられるものがある。

下つき 海綿カイメン・木綿きわた・もめん・連綿レンメン

【綿花】メンカ ワタの種子を包んでいる、白色または淡褐色の繊維。綿糸などの原料とする。書きかえ「棉花」の書きかえ字。

【綿▲亘・綿▲亙】メンコウ 長く連なり続くこと。また、そのさま。「雄大な山脈が南北に―する」類 連亘・連亙・聯亙レンコウ

【綿布】メンプ 綿糸で織った布。もめんの布。もめんの織物。

【綿密】メンミツ 細かいところまで注意が行き届いているさま。念入り。「被災地の―な調査をする」「―に打ち合わせた計画」類 緻密チミツ

【綿綿】メンメン どこまでも長く続いているようす。「―と続く話」

【綿羊】メンヨウ ヒツジの別称。表記「緬羊」とも書く。▼羊ひつじ(一五三五)

【綿裏包針】メンリホウシン 表向きは柔和で人当たりがよいが、内心はひそかに悪意をもっていること。「綿裏」は柔らかい綿の中。「包針」は針を隠しもつこと。綿の中に人を傷つける針を隠す意から。参考「綿裏の針」ともいう。類 笑中有刀

【綿】わた ①アオイ科の一年草。熱帯・温帯で広く栽培。秋に白・紅・黄色の花を開く。種子をおおう白く長い繊維は、糸などの原料となる。種子から油をとる。季 冬 ②真綿やもめん綿などの総称。軽くて柔らかく、ふとんや衣類に用いる。「―のように疲れる」表記「棉」とも書く。

【綿菓子】わたガシ ざらめを熱して細い口から糸状に飛ばし、割りばしに絡みつけた綿のようにふわふわした菓子。綿あめ。

【綿上・綿▲嚙】わたがみ ①鎧よろいの肩に当たる部分の名称。背面から前の胸板にかけて、鎧の胴をつる。②うしろ髪。表記「肩上」とも書く。

【綿津見】わたつみ ①海の神。②海。表記「海神」とも書く。参考「わだつみ」とも読む。

【綿帽子】わたボウシ ①真綿で作った防寒用のかぶりもの。のちに、婚礼衣装で和装の花嫁がかぶる純白のかぶりもの。季 冬 ②樹木や山の上に①のように積もった雪。

メン【▲瞑】(15) 目 10 6652 6254 ▼メイ(一四七三)

メン【緬】(15) 糸 9 準1 4443 4C4B 音 メン・ベン 訓 はるか・とおい

意味 ①細い糸。②はるか。とおい。「緬然」

下つき 懐緬カイメン・超緬チョウメン・縮緬ちりめん

【〈▲緬▲甸〉】ビルマ インドシナ半島の西部、ベンガル湾に面した国。一九八九年、国名をミャンマー連邦と改名した。首都はラングーン、国名改名後はヤンゴンと改名。

【▲緬羊】メンヨウ ヒツジの別称。▼羊ひつじ(一五三五) 表記「綿羊」とも書く。

メン【▲麪】(15) 麦 4 8349 7351 ▼麵(麺の旧字)の異体字(一四七七)

メン【麺】(16) 麦 9 常 2 4445 4C4D 音 メン 外ベン 訓 外むぎこ

旧字《麵》(20) 麦 9 1/準1 9480 7E70

《麪》準1 8349 7351

筆順 一 十 主 麦 麦 麦 麺 麺 麺 麺 麺 (4 7 9 11 15)

意味 ①むぎこ。小麦粉。「麺棒」②めん。そうめん・そば・うどんの類。「乾麺」「素麺」

下つき 乾麺カンメン・素麺ソウメン・老麺ラーメン・拉麺ラーメン

【〈▲麺▲麭〉】パン ①小麦粉に水とイーストを加えてこね、発酵させて焼いた食品。②生活の糧かてのたとえ。

【麺棒】メンボウ うどんやそばなどを作るとき、こねた粉を平らにのばすために使う棒。

【麺麻・麺▲媽】メンマ 中国産のマチク(麻竹)の竹の子をゆでて発酵させ、塩漬けまたは乾燥させた食品。しなちく。参考「メンマ」は中国語から。

メン【▲麵】(20) 麦 9 9480 7E70 ▼麺の旧字(一四七七)

も 毛 モ 毛

モ【△母】(5) 毋 1 教 4276 4A6C ▼ボ(一三九二)

モ【茂】

(8) 艹5 常 4 4448/4C50

音 モ 外ボウ 訓 しげる 外すぐれる

筆順 一 十 艹 艹 芦 芪 茂 茂

意味 ①しげる。草木の枝葉が盛んにのびる。「茂生」「繁茂」 ②すぐれる。よい。

下つき 鬱茂(ウツモ)・俊茂(シュンモ)・暢茂(チョウモ)・繁茂(ハンモ)

【茂る】しげ-る 草木の枝葉が盛んに生長する。また、重なり合ってこんもりとしている。「夏には草木がよく—る」

モ【摸】

(13) 扌10 準1 4446/4C4E

音 モ・バク・ボ 訓 さぐる・うつす

意味 ①さぐる。手さぐりする。「摸索」 ②うつ(写)す。まねる。「摸写」「摸倣」

書きかえ 「模」が書きかえ字。

下つき 掏摸(トウバク・すり)

【摸る】さぐ-る 手でなでて探す。また、探し回す。手さぐりする。

【摸擬】モギ 他のものをかたどりまねる。本物に似せて作ったり、行ったりすること。表記「模擬」とも書く。

【摸索】モサク ▼書きかえ 模索(一四七八)

【摸写】モシャ 本物そっくりに写しとること。表記「模写」とも書く。

【摸造】モゾウ 本物をまねてつくること。また、そのもの。表記「模造」とも書く。

【摸倣】モホウ すでにあるものをまねること。似せること。「ヒット商品を—する」対創造 表記「模倣」とも書く。

【摸本】モホン ①写して作った書物。②習字や絵画の手本。表記「模本」とも書く。

モ【模】

(14) 木10 常 教 5 4447/4C4F

音 モ・ボ 訓 外かた・のっとる

筆順 一 十 木 木 杧 栉 栉 档 楂 楧 模 (4, 7, 9, 11)

意味 ①かた。ひながた。のり。「模型」「模範」 ②かたどる。のっとる。まねる。「模造」「模倣」 ③手さぐりする。さぐる。「模索」 ④かざり。ようす。「模様」 ⑤はっきりしない。「模糊(モコ)」

書きかえ ②③「摸(モ)」の書きかえ字。

下つき 規模(キボ)・臨模(リンモ)

【模】かた ①手本。②同形のものをつくる原型。鋳型(いがた)・ひながたなど。③かたち。

【模擬】モギ 本物に似せて作ったり、行ったりすること。「—試験」「学園祭で—店を出す」表記「摸擬」とも書く。

【模型】モケイ 実物と、縮尺を変えるなどして同じ形につくったもの。モデル。また、鋳型(いがた)や雛型(ひながた)。「鉄道—のセット」

【模糊】モコ ぼんやりして、はっきりしないこと。「曖昧(アイマイ)—」

【模索】モサク あれこれ試みながら、物事をさぐること。手さぐりで探すこと。「暗中—」書きかえ「摸索」の書きかえ字。

【模写】モシャ 本物そっくりに写しとること。また、そのもの。「名画を—する」「声帯—」表記「摸写」とも書く。

【模造】モゾウ 本物をまねてつくること。また、そのもの。「輸入した時計は—品だった」「—紙」表記「摸造」とも書く。

【模範】モハン 見習うべき手本。「まず先生が—を示します」「—的な青年」類規範

【模倣】モホウ すでにあるものをまねること。似せること。「いつまでも—の域を脱しない」対創造 表記「摸倣」とも書く。

【模本】モホン ①原本どおりに写して作った書物。②習字や絵画の手本。表記「摸本」とも書く。

【模様】モヨウ ①衣服や工芸品などの装飾や、物の表面に見える種々のかたち。「砂丘の—は風の力による」「花の—のハンカチ」②ありさま。ようす。状況。「今晩は雨になる—」

も【喪】(12) 口9 常 3351/4153 ▼ソウ(九四〇)

も【裳】(14) 衣8 3056/3E58 ▼ショウ(七六〇)

も【藻】(19) 艹16 常 3384/4174 ▼ソウ(九五二)

モウ【亡】(3) 亠1 教 4320/4B34 ▼ボウ(一四一二)

モウ【毛】

(4) 毛0 常 教 9 4451/4C53

音 モウ 外ボウ 訓 け

筆順 ノ 二 三 毛

意味 ①け。生物の表皮にはえるけ。「毛髪」「羊毛」 ②けのような、細くて小さいもの。また、わずか。「毛頭」「毫毛(ゴウモウ)」 ③草木が生えること。また、穀物のみのり。「不毛」「二毛作」 ④割合の単位。割の一〇〇分の一。⑤長さ・重さ・貨幣の単位。寸・匁(もんめ)の一〇〇〇分の一。円の一〇〇〇〇分の一。参考「毛」の終わり三画が片仮名の「モ」に、草書体が平仮名の「も」になった。

下つき 羽毛(ウモウ)・紅毛(コウモウ)・鴻毛(コウモウ)・毫毛(ゴウモウ)・純毛(ジュンモウ)・繊毛(センモウ)・体毛(タイモウ)・脱毛(ダツモウ)・不毛(フモウ)・羊毛(ヨウモウ)

【毛】け ①動物の皮膚や植物の表面などに生える糸状のもの。「—並みのきれいな馬」②髪の毛。「—を赤く染める」③鳥のはね。羽毛。「鳥の—が抜け落ちる」④羊毛。ウール。「—のコート」⑤毛のようなもの。毛に似たもの。「筆の—先を整える」

【毛を謹(つつし)んで貌(かたち)を失う】小さなことにばかり注意を払って、物事の根本を忘れてしまうことのたとえ。絵を描くとき、毛髪を一本一本丹念に描きすぎると、全体の容貌(ヨウボウ)がちがってきてしまうことから。〈『淮南子(エナンジ)』〉

【毛を吹いて疵(きず)を求む】欠点や過失を細かく調べて指摘すること。転じて、他人の弱点をあば

こうとして、かえって自分の欠点をさらけ出してしまうたとえ。毛を吹いて小さなきずを見つけ出す意から。〈『韓非子』〉

【毛を見て馬を相す】外見だけで物事の価値を判断しようとするたとえ。毛並みだけを見てウマのよしあしを見きわめる意から。〈『塩鉄論』〉 参考「見て」は「以って」ともいう。

【毛孔・毛穴】けあな 皮膚の表面にある毛のはえるあな。

【毛蚕】けご 卵からかえったばかりの蚕。体に黒く長い毛が生えている。季春

【毛蝨】けじらみ ヒトジラミ科のシラミ。体長は二ミリメートル弱。人の陰毛や腋毛などに寄生し、血を吸う。

〈毛布〉ケット 「ブランケット」の略。毛布。ケットン。「タオル—」

【毛野氏】けぬシ 古代の有力な氏族の名。参考「毛野」は、上野(今の群馬県)・下野(今の栃木県)両国の古名で、「けぬ」は「けの」を誤読したもの。

【毛羽】けば ①紙や布などがこすれて、表面にできる毛のようなもの。けばけば。「画用紙が—立つ」②地図で、山の形や傾斜・高低を示すのに使う細い線。③蚕が繭を作るとき、最初に張る糸。表記「毳」とも書く。

【毛鉤】けばり 鳥の羽毛を巻きつけ、えさのように見せた釣り針。川魚などを釣るのに用いる。

【毛槍】けやり 鳥の羽毛を、さやの先に飾った槍。大名行列で、先頭を行く槍持ちが振って歩く。

【毛穎】モウエイ 筆の別称。参考「穎」はとがった穂先の意。

【毛骨悚然】モウコツショウゼン ひどく恐れおののくことの形容。毛髪や骨の中にまで恐れを感じるということ。「悚然」は、恐れてすくむさま。表記「悚然」は「竦然」とも書く。

【毛細血管】モウサイケッカン 動脈から静脈へとつながる、網の目のように全身に分布した細い血管。毛細管。

【毛氈】モウセン 獣毛に熱や圧力を加えて、繊維を織物のように仕上げたもの。フェルト状で、敷物用。「野点の席に紅の—を敷く」参考「氈」は毛の敷物の意。

【毛頭】モウトウ 少しも。まったく。打ち消しの語を伴う。「争う気は—ない」由来「毛先ほども」という意から。

【毛髪】モウハツ 人体の毛。特に、髪の毛。「—湿度計」類頭髪

【毛筆】モウヒツ 穂の部分を獣の毛で作った筆。また、それで文字を書くこと。「—で書いた手紙」「—を習う」

〈毛斯綸〉モスリン 薄く柔らかい平織りの毛織物。メリンス。モス。唐縮緬。参考「モスリン」はフランス語から。

モウ【妄】(6) 女 3 常 準2 4449 4C51 音 モウ・ボウ高 訓 外みだりに

筆順 丶 亠 亡 妄 妄 妄

意味 ①みだりに。むやみに。道理にはずれている。「妄信」「妄想」②でたらめ。いつわり。「妄言」「妄語」

下つき 詭妄キモウ・虚妄キョモウ・誣妄フモウ・ブボウ・迷妄メイモウ

【妄りに】みだりに むやみやたらに。無分別ででたらめなさま。「—人を疑うな」表記「濫りに・猥りに」とも書く。

【妄言】モウゲン ①でまかせの言葉。でたらめな言葉。また、いつわりの言葉。うそ。「—をはく」②自分の言った言葉を謙遜する語。参考「ボウゲン」とも読む。

【妄言多謝】モウゲンタシャ いいかげんな言葉を並べ立てたことを深くおわびしますの意。手紙の末尾に置く語。「多謝」は深くわびる意。類暴言多罪

【妄語】モウゴ 仏うそをつくこと。五戒・十悪の一つ。参考「ボウゴ」とも読む。

【妄執】モウシュウ 仏心の迷いのため、無分別にある物事に執着すること。また、その心。「権力の—に取りつかれる」

【妄信】モウシン 根拠もなしに、むやみに信じこむこと。「人の言葉を—する」参考「ボウシン」とも読む。

【妄想】モウソウ ①根拠のないことを想像して事実と思いこむこと。「被害—」「—を逞しくする」②仏正しくない考え。邪念。「—を断ち切る」参考②「モウゾウ」とも読む。

【妄誕】モウタン いつわり。でたらめ。うそ。参考「ボウタン」とも読む。「妄」「誕」ともに、いつわりの意。

【妄断】モウダン 確実な証拠や根拠もなく、軽々しく判断すること。また、その判断。勝手な判断や判定。でたらめな判断。「—をつつしむ」参考「ボウダン」とも読む。

【妄動】モウドウ ▼書きかえ 盲動(一四八〇)

【妄念】モウネン 仏迷いの心。また、その執念。「—を取り除く」類妄心

【妄評】モウヒョウ ①でたらめな批評。無遠慮な批評。「—を退ける」②他人に対し、自分のした批評を謙遜する語。「—多謝」参考「ボウヒョウ」とも読む。

【妄評多罪】モウヒョウタザイ 見当はずれで無礼な批評を深くわびる意。他人の文章への批評の後に添える謙譲の語。「多罪」は無礼をわびる言葉。類暴言多罪

〈妄榧〉もみ マツ科の常緑高木。▼樅(七六一)

モウ【孟】(8) 子 5 準1 4450 4C52 音 モウ・マン・ボウ 訓 はじめ

意味 ①かしら。はじめ。(ア)兄弟の最年長。「孟仲叔季」(イ)四季の初めの月。「孟月」「孟夏」②とりとめ

がない。おろそか。「孟浪」③中国、戦国時代の儒家、孟子。「孟母」「孔孟」

【孟め】(はじめ) ①物事の最初。②四季におけるそれぞれの最初の月。

〈孟買〉(ボンベイ) ムンバイの旧称。インド西部にあるアラビア海に面した港湾都市。工業・商業の中心地。

【孟浪】(マンラン) 「孟浪(モウロウ)」に同じ。参考「マン」「ラン」はともに唐音。

【孟夏】(モウカ) ①夏のはじめ。類初夏 ②陰暦四月の異名。夏のはじめの月。

【孟月】(モウゲツ) 春夏秋冬のはじめの月。陰暦の一月・四月・七月・一〇月。孟春・孟夏・孟秋・孟冬の総称。「―の宴(孟夏・孟冬のうたげ)」

【孟春】(モウシュン) ①春のはじめ。類初春 ②陰暦の正月。春のはじめの月。

【孟宗竹】(モウソウチク) イネ科のタケ。中国原産。高さ約一五メートル、幹の直径約二〇センチメートルと大形。竹の子は食用。材は竹細工用。参考「モウソウだけ」とも読む。

【孟仲叔季】(モウチュウシュクキ) 兄弟姉妹の長幼の順序。長子・次子・三子・四子の称。参考「伯仲叔季」は男兄弟のみの場合に用いる。

【孟母三遷】(モウボサンセン) 子どもの教育には良い環境を選ぶことが大切であるというたとえ。故事 孟子(モウシ)の母は悪い環境の影響が子に及ぶのを避けるため、墓地の近くから市場の近くに、そして学校の近くへと住居を三度移した故事から。「三遷」は三度転居する意。〈『列女伝』〉

【孟母断機】(モウボダンキ) (一〇三三) ▼断機の戒め(ダンキのいましめ)

【孟浪】(モウロウ) とりとめのないこと。でたらめなこと。また、そのようす。参考「マンラン」とも読む。

〈孟得士瓜〉(モンテスキュー) フランスの政治思想家。著書「法の精神」で三権分立を説き、アメリカ合衆国憲法やフランス革命に影響を与えた。

モウ【盲】 (8) 目 3 常 準2 4453 4C55 音 モウ 外ボウ 訓 外くらい

筆順 丶 亠 亡 盲 盲 盲 盲 盲

意味 ①目が見えない。また、目の見えない人。「盲目」「色盲」②くらい。道理にくらい。むやみに行う。「盲従」「盲信」③一端がふさがっている。「盲管」「盲腸」

下つき 群盲(グンモウ)・色盲(シキモウ)・文盲(モンモウ)

【盲愛】(モウアイ) むやみにかわいがること。「我が子を―する」類溺愛(デキアイ)

【盲管銃創】(モウカンジュウソウ) 弾丸が突き抜けずに体内に残っている状態の傷。対貫通銃創

【盲亀浮木】(モウキフボク) 仏出会うことが非常に難しいたとえ。人として生まれること、また、仏法に会うことの難しさのたとえ。由来 大海にすみ、一〇〇年に一度だけ水面に浮かび上がる盲目のカメが、たまたま漂流してきた浮木のたった一つの穴に出会うというきわめて確率の低いことを表す寓話(グウワ)から。〈『雑阿含経(ゾウアゴンキョウ)』〉類千載一遇

【盲従】(モウジュウ) 善悪などの分別を自分で考えずに、人の言うままにしたがうこと。「いかなる権威にも―しない」

【盲進】(モウシン) 考えもなく、むやみに進むこと。「目標もなく―する」

【盲腸】(モウチョウ) ①小腸から大腸に移る部分にある盲管。②「盲腸炎」の略。虫垂炎(チュウスイエン)の俗称。「―の手術」参考 ②虫垂は①の先端部にある虫様突起をいう。

【盲点】(モウテン) ①意外と気づかずに見落としている部分。「敵の―をついて攻略する」「法の―」②視神経が網膜に入る部分で、視覚を生じない所。類盲斑(モウハン)

【盲動】(モウドウ) 是非をわきまえず、軽はずみな行動をとること。また、無分別な行為。「軽挙―」書きかえ「妄動」の書きかえ字。

【盲導犬】(モウドウケン) 目の見えない人の歩行や動作を安全に助け導くように訓練された犬。

【盲目】(モウモク) ①目が見えないこと。めしい。②理性を失って分別がつかないことのたとえ。「恋は―」「―的に信用する」

モウ【罔】 (8) 网 3 1 7008 6628 音 モウ・ボウ 訓 あみ・くらい・しいる・ない

意味 ①あみ。鳥獣などを捕らえるあみ。「罔罟(モウコ)」②くらい。道理にくらい。おろか。「罔然」③しいる。あざむく。④ない。なし。否定の語。類網

下つき 欺罔(キモウ・ギボウ)・誣罔(フモウ・ブボウ)・迷罔(メイモウ)

【罔】(あみ) 鳥獣などをとらえる道具。糸や針金などを粗く編んだもの。「小魚が―にかかる」表記「網」とも書く。

〈罔象〉(みずは) 水の神。水の精。

モウ【耄】 (10) 老 4 1 7046 664E 音 モウ・ボウ 訓 おいぼれる・ほうける・としより

意味 ①おいる。おいぼれる。ほうける。「耄碌(モウロク)」②としより。老人。「老耄(ロウモウ)」

下つき 昏耄(コンモウ・コンボウ)・衰耄(スイモウ・スイボウ)・老耄(ロウモウ・ロウボウ)

【耄ける】(ほうける) ぼんやりする。知覚が衰えてぼける。「―けたことを言う」「病み―ける」

【耄耄】(モウモウ) おいぼれたさま。よぼよぼのようす。類耄碌(モウロク)

【耄碌】(モウロク) 年老いて心身のはたらきがにぶること。「―するにはまだ早い」参考「碌」は役に立たない意。

モウ【耗】 (10) 耒 4 常 準2 4455 4C57 音 モウ・コウ高 訓 外へる・たより

筆順 一 二 三 丰 耒 耒 耒 耗 耗 耗

意味 ①へる。へらす。すりへらす。「耗減」「消耗」 ②たより。知らせ。「音耗」

下つき 消耗・損耗・摩耗・磨耗

【耗損】コウ ソン 使い減らすこと。また、使って減ること。類損耗・消耗 参考「耗」を「モウ」と読むのは慣用読み。

【耗る】へ-る 少しずつなくなる。すりへる。また、使って少なくする。「消しゴムが半分まで－った」

モウ【望】(11) 月 7 教 4330 4B3E ▼ボウ(一四一八)

モウ【猛】(11) 犭 8 常 4 4452 4C54 音 モウ 訓 外 たけし

筆順 ノ 犭 犭 犭 犭 犭 犭 犭 猛 猛 猛

意味 たけし。たけだけしい。荒々しい。はげしい。「猛威」「猛獣」「猛烈」

下つき 剛猛・豪猛・獰猛・勇猛

【猛し】たけ-し ①強く、荒々しい。また、勇ましい。②勢い盛んで、はげしい。

【猛猛しい】たけだけ-しい ①たいへん勇ましくて強い。「－い武将」 ②ずうずうしい。ずぶとい。「盗人－い」

【猛威】モウ イ すさまじい勢い。「流行性感冒が－をふるっていた」

【猛火】モウ カ ①はげしく燃える火。類烈火 ②火の勢いがはげしい大火事。「たちまち－につつまれた」参考「ミョウカ」とも読む。

【猛禽】モウ キン 大形で性質の荒い肉食の鳥。ワシ・タカ・フクロウ・ミミズクなど。「鳶、鷹は－類に属する」類猛鳥

【猛犬】モウ ケン 性質の荒いイヌ。特に、はげしく吠えたり嚙みついたりするイヌ。「－に襲われる」

【猛虎】モウ コ 性質の荒々しいトラ。転じて、勢いが盛んで強いことのたとえ。「－となって戦う」

【猛虎伏草】モウコ フクソウ 英雄は、たとえ現在は身を隠していても、いつかは世に現れるたとえ。トラが草むらに隠れ伏している意から。〈李白の詩〉類臥竜鳳雛

【猛攻】モウ コウ はげしく攻撃すること。「敵の－を受けて崩れる」類猛撃

【猛獣】モウ ジュウ 性質の荒い肉食動物。ライオン・トラ・ヒョウなど。

【猛暑】モウ ショ 暑さがはげしいこと。また、その日。「－でクーラーが飛ぶように売れた」類酷暑・激暑 季夏

【猛進】モウ シン はげしい勢いで進むこと。猛烈な勢いで進むこと。「猪突－」

【猛省】モウ セイ きびしい態度で反省すること。強く反省すること。「－を促す」

【猛然】モウ ゼン 勢いのはげしいようす。「強敵を前に－と立ち向かう」

【猛毒】モウ ドク 体にはげしく作用して危険な毒。猛烈な毒。類劇薬

【猛烈】モウ レツ 程度や勢いが非常にはげしいこと。「山は－な吹雪であった」「相手から－な反撃を受ける」

【〈猛者〉】も さ 勇猛ですぐれた技をもち、精力的に活動する人。「柔道部の－として知られている」

モウ【莽】(11) 艹 8 1 音 モウ・ボウ 訓 くさむら・くさぶかい・おおきい・あらい

〔莽〕7247 684F

意味 ①くさ。くさむら。くさぶかい。「草莽」 ②おおきい。広い。広大なさま。③あらい。そそっかしい。「鹵莽」

下つき 榛莽・草莽・鹵莽

モウ【蒙】(13) 艹 10 準1 4456 4C58 音 モウ・ボウ 訓 くらい・おおう・こうむる

意味 ①くらい。道理にくらい。「蒙昧」「啓蒙」 ②おおう。こうむる。身にうける。「蒙塵」 ③おさない。子ども。「童蒙」

下つき 愚蒙・啓蒙・童蒙・幼蒙

【蒙い】くら-い 事情を知らない。また、道理を知らない。「理に－い人々が多い」

【蒙る】こうむ-る 身に受ける。また、かぶる。「災いを－る」「恩恵を－る」

【蒙古斑】モウコ ハン 黄色人種の子どもに多く見られる、尻などの青い斑紋。成長すると消える。類児斑

【蒙塵】モウ ジン 天子や国王などが、変事の起きたときに難を避けて都の外などに逃げること。参考外界に出てちりをかぶる意。

【蒙昧】モウ マイ 知識がなく、物事の道理をよく知らないこと。「無知－な人々を救済した」類愚昧 表記「曚昧」とも書く。

モウ【網】(14) 糸 8 常 4 4454 4C56 音 モウ 外 ボウ 訓 あみ

筆順 幺 糸 糸 糸 紀 網 網 網 網 網 網

意味 ①あみ。また、あみ目状のもの。「魚網」「投網」 ②あみする。あみで捕らえる。「網羅」「一網打尽」 ③あみのように張りめぐらした組織。「法網」「通信網」

下つき 漁網・天網・法網・密網

【網代】あ じろ ①冬、川に竹や木を網のように組み立てて魚をとる仕掛け。季冬 ②竹・ヒノキなどを薄く削って、むしろのように編んだもの。

〔網代②〕

【網】あみ ①糸や針金などで目を粗く編んで作った鳥獣や魚をとる道具。「舟から－を投げて

も

モウ

魚をとる」②取り締まりや逮捕などのためにはりめぐらすもののたとえ。「法の―をくぐる」表記「罔」とも書く。

【網、▲呑舟（ドンシュウ）の魚（うお）を漏らす】法の規制がゆるやかなために、大罪人を捕らえ罰することができないたとえ。「呑舟の魚」は舟をのみこむほどの大魚のことで、網の目が粗いために大魚までも逃してしまう意から。〈史記〉

【網無くして▲淵（ふち）をのぞくな】十分な準備や努力なしに、成功は得られないという戒め。また、努力や準備をせずに他人の成功をうらやんではいけないという戒め。網を持たずに川の淵へ行っても魚は捕れない意から。〈抱朴子（ホウボクシ）〉

〈網結〉あみすき 網を作ること。また、それを職業とする人。「―針」

【網元】あみもと 漁船（ギョセン）や漁網（ギョモウ）を所有し、多くの漁師（リョウシ）を雇って漁業を営む職業の人。漁師の親方。類網主 対網子

【網膜】モウマク 眼球の最も内部の膜。視細胞が多数あり、視神経が分布している部分。

【網羅】モウラ 残らず集めて収めること。余すことなく及ぶこと。「新語を―した辞書だ」由来魚をとる「網」と鳥をとる「羅（あみ）」から。

モウ【濛】(16) 氵13 1 6334 5F42 音モウ・ボウ 訓こさめ・くらい・うすぐらい

意味①こさめ。きりさめ。「濛雨」②くらい。うすぐらい。「濛濛」類蒙（モウ）

下つき 空濛（クウモウ）・昏濛（コンモウ）・冥濛（メイモウ）

【▲濛雨】モウウ たちこめる霧雨（きりさめ）・小雨（こさめ）。そぼふる雨。ぬかあめ。

【▲濛気】モウキ ①たちこめている霧・もや。②心が晴れないこと。表記「朦気」とも書く。

【▲濛昧】モウマイ 「濛濛」に同じ。

【▲濛▲濛】モウモウ ①霧や小雨、もやなどがたちこめて、視界の悪いさま。「煙が―と立ちこめる」類濛昧（モウマイ）②意識がはっきりしないようす。表記「朦朦」とも書く。

モウ【曚】(17) 日13 1 5904 5B24 音モウ・ボウ 訓くらい・ほのぐらい

意味くらい。ほのぐらい。「曚昧（モウマイ）」類蒙（モウ）

下つき 晦曚（カイモウ）

【▲曚昧】モウマイ ①光がおおわれてうす暗い。うす暗くて見えない。②無知であること。道理に暗いこと。表記②「蒙昧」とも書く。

モウ【★朦】(17) 月13 1 5915 5B2F 音モウ・ボウ 訓おぼろ

意味おぼろ。月の光のぼんやりしたさま。「朦朧（モウロウ）」

【▲朦】おぼろ 月が雲などにおおわれて、ぼんやりかすんでいるさま。転じて、ぼんやりしてはっきりしないようす。「―月夜」「―な記憶」

【▲朦▲朦】モウモウ ①霧・もやなどがたちこめて、視界が悪くなるようす。②意識があいまいなようす。表記「濛濛」とも書く。

【▲朦▲朧】モウロウ ①ぼんやりかすんで見えるさま。朧気（おぼろゲ）に見えるさま。②確かでないさま。「意識が―とする」

モウ【檬】(17) 木13 1 6108 5D28 音モウ・ボウ

意味「檸檬（ネイモウ・ドウモウ）（レモン）」に用いられる字。

モウ【矇】(18) 目13 1 6662 625E 音モウ・ボウ 訓くらい・おろか

意味①目が見えない。②くらい。道理にくらい。おろか。「矇昧（モウマイ）」類蒙（モウ）

下つき 愚矇（グモウ）

【▲矇い】くらい ①目が見えないさま。また、暗くてはっきり見えないさま。②無分別であるさま。おろかなさま。「歴史に―い」

モウ【魍】(18) 鬼8 1 8219 7233 音モウ・ボウ 訓すだま・もののけ

意味すだま。もののけ。山水や木石の精。「魍魎」

【▲魍▲魎】モウリョウ 古代中国の山の霊気や木石の精。すだま。「魑魅（チミ）―」（いろいろな妖怪（ヨウカイ）や化け物）

モウ【艨】(19) 舟13 1 7165 6761 音モウ・ボウ 訓いくさぶね

意味いくさぶね。軍船。「艨艟（モウドウ）」

【▲艨▲艟】モウドウ いくさぶね。敵の船に突き当たって壊す、頑丈なつくりの軍用船。「艨」は敵を壊す船、「艟」は敵に突き当たる船の意。

もうける【設ける】(11) 言4 教 3263 405F ▼セツ(八六五)

もうける【▲儲ける】(18) 亻16 4457 4C59 ▼チョ(一〇五二)

もうす【申す】(5) 田0 教 3129 3F3D ▼シン(七九〇)

もうす【△白す】(5) 白0 教 3982 4772 ▼ハク(一二三三)

もうす【△啓す】(11) 口8 常 2328 373C ▼ケイ(三九二)

もうでる【詣でる】(13) 言6 常 2356 3758 ▼ケイ(三九九)

もえる【▲萌える】(11) 艹8 4308 4B28 ▼ボウ(一四一八)

もえる【燃える】(16) 火12 教 3919 4733 ▼ネン(一二〇九)

同訓異義 もえる

【燃える】火がついて炎や煙が出る。情熱が高まる。「焚（た）き火が燃える」「陽炎（かげろう）が燃える」「闘争心に燃える」「希望に燃える」

【▲萌える】草木の芽が出る。芽ぐむ。「草木が萌える」「新緑が萌える」「森が萌葱（もえぎ）色に染まる」

もがさ【▲疱】(10) 疒5 6555 6157 ▼ホウ(一四〇五)

モク【木】(4) 木0 教 4458 4C5A ▼ボク(一四二四)

モク【目】 (5) 目0 教 常 10 4460 4C5C

音 モク・ボク㊥ 訓 め・ま㊫ ㊕まなこ・かなめ

筆順 丨冂冃月目

意味 ①め。まなこ。「目前」「耳目」②見る。見つめる。「目撃」「注目」③かなめ。要点。「眼目」「要目」④かしら。主だった人。「頭目」⑤見出し。な。なまえ。「目次」「品目」⑥小分けしたもの。「科目」「項目」⑦生物分類上の一段階。「霊長目」⑧かお。名誉。「面目」⑨いま。ただいま。「目下」⑩きざみ。さかい。すじ。「木目」

下つき 皆目・刮目・科目・眼目・曲目・項目・細目・式目・耳目・衆目・種目・題目・着目・注目・頭目・徳目・反目・眉目・品目・名目・面目・盲目・木目

【〈目▲翳〉】(ひ) 瞳にくもりができて、物が見えなくなる病気。そこひ。参考「翳」はかげる意。

【〈目合〉】(まぐわい) ①目を見つめて愛情を通わせること。めくばせ。②男女の情交。

【〈目差〉・〈目指〉】(まなざし) ①物を見るときの目の表情。目つき。②視線。表記「眼差・眼指」とも書く。

【目の当たり・目の辺り】(まのあたり) 目の前。直接。「猛火を―に見て声も出なかった」

【目▵映い】(まばゆい) ①光が強くて、はっきり見ることができない。まぶしい。「―いばかりの花嫁」②光り輝くほどに美しい。「太陽が―い朝」表記「眩い」とも書く。

【目▲庇】(まびさし) ①かぶとや帽子のひさしのような部分。②窓の上の狭いひさし。表記「眉庇」とも書く。

【目深】(まぶか) 目の隠れるくらいに深く、帽子などをかぶるさま。「野球帽を―にかぶる」参考「めぶか」とも読む。

【目蓋】(まぶた) 眼球を覆う皮膚のひだで、上下に分かれる部分。まなぶた。類眼瞼 表記「瞼」とも書く。参考目の蓋の意。

【目】(め) ①動物の物を見る器官。まなこ。②目つき。「鋭い―で見る」③視力。「―がいい」④見ること。また、目に映るようす。「―を向ける」「見た―が悪い」⑤見張り。監視。「世間の―がうるさい」⑥見分ける力。品定めできる力。「―が利く」⑦体験。「ひどい―にあう」⑧見方や考え方。「教師の―で接する」⑨目玉の形をしているもの。「台風の―」⑩縦横に並んだものの間隔やすきま。「碁盤の―」「ミシンの針の―」⑪順序や程度・傾向を示す語。「上から二番―」「少な―にとる」「落ち―になる」

【目から▲鱗が落ちる】(めからうろこがおちる) 思いがけないことがきっかけとなって迷いや悩みから解放され、急に周囲の事態がよく見えるようになること。由来『新約聖書』(使徒行伝・九)の「直ちに彼の目より鱗のごときもの落ちて見ることを得」から。

【目の上の▲瘤】(めのうえのこぶ) 自分よりも地位や能力のや目障りに感じるもののたとえ。参考「瘤」は「たん瘤」ともいう。

【目の寄る所へは玉も寄る】(めのよるところへはたまもよる) 同類のものが寄り集まるたとえ。また、同じような事が続いて起こるたとえ。目が動けばそれと同じように瞳も動くことから。

【目は口ほどに物を言う】(めはくちほどにものをいう) 何も言わなくても目つきは、口で言うのと同じほどに相手に気持ちを伝えるということ。類目は心の鏡

【目は▲毫毛を見るも▲睫を見ず】(めはゴウモウをみるもまつげをみず) 他人の欠点は小さなことまで気がつくが、自分の欠点には気がつかないたとえ。目は細い毛まで見ることができるが、自分のまつげを見ることはできない意から。「毫毛」は細かい毛の意。〈『史記』〉

【目は心の鏡】(めはこころのかがみ) 目を見れば、その人の心の善悪や言うことの真偽がわかるということ。目は心のなかを正直に映し出す鏡の意から。〈『孟子』〉類目は口ほどに物を言う

【目を▲掩いて▲雀を捕らう】(めをおおいてすずめをとらう) つまらない策を用いて自らを欺くたとえ。事実を直視しないたとえ。転じて、人に対して自分を欺かず誠実であれという戒め。故事 中国、後漢の霊帝の時代、霊帝の後継者をめぐって争いが起きたとき、勢力家の何進が部下の陳琳の諫言を無視して宦官を誅殺しようとし、かえって宦官に殺された。〈『後漢書』陳琳伝〉類耳を掩いて鐘を盗む

【目明し】(めあかし) 江戸時代、同心の配下で犯人を捕らえる役の者。おかっぴき。

【目頭】(めがしら) 鼻に近いほうの目の端。「―が熱くなる(感動のあまり涙があふれそうになる)」対目尻

【目利き】(めきき) ①陶器などの器物・書画・刀剣などのよしあしや真贋を見分けること。また、その人。類鑑定 ②人の才能などを見分ける能力がある人。

【目▲糞鼻▲糞を笑う】(めくそはなくそをわらう) 自分の欠点には気づかずに、他人の同じような欠点をあざ笑うたとえ。「目糞」は目やにのこと。

【目配せ】(めくばせ) 目つきで気持ちを知らせたり、合図を送ったりすること。目交ぜ。「意味ありげな―を送る」

【目▲眩く】(めくるめく) 目がくらむ。目まいがする。「―く光を浴びる」参考「眩く」は、くるくる回る、目が回る意。

【目▲溢し】(めこぼし) ①とがめるはずのところを大目に見ること。「お―にあずかる」②見落とすこと。「―がないよう気をつける」

【目刺し】(めざし) イワシやヒコイワシの目に竹串やわらを通して塩を振り、数尾

ずつ連ねて干した食品。季春

【目△敏い・目▲聡い】めざと-い ①見つけるのがすばやい。目がはやい。「お菓子を―く見つける」②目がすぐさめる。「年寄りは―い」

【目覚ましい】めざ-ましい 目が覚めるほどすばらしい。「経済発展の―い地域だ」「大会で―しく活躍した選手」

【目覚める】めざ-める ①眠りから覚める。「夜中に―める」②心にひそんでいたものがはたらき始める。自覚する。「性に―めた少年」③迷いから覚めて本心にかえる。「現実に―める」「良心に―めて行いを正す」

【目障り】めざわり ①物を見るのにじゃまになるもの。「あの煙突が―だ」②見ていて不愉快になるもの。「君の態度が―だ」参考「障り」はさしつかえ、じゃまの意。

【目地】めジ タイルを張ったり、石や煉瓦（レンガ）を積んだりするときにできる継ぎ目。

【目路】めじ 目で見える限りの範囲。眼界。「―の限り」表記「眼路」とも書く。

〈目▲癈〉めしい 目が見えないこと。また、その人。盲人。表記「盲」とも書く。

【目尻】めじり 耳に近いほうの目の端。まなじり。「―を下げる（うれしくて表情がゆるむ）」対目頭（めがしら）

【目玉】めだま ①目の玉。眼球。まなこ。転じて、目の玉の形をしているもの。「―焼き」②叱（しか）られること。「お―をくう」③人目を最も引く商品や事柄。「スーパーマーケットの今日の―商品」

【目茶】めチャ ①道理に合わないさま。むちゃ。「―なことをするな」②並はずれているさま。程度のひどいこと。「―な重さ」「―にたいへんだ」③混乱したり壊れたりした状態。多く「目茶目茶」と重ねて用いる。「書類が――だ」表記「滅茶」とも書く。参考「目茶」は当て字。

【目出し帽】めだしボウ 頭からすっぽりかぶり、目の部分だけ穴のあいた帽子。めでぼう。

【目△処・目途】めど 目あて。見当。「仕事の―がつく」「借金返済の―が立つ」参考「目途」は「モクト」とも読む。

【目抜き通り】めぬきどおり 市街で最も人通りの多い通り。中心街。繁華街。参考「目抜き」は最も目立つ意。

【目端】めはし 目のはし。転じて、物事を見て機転をはたらかせる力。目先。「あの人は―が利く（臨機応変に判断して動く）」

【目△弾】めはじき ①シソ科の二年草。原野に自生。夏から秋、淡紅色の唇形の花をつける。全草を婦人科などの漢方薬にする。季秋 ②まばたき。目くばせ。由来②子どもが短く切った茎をまぶたの上下にはさみ、目を大きく開かせて遊んだことから。表記①「益母草」とも書く。

【目引き袖引き】めひきそでひき 声を出さずに、目で合図を送ったり袖を引いたりして、人に気づかれないように相手に自分の意思を伝えること。

【目減り】めべり ①物品を扱う間に蒸発したりもれたりして分量などが減ること。②物の実質的な価値が減ること。「インフレで貯金が―する」

【目星】めぼし ①おおまかな見当。おおよそのめあて。「―をつける」②眼球にできる白い小さな点。参考「星」はめあての意。

〈目▲眩〉めまい 目がまわって倒れそうになること。表記「眩暈」とも書く。

〈目▲紛〉しい めまぐる-しい いろいろな物事が次々に通りすぎ、目がまわるようだ。「世の中の―い変化に追いつけない」

【目盛】めもり 計数器・計量器などにつけた、分量や数値を示すしるし。「―を正しく読んで計る」

【目安】めやす ①目あて。目標。基準。「平均体重を―にしたダイエット」②箇条書きにした文書。特に訴状をいう。目安書（めやすがき）・目安状。「―箱」

【目安箱】めやすばこ 訴状を入れる箱。江戸時代、徳川吉宗が享保（キョウホウ）の改革の際に設置し、庶民の要求などの投書を受けつけた。

【目△脂】めやに 目から出る粘液やそのかたまったもの。類目糞（めくそ）

【目撃】モクゲキ その場に居合わせて実際に見ること。「たまたま交通事故を―した」

【目算】モクサン ①目で見ただけのおおざっぱな見当。目分量で見積もること。「広さを―する」②およその見通し。計画。「―を立てる」

【目▲眥】モクシ まなじり。めじり。

【目次】モクジ ①書物の内容の見出しを順に並べて示したもの。類目録 ②箇条にした項目や題目の順序。

【目指気使】モクシキシ 言葉を出さず、目つきや顔つきで目下の者をこき使うこと。「目指」は目くばせで指示する、「気使」は言葉によらず手振りで指示する意。〈『漢書（カンジョ）』〉

【目▲睫】モクショウ 目とまつげ。転じて、きわめて接近した状態。間近（まぢか）。「大学入試が―の間（カン）に迫る」類眼前・目前 参考空間的にも時間的にもいう。

【目食耳視】モクショクジシ 外見にとらわれ、衣食の本来の目的を忘れてぜいたくに流れること。「目食」は、味よりも見た目の豪華なものを食べること。「耳視」は、世間の評判を気にして体に合わなくても高価な衣服を着ること。〈『迂書（ウショ）』〉

【目前】モクゼン 目の前。すぐ近く。「敵が―に迫る」「勝利はもう―だ」類眼前・目睫（モクショウ） 参考空間的にも時間的にもいう。

【目測】モクソク 目で大体の長さ・高さ・重さ・広さ・深さなどをはかること。「―を誤って頭をぶつける」対実測

【目挑心招】モクチョウシンショウ 遊女などが流し目で客を誘うさま。「目挑」は目でいどむこと。「心招」は心で誘い招くこと。

【目的】モクテキ 達成しようと目指すもの。目指すところ。「―に叶かなった内容」類目標・目途 参考 目指すものを弓矢の的まとにたとえた語。

【目途】モクト ①「目的モクテキ」に同じ。②「目処めど」に同じ。「二年後のビル完成を―にする」参考 ②「めど」とも読む。

【目標】モクヒョウ ①そこまでなしとげよう、などとして設けためあて。めじるし。「―を超過達成した」類目的 ②射撃や攻撃などの対象。まと。「―に命中する」

【目礼】モクレイ 目であいさつをすること。目だけで会釈すること。「―を交わす」

【目録】モクロク ①書物の題目を順に示したもの。類目次 ②実物の代わりに渡す、贈り物の品名を記した文書。「優勝賞品の―」③師が弟子に与える奥義の名目などを記した文書。④所蔵品・在庫品などの品名や内容などを書き並べたリスト。カタログ。「図書―」「美術館の展示―」

【目論見】モクろみ 計画。くわだて。「―が見事にはずれる」

【目下】モッカ ①現在。ただ今。「―調査中です」②まのあたり。目前。「締め切りが―に迫る」参考「めした」と読めば、地位や年齢が自分より下の人の意。

モク【沐】(7) 氵4 1 6184 5D74 訓音 モク・ボク あらう・うるおう

意味 ①あらう。髪をあらう。「沐浴」②うるおう。めぐみをうける。「沐恩」参考 髪をあらう「沐」に対して、体をあらうことは「浴」という。

下つき 帰沐キモク・休沐キュウモク・斎沐サイモク・洗沐センモク・湯沐トウモク

【沐う】あらう 水で汚れを落としてきれいにする。特に、水で髪をあらう。

【沐雨】モクウ 雨で髪をあらうこと。雨に身をさらすこと。「櫛風シップウ―」（外を走り回り、雨風にさらされて苦労すること）

【沐浴】モクヨク 髪や体をあらってきれいにすること。湯浴ゆあみ。「ガンジス川で―する」参考「浴」は、体をあらう意。

【沐浴抒溷】モクヨクジョコン 身を清めて、けがれを取り除くこと。「抒」は取り除く、「溷」はにごり・けがれの意。類斎戒沐浴・精進潔斎

【沐猴にして冠す】モッコウにしてカンす 服装などがりっぱでも、実質は野卑で粗暴な人のたとえ。「沐猴」はサルのこと。サルがりっぱな冠をかぶる意から。故事 ある者が項羽コウウをはじめとする楚ソの人の無学・無教養さをあざけって、このことわざを引いて評した故事から。《『史記』》

モク【苜】(8) 艹5 1 7192 677C 訓音 モク・ボク

意味 マメ科の二年草「苜蓿モクシュク（うまごやし）」に用いられる字。

〈苜蓿〉うまごやし マメ科の二年草。ヨーロッパ原産の帰化植物で、海岸などに自生。葉は三枚の小葉からなる複葉。春、黄色い小花をつける。季春 由来「苜蓿」は漢名より。和名は、ウマに食べさせると肥えることから。表記「馬肥・連枝草」とも書く。

モク【黙】(15) 黒4 常 4 4459 4C5B 訓音 モク 外ボク だまる 外だんまり・もだす

旧字《默》(16) 黒4 1/準1 6452 6054

筆順 丨 口 日 甲 甲 里 里 默 默 黙

意味 だまる。口をつぐむ。もだす。「黙想」「沈黙」

下つき 暗黙アンモク・寡黙カモク・緘黙カンモク・沈黙チンモク

【黙る】だまる ①何も言わない。また、泣くことや言うことをやめる。「―って音楽を聞く」「泣く子も―るほどの恐怖」「うるさい。―れ」②何もはたらきかけをしない。「ひどいやり方に―ってい られない」

【黙り】だんまり ①黙ること。無言。また、その人。②ことわらないこと。無断。③歌舞伎カブキで、登場人物がせりふなしで暗闇くらやみの中をさぐり合う動作の演出。また、その場面。参考「だまり」が撥音便ハツオンビン化したもの。

【黙劇】モクゲキ 身振りや表情だけで、せりふのない演劇。パントマイム。「こっけいな―」類無言劇

【黙殺】モクサツ 無視して問題にしないこと。知っていながら、とりあわないこと。「弱者の訴えを―する」

【黙止】モクシ だまったままで、そのままにしておくこと。だまって、口をはさまないこと。無言のままでいること。「―できない暴挙」

【黙示】モクシ ①黙ったまま、意見や考えを示すこと。②キリスト教などで、神が人に真理を示すこと。「―録」類啓示・天啓 参考「モクジ」とも読む。

【黙視】モクシ 黙って見ていること。干渉しないで見ていること。「困っている人を―できない」

【黙識】モクシ 無言のままに心に記憶しておくこと。「―心通（以心伝心で理解すること）」参考「モクシキ」とも読む。

【黙示録】モクシロク 『新約聖書』巻末の書。キリストの再来などを預言した。ヨハネ黙示録。参考「モクジロク」とも読む。

【黙する】モクする 黙っている。何も話さない。沈黙する。「―して語らず」

【黙想】モクソウ 黙って考えにふけること。「本堂でひとり―にふける」類黙念・黙考

【黙禱】モクトウ 黙って心のなかで祈ること。「戦没者に―を捧ささげる」

【黙読】モクドク 声を出さずに読むこと。「文章を一通り―しなさい」対音読

【黙認】モクニン 気づかないふりをして黙って見逃すこと。また、暗に許すこと。「不正行為は―できない」類黙許・黙諾・黙過

【黙念】モク ネン 黙って考えこむこと。類黙想・黙考・黙思

【黙然】モク ネン 何も言わずに黙っているようす。「—として心を落ちつける」参考「モクゼン」とも読む。

【黙秘】モク ヒ 黙って何も話さないこと。知っていることも、秘密にして言わないこと。「容疑者が—権を行使する」

【黙黙】モク モク 余計なことは話さず、黙って物事に励むさま。「—と作業をする」「—と勉強を続ける」

【黙約】モク ヤク 文書によらず、また公然とでもなく、暗黙のうちに了解し合った約束。「—を結ぶ」類黙契

【黙礼】モク レイ 黙っておじぎをすること。また、無言の敬礼。「—を交わす」

【黙過】モッ カ 気付かないふりをして、そのままにすること。黙って見逃すこと。「スピード違反を—する」

【黙許】モッ キョ 「黙認」に同じ。類黙諾・黙過

【黙契】モッ ケイ 暗黙のうちに互いが承知すること。また、そうしてできた約束。「両者間には—がある」類黙約

【黙考】モッ コウ 黙ってじっと考えること。「沈思—」類黙想・黙思・黙念

モク【▲默】(16) 黒4 6452/6054 ▼黙の旧字（一四八五）

もく【杢】(7) 木3 国 準1 4461/4C5D 訓 音 もく

意味 もく。大工。

もぐさ【▲艾】(5) ⺾2 7172/6768 ▼ガイ（一九〇）

もぐる【潜る】(15) 氵12 常 3288/4078 ▼セン（九〇七）

もじ【▲綟】(14) 糸8 ▼レイ（一五九七）

もしくは【若しくは】(8) ⺾5 教 2867/3C63 ▼ジャク（六六六）

もじり【▲捩り】(11) 扌8 ▼レイ（一五九五）

もじる【▲捩る】(11) 扌8 ▼レイ（一五九五）

もず【▲鴃】(15) 鳥4 8280/7270 ▼ゲキ（四〇七）

もず【▲鶪】(20) 鳥9 ▼ケキ（四〇六）

もすそ【▲裙】(12) 衤7 7469/6A65 ▼クン（三八三）

もすそ【▲裳】(14) 衣8 3056/3E58 ▼ショウ（七六〇）

もたい【▲瓮】(9) 瓦4 6505/6125 ▼オウ（一一五）

もたい【▲甕】(18) 瓦13 6517/6131 ▼オウ（一一八）

もたい【▲罌】(20) 缶14 7002/6622 ▼オウ（一一九）

もだえる【悶える】(12) 心8 4469/4C65 ▼モン（一四九〇）

もだえる【▲懣える】(18) 心14 5680/5870 ▼マン（一四五〇）

もたげる【▲擡げる】(17) 扌14 5812/5A2C ▼タイ（九八六）

もたらす【▲齎す】(21) 齊7 7658/6C5A ▼セイ（八七〇）

もたれる【▲凭れる】(8) 几6 4963/515F ▼ヒョウ（一三〇三）

もたれる【▲靠れる】(15) 非7 8049/7051 ▼コウ（五二二）

モチ【★勿】(4) 勹2 準1 4462/4C5E 訓 音 モチ・ブツ なかれ

意味 ①なかれ。…してはいけない。禁止を表す助字。②なし。ない。否定を表す助字。類不・無

【▲勿れ】なか れ 動作の禁止を表す語。…するな。…してはいけない。「人をうらむ—」「ゆめゆめ死ぬこと—」参考 文語の形容詞「なし」の命令形から出た語。

【〈勿来〉関】なこそ の せき 古代の奥羽三関の一つ。現在の福島県いわき市勿来付近にあったといわれる。

【▲勿論】モチ ロン 言うまでもなく。もとより。「大会には—参加する」類無論 参考「論ずる勿かれ」の意。

【▲勿△怪】モッ ケ 思いがけないこと。不思議なこと。意外なこと。また、そのようなさま。「不意の客人に—顔で応対した」表記「物怪」とも書く。

【▲勿△怪の幸い】もっけのさいわい 思いがけずに訪れた幸運。「—と、その仕事を請けた」

【▲勿体】モッ タイ ものものしいようすや態度。また、えらそうなようす。「—をつける（わざと重々しく見せる）」「—ぶって話す」表記「物体」とも書く。

【▲勿体無い】モッタイ な-い ①おそれ多い。恐縮するほどありがたい。「私には—い話だ」②むだにされるのが惜しい。「まだ使えるのに—い」

【〈▲勿忘草〉】わすれ なぐさ ムラサキ科の多年草。ヨーロッパ原産。園芸では、観賞用に一年草として栽培。茎と葉にはやわらかい毛が密生。春、青紫色の小花を尾状に多数つける。季春

もち【△望】(11) 月7 教 4330/4B3E ▼ボウ（一四一八）

もち【餅】(15) 𩙿6 常 4463/4C5F ▼ヘイ（一三七一）

もち【▲黐】(23) 黍11 8355/7357 ▼チ（一〇三六）

もちいる【用いる】(5) 用0 教 4549/4D51 ▼ヨウ（一五一四）

もちいる【△庸いる】(11) 广8 常 4539/4D47 ▼ヨウ（一五二〇）

もちごめ【▲糯】(20) 米14 6889/6479 ▼ダ（九七六）

モツ【物】(8) 牛4 教 4210/4A2A ▼ブツ（一三五一）

もつ【持つ】(9) 扌6 教 2793/3B7D ▼ジ（六三六）

もっこ【▲畚】(10) 田5 6529/613D ▼ホン（一四三三）

もって【△以て】(5) 人3 教 1642/304A ▼イ（二四）

もっとも【▲尤も】(4) 尢1 4464/4C60 ▼ユウ（一五〇六）

もっとも【最も】(11) 曰8 教 2639/3A47 ▼サイ（五五六）

もっぱら【専ら】(9) 寸6 教 3276/406C ▼セン(八九八)
もつれる【▲縺れる】(17) 糸11 6965/6561 ▼レン(一六〇八)
もてあそぶ【弄ぶ】(7) 廾4 常 4714/4F2E ▼ロウ(一六一五)
もてあそぶ【△玩ぶ】(8) 王4 常 2065/3461 ▼ガン(二五四)
もてあそぶ【▲翫ぶ】(15) 羽9 2069/3465 ▼ガン(二五七)

同訓異義 **もてあそぶ**

【△玩ぶ】大切に手に持って楽しむ。慰みにする。「おもちゃを玩ぶ」「ボールペンを玩びながら話す」「花を玩ぶ」

【弄ぶ】なぶりものにする。思うままに操る。「人の感情を弄ぶ」「政治を弄ぶ」「女を弄ぶ」「運命に弄ばれる」

【▲翫ぶ】心の慰めにする。味わって楽しむ。「玩ぶ」に近い意。「女心を翫ぶ」「俳句を翫ぶ」「言葉を翫ぶ」「焼き物を翫ぶ」

もてなす【▲饗す】(22) 食13 2234/3642 ▼キョウ(三四四)
もてる【持てる】(9) 扌6 教 2793/3B7D ▼ジ(六三六)
もと【△下】(3) 一2 教 1828/323C ▼カ(一三三)
もと【元】(4) 儿2 教 2421/3835 ▼ゲン(四三七)
もと【△旧】(5) 日1 教 2176/356C ▼キュウ(三〇二)
もと【本】(5) 木1 教 4360/4B5C ▼ホン(一四三三)
もと【△故】(9) 攵5 教 2446/384E ▼コ(四五二)
もと【原】(10) 厂8 教 2422/3836 ▼ゲン(四四一)
もと【△素】(10) 糸4 教 3339/4147 ▼ソ(九一〇)
もと【基】(11) 土8 教 2080/3470 ▼キ(二七三)
もと【△許】(11) 言4 教 2186/3576 ▼キョ(三一八)
もと【△資】(13) 貝6 教 2781/3B71 ▼シ(六二四)

同訓異義 **もと**

【元】物事の初め。以前。順序がある場合に前の方。ほか、広く用いる。「発生の元を調べる」「火の元」「元の鞘(さや)に収まる」「元の木阿弥(もくあみ)」「元首相」「元が掛かる」「元も子もない」

【本】物事が成り立つ根本。本源。「末」の対。「本を正す」「農は国の本」「本を探る」「水は命の本」

【下】物の下の方の部分。影響の及ぶ範囲。「大樹の下に集合する」「太陽の下で運動会」「白日の下にさらす」「灯台下暗し」「法の下では平等である」「博士の指導の下で研究する」「一撃の下に倒す」「国際正義の名の下に空爆する」

【△許】そのものがある場所に近い所。「親許から離れる」「口許がほころぶ」「手許が狂う」「身許を引き受ける」「枕許(まくらもと)ではげます」

【基】物事が成り立つよりどころ。基礎。土台。「判断の基になる資料」「失敗は成功の基」「会社の基を築く」「発掘資料を基に推論する」

【△素】物をつくる原料。素材。「ケーキの素」「スープの素」「栄養の素」

【△旧】以前の状態。「新」の対。「元」に近い意で用いる。「旧の制度」「旧の家」

【原】始め。原因。「元」に近い意で用いる。「過労は病気の原」

もとい【基】(11) 土8 教 2080/3470 ▼キ(二七三)
もどき【△擬】(17) 扌14 常 2128/353C ▼ギ(二九〇)
もどす【戻す】(7) 戸3 常 4465/4C61 ▼レイ(一五九四)
もとづく【基づく】(11) 土8 教 2080/3470 ▼キ(二七三)
もとどり【▲髻】(16) 髟6 8201/7221 ▼ケイ(四〇一)
もとめる【求める】(7) 水2 教 2165/3561 ▼キュウ(三〇四)
もとめる【△索める】(10) 糸4 常 2687/3A77 ▼サク(五六六)
もとめる【▲覓める】(11) 見4 7512/6B2C ▼ベキ(一三七四)
もとめる【△需める】(14) 雨6 常 2891/3C7B ▼ジュ(六八三)
もとめる【▲徼める】(16) 彳13 5553/5755 ▼キョウ(三四一)
もとより【△固より】(8) 口5 教 2439/3847 ▼コ(四四九)
もとより【△素より】(10) 糸4 教 3339/4147 ▼ソ(九一〇)
もどる【戻る】(7) 戸3 常 4465/4C61 ▼レイ(一五九四)
もとる【▲很る】(9) 彳6 5544/574C ▼コン(五三五)
もとる【▲狠る】(9) 犭6 6435/6043 ▼コン(五三六)
もとる【▲悖る】(10) 忄7 5603/5823 ▼ハイ(一二一五)
もとる【▲愎る】(12) 忄9 5631/583F ▼フク(一三四四)
もぬける【▲蛻る】(13) 虫7 7372/6968 ▼ゼイ(八七一)
もの【物】(8) 牜4 教 4210/4A2A ▼ブツ(一三五一)
もの【者】(8) 耂4 教 2852/3C54 ▼シャ(六五六)
ものうい【▲慵い】(14) 忄11 5657/5859 ▼ヨウ(一五三四)
ものうい【▲嬾い】(19) 女16 5347/554F ▼ラン(一五五三)
ものうい【▲懶い】(19) 忄16 5681/5871 ▼ラン(一五五三)
ものぐさい【▲懶い】(19) 忄16 5681/5871 ▼ラン(一五五三)

もみ【★籾】

(9) 米3 国 準1 4466/4C62 訓 音 もみ

〔籾〕

意味 ①もみ。穀物の実の皮。もみがら。②もみごめ。もみがらのついたままの米。

下つき 種籾(たねもみ)

【▲籾殻】もみがら イネの実の外皮。籾米の外皮。もみ。「籾摺(す)り機で―を取り除く」 類 籾糠(もみぬか)

【▲籾米】もみごめ 稲穂からとったままで、まだ籾殻を取り除いていない米。もみ。参考「もみよね」とも読む。

【▲籾▲摺り】もみすり 籾米から秕(しいな)を取り除き、玄米と籾殻に分けること。昔は、すり臼(うす)や唐箕(トウみ)、千石(センゴク)どおしなどの道具を用いた。現在は籾摺り機を用いる。季 秋

【▲籾▲糠】もみぬか 「籾殻」に同じ。

もみ【△紅】(9) 糸3 教 2540/3948 ▼コウ(四九二)

もみ【▲樅】(15) 木11 6066/5C62 ▼ショウ(七六一)

もみじ【椛】(11) 木7 国 準1 1981/3371 音訓 もみじ

意味 もみじ(紅葉)。参考 葉が花のように色づく木の意を表す国字。

もむ【▲揉む】(12) 扌9 5770/5966 ▼ジュウ(七〇五)

もも【△百】(6) 白1 教 4120/4934 ▼ヒャク(一三〇〇)

もも【△股】(8) 月4 常 2452/3854 ▼コ(四五〇)

もも【桃】(10) 木6 常 3777/456D ▼トウ(一一四三)

もも【▲腿】(14) 月10 3460/425C ▼タイ(九八五)

もも【▲髀】(18) 骨8 8179/716F ▼ヒ(一二八七)

同訓異義 もも

【△股】足の膝(ひざ)から胴につながるつけねまでの部分。「太股を露(あら)わにする」「股引き」

【▲腿】本来は、膝(ひざ)から上の股(もも)(大腿(ダイタイ)・上腿(ジョウタイ))と膝から下のくるぶしまでの脛(はぎ)(小腿・下腿)との総称。今は特に股の部分をいう。「腿の肉」

もや【▲靄】(24) 雨16 8043/704B ▼アイ(七)

もやう【▲舫う】(10) 舟4 7154/6756 ▼ホウ(一四〇五)

もやし【▲萌やし】(11) 艹8 4308/4B28 ▼ボウ(一四一八)

もやし【▲糵】(22) 米16 ▼ゲツ(四一七)

もやす【燃やす】(16) 火12 教 3919/4733 ▼ネン(一二〇九)

もよい【△催い】(13) 亻11 常 2637/3A45 ▼サイ(五五八)

もよおす【催す】(13) 亻11 常 2637/3A45 ▼サイ(五五八)

もらう【▲貰う】(12) 貝5 4467/4C63 ▼セイ(八六三)

もり【守り】(6) 宀3 教 2873/3C69 ▼シュ(六七四)

もり【▲杜】(7) 木3 3746/454E ▼ト(一一二五)

もり【▲傅】(12) 亻10 4892/507C ▼フ(一三三〇)

もり【森】(12) 木8 教 3125/3F39 ▼シン(八〇四)

もり【▲銛】(14) 金6 7885/6E75 ▼セン(九〇七)

同訓異義 もり

【森】樹木がたくさん茂っている所。「森の木を守る」「木を見て森を見ず」「森に棲(す)む動物」

【▲杜】神社などを囲んで樹木が茂っている所。「鎮守の杜」「杜の都」

もる【盛る】(11) 皿6 教 3225/4039 ▼セイ(八六二)

もれる【▲泄れる】(8) 氵5 6185/5D75 ▼セツ(八八三)

もれる【▲洩れる】(9) 氵6 1744/314C ▼エイ(八六)

もれる【漏れる】(14) 氵11 常 4719/4F33 ▼ロウ(一六一八)

もろい【▲脆い】(10) 月6 3240/4048 ▼ゼイ(八七一)

もろこし【△唐】(10) 口7 常 3766/4562 ▼トウ(一一四二)

もろみ【▲醪】(18) 酉11 7850/6E52 ▼ロウ(一六一九)

もろもろ【△諸】(15) 言8 教 2984/3D74 ▼ショ(七三〇)

モン【文】(4) 文0 教 4224/4A38 ▼ブン(一三六〇)

モン【門】(8) 門0 常 教 9 4471/4C67 音訓 モン 外ボン かど 中 外と・い え・みうち

筆順 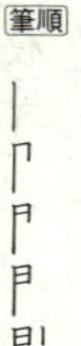

意味 ①かど。建物のもん。出入り口。「門戸」「校門」②物事が出入りするところ。「門歯」「関門」③いえ。家がら。みうち。「門閥」「名門」④同じ師に教えを受けたなかま。「門人」「門跡」⑤物事の分類上の大別。(ア)分野。そのみち。「専門」「部門」(イ)生物学の分類上の単位。⑥大砲の数を数える語。

下つき 一門(イチモン)・開門(カイモン)・家門(カモン)・関門(カンモン)・鬼門(キモン)・軍門(グンモン)・校門(コウモン)・獄門(ゴクモン)・山門(サンモン)・城門(ジョウモン)・水門(スイモン)・専門(センモン)・同門(ドウモン)・入門(ニュウモン)・破門(ハモン)・仏門(ブツモン)・武門(ブモン)・部門(ブモン)・閉門(ヘイモン)・名門(メイモン)

【門】かど ①家の出入り口や門(モン)。また、門の前。家の前。「―口に立つ」②家。一族。家族。本来は、両開きの出入り口を指した。「笑う―には福来る」参考「モン」とも読む。

【門付】かどづけ 家の出入り口や門の前で歌や踊りを披露し、金銭や食べ物をもらって歩くこと。また、その人。「―の芸人」

【門出】かどで ①旅や戦いで家を出発すること。旅立ち。類出立(シュッタツ) ②人生において新しいことを始めること。「新会社の―を祝福する」参考「かどいで」とも読む。

【門松】かどまつ 新年を祝い、門前や家の出入り口に飾る松。松飾り。竹と一緒に飾ることが多い。季 新年

『門松は冥土(メイド)の旅の一里塚』めでたいはずの正月の門松も、それを立てるごとに年をとって死に近づくのだから、あの世への道しるべのようなものだということ。「一里塚」は昔、街道に一里ごとにつくられた道標のこと。参考 一休禅師(ゼンジ)の狂歌とされ、あとに「めでたくもありめでたくもなし」と続く。

【△門】と ①家の出入り口。②水流の出入りするところ。「水(み)―」(海水の出入りする場所)」参考 ①「かど・モン」とも読む。

【門衛】モン エイ 門のわきにいて、人の出入りや門の開閉を取り締まる人。「―を立てる」類門番・守衛

【門外】モン ガイ ①門の外。「―不出の家宝として大切にする」対門内 ②専門外。物事の範囲外。「―のことはわからない」「先生もその分野は―だ」

【門外漢】モンガイ カン ①その道に関係のない人。専門家でない人。「―にはさっぱり分からない」類素人(しろうと) ②その事柄に直接関係のない人。

【門鑑】モン カン 門の出入りに必要な通行許可証。参考「鑑」は見分ける意。

【門限】モン ゲン ①夜、門を閉める時間。②夜帰らなければならないと決められた時間。「―を守る」「―を破る」

【門戸】モン コ ①出入り口。門口(かどぐち)。「―を堅く閉ざす」「広く―を開放する」②一派。また、一家。「―を張る(家を興す、一派を立てる)」

〘門戸開放〙モンコ カイホウ 制限を廃し出入りを自由にすること。また、外国に対して関税などを撤廃し、市場を開放して貿易などを自由にさせること。「市場の―を求める」

【門巷塡隘】モンコウ テンアイ 人が多く集まって密集していること。門や門前の小道に人が多く集まり、そこがふさがって狭くなる意。「門巷」は門と門前の道の意。「塡」はふさぐ、「隘」は狭い意。〈『新唐書(シントウジョ)』〉類門巷塡集・門前市(いち)を成す 対門前雀羅(ジャクラ)を張る

【門歯】モン シ 哺乳(ホニュウ)動物のあごの前方上下にある歯。人では、口の前方の上下各四本の歯。類前歯

【門牆】モン ショウ ①門と垣根。転じて、家の入り口。②師の家の門。転じて、学問などの道の入り口。類師門

【門跡】モン ゼキ 仏 ①一門一派の教えを伝承する寺。また、その僧。②皇族・公家が住職として跡を継ぐ寺。③本願寺の管長の俗称。

【門前】モン ゼン 門の前。家の前。「―払いを食う」類門口(かどぐち)

〘門前市(いち)を成す〙 訪れる者が多いことのたとえ。「市を成す」は、市場のように人が多く集まりにぎやかなこと。転じて、商売が繁盛する意にもいう。〈『漢書(カンジョ)』〉類門巷塡隘(モンコウテンアイ) 対門前雀羅(モンゼンジャクラ)を張る

〘門前雀羅(ジャクラ)を張る〙 訪問する人もなくさびれているたとえ。「雀羅」はスズメを捕らえる網。訪れる人がないため、門前にはスズメを捕らえる網が張れそうだという意。〈白居易の詩〉対門前市(いち)を成す

〘門前の小僧習わぬ経を読む〙 日ごろ身近に接していれば、特に学ばなくとも自然に習熟するということ。また、人が環境から受ける影響の大きいことのたとえ。

【門前払い】モンゼン ばらい ①面会を求めてやって来た人に会わず、追い返すこと。「取材を申しこんだが―を食った」②江戸時代、犯罪者などを奉行所の門前から追い払った軽い刑罰。

【門前町】モンゼン まち 中世以降、有力な社寺の門前に発達した町。「長野は善光寺の―として有名だ」参考「モンゼンチョウ」とも読む。

【門地】モン チ 家柄。家格。「―門閥にこだわらない」類門閥

【門弟】モン テイ 同じ一門の弟子(デシ)。門弟子(モンテイシ)。門下生。類門人

【門徒】モン ト ①門下の弟子(デシ)。門下生。類門人 ②仏同じ宗門に帰依(キエ)する信者。特に、浄土真宗の信者をいう。類信徒 ③仏「門徒宗」の略。浄土真宗の俗称。

〈門土里留〉モントリ オール カナダ南東部、セントローレンス川中流にある港湾都市。同国最大の商工業都市で、水陸交通の要地でもある。

【門に入らば笠を脱げ】モンにいらば かさをぬげ 常に礼儀を守らなければならないということ。転じて、あいさつは機会を逃してはいけないということ。他家を訪れたときは門を入った所で笠を脱ぎ、あいさつするのが礼儀であるという意から。

【門閥】モン バツ ①家柄。類門地 ②「門閥家(カ)」の略。よい家柄。「彼は―出身だ」

【門扉】モン ピ 門のとびら。「―は閉ざされたままだった」類門戸

【門表・門標】モン ピョウ 居住者の氏名を書いて門に掲げた札。表札。門札。

モン 【們】 (10) 亻8 1 4878 506E 音 モン 訓 ともがら

意味 ともがら。複数の人を表す語。「我們(ガモン)」

モン 【紋】 (10) 糸4 常 4 4470 4C66 音 モン 外ブン 訓 外あや

筆順 く 幺 幺 糸 糸 糸 紋 紋 紋 紋

意味 ①あや。もよう。「紋様」「波紋」類文 ②もん。もんどころ(紋所)。家や団体に定められているしるし。「紋章」「家紋」

下つき 衣紋(エモン)・花紋(カモン)・家紋(カモン)・指紋(シモン)・声紋(セイモン)・波紋(ハモン)・斑紋(ハンモン)・風紋(フウモン)

【紋】あや ①もようのある絹織物。②もよう。かざり。あやもよう。表記②「文」とも書く。参考「モン」と読めば、家や氏などのしるしとなる図柄の意。

【紋切り型】モンきり がた 型どおりの様式。決まりきった形式。ステレオタイプ。「―の見方をするな」「―の挨拶(アイサツ)」参考紋を切り抜く型の意。

〈紋甲烏賊〉もんごう いか ①カミナリイカの市場での呼称。②コウ

イカ科のヨーロッパコウイカ・トラフコウイカなどの市場における呼称。[由来] 背に斑紋があることから。

【紋章】モンショウ ①家や氏を表す特有の図案化したしるし。「王室の—」[類]紋・紋所・定紋・紋様 ②ある団体を表すための図案化したしるし。[類]標章

【紋付】モンつき 紋章がついていること。また、そのもの。特に、紋のついた、礼装とされる和服。「—袴の正装」

【紋所】モンどころ 家の紋。「提灯に記された—」[類]家紋・定紋

【紋服】モンプク 家の定紋のついた和服。儀式のときなどに着る。「—姿で結婚式に出席する」[類]紋付

【紋様】モンヨウ ①「紋章①」に同じ。②模様。[表記]「文様」とも書く。

モン【問】(11) 口 8 [常] [教] 8 4468 4C64
[音] モン 外ブン
[訓] とう・とい・とん 外たずねる・たより

[筆順] 門 問 10

[意味] ①とう。といただす。たずねる。「問題」「諮問」[対]答 ②おとずれる。みまう。「慰問」「弔問」③たより。音信。「家問」[参考]訓の「とん」は「とい」の転で、「問屋」に用いられる。

[下つき] 慰問・学問・下問・喚問・詰問・疑問・愚問・検問・拷問・顧問・質問・試問・自問・尋問・弔問・難問・発問・反問・不問・訪問

【〈問荊〉】すぎな トクサ科のシダ植物。[由来]「問荊」は漢名から。▼杉菜(すぎな)(八三七)

【問い】とい ①わからないことを聞くこと。たずねること。問うこと。「—を投げかける」「—を発する」[類]質問 ②テストなどの設問。問題。「次の—に答えよ」

【問う】とう ①わからないことを人に聞きただす。質問する。「名を—う」②責任や罪などを追及する。「過失を—う」「横領罪に—う」③とりあげて問題にする。「経歴を—う」「国籍は—わない」④訪れて見舞う。「知人を病室に—う」

『問うに落ちず語るに落ちる』人に聞かれたときには警戒して秘密を話さないが、自分から話すときには不用意についロをすべらせて話してしまうこと。「落ちる」は問い詰められて白状する意。

【問屋】とんや 生産者などから商品を買い、小売業者や仲買人に売ることを仕事とする人や店。卸売商。卸売業。

【問罪】モンザイ 罪を問いただすこと。「—の師(罪を問いただすために派遣する軍隊)」

【問診】モンシン 医者が診断のために、患者自身に病状や病歴などを質問すること。[対]聴診・視診

【問訊】モンジン ①問いただすこと。[類]訊問 ②閉口すること。降参すること。

【問責】モンセキ ①問い責めること。「—決議にしたがい、国会に証人喚問する」[類]責問・詰問 ②責任を問うこと。「担当者を—する」

【問題】モンダイ ①解答を必要とする問い。「練習—」「試験—」②解決すべき事柄。また、やっかいな事柄や争いの原因になるような事件。「国際—に発展する」「女性—を起こす」③人の注目を集めていること。論争やうわさを引き起こしている事柄。「—の人物が沈黙を続ける」[類]話題

【問鼎軽重】モンテイケイチョウ その人の権威や実力を疑うこと。▼鼎(かなえ)の軽重を問う(一〇九七)

【問答】モンドウ 問うことと答えること。問いと答え。また、ある問題について言い合うこと。議論すること。「禅—」

『問答無用』モンドウムヨウ これ以上話し合ってもなんの役にも立たないこと。問いと答えの必要がないこと。話を強圧的に打ち切るときに用いる。「—でとりつく島もない」[類]問答無益

【問話】モンナ 禅寺での説法の際、客が説法者にする問い。

モン【捫】(11) 扌 8 1 5763 595F
[音] モン・ボン
[訓] なでる・とる・ひねる

[意味] ①なでる。さする。手さぐりする。「捫着」②とる。持つ。③ひねる。ひねりつぶす。「捫蝨」

【捫着】モンチャク ①手でひねりまわすこと。②もつれること。もめごと。紛争。「ひと—あった」[表記]②「捫著・悶着・悶著」とも書く。[参考]「モンジャク」とも読む。

モン【悶】★(12) 心 8 準1 4469 4C65
[音] モン
[訓] もだえる

[意味] もだえる。思い悩む。もだえ苦しむ。「悶絶」「悶着」「悶悶」

[下つき] 苦悶・愁悶・煩悶・憂悶

【悶える】もだえる ①心がふさがって、深く悩み苦しむ。「恋に—える」②苦しくてもがく。「—え死ぬ」「激痛に—える」

【悶死】モンシ もだえ苦しんで死ぬこと。もだえ死に。

【悶絶】モンゼツ もだえ苦しんで気絶すること。「当て身をくらって—した」

『悶絶躄地』モンゼツビャクジ もだえ苦しみ、地べたをころげ回ること。非常な苦しみのたとえ。「躄地」は地面をはいずり回る意。

【悶着】モンチャク もめごと。争い。「ひと—は避けられない」[表記]「悶著・捫着・捫著」とも書く。[参考]「モンジャク」とも読む。

【悶悶】モンモン ある一つのことを考えて、思い悩むようす。もだえ苦しむようす。「かなわぬ恋に—とする」「仕事が見つからず、—として日々が過ぎてゆく」

モン【聞】(14) 耳8 教 4225 4A39 ▼ブン(一三六二)

もんめ【匁】(4) 勹2 国 準1 4472 4C68 音 訓 もんめ・め

意味 ①尺貫法の重さの単位。貫の一〇〇〇分の一。三・七五グラム。②江戸時代の貨幣単位。小判一両の六〇分の一。

や

也 ヤ

ヤ【也】(3) し2 準1 4473 4C69 音 ヤ 訓 なり・や・か・また

意味 ①なり。…である。断定の助字。②…や。…か。…かな。感嘆・疑問・反語の助字。③また。…もまた。

参考「也」の草書体の省略形が片仮名の「ヤ」に、草書体が平仮名の「や」になった。

ヤ【冶】(7) 冫5 常 2 4474 4C6A 音 ヤ 訓 外とける・いる・なまめかしい

筆順 丶 冫 冫 冶 冶 冶 冶

意味 ①とかす。とける。い(鋳)る。金属を精錬する。「冶金」「鍛冶(タンヤ・かじ)」②なまめく。なまめかしい。「艶冶(エンヤ)」

下つき 艶冶(エンヤ)・佳冶(カヤ)・鍛冶(タンヤ・かじ)・陶冶(トウヤ)・遊冶(ユウヤ)・妖冶(ヨウヤ)・姚冶(ヨウヤ)

【△冶る】いーる 金属や鉱石を溶かして細工や加工をする。参考「鋳る」と書けば、金属を溶かして型に入れて器物をつくる意になる。

【冶金】ヤキン 精製すること。また、合金にしたり加工したりすること。「一学」 溶かした鉱石から金属を取り出し、

ヤ【夜】(8) 夕5 常 教 9 4475 4C6B 音 ヤ 訓 よ・よる

筆順 丶 亠 广 广 亣 夜 夜 夜

意味 よ。よる。「夜半」「徹夜」 対 昼

下つき 暗夜(アンヤ)・終夜(シュウヤ)・初夜(ショヤ)・除夜(ジョヤ)・深夜(シンヤ)・聖夜(セイヤ)・昼夜(チュウヤ)・長夜(チョウヤ)・通夜(ツヤ・ツウヤ)・徹夜(テツヤ)・日夜(ニチヤ)・白夜(ハクヤ・ビャクヤ)・連夜(レンヤ)

【夜陰】ヤイン 夜の暗闇(くらやみ)。また、夜中。「一に乗じて悪事をはたらく」

【夜雨対▲牀】ヤウタイショウ 兄弟や友人の関係がたいへん親密なことのたとえ。夜、雨の音を聞きながら寝台を並べて、兄弟仲良く寝る意から。「牀」は寝台・ねどこ。「対牀」は寝台を並べる意。〈蘇軾(ソショク)の詩〉参考「対牀夜雨」ともいう。類 対牀風雪

【夜会】ヤカイ 夜に行う宴会や会合。特に、西洋風の舞踏会など。「一服といえば、燕尾服(エンビフク)とイブニングドレスだ」

【夜気】ヤキ ①夜の冷たい空気。「一は体に悪い」②夜の静かな気配。「一が迫る」

【夜業】ヤギョウ 「夜業(よなべ)」に同じ。

【夜勤】ヤキン 夜に勤務すること。また、その勤務。夜間勤務。「一の多い仕事」「一明け」対 日勤

【夜具】ヤグ 寝るときに使う布団や枕などの総称。類 寝具

【夜景】ヤケイ 夜の景色。「一〇〇万(ドル)の一とうたわれた美しさ」類 夜色(ヤショク)

【夜警】ヤケイ 夜間、建物や町を見回って火災や犯罪を警戒すること。また、それをする人。「ビルの一が彼の仕事だ」類 夜番(よバン・ヤバン)

【夜光】ヤコウ ①夜や暗い場所で光ること。「一虫」「一塗料」②晴れた夜空に見える、星や月以外のわずかな光。「一現象」

【夜行】ヤコウ ①夜に活動すること。「百鬼一」「一性動物」②「夜行列車」の略。また、夜に走行すること。「一に乗る」「一バス」参考 ①「ヤギョウ」とも読む。

【夜▲叉】ヤシャ 仏 顔形が恐ろしく、人を食う猛悪なインドの鬼神。のちに仏法に帰依し、守護神となる。「外面(ゲメン)似菩薩(ジボサツ)内心如(ニョ)一」参考 梵語(ボンゴ)の音訳語。

【夜襲】ヤシュウ 夜の暗闇(くらやみ)を利用して、敵を不意に襲うこと。「一をかける」類 夜討ち

【夜色】ヤショク 夜の景色。また、夜のおもむき。「一が濃くなる」類 夜景

【夜前】ヤゼン 前日の夜。ゆうべ。よべ。「一の雨」類 昨夜・昨晩

【夜想曲】ヤソウキョク 静かな夜の叙情的な気分を表現する、器楽のための小曲。夜曲。ノクターン。参考 ピアノ曲が多く、ショパンの作品が有名。

【夜尿症】ヤニョウショウ 夜、睡眠中に無意識に尿をもらす症状。寝小便。類 遺尿症

【夜半】ヤハン 夜中。特に、真夜中。「一過ぎに出発する」参考「よわ」とも読む。

【夜分】ヤブン 夜。「一遅く申し訳ありません」類 夜間・夜半

【夜盲症】ヤモウショウ 暗くなると目がほとんど見えなくなる病気。ビタミンAの欠乏などの原因によって起こる。鳥目(とりめ)。

【夜来】ヤライ ①ゆうべから。昨夜以来。「一の降雪」②数日前の夜から。数夜このかた。「一の暑さでへばりぎみだ」類 夜頃(よごろ)

【夜郎自大】ヤロウジダイ 自分の実力も知らずに、偉そうな顔をして威張っている者のたとえ。「自大」は威張って偉そうな態度をとること。故事 昔、中国西南部の小国、夜郎の王が漢の広大さを知らず、自分の国だけが大国だと思い、漢の使者に自分の国と漢の国の大小を問いかけた故事から。〈『史記』〉類 井蛙(セイア)の見・坎井(カンセイ)の蛙(ア)

【夜話】ヤワ ①夜にする話。また、それを記した書物。夜語(よがた)り。②くだけた話やそれを集めた書物。③禅寺で夜に行う、修行のための訓話。参考①「よばなし」とも読む。

【夜】よ よる。「―も日(ひ)も明けない（それなしには少しの間も過ごせない）」対日

【夜討ち】ようち 夜、敵を不意に攻撃すること。「―をかける」類夜襲

【夜着】よぎ ①寝るときに掛ける布団など。類夜具 ②綿を厚く入れた着物の形の夜具。かいまき。季冬

【夜興引】よこひき 夜明けごろにイヌを連れて猟をすること。また、その人。季冬

【夜寒】よさむ 夜の寒さ。特に、秋の末ころから感じられる夜の寒さ。また、その季節。「―の候となりました」類朝寒 季秋

【夜濯ぎ】よすすぎ 暑さを避けて、夜、汗ばんだ肌着などを洗濯すること。季夏

【夜鷹】よたか ①ヨタカ科の鳥。▼怪鴟(よたか)（一七三）②江戸時代、夜の町で客引きをした娼婦(ショウフ)。③夜歩きする者。「―蕎麦(そば)（夜、屋台などで売り歩くそば）」

【夜直】よたた 夜から朝まで。夜どおし。一晩中。終夜。参考「よただ」とも読む。

【夜盗】よトウ 夜に盗みをはたらく者。参考「ヤトウ」とも読む。

【夜伽】よとぎ ①夜どおし寝ないで付き添うこと。また、その人。「病人の―をする」②昔、女が男の意にしたがって寝所にはべること。③葬式の前夜、死者に付き添うこと。類通夜(ツヤ) 参考「伽」は、寝るまで話し相手をする、そばで看病するなどの意。

【夜長】よなが 夜の長い時節。特に、秋の長い夜をいう。対日長 季秋

【〈夜業〉・夜鍋】よなべ 夜、仕事をすること。夜(よ)仕事。季秋 由来夜、鍋をかけて夜食をとりながら仕事をしたことから。参考「夜業」は「ヤギョウ」とも読む。

【夜な夜な】よなよな 毎夜。夜毎(よごと)。「―無言電話が掛かる」対朝な朝な

【夜這い】よばい 夜、男が女の寝ている所へ忍びこんで情交を結ぶこと。由来古く「呼ばふ」の連用形が名詞になったもので、「夜這い」はのちの当て字。

【夜咄・夜話】よばなし ①夜六時ころから行う茶会。茶事七式の一つ。②夜に話す話。季冬 参考②「夜話」は「ヤワ」とも読む。

【〈夜尿〉】よばり 眠っているうちに無意識に小便をしてしまうこと。寝小便。参考「ヤニョウ」とも読む。

【夜更かし】よふかし 夜遅くまで起きていること。「―は健康によくない」参考「夜更け」といえば、深夜・真夜中の意。

【夜振】よぶり 夜、松明(たいまつ)を燃やして行う漁。夜焚(よた)き。類火振 季夏

【夜宮】よみや 本祭りの前夜に行う祭り。宵祭り。類宵宮(よいみや) 季夏

【夜目】よめ 夜、暗いところでものを見ること。また、夜見るときの目。「―が利く」「―にも明らか」

【夜目遠目笠の内】よめとおめかさのうち 女性を夜見たり、遠くから見たり、笠のすき間からのぞいている顔を見たりすると、実際よりも美しく見えるということ。

【夜もすがら】よもすがら 一晩中。夜どおし。対ひねもす・ひもすがら 表記「終夜」とも書く。参考「夜すがら」ともいう。「すがら」ははじめから終わりまでの意。

【夜】よる 日没から日の出までの暗い間。対昼 参考「よ」とも読む。

『夜行くに繡(シュウ)を被(き)る』 功名を立てても、故郷へ帰らなければだれも認めてくれないたとえ。夜中に刺繡(シシュウ)をほどこしたりっぱな衣服を着て歩いても、だれも見てくれないの意から。〈『史記』〉

【夜を以て日に継ぐ】よをもってひにつぐ 昼夜の区別なく何かに励むこと。〈『孟子(モウシ)』〉

【〈夜半〉】よわ よなか。よふけ。「―の嵐」参考「ヤハン」とも読む。

ヤ【邪】(8) 阝5 常 2857/3C59 ▼ジャ（六六一）

ヤ【耶】(9) 阝6 準1 4477/4C6D 音ヤ 訓か

意味 ①や。か。…であるか。疑問・反語・感嘆の助字。②外国語の音訳に用いられる。「耶蘇(ヤソ)」

【〈耶悉茗〉】ジャスミン モクセイ科ソケイ属の植物の総称。▼素馨(ジャスミン)（九二二）

【耶蘇会】ヤソカイ カトリック教を伝道し、その発展をはかるために一五四〇年にローマ教皇の公認を受けたキリスト教の教団。日本にも、修道士フランシスコ＝ザビエルらが渡来し教義を説いた。イエズス会。ジェズイット派。参考「耶蘇」は、イエスを音訳した中国語を音読みしたもの。

【耶馬台国】ヤマタイコク ▼邪馬台国(ヤマタイコク)（六六一）

ヤ【埜】(11) 土8 3924/4738 ▼野の異体字（一四九二）

ヤ【野】(11) 里4 教 常 9 4478/4C6E 音ヤ 外ショ 訓の 外いやしい・いなかや

〔埜〕 準1 3924/4738

筆順 丨 口 日 甲 甲 里 里 野 野 野 野 (4)

意味 ㊀ヤ ①の。のはら。「野営」「原野」②はたけ。耕地。「野菜」「田野」③民間。「野党」「在野」対朝 ④自然のままの。「野生」「野鳥」⑤あらい。いやしい。ひらけていない。「野蛮」「粗野」⑥だいそれた。

身分不相応の。「野心」「野望」⑦区分した地域。「視野」「分野」⑧「下野（しもつけ）の国」の略。「野州」㊁ショ　いなかや。別荘。

下つき ㊀外野（ガイヤ）・下野（ゲヤ）・原野（ゲンヤ）・荒野（コウヤ）・郊野（コウヤ）・在野（ザイヤ）・山野（サンヤ）・視野（シヤ）・粗野（ソヤ）・朝野（チョウヤ）・田野（デンヤ）・分野（ブンヤ）・平野（ヘイヤ）・林野（リンヤ）

【〈野芝麻〉】おどりこそう　シソ科の多年草。山野に自生。初夏、淡紫色または白色の唇形の花をつける。季夏 由来「野芝麻」は漢名より。和名は、輪生する花を輪になって踊る踊り子たちに見立てたことから。表記「踊子草」とも書く。

【〈野蚕〉】くわご　カイコガ科のガ。▼桑蚕（くわご）(九三七)

【〈野▲鴉▲椿〉】ごんずい　ミツバウツギ科の落葉小高木。由来「野鴉椿」は漢名から。▼権萃（ゴンズイ）(四三三)

【〈野老〉】ところ　ヤマノイモ科のつる性多年草。山野に自生。葉はハート形。夏、黄緑色の小花を穂状につける。多数のひげをもつ根茎は、苦味を抜けば食用になる。由来「野老」は根茎のひげを老人に見立てたことから。

【〈野▲菰〉】なんばんぎせる　ハマウツボ科の一年草。由来「野菰」は漢名から。▼南蛮煙管（なんばんぎせる）(一一九一)

【〈野干玉〉】ぬばたま　ヒオウギの種子。▼射干玉（ぬばたま）(六五七)

【野】の　①原っぱ。自然のままの広い平地。「―に咲く花」「あとは―となれ山となれ(どうなってもかまわない)」②動植物の語について、野生であることを表す。「―うさぎ」「―いちご」③田畑。野良（のら）。「―の仕事」

【野駆け・野掛け】のがけ　①春や秋、おだやかな日に山野に出かけて遊ぶこと。花見や紅葉狩りなど。類野遊び　②野外で行う茶の湯。類野点（のだて）

【野▲晒し】のざらし　①野外で風雨にさらされること。また、そのもの。「―にされた自転車」類雨晒し　②風雨にさらされ白くなった骨。特に、頭蓋骨（ズガイコツ）。どくろ。されこうべ。

【野宿】のジュク　夜、野外で寝ること。「テントで―する」類露宿（ロシュク）

【野太鼓・野〈▲幇間〉】のダイコ　芸のない幇間（たいこもち）（宴席で座をにぎわすことを仕事とする男をする人。転じて、幇間を卑しめる言い方。素人（しろうと）で

【野△点】のだて　野外で茶をたてること。また、野外で行う茶の湯。類野駆け

【野垂れ死に】のたれじに　道端に行き倒れて死ぬこと。また、そのようなみじめな死に方。行き倒れ。「―しても帰るな」

【〈野阜〉】のづかさ　小高い所。野原の中にある丘。参考「阜」は大きな土盛り、おかの意。

【野▲箆坊】のっぺらボウ　①凹凸がなく、つかみどころがないこと。また、そのもの。転じて、変化が少なく特徴のないこと。また、そのもの。「彼らは―で何を考えているかわからない」②顔に目鼻や口がない化け物。「―のろくろっ首」

【野面】のづら　①野原。②切り出したままで、加工していない自然のままの石。また、その表面。参考①「のもせ」とも読む。

【野天】のテン　屋根のないところ。野外。「―風呂（ブロ）」類露天

【野火】のび　①早春に野山の枯れ草を焼くためにつける火。野焼きの火。季春　②山火事。

【野▲鶲】のびたき　ヒタキ科の小鳥。夏、日本に渡来して繁殖し、秋に東南アジアへ渡る。雄は頭・首・背が黒く、腹は白、胸は栗色。季夏

【野▲蒜】のびる　ユリ科の多年草。山野に自生。ニラのような臭気がある。夏、白紫色の小花とむかごを一緒につける。地下にある鱗茎（リンケイ）は、葉とともに食用。季春 表記「山蒜」とも書く。

【野▲衾】のぶすま　①たたいてゆでた小鳥の肉とタイの肉を、薄くはいだアワビに包むようにして煮た料理。②ムササビの別称。▼鼯鼠（むささび）(四六八)

【野太い】のぶとい　①ずぶとい。大胆なさま。「―い奴」②声や音が太い。低音で、声量や音量が大きい。「―い音が響く」

【野辺】のべ　①野原。野のあたり。②火葬場、または埋葬場。「―の煙(火葬の煙)」③「野辺送り」の略。葬送。野送り。

【野放図・野放△途】のホウズ　①勝手気ままに振る舞うこと。また、気ままで横柄なこと。また、そのさま。「―に暮らす」「―な態度」②際限のないこと。また、そのさま。「噂（うわさ）が―に広がる」

【〈野面〉】のもせ　野のおもて。野原一面。野原いっぱい。参考「のづら」とも読む。

【野焼き】のやき　野の草がよく生えるように、早春に枯草を焼くこと。季春

【〈野良〉】のら　①野原。野。「―遊び」②田畑。「―に出て仕事をする」

【〈野良〉仕事】のらシごと　田畑を耕したり作物を作る仕事。田畑での耕作の仕事。「終日―をしていた」

【野分】のわき　秋の初めに吹く暴風。台風の古称。季秋 参考野の草を分けて吹く風の意。「のわけ」とも読む。

【〈野▲蜀▲葵〉】みつば　セリ科の多年草。山野に自生。野菜として栽培もする。葉は小葉三枚からなる複葉。香りがよい。季春 由来「野蜀葵」は漢名から。表記「三葉」とも書く。

【〈野木▲瓜〉】むべ　アケビ科のつる性常緑低木。由来「野木瓜」は漢名から。▼郁子（むべ）(四二)

【野営】ヤエイ　①軍隊が野外に陣営を張ること。また、その陣営。類露営　②野外にテントを張って泊まること。類野宿・露宿

【野猿】ヤエン　野生のサル。

【野△鶴】ヤカク　①野にいるツル。②官に仕えず、世を避けて隠居している人のたとえ。「閑雲（カンウン）―」

【野干】ヤカン ①中国の伝説で、キツネに似た悪獣。②キツネの別称。③ヒオウギの別称。▼檜扇(ひおうぎ)(一八六) 表記「射干」とも書く。

【〈野羊〉】やぎ ウシ科の哺乳(ホニュウ)動物。由来「野羊」は漢名から。▼山羊(やぎ)(五八二)

【野球】ヤキュウ 九人ずつの二チームが攻めと守りを交互に行い、投手の投げた球をバットで打ち、得点を争う競技。ベースボール。「草―」「プロ―」

【野▲禽】ヤキン 山野などに自然にすむ野生の鳥。類野鳥 対家禽(カキン)

【野鶏】ヤケイ キジの別称。▼雉(きじ)(一〇二四)

【野合】ヤゴウ ①正式な結婚によらずに男女が関係を結ぶこと。②あいまいに関係を結ぶこと。「政策協定によらない両党の―を批判する」

【野▲狐禅】ヤコゼン 仏禅修行で、まだ悟りきっていないのに悟ったと思いこんでうぬぼれること。また、そのような人。類生禅(なまゼン)

【野史】ヤシ 官命によらず、民間の人が書いたり編纂(ヘンサン)したりした歴史。類外史・野乗(ヤジョウ) 対正史 参考在野(民間)の歴史の意。

【野師】ヤシ 寺社の祭礼など人出の多い場所で、見せ物をしたり商品を売る人。てきや。表記「弥四・香具師」とも書く。

【野次】ヤジ ①じゃまや妨害などの目的で、周りから非難したりからかったりすること。また、その言葉。「―を飛ばす」②「野次馬」の略。表記「弥次」とも書く。

【野次馬】ヤジうま 自分には関係ないのに、周りで騒いだりはやし立てたりする人。また、事件や事故の現場に集まった群衆。「―根性」表記「弥次馬」とも書く。

【野趣】ヤシュ 自然のままの素朴なおもむき。ひなびた風情(フゼイ)。「―に富んだ料理」類野情・野致

【野獣】ヤジュウ ①野生のけもの。②乱暴で粗野な人のたとえ。「美女と―」

【野次る】やじる 人の言動などを周りから非難したり、ひやかす。野次を飛ばす。「相手チームの選手を―り倒す」「傍聴席から―る」

【野心】ヤシン ①さらに高い権力や名誉・財力を得ようという、身分不相応な大きな望み。「―をいだく」「彼はなかなかの―家だ」類野望 ②他人に親しまずに、謀反をたくらむ心。

【野人】ヤジン ①田舎の人。「田夫(デンプ)―」②飾り気のない、ありのままの人。また、粗野な人。③官職につかない民間の人。在野の人。

【野生】ヤセイ ①動植物が山野で自然に生育すること。「―動物の楽園」「谷間に咲く―のユリ」②男性が自分を謙遜(ケンソン)していう語。類小生

【野性】ヤセイ 動物がもつ本能のままの性質。特に、荒けずりで粗野な性質。「―味あふれる人柄」

【野戦】ヤセン ①野山での戦い。また、城や要塞(ヨウサイ)のないところでの地上戦。「―で多くの兵士を失う」②戦場。「―病院」

【野戦攻城】ヤセンコウジョウ 広く野外に出て戦い、城を攻めること。〈『漢書(カンジョ)』〉参考「攻城野戦」ともいう。

【野▲猪】ヤチョ イノシシ。

【野▲猪にして介するもの】イノシシに鎧(よろい)を着せたような、向こう見ずな人のたとえ。猪武者(いのししムシャ)。「介」は鎧の意。〈『日本外史』〉

【野党】ヤトウ 現在、政権を担当していない政党。対与党

【野に遺賢無し】やにイケンなし すぐれた人物はすべて朝廷に登用されていて、民間に残っている者はいない。正しい政治によって国家が安定しているたとえ。「野」は、民間の意。「遺賢」は世に認められないでいる賢人のこと。〈『書経』〉

【野▲衲】ヤノウ ①田舎の僧。②僧侶(ソウリョ)が自分を謙遜(ケンソン)していう語。拙僧。類①②野僧 参考「衲」は僧の衣、転じて僧の意。

【野蛮】ヤバン ①文化が開けていないこと。また、そのさま。「―な風習」②不作法で乱暴なこと。教養がないこと。また、そのさま。「それは―な考えだ」

【野卑】ヤヒ 下品で卑しいこと。洗練されておらず下品なこと。また、そのさま。「夫の―な冗談に困る」参考「卑」は、野暮ったいこと。見識が狭いことの意。書きかえ「野鄙」の書きかえ字。

【野▲鄙】ヤヒ ▼書きかえ 野卑

【野暮】ヤボ ①風流のわからないさま。世情に通じていないこと。また、その人。「―なことを言うな」類不粋(ブスイ) ②洗練されていないこと。あか抜けていないこと。また、その人。「―な髪形」「―な身なり」対①②粋(いき・イス)

【野望】ヤボウ 分不相応な、大それた望み。「―をいだく」類野心

【野暮天】ヤボテン 非常に野暮なこと。また、その人。「あいつは―だ」

【〈野山薬〉】やまのいも ヤマノイモ科のつる性多年草。由来「野山薬」は漢名から。▼山の芋(やまのいも)(五八三)

【野郎】ヤロウ ①若い男の俗称。「―ばかりが集まる」②男をののしる語。あいつ。「この―」「―が来なければいいのに」対女郎(めロウ)

ヤ 【★揶】(12) 扌9 1 5772 5968 音 ヤ 訓 からかう

【揶】 意味 からかう。あざける。「揶揄(ヤユ)」

【〈▲揶▲揄〉う】からかう 人を困らせたり、恥ずかしがらせたりしてひやかす。「生徒が教師を―ってはいけない」

【▲揶▲揄】ヤユ からかうこと。ばかにして笑うこと。「役人を―する戯画」参考「揶」も「揄」もからかう意。

ヤ【椰】(13) 木9 1 6031 5C3F 音ヤ 訓やし

意味 やし（椰子）。ヤシ科の植物の総称。

【椰子・椰】ヤシ ヤシ科の植物の総称。熱帯地方に多く自生。果実は食用。また、せっけん・ろうそくなどを作るやし油の原料。ふつうココヤシを指す。「―の実」

ヤ【★爺】(13) 父9 準1 4476 4C6C 音ヤ 訓おやじ・じじ

意味 ①おやじ。父の俗称。「阿爺（アヤ）」②じじ。じい。老人。また、老人の尊称。

下つき 阿爺（アヤ）・老爺（ロウヤ）

【爺】じじ 年老いた男。「―むさい姿」対婆（ばば）

【爺嬢・爺娘】ヤジョウ 父母の俗称。「―妻子走りてあい送り、塵埃（ジンアイ）に見えず咸陽橋（カンヨウキョウ）」〈杜甫（トホ）の詩〉

ヤ【鵺】(19) 鳥8 1 8312 732C 音ヤ 訓ぬえ

意味 ①ぬえ。ヒタキ科の鳥、トラツグミの別称。②得体の知れないもの。参考 ②伝説上の怪獣の名から。

【鵺】ぬえ ①伝説上の怪獣。頭はサル、手足はトラ、体はタヌキ、尾はヘビ、声はトラツグミに似るという。「源頼政（みなもとのよりまさ）の―退治」②得体の知れない人物やはっきりしない態度。「―的人物」③トラツグミの別称。▼虎鶫（とらつぐみ）（四五一）

や【乎】(5) ノ4 2435 3843 ▼コ（四四六）

や【矢】(5) 矢0 教 4480 4C70 ▼シ（六〇二）

や【弥】(8) 弓5 常 2 4479 4C6F 音 外ビ・ミ 訓や 外あまねし・ひさしい・わたる・つくろう・いよいよ・いや

旧字《彌》(17) 弓14 1/準1 5529 573D

筆順 ㇆ コ 弓 弓 弘 弥 弥 弥

意味 ①あまねし。ひろくゆきわたる。わたる。「弥天」「弥漫」②時を経る。ひきつづく。ひさしい。「弥久」「弥月」③つくろう。とじつくろう。「弥縫」④おさめる。やめる。⑤いよいよ。ますます。いや。「弥栄（いやさか）」⑥梵語（ボンゴ）の音訳に用いられる。「弥陀（ミダ）」「弥勒（ミロク）」

下つき 沙弥（シャミ）

【弥】いや いよいよ。いちだんと。「―増す」

【弥が上に】いやがうえに なおいっそう。「―も興味をそそられる」「芸達者の登場で宴会は―も盛り上がる」

【弥栄】いやさか 今までよりますます栄えること。「御両家の―を祈って乾杯」

【弥終】いやはて いちばんあと。最後。最終。

【弥増す】いやまーす いよいよ多くなる。「逢（あ）いたい気持ちが―す」

【弥・〈弥弥〉】いよいよ ますます。いちだんと。

【弥久】ビキュウ 久しきにわたること。「曠日（コウジツ）―（むなしく月日を費やして久しいこと）」

【弥縫】ビホウ ほころびを縫いつくろうこと。転じて、失敗や欠点を取りつくろうこと。「縫」は、縫い合わせる・とりつくろう意。「その場を―する」

【弥縫策】ビホウサク 一時のがれにとりつくろう計画。

【弥漫】ビマン 一面に広がること。転じて、風潮などが広がりはびこること。「拝金主義が―している」表記「瀰漫」とも書く。

〈弥撒〉ミサ ①ローマ-カトリック教会で、神をたたえ、罪のつぐないと神のめぐみを祈る儀式。②「ミサ曲」の略。①のときに歌われる賛美歌。

【弥陀】ミダ 仏「阿弥陀（アミダ）」の略。西方の極楽浄土にいて、いっさいの衆生（シュジョウ）を救うという仏。阿弥陀仏。阿弥陀如来。

【弥勒菩薩】ミロクボサツ 仏浄土の兜率天（トソツテン）に住み、釈迦（シャカ）の死後五六億七〇〇〇万年後にこの世に下って、衆生（シュジョウ）を導くという菩薩（ボサツ）。弥勒。弥勒仏。

【弥次】やじ ①やじること。また、その言葉。「―を飛ばす」②「弥次馬」の略。表記「野次」とも書く。

【弥次馬】やじうま 自分にはかかわりのないことに口を出したり、おもしろがって騒ぎ立てたりする人。「火事に―が集まる」「―根性丸出し」表記「野次馬」とも書く。参考 一説に「おやじ馬」の略という。

【弥次喜多】やじきた ①よく似合った、おどけ者の二人組。「―コンビ」②気軽で愉快な二人連れの漫遊旅行。「―珍道中」由来 十返舎一九（じっぺんしゃいっく）作の滑稽（コッケイ）本『東海道中膝栗毛（トウカイドウチュウひざくりげ）』の主人公、弥次郎兵衛（やじろべえ）と喜多八の名から。

【弥次郎兵衛】やじろべえ 両端におもりをつけた細長い横棒の真ん中を、短い棒で支えてバランスを保つ玩具（ガング）。釣合人形。由来 振り分け荷物を肩にのせた弥次郎兵衛の人形を使用したことから。

【弥猛】やたけ ますます激しく勇み立つさま。「心が―にはやる」

【弥の〈明後日〉】やのあさって ①あさっての次の日。しあさって。②東京近辺の一部では、しあさっての次の日。

〈弥生〉やよい 陰暦三月の異名。季春

〈弥生〉土器 やよいドキ 弥生時代の素焼きの土器。縄文土器より高温で焼かれ、赤褐色で薄手。弥生式土器。由来 一八八四（明治一七）年、東京、文京区の本郷弥生町で発見されたことから。

【〈弥立〉つ】よだ―つ 寒さや恐怖などで体の毛が立つ。「身の毛が―つ怪談話」

や【▲哉】(9) 口6 2640 3A48 ▼サイ(五五二)

や【屋】(9) 尸6 教 1816 3230 ▼オク(一一二)

や【家】(10) 宀7 教 1840 3248 ▼カ(一四九)

や【▲箭】(15) ⺮9 3293 407D ▼セン(九〇八)

や【▲輻】(16) 車9 7753 6D55 ▼フク(一三四七)

や【▲彌】(17) 弓14 5529 573D ▼弥の旧字(一四九五)

ヤード【▲碼】(15) 石10 6691 627B ▼メ(一四六六)

やいと【▲灸】(7) 火3 2168 3564 ▼キュウ(三〇五)

やいば【△刃】(3) 刀1 常 3147 3F4F ▼ジン(八一七)

やかた【▲舘】(16) 舌10 2060 345C ▼カン(二四七)

やかた【館】(16) 食8 教 2059 345B ▼カン(二四八)

やがて【軈】(24) 身17 国 1 7733 6D41 音 訓 やがて

意味 やがて。まもなく。そのうち。かれこれ。「軈て返事がくるだろう」「軈てまる一年たつ」 参考 身をもってすぐに応(應)じる意を表す国字。

やかましい【▲喧しい】(12) 口9 2386 3776 ▼ケン(四一六)

やから【△族】(11) 方7 教 3418 4232 ▼ゾク(九六二)

やから【△輩】(15) 車8 常 3958 475A ▼ハイ(一二三九)

ヤク【厄】(4) 厂2 常 準2 4481 4C71 音 ヤク 訓 外 わざわい・くるしむ

筆順 一 厂 厅 厄

意味 ①わざわい。くるしむ。「厄難」「災厄」 ②「厄年」の略。「大厄」「前厄」

下つき 後厄(あとヤク)・苦厄(クヤク)・災厄(サイヤク)・大厄(タイヤク)・前厄(まえヤク)

【厄落とし】ヤクおとし 「厄払い①」に同じ。

【厄年】ヤクどし ①陰陽道(オンヨウドウ)で災難にあいやすいとされる年齢。ふつう、数え年で男は二五・四二、女は一九・三三。②災難の多い年。

【厄難】ヤクナン わざわい。不幸な出来事。「―に遭う」 類 災難・災厄

【厄払い】ヤクばらい ①神仏に祈願し、災厄を遠ざけること。類 厄除(よ)け・厄落とし ②近世の門付(かどづけ)芸で、大みそかや節分などの夜、わざわいを払う言葉をとなえながら金品をもらい歩くこと。また、その人。季 冬 ③やっかいな事を処理したり、やっかいな人を追い払ったりすること。 参考「ヤクはらい」とも読む。

【厄日】ヤクび ①陰陽道(オンヨウドウ)で災難にあいやすいとされる日。②農家で天候による災難が多いとしている日。二百十日などをいう。季 秋 ③運の悪い日。悪い事が重なった日。「今日は―だった」

【厄△除け】ヤクよけ 氏神に参詣(サンケイ)したりして、災難を払いのけること。また、その方法。「―のお守り」 類 厄払い

【厄介】ヤッカイ ①めんどうで手数のかかること。「―な仕事と知らずに気軽に引き受けた」②世話になること。「一晩ご―になります」

【△厄い】わざわい 困難なできごと。災厄。 参考「災い」と書けば、自然災害などの意。「禍い」と書けば、不意にこうむる不幸の意。

ヤク【役】(7) 彳4 常 教 8 4482 4C72 音 ヤク・エキ(中) 訓 外 つとめ・いくさ

筆順 丿 ク 彳 彳 彸 役 役

意味 ①つとめ。職分。仕事上の地位。「役員」「役職」「助役」 ②芝居などでの受け持ち。「役柄」「配役」 ③人民に課する労働。「服役(フクエキ)」「賦役(フエキ)」 ④つかう。つかわれる。「役牛(エキギュウ)」「使役(シエキ)」「雑役(ザツエキ)」 ⑤いくさ。戦争。「戦役(センエキ)」「退役」

下つき 悪役(アクヤク)・苦役(クエキ)・軍役(グンエキ)・現役(ゲンエキ)・雑役(ザツエキ)・使役(シエキ)・重役(ジュウヤク)・主役(シュヤク)・助役(ジョヤク)・戦役(センエキ)・退役(タイエキ)・大役(タイヤク)・代役(ダイヤク)・懲役(チョウエキ)・適役(テキヤク)・配役(ハイヤク)・賦役(フエキ)・服役(フクエキ)・兵役(ヘイエキ)・免役(メンエキ)・労役(ロウエキ)・脇役(わきヤク)

【役牛】エキギュウ 農耕・運搬などの力仕事に使うウシ。対 乳牛・肉牛

【役する】エキ―する ①人民を公用のために使う。②労働に使う。使役する。

【役畜】エキチク 農耕や運搬などの仕事に使う家畜。牛馬などをいう。「―農業」

【役務】エキム 労働・技術などによる、課せられたつとめ。「―を果たす」「―賠償」

【〈役行者〉】えんのぎょうじゃ 奈良時代の山岳修行者。役優婆塞(えんのウバソク)。神変大菩薩(ジンペンダイボサツ)。本名は役小角(えんのおづの)。

【役柄】ヤクがら ①役目の体面。「―をわきまえて発言する」②役目や職務の性質。役向き。「重要な―を引き受ける」「損な―だ」③演劇で、演じる人物の性格。「あの俳優は―に合わない」

【役者】ヤクシャ ①劇などを演じる人。俳優。「能―の家系」「大根―」「―がそろう(必要な人物がそろう)」②世間を知っていて、弁舌やかけひきにすぐれた人。「彼女のほうが―が一枚上だ」

【役所】ヤクショ 役人が公務をする所。国や地方公共団体の行政事務をとり扱う所。「お―仕事(形式的で能率の悪い仕事ぶり)」 類 官庁・役場 参考「ヤクどころ」と読めば、与えられた役目の意。

【役得】ヤクトク その役目についているために得られる、特別な利益。「―の多い仕事」

【役不足】ヤクブソク 役目がその人の実力と不相応に軽いこと。また、そのように感じて不満に思うこと。「彼にとって補佐役では―だ」 参考 人の力に対して役が不足の意。

ヤク【扼】(7) 扌4 1 5715 592F 音 ヤク・アク 訓 おさえる

意味 おさえる。しめつける。「扼腕」「扼殺」

【扼える】おさ-える ①力を加えて動けないようにする。強く手でしめつける。「相手の腕を―える」②要所を占拠して守る。

【扼喉】ヤク コウ ①のどをしめつけること。②急所をおさえて、相手の死命を制すること。表記「搤喉」とも書く。参考「喉」はのどの意。

【扼殺】ヤク サツ のどをおさえてしめ殺すこと。表記「搤殺」とも書く。

【扼する】ヤク-する ①しめつける。にぎりしめる。「相手の口を―する」②要所を支配下におく。「敵の補給路を―する」

【扼腕】ヤク ワン 自分の腕をおさえて、悔しがったり意気込んだりすること。「切歯―」表記「搤腕」とも書く。

ヤク【疫】(9) 疒4 常 1754 3156 ▼エキ(九一)

ヤク【約】(9) 糸3 教 常 7 4483 4C73 音 ヤク 訓 外ちかう・つづめる・つづまやか・つましい

旧字《約》(9) 糸3 1/準1

筆順 く 幺 幺 糸 糸 糸 約 約 約

意味 ①とりきめ。「約束」「契約」②ちかう。ちぎる。「誓約」③ちぢめる。短くまとめる。「約言」「要約」④ひかえめにする。「倹約」「節約」⑤おおよそ。ほぼ。「大約」⑥整数でわりきる。「約分」「約数」

下つき 違約・解約・確約・規約・旧約・契約・倹約・口約・公約・婚約・集約・条約・新約・制約・誓約・節約・大約・特約・密約・盟約・要約・予約

【約やか】つづま-やか ①短くて要点を得ているさま。簡略なさま。「―な話しぶりである」②慎み深いさま。③質素なさま。「―に暮らす」

【約める】つづ-める ①短くする。要約する。「話を―める」②節約する。質素にする。「生活を―める」

【約しい】つま-しい 質素なさま。倹約しているようす。「―い暮らし」

【約言】ヤク ゲン ①要点をかいつまんで言うこと。②語中に並んだ二つ以上の音節の、一つが省略されること。「さしあぐ」が「ささぐ」となる類。類約音 対延言 ③約束の言葉。

【約定】ヤク ジョウ 約束して取り決めること。契約による定め。「―書」類契約

【約束】ヤク ソク ①先のことについて、相手に対して誓うこと。また、互いに取り決めること。「再会の―を交わす」②決まりごと。ルール。「使用上の―を守る」「―手形」③運命的な因縁。運命により定まっていること。「前世の―により出会う」

【約分】ヤク ブン 分数・分数式の分母と分子とを、公約数で割ること。約すこと。

【約法三章】ヤクホウ サンショウ 中国、漢の高祖劉邦が秦の重法に苦しんでいた人民に約束した三つの法律。転じて、簡単な法律のこと。故事 秦を破った劉邦が関中の長老を集め、自分が関中の王となったら多くの法を廃止し、「殺人者は死刑、傷害と窃盗は罰する」の三つの法令だけにしようと約束した故事から。《『史記』》

【約款】ヤッ カン 契約や条約に取り決められた個々の条項。特に、契約のためにあらかじめ作られた契約条項についていう。「保険―」

〈約翰〉ヨハネ キリスト教で、イエス＝キリストの一二人の弟子の一人。「ヨハネ福音書」「ヨハネ黙示録」の著者と伝えられる。

ヤク【益】(10) 皿5 教 1755 3157 ▼エキ(九一)

ヤク【訳】(11) 言4 教 常 5 4485 4C75 音 ヤク 外エキ 訓 わけ 外とく

旧字《譯》(20) 言13 1/準1 7603 6C23

筆順 、 亠 亠 亖 言 言 言 言 訂 訳 4

意味 ①やくす。ある言葉を他の言葉に直す。「訳書」「翻訳」②とく。解釈する。③わけ。理由。事情。

下つき 意訳・内訳・英訳・音訳・完訳・誤訳・抄訳・仕訳・対訳・通訳・翻訳・和訳

【訳語】ヤク ゴ 翻訳した言葉。「適切な―を見つけて翻訳する」対原語

【訳出】ヤク シュツ 翻訳すること。訳して表すこと。「魯迅の書簡を―する」

【訳注・訳註】ヤク チュウ ①翻訳と注釈。②翻訳者のつけた注釈。「―をつける」対原注・原註

【訳文】ヤク ブン 外国語の文章や古文を、翻訳したり解釈したりした文章。翻訳文。「漢文の―」「―がこなれていない」

【訳】わけ ①道理。すじみち。「―のわからない話だ」「約束を破る―にはいかない」②事情や理由。「何か―があるにちがいない」③意味。「この言葉の―が分からない」④手間。「仕事を―なくこなす」⑤結果として当然なこと。「どうりで賢い―だ」

【訳知り・訳識り】わけ-しり ①男女の間の機微や遊里の事情に通じていること。また、その人。粋人。②物事の事情に通じていること。通。「―顔で話す」

ヤク【軛】(11) 車4 1 7735 6D43 音 ヤク・アク 訓 くびき

意味 くびき。車の轅の端につけて牛馬のくびを押さえる横木。

【軛】くびき ①車の轅の先につけ、牛馬のくびにあてて車をひかせる横木。②自由を束縛するもののたとえ。「人生の―からやっと解放された」表記「頸木」とも書く。

ヤク【葯】(12) ⺾9 1 7264 6860 音 ヤク 訓 よろいぐさ

意味 ①よろいぐさ。セリ科の多年草。②やく。雄し

や ヤク

べの先の花粉をつくる袋状の器官。

ヤク【搤】(13) 扌10 1 音 ヤク・アク 訓 つかむ・おさえる

意味 つかむ。おさえる。「搤腕」 類 扼

ヤク【薬】(16) 艹13 教 常 8 4484 4C74 音 ヤク 訓 くすり

旧字《藥》(19) 艹15 1/準1

旧字《藥》(18) 艹15 1/準1 7327 693B

筆順 一 十 艹 艹 艹 芇 苜 8 菹 10 蒗 12 薬 16

意味 ①くすり。病気やけがの治療にききめのあるもの。「薬草」「妙薬」 ②化学変化を起こさせる物質。「火薬」「農薬」

下つき 医薬イヤク・火薬カヤク・丸薬ガンヤク・劇薬ゲキヤク・膏薬コウヤク・座薬ザヤク・試薬シヤク・生薬ショウヤク・水薬スイヤク・弾薬ダンヤク・投薬トウヤク・毒薬ドクヤク・農薬ノウヤク・爆薬バクヤク・秘薬ヒヤク・服薬フクヤク・麻薬マヤク・妙薬ミョウヤク・釉薬ユウヤク・良薬リョウヤク

【△薬師】くすし 医者。「―書(医術書)」「―指(くすり指)」

【△薬玉】くすだま ①香料を袋に入れて造花で飾り、長い五色の糸をたらしたもの。昔、端午の節句に邪気をはらうため簾や柱にかけた。季夏 ②造花などを玉の形にして飾り糸をたらしたもの。式典や運動会などに用い、中から紙片などが飛び散るものもある。

【△薬・煉】くすね 松脂と油を混ぜて加熱し練ったもの。粘着力が強いので、補強のために弓の弦などに塗った。参考「くすねり」の転じた語。表記「天鼠矢」とも書く。

【薬】くすり ①病気や傷の治療・予防のために、飲んだり塗ったり注射したりするもの。「―を処方してもらう」 ②化学的な効果のある薬品。火薬・農薬・焼き物の釉など。「害虫を防ぐ―をまく」 ③体を害する薬物。「―を飲んで自殺する」 ④心や体に役立つ物事。「叱責されてよい―になった」

〖薬九層倍〗くすりクソウバイ 薬は原価に比べて、売値が非常に高いことをいう。また、暴利をむさぼるたとえ。

〖薬も過ぎれば毒となる〗 薬を飲み過ぎると害になるように、どんなによいことでも、ゆき過ぎるとかえって害を及ぼすようになるということ。

〖薬より養生〗ヨウジョウ 健康のためには、薬を飲むよりも日ごろから健康に気を配り、規則正しい生活を送ることが大切であるということ。

【薬食い】くすりぐい 冬、滋養をつけるためにシカやイノシシ・クジラなどの肉を食べること。季冬

【△薬缶】ヤカン 銅・アルマイトなどでつくった注ぎ口のついた湯沸かしの容器。由来 薬を煎じるのに用いたことから。

【薬害】ヤクガイ 薬剤により、人畜や植物などに有害な作用があること。薬の副作用などによって健康をそこなったり、ほかの病気に感染したりすることなど。

【薬剤】ヤクザイ 調合された薬。「害虫の駆除に―を使用する」類薬品

【薬殺】ヤクサツ 毒薬で殺すこと。「病気の広がりを防ぐために鶏を―処分する」類毒殺

【薬餌】ヤクジ ①薬と食べ物。また、薬になるような滋養物。「―療法」 ②薬。「―に親しむ日が続く(病気がちなこと)」

【薬師如来】ヤクシニョライ 仏「薬師瑠璃光如来」の略。衆生の病気を治し、災いを防いでくれるという仏。

【薬石】ヤクセキ 治療に使う薬といろいろな治療法。参考「石」は、昔の中国で使った治療用の石針の意。また、一説には鉱物から採取した薬の意ともいう。

〖薬石効無し〗 いろいろな治療を施しても効果がないこと。人の病死をいう。〈唐の宣宗の文〉

〖薬石の言〗 人のためになる戒めの言葉。忠言や諫言など。故事 中国、唐の高馮がすぐれた上奏文を献呈して政治上の得失を述べた功を認められ、太宗から薬剤を賜った故事から。〈『新唐書』〉

【薬湯】ヤクトウ ①煎じ薬。「―を飲む」 ②薬草や薬品を入れた風呂。「―に入る」 参考「くすりゆ」とも読む。

【薬・圃】ヤクホ 薬草を栽培する畑。類薬園 参考「薬舗・薬鋪」と書けば、薬屋の意。

【薬味】ヤクミ ①薬の種類。特に、漢方薬の薬材。 ②風味が増すよう、料理に入れたり添えたりする野菜や香辛料。胡椒・唐辛子など。

【薬理】ヤクリ 薬品によって体に起こる効用や副作用などの生理的変化。「―作用」

【薬籠】ヤクロウ 携帯用の薬入れ。薬箱。また、薬を持ち歩くための印籠に似た三、四重の小さい重ね箱。参考「ヤロウ」とも読む。

〖薬籠中の物〗 自分の思いどおりに使える物。また、いつでも自由に操ることのできる人物のたとえ。自分の薬箱の中の物は、いつでも取り出して使えることから。〈『旧唐書』〉 参考 多く、「自家薬籠中の物」という。

【△薬研】ヤゲン 薬の材料を粉砕するための舟形の器具。金属性でおもに漢方で用いる。薬おろし。

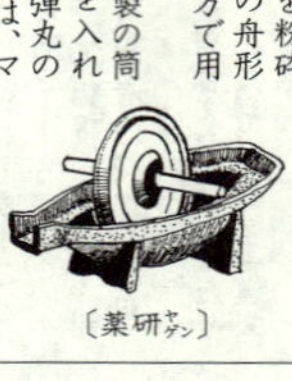

〔薬研ヤゲン〕

【薬・莢】ヤッキョウ 真鍮製の筒に火薬を入れたもの。銃砲に取り付けて弾丸の発射に用いる。参考「莢」は、マメ科の植物のさやの意。

【薬局方】ヤッキョクホウ ①その国の薬事法に基づき、医薬品の品質・純度などを定めた法令。 ②「日本薬局方」の略。

【薬効】ヤッコウ 薬の効き目。薬の効能。「―期限を確かめる」

ヤク【龠】(17) 龠0 1 8394 737E 音 ヤク 訓 ふえ

意味 ふえ。たけぶえ。中国の楽器の一種。

【龠】ふえ 吹いて音を出す竹製の楽器の一つ。表記「籥」とも書く。参考 多く、穴が三つまたは六つで、いろいろな楽器の調音に用いるものをいう。

ヤク【▲藥】(18) ⺾15 7327 693B ▼薬の旧字(一四九八)

ヤク【▲藥】(19) ⺾15 ▼薬の旧字(一四九八)

ヤク【▲譯】(20) 言13 7603 6C23 ▼訳の旧字(一四九七)

ヤク【躍】(21) ⻊14 常 4 4486 4C76 音 ヤク 外テキ 訓 おどる

筆順 4 7 10 13 15 21 躍

意味 一ヤク おどる。おどりあがる。とびはねる。「躍動」「活躍」「跳躍」 二テキ すばやい。はやく走る。「躍躍」

下つき 一暗躍アンヤク・一躍イチヤク・活躍カツヤク・雀躍ジャクヤク・跳躍チョウヤク・飛躍ヒヤク・勇躍ユウヤク

【躍る】おどる ①高くとびはねる。「いきなり首位に―り出た」「身を―らせてプールに飛びこむ」「清流に鮎あゆが―る」 ②激しく揺れて動く。「砂利道で車が―る」「急いで書いたので字が―っている」 ③期待などのために心がわくわくする。「喜びに胸が―った」

【躍如】ヤクジョ いきいきと目の前に現れているようす。「面目―たるものがある」「走る馬が―として描かれている」 類 躍然

【躍進】ヤクシン 勢いよく進出すること。急激に進歩・発展すること。「総選挙で―する」「新規事業は成功して―を遂げた」

【躍動】ヤクドウ 力強く、いきいきと動くこと。「―する姿が健康的だ」「―感あふれる」

【躍起】ヤッキ 必死に、またむきになって物事を行うさま。「―になって弁解した」

ヤク【籥】(23) ⺮17 1 6864 6460 音 ヤク 訓 ふえ

意味 ふえ。たけぶえ。中国の楽器の一種。「管籥」

【籥】ふえ 吹いて音を出す竹製の楽器。三つまたは六つの穴がある。表記「龠」とも書く。

ヤク【鑰】(25) 金17 1 7948 6F50 音 ヤク 訓 かぎ・とじる

意味 ①かぎ。じょう。「鍵鑰ケンヤク」 ②とじる。とざす。

下つき 関鑰カンヤク・鍵鑰ケンヤク・鎖鑰サヤク

【鑰】かぎ ①出入り口の戸じまりの道具。錠前。「―を取りつける」 類 錠 ②①を開閉するために錠の穴に差しこむ金具。

【鑰匙】ヤクシ かぎ。錠の穴に差しこんで錠を開閉する金具。参考 門のかんぬきと錠の意。

やく【▲灼く】(7) 火3 2862 3C5E ▼シャク(六六四)

やく【△妬く】(8) 女5 常 3742 454A ▼ト(一一二六)

同訓異義 やく

【焼く】火をつけて燃やす。火に当てて焦がす。世話をする。ほか、広く用いる。「枯れ草を焼く」「炭を焼く」「パンを焼く」「魚を焼く」「世話を焼く」「手を焼く」

【灼く】日光に当てて肌を焦がす。「浜辺で肌を灼く」「炎熱灼くがごとし」

【焚く】炎や煙を出して燃やす。「落ち葉を焚く」「書を焚く」

【烙く】からからにあぶる。焼き印を押す。「烙印ラクイン」

【妬く】人の幸せを憎らしく思う。ねたむ。「嫉妬シット」「二人の仲を妬く」「友の成功を妬く」

やく【▲烙く】(10) 火6 6364 5F60 ▼ラク(一五四六)

やく【焼く】(12) 火8 教 3038 3E46 ▼ショウ(七五四)

やく【▲焚く】(12) 火8 4218 4A32 ▼フン(一三五六)

やく【▲燔く】(16) 火12 6388 5F78 ▼ハン(一二六八)

やぐら【▲櫓】(19) 木15 4706 4F26 ▼ロ(一六一一)

やさしい【易しい】(8) 日4 教 1655 3057 ▼エキ(九〇)

やさしい【優しい】(17) 亻15 教 4505 4D25 ▼ユウ(一五一七)

同訓異義 やさしい

【優しい】思いやりがある。素直でおとなしい。「優しい言葉をかける」「優しい目で見守る」「気立ての優しい娘」

【易しい】物事がたやすくできる。分かりやすい。「易しい言葉で話す」「操作の易しい機械」「易しい問題」「それほど生易しくない」

やし【▲椰】(13) 木9 6031 5C3F ▼ヤ(一四九五)

やしき【△邸】(8) 阝5 常 3701 4521 ▼テイ(一〇九一)

やしなう【△畜う】(10) 田5 常 3560 435C ▼チク(一〇三七)

やしなう【▲豢う】(13) 豕6 7622 6C36 ▼カン(二四二)

やしなう【養う】(15) 食6 教 4560 4D5C ▼ヨウ(一五三五)

やじり【▲鏃】(19) 金11 7923 6F37 ▼ゾク(九六三)

やしろ【社】(7) 礻3 教 2850 3C52 ▼シャ(六五五)

やすい【安い】(6) 宀3 教 1634 3042 ▼アン(一九)

やすい【△易い】(8) 日4 教 1655 3057 ▼エキ(九〇)

やすい【△泰い】(10) 氺5 常 3457 4259 ▼タイ(九八三)

やすい【△康い】(11) 广8 教 2515 392F ▼コウ(五〇一)

やすい【△廉い】(13) 广10 常 4687 4E77 ▼レン(一六〇五)

やすい【▲靖い】(13) 立8 4487/4C77 ▼セイ(八六四)
やすい【△寧い】(14) 宀11 常 3911/472B ▼ネイ(一二〇五)

同訓異義 やすい
【安い】やすらかである。値段が低い。「心安い仲間」「お安いご用だ」「安い値段」「大安売り」
【△易い】たやすい。簡単である。そうなる傾向が強い。「分かり易い」「言うは易く行うは難し」「間違え易い言葉」「少年老い易く学成り難し」
【△廉い】欲張らず安価である。「廉価(レンカ)」「廉く買う」「廉売りの店」
【△泰い】ゆったりとやすらかである。おおらかである。「安泰(アンタイ)」「盤石(バンジャク)の泰きに置く」
【△寧い】がさつかず落ち着きがある。「寧日(ネイジツ)」

やすまる【休まる】(6) 亻4 教 2157/3559 ▼キュウ(三〇三)
やすむ【休む】(6) 亻4 教 2157/3559 ▼キュウ(三〇三)
やすむ【△息む】(10) 心6 教 3409/4229 ▼ソク(九五九)
やすり【▲鑢】(23) 釒15 7944/6F4C ▼リョ(一五七三)
やすんじる【△安んじる】(6) 宀3 教 1634/3042 ▼アン(一九)
やすんじる【△保んじる】(9) 亻7 教 4261/4A5D ▼ホ(一三六八)
やすんじる【▲靖んじる】(13) 立8 4487/4C77 ▼セイ(八六四)
やせる【痩せる】(12) 疒7 常 3373/4169 ▼ソウ(九四一)
やせる【▲瘠せる】(15) 疒10 6575/616B ▼セキ(八七九)

やち【萢】(11) 艹8 国 1 音 訓 やち
〔萢〕7245/684D
意味 やち(谷地)。湿地。やつ。参考 草(艹)と泡とからなる湿地を表す国字。

やつ【△奴】(5) 女2 常 3759/455B ▼ド(一一三一)
やつがれ【△僕】(14) 亻12 常 4345/4B4D ▼ボク(一四二八)
やっこ【△奴】(5) 女2 常 3759/455B ▼ド(一一三一)
やつす【▲窶す】(16) 穴11 6764/6360 ▼ク(三七〇)
やっつ【八つ】(2) 八0 教 4012/482C ▼ハチ(一二四八)
やつれる【▲悴れる】(11) 忄8 5612/582C ▼スイ(八二九)
やつれる【▲窶れる】(16) 穴11 6764/6360 ▼ク(三七〇)
やど【宿】(11) 宀8 教 2941/3D49 ▼シュク(七〇七)
やとう【雇う】(12) 隹4 常 2459/385B ▼コ(四五七)
やとう【▲傭う】(13) 亻11 4535/4D43 ▼ヨウ(一五三三)
やどす【宿す】(11) 宀8 教 2941/3D49 ▼シュク(七〇七)
やどる【△舎る】(8) 舌2 教 2843/3C4B ▼シャ(六五六)
やどる【宿る】(11) 宀8 教 2941/3D49 ▼シュク(七〇七)
やな【▲梁】(11) 木7 4634/4E42 ▼リョウ(一五七六)

やな【簗】(17) ⺮11 国 1 6844/644C 音 訓 やな
意味 やな。川の中に木や竹を並べて水をせきとめ、魚を捕らえるしかけ。「下り簗」類 梁(リョウ) 参考「⺮+梁(はし)」で、竹でつくったやなの意の国字。

やなぎ【柳】(9) 木5 常 4488/4C78 ▼リュウ(一五六五)
やなぎ【▲楊】(13) 木9 4544/4D4C ▼ヨウ(一五三二)
やに【△脂】(10) 月6 常 2773/3B69 ▼シ(六一六)
やね【△屋】(9) 尸6 教 1816/3230 ▼オク(一一二)
やはず【▲筈】(12) ⺮6 4006/4826 ▼カツ(二一四)
やぶ【▲藪】(18) 艹15 7314/692E ▼ソウ(九五〇)
やぶさか【▲吝か】(7) 口4 5071/5267 ▼リン(一五八三)
やぶさか【▲恪か】(10) 忄7 5607/5827 ▼リン(一五八四)
やぶさか【▲嗇か】(13) 口10 5207/5427 ▼ショク(七八三)
やぶる【破る】(10) 石5 教 3943/474B ▼ハ(一二一七)
やぶる【△毀る】(13) 殳9 常 5244/544C ▼キ(二七九)
やぶれる【破れる】(10) 石5 教 3943/474B ▼ハ(一二一七)
やぶれる【敗れる】(11) 攵7 教 3952/4754 ▼ハイ(一二二七)
やぶれる【▲敝れる】(12) 攵8 5841/5A49 ▼ヘイ(一三六九)
やぶれる【弊れる】(15) 廾12 常 4232/4A40 ▼ヘイ(一三七〇)
やぶれる【△壊れる】(16) 土13 常 1885/3275 ▼カイ(一八四)

同訓異義 やぶれる
【破れる】物が壊れる。物事に失敗する。「服が破れる」「障子が破れる」「縁談が破れる」「社会の秩序が破れる」「国破れて山河在り」「夢が破れる」「この記録を破れる選手」「破れかぶれ」
【敗れる】戦いや試合などに負ける。「初戦で敗れる」「ライバルに敗れる」「人生に敗れる」

やま【山】(3) 山0 教 2719/3B33 ▼サン(五八一)
やまい【病】(10) 疒5 教 4134/4942 ▼ビョウ(一三〇九)
やまい【△疾】(10) 疒5 常 2832/3C40 ▼シツ(六四七)
やまい【▲痾】(13) 疒8 6562/615E ▼ア(三)
やまいぬ【▲豺】(10) 豸3 7625/6C39 ▼サイ(五五二)
やまぐわ【▲柘】(9) 木5 3651/4453 ▼シャ(六五七)
やましい【▲疚しい】(8) 疒3 6544/614C ▼キュウ(三〇六)
やましい【△疾しい】(10) 疒5 常 2832/3C40 ▼シツ(六四七)
やまと【▲倭】(10) 亻8 4733/4F41 ▼ワ(一六一六)
やまびこ【▲谺】(11) 谷4 ▼カ(一五一)

やみ【▵暗】(13) 日9 教 1637 3045 ▼アン(二二)

やみ【闇】(17) 門9 常 2 1639 3047 訓 音 やみ 外アン 外くらい

筆順 丨 ｢ 冂 門 門 門 閂 閆 闇 闇 (4 8 10 13 15 17)

意味 ①くらい。光が薄い。「闇然」「闇夜」②やみ。くらがり。③ひそかに。こっそりと。④分別がない。おろか。「闇愚」「闇主」

書きかえ 「暗」が書きかえ字。

下つき 暁闇ギョウアン・昏闇コンアン・冥闇メイアン・夕闇ゆうやみ・宵闇よいやみ

【▵闇然】アン ゼン ①悲しくて暗く沈んでいるさま。②暗いさま。表記「暗然・黯然」とも書く。

【▵闇夜】アン ヤ ▼書きかえ 暗夜(一三)

【▵闇い】くら-い ①光が少なくて物が見えにくい。②知識や知恵が乏しい。表記「暗い」とも書く。

【闇】やみ ①光がささず暗い状態や場所。②深い考えのないこと。道理をわきまえないこと。③将来に見通しがつかず希望がもてないこと。「一寸先は―」④秘密裏。人に知られない状態。「―に葬ほうむる」⑤正規の手続きを経ない取引。「―で手に入れた品物」

【闇に▵提▵灯チョウチン曇りに▴笠かさ】何事にも先を見越し、前もって用心をすることが大切だということ。帰りが夜になりそうなら提灯を持ち、空が曇っていたら笠を用意せよの意から。

【闇雲】やみ くも 深く考えることもせずに物事を行うこと。あてもなく。むやみやたら。由来 闇の中で雲をつかむ意から。

【闇路】やみ じ ①闇夜の暗い道。②心に迷いがあって正しい判断ができない状態。「恋の―」③あの世。冥土メイド。また、冥土に続く道。

【闇値】やみ ね 闇取引の値段。闇相場。「終戦直後は―で食糧を手に入れた」

【闇夜】やみ よ 月や星の出ていない暗い夜。参考「アンヤ」とも読む。

〔闇夜に鉄砲〕物事をあてずっぽうにやること。また、やっても意味がないことのたとえ。くらやみの中で鉄砲を撃つことから。類闇夜の礫つぶて

〔闇夜の錦にしき〕やっても無駄なこと、張り合いのないことのたとえ。闇夜に錦の着物を着ても見えないので、なんの意味もなく役にも立たないことから。参考「闇に錦・夜の錦」ともいう。

やむ【▴已む】(3) 己0 5465 5661 ▼イ(一四)

やむ【▴疚む】(8) 疒3 6544 614C ▼キュウ(三〇六)

やむ【病む】(10) 疒5 教 4134 4942 ▼ビョウ(一三〇九)

やむ【▴歇む】(13) 欠9 6128 5D3C ▼ケツ(四一四)

やむ【▴熄む】(14) 火10 6379 5F6F ▼ソク(九六一)

やめる【▵止める】(4) 止0 教 2763 3B5F ▼シ(五九七)

やめる【辞める】(13) 辛6 教 2813 3C2D ▼ジ(六三九)

やめる【▵罷める】(15) 罒10 常 4077 486D ▼ヒ(一二八六)

やめる【▴輟める】(15) 車8 7748 6D50 ▼テツ(一一〇六)

同訓異義 やめる

【▵止める】続けてきた物事を終わりにする。「タバコを止める」「計画を取り止める」「取引を止める」「交際を止める」

【辞める】自分から退職する。辞任する。「会社を辞める」「教師を辞める」「組合長を辞める」

【▵罷める】作業を中止する。退職させる。「罷業ヒギョウ」「罷免ヒメン」「作業を罷めてストライキに入る」「会社を罷めさせられる」

やもめ【▵寡】(14) 宀11 常 1841 3249 ▼カ(一五七)

やもめ【▴孀】(20) 女17 5350 5552 ▼ソウ(九五二)

やもめ【▴鰥】(21) 魚10 8261 725D ▼カン(二五二)

やや【▴稍】(12) 禾7 6736 6344 ▼ショウ(七五六)

やや【▵漸】(14) 氵11 常 3318 4132 ▼ゼン(九一七)

ややもすれば【▵動もすれば】(11) 力9 教 3816 4630 ▼ドウ(一一六二)

やり【▴槍】(14) 木10 3368 4164 ▼ソウ(九四五)

やり【▴鎗】(18) 金10 3389 4179 ▼ソウ(九五一)

やり【★鑓】(22) 金14 国 準1 4490 4C7A 訓 音 やり

〔鑓〕

意味 やり(槍)。武器の一種。

やる【▵行る】(6) 行0 教 2552 3954 ▼コウ(四八二)

やる【▵遣る】(13) 辶10 常 2415 382F ▼ケン(四三一)

やわらかい【柔らかい】(9) 木5 常 2932 3D40 ▼ジュウ(七〇二)

やわらかい【軟らかい】(11) 車4 常 3880 4670 ▼ナン(一一九一)

同訓異義 やわらかい

【柔らかい】しなやかで曲げても折れない。ふんわりとして弾力性がある。「剛」の対。「柔らかい毛布」「柔らかい肌触り」「柔らかい日差し」

【軟らかい】力を加えると簡単に形が変わり、元にもどらない。堅苦しくない。「硬」の対。「軟らかい土」「軟らかく煮る」「文章が軟らかい」

やわらぐ【和らぐ】(8) 口5 教 4734 4F42 ▼ワ(一六一四)

やわらぐ【▴凱らぐ】(12) 几10 1914 332E ▼ガイ(一九一)

やわらぐ【▲雍らぐ】(13) 隹5 8022/7036 ▼ヨウ(一五三四)

やわらげる【△柔らげる】(9) 木5 常 2932/3D40 ▼ジュウ(七〇二)

やわらげる【▲燮げる】(17) 又15 5057/5259 ▼ショウ(七六五)

ゆ 由 ユ 由

ユ【由】(5) 田0 教 常 8 4519/4D33 音 ユ・ユウ・ユイ高 訓 よし高 外よる・なお…ごとし

筆順 丨冂巾由由

意味 ①よりどころ。いわれ。わけ。「由来」「由緒」「理由」 ②よる。もとづく。「経由」「自由」 ③よし。伝聞したことをいう。…ということだ。 ④より。…から。動作・時間の起点を表す。 ⑤なお…ごとし。ちょうど…のようだ。 参考「由」の省略形が片仮名の「ユ」に、草書体が平仮名の「ゆ」になった。

下つき 経由(ケイユ)・自由(ジユウ)・事由(ジユウ)・理由(リユウ)

【由緒】ユイショ ①物事のいわれ・起こり。物事の経てきた筋道。「—正しい家柄」 類由来 ②筋道の正しいりっぱな来歴。また、名誉ある歴史。「—ある建物の多い町です」

【由縁】ユエン 由来 物事のゆかり。「慰霊碑建立の—」 類 参考「所以」と書けば、理由・わけの意となる。

【由由しい】ユユしい そのままにできないほど重大なようす。容易ではないようす。「それは—き問題だ」 参考「忌忌しい」と書けば、おそれ多い・忌まわしいなどの意。

【由来】ユライ ①物事の経てきた過程や道筋。いわれ。「植物の名前の—を調べる」「その地方の民話に—する祭り」「—子どもは遊ぶものだ」 類来歴 ②もともと。 類元来・本来 参考「由よって来るところ」の意。

【由】よし ①物事の事情やいわれ。理由。「事の—もわからない」 ②方法。手段。「知る—もない」 ③伝聞を表す語で、…とのこと。次第。「ご壮健の—何よりです」

【由無い】よしない ①根拠や理由がない。つまらない。「—いことを言うな」 ②手段や方法がない。仕方がない。「—く、言うままにしたがう」

【△由る】よる ①由来やよりどころとなる。のっとる。「前例に—る」「この地名は、昔付近一帯が沼地だったことに—る」 ②物事の性質や内容に左右される。応じる。したがう。「時と場合に—る」「合格は本人の努力いかんに—る」

ユ【油】(8) 氵5 教 常 8 4493/4C7D 音 ユ 外ユウ 訓 あぶら

筆順 丶冫氵氵汩汩油油

意味 ①あぶら。液状のあぶら。「油田」「石油」 ②盛んにわき起こるさま。「油然(ユウゼン)」

下つき 肝油(カンユ)・給油(キュウユ)・軽油(ケイユ)・鯨油(ゲイユ)・原油(ゲンユ)・香油(コウユ)・重油(ジュウユ)・醤油(ショウユ)・精油(セイユ)・製油(セイユ)・石油(セキユ)・注油(チュウユ)・灯油(トウユ)

【油】あぶら ①燃えやすく水に溶けにくい液状の物質。石油やガソリン・植物油など。「火に—を注ぐ」「車に—を入れる」「野菜を—であげる」 ②活動の原動力になるもののたとえ。特に、酒を指す。「—が切れて熱弁が止まった」 表記「膏・脂」と書けば、肉に含まれている脂肪の意になる。

【油絵】あぶらエ 油絵の具で画布や板に描いた絵。油彩。 対水彩画

【油▲粕・油▲糟】あぶらかす 大豆や菜種などから油をしぼったあとに残るかす。窒素(チッソ)を含み、肥料となる。「—や鶏糞(ケイフン)を元肥とする」

【油▲茅・油▲萱】あぶらがや カヤツリグサ科の多年草。湿地や水辺に自生。高さは一メートル以上になり、葉はススキに似る。秋、油のにおいがする茶褐色の穂をつける。

【油染みる】あぶらじみる 油や人体から出る脂肪などが染みついて汚れる。「靴下が—みてしまった」

【油▲蟬】あぶらぜみ セミ科の昆虫。最も一般的なセミで、体は黒く、はねは褐色で、油の染みついたような斑紋(ハンモン)がある。木の上で「ジージー」とやかましく鳴く。 季夏

【油照り】あぶらでり 薄曇りで風がなく、じりじりと照りつけて蒸し暑い天気。「うだるような—」 季夏

【油菜】あぶらな アブラナ科の二年草。古く中国から渡来し、栽培されてきた。春に黄色い花が咲き、種子からは菜種油をとる。若葉は食用。花は「菜の花」と呼ばれる。

【油▲凪】あぶらなぎ 海面が、油を流したように波がなく平らになった状態。べたなぎ。

〈油桃〉つばいもも モモの一品種。 由来「油桃」は漢名から。 ▼椿桃(つばいもも)(一〇七五)

〈油点草〉ほととぎす ユリ科の多年草。 由来「油点草」は漢名から。 ▼杜鵑草(ほととぎす)(一一二六)

【△油然】ユウゼン 盛んにわき起こるさま。「—と雲がわいてくる」「—と意欲がわく」 参考「ユゼン」とも読む。

【△油△油】ユウユウ ①水や雲などがゆったりと流れるさま。「大河の水が—と流れる」 ②ゆったりと落ち着いたさま。 ③つやつやとしているさま。「—とした長い黒髪」

【油煙】ユエン ①油や樹脂が燃えてできる、黒く細かい炭素の粉。 ②「油煙墨」の略。 ①をにかわで固めて作った墨。

【油彩】ユサイ 油絵の具で色を塗ること。また、油絵。「—画を描く」 対水彩

【油紙】ユシ 油をしみこませた防水用の薄い紙。参考「あぶらがみ」とも読む。

【油脂】ユシ 油と脂肪。動植物から採取した油。食用や石鹸(セッケン)の原料用。「多くの動植物は―を含む」

【油井】ユセイ 石油を採るために、やぐらを組んで地中から掘りあげるようにした施設。「砂漠に―が林立している」

【油性】ユセイ 油の性質。また、油を含んだ性質。「―インキ」「―塗料」対水性

【油送船・油槽船】ユソウセン 石油・ガソリンなどを運ぶ船。タンカー。参考「油槽」はガソリンや石油を貯蔵する大型タンクの意。

【油単】ユタン たんすや長持などの覆いや器物の敷き物にする、油をひいたひとえの布や紙。湿気などを防ぐために用いる。参考「単」はひとえの意。

【油断】ユダン 注意を怠ること。うっかり気をゆるめること。「―は怪我(ケガ)のもと(不注意は災害の原因となる)」由来 油を入れた鉢をうっかり落とした者を、罰として生命を断つと戒めたことからという。《『涅槃経(ネハンギョウ)』》

【油断大敵】ユダンタイテキ 注意を怠れば必ず失敗を招くから、十分に注意せよという戒め。「―、決して気をゆるめるな」

【油田】ユデン 石油を埋蔵・産出している地域。「海底―」「中東の―地帯」

【油土】ユド 彫刻や鋳金などの原形を作るときに使う材料で、不乾性の油で練った人工の粘土。

【油団】ユトン 和紙をはり合わせ、桐油(トウユ)や漆をひいた敷き物。季夏

ユ【俞】(9) 入 7 1 4933 5141 音 ユ 訓 しかり

意味 ①はい。しかり。応答の語。②ますます。いよいよ。類愈(ユ) ③安らぐ。やわらぐ。「俞俞」

【▲俞り】しかり 承諾や同意を表す語。はい。そのとおりだ。「―り、君の言うとおりだ」参考「しかあり」の転。

ユ【臾】(9) 臼 2 1 7144 674C 音 ユ・ヨウ 訓 ひきとめる・しばらく

意味 ①ひきとめる。②しばらく、わずかの意の「須臾(シュユ)」に用いられる字。③すすめる。そそのかす。「縦臾(ショウユ)」

ユ【喩】(12) 口 9 常 2 5140 5348 音 ユ 訓 外たとえる・さとす・よろこぶ

筆順 口 口 口 口 吟 吟 喩 喩 喩 喩

意味 ①たとえる。たとえ。「暗喩」「比喩」②さとす。教えさとす。「喩告」「喩説」類①②諭 ③よろこぶ。やわらぐ。「喩喩」類愉

下つき 暗喩(アンユ)・引喩(インユ)・隠喩(インユ)・直喩(チョクユ)・比喩(ヒユ)・譬喩(ヒユ)

【△喩す】さとす よくわかるように言い聞かせる。疑問を解いて教えみちびく。「まちがいを―す」表記「諭す」とも書く。

【△喩える】たとえる わかっていない人に、たとえをひいてわからせる。たとえていさめる。表記「諭える」とも書く。

ユ【愉】(12) 忄 9 常 準2 4491 4C7B 音 ユ 訓 外たのしい・たのしむ

旧字《愉》(12) 忄 9 1/準1

筆順 忄 忄 忄 忄 忄 愉 愉 愉 愉 愉

意味 たのしい。たのしむ。よろこぶ。「愉快」「愉悦」

【△愉しむ】たのしむ 心からたのしく感じる。また、よろこぶ。心がやわらぐ。「子どもの成長を―む」「友との語り合いを―む」

【愉悦】ユエツ 心からよろこびたのしむこと。「名画を観て―の時を過ごす」類愉楽・悦楽

【愉快】ユカイ さばさばとして気持ちのいいこと。また、たのしくておもしろいこと。「一日を戸外で―に過ごす」「―な出来事」「それは―だ」対不愉快

【愉楽】ユラク よろこびたのしむこと。たのしみ。「現世の―に生きる」類悦楽・愉悦

ユ【★揄】(12) 扌 9 1 5773 5969 音 ユ・トウ

意味 ①からかう。なぶる。「揶揄(ヤユ)」②ひく。ひき出す。「揄揚」

ユ【渝】(12) 氵 9 1 6265 5E61 音 ユ 訓 かわる・かえる・あふれる

意味 ①かわる。かえる。改める。「渝盟」②あふれる。「渝溢(ユイツ)」

【▲渝わる】かわる 変化する。変質する。改まる。前とは中身が入れかわるようになる。「清水を引いたら沼の水が―った」

ユ【萸】(12) 艹 9 1 7248 6850 音 ユ

意味 木の名「茱萸(シュユ)(かわはじかみ・ぐみ)」に用いられる字。

ユ【遊】(12) 辶 9 教 4523 4D37 ▼ユウ(一五三一)

ユ【★愈】(13) 心 9 準1 4492 4C7C 音 ユ 訓 いよいよ・いえる・いやす

〔愈〕

意味 ①まさる。すぐれている。②いよいよ。ますます。類俞(ユ)・逾(ユ) ③いえる。病気が治る。類癒

【▲愈・〈▲愈▲愈〉】いよいよ ①よりいっそう。ますます。さらに。「これから―忙しくなる」②とうとう。ついに。「―別れの時

が来た」表記「逾」とも書く。

ユ【★楡】(13) 木 9 1 6032 5C40 音ユ 訓にれ
意味 にれ。ニレ科の落葉高木。「楡柳」
下つき 桑楡ソウユ・枌楡フンユ

【▲楡】にれ　ニレ科の落葉高木の総称。北半球の温帯に自生。街路樹などに植栽。材は家具や建築用となる。ハルニレ・アキニレなど。

ユ【瑜】(13) 王 9 1 6481 6071 音ユ 訓
意味 ①美しい玉の名。「瑾瑜キンユ」 ②梵語ボンゴの音訳に用いられる。「瑜伽ガユ」

【▲瑜▲伽】ユガ 仏 呼吸を整え、心を静める修行によって得る、主観と客観の融合した境地。また、その修行法。ヨガ。ヨーガ。参考 梵語ボンゴの音訳で「相応」の意。

ユ【腴】(13) 月 9 1 7111 672B 音ユ 訓こえる・ゆたか・あぶら
意味 ①こ(肥)える。ゆたか。「肥腴ヒユ」 ②あぶら(脂)。

【▲腴える】こーえる ①下腹部に脂肪がつく。下腹部が太る。「食べ過ぎでーえる」 ②地味が豊かである。「よくーえた土地」

ユ【逾】(13) 辶 9 1 7807 6E27 音ユ 訓こえる・こす・いよいよ
意味 ①こえる。こす。「逾越」類踰ユ ②いよいよ。ますます。類愈ユ

【▲逾】いよいよ ①ますます。さらにいっそう。「江碧コウヘキにして鳥ー白し」〈杜甫トホの詩〉 ②とうとう。ついに。表記「愈」とも書く。

【▲逾える】こーえる ①通り過ぎて進む。間にある物などをまたいで、のりこえる。「山をーえる」「塀を飛びーえる」 ②期限や限度を過ぎる。まさる。「節度をーえる」表記「踰える」とも書く。

ユ【瘉】(14) 疒 9 1 6572 6168 音ユ 訓いえる・いやす
意味 いえる。いやす。病気が治る。

ユ【蝓】(15) 虫 9 1 7401 6A21 音ユ 訓
意味 「蛞蝓カツユ(なめくじ)」に用いられる字。

ユ【覦】(16) 見 9 1 7516 6B30 音ユ 訓のぞむ・ねがう・こいねがう
意味 のぞむ。ねがう。こいねがう。

ユ【諭】(16) 言 9 常 準2 4501 4D21 音ユ 訓さとす
旧字《諭》(16) 言 9 1/準1

筆順 言 4 言 7 訁 訃 訃 訃 諭 14 諭 諭 諭

意味 ①さとす。言いきかせる。教えみちびく。「諭告」「説諭」 ②たとえる。たとえ。類 ①②喩ユ
下つき 教諭キョウユ・暁諭ギョウユ・訓諭クンユ・告諭コクユ・説諭セツユ・勅諭チョクユ・内諭ナイユ

【諭す】さとーす わかるように話して理解させる。疑問をとり除いて教え導く。言いきかせる。「子どもに優しくーして聞かせた」「非をーす」表記「喩す」とも書く。

【諭告】ユコク 上の人から下の者へさとしつげること。また、その言葉。「生徒の事情を聞いてからーする」

【諭示】ユシ ①口頭や文章でさとし示すこと。②官庁から人民につげ示す文書。また、文書で通達すること。

【諭旨】ユシ 上の人が下の者へ趣旨や理由などをよく話して知らせること。言いきかせること。「ー免職の処分を受けた」「ー退学」表記「喩旨」とも書く。

ユ【諛】(16) 言 9 1 7571 6B67 音ユ 訓へつらう
意味 へつらう。きげんをとる。「諛言」「阿諛アユ」
下つき 阿諛アユ・諂諛テンユ・面諛メンユ

【▲諛う】へつらーう 相手に気に入られるよう、言葉で機嫌をとる。言葉でこびる。「上司にーう」「親が子にーう」

ユ【踰】(16) 𧾷 9 1 7692 6C7C 音ユ 訓こえる・こす
意味 ①こえる。こす。わたる。「踰越」「踰月」類逾ユ ②いよいよ。ますます。類愈ユ・逾ユ

【▲踰える】こーえる ①またいで通る。のりこえる。また、わたる。「川をーえる」 ②時間をわたる。「月日をーえた友情」 ③程度や身分などが過ぎる。「節度をーえた行為」「分をーえた発言」表記「逾える」とも書く。

【▲踰越】ユエツ ①のりこえること。②身分に過ぎたことをすること。また、本分をこえること。表記「逾越」とも書く。

【▲踰月】ユゲツ その月をこして翌月にわたること。翌月になること。表記「逾月」とも書く。

【▲踰年】ユネン その年をこして翌年にわたること。翌年になること。表記「逾年」とも書く。

ユ【輸】(16) 車 9 常 教 6 4502 4D22 音ユ 外シュ 訓外おくる・うつす・いたす・まける
旧字《輸》(16) 車 9 1/準1

筆順 一 5 亘 亘 車 9 車 軬 12 輪 14 輸 輸 輸

意味 ①おくる。うつす。はこぶ。「輸送」「運輸」 ②

いたす。つくす。③まける。やぶれる。「輸贏(ユエイ・シュエイ)」 対 贏(エイ)

下つき 運輸(ウンユ)・空輸(クウユ)・密輸(ミツユ)・陸輸(リクユ)

【輸る】おくーる 車や船などで物を運ぶ。物をほかの場所に移す。運搬する。「車でーる」

【輸贏】シュエイ 勝ち負け。「ーを争う」類 勝敗 参考「輸」は負け、「贏」は勝ちの意。「ユエイ」とも読む。

【輸血】ユケツ 血液型の適合している健康な人の血液や血液成分を、患者の静脈内に注入すること。「出血多量でーする」

【輸地子田】ユジシデン 律令(リツリョウ)制で、収穫物の二割程度の使用料をとって耕作させた田。

【輸出】ユシュツ 自国の生産物や製品、また、技術や文化などを外国に売ること。「ーの増大」対 輸入

【輸送】ユソウ 船や車などで人や物を大量に運び送ること。「鉄道のー量は減少した」

【輸入】ユニュウ 外国から生産物や製品、技術や文化・労力などを買い入れること。「ーした食料」対 輸出

ユ【癒】(18) 疒13 常 準2 4494 4C7E 音 ユ 訓 いえる・いやす

旧字《癒》(18) 疒13 1/準1

筆順 亠 广 疒 疒 疒 疒 瘉 瘉 癒 癒

意味 いえる。いやす。病気が治る。「癒合」「快癒」「治癒」類 愈(ユ)

下つき 快癒(カイユ)・全癒(ゼンユ)・治癒(チユ)・平癒(ヘイユ)

【癒える】いーえる ①病気や傷が治る。「病がーえる」②心の苦しみや悲しみがおさまる。「失恋の痛みがーえる」表記「愈える」とも書く。

【癒合】ユゴウ 傷が治り、皮膚がもりあがって傷口がふさがること。

【癒着】ユチャク ①炎症が起こり、本来離れているべき体の組織がくっついてしまうこと。②不正な関係で結びついていること。「政財界のーを一掃する」

ゆ【湯】(12) 氵9 教 3782 4572 ▼トウ(一一四八)

ユイ【由】(5) 田0 教 4519 4D33 ▼ユ(一五〇二)

ユイ【唯】(11) 口8 常 準2 4503 4D23 音 ユイ・イ(高) 訓 (外)ただ

筆順 口 口 口' 口ｲ 吖 吖 吖 咩 咩 唯

意味 ①ただ。それだけ。「唯一」②はい。応答の語。「唯唯諾諾(イイダクダク)」

下つき 諾唯(ダクイ)

【唯唯】イイ 他人の言われるままに従順になるさま。「ーとして逆らわない」由来「はい」とかしこまって答える返事の言葉から。

【唯唯諾諾】イイダクダク 物事のよしあしに関係なく、何事にも逆らわず、人にしたがうこと。相手の言いなりになり、おもねるさま。「唯」「諾」ともに、「はい」という応答の言葉。《『韓非子(カンピシ)』》類 百依百順

【唯】ただ ①ひたすら。それだけ。「ー勉強するだけだ」②もっぱら。「ー一つだけ」

【唯今】ただいま ①まさに今。今現在。「ーマイクのテスト中」②いますぐ。「ー参ります」③ついさっき。たった今しがた。「ー帰りました」④帰ってきたときのあいさつ。

【唯一】ユイイツ ただ一つだけ。「病気と無縁なのがーの取り柄だ」「ー神道」表記「惟一」とも書く。参考「ユイツ」とも読む。

【唯一無二】ユイイツムニ ただそれ一つきりで、他に同類のものがないこと。唯一を強調した言い方。類 唯一不二(ユイイツフジ)

【唯我独尊】ユイガドクソン 自分ほど偉い者はいないと、うぬぼれること。ひとりよがり。「天上天下(テンジョウテンゲ)唯我独尊」の略。由来 もとは、釈迦(シャカ)が生まれてすぐに、一方の手は天を指し他方は地を指して口にした言葉と伝えられる。宇宙でただ自分だけが尊いという意から。《『大唐西域記(ダイトウサイイキキ)』》

【唯心】ユイシン ①仏 すべての事象は心の表れにすぎず、心だけがただ一つの実在であるという考え方。類 唯識 ②哲学で、すべての事柄は精神の作用によるもので、精神を離れた存在はないとする考え方。対 唯物

【唯美派】ユイビハ 美の追究を最高の目的とした耽美(タンビ)主義を信奉する一派。特に、芸術上の官能的な美を追究する人々をいい、一九世紀後半のフランスやイギリスで起こった。「ーの代表的な作家だ」類 耽美派

【唯物】ユイブツ 物質だけが真の存在で、精神のはたらきも含めた外界の事象はすべて物質の作用に基づくとする考え方。「マルクスの弁証法的ー論」対 唯心

ユイ【惟】(11) 忄8 1652 3054 ▼イ(三一)

ユイ【遺】(15) 辶12 教 1668 3064 ▼イ(三八)

ユウ【又】(2) 又0 常 4384 4B74 ▼また(一四四二)

ユウ【友】(4) 又2 教 常 9 4507 4D27 音 ユウ 訓 とも

筆順 一 ナ 方 友

意味 ①とも。ともだち(友達)。「友人」「学友」②ともとする。仲がよい。親しい。「友愛」「友好」

下つき 悪友(アクユウ)・学友(ガクユウ)・級友(キュウユウ)・交友(コウユウ)・親友(シンユウ)・戦友(センユウ)・朋友(ホウユウ)・盟友(メイユウ)

【友】とも ①親しくつきあっている人や親しんでいるもの。友達。友人。「竹馬(チクバ)のー」「酒を人生のーとする」②行動や志を同じくする人。同志。仲間。「類はーを呼ぶ」

【友垣】ともがき ともだち。友人。「いかにいます父母、恙（つつが）なきや—」「昔の—が集まる会」 由来 交わりを結ぶことを、垣を結ぶことになぞらえたことから。

〈友達〉ともだち 親しくつきあっている人。友人。友。「—と一緒に買物に行く」

【友釣り】ともづり アユの釣り方の一種。アユは縄張り意識が強いため、その性質を利用し、おとりに生きたアユを泳がせ、攻撃してくるアユを釣りあげる方法。

【友引】ともびき 六曜の一つで、勝負なしの日。友引日。 参考 陰陽道（オンヨウドウ）の凶事が友人に及ぶという方角の意と混同し、また俗に「友を引く」から、この日に葬式をすることを忌み嫌うようになった。

【友愛】ユウアイ きょうだいや友人・仲間の間にある親愛の情。「—精神に富む」 類 友情

【友誼】ユウギ 友人に対する親しみの気持ち。また、友人との親しい交わり。「彼は—に厚い人だ」 類 友情・友好

【友軍】ユウグン 味方の軍隊。「—機が近づく」「—部隊」 対 敵軍

【友好】ユウコウ 友だちとして親しく交わること。「両国の間で—条約を結ぶ」「—的な態度をとる」 類 友誼（ユウギ） 対 敵対

【友情】ユウジョウ 友達との間の情愛。友愛の情。「部活で励まし合って—を深めた」 類 友誼（ユウギ）・友愛

【友禅】ユウゼン 「友禅染」の略。絹布に花鳥風月などの模様を、糊置（のりおき）防染法であざやかに染め出したもの。 由来 江戸中期に京都の宮崎友禅が始めたことからという。

ユウ 【尤】★ (4) 尢 1 準1 4464 4C60 音 ユウ 訓 もっとも・すぐれる・とがめる

意味 ①もっとも。㋐そのとおり。㋑ただし。②ことなる。すぐれる。すぐれている。とりわけ。「尤異」「尤物」③とがめる。非難する。

【尤める】とがめる 失敗やあやまちを責める。「天を怨（うら）まず、人を—めず」「遅刻を—められた」

【尤も】もっとも ①道理に合っていること。納得できるさま。「君の意見も—だ」②ただし。とはいえ。「—、彼女には関係ないことだが」③とりわけ。はなはだ。ずばぬけて。「—すぐれている」

【尤物】ユウブツ ①すぐれた人物や物。「なかなかの—だ」②美人。

ユウ 【右】 (5) 口 2 教 1706 3126 ▼ウ（六九）

ユウ 【由】 (5) 田 0 教 4519 4D33 ▼ユ（一五〇二）

ユウ 【有】 (6) 月 2 常 教 8 4513 4D2D 音 ユウ・ウ㊥ 訓 ある 外 もつ

筆順 ノナ才冇有有

意味 ①ある。存在する。「有益」「有事」 対 無 ②もつ。持っている。備えている。「国有」「所有」③また。さらに。「十有余年」

下つき 共有（キョウユウ）・希有（ケウ）・公有（コウユウ）・国有（コクユウ）・固有（コユウ）・私有（シユウ）・所有（ショユウ）・特有（トクユウ）・万有（バンユウ）・保有（ホユウ）

【有明】ありあけ ①陰暦一六日以後、月が空に残っているうちに夜が明けること。また、そのころの夜明け。また、そのころの月。 季 秋 ②「有明行灯（アンドン）」の略。朝まで枕元に灯（とも）す行灯。

【有り難い】ありがたい ①感謝を表す語。かたじけない。「その気持ちが—い」②とうとい。もったいない。「—いお経」③ありそうになく、貴重だ。めったにない。「—い奇特な行為」

【有り体】ありテイ ①ありのまま。「—に言えば、有難迷惑です」②ありふれたさま。「—な作法」

【有る】ある ①存在する。「公園には桜の木が—る」「燕（つばめ）の巣が—る」②もっている。「たくさん金の—る人」「兄弟が—る人」③起こる。また、行われる。「実は問題が—る」「来週運動会が—る」④場所・地位を占めている。「大臣の職に—る」「国会議事堂は東京に—る」

【有る時払いの催促無し】あるときばらいのさいそくなし 金の都合がついたときに返済すればよく、催促もされない借金。また、そういう返済条件。

〈有平〉糖 アルヘイトウ 砂糖と飴（あめ）を煮詰めて、棒状や花・鳥などに模した形にし、色をつけた砂糖菓子。室町末期に南蛮から伝えられた。 由来 「有平」は、砂糖菓子を表すポルトガル語への当て字。

【有為転変】ウイテンペン この世のすべての存在や現象は常に移り変わり、少しの間もとどまっていないこと。また、この世は変わりやすく、はかないこと。もと仏教の言葉。「有為」はさまざまな因縁から生じる現象、「転変」はめぐる変化の意。「—は世のならい」 類 有為無常・諸行無常 参考 「ウイテンベン」とも読む。

【有縁】ウエン ① 仏 仏道に縁のあること。また、仏によって救われる人。②互いに関係があること。縁が深いこと。 対 ①②無縁

【有卦】ウケ 陰陽道（オンヨウドウ）で、干支（えと）により吉事が七年間続くという年まわり。また、幸運の続くこと。 対 無卦（ムケ）

『有卦に入る』うけにいる 幸運がめぐってきて、当分続くこと。陰陽道（オンヨウドウ）で吉運の年回りに入ったという意から。「万事好調ですっかり—った」

【有財餓鬼】ウザイガキ 欲が深く金銭だけに執着する者のたとえ。もとは仏教の言葉で、食べ物をむさぼる餓鬼の意から。「餓鬼」は生前の罪の報いで餓鬼道に落ちた亡者のこと。 類 多財餓鬼・守銭奴 対 無財餓鬼

【有情】ウジョウ ① 仏 感情や意識をもつすべての生物。人間・鳥獣など。衆生（シュジョウ）。 対 非情 ②感情や情け・愛憎の心をもつこと。また、それらを理解できること。 対 無情 参考 ②「ユウジョウ」とも読む。

ゆ

ユウ

【有心】ウシン ①仏物に対する執着心があること。②和歌。③中世の和歌の理念の一つ。情趣にあふれ、妖艶(ヨウエン)な美もあわせもつもの。「―体(テイ)」④「有心連歌」の略。題材・用語などが優雅な連歌。対①～④無心 参考②無心であるとされる狂歌に対していう。

【有相無相】ウソウムソウ 仏有形(有相)・無形(無相)を問わず、世の中に存在するすべてのもの。類有象無象

【有象無象】ウゾウムゾウ ①「有相無相(ウソウムソウ)」に同じ。②形があるものもないものすべて。転じて、雑多なつまらない人や物。多くの人を卑しめていう語。「世間の―は問題にしない」参考「有象」は形のあるもの、無象は形のないものの意。類森羅万象

【有待】ウダイ 仏人間の身体。また、有限な人間の存在。参考衣食などにたよって生活する意。「ウタイ」とも読む。

【有頂天】ウチョウテン ①仏形ある世界の最上に位置する所。欲界・色界などの九天中の最上天。②あまりの喜びに我を忘れること。「試合に勝って―になった」

〖有頂天外〗ウチョウテンガイ このうえもなく大喜びすること。由来「有頂天」より形のある世界のうち最も高い所にある「有頂天」よりさらに高く外に出る意から。

【有徳】ウトク ①徳のあること。また、徳が備わって人望のある人。②裕福なこと。金持ち。「―人」参考「ユウトク」とも読む。

【有徳銭】ウトクセン 室町時代、武家や社寺が裕福な商人などから徴収した税金の一種。徳銭。

【有髪】ウハツ ①「有髪僧」の略。僧や尼僧が髪をそらずにいること。また、その僧や尼僧。②俗人で仏道修行をしている者。

【有無】ウム ①あることとないこと。「在庫の―を確認する」「―相(あい)通ず(ある者とない者が融通しあってうまくいく)」②承知することと承知しないこと。「―を言わせず(無理やりに)連れ去る」類諾否 ③仏すべての存在するものと存在しないもの。

〖有無相生〗ウムソウセイ 有と無が相対的関係で存在すること。この世のすべては、有があってこそ無があり、無があってこそ有があるという相対関係にあることをいう。「相生」は互いに生じ合う意。〈『老子』〉参考「有無相(あい)生ず」とも読む。類長短相形

【有耶無耶】ウヤムヤ 物事がはっきりしないさま。また、態度がいいかげんなさま。あるかないかわからない意から。「耶」は疑問の助字。「有りや無しや」と読む原文を音読みしたもの。「事件は―のまま忘れられた」類曖昧模糊(アイマイモコ)

【有漏】ウロ 仏煩悩(ボンノウ)があって悟ることのできないこと。また、そのような俗人。対無漏 参考「漏」は仏教で煩悩の意。

【有為】ユウイ 才能があり、何かりっぱな事業をなすこと。将来世の中の役に立つこと。「前途―な若者を募る」参考「ウイ」と読めば、仏教で移り変わりやすくはかないこの世の意になる。

【有意】ユウイ ①意志があること。「―の士が集まる」②意味があること。「―差」類有意義

【有益】ユウエキ 利益のあること。ためになること。「―な体験をする」類有効・有用・有利 対無益

【有害】ユウガイ 害のあること。また、不利益をこうむること。「―図書の追放」対無害

【有閑】ユウカン ①暇があること。②財産があって生活にゆとりがあり、働くこともせずのんびりと暮らすさま。「―マダムの集まるサロン」

【有期】ユウキ 定まった期限があること。「―刑」対無期

【有機】ユウキ ①生活機能と生活力をもつ組織。動植物など。「―体」②炭素を主な成分とする物質。有機化合物。対①②無機

【有給】ユウキュウ 給料が支給されること。「―休暇をとって温泉に行った」対無給

【有形】ユウケイ 形のあること。また、形のあるもの。「―財産」対無形

【有限】ユウゲン 数量・程度などに限りのあるさま。「人の命は―だ」「―会社」対無限

【有言実行】ユウゲンジッコウ 言ったことは必ず実行すること。対不言実行 参考「不言実行」をもじった語。

【有権者】ユウケンシャ ①権利をもつ人。②選挙権のある人。

【有効】ユウコウ ①ためになること。役に立つこと。②効力のあること。「―投票数」対①②無効 類有益・有用「資源の―利用」

【有口無行】ユウコウムコウ 口で言うばかりで、実行しないこと。「有口」は、弁舌が達者の意。〈『後漢書(ゴカンジョ)』〉参考「有言実行」をもじった語。

【有厚無厚】ユウコウムコウ 詭弁(キベン)のたとえ。ほんとうに厚いものは、そのものが厚いとか薄いとかいうことができず、もともと厚さという概念などはないという詭弁。〈『荀子(ジュンシ)』〉類堅白同異・白馬非馬

【有産】ユウサン 資産・財産があること。金持ち。「―階級」対無産

【有司】ユウシ 役人。官公吏。「―専制(明治時代、官僚の独裁的な政治)」参考「司(つかさ)ある人」の意。

【有史】ユウシ 文献などに記録された歴史があること。「―以来の出来事」対先史

【有志】ユウシ 一緒に、物事を成しとげようとする志があること。また、その人。「町内の―を募って旅行に行く」

【有事】ユウジ 戦争などのさしせまった大事が起こること。「一朝―の際」

【有識】ユウシキ ①学問があり、見識の高いこと。「―者を招いてシンポジウムを開く」②儀式や先例に明るいこと。また、その人。参考②

「ユウソク」とも読む。「ウシキ」と読めば、命や意識のあるものの意もある。

【有刺鉄線】ユウシテッセン ねじりあわせた針金のところどころに、とがった針金のとげをつけたもの。「―を張り巡らす」

【有終の美】ユウシュウのビ 物事を最後までやりとげ、すばらしい結果を残すこと。「有終」は最後をまっとうすること。《『詩経』》「―を飾って引退した」類有終完美

【有償】ユウショウ 行為の結果に対して、代価・報酬が与えられること。「土地を―で払い下げる」対無償 参考「償」はつぐなう意。受けた行為によって得た利益に対してつぐなうことからいう。

【有情】ユウジョウ 「有情(ウジョウ)」に同じ。

【有色】ユウショク 白以外の色がついていること。「―人種」対無色

【有数】ユウスウ 数えるほどに限られていること。屈指。「日本―の名山」対無数

【有税】ユウゼイ 税金がかかること。対無税

【有△職】ユウソク 武家や公家の礼式・制度についての知識。また、それに詳しい人。「―家」参考古くは学識の深い人の意もあり、「有識」と書いた。また、「ユウシキ・ユウショク」とも読む。

【有△職故実】ユウソクコジツ 朝廷や武家に古くから伝わる行事の法や儀式、風俗や習慣。また、それらを研究する学問。

【有袋類】ユウタイルイ 有袋目の哺乳(ホニュウ)動物の総称。ニュージーランドや中南米・オーストラリアなどにすむ。雌の腹部には育児嚢(イクジノウ)があり、その中で発育不完全な状態で生まれた子を育てる。カンガルー・コアラなど。

【有知無知三十里】ユウチムチサンジュウリ 知恵のある者とない者との間には、大きな隔たりがあること。故事 中国、後漢末、魏(ギ)の曹操が、学問に秀でた楊修(ヨウシュウ)とともに有名な曹娥(ソウガ)の碑の前を通りかかったとき、楊修が即座に理解できた碑文の意味を三〇里ほど先に行ってからやっと解いて、才能のある者とない者とでは三〇里の差があると嘆いた故事から。《『世説新語』》

【有能】ユウノウ すぐれた才能や能力をもっていること。「―な人材を求む」対無能

【有半】ユウハン 年数を表す語について、そのうえにまだ半分あることを示す語。「三年―」参考「有」は「又」の意で、そのうえさらにの意。

【有望】ユウボウ 将来の見込みや望みのあるさま。「前途―な若者」対絶望

【有名無実】ユウメイムジツ 名前だけは知られていてりっぱだが、実質がそれに伴わないこと。名目はあるが実質がないこと。《『三国志』》「―の役職」類有名亡実・名存実亡

【有余】ユウヨ ①余りあること。余った数。類残余 ②数を表す語について、それよりも多いことを表す語。…以上。…余り。「就職して二〇年―になる」

【有用】ユウヨウ 役に立つこと。使いみちの多いこと。「―な研究」類有益 対無用

【有利】ユウリ ①利益があること。「―な新型保険」②都合のよいさま。また、形勢がよいこと。「自分に―な考え」「相手チームに―な状況だ」対不利

【有理】ユウリ 道理のあること。理由があること。「造反―」対無理

【有料】ユウリョウ 料金が必要なこと。「―駐車場」対無料

【有力】ユウリョク ①勢力や威力があること。また、影響力や効力のあるさま。「その世界の―者」「―な証言を得た」②見込みのあること。可能性の高いこと。「―候補」対①②無力

ユウ【佑】(7) イ 5 準1 4504 4D24 音 ユウ・ウ 訓 たすける・たすけ

意味 たすける。たすけ。「佑助」「天佑」類右・祐

下つき 神佑(シンユウ)・天佑(テンユウ)

【△佑ける】たすける 外側からかばい、手をさしのべる。特に、神仏や天がたすける。表記「右ける・祐ける」とも書く。

【△佑助】ユウジョ たすけること。天のたすけ。類天佑 表記「祐助」とも書く。

ユウ【邑】(7) 邑 0 準1 4524 4D38 音 ユウ・オウ 訓 くに・みやこ・むら・うれえる

意味 ①くに。領地。みやこ。「食邑」②むら。さと。むらざと。「邑落」③うれえる。「忿邑」

下つき 於邑(オユウ)・食邑(ショクユウ)・村邑(ソンユウ)・都邑(トユウ)

【△邑】くに 昔、天子や王が直轄で治めた地。また、諸侯や豪族などの領地。

【△邑犬群△吠】ユウケングンバイ つまらない者たちが集まって、あれこれと人の悪口を言ったり騒ぎ立てたりするさま。「邑」は村里。村里のイヌが群がって、ほえ立てる意から。《『楚辞(ソジ)』》参考「群吠」は「グンベイ」とも読む。

【△邑落】ユウラク 集落。村落。むらざと。「山中の―に逗留(トウリュウ)した」

ユウ【酉】(7) 酉 0 準1 3851 4653 音 ユウ 訓 とり・ひよみのとり

意味 とり。十二支の第一〇。方位では西、時刻では午後六時およびその前後二時間。▼干支順位表(一六六〇) 参考「とり(鳥)」と区別するために、「日よみ(暦)のとり」とも呼ぶ。

【△酉】とり ①十二支の一〇番目。②昔の時刻で、現在の午後六時ころ。また、その前後二時間。③昔の方角の名。西。参考動物のニワトリに当てる。

【△酉の市】とりのいち 一一月の酉の日に行われる鷲(おおとり)神社の祭礼に立つ市。おとりさま。季冬

ユウ【侑】(8) イ 6 1 4850 5052 音 ユウ・ウ 訓 すすめる・むくいる・ゆるす

意味 ①すすめる。飲食をすすめる。「侑食」②たすける。類佑ユウ ③むくいる。④ゆるす。類宥ユウ

【侑める】すす-める 相手のそばで、飲食物を差し出して食べるように誘う。「酒を―める」

ユウ【油】(8) 氵5 教 4493 4C7D ▼ユ(一五〇二)

ユウ【肬】(8) 月 4 1 7079 666F 音 ユウ 訓 いぼ・はれる

意味 ①いぼ。皮膚にできる、かたい小さな突起物。「肬贅ユウゼイ」②はれる。また、はれもの。

【肬】いぼ ①皮膚の角質層が、部分的に増殖してできる小さな突起物。②物の表面の突起したもの。

【肬蛙】いぼがえる ①ツチガエルの別称。②ヒキガエルの別称。由来からだの表面にいぼのような突起が多数あることから。

【肬鯛】いぼだい イボダイ科の海魚。本州北部以南にすむ。体は楕円ダエン形で、色は淡灰青色。食用で美味。エボダイ。

【〈肬取木〉】いぼたのき モクセイ科の半落葉低木。▼水蠟樹いぼたのき(八二三)

【肬毟】いぼむしり カマキリの別称。イボムシ。イボジリ。季秋 由来この虫でなでればいぼがとれるという俗説から。

【肬贅】ユウゼイ ①いぼと、こぶ。②余計なもののたとえ。類贅肬

ユウ【勇】(9) カ 7 常 教 7 4506 4D26 音 ユウ 外ヨウ 訓 いさむ 外つよい

筆順

意味 ①いさむ。いさましい。つよい。「勇敢」「武勇」②思いきりのよい。いさぎよい。「勇退」「勇断」

下つき 義勇ギユウ・剛勇ゴウユウ・豪勇ゴウユウ・小勇ショウユウ・大勇タイユウ・忠勇チュウユウ・蛮勇バンユウ・武勇ブユウ・猛勇モウユウ

【勇む】いさ-む 勇気がわいてきて張り切る。心が奮い立つ。「喜び―んで出ていく」

【勇往邁進】ユウオウマイシン 目的に向かってまっしぐらに突き進むこと。「目標に向かって―する」参考「邁進」は勇ましく突き進むこと。「勇往猛進」ともいう。類直往邁進・猪突猛進チョトツモウシン

【勇敢・勇悍】ユウカン 勇気があり、自ら進んで困難に立ち向かうさま。「ただ一人―に立ち上がった」

【勇気】ユウキ 何物もおそれない強い心。勇ましい気力。「―をふるって主張する」「―ある行動」

【勇気凜凜】ユウキリンリン おそれず、また失敗や危険をかえりみず、勇ましく物事に立ち向かっていこうとするさま。「凜凜」は勇気の盛んなさま。「―たる武者振り」

【勇俠】ユウキョウ 勇気があって、義俠に富む気性。また、そのさま。類俠勇

【勇決】ユウケツ 勇気をもって決めること。思いきりよく決断すること。類勇断・果断

【勇健】ユウケン ①勇ましくて心身ともにたくましく健康なこと。②すこやかなこと。健康なこと。類壮健 参考②多く手紙文で用いる。

【勇士】ユウシ 勇気のある人。また、勇敢な兵士。「歴戦の―をたたえる」「真田さなだ十―」類勇者・勇夫

【勇者は懼れず】ユウシャはおそれず 道理にかなった勇気をもつ者はやましいところがないので、どんな困難をも恐れることはないということ。《論語》

【勇将】ユウショウ 勇ましく強い将軍・大将。「祖国を勝利に導いた―」類猛将

【勇将の下もとに弱卒ジャクソツなし】 強い大将の下には弱い兵士がいないように、指揮する者がしっかりしていれば、それにしたがう者もおのずから感化され、りっぱな働きをするということ。

【勇戦】ユウセン 勇ましく戦うこと。「―奮闘して勝利を得た」類猛戦

【勇壮】ユウソウ 勇ましく、勢い盛んなさま。「―な行進曲で入場する」

【勇退】ユウタイ 後進に道を譲るため、潔く自分から地位を退くこと。「社長が―を決意した」「―の潮時」

【勇断】ユウダン 思いきりよく決断すること。「―をくだす」類果断・勇決

【勇武】ユウブ 武術にすぐれ、勇気があること。勇ましく強いこと。「―を誇る」類武勇

【勇名】ユウメイ 勇敢であるという評判。勇者としての名声。「―を馳はせる」類武名

【勇猛】ユウモウ 非常に勇気があって強いさま。「最後の―心を奮い起こした」参考「ユウミョウ」とも読む。

【勇猛果敢】ユウモウカカン 勇ましくて強く、決断力に富んでいるさま。「果敢」は決断力の強い意。《漢書カンジョ》「―に攻め込む」類剛毅果断ゴウキカダン・勇壮剛猛

【勇猛精進】ユウモウショウジン ①目標に向かい、恐れず積極的に努力し進むこと。②仏強い心で仏道の修行に専念すること。

【勇躍】ユウヤク 勇んで奮い立つこと。「選手たちは―して遠征試合に出発した」

【勇略】ユウリャク ①勇気と知略。②勇気があって、計略に富むこと。また、そのさま。

ユウ【囿】(9) 口 6 1 5192 537C 音 ユウ 訓 その

意味 その(苑)。にわ。動物を放し飼いにする場所。「囿池」

下つき 苑囿エンユウ・園囿エンユウ・霊囿レイユウ

【囿】その 垣根で囲まれた庭。かつてはその中で鳥獣を放し飼いにした。

ユウ【宥】(9) 宀 6 準1 4508 4D28 音 ユウ 訓 ゆるす・なだめる

意味 ①ゆるす。大目にみる。「宥恕(ジョ)」「宥免」 ②なだめる。やわらげる。「宥和」

下つき 恩宥(オンユウ)・寛宥(カンユウ)・赦宥(シャユウ)

【▲宥める】なだ-める 人の怒りや悲しみなどの感情をやわらげおちつかせる。また、機嫌をとる。「怒る相手を―める」

【▲宥▲恕】ユウジョ 寛大な心でゆるすこと。大目に見ること。「罪の―を乞(こ)う」類宥免

参考「恕」はゆるす意。

【▲宥免】ユウメン 心を広くして罪をゆるすこと。罪をみのがすこと。「御―にあずかり感謝いたします」類宥恕(ユウジョ)

【▲宥和】ユウワ 相手を大目に見て仲よくすること。「―政策をとる」

【▲宥す】ゆる-す 大目に見て責めずにおく。また、手心を加えて罪を軽くする。「罪を―す」

ユウ【幽】(9) 幺 6 常 3 4509 4D29 音 ユウ 訓 外 かすか・くらい

筆順 丨 丨く 丨幺 丨幺 丨幺丨く 𢆶 𢆶 幽 幽

意味 ①かすか。おくぶかい。ほのか。うすぐらい。「幽玄」「幽谷」 ②あの世。死後の世界。「幽界」「幽霊」 ③かくれる。ひそむ。とじこめる。「幽囚」「幽閉」

下つき 清幽(セイユウ)・探幽(タンユウ)

【△幽か】かす-か はっきりしないさま。ほのか。「―な明かりが漏れている」

【△幽い】くら-い 黒っぽくてはっきりしない。うすぐらい。ほのぐらい。また、奥深くてくらい。「森の中は―い」

【幽韻】ユウイン ①かすかな音の響き。②音楽や詩歌の奥深い調べ・おもむき。

【幽遠】ユウエン 世俗から奥深く遠いこと。はるかに深いこと。「―な哲学」

【幽艶・幽▲婉】ユウエン 奥ゆかしくて美しいこと。「女性の―な姿」

参考「艶」「婉」はともに美しい意。

【幽界】ユウカイ 死後の世界。死んでから行くといわれているあの世。類冥土(メイド)・冥界 対顕界(ゲンカイ)

【幽鬼】ユウキ ①死者の魂。亡霊。類幽霊・幽魂 ②ばけもの。妖怪(ヨウカイ)。

【幽居】ユウキョ 世間を避けてひきこもり、静かに暮らすこと。また、その住まい。「深山に―する」類閑居・幽棲(ユウセイ)

【幽玄】ユウゲン ①奥深くはかりしれないこと。「―な自然の摂理」②深い趣があり余情豊かなこと。特に、中世日本文学の美的理念で、言外に奥深い情趣の感じられること。「能は―の世界だ」

【幽光】ユウコウ ①かすかな光。②人に備わった奥深い徳の輝き。

【幽▲篁】ユウコウ 奥深い静かな竹やぶ。参考「篁」は竹やぶの意。

【幽谷】ユウコク 山深い、静かな谷。奥深く、暗い谷間。「深山―を描いた絵だ」

『幽谷を△出(い)でて▲喬木(キョウボク)に△遷(うつ)る』 学問が進み知識を得て、人格が高まるたとえ。また、出世するたとえ。鳥が深い谷間から舞い上がって樹木に飛びうつる意から。《詩経》

【幽寂】ユウジャク 奥深く、ひっそりと静かなこと。「―の地」類静寂・幽静

【幽囚】ユウシュウ 捕らえられて牢屋(ロウヤ)に閉じこめられること。また、その人。

【幽愁】ユウシュウ 心の奥の深い悩みや心配事。また、物思いに深く沈むこと。

【幽愁暗恨】ユウシュウアンコン 人知れない深いうれいとうらみ。〈白居易の詩〉参考「幽」「暗」はともに人知れずの意。

【幽▲邃】ユウスイ 景色などが奥深くて人けがなく静かなさま。「―なる山間に居を構えた」類幽寂

【幽▲棲・幽▲栖】ユウセイ 俗世間を避けて静かに住むこと。また、その住まい。類幽居・閑居

【幽微】ユウビ 音やにおいなどが非常にかすかなこと。「―な香り」

【幽閉】ユウヘイ 閉じこめて出られなくすること。「古城に―される」類監禁

【幽明】ユウメイ ①暗いことと明るいこと。②あの世とこの世。「―相隔(あいへだ)つ」

『幽明境(さかい)を異(こと)にする』 亡くなった人と住む世界を異にする。死に別れること。

【幽冥】ユウメイ ①かすかにしか見えないほど暗いこと。また、そのような場所。②死後の世界。死んでから行くといわれているあの世。類冥土(メイド)・冥界

【幽門】ユウモン 胃の末端の十二指腸に連なる部分。

【幽霊】ユウレイ ①死者の魂。また、死者が成仏できずに生前の姿で現れるというもの。「―屋敷」「夜な夜な―が出る」類亡霊・幽魂 ②実際には存在しないのに、あるかのように見せかけたもの。「―会社」

『幽霊の正体見たり枯れ尾花』 疑心をもって物事を見ると、なんでもないものまでが恐ろしいものに見えてしまうということ。物事は実体を確かめてみれば、その正体がわかると、案外つまらないものであることのたとえ。「枯れ尾花」は枯れたススキの穂。

ユウ【柚】(9) 木 5 準1 4514 4D2E 音 ユウ・ユ 訓 ゆず

意味 ゆず。ミカン科の常緑低木。「橘柚(キツユウ)」

【▲柚▲柑】ユコウ ミカン科の常緑低木。ユズの変種で、四国地方で栽培される。果実はユズより大きく香りも高い。香味料やクエン酸製造に用いる。

【▲柚子・▲柚】ユズ ミカン科の常緑低木。中国原産。枝に長いとげがあり、葉は長卵形。夏、白色の小花をつける。果実は表面がでこ

ゆ

ユウ

ぼこで、淡黄色に熟し、強い香気がある。果汁は酸味が強い。香味料用。ユウ。季秋 由来「柚」は漢名から。

【柚湯】ゆずユ　ユズの果実を入れてわかした風呂。冬至の日に入ると、風邪をひかないとされる。「冬至の日に―をたてる」季冬

【柚葉色】ユばいろ　黒みがかった緑色。深緑色。

【柚餅子】ユベシ　小麦粉・米粉・砂糖・味噌・ユズの果汁などを混ぜ、こねて蒸した菓子。ゆびし。季秋

【柚味噌】ユミソ　ユズの皮をすりおろして練り味噌にまぜたもの。季秋 参考「ゆずミソ」とも読む。

ユウ【疣】(9) 疒4 1 6547 614F 音ユウ 訓いぼ

意味 いぼ。皮膚にできるかたい小さな突起物。「疣蛙いぼがえる」「疣贅ユウゼイ」

【疣蛙】いぼがえる　①ツチガエルの別称。②ヒキガエルの別称。由来 からだの表面にいぼのような突起があることから。

ユウ【祐】(9) ネ5 準1 4520 4D34 音ユウ 訓たすける・たすけ

旧字《祐》(10) ネ5 1/準1 8924 7938

意味 たすける。神が助ける。たすけ。神の助け。「祐助」「天祐」類右・佑

下つき 神祐シンユウ・天祐テンユウ・冥祐メイユウ

【祐ける】たすーける　神仏の助力がある。表記「右ける」「佑ける」とも書く。

【祐助】ユウジョ　天や神の助け。「天の―で危機を脱した」類神助・天佑 表記「佑助」とも書く。

【祐筆】ユウヒツ　①昔、貴人に仕えて書記の役をした者。②武家の職名で、文書・記録をつかさどる者。③文筆の業に従事する者。文官。表記「右筆」とも書く。

ユウ【悒】(10) 忄7 1 5605 5825 音ユウ 訓うれえる

意味 うれえる。気がふさぐ。「悒悒」「悁悒エンユウ」類憂

【悒える】うれーえる　心がふさいで楽しめない。うっとうしくて気が晴れない。

【悒鬱】ユウウツ　心配事などで気が沈み、心の晴れないこと。また、そのさま。表記「憂鬱・幽鬱」とも書く。

【悒悒】ユウユウ　気がふさぎ、心から楽しめないさま。

ユウ【涌】(10) 氵7 4516 4D30 ▼ヨウ(一五一九)

ユウ【祐】(10) ネ5 8924 7938 ▼祐の旧字(一五一一)

ユウ【莠】(10) 艹7 1 7228 683C 音ユウ 訓はぐさ・えのころぐさ・みにくい

意味 ①はぐさ。エノコログサなど水田に生える雑草。②悪いもののたとえ。③みにくい。「莠言」

【莠】はぐさ　水田に生え、イネを害する雑草。エノコログサなど。

ユウ【悠】(11) 心7 常 準2 4510 4D2A 音ユウ 訓外はるか・とおい

筆順 2 イ 亻 亻 亻 攸 攸 攸 悠 悠 悠

意味 ①はるか。とおい。「悠遠」「悠久」②ゆったりしたさま。「悠然」「悠長」

【悠か】はるーか　遠くまで長々と続いているさま。「―に青い空」

【悠遠】ユウエン　時間的にも空間的にもはるかに遠いさま。「―の昔」類悠久・久遠

【悠久】ユウキュウ　はるかに長く続くこと。「古都で―の昔をしのぶ」類永久・長久

【悠然】ユウゼン　ゆったりと落ち着いているさま。「―とした態度」「繁忙のなかでも―と過ごす」

【悠長】ユウチョウ　落ち着いてあわてないこと。気の長いこと。「―な話」「―なことを言ってはいられない」

【悠悠】ユウユウ　①ゆったりと落ち着いているさま。「―自適」「―と構える」②はるかに遠いさま。「―たる銀河」③時が限りなく続くさま。「―と時は流れ行く」類悠久・悠遠

【悠悠閑閑】ユウユウカンカン　ゆったりとかまえて急がないさま。のんびりと過ごすさま。「閑閑」は静かで落ち着いたさま。「―とした余生を送る」表記「閑閑」は「緩緩」とも書く。

【悠悠自適】ユウユウジテキ　世間の雑事にわずらわされることなく、のんびりと暮らすこと。「自適」は自分の思うままに楽しむこと。「―の生活」類悠然自得

【悠揚】ユウヨウ　①物事にこだわらずに、ゆったりと落ち着いているさま。「―として迫らず」②ゆるやかにあがってただようさま。

ユウ【蚰】(11) 虫5 1 7356 6958 音ユウ

意味 ゲジ目の節足動物「蚰蜒ユウエン(げじ)」に用いられる字。

〈蚰蜒〉げじ　ゲジ目の節足動物の総称。暗い湿った所にすむ。ムカデに似るが、あしが長く、とれやすい。家屋内の小さな害虫を捕食する益虫。ゲジゲジ。季夏

ユウ【郵】(11) 阝8 教 常 5 4525 4D39 音ユウ 訓外しゅくば

筆順 2 ニ 三 乒 乒 乒 垂 垂 垂 郵 郵

意味 ①ゆうびん(郵便)。文書・荷物などを送る通信制度。「郵送」②しゅくば。宿駅。「郵亭」

下つき 置郵チユウ

【郵券】ユウケン　郵便切手。

【郵税】ユウゼイ 郵便物を送るのにかかる料金。郵便料金。郵送料。

【郵送】ユウソウ 郵便で送ること。「―料は別途に申し受けます」

【郵袋】ユウタイ 郵便物を入れて、郵便局から郵便局へ送るための袋。参考 もと、「行嚢(コウノウ)」といった。

【郵亭】ユウテイ 飛脚やウマの中継所。宿場。駅逓(エキテイ)。うまつぎ。

【郵便】ユウビン ①郵便事業者が手紙・はがき・小包などを集配し、国内外へ配達する仕組み。「―局で切手を買う」②「郵便物」の略。「―受け」「―が届く」

ユウ【揖】(12) 扌 9 準1 4512 4D2C 音 ユウ・シュウ 訓 ゆずる・あつまる

意味 ①会釈。胸の前に両手を組み合わせて行う礼法。「一揖」②ゆずる。へりくだる。「揖譲」③あつまる。あつめる。「揖揖」類 輯(シュウ)

下つき 拱揖(キョウユウ)・長揖(チョウユウ)

【揖譲】ユウジョウ ①うやうやしく両手を前で組み合わせて、会釈をすること。拱手(キョウシュ)の礼をしてへりくだること。②天子が他の者に、平和のうちに天子の位を譲ること。

ユウ【湧】(12) 氵 9 常 2 4515 4D2F 音 ユウ 外ヨウ 訓 わく

筆順 氵 氵 氵 氵 浐 浐 涌 涌 湧 湧

意味 わく。水がわき出る。また、盛んにおこる。「湧起」「湧出」

【湧出】ユウシュツ わき出ること。「石油の―で町が活気づく」表記「涌出」とも書く。参考「ヨウシュツ」とも読む。

【湧昇】ユウショウ 海洋深部の冷水が水面までわき上がる現象。水温が周りより低くなり好漁場となることが多い。カリフォルニア沖やペルー沖などに見られる。「―流」

【湧く】わく ①水などが地中から吹き出てくる。「温泉が―く」②感情や考えなどが生じる。起こる。「勇気が―く」③発生する。「ウジが―く」表記「涌く」とも書く。

ユウ【游】(12) 氵 9 1 6266 5E62 音 ユウ 訓 およぐ・あそぶ

意味 ①およぐ。うかぶ。「游泳」「浮游」②あそぶ。遊びくらす。すさぶ。「游民」③旅行する。「游子」

参考 一説に、水の上をおよぐのを「游」、水中にもぐっておよぐのを「泳」という。

【游ぶ】あそぶ ①歩いて回る。また、旅をする。「野山に―ぶ」「日光に一泊―んできた」②楽しむ。「しりとりをして―ぶ」③学問や仕官のために他国に行く。「西域の国に―ぶ」④なまける。「―び暮らす」⑤人とつき合う。「日曜日は友人と―ぶ」表記「遊ぶ」とも書く。

【游ぐ】およぐ ①水上を手足などを動かして進む。また、水面に浮かぶ。「海で―ぐ」②ゆらゆら浮かぶ。ふらふらする。「船酔いで体が宙を―ぐようだ」

【游泳】ユウエイ ①およぐこと。類 水泳 季 夏 ②世渡りのたとえ。類 処世 表記「遊泳」とも書く。

【游俠】ユウキョウ 定職をもたず、仁義の世界に生きる人。男伊達(おとこだて)。類 任俠・俠客 表記「遊俠」とも書く。

【游子】ユウシ 旅の人。旅行者。故郷を離れて他郷にある人。「さすらいの―」表記「遊子」とも書く。

【游民】ユウミン 定職をもたず、ぶらぶらとあそんで暮らしている人。表記「遊民」とも書く。

【游弋】ユウヨク ①艦船が海上をあちこち見回って警戒すること。②鳥をとる遊猟。表記「遊弋」とも書く。参考「弋」(いぐるみ)は、鳥をとる道具。

ユウ【猶】(12) 犭 9 常 準2 4517 4D31 音 ユウ 訓 外なお・なお…ごとし

旧字《猶》(12) 犭 9 1/準1

筆順 ノ 犭 犭 犭 犭 犭 猶 猶 猶 猶 猶

意味 ①ためらう。ぐずぐずする。「猶予」②なお。やはり。それでもなお。③なお…ごとし。ちょうど…のようである。似ている。「猶子」

【猶】なお ①まだ。やはり。それでもまだ。「失敗しても―くじけない」②「―…如(ごと)し」の形で、ちょうど。まるで。「過ぎたるは―及ばざるが如し」

【猶子】ユウシ ①兄弟姉妹の子。甥(おい)や姪(めい)。②他人の子または親族の子を自分の子としたもの。類 養子 由来「猶(な)お子のごとし(本当の子のような者)」の意から。

【猶予】ユウヨ ①日時を延ばすこと。「執行―の判決が下される」②ぐずぐずしてためらい、決断しないこと。「一刻の―も許されない」

〈猶太〉ユダヤ 現在のパレスチナにあった古代ユダ王国の地。また、王国滅亡後、世界に離散したユダヤ教徒。

ユウ【裕】(12) 衤 7 常 準2 4521 4D35 音 ユウ 訓 外ゆたか・ひろい

筆順 ㇇ ネ ネ ネ ネ 衤 衤 裕 裕 裕 裕

意味 ①ゆたか。ゆとりがある。「裕福」「富裕」②ひろい。心がひろい。「寛裕」

下つき 寛裕(カンユウ)・富裕(フユウ)・余裕(ヨユウ)

【裕福】ユウフク 収入や財産が多く、生活が豊かなこと。「―な暮らし」類 富裕 対 貧乏

【裕か】ゆたか ①満ち足りているさま。十分にあるさま。「―な生活」「六尺―な大男」②広くゆとりのあるさま。

ユウ【遊】(12) 辶9 常 教 8 4523 4D37
音 ユウ・ユ高
訓 あそぶ 外すさび・すさぶ
旧字《遊》(13) 辶9 1/準1
筆順 亠 方 方 ガ 方 方 斿 斿 游 遊

意味 ①あそぶ。楽しむ。「遊興」「遊芸」②勉学などのために他国へ行く。旅をする。「遊学」「漫遊」③自由に動きまわる。「遊軍」「遊星」④使われずにいる。「遊休」「遊民」⑤つきあう。「交遊」⑥あそび。ゆとり。よゆう。

下つき 回遊(カイユウ)・外遊(ガイユウ)・交遊(コウユウ)・豪遊(ゴウユウ)・西遊(サイユウ・セイユウ)・周遊(シュウユウ)・浮遊(フユウ)・漫遊(マンユウ)・歴遊(レキユウ)

【遊び▲呆ける】あそびほうける 夢中で遊ぶ。遊びにふける。「―けていないで勉強もしなさい」

【遊女】あそびめ 宴席で歌舞などで客を楽しませたり、客に身を売ったりする女。浮かれ女。類遊君(ユウクン) 参考「ユウジョ」とも読む。

【遊ぶ】あそ-ぶ ①旅をする。また、外国に行って勉強する。「友人と京都に―ぶ」「研究のため中国に―んだ」②仕事や学業をなまける。「会社を辞めて以来―んでいる」「―び暮らす」③楽しむ。「人形で―ぶ」④酒色・ばくちなどにふける。「友達と―ぶ」⑤場所や道具などが使われないでいる。「広い庭が―んでいる」表記「游ぶ」とも書く。

【△遊び】すさ-び 心の向くままにする物事。なぐさみ。あそび。「定年後の―に俳句を作る」「―事」「手―」

【〈遊▲牝〉む】つる-む 動物の雄と雌とが交尾する。表記「交尾む」とも書く。

【遊泳】ユウエイ ①泳ぐこと。「台風の影響で―禁止になった」類水泳 季夏 ②世渡りのたとえ。「―術に長(た)けた人物」類処世 表記「游泳」とも書く。

【遊客】ユウカク ①定まった職をもたず、遊んで暮らしている人。遊び人。類遊民 ②遊覧客。③遊郭の客。遊女を相手に遊ぶ客。類嫖客(ヒョウカク) 表記「游客」とも書く。

【遊郭・遊▲廓】ユウカク 遊女屋がたくさん集まっている所。色里。廓(くるわ)。類遊里 由来 周囲を塀で囲んでいたことから。「郭」は周囲を囲むとりでの意。

【遊学】ユウガク よその土地や国に行って学問をすること。「イタリアに―する」表記「游学」とも書く。

【遊閑地】ユウカンチ 何にも利用されていない土地。空いている土地。「駅前の―を活用する」類休閑地

【遊技】ユウギ 娯楽として、技を競い合う遊びや勝負事。パチンコ・麻雀など。「郊外に―施設がたくさんある」

【遊戯】ユウギ ①遊びたわむれること。「それは言葉の―にすぎない」②幼稚園や小学校で行う、楽しく体を動かすための踊りや運動。「運動会の―」表記「游戯」とも書く。

【遊休】ユウキュウ 設備・資金などが、活用されないままにあること。「―地の活用を考える」「―資本」

【遊▲侠】ユウキョウ 定職をもたず、仁義を売り物に世を渡ること。また、その人。男伊達(おとこだて)。類任侠・侠客 表記「游侠」とも書く。参考「勇侠」と書けば、義侠心に富むことの意になる。

【遊興】ユウキョウ 遊び楽しむこと。特に、酒場や料理屋で楽しむこと。「―にふける」「―費」表記「游興」とも書く。

【遊吟】ユウギン あちこちを歩きまわりながら、詩歌などをよむこと。散策しながら詩歌を作り、また吟ずること。吟行。類吟遊

【遊軍】ユウグン ①待機して必要に応じて出動する予備の軍隊。②一定の部署につかず何か起こったときになって活動する人。「―記者」表記「游軍」とも書く。

【遊芸】ユウゲイ 趣味で楽しむ芸能。茶の湯・生け花・舞踊・三味線・謡曲など。

【遊撃】ユウゲキ ①攻撃する敵を定めておかずに、場合に応じて敵を攻撃し味方を助けること。また、その軍隊。「―戦を展開する」②野球の「遊撃手」の略。ショートストップ。表記①「游撃」とも書く。

【遊子】ユウシ 旅人。旅行者。家を離れて旅をする人。「浮雲―」表記「游子」とも書く。

【遊刃余地有り】ユウジンヨチあり 物事を余裕をもって巧妙に処理することができるたとえ。「遊刃」は上手に包丁を使う意。故事 中国、戦国時代、丁(テイ)という料理名人が魏(ギ)の文恵君に、私は肉と骨の間を自由に包丁を走らせることができるので、刃こぼれすることなく余裕をもって牛を解体できると語ったという故事から。〈『荘子(ソウジ)』〉表記「遊刃」は「游刃」とも書く。

【遊星】ユウセイ 太陽の周りを周期的に回っている天体。類惑星 対恒星

【遊説】ユウゼイ 各地を回り、自分の主義・主張を説くこと。演説して回ること。特に、政治家についていう。「首相は全国を―している」表記「游説」とも書く。

【遊惰】ユウダ 遊びなまけること。「―な気風は染まりやすい」類怠惰 表記「游惰」とも書く。

【遊▲蕩】ユウトウ だらしなく遊びにふけること。特に、酒や女遊びにふけること。「―児」類放蕩 表記「游蕩」とも書く。参考「蕩」はだらしがないさま。

【遊動円木】ユウドウエンボク 太い丸太の両端をくさりなどで低くつるし、その揺れ動く上を重心をとりながら歩く運動用具。

【遊牧】ユウボク 牧草や水を求めて、移住しながら牧畜をすること。「―生活」「―民族」表記「游牧」とも書く。

【遊歩道】ユウホドウ 散歩・ハイキングなどに適するようにつくられた歩行者専

用道路。プロムナード。「自然ー」

【遊民】ユウミン 定職をもたず、遊んで暮らしている人。のらくらもの。「高等ー（職業をもたずに暮らしている知識人）」類遊客 表記「游民」とも書く。

【遊冶】ユウヤ 酒色（シュショク）にふけること。芸妓（ゲイギ）遊びをすること。表記「游冶」とも書く。参考「冶」はとかす意。

【遊冶郎】ユウヤロウ 酒と女色に遊びふける男。放蕩（ホウトウ）者。表記「游冶郎」とも書く。

【遊弋】ユウヨク ①艦船が海上をあちこち見回って警戒すること。②鳥をとる遊猟。表記「游弋」とも書く。参考「弋」（いぐるみ）は鳥をとる道具の意。

【遊覧】ユウラン あちらこちらを見物して回ること。「ー飛行」「ー船」「九州ーツアー」表記「游覧」とも書く。

【遊里】ユウリ 遊女屋の集まっているところ。色町・色里。廓（くるわ）。類遊郭

【遊離】ユウリ ①他のものと離れて存在すること。「実状からーした理論」「庶民感覚とのー」②化合しないで存在すること。また、化合物から分離すること。

【遊猟】ユウリョウ 狩りをして遊ぶこと。類狩猟

【遊歴】ユウレキ 各地をめぐり歩くこと。「東北地方をーする」類遍歴・漫遊・遊行 表記「游歴」とも書く。

【遊行】ユギョウ 仏僧が説教や修行のために各地をめぐり歩くこと。「ー聖（ひじり）（各地を説教・修行して歩く僧）」類行脚（アンギャ） 表記「游行」とも書く。参考「ユウコウ」と読めば、遊んで歩き回る意になる。

【遊山】ユサン ①野山で遊ぶこと。②遠くへ遊びに出かけること。ピクニック。「物見ー」類行楽 表記「游山」とも書く。参考①「ユウザン」とも読む。

ユウ【釉】★ (12) 釆5 1 7856 6E58 音ユウ 訓うわぐすり・つや・ひかり

意味 ①うわぐすり。陶磁器の表面にぬって光沢を出す溶液。「釉薬」②つや。ひかり。

【釉・〈釉薬〉】うわぐすり 素焼の陶磁器の表面に塗り、焼いてつやを出すガラス質の珪酸（ケイサン）塩化化合物を主成分とするもの。つやぐすり。

ユウ【雄】(12) 隹4 常 4 4526 4D3A 音ユウ 訓お・おす 外おん・まさる

筆順 一 ナ 𠂇 厷 厷 厷 厷 厷 厷 雄 12

意味 ①お。動植物のおす。「雄鶏」「雌雄」対雌 ②おおしい。いさましい。まさる。ひいでる。また、すぐれた人物。「雄姿」「英雄」「業界の雄として活躍する」

下つき 英雄（エイユウ）・梟雄（キョウユウ）・群雄（グンユウ）・雌雄（シユウ）・除雄（ジョユウ）・両雄（リョウユウ）・老雄（ロウユウ）

【雄牛】おうし おすのウシ。「ーの角（つの）は太くまっすぐだ」対雌牛

【雄雄しい】おおしい 危険や困難を恐れず、いさぎよく力強い。男らしく勇ましい。「難局にーく立ち向かう」

【雄蕊】おしべ 種子植物の雄性生殖器官。多くは長い柄（花糸（カシ））と花粉のはいった袋（葯（ヤク））からなる。対雌蕊 参考「ユウズイ」とも読む。

【雄】おす ①動物で、精巣があり精子をつくるもの。②植物で雄蕊（おしべ）をつけるもの。対①②雌（めす） 参考「お・おん」とも読む。

【雄叫び】おたけび 勇ましい叫び声。「ーを上げて攻めこむ」

【雄蝶雌蝶】おチョウめチョウ ①おすのチョウとめすのチョウ。②婚礼などの祝いで用いる銚子（チョウシ）や提子（ひさげ）につける、おすとめすのチョウの形の折り紙。③婚礼の席で新郎新婦に酒をつぐ役の、男の子と女の子。

【雄花】おばな おしべだけをもち、めしべのない花。キュウリ・マツなど。対雌花

【雄日芝】おひしば イネ科の一年草。道端に自生。高さ約四〇センチメートル。葉は線形。夏から秋、緑色の穂を数本傘状につける。チカラグサ。由来メヒシバ（雌日芝）より根が強く抜きにくいことから。表記「牛筋草」とも書く。

【雄蛭木】おひるぎ ヒルギ科の常緑高木。沖縄以南の海岸の泥地に群生。幹の下方から気根を出し、メヒルギとともにマングローブ（紅樹林）をつくる。夏、紅色のがくが目立つ黄白色の花を下向きにつける。種子は樹上で発芽する。ベニガクヒルギ。表記「紅樹」とも書く。

【雄】おん おす。お。対雌（めん）

【雄鳥】おんどり ①おすの鳥。②ニワトリのおす。「ーが時を告げる」対雌鳥（めんどり） 表記②多く「雄鶏」と書く。

【雄偉】ユウイ 雄壮でたくましいこと。また、そのさま。「ーな体格をもつ人物」

【雄勁】ユウケイ おおしく力強いこと。特に、書画・詩文などの書き方や筆勢についていう。「ーな筆致」類雄渾（ユウコン）

【雄健】ユウケン ①おおしくすこやかなこと。②詩文などが力強いこと。類雄渾（ユウコン）

【雄渾】ユウコン 書画や詩文などが、力強く勢いのあること。また、そのさま。「ーな筆づかい」類雄勁（ユウケイ）

【雄材大略】ユウザイタイリャク すぐれた才能と大きなはかりごと。「材」は才能、「略」は計略の意。〈『漢書（カンジョ）』〉参考「雄材」は「ユウサイ」とも読む。

【雄志】ユウシ おおしいこころざし。はりきった意気込み。「ーを抱いて故郷を出る」類壮志・雄心

【雄姿】ユウシ おおしい姿。堂々としたりっぱな姿。「日本選手団のーを見て感動した」類英姿

【雄心勃勃】《ユウシンボツボツ》 おおしい勇気が盛んにわいてくるさま。「雄心」は勇ましい心の意。「勃勃」は気力の盛んに起こるさま。「—として試合に臨む」類勇気勃勃

【雄壮】《ユウソウ》 おおしくて力強いこと。おおしくて意気盛んなこと。また、そのさま。健壮。類勇壮

【雄大】《ユウダイ》 規模が大きく、堂々としたさま。「窓から—な富士山が見える」「—な都市計画」類壮大

〖雄大豪壮〗《ユウダイゴウソウ》 おおしくて大きく、盛んでりっぱなさま。

【雄図】《ユウト》 雄大な計画。いさましいはかりごと。「—むなしく撤退する」類壮図《ソウト》

【雄途】《ユウト》 大事業・大計画を実現するための、おおしい出発。いさましい門出。「北極探検の—につく」類壮途

【雄藩】《ユウハン》 大きくて、勢力のある藩。「西南の—」類大藩

【雄飛】《ユウヒ》 意気盛んに活動すること。「海外—の計画を実現した」対雌伏《シフク》 由来 おすの鳥が勢いよく飛び立つ意から。

【雄編・雄▲篇】《ユウヘン》 雄大で力のこもった、すぐれた作品や著作。「作者畢生《ヒッセイ》の—」

【雄弁】《ユウベン》 よどみなく堂々と話すこと。また、そのような弁舌。「—は銀、沈黙は金」「事実が—に物語っている」対訥弁《トツベン》

【雄峰】《ユウホウ》 雄大な姿でそびえ立つ山。「アルプスの—」

【雄略】《ユウリャク》 雄大なはかりごと。大きな計画。「天下統一の—」

ユウ【★楢】(13) 木9 準1 3874 466A 音 ユウ・シュウ 訓 なら

〔楢〕

意味 なら。ブナ科の落葉高木。

【▲楢】なら ブナ科の落葉高木、または常緑高木の総称。山野に自生。春、黄茶色の花をつける。実はどんぐり。材は家具・薪炭用。コナラ・ミズナラなど。季秋 表記「枹・柞」とも書く。

ユウ【★猷】(13) 犬9 準1 4518 4D32 音 ユウ 訓 はかる・はかりごと・みち

〔猷〕

意味 ①はかる。はかりごと。②みち（道）。

下つき 嘉猷《カユウ》

【▲猷る】《はかる》 ①工夫して計略をめぐらす。くわだてる。②いつわる。

ユウ【▲遊】(13) 辶9 ▼遊の旧字（一五一三）

ユウ【△熊】(14) 灬10 教 2307 3727 ▼くま（三七八）

ユウ【誘】(14) 言7 常 3 4522 4D36 音 ユウ 訓 さそう 外いざなう・おびく

筆順 2 4 7 … 誘

意味 ①さそう。いざなう。みちびく。「誘導」「勧誘」②おびきだす。おびきよせる。「誘拐」「誘惑」③引きおこす。「誘因」「誘発」

下つき 勧誘《カンユウ》

【△誘う】《いざなう》 さそう。勧めて連れ出す。「出不精の夫を旅に—う」「空想の世界へ—う物語」

【△誘き寄せる】《おびきよせる》 だまして連れ出す。だましてさそいよせる。「おとりで敵を—せる」「餌《さえ》で動物を—せる」

【誘う】《さそう》 ①ある行為をするように、すすめる。また、一緒に行くことや同じことをすることをすすめる。「会への参加を—う」「春風に—われて旅に出る」②そそのかす。誘惑する。「悪事に—う」③うながす。引き出す。「眠りを—う音楽会だった」

【誘引】《ユウイン》 興味や注意などを引いて、さそいこむこと。さそい入れること。「仲間を—する」

【誘因】《ユウイン》 ある状態や作用をひき起こす原因。「電気火花が—となって爆発した」類起因

【誘▲掖】《ユウエキ》 導き助けること。導き教えること。参考「掖」はわきから手をそえて助ける意。

【誘拐】《ユウカイ》 人をだましてさそい出し、連れて行くこと。かどわかし。「邦人—事件の多発を憂慮する」

【誘▲蛾灯】《ユウガトウ》 夜、ガなどの害虫を灯火でおびきよせ、水に落ちて死ぬようなしくみにした駆除装置。季夏

【誘致】《ユウチ》 さそってある場所へ呼び寄せること。「国体を—する運動を展開する」「工場を—する」

【誘導】《ユウドウ》 ①人や物を、ある状態や場所にさそい導くこと。「客を会場へ—する」「—尋問」②電気・磁気がその電場内・磁場内の物体に及ぼす作用。感応。

【誘発】《ユウハツ》 あることが原因となって、他のことをさそい起こすこと。「事故を—する危険がある」

【誘惑】《ユウワク》 人の心を迷わせて、悪い状態へさそいこむこと。「夜の街は—が多い」

ユウ【憂】(15) 心11 常 3 4511 4D2B 音 ユウ 訓 うれえる・うれい・うい 高

筆順 4 6 12 … 憂

意味 うれえる。思いなやむ。心配する。うい。つらい。「憂愁」「憂慮」

下つき 杞憂《キユウ》・近憂《キンユウ》・先憂《センユウ》・内憂《ナイユウ》

【憂い】《うい》 心が重苦しくてつらい。気分が晴れずやりきれない。「もの—い気がする」

【憂いも辛（つら）いも食うての上】 気が晴れないとかつらいなどというのは生きていればこそのことで、食べるにも困るようなことになれば、不平や不満など言っていられないということ。

【憂き身】うきみ つらく苦労の多い身の上。「賭事に―をやつす（やつれるほど熱中する）」

【憂き目】うきめ 悲しくつらい経験。悲しい目。苦しい目。「大学不合格の―に遭う」「落選の―を見る」

【憂世】うきよ 苦しいことや心配事の多い世の中。「―を嘆く」参考「浮世」と書けば、現世の意になる。

【憂さ】うさ 気持ちが重くて晴れないこと。思いどおりにならずにめいる気持ち。「―晴らしにカラオケに行く」

【憂い】うれい ①心配。気づかい。「後顧の―もなく出発した」②悲しみ嘆くこと。ゆううつで気持ちが晴れないこと。「―顔」参考「憂え」ともいう。

【憂える】うれえる ①悪い状態になるのではないかと、心配する。気づかう。「国の将来を―える」②結果やなりゆきを、心を痛めて嘆き悲しむ。「事件の続発を―える」

【憂鬱】ユウウツ 気が沈んで心の晴れないこと。「試験が近づくと―になる」表記「悒鬱・幽鬱」とも書く。

【憂患】ユウカン ひどく気づかってわずらうこと。心配して悩むこと。心痛。

【憂患に生じて安楽に死す】 人間は苦痛があるときは、それを振り払おうと必死で生きるものであるが、安楽に過ぎると油断が生じて、かえって死を招きやすいということ。〈『孟子（モウシ）』〉

【憂苦】ユウク うれえ苦しむこと。心配して悩むこと。心配事と苦しみ。「酒で浮世の―を忘れる」

【憂惧・憂虞】ユウグ うれえ心配して、おそれること。

【憂国】ユウコク 国の現状や将来を、心配し案じること。国事をうれえること。「―の士」「―の情」

【憂愁】ユウシュウ うれいと悲しみを含んだ思い。心配を含んだ悲しみ。「―に閉ざされた心」「―をかなでる曲」

【憂色】ユウショク 心配そうな顔色。うれいのにじむさま。「―が濃く現れた表情」類 愁色 対 喜色

【憂憤】ユウフン うれえ、いきどおること。悲しみいきどおること。「凶悪犯罪の多発を―する」類 憤恚（フンイ）

【憂悶】ユウモン うれえもだえること。心配し悩むこと。「―にのたうつ」

【憂慮】ユウリョ 悪い状態になることを予想して、うれえ気づかうこと。心配して思案すること。「両国の関係悪化を―する」

ユウ 【牖】 (15) 片11 1 8769 / 7765 音 ユウ 訓 まど・みちびく

意味 ①まど。れんじまど。格子をはめた窓。「牖戸」②みちびく。「牖民」

【牖】まど 採光や通風のために、壁をつきぬいて細い間隔で格子（コウシ）をはめ、回転させて開けるようにした穴。れんじまど。

【牖中に日を窺う】ユウチュウにひをうかがう 狭い視野のたとえ。知識や見識の浅薄なことのたとえ。窓から太陽をうかがい見る意から。「牖」は明かりとりの窓の意。〈『世説新語（セセツシンゴ）』〉

ユウ 【蕕】 (15) ⺾12 1 7304 / 6924 音 ユウ 訓 かりがねそう

意味 かりがねそう（雁金草）。クマツヅラ科の多年草。悪臭を放つことから、くさみ、また悪人などのたとえ。

ユウ 【蝣】 (15) 虫9 1 7402 / 6A22 音 ユウ 訓

意味 昆虫の名「蜉蝣（かげろう）」に用いられる字。

ユウ 【融】 (16) 虫10 常 準2 4527 / 4D3B 音 ユウ 訓 外 とける・とおる

筆順 4 6 13

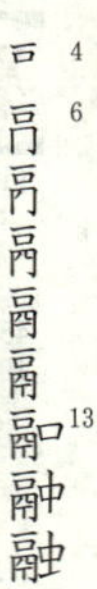

意味 ①とける。とかす。固体が液体になる。「融解」「融和」類 溶・熔（ヨウ） ②やわらぐ。「融合」「融和」③とおる。通じる。流通する。「融資」「融通」

下つき 円融（エンユウ）・金融（キンユウ）・祝融（シュクユウ）・溶融（ヨウユウ）

【融る】とおる とどこおりなく通じる。なめらかにゆきわたる。

【融ける】とける 固体が熱などによって液状になる。「雪が―ける」

【融化】ユウカ ①とけて形が変わること。②とけ合って一つになること。

【融解】ユウカイ ①とけること。とかすこと。②固体が熱によって液状になること。「―点」「氷は セ氏零度で―する」類 溶融 対 凝固

【融合】ユウゴウ とけ合って一つになること。「東西文化の―が望まれる」類 融和

【融資】ユウシ 資金を融通して貸すこと。または、その資金。「あの銀行の―は大分焦げついている」

【融通】ユウズウ ①お互いの間で金銭・物品のつごうをつけて貸し借りすること。「余ったら少々―してください」②臨機応変に物事の処理をすること。「―が利（き）かない人」

【融通無碍】ユウズウムゲ 思考や行動が、物事にとらわれず自由でのびのびとしていること。「無碍」はさまたげのないこと。もと仏教語で、別々のものがとけ合って一つになること。表記「無碍」は「無礙」とも書く。類 融通自在・無碍自在 対 四角四面

【融和】ユウワ 気持ちがとけ合って、一つになること。うちとけて仲のよいこと。「民族間の—を図る」類融合

【優】ユウ

(17) 亻15 教 常 5 4505 4D25

音 ユウ 外ウ
訓 やさしい 中・すぐれる 中 外ゆたか・まさる・わざおぎ・やわらぐ

筆順 亻 亻 亻 亻 亻 亻 優 優

意味 ①やさしい。上品で美しい。「優雅」「優美」②てあつい。情け深い。「優遇」「優待」③すぐれている。まさっている。「優越」「優勝」対劣 ④ゆるやかである。ぐずぐずする。「優柔不断」⑤役者。わざおぎ。「俳優」「名優」⑥やわらぐ。調和する。「優暢ユウチョウ」⑦ゆう。評価の序列の第一。「優良可」

下つき 女優ジョユウ・男優ダンユウ・俳優ハイユウ・名優メイユウ

【△優曇華】ウドンゲ ①仏インドで、三〇〇〇年に一度花を開くという想像上の木。②きわめてまれなことのたとえ。「盲亀モウキの浮木、—の花」③天井などにうみつけたクサカゲロウの卵。白い糸状の柄に卵がついて、花のように見える。吉兆とも凶兆ともいう。季夏 由来「優曇」は梵語ボンゴの音訳から。②①の花が咲くことから。

【△優婆▲夷】ウバイ 仏在家のまま仏門に入った女性。信女シンニョ。近事女ゴンジニョ。対優婆塞ウバソク 由来梵語ボンゴの音訳から。

【△優婆塞】ウバソク 在家のまま仏門に入った男性。信士シンジ。近事男ゴンジナン。対優婆夷ウバイ 由来梵語ボンゴの音訳から。

【優れる】すぐ-れる ①能力・価値などが他より秀でる。「新製品の—れた点が評価された」「話術に—れる」②気分・天候などがよい状態である。「健康が—れない」参考②多く、打ち消しの語を伴う。

【△優る】まさ-る 他とくらべて能力・程度などが上である。すぐれている。「聞きしに—る美しさ」対劣る

【優男】やさおとこ からだつきや気だて・振る舞いなどが、やさしい男。また、風流な男。「色の白い—」

【優形】やさがた ①姿形がやせて品よく、すらりとしていること。「どちらかといえば—だ」②男の気だて・振る舞いなどが、やさしいこと。

【優しい】やさ-しい ①思いやりがあって情けが深い。「困っている人に—い子であってほしい」②おとなしく、素直である。「気だての—い娘」③おだやかで、上品である。「母親が—い声で本を読み聞かせる」

【優▲渥】ユウアク 手厚く、いつくしみ深いさま。ねんごろなさま。特に、天子の恩沢が深いさま。

【優位】ユウイ 立場や地位などが他よりまさっていること。「経験のあるチームのほうが—に立った」類優勢 対劣位

【優越】ユウエツ 他とくらべてまさっていること。他よりすぐれていること。「勝利を得て—感にひたる」

【優艶・優▲婉】ユウエン 上品で美しいさま。やさしくあでやかなさま。「和服姿の—な女性」

【優雅】ユウガ ①上品でみやびやかなさま。「古典舞踊が—に演じられた」②ゆとりがあって豊かなさま。「—な生活を送っている」

【優遇】ユウグウ 来客などを厚くもてなすこと。また、使用人などに、報酬などの待遇を手厚くすること。「経験者を—する会社」「—措置」類厚遇 対冷遇

【優秀】ユウシュウ 他よりすぐれて、ひいでているさま。「—な成績で合格する」「—な人材を探す」

【優柔】ユウジュウ ぐずぐずしていること。はきはきしないこと。また、そのさま。

【優柔不断】ユウジュウフダン ぐずぐずして、決断ができないこと。思い切りの悪いこと。「—で周囲をいらいらさせる」類優柔寡断・薄志弱行 対剛毅果断ゴウキカダン・勇猛果敢

【優勝】ユウショウ ①競技などで一位になること。「全国大会で—する」②すぐれているものが競争に勝つこと。対劣敗

【優勝劣敗】ユウショウレッパイ 生存競争のなかで、強い者が栄え、弱い者が滅びること。まさっている者が勝ち、劣っている者が負ける意から。「—は世の中の常」類弱肉強食・適者生存・自然淘汰シゼントウタ

【優賞】ユウショウ 上に立つ人が下の者の功績をほめること。手厚く賞すること。また、その賞品や賞金。「—にあずかる」

【優▲諚】ユウジョウ 天子のめぐみ深いお言葉。参考「諚」は身分の高い人の命令の意。

【優生】ユウセイ 良質の遺伝形質を保存するようにすること。「—学」

【優性】ユウセイ 遺伝で、対立する形質をもつ二つの品種を交配すると、雑種第一代に現れるほうの形質。「—遺伝」類顕性 対劣性

【優勢】ユウセイ 勢いや形勢が他よりまさっていること。「—な局面が崩れる」「—を保つ」対劣勢

【優先】ユウセン 他のものをさしおいて、先に扱うこと。「—順位にしたがって仕事をする」「関係者の—席」

【優待】ユウタイ 他のもの以上に手厚くもてなすこと。特別に有利に扱うこと。「遠方からの客を—する」「—券プレゼント」類優遇

【優長】ユウチョウ 物事にすぐれ、まさっていること。「才学—」

【優等】ユウトウ 成績・技能などが、他よりもすぐれていること。「—生」対劣等

【優に】ユウ-に その数量・程度に達してなお、余裕のあるさま。十分に。「観衆は—三万人をこえた」

【優美】ユウビ 姿形や動作などが、やさしく美しいさま。上品でみやびやかなさま。「—な仕草」

【優▲游▲涵泳】ユウユウカンエイ ゆったりとした気持ちで、じっくりと学問や技芸の深い境地にひたり、味わうこと。「優游」はゆったりしている、「涵泳」は水泳する意。〈論語〉「絵画の世界を―する」

【優良】ユウリョウ 成績や品質などが、すぐれていてよいさま。「小学生のころは健康―児だった」「―商品」対劣悪

【優麗】ユウレイ 優雅でうるわしいさま。みやびやかで美しいさま。類優雅

【優劣】ユウレツ まさることと、おとること。「―つけがたい」「―を競う」類長短

【▲優か】ゆた-か ①物事が十分にあるさま。満ち足りて不足がないさま。「財政―な自治体は少ない」②心や体が、のびのびとしたさま。「この映画を観て―な気持ちになった」

【▵優】わざおぎ ①神や人を楽しませるために、こっけいな芸をすること。また、その人。②役者。芸人。表記「俳優」とも書く。

ユウ【黝】
(17) 黒 5 1 8359 735B 音 ユウ 訓 あおぐろい・くろい・くろむ

意味 あおぐろい。くろ。くろい。くろむ。また、薄暗い。「黝黝」

【▲黝い】あおぐろ-い 青みがかった黒色。黒みをおびた青色。

ユウ【鼬】
(18) 鼠 5 1 8376 736C 音 ユウ・ユ 訓 いたち

意味 いたち。イタチ科の哺乳動物の総称。

下つき 鎌鼬かまいたち

【▲鼬・〈▲鼬▲鼠〉】いたち イタチ科の哺乳ホニュウ動物の総称。また、その一種。日本特産。体は茶褐色。夜間、ネズミやニワトリなどを捕食。敵におそわれると悪臭を放って逃げる。季冬 由来「鼬鼠」は漢名から。

【▲鼬の最後っ▲屁ぺ】窮地に追いこまれたときに、難を逃れるため非常手段に訴えることのたとえ。また、最後に醜態を見せることのたとえ。由来 イタチは敵に追われたときに悪臭を放ち、相手をひるませて逃げることから。

【▲鼬の無き間の▲貂てん誇り】弱者が、自分より強い者やすぐれている者がいないところで大きい顔をするたとえ。また、そういう人をあざけっていう言葉。類鳥無き里の蝙蝠こうもり

【▲鼬魚】いたちうお アシロ科の海魚。南日本の浅海にすむ。全長約六〇センチメートル。背びれと尾びれがつながり、ナマズに似る。色はイタチに似た茶褐色。口に六対のひげがある。食用。ウミナマズ。

【▲鼬ごっこ】いたちごっこ ①両方が同じことを繰り返すばかりで結論が出ないこと。決着しないこと。「抗生物質と耐性菌との―」②子どもの遊び。二人が「いたちごっこ、ねずみごっこ」と唱えながら互いの手の甲をつねり合い、手が届かなくなるまで順に重ねていく。

ゆう【夕】(3) 夕 0 教 4528 4D3C ▼セキ(八七二)

ゆう【結う】(12) 糸 6 教 2375 376B ▼ケツ(四一二)

ゆうべ【夕べ】(3) 夕 0 教 4528 4D3C ▼セキ(八七二)

ゆえ【故】(9) 攵 5 教 2446 384E ▼コ(四五二)

ゆか【床】(7) 广 4 常 3018 3E32 ▼ショウ(七四二)

ゆがむ【▲歪む】(9) 止 5 4736 4F44 ▼ワイ(一六二七)

ゆかり【▵縁】(15) 糸 9 常 1779 316F ▼エン(一〇六)

ゆき【裄】
(11) 衤 6 国 1 7466 6A62 音 訓 ゆき

意味 ゆき。ゆきたけ。衣服の背縫いから袖口そでぐちまでの長さ。

ゆき【雪】(11) 雨 3 教 3267 4063 ▼セツ(八八五)

ゆぎ【▲靫】(12) 革 3 8054 7056 ▼サイ(五五八)

ゆく【▲之く】(3) ノ 2 3923 4737 ▼シ(五九四)

ゆく【行く】(6) 行 0 教 2552 3954 ▼コウ(四八二)

ゆく【▵往く】(8) 彳 5 教 1793 317D ▼オウ(一一二)

ゆく【▵征く】(8) 彳 5 常 3212 402C ▼セイ(八五三)

ゆく【▲徂く】(8) 彳 5 5541 5749 ▼ソ(九一九)

ゆく【逝く】(10) 辶 7 常 3234 4042 ▼セイ(八五九)

ゆく【▲適く】(14) 辶 11 教 3712 452C ▼テキ(一一〇一)

ゆく【▲邁く】(16) 辶 12 7818 6E32 ▼マイ(一四三九)

同訓異義 ゆく

【行く】他の場所へ移動する。物事が進行する。ほか、広く用いる。「来る」の対。「会社へ行く」「買い物に行く」「大阪行きの特急」「仕事がうまく行く」「月日が行く」「合点が行く」「行く末」

【▵往く】もどることを予定して、目的の場所へ移動する。「復」の対。「タクシーで往くが、帰りは歩く」「往きは飛行機にする」

【▵征く】敵を滅ぼすためにおもむく。出征する。「戦地へ征く」

【逝く】人が死ぬ。「眠るように逝く」「彼が逝って三年たつ」

ゆさぶる【揺さぶる】(12) 扌 9 常 4541 4D49 ▼ヨウ(一五三〇)

ゆず【▲柚】(9) 木 5 4514 4D2E ▼ユウ(一五一〇)

ゆする【揺する】(12) 扌 9 常 4541 4D49 ▼ヨウ(一五三〇)

ゆずる【禅る】(13) 礻 9 常 3321 4135 ▼ゼン(九一七)

ゆずる【遜る】(14) 辶 10 常 3429 423D ▼ソン(九六八)

ゆずる【譲る】(20) 言 13 常 3089 3E79 ▼ジョウ(七七九)

ゆたか【裕か】(12) 衤 7 常 4521 4D35 ▼ユウ(一五一二)

ゆたか【豊か】(13) 豆 6 教 4313 4B2D ▼ホウ(一四〇八)

ゆたか【△優か】(17) イ15 教 4505 4D25 ▼ユウ(一五一七)
ゆたか【▲饒か】(21) 食12 8133 7141 ▼ジョウ(七八〇)
ゆだねる【委ねる】(8) 女5 教 1649 3051 ▼イ(一八)
ゆだめ【▲檠】(16) 木12 6091 5C7B ▼ケイ(四〇〇)
ゆでる【▲茹でる】(9) ⺾6 7207 6827 ▼ジョ(七三五)
ゆはず【▲弭】(9) 弓6 5525 5739 ▼ビ(一二八九)
ゆび【指】(9) 扌6 教 2756 3B58 ▼シ(六二二)
ゆみ【弓】(3) 弓0 教 2161 355D ▼キュウ(三〇一)
ゆめ【△努】(7) 力5 教 3756 4558 ▼ド(一一三三)
ゆめ【夢】(13) 夕10 教 4420 4C34 ▼ム(一四六三)
ゆらぐ【揺らぐ】(12) 扌9 常 4541 4D49 ▼ヨウ(一五三〇)
ゆる【揺る】(12) 扌9 常 4541 4D49 ▼ヨウ(一五三〇)
ゆるい【緩い】(15) 糸9 常 2043 344B ▼カン(二四六)
ゆるがせにする【▲忽せにする】(8) 心4 2590 397A ▼コツ(五三〇)
ゆるぐ【揺るぐ】(12) 扌9 常 4541 4D49 ▼ヨウ(一五三〇)
ゆるす【▲允す】(4) 儿2 1684 3074 ▼イン(六一)
ゆるす【▲宥す】(9) 宀6 4508 4D28 ▼ユウ(一五〇九)

同訓異義 ゆるす

【許す】望みを聞きいれる。許可する。自由にまかせる。ほか、広く用いる。「結婚を許す」「肌を許す」「気を許す」「時間が許せば出席します」
【△赦す】すでに決まっている罪を免じる。義務などを免じる。「恩赦(オンシャ)」「刑罰を赦す」「税を赦す」
【▲恕す】相手の事情を考慮して寛大に扱う。「ある限度まで恕す」「失礼をお恕し願います」
【▲宥す】大目に見て、罪を見逃す。「過ちを宥す」

ゆるす【▲恕す】(10) 心6 2990 3D7A ▼ジョ(七三五)
ゆるす【許す】(11) 言4 教 2186 3576 ▼キョ(三一八)
ゆるす【△赦す】(11) 赤4 常 2847 3C4F ▼シャ(六五八)
ゆるす【△聴す】(17) 耳11 常 3616 4430 ▼チョウ(一〇六八)
ゆるむ【▲弛む】(6) 弓3 3548 4350 ▼シ(六〇三)
ゆるむ【緩む】(15) 糸9 常 2043 344B ▼カン(二四六)
ゆるやか【△寛やか】(13) 宀10 常 2018 3432 ▼カン(二四〇)
ゆるやか【緩やか】(15) 糸9 常 2043 344B ▼カン(二四六)
ゆれる【揺れる】(12) 扌9 常 4541 4D49 ▼ヨウ(一五三〇)
ゆわえる【結わえる】(12) 糸6 教 2375 376B ▼ケツ(四一二)

よ 与 ヨ 与

ヨ【与】(3) 一2 常 4 4531 4D3F

音 ヨ
訓 あたえる・あずかる 外 くみする

旧字《與》(13) 臼6 1/準1 7148 6750

筆順 一 与 与

意味 ①あたえる。「与奪」「贈与」 ②くみする。なかまになる。「与党」「与国」 ③あずかる。関係する。「関与」「参与」 ④ともに。…と。並列の助字。 ⑤より。比較の助字。 ⑥か。や。疑問・反語の助字。 参考 「与(與)」の省略形が片仮名の「ヨ」に、草書体が平仮名の「よ」になった。

下つき 関与(カンヨ)・寄与(キヨ)・供与(キョウヨ)・参与(サンヨ)・授与(ジュヨ)・賞与(ショウヨ)・譲与(ジョウヨ)・贈与(ゾウヨ)・貸与(タイヨ)・天与(テンヨ)・投与(トウヨ)・付与(フヨ)・賦与(フヨ)

【△与る】あずか-る ①物事に関係する。かかわる。参加する。「新商品開発に―らせていただいた」「私の―り知らない事です」 ②恩恵や好意などを受ける。いただく。「お褒めに―る」「ご招待に―る」

【与える】あた-える ①自分の物を渡して相手の物にさせる。さずける。「犬に餌(えさ)を―える」 ②相手に便宜をはかる。「海外研修の機会を―える」 ③仕事や課題などを割り当てる。「任務を―える」 ④相手に悪影響や作用などをこうむらせる。「損害を―える」 参考 ①～③目上から目下への場合にいう。④多く、悪い意味にいう。

【△与する】くみ-する ①仲間になる。関係する。「暴動に―したとして罰せられる」「どちらの意見にも―しない」 ②賛成する。力を貸す。

【与件】ヨケン 研究や推理で出発点となる、議論の余地のない原理や事実。所与。

【与国】ヨコク 軍事的に互いに助け合って行動する国。同盟国。 参考 「与」は仲間の意。

【与太】よた ①「与太郎」の略。おろか者。なまけ者。 ②「与太者」の略。ならず者。 ③ふざけた言葉。でたらめ。「―を飛ばす」「―話」

【与奪】ヨダツ ①与えることと奪うこと。自由に人に与えたり、人から奪ったりすること。「生殺(セイサツ)―の権」 ②思うままに支配すること。 表記 「予奪」とも書く。

【与太郎】よたろう 知恵の足りない人。まぬけ。おろか者。 参考 落語で、知恵の足りない、または無知な倅(せがれ)の名として用いたことから。

【与知】ヨチ そのことに自分も関係して、知っていること。 類 関知

【与党】ヨトウ 政党政治で、政権を担当している政党。また、政権党とともに政府を支持している政党。政権政党。 対 野党

【与力】ヨリキ ①加勢すること。助力すること。また、その人。 ②江戸時代、幕府の奉行や所司代などに所属して事務を補佐し、同心を指

揮した役。また、その役人。

ヨ【予】
(4) 亅3 常 教 8 4529 4D3D

音 ヨ
訓 外 あらかじめ・かねて・われ・あたえる・ゆるす

(A) 旧字《豫》(16) 豕9 1/準1 4814 502E
(B)【予】1 4529 4D3D

筆順 フ マ ヱ 予

意味 (A)[豫] ①あらかじめ。かねて。前もって。「予感」「予告」 類 預 ②たのしむ。「遊予」 ③ためらう。「猶予」 ④「伊予(よ)の国」の略。「予州」 (B)[予] ①われ。自称。「予輩」 類 余 ②あたえる。あずかる。「賜予」 類 与 ③ゆるす。 類 許 参考 本来別の意味の二つの字を「予」にまとめた。

下つき (A)逸予(イツヨ)・悦予(エツヨ)・不予(フヨ)・猶予(ユウヨ) (B)賚予(ライヨ)

【予め】あらかじめ 前もって。事が起こる前から。「会議の資料は—準備します」 表記「預め」とも書く。

【予予】かねがね 以前から。まえまえから。かねてから。「お話は—うかがっておりました」

【予て】かねて 前もって。あらかじめ。「日時と場所は—お知らせしたとおりです」「—からの不安が現実になった」

【予感】ヨカン 事が起こる前になんとなく感じること。また、その感じ。虫のしらせ。「—が的中した」 類 予覚

【予期】ヨキ 前もって期待すること。前もってそうなると推測すること。「総選挙は—に反した結果となった」

【予見】ヨケン 事が起きる前に、その事を見通すこと。「先を—する」 類 予知

【予言】ヨゲン 未来を予測して言うこと。また、その言葉。「学者が大地震を—する」 参考「預言」と書けば神の言葉を人々に告げる意。

【予後】ヨゴ ①病気や手術で、それがたどる経過についての医学上の見通し。②病後の経過。「—不良により入院が長びく」

【予行】ヨコウ 儀式や行事などがうまくいくように、前もって本番のとおりに行っておくこと。「運動会の—演習」

【予告】ヨコク ①前もって告げ知らせること。「—なしの来訪者」 ②発行や封切の前に宣伝すること。「次号—」「新作映画の—編」

【予算】ヨサン ①ある目的のために必要な費用を前もって見積もること。また、その費用。「海外旅行の—を立てる」「乏しい—」 ②国や地方公共団体の、次の会計年度中の歳入・歳出の見積もり。「来年度—を編成する」「議会で—を審議する」 対 ①②決算

【予習】ヨシュウ これから教わる事柄について、前もって勉強すること。 対 復習

【予選】ヨセン ①多くのなかから、一定水準にあるものを前もって選び出すこと。「作品が—を通過した」 ②本大会や決勝戦に出場するチームや選手を選ぶための試合や競技。「—を突破する」「地区—を勝ち抜く」

【予餞会】ヨセンカイ 卒業や旅立ちなどの前に行う、はなむけの送別会。 参考「餞」は、はなむけの意。

【予想】ヨソウ 物事の結果などを前もって想像すること。また、その内容。「—外の結果に驚く」「—を裏切る活躍」 類 予測

【予測】ヨソク 物事の結果などを前もっておしはかること。また、その内容。「結果がどうなるか—がつかない」 類 予想

【予奪】ヨダツ あたえることとうばうこと。 表記「与奪」とも書く。

【予断】ヨダン 物事の結果などを前もって判断すること。「試験の合否は—を許さない」

【予知】ヨチ 事の起こる前に、前もって知ること。「自然災害を完全に—することは不可能だ」 類 予見

【予兆】ヨチョウ 将来起こりそうな事態を前もって知らせる現象。きざし。前ぶれ。「天変地異を—するような不気味な雲だ」 類 前兆

【予定】ヨテイ 前もって決めたり見込みを立てたりすること。また、その決めた事柄や見込み。スケジュール。「—どおりに進行する」「多忙で—が立たない」

【予備】ヨビ ①前もって準備しておくこと。また、そのもの。「—のタイヤ」「それに関しては—知識が全くない」 ②犯罪を実現するための下準備で、実行に至らないもの。「殺人—罪」 ③「予備役(エキ)」の略。現役を退いたのち、一定期間軍務に服する兵役。 表記「預備」とも書く。

【予報】ヨホウ 前もって予測した事柄を、知らせること。また、その知らせ。「気象—」

【予防】ヨボウ 病気や災害などを前もってふせぐこと。「—接種」「労災—月間」

【予約】ヨヤク 前もって約束すること。また、その約束。「—していた本が届いた」「—を取り消す」「—販売」

【予鈴】ヨレイ 開演や操業などの合図の本鈴の少し前に、予告として鳴らすベルやチャイム。 対 本鈴

【予】われ 自称の代名詞。自分。よ。 表記「余」とも書く。 参考 おもに男性がいう。

ヨ【余】
(7) 人5 常 教 6 4530 4D3E

音 ヨ
訓 あまる・あます 外 ほか・われ

(A) 旧字《餘》(16) 飠7 1/準1 8117 7131
(B)【余】1 4530 4D3E

筆順 ノ 人 亼 亼 全 余 余

意味 (A)[餘] ①あまる。あまり。のこり。「余生」「余力」「残余」 ②ほか。それ以外の。「余興」「余念」 (B)[余] われ。自称。「余輩」 類 予 参考 本来別の意味の

二つの字を「余」にまとめた。

下つき Ⓐ窮余(キュウヨ)・残余(ザンヨ)・剰余(ジョウヨ)・有余(ユウヨ)

【余△戸】あまりべ 大化改新後の律令(リツリョウ)制で、五〇戸を一里と定めた際、端数の民戸で編成した小村。また、僻地(ヘキチ)の寒村などの称。参考「あまるべ」とも読む。

【余る】あまる ①多すぎて残る。また、必要な数量を引いても残る。「感謝に―るほどの力添えを得る」「料理が―った」②割り算で、割り切れずに残る。③数量が予想や基準を上まわる。また、能力・身分などの限度をこえている。「一〇〇人に―る賛同者」「手に―る仕事」「身に―る光栄」

〈余波〉なごり ①風がやんだのちもしばらく静まらない波。②潮が引いてもまだ波打ち際に残る海水。参考①「ヨハ」とも読む。

【余威】ヨイ ①物事をなし遂げたあとの、はずみのついた勢い。「―を駆る」類余勢 ②先人の残した威光。

【余韻】ヨイン ①物事の終わったあとに残る風情(フゼイ)。「感動の―に浸る」②詩文などの言外に感じられる趣。「―をもたせた表現」類①②余情 ③鐘をついたときなどに、音が消えたあとまで残る響き。余音。

『余韻▲嫋▲嫋』ヨインジョウジョウ 音が鳴りやんでもなお残る響きが、細く長く続くさま。詩文の表現の背後に感じられる趣や、事が終わったあとに残る風情などのたとえ。「嫋嫋」は音声の細く長く続くさま。「―たる名演奏」

【余▲蘊】ヨウン ①あまっているたくわえ。②あまり。残り。「全力を尽くして―ない」参考「蘊」はたくわえの意。

【余栄】ヨエイ ①死後まで残る名誉。「死して―あり」②祖先が残したおかげ。類余光

【余炎・余▲焔】ヨエン ①消え残りのほのお。「―が風に揺らぐ」②夏の終わりの暑さ。残暑。

【余▲殃】ヨオウ 祖先の悪事のむくいとして、子孫にまで残る災禍。「積悪の家に―あり」対余慶 参考「殃」は災難・わざわいの意。

【余暇】ヨカ 自分が自由に使える時間。ひま。「家族そろって―を楽しむ」「―の過ごし方」

【余寒】ヨカン 立春が過ぎたのちまで残る寒さ。対残暑 季春

【余技】ヨギ 専門以外のわざ。趣味としての技芸。「―の域を越える」

【余儀ない】ヨギない 他に取るべき方法がない。やむを得ない。「退陣を―くされる」「計画は―く中止された」

【余興】ヨキョウ 行事や宴会などで、興をそえるためにする演芸やかくし芸。

【余薫】ヨクン ①残っている香り。類余香 ②先人のおかげで得る幸福。類余光・余慶

【余▲醺】ヨクン さめきらずに残っている酔い。参考「醺」は酒気をおびている意。

【余計】ヨケイ ①物が多くてあまっているさま。程度の大きいさま。「材料を―に買い過ぎる」「人よりも―に勉強する」類余分 ②無用。じゃま。「―なお世話」③いっそう。なおさら。「買うなといわれると―買いたくなる」

【余慶】ヨケイ 祖先の善行のおかげで子孫が得る幸福。「積善の家に―あり」対余殃(ヨオウ)

【余光】ヨコウ ①日没後でも、空に残っている光。余映。残光。「―が雲を染める」②先人の死後にまで受けるおかげ。「親の―をこうむる」類余徳・余栄

【余財】ヨザイ ①残っている財産。余裕のある金銭。「慈善事業に―を寄付する」②ほかの財物。

【余罪】ヨザイ 問われている罪以外に犯した罪。主罪以外の罪。「―を追及する」

【余剰】ヨジョウ 必要な分を差し引いたあまり。残り。「―物資を福祉団体に贈る」類剰余・余分

【余情】ヨジョウ ①あとまで残るしみじみとした味わい。②詩歌・文章などで、言外に込められた趣。「―あふれる詩」類①②余韻

【余震】ヨシン 大きな地震のあとに引き続いて、何度も起こる小さな地震。揺り返し。

【余人】ヨジン ほかの人。自分以外の人。「―はいざ知らず」「―の追随を許さない」参考「ヨニン」とも読む。

【余▲塵】ヨジン ①車馬や人が通り過ぎたあとに、立つ土ぼこり。「―が舞う」類後塵 ②先人の残したやり方や影響。遺風。「―を拝する」類余風

【余▲燼】ヨジン ①燃え残った火。燃えさし。②事件・騒動などが終わったあとに、まだ残っている影響。「紛争の―がくすぶる地域」

【余生】ヨセイ ①活躍の時期を過ぎたあとの人生。老後の生活。「―を楽しむ」類残生 ②残りの生命。「わずかな―」類余命

【余勢】ヨセイ 何かをやり遂げたあとの、あまっている勢い。「勝利の―を駆って別の敵を攻撃する」類余威

【余▲喘】ヨゼン 今にも絶えそうなかすかな息。虫の息。「―を保つ(絶えそうな命をかろうじて長らえる)」参考「喘」はあえぐ意。

〈余所〉よそ ①ほかの場所。「―の店を探そう」②他人の家。「―に泊まる」③自分に直接関係がないこと。「―のことには関知しない」表記「他所」とも書く。

〈余所〉見 よそみ ①必要でない所を見ること。わき見。「運転中に―をするな」②他人から見る目。人目。「―に悪い」

【余沢】ヨタク ①先人の善行によって、その死後まで残る恩恵。おかげ。類余光 ②あまって他にまで及ぶ恩恵。類①②余徳

【余談】ヨダン 本筋以外の話。本筋をそれた雑談。「―はさておき」類余聞

【余地】ヨチ ①何かができるゆとり。余裕。部分。「同情の―なし」「選択の―がない」②あまっている土地。空き地。すきま。「立錐(リッスイ)の―もない満員電車」

【余滴】ヨテキ ①筆の先や酒の杯などに残ったしずく。また、雨のあとのしずく。②何かしたあとに残された事柄。「研究—」類残滴・余瀝ヨレキ

【余桃の罪】ヨトウのつみ 君主の気まぐれな寵愛チョウアイによって、ほめられたり思わぬ罪をきせられたりするたとえ。故事 中国、衛の弥子瑕ビシカという少年が、主君の寵愛を受けていたときには食べかけのモモを献上してもほめられたのに、寵愛が薄れると、主君に食べかけのモモを食べさせたと言われて罰せられた故事から。〈韓非子カンピシ〉

【余得】ヨトク 余分の利益。余分のもうけ。「—にあずかる」類余禄

【余徳】ヨトク ①先人の徳行によって、その死後まで残る恩恵。②ありあまって他にまで及ぶ恩恵。類①②余沢

【余熱】ヨネツ さめきらずに残っている熱。ほとぼり。「ごみ焼却炉の—を利用した温水プール」

【余念】ヨネン 当面していることとは関係のない考え。「研究に—がない」「—を捨てる」類他念・雑念

【余波】ヨハ ①風がおさまったあとも立っている波。「台風の—はまだ残る」②物事が起こったあとのよくない影響。とばっちり。「不況の—を受ける」参考①「なごり」とも読む。

【余輩】ヨハイ われら。わたしたち。自称の代名詞。参考多く文章に用いる。

【余白】ヨハク 文字などが書かれた紙面の、何も書かれていない部分。スペース。「挿絵で—を埋める」「—に書きこみをする」

【余病】ヨビョウ ある病気にかかっているうちに発病する別の病気。「—を併発する」

【余憤】ヨフン 心に残っていて晴れない怒り。いきどおり。「—をもらした」

【余分】ヨブン ①ありあまるもの。残り。「わが家には—なたくわえはない」②必要以上のもの。「つい—な買い物をしてしまった」類余計

【余聞】ヨブン 本筋からそれた話。こぼれ話。類余談・余話

【余弊】ヨヘイ あとまで残っている弊害。あることに伴って起きる弊害。「第二次世界大戦の—が各地で民族紛争を引き起こした」「台風の—で飛行機が欠航した」

【余程】ヨほど ①相当。ずいぶん。「家出するなんて—辛かったのだろう」「倒れるなんて—の距離を走ったのだろう」②思い切って。よくよく。「—忠告しようと思ったがやめた」

【余命】ヨメイ 死ぬまでに残っているいのち。「—いくばくもない」類余生

【余裕】ヨユウ ①落ち着いていてゆったりしていること。ゆとりのあること。「生活に—がある」「—ある態度に感服した」②物があまっていること。「まだ人数に—がある」

〖余裕▲綽▲綽〗ヨユウシャクシャク ゆったりと落ち着きはらっているさま。「綽綽」はゆったりとしたさま。〈孟子モウシ〉「猛練習のお陰で、本番でも—だった」「—たる態度」類泰然自若

【余力】ヨリョク あることに使っても、まだ残っている力。力のゆとり。「マラソンで—を残してゴールインする」

【余▲瀝】ヨレキ ①杯などに、残ったしずく。類余滴 ②人から受けるめぐみ。

【余▲禄】ヨロク 正規以外に得られる余分な収入。余分の所得。類余得

【余録】ヨロク ①正式の記録からもれた記録。こぼれ話。類余話・余聞 ②主要な記事以外の細かい記事。

【余話】ヨワ 一般にはあまり知られていない話。こぼればなし。「政界—」類余聞・余録

【△余】われ 自分。自称の代名詞。表記「予」とも書く。

ヨ【舁】(10) 臼4 1　音 ヨ　訓 かく・かつぐ

〔舁〕7145 674D

意味 かく。かつぐ。二人で両手をかけて持ちあげる。「舁夫」

【舁く】かく 二人以上で肩にのせて運ぶ。かつぐ。になう。「駕籠かごを—く」

【▲舁ぐ】かつぐ 二人以上で肩にのせて運ぶ。になう。「輿こしを—ぐ」

ヨ【畬】(12) 田7 1 8129 713D　音 ヨ・シャ　訓 あらた・やきはた

〔畭〕6534 6142

意味 一ヨ あらた。新しい田。開墾して二年め、または三年めの田。「畬田」二シャ やきはた。雑草を焼いてならした耕作地。

ヨ【▲與】(13) 臼6 7148 6750 ▼与の旧字(一五一九)

ヨ【誉】(13) 言6 常 4 4532 4D40　音 ヨ　訓 ほまれ 外ほめる

旧字〖譽〗(20) 言13 1/準1 7605 6C25

筆順 、 〃 ⺍ 𭕄 兴 兴 举 誉 10 誉 13

意味 ①ほまれ。よい評判。名声。「栄誉」「名誉」②ほめる。ほめたたえる。「称誉」「毀誉キ」対毀

下つき 栄誉エイ・毀誉キ・称誉ショウ・声誉セイ・名誉メイ

【誉れ】ほまれ ほめられて光栄なこと。評判のよいこと。名誉。「名人の—高い刀鍛冶かたなかじ」「彼は母校の—だ」

【△誉める】ほめる すぐれている点を評価し、それを口に出して良く言う。たたえる。「子の成績を—める」

ヨ【預】(13) 頁4 常 教 5 4534 4D42　音 ヨ　訓 あずける・あずかる 外あらかじめ

筆順 ㇇ マ ヱ 予 予 预 预 预 預 預 預

意味 ①あずける。あずかる。「預金」「預託」 ②あらかじめ。かねて。「預言」 類予

【預ける】あずーける ①人に金品を手元においてもらう。保管してもらう。「銀行にお金をーける」 ②世話や仕事をまかせる。「子どもを保育園にーける」「担当を部下にーけた」 ③勝負や物事の始末をまかせる。「夫婦喧嘩(ゲンカ)をーけられてもいい迷惑だ」

【預金】ヨキン 銀行などの金融機関に金銭をあずけること。また、その金銭。「お年玉は銀行にーした」 参考 郵便局では「貯金」という。

【預言】ヨゲン ユダヤ教・キリスト教で、神の霊感を受けたとする人が、神の言葉を人々に告げること。また、その言葉。「ー者」 参考 「予言」と書けば、未来を予測して言う意。

【預託】ヨタク ①財産などを、一時的にあずけまかせること。②政府や日本銀行の金を普通金融機関にあずけること。

【預備】ヨビ ①前もって準備しておくこと。また、そのもの。②犯罪を実現するための下準備で、その実行の着手に至らないもの。 表記 「予備」とも書く。

ヨ【★飫】(13) 食4 1 8112 712C 音 ヨ・オ 訓 あきる・さかもり

意味 ①あきる。食べあきる。「飫賜」 ②さかもり。「飫宴」

下つき 厭飫(エンヨ)・飽飫(ホウヨ)

ヨ【蕷】(16) 艹13 1 7317 6931 音 ヨ 訓 やまのいも

意味 ヤマノイモ科のつる性多年草「薯蕷(ショヨ)(やまのいも)」に用いられる字。じねんじょ(自然薯)。

ヨ【▲豫】(16) 豕9 4814 502E ▼予の旧字(一五二〇)

ヨ【▲餘】(16) 食7 8117 7131 ▼余の旧字(一五二〇)

ヨ【歟】(17) 欠13 1 6135 5D43 音 ヨ 訓 か・や

意味 …か。…や。推測・反語・感嘆の助字。類与

ヨ【★輿】(17) 車10 準1 4533 4D41 音 ヨ 訓 こし・くるま・のせる・おおい

意味 ①こし。人がかつぐ乗り物。くるま。また、車の総称。「輿台」「神輿」 ②のせる。のせて運ぶ。かつぐ。③万物をのせる大地。「坤輿(コンヨ)」 ④おおい。もろもろ。「輿望」「輿論」 ⑤物事のはじめ。芽生え。「権輿」 ⑥めしつかい。下僕。

下つき 肩輿(ケンヨ)・権輿(ケンヨ)・坤輿(コンヨ)・乗輿(ジョウヨ)・神輿(シンヨ・みこし)・仙輿(センヨ)・籃輿(ランヨ)

【▲輿】こし ①昔の貴人の乗り物の一つ。人を乗せた屋形を、下部にある二本の棒でかついだり、手に持って支えたりして運ぶ。②みこし。

【▲輿入れ】こしいれ 嫁入り。婚礼。 参考 昔、婚礼の日に、嫁を乗せた輿を婿の家にかつぎ入れたことから。

【▲輿図】ヨズ 輿地の図。世界地図。 参考 「ヨト」とも読む。

【▲輿地】ヨチ 大地。地球。全世界。「伊能忠敬(いのうただたか)の大日本沿海ー全図」 由来 「輿」は万物をのせるものの意から。

【▲輿丁】ヨチョウ こしをかつぐ人。かごかき。 参考 「ヨテイ」とも読む。「丁」は下働きの男の意。

【▲輿望】ヨボウ 世間の人から寄せられている期待。「過疎地のーを担う医師」 類衆望

【▲輿論】ヨロン 世間一般の意見。大多数の人の見解。公論。「ーにしたがう」「ーに訴える」 参考 現在はふつう「世論」と書き、「セロン」とも読む。

ヨ【▲譽】(20) 言13 7605 6C25 ▼誉の旧字(一五二二)

よ【世】(5) 一4 教 3204 4024 ▼セイ(八四三)

よ【代】(5) イ3 教 3469 4265 ▼ダイ(九九六)

よ【夜】(8) 夕5 教 4475 4C6B ▼ヤ(一四九一)

よい【△可い】(5) 口2 教 1836 3244 ▼カ(一三八)

よい【△吉い】(6) 口3 常 2140 3548 ▼キチ(二九四)

よい【△好い】(6) 女3 教 2505 3925 ▼コウ(四八〇)

よい【良い】(7) 艮1 教 4641 4E49 ▼リョウ(一五七五)

よい【△佳い】(8) イ6 常 1834 3242 ▼カ(一四四)

よい【宵】(10) 宀7 常 3012 3E2C ▼ショウ(七四六)

よい【△淑い】(11) 氵8 常 2942 3D4A ▼シュク(七〇八)

よい【善い】(12) 口9 教 3317 4131 ▼ゼン(九一五)

よい【△義い】(13) 羊7 教 2133 3541 ▼ギ(二八八)

同訓異義 よい

【良い】他よりもすぐれている。このましい。ほか、もっともふつうに広く用いる。「品質が良い」「成績が良い」「腕が良い」「相性が良い」「良い人悪い人」「仲良し」

【善い】道徳的にこのましい。正しい。「行いが善い」「社会のためになる善いこと」「善い政治」「善し悪しの判断」

【△好い】このましい。ちょうどよい。美しい。「人が好い」「景気が好い」「好い天候に恵まれる」「都合が好い」「好い機会」「男っぷりが好い」

【△佳い】すっきりと形がきれいな。「佳人(カジン)」「今日の佳き日」「お日柄が佳い」

【△吉い】めでたい。縁起がよい。「吉日(キチジツ)」「吉凶(キッキョウ)」「運が吉い」「吉い日を選ぶ」

【△淑い】しとやかな。つつましく清らかな。「淑い女性」

【▲嘉い】めでたい。けっこうな。「嘉言(カゲン)」

よい【▲嘉い】(14) 口11 1837 3245 ▼カ(一五六)

よい【▲徽い】(17) 彳14 2111 352B ▼キ(二八三)

よい【▲懿い】(22) 心18 5684 5874 ▼イ(四〇)

ヨウ【幺】(3) 幺0 1 5486 5676 音 ヨウ 訓 ちいさい・おさない

意味 ちいさい。おさない。類 幼 参考「糸」のはしの形から、ちいさい意を表す字。

【▲幺▲麼】ヨウマ 小さいこと。取るに足りないこと。また、そのような人。「幺」も「麼」も小さい意。

ヨウ【夭】(4) 大1 1 5280 5470 音 ヨウ 訓 わかい・わかじに・わざわい

意味 ①わかい。わかわかしい。わかくうつくしい。「夭夭」②わかじに。早死にする。「夭死」「夭逝」③わざわい。「夭鳥」

下つき 蚤夭ソウヨウ・桃夭トウヨウ

【▲夭死】ヨウシ 「夭折」に同じ。類 夭逝・夭折

【▲夭逝】ヨウセイ 「夭折」に同じ。類 夭死・夭折

【▲夭折】ヨウセツ わか死にすること。「二〇代で―した詩人」「―の天才画家」類 夭死・夭逝

【▲夭桃】ヨウトウ ①生き生きしたモモ。②わかく美しい女性の容色のたとえ。

【▲夭▲夭】ヨウヨウ わかく美しいさま。わかく生き生きとしたさま。「―たる桃花」

【▲夭い】わかーい 生まれてから年数がたっていない。しなやかでわかわかしい。

ヨウ【孕】★ (5) 子2 1 5352 5554 音 ヨウ 訓 はらむ・みごもる

意味 はらむ。みごもる。妊娠する。「孕婦」「懐孕」

〈▲孕女〉うぶめ 妊娠中の女性。また、出産直後の女性。表記「産女」とも書く。

【▲孕む】はらーむ ①妊娠する。みごもる。②そのものの中に含みもつ。「争いの種を―む」「危険を―んだ行為」③布などが風を受け、片方にふくれる。「帆に風を―んで進む船」「イネが―む」④植物の穂や芽が出ようとしてふくらむ。

【▲孕る】みごもーる 妊娠する。はらむ。「双子を―った」表記「身籠る」とも書く。

ヨウ【幼】(5) 幺2 常 教 5 4536 4D44 音 ヨウ 外 ユウ 訓 おさない 外 いとけない

筆順 く 幺 幺 幻 幼

意味 おさない。いとけない。また、おさなご。「幼少」「幼稚」「幼年」

下つき 長幼チョウヨウ・童幼ドウヨウ・老幼ロウヨウ

〈幼気〉いたいけ ①おさなくて、いじらしいさま。「悲しみに耐える―な姿」②おさなくて、かわいいさま。「―な子ども」

【△幼い】いとけーない あどけない。おさない。「赤ちゃんの―いしぐさ」表記「稚い」とも書く。

【幼い】おさなーい ①年齢が少ない。幼少だ。「―い頃の記憶が残っている」②考えなどが未熟である。幼稚である。「考えが―い」

【幼▲馴染み】おさななじみ おさない子どものときから親しかった間柄。また、その人。「近所の―」

【幼▲孩】ヨウガイ あかご。ちのみご。みどりご。参考「孩」は赤ん坊の意。

【幼児】ヨウジ ①おさない子。②児童福祉法で、満一歳から小学校就学までの子。「―教育に携わる」類 小児ショウニ

【幼弱】ヨウジャク おさなくて、かよわいさま。また、その人。「―な若君」

【幼少】ヨウショウ 年齢がおさないこと。「―のころの記憶をたどる」

【幼稚】ヨウチ ①年端としはがゆかないこと。おさないこと。「―園児」類 幼少 ②考えや行動などが未熟で劣っているさま。「―なうそはすぐばれる」

【幼虫】ヨウチュウ 卵から孵化フカして、さなぎになる前までの昆虫。対 成虫

ヨウ【用】(5) 用0 常 教 9 4549 4D51 音 ヨウ 訓 もちいる 外 はたらき・もって

筆順 丿 冂 月 月 用

意味 ①もちいる。つかう。役立てる。「用意」「使用」類 庸 ②はたらき。ききめ。「作用」「効用」③しなければならない仕事。「用件」「所用」④必要な金銭や品物。「用度」「費用」⑤使いみち。使われる目的。「薬用」「浴用」⑥大小便をする。「用便」⑦もって。…によって。

下つき 愛用・悪用・引用・飲用・運用・応用・学用・活用・慣用・急用・起用・器用・共用・軍用・兼用・公用・効用・雇用・御用・採用・雑用・作用・実用・借用・社用・充用・需用・私用・使用・小用・商用・乗用・常用・食用・所用・信用・占用・専用・善用・代用・着用・通用・適用・転用・当用・盗用・登用・日用・入用・任用・必用・費用・服用・不用・併用・無用・薬用・浴用・乱用・濫用・流用・利用・連用

【用いる】もちーいる ①役立てて使う。使用する。「薬を―いる」②ある職につかせて働かせる。任用する。「課長に―いる」③採用する。「君の意見を―いる」

用ある時の地蔵顔、用なき時の閻魔顔 人に物事を頼むときは笑顔をつくり、用事がないときは不愛想な顔でいる

こと。人間の勝手なことをいう。

【用意】 ヨウイ ①事に備えて、前もって品物や環境などを整えること。準備。「旅行の―」「会合の―」②気を配ること。心配り。「日頃から防災に対する―ができている」

〖用意周到〗 ヨウイシュウトウ 気配りが行き届いていて、準備に落ち度のないさま。「―な備え」

【用益】 ヨウエキ 使用と収益。「―権」

【用具】 ヨウグ あることをするために使用する道具。「運動―を母校に寄付する」

【用件】 ヨウケン しなければならない事柄。用向き。「電話で―を話す」類用事

【用言】 ヨウゲン 動作や状態・性質などを述べる語。活用があり、それだけで述語となる。動詞・形容詞・形容動詞の総称。対体言

【用行舎蔵】 ヨウコウシャゾウ 出処進退の時機をわきまえていること。君主に認められて用いられれば世に出て仕事をし、捨てられれば隠居して静かに暮らす意。孔子が処世の基本的立場を述べた語。《『論語』》参考「用舎行蔵」ともいう。

【用材】 ヨウザイ ①燃料以外に使う材木。建築・家具などに使う材木。②材料として用いるもの。「学習―」

【用字】 ヨウジ 文字を使用すること。文字の使い方。また、その文字。「最新の―用語の辞典を買った」

【用事】 ヨウジ しなければならない事柄。所用。用。「買い物の―を頼む」「今日は―がある」類用件

【用捨】 ヨウシャ ①用いることと捨てること。類取捨 ②ひかえめにすること。手加減すること。「―なく物事を言いつける」表記②「容赦」とも書く。

【用心】 ヨウジン 悪いことが起こらないように、前もって気をつけること。注意して警戒すること。「火の―」「台風に備えて―する」表記「要心」とも書く。

【用水】 ヨウスイ 防火・灌漑(カンガイ)・工業・給水などの目的に使用する水。「―路」「工業―」

【用船】 ヨウセン ①ある目的のために使用する船。②運送用に船と船員を雇うこと。また、その船。チャーター船。表記②は「傭船」とも書く。

【用箋】 ヨウセン 手紙などを書くために使用する専用の紙。便箋。「一筆―」「事務―」

【用足し・用△達】 ヨウたし ①用事をすませること。②大小便をすること。③官庁などに出入りして品物を納めること。また、その業者。「宮内庁御―」参考③「用達」は「ヨウダツ」とも読む。

【用談】 ヨウダン ①用件についての話し合い。②仕事上の話し合い。類商談

【用地】 ヨウチ ある目的のために使用する土地。「ホテルの建設―を買収する」

【用途】 ヨウト 物や金の使いみち。「―別に分類してある」「―を明らかにする」類使途

【用度】 ヨウド ①必要とする費用。入費。「―金が足りない」②会社などで必要な物品を供給すること。「―担当者」「―課」

【用人】 ヨウニン 江戸時代の大名・旗本家で、主君のそばに仕えて実務・出納などを取り扱う職名。家老などに次ぐ重要な職。

【用兵】 ヨウヘイ 戦いで軍隊を指揮して動かすこと。また、その動かし方。「―術に長(た)けた司令官」

【用便】 ヨウベン 大小便をすること。「―を促す」

【用法】 ヨウホウ 使用の方法。用い方。使い方。「薬の―を誤らないようにしなさい」「―を覚える」

【用務】 ヨウム こまごまとした果たすべき用事。つとめ。「病院の―の仕事」

【用命】 ヨウメイ 用事をいいつけること。注文をすること。また、その用事や注文。「なんなりと、ご―ください」

【用量】 ヨウリョウ 用いるべき分量。特に、薬を服用するときの一定の分量。「薬は―を守って飲む」

【用例】 ヨウレイ 実際に使われている例。使い方の例。「的確な―」類引例

【用和為貴】 ヨウワイキ ▼和を以(も)って貴しと為(な)す（一六三六）

ヨウ【羊】

(6) 羊 0 常 教 8 4551 4D53 音 ヨウ 訓 ひつじ

筆順 丶 ソ 䒑 兰 兰 羊

意味 ひつじ。ウシ科の哺乳(ホニュウ)動物。家畜の一種。「羊毛」「綿羊」

下つき 群羊(グンヨウ)・亡羊(ボウヨウ)・牧羊(ボクヨウ)・綿羊(メンヨウ)・緬羊(メンヨウ)

〈羊▲蹄〉 ぎしぎし タデ科の多年草。原野に自生。夏、淡黄緑色の花を節ごとにつける。季春 由来「羊蹄」は漢名から。和名は、茎と茎をすり合わせるとギシギシ鳴ることから。

〈羊▲歯〉 しだ シダ植物の総称。正月の飾りに用いるウラジロを指すことが多い。シノブ・ワラビ・ゼンマイなどを含め、世界に約一万種。季新年 由来「羊歯」は漢名から。和名は、生長としだれることから。表記「歯朶」とも書く。

〈羊乳〉 つるにんじん キキョウ科のつる性多年草。山野に自生。つるや葉を切ると白い乳液が出る。根はチョウセンニンジンに似る。夏、淡緑色で、内側に紫褐色の斑点(ハンテン)のある鐘形の花をつける。由来「羊乳」は漢名から。表記「蔓人参」とも書く。

〈羊▲栖菜〉 ひじき 褐藻類ホンダワラ科の海藻。▼鹿尾菜(ひじき)（六四一）

【羊】 ひつじ ウシ科の哺乳(ホニュウ)動物。古くから家畜として世界各地で飼育。草食で性質はおとなしく、体には灰白色の巻き縮れた長い毛が生えている。毛・肉・乳・皮と用途が広い。メンヨウ。

【羊を△以もって牛に△易かう】小さなものを大きなものの代用にすること。また、物事が本質的には変わらないたとえ。故事 中国、戦国時代、斉の宣王が、鐘に塗る血をとるためにいけにえにされそうになったウシをあわれんで、ヒツジにかえさせた故事から。〈『孟子』〉

【羊△羹】ヨウカン あんに砂糖や寒天を加えて、練ったり蒸したりして固めた菓子。

【羊△裘垂釣】ヨウキュウスイチョウ 隠者の姿のこと。ヒツジの皮ごろもを着て釣り糸を垂れる意から。「裘」は獣の毛皮で作った服のこと。〈『後漢書』〉

【羊質虎皮】ヨウシツコヒ 外見はりっぱだが中身がないたとえ。見かけだおし。実際はヒツジなのにトラの皮をかぶっている意から。〈『後漢書』〉参考「虎皮羊質」ともいう。

【羊水】ヨウスイ 子宮内の羊膜腔を満たす液体。胎児を保護し、出産を容易にする。

【羊腸】ヨウチョウ 幾重にも曲がりくねっている山道のたとえ。つづら折り。ヒツジの腸の意から。「―の小径」

【羊頭△狗肉】ヨウトウクニク 見かけはりっぱだが実質が伴わないこと。看板にヒツジの頭をかけながら、実際はイヌの肉を売る意から。「狗」はイヌ。「羊頭を懸けて狗肉を売る」の略。〈『無門関』〉「―の改善策」類 羊質虎皮

【羊皮紙】ヨウヒシ ヒツジの皮で作った紙のようなもの。昔、西洋で字や絵をかくのに使用された。

【〈羊△駝〉】ラマ ラクダ科の哺乳動物。南米のアンデス山地で家畜として飼育。背にこぶはなく、体高は一・二メートルほど。荷物の運搬に用いる。肉は食用。アメリカラクダ。リャマ。

ヨウ【妖】(7) 女 4 常 2 4537 4D45
音 ヨウ
訓 あやしい 外 なまめかしい・わざわい

筆順 

意味 ①あやしい。あやしげな。また、もののけ。「妖怪」「妖気」「妖術」②なまめかしい。あでやか。「妖艶」「妖姫」③わざわい。「妖孽」
下つき 人妖・面妖

【妖しい】あやしい ①なまめかしい魅力があって、人をまどわすようである。「―い目色」②まともでなく、異様である。不気味なさま。

【△妖かしい】なまめかしい いろっぽくあでやかなさま。しなやかで心がそそられるさま。表記「艶かしい」とも書く。

【妖異】ヨウイ ①あやしいできごと。②不気味で不思議なもの。化け物。妖怪。

【妖雲】ヨウウン あやしく気味の悪い雲。不吉な前兆を感じさせる雲。

【妖艶・妖△婉】ヨウエン 女性が、なまめかしく、美しいさま。あやしいまでに美しいさま。「―の美が漂っている」

【妖怪】ヨウカイ 不思議な力をもった化け物。妖異。「狐狸―」

【妖怪変化】ヨウカイヘンゲ 人間の力でははかり知れないあやしい化け物。参考「妖怪」も「変化」も化け物の意。

【妖気】ヨウキ 不吉なことが起こりそうな気配。あやしい気配。「占い師の周りには不思議な―がたちこめていた」

【妖△姫】ヨウキ 人をまどわすような妖艶な女性。あやしい雰囲気をもつ美女。

【妖△孽】ヨウゲツ あやしいわざわい。また、わざわいをもたらす不気味な前兆。

【妖言】ヨウゲン 凶事が起こるなどという、人をまどわせる不吉であやしい言葉。気味の悪い流言。

【妖姿△媚態】ヨウシビタイ 女性のなまめかしく美しい姿。人をまどわすような、笑い媚びるしぐさ。

【妖術】ヨウジュツ 人をまどわすあやしい術。魔術。幻術。

【妖星】ヨウセイ 凶事が起こる前兆として出現すると信じられた星。彗星など。

【妖精】ヨウセイ 西洋の伝説や童話などにみえる、人の姿をした自然物の精霊。フェアリー。「森の―」

【妖婦】ヨウフ 男性をまどわすようななまめかしく美しい女性。バンプ。

【妖冶】ヨウヤ なまめかしく美しいこと。「―な貴婦人」

ヨウ【佯】(8) イ 6 1 4851 5053
音 ヨウ
訓 いつわる・さまよう

意味 ①いつわる。だます。みせかける。「佯狂」「佯言」②さまよう。「倘佯」

【△佯狂】ヨウキョウ 発狂したふりをすること。また、その人。表記「陽狂」とも書く。

ヨウ【★拗】(8) 扌 5 1 5725 5939
音 ヨウ・オウ
訓 ねじける・こじれる・すねる

意味 ①ねじる。ねじける。ねじれる。「拗音」②すねる。ひねくれる。③しつこい。「執拗」
下つき 執拗

【△拗れる】こじ-れる ①物事が順調に運ばなくなる。「話が―れる」「せっかくの縁談が―れる」②無理などをしたために、病気やけががなおりにくくなる。「風邪が―れて肺炎になる」③ねじける。ひねくれる。「気持ちが―れて友人と疎遠になった」

【△拗ね者】すねもの ①他人の言うことを受け入れずに、よくすねる人。つむじまがり。②世間の人と交わらない人。世をすねた人。

【△拗ねる】す-ねる ①ひねくれて人にしたがわず、逆らった態度をとる。「世を―ねて隠遁生活に入る」②希望が認められずにだだをこねる。へそを曲げる。「兄と遊んでもらえず―ねる」「よく―ねる子」

【拗ける】ねじ-ける ①心や性質が素直でなくなる。ひねくれる。「彼は性格が―けている」②物などの形がねじまがる。

【拗れる】ねじ-れる ①ひねってねじまがる。②ひねくれる。心がねじける。

【拗音】ヨウオン 国語で、一音節でありながら「や」「ゆ」「よ」などのかなを小さくそえて、他のかなの右下に書き表す音。「きゃ」「じゅ」「ちょ」など。

【拗体】ヨウタイ 漢詩の一つの詩体。絶句・律詩のうちで、平仄(ヒョウソク)の規則に合わない変格の詩体。参考「オウタイ」とも読む。

ヨウ【杳】(8) 日 4 1 5866 5A62 音 ヨウ 訓 くらい・はるか

意味 くらい。奥深い。また、はるか。とおい。「杳然」「杳杳」参考 木の下に日がしずんでくらいことを表す字。

【杳か】はる-か 遠く隔たってかすかに見えるさま。「―遠くにあかりが見える」

【杳乎】ヨウコ ①深くて広いさま。遠いさま。②はるかなさま。

【杳然】ヨウゼン 奥深くはるかなさま。遠いさま。「―として天高し」

【杳窕】ヨウチョウ はるかなさま。遠く奥深いさま。「―の地」

【杳として】ヨウ-として 暗くてはっきりしないさま。また、事情などが明らかでないさま。「―消息が分からない」

【杳渺】ヨウビョウ 奥深くかすかなさま。はるかに遠いさま。

【杳杳】ヨウヨウ ①ほのかに暗くぼんやりとしたさま。②はるかに遠いさま。「―とした暮れの森」

ヨウ【殀】(8) 歹 4 1 6140 5D48 音 ヨウ 訓 わかじに

意味 ①わかじに。早死に。「殀寿」類 夭(ヨウ) 対 寿 ②ころす。きりころす。

【殀】わか-じに 年若くして死ぬこと。早死に。短命。

ヨウ【俑】(9) 亻 7 1 4860 505C 音 ヨウ・トウ 訓 ひとがた・いたむ

意味 ㊀ヨウ ひとがた。死者を葬るとき、殉死者のかわりに副葬する人形。「兵馬俑」㊁トウ いたむ。いたみ。

【俑を作る】ヨウをつくる 悪い前例を作ること。よくない例を残すこと。「俑」は死者とともに埋葬する人形のこと。故事 俑を作ることがのちに殉死という悪習を生んだため、孔子が俑の創始者を非難した言葉から。〈『孟子(モウシ)』〉

ヨウ【姚】(9) 女 6 1 5313 552D 音 ヨウ 訓 うつくしい

意味 ①うつくしい。みめよい。「姚冶(ヨウヤ)」類 妖(ヨウ) ②はるか。類 遥(ヨウ)

【姚しい】うつく-しい ほっそりとして見た目にきれいである。みめよい。

ヨウ【昜】(9) 日 5 1 5870 5A66 音 ヨウ 訓 あがる・ひらく

意味 ①あがる。日がのぼる。類 揚 ②明るい。日なた。日があたる。あたたかい。類 陽 ③ひら(開)く。また、とびあがる。参考「易」は別字。

ヨウ【洋】(9) 氵 6 教 常 8 4546 4D4E 音 ヨウ 訓 外 うみ・なだ・ひろい

筆順 丶 冫 氵 氵 氵 汁 浐 洋 洋

意味 ①うみ。大きなうみ。「遠洋」「海洋」②世界を二つに分けたそれぞれの部分。「東洋」「西洋」③「西洋」の略。「洋食」「洋風」④ひろい。みちみちたさま。「洋洋」「茫洋(ボウヨウ)」

下つき 遠洋(エンヨウ)・海洋(カイヨウ)・外洋(ガイヨウ)・西洋(セイヨウ)・大洋(タイヨウ)・東洋(トウヨウ)・南洋(ナンヨウ)・茫洋(ボウヨウ)・北洋(ホクヨウ)

〈洋墨〉インク 文字を書いたり印刷したりするときに用いる色のついた液体。インキ。

〈洋傘〉こうもり 金属性の細い骨に布やビニールを張り、持ち手をつけた雨傘。こうもりがさ。

〈洋杯〉コップ 水などを飲むための、円筒形でガラス製の容器。

〈洋刀〉・〈洋剣〉サーベル 西洋風の細身の刀。第二次世界大戦まで、軍人や警官が腰に下げていた。

〈洋酒〉ジン オオムギ・ライムギなどを発酵させた液に、ネズの果実で香りをつけたアルコール度の高い蒸留酒。多く、カクテルの材料に用いる。

〈洋玉蘭〉たいさんぼく モクレン科の常緑高木。由来「洋玉蘭」は漢名から。▼泰山木(タイサンボク)(九八三)

〈洋琴〉ピアノ 鍵盤(ケンバン)楽器の一種。大きな箱の中に金属の弦をはり、鍵盤をたたくとハンマーが弦を打って音を出す楽器。

【洋弓】ヨウキュウ ①西洋で始まり発達した弓術。また、その弓。西洋式の弓。②①を使って矢を標的に当て、得点を争う競技。アーチェリー。

【洋銀】ヨウギン ①銅・ニッケル・亜鉛からなる合金。銀白色でさびにくく、食器・装飾品・医療機器などに使用。「―のさじ」②幕末に日本に入ってきた西洋の銀貨。

【洋行】ヨウコウ ①欧米へ旅行や留学をすること。「―帰りの画家として脚光をあびた」②中国で、外国人が経営する商社。

【洋才】ヨウサイ 西洋の学問や技術に関する知識や能力。「和魂―」参考「漢才」を模して作られた語。

【洋裁】ヨウサイ 洋服の裁縫。「得意の―で子どもの服を作る」対 和裁

【洋式】ヨウシキ 西洋の様式にしたがうこと。西洋式。洋風。ヨーロッパ風。「—トイレ」対和式・日本式

【洋上】ヨウジョウ 陸から遠く離れた海の上。大海の上。「—会談」

【洋装】ヨウソウ ①洋服を着ること。また、その服装。「結婚式は—にする予定です」②洋風の装丁テイ。洋とじ。対①②和装

【洋風】ヨウフウ 西洋風。洋式。「家族で—料理を食べに行く」対和風

【洋服】ヨウフク 西洋風の衣服。対和服

【洋洋】ヨウヨウ ①水があふれんばかりに豊かで、果てしなく広がっているさま。「—たる大河が流れている」②前途がひらけて、将来が希望に満ちているさま。「前途—の若者たち」

〈洋妾〉らしゃめん 明治時代、日本に来ていた西洋人の妾めかけになった女性をさげすんでいった語。表記「羅紗綿」とも書く。

〈洋灯〉ランプ ①石油などに灯心をひたして燃やす照明器具。②電灯。あかりの総称。

ヨウ【要】(9) 襾3 常 教 7 4555 4D57 音 ヨウ 訓 かなめ・いる中 外もとめる

筆順 一 一 冂 襾 襾 覀 覀 要 要

意味 ①かなめ。大切なところ。「要所」「要点」「重要」②いる。入り用である。もとめる。「要求」「必要」③まとめる。あらまし。「要旨」「概要」④まちぶせする。「要撃」

下つき 肝要カン・紀要キ・綱要コウ・重要ジュウ・主要シュ・需要ジュ・枢要スウ・大要タイ・摘要テキ・必要ヒツ・不要フ・法要ホウ

【要る】いる 必要である。なくてはならない。「入場には許可証が—ります」

【要】かなめ ①扇をとじたり広げたりするため、骨の末端にはめこむくぎ。②最も大切なところ。「チームの—となって活躍する」「日本史の—の部分を覚える」③「要黐かなめもち」の略。

【要黐】かなめもち バラ科の常緑小高木。暖地に自生。生け垣や庭木用に植栽。若葉は赤色。初夏、白い小花をつける。材はかたく、扇の骨などに用いる。アカメモチ。ソバノキ。季夏 表記「扇骨木」とも書く。

【要因】ヨウイン 原因となるもののうち、主要なもの。「複雑な—がからんでいる」

【要員】ヨウイン 必要な人員。「会場に保安—を配置する」「—不足は否いなめない」

【要害】ヨウガイ ①地勢がけわしく、敵の攻撃から味方を守るのによい場所。「—の地に城がある」②とりで。「天然の—」

【要害堅固】ヨウガイケンゴ 地形が有利で、敵に対する備えがかたいこと。「—な山城」

【要求】ヨウキュウ ①当然であるとして、それを強くもとめること。「賃金値上げの—」②必要とすること。「時代の—」

【要撃】ヨウゲキ 待ちぶせして敵を攻撃すること。「ひそかに—の準備をする」

【要訣】ヨウケツ 物事をやりとげるために欠くことのできない大切な点。奥義。秘訣。

【要件】ヨウケン ①大切な用事。「—を処理しないで退社した」②必要な条件。「入社資格の—を満たす」

【要港】ヨウコウ 軍事・交通・輸送などの面で、重要なみなと。

【要項】ヨウコウ 重要事項。必要な項目。また、それをまとめたもの。「入学試験の—が発表された」

【要綱】ヨウコウ 重要で基本的な事項。根本的な事柄。また、それをまとめたもの。「憲法改正法案—が雑誌に掲載された」

【要塞】ヨウサイ 外敵を防ぎ攻撃するため、国境や海岸線などの戦略上重要な地点に築く堅固な建造物。とりで。「—地帯」

【要旨】ヨウシ 長い文章や談話などの重要な部分。また、それをまとめたもの。「論文の—をまとめる」

【要事】ヨウジ 大切な事柄。必要な事柄。

【要式】ヨウシキ 一定の方式にのっとることを、必要とされていること。「—行為」

【要所】ヨウショ ①大切な箇所。「—をおさえた説明」類要点 ②重要な地点・場所。「—を固めて犯人を追いつめる」

【要衝】ヨウショウ 軍事・交通・商業などの重要な地点や場所。「通商の—を封鎖する」

【要職】ヨウショク 重要な職務。大切な役目。「—を歴任する」

【要津】ヨウシン ①重要な港。要港。「津」は渡し場・港の意。②権力のある重要な地位。

【要人】ヨウジン 組織の重要な地位についている人。「外国からの—を警護する」

【要心】ヨウジン 悪いことが起こらないよう、前もって気をつけること。注意すること。警戒。「—しすぎることはない」表記「用心」とも書く。

【要請】ヨウセイ 必要なこととして願い求めること。「食糧援助を—する」

【要素】ヨウソ 物事の成立に必要な成分や条件。エレメント。

【要談】ヨウダン 大切な話し合い。重要な談話。「各国の首脳と—する」

【要地】ヨウチ 重要な地点や土地。「軍事上の—」

【要諦】ヨウテイ 物事の大切な点。肝心なところ。「—を会得する」「経営の—」参考「ヨウタイ」とも読む。

【要点】ヨウテン 事柄の大切な箇所。骨子。ポイント。「—をかいつまんで話す」類要所

【要望】ヨウボウ 実現に向け強く希望・期待すること。「—に応こたえる」

【要務】ヨウム 重要な職務。大切な任務。「—を帯びた特使が紛争国を歴訪した」

【要目】ヨウモク 重要な事柄。大切な項目。「—をメモしておく」

【要約】ヨウヤク 文章などの要点を短くまとめること。また、そのもの。「論文を—する」「共同声明の—」類要略

【要用】ヨウヨウ ①大切な用事や用件。「取り急ぎ—のみ」②必要であること。

【要覧】ヨウラン 統計資料などを集めて、組織や施設などの概要や要点を見やすくまとめた文書。「全国大学—」

【要略】ヨウリャク 不要な点を省略し、必要なところだけを取ってまとめること。また、そのもの。類要約

【要領】ヨウリョウ ①事柄の主要なところ。要点をまとめたもの。「入学試験実施の—」「事業拡大推進—」②物事をうまく処理する方法。こつ。「パソコン操作の—をすぐ飲み込む」「—がいい(うまく立ち回る)」

【要路】ヨウロ ①主要な交通路。「全国の—で検問が行われた」②重要な地位。「政府の—にある人物」

ヨウ【容】

(10) 宀7 教 常 6 4538 4D46 音 ヨウ 訓 外かたち・いれる・ゆるす

筆順

意味 ①いれる。(ア)器にいれる。おさめる。「容器」「収容」(イ)ききいれる。ゆるす。「容赦」「許容」②なかみ。「容量」「内容」③すがた。かたち。ようす。「容姿」「美容」④ゆとりがある。やすらか。「従容」⑤たやすい。「容易」

下つき 威容(イヨウ)・偉容(イヨウ)・寛容(カンヨウ)・形容(ケイヨウ)・収容(シュウヨウ)・受容(ジュヨウ)・従容(ショウヨウ)・陣容(ジンヨウ)・全容(ゼンヨウ)・内容(ナイヨウ)・美容(ビヨウ)・変容(ヘンヨウ)・包容(ホウヨウ)・理容(リヨウ)

【容れる】いれる ①とりこむ。他人の意見などをきく。うけいれる。「忠告を—れて反省する」②包容する。許す。「人の失敗を—れる度量」③器に盛る。「料理を—れた食器」

【容】かたち ①すがた。格好。②整った立ち居振る舞い。身のこなし。

【〈容易〉い】たやすい やさしい。簡単である。「—い仕事」

【容易】ヨウイ 簡単なこと。「—に解決できる問題ではない」

【容喙】ヨウカイ 横合いから口を出すこと。さしでぐち。「他人事に—するものではない」参考「喙」はくちばしの意。

【容器】ヨウキ 物をいれるうつわ。いれもの。「ガラスに水を入れて金魚を飼う」

【容疑】ヨウギ 罪を犯した疑い。嫌疑。「被疑者が強盗の—を認めた」

【容姿】ヨウシ 顔だちと、すがたかたち。「ひときわ目立つ—」

【容姿端麗】ヨウシタンレイ 顔だちや体つきが整っていて美しいこと。「—な女性が目にとまる」類姿色端麗・眉目秀麗(ビモクシュウレイ)

【容赦】ヨウシャ ①失敗などをゆるすこと。とがめないこと。「微罪なので今回だけは—する」②手加減すること。「借金の返済を—なく迫る」表記②「用捨」とも書く。

【容色】ヨウショク 顔かたち。器量。みめ。また、特に女性の顔立ちやすがたの美しさ。「年齢とともに—が衰える」

【容子】ヨウス ①外からうかがった状態。見た目のありさま。②容姿。みなり。③事情。わけ。④気配。きざし。⑤そぶり。表記「様子」とも書く。

【容積】ヨウセキ ①いれものの中をみたしうる分量。容量。キャパシティー。②立体が占めている空間の大きさ。体積。

【容体・容態】ヨウダイ ①人のありさま。ようす。②病気のありさま。病状。「—が悪化する」参考「ヨウタイ」とも読む。

【容認】ヨウニン よいと許容して認めること。認容。「—できない行為」

【容貌】ヨウボウ 顔かたち。顔つき。みめ。「可憐(カレン)な—」

【容貌魁偉】ヨウボウカイイ 顔立ちや体つきが堂々としてたくましくりっぱなさま。「魁偉」は壮大でりっぱなこと。〈後漢書(ゴカンジョ)〉

【容量】ヨウリョウ いれものの中に入る分量。容器内の容積。「コンピューターの記憶—」

ヨウ【恙】

(10) 心6 1 5589 5779 音 ヨウ 訓 つつが・うれい

意味 ①つつが。つつがむし。ツツガムシ科のダニの総称。②うれい。心配ごと。③病気。「恙病」

下つき 小恙(ショウヨウ)・微恙(ビヨウ)

【恙】つつが ①病気。心配。わずらいごと。②「恙虫(つつがむし)」の略。

【恙無い】つつがない 病気がない。事故などの災難や心配事がない。「その後—くお過ごしですか」参考痛処(つつが)無いの意。

【恙虫】つつがむし ツツガムシ科のダニの総称。幼虫は野ネズミに寄生するが、ときに人間にも寄生して、恙虫病を媒介する。

【恙虫病】つつがむしビョウ ツツガムシに刺されて起こる急性の感染症。高熱を発し皮膚に潰瘍(カイヨウ)をつくる。

ヨウ【涌】★

(10) 氵7 準1 4516 4D30 音 ヨウ・ユウ 訓 わく

意味 わく。水がわき出る。また、盛んにおこる。「涌出」

【涌出】ユウシュツ わき出ること。「温泉が—する」表記「湧出」とも書く。参考「ヨウシュツ」とも読む。

ヨウ【窈】

(10) 穴5 1 6756 6358 音 ヨウ 訓 おくぶかい・かすか・おくゆかしい・のびやか・あでやか

意味 ①おくぶかい。暗い。ひそかな。かすかな。「窈

然」「窈窈」類杳②おくゆかしい。しとやか。のびやか。あでやか。「窈窕」

【窈然】ヨウゼン 奥深くて暗いさま。遠くてかすかなさま。「—たる空の彼方」

【窈窕】ヨウチョウ 奥ゆかしく上品なさま。美しくしとやかなさま。「—たる淑女が居並ぶ」

ヨウ【庸】(11) 广8 常 準2 4539 4D47 音 ヨウ 訓 外もちいる・つね・おろか・なんぞ

筆順 一 广 广 庐 庐 肩 肩 肩 庸 庸

意味 ①もちいる。やとう。「登庸」類用・傭 ②かたよらない。ふつう。つね。ふだん。「中庸」「凡庸」③税法の一種。律令制で、夫役の代わりに物を納めること。「租庸調」④おろか。⑤なんぞ。なに。いずくんぞ。疑問・反語を示す助字。

下つき 中庸・登庸・凡庸

【庸】つね 特にかたよりのないこと。世間なみ。ふつう。

【庸いる】もちいる 人を職務につかせる。人をやとう。任用する。表記「用いる」とも書く。

【庸愚】ヨウグ 平凡でおろかなこと。また、その人。「—な君主」

【庸言庸行】ヨウゲンヨウコウ ふだんの言行。「庸言」は平生の言葉、「庸行」は平生の行動のこと。孔子の言葉。〈易経〉

【庸才】ヨウサイ 平凡な才能・才知。また、それをもった人。凡人。

【庸劣】ヨウレツ 平凡で才知の劣ること。また、その人。

ヨウ【痒】★ (11) 疒6 1 6558 615A 音 ヨウ 訓 かゆい・かさ・やむ・やまい

意味 ①かゆい。むずがゆい。「掻痒」類癢 ②かさ。できもの。はれもの。類瘍 ③やむ。やまい。

下つき 掻痒・痛痒

【痒い】かゆい 皮膚がむずむずとして、掻きたいような感じである。「—いところにまで手が届く(心配りが細かいところにまで行き届く)」表記「癢い」とも書く。

【痒疹】ヨウシン 皮膚にできる吹き出物。かゆみを伴い、掻くと出血する。

ヨウ【揚】(12) 扌9 常 3 4540 4D48 音 ヨウ 訓 あげる・あがる

筆順 一 十 扌 扣 担 担 担 揭 揚 揚

意味 ①あげる。あがる。高くあげる。「揚力」「掲揚」②いきおいがある。精神や気分が高まる。「揚揚」「高揚」③名をあらわす。ほめる。「宣揚」「称揚」対抑

下つき 掲揚・高揚・称揚・賞揚・宣揚・発揚・浮揚・悠揚・抑揚

【揚座敷】あがりざしき 江戸小伝馬町や京都の六角にあった牢屋敷の中で、上級の旗本や、僧正・神主などの未決囚を収容した独房。

【揚句】あげク ①連歌・俳諧で最後の七・七の句。対発句 ②…をしたすえ。終わり。結局。「大学を留年の—に中退した」表記「挙句」とも書く。

【揚簀戸】あげすど 茶室の露地門の一種。門柱上に梁を渡し、すど(竹の編戸)をつったもの。

【揚羽蝶】あげはチョウ アゲハチョウ科のチョウの総称。また特に、その一種、ナミアゲハの通称。はねは黄色で多くの黒い筋や斑点がある。幼虫は「ゆずぼう」といい、ミカン科の木の葉を食害。季春 表記「鳳蝶」とも書く。

【揚げ雲雀】あげひばり 空高く舞い上がってさえずるヒバリ。季春

【揚げる】あげる ①高くかかげる。「日章旗を—げる」②水から陸へ移す。「船荷を桟橋に—げる」③熱した油で調理する。「てんぷらを—げる」

【揚棄】ヨウキ 二つの矛盾・対立する概念を合わせて、より高度な概念に統一し発展させること。アウフヘーベン。類止揚

【揚言】ヨウゲン はばかることなく大声で言うこと。公然と言いふらすこと。「自分を天才だと—する」

【揚州の夢】ヨウシュウのゆめ 過ぎ去った日々の歓楽の思い出。由来 唐の詩人杜牧が、交通の要所として栄えた揚州で豪遊した日々を追憶して詠んだ詩から。〈杜牧の詩〉

【揚水】ヨウスイ 水を高所にくみあげること。また、くみあげた水。

【揚子江】ヨウスコウ 中国大陸中央部を横断し、東シナ海に注ぐ中国最長の河川。長江の下流の呼び名。古来、流域は交通・産業・文化の中心。

【揚揚】ヨウヨウ 誇らしげなさま。得意なさま。「意気—と結果を報告する」

【揚力】ヨウリョク 飛行機の翼など、流体中を動く物体に対して、その動く方向と垂直に上向きに作用する力。浮揚力。

ヨウ【揺】(12) 扌9 常 3 4541 4D49 音 ヨウ 訓 ゆれる・ゆる・ゆらぐ・ゆるぐ・ゆする・ゆさぶる・ゆすぶる

旧字《搖》(13) 扌10 1/準1 5774 596A

筆順 一 十 扌 扌 扌 挦 挦 揺 揺 揺

意味 ゆれる。ゆれ動く。ゆする。ゆらぐ。「動揺」「揺籃」

下つき 蕩揺・動揺・扶揺・歩揺

【揺蕩う】たゆたう ①定まらずにゆらゆらとただよう。「波間に—う一隻の小舟」②決心がつかずためらう。

【揺さぶる】ゆさぶる ①ゆり動かす。②動揺や混乱を与えよう

よ ヨウ

とする。「政界を大きく―る発言」

【揺蚊】ゆすりか ユスリカ科の昆虫の総称。世界各地に分布。カに似るが小さく、吸血しない。夕方群れて飛ぶ。幼虫は「あかむし・ぼうふら」といい、釣りのえさにする。

【揺する】ゆ―する ゆり動かす。ゆさぶる。「音楽にあわせて体を―る」

【揺らぐ】ゆ―らぐ ①ゆれ動く。「船が―ぎ暗礁に乗り上げた」②物事がぐらつく。不安定になる。「行くか戻るか気持ちが―ぐ」「大臣の地位が―ぐ」

【揺籠・揺▲籃】ゆりかご 赤ん坊を入れ、ゆり動かして眠らせるかご。参考「揺籃」は「ヨウラン」とも読む。

【揺る】ゆ―る ゆり動かす。ゆさぶる。「大木を―る大型の台風」「ブランコに―られる」

【揺るぐ】ゆ―るぐ ①ゆれ動く。ゆらぐ。「家の土台が―ぐ」②動揺する。気が変わる。「―ぎない地歩を占めている」

【揺れる】ゆ―れる ①前後・左右・上下などに動く。「国旗が風に―れる」②不安定になる。動揺する。「思いがけない告発に世間が―れた」

【揺▲曳】ヨウエイ ①ゆらゆらとたなびくこと。「はるか遠くまで―する汽船の煙」②音や感情があとあとまで長く残ること。「感動の―が体中に残る」

【揺▲蕩】ヨウトウ ゆれ動くこと。ゆすり動かすこと。動揺。

【揺揺】ヨウヨウ ①ゆれ動くさま。ただようさま。「小舟が―としてただよう」②動揺して心が落ちつかないさま。

【揺▲籃】ヨウラン ①「揺籠(ゆりかご)」に同じ。②物事が発展する最初の時期や場所。「文明の―期」

ヨウ【△湧】(12) 氵9 常 4515 4D2F ▼ユウ(一五一二)

ヨウ【葉】(12) 艹9 教 常 8 4553 4D55 音 ヨウ 外ショウ 訓 は 外かみ・すえ

筆順 一 十 艹 艹 芷 芷 苹 華 華 葉 葉 12

意味 ①は。草木のは。「葉脈」「枝葉」②はのように薄いもの。「肺葉」「胚葉」③かみ(紙)。一枚一枚の紙。④時代の一区切り。世。「前葉」「中葉」⑤すえ。わかれ。「末葉」⑥木のは、紙などを数える語。

下つき 一葉(イチヨウ)・後葉(コウヨウ)・紅葉(コウヨウ)・子葉(シヨウ)・枝葉(シヨウ)・前葉(ゼンヨウ)・単葉(タンヨウ)・中葉(チュウヨウ)・肺葉(ハイヨウ)・胚葉(ハイヨウ)・複葉(フクヨウ)・末葉(マツヨウ)・落葉(ラクヨウ)

〈葉▲椀〉くぼて 神などに供える物を入れる容器。カシワの葉を重ね合わせて竹ひごでとじ、中をくぼませたもの。対葉盤(ひらで) 表記「窪手」とも書く。

【葉】は 植物の枝や茎につく器官。形は一様でないが、ふつう扁平(ヘンペイ)で緑色をしている。呼吸作用や炭酸同化作用などを行う。はっぱ。

【葉鶏頭】はゲイトウ ヒユ科の一年草。▼雁来紅(はげいとう)(一二六)

【葉月】はづき 陰暦八月の異名。季秋

【葉巻】はまき 「葉巻煙草(タバコ)」の略。タバコの葉をきざまないで、そのまま巻いて作った高級なタバコ。シガー。

【葉▲蘭】はラン ユリ科の多年草。中国原産。根茎から出る葉は約四〇センチメートルの長い楕円(ダエン)形。生け花の材料や料理の敷物に用いる。表記「一葉・蜘蛛抱蛋」とも書く。

〈葉盤〉・〈葉手〉ひらで 神事のときに供え物を入れる容器。カシワの葉を重ね合わせて竹ひごでとじ、平らにつくったもの。対葉椀(くぼて) 表記「枚手」とも書く。

【葉柄】ヨウヘイ 葉の一部で、葉を茎や枝につけている柄(え)のような部分。

【葉脈】ヨウミャク 葉の中を走っている維管束。水分や養分の通路となる。

【葉緑素】ヨウリョクソ 植物の細胞の葉緑体に含まれている緑色の色素。光合成に必要な物質。口臭や体臭を防ぐ効果がある。クロロフィル。

ヨウ【遥】(12) ⻌9 準1 4558 4D5A 音 ヨウ 訓 はるか・とおい・ながい・さまよう

旧字《遙》(14) ⻌10 1/準1 8403 7423

意味 ①はるか。とおい。遠くへだたる。ながい。「遥拝」「遥遥」②さまよう。ぶらぶら歩く。「逍遥(ショウヨウ)」

下つき 逍遥(ショウヨウ)・迢遥(チョウヨウ)

【遥か】はる―か ①距離や時間がへだたっているさま。「―向こうに家がある」「―昔の出来事」②程度が非常にちがうさま。「身長は弟のほうが―に高い」

【▲遥▲遥】はるばる ①距離や時間が非常にへだたっているさま。「―と道は続く」②遠くから来るさま。また、遠くまで行くさま。「大陸から―渡ってきた白鳥」

【▲遥遠】ヨウエン はるかに遠いこと。

【▲遥拝】ヨウハイ はるかに遠く離れた場所から神仏などをおがむこと。

ヨウ【陽】(12) 阝9 教 常 8 4559 4D5B 音 ヨウ 訓 外ひ・ひなた・いつわる

筆順 ７ ３ 阝 阝' 阝口 阝日 阝旦 阻 阻 陽 陽 陽

意味 ①ひ。日の光。「陽光」「太陽」②ひなた。日のあたる側。「山陽」③あたたかい。あかるい。「陽春」④易で、能動的・積極的なもの。「陽気」「重陽」⑤いつわる。みせかける。「陽動」類佯⑥電気・磁気の正極。プラス。「陽極」「陽子」対②④⑥陰

下つき 陰陽(インヨウ・オンヨウ)・山陽(サンヨウ)・残陽(ザンヨウ)・斜陽(シャヨウ)・夕陽(セキヨウ)・太陽(タイヨウ)・重陽(チョウヨウ)・朝陽(チョウヨウ)・落陽(ラクヨウ)

〈陽炎〉かぎろい ①明け方、東の空にちらちら光る日の光。曙光(ショコウ)。②「陽炎(かげろう)」に同じ。表記「火光」とも書く。

〈陽炎〉かげろう 春や夏、日光に熱せられた地面から空気が炎のようにゆらゆらと立ちのぼる現象。類 糸遊(いとゆう)・遊糸(ユウシ) 季 春 参考「かぎろい・ヨウエン」とも読む。

【陽】ひ ①太陽。「―が昇る」②日光。太陽の光線。ひざし。「―が強い」表記「日」とも書く。

【陽射し】ひざし 日光がさすこと。また、その光線。表記「日差し」とも書く。

【陽画】ヨウガ 陰画をとおして感光紙に焼き付けた写真。被写体と明暗や色彩などがそのまま現れる。ポジティブ。ポジ。対 陰画

【陽関三畳】ヨウカンサンジョウ 別れの歌、「陽関の曲」の第四句を三度反復してうたうこと。一説に、第二句以下の三句を二度繰り返してうたうこと。別れを繰り返し惜しむことにもいう。「畳」は繰り返す意。参考「陽関の曲」は唐の王維(オウイ)の詩で、送別詩の名作。

【陽気】ヨウキ ①天気。気候。「―がいい」②性格や雰囲気が快活で、明るいさま。にぎやかなさま。「明るく―な性格だ」「―に盛り上がる」③万物を活動させる力。対 ②③陰気

【陽狂】ヨウキョウ 発狂したふりをすること。また、その人。表記「佯狂」とも書く。

【陽極】ヨウキョク 電池など電流を発生する装置で、相対する二極のうち電位の高いほうの極。正極。プラス。対 陰極

【陽光】ヨウコウ 太陽の光線。日光。「初夏の―を浴びて散歩する」

【陽刻】ヨウコク 文字や図柄を地よりも高く浮き彫りにすること。また、そのもの。対 陰刻

【陽春】ヨウシュン ①うららかな春。暖かくなり、草木が芽ぐむ春。盛春。「―の候」季 春 ②陰暦一月の異名。

【陽性】ヨウセイ ①陽気で積極的な性質。②検査などで反応が現れること。「ツベルクリンの―反応が出た」対 陰性

【陽動作戦】ヨウドウサクセン 挑発的な行動をわざと行い、敵の注意をそちらに向けて判断を誤らせ、思いがけないところをつく作戦。参考「陽」は偽る意。

【陽報】ヨウホウ よい報いがはっきりと現れること。また、その報い。「陰徳あれば―あり(陰で善行を行う者は、必ずよい報いが現れる)」

【陽暦】ヨウレキ 「太陽暦」の略。地球が太陽を一周する時間を一年と定めたこよみ。新暦。対 陰暦

ヨウ【傭】★

(13) イ11 準1 4535 4D43 音 ヨウ 訓 やとう

意味 やとう。やとわれる。「傭役」「傭兵」「雇傭」類 庸

下つき 雇傭(コヨウ)・常傭(ジョウヨウ)

【傭う】やとう ①賃金を払って人を使う。「警護を―う」②料金を払って乗り物を専用に使う。「釣り船を―う」表記「雇う」とも書く。

【傭役】ヨウエキ 人をやとって使うこと。また、やとわれて使われること。表記「庸役」とも書く。

【傭船】ヨウセン ある物事に使用する目的で船と船員をやとうこと。また、その船。チャーター船。表記「用船」とも書く。

【傭兵】ヨウヘイ 報酬を与えて兵隊として働かせること。また、その兵。やとい兵。「外国人の―」

ヨウ【徭】

(13) イ10 1 5552 5754 音 ヨウ 訓 えだち

意味 えだち。夫役。土木工事などの公の労役に使われること。「徭役」「徭税」

下つき 租徭(ソヨウ)

【徭】えだち 昔、国家が人民を徴用して公の土木工事などの労働に使うこと。徭役(ヨウエキ)。

【徭役】ヨウエキ ①律令(リツリョウ)制で、「雑徭(ゾウヨウ)」と「歳役」の総称。②「徭(えだち)」に同じ。

ヨウ【揺】

(13) 扌10 5774 596A ▼揺の旧字(一五三〇)

ヨウ【暘】

(13) 日9 1 5888 5A78 音 ヨウ 訓 ひので・あきらか

意味 ①ひので。日がのぼる。「暘谷」②あきらか。明るい。日なた。あたたかい。類 陽

ヨウ【楊】

(13) 木9 準1 4544 4D4C 音 ヨウ 訓 やなぎ

意味 やなぎ。ヤナギ科の落葉低木。かわやなぎ。「楊弓」「楊柳」

下つき 黄楊(コウヨウ・つげ)・水楊(スイヨウ)・垂楊(スイヨウ)・白楊(ハクヨウ)

〈楊櫨木〉うつぎ ユキノシタ科の落葉低木。由来「楊櫨木」は漢名から。▼空木(うつぎ)(三七二)

〈楊桐〉さかき ツバキ科の常緑小高木。由来「楊桐」は漢名から。▼賢木(さかき)(四三四)

【楊】やなぎ ヤナギ科の落葉低木。水辺に自生。葉はササの葉形で、枝はしだれない。早春、葉よりも先にネコの尾のような花穂をつける。カワヤナギ。ネコヤナギ。季 春 由来「楊」は漢名から。参考「柳」と書けば、枝がしだれるものを指す。

〈楊梅〉やまもも ヤマモモ科の常緑高木。暖地の山地に自生。葉はササの葉形。春、黄紅色の小花を尾状につけ、球形の実を結ぶ。実は紅紫色に熟し、食用。樹皮は染料や漢方薬に用いる。季 夏 由来「楊梅」は漢名から。表記「山桃」とも書く。参考「ヨウバイ」とも読む。

【楊弓】ヨウキュウ 遊戯用の小弓。約八五センチメートルの弓に約二七センチメートルの矢をつがえ、すわって射る。江戸時代から明治初期にかけて民間で流行。由来 もと楊柳(ヨウリュウ)で作ったことから。

【楊枝・楊子】ヨウジ ①食物をさしたり、歯の間にはさまった物を取り除いたりするために用いる細く小さな棒。つまようじ。②歯の垢(あか)を取り、きれいにするための道具。楊柳(ヨウリュウ)の材の先端をたたいて総(ふさ)のようにしたもの。ふさようじ。

【▲楊柳】ヨウリュウ ①ヤナギ。②「楊柳縮緬(ちりめん)」の略。縦方向にローラーで細長いしぼを出した織物。参考「楊」はカワヤナギ、「柳」はシダレヤナギ。

ヨウ【溶】

(13) 氵10 常 4 4547 4D4F

音 ヨウ 訓 とける・とかす・とく

筆順 氵 氵 氵 氵' 氵'' 泞 泞 涳 浴 溶 溶

意味 ①水にとける。とかす。「溶液」「溶解」「溶剤」②熱で固体が液状になる。「溶岩」「溶接」「溶融」③水の流れのさかんなさま。

書きかえ ①②「熔(ヨウ)」の書きかえ字。

下つき 水溶(スイヨウ)

【溶かす】とかす ①熱や薬品によって、固体を液状にする。融解する。「バターを―す」②液体の中に他の物質を入れて混ぜ合わせ均一にする。とく。「絵の具を水で―す」表記①金属の場合は「熔かす」とも書く。

【溶ける】とける ①熱や薬品によって、固体が液状になる。「高熱で鉄も―けた」②液体の中に入れた他の物質が混ざり合う。「砂糖がコーヒーに―けていなかった」表記①金属の場合は「熔ける」とも書く。

【溶暗】ヨウアン 映画やテレビなどの技法で、だんだん画面を暗くしたり音を小さくしたりすること。フェードアウト。対溶明

【溶液】ヨウエキ 物質が混合し、とけて均一になっている液体。「酢酸の水―を作る」

【溶解】ヨウカイ ①とけること。とかすこと。②物質が他の液体中に均一に混じり合うこと。③固体、特に金属が熱によってとけて液状になること。書きかえ「熔解」の書きかえ字。

【溶岩】ヨウガン 地下のマグマが、地表の噴火口から溶融状態で噴き出したもの。また、それが冷えて固まった火山岩。書きかえ「熔岩」の書きかえ字。

【溶鉱炉】ヨウコウロ 鉄や銅などの製錬に用いる炉。書きかえ「熔鉱炉」の書きかえ字。

【溶剤】ヨウザイ 物質をとかすときに用いる液体。アルコールやエーテルなど。溶媒。

【溶接】ヨウセツ 二つの金属の接合部を高熱で加熱してとかし、結合すること。「―作業」書きかえ「熔接」の書きかえ字。

【溶媒】ヨウバイ 物質をとかして溶液を作るときに用いる液体。食塩水における水など。溶剤。対溶質

【溶明】ヨウメイ 映画やテレビなどの技法で、暗い画面をだんだんと明るくしたり、音を大きくしたりすること。フェードイン。対溶暗

【溶融】ヨウユウ 固体がとけて液状になること。融解。表記「熔融」とも書く。

ヨウ【煬】

(13) 火9 1 6376 5F6C

音 ヨウ 訓 あぶる・やく・とかす

意味 ①あぶる。やく。火でかわかす。②火をもやす。③とかす。金属を熱してとかす。

【▲煬る】あぶる 物を火にあててかわかす。「たきびで手を―る」

ヨウ【瑶】

(13) 王9 1 6486 6076

音 ヨウ 訓 たま

旧字《瑤》(14) 王10 1/準1 8404 7424

意味 たま。美しい玉。また、たまのように美しい。「瑶珠(ヨウシュ)」「瑶台」

【▲瑶】たま 真っ白で美しいたま。美しい石。

【▲瑶台】ヨウダイ ①たまで飾られたりっぱで美しい高殿(たかどの)。②月の異称。

【▲瑶林▲瓊樹】ヨウリンケイジュ 人品が高潔で、人並みすぐれていること。たまのように美しい木や林の意から。「瑶」「瓊」はともに美しいたまの意。〈『晋書(シンジョ)』〉

ヨウ【腰】

(13) 月9 常 4 2588 3978

音 ヨウ(高) 訓 こし

筆順 月 月 月' 肝 肝 肝 腰 腰 腰 腰

意味 ①こし。体の背骨と骨盤がつながる部分。「腰椎(ヨウツイ)」「腰痛」②物のこしにあたる部分。「山腰」

下つき 細腰(サイヨウ)・山腰(サンヨウ)・楚腰(ソヨウ)・蜂腰(ホウヨウ)・柳腰(リュウヨウ・やなぎごし)

【腰】こし ①人体の脊柱(セキチュウ)の下部から骨盤のあたり。上半身が屈折するときの基点となる部分。「―をおろす」②物の中央から下の部分。「壁の―板」③弾力やねばり。「―のある麺(メン)」④物事の中途で肝心な所。「話の―を折る」⑤和歌の第三句。「―折れ歌」

【腰巾着】こしギンチャク ①腰から下げる布・革製の小物入れ。②いつも勢力ある人や目上の人につきしたがって、離れない人。「代議士の―」

【腰抜け】こしぬけ ①意気地がなく、臆病(オクビョウ)なこと。また、その人。「決して―と言われたくない」②腰に力がはいらずに立てないこと。

【腰抜けの居計(いばか)らい】いざというときに、臆病(オクビョウ)者が動けなくなって、後ろのほうであれこれと思案ばかりしていること。「居計らい」は同じ場所にいたまま考える意。

【腰弁】こしベン ①腰に弁当を下げること。また、その弁当。②毎日腰に弁当下げて出勤するような安月給取り。参考「腰弁当」の略。

〈腰▲輿〉たごし 前後二人の担ぎ手が長い柄を腰のあたりまで持ち上げて運ぶ、昔の乗り物。表記「手輿」とも書く。参考「ヨウヨ」とも読む。

【腰間】ヨウカン 腰のあたり。腰のまわり。「―の秋水(シュウスイ)(腰に帯びた刀)」

【腰椎】ヨウツイ 脊柱(セキチュウ)を構成する骨の一部。腰の部分を支え、五個の骨から成る。

【腰痛】ヨウツウ　腰部に感じる痛み。「寒くなると―に悩まされる」

ヨウ【蓉】(13) 艹10 準1 4554 4D56 音ヨウ 訓

意味 ハス（蓮）の花。また、アオイ科の落葉低木の「芙蓉フヨウ」に用いられる字。

ヨウ【蛹】(13) 虫7 1 7376 696C 音ヨウ 訓さなぎ

意味 さなぎ。昆虫が幼虫から成虫になる途中の発育段階。

【蛹】さなぎ　完全変態をする昆虫類の発育の一段階。幼虫が成虫になる前に、食物をとらずかたい殻でおおわれてじっとしているもの。蛹虫ヨウチュウ。「―が羽化する」

【蛹化】ヨウカ　昆虫の幼虫が、成虫になる前にさなぎに変態すること。

【蛹虫】ヨウチュウ　「蛹さなぎ」に同じ。

ヨウ【雍】(13) 隹5 1 8022 7036 音ヨウ・ユ 訓やわらぐ・ふさぐ・いだく

意味 ①やわらぐ。なごむ。「雍雍」「雍和」②ふさぐ。さえぎる。「雍防」③いだく。保つ。「雍樹」

【雍らぐ】やわ-らぐ　①やんわりと包む。②なごやかにむつみあう。

ヨウ【慂】(14) 心10 1 5642 584A 音ヨウ 訓すすめる

意味 すすめる。人にすすめる。「慫慂ショウヨウ」

ヨウ【慵】(14) 忄11 1 5657 5859 音ヨウ・ショウ 訓ものうい・おこたる

意味 ものうい。けだるい。おこたる。「慵惰」

【慵い】ものう-い　なんとなくけだるい。だらけてはりがない。「―季節」 表記「物憂い」とも書く。

ヨウ【様】(14) 木10 常 教 8 4545 4D4D 音ヨウ 訓さま

旧字《樣》(15) 木11 1/準1 6075 5C6B

筆順 一 十 才 木 木' 木'' 栏 栏 样 样 様

意味 ①さま。ありさま。かたち。「様子」「様相」「異様」②あや。図がら。かざり。「模様」「紋様」③きまった形式。かた。手本。「様式」「仕様」④名前や代名詞などの下に添えて敬意を表す語。「上様」

下つき 一様イチヨウ・今様いまヨウ・異様イヨウ・上様うえさま・仕様シヨウ・図様ズヨウ・多様タヨウ・同様ドウヨウ・模様モヨウ・文様モンヨウ・両様リョウヨウ

【様】さま　①物事のようす。ありさま。また、すがた。かたち。「楽しい―」②見苦しくない姿。ちゃんとした体裁。「―になっている」③接尾語として人名などにつける敬称。「太郎―」「神―」④「お」や「ご」のつく語について、ていねいにいう語。「ご苦労―でした」

【様式】ヨウシキ　①長い間に自然に出来上がった型。一定のやり方・形式。「古代とはずいぶん生活―が違う」②ある時代・民族・個人などの芸術作品などを特徴づけている表現形態。「バロック―の建築物」

【様子】ヨウス　①見た目のありさま。状態。「隣の―がおかしい」②容姿。みなり。「みすぼらしい―の男」③事情。わけ。「―ありげな態度」④気配。きざし。「雨が降りそうな―」⑤そぶり。「悪びれた―もない」 表記「容子」とも書く。

【様相】ヨウソウ　①物事の状態。ありさま。「学級崩壊が深刻な―を呈する」②哲学・論理学における事物のあり方と、その判断の分類方法。

【様態】ヨウタイ　①存在や行動などのありさま。様相。②文法で、そのような状態にある、そう見えるという不確実な判断を示す言い方。

【様に△依りて△葫△蘆を△画く】ヨウによりてコロをえがく　決まりきった形式や先例にしたがうのみで、工夫や独創性のないこと。手本どおりにひょうたんをかく意から。故事 宋ソウの太祖が翰林カンリン学士陶穀トウコクの起草した詔書を「様による葫蘆」と評して軽んじたために、陶穀が自嘲ジチョウの詩を詠よんだ故事から。《東軒筆録》

ヨウ【榕】(14) 木10 1 6055 5C57 音ヨウ 訓あこう

意味 あこう。クワ科の常緑高木。

【〈榕樹〉】がじゅまる　クワ科の常緑高木。熱帯・亜熱帯に生え、日本では沖縄・屋久島に自生。葉は楕円ダエン形で厚く光沢がある。幹・枝はよく分枝して多数の気根を垂れる。ガジマル。由来「榕樹」は漢名から。参考「ヨウジュ」とも読む。

ヨウ【漾】(14) 氵11 1 6301 5F21 音ヨウ 訓ただよう

意味 ただよう。水がゆれ動く。「漾漾」

下つき 蕩漾トウヨウ・揺漾ヨウヨウ・溶漾ヨウヨウ

【漾う】ただよ-う　波がゆれ動く。水に浮かんで流れる。「笹舟ささぶねが小川を―う」「波間を―う千鳥」

【漾漾】ヨウヨウ　①水がゆれ動くさま。「―ときらめく波」②水が満ちあふれるさま。水流が限りなく広がるさま。洋洋。「―として流れる大河」

ヨウ【熔】★(14) 火10 準1 4548 4D50 音ヨウ 訓とける・とかす・いがた・いる

〔鎔〕7916 6F30

意味 ①とける。とかす。金属をとかす。「熔解」②いがた。金属をとかして流しこむ型。「熔鉱炉」③いる。いものをつくる。

書きかえ「溶」が書きかえ字。

【熔】いがた　とかした金属を流し入れ鋳物を作るための型。表記「鋳型」とも書く。

【▲熔かす】とかす 金属を熱したり薬品の溶液に入れたりして液状にする。

【▲熔解】ヨウカイ ▼書きかえ 溶解（一五三二）

【▲熔岩】ヨウガン ▼書きかえ 溶岩（一五三二）

【▲熔鉱炉】ヨウコウロ ▼書きかえ 溶鉱炉（一五三二）

【▲熔接】ヨウセツ ▼書きかえ 溶接（一五三二）

【▲熔鋳】ヨウチュウ ①金属をとかして鋳ること。②物事をつくりあげること。

【▲熔▲笵】ヨウハン 鋳型の考古学上の呼称。

【▲熔冶】ヨウヤ 金属をとかして物を鋳造すること。表記「溶冶」とも書く。

ヨウ【▲瑤】(14) 王10 8404 7424 ▼瑶の旧字（一五三三）

ヨウ【瘍】(14) 疒9 常 2 6571 6167 音 ヨウ 訓 外かさ・できもの

筆順 亠 广[2] 疒[5] 疒 疒 疸[9] 疸 痬 瘍 瘍[14]

意味 かさ。できものの総称。「潰瘍カイヨウ」「腫瘍シュヨウ」

ヨウ【踊】(14) ⻊7 常 4 4557 4D59 音 ヨウ 訓 おどる・おどり

筆順 口[4] 早 足 踊 踊 踊 踊 踊[13]

意味 ①おどる。おどりあがる。とびあがる。「踊躍」②まいおどる。おどり。「舞踊」

下つき 舞踊ブヨウ

【踊る】おど-る ①音楽や歌に合わせて、さまざまな身ぶり手ぶりをする。「ラテンのリズムで―る」②そそのかされ、人に操られて行動する。「黒幕の言葉に―らされる」

【踊躍】ヨウヤク 喜びのあまり、おどりあがること。「歓喜―」

ヨウ【▲遙】(14) ⻌10 8403 7423 ▼遥の旧字（一五三二）

ヨウ【△影】(15) 彡12 常 1738 3146 ▼エイ（八七）

ヨウ【曄】(15) 日11 1 音 ヨウ 訓 かがやく・あきらか・さかん

【曅】5901 5B21

意味 ①かがやく。ひかる。あきらか。②さかんなさま。「曄然」③いなずまのひらめくさま。参考 日が華（華）やかにかがやく意を表す字。

ヨウ【▲樣】(15) 木11 6075 5C6B ▼様の旧字（一五三四）

ヨウ【窯】(15) 穴10 常 準2 4550 4D52 音 ヨウ高 訓 かま

筆順 宀[3] 穴 空[7] 空 窐 窑 窯 窯[15]

意味 かま。かわらや陶器をやくかまど。「窯業」

【窯】かま 物を高温で焼いたり、溶かしたりするための設備。陶磁器やガラスなどの製造に用いる。多く煉瓦レンガなどで築く。「登り―で皿を焼く」

【窯元】かまもと 陶磁器の製造元。また、そこの主人。「清水焼きよみずやきの―を訪ねる」

【窯業】ヨウギョウ 鉱物質の原料をかまで高熱処理して、種々の製品を作り出す工業。ガラスやセメントなどの製造業など。

ヨウ【養】(15) 食6 常 教 7 4560 4D5C 音 ヨウ 訓 やしなう

筆順 丷[2] 兰 半[6] 美[8] 羌 養[10] 養[12] 養 養

意味 ①やしなう。育てる。世話をする。「養育」「養老」「扶養」②飼う。「養魚」「養殖」「培養」③体をだいじにする。「養生」「静養」「栄養」④心を豊かにする。「教養」「修養」「素養」⑤義理の子を育てる。「養子」「養家」「養母」

下つき 栄養エイヨウ・休養キュウヨウ・教養キョウヨウ・供養クヨウ・孝養コウヨウ・修養シュウヨウ・滋養ジヨウ・静養セイヨウ・素養ソヨウ・培養バイヨウ・扶養フヨウ・保養ホヨウ・療養リョウヨウ

【養う】やしな-う ①育てる。扶養する。「女手一つで二人の子を―う」②動物を飼う。世話する。「牛馬を―う」③体力や精神力などをだんだんと鍛錬してつくり上げる。「規則正しい習慣を―う」④養生する。体力や気力などを回復する。「長期休暇で英気を―う」

【養育】ヨウイク やしない育てること。「子どもの―費がかさむ」

【養家】ヨウカ 養子や養女として行った先の家。「―で健やかに育つ」対 実家・生家

【養魚】ヨウギョ 魚を飼育して繁殖させること。「―場で働く」

【養鶏】ヨウケイ ニワトリを食肉・採卵用に飼育すること。「叔父が経営する―場」

【養護】ヨウゴ 養育と保護。身体の不自由な人や老人・子どもなどを、適切な保護のもとでやしなうこと。「母は―学校の教諭をしている」

【養蚕】ヨウサン 繭をとるために、かいこを飼育すること。「―業で栄えた町」季 春

【養子】ヨウシ 養子縁組によって他家にはいり、その家の子となった人。「婿むこ―に入る」対 実子

【養嗣子】ヨウシシ 民法の旧規定で、家督相続人となるべき養子。

【養生】ヨウジョウ ①体を大切にして、健康の維持・増進に努めること。摂生。「医者の不―」「―法」「―訓」②病気が治るように努め、病後の体力の回復をはかること。保養。「転地して―に励んでいる」

【養殖】ヨウショク 魚介類や海藻類を人工的に養って、繁殖させること。「真珠の―を生業なりわいとする」

【養親】ヨウシン ①養子縁組による親。養父母。②親代わりとなって育ててくれた人。やしない親。

【養成】ヨウセイ ある目的のために、教授・訓練を重ねて育てること。「介護福祉士の需要が増えて―が追いつかない」類育成

【養生喪死】ヨウセイソウシ 生きている者を不足なく養い、死んだ者を手厚くとむらうこと。孟子モウシは、これを王道政治の始めであるとした。〈『孟子』〉参考「養生」は「ヨウジョウ」とも読む。

【養▲鱒】ヨウソン 食用のために、マスを飼って繁殖させること。

【養豚】ヨウトン 肉や皮をとるために、ブタを飼育すること。「―業」

【養分】ヨウブン 生物の成長に必要な成分。栄養分。滋養分。「生育に必要な―を補給する」

【養蜂】ヨウホウ はちみつなどをとるために、ミツバチを飼育すること。

【養▲鰻】ヨウマン 食用のために、ウナギを飼育すること。

【養老】ヨウロウ ①老人を大切にし、いたわること。②老後を安楽に暮らすこと。「―年金をもらう」

ヨウ【壅】(16) 土13 1 5257 5459 音 ヨウ 訓 ふさぐ・さえぎる

意味 ふさぐ。さえぎる。「壅隔ヨウカク」「壅塞ヨウソク」

【壅ぐ】ふさ-ぐ 外からの侵入をさえぎって通じなくする。

【壅塞】ヨウソク ふさぐこと。ふさがること。さえぎること。

ヨウ【擁】(16) 扌13 常 3 4542 4D4A 音 ヨウ 訓 外いだく・だく・まもる

筆順 5 … 16 擁

意味 ①いだく。だく。かかえる。「抱擁」②まもる。たすける。「擁護」「擁立」③さえぎる。ふさぐ。「擁蔽ヨウヘイ」

下つき 抱擁ホウヨウ

【▲擁く】いだ-く 周りに両手をまわし、すっぽりとだきかかえる。

【擁護】ヨウゴ 大切にかばいまもること。「人権―の立場から主張する」

【擁する】ヨウ-する ①かかえる。いだく。「親子相―して喜ぶ」②もつ。所有する。「独裁的な権力を―する」③率いる。部下にする。「大軍を―する」④助けもりたてる。「幼君を―する」

【擁壁】ヨウヘキ 崖がけなどの側面の土が崩れるのを防ぐために、築かれた壁。

【擁立】ヨウリツ 高い位などにつかせるために、助けもりたてること。「首長選挙に文化人を―する」

ヨウ【謡】(16) 言9 常 4 4556 4D58 音 ヨウ 訓 うたい高・うたう高

旧字《謠》(17) 言10 1/準1 7579 6B6F

筆順 7 … 謡

意味 ①うたう。うた。はやりうた。「歌謡」「民謡」②うわさ。「謡言」③うたい。能のうたい。「謡曲」

下つき 歌謡カヨウ・俗謡ゾクヨウ・童謡ドウヨウ・民謡ミンヨウ・俚謡リヨウ

【謡】うたい 能楽の詞章。また、それに節をつけてうたうこと。謡曲。

【謡初】うたいぞめ 新年になって最初に、謡曲をうたうこと。特に、江戸幕府が毎年正月二日、のちに三日に、能役者を招いて殿中で催した謡の儀式。季新年

【謡う】うた-う 言葉に節をつけて声に出す。特に、能楽の詞章に節をつけてとなえる。

【謡曲】ヨウキョク ①能の詞章。②能楽の詞章に節をつけてうたうこと。うたい。

【▲謡歌】わざうた 上代歌謡の一種。時事の風刺や異変を予言した民間のはやり歌。表記「童謡」とも書く。

ヨウ【踴】(16) ⻊9 1 7693 6C7D 音 ヨウ 訓 おどる・おどり

〔踊〕

意味 ①おどる。おどりあがる。とびあがる。②まいおどる。おどり。

ヨウ【膺】(17) 肉13 1 7131 673F 音 ヨウ・オウ 訓 むね・うける・うつ

意味 ①むね(胸)。「服膺」②あ(当)てる。うける。ひきうける。「膺受」③うつ。征伐する。「膺懲」

下つき 服膺フクヨウ

【膺】むね 人体の前面で首と腹の間の部分。

【膺懲】ヨウチョウ 外敵を征伐すること。討ちこらしめること。「敵を―する」

ヨウ【▲謠】(17) 言10 7579 6B6F ▼謡の旧字(一五三六)

ヨウ【邀】(17) ⻌13 1 7819 6E33 音 ヨウ 訓 むかえる・もとめる

意味 ①むかえる。まちうける。まちぶせする。「邀撃」②もとめる。「邀求」類①②要

【▲邀える】むか-える 相手の攻撃を待ち受けて、さえぎり止める。

【邀撃】ヨウゲキ 攻めて来る敵を、むかえ討つこと。「―態勢を整える」類迎撃

ヨウ【曜】(18) 日14 教 常 9 4543 4D4B 音 ヨウ 訓 外かがやく

筆順 4 7 10 12 18 曜

意味 ①ひかり。かがやく。ひかる。「曜曜」類燿ヨウ・

耀ヨウ ②日・月・星の総称。「七曜」③七曜を一週間の七日に割り当てた名。「曜日」

下つき 九曜・七曜・照曜

【曜く】かがやく ひかりかがやく。明るく照らす。表記「耀く・燿く」とも書く。

【曜日】ようび 七曜にあてた、一週間の各日の名称。日・月・火・水・木・金・土曜日。

ヨウ【瀁】(18) 氵15 1 6339 5F47 音 ヨウ 訓

意味 水がみちて果てしなく広がるさま。「瀁瀁」

ヨウ【燿】(18) 火14 1 6402 6022 音 ヨウ 訓 かがやく・かがよう・かがやき

意味 かがやく。かがよう。かがやき。ひかる。ひかり。「霊燿」類 曜・耀

下つき 焜燿

【燿く】かがやく ひかりかがやく。明るく照らす。表記「曜く・耀く」とも書く。

ヨウ【蠅】★ (19) 虫13 準1 7404 6A24 音 ヨウ 訓 はえ

〔蝿〕3972 4768

意味 はえ。イエバエ科や近縁の昆虫の総称。「蠅頭」

下つき 青蠅・蒼蠅

【蠅帳】はいチョウ ハエなどが入るのを防ぎ、通風をよくするための目の細かい金網や紗を張った食品用の戸棚。また、食卓の上をおおうほろがや状のもの。はえチョウ。季 夏

【蠅】はえ イエバエ科また近縁の昆虫の総称。体長は約一センチメートル。幼虫は、うじ。汚物や食物にたかり、感染症を媒介するものが多い。季 夏

【蠅取草】はえとりぐさ ハエジゴクの別称。モウセンゴケ科の多年草。

【〈蠅虎〉・〈蠅取蜘蛛〉】はえとりぐも ハエトリグモ科のクモの総称。体長約一センチメートル。体色は灰褐色などで腹部にいろいろな模様がある。網を張らず壁などをはい、巧みに跳ねてハエなどを捕食。前方中央の二眼は非常に大きい。季 夏

【蠅頭】ヨウトウ ハエの頭の意から、きわめて小さいもののたとえ。小さな文字やわずかな利益など。

ヨウ【癢】(20) 疒15 1 6588 6178 音 ヨウ 訓 かゆい

意味 ①かゆい。「癢痛」類 痒 ②はがゆい。もどかしい。「技癢」

【癢い】かゆい 皮膚がむずむずとして、掻きたい感じである。「虫に刺されて―い」表記「痒い」とも書く。

ヨウ【耀】(20) 羽14 準1 4552 4D54 音 ヨウ 訓 かがやく

意味 かがやく。ひかる。ひかり。「耀光」類 曜・燿

下つき 栄耀・光耀・照耀・霊耀

【耀く】かがやく ひかりかがやく。明るく照らす。表記「曜く・燿く」とも書く。

ヨウ【廱】(21) 广18 1 5511 572B 音 ヨウ 訓 やわらぐ

意味 ①やわらぐ。「廱和」②ふさぐ。ふさがる。

ヨウ【瓔】(21) 王17 1 6493 607D 音 ヨウ・エイ 訓 くびかざり

意味 くびかざり。玉をつないだくびかざり。「瓔珞」

下つき 珠瓔・鈿瓔

【瓔珞】ヨウラク 宝石を連ねて仏像の頭・首・胸などを飾るもの。寺院内の天蓋の装飾にも用いる。

ヨウ【鷂】(21) 鳥10 1 8324 7338 音 ヨウ 訓 はいたか・はしたか

意味 はいたか。はしたか。タカ科の小形の鳥。

【鷂】はいたか タカ科の鳥。ユーラシア大陸に分布し、日本では低山にすむ。色はオオタカに似るが、より小形のもの。全長約三五センチメートル。雄は雌よりも小さい。鷹狩りに用いた。季 冬 参考「はしたか」とも読む。雄は「兄鷂」ともいう。

ヨウ【癰】(23) 疒18 1 6594 617E 音 ヨウ 訓 はれもの

意味 できもの。悪性のはれもの。「癰腫」

【癰疽】ヨウソ 悪性で危険なできもの。参考 浅くて大きいものを「癰」、深くて悪性なものを「疽」という。

ヨウ【靨】(23) 面14 1 8052 7054 音 ヨウ 訓 えくぼ

意味 えくぼ。「靨笑」

下つき 片靨

【靨】えくぼ 笑うと頰にできる小さいくぼみ。「かわいい―の少女」「あばたも―（好きになると欠点もよく思える）」表記「笑窪」とも書く。

ヨウ【鷹】(24) 鳥13 準1 3475 426B 音 ヨウ・オウ 訓 たか

意味 たか。タカ科の鳥。「鷹揚」

下つき 蒼鷹・禿鷹・放鷹・夜鷹

【鷹揚】オウヨウ ゆったりとしていて、些細な事にもこだわらないさま。大様。「いつも―に構えている」由来 タカが空を飛ぶように、ゆったりと武勇をふるうさまから。

【鷹】たか タカ科の鳥のうち、中形以下のものの総称。オオタカ、クマタカ、トビなど。大形のものはワシ。曲がった鋭いくちばしと強い爪があり、小形の鳥獣などを捕食する。季 冬

【鷹は飢えても穂をつまず】節操を守る者はどんな苦しい状況におかれても、道理に外れたことはしないこと。肉食動物のタカは、飢え死にしそうになっても稲穂はついばまないことから。類 渇しても

盗泉の水を飲まず

【鷹狩り】たかがり 飼いならしたタカやハヤブサ・ハイタカなどを飛ばして、鳥や小獣などを捕らえる狩猟。鷹野。季冬

【鷹匠】たかジョウ ①鷹狩りのために、タカを飼いならし訓練する人。季冬 ②江戸時代、幕府に仕えて鷹狩りのタカの飼育にあたった役。類①②鷹居たかすえ

【〈鷹居〉】たかすえ 「鷹匠たかジョウ」に同じ。

【鷹の爪】たかのつめ ①ウコギ科の落葉小高木。山地に自生。夏、黄緑色の小花を多数つける。冬芽はタカの爪に似る。材は柔らかく、箸はしや下駄げたなどを作る。イモノキ。②トウガラシの一品種。果実は円筒形で先がとがり、赤く熟す。香辛料用。アカトウガラシ。

【鷹視狼歩】ヨウシロウホ 貪欲ドンヨクでたけだけしい、残忍な人物のたとえ。また、すきを与えない豪傑のたとえ。タカのように鋭い目つきと、オオカミの獲物をあさるような歩き方の意。〈『呉越春秋』〉

よう【酔う】(11) 酉4 常 3176 3F6C ▼スイ(八三〇)

よう【酩う】(13) 酉6 7841 6E49 ▼メイ(一四七二)

よう【醺う】(21) 酉14 7853 6E55 ▼クン(三八四)

ようやく【△漸く】(14) 氵11 常 3318 4132 ▼ゼン(九一七)

よぎる【△過る】(12) 辶9 教 1865 3261 ▼カ(一五三)

ヨク【弋】(3) 弋0 1 5521 5735 音 ヨク 訓 いぐるみ・とる・くろい・うかぶ

意味 ①いぐるみ。矢に糸をつけて放ち、鳥をとる道具。②とる。獲物をからめとる。「弋猟」③くろい。黒い色。④うかぶ。水にうかび泳ぐ。「遊弋ユウヨク」

【弋】いぐるみ 鳥や魚を捕らえるために、矢に糸や網をつけておき、当たると糸や網がからみつくようになっている狩猟道具。いとゆみ。

ヨク【抑】(7) 扌4 常 3 4562 4D5E 音 ヨク 訓 おさえる 外 ふさぐ・そもそも

筆順 一 十 才 扌 扎 扣 抑

意味 ①おさえる。おさえつける。ふさぐ。「抑圧」「抑止」対揚 ②そもそも。発語また話題転換の助字。

下つき 掩抑エンヨク・屈抑クツヨク・謙抑ケンヨク

【抑える】おさえる ①感情や動きなどの勢いをとどめる。「悲しみを―える遺族」「インフレを―える政策」②自由に活動させないように相手を封じる。「警官がデモ隊を―える行動に出た」

【△抑・〈抑抑〉】そもそも ①さて。いったい。だいたい。「『―人生とは』と講義が始まった」②最初。事の起こり。「―は私が起こした会社だ」③元来。もともと。「失敗の原因は―そこにある」

【抑圧】ヨクアツ 無理に行動や欲望などをおさえつけること。「―された感情」

【抑鬱】ヨクウツ 心がふさいで、はればれしないこと。「―状態」

【抑止】ヨクシ 起こらないように、またはそれ以上に進行しないようにおさえとどめること。「戦争はなんとしても―せねばならぬ」類抑制

【抑制】ヨクセイ 盛んになろうとする勢いをおさえとどめること。「物価の上昇を―する」

【抑揚】ヨクヨウ 音声や音楽・文章の調子などを、上げ下げすること。また、その調子。イントネーション。「―をつけて朗読した」「―のない話」

【抑揚頓挫】ヨクヨウトンザ 文章や音楽などで調子を上げたり下げたり、中途で滞らせたりして、変化を与えながら全体の調和をとること。また、勢いが途中で衰えること。「頓挫」は急にくじける意。〈『文章軌範』〉

【抑留】ヨクリュウ ①強制的に引きとめておくこと。②法律で、逮捕や勾引コウインなど短期間、身柄を拘束すること。③国際法で、外国の人や船などを強制的に自国内にとどめおくこと。

ヨク【杙】(7) 木3 1 5927 5B3B 音 ヨク 訓 くい

意味 くい。ウシやウマをつなぐくい。「棒杙」

下つき 棒杙ボウぐい・乱杙ランぐい

【杙】くい 地中に打ちこんで家畜などをつないでおく棒。

【杙鞋】くいぐつ 木くいの先端に取り付ける、とがった金属製のカバー。くい先を保護し、固い地盤への打込みを容易にするための道具。くいわらじ。表記「杭沓」とも書く。

ヨク【沃】(7) 氵4 常 2 4564 4D60 音 ヨク 外 オク 訓 外 そそぐ・こえる

筆順 丶 冫 氵 氵 汀 汗 沃

意味 ①そそぐ。水をかける。「沃灌ヨッカン」②こ(肥)える。地味がこえている。「沃野」「肥沃」③外国語の音訳に用いられる。「沃素ヨウソ」

下つき 啓沃ケイヨク・饒沃ジョウヨク・肥沃ヒヨク・豊沃ホウヨク

【〈沃懸〉地】いかけジ 蒔絵まきえの技法の一つ。漆地の上に金銀の粉を一面に蒔まき、研とぎ出したもの。金溜地きんだみジ。

【△沃ぐ】そそぐ ①水を流しこむ。田畑を灌漑カンガイする。②人を心から教え導く。参考 本来、水をふりかけて、ものをやわらかくしたり豊かにしたりする意。

【△沃素】ヨウソ ハロゲン元素の一つ。黒紫色の結晶。消毒用や医薬用。ヨード。

【〈沃度〉】ヨード 「沃素ヨウソ」に同じ。参考「ヨード」はドイツ語から。

【〈沃度丁幾〉】ヨードチンキ 沃素ヨウソをアルコールにとかした赤褐色の液体。傷口の消毒・殺菌用。

【沃饒】ヨクジョウ 地味が肥えて作物が豊かに実ること。「何年もかけて―な土地に

した」参考「饒」は豊かな意。

【沃土】ヨクド 地味が肥え、作物の多くできる土地。「―に野菜の種をまく」類沃地

【沃野】ヨクヤ 作物がよくとれる肥えた平野。地味が豊かな平地。

ヨク【峪】(10) 山7 1 5427 563B 音 ヨク 訓 たに

意味 たに。類谷

ヨク【浴】(10) 氵7 教 常 7 4565 4D61 音 ヨク 訓 あびる・あびせる 外ゆあみ

筆順 、 ⺀ 氵 氵 氵 氵 氵 浴 浴 浴

意味 ①あびる。あびせる。水や湯にひたる。ゆあみする。「浴室」「入浴」②うける。こうむる。「浴恩」

参考 体を洗うことを「浴」といい、髪を洗うことを「沐」という。

下つき 温浴・水浴・入浴・沐浴

【浴びる】あびる ①水や湯などをかぶる。入浴する。「冷水を―びて身を清める」②光・煙・ほこりなどを体に受ける。「月光を―びながら帰路を急いだ」③言葉や視線をたくさん受ける。こうむる。「注目を―びる」

〈浴衣〉ゆかた 夏や入浴後に着る木綿のひとえの着物。季夏 由来「ゆかたびら」の略。

〈浴槽〉ゆぶね 入浴用の湯を入れる大きなおけ。「ゆったりとした―で手足を伸ばす」表記「湯船・湯槽」とも書く。参考「ヨクソウ」とも読む。

【浴室】ヨクシツ 風呂場。湯殿。バスルーム。「―に湯気が立ちこめる」

【浴槽】ヨクソウ 「浴槽(ゆぶね)」に同じ。

【浴盤】ヨクバン 沐浴に使うたらい。行水だらい。

ヨク【欲】(11) 欠7 教 常 5 4563 4D5F 音 ヨク 訓 ほっする高・ほしい中

筆順 ハ 𠆢 父 谷 谷 谷 谷 谷 欲 欲

意味 ①ほっする。ほしがる。のぞむ。「欲求」「欲情」②よく。ものをほしがる気持ち。「意欲」「食欲」

書きかえ 「慾」の書きかえ字。

下つき 愛欲・意欲・禁欲・強欲・色欲・情欲・私欲・食欲・性欲・貪欲・肉欲・物欲・無欲・利欲

【欲しい】ほしい ①自分のものにしたい。「プレゼントが―い」②…してもらいたい。「部屋の掃除をやって―い」

【欲する】ほっする あるものを手に入れたいと思う。ほしいと願う。望む。「本能の―するままに動く」

【欲情】ヨクジョウ ①あるものを強くほしいと思う感情。欲心。②異性に対する肉体的な欲望。愛欲の心。性欲。

【欲心】ヨクシン ものをほしがる心。欲深くむさぼる気持ち。類欲念

【欲得】ヨクトク 利益を得ようとすること。また、その心。「―に目がくらむ」「―尽く(何事も打算で行動すること)」

【欲念】ヨクネン ものを手に入れたいと強く願う心。欲深くむさぼる気持ち。「―を捨てて事に当たる」類欲心

【欲の熊鷹、股裂くる】ヨクのくまたかまたさくる あまりに欲が深いと、そのために災いを招くたとえ。由来 クマタカが二頭のイノシシに両足でつかみかかったが、それぞれ反対方向に逃げ出したイノシシを離さなかったために、股が裂けて死んだという昔話から。

【欲張る】ヨクばる 必要以上に物をほしがる。度を越えてあることをしたがる。ひどく欲をかく。「―ると逆に損をすることが多い」「あれもこれもと―る」

【欲深】ヨクふか 欲が強いこと。欲張りであること。「―な商人」

【欲望】ヨクボウ あるものを得たいと思う強い気持ち。不足を満たしたいと望む気持ち。「―にまかせて行動する」類欲求

【欲目】ヨクめ 欲や愛情などから自分に都合のよいように見たり、実際よりもよく評価したりすること。ひいき目。「親の―」

【欲求】ヨッキュウ ほしがり求めること。ねがい求めること。また、その気持ち。「―不満に陥る」「―が満たされず、ストレスがたまる一方だ」類欲望

ヨク【翌】(11) 羽5 教 常 5 4566 4D62 音 ヨク

旧字《翌》(11) 羽5 1/準1

筆順 𠃌 ㇆ 习 习 羽 羽 羽 翌 翌 翌

意味 あくる。次の。「翌日」「翌年」

〈翌檜〉あすなろ ヒノキ科の常緑高木。日本特産で、山地に自生。葉はヒノキに似るが、やや大きくうろこ状に重なる。材は建築や家具などに利用。ヒバ。アテ。由来「明日はヒノキになろう」の意からという。表記「羅漢柏」とも書く。

【翌日】ヨクジツ その次の日。あくる日。「―は楽しい遠足だ」

【翌翌】ヨクヨク 年月などの名詞の上につけて、次の次の意を表す語。「―週」「―日」

ヨク【翊】(11) 羽5 1 7036 6644 音 ヨク 訓 たすける・あくるひ

意味 ①鳥がとぶ。とびこえる。②たすける。「翊賛」類翼 ③あくるひ。参考 もと、「翌」と同じ字。羽を立ててとびたつ意を表す字。

ヨク【慾】(15) 心11 準1 4561 4D5D 音 ヨク 訓 ほっする

意味 ほっする。ほしいと思う気持ち。ほしがる心。

参考「欲」の別字。

書きかえ「欲」が書きかえ字。

ヨク【薏】(16) 艹13 1 9130 7B3E 音 ヨク

意味 ①ハス(蓮)の実の中身。②イネ科の一年草「薏苡(ヨクイ)」(はとむぎ・じゅずだま)に用いられる字。

【薏苡明珠】ヨクイメイシュ 無実の疑いをかけられること。「明珠」は宝玉のこと。「薏苡」はハトムギで、実は白くて食用・薬用。故事 中国、後漢の馬援(バエン)が交趾(コウシ)(今のベトナム)に遠征し、薬用に「薏苡」を車に積んで持ち帰ったところ、都の人々は南方の珍しいものだと思い、宝玉だと天子に讒言(ザンゲン)する者もあり、天子の怒りに触れたという故事から。〈『後漢書(ゴカンジョ)』〉

ヨク【翼】(17) 羽11 常 4 4567 4D63 音 ヨク 訓 つばさ 外 たすける

旧字《翼》(18) 羽12 1/準1

筆順 ㇆ ㇆ 3 习 习 6 羽 8 翌 翌 11 翼 翼 14 翼 17

意味 ①つばさ。鳥や飛行機などのはね。「主翼」「比翼」②たすける。「翼賛」「扶翼」類 翊(ヨク) ③左右にはりだしているもの。また、本陣の左右の軍隊。「右翼」

下つき 右翼(ウヨク)・銀翼(ギンヨク)・左翼(サヨク)・主翼(シュヨク)・比翼(ヒヨク)・尾翼(ビヨク)・扶翼(フヨク)・輔翼(ホヨク)・両翼(リョウヨク)

【翼ける】たすーける 力をそえて手伝う。かばい守る。「窮地にある子会社をーける」

【翼】つばさ ①鳥が飛ぶための器官で、前肢の変形したもの。はね。②飛行機の翼(ヨク)。

【翼賛】ヨクサン 力を添えて政治などを助けること。「大政ー」

【翼翼】ヨクヨク 慎み深くするさま。びくびくするさま。「小心ー」

【翼下】ヨッカ ①飛行機などのつばさの下。②ある組織や団体などの支配力の及ぶ範囲内。保護のもと。「大企業のーにある下請け」類 傘下

参考「ヨクカ」とも読む。

ヨク【翼】(18) 羽12 ▼翼の旧字(一五四〇)
よく【克く】(7) 儿5 常 2578 396E ▼コク(五二四)
よく【能く】(10) 肉6 教 3929 473D ▼ノウ(一二一〇)
よくする【能くする】(10) 肉6 教 3929 473D ▼ノウ(一二一〇)
よける【除ける】(10) 阝7 教 2992 3D7C ▼ジョ(七三五)
よける【避ける】(16) 辶13 常 4082 4872 ▼ヒ(一二八六)
よこ【横】(15) 木11 教 1803 3223 ▼オウ(一一六)
よこいと【緯】(16) 糸10 常 1662 305E ▼イ(四〇)
よこしま【邪】(8) 阝5 常 2857 3C59 ▼ジャ(六六二)
よごす【汚す】(6) 氵3 常 1788 3178 ▼オ(一〇九)
よし【由】(5) 田0 教 4519 4D33 ▼ユ(一五〇二)
よし【葭】(12) 艹9 7251 6853 ▼カ(一五三)
よし【葦】(13) 艹10 1617 3031 ▼イ(三六)
よしみ【好】(6) 女3 教 2505 3925 ▼コウ(四八〇)
よしみ【媾】(13) 女10 ▼コウ(五〇七)
よしみ【誼】(15) 言8 2135 3543 ▼ギ(二九〇)
よじる【捩る】(11) 扌8 ▼レイ(一五九五)
よじる【攀じる】(19) 手15 5821 5A35 ▼ハン(一二六九)
よしんば【縦んば】(16) 糸10 教 2936 3D44 ▼ジュウ(七〇六)
よす【止す】(4) 止0 教 2763 3B5F ▼シ(五九七)
よすが【便】(9) 亻7 教 4256 4A58 ▼ベン(一三八五)

よすが【縁】(15) 糸9 常 1779 316F ▼エン(一〇六)
よせる【寄せる】(11) 宀8 教 2083 3473 ▼キ(二七三)
よそう【装う】(12) 衣6 教 3385 4175 ▼ソウ(九四一)
よそおう【妝う】(7) 女4 5303 5523 ▼ソウ(九三〇)
よそおう【粧う】(12) 米6 常 3049 3E51 ▼ショウ(七五六)
よそおう【装う】(12) 衣6 教 3385 4175 ▼ソウ(九四一)
よだれ【涎】(10) 氵7 6223 5E37 ▼セン(九〇二)
よつぎ【冑】(9) 肉5 7084 6674 ▼チュウ(一〇四八)
よつぎ【嫡】(14) 女11 常 3568 4364 ▼チャク(一〇四一)
よっつ【四つ】(5) 口2 教 2745 3B4D ▼シ(六〇〇)
よって【仍って】(4) 亻2 4827 503B ▼ジョウ(七七一)
よど【淀】(11) 氵8 4568 4D64 ▼テン(一一一五)
よどむ【淀む】(11) 氵8 4568 4D64 ▼テン(一一一五)
よどむ【澱む】(16) 氵13 3735 4543 ▼デン(一一二三)
よなげる【沙げる】(7) 氵4 常 2627 3A3B ▼サ(五四二)
よなげる【汰げる】(7) 氵4 常 3433 4241 ▼タ(九七二)
よなげる【淘げる】(11) 氵8 3781 4571 ▼トウ(一一四五)
よね【米】(6) 米0 教 4238 4A46 ▼ベイ(一三七一)
よぶ【呼ぶ】(8) 口5 教 2438 3846 ▼コ(四四八)
よぶ【喚ぶ】(12) 口9 常 2013 342D ▼カン(二三四)
よみ【詁み】(12) 言5 7538 6B46 ▼コ(四五七)
よみがえる【甦る】(12) 生7 6520 6134 ▼ソ(九二四)
よみがえる【蘇る】(19) 艹16 3341 4149 ▼ソ(九二七)
よみする【嘉する】(14) 口11 1837 3245 ▼カ(一五六)
よむ【訓む】(10) 言3 教 2317 3731 ▼クン(三八二)

よむ【▲詠む】(12) 言5 常 1751/3153 ▼エイ(八七)

よむ【読む】(14) 言7 教 3841/4649 ▼ドク(一一七四)

同訓異義 よむ

【読む】文字で書かれたものを声に出して言う。文字や文章を見て理解する。ほか、広く用いる。「読んで聞かせる」「お経を読む」「新聞を読む」「グラフを読む」「顔色を読む」「情勢を読む」「手の内を読む」

【詠む】詩歌をつくる。「短歌を詠む」「初夏を俳句に詠む」「辞世の歌を詠む」

【△訓む】漢字を日本語にあてはめてよむ。訓読する。「山を『やま』と訓む」

よめ【▲娵】(11) 女8 5323/5537 ▼ソウ(九三八)

よめ【嫁】(13) 女10 常 1839/3247 ▼カ(一五五)

よもぎ【▲艾】(5) 艹2 7172/6768 ▼ガイ(一九〇)

よもぎ【▲蒿】(13) 艹10 7270/6866 ▼コウ(五〇八)

よもぎ【▲蓬】(14) 艹11 4309/4B29 ▼ホウ(一四〇九)

よもぎ【▲蕭】(16) 艹13 7311/692B ▼ショウ(七六四)

より【▲撚り】(15) 扌12 3918/4732 ▼ネン(一二〇九)

より【▲縒り】(16) 糸10 6951/6553 ▼シ(六三六)

よる【▲仍る】(4) 亻2 4827/503B ▼ジョウ(七七一)

よる【▲仗る】(5) 亻3 4831/503F ▼ジョウ(七七一)

よる【△由る】(5) 田0 教 4519/4D33 ▼ユ(一五〇二)

よる【因る】(6) 囗3 教 1688/3078 ▼イン(六二)

よる【△択る】(7) 扌4 常 3482/4272 ▼タク(一〇〇〇)

よる【△依る】(8) 亻6 常 1645/304D ▼イ(二八)

よる【▲凭る】(8) 几6 4963/515F ▼ヒョウ(一三〇三)

よる【夜】(8) 夕5 教 4475/4C6B ▼ヤ(一四九一)

よる【△拠る】(8) 扌5 常 2182/3572 ▼キョ(三一六)

よる【▲倚る】(10) 亻8 4865/5061 ▼イ(三一)

よる【寄る】(11) 宀8 教 2083/3473 ▼キ(二七三)

よる【▲馮る】(12) 馬2 8140/7148 ▼ヒョウ(一三〇五)

よる【▲搓る】(13) 扌10 5777/596D ▼サ(五四六)

同訓異義 よる(1)

【因る】物事が起こる原因になる。基づく。「過失に因る事故」「放火に因る火災」「風邪に因る熱で欠勤する」「昇給は実績に因って行う」「スタッフの力に因るところ大である」

【△由る】ある方式に基づく。由来する。「努力いかんに由る」「由って来るところ」「民は由らしむべし、知らしむべからず」

【△依る】物事を行う手段とする。依存する。「先例に依って処理する」「見かけに依らず気さくな人」「警察の発表に依って報道する」「生活費は親の仕送りに依る」

【△拠る】根拠とする。よりどころとする。「城に拠って戦う」「物証に拠って告訴した」「教科書に拠ってつくった参考書」

【▲縁る】頼りにして従う。基づく。「木に縁りて魚を求む」

【寄る】近くに行く。頼りとして身をよせる。集まる。「左へ寄る」「友人の家に寄る」「寄る辺のない身」「寄らば大樹の陰」「三人寄れば文殊の知恵」「被害者が寄り合う」「寄り切りで勝つ」「立ち寄る」

【▲倚る】ほかのものにもたれかかる。身をもたせかける。「手摺りに倚って立ち上がる」「柱に倚りかかる」

【▲凭る】身をまかせてよりかかる。もたれる。「倚る」に近い意。

同訓異義 よる(2)

【△選る】多くのなかから目的に合ったものをえらび出す。「この大会でオリンピック出場選手を選る」「選りすぐった選手が競う」「選り好みする」「選り取り見取り」「選り抜きの社員」「選りすぐった商品が並ぶ」

【△択る】多くのなかから悪いものを捨て、良いものを取る。取捨選択する。「ミカンを択って出荷する」「傷の無いものを択る」

【▲縒る】糸や紙など細く長いものを、何本かねじって一本にする。ねじってからめ合わせる。「糸を縒る」「和紙を縒って紙縒りを作る」「縄を縒る」「腕に縒りをかけて料理する」「縒りを戻す」

【▲撚る】「縒る」にほぼ同じ。

よる【▲撚る】(15) 扌12 3918/4732 ▼ネン(一二〇九)

よる【△縁る】(15) 糸9 常 1779/316F ▼エン(一〇六)

よる【△選る】(15) 辶12 教 3310/412A ▼セン(九〇九)

よる【▲靠る】(15) 非7 8049/7051 ▼コウ(五一二)

よる【▲憑る】(16) 心12 5665/5861 ▼ヒョウ(一三〇七)

よる【▲縒る】(16) 糸10 6951/6553 ▼シ(六三六)

よろい【▲冑】(9) 冂7 4941/5149 ▼チュウ(一〇四七)

よろい【▲鎧】(18) 金10 1927/333B ▼ガイ(一九三)

よろこぶ【▲忻ぶ】(7) 忄4 5555/5757 ▼キン(三三四)

よろこぶ【▲怡ぶ】(8) 忄5 5562/575E ▼イ(二九)

よろこぶ【▲欣ぶ】(8) 欠4 2253/3655 ▼キン(三三五)

よろこぶ【△悦ぶ】(10) 忄7 常 1757/3159 ▼エツ(九三)

よろこぶ【喜ぶ】(12) 口9 教 2078/346E ▼キ(二七五)

よろこぶ【△賀ぶ】(12) 貝5 教 1876/326C ▼ガ(一六五)

よろこぶ【▲僖ぶ】(14) 亻12 4905/5125 ▼キ(二七九)
よろこぶ【△慶ぶ】(15) 心11 常 2336/3744 ▼ケイ(三九九)
よろこぶ【△歓ぶ】(15) 欠11 常 2031/343F ▼カン(二四五)
よろこぶ【▲懌ぶ】(16) 忄13 5668/5864 ▼エキ(九二)
よろこぶ【▲驩ぶ】(27) 馬17 8173/7169 ▼カン(二五三)

同訓異義 よろこぶ

【喜ぶ】うれしいと感じる。楽しいと感じる。ほか、広く用いる。「子どもの誕生を喜ぶ」「受験の合格を喜ぶ」「親を喜ばせる」「病気の回復を喜ぶ」
【△悦ぶ】心がかなってうれしく思う。「役員の更迭をひそかに悦ぶ」「作戦が成功し、にんまりと悦ぶ」「悦んで引き受ける」
【△慶ぶ】めでたいと祝いよろこぶ。「新年のお慶びを申し上げます」「祖父の長寿を慶ぶ」「婚約を慶ぶ」
【△歓ぶ】わいわいと声を上げてよろこぶ。「外国選手団を歓んで迎える」「祝宴を歓ぶ」
【▲欣ぶ】息をはずませてよろこぶ。「家族全員が合格を欣ぶ」「小躍りして欣ぶ」

よろしい【△宜しい】(8) 宀5 常 2125/3539 ▼ギ(二八七)
よろず【△万】(3) 一2 教 4392/4B7C ▼マン(一四四五)
よわい【弱い】(10) 弓7 教 2869/3C65 ▼ジャク(六六七)
よわい【▲孱い】(12) 尸9 5403/5623 ▼セン(九〇三)
よわい【△歯】(12) 歯0 教 2785/3B75 ▼シ(六二〇)
よわい【▲懦い】(17) 忄14 5679/586F ▼ダ(九七六)
よわい【△齢】(17) 歯5 常 4680/4E70 ▼レイ(一五九八)
よわめる【弱める】(10) 弓7 教 2869/3C65 ▼ジャク(六六七)
よわる【弱る】(10) 弓7 教 2869/3C65 ▼ジャク(六六七)

ら 良 ラ 良

ラ【拉】(8) 扌5 常 2 5739/5947
音 ラ 外ラツ・ロウ
訓 外くじく・ひしぐ・ひしゃげる・ひく

筆順 一 十 扌 扌 扩 扩 拉 拉

意味 ①くじく。ひしぐ。「拉殺(ロウサツ・ラサツ)」 ②ひく。引いて連れて行く。「拉致」

【△拉ぐ】ひしーぐ ①押しつぶす。「鬼も打ちーぐ力」 ②勢いをくじく。「敵の気勢をーぐ」

【△拉げる】ひしゃーげる 押されてつぶれる。ひしげる。「箱がーげる」

【△拉麺】ラーメン 味付けした汁にめんを入れ、具をのせた中国料理。中華そば。表記「老麺」とも書く。参考 中国語から。

〈拉▲薩〉ラサ 中国チベット自治区の区都。ラマ教の聖地で、総本山や歴代の法王ダライ-ラマが住んだポタラ宮などがある。

【拉致】ラチ いやがる人を無理に連れ去ること。無理に引き連れること。「不審な男にーされる」「ー事件」参考「ラッチ」とも読む。

〈拉丁〉ラテン ①ラテン語。②ラテン系の。ラテン民族の。③ラテン系の人。フランス・イタリア・スペイン・ポルトガルなどの人。表記「羅甸」とも書く。

ラ【裸】(13) 衤8 常 3 4571/4D67
音 ラ
訓 はだか

筆順 ラ ネ ネ ネ 衵 衵 裡 裡 裸 裸 (2, 7, 9)

意味 はだか。むきだしの。「裸体」「裸眼」「赤裸」
下つき 赤裸(セキラ)・赤裸(あかはだか)・全裸(ゼンラ)・半裸(ハンラ)

【裸】はだか ①衣類をつけずに、肌を露出していること。裸体。季夏 ②おおいがなくて、むき出しになっていること。「ー電球がぶら下がっている」③隠し事がなく、ありのままであること。赤裸々(セキララ)。「ーのつきあい」④体一つで、財産・所持品がまったくないこと。「事業に失敗してーになる」

【裸一貫】はだかイッカン 自分の体のほかには、元手となるものを何ももっていないこと。「彼はーからのたたきあげだ」

〈裸足〉はだし ①足に何もはいていない状態。素足。季夏 ②専門家でも及ばない技術や能力をもっていること。「玄人ー」表記「跣」とも書く。

【裸眼】ラガン 眼鏡やコンタクトレンズなどをつけていない目。また、その視力。「左目の視力はーで〇・五だ」参考「裸」は何もつけていないむきだしの状態の意。

【裸子植物】ラシショクブツ 種子植物のうちで、雌しべに子房がなく胚珠(ハイシュ)が露出しているもの。イチョウ・マツ・ソテツなど。対 被子植物

【裸出】ラシュツ おおう物がなく、中身がむき出しになっていること。「ーした岩肌」類 露出

【裸身】ラシン 衣類をつけずに、肌を露出した体。はだかの体。「ーをさらす」類 裸体

【裸体】ラタイ 「裸身」に同じ。「ー画を描く」

【裸婦】ラフ はだかの女性。特に、絵画や彫刻の題材としていう。「ー像を制作する」

ラ【★螺】(17) 虫11 準1 4570/4D66
音 ラ
訓 つぶ・にし・にな・ほらがい

意味 ①つぶ。にし。にな。巻貝の総称。また、ほらがい。「螺鈿(ラデン)」②渦巻き形のもの。「螺旋」
下つき 蠑螺(えエイ さざラ)・田螺(たにし)・法螺(ホラ)

【螺】つぶ 巻貝の一群の総称。アカニシ・タニシなど。参考「にし」とも読む。

〈螺子〉・〈螺旋〉ねじ ①物を締めつける、螺旋(ラセン)形のみぞのあるもの。雄ねじと雌ねじがある。②ぜんまいを巻く装置。表記「捻子・捩子」とも書く。参考「螺旋」は「ラセン」と読めば別の意もある。

〈螺尻〉ばいじり 竹の皮で作った、巻貝のバイの殻を逆さにしたように上部がすぼまった笠(かさ)。魚釣りのときなどにかぶる。表記「貝尻」とも書く。

【螺旋】ラセン ①巻貝の殻のように渦巻きになっている形。「一階段」②ねじ。参考「螺線」と書けば、渦巻き状の平面曲線の意。

【螺鈿・螺甸】ラデン 漆工芸の技法の一つ。オウムガイやアコヤガイなどの殻から真珠光を放つ部分を切り取った薄片を物の表面に埋めこみ、装飾とするもの。

【螺髪】ラハツ ①ちぢれて巻貝の殻のような形になっている髪。②仏像に特有な頭髪の形式。参考「ラホツ」とも読む。

ラ【羅】(19) 罒14 常 準2 4569 4D65 音ラ 訓外あみ・つらなる・うすぎぬ

筆順 (2)(4)(9)(11)(13) 羅(19)

意味 ①あみ。とりあみ。あみで捕らえる。「雀羅(ジャクラ)」「網羅」②つらなる。ならべる。「羅列」「森羅」③うすもの。うすぎぬの織物。「羅衣」「綺羅(キラ)」④梵語(ボンゴ)・外国語の音訳に用いられる。「羅漢」「羅紗(ラシャ)」

下つき 伽羅(キャラ)・綺羅(キラ)・沙羅(サラ)・雀羅(ジャクラ)・包羅(ホウラ)・網羅(モウラ)・綾羅(リョウラ)

〈羅漢柏〉あすなろ ヒノキ科の常緑高木。由来「羅漢柏」は漢名からの誤用。▼翌檜(あすなろ)(一五三九)

【羅】あみ 小鳥などを捕らえるあみ。とりあみ。かすみあみ。

〈羅漢松〉いぬまき マキ科の常緑高木。暖地に自生。葉は線形で先がとがる。秋、球形で白緑色の果実をつける。果実の下には球形の花床が赤紫色に熟し、食べられる。由来「羅漢松」は漢名から。表記「犬槇」とも書く。

【羅衣】ライ 薄い絹地で仕立てた着物。うすものの衣服。

〈羅宇〉ラオ ①現在のラオス。インドシナ半島にある国。②ラオス産の竹で作った、キセルの雁首(ガンくび)と吸い口とをつなぐ管。参考「ラウ」とも読む。

【羅漢】ラカン 仏「阿羅漢(アラカン)」の略。小乗仏教の修行者の最高の地位の称号。また、すべての煩悩(ボンノウ)を断ち、悟りを開いた人。

【羅紗】ラシャ 織り目の見えないように、起毛などの加工仕上げをほどこした厚地の毛織物。「一の服地」

【羅紗綿】ラシャメン ①ヒツジの別称。②幕末から明治初めのころ、日本に来ていた西洋人の妾(めかけ)となった日本人女性をさげすんでいった語。洋妾(ヨウショウ)。

【羅針盤】ラシンバン 磁石の針が北を指す性質を利用して方位を知る装置。船や飛行機の航行に用いる。羅針儀。コンパス。

【羅刹】ラセツ 仏 ①大力(ダイリキ)で足が速く、人を魅惑してその肉を食べるといわれる悪鬼。足疾鬼(ソクシツキ)。②「羅刹天」の略。①がのちに仏教の守護神となったもの。

〈羅甸〉ラテン ①ラテン語。②ラテン系の。ラテン民族の。「一音楽」③ラテン系の人。フランス・イタリア・スペイン・ポルトガルなどの人。表記「拉丁」とも書く。

【羅布】ラフ ①並べて敷くこと。②あまねくゆきわたること。

【羅列】ラレツ ずらりと連なり並ぶこと。「単なる文字の一にすぎない」

〈羅馬尼亜〉ルーマニア バルカン半島北東部にある共和国。石油や天然ガスを産出し、農業も盛ん。首都はブカレスト。

〈羅馬〉ローマ ①イタリア共和国の首都。ローマ市。②古代、イタリア半島にあった、ラテン系の人によってつくられた都市国家。ローマ帝国。

〈羅府〉ロサンゼルス アメリカ合衆国南西部、カリフォルニア州南部に位置し、太平洋に面した大都市。近くにハリウッドやディズニーランドがある。ロス。

ラ【騾】(21) 馬11 1 8164 7160 音ラ 訓らば

意味 らば(騾馬)。雄のロバと雌のウマの間の雑種。

【騾馬】ラバ 雄のロバと雌のウマの間にできる雑種。ウマより小形。粗食で耐久力があり、丈夫。一代かぎりで繁殖力はない。労役用。

ラ【蘿】(22) 艹19 1 7339 6947 音ラ 訓つた・つたかずら

意味 ①つた。かずら。つたかずら。つる性植物の総称。「蘿径」②つのよもぎ。ヨモギ(キク科の多年草)の一種。

下つき 蔦蘿(チョウラ)・藤蘿(トウラ)

〈蘿蔔〉すずしろ ダイコンの別称。春の七草の一つ。季新年 由来「蘿蔔」は漢名から。表記「清白」とも書く。

ラ【邏】(23) 辶19 1 7822 6E36 音ラ 訓めぐる・みまわる・みまわり

意味 ①めぐ(巡)る。みまわる。「警邏」②みまわり。みまわる人。「邏卒」

下つき 警邏(ケイラ)・巡邏(ジュンラ)

【邏る】めぐる 警戒のために見回る。巡回する。

【邏卒】ラソツ ①見回りの兵士。②明治時代の巡査の呼称。

【邏斎】ロサイ ①托鉢(タクハツ)して斎食(サイジキ)を乞(こ)うこと。②乞食(コジキ)の別称。

ラ【鑼】(27) 金19 1 7953/6F55 音ラ 訓どら

意味 どら（銅鑼）。盆形の打楽器。

ら【△等】(12) ⺮6 教 3789/4579 ▼トウ（一一四九）

ライ【礼】(5) 礻1 教 4673/4E69 ▼レイ（一五九二）

ライ【来】(7) 木3 教 常 9 4572/4D68 音ライ 訓くる・きたる中・きたす中 外こし・きし

旧字《來》(8) 人6 1/準1 4852/5054

筆順 一 ㇒ 二 平 来 来

意味 ①くる。やってくる。「来客」「来訪」「伝来」対往・去 ②この次の。これからさき。「来春」「来世」「未来」③このかた。今まで。「来歴」「以来」「従来」

下つき 以来・遠来・往来・外来・元来・去来・近来・家来・古来・再来・在来・襲来・従来・招来・将来・生来・天来・伝来・到来・渡来・舶来・飛来・本来・未来・夜来・由来

【来す】きたす 結果として招く。状態を引き起こす。「このままでは運営に支障を―す」参考 おもに好ましくないことについていう。

【来る】きたる これからくる。次の。「―五日に幹事会を開きます」対去る

【来る者は拒まず】きたるものはこばまず こちらを慕ってやってくる者がいれば、差別することなくだれでも受け入れる。〈『孟子』〉「当会は―の姿勢を貫いている」参考「去る者は追わず」と続いて、来るも去るも相手の意志に任せることをいう。

【来手】きて 来る人。自分のほうに来てくれる人。「嫁の―がない」

【来る】くる ①こちらに近づく。達する。また、こちらを訪れる。「係の人が来る」「もうすぐ春が来る」「友人が遊びに来る」②ある原因から来る事態が引き起こされる。「病気の大半はストレスから来る」

【来意】ライイ ①客が訪ねてきた理由。来訪の趣意。「―を告げる」②手紙の用件。趣旨。「ご―は了解しました」

【来援】ライエン やってきて助けること。助けにやってくること。「同盟軍の―を待つ」

【来▲駕】ライガ 身分の高い人や目上の人が訪ねてくることを敬った言い方。おいでいただくこと。「ご―をお待ちいたします」

【来客】ライキャク 訪ねてくる客。訪問客。「―をもてなす」「不意の―」

【来航】ライコウ 船がやってくること。また、船に乗って人がくること。「豪華客船が横浜港に―した」

【来貢】ライコウ 国王に献上する貢物を持って、外国から使者が来ること。類入貢・朝貢

【来▲寇】ライコウ 外国から敵が攻めこんでくること。外敵の襲来。「元の―」

【来▲迎】ライゴウ ①仏人が死ぬとき、仏が現れて極楽浄土に迎えにくること。②高山に登って、頂上で日の出を迎えること。ご来光。「富士山でご―を見る」

【来者】ライシャ ①自分よりあとに生まれてくる人。後生。②将来。今後。対①②往者 ③訪ねてくる人。

【来襲】ライシュウ 襲ってくること。攻めこんでくること。襲来。「敵機―」

【来場】ライジョウ その場所に来ること。会場に来ること。「各界の名士が―する」

【来信】ライシン 便りが来ること。また、その書状。類来状・来書・来簡

【来診】ライシン 医者が患者の家へ来て、診察すること。対宅診 参考 患者側からの語。医者側からは「往診」という。

【来世】ライセ 仏死後に行くといわれる世界。類後世・後生 対現世・前世

【来朝】ライチョウ ①外国人が日本に来ること。来日。「スペイン国立歌舞団が―する」②古代中国で、諸侯や臣下が朝廷に来て天子と会見すること。類入朝

【来聴】ライチョウ 講演や演説などを聞きにくること。「多数のご―をお待ちします」

【来年の事を言えば鬼が笑う】ライネンのことをいえばおにがわらう 将来のことは予測できず、また、あてにならないこと。参考「来年」は「三年先」ともいう。

【来賓】ライヒン 会合や催し物などの会場に、主催者の招待を受けて来た客。「―として祝辞を述べる」参考「賓」は、うやまうべき客人の意。

【来復】ライフク いったんその場を去って、再びもどってくること。「一陽―（悪いことが続いたあとに、良いことが巡ってくること）」

【来訪】ライホウ 人が訪ねてくること。「思わぬ人が―した」「―者」対往訪

【来遊】ライユウ ①遊びにくること。②他の土地などからやってくること。

【来臨】ライリン 身分の高い人が出席することを敬っていう語。「枉駕―」「ご―を賜る」

【来歴】ライレキ ①今までの経過。物事の由来。由緒。「故事―」②人の経歴。履歴。「半生の―を記す」

ライ【▲來】(8) 人6 4852/5054 ▼来の旧字（一五四四）

ライ【★萊】(11) 艹8 準1 9106/7B26 音ライ 訓あかざ・あれち

〔莱〕4573/4D69

意味 ①あかざ。アカザ科の一年草。類藜 ②あれち。くさむら。「萊蕪」

下つき 草萊・蓬萊

【〈▲萊草〉】しば 荒れ地や道端に生える雑草の総称。由来「萊草」は漢名から。

ライ【雷】(13) 雨5 常 4 4575 4D6B 音 ライ 訓 かみなり 外 いかずち

筆順 一 𠃍 冖 币 币 雨 雨 雷 雷 雷 雷 雷 雷

意味 ①かみなり。いかずち。「雷鳴」「春雷」 ②かみなりのようなものの形容。「雷名」「迅雷」 ③爆発するしかけの兵器。「雷管」「地雷」

下つき 遠雷・魚雷・機雷・春雷・地雷・迅雷・水雷・爆雷・万雷・避雷・落雷

【雷】かみなり ①大気中で生じる放電現象。また、そのときの大音響。なるかみ。「―が落ちて火事になった」季夏 ②雲の上にいて、①を起こすという神。雷神。③どなりつけて口やかましく責めること。また、その人。「先生の―が落ちた」「―親父」 参考 ①②「いかずち」とも読む。

【〈雷魚〉】はたはた ハタハタ科の海魚。北日本の深海にすむ。口が大きく、うろこがない。初冬、産卵のため沿岸に押し寄せるところを漁獲。食用。カミナリウオ。季冬 由来 漁獲の時季に雷がよく鳴ることから。表記「鰰・鱩・鰰」とも書く。

【雷雨】ライウ かみなりを伴って降る雨。「激しい―に見舞われる」季夏

【雷雲】ライウン 稲光や雷鳴を生じ、雨を降らせる雲。多く、積乱雲。季夏 参考「かみなりぐも」とも読む。

【雷管】ライカン 銅や真鍮などで作った容器に、爆薬に点火するための薬品をつめた発火具。爆弾や銃砲の弾丸に使う。

【雷魚】ライギョ タイワンドジョウ科のカムルチーとタイワンドジョウの通称。肉食性で小魚やカエルなどを捕食する。

【雷撃】ライゲキ ①かみなりにうたれること。②魚雷で敵国の艦船を攻撃すること。「敵の空母を―する」

【雷獣】ライジュウ 想像上の怪物。落雷とともに地上に落ちてきて、人畜に危害を与え、木などを裂くという。

【雷神】ライジン かみなりや稲妻を起こすと信じられた神。鬼の形相・姿をしてトラの皮の褌をつけ、輪状に連ねた太鼓を背負い、手に桴を持つ。「風神―」

【雷鳥】ライチョウ ライチョウ科の鳥。北半球の北部に分布。日本では、日本アルプスにすむ。ハトほどの大きさで、夏は背面が褐色で、冬は白色に変わる。氷河時代の生き残り動物の一つで、特別天然記念物。季夏

【雷▲霆】ライテイ 激しいかみなり。季夏 参考「霆」は稲光・雷鳴の意。

【雷同】ライドウ 自分の考えをもたず、他人の意見に安易に同調すること。「付和―」由来 かみなりが鳴り響くと、万物がその響きに応じることから。〈『礼記』〉

【雷騰雲奔】ライトウウンポン 一瞬もとどまらずに過ぎ去るたとえ。来たかと思うとすぐにいなくなってしまうたとえ。かみなりがわき起こり、雲が走る意から。〈柳宗元の文〉

【雷名】ライメイ ①世間に広く知られている名声や評判。「―天下にとどろく名監督」②上に「ご」をつけて、他人の名声に対する敬称。「ご―はかねがね承っております」

【雷鳴】ライメイ かみなりが鳴ること。かみなりの音の響き。「―がとどろく」季夏

ライ【磊】(15) 石10 1 6693 627D 音 ライ

意味 ①石がごろごろしているさま。「磊塊」②心が大きいさま。おおらか。「磊落」参考 石が重なりあうさまを表す字。

【▲磊塊】ライカイ ①積み重なった多くの石のかたまり。②積み重なった不平や不満。③心中が穏やかでないさま。

【▲磊▲磊】ライライ ①多くの石が積み重なっているさま。②心が大きく、小事にこだわらないさま。度量が大きいさま。

【▲磊▲磊落落】ライライラクラク 心が広くて大きく、小さなことにこだわらないさま。参考「磊」「落」をそれぞれ重ねて意味を強めた語。類 豪放磊落

【▲磊落】ライラク 心が大きく、小事にこだわらないこと。また、そのさま。「豪放―」

ライ【賚】(15) 貝8 1 7647 6C4F 音 ライ 訓 たまう・たまもの

意味 たまう。たまわる。また、たまもの。「賚賜」

下つき 賜賚

【▲賚予】ライヨ 物をたまうこと。与えること。「予」はあたえる意。表記「賚与」とも書く。

ライ【擂】(16) 扌13 1 5807 5A27 音 ライ 訓 する・みがく・うつ

意味 ①する。すりつぶす。みがく。「擂鉢」②うつ。たたく。「擂鼓」

【▲擂り粉木】すりこぎ すりばちに入れた物をすりつぶすのに使う棒。れんぎ。あたりぎ。

【▲擂り鉢】すりバチ ゴマや味噌などを入れて、すりこぎですりつぶすのに使うはち。ラッパ形の土焼製で、内側の面に縦に刻み目がある。参考 商家では、「する」という言葉を忌んで「あたりバチ」という。

【▲擂る】する すりばちや石うすなどに入れ、細かく砕きつぶす。「胡麻を―る(こびへつらう)」

【▲擂盆】ライボン すりばち。また、すりばち形の容器。

ライ【蕾】★(16) 艹13 1 7318 6932 音 ライ 訓 つぼみ・つぼむ

意味 つぼみ。まだ開かない花。また、つぼむ。

【▲蕾】つぼみ ①花が開く前の、ふくらんだ状態のもの。「桃の―がほころぶ」②前途有望であるが、まだ一人前にならない人。「あたら―を散ら

す」表記「莟」とも書く。

【▲蕾む】つぼ―む つぼみをもつ。つぼみになる。「そろそろ桜が―んできた」

ライ【頼】(16)頁7 常 4 4574 4D6A 音ライ 訓たのむ・たのもしい・たよる

旧字《賴》(16)貝9 1/準1 9226 7C3A

筆順 一 𠃍 中 束 4 束 束 7 束 頼 頼 14 頼 16

意味 たよる。たのむ。たのみにする。「依頼」「信頼」

下つき 依頼イライ・信頼シンライ・無頼ブライ・聊頼リョウライ

【頼み難きは人心】たのみがたきはひとごころ 人の心は移り変わりやすく、あてにならないものだということ。

【頼む】たの―む ①ある事柄を実現するように相手に願う。依頼する。「同僚に伝言を―む」②力あるものとして頼りにする。あてにする。「杖つえとも柱とも―む人だった」「味方の数を―んで敵に当たる」③仕事や用事などをまかせる。ゆだねる。「校長が教頭に代行を―んで出張する」「隣家の人に留守を―む」

【頼む木陰に雨が漏る】たのむこかげにあめがもる 頼みにしていたあてがはずれること。雨宿りしようと入った木陰に雨が漏ってくる意から。

【頼もしい】たのもしい 頼みになるように見える。頼りにできて、心強い。安心して任せられる。「行く末が―い人物」「―く思う」

【頼△母子講】たのもしコウ 互いに掛け金を出し合って、一定の期日に順次、抽選や入札で一定の金額の金を融通し合う団体。無尽ムジン。たのもし。

【頼る】たよ―る ①力を貸してもらえるものとして、頼みにする。あてにして寄りかかる。「濃霧のため計器に―って飛行する」「マンション購入の頭金を親に―る」②手づるとする。縁を求める。「親戚を―って上京する」

【頼信紙】ライシンシ 電報を打つときに電文を記入する所定の用紙。電報発信紙の旧称。

ライ【儡】(17)亻15 1 4920 5134 音ライ 訓つかれる・くぐつ・でく

意味 ①やぶ(敗)れる。おちぶれる。つかれる。「儡儡」②「傀儡カイライ(くぐつ・でく)」に用いられる字。

ライ【△瀬】(19)氵16 常 3205 4025 ▼せ(八四二)

ライ【藾】(19)艹16 1 7333 6941 音ライ

意味 くさよもぎ。キク科の多年草。また、かわらよもぎ。

ライ【癩】(21)疒16 1 6590 617A 音ライ

意味 らいびょう(癩病)。感染症の一種。ハンセン病。

ライ【罍】(21)缶15 1 7003 6623 音ライ 訓さかだる

意味 さかだる。雷雲を描いた酒がめ。「罍罌ライオウ」

下つき 金罍キンライ・樽罍ソンライ

ライ【籟】(22)⺮16 1 6861 645D 音ライ 訓ふえ・ひびき

意味 ①ふえ。穴の三つあるふえ。「簫籟ショウライ」②ひびき。こえ。音。「風籟」

下つき 山籟サンライ・松籟ショウライ・簫籟ショウライ・神籟シンライ・人籟ジンライ・清籟セイライ・地籟チライ・天籟テンライ・風籟フウライ

ラク【★洛】(9)氵6 準1 4576 4D6C 音ラク 訓みやこ・つらなる

意味 ①中国の川の名。洛水。②中国の都、洛陽。転じて、みやこ。日本では京都をいう。「洛北」「上洛」③つらなる。続く。

下つき 京洛キョウラク・ケイラク・入洛ジュラク・ニュウラク・上洛ジョウラク

【▲洛外】ラクガイ 都の外。京都の市外。京都の郊外。「―のいおり」対洛中・洛内

【▲洛中】ラクチュウ 都のなか。特に、京都の市中。「―を観光する」類洛内 対洛外

【▲洛陽の紙価を高める】ラクヨウのシカをたかめる ある著作や書物の評判が高くなって盛んに売れ、広く読まれること。また、評判となること。故事 中国、西晋セイシンの左思が作った『三都賦サントのフ』が世間で評判となり、人々が争って転写したため、洛陽の紙が不足して紙の値段が高騰したという故事から。〈『晋書ジンショ』〉参考「洛陽の紙貴たかし」ともいう。

ラク【烙】(10)火6 1 6364 5F60 音ラク・ロク 訓やく

意味 やく。鉄などを熱する。また、焼きがねをあてる。「烙印」

下つき 炮烙ホウラク・ホウロク・焙烙ホウラク・ホウロク

【▲烙く】や―く 鉄などを熱する。また、鉄を熱して体にやきつける。

【▲烙印】ラクイン ①昔、罪人の額などに刑罰として、熱く焼いて押しつけた銅や鉄の焼き印。②ぬぐい去ることのできない不名誉や汚名のたとえ。「敗者の―を押される」

ラク【珞】(10)王6 1 6468 6064 音ラク

意味 玉をつないだ首飾り「瓔珞ヨウラク」に用いられる字。

ラク【絡】(12)糸6 常 4 4577 4D6D 音ラク 訓からむ高・からまる高・からめる高 外まとう・からげる・つなぐ

筆順 く 幺 幺 糸 糸 糸 6 紁 紁 終 絡 絡 11 絡

意味 ①からむ。まとう。まといつく。「籠絡ロウラク」「連絡」②つながる。つなぐ。つづく。「絡繹ラクエキ」③す

じ。すじみち。「脈絡」 下つき 短絡・脈絡・連絡・籠絡

【絡繰り】(からくり) ①糸などであやつって動かす仕掛け。「—人形」 ②機械などの動く仕組み。 ③工夫をこらして仕組んだ計略。たくらみ。「—をあばく」 表記 ①②「機関」とも書く。

【絡げる】(からげる) ①ひもなどで、束ねてくくる。巻きつけてしばる。「引っ越し荷物をひもで—げる」 ②衣服のすその一部をまくって帯などに挟む。まくりあげる。「雨の中をすそを—げて走り出す」

【絡む】(からむ) ①まとわりつく。巻きつく。「犬の足にロープが—む」 ②相手のいやがることを、しつこく言ったりしたりする。「酔っ払いに—まれる」 ③密接に結びつく。関係する。「いろいろな事情が—み合っている」

〈絡新婦〉(じょろうぐも) コガネグモ科のクモ。▼女郎蜘蛛(七三二)

【絡う】(まとう) からむ。からまる。まつわる。巻きつく。

【絡繹】(ラクエキ) 人や車馬の往来が絶え間なく続くさま。 表記 「駱駅」とも書く。 参考 「絡」「繹」ともに、連なる・続く意。

ラク【落】 (12) 艹 9 教 常 8 4578 4D6E 音 ラク 訓 おちる・おとす 外 さと

筆順 一 十 艹 艹 艹 莎 茨 落 落

意味 ①おちる。おとす。上から下へ物がおちる。「落花」「落盤」 ②攻めおとす。敗れる。「落城」「陥落」 ③ぬけおちる。はずれる。もれる。「落第」「脱落」 ④おちぶれる。失う。「落魄」「没落」 ⑤おさまる。できあがる。きまりがつく。「落成」「落着」 ⑥手に入れる。「落手」「落札」 ⑦物事にこだわらない。「洒落」「磊落」 ⑧人家の集まるところ。さと。「群落」「集落」 ⑨さびしい。まばらな。「落莫」

下つき 滑落・陥落・欠落・下落・洒落・集落・聚落・村落・脱落・堕落・段落・凋落・墜落・転落・奈落・部落・暴落・没落・磊落・零落

〈落霜紅〉(うめもどき) モチノキ科の落葉低木。 由来 「落霜紅」は漢名から。 ▼梅擬(二三〇)

【落ち鰻】(おちうなぎ) 秋、産卵のために川を下るウナギ。下り鰻。 季 秋

【落ち零れ】(おちこぼれ) ①こぼれ落ちて散らばったもの。特に、収穫時にこぼれ落ちた穀物など。余り物。 ③組織や体制についていけない人。授業になじめない児童や生徒。

〈落魄〉れる(おちぶれる) 身分や財産を失ってみじめな状態になる。零落する。 表記 「零落れる」とも書く。

【落ち武者は芒の穂にも怖ず】(おちムシャはすすきのほにもおず) 何かをこわがっていると、恐れるに足らないものまですすべて恐ろしく感じるたとえ。「落ち武者」は、戦いに敗れて逃げる武士のこと。

〈落人〉(おちゅうど) 戦いに負け、人目をしのんで逃げて行く者。「平家の—」 参考 「おちうど」とも読む。

【落ちる】(おちる) ①人や物が、自然の力によって上から下へ移る。落下する。「速度が—ちる」「質が—ちる」 ②程度が下がる。劣った状態になる。「速度が—ちる」「質が—ちる」 ③付着していたものがとれる。「色が—ちる」 ④不合格になる。「入試に—ちる」 ⑤選にもれる。落選する。「選挙で—ちる」 ⑥いやしくなる。「品性が—ちる」 ⑦最終的な所属や結果が決まる。「人手に—ちる」

【落とし胤】(おとしだね) 「落胤」に同じ。

【落とし文】(おとしぶみ) ①昔、時局や人物の風刺や批判など、公然とは言えないことを書き、わざと道などに落としておいた匿名の文書。落書。 ②オトシブミ科の甲虫。クリやクヌギなどの葉に産卵し、筒状に巻いて地面に落とす。 季 夏

【落とす】(おとす) ①物などを上から下へ支えずに移す。落下させる。「爆弾を—す」 ②程度を下げる。低くする。「声を—す」 ③付いているものを取り去る。「あごひげを—す」 ④なくす。失う。「命を—す」 ⑤悪い状況にする。「相手を苦況に—す」 ⑥落第させる。 ⑦選から外す。 ⑧最終の状態に行き着かせる。手に入れる。「競売で—す」

〈落葉松〉(からまつ) マツ科の落葉高木。日本特産で、中部山地に自生。葉は線形で、樹形はほぼ円錐形。春の芽吹きと秋の黄葉が美しい。 由来 常緑のマツ科のなかで、特に落葉するマツであることから。 表記 「唐松」とも書く。

〈落葵〉(つるむらさき) ツルムラサキ科のつる性一年草。熱帯アジア原産。観賞用・食用に栽培。全体に多肉質で、葉は広卵形。夏から秋、葉のわきに花穂をつけ、紫色の実を結ぶ。果汁から紫色の染料をとる。 由来 「落葵」は漢名から。 表記 「蔓紫」とも書く。

〈落籍〉す(ひかす) 芸者や遊女などの前借金を払ってやり、身請けする。

【落胤】(ラクイン) 身分の高い男性が、正妻以外の女性に生ませた子。おとしだね。

【落英繽紛】(ラクエイヒンプン) 散る花びらがひらひらと乱れ舞い落ちるさま。「落英」は散る花びら。「繽紛」は乱れ混じる、また、乱れ散るさま。〈陶潜の文〉

【落雁】(ラクガン) ①空から舞い降りてくるガン。 季 秋 ②干菓子の一種で、そばやもちごめ、麦などの煎り粉に甘味を加えて固めたもの。

【落月屋梁】(ラクゲツオクリョウ) ▼屋梁落月(二二一)

【落後・落伍】(ラクゴ) ①仲間や隊列から離れて遅れること。また、その人。「一人の—者も出さずに登頂した」 ②力などが足りず、競争相手についていけなくて脱落すること。人後に落ちること。「ゴール目前で—する」

【落語】ラクゴ 大衆芸能の一つで、一人でこっけいを主とした話を語り、最後に落ちをつける話芸。おとしばなし。

【落差】ラクサ ①水が流れ落ちるときの、上下の水面の高さの差。②高低の差。物事の間の隔たり。「生活水準の―が激しい」

【落札】ラクサツ 競争入札の結果、目的物を手に入れること。「競売物件を―する」

【落日】ラクジツ ①沈みかけた太陽。入り日。類落陽・落暉 ②物事が衰退するたとえ。「大帝国の―」

【落手】ラクシュ ①手紙や品物などを受け取ること。「本日お手紙を―いたしました」類落掌 ②碁や将棋で、やりそこなった手。類悪手

【落首】ラクシュ 作者の名を隠し、時世や人物を風刺したり批判したりした狂歌や狂句。

【落書】ラクショ ①「落とし文」に同じ。②らくがき。いたずらがき。

【落掌】ラクショウ 手紙や品物などを受け取ること。「貴簡、有難く―いたしました」参考「落手」と同じ意で、より改まった言い方。

【落城】ラクジョウ ①城を敵に攻め落とされること。②口説かれて承知すること。

【落飾】ラクショク 貴人が髪を剃り落として仏門に入ること。出家すること。剃髪。類落髪 対復飾

【落成】ラクセイ 大規模な建築物ができあがること。土木工事が終わること。類竣工

【落穽下石】ラクセイカセキ 人の弱味につけこんで、さらに痛めつけるたとえ。落とし穴に落ちた人に向けて、さらに上から石を落とす意から。「穽」は落とし穴。〈韓愈の文〉表記「落穽」は「落井」とも書く。類下井落石

【落石】ラクセキ 山や崖などから石が落ちてくること。また、その石。「―に注意」

【落籍】ラクセキ ①自分の名前を抜いて、所属団体などから身を引くこと。②戸籍簿から名前が抜け落ちていること。③金を出して芸者や娼妓などをやめさせ、引き取ること。身請け。

【落選】ラクセン ①選挙に落ちること。対当選 ②選考にもれること。対入選

【落第】ラクダイ ①試験や検査に受からないこと。対及第 ②成績が悪くて、上の学年や学校に進めないこと。類留年 季春 ③一定の基準に達しないこと。「どんなに便利でも安全性の点で―だ」

【落胆】ラクタン がっかりして気力を失うこと。気落ち。力落とし。「彼の―ぶりは目をおおうばかりだ」

【落着】ラクチャク 物事のけりがつくこと。決着がつくこと。事件のおさまりがつくこと。「難航した交渉が―した」「一件―」

【落丁】ラクチョウ 書物や雑誌などのページが一部分抜け落ちていること。また、そのもの。類乱丁

【落馬】ラクバ 乗っている人がウマから落ちること。「名騎手も時には―する」

【落剝】ラクハク はげ落ちること。「―の激しい壁画を修復する」類剝落

【落魄】ラクハク おちぶれること。「事業に失敗して失望―の日々だ」類零落 参考「魄」は、人の活力のもとになる精気の意。

【落莫】ラクバク もの寂しいさま。「―とした人生に嘆息する」類寂寞

【落髪】ラクハツ 髪を剃り落として仏門に入ること。剃髪。類落飾

【落盤】ラクバン 鉱山などの坑内で、天井や側面の岩盤が崩れ落ちてくること。「―事故に遭う」書きかえ「落磐」の書きかえ字。

【落磐】ラクバン ▼書きかえ 落盤

【落筆点蠅】ラクヒツテンヨウ 過ちをうまくとりつくろって、逆に上手に仕上げるたとえ。「点」は描く意。故事 中国、三国時代、呉の画家、曹不興が孫権の命令で屏風絵を描いたとき、筆を落として汚れをつけてしまったが、うまくつくろってハエに描き変えてしまった故事から。『三国志』

【落命】ラクメイ 不慮の災難などで命を落とすこと。死ぬこと。「事故であえなく―する」

【落陽】ラクヨウ 沈みかけている太陽。夕日。入り日。類落日・落暉

【落葉樹】ラクヨウジュ 秋に葉が落ちて冬を越し、春に新しい葉を出す木。サクラ・ケヤキ・カキなど。多くは広葉樹で、温帯に多い。落葉木。対常緑樹

【落雷】ラクライ かみなりが落ちること。空中の電気と地上の電気の間に起こる音響や火花を伴った放電作用。「―で大木の枝が折れた」季夏

【落涙】ラクルイ 涙を流すこと。泣くこと。「悲しみをこらえきれずに―する」

【落花】ラッカ 花が散ること。また、散り落ちた花。「―枝にかえらず」

〖落花流水〗ラッカリュウスイ 散っていく花と流れる水の意で、行く春の景色の形容。転じて、人や物がおちぶれ衰えていくたとえ。また、男女の情が互いに通じ合うたとえ。水の流れに身をまかせたい落花を男に、落花を浮かべて流れたい流水を女にたとえていう。〈高駢の詩〉参考「流水落花」ともいう。

〖落花狼藉〗ラッカロウゼキ 物が散乱しているさま。また、女性に乱暴をはたらくこと。花びらが地面に散り乱れている意から。「狼藉」は、オオカミが寝る草のしとね（ふとん）の意で、オオカミが寝たあとは、草が乱れていることをいう。類乱暴狼藉

【落下傘】ラッカサン 飛行中の航空機などから人が飛び降りたり、物資を投下したりするとき、人や物を安全に着地させるための布製またはナイロン製のかさ状の用具。パラシュート。「―部隊」

【落花生】ラッカセイ マメ科の一年草。南アメリカ原産。夏、黄色の花をつけ、受粉後、地中に繭の形のさやを作る。中の種子は食用。ナンキンマメ。ピーナッツ。季秋

【落款】ラッカン 書や絵画に、作者が完成の意味で署名したり、雅号の印を押したりすること。また、その署名や印。「色紙に―を押す」 参考 「落成款識カンシ」の略。「款」は刻みつけられた文字。

【落▲暉】ラッキ 「落陽」に同じ。

【落慶】ラッケイ 神社や仏閣の新築、または修理の工事の完成を祝うこと。「―法要」

ラク【楽】(13) 木9 教 1958 335A ▼ガク(二〇五)

ラク【酪】(13) 酉6 常 準2 4579 4D6F 音 ラク 訓 外 ちちしる

筆順 一 丆 冂 丙 两 西 酉 酌 酪 酪

意味 ちちしる。ウシ・ヒツジなどの乳から作った飲料や食品。ミルク・ヨーグルト・バター・チーズなど。「酪漿ラクショウ」「酪農」

下つき 乾酪カンラク・牛酪ギュウラク・乳酪ニュウラク

【酪▲漿】ラクショウ ウシ・ヒツジ・ヤギなどの乳汁。 参考 「漿」は、しるの意。

【酪農】ラクノウ ウシやヒツジなどを飼い、その乳からバターやチーズなどの乳製品を製造・加工する農業。「―家」

ラク【犖】(14) 牛10 1 6424 6038 音 ラク 訓 まだらうし・あきらか・すぐれる

意味 ①まだらうし。毛の色がまだらのウシ。②あきらか。はっきりした。③すぐれる。「卓犖」

ラク【駱】(16) 馬6 1 8149 7151 音 ラク 訓 かわらげ・らくだ

意味 ①かわらげ。黒いたてがみのある白馬。②動物の「駱駝ラクダ」に用いられる字。③つづく。つらなる。「駱駅」 類 絡

【▲駱駅】ラクエキ 人馬の往来が絶え間なく続くさま。 表記 「絡繹」とも書く。

【▲駱▲駝】ラクダ ①ラクダ科の哺乳ホニュウ動物。野生のものはほとんどなく、家畜として飼育。背中のこぶに脂肪を蓄え、それを分解して水にすることができるので、砂漠の生活に適している。乗用や運搬用。乳や肉は食用。毛は織物用。ダバ。②ラクダの毛で作った繊維。また、その織物。

ラチ【埒】(10) 土7 1 5231 543F 音 ラチ・ラツ 訓 かこい

意味 ①しきり。かこい。「埒外」 ②一定の範囲。けじめ。「放埒ホウラツ」

下つき 不埒フラチ・放埒ホウラツ

【▲埒い】かこい 土でつくった低いかきね。かき。へい。しきり。

【▲埒が明く】ラチがあく 物事の決着がつく。きまりがつく。はかどる。「生返事ばかりで―かない」

【▲埒外】ラチガイ 物事の決められた、ある一定の範囲の外。「常識の―だ」 対 埒内

【埒内】ラチナイ 物事の決められた、ある一定の範囲の内。 対 埒外

ラツ【△拉】(8) 扌5 常 5739 5947 ▼ラ(一五四二)

ラツ【剌】(9) 刂7 1 4979 516F 音 ラツ 訓 もとる・そむく

意味 ①勢いよくとびはねるさま。「溌剌ハツラツ」 ②もとる。そむく。「剌謬ラツビュウ」 参考 「刺」は別字。

下つき 溌剌ハツラツ

ラツ【▲埒】(10) 土7 5231 543F ▼ラチ(一五四九)

ラツ【喇】(12) 口9 1 5141 5349 音 ラツ・ラ

意味 ①おしゃべり。はやくち。②外国語の音訳に用いられる字。「喇叭ラッパ」「喇嘛ラマ」

【▲喇▲叭】ラッパ ①金管楽器の総称。真鍮シンチュウ製で、一端に細い吹き口があり、もう一端が大きく開いている。トランペットなど。②大げさな話。ほら。「会議でまた社長が―を吹いた」

【〈▲喇▲嘛〉教】ラマキョウ チベットを中心に発展した仏教の一派で、「チベット仏教」の俗称。ダライ-ラマとパンチェン-ラマを活仏カツブツとしてあがめる。

ラツ【溂】(12) 氵9 1 6267 5E63 音 ラツ

意味 勢いのよいさまの「溌溂ハツラツ」に用いられる字。

ラツ【辣】(14) 辛7 常 2 7769 6D65 音 ラツ 訓 外 からい・きびしい・むごい

筆順 亠 立 立 辛 辛 辛 䢳 辣 辣

意味 ①からい。ぴりっとからい。「辣油」 ②きびしい。はげしい。すごい。むごい。「辣腕」

下つき 悪辣アクラツ・辛辣シンラツ

【△辣油】ラーユ 中国料理の調味料。ゴマ油にトウガラシの辛味を加えたもの。 参考 「ラーユ」は中国語から。

【辣▲韮】ラッキョウ ユリ科の多年草。中国原産。葉は線形。地下の鱗茎リンケイには特有の臭気があり、塩漬け・甘酢漬けにして食用にする。 季 夏 表記 「薤」とも書く。

【辣腕】ラツワン 仕事などを、てきぱきと巧みに処理する能力をもっていること。腕利き。すご腕。「―家」「―を振るう」 類 敏腕

ラツ【蝲】(15) 虫9 1 8766 7762 音 ラツ 訓 さそり

意味 ①さそり(蠍)。②「蝲蛄ラッコ(ざりがに)」に用いられる字。

【〈▲蝲▲蛄〉】ざりがに ザリガニ科のエビ。日本特産。北海道や東北の川や沼にすみ、一対の大きなはさみをもつ。エビガニ。 由来 「蝲蛄」は漢名より。和名は「いざりがに」の略で、後

ずさりするように動くことから。参考 関東地方で見られるのは帰化種のアメリカザリガニで、稲作に害を及ぼす。

らっきょう【▲薤】 (16) 艹13 7306 6926 ▼カイ(一八五)

ラン【乱】 (7) 乚6 常 教 5 4580 4D70 音 ラン 外ロン 訓 みだれる・みだす 外みだりに

旧字《亂》(13) 乚12 1/準1 4812 502C

筆順 ノ 二 千 千 舌 舌 乱

意味 ①みだす。みだれる。「乱雑」「散乱」 対治 ②さわぎ。いくさ。「戦乱」「動乱」 ③むやみに。みだりに。やたらと。「乱立」「乱打」

書きかえ ①「爛ラン」 ③「濫」の書きかえ字として用いられるものがある。

下つき 淫乱インラン・霍乱カクラン・攪乱カクラン・混乱コンラン・錯乱サクラン・散乱サンラン・酒乱シュラン・擾乱ジョウラン・戦乱センラン・争乱ソウラン・大乱タイラン・動乱ドウラン・内乱ナイラン・波乱ハラン・反乱ハンラン・繚乱リョウラン

〈乱吹〉く ふぶく ①風が激しく吹き荒れる。②降る雪が激しい風に吹き飛ばされる。季冬 表記 ②「吹雪く」とも書く。

乱れる みだれる ①整った状態が失われる。ばらばらになる。「髪が―れる」 ②秩序などがくずれ、めちゃめちゃな状態になる。「列車の運行が―れる」 ③規律や風習などがくずれる。「風紀が―れる」 ④精神のはたらきが普通でなくなる。思いまどう。「心は千々に―れる」

〈乱波〉 らっぱ ①乱暴者。あらくれ者。無頼漢。②忍びの者。スパイ。類透波すっぱ

△乱離骨灰 ラリコッパイ めちゃくちゃになること。また、そのさま。さんざん。参考「ラリコはい」とも読む。表記「乱離」は「羅利」とも書く。類乱離拡散ランリカクサン

乱▲鴉 ランア 乱れ飛んでいるカラス。

乱獲 ランカク 魚や鳥獣をむやみにとること。「資源保護のため、―を自粛する」 表記「濫獲」とも書く。

乱行 ランギョウ 乱暴な振る舞い。また、みだらな行い。「酔って―におよぶ」 表記「濫行」とも書く。参考「ランコウ」とも読む。

乱気流 ランキリュウ 大気中に発生する上昇気流と下降気流が入りまじった変化の激しい気流。航空機事故の原因となる。

乱▲杭・乱▲杙 ランぐい 川底や地上にふぞろいに打ちこんだくい。昔、太い綱などを張って、攻めてくる敵の障害物とした。「―歯(非常に歯並びの悪い歯)」

乱掘 ランクツ 地下資源などを、一定の方針や見通しもなく採掘すること。「原油の―を防ぐ」 表記「濫掘」とも書く。

乱高下 ランコウゲ 相場や物価が上下に激しく動いて、一定しないこと。乱調子。「株価が―する」

乱雑 ランザツ 秩序だっておらず、ばらばらに散らかっているさま。入りまじって整理されていないこと。だらしのないさま。「部屋が―だ」「書類を―に置く」

〔乱雑無章〕 ランザツムショウ めちゃめちゃで筋道がとおらないさま。秩序なくばらばらであるさま。「無章」は筋道がとおらず、秩序が立たないこと。〈韓愈カンユの文〉 類支離滅裂 対理路整然

乱視 ランシ 目の角膜や水晶体のゆがみのために、光が網膜上の一点に集まらず、物の形がぼやけて見えること。また、その目。

乱射 ランシャ 弾丸や矢などを、標的を定めずに、やみくもに発射すること。「―乱撃」

乱声 ランジョウ 舞楽で、舞人の登場するときなどに奏する曲。笛・太鼓・鉦鼓ショウコなどを、にぎやかにはやし立てる。

乱心 ランシン 心が乱れること。気が狂うこと。「殿様がご―なされた」

乱臣 ランシン 主君に反逆を企て、国を乱す臣下。類逆臣

〔乱臣賊子〕 ランシンゾクシ 国を乱す悪臣と、親の心に背いて悪事をはたらく子。不忠不孝の者をいう。「賊子」は、親に背く親不孝な子の意。〈『孟子モウシ』〉 類乱臣逆子・逆臣賊子

乱数表 ランスウヒョウ 0から9までの数字を無作為・無秩序に並べた表。統計の標本抽出や暗号などに使う。

乱世 ランセイ 秩序がなく、乱れきった世の中。戦乱の世。「―の雄」 対治世 参考「ランセ」とも読む。

乱戦 ランセン ①敵味方が入り乱れて戦うこと。「知事選挙は保守・革新の―となった」 ②スポーツなどで互いに大量点を取るなど、勝敗を予測しにくい試合。荒れ模様の試合。「二転三転して試合は―となった」 類①②混戦

乱造 ランゾウ 品質などを考えず、むやみやたらに多くつくること。「粗製―」 表記「濫造」とも書く。

乱打 ランダ ①太鼓などを、むやみに続けて打ちたたくこと。②野球で、打者が相手投手の球を続けて打ちこむこと。③テニスなどで、練習のために次々と球を打つこと。

乱痴気騒ぎ ランチキさわぎ ①入り乱れて大騒ぎをすること。「祝賀会は深夜までの―となった」 ②男女間の嫉妬シットから起こるけんか。痴話チワげんか。

乱丁 ランチョウ 書物のページの順序が、とじちがえられていること。また、そのページ。類落丁

乱調 ランチョウ ①調子が乱れること。「突然、投手が―となった」 ②相場などの上下に激しい変動があって、一定しないこと。類乱高下 ③詩歌で、韻律の法則にしたがっていないこと。また、その詩歌。類破調

乱闘 ラントウ 敵味方が入り乱れて格闘すること。また、その争い。「死球をきっかけに

両軍総出の—になった」「—騒ぎ」

【乱読】ランドク 系統立てずに手当りしだい、さまざまな本を読むこと。「父の博識は少年のころからの—によるものだ」対精読 表記「濫読」とも書く。

【乱取り】ランどり 柔道で、二人ずつ組んで自由に技を出し合って行う練習。

【乱入】ランニュウ 乱暴にむりやり押し入ること。「暴漢の—」表記「濫入」とも書く。

【乱売】ランバイ 損得を度外視して、むやみに安い値で売ること。投げ売り。「—合戦」

【乱伐】ランバツ 無計画に山林の樹木を伐採すること。「—による生態系の破壊が懸念される」表記「濫伐」とも書く。

【乱発】ランパツ ①貨幣や法令などをむやみに出すこと。「手形の—」②鉄砲などをやたらに発射すること。類乱射 ③ある言葉をむやみに発すること。「洒落(しゃれ)を—する」表記「濫発」とも書く。

【乱費】ランピ 金銭を無計画に費やすこと。無駄づかい。「予算を—する」類浪費 表記「濫費」とも書く。

【乱筆】ランピツ ①筆跡が乱れていること。乱雑に書くこと。また、その筆跡。②自分の筆跡の謙称。「乱文—お許しください」

【乱舞】ランブ 入り乱れて舞うこと。狂ったように舞うこと。また、入り乱れて激しく動き回ること。「狂喜—する」「札束が—する選挙戦」

【乱暴】ランボウ ①荒々しく振る舞うこと。暴力的な行い。狼藉(ロウゼキ)。「—をはたらく」②粗雑なさま。筋道が立たないさま。無謀なさま。「—な意見をはく」

【乱暴狼藉】ランボウロウゼキ 荒々しい振る舞いや無法をはたらくこと。「狼藉」は「乱暴」と同意で、同じ意味の語を重ねて意味を強めた表現。「どんな理由にせよ—は許せない」
参考「狼藉」は、オオカミが草をしいて寝たあとが乱れた状態のこと。転じて、乱れたさまや荒々しいさまをいう。類落花狼藉

【乱麻】ランマ ①乱れもつれたアサ。②物事や世の中の乱れたさま。乱れて筋道が立たないこと。「快刀—を断つ(もつれた物事をあざやかに処理する)」

【乱脈】ランミャク 秩序が乱れて筋道が立たないこと。めちゃくちゃなさま。「—を極めた経理」

【乱用】ランヨウ 本来の用途以外のことに使うこと。また、考えもなくむやみに使うこと。「職権を—する」表記「濫用」とも書く。

【乱離】ランリ ①乱れ散らばること。②国が乱れて人々が離散すること。

【乱離拡散】ランリカクサン 国が戦乱などにあって、人々が離れ離れになること。また、世の中が無秩序な状態になること。類乱離骨灰(ラリコッパイ)

【乱立】ランリツ ①多くのものが乱雑に立ち並ぶこと。「高層ビルが—する都市」②選挙で、少ない議席に多くの人が立候補すること。「知事選は候補者の—で大激戦となった」

【乱流】ランリュウ 大気や河川など運動している流体において、速度や圧力が不規則に変化する流れ。対層流

ラン【卵】

(7) 卩5 常 教 5 4581 4D71 音 ラン(中) 訓 たまご

筆順

意味 たまご。「卵子」「卵白」「鶏卵」

下つき 魚卵(ギョラン)・鶏卵(ケイラン)・産卵(サンラン)・排卵(ハイラン)・孵卵(フラン)

【卵】たまご ①鳥・魚・虫などの雌の生殖細胞。卵子(ランシ)。②ニワトリのたまご。鶏卵(ケイラン)。「大きな—の黄身」③修業中の人。また、未成熟な人。「医者の—」表記②「玉子」とも書く。

【卵に目鼻】たまごにめはな 卵に目や鼻をつけたように、色白でかわいらしい顔立ちのたとえ。「—のお嬢さん」

【卵を見て時夜(ジヤ)を求む】 順序を考えずに、結果ばかりを急いで期待するたとえ。あまりにも、せっかちなことのたとえ。「時夜」は、ニワトリが鳴いて夜明けを告げること。まだニワトリになっていない卵を見て、夜明けの時を告げることを待ち望む意から。〈『荘子(ソウジ)』〉

【卵を以(もっ)て石に投ず】 自分の力を省みずに、強い者に立ち向かって損害をこうむるたとえ。また、無駄なことをするたとえ。卵を石に投げつけても卵が割れるだけで、石はなんの損傷も受けないことから。〈『荀子(ジュンシ)』〉

【卵黄】ランオウ 卵の中身の黄色い部分。きみ。「—は蛋白質(タンパクシツ)や脂肪を含む」対卵白

【卵子】ランシ 有性生殖を行う動植物の、雌性生殖細胞。精子と合体して新個体となる。卵細胞。卵(ラン)。対精子

【卵生】ランセイ 母体の外に卵の形で生み出され、発育して孵化(フカ)すること。鳥・魚・虫など。「—動物」対胎生・卵胎生

【卵巣】ランソウ 動物の雌の生殖器官の一つ。卵子をつくり、雌性ホルモンを分泌する。人間では子宮の両側に一対ある。対精巣

【卵塔】ラントウ ①仏台座の上に卵形の塔身を置いた墓石。②「卵塔場」の略。墓場のこと。表記「蘭塔」とも書く。

【卵白】ランパク 鳥類や爬虫(ハチュウ)類などの卵の卵黄(きみ)を囲む透明の部分。白身。対卵黄

ラン【婪】

(11) 女8 1 5326 553A 音 ラン 訓 むさぼる

意味 むさぼる。「貪婪(タンラン・ドンラン)」

【婪る】むさぼる 満足することなく、欲しがる。欲深く求める。飽きることなく、し続ける。「本を—り読む」

ラン【嵐】

(12) 山9 常 4582 4D72 ▼あらし(一八)

ラン【▲亂】(13) 乚12 4812 502C ▼乱の旧字(一五五〇)

ラン【▲燗】(16) 火12 1 6383 5F73 音 ラン 訓 にる・かん

意味 ①に(煮)る。くずれるほどにこむ。②かん。酒をほどよくあたためること。「燗酒」

【▲燗】かん 酒をとっくりなどに入れ、ほどよく温めること。また、その温まり具合。「酒は―をしたもの、肴(さかな)は刺身がよい」「―をつける」

【▲燗酒】かんざけ 温めた日本酒。かんをした日本酒。季冬 対冷や酒

【▲燗冷まし】かんざまし 一度かんをした日本酒の冷えたもの。

ラン【覧】(17) 見10 常 教 5 4587 4D77 音 ラン 訓 外 みる

旧字《覽》(21) 見14 1/準1 7521 6B35

筆順 丨 厂 𠂆 戸 戸 臣 臣 臣ケ 10 臨 15 覧 17

意味 みる。よくみる。広くながめる。「展覧」「博覧」「品物をよくご覧ください」

下つき 一覧(イチラン)・閲覧(エツラン)・回覧(カイラン)・観覧(カンラン)・供覧(キョウラン)・高覧(コウラン)・巡覧(ジュンラン)・笑覧(ショウラン)・天覧(テンラン)・展覧(テンラン)・博覧(ハクラン)・便覧(ベンラン・ビンラン)・遊覧(ユウラン)・要覧(ヨウラン)

【△覧る】みる ①よくみる。観察する。②ひととおり目を通す。見渡す。眺める。

【覧古考新】ランココウシン 古い事柄をかえりみて、新しい事柄を考察すること。〈『漢書(カンジョ)』〉 類温故知新

ラン【闌】(17) 門9 1 7976 6F6C 音 ラン 訓 てすり・たける・たけなわ

意味 ①さえぎる。ふさぐ。類扞(カン) ②てすり。「闌干」類欄 ③たける。たけなわ。さかり。また、半ばすぎ。おそい。「闌夕」

【▲闌】たけなわ ①物事が一番盛んなとき。まっさいちゅう。さなか。「宴も―となる」②盛りを少し過ぎたころ。

【▲闌】てすり 階段や橋などの端に、飾りとしたり、つかまって転落を防いだりするために渡した、木や金属の棒。闌干(ランカン)。

【▲闌干】ランカン ①「闌(てすり)」に同じ。②涙が、とめどなく流れ落ちるさま。③星や月の光が、きらめくさま。表記①「欄干」とも書く。

【▲闌曲】ランギョク ①能で、最高の芸境とされる闌(た)けたる位の音曲。世阿弥(ぜあみ)の五音のうち、最高位の曲。②謡曲で、謡い手の自在な技法を聞かせるのにふさわしい部分を、独吟するために独立させた曲。表記「乱曲・蘭曲」とも書く。

ラン【濫】(18) 氵15 常 3 4584 4D74 音 ラン 訓 外 みだれる・みだりに・うかべる

筆順 氵 3 汀 沪 8 泝 10 浐 12 濫 15 濫 17

意味 ①みだれる。みだりに。「濫獲」「濫用」②水があふれる。広がる。「氾濫(ハンラン)」③うかべる。「濫觴(ランショウ)」

参考 ①「乱」に書きかえられるものがある。

下つき 氾濫(ハンラン)

【△濫りに】みだりに 深い考えもなしに。分別なく。むやみに。「無用の者は―入るべからず」表記「妄りに・猥りに」とも書く。

【△濫れる】みだれる ①ある範囲を超える。度が過ぎる。②道理にそむく。あやまちをおかす。

【濫▲竽充数】ランウジュウスウ たいした能力もないのに、いかにもオ能があるように見せかけるたとえ。また、分不相応な地位にいるたとえ。「濫竽(笛の一種)」はみだりに笛を吹く、「充数」は員数をそろえる意。故事 中国、戦国時代、笛の合奏を好んだ斉の宣王の楽人のなかに、笛の吹けない無官の者が紛れこんで優遇されていたが、次の代の湣王(ビンオウ)は独奏を好んだので、その者は事の露見をおそれて逃げだしてしまった故事から。〈『韓非子(カンピシ)』〉 類濫吹(ランスイ)・南郭濫竽(ナンカクランウ)

【濫獲】ランカク 魚や鳥獣をむやみにとること。表記「乱獲」とも書く。

【濫掘】ランクツ 地下資源などを一定の方針や見通しもなく採掘すること。表記「乱掘」とも書く。

【濫▲觴】ランショウ 物事の最初。起こり。起源。由来 長江(チョウコウ)のような大河でも、初めは觴(さかずき)からあふれるくらいの小さな水流から始まるという意から。〈『荀子(ジュンシ)』〉 参考「濫」は、水があふれる意。

【濫吹】ランスイ 能力のない者が能力があるように装い、不当に高い地位にいること。本来はみだりに笛を吹く意。〈『韓非子(カンピシ)』〉 故事 ▼濫竽充数(ランウジュウスウ)

【濫造】ランゾウ 品質などを考えず、むやみやたらに多くつくること。「粗製―」表記「乱造」とも書く。

【濫読】ランドク 系統を立てずに、手当りしだいにさまざまな本を読むこと。「―も読書法の一つだ」表記「乱読」とも書く。

【濫入】ランニュウ 許可なく、入りこむこと。また、乱暴に押し入ること。表記「乱入」とも書く。

【濫伐】ランバツ 無計画に山林の樹木を伐採すること。表記「乱伐」とも書く。

【濫発】ランパツ ①貨幣や法令などをむやみに出すこと。「手形を―する」②鉄砲などをやたらに発射すること。③ある言葉をむやみに発すること。「『困った』を―する」表記「乱発」とも書く。

【濫費】ランピ 金銭を無計画に費やすこと。無駄づかい。類浪費 参考「乱費」とも書く。

【濫用】ランヨウ 本来の用途以外のことに使うこと。また、考えもなくむやみに使うこと。「職権―」表記「乱用」とも書く。

【濫立】ランリツ ①多くのものが雑多に立ち並ぶこと。②選挙で、少ない議席に多くの

人が立候補すること。表記「乱立」とも書く。

ラン【藍】(18) 艹15 常 2 4585 4D75 音 ラン高 訓 あい

筆順 3 8 10 12 15 17 藍

意味 ①あい。たであい。タデ科の一年草。「出藍」②あいいろ。「藍綬」「藍碧」③ぼろ。ぼろきれ。「藍縷」

下つき 伽藍・甘藍・出藍・青藍 類 襤

【藍】あい ①タデ科の一年草。インドシナ原産で、古く中国から渡来。葉や茎から青色の染料をとる。②①からとった染料。③濃い青色。

【藍子】あいご アイゴ科の海魚。南日本の浅海にすむ。全長約三〇センチメートル。成魚は黄褐色で、背びれや尾びれに毒を出す鋭いとげがある。食用。幼魚をバリコという。

【藍鮫】あいざめ ①ツノザメ科の海魚の総称。関東以南の深海にすむ。全長約一メートル。体は淡褐色。肉は練り製品の原料。②濃い青色をおびたさめ皮。刀の鞘を巻くのに用いる。

〈藍菊〉えぞぎく キク科の一年草。▼蝦夷菊(一五九)

【藍綬褒章】ランジュホウショウ 社会事業など公共の利益のために尽くした人に、国から与えられる褒章。あい色のリボンのついた記章。

【藍碧】ランペキ あいのような緑色。あおみどり。

ラン【嬾】(19) 女16 1 5347 554F 音 ラン 訓 おこたる・ものうい

意味 ①おこたる。なまける。「嬾惰」②ものうい。けだるい。類 ①②懶

【嬾い】ものうい 心がはれやかでない。何をするのもおっくうで、気が進まない。憂鬱で、気が晴れない。「―い曇り日の昼下がり」表記「懶い」とも書く。

ラン【懶】(19) 忄16 1 5681 5871 音 ラン 訓 おこたる・ものうい・ものぐさい

意味 ①おこたる。なまける。「懶惰」②ものうい。けだるい。類 ①②嬾

下つき 放懶・老懶

【懶い】ものうい なんとなくおっくうで、気が進まない。心が疲れて憂鬱なさま。「―い物腰で立ち上がる」表記「嬾い」とも書く。

【懶い】ものぐさい ①物事をするのが、なんとなくおっくうである。「寒くて何をするのも―い」②体がだるく、気分がすぐれない。

【懶惰】ランダ おこたること。なまけてぶらぶらしていること。無精なさま。「―な生活を送る」表記「嬾惰」とも書く。

【懶婦】ランプ なまけものの女性。無精な女性。表記「嬾婦」とも書く。

【懶眠】ランミン なまけて眠ること。怠惰なねむけ。「―をむさぼる」類 惰眠

ラン【蘭】(19) 艹16 準1 4586 4D76 音 ラン 訓 ふじばかま・あららぎ

字 旧《蘭》(21) 艹17 1/準1

意味 ①らん。ラン科の多年草の総称。②ふじばかま。キク科の多年草。秋の七草の一つ。③あららぎ。④「和蘭」の略。「蘭学」

下つき 金蘭・春蘭・椒蘭・芝蘭・紫蘭・鈴蘭・木蘭・幽蘭

【蘭】あららぎ ①ノビルの古名。▼野蒜(一四九三) ②イチイの別称。▼櫟(一六〇一)

〈蘭草〉ふじばかま キク科の多年草。▼藤袴(一三五六) 由来「蘭草」は漢名から。

【蘭学】ランガク 江戸時代の中期以降、オランダ語をとおして西洋の学術を研究しようとした学問。

〈蘭貢〉ラングーン ヤンゴンの旧称。ミャンマー(旧ビルマ)連邦の旧首都。

【蘭交】ランコウ ランの花の香りのように美しいつきあいのたとえ。心を許し合った交友にいう。類 蘭契

【蘭摧玉折】ランサイギョクセツ 賢人や美人などが死ぬたとえ。美しいランの花が手折られ、玉が砕け割れる意から。〈『世説新語』〉「彼女の死はまさに―だ」参考「摧」はくだける意。類 蕭敷艾栄

【蘭麝】ランジャ ランの花の香りと麝香の香り。転じて、よい香り。

『蘭麝の室に入る者は自ら香ばし』 よい環境にいてよい友人と交われば、自然に感化されて自分の身も正しくなるということのたとえ。よい香りのする部屋に入る者は、自然によい香りが身につくという意から。類 芝蘭の室に入るが如し・朱に交われば赤くなる

【蘭鋳・蘭虫】ランチュウ キンギョの一品種。体が丸く、腹部がふくらみ背びれがない。頭部に粒状の肉こぶがある。季 夏

【蘭塔】ラントウ 仏 台座に卵形の塔身をのせた墓石。禅僧の墓などに用いられる。表記「卵塔」とも書く。

ラン【襤】(19) 衤14 1 7502 6B22 音 ラン 訓 つづれ・ぼろ

意味 つづれ。ぼろ。ぼろきれ。「襤褸」

〈襤褸〉・〈襤〉ぼろ ①使い古した布切れ。また、古くなって破れた衣服。②古くなって、いたんでいるもの。「―車を愛用している」③欠点。短所。「―が出る」参考 ①「襤褸」は「ランル」とも読む。

【襤衣】ランイ ぼろの着物。やぶれごろも。つづれ。類 弊衣

ラン【欄】(20) 木16 常 4 4583/4D73 音 ラン 訓 外 わく・てすり・おばしま・おり

旧字《欄》(21) 木17 1/準1 8627/763B

筆順 欄

意味 ①かこい。わく。しきり。「欄外」「空欄」「投書欄」②てすり。おばしま。「欄干」「朱欄」 類 闌 ③おり。動物を飼う囲い。「欄牢」

下つき 空欄・勾欄・高欄・朱欄

【欄外】ラン ガイ 新聞や雑誌・書籍などの紙面を囲んだ枠の外、または本文の外。「―の注を見よ」「―広告」

【欄干・欄▲杆】ラン カン 手すり。「橋の―から水面を見おろす」 表記「闌干」とも書く。

【欄間】ラン ま 日本建築で、通風や採光をよくするために天井と鴨居または長押との間に設けた空間。格子や透かし彫りなどがつけてある。

ラン【★瀾】(20) 氵17 1 6349/5F51 音 ラン 訓 なみ・なみだつ

意味 なみ(波)。おおなみ。また、なみだつ。「瀾汗」「瀾漫」

下つき 狂瀾・波瀾

【▲瀾】なみ 波頭を連ねたなみ。また、大波。

ラン【籃】(20) 竹14 1 6855/6457 音 ラン 訓 かご

意味 かご。かたみ。あじろのかご。「籃輿」「魚籃」「揺籃」

下つき 魚籃・揺籃

【▲籃】かご 竹などで、目を細かく編んだかご。かたみ。

【▲籃▲輿】ラン ヨ 人の座る部分を木や竹で編んで作り、棒につるして前後で担ぐ乗り物。あじろかご。

ラン【▲欗】(21) 木17 8627/763B ▼欄の旧字(一五五四)

ラン【★爛】(21) 火17 1 6405/6025 音 ラン 訓 ただれる・ただれ・あざやか・にる

意味 ①ただれる。煮くずれる。くさる。うれすぎる。「爛熟」「腐爛」②あざやか。はなやか。かがやく。「爛漫」「絢爛」③に(煮)る。また、焼く。

書きかえ ①「乱」に書きかえられるものがある。

下つき 絢爛・燦爛・糜爛・腐爛

【▲爛れる】ただ―れる ①皮膚や肉の組織が、破れくずれる。「火傷をして手が―れる」②物事におぼれる。荒れる。すさむ。「―れた生活」

【▲爛▲柯】ラン カ ①囲碁に興じているうちに時間がたつのを忘れること。また、囲碁の別称。②遊びや物事に夢中になって時間を忘れること。「柯」は斧の柄の意。 故事 中国、晋の時代、きこりの王質が、子どもたちが囲碁を打っているのをナツメを食べながら見ているうちに、持っていた斧の柄が腐り、帰ってみるとすでに数十年たっていて、当時の人はだれもいなかったという故事から。〈『水経注』〉

【▲爛熟】ラン ジュク ①果実などが熟しすぎること。②物事が極限まで発達すること。「文化が―する」

【▲爛然】ラン ゼン きらきらと光り輝くさま。あざやかで美しいさま。 類 燦然・燦爛

【▲爛脱】ラン ダツ ①書物に落丁などがあって文章の意味が通じないこと。②素行などが乱れていること。 表記「乱脱」とも書く。

【▲爛発】ラン パツ ①盛んに起こること。②あざやかに現れること。また、そのさま。

【▲爛漫】ラン マン ①花が咲き乱れているさま。花の咲きほこっているさま。「春、―の桜花」②ありのまま明らかに現れるさま。「天真―(純真で無邪気なさま)」

【▲爛▲爛】ラン ラン ①きらきらと光り輝くさま。「―たる満天の星が降る島」②眼光が鋭く光るさま。「―と目を光らせた黒猫」

ラン【▲蘭】(21) 艹17 ▼蘭の旧字(一五五三)

ラン【▲覽】(21) 見14 7521/6B35 ▼覧の旧字(一五五二)

ラン【巒】(22) 山19 1 5461/565D 音 ラン 訓 やまなみ・みね

意味 やまなみ。連なる山。また、みね。「巒丘」

下つき 層巒・峰巒

【▲巒▲壑】ラン ガク 山と谷。

ラン【襴】(22) 衤17 1 7506/6B26 音 ラン 訓 ひとえ

意味 ひとえ。衣と裳がつながっているひとえの衣服。「襴衫」

ラン【欒】(23) 木19 1 6119/5D33 音 ラン 訓 まるい・まどか・おうち

意味 ①ひじき。柱の上のほうにあって、上からの重みをささえる横木。うでぎ。②人が集まるさま。まるい。まどか。「団欒」③おうち。センダンの古名。

下つき 団欒・檀欒

ラン【攬】(24) 扌21 1 5816/5A30 音 ラン 訓 とる・すべる

意味 とる。つまむ。また、まとめる。す(統)べる。「攬筆」「攬要」

下つき 延攬・収攬・総攬

【▲攬る】と―る ①もつ。にぎる。つかむ。②つみとる。つまむ。

ラン【欖】(25) 木21 1 6120/5D34 音 ラン 訓

意味 カンラン科の常緑高木「橄欖」に用いられる

字。

ラン【纜】(27) 糸21 1 6992 657C 音 ラン 訓 ともづな

意味 ともづな。船をつなぎとめておく綱。「解纜」

下つき 解纜(カイラン)・電纜(デンラン)

【纜】ともづな 船を岸などにつなぎとめる船尾の綱。もやいづな。「―を解く(船出する)」

ラン【鑾】(27) 金19 1 7954 6F56 音 ラン 訓 すず

意味 ①すず。天子の馬車などにつける鈴。②天子の馬車。また、天子。「鑾駕(ランガ)」

下つき 鳴鑾(メイラン)

【鑾】すず 天子の乗るウマのくつわや馬車の横木に取りつける鈴。中国の想像上の鳥である鸞鳥(ランチョウ)の鳴き声に似せたもの。

ラン【鸞】★ (30) 鳥19 1 8334 7342 音 ラン

意味 ①神鳥の名。鳳凰(ホウオウ)の一種。②すず。天子の車などにつける鈴。③天子の車。また、天子のものに冠する語。「鸞駕(ランガ)」「鸞殿」

【鸞翔鳳集】ランショウホウシュウ 賢く才能のあるすぐれた人物が集まって来るたとえ。「鸞」や「鳳」が空を飛んで来て集まる意から。「鸞」は想像上の美しい鳥。「鳳」は鳳凰(ホウオウ)で、知徳のすぐれた天子の世に現れるという伝説上の霊鳥。〈傅咸(フカン)の文〉

り 利 リ 利

リ【吏】(6) 口3 常 3 4589 4D79 音 リ 訓 外 つかさ

筆順 一 丆 冂 日 申 吏

意味 つかさ。役人。「吏員」「官吏」

下つき 官吏(カンリ)・公吏(コウリ)・能吏(ノウリ)・捕吏(ホリ)

【△吏】つかさ 昔の中国で、公務に従事する人。下級の役人。

【吏員】リイン 公共団体の職員。地方公務員。公吏。官吏。

【吏道】リドウ 役人が守り行うべき心得。

リ【利】(7) リ5 常 教 7 4588 4D78 音 リ 訓 きく 高 外 するどい・とし・よい

筆順 ノ 二 千 禾 禾 利 利

意味 ①するどい。とし。㋐よく切れる。「利器」「鋭利」㋑すばやい。かしこい。さとい。「利発」「利口」対㋐㋑鈍 ②よい。役に立つ。つごうがよい。つごうよくする。「利点」「利己」「便利」③もうけ。とく。「利権」「利潤」④「利子」「利息」のこと。「元利」「金利」⑤梵語(ボンゴ)や外国語の音訳に用いられる。「舎利」「伊太利(イタリア)」⑥きく。ききめがある。はたらきがある。参考「利」の旁(つくり)が片仮名の「リ」に、草書体が平仮名の「り」になった。

書きかえ ①㋑「悧」の書きかえ字として用いられるものがある。

下つき 営利(エイリ)・鋭利(エイリ)・元利(ガンリ)・巨利(キョリ)・金利(キンリ)・権利(ケンリ)・功利(コウリ)・高利(コウリ)・舎利(シャリ)・純利(ジュンリ)・勝利(ショウリ)・水利(スイリ)・単利(タンリ)・薄利(ハクリ)・福利(フクリ)・複利(フクリ)・不利(フリ)・便利(ベンリ)・暴利(ボウリ)・冥利(ミョウリ)・有利(ユウリ)

【利かん気】きかんキ 気が強く、人に負けたり人の言うなりになったりするのを嫌う性格。勝ち気。負けずぎらい。「―の坊や」

【利き酒】ききざけ 酒を少量口に含んで味わい、品質のよしあしを鑑定すること。また、その酒。表記「聞き酒」とも書く。

【利く】きく ①ききめがある。効果が出る。「薬が―く」②機能がはたらく。「よく機転の―く人だ」「口を―く(話す。口添えする)」③可能である。「保存が―く」④通用する。「顔が―く」

【利け者】きけもの すぐれたはたらきをする人。幅をきかしている人。勢力のある人。

【△利鎌】とがま よく切れるかま。鋭利なかま。

【利運】リウン よい巡り合わせ。幸運。「―を得て発展できた」

【利益】リエキ ①役に立つこと。ためになること。「社会全体の―を第一とする」②収入から費用を引いた残り。もうけ。「新製品で会社の―を上げる」類利得・収益 対①②損失・不利益 参考「リヤク」と読めば別の意になる。

【利害】リガイ 利益と損害。得と損。「両者の―が一致する」「―関係」

【利害得失】リガイトクシツ 利益になることと損失になること。利益と損失。「―が相半ばする」類利害得喪(トクソウ)

【利器】リキ ①役に立つ便利な道具や器械。「文明の―」②鋭い刃物や武器。対鈍器

【利休△鼠】りきゅうねずみ 緑色をおびた灰色。「―の茶羽織」参考茶人の千利休(せんのりきゅう)が好んだ灰色がかった緑色(利休色)より濃いめの色。

【利剣】リケン ①切れ味の鋭い刀剣。②仏 煩悩(ボンノウ)や悪魔を断ち切る仏法の力のたとえ。

【利権】リケン ある利益を自分のものにする権利。特に、業者が政治家や役人と結託して、手に入れる利益の多い権利。「―に群がる」

【利己】リコ 他人のことを考えず、自分だけの利益をはかること。「自分のことしか考えない―的な人」対利他

【利口】リコウ ①頭がよいこと。賢いこと。類利発 ②口がうまく要領がよいこと。悪賢いこと。抜け目のないさま。「―に立ち回る」③特に、子どもが素直でものわかりのよいこと。「お―さ

ん」 書きかえ「悧口」の書きかえ字。

【利根】リコン 生まれつき賢い性質。すぐれた資質。対鈍根

【利鞘】りざや 取引で、買値と売値との差額から生じる利益金。「—を稼ぐ」

【利子】リシ 金銭を一定期間借りた人が、貸した人に対して一定の割合で支払う報酬としての金銭。類利息 対元金

【利潤】リジュン 総収入から、生産にかかった労賃や材料費などの必要経費を引いた残りの純利益。もうけ。「企業は—を追求する」「—分配制度」

【利殖】リショク 資金をうまく運用して、利益や利子を得て財産を増やすこと。殖産。「—に長(た)けた敏腕な人だ」

【利息】リソク 「利子」に同じ。

【利他】リタ ①自分のことよりも、他人の利益や幸福をはかること。「—主義」対利己 ②仏自己の善行の功徳(ドク)によって、他者を救済すること。対自利

【利達】リタツ 身分や地位などが高くなること。立身出世すること。類栄達

【利敵】リテキ 敵側に有利となるようにすること。敵に利益を与えるようにすること。「—行為」

【利点】リテン ある物事の有利・便利なところ。長所。とりえ。メリット。「インターネットの—を生かした販売戦略」

【利得】リトク 利益を得ること。また、その利益。得分。もうけ。「不当—」対損失

【利鈍】リドン ①刃物などが鋭いことと、鈍いこと。②賢いことと、愚かなこと。

【利発】リハツ 賢いこと。頭の回転の速いこと。また、そのさま。「幼いのに—な子だ」類利口

【利便】リベン 都合のよいこと。便利なこと。「遠方からの出場者の—をはかる」「学校は交通の—地にある」類便宜

【利回り】りまわり 利益配当。また、利息の投資元金に対する割合。「—がよいというふれこみの債券」

【利益】リヤク 仏神仏によって授けられる恵み。「お守りのご—がありますように」類利生(リショウ) 参考「リエキ」と読めば別の意になる。

【利用】リヨウ ①役に立つように、うまく使うこと。「休耕田の有効—を考える」②自分の利益のための手段として使うこと。「地位を—して私腹を肥やす」

【利率】リリツ 利息の元金に対する割合。「定期預金は—がよい」

リ【李】 (7) 木3 準1 4591 4D7B 音リ 訓すもも

意味 ①すもも。バラ科の落葉小高木。「李花」「桃李」②おさめる。「行李」類理 ③中国、唐代の詩人、李白。

下つき 行李(コウ)・桃李(トウ)

【李】すもも バラ科の落葉小高木。中国原産。古くに渡来し、果樹として栽培される。春に白い花を開く。果実は赤く、甘酸っぱい。生食やジャムなどにする。季夏 表記「酸桃」とも書く。

【李下に冠を正さず】リカにかんむりをただ(さず) 他人に少しでも疑いをもたれるような行動は慎むべきであるという戒め。スモモの木の下で冠を整えようと手を上げると、スモモの実を盗むかと疑われる意から。〈古楽府(コガフ)・君子行〉類瓜田(カデン)に履(くつ)を納(い)れず

【李白一斗詩百篇】リハクイットシヒャッペン 人並みはずれたすぐれた詩の才能をもち、酒豪であること。酒好きで天才詩人の李白なら、一斗（一〇升）の酒を飲めば、たちどころに詩を百くらいは作ってしまう意。由来 唐の詩人李白の詩の才能と酒豪ぶりを、同時代の詩人杜甫(トホ)が詩に詠(よ)んだことから。〈杜甫の詩〉

リ【里】 (7) 里0 常 教 9 4604 4E24 音リ 訓さと

筆順 丨 冂 日 日 甲 甲 里

意味 ①さと。むらざと。いなか。「郷里」②嫁や婿の実家。また、子の養育をたのむ家。さと。「里親」③みちのり。「里程」④距離の単位。一里は三九二七メートル。⑤行政区画の一つ。大宝令では五〇戸の地。

書きかえ ①「俚(リ)」の書きかえ字として用いられるものがある。

下つき 郷里(キョウ)・故里(コリ・ふるさと)・万里(バン)

【里】さと ①人家が小集落をなしている所。村里。②いなか。在(ザイ)。「—に引きこもる」③妻・養子・雇い人の実家。「藪(やぶ)入りで—帰りする」④子どもを預けて養ってもらう家。「—子に出す」⑤育ち。素性。「お—が知れる（生まれや育ちの善し悪しがわかる）」表記①②「郷」とも書く。

【里芋】さといも サトイモ科の多年草。熱帯アジア原産。野菜として栽培される。葉は大きな卵形で太い葉柄がある。球茎と葉柄は食用。ヤツガシラ・アカメイモなど品種が多い。季秋

【里子】さとご 自分の子を、他家に預けて養ってもらうこと。また、その子。対里親

【里心】さとごころ 他家やよその土地に出ている者が両親や故郷などを恋しがる気持ち。ホームシック。「—がつく」

【〈里曲〉・〈里回〉・〈里廻〉】さとみ 人里のあたり。里のうち。参考「さとわ」は平安時代以降の誤読。

【〈里斯本〉】リスボン ポルトガル共和国の首都。テジョ川河口、大西洋に面した港湾都市。大航海時代には香料貿易で栄えた。旧王宮などがある。

【里程】リテイ 陸地を行く道のり。里数。「—標(ヒョウ)」類道程

り リ

【里程標】リテイヒョウ 道路や鉄道線路のわきに立てて、里程を記した標識。

【里謡】リヨウ 昔から、民間で歌われてきた歌。地方の民衆の間で歌われる歌。鄙歌ひなうた。さとうた。「祖母に―を教わる」 書きかえ「俚謡」の書きかえ字。

リ【俚】(9) イ 7 1 4861 505D 音 リ 訓 いやしい・ひな

意味 いやしい。いなかじみた。ひな。ひなびた。民間の。「俚言」「俚俗」

書きかえ「里」に書きかえられるものがある。

【俚歌】リカ 世間に流行する卑俗な歌。俗謡。はやりうた。

【俚言】リゲン ①共通語とは異なる、その地方独特の言葉。なまり言葉。類 俚語 ②卑俗な言葉。対 雅言

【俚諺】リゲン 民間で広く言いならわされてきたことわざ。通俗なことわざ。「負けるが勝ち」など。

【俚耳】リジ 世間一般の人々の耳。「その話は―に入りやすい（一般の人に受け入れられやすい）」類 俗耳

【俚俗】リゾク ①いなかのならわし。卑しい風習。②いなかびていること。

【俚謡】リヨウ ▼書きかえ 里謡（一五五七）

リ【俐】(9) イ 7 1 4862 505E 音 リ 訓 かしこい・さかしい

意味 かしこい。さかしい。「怜俐レイリ」類 悧リ

リ【茘】(9) サ 6 1 7213 682D 音 リ・レイ 訓 おおにら

意味 ①おおにら。ユリ科の多年草。②植物の「茘枝レイシ」に用いられる字。

【茘枝】レイシ ①ムクロジ科の常緑高木。中国原産。亜熱帯で果樹として栽培。果実はうろこ状の皮でおおわれ、多汁で甘く、食用。ライチー。②「ツルレイシ」の略。ウリ科のつる性一年草。ニガウリ。季 秋 ③レイシガイ科の巻貝。殻はいぼ状の突起があり、①の実に似る。

リ【哩】(10) ロ 7 準1 4373 4B69 音 リ 訓 マイル

意味 マイル。長さの単位。約一・六キロメートル。英語の音訳字。

【哩】マイル ヤード・ポンド法における長さの単位。一哩は約一・六キロメートル。

リ【悧】(10) 忄 7 1 5606 5826 音 リ 訓 さかしい

意味 かしこい。さかしい。「悧口」類 俐リ

書きかえ「利」に書きかえられるものがある。

下つき 怜悧レイ

【悧口】リコウ ▼書きかえ 利口（一五五五）

リ【浬】(10) 氵 7 準1 1929 333D 音 リ 訓 かいり・ノット

意味 ①かいり（海里）。海上の距離を表す単位。一八五二メートル。②ノット。船の速度の単位。一時間に一海里を進む速度。

【浬】かいり 海上の距離を表す単位。一浬は一八五二メートル。表記「海里」とも書く。

リ【狸】★(10) 犭 7 準1 3512 432C 音 リ 訓 たぬき

意味 ①たぬき。イヌ科の哺乳ホニュウ動物。②ずるがしこい人のたとえ。③ねこ。のねこ。「狸奴」

【狸】たぬき ①イヌ科の哺乳ホニュウ動物。東アジアに分布。山に穴を掘ってすむ。夜行性で雑食。毛は筆用。毛皮は防寒用。季 冬 ②人のよいふりをして他人をだます、ずるい人。「あいつは―だ」

【狸から上前うわまえ】悪賢い知恵がはたらくたとえ。人をだますタヌキから金品をだまし取る意から。

リ【莅】(10) サ 7 1 7214 682E 音 リ 訓 のぞむ

意味 のぞ（臨）む。①その場に行く。②つかさどる。行う。

リ【莉】(10) サ 7 1 7229 683D 音 リ・レイ

意味 モクセイ科の常緑小低木「茉莉マツリ」に用いられる字。

リ【梨】(11) 木 7 教 4592 4D7C ▼なし（一一八七）

リ【理】(11) 王 7 教 常 9 4593 4D7D 音 リ 外 ことわり・すじ・おさめる

筆順 一 丅 干 王 玎 玑 玾 理 理 理 理

意味 ①ことわり。物事のすじみち。「理解」「理由」「定理」②すじ。すじめ。きめ。もよう。「節理」「地理」「連理」③おさめる。ととのえる。「理事」「管理」「整理」④自然科学。「理科」「理学」「理数」

下つき 一理イチ・管理カン・経理ケイ・原理ゲン・公理コウ・合理ゴウ・修理シュウ・受理ジュ・処理ショ・心理シン・真理シン・審理シン・推理スイ・生理セイ・整理セイ・摂理セツ・総理ソウ・代理ダイ・調理チョウ・地理チ・定理テイ・道理ドウ・病理ビョウ・物理ブツ・文理ブン・無理ム・料理リョウ・倫理リン・連理レン・論理ロン

【理める】おさめる ①玉を磨く。②筋道を正して、善悪を整える。筋をとおす。

【理】ことわり ①筋道。道理。「―を説く」②もっともなこと。当然。③わけ。理由。

【理解】リカイ ①物事の道理を知ること。また、意味や内容を悟ること。「発言の真意がどこにあるか―に苦しむ」②他人の気持ちや事情をくみとること。「若い人の考え方に―がある」

【理外】リガイ 理屈や論理の外にあること。普通の道理では判断できないこと。「―の理（理屈では判断できない不思議な道理）」

【理屈】リクツ ①物事の筋道や道理。もっともな論理。「―でやりこめる」②自分の言い分を通すためのもっともらしい論理。こじつけ。「屁へ―をこねる」書きかえ「理窟」の書きかえ字。

〖理屈と▲膏薬コウヤクはどこにでもつく〗理屈はつけようと思えば、どのようなことにももっともらしくつけられるということ。べたつく膏薬は、どこにでもはりつく意から。

【理窟】リクツ ▼書きかえ 理屈

【理財】リザイ ①金銭や財物を有効に用いること。財産をうまく運用して利益をあげること。「―に長たけた経営者」②経済の旧称。

【理事】リジ ①法人の事務や権利を執行し、法人を代表する機関。②団体で、担当事務を執行する人の役職。参考 ①株式会社や有限会社では取締役という。

【理性】リセイ いっときの本能や感情に左右されず、物事を論理的に考え、自己の行動を律する心のはたらき。「激怒のあまり―を失う」対感性・感情

【理想】リソウ ①理性によって想像できる最も完全な目標。「―の福祉社会を目指す」②そうありたいと思う最良の状態。「―の家庭」対①②現実

【理知】リチ 理性と知恵。本能や欲望に負けずに、物事の道理を見きわめる能力。「―に富んでいる」書きかえ「理智」の書きかえ字。

【理▲智】リチ ▼書きかえ 理知

【理知的】リチテキ 本能や感情に左右されず、物事を合理的に判断し、行動するさま。「―な女性」類理性的 対感情的

【理に勝って非に落ちる】リにかってヒにおちる 道理のうえでは相手に言い勝っても、そのために実質上不利な状況におかれたり、損をしたりすること。参考「落ちる」は「負ける」ともいう。

【理念】リネン ①ある物事がどうあるべきかについての根本的な考え方。「政治―を語る」②理性によって得た最高の概念。イデー。

【理髪】リハツ 髪を切り整えること。調髪。散髪。「―師」類理容

【理非】リヒ 道理にかなうことと、かなわないこと。正と邪。「―を論ずる」

〖理非曲直〗リヒキョクチョク 正しいことと、まちがっていること。物事の善悪や正不正。「曲直」は、曲がったこととまっすぐなこと。「―を正す勇気」類是非善悪・是非曲直

【理不尽】リフジン 物事の筋道がとおらないこと。道理に合わないことを無理に押しとおそうとすること。また、そのさま。「―な要求を突きつけられた」類不合理

【理法】リホウ 物事の正しい道理。法則。条理。「自然の―にしたがう」

【理由】リユウ ある結果が生じた原因。わけ。参考 哲学においては論理的理由と実在的理由とがあり、前者は前提と、後者は原因と同義。

【理容】リヨウ 理髪と美容。髪を刈りこんだり顔を剃そったりして、容姿を整えること。

【理路整然】リロセイゼン 話や考えなどがしっかりした論理で組み立てられていて、筋道がよくとおっていること。「―と主張を述べる」類順理成章 対支離滅裂シリメツレツ

【理論】リロン ①物事の原理・原則に基づき、筋道にしたがって組み立てられた考え。「独自の―を打ち立てる」②思想家や学者などの普遍的な学説と、その体系。「相対性―」対①②実践

〈理無〉いわりない ①分別がない。どうしようもない。②深い関係である。ねんごろなさま。「―い仲に陥る」

リ【犂】(12) 牛 8 1 6420 6034 音 リ・レイ・リュウ 訓 すき・すく・くろい・まだらうし・しみ

り リ

〔犁〕6421 6035

意味 一リ・レイ ①すき。からすき。田畑を耕す農具の一種。②すく。たがやす。③まだらうし。「犂牛」④くろい。うすぐろい。「犂黒」⑤しみ。老人の皮膚に出る斑点ハンテン。二リュウ おそれおののく。「犂然」

下つき 一鋤犂ジョレイ

【▲犂】すき ウシやウマに引かせて田畑の土を掘り起こす農具。からすき。参考「鋤」と書けば、人が使うすきの意になる。

【▲犂牛】リギュウ 黄と黒とが混じった、まだら毛のウシ。まだらウシ。

〖▲犂牛の▵喩たとえ〗どんな家柄に生まれようと、本人がすぐれた才能をもっていさえすれば、必ず世に用いられるという教え。故事 孔子が、身分の低い家柄の出の弟子の仲弓チュウキュウを「耕作に用いるまだらウシの子でも、毛色が赤く、形のよい角をしていれば神様が見捨てておかず、祭祀サイシのいけにえとして用いられる」と、たとえていった故事から。〈『論語』〉

【▲犂耕】リコウ ウシにすきを引かせて田畑を耕すこと。すきを用いた耕作や農業。

【▲犂▲鋤】リジョ ①からすきと、すき。②すきで耕作すること。参考「犂」はウシに引かせるすき、「鋤」は人が使うすきの意。

リ【痢】(12) 疒 7 常 準2 4601 4E21 音 リ 訓

筆順 亠[2] 广 疒 疒 疒[7] 疒 疒 疒 痢

意味 はらくだり。はらくだし。「痢病」「下痢」

下つき 疫痢エキリ・下痢ゲリ・赤痢セキリ

【痢病】リビョウ 赤痢など、激しい腹痛や下痢を伴う病気。

リ【★裡】(12) 衤 7 準1 4603 4E23 音 リ 訓 うら・うち

意味 ①うら。衣のうらがわ。物のうらがわ。②うち。なか。内部。③…のうちに。「…のうちに」の意で使われることが多い。参考 現代では「極秘裡」「秘密裡」

リ【詈】(12) 言5 1 7542 6B4A 音 リ 訓 ののしる

意味 ののしる。激しく非難する。「罵詈バ」

【▲詈る】ののしーる ①大声で非難する。声高くしかる。「口汚くーる」②悪口を言い立てる。あてこすりを言う。

リ【蜊】(13) 虫7 1 7377 696D 音 リ 訓 あさり

意味 あさり（浅蜊）。マルスダレガイ科の二枚貝。

下つき 浅蜊あさり・蛤蜊コウリ

【▲蜊】あさり マルスダレガイ科の二枚貝。▼浅蜊あさり（八九九）

リ【裏】(13) 衣7 常 教 5 4602 4E22 音 リ中 訓 うら 外うち

筆順 亠 2 亠 4 亩 6 亩 亩 重 重 裏 裏 裏 裏

意味 ①うら。衣のうら。物のうらがわ。「裏面」「表裏」対表 ②うち。なか。内部。「胸裏」「脳裏」③…のうちに。「暗暗裏」「成功裏」

下つき 胸裏キョウリ・庫裏クリ・内裏ダイリ・脳裏ノウリ・表裏ヒョウリ

【△裏】うち ①なか。内部。②心のなか。「複雑な胸のーをあかす」

【裏】うら ①正面の反対。「本棚のー」②衣服の内側。「羽織のー」③物事の表面には現れない面。内情。「人には言えないーがある」対①～③表

【裏表】うらおもて ①物のうら側と、おもて側。内実と外見。「人生のー」②うらとおもてを逆にすること。うらがえし。「シャツをーに着る」③かげひなた。「ーなく働く」

【裏書】うらがき ①表記の事柄を証明・保証する事情や説明を裏に書くこと。また、その書かれたもの。②手形や小切手などの所持人がそれを他人に譲り渡すとき、その旨を裏面に書いて署名・捺印ナツインすること。③ある物事が確実であることを、他の事柄で証明すること。「無罪をーする新証拠」

【裏方】うらかた ①芝居の楽屋や舞台裏で仕事を担当する人。道具係・衣装係・照明係など。対表方 ②表立たず、陰で実質的な働きをする人。「通訳として国際会議のーをつとめる」③貴人の妻。また、本願寺法主ホッスの妻。

【裏金】うらがね ①取引で、正式でなくひそかにやりとりする金銭。「ーをつかませる」②靴の裏などに打ちつける鉄の小片。

【裏芸】うらゲイ 芸人が専門の芸以外に身につけているもの。隠し芸。特別の場合以外にはやらないとっておきの芸。「忘年会でーを披露する」対表芸

【裏声】うらごえ 声帯をすぼめて発声する、通常の声域を超えた高い声。ファルセット。「ヨーデルをーで歌う」対地声

【裏▲漉し】うらごし 円形の枠に布や金網などの細かい目を張って、あん・芋などの食品をこすこと。また、その器具。

【裏作】うらサク 同一耕地で同一年内に、時期を分けて二種類以上の作物を作るとき、主作物を収穫したのちに作る他の作物。また、そうして作物を作ること。「ムギのーに野菜を栽培する」類後作あとサク 対表作

【裏白】うらじろ ①ウラジロ科のシダ植物。暖地の山中に群生。葉は羽状で裏は白色。繁殖力が強いので子孫繁栄、葉が左右対称なので夫婦和合、裏が白いので共白髪などの縁起をかついで正月の飾りに用いる。ヤマクサ。ホナガ。モロムキ。季新年 ②裏や内側が白いこと。

【裏△店】うらだな 裏通りや路地の奥にある、粗末な貸屋。裏長屋。

【裏付ける】うらづーける ①裏をつける。②裏打ちする。③ちがった方面から物事の確かなことを証明する。証拠だてる。「理論を実験によってーける」「犯行をーける証拠がある」

【裏話】うらばなし 一般には知られていない話。陰の事情に関する話。「新婚旅行のーを聞く」類内輪話

【裏腹】うらはら あべこべ。反対。「努力とはーに成績が下がった」

【裏目】うらめ ①予想や期待と反対の結果。「親切がーに出る」②さいころの表面に出た面に対して、その裏側の面。

【裏面】リメン ①物を正面から見たときに、反対を向いている面。裏側の面。②なんらかの事情で、一般には知られない隠された部分。内情。内幕。「政界のー史」対①②表面

リ【漓】(14) 氵11 1 6302 5F22 音 リ 訓 したたる・ながれる

意味 ①うす（薄）い。②したたる。ながれる。しみこむ。「淋漓リンリ」

下つき 淋漓リンリ

リ【璃】(14) 王10 常 2 4594 4D7E 音 リ

筆順 王 4 玗 6 玡 玹 玹 琗 璃 璃 璃 璃

意味 宝玉の「玻璃ハリ」「瑠璃ルリ」に用いられる字。

リ【履】(15) 尸12 常 準2 4590 4D7A 音 リ 訓 はく 外くつ・ふむ

筆順 一 コ 尸 尸 5 屏 屏 8 屐 12 履 履 履

意味 ①はきもの（履物）。くつ。また、はきものをはく。「弊履」「草履」②ふむ。ふみおこなう。実行する。「履行」「履歴」

下つき 草履ゾウリ・弊履ヘイリ・木履ボクリ

【△履】くつ 革・ゴム・木・布などで作り、足を入れて歩くはきもの。表記「靴・沓」とも書く。

【履物】《はきもの》 足の保護などのため、足をおおって歩くものの総称。げた・ぞうり・くつなど。「―をそろえて出す」

【履く】《はーく》 足を保護するためのはきものをつける。「ぬれた靴下を―き替える」「地下足袋《ジカたび》を―く」

【△履む】《ふーむ》 ①足でふむ。「薄氷を―む」②実際にやってみる。経験する。「場数を―む」「初舞台を―む」③順序にしたがって物事を行う。履行する。「手続きを―む」

【履行】《リコウ》 ①定められたことを、実際に行うこと。「契約を忠実に―する」「約束を―する」②債務者が債務の内容を実現すること。「債務の―を迫る」

【履修】《リシュウ》 規定の学業の課程などを、定められた期間に学び修めること。「卒業に必要な単位を―する」

【履霜の戒め】《リソウのいましめ》 小さな前兆を見て、やがてくる大きな災難に備えて用心せよという戒め。「履霜」は霜をふむ意。霜をふむ時季になれば、やがて氷が張る季節になることから。〈『新唐書《シントウジョ》』〉 類 履霜堅氷《リソウケンピョウ》

【履歴】《リレキ》 その人が経験してきた学業や職業などの経歴。「―書を提出する」

リ【★罹】 (16) 罒11 1 5677 586D 音 リ 訓 かかる

意味 かかる。病気にかかる。こうむる。「罹病」

【△罹る】《かかーる》 病気になる。いやな目にあう。被害をこうむる。「インフルエンザに―る」「盗難に―る」

【△罹患】《リカン》 病気にかかること。「結核の―率が再び増えている」 類 罹病

【△罹災】《リサイ》 災難や災害にあうこと。「地震の―者は学校などで不安な夜を過ごした」 類 被災

【△罹病】《リビョウ》 「罹患」に同じ。

リ【釐】 (18) 里11 1 7858 6E5A 音 リ 訓 おさめる・あらためる・たまう・やもめ

意味 ①おさめる。あらためる。「釐正」「釐定」②りん。単位の名。分《ブ》の一〇分の一。③きわめてわずか。「毫釐《ゴウリ》」④たまう。あたえる。⑤やもめ。未亡人。「釐婦」

【△釐める】《おさーめる》 筋道を正す。筋をとおして整える。

【△釐革】《リカク》 改めること。おさめ改めること。改革すること。

【△釐正】《リセイ》 改め正すこと。おさめ正すこと。改正すること。 類 釐革

【△釐付】《リンづけ》 江戸時代、年貢を徴収する際に、石高《コクだか》に対して一定の租率を乗じて、税額を算出すること。 表記 「厘付」とも書く。

リ【離】 (18) 隹10 常 4 4605 4E25 音 リ 訓 はなれる・はなす 外 かる・つく・ならぶ・かかる

筆順

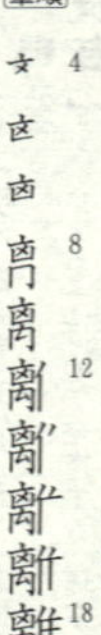

意味 ①はなれる。はなす。へだてる。わかれる。かる。「離縁」「離散」「距離」②つく。③ならぶ。④かかる。ひっかかる。とりつく。⑤易の八卦《ハッケ》の一つ。火・南などを表す。

下つき 乖離《カイリ》・隔離《カクリ》・距離《キョリ》・支離《シリ》・剝離《ハクリ》・分離《ブンリ》・別離《ベツリ》

【離れる】《はなーれる》 ①ついていた物が別々になる。「魚の身が骨から―れる」②ある所から遠ざかる。距離ができる。「話が本筋から―れた」「船が島を―れる」③関係が解かれる。「子どもから親の手が―れる（手がかからなくなる）」

【離縁】《リエン》 ①法律上、養子縁組を解消すること。②夫婦または養親子の関係を断つこと。「―状」

【離間】《リカン》 親しい関係を裂くこと。仲たがいをさせること。「両親に恋人との関係を―させられる」

【離宮】《リキュウ》 皇居や王宮以外の、別の場所に設けられた宮殿。「赤坂―」

【離群索居】《リグンサッキョ》 友人や仲間と離れて一人でいること。「群」は仲間、「索居」はひとりぼっちで寂しく暮らす意。〈『礼記《ライキ》』〉

【離合集散】《リゴウシュウサン》 離れたり集まったり、集まったり別れたりすること。また、協力したり反目したりすること。「政界の―が続いている」 参考 「集散離合」ともいう。 類 分合集散・雲集霧散

【離恨】《リコン》 別れの悲しみ。離別のつらさ。「―が胸を占める」 類 離愁

【離婚】《リコン》 夫婦が婚姻関係を解消すること。夫婦別れ。「結婚後短期間の―が増加している」 類 離縁

【離散】《リサン》 家族などが、離れ離れになること。ちりぢりになること。「―した一家が再会する」 類 四散

【離礁】《リショウ》 暗礁に乗り上げた船が、そこから離れること。「やっとの思いで―できた」 対 座礁

【離職】《リショク》 ①職務から離れること。失職。②職業から離れること。また、やめさせられること。失業。 参考 退職と失業を婉曲《エンキョク》にいう場合にも使う。

【離州・離△洲】《リす》 州に乗り上げていた船が、そこから離れて浮かぶこと。

【離脱】《リダツ》 自分が所属しているところから脱退すること。「会から―する人」「戦線を―する」

【離党】《リトウ》 所属している政党から離れること。「汚職に関与した議員に―を勧告する」 類 脱党 対 入党

【離乳】リニュウ 乳児に歯がはえ始め、乳以外の流動食を与え始めること。ちちばなれ。「―食を与える」

【離反】リハン したがっていた者や属していた者がそむき離れること。「党内の人心が―する」 書きかえ 「離叛」の書きかえ字。

【離▲叛】リハン ▼ 書きかえ 離反

【離別】リベツ ①人が離れて別れること。「友人と―する」 類 別離 ②夫婦関係を解消して別れること。離婚。離縁。

【離弁花】リベンカ 花弁がつけねからすべて分離している花。サクラ・ツバキ・アブラナなど。 対 合弁花

【離離】リリ ①稲穂や果実がよく実り、頭が垂れ下がっているさま。②草木の繁茂しているさま。③離れ離れになるさま。

【離陸】リリク 飛行機などが地上から離れて空に飛び立つこと。「―が遅れる」「戦闘機が次々と―する」 対 着陸

リ【鯉】(18) 魚 7 準1 2481 3871 音 リ 訓 こい・てがみ

意味 ①こい。コイ科の淡水魚。「緋鯉(ひごい)」②てがみ。たより。「鯉素」

下つき 緋鯉(ひごい)・真鯉(まごい)・養鯉(ヨウリ)

【▲鯉】こい コイ科の淡水魚。湖沼や河川にすむ。ふつう全長約六〇(センチメートル)。大形のうろこでおおわれ、口に二対のひげがある。野生種は暗灰色だが、人工飼育で、ニシキゴイやヒゴイなど色彩の美しい品種もつくられた。観賞用。食用。

【▲鯉の滝登り】めざましい勢いで立身出世をするたとえ。 由来 黄河上流にある流れの激しい竜門という滝を登ることのできたコイだけが、竜となって天に上るという中国の伝説から。

【▲鯉口】こいぐち ①刀の鞘(さや)と鍔(つば)とが合う楕円(ダエン)形の部分。「―を切る(すぐに刀が抜けるように鯉口をゆるめる)」②水仕事などをするとき、汚れを防ぐために着物の上に着る、袖口(そでぐち)をせばめた筒袖の衣服。

【▲鯉△濃】こいこく コイを輪切りにして、赤味噌(ミソ)の汁で煮込んだ料理。 参考 鯉の濃漿(こくショウ)(濃く仕立てた味噌汁)の意。

【▲鯉▲幟】こいのぼり 紙や布でコイをかたどった吹き流し形の、のぼり。五月五日の端午の節句に、男児の将来と健康を祝って戸外に立てる縁起物。 季 夏

リ【△麗】(19) 鹿 8 常 4679 4E6F ▼レイ(一五九九)

リ【★籬】(25) ⺮19 1 6865 6461 音 リ 訓 まがき・ませがき

意味 まがき。ませがき。竹や柴(しば)などをあらく編んだ垣根。「籬垣(エリ)」

下つき 垣籬(エンリ)・東籬(トウリ)

【籬】まがき 竹や柴(しば)などで、目をあらく編んで作った垣。ませがき。ませ。

〈籬垣〉ませがき 「籬(まがき)」に同じ。 参考 「リエン」とも読む。

【籬下】リカ 垣根のそば。まがきのもと。「―に白い菊の花が咲く」

リ【驪】(29) 馬19 1 8175 716B 音 リ・レイ 訓 くろうま・くろい・ならべる

意味 ①くろうま。黒色のウマ。「驪馬」②くろい。③ならべる。ウマをならべる。

【驪竜】リリョウ 黒色の竜。「―頷下(ガンカ)の珠(たま)(危険を冒さなければ得られないもののたとえ)」 参考 「リリュウ」とも読む。

リキ【力】(2) 力 0 教 4647 4E4F ▼リョク(一五八二)

リキ【▲篥】(16) ⺮10 6837 6445 ▼リツ(一五六五)

リキむ【力む】(2) 力 0 教 4647 4E4F ▼リョク(一五八二)

リク【△六】(4) ハ 2 教 4727 4F3B ▼ロク(一六二一)

リク【陸】(11) 阝 8 常 教 7 4606 4E26 音 リク 外 ロク 訓 おか・外 くが

筆順

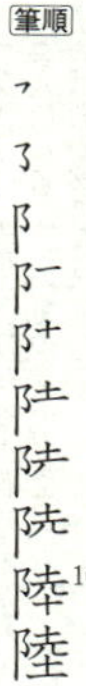

意味 ①おか。くが。「陸地」「大陸」 対 海 ②つづくさま。「陸続」③「陸奥(むつ)の国」の略。「陸中」

下つき 海陸(カイリク)・上陸(ジョウリク)・水陸(スイリク)・大陸(タイリク)・着陸(チャクリク)・内陸(ナイリク)・離陸(リリク)

【△陸】おか ①陸地。陸上。「船乗りが―へ上がる」②硯(すずり)で墨をする部分。 対 ①②海 ③風呂(ロ)の流し場。「―湯」

【△陸に上がった〈河童〉】かっぱ 能力のある者が自分にあった環境から離れたために、もてる力を発揮できなくなってしまうたとえ。河童は水から出ると力がなくなるとされることから。 類 木から落ちた猿

【△陸蒸気】おかジョウキ 蒸気機関車。汽車の旧称。 参考 明治初期、蒸気船に対して作られた言葉。

【△陸釣り】おかづり ①沖など水上に出ず、海岸や川岸など陸上から魚を釣ること。②それとなく待ち伏せて人をつかまえること。特に、女性を誘惑すること。

〈△陸稲〉おかぼ 畑で栽培するイネ。「―の取り入れ」 対 水稲(スイトウ) 季 秋 参考 「リクトウ」とも読む。

【△陸湯】おかゆ 風呂(ロ)に入る前や風呂から上がるとき、体を清めるために備えておく湯。かかり湯。上がり湯。

【△陸路】くがじ 陸上を通る道。 対 海路(うみじ・うなじ) 参考 「リクロ」とも読む。

〈△陸奥〉みちのく 陸前(リクゼン)・陸中・陸奥(むつ)・磐城(いわき)・岩代(いわしろ)の奥州五国の旧称。 参考 「みちのおく」の「お」が略されたもの。「むつ」とも読む。

【陸運】リクウン 貨物や旅客を陸上の輸送機関で運ぶこと。陸上運輸。 対 海運・水運

【陸生・陸棲】リクセイ 陸地にすむこと。「―動物」対水生・水棲

【陸送】リクソウ 陸上を輸送すること。陸上での輸送。陸運。対海送

【陸続】リクゾク 人や車などが絶え間なく続いているさま。「―と進む優勝記念パレード」

【陸封】リクフウ イワナやヒメマスなど川をさかのぼって産卵する習性の海の魚が、河川や湖などに閉じこめられて海に戻れなくなり、そのまま淡水にすみつくようになること。

【陸離】リクリ 光線が入り乱れて、美しくきらめいているさま。「光彩―」

【陸橋】リッキョウ 河川や水路以外の、道路や鉄道線路をまたぐようにしてかけられた橋。ガード。

【陸尺】ロクシャク ①近世、貴人の輿(こし)や駕籠(かご)を担いだ人。かごかき。②江戸城中で走り使いなどをした小者。③町方の家で雑用に使われる人。下男。下僕。表記「六尺」とも書く。

【陸でなし】ロクでなし のらくらしていてしようのない、やくざ者。役に立たない者。のらくら。表記「碌でなし」とも書く。

【陸な】ロクな まともな。たいした。十分な。よい。「―用意もできないまま出かける」「―道具がない」表記「碌な」とも書く。参考あとに打ち消しの語を伴い、物事を低く評価する場合に用いる語。

【陸屋根】ロクやね 傾斜がゆるやかで、ほとんど平らな屋根。りくやね。

【陸陸】ロクロク 十分に。満足に。ろくに。「―勉強しないで試験に臨む」表記「碌碌」とも書く。

リク【勠】(13) 力11 1 5013 522D 音リク 訓あわせる

意味 あわせる。力を合わせる。「勠力」類戮(リク)

【勠せる】あわせる 力を集合させる。「力を―せて敵を攻めた」

リク【戮】(15) 戈11 1 5704 5924 音リク 訓ころす・はずかしめる・あわせる

意味 ①ころす。死刑にする。「戮殺」②はずかしめる。はじ。「戮辱」③あわせる。力を合わせる。「戮力」類勠(リク)

下つき 刑戮(ケイリク)・殺戮(サツリク)・大戮(タイリク)・誅戮(チュウリク)

【戮す】ころす 敵を残酷なやり方で殺す。罪人を殺す。死罪に処する。

【戮力同心】リクリョクドウシン 物事を心を一つにして行うこと。物事を協力して行うこと。「戮力」は力を合わせる、「同心」は心を一つにする意。〈『国語』〉類戮力協心・一致団結・上下一心(ショウカイッシン)

リチ【律】(9) 彳6 教 4607 4E27 ▼リツ(一五六四)

リツ【立】(5) 立0 教 常 10 4609 4E29 音リツ・リュウ高 訓たつ・たてる外 リットル

筆順 ｜ 亠 广 立 立

意味 ①たつ。まっすぐにたつ。「立脚」「立像」「起立」②たてる。さだまる。成りたたせる。「立案」「確立」「成立」③季節がはじまる。「立春」「立秋」④リットル。容量の単位。外国語の音訳「立突」の略。

下つき 確立(カクリツ)・共立(キョウリツ)・起立(キリツ)・公立(コウリツ)・孤立(コリツ)・建立(コンリュウ)・樹立(ジュリツ)・私立(シリツ)・而立(ジリツ)・自立(ジリツ)・成立(セイリツ)・設立(セツリツ)・創立(ソウリツ)・存立(ソンリツ)・対立(タイリツ)・中立(チュウリツ)・直立(チョクリツ)・独立(ドクリツ)・分立(ブンリツ)・乱立(ランリツ)・両立(リョウリツ)・林立(リンリツ)・連立(レンリツ)

【立葵】たちあおい アオイ科の二年草。地中海沿岸原産。高さ約二メートル。葉はハート形で、てのひら状に浅く切れこむ。初夏、大形の紅色や白色の五弁花をつける。観賞用。カラアオイ。季夏 表記「蜀葵」とも書く。

【立ち居】たちい 立つことと座ること。日常の動作。「年を取って―が不自由になった」「物静かな―振る舞い」

【〈立人〉】たちうど 田植えのとき、田で働く男性。たちおど。たちおど。由来 女性はかがんで働くのに対して、男性は立ち働きすることから。

【立ち往生】たちオウジョウ 行き詰まって動きがとれないこと。「大雪で列車が―する」参考 もとは、立ったまま死ぬ意。

【立ち暗み・立ち眩み】たちくらみ 立ち上がるとき、また、長い間立っているときに、めまいがすること。たちぐらみ。

【立ち籠める・立ち込める】たちこめる 煙や霧などがあたり一面にこもる。一面をおおう。「タバコの煙が部屋中に―める」

【〈立ち退く〉】たちのく その場所を立ち去る。住んでいた家を引き払ってよそへ移る。「住み慣れた土地を―く」

【立場】たちば ①立っているところ。立脚点。②その人が置かれている境遇。「それではわたしの―はどうなるのですか」③ものの見方や考え方の基礎。観点。「いろいろな―で考える」

【立ち開かる】たちはだかる ①行く手をさえぎるように、相手の前に足を広げて立つ。「大男が目の前へぬっと―る」②障害が行く手をさえぎって邪魔をする。「国際結婚の前途には困難が―っているかもしれない」

【立待月】たちまちづき 陰暦一七日の夜の月。特に、陰暦八月一七日の夜の月。参考 夕方から立って待つくらいの、少しの間に出る月の意。季秋

【立役】たちヤク ①歌舞伎(カブキ)で、女形(おやま)や子役以外の男役の総称。②老役(ふけヤク)・敵役(かたきヤク)以外の善人になる主役の男の役者。参考「たてヤク」と読めば別の意になる。

【立つ】たつ ①起きあがる。たちあがる。「椅子(イス)から―つ」②草木が垂直にはえる。「両側に―つイチョウ並木」③突き刺さる。「歯が―たな

りリク―リツ

い（とてもかなわない）」④ある地位や位置に身を置く。「教壇に—つ（教員になる）」「舞台に—つ」⑤空中に上がる。⑥出発する。「飛行機で成田を—つ」⑦現象や作用が激しくなる。「腹が—つ」「気が—つ」⑧りっぱな働きをする。「腕の—つ職人」⑨筋道がとおる。「申し訳が—つ」

【立つ鳥跡を濁さず】 その場を立ち去るときは、あとが見苦しくないようにきれいに始末をせよという戒め。また、引き際のさっぱりと潔いたとえ。水鳥が飛び去ったあとの水辺の水は、濁ることなく澄んでいるといわれることから。対後（あと）は野となれ山となれ 参考「立つ鳥」は「飛ぶ鳥」ともいう。

【立田姫】 たつたひめ 秋をつかさどる女神。季秋 対佐保姫（さおひめ） 由来竜田山が奈良から見ると西にあり、西は五行説で秋に当たることから。表記「竜田姫」とも書く。

【立〈女形〉】 たておやま 歌舞伎（カブキ）で、一座の中心となる最高位の女形（おんながた）役者。

【立て籠もる】 たてこーもる ①城や陣地にこもって戦う。籠城（ロウジョウ）する。②目的があって家や部屋から出ないでいる。とじこもる。「ホテルに—って執筆する」

【立蔀】 たてじとみ 細い木を格子に組み、裏に板を張ったもの。屋外の塀や屋内の衝立（ついたて）に用いる。

【立版古】 たてバンコ 厚紙を切り抜いて風景や芝居の一場面などを描き、立体的に組み立てた起こし絵。子どもの玩具（ガング）として用いられた。季夏

【立て膝】 たてひざ 片方の膝を立てて座ること。また、その姿勢。

【立役】 たてヤク 「立役者」の略。芝居の中心となる重要な役者。主役。参考「たちヤク」と読めば別の意になる。

【立役者】 たてヤクシャ ①一座の中心となる俳優。たてやく。②物事の中心となって活躍した、重要な人物。「この事業の—は君だ」

【立てる】 たーてる ①細い物などを垂直に突き出す。「柱を—てる」②突き刺す。「とげを—てる」③波や風などを起こす。④ある地位や位置につかせる。「候補者を—てる」⑤現象や作用が現れるようにする。「笑い声を—てる」⑥出向かせる。「使者を—てる」⑦新たにつくり出す。「新記録を—てる」⑧機能を発揮させる。「志を—てて上京した」⑨りっぱに成り立つようにする。「音楽で身を—てる」⑩上位の人として尊敬する。「先輩を—てる」

【立花・立華】 リッカ 華道の定型化された様式で、中心になる枝をまっすぐに立てること。また、そのように生けた花。

【立脚】 リッキャク そのものの拠（よ）り所や立場を定めること。根拠とすること。「現状に—して意見を述べる」

【立件】 リッケン 必要な条件が備わっているとして、事件が裁判所や検察庁などに受理されること。「刑事事件として—する方針」

【立憲】 リッケン 憲法を制定すること。「—政体（法治主義のもとに、国民を立法に参加させる政治形態）」

【立言】 リツゲン ①意見や提案を公表すること。また、その意見や提案。②後世の模範となるりっぱな言葉を残すこと。また、その言葉。

【立后】 リッコウ 正式に皇后を定めること。公式に皇后を立てること。

【立候補】 リッコウホ 選挙などの候補者として名乗り出ること。「市長選挙に—する」「ワールドカップの開催地に—する」

【立国】 リッコク ①新たに国家をつくること。「—の精神」類建国 ②ある産業を基本とする方針や計画によって国家を運営し、繁栄させること。「技術—」

【立志】 リッシ 目標を定め、それを実現しようと決心すること。「—伝中の人物」

【立春】 リッシュン 二十四節気の一つ。陽暦で節分の翌日、二月四日ころ。暦のうえで春が始まる日。季春 参考陽暦で、立夏は五月六日ころ、立秋は八月七日ころ、立冬は一一月八日ころ。

【立証】 リッショウ ある物事の真実性を、証拠を挙げて明らかにすること。証明すること。「この証言の信憑（シンピョウ）性を—する」「画期的な理論だが—するのは難しい」

【立食】 リッショク 立ったままの状態で食べること。特に、席を決めず、卓上に並べた飲食物を客が自由に取って食べ、歓談する洋式の宴会。「—パーティーを催す」

【立身】 リッシン 社会的に認められ、高い地位につくこと。栄達。「彼は—出世を目指すタイプだ」

【立身出世】 リッシンシュッセ 社会的に高い地位についたり成功したりして、名声を得ること。類立身揚名

【立錐の地無し】 リッスイのチなし 狭い場所に人や物がたくさん集まり、わずかなすき間もないさまのたとえ。「立錐」は、錐（きり）の細くとがった先を立てる意。故事 楚（ソ）の項羽に包囲された漢の劉邦（リュウホウ）が打開策を策士に問うたところ、策士が「秦（シン）は天下をすべて領有し、他の者に錐の先を立てるほどの余地も与えなかったために滅んだ」と説いた故事から。《『史記』》参考 多く「立錐の余地がない」と用いる。

【立像】 リツゾウ 立っている姿勢の像。「観世音の—を拝む」対座像

【立体】 リッタイ 空間の一部分を占め、高さ・長さ・奥行をもつもの。「—駐車場」対平面

【立太子】 リッタイシ 公式に皇太子を定めること。立儲（リッチョ）。「—礼」

【立地】 リッチ 地勢・気候などの自然条件と人口・交通などの社会条件を考えて、産業活動を行う土地を決めること。「—条件がよい」

【立党】 リットウ 新たに政党や党派をつくること。「—の精神」

【△立】 リットル 体積（容積）の単位。一リットルは一〇〇〇立方センチメートル。リッター。

【立派】リッパ 堂々としてみごとなさま。特に、技術や能力などがすぐれていて、文句のつけようがないさま。「—な成績をおさめる」「—に責任を果たす」

【立腹】リップク 腹を立てること。怒ること。「部長がたいそうご—だ」

【立方】リッポウ ①同じ数字や数式を三度かけること。また、その結果の数字や数式。三乗。②長さの単位の前につけて、体積の単位をつくる語。「一—メートル」

【立法】リッポウ 法規を定めること。特に、国会が法律を制定すること。「暴力団対策の—化を急ぐ」 対行政・司法

【立論】リツロン 議論の筋道を組み立てること。また、その議論。「—の根拠」

【立坪】リュウつぼ 土砂などの容積を量る単位。一立坪は六尺(約一・八メートル)立方の容積。 対平坪(ひらつぼ) 参考「たてつぼ」とも読む。

【立米】リュウベイ 立方メートル。 対平米(ヘイベイ)

【立木】リュウボク ある区画に生育する樹木の集団で、所有者が立木法によって所有権保存の登記を行ったもの。土地とは別個の、独立の不動産として扱われる。 参考「たちき」と読めば、地面に生えている木の意になる。

【立礼】リュウレイ 点茶盤(テーブル)に道具を置き、椅子(イス)に腰かけて行う茶の湯の手前。一八七二(明治五)年の京都万国博覧会で、外国人客のために裏千家の玄々斎千宗室が考案。椅子手前。 参考「リツレイ」と読めば、起立して敬礼する意になる。

リツ【律】(9) 彳6 常 教 5 4607 4E27 音 リツ・リチ高 訓 外のり・のっとる

筆順 ノ ク 彳 彳 彳 彳 彳 律 律

意味 ①のり。おきて。さだめ。いましめ。「律令」「規律」「戒律」 ②のっとる。法則にしたがう。「律義」「自律」 ③学問上などの法則。「二律背反」「因果律」 ④音楽の調子。また、日本や中国の音楽で陽(奇数番目)の音階。「律動」「音律」「旋律」 対呂(リョ) ⑤漢詩の一体。八句からなるもの。「律詩」

下つき 一律(イチリツ)・韻律(インリツ)・音律(オンリツ)・戒律(カイリツ)・規律(キリツ)・自律(ジリツ)・旋律(センリツ)・他律(タリツ)・調律(チョウリツ)・法律(ホウリツ)

【律】のり 守るべき事柄。のっとるべき物事。おきて。さだめ。

【律義・律儀】リチギ 実直なこと。義理がたいこと。きまじめ。「約束を必ず守る—な人です」

【律義者の子沢山】リチギもののこだくさん 実直な人は放蕩(ホウトウ)することなく家庭が円満で夫婦仲もよく、自然と子どもがたくさんできるということ。

【律師】リッシ ①戒律によく通じ、徳が高い僧。②僧の位で、僧正(ソウジョウ)・僧都(ソウズ)に次ぐ三番目の官位。

【律詩】リッシ 中国、唐代に完成した定型の近代詩。一句が五言(ゴン)または七言で八句より成り、第三・四句と五・六句がそれぞれ対句でなければならない。律。

【律動】リツドウ 一定の規則正しい周期で繰り返される運動。リズム。「—体操」

【律呂】リツリョ 日本や中国の音楽で、律(陽声)と、呂(陰声)の音。転じて、十二律・音階・調子、また、音楽理論などをいう。「—を整えて演奏の時を待つ」 類呂律

【律令】リツリョウ 奈良時代と平安時代の基本法典。律は刑法、令は行政法などに当たる。「—格式(キャクシキ)」 参考「リツレイ」とも読む。

リツ【栗】(10) 木6 準1 2310 372A 音 リツ・リ 訓 くり・おののく・きびしい

意味 ①くり。ブナ科の落葉高木。「栗子」 ②おそれる。おののく。 ③きびしい。「栗烈」

下つき 甘栗(あまぐり)・厳栗(ゲンリツ)・縮栗(シュクリツ)・団栗(ドングリ)

【栗】くり ブナ科の落葉高木。山中に自生し、果樹としても栽培。果実は、いが(とげの生えた外皮)に包まれていて秋に熟すといがが裂ける。果実は食用。材はかたく、土木工事用。 季秋

【栗毛】くりげ ウマの毛の色で、体が黒茶色、たてがみと尾は赤茶色。また、そのウマ。

〈栗鼠〉りす リス科の哺乳(ホニュウ)動物。森林にすむ。ネズミに似るが、尾が長くふさふさしている。夏毛は赤褐色、冬毛は黄褐色。キネズミ。 由来 クリ(栗)を好むネズミ(鼠)の意から。

【栗烈】リツレツ 皮膚がぴりぴりするほど寒さが厳しいこと。また、そのさま。 類凜烈 表記「慄烈」とも書く。

リツ【率】(11) 玄6 教 4608 4E28 ▼ソツ(九六五)

リツ【葎】(12) 艹9 準1 4610 4E2A 音 リツ 訓 むぐら

意味 むぐら。クワ科の一年草かなむぐら。また、生い茂ってやぶを作るつる草の総称。

【葎】むぐら ヤエムグラやカナムグラなどのつる草の総称。とげがあり、生い茂る。「—の宿(荒れた家や貧しいすまい)」 季夏

【葎生】むぐらふ ムグラが生い茂って、やぶのようになっていること。また、そのような所。

リツ【慄】(13) 忄10 常 2 5643 584B 音 リツ 訓 外おそれる・おののく

筆順 忄 忄 忄 怦 慄 慄 慄 慄

意味 おそれる。おののく。「慄然」「戦慄」

下つき 震慄(シンリツ)・戦慄(センリツ)・凜慄(リンリツ)

【慄れる】おそれる こわがってぞっとする。こわがって身をすくめる。

【慄く】おののく 恐怖や緊張などで、体がふるえる。わななく。

【慄然】リツ ゼン ぞっとするさま。おそれふるえるさま。「大地震の惨状に—とする」

リツ【篥】(16) ⺮10 1 6837 6445 音 リツ・リキ

意味 雅楽用のたて笛「篳篥(ヒチリキ・ヒツリツ)」に用いられる字。

リットル【△立】(5) 立0 教 4609 4E29 ▼リツ(一五六二)

リャク【★掠】(11) 扌8 準1 4611 4E2B 音 リャク・リョウ 訓 かすめる・かすれる・さらう・むちうつ

意味 ①かすめる。かする。かすめとる。さらう。「掠奪」②かすれる。そばをかすめて通る。③むちうつ。「掠笞(リャクチ・リョウチ)」

書きかえ ①「略」が書きかえ字。

下つき 劫掠(ゴウリャク)・笞掠(チリョウ)・剽掠(ヒョウリャク)・榜掠(ボウリョウ)

【▲掠める】かす-める ①すばやく盗む。目立たないように奪い取る。「人の物を—める」②目をくらます。注意をそらしごまかす。「番人の目を—める」③すれすれに通る。かする。「車がそばを—めて通った」④一瞬脳裏をよぎる。「考えが頭を—める」

【▲掠れる】かす-れる ①声がしわがれる。②墨やインクなどが十分につかなくて、字などが切れ切れになって白い部分を残す。③わずかに触れて通る。

【▲掠奪】リャク ダツ ▼書きかえ 略奪(一五六五)

リャク【略】(11) 田6 教 常 6 4612 4E2C 音 リャク 訓 外 はかる・はかりごと・おかす・はぶく・ほぼ・おさめる

筆順 丨 冂 冃 田 田 田' 田ク 畋 略 略 10

意味 ①はかる。はかりごと。たくらみ。「計略」「策略」②うばいとる。かすめとる。おかす。「略奪」「侵略」③はぶく。かんたんにする。「略式」「省略」④ほぼ。あらまし。「略述」「概略」⑤おさめる。「経略」

書きかえ ②「掠(リャク)」の書きかえ字。

下つき 概略(ガイリャク)・簡略(カンリャク)・機略(キリャク)・計略(ケイリャク)・経略(ケイリャク)・後略(コウリャク)・策略(サクリャク)・省略(ショウリャク)・侵略(シンリャク)・政略(セイリャク)・戦略(センリャク)・前略(ゼンリャク)・大略(タイリャク)・中略(チュウリャク)

【△略】ほぼ およそ。あらまし。おおかた。「みんなの意見は—一致した」

【略儀】リャク ギ 「略式」に同じ。

【略語】リャク ゴ 長い言葉の一部を省略して簡単にした言葉。「高等学校」を「高校」とする類。

【略号】リャク ゴウ 簡略化して表現するために定めた記号。「株式会社」を「㈱」とする類。

【略字】リャク ジ 字画の複雑な漢字で、点画の一部を省くなどして簡単な字形にしたもの。「戀」を「恋」、「淺」を「浅」など。対 正字

【略式】リャク シキ 正式の手続きや様式の一部を省いた方式。手軽なやり方。略儀。「—起訴」対 正式・本式

【略取】リャク シュ ①奪い取ること。②暴力や脅迫を用いて、他人を自己または第三者の支配下に置くこと。「—誘拐罪」類 略奪

【略述】リャク ジュツ あらましをのべること。概念をのべること。類 略叙 対 詳述

【略称】リャク ショウ 正式の呼び名を省略し、簡単な名前で呼ぶこと。また、その呼び名。「国際連合」を「国連」という類。

【略す】リャク-す ①はぶく。「敬称を—します」②簡単にする。

【略図】リャク ズ 細部をはぶき、主要なところだけかいて単純化した地図や絵図。

【略装】リャク ソウ 略式の服装。略服。「—で式に出席する」対 正装

【略奪】リャク ダツ かすめ奪うこと。力によって無理に奪い取ること。「—婚」 書きかえ 「掠奪」の書きかえ字。

【略伝】リャク デン おもな経歴と、そのあらましを書いてまとめた伝記。簡略な伝記。

【略譜】リャク フ ①五線紙を使わず、算用数字で音階を示した楽譜。数字譜。対 本譜 ②簡単に記した系図。

【略歴】リャク レキ だいたいの経歴。また、それを書いたもの。「—を紹介する」

リャク【擽】(18) 扌15 1 5822 5A36 音 リャク・レキ・ラク 訓 うつ・はらう・くすぐる

意味 一 リャク・レキ ①う(撃)つ。②はらう。かすめる。③くすぐる。二 ラク 石のように固い。

【▲擽り】くすぐ-り ①皮膚の敏感な部分を軽く刺激して、むずむずさせること。くすぐること。②俳優や芸人が観客を笑わせようと、ことさらに行う動作や話術。③文章で、ことさら読者の笑いをそそろうとする試み。

【▲擽る】くすぐ-る ①皮膚を軽く刺激して、こそばゆい感じにさせる。「脇腹(わきばら)を—る」②人の感情を刺激する。感じやすい心にはたらきかけて快い気分にさせる。「文中、人の心を—るものがあった」「母性本能を—る」③人を笑わせようとして、こっけいなことを言う。

リュウ【立】(5) 立0 教 4609 4E29 ▼リツ(一五六二)

リュウ【苙】(8) ⺾5 1 7194 677E 音 リュウ 訓 よろいぐさ

意味 ①よろいぐさ。セリ科の多年草。②おり。家畜を飼育するかこい。

リュウ【柳】(9) 木5 常 準2 4488 4C78 音 リュウ 訓 やなぎ

筆順 一 十 才 木 木' 杠 柯 柳 柳

意味 ①やなぎ。ヤナギ科の樹木の総称。また、特に落葉高木のしだれやなぎ。②細くしなやかなたと

え。「柳眉」「柳腰」
下つき 花柳・新柳・折柳・川柳・蒲柳・門柳・楊柳

【〈柳葉菜〉】あかばな アカバナ科の多年草。山野の湿地に自生。葉は長楕円形。夏、淡紅紫色の小さな四弁花をつける。種子には長い白毛があり、風に乗り飛び散る。由来「柳葉菜」は漢名からの誤用。表記「赤花」とも書く。

【〈柳葉魚〉】シシャモ キュウリウオ科の海魚。北海道南東部の沿岸にすむ。ワカサギに似て、体は細長い。産卵期に大群で川をのぼる。多くは干物にして食べる。季冬 由来「シシャモ」はアイヌ語で、ヤナギの葉の意。体形がヤナギの葉に似ていることから。

【柳▲筥】やないばこ ヤナギの枝を細く削って編んだ蓋つきの四角い箱。文房具や装身具などを入れたが、のちに、蓋だけを用いて冠などを載せる台とした。

【△柳川鍋】やながわなべ ささがきにしたゴボウの上に、背をさき骨をとったドジョウをのせ、煮て卵でとじた鍋料理。季夏

【柳】やなぎ ①ヤナギ科の樹木の総称。②ヤナギ科の落葉高木。中国原産。枝は細長くしだれる。早春、葉に先だち尾状の花穂をつけ、冠毛のある種子を散らす。材は器具・薪炭用。シダレヤナギ。季①②春 参考「楊」と書けば、枝のしだれないカワヤナギを指す。

『柳に風』相手に逆らわずに、穏やかに受け流してあしらうこと。

『柳に雪折れなし』堅固なものよりも柔軟なもののほうが、かえって厳しい試練に耐えることのたとえ。ヤナギの枝は雪が積もっても、しなって振り落とすために折れることがないから。類柳に風折れなし

『柳の下にいつも〈泥▲鰌〉は△居らぬ』偶然に得た幸運を再び同じ方法で得ようとしても、うまくいかないたとえ。

『柳は緑花は紅』春のはなやかで美しい景色の形容。また、人の手を加えていない自然のままの美しさのこと。参考「柳緑花紅」ともいう。

【柳腰】やなぎごし 昔の美人の形容で、女性のほっそりとしなやかな腰つき。

【柳▲鮠】やなぎばえ ヤナギの葉に似た体形のハヤ。ウグイやオイカワなど。

【柳暗花明】リュウアンカメイ 春の野が、緑や花に満ちてあふれること。美しい春景色の形容。「柳暗」はヤナギが茂って陰がほの暗くなる、「花明」は花が明るく咲く意。〈陸游の詩〉類鳥語花香・桃紅柳緑

【柳営】リュウエイ ①将軍の陣営。幕府。②将軍。将軍家。由来漢の将軍、周亜夫が細柳という地に陣を構えた際、軍規などが良く行われ文帝が感動したという故事から。〈『漢書』〉

【柳▲巷花街】リュウコウカガイ 遊里・色町のこと。「柳巷」は、ヤナギの植えてある街路。「花街」は、花の咲いている町。昔、色町にはヤナギが多く植えられていたことから。〈黄庭堅の詩〉類柳陌花街・花柳狭斜

【柳▲絮】リュウジョ ①ヤナギの種子が、わたのように飛び散ること。また、その種子。ヤナギのわた。季春 ②降る雪のたとえ。

『柳▲絮の才』非凡な才女。また、文才のある女性。才媛。故事中国、晋の謝安が降る雪を見て、甥と姪にこれを何にたとえるかと尋ねた。甥は「塩を空中にまいたようだ」と答えたのに対して、姪は「柳絮が風に舞い散るようだ」と答え、謝安を大いに感心させたという故事から。〈『晋書』〉参考「詠雪の才」「詠絮の才」ともいう。

【柳条】リュウジョウ ヤナギの木の枝。柳糸。

【柳眉】リュウビ ヤナギの葉のように細く美しいまゆ。美人のまゆ。類蛾眉

『柳眉を逆立てる』美人がまゆをつりあげて、ひどく怒るさまのたとえ。参考「逆立てる」は「釣り上げる」ともいう。

リュウ【流】(10) 氵7 教 常 8 4614 4E2E
音 リュウ・ル高
訓 ながれる・ながす

筆順 丶 冫 氵 氵 汢 汯 浐 浐 流

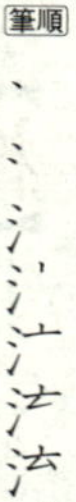

意味 ①ながれる。ながす。「流水」「合流」②ながれ。「海流」「気流」③広まる。ゆきわたる。「流行」「流布」④さすらう。さまよう。「流民」「流浪」⑤成りたたずに終わる。「流会」「流産」⑥それる。はずれる。「流弾」「流用」⑦罪によって遠方の地に移す。「流刑」「流罪」⑧しかた。やりかた。系統。「流儀」「亜流」⑨血すじ。血統。「嫡流」「末流」⑩等級。身分。「一流」「上流」⑪根拠のない。「流言」「流説」⑫なめらか。「流暢」「流麗」参考「流」の終わり二画が片仮名の「ル」になった。

下つき 亜流・一流・海流・下流・我流・寒流・逆流・急流・気流・渓流・激流・源流・交流・合流・主流・上流・女流・支流・時流・清流・対流・濁流・他流・暖流・中流・潮流・直流・電流・漂流・風流・分流・放流・本流・奔流

【〈流石〉】さすが ①予想どおり。世間の評判どおり。「―に金メダリストの演技はみごとだ」②そうはいってもやはり。「―に泥棒はできない」③あれほどの。さしもの。「―の彼も力が尽きたようだ」

【〈流離〉う】さすらう 目的もなくさまよい歩く。流浪する。放浪する。「風の向くままに―う」

【流す】ながす ①流れさせる。「たまった水を―す」②たらす。「汗を―す」③浮かべただよわす。「いかだを―す」④広める。「うわさを―す」⑤洗い落とす。⑥気にとめないようにする。「水に―す」⑦タクシーなどが客を求めて走る。⑧質に入れたものなどの所有権を捨てる。⑨流罪にする。

⑩流産させる。⑪ひそかに横流しする。⑫計画などを成立させない。⑬軽く運動をする。

【流れに▲棹さす】 ながれにさおさす　ある物事を、機に乗じて思いどおりに順調に進めることのたとえ。流れに乗って棹を操り、舟を進める意から。

【流れる】 ながれる　①低いほうに移動する。「川がーれる」②垂れる。「涙がーれる」③ただよい動く。④通過する。⑤経過する。「月日がーれる」⑥伝わる。「情報がーれる」⑦さすらう。⑧それる。「矢がーれる」⑨姿勢がくずれる。⑩傾く。「怠惰にーれる」⑪質に入れたものなどの所有権がなくなる。⑫だめになる。中止する。「大事な会議がーれる」⑬流産する。

『流れる水は腐らず』 停滞することなく常に活動を続けるものには、沈滞や腐敗のないたとえ。〈『呂氏春秋リョシシュンジュウ』〉 類 使っている鍬くわは光る

【流れを▲汲みて源を知る】 ながれをくみてみなもとをしる　物事の末を見て、その根源を推察して知るたとえ。行いを見て、その人の心の善悪をおしはかり知ること。〈『摩訶止観マカシカン』〉

【〈流行〉】 はやり　その時々にもてはやされている物事。その時代の人々の好みや風潮。「今ーの髪形」 参考「リュウコウ」とも読む。

【〈流行〉△眼・〈流行〉目】 はやりめ　流行性の目の病気。急性結膜炎など。

【〈流行〉物は廃り物】 はやりものはすたりもの　流行はそのときだけのもので長続きせず、いずれ廃れて消えていってしまうということ。

【〈流行〉る】 はやーる　①一時的にもてはやされる。②商売などが栄える。③病気などが広がる。「風邪がーる」

【〈流▲鏑馬〉】 やぶさめ　ウマを走らせながら矢で的を射る競技。現在は神社で儀式として行う。「境内でーが奉納された」 季 夏

【流域】 リュウイキ　川の流れにそった両岸の地域。流水区域。

【流会】 リュウカイ　会合がとりやめになること。「総会が定足数に満たずーになる」

【流感】 リュウカン　「流行性感冒」の略。インフルエンザ。「ーで学級閉鎖が続く」 季 冬

【流汗▲淋▲漓】 リュウカンリンリ　汗が体からしたたり落ちるさま。「淋漓」は、水や汗・血などがしたたる意。

【流儀】 リュウギ　①物事の独特のやり方。しきたり。「自分のーでやります」②家や流派などに古くから伝えられている特有の型や方法。

【流金▲鑠石】 リュウキンシャクセキ　厳しい暑さのたとえ。金属を溶かし流し、石を溶かすということ。「鑠」はとかす意。 由来 昔中国で十個の太陽が同時に昇り、金石などをみな照らし溶かしたという伝説から。〈『楚辞ソジ』〉 類 流金焦土

【流▲寓】 リュウグウ　放浪して他郷や他国に住むこと。また、その住居。「ーの客」

【流刑】 リュウケイ　罪人を遠い土地や離れ島に追放する昔の刑罰。 類 流罪 参考「ルケイ」とも読む。

【流血】 リュウケツ　①流れる血。②血を流すこと。殺傷が行われること。「ーの惨事が起こった」

【流言▲蜚語】 リュウゲンヒゴ　根拠のない、いいかげんなうわさ。事実と異なるうわさ。「蜚」は飛ぶ意。「ーに惑わされるな」 類 流言流説・流言飛文・蜚流の言 表記「蜚語」は「飛語」とも書く。

【流光】 リュウコウ　①光陰(歳月)の経過すること。月日のたつこと。②水の流れに映る月の光。

【流行】 リュウコウ　①社会に一時的に広く行われること。また、そのもの。「ーを追う若者たち」②病気などが一時的に広がること。「風邪のー」 参考「はやり」とも読む。

【流産】 リュウザン　①妊娠二四週以内に、胎児が死んで母体外に出ること。②計画や事業などが中途でだめになること。

【流▲竄】 リュウザン　罪を犯したために、遠隔地に追放されること。島流し。流刑。 参考「ルザン」とも読む。

【流質】 リュウシチ　質屋からの借金を約束の期限までに返済できないために、借金のかたとして預け入れた品物が質屋のものになること。また、そうなった品物。しちながれ。

【流失】 リュウシツ　洪水などで流れてなくなること。「ー家屋が続出した」

【流出】 リュウシュツ　①外へ流れ出ること。「土砂のー」②多くの人や資本などが国や組織の外に出ていくこと。「頭脳のー」 対 ①②流入

【流▲觴曲水】 リュウショウキョクスイ　▼曲水流觴(三四八)

【流星】 リュウセイ　天体の破片が地球の引力に引き寄せられ大気中に突入し、空気との摩擦で高温となり発光したもの。ながればし。 季 秋

『流星光底』 リュウセイコウテイ　勢いよく振り下ろされた刀剣の閃光センコウを、流れ星にたとえていう語。「底」は下の意。〈頼山陽らいさんようの詩〉

【流▲涎】 リュウゼン　①よだれを流すこと。②あるものを非常に食べたい、欲しいと思うことのたとえ。「ーの思いだが、金がなくて買えない」 類 ①②垂涎

【流線形・流線型】 リュウセンケイ　空気や水などの抵抗を少なくするような曲線で作られたかたち。流体の中を運動するときに、流体から受ける抵抗が小さい物体のかたち。

【流体】 リュウタイ　気体と液体の総称。流動体。「大学でー力学を学ぶ」

【流▲暢】 リュウチョウ　言葉がすらすらと出て、とどこおらないこと。また、そのさま。

参考「暢」は、よどみない意。

【流通】リュウツウ ①一か所にとどまらず、流れ通ること。「空気の―」②商品が生産者から消費者に、とどこおりなく渡ること。③広く世間に通用すること。「貨幣の―」

【流▲涕】リュウテイ 涙を流すこと。また、流れる涙。類落涙

【流動】リュウドウ ①流れ動くこと。②移り変わること。「人口の―」

【流入】リュウニュウ ①液体などが中に流れこむこと。②ほかから入りこむこと。「外国資本の―」対①②流出

【流派】リュウハ 流儀のちがいによって、独自の主義や手法をもって分かれた一派。「書道の新しい―をおこす」類門派

【流氷】リュウヒョウ 寒帯地方の海水が氷結してできた氷が割れ、海流や風によって運ばれてただよっているもの。季春

【流▲眄】リュウベン 横目で見ること。ながし目。参考「リュウメン」とも読む。

【流▲氓】リュウボウ 「流民」に同じ。

【流民】リュウミン 故郷や故国を離れて、さすらい歩く人々。流浪(ルロウ)の民。類流氓(リュウボウ) 参考「ルミン」とも読む。

【流用】リュウヨウ 当初決めた目的以外のことに使うこと。「経費の―」

【流離】リュウリ 故郷を離れて、他郷にさすらうこと。さすらい。類放浪・流浪

【流流】リュウリュウ 流派や流儀で、それぞれちがったやり方があること。「細工は―」

【流麗】リュウレイ 詩・文章や音楽などが、のびやかで美しいこと。また、そのさま。「―な文章に感嘆する」

【流連荒亡】リュウレンコウボウ 家にも帰らず酒色や遊興にふけり、仕事をせず無為な暮らしをすること。「流連」は遊びにふけって家に帰らない、「荒亡」は狩猟や酒色などの楽しみにふけって国や身を滅ぼす意。《『孟子(モウシ)』》類放蕩無頼(ホウトウブライ)

【流露】リュウロ 感情をありのままに表すこと。また、表れること。類発露

【流罪】ルザイ 昔、罪人を遠方へ追放する刑。流(ル)。類流刑

【流説】ルセツ ①世間に広まった説。②世間に広まった根拠のないうわさ。類流言 参考②「リュウセツ」とも読む。

【流▲謫】ルタク 罪によって遠方へ流されること。「東海の彼方(かなた)に―される」類遠流 参考「リュウタク」とも読む。

【流転】ルテン ①仏生死因果が絶えず、巡り続けること。類輪廻(リンネ) ②物事がとどまらず移り変わること。「―の人生」参考「リュウテン」とも読む。

【流人】ルニン 流刑に処せられた人。流罪人。参考「リュウジン」とも読む。

【流布】ルフ 世の中に広まること。広く行われること。「妙なうわさが世間に―している」

【流浪】ルロウ あてどもなく、さまよい歩くこと。さすらうこと。「―の民」「各地を―する」類浮浪・放浪

リュウ【▲琉】(10) 王6 ▼琉の旧字(一五七〇)

リュウ【留】(10) 田5 常 教 6 4617 4E31 音リュウ・ル 訓とめる・とまる 外とどまる

筆順 ノ ㇾ 𠂎 卬 卯 卯 留 留 留 留

意味 ①とまる。とどまる。「留年」「居留」②とどめる。とめる。「留置」「慰留」参考「留」の草書体が平仮名の「る」になった。

書きかえ 「溜(リュウ)」の書きかえ字として用いられるものがある。

下つき 慰留(イリュウ)・遺留(イリュウ)・書留(かきとめ)・居留(キョリュウ)・寄留(キリュウ)・拘留(コウリュウ)・在留(ザイリュウ)・残留(ザンリュウ)・滞留(タイリュウ)・駐留(チュウリュウ)・停留(テイリュウ)・逗留(トウリュウ)・保留(ホリュウ)・抑留(ヨクリュウ)

【▲留まる】とど-まる ①長く同じ場所・地位・状態にいる。「現職に―る」②とどこおる。「会議の進行が―る」③あとに残る。

【▲留める】とど-める ①ひきとめる。②あとに残す。「名を後世に―める」

【留袖】とめそで ①婦人用の和服で、ふつうの長さに仕立てた袖。また、その和服。②既婚女性の礼装用で、ふつうの長さの袖に裾(すそ)模様のある紋付きの和服。

【留▲処】とめど とまるところ。とどめるところ。終わり。限り。「―なく涙が落ちる」表記「止処」とも書く。

【留める】と-める ①ひきとめる。「辞職を―める」②固定して離れないようにする。「帽子にブローチを―める」③あとに残す。「父の言葉を心に―める」

【留意】リュウイ 心にとどめること。気をつけること。「問題点に―する」

【留学】リュウガク ほかの土地、特に外国にとどまって学ぶこと。「交換―制度」

【留置】リュウチ ①人や物を一定の場所にとめておくこと。とめおき。②犯罪の疑いのある者を、ある期間、警察署内にとどめておくこと。

【留鳥】リュウチョウ 一年中、ほぼ同じ地域にすむ鳥。スズメ・カラスなど。対候鳥

【留任】リュウニン 今までの官職や地位をやめないで、そのままとどまること。「外務大臣は―とする」

【留年】リュウネン 学生が規定の学科単位不足などのため、進級または卒業できずにその学年にとどまること。

【留別】リュウベツ 旅立つ人が、あとに残る人に別れを告げること。「―の宴を催す」

【留保】リュウホ ①その場で処理や決定をしないで、あとに残しておくこと。類保留 ②法律や条約などにおいて、権利や義務の一部に制限をつけて残しておくこと。

【△留】ルーブル 旧ソ連圏およびロシアの貨幣単位。ルーブリ。

【留守】ルス ①外出していて家にいないこと。「いとこを訪ねたが―だった」類不在 ②主人や家人などの不在中、その家を守ること。また、その人。「―を頼まれる」「店の―を預かる」 ③ほかのことに気をとられ、不注意になること。「手元が―になる」

リュウ【竜】

(10) 竜 0 常 準2 4621 4E35

旧字《龍》(16) 龍 0 1/準1 4622 4E36

音 リュウ ウ・リン 外リョ

訓 たつ

筆順 丶 亠 亠 立 立 产 音 音 竜 竜

意味 ①りゅう。たつ。想像上の動物。「竜頭」「飛竜」 ②天子のたとえ。また、天子に関する事物につける語。「竜顔」 ③すぐれたもののたとえ。「竜馬」 ④化石で発掘される大形の爬虫(ハチュウ)類。「恐竜」

下つき 雲竜(ウンリュウ)・恐竜(キョウリュウ)・飛竜(ヒリュウ)

【〈竜△蝦〉】いせえび イセエビ科のエビ。関東以西の太平洋岸の岩場にすむ。体長は約三〇センチメートル。赤褐色で姿も美しく、祝事に用いる。美味。季新年 表記「伊勢海老」とも書く。

【〈竜△葵〉】うみほおずき 産の巻貝の卵嚢(ランノウ)。テングニシ・ナガニシなど海産の巻貝の卵嚢。子どもがホオズキと同じように口の中で鳴らして遊ぶ。季夏 表記「海酸漿」とも書く。

【〈竜△蝨〉】げんごろう ゲンゴロウ科の昆虫。各地の池や沼などにすむ。体は長い卵形で平たい。背面は緑色をおびた黒色で光沢がある。昆虫や小魚を捕食。季夏 由来「竜蝨」は漢名から。表記「源五郎」とも書く。

【〈竜爪△稗〉】しこくびえ イネ科の一年草。アフリカまたはインド原産。実は黄赤色で、食料・飼料用。日本では飼料用にわずかに栽培される。コウボウビエ。由来「竜爪稗」は漢名から。表記「四国稗」とも書く。

【竜】たつ 想像上の動物。体は巨大なヘビに似て、たてがみ・二本の角(つの)・四本のあしをもつ。水中にすみ、天にのぼって雲を呼び雨を降らせるという。参考「リュウ」とも読む。

【竜田姫】たつたひめ 秋をつかさどる竜田山の女神。対佐保姫(さおひめ) 由来竜田山は奈良のみやこの西にあたり、西は五行説で秋にあたることから。表記「立田姫」とも書く。

【竜の落とし子】たつのおとしご ヨウジウオ科の海魚。全体の姿は竜に、頭はウマに似る。体は骨板でおおわれ、直立して泳ぐ。雄は腹部に育嚢(イクノウ)をもち、雌の産み入れた卵を孵化(フカ)まで保護する。表記「海馬」とも書く。

【竜巻】たつまき 気圧の急変で発生する局所的な激しい旋風。水・砂・木・人・家屋などを空中に巻き上げることもあり、つむじ風の大きなもの。「局地的に―が発生した」

【竜王】リュウオウ ①仏竜の姿をし、仏法を守護する八部衆の一つ。また、水の神。竜神。②将棋で、飛車が成ったもの。成り飛車。

【竜△駕】リュウガ 天子の車。竜車。参考「リョウガ」とも読む。

【竜顔】リュウガン 天子の顔の尊称。類天顔 参考「リョウガン」とも読む。

【竜眼】リュウガン ムクロジ科の常緑高木。中国原産。鹿児島や沖縄で果樹として栽培。春、黄白色の五弁花が咲き、芳香を放つ。果実は球形で、果皮は茶褐色。果肉を特に「竜眼肉」といい、食用。また、薬用。由来「竜眼」は漢名より。球形の実を竜の目にたとえたことから。

【竜宮】リュウグウ 深い海の底にあって、竜神や乙姫(おとひめ)がすむという想像上の宮殿。竜宮城。たつのみや。

【竜虎】リュウコ ①竜(たつ)とトラ。②力量がすぐれて優劣のない、二人の強者・英雄のたとえ。「―相搏(う)つ(両雄どうしが争う)」参考「リョウコ」とも読む。

【竜骨】リュウコツ 船底の中心にまっすぐ通し、船首と船尾をつないで船体を支える鉄材あるいは木材。キール。

【竜骨車】リュウコツシャ 水を汲(く)み上げ田に注ぐ揚水機。中国から伝来し、江戸時代の前期に近畿地方を中心に普及した。由来揚水機の形が竜骨に似ているところから。

【竜△驤虎視】リュウジョウコシ 人が権力を得て、世に威勢を示し意気盛んなさま。権勢を得て世の中を威圧するさま。竜が天に躍り上がり、トラが鋭い目つきで獲物をにらむ意。「驤」は躍り上がる、「虎視」は獲物を鋭くにらみつける意。〈『三国志』〉参考「竜驤」は「リョウジョウ」とも読む。類竜驤虎躍・竜驤虎歩

【竜△攘虎△搏】リュウジョウコハク 二人の英雄が争い合うたとえ。竜とトラが格闘する意から。参考「竜攘」は「リョウジョウ」とも読む。類竜騰虎闘(リュウトウコトウ)

【竜章△鳳姿】リュウショウホウシ すぐれて気高く威厳に満ちた容姿の形容。また、竜のように勇壮で鳳(おおとり)のように気品に満ちた風姿。「竜」「鳳」ともに、想像上のめでたい動物。「章」はあや模様。〈『晋書(シンジョ)』〉

【竜神】リュウジン ①竜の姿をして水中にすみ、雨と水をつかさどる神。竜王。②仏法の守護神、八部衆の一つ。

【竜頭】リュウズ ①腕時計や懐中時計のねじを巻いたり、針を動かしたりするつまみ。「腕時計の―が抜けた」 ②竜の頭の形をした釣り鐘をつるす、つり手。

【竜舌△蘭】リュウゼツラン リュウゼツラン科の多年草。メキシコ原産。葉は厚く先がとがり、かたいとげがある。数年～十数年で夏に淡黄色の花をつけ、結実するとその株は枯れる。葉のしぼり汁からテキーラをつくる。季夏

【竜△涎香】リュウゼンコウ マッコウクジラの腸内からとれる芳香をもつ動物性香料。アンバーグリス。参考「リュウエンコ

ウ」とも読む。

【竜戴・竜台】リュウダイ 能で、竜神の役がかぶる竜の形をした冠。竜立(りゅうだて)。参考「リュウタイ」とも読む。

【竜跳虎臥】リュウチョウコガ 書の筆勢が縦横自在ですばらしいたとえ。竜が天に向かって躍り上がったり、トラが大地に臥したりする意で、筆勢の緩急をたとえる。由来 中国、梁の武帝が王羲之の書を評した言葉から。

【竜頭鷁首】リュウトウゲキシュ 天子の乗る船。また、高貴な人の船遊びに使う船。由来 竜の頭の彫刻をへさきに、鷁の首の彫刻を船腹に飾ったことから。「鷁」は、風に強い大きな水鳥。参考「竜舟鷁首」ともいう。

【竜騰虎闘】リュウトウコトウ 力の均衡した二者が激しい戦闘をするたとえ。「竜騰」は、竜が天に躍り上がること。「虎闘」は、トラが激しく戦うこと。参考「竜騰」は「リョウトウ」とも読む。類 竜攘虎搏(リュウジョウコハク)

【竜頭蛇尾】リュウトウダビ 初めは勢いが盛んだが、終わりになると振るわなくなること。頭は竜のようにりっぱだが、しっぽはヘビのように貧相な意。〈碧巌録〉「壮大な計画も―に終わった」参考「竜頭」は「リョウトウ」とも読む。対 有終完美

【竜吐水】リュウドスイ ①昔の消火器で、水槽の上に設置した押し上げポンプで放水するもの。②水鉄砲。

【竜脳】リュウノウ ①「竜脳樹」の略。フタバガキ科の常緑大高木。東南アジアに生え、高さ五〇メートルに達する。②①からとる樟脳に似た香りの無色の結晶。化粧品・医薬品用。竜脳香。

【竜の鬚】リュウのひげ ジャノヒゲの別称。▼蛇の鬚(六六二)

【竜の鬚を蟻が狙う】リュウのひげをありがねらう 力の弱いものが身のほどをわきまえずに、強い相手に立ち向かっていくたとえ。類 蟷螂の斧

【竜蟠虎踞】リュウバンコキョ ①地勢の要害堅固なさま。②強大な勢力をもった者が、ある地域にとどまって、そこで威力を振るうこと。〈李白の詩〉参考「竜蟠」は「リョウバン」とも読む。「蟠」はじっと居座ること、「踞」はうずくまること。竜がとぐろを巻き、トラがうずくまる意から。

【竜馬】リュウメ ①非常にすぐれたウマ。たつのうま。類 駿馬 ②将棋で、角行の成ったもの。成り角。参考 ①「リョウバ・リョウメ」とも読む。

【竜馬の躓き】どんなにすぐれた人物であっても、失敗はあることのたとえ。類 弘法にも筆の誤り・猿も木から落ちる

【竜吟虎嘯】リョウギンコショウ 同じような考えをもつ者は互いに心が通じ、相応ずるたとえ。竜が鳴き声を上げると雲がわき立ち、トラがうなり声を上げると風が起こるといわれることから。〈張衡の文〉参考「竜吟」は「リュウギン」とも読む。

〈竜胆〉りんどう リンドウ科の多年草。山野に自生。葉はササの葉に似る。秋、青紫色で、先が五つに裂けた鐘形の花をつける。根は健胃薬にする。季 秋 由来「竜胆」は漢名より。根が竜の胆のように苦いことからという。

リュウ【琉】(11) 王 7 準1 4616 4E30 音 リュウ・ル 訓

字 旧《琉》(10) 王 6 1/準1

意味 宝石の名「琉璃」に用いられる字。

【琉球】リュウキュウ 現在の沖縄県。

【琉金】リュウキン キンギョの一品種。体は短く腹部がふくれ、尾びれが長い。色は赤または白のまだらなものが多い。観賞用。由来 江戸時代、琉球(現在の沖縄県)から渡来したことから。

【琉璃】ルリ ①仏 梵語の音訳の略で、美しい青色の宝石。七宝の一つ。②ガラスの古称。表記「瑠璃」とも書く。

リュウ【笠】(11) ⺮ 5 準1 1962 335E 音 リュウ 訓 かさ

意味 かさ。かぶりがさ。「笠檐」「蓑笠」

下つき 蓑笠・陣笠・菅笠・花笠

【笠】かさ ①頭にかぶり、雨・雪や日光などを防ぐもの。かぶり笠。②①の形をしたもの。「電灯の―」③まもりかばうもののたとえ。「親の威光を―に着る(親に権力や勢力があるのをいいことにしていばる)」

リュウ【粒】(11) 米 5 常 4 4619 4E33 音 リュウ 訓 つぶ

筆順 丶 丷 半 米 米 粒 粒 粒 粒 粒 粒

意味 つぶ。米つぶ。また、米つぶのように小さいもの。「粒子」「顆粒」

下つき 顆粒・粟粒・米粒

【粒】つぶ ①丸くて小さいもの。「微細な―が集まっている」②集合体を構成する個々の人や物。「―をそろえる」③そろばんの玉。

【粒揃い】つぶぞろい ①すぐれた人がそろっていること。見劣りするものが混じっていないこと。「―の選手たち」②粒の大きさなどがそろっていること。「―の蜜柑」

【粒選り】つぶより 多くのもののなかから、よいものを選び抜くこと。また、その選ばれたもの。えりぬき。よりぬき。

【粒子】リュウシ 物質を構成している、最も細かいつぶ。「写真の―が粗くなった」「砂の―」「素―」

【粒食】リュウショク 穀物を粉にしないで、つぶのままで食べること。特に、米を食

べること。対粉食

【粒粒辛苦】リュウリュウ シンク 物事をなし遂げるために、細かな努力や苦労を着実に重ねること。米の一粒一粒は、つらくて苦しい農民の苦労と努力によってできる意から。〈李紳の詩〉「―の末、栄冠をかちとった」類艱難辛苦・千辛万苦

リュウ【隆】(11) 阝8 常 3 4620 4E34 音 リュウ 訓 外 たかい・さかん

旧字《隆》(12) 阝9 1/準1 9361 7D5D

筆順  11

意味 ①たかい。盛りあがってたかい。「隆起」「隆隆」②さかん。盛んにする。さかえる。「隆盛」「興隆」対替

下つき 汚隆・穹隆・興隆

【隆い】たかい 中央が盛り上がってたかいさま。

【隆起】リュウキ 高く盛り上がること。特に、土地が基準よりも高く盛り上がること。「地震で海岸が―した」対沈降

【隆昌】リュウショウ 栄えること。盛んなこと。「文運―であれ」類隆盛

【隆盛】リュウセイ 勢いが盛んなこと。「社業は―に向かっている」「平家一族が―を極めた時代」類隆昌

【隆準】リュウセツ たかい鼻。盛り上がっている鼻筋。参考「準」は鼻柱の意。

【隆然】リュウゼン ①高く隆起しているさま。②強く盛り上がるさま。

【隆替】リュウタイ 勢いが盛んになることと、衰えること。「政権の―が繰り返された」類盛衰・消長

【隆隆】リュウリュウ ①勢いが盛んなさま。②筋肉などがたくましく盛り上がっているさま。「筋骨―たる体」

リュウ【旒】(12) 方8 1 5856 5A58 音 リュウ 訓 はたあし・ながれ

意味 ①はたあし。旗のなびく部分。吹き流し。「旒綴」②たまだれ。冠の先に垂らした玉飾り。③旗などを数える語。ながれ。

下つき 冕旒

【旒】はたあし ①旗の先に垂らした飾りの部分。吹き流し。はたて。②冠の前後に垂らした玉飾り。たまだれ。表記①「旗脚」とも書く。

リュウ【硫】(12) 石7 常 準2 4618 4E32 音 リュウ 外 ル 訓

筆順 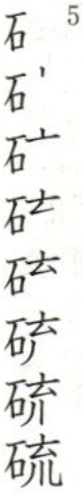 5

意味 ①いおう(硫黄)。非金属元素の一種。「硫化」②「硫酸」の略。「硫安」

〈硫黄〉いおう 非金属元素の一つで、黄色のもろい結晶体。火をつけると青い炎を出して燃え、亜硫酸ガスを出す。マッチなどの原料。「―は火薬の原料になる」

【硫安】リュウアン 「硫酸アンモニウム」の略。アンモニアを硫酸に吸収させた無色透明の結晶。水に溶けやすい性質をもつ。窒素肥料として重要。「―は化学肥料と呼ばれる」

【硫化水素】リュウカスイソ 硫黄と水素の化合物で、無色の有毒気体。火山の噴出ガスや鉱泉中に含まれる。

【硫酸】リュウサン 硫黄・酸素・水素からなる無色無臭で粘り気のある液体。強い酸化力をもつ。化学工業で広く用いられている。「―を使う実験は慎重にしよう」

リュウ【隆】(12) 阝9 9361 7D5D ▼隆の旧字(一五七一)

リュウ【溜】★ (13) 氵10 準1 4615 4E2F 音 リュウ 訓 たまる・ためる・ため・したたる

意味 ①たまる。ためる。とどこおる。たまり。ため。「溜飲」②液体などを熱して蒸気にしたものを、冷やして凝結させること。「蒸溜」③したたる。したたり。しずく。「軒溜」

書きかえ ②「留」に書きかえられるものがある。

下つき 乾溜・軒溜・蒸溜・分溜

【溜り】たまり ①集まった人が控えているところ。②たまること。また、たまったところ。「水―」③味噌からしたたり落ちる液汁。④「溜り醤油」の略。大豆・塩・水だけを原料として発酵させ、その液汁をとったもの。ふつうの醤油より濃厚。

【溜まる】たまる ①積もり増える。「洗濯物が―る」②仕事などが処理されないで、とどこおる。「宿題が―る」

【溜】ため ①ためておくこと。また、そのところ。「ごみ―」②糞尿や汚水をためておくところ。こえだめ。

【溜め息】ためいき 失望・心配・感心などをしたときに出る大きな息。「―をつく」

【溜め池】ためいけ 防火や灌漑のための用水をためておく池。用水池。

【溜め塗り】ためぬり 漆の塗り方の一つ。朱や青の漆などで下塗りをし、その上に透明な漆を塗って仕上げたもの。

【溜める】ためる ①せきとめて、たたえる。「池に水を―める」②たくわえる。「金を―める」③片づけないでおく。とどこおらせる。「仕事を―める」

〈溜込〉たらしこみ 日本画の技法の一つ。色を塗ってまだ乾かないうちに他の色を垂らし、にじみの色彩効果を出すもの。宗達・光琳派が好んで用いた。

【溜飲】リュウイン 消化不良のため飲食物が胃の中にたまり、胸やけがしたり、すっ

ぱい液が出たりすること。

【溜飲が下がる】胸のつかえとなっていた不平や不満がなくなって、気持ちが晴れること。

リュウ【▲榴】★ (14) 木10 1 6056 5C58 音 リュウ 訓 ざくろ

意味 ざくろ(石榴)。ザクロ科の落葉小高木。「榴火」

下つき 石榴(セキリュウ・ざくろ)

【▲榴散弾・▲榴▲霰弾】リュウサンダン 爆発すると、小さな球形弾が飛び散る砲弾。ざくろだま。

リュウ【劉】★ (15) 刂13 準1 4613 4E2D 音 リュウ 訓 ころす・つらねる

意味 ①ころす。「虔劉(ケンリュウ)」②つらねる。ならべる。「劉覧」

【▲劉覧】リュウラン ①すみずみまで目をとおすこと。②他人が見ることの尊敬語。表記「瀏覧」とも書く。類 通覧

リュウ【瘤】★ (15) 疒10 1 6578 616E 音 リュウ 訓 こぶ・はれもの

意味 こぶ。はれもの。また、じゃまなもの。「贅瘤(ゼイリュウ)」

【▲瘤】こぶ ①皮膚に盛り上がってできたしこり。たんこぶ。②表面の一部が盛り上がったもの。「ラクダの―」③糸やひもなどの、かたく大きな結び目。④じゃまものや目ざわりなもののたとえ。「目の上の―」

リュウ【▲龍】(16) 龍0 4622 4E36 ▼竜の旧字(一五六九)

リュウ【窿】(17) 穴12 1 6767 6363 音 リュウ 訓 ゆみがた

意味 大空の弓形に盛り上がるさまの「穹窿(キュウリュウ)」に用いられる字。

リュウ【嚠】(18) 口15 1 5172 5368 音 リュウ

意味 音のよくさえわたるさまの「嚠喨(リュウリョウ)」に用いられる字。

【▲嚠▲喨】リュウリョウ 楽器の音などがさえわたるさま。「―たる笛の音」表記「瀏亮」とも書く。

リュウ【瀏】(18) 氵15 1 6340 5F48 音 リュウ 訓 きよい・あきらか

意味 ①きよい。あきらか。「瀏亮」②風がすずしい。また、風が速く吹くさま。「瀏風」「瀏瀏」③ながれる。ながす。「瀏覧」類 流

【▲瀏い】きよ-い 水の流れが澄んでいるさま。川がきよらかなさま。

【▲瀏▲瀏】リュウリュウ ①風の速く吹くさま。②清らかで明るいさま。

【▲瀏亮】リュウリョウ 楽器の音などがさえ渡るさま。表記「嚠喨」とも書く。

リュウ【霤】(18) 雨10 1 8037 7045 音 リュウ 訓 あまだれ・したたり・のき

意味 ①あまだれ。また、したたり。②あまだれうけ。あまどい。「霤槽」③のき(軒)。類 溜(リュウ)

【▲霤】あまだれ 軒などから垂れ落ちる雨のしずく。表記「雨垂れ」とも書く。

リュウ【鏐】(19) 金11 1 7925 6F39 音 リュウ・リョウ 訓 こがね・しろがね

意味 ①いしゆみのへり。②こがね。黄金の美しいもの。③しろがね。銀の美しいもの。

リュウ【餾】(19) 食10 1 8126 713A 音 リュウ 訓 むす

意味 む(蒸)す。米をむす。また、むした飯。

リョ【△呂】(7) 口4 常 4704 4F24 ▼ロ(一六〇九)

り リュウ―リョ

リョ【侶】(9) 亻7 常 2 4623 4E37 音 リョ 外ロ 訓 外とも

筆順 ノ 亻 亻' 亻口 亻口 侶 侶 侶

意味 とも。ともがら。つれ。「侶儔」「伴侶」

下つき 僧侶(ソウリョ)・儔侶(チュウリョ)・伴侶(ハンリョ)

【△侶】とも 「侶伴(リョハン)」に同じ。

【侶伴】リョハン 仲間。とも。みちづれ。類 伴侶

リョ【旅】(10) 方6 常 教 8 4625 4E39 音 リョ 外ロ 訓 たび 外いくさ

筆順 ' 亠 う 方 方 方' 扩 於 旅 旅

意味 ①軍隊。いくさ。「旅団」②たび。たびをする。「旅客」「旅行」参考 昔の軍制で五〇〇人の軍団を「旅」といった。また、軍隊が移動することから②の意が生じた。

下つき 軍旅(グンリョ)・逆旅(ゲキリョ)・行旅(コウリョ)・師旅(シリョ)・征旅(セイリョ)

【旅】たび 自宅を離れて、一時よその土地へ行くこと。また、その道中。旅行。「あてのない―をする」

【旅の恥は▲掻き捨て】旅先では知っている人もなく、すぐにその場を去ってしまうために、ふだんはしないような恥ずかしいことを平気でするということ。また、そのような行いに対する戒め。

【旅は道連れ世は情け】同行者がいると旅が心強く楽しいものになるように、世の中を渡るのにも、それぞれが互いに思いやりをもって助け合うことが大切であるという教え。類 旅は情け人は心

【旅▲烏】たびがらす ①定住するところがなく、旅から旅へとさすらう人。②よその土

地から来た人をさげすんでいう語。

【旅路】たびじ 旅の道筋。旅の途中。旅の道中。旅。「―の終わり」

【旅枕】たびまくら 旅行先で寝ること。旅の宿り。旅寝。類草枕くさまくら

〈旅籠〉はたご ①昔の宿屋。旅館。「―に泊まる」②昔、旅をするときウマの飼料を入れたかご。③昔、旅をするとき食物や日用品を入れたかご。

【旅客】リョカク 旅行客。特に、列車や飛行機などの交通機関を利用して、旅行をする人。「添乗員が―の便をはかる」類乗客 参考「リョキャク」とも読む。

【旅▲寓】リョグウ 旅先での宿。旅の宿り。類旅宿・旅次 参考「寓」は身を寄せる意。

【旅券】リョケン 外国へ旅行する者に対し、国が発行する身分証明書。パスポート。

【旅行】リョコウ 一時的によその土地へ行くこと。旅をすること。旅。「家族―」

【旅次】リョジ ①「旅寓リョグウ」に同じ。②旅の途中。類道中

【旅舎】リョシャ 旅先で泊まる宿。類旅館

【旅愁】リョシュウ 旅先で感じるもの寂しい思い。旅のうれいやわびしさ。「最果ての地に来て―にひたる」類客愁カクシュウ・羇愁キシュウ

【旅情】リョジョウ 旅行中にいだくしみじみとした思い。旅人の心情。「―をそそる駅」

【旅装】リョソウ 旅行をするための、身ごしらえや服装。旅じたく。

【旅団】リョダン 二、三個連隊からなる陸軍部隊の編制単位。

【旅程】リョテイ ①旅行の日程。②旅行の道のり。旅の行程。

リョ【梠】(11) 木7 1 5981 5B71 音リョ・ロ 訓ひさし・のき

意味 ひさし。のき。「屋梠」

リョ【▲虜】(12) 虍6 9147 7B4F ▼虜の旧字(一五七三)

リョ【虜】(13) 虍7 常 準2 4626 4E3A 音リョ 外ロ 訓外とりこ・しもべ・えびす

旧字《虜》(12) 虍6 1/準1 9147 7B4F

筆順 丨 ト 卜 广 卢 卢 虍 虐 虜 虜

意味 ①とりこ。いけどる。「虜囚」「捕虜」②しもべ。めしつかい。③えびす。蛮族。また、敵をののしっていう語。「胡虜」

下つき 軍虜グンリョ・胡虜コリョ・囚虜シュウリョ・戎虜ジュウリョ・敵虜テキリョ・俘虜フリョ・亡虜ボウリョ・捕虜ホリョ

【△虜】とりこ ①「虜囚リョシュウ」に同じ。②あるものに熱中したり心を奪われたりして、そこからのがれられなくなることのたとえ。また、その人。「恋の―となる」

【虜囚】リョシュウ とらわれた人。捕虜。とりこ。「生きて―の辱はずかしめを受ける」類俘囚フシュウ

リョ【膂】(14) 肉10 1 7116 6730 音リョ・ロ 訓せぼね・ちから

意味 ①せぼね。②ちから。筋肉の力。

〈▲膂▲宍〉そしし 背筋の肉。「―の空国むなくに(背筋には肉が少ないことから、やせた土地)」参考「そじし」とも読む。

【▲膂力】リョリョク 背骨の力。筋肉の力。また、体力。類腕力

リョ【慮】(15) 心11 常 4 4624 4E38 音リョ 訓外おもんぱかる

筆順 丨 ト 卜 广 卢 卢 虍 虐 慮 慮

意味 おもんぱかる。思いめぐらす。考える。「慮外」「配慮」

下つき 遠慮エンリョ・苦慮クリョ・考慮コウリョ・顧慮コリョ・熟慮ジュクリョ・思慮シリョ・深慮シンリョ・千慮センリョ・浅慮センリョ・短慮タンリョ・配慮ハイリョ・不慮フリョ・無慮ブリョ・憂慮ユウリョ

【△慮る】おもんぱかる 深く思案する。よくよく考える。「相手の体面を―るべきだ」参考「思いはかる」の転。

【慮外】リョガイ ①思いがけないこと。「―な話を聞く」類意外 ②ぶしつけなこと。「―千万センバン」類無礼

リョ【閭】(15) 門7 1 7967 6F63 音リョ・ロ 訓さと

意味 ①村里の門。②さと。むら(村)。村里。また、ちまた。町。「閭里」

下つき 倚閭イリョ・郷閭キョウリョ・村閭ソンリョ・門閭モンリョ・里閭リリョ

【閭▲巷】リョコウ ①村里。いなか。②ちまた。また、民間。

【閭門】リョモン 村里への出入り口の門。里門。

リョ【鑢】(23) 金15 1 7944 6F4C 音リョ・ロ 訓やすり・する

意味 やすり。また、やすりでする。みがく。する。「磨鑢」

【鑢】やすり のこぎりの目立てや金属の表面を平らにする工具。棒状または板状で、表面に細かい刻み目がある。「角落とし荒目の―を使う」「―をかける」

〖鑢と薬の飲み違い〗 一見すると似ているが、実際はまったく異なることのたとえ。また、十分に聞いたり確かめたりせずにわかったつもりになること、早合点することのたとえ。参考「や(八)すり」と「く(九)すり」と数を並べた語呂ゴロ合わせ。

リョウ【了】(2) 亅1 常 3 4627 4E3B 音リョウ 訓外おわる・しまう・さとる

筆順 フ 了

意味 ①おわる。おえる。「完了」「終了」②あきらか。はっきりしている。また、さとる。承知する。「了解」「了然」類瞭(リョウ)
書きかえ ②「諒(リョウ)」の書きかえ字。
下つき 完了(カンリョウ)・校了(コウリョウ)・修了(シュウリョウ)・終了(シュウリョウ)・投了(トウリョウ)・読了(ドクリョウ)・未了(ミリョウ)・魅了(ミリョウ)

【了わる】おーわる 物事の結着がつく。済む。また、けりをつける。「失敗に―わる」

【了う】しまーう ①おえる。しおえる。済ませる。「仕事を―う」「食べて―う」②事業などをやめる。「店を―う」

【了解】リョウカイ 物事の事情や意味を理解すること。承知すること。「―事項」「全部―した」書きかえ「諒解」の書きかえ字。

【了見・了簡】リョウケン ①考え。「―が狭い」②許すこと。「悪気はないので―してほしい」表記「料簡」とも書く。

【了察】リョウサツ 相手の事情を深く思いやること。表記「諒察」とも書く。

【了承】リョウショウ 事情を理解して承知すること。書きかえ「諒承」の書きかえ字。

【了然】リョウゼン はっきりしているさま。明らかにわかるさま。

【了知】リョウチ はっきりと知ること。悟り知ること。「その事は―しています」

リョウ【令】(5) 人3 教 4665/4E61 ▼レイ(一五九二)

リョウ【両】(6) 一5 教 常 8 4630/4E3E 音 リョウ 訓 外 ふたつ

旧字《兩》(8) 入6 1/準1 4932/5140

筆順 一 冂 冂 丙 両 両

意味 ①ふたつ。二つで一組になっているもの。対のもの。「両性」「両極」②くるま。また、車を数える語。「車両」③江戸時代の貨幣の単位。一分の四倍。
書きかえ ②「輛(リョウ)」の書きかえ字。
下つき 車両(シャリョウ)

【両面】ふたおもて ①表面と裏面。②表と裏に激しいちがいがあること。二心(ふたごころ)のあること。表記「二面」とも書く。参考①「リョウメン」とも読む。

【両っ】ふたつ 二個で対をなすもの。また、対をなしているもの。

【〈両人〉】ふたり 二人の人間。二名。表記「二人」とも書く。参考「りょうにん」とも読む。

【〈両下〉】まや 屋根を前後二方向へ葺(ふ)き下ろしたつくりの家。切妻造。表記「真屋」とも書く。

【〈両刃〉】もろは 刀剣などの両側に刃がついているもの。「―の剣(つるぎ)(一方では利点もあるが、もう一方では危険をはらんでいることのたとえ)」対片刃 表記「諸刃」とも書く。

【両替】リョウがえ ①ある種の貨幣を、それと同額の他種の貨幣にかえること。「円をドルに―する」②ある物を、それと同価値の金銭にかえること。

【両側】リョウがわ 相対する二つの方向、または面。両方の側。対片側

【両極】リョウキョク ①北極と南極。②陰極と陽極。③両極端。極度に対照的なこと。「彼と私の説は―にある」

【両虎相闘う】リョウコあいたたかう 互いに優劣のない二人の勇者・英雄が争い、たたかうたとえ。「両虎」は二頭のトラ。転じて、二人の英雄。類竜虎(リュウコ)相搏(う)つ

【両次】リョウジ 一次と二次。二回。二度。「―の世界大戦」

【両親】リョウシン 父と母。ふたおや。

り　リョウ

【両性】リョウセイ ①男性と女性。雄と雌。「―の平等」②異なる二つの性質。

【両生類・両棲類】リョウセイルイ 脊椎(セキツイ)動物の一種。幼時は水中にすんでえら呼吸をし、成長すると肺呼吸をして陸上にすむ。カエル・イモリなど。

【両全】リョウゼン 両方とも完全であること。また、両立すること。「忠孝―」

【両端】リョウタン ①両方のはし。「ひもの―を結ぶ」②始めと終わり。類本末・首尾 ③あいまいな態度。ふたごころ。「―を持す(どちらか有利なほうにつこうと様子をうかがう)」参考①「リョウはし」とも読む。

【両断】リョウダン 二つに断ち切ること。「一刀―にする」

【両天秤】リョウテンビン ①皿ばかり。②どちらかは得られるように、同時に両方に関係をつけておくこと。二股(ふたまた)をかけること。「―をかける」

【両刀】リョウトウ ①武士が腰に差した大小二本の刀。太刀と脇差(わきざし)。②「両刀遣い」の略。両手に大小二本の刀を持って戦う剣法。

【両頭】リョウトウ ①一つの体に二つの頭がついていること。類双頭 ②二人の支配者や権力者。「―政治」

【両得】リョウトク ①一度に二つの利益を得ること。「一挙―」類一石二鳥 ②両方とも利益を得ること。対①②両損

【両隣】リョウどなり 左右両方の隣。右隣と左隣。「向こう三軒―」

【両刃】リョウば 「両刃(もろは)」に同じ。

【両前】リョウまえ 洋服で、上衣やコートの前を深く重ね合わせてボタンを二列につけたもの。ダブルブレスト。対片前

【両面】リョウメン ①両方の面。表と裏。「魚の―を焼く」対片面 ②二つの方面。「物心―で援助する」参考①「ふたおもて」とも読む。

【両雄】リョウユウ 二人の英雄。二人の偉大な人物。類両虎

〔両雄並び立たず〕同じくらいの力のある強者が同時に出現すると必ず争いが起こり、どちらか一方が倒れるということ。〈『史記』〉

【両用】リョウヨウ 両方に用いられること。ふたとおりの使いみち。「水陸―の車」「和戦―の構えです」類兼用

【両葉去らずんば斧柯を用うるに至る】リョウヨウさらずんばフカをもちうるにいたる 悪事や災いは小さなうちに取り除いておかないと、あとで面倒なことになるということのたとえ。二葉のときに切り取っておかないと、大木になってからでは斧を用いなければならなくなるという意から。「両葉」は芽が出たばかりの二葉。「斧柯」は斧の柄、また斧のこと。

【両立】リョウリツ 両方とも支障なく同時に成り立つこと。並び立つこと。「勉強と部活の―を目標とする」

【両両】リョウリョウ あれとこれと。二つとも。「―相俟って（両方が互いに助け補い合って）」類両方

リョウ【良】

(7) 良1 常 教 7 4641 4E49 音 リョウ 訓 よい 外 やや

筆順

意味 ①よい。すぐれている。好ましい。「良好」「良識」「善良」対悪 ②やや。かなり。参考「良」の二画目までが片仮名の「ラ」に、草書体が平仮名の「ら」になった。

下つき 温良・改良・純良・選良・善良・不良・優良

〈良人〉おっと 夫婦のうちの男性のほう。妻の配偶者。亭主。表記「夫」とも書く。

【良い】よい ①好ましい。「―い友達」②すぐれている。「―い成績」

〈良候〉ようそろ ①操船で、船に直進せよという命令の言葉。②「よろしい」の意で、船乗りが調子をつけるためのかけ声。表記「宜候」とも書く。

【良縁】リョウエン ①よい因縁。②よい縁組。「―に恵まれる」

【良貨】リョウカ 地金の品質のよい貨幣。地金の価値と法定価格との差の少ない貨幣。「悪貨は―を駆逐する」対悪貨

【良弓は張り難し】リョウキュウははりがたし すぐれた人材はあつかいが難しいが、うまく使いこなせば大きな成果を得られるということ。良い弓は弦を張るのが難しいが、いったん張ってしまえば、すばらしいはたらきをする意から。〈『墨子』〉

【良禽は木を択ぶ】リョウキンはきをえらぶ すぐれた人物は自分の主君をよく選んで仕えるたとえ。賢い鳥は木を選んで、そこにすみつく意から。「禽」は鳥。由来 中国、春秋時代、衛の孔文子が大叔疾を攻めることを孔子に相談したときに、孔子のもとを去ろうとした孔子が言い残した言葉から。〈『春秋左氏伝』〉

【良家】リョウケ 家柄がよく、生活程度の高い家庭。上品な家庭。「―の子女」参考「リョウカ」とも読む。

【良好】リョウコウ よい状態であること。好ましいこと。また、そのさま。「経過は―だ」

【良港】リョウコウ 船の出入りや停泊などによい港。「天然の―」

【良賈は深く蔵して虚しきが如し】リョウコはふかくゾウしてむなしきがごとし 賢者はその学徳や才能を深く隠して、ひけらかすことはしないたとえ。「賈」は商人の意。よい商人は品物があっても店の奥にしまって店先に並べないために、何もないように見えることから。由来 老子のもとを訪れ、「礼」についてたずねた孔子に対して老子が言った言葉から。〈『史記』〉

【良妻】リョウサイ よい妻。賢い妻。対悪妻

〔良妻賢母〕リョウサイケンボ 夫には良い妻であり、子には賢い母であること。また、そのような女性。

【良識】リョウシキ すぐれた見識。まちがいのない健全な判断力。「―ある行動」

【良質】リョウシツ 品質や性質がすぐれていること。また、そのさま。対悪質

【良心】リョウシン 善悪を判断し、悪をおさえる心のはたらき。「―がとがめる」

【良辰】リョウシン よい日柄。良日。吉日。類佳辰 参考「辰」は、とき・日柄の意。

【良俗】リョウゾク よい風俗や習慣。「公序―（公共の秩序とよい風俗）に反する行い」

【良知良能】リョウチリョウノウ 人間が生まれつき備えている知恵や才能。参考 中国、戦国時代、孟子の性善説に基づく考え方で、後天的な知識や経験によらない生まれつきもつ正しい知能をいう。〈『孟子』〉類生知安行

【良二千石】リョウニセンセキ 人民のための善政を行う地方長官のこと。由来 中国、漢代の郡の太守の年俸が二千石であったことから。〈『漢書』〉

【良否】リョウヒ よいことと悪いこと。よしあし。「―を問う」類善悪

【良風】リョウフウ よい風習や風俗。類淳風・美風 対悪風

〔良風美俗〕リョウフウビゾク 善良で美しい風俗や習慣。「―を損ねる行為」類淳風美俗

【良民】リョウミン ①善良な人民。一般の国民。②律令制で戸籍に編入された賤民以外の人民。

【良薬】リョウヤク よくきく薬。類妙薬

【良薬は口に苦にがし】よい薬は苦くて飲みにくいが、すぐれた効き目があること。参考「忠言は耳に逆らう」と続く。《『孔子家語』》

リョウ【▲両】(8)入6 4932/5140 ▼両の旧字(一五七四)

リョウ【▲苓】(8)艹5 4674/4E6A ▼レイ(一五九五)

リョウ【亮】(9)亠7 準1 4628/4E3C 音リョウ 訓あきらか・すけ

意味 ①あかるい。あきらか。はっきりしている。「亮察」「亮然」類瞭 ②すけ。律令制で四等官の第二位。

下つき 清亮・明亮・瀏亮

【▲亮らか】あき-らか はっきりしているさま。あかるいさま。

【亮】すけ 律令制の四等官の第二位で、長官を補佐する次官。役所により官名の文字は異なり、輔・助・佐・介などとも書く。

【亮△闇・亮△陰】リョウアン 天子や天皇が父母の喪に服する期間。ろうあん。表記「諒闇・諒陰」とも書く。

【亮然】リョウゼン はっきりしているさま。朗らかなさま。あきらかなさま。

リョウ【倆】(10)亻8 1 4879/506F 音リョウ 訓うでまえ

意味 わざ。うでまえ。「技倆」「伎倆」

リョウ【凌】(10)冫8 準1 4631/4E3F 音リョウ 訓しのぐ

意味 ①しのぐ。こえる。「凌雲」「凌駕」類陵 ②おかす。あなどる。「凌辱」

【▲凌ぐ】しの-ぐ ①程度が他よりすぐれる。越える。「師を―ぐほどに上達した」②乗り切る。切り抜ける。「急場を―ぐ」「寒さを―ぐ」

【〈▲凌▲霄花〉】のうぜんかずら ノウゼンカズラ科のつる性落葉樹。中国原産。つるは一夏に三～五メートルも生長する。葉は羽状複葉。夏、枝先に黄赤色のラッパ形の花を多数つける。観賞用。季夏 由来「凌霄花」は漢名より。「霄」は天の意で、つるが天を凌しのぐほど生長することから。

【〈▲凌▲霄葉▲蓮〉】のうぜんはれん ノウゼンハレン科のつる性一年草。ペルー原産。葉は円形。夏、黄色や朱色の五弁花をつける。花や葉は辛味があり食べられる。キンレンカ。ナスタチウム。季夏 由来 花がノウゼンカズラ(凌霄花)に、葉がハス(蓮)に似ていることから。

【▲凌雲】リョウウン ①雲の上に高くそびえていること。また、高く飛ぶこと。②俗世界を超越すること。「―の思いがある」

【▲凌雲の志】リョウウンのこころざし 俗世間を高く超越したいと願う高い志。また、志気盛んに大いに立身出世しようとする志。《『漢書』》類青雲の志・凌霄の志

【▲凌▲駕】リョウガ 他をしのいでそのうえに出ること。「総合力で相手を―した」表記「陵駕」とも書く。

【▲凌辱】リョウジョク ①他人をはずかしめること。無礼をはたらくこと。②女性を暴力で犯すこと。表記「陵辱」とも書く。

リョウ【料】(10)斗6 教常 7 4633/4E41 音リョウ 訓外はかる

筆順 、 ン ン 半 米 米 米 料 料

意味 ①はかる。おしはかる。「料簡」「思料」②もとになるもの。使うためのもの。たね。「衣料」「資料」③てあて。代金。「料金」「給料」

下つき 衣料・飲料・科料・過料・給料・原料・香料・材料・食料・史料・資料・飼料・燃料・席料・染料・送料・損料・塗料・肥料・無料・有料

【▲料る】はか-る ①ますではかる。②かぞえる。③おしはかる。推量する。④切り盛りする。はからう。

【料金】リョウキン 物を使用したり利用したり、サービスなどを受けたりしたことに支払う代金。

【料△簡】リョウケン ①推しはかり、考えを巡らすこと。思案。「―が狭い人」②許すこと。こらえること。堪忍。表記「了見・了簡」とも書く。

【料紙】リョウシ 筆記に使用する紙。「手紙の―が季節にふさわしかった」類用紙

【料▲峭】リョウショウ 風が肌寒く感じられること。「春寒―」季春

【料地】リョウチ ある目的に使用する土地。類用地

【料亭】リョウテイ 日本料理を出す高級な料理屋。「―での宴会」

【料理】リョウリ ①材料に手を加えて調理すること。また、調理した食べ物。②物事をうまく処理すること。「強打者を三振に―する」

リョウ【△竜】(10)竜0 常 4621/4E35 ▼リュウ(一五六九)

リョウ【崚】(11)山8 1 5437/5645 音リョウ 訓たかい・けわしい

意味 たかい。けわしい。たかくけわしい山。「崚嶒」

リョウ【★梁】(11)木7 準1 4634/4E42 音リョウ 訓はし・はり・うつばり・やな

意味 ①はし。かけはし。「橋梁」②はり。うつばり。家の棟をささえる横木。「梁上」「棟梁」③やな。木を並べて川の水をせきとめ、魚を捕るしかけ。「魚梁」

下つき 橋梁・魚梁・沢梁・棟梁

【梁】うつばり 屋根の重みを支えるために、棟と直角に渡した横木。参考「はり」とも読む。

【▲梁の▲塵ちりを動かす】歌声のすばらしいたとえ。音楽の巧みなたとえ。故事 中国、漢代の虞公とい

う歌の名手が歌うと、その声が響き渡って梁の上の塵まで動いたという故事から。〈『劉向別録』〉参考「梁塵を動かす」ともいう。

【梁】はし 川などの両岸に支柱をたて、その上に架けたはし。かけはし。類橋梁

【梁】はり 「梁(うつばり)」に同じ。

【梁】やな 川の瀬などに木や竹などを並べて水流をせきとめ、一か所だけ流れを空けて魚を簀にとる装置。季夏 表記「簗」とも書く。

〔梁(やな)〕

【梁簀】やなす やな 篠竹を編んで作り、河川に張り立てた梁の空所に当てて魚をとる簀。

【梁材】リョウザイ 家のはりや船の主材になるような大きな材木。

【梁山泊】リョウザンパク 豪傑や英雄を気取る野心家などが集まって会合する場所のたとえ。由来「梁山泊」は山東省の西部にある沼で天険要害(けわしい地形で守りに適した)の地として知られ、古来盗賊などの根拠地となった。北宋末に起こった反乱をもとに書かれた『水滸伝』に、この地に集結した豪傑が活躍する話が記述されたことから。〈『水滸伝』〉

【梁上の君子】リョウジョウのクンシ 盗賊・どろぼうのこと。転じて、ネズミの別称。故事 中国、後漢の陳寔は天井の梁の上に盗人が潜むのを知り、子弟を呼んで「人は努力して学ばねばならない。悪人でもはじめから悪人ではなく、ただ悪い習慣が身につくのだ。あの梁の上の紳士もそうだ」と戒めたところ、盗人は下りてきて改心したという故事から。〈『後漢書』〉

【梁塵】リョウジン ①梁の上に積もった塵。②すぐれた歌手、また、音楽のたとえ。

『梁塵を動かす』▼梁(うつばり)の塵(ちり)を動かす

【梁木】リョウボク 二本の柱を立て、その上に横木を渡した体操用具。これにつり輪などをかける。

リョウ【涼】

(11) 氵8 常 準2 4635 4E43

音 リョウ
訓 すずしい・すずむ 外 うすい

筆順 丶 冫 氵 氵 汁 汁 泞 泞 涼 涼 涼

意味 ①すずしい。すずしさ。「涼風」「納涼」「涼を求める」 ②うすい。とぼしい。③ものさびしい。「荒涼」

下つき 荒涼・凄涼・清涼・納涼

【涼風】すずかぜ すずしい風。特に、夏の末に吹くすずしい風。「―が立つ」季夏 参考「リョウフウ」とも読む。

【涼しい】すずしい ①ほどよく冷ややかで感じがよい。「―い風が頬に心地よい」②澄んでいて清らか。さわやか。「目元が―い」

【涼む】すずむ すずしい風にあたって暑さを避ける。「日ざしを避けて木陰で―む」季夏

【涼陰・涼蔭】リョウイン 日の当たらない場所。すずしい木かげ。すずしい日かげ。

【涼気】リョウキ すずしい空気。すずしさを感じさせる気配。「―が流れこむ」季夏

【涼秋】リョウシュウ ①すずしい秋。「―の候」季秋 ②陰暦九月の異名。

【涼亭】リョウテイ 庭園などに造った、涼しさを得るためのあずまや。

【涼風】リョウフウ 「涼風(すずかぜ)」に同じ。

【涼味】リョウミ すずしい感じ。すずしさ。「―あふれるガラスの皿」季夏

リョウ【猟】

(11) 犭8 常 3 4636 4E44

音 リョウ
訓 かる 外 かり

旧字《獵》(18) 犭15 1/準1 6458 605A

筆順 ノ 犭 犭 犭 犭 犭 犭 猟 猟 猟 猟

意味 ①かる。鳥獣をとる。かり。「猟犬」「狩猟」②あさる。さがしもとめる。「猟奇」「渉猟」

下つき 禁猟・狩猟・渉猟・密猟

【猟り】かり 野生の鳥や獣を追い立ててとらえること。狩猟。季冬

〈猟人〉かりゅうど 鳥や獣をとることを職業にしている人。猟師。さつお。参考「かりうど」とも読む。表記「狩人」とも書く。

【猟る】かる 野生の鳥や獣を追って、とらえる。かりをする。「イノシシを―る」

〈猟夫〉・〈猟男〉さつお 「猟人(かりゅうど)」に同じ。

〈猟虎〉らっこ イタチ科の哺乳動物。北太平洋にすむ。体は黒褐色。後ろ足はひれ状で、泳ぎが得意。海面に浮き、腹の上で石を使って貝類やウニなどを割って食べる。毛皮は良質。表記「海獺・海猟・獺虎」とも書く。

【猟官】リョウカン 官職につくために人々が争うこと。官職をあさること。「―運動」

【猟奇】リョウキ 怪異なものや異様なものを好んで求めること。「―趣味」

【猟犬】リョウケン かりに使うイヌ。「―が獲物を追い立てる」季冬

【猟師】リョウシ 「猟人(かりゅうど)」に同じ。「鹿を逐う―は山を見ず」

【猟銃】リョウジュウ かりに使う銃。狩猟用の銃。「―を厳重に保管する」

【猟色】リョウショク つぎつぎに女性を求めて、情事にふけること。類漁色

リョウ【聊】★

(11) 耳5 1 7056 6658

音 リョウ
訓 いささか・たよる・たのしむ

意味 ①いささか。すこし。また、かりそめに。「聊爾」

（リョウジ）」②たよる。たのむ。「聊頼」③たのしむ。「聊浪」「無聊」④耳鳴り。耳が鳴る。「聊啾（リョウシュウ）」

【聊か】いささ-か ①わずかに。すこし。「―疑問を感じる」②しばらく。とりあえず。

【聊爾】リョウジ ①かりそめ。②ぶしつけで失礼なさま。「―ながら」

【聊頼】リョウライ 安心してたよりにすること。

リョウ【菱】★ (11) 艹 8 準1 4109 / 4929 音 リョウ 訓 ひし

意味 ひし。ヒシ科の一年草。「菱花」

【菱垣廻船】ひがきカイセン 江戸時代の廻船の一種で、江戸・大坂間を定期的に航海し、大量の日常物資を運んだ貨物船。由来 船の両横に菱組（ひしぐみ）の装飾をつけたことから。表記「檜垣廻船」とも書く。

【菱】ひし ヒシ科の一年草。池や沼に自生。夏に白い四弁花が咲き、秋に角のとがった実を結ぶ。種子は白く、食用。参考 図形の「ひしがた（菱形）」はヒシの実の形から。

【菱食】ひしくい カモ科の鳥。シベリアで繁殖し、日本には冬鳥として渡来する。全長は約八〇センチメートル。体は暗褐色で、くちばしは黒く先端がだいだい色。季 秋 由来 ヒシの実を好むことから。

【菱餅】ひしもち ①ひし形に切った餅。紅・白・緑の三枚を重ね、雛祭（ひなまつ）りに供える。季 春 ②ヒシの実を粉にして作った餅。

【菱花】リョウカ ①ヒシの花。②金属製の鏡の別名。「―鏡が陳列されている」由来 ②多く、鏡の裏にヒシの花を鋳ることから。

リョウ【陵】 (11) 阝 8 常 3 4645 / 4E4D 音 リョウ 訓 みささぎ 高 外 おか・しのぐ

筆順 7 3 阝 阝一 阝十 阝土 阝夫 阝夌 陵 陵

意味 ①おか。大きなおか。「丘陵」②みささぎ。天皇や皇后の墓。「陵墓」「御陵」③しのぐ。おかす。あなどる。「陵駕（リョウガ）」「陵辱」類 凌（リョウ）

下つき 丘陵（キュウリョウ）・御陵（ゴリョウ）・山陵（サンリョウ）

【陵】おか 大きなおか。大きな土山。盛り上がった山。

【陵ぐ】しの-ぐ ①おかす。②ふみこえる。③あなどる。表記「凌ぐ」とも書く。

【陵】みささぎ 天皇や皇后などの墓。御陵（ゴリョウ）。「付近には古代の天皇の―が点在する」

【陵夷】リョウイ 「陵遅」に同じ。参考「夷」は平らの意。

【陵駕】リョウガ 他をしのいで上に出ること。「前回の成績をはるかに―した」表記「凌駕」とも書く。

【陵虐】リョウギャク しいたげて痛めつけること。はずかしめ、いじめること。表記「凌虐」とも書く。

【陵谷の変】リョウコクのヘン 世の中が激しく移り変わり、それまでとまったくちがう様相を呈すること。高く大きな丘陵が浸食されて険しい谷になり、いつのまにか深い谷が埋め立てられて大きな丘陵に変わる意から。〈『詩経』〉 類 陵谷遷貿・滄桑（ソウソウ）の変・桑田滄海

【陵辱】リョウジョク ①他人を痛めつけ、はずかしめること。②女性を暴力で犯すこと。表記「凌辱」とも書く。

【陵遅】リョウチ ①丘陵がしだいに低く平らになること。②物事がしだいに衰えすたれること。類 陵夷（リョウイ）

【陵墓】リョウボ 天皇や皇后、また、皇族のはか。「―を見学してきました」参考「陵」は天皇などのはか、「墓」は諸侯・皇族のはか。

【陵轢】リョウレキ 力ずくで侵入して、ふみにじること。表記「凌轢」とも書く。参考「リョウリャク」とも読む。

リョウ【喨】 (12) 口 9 1 5142 / 534A 音 リョウ 訓

意味 音が清らかにひびきわたるさま。「喨喨」

下つき 嚠喨（リュウリョウ）

【喨喨】リョウリョウ 澄みきった音が響き渡るさま。「―たるラッパの音」

リョウ【椋】 (12) 木 8 準1 4426 / 4C3A 音 リョウ 訓 むく

意味 ①ちしゃ。チシャの木。ムラサキ科の落葉高木。②むく。むくのき。ニレ科の落葉高木。

【椋鳥】むくどり ①ムクドリ科の鳥。各地に大群ですむ。体は灰褐色で、顔と腰は白く、くちばしとあしは黄色。さわがしく鳴き、果実や昆虫を捕食。季 秋 ②都会にやって来た田舎の人をあざけっていう語。おのぼりさん。

【椋の木】むくのき ニレ科の落葉高木。山地に自生。葉の表面はざらつき、物をみがくのに用いる。春に淡緑色の花が咲き、秋に黒紫色の小さな実をつけ、食用となる。材は器具用。ムク。表記「樸樹」とも書く。

リョウ【量】 (12) 里 5 教 常 7 4644 / 4E4C 音 リョウ 訓 はかる 外 かさ・ちから

筆順 丶 冂 日 旦 早 昌 昌 暃 暈 量 量

意味 ①はかる。(ア)重さ・容積などをはかる。「計量」「測量」(イ)おしはかる。「推量」「裁量」「酌量」②かさ。容積。「容量」「分量」③かさをはかる器具。ます。「量器」「量衡」④ちから。心の広さ。能力の大きさ。「度量」「器量」

下つき 雨量（ウリョウ）・雲量（ウンリョウ）・音量（オンリョウ）・雅量（ガリョウ）・狭量（キョウリョウ）・器量（キリョウ）・技量（ギリョウ）・計量（ケイリョウ）・軽量（ケイリョウ）・減量（ゲンリョウ）・広量（コウリョウ）・才量（サイリョウ）・裁量（サイリョウ）・質量（シツリョウ）・酌量（シャクリョウ）・重量（ジュウリョウ）・酒量（シュリョウ）・小量（ショウリョウ）・少量（ショウリョウ）・推量（スイリョウ）・数量（スウリョウ）・声量（セイリョウ）・測量（ソクリョウ）・大量（タイリョウ）・多量（タリョウ）・度量（ドリョウ）・熱量（ネツリョウ）・物量（ブツリョウ）・分量（ブンリョウ）・無量（ムリョウ）・容量（ヨウリョウ）・力量（リキリョウ）

【量】かさ ①ますめ。容積。②人間としての大きさ。力量。

【量る】はか-る ①重量・容積・面積などを調べる。「目方を―る」②予測する。推量する。

【量感】リョウカン ①重量や分量のある感じ。ボリューム。「―のある料理」②絵画や彫刻などで、表現されたものの立体感や重量感。

【量器】リョウキ ①物の量をはかる道具。ます。②役に立つ才能。有用な才器。器量。

【量刑】リョウケイ 裁判所が、言いわたすべき刑罰の重さの程度を決めること。刑を量定すること。「不当な―」

【量才録用】リョウサイロクヨウ 人それぞれがもっている才能をよく考えて、ふさわしい地位に登用すること。「録用」は、あげ用いる意。〈蘇軾（ソショク）の文〉類適材適所 対大材小用

【量産】リョウサン 同一の品質・規格の品を大量に生産すること。大量生産。

【量子】リョウシ ある物理量が、ある単位量の整数倍のとき、その最小単位量。エネルギー量子・光量子など。「―力学」

【量体裁衣】リョウタイサイイ 物事を状況に応じて、現実的に処理すること。「量体」は体をはかる、「裁衣」は布を裁つ意。体の寸法を測って衣服を作る意から。〈『南斉書（ナンセイショ）』〉類臨機応変

【量目】リョウめ はかりにかけてはかった物の重さ。はかりめ。「―不足」類目方 参考「リョウモク」とも読む。

リョウ【楞】(13) 木9 1 音リョウ・ロウ 訓かど・かどばる

〔楞〕6033 5C41

意味 ①かど。四角い材木。また、材木のかど。すみ。②かどばる。いかつい。きびしい。

リョウ【稜】(13) 禾8 準1 4639 4E47 音リョウ・ロウ 訓かど

意味 ①かど。すみ。「稜線」「山稜」②みいつ。おごそかな威光。「稜威」③いきおい。

下つき 威稜（イリョウ）・岩稜（ガンリョウ）・山稜（サンリョウ）

〈稜威〉いつ ①神聖であること。斎（い）み清められていること。②威勢の激しいこと。威力が強いこと。表記「厳」とも書く。参考「リョウイ」と読めば、天子の威光の意になる。

【稜】かど はっきりと折り目のついたものの、すみの部分。類角

【稜角】リョウカク 多面体のとがったかど。

【稜線】リョウセン 山の峰から峰へ続く線。「山の―を行く」類尾根

【稜稜】リョウリョウ ①威厳があって鋭いさま。強く厳しいさま。「―たる気骨（たやすく人にはしたがわない意気）」②寒さの厳しいさま。「月影―」

リョウ【粱】(13) 米7 1 6877 646D 音リョウ 訓あわ

意味 ①あわ。おおあわ。アワ（粟）の大粒のもの。イネ科の一年草の穀物。②上等な米。良質の穀物。「高粱」

下つき 高粱（コウリョウ）・黄粱（コウリョウ）・膏粱（コウリョウ）・稲粱（トウリョウ）

【粱】あわ イネ科の一年草。穀物の一種のアワ（粟）のうち、粒の大きな良質のもの。

リョウ【裲】(13) 衤8 1 7476 6A6C 音リョウ 訓うちかけ

意味「裲襠（リョウトウ）（うちかけ）」として用いられる字。

〈裲襠〉うちかけ 江戸時代、武家の女性の礼服。帯を締めた上からかけるように着る、丈の長い小袖（こそで）。現在も花嫁衣装として用いる。表記「打掛」とも書く。

リョウ【僚】(14) 亻12 常 準2 4629 4E3D 音リョウ 訓外とも・つかさ

筆順 2 11

意味 ①ともがら。とも。同じ仕事のなかま。「僚友」「同僚」②つかさ。役人。「官僚」「幕僚」

下つき 閣僚（カクリョウ）・官僚（カンリョウ）・同僚（ドウリョウ）・幕僚（バクリョウ）

【僚艦】リョウカン 同じ任務について行動している味方の軍艦。同じ艦隊の軍艦。

【僚機】リョウキ 同じ任務について行動している味方の飛行機。同じ編隊の飛行機。

【僚友】リョウユウ 同じ職場で働く仲間。「会社の―と談笑する」類同僚

リョウ【寥】★ (14) 宀11 1 5376 556C 音リョウ 訓さびしい・しずか

意味 ①さびしい。むなしい。しずか。「寥寥」②ひろい。奥深く広い。「寥廓（リョウカク）」

下つき 荒寥（コウリョウ）・凄寥（セイリョウ）・寂寥（セキリョウ）

【寥しい】さび-しい まばらでひっそりしている。人気（ひとけ）がなく静かなさま。

【寥落】リョウラク ①少なくてまばらなさま。②おちぶれたさま。③荒れ果ててさびしいさま。

【寥寥】リョウリョウ ①ものさびしいさま。また、空虚なさま。「―とした冬の荒野」②まばらで少ないさま。「賛成者は―たるものだ」

リョウ【廖】(14) 广11 1 5501 5721 音リョウ 訓むなしい

意味 むなしい。また、まばらなさま。「廖落」類寥（リョウ）

リョウ【漁】(14) 氵11 教 2189 3579 ▼ギョ（三六）

リョウ【綾】(14) 糸8 準1 1629 303D 音リョウ・リン 訓あや

意味 あや。あやぎぬ。模様を織りだした絹。「綾綺（リョウキ）」「綾子（リンズ）」

下つき 羅綾（ラリョウ）

【綾】あや ①模様を美しく織り出した絹織物。あやぎぬ。②「綾織り」に同じ。③文や言葉

の飾り。言い回し。「言葉の―」④入り組んだしくみ。「人生の―」

【綾織り】あやおり ①斜めの筋を織り出した布。また、糸を斜めに交わらせて筋の模様を表す織り方。あや。②綾を織る人。

【綾取り】あやとり 輪にしたヒモを左右の指や手首にかけていろいろな形を作ったり、それを取り合って別の形にしたりする遊び。

【綾なす】あやなす 美しい模様を作り出す。「紅葉が―すみごとな景色」

【綾錦】あやにしき ①綾と錦。②着物や紅葉などの美しさを形容する語。

【綾羅】リョウラ ①あや絹とうす絹。②美しくぜいたくな着物。「贅(ぜい)を尽くした―と宝石」

【綾羅錦繡】リョウラキンシュウ 目を見張るばかりに美しく着飾った形容。また、美しいものの形容。「錦」はにしき、「繡」は刺繡をした布の意。いずれも、高貴な人の美麗な衣服のたとえ。

【綾子】リンズ 生糸(きいと)で地紋を織り出した絹織物。厚く光沢があり、着物や帯などに使う。表記「綸子」とも書く。参考「リン」「ズ」はともに唐音。

リョウ【蓼】★ (14) ⺾11 1 7290 687A 音 リョウ・リク 訓 たで

意味 たで。タデ科の一年草。「蓼花」

下つき 犬蓼(いぬたで)

【蓼】たで タデ科の一年草の総称。イヌタデ・ハナタデなど。特に、葉に辛味が強く香辛料とするヤナギタデを指す。季 夏

【蓼食う虫も好き好き(ずき)】人の好みはさまざまであることのたとえ。タデの葉は食べると辛いが、それを好んで食べる虫もあることから、人の嫌うものを好む者もいれば、人の好むものを嫌う者もいるということ。類 蓼虫(リョウチュウ)辛を忘る

リョウ【踉】(14) ⻊7 1 7684 6C74 音 リョウ・ロウ 訓 おどる

意味 ①おどる。おどりあがる。「跳踉」②ふらつくさま。よろめくさま。「踉蹌(ロウソウ)」

【踉蹌】ロウソウ よろめくさま。ふらつきながら行くさま。類 蹌踉

リョウ【領】(14) 頁5 常 教 6 4646 4E4E 音 リョウ 訓 外 おさめる・うける・かなめ・かしら・うなじ・えり

筆順 ノ 𠆢 今 今 令 令 令 領 領 領

意味 ①おさめる。支配する。す(統)べる。「領地」「占領」②うける。うけとる。自分のものにする。「領収」「受領」③おおもと。大切なところ。かなめ。「綱領」「要領」④かしら。おさ。「首領」「頭領」⑤うなじ。えりくび。えり。「領袖(リョウシュウ)」

下つき 横領(オウリョウ)・綱領(コウリョウ)・首領(シュリョウ)・受領(ジュリョウ・ズリョウ)・占領(センリョウ)・総領(ソウリョウ)・天領(テンリョウ)・統領(トウリョウ)・頭領(トウリョウ)・拝領(ハイリョウ)・本領(ホンリョウ)・要領(ヨウリョウ)

【領】うなじ 首の後ろの部分。首筋。えりくび。「―を垂れる」参考「えり」と読めば別の意。

【領】えり 衣服で首のまわりの部分。参考「うなじ」と読めば別の意。

【領髪】えりがみ ①首の後ろの部分の髪。②首の後ろの部分。えりくび。

【領める】おさめる 要点をおさえまとめる。由来 えりを持って衣をたたむ意から。

〈領巾〉ひれ 奈良・平安時代の女性の装身具。盛装のとき、首から肩にかけて左右に長く垂らした薄い布。別れをおしむときなどにこれを振った。表記「肩巾」とも書く。

【領域】リョウイキ ①領有している区域。特に、領土・領海・領空など国際法上、国家主権の及ぶ区域。②関係や勢力の及ぶ範囲。特に、学問・研究の専門分野。「研究の―をさらに広げた」

【領海】リョウカイ 一国の沿海のうち、その主権の及ぶ範囲と認められる海域。「―侵犯」対 公海

【領空】リョウクウ 国の主権が及ぶ領土と領海の上の空間。「他国の軍機による―侵犯」

【領国】リョウゴク 領地として所有または支配している国。類 領土

【領事】リョウジ 外国に駐在し、自国の通商の保護・促進や、その国に在留する自国民の保護・監督などにあたる官職。「―館」

【領主】リョウシュ ①中世ヨーロッパで、荘園(ショウエン)などを所有・支配した者。「―権」②平安時代以後、荘園の所有者。③江戸時代、城をもたずに領内を治めた小大名や旗本。

【領収】リョウシュウ 金銭などを受け取りおさめること。「―書を切る」類 受領

【領袖】リョウシュウ 集団を統率して長となる人物。「党の―として活躍した」類 首領

由来「領袖」は衣服のえりとそでで、人目について一番目立つことから。

【領地】リョウチ ①江戸時代、大名や社寺などが所有した土地。「大名が―替えを命じられる」②「領土」に同じ。

【領置】リョウチ 被疑者・被告人の遺留品や所有者・管理者の任意に提出された物を、裁判所や捜査当局が取得して保管すること。類 押収

【領土】リョウド ①一国の統治権の及ぶ地域。類 領域 ②領有している土地。類 領地

【領納】リョウノウ ①了解すること。類 納得 ②受けおさめること。類 領収・受領

【領分】リョウブン ①人や国が領有する土地。領地内。②勢力範囲。なわばり。「人の―に口を出すな」類 ①②領域

【領有】リョウユウ 自分のものとして所有すること。「広大な土地を―する」類 保有

リョウ【寮】(15) 宀12 常 準2 4632 4E40 音 リョウ 訓 外 つかさ

筆順 宀 宀 宊 宊 宊 寮 寮 寮 寮 3 10 12 15

意味 ①共同宿舎。寄宿舎。「寮舎」「寮母」「学生寮」②しもやしき。別荘。また、数奇屋。あずまや。「茶寮」③つかさ。役人。「寮佐」④律令（リツリョウ）制で省の下に属した役所。

下つき 学寮（ガクリョウ）・僧寮（ソウリョウ）・茶寮（チャリョウ・サリョウ）

【寮】つかさ ①役人たちが仕事をするところ。役所。官庁。②役人。官吏。つかさびと。

【寮歌】リョウカ 学生寮などで、入寮者たちが一緒に歌うように作られた歌。

【寮母】リョウボ 寮や寄宿舎で、学生や職員など入寮者の世話をする女性。

リョウ【撩】

(15) 扌12 1 5792 597C 音 リョウ 訓 おさめる・いどむ・みだれる

意味 ①おさめる。ととのえる。②いどむ。「撩戦」③みだれる。もつれる。「撩乱」類 繚（リョウ）

【撩乱】リョウラン 入り乱れるさま。花などが咲き乱れているさま。「百花—」表記「繚乱」とも書く。

リョウ【諒】

(15) 言8 準1 4642 4E4A 音 リョウ 訓 まこと・さとる

意味 ①まこと。いつわりがない。「忠諒」②思いやる。また、明らかにする。さとる。「諒恕（リョウジョ）」「諒解」

書きかえ ②「了」が書きかえ字。

【諒】まこと 言葉や行為にうそやいつわりのないこと。明白な真実。誠実。

【諒闇・諒陰】リョウアン 天子が父母の喪に服するときの部屋。また、その期間。表記「亮闇・亮陰」とも書く。

【諒解】リョウカイ ▼書きかえ 了解（一五七四）

【諒察】リョウサツ 相手の立場や事情などを思いやること。「諸事情を御—のうえよろしくお願いいたします」表記「了察」とも書く。

【諒恕】リョウジョ 相手の事情などを思いやって許すこと。

【諒承】リョウショウ ▼書きかえ 了承（一五七四）

リョウ【輛】

(15) 車8 1 7749 6D51 音 リョウ 訓 くるま

〔輌〕7750 6D52

意味 くるま。また、車を数える語。「車輛」

書きかえ 「両」が書きかえ字。

リョウ【遼】

(15) 辶12 準1 4643 4E4B 音 リョウ 訓 はるか

旧字《遼》(16) 辶12 1/準1

意味 ①遠くはなれている。はるか。「遼遠」②中国の王朝名。

下つき 迥遼（ケイリョウ）

【遼か】はるか へだたって遠いさま。ずっと遠くまで続くさま。「—時空のかなた」

【遼遠】リョウエン はるかに遠いこと。「目的達成まで前途—だ」

【遼東の豕】リョウトウのいのこ 狭い世界で育ち、世間をよく知らないで自分だけが得意になっていること。ひとりよがり。故事 昔、中国の遼東地方の人が、白い頭のブタが生まれたので珍しいと思い、天子に献上しようと河東（山西省）まで行ったところ、白い頭のブタの群れに出あい、恥ずかしくなって引き返したという故事から。《『後漢書（ゴカンジョ）』》類 井底（セイテイ）の蛙（ア）・夜郎自大（ヤロウジダイ）

リョウ【霊】

(15) 雨7 常 4678 4E6E ▼レイ（一五九七）

リョウ【燎】

(16) 火12 1 6389 5F79 音 リョウ 訓 かがりび・やく

意味 ①かがりび。「燎火」②やく。焼きはらう。もえる。「燎原」③のび（野火）。④柴（しば）を焼いて天をまつる。また、そのまつり。

下つき 郊燎（コウリョウ）・庭燎（テイリョウ）

【燎】かがりび 柴（しば）などをやぐらに組んで庭でたき、あかりとする火。にわび。燎火（リョウカ）。

【燎火】リョウカ 「燎（かがりび）」に同じ。類 燎燭（リョウショク）

【燎原の火】リョウゲンのひ 物事が非常な勢いで広がり、とどめることのできないたとえ。野原を焼く火の意から。《『春秋左氏伝』》「反乱は—のように広がった」

リョウ【遼】

(16) 辶12 ▼遼の旧字（一五八一）

リョウ【療】

(17) 疒12 常 4 4637 4E45 音 リョウ 訓 外 いやす

筆順 亠 广 疒 疒 疢 疢 瘄 瘠 療 2 5 8 14 17

意味 いやす。病気をなおす。「療法」「治療」

下つき 医療（イリョウ）・加療（カリョウ）・診療（シンリョウ）・治療（チリョウ）

【療やす】いやす 病気や不快な気持ちをなおす。病気を治療する。「心の傷を—す」

【療治】リョウジ 病気をなおすこと。「温泉—に専念する」「荒—」参考「治療」より古風な語。参考「リョウチ」とも読む。

【療法】リョウホウ 病気の治療の方法。「食餌（ショクジ）—」「指圧—」

【療養】リョウヨウ 治療をしながら休養し、心身を回復させること。治療と養生。「温泉地で—生活を送る」「転地—する」

リョウ【瞭】

(17) 目12 常 2 4638 4E46 音 リョウ 訓 外 あきらか

筆順 目 目 盱 盱 盱 睁 瞭 瞭 瞭 5 12 14 17

意味 あきらか。はっきりしている。よく見える。「瞭然」「明瞭」

下つき 明瞭メイリョウ

【△瞭らか】あき-らか はっきりとよく見えるさま。

【瞭然】リョウゼン はっきりしているさま。「両者の力の差は一目イチモク—だ」類歴然

リョウ【▲獠】(18) 犭15 6458 605A ▼猟の旧字(一五七七)

リョウ【糧】(18) 米12 常 3 4640 4E48 音 リョウ・ロウ㊫ 訓 かて㊫

筆順

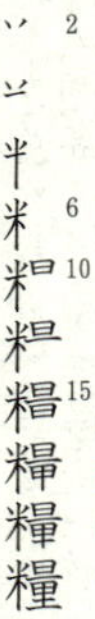

意味 かて。食べ物。旅行や行軍用の食糧。また、一般に食品。「糧道」「糧米」

下つき 衣糧イリョウ・口糧コウリョウ・食糧ショクリョウ・兵糧ヒョウロウ

【糧】かて ①生きていくための食べ物。「その日の—にも困るような状態だった」②精神や生活の支えとなるもの。「読書は心の—になる」参考 もとは旅行などに携帯した食糧の意。

【糧▲餉】リョウショウ 食糧。特に、軍隊が行軍するときの食糧。類糧食

【糧食】リョウショク 食糧。特に、必要な場合に備えた食糧。糧米。類糧餉リョウショウ

【糧道】リョウドウ ①兵糧ヒョウロウを運ぶ道。「敵軍の—を断つ」②生活のかてを得る方法。

【糧▲秣】リョウマツ 軍隊で、兵士の食糧と軍馬のまぐさ。参考「秣」はまぐさの意。

リョウ【繚】(18) 糸12 1 6971 6567 音 リョウ 訓 まとう・まつわる・めぐる・めぐらす

意味 ①まとう。まつわる。もつれる。みだれる。「繚乱」②めぐる。めぐらす。「繚垣リョウエン」

下つき 繞繚ジョウリョウ

【繚▲繞】リョウジョウ ①長いものがまつわるさま。袖そでが長くまつわるさま。また、②ひるがえるさま。③曲がりくねるさま。また、川などが湾曲するさま。

【繚乱】リョウラン 入り乱れるさま。また、花などが盛んに咲き乱れているさま。「百花—」表記「撩乱」とも書く。

リョウ【魎】(18) 鬼8 1 8220 7234 音 リョウ 訓 すだま・もののけ

意味 すだま。もののけ。山川や木石の霊の化け物。「魍魎モウリョウ」

リョウ【鐐】(20) 金12 1 7933 6F41 音 リョウ 訓 しろがね・ひらがね・あしかせ

意味 ①しろがね。良質の銀。ひらがね。②あしかせ。罪人の足にはめる刑具。

リョウ【鷯】(23) 鳥12 1 8330 733E 音 リョウ

意味 鳥の名。「鷦鷯ショウリョウ(みそさざい)」に用いられる字。

リョウ【鬣】(25) 髟15 1 8207 7227 音 リョウ 訓 たてがみ

意味 たてがみ。動物の首筋の長い毛。

【▲鬣】たてがみ ライオンの雄やウマなどの、首筋に生えている長い毛。

リョウ【鱲】(26) 魚15 1 9392 7D7C 音 リョウ 訓 からすみ

意味 ①魚の名。コイ科の淡水魚。②からすみ。ボラやサワラなどの卵巣を干した食品。

【〈▲鱲子〉】からすみ ボラやサワラなどの卵巣を塩漬けにして圧搾・乾燥させた食品。季秋 由来 形が唐墨からすみ(中国製の墨)に似ていることから。

リョク【力】(2) 力0 常 教 10 4647 4E4F 音 リョク・リキ 訓 ちから ㊦つとめる

筆順 フ 力

意味 ①ちから。「力士」「体力」②はたらき。作用。「効力」「視力」③いきおい。「威力」「勢力」④つとめる。はげむ。「力作」「努力」⑤りきむ。力をこめる。

下つき 握力・圧力・威力・引力・怪力・学力・活力・火力・眼力・脚力・協力・強力・極力・筋力・権力・合力・国力・財力・実力・重力・出力・省力・助力・自力・死力・視力・人力・尽力・水力・勢力・精力・戦力・速力・体力・脱力・他力・弾力・張力・知力・動力・独力・努力・入力・念力・能力・迫力・馬力・筆力・非力・微力・浮力・武力・兵力・暴力・魔力・魅力・無力・有力・余力・労力・腕力

【力】ちから ①筋肉のはたらき。また、体力。「腕の—が強い」「全身の—をふりしぼる」②作用。「電気の—」③能力。「—のある作家」④尽力。おかげ。「友の—を借りる」⑤気力。「—のある限り」⑥頼り。助け。「—を貸す」⑦効力。ききめ。「精神の—でなし遂げた」⑧元気。勢い。「—のこもった演説」

【力紙】ちからがみ ①相撲で、力士が体を清めるのに使う紙。化粧紙。②力が授かるように祈願して、山門の仁王像に嚙かんで投げつける紙。③とじ目を補強するために貼はる紙。

【力▲瘤】ちからこぶ ①ひじを曲げて力を入れたとき、二の腕にできる筋肉の盛り上がり。②熱心な尽力や世話。「—を入れる」

【△力める・〈力勉〉める】つと-める 力をこめてがんばる。精を出す。つとめ励む。「家業に—める」

【力学】リキガク 物理学の一部門。物体内にはたらく力と、これによる運動との関係を研究する学問。力の平衡を研究する静力学と、おもに運動を研究する動力学とがある。「量子—」

【力感】リキカン 力強い感じ。「―みなぎる作品」「―にあふれた彫刻」

【力作】リキサク 精力をこめて作った作品。類労作 参考「リョクサク」と読めば、力を尽くして作業すること。また、労働の意。

【力士】リキシ ①相撲取り。②仏「金剛力士」の略で、仏法を守護する力の強い仁王。

【力説】リキセツ 強く主張したり説明したりすること。熱心に説くこと。「コミュニケーションの必要性を―する」

【力戦奮闘】リキセンフントウ 力の限り戦うこと。全力を尽くして努力すること。参考「力戦」は「リョクセン」とも読む。

【力走】リキソウ 力の限り走ること。力いっぱい走ること。「全員の―で勝った」

【力点】リキテン ①力の入れ場所。主眼とする点。類重点 ②てこで力をかける点。対支点

【力闘】リキトウ 力いっぱいたたかうこと。力を尽くしてたたかうこと。力戦。「―むなしく敗れる」類奮闘

【力む】リキむ ①息を詰めて力を入れる。「重い箱を―んで持ち上げる」②力があるように見せかける。気負う。「あまり―むなよ」

【力量】リキリョウ 物事をなし遂げる力の程度。能力の程度。腕前。「―が試される」

【力行】リッコウ 力の限り努力して行うこと。「苦学―」参考「リキコウ」とも読む。

リョク【朸】(6) 木2 1 5922 5B36 音リョク・ロク・リキ 訓もくめ・おうご

意味 ①もくめ。木の年輪。②おうご。てんびん棒。

【▲朸】おうご 荷物に通して肩にかつぐのに用いる棒。てんびん棒。

リョク【緑】(14) 糸8 教 常 8 4648 4E50 音リョク・ロク(高) 訓みどり

旧字《綠》(14) 糸8 1/準1 9008 7A28

筆順 く 幺 糸 紀 6 紀 紀 紀 紀 12 緑 緑

意味 みどり。みどり色。「緑地」「緑茶」「新緑」

下つき 黄緑オウリョク・きみどり・常緑ジョウリョク・新緑シンリョク・深緑シンリョク・ふかみどり・万緑バンリョク

〈緑啄木鳥〉あおげら キツツキ科の鳥。日本特産で、本州以南の森林にすむ。背は緑色で、腹は白地に暗褐色の斑点(ハンテン)がある。雄は頭頂部全体、雌は後頭部が赤い。

〈緑鳩〉あおばと ハト科の鳥。山地の森林にすむ。背は緑色で、胸は黄色。尺八のような哀調をおびた鳴き声を出す。

【緑】みどり ①青と黄の中間色で、光の三原色の一つ。②濃い藍(あい)色。「―の海」③草木。特に、新芽や若葉。「公園の―がまぶしい」「―したたる山々」季夏

【緑陰・緑▲蔭】リョクイン 青葉の茂った木のかげ。こかげ。季夏

【緑酒】リョクシュ 緑色の酒。上質の酒。うまい酒。「紅灯―」「―に月の影やどし」

【緑藻類】リョクソウルイ 緑色をした藻類の総称。葉緑素をもち、光合成を行う。淡水に見られるのはヒビミドロ・クラミドモナスなど、海水ではミル・アオノリなど。緑藻植物。

【緑地】リョクチ 草木の茂っている土地。「街の―化を計画する」

【緑茶】リョクチャ チャの若葉を蒸してもみ、緑色を失わないように作った茶。煎茶(センチャ)・抹茶など。日本茶。

【緑内障】リョクナイショウ 眼球の圧力が異常に高くなり、目が痛み視力が減退する病気。ひとみが緑色をおび、失明することもある。あおそこひ。

【緑肥】リョクヒ 草などを青いまま土中に敷きこんで肥料とするもの。類草肥(くさごえ) 季夏

【緑風】リョクフウ 初夏に、青葉を吹きわたるさわやかな風。季夏

【緑野】リョクヤ 草や木が青々と茂った野原。「―をわたるさわやかな風」

【緑林】リョクリン ①青々と木が茂っている林。②盗賊の別称。故事 ②中国で、前漢が滅びたあとの新の時代、王莽(オウモウ)の失政によって生活に苦しんだ民衆が、湖北省にある緑林山にたてこもって盗賊行為をはたらいた故事から。《『漢書(カンジョ)』》

【緑林白波】リョクリンハクハ 泥棒や盗賊のこと。由来 中国で、前漢のあとの新代に緑林山を拠点にして無頼の徒が強盗をはたらき、また、後漢の時代に黄巾(コウキン)の賊が白波谷を拠点として乱を起こしたことから。

【緑化】リョッカ 草木を植えて緑地を増やすこと。参考「リョクカ」とも読む。

【緑青】ロクショウ ①銅や銅合金の表面にできる青緑色のさび。②青緑色の顔料。

リン【吝】(7) 口4 1 5071 5267 音リン 訓おしむ・しわい・やぶさか・けち

意味 おしむ。ものおしみする。やぶさか。けち。「吝嗇(リンショク)」類悋(リン)

【▲吝しむ】おしむ ものおしみする。しぶる。けちけちする。

【▲吝い】しわい けちである。しみったれている。ものおしみする性質である。

【▲吝か】やぶさか ①ものおしみするさま。ためらうさま。②未練なさま。けちなさま。③「…に―でない」の形で、…する努力をおしまない。「手助けするに―でない」表記「悋か」とも書く。

【▲吝▲嗇】リンショク 必要以上に金品を出しおしむこと。また、その人。けち。表記「悋嗇」とも書く。参考「吝」「嗇」ともにけちの意。

【▲吝惜】リンセキ おしむこと。ものおしみすること。類吝嗇(リンショク) 表記「悋惜」とも書く。参考「リンシャク」とも読む。

リン【林】(8) 木4 教 常 10 4651 4E53 音リン 訓はやし 外おおい

筆順 一十才木村材林

意味 ①はやし。木やタケが群がり生えている所。「林間」「森林」②物事が多く集まっていること。「林立」「書林」 参考 木がならびたつ所の意を表す字。

下つき 営林・学林・山林・樹林・植林・書林・辞林・森林・竹林・梅林・密林

【林】はやし ①樹木が広い範囲に群がり生えている所。②同種類の物がたくさん集まった状態。また、その場所。「工場地帯の煙突の―」

【林間】リンカン はやしの間。はやしの中。「―学校に参加する」「―コース」

【林檎】リンゴ バラ科の落葉高木。古くからヨーロッパで栽培され、日本には明治期に渡来。寒地で果樹として栽培。晩春、淡紅色の五弁花をつけ、球形の実を結ぶ。果実は芳香があり、甘酸っぱい。品種が多い。季 秋

【林産】リンサン 山林から産出すること。また、その産出したもの。

【林泉】リンセン 木立といずみ・池。また、それらを配した大きな庭園。

【林相】リンソウ 森林の形態や様相。樹木の種類や状態・樹齢など。

【林藪】リンソウ ①はやしとやぶ。②草深い田舎。③物が多く集まるところ。

【林野】リンヤ はやしと野原。森林と原野。「国有林野の管理などを行う―庁」

【林立】リンリツ はやしのように、多くの細長い物が群がり立つこと。「高層ビルが―する都心」

リン【厘】(9) 厂 7 常 3 4650 4E52 音 リン

筆順 一厂厂厂厂厂厂厘厘

意味 ①貨幣の単位。円の一〇〇〇分の一。②長さの単位。尺の一〇〇〇分の一。③重さの単位。匁の一〇〇〇分の一。④割合の単位。一の一〇〇〇分の一。「五厘差で首位になる」

【厘毛】リンモウ ごくわずかなこと。ほんの少し。「―の狂いもない」類 毫末 参考 一厘や一毛の意。多く、打ち消しの語を伴う。

リン【倫】(10) イ 8 常 準2 4649 4E51 音 リン 訓 外 みち・たぐい・ついで

筆順 ノイイ个伶伶倫倫倫倫

意味 ①みち。人のふみ行うべきみち。「倫理」「人倫」②なかま。ともがら。たぐい。「倫類」「比倫」③ついで。等級。順序。「倫次」

下つき 五倫・人倫・絶倫・大倫・天倫・破倫・比倫・不倫・乱倫

【倫い】たぐい 仲間。ともがら。同類のもの。

【倫】みち 人のふみ守るべきみち。道徳。道理。筋道。「―にはずれた行い」

【倫理】リンリ ①人として守り、ふみ行うべきみち。道徳。「社会人としての―観に乏しい」類 徳義・道義 ②「倫理学」の略。人間の行為の規範や良心などについて研究する学問。

【〈倫敦〉】ロンドン イギリスの首都。イングランド南部のテムズ川下流にあり、政治・経済・文化の中心地。

リン【悋】(10) 忄 7 1 5607 5827 音 リン 訓 やぶさか・ねたむ・おしむ

意味 ①やぶさか。ものおしみする。おしむ。けち。「悋嗇」②ねたむ。嫉妬する。「悋気」

下つき 愛悋・慳悋・貪悋

【悋む】ねたむ やきもちを焼く。嫉妬する。

【悋か】やぶさか ①ものおしみするさま。②ためらうさま。③「…に―でない」の形で、…する努力をおしまない、快く…する。「引退するに―ではない」表記「吝か」とも書く。

【悋気】リンキ 男女間のやきもち。嫉妬。「―は損気」類 悋惜

【悋嗇】リンショク 必要以上にものおしみすること。けち。「彼はひどい―家だ」表記「吝嗇」とも書く。

【悋惜】リンセキ ①ものおしみすること。類 悋嗇 ②嫉妬。類 悋気 表記「吝惜」とも書く。参考「リンシャク・リンジャク」とも読む。

リン【竜】(10) 竜 0 常 4621 4E35 ▼リュウ(一五六九)

リン【淋】(11) 氵 8 準1 4652 4E54 音 リン 訓 さびしい・りんびょう・したたる・そそぐ

意味 ①さびしい。②性病の一種。りんびょう(淋病)。「淋菌」類 痳 ③したたる。「淋漓」④そそぐ。水をそそぐ。

【淋しい】さびしい ①ひっそりとして心細い。「人影のない―い裏通り」②張り合いがない。物足りない。「受賞を褒めてくれる人もなく―い」

【〈淋滲〉】げつつ 生まれたばかりの鳥の羽毛。和毛。

【淋疾】リンシツ 「淋病」に同じ。表記「痳疾」とも書く。

【〈淋巴〉】リンパ 高等動物の組織細胞の間を流れる無色透明の液体。血液から栄養物をとり入れて細胞に送り、細胞から老廃物を受け取って血液に戻すほか、細菌の侵入を防ぐ。淋巴液。「―球」「―管」参考 ドイツ語の音訳。

【〈淋巴〉腺】リンパセン 淋巴管にあるソラマメ大の結節。淋巴節。「あごの―がはれて痛い」

【淋病】リンビョウ 淋菌により感染し、尿道の粘膜に炎症が起こる性病。類 淋疾 表記「痳病」とも書く。

【▲淋▲漓】リンリ ①血や汗などがしたたり落ちるさま。「流汗―」 ②元気があふれ出るさま。筆勢の盛んなさま。「墨痕ボッコン―たる書」

リン【淪】(11) 氵8 1 6245 5E4D 音 リン・ロン 訓 しずむ・ほろぶ

意味 ㊀リン ①しずむ。おちぶれる。また、ほろぶ。「淪没」「淪落」 ②さざなみ。小さい波。㊁ロン「混淪」は水の流れるさま。また、もやもやとまじりあうさま。

下つき 沈淪チンリン

【▲淪む】しずむ ①水中におちて行く。水没する。 ②おちぶれる。滅びる。

【▲淪没】リンボツ ①水中にしずみ隠れること。類沈没 ②おちぶれること。類淪落

【▲淪滅】リンメツ しずんで滅びること。滅びてなくなること。類消滅

【▲淪落】リンラク 身をもちくずすこと。おちぶれること。「―の淵に沈む」類淪没・零落

リン【琳】(12) 王8 準1 4654 4E56 音 リン 訓

意味 美しい玉の名。また、玉が触れ合って鳴る音の形容。「琳宇」「琳琅リンロウ」

〈▲琳▲閣倫〉リンカーン アメリカ合衆国第一六代大統領。奴隷解放宣言を発布し、「人民の人民による人民のための政治」という民主主義の原理を説いた。

【▲琳▲琅】リンロウ ①美しい玉。宝石。 ②美しい詩文などのたとえ。 ③玉が触れあって鳴る音の形容。

リン【痳】(13) 疒8 1 6569 6165 音 リン 訓 りんびょう・せんき

意味 ①性病の一種。りんびょう(痳病)。類淋リ ②せんき。腹や腰が痛む病気。参考「痲マ」は別字。

【▲痳菌】リンキン 淋病の病原体である双球菌。多く、性交により感染する。参考「淋菌」とも書く。

【▲痳病】リンビョウ 痳菌により感染し、尿道などに炎症を起こす性病。表記「淋病」とも書く。

リン【稟】(13) 禾8 1 6740 6348 音 リン・ヒン 訓 こめぐら・ふち・うける・もうす

〔禀〕6741 6349

意味 ①こめぐら。 ②ふち(扶持)。給料として与える米。「稟給」類①②廩リン ③うける。命令を受ける。また、さずかる。「稟議」「稟性」 ④もうす。申し上げる。「稟申」

下つき 異稟イヒン・気稟キヒン・天稟テンピン・牢稟ロウヒン・ロウリン

【▲稟ける】うける ①命令を授かる。 ②天からある性質を授かって生まれる。

【▲稟質】ヒンシツ 生まれつきの性質。類稟性・稟賦・天性

【▲稟性】ヒンセイ 「稟質」に同じ。

【▲稟賦】ヒンプ 生まれつきの性質。天から授かった性質。「―の才能」類稟性・稟質

【▲稟議】リンギ 官庁や会社などで、会議を開くほど重要な事項ではない場合に、担当者が文案を関係者に回覧し承認を得ること。「―書」参考「ヒンギ」とも読む。「リンギ」は慣用読み。

【▲稟申】リンシン 申し上げること。類稟白・上申 参考「ヒンシン」とも読む。「リンシン」は慣用読み。

【▲稟請】リンセイ 申し上げて請求すること。類申請 参考「ヒンセイ」とも読む。「リンセイ」は慣用読み。

リン【鈴】(13) 金5 常 4675 4E6B ▼レイ(一五九六)

リン【▲綾】(14) 糸8 1629 303D ▼リョウ(一五七九)

リン【綸】(14) 糸8 1 6937 6545 音 リン・カン 訓 いと・おさめる

意味 ①いと。太い糸。「糸綸」 ②おさめる。つかさどる。「経綸」 ③天子の言葉。「綸言」「綸旨」 ④おびひも。「綸綬」

下つき 経綸ケイリン・糸綸シリン

【▲綸】いと ①絹糸をより合わせた太い糸。 ②釣り糸。また、弦楽器の糸。

【▲綸言】リンゲン 天子の言葉。みことのり。由来 天子の発言は最初は細い糸のように思われても、末端にいくにつれて太くなり、大きな影響力をもつことから。

【▲綸言汗の△如ごとし】 汗は体から出ると二度と戻せないように、一度君主の口から発せられた言葉は、取り消すことができないということ。〈『漢書カンジョ』〉

【▲綸旨】リンジ 昔、天皇の命を受けて蔵人くろうどが書いて出した文書。類詔勅ショウチョク 参考 綸言の趣旨、綸言の内容の意。「リンシ」とも読む。

【▲綸子】リンズ 精練した生糸で模様を織り出した、地が厚く光沢のある絹織物。表記「綾子」とも書く。

リン【凜】(15) 冫13 1 8405 7425 音 リン 訓 さむい・すさまじい

〔凛〕4959 515B

意味 ①さむい。寒さがきびしい。「凜冽リンレツ」 ②きびしい。りりしい。すさまじい。身や心がひきしまる。「凜然」

〈▲凜▲凜〉しい りりしい きりりとひきしまって勇ましい。「―い青年」

【▲凜乎】リンコ 態度などが、ひきしまって威厳のあるさま。きりっとして勇ましいようす。りりしいようす。「―たる号令」類凜然・凜凜

【▲凜然】リンゼン ①寒さの厳しいようす。「―たる冬景色」 ②「凜乎リンコ」に同じ。

【▲凜と】リンと ①態度などがひきしまって、しっかりとしているさま。「―した態度で会議に臨む」 ②音や声がよく響くさま。「―響き渡る

笛の音ね」③寒さが厳しいさま。「—した冬の朝」

【凛凛】リンリン ①厳しい寒さで身がひきしまるさま。「—たる寒気」②勇ましく勢いがあるさま。「勇気—」類凛乎 ③声などが鋭く響くさま。「美声が—と冴えわたる」

【凛冽・凛烈】リンレツ 寒気が厳しく身にしみ入るさま。

リン【輪】(15) 車 8 常 教 7 4656 4E58 音 リン 訓 わ

筆順 一 亘 亘 車 車 軡 軡 輪 輪 輪

意味 ①わ。車のわ。また、車。「輪禍」「車輪」②わのようなまるい形。「日輪」「年輪」③物の外まわり。「輪郭」「外輪」④まわる。めぐる。かわるがわるする。「輪唱」「輪番」⑤広大なさま。「輪奐(リンカン)」⑥花を数える語。「一輪」

下つき 腕輪(うでわ)・金輪(キンリン)・銀輪(ギンリン)・首輪(くびわ)・九輪(クリン)・競輪(ケイリン)・光輪(コウリン)・車輪(シャリン)・大輪(タイリン)・日輪(ニチリン)・年輪(ネンリン)・半輪(ハンリン)・法輪(ホウリン)・指輪(ゆびわ)

【〈輪鼓〉・〈輪子〉】りゅうご ①鼓(つづみ)のように胴の中央がくびれた形の物。②平安時代の散楽の曲芸の一つ。①のくびれた部分に緒を巻き、回しながら投げ上げたり受け取ったりするもの。表記「立鼓」とも書く。

【輪禍】リンカ 自動車や電車などに、ひかれたりはねられたりする災難。「—に遭う」

【輪郭】リンカク ①物の外側の形を表す線。「顔の—」②物事の大筋。あらまし。アウトライン。「事業の—がようやく見えてきた」類概要 書きかえ「輪廓」の書きかえ字。

【輪廓】リンカク ▼書きかえ 輪郭

【輪姦】リンカン 複数の男が、次々に一人の女性を強姦すること。

【輪奐】リンカン 宮殿などの建物が、壮大で美しいさま。参考「輪」は大きい、「奐」は光りかがやく意。

【輪奐一新】リンカンイッシン 建物が新しくなり、壮大でりっぱになること。〈『宋史(ソウシ)』〉「—した合同庁舎」

【輪講】リンコウ 書物などの一つのテーマについて調べたことを、数人が順々に講義すること。「大学のゼミは—なので下調べがたいへんだ」

【輪作】リンサク 同じ耕地に一定年限ごとに種類を変えて作物を栽培すること。地力の低下と作物の病気を避けるために行う。類輪栽 対連作

【輪唱】リンショウ 同じ旋律を、各声部が数小節の間隔をおいて順々に追いかけるように歌う合唱。

【輪生】リンセイ 茎の一つの節に、茎を囲むように三枚以上の葉がつく状態。対対生・互生

【輪転機】リンテンキ 機械印刷で、円筒形の原版を回転させて印刷する機械。

【輪読】リンドク 一冊の本を複数の人で分担して順番に読み、解釈や研究をすること。「—会を開く」

【輪廻】リンネ 仏肉体が死んだあとも霊魂は不滅で、転々と他の肉体に生まれ変わり死に変わりすること。衆生(シュジョウ)が迷いの世界で限りなく生死を繰り返すこと。類流転

【輪廻転生】リンネテンショウ 仏人が生き変わり、死に変わりしてとどまることのないこと。「転生」は、生まれ変わること。参考「転生輪廻」ともいう。類流転輪廻(ルテンリンネ)

【輪伐】リンバツ 森林の区画を毎年順番に伐採すること。最後を伐採したときには、最初の区画が再び資源として利用できるような伐採法。

【輪番】リンバン 大勢の人が順序を決めて、番に当たること。まわり番。まわり持ち。「公園の清掃は各町内が—で行う」「—制」

【輪舞】リンブ 大勢の人が輪になって踊ること。また、その踊り。ロンド。「—曲」

【輪】わ ①円形のもの。曲げてまるくしたもの。「—になって踊る」「—投げ」「葬式に花—を送る」②車の軸のまわりを回転して、車を進める円形のもの。車輪。③たが。「おけの—がはずれる」

リン【▲鄰】(15) 阝12 7835 6E43 ▼隣の旧字(一五八七)

リン【醂】(15) 酉 8 1 7846 6E4E 音 リン 訓 さわす・あわす

意味 ①さわす。カキ(柿)の渋をぬく。また、渋をぬいたカキ。さわしがき。たるがき。②調理用の酒の一種。「味醂」に用いられる字。

【▲醂す】あわ-す 渋柿(しぶがき)の渋をぬく。さわす。

【▲醂柿】さわしがき 焼酎(ショウチュウ)や湯などに漬けて渋をぬき、甘くなったカキ。

【▲醂す】さわ-す ①焼酎(ショウチュウ)などにつけてカキの渋をぬく。あわす。「渋柿(しぶがき)を—す」季秋 ②水につけてさらす。③黒い漆を、光沢の出ない程度に薄く塗る。

リン【▲隣】(15) 阝12 ▼隣の旧字(一五八七)

リン【廩】(16) 广13 1 5509 5729 音 リン 訓 くら・ふち

意味 ①くら。こめぐら。「倉廩」②ふち(扶持)。給料として与える米。類稟(リン) ③あつまる。あつめる。

下つき 既廩(キリン)・倉廩(ソウリン)

【▲廩】くら 米ぐら。また、作物を入れるくら。表記「稟」とも書く。

リン【懍】(16) 忄13 1 5678 586E 音 リン 訓 おそれる

意味 おそれる。つつしむ。身や心が引き締まる。「懍慄(リンリツ)」「懍懍」

【▲懍れる】おそ-れる 心身を引き締め、かしこまる。つつしむ。

リン【隣】(16) 阝13 常 4 4657 4E59 音 リン 訓 となる・となり

旧字《鄰》(15) 阝12 1/準1 7835 6E43

旧字《隣》(15) 阝12 1/準1

筆順 2 5 9 12

意味 となり。となりあう。「隣国」「隣接」

下つき 郷隣（キョウリン）・近隣（キンリン）・善隣（ゼンリン）・比隣（ヒリン）

【隣り】となり 並んで接していること。また、その場所や家。「たまたま友人が―に着席した」「―にもおすそ分けしよう」

〘隣の白飯（しろめし）より内の粟飯（あわめし）〙 他人の世話や恩を受けるのは、心苦しく気苦労が多いたとえ。となりの家で白米のご飯をご馳走（チソウ）になるよりも、たとえ粗末な粟飯でも自分の家で食べたほうが気楽だという意から。

〘隣の花は赤い〙 どんな物でも他人の物は自分の物よりもよく見え、うらやましく思えるたとえ。また、すぐに人の持っている変わった物を欲しがるたとえ。類隣の芝生は青い・隣の糂汰味噌（ジンダミソ）

【隣る】となる 並んで接している。互いにとなりどうしである。境界を接する。「二軒の家が―り合って並ぶ」

【隣家】リンカ となりの家。「―から楽しそうな笑い声が聞こえる」「―の犬がうるさい」

【隣国】リンゴク となりの国。国境を接している国。類隣邦

【隣室】リンシツ となりの部屋。「―の物音が気になって眠れない」

【隣人】リンジン となりの人。近所の人。また、身近にいる人。「―と仲よくしよう」「―と花見に行く」

【隣接】リンセツ となり合って続いていること。「住宅地に―して公園がある」「―する国どうしの交流」

【隣地】リンチ となりの土地。隣接している土地。「―にマンションが建つ」

【隣保】リンポ ①となり近所の人々。②近所の人々が互いに助け合うための組織。となり組。「―制」参考「保」は、責任を引き受け合う意。

【隣邦】リンポウ 「隣国」に同じ。

リン【霖】

(16) 雨8 1 8035 7043 音 リン 訓 ながあめ

意味 ながあめ。三日以上降り続く雨。「霖雨」

下つき 陰霖（インリン）・秋霖（シュウリン）・春霖（シュンリン）・梅霖（バイリン）

【霖】ながあめ 何日も降り続く雨。特に、三日以上降り続く雨。参考「霪」と書けば、一〇日以上続く雨の意になる。

【霖雨】リンウ ①いく日も降り続く雨。ながあめ。類淫雨（インウ）・宿雨 ②恩恵のたとえ。

〘霖雨蒼生（リンウソウセイ）〙 苦しむ者に恵みを与えること。また、民を苦しみから救う慈悲深い人のこと。「蒼生」は多くの人民の意。

リン【燐】★

(17) 火13 準1 4653 4E55 音 リン 訓

〔燐〕

意味 ①非金属元素の一つ。「黄燐」②おにび(鬼火)。きつねび。ひとだま。「燐火」

下つき 黄燐（オウリン）・赤燐（セキリン）

〈燐寸〉マッチ 軸木の先につけてある発火剤をこすって火を出す用具。

【燐火】リンカ 墓地や沼地などで、自然に発生する青白い火。燐が燃える現象という。狐火（きつねび）。鬼火。ひだま。

【燐光】リンコウ ①黄燐（オウリン）が空中で自然に発する青白い光。②光を受けた物質が、その光を取り去ったのちも、しばらくの間自ら発光し続ける現象。対蛍光

【燐酸】リンサン 燐の酸化物と水とが結合してできる酸の総称。無色の柱状結晶で、吸湿性が強い。医薬・工業用。「―肥料」

リン【臨】

(18) 臣11 教 常 5 4655 4E57 音 リン 訓 のぞむ㊥

筆順 3 5 12 15 18

意味 ①のぞむ。㋐見おろす。うえに立つ。「君臨」㋑身分の高い者がその場に出むく。「来臨」「光臨」㋒目の前にする。その場に居合わせる。「臨海」「臨終」②そばに置いて手本にする。写す。「臨書」「臨模」

下つき 君臨（クンリン）・光臨（コウリン）・降臨（コウリン）・照臨（ショウリン）・親臨（シンリン）・台臨（タイリン）・登臨（トウリン）・来臨（ライリン）

【臨む】のぞ-む ①目の前にする。面する。「灯台は海に―んで立っている」「湖を―む村」②支配者として人々に対する。君臨する。「慈悲の心をもって統治に―む」③ある場所や会などに参加する。出席する。「準備万端で試合に―んだ」「正装して受賞式に―んだ」④あることに出あう。直面する。「危機に―んでは全力を尽くす覚悟だ」

【臨淵羨魚】リンエンセンギョ いたずらにむなしい望みを抱くたとえ。川のほとりで魚を捕まえたいと願っても、まずは家に帰って網を作らねばならないということから、適切な手段を講じなければ、願いはかなえられないという教え。《漢書（カンジョ）》参考「淵（ふち）に臨んで魚（うお）を羨（うらや）む」ともいう。

【臨海】リンカイ 海に面していること。海のそばにあること。「夏には―学校が開かれる」

【臨界】リンカイ ①さかい。境界。特に、物質がある状態から別の状態へ変化を始めるさかい目。②原子炉で、核分裂が継続的に進行し始めるさかい目。「―事故」参考「界」はさかいの意。

【臨機】リンキ その場や時に応じて適当な処置をとること。「―の対応」

〘臨機応変（リンキオウヘン）〙 状況や事態の変化に応じて、柔軟にそれにふさわしい処置をすること。「応変」は変化に応じること。

「混乱が生じればーに対応する」類随機応変・量体裁衣

【臨月】リンゲツ 出産予定の月。うみづき。「ーを迎えた妊婦」

【臨検】リンケン ①現場に行って調べること。立ち入り検査。②行政機関の職員が、行政法規が実施されているか監視するために、営業所・工場などに立ち入って検査すること。③国際法上、船舶を捕獲するかどうか決定するために、船舶の国籍や海員などについての書類を検査すること。

【臨港】リンコウ 施設や鉄道などが、港までのびていること。港のすぐそばにあること。「ー線（港まで引いた鉄道線路）」

【臨済宗】リンザイシュウ 仏禅宗の一派。中国、唐代の高僧、臨済が開祖。日本には鎌倉時代に栄西が伝えた。

【臨時】リンジ ①その時にのぞんで特別に行うこと。不定時。「ー休業の札がかかっていた」対定例 ②当面の間に合わせ。一時的なこと。「ーのアルバイト」

【臨写】リンシャ 手本や原本を見て、文字や絵をうつすこと。類臨書

【臨終】リンジュウ 人の生命の尽きようとするとき。いまわのきわ。また、死ぬこと。「ごーです」類末期・最期

【臨終正念】リンジュウショウネン 仏死に面しても、心が安らかで乱れないこと。また、死にのぞんで心静かに阿弥陀仏を念じ、極楽往生を信じて疑わないこと。「凡人はーの域にはなかなか達せない」

【臨書】リンショ 手本を見て、そのとおりに文字を書くこと。また、その書。「顔真卿の字をーする」類臨写 対自運

【臨床】リンショウ ①病人の寝ているそばまで行くこと。「ー尋問」②実際に病人に接して診察し治療すること。「ー心理学」「ー医と研究医」

【臨場】リンジョウ その場所に行くこと。居合わせること。「ー感あふれる描写」類臨席

【臨席】リンセキ その席にのぞむこと。会合や式などに出席すること。「全員でー態勢をとる」

【臨戦】リンセン 戦いにのぞむこと。「御ーの皆様」類臨場・列席

【臨池】リンチ 習字。書道。故事中国、後漢の張芝が池のそばで熱心に書道を練習したために、墨で池の水が黒くなったという故事から。〈王羲之の文〉

【臨模・臨摸】リンモ 書画などの手本を見ながら、実物そっくりに書き写すこと。また、手本を透き写しすること。参考「リンボ」とも読む。

リン【藺】(19) 艹16 1 7334 / 6942 音リン 訓い・いぐさ

意味 い。いぐさ（藺草）。イグサ科の多年草。

【藺】い イグサ科の多年草。湿地に自生、また水田で栽培。茎は長さ約一メートルで節がなく、畳表や花むしろの材料になる。昔、髄は灯心に用いた。イグサ。トウシンソウ。季夏 表記「莞」とも書く。

【藺草】いぐさ 「藺」に同じ。

リン【驎】(22) 馬12 1 9419 / 7E33 音リン

意味 くちびるが黒い白ウマ。また、まだら模様のウマ。連銭葦毛。

リン【麟】(23) 鹿12 ▼麟の旧字（一五八八）

リン【鱗】★(24) 魚13 準1 4658 / 4E5A 音リン 訓うろこ

〔鱗〕

意味 うろこ。魚のうろこ。また、うろこ状のもの。「鱗羽」「鱗虫」

下つき 円鱗・介鱗・魚鱗・金鱗・銀鱗・逆鱗・片鱗

【鱗】うろこ 魚類や爬虫類などの体の表面を、並んだようにおおっている薄い小片。

【鱗雲】うろこぐも 巻積雲の通称。魚のうろこ状に白い雲が点々と広がる。いわしぐも。さばぐも。季秋 参考「リンウン」とも読む。

【鱗介】リンカイ 魚類と貝類。海産物の総称。類魚介 参考「介」は、かたい殻の意。

【鱗茎】リンケイ 地下茎の一種。養分を貯えて厚く変形した葉が、地中の茎のまわりを取り巻き、球形になったもの。タマネギ・ユリなど。

【鱗甲】リンコウ ①うろこと甲羅。②鎧の小札。由来②鉄や革の小さな板が、うろこ状になっていることから。

【鱗次・櫛比】リンジシッピ 魚のうろこや櫛の歯のように、多くのものが整然と並ぶこと。「次」「比」は順に並ぶ意。

【鱗屑】リンセツ 皮膚の表面の角質層が老化などにより、うろこ状になってはがれ落ちるもの。頭のふけなど。

【鱗粉】リンプン チョウやガなどのはねについている、微細なうろこ状の粉。

【鱗片】リンペン ①一枚のうろこ。②うろこ状のもの。小さなかけら。「ー葉」

リン【麟】(24) 鹿13 準1 4659 / 4E5B 音リン 訓きりん

旧字《麟》(23) 鹿12 1/準1

意味 中国の想像上の獣「きりん（麒麟）」のこと。聖人が世に現れるとき出現するとされ、聖人・英才にたとえられる。「麟角」「麟鳳」

下つき 獲麟・麒麟

【麟子・鳳雛】リンシホウスウ 将来希望がもてる子どものたとえ。麒麟の子と鳳凰のひなの意。麒麟も鳳凰も想像上の動物で、これらが現れると、めでたい兆しとされた。〈『易林』〉類竜駒鳳雛・飛兎竜文・伏

竜鳳雛

【麟鳳亀竜】リンホウキリュウ 麒麟(キリン)・鳳凰(ホウオウ)・亀(かめ)・竜の四種の霊獣・霊鳥。亀以外は想像上の動物。めでたいことの前兆として現れるという。四霊。〈『礼記(ライキ)』〉 参考「亀竜」は「キリョウ」とも読む。

リン【躪】(26) ⻊19 1 7725 6D39 音 リン 訓 にじる・ふみにじる

〔躙〕7724 6D38

意味 ふむ。ふみにじる。「蹂躪(ジュウリン)」

【躪る】にじる ①座ったまま、ひざを地に押しつけて進む。「座敷に―って入る」「―り寄る」②押しつけてすり動かす。じりじりと押しつぶす。「煙草(タバコ)の吸い殻を踏み―る」

る ル 留 流

ル【流】(10) 氵7 教 4614 4E2E ▼リュウ(一五六六)

ル【留】(10) 田5 教 4617 4E31 ▼リュウ(一五六八)

ル【婁】(11) 女8 準1 4712 4F2C 音 ル・ロウ 訓 つなぐ・つながれる

意味 ①ひく。ひきよせる。②むなしい。から。中空。③つなぐ。ウシをつなぐ。つながれる。

ル【琉】(11) ⺩7 4616 4E30 ▼リュウ(一五七〇)

ル【僂】(13) イ11 4904 5124 ▼ロウ(一六一七)

ル【屢】★(14) 尸11 準1 4764 4F60 音 ル 訓 しばしば

〔屡〕2840 3C48

意味 しばしば。たびたび。「屢次」

【屢雨】しばあめ 時おりさっと降る雨。にわか雨。叢雨(むらさめ)。

【屢・〈屢屢〉】しばしば たびたび。しきりに。何度も。「外国で―見る庭園のようだ」

【屢次】ルジ たび重なること。しばしばであること。「―の洪水で町並みが変わった」

【屢述】ルジュツ 何度も述べること。繰り返し述べること。「すでに―したとおりです」類 屢説

ル【瑠】(14) ⺩10 常 2 4660 4E5C 音 ル 訓

〔瑠〕1 6469 6065

筆順 2 4 11 14

意味 七宝の一つ「瑠璃(ルリ)」のこと。

【瑠璃】ルリ ①仏 光沢のある美しい青色の宝石。七宝の一つ。「―の光も磨(みが)きがら」②美しい青色の鉱物。装飾用や粉末にして絵の具に用いる。③「瑠璃色」の略。④ガラスの古称。由来 梵語(ボンゴ)から。

【瑠璃は脆(もろ)し】すぐれたもの、美しいものは、傷み壊れやすいたとえ。由来 唐の詩人白居易が「簡簡吟(カンカンギン)」のなかで、薄命の美少女、簡簡を歌った詩句から。類 美人薄命・佳人薄命

【瑠璃も玻璃(ハリ)も照らせば光る】すぐれた資質や才能のもち主は、どんなところにいても目立つということ。「玻璃」は水晶のこと。瑠璃や玻璃は他の石のなかに混じっていても、光を当てれば美しく輝いてすぐにそれとわかることから。

【瑠璃色】ルリいろ 紫がかった美しい青色。鉱物の瑠璃の色。

【瑠璃鳥】ルリチョウ ①ヒタキ科の鳥。南アジアにすむ。青や紫色の美しい羽をもち、よくさえずる。②オオルリの別称。季 夏

【瑠璃鶲】ルリびたき ヒタキ科の小鳥。日本では亜高山帯で繁殖し、寒くなると低地に移る。全長約一四センチ。雄は背に美しい瑠璃色の羽をもつ。季 夏

ル【瑠】(16) ⺩12 6469 6065 ▼瑠の異体字(一五八九)

ル【褸】(16) 衤11 1 7490 6A7A 音 ル・ロウ 訓 つづれ・ぼろ

意味 つづれ。ぼろ。ぼろきれ。「襤褸(ランル)」

ル【縷】(17) 糸11 1 6963 655F 音 ル・ロウ 訓 いと・いとすじ・こまかい・ぼろ

意味 ①いと。いとのように長いもの。いとすじ。「一縷」②こまかい。くわしい。「縷言」「縷述」③ぼろ。ぼろきれ。「襤縷(ランル)」類 褸

下つき 一縷(イチル)・金縷(キンル)・線縷(センル)・襤縷(ランル)

【縷言】ルゲン こまごまと詳しく言うこと。また、その言葉。類 縷述・縷説

【縷紅草】ルコウソウ ヒルガオ科のつる性一年草。熱帯アメリカ原産。葉は羽状に深く切れこむ。夏、鮮紅色で、先が五裂したラッパ形の花をつける。観賞用。カボチャアサガオ。季 夏

【縷述】ルジュツ こまごまと述べること。詳しく述べること。類 縷陳・詳述

【縷説】ルセツ こまごまと詳しく説明すること。類 詳説・縷言

【縷陳】ルチン 「縷述」に同じ。

【縷縷】ルル ①糸のように、細く長く続くさま。「―として流れる川」②こまごまと詳しく述べるさま。「理由を―説明する」

【縷縷綿綿】ルルメンメン 話が長くて、くどくどしいさま。「綿綿」も長く続いて絶えないさまで、「縷縷」と重ね 参考

て意味を強める。「思い出話を—と聞かされる」

ル【▲廬】(19) 广16 5510 572A ▼ロ(一六一〇)

ル【▲鏤】(19) 金11 7927 6F3B ▼ロウ(一六一九)

ルイ【泪】(8) 氵5 1 6205 5E25 音 ルイ 訓 なみだ

意味 なみだ。なみだを流す。

ルイ【涙】(10) 氵7 常 4 4662 4E5E 音 ルイ 訓 なみだ

旧字《淚》(11) 氵8 1/準1 8683 7673

筆順 丶 丶 氵 氵 沪 沪 沪 涙 涙 涙

意味 なみだ。なみだを流す。「感涙」「落涙」

下つき 感涙(カンルイ)・血涙(ケツルイ)・催涙(サイルイ)・熱涙(ネツルイ)・落涙(ラクルイ)

【涙】なみだ ①感動したときや刺激を受けたときなどに、涙腺(ルイセン)から出て眼球をうるおす透明な液体。「悲しみの—に暮れる」「—を呑(の)む(悔しさをこらえる)」②人情。思いやり。「血も—も無い」
表記「泪」とも書く。

【涙ぐむ】なみだぐむ 涙がこぼれそうになる。目に涙をためる。「友人からの励ましの手紙に思わず—む」

【涙▲脆い】なみだもろい ①物事に感じやすく、ちょっとしたことにも涙を流しやすい。「年をとると—くなる」②情にもろい。人情に負けやすい。

【涙▲淵】ルイエン 涙があふれる状態を淵(ふち)にたとえた語。「—に沈む(ひどく悲しむ)」

【涙管】ルイカン 涙が目から鼻腔(ビコウ)へとおる管。上下二本ある。類 涙道

【涙痕】ルイコン 涙の跡。涙の流れた跡。「頰(ほお)に残る—」

【涙腺】ルイセン 涙を分泌する腺。眼窩(ガンカ)上部隅にある。「悲しい映画を観ると—が緩む」

【涙▲嚢】ルイノウ 涙を鼻腔(ビコウ)へ送る涙道の一部。鼻のつけね付近の両側にあり、涙をためて涙管へ送るはたらきをする。

ルイ【▲淚】(11) 氵8 8683 7673 ▼涙の旧字(一五九〇)

ルイ【累】(11) 糸5 常 準2 4663 4E5F 音 ルイ 訓 外 しばる・かさねる・かさなる・しきりに・わずらわす

筆順 丨 冂 冂 田 田 甲 罒 罒 罜 累 累 11

意味 ①しばる。つなぐ。②かさねる。かさなる。また、しきりに。「累加」「累積」③つながる。かかわりあい。また、わずらい。「係累」④わずらわす。まきぞえをくわす。

下つき 家累(カルイ)・係累(ケイルイ)・繫累(ケイルイ)・小累(ショウルイ)・世累(セイルイ)・俗累(ゾクルイ)・煩累(ハンルイ)・連累(レンルイ)

【△累なる】かさなる つぎつぎにかさね加わる。物事が、つながって積みかさなる。「疲労が—なる」

【累加】ルイカ かさなり加わること。また、かさねて加えること。つぎつぎに加えること。類 累積

【累計】ルイケイ 小計をつぎつぎに加えて合計を出すこと。また、その合計。「選挙区ごとの得票数を—する」類 累算・総計

【累減】ルイゲン 次第に減ること。また、次第に減らすこと。対 累増

【累▲坐】ルイザ 他人の罪に関連して、自分も罰せられること。類 連座

【累次】ルイジ 次々にかさなること。何度も続いて起こること。「—の災害による産業の停滞は深刻だ」

【累乗】ルイジョウ 同じ数や文字を、何回か掛け合わせること。また、その積。冪(ベキ)。

【累進】ルイシン ①地位などがつぎつぎに上がっていくこと。②数量が増すにつれて、それに対する比率も高くなっていくこと。「—税率は所得の多い人ほど高くなる」

【累世同居】ルイセイドウキョ 幾代にもわたる同族が、同じ家にともに住むこと。
参考「累世」は世代を重ねる、代々の意。

【累積】ルイセキ つぎつぎに積みかさなること。また、積みかさねること。「—赤字の解消」

【累増】ルイゾウ 数量などがだんだんに増えること。また、だんだんに増やすこと。「人口が—する」類 逓増(テイゾウ) 対 累減

【累代】ルイダイ 代をかさねること。代々。歴代。「—の墓」類 累世

【累犯】ルイハン ①何度も罪を犯すこと。②懲役に処せられた者が、前回の刑の執行の終了または免除の日から五年以内に、再び罪を犯して有期懲役に処せられること。

【累卵】ルイラン 卵を積みかさねること。転じて、不安定で非常に危険な状態のたとえ。

【累卵の危うき】ルイランのあやうき 非常に不安定で危ういことのたとえ。積みかさねた卵がくずれてこわれやすいように、不安定で危ういこと。《『韓非子(カンピシ)』》類 危機一髪

【累累】ルイルイ ①付近一帯に数多くかさなり合っているさま。「死屍(シシ)—」②連なり続くようす。「—たる杉木立」

ルイ【塁】(12) 土9 常 準2 4661 4E5D 音 ルイ 訓 外 とりで・かさねる

旧字《壘》(18) 土15 1/準1 5262 545E

筆順 丨 冂 冂 田 田 2 田 田 5 畾 畾 壘 塁

意味 ①とりで。土をかさねて築いた小城。「塁壁」「孤塁」②るい。野球のベース。「塁審」「本塁」③かさねる。かさなる。「塁塁」類 累

下つき 堅塁(ケンルイ)・孤塁(コルイ)・残塁(ザンルイ)・城塁(ジョウルイ)・石塁(セキルイ)・土塁(ドルイ)・保塁(ホウルイ)・本塁(ホンルイ)・満塁(マンルイ)

【△塁】とりで　土や石をかさねてつくった臨時の小さな城。参考「ルイ」と読めば、野球のベースの意。

【塁審】ルイシン　野球で、一・二・三塁のそばにつく審判員。類球審・線審

【塁壁】ルイヘキ　とりでの壁。また、城のかこい。「—を築く」類城壁

【塁塁】ルイルイ　①積みかさなるさま。「—たる死体の山」②墓などが連なり続くさま。

ルイ【誄】(13) 言6 1 7549 6B51 音ルイ 訓しのびごと・いのりごと

意味 しのびごと。死者の生前の功徳をたたえる言葉。「誄詞」

下つき 銘誄メイルイ

【▲誄】しのびごと　死者の生前の行いや功徳をたたえて、死をいたむ言葉。誄詞ルイシ。誄辞。参考「ルイ」とも読む。

【▲誄詞】ルイシ　死者を弔い哀悼の意を表すために、故人の生前の功業を数え上げて述べた歌や言葉。しのびうた。類誄歌

【▲誄文】ルイブン　故人の生前の功業をたたえる文章。「遺稿集に恩師の—を掲載する」

ルイ【瘰】(16) 疒11 1 6580 6170 音ルイ 訓

意味 病気の名「瘰癧ルイレキ」に用いられる字。

【▲瘰▲癧】ルイレキ　頸部ケイブリンパ節結核の古称。頸部などのリンパ腺センが結核菌におかされて腫はれ、しこりができる病気。

ルイ【縲】(17) 糸11 1 6964 6560 音ルイ 訓なわ・つなぐ・しばる

意味 ①なわ。とりなわ。罪人をしばるなわ。「縲絏ルイセツ」②つなぐ。しばる。

【▲縲▲絏・▲縲▲紲】ルイセツ　罪人として獄に入れられること。縄目にかかること。「—の辱はずかしめ」参考「縲」は獄中で罪人をつなぐ黒い縄、「絏・紲」はつなぐ意。

ルイ【▲壘】(18) 土15 5262 545E ▼塁の旧字(一五九〇)

ルイ【類】(18) 頁9 教 常 7 4664 4E60 音ルイ 訓たぐい ㊀たぐい・たぐえる・にる

旧字《類》(19) 頁10 1/準1 9404 7E24

筆順 丷 丬 半 米 类 类 类 類 類 類（2 6 9 13 16 18）

意味 ①たぐい。なかま。同種・同等のものの集まり。「類型」「類書」②にる。似ている。また、似た状態になる。「類似」「類焼」③区別する。「類別」「分類」

下つき 衣類イルイ・種類シュルイ・生類ショウルイ・書類ショルイ・親類シンルイ・人類ジンルイ・同類ドウルイ・比類ヒルイ・部類ブルイ・分類ブンルイ

【類い】たぐい　同じ仲間のもの。似たもの。同じ種類。「蛇の—は大嫌い」「盗まれたのは時計や宝石の—だ」「—ない美人」参考「類たぐい」とも。

【△類える】たぐえる　似たものを並べて比較する。なぞらえる。「その美しさは他に—えるものがない」

【類縁】ルイエン　①血のつながった縁者。一族。身内。類親類　②生物の形状・性質などが似かよっていて、近い関係にあること。「—関係」

【類火】ルイカ　他から燃え移ってきた火事。もらい火。類類焼　対自火

【類義語】ルイギゴ　意味が同じ、または似かよっている語。「預金」と「貯金」、「美しい」と「きれい」など。類語。対対義語

【類型】ルイケイ　①似た性質のものを集め、共通点を取り出してまとめあげた型。タイプ。「民話には幾つかの—がある」「—が異なる」②個性のない、ありふれたもの。「—的な商品」「作中人物の描写が—的だ」

【類▲纂】ルイサン　同種類の文献・資料を集めて編纂すること。また、その書物。類類従・類聚ルイジュウ

【類字】ルイジ　形の似ている漢字。「爪つめ」と「瓜うり」、「鳥とり」と「烏からす」、「己」と「已」など。

【類似】ルイジ　二つ以上のものの間に、似かよった点があること。「—品が出回り迷惑している」「—の事件」

【類従】ルイジュウ　種類にしたがって集めること。また、その集めたもの。「群書—」類類纂ルイサン

【類▲聚】ルイジュウ　同じ種類の事柄を集めること。また、その集めたもの。「—国史」「—名義抄」類類集・類纂ルイサン　参考「ルイジュ」とも読む。

【類書】ルイショ　①ある本と内容や形式が同種類の本。似ている本。類類本　②内容を項目別に分類して編集した書物。

【類焼】ルイショウ　他から出た火事が燃え移って焼けること。「—をまぬかれた」類類火

【類人猿】ルイジンエン　ショウジョウ科の哺乳ホニュウ動物の総称。ヒトに最も近く、知能が発達したサル類。ゴリラ・チンパンジー・オランウータン・テナガザルの四種。ヒトニザル。

【類推】ルイスイ　類似点に基づいて、他のことをおしはかること。アナロジー。「新聞記事から事件の背景を—する」類類比

【類する】ルイ—する　似る。似かよう。同じ類に入っている。「この病気に—する症例は他にない」

【類題】ルイダイ　①和歌・俳句などを似かよった題によって集めたもの。「—歌集」②同じ種類の問題。似かよった問題。「前年の—が出たので簡単に解けた」

【類は友を呼ぶ】ルイはともをよぶ　似かよった性向をもつ者は、自然に寄り集まるものであるということ。

【類比】ルイヒ　①比較すること。くらべ合わせること。②「類推」に同じ。

【類別】ルイベツ　種類ごとに分けること。「図書館は蔵書をうまく—してある」類分類

【類例】ルイレイ 同じ種類の例。似かよった例。「世界に―のない珍しい習慣」

ルイ【羸】 (19) 羊13 1 7032 6640 音 ルイ 訓 やせる・つかれる・よわる・よわい

意味 やせる。つかれる。よわる。また、よわい。「羸弱」「羸兵」

下つき 餓羸・痩羸・病羸・疲羸・老羸

【羸れる】つかれる 力がなくなって衰える。ぐったりする。

【羸弱】ルイジャク 体が弱いこと。また、疲労で衰弱すること。

【羸痩】ルイソウ つかれてやせること。やせ衰えること。

ルイ【▲類】(19) 頁10 9404 7E24 ▼類の旧字(一五九一)

るつぼ【▲堝】(12) ±9 5238 5446 ▼カ(一五三)

れ 礼 レ 礼

レイ【令】 (5) 人3 常 教 7 4665 4E61 音 レイ 外リョウ 訓 外いいつけ・おさ・よい

筆順 ノ 人 𠆢 今 令

意味 ①いいつける。命じる。いいつけ。「令状」「命令」②のり。きまり。おきて。「訓令」「法令」③おさ。長官。「県令」④よい。りっぱな。「令色」「令名」⑤他人の親族に対する敬称。「令室」「令嬢」

下つき 禁令・訓令・号令・司令・指令・辞令・政令・勅令・伝令・法令・命令・律令

【△令外官】リョウゲのカン 古代日本の律令制で、令に規定された以外の官職や官庁。内大臣・参議・中納言・征夷大将軍など。参考「令」は「律」とともに国家制度全般についての基本法典。

【△令旨】リョウジ 皇太子や太皇太后・皇太后・皇后の命令を記す文書。のち、親王・女院などのものもいう。「以仁王が平氏討伐の―を発した」参考「レイシ」とも読む。

【令△法】リョウブ リョウブ科の落葉小高木。山地に自生。庭植えもする。樹皮ははがれやすく、幹は滑らか。葉は長楕円形で輪状につく。夏、枝先に白い小花を穂状に多数つける。若葉は食用。美しい幹は床柱に利用。ハタツモリ。季春 由来「令法」は漢名から。

【令▲尹】レイイン ①中国、周代、楚国の最上位の官。転じて、宰相。②地方長官。由来②県の長官を「令」、府の長官を「尹」としたことから。

【令兄】レイケイ 他人の兄を敬っていう語。「―にお伝えください」対令弟 参考多く、手紙文で用いる。

【令▲閨】レイケイ 「令室」に同じ。

【令室】レイシツ 他人の妻を敬っていう語。令夫人。類令閨

【令書】レイショ 官庁が私人に対し、行政上の命令を書き記した文書。「徴税―」類令状

【令状】レイジョウ ①命令を記した書状。「召集―」②法律で、逮捕・勾引・差し押さえ・捜索など、強制処分を行うために裁判所が発する書状。類令書

【令嬢】レイジョウ ①他人の娘を敬っていう語。対令息 ②良家の娘。「深窓の―」

【令色】レイショク 人に気に入られるように、こびへつらう顔つき。「巧言―」

【令婿】レイセイ 他人のむこを敬っていう語。参考「女婿」は、むすめむこ。

【令息】レイソク 他人の息子を敬っていう語。御子息。対令嬢

【令達】レイタツ 命令を伝えること。また、その命令。「全員に―する」

【令夫人】レイフジン 「令室」に同じ。

【令妹】レイマイ 他人の妹を敬っていう語。対令姉

【令名】レイメイ よい評判。「―を馳せる」「―が高い」類名声・令聞

レイ【礼】 (5) ネ1 常 教 8 4673 4E69 音 レイ・ライ高 訓 外のり・うやまう

旧字《禮》(18) ネ13 1/準1 6725 6339

筆順 、 ラ ネ 礼

意味 ①秩序ある社会生活を営むうえでの定まった作法や儀式。のり。「礼儀」「礼節」②うやまう。敬意をはらう。「礼賛」「拝礼」③感謝の気持ち。「礼状」「謝礼」参考「礼」の旁が片仮名の「レ」に、草書体が平仮名の「れ」になった。

下つき 虚礼・儀礼・敬礼・欠礼・婚礼・祭礼・失礼・謝礼・巡礼・洗礼・葬礼・大礼・朝礼・典礼・答礼・拝礼・非礼・無礼・返礼・目礼・黙礼

【礼賛・礼▲讃】ライサン ①ありがたい、すばらしいと思ってほめること。「日本の伝統美を―する」類賞賛 ②仏を礼拝して、その功徳をほめたたえること。「―舞」

【礼拝】ライハイ 合掌したりひざまずいたりして、敬い拝むこと。特に、仏教でいう語。参考「レイハイ」と読めば、キリスト教やイスラム教で使うことが多い。

【礼盤】ライバン 寺院で、本尊の前の高い壇。導師が着座して読経する。

【礼儀】レイギ 社会生活の秩序を保つために、人が守るべき行動や作法。人がふみ行うべき規律。「―正しく挨拶する」類礼法・礼節

【礼儀は富足に生ず】人は富んでいれば、自然と

礼儀を重んじるようになるということ。「富足」は富んで満ち足りること。『潜夫論（センプロン）』 参考 あとに「盗窃は貧窮に起こる」と続く。類 衣食足りて礼節を知る

【礼金】レイキン ①謝礼として出す金銭。②部屋や家を借りるときに、家主に謝礼として払う一時金。「—一つ、敷金二つ」

【礼遇】レイグウ 礼儀を尽くした待遇。厚いもてなし。類 厚遇

【礼式】レイシキ ①礼儀を表す法式。礼儀作法。マナー。「—にかなう」類 礼法 ②礼意を表すために贈る品。

【礼状】レイジョウ 謝礼の手紙。感謝の意を記した書状。「—をしたためる」

【礼節】レイセツ 社会生活の秩序を保つために必要とされる行儀や作法。礼儀と節度。「—を重んじる」

【礼装】レイソウ 儀式に出るとき、礼式にかなった服装をすること。また、その服装。「—して式典に臨む」類 礼服

【礼典】レイテン ①礼に関するきまり。また、それを書き記した書物。類 礼法 ②礼法にのっとった儀式。

【礼▲奠】レイテン 神仏や死者の霊に供物を供えること。また、その供物。

【礼服】レイフク 儀式・儀礼に着る正式の衣服。類 礼装 対 平服

【礼法】レイホウ 礼儀の法式。礼儀作法。「—にもとる」類 礼式

【礼砲】レイホウ 軍隊の礼式の一つで、敬意・祝意・弔意などのしるしとして放つ空砲。

【礼物】レイモツ 謝礼として贈る品。お礼の品物。

レイ【伶】

(7) イ 5 準1 4666 4E62

音 レイ
訓 わざおぎ・さかしい

意味 ①音楽を奏する人。楽人。わざおぎ。「伶人」②かしこい。さとい。さかしい。「伶俐（レイリ）」

【伶官】レイカン 宮廷で、音楽を奏する役の人。宮廷の楽師。類 楽官・伶人

【伶人】レイジン 音楽を演奏する人。特に、雅楽を演奏する人。類 楽人（ガクニン）・楽師

【伶俐】レイリ 頭のはたらきがすぐれていて、賢いこと。利口なこと。「—な少年」類 聡明（ソウメイ） 表記「怜悧」とも書く。

レイ【冷】

(7) 冫 5 常 教 7 4668 4E64

音 レイ
訓 つめたい・ひえる・ひや・ひやす・ひやかす・さめる・さます

筆順 丶 冫 冫 冫 冷 冷 冷

意味 ①ひえる。ひやす。つめたい。「冷却」「寒冷」対 温・暖・熱 ②心がつめたい。情がうすい。「冷酷」「冷淡」③おちついたさま。「冷静」「冷徹」④さびしい。活気がない。「冷落」

下つき 寒冷（カンレイ）・秋冷（シュウレイ）・水冷（スイレイ）・清冷（セイレイ）

【冷める】さめる ①熱いものの温度が下がる。ぬるくなる。「お茶が—める」②高まった気持ちや関心が薄らぐ。熱意を失う。「興が—める」「愛情が—める」

〈冷笑〉う せせらわらう 軽蔑（ケイベツ）して声をおさえて笑う。あざけり笑う。冷笑する。「鼻の先で—う」「ばかにして—う」

【冷たい】つめたい ①温度が低く、触れた感触がひやりとする。「—い水をひと息に飲む」②人情が薄い。冷淡である。「最近彼女は—くなった」「—い態度をとる」「—くあしらう」

【冷える】ひえる ①温度が下がる。寒くなる。また、そのように感じる。「朝夕は—えこむようになった」「戸外にいて手足が—えた」②熱意・興味・愛情などの度合が衰える。「二人の間は—えきったままだ」③景気や相場などが悪くなる。「景気が—えこむ」

【冷や】ひや ①「冷や酒」の略。燗（かん）をしていない酒。冷酒。「酒は—にかぎる」②「冷や水」の略。つめたい水。「お—を一杯いかがですか」

【冷やかす】ひやかす ①相手が気にするようなことを言ってからかう。茶化す。「新婚夫婦を—す」②買う気がないのに、品定めをしたり値段を聞いたりする。「縁日の夜店を—して回る」表記 ②「素見す」とも書く。

【冷麦】ひやむぎ 細く打ったうどんのような麺類（メンルイ）。ゆでてから氷や水でつめたくひやし、つけ汁をつけて食べる。季 夏

【冷▲奴】ひややっこ 豆腐をひやし、薬味をのせて醤油（ショウユ）などをかけて食べるもの。やっこ豆腐。季 夏

【冷暗】レイアン 日光をさえぎり、暗くて温度の低いこと。「—所で保存してください」

【冷雨】レイウ つめたい雨。類 氷雨（ひさめ）

【冷害】レイガイ 異常気象などのために、夏季が低温だったり日照不足だったりして生じる農作物の被害。特に、稲作の被害。

【冷汗】レイカン 恥ずかしかったり恐ろしかったりするときに出るあせ。ひやあせ。

【冷汗三斗】レイカンサント 非常に恐ろしい目にあったり、恥ずかしい思いをするたとえ。ひやあせが三斗も出るような思いをする意。「三斗」は、量の多いことをいう。「皆の前で叱責（シッセキ）され、—の思いだった」参考「冷水三斗」ともいう。

【冷気】レイキ ひえびえとした空気。つめたい空気。「冷蔵庫から—がもれる」

【冷却】レイキャク ①ひえること。また、ひやすこと。「—機の故障」②高まった感情が静まること。興奮を静めること。「喧嘩（ケンカ）のあとでしばらく—期間を置く」

【冷遇】レイグウ 人をひややかに扱うこと。冷淡な待遇。「実力があるのに—されている」対 厚遇・優遇

【冷血】レイケツ ①体温が低いこと。「—動物」②人間らしい温情がないこと。人情味の

ないこと。冷酷なこと。「—漢」類薄情

【冷厳】 レイゲン ①非常にきびしく、感情が入りこむ余地のないさま。「死という—な現実」②冷静で厳格なさま。「—な判決が下った」類厳粛

【冷酷】 レイコク 思いやりがなくてむごいこと。人情のないさま。無慈悲。「—な処罰」

【冷酒】 レイシュ ①「冷や①」に同じ。②燗をしないで飲むようにつくった日本酒。冷用酒。季①②夏

【冷床】 レイショウ 人工的な温熱を加えずに、太陽熱のみを利用した自然のままの苗床。対温床 季春

【冷笑】 レイショウ さげすみわらうこと。あざわらうこと。また、その表情。「—を浴びせる」類冷嘲

【冷静】 レイセイ 感情に左右されず、落ち着いているさま。落ち着いてしずかなこと。「—に判断する」「沈着—に対処する」「—を装う」対興奮

【冷泉】 レイセン ①つめたい泉。②温泉法で、セ氏二五度以下の鉱泉。対温泉

【冷戦】 レイセン 国家間で、軍事行動には至らないが、互いに敵視し合って、経済・外交などで対立している状態。つめたい戦争。特に、第二次世界大戦後の、アメリカなどの陣営とソ連などの陣営の関係をいった。由来 英語の訳語から。

【冷然】 レイゼン 感情を交えず、ひややかに物事にあたるさま。「—と要求を拒否する」

【冷蔵】 レイゾウ 食料品などの鮮度を保ったりひやしたりするために、低温で貯蔵すること。「—庫」季夏

【冷淡】 レイタン ①物事に不熱心なこと。「環境問題に—な行政」②同情心のないこと。人間的な思いやりのないこと。「—な扱いを受ける」

【冷暖自知】 レイダンジチ 仏 仏法の悟りは修行を重ねて、自分で会得するものであることのたとえ。水がつめたいか温かいかは、飲む者自身がわかる意から。〈『景徳伝灯録』〉

【冷嘲熱罵】 レイチョウネッバ ひややかにあざけり、ひどくののしること。

【冷徹】 レイテツ 物事を、冷静に根本まで鋭く見通していること。また、そのさま。「—な目」「—に状況を見通す」

【冷凍】 レイトウ 食料品などを保存・運搬するためにこおらせること。「魚を—して保存する」「—庫」「—車で魚を運ぶ」対解凍

【冷土荒堆】 レイドコウタイ 墓のこと。また、荒れ果てた墓のこと。「堆」は、土をうずたかく盛った所の意。〈『長生殿』〉

【冷評】 レイヒョウ 冷淡で皮肉まじりに批評すること。また、その批評。「—を浴びる」

【冷房】 レイボウ 室内の温度を、人工的に低くすること。また、その装置。対暖房 季夏

【冷涼】 レイリョウ ひんやりとして涼しいこと。「高原の—な空気」

レイ【励】
(7) 力5 常 3 4669 4E65
音 レイ 訓 はげむ・はげます
旧字《勵》(17) 力15 1/準1
旧字《勵》(16) 力14 1/準1 5015 522F

筆順 一 厂 厂 厉 厉 励 励

意味 はげむ。はげます。つとめる。「励行」「激励」

下つき 激励・克励・奨励・精励・督励・奮励・勉励

【励ます】 はげ-ます ①元気づける。勇気づける。心を奮い立たせる。激励する。「力走する選手を—す」「自らを—す」②激しくする。強くする。「声を—してしかる」

【励む】 はげ-む ①奮って努める。精を出す。熱心にする。「心身の鍛練に—む」②一心に尽くす。気力を奮って行う。「忠誠を—む」

【励起】 レイキ 量子力学で、原子や分子などがエネルギーの最も安定した状態から、熱や放射線などの外部エネルギーを得て、より高いエネルギーの安定状態に移ること。

【励行】 レイコウ ①努力して行うこと。「早朝マラソンを—する」②決めたことや規則などを必ず実行すること。「一列—をお願いします」表記「厲行」とも書く。

レイ【戻】
(7) 戸3 常 準2 4465 4C61
音 レイ(高) 訓 もどす・もどる 外 もとる・いたる
旧字《戾》(8) 戸4 1/準1 8467 7463

筆順 一 ⺕ ⺕ 戸 戸 戻 戻

意味 ①もどる。もどす。かえす。「返戻」②もとる。道理にそむく。「暴戻」③いたる。くる。とどまる。「戻止」

下つき 乖戻・背戻・返戻・暴戻

【戻す】 もど-す ①もとの場所や持ち主にかえす。「使った道具を箱に—す」②もとの状態にする。「計画を白紙に—した」③飲み食いしたものを吐く。「飲みすぎて—してしまった」

【戻る】 もと-る 道理・原則や人情などにそむく。反する。たがう。「友情に—る行為だ」

レイ【例】
(8) イ6 常 教 7 4667 4E63
音 レイ 訓 たとえる 外 たぐい・ためし

筆順 ノ イ 仁 仃 伢 伢 例 例

意味 ①たとえる。たとえ。見本。「例解」「例文」②似たものの仲間。たぐい。「例外」「類例」③ためし。ならわし。しきたり。いつもどおりの。「例会」「慣例」④きまり。さだめ。おきて。「条例」「凡例」

下つき 一例・異例・慣例・吉例・月例・恒例・実例・条例・事例・先例・前例・通例・定例・特例・凡例・判例・比例・文例・用例・類例

【例える】たと-える　わかりやすく説明するために、似かよった事柄や具体的な事柄を引き合いに出す。「旅を人生に―える」

【▵例】ためし　以前にあった事柄。先例。また、手本。「親にもたたかれた―がない」

【例会】レイカイ　日を決めて定期的に開く会。定例会。「毎月一〇日の―に出席する」類常会

【例解】レイカイ　例をあげて解釈や説明をすること。また、その解釈や説明。「英文法―」

【例外】レイガイ　通常の規定からはずれること。原則にあてはまらないこと。また、そのようなもの。「―として認める」「―的処置」

【例規】レイキ　①慣例と規則。②法令の解釈などで先例とする規則。

【例言】レイゲン　①書物や辞典の本文の前に書いてある、内容や体裁などについての注意書き。凡例ハンレイ。②例を示していうこと。

【例祭】レイサイ　神社で、毎年決まった月日に行う祭り。特に、年一回行われる最も重要な大祭。例大祭。

【例示】レイジ　一つの例として示すこと。例をあげて示すこと。「記入法を―する」「わかりやすく―する」

【例証】レイショウ　実例をあげて証明すること。また、証拠としてあげる例。「わが社の防災対策を―する」「効果をあげた―を示す」

【例題】レイダイ　練習や解説用に、例として出す問題。「―を解く」

レイ【囹】(8) 口 5　1　5190 537A　音 レイ　訓 ひとや

意味 ひとや。牢獄ロウゴク。「囹圄レイゴ・レイギョ」

レイ【怜】(8) 忄 5　準1　4671 4E67　音 レイ　訓 さとい

意味 さとい。かしこい。「怜悧レイリ」類伶レイ

【▵怜い】さと-い　理解がはやい。さとりがよい。かしこい。

【▵怜▵悧】レイリ　賢いこと。利口なこと。類聡明ソウメイ　表記「伶俐」とも書く。

レイ【▵戾】(8) 戸 4　8467 7463　▼戻の旧字(一五九四)

レイ【苓】(8) 艹 5　準1　4674 4E6A　音 レイ・リョウ　訓 みみなぐさ

意味 ①みみなぐさ。ナデシコ科の二年草。②かんぞう(甘草)。マメ科の多年草。

【苓】みみなぐさ　ナデシコ科の二年草。▼巻耳みみなぐさ(二三九)

レイ【玲】(9) 王 5　準1　4672 4E68　音 レイ

意味 玉が触れ合って鳴る音。「玲玲」「玲瓏レイロウ」

下つき 瓏玲ロウレイ

【▵玲▵玲】レイレイ　①金属や玉が触れ合ったような、美しくさえた音が響き渡るさま。「―とした声」②すきとおるように輝いてあざやかなさま。

【▵玲▵瓏】レイロウ　①玉のように輝くさま。美しくすきとおるさま。「―たる宝玉」②金属や玉が触れ合って澄んだ音で鳴るさま。また、そのような人の声のたとえ。「―たる美声で歌う」

レイ【▵茘】(9) 艹 6　7213 682D　▼リ(一五五七)

レイ【唳】(11) 口 8　1　5126 533A　音 レイ　訓 なく

意味 なく。ガン(雁)やツル(鶴)の鳴く声。「鶴唳カクレイ」

レイ【捩】(11) 扌 8　1　5764 5960　音 レイ・レツ　訓 ねじる・よじる・もじる・ねじ・ばち

意味 ①ねじる。ひねる。よじる。②ねじ(捩子)。③もじる。口調を似せて言う。④琵琶ビワのばち。

【〈捩子〉・▵捩】ねじ　①物を締めつける、螺旋ラセン形のみぞのあるもの。雄ねじと雌ねじがある。「休み中はとかく―が緩む(緊張した気分でなくなる)」②ぜんまいを巻く装置。表記「螺子・捻子」とも書く。

【▵捩込む】ねじ-こむ　①物をねじり入れる。また、無理に中へ押しこむ。「札をポケットに―む」②押しかけて行って強く責める。文句を言いに押しかける。「役所に―む」

【▵捩花】ねじばな　ラン科の多年草。芝地や原野に自生。葉は広線形で根生。夏、茎の上部に淡紫色の小花を総状に多数つける。モジズリ。季夏　由来 花が螺旋ラセン状にねじれてつくことから。

【▵捩伏せる】ねじふ-せる　①腕をつかんで倒し、組みふせる。腕をねじって押さえつける。「暴漢を―せる」②強引なやり方で屈服させる。力で相手を負かす。「強弁で相手を―せる」

【▵捩り鉢巻】ねじりハチまき　①手拭てぬぐいをねじって、額に巻いて結んだもの。「―をした若い衆」②仕事などに熱心に取り組むさま。「深夜まで―で勉強する」参考「ねじはちまき」ともいう。

【▵捩る】ねじ-る　①細長い物の両端に力を加えて、互いに逆の方向に回す。また、一端を固定して力を加えて回す。「針金を―る」②栓やねじを開閉するために回す。「びんの蓋ふたを―って開ける」③体のある部分をひねって曲げる。「首を―る」「腕を―りあげる」

【▵捩▵摺】もじずり　ネジバナの別称。▼捩花ねじばな

【▵捩り】もじり　①有名な作品の文句や調子などをまねて、滑稽コッケイや風刺的な言い回しにした詩文など。パロディー。②和服の上に重ねて着る、角袖カクそでの男性用外套ガイトウ。

【▵捩る】もじ-る　①風刺などのため、他の形や表現・調子をまねて表現する。「百人一首を―った狂歌」②ねじる。よじる。

【▲捩る】よじ‐る　ひねって向きを変える。ひねって曲げる。ねじる。「身を―って笑う」

レイ【羚】(11) 羊 5　1　7025 6639　音 レイ・リョウ　訓 かもしか

意味 かもしか(羚羊)。ウシ科の哺乳(ホニュウ)動物。

〈▲羚羊〉・▲羚　かもしか　ウシ科の哺乳(ホニュウ)動物。▼氈鹿(かもしか)(九〇)

【▲羚羊】レイヨウ　ウシ科の哺乳(ホニュウ)動物のうち、シカに似た体形のものの総称。アフリカ・インド・モンゴルなどの乾燥した草原にすむ。あしが細く、走るのが速い。日本ではカモシカと混同されてきたが、別種。

レイ【聆】(11) 耳 5　1　7057 6659　音 レイ・リョウ　訓 きく・さとる

意味 ①き(聴)く。②さとる。了解する。「聆聆」

レイ【★蛉】(11) 虫 5　1　7357 6959　音 レイ

意味 「蜻蛉(セイレイ)(とんぼ)」「螟蛉(メイレイ)(あおむし)」に用いられる字。

レイ【鈴】(13) 金 5　常　準2　4675 4E6B　音 レイ・リン　訓 すず

筆順 ⁴ 𠆢 亼 牟 金 金 鈴 鈴 鈴 鈴

意味 すず。振って鳴らす器具。りん。ベル。「駅鈴」「風鈴」「呼び鈴」

下つき 駅鈴(エキレイ)・振鈴(シンレイ)・電鈴(デンレイ)・風鈴(フウリン)

【鈴】すず　細長い割れ目をつけた金属製や陶製の中空の球形の中に、小さな玉や石を入れて振り鳴らすもの。「―を振る」「―をころがすような声(澄んでよく通る美しい声)」

【鈴▲柴▲胡】すずサイコ　ガガイモ科の多年草。草原に自生。葉は細長いササの葉形。夏、茎の上部に淡黄緑色の小花をつける。

由来 つぼみが鈴に、全体がセリ科のミシマサイコに似ていることから。

【鈴△生り】すずなり　①鈴をたくさんつけている神楽鈴(かぐらすず)のように、果実などがたくさん連なってなっていること。②多くの人が一か所に群がっていること。「―の野次馬」

【鈴▲蘭】すずラン　ユリ科の多年草。高原の草地に自生。葉は広い楕円(ダエン)形。初夏に釣鐘形の白い小花を総状につける。有毒だが、全草を強心剤・利尿剤にする。キミカゲソウ。季夏

レイ【零】(13) 雨 5　常　3　4677 4E6D　音 レイ　訓 外 おちる・ふる・こぼれる・あまり・ゼロ

筆順 ³ 一 干 雨 雨 雨 ⁸ 雫 零 零 零

意味 ①おちる。ふる。こぼれる。「零雨」「零砕」②おちぶれる。「零落」③小さい。少ない。わずか。はした。あまり。「零細」「零余」④れい。ゼロ。「零下」

下つき 凋零(チョウレイ)・飄零(ヒョウレイ)

〈零落〉れる　おちぶ‐れる　以前よりも地位が下がったり貧乏になったりして、みじめな状態になる。零落(レイラク)する。「―れた姿」表記「落魄れる」とも書く。

【△零ちる】お‐ちる　①雨が静かに降る。また、露がおりる。②草などが枯れおちる。③衰える。おちぶれる。

【△零す】こぼ‐す　①容器を傾けて中にある液状や粒状の物を外にあふれ出させる。「コップの水を―す」②もらしおとす。「愚痴を―す」

【△零れる】こぼ‐れる　①容器から液状や粒状の物があふれて流れ出る。②自然にあらわれる。「笑顔が―れる」

【△零】ゼロ　①数量が何もないこと。また、数の起点となる整数の〇。「―歳児保育」②まったく何もないことのたとえ。「―からやり直す」

参考 ①「レイ」とも読む。

〈零余子〉むかご　ヤマノイモなどの葉のつけねにできる球状の芽。食用。肉芽(ニクガ)。珠芽(シュガ)。季秋 参考「ぬかご」とも読む。

【零雨】レイウ　静かに降る雨。しとしと降る雨。こさめ。こぬかあめ。類微雨

【零下】レイカ　温度がセ氏〇度以下であること。氷点下。「戸外は―二〇度の寒さだ」

【零砕】レイサイ　①落ちてくだけること。また、そのもの。②非常に細かいこと。ささいなこと。

【零細】レイサイ　①非常に細かいさま。ごくわずかなさま。類微細 ②規模が非常に小さいさま。「―企業の多い町だ」

【零時】レイジ　①一日の始まる瞬間の時刻。午前〇時(午後一二時)。②正午。午後〇時(午前一二時)。

【零丁孤苦】レイテイコク　おちぶれて助ける人もなく、ひとりで苦しむこと。「零丁」はおちぶれて、頼りのないさま。「孤苦」は助けもなく、ひとり苦しむ意。〈李密(リミツ)の文〉

【零度】レイド　①度数を測る起点となる度。②セ氏〇度。寒暖計で、水がこおる温度。類零点・氷点

【零敗】レイハイ　①試合で、一点もとれずに負けること。ゼロ敗。「―を喫する」②試合で、負けた回数がゼロであること。「日本シリーズを四勝―で制する」

【零墨】レイボク　書き物の切れ端。古人の墨跡が断片として残っているもの。「断簡―」

【零本】レイホン　全集などで、一部分が欠けていてそろっていないもの。端本(ハホン)。「五冊欠けた―」対完本

【零余】レイヨ　わずかな残り。あまり。はした。類残余

【零落】レイラク　おちぶれること。「事業に失敗して―する」類落魄(ラクハク)

【零露】レイロ　したたる露。落ちる露。

レイ【厲】(14) 厂12 1 1484 2E74
音 レイ
訓 といし・とぐ・はげしい・はげむ・えやみ・やむ・わざわい

意味 ①といし。あらと。とぐ。みがく。②はげしい。きびしい。③するどい。④はげむ。はげます。「厲行」類励 ⑤えやみ。疫病。「厲疫」⑥や(病)む。しいたげる。⑦わざわい。たたり。

下つき 災厲(サイレイ)・砥厲(シレイ)・奮厲(フンレイ)

【厲精】レイセイ 精を出して努めはげむこと。心をはげまし努力すること。「受験勉強に―する」表記「励精」とも書く。

レイ【綟】(14) 糸8 1 6938 6546
音 レイ・ライ
訓 もじ・もじり

意味 ①もえぎ。もえぎ色。②もじ。もじり。もじおり。麻糸をよじってあらく織った布。

〈綟子〉・綟】もじ 麻糸をもじり、目を粗く織った布。蚊帳(かや)などに用いる。

【綟網】もじあみ 横糸に縦糸をからめて織った魚網用の網地。結び目がなく、ごく細かい網目で、シラスなどをとるのに使われる。

レイ【霊】(15) 雨7 常 3 4678 4E6E
音 レイ・リョウ高
訓 たま高 外たましい・よい

旧字《靈》(24) 雨16 1/準1 8045 704D

筆順
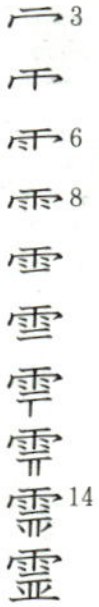

意味 ①たま。神のみたま。万物に宿るたましい。また、死者のたましい。「霊魂」「神霊」「亡霊」②ふしぎな。人知でははかりしれない。神聖な。「霊感」「霊泉」③よい。すぐれた。「霊知」「霊妙」

下つき 悪霊(アクリョウ)・慰霊(イレイ)・怨霊(オンリョウ)・木霊(こだま)・言霊(ことだま)・御霊(ゴリョウ・みたま)・精霊(ショウリョウ・セイレイ)・死霊(シリョウ)・神霊(シンレイ)・聖霊(セイレイ)・全霊(ゼンレイ)・亡霊(ボウレイ)・幽霊(ユウレイ)

【霊】たま たましい。死者の霊魂。また、万物に宿る霊魂。「先祖の御(み)―を祭る日」「―祭り」

【霊棚】たまだな 盂蘭盆会(ウラボンエ)に、祖先の霊を迎えるため、位牌(イハイ)を安置し供え物をのせる棚。類精霊棚(ショウリョウだな) 季秋

【霊屋】たまや ①霊魂をまつる建物。類霊廟(レイビョウ) ②葬送の前に棺(ひつぎ)を納めておくところ。類①②霊殿(たまどの) 参考①「レイオク」とも読む。

【霊安室】レイアンシツ 病院などで、亡くなった人を一時安置する部屋。

【霊位】レイイ 死者の名を書き、まつる対象にするもの。また、死者のたましいが宿るところ。位牌(イハイ)。霊代(たましろ)。

【霊威】レイイ 神仏などの不思議な威力。人間の知恵で、はかりしれないものの威光。すぐれて不思議な力。「仏法の―」

【霊異】レイイ 人知を超えるほど不思議なこと。人間の知恵で、はかれないこと。類霊妙

【霊雨】レイウ 人々が望んだときに降る恵みの雨。類慈雨

【霊園・霊苑】レイエン 公園風に造成された共同墓地。寺院には付属していない墓地。類墓苑

【霊界】レイカイ ①死後の世界。霊魂の世界。あの世。「―をさまよう魂」②精神にかかわる世界。精神界。対肉界

【霊感】レイカン ①人間の祈りなどに対して神仏が表す不思議な反応。類霊応 ②霊的な暗示を心に感じること。神秘的な感応。インスピレーション。「―がよくはたらく」

【霊気】レイキ 霊妙な気配。神秘的な雰囲気。「深山に入ると―を強く感じる」

【霊柩車】レイキュウシャ 遺体を納めた棺(ひつぎ)を乗せて運ぶ車。

【霊験】レイゲン 熱心な祈りに対して神仏が示す感応。御利益(ゴリヤク)。「深山の―あらたかな水を飲む」参考「レイケン」とも読む。

【霊魂】レイコン ①肉体に宿り、その活動を支配すると考えられている精神的存在。多く、肉体が滅びたあとも残存すると考えられるもの。たましい。②未開宗教などで、動植物に宿ると考えられる目に見えない存在。

【霊魂不滅】レイコンフメツ 人間のたましいは、肉体の死後も滅びずに存在し続けるという考え方。類霊魂不死

【霊刹】レイサツ 霊験(レイゲン)あらたかな仏をまつってある寺院。類霊寺

【霊山】レイザン 神仏をまつり、信仰の対象となる神聖な山。霊験(レイゲン)あらたかな山。類霊峰

【霊獣】レイジュウ 神聖で不思議なけもの。麒麟(キリン)や竜など、めでたいしるしとされるけもの。

【霊場】レイジョウ 神仏をまつった神聖な場所。霊験(レイゲン)あらたかな場所。神社・寺院や墓地など。類霊地

【霊水】レイスイ 神仏の力により、不思議な効能のある水。霊験(レイゲン)あらたかな水。

【霊瑞】レイズイ 人知を超えた不思議なめでたいしるし。

【霊泉】レイセン ①不思議な効能のある泉。霊験(レイゲン)のある泉。類霊水 ②鉱泉の美称。病気に対して効き目のある温泉。類霊湯

【霊前】レイゼン 死者の霊がまつられている場所の前。また、そこに供えるもの。「―に花を手向ける」

【霊地】レイチ 神仏をまつった神聖な土地。類霊場

【霊知】レイチ はかりしれないほどすぐれた神秘的な知恵。

【霊長】レイチョウ 神秘的な力をもち、万物の長(おさ)となるべきすぐれたもの。「哺乳(ホニュウ)類の―は人類である」

【霊鳥】レイチョウ 神聖で不思議な鳥。神霊が宿るとされるめでたい鳥。類霊禽(レイキン)

【霊肉】レイニク 精神と肉体。霊魂と肉体。「―一致」「プラトンの―二元論」

【霊媒】レイバイ 神や死者の霊魂と通じて話をすること。また、その役目の人。霊界と現世を媒介する人。巫女(みこ)や口寄せなど。「―が先祖の霊を呼び出す」

【霊廟】レイビョウ 祖先などの霊をまつった建物。みたまや。

【霊峰】レイホウ 神仏をまつってある神聖な山やそのいただき。また、信仰の対象となる荘厳な姿の山。「―富士」類霊山

【霊妙】レイミョウ 神秘的で、人知でははかり知れないほどすぐれていること。「―不可思議」

【霊薬】レイヤク 霊妙な効能のある薬。霊験(レイゲン)あらたかな薬。

レイ【黎】(15) 黍 3 1 8353 7355 音 レイ・リ 訓 くろい・もろもろ・おおい

意味 ①くろ。くろい。くらい。「黎黒」「黎明」 ②もろもろ。おおい。「黎元」 ③ころ。ころあい。

下つき 群黎(グンレイ)・黔黎(ケンレイ)

【黎い】くろ‐い くろがね色のように、青ぐろい。浅ぐろい。また、薄暗い。

【黎元】レイゲン 「黎民」に同じ。参考「黎」は黒、「元」は首の意で、無冠の人を指す。

【黎首】レイシュ 「黎民」に同じ。

【黎庶】レイショ 「黎民」に同じ。

【黎民】レイミン 人民。庶民。万民。類黎元・黎首・黎庶

【黎明】レイメイ ①夜明け。明け方。②夜明けにあたる、物事が始まる時期のたとえ。また、新しい時代や文化・芸術などの始まり。「近代芸術の―を告げる作品」

レイ【勵】(16) カ14 5015 522F ▼励の旧字(一五九四)

レイ【澪】(16) 氵13 1 6326 5F3A 音 レイ 訓 みお

意味 みお(水脈・水緒)。船の通れる道すじ。「澪標(レイヒョウ・みおつくし)」

【澪】みお 海や川で、水が流れる道すじ。また、海や川の浅い場所の一部が少し深くなっていて、船の航行ができる水路。表記「水脈」とも書く。

〈澪標〉みおつくし 船に航路を知らせるために立てた杭(くい)。由来 水脈(みお)つ(の)串(くし)の意からともいう。

レイ【隷】(16) 隶 8 常 4 4676 4E6C 音 レイ 訓 外 したがう・しもべ

旧字《隸》(17) 隶 9 1/準1 8017 7031

筆順 3 5 8 14 16 隷

意味 ①したがう。つきしたがう。「隷従」「隷属」 ②しもべ。召使い。「奴隷」 ③書体の一つ。篆書(テンショ)を簡略にしたもの。「隷書」

下つき 篆隷(テンレイ)・奴隷(ドレイ)

【隷う】したが‐う 部下になる。命じられたとおりに行動する。言うとおりにする。

【隷】しもべ ①召使い。家来。②身分の低い者。

【隷下】レイカ 部下として従属する者。手下。部下。類配下

【隷従】レイジュウ 部下としてつきしたがうこと。手下として、言いなりになること。また、その人。「有力者に―する」類隷属

【隷書】レイショ 漢字の書体で、篆書(テンショ)の点画を簡略化したもの。中国、秦(シン)の時代に始まり、漢代の通行書体とされた。「―体の住所印」

【隷属】レイゾク ある者の支配下にあること。他の言いなりになること。「―的関係を断つ」類従属・隷従

レイ【鴒】(16) 鳥 5 1 8289 7279 音 レイ

意味 セキレイ科の鳥「鶺鴒(セキレイ)」に用いられる字。

レイ【勵】(17) カ15 ▼励の旧字(一五九四)

レイ【嶺】(17) 山14 準1 4670 4E66 音 レイ・リョウ 訓 みね

意味 みね。山のいただき。「嶺雲」「分水嶺」

下つき 銀嶺(ギンレイ)・高嶺(コウレイ・たかね)・山嶺(サンレイ)

【嶺】みね 山の頂上。山の一番高い所。また、高い峠。「―続き」

【嶺雲】レイウン みねの上にかかる雲。

レイ【癘】(17) 疒12 1 6586 6176 音 レイ・ライ 訓 えやみ

意味 えやみ。はやりやまい。流行病。「疫癘」

下つき 疫癘(エキレイ)・疾癘(シツレイ)・瘴癘(ショウレイ)

【癘】えやみ 悪性の流行病。表記「疫病」とも書く。参考「瘧」と書けば、特にマラリア性の熱病の意になる。

【癘気】レイキ 感染性の熱病や皮膚病などをひきおこす悪い気。

レイ【隸】(17) 隶 9 8017 7031 ▼隷の旧字(一五九八)

レイ【齢】(17) 歯 5 常 4 4680 4E70 音 レイ 訓 外 よわい・とし

旧字《齡》(20) 歯 5 1/準1 8384 7374

筆順 4 7 10 15 17 齢

意味 よわい。とし。寿命の長さ。「学齢」「年齢」

下つき 学齢(ガクレイ)・月齢(ゲツレイ)・高齢(コウレイ)・樹齢(ジュレイ)・適齢(テキレイ)・年齢(ネンレイ)・馬齢(バレイ)・妙齢(ミョウレイ)・老齢(ロウレイ)

【△齢】よわい とし。年齢。年ごろ。「―を重ねる（年をとる）」

【△齢草】よわいぐさ キクの別称。季秋 由来 齢を長くする草の意から。

レイ【▲禮】(18) 礻13 6725 6339 ▼礼の旧字（一五九二）

レイ【藜】(18) 艹15 1 7328 693C 音 レイ 訓 あかざ

意味 あかざ。アカザ科の一年草。「藜杖」

下つき 杖藜

【△藜】あかざ アカザ科の一年草。中国原産。空き地や道端に自生。高さは一メートル以上になり、茎はかたい。葉はひし形に近い卵形。夏、小花を穂状につける。若葉は赤紫色で、食べられる。季夏

【△藜△羹】レイコウ アカザの葉の吸い物。また、粗末な食事のたとえ。

【△藜△羹を食らう者は大△牢の滋味を知らず】いやしい人間には、高尚で奥深いことは理解できないということのたとえ。粗末な食事ばかりしている者には、りっぱなごちそうの味はわからないという意から。「大牢」はりっぱなごちそう、最高の料理の意。

【△藜△杖】レイジョウ アカザの茎を乾燥させて作った軽い杖。

レイ【礪】(19) 石14 準1 6674 626A 音 レイ 訓 あらと・とぐ・みがく

〔砺〕3755 4557

意味 ①といし。あらと。「砥礪」②とぐ。みがく。刃物をとぐ。

下つき 淬礪・砥礪・磨礪

【△礪】あらと 刃物をあらくとぐのに用いる質の粗い砥石。「まず―でとぐ」表記「粗砥・荒砥」とも書く。

【△礪く】みがく 粗い砥石で刃物をとぐ。表記「厲く」とも書く。

レイ【麗】(19) 鹿8 常 4 4679 4E6F 音 レイ 外リ 訓 うるわしい 高 外うらら・うららか・ならぶ・つらなる

筆順

意味 ㊀レイ ①うるわしい。美しい。きらびやか。「麗人」「華麗」②うららか。おだやか。「麗日」③ならぶ。つらなる。「麗沢」㊁リ ①はなれる。②「高句麗」は古代朝鮮の国名。

下つき ㊀艶麗・華麗・綺麗・秀麗・壮麗・端麗・豊麗・妖麗・流麗

【△麗ら】うらら 空が晴れてのどかなさま。うららか。「春の―の隅田川」

【△麗らか】うららか ①明るく日ざしがあふれて、のんびりと気持ちのよいさま。「空は―に晴れている」季春 ②心の中がはればれとしているさま。「―な気分」

【麗しい】うるわしい ①きちんと整っていて美しい。「なんと―い瞳であろう」②気分や表情がはればれとしているさま。「健康でご機嫌も―い」③心が温まるさま。「―い友情」

〈麗春花〉ひなげし ケシ科の二年草。由来「麗春花」は漢名から。▼雛罌粟（八三六）参考「レイシュンカ」とも読む。

【麗句】レイク 美しく飾った語句。「―を連ねる」「美辞―が多過ぎる」

【麗姿】レイシ 美しくりっぱに整った姿。うるわしい姿。類麗容

【麗質】レイシツ 生まれつき容姿や性質が美しいこと。「天の成せる―」

【麗人】レイジン 容姿の美しい女性。美人。「男装の―」類佳人

【麗沢】レイタク 連なる二つの沢。互いに潤し合うことから、友人どうしが助け励まし合って修養に努めること。

【麗筆】レイヒツ 上品で美しい筆跡。また、その文章。「―をふるう」

【麗容】レイヨウ 美しく整った姿かたち。「初春の富士の―」類麗姿

【麗麗しい】レイレイしい わざと目立つように、派手に飾り立てるさま。「―い宣伝」

レイ【糲】(20) 米14 1 6890 647A 音 レイ・ライ・ラツ 訓 くろごめ・あらい

意味 ①くろごめ。精白していない米。「糲粢」②あらい。粗末な。

下つき 粢糲・粗糲・疏糲

【△糲】くろごめ 精白していない米。表記「黒米・玄米」とも書く。

レイ【★蠣】(20) 虫14 準1 7358 695A 音 レイ 訓 かき

〔蛎〕1934 3342

意味 かき（牡蠣）。イタボガキ科の二枚貝の総称。「蠣房」「牡蠣」

【△蠣】かき イタボガキ科の二枚貝の総称。▼牡蠣（一三九二）

レイ【醴】(20) 酉13 1 7852 6E54 音 レイ・ライ 訓 あまざけ・あまい

意味 あまざけ。また、あまい。あまい水。「醴酒」

下つき 甘醴・醇醴・芳醴

【△醴】あまざけ 米を粥にし、麹を混ぜ合わせ発酵させた甘い飲み物。最近は酒粕からつくることが多い。一夜酒。季夏 表記「甘酒」とも書く。

【醴水の交わり】レイスイのまじわり 甘酒のような交わりと、水のような交わり。君子の交わりは水のように淡白であるがいつまでも変わることがなく、小人の交わりは甘酒のように甘く濃厚であるがすぐ飽きてしまうと

いうこと。「醴」は甘酒。〈『礼記(ライキ)』〉

【▲醴泉】レイセン 甘味のある水がわく泉。味の良い泉。中国で、太平の世にわいたという。類甘泉

レイ【▲齢】(20) 齒5 8384/7374 ▼齢の旧字（一五九八）

レイ【▲儷】(21) 亻19 1 4922/5136 音 レイ 訓 ならぶ・つれあい

意味 ①ならぶ。二つそろう。また、一対。「駢儷(ベンレイ)」②つれあい。ともがら。夫婦。「伉儷(コウレイ)」

下つき 伉儷(コウレイ)・淑儷(シュクレイ)・儔儷(チュウレイ)

【▲儷ぶ】なら─ぶ 二つそろう。同列にそろう。対(ツイ)になる。

レイ【▲櫺】(21) 木17 1 6118/5D32 音 レイ・リョウ 訓 れんじ・てすり・のき

意味 ①れんじ(連子・櫺子)。窓や欄間などにとりつける格子。「窓櫺」②てすり。欄干。「櫺檻(レイカン)」③のき。ひさし。

下つき 窓櫺(ソウレイ)

【〈▲櫺子〉・▲櫺】れんじ 窓や欄間(ランま)などに一定の間隔で取りつけた格子。表記「連子」とも書く。

レイ【▲蠡】(21) 虫15 1 7434/6A42 音 レイ・ラ・リ 訓 ひさご・にな・ほらがい

意味 ①ひさご。ヒョウタンを割って作った器。「蠡測」②巻貝の一種。にな。また、ほらがい。

【▲蠡】にな ①巻貝の一群の総称。カワニナ・ウミニナなど。②カワニナの別称。季春 ▼川蜷(かわにな)（八四） 表記「蜷螺・蜷」とも書く。参考「ひさご」と読めば別の意になる。

【▲蠡】ひさご ヒョウタンの果実の内部を取り去り、乾燥させて作った容器。表記「瓠・瓢・匏」とも書く。参考「にな」と読めば別の意になる。

【▲蠡測】レイソク 見識の狭いことのたとえ。小さな蠡(ひさご)で海水の量をはかること。「管を以(も)って天を窺(うかが)い蠡を以て海を測る」から。〈東方朔(トウボウサク)の文〉▼管窺蠡測(カンキレイソク)（二四三）

レイ【▲靈】(24) 雨16 8045/704D ▼霊の旧字（一五九七）

レイ【▲鱧】(24) 魚13 1 8271/7267 音 レイ 訓 はも

意味 ①はも。ハモ科の海魚。②淡水魚の名。やつめうなぎ。

【▲鱧】はも ハモ科の海魚。形はウナギに似るが、口は大きく鋭い歯をもつ。背は灰褐色、腹は銀白色。関西では食材として珍重する。「─も一期(イチゴ)海老(えび)も一期（人の一生は、境遇や身分の差があっても、ほとんど同じであるというたとえ）」季夏

レキ【暦】(14) 日10 常 4 4681/4E71 音 レキ 外リャク 訓 こよみ

旧字《曆》(16) 日12 1/準1 8539/7547

筆順
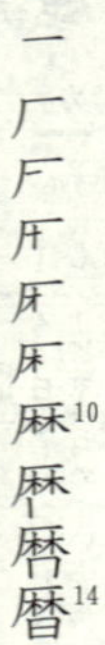

意味 ①こよみ。また、月日。年数。「暦日」「暦法」「西暦」②めぐりあわせ。運命。「暦数」

下つき 陰暦(インレキ)・還暦(カンレキ)・旧暦(キュウレキ)・新暦(シンレキ)・西暦(セイレキ)

【暦】こよみ 月日・曜日・祝祭日や太陽の出入り、月の満ち欠け、あるいは年中行事などを日を追って記載したもの。カレンダー。「─のうえではもう夏になった」

【暦日】レキジツ ①年月。月日。また、月日がたつこと。②こよみ。③こよみのうえでの一日。午前零時からの二四時間。

【暦象】レキショウ ①太陽・月・星など天体の運行の現象。天文の現象。②こよみで、天体の現象をおし測ること。

【暦数】レキスウ ①太陽や月などの天体運行を測って、こよみを作る方法。②自然にめぐってくる運命。めぐりあわせ。類命数 ③年数。年代。表記「歴数」とも書く。

【暦年】レキネン ①こよみのうえで定められた一年間。陽暦で、平年は三六五日、閏年(うるうどし)は三六六日。②年月。歳月。

【暦年齢】レキネンレイ こよみのうえの年月で数えた年齢。満年齢と数え年がある。生活年齢。

レキ【歴】(14) 止10 教 常 6 4682/4E72 音 レキ 外リャク 訓 外へる

旧字《歷》(16) 止12 1/準1 8637/7645

筆順
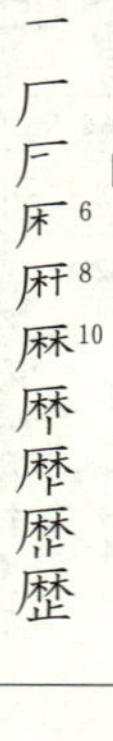

意味 ①へる。年月を経る。また、過ぎた事柄。「歴史」「履歴」②わたる。めぐる。つぎつぎに。「歴訪」「巡歴」③はっきりしている。「歴然」「歴歴」

下つき 学歴(ガクレキ)・経歴(ケイレキ)・巡歴(ジュンレキ)・職歴(ショクレキ)・戦歴(センレキ)・前歴(ゼンレキ)・遍歴(ヘンレキ)・略歴(リャクレキ)・履歴(リレキ)

【△歴る】へ─る ①次々に通り過ぎる。②時がたつ。③過程をとおる。経験する。

【歴史】レキシ ①人間社会の時代ごとの変遷。また、その記録。「─は繰り返される」②人や物事が現在に至るまでの移り変わり。また、その記録。「日本の─」③「歴史学」の略称。

【歴日】レキジツ 日数がたつこと。日が経過すること。月日の経過。

【歴世】レキセイ 何世代にも及ぶ間。歴代。代々。「─の家柄」

【歴戦】レキセン 戦闘や試合を何度も経験したこと。「─の勇士」

【歴然】レキゼン まぎれもなく明らかなさま。はっきりしているさま。「─たる事実」

【歴代】レキダイ 歴史が始まって今までの間。代々。「─の総理大臣」

【歴程】レキテイ 経てきた道筋。通り過ぎてきた年月や道のり。

【歴任】レキニン 次々とさまざまな役職を務めてきたこと。「各国の大使を—する」

【歴年】レキネン ①年月を経ること。「—の功」②毎年。年々。連年。

【歴訪】レキホウ 次々と人や土地を訪ねること。「東南アジア五か国を—する」

【歴遊】レキユウ 各地を回って遊ぶこと。各地を旅すること。類巡遊

【歴歴】レキレキ ①身分や家柄の高い人。「お—が居並ぶ」②明らかなさま。はっきりとしているさま。類歴然

【▵歴と】レッキと ①身分や家柄・格式の高いこと。「—した家柄の人」②その存在や出所が確かなさま。「—した証拠がある」

レキ【▲暦】(16) 日12 8539 7547 ▼暦の旧字(一六〇〇)

レキ【▲歷】(16) 止12 8637 7645 ▼歴の旧字(一六〇〇)

レキ【★櫟】(19) 木15 1 6111 5D2B 音 レキ・ロウ 訓 くぬぎ・いちい・こする

〔櫟〕6112 5D2C

意味 ①くぬぎ。ブナ科の落葉高木。「櫟樗(レキチョ)」類櫪 ②いちい。イチイ科の常緑高木。いちいがし。③こする。こすって音を立てる。「櫟釜(レキフ)」

【▲櫟】いち イチイ科の常緑高木。深山に自生。高さ約三〇メートル。葉は針形で羽状に密生。実は赤く熟し食用になる。材はかたく、農耕具の柄や建築材・家具などに用いる。アララギ。由来 笏(しゃく)の材料としたことから「いちい(位階の一位)」の名が与えられた。表記「赤檮・一位」とも書く。

【▲櫟】くぬぎ ブナ科の落葉高木。山野に自生。高さ約一五メートル。球形の実は「どんぐり」と呼ばれる。材は薪炭用やシイタケ栽培の原木用。樹皮は染料用。表記「椚・橡・櫪・椡」とも書く。

【▲櫟社】レキシャ クヌギを神木としてまつった社(やしろ)。また、大きな神木を氏神とし、その根もとに祠(ほこら)をつくって社としたもの。

レキ【瀝】(19) 氵16 1 6345 5F4D 音 レキ 訓 したたる・しずく・そそぐ

意味 ①したたる。したたり。しずく。「瀝滴」②こす。液体をこす。「瀝青」③そそぐ。流す。

下つき 滴瀝(テキレキ)・披瀝(ヒレキ)・余瀝(ヨレキ)

【▲瀝る】したたる 液体がしずくとなって、続いて落ちる。

【瀝青】レキセイ ①天然産の炭化水素化合物。アスファルト・石油・石炭・天然ガスなど。②コールタールや石油を蒸留した残留物。塗料や道路舗装に使用する。ピッチ。チャン。

【瀝瀝】レキレキ ①水などのしたたるさま。また、その音。②風が音をたてるさま。また、その音。

レキ【櫪】(20) 木16 1 6114 5D2E 音 レキ 訓 くぬぎ・かいばおけ・うまや

意味 ①くぬぎ。ブナ科の落葉高木。類櫟(レキ) ②かいばおけ。また、うまや。「櫪馬」

下つき 槽櫪(ソウレキ)・馬櫪(バレキ)・伏櫪(フクレキ)

【▲櫪】かいばおけ 牛馬の飼料である飼い葉を入れておくための容器。表記「飼葉桶」とも書く。

【▲櫪】くぬぎ ブナ科の落葉高木。▼櫟(くぬぎ)(一六〇一)

レキ【★礫】(20) 石15 1 6710 632A 音 レキ 訓 こいし・つぶて

意味 こいし。いしころ。つぶて。「礫岩」「礫土」

下つき 瓦礫(ガレキ)・砂礫(サレキ)・石礫(セキレキ)・飛礫(ヒレキ・つぶて)

【▲礫】つぶて 小石を投げること。また、その小石。礫石(レキセキ)。「なしの—(返事のないこと)」「—文字(一文字ずつ放ち書きした文字)」「闇夜(やみよ)の—(当たらないこと。目標の定まらないこと)」表記「飛礫」とも書く。参考 古くは「たぶて」といった。

【礫岩】レキガン 小石が水底で、砂や粘土とともに固まった堆積岩(タイセキガン)。

【▲礫石】レキセキ 「礫(つぶて)」に同じ。参考「つぶいし」とも読む。

【礫土】レキド 小さな石を多く含んだ土。「—は耕作に適さない」

レキ【癧】(21) 疒16 1 6592 617C 音 レキ

意味 首のリンパ腺(セン)の腫(は)れる病気「瘰癧(ルイレキ)」に用いられる字。

レキ【★轢】(22) 車15 1 7764 6D60 音 レキ 訓 きしる・ひく・ふみにじる

意味 ①きしる。きしむ。すれあう。「軋轢(アツレキ)」②ひく。車でひく。ふみにじる。「轢死」

下つき 軋轢(アツレキ)・陵轢(リョウレキ)

【▲轢き逃げ】ひきにげ 自動車などで人をひき、そのままにして逃げること。

【▲轢く】ひく 車輪が人・動物・物の上を通過する。「列車に—かれる」

【轢殺】レキサツ 列車や自動車などの車輪でひき殺すこと。

【轢死】レキシ 列車や自動車などにひかれて死ぬこと。

【轢断】レキダン 列車・電車などが人をひいて、体を切断すること。「鑑定の結果、死後—と判明した」

レキ【靂】(24) 雨16 1 8046 704E 音 レキ

意味 はげしい雷の「霹靂(ヘキレキ)」に用いられる字。

レツ【列】(6) 刂4 教 常 8 4683 4E73 音 レツ 訓 外つらねる・つらなる・ならべる

筆順 一 ア 歹 歹 列 列

意味 ①つらねる。つらなる。ならびつらねる。「列記」「列挙」「陳列」②ならび。ならんだ形。れつ。「行列」

「歯列」「隊列」③ならんでいるものに加わる。参加する。「列席」「参列」④順序。段階。「序列」⑤多くの。「列強」「列国」

下つき 行列(ギョウレツ)・系列(ケイレツ)・参列(サンレツ)・序列(ジョレツ)・歯列(シレツ)・数列(スウレツ)・整列(セイレツ)・戦列(センレツ)・葬列(ソウレツ)・隊列(タイレツ)・直列(チョクレツ)・陳列(チンレツ)・同列(ドウレツ)・配列(ハイレツ)・分列(ブンレツ)・並列(ヘイレツ)・砲列(ホウレツ)・羅列(ラレツ)

〈列卒〉せこ 狩りのとき、鳥や獣を追い出したり、他へ逃げるのを防いだりする人。季冬 表記「勢子」とも書く。

【△列なる】つらーなる ①並び続く。一筋に並ぶ。「車が長くーる」②集団や組織の一員となる。また、会などに出席する。「常任理事国の名がーる」参考「列」は順序を正して並べる、「連」はあるものを一つずつ結び続ける意。

〈列寧〉レーニン ロシアの政治家。一九一七年に革命に成功し、初の社会主義政権を樹立。マルクス主義を体系づけた。

【列記】レッキ 並べて書き記すこと。「出席者の名前をーする」

【列挙】レッキョ 一つ一つ並べて示すこと。数え立てること。「失敗例をーする」

【列強】レッキョウ 強大な力をもつ多くの国々。「ーによる侵略」

【列▲伍】レツゴ 列を組んで並ぶこと。また、その列。「ーに加わる」類隊伍

【列国】レッコク 多くの国々。諸国。「核兵器の廃絶をーに呼びかける」

【列座】レツザ その場に連なること。並んで座ること。類列席

【列車】レッシャ 線路の上を運行する連結された鉄道車両。ふつうは、機関車に客車か貨車をつなげて編成される。「貨物ー」

【列席】レッセキ その席に連なること。会に出席すること。「祝賀会にーする」類列座

【列伝】レツデン 多くの人々、特に人臣の伝記を並べたもの。歴史書の一形式。「武将ー」

【列島】レットウ 長く連なって並んでいる島々。「日本ーを縦断する」

レツ【劣】(6) カ 4 常 4 4684 4E74 音 レツ 訓 おとる 外 いやしい

筆順 亅 ⺌ 小 少 劣 劣

意味 ①おとる。力や技量がおよばない。よわい。「劣勢」「劣等」②いやしい。質が悪い。「劣悪」「愚劣」「卑劣」対①②優

下つき 愚劣(グレツ)・下劣(ゲレツ)・拙劣(セツレツ)・卑劣(ヒレツ)・優劣(ユウレツ)

【劣る】おとーる 他に比べて、価値や力量などが低い状態である。ひけをとる。「型は古いが性能はーらない」対優まさる

【劣悪】レツアク 程度が低く質がよくないこと。「ーな環境」対優良

【劣位】レツイ 他に比べて劣っている地位や立場。不利な位置や状況。対優位

【劣化】レッカ 品質や性能などが低下すること。「コンクリートの耐久性がーする」

【劣弱】レツジャク 劣っていて弱いこと。力がないこと。「この国は政治的にーだ」

【劣情】レツジョウ ①いやしい心。②欲情。男女の情欲をいやしいものとした語。

【劣性】レッセイ 雑種第一代では現れず、潜在して子孫に現れる遺伝形質。対優性

【劣勢】レッセイ 勢力や形勢が他に比べて劣っていること。「ーをはね返す」対優勢

【劣等】レットウ ふつうより劣っていること。「ー生」「ー意識」対優等

【劣等感】レットウカン 自分が他の人より劣っていると思いこむ意識。コンプレックス。「友にーを抱く」対優越感

【劣敗】レッパイ 劣っているものが、すぐれているものに負けること。「優勝ー」

レツ【冽】(8) 冫 6 1 4956 5158 音 レツ 訓 さむい・つめたい

意味 さむい。つめたい。非常に冷たい。「冽冽」「清冽」参考「洌(レツ)」は別字であるが、混用される。

下つき 清冽(セイレツ)・凛冽(リンレツ)・冷冽(レイレツ)

【▲冽▲冽】レツレツ 寒さが厳しいさま。また、冷たい風が激しく吹くさま。

レツ【洌】(9) 氵 6 1 6216 5E30 音 レツ 訓 きよい・さむい

意味 ①きよい。「清洌」②つめたい。さむい。「洌風」類冽(レツ) 参考「冽(レツ)」は別字であるが②は混用される。

下つき 清洌(セイレツ)・冷洌(レイレツ)

レツ【烈】(10) 灬 6 常 4 4685 4E75 音 レツ 訓 外 はげしい

筆順 一 丆 万 歹 歹 列 列 列 烈

意味 ①はげしい。勢いが強い。きびしい。「烈火」「熱烈」②気性が強い。みさおがかたい。「烈士」「烈女」

下つき 義烈(ギレツ)・熾烈(シレツ)・鮮烈(センレツ)・壮烈(ソウレツ)・忠烈(チュウレツ)・痛烈(ツウレツ)・熱烈(ネツレツ)・猛烈(モウレツ)

【△烈しい】はげーしい ①火の勢いが強い。「ーい炎」②厳しい。あらあらしい。威勢がよい。「気性がーい」

【烈火】レッカ 勢いよく燃える火。「ーのごとく怒る」類猛火

【烈士】レッシ 人としての正しい道を守りとおす人。信念を貫く人。「国に殉じたー」類烈夫 対烈女

【烈日】レツジツ 非常に強く照りつける太陽。また、そのようにはげしい勢い。「秋霜ー(権威や刑罰のはげしいたとえ)」

【烈女】レツジョ 人としての正しい道を守りとおす女性。節操をかたく守り、気性がはげしい女性。類烈婦 表記「列女」とも書く。

【烈震】レッシン 非常に強い地震。家屋を倒し、山崩れや地割れが起きる程度。

【烈婦】レップ 「烈女」に同じ。

【烈風】レップウ はげしく吹きつける強い風。樹木の幹を動かす程度。

【烈烈】レツレツ 勢いがはげしく盛んなさま。「―と燃える闘志」

レツ【裂】

(12) 衣 6 常 3 4686 4E76 音 レツ 訓 さく・さける 外 きれ

筆順 一 ア 歹 列 列 列 裂 裂 裂 裂

意味 ①さく。ひきさく。さける。さけめ。「裂傷」「亀裂」 ②ばらばらにわかれる。「決裂」「分裂」

下つき 亀裂キレツ・決裂ケツレツ・炸裂サクレツ・破裂ハレツ・分裂ブンレツ

【△裂】きれ ①織物の切れ端。②織物。布地。表記 ①②「切れ」、②「布」とも書く。

【△裂△痔】きれジ 肛門コウモンの皮膚と粘膜の間が、ただれたり裂けたりする病気。表記「切痔」とも書く。

【裂き織り】さきおり 古着を細長く裂いた布を横糸にし、木綿や麻糸を縦糸にして織った厚手の織物。仕事着用など。参考「さっこり」とも読む。

【裂く】さく ①強い力で二つ以上に引き破る。「絹を―くような叫び声」 ②仲のよいものを無理に引き離す。「親子の仲は―けない」

【裂傷】レッショウ 皮膚の表面が裂けてできた傷。「右腕に―を負う」

【裂△帛】レッパク ①絹を引き裂くこと。また、その音。②鋭い掛け声や女性のかん高い叫び声などの形容。「―の気合い」

レン【恋】

(10) 心 6 常 4 4688 4E78 音 レン 訓 こう・こい・こいしい

旧字《戀》(23) 心19 1/準1 5688 5878

筆順 丶 亠 ナ 方 亦 亦 亦 恋 恋 恋

意味 こい。こう。異性を思いしたう。こいしい。「恋愛」「悲恋」

下つき 愛恋アイレン・失恋シツレン・邪恋ジャレン・悲恋ヒレン

【恋】こい 思い慕う気持ち。特に、異性にあこがれ、思いを寄せること。「―の病」

【恋は△曲者】くせもの 恋愛は人に分別を見失わせ、思わぬことをさせるものだ。恋は人を変えてしまう恐ろしい力をもつものであるということ。

【恋は思案の外】ほか 恋愛は、常識や理性で理解しようとしてもしきれないものだ。類 色は思案の外

【恋敵・恋△仇】こいがたき 同じ人を恋する人たち。恋の競争相手。「―が現れる」

【恋路】こいじ 恋の道。恋する気持ちが相手に届くまでを、道にたとえていう語。「―の闇やみ（恋のために、分別を失うこと）」「人の―のじゃまをする」

【恋しい】こいしい ①離れている人・物・場所などを慕わしく思うさま。「ふるさとが―い」 ②なつかしい。「亡くなった母が―くなる」 ③異性に心がひかれる。「―しい人」

【恋う】こう 思い慕う。また、異性に心がひかれる。なつかしく思う。「亡き母を―う」「昔を―う」

【恋愛】レンアイ 男女が互いに恋い慕うこと。「熱烈な―の末の結婚」

【恋情】レンジョウ 相手を恋い慕う心。こいごころ。「ほのかな―」

【恋着】レンチャク 異性を深く恋い慕って、忘れられないこと。「―の情」

【恋慕】レンボ 相手を恋い慕うこと。「―の情は増すばかり」「横―」

【恋恋】レンレン ①恋い慕って、いつまでも忘れられないさま。「別れた恋人に―とする」 ②あきらめきれず、未練がましいさま。「地位に―とする」

レン【連】

(10) ⻌ 7 教 常 7 4702 4F22 音 レン 訓 つらなる・つらねる・つれる 外 しきりに

旧字《連》(11) ⻌ 7 1/準1

筆順 一 厂 冂 冃 亘 亘 車 連 連 連

意味 ①つらなる。つらねる。また、つらなり。つながり。「連合」「連続」「関連」 ②ひき続いて。しきりに。「連呼」「連日」 ③つれる。ひきつれる。また、つれ。なかま。「連行」「連中」 ④れん。印刷用紙を数える語。

下つき 一連イチレン・関連カンレン・常連ジョウレン・流連リュウレン

書きかえ ①「聯レン」の書きかえ字。

〈連枝草〉うまごやし マメ科の二年草。由来「連枝草」は漢名から。▼苜蓿うまごやし（一四八五）

〈連銭草〉かきどおし シソ科のつる性多年草。由来「連銭草」は漢名からの誤用。▼馬蹄草かきどおし（一二三〇）

〈連△枷〉からざお イネ・麦・豆類を脱穀する農具。長い柄の先につけた打ち棒を回転させながら、打ち下ろして穀を取る。表記「殻竿」とも書く。参考「からさお・レンカ」とも読む。

【連なる】つらなる ①ついて並ぶ。ひき続く。「赤く色づいた山々が―る」「―る民家」 ②結びつながる。かかわる。「政界に―る人脈」「本筋に―る話」

【連れる】つれる ①一緒に行く。伴う。「犬を―れて散歩をする」 ②変化に応じる。「年をとるに―れて体力が衰える」

〈連玉〉レダマ マメ科の落葉低木。地中海沿岸原産。エニシダに似る。枝は細長く、葉は線形。夏から秋、黄色い蝶チョウ形の花が総状に咲き、細長いさやをつける。観賞用。

【連歌】レンガ 二人以上で、和歌の上の句と下の句を詠みつらねる詩歌の一種。つらね

た句の数により、三六句は歌仙、一〇〇句は百韻などという形式がある。中世に流行。

【連関】レンカン かかわりあうこと。つながりをもつこと。関連。「互いに―する計画」 表記「聯関」とも書く。

【連記】レンキ 二つ以上のものを並べて書くこと。「―投票」 類列記 対単記

【連木】レンぎ すりこぎ。すり鉢ですりつぶすのに使う棒。

【連▲翹】レンギョウ モクセイ科の落葉低木。中国原産。枝は細く、長くのびてやや垂れる。早春、葉よりも先に黄色の花をつける。季春

【連係】レンケイ 他と密接につながること。また、そのつながり。「―プレー」 表記「聯繫」とも書く。

【連携】レンケイ 同じ目的をもつ者が、連絡をとりながら協力し合って事に当たること。書きかえ「連繫」の書きかえ字。「各国が―して地球環境の問題に対処する」

【連▲繫】レンケイ ▼書きかえ 連係

【連結】レンケツ 結び合わせること。つないで一つにすること。「列車を―する」「―決算」 表記「聯結」とも書く。

【連呼】レンコ 何度も繰り返して、大声で叫ぶこと。「候補者の名前を―する」

【連行】レンコウ 意志に関係なくつれて行くこと。「窃盗犯を―する」

【連▲亘・連▲互】レンコウ 長くつらなって続いていること。表記「聯亘」とも書く。

【連衡】レンコウ 中国の戦国時代に張儀が唱えた外交政策。秦(シン)が東方にある六国と個別に同盟を結ぼうとしたもの。対合従(ガッショウ)

【連合】レンゴウ 二つ以上のもの、あるいは組織が結びついて一つになること。「―政権」 書きかえ「聯合」の書きかえ字。

【連子▲鯛】レンこだい キダイの別称。タイ科の海魚。マダイに似るが黄赤色。

【連鎖】レンサ ①つながっているくさり。②互いにくさりのようにつながっていること。また、そのつながり。「―反応(一つのきっかけで、次々と物事が起こること)」

【連▲坐】レンザ ▼書きかえ 連座

【連座】レンザ ①同席すること。②他人の犯罪にかかわり、連帯責任を負って罰せられること。「公職選挙法違反に―する」 類塁坐(ルイザ) 書きかえ「連坐」の書きかえ字。

【連載】レンサイ 雑誌や新聞などに、続きものの作品をのせること。「―小説」「旅行記を―する」

【連作】レンサク ①毎年、同じ農耕地に同じ作物を続けて植えること。対輪作 ②文芸や美術など、同じテーマで一連の作品を作ること。また、その作品。複数の人で行うこともある。

【連山】レンザン 峰がつらなった山々。「―の眉(まゆ)(長く引いた美しい眉)」 類連峰

【連枝】レンシ ①つらなる木のえだ。②身分の高い人の兄弟姉妹の敬称。「将軍のご―」③仏本願寺法主(ホッス)一門の称。由来②①が根元を同じくする意から。

【連子】レンジ 窓や欄間(ランま)などに、一定の間隔で取りつけた格子。れにし。「―窓」 表記「櫺子・櫺」とも書く。

【連日】レンジツ 何日も続くこと。毎日。「―酷暑が続いている」

【連▲雀】レンジャク ①レンジャク科の鳥の総称。日本にはキレンジャクとヒレンジャクが冬鳥として渡来。頭部に冠羽をもつ。季秋 ②群がっているスズメ。

【連珠】レンジュ ①たまをつなぐこと。また、そのたま。②碁盤上に白黒の石を交互に置き、先に五個並べたほうを勝ちとする遊び。五目並べ。書きかえ「聯珠」の書きかえ字。

【連署】レンショ 同一の書類に、二人以上が並べて署名すること。また、その署名。類連判

【連勝】レンショウ ①続けて勝つこと。「連戦―」 対連敗 ②競馬や競輪などで、一着と二着を同時に当てること。「―複式」

【連城の璧】レンジョウのヘキ いくつもの城に相当する価値のある貴重な玉。転じて、貴重な美しいもののたとえ。「連城」は、つらなった多くの城の意。故事 中国、戦国時代、秦(シン)の昭王が、趙(チョウ)の恵文王が名玉を持っていることを聞いて、一五の城との交換を要求した故事から。〈『史記』〉

【連接】レンセツ つながり続くこと。また、つらね続けること。「―した段落を読む」

【連戦】レンセン 引き続いて何度も戦うこと。「金土日と三―が組まれている」

【連銭▲葦毛】レンゼンあしげ ウマの毛色で、葦毛に銭のような形をした丸い灰色の斑点(ハンテン)があるもの。参考「レンセンあしげ」とも読む。

【連奏】レンソウ 同じ種類の楽器を、二人以上で合奏すること。表記「聯奏」とも書く。

【連想】レンソウ ある物事から、関連する物事を思い浮かべること。また、その考え。「―ゲーム」 書きかえ「聯想」の書きかえ字。

【連続】レンゾク 途切れないで、長く続くこと。また、続けること。「―強盗事件」 対断続

【連帯】レンタイ ①二人以上の人が、気持ちを合わせて事に当たること。「市民の―をはかる」②複数の人が、ある行為や結果に、ともに同等の責任を負うこと。「―責任」「―保証人になる」

【連隊】レンタイ 陸軍の部隊編成単位。通常は、二個ないし三個大隊で組織する。「―長」 表記「聯隊」とも書く。

【連弾】レンダン 一台の楽器で、一つの曲を二人同時に弾くこと。また、その曲。「ピアノの―」 表記「聯弾」とも書く。

【連中】レンチュウ ①仲間の人たち。つれ。「情けない―だ」②音曲(オンギョク)や演芸などの一座の人々。参考「レンジュウ」とも読む。

【連▲綴】レンテイ ①並べてとじること。②つらなり続くこと。表記「聯綴」とも書く。

【連動】レンドウ ある部分が作動すると、関連する部分も動きだすこと。「非常ベルと―してカメラが作動する」

【連破】レンパ 相手を続けて負かすこと。「強敵を―する」

【連覇】レンパ 続けて優勝すること。「甲子園で春夏―する」

【連敗】レンパイ 続けて負けること。負け続けること。「痛い―を喫する」対連勝

【連発】レンパツ ①続いて起こること。「放火事件が―する」②弾丸や言葉を続けざまに発すること。「駄洒落を―する」

【連判状】レンパンジョウ 同じ主義や志をもつ者が、同一書面に署名して判を押したもの。盟約の文書や嘆願書などに見られる。「赤穂浪士の―」

【連▲袂】レンベイ 袂をつらねる意から、行動をともにすること。複数の人が、同じ行動をすること。表記「聯袂」とも書く。

【連▲袂辞職】レンベイジショク 大勢が行動をともにし、そろって職を辞すること。

【連璧】レンペキ 才知のすぐれた二人をいう。二つそろったすぐれたもののたとえ。一対のすばらしい玉の意から。故事 中国、晋の潘岳と夏侯湛の二人は、少年時代から英才のほまれ高く、都へのぼってからも常に行動をともにしたので、人々が両人を「連璧」と呼んだ故事から。〈『晋書』〉類双璧

【連邦】レンポウ 自治権をもつ国家や州が、共通の意識のもとでまとまって成立する国の形態。連合国家。アメリカ・カナダ・スイスなど。書きかえ「聯邦」の書きかえ字。

【連峰】レンポウ つらなり続く山のみね。みねがつらなる山々の一群。「北アルプスの―を眺める」類連山

【連名】レンメイ 複数の氏名を並べて書くこと。「―でお祝いを贈る」類連署 参考「レンミョウ」とも読む。

【連盟】レンメイ 共通の目的を達成するために、団結し協力すると誓うこと。また、その集まり。「―に加入する」類同盟 書きかえ「聯盟」の書きかえ字。

【連綿】レンメン 長く続いていて絶えないさま。「―と続く伝統行事」「―体(草書や仮名の筆画を続けて書く書体)」

【連夜】レンヤ 幾晩も続くこと。毎晩。「―のドンチャン騒ぎに迷惑する」

【連用】レンヨウ ①同じものを続けて使用すること。「強い薬の―は避けるように」②文法用語で、用言に続くこと。「―修飾語」

【連絡】レンラク ①つながりがあること。また、つながりをつけること。②関係者に情報を知らせること。「列車の時間にバスが―する」「電話による―」「―を密にする」書きかえ「聯絡」の書きかえ字。

【連理】レンリ ①木の枝や幹が他の木とつながり、木目が続くこと。②夫婦や男女の深いちぎり。「比翼―」(「比翼の鳥、連理の枝」の略で、男女の深いちぎりのたとえ)

【連理の枝】レンリのえだ 男女の情愛が深く、離れがたく仲むつまじいこと。根や幹は別だが、枝と枝は結合して一つになっているもの。〈白居易の詩〉類比翼連理

【連立】レンリツ 並び立つこと。独自の立場を保ちながら、一つのまとまりになること。「―政権」書きかえ「聯立」の書きかえ字。

【連累】レンルイ 罪の巻き添えになること。かかわりあい。「この犯罪の―者」類連座

レン【▲連】(11) ⻌7 ▼連の旧字(一六〇三)

レン【廉】(13) 广10 常 3 4687 4E77 音 レン 訓 外いさぎよい・やすい・かど

旧字《廉》(13) 广10 1/準1

筆順 亠 广 产 庐 庐 庠 廉 廉

意味 ①いさぎよい。きよい。「廉潔」「廉恥」「清廉」②やすい。値段が安い。「廉価」「廉売」③かど。すみ。「廉隅」④しらべる。見きわめる。「廉問」

下つき 清廉セイレン・低廉テイレン・貞廉テイレン

【△廉】かど 取り上げて数えるべき事項や理由。「不審の―で調べる」「一(ひと)―の人物」

【△廉△廉】かどかど それぞれの部分。ふしぶし。「申し立ての―」

【△廉い】やすい 質や量の割に品物の値段が低い。表記「安い」とも書く。

【廉価】レンカ 価格が低いこと。「思いがけない品が―で手に入った」類安価 対高価

【廉潔】レンケツ 私欲がなくて心が清く、行いが正しいさま。清廉潔白。「―の政治家」

【廉節】レンセツ 清く正しい節操。清廉でまっすぐな節操。潔白な信念。「―の士」

【廉恥】レンチ 心が清く、恥を知る心があること。「―の心をもつ人」「破―(人倫や道徳に欠けること)」

【廉直】レンチョク 心や行いが清く、正直なこと。「―な人柄」

【廉売】レンバイ 物を安く売ること。安売り。「冬物処分の大―」

レン【楝】(13) 木9 1 6034 5C42 音 レン 訓 おうち

意味 おうち。せんだん。センダン科の落葉高木。

【▲楝】おうち ①センダンの古名。▼梅檀(九〇一) ②襲(かさね)の色目。表が薄紫で裏が青。表記「樗」とも書く。

レン【★煉】(13) 火9 準1 4691 4E7B 音 レン 訓 ねる

〔煉〕

意味 ①ねる。きたえる。㋐金属をとかしてきたえる。「精煉」「鍛煉」類錬 ㋑心身をきたえる。「修煉」 ②こねる。ねり固める。「煉瓦」「煉炭」

書きかえ 「練」に書きかえられるものがある。

下つき 精煉・洗煉・鍛煉

【煉塀・煉屏】ねりベイ こねた土と瓦を積み重ね、上に瓦をのせた土塀。表記「練塀」とも書く。

【煉る】ねる ①火にかけ、金属を熔かして精製する。②心をねり鍛える。表記 ①「錬る」とも書く。

【煉瓦】レンガ 粘土に砂を混ぜてねり固め、型に入れて窯で焼いた直方体のかたまり。土木建築材料。「―造りの家」

【煉獄】レンゴク カトリック教会の教義で、天国に入る前に死者の罪が炎によって浄化されるとする場所。天国と地獄の間にある。

【煉丹】レンタン ①古代中国で、道士が辰砂から作った不老不死の妙薬。②気を丹田(へその下付近の精気の集まるところ)に集中させ、心身を修練する方法。③ねり薬の別称。

【煉炭】レンタン ▼書きかえ 練炭(一六〇七)

【煉乳】レンニュウ ▼書きかえ 練乳(一六〇七)

レン【蓮】(13) 艹10 準1 4701 4F21 音 レン 訓 はす・はちす

旧字《蓮》(15) 艹11 1/準1

意味 はす。はちす。スイレン科の多年草。「蓮華」「蓮根」

下つき 紅蓮・睡蓮・白蓮・木蓮

【蓮】はす スイレン科の多年草。インド原産。池や沼、水田などで栽培。葉は円形で、水面に浮く。夏、白色または紅色の花が咲く。地下茎は蓮根といい、食用。ハチス。「泥中の―」(悪い境遇に染まらず清純を保つことのたとえ) 季夏 由来 果実の入った花托がハチの巣に似ていることから「はちす」の略。表記「荷・藕」とも書く。

【蓮っ葉】はすっぱ ①ハスの葉。②軽はずみなこと。特に、軽薄で浮気な女性。「あの娘は―な物言いをする」参考「はすは」の転。

【蓮の台】はすのうてな 極楽往生した人が座るというハスの花の形をした台座。仏や菩薩の台座。れんげ座。蓮座。蓮台。

【蓮】はちす ①ハスの別称。②ムクゲの別称。▼槿(三六二)

【蓮荷】レンカ ハスの別称。参考「蓮」も「荷」もハスの意。

【蓮華・蓮花】レンゲ ①ハスの花。季夏 ②「蓮華草」の略。③「散り蓮華」の略。中国料理などで、汁物をすくうのに用いるさじ。形がハスの花びらに似ている。

【蓮華草】レンゲソウ マメ科の二年草。中国原産。茎は地をはうように広がり、春に紅紫色の花を輪状につける。レンゲ。ゲンゲ。季春 由来 輪状につく花のようすをハスの花(蓮華)に見立てたことから。表記「紫雲英」とも書く。

〈蓮華躑躅〉れんげつつじ ツツジ科の落葉低木。山地に自生。初夏、新芽とともに枝先に朱色や黄色などの花を輪状につける。花は有毒。季春 由来 輪状につく花をハスの花(蓮華)に見立てたことから。

【蓮根】レンコン ハスの地下茎。食用とする。ハス。参考「はすね」とも読む。

【蓮台】レンダイ ①「蓮の台」に同じ。②昔、川を渡る客を乗せて担いだ台。表記 ②「輦台」とも書く。

【蓮府】レンプ 大臣の屋敷。また、大臣。故事 中国、晋の大臣王倹が、家の池にハスを植えて愛したという故事から。《南史》

【蓮歩】レンポ 「金蓮歩」の略。美女のしなやかな歩み。故事 中国、南斉の東昏侯が、寵愛する潘妃に、金製のハスの花の上を歩かせたという故事から。《南史》

レン【★漣】(14) 氵11 準1 4690 4E7A 音 レン 訓 さざなみ

〔漣〕

意味 ①さざなみ。波立つ。さざれ波。「漣猗」 ②涙を流すさま。「漣如」「漣漣」

【漣】さざなみ ①細かい波。さざれ波。「静かな湖面に―がたつ」②小さなもめ事。「心に不安の―が広がる」表記「細波・小波」とも書く。

【漣然】レンゼン さめざめと涙をこぼすさま。声をあげずに泣くさま。類漣如

【漣漣】レンレン 涙がとめどなく流れ落ちるさま。類漣如

レン【練】(14) 糸8 教 常 8 4693 4E7D 音 レン 訓 ねる 外 ねりぎぬ

旧字《練》(15) 糸9 1/準1 9014 7A2E

筆順 練

意味 ①ねる。㋐絹をねる。ねりぎぬ。「練糸」 ㋑心身や技芸をきたえる。「練習」「訓練」類錬 ②こねる。ねり固める。「練炭」「練乳」

書きかえ 「煉」の書きかえ字として用いられるものがある。

下つき 教練・訓練・修練・習練・熟練・手練・試練・水練・精練・洗練・鍛練・未練・老練

〈練墨〉まゆずみ 眉をかくのに用いる、練った墨。

【練り歩く】ねりあるく 行列をつくって、ゆっくりと歩く。「街を―く」

【練製品】ねりセイヒン 魚肉をすりつぶし、練って加工した食品。かまぼこ・ちくわ・はんぺんなど。表記「煉製品」とも書く。

【練る】ねる ①混ぜ合わせてこねる。「そば粉を―る」②よりよい状態にする。「さらに計画を―る」③経験や修養を積む。「人格を―る」④生糸や絹布を灰汁あくなどで煮て柔らかくする。⑤ゆっくり進む。「祭りの山車だしが大通りを―る」
参考①「煉る」と書けば、火にかけてこね固める意。

【練習】レンシュウ 学問や技芸が上達するように、繰り返し学習すること。類稽古ケイコ

【練熟】レンジュク 経験豊かで上手なこと。「―した腕前」類熟練

【練成】レンセイ 技や心身をりっぱに鍛え上げること。錬磨育成。「―道場」表記「錬成」とも書く。

【練達】レンタツ 習熟して高い水準に達すること。「経済記事に―した記者」類熟達

【練炭】レンタン 石炭や木炭などの粉末をねり固めた燃料。太い円筒形で、燃焼効率を上げるため、縦に数個の穴があいている。書きかえ「煉炭」の書きかえ字。

【練若】レンニャ 僧の修行に適した静かな場所。また、修行僧の住む粗末な家や寺院。類阿蘭若アランニャ

【練乳】レンニュウ 牛乳を煮詰めて濃縮したもの。無糖をエバミルク、加糖をコンデンスミルクという。書きかえ「煉乳」の書きかえ字。

【練武】レンブ 武道を練習すること。また、その練習。

【練兵】レンペイ 兵士を訓練すること。戦闘の練習をすること。

【練磨】レンマ 心身や技芸を鍛えみがくこと。「百戦―」(数々の実戦や経験を積んで鍛えられていること)」表記「錬磨」とも書く。

レン【匳】(15) 匚13 1 5029 523D 音 レン 訓 こばこ・くしげ

意味 こばこ。かがみばこ。くしげ。化粧道具を入れる箱。「匳幣」

レン【練】(15) 糸9 9014 7A2E ▼練の旧字(一六〇六)

レン【蓮】(15) 艹11 ▼蓮の旧字(一六〇六)

レン【輦】(15) 車8 1 7751 6D53 音 レン 訓 てぐるま・こし

意味 ①てぐるま。人の引く車。特に、天子の車。天皇の乗る車。みくるま。「輦道」「鳳輦ホウレン」②こし。たごし。手でかつぐ輿こし。「輦台」

下つき 玉輦ギョクレン・鳳輦ホウレン・歩輦ホレン

【輦】てぐるま 輿こしに車をつけ、轅ながえに手を添えて引く車。天子の車。天皇や皇族の乗り物。「―の宣旨センジ」(手車に乗ることを許可する文書)」類輦車レンシャ・輦輿レンヨ

【輦轂】レンコク ①輦てぐるまのこしき。②天子の車。天皇の乗り物。「―の下もと」(天子のおひざもと。首都)」

【輦車】レンシャ 「輦てぐるま」に同じ。参考「レンジャ」とも読む。

【輦台】レンダイ 江戸時代、川を渡る際に旅客を乗せて担ぐ台。渡し船が禁じられた大井川などで使われた。表記「蓮台」とも書く。

【輦輿】レンヨ 「輦てぐるま」に同じ。

〔輦台レンダイ〕

レン【憐】★ (16) 忄13 準1 4689 4E79 音 レン 訓 あわれむ・あわれみ

〔憐〕

意味 ①あわれむ。あわれみ。「憐憫レンビン」②いとしく思う。いつくしむ。「愛憐」「可憐」

下つき 哀憐アイレン・愛憐アイレン・可憐カレン

【憐れむ】あわれむ ①気の毒に思う。同情する。②いとしく思う。

【憐察】レンサツ かわいそうだと思いやること。あわれみ思いやること。同情して察すること。「どうか事情をご―ください」

【憐情】レンジョウ 人をあわれむ気持ち。あわれみの心。「―をもよおす」

【憐憫・憐愍】レンビン あわれむこと。かわいそうに思うこと。「―の情をもよおす」参考「レンミン」とも読む。

レン【蔆】(16) 艹13 7319 6933 ▼ロウ(一六二九)

レン【錬】(16) 金8 常 3 4703 4F23 音 レン 訓 外ねる

旧字《鍊》(17) 金9 1/準1 9327 7D3B

筆順 4 7 11 13 錬

意味 ①ねる。(ア)金属をねりきたえる。「錬金」「精錬」類煉レン (イ)心身や技芸をきたえる。「錬成」「鍛錬」類練 ②薬をねる。「錬丹」

下つき 修錬シュウレン・精錬セイレン・鍛錬タンレン

【錬る】ねる ①金属を焼いたり溶かしたりし、精製する。②心身を鍛える。③薬をねり合わせる。④文章などをよりよいものにする。表記①「煉る」とも書く。

【錬金術】レンキンジュツ 鉄・鉛などの卑金属から、金・銀などの貴金属を製造しようとした技術。古代エジプトに起こり、ヨーロッパに伝わる。失敗に終わったが、化学の発達を促した。

【錬成】レンセイ 技や心身を鍛え上げること。「青少年を―する」「―道場」表記「練成」とも書く。

【錬鉄】レンテツ ①よく鍛えた鉄。②炭素の含有量を〇・二パーセント以下にした軟鉄。類鍛鉄

参考「ねりかね」と読めば、精錬した鉄の意。

【錬磨】レンマ 心身や技芸を鍛えること。「剣道で心身を―する」表記「練磨」とも書く。

レン【斂】(17) 攵13 1 5844 5A4C
音 レン
訓 おさめる・あつめる・ほぼ

意味 ①おさめる。あつめる。あつめとる。とりたてる。「苛斂」②死者のなきがらをおさめる。「斂葬」③ひきしめる。「収斂」④ほぼ。およそ。
下つき 苛斂(カレン)・収斂(シュウレン)・聚斂(シュウレン)・小斂(ショウレン)・籍斂(セキレン)

【斂める】おさ-める 集めて、一か所にまとめる。また、取り入れる。しまう。

【斂葬】レンソウ 死者を、地中にほうむりおさめること。しかばねを、埋めほうむること。「皇太后の―の儀」類埋葬

レン【縺】(17) 糸11 1 6965 6561
音 レン
訓 もつれる・もつれ

意味 もつれる。糸がからみ合う。もつれ。

【縺れる】もつ-れる ①糸など線状のものがからみ合う。「毛糸が―れる」②言語や動作が自由にならない。「舌が―れる」③物事が混乱してこじれる。「同点になり試合が―れてきた」

レン【聯】(17) 耳11 準1 4694 4E7E
〔聨〕7063 665F
音 レン
訓 つらなる・つらねる

意味 ①つらなる。つらねる。つづく。「聯珠」「聯綿」②対にする。二つならべる。「対聯」「柱聯」
書きかえ ①「連」が書きかえ字。
下つき 対聯(タイレン)・柱聯(チュウレン)・門聯(モンレン)

【聯なる】つら-なる 並んで続く。つながる。ひとつながりになる。「軒が―る」

【聯句】レンク ①漢詩で、複数の人が一句ずつ作って一編の詩にすること。また、その詩。聯詩。②律詩で、対となる二句。表記①「連句」とも書く。

【聯繫】レンケイ 互いに深いかかわりをもち、つながっていること。また、そのつながり。表記「連係」とも書く。

【聯亙】レンコウ つらなりわたること。長く続くこと。表記「連亘・連亙」とも書く。

【聯合】レンゴウ ▼書きかえ 連合(一六〇四)

【聯珠】レンジュ ▼書きかえ 連珠(一六〇四)

【聯想】レンソウ ▼書きかえ 連想(一六〇四)

【聯隊】レンタイ 軍隊の部隊編成単位。旧日本陸軍では、二個ないし三個大隊で組織した。表記「連隊」とも書く。

【聯袂辞職】レンベイジショク ▼連袂辞職(一六〇五)

【聯邦】レンポウ ▼書きかえ 連邦(一六〇五)

【聯盟】レンメイ ▼書きかえ 連盟(一六〇五)

【聯綿】レンメン 長く続いて絶えないさま。「涙―と泣く」表記「連綿」とも書く。

【聯絡】レンラク ▼書きかえ 連絡(一六〇五)

【聯立】レンリツ ▼書きかえ 連立(一六〇五)

レン【鍊】(17) 金9 9327 7D3B ▼錬の旧字(一六〇七)

レン【鎌】(18) 金10 常 1989 3379 ▼かま(二八)

レン【簾】★(19) 竹13 準1 4692 4E7C
〔簾〕
音 レン
訓 す・すだれ

意味 す。すだれ。竹などで編んだとばり。「簾中」
下つき 御簾(ギョレン・みす)・水簾(スイレン)・垂簾(スイレン)・暖簾(ノレン)

【簾】す「簾(すだれ)」に同じ。

【簾】すだれ 細いアシや細く割った竹を糸で編んだもの。日よけや仕切りに使う。「―を巻き上げる」「―越しに外を見る」「玉―」季夏 参考「す」とも読む。

【簾〈名残〉】すだれなごり 暑い季節が去って、すだれをかたづけること。また、そのときに感じる気分。季秋

【簾戸】すど 細く割った竹やアシを編んで作った戸。季夏 表記「簀戸」とも書く。

【簾政】レンセイ 皇太后などが、幼い帝(みかど)にかわって政治を行うこと。垂簾(スイレン)の政(まつりごと)。
由来 臣下に接する際、すだれをたらしたことから。

【簾中】レンチュウ ①すだれの内側。②高貴な家の婦人。また、貴人の妻の敬称。

【簾箔】レンパク すだれ。みす。参考「簾」も「箔」もすだれの意。

レン【蠊】(19) 虫13 1 9168 7B64
音 レン

意味「蜚蠊(ヒレン)(あぶらむし・ごきぶり)」に用いられる字。

レン【鏈】(19) 金11 1 7926 6F3A
音 レン
訓 くさり

意味 ①くさり(鎖)。②鉛の精錬していないもの。

【鏈】くさり ①金属製の輪をひも状につなぎ合わせたもの。チェーン。②物と物をつないでいるもの。きずな。「師弟関係の―を断つ」表記「鎖」とも書く。

レン【瀲】(20) 氵17 1 6350 5F52
音 レン
訓 みぎわ・うかぶ

意味 ①水が満ちあふれるさま。また、波が連なるさま。「瀲瀲」②みぎわ。なぎさ。③うかぶ。「泛瀲(ハンレン)」

レン【鰊】★(20) 魚9 1 8257 7259
音 レン
訓 にしん

意味 にしん。ニシン科の海魚。

【▲鰊】にしん ニシン科の海魚。寒流性の回遊魚で、北太平洋や北大西洋に分布。全長約三〇センチメートル。背は暗青色、腹は銀白色。卵は「数の子」という。食用。カド。カドイワシ。季春 表記「鯡」とも書く。

レン【▲戀】(23) 心19 5688 5878 ▼恋の旧字(一六〇三)

レン【★攣】(23) 手19 1 5827 5A3B 音 レン 訓 つる・ひきつる・かかる・つながる・かがまる

意味 ①つる。ひきつる。「攣縮」「痙攣ケイレン」②かかる。つながる。「攣拘」③かがまる。手足が伸びない。「攣曲」④したう。「攣攣」類恋

下つき 痙攣ケイレン・拳攣ケンレン・拘攣コウレン

【▲攣る】つ-る 筋肉が収縮してひっぱられる。ひきつる。「水泳で足が━る」

【▲攣縮】レンシュク 刺激を受けた筋肉が、いったん収縮してすぐに戻ること。類単収縮

レン【臠】(25) 肉19 1 7140 6748 音 レン 訓 きりみ・きりにく・みそなわす

意味 ①きりみ。きりにく。細かく切った肉。②みそなわす。ごらんになる。「見る」の敬語。

レン【癴】(28) 疒23 1 音 レン 訓 ひきつる

意味 つる。ひきつる。類攣レン

れんじ【▲櫺】(21) 木17 6118 5D32 ▼レイ(一六〇〇)

ろ 呂 ロ 呂

ロ【呂】(7) 口4 常 2 4704 4F24 音 ロ 外リョ

筆順 ー ロ ロ ワ ワ 呂 呂

意味 日本や中国の音楽で陰(偶数番目)の音階。「呂律リョリツ」対律 参考「呂」の省略形が片仮名の「ロ」に、草書体が平仮名の「ろ」になった。

下つき 語呂ゴロ・風呂フロ・六呂リクリョ・律呂リツリョ

【▲呂翁の枕】リョオウのまくら ▼邯鄲カンタンの夢ゆめ(三二七)

【▲呂律】リョリツ ①中国の音楽で陰の六呂リクリョと陽の六律。十二律や音階・調子など。②音楽理論や音楽。類①②律呂 参考「ロレツ」と読めば別の意。

〈呂▲宋〉ルソン フィリピン群島の最北にある最大の島。首都マニラがある。

【呂▲律】ロレツ ものを言うときの調子。「酒を飲みすぎて━が回らない(舌がよく動かず、言葉がはっきりしない)」参考「リョリツ」と読めば別の意になる。

ロ【炉】(8) 火4 常 3 4707 4F27 音 ロ 訓 外いろり・ひばち

旧字《爐》(20) 火16 1/準1 6404 6024

筆順 丶 丷 火 火 火 炉 炉 炉

意味 ①ろ。いろり。ひばち。「炉辺」「暖炉」②火を入れて燃やしておくもの。「香炉」「溶鉱炉」

下つき 懐炉カイ・火炉カ・夏炉カ・香炉コウ・暖炉ダン

【▲炉】いろり 床を四角く切り抜き、煮炊きや暖房用に火を燃やす所。季冬 表記「囲炉裏・鑪」とも書く。参考「ロ」とも読む。

【炉端・炉▲辺】ろばた いろりの回り。いろりばた。「━で夜遅くまで話しこむ」参考「炉辺」は「ロヘン」とも読む。

【炉塞ぎ】ろふさぎ 茶の湯で、陰暦三月末日に炉の使用をやめてふさぐこと。翌日からは風炉フロを使う。対炉開き 季春

【炉辺】ロヘン 「炉端ろばた」に同じ。

ロ【鹵】(11) 鹵0 1 8335 7343 音 ロ 訓 しお・しおち・うばう・たて・おろそか・おろか

意味 ①しお。また、塩分を含んだやせ地。しおち。「鹵田」②かすめる。うばう。奪い取る。「鹵掠ロリャク」③たて。おおだて(大盾)。④おろそか。軽々しい。「粗鹵」⑤おろか。「頑鹵」

下つき 鹹鹵カンロ・斥鹵セキロ

【▲鹵】しお 岩塩。海以外からとれる天然のしお。

【▲鹵】ち 塩分を含んだ土地。作物が育たない塩土。

【▲鹵獲】ロカク 戦場で、敗北した敵から軍用品や兵器などを奪うこと。「━品」

【▲鹵簿】ロボ 儀礼用の武器や武具を備えた兵を伴った、行幸・行啓の行列。

【▲鹵▲莽】ロモウ ①塩分を多く含んだ土地と草の茂った野原。転じて、土地が荒れ果てていること。②軽率で粗略なこと。

ロ【絽】(13) 糸7 1 6924 6538 音 ロ・リョ

意味 ①しまおりもの。縞織しまおりの布。②織り目の透いた薄い絹織物。

【▲絽羽織】ろばおり 絽で作った夏用の単ひとえの羽織。季夏

ロ【賂】(13) 貝6 常 2 4708 4F28 音 ロ 訓 外まいなう・まいない

筆順 丨 冂 目 目 貝 貝 貝 賂 賂 (5)(7)

意味 まいなう。まいない。金品を贈る。「賂遺」「賄賂ワイロ」

【賂い】まいない ①礼として贈る金品。「―の品を受けた」②便宜をはかってもらうために贈る、不正な金品。賄賂(ワイロ)。

【賂う】まいなう 謝礼や依頼のために、金品を贈る。特に、賄賂(ワイロ)を贈る。

ロ
【路】
(13) 𧾷6 教 常 8 4709 4F29
音 ロ
訓 じ ㊕みち・くる
ま

筆順 ロ（3）… 路（12）

意味 ①みち。人や車の行き来するみち。「路傍」「道路」②物事のすじみち。道理。「理路」③重要な地位。「当路」「要路」④くるま。

下つき 隘路(アイロ)・沿路(エンロ)・遠路(エンロ)・往路(オウロ)・回路(カイロ)・街路(ガイロ)・活路(カツロ)・岐路(キロ)・帰路(キロ)・空路(クウロ)・経路(ケイロ)・血路(ケツロ)・航路(コウロ)・進路(シンロ)・水路(スイロ)・線路(センロ)・走路(ソウロ)・退路(タイロ)・旅路(たびじ)・通路(ツウロ)・当路(トウロ)・道路(ドウロ)・販路(ハンロ)・復路(フクロ)・遍路(ヘンロ)・末路(マツロ)・迷路(メイロ)・夢路(ゆめじ)・要路(ヨウロ)・陸路(リクロ)・理路(リロ)

【路】みち ①人や車などが通行する所。②ふみ行うべき道。③方法や手段。やり方。

【〈路加〉伝】ルカデン 『新約聖書』の四福音書(フクインショ)の第三番目の書。ルカ福音書。

【路肩】ロかた 道路の両側の有効幅の外側部分。特に、端のがけのようになった部分。「―が崩れる」参考「ロケン」とも読む。

【路銀】ロギン 昔の言葉で、旅の費用。旅費。「―が尽きる」類路用・路費

【路次】ロジ 道筋。道の途中。道中。「―で恩師に会う」類途次 参考「ロシ」とも読む。

【路地】ロジ ①建物と建物の間の狭い通路。「―裏」②門の内側や庭の中の通路。「―口」表記「露地」とも書く。

【路線】ロセン ①鉄道やバスなどの運行する定まった道筋。「バスの赤字―」②組織や団体の運営・活動方針。「平和―を進める」

【路程】ロテイ 目的地までの距離。道のり。行程。「―計(自動車などの走行距離計)」

【路頭】ロトウ 道のほとり。道端。「―に迷う(生活の手段を失って困窮する)」類路傍

【路傍】ロボウ 「路頭」に同じ。

【路用】ロヨウ 「路銀」に同じ。

ロ
【輅】
(13) 車6 1 7742 6D4A
音 ロ
訓 くるま・みくるま

意味 くるま。大きいくるま。また、天子の乗るくるま。みくるま。

ロ
【滷】
(14) 氵11 1 6303 5F23
音 ロ
訓 しおからい・にがり

意味 ①しおからい。にがり。②塩を含んだ土。類鹵(ロ)

【〈滷汁〉】にがり 海水を煮つめて食塩をとったあとの苦い液。豆腐の凝固剤などに用いる。表記「苦汁・苦塩」とも書く。

ロ
【魯】
(15) 魚4 準1 4705 4F25
音 ロ
訓 おろか

意味 ①おろか。にぶい。「魯鈍」②中国の国名。孔子の生まれた国。

下つき 頑魯(ガンロ)・椎魯(ツイロ)

【魯魚亥豕】ロギョガイシ 書きまちがいやすい文字のこと。「魯」と「魚」、「亥」と「豕」は、文字の形が似ていて誤りやすいことから。〈『呂氏春秋(リョシシュンジュウ)』〉類魯魚章草

【魯魚の誤り】ロギョのあやまり 文字の書き誤り。「魯」と「魚」は字形が似ていて、書きまちがいやすいことから。〈『抱朴子(ホウボクシ)』〉類魯魚章草・烏焉魯魚(ウエンロギョ)

【魯鈍】ロドン おろかで、頭の回転が鈍いこと。また、そのさま。類愚鈍

【魯陽の戈】ロヨウのほこ 勢いの盛んなことのたとえ。故事 中国、戦国時代、楚(ソ)の魯陽公が韓(カン)との戦いで日暮れにさしかかったとき、戈を手に取って日を差し招くと夕日が逆戻りしたという故事から。〈『淮南子(エナンジ)』〉

ロ
【盧】
(16) 皿11 1 6626 623A
音 ロ
訓 めしびつ・くろい

意味 ①めしびつ。めし入れ。②すびつ。火入れ。③くろい。くろいもの。④酒場。⑤あし。よし。イネ科の多年草。「蒲盧(ホロ)」

【盧生の夢】ロセイのゆめ ▼邯鄲(カンタン)の夢(二二七)

ロ
【蕗】
(16) 艹13 準1 4189 4979
音 ロ
訓 ふき

意味 ①ふき。キク科の多年草。②かんぞう(甘草)。マメ科の多年草。

【蕗】ふき キク科の多年草。原野や道端に自生。また、栽培もされる。葉は円形で大きい。季夏 表記「苳・款冬・菜蕗」とも書く。

【蕗の薹】ふきのとう フキの若い花茎。早春、地下茎から生える。香りとほのかな苦みがあり、食用。季春

ロ
【濾】
(18) 氵15 1 6341 5F49
音 ロ・リョ
訓 こす

〔沪〕 8651 7653

意味 こす。液を布などでこして混じり物を除く。「濾過」「濾紙」

【濾す】こす 液体から不純物や混じり物を取り除くために、細かい目の網や布などに通す。濾過(ロカ)する。「油を―す」表記「漉す」とも書く。

【濾過】ロカ 液体や気体をこして、固形の不純物を取り除くこと。「雨水を―する」

【濾紙】ロシ 液体をこして沈殿物や不純物を取り除くための紙。濾過紙。こしがみ。

ロ
【廬】
(19) 广16 1 5510 572A
音 ロ・リョ・ル
訓 いおり・いえ

ろ ロ

意味 ①いおり。草や木で造った粗末な家。仮の小屋。「廬舎」②いえ。建物。「精廬」
下つき 蝸廬カロ・結廬ケツロ・出廬シュツロ・草廬ソウロ・田廬デンロ

【廬】いおり 草や木で造った粗末な家。仮ずまいの小屋。

【廬舎那仏】ルシャナブツ 仏「毘廬舎那仏ビルシャナブツ」の略。華厳経ケゴンキョウの本尊で、万物を照らす宇宙的存在の仏。

【廬山の真面目】ロザンのシンメンモク 物事の真相や実際の姿のこと。「廬山」は中国江西省にある山。「真面目」は本当の姿の意。由来 中国、北宋ホクソウの文人蘇軾ソショクが見る場所によって山の形が変化する廬山をながめて、物事の全体の姿のとらえにくいことを詠んだ詩から。参考「真面目」は「真面」ともいう。

【廬舎】ロシャ 粗末な小屋。草や木で造った小さな家。いおり。

ロ【★櫓】(19) 木15 準1 4706 4F26
音 ロ
訓 やぐら・おおだて

意味 ①ろ。かい。舟をこぐ道具。「櫓声」類 艪ロ ②やぐら。物見やぐら。また、木を組みあげてつくった高い台。「望櫓」③おおだて。大きなたて。
下つき 逆櫓さかロ

【櫓】やぐら ①展望するために高く造った建築物。物見やぐら。「火の見―」②相撲や盆踊りなどで、太鼓の演奏などのために木材を高く組んだ構造物。また、芝居や見世物などの興行場の入り口にある建造物。「―を上げる(座を構えて興行を始める)」③こたつの布団をかける木組みの台。こたつやぐら。④「櫓投げ」の略。⑤「櫓囲い」の略。将棋で、王将の守備陣形の一つ。表記「矢倉」とも書く。

【櫓投げ】やぐらなげ 相撲で、立って組んだ体勢からさらに踏みこみ、相手の内股うちまたをはねあげるようにして投げる技。

【櫓葱】やぐらねぎ ネギの変種。花の一部が鱗茎リンケイに変わり、さらに上に伸びて子ネギ、孫ネギとやぐらのようになる。季 夏

【櫓脚】ロあし ①舟をこぐとき、櫓の水中につかる部分。②櫓をこいで舟が進んだあとに残る水面の動き。表記「艪脚」とも書く。

【櫓櫂】ロかい 舟をこぐ道具の、櫓と櫂。また、和船の両側についた櫓と櫂を扱う部分の総称。「―がない(頼みにする物が何もない状況のたとえ)」表記「艪櫂」とも書く。

【櫓櫂の立たぬ海もなし】どのような困難においても、なんらかの方策はあることのたとえ。

【櫓三年に棹八年】ロサンネンにさおハチネン 何事も一人前になるにはそれなりの修業が必要だということ。櫓を使って舟をあやつれるようになるには三年かかり、棹は八年かかる。櫓よりも棹を使いこなすほうが難しいことから。

【櫓声】ロセイ 櫓をこぐ音。表記「艪声」とも書く。

【櫓臍】ロべそ 櫓をはめこんで、こぐときの支点とする突起物。類 櫓杭ロぐい 表記「艪臍」とも書く。

【櫓を押して櫂は持たれぬ】ロをおしてかいはもたれぬ 二つのことは同時にできないたとえ。類 田の事すれば畑が荒れる

ロ【櫚】(19) 木15 1 6113 5D2D
音 ロ・リョ
訓 かりん

意味 ①かりん。バラ科の落葉高木。②しゅろ(棕櫚)。ヤシ科の常緑高木。

ロ【★蘆】(19) 艹16 1 7335 6943
〔☆芦〕1618 3032
音 ロ
訓 あし・よし

意味 あし(葦)。よし。イネ科の多年草。「蘆笛」

【蘆】あし イネ科の多年草。▼葦あし(三六)

【蘆薈】ロカイ アロエ。ユリ科の多肉植物。剣形で肉厚の葉は胃薬や傷薬として用いられ、「医者いらず」の異名をもつ。

【蘆筍】ロジュン 「蘆錐ロスイ」に同じ。由来 若芽の先がとがり、筍たけのこに似ることから。

【蘆錐】ロスイ アシの若芽。蘆筍ロジュン。由来 若芽の先が錐きりのようにとがっていることから。

【蘆荻】ロテキ アシとオギ。水辺に生える草の総称として用いる。

【蘆笛】ロテキ アシの葉を巻いて作った笛。類 胡笳コカ 参考「あしぶえ」とも読む。

ロ【櫨】(20) 木16 1 4007 4827
音 ロ
訓 はぜ・ますがた・とがた

意味 ①はぜ。はぜの木。ウルシ科の落葉高木。②ますがた。柱の上に用いる四角い木。とがた。

【櫨】はぜ ハゼノキの別称。▼黄櫨はぜ(五〇四)

ロ【爐】(20) 火16 6404 6024
▼炉の旧字(一六〇九)

ロ【臚】(20) 月16 1 7138 6746
音 ロ・リョ
訓 つたえる・はだ

意味 ①つらなる。つらねる。ならべる。「臚列」②つたえる。伝達する。「臚伝」③はだ。皮。

【臚列】ロレツ 並べること。つらなり並ぶこと。参考「臚」も「列」も並べる意。

ロ【艪】(21) 舟15 1 7166 6762
音 ロ
訓 かい

意味 ろ。かい。舟をこぐ道具。類 櫓ロ

【艪櫂】ロかい 舟をこぐ道具の、艪と櫂。また、和船の両側の艪と櫂を扱う部分の総称。表記「櫓櫂」とも書く。

ロ【露】(21) 雨13 常 4 4710 4F2A
音 ロ・ロウ
訓 つゆ 外 あらわれる・あらわ

筆順 3 8 11 15 17 21

意味 ①つゆ。水滴。「結露」「夜露」 ②つゆのようにはかないもの。「露命」 ③おおいがない。「露営」「露天」 ④あらわす。さらけ出す。あらわになる。「露出」「暴露」 ⑤「露西亜」の略。「露文」

下つき 雨露・甘露・玉露・結露・吐露・白露・暴露・発露・披露

【露】あらわ ①はっきりと目に見えるさま。むき出しであること。「肌も―に」 ②無遠慮なさま。露骨なさま。「嫉妬心を―にする」 ③表だったさま。公然となるさま。表記「顕」とも書く。

【露れる】あらわ-れる 隠れていたものが目に見えるようになる。むき出しになる。さらされる。また、隠していたものが発覚する。

〈露兜樹〉たこのき タコノキ科の常緑小高木。小笠原諸島などに自生。枝先に剣形の葉を密生。果実はパイナップル状。由来「露兜樹」は漢名から。表記「栄蘭・蛸の木」とも書く。幹の下部からタコのあし状の気根を出す。

【露】つゆ ①空気中の水蒸気が冷えて凝結し、地面や物に付着した水滴。季秋 ②はかないこと。すぐに消えてしまうことのたとえ。「―の世」 ③ほんのわずかなこと。また、打ち消しを伴って、少しも。まったく。「そんなこととは―知らず」 ④涙のしたたりのたとえ。「涙の―」

【露隠りの葉月】つゆごもりのはづき 陰暦一一月の異名。

【露払い】つゆはらい ①行列や貴人の先導をすること。また、その人。「行列の―をつとめる」 ②相撲で、横綱の土俵入りのときに先に歩く力士。 ③演芸などを最初に演じること。また、その人。前座。

【露悪】ロアク 自分の悪い部分を、ことさらにさらけ出すこと。「―趣味」

【露営】ロエイ 野外に陣をはること。野営すること。また、その陣営。「―地」

【露往霜来】ロオウソウライ 時の過ぎ去るのが早いたとえ。露の季節が過ぎ去り、あっという間に霜の季節になる意から。〈左思の文〉類烏飛兎走・光陰如箭

【露見・露顕】ロケン 隠していた秘密や悪事などが発覚すること。

【露骨】ロコツ 感情・欲望・意図などを隠さずに表すこと。あらわにすること。むき出しにすること。「―な描写」

【露座・露坐】ロザ 屋根のない場所にすわること。「―の大仏」

【露地】ロジ ①屋根などで覆われていない地面。「―栽培の胡瓜」 ②茶室の庭。 ③屋敷や庭の中の狭い通路。表記②③「路地」とも書く。

〈露西亜〉ロシア ヨーロッパ東部からシベリアまでの広大な土地をもつスラブ民族を中心とした国。首都はモスクワ。

【露宿】ロシュク 戸外で寝ること。野外に泊まること。野宿。類露臥

【露出】ロシュツ ①むき出しにすること。あらわになること。「山肌に鉱脈が―する」 ②写真撮影などで、光線をフィルムや印画紙にあてること。「カメラの―を合わせる」類露光

【露台】ロダイ ①屋根のない台。 ②屋外にある舞台。 ③部屋の外に設置された屋根のない床。テラス。バルコニー。季夏

【露呈】ロテイ 隠れていたものが、表面化すること。また、隠していたものをさらけだすこと。「自分の無力を―する結果となった」

【露天】ロテン 屋根のないところ。「新緑が映える―風呂」類野天

【露店】ロテン 寺社の境内や道端、商店街の並びなどで、ござや台の上に品物を置いて売る店。大道店。

【露点】ロテン 大気中の水蒸気が冷えて、露になる温度。

【露頭】ロトウ ①かぶり物のない丸出しの頭。 ②鉱床や鉱物が地表に出ている部分。

【露命】ロメイ 露のようにすぐに消えてしまいそうな命。はかない命。「―を繋ぐ（かろうじて生計を立てる）」

ロ【髏】(21) 骨11 1 8180 7170 音ロ・ロウ 訓されこうべ・しゃれこうべ

意味「髑髏（されこうべ・しゃれこうべ）」に用いられる字。

ロ【艫】(22) 舟16 1 7167 6763 音ロ 訓とも・へさき

意味 ①とも。船尾。「舳艫」 ②へさき。みよし。船首。

【艫】とも 船の後部。船尾。船じり。対舳・舳先

ロ【轤】(23) 車16 1 7766 6D62 音ロ

意味 回転装置の一種「轆轤」に用いられる字。

ロ【鑪】(24) 金16 1 7946 6F4E 音ロ 訓いろり・ふいご

意味 ①いろり。ひばち。類炉 ②ふいご。かじやが火をおこす道具。 ③香をたく器。「香鑪」 ④さかば。酒を売る店。

【鑪】いろり 床を四角に掘って、煮炊きや暖房のための火を燃やすところ。季冬 表記「囲炉裏・炉」とも書く。

ロ【鷺】(24) 鳥13 準1 2677 3A6D 音ロ 訓さぎ

意味 さぎ。サギ科の鳥の総称。

下つき 鴉鷺・烏鷺・朱鷺・白鷺

【鷺】さぎ サギ科の鳥の総称。世界各地に分布。ツルに似るがやや小さい。水辺にすみ、細く長いくちばしで魚や昆虫を捕食。首を縮めて飛ぶ。アオサギ・シラサギ・ゴイサギなど。「闇夜に烏 雪に―（見分けがつかないことのたとえ）」

【鷺を烏と言いくるめる】明らかにまちがいであることを正しいと、または、正しいことをまちがいだと主張すること。へりくつをつけて強引に説得するたとえ。

【鷺苔】さぎごけ　ゴマノハグサ科の多年草。道端や田のあぜ道に自生。春、薄紫色の花をつける。ムラサキサギゴケ。

【鷺草】さぎそう　ラン科の多年草。日当たりのよい湿地に自生し、観賞用としても栽培。夏、サギの飛ぶ姿に似た白い花をつける。季夏

ロ【顱】(25) 頁16　1　8101　7121　音ロ　訓こうべ・かしら・どくろ

意味 ①あたま。こうべ。かしら。また、頭の上部。「顱頂」②どくろ。頭の骨。

下つき 頭顱(トウロ)

【顱頂】ロチョウ　頭のてっぺん。かしらのいただき。頭頂。

ロ【驢】(26) 馬16　1　8170　7166　音ロ・リョ　訓ろば・うさぎうま

意味 ろば(驢馬)。ウマ科の哺乳(ホニュウ)動物。うさぎうま。

【驢】うさぎうま　ロバの別称。由来 耳が長く、ウサギに似ているウマの意から。表記「兎馬」とも書く。

【驢馬】ロバ　ウマ科の哺乳(ホニュウ)動物。野生種がアフリカとアジアにいるが、古代エジプトですでに家畜化されていた。耳が長く、尾はウシに似る。性質はおとなしく、粗食に耐える。

【驢鳴犬吠】ロメイケンバイ　へたでつまらない文章や、聞く価値のない話のたとえ。ロバが鳴きイヌが吠(ほ)える意から。《『世説新語補(セセツシンゴホ)』》参考「犬吠驢鳴」ともいう。

ロ【鱸】(27) 魚16　1　8273　7269　音ロ　訓すずき

意味 すずき。スズキ科の海魚。出世魚の一つ。

【鱸】すずき　スズキ科の海魚。日本から中国の沿岸に分布。全長約一(メートル)。春から夏にかけて海水の混じった河川にも入る。出世魚で稚魚をコッパ、幼魚をセイゴ、やや成長したものをフッコという。食用で、夏に美味。季秋

ロウ【老】(6) 耂2　常　教　7　4723　4F37　音ロウ　訓おいる・ふける(高)

筆順 一 十 土 耂 耂 老

意味 ①おいる。ふける。年をとる。また、年をとった人。「老化」「敬老」対若・少・幼 ②年をとって徳の高い人。「老公」「長老」③経験をつむ。「老成」「老練」④中国の思想家、老子。

下つき 偕老(カイロウ)・家老(カロウ)・敬老(ケイロウ)・元老(ゲンロウ)・古老(コロウ)・大老(タイロウ)・長老(チョウロウ)・不老(フロウ)・養老(ヨウロウ)

【老い鶯】おいうぐいす　春が過ぎ、夏になっても鳴いているウグイス。老鶯(ロウオウ)。類残鶯・晩鶯 季夏

【老い木に花が咲く】おいきにはながさく　いったん衰えたものが再び栄えるたとえ。類枯れ木に花が咲く

【老いては子に従え】おいてはこにしたがえ　年老いてからは何事も子にまかせて、それにしたがうのがよいという教え。

〈老次〉おいなみ　老年期。年をとってからの時期。老境。

【老い耄れ】おいぼれ　①「老耄(ロウモウ)」に同じ。②老人自身が自分を卑下していう語。③老人を見下していう語。

【老いらく】おいらく　年をとること。老いてゆくこと。老年。「―の恋に落ちる」

【老いる】おいる　年をとり、心身のはたらきが衰える。また、古くなる。「―いては子に従え」

〈老女〉おうな　年をとった女性。老媼(ロウオウ)。参考「ロウジョ」とも読む。

〈老鴉瓜〉からすうり　ウリ科のつる性多年草。由来「老鴉瓜」は漢名から。▼王瓜(からすうり)(一二)

〈老舗〉しにせ　先祖代々の家業を守り続け、信用のある店。

〈老成〉ひね　①古くなること。古くなったもの。②おとなびていること。ませていること。参考②「ロウセイ」とも読む。

【老ける】ふける　年をとる。また、年をとったように見える。年よりじみる。「苦労すると早く―けると言われる」

〈老海鼠〉ほや　ホヤ類の原索(ゲンサク)動物の総称。▼海鞘(ほや)(一七)

〈老成〉ませる　年齢のわりにおとなびている。「―たロをきく子ども」

【老麺】ラーメン　味付けした汁にめんを入れ、上に具をのせた中国料理。中華そば。表記「拉麺」とも書く。参考「ラーメン」は中国語から。

【老酒】ラオチュー　中国産の醸造酒の総称。もちごめ・アワ・キビなどを原料につくる。由来 古くなるほど風味が出る酒の意から。参考 中国語から。

【老翁】ロウオウ　年をとった男性。おきな。「昔話の上手な―だった」

【老媼】ロウオウ　年をとった女性。老女。おうな。「杖(つえ)を曳(ひ)く―に会う」

【老鶯】ロウオウ　「老い鶯(おいうぐいす)」に同じ。

【老化】ロウカ　年をとって、身体の機能が低下すること。転じて、時がたつにつれて物の性質やはたらきが衰えていくこと。「―現象」

【老獪】ロウカイ　長い経験から世間慣れして、ずる賢いこと。「―に立ち回る」

【老眼】ロウガン　年をとることで目の焦点を合わせる機能が低下し、近くのものが見えにくくなること。また、その目。類老視

【老驥・老騏】ロウキ 年老いた駿馬(シュンメ)。年老いた英傑のたとえ。

『老驥伏櫪(ロウキフクレキ)』人が年老いてもなお大志を抱くたとえ。また、有能な人がそれを発揮する機会もなく老いるたとえ。もとは、老いた駿馬(シュンメ)が用いられることもなく馬屋の根太(ねだ)に伏し横たわっていても、なお千里を駆けようという志を捨てない意。「驥」は千里を駆ける駿馬。「櫪」はクヌギの木で、床下の横木に用いられたことから、根太・馬小屋の意。「老驥櫪(レキ)に伏すも、志(こころざし)千里に在り」の略。〈曹操(ソウソウ)の詩〉

【老朽】ロウキュウ 古くなったり使い古したりして、役に立たなくなること。「校舎が―化したので改築する」

【老牛、犢を舐る】ロウギュウトクをねぶる 親が子どもを深く愛することのたとえ。「犢」は子牛、「舐る」はなめまわす意。

【老境】ロウキョウ 年老いた人の境地。老人の境涯。老年。「―に入ってもバリバリ働く」

【老軀】ロウク 年をとった身体。老体。「―をおして働く」

【老巧】ロウコウ 数多くの経験を積んでいて、物事に手慣れ巧みなこと。類老練

【老骨】ロウコツ 年をとった身体。「―に鞭(むち)打って修行する」類老身・老体・老軀(ロウク)

【老杉】ロウサン 樹齢の多いスギ。長い年月を経たスギの木。

【老残】ロウザン 年老いてなお生き残っていること。「―の身をさらす」

【老醜】ロウシュウ 年をとって、みにくい容姿や心根になること。老いさらばえること。

【老熟】ロウジュク 長年にわたって経験を積み、物事に熟達していること。

【老嬢】ロウジョウ 年をとった独身女性。

【老少不定】ロウショウフジョウ 仏人の寿命は年齢に関係なく、予知できないこと。老人が先に死に、若者があとから死ぬとは限らないこと。人生の無常をいう語。

【老衰】ロウスイ 年をとって、心身の機能が低下し衰えること。

【老生】ロウセイ 年をとった男性が自分をへりくだっていう語。

【老成】ロウセイ ①おとなびていること。ませていること。「あの小学生はやけに―している」②経験や努力を積み重ねて円熟すること。「―した文章」参考①「ひね」とも読む。

『老成円熟(ロウセイエンジュク)』経験が豊富で、人格・知識・技能などがきわめてすぐれていること。

『老成持重(ロウセイジチョウ)』十分に経験があり熟達していながら、そのうえさらに慎重なこと。「持重」は、大事をとり慎重な態度を守ること。

【老措大】ロウソダイ 年とった学者。年とった書生。参考自分をへりくだっていう場合にも用いる。

【老体】ロウタイ ①年をとった人。また、老人の身体。②老人を敬っていう語。「御―」

【老若男女】ロウニャクナンニョ 老いも若きも男も女も。年齢や性別を超えたあらゆる人々。

【老衲】ロウノウ 年をとった僧侶(ソウリョ)。また、その自称。参考「衲」は僧衣の意。

【老廃】ロウハイ 年をとり、あるいは古くなって役に立たなくなること。「―物(生物の新陳代謝によって排泄(ハイセツ)される不要物)」

【老婆心】ロウバシン 必要以上の親切のこと。おせっかい。「―ながら若い人たちに忠告したい」参考老女の不必要なまでの心添えの意から。

『老婆心切(ロウバシンセツ)』必要以上に他人の世話を焼きすぎること。老婆心。「切」は、思いがひたすらで強いさま。もと仏教語。〈『景徳伝灯録』〉参考語構成は「老婆心」＋「切」。

【老馬の智】ロウバのチ 長い経験を積んで得られた、すぐれた知恵や知識。故事中国、春秋時代、斉の桓公(カンコウ)が戦いの帰途で道に迷ったとき、したがっていた管仲が、一度通った道は覚えているという老馬の知恵を信じてこれを放ち、そのあとについて行き無事帰ることができたという故事から。〈『韓非子(カンピシ)』〉

【老蚌、珠を生ず】ロウボウたまをショウず 平凡な親がりっぱな子を生むことのたとえ。「老蚌」は年を経たドブガイ。または、カラスガイ。〈孔融の文〉類鳶(とび)が鷹(たか)を生む

【老僕】ロウボク 年をとった男の召使い。

【老耄】ロウモウ おいぼれること。年老いてほうけた人。おいぼれ。参考「ロウボウ」とも読む。「耄」は八〇歳、または九〇歳の老人の意。

【老爺】ロウヤ 年をとった男性。老齢の男性。老翁。

【老幼】ロウヨウ 老人と幼児。「―の区別なく優しくする」

【老来】ロウライ 年をとってから。年をとってこのかた。老いてこのかた。「師匠の芸は―、円熟味を増した」

【老莱斑衣】ロウライハンイ 親孝行のたとえ。親に孝養の限りを尽くすことのたとえ。故事「老莱」は老莱子(ロウライシ)のこと。中国、周代の楚(ソ)の賢人で、七十歳になっても親の前で斑衣(子どもが着る派手な服)を着てたわむれ、親に年をとったことを忘れさせようとしたという故事から。〈『蒙求(モウギュウ)』〉

【老齢】ロウレイ 年をとっていること。老年。「―に達する」類高齢

【老練】ロウレン 長年にわたって経験を積み、物事に巧みであること。類老巧

【老頭児】ロートル 年とった人。年寄り。老人。参考中国語から。

ロウ【労】(7) 力 5 常 教 7 4711 4F2B
音 ロウ
訓 外 はたらく・つかれる・いたわる・ねぎらう

旧字《勞》(12) 力10 1/準1 5009 5229

筆順 、 丷 ⺍ ⺌冖 学 労

意味 ①はたらく。仕事をする。骨折り。「労働」「勤労」 ②つかれる。つかれ。「過労」「疲労」 ③いたわる。ねぎらう。「労来」「慰労」 ④「労働者」「労働組合」の略。「労使」「労資」

下つき 慰労・過労・勤労・苦労・功労・就労・心労・徒労・博労・疲労・不労

【△労しい】いたわ-しい 気の毒なさま。あわれみを感じるさま。

【△労る】いたわ-る ①心づかいをする。大切にする。「高齢者を―る」 ②ねぎらう。なぐさめる。同情する。「残業続きの従業員を―る」

【△労う】ねぎら-う 物事に骨を折ってくれたことに感謝して礼をいう。骨折りを慰める。

【労役】ロウエキ 肉体労働に服すること。また、その仕事。

【労多くして功少なし】ロウおおくしてコウすくなし 苦労が多いばかりで、それだけの成果がないこと。 類 骨折り損の草臥れ儲け

【労咳】ロウガイ 肺結核の昔の言い方。漢方での名。 表記「癆咳」とも書く。

【労銀】ロウギン 労働の代償として得る労賃。労働によって得る賃金。

【労苦】ロウク 骨折りの結果生じる、心身の疲れや苦しみ。苦労。「日ごろの―に報いる」

【労災】ロウサイ 「労働災害」の略。労働者が労働時間中に受けた災害。「―保険」

【労作】ロウサク ①骨を折って働くこと。労働。 ②苦労を重ね、全力を注いで仕上げた作品。 類 力作

【労使】ロウシ 労働者と雇用主。「―間の紛争」「―交渉」

【労資】ロウシ 労働者と資本家。「企業発展のため―が協調する」

【労する】ロウ-する ①働く。骨を折る。苦労する。 ②わずらわせる。「あなたの手を―するほどではない」

【労賃】ロウチン 労働に対して支払われる賃金。労働の代償として得る賃金。労銀。

【労働】ロウドウ 体力や知力を使って働くこと。「―時間」「肉体―」

【労農】ロウノウ 労働者と農民。

【労務】ロウム ①報酬を得るための労働勤務。 ②労働条件に関することや、労働のための教育、あるいは福利厚生に関する事務。「―課」

【労来】ロウライ ねぎらい、励ますこと。

【労力】ロウリョク ①働くこと。骨を折ること。「無駄な―を減らす」 ②生産目的の活動。また、人手。労働力。「―の不足」

ロウ【弄】(7) 廾 4 常 2 4714 4F2E
音 ロウ
訓 もてあそぶ 外 いじる・いじくる・いらう・あなどる・たわむれる

筆順 一 丅 干 王 王 弄 弄

意味 ①もてあそぶ。いじる。いらう。「弄火」「玩弄」 ②あなどる。なぶる。「愚弄」「嘲弄」 ③たわむれる。たわむれ。 ④ほしいままにする。「翻弄」

下つき 玩弄・戯弄・愚弄・嘲弄・翻弄

【△弄る】いじ-る ①手でもてあそぶ。なぐさみにする。 ②興味をもって操作する。「バイクを―る」 ③物事を一部改変する。また、あれこれと手を加える。「原稿を―る」「制度を―る」

【弄ぶ】もてあそ-ぶ ①手の中に入れてまさぐる。また、なぐさみものにする。 ②好きに扱う。思いのままに操る。「運命が人を―ぶ」

【弄花】ロウカ ①花をもてあそぶこと。 ②花札で遊ぶこと。

【弄瓦】ロウガ 女の子が生まれること。「―の喜び」 対 弄璋 由来 昔、中国で女子が誕生すると、瓦(土製の糸巻)のおもちゃを与えたことから。

【弄玩】ロウガン もてあそぶこと。また、もてあそぶもの。

【弄璋】ロウショウ 男の子が生まれること。 対 弄瓦 由来 昔、中国で男子が誕生すると、璋という玉のおもちゃを与えたことから。

【弄する】ロウ-する もてあそぶ。自由勝手に操る。「下手な策を―するな」

【弄舌】ロウゼツ やたらとしゃべること。おしゃべり。饒舌。

【弄筆】ロウヒツ ①飾り立てた文章を書くこと。 ②事実を曲げて書くこと。 類 曲筆

ロウ【★牢】(7) 牛 3 準1 4720 4F34
音 ロウ
訓 ひとや・かたい・いけにえ

意味 ①ひとや。罪人をとじこめておくところ。「牢獄」「牢屋」 ②かたい。しっかりした。「牢固」「堅牢」 ③いけにえ。また、ごちそう。「牢牲」 ④さびしい。心細い。「牢愁」

下つき 堅牢・少牢・大牢・入牢

【△牢】ひとや 罪を犯した者を閉じこめておくところ。牢屋。 表記「人屋」とも書く。

【牢記】ロウキ かたく心のなかにとどめて記憶すること。 類 銘記

【牢△乎】ロウコ ゆるぎないさま。しっかりとして動かないこと。「―とした決意」

【牢固】ロウコ しっかりとして丈夫なこと。堅固なこと。「―たる城郭を築く」

【牢獄】ロウゴク 罪を犯した者を監禁しておくところ。獄舎。牢屋。

【牢死】ロウシ 牢獄の中で死亡すること。獄死。

【牢名主】ロウなぬし 江戸時代、囚人のなかから任命されて、牢内で大きな権力をもっていた。牢内の秩序維持などにあたった者。

【牢人】ロウニン ①牢に入れられている人。囚人。②主君をもたず、禄(ロク)を失った武士。表記②「浪人」とも書く。

【牢屋】ロウや 犯罪者を閉じこめておくところ。牢獄。ひとや。

【牢籠】ロウロウ ①人前に出るのを拒み、引きこもること。②ことば巧みに言いくるめること。術中にはめること。③苦境に立つこと。行きづまり悩むこと。

ロウ【郎】(9) 阝6 常 4 4726 4F3A 音 ロウ 訓 外おとこ

旧字《郎》(10) 阝7 1/準1 9271 7C67

筆順 丶 ㄋ ヨ 自 良 良 郎 郎

意味 ①おとこ。おのこ。若い男性。「新郎」②けらい。他人に仕える者。「郎党」「下郎」③男子の名に添える語。「太郎」

下つき 下郎(ゲロウ)・女郎(ジョロウ)・新郎(シンロウ)・野郎(ヤロウ)

〈郎子〉いらつこ 昔、若い男性を親しんでいった語。対郎女(いらつめ)

〈郎女〉いらつめ 昔、若い女性を親しんでいった語。対郎子(いらつこ)

【郎君】ロウクン ①若い男子を敬っていう語。若だんな。②妻から夫を呼ぶ語。あなた。

【郎党・郎等】ロウドウ 家来。従者。家臣。「婚礼には一族―が集まる」参考「ロウトウ」とも読む。

ロウ【陋】(9) 阝6 1 〔陋〕7991 6F7B 音 ロウ 訓 せまい・いやしい

意味 ①せまい。場所・度量がせまい。「陋屋」「陋居」②いやしい。品がない。悪い。「陋習」「陋劣」

下つき 頑陋(ガンロウ)・愚陋(グロウ)・固陋(コロウ)・醜陋(シュウロウ)・卑陋(ヒロウ)

【陋しい】いやしい 場所や度量がせまく、せせこましい。また、身分が低い。

【陋い】せまい 場所が小さい。また、心や見識にゆとりがない。

【陋屋】ロウオク ①小さく、むさ苦しい家。類陋居(ロウキョ) ②自分の家をへりくだっていう語。

【陋居】ロウキョ 「陋屋」に同じ。

【陋巷】ロウコウ せま苦しく、きたない街。「―に身を沈める」

【陋習】ロウシュウ いやしい習慣。悪い習わし。「―を断ち切る」

【陋劣】ロウレツ 心根がいやしく、品格の劣るさま。下劣。「―な手段をとる」

ロウ【哢】(10) 口7 1 5115 532F 音 ロウ 訓 さえずる

意味 さえずる。鳥が鳴く。「哢吭(ロウコウ)」

下つき 鳥哢(チョウロウ)

【哢る】さえずる 鳥が、玉をころがすように美しく鳴く。

ロウ【朗】(10) 月6 教 常 5 4715 4F2F 音 ロウ 訓 ほがらか中 外あきらか・たからか

旧字《朗》(11) 月7 1/準1 8546 754F

筆順 丶 ㄋ ヨ 自 良 良 朗 朗 朗

意味 ①ほがらか。あきらか。明るい。「朗報」「明朗」②たからか。声が高くすむ。「朗詠」「朗読」

下つき 清朗(セイロウ)・晴朗(セイロウ)・明朗(メイロウ)

【朗らか】ほがらか ①心がはればれとして快活なさま。わだかまりがなく、明るいさま。「―な性格で皆に好かれる」②雲もなく、空が晴れているさま。「―な初夏の空」

【朗詠】ロウエイ ①詩歌を、声を長く引いてうたうこと。「歌会始めに和歌を―する」②読み下しの漢詩に節をつけて、声高に明るくうたうこと。雅楽の歌物(うたいもの)の一つ。

【朗吟】ロウギン 声高らかに詩歌をうたうこと。類朗詠

【朗唱】ロウショウ ①声高らかにうたうこと。②「朗誦(ロウショウ)」に同じ。

【朗誦】ロウショウ 声高に詩歌や文章などを読み上げること。朗唱。類朗読

【朗読】ロウドク 文章や詩などを声に出して読み上げること。「名作の一節を―する」「現代詩の―会」類朗誦(ロウショウ)

【朗報】ロウホウ よい知らせ。明るい知らせ。「合格の―が届く」類吉報 対悲報

【朗朗】ロウロウ ①声がはっきりと明るく、よくとおるさま。「詩を―と読み上げる」②月などの光が澄んで明るいさま。

ロウ【浪】(10) 氵7 常 3 4718 4F32 音 ロウ 外ラン 訓 外なみ・みだりに

筆順 丶 丶 氵 氵 氵 氵 沪 浪 浪 浪

意味 ①なみ。おおなみ。「激浪」「波浪」②さすらう。さまよう。「浪人」「放浪」③みだりに。ほしいままに。「浪費」

下つき 逆浪(ギャクロウ・ゲキロウ・さかなみ)・孟浪(モウロウ・マンラン)・白浪(ハクロウ・しらなみ)・波浪(ハロウ)・浮浪(フロウ)・放浪(ホウロウ)・流浪(ルロウ)

〈浪速〉・〈浪花〉・〈浪華〉なにわ 大阪市およびその付近一帯の古称。表記「難波」とも書く。

【浪】なみ 水面におこる大きなうねり。大波。

【浪曲】ロウキョク 三味線を伴奏にした、義理人情などを主題とする大衆的な語り物。

浪花節(なにわぶし)。

【浪士】ロウシ 主家を離れ、その俸禄(ホウロク)を失った武士。仕える主家をもたない武士。浪人。「赤穂(あこう)—」

【浪死】ロウシ 無駄に死ぬこと。犬死に。類徒死

【浪人】ロウニン ①「浪士」に同じ。②失業中のこと。また、その人。「就職—」③入学試験に不合格となり、翌年の受験の準備をすること。また、その人。「—生」表記①「牢人」とも書く。

【浪費】ロウヒ 金銭・時間・労力などを無駄につかってなくすこと。無駄づかい。「まず—をなくすことから始める」類徒費 対節約

【浪漫主義】ロウマンシュギ 一八〜一九世紀、ヨーロッパに興った文学・芸術上の思潮。それ以前の古典主義や合理主義に反し、個性や感情などを重んじた。文学ではゲーテやバイロンなどが代表的。日本では明治中期の文学界が大きな影響を受けた。ロマン主義。ロマンチシズム。

【浪浪】ロウロウ ①あてもなく、さまよい歩くこと。流浪。②定職につかず、寄る辺のないこと。「—の身を嘆く」

ロウ【★狼】(10) 犭7 準1 4721 4F35 音ロウ 訓おおかみ・みだれる

意味 ①おおかみ。イヌ科の哺乳(ホニュウ)動物。「狼煙」②おおかみのように凶暴なもの。「狼虎」③みだれる。「狼藉(ロウゼキ)」④うろたえる。「狼狽(ロウバイ)」

下つき 虎狼(コロウ)・豺狼(サイロウ)

【〈狼狽〉える】うろたえる 突然の出来事にあわてて、まごまごする。「ささいなことに—えるな」

【狼】おおかみ ①イヌ科の哺乳(ホニュウ)動物。山野にすむ。イヌに似るが、性質は荒く、鳥獣を捕食。日本では絶滅した。季冬 ②表面は優しそうに見えて、実は恐ろしい人のたとえ。「送り—」

【〈狼尾草〉】ちからしば イネ科の多年草。道端に自生。葉は線形で多数根生。初秋、茎の先にブラシのような濃紫色の花穂をつける。ミチシバ。季夏 由来「狼尾草」は漢名より。和名は、根がしっかり張っていて抜くのに力がいることから。表記「力芝」とも書く。

【〈狼煙〉】のろし ①昔、急な出来事を知らせる合図に火を燃やして上げた煙。②大きな事を起こす合図。「復活の—を上げる」由来オオカミの糞(フン)を入れると煙がまっすぐに上がることからという。表記「烽・烽火」とも書く。

【狼虎】ロウコ オオカミとトラ。冷酷で欲が深く、他を害するもののたとえ。「—の如(ごと)くむさぼる」類虎狼

【狼藉日】ロウジャクニチ 陰陽道(オンヨウドウ)で、万事に凶である日。三悪日の一つ。狼藉(ロウジャク)。

【狼藉】ロウゼキ ①取り散らかって乱雑なこと。類狼戻 ②乱暴で無法な行い。「—者を処罰する」由来オオカミが草を藉(し)いて寝たあとの乱れたようすから。

【狼瘡】ロウソウ ①慢性潰瘍(カイヨウ)性の皮膚病で、皮膚にできる結核。特に、顔に見られる。②膠原(コウゲン)病の一種で、皮膚の紅斑(コウハン)を特徴とする疾患。エリテマトーデス。由来オオカミに食いちぎられたような皮膚のようすから。

【狼狽】ロウバイ うろたえ、あわてふためくこと。「周章—する」

【狼戻】ロウレイ ①心がねじけていること。②乱れて散らかっていること。類狼藉(ロウゼキ)

ロウ【莨】(10) 艹7 1 7230 683E 音ロウ 訓たばこ・ちからぐさ

意味 ①たばこ。煙草。②ちからぐさ(おひしば)。イネ科の一年草。また、まぐさ。

【莨】たばこ ナス科の多年草。▼煙草(タバコ)(一〇二)

ロウ【郎】(10) 阝7 9271 7C67 ▼郎の旧字(一六一六)

ロウ【朗】(11) 月7 8546 754F ▼朗の旧字(一六一六)

ロウ【琅】(11) 王7 1 6470 6066 音ロウ

【瑯】6471 6067

意味 美しい石や玉。また、玉や金属の鳴る音。「琅然」「琅琅」

下つき 琳琅(リンロウ)

【琅琅】ロウロウ 金属や宝玉が触れ合って鳴る、澄みきった音。

ロウ【労】(12) 力10 5009 5229 ▼労の旧字(一六一五)

ロウ【廊】(12) 广9 常 3 4713 4F2D 音ロウ 訓外わたどの

旧字《廊》(13) 广10 1/準1 8414 742E

筆順 丶 亠 广 广 庐 庐 庐 庐 廊 廊 (7)(9)

意味 わたどの。建物に造られた通路。「廊下」「回廊」

下つき 回廊(カイロウ)・画廊(ガロウ)・柱廊(チュウロウ)・歩廊(ホロウ)

【廊下】ロウカ 室内の細長い通路。また、建物をつなぐ屋根のある細長い通路。「—を挟んで部屋が並んでいる」

ロウ【僂】(13) 亻11 1 4904 5124 音ロウ・ル 訓かがめる・まげる

意味 かがめる。まげる。折る。「僂指」

下つき 傴僂(ウロウ・クル)・佝僂(クル)

【僂める】かがめる 体をまるく曲げる。かがむ。「背をかが—めて落とした物を拾う」

【〈僂麻質斯〉】リウマチ 関節や筋肉などが痛み、運動障害をおもな症状とする病気。リューマチ。ロイマチス。

【僂指】ロウシ 指折り数えること。また、速やかに指し示して述べること。参考「ルシ」とも読む。

ロウ【△廊】(13) 广10 8414 742E ▼廊の旧字(一六一七)

ロウ【楼】(13) 木9 常 3 4716 4F30 音 ロウ 訓 外 たかどの・やぐら

旧字《樓》(15) 木11 1/準1 6076 5C6C

筆順 4 木 杉 杉 杵 杵 桜 楼 楼 楼

意味 ①たかどの。高い建物。「楼閣」「楼門」 ②やぐら。物見やぐら。「城楼」「望楼」 ③茶屋。料理屋。遊女屋。「妓楼」「酒楼」

下つき 妓楼・紅楼・高楼・山楼・酒楼・鐘楼・城楼・登楼・望楼・門楼

【△楼】たかどの 二階建て以上に造った高い建物。高層の建物。高楼。

【楼閣】ロウカク 階を重ねて造った高い建物。高楼。たかどの。「きみのプランは砂上の―にすぎない」

【楼観】ロウカン たかどの。特に、物見台をいう。参考「楼」も「観」もたかどのの意。

【楼台】ロウダイ たかどの。特に、屋根のある高い建物。

【楼門】ロウモン 二階造りになっている門。やぐらのある門。

ロウ【△滝】(13) 氵10 常 3476 426C ▼たき(一〇〇〇)

ロウ【塿】(14) 土11 1 音 ロウ・ル 訓 つか

意味 おか。つか。また、ありづか。「蟻塿」

ロウ【★榔】(14) 木10 1 4717 4F31 音 ロウ 訓

〔榔〕

意味 ヤシ科の常緑高木「檳榔」に用いられる字。

〈△榔△楡〉あきにれ ニレ科の落葉高木。由来「榔楡」は漢名から。▼秋楡(六六八)

ロウ【漏】(14) 氵11 常 3 4719 4F33 音 ロウ 訓 もる・もれる・もらす

筆順 3 氵 氵 沪 沪 沪 涓 涓 漏 漏 12 14

意味 ①もる。もれる。もらす。「漏洩」「漏水」 ②ぬける。わすれる。「遺漏」「脱漏」 ③水時計。「漏刻」

下つき 遺漏・欠漏・耳漏・脱漏

〈漏穴〉くけあな こっそり逃げ出すためにつくった、秘密の穴。抜け穴。表記「匿穴」とも書く。

〈漏斗〉じょうご 液体を口の小さい容器に入れるときに用いるラッパ形の道具。参考「ロウト」とも読む。由来 上戸(酒飲み)の意からという。

〈漏△蘆〉ひごたい キク科の多年草。由来「漏蘆」は漢名から。▼平江帯(一三六三)

【漏れる】もれる ①液体や光線がすき間からこぼれ出る。「雨水が―れる」 ②秘密などが外に知られる。ばれる。 ③抜け落ちる。脱落する。「名簿から一人分―れる」

【漏△洩・漏△泄】ロウエイ 秘密などがもれること。また、もらすこと。参考「ロウセツ」とも読む。「軍の重要機密が―する」「ロウエイ」は慣用読み。

【漏△壺】ロウコ 水時計に用いられる、底に穴のあいたつぼ。転じて、水時計。

【漏刻】ロウコク 時刻をはかる水時計。また、その目盛り。参考「ルコク」とも読む。

【漏出】ロウシュツ もれ出ること。また、もらし出すこと。「ガスの―を防ぐ」

【漏水】ロウスイ 水がもれ出ること。また、その水。「水道管が破裂して―している」

【漏電】ロウデン 機械や電線の絶縁不良や損傷によって、電気が外へもれること。

【漏斗】ロウト 「漏斗(じょうご)」に同じ。

ロウ【△踉】(14) 𧾷7 7684 6C74 ▼リョウ(一五八〇)

ロウ【撈】(15) 扌12 1 5793 597D 音 ロウ 訓 とる

意味 とる。すくいとる。「漁撈」

【撈魚】ロウギョ 魚をすくいとること。いさり。すなどり。類 漁労

ロウ【△樓】(15) 木11 6076 5C6C ▼楼の旧字(一六一八)

ロウ【潦】(15) 氵12 1 6319 5F33 音 ロウ 訓 ながあめ・にわたずみ

意味 ①おおあめ。ながあめ。また、大水。「旱潦」 ②にわたずみ。雨水のたまり水。「潦水」

下つき 雨潦・旱潦・行潦・霖潦

【潦】にわたずみ 雨が降って路上や庭などにたまった水。潦水。

【潦水】ロウスイ ①「潦(にわたずみ)」に同じ。 ②大水。

ロウ【★瘻】(16) 疒11 1 6581 6171 音 ロウ・ル 訓 こぶ

意味 ①首のまわりにできるはれもの。 ②背骨がまがる病気。 ③こぶ。

【瘻管】ロウカン ①炎症などの疾患により体の組織や器官にできる異常な導管。痔瘻など。 ②胃腸から体外に、手術で通す人工の導管。胃瘻など。

ロウ【△篭】(16) ⺮10 4722 4F36 ▼籠の異体字(一六二〇)

ロウ【★臈】(16) 艹13 1 9126 7B3A 音 ロウ 訓 くれ

〔臘〕 7137 6745

意味 ①僧侶(ソウリョ)が得度(トク)してからの年数。「上臈」②くれ。年のくれ。陰暦一二月の異名。類臘(ロウ)

ロウ【薐】(16) 艹13 1 7319 6933 音 ロウ・レン 訓

意味 野菜の「菠薐(ハロウ)(ほうれんそう)」に用いられる字。

ロウ【螂】(16) 虫10 1 7407 6A27 音 ロウ 訓

〔蜋〕 9157 7B59

意味 「蟷螂(トウロウ)・螳螂(トウロウ)(かまきり)」に用いられる字。

ロウ【癆】(17) 疒12 1 6584 6174 音 ロウ 訓 おとろえやせる・かぶれ・いたむ

意味 ①おとろえやせる。また、その病。結核。「癆咳(ロウガイ)」②かぶれ。薬の副作用をいう。③いたむ。いたみ。

【癆咳】ロウガイ 肺結核の呼称。肺病。表記「労咳」とも書く。参考 もと、漢方での用語。

ロウ【簍】(17) ⺮11 1 6845 644D 音 ロウ・ル 訓 たけかご

意味 かご。たけかご。

ロウ【螻】(17) 虫11 1 7419 6A33 音 ロウ・ル 訓 けら・おけら

意味 けら。おけら。ケラ科の昆虫。「螻蟻(ロウギ)」

【〈螻蛄〉・螻】けら ケラ科の昆虫。地中にすむ。体長は三センチメートルほどで、黒褐色。前あしは大きく、土を掘るのに適す。おけら。「ジー」と鳴く。季夏

【螻蟻】ロウギ ①ケラとアリ。②ちっぽけな、つまらないもののたとえ。

【螻蟻潰堤】ロウギカイテイ ほんのささいなことが大きな事件や事故の原因になるたとえ。ケラやアリがあけた小さな穴でも、長大な堤防を崩壊させる原因になる意から。〈『韓非子(カンピシ)』〉類小隙沈舟(ショウゲキチンシュウ)

ロウ【糧】(18) 米12 常 4640 4E48 ▼リョウ(一五八二)

ロウ【醪】(18) 酉11 1 7850 6E52 音 ロウ 訓 にごりざけ・どぶろく・もろみ

意味 ①にごりざけ。どぶろく。「濁醪」②もろみ。まだかすをこしていない酒や醤油(ショウユ)。

下つき 酒醪(シュロウ)・醇醪(ジュンロウ)・濁醪(ダクロウ)

【醪】もろみ 醸造して、かすをしぼりとる前の酒や醤油(ショウユ)。表記「諸味」とも書く。

【醪酒】もろみざけ 醸造して、まだ、かすをこしていない酒。にごり酒。どぶろく。

ロウ【壟】(19) 土16 1 5266 5462 音 ロウ・リョウ 訓 うね・つか

意味 土を小高く盛った所。うね。また、おか。つか。「壟断」「壟畝(ロウホ)」類隴(ロウ)

下つき 丘壟(キュウロウ)・麦壟(バクロウ)

【壟】うね 作物の植えつけのために、土を盛り上げた所。

【壟断】ロウダン ①切り立って高い丘。②利益をひとり占めにするたとえ。「利権を―する」故事 昔、中国で、商人が市場を高所から見渡して安い物を買い占め、それを高く売って利益を得たという故事から。〈『孟子(モウシ)』〉

【壟畝】ロウホ ①はたけ。②いなか。「農夫が―で耕作する」③民間。表記「隴畝」とも書く。

ロウ【臘】★ (19) 月15 1 7136 6744 音 ロウ 訓 くれ

意味 ①冬至のあと、第三の戌(いぬ)の日に行う祭り。「伏臘」②くれ。年のくれ。陰暦一二月の異名。「臘月」

下つき 旧臘(キュウロウ)・伏臘(フクロウ)

【臘月】ロウゲツ 陰暦一二月の異名。季冬

【臘日】ロウジツ 一年の最後の日。おおみそか。季冬

【臘梅】ロウバイ ロウバイ科の落葉低木。由来 陰暦一二月(臘月)に花が咲くことから。

▼蠟梅(一六二〇)

【臘八会】ロウハチエ 釈迦(シャカ)が悟りを開いたとされる陰暦一二月八日に行われる法会(ホウエ)。成道会(ジョウドウエ)。季冬

ロウ【蘢】(19) 艹16 1 7336 6944 音 ロウ 訓 いぬたで・おおけたで

意味 ①いぬたで(犬蓼)。タデ科の一年草。おおけたで。②草木がしげるさま。

ロウ【鏤】(19) 金11 1 7927 6F3B 音 ロウ・ル 訓 ちりばめる・える・きざむ・かざる

意味 ちりばめる。える。きざむ。木や金属などにきざみつける。かざる。「鏤刻」「彫鏤」

下つき 刻鏤(コクロウ)・属鏤(ショクル)・彫鏤(チョウロウ)

【鏤める】ちりばめる ①模様を彫りつける。また、宝石などをちらせてはめこむ。②飾りをちらせて入れる。「美辞麗句を―めた文章」

【鏤骨】ルコツ 骨にきざみこむほど、非常に苦心したり努力したりすること。参考「ロウコツ」とも読む。

【鏤刻】ロウコク ①金属や木の表面に模様を彫りきざむこと。②文章などの技巧をこらすこと。参考「ルコク」とも読む。

ロウ【隴】(19) 阝16 1 8015 702F 音 ロウ・リョウ 訓 おか・うね

意味 おか(丘)。また、うね。はたけ。「隴上」「隴畝(ロウホ)」類壟(ロウ)

下つき 丘隴(キュウロウ)・麦隴(バクロウ)

【隴】おか 中央の高く盛り上がった所。うね。

【隴畝】ロウホ ①はたけ。②いなか。③民間。表記「壟畝」とも書く。

【隴を得て蜀を望む】ロウをえてショクをのぞむ 人の欲望には限りがないたとえ。故事 中国、後漢の光武帝が隴（今の甘粛省）を得たのに、さらに蜀（今の四川省）までも手に入れたいと思い、自分の野心が際限なくふくれあがるのを自ら嘆いたという故事から。〈『後漢書』〉 参考 三国時代、魏の曹操が隴の地を手にしたとき、臣下に蜀への侵攻をすすめられて、人は足るを知らないものだと嘆いたという故事も『晋書』に見える。「得隴望蜀・望蜀」ともいう。

ロウ【朧】★ (20) 月16 1 5916 5B30 音 ロウ 訓 おぼろ

意味 おぼろ。月の光のぼんやりしたさま。「朧朧」

下つき 朦朧

【朧】おぼろ ①ぼんやりとかすんでいること。はっきりしないさま。おぼろげ。「―な記憶をたどる」 ②白身魚の肉をほぐして味付けした食品。田麩。そぼろ。

【朧月】おぼろづき 春の夜の、うすぼんやりとかすんだ月。季春 参考「ロウゲツ」とも読む。

【朧月夜】おぼろづきよ 朧月の出ている夜。朧夜。季春

【朧朧】ロウロウ ぼんやりとかすんださま。うす明るいさま。

ロウ【瓏】(20) 王16 1 6492 607C 音 ロウ 訓

意味 玉が触れあって鳴る音。また、明らかなさま。「瓏玲」

下つき 玲瓏

ロウ【蠟】★ (21) 虫15 準1 9171 7B67 音 ロウ 訓

〔蝋〕☆ 4725 4F39

意味 ろう。ミツバチの巣やハゼの実などからとった脂肪。「蠟石」「蠟燭」

下つき 白蠟・蜜蠟・木蠟

【蠟色塗】ろいろぬり 油分を含まない蠟色漆を塗り、みがいて光沢を出したもの。蠟色。

【蠟纈染め】ロウケツぞめ 筆に蠟をつけて模様を描き、染液に浸したあと、熱で蠟を溶かして蠟の部分を染め抜く染色方法。ろうけつ。ろうけち。表記「臘纈染め」とも書く。

【蠟石】ロウセキ 蠟のように、すべらかで光沢のある石の総称。印材や石筆の材料に用いる。滑石・凍石など。

【蠟燭】ロウソク 糸などの芯のまわりを蠟で固めた灯具。キャンドル。

【蠟梅】ロウバイ ロウバイ科の落葉低木。中国原産。早春、葉に先立ち芳香のある黄色の花をつける。観賞用。カラウメ。季冬 由来「蠟梅」は漢名より。ウメと同じころに咲き、花の色が蜜蠟に似ることから。表記「臘梅」とも書く。

【蠟涙】ロウルイ 蠟燭の蠟がとけて、流れたものを涙にたとえた語。

ロウ【露】(21) 雨13 常 4710 4F2A ▼ロ（一六二一）

ロウ【籠】(22) 竹16 常 2 6838 6446 音 ロウ高 外ル 訓 かご・こもる

〔篭〕準1 4722 4F36

筆順 6 8 11 15 22 籠

意味 ①かご。竹などで編んで作った入れ物。「籠球」「印籠」 ②こめる。とりこめる。まるめこむ。「籠絡」 ③こもる。とじこもる。「籠居」「籠城」

下つき 印籠・駕籠・参籠・蒸籠・灯籠・旅籠・薬籠

【籠】かご 竹などで編んだり組んだりして作った、物を入れる道具。

【籠で水を汲む】どんなに苦労しても、何も成果がないたとえ。類 網の目に風たまらず・ざるに水

【籠の鳥雲を慕う】束縛された者が、自由な者をうらやむたとえ。また、離れた故郷を恋しく思うたとえ。〈『鶡冠子』〉 参考「慕う」は「恋う」ともいう。

【籠枕】かごまくら 竹やトウで編んだ、夏に用いるまくら。季夏

【籠手】こて ①剣道で、手先からひじの辺りまでをおおう防具。また、その部分を打つ技。②弓道で、左の手首につける革製のおおい。ゆごて。③鎧の付属品で、腕をおおう武具。表記①②「小手」とも書く。

【籠める】こめる 中に入れる。取り入れる。つつむ。「魂を―めた作品」

【籠もり】こもり ①中に入って出てこないこと。「武道の修行のため、山―する」②行者や信者が寺や神社に泊りこんで、神仏に祈ること。おこもり。

【籠もる】こもる ①中に入って外に出ない。また、ひそむ。「部屋に―って勉強をする」「寺に―って座禅を組む」②音などがにぶって聞こえる。「声が―って聞きにくい」③気体や気持ちなどが内にいっぱいになる。「熱気が室内に―る」「心が―った贈り物」

【籠球】ロウキュウ バスケットボール。五人ずつの二組に分かれ、相手のゴールのバスケットにボールを投げ入れて得点を争う競技。

【籠居】ロウキョ 家に閉じこもって、外に出ないでいること。

【籠城】ロウジョウ ①城の中にこもって敵を防ぐこと。「援軍がくるまで―する」②家や建物の中に閉じこもること。

【籠鳥檻猿】ロウチョウカンエン 思いどおりに生きることのできない、

ろ ロウ

自由を奪われた境遇のたとえ。かごの中の鳥と、おりの中のサルの意から。〈白居易の文〉 参考「檻猿籠鳥」ともいう。

【籠絡】ロウラク たくみに言いくるめて、他人を自分の思いどおりにすること。故事 中国、宋ソウの蔡京サイケイが徽宗キソウに仕えて、周囲の人々を言いくるめて行政に腕を振るったという故事から。〈『宋史』〉

ロウ【★聾】(22) 耳16 準1 4724 4F38 音 ロウ 訓

意味 耳が聞こえない。また、耳が不自由な人。「聾唖ロウア」

【聾唖】ロウア 耳が聞こえず、言葉が不自由なこと。「―者」

【聾者】ロウシャ 耳が聞こえない人。

【聾する】ロウ―する 聞こえなくなる。また、聞こえなくする。「耳を―するばかりの雷鳴だった」

ロウ【鑞】(23) 金15 1 7945 6F4D 音 ロウ 訓 すず

意味 すず(錫)。また、鉛との合金。はんだ。

【鑞接】ロウセツ 金属を、はんだなどでくっつけること。鑞付け。

ロク【仂】(4) イ2 1 4830 503E 音 ロク・リョク・リキ 訓 あまり・つとめる

意味 ①あまり。数の余り。②つとめる。類 力 参考「働」の略体として用いられることがある。

ロク【六】(4) ハ2 常 教 10 4727 4F3B 音 ロク 外 リク 訓 む・むつ・むっつ・むい

筆順 ⼀ 亠 六 六

意味 むっつ。数の名。「六書」「六法」

下つき 丈六ジョウロク・蔵六ゾウロク

【六月雪】はくちょうげ アカネ科の常緑小低木。▼白丁花ハクチョウゲ(一三六) 由来「六月雪」は漢名から。

【六日の菖蒲十日の菊】むいかのあやめとおかのきく 物事が時期に遅れて用がなくなってしまうたとえ。五月五日の端午の節句にショウブを、九月九日の重陽チョウヨウの節句にキクを飾るが、一日でも遅れたら意味のないことから。参考「十日の菊六日の菖蒲」ともいう。

【六十路】むそじ 六〇。また、六〇歳。六〇年。

【六つ】むっつ ろく。六個。また、六歳。参考「むつ」と読めば、昔の時刻の名称。現在の午前六時ころを「明け六つ」、午後六時ころを「暮れ六つ」という。

【六連星】むつらぼし 昴すばるの別称。牡牛おうし座にあるプレアデス星団の和名。二十八宿の一つ。

【六芸】リクゲイ ①昔、中国で教養のある人が必ず身につけるものとされた六種の技芸。礼・楽ガク・書・数・射・御ギョ(馬術)をいう。②「六経リッケイ」に同じ。

【六合】リクゴウ 天地二方と、東西南北四方の六方角。転じて、宇宙全体。世界。

【六書】リクショ ①漢字の組み立てや使い方についての六つの法則。象形・指事・会意・形声・転注・仮借カシャをいう。②「六体リクタイ」に同じ。

【六親和せずして孝慈有り】リクシンワせずしてコウジあり 一家が不和になったので、孝行とか慈愛とかが取りざたされるようになる。「六親」は父母・兄弟・妻子など最も近い身内。由来 一家が親しくむつみ合っていれば、親への孝行だとか子への慈愛などと言われることはない。それをことさらに言いつのるのは、一家が不和であるからにほかならない。孝行や慈愛を美徳とする儒家の思想を批判した『老子』の言葉。

【六尺の孤】リクセキのコ 君主の父を失った幼君。「六尺」は年齢で一五歳のこと。一尺は二歳半という。また一説に、身長で四尺八寸のこと。周代の一尺は今の八寸。〈『論語』〉

【六体】リクタイ 漢字の六種の書体で、大篆ダイテン・小篆・八分ハップン・隷書・行書ギョウショ・草書。六書リクショ。参考「ロクタイ」とも読む。

【六朝】リクチョウ 中国で、後漢滅亡から隋の統一まで建業(現在の南京ナンキン)を都とした呉・東晋トウシン・宋ソウ・斉・梁リョウ・陳の六国の総称。

【六韜三略】リクトウサンリャク 中国の有名な兵法書。『六韜』は、周の太公望、呂尚リョショウの作とされる。『三略』は、前漢の張良に戦略を授けたとされる黄石公コウセキコウの作といわれる。しかし現存するものは、ともに後世の偽作とされている。

【六経】リッケイ 儒教で尊ぶ六種の経典で、詩経・書経・易経エキキョウ・春秋・礼記ライキ・楽経ガクケイ(または周礼シュライ)。六芸リクゲイ。六籍リクセキ。参考「リクケイ」とも読む。

【六国史】リッコクシ 奈良・平安時代の、六冊の漢文体による勅撰チョクセン歴史書。日本書紀ショキ・続日本紀ショクニホンギ・日本後紀・続日本後紀・文徳実録・三代実録。

【六地蔵】ロクジゾウ 六道のそれぞれに現れ、衆生シュジョウの苦しみを救うとされる六種の地蔵。

【六十にして耳順う】ロクジュウにしてみみしたがう 六〇歳で人の言うことが素直に受け入れられるようになった。孔子が晩年に自分の生涯を述懐した語。このことから六〇歳を「耳順ジジュン」という。〈『論語』〉

【六十の手習い】ロクジュウのてならい 年をとってから学問や芸事を始めることのたとえ。参考「六十」は「七十」「八十」ともいう。

【六十六部】ロクジュウロクブ ①法華経を六六部書写し、日本六六か所の霊所を巡礼して、一部ずつ奉納する行脚僧。②江戸時代、冥福を祈る経文を唱え、鉦をたたき鈴をならして物ごいをした巡礼。

【六親・眷属】ロクシンケンゾク いっさいの血族と姻族。すべての親族と縁者。参考「六親」は最も身近な父・子・兄・弟・夫・妻、または父・母・兄・弟・妻・子。

【六道】ロクドウ 仏 人が死後、前世の行いによって必ず行くとされる地獄・餓鬼・畜生・修羅・人間・天上の六つの世界。類 六趣・六界

【六道輪廻】ロクドウリンネ 仏 衆生が、六道の世界に生死を繰り返して迷い続けること。「輪廻」は、霊魂は不滅でさまざまな異体に生まれ変わるという考え方。

【六分儀】ロクブンギ 天球上の二点間の角度をはかる携帯用の計器。測量や航海・航空用。セクスタント。

【六曜】ロクヨウ 吉凶を定める基準となる六種の暦注。先勝・友引・先負・仏滅・大安・赤口をいう。類 六輝

【六根清浄】ロッコンショウジョウ 仏 欲や迷いから抜け出し、心身が清らかになること。「六根」は、迷いの感覚や意識を生ずる目・耳・鼻・舌・身・意の六つの根のこと。略して「六根浄」ともいう。行者などが唱えながら山参りをする。〈『智度論』〉

【六腑】ロップ 漢方で、内部が腔になっている人間の六つの臓腑。大腸・小腸・胃・胆・膀胱・三焦の総称。「五臓—」

【六方】ロッポウ ①東西南北と天地の六方向。②六つの平面で囲まれた立体。③歌舞伎で、役者が花道から揚げ幕に入っていくときの、手を大きく振って足を高く上げる独特の歩き方。「—を踏む」表記 ③「六法」とも書く。

【六法】ロッポウ ①六種の代表的な法律。憲法・刑法・民法・商法・刑事訴訟法・民事訴訟法をいう。②「六法全書」の略。③「六方③」に同じ。

ロク【肋】(6) 月2 準1 4730/4F3E 音 ロク 訓 あばら

意味 あばら。あばらぼね。「肋膜」「肋骨」

下つき 鶏肋

【肋】あばら 「肋骨」に同じ。参考「あばらぼね」の略。

【肋肉】ばらニク ウシやブタなどの腹側の、あばら骨を包む肉。脂と赤身が層をなす。三枚肉。ばら。

【肋木】ロクボク 並べ立てた数本の柱の間に、多数の丸棒を横に通した体操用具。横木につかまり懸垂などをする。

【肋膜】ロクマク ①胸腔の内面に沿って、肺の表面を包んでいる薄い膜。類 胸膜 ②「肋膜炎」の略。おもに結核菌によって起こる肋膜の炎症。胸膜炎。

【肋間】ロッカン あばら骨と、あばら骨の間。「—神経痛を患っている」

【肋骨】ロッコツ 胸部を囲み、内臓を保護している左右一二対の骨。呼吸運動を営む。あばら。参考「あばらぼね」とも読む。

ロク【陸】(11) 阝8 教 4606/4E26 ▼リク(一五六二)

ロク【勒】(11) 革2 1 8053/7055 音 ロク 訓 くつわ・きざむ・ほる・おさめる・おさえる

意味 ①くつわ。ウマの口にかませ、たづなをつける道具。くつばみ。②おもがい。ウマの頭の上からくつわにかける組みひも。③きざむ。ほる。「勒銘」④おさめる。ととのえる。⑤おさえる。ひきしめる。「抑勒」

下つき 部勒・弥勒

【勒】くつわ ウマを制御するための、たづなをつける道具。口にかませる金具と、頭からまわす革ひも(おもがい)。参考「おもがい」の意から転じて「くつわ」の意に用いられたもの。

【〈勒魚〉】しいら シイラ科の海魚。▼鬼頭魚(二七二)

ロク【鹿】(11) 鹿0 教 2815/3C2F ▼しか(六四一)

ロク【禄】(12) ネ8 準1 4729/4F3D 音 ロク 訓 さいわい・ふち

旧字《祿》(13) 示8 1/準1 6719/6333

意味 ①さいわい。天からの贈り物。「天禄」「福禄」②ふち(扶持)。役人の給料。「禄高」「俸禄」

下つき 貫禄・高禄・秩禄・天禄・微禄・福禄・俸禄・余禄

【禄い】さいわい 天からたまわる幸福。神からさずかる恵み。

【禄位】ロクイ 俸給と官位。

【禄高】ロクだか 昔、武士が主人から与えられた給与の額。類 石高

【禄盗人】ロクぬすびと 才能がなく、まじめでもないのに給料をもらっている人をののしっていう語。月給泥棒。

【禄米】ロクマイ 封建時代、武士が給料として受けとった米。扶持米。参考「ロクベイ」とも読む。

ロク【碌】(13) 石8 1 6681/6271 音 ロク

意味 ①小石がごろごろと多いさま。「碌碌」②役に立たないさま。

下つき 耄碌

【碌でなし】ロクでなし 役に立たない者。しようのない者。「この—め」表記「陸でなし」とも書く。参考「碌」は当て字。

【碌に】ロクに 満足に。十分に。「—仕事もできない」表記「陸に」とも書く。参考 あとに打ち消しの語を伴って使う。

【碌碌】ロク ロク ①能力がなく、役に立たないようす。「―として一生を終える」②十分に。碌に。打ち消しの語を伴う。「―見ないで判を押す」表記「陸陸」とも書く。

ロク【祿】(13) 礻8 6719 6333 ▼禄の旧字(一六二二)

ロク【漉】★ (14) 氵11 準1 2587 3977 音 ロク 訓 こす・したたらせる・すく

意味 ①こす。水や酒をこす。したたらせる。②すく。紙をすく。

【漉餡】こし アン 小豆をよく煮てすりつぶし、こして作ったあん。

【漉す】こ す 液体状のものを砂や紙に通して、不純物やまじり物を取り除く。濾過(ロカ)する。「茶を―す」

【漉く】す く 紙や海苔(のり)などの原料を水に溶かし、簾(す)などで薄く平らに広げる。「昔から和紙を―いている土地だ」表記「抄く」とも書く。

ロク【緑】(14) 糸8 教 4648 4E50 ▼リョク(一五八三)

ロク【録】(16) 金8 教 常 7 4731 4F3F 音 ロク 外 リョク 訓 外 しるす

旧字《錄》(16) 金8 1/準1 9321 7D35

筆順 4 7 14 録 16

意味 ①しるす。写しとる。おさめておく。「録音」「録画」「記録」②書きしるしたもの。「実録」「目録」

下つき 記録(キロク)・語録(ゴロク)・再録(サイロク)・採録(サイロク)・載録(サイロク)・実録(ジツロク)・収録(シュウロク)・集録(シュウロク)・抄録(ショウロク)・図録(ズロク)・登録(トウロク)・秘録(ヒロク)・付録(フロク)・目録(モクロク)・要録(ヨウロク)・余録(ヨロク)

【録す】しる す 記録する。記載・記帳してあとにとどめ残す。

【録音】ロク オン 音をテープ・レコード・CDなどに、機械を使って記録すること。また、その記録された音。「会議の発言を―した」

【録画】ロク ガ 映像をビデオテープ・ディスクなどに記録すること。あとで再生できる。「好きな音楽番組を―する」

ロク【轆】(18) 車11 1 7760 6D5C 音 ロク

意味 ①くるま木。また、滑車などの回転装置。「轆轤(ロクロ)」②車の走る音の形容。「轆轆」

【轆轤】ロク ロ ①「轆轤台」の略。木製の回転する台で、陶器を作るのに用いる。②物を引き寄せたり、つるし上げたりするのに使う滑車。井戸水のくみ上げなどに用いる。③傘の柄の上部にある、骨の集まった開閉の装置。

【轆轆】ロク ロク ①車が音を立てて走る響き。②馬のいななく声。

ロク【麓】(19) 木15 常 2 4728 4F3C 音 ロク 訓 ふもと

筆順 4 8 11 14 麓

意味 ふもと。山のすそ。「山麓」

下つき 岳麓(ガクロク)・山麓(サンロク)・大麓(タイロク)

【麓】ふも と 山の下のほうの長く連なる部分。山すそ。山麓(サンロク)。

ロク【籙】(22) ⺮16 1 8979 796F 音 ロク・リョク 訓 ふみ

意味 書きもの。書物。ふみ。「図籙」類 録

下つき 図籙(トロク)・符籙(フロク)

ろくろ【鈞】(12) 金4 7866 6E62 ▼キン(三六一)

ロン【乱】(7) 乚6 教 4580 4D70 ▼ラン(一五五〇)

ロン【侖】(8) 人6 1 4853 5055 音 ロン・リン 訓 おもう

意味 ①ついずる。順序だてる。②おも(思)う。

ロン【崙】(11) 山8 1 5438 5646 音 ロン

【崘】5439 5647

意味 山の名「崑崙(コンロン)」に用いる字。

ロン【論】(15) 言8 教 常 5 4732 4F40 音 ロン 訓 外 あげつらう・とく

筆順 2 4 7 論 15

意味 ①あげつらう。とく。物事の道理を説く。是非や善悪を述べる。「論争」「討論」②すじみちを立てた話や文章。考え。見解。「論文」「理論」

下つき 異論(イロン)・概論(ガイロン)・各論(カクロン)・極論(キョクロン)・議論(ギロン)・空論(クウロン)・激論(ゲキロン)・結論(ケツロン)・言論(ゲンロン)・口論(コウロン)・公論(コウロン)・序論(ジョロン)・持論(ジロン)・推論(スイロン)・正論(セイロン)・政論(セイロン)・世論(セロン・よロン)・争論(ソウロン)・総論(ソウロン)・卒論(ソツロン)・討論(トウロン)・反論(ハンロン)・評論(ヒョウロン)・弁論(ベンロン)・暴論(ボウロン)・本論(ホンロン)・無論(ムロン)・勿論(モチロン)・立論(リツロン)・理論(リロン)

【論う】あげつら う 物事の是非や善悪をあれこれ論じる。ささいなことを言い立てる。「ことさらに―う」

【論外】ロン ガイ ①議論の範囲にないこと。「その件はしばらく―に置く」②問題にする価値のないこと。もってのほか。「無断で欠勤するなんて―だ」

【論客】ロン カク 議論を好む人。論を巧みに展開する人。参考「ロンキャク」とも読む。

【論議】ロン ギ 互いに意見を述べ、論じ合うこと。「その問題で―が白熱した」類 議論

【論及】ロン キュウ 論じている話の内容が、関連する他のことにも及ぶこと。「さらに細部にまで―する」

【論究】ロン キュウ 物事の真理や道理を論じきわめること。「電子工学について―する」

【論拠】ロン キョ 議論のよりどころ。意見の根拠。「―を提出して下さい」

【論功】ロンコウ 功績の有無や程度を論じ定めること。「―計労(功を論じ、労をはかる)」

〖論功行賞〗ロンコウコウショウ 論功により、ふさわしい賞を与えること。《三国志》

【論考】ロンコウ 論じて考察すること。また、その論文。

【論告】ロンコク 刑事裁判で、検察官が被告の罪について意見を述べ、求刑すること。「弁護団が厳しい―を批判する」

【論語読みの論語知らず】ロンゴよみのロンゴしらず 物事をよく理解はしているが、実行の伴わない者をあざけっていうたとえ。

【論策】ロンサク 時事問題や時の政治について、意見や方策を述べた文章。参考 昔の中国で、科挙(官吏登用試験)の課題であった。

【論賛】ロンサン ①事業や功績などを論じてたたえること。②史伝の記述の終わりに、記述者が付け加えた論評。賛。

【論旨】ロンシ 議論の主旨。また、その要旨。「―のわかりにくい文章である」

〖論旨明快〗ロンシメイカイ 筋道のとおった論旨で、わかりやすいこと。「―な答弁」対論旨不明

【論述】ロンジュツ 物事を論じ述べること。また、述べたもの。「―形式の試験を受ける」

【論証】ロンショウ 事の正否を論理に基づき、筋道を立てて証明すること。「資料を用いて―する」

【論じる】ロンじる ①筋道を立てて意見を述べる。「事の是非を―じる」②議論をする。また、問題として取り上げる。「政局の行方について新聞紙上で―じられる」

【論陣】ロンジン 議論の組み立て。また、論争の構えや陣立て。「堂々たる―を張る」

【論説】ロンセツ 事柄について説明し、意見を述べること。また、その文章。特に、新聞の社説など。「新聞社の―委員」「―文は読解が難しい」

【論戦】ロンセン 激しく議論し合うこと。意見をたたかわせること。「―を交える」

【論争】ロンソウ 互いに意見を主張して議論すること。言い争い。「―を繰り返す」

【論断】ロンダン 論じてから判断すること。

【論壇】ロンダン ①評論家の社会。言論界。「―の新鋭」②意見を述べるための壇。演壇。

【論調】ロンチョウ 議論の傾向や調子。「激しい―で事件の責任を追及する記事」

【論敵】ロンテキ 議論し合う相手。論争の相手。「学会での―」

【論点】ロンテン 議論の中心点。議論の要点となる事柄。「―からはずれた意見」

【論難】ロンナン 相手の不正や欠点を論じ、非難すること。

【論に負けても理に勝つ】ロンにまけてもりにかつ たとえ言い負かされても、道理では正しいこと。議論の勝ち負けは、道理とは別のものであるということ。

【論破】ロンパ 議論して、相手の論じた説を打ち破ること。言い負かすこと。

【論駁】ロンバク 相手の論に対し、反論すること。「批判的意見に―する」

【論評】ロンピョウ 物事を論じて、批評すること。また、その文章。「―を加える」

【論文】ロンブン ①物事を論じて、意見を述べた文章。②学術の研究結果を書いた文章。

【論法】ロンポウ 議論の方法。また、議論の組み立て方や展開のしかた。「三段―」

【論鋒】ロンポウ 主張のほこさき。議論の勢い。「―鋭く展開する」

【論より証拠】ロンよりショウコ 議論を重ねるより、証拠によって物事は明らかになるということ。

【論理】ロンリ ①論証の筋道。「―の飛躍」②思考の法則や形式。ロジック。「―学」

わ 和 ワ 和

【和】ワ (8) 口 5 常 教 8 4734 4F42

音 ワ・オ高 外カ

訓 やわらぐ中・やわらげる中・なごむ中・なごやか中 外なぐ・あえる

筆順 ノ 二 千 禾 禾 和 和 和

意味 ①やわらぐ。おだやか。のどか。「和気」「温和」「柔和」②なかよくする。争いをおさめる。「和解」「和議」「平和」③合わせる。合う。ととのう。「和音」「唱和」「調和」④あえる。まぜる。「混和」「中和」⑤二つ以上の数を加えたもの。「総和」⑥日本。日本語。「和服」「和文」「和洋」類倭 ⑦「大和(やまと)の国」の略。「和州」参考「和」の草書体の旁(つくり)が片仮名の「ワ」に、草書体が平仮名の「わ」になった。

下つき 温和・穏和・漢和・協和・講和・唱和・中和・調和・柔和・日和・不和・平和・飽和・融和

【和え物】あえもの 野菜や魚介類などを、味噌・酢・胡麻などと混ぜて味つけした料理。表記「韲え物」とも書く。

【和える】あえる 野菜や魚介類などに、味噌・酢・胡麻などを混ぜ合わせる。「自家製ドレッシングでサラダを―えた」

〈和泉〉いずみ 旧国名の一つ。現在の大阪府の南部にあたる。泉州。

【和尚】オショウ ①師とする高僧。和上。②僧の呼称。多く、寺の住職をいう。参考①「カショウ・ワジョウ」とも読み、宗派によって読み方が異なる。

【〈和蘭〉・〈和蘭陀〉】オランダ ヨーロッパ大陸北

西部にある立憲君主国。国土の四分の一は海面よりも低い。首都はアムステルダム。鎖国時代の日本に大きな影響を及ぼした。表記「阿蘭陀」とも書く。

【△和氏の璧】カシのヘキ 中国古代の名高い宝玉の名。故事 中国、春秋時代、楚(ソ)の卞和(ベンカ)が山中で宝石の原石を見つけ、厲王(レイオウ)に献上したところ、ただの石と鑑定され右足を切られた。のち武王に献じたが、やはり石ころと鑑定され右足を切られた。その後、文王のとき、今度は献上せず玉を抱いて涙を流していたところを文王に下問され、文王が鑑定させたところ、果たして天下の宝玉であったという故事から。〈『韓非子(カンピシ)』〉 参考 その後、宝玉は趙(チョウ)の恵文王が得た。▼連城の璧(一六〇四)

【△和雑▲膾】カゾウなます 魚の刺身を数種混ぜ、酢であえた料理。

【〈和林〉・〈和寧〉】カラコルム 一三世紀中ごろのモンゴル帝国の首都。オルホン河岸に遺跡がある。表記「哈剌和林」とも書く。

【〈和人〉】シャモ アイヌの人々が日本人を指していった語。シサム。

【△和】なぎ 海で、風がやんで波が静かなさま。昼と夜の境目など、風の向きが変わるときに起こる。表記「凪」とも書く。

【△和ぐ】なーぐ やわらかになる。なごむ。静かになる。「気持ちがーぐ」

【和む】なごーむ なごやかになる。おだやかになる。「緊張した空気が一瞬ーんだ」

【和やか】なごーやか なごんで、親しみのあるさま。和気あいあいとしたさま。「ーな雰囲気の会合」

【〈和妙〉・〈和▲栲〉】にきたえ 細い糸できめ細かく織った布。また、打ってやわらかくした布。対 荒妙(あらたえ)・粗栲(あらたえ)

【〈和幣〉】にきて 麻糸で織り、神にささげたり祓(はら)いに用いたりする布。のちに、絹や紙も用いた。ぬさ。みてぐら。表記「幣帛・幣」とも書く。参考「にぎて」とも読む。

【〈和膚〉】にきはだ やわらかな肌。やわはだ。にこはだ。表記「柔膚」とも書く。

【〈和御魂〉・〈和魂〉】にきみたま 柔和な徳をそなえた神霊。にきたま。対 荒御魂(あらみたま) 参考「にぎみたま」とも読む。

【〈和草〉】にこぐさ 生えたてのやわらかい草。

【〈和毛〉】にこげ 鳥獣や人の細くやわらかい毛。うぶ毛。

【〈和手〉】にこで やわらかな手。表記「柔手」とも書く。

【〈和尚菜〉】のぶき キク科の多年草。山中の湿地に自生。葉はフキに似る。初秋、茎の上部に白い小さな頭花を多数つける。由来「和尚菜」は漢名から。表記「野蕗」とも書く。

【〈和布▲蕪〉】めかぶら ①ワカメの根に近い茎の両側にひだ状についたもの。厚くてぬめりがある。食用。めかぶ。②①を乾かして固めて作った矢じり。

【〈和布刈〉】めかり ワカメなどの海藻を刈り取ること。季 夏

【和らぐ】やわーらぐ ①高ぶっていた感情や激しい気温の変化、痛みなどがおさまる。「怒りがーぐ」「暑さがーぐ」「傷の痛みがーいだ」②対立していた相手の態度などが軟化する。

【和歌】ワカ ①日本固有の五音と七音をもとにした定型詩。長歌・旋頭歌(セドウカ)・短歌など。やまとうた。②短歌。五七五七七の三一音による定型詩。うた。みそひともじ。「ーを詠(よ)む」

【和解】ワカイ ①仲直りすること。「けんかをした友人とーした」②訴訟の当事者が譲り合って、争いをやめること。「裁判はーした」対 決裂

【和諧】ワカイ ①やわらいで調和すること。むつみ合うこと。②離婚訴訟の当事者が話し合いによる解決に同意すること。参考「和」「諧」ともに、やわらぐ意。

【〈和布〉】わかめ 褐藻類コンブ科の海藻。▼若布(わかめ)(六六七)

【和漢】ワカン ①日本と中国。②和文と漢文。また、和学と漢学。「ー混淆(コンコウ)文」

【和顔愛語】ワガンアイゴ なごやかで親しみやすい顔つきや話し方。類 和顔悦色・和容悦色

【和議】ワギ ①仲直りの相談。和睦(ワボク)の話し合い。②債務者の破産を防ぐため、債務者との間で結ぶ契約。「強制ー」

【和気▲藹▲藹】ワキアイアイ なごやかでのどかな気分が満ちあふれているさま。「ーのうちにお開きとなる」表記「藹藹」は「靄靄」とも書く。

【和牛】ワギュウ 日本古来のウシ。また、日本の在来種と明治以降輸入した外国種とをかけ合わせ、改良したウシ。現在は食肉用。

【和▲煦】ワク 春の日の、のどかで暖かなこと。参考「煦」は、暖かい光の意。

【和訓】ワクン 漢字に、日本語を当てて訓読みすること。また、その読み方。日本読み。訓。「山」を「やま」、「川」を「かわ」と読むなど。類 国訓 表記「倭訓」とも書く。

【和敬清寂】ワケイセイジャク 茶道で、主人と客が心をやわらげて敬い合い、茶室など身の回りを清浄に保つこと。千利休(せんのりきゅう)の茶道の精神を象徴した語。

【和語】ワゴ ①日本語。国語。②日本固有の言葉。やまと言葉。対 漢語 表記「倭語」とも書く。

【和合】ワゴウ 仲よくすること。親しくむつむこと。「家族のーをはかる」

【和▲羹△塩梅】ワコウアンバイ 主君の施政を補佐して、天下をうまく治める大臣・宰相のこと。「和羹」は種々のものをうまく混合し、味を調和して作った吸い物。この料理が「塩梅」、すなわち塩と酸味をつける調味料の梅酢とのほどよい加減でできることから。〈『書経』〉参考「塩

梅」は「エンバイ」とも読む。

【和光同塵】ワコウドウジン 才能や徳を隠し、世間に目立たないように暮らすこと。「和光」は才知の輝きをやわらげ、目立たなくすること。「同塵」は、俗世間にまじりあう意。「塵」は、ちり。転じて俗世間。《『老子』》 参考 仏教では、仏や菩薩ボサツが衆生シュジョウを救うために、本来の姿を隠して俗世に現れることをいう。類 和光垂迹ワコウスイジャク・内清外濁

【和事】ワごと 歌舞伎カブキで、男女の恋愛などを演じる場面。また、そういう演出や演目。「一師」 参考 「和事」のほか、演出や内容により「荒事あらごと・実事じつごと」に分類される。

【和魂】ワコン 伝統的な日本固有の精神。やまとだましい。

【和魂漢才】ワコンカンサイ 日本固有の精神を保ちながら、中国伝来の学問の才も備えること。

【和魂洋才】ワコンヨウサイ 日本固有の精神を保ちながら、西洋の学問・知識・技術などを摂取すること。参考 「和魂漢才」をもじった語。

【和琴】ワゴン 日本古来の、桐きり製で六本の弦を張った琴。大和琴やまとごと。東琴あずまごと。

【和裁】ワサイ 和服の裁縫。着物の仕立て。「一を習って浴衣ゆかたを作る」対 洋裁

【和算】ワサン 日本独自に発達した数学。江戸時代に大成したが、のちに衰退した。

【和讃】ワサン 仏 仏の功徳、また教法などをたたえた和文の歌。一般の人々にわかりやすいよう、やさしい言葉の七五調で構成された。

【和紙】ワシ 日本古来の作り方による、コウゾ・ミツマタなどを原料とする紙。半紙・奉書紙など。日本紙がみ。対 洋紙

【和式】ワシキ 日本古来の様式。日本風の様式。和風。「一トイレ」対 洋式

【和して同ぜず】ワしてドウぜず 他の人々と調和はするが、自分の考えをもっていて、いたずらに妥協したり同調したりしないこと。《『論語』》

【和尚・和上】ワジョウ 真言宗・律宗・法相ホッソウ宗などで、高僧に対する敬称。参考 天台宗では「カショウ」と読む。また、「和尚」は「オショウ」と読めば別の意もある。

【和親】ワシン なごやかに親しむこと。親睦シンボク。「二国間で一条約を結ぶ」

【和声】ワセイ 音楽で、高さのちがう音を同時に発声し連続するときの和音の響き。また、複数の楽器による音の調和。旋律およびリズムとともに音楽の基本要素。ハーモニー。参考 「カセイ」とも読む。

【和製】ワセイ 日本でつくったもの。日本製。国産。対 舶来ハクライ・外国製

【和戦】ワセン ①戦争をやめて、仲直りすること。②平和と戦争。

【和装】ワソウ ①和服を着ること。また、その服装。「卒業式に一で出席する」②日本風の装丁やとじ方。和とじ。「一本」対 ①②洋装

【和衷協同】ワチュウキョウドウ 心を同じくして、ともに力を合わせること。「和衷」は、心の底からやわらぎ合うこと。《『書経』》類 協心戮力キョウシンリクリョク・同心戮力

【和同開珎】ワドウカイチン 日本で鋳造された硬貨の一つ。七〇八(和銅元)年に発行されたという銅銭および銀銭。参考 「珎」は「珍」の異体字。

【和綴じ】ワとじ 日本風の製本方法。一枚の紙を二つ折りにして重ね、背を糸でとじる。和装。対 洋綴じ

【和風】ワフウ ①日本古来の風習や様式。日本風。和式。「一建築」対 洋風 ②おだやかで暖かな風。

【和風慶雲】ワフウケイウン おだやかに吹くやわらいだ風と、慶事の前兆の雲。おだやかで徳の備わった人物の形容。孔子の高弟の顔回を評した語。《『近思録』》

【和服】ワフク 日本古来の衣服。着物。「一を着る機会が少なくなった」対 洋服

【和平】ワヘイ 争いをやめ、仲直りして平和になること。「一交渉の進展」

【和睦】ワボク ①たたかうのをやめ、仲直りすること。「交戦国と一を結ぶ」②仲よく親しむこと。

【和鳴】ワメイ 声を合わせて鳥が鳴くこと。鳥が鳴き交わす声。

【和訳】ワヤク 外国の文章や語句を日本語に翻訳すること。また、その文。日本語訳。「英文一」類 邦訳

【和洋折衷】ワヨウセッチュウ 日本と西洋の様式をほどよく取り合わせること。表記 「折衷」は「折中」とも書く。

【和楽】ワラク やわらいで楽しむこと。なごやかに楽しむこと。参考 「カラク」とも読む。また、「ワガク」と読めば、日本古来の音楽の意。

【和郎】ワロ ①男の子。わらわ。②二人称の呼称。おまえ。転じて、人をののしるときにいう語。やつ。野郎。

【和を以て貴しと為す】ワをもってとうとしとなす 人と仲よくすることが最も重要であるということ。《『礼記ライキ』》参考 聖徳太子の十七条憲法にもこの句が見える。

ワ【倭】(10) イ8 準1 4733 4F41 音 ワ・イ 訓 やまと

意味 やまと。日本。昔、中国で日本を呼んだ名。「倭寇ワコウ」「倭人」類 和

〈倭文〉しず 古代の織物の一つ。カジノキやアサを青や赤に染め、縞しまを織り出したもの。しずり。しずはた。あやぬの。

【倭】やまと 日本。また、日本人。表記 のちに「大和」と書くようになった。

【倭訓】ワクン 漢字に、その意味の和語を当てて読むこと。訓。訓読み。表記 「和訓」と

も書く。

【倭語】ワゴ ①日本語。国語。②漢語などに対する日本固有の語。やまと言葉。表記「和語」とも書く。

【倭寇】ワコウ 鎌倉時代から室町時代にかけて、中国や朝鮮半島の沿岸で海賊行為をした日本人を、中国・朝鮮から呼んだ語。表記「和寇」とも書く。

【倭国】ワコク ①古代、日本の国の称。倭(やまと)の国。②中国・朝鮮で、日本国の古称。倭(ワ)。

【倭人】ワジン 昔、中国で日本人を指した呼称。表記「和人」とも書く。

ワ【萵】(12) 艹9 1 7266 6862 音 ワ・カ 訓

意味 キク科の野菜「萵苣(ちしゃ)」に用いられる字。

〈萵苣〉ちしゃ キク科の一年草、または二年草。原産地は地中海沿岸ほか諸説ある。野菜として栽培。結球するものをレタスといい、結球しないものをサラダナという。季 春 参考「ちさ」とも読む。

ワ【話】(13) 言6 常 教 9 4735 4F43 音 ワ 訓 はなす・はなし

筆順 4 言 言 言 言 言 言 許 話 話 話

意味 ①はなす。語る。「話法」「談話」②はなし。ものがたり。「実話」「民話」

下つき 逸話(イツワ)・会話(カイワ)・官話(カンワ)・寓話(グウワ)・訓話(クンワ)・講話(コウワ)・茶話(サワ・チャばなし)・実話(ジツワ)・手話(シュワ)・笑話(ショウワ)・情話(ジョウワ)・神話(シンワ)・説話(セツワ)・世話(セワ)・送話(ソウワ)・挿話(ソウワ)・対話(タイワ)・談話(ダンワ)・痴話(チワ)・通話(ツウワ)・電話(デンワ)・童話(ドウワ)・秘話(ヒワ)・法話(ホウワ)・民話(ミンワ)・夜話(ヤワ・よばなし)

【話】はなし ①話すこと。話す内容。「人の—を聞く」②物語。「子どもにお—を聞かせる」③相談事。「—をもちかける」④道理。筋のとおったこと。「—にならない」⑤うわさ。話題。

【話〈上手〉は聞き〈上手〉】はなしじょうずはききじょうず 話の上手な人は、話を聞くのもまた上手であるということ。

【話す】はなす ①人と語りあう。会話をする。②人に言葉で伝える。口述する。

【話術】ワジュツ 話の技術。話のしかた。「巧みな—に引きこまれる」

【話題】ワダイ 話の題材。話のたね。「彼は—が豊富で飽きない」

【話頭】ワトウ ①話のいとぐち。②話の内容。「明るい内容に—を変える」

【話柄】ワヘイ 話す事柄や材料。話題。「—を転じる」「豊富な—」

ワ【窪】(14) 穴9 準1 2306 3726 音 ワ・ア 訓 くぼ・くぼむ

意味 くぼ。くぼみ。くぼむ。「窪下」「窪然」

下つき 笑窪(えくぼ)

【窪】くぼ くぼんだところ。穴状にへこんだところ。くぼみ。表記「凹」とも書く。

【窪田】くぼた へこんで低くなった土地にある田。対 上田(あげた) 表記「凹田」とも書く。

【窪地】くぼチ 周囲の土地より低くへこんでいる土地。表記「凹地」とも書く。

【窪む】くぼむ 周囲より低く落ちこむ。穴状にへこむ。「疲れて目が—む」「道路が—む」表記「凹む」とも書く。

わ【我】(7) 戈3 教 1870 3266 ▶ガ(一六二)

わ【輪】(15) 車8 教 4656 4E58 ▶リン(一五六六)

わ【環】(17) 王13 常 2036 3444 ▶カン(二四八)

わ【鐶】(21) 金13 7934 6F42 ▶カン(二五二)

ワイ【歪】(9) 止5 準1 4736 4F44 音 ワイ 訓 ゆがむ・いがむ・ひずむ・いびつ

意味 ゆがむ。いがむ。ゆがみ。ひずみ。正しくない。「歪曲」

【歪】いびつ 物の形状や人の精神などがゆがんでいること。「—な花瓶」「性質が—だ」参考「飯櫃(いいびつ)」の転。

【歪形】いびつなり 楕円(ダエン)形。小判形。由来 飯櫃(いいびつ)(昔、ご飯を入れた容器)が楕円形であったことから。表記「飯櫃形」とも書く。

【歪み】ひずみ ①形や性質などが正常な状態でないこと。ゆがみ。②外部からの力による、形や性質の変化。「地震で建物にわずかな—が生じた」③物事の結果として現れる悪い影響。「豊かな社会のもたらす—」

【歪む】ひずむ 形や状態がいびつになる。ゆがむ。「窓枠が—む」

【歪む】ゆがむ ①形がねじれたりして本来の状態でなくなる。「ネクタイが—む」「物が—んで見える」②心の状態や行いなどが正しくなくなる。「—んだ性格になる」

【歪曲】ワイキョク 事実などをわざとねじ曲げること。ゆがめて曲げること。「事実を—して伝える」

ワイ【猥】(12) 犭9 1 6448 6050 音 ワイ 訓 みだりに・みだら

意味 ①みだり。みだりに。また、みだれる。「猥雑」「猥多」②みだら。けがらわしい。「猥褻(ワイセツ)」「卑猥」

下つき 淫猥(インワイ)・醜猥(シュウワイ)・卑猥(ヒワイ)

【猥ら】みだら 男女関係がだらしないさま。性について品行が悪いさま。「—な関係を絶つ」表記「淫ら」とも書く。

【猥りに】みだりに 正当な意味もなくやたらに。物事を分別もなく行うさま。「展示品に—触れないでください」表記「妄りに」「濫りに」とも書く。

【猥瑣】ワイサ こまかなつまらないこと。こまごまとしたくだらないこと。また、そのさま。「瑣」はこまかい意。「日常生活の—な雑事に追われる」

【猥雑】ワイザツ 下品でごたごたしていること。雑然としてみだらな感じがすること。「—な雑誌記事」

【猥褻】ワイセツ みだらなこと。性に関するいやらしいこと。「—な行為をはたらく」

【猥談】ワイダン 性についての下品でみだらな話。猥褻な話。

【猥本】ワイホン 性について興味をかき立てるように扱った本。エロ本。類猥書

ワイ【隈】★ (12) 阝9 準1 2308 3728 音ワイ 訓すみ・くま

意味 ①山や川が曲がりこんだところ。また、奥まったところ。すみ。「隈曲」②役者の顔の色どり。くま。

下つき 界隈・山隈

【隈】くま ①奥まって陰になったところ。物のすみっこ。②色の黒ずんだところ。「寝不足で目に—ができる」③色の濃淡の境目。④「隈取り」の略。

【隈笹】くまざさ イネ科の多年草。山地に自生。葉は長楕円形で、長さ約二〇センチ。由来冬、葉のふちが白くくまどられることから。表記「熊笹・山白竹」とも書く。

【隈取り】くまどり ①日本画で濃淡をつけるために、絵の具をぼかして塗ること。また、その塗った部分。ぼかし。②歌舞伎や京劇で、役柄の性格や表情を誇張するために、顔に赤や青などの顔料を塗ったり、線を描いたりすること。また、その模様。

〔隈取り②〕

【隈なく】くまなく すみずみまで徹底的に。残すところなく。「家じゅう—探した」「月が—道を照らす」

〈隈回〉くまみ 道の曲がり角。参考「くまわ」とも読む。

ワイ【矮】(13) 矢8 1 6668 6264 音ワイ・アイ 訓ひくい・みじかい

意味 ひくい。みじかい。背丈が低い。「矮屋」「矮軀」「矮小」

〈矮鶏〉チャボ ニワトリの一品種。尾羽が直立し、あしがきわめて短い。愛玩用。由来原種が、インドシナ半島にあった国チャンパから渡来したことからという。

【矮い】ひくい 背丈が短いさま。高さが低いさま。

〈矮鹿〉まめじか マメジカ科の哺乳動物の総称。アフリカ・インド・東南アジアに四種がすむ。体長五〇～八〇センチと小形で、角はない。表記「豆鹿」とも書く。

【矮屋】ワイオク 屋根が低い小さな家。小屋。みすぼらしい家。また、自分の家を謙遜していう語。

【矮軀】ワイク 背丈が低いこと。また、その体つき。類短軀

【矮子看戯】ワイシカンギ 背の低い人が背の高い人の後ろで芝居を見て、よく見えないままに周囲に合わせて拍手をすること。転じて、前人の批評や意見を聞き、よく考えずに同調すること。見識のないことのたとえ。「矮子」は背の低い人のこと。「戯」は芝居の意。〈『朱子語類』〉参考「矮子」は「矮人」ともいう。類矮人観場

【矮樹】ワイジュ 丈の低い樹木。

【矮小】ワイショウ ①背が低く、小さいこと。②つまらないこと。規模の小さいこと。「問題を—化して語る」

【矮性】ワイセイ 生物が同種のもののなかで、きわめて小さいこと。また、その性質。「—の愛玩動物」

【矮星】ワイセイ 絶対光度と直径の小さい恒星。太陽など、多くの恒星がこの区分に入る。小さい星。対巨星

ワイ【賄】(13) 貝6 常 準2 4737 4F45 音ワイ 外カイ 訓まかなう 外まいない

筆順 丨 冂 月 目 貝 貝' 貝ナ 財 賄 賄

意味 ①まいなう。まいない。金品を贈ってたのみこむ。「賄賂」「収賄」②まかなう。きりもりする。まかない。

下つき 収賄・贈賄

【賄い】まかない ①きりもりすること。「店の—をする」②食事のしたく。また、食事のしたくをする人。「—つきの下宿に住む」

【賄う】まかなう ①費用や物資・人手などを、限られた範囲で処理する。きりもりする。「事務所を—う」②食事のしたくをする。「大家族の食事を—う」

【賄賂】ワイロ 相手にこっそり金品を贈り、自分の利益になるようにとりはからってもらうこと。袖の下。「—には誓紙を忘る」

ワイ【薈】(16) 艹13 1 7307 6927 音ワイ 訓しげる

意味 ①しげる。草木が盛んに茂るさま。「薈蔚」②くさむら。「叢薈」

ワイ【穢】★ (18) 禾13 1 6750 6352 音ワイ・アイ・エ 訓けがれる・きたない・あれる・わるい

意味 ①けがれ。けがれる。けがらわしい。きたない。「穢行」「穢土」②あれる。雑草がしげってあれる。「蕪穢」③わるい。わるもの。

下つき 汚穢・垢穢・産穢・醜穢

【穢身】エシン 仏けがれた身。煩悩に迷い、悟りを開けない凡人。

【穢土】エド 仏けがれた世界。この世。人間界。娑婆。「厭離—」対浄土

【穢い】きたない けがれているさま。ごたごたとしてけがらわしい。

わ　ワイ

【▲穢れる】けがーれる　ごたごたしてよごれる。清いものがきたなくなる。

わが【▲吾が】(7) 口4 2467/3863 ▼ゴ(四六三)

わかい【▲夭い】(4) 大1 5280/5470 ▼ヨウ(一五二四)

わかい【若い】(8) 艹5 教 2867/3C63 ▼ジャク(六六六)

わかい【▲嫩い】(14) 女11 5336/5544 ▼ドン(一一八二)

わかさぎ【▲鰙】(19) 魚8 国 9364/7D60 ▼はや(一二五六)

わかじに【▲殀】(8) 歹4 6140/5D48 ▼ヨウ(一五二七)

わがねる【▲綰ねる】(14) 糸8 6939/6547 ▼ワン(一六三二)

わかる【分かる】(4) 刀2 教 4212/4A2C ▼ブン(一三五八)

わかる【△判る】(7) 刂5 教 4029/483D ▼ハン(一二六二)

わかる【△解る】(13) 角6 教 1882/3272 ▼カイ(一八二)

同訓異義　わかる

【分かる】見聞きしたり調べたりして、物事を知ることができる。世間の事情を知っている。ほか、広く用いる。「消息が分かる」「欠席の理由が分かる」「犯人の居場所が分かる」「物分かりがよい」

【△解る】物事の意味を知ることができる。ものの価値が理解できる。「話の意味が解る」「英語が解る」「解りやすい説明」「解りにくい難問」

【△判る】物事をはっきり区別できる。物事の価値などを判断できる。「善悪が判る」「味のちがいが判る」「暗くて誰(だれ)だか判らない」

わかれる【別れる】(7) 刂5 教 4244/4A4C ▼ベツ(一三七五)

わかれる【△岐れる】(7) 山4 教 2084/3474 ▼キ(二六三)

わかれる【△派かれる】(9) 氵6 教 3941/4749 ▼ハ(一二二七)

わかれる【▲訣れる】(11) 言4 2377/376D ▼ケツ(四一二)

同訓異義　わかれる

【分かれる】一つのものが離れて二つ以上になる。「紅白に分かれて戦う」「道が分かれる」「社内の意見が分かれる」「枝分かれする」

【別れる】一緒にいた人が別々になる。「友達と別れて帰る」「恋人と別れる」「家族と別れて暮らす」「物別れに終わる」「泣き別れ」

【▲訣れる】きっぱりとわかれる。死別する。「訣別(ケツベツ)」「兄弟が生き訣れる」

わき【脇】(10) 月6 常 2 4738/4F46

音 ㊕キョウ
訓 わき ㊕かたわら

筆順　丿 几 月 月 肕 肋 胁 脇 脇 脇

意味 ①わき。わきばら。②かたわら。そば。「脇息」「脇役」

【△脇ら】かたわら　人や物のそば。わき。「森の―に泉がある」

【△脇士・△脇侍】キョウジ　仏 仏の左右に侍して衆生(シュジョウ)教化を助けるもの。仏像では、本尊の両わきに安置され、または描かれるもの。釈迦(シャカ)像の文殊(モンジュ)と普賢(フゲン)あるいは迦葉(カショウ)と阿難(アナン)など。参考「わきジ」とも読む。類 脇立(わきだち) 表記「夾侍・挟侍」とも書く。

【△脇息】キョウソク　座ったときにひじをおいて体をもたせかける道具。「―にもたれる」「部屋には―が用意してあった」

〔脇息(キョウソク)〕

【△脇▲楯】わいだて　大鎧(おおよろい)の胴の右わきにつけ、すき間をふさぐもの。「わきだて」の転。

【脇】わき　①胸の両側面で腕のつけねの下側。また、衣類のその部分。わきのした。②何かの近く。かたわら。また、本筋からはずれた方向。「話が―にそれる」③中心になるものを補助するもの。特に能狂言の相手役。

【脇差】わきざし　①武士の差した大小の刀のうち小さい刀。②腰のわきに差した腰刀(こしがたな)。表記①「腋」とも書く。守刀(まもりがたな)。③近世、庶民が差した刀。道中刀。

【脇付】わきづけ　手紙のあて名の左下に書き添えて、敬意を表す語。机下(キカ)・案下(アンカ)など。女性は多く「御(お)もとに」などを使う。参考「侍史(ジシ)」などはていねいなときに、

【脇腹】わきばら　①腹の両側面。よこばら。よこっぱら。②本妻以外の女性の生んだ子。妾腹(ショウフク)。めかけばら。

【脇見】わきみ　見るべきものを見ずによそを見ること。よそみ。わきめ。「―運転は事故のもと」

【脇道】わきみち　①本道から分かれてわきにそれる道。類 横道・枝道　②抜け道。類 間道　③本筋から関係ない方向にそれることのたとえ。「話が―にそれる」

【脇目】わきめ　①ほかの物事に注意を向けること。わきみ。「―も振らず」②わきから見ること。当事者以外の位置から見ること。おかめ。

【脇役】わきヤク　演者。「―の活躍が光った」②主要な人物の補佐にまわる人。「―に徹する」対 ①②主役　①主役を助けて演じる立場の人。助

わき【▲掖】(11) 扌8 5753/5955 ▼エキ(九一)

わき【△傍】(12) 亻10 常 4321/4B35 ▼ボウ(一四一九)

わき【▲腋】(12) 月8 7094/667E ▼エキ(九二)

わきばさむ【▲掖む】(11) 扌8 5753/5955 ▼エキ(九一)

わきまえる【△弁える】(5) 廾2 教 4259/4A5B ▼ベン(一三八四)

ワク【★或】(8) 戈4 準1 1631/303F

音 ワク
訓 ある・あるいは

意味 ①ある。不確かなもの、未知のものを示す語。「或問」②あるいは。または。もしくは。

【▲或る】あ―る 特定の事物や事柄などを指さずに、漠然と示す語。「昔―ところに」「―日の出来事」

【▲或いは】ある―いは ①または。もしくは。「電話―ファクシミリでご連絡下さい」②もしかすると。「―失敗かもしれない」

【▲或問】ワクモン 質問に答える形式で、自分の意見を述べている文章形態。

ワク【惑】
(12) 心8 常 4 4739 4F47 音ワク 訓まどう

筆順 一 ｢ 戸 可 式 或 或 惑 惑 惑

意味 まどう。まどわす。まよい。「惑溺ワクデキ」「困惑」

下つき 疑惑ギワク・幻惑ゲンワク・眩惑ゲンワク・困惑コンワク・思惑シワク・おもわく・当惑トウワク・不惑フワク・魅惑ミワク・迷惑メイワク・誘惑ユウワク

【惑う】まど―う ①思い迷う。判断ができず、まごつく。②心をうばわれる。「恋に―う」

【惑わす】まど―わす ①迷わせる。心を乱れさせる。「甘い言葉で人を―す」②人をあざむく。だます。「誇大広告で大衆を―す」

【惑星】ワクセイ ①太陽の周囲を回っている天体の総称。地球・火星・金星など。類遊星 対恒星 ②まだ力量は知られていないが、実力がありそうな人のたとえ。ダークホース。

【惑溺】ワクデキ よくないことに夢中になり、正気の判断を失うこと。

【惑乱】ワクラン 判断力をなくすほど、心がまどい乱れること。また、まどい乱すこと。

わく【枠】
(8) 木4 常 準2 4740 4F48 音 訓わく

筆順 一 十 才 木 木ノ 杁 杦 枠

意味 ①わく。細い木・竹・金属などで周囲をかこったもの。また、そのように書き記したもの。ふち。「窓枠」「答えを枠でかこむ」②一定の範囲。限界。「枠外」「別枠」「予算の枠内」

下つき 大枠おおわく・黒枠くろわく・別枠ベツわく・窓枠まどわく

【枠組み】わくぐみ ①組み立てた枠。②物事のおおよその組み立て。だいたいの構成。「計画の―が出来上がる」

わく【沸く】(8) 氵5 常 4208 4A28 ▼フツ(一三五〇)

わく【湧く】(12) 氵9 常 4515 4D2F ▼ユウ(一五一二)

わく【▲濆く】(16) 氵13 ▼フン(一三五七)

同訓異義 わく

【沸く】水などが熱せられて煮えたぎる。熱くなり湯気が出る。興奮する。「湯が沸く」「風呂ふろが沸く」「優勝の瞬間、場内が沸く」「血沸き肉躍おどる」

【湧く】水などが地面から噴き出る。ある感情が生じる。「温泉が湧く」「石油が湧く」「励まされて勇気が湧く」「疑問が湧く」「虫が湧く」「アイデアが湧く」

わけ【訳】(11) 言4 教 4485 4C75 ▼ヤク(一四九七)

わげ【▲髷】(23) 髟13 8205 7225 ▼カン(二五二)

わける【分ける】(4) 刀2 教 4212 4A2C ▼ブン(一三五八)

わける【△弁ける】(5) 廾2 教 4259 4A5B ▼ベン(一三八四)

わける【△別ける】(7) 刂5 教 4244 4A4C ▼ベツ(一三七五)

わける【△判ける】(7) 刂5 教 4029 483D ▼ハン(一二六二)

わける【△班ける】(10) 王6 教 4041 4849 ▼ハン(一二六四)

わける【△頒ける】(13) 頁4 常 4050 4852 ▼ハン(一二六七)

わざ【△伎】(6) 亻4 常 2076 346C ▼キ(二五九)

わざ【技】(7) 扌4 教 2127 353B ▼ギ(二八七)

わざ【△芸】(7) 艹4 教 2361 375D ▼ゲイ(四〇三)

わざ【△術】(11) 行5 教 2949 3D51 ▼ジュツ(七二四)

わざ【業】(13) 木9 教 2240 3648 ▼ギョウ(三四六)

同訓異義 わざ

【技】習練で身につけた技術や技法。相撲や柔道で、相手を負かすためにかける、一定の型に従った術。「日本料理の技」「技が決まって一本勝ち」「技を競う」「技を磨く」「巨匠の技」「技に切れがある」「足技をかける」

【業】人や物の能力でできること。行い。仕事。「彼を説得するのは至難の業だ」「離れ業をやってのける」「人間業とは思えない」「寝業師」「川魚漁を業とする」

わざおぎ【▲倡】(10) 亻8 4873 5069 ▼ショウ(七四六)

わざおぎ【△優】(17) 亻15 教 4505 4D25 ▼ユウ(一五一七)

わざと【△態と】(14) 心10 教 3454 4256 ▼タイ(九八五)

わざわい【△厄い】(4) 厂2 常 4481 4C71 ▼ヤク(一四九六)

わざわい【災い】(7) 火3 教 2650 3A52 ▼サイ(五五〇)

わざわい【▲殃い】(9) 歹5 6142 5D4A ▼オウ(一一五)

わざわい【△禍い】(13) 礻9 常 1850 3252 ▼カ(一五五)

わざわい【▲孽い】(19) 子16 0590 257A ▼ゲツ(四一六)

わし【▲儂】(15) 亻13 4915 512F ▼ドウ(一一六五)

わし【▲雕】(16) 隹8 8026 703A ▼チョウ(一〇六八)

わし【▲鷲】(23) 鳥12 4741 4F49 ▼シュウ(六九八)

わずか【僅か】(13) 亻11 常 2247 364F ▼キン(三六一)

わずか【▲纔か】(23) 糸17 6988 6578 ▼サイ(五六一)

わずらう【患う】(11) 心7 常 2021 3435 ▼カン(二三三)

わずらう【煩う】(13) 火9 常 4049 4851 ▼ハン(一二六六)

同訓異義　わずらう

【患う】病気になる。「胸を患って療養する」「目を患う」「長患いに苦しむ」

【煩う】精神的に悩み苦しむ。なかなかできない。「何も煩うことなく過ごす」「煩いは避けて通れない」「心に煩いがない」「恋煩い」「思い煩う」「言い煩う」

わずらわす【煩わす】(13) 火9 常 4049/4851 ▼ハン(一二六六)
わすれる【忘れる】(7) 心3 教 4326/4B3A ▼ボウ(一四一四)
わた【▲棉】(12) 木8 4441/4C49 ▼メン(一四七七)
わた【▲絖】(12) 糸6 6913/652D ▼コウ(五〇六)
わた【▲絮】(12) 糸6 6917/6531 ▼ジョ(七三六)
わた【△腸】(13) 月9 教 3618/4432 ▼チョウ(一〇六三)
わた【綿】(14) 糸8 教 4442/4C4A ▼メン(一四七七)
わた【▲纊】(21) 糸15 9023/7A37 ▼コウ(五一七)
わたいれ【▲袍】(10) 衤5 7460/6A5C ▼ホウ(一四〇五)
わだかまる【▲蟠る】(18) 虫12 7422/6A36 ▼バン(一二七二)
わたくし【私】(7) 禾2 教 2768/3B64 ▼シ(六〇七)
わたし【私】(7) 禾2 教 2768/3B64 ▼シ(六〇七)
わたす【渡す】(12) 氵9 常 3747/454F ▼ト(一一二九)
わだち【△軌】(9) 車2 常 2116/3530 ▼キ(二六七)
わだち【▲轍】(19) 車12 3718/4532 ▼テツ(一一〇七)
わたる【▲亙る】(6) 二4 4742/4F4A ▼コウ(四七七)
わたる【▲亘る】(6) 二4 4743/4F4B ▼コウ(四七七)
わたる【△航る】(10) 舟4 教 2550/3952 ▼コウ(四九七)
わたる【△済る】(11) 氵8 教 2649/3A51 ▼サイ(五五三)
わたる【△渉る】(11) 氵8 常 3036/3E44 ▼ショウ(七五二)
わたる【渡る】(12) 氵9 常 3747/454F ▼ト(一一二九)

同訓異義　わたる

【渡る】こちら側からあちら側まで進む。そこを通って行く。ほか、広く用いる。「向こう岸へ渡る」「海を渡る」「大陸から渡ってきた文化」「仏教が日本へ渡った」「職場を渡り歩く」「世渡りが下手な人」「木立を渡って吹く風」「屋敷が人手に渡る」

【▲亙る】ある期間や範囲に及ぶ。関係する。「五年に亙る工事」「被害は北海道全域に亙る」「私事に亙る問題」

【▲亘る】「亙る」とほぼ同じ意に用いる。

わな【▲罠】(10) 罒5 7011/662B ▼ビン(一三一六)
わに【▲鰐】(20) 魚9 4744/4F4C ▼ガク(二〇七)
わび【▲侘】(8) 亻6 4846/504E ▼タ(九七二)
わびしい【▲侘しい】(8) 亻6 4846/504E ▼タ(九七二)
わびる【▲侘びる】(8) 亻6 4846/504E ▼タ(九七二)
わびる【▲詫びる】(13) 言6 4745/4F4D ▼タ(九七二)
わめく【△喚く】(12) 口9 常 2013/342D ▼カン(二三四)
わら【▲稈】(12) 禾7 6735/6343 ▼カン(二三七)
わら【△稿】(15) 禾10 常 2538/3946 ▼コウ(五一二)
わら【▲藁】(17) 艹14 4746/4F4E ▼コウ(五一四)
わらう【▲呵う】(8) 口5 5074/526A ▼カ(一四四)
わらう【▲哂う】(9) 口6 5102/5322 ▼シン(七九六)
わらう【笑う】(10) ⺮4 教 3048/3E50 ▼ショウ(七四九)
わらう【▲嗤う】(13) 口10 5148/5350 ▼シ(六三二)

同訓異義　わらう

【笑う】おかしかったりうれしかったりする気持ちを声や表情で表す。ばかにする。つぼみが開く。ほか、広く用いる。「失敗談で大いに笑う」「にっこり笑う」「思い出し笑いする」「笑い話」「膝が笑う」「鳥鳴き花笑う」「山笑う」「笑う門には福来る」

【▲嗤う】あざけってわらう。ばかにする。「愚挙を嗤う」「鼻の先で嗤う」「嗤い物にする」

【▲呵う】口を大きく開けて大声で笑う。

【▲哂う】含み笑いをする。あざわらう。

わらび【▲蕨】(15) 艹12 4747/4F4F ▼ケツ(四一四)
わらべ【童】(12) 立7 教 3824/4638 ▼ドウ(一一六三)
わらわ【▲妾】(8) 女5 3010/3E2A ▼ショウ(七四三)
わらわ【△童】(12) 立7 教 3824/4638 ▼ドウ(一一六三)
わり【割】(12) 刂10 教 1968/3364 ▼カツ(二二三)
わりふ【△符】(11) ⺮5 常 4168/4964 ▼フ(一三三〇)
わる【割る】(12) 刂10 教 1968/3364 ▼カツ(二二三)
わるい【△凶い】(4) 凵2 常 2207/3627 ▼キョウ(三三六)
わるがしこい【▲猾い】(13) 犭10 6449/6051 ▼カツ(二二五)
わるがしこい【▲獪い】(16) 犭13 6454/6056 ▼カイ(一八五)
われ【▲予】(4) 亅3 4529/4D3D ▼ヨ(B)(一五二〇)
われ【▲余】(7) 人5 4530/4D3E ▼ヨ(B)(一五二〇)
われ【▲吾】(7) 口4 2467/3863 ▼ゴ(四六三)
われ【▲我】(7) 戈3 教 1870/3266 ▼ガ(一六二)
われ【△朕】(10) 月6 常 3631/443F ▼チン(一〇七四)
われる【△破れる】(10) 石5 教 3943/474B ▼ハ(一二二七)

ワン【★椀】 (12) 木8 準1 4748 4F50 音 ワン 訓 はち

意味 わん。こばち。食物を盛る入れ物。類碗（ワン）

下つき 汁椀（ジュウワン・しるワン）・茶椀（チャワン）

【▲椀飯振舞】おうばんぶるまい ①気前よく人に金品や食事を振る舞うこと。盛大にごちそうすること。②江戸時代、正月に一家の主人が親類を招いて行った宴会。季新年 由来 椀（ワ）に盛った飯を振る舞う意から。参考「大盤（おおバン）振舞」は当て字。

ワン【湾】 (12) 氵9 常 3 4749 4F51 音 ワン 訓 外 いりえ

旧字《灣》 (25) 氵22 1/準1 6352 5F54

筆順 3 丶 冫 氵 氵亠 氵ナ 汸 浐 浐 湾 湾 湾

意味 ①いりえ。入り海。「湾岸」「港湾」 ②まがる。弓なりに曲がる。「湾曲」「湾入」

書きかえ ②「彎（ワン）」の書きかえ字。

下つき 港湾（コウワン）

【▲湾】いりえ 海や湖が陸地に入りこんだ所。陸地がくぼんで船が停泊できる所。参考「ワン」とも読む。

【湾岸】ワンガン ①いりえに沿った陸地。「―道路」 ②「ペルシャ湾岸」の略。「―戦争」

【湾曲】ワンキョク 弓なりに曲がること。「背骨が―する」「―した海岸線」 書きかえ「彎曲」の書きかえ字。

【湾口】ワンコウ 湾の入り口。「東京―」 類湾頭 対湾奥

【湾頭】ワントウ いりえの近く。湾のほとり。また、湾の入り口周辺。類湾口 対湾奥

【湾入】ワンニュウ 海岸線が弓形に陸地に入りこんでいること。また、そのような形状。書きかえ「彎入」の書きかえ字。

ワン【腕】 (12) 月8 常 4 4751 4F53 音 ワン 訓 うで 外 かいな

筆順 2 4 刀 月 月 月' 月' 肸 胺 胺 腕 腕

意味 ①うで。かいな。「腕章」「腕力」 ②うでまえ（腕前）。はたらき。「手腕」「敏腕」

下つき 手腕（シュワン）・鉄腕（テツワン）・敏腕（ビンワン）・扼腕（ヤクワン）・辣腕（ラツワン）

【腕】うで ①人体の肩から手首までの部分。「―まくりをしてがんばる」 ②腕木。「椅子（イス）の―」 ③腕前。技量や力量。「料理の―がいい」 ④腕力。参考①「かいな」とも読む。

【腕利き】うできき 才能や能力がすぐれていること。また、その人。うでこき。「―の大工がそろっている」

【腕▲扱き】うでこき 腕前や能力がすぐれていること。また、その人。うできき。「―の刑事」

【腕っ節】うでっぷし 腕の力。腕力（ワンリョク）。「―の強さには自信がある」

【腕前】うでまえ 身につけた力量。技能。「見事な料理の―を見せる」

【腕▲捲り】うでまくり 袖口（そでぐち）をまくって腕を出すこと。転じて、気負ったようすのたとえ。「その日の来るのを―して待っていた」

【腕輪】うでわ 身を飾るため、腕にはめる輪。ブレスレット。

【▲腕】かいな 肩とひじの間の部分。また、肩から手首の部分。うで。

【▲腕▲捻り】かいなひねり 相撲の技の一つ。両手で相手の腕をとり、ひねり倒すもの。

【腕章】ワンショウ 目印として洋服の腕の部分にまく布。

【腕白】ワンパク 活発でいたずらなこと。また、そのような子ども。「―坊主」

【腕力】ワンリョク 腕の力。また、肉体的な力。うでずく。「―をふるう」「―に訴える」

ワン【★碗】 (13) 石8 準1 4750 4F52 音 ワン

〔盌〕 8872 7768

意味 わん。こばち。類椀（ワン）

ワン【綰】 (14) 糸8 1 6939 6547 音 ワン 訓 たがねる・わがねる・むすぶ・つなぐ・すべる・たくる・たぐる

意味 ①たがねる。わがねる。曲げて輪にする。②たくる。たぐる。③むすぶ。つなぐ。「綰髪」 ④すべる。おさめる。

【▲綰ねる】たがねる 集めてひとまとめにする。たばねる。「新聞紙をひもで―ねる」

【▲綰ねる】わがねる 輪の形に曲げて結ぶ。「針金を―ねて細工物をつくる」

【▲綰物】わげもの ヒノキやスギなどを薄く削りとり、円形に曲げた容器。表記「曲物」とも書く。

ワン【★彎】 (22) 弓19 1 5530 573E 音 ワン 訓 ひく・まがる

〔☆弯〕 5531 573F

意味 ①ひく。弓を引く。②まがる。弓なりに曲がる。

書きかえ ②「湾」が書きかえ字。

【▲彎曲】ワンキョク ▼書きかえ 湾曲（一六三二）

【▲彎月】ワンゲツ ①弓のような形の月。ゆみはりづき。弦月（ゲンゲツ）。②陣立ての名称。隊列を①のように配置したもの。

【▲彎入】ワンニュウ ▼書きかえ 湾入（一六三二）

ワン【▲灣】 (25) 氵22 6352 5F54 ▼湾の旧字（一六三二）

付録 目次

漢検 漢字辞典［第二版］

◆漢字資料編

漢字の知識……一六三四
熟語の成り立ち……一六四六
送り仮名の付け方……一六五〇
筆順と画数……一六五六
時刻・方位表／干支順位表……一六六〇
同音異義語の使い分け……一六六一
おもな対義語……一六七三

◆テーマ別熟語索引

四字熟語索引……一六七七
故事・ことわざ索引……一六九九
熟字訓・当て字索引……一七二四

漢字の知識

1 漢字の起源

漢字は中国で作られた表意文字であるが、その起源についてはまだはっきりしていない。中国の古い伝説では、太古の帝王たちによる易の八卦や縄結びのしるしの案出についで、紀元前二七〇〇年ごろ、黄帝という天子に仕えていた蒼頡という人物が、鳥や獣の足跡をヒントに初めて漢字を作ったと伝えられている。しかし、多数の漢字が特定の限られた人によって考案されたものとは考えにくく、おそらく、長い時代を経ていくあいだに、何人もの人々の創意工夫によってできあがり、統一されていったものであろう。いずれにしろ、現在、知られているところでは、およそ三千数百年前の殷王朝から後のことである。

◆甲骨文

今日見ることのできる最古の漢字は、一八九九年に中国河南省の殷墟（殷王朝の都の跡）から発掘された、甲骨文（甲骨文字）といわれるものである。これは、亀の甲や牛馬などの骨に刻まれたもので、紀元前一三〇〇年ごろの殷王朝が占いの記録を残したものとされている。かたい亀甲や獣骨に刃物で刻み込んだので、文字の線が細く角ばっており、約三五〇〇字ほどが確認されている。

◆金文

甲骨文に次ぐ漢字は、殷代の末期から次の周王朝の前期（紀元前一一〇〇年ごろ~前七七〇年）にかけてのもので、当時の遺跡から発掘された武器や青銅器などに彫りつけられたり鋳込まれたりした文字で、金文（金石文）と呼ばれる。人名のほか、周代の儀礼や勲功、また戦争などについて記録されているが、甲骨文に比べて、やや肉太でいくぶん装飾的になっている。

◆籀文、篆文

春秋時代になると、金文のほかに、石に刻んだ石鼓文があらわれるが、戦国時代にはいると、金文が少なくなり、帛や竹の札に書かれた文字が多くなる。国や地方ごとに独自の書体が出現するが、西方系の書体が籀文（大篆）と呼ばれ、東方系の書体が古文と呼ばれるものである。籀文などは、字体が美術的に巧妙になり、字画も増加して複雑になっている。

やがて紀元前三世紀になると、秦の始皇帝によって文字の統一がはかられ、それまで伝えられていた文字に改良が加わって篆文（小篆）が用いられるようになった。篆文は字形が端正でつり合いもとれ、屈曲も多く美しいので、今日でも篆刻といって印章や碑額などの文字に使われている。

◆隷書、草書、楷書、行書

漢代には、この篆文の曲線がさらに簡略化され、隷書といわれる、より直線化した文字に変化していく。これは事務的な記録や日常の筆写に用いられたが、さらに、この隷書をはやく書こうとして、上の字と下の字をつなげる走り書きやくずし字としてあらわれたものが草書である。

そして、この草書があまりくずれすぎたので、端正な形に改めたものが楷書で、後漢の末期ごろより定着し、現在にいたっている。また、草書のようにくずれ過ぎず、楷書のように端正過ぎず、実用的に書く書体として作られたのが行書である。

指事
象形
甲骨文
金文
篆文
楷書
立 小 上
母 止 羊 月

形声
会意
甲骨文
金文
篆文
楷書
福 敗
歩 好 化 北 林

◆字体について

漢字は、字体の移り変わりとは別に、時代とともに字数が増え、ひとつの漢字に対していくつかの異なる形のものもあらわれはじめた。点や画が省略されたり、偏（へん）や旁（つくり）についていろいろ違った書き方の俗字や略字が通用されるようになってきたのである。

そこで、唐代になると、正字と俗字・略字などの異体字を区別しようとする動きが起こり、顔元孫（ガンゲンソン）はこれを整理し『干禄字書（カンロクジショ）』を著した。ここでは約八〇〇字について、楷書の字体の正字・俗字・通用字を区別して注釈を加えており、後の字典類における正字・俗字の区分の規範となっている。

明代には字形によって文字を分類した字書が編集されるが、その集大成が清代に作られた『康熙字典（コウキジテン）』である。『康熙字典』は、清朝の康熙帝の康熙五五（一七一六）年に刊行された四二巻の大字典であり、大学士の張玉書（チョウギョクショ）、陳廷敬（チンテイケイ）らが撰したもので、四万七〇〇〇余字が収録されている。不備・不統一な点も少なくないが、今日でも漢字の部首分類や字形の基準とされている。

②漢字の成り立ち

漢の時代、西暦一二一年に、許慎（キョシン）という学者が『説文解字（セツモンカイジ）』という中国で最初の字書を著した。この字書の中で許慎は、九三〇〇余字の漢字についてその成り立ちや意味を解説しているが、漢字の仕組みとして、漢字の形の成り立ちのうえから「象形（ショウケイ）・指事・会意・形声」と、その使用法のうえから「転注・仮借（カシャ）」という六種に分類し、これを六書（リクショ）と名づけて説明している。

◆象形

象形とは「物の形を象（かたど）る」という意味で、目に見えるいろいろな物の形を絵画的に表現した文字である。物の形を写実的に描くのではなく、その特徴をとらえて略画・絵文字で象徴的に表したもので、これらを象形文字という。象形は字を作る基本ではあるが、その字数は限られており、五万字ほどあるといわれる漢字のうちおよそ六〇〇字ぐらいとされている。

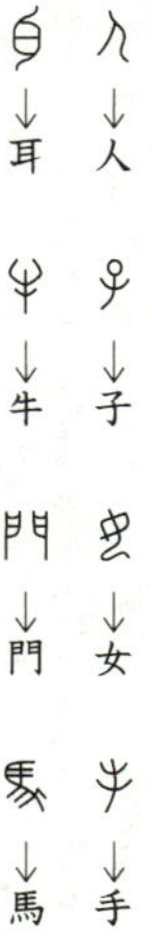
→人 →子 →女 →手
→耳 →牛 →門 →馬

◆指事

指事とは、形のない抽象的な事がらを字画の関係によって指し示したものである。たとえば、「上」「下」という字は、それぞれ基準となる横の線に対してうえにあるか、したにあるかを点（丶）の位置で示しており、「小」はちいさなこまかい三つの点（丶）で「ちいさい」という意味を表している。このように、点や線で指し示して作る字を指事文字という。

また「本」の字のように「木」の根元に「一」を加えて「もと」の意味を示したり、「刀」の中央に「丶」を加えて「やいば」の意味

付録

を表す「刃」など、すでにできている象形文字の特定の部分にしるしをつけたり、その部分を強調して作られたものもあるが、これらの字数はきわめて少なく、全体で一二〇字ぐらいとされている。

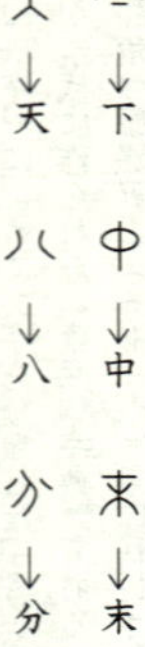

→下　→中　→末

→天　→八　→分

◆**会意**

会意とは、象形文字や指事文字など、すでに作られた漢字を二つ以上組み合わせて、別の意味と発音を表す新しい一つの文字を作ることで、このようにして作られた文字を会意文字という。「日」と「月」を合わせた「明」で、太陽と月が並んでいて「あかるい」という意味を、また、「木」を二本ならべて「林」とし、「はやし」の意味を表すなど、文字の意味を視覚的に表すものである。

→比　→出　→品　→位

→看　→初　→衆　→鳴

ほかには、次のようなものがある。

安（宀＋女＝家の中に女がいて、やすらぐ）

困（囗＋木＝木が四方に囲まれて育たなくなり、こまる）

劣（少＋力＝力が少なくて、おとっている）

岩（山＋石＝山にある大きな石、いわ）

■**国字**

日本でもこの会意文字の作り方にならって、多くの国字（和字）を作った。

働（イ＋動＝人が動いて、はたらく）

畑（火＋田＝火で田を焼いてつくった、はたけ）

峠（山＋上＋下＝山の上りと下りのさかいになる所、とうげ）

ほかには、次のような字がある。

畠（はた）・辻（つじ）・裃（かみしも）・込（こむ）・辷（すべる）・俤（おもかげ）・笹（ささ）・凪（なぎ）・俥（くるま）・籾（もみ）・凩（こがらし）・凧（たこ）・樫（かし）・躾（しつけ）・柾（まさ）・鰯（いわし）・鰹（かつお）・鴫（しぎ）・匁（もんめ）・枠（わく）・塀（へい）・榊（さかき）・杣（そま）・糀（こうじ）・糎（センチメートル）・粁（キロメートル）・瓩（キログラム）・粍（ミリメートル）・竓（ミリリットル）

国字は、もともと中国にはない字なので、音がないのが普通だが、中には音のあるものもあり、常用漢字では「働・搾・塀」などに音が認められている。なお、国字で常用漢字に入っているものは、「働、畑、峠、込、枠、塀、栃、匂、搾、腺」の一〇字である。

◆**形声**

形声とは、形（意味）を表す文字と声（発音）を示す文字とを組み合わせて、一つの新しい意味をもった文字を作ることで、このようにして作られた文字を形声文字という。

形声は、構成のうえからもいちばん作られやすく、その数は漢字の中では最も多く、漢字全体の八〇パーセント以上を占めるといわれている。

例えば、水や川の流れを意味する「氵（さんずい）」に音を表す漢字をそえて、水に関係するいろいろな漢字を作ることができる。「氵（さんずい）」に、音を表す「可（カ）」や「先（セン）」や「永（エイ）」などといった字を加えると、「河（かわ）」や「洗（あらう）」や「泳（およぐ）」といった水に関係する漢字となるのである。

一般に、意味を表す部分を意符（イフ）、発音を示す部分を音符（オンプ）というが、意符を中心に、「木（きへん）」や「糸（いとへん）」のつく字で、もう少し調べてみよう。

①**木（きへん）の字**

板（ハン＝木のいた）　柱（チュウ＝木のはしら）
枝（シ＝木のえだ）　柳（リュウ＝木の名、やなぎ）
材（ザイ＝ざいもく）　机（キ＝木製のつくえ）

②**糸（いとへん）の字**

紡（ボウ＝糸をつむぐ）　絶（ゼツ＝糸をたちきる）
細（サイ＝ほそい、糸）　網（モウ＝糸であんだ、あみ）
結（ケツ＝糸で、むすぶ）　編（ヘン＝糸で、とじる）

これらを見ると、「木（きへん）」の文字は、木材の意味に関連し、「糸（いとへん）」の文字は、糸や織物に関連した意味を表していることがわかる。

このように、初めて見る漢字でも、文字が形声文字の場合には、たとえその字が読めなくても、音を示す部分（音符）がわかれば、その字の読みを類推することができ、また逆に、意味を表す部分（意符）をさがしあてれば、その字がどんな意味に関連する漢字であるか、おおよその見当をつけることができる。

■**会意形声**

形声文字は、意味を表す部分と発音を示す部分の「意符」＋「音符」の組み合わせでできていると解説したが、なかには音符に相当する部分に、同時に意味をも併せ持っているものがある。次に、音符を中心として「圣（ケイ）」や「青（セイ）」のつく字で、調べてみよう。

①**圣（ケイ）のつく字**

茎（ケイ＝草のまっすぐな、くき）
径（ケイ＝まっすぐな、小道）
軽（ケイ＝まっすぐに進む、かるい車）
経（ケイ＝まっすぐな、機のたて糸）

②**青（セイ）のつく字**

清（セイ＝澄んだ水）
精（セイ＝透明にした、米）
晴（セイ＝澄んだ空の太陽）
靖（セイ＝しずかでやすらか）
静（セイ＝争いがやんでしずか）

ここでは、「圣」のつく字は、「圣」が「ケイ」という音符であると同時に「まっすぐ」という意味を、「青」のつく字は、「青」が「セイ」という音符であると同時に「清らかに澄みきって静かな」という意味を共通に持たせながら、それぞれの形声文字を作っている。

このように、会意文字と形声文字とはその構造に似通った点があるが、これらの字は形声でありながらも会意的であることから会意兼形声として分類されることがある。

■**形声文字の分類**

形声文字は、「意符」と「音符」の部分に分かれるが、この意符がその漢字の部首になることも多く、漢字の形のうえからその組み合わせ方によって、次のように分けることができる。

①**左に意符、右に音符があるもの**

◎鋼〔金＋岡（コウ）＝はがね〕の類

体（タイ）　姻（イン）　悟（ゴ）
福（フク）　砲（ホウ）　移（イ）
探（タン）　猿（エン）　枯（コ）
練（レン）　識（シキ）　飢（キ）

②**右に意符、左に音符があるもの**

◎敗〔攵＋貝（ハイ）＝やぶれる〕の類

制（セイ）　励（レイ）　戦（セン）
彩（サイ）　郡（グン）　新（シン）

③上に意符、下に音符があるもの
◎管〔竹+官（カン）=くだ〕の類
殿（デン）　雑（ザツ）　預（ヨ）
宴（エン）　崩（ホウ）　菌（キン）
発（ハツ）　突（トツ）　雰（フン）
④下に意符、上に音符があるもの
◎型〔土+刑（ケイ）=かた〕の類
想（ソウ）　烈（レツ）　盛（セイ）
貸（タイ）　背（ハイ）　響（キョウ）
⑤外に意符、内に音符があるもの
◎圏〔囗+巻（ケン）=限られた区域〕の類
街（ガイ）　衛（エイ）　固（コ）
匿（トク）　閣（カク）　閲（エツ）
⑥内に意符、外に音符があるもの
◎聞〔耳+門（モン）=きく〕の類
問（モン）　衡（コウ）　気（キ）
⑦右上に音符があるもの
◎趣〔走+取（シュ）=おもむき〕の類
近（キン）　延（エン）　魅（ミ）
⑧右下に音符があるもの
◎房〔戸+方（ボウ）=ふさ〕の類
厚（コウ）　庭（テイ）　座（ザ）
癖（ヘキ）　痘（トウ）　層（ソウ）

◆転注

転注とは、漢字の成り立ちとは関係なく、その文字の本来の意味を発展させて、他の意味に流用する（注ぐ）ことをいう。つまり、文字の意味が拡大されて別の新しい発展的な意味を表すような用字法のことである。

これにはいろいろな説があるが、一般には、音楽を意味する「楽（ガク）」の字が音楽をたのしむことから「たのしい」という意味に転用され、音も「楽（ラク）」として使われるようになった、という例などが挙げられる。転注の例には、次のような字がある。

悪（アク。わるい→にくむ。オ）
好（コウ。よい→このむ）
節（セツ。竹のふし→みさお）

◆仮借

仮借とは、漢字の本来の意味とは全く関係なく、ただ、その文字の音だけを借りて他の意味に用いることをいう。例えば、「西」は酒のかすをしぼるかごの象形文字だったのが後にこの文字の「セイ」の音を借りて方角を示す「にし」の意味に用いられたり、自分を意味する「われ」を表すのに、ぎざぎざの刃を持つ武器をかたどった「我」の字を借りたりしたような用法である。ほかに仮借の例としては、次のようなものがある。

東（トウ=棒を中心にして括ったつつみ→方角の「ひがし」）
豆（トウ=肉を盛る脚の高い器で祭礼に使った道具→まめ）
温（オン=川の固有名詞→あたたかい）
来（來。ライ=むぎの象形文字→くる）

そのほか、外国語を音訳して漢字で書くときも漢字の音だけを借りてくるので仮借の一種であり、古来から用いられた「万葉仮名」もこれにしたがった漢字の用法である。

印度（インド）　英吉利（イギリス）　亜米利加（アメリカ）
釈迦（シャカ）　南無阿弥陀仏（ナムアミダブツ）
由岐（ゆき／雪）　伊呂（いろ／色）　波奈（はな／花）
伊麻（いま／今）　必登（ひと／人）　佐加利（さかり／盛り）

付録

3 漢字の部首

◆中国の字書と漢字の分類

中国、後漢の時代に、許慎が『説文解字』という字書で九三〇〇余字の漢字をまとめたことは既に述べたが、この字書ではある基準により、いくつかのグループごとに漢字が配列されている。

たとえば、「証・詩・読・調・講」などの字は「言」という部分を共通にもっている。「言」に関係する字なので、これらを一つのグループにまとめ、そのはじめに「言」という漢字をもってきた。また、「盆・盛・監・盤」なども一つのグループにまとめ、そのはじめに「皿」の字をもってきたのである。この「言」や「皿」のように、共通して基本となる文字を「部首」と名づけた。

この「部首」を考え出すことによって、数多い漢字が合理的に調べられることになり、『説文解字』では、五四〇の部首に分けて漢字を配列し、字形・意義・音を解説してある。その後、南北朝時代の『玉篇（ギョクヘン）』、唐代の『五経文字』、明代の『字彙（ジイ）』『正字通（セイジツウ）』などと、時代に連れて改良・工夫を重ね、清の一七一六年には康熙帝の勅命により、四万七〇〇〇余字を集めた『康熙字典』がまとめられた。明代の『字彙』以後の字書からは部首が二一四となり、各部首内では画数順に配列するという方法がとられている。

◆日本の漢和辞典の部首

日本の漢和辞典もほとんどがこの『康熙字典』をもとにして作られているが、現在では二〇〇を少し超えるぐらいの部首にまとめられている。

部首は、漢字の成り立ちと関係があり、形声文字の意符となることが多いので、その漢字のおおよその意味を推しはかることができる。たとえば「ネ（しめすへん）」は「神」に関係のある漢字、「⻌」は「道」にかかわる漢字、「金」は「金属」に関係のある漢字というように、あるまとまった意味の漢字群が集められていることがわかる。

では次に「部首」にはどんなものがあるかを見てみよう。

①人間に関係するもの
人 口 女 子 心 手 毛 氏 父 目 耳 肉
自 舌 血 足 身 面 首 骨 歯 鼻

②動物・魚類に関係するもの
牛 犬 皮 羊 羽 虫 角 貝 革 馬 鬼 魚
鳥 鹿 亀 鼠

③植物に関係するもの
木 竹 米 豆 麦 麻

④道具・品物など
刀 工 弓 戸 斗 斤 玉 皿 矛 矢 糸 舟
衣 車 門 鼓

⑤自然・地理など
土 夕 山 川 日 月 水 火 田 石 穴 谷
里 金 雨 風

⑥動詞になるもの
入 干 支 止 比 生 用 示 立 老 至 行
見 言 走 飛 食

⑦形容詞になるもの
大 小 甘 辛 長 高

⑧色に関係するもの
白 色 赤 青 黄 黒

こうして見ると、象形文字が多くあることがわかるが、あらゆる分野にわたって基本となる漢字が選ばれていることがわかる。

◆部首の名称

漢字は大づかみにとらえると四角い形をしていて、□の中におさまっており、またその□の中では、左右に分けられる漢字、上下に分けられる漢字、内外に分けられる漢字など、二つの部分に分けられるものが多くあることがわかる。

この性質を利用して、その漢字の部首に当たる部分がどの位置にあるかによって、一般に、「へん（偏）・つくり（旁）・かんむり（冠）・あし（脚）・たれ（垂）・にょう（繞）・かまえ（構）」の七種類に大別している。

では次にそれぞれの形に分けて、部首とそれに属する漢字群を見ていこう。

① へん（偏）　左右に分けられる漢字の左側の部分

亻	にんべん	作体
冫	にすい	冷凍
口	くちへん	味吟
土	つちへん	坂場
女	おんなへん	姉妹
子	こへん	孫孤
山	やまへん	峰峡
工	たくみへん	巧
巾	はばへん	帳帆
弓	ゆみへん	引強
彳	ぎょうにんべん	後徒
忄	りっしんべん	快懐
扌	てへん	指持
氵	さんずい	池泳
犭	けものへん	独猿
阝	こざとへん	陸除
方	ほうへん	族旅
日	ひへん	時晴
月	つきへん	服朕
木	きへん	村様
歹	かばねへん	残殊
火	ひへん	焼燃
片	かたへん	版
牛	うしへん	物犠
王	おうへん	理現
礻	しめすへん	神福
月	にくづき	胸腹
田	たへん	略畔
目	めへん	瞬睡
矢	やへん	短矯
石	いしへん	破礎
禾	のぎへん	秋積
衤	ころもへん	補襟
米	こめへん	糖粋
糸	いとへん	紙緑
耒	すきへん	耕耗
耳	みみへん	職聴
舟	ふねへん	船航
虫	むしへん	蚊蛇
角	つのへん	解触
言	ごんべん	読話
貝	かいへん	貯贈
⻊	あしへん	距跳
車	くるまへん	軽輪
酉	とりへん	酵酢
釆	のごめへん	釈
里	さとへん	野
金	かねへん	銀鐘
食	しょくへん	飲飯
革	かわへん	靴
馬	うまへん	駅騒
骨	ほねへん	髄骸
魚	うおへん	鯨鮮

② つくり（旁）　左右に分けられる漢字の右側の部分

刂	りっとう	列別
力	ちから	助効
卩	わりふ	卸即
彡	さんづくり	影彫
阝	おおざと	郡郵
戈	ほこづくり	戦戯
攵	のぶん	数散
斗	とます	料斜
斤	おのづくり	新断
欠	あくび	歌歓
殳	るまた	段殿
隶	れいづくり	隷
隹	ふるとり	雑雄
頁	おおがい	額預

③ かんむり（冠）　上下に分けられる漢字の上側の部分

亠	なべぶた	京交
人	ひとやね	会余
冖	わかんむり	写冠
宀	うかんむり	寒定
⺍	つかんむり	巣営
艹	くさかんむり	花薬

爫	つめかんむり	爵	竹	たけかんむり	筆算
耂	おいかんむり	考者	虍	とらがしら	虚虜
癶	はつがしら	登発	雨	あめかんむり	雲電
穴	あなかんむり	究窓	髟	かみがしら	髪
罒	あみがしら	置罷			

④ **あし（脚）** 上下に分けられる漢字の下側の部分

儿	ひとあし	児党	灬	れんが	照然
八	は	具典	氺	したみず	泰
夊	ふゆがしら	夏変	皿	さら	盟監
廾	こまぬき	弁弊	舛	まいあし	舞
⺗	したごころ	恭慕			

⑤ **たれ（垂）** 漢字の上から左下へたれ下がる部分

厂	がんだれ	原厘	广	まだれ	座廊
尸	かばね	層展	疒	やまいだれ	痛疲

⑥ **にょう（繞）** 漢字の左から下をとりまく部分

廴	えんにょう	建延	走	そうにょう	趣越
⻌	しんにょう	遠通			

⑦ **かまえ（構）** 漢字のまわりを囲んでいる部分

冂	どうがまえ	円冊	弋	しきがまえ	式弐
勹	つつみがまえ	勾匂	气	きがまえ	気
匚	はこがまえ	匠	行	ぎょうがまえ	術街
匸	かくしがまえ	医匿	門	もんがまえ	閣閥
囗	くにがまえ	園圏			

■その他の部首

部首の呼び名は、漢字のどの部分に位置するかによって変わってくるものがある。同じ「口」の部首でも「味・呼・吹・喚」など左についているときは「くちへん」と呼び、偏でない「名・号・向・品」などの場合は、単に「くち」と呼んでいる。

また、同じ意味を表す部首でも、偏や旁や脚などになるとその形や呼び名も変わるものがある。たとえば、「以・俎」などの部首である「人（ひと）」の部には、「作・体」などの偏である「亻（にんべん）」や、「会・今・余」などの冠である「𠆢（ひとやね）」が含まれている。

このように、偏や旁や脚になって部首の形が変わるものには次のようなものがある。

心→忄（りっしんべん）・⺗（したごころ）
水→氵（さんずい）・氺（したみず）
刀→刂（りっとう）　手→扌（てへん）
犬→犭（けものへん）　玉→⺩（おうへん）
示→礻（しめすへん）　肉→⺼（にくづき）
衣→衤（ころもへん）

また、部首の呼び名は、ほとんどがその漢字の読み（訓読みが多い）をそのままつけているが、やや読みにくいと思われる名称の部首もあるので、次に示しておく。

亅	はねぼう	几	つくえ
士	さむらい	尢	だいのまげあし
幺	よう	曰	ひらび
皮	けがわ	旡	なし
聿	ふでづくり	豕	ぶた
辰	しんのたつ	酉	ひよみのとり

部首の呼び名には、同じ形の部首でも二つ以上の呼び名をするものもある。次に呼び名が二つ以上あるおもな部首を示しておく。

辶　しんにょう・しんにゅう　　卩　わりふ・ふしづくり
耒　すきへん・らいすき　　戈　ほこづくり・ほこがまえ
攵　のぶん・ぼくづくり　　殳　るまた・ほこづくり
儿　ひとあし・にんにょう　　灬　れんが・れっか
尸　かばね・しかばね　　行　ぎょうがまえ・ゆきがまえ

なお、形は同じように見える「阝」は、左にあるか右にあるかで異なる部首である。左にあるのが「こざとへん」で「阜（おか）」の字の省略形、「降・陸・隊」など、山や土地に関係する字をつくる。一方、右にあるのが「おおざと」で「邑（むら）」の字の省略形、「郊・郡・都」など、村や地名などに関係する字をつくる。

■新字体における部首の形

昭和二四年に「当用漢字字体表」が発表され、いくつかの字体はそれまでの字体を改め、新しい字体に変更された。このことによって、漢字の部首の上でも、いくつかの問題が起こった。

①「月（つき）」と「月（にくづき）」

空に出る「月（つき）」と、体を意味する「月（にくづき）」とは、字体の上ではまったく同じ形をしているが、これは「当用漢字表」の字体で区別がなくなったものであり、じつは本来、「月」には三つの形があった。

(ア)空に出る「月」の形を描いた象形文字
　→古くは「月」と書く（朗・期など）
(イ)「舟」の変形→古くは「月」と書く（服・朕など）
(ウ)「肉」の変形→「月」と書く（腕・胴など）

現在は、(ア)と(イ)の「月」をもつ漢字を「月（つき）」の部、(ウ)の「月」をもつ漢字を「肉（にく）」の部とすることが多い。本辞典では、(ウ)をもつ漢字のうち、その「月」が偏の場合は部首を「月（にくづき）」とし、偏以外の場合は部首を「肉（にく）」としている。

②新字体で部首が消えた漢字

旧字体から新しい字体に変わったことにより、その所属していた部首が形の上では消えてしまった漢字がある。

たとえば「声」という字などは、もと「聲」と書き「耳」が部首だったのだが、新字体ではその部分が消えてしまった。そこで、従来の部首から「士」の部首を当てはめ、新字体の「声」の字をそこの部首に所属させることにしたりしている。

これらの漢字を、どこの部首に所属させるかについては一様ではないが、次にそれらの漢字の、本辞典で所属させた部首を示す。上が新字体、下が旧字体、（　）内が所属する部首。なお、旧字体の部首は『康熙字典』による。

万（一）←萬（艹）
与（一）←與（臼）
両（一）←兩（入）
並（一）←竝（立）
予（亅）←豫（豕）
争（亅）←爭（爫）
会（人）←會（曰）
体（亻）←體（骨）
党（儿）←黨（黑）
円（冂）←圓（囗）
写（冖）←寫（宀）
処（几）←處（虍）
効（力）←效（攵）
勅（力）←敕（攵）

医（匸）←醫（酉）
収（又）←收（攵）
叙（又）←敍（支）
号（口）←號（虍）
台（口）←臺（至）
塩（土）←鹽（鹵）
声（士）←聲（耳）
売（士）←賣（貝）
変（夂）←變（言）
寿（寸）←壽（士）
当（⺌）←當（田）
尽（尸）←盡（皿）
帰（巾）←歸（止）
弐（弋）←貳（貝）

単（⺍）←單（口）
営（⺍）←營（火）
厳（⺍）←嚴（口）
巣（⺍）←巢（巛）
旧（日）←舊（臼）
冒（曰）←冐（冂）
来（木）←來（人）
為（灬）←爲（爫）
点（灬）←點（黑）
県（目）←縣（糸）
闘（門）←鬭（鬥）
頼（頁）←賴（貝）

4 漢字の読み方

◆音読みと訓読み

漢字には、ふつう、音読みと訓読みの二通りの読み方がある。例えば「祝」という字は、「祝日・祝言」と書けば「シュクジツ」「シュウゲン」と読むが、「祝い酒」と書けば「いわいざけ」と読む。この場合「シュク」や「シュウ」などは、音で読んだことになり、「いわい」は訓で読んだことになる。さらに、「祝詞」と書けば、この二字で「のりと」と読まれ、これは熟字訓で読んだということになる。

漢字が中国から日本に伝わってきた当時、日本人は中国人の漢字の発音を受け入れようとして、中国の発音に近い読み方で漢字を読みだした。これが漢字の「音読み」である。それに対して、日本古来のことばを同じ意味の漢字に当てはめて読む読み方も生まれた。つまり、漢字を日本語に翻訳した読み方であり、これが「訓読み」である。

漢字が伝来した当時の日本人は、おそらく漢字をすべて音読したものと思われるが、やがて意味の合致するものは訓読され、音読と合わせて行われるようになった。したがって現在でも漢字には音と訓の読み方がならび行われているのである。

例えば「琴」という字について見てみると、この字は、中国では古くには弦楽器を表す字として使い、「琴」の字の中の「今」の部分で「キン」と読んでいた。弦が五本から七本ぐらいの弦楽器を指していた字だが、それが日本に伝わってからは、日本にある十三弦の、雅楽などで使う「こと」にこの字を当てて使い、発音も中国の音にまねて「キン」と読んでいた。しかし、これでは何のことかわからないので「こと」という日本式の読みを当て、それを訓読みにしたのである。

このように、音読みは主に発音するための読み方なので、それだけでは意味がわかりにくい一方、訓読みはその読み方だけで日本語として意味がわかるという特徴がある。

音と訓のこの二通りの読み方は、熟語の場合には音で読み、一字で単語となっている場合には訓で読むというのがふつうだが、なかには「父母（フボ／ちちはは）」「牧場（ボクジョウ／まきば）」のように音でも訓でも読める熟語や、「重箱（ジュウばこ）」「湯桶（ゆトウ）」のように音と訓とを混ぜて読む熟語の形もある（→一六四六ページ「熟語の読み方」参照）。

■音読みだけの漢字

漢字には、中国から伝えられた当時、それに相当することばが日本にはなかったり、ことばがあって最初は訓読みを当てて読んでいたのが次第に使われなくなったりして、音読みだけが残ったという漢字がある。例えば、「課」などは「わりあてられた仕事」という意味の字だが、このような意味に相当する訓のことばはなく「課」の字の音「カ」でその意味を表すようになった。

同様に、「肉」「菊」「碁」などの字も、順に「ニク」「キク」「ゴ」などとすべて音で読むが、これらの字も訓がなく、中国の音がそのまま日本語として通用している漢字である。

■訓読みだけの漢字

漢字は中国でできたものなので、一般には音読みは必ずあるものだが、その音読みがあまり使われなくなったことにより「常用漢字表」では訓読みしか認められていない漢字がある。「扱う」「卸す」「蚊」などはその例であるが、もともと音がなく、訓だけの国字のほとんどはそのなかまということになる（日本で作られた漢字である国字は訓読みが原則だが、「働」の「ドウ」、「搾」の「サク」などの音は例外となる）。

◆漢字の音

漢字には必ず一つ以上の音があり、中には三つも四つも音を持つものもある。では、次の文を読んでみよう。

『行列を作って行進する、行脚の僧』

「行」という字が三回出てくるが、すべて違う読み方をする。「ギョウレツ…、コウシン…」、三つ目は「アンギャ」と読む。僧が修行のために、諸国を歩くことを「行脚（アンギャ）」というのだが、では、一つの漢字に、なぜこのように二つも三つもの音読みがあるのだろうか？

漢字は、中国のいろいろな地域から、長期間にわたって伝えられたものであるため、日本へ伝来した時の音にも違いが生じ、いわゆる呉音・漢音・唐音ができたのである。

①呉音

漢字は、まず四世紀後半から六世紀にかけて、中国南方の呉（長江下流）の地方の発音で伝わってきた。これを「呉音」という。当時の中国は南北朝時代で、仏教が盛んであり、日本も使節などを送って積極的にその文化を取り入れたことから、仏教に関する用語にその音が残っており、また、現在日常使っていることばの中にも用いられている。

〔仏教用語〕菩提（ボダイ）、衆生（シュジョウ）、冥加（ミョウガ）、法主（ホッス）、修行（シュギョウ）、読経（ドキョウ）、解脱（ゲダツ）、礼拝（ライハイ）、回向（エコウ）、還俗（ゲンゾク）、自業（ジゴウ）、建立（コンリュウ）

〔日常用語〕天然（テンネン）、人間（ニンゲン）、平等（ビョウドウ）、無言（ムゴン）、有無（ウム）、極楽（ゴクラク）、会釈（エシャク）、家来（ケライ）、黄金（オウゴン）、本名（ホンミョウ）、文句（モンク）、最期（サイゴ）

②漢音

七世紀から九世紀後半（中国では隋から唐代）にかけて、遣唐使や留学僧によって長安を中心とする北方の発音が伝えられた。これは中国の標準語の発音であったため、日本でも「漢音」と呼ばれ尊重された。漢音は儒教を中心とした語句から多く伝えられたが、現在われわれが使っている漢字では漢音によるものがもっとも多い。

〔例〕自然（シゼン）、人権（ジンケン）、格言（カクゲン）、献金（ケンキン）、有益（ユウエキ）、極地（キョクチ）、会社（カイシャ）、家庭（カテイ）、平穏（ヘイオン）、期間（キカン）、無礼（ブレイ）、文化（ブンカ）、初期（ショキ）

③唐音

十一世紀以後、日本の平安中期から江戸時代までに、禅僧や商人などが中国と往来して、宋・元・明・清などの漢字音を伝えた。中国では唐の時代を過ぎていたのだが、日本では中国をまだ「唐」と呼んでいたことから、この音を「唐音」（または宋音）という。この音の漢字はきわめて少なく、道具などの名に残る程度である。

〔例〕行灯（アンドン）、提灯（チョウチン）、炭団（タドン）、風鈴（フウリン）、花瓶（カビン）、杏子（アンズ）、普請（フシン）、看経（カンキン）、南京（ナンキン）、椅子（イス）、払子（ホッス）

日本の漢字音は、以上のように、呉音・漢音・唐音の三種であるが、漢音が圧倒的に多く、われわれの使っている漢字音の三分の二以上を占めていると思われる。中には、次のように一つの字が呉音・漢音・唐音の三種に読み分けられるものもある。

◎呉音…東京（キョウ）・読経（キョウ）・光明（ミョウ）・頭（ズ）痛・勧請（ジョウ）・外（ゲ）科・平和（ワ）

◎漢音…京（ケイ）師・経（ケイ）書・明（メイ）治・頭（トウ）髪・請（セイ）求・外（ガイ）国・和（カ）楽

◎唐音…南京（キン）・看経（キン）・明（ミン）朝・饅頭（ジュウ）・普請（シン）・外（ウイ）郎・和（オ）尚

付録

④慣用音

漢字の音にはこれら三つの音以外に、一般に広く世間で使い慣らされているうちにその発音が定着したものがあり、これを「慣用音」と呼ぶ。

慣用音のでき方には、漢字の多くが形声文字のために字音を類推して誤って読んでしまったもの（「耗」の「モウ」など）、漢音・呉音の混合（「女」の呉音「ニョ」を延ばした「ニョウ」、「立」の漢音・呉音「リュウ」のつまる音から生じた「リツ」）など、種々の場合がある。

「情緒」などは、本来「ジョウショ」と読むのが正しいが、「緒」の慣用音が「チョ」のため、世間では誤って「ジョウチョ」と読み慣らわされていたことから、今では「ジョウチョ」と読む読み方のほうが一般的となった。これなどは、慣用音の定着した典型的な例といえる。

次に、慣用音のおもなものを挙げておく。

〔例〕格子（コウシ）、暴露（バクロ）、信仰（シンコウ）、懸念（ケネン）、合戦（カッセン）、留守（ルス）、掃除（ソウジ）、仁王（ニオウ）、愛想（アイソ）、早速（サッソク）、弟子（デシ）、納得（ナットク）、法度（ハット）

◆特別な読み

漢字の読み方には、音読みや訓読み以外に、特別な読み方をする場合がある。例えば「土産」と書いて「みやげ」と読むが、「土」にも「産」にも「ミ」とか「ミヤ」、また「ゲ」などという読みはなく、音とか訓とかには当てはまらない。また、「大人」を「おとな」と読んだり、「時計」を「とけい」と読むなども同様である。

これらの語は、漢字の一字一字にはその音や訓は認められていないが、この二字の組み合わせになったとき、その全体に対して「みやげ」「おとな」「とけい」などという読みが認められるというもので、「熟字訓」や「当て字」などと呼ばれる。

「常用漢字表」では付表として示されており、全体で一一六語あるが、熟字訓と当て字では、次のような違いがある。

・「熟字訓」…漢字一字の意味に当たる日本語が漢字の「訓」であるように、二字以上でひとまとまりになっている漢字に日本語（訓）を当てはめたもの。

・「当て字」…漢字の持つ意味をはなれて、その漢字の音読みや訓読み、場合によってはその音訓の読みの一部を日本語に当てたもの。

上の例では、「土産（みやげ）」「大人（おとな）」がその二字の漢字に日本語を当てた熟字訓で、「時計（とけい）」は音を当てはめた当て字といえる。

次に、熟字訓と当て字には、それぞれどんなものがあるか、おもなものを挙げておく。

◎熟字訓の例

明日（あす）、小豆（あずき）、海女（あま）、硫黄（いおう）、田舎（いなか）、乳母（うば）、神楽（かぐら）、風邪（かぜ）、昨日（きのう）、今日（きょう）、果物（くだもの）、今朝（けさ）、今年（ことし）、五月雨（さみだれ）、時雨（しぐれ）、竹刀（しない）、相撲（すもう）、山車（だし）、七夕（たなばた）、梅雨（つゆ）、雪崩（なだれ）、祝詞（のりと）、日和（ひより）、吹雪（ふぶき）、下手（へた）、眼鏡（めがね）、紅葉（もみじ）、木綿（もめん）、大和（やまと）、浴衣（ゆかた）

◎当て字の例

心地（ここち）、三味線（しゃみせん）、砂利（じゃり）、師走（しわす）、数寄屋（すきや）、投網（とあみ）、名残（なごり）、野良（のら）、波止場（はとば）、部屋（へや）、寄席（よせ）

熟語の成り立ち

1 熟語の読み方

漢字はその一つ一つが音と意味を持つ表意文字である。そして、その漢字を二つ以上組み合わせて一定の意味を表すことばを「熟語」という。漢字の読み方には、音読みと訓読みがあり、音読みにはその漢字の伝来時期の違いによって、呉音・唐音・漢音と、さらに読みならわされて通用した慣用音の、四つの音があることは既に学習した。

ここでは、熟語の読みについて見ていこう。

熟語の読み方には、上の字を音読すれば下の字も音読し、上の字を訓読すれば下の字も訓読するという一定の法則がある。さらに、同じ音読でも、上の字を呉音で読めば下の字も呉音で、上の字を漢音で読めば下の字も漢音で読むのが読み方の原則といえる。しかし、実際には原則的なものばかりではなく、例外的なものもある。

◆**音読語**（上の字も下の字も音読するもの）

①上下とも呉音で読むもの

［例］金色（コンジキ）、人間（ニンゲン）、会釈（エシャク）、殺生（セッショウ）、無言（ムゴン）、回向（エコウ）

②上下とも漢音で読むもの

［例］特色（トクショク）、期間（キカン）、協会（キョウカイ）、殺人（サツジン）、金言（キンゲン）、回顧（カイコ）

③上下とも唐音で読むもの

［例］蒲団（フトン）、提灯（チョウチン）、杏子（アンズ）、払子（ホッス）、胡乱（ウロン）、行脚（アンギャ）

これらは原則的な読み方であるが、例外として次のような音読のしかたをする熟語もある。

④上を呉音、下を漢音で読むもの

［例］風情（フゼイ）、流布（ルフ）、塩梅（アンバイ）、無職（ムショク）、文句（モンク）、極意（ゴクイ）、自由（ジユウ）

⑤上を漢音、下を呉音で読むもの

［例］所望（ショモウ）、権限（ケンゲン）、勘定（カンジョウ）、罪業（ザイゴウ）、承認（ショウニン）、東西（トウザイ）

また、一つの熟語で漢音呉音二通りの読み方をするものもある。

［例］強力（ゴウリキは、上下とも呉音／キョウリョクは、漢音）、明星（ミョウジョウは、上下とも呉音／メイセイは、漢音）

◆**訓読語**（上の字も下の字も訓読するもの）

［例］黒潮（くろしお）、舌鼓（したつづみ）、浅瀬（あさせ）、傷痕（きずあと）、横綱（よこづな）、似顔（にがお）

また、例外として、一つの熟語で音読みと訓読みの二通りの読み方をするものもある。

［例］草原（ソウゲン／くさはら）、牧場（ボクジョウ／まきば）、宝物（ホウモツ／たからもの）

◆**重箱読み**（上の字を音読、下の字を訓読するもの）

［例］派手（ハで）、縁組（エンぐみ）、座敷（ザしき）、素顔（スがお）、幕内（マクうち）、納屋（ナや）、歩合（ブあい）

◆**湯桶読み**（上の字を訓読、下の字を音読するもの）

［例］酒代（さかダイ）、指図（さしズ）、結納（ゆいノウ）、端数（はスウ）、身分（みブン）、湯気（ゆゲ）、手本（てホン）

2 二字熟語の組み立て方

熟語を構成する二字の漢字の読み方には呉音・漢音など、種々の組み合わせがあることがわかったが、次にその構成する漢字の関係について考えてみよう。

熟語を構成する二字の漢字の関係は、互いに対等なもの、主語・述語の関係のもの、修飾・被修飾の関係のものとさまざまである。

例えば「日」という漢字が、他の漢字と組み合わされた熟語を例に考えてみよう。

「日没」日が没する／上の字が主語、下の字が述語
「日光」太陽のひかり／上の字が修飾語、下の字が被修飾語
「離日」日本を離れる／上の字が動詞、下の字がその目的語
「日時」日付と時刻／同じような意味の漢字を重ねたもの
「日夜」昼と夜／反対・対応の漢字を組み合わせたもの

このように、一つの漢字でも熟語として構成される場合、その組み立て方には、いろいろな形のあることがわかる。次にその分類の形を示す。

① **主語—述語の形**
上の字が主語で、下に動作・状態を表す字がついたもの。
◎地震（地が震える）、日照（日が照る）の形
　国立　国営　人造　腹痛　雷鳴　氷解　天賦
　年長　人工　日没　頭痛　鶏鳴　気鋭　幸甚

② **修飾語—被修飾語の形**
修飾する語と修飾される語の組み合わせで、上の漢字が下の漢字を修飾するもの。
(ア) 連用修飾の関係にあるもの
◎静観（静かに見守る）、最新（最も新しい）の形
　楽勝　早熟　予告　優遇　重視　漸進　永住
　急増　甚大　痛感　再開　激突　厳禁　互助
(イ) 連体修飾の関係にあるもの
◎血管（血を通す管）、甘言（甘いことば）の形
　国旗　会員　品質　洋画　歌詞　物価　麦芽
　重罪　美談　細心　短期　古書　暖流　珍事

③ **同じような意味の字を重ねた形**
(ア) 物のありさまや性質を表す漢字を重ねたもの
◎強硬（強くて硬い）、詳細（詳しく細かい）の形
　豊富　永久　貧乏　善良　軽薄　濃厚　新鮮
　清潔　粗悪　精密　悲哀　華麗　哀愁　寒冷
(イ) 動作を表す漢字を重ねたもの
◎分離（分かれて離れる）、消滅（消えて滅びる）の形
　言語　禁止　建設　尊敬　圧迫　依頼　勤務
　映写　過去　上昇　分割　選択　満足　繁栄
(ウ) 物の名を表す漢字を重ねたもの
◎岩石（岩と石）、海洋（海と大海）の形
　河川　樹木　森林　絵画　船舶　宮殿　身体
　皮膚　租税　道路　機器　霊魂　陰影　艦艇

④ **同じ漢字を重ねた形**
同じ漢字を重ねて、その動作や状態を表したり、はっきりさせたりするようなもの。「畳語」ともいい、二字目に「々（踊り字）」を用いることがある。
◎人人（多くの人）、堂堂（立派なようす）の形
　往往　個個　少少　転転　再再　刻刻　続続
　営営　淡淡　洋洋　朗朗　歴歴　内内　黙黙

付録

⑤反対または対応の意味を表す漢字を組み合わせた形
(ア)物のありさまや性質を表す漢字を組み合わせたもの
◎高低（高いと低い）、正誤（正しいと誤り）の形
善悪　苦楽　軽重　広狭　浅深　有無　細大
親疎　硬軟　濃淡　難易　美醜　正邪　寒暖
(イ)動作を表す漢字を組み合わせたもの
◎発着（出発と到着）、伸縮（伸び縮み）の形
昇降　取捨　集散　攻守　送迎　浮沈　断続
愛憎　去来　授受　贈答　貸借　往復　増減
(ウ)物の名を表す漢字を組み合わせたもの
◎表裏（おもてと裏）、師弟（師匠と弟子）の形
腹背　主従　天地　今昔　雌雄　縦横　賞罰
慶弔　経緯　陰陽　需給　本末　兄弟　晴雨

⑥述語―目的語、または述語―補語の形
(ア)上の漢字が動詞で、下の漢字がその目的語になっているもの
◎読書（書を読む）、握手（手を握る）の形
愛国　越年　開会　観劇　決議　始業　出題
育児　脱皮　加熱　決心　採光　失職　納税
(イ)上の漢字が動詞で、下の漢字がその補語になっているもの
◎入学（学校に入る）、登山（山に登る）の形
耐火　入門　殉職　座礁　処刑　遭難　耐震
着席　帰国　就職　赴任　昇天　寄港　遅刻

⑦ある漢字の上に特別な漢字がついた形
(ア)「不・無・未・非」などの漢字が上について、下の漢字の意味を打ち消しているもの
◎不備（備えていない）、無尽（尽きない）、未決（決まっていない）、非常（常ではない）の形
不覚　不遇　不屈　不服　不信　不滅　不慮
無数　無量　無為　無恥　無粋　無謀　無窮
未開　未明　未定　未踏　未完　未満　未納
非番　非凡　非才
(イ)「所・被」などの漢字が上について、下の漢字を受身の形の意味にし、体言化しているもの
◎所感（感じられること）、被虐（虐げられること）の形
所見　所有　所属　所在　所信　所用　所定
被告　被縛　被疑

⑧ある漢字の下に特別な漢字がついた形
(ア)「的・性・化・然」などの漢字が下についたもの
◎外的（修飾語をつくる）、弾性（性質を表す）、緑化（そのようになる）、断然（状態を形容する）など。
美的　病的　劇的　私的　静的　物的　詩的
酸性　特性　品性　理性　野性　陽性　慢性
液化　教化　消化　開化　感化　進化　退化
偶然　公然　突然　超然　整然　漠然　漫然
(イ)「殺・却・破・了」などの漢字が下についたもの
◎黙殺（意味を強調する）、困却（意味を強調する）、読破（意味を強調する）、終了（状態を示す）など。
笑殺　悩殺　忙殺　愁殺　焼却　忘却　没却
看破　走破　踏破　突破　満了　修了　魅了

⑨三字以上の熟語を略した形
入試（入学試験）　定休（定期休業）　学割（学生割引）
高校（高等学校）　原爆（原子爆弾）　国連（国際連合）
重文（重要文化財）　流感（流行性感冒）
国体（国民体育大会）　原発（原子力発電所）

付録

3 三字熟語

三字の熟語は、そのほとんどが二字の熟語の上か下かに漢字が一字ついてできているもので、原理的には二字熟語と同じ組み合わせである。

①一字の漢字＋二字の熟語の形
大自然　最高潮　小規模　高性能　好都合　定位置
夢心地　実社会　密貿易　微生物　初対面　急斜面
和菓子　低気圧　美意識　再確認　手荷物　核実験

②二字の熟語＋一字の漢字の形
人類愛　自尊心　専門家　安心感　最大限　強壮剤
埋蔵量　制空権　善後策　常習犯　走馬灯　必需品
性善説　調査官　審美眼　報道陣　致命傷　叙情詩

③「不・無・未・非」などの否定の意味を表す漢字が上について、下の熟語の意味を打ち消しているもの
不始末　不合理　不名誉　不見識　不作法　不本意
無意識　無感覚　無軌道　無慈悲　無神経　無計画
未解決　未開拓　未完成　未成年　未知数　未発表
非公式　非合法　非常識　非人情　非国民　非金属

④「的・性・化」などの漢字が下について、性質や状態を表しているもの
道徳的　効果的　本格的　印象的　合法的　感傷的
人間性　社交性　先天性　創造性　感受性　柔軟性
図案化　合理化　近代化　複雑化　長期化　機械化

⑤三字が対等に重ねられた形
天地人　知情意　松竹梅　衣食住　陸海空　和漢洋
雪月花　仏法僧　序破急　真善美　神儒仏　優良可

4 四字熟語

四字の熟語は、そのほとんどが二字の熟語を二つ重ねて作られたものである。

①上の二字と下の二字が、似た意味で一対になっているもの
自由自在　絶体絶命　空理空論　公明正大　平身低頭
無我夢中　電光石火　完全無欠　大言壮語　流言飛語

②同じ漢字を二字ずつ重ねたもの
虚虚実実　奇奇怪怪　是是非非　平平凡凡　唯唯諾諾
三三五五　空空漠漠　明明白白　悠悠閑閑　年年歳歳

③上の二字と下の二字が、反対の意味で一対になっているもの
半死半生　不即不離　針小棒大　弱肉強食　南船北馬
外柔内剛　大同小異　人面獣心　信賞必罰　温故知新

④上の二字も下の二字もそれぞれ反対語になっていて、しかも上と下が一対になっているもの
治乱興亡　栄枯盛衰　利害得失　離合集散　老若男女
理非曲直　生殺与奪　吉凶禍福　貧富貴賤　古今東西

⑤上の二字と下の二字が主語と述語の関係になっているもの
呉越同舟　用意周到　生者必滅　佳人薄命　主客転倒
機会均等　大器晩成　危機一髪　和洋折衷　首尾一貫

⑥上の二字と下の二字が修飾語・被修飾語の関係、または連続関係にあるもの
取捨選択　暗中模索　単刀直入　我田引水　馬耳東風
縦横無尽　前後不覚　隠忍自重　不言実行　以心伝心

⑦四字が対等に重ねられた形
花鳥風月　喜怒哀楽　春夏秋冬　起承転結　冠婚葬祭
甲乙丙丁　東西南北　士農工商　張王李趙　加減乗除

送り仮名の付け方

1 送り仮名

「送り仮名」は、漢字を表意的な用法によって訓読するときに、動詞・形容詞・形容動詞など用言の活用語尾や、用言の連用形などからできた名詞の語尾などを明示するために、漢字の補助として用いられる仮名のことである。例えば「あかるい」という語を「明」という字を使って表すとき「明かるい」・「明るい」・「明い」のどの表記によるかということがその問題となる。

送り仮名はもともとは漢文を訓読するときに、その読み方を示すために原文の漢字の上下や左右のスミに小さく書いていたもので、符号の一つとして用いられたものであったが、明治以後に国語の表記法として漢字と仮名を交ぜた「仮名まじり文」が採用されるようになってから統一の必要が生じ、何度かの試みののち、昭和四八年に「送り仮名の付け方」という形でまとめられたものが現在使われているものである（昭和五六年、平成二二年に一部改正）。

2 「送り仮名の付け方」の構成

この「送り仮名の付け方」は、まず「単独の語」で活用のある語と活用のない語とに分け、それぞれに対する法則を示し、次にそれらが複合してできた「複合の語」に対して法則を示す、という構成で、次のように構成されている。

- ・単独の語
  - 活用のある語
    - 通則1
    - 通則2
  - 活用のない語
    - 通則3
    - 通則4
    - 通則5
- ・複合の語
  - 通則6
  - 通則7
- ・付表の語

ここでいう「単独の語」とは、漢字の音または訓を単独に用いて漢字一字で書き表す語を、「複合の語」とは、漢字の訓と訓、音と訓などを合わせて漢字二字以上を用いて書き表す語のことをいう。また、「活用のある語」とは、動詞・形容詞・形容動詞を、「活用のない語」とは、名詞・副詞・連体詞・接続詞をさしている。

構成は、七つの基本的な法則の「通則」に分けられ、それぞれに「本則」のほか、必要に応じて「例外」と「許容」が示されている。

その「例外」とは、先に示した本則に合わない送り仮名の付け方が、慣用として一定しているもの、また、読み間違いを避けるために本則に合わない送り仮名の付け方で慣用として認められているものをさし、「許容」とは、本則による形とともに、慣用として行われていると認められるものであって、本則以外にこれによってよいものをいう。

なお、この「送り仮名の付け方」によって、動詞・形容詞・形容動詞・名詞・副詞・連体詞・接続詞の送り仮名の付け方のすべてがわかるのであるが、その中でも特に「動詞」については、活用語尾について知っておく必要がある。

3 動詞の活用語尾の見つけ方

「送り仮名の付け方」の基本的な約束として定めているのが、〔通則1〕の「本則」である。これは、動詞・形容詞・形容動詞など、活用のある語に対して決められたもので、「活用のある語は、活用語尾を送る」という、送り仮名の大原則を示しているものであるが、動詞・形容詞などの活用のある語は、どこまでが語幹で、どこからが活用語尾であるかを知っておかなければならない。

動詞には、五段活用・上一段活用・下一段活用とカ行変格活用（カ変）・サ行変格活用（サ変）の五種類の活用があるが、カ変とサ変を除いた三つの活用の違いがわかれば語幹が判別できる。これには打ち消しの助動詞「ない」の語をつけて、未然形の形を比べてみることでその違いがわかる。

①**五段活用**＝書かない（「か」が活用語尾となり、これはア段の音である）→ア段の音から「ない」に続く動詞は五段活用で、終止形は「書く」となる。

②**上一段活用**＝起きない（「き」が活用語尾となり、これはイ段の音である）→イ段の音から「ない」に続く動詞は上一段活用で、終止形は「起きる」となる。

③**下一段活用**＝答えない（「え」が活用語尾となり、これはエ段の音である）→エ段の音から「ない」に続く動詞は下一段活用で、終止形は「答える」となる。

④**カ行変格活用**（カ変）の動詞は「来る」の一語だけである。

⑤**サ行変格活用**（サ変）の動詞は「する」の一語だけだが、漢語の名詞や一字の漢語と複合した「〜する」の形のものも含む。

〔例〕研究する、発展する、承知する、感動する、
愛する、略する、解する、害する、………など

■語幹の音節数の多いもの

活用のあるもののうち「着る・寝る・来る」などのように語幹と語尾の区別がつかないものもあるが、逆に語幹が多くの音節を受け持っているものもある。

次のものは、四音節以上のものなので、注意しておこう。

志（こころざ）す　覆（くつがえ）す
唆（そそのか）す　翻（ひるがえ）す
憤（いきどお）る　奉（たてまつ）る
滞（とどこお）る　辱（はずかし）める
陥（おとしい）れる　承（うけたまわ）る

4「送り仮名の付け方」

◆単独の語―活用のある語

■通則1

本則＝活用のある語（通則2を適用する語を除く）は、活用語尾を送る。

〔例〕憤る、承る、書く、実る、催す
生きる、陥れる、考える、助ける
荒い、潔い、賢い、濃い
主だ

例外1　語幹が「し」で終わる形容詞は、「し」から送る。

〔例〕著しい、惜しい、悔しい、恋しい、珍しい

例外2　活用語尾の前に「か」「やか」「らか」を含む形容動詞は、その音節から送る。

〔例〕暖かだ、細かだ、静かだ
穏やかだ、健やかだ、和やかだ
明らかだ、平らかだ、滑らかだ、柔らかだ

例外3　次の語は、次に示すように送る。

明らむ、味わう、哀れむ、慈しむ、教わる、脅（おど）かす
脅（おびや）かす、関わる、食らう、異なる、逆らう、
捕まる、群がる、和らぐ、揺する
明るい、危ない、危うい、大きい、少ない、小さい、
冷たい、平たい
新ただ、同じだ、盛んだ、平らだ、懇ろだ、惨めだ
哀れだ、幸いだ、幸せだ、巧みだ

許容＝次の語は、（　）の中に示すように、活用語尾の前の音節から送ることができる。

表す（表わす）、著す（著わす）、現れる（現われる）、
行う（行なう）、断る（断わる）、賜る（賜わる）

（注意）語幹と活用語尾との区別がつかない動詞は、例えば「着る」「寝る」「来る」などのように送る。

■**通則2**

本則＝活用語尾以外の部分に他の語を含む語は、含まれている語の送り仮名の付け方によって送る。（含まれている語を〔　〕の中に示す）

（例1）動詞の活用形又はそれに準ずるものを含むもの。

動かす〔動く〕、照らす〔照る〕
語らう〔語る〕、計らう〔計る〕、向かう〔向く〕
浮かぶ〔浮く〕
生まれる〔生む〕、押さえる〔押す〕、捕らえる〔捕る〕
勇ましい〔勇む〕、輝かしい〔輝く〕、喜ばしい〔喜ぶ〕
晴れやかだ〔晴れる〕
及ぼす〔及ぶ〕、積もる〔積む〕、聞こえる〔聞く〕
頼もしい〔頼む〕
起こる〔起きる〕、落とす〔落ちる〕
暮らす〔暮れる〕、冷やす〔冷える〕
当たる〔当てる〕、終わる〔終える〕、変わる〔変える〕、
集まる〔集める〕、定まる〔定める〕、連なる〔連ねる〕、
交わる〔交える〕
混ざる・混じる〔混ぜる〕
恐ろしい〔恐れる〕

（例2）形容詞・形容動詞の語幹を含むもの。

重んずる〔重い〕、若やぐ〔若い〕
怪しむ〔怪しい〕、悲しむ〔悲しい〕、苦しがる〔苦しい〕
確かめる〔確かだ〕
重たい〔重い〕、憎らしい〔憎い〕、古めかしい〔古い〕
細かい〔細かだ〕、柔らかい〔柔らかだ〕
清らかだ〔清い〕、高らかだ〔高い〕、寂しげだ〔寂しい〕

（例3）名詞を含むもの。

汗ばむ〔汗〕、先んずる〔先〕、春めく〔春〕
男らしい〔男〕、後ろめたい〔後ろ〕

許容＝読み間違えるおそれのない場合は、活用語尾以外の部分について、次の（　）の中に示すように、送り仮名を省くことができる。

（例）浮かぶ（浮ぶ）、生まれる（生れる）、押さえる（押える）、
捕らえる（捕える）
晴れやかだ（晴やかだ）
積もる（積る）、聞こえる（聞える）
起こる（起る）、落とす（落す）、暮らす（暮す）、
当たる（当る）、終わる（終る）、変わる（変る）

(注意)次の語は、それぞれ〔　〕の中に示す語を含むものとは考えず、通則1によるものとする。

明るい〔明ける〕、荒い〔荒れる〕、悔しい〔悔いる〕、
恋しい〔恋う〕

◆単独の語―活用のない語

■通則3

本則＝名詞（通則4を適用する語は除く）は、送り仮名を付けない。

（例）月、鳥、花、山
男、女
彼、何

例外1　次の語は、最後の音節を送る。
辺り、哀れ、勢い、幾ら、後ろ、傍ら、幸（さいわ）い、幸（しあわ）せ、互い、便り、半ば、情け、斜め、
独り、誉れ、自ら、災い

例外2　数をかぞえる「つ」を含む名詞は、その「つ」を送る。

（例）一つ、二つ、三つ、幾つ

■通則4

本則＝活用のある語から転じた名詞及び活用のある語に「さ」「み」「げ」などの接尾語が付いて名詞になったものは、もとの語の送り仮名の付け方によって送る。

（例1）活用のある語から転じたもの。
動き、仰せ、恐れ、薫り、曇り、調べ、届け、願い、晴れ
当たり、代わり、向かい
狩り、答え、問い、祭り、群れ
憩い、愁い、憂い、香り、極み、初め
近く、遠く

（例2）「さ」「み」「げ」などの接尾語が付いたもの。
暑さ、大きさ、正しさ、確かさ
明るみ、重み、憎しみ
惜しげ

例外　次の語は、送り仮名を付けない。
謡、虞、趣、氷、印、頂、帯、畳
卸、煙、恋、志、次、隣、富、恥、話、光、舞
折、係、掛、組、肥、並、巻、割

(注意)ここに掲げた「組」は、「花の組」「赤の組」などのように使った場合の「くみ」であり、例えば、「活字の組みがゆるむ」などとして使う場合の「くみ」を意味するものではない。「光」「折」「係」なども、同様に動詞の意識が残っているような使い方の場合は、この例外に該当しない。したがって、本則を適用して送り仮名を付ける。

許容＝読み間違えるおそれのない場合は、次の（　）の中に示すように、送り仮名を省くことができる。

（例）曇り（曇）、届け（届）、願い（願）、晴れ（晴）
当たり（当り）、代わり（代り）、向かい（向い）
狩り（狩）、答え（答）、問い（問）、祭り（祭）、群れ（群）
憩い（憩）

■通則5

本則＝副詞・連体詞・接続詞は、最後の音節を送る。

（例）必ず、更に、少し、既に、再び、全く、最も
来（きた）る、去る
及び、且つ、但し

例外1　次の語は、次に示すように送る。
明くる、大いに、直ちに、並びに、若しくは
例外2　次の語は、送り仮名を付けない。
又
例外3　次のように、他の語を含む語は、含まれている語の送り仮名の付け方によって送る。(含まれている語を〔　〕の中に示す)
(例)　併せて〔併せる〕、至って〔至る〕、恐らく〔恐れる〕、従って〔従う〕、絶えず〔絶える〕、例えば〔例える〕、努めて〔努める〕
辛うじて〔辛い〕、少なくとも〔少ない〕
互いに〔互い〕
必ずしも〔必ず〕

◆複合の語

■通則6

本則＝複合の語(通則7を適用する語を除く)の送り仮名は、その複合の語を書き表す漢字の、それぞれの音訓を用いた単独の語の送り仮名の付け方による。

(例1)　活用のある語
書き抜く、流れ込む、申し込む、打ち合わせる、向かい合わせる、長引く、若返る、裏切る、旅立つ
聞き苦しい、薄暗い、草深い、心細い、待ち遠しい、軽々しい、若々しい、女々しい
気軽だ、望み薄だ

(例2)　活用のない語
石橋、竹馬、山津波、後ろ姿、斜め左、花便り、独り言、卸商、水煙、目印
田植え、封切り、物知り、落書き、雨上がり、墓参り、日当たり、夜明かし、先駆け、巣立ち、手渡し
入り江、飛び火、教え子、合わせ鏡、生き物、落ち葉、預かり金
寒空、深情け
愚か者
行き帰り、伸び縮み、乗り降り、抜け駆け、作り笑い、暮らし向き、売り上げ、取り扱い、乗り換え、引き換え、歩み寄り、申し込み、移り変わり
長生き、早起き、苦し紛れ、大写し
粘り強さ、有り難み、待ち遠しさ
乳飲み子、無理強い、立ち居振る舞い、呼び出し電話
次々、常々
近々、深々
休み休み、行く行く

許容＝読み間違えるおそれのない場合は、次の(　)の中に示すように、送り仮名を省くことができる。
(例)　書き抜く(書抜く)、申し込む(申込む)、打ち合わせる(打ち合せる・打合せる)、向かい合わせる(向い合せる)、聞き苦しい(聞苦しい)、待ち遠しい(待遠しい)
田植え(田植)、封切り(封切)、落書き(落書)、雨上がり(雨上り)、日当たり(日当り)、夜明かし(夜明し)
入り江(入江)、飛び火(飛火)、合わせ鏡(合せ鏡)、預かり金(預り金)
抜け駆け(抜駆け)、暮らし向き(暮し向き)、

付録

売り上げ（売上げ・売上）、取り扱い（取扱い・取扱）、
乗り換え（乗換え・乗換）、引き換え（引換え・引換）、
申し込み（申込み・申込）、移り変わり（移り変り）
有り難み（有難み）、待ち遠しさ（待遠しさ）
立ち居振る舞い（立ち居振舞い・立ち居振舞・立居振舞）、
呼び出し電話（呼出し電話・呼出電話）

（注意）「こけら落とし（こけら落し）」「さび止め」「洗いざらし」「打ちひも」のように、前又は後ろの部分を仮名で書く場合は、他の部分については、単独の語の送り仮名の付け方による。

■通則7

複合の語のうち、次のような名詞は、慣用に従って、送り仮名を付けない。

（例1）特定の領域の語で、慣用が固定していると認められるもの。

（ア）地位・身分・役職等の名
関取、頭取、取締役、事務取扱

（イ）工芸品の名に用いられた「織」「染」「塗」等
《博多》織、《型絵》染、《春慶》塗、《鎌倉》彫、《備前》焼

（ウ）その他
書留、気付、切手、消印、小包、振替、切符、踏切
請負、売値、買値、仲買、歩合、両替、割引、組合、手当
倉敷料、作付面積
売上《高》、貸付《金》、借入《金》、繰越《金》、小売《商》、積立《金》、取扱《所》、取扱《注意》、取次《店》、取引《所》、乗換《駅》、乗組《員》、引受《人》、引受《時刻》、引換《券》、《代金》引換、振出《人》、待合《室》、見積《書》、申込《書》

（例2）一般に、慣用が固定していると認められるもの。
奥書、木立、子守、献立、座敷、試合、字引、場合、羽織、葉巻、番組、番付、日付、水引、物置、物語、役割、屋敷、夕立、割合
合図、合間、植木、置物、織物、貸家、敷石、敷地、敷物、立場、建物、並木、巻紙
受付、受取
浮世絵、絵巻物、仕立屋

（注意1）「《博多》織」「売上《高》」などのようにして掲げたものは、《　》の中を他の漢字で置き換えた場合にも、この通則を適用する。

（注意2）通則7を適用する語は、例として挙げたものだけで尽くしてはいない。したがって、慣用が固定していると認められる限り、類推して同類の語にも及ぼすものである。通則7を適用してよいかどうか判断しがたい場合には、通則6を適用する。

◆付表の語

「常用漢字表」の「付表」に掲げてある語のうち、送り仮名の付け方が問題となる次の語は、次のようにする。

①次の語は、次に示すように送る。
浮つく、お巡りさん、差し支える、立ち退く、手伝う、最寄り
なお、次の語は、（　）の中に示すように、送り仮名を省くことができる。
差し支える（差支える）、立ち退く（立退く）

②次の語は、送り仮名を付けない。
息吹、桟敷、時雨、築山、名残、雪崩、吹雪、迷子、行方

筆順と画数

1 漢字の筆順

筆順とは、漢字の一点一画が次々に書かれていって、一つの文字が書き上げられるまでの順序（書き順）のことである。筆順は、全体の字画が正しく、しかもよく整った形に無理なく書くことができるようにと、長い間にわたって考えられ、伝えられてきたものであるので、その方法にそえば、もっとも能率的で効果的であるといえる。すなわち、もっとも形の整った美しい字を書くことができるいちばん良い方法なのである。

筆順は、原則としてそれぞれの文字について一定しているが、なかには例外的なものも認められていて、同じ文字について二通り、あるいは三通りの筆順が行われているものもある。

現在学校で習う漢字の筆順は、文部省（現文部科学省）から昭和三三年に出された「筆順指導の手びき」に基づいて指導されている。しかし、この「筆順指導の手びき」には従来の教育漢字（八八一字）の筆順は示されているがその他の常用漢字の筆順は示されていないので、他の漢字についてはこの「筆順指導の手びき」の原則にしたがい、ここに示された筆順に準拠することになっている。本辞典に掲載した筆順も、同じく「筆順指導の手びき」によった。

次に、漢字の筆順の一般的な原則を中心にして、そのおおよそを解説する。筆順の学習に活用されたい。

2 筆順の原則

①筆順の大原則

(ア)上から下へ書いていく。

三　一 二 三　　喜　一 十 士 士 吉 吉 吉 壴 喜 喜

(イ)左から右へ書いていく。

川　丿 川 川　　脈　丨 刀 月 月 月 肜 肜 脈 脈 脈

②横画と縦画が交差するときは、横画を先に書く。

(ア)横画・縦画の順になるもの

十　一 十　　木　一 十 オ 木

(イ)横画・縦画・縦画の順になるもの

共　一 十 卄 廾 共 共　　倫　丿 亻 亻 仒 仒 伶 倫 倫 倫 倫

(ウ)縦画が三つ、四つの場合

帯　一 十 卄 卅 卌 卌 卌 带 帯 帯　　無　丿 ㇉ 二 午 午 無 無 無 無 無 無 無

(エ)横画・横画・縦画の順になるもの

用　丿 冂 月 月 用　　末　一 二 キ オ 末

(オ)横画が三つの場合

耕　一 二 三 丰 耒 耒 耒 耒 耕 耕　　峰　丨 山 山 山 屵 峉 峰 峰 峰 峰

③横画と縦画が交差しても、次の場合にかぎり縦画を先に書く。

(ア)田の場合

田　丨 冂 日 田 田

(イ)田の発展したもの

由　丨 冂 巾 由 由　　曲　丨 冂 巾 曲 曲 曲

角　丿 ク 户 角 角 角 角　　再　一 厂 冂 币 再 再

(ウ)王の場合　　王 一 丅 干 王

(エ)王の発展したもの

進 ノ イ 亻 仁 什 隹 隹 准 進 進　　馬 一 厂 厂 戸 馬 馬 馬 馬 馬

生 ノ 𠂉 牛 牛 生　　責 一 十 キ 圭 圭 青 青 青 責

寒 ` ` 宀 宀 宀 宙 宙 宝 実 寒　　構 木 木 柑 柑 柑 柑 構 構 構 構

④中と左右があって、左右が一・二画のときは、中を先に書く。

(ア)小 亅 小 小　　水 亅 才 水 水

(イ)業 ` ` ` 业 业 业 业 丵 業 業　　赤 一 十 土 ナ 赤 赤 赤

(ウ)楽 ′ 白 白 泊 泊 泊 泊 泊 楽 楽　　承 フ 了 子 手 手 手 承 承

ただし、「忄・火」は、例外的に左右を先に書く。

快 ` ` 忄 忄 忄 快 快　　火 ` ソ 少 火

⑤囲む形のものは、外側の囲みを先に書く。

(ア)国 丨 冂 冂 冂 国 国 国 国　　同 丨 冂 冂 同 同 同

(イ)日 丨 冂 日 日　　月 ノ 刀 月 月

(ウ)間 丨 ｢ ｢ 門 門 門 門 門 間 間 間 間　　聞 丨 ｢ ｢ 門 門 門 門 門 門 聞 聞 聞 聞

ただし、「区」の「L」は最後に書く。

区 一 フ ヌ 区　　匹 一 丆 兀 匹

⑥左払いと右払いが交差するときは、左払いを先に書く。

(ア)文 ` 亠 ナ 文　　父 ノ ハ グ 父

(イ)人 ノ 人　　会 ノ 人 𠆢 今 会 会

⑦字形全体をつらぬく縦画は、最後に書く。

(ア)中 丨 冂 口 中　　車 一 厂 亓 戸 百 亘 車

(イ)書 フ コ ヨ ヨ 聿 聿 聿 書 書 書　　恵 一 厂 亓 戸 百 申 由 恵 恵 恵

(ウ)平 一 𠃍 工 立 平　　手 一 二 三 手

ただし、上下いずれにもつきぬけない縦画は、上・縦・下の順に書く。

里 丨 冂 日 日 甲 甲 里　　重 一 二 千 亓 百 旨 亩 重 重

謹 言 言 計 計 計 詳 詳 譁 謹 謹　　勤 一 艹 廿 芇 革 革 堇 堇 勤 勤

「莫」は「堇」と形が似ているが、下につきぬけている。筆順の違いに注意。

漢 ` ` 氵 氵 汁 浐 浐 渶 漢 漢 漢　　難 艹 苎 苎 莫 莫 鄞 鄞 斳 斳 難

⑧字形全体をつらぬく横画は、最後に書く。

(ア)女 く 女 女　　子 フ 了 子

(イ)与 一 与 与　　冊 丨 冂 冂 冊 冊

(ウ)舟 ′ 丿 介 介 角 舟　　母 乚 口 口 母 母

ただし、「世」の字は例外。　世 一 十 廾 廿 世

⑨横画と左払いが交差する場合

(ア)横画が長く、左払いが短い字は、左払いを先に書く。

右 ノ ナ ナ 右 右　　有 ノ ナ ナ 有 有 有

布 ノ ナ 十 右 布　　希 ノ メ 乂 彡 产 希 希

(イ)横画が短く、左払いが長い字は、横画を先に書く。

左 一 ナ 左 左 左　　友 一 ナ 方 友

存 一 ナ ナ 左 存 存　　在 一 ナ ナ 左 在 在

⑩右肩の「、」は、最後に書く。

犬 一 ナ 大 犬　　戦 ` ` 丷 ⺍ 当 当 単 単 単 戦 戦 戦

付録

3 特に注意すべき筆順

次に、「筆順指導の手びき」の中で「特に注意すべき筆順」として挙げられているものを示しておく。

◆広く用いられる筆順が二つ以上あるもの

①「ト」の筆順

(ア)「止・正・足・走・武」はもともと(a)の筆順のみ。

（｜ト）…(a)

(イ)「上・点・店」は(a)も(b)も行われるが、ここでは(ア)にあわせて(a)をとる。

（｜ト）…(a)

（⼀ト）…(b)

②「耳」の筆順

(ア)「耳」という字は(a)の筆順が普通である。

（耳耳）…(a)

(イ)「取・最・職・厳」などの「耳」の部分は(a)も(b)も行われるが、ここでは(ア)にあわせて(a)をとる。

（耳耳）…(a)

（耳耳）…(b)

③「必」の筆順

「必」はいろいろな筆順が行われるが、(c)は熟しておらず、(b)よりも(a)が形をとりやすいので、ここでは(a)をとる。

（丶ソ义必必）…(a)

（ノ乂义必必）…(b)

（心必）…(c)

その他

④「癶」の筆順

「発・登」などの「癶」の部分はいろいろな筆順が行われるが、ここでは左半と対称的で、かつ最も自然な(a)をとる。

（癶癶癶）…(a)

（癶癶癶）…(b)

（癶癶癶）…(c)

⑤「感」の筆順

「感」の筆順には(a)と(b)があるが、ここでは常用漢字表の字体と一致し、大原則（上から下へ書いていく）にそう(a)をとる。

（后咸感）…(a)

（后感感）…(b)

「盛」も同じ。

盛　ノ厂万成成成成盛盛盛

⑥「馬」の筆順

「馬」の筆順には(a)や(b)などがあるが、ここでは大原則（上から下へ書いていく）にそう(a)をとる。

（匡馬馬）…(a)

（匡馬馬）…(b)

⑦「無」の筆順

「無」の筆順には(a)や(b)などがあるが、ここでは大原則（上から下へ書いていく）にそう(a)をとる。

（𠂉 𠂉 𠂉 𠂉 無 無）…(a)

（𠂉 𠂉 𠂉 無）…(b)

⑧「興」の筆順

「興」の筆順としては(a)と(b)が考えられるが、ここでは大原則（左から右へ書いていく）にそう(a)をとる。

（𦥑 𦥑 𦥑）…(a)

（𦥑 𦥑 𦥑）…(b)

◆**原則では説明できないもの**

①先に書く「にょう」と、あとに書く「にょう」。

(ア)「走・是・夂」などは、先に書く。

起　一 十 土 キ 丰 未 走 起 起 起　　越　土 キ 丰 未 走 走 赴 越 越 越

題　口 旦 早 早 是 是 題 題 題　　処　ノ ク 夂 夂 処

(イ)「辶・廴・乚」などは、あとに書く。

近　ノ 厂 斤 斤 沂 近　　建　フ ヨ ヨ 聿 聿 聿 建 建

置　丶 冂 罒 罒 罒 罟 罟 置 置

②**先に書く左払いと、あとに書く左払い。**

(ア)先に書く左払い

九　丿 九　　及　丿 乃 及

(イ)あとに書く左払い

力　フ 力　　方　丶 亠 亍 方

4 漢字の画数

◆**画数の数え方**

漢字は線と点でできており、この線や点を漢字の「画」といい、一つの漢字を組み立てている画の数を「画数」という。したがって、漢字を書くときに、どこまでをつなげて書くのか、また、どこではなすのか、というのが画数の問題となる。

漢字の画数は、漢字を組み立てている線や点をすべて一画と数えるが、ここで注意する必要があるのは、「ひとつづきに書く線」はすべて一画として数えるということである。

例えば「弓」という字を書くときに「㇕」を書いて鉛筆を紙からはなし、「一」を書いてはなし、最後に「㇉」をひと筆で書く。鉛筆を紙から三回はなすので、この漢字は三画であることがわかる。

たとえ曲がっていても、ひとつづきに書く線を一画として数えるので、例えば「丨・㇕・𠃊・㇀・フ・レ・く・乙・㇉・㇋」などは、すべて一画となるのである。

ちなみに「凸」と「凹」の字は、次のような筆順で書くが、共に「㇉」の部分を一画で書くので、画数は共に五画となる。

凸　丨 丨 凸 凸 凸

凹　㇗ 𠃊 凹 凹 凹

常用漢字でもっとも画数の多い漢字は二十九画の「鬱」で、次が二十三画の「鑑」である。二十画以上の漢字は二十二字ほどあるが、画数の多い漢字はいくつかの画数の少ない漢字の組み合わせでできているので、そのうちの特にまちがえやすい部分に注意して画数を数えると、画数の多くなった漢字でも正しい画数を数えることができる。

時刻・方位表

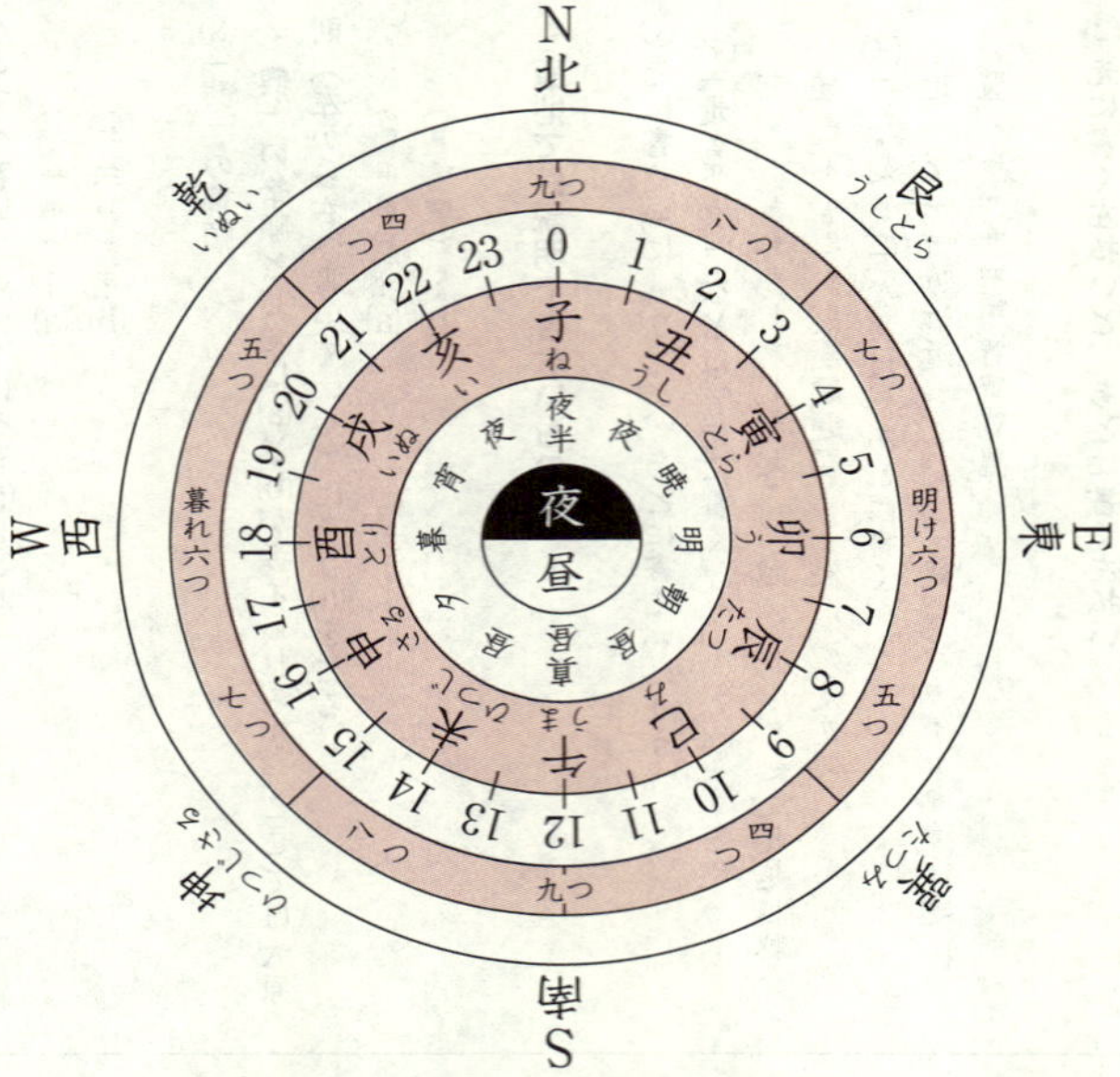

干支順位表

甲子 きのえね	乙丑 きのとうし	丙寅 ひのえとら	丁卯 ひのとう	戊辰 つちのえたつ	己巳 つちのとみ	庚午 かのえうま	辛未 かのとひつじ	壬申 みずのえさる	癸酉 みずのととり
甲戌 きのえいぬ	乙亥 きのとい	丙子 ひのえね	丁丑 ひのとうし	戊寅 つちのえとら	己卯 つちのとう	庚辰 かのえたつ	辛巳 かのとみ	壬午 みずのえうま	癸未 みずのとひつじ
甲申 きのえさる	乙酉 きのととり	丙戌 ひのえいぬ	丁亥 ひのとい	戊子 つちのえね	己丑 つちのとうし	庚寅 かのえとら	辛卯 かのとう	壬辰 みずのえたつ	癸巳 みずのとみ
甲午 きのえうま	乙未 きのとひつじ	丙申 ひのえさる	丁酉 ひのととり	戊戌 つちのえいぬ	己亥 つちのとい	庚子 かのえね	辛丑 かのとうし	壬寅 みずのえとら	癸卯 みずのとう
甲辰 きのえたつ	乙巳 きのとみ	丙午 ひのえうま	丁未 ひのとひつじ	戊申 つちのえさる	己酉 つちのととり	庚戌 かのえいぬ	辛亥 かのとい	壬子 みずのえね	癸丑 みずのとうし
甲寅 きのえとら	乙卯 きのとう	丙辰 ひのえたつ	丁巳 ひのとみ	戊午 つちのえうま	己未 つちのとひつじ	庚申 かのえさる	辛酉 かのととり	壬戌 みずのえいぬ	癸亥 みずのとい

同音異義語の使い分け

①音読みが同じで意味の異なる熟語を集め、意味と使い分けを示した。
②見出しは、五十音順に配列した。

◆あ行

あいかん
【哀感】もの悲しい感じ。「哀感が漂う」
【哀歓】悲しみと喜び。「哀歓を共にする」

あいせき
【哀惜】人の死を悲しみ惜しむこと。「哀惜の思いにかられる」
【愛惜】大切にし、手放すことを惜しむこと。「故人の愛惜の本」

あんごう
【暗号】当事者間だけにわかる秘密の伝達符号。「暗号を解読する」
【暗合】偶然に一致すること。「話が暗合する」

いぎ
【異議】ちがった意見。「異議の申し立て」
【異義】ちがった意味。「同音異義語」
【意義】意味。内容。事がらなどの価値。「仕事の意義を見いだす」

いきょう
【異境】故郷でない地。他国。「異境を旅する」
【異郷】自分のふるさとから遠く離れたよその土地。「異郷で暮らす」

いぎょう
【偉業】すぐれた業績。「偉業をなし遂げる」
【遺業】故人が生前に残した事業。「父の遺業を受け継ぐ」

いし
【意思】心に思うこと。考え。「意思表示」
【意志】やりとげようとする気持ち。「意志薄弱」
【遺志】故人が生前、心にきめていたこと。「恩師の遺志を継ぐ」

いじょう(1)
【異状】ふだんとは、どこか異なったようす。「体の異状を訴える」
【異常】普通とは違っているようす。「異常気象」

いじょう(2)
【委譲】権限などを他にまかせゆずること。「権利を委譲する」
【移譲】他にゆずり移すこと。「土地を移譲する」

いたく
【委託】仕事や取引などを、他の人にゆだね任せること。「委託販売」
【依託】ほかに預けること。もたせかけること。「依託学生」「依託射撃」

いちり
【一利】ひとつの利益。「百害あって一利なし」
【一理】ひとつの道理。「言い分にも一理ある」

いっかん
【一環】全体の関係の中の一部分。「課外活動の一環として行う」
【一貫】ある一つのやり方・考え方を貫き通すこと。「終始一貫して」「一貫作業」

いどう
【移動】場所が移り動くこと。「部隊を移動する」
【異動】地位・職務・住所などがかわること。「人事異動」
【異同】異なったところ。「両者の異同を調べる」

いんたい
【引退】活動していた地位・役職から退くこと。「政界から引退する」
【隠退】社会的活動から身を引いて静かに暮らすこと。「故郷に隠退する」

えいき
【英気】人並みすぐれた気性・才気。元気。「英気を養う」
【鋭気】するどく強い気性。「鋭気をくじく」

おんじょう
【温情】思いやりのある優しい心。「温情主義」
【恩情】めぐみ深い心。「恩情のある計らい」

◆か行

かいか
【開化】文化・文明が開けること。「文明開化」
【開花】花が開くこと。物事がさかんになること。「桜の開花」「努力が開花する」

がいかん
【外観】外側から見たようす。見かけ。表向き。

付録

「建物の外観」
【概観】だいたいのありさま。ざっと見渡すこと。「国内事情を概観する」
かいこ
【回顧】自分が経験した過去のことを思い返すこと。「青春を回顧する」
【懐古】昔のことを思い起こしてなつかしむこと。「懐古趣味に浸る」
かいせき
【会席】酒宴の席で、膳にのせて出す日本料理。「会席料理」
【懐石】茶の湯の席で、茶をすすめる前に出す簡単な料理。「茶懐石」
かいそく
【快足】非常に速く歩いたり、走ったりすること。「プロ野球界一の快足」
【快速】気持ちがよいほど速いこと。「快速電車」
かいてい
【改定】決まりなどを新しいものに改めること。「運賃を改定する」
【改訂】書籍などの内容を部分的に改めなおすこと。「辞書の改訂版」
かいとう
【解答】問題を解いて答えを出すこと。「クイズの解答用紙」
【回答】質問・問い合わせに返事をすること。「アンケートへの回答」
がいとう
【外灯】屋外にとりつけた電灯。「わが家の外灯」
【街灯】道路を照らすため、道ばたに設けられた電灯。「街灯が続く道」
かいほう
【開放】開け放つこと。自由にすること。「開放的な性格」「校庭を開放する」
【解放】束縛を解いて自由にさせること。「人質を解放する」「仕事から解放される」
かぎょう
【家業】その家の職業。「家業を継ぐ」
【稼業】生活のための仕事。なりわい。「サラリーマン稼業」
かくさ
【格差】資格・等級・価格などの格づけの差。「格差を是正する」
【較差】あるものを比較した差。「気温の較差」
かくしん
【核心】物事の中心となっている大切な部分。「話の核心にふれる」
【確信】信じて疑わないこと。「確信をもつ」
かくてい
【確定】変更できないように、はっきりと決まること。「確定申告」「確定判決」
【画定】区切りをつけて、範囲をはっきりときめること。「境界線を画定する」
かじゅう
【加重】重みや負担をさらに加えること。「加重平均」「刑を加重する」
【荷重】構造物や機械に、外部から加えられる力。「制限荷重」「荷重試験」
【過重】ある限度をこしているようす。「過重労働」「過重責任」
かしょう
【過小】小さすぎること。「過小評価」
【過少】少なすぎること。「過少申告」
かせつ
【仮設】必要な期間だけ、仮につくり設けること。「仮設事務所」
【仮説】仮に立てた理論。「仮説を立てる」
【架設】宙に浮かせて一方から他方へかけ渡すこと。「電話の架設工事」
がっかい
【学会】学問上の研究を目的として、同じ分野の専門家で組織された団体。「学会で発表する」
【学界】学者で構成された社会。「学界の通説」
かてい
【過程】ものごとの経過段階。プロセス。「到達までの過程」
【課程】ある一定の期間に割り当てられた仕事や学業。「専門課程」
かねつ
【加熱】熱を加えること。「加熱殺菌」
【過熱】熱しすぎること。異常に高まること。「モーターが過熱する」「報道の過熱化」
かりょう
【科料】軽い犯罪に対する財産刑で、千円未満のもの。「科料金額」
【過料】行政法の違反者に支払わせる金銭。「証言拒否の過料」
かんさ
【監査】運営や会計などを監督し、検査すること。「会計監査をする」
【鑑査】芸術品などをよく見て調べ、評価をくだすこと。「無鑑査で出品する」
かんさつ
【観察】物事や現象を、客観的に注意ぶかく見守ること。「鳥の観察をする」
【監察】調べて、とりしまること。「経営状況を

付録

監察する」「行政監察」

かんし

【環視】まわりをとりまいて見ること。「衆人環視の中で」

【監視】人の行動などを、注意して見張ること。「国境を監視する」「監視の目が光る」

かんじ

【幹事】中心になって会や団体の世話をする人。世話人。「旅行の幹事」

【監事】団体の一般事務をつかさどる人。また、法人を監督する機関。「公団の監事」

かんしょう

【観賞】見てほめあじわいながら楽しむこと。「観賞用の植物」

【観照】対象を観察し、深い意味をとらえようとすること。「自然観照」

【鑑賞】芸術作品などを理解し、味わうこと。「絵画を鑑賞する」

かんしん

【歓心】うれしいと思う心。「上司の歓心を買う」

【関心】特に心をひかれること。興味を持つこと。「政治に関心を持つ」

【感心】りっぱなものや行動に対して、深く心を動かされること。「感心な子だ」

【寒心】恐ろしさに、ぞっとすること。「寒心にたえない」

かんせい

【喚声】驚いたり興奮したりして出すさけび声。「場内に大喚声があがる」

【歓声】喜びのあまりにさけぶ声。「お土産に歓声をあげる」

かんち

【感知】気配やようすから、直接に感じとって知ること。「地震を感知する」

【関知】ある物事にかかわっていて、知っていること。「私の関知するところではない」

きかい

【機械】人力以外の動力によって目的の仕事を行わせる装置。「機械工業」「機械化」

【器械】道具・器具・工具など、比較的簡単な仕組みのもの。「器械体操」「医療器械」

きぎょう

【企業】事業を経営すること。「大企業」

【起業】新しく事業を起こすこと。「起業者」

ききん

【基金】ある事業などのために、前もって準備しておく資金。「文化基金」

【寄金】寄付した金銭。寄付金。「政治寄金」

きぐ

【器具】操作が簡単な器械や道具類。「電気器具」

【機具】機械や器具の総称。「農機具」

きさい

【奇才】世にもまれな優れた才能。また、その人。「奇才を発揮する」

【鬼才】非常にするどい才能。また、その人。「文壇の鬼才」

きじく

【基軸】思想や組織などの中心となるところ。「基軸通貨」

【機軸】根本的な仕組み。やり方。方式。「新機軸を打ち出す」

きせい（1）

【規制】規則を定めて物事を制限すること。「排ガス規制」

【規正】悪い点・不都合な点を正しく直すこと。「政治資金規正法」

きせい（2）

【既成】すでにでき上がっている事がら。「既成事実」「既成概念」

【既製】商品としてすでにでき上がっている物。「既製品」「既製服」

きち

【奇知】普通とはちがった、優れた知恵。奇抜な知恵。「奇知をめぐらす」

【機知】その場に応じてすばやくはたらく、するどい才知。「機知に富んだ会話」

きてん

【起点】ある物事の始まりの地点。出発点。「東海道新幹線の起点」

【基点】測定のもとになる地点。「北極を基点とした地図」

きゅうはく

【急迫】物事がさしせまった状態になること。「事態の急迫を招く」

【窮迫】財政や生活などが追いつめられて、困りきること。「国家財政の窮迫」

きゅうめい

【究明】くわしく研究して明らかにすること。「真実を究明する」

【糾明】不明の点を問いただして明らかにすること。「社長の責任を糾明する」

きょうい

【脅威】威力によっておびやかすこと。「戦火の脅威にさらされる」

【驚異】ふつうでは考えられない事がらに対するおどろき。「大自然の驚異」

きょうえん
【共演】主役格の俳優が二人以上いっしょに出演すること。「二大スターの共演」
【競演】似た作品や役で演技をきそうこと。「舞踏家の競演」
きょうき
【狂喜】異常なほどに大喜びすること。「合格通知に狂喜乱舞する」
【驚喜】思いがけないうれしさに驚き喜ぶこと。「帰還の知らせに驚喜する」
きょうこう
【強硬】自分の主張や態度などを、強く押し通そうとすること。「強硬に反対する」
【強行】無理を押し切って強引に行うこと。「強行に突破する」「強行採決」
【強攻】強引に攻めたてること。「敵陣を強攻する」「強攻策」
きょうそう
【競争】同じ目的に対して、互いに優劣を競いあうこと。「生存競争」
【競走】走って速さを競うこと。「百メートル競走」「徒競走」
きょうちょう
【強調】ある事がらを強く主張すること。「必要性を強調する」
【協調】互いにゆずり合って、調和するよう力を合わせること。「労使が協調する」
きょうどう
【共同】二人以上の人がいっしょに行うこと。「共同戦線を張る」「共同募金」
【協同】一つの物事をするために力を合わせること。「協同組合」「産学協同」
きょうはく
【強迫】あることを無理に押しつけること。無理じい。「強迫観念にとらわれる」
【脅迫】相手にあることをさせようと、おどしつけること。「脅迫電話」「脅迫状」
きょくち
【極致】到達することのできる最高の状態・境地。「芸術の極致に達する」
【極地】地球のさいはての土地。北極・南極などの地。「極地探検」
【局地】限られた一定の区域・場所。「局地的に大雨が降る」
くじゅう
【苦渋】うまく進まずなやみ苦しむこと。「苦渋に満ちた顔」「苦渋の色を浮かべる」
【苦汁】にがい汁。つらい体験。「苦汁をなめる」
ぐんしゅう
【群集】人が多く群がり集まること。「やじ馬が群集する」「群集心理」
【群衆】一か所に群がり集まっている人々。「群衆を扇動する」
けいせい
【形成】ととのった形に作り上げること。「人格を形成する」
【形勢】変化して行く物事の、その時々のありさま。なりゆき。「形勢が不利である」
けっさい
【決済】売買の取り引きを終えること。「現金で決済する」「手形の決済」
【決裁】権限を持つ人が物事の可否を決めること。「大臣の決裁を仰ぐ」
げんけい
【原形】もとの形。変化する前の形。「原形を保つ」「原形質」
【原型】もとの型。製作物の出来上がりのもととなる型。「粘土で原型を作る」
げんじょう
【原状】そのものの本来の状態。「原状にもどす」「原状回復」
【現状】現在の状態。「現状を打破する」
けんしん
【検診】病気にかかっているかどうかを診察すること。「がん検診を受ける」
【健診】健康診断。「三歳児健診」
げんぶつ
【原物】複製・模造品などに対する、もとの物や品。「原物と比べる」
【現物】現在ある物品。金銭に対して、物品のこと。「現物で支給する」
こうえん
【講演】公の場所で、ある題目について話すこと。「政治問題の講演会」
【公演】公の場所で、演奏・演技などをすること。「初公演」「定期公演」
こうがく
【好学】学問を好むこと。「好学の士」
【向学】学問を志すこと。「向学心に燃える」
【後学】将来自分のためになる知識・学問。「後学のために伺っておく」
こうぎょう
【興業】新しく産業や事業などをおこすこと。「殖産興業」
【興行】料金などを取って、演芸・スポーツなどを見せること。「相撲の興行」

付録

こうげん
【広言】無責任なことをあたりはばからずに言うこと。「広言を吐く」
【公言】かくさず公衆の前で堂々と言うこと。「公言してはばからない」
【高言】うぬぼれて大きなことを言うこと。「億万長者だと高言する」
【巧言】たくみに言いまわしたことば。「巧言に惑わされる」「巧言令色」
こうこく
【公告】役所・公共団体などが一般公衆に知らせること。「選挙公告」
【広告】人の関心を得るために、世の中に広く告げ知らせること。「商品広告」
こうせい(1)
【厚生】健康を増進し、生活を豊かにすること。「厚生労働省」「厚生年金」
【更生】もとの正常な状態にもどること。「会社更生法」「悪の道から更生する」
こうせい(2)
【更正】誤りを改め正すこと。「更正決定」
【後世】後にくる時代。後代。「後世に名を残す」
【後生】後に生まれてくる人。「後生恐るべし」
こうそ
【控訴】第一審の判決に対し、上級裁判所に不服の申し立てをすること。「控訴審」
【公訴】検察官が被疑者に対する有罪の判決を求めて訴えること。「公訴棄却」
こうてい
【工程】作業の進行する順序・過程。「制作工程」
【行程】目的地までの距離。「一日の行程」
こうどく
【購読】新聞・雑誌・本などを買って読むこと。「新聞の定期購読」
【講読】書物を読んでその意味・内容などを解き明かすこと。「原典を講読する」
こうふ
【公布】政府が法令などを国民に広く知らせること。「新憲法を公布する」
【交付】官庁などが金銭や書類を一般の人にわたすこと。「運転免許証を交付する」
こうほう
【広報】一般の人々にひろく知らせること。「社内広報」「広報活動」
【公報】官庁が一般国民へ発行する公式の文書。「選挙公報」
こうみょう
【功名】手柄をたてて有名になること。「けがの功名」「功名心」
【巧妙】非常に巧みなようす。「巧妙なやり口」
こうや
【広野】広々とした野原。「限りなく続く広野」
【荒野】荒れ果てた野原。「荒野と化した土地」
こうゆう
【交遊】親しく交わりつきあうこと。「家族ぐるみで交遊する」
【交友】友達として交際する。また、その友人。「交友関係を調べる」
こうりゅう
【勾留】被疑者・被告人を一定の場所にとどめておくこと。「未決勾留」
【拘留】捕らえて、ある場所にとどめておくこと。「十日間の拘留に処す」
ごかん
【五官】目・鼻・舌・耳・皮膚の、五つの感覚器官。「五官に感じる」
【五感】視覚・嗅覚・味覚・聴覚・触覚の、五つの感覚。「五感が鋭い」
こじ
【固辞】かたく断ること。「申し出を固辞する」
【固持】主義・主張などを、かたく守って変えないこと。「自説を固持する」
こんき
【今季】現在の季節。今シーズン。「今季初のスキーびより」
【今期】現在の期間。いまの時期。この時期。「今期の決算報告」

◆さ行

さいけん
【債券】公共団体や会社などが、必要な資金を借りるために発行する有価証券。「電話債券」
【債権】金銭を貸した者が、借り手に対してその返還を請求する権利。「債権者」
さいご
【最後】いちばん終わり。「最後の手段」
【最期】命の終わり。死にぎわ。「最期を遂げる」
さいしょう
【最小】いちばん小さいこと。「世界で最小の国」
【最少】いちばん少ないこと。「最少の人数」「最小限」
さいせい
【再生】再び生き返ること。「汚染していた川が再生した」
【再製】廃物になった物を加工して作りなおすこと。「くずまゆから生糸を再製する」

さくい
【作意】芸術などで、作者の制作の意図。たくらみ。「作意を読み取る」
【作為】わざとらしく作ること。手を加えること。「作為の跡が見える」
さくせい
【作成】文書・計画などを作りあげること。「報告書を作成する」
【作製】物品・機械などを作りあげること。「彫刻の作製にとりかかる」
しあん
【私案】自分で作った個人的な計画・考え。「私案を述べる」
【思案】あれこれと考えをめぐらすこと。「思案に暮れる」「思案投げ首」
【試案】試みに立てた仮の計画。「試案の段階」
じき
【時期】ある区切られたとき。物事を行うとき。「時期尚早」
【時機】何かを行うのに適当な機会。しおどき。「時機をうかがう」「時機到来」
【時季】季節。シーズン。「時季外れの大雪」
しこう
【志向】精神や意識がある目的を目指していること。「作家を志向する」
【指向】ある方向にむかって進むこと。「都会指向の若者たち」
しざい
【私財】個人の財産。「私財を投じる」
【資財】生活や経営の資本となる財産。「資財をたくわえる」
【資材】材料として用いる物資。「建築資材」
しさく
【思索】考えを秩序だてて、理論的に進めていくこと。「思索にふける」
【施策】現実の出来事についてたてる計画・対策。「施策を講じる」
じせい（1）
【自省】自分の言動を反省すること。「自省の念にかられる」
【自制】自分の感情や欲望をおさえること。「自制心を働かす」
じせい（2）
【時世】現在の移り変わる世の中。「住みにくいご時世だ」
【時勢】世の中の移り変わる勢い。「時勢に逆らう」「時勢を見つめる」
じっけん
【実検】本当かどうか確かめること。「首実検」
【実験】理論や仮説が正しいかどうか確かめること。「化学の実験」
じっせん
【実践】自分で実際に行うこと。「実践躬行」
【実戦】実際の戦い・試合のこと。「実戦の経験」
じったい
【実態】ありのままのようす。実際の状態。「実態調査」「経営の実態」
【実体】具体性をもったその物の本当の姿。「実体のない社会」
じつどう
【実動】実際に稼働すること。「実動部隊」
【実働】実際に働くこと。「実働七時間」
じてん
【事典】いろいろな事物や事項の語を集めて解説したもの。「百科事典」
【辞典】いろいろなことばを集めて、意味・用法などを解説したもの。「国語辞典」
【字典】漢字を一定の順序で配列し、その読み・意味などを解説したもの。「漢字字典」
じにん
【自任】自分の能力をそれにふさわしいものと思い込むこと。「天才詩人だと自任する」
【自認】自分で認めること。「過失を自認する」
しめん
【紙面】新聞の記事を載せた面。紙のおもて。「紙面をにぎわす」
【誌面】雑誌の記事を載せた面。「誌面を飾る」
しもん
【試問】質問をして、学力や知識などをためすこと。「口頭試問」
【諮問】一定の機関や有識者に対して、意見を求めること。「専門委員会に諮問する」
しゅうかん
【週刊】一週間に一度刊行すること。また、その刊行物。「週刊誌」
【週間】一週の間である七日間。「愛鳥週間」
しゅうきょく
【終局】物事が終わりになり結末がつくこと。「事件の終局を迎える」
【終曲】最後の楽章。フィナーレ。「終曲の演奏」
【終極】物事のいちばん最後。とどのつまり。「終極の目的」
しゅうし
【終止】終わること。終わり。「終止形」
【終始】終わりと始め。始めから終わりまで、ずっと。「終始一貫」

しゅうしゅう
【収拾】乱れた状態をもとのように収めること。「事態を収拾する」
【収集】たくさん集めること。「情報を収集する」「切手の収集」
じゅうしょう
【重症】病気やけがの症状が重いこと。重い症状。「重症患者」
【重傷】程度の重いきず。大けが。重いけが。「事故で重傷を負う」
しゅうせい
【修正】よくない点をなおして正しくすること。「軌道を修正する」「修正案」
【修整】写真などで画像に手を加えて整えなおすこと。「ネガを修整する」
しゅうそく
【収束】ものがまとまり、おさまりがつくこと。「事態が収束する」
【終息】すっかり終わること。やむこと。「内乱が終息する」「バブル経済の終息」
しゅうち
【周知】世間に広く知れ渡っていること。「周知の事実」「周知徹底させる」
【衆知】多くの人々の知恵。「衆知を集める」
しゅうとく(1)
【収得】物事を取り入れて、自分のものにすること。「株式を収得する」
【拾得】落とし物をひろうこと。「拾得物」
しゅうとく(2)
【習得】ならって覚え身につけること。「運転技術を習得する」
【修得】学問などを学んで身につけること。「単位を修得する」
しゅうりょう
【修了】学業などの一定の過程を修め終えること。「博士課程を修了する」「修了証書」
【終了】物事がすっかり終わること。「会期を終了する」「試合終了」
しゅうろく
【収録】とりあげてのせること。録音・録画すること。「ビデオに収録する」
しゅぎょう
【集録】集めて記録すること。「講義の集録」
【修行】仏法・学問・武道などをおさめみがくこと。「修行僧」「武者修行に出る」
【修業】学問・技芸などをならい、身につけること。「板前の修業をする」「花嫁修業」
しゅくせい
【粛正】きびしくとりしまり、不正をのぞき去ること。「風紀を粛正する」
【粛清】きびしくとりしまって、異分子などをとりのぞくこと。「血の粛清」
じゅけん
【受検】検査や検定を受けること。「検定試験を受検する」
【受験】試験を受けること。「大学受験」
しゅさい
【主宰】中心となって物事をとりまとめること。「同人誌を主宰する」「劇団の主宰者」
【主催】中心となって会や行事などを催すこと。「コンサートを主催する」
じゅしょう
【受章】勲章などをもらうこと。「文化勲章を受章する」
【受賞】賞をもらうこと。「文学賞の受賞者」
【授章】勲章などをさずけること。「授章式」
【授賞】賞をさずけること。「授賞式」
じゅせい
【受精】卵子と精子が結合すること。「受精卵」
【授精】人工的に精子と卵子を結合させること。「人工授精」
しゅせき
【首席】成績・身分などで第一位の順位。最上位。「首席で卒業する」
【主席】その政党や団体などの最高責任者。「国家主席」
しゅどう
【主動】中心となって行動すること。「主動的な地位に立つ」
【主導】中心となって他を指導すること。「主導権を握る」
じゅんけつ
【純血】同種の動物の雌と雄の間に生まれたもの。「純血種の犬」
【純潔】心・からだにけがれがなく清らかなこと。「純潔な精神」
じゅんりょう
【順良】おとなしくすなおで善良なこと。「順良な性格」
【純良】不純物がなく質がよいこと。「純良バター」
しょうかい
【紹介】間にたって双方を引き合わせること。「紹介状」「自己紹介」
【照会】不明な点や事情を問い合わせること。「身元を照会する」

付録

しょうがい
【傷害】人にけがをさせたり傷つけたりすること。「傷害事件」
【障害】ある事を行うのにさまたげとなるもの。「障害を乗り越える」
しょうがく
【少額】少ない金額。「少額の謝礼」
【小額】単位の小さな金額。「小額紙幣」
しょうかん
【召喚】裁判所が証人や被告人などに、日を指定して呼び出すこと。「召喚に応じる」
【召還】派遣していた人を呼びもどすこと。「大使を召還する」
しょうきゃく
【消却】消し去ること。借金などを返すこと。「データを消却する」「負債を消却する」
【償却】つぐないとして返すこと。「減価償却」
しょうしゅう
【招集】人を招き集めること。「関係者を招集して議会を開く」
【召集】呼び出しをかけて人を集めること。「国会を召集する」「召集令状」
しょうしん
【焦心】思い悩んで心をいらだたせること。「焦心にかられる」
【傷心】心が傷つけられること。悲しく思うこと。「傷心をいやす」
しょうすう
【小数】一に満たない数。「小数点」
【少数】数が少ないこと。少ない数。「少数意見」「少数精鋭主義」
じょうせき
【定石】碁で最善とされる決まった石の打ち方。物事のきまった仕方。「定石どおり」
【定跡】将棋で最善とされる決まったさし方。「定跡に従う」
じょうり
【条理】物事のすじみち。道理。「条理を立てて説明する」
【情理】相手を思いやる心と物事の道理。「情理を尽くして諭す」
じょうれい
【条例】地方自治体が法令の範囲内で制定する法規。「騒音防止条例」
【条令】箇条書きに記された法令。「緊急条令」
しょき
【初期】始まって間もない時期。また、初めの時期。「初期の段階」
【所期】心の中で期待していること。「所期の目標を上回る」
しょくりょう
【食料】食べ物全体。「食料品」「生鮮食料」
【食糧】米・麦などの主食物。「食糧事情」
じょせい
【助成】研究や事業などの完成に力を添えること。「助成金」
【助勢】力を貸すこと。「けんかの助勢を頼む」
しょせん
【初戦】戦いや試合の第一戦。「初戦を飾る」
【緒戦】戦いのはじめのころ。ちょせん。「緒戦につまずく」
しょよう
【所要】あることをするのに必要とすること。「所要の手続きをすませる」「所要時間」
【所用】ある用事。しなければならない用件。「所用のため外出する」
じりつ
【自立】他の力などを受けず、自身の力で独立すること。「経済的自立」「自立心」
【自律】他人にしばられず、自分で自分の行動を制御すること。「自律神経」
しりょう
【資料】研究・判断のもとになる材料。データ。「調査資料」
【史料】歴史の研究に使う材料。「戦国時代の史料を集める」
【試料】化学分析や検査のために使う材料。「実験の試料」
しれい
【司令】軍隊・艦隊をまとめ、その行動を指揮すること。「司令官」「司令塔」
【指令】組織内で、上から下へ命令・通知を出すこと。「本部の指令を受ける」
しんき
【新奇】新しく、変わっていて珍しいこと。「新奇をてらう」
【新規】今までとは別な方法をとったり新たに始めたりすること。「新規まき直し」
しんきょう
【心境】気持ち、心の状態。「心境の変化」
【進境】進歩し、上達したようす。また、その程度。「進境著しい選手」
しんこう
【振興】盛んになるようにふるいおこすこと。「観光事業を振興する」
【新興】強い勢力をもって新たに起こること。

「新興勢力」「新興宗教」

しんじつ

【信実】真心があって偽りのないこと。誠実であること。「信実を尽くす」

【真実】うそ偽りがないこと。本当のこと。「真実を述べる」

しんじょう

【心情】こころのうち。こころにある思い。「心情を察する」

【真情】いつわりのない心。まごころ。「真情を吐露する」

しんしょく

【侵食】他の領域をしだいにおかしそこなうこと。「領土を侵食する」

【浸食】水・風が陸地や岩を少しずつ崩していくこと。「浸食作用」

しんしん

【心身】こころとからだ。精神と肉体。「心身をきたえる」

【心神】こころ。魂。精神。「心神喪失」

しんちょう

【慎重】大事をとって注意深く物事をすること。「慎重に検討する」

【深長】意味深く含みのあるようす。「意味深長」

しんどう

【振動】揺れ動くこと。「振動数の測定」

【震動】ふるえ動くこと。「大地が震動する」

しんにゅう

【侵入】他の家や領土などに不法に入りこむこと。無理に押し入ること。「家宅侵入」

【浸入】土地や建物の中に、水が入りこむこと。「濁水の浸入を防ぐ」

【進入】人や乗り物などが進み入ること。「車の進入を禁止する」

しんれい

【心霊】肉体が死んでも存在すると考えられている魂。霊魂。「心霊現象」

【神霊】神のみたま。霊妙な神の徳。「神霊を呼び寄せる」

しんろ

【進路】これから進んで行く道。「進路指導」

【針路】羅針盤などで決める船や飛行機の進む道。「北に針路をとる」

しんろう

【心労】あれこれ心配して心をつかうこと。気づかれ。「心労がたえない」

【辛労】つらい苦労をすること。ほねおり。「辛労を重ねる」

せいいく

【生育】植物が育つこと。「松の生育」

【成育】人間・動物が育って体の機能がととのっていくこと。「子供の成育を見守る」

せいき

【生気】生き生きした気力。「生気を取り戻す」

【精気】生命の根源となる力。「万物の精気」

せいぎょう

【生業】生活費のための仕事。「生業に励む」

【正業】まじめな職業。「正業に就く」

せいけい

【整形】正しい形に整えること。「整形外科」

【成形】形をつくること。「胸郭成形術」

【成型】型にはめて物を作ること。「成型加工」

せいこん

【精根】物事をする精力と根気。「精根が尽きる」

【精魂】たましい。精神。「精魂こめて作る」

せいさく

【制作】芸術作品などを作ること。「番組の制作」

【製作】おもに実用的なものを作ること。「家具を製作する」「製作所」

せいさん

【精算】細かく計算すること。「料金精算所」

【清算】貸し借りや過去の関係にきまりをつけること。「借金を清算する」

【成算】成功する見込み。「事業を軌道に乗せる成算がある」

せいそう

【正装】正式な服装。「正装で式典に出席する」

【盛装】美しくはなやかに着飾ること。「盛装して外出する」

せいたい

【生体】生きている体。生物。「生体解剖」

【生態】生物が生活している状態。「植物の生態」

せいちょう

【生長】植物が生まれ育つこと。「稲が生長する」

【成長】人間・動物が育って成熟すること。「娘が成長する」「成長株」

せいねん

【青年】青春期にある男女。「前途有望な青年」

【成年】一人前の人間として責任をもてるようになる年齢。「未成年」「成年に達する」

せいひ

【成否】成功と失敗。「成否のかぎを握る」

【正否】正しいことと、正しくないこと。「事の正否を明らかにする」

せいれん

【精練】動植物の繊維から混じり物を取り除く

こと。「生糸を精練する」
【精錬】鉱石から不純物を取り除き、金属の純度を高くすること。「鉄鉱石を精錬する」

せこう
【施工】工事を実施すること。「工事を施工する」
【施行】政策などを実行すること。「施行規則」

せっせい
【節制】適度におさえること。「食事を節制する」
【摂生】健康を保つため、体に悪いことを慎むこと。「摂生に努める」「不摂生」

ぜんご
【善後】後始末をきちんとすること。「善後策」
【前後】前と後。あと先。「前後の考えもなく」

せんこう
【専攻】ある学問分野を専門に研究すること。「大学で哲学を専攻する」
【専行】自分だけの判断で行うこと。「独断専行」

せんよう
【占用】独占して使うこと。「占用地」
【専用】限られた人だけが使うこと。「専用電話」

そうと
【壮図】勇ましくりっぱな計画。「壮図を抱く」
【壮途】期待に満ちた門出。「壮途を祝す」

そうらん
【争乱】争いごとがおこり世の中が乱れること。「暴走族の争乱」
【騒乱】社会の秩序を乱すような騒ぎ。「騒乱罪」

そくせい
【速成】急速に事をなしとげること。「速成講座」
【促成】人工を加えて早く生長させること。「キュウリを促成栽培する」
【即製】手をかけず、その場ですぐに作ること。「酒のさかなを即製する」

そくだん
【即断】その場ですぐに判断して決めること。「即断即決」
【速断】早まった判断をすること。「一面だけを見て速断するのは危険だ」

そっこう
【即効】効き目がすぐに表れること。「即効薬」
【速効】効果が比較的はやいこと。「速効性肥料」
【速攻】すばやく攻めたてること。「初回の速攻」

◆た行

たいしょう
【対照】似かよったものを比べ合わせること。「比較対照する」
【対象】行為の目標とするもの。「若い女性を対象とした雑誌」
【対称】つり合っていること。「左右対称の図形」

たいせい
【体制】社会や団体の組織されている様式。「資本主義体制」
【体勢】からだの構え。「崩れた体勢を立て直す」
【態勢】ある物事・状況に対する身がまえ。「受け入れ態勢」「万全の態勢で臨む」

たいめん
【対面】向かい合うこと。「十年ぶりの対面」
【体面】世間に対する体裁。「体面をたもつ」

たんきゅう
【探求】探り求めること。「幸福を探求する」
【探究】物事の真の姿を見きわめること。「生命の神秘を探究する」

ちょうしゅう
【徴収】法規・規約などに従って、税金・会費などを取り立てること。「税金を徴収する」
【徴集】国家などが強制的に、人や物品などを集めること。「兵士を徴集する」

ちょうはつ
【挑発】相手を刺激して、事件などを起こすようにし向けること。「敵の挑発にのる」
【徴発】人やものを強制的に集めること。「食糧を徴発する」

ちょっかん
【直観】物事の本質を推理などによらず直接とらえること。「真理を直観する」
【直感】勘などの働きにより、即座に感じとること。「怪しいと直感する」

ちょっこう
【直行】どこにも寄らずに、目的の場所に行くこと。「出張先から会社に直行する」
【直航】途中で寄港せず、直接目的地まで航行すること。「直航便」

ちんせい
【沈静】落ちついて静かになること。「物価が沈静する」
【鎮静】騒ぎや興奮した心などが静まって落ちつくこと。「鎮静剤」

ちんつう
【沈痛】悲しみに沈んで、心を痛めるようす。「沈痛な面持ち」
【鎮痛】痛みをしずめること。「鎮痛剤」

ついきゅう
【追求】目的のものを手に入れようとして追いかけ求めること。「利潤を追求する」
【追及】さぐってどこまでも追いつめること。

付録

「責任を追及する」
【追究】深く調べて明らかにしようとすること。「美の本質を追究する」

てきせい
【適性】その人の性格や素質が、適していること。「適性検査」
【適正】適当で正しいこと。「適正価格」

てんか
【転化】別の状態や物に移り変わること。「愛情が憎しみに転化する」
【転嫁】自分の責任や罪などを他人になすりつけること。「責任を転嫁する」

てんかい
【展開】広がり開けること。「議論を展開する」
【転回】回って向きを変えること。「空中転回」

でんき
【伝奇】珍しく、ふしぎな話。「伝奇小説」
【伝記】実在したある人物の一生の事績を伝えしるしたもの。「偉人の伝記」

でんどう
【伝導】熱または電気が物体の中を伝わっていく現象。「熱の伝導」
【伝動】機械装置で、動力を他の部分に伝えること。「伝動装置」
【伝道】宗教、特にキリスト教で、その教えを伝え広めること。「伝道師」
【電動】電気で動くしくみになっていること。「電動発電機」

とうごう
【投合】互いに一致すること。「意気投合する」
【統合】二つ以上のものをまとめて一つにすること。「学区を統合する」

どうし
【同士】互いに同じ関係や同じ種類にある人。「似た者同士」「同士討ち」
【同志】同じ主義や志を持つ者。「同志を募る」

とうしゃ
【透写】図面などの上にうすい紙をおいて、透かして写すこと。「地図を透写する」
【謄写】書き写すこと。「原本を謄写する」

とくしゅ
【特殊】ふつうと異なっていること。「特殊撮影」
【特種】特別な種類。「特種刊行物」

どくそう
【独走】一人だけで走ること。「独走態勢に入る」
【独創】独自で考えて、今までにないものをつくり出すこと。「独創的な作品」

とくちょう
【特徴】他とくらべて、特にめだつ点。「特徴のある話し方」
【特長】他とくらべて特にめだって、すぐれている点。長所。「新製品の特長」

◆な行

ねんき
【年期】一年を一単位とする期間。「年期決算」
【年季】奉公人を雇うときの約束の年限。「年季奉公」「年季が入る」

◆は行

はいき
【廃棄】不用なものとして捨てること。「廃棄物」
【排気】中の空気を除き去ること。「排気管」「自動車の排気ガス」

はんめん
【反面】反対の面。二面を持つものの片面。「反面教師」
【半面】顔の半分。物事の一面。「半面の真理」

ひうん
【悲運】悲しい運命。「悲運に泣く」
【非運】運が悪いこと。「非運を嘆く」

びかん
【美感】美に対する感覚。「美感に訴える」
【美観】美しいながめ。「美観をそこなう」

ひっし
【必死】死を覚悟して行うこと。死にものぐるい。「必死に勉強する」
【必至】ある事態が避けられないこと。「負けるのは必至だ」

ふきゅう
【不朽】いつまでも残ること。「不朽の名作」
【腐朽】腐って形がくずれること。「土台の腐朽」

ふごう
【符号】しるし。記号。「モールス符号」
【符合】二つのものがぴったり合うこと。「事実と符合する証言」

ふじゅん
【不純】純粋・純真でないこと。「不純な動機」
【不順】順調でないこと。「天候が不順だ」

ふしん
【不信】信用しないこと。「不信を招く」
【不審】疑わしく思うこと。「不審に思う」

ふよう
【不要】必要でないこと。「代金不要」
【不用】使わないこと。役に立たないこと。「不用品」「不用の建物」

ふんぜん
【憤然】はげしくおこるさま。「憤然と席を立つ」

【奮然】気力をふるい起こして事に当たるようす。「奮然として戦う」

へいこう
【平行】どこまで行っても交わらないこと。「平行線をたどる」

【並行】並んで行くこと。同時に行われること。「並行して走る」「並行輸入」

【平衡】釣り合いがとれて安定した状態。「体の平衡を失う」

へんい
【変移】移り変わること。「時代の変移」

【変異】変わった出来事。「突然変異」

【変位】物体が位置を変えること。「変位電流」

へんざい
【偏在】かたよって存在すること。「富の偏在」

【遍在】広くいきわたって存在すること。「全国に遍在する民話」

へんせい
【編成】個々のものを整理して組み立てること。「予算の編成」

【編制】軍隊などを組織すること。「戦時編制」

ほうしょう
【報償】損害をつぐなうこと。「報償金」

【報奨】努力や勤労にむくい、ほめはげますこと。「報奨制度」

【褒章】りっぱな行いに対して、国からさずけられる記章。「紫綬褒章」

【褒賞】ほめたたえること。「会社で褒賞される」

ほうてい
【法廷】裁判官が裁判を行う場所。「法廷で争う」

【法定】法令によって定めること。「法定利率」

ほしょう
【保証】まちがいがないと請け合うこと。「彼の人物は保証する」

【保障】他から侵されないように保護すること。「言論の自由を保障する」「社会保障」

【補償】損害を補いつぐなうこと。「災害補償」

ほんい
【本意】ほんとうの考え。本心。「本意を遂げる」

【本位】中心となる基準。また、貨幣制度の基準。「自分本位の考え方」「本位貨幣」

◆ま行

みとう
【未踏】だれも足を踏み入れたことがないこと。「人跡未踏の秘境」
【未到】まだだれも到達していないこと。「前人未到の大記録」
みんぞく
【民俗】民間に古くから伝わる風俗や習慣。「民俗学」「民俗芸能」
【民族】言語・歴史・文化・生活様式を共有する人間の集まり。「民族衣装」
むかん
【無官】官職のないこと。「無位無官」
【無冠】位を持っていないこと。「無冠の帝王」
めいき
【明記】はっきりと書くこと。「氏名を明記する」
【銘記】深く心に刻むこと。「銘記して忘れない」
もくれい
【目礼】目であいさつすること。「目礼を交わす」
【黙礼】黙っておじぎをすること。「遺族に黙礼をする」

◆や行

やせい
【野生】動植物が山野で自然のままに育つこと。「野生の馬」
【野性】動物が自然の中で持っている本能のままの性質。「野性的な魅力」
ゆうぎ
【遊戯】遊んで楽しむこと。「室内遊戯」
【遊技】娯楽としての遊び。「遊技場」
ゆうせい
【優勢】勢いが他よりすぐれていること。「試合を優勢に進める」
【優生】子孫の素質をすぐれたものにすること。「優生保護法」
【優性】遺伝する形質のうち、次の代に必ず現れる形質。「優性遺伝」
ゆうと
【雄図】雄大な計画。「雄図を実行に移す」
【雄途】いさましい門出。「冒険の雄途に就く」

◆ら行

ろうし
【労使】労働者と使用者。「労使の歩み寄り」
【労資】労働者と資本家。「労資協調」
ろじ
【路地】人家の間の狭い通路。「路地裏」
【露地】屋根などの覆いのない地面。「露地栽培」
ろてん
【露店】道端に商品を並べて売る店。「露店市」
【露天】屋根のない所。「露天風呂」

付録

おもな対義語

①反対語（反意語）と対応語（対照語）を対義語としてとらえ、日常的な語を中心に集めた。
②対義語は必ずしも一語に対して一語であるとは限らないが、この表では代表的な一語を掲げた。
③読みの五十音順に配列した。

〔あ行〕

愛護⇔虐待
悪意⇔善意
悪書⇔良書
悪評⇔好評
圧勝⇔惨敗
暗愚⇔賢明
暗黒⇔光明
安産⇔難産
安心⇔心配
安全⇔危険
安定⇔動揺
違憲⇔合憲
委細⇔概略
遺失⇔拾得
異常⇔正常
偉人⇔凡人
異性⇔同性
以前⇔以後
已然（イゼン）形⇔未然形

委託⇔受託
一括⇔分割
一定⇔不定
移動⇔固定
以内⇔以外
違反⇔遵守
違法⇔合法
陰鬱（インウツ）⇔明朗
陰気⇔陽気
韻文⇔散文
隠喩（インユ）⇔直喩
迂回（ウカイ）⇔直行
雨季⇔乾季
鬱病（ウツビョウ）⇔躁病（ソウビョウ）
右翼⇔左翼
運動⇔静止
永遠⇔瞬間
栄華⇔零落
鋭角⇔鈍角
永劫（エイゴウ）⇔刹那（セツナ）
衛星⇔惑星

栄転⇔左遷
英明⇔愚昧（グマイ）
栄誉⇔恥辱
益虫⇔害虫
演繹（エンエキ）⇔帰納
遠隔⇔近隣
円形⇔方形
遠心⇔求心
延長⇔短縮
円熟⇔未熟
円満⇔不和
王者⇔覇者
往信⇔返信
横断⇔縦断
往復⇔片道
応分⇔過分
横柄⇔謙虚
応募⇔募集
往路⇔復路
臆病（オクビョウ）⇔豪胆
汚染⇔清浄

汚点⇔美点
穏健⇔過激

〔か行〕

外延⇔内包
開会⇔閉会
外角⇔内角
外観⇔内容
外形⇔実質
解雇⇔雇用
概算⇔精算
開始⇔終了
快調⇔不調
解凍⇔冷凍
解放⇔拘束
戒名⇔俗名
快楽⇔苦痛
下愚⇔上知
拡大⇔縮小
各論⇔総論
過去⇔未来

化合⇔分解
寡作⇔多作
貨車⇔客車
仮性⇔真性
課税⇔免税
仮設⇔常設
過疎⇔過密
果断⇔優柔
過度⇔適度
可燃⇔不燃
華美⇔質素
加法⇔減法
加盟⇔脱退
寒気⇔暑気
歓喜⇔悲哀
官軍⇔賊軍
歓迎⇔歓送
簡潔⇔冗漫
観察⇔実験
官製⇔私製
閑静⇔喧騒（ケンソウ）

幹線⇔支線
寛大⇔狭量
閑中⇔忙中
貫徹⇔挫折（ザセツ）
観念論⇔実在論
完敗⇔完勝
完備⇔不備
灌木（カンボク）⇔喬木（キョウボク）
陥没⇔隆起
寛容⇔厳格
簡略⇔煩雑
寒流⇔暖流
乾留⇔蒸留
寒冷⇔温暖
危惧（キグ）⇔安堵（アンド）
喜劇⇔悲劇
既決⇔未決
起工⇔竣工（シュンコウ）
起稿⇔脱稿
帰順⇔反逆
起床⇔就寝

奇数⇔偶数
吉報⇔凶報
起点⇔終点
紀伝体⇔編年体
機敏⇔遅鈍
起伏⇔平坦(ヘイタン)
期末⇔期首
義務⇔権利
偽名⇔実名
却下⇔受理
逆境⇔順境
求職⇔求人
急進⇔漸進
給水⇔排水
急性⇔慢性
急落⇔急騰
強硬⇔軟弱
兄弟⇔姉妹
強大⇔弱小
協調⇔対立
共同⇔単独
共有⇔専有
許可⇔禁止
巨視的⇔微視的
虚像⇔実像
巨大⇔微小
緊張⇔弛緩(シカン)

勤勉⇔怠惰
空間⇔時間
空虚⇔充実
空前⇔絶後
偶然⇔必然
空腹⇔満腹
具体⇔抽象
玄人(くろうと)⇔素人(しろうと)
訓読⇔音読
軽快⇔荘重
警戒⇔油断
軽減⇔加重
軽視⇔重視
形式⇔実質
継続⇔中断
軽率⇔慎重
経度⇔緯度
軽薄⇔重厚
軽微⇔甚大
下戸⇔上戸
夏至⇔冬至
結婚⇔離婚
欠点⇔美点
下落⇔騰貴
原因⇔結果
嫌悪⇔愛好
原告⇔被告

顕在⇔潜在
現実⇔理想
原書⇔訳書
現象⇔本体
減少⇔増加
減退⇔増進
倹約⇔浪費
原理⇔応用
故意⇔過失
高遠⇔卑近
高価⇔廉価
硬化⇔軟化
高雅⇔低俗
公海⇔領海
広義⇔狭義
好況⇔不況
攻撃⇔守備
後進⇔先進
攻勢⇔守勢
広大⇔狭小
巧遅⇔拙速
公的⇔私的
公転⇔自転
硬派⇔軟派
後輩⇔先輩
購買⇔販売
硬筆⇔毛筆

好評⇔不評
幸福⇔不幸
高慢⇔謙虚
巧妙⇔稚拙
公用⇔私用
広葉樹⇔針葉樹
交流⇔直流
語幹⇔語尾
極楽⇔地獄
古参⇔新参
根幹⇔枝葉
困難⇔容易
混乱⇔秩序

〔さ行〕

債権⇔債務
最高⇔最低
削減⇔追加
鎖国⇔開国
雑然⇔整然
佐幕⇔勤王
酸化⇔還元
散在⇔密集
斬新(ザンシン)⇔陳腐
賛成⇔反対
子音(シイン)⇔母音(ボイン)
紫外線⇔赤外線

敷居⇔鴨居(かもい)
刺激⇔反応
師匠⇔弟子(デシ)
自然⇔人工
自薦⇔他薦
事前⇔事後
子孫⇔先祖
失意⇔得意
質疑⇔応答
失効⇔発効
実在⇔架空
湿潤⇔乾燥
失職⇔就職
実戦⇔演習
失敗⇔成功
質問⇔解答
自動⇔他動
至難⇔安易
支配⇔従属
紙幣⇔硬貨
資本家⇔労働者
地味⇔派手
諮問⇔答申
釈放⇔拘禁
醜悪⇔美麗
収益⇔損失
従価税⇔従量税

終業⇔始業
銃後⇔前線
集合⇔解散
自由詩⇔定型詩
収縮⇔膨張
終着⇔始発
集中⇔分散
柔軟⇔強硬
収入⇔支出
収賄⇔贈賄
主観⇔客観
祝賀⇔哀悼
祝辞⇔弔辞
熟練⇔未熟
主語⇔述語
主食⇔副食
主体⇔客体
受諾⇔拒絶
出御⇔入御
出席⇔欠席
出発⇔到着
需要⇔供給
純真⇔不純
潤沢⇔払底
春暖⇔秋冷
順風⇔逆風
召還⇔派遣

賞賛⇕非難
上司⇕部下
乗車⇕下車
召集⇕解散
上昇⇕下降
上手(じょうず)⇕下手(へた)
上席⇕末席
饒舌(ジョウゼツ)⇕緘黙(カンモク)
消灯⇕点灯
乗法⇕除法
消滅⇕発生
抄訳⇕全訳
勝利⇕敗北
上流⇕下流
常緑樹⇕落葉樹
織女⇕牽牛(ケンギュウ)
叙事⇕叙情
暑中⇕寒中
初冬⇕晩冬
序論⇕本論
自力⇕他力
自律⇕他律
自立語⇕付属語
新鋭⇕古豪
進化⇕退化
進行⇕停止
深厚⇕浅薄

人災⇕天災
紳士⇕淑女
真実⇕虚偽
進取⇕退嬰(タイエイ)
新制⇕旧制
進捗(シンチョク)⇕停滞
進歩⇕退歩
進歩的⇕保守的
親密⇕疎遠
深夜⇕白昼
衰運⇕盛運
水平⇕垂直
衰亡⇕興隆
崇拝⇕軽侮
頭寒⇕足熱
成案⇕草案
清音⇕濁音
清潔⇕不潔
生産⇕消費
正式⇕略式
誠実⇕不実
静寂⇕喧騒(ケンソウ)
聖賢⇕凡愚
成熟⇕未熟
精神⇕肉体
精読⇕乱読
整頓(セイトン)⇕乱雑

成文律⇕不文律
歳暮⇕中元
西洋⇕東洋
積極⇕消極
絶対⇕相対
接頭語⇕接尾語
絶望⇕有望
前進⇕後退
前世⇕来世
戦前⇕戦後
全体⇕部分
先天的⇕後天的
全日制⇕定時制
先任⇕後任
専任⇕兼任
全貌(ゼンボウ)⇕一斑(イッパン)
善良⇕不良
創刊⇕廃刊
総計⇕小計
壮健⇕病弱
喪失⇕獲得
早春⇕晩春
創造⇕模倣
俗語⇕雅語
促進⇕抑制
粗雑⇕精密
続行⇕中止

粗野⇕優雅
尊敬⇕軽蔑(ケイベツ)
尊大⇕卑下
尊重⇕無視
村落⇕都市

〔た行〕

退却⇕進撃
体言⇕用言
大綱⇕細目
大作⇕小品
大乗⇕小乗
退職⇕就職
胎生⇕卵生
大切⇕粗末
大胆⇕小心
貸与⇕借用
大漁⇕不漁
鷹派(たかハ)⇕鳩派(はとハ)
妥結⇕決裂
多神教⇕一神教
多勢⇕無勢
達筆⇕悪筆
他人⇕自分
多弁⇕寡黙
多忙⇕閑暇
単一⇕複合

単純⇕複雑
短所⇕長所
短小⇕長大
誕生⇕死亡
単数⇕複数
単発⇕双発
短命⇕長寿
短慮⇕深慮
稚魚⇕成魚
蓄財⇕散財
遅刻⇕早退
恥辱⇕名誉
着席⇕起立
着陸⇕離陸
中央⇕地方
中古⇕新品
中枢⇕末梢(マッショウ)
長子⇕末子
直接⇕間接
直線⇕曲線
直訳⇕意訳
直航⇕寄航
沈下⇕隆起
鎮静⇕興奮
抵抗⇕屈従
定時⇕随時
低湿⇕高燥

定住⇕流浪
定数⇕変数
適格⇕欠格
撤去⇕設置
天国⇕地獄
天然⇕人工
天変⇕地異
登校⇕下校
同質⇕異質
当選⇕落選
動的⇕静的
読点⇕句点
謄本⇕抄本
動脈⇕静脈
都会⇕田舎(いなか)
特殊⇕一般
独唱⇕合唱
得点⇕失点
特別⇕普通
独立⇕隷属
登山⇕下山
都心⇕郊外
鈍感⇕敏感
鈍足⇕駿足(シュンソク)

〔な行〕

内職⇕本職

納得⇔不服
難解⇔平易
南極⇔北極
苦手⇔得意
肉食⇔菜食
偽物⇔本物
入院⇔退院
入会⇔脱会
入学⇔卒業
柔弱⇔剛健
入場⇔退場
入選⇔落選
入力⇔出力
女房⇔亭主
任命⇔解任
熱帯⇔寒帯
年長⇔年少
濃厚⇔希薄
濃縮⇔希釈
能動⇔受動
農繁期⇔農閑期
能弁⇔訥弁（トツベン）

〔は行〕

廃止⇔存続
倍増⇔半減
背面⇔正面

破壊⇔建設
博愛⇔偏愛
莫大（バクダイ）⇔僅少（キンショウ）
白票⇔青票
舶来⇔国産
暴露⇔隠蔽（インペイ）
発言⇔沈黙
発車⇔停車
発信⇔受信
発展⇔衰退
繁栄⇔衰微
反感⇔好感
繁忙⇔閑散
悲運⇔幸運
被害者⇔加害者
日陰⇔日向（ひなた）
悲観⇔楽観
否決⇔可決
費消⇔蓄積
筆答⇔口答
必要⇔不要
否定⇔肯定
否認⇔是認
肥沃（ヒヨク）⇔不毛
非力⇔強力
敏速⇔緩慢
不易⇔流行

俯角（フカク）⇔仰角
副業⇔本業
服従⇔反抗
譜代⇔外様（とざま）
沸点⇔氷点
不当⇔正当
不変⇔可変
富裕⇔貧困
不利⇔有利
分解⇔合成
文官⇔武官
文語⇔口語
分散⇔集中
分析⇔総合
分離⇔結合
分裂⇔統一
閉鎖⇔開放
平地⇔山地
平凡⇔非凡
平面⇔曲面
並列⇔直列
平和⇔戦争
変記号⇔嬰（エイ）記号
便利⇔不便
報恩⇔忘恩
邦楽⇔洋楽
傍系⇔直系

豊作⇔凶作
冒頭⇔末尾
放任⇔干渉
暴落⇔暴騰
保護⇔迫害
保守⇔革新
発端⇔終局
保留⇔決定
本家⇔分家
本流⇔支流

〔ま行〕

真帆（まほ）⇔片帆（かたほ）
満潮⇔干潮
未婚⇔既婚
未知⇔既知
密林⇔疎林
未定⇔既定
民事⇔刑事
民主的⇔封建的
無機⇔有機
無罪⇔有罪
無常⇔常住
無人⇔有人
無料⇔有料
明示⇔暗示
名目⇔実質

明瞭（メイリョウ）⇔曖昧（アイマイ）
目測⇔実測
黙読⇔音読

〔や行〕

野党⇔与党
唯物論⇔唯心論
有意義⇔無意義
有益⇔無益
優越感⇔劣等感
融解⇔凝固
有形⇔無形
友好⇔敵対
優勝⇔劣敗
優性⇔劣性
雄飛⇔雌伏
裕福⇔貧乏
雄弁⇔訥弁（トツベン）
有望⇔絶望
優良⇔劣悪
輸出⇔輸入
擁護⇔侵害
陽性⇔陰性
幼虫⇔成虫
余寒⇔残暑
予算⇔決算
予習⇔復習

〔ら・わ行〕

落第⇔及第
楽天⇔厭世（エンセイ）
利益⇔損害
利器⇔鈍器
理性⇔感情
利息⇔元金
立像⇔座像
利得⇔損失
離日⇔来日
留鳥⇔候鳥
良質⇔悪質
臨時⇔定例
流転⇔静止
冷遇⇔厚遇
冷静⇔興奮
礼服⇔平服
連続⇔断続
浪費⇔節約
朗報⇔悲報
老練⇔幼稚
露骨⇔婉曲（エンキョク）
和解⇔決裂
和語⇔漢語
和裁⇔洋裁
和式⇔洋式

四字熟語索引

①この辞典に収録した四字熟語を、その読みの**五十音順に配列**し、掲載ページを漢数字で示した。
②同じ読みの中では、一番目の漢字（一番目……が同じ場合は、順に次の漢字）の総画数が少ない順に配列した。
③他の項目を参照させて解説のない項目など、その一部は割愛した。

◆あ行

哀哀父母　あいあいふぼ……四
合縁奇縁　あいえんきえん……五二八
哀毀骨立　あいきこつりつ……四
哀矜懲創　あいきょうちょうそう……四
相碁井目　あいごせいもく……九三二
哀糸豪竹　あいしごうちく……五
愛別離苦　あいべつりく……六
曖昧模糊　あいまいもこ……七
哀鳴啾啾　あいめいしゅうしゅう……五
青息吐息　あおいきといき……八五五
悪衣悪食　あくいあくしょく……九
悪因悪果　あくいんあっか……一〇
悪逆無道　あくぎゃくむどう……一〇
悪酔強酒　あくすいきょうしゅ……一〇
悪戦苦闘　あくせんくとう……一〇
悪人正機　あくにんしょうき……一〇
握髪吐哺　あくはつとほ……一二
悪木盗泉　あくぼくとうせん……一一
鴉雀無声　あじゃくむせい……四
啞然失笑　あぜんしっしょう……三
鴉巣生鳳　あそうせいほう……四
悪口雑言　あっこうぞうごん……一一
阿鼻叫喚　あびきょうかん……二
阿鼻地獄　あびじごく……二
阿附迎合　あふげいごう……二
蛙鳴蟬噪　あめいせんそう……三
阿諛追従　あゆついしょう……二
阿頼耶識　あらやしき……二
暗雲低迷　あんうんていめい……一三
安居楽業　あんきょらくぎょう……二〇
暗香疎影　あんこうそえい……一三
安車蒲輪　あんしゃほりん……二〇
安心立命　あんしんりつめい……二〇
暗送秋波　あんそうしゅうは……一三
安宅正路　あんたくせいろ……二〇
暗中飛躍　あんちゅうひやく……一三
暗中模索　あんちゅうもさく……一三
安養浄土　あんにょうじょうど……二〇
安寧秩序　あんねいちつじょ……二〇
安穏無事　あんのんぶじ……二〇
安分守己　あんぶんしゅき……二
安楽浄土　あんらくじょうど……二
唯唯諾諾　いいだくだく……一五〇五
易往易行　いおういぎょう……九〇
衣冠盛事　いかんせいじ……二六
遺憾千万　いかんせんばん……二八
衣冠束帯　いかんそくたい……二六
意気軒昂　いきけんこう……二五
意気自如　いきじじょ……二五
意気消沈　いきしょうちん……二五
意気衝天　いきしょうてん……二五
意気阻喪　いきそそう……二五
意気投合　いきとうごう……二五
意気揚揚　いきようよう……二五
衣錦尚絅　いきんしょうけい……二六
郁郁青青　いくいくせいせい……四二
異口同音　いくどうおん……二三
夷険一節　いけんいっせつ……二五
異国情緒　いこくじょうちょ……二三
意在言外　いざいげんがい……二五
意志薄弱　いしはくじゃく……二五
遺臭万載　いしゅうばんさい……二九
医食同源　いしょくどうげん……二七
以身殉利　いしんじゅんり……二五
以心伝心　いしんでんしん……二五
衣帯中賛　いたいちゅうさん……二六
異体同心　いたいどうしん……二三
衣帯不解　いたいふかい……二六
異端邪説　いたんじゃせつ……二三
一意攻苦　いちいこうく……四四
一意専心　いちいせんしん……四四
一衣帯水　いちいたいすい……四四
一韻到底　いちいんとうてい……四四
一栄一辱　いちえいいちじょく……四四
一往一来　いちおういちらい……四四
一月三舟　いちがつさんしゅう……四四
一牛鳴地　いちぎゅうめいち……四五
一言一行　いちげんいっこう……四五
一言居士　いちげんこじ……四五
一元描写　いちげんびょうしゃ……四五
一期一会　いちごいちえ……四五
一伍一什　いちごいちじゅう……四五

一業所感　いちごうしょかん……四五
一言半句　いちごんはんく……四五
一言芳恩　いちごんほうおん……四五
一字三礼　いちじさんらい……四五
一字千金　いちじせんきん……四五
一日千秋　いちじつせんしゅう……四五
一字不説　いちじふせつ……四六
一汁一菜　いちじゅういっさい……四六
一樹百穫　いちじゅひゃっかく……四六
一上一下　いちじょういちげ……四六
一場春夢　いちじょうのしゅんむ……四六
一時流行　いちじりゅうこう……四五
一新紀元　いちしんきげん……四六
一塵法界　いちじんほっかい……四六
一族郎党　いちぞくろうとう……四六
一大決心　いちだいけっしん……四六
一諾千金　いちだくせんきん……四六
一団和気　いちだんのわき……四六
一読三嘆　いちどくさんたん……四六
一人当千　いちにんとうせん……四七
一念発起　いちねんほっき……四七
一暴十寒　いちばくじっかん……四七
一罰百戒　いちばつひゃっかい……四七
一病息災　いちびょうそくさい……四七
一部始終　いちぶしじゅう……四七
一別以来　いちべついらい……四七
一望千頃　いちぼうせんけい……四七
一望無垠　いちぼうむぎん……四七
一木一草　いちぼくいっそう……四七
一枚看板　いちまいかんばん……四七
一味同心　いちみどうしん……四七
一味徒党　いちみととう……四七
一網打尽　いちもうだじん……四七
一毛不抜　いちもうふばつ……四七
一目十行　いちもくじゅうぎょう……四七
一目瞭然　いちもくりょうぜん……四八
一問一答　いちもんいっとう……四八
一文半銭　いちもんはんせん……四八
一文不通　いちもんふつう……四八
一夜十起　いちやじっき……四八
一遊一予　いちゆういちよ……四八
一葉知秋　いちようちしゅう……四八
一陽来復　いちようらいふく……四八
一利一害　いちりいちがい……四八
一粒万倍　いちりゅうまんばい……四八
一了百了　いちりょうひゃくりょう……四八
一蓮托生　いちれんたくしょう……四八
一労永逸　いちろうえいいつ……四八
一路平安　いちろへいあん……四九
一攫千金　いっかくせんきん……四九
一家眷族　いっかけんぞく……四九
一家団欒　いっかだんらん……四九
一喜一憂　いっきいちゆう……四九
一気呵成　いっきかせい……四九
一騎当千　いっきとうせん……四九
一球入魂　いっきゅうにゅうこん……五〇
一虚一盈　いっきょいちえい……五〇
一挙一動　いっきょいちどう……五〇
一挙両失　いっきょりょうしつ……五〇
一挙両得　いっきょりょうとく……五〇
一件落着　いっけんらくちゃく……五〇
一口両舌　いっこうりょうぜつ……五〇
一刻千金　いっこくせんきん……五〇
一顧傾城　いっこけいせい……五〇
一切合切　いっさいがっさい……五〇
一切衆生　いっさいしゅじょう……五〇
一死七生　いっししちしょう……五一
一子相伝　いっしそうでん……五一
一視同仁　いっしどうじん……五一
一紙半銭　いっしはんせん……五一
一死報国　いっしほうこく……五一
一瀉千里　いっしゃせんり……五一
一宿一飯　いっしゅくいっぱん……五一
一觴一詠　いっしょういちえい……五一
一生懸命　いっしょうけんめい……五一
一唱三嘆　いっしょうさんたん……五一
一笑千金　いっしょうせんきん……五一
一触即発　いっしょくそくはつ……五一
一進一退　いっしんいったい……五一
一心一徳　いっしんいっとく……五一
一心同体　いっしんどうたい……五一
一心不乱　いっしんふらん……五一
一酔千日　いっすいせんにち……五二
一寸丹心　いっすんのたんしん……五二
一世一代　いっせいちだい……五二
一石二鳥　いっせきにちょう……五二
一殺多生　いっせつたしょう……五二
一銭一厘　いっせんいちりん……五二
一体分身　いったいぶんしん……五二
一治一乱　いっちいちらん……五三
一知半解　いっちはんかい……五三
一張一弛　いっちょういっし……五三
一朝一夕　いっちょういっせき……五三
一長一短　いっちょういったん……五三
一超直入　いっちょうじきにゅう……五三
一朝富貴　いっちょうふうき……五三
一擲千金　いってきせんきん……五三
一点一画　いってんいっかく……五三
一天四海　いってんしかい……五三
一天万乗　いってんばんじょう……五三
一刀三礼　いっとうさんらい……五三
一刀両断　いっとうりょうだん……五三
一得一失　いっとくいっしつ……五四
一徳一心　いっとくいっしん

付録

▼一心一徳……五一
一登竜門　いっとうりゅうもん……五四
一飯千金　いっぱんせんきん……五四
一筆抹殺　いっぴつまっさつ……五四
一顰一笑　いっぴんいっしょう……五四
一碧万頃　いっぺきばんけい……五四
一片氷心　いっぺんひょうしん……五四
意到筆随　いとうひつずい……三六
以毒制毒　いどくせいどく……二五
意馬心猿　いばしんえん……三六
衣鉢相伝　いはつそうでん……二六
夷蛮戎狄　いばんじゅうてき……二六
萎靡沈滞　いびちんたい……二四
移風易俗　いふうえきぞく……二四
遺風残香　いふうざんこう……三九
威風堂堂　いふうどうどう……二九
緯武経文　いぶけいぶん……四〇
韋編三絶　いへんさんぜつ……二一
意味深長　いみしんちょう……三六
異類中行　いるいちゅうぎょう……三三
異路同帰　いろどうき……三三
陰陰滅滅　いんいんめつめつ……六五
飲灰洗胃　いんかいせんい……六六
因果応報　いんがおうほう……六三
飲河満腹　いんかまんぷく……六七
因機説法　いんきせっぽう……六三
韻鏡十年　いんきょうじゅうねん……六八
慇懃無礼　いんぎんぶれい……六七
飲至策勲　いんしさっくん……六七
因循姑息　いんじゅんこそく……六三
因小失大　いんしょうしつだい……六三
印象批評　いんしょうひひょう……六二
飲水思源　いんすいしげん……六七
隠忍自重　いんにんじちょう……六八
陰陽五行　いんようごぎょう……六五
有為転変　ういてんぺん……一五〇六
烏焉魯魚　うえんろぎょ……七二
右往左往　うおうさおう……六九
雨過天晴　うかてんせい……七一
羽化登仙　うかとうせん……六九
雨奇晴好　うきせいこう……七一
禹行舜趨　うこうしゅんすう……七二
右顧左眄　うこさべん……六九
有財餓鬼　うざいがき……一五〇六
有相無相　うそうむそう……一五〇七
有象無象　うぞうむぞう……一五〇七
内股膏薬　うちまたごうやく……一一八四
有頂天外　うちょうてんがい……一五〇七
烏兎匆匆　うとそうそう……七三
海千山千　うみせんやません……一七五
有無相生　うむそうせい……一五〇七
有耶無耶　うやむや……一五〇七
紆余曲折　うよきょくせつ……七二
雨露霜雪　うろそうせつ……七二
雲煙過眼　うんえんかがん……八一
雲煙縹渺　うんえんひょうびょう……八一
運斤成風　うんきんせいふう……八〇
雲行雨施　うんこううし……八一
雲合霧集　うんごうむしゅう……八一
雲散霧消　うんさんむしょう……八一
雲集霧散　うんしゅうむさん……八二
雲壌月鼈　うんじょうげつべつ……八二
雲蒸竜変　うんじょうりょうへん……八二
雲心月性　うんしんげっせい……八二
雲泥万里　うんでいばんり……八二
運否天賦　うんぷてんぷ……八一
雲竜井蛙　うんりゅうせいあ……八二
永永無窮　えいえいむきゅう……八四
栄華秀英　えいかしゅうえい……八六
英華発外　えいかはつがい……八五
永劫回帰　えいごうかいき……八四
栄枯盛衰　えいこせいすい……八六
永字八法　えいじはっぽう……八四
英俊豪傑　えいしゅんごうけつ……八五
郢書燕説　えいしょえんせつ……八六
永垂不朽　えいすいふきゅう……八四
永代供養　えいたいくよう……八四
英雄欺人　えいゆうぎじん……八五
栄耀栄華　えいようえいが……八六
慧可断臂　えかだんぴ……四〇〇
益者三友　えきしゃさんゆう……九一
易姓革命　えきせいかくめい……九〇
依怙贔屓　えこひいき……二八
会者定離　えしゃじょうり……一六七
得手勝手　えてかって……一一七〇
蜿蜒長蛇　えんえんちょうだ……一〇五
燕頷虎頸　えんがんこけい……一〇七
燕頷投筆　えんがんとうひつ……一〇七
延頸挙踵　えんけいきょしょう……九六
遠交近攻　えんこうきんこう……一〇三
円頂黒衣　えんちょうこくい……九五
円転滑脱　えんてんかつだつ……九六
鉛刀一割　えんとういっかつ……一〇四
円頭方足　えんとうほうそく……九六
延年転寿　えんねんてんじゅ……九七
煙波縹渺　えんぱひょうびょう……一〇二
鳶飛魚躍　えんぴぎょやく……一〇六
偃武修文　えんぶしゅうぶん……九九
婉娩聴従　えんべんちょうじゅう……九九
円木警枕　えんぼくけいちん……九六
円満具足　えんまんぐそく……九六
衍曼流爛　えんまんりゅうらん……九八
延命息災　えんめいそくさい……九七
遠慮会釈　えんりょえしゃく……一〇三

遠慮近憂 えんりょきんゆう……一〇三
嘔唖嘲哳 おうあちょうたつ……一一六
桜花爛漫 おうからんまん……一一五
応機接物 おうきせつもつ……一一二
応急措置 おうきゅうそち……一一二
横行闊歩 おうこうかっぽ……一一七
往古来今 おうこらいこん……一一三
往生素懐 おうじょうそかい……一一三
王政復古 おうせいふっこ……一一一
王道楽土 おうどうらくど……一一一
椀飯振舞 おうばんぶるまい……一六三
応病与薬 おうびょうよやく……一一二
枉法徇私 おうほうじゅんし……一一四
大盤振舞 おおばんぶるまい……九八九
大風呂敷 おおぶろしき……九八九
岡目八目 おかめはちもく……一一〇
傍目八目 おかめはちもく……一四一九
屋梁落月 おくりょうらくげつ……一二一
恩威並行 おんいへいこう……一二九
温厚篤実 おんこうとくじつ……一三〇
温故知新 おんこちしん……一三〇
温柔敦厚 おんじゅうとんこう……一二一
怨親平等 おんしんびょうどう……九八
音信不通 おんしんふつう……一二九
温凊定省 おんせいていせい……一二一
怨憎会苦 おんぞうえく……九八
音吐朗朗 おんとろうろう……一二九
乳母日傘 おんばひがさ……一二〇一
厭離穢土 おんりえど……一〇五

◆か行

解衣推食 かいいすいしょく……一八二
改過自新 かいかじしん……一七一
海闊天空 かいかつてんくう……一七五
開巻有益 かいかんゆうえき……一八〇
開眼供養 かいげんくよう……一八〇
開口一番 かいこういちばん……一八〇
外交辞令 がいこうじれい……一八八
外巧内嫉 がいこうないしつ……一八八
回光反照 かいこうへんしょう……一六八
回山倒海 かいざんとうかい……一六八
海市蜃楼 かいししんろう……一七五
鎧袖一触 がいしゅういっしょく……一九三
外柔内剛 がいじゅうないごう……一八八
下意上達 かいじょうたつ……一三
開心見誠 かいしんけんせい……一八〇
灰心喪気 かいしんそうき……一七〇
海誓山盟 かいせいさんめい……一七五
階前万里 かいぜんばんり……一八一
海内無双 かいだいむそう……一七六
街談巷説 がいだんこうせつ……一九一
回天事業 かいてんじぎょう……一六九
改頭換面 かいとうかんめん……一七一
開物成務 かいぶつせいむ……一八〇
槐門棘路 かいもんきょくろ……一八三
怪力乱神 かいりきらんしん……一七三
偕老同穴 かいろうどうけつ……一七八
薤露蒿里 かいろこうり……一八五
夏雲奇峰 かうんきほう……一四八
下学上達 かがくじょうたつ……一三
呵呵大笑 かかたいしょう……一四四
夏下冬上 かかとうじょう……一四八
家給人足 かきゅうじんそく……一四九
科挙圧巻 かきょあっかん ▼圧巻……一四
隔岸観火 かくがんかんか……二〇〇
各人各様 かくじんかくよう……一九六
廓然大公 かくぜんたいこう……二〇一
格致日新 かくちにっしん……一九八
学知利行 がくちりこう……二〇四
鶴髪童顔 かくはつどうがん……一〇八七
格物致知 かくぶつちち……一九八
鶴立企佇 かくりつきちょ……一〇八七
嫁鶏随鶏 かけいずいけい……一五五
家鶏野鶩 かけいやぼく……一五〇
花紅柳緑 かこうりゅうりょく……一四二
河山帯礪 かざんたいれい……一四五
加持祈禱 かじきとう……一三七
家常茶飯 かじょうさはん……一五〇
過剰防衛 かじょうぼうえい……一五四
画脂鏤氷 がしろうひょう……一六三
臥薪嘗胆 がしんしょうたん……一六四
雅人深致 がじんしんち……一六六
佳人薄命 かじんはくめい……一四四
嘉辰令月 かしんれいげつ……一五六
雅俗折衷 がぞくせっちゅう……一六六
画蛇添足 がだてんそく……一六三
夏虫疑氷 かちゅうぎひょう……一四八
花朝月夕 かちょうげっせき……一四二
花鳥諷詠 かちょうふうえい……一四二
花鳥風月 かちょうふうげつ……一四二
隔靴掻痒 かっかそうよう……二〇〇
確固不抜 かっこふばつ……二〇二
活殺自在 かっさつじざい……二一二
合従連衡 がっしょうれんこう……五一九
豁然大悟 かつぜんたいご……二一六
闊達自在 かったつじざい……二一六
活潑潑地 かっぱつはっち……二一二
我田引水 がでんいんすい……一六二
寡頭政治 かとうせいじ……一五七
家徒四壁 かとしへき……一五〇
河図洛書 かとらくしょ……一四六
禍福倚伏 かふくいふく……一五六
禍福得喪 かふくとくそう……一五六
寡聞少見 かぶんしょうけん……一五七

我武者羅　がむしゃら……一六三
下陵上替　かりょうじょうたい……一三三
画竜点睛　がりょうてんせい……一六四
迦陵頻伽　かりょうびんが……一四八
臥竜鳳雛　がりょうほうすう
▼伏竜鳳雛（ふくりょうほうすう）……一三四二
寡廉鮮恥　かれんせんち……一五七
苛斂誅求　かれんちゅうきゅう……一四七
夏炉冬扇　かろとうせん……一四八
閑雲野鶴　かんうんやかく……二三九
檻猿籠鳥　かんえんろうちょう
▼籠鳥檻猿……一六二〇
感慨無量　かんがいむりょう……二四一
鰥寡孤独　かんかこどく……二五二
轗軻不遇　かんかふぐう……二五一
侃侃諤諤　かんかんがくがく……二三六
観感興起　かんかんこうき……二五〇
官官接待　かんかんせったい……二一七
緩急自在　かんきゅうじざい……二四六
汗牛充棟　かんぎゅうじゅうとう……二三四
管窺蠡測　かんきれいそく……二四三
甘言蜜語　かんげんみつご……二一三
頑固一徹　がんこいってつ……二五六
眼光炯炯　がんこうけいけい……二五五
顔厚忸怩　がんこうじくじ……二五七
眼高手低　がんこうしゅてい……二五五
寒江独釣　かんこうどくちょう……二三五
換骨奪胎　かんこつだったい……二三六
冠婚葬祭　かんこんそうさい……二一八
寒山拾得　かんざんじっとく……二三五
干将莫邪　かんしょうばくや……二三一
寛仁大度　かんじんたいど……二四〇
冠前絶後　かんぜんぜつご……二一八
勧善懲悪　かんぜんちょうあく……二四〇
完全無欠　かんぜんむけつ……二二五
官尊民卑　かんそんみんぴ……二一七
寒煖饑飽　かんだんきほう……二三六
管仲随馬　かんちゅうずいば……二四三
歓天喜地　かんてんきち……二四五
環堵蕭然　かんとしょうぜん……二四八
艱難辛苦　かんなんしんく……二四九
奸佞邪智　かんねいじゃち……二三三
玩物喪志　がんぶつそうし……二五四
感奮興起　かんぷんこうき……二四二
含哺鼓腹　がんぽこふく……二五三
頑迷固陋　がんめいころう……二五七
頑冥不霊　がんめいふれい……二五七
冠履倒易　かんりとうえき……二一八
閑話休題　かんわきゅうだい……二四〇
気韻生動　きいんせいどう……二六一
気宇壮大　きうそうだい……二六一
帰依三宝　きえさんぼう……二六八
気炎万丈　きえんばんじょう……二六一
祇園精舎　ぎおんしょうじゃ……二八七
奇怪千万　きかいせんばん……二六五
危機一髪　ききいっぱつ……二六〇
奇奇怪怪　ききかいかい……二六五
規矩準縄　きくじゅんじょう……二七四
危言危行　きげんきこう……二六〇
貴顕紳士　きけんしんし……二七八
鬼哭啾啾　きこくしゅうしゅう……二七二
旗鼓堂堂　きこどうどう……二八〇
奇策妙計　きさくみょうけい……二六五
起死回生　きしかいせい……二七一
旗幟鮮明　きしせんめい……二八〇
貴耳賤目　きじせんもく
▼耳を貴び目を賤（いや）しむ……六三〇
疑事無功　ぎじむこう……二八九
鬼出電入　きしゅつでんにゅう……二七二
起承転結　きしょうてんけつ……二七一
喜色満面　きしょくまんめん……二七六
気随気儘　きずいきまま……二六二
規制緩和　きせいかんわ……二七五
奇想天外　きそうてんがい……二六五
気息奄奄　きそくえんえん……二六二
機知機略　きちきりゃく……二八三
機知縦横　きちじゅうおう……二八三
鞠躬尽瘁　きっきゅうじんすい……二九三
吉凶禍福　きっきょうかふく……二九四
喜怒哀楽　きどあいらく……二七六
耆婆扁鵲　ぎばへんじゃく……二六九
帰馬放牛　きばほうぎゅう
▼牛を桃林の野に放つ……三一三
帰命頂礼　きみょうちょうらい……二六九
鬼面仏心　きめんぶっしん……二七二
亀毛兎角　きもうとかく……二七五
逆取順守　ぎゃくしゅじゅんしゅ……二九八
脚下照顧　きゃっかしょうこ……二九八
牛飲馬食　ぎゅういんばしょく……三一三
旧雨今雨　きゅううこんう……三〇二
窮猿投林　きゅうえんとうりん……三一二
九夏三伏　きゅうかさんぷく……二九九
牛鬼蛇神　ぎゅうきだしん……三一三
牛驥同皁　ぎゅうきどうそう……三一三
鳩居鵲巣　きゅうきょじゃくそう……三一一
窮山幽谷　きゅうざんゆうこく……三一二
鳩首凝議　きゅうしゅぎょうぎ……三一一
救世済民　きゅうせいさいみん……三〇九
旧態依然　きゅうたいいぜん……三〇二
九腸寸断　きゅうちょうすんだん……三〇〇
九鼎大呂　きゅうていたいりょ……三〇〇
急転直下　きゅうてんちょっか……三〇七
旧套墨守　きゅうとうぼくしゅ……三〇二
窮途末路　きゅうとまつろ……三一二

窮年累世 きゅうねんるいせい……三一二
吸風飲露 きゅうふういんろ……三〇四
急流勇退 きゅうりゅうゆうたい……三〇七
鏡花水月 きょうかすいげつ……三四三
叫喚地獄 きょうかんじごく……三一八
強幹弱枝 きょうかんじゃくし……三三六
狂喜乱舞 きょうきらんぶ……三一九
胸襟秀麗 きょうきんしゅうれい……三三四
教外別伝 きょうげべつでん……三一八
狂言綺語 きょうげんきご……三一九
恐惶謹言 きょうこうきんげん……三三四
尭鼓舜木 ぎょうこしゅんぼく……三四五
行住坐臥 ぎょうじゅうざが……四八二
拱手傍観 きょうしゅぼうかん……三三二
協心戮力 きょうしんりくりょく……三三一
共存共栄 きょうそんきょうえい……三一七
驚天動地 きょうてんどうち……三四四
器用貧乏 きようびんぼう……二八一
尭風舜雨 ぎょうふうしゅんう……三四六
興味索然 きょうみさくぜん……五一三
興味津津 きょうみしんしん……五一三
狂瀾怒濤 きょうらんどとう……三一九
虚往実帰 きょおうじっき……三一七
挙棋不定 きょきふてい……三一七
虚気平心 きょきへいしん……三一七
虚虚実実 きょきょじつじつ……三一八
曲学阿世 きょくがくあせい……三四八
旭日昇天 きょくじつしょうてん……三四八
曲水流觴 きょくすいりゅうしょう……三四八
玉石混淆 ぎょくせきこんこう……三五一
玉石同砕 ぎょくせきどうさい……三五一
跼天蹐地 きょくてんせきち……三五〇
曲突徙薪 きょくとつししん……三四八
居敬窮理 きょけいきゅうり……三一五
挙国一致 きょこくいっち……三一七
挙止進退 きょししんたい……三一七
虚実皮膜 きょじつひまく……三一八
虚心坦懐 きょしんたんかい……三一八
虚静恬淡 きょせいてんたん……三一八
挙足軽重 きょそくけいちょう……三一七
挙措失当 きょそしっとう……三一七
居中調停 きょちゅうちょうてい……三一六
玉昆金友 ぎょっこんきんゆう……三五一
虚堂懸鏡 きょどうけんきょう……三一八
毀誉褒貶 きよほうへん……二七九
魚網鴻離 ぎょもうこうり……三三一
魚目燕石 ぎょもくえんせき……三三一
虚霊不昧 きょれいふまい……三一八
機略縦横 きりゃくじゅうおう……二八三
岐路亡羊 きろぼうよう
▼亡羊の嘆……一四一三
▼多岐亡羊……九七〇
議論百出 ぎろんひゃくしゅつ……二九二
錦衣玉食 きんいぎょくしょく……三六三
金烏玉兎 きんうぎょくと……三五六
金甌無欠 きんおうむけつ……三五六
金科玉条 きんかぎょくじょう……三五六
欣喜雀躍 きんきじゃくやく……三五五
琴棋書画 きんきしょが……三六〇
謹厳実直 きんげんじっちょく……三六四
勤倹尚武 きんけんしょうぶ……三六〇
勤倹力行 きんけんりっこう……三六〇
近郷近在 きんごうきんざい……三五四
金口木舌 きんこうぼくぜつ……三五七
緊褌一番 きんこんいちばん……三六三
金枝玉葉 きんしぎょくよう……三五七
禽獣夷狄 きんじゅういてき……三六二
金城鉄壁 きんじょうてっぺき……三五七
金城湯池 きんじょうとうち……三五七
近所合壁 きんじょがっぺき……三五四
錦心繍口 きんしんしゅうこう……三六三
金声玉振 きんせいぎょくしん……三五七
金殿玉楼 きんでんぎょくろう……三五七
金襴緞子 きんらんどんす……三五八
空空寂寂 くうくうじゃくじゃく……三七三
空空漠漠 くうくうばくばく……三七三
空前絶後 くうぜんぜつご……三七四
偶像崇拝 ぐうぞうすうはい……三七五
空即是色 くうそくぜしき……三七四
空中楼閣 くうちゅうろうかく……三七四
空理空論 くうりくうろん……三七四
苦学力行 くがくりっこう……三六七
盟神探湯 くかたち……一四七二
苦口婆心 くこうばしん……三六八
苦心惨憺 くしんさんたん……三六八
薬九層倍 くすりくそうばい……一四九八
狗尾続貂 くびぞくちょう……三六七
九分九厘 くぶくりん……三〇〇
愚問愚答 ぐもんぐとう……三七二
紅蓮地獄 ぐれんじごく……四九二
群疑満腹 ぐんぎまんぷく……三八五
群軽折軸 ぐんけいせつじく……三八五
君子万年 くんしばんねん……三八二
群集心理 ぐんしゅうしんり……三八五
群雄割拠 ぐんゆうかっきょ……三八五
鯨飲馬食 げいいんばしょく……四〇五
形影一如 けいえいいちにょ……三八七
軽裘肥馬 けいきゅうひば……三九七
軽挙妄動 けいきょもうどう……三九七
刑故無小 けいこむしょう……三八七
霓裳羽衣 げいしょううい……四〇五
経世済民 けいせいさいみん……三九四
軽諾寡信 けいだくかしん……三九七
形単影隻 けいたんえいせき……三八八

付録

軽佻浮薄　けいちょうふはく……三九七
敬天愛人　けいてんあいじん……三九六
桂殿蘭宮　けいでんらんきゅう……三九二
軽薄短小　けいはくたんしょう……三九七
軽妙洒脱　けいみょうしゃだつ……三九七
鶏鳴狗盗　けいめいくとう……四〇三
形名参同　けいめいさんどう……三八八
軽慮浅謀　けいりょせんぼう……三九七
外題学問　げだいがくもん……一八九
月下氷人　げっかひょうじん……四一五
結跏趺坐　けっかふざ……四一三
月卿雲客　げっけいうんかく……四一五
血脈貫通　けつみゃくかんつう……四一〇
兼愛交利　けんあいこうり……四二三
兼愛無私　けんあいむし……四二三
狷介孤高　けんかいここう……四二四
狷介固陋　けんかいころう……四二四
減価償却　げんかしょうきゃく……四四四
牽強付会　けんきょうふかい……四二五
懸軍万里　けんぐんばんり……四三七
喧喧囂囂　けんけんごうごう……四二六
見賢思斉　けんけんしせい……四一八
蹇蹇匪躬　けんけんひきゅう……四三五
拳拳服膺　けんけんふくよう……四二三
言行一致　げんこういっち……四四〇
堅甲利兵　けんこうりへい……四二七
乾坤一擲　けんこんいってき……二三三
減収減益　げんしゅうげんえき……四四四
現状維持　げんじょういじ……四四三
玄裳縞衣　げんしょうこうい……四三九
言笑自若　げんしょうじじゃく……四四〇
見性成仏　けんしょうじょうぶつ……四一八
厳正中立　げんせいちゅうりつ……四四五
阮籍青眼　げんせきせいがん……四四〇
現世利益　げんぜりやく……四四三
玄冬素雪　げんとうそせつ……四三九
捲土重来　けんどちょうらい……四二五
堅忍果決　けんにんかけつ……四二七
堅忍質直　けんにんしっちょく……四二七
堅忍不抜　けんにんふばつ……四二七
言文一致　げんぶんいっち……四四〇
権謀術数　けんぼうじゅっすう……四三三
肩摩轂撃　けんまこくげき……四二〇
賢明愚昧　けんめいぐまい……四三四
賢良方正　けんりょうほうせい……四三四
牽攣乖隔　けんれんかいかく……四二五
堅牢堅固　けんろうけんご……四二七
懸腕直筆　けんわんちょくひつ……四三七
香囲粉陣　こういふんじん……四九四
行雲流水　こううんりゅうすい……四八二
豪華絢爛　ごうかけんらん……五二三
膏火自煎　こうかじせん……五一一
効果覿面　こうかてきめん……四八六
高歌放吟　こうかほうぎん……四九九
合歓綢繆　ごうかんちゅうびゅう……五一九
傲岸不遜　ごうがんふそん……五二一
厚顔無恥　こうがんむち……四八九
剛毅果断　ごうきかだん……五二〇
綱紀粛正　こうきしゅくせい……五一一
好機到来　こうきとうらい……四八〇
剛毅木訥　ごうきぼくとつ……五二〇
黄絹幼婦　こうけんようふ……五〇四
巧言乱徳　こうげんらんとく……四七五
高材疾足　こうざいしっそく……四九九
光彩奪目　こうさいだつもく……四七八
幸災楽禍　こうさいらくか……四八六
光彩陸離　こうさいりくり……四七八
高山景行　こうざんけいこう……四九九
高山流水　こうざんりゅうすい……四九九
皓歯蛾眉　こうしがび……五〇六
口耳講説　こうじこうせつ……四七〇
口耳四寸　こうじしすん……四七〇
行尸走肉　こうしそうにく……四八二
行屎走尿　こうしそうにょう……四八三
曠日弥久　こうじつびきゅう……五一七
鉤縄規矩　こうじょうきく……五〇九
攻城野戦　こうじょうやせん……四八五
公序良俗　こうじょりょうぞく……四七二
嚆矢濫觴　こうしらんしょう……五一三
黄塵万丈　こうじんばんじょう……五〇四
考績幽明　こうせきゆうめい……四八二
広大無辺　こうだいむへん……四七五
宏大無辺　こうだいむへん
▼広大無辺……四七五
強談威迫　ごうだんいはく……三三七
高談雄弁　こうだんゆうべん……五〇〇
黄中内潤　こうちゅうないじゅん……五〇四
黄道吉日　こうどうきちにち……五〇四
交頭接耳　こうとうせつじ……四七七
荒唐無稽　こうとうむけい……四九四
紅灯緑酒　こうとうりょくしゅ……四九二
皇統連綿　こうとうれんめん……四九二
功徳兼隆　こうとくけんりゅう……四七四
狡兎三窟　こうとさんくつ……四九一
好評嘖嘖　こうひょうさくさく……四八〇
光風霽月　こうふうせいげつ……四七八
公平無私　こうへいむし……四七三
光芒一閃　こうぼういっせん……四七八
豪放磊落　ごうほうらいらく……五二三
槁木死灰　こうぼくしかい……五一〇
公明正大　こうめいせいだい……四七三
毫毛斧柯　ごうもうふか……五二一
紅毛碧眼　こうもうへきがん……四九二
洽覧深識　こうらんしんしき……四九一

膏粱子弟 こうりょうしてい……五一一
甲論乙駁 こうろんおつばく……四七七
高論卓説 こうろんたくせつ……五〇〇
孤影悄然 こえいしょうぜん……四五一
呉越同舟 ごえつどうしゅう……四六三
古往今来 こおうこんらい……四四七
狐疑逡巡 こぎしゅんじゅん……四五四
呼牛呼馬 こぎゅうこば……四四八
五行相剋 ごぎょうそうこく……四六〇
極悪非道 ごくあくひどう……三五〇
国士無双 こくしむそう……五二六
国色天香 こくしょくてんこう……五二六
黒風白雨 こくふうはくう……五二七
極楽往生 ごくらくおうじょう……三五〇
極楽浄土 ごくらくじょうど……三五〇
国利民福 こくりみんぷく……五二六
孤苦零丁 こくれいてい……四五一
刻露清秀 こくろせいしゅう……五二五
孤軍奮闘 こぐんふんとう……四五一
古今東西 ここんとうざい……四四七
古今独歩 ここんどっぽ……四四七
古今無双 ここんむそう……四四七
虎視眈眈 こしたんたん……四五〇
枯樹生華 こじゅせいか……四五三
後生大事 ごしょうだいじ……四六五
後生菩提 ごしょうぼだい……四六五
孤城落日 こじょうらくじつ……四五一
五濁悪世 ごじょくあくせ……四六一
古色蒼然 こしょくそうぜん……四四七
故事来歴 こじらいれき……四五二
牛頭馬頭 ごずめず……三一四
五臓六腑 ごぞうろっぷ……四六一
五体投地 ごたいとうち……四六一
誇大妄想 こだいもうそう……四五八
孤注一擲 こちゅういってき……四五一
克己復礼 こっきふくれい……五二四
刻苦勉励 こっくべんれい……五二五
滑稽洒脱 こっけいしゃだつ……二一五
五風十雨 ごふうじゅうう……四六一
鼓腹撃壌 こふくげきじょう……四五八
鼓舞激励 こぶげきれい……四五八
孤峰絶岸 こほうぜつがん……四五二
枯木寒巌 こぼくかんがん……四五三
枯木死灰 こぼくしかい……四五三
孤立無援 こりつむえん……四五二
五里霧中 ごりむちゅう……四六一
五倫五常 ごりんごじょう……四六一
五倫十起 ごりんじっき……四六一
困苦欠乏 こんくけつぼう……五三五
欣求浄土 ごんぐじょうど……三五五
金剛不壊 こんごうふえ……三五八
言語道断 ごんごどうだん……四四〇
今是昨非 こんぜさくひ……五三四
渾然一体 こんぜんいったい……五三九
困知勉行 こんちべんこう……五三五
懇到切至 こんとうせっし……五四〇

◆さ行

斎戒沐浴 さいかいもくよく……五五六
採花汲水 さいかきっすい……五五三
歳寒三友 さいかんさんゆう……五五九
才気煥発 さいきかんぱつ……五四九
罪業消滅 ざいごうしょうめつ……五六三
在在所所 ざいざいしょしょ……五六一
再三再四 さいさんさいし……五四九
才子佳人 さいしかじん……五四九
在邇求遠 ざいじきゅうえん……五六一
妻子眷族 さいしけんぞく……五五〇
才子多病 さいしたびょう……五四九
載舟覆舟 さいしゅうふくしゅう……五五九
才色兼備 さいしょくけんび……五四九
祭政一致 さいせいいっち……五五四
載籍浩瀚 さいせきこうかん……五六〇
灑掃応対 さいそうおうたい……五六一
裁断批評 さいだんひひょう……五五七
採長補短 さいちょうほたん……五五三
才徳兼備 さいとくけんび……五四九
西方浄土 さいほうじょうど……八五一
菜圃麦隴 さいほばくろう……五五六
豺狼当路 さいろうとうろ……五五二
坐臥行歩 ざがこうほ……五四七
作史三長 さくしさんちょう……五六五
削足適履 さくそくてきり……五六五
昨非今是 さくひこんぜ……五六六
作文三上 さくぶんさんじょう……五六五
鑿壁偸光 さくへきとうこう……五六九
左顧右眄 さこうべん
▼右顧左眄 うこさべん……六九
瑣砕細膩 ささいさいじ……五四六
坐作進退 ざさしんたい……五四七
沙中偶語 さちゅうぐうご……五四三
察言観色 さつげんかんしき……五七二
左提右挈 さていゆうけつ……五四二
作礼而去 さらいにこ……五六五
沙羅双樹 さらそうじゅ……五四三
桟雲峡雨 さんうんきょうう……五八六
三界無安 さんがいむあん……五七六
三界流転 さんがいるてん……五七六
山河襟帯 さんがきんたい……五八一
三寒四温 さんかんしおん……五七七
山簡倒載 さんかんとうさい……五八一
三釁三浴 さんきんさんよく……五七七
三綱五常 さんこうごじょう……五七七
山高水長 さんこうすいちょう……五八一

残酷非道　ざんこくひどう……五九二
三三五五　さんさんごご……五七七
残山剰水　ざんざんじょうすい……五九二
三思後行　さんしこうこう……五七七
山紫水明　さんしすいめい……五八一
三者三様　さんしゃさんよう……五七八
三者鼎談　さんしゃていだん……五七八
斬新奇抜　ざんしんきばつ……五九三
三千世界　さんぜんせかい……五七八
讒諂面諛　ざんてんめんゆ……五九四
残忍酷薄　ざんにんこくはく……五九二
残念無念　ざんねんむねん……五九二
三拝九拝　さんぱいきゅうはい……五七九
三百代言　さんびゃくだいげん……五七九
三平二満　さんぺいじまん……五七九
残編断簡　ざんぺんだんかん……五九二
三位一体　さんみいったい……五八〇
三面六臂　さんめんろっぴ……五八〇
山容水態　さんようすいたい……五八二
三令五申　さんれいごしん……五八〇
詩歌管弦　しいかかんげん……六二三
尸位素餐　しいそさん……五九六
四海兄弟　しかいけいてい……六〇〇
死灰復然　しかいふくねん……六〇四
自画自賛　じがじさん……六三〇
自家撞着　じかどうちゃく……六三〇

只管打坐　しかんたざ……五九九
時期尚早　じきしょうそう……六三七
色即是空　しきそくぜくう……七八一
自給自足　じきゅうじそく……六三二
至恭至順　しきょうしじゅん……六〇六
四衢八街　しくはちがい……六〇〇
四苦八苦　しくはっく……六〇〇
舳艫千里　じくろせんり……六四三
子建八斗　しけんはっと……五九六
自己暗示　じこあんじ……六三二
試行錯誤　しこうさくご……六二三
自業自得　じごうじとく……六三二
至公至平　しこうしへい……六〇六
四荒八極　しこうはっきょく……六〇〇
自己嫌悪　じこけんお……六三二
自己顕示　じこけんじ……六三二
事後承諾　じごしょうだく……六三四
自己批判　じこひはん……六三二
自己満足　じこまんぞく……六三二
自己矛盾　じこむじゅん……六三二
士魂商才　しこんしょうさい……五九五
思索生知　しさくせいち……六一二
屍山血河　しざんけつが……六一一
時時刻刻　じじこくこく……六三七
志士仁人　ししじんじん……六〇七
師資相承　ししそうしょう……六一四

子子孫孫　ししそんそん……五九六
事実無根　じじつむこん……六三四
事事物物　じじぶつぶつ……六三四
獅子奮迅　ししふんじん……六一三
刺字漫滅　しじまんめつ……六〇九
四十九日　しじゅうくにち……六〇〇
四十八手　しじゅうはって……六〇〇
自粛自戒　じしゅくじかい……六三二
自縄自縛　じじょうじばく……六三二
紙上談兵　しじょうだんぺい……六一六
事上磨錬　じじょうまれん……六三四
四書五経　ししょごきょう……六〇〇
死屍累累　ししるいるい……六〇四
四神相応　しじんそうおう……六〇〇
自然淘汰　しぜんとうた……六三二
志操堅固　しそうけんご……六〇七
志大才疎　しだいさいそ……六〇七
時代錯誤　じだいさくご……六三七
至大至剛　しだいしごう……六〇六
舌先三寸　したさきさんずん……八八九
七嘴八舌　しちしはちぜつ……六四四
七縦七擒　しちしょうしちきん……六四五
七転八倒　しちてんばっとう……六四五
七顛八倒　しちてんばっとう
▼七転八倒……六四五
七堂伽藍　しちどうがらん……六四五

七難九厄　しちなんくやく……六四五
視聴言動　しちょうげんどう……六一八
四鳥別離　しちょうべつり……六〇一
七里結界　しちりけっかい……六四五
四通八達　しつうはったつ……六〇一
悉皆成仏　しっかいじょうぶつ……六四八
質疑応答　しつぎおうとう……六五〇
十死一生　じっしいっしょう……六九九
実事求是　じつじきゅうぜ……六五一
質実剛健　しつじつごうけん……六五〇
失笑噴飯　しっしょうふんぱん……六四六
実践躬行　じっせんきゅうこう……六五二
叱咤激励　しったげきれい……六四六
十中八九　じっちゅうはっく……六九九
七珍万宝　しっちんまんぽう……六四五
疾風勁草　しっぷうけいそう……六四八
十風五雨　じっぷうごう……六九九
疾風迅雷　しっぷうじんらい……六四八
疾風怒濤　しっぷうどとう……六四八
櫛風沐雨　しっぷうもくう……六五一
失望落胆　しつぼうらくたん……六四七
紫電一閃　しでんいっせん……六二〇
紫電清霜　しでんせいそう……六二〇
自然法爾　じねんほうに……六三二
士農工商　しのうこうしょう……五九五
四百四病　しひゃくしびょう……六〇一

雌伏雄飛　しふくゆうひ……六二五
四分五裂　しぶんごれつ……六〇一
自暴自棄　じぼうじき……六三三
四方八方　しほうはっぽう……六〇一
慈母敗子　じぼはいし……六三九
揣摩臆測　しまおくそく……六一八
七五三縄　しめなわ……六四五
四面楚歌　しめんそか……六〇一
自問自答　じもんじとう……六三三
四門出遊　しもんしゅつゆう……六〇一
釈眼儒心　しゃくがんじゅしん……六六五
釈近謀遠　しゃくきんぼうえん……六六五
釈根灌枝　しゃくこんかんし……六六五
杓子定規　しゃくしじょうぎ……六六三
弱肉強食　じゃくにくきょうしょく……六六七
寂滅為楽　じゃくめついらく……六六八
車蛍孫雪　しゃけいそんせつ……六五六
車載斗量　しゃさいとりょう……六五六
奢侈文弱　しゃしぶんじゃく……六五九
洒洒落落　しゃしゃらくらく……五五一
舎短取長　しゃたんしゅちょう……六五六
寂光浄土　じゃっこうじょうど……六六八
遮二無二　しゃにむに……六六〇
舎本逐末　しゃほんちくまつ……六五六
縦横無尽　じゅうおうむじん……七〇六
秀外恵中　しゅうがいけいちゅう……六八六
自由闊達　じゆうかったつ……六三三
羞花閉月　しゅうかへいげつ……六九二
衆議一決　しゅうぎいっけつ……六九四
愁苦辛勤　しゅうくしんきん……六九五
衆口一致　しゅうこういっち……六九四
重厚長大　じゅうこうちょうだい……七〇三
修己治人　しゅうこちじん……六八九
終始一貫　しゅうしいっかん……六九一
自由自在　じゆうじざい……六三三
囚首喪面　しゅうしゅそうめん……六八五
袖手傍観　しゅうしゅぼうかん……六九〇
周章狼狽　しゅうしょうろうばい……六八六
衆人環視　しゅうじんかんし……六九四
十全十美　じゅうぜんじゅうび……六九九
秋霜三尺　しゅうそうさんじゃく……六八八
秋霜烈日　しゅうそうれつじつ……六八九
周知徹底　しゅうちてってい……六八六
舟中敵国　しゅうちゅうてきこく……六八五
縦塗横抹　じゅうとおうまつ……七〇六
終南捷径　しゅうなんしょうけい……六九一
十人十色　じゅうにんといろ……七〇〇
十年一剣　じゅうねんいっけん……七〇〇
十年一昔　じゅうねんひとむかし……七〇〇
秋風索莫　しゅうふうさくばく……六八九
自由奔放　じゆうほんぽう……六三三
十万億土　じゅうまんおくど……七〇〇
主客転倒　しゅかくてんとう……六七三
縮衣節食　しゅくいせっしょく……七〇九
熟思黙想　じゅくしもくそう……七一〇
縮地補天　しゅくちほてん……七一〇
熟読玩味　じゅくどくがんみ……七一一
夙夜夢寐　しゅくやむび……七〇六
熟慮断行　じゅくりょだんこう……七一一
樹下石上　じゅげせきじょう……六八三
取捨選択　しゅしゃせんたく……六七五
種種雑多　しゅじゅざった……六七九
守株待兎　しゅしゅたいと
▼株を守って兎(うさぎ)を待つ……二一八
衆生済度　しゅじょうさいど……六九四
朱唇皓歯　しゅしんこうし……六七五
首鼠両端　しゅそりょうたん……六七七
受胎告知　じゅたいこくち……六八一
酒池肉林　しゅちにくりん……六七九
出処進退　しゅっしょしんたい……七一二
殊塗同帰　しゅとどうき……六七七
酒嚢飯袋　しゅのうはんたい……六七九
首尾一貫　しゅびいっかん……六七七
手舞足踏　しゅぶそくとう……六七〇
春蛙秋蟬　しゅんあしゅうぜん……七一五
純一無雑　じゅんいつむざつ……七二〇
春寒料峭　しゅんかんりょうしょう……七一五
蓴羹鱸膾　じゅんこうろかい……七一三
春日遅遅　しゅんじつちち……七一五
春愁秋思　しゅんしゅうしゅうし……七一五
純真無垢　じゅんしんむく……七二〇
春風駘蕩　しゅんぷうたいとう……七一六
淳風美俗　じゅんぷうびぞく
▼醇風美俗(じゅんぷうびぞく)……七二三
醇風美俗　じゅんぷうびぞく……七二三
順風満帆　じゅんぷうまんぱん……七二一
遵養時晦　じゅんようじかい……七二三
春蘭秋菊　しゅんらんしゅうぎく……七一六
春和景明　しゅんわけいめい……七一六
叙位叙勲　じょいじょくん……七三五
上意下達　じょういかたつ……七六九
宵衣旰食　しょういかんしょく……七四六
情意投合　じょういとうごう……七七六
上援下推　じょうえんかすい……七六九
硝煙弾雨　しょうえんだんう……七五五
上下一心　じょうかいっしん……七六九
上下天光　しょうかてんこう……七六九
証拠隠滅　しょうこいんめつ……七五六
上行下効　じょうこうかこう……七六九
小国寡民　しょうこくかみん……七三九
城狐社鼠　じょうこしゃそ……七七三
生死事大　しょうじじだい……八四七
笑止千万　しょうしせんばん……七四九
盛者必衰　じょうしゃひっすい……八六二

生者必滅 しょうじゃひつめつ……八四八
常住坐臥 じょうじゅうざが……七七四
常住不断 じょうじゅうふだん……七七四
清浄寂滅 しょうじょうじゃくめつ……八六〇
情状酌量 じょうじょうしゃくりょう……七七六
生生世世 しょうじょうせぜ……八四八
相如四壁 しょうじょしへき……九三三
情緒纏綿 じょうしょてんめん……七七六
生死流転 しょうじるてん……八四八
焦唇乾舌 しょうしんかんぜつ……七五五
焦心苦慮 しょうしんくりょ……七五五
精進潔斎 しょうじんけっさい……八六六
正真正銘 しょうしんしょうめい……八四四
小心翼翼 しょうしんよくよく……七三九
少壮気鋭 しょうそうきえい……七四一
躡足附耳 じょうそくふじ……七八〇
祥月命日 しょうつきめいにち……七四九
常套手段 じょうとうしゅだん……七七五
焦頭爛額 しょうとうらんがく……七五五
笑比河清 しょうひかせい……七五〇
傷風敗俗 しょうふうはいぞく……七五八
嘯風弄月 しょうふうろうげつ……七六三
枝葉末節 しようまっせつ……六一〇
笑面夜叉 しょうめんやしゃ……七五〇
笑裏蔵刀 しょうりぞうとう……七五〇
小利大損 しょうりだいそん……七四〇
生老病死 しょうろうびょうし……八四八
諸行無常 しょぎょうむじょう……七三〇
食前方丈 しょくぜんほうじょう……七八二
初志貫徹 しょしかんてつ……七二四
諸子百家 しょしひゃっか……七三〇
諸説紛紛 しょせつふんぷん……七三〇
職権濫用 しょっけんらんよう……七八六
初転法輪 しょてんぼうりん……七二五
諸法無我 しょほうむが……七三〇
白河夜船 しらかわよふね……一二三四
芝蘭玉樹 しらんぎょくじゅ……六五三
自力更生 じりきこうせい……六三三
私利私欲 しりしよく……六〇八
至理名言 しりめいげん……六〇六
事理明白 じりめいはく……六三五
支離滅裂 しりめつれつ……五九七
思慮分別 しりょふんべつ……六一二
四六時中 しろくじちゅう……六〇一
人為淘汰 じんいとうた……八一二
神韻縹渺 しんいんひょうびょう……七九六
心猿意馬 しんえんいば
▼意馬心猿……三六
人海戦術 じんかいせんじゅつ……八一三
尋花問柳 じんかもんりゅう……八二〇
心願成就 しんがんじょうじゅ……七八九
心機一転 しんきいってん……七八九
心悸亢進 しんきこうしん……七八九
新鬼故鬼 しんきこき……八〇六
神機妙算 しんきみょうさん……七九七
身軽言微 しんけいげんび……七九二
人権蹂躙 じんけんじゅうりん……八一三
身言書判 しんげんしょはん……七九二
心慌意乱 しんこういらん……七八九
深溝高塁 しんこうこうるい……八〇二
神算鬼謀 しんさんきぼう……七九七
深山幽谷 しんざんゆうこく……八〇二
慎始敬終 しんしけいしゅう……八〇五
参差錯落 しんしさくらく……五八五
真実一路 しんじついちろ……八〇〇
人事不省 じんじふせい……八一三
唇歯輔車 しんしほしゃ……七九八
脣歯輔車 しんしほしゃ……八〇三
仁者無敵 じんしゃむてき……八一七
仁者楽山 じんしゃらくざん……八一七
進取果敢 しんしゅかかん……八〇四
神出鬼没 しんしゅつきぼつ……七九七
尋常一様 じんじょういちよう……八二〇
尋章摘句 じんしょうてきく……八二〇
信賞必罰 しんしょうひつばつ……七九五
針小棒大 しんしょうぼうだい……八〇一
神色自若 しんしょくじじゃく……七九七
心織筆耕 しんしょくひっこう……七九〇
身心一如 しんしんいちにょ……七九二
人心一新 じんしんいっしん……八一三
薪尽火滅 しんじんかめつ……八〇九
新進気鋭 しんしんきえい……八〇七
人心恟恟 じんしんきょうきょう……八一三
心神耗弱 しんしんこうじゃく……七九〇
人生行路 じんせいこうろ……八一三
人跡未踏 じんせきみとう……八一三
神仙思想 しんせんしそう……七九七
尽善尽美 じんぜんじんび……八一八
深層心理 しんそうしんり……八〇二
迅速果断 じんそくかだん……八一八
進退両難 しんたいりょうなん……八〇四
心地光明 しんちこうめい……七九〇
尽忠報国 じんちゅうほうこく……八一八
新陳代謝 しんちんたいしゃ……八〇七
震天動地 しんてんどうち……八〇九
神仏混交 しんぶつこんこう……七九七
深謀遠慮 しんぼうえんりょ……八〇二
心満意足 しんまんいそく……七九〇
人面獣心 じんめんじゅうしん……八一四
人面桃花 じんめんとうか……八一四
迅雷風烈 じんらいふうれつ……八一八
森羅万象 しんらばんしょう……八〇四
新涼灯火 しんりょうとうか……八〇七
深厲浅掲 しんれいせんけい……八〇三

辛労辛苦 しんくしんろう……七九四
吹影鏤塵 すいえいろうじん……八二七
随感随筆 ずいかんずいひつ……八三三
酔眼朦朧 すいがんもうろう……八三〇
随喜渇仰 ずいきかつごう……八三三
随宜所説 ずいぎしょせつ……八三三
炊金饌玉 すいきんせんぎょく……八二八
酔生夢死 すいせいむし……八三一
水村山郭 すいそんさんかく……八二四
翠帳紅閨 すいちょうこうけい……八三三
水天一碧 すいてんいっぺき……八二四
水天髣髴 すいてんほうふつ……八二四
垂頭喪気 すいとうそうき……八二八
随波逐流 ずいはちくりゅう……八三三
随類応同 ずいるいおうどう……八三四
趨炎附熱 すうえんふねつ……八三六
頭寒足熱 ずかんそくねつ……一一五
寸進尺退 すんしんしゃくたい……八四一
寸善尺魔 すんぜんしゃくま……八四一
寸草春暉 すんそうしゅんき……八四一
寸田尺宅 すんでんしゃくたく……八四一
寸馬豆人 すんばとうじん……八四一
寸歩不離 すんぽふり……八四一
晴雲秋月 せいうんしゅうげつ……八六三
精衛塡海 せいえいてんかい……八六六
清音幽韻 せいおんゆういん……八六〇
臍下丹田 せいかたんでん……八七〇
星火燎原 せいかりょうげん……八五七
誠歓誠喜 せいかんせいき……八六五
旌旗巻舒 せいきけんじょ……八五九
生寄死帰 せいきしき……八四八
生気潑溂 せいきはつらつ……八四八
精金良玉 せいきんりょうぎょく……八六六
晴好雨奇 せいこううき……八六三
晴耕雨読 せいこううどく……八六三
性行淑均 せいこうしゅくきん……八五四
誠惶誠恐 せいこうせいきょう……八六五
生殺与奪 せいさつよだつ……八四八
青山一髪 せいざんいっぱつ……八五六
青史汗簡 せいしかんかん……八五六
生死肉骨 せいしにくこつ……八四八
斉紫敗素 せいしはいそ……八五六
西施捧心 せいしほうしん……八五二
静寂閑雅 せいじゃくかんが……八六八
西戎東夷 せいじゅうとうい……八五二
清浄無垢 せいじょうむく……八六一
青松落色 せいしょうらくしょく……八五六
聖人君子 せいじんくんし……八六五
誠心誠意 せいしんせいい……八六六
精神統一 せいしんとういつ……八六七
聖人無夢 せいじんむむ……八六五
凄凄切切 せいせいせつせつ……八五九
清聖濁賢 せいせいだくけん……八六一
正正堂堂 せいせいどうどう……八四五
生生流転 せいせいるてん……八四八
井渫不食 せいせつふしょく……八四三
青銭万選 せいせんばんせん……八五六
贅沢三昧 ぜいたくざんまい……八七二
清淡虚無 せいたんきょむ……八六一
生知安行 せいちあんこう……八四九
青天白日 せいてんはくじつ……八五六
正当防衛 せいとうぼうえい……八四五
斉東野語 せいとうやご……八五六
盛徳大業 せいとくたいぎょう……八六二
聖読庸行 せいどくようこう……八六五
生呑活剝 せいどんかっぱく……八四九
清風故人 せいふうこじん……八六一
清風明月 せいふうめいげつ……八六一
精明強幹 せいめいきょうかん……八六七
星羅棋布 せいらきふ……八五八
生離死別 せいりしべつ……八四九
精力絶倫 せいりょくぜつりん……八六七
勢力伯仲 せいりょくはくちゅう……八六四
精励恪勤 せいれいかっきん……八六七
清廉潔白 せいれんけっぱく……八六一
世運隆替 せうんりゅうたい……八四三
積羽沈舟 せきうちんしゅう……八八〇
積厚流光 せきこうりゅうこう……八八〇
隻紙断絹 せきしだんけん……八七七
積日累久 せきじつるいきゅう……八八〇
碩師名人 せきしめいじん……八七九
赤手空拳 せきしゅくうけん……八七六
赤心奉国 せきしんほうこく……八七六
射石飲羽 せきせきいんう……六五七
責任転嫁 せきにんてんか……八七八
石破天驚 せきはてんきょう……八七四
隻履西帰 せきりせいき……八七七
是生滅法 ぜしょうめっぽう……八四二
是是非非 ぜぜひひ……八四二
雪月風花 せつげつふうか……八八六
接見応対 せっけんおうたい……八八四
節倹力行 せっけんりっこう……八八七
絶巧棄利 ぜっこうきり……八九〇
切磋琢磨 せっさたくま……八八二
切歯腐心 せっしふしん……八八二
切歯扼腕 せっしやくわん……八八二
摂取不捨 せっしゅふしゃ……八八七
殺生禁断 せっしょうきんだん……五七三
絶世独立 ぜっせいどくりつ……八九〇
絶体絶命 ぜったいぜつめい……八九〇
切問近思 せつもんきんし……八八二
雪裏清香 せつりせいこう……八八六
世道人心 せどうじんしん……八四四
是非曲直 ぜひきょくちょく……八四二

是非善悪　ぜひぜんあく……八四二
潜移暗化　せんいあんか……九〇七
善因善果　ぜんいんぜんか……九一六
扇影衣香　せんえいいこう……九〇一
遷客騒人　せんかくそうじん……九〇九
浅学菲才　せんがくひさい……八九九
先義後利　せんぎこうり……八九五
千客万来　せんきゃくばんらい……八九一
千軍万馬　せんぐんばんば……八九一
浅見短慮　せんけんたんりょ……八九九
千言万語　せんげんばんご……八九一
千呼万喚　せんこばんかん……八九一
千古不易　せんこふえき……八九一
前後不覚　ぜんごふかく……九一四
潜在意識　せんざいいしき……九〇八
千載一遇　せんざいいちぐう……八九一
仙才鬼才　せんさいきさい……八九四
千差万別　せんさばんべつ……八九一
千山万水　せんざんばんすい……八九一
仙姿玉質　せんしぎょくしつ……八九四
千思万考　せんしばんこう……八九一
千紫万紅　せんしばんこう……八九二
千姿万態　せんしばんたい……八九二
浅酌低唱　せんしゃくていしょう……九〇〇
千秋万歳　せんしゅうばんざい……八九二
千乗万騎　せんじょうばんき……八九二
禅譲放伐　ぜんじょうほうばつ……九一七
千緒万端　せんしょばんたん……八九二
全身全霊　ぜんしんぜんれい……九一三
千辛万苦　せんしんばんく……八九二
前人未到　ぜんじんみとう……九一五
千秋万歳　せんずまんざい……八九二
先制攻撃　せんせいこうげき……八九六
全生全帰　ぜんせいぜんき……九一三
先聖先師　せんせいせんし……八九六
泉石膏肓　せんせきこうこう……九〇〇
戦戦恐恐　せんせんきょうきょう……九〇四
戦戦兢兢　せんせんきょうきょう　▼戦戦恐恐……九〇四
蟬噪蛙鳴　せんそうあめい　▼蛙鳴蟬噪……三
千村万落　せんそんばんらく……八九二
前代未聞　ぜんだいみもん……九一五
先知先覚　せんちせんがく……八九六
全知全能　ぜんちぜんのう……九一四
扇枕温被　せんちんおんぴ……九〇一
前程万里　ぜんていばんり……九一五
先手必勝　せんてひっしょう……八九六
前途多難　ぜんとたなん……九一五
前途有望　ぜんとゆうぼう……九一五
前途洋洋　ぜんとようよう……九一五
先難後獲　せんなんこうかく……八九六
善男善女　ぜんなんぜんにょ……九一六
漸入佳境　ぜんにゅうかきょう……九一八
全豹一斑　ぜんぴょういっぱん……九一四
仙風道骨　せんぷうどうこつ……八九四
千篇一律　せんぺんいちりつ……八九二
千変万化　せんぺんばんか……八九二
瞻望咨嗟　せんぼうしさ……九一一
千万無量　せんまんむりょう……八九二
先憂後楽　せんゆうこうらく……八九七
千里結言　せんりけつげん……八九三
千里同風　せんりどうふう……八九三
善隣友好　ぜんりんゆうこう……九一六
粗衣粗食　そいそしょく……九二三
創意工夫　そういくふう……九四〇
草行露宿　そうこうろしゅく……九三四
送故迎新　そうこげいしん……九三六
桑弧蓬矢　そうこほうし……九三七
草根木皮　そうこんぼくひ……九三四
相思相愛　そうしそうあい……九三三
造次顚沛　ぞうじてんぱい……九五三
双宿双飛　そうしゅくそうひ……九二八
蚤寝晏起　そうしんあんき……九三七
甑塵釜魚　そうじんふぎょ……九四九
騒人墨客　そうじんぼっかく……九五一
漱石枕流　そうせきちんりゅう　▼石に漱ぎ流れに枕らす……八七三
相即不離　そうそくふり……九三三
走馬看花　そうばかんか……九三一
造反無道　ぞうはんむどう……九五三
造反有理　ぞうはんゆうり……九五三
草茅危言　そうぼうきげん……九三五
草満囹圄　そうまんれいご……九三五
聡明叡智　そうめいえいち……九四七
争名争利　そうめいそうり……九二九
草木皆兵　そうもくかいへい……九三五
装模作様　そうもさくよう……九四二
蒼蠅驥尾　そうようきび……九四四
総量規制　そうりょうきせい……九四七
巣林一枝　そうりんいっし……九三八
粟散辺地　ぞくさんへんじ……九六三
即身成仏　そくしんじょうぶつ……九五六
速戦即決　そくせんそっけつ……九六〇
即断即決　そくだんそっけつ……九五七
続短断長　ぞくたんだんちょう……九六三
則天去私　そくてんきょし……九五九
属毛離裏　ぞくもうりり……九六二
鏃礪括羽　ぞくれいかつう……九六三
麤枝大葉　そしたいよう……九二七
素車白馬　そしゃはくば……九二二
粗製濫造　そせいらんぞう……九二三
率先躬行　そっせんきゅうこう……九六五
率先垂範　そっせんすいはん……九六五

啐啄同時　そったくどうじ……五五二
孫康映雪　そんこうえいせつ……九六七
損者三友　そんじゃさんゆう……九六八
樽俎折衝　そんそせっしょう……九六九
尊王攘夷　そんのうじょうい……九六八

◆た行

大安吉日　たいあんきちじつ……九九〇
大快人心　たいかいじんしん……九九〇
大廈高楼　たいかこうろう……九九〇
大喝一声　だいかついっせい……九九〇
大願成就　たいがんじょうじゅ……九九一
大器小用　たいきしょうよう……九九一
大器晩成　たいきばんせい……九九一
大義名分　たいぎめいぶん……九九一
大逆無道　たいぎゃくむどう……九九一
対牛弾琴　たいぎゅうだんきん……九七八
大驚失色　たいきょうしっしょく……九九一
堆金積玉　たいきんせきぎょく……九八三
体元居正　たいげんきょせい……九七七
大言壮語　たいげんそうご……九九二
滞言滞句　たいげんたいく……九八五
大悟徹底　たいごてってい……九九二
泰山鴻毛　たいざんこうもう……九八三
泰山府君　たいざんふくん……九八三
泰山北斗　たいざんほくと……九八三
大死一番　だいしいちばん……九九三
大慈大悲　だいじだいひ……九九三
対症下薬　たいしょうかやく……九七九
大所高所　たいしょこうしょ……九九三
大処着墨　たいしょちゃくぼく……九九三
大声疾呼　たいせいしっこ……九九四
泰然自若　たいぜんじじゃく……九八三
頽堕委靡　たいだいび……九八六
大胆不敵　だいたんふてき……九九四
大同小異　だいどうしょうい……九九四
大同団結　だいどうだんけつ……九九四
大道不器　たいどうふき……九九四
大兵肥満　だいひょうひまん……九九五
台風一過　たいふういっか……九九八
体貌閑雅　たいぼうかんが……九七八
大法小廉　たいほうしょうれん……九九五
大味必淡　たいみひったん……九九五
大欲非道　たいよくひどう……九九六
多岐亡羊　たきぼうよう……九七〇
択言択行　たくげんたっこう……一〇〇〇
託孤寄命　たくこきめい……一〇〇二
度徳量力　たくとくりょうりき……一一三
拓落失路　たくらくしつろ……一〇〇一
多士済済　たしせいせい……九七一
多事多端　たじたたん……九七一
多事多難　たじたなん……九七一
打成一片　だじょういっぺん……九七三
多情多感　たじょうたかん……九七一
多情多恨　たじょうたこん……九七一
多情仏心　たじょうぶっしん……九七一
打草驚蛇　だそうきょうだ……九七三
多蔵厚亡　たぞうこうぼう……九七一
多謀善断　たぼうぜんだん……九七一
他力本願　たりきほんがん……九七〇
断悪修善　だんあくしゅぜん……一〇二三
暖衣飽食　だんいほうしょく……一〇二五
断崖絶壁　だんがいぜっぺき……一〇二三
短褐穿結　たんかつせんけつ……一〇一六
弾丸雨注　だんがんうちゅう……一〇二四
弾丸黒子　だんがんこくし……一〇二四
断簡零墨　だんかんれいぼく……一〇二三
談言微中　だんげんびちゅう……一〇二六
男耕女織　だんこうじょしょく……一〇二三
箪食壺漿　たんしこしょう……一〇二二
箪食瓢飲　たんしひょういん……一〇二一
単純明快　たんじゅんめいかい……一〇一三
断章取義　だんしょうしゅぎ……一〇二四
淡粧濃抹　たんしょうのうまつ……一〇一五
丹書鉄契　たんしょてっけい……一〇一一
袒裼裸裎　たんせきらてい……一〇一四
胆戦心驚　たんせんしんきょう……一〇一四
男尊女卑　だんそんじょひ……一〇二三
胆大心小　たんだいしんしょう……一〇一四
単刀直入　たんとうちょくにゅう……一〇一三
断髪文身　だんぱつぶんしん……一〇二四
単文孤証　たんぶんこしょう……一〇一三
断編残簡　だんぺんざんかん……一〇二四
端木辞金　たんぼくじきん……一〇一八
談論風発　だんろんふうはつ……一〇二六
千五百秋　ちいほあき……八九三
遅疑逡巡　ちぎしゅんじゅん……一〇三三
知己朋友　ちきほうゆう……一〇三〇
池魚籠鳥　ちぎょろうちょう……一〇二九
築室道謀　ちくしつどうぼう……一〇三八
竹頭木屑　ちくとうぼくせつ……一〇三六
知行合一　ちこうごういつ……一〇三〇
知者楽水　ちしゃらくすい……一〇三一
置酒高会　ちしゅこうかい……一〇三四
知小謀大　ちしょうぼうだい……一〇三一
知崇礼卑　ちすうれいひ……一〇三一
知足安分　ちそくあんぶん……一〇三一
知足不辱　ちそくふじょく……一〇三一
致知格物　ちちかくぶつ　▼格物致知……一九八
蟄居屏息　ちっきょへいそく……一〇三九
池塘春草　ちとうしゅんそう……一〇二九
地平天成　ちへいてんせい……一〇二九
魑魅魍魎　ちみもうりょう……一〇三五

付録

着眼大局　ちゃくがんたいきょく……一〇四一
忠君愛国　ちゅうくんあいこく……一〇四五
忠孝一致　ちゅうこういっち……一〇四五
抽黄対白　ちゅうこうたいはく……一〇四六
忠魂義胆　ちゅうこんぎたん……一〇四五
鋳山煮海　ちゅうさんしゃかい……一〇四九
抽薪止沸　ちゅうしんしふつ……一〇四六
昼想夜夢　ちゅうそうやむ……一〇四七
躊躇逡巡　ちゅうちょしゅんじゅん……一〇五〇
中通外直　ちゅうつうがいちょく……一〇四三
中途半端　ちゅうとはんぱ……一〇四三
中肉中背　ちゅうにくちゅうぜい……一〇四三
綢繆未雨　ちゅうびゅうみう……一〇四九
昼夜兼行　ちゅうやけんこう……一〇四七
忠勇義烈　ちゅうゆうぎれつ……一〇四六
長安日辺　ちょうあんにっぺん……一〇五五
朝衣朝冠　ちょういちょうかん……一〇六二
朝雲暮雨　ちょううんぼう……一〇六二
朝盈夕虚　ちょうえいせききょ……一〇六二
朝改暮変　ちょうかいぼへん
▼朝令暮改……一〇六二
朝過夕改　ちょうかせきかい……一〇六二
朝観夕覧　ちょうかんせきらん……一〇六二
長頸烏喙　ちょうけいうかい……一〇五五
重見天日　ちょうけんてんじつ……七〇三
鳥語花香　ちょうごかこう……一〇六〇
朝三暮四　ちょうさんぼし……一〇六二
張三李四　ちょうさんりし……一〇五八
長者三代　ちょうじゃさんだい……一〇五六
朝種暮穫　ちょうしゅぼかく……一〇六二
鳥尽弓蔵　ちょうじんきゅうぞう……一〇六〇
朝真暮偽　ちょうしんぼぎ……一〇六二
朝秦暮楚　ちょうしんぼそ……一〇六二
彫心鏤骨　ちょうしんるこつ……一〇五九
長生久視　ちょうせいきゅうし……一〇五六
長生不死　ちょうせいふし……一〇五六
朝生暮死　ちょうせいぼし……一〇六二
彫虫篆刻　ちょうちゅうてんこく……一〇五九
喋喋喃喃　ちょうちょうなんなん……一〇六一
丁丁発止　ちょうちょうはっし……一〇五三
打打発止　ちょうちょうはっし……九七三
朝朝暮暮　ちょうちょうぼぼ……一〇六二
長汀曲浦　ちょうていきょくほ……一〇五六
頂天立地　ちょうてんりっち……一〇六〇
雕文刻鏤　ちょうぶんこくる……一〇六八
長命富貴　ちょうめいふうき……一〇五六
朝蠅暮蚊　ちょうようぼぶん……一〇六二
跳梁跋扈　ちょうりょうばっこ……一〇六四
朝令暮改　ちょうれいぼかい……一〇六二
凋零磨滅　ちょうれいまめつ……一〇五八
直往邁進　ちょくおうまいしん……一〇七〇
直情径行　ちょくじょうけいこう……一〇七〇
直截簡明　ちょくせつかんめい……一〇七〇
佇思停機　ちょしていき……一〇五一
猪突猛進　ちょとつもうしん……一〇五一
治乱興亡　ちらんこうぼう……六三六
知略縦横　ちりゃくじゅうおう……一〇三一
枕戈待旦　ちんかたいたん……一四四〇
沈魚落雁　ちんぎょらくがん……一〇七三
沈思黙考　ちんしもっこう……一〇七三
陳勝呉広　ちんしょうごこう……一〇七四
沈博絶麗　ちんぱくぜつれい……一〇七三
珍味佳肴　ちんみかこう……一〇七四
沈黙寡言　ちんもくかげん……一〇七三
枕流漱石　ちんりゅうそうせき
▼石に漱ぎ流れに枕す……八七三
追根究底　ついこんきゅうてい……一〇七七
追奔逐北　ついほんちくほく……一〇七七
通暁暢達　つうぎょうちょうたつ……一〇七九
痛定思痛　つうていしつう……一〇八〇
九十九髪　つくもがみ……三〇〇
津津浦浦　つつうらうら……七九六
九十九折　つづらおり……三〇〇
低回顧望　ていかいこぼう……一〇八八
提耳面命　ていじめんめい……一〇九五
低唱微吟　ていしょうびぎん……一〇八八
泥船渡河　でいせんとか……一〇九九
低頭傾首　ていとうけいしゅ……一〇八八
剃髪落飾　ていはつらくしょく……一〇九一
手枷足枷　てかせあしかせ……六七一
擲果満車　てきかまんしゃ……一一〇三
適材適所　てきざいてきしょ……一一〇二
適者生存　てきしゃせいぞん……一一〇二
滴水成氷　てきすいせいひょう……一一〇一
鉄樹開花　てつじゅかいか……一一〇五
鉄心石腸　てっしんせきちょう……一一〇五
徹頭徹尾　てっとうてつび……一一〇六
鉄網珊瑚　てつもうさんご……一一〇六
手前味噌　てまえみそ……六七二
手練手管　てれんてくだ……六七三
天衣無縫　てんいむほう……一一〇八
天涯孤独　てんがいこどく……一一〇八
天涯地角　てんがいちかく……一一〇八
天涯比隣　てんがいひりん……一一〇八
天下泰平　てんかたいへい……一一〇八
天下無双　てんかむそう……一一〇八
天空海闊　てんくうかいかつ……一一〇九
天花乱墜　てんげらんつい……一一〇九
天懸地隔　てんけんちかく……一一〇九
甜言蜜語　てんげんみつご……一一一六
電光影裏　でんこうえいり……一一一三
電光石火　でんこうせっか……一一一三
電光朝露　でんこうちょうろ……一一一三
天災地変　てんさいちへん……一一〇九

天姿国色 てんししょく……一一〇九
天井桟敷 てんじょうさじき……一一〇九
天壌無窮 てんじょうむきゅう……一一〇九
天神地祇 てんじんちぎ……一一一〇
天真爛漫 てんしんらんまん……一一一〇
天造草昧 てんぞうそうまい……一一一〇
天孫降臨 てんそんこうりん……一一一〇
霑体塗足 てんたいとそく……一一一九
天地一指 てんちいっし……一一一〇
天地開闢 てんちかいびゃく……一一一〇
天地玄黄 てんちげんこう……一一一〇
天地神明 てんちしんめい……一一一〇
天地無用 てんちむよう……一一一〇
天長地久 てんちょうちきゅう……一一一〇
天手古舞 てんてこまい……一一一〇
輾転反側 てんてんはんそく……一一一九
天罰覿面 てんばつてきめん……一一一一
田夫野人 でんぷやじん……一一一三
天変地異 てんぺんちい……一一一二
転迷開悟 てんめいかいご……一一一七
天佑神助 てんゆうしんじょ……一一一二
天理人欲 てんりじんよく……一一一二
当意即妙 とういそくみょう……一一三六
桃園結義 とうえんけつぎ……一一四三
凍解氷釈 とうかいひょうしゃく……一一四二
冬夏青青 とうかせいせい……一一三五
東窺西望 とうきせいぼう……一一四〇
当機立断 とうきりつだん……一一三六
陶犬瓦鶏 とうけんがけい……一一四六
同工異曲 どうこういきょく……一一五九
韜光晦迹 とうこうかいせき……一一五七
刀耕火種 とうこうかしゅ……一一三五
倒行逆施 とうこうぎゃくし……一一四一
刀光剣影 とうこうけんえい……一一三五
桃紅柳緑 とうこうりゅうりょく……一一四三
刀山剣樹 とうざんけんじゅ……一一三五
同床異夢 どうしょういむ……一一六〇
蹈常襲故 とうじょうしゅうこ……一一五六
銅牆鉄壁 どうしょうてっぺき……一一六五
同声異俗 どうせいいぞく……一一六〇
陶潜帰去 とうせんききょ……一一四七
銅駝荊棘 どうだけいきょく……一一六五
湯池鉄城 とうちてつじょう……一一四八
道聴塗説 どうちょうとせつ……一一六四
洞庭春色 どうていしゅんしょく……一一六一
堂塔伽藍 どうとうがらん……一一六三
銅頭鉄額 どうとうてつがく……一一六五
党同伐異 とうどうばつい……一一四一
頭髪上指 とうはつじょうし……一一五五
同文同軌 どうぶんどうき……一一六〇
同文同種 どうぶんどうしゅ……一一六一
東奔西走 とうほんせいそう……一一四〇
稲麻竹葦 とうまちくい……一一五二
党利党略 とうりとうりゃく……一一四一
等量斉視 とうりょうせいし……一一五〇
土階三等 どかいさんとう……一一三一
兎起鶻落 ときこつらく……一一二五
得意忘言 とくいぼうげん……一一七〇
得意満面 とくいまんめん……一一七〇
独弦哀歌 どくげんあいか……一一七三
徳高望重 とくこうぼうじゅう……一一七〇
読書三到 どくしょさんとう……一一七四
読書三昧 どくしょざんまい……一一七四
読書三余 どくしょさんよ……一一七四
読書尚友 どくしょしょうゆう……一一七四
読書亡羊 どくしょぼうよう……一一七四
徳性涵養 とくせいかんよう……一一七一
独断専行 どくだんせんこう……一一七三
特筆大書 とくひつたいしょ……一一六九
独立自尊 どくりつじそん……一一七三
独立独歩 どくりつどっぽ……一一七三
徳量寛大 とくりょうかんだい……一一七一
土豪劣紳 どごうれっしん……一一三一
吐故納新 とこのうしん……一一二四
菟糸燕麦 としえんばく……一一二八
徒手空拳 としゅくうけん……一一二七
斗酒隻鶏 としゅせっけい……一一二四
斗折蛇行 とせつだこう……一一二四
兎走烏飛 とそううひ……一一二五
訥言敏行 とつげんびんこう……一一七六
図南鵬翼 となんほうよく……八三
土崩瓦解 どほうがかい……一一三三
土木壮麗 どぼくそうれい……一一三三
吐哺捉髪 とほそくはつ
▼握髪吐哺 あくはつとほ……一二
塗抹詩書 とまつししょ……一一三〇
頓証菩提 とんしょうぼだい……一一八〇

◆な行

内柔外剛 ないじゅうがいごう……一一八五
内清外濁 ないせいがいだく……一一八五
内政干渉 ないせいかんしょう……一一八五
内疎外親 ないそがいしん……一一八五
内憂外患 ないゆうがいかん……一一八六
菜種梅雨 なたねづゆ……五五六
南無三宝 なむさんぼう……一一九〇
南郭濫吹 なんかくらんすい……一一九〇
南橘北枳 なんきつほくき……一一九〇
難行苦行 なんぎょうくぎょう……一一九二
軟紅塵中 なんこうじんちゅう……一一九一
難攻不落 なんこうふらく……一一九二
南洽北暢 なんこうほくちょう……一一九〇
南山不落 なんざんふらく……一一九〇
南征北伐 なんせいほくばつ……一一九〇

付録

南船北馬　なんせんほくば……一一九〇
南都北嶺　なんとほくれい……一一九〇
南蛮鴃舌　なんばんげきぜつ……一一九一
南蛮北狄　なんばんほくてき……一一九一
二河白道　にがびゃくどう……一一九三
肉山脯林　にくざんほりん……一一九六
肉食妻帯　にくじきさいたい……一一九六
肉袒牽羊　にくたんけんよう……一一九六
肉袒負荊　にくたんふけい……一一九六
二者択一　にしゃたくいつ……一一九三
二束三文　にそくさんもん……一一九三
日常坐臥　にちじょうざが……一一九七
日常茶飯　にちじょうさはん……一一九七
日陵月替　にちりょうげったい……一一九七
日居月諸　にっきょげっしょ……一一九七
日進月歩　にっしんげっぽ……一一九七
二人三脚　ににんさんきゃく……一一九四
二百十日　にひゃくとおか……一一九四
入境問禁　にゅうきょうもんきん……一二〇〇
入木三分　にゅうぼくさんぶ……一二〇〇
如意宝珠　にょいほうじゅ……七三三
如是我聞　にょぜがもん……七三三
女人禁制　にょにんきんせい……七三二
如法暗夜　にょほうあんや……七三三
二律背反　にりつはいはん……一一九四
二六時中　にろくじちゅう……一一九四
熱願冷諦　ねつがんれいてい……一二〇六
拈華微笑　ねんげみしょう……一二〇八
年功序列　ねんこうじょれつ……一二〇七
年百年中　ねんびゃくねんじゅう……一二〇八
念仏三昧　ねんぶつざんまい……一二〇八

◆は行

売剣買牛　ばいけんばいぎゅう……一二三〇
梅妻鶴子　ばいさいかくし……一二三一
背信棄義　はいしんきぎ……一二二四
廃寝忘食　はいしんぼうしょく……一二二八
杯水車薪　はいすいしゃしん……一二二三
杯盤狼藉　はいばんろうぜき……一二二四
廃仏毀釈　はいぶつきしゃく……一二二八
敗柳残花　はいりゅうざんか……一二二八
破戒無慙　はかいむざん……一二一七
破顔一笑　はがんいっしょう……一二一七
馬牛襟裾　ばぎゅうきんきょ……一二三〇
波及効果　はきゅうこうか……一二一六
破鏡重円　はきょうじゅうえん……一二一七
博引旁証　はくいんぼうしょう……一二四一
白雲孤飛　はくうんこひ……一二三五
博学審問　はくがくしんもん……一二四一
博学多才　はくがくたさい……一二四一
博学篤志　はくがくとくし……一二四一
白玉楼中　はくぎょくろうちゅう……一二三六
博施済衆　はくしさいしゅう……一二四一
薄志弱行　はくしじゃっこう……一二四二
白日昇天　はくじつしょうてん……一二三六
白砂青松　はくしゃせいしょう……一二三六
麦秀黍離　ばくしゅうしょり……一二四三
拍手喝采　はくしゅかっさい……一二三九
白首窮経　はくしゅきゅうけい……一二三六
白水真人　はくすいしんじん……一二三六
麦穂両岐　ばくすいりょうき……一二四三
伯仲叔季　はくちゅうしゅくき……一二三八
幕天席地　ばくてんせきち……一四四〇
薄物細故　はくぶつさいこ……一二四二
博聞強記　はくぶんきょうき……一二四一
博文約礼　はくぶんやくれい……一二四一
薄暮冥冥　はくぼめいめい……一二四三
博覧強記　はくらんきょうき……一二四一
薄利多売　はくりたばい……一二四三
馬耳東風　ばじとうふう……一二三〇
馬歯徒増　ばしとぞう……一二三〇
破邪顕正　はじゃけんしょう……一二一八
八十八夜　はちじゅうはちや……一二四九
八面玲瓏　はちめんれいろう……一二四九
八面六臂　はちめんろっぴ……一二四九
抜苦与楽　ばっくよらく……一二五四
八紘一宇　はっこういちう……一二四九
白黒分明　はっこくぶんめい……一二三七
八索九丘　はっさくきゅうきゅう……一二四九
抜山蓋世　ばつざんがいせい……一二五四
八宗兼学　はっしゅうけんがく……一二四九
発人深省　はつじんしんせい……一二五一
発憤興起　はっぷんこうき……一二五二
発憤忘食　はっぷんぼうしょく……一二五二
八方美人　はっぽうびじん……一二四九
抜本塞源　ばっぽんそくげん……一二五四
抜来報往　ばつらいほうおう……一二五四
撥乱反正　はつらんはんせい……一二五三
鼻元思案　はなもとじあん……一二九三
破釜沈船　はふちんせん……一二一八
爬羅剔抉　はらてっけつ……一二一七
波瀾万丈　はらんばんじょう……一二一六
罵詈雑言　ばりぞうごん……一二二二
氾愛兼利　はんあいけんり……一二六一
反間苦肉　はんかんくにく……一二五八
煩言砕辞　はんげんさいじ……一二六六
万古千秋　ばんこせんしゅう……一四四六
万古長青　ばんこちょうせい……一四四六
万古不易　ばんこふえき……一四四六
盤根錯節　ばんこんさくせつ……一二七二
万死一生　ばんしいっせい……一四四六
半死半生　はんしはんしょう……一二六〇
伴食宰相　ばんしょくさいしょう……一二六二
半信半疑　はんしんはんぎ……一二六〇

半身不随 はんしんふずい……一二六〇
万世一系 ばんせいいっけい……一四四六
半醒半睡 はんせいはんすい……一二六〇
万世不刊 ばんせいふかん……一四四六
版籍奉還 はんせきほうかん……一二六四
半知半解 はんちはんかい……一二六〇
万能一心 ばんのういっしん……一四四六
万馬奔騰 ばんばほんとう……一四四七
万万千千 ばんばんせんせん……一四四七
帆腹飽満 はんぷくほうまん……一二六一
万物斉同 ばんぶつせいどう……一四四七
万夫不当 ばんぷふとう……一四四七
繁文縟礼 はんぶんじょくれい……一二六八
反面教師 はんめんきょうし……一二五九
万里同風 ばんりどうふう……一四四七
被害妄想 ひがいもうそう……一二八二
悲歌慷慨 ひかこうがい……一二八三
被褐懐玉 ひかつかいぎょく……一二八二
飛花落葉 ひからくよう……一二七九
悲喜交交 ひきこもごも……一二八三
披荊斬棘 ひけいざんきょく……一二七六
被堅執鋭 ひけんしつえい……一二八二
比肩随踵 ひけんずいしょう……一二七三
微言大義 びげんたいぎ……一二九一
飛耳長目 ひじちょうもく……一二八〇
美酒佳肴 びしゅかこう……一二九〇
美辞麗句 びじれいく……一二九〇
美人薄命 びじんはくめい
▼佳人薄命……一四四
皮相浅薄 ひそうせんぱく……一二七四
筆耕硯田 ひっこうけんでん……一二九七
匹夫匹婦 ひっぷひっぷ……一二九六
筆力扛鼎 ひつりょくこうてい……一二九八
人身御供 ひとみごくう……八一六
飛兎竜文 ひとりゅうぶん……一二八〇
肥肉厚酒 ひにくこうしゅ……一二七七
被髪纓冠 ひはつえいかん……一二八二
被髪文身 ひはつぶんしん……一二八二
悲憤慷慨 ひふんこうがい……一二八三
微妙玄通 びみょうげんつう……一二九二
眉目秀麗 びもくしゅうれい……一二八九
百依百順 ひゃくいひゃくじゅん……一三〇〇
百載無窮 ひゃくさいむきゅう……一三〇〇
百世不磨 ひゃくせいふま……一三〇〇
百尺竿頭 ひゃくせきかんとう……一三〇〇
百折不挫 ひゃくせつふざ……一三〇〇
百川帰海 ひゃくせんきかい……一三〇〇
百戦百勝 ひゃくせんひゃくしょう……一三〇〇
百戦錬磨 ひゃくせんれんま……一三〇〇
百鍛千練 ひゃくたんせんれん……一三〇〇
百人百様 ひゃくにんひゃくよう……一三〇一
百八煩悩 ひゃくはちぼんのう……一三〇一
百錬成鋼 ひゃくれんせいこう……一三〇一
百花斉放 ひゃっかせいほう……一三〇一
百家争鳴 ひゃっかそうめい……一三〇一
百下百全 ひゃっかひゃくぜん……一三〇一
百花繚乱 ひゃっかりょうらん……一三〇一
百鬼夜行 ひゃっきやこう……一三〇二
百古不磨 ひゃっこふま……一三〇二
百発百中 ひゃっぱつひゃくちゅう……一三〇二
百歩穿楊 ひゃっぽせんよう……一三〇二
飛鷹走狗 ひようそうく……一二八〇
飛揚跋扈 ひようばっこ……一二八〇
表裏一体 ひょうりいったい……一三〇四
比翼連理 ひよくれんり……一二七三
疲労困憊 ひろうこんぱい……一二八一
品行方正 ひんこうほうせい……一三一三
風雲月露 ふううんげつろ……一三三九
富貴栄華 ふうきえいが……一三三一
富貴浮雲 ふうきふうん……一三三一
富貴福沢 ふうきふくたく……一三三一
富貴利達 ふうきりたつ……一三三一
風月玄度 ふうげつげんたく……一三三九
風光明媚 ふうこうめいび……一三三九
風餐露宿 ふうさんろしゅく……一三三九
風声鶴唳 ふうせいかくれい……一三四〇
風清弊絶 ふうせいへいぜつ……一三四〇
風霜高潔 ふうそうこうけつ……一三四〇
風俗壊乱 ふうぞくかいらん……一三四〇
風流韻事 ふうりゅういんじ……一三四一
風流三昧 ふうりゅうざんまい……一三四一
風林火山 ふうりんかざん……一三四一
武運長久 ぶうんちょうきゅう……一三三五
浮雲朝露 ふうんちょうろ……一三二九
不易流行 ふえきりゅうこう……一三一七
不飲酒戒 ふおんじゅかい……一三一七
不可抗力 ふかこうりょく……一三一八
不可思議 ふかしぎ……一三一八
浮花浪蕊 ふかろうずい……一三二九
不羈奔放 ふきほんぽう……一三一八
不朽不滅 ふきゅうふめつ……一三一八
複雑怪奇 ふくざつかいき……一三四六
複雑多岐 ふくざつたき……一三四六
不倶戴天 ふぐたいてん……一三一八
福徳円満 ふくとくえんまん……一三四五
福利厚生 ふくりこうせい……一三四五
伏竜鳳雛 ふくりょうほうすう……一三四二
不言実行 ふげんじっこう……一三一八
不言不語 ふげんふご……一三一八
不耕不織 ふこうふしょく……一三一九
富国強兵 ふこくきょうへい……一三三一
父子相伝 ふしそうでん……一三三三
無事息災 ぶじそくさい……一四五九
不失正鵠 ふしつせいこく……一三一九

不惜身命 ふしゃくしんみょう……一三一九
俛首帖耳 ふしゅちょうじ……一三八五
不将不迎 ふしょうふげい……一三一九
不承不承 ふしょうぶしょう……一三一九
夫唱婦随 ふしょうふずい……一三二二
付贅懸疣 ふぜいけんゆう……一三二四
浮声切響 ふせいせっきょう……一三二九
浮石沈木 ふせきちんぼく……一三二九
不即不離 ふそくふり……一三二〇
二股膏薬 ふたまたごうやく……一一九四
不断節季 ふだんせっき……一三二〇
不知案内 ふちあんない……一三二〇
物我一体 ぶつがいったい……一三五一
物換星移 ぶっかんせいい……一三五一
物情騒然 ぶつじょうそうぜん……一三五二
仏足石歌 ぶっそくせきか……一三五一
仏籬祖室 ぶつりそしつ……一三五一
普天率土 ふてんそっと……一三二二
不撓不屈 ふとうふくつ……一三二一
不得要領 ふとくようりょう……一三二一
腐敗堕落 ふはいだらく……一三三三
舞文曲筆 ぶぶんきょくひつ……一三三七
舞文弄法 ぶぶんろうほう……一三三七
普遍妥当 ふへんだとう……一三二二
不偏不党 ふへんふとう……一三二一
不眠不休 ふみんふきゅう……一三二一

不立文字 ふりゅうもんじ……一三二二
武陵桃源 ぶりょうとうげん……一三三六
不労所得 ふろうしょとく……一三二二
不老長寿 ふろうちょうじゅ……一三二二
不老不死 ふろうふし……一三二二
付和雷同 ふわらいどう……一三二四
焚琴煮鶴 ふんきんしゃかく……一三五六
文芸復興 ぶんげいふっこう……一三六一
粉骨砕身 ふんこつさいしん……一三五五
文質彬彬 ぶんしつひんぴん……一三六一
文従字順 ぶんじゅうじじゅん……一三六一
粉粧玉琢 ふんしょうぎょくたく……一三五五
文章絶唱 ぶんしょうぜっしょう……一三六一
粉飾決算 ふんしょくけっさん……一三五五
焚書坑儒 ふんしょこうじゅ……一三五六
文人墨客 ぶんじんぼっかく……一三六一
文武一途 ぶんぶいっと……一三六一
聞風喪胆 ぶんぷうそうたん……一三六三
文武両道 ぶんぶりょうどう……一三六一
分崩離析 ぶんぽうりせき……一三五九
文明開化 ぶんめいかいか……一三六二
奮励努力 ふんれいどりょく……一三五七
弊衣破帽 へいいはぼう……一三七〇
敝衣蓬髪 へいいほうはつ……一三六九
米塩博弁 べいえんはくべん……一三七二
平穏無事 へいおんぶじ……一三六四

並駕斉駆 へいがせいく……一三六六
兵戈搶攘 へいかそうじょう……一三六五
平滑流暢 へいかつりゅうちょう……一三六四
平気虚心 へいききょしん……一三六四
平沙万里 へいさばんり……一三六四
平身低頭 へいしんていとう……一三六四
弊帚千金 へいそうせんきん……一三七〇
平談俗語 へいだんぞくご……一三六四
兵馬倥偬 へいばこうそう……一三六六
平平坦坦 へいへいたんたん……一三六五
平平凡凡 へいへいぼんぼん……一三六五
碧血丹心 へきけつたんしん……一三七二
碧落一洗 へきらくいっせん……一三七三
変幻自在 へんげんじざい……一三七九
片言隻句 へんげんせきく……一三七八
片言折獄 へんげんせつごく……一三七八
鞭声粛粛 べんせいしゅくしゅく……一三八六
変態百出 へんたいひゃくしゅつ……一三八〇
偏袒扼腕 へんたんやくわん……一三八一
辺幅修飾 へんぷくしゅうしょく……一三七八
変法自強 へんぽうじきょう……一三八〇
片利共生 へんりきょうせい……一三七八
縫衣浅帯 ほういせんたい……一四一二
暴飲暴食 ぼういんぼうしょく……一四二一
砲煙弾雨 ほうえんだんう……一四〇五
忘恩負義 ぼうおんふぎ……一四一五

法界悋気 ほうかいりんき……一四〇二
放歌高吟 ほうかこうぎん……一四〇〇
抱関撃柝 ほうかんげきたく……一三九九
判官贔屓 ほうがんびいき……一二六二
暴虐非道 ぼうぎゃくひどう……一四二一
宝篋印塔 ほうきょういんとう……一三九九
飽経風霜 ほうけいふうそう……一四〇九
放言高論 ほうげんこうろん……一四〇〇
暴言多罪 ぼうげんたざい……一四二一
暴虎馮河 ぼうこひょうが……一四二一
封豕長蛇 ほうしちょうだ……一三三八
傍若無人 ぼうじゃくぶじん……一四一九
飽食終日 ほうしょくしゅうじつ……一四〇九
抱薪救火 ほうしんきゅうか……一三九九
茫然自失 ぼうぜんじしつ……一四一七
包蔵禍心 ほうぞうかしん……一三九六
放胆小心 ほうたんしょうしん……一四〇一
方底円蓋 ほうていえんがい……一三九六
鵬程万里 ほうていばんり……一四二二
蓬頭垢面 ほうとうこうめん……一四〇九
放蕩無頼 ほうとうぶらい……一四〇一
豊年満作 ほうねんまんさく……一四〇九
抱腹絶倒 ほうふくぜっとう……一四〇〇
捧腹絶倒 ほうふくぜっとう
▼抱腹絶倒……一四〇〇
望文生義 ぼうぶんせいぎ……一四一八

望聞問切 ぼうぶんもんせつ…………一四一八
放辟邪侈 ほうへきじゃし…………一四〇一
報本反始 ほうほんはんし…………一四〇七
泡沫夢幻 ほうまつむげん…………一四〇四
亡羊補牢 ぼうようほろう…………一四一三
暮雲春樹 ぼうんしゅんじゅ…………一三九四
保革伯仲 ほかくはくちゅう…………一三八八
墨子兼愛 ぼくしけんあい…………一四一八
墨子薄葬 ぼくしはくそう…………一四一八
北窓三友 ほくそうさんゆう…………一四一三
北轍南轅 ほくてつなんえん…………一四一三
北斗七星 ほくとしちせい…………一四一三
墨名儒行 ぼくめいじゅこう…………一四一八
輔車相依 ほしゃそうい…………一三九一
暮色蒼然 ぼしょくそうぜん…………一三九四
墨痕淋漓 ぼっこんりんり…………一四一九
奔南狩北 ほんなんしゅほく…………一四一三
煩悩菩提 ぼんのうぼだい…………一二六七
本末転倒 ほんまつてんとう…………一四一三

◆ま行

真一文字 まいちもんじ…………八〇〇
麻姑掻痒 まこそうよう…………一四一六
磨揉遷革 まじゅうせんかく…………一四一七
磨穿鉄硯 ませんてっけん…………一四一七
摩頂放踵 まちょうほうしょう…………一四一七
末法思想 まっぽうしそう…………一四四三
末法末世 まっぽうまっせ…………一四四三
漫言放語 まんげんほうご…………一四四九
万恒河沙 まんごうがしゃ…………一四四七
曼珠沙華 まんじゅしゃげ…………一四四八
満場一致 まんじょういっち…………一四四八
満身創痍 まんしんそうい…………一四四八
満目荒涼 まんもくこうりょう…………一四四九
満目蕭条 まんもくしょうじょう…………一四四九
密雲不雨 みつうんふう…………一四五四
三日天下 みっかてんか…………五八〇
三日坊主 みっかぼうず…………五八〇
脈絡貫通 みゃくらくかんつう…………一四五六
名詮自性 みょうせんじしょう…………一四六七
妙法一乗 みょうほういちじょう…………一四五六
名聞利養 みょうもんりよう…………一四六七
未来永劫 みらいえいごう…………一四五二
無為自然 むいしぜん…………一四六〇
無為徒食 むいとしょく…………一四六〇
無位無官 むいむかん…………一四六〇
無為無策 むいむさく…………一四六〇
無為無能 むいむのう…………一四六〇
無学文盲 むがくもんもう…………一四六〇
無我夢中 むがむちゅう…………一四六〇
無芸大食 むげいたいしょく…………一四六一
無間地獄 むけんじごく…………一四六一
夢幻泡影 むげんほうよう…………一四六三
無慙無愧 むざんむき…………一四六一
無始無終 むしむじゅう…………一四六一
無私無偏 むしむへん…………一四六一
武者修行 むしゃしゅぎょう…………一三三六
無常迅速 むじょうじんそく…………一四六一
無声無臭 むせいむしゅう…………一四六二
無駄方便 むだほうべん…………一四六二
無知蒙昧 むちもうまい…………一四六二
無茶苦茶 むちゃくちゃ…………一四六二
無手勝流 むてかつりゅう…………一四六二
無二無三 むにむさん…………一四六二
無念無想 むねんむそう…………一四六二
無病息災 むびょうそくさい…………一四六二
無味乾燥 むみかんそう…………一四六三
無明長夜 むみょうじょうや…………一四六三
無欲恬淡 むよくてんたん…………一四六三
無理往生 むりおうじょう…………一四六三
無理算段 むりさんだん…………一四六三
無理難題 むりなんだい…………一四六三
無理非道 むりひどう…………一四六三
無理無体 むりむたい…………一四六三
明鏡止水 めいきょうしすい…………一四七〇
銘肌鏤骨 めいきるこつ…………一四七二
迷悟一如 めいごいちにょ…………一四七一
名山勝川 めいざんしょうせん…………一四六七
名実一体 めいじついったい…………一四六七
迷者不問 めいしゃふもん…………一四七一
明珠暗投 めいしゅあんとう…………一四七〇
名声赫赫 めいせいかくかく…………一四六七
明窓浄机 めいそうじょうき…………一四七〇
名存実亡 めいそんじつぼう…………一四六七
明哲保身 めいてつほしん…………一四七〇
明眸皓歯 めいぼうこうし…………一四七〇
明明白白 めいめいはくはく…………一四七〇
明目張胆 めいもくちょうたん…………一四七〇
名誉挽回 めいよばんかい…………一四六八
明朗闊達 めいろうかったつ…………一四七一
名論卓説 めいろんたくせつ…………一四六八
迷惑千万 めいわくせんばん…………一四七一
滅私奉公 めっしほうこう…………一四七四
免許皆伝 めんきょかいでん…………一四七五
面向不背 めんこうふはい…………一四七六
面従後言 めんじゅうこうげん…………一四七六
面従腹背 めんじゅうふくはい…………一四七六
面折廷諍 めんせつていそう…………一四七六
面張牛皮 めんちょうぎゅうひ…………一四七六
面壁九年 めんぺきくねん…………一四七六
面目一新 めんもくいっしん…………一四七六
面目躍如 めんもくやくじょ…………一四七六
綿裏包針 めんりほうしん…………一四七七
盲亀浮木 もうきふぼく…………一四八〇

妄言多謝　もうげんたしゃ……一四七九
毛骨悚然　もうこつしょうぜん……一四七九
猛虎伏草　もうこふくそう……一四八一
孟仲叔季　もうちゅうしゅくき……一四八〇
妄評多罪　もうひょうたざい……一四七九
孟母三遷　もうぼさんせん……一四八〇
孟母断機　もうぼだんき
▼断機の戒め……一〇二三
目指気使　もくしきし……一四八四
目食耳視　もくしょくじし……一四八四
目挑心招　もくちょうしんしょう……一四八四
沐浴抒溷　もくよくじょこん……一四八五
百舌勘定　もずかんじょう……一三〇二
物臭道心　ものぐさどうしん……一三五二
物見遊山　ものみゆさん……一三五三
門巷填隘　もんこうてんあい……一四八九
門戸開放　もんこかいほう……一四八九
悶絶躄地　もんぜつびゃくじ……一四九〇
問鼎軽重　もんていけいちょう……一四九〇
問答無用　もんどうむよう……一四九〇

◆や行

夜雨対牀　やうたいしょう……一四九一
約法三章　やくほうさんしょう……一四九七
野戦攻城　やせんこうじょう……一四九四
夜郎自大　やろうじだい……一四九一
唯一無二　ゆいいつむに……一五〇五
唯我独尊　ゆいがどくそん……一五〇五
勇往邁進　ゆうおうまいしん……一五〇九
勇気凜凜　ゆうきりんりん……一五〇九
邑犬群吠　ゆうけんぐんばい……一五〇八
有言実行　ゆうげんじっこう……一五〇七
有口無行　ゆうこうむこう……一五〇七
有厚無厚　ゆうこうむこう……一五〇七
雄材大略　ゆうざいたいりゃく……一五一四
幽愁暗恨　ゆうしゅうあんこん……一五一〇
優柔不断　ゆうじゅうふだん……一五一七
優勝劣敗　ゆうしょうれっぱい……一五一七
雄心勃勃　ゆうしんぼつぼつ……一五一五
融通無碍　ゆうずうむげ……一五一六
有職故実　ゆうそくこじつ……一五〇八
雄大豪壮　ゆうだいごうそう……一五一五
右文左武　ゆうぶんさぶ……六九
有名無実　ゆうめいむじつ……一五〇八
勇猛果敢　ゆうもうかかん……一五〇九
勇猛精進　ゆうもうしょうじん……一五〇九
優游涵泳　ゆうゆうかんえい……一五一八
悠悠閑閑　ゆうゆうかんかん……一五一一
悠悠自適　ゆうゆうじてき……一五一一
油断大敵　ゆだんたいてき……一五〇三
余韻嫋嫋　よいんじょうじょう……一五二一
用意周到　よういしゅうとう……一五二五
要害堅固　ようがいけんご……一五二八
妖怪変化　ようかいへんげ……一五二六
陽関三畳　ようかんさんじょう……一五二三
羊裘垂釣　ようきゅうすいちょう……一五二六
庸言庸行　ようげんようこう……一五三〇
用行舎蔵　ようこうしゃぞう……一五二五
容姿端麗　ようしたんれい……一五二九
羊質虎皮　ようしつこひ……一五二六
妖姿媚態　ようしびたい……一五二六
鷹視狼歩　ようしろうほ……一五三八
養生喪死　ようせいそうし……一五三六
羊頭狗肉　ようとうくにく……一五二六
容貌魁偉　ようぼうかいい……一五二九
瑶林瓊樹　ようりんけいじゅ……一五三三
用和為貴　ようわいき
▼和を以て貴しと為す……一六二六
薏苡明珠　よくいめいしゅ……一五四〇
抑揚頓挫　よくようとんざ……一五三八
余裕綽綽　よゆうしゃくしゃく……一五二二

◆ら行

雷騰雲奔　らいとううんぽん……一五四五
磊磊落落　らいらいらくらく……一五四五
落英繽紛　らくえいひんぷん……一五四七
落月屋梁　らくげつおくりょう
▼屋梁落月……一二一
落穽下石　らくせいかせき……一五四八
落筆点蠅　らくひつてんよう……一五四八
落花流水　らっかりゅうすい……一五四八
落花狼藉　らっかろうぜき……一五四八
乱離骨灰　らりこっぱい……一五五〇
濫竽充数　らんうじゅうすう……一五五二
嵐影湖光　らんえいここう……一八
覧古考新　らんここうしん……一五五二
蘭摧玉折　らんさいぎょくせつ……一五五三
乱雑無章　らんざつむしょう……一五五〇
鸞翔鳳集　らんしょうほうしゅう……一五五五
乱臣賊子　らんしんぞくし……一五五〇
乱暴狼藉　らんぼうろうぜき……一五五一
乱離拡散　らんりかくさん……一五五一
利害得失　りがいとくしつ……一五五五
力戦奮闘　りきせんふんとう……一五八三
六韜三略　りくとうさんりゃく……一六二一
戮力同心　りくりょくどうしん……一五六二
離群索居　りぐんさっきょ……一五六〇
離合集散　りごうしゅうさん……一五六〇
立身出世　りっしんしゅっせ……一五六三
理非曲直　りひきょくちょく……一五五八
柳暗花明　りゅうあんかめい……一五六六
流汗淋漓　りゅうかんりんり……一五六七
流金鑠石　りゅうきんしゃくせき……一五六七
流言蜚語　りゅうげんひご……一五六七

柳巷花街　りゅうこうかがい……一五六六
流觴曲水　りゅうしょうきょくすい
▼曲水流觴……三四八
竜驤虎視　りゅうじょうこし……一五六九
竜攘虎搏　りゅうじょうこはく……一五六九
竜章鳳姿　りゅうしょうほうし……一五六九
流星光底　りゅうせいこうてい……一五六七
竜跳虎臥　りゅうちょうこが……一五七〇
竜頭鷁首　りゅうとうげきしゅ……一五七〇
竜騰虎闘　りゅうとうことう……一五七〇
竜頭蛇尾　りゅうとうだび……一五七〇
竜蟠虎踞　りゅうばんこきょ……一五七〇
粒粒辛苦　りゅうりゅうしんく……一五七一
流連荒亡　りゅうれんこうぼう……一五六八
竜吟虎嘯　りょうぎんこしょう……一五七〇
良妻賢母　りょうさいけんぼ……一五七五
量才録用　りょうさいろくよう……一五七九
量体裁衣　りょうたいさいい……一五七九
良知良能　りょうちりょうのう……一五七五
良二千石　りょうにせんせき……一五七五
良風美俗　りょうふうびぞく……一五七五
綾羅錦繍　りょうらきんしゅう……一五八〇
緑林白波　りょくりんはくは……一五八三
理路整然　りろせいぜん……一五五八
霖雨蒼生　りんうそうせい……一五八七
臨淵羨魚　りんえんせんぎょ……一五八七
輪奐一新　りんかんいっしん……一五八六
臨機応変　りんきおうへん……一五八七
鱗次櫛比　りんじしっぴ……一五八八
麟子鳳雛　りんしほうすう……一五八八
臨終正念　りんじゅうしょうねん……一五八八
輪廻転生　りんねてんしょう……一五八六
麟鳳亀竜　りんぽうきりゅう……一五八九
累世同居　るいせいどうきょ……一五九〇
縷縷綿綿　るるめんめん……一五八九
冷汗三斗　れいかんさんと……一五九三
霊魂不滅　れいこんふめつ……一五九七
冷暖自知　れいだんじち……一五九四
冷嘲熱罵　れいちょうねつば……一五九四
零丁孤苦　れいていこく……一五九六
冷土荒堆　れいどこうたい……一五九四
連銭葦毛　れんぜんあしげ……一六〇四
連袂辞職　れんべいじしょく……一六〇五
聯袂辞職　れんべいじしょく
▼連袂辞職 れんべいじしょく……一六〇五
螻蟻潰堤　ろうぎかいてい……一六一九
老驥伏櫪　ろうきふくれき……一六一四
老少不定　ろうしょうふじょう……一六一四
老成円熟　ろうせいえんじゅく……一六一四
老成持重　ろうせいじちょう……一六一四
籠鳥檻猿　ろうちょうかんえん……一六二〇
老若男女　ろうにゃくなんにょ……一六一四
老婆心切　ろうばしんせつ……一六一四
老萊斑衣　ろうらいはんい……一六一四
露往霜来　ろおうそうらい……一六二二
魯魚亥豕　ろぎょがいし……一六二〇
六十六部　ろくじゅうろくぶ……一六二三
六親眷属　ろくしんけんぞく……一六二三
六道輪廻　ろくどうりんね……一六二三
六根清浄　ろっこんしょうじょう……一六二三
驢鳴犬吠　ろめいけんばい……一六二三
論功行賞　ろんこうこうしょう……一六二四
論旨明快　ろんしめいかい……一六二四

◆わ行

矮子看戯　わいしかんぎ……一六二八
和顔愛語　わがんあいご……一六二五
和気藹藹　わきあいあい……一六二五
和敬清寂　わけいせいじゃく……一六二五
和羹塩梅　わこうあんばい……一六二五
和光同塵　わこうどうじん……一六二六
和魂漢才　わこんかんさい……一六二六
和魂洋才　わこんようさい……一六二六
和衷協同　わちゅうきょうどう……一六二六
和風慶雲　わふうけいうん……一六二六
和洋折衷　わようせっちゅう……一六二六

故事・ことわざ索引

①この辞典に収録した故事・ことわざで重要なものを、その読みの**五十音順に配列**し、掲載ページを漢数字で示した。
②同じ読みの中では、一番目の漢字（一番目……が同じ場合は、順に次の漢字）の総画数が少ない順に配列した。

◆あ行

愛多ければ憎しみ至る　あいおおければにくしみいたる……五
愛屋烏に及ぶ　あいおくうにおよぶ……六
匕首に鍔　あいくちにつば……一二七三
挨拶は時の氏神　あいさつはときのうじがみ……五
愛して其の悪を知り憎みて其の善を知る　あいしてそのあくをしりにくみてそのぜんをしる……六
愛想尽かしも金から起きる　あいそづかしもかねからおきる……六
開いた口へ牡丹餅　あいたくちへぼたもち……一七九
相手のない喧嘩はできぬ　あいてのないけんかはできぬ……九三
阿吽の呼吸　あうんのこきゅう……一
仰いで天に愧じず　あおいでてんにはじず……三四五
青は藍より出でて藍よりも青し　あおはあいよりいでてあいよりもあおし……八五五
垢も身の内　あかもみのうち……四八九
秋高く馬肥ゆ　あきたかくうまこゆ……六八八
秋茄子は嫁に食わすな　あきなすはよめにくわすな……六八八
秋の扇　あきのおうぎ……六八八
秋の鹿は笛に寄る　あきのしかはふえによる……六八八
秋の日は釣瓶落とし　あきのひはつるべおとし……六八八
諦めは心の養生　あきらめはこころのようじょう……一〇九八
悪縁契り深し　あくえんちぎりふかし……一〇
悪妻は百年の不作　あくさいはひゃくねんのふさく……一〇
悪事千里を走る　あくじせんりをはしる……一〇
悪女の深情け　あくじょのふかなさけ……一〇
悪銭身に付かず　あくせんみにつかず……一〇
悪に強ければ善にも強し　あくにつよければぜんにもつよし……一〇
悪法も亦法なり　あくほうもまたほうなり……一一
開けて悔しき玉手箱　あけてくやしきたまてばこ……一七九
阿漕　あこぎ……一
阿漕が浦に引く網　あこぎがうらにひくあみ……一
顎振り三年　あごふりさんねん……二〇七
浅い川も深く渡れ　あさいかわもふかくわたれ……八九九
朝顔の花一時　あさがおのはなひととき……一〇六一
朝駆けの駄賃　あさがけのだちん……一〇六一
浅瀬に仇波　あさせにあだなみ……八九九
朝題目に宵念仏　あさだいもくによいねんぶつ……一〇六一
朝茶は七里帰っても飲め　あさちゃはしちりかえってものめ……一〇六一
麻の中の蓬　あさのなかのよもぎ……一四三五
麻を荷って金を捨てる　あさをになってかねをすてる……一四三六
朝に紅顔ありて夕べに白骨となる　あしたにこうがんありてゆうべにはっこつとなる……一〇六一
朝に道を聞かば夕べに死すとも可なり　あしたにみちをきかばゆうべにしすともかなり……一〇六二
朝に夕べを謀らず　あしたにゆうべをはからず……一〇六二
足下から鳥が立つ　あしもとからとりがたつ……九五八
足を万里の流れに濯う　あしをばんりのながれにあらう……九五八
明日ありと思う心の仇桜　あすありとおもうこころのあだざくら……一四六九
飛鳥川の淵瀬　あすかがわのふちせ……一二七九
明日の百より今日の五十　あすのひゃくよりきょうのごじゅう……一四六九
東男に京女　あずまおとこにきょうおんな……一一三九
畦から行くも田から行くも同じ　あぜからいくもたからいくもおなじ……三九三
寇に兵を藉し盗に糧を齎す　あだにへいをかしとうにりょうをもたらす……五〇一
頭押さえりゃ尻上がる　あたまおさえりゃしりあがる……一一五四
頭隠して尻隠さず　あたまかくしてしりかくさず……一一五四
頭剃るより心を剃れ　あたまそるよりこころをそれ……一一五四
仇も情けも我が身より出る　あだもなさけもわがみよりでる……三〇一
中たらずと雖も遠からず　あたらずといえどもとおからず……一〇四二
当たるも八卦当たらぬも八卦　あたるもはっけあたらぬもはっけ……一一三六
仇を恩にして報ずる　あだをおんにしてほうずる……三〇一
悪貨は良貨を駆逐する　あっかはりょうかをくちくする……一一
圧巻　あっかん……一四
暑さ寒さも彼岸まで　あつささむさもひがんまで……七二九
羹に懲りて膾を吹く　あつものにこりてなますをふく……五一七
後足で砂をかける　あとあしですなをかける……四六四
後の雁が先になる　あとのかりがさきになる……四六四
後は野となれ山となれ　あとはのとなれやまとなれ……四六四
痘痕も靨　あばたもえくぼ……一一四八

危ない橋を渡る　あぶないはしをわたる……一二六〇
虻蜂取らず　あぶはちとらず……一四一七
脂に画き氷に鏤む　あぶらにえがきこおりにちりばむ……六一六
甘い物に蟻が付く　あまいものにありがつく……一二三
雨蛙が鳴くと雨　あまがえるがなくとあめ……七一
雨垂れ石を穿つ　あまだれいしをうがつ……七一
雨垂れは三途の川　あまだれはさんずのかわ……七一
阿弥陀も銭で光る　あみだもぜにでひかる……一二
網、呑舟の魚を漏らす　あみどんしゅうのうおをもらす……一四八二
網無くして淵をのぞくな　あみなくしてふちをのぞくな……一四八二
雨塊を破らず　あめつちくれをやぶらず……七一
飴と鞭　あめとむち……三七
雨晴れて笠を忘れる　あめはれてかさをわすれる……七一
雨降って地固まる　あめふってじかたまる……七一
雨を冒し韮を剪る　あめをおかしにらをきる……七一
過ちて改めざる是を過ちと謂う　あやまちてあらためざるこれをあやまちという……一五四
過ちては則ち改むるに憚ること勿れ　あやまちてはすなわちあらたむるにはばかることなかれ……一五四
過ちは好む所にあり　あやまちはこのむところにあり……一五三
過ちを文る　あやまちをかざる……一五三
嵐の前の静けさ　あらしのまえのしずけさ……一八
新たに沐する者は必ず冠を弾く　あらたにもくするものはかならずかんむりをはじく……八〇六
蟻の穴から堤も崩れる　ありのあなからつつみもくずれる……二九一
蟻の思いも天に届く　ありのおもいもてんにとどく……二九一
蟻の熊野参り　ありのくまのまいり……二九一
蟻の這い出る隙もない　ありのはいでるすきもない……二九一
蟻も軍勢　ありもぐんぜい……二九一

有る時払いの催促無し　あるときばらいのさいそくなし……一五〇六
合わせ物は離れ物　あわせものははなれもの……五一九
慌てる蟹は穴へ這入れぬ　あわてるかにはあなへはいれぬ……五〇五
粟とも稗とも知らず　あわともひえともしらず……九六三
阿波に吹く風は讃岐にも吹く　あわにふくかぜはさぬきにもふく……三
合わぬ蓋あれば合う蓋あり　あわぬふたあればあうふたあり……五一九
鮟鱇の待ち食い　あんこうのまちぐい……一二四
鞍上人無く鞍下馬無し　あんじょうひとなくあんかうまなし……一二三
案ずるより産むが易し　あんずるよりうむがやすし……一二
帷幄の臣　いあくのしん……三一
威ありて猛からず　いありてたけからず……二九
言い勝ち功名　いいがちこうみょう……四三九
言いたいことは明日言え　いいたいことはあすいえ……四四〇
謂う勿れ今日学ばずとも来日ありと　いうなかれこんにちまなばずともらいじつありと……四〇
言うは易く行うは難し　いうはやすくおこなうはかたし……四四〇
家貧しくして孝子顕れ、世乱れて忠臣を識る　いえまずしくしてこうしあらわれよみだれてちゅうしんをしる……一四九
家貧しければ良妻を思い、国乱るれば良相を思う　いえまずしければりょうさいをおもいくにみだるればりょうしょうをおもう……一四九
毬栗も内から割れる　いがぐりもうちからわれる……三〇九
怒りを遷さず　いかりをうつさず……一三四
怒れる拳笑面に当たらず　いかれるこぶししょうめんにあたらず……一二三四
生き馬の目を抜く　いきうまのめをぬく……八四六
戦を見て矢を矧ぐ　いくさをみてやをはぐ……九〇四
意見と餅はつくほど練れる　いけんともちはつくほどねれる……一三五
石臼を箸に刺す　いしうすをはしにさす……八七三
石が流れて木の葉が沈む　いしがながれてこのはがしずむ……八七三

石に裃　いしにかみしも……八七三
石に灸　いしにきゅう……八七三
石に漱ぎ流れに枕す　いしにくちすすぎながれにまくらす……八七三
石に立つ矢　いしにたつや……八七三
石の上にも三年　いしのうえにもさんねん……八七三
石橋を叩いて渡る　いしばしをたたいてわたる……八七三
石部金吉鉄兜　いしべきんきちかなかぶと……八七三
医者の薬も匙加減　いしゃのくすりもさじかげん……一一七
医者の不養生　いしゃのふようじょう……一一七
衣食足りて礼節を知る　いしょくたりてれいせつをしる……一二六
石を抱きて淵に入る　いしをいだきてふちにいる……八七三
鶍の嘴　いすかのはし……四三
何れ菖蒲か杜若　いずれあやめかかきつばた……一四〇
居候の三杯目　いそうろうのさんばいめ……三一五
急がば回れ　いそがばまわれ……三〇六
磯の鮑の片思い　いそのあわびのかたおもい……二八四
痛くない腹を探られる　いたくないはらをさぐられる……一〇八〇
板子一枚下は地獄　いたごいちまいしたはじごく……一二六三
鼬の最後っ屁　いたちのさいごっぺ……一五一八
鼬の無き間の貂誇り　いたちのなきまのてんほこり……一五一八
一芸は道に通ずる　いちげいはみちにつうずる……四五
一事が万事　いちじがばんじ……四五
一日の長　いちじつのちょう……四六
一日再び晨なり難し　いちじつふたたびあしたなりがたし……四六
一樹の蔭一河の流れも他生の縁　いちじゅのかげいちがのながれもたしょうのえん……四六
一難去って又一難　いちなんさってまたいちなん……四六
一に看病二に薬　いちにかんびょうににくすり……四六
一日の計は朝にあり　いちにちのけいはあしたにあり……四六

市に虎有り いちにとらあり……六〇二
一年の計は元旦にあり いちねんのけいはがんたんにあり……四七
一姫二太郎 いちひめにたろう……四七
一富士二鷹三茄子 いちふじにたかさんなすび……四七
逸物の鷹も放さねば捕らず いちもつのたかもはなさねばとらず……五七
一文吝みの百知らず いちもんおしみのひゃくしらず……四八
一葉目を蔽えば泰山を見ず いちようめをおおえばたいざんをみず……四八
一を聞いて十を知る いちをきいてじゅうをしる……四九
一を識りて二を知らず いちをしりてにをしらず……四九
一家言 いっかげん……四九
一家は遠のく蚤は近寄る いっかはとおのくのみはちかよる……四九
一饋に十たび起つ いっきにとたびたつ……四九
一挙手一投足 いっきょしゅいっとうそく……五〇
一犬形に吠ゆれば百犬声に吠ゆ いっけんかたちにほゆればひゃっけんこえにほゆ……五〇
一将功成りて万骨枯る いっしょうこうなりてばんこつかる……五一
一升の餅に五升の取り粉 いっしょうのもちにごしょうのとりこ……五一
一炊の夢 いっすいのゆめ ▼邯鄲の夢……二二七
一寸先は闇 いっすんさきはやみ……五二
一寸の光陰軽んずべからず いっすんのこういんかろんずべからず……五二
一寸の虫にも五分の魂 いっすんのむしにもごぶのたましい……五二
一世を風靡する いっせいをふうびする……五二
一銭を笑う者は一銭に泣く いっせんをわらうものはいっせんになく……五二
一丁字を識らず いっていじをしらず……五三
一頭地を抜く いっとうちをぬく……五三
一敗地に塗れる いっぱいちにまみれる……五四
一髪千鈞を引く いっぱつせんきんをひく……五四
一斑を見て全豹をトす いっぱんをみてぜんぴょうをぼくす……五四
鷸蚌の争い いつぼうのあらそい……五八
佚を以て労を待つ いつをもってろうをまつ……五六
出でては将、入りては相 いでてはしょういりてはしょう……七一一
従兄弟同士は鴨の味 いとこどうしはかものあじ……七〇四
井に坐して天を観る いにざしててんをみる……八四二
古の学者は己の為にし、今の学者は人の為にす いにしえのがくしゃはおのれのためにしいまのがくしゃはひとのためにす……四四七
犬一代に狸一匹 いぬいちだいにたぬきいっぴき……四一七
犬、骨折って鷹の餌食 いぬほねおってたかのえじき……四一七
犬も歩けば棒に当たる いぬもあるけばぼうにあたる……四一七
犬も朋輩鷹も朋輩 いぬもほうばいたかもほうばい……四一七
命あっての物種 いのちあってのものだね……一四六八
命長ければ恥多し いのちながければはじおおし……一四六八
命長ければ蓬莱を見る いのちながければほうらいをみる……一四六八
命は鴻毛よりも軽し いのちはこうもうよりもかろし……一四六八
井の中の蛙大海を知らず いのなかのかわずたいかいをしらず……八四二
衣鉢 いはつ……二六
茨に棘あり いばらにとげあり……五九
今の情けは後の仇 いまのなさけはのちのあだ……五三四
今際の念仏誰も唱える いまわのねんぶつだれもとなえる……五三四
今を疑う者は、之を古に察す いまをうたがうものはこれをいにしえにさっす……五三四
芋の煮えたもご存じない いものにえたもごぞんじない……五九
炒り豆に花が咲く いりまめにはながさく……七四五
入るを量りて以て出すを為す いるをはかりてもっていだすをなす……一一九九
色の白いは七難隠す いろのしろいはしちなんかくす……七八〇
鰯の頭も信心から いわしのあたまもしんじんから……六一
言わぬが花 いわぬがはな……四四〇
言わねば腹脹る いわねばはらふくる……四四〇
夷を以て夷を攻む いをもっていをせむ……二六
因果を含める いんがをふくめる……六三
殷鑑遠からず いんかんとおからず……六四
印綬を解く いんじゅをとく……六二
引導を渡す いんどうをわたす……六一
陰徳あれば陽報あり いんとくあればようほうあり……六五
憂いも辛いも食うての上 ういもつらいもくうてのうえ……一五一六
飢えては食を択ばず うえてはしょくをえらばず……二七一
上に交わりて諂わず、下に交わりて驕らず うえにまじわりてへつらわずしたにまじわりておごらず……七六八
上見ぬ鷲 うえみぬわし……七六八
魚心あれば水心 うおごころあればみずごころ……三三一
魚の釜中に遊ぶが若し うおのふちゅうにあそぶがごとし……三三〇
魚を得て筌を忘る うおをえてせんをわする……三三〇
浮世の苦楽は壁一重 うきよのくらくはかべひとえ……一三三九
鶯鳴かせたこともある うぐいすなかせたこともある……一一九
有卦に入る うけにいる……一五〇六
烏合の衆 うごうのしゅう……七二
雨後の筍 うごのたけのこ……七一
兎を見て犬を呼ぶ うさぎをみていぬをよぶ……一二五
牛に対して琴を弾ず うしにたいしてことをだんず……三三
牛に引かれて善光寺参り うしにひかれてぜんこうじまいり……三三
牛の歩みも千里 うしのあゆみもせんり……三三
牛の角を蜂が刺す うしのつのをはちがさす……三三
牛は牛連れ馬は馬連れ うしはうしづれうまはうまづれ……三三
烏鵲の智 うじゃくのち……七二
烏集の交わり うしゅうのまじわり……七二
氏より育ち うじよりそだち……五九八
牛を桃林の野に放つ うしをとうりんのやにはなつ……三一三

付録

嘘から出た実 うそからでたまこと……三一九
嘘つきは泥棒の始まり うそつきはどろぼうのはじまり……三一九
嘘も方便 うそもほうべん……三一九
嘘も誠も話の手管 うそもまこともはなしのてくだ……三一九
梲が上がらぬ うだつがあがらぬ……八八五
打たれても親の杖 うたれてもおやのつえ……九七二
内閻魔の外恵比須 うちえんまのそとえびす……一一八四
内兜を見透かす うちかぶとをみすかす……一一八四
内で蛤外では蜆 うちではまぐりそとではしじみ……一一八四
内弁慶の外地蔵 うちべんけいのそとじぞう……一一八四
有頂天 うちょうてん……一五〇七
烏鳥の私情 うちょうのしじょう……七三
迂直の計 うちょくのけい……七〇
梁の塵を動かす うつばりのちりをうごかす……一五七六
打つも撫でるも親の恩 うつもなでるもおやのおん……九七三
独活の大木 うどのたいぼく……一一七二
鵜の真似をする烏 うのまねをするからす……一〇九九
鵜の目鷹の目 うのめたかのめ……一〇九九
旨い物は宵に食え うまいものはよいにくえ……六〇三
馬には乗ってみよ、人には添うてみよ うまにはのってみよひとにはそうてみよ……一二三〇
馬の耳に念仏 うまのみみにねんぶつ……一二三〇
生まれながらの長老なし うまれながらのちょうろうなし……八四七
生まれぬ先の襁褓定め うまれぬさきのむつきさだめ……八四七
生みの親より育ての親 うみのおやよりそだてのおや……八四七
海の事は舟子に問え山の事は樵夫に問え うみのことはふなこにとえやまのことはきこりにとえ……一七四
埋もれ木に花咲く うもれぎにはなさく……一四三九
烏有に帰す うゆうにきす……七三
怨み骨髄に入る うらみこつずいにいる……九八
怨みに報ゆるに徳を以てす うらみにむくゆるにとくをもってす……九八
売られた喧嘩は買わねばならぬ うられたけんかはかわねばならぬ……一三三九
売り家と唐様で書く三代目 うりいえとからようでかくさんだいめ……一三三九
売り言葉に買い言葉 うりことばにかいことば……一三三九
瓜の皮は大名に剝かせよ柿の皮は乞食に剝かせよ うりのかわはだいみょうにむかせよかきのかわはこじきにむかせよ……一四〇
瓜の蔓に茄子はならぬ うりのつるになすびはならぬ……一四〇
烏鷺の争い うろのあらそい……七三
噂をすれば影が差す うわさをすればかげがさす……九六九
運根鈍 うんこんどん……八〇
雲泥の差 うんでいのさ……八二
運は天にあり うんはてんにあり……八一
運用の妙は一心に存す うんようのみょうはいっしんにそんす……八一
易者身の上知らず えきしゃみのうえしらず……九〇
枝を矯めて花を散らす えだをためてはなをちらす……六一〇
越鳥南枝に巣くう えっちょうなんしにすくう……九三
得手に帆を揚げる えてにほをあげる……一一七〇
江戸の敵を長崎で討つ えどのかたきをながさきでうつ……四八一
絵に描いた餅 えにかいたもち……一一七九
蝦踊れども川を出でず えびおどれどもかわをいでず……一一五九
蝦で鯛を釣る えびでたいをつる……一一五九
選んで粕を摑む えらんでかすをつかむ……九〇九
鴛鴦の契り えんおうのちぎり……一〇八
煙霞の痼疾 えんかのこしつ……一〇一
猿猴月を取る えんこうつきをとる……一〇二
燕雀安んぞ鴻鵠の志を知らんや えんじゃくいずくんぞこうこくのこころざしをしらんや……一〇七
遠水近火を救わず えんすいきんかをすくわず……一〇三
豌豆は日陰でもはじける えんどうはひかげでもはじける……一〇七
縁なき衆生は度し難し えんなきしゅじょうはどしがたし……一〇六
縁の切れ目は子で繋ぐ えんのきれめはこでつなぐ……一〇六
縁は異なもの えんはいなもの……一〇六
遠慮は無沙汰 えんりょはぶさた……一〇三
遠慮ひだるし伊達寒し えんりょひだるしだてさむし……一〇三
老い木に花が咲く おいきにはながさく……一六三
老いては子に従え おいてはこにしたがえ……一六三
王侯将相寧んぞ種有らんや おうこうしょうしょういずくんぞしゅあらんや……一一一
往事渺茫として都て夢に似たり おうじびょうぼうとしてすべてゆめににたり……一一三
応接に暇あらず おうせつにいとまあらず……一一二
負うた子に教えられて浅瀬を渡る おうたこにおしえられてあさせをわたる……一三三七
負うた子より抱いた子 おうたこよりだいたこ……一三三八
負うた子を三年探す おうたこをさんねんさがす……一三三八
鸚鵡能く言えども飛鳥を離れず おうむよくいえどもひちょうをはなれず……一一九
大いに惑う者は終身解けず おおいにまどうものはしゅうしんとけず……九八七
大風が吹けば桶屋が喜ぶ おおかぜがふけばおけやがよろこぶ……九八八
大きい薬缶は沸きが遅い おおきいやかんはわきがおそい……九八八
陸に上がった河童 おかにあがったかっぱ……一五六一
起きて半畳寝て一畳 おきてはんじょうねていちじょう……一二七〇
屋上屋を架す おくじょうおくをかす……一二一
噯気にも出さぬ おくびにもださぬ……七
屋漏に愧じず おくろうにはじず……一二一

驕る平家は久しからず　おごるへいけはひさしからず……三四五
煽てと畚には乗り易い　おだてともっこにはのりやすい……九〇六
小田原評定　おだわらひょうじょう……七三六
男心と秋の空　おとこごころとあきのそら……一〇三二
男は閾を跨げば七人の敵あり　おとこはしきいをまたげばしちにんのてきあり……一〇三二
男は度胸女は愛嬌　おとこはどきょうおんなはあいきょう……一〇三二
同じ穴の貉　おなじあなのむじな……一一五九
同じ釜の飯を食う　おなじかまのめしをくう……一一五九
鬼に金棒　おににかなぼう……一二七一
鬼の居ぬ間に洗濯　おにのいぬまにせんたく……一二七一
鬼の霍乱　おにのかくらん……一二七一
鬼の空念仏　おにのそらねんぶつ……一二七二
鬼の目にも涙　おにのめにもなみだ……一二七二
鬼も十八、番茶も出花　おにもじゅうはちばんちゃもでばな……一二七二
己に如かざる者を友とするなかれ　おのれにしかざるものをともとするなかれ……四四六
己の頭の蝿を追え　おのれのあたまのはえをおえ……四四六
己の欲せざる所は人に施すなかれ　おのれのほっせざるところはひとにほどこすなかれ……四四六
斧を掲げて淵に入る　おのをかかげてふちにいる……一三三六
尾羽打ち枯らす　おはうちからす……一二八八
帯に短し襷に長し　おびにみじかしたすきにながし……九八二
溺れる者は藁をも摑む　おぼれるものはわらをもつかむ……一一〇三
思い内に在れば色外に現る　おもいうちにあればいろそとにあらわる……六一二
思い立ったが吉日　おもいたったがきちじつ……六一二
思い半ばに過ぐ　おもいなかばにすぐ……六一二
思う事言わねば腹脹る　おもうこといわねばはらふくる……六一二
親思う心にまさる親心　おやおもうこころにまさるおやごころ……八一〇
親が死んでも食休み　おやがしんでもじきやすみ……八一〇
親子の仲でも金銭は他人　おやこのなかでもきんせんはたにん……八一〇
親に似ぬ子は鬼子　おやににぬこはおにご……八一〇
親の意見と茄子の花は千に一つも仇はない　おやのいけんとなすびのはなはせんにひとつもあだはない……八一〇
親の意見と冷や酒は後で利く　おやのいけんとひやざけはあとできく……八一〇
親の恩は子でおくる　おやのおんはこでおくる……八一〇
親の心子知らず　おやのこころこしらず……八一〇
親の脛を齧る　おやのすねをかじる……八一〇
親の光は七光　おやのひかりはななひかり……八一〇
親は木綿着る、子は錦着る　おやはもめんきるこはにしききる……八一〇
尾を塗中に曳く　おをとちゅうにひく……一二八八
女賢しうして牛売り損なう　おんなさかしゅうしてうしうりそこなう……七三二
女三人寄れば姦しい　おんなさんにんよればかしましい……七三二
女の髪の毛には大象も繋がる　おんなのかみのけにはたいぞうもつながる……七三二
女は己を説ぶ者の為に容づくる　おんなはおのれをよろこぶもののためにかたちづくる……七三二
温良恭倹譲　おんりょうきょうけんじょう……一三一
恩を仇で返す　おんをあだでかえす……一三〇
恩を以て怨みに報ず　おんをもってうらみにほうず……一三〇

◆か行

槐安の夢　かいあんのゆめ　▼南柯の夢……一一九〇
飼い犬に手を噛まれる　かいいぬにてをかまれる……六二四
貝殻で海を測る　かいがらでうみをはかる……一八七
会稽の恥　かいけいのはじ……一六八
骸骨を乞う　がいこつをこう……一九三
睚眦の怨み　がいさいのうらみ……一九二
亥豕の誤り　がいしのあやまり……一九〇
蓋世の才　がいせいのさい……一九二
咳唾珠を成す　がいだたまをなす……一九〇
海中より盃中に溺死する者多し　かいちゅうよりはいちゅうにできしするものおおし……一七六
海棠睡り未だ足らず　かいどうねむりいまだたらず……一七六
快刀乱麻を断つ　かいとうらんまをたつ……一七〇
櫂は三年櫓は三月　かいはさんねんろはみつき……一一五六
隗より始めよ　かいよりはじめよ……一八三
回禄の災い　かいろくのわざわい……一六九
買うは貰うに勝る　かうはもらうにまさる……一二三二
顧みて他を言う　かえりみてたをいう……四五九
蛙の子は蛙　かえるのこはかえる……三
蛙の面に水　かえるのつらにみず……三
河海は細流を択ばず　かかいはさいりゅうをえらばず……一四五
踵で頭痛を病む　かかとでずつうをやむ……七六四
餓鬼に苧殻　がきにおがら……一六六
餓鬼の断食　がきのだんじき……一六六
餓鬼の目に水見えず　がきのめにみずみえず……一六六
餓鬼も人数　がきもにんず……一六六
蝸牛角上の争い　かぎゅうかくじょうのあらそい……一五九
火牛の計　かぎゅうのけい……一三六
河魚の腹疾　かぎょのふくしつ……一四五
鷽鳩大鵬を笑う　がくきゅうたいほうをわらう……二〇三
矍鑠　かくしゃく……二〇三
隠すより現る　かくすよりあらわる……一六八

学若し成らずんば死すとも還らず　がくもしならずんば しすともかえらず……二〇四
学問に王道無し　がくもんに おうどうなし……二〇四
獲麟　かく りん……二〇二
陰に居て枝を折る　かげにいて えだをおる……六六
影の形に従うが如し　かげのかたちに したがうがごとし……八八
影を搏つ　かげを うつ……八八
嘉肴有りと雖も食らわずんばその旨きを知らず　かこうありといえども くらわずんばそのうまきをしらず……一五六
駕籠舁駕籠に乗らず　かごかき かごにのらず……一六六
籠で水を汲む　かごで みずをくむ……一六二〇
駕籠に乗る人担ぐ人そのまた草鞋を作る人　かごにのるひとかつぐひと そのまたわらじをつくるひと……一六六
籠の鳥雲を慕う　かごのとり くもをしたう……一六二〇
火事後の釘拾い　かじあとの くぎひろい……一三六
和氏の璧　かしの へき……一六二五
華燭の典　かしょく のてん……一五一
華胥の国に遊ぶ　かしょのくに にあそぶ……一五一
家書万金に抵たる　かしょばんきん にあたる……一五〇
苛政は虎よりも猛し　かせいはとら よりもたけし……一四七
河清を俟つ　かせい をまつ……一四六
風が吹けば桶屋が儲かる　かぜがふけば おけやがもうかる……九八八
▼大風が吹けば桶屋が喜ぶ
稼ぐに追いつく貧乏なし　かせぐにおいつく びんぼうなし……一五八
稼ぐに追い抜く貧乏神　かせぐにおいぬく びんぼうがみ……一五八
風の前の塵　かぜのまえ のちり……一三三九
風邪は万病の因　かぜはまん びょうのもと……一三三九
堅い木は折れる　かたいき はおれる……四二七
片手で錐は揉めぬ　かたてで きりはもめぬ……一三七七
刀折れ矢尽きる　かたなおれ やつきる……一一三五
火中の栗を拾う　かちゅうの くりをひろう……一三六
鰹節を猫に預ける　かつおぶしを ねこにあずける……四三七
渇して井を穿つ　かっして いをうがつ……二一三
渇すれども盗泉の水を飲まず　かっすれどもとうせん のみずをのまず……二一三
勝って兜の緒を締めよ　かってかぶと のおをしめよ……七五三
河童に塩を誂える　かっぱにしおを あつらえる……一四六
河童に水練　かっぱに すいれん……一四六
河童の川流れ　かっぱの かわながれ……一四六
刮目して相待つ　かつもくし てあいまつ……二一一
勝てば官軍、負ければ賊軍　かてばかんぐん まければぞくぐん……七五三
瓜田に履を納れず　かでんに くつをいれず……一四〇
門松は冥土の旅の一里塚　かどまつはめいどの たびのいちりづか……一四八八
鼎の軽重を問う　かなえのけい ちょうをとう……一〇九七
鼎の沸くが如し　かなえの わくがごとし……一〇九七
金槌の川流れ　かなづちの かわながれ……三五六
叶わぬ時の神頼み　かなわぬとき のかみだのみ……三二七
蟹の横這い　かにの よこばい……一八七
蟹は甲羅に似せて穴を掘る　かにはこうらに にせてあなをほる……一八七
金の貸し借り不和の基　かねのかしかり ふわのもと……三五六
金の切れ目が縁の切れ目　かねのきれめが えんのきれめ……三五六
金の光は阿弥陀ほど　かねのひかりは あみだほど……三五六
金は三欠くに溜まる　かねはさんかく にたまる……三五六
金は天下の回り物　かねはてんか のまわりもの……三五六
鐘も撞木の当たりがら　かねもしゅもくの あたりがら……七六七
金持ち喧嘩せず　かねもち けんかせず……三五六
禍福は糾える縄の如し　かふくはあざなえる なわのごとし……一五六
禍福は門なし、唯人の召く所　かふくはもんなしただ ひとのまねくところ
株を守って兎を待つ　かぶをまもって うさぎをまつ……一五六
画餅に帰す　がべい にきす……二一八
壁に耳あり障子に目あり　かべにみみあり しょうじにめあり……一六三
壁を穿ちて書を読む　かべをうがちて しょをよむ……一三七三
果報は寝て待て　かほうは ねてまて……一三七三
亀の甲より年の劫　かめのこうより としのこう……一四五
亀の年を鶴が羨む　かめのとしを つるがうらやむ……二七五
鴨が葱を背負って来る　かもがねぎを しょってくる……二七五
鴨の水搔き　かもの みずかき……一一八
下問を恥じず　かもんを はじず……一一八
烏の行水　からすの ぎょうずい……一三二
狩人罠にかかる　かりゅうど わなにかかる……七三
借りる時の地蔵顔済す時の閻魔顔　かりるときのじぞうがお なすときのえんまがお……六七六
借りる八合済す一升　かりるはちごう なすいっしょう……六六四
枯れ木も山の賑わい　かれきもやま のにぎわい……六六四
彼も一時此も一時　かれもいちじ これもいちじ……四五三
彼も人なり、予も人なり　かれもひとなり われもひとなり……二七六
彼を知り己を知れば、百戦殆うからず　かれをしりおのれをしれば ひゃくせんあやうからず……二七六
可愛い子には旅をさせよ　かわいいこには たびをさせよ……二七六
可愛さ余って憎さが百倍　かわいさあまって にくさがひゃくばい……一三八
瓦も磨けば玉となる　かわらもみがけ ばたまとなる……一三九
勧学院の雀は蒙求を囀る　かんがくいんのすずめは もうぎゅうをさえずる……一六二
眼光紙背に徹す　がんこう しはいにてっす……二四〇
閑古鳥が鳴く　かんこどり がなく……二五五
雁書　がん しょ……一三九

付録

勘定合って銭足らず　かんじょうあってぜにたらず……二三三
顔色無し　がんしょくなし……二五七
関雎の化　かんしょのか……二四四
韓信の股くぐり　かんしんのまたくぐり……二五一
甘井先ず竭く　かんせいまずつく……二三三
間然する無し　かんぜんするなし……二三八
肝胆相照らす　かんたんあいてらす……二三六
邯鄲の歩み　かんたんのあゆみ……二三七
邯鄲の夢　かんたんのゆめ……二三七
肝胆を砕く　かんたんをくだく……二三六
干天の慈雨　かんてんのじう……二三一
艱難汝を玉にす　かんなんなんじをたまにす……二四九
寒に帷子土用に布子　かんにかたびらどようにぬのこ……二三六
堪忍は一生の宝　かんにんはいっしょうのたから……二三五
堪忍袋の緒が切れる　かんにんぶくろのおがきれる……二三五
間髪を容れず　かんはつをいれず……二三八
汗馬の労　かんばのろう……二二四
完璧　かんぺき……二二五
管鮑の交わり　かんぽうのまじわり……二四三
歓楽極まりて哀情多し　かんらくきわまりてあいじょうおおし……二四五
冠履を貴んで頭足を忘る　かんりをとうとんでとうそくをわする……二二八
棺を蓋いて事定まる　かんをおおいてことさだまる……二三七
聞いて極楽見て地獄　きいてごくらくみてじごく……一三六二
既往は咎めず　きおうはとがめず……二六九
奇貨居くべし　きかおくべし……二六五
木から落ちた猿　きからおちたさる……一四二四
亀鑑　きかん……二七五
窺管　きかん……二八三
危急存亡の秋　ききゅうそんぼうのとき……二六〇
枳棘は鸞鳳の棲む所に非ず　ききょくはらんぽうのすむところにあらず……二六七
帰去来　ききょらい……二六八
聞くは一時の恥、聞かぬは一生の恥　きくはいっときのはじ、きかぬはいっしょうのはじ……一三六二
騎虎の勢い　きこのいきおい……二八五
樹静かならんと欲すれども風止まず　きしずかならんとほっすれどもかぜやまず……六八三
雉も鳴かずば撃たれまい　きじもなかずばうたれまい……一〇三四
疑心暗鬼を生ず　ぎしんあんきをしょうず……二八九
驥足を展ばす　きそくをのばす……二八六
来る者は拒まず　きたるものはこばまず……一五四四
吉凶は糾える縄の如し　きっきょうはあざなえるなわのごとし
▼禍福は糾える縄の如し……一五六
橘中の楽しみ　きっちゅうのたのしみ……二九六
狐死して兎悲しむ　きつねししてうさぎかなしむ……四五三
狐其の尾を濡らす　きつねそのおをぬらす……四五三
狐を馬に乗せたよう　きつねをうまにのせたよう……四五三
木強ければ則ち折る　きつよければすなわちおる……一四二四
木で鼻を括る　きではなをくくる……一四二四
木に竹を接ぐ　きにたけをつぐ……一四二四
木に縁りて魚を求む　きによりてうおをもとむ……一四二四
昨日の襤褸、今日の錦　きのうのつづれ、きょうのにしき……五六五
昨日の友は今日の仇　きのうのともはきょうのあだ……五六六
昨日の淵は今日の瀬　きのうのふちはきょうのせ……五六六
昨日は人の身、今日は我が身　きのうはひとのみ、きょうはわがみ……五六六
木の股から生まれる　きのまたからうまれる……一四二四
驥尾に付す　きびにふす……二八六
季布の一諾　きふのいちだく……二六六
君、君たらずと雖も、臣、臣たらざる可からず　きみきみたらずといえども、しんしんたらざるべからず……三八一
君辱めらるれば臣死す　きみはずかしめらるればしんしす……三八一
鬼面人を嚇す　きめんひとをおどす……二七二
記問の学　きもんのがく……二七〇
伽羅の仏に箔を置く　きゃらのほとけにはくをおく……一四一
杞憂　きゆう……二六四
九牛の一毛　きゅうぎゅうのいちもう……二九九
九死に一生を得る　きゅうしにいっしょうをうる……三〇〇
牛首を懸けて馬肉を売る　ぎゅうしゅをかけてばにくをうる……三一三
牛耳を執る　ぎゅうじをとる……三一三
九仞の功を一簣に虧く　きゅうじんのこうをいっきにかく……三〇〇
窮すれば通ず　きゅうすればつうず……三一二
窮鼠猫を嚙む　きゅうそねこをかむ……三一二
窮鳥懐に入れば猟師も殺さず　きゅうちょうふところにいればりょうしもころさず……三一二
朽木は雕るべからず　きゅうぼくはえるべからず……三〇四
窮余の一策　きゅうよのいっさく……三一二
笈を負う　きゅうをおう……三〇八
胸襟を開く　きょうきんをひらく……三三四
強将の下に弱兵なし　きょうしょうのもとにじゃくへいなし……三三六
兄弟は他人の始まり　きょうだいはたにんのはじまり……三八六
胸中に成竹あり　きょうちゅうにせいちくあり……三三五
伎癢に堪えず　ぎようにたえず……二五九
京の着倒れ大阪の食い倒れ　きょうのきだおれおおさかのくいだおれ……三三〇
喬木は風に折らる　きょうぼくはかぜにおらる……三三九
狂瀾を既倒に廻らす　きょうらんをきとうにめぐらす……三三〇

魚腹に葬らる　ぎょふくにほうむらる……三二一
漁夫の利　ぎょふのり……三一六
清水の舞台から飛び下りる　きよみずのぶたいからとびおりる……八六〇
錐の嚢中に処るが若し　きりののうちゅうにおるがごとし……八三二
麒麟児　きりんじ……二八五
騏驎の躓き　きりんのつまずき……二八五
騏驎も老いては駑馬に劣る　きりんもおいてはどばにおとる……二八五
軌を一にす　きをいつにす……二六八
義を見て為ざるは勇無きなり　ぎをみてせざるはゆうなきなり……二八八
木を見て森を見ず　きをみてもりをみず……一四二四
槿花一日の栄　きんかいちじつのえい……三六三
琴瑟相和す　きんしつあいわす……三六〇
錦上に花を添える　きんじょうにはなをそえる……三六三
金石の交わり　きんせきのまじわり……三五七
金時の火事見舞い　きんときのかじみまい……三五七
勤勉は成功の母　きんべんはせいこうのはは……三六〇
空谷の足音　くうこくのそくおん……三七三
食うた餅より心持ち　くうたもちよりこころもち……七八一
釘を刺す　くぎをさす……一〇九三
愚公山を移す　ぐこうやまをうつす……三七一
臭い物に蓋をする　くさいものにふたをする……六八九
腐っても鯛　くさってもたい……一三三三
腐れ縁は離れず　くされえんははなれず……一三三三
愚者も一得　ぐしゃもいっとく……三七二
薬も過ぎれば毒となる　くすりもすぎればどくとなる……一四九八
薬より養生　くすりよりようじょう……一四九八
口から出れば世間　くちからでればせけん……四六九
口叩きの手足らず　くちたたきのてたらず……四六九
口で貶して心で褒める　くちでけなしてこころでほめる……四六九
口では大阪の城も建つ　くちではおおさかのしろもたつ……四六九
口に蜜あり腹に剣あり　くちにみつありはらにけんあり……四六九
口は禍いの門　くちはわざわいのもん……四六九
唇亡びて歯寒し　くちびるほろびてはさむし……七九八
口も八丁、手も八丁　くちもはっちょうてもはっちょう……四六九
靴を隔てて痒きを掻く　くつをへだててかゆきをかく
▼隔靴掻痒　かっかそうよう……二〇〇
苦肉の計　くにくのけい……三六八
国に盗人家に鼠　くににぬすびといえにねずみ……五二五
国乱れて忠臣現る　くにみだれてちゅうしんあらわる……五二五
国破れて山河在り　くにやぶれてさんがあり……五二五
苦は楽の種　くはらくのたね……三六八
首縊りの足を引く　くびくくりのあしをひく……六七七
食らえどもその味わいを知らず　くらえどもそのあじわいをしらず……七八二
鞍掛け馬の稽古　くらかけうまのけいこ……二四
苦しい時の神頼み　くるしいときのかみだのみ……三六八
紅は園生に植えても隠れなし　くれないはそのうにうえてもかくれなし……四九二
暮れぬ先の提灯　くれぬさきのちょうちん……一三九四
君子危うきに近寄らず　くんしあやうきにちかよらず……三八一
君子に九思有り　くんしにきゅうしあり……三八一
君子に三戒有り　くんしにさんかいあり……三八一
君子に三楽有り　くんしにさんらくあり……三八一
君子の過ちは日月の食の如し　くんしのあやまちはじつげつのしょくのごとし……三八一
君子の交わりは淡きこと水の若し　くんしのまじわりはあわきことみずのごとし……三八一
君子は争う所無し　くんしはあらそうところなし……三八一
君子は憂えず懼れず　くんしはうれえずおそれず……三八二
君子は屋漏に愧じず　くんしはおくろうにはじず……三八二
君子は器ならず　くんしはきならず……三八二
君子は義に喩り小人は利に喩る　くんしはぎにさとりしょうじんはりにさとる……三八二
君子は言に訥なれども行いに敏ならんと欲す　くんしはげんにとつなれどもおこないにびんならんとほっす……三八二
君子は其の独りを慎む　くんしはそのひとりをつつしむ……三八二
君子は豹変す　くんしはひょうへんす……三八二
葷酒山門に入るを許さず　くんしゅさんもんにいるをゆるさず……三八三
薫蕕は器を同じくせず　くんゆうはうつわをおなじくせず……三八三
群羊を駆りて猛虎を攻む　ぐんようをかりてもうこをせむ……三八五
形影相弔う　けいえいあいとむらう……三八七
渓壑の欲　けいがくのよく……三九三
挂冠　けいかん……三九〇
鶏群の一鶴　けいぐんのいっかく……四〇三
鶏口と為るも牛後と為る無かれ　けいこうとなるもぎゅうごとなるなかれ……四〇三
荊妻　けいさい……三九一
敬して遠ざく　けいしてとおざく……三九五
芸術は長く人生は短し　げいじゅつはながくじんせいはみじかし……四〇四
鶏黍　けいしょ……四〇三
蛍雪の功　けいせつのこう……三九五
兄たり難く、弟たり難し　けいたりがたくていたりがたし……三八六
兄弟牆に鬩げども外其の務りを禦ぐ　けいていかきにせめげどもそとそのあなどりをふせぐ……三八六
芸は道によって賢し　げいはみちによってかしこし……四〇四
芸は身を助ける　げいはみをたすける……四〇四

怪我の功名 けがのこうみょう……一七三
閲牆 げきしょう……四〇八
撃壌 げきじょう……四〇七
逆鱗に触れる げきりんにふれる……二九九
檄を飛ばす げきをとばす……四〇八
下戸の建てた蔵は無い げこのたてたくらはない……一三三
袈裟と衣は心に着よ けさところもはこころにきよ……三八六
下衆の後知恵 げすのあとぢえ……一三三
下駄も阿弥陀も同じ木の切れ げたもあみだもおなじきのきれ……一三三
月旦評 げったんひょう……四一六
外面似菩薩内心如夜叉 げめんじぼさつないしんにょやしゃ……一八九
毛を謹んで貌を失う けをつつしんでかたちをうしなう……一四七八
毛を吹いて疵を求む けをふいてきずをもとむ……一四七八
毛を見て馬を相す けをみてうまをそうす……一四七九
犬猿の仲 けんえんのなか……四一八
賢者ひだるし伊達寒し けんじゃひだるしだてさむし……四三四
健全なる精神は健全なる身体に宿る けんぜんなるせいしんはけんぜんなるしんたいにやどる……四二五
堅白同異の弁 けんぱくどういのべん……四二七
犬馬の養い けんばのやしない……四一八
犬馬の齢 けんばのよわい……四一八
犬馬の労 けんばのろう……四一八
権柄尽く けんぺいずく……四三三
倹約と吝嗇は水仙と葱 けんやくとりんしょくはすいせんとねぎ……四二三
権輿 けんよ……四三三
御意見五両堪忍十両 ごいけんごりょうかんにんじゅうりょう……三二四
鯉の滝登り こいのたきのぼり……一五六一
恋は曲者 こいはくせもの……一六〇三
恋は思案の外 こいはしあんのほか……一六〇三

紅一点 こういってん……四九二
光陰に関守なし こういんにせきもりなし
▼月日に関守なし……四一六
光陰矢の如し こういんやのごとし……四七八
後悔先に立たず こうかいさきにたたず……四六四
慷慨死に赴くは易し こうがいしにおもむくはやすし……五一〇
口角泡を飛ばす こうかくあわをとばす……四七〇
高閣に束ぬ こうかくにつかぬ……四九九
溝壑を塡む こうがくをうずむ……五〇八
好機逸すべからず こうきいっすべからず……四八〇
肯綮に中たる こうけいにあたる……四八八
巧言令色鮮なし仁 こうげんれいしょくすくなしじん……四七五
孝行のしたい時分に親は無し こうこうのしたいじぶんにおやはなし……四八四
鴻鵠の志 こうこくのこころざし
▼燕雀安んぞ鴻鵠の志を知らんや……一〇七
後顧の憂い こうこのうれい……四六五
巧詐は拙誠に如かず こうさはせっせいにしかず……四七五
恒産無ければ恒心無し こうさんなければこうしんなし……四九〇
膠漆の交わり こうしつのまじわり……五一二
香餌の下必ず死魚有り こうじのもとかならずしぎょあり……四九五
好事魔多し こうじまおおし……四八〇
好事門を出でず、悪事千里を行く こうじもんをいでずあくじせんりをゆく……四八〇
後車の戒め こうしゃのいましめ
▼前車の覆るは後車の戒め……九一四
後生畏るべし こうせいおそるべし……四六五
孔席暖まらず、墨突黔まず こうせきあたたまらずぼくとつくろまず……四七四

浩然の気を養う こうぜんのきをやしなう……四九七
黄泉の路上老少無し こうせんのろじょうろうしょうなし……五〇四
巧遅は拙速に如かず こうちはせっそくにしかず……四七五
狡兎死して良狗烹らる こうとししてりょうくにらる……四九一
功成り名遂げて身退くは天の道なり こうなりなとげてみしりぞくはてんのみちなり……四七四
郷に入っては郷に従え ごうにいってはごうにしたがえ……三三九
孝は百行の本 こうはひゃっこうのもと……四八四
好物に祟り無し こうぶつにたたりなし……四八〇
弘法にも筆の誤り こうぼうにもふでのあやまり……四七六
弘法筆を択ばず こうぼうふでをえらばず……四七六
功名を竹帛に垂る こうみょうをちくはくにたる……四七四
蝙蝠も鳥のうち こうもりもとりのうち……一三八三
後門の狼 こうもんのおおかみ
▼前門の虎と後門の狼……九一五
紺屋の白袴 こうやのしろばかま……五三八
黄粱一炊の夢 こうりょういっすいのゆめ……五〇四
蛟竜雲雨を得 こうりょううんうをう……五〇七
亢竜悔い有り こうりょうくいあり……四七一
声無きに聴き形無きに視る こえなきにききかたちなきにみる……八五二
呉下の阿蒙 ごかのあもう……四六三
故郷へ錦を飾る こきょうへにしきをかざる……四五二
故郷忘じ難し こきょうぼうじがたし……四五二
極楽の入り口で念仏を売る ごくらくのいりぐちでねんぶつをうる……三五〇
虎穴に入らずんば虎子を得ず こけつにいらずんばこじをえず……四五〇
沽券に関わる こけんにかかわる……四五〇
股肱の臣 ここうのしん……四五〇
虎口を脱する ここうをだっする……四五〇
虎口を逃れて竜穴に入る ここうをのがれてりゅうけつにいる……四五〇
粉米も嚙めば甘くなる こごめもかめばあまくなる……一三五五

付録

心内に在れば色外に形わる（こころうちにあればいろそとにあらわる）……七八八
心焉に在らざれば視れども見えず（こころここにあらざればみれどもみえず）……七八八
志有る者は事竟に成る（こころざしあるものはことついになる）……六〇七
心の鬼が身を責める（こころのおにがみをせめる）……七八九
古今未曽有（ここんみぞう）……四四七
五十歩百歩（ごじっぽひゃっぽ）……四六〇
腰抜けの居計らい（こしぬけのいばからい）……一五三三
小姑一人は鬼千匹（こじゅうとひとりはおにせんびき）……七三七
五十にして天命を知る（ごじゅうにしててんめいをしる）……四六一
孤掌鳴らし難し（こしょうならしがたし）……四五一
古人の糟魄（こじんのそうはく）……四四七
子宝脛が細る（こだからすねがほそる）……五九六
炬燵で河豚汁（こたつでふぐじる）……三一六
壺中の天（こちゅうのてん）……四五六
胡蝶の夢（こちょうのゆめ）……四五四
凝っては思案に能わず（こってはしあんにあたわず）……三四七
骨肉相食む（こつにくあいはむ）……五三一
木っ端を拾うて材木を流す（こっぱをひろうてざいもくをながす）一四二五
子で子にならぬ杜鵑（こでこにならぬほととぎす）……五九五
事ある時は仏の足を戴く（ことあるときはほとけのあしをいただく）……六三四
尽く書を信ずれば、則ち書なきに如かず（ことごとくしょをしんずればすなわちしょなきにしかず）……八一八
琴柱に膠す（ことじににかわす）……三六一
五斗米の為に腰を折る（ごとべいのためにこしをおる）……四六一
子供の喧嘩に親が出る（こどものけんかにおやがでる）……五九六
子に過ぎたる宝無し（こにすぎたるたからなし）……五九五
子は親を映す鏡（こはおやをうつすかがみ）……五九五
子は鎹（こはかすがい）……五九五
琥珀は腐芥を取らず（こはくはふかいをとらず）……四五七
子は三界の首枷（こはさんがいのくびかせ）……五九五
子は父の為に隠す（こはちちのためにかくす）▼父は子の為に隠し、子は父の為に隠す……一三三三
小舟の宵拵え（こぶねのよいごしらえ）……七三八
独楽の舞い倒れ（こまのまいだおれ）……一一七三
鱓の歯軋り（ごまめのはぎしり）……九一三
米食った犬が叩かれずに糠食った犬が叩かれる（こめくったいぬがたたかれずにぬかくったいぬがたたかれる）……一三七二
米の飯と天道様は何処へ行っても付いて回る（こめのめしとてんとうさまはどこへいってもついてまわる）……一三七二
米を数えて炊ぐ（こめをかぞえてかしぐ）……一三七二
米を百里の外に負う（こめをひゃくりのそとにおう）……一三七二
子持ち二人扶持（こもちににんぶち）……五九六
子養わんと欲すれど親待たず（こやしなわんとほっすれどおやまたず）……五九五
子故の闇に迷う（こゆえのやみにまよう）……五九五
虎狼の心（ころうのこころ）……四五〇
転がる石には苔が生えぬ（ころがるいしにはこけがはえぬ）……一一一六
転ばぬ先の杖（ころばぬさきのつえ）……一一一六
転んでもただでは起きぬ（ころんでもただではおきぬ）……一一一六
子を知るは父に若くは莫し（こをしるはちちにしくはなし）……五九五
子を見ること親に如かず（こをみることおやにしかず）……五九五
子を持って知る親の恩（こをもってしるおやのおん）……五九五
根性に似せて家を作る（こんじょうににせていえをつくる）……五三六
蒟蒻で石垣を築く（こんにゃくでいしがきをきずく）……五三九
権兵衛が種蒔きゃ烏が穿る（ごんべえがたねまきゃからすがほじくる）……四三三
崑崙火を失して玉石倶に焚く（こんろんひをしっしてぎょくせきともにやく）……四三三

◆さ行

……五三七
塞翁が馬（さいおうがうま）▼人間万事塞翁が馬……八一四
細工は流流仕上げを御覧じろ（さいくはりゅうりゅうしあげをごろうじろ）……五五五
歳月人を待たず（さいげつひとをまたず）……五五九
才子才に倒れる（さいしさいにたおれる）……五四九
采薪の憂い（さいしんのうれい）……五五一
材大なれば、用を為し難し（ざいだいなればようをなしがたし）……五六二
才知は身の仇（さいちはみのあだ）……五四九
災難なら畳の上でも死ぬ（さいなんならたたみのうえでもしぬ）……五五〇
災難の先触れはない（さいなんのさきぶれはない）……五五〇
賽は投げられた（さいはなげられた）……五六一
財布と心の底は人に見せるな（さいふとこころのそこはひとにみせるな）……五六二
財布の紐は首に掛けるより心に掛けよ（さいふのひもはくびにかけるよりこころにかけよ）……五六二
竿竹で星を打つ（さおだけでほしをうつ）……二三〇
境に入りては禁を問う（さかいにいりてはきんをとう）……三四〇
鷺を烏と言いくるめる（さぎをからすといいくるめる）……一六一三
先んずれば即ち人を制す（さきんずればすなわちひとをせいす）……八九五
策士策に溺れる（さくしさくにおぼれる）……五六七
桜切る馬鹿梅切らぬ馬鹿（さくらきるばかうめきらぬばか）……一一五
酒に別腸あり（さけにべっちょうあり）……六七八
酒は憂いを掃う玉箒（さけはうれいをはらうたまははき）……六七八
酒は諸悪の基（さけはしょあくのもと）……六七八
酒は天の美禄（さけはてんのびろく）……六七八
酒は百薬の長（さけはひゃくやくのちょう）……六七八

付録

雑魚の魚交じり（ざこのととまじり）……五七三
囁き千里（ささやきせんり）……七六七
坐して食らえば山も空し（ざしてくらえばやまもむなし）……五四七
砂上の楼閣（さじょうのろうかく）……五四四
左遷（させん）……五四一
左袒（さたん）……五四一
鯖の生き腐り（さばのいきぐさり）……八七〇
鯖を読む（さばをよむ）……八七〇
鞘走りより口走り（さやばしりよりくちばしり）……七六四
座右の銘（ざゆうのめい）……五四八
皿嘗めた猫が科を負う（さらなめたねこがとがをおう）……五七五
猿に烏帽子（さるにえぼし）……一〇二
猿に木登り（さるにきのぼり）……一〇二
猿の尻笑い（さるのしりわらい）……一〇二
猿も木から落ちる（さるもきからおちる）……一〇二
去る者は追わず（さるものはおわず）……三四
去る者は日に疎し（さるものはひにうとし）……三四
触らぬ神に祟りなし（さわらぬかみにたたりなし）……七八四
山雨来らんと欲して風楼に満つ（さんうきたらんとほっしてかぜろうにみつ）……五八一
三軍も帥を奪うべし（さんぐんもすいをうばうべし）……五七七
三顧の礼（さんこのれい）……五七七
三歳の翁、百歳の童子（さんさいのおきなひゃくさいのどうじ）……五七七
三十輻一轂を共にす（さんじっぷくいっこくをともにす）……五七八
三尺去って師の影を踏まず（さんじゃくさってしのかげをふまず）……五七八
三尺の秋水（さんじゃくのしゅうすい）……五七八
三舎を避く（さんしゃをさく）……五七八
傘寿（さんじゅ）……五八七
三十にして立つ（さんじゅうにしてたつ）……五七八
三十六計逃げるに如かず（さんじゅうろっけいにげるにしかず）……五七八
山椒は小粒でもぴりりと辛い（さんしょうはこつぶでもぴりりとからい）……五八二
三省（さんせい）……五七八
三遷の教え（さんせんのおしえ）▼孟母三遷（もうぼさんせん）……一四八〇
山中の賊を破るは易く、心中の賊を破るは難し（さんちゅうのぞくをやぶるはやすくしんちゅうのぞくをやぶるはかたし）……五八二
山中暦日無し（さんちゅうれきじつなし）……五八二
三度目の正直（さんどめのしょうじき）……五七八
三人行えば必ず我が師あり（さんにんおこなえばかならずわがしあり）……五七八
三人寄れば文殊の知恵（さんにんよればもんじゅのちえ）……五七九
三年飛ばず鳴かず（さんねんとばずなかず）……五七九
三余（さんよ）……五八〇
三楽（さんらく）……五八〇
四角な座敷を丸く掃く（しかくなざしきをまるくはく）……六〇〇
歯牙にも掛けない（しがにもかけない）……六二一
自家薬籠中の物（じかやくろうちゅうのもの）……六三〇
鹿を逐う者は山を見ず（しかをおうものはやまをみず）……六四一
鹿を指して馬と為す（しかをさしてうまとなす）……六四一
地獄で仏（じごくでほとけ）……一〇二七
地獄の釜の蓋も開く（じごくのかまのふたもあく）……一〇二七
地獄の沙汰も金次第（じごくのさたもかねしだい）……一〇二七
獅子吼（ししく）……六二二
獣食った報い（ししくったむくい）……七〇五
獅子身中の虫（しししんちゅうのむし）……六二二
事実は小説よりも奇なり（じじつはしょうせつよりきなり）……六三四
死屍に鞭打つ（ししにむちうつ）……六〇四
獅子の子落とし（ししのこおとし）……六二二
四十にして惑わず（しじゅうにしてまどわず）……六〇〇
私淑（ししゅく）……六〇七
耳順（じじゅん）……六二九
爾汝の交わり（じじょのまじわり）……六三九
地震雷火事親父（じしんかみなりかじおやじ）……一〇二七
沈む瀬あれば浮かぶ瀬あり（しずむせあればうかぶせあり）……一〇七三
至誠にして動かざる者は、未だ之有らざるなり（しせいにしてうごかざるものはいまだこれあらざるなり）……六〇六
死生命あり（しせいめいあり）……六〇四
咫尺を弁ぜず（しせきをべんぜず）……六一一
死せる孔明、生ける仲達を走らす（しせるこうめいいけるちゅうたつをはしらす）……六〇四
士族の商法（しぞくのしょうほう）……五九五
児孫の為に美田を買わず（じそんのためにびでんをかわず）……六三四
親しき仲に礼儀あり（したしきなかにれいぎあり）……八一一
四知（しち）……六〇一
七十にして心の欲する所に従えども矩を踰えず（しちじゅうにしてこころのほっするところにしたがえどものりをこえず）……六四五
七歩の才（しちほのさい）……六四五
死中に活を求める（しちゅうにかつをもとめる）……六〇四
失敗は成功の基（しっぱいはせいこうのもと）……六四七
尻尾を出す（しっぽをだす）……七八七
舐犢の愛（しとくのあい）……六一六
死に花を咲かす（しにばなをさかす）……六〇五
死人に口なし（しにんにくちなし）……六〇五
鎬を削る（しのぎをけずる）……五一六
士は己を知る者の為に死す（しはおのれをしるもののためにしす）……五九五
雌伏（しふく）……六二五
自分で蒔いた種は自分で刈らねばならぬ（じぶんでまいたたねはじぶんでからねばならぬ）……六三三

自慢は知恵の行き止まり じまんはちえのいきどまり……六三三
死命を制す しめいをせいす……六〇五
駟も舌に及ばず しもしたにおよばず……六二六
霜を履んで堅氷至る しもをふんでけんぴょういたる……九五〇
釈迦に説法、孔子に悟道 しゃかにせっぽうこうしにごどう……六六五
杓子は耳掻きにならず しゃくしはみみかきにならず……六六三
尺を枉げて尋を直くす しゃくをまげてじんをなおくす……六六三
弱冠 じゃっかん……六六七
蛇の道は蛇 じゃのみちはへび……六六二
沙弥から長老にはなれぬ しゃみからちょうろうにはなれぬ……五四三
衆寡敵せず しゅうかてきせず……六九三
習慣は第二の天性なり しゅうかんはだいにのてんせいなり……六九二
衆口金を鑠かす しゅうこうきんをとかす……六九四
宗旨の争い釈迦の恥 しゅうしのあらそいしゃかのはじ……六八七
修身斉家治国平天下 しゅうしんせいかちこくへいてんか……六九〇
集大成 しゅうたいせい……六九四
舅の物で相婿もてなす しゅうとのものであいむこもてなす……三一〇
姑の十七見た者ない しゅうとめのじゅうしちみたものない……四四九
十年一日の如し じゅうねんいちじつのごとし……七〇〇
重箱で味噌を擂る じゅうばこでみそをする……七〇三
重箱の隅を楊枝でほじくる じゅうばこのすみをようじでほじくる……七〇三
戎馬を殺して狐狸を求む じゅうばをころしてこりをもとむ……七〇一
愁眉を開く しゅうびをひらく……六九五
十目の視る所十手の指す所 じゅうもくのみるところじっしゅのさすところ……七〇〇
十有五にして学に志す じゅうゆうごにしてがくにこころざす……七〇〇
柔能く剛を制す じゅうよくごうをせいす……七〇二
雌雄を決する しゆうをけっする……六二五
珠玉の瓦礫に在るが如し しゅぎょくのがれきにあるがごとし……六七八
祝融の災い しゅくゆうのわざわい……七〇七
竪子ともに謀るに足らず じゅしともにはかるにたらず……六八二
朱に交われば赤くなる しゅにまじわればあかくなる……六七五
春秋に富む しゅんじゅうにとむ……七一五
春秋の筆法 しゅんじゅうのひっぽう……七一五
春宵一刻直千金 しゅんしょういっこくあたいせんきん……七一五
春眠暁を覚えず しゅんみんあかつきをおぼえず……七一六
駿馬痴漢を乗せて走る しゅんめちかんをのせてはしる……七一七
小異を捨てて大同に就く しょういをすててだいどうにつく……七三九
城下の盟 じょうかのちかい……七七三
正直の頭に神宿る しょうじきのこうべにかみやどる……八四四
正直は一生の宝 しょうじきはいっしょうのたから……八四四
正直貧乏横着栄耀 しょうじきびんぼうおうちゃくえよう……八四四
蕭牆の憂え しょうしょうのうれえ……七六四
小人閑居して不善を為す しょうじんかんきょしてふぜんをなす……七三九
上手の手から水が漏る じょうずのてからみずがもる……七七〇
上知と下愚とは移らず じょうちとかぐとはうつらず……七七〇
笑中に刀あり しょうちゅうにとうあり……七五〇
掌中の珠 しょうちゅうのたま……七五四
少年老い易く学成り難し しょうねんおいやすくがくなりがたし……七四一
小の虫を殺して大の虫を助ける しょうのむしをころしてだいのむしをたすける……七四〇
商売は草の種 しょうばいはくさのたね……七五〇
商売は道に依って賢し しょうばいはみちによってかしこし……七五〇
焼眉の急 しょうびのきゅう……七五四
勝負は時の運 しょうぶはときのうん……七五三
証文の出し遅れ しょうもんのだしおくれ……七五七
従容として義に就く しょうようとしてぎにつく……七〇四
従容として迫らず しょうようとしてせまらず……七〇四
鷦鷯深林に巣くうも一枝に過ぎず しょうりょうしんりんにすくうもいっしにすぎず……七六七
将を射んと欲すれば先ず馬を射よ しょうをいんとほっすればまずうまをいよ……七四七
升を以て石を量る しょうをもってこくをはかる……七四〇
杵臼の交わり しょきゅうのまじわり……七二七
食牛の気 しょくぎゅうのき……七八二
食指が動く しょくしがうごく……七八二
初心忘るべからず しょしんわするべからず……七二五
蜀犬日に吠ゆ しょっけんひにほゆ……七八三
書三度写せば魚も魯となる しょみたびうつせばぎょもろとなる……七二八
黍離の嘆 しょりのたん……七二九
知らざるを知らずと為せ是知るなり しらざるをしらずとなせこれしるなり……一〇三〇
知らぬ顔の半兵衛 しらぬかおのはんべえ……一〇三〇
知らぬが仏 しらぬがほとけ……一〇三〇
白羽の矢が立つ しらはのやがたつ……一二三五
蝨を捫る しらみをひねる……六五〇
芝蘭の室に入るが如し しらんのしつにいるがごとし……六五三
尻馬に乗る しりうまにのる……七八七
而立 じりつ……六二九
知る者は言わず言う者は知らず しるものはいわずいうものはしらず……一〇三〇
人口に膾炙す じんこうにかいしゃす……八一三
沈香も焚かず屁もひらず じんこうもたかずへもひらず……一〇七三
辛酸を嘗める しんさんをなめる……七九四
親炙 しんしゃ……八一一
仁者は憂えず じんしゃはうれえず……八一七
尋常の溝には呑舟の魚なし じんじょうのみぞにはどんしゅうのうおなし

付録

……八一〇
人事を尽くして天命を待つ　じんじをつくしててんめいをまつ……八一三
信心過ぎて極楽通り越す　しんじんすぎてごくらくとおりこす……七九五
信心は徳の余り　しんじんはとくのあまり……七九五
人生意気に感ず　じんせいいきにかんず……八一三
人生、字を識るは憂患の始め　じんせいじをしるはゆうかんのはじめ……八一三
人生は朝露の如し　じんせいはちょうろのごとし……八一三
身体髪膚之を父母に受く　しんたいはっぷこれをふぼにうく……七九二
死んだ子の年を数える　しんだこのとしをかぞえる……六〇五
死んで花実が咲くものか　しんではなみがさくものか……六〇五
心頭を滅却すれば火も亦涼し　しんとうをめっきゃくすればひもまたすずし……七九〇
心腹の疾　しんぷくのやまい……七九〇
辛抱する木に金がなる　しんぼうするきにかねがなる……七九四
水火の争い　すいかのあらそい……八二三
水火も辞せず　すいかもじせず……八二四
水魚の交わり　すいぎょのまじわり……八二四
推敲　すいこう……八三〇
垂涎の的　すいぜんのまと……八二八
水中に火を求む　すいちゅうにひをもとむ……八二四
水泡に帰す　すいほうにきす……八二五
酸いも甘いも噛み分ける　すいもあまいもかみわける……五八九
吹毛の求　すいもうのきゅう　▼毛を吹いて疵を求む……一四七八
末始終より今の三十　すえしじゅうよりいまのさんじゅう……一四四三
据え膳食わぬは男の恥　すえぜんくわぬはおとこのはじ……八三七
末大なれば必ず折る　すえだいなればかならずおる……一四四三
末の露本の雫　すえのつゆもとのしずく……一四四三
好きこそ物の上手なれ　すきこそもののじょうずなれ……四八一
過ぎたるは猶及ばざるが如し　すぎたるはなおおよばざるがごとし……一五四
頭巾と見せて頬被り　ずきんとみせてほおかむり……一一五五
杜撰　ずさん……一二二五
進むを知りて退くを知らず　すすむをしりてしりぞくをしらず……八〇四
雀の涙　すずめのなみだ……六六八
雀百まで踊り忘れず　すずめひゃくまでおどりわすれず……六六八
捨てる神あれば拾う神あり　すてるかみあればひろうかみあり……六五八
住めば都　すめばみやこ……七〇二
相撲に勝って勝負に負ける　すもうにかってしょうぶにまける……九三三
寸陰を惜しむ　すんいんをおしむ……八四一
寸鉄人を殺す　すんてつひとをころす……八四一
寸を詘げて尺を伸ぶ　すんをまげてしゃくをのぶ……八四一
青雲の志　せいうんのこころざし……八五五
正鵠を射る　せいこくをいる……八四五
青史　せいし……八五六
成事は説かず遂事は諫めず　せいじはとかずすいじはいさめず……八五一
精神一到、何事か成らざらん　せいしんいっとうなにごとかならざらん……八六七
清濁併せ呑む　せいだくあわせのむ……八六一
清談　せいだん……八六一
掣肘　せいちゅう……八六二
井底の蛙　せいていのあ……八四三
急いては事を仕損じる　せいてはことをしそんじる……三〇七
青天の霹靂　せいてんのへきれき……八五六
青鞜　せいとう……八五六
盛年重ねて来らず　せいねんかさねてきたらず……八六二
生は難く死は易し　せいはかたくしはやすし……八四九
積悪の家には必ず余殃有り　せきあくのいえにはかならずよおうあり……八六〇
席暖まるに暇あらず　せきあたたまるにいとまあらず……八七七
積善の家には必ず余慶有り　せきぜんのいえにはかならずよけいあり……八六〇
赤貧洗うが如し　せきひんあらうがごとし……八七六
尺璧宝に非ず、寸陰是競う　せきへきたからにあらずすんいんこれきそう……六六三
世間知らずの高枕　せけんしらずのたかまくら……八四三
世間の口に戸は立てられぬ　せけんのくちにとはたてられぬ……八四三
尺蠖の屈するは以て信びんことを求むるなり　せっかくのくっするはもってのびんことをもとむるなり……六六三
折檻　せっかん……八六三
積毀骨を銷す　せっきほねをしょうす……八八〇
席巻　せっけん……八七七
窃鈇の疑い　せっぷのうたがい……八八三
背に腹は代えられぬ　せにはらはかえられぬ……一二二四
是非の心　ぜひのこころ……八四二
蟬は雪を知らず　せみはゆきをしらず……九一一
瀬を踏んで淵を知る　せをふんでふちをしる……八四二
善悪は友による　ぜんあくはともによる……九一六
千金の裘は一狐の腋に非ず　せんきんのかわごろもはいっこのえきにあらず……八九一
千金の子は坐するに堂に垂せず　せんきんのこはざするにどうにすいせず……八九一
善言は布帛よりも暖かなり　ぜんげんはふはくよりもあたたかなり……九一六
善行は轍迹無し　ぜんこうはてっせきなし……九一六
千石取れば万石羨む　せんごくとればまんごくうらやむ……八九一
前車の覆るは後車の戒め　ぜんしゃのくつがえるはこうしゃのいましめ……九一四
前車の轍を踏む　ぜんしゃのてつをふむ……九一四
千秋楽　せんしゅうらく……八九二

千畳敷に寝ても畳一枚 せんじょうじきにねてもたたみいちまい……八九二
川上の嘆 せんじょうのたん……八九四
千丈の堤も螻蟻の穴を以て潰ゆ せんじょうのつつみもろうぎのあなをもってついゆ……八九二
栴檀は双葉より芳し せんだんはふたばよりかんばし……九〇一
船頭多くして船山へ登る せんどうおおくしてふねやまへのぼる……九〇三
千日の萱を一日 せんにちのかやをいちにち……八九二
先入主となる せんにゅうしゅとなる……八九七
善人なおもて往生を遂ぐ、況んや悪人をや ぜんにんなおもておうじょうをとぐいわんやあくにんをや……九一六
千の倉より子は宝 せんのくらよりこはたから……八九二
善は急げ ぜんはいそげ……九一六
先鞭を著ける せんべんをつける……八九七
千万人と雖も吾往かん せんまんにんといえどもわれゆかん……八九二
前門の虎後門の狼 ぜんもんのとらこうもんのおおかみ……九一五
千里の馬は常に有れども伯楽は常には有らず せんりのうまはつねにあれどもはくらくはつねにはあらず……八九三
千里の馬も蹴躓く せんりのうまもけつまずく……八九三
千里の行も足下より始まる せんりのこうもそっかよりはじまる……八九三
千里の野に虎を放つ せんりののにとらをはなつ……八九三
千慮の一失 せんりょのいっしつ……八九三
千慮の一得 せんりょのいっとく……八九三
滄海の一粟 そうかいのいちぞく……九四三
滄海変じて桑田と成る そうかいへんじてそうでんとなる……九四三
喪家の狗 そうかのいぬ……九四〇
創業は易く、守成は難し そうぎょうはやすくしゅせいはかたし……九四〇
象牙の塔 ぞうげのとう……七五七
糟糠の妻 そうこうのつま……九四九
荘周の夢 そうしゅうのゆめ ▼胡蝶(こちょう)の夢……四五四
宋襄の仁 そうじょうのじん……九三一
増上慢 ぞうじょうまん……九五四
曽参人を殺す そうしんひとをころす……九三九
滄桑の変 そうそうのへん
▼滄海(そうかい)変じて桑田(そうでん)と成る……九四三
桑田変じて滄海と成る そうでんへんじてそうかいとなる
▼滄海変じて桑田と成る……九四三
素麺で首くくる そうめんでくびくくる……九二三
総領の甚六 そうりょうのじんろく……九四七
倉廩実ちて礼節を知る そうりんみちてれいせつをしる……九三六
惻隠の心は仁の端なり そくいんのこころはじんのたんなり……九六一
即時一杯の酒 そくじいっぱいのさけ……九五六
俎上の肉 そじょうのにく……九一九
誹れば影さす そしればかげさす……一四三二
卒寿 そつじゅ……九六四
率土の浜 そっとのひん……九六五
袖から手を出すも嫌い そでからてをだすもきらい……六九〇
袖摺り合うも多生の縁 そですりあうもたしょうのえん……六九〇
備えあれば患いなし そなえあればうれいなし……一二九〇
其の子を知らざれば其の友を視よ そのこをしらざればそのともをみよ……二六四
其の手は桑名の焼き蛤 そのてはくわなのやきはまぐり……二六四
蕎麦の花見て蜜を取れ そばのはなみてみつをとれ……三四一
損して得取れ そんしてとくとれ……九六八

◆た行

大海は芥を択ばず たいかいはあくたをえらばず……九九〇
大廈の顚るや、一木の支うる所に非ず たいかのくつがえるやいちぼくのささうるところにあらず……九九〇
大廈の材は一丘の木に非ず たいかのざいはいっきゅうのきにあらず……九九〇
大姦は忠に似たり たいかんはちゅうににたり……九九〇
大義親を滅す たいぎしんをめっす……九九一
大吉は凶に還る だいきちはきょうにかえる……九九一
大魚は小池に棲まず たいぎょはしょうちにすまず……九九一
大賢は愚なるが如し たいけんはぐなるがごとし
▼大智(たいち)は愚なるが如し……九九四
乃公出でずんば蒼生を如何せん だいこういでずんばそうせいをいかんせん……九八七
大行は細謹を顧みず たいこうはさいきんをかえりみず……九九二
大巧は拙なるが若し たいこうはせつなるがごとし……九九二
太公望 たいこうぼう……九七六
大功を成す者は衆に謀らず たいこうをなすものはしゅうにはからず……九九二
醍醐味 だいごみ……九九八
太鼓も撥の当たりよう たいこもばちのあたりよう……九七六
泰山卵を圧す たいざんたまごをあっす……九八三
泰山は土壌を譲らず たいざんはどじょうをゆずらず……九八三
大山鳴動して鼠一匹 たいざんめいどうしてねずみいっぴき……九九二
大事の前の小事 だいじのまえのしょうじ……九九二
大事は小事より起こる だいじはしょうじよりおこる……九九二
大樹の下に美草なし たいじゅのもとにびそうなし……九九三
大匠は拙工の為に縄墨を改廃せず たいしょうはせっこうのためにじょうぼくをかいはいせず……九九三
大人は虎変す たいじんはこへんす……九九三
大声、里耳に入らず たいせいりじにいらず……九九四
大地に槌 だいちにつち……九九四
大智は愚なるが如し たいちはぐなるがごとし……九九四
大敵と見て懼るべからず、小敵と見て

付録

侮らず　たいてきとみておそるべからず　しょうてきとみてあなどらず……九九四
大道廃れて仁義有り　だいどうすたれて　じんぎあり……九九四
大徳は小怨を滅す　たいとくはしょう　えんをめっす……九九四
鯛の尾より鰯の頭　たいのおより　いわしのかしら……一〇六九
大は小を兼ねる　だいはしょう　をかねる……九九五
鯛も一人は旨からず　たいもひとりは　うまからず……一〇六九
大欲は無欲に似たり　たいよくはむ　よくににたり……九九六
大礼は小譲を辞せず　たいれいはしょう　じょうをじせず……九九六
斃れて后已む　たおれて　のちやむ……一三七一
高きに登るは卑きよりす　たかきにのぼる　はひくきよりす……五〇一
高嶺の花　たかね　のはな……五〇一
鷹は飢えても穂をつまず　たかはうえて　もほをつまず……一五三七
宝の持ち腐れ　たからの　もちぐされ……一三九九
宝の山に入りながら空しく帰る　たからのやまにいり　ながらむなしくかえる……一三九九
薪を抱きて火を救う　たきぎをいだき　てひをすくう……八一〇
多芸は無芸　たげいは　むげい……九七〇
多言は数窮す　たげんはしば　しばきゅうす……九七〇
他山の石　たざん　のいし……九六九
多生の縁　たしょう　のえん……九七一
多勢に無勢　たぜいに　ぶぜい……九七一
蛇足　だ　そく……六六二
闘う雀人を恐れず　たたかうすずめ　ひとをおそれず……一二五七
叩けば埃が出る　たたけば　ほこりがでる……四七四
多多ますます弁ず　たたます　ますべんず……九七一
畳の上の水練　たたみのうえ　のすいれん……七七七
只より高い物は無い　ただよりたか　いものはない……五九九
田作る道は農に問え　たつくるみち　はのうにとえ……一二二〇
達人は大観す　たつじんは　たいかんす……一〇〇七
立つ鳥跡を濁さず　たつとりあと　をにごさず……一五六三
蓼食う虫も好き好き　たでくうむし　もすきずき……一五八〇
伊達の薄着　だての　うすぎ……一二五
棚から牡丹餅　たなから　ぼたもち……一〇〇九
掌を反す　たなごころ　をかえす……七五四
他人の疝気を頭痛に病む　たにんのせんき　をずつうにやむ……九七〇
他人の念仏で極楽参り　たにんのねんぶつ　でごくらくまいり……九七〇
他人の飯を食う　たにんの　めしをくう……九七〇
頼む木陰に雨が漏る　たのむこかげ　にあめがもる……一五四六
旅の恥は掻き捨て　たびのはじ　はかきすて……一五七二
旅は道連れ世は情け　たびはみちづれ　よはなさけ……一五七二
卵を見て時夜を求む　たまごをみて　じやをもとむ……一五五一
卵を以て石に投ず　たまごをもって　いしにとうず……一五五一
玉に瑕　たまに　きず……三五一
玉の杯底なきが如し　たまのさかずき　そこなきがごとし……三五二
玉琢かざれば器を成さず　たまみがかざれ　ばきをなさず……三五二
璧を懐いて罪あり　たまをいだい　てつみあり……三五二
▼匹夫罪なし璧を懐いて罪あり……一二九六
玉を銜いて石を賈る　たまをてらい　ていしをうる……三五二
玉を以て鳥を抵つ　たまをもって　とりをうつ……三五二
民の口を防ぐは水を防ぐよりも甚だし　たみのくちをふせぐは　みずをふせぐよりもはなはだし……一四五七
民を貴しと為し社稷之に次ぐ　たみをたっとしとなし　しゃしょくこれにつぐ……一四五七
矯めるなら若木のうち　ためるなら　わかぎのうち……三四二
盥、半切を笑う　たらい　はんぎりをわらう……二四七
足るを知る者は富む　たるをしる　ものはとむ……九五九
誰か烏の雌雄を知らん　だれかからすの　しゆうをしらん……一〇一一
断機の戒め　だんきの　いましめ……一〇二三
短気は損気　たんきは　そんき……一〇一六
断金の交わり　だんきんの　まじわり……一〇二三
端倪すべからず　たんげい　すべからず……一〇一八
団子隠そうより跡隠せ　だんごかくそうより　あとかくせ……一〇二二
断じて行えば鬼神も之を避く　だんじておこなえば　きしんもこれをさく……一〇二四
断腸の思い　だんちょう　のおもい……一〇二四
胆斗の如し　たんとの　ごとし……一〇一四
短兵急　たんぺい　きゅう……一〇一六
断末魔　だん　まつま……一〇二四
小さくとも針は呑まれぬ　ちいさくとも　はりはのまれぬ……七四〇
知恵と力は重荷にならぬ　ちえとちからは　おもにならぬ……一〇三〇
近くて見えぬは睫　ちかくてみえぬ　はまつげ……三五五
近火で手を焙る　ちかびで　てをあぶる……三五五
知己　ち　き……一〇三〇
池魚の殃い　ちぎょの　わざわい……一〇二九
畜生にも菩提心　ちくしょうに　もぼだいしん……一〇三七
竹帛の功　ちくはく　のこう……一〇三六
竹馬の友　ちくば　のとも……一〇三六
竹林の七賢　ちくりんの　しちけん……一〇三七
逐鹿　ちく　ろく……一〇三七
知者は惑わず、勇者は懼れず　ちしゃはまどわず　ゆうしゃはおそれず……一〇三一
知足　ち　そく……一〇三一
父父たり、子子たり　ちちちちたり　ここたり……一三三三
父の恩は山より高く、母の恩は海より深し　ちちのおんはやまよりたかく　ははのおんはうみよりふかし……一三三三
父は子の為に隠し、子は父の為に隠す　ちちはこのためにかくし　こはちちのためにかくす……一三三三

蜘蛛が網を張りて鳳凰を待つ ちちゅがあみをはりてほうおうをまつ……一〇三五
治に居て乱を忘れず ちにいてらんをわすれず……六三六
地の利は人の和に如かず ちのりはひとのわにしかず……一〇二九
血は水よりも濃い ちはみずよりもこい……四一一
知命 ちめい……一〇三一
中原に鹿を逐う ちゅうげんにしかをおう……一〇四二
忠言耳に逆らう ちゅうげんみみにさからう……一〇四五
忠臣は孝子の門に求む ちゅうしんはこうしのもんにもとむ……一〇四五
忠臣は二君に事えず ちゅうしんはにくんにつかえず……一〇四六
朝菌は晦朔を知らず ちょうきんはかいさくをしらず……一〇六二
長蛇を逸す ちょうだをいっす……一〇五六
提灯に釣り鐘 ちょうちんにつりがね……一〇九五
提灯持ちは先に立て ちょうちんもちはさきにたて……一〇九五
長鞭馬腹に及ばず ちょうべんばふくにおよばず……一〇五六
頂門の一針 ちょうもんのいっしん……一〇六〇
長夜の飲 ちょうやのいん……一〇五六
長幼の序 ちょうようのじょ……一〇五六
直諫は一番槍より難し ちょっかんはいちばんやりよりかたし……一〇七一
塵も積もれば山となる ちりもつもればやまとなる……八二一
塵を望んで拝す ちりをのぞんではいす……八二一
地を易うれば皆然り ちをかうればみなしかり……一〇二九
血を歃って盟を為す ちをすすってめいをなす……四一一
沈黙は金、雄弁は銀 ちんもくはきんゆうべんはぎん……一〇七三
朔日ごとに餅は食えぬ ついたちごとにもちはくえぬ……五六六
搗いた餅より心持ち ついたもちよりこころもち……一一五一
杖に縋るとも人に縋るな つえにすがるともひとにすがるな……七七二
杖に泣く つえになく……七七二
使っている鍬は光る つかっているくわはひかる……六〇八

月と鼈 つきとすっぽん……四一六
月に叢雲花に風 つきにむらくもはなにかぜ……四一六
月日に関守なし つきひにせきもりなし……四一六
月満つれば則ち虧く つきみつればすなわちかく……四一六
月夜に釜を抜かれる つきよにかまをぬかれる……四一六
月夜に提灯夏火鉢 つきよにちょうちんなつひばち……四一六
月夜の蟹 つきよのかに……四一六
辻褄を合わせる つじつまをあわせる……一〇八三
土に灸 つちにきゅう……一一三一
鼓を鳴らして攻む つづみをならしてせむ……四五八
繋ぎ馬に鞭を打つ つなぎうまにむちをうつ……四〇二
綱渡りより世渡り つなわたりよりよわたり……五一一
角を矯めて牛を殺す つのをためてうしをころす……一九六
燕幕に巣くう つばめばくにすくう……一〇七
壺の中では火は燃えぬ つぼのなかではひはもえぬ……四五六
躓く石も縁の端 つまずくいしもえんのはし……一〇三六
罪を憎んで人を憎まず つみをにくんでひとをにくまず……五六三
爪で拾って箕で零す つめでひろってみでこぼす……一〇八六
爪に爪なく瓜に爪あり つめにつめなくうりにつめあり……一〇八六
爪に火を点す つめにひをともす……一〇八六
爪の垢を煎じて飲む つめのあかをせんじてのむ……一〇八六
面の皮の千枚張り つらのかわのせんまいばり……四七六
釣り合わぬは不縁の基 つりあわぬはふえんのもと……一〇五九
鶴九皐に鳴き声天に聞こゆ つるきゅうこうになきこえてんにきこゆ……一〇八七
鶴の脛も切るべからず つるのはぎもきるべからず……一〇八七
鶴の一声 つるのひとこえ……一〇八七
鶴は枯れ木に巣をくわず つるはかれきにすをくわず……一〇八七
鶴は千年亀は万年 つるはせんねんかめはまんねん……一〇八七

棣鄂の情 ていがくのじょう……一〇九六
庭訓 ていきん……一〇九二
亭主の好きな赤烏帽子 ていしゅのすきなあかえぼし……一〇九一
貞女は二夫に見えず ていじょはにふにまみえず……一〇九二
泥中の蓮 ていちゅうのはす……一〇九九
羝羊藩に触る ていようまがきにふる……一〇九四
敵に塩を送る てきにしおをおくる……一一〇二
敵は本能寺にあり てきはほんのうじにあり……一一〇二
鉄は熱いうちに打て てつはあついうちにうて……一一〇六
轍鮒の急 てっぷのきゅう……一一〇七
鉄面皮 てつめんぴ……一一〇六
蝸牛が日和を知る てでむしがひよりをしる……一五九
手に唾して決すべし てにつばしてけっすべし……六七〇
出船によい風は入り船に悪い でふねによいかぜはいりふねにわるい……七一三
出物腫れ物所嫌わず でものはれものところきらわず……七一三
寺の隣にも鬼が棲む てらのとなりにもおにがすむ……六二九
出る杭は打たれる でるくいはうたれる……七一三
出る船の纜を引く でるふねのともづなをひく……七一三
手を拱く てをこまぬく……六七〇
手を出して火傷する てをだしてやけどする……六七〇
手を翻せば雲となり手を覆せば雨となる てをひるがえせばくもとなりてをくつがえせばあめとなる……六七〇
天下に独歩す てんかにどっぽす……一一〇八
伝家の宝刀 でんかのほうとう……一一二一
天機洩漏すべからず てんきせつろうすべからず……一一〇八
天災は忘れた頃にやって来る てんさいはわすれたころにやってくる……一一〇九
天上天下唯我独尊 てんじょうてんげゆいがどくそん……一一〇九

付録

天知る地知る我知る子知る　てんしるちしるわれしるしる……一二一〇
田鼠化して鶉となる　でんそかしてうずらとなる……一二三一
椽大の筆　てんだいのふで……一二一八
天高く馬肥ゆ　てんたかくうまこゆ……一二一〇
天地は万物の逆旅、光陰は百代の過客　てんちはばんぶつのげきりょこういんはひゃくだいのかかく
点滴石をも穿つ　てんてきいしをもうがつ……一二一〇
▼雨垂(あまだ)れ石を穿つ……七一
貂なき森の鼬　てんなきもりのいたち……一〇六三
天、二物を与えず　てんにぶつをあたえず……一二一一
天の時は地の利に如かず　てんのときはちのりにしかず……一二一一
天馬空を行く　てんばくうをゆく……一二一一
天は人の上に人を造らず　てんはひとのうえにひとをつくらず……一二一一
天は自ら助くる者を助く　てんはみずからたすくるものをたすく……一二一一
天網恢恢疎にして漏らさず　てんもうかいかいそにしてもらさず……一二一二
天を仰いで唾す　てんをあおいでつばきす……一二一二
天を怨みず人を尤めず　てんをうらみずひとをとがめず……一二一二
天を指して魚を射る　てんをさしてうおをいる……一二一二
灯火親しむべし　とうかしたしむべし……一二三七
同気相求む　どうきあいもとむ……一二五九
桃源郷　とうげんきょう……一二四三
東西を弁ぜず　とうざいをべんぜず……一二四〇
同日の論にあらず　どうじつのろんにあらず……一二六〇
同じて和せず　どうじてわせず……一二六〇
同舟相救う　どうしゅうあいすくう……一二六〇
刀俎魚肉の際　とうそぎょにくのさい　▼俎上(そじょう)の肉……九一九
灯台下暗し　とうだいもとくらし……一二三七
投杼　とうちょ……一二三八
問うに落ちず語るに落ちる　とうにおちずかたるにおちる……一四九〇
同病相憐む　どうびょうあいあわれむ……一二六〇
豆腐に鎹　とうふにかすがい……一二三八
桃李言わざれども、下自ら蹊を成す　とうりものいわざれどもしたおのずからけいをなす……一二四三
登竜門　とうりゅうもん……一二四九
蟷螂の斧　とうろうのおの……一二五七
遠い親戚より近くの他人　とおいしんせきよりちかくのたにん……一〇一四
十日の菊六日の菖蒲　とおかのきくむいかのあやめ……七〇〇
遠きを知りて近きを知らず　とおきをしりてちかきをしらず……一〇一四
遠くて近きは男女の仲　とおくてちかきはだんじょのなか……一〇一四
十で神童十五で才子二十過ぎれば只の人　とおでしんどうじゅうごでさいしはたちすぎればただのひと……七〇〇
時に遇えば鼠も虎になる　ときにあえばねずみもとらになる……六三八
時に及んで当に勉励すべし　ときにおよんでまさにべんれいすべし……六三八
時は得難くして失い易し　ときはえがたくしてうしないやすし……六三八
時は金なり　ときはかねなり……六三八
独眼竜　どくがんりゅう……一二七三
徳孤ならず必ず隣有り　とくこならずかならずとなりあり……一二七〇
読書百遍義自ら見る　どくしょひゃっぺんぎおのずからあらわる……一二七四
毒を食らわば皿まで　どくをくらわばさらまで……一二七二
得を取るより名を取れ　とくをとるよりなをとれ……一二七〇
徳を以て怨みに報ゆ　とくをもってうらみにむくゆ……一二七一
毒を以て毒を制す　どくをもってどくをせいす……一二七二
刺の無い薔薇は無い　とげのないばらはない……六〇九
常世の国　とこよのくに……七七五
歳寒くして松柏の凋むに後るるを知る　としさむくしてしょうはくのしぼむにおくるるをしる……五五九
年問わんより世を問え　としとわんよりよをとえ……一二〇七
屠所の羊　としょのひつじ……一一二九
年寄の言う事と牛の鞦は外れない　としよりのいうこととうしのしりがいははずれない……一二〇七
年寄の冷や水　としよりのひやみず……一二〇七
塗炭の苦しみ　とたんのくるしみ……一二二九
隣の白飯より内の粟飯　となりのしろめしよりうちのあわめし……一五八七
隣の花は赤い　となりのはなはあかい……一五八七
怒髪冠を衝く　どはつかんむりをつく……一一三四
駑馬に鞭打つ　どばにむちうつ……一一三四
駑馬も十駕　どばもじゅうが……一一三四
鳶が鷹を生む　とびがたかをうむ……一〇六
飛ぶ鳥の献立　とぶとりのこんだて……一二七九
朋あり遠方より来る亦楽しからずや　ともありえんぽうよりきたるまたたのしからずや……一四〇一
捕らぬ狸の皮算用　とらぬたぬきのかわざんよう……一三八九
虎の威を仮る狐　とらのいをかるきつね……四五〇
虎の尾を履む　とらのおをふむ……四五一
虎は死して皮を留め、人は死して名を残す　とらはししてかわをとどめひとはししてなをのこす……四五一
虎は千里行って千里帰る　とらはせんりいってせんりかえる……四五一
虎を描きて狗に類す　とらをえがきていぬにるいす……四五一
虎を養いて患いを遺す　とらをやしないてうれいをのこす……四五一
鳥なき里の蝙蝠　とりなきさとのこうもり……一〇六〇
鳥の将に死せんとす、その鳴くや哀し　とりのまさにしせんとすそのなくやかなし……一〇六〇
泥縄　どろなわ……一〇九九
泥棒を捕らえて縄を綯う　どろぼうをとらえてなわをなう……一〇九九
団栗の背競べ　どんぐりのせいくらべ……一〇二二
呑舟の魚は枝流に游がず　どんしゅうのうおはしりゅうにおよがず……一一八一

付録

呑舟の魚も水を失えば則ち螻蟻に制せらる どんしゅうのうおもみずをうしなえばすなわちろうぎにせいせらる……一一八一
飛んで火に入る夏の虫 とんでひにいるなつのむし……一二七九
鳶に油揚げを攫われる とんびにあぶらあげをさらわれる……一〇六
鳶の子は鷹にならず とんびのこはたかにならず……一〇六

◆な行

内心如夜叉 ないしんにょやしゃ……一一八五
無い袖は振れぬ ないそではふれぬ……一四五九
泣いて馬謖を斬る ないてばしょくをきる……三〇六
長い物には巻かれろ ながいものにはまかれろ……一〇五六
長口上は欠伸の種 ながこうじょうはあくびのたね……一〇五七
仲の良いで喧嘩する なかのよいでけんかする……一〇四四
流れに棹さす ながれにさおさす……一五六七
流れる水は腐らず ながれるみずはくさらず……一五六七
流れを汲みて源を知る ながれをくみてみなもとをしる……一五六七
泣き面に蜂 なきつらにはち……三〇六
泣き寝入り なきねいり……三〇六
泣く子と地頭には勝てぬ なくことじとうにはかてぬ……三〇六
泣く子は育つ なくこはそだつ……三〇六
無くて七癖 なくてななくせ……一四五九
泣く泣くも良い方を取る形見分け なくなくもよいほうをとるかたみわけ……三〇六
鳴く猫は鼠を捕らぬ なくねこはねずみをとらぬ……一四七三
鳴くまで待とう時鳥 なくまでまとうほととぎす……一四七三
情けが仇 なさけがあだ……七七六
情けに刃向かう刃なし なさけにはむかうやいばなし……七七六
情けは人の為ならず なさけはひとのためならず……七七六
梨の礫 なしのつぶて……一一八七
茄子の花と親の意見は千に一つも仇はない なすびのはなとおやのいけんはせんにひとつもあだはない ▼親の意見と茄子の花は千に一つも仇はない……八一〇
為せば成る なせばなる……一三〇
鉈を貸して山を伐られる なたをかしてやまをきられる……六五九
夏の小袖 なつのこそで……一四九
七重の膝を八重に折る ななえのひざをやえにおる……六四五
七転び八起き ななころびやおき……六四六
七度尋ねて人を疑え ななたびたずねてひとをうたがえ……六四六
名の無い星は宵から出る なのないほしはよいからでる……一四六六
名は実の賓 なはじつのひん……一四六六
名は体を表す なはたいをあらわす……一四六六
鍋が釜を黒いと言う なべがかまをくろいという……一一八八
生兵法は大怪我の基 なまびょうほうはおおけがのもと……八五〇
訛は国の手形 なまりはくにのてがた……一五二
蛞蝓に塩 なめくじにしお……一二一五
習い性と成る ならいせいとなる……六九二
習うより慣れよ ならうよりなれよ……六九二
成らぬ堪忍するが堪忍 ならぬかんにんするがかんにん……八五一
成るは厭なり思うは成らず なるはいやなりおもうはならず……八五一
名を棄てて実を取る なをすててじつをとる……一四六六
南柯の夢 なんかのゆめ……一一九〇
爾に出ずるものは爾に反る なんじにいずるものはなんじにかえる……六三九
難中の難 なんちゅうのなん……一一九二
何でも来いに名人なし なんでもこいにめいじんなし……一四一
煮え湯を飲まされる にえゆをのまされる……六五九
二階から目薬 にかいからめぐすり……一一九三
逃がした魚は大きい にがしたさかなはおおきい……一一四〇
憎まれっ子世に憚る にくまれっこよにはばかる……九五五
逃げるが勝ち にげるがかち……一一四〇
錦の御旗 にしきのみはた……三六四
錦を衣て郷に還る にしきをきてごうにかえる……三六四
二豎 にじゅ……一一九三
二足の草鞋を履く にそくのわらじをはく……一一九三
似て非なる者 にてひなるもの……六三三
二兎を追う者は一兎をも得ず にとをおうものはいっとをもえず……一一九四
女房と鍋釜は古いほどよい にょうぼうとなべかまはふるいほどよい……七三二
女房の妬くほど亭主もてもせず にょうぼうのやくほどていしゅもてもせず……七三二
二卵を以て干城の将を棄つ にらんをもってかんじょうのしょうをすつ……一一九四
鶏を割くに焉んぞ牛刀を用いん にわとりをさくにいずくんぞぎゅうとうをもちいん……四〇三
人間到る処青山あり にんげんいたるところせいざんあり……八一四
人間万事塞翁が馬 にんげんばんじさいおうがうま……八一四
人間僅か五十年 にんげんわずかごじゅうねん……八一四
忍の一字は衆妙の門 にんのいちじはしゅうみょうのもん……一二〇三
糠に釘 ぬかにくぎ……五一四
盗人猛猛しい ぬすっとたけだけしい……一一四六
盗人に追い銭 ぬすびとにおいせん……一一四六
盗人に鍵を預ける ぬすびとにかぎをあずける……一一四六
盗人にも三分の理 ぬすびとにもさんぶのり……一一四六
盗人の隙はあれども守り手の隙はなし ぬすびとのひまはあれどもまもりてのひまはなし……一一四六
濡れ衣を着せられる ぬれぎぬをきせられる……六八四

濡れ手で粟（ぬれてであわ）……六八四
願ったり叶ったり（ねがったりかなったり）……二五八
猫に鰹節（ねこにかつおぶし）……一三一〇
猫に小判（ねこにこばん）……一三一〇
猫の魚辞退（ねこのうおじたい）……一三一〇
猫の手も借りたい（ねこのてもかりたい）……一三一〇
猫は三年飼っても三日で恩を忘れる（ねこはさんねんかってもみっかでおんをわすれる）……一三一〇
鼠窮して猫を噛み人貧しうして盗す（ねずみきゅうしてねこをかみひとまずしゅうしてとうす）……九二六
鼠の嫁入り（ねずみのよめいり）……九二六
熱し易きは冷め易し（ねっしやすきはさめやすし）……一二〇六
寝耳に水（ねみみにみず）……八〇五
寝る子は育つ（ねるこはそだつ）……八〇五
年貢の納め時（ねんぐのおさめどき）……一二〇七
念には念を入れよ（ねんにはねんをいれよ）……一二〇八
年年歳歳花相似たり、歳歳年年人同じからず（ねんねんさいさいはなあいにたりさいさいねんねんひとおなじからず）……一二〇七
念力岩をも徹す（ねんりきいわをもとおす）……一二〇八
能ある鷹は爪を隠す（のうあるたかはつめをかくす）……一二一〇
能事畢わる（のうじおわる）……一二一一
能書筆を択ばず（のうしょふでをえらばず）……一二一一
嚢中の錐（のうちゅうのきり）……一二一三
能なし犬の高吠え（のうなしいぬのたかぼえ）……一二一一
農は政の本為り（のうはまつりごとのもとたり）……一二一二
残り物に福がある（のこりものにふくがある）……五九二
喉から手が出る（のどからてがでる）……五〇五
喉元過ぎれば熱さを忘れる（のどもとすぎればあつさをわすれる）……五〇五
喉を扼して背を撫つ（のどをやくしてせをうつ）……五〇五
鑿と言えば槌（のみといえばつち）……五六九
乗りかかった船（のりかかったふね）……七七二
暖簾に腕押し（のれんにうでおし）……一〇二五

◆は行

肺肝を摧く（はいかんをくだく）……一二二五
敗軍の将は兵を語らず（はいぐんのしょうはへいをかたらず）……一二一七
背水の陣（はいすいのじん）……一二一四
杯中の蛇影（はいちゅうのだえい）……一二一三
這えば立て、立てば歩めの親心（はえばたてたてばあゆめのおやごころ）……六五九
馬鹿と鋏は使いよう（ばかとはさみはつかいよう）……一二三〇
馬鹿の一つ覚え（ばかのひとつおぼえ）……一二三〇
掃き溜めに鶴（はきだめにつる）……九二八
馬脚を露す（ばきゃくをあらわす）……一二三〇
破鏡（はきょう）……一二一七
白衣の三公（はくいのさんこう）……一二三五
伯牙琴を破る（はくがきんをやぶる）……一二三八
白眼視（はくがんし）……一二三六
莫逆の友（ばくぎゃくのとも）……一二九三
白寿（はくじゅ）……一二三六
麦秀の嘆（ばくしゅうのたん）……一二四三
伯仲の間（はくちゅうのかん）……一二三八
白頭新の如く、傾蓋故の如し（はくとうしんのごとくけいがいこのごとし）……一二三六
白髪三千丈（はくはつさんぜんじょう）……一二三七
白馬は馬に非ず（はくばはうまにあらず）……一二三七
白眉（はくび）……一二三七
薄氷を履む（はくひょうをふむ）……一二四二
白璧の微瑕（はくへきのびか）……一二三七
伯楽の一顧（はくらくのいっこ）……一二三八
箸にも棒にも掛からぬ（はしにもぼうにもかからぬ）……一二四六
箸の転んだもおかしい（はしのころんだもおかしい）……一二四六
始め有るものは必ず終わり有り（はじめあるものはかならずおわりあり）……六一〇
始めは処女の如く後は脱兎の如し（はじめはしょじょのごとくのちはだっとのごとし）……六一〇
畑で水練を習う（はたけですいれんをならう）……一二四七
破竹の勢い（はちくのいきおい）……一二一八
八十八夜の別れ霜（はちじゅうはちやのわかれじも）……一二四九
髪冠を衝く（はつかんむりをつく）▼怒髪冠を衝く（どはつかんむりをつく）……一二三四
白駒の隙を過ぐるが若し（はっくのげきをすぐるがごとし）……一二三七
跋扈（ばっこ）……一二五四
白虹日を貫く（はっこうひをつらぬく）……一二三七
八方塞がり（はっぽうふさがり）……一二四九
破天荒（はてんこう）……一二一八
鳩に三枝の礼あり烏に反哺の孝あり（はとにさんしのれいありからすにはんぽのこうあり）……三一一
鳩に豆鉄砲（はとにまめでっぽう）……三一一
鼻息を窺う（はないきをうかがう）……一二九二
話上手は聞き上手（はなしじょうずはききじょうず）……一六〇七
花の下より鼻の下（はなのしたよりはなのした）……一四二
花は折りたし梢は高し（はなはおりたしこずえはたかし）……一四三
花は桜木、人は武士（はなはさくらぎひとはぶし）……一四三
花発きて風雨多し（はなひらきてふううおおし）……一四三
花より団子（はなよりだんご）……一四三
歯に衣着せぬ（はにきぬきせぬ）……六二一
歯亡び舌存す（はほろびしたそんす）……六二一

蛤で海をかえる はまぐりでうみをかえる …… 五〇七
早い者に上手なし はやいものにじょうずなし …… 九三〇
早起きは三文の徳 はやおきはさんもんのとく …… 九三〇
早合点の早忘れ はやがてんのはやわすれ …… 九三〇
早寝早起き病知らず はやねはやおきやまいしらず …… 九三〇
腹が減っては戦ができぬ はらがへってはいくさができぬ …… 一三四五
腹立てるより義理立てよ はらたてるよりぎりたてよ …… 一三四五
腹の皮が張れば目の皮が弛む はらのかわがはればめのかわがゆるむ …… 一三四五
腹は借り物 はらはかりもの …… 一三四五
腹は立て損、喧嘩は仕損 はらはたてぞんけんかはしぞん …… 一三四五
腹も身の内 はらもみのうち …… 一三四五
張り子の虎 はりこのとら …… 一〇五八
春植えざれば秋実らず はるうえざればあきみのらず …… 七一六
万事休す ばんじきゅうす …… 一四四六
磐石の安き ばんじゃくのやすき …… 一二六七
半畳を入れる はんじょうをいれる …… 一二六〇
蛮触の争い ばんしょくのあらそい ▼蝸牛角上の争い かぎゅうかくじょうのあらそい …… 一五九
万卒は得易く一将は得難し ばんそつはえやすくいっしょうはえがたし …… 一四四六
半途にして廃す はんとにしてはいす …… 一二六〇
万物の逆旅 ばんぶつのげきりょ
▼天地は万物の逆旅、光陰は百代の過客 …… 一二一〇
半面の識 はんめんのしき …… 一二六一
万緑叢中紅一点 ばんりょくそうちゅうこういってん …… 一四四七
贔屓の引き倒し ひいきのひきたおし …… 一二八七
秀でて実らず ひいでてみのらず …… 六八六
日陰の豆も時が来れば爆ぜる ひかげのまめもときがくればはぜる …… 一二九八

引かれ者の小唄 ひかれもののこうた …… 六一
飛脚に三里の灸 ひきゃくにさんりのきゅう …… 一二八〇
低き所に水溜まる ひくきところにみずたまる …… 一〇八八
比丘尼に笄 びくににこうがい …… 一二七三
日暮れて途遠し ひくれてみちとおし …… 一一九八
髭の塵を払う ひげのちりをはらう …… 六一六
卑下も自慢のうち ひげもじまんのうち …… 一二七八
庇を貸して母屋を取られる ひさしをかしておもやをとられる …… 一二七五
膝とも談合 ひざともだんごう …… 一二九五
日、西山に薄る ひせいざんにせまる …… 一一九八
鼻祖 びそ …… 一二九三
密かに諫めて公にほめよ ひそかにいさめておおやけにほめよ …… 一四五四
顰みに効う ひそみにならう …… 一三一五
尾大なれば掉わず びだいなればふるわず …… 一二八八
左団扇で暮らす ひだりうちわでくらす …… 五四二
羊を以て牛に易う ひつじをもってうしにかう …… 一五二六
匹夫罪なし璧を懐いて罪あり ひっぷつみなしたまをいだいてつみあり …… 一二九六
匹夫の勇 ひっぷのゆう …… 一二九六
匹夫も志を奪うべからず ひっぷもこころざしをうばうべからず …… 一二九六
必要は発明の母 ひつようははつめいのはは …… 一二九七
旱に不作無し ひでりにふさくなし …… 一三一五
人衆ければ則ち狼を食らう ひとおおければすなわちおおかみをくらう …… 一八一四
人衆ければ天に勝つ ひとおおければてんにかつ …… 一八一四
人こそ人の鏡なれ ひとこそひとのかがみなれ …… 一八一五
人盛んにして神祟らず ひとさかんにしてかみたたらず …… 一八一五
人と屏風は直には立たず ひととびょうぶはすぐにはたたず …… 一八一五
人に七癖我が身に八癖 ひとになくせわがみにやくせ …… 一八一五

人には添うて見よ馬には乗って見よ ひとにはそうてみようまにはのってみよ …… 一八一五
人に一癖 ひとにひとくせ …… 一八一五
人の一生は重荷を負いて遠き道を行くが如し ひとのいっしょうはおもにをおいてとおきみちをゆくがごとし …… 一八一五
人の一寸我が一尺 ひとのいっすんわがいっしゃく …… 一八一五
人の噂も七十五日 ひとのうわさもしちじゅうごにち …… 一八一五
人の己を知らざるを患えず人を知らざるを患う ひとのおのれをしらざるをうれえずひとをしらざるをうれう …… 一八一五
人の苦楽は紙一重 ひとのくらくはかみひとえ …… 一八一五
人の子の死んだより我が子の転けた ひとのこのしんだよりわがこのこけた …… 一八一五
人の牛蒡で法事する ひとのごぼうでほうじする …… 一八一五
人の七難より我が十難 ひとのしちなんよりわがじゅうなん …… 一八一五
人の疝気を頭痛に病む ひとのせんきをずつうにやむ …… 一八一五
人の短を道う無かれ、己の長を説く無かれ ひとのたんをいうなかれおのれのちょうをとくなかれ …… 一八一五
人の情けは世にある時 ひとのなさけはよにあるとき …… 一八一五
人の振り見て我が振り直せ ひとのふりみてわがふりなおせ …… 一八一五
人の褌で相撲を取る ひとのふんどしですもうをとる …… 一八一五
人の将に死なんとする、その言や善し ひとのまさにしなんとするそのげんやよし …… 一八一五
人は一代名は末代 ひとはいちだいなはまつだい …… 一八一五
人は故郷を離れて貴し ひとはこきょうをはなれてたっとし …… 一八一五
人木石に非ず ひとぼくせきにあらず …… 一八一五
人学ばざれば道を知らず ひとまなばざればみちをしらず …… 一八一五
人を射るには先ず馬を射よ ひとをいるにはまずうまをいよ …… 一八一五
人を怨むより身を怨め ひとをうらむよりみをうらめ …… 一八一六
人を誇るは鴨の味 ひとをそしるはかものあじ …… 一八一六

人を恃むは自ら恃むに如かず ひとをたのむはみずからたのむにしかず……八一六
人を呪わば穴二つ ひとをのろわばあなふたつ……八一六
人を見たら泥棒と思え ひとをみたらどろぼうとおもえ……八一六
人を以て鑑と為す ひとをもってかがみとなす……八一六
人を以て言を廃せず ひとをもってげんをはいせず……八一六
髀肉の嘆 ひにくのたん……一二八七
日に就り月に将む ひになりつきにすすむ……一九八
火の無い所に煙は立たぬ ひのないところにけむりはたたぬ……一三六
罷馬は鞭箠を畏れず ひばはべんすいをおそれず……一二八六
雲雀の口に鳴子 ひばりのくちになるこ……八二
皮膚の見 ひふのけん……一二七四
百歳の童、七歳の翁 ひゃくさいのわらべしちさいのおきな……一三〇〇
百尺竿頭一歩を進む ひゃくせきかんとういっぽをすすむ……一三〇〇
百川海に朝す ひゃくせんうみにちょうす……一三〇〇
百代の過客 ひゃくだいのかかく……一三〇〇
百日の説法屁一つ ひゃくにちのせっぽうへひとつ……一三〇〇
百年河清を俟つ ひゃくねんかせいをまつ……一三〇一
百聞は一見に如かず ひゃくぶんはいっけんにしかず……一三〇一
百薬の長 ひゃくやくのちょう……一三〇一
百里を行く者は九十を半ばとす ひゃくりをゆくものはきゅうじゅうをなかばとす……一三〇一
氷山の一角 ひょうざんのいっかく……一三〇三
氷人 ひょうじん……一三〇三
氷炭相愛す ひょうたんあいあいす……一三〇三
氷炭相容れず ひょうたんあいいれず……一三〇三
瓢箪から駒が出る ひょうたんからこまがでる……一三〇七
瓢箪で鯰を押さえる ひょうたんでなまずをおさえる……一三〇七
瓢箪に釣り鐘 ひょうたんにつりがね……一三〇八
豹は死して皮を留め、人は死して名を留む ひょうはししてかわをとどめひとはししてなをとどむ……一三〇五
屏風と商人は直には立たぬ びょうぶとあきんどはすぐにはたたぬ……一三六八
豹変 ひょうへん……一三〇五
皮裏の陽秋 ひりのようしゅう……一二七四
飛竜雲に乗る ひりゅうくもにのる……一二八〇
蛭に塩 ひるにしお……六四九
火を避けて水に陥る ひをさけてみずにおちいる……一三六
火を以て火を救う ひをもってひをすくう……一三六
牝鶏晨す ひんけいあしたす……一三一二
貧者の一灯 ひんじゃのいっとう……一三一四
貧すれば鈍する ひんすればどんする……一三一四
貧賤の知は忘るべからず ひんせんのちはわするべからず……一三一四
貧賤も移す能わず ひんせんもうつすあたわず……一三一四
貧乏暇なし びんぼうひまなし……一三一四
貧骨に到る ひんこつにいたる……一三一四
布衣の友 ふいのとも……一三一四
風雲の器 ふううんのうつわ……一三一九
富貴天にあり ふうきてんにあり……一三二一
富貴には他人も合し、貧賤には親戚も離る ふうきにはたにんもがっしひんせんにはしんせきもはなる……一三二一
富貴は驕奢を生ず ふうきはきょうしゃをしょうず……一三二一
富貴も淫する能わず、貧賤も移す能わず ふうきもいんするあたわずひんせんもうつすあたわず……一三二一
風前の灯 ふうぜんのともしび……一三四〇
風馬牛 ふうばぎゅう……一三四〇
夫婦喧嘩は犬も食わぬ ふうふげんかはいぬもくわぬ……一三二二
夫婦は合わせ物離れ物 ふうふはあわせものはなれもの……一三二二
笛吹けども踊らず ふえふけどもおどらず……一一〇一
負笈 ふきゅう……一三一八
俯仰天地に愧じず ふぎょうてんちにはじず……一三一八
福重ねて至らず ふくかさねていたらず……一三四五
河豚食う無分別、食わぬ無分別 ふぐくうむふんべつくわぬむふんべつ……一四六
覆車の戒め ふくしゃのいましめ……一三四七
腹心を布く ふくしんをしく……一三四六
覆水盆に返らず ふくすいぼんにかえらず……一三四七
覆轍 ふくてつ……一三四七
河豚にも中たれば鯛にも中たる ふぐにもあたればたいにもあたる……一四六
河豚は食いたし、命は惜しし ふぐはくいたしいのちはおしし……一四六
袋の中の鼠 ふくろのなかのねずみ……九八四
梟脛短しといえども之をつがば則ち憂えん ふけいみじかしといえどもこれをつがばすなわちうれえん……一三二一
無沙汰は無事の便り ぶさたはぶじのたより……四五九
巫山の夢 ふざんのゆめ……一三二五
武士は相身互い ぶしはあいみたがい……一三二五
武士は食わねど高楊枝 ぶしはくわねどたかようじ……一三二五
武士は戦略坊主は方便 ぶしはせんりゃくぼうずはほうべん……一三二五
負薪の憂い ふしんのうれい……一三一八
不世出 ふせいしゅつ……一三三〇
浮生夢の若し ふせいゆめのごとし……一三一九
布施ない経に袈裟落とす ふせないきょうにけさおとす……一三二五
豚に真珠 ぶたにしんじゅ……一一七九
豚に念仏猫に経 ぶたにねんぶつねこにきょう……一一八〇
釜中の魚 ふちゅうのうお……二一八
舟に刻みて剣を求む ふねにきざみてけんをもとむ……六八六

船は船頭に任せよ　ふねはせんどうにまかせよ……九〇三
船は帆でもつ帆は船でもつ　ふねはほでもつほはふねでもつ……九〇三
船を好む者は溺る　ふねをこのむものはおぼる……九〇三
舞馬の災い　ぶばのわざわい……一三二七
父母在せば老を称せず　ふぼいませばろうをしょうせず……一三三二
蜉蝣の一期　ふゆうのいちご……一三三二
故きを温ねて新しきを知る　ふるきをたずねてあたらしきをしる
▼温故知新　おんこちしん……一三三〇
不惑　ふわく……一三三二
分陰を惜しむ　ふんいんをおしむ……一三五八
刎頸の交わり　ふんけいのまじわり……一三五四
文事ある者は必ず武備あり　ぶんじあるものはかならずぶびあり……一三六一
分相応に風が吹く　ぶんそうおうにかぜがふく……一三五九
踏んだり蹴ったり　ふんだりけったり……一一五三
分別過ぎれば愚に返る　ふんべつすぎればぐにかえる……一三五九
蚊虻牛羊を走らす　ぶんぼうぎゅうようをはしらす……一六一
蚊虻の労　ぶんぼうのろう……一六一
秉燭　へいしょく……一三六七
平地に波瀾を起こす　へいちにはらんをおこす……一三六五
兵強ければ則ち滅ぶ　へいつよければすなわちほろぶ……一三六六
兵は詭道なり　へいはきどうなり……一三六六
兵は凶器なり　へいはきょうきなり……一三六六
兵は神速を貴ぶ　へいはしんそくをたっとぶ……一三六六
兵は拙速を聞く　へいはせっそくをきく……一三六六
臍で茶を沸かす　へそでちゃをわかす……八七〇
下手な鍛冶屋も一度は名剣　へたなかじやもいちどはめいけん……一三四
下手な鉄砲も数撃てば当たる　へたなてっぽうもかずうてばあたる……一三四
下手の考え休むに似たり　へたのかんがえやすむににたり……一三四
下手の道具調べ　へたのどうぐしらべ……一三五
下手の長糸上手の小糸　へたのながいとじょうずのこいと……一三五
下手の横好き　へたのよこずき……一三五
鼈人を食わんとして却って人に食わる　べつひとをくわんとしてかえってひとにくわる……一三七六
蛇に噛まれて朽ち縄に怖じる　へびにかまれてくちなわにおじる……六六二
蛇に見込まれた蛙　へびにみこまれたかえる……六六二
蛇は寸にして人を呑む　へびはすんにしてひとをのむ……六六二
弁を以て知を飾らず　べんをもってちをかざらず……一三八四
方位家の家潰し　ほういかのいえつぶし……一三九五
鳳凰群鶏と食を争わず　ほうおうぐんけいとしょくをあらそわず……一四一〇
亡国の音　ぼうこくのおん……一四一三
法三章　ほうさんしょう……一四〇二
望蜀　ぼうしょく……一四一八
坊主憎けりゃ袈裟まで憎い　ぼうずにくけりゃけさまでにくい……一四一四
坊主の花簪　ぼうずのはなかんざし……一四一四
坊主丸儲け　ぼうずまるもうけ……一四一四
忙中閑あり　ぼうちゅうかんあり……一四一四
抱柱の信　ほうちゅうのしん……一三九九
貌には恭を思う　ぼうにはきょうをおもう……一四二〇
亡年の友　ぼうねんのとも……一四一三
忘年の交わり　ぼうねんのまじわり……一四一五
棒ほど願って針ほど叶う　ぼうほどねがってはりほどかなう……一四二〇
亡羊の嘆　ぼうようのたん……一四一三
芳を後世に流す　ほうをこうせいにながす……一三九七
暴を以て暴に易う　ぼうをもってぼうにかう……一四二一
吠える犬は噛みつかぬ　ほえるいぬはかみつかぬ……一二三三
墨子糸に泣く　ぼくしいとになく……一四二八
墨守　ぼくしゅ……一四二八
北叟笑む　ほくそえむ……一四二三
木鐸　ぼくたく……一四二六
墨突黔まず　ぼくとつくろまず……一四二八
戟を亡いて矛を得　ほこをうしないてほこをう……一四〇六
細くても針は呑めぬ　ほそくてもはりはのめぬ……五五五
臍を固める　ほぞをかためる……八七〇
臍を噬む　ほぞをかむ……八七〇
仏頼んで地獄へ堕ちる　ほとけたのんでじごくへおちる……一三五一
仏作って魂入れず　ほとけつくってたましいいれず……一三五一
仏の顔も三度　ほとけのかおもさんど……一三五一
骨折り損の草臥れ儲け　ほねおりぞんのくたびれもうけ……五三一
洞ヶ峠　ほらがとうげ……一一六一
法螺と喇叭は大きく吹け　ほらとらっぱはおおきくふけ……一四〇三
法螺を吹く　ほらをふく……一四〇三
惚れた腫れたは当座の内　ほれたはれたはとうざのうち……五三一
惚れた病に薬なし　ほれたやまいにくすりなし……五三一
惚れた欲目　ほれたよくめ……五三一
惚れて通えば千里も一里　ほれてかよえばせんりもいちり……五三一
奔車の上に仲尼無く、覆舟の下に伯夷無し　ほんしゃのうえにちゅうじなくふくしゅうのしたにはくいなし……一四三三
盆過ぎての鯖商い　ぼんすぎてのさばあきない……一四三五
盆と正月が一緒に来たよう　ぼんとしょうがつがいっしょにきたよう……一四三五
煩悩の犬は追えども去らず　ぼんのうのいぬはおえどもさらず……一二六六
本来の面目　ほんらいのめんもく……一四三三
盆を戴きて天を望む　ぼんをいただきててんをのぞむ……一四三五

◆ま行

付録

枚挙に遑がない　まいきょにいとまがない……一四三八
前で追従する者は陰で誹る　まえでついしょうするものはかげでそしる……九一五
蒔かぬ種は生えぬ　まかぬたねははえぬ……六二二
曲がらねば世が渡れぬ　まがらねばよがわたれぬ……三四九
枕を扇ぎ衾を温む　まくらをあおぎふすまをあたたむ……一四四〇
負けるが勝ち　まけるがかち……一三三八
枡で量って箕でこぼす　ますではかってみでこぼす……一四四二
待たぬ月日は経ち易い　またぬつきひはたちやすい……九八〇
末期の水　まつごのみず……一四四三
待てば海路の日和あり　まてばかいろのひよりあり……九八〇
窓を鑿ち牖を啓く　まどをうがちまどをひらく……九三九
学びて思わざれば則ち罔し　まなびておもわざればすなわちくらし……二〇五
学ぶに暇あらずと謂う者は暇ありと雖も亦学ぶ能わず　まなぶにいとまあらずというものはいとまありといえどもまたまなぶあたわず……二〇五
免れて恥無し　まぬかれてはじなし……一四七五
豆を煮るに萁を然く　まめをにるにまめがらをやく……一一三九
眉を伸ぶ　まゆをのぶ……一二八九
迷わぬ者に悟りなし　まよわぬものにさとりなし……一四七一
丸い卵も切りようで四角　まるいたまごもきりようでしかく……二五三
真綿で首を締める　まわたでくびをしめる……八〇一
真綿に針を包む　まわたにはりをつつむ……八〇一
満は損を招く　まんはそんをまねく……一四四八
満を持す　まんをじす……一四四九
身から出た錆　みからでたさび……七九二
身知らずの口叩き　みしらずのくちたたき……七九二
水到りて渠成る　みずいたりてきょなる……八二五
水清ければ魚棲まず　みずきよければうおすまず……八二六
水は方円の器に随う　みずはほうえんのうつわにしたがう……八二六
道に遺ちたるを拾わず　みちにおちたるをひろわず……一一六四
道は邇きに在りて遠きに求む　みちはちかきにありてとおきにもとむ……一一六四
三つ子の魂百まで　みつごのたましいひゃくまで……五八〇
源清ければ流れ清し　みなもときよければながれきよし……四四五
身に過ぎた果報は災いの基　みにすぎたかほうはわざわいのもと……七九二
実の生る木は花から知れる　みのなるきははなからしれる……六五二
実るほど頭の下がる稲穂かな　みのるほどあたまのさがるいなほかな……六五二
耳を掩いて鐘を盗む　みみをおおいてかねをぬすむ……六三〇
耳を貴び目を賤しむ　みみをたっとびめをいやしむ……六三〇
見目は果報の基　みめはかほうのもとい……四二〇
身も蓋もない　みもふたもない……七九二
身を殺して仁を成す　みをころしてじんをなす……七九二
身を捨ててこそ浮かぶ瀬もあれ　みをすててこそうかぶせもあれ……七九二
身を以て物に役せられず　みをもってものにえきせられず……七九二
身を以て利に殉ず　みをもってりにじゅんず……七九二
六日の菖蒲十日の菊　むいかのあやめとおかのきく……一六二一
無何有の郷　むかうのきょう……一四六〇
昔千里も今一里　むかしせんりもいまいちり……八七六
昔とった杵柄　むかしとったきねづか……八七六
昔の剣今の菜刀　むかしのつるぎいまのながたな……八七六
無告の民　むこくのたみ……一四六一
矛盾　むじゅん……一四五八
無尽蔵　むじんぞう……一四六一
娘三人持てば身代潰す　むすめさんにんもてばしんだいつぶす……一四六五
鞭を惜しめば子供は駄目になる　むちをおしめばこどもはだめになる
胸に一物　むねにいちもつ……一三八六
無用の用　むようのよう……一三三五
無理が通れば道理が引っ込む　むりがとおればどうりがひっこむ……一四六三
名所に見所なし　めいしょにみどころなし……一四六三
名人は人を誇らず　めいじんはひとをそしらず……一四六七
名声実に過ぐ　めいせいじつにすぐ……一四六七
命旦夕にあり　めいたんせきにあり……一四六七
名馬に癖あり　めいばにくせあり……一四六九
明も見ざる所あり　めいもみざるところあり……一四六八
目から鱗が落ちる　めからうろこがおちる……一四七〇
目糞鼻糞を笑う　めくそはなくそをわらう……一四八三
目の上の瘤　めのうえのこぶ……一四八三
目の寄る所へは玉も寄る　めのよるところへはたまもよる……一四八三
目は口ほどに物を言う　めはくちほどにものをいう……一四八三
目は毫毛を見るも睫を見ず　めはごうもうをみるもまつげをみず……一四八三
目は心の鏡　めはこころのかがみ……一四八三
目引き袖引き　めひきそでひき……一四八三
目を掩いて雀を捕らう　めをおおいてすずめをとらう……一四八四
面に唾せば自ら乾く　めんにだせばおのずからかわく……一四八三
面皮を剝ぐ　めんぴをはぐ……一四七六
餅は餅屋　もちはもちや……一四七六
勿怪の幸い　もっけのさいわい……一三七一
沐猴にして冠す　もっこうにしてかんす……一四八六
本木に勝る末木なし　もときにまさるうらきなし……一四八五
元の鞘に収まる　もとのさやにおさまる……一四三三
元の木阿弥　もとのもくあみ……四三八

付録

蛻の殻（もぬけのから）…… 八七一
物言えば唇寒し秋の風（ものいえばくちびるさむしあきのかぜ）…… 一三五二
物盛んなれば則ち衰う（ものさかんなればすなわちおとろう）…… 一三五二
物には時節（ものにはじせつ）…… 一三五二
物は言いようで角が立つ（ものはいいようでかどがたつ）…… 一三五二
物は試し（ものはためし）…… 一三五二
桃栗三年柿八年（ももくりさんねんかきはちねん）…… 一二四四
門前市を成す（もんぜんいちをなす）…… 一四八九
門前雀羅を張る（もんぜんじゃくらをはる）…… 一四八九
門前の小僧習わぬ経を読む（もんぜんのこぞうならわぬきょうをよむ）…… 一四八九
門に入らば笠を脱げ（もんにいらばかさをぬげ）…… 一四八九

◆や行

薬石効無し（やくせきこうなし）…… 一四九八
薬石の言（やくせきのげん）…… 一四九八
薬籠中の物（やくろうちゅうのもの）…… 一四九八
焼け石に水（やけいしにみず）…… 七五五
焼け野の雉夜の鶴（やけののきぎすよるのつる）…… 七五五
焼け木杭には火が付き易い（やけぼっくいにはひがつきやすい）…… 七五五
安きこと泰山の如し（やすきことたいざんのごとし）…… 一二
安物買いの銭失い（やすものかいのぜにうしない）…… 一二
鑢と薬の飲み違い（やすりとくすりののみちがい）…… 一五七三
柳に雪折れなし（やなぎにゆきおれなし）…… 一五六六
柳の下にいつも泥鰌は居らぬ（やなぎのしたにいつもどじょうはおらぬ）…… 一五六六
野に遺賢無し（やにいけんなし）…… 一四九四
矢張り野に置け蓮華草（やはりのにおけれんげそう）…… 六〇三
藪から棒（やぶからぼう）…… 九五一
藪蛇（やぶへび）▼藪をつついて蛇を出す …… 九五〇
破れても小袖（やぶれてもこそで）…… 一二一八
藪をつついて蛇を出す（やぶをつついてへびをだす）…… 九五〇
病膏肓に入る（やまいこうこうにいる）…… 一三一〇
病治りて医師忘る（やまいなおりていしわする）…… 一三一〇
病無くして自ら灸す（やまいなくしてみずからきゅうす）…… 一三一〇
病は気から（やまいはきから）…… 一三一〇
病は口より入り、禍いは口より出ず（やまいはくちよりいり、わざわいはくちよりいず）…… 一三一〇
病は少愈に加わる（やまいはしょうゆにくわわる）…… 一三一〇
山高きが故に貴からず（やまたかきがゆえにたっとからず）…… 五八三
山に躓かずして垤に躓く（やまにつまずかずしててつにつまずく）…… 五八三
山の芋鰻になる（やまのいもうなぎになる）…… 五八三
闇に提灯曇りに笠（やみにちょうちんくもりにかさ）…… 一五〇一
闇夜に鉄砲（やみよにてっぽう）…… 一五〇一
闇夜の錦（やみよのにしき）…… 一五〇一
矢も楯もたまらず（やもたてもたまらず）…… 六〇二
憂患に生じて安楽に死す（ゆうかんにしょうじてあんらくにしす）…… 一五一六
幽谷を出でて喬木に遷る（ゆうこくをいでてきょうぼくにうつる）…… 一五一〇
勇者は懼れず（ゆうしゃはおそれず）…… 一五〇九
有終の美（ゆうしゅうのび）…… 一五〇八
勇将の下に弱卒なし（ゆうしょうのもとにじゃくそつなし）…… 一五〇九
夕立は馬の背を分ける（ゆうだちはうまのせをわける）…… 八七二
有知無知三十里（ゆうちむちさんじゅうり）…… 一五〇八
幽明境を異にする（ゆうめいさかいをことにする）…… 一五一〇
幽霊の正体見たり枯れ尾花（ゆうれいのしょうたいみたりかれおばな）…… 一五一〇
雪は豊年の瑞（ゆきはほうねんのしるし）…… 八八六
行くに径に由らず（ゆくにこみちによらず）…… 四八三
往く者は追わず（ゆくものはおわず）…… 一一三
逝く者は斯くの如きかな昼夜を舎かず（ゆくものはかくのごときかなちゅうやをおかず）…… 八五九
油断（ゆだん）…… 一五〇三
湯の辞儀は水になる（ゆのじぎはみずになる）…… 一一四八
弓折れ箭尽く（ゆみおれやつく）…… 三〇一
夢は五臓の疲れ（ゆめはごぞうのつかれ）…… 一四六四
夢は逆夢（ゆめはさかゆめ）…… 一四六四
宵っ張りの朝寝坊（よいっぱりのあさねぼう）…… 七四六
用ある時の地蔵顔、用なき時の閻魔顔（ようあるときのじぞうがお、ようなきときのえんまがお）…… 一五二四
様に依りて葫蘆を画く（ようによりてころをえがく）…… 一五三四
善く游ぐ者は溺れ善く騎る者は堕つ（よくおよぐものはおぼれよくのるものはおつ）…… 九一六
欲の熊鷹、股裂くる（よくのくまたかまたさくる）…… 一五三九
横槍を入れる（よこやりをいれる）…… 一一七
葦の髄から天を覗く（よしのずいからてんをのぞく）…… 三六
世と推移す（よとすいいす）…… 八四四
世の中は三日見ぬ間の桜かな（よのなかはみっかみぬまのさくらかな）…… 八四四
夜目遠目笠の内（よめとおめかさのうち）…… 一四九二
寄らば大樹の陰（よらばたいじゅのかげ）…… 一二七四
夜行くに繍を被る（よるいくにしゅうをきる）…… 一四九二
弱り目に祟り目（よわりめにたたりめ）…… 六六七
夜を以て日に継ぐ（よをもってひにつぐ）…… 一四九二

◆ら行

来年の事を言えば鬼が笑う（らいねんのことをいえばおにがわらう）…… 一五四四

楽は苦の種、苦は楽の種 らくはくのたね くはらくのたね……二〇六
洛陽の紙価を高める らくようのしかをたかめる……一五四六
爛柯 らんか……一五五四
蘭麝の室に入る者は自ら香ばし らんじゃのしつにいるものはおのずからこうばし……一五五三
濫觴 らんしょう……一五五二
梨園 りえん……一一八七
李下に冠を正さず りかにかんむりをたださず……一五五六
犂牛の喩え りぎゅうのたとえ……一五五八
六親和せずして孝慈有り りくしんわせずしてこうじあり……一六二一
理屈と膏薬はどこにでもつく りくつとこうやくはどこにでもつく……一五五八
履霜の戒め りそうのいましめ……一五六〇
律義者の子沢山 りちぎもののこだくさん……一五六四
立錐の地無し りっすいのちなし……一五六三
理に勝って非に落ちる りにかってひにおちる……一五五八
溜飲が下がる りゅういんがさがる……一五七二
柳営 りゅうえい……一五六六
柳絮の才 りゅうじょのさい……一五六六
柳眉を逆立てる りゅうびをさかだてる……一五六六
竜馬の躓き りゅうめのつまずき……一五七〇
凌雲の志 りょううんのこころざし……一五七六
良弓は張り難し りょうきゅうははりがたし……一五七五
良禽は木を択ぶ りょうきんはきをえらぶ……一五七五
燎原の火 りょうげんのひ……一五八一
両虎相闘う りょうこあいたたかう……一五七四
梁山泊 りょうざんぱく……一五七七
梁上の君子 りょうじょうのくんし……一五七七
梁塵を動かす りょうじんをうごかす……一五七七
▼梁の塵を動かす……一五七六
遼東の豕 りょうとうのいのこ……一五八一
良薬は口に苦し りょうやくはくちににがし……一五七六
両雄並び立たず りょうゆうならびたたず……一五七五
両葉去らずんば斧柯を用うるに至る りょうようさらずんばふかをもちうるにいたる……一五七五
呂翁の枕 りょおうのまくら ▼邯鄲の夢……一二一七
綸言汗の如し りんげんあせのごとし……一五八五
類は友を呼ぶ るいはともをよぶ……一五九一
累卵の危うき るいらんのあやうき……一五九〇
瑠璃は脆し るりはもろし……一五八九
瑠璃も玻璃も照らせば光る るりもはりもてらせばひかる……一五八九
礼儀は富足に生ず れいぎはふそくにしょうず……一五九二
藜羹を食らう者は大牢の滋味を知らず れいこうをくらうものはたいろうのじみをしらず……一五九九
醴水の交わり れいすいのまじわり……一五九九
蠡測 れいそく……一六〇〇
連理の枝 れんりのえだ……一六〇五
労多くして功少なし ろうおおくしてこうすくなし……一六一五
老牛犢を舐る ろうぎゅうとくをねぶる……一六一四
壟断 ろうだん……一六一九
老馬の智 ろうばのち……一六一四
籠絡 ろうらく……一六二一
隴を得て蜀を望む ろうをえてしょくをのぞむ……一六二〇
櫓櫂の立たぬ海もなし ろかいのたたぬうみもなし……一六一一
魯魚の誤り ろぎょのあやまり……一六一〇
六十にして耳順う ろくじゅうにしてみみしたがう……一六二一
六十の手習い ろくじゅうのてならい……一六二一
櫓三年に棹八年 ろさんねんにさおはちねん……一六一一
盧生の夢 ろせいのゆめ ▼邯鄲の夢……二三七
櫓を押して櫂は持たれぬ ろをおしてかいはもたれぬ……一六一一
論語読みの論語知らず ろんごよみのろんごしらず……一六二四
論に負けても理に勝つ ろんにまけてもりにかつ……一六二四
論より証拠 ろんよりしょうこ……一六二四

◆わ行

若い時の苦労は買うてもせよ わかいときのくろうはこうてもせよ……六六六
我が心石に匪ず転ず可からず わがこころいしにあらずてんずべからず……一六二
我が身を抓って人の痛さを知れ わがみをつねってひとのいたさをしれ……一六二
山葵と浄瑠璃は泣いて誉める わさびとじょうるりはないてほめる……五八四
殃い池魚に及ぶ わざわいちぎょにおよぶ……一一五
禍いを転じて福と為す わざわいをてんじてふくとなす……一五六
和して同ぜず わしてどうぜず……一六二六
渡りに舟 わたりにふね……一二二九
渡る世間に鬼はない わたるせけんにおにはない……一二二九
笑う門には福来る わらうかどにはふくきたる……七五〇
藁千本あっても柱にならぬ わらせんぼんあってもはしらにならぬ
藁にも縋る わらにもすがる……五一五
▼溺れる者は藁をも摑む……一一〇三
破れ鍋に綴じ蓋 われなべにとじぶた……一二一八
我より古を作す われよりいにしえをなす……一六二三
和を以て貴しと為す わをもってとうとしとなす……一六二六

付録

熟字訓・当て字索引

①この辞典に〈　〉で囲んで収録した熟字訓・当て字のうち、重要なものを選び、その読みの**五十音順に配列**した。掲載ページは漢数字で示した。
②同じ読みの中では、一番目の漢字（一番目……が同じ場合は、順に次の漢字）のこの辞書の配列順にならべた。
③本文の漢字見出しで、〈　〉で囲まなかった表記は略した。

◆あ行

ああ　嗚呼……一一〇
アークトウ　弧光灯……四五二
アーモンド　扁桃……一三八〇
あいかた　敵娼……一一〇二
あいくち　匕首……一二七三
あいじゃくり　合决……五一九
アイスクリーム　氷菓子……一三〇二
アイスランド　氷州……一三〇三
あいつ　彼奴……一二七五
あいなめ　鮎魚女・鮎並……一一二三
あいにく　生憎……八四六
アイルランド　愛蘭……六
あおうま　白馬……一一三三
あおぎり　梧桐……四六六
あおげら　緑啄木鳥……一五八三
あおさ　石蓴……八七三
あおざし　青緡・青繈……八五五
あおじ　蒿雀……五〇八
あおばと　緑鳩……一五八三
あおみどろ　水綿……八二三
あおり　障泥……七六〇
あかうきくさ　満江紅……一四四八
あかしで　見風乾……四一八
あかしょうびん　赤翡翠……八七五
あがちご　贖児……七八六
あかちだ　班田……一二六四
あかね　茜草……九〇一
あかね　地血……一〇二六
あかは　明衣……一四六九
あかばな　柳葉菜……一五六六
あからさま　白地……一一三四
あからさま　明白……一四六九
あき　安芸……二〇
あきにれ　榔楡……一六一八
あきんど　商人……七五〇
あく　灰汁……一七〇
あくび　欠伸……四〇九
あぐら　胡座・胡坐……四五四
あぐら　趺坐……一三三〇
あげくび　盤領……一二七一
あげはちょう　鳳蝶……一四一〇
あけび　山女……五八一
あけび　丁翁……一〇五三
あけび　通草……一〇七八
あけび　木通……一四二四
あげまき　総角……九四六
あこう　赤秀……八七五
あこうだい　赤魚鯛……八七六
あさがお　牽牛花……四二五
あさがら　白辛樹……一一三四
あさじ　朝勤……一〇六一
あさつき　糸葱……六〇五
あさつき　浅葱……八九九
あさって　明後日……一四六九
あさで　浅傷……八九九
あざらし　海豹……一七四
あざらし　水豹……八二三
あさり　蛤仔……五〇七
アジア　亜細亜……一
あしか　海驢・海馬……一七四
あしかび　葦牙……三六
あじさい　紫陽花……六一九
あじさい　八仙花……一二四九
あしたば　鹹草……二五一
アショーカオウ　阿育王・阿輸迦王……二
あす　明日……一四六九
あすか　飛鳥……一二七九
あずき　小豆……七三六
あすなろ　翌檜……一五三九
あすなろ　羅漢柏……一五四三
あずまや　四阿……六〇〇
あぜくら　叉倉……五四一
あぜち　按察使・按察……二一
あせび　馬酔木……一二三〇
あせも　汗疹・汗肬……二二四
あそこ　彼処・彼所……一二七五
あそん　朝臣……一〇六二
あだしの　化野……一一三五
あだな　渾名……五三九
あだな　綽名……六六五
あたら　可惜……一三八
あちこち　彼方此方……一二七五
アチャラづけ　阿茶羅漬……二
あちら　彼方……一二七五
あっぱれ　天晴……一一〇七

付録

あてがい 宛行……一六
あてど 当所……一一三六
アテネ 雅典……一六五
あてびと 貴人……二七八
あとり 花鶏……一四二
あなかしこ 恐惶……三三三
あなご 海鰻……一七四
あなた 貴方……二七八
あばた 痘痕……一四八
あばらや 荒屋・荒家……四九三
あひる 家鴨……一四九
アフリカ 亜弗利加……一
アフリカ 阿弗利加……二
あほうどり 信天翁……七九四
あま 海人……一七四
あま 海女……一七四
あまご 天魚……一二〇七
あまた 許多……三一八
あまた 数多……八三六
あまちゃ 土常山……一一三一
あまちゃづる 絞股藍……五〇六
あまな 山慈姑……五八一
あまのり 紫菜……六一九
あまはけ 雨疏……七一
あまも 大葉藻……九八七
あみ 糠蝦……五一四
あみ 醬蝦……七六六
アムール 黒竜江……五二七
あめうし 黄牛……五〇二
あめふらし 雨虎……七一
アメリカ 亜米利加・亜墨利加……一
あめんぼ 水黽・水馬……八二三
アモイ 廈門……一五五
あやめ 菖蒲……七五二
あゆ 香魚……四九四
あゆ 年魚……一二〇七
あらい 洗膾・洗魚……九〇〇
アラキ 阿刺吉……二
あらせいとう 紫羅欄花……六一九
あらぞめ 退紅……九八一
あらの 曠野……五一七
アラビア 亜刺比亜・亜拉毘亜……一
あらまき 苞苴……一四〇四
あらめ 荒布・荒和布……四九三
あらゆる 所在・所有……七二五
ありか 在処・在所……五六一
ありか 存処……九六六
ありくい 食蟻獣……七八一
ありたそう 土荊芥……一一三一
ありどおし 虎刺……四五〇
ありもどき 擬蟻……二九〇
あるじ 主人……六七三
アルゼンチン 亜爾然丁……一
あれこれ 彼是・彼此……一二七五
あわ 阿波……三
あわ 安房……二〇
あわてる 周章てる……六八六
あわび 石決明……八七三
いいだこ 望潮魚……一四一八
いいなずけ 許嫁・許婚……三一八
いおう 硫黄……一五七一
いか 烏賊……七二
いか 墨魚……一四二八
いかが 如何……七三二
いかき 笊籬……九二七
いかなご 玉筋魚……三五一
いかに 如何に……七三三
いかる 斑鳩……一二六五
いかん 何如・何若・何奈……一四〇
いかん 如何……七三三
いかん 奈何……一一八三
いき 壱岐……五六
いきさつ 経緯……三九三
いぎす 海髪……一七四
いぎす 髪菜……一二五二
イギリス 英吉利……八五
いくじ 意気地……三五
いぐち 欠唇……四〇九
いぐち 兎唇……一一二五
いくばく 幾許・幾何……二七六
いけにえ 犠牲……二九一
いさき 鶏魚……四〇三
いさご 沙子……五四三
いさごむし 石蚕……八七三
いささぐさ 大角草……九八七
いさな 磯魚……二八四
いさな 小魚……七三六
いざなぎのみこと 伊弉諾尊・伊邪那岐命……二五
いざなみのみこと 伊弉冉尊・伊邪那美命……二五
いさば 五十集……四六〇
いざよい 十六夜……六九九
いざる 膝行る……一二九五
いしがめ 水亀……八二三
いしきあて 尻当……七八七
いしころ 石塊……八七三
いしなご 石子・石投……八七三
いしもち 石首魚……八七三
いしもちそう 茅膏菜……一四一六
いすか 交喙……四七七
いすのき 蚊母樹……一六一
いずみ 和泉……一六二四
いずも 出雲……七一一
イスラエル 以色列……二五
いせ 縮縫……七〇九

付録

いせえび 竜蝦……一五六九
いそぎんちゃく 菟葵……一一二八
イソップ 伊曽保・伊蘇普……二五
いそめ 磯蚯蚓……二八四
いたいけ 幼気……一五二四
いたずら 悪戯……一一
いたち 鼬鼠……一五一八
いたどり 虎杖……四五〇
いたび 木蓮子……一四二四
イタリア 伊太利……二五
いちい 赤檮……八七六
いちこ 神巫……七九六
いちご 覆盆子……一三四七
いちじく 映日果……八五
いちじく 無花果……一四五九
いちはつ 一八……四七
いちはつ 鳶尾……一〇六
いちはつ 鴟尾草……六二七
いちび 黄麻……五〇二
いちやくそう 鹿蹄草……六四一
いちょう 鴨脚樹……一一八
いちょう 銀杏……三六五
いちょう 公孫樹……四七一
いつ 何時……一四一
いとこ 従兄弟……七〇四
いとこ 従姉妹……七〇四
いとんぼ 豆娘……一一三八
いとよ 糸魚……六〇六
いとよりだい 金糸魚・金線魚……三五五
いなか 田舎……一一二〇
いなば 因幡……六三
いなり 稲荷……一一五二
いぬがや 粗榧……九二三
いぬくぐ 磚子苗……九一〇
いぬぶな 仙毛欅……八九四
いぬまき 羅漢松……一五四三
いのこずち 牛膝……三一二
いぶき 息吹……九五九
いぼたのき 水蠟樹……八二三
いぼたのき 肬取木……一五〇九
いぼたろうむし 水蠟樹蠟虫……八二三
いまわ 今際……五三四
いむこ 斎子……五五六
いもせ 妹兄……一四三八
いもちビョウ 稲熱病……一一五二
いもり 蠑螈……九〇
いよいよ 弥弥……一四九五
いらが 刺蛾……六〇九
いらくさ 刺草……六〇九
いらくさ 蕁麻……八二一
いらつこ 郎子……一六一六
いらつめ 郎女……一六一六
いらむし 刺虫……六〇九
いりこ 海参……一七四
いりこ 熬海鼠……五二二
いるか 海豚……一七四
いれずみ 刺青……六〇九
いれずみ 文身……一三六〇
いろり 煎汁……九〇五
いわたけ 石茸……八七三
いわな 嘉魚……一五六
いわな 岩魚……二五四
いわなし 岩棠子……二五四
いわひば 巻柏……三一八
いわみ 石見……八七三
いわゆる 所謂……七二六
インク 洋墨……一五二七
イングランド 英倫・英蘭土……八五
いんげんまめ 菜豆……五五五
いんげんまめ 眉児豆……三八九
インド 印度……六二
ウイーン 維納……三七
ウイグル 回鶻……一六八
ウォッカ 火酒……一三五
うかみ 斥候……八七二
うき 泛子……一二六三
うき 浮子……一三九
うきくさ 浮萍……一三九
うぐい 石斑魚……八七四
うこぎ 五加・五加木……四六〇
うし 大人……九八七
うたかた 泡沫……一四〇三
うたたね 仮寝……一三九
うちかけ 裲襠……一五七九
うちわ 団扇……一〇二一
うつぎ 卯木……一四一三
うつぎ 楊櫨木……一五三二
うつしよ 現世……四四三
うつせみ 現人……四四三
うっちゃる 打遣る・打棄る……九七三
うつぼ 鱓魚……九一三
うつぼかずら 猪籠草……一〇五一
うど 土当帰……一一三一
うど 独活……一一七二
うとう 善知鳥……九一六
うない 髫髪……一〇六八
うなずく 首肯く……六七六
うなて 池溝……一〇二九
うなばら 海原……一七四
うに 雲丹……八一
うに 海栗・海胆……一七四
ウニコール 一角獣……五五
うぬぼれる 己惚れる……四四六
うぬぼれる 自惚れる……六三〇
うば 乳母……一二〇一

うばゆり　蕎麦葉貝母……三四一
うぶ　初心……七二四
うぶすな　産土……五八七
うまい　上手い……七六八
うまい　美味い……一二八九
うまごやし　苜蓿……一四八五
うまごやし　連枝草……一六〇三
うまずめ　不生女……一三一七
うみお　績麻……八八〇
うみほおずき　竜葵……一五六九
うめもどき　落霜紅……一五四七
ウラジオストク　浦塩斯徳……七九
うらしまそう　虎掌……四五〇
うらじろのき　白梨樹……一二三四
うりばえ　守瓜……六七四
うるさい　五月蠅い……四六〇
ウルップトウ　得撫島……一一七〇
ウルムチ　烏魯木斉……七三
うろたえる　狼狽える……一六一七
うわぎ　表着……一三〇四
うわぐすり　釉薬……一五一四
うわごと　囈語……四〇五
うわごと　譫言……九一二
うわなり　後妻……四六四
うわなり　次妻……六二九
うわばみ　蟒蛇……一四二三
うわひ　外障……一八八
うわみずざくら　上不見桜……七六九
うんか　浮塵子……一三二九
えい　海鷂魚……一七五
えがわ　画韋……一六三
エジソン　愛迪生……七
エジプト　埃及……五
えせ　似非・似而非……六三三
えそ　狗母魚……三六七
えぞ　蝦夷……一五九
えぞぎく　藍菊……一五五三
えぞすみれ　胡菫菜……四五四
えだしゃくとり　枝尺蠖……六一〇
えだみち　岐路……二六三
えと　干支……二一一
えとろふ　択捉……一〇〇〇
えな　胞衣……一四〇四
えにしだ　金雀児・金雀枝……三五五
えのころぐさ　狗尾草……三六七
えび　海老……一七五
えび　葡萄……一三八九
えびす　蛭子……六四九
えほう　吉方……二九四
えぼし　烏帽子……七三
えみし　蝦夷……一五九
えやみ　疫病……九一
えやみぐさ　瘧草……二九九
おいしい　美味しい……一二八九
おいて　追風……一〇七六
おいらん　花魁……一四二
おうな　老女……一六一三
おうみ　近江……三五四
おおおじ　従祖父……七〇四
おおおば　従祖母……七〇四
おおかわ　大鼓……九八八
おおじ　祖父……九二〇
おおしい　男男しい……一〇二二
オーストラリア　濠太剌利……五二三
おおたか　蒼鷹……九四四
おおば　祖母……九二〇
おおばこ　車前・車前草……六五五
おおよそ　大凡……九八九
オーロラ　極光……三四九
おがくず　大鋸屑……九八九
おかしい　可笑しい……一三八
おかず　御菜……三二三
おがたまのき　黄心樹……五〇三
おかとらのお　珍珠菜……一〇七四
おかぼ　陸稲……一五六一
おかみ　御内儀……三二三
おかみ　女将……七三一
おがら　麻幹……一四三六
おかわ　清器……八六〇
おき　隠岐……六八
おきなぐさ　白頭翁……一二三四
おぎむし　尺蠖……六六三
おぐし　御髪……三二二
おくて　晩生……一二七〇
おくて　晩稲……一二七〇
おくび　噯気……七
おぐるま　金沸草……三五五
おぐるま　旋覆花……九〇二
おけら　蒼朮……九四四
おけら　白朮……一二三四
おこぜ　虎魚……四五〇
おごのり　海髪……一七五
おごのり　江籬……四八一
おさむし　歩行虫……一三八七
おじ　叔父……七〇七
おじ　伯父……一三一八
おじいさん　御祖父さん……三三二
おじぎそう　含羞草……二五三
おじけ　怖気……一三二六
おじさん　小父さん……七三六
おしどり　鴛鴦……一〇八
おしめ　襁褓……三四二
おしろい　白粉……一二三四
おしろいばな　紫茉莉……六一九
おそよか　嬋媛……九〇七
おたまじゃくし　蝌蚪……一五九
おちかた　遠方……一〇四
おちこち　遠近……一〇四

おちぶれる 落魄れる……一五四七
おちぶれる 零落れる……一五九六
おちゅうど 落人……一五四七
オックスフォード 牛津……三一三
おつけ 御汁……三三三
おっしゃる 仰有る……三四五
おってがき 追而書……一〇七七
おっと 良人……一五七五
おっとせい 膃肭臍……一二一六
おっとせい 海狗……一一七五
おつむ 御頭……三三三
おとぎりそう 小連翹……七三七
おとこえし 男郎花……一〇三二
おとこえし 敗醤……一二一七
おとこぎ 侠気……三三二
おととい 一昨日……五五
おととし 一昨年……五五
おとな 大人……九八九
おとめ 少女……七四〇
おとり 媒鳥……一二三一
おどりこそう 野芝麻……一四九三
おどろ 荊棘……三九〇
おなもみ 巻耳……一二二八
おにやらい 追儺……一〇七七
おにゆり 巻丹……一二二八
おのおの 各各……一九六
おば 叔母……七〇七
おば 伯母……一二二八
おばあさん 御祖母さん……三三三
おはぐろ 鉄漿……一一〇五
おはこ 十八番……六九九
おばさん 小母さん……七三七
おひしば 牛筋草……三一三
おひょう 大鮃……九八九
おひるぎ 紅樹……四九二
おぼこ 未通女……一四五一
おみくじ 御神籤……三三三
おみなえし 女郎花……七三一
おめむし 臆虫……一一三二
おもがい 面繋・面懸……一四七五
おもくさ 面瘡……一四七五
おもだか 沢瀉……一〇〇一
おもちゃ 玩具……二五四
おもて 重傷……七〇二
おもと 万年青……一四四六
おもや 母屋・母家……一三九二
おやしらず 親不知……八一一
おやま 女形……七三一
オランダ 阿蘭陀……三
オランダ 和蘭・和蘭陀……一六二四
オリーブ 阿利布・阿利襪……三
オルゴール 自鳴琴……六三〇
おろし 下風……一三二
おろち 大蛇……九九〇

◆か行

かあさん 母さん……一三九二
かい 甲斐……四七六
かいどう 花仙……一四一二
かいらぎ 梅花皮……一二三〇
かいわれ 頴割れ……八九
かえで 蛙手……三
かえで 鶏冠木……四〇三
かえで 槭樹……八七九
カカオ 加加阿……一三一七
かかし 案山子……三
かかし 鹿驚……六四一
ががんぼ 大蚊……九九〇
かき 牡蠣……一三九二
かきつばた 燕子花……一〇七
かきつばた 杜若……一一二五
かきどおし 馬蹄草……一二三〇
かきどおし 連銭草……一六〇三
かぎなり 鉤状……五〇九
かぎろい 火光……一一三六
かぎろい 陽炎……一五三一
カクテル 混合酒……五三八
かくぶつ 杜夫魚……一一二五
かぐら 神楽……七九六
かけら 欠片……四〇九
かげろう 蜻蛉……八六七
かげろう 蜉蝣……一三三二
かげろう 陽炎……一五三二
かこ 水夫・水手……八二三
かご 駕籠……一六六
かざす 挿頭す……九三六
かざみ 汗衫……二二四
かし 河岸……一四六
かじ 鍛冶……一〇二〇
かじか 杜父魚……一一二五
かじかがえる 金襖子……三五五
かじき 旗魚……二八〇
かじめ 搗布……一一五一
がじゅまる 榕樹……一五三四
かしわ 黄鶏……五〇三
かしわで 拍手……一三三九
ガス 瓦斯……一六二
かずさ 上総……七六九
かすり 飛白……二七九
かせ 石陰子……八七四
かぜ 風邪……一三三九
かたうど 方人……一三九五
かたえ 片方……一三七七
かたがた 旁旁……一四〇五
かたぎ 気質……二六一
かたず 固唾……四四九
かたつむり 蝸牛……一五九
かたばみ 鳩酸草……三一一

付録

かたばみ 酢漿草……五六七
かたばみ 酸漿草……五八九
かたびら 帷子……三一
カタル 加答児……一三八
カタログ 型録……三九〇
かち 徒歩……一二二六
かつお 堅魚……四二七
かつお 松魚……七四四
ガット 腸線……一〇六四
かっぱ 河童……一四六
カッパ 合羽……五一九
かどで 首途……六七六
カトリック 加特力……一三八
かどわかす 勾引かす……四七三
かながしら 火魚……一三六
かながしら 方頭魚……一三九五
かなた 彼方……一二七六
カナダ 加奈陀……一三八
かなへび 蛇舅母……六六二
カナリア 金糸雀……三五六
かにくさ 海金砂……一七六
かにむし 擬蠍……二九〇
かのこそう 纈草……四〇九
カピタン 加比丹……一三八
かぶす 臭橙……六八九
かぶとがに 鱟魚……五二三
かぶら 蕪菁……一三三八
かぶらや 鏑矢……一一〇三
カボチャ 南瓜……一一九〇
がま 香蒲……四九四
かまきり 螳螂……一一五六
かまきり 蟷螂……一一五七
かます 梭魚・梭子魚……五四五
かまとと 蒲魚……一三九〇
かみきりむし 天牛……一一〇八
かみそり 剃刀……一〇九一
カミルレ 加密爾列……一一三八
かめむし 椿象……一〇七五
かもうり 氈瓜……九一〇
かもしか 氈鹿……九一〇
かもしか 羚羊……一五九六
かものはし 鴨嘴獣……一一八
かや 蚊帳……一六一
かやつりぐさ 莎草……五四五
からいり 乾煎り……一三一
からかう 揶揄う……一四九四
がらがらへび 響尾蛇……三四四
からくり 機関……二八二
カラコルム 和林・和寧……一六二五
からざお 連枷……一六〇三
からし 芥子……一七二
からす 慈鳥……六三八
ガラス 硝子……七五五
からすうり 王瓜……一一一
からすうり 老鴉瓜……一六一三
からすがい 蚌貝……一四一八
からすみ 鱲子……一五八二
からせき 乾咳……二三一
からだ 身体……七九二
からたち 枳殻……二六七
からたち 枸橘……三六九
からたちばな 百両金……一三〇〇
からっかぜ 乾っ風……二三二
からぶき 乾拭き……二三二
からふと 樺太……一五七
からまつ 落葉松……一五四七
からむし 苧麻……一〇五一
かりそめ 苟且……四八八
カリフォルニア 加州……一三八
かりやす 青茅……八五五
かりゅうど 狩人……六七六
かりん 花梨……一四二
かりん 花櫚……一四二
カルサン 軽衫……三九七
カルタ 歌留多……一五八
カルタ 骨牌……五三〇
カルメラ 泡糖……一四〇三
かるめる 甲乙……四七六
かるめる 上下……七六九
かれい 王余魚……一一一
かわうそ 水獺……八二三
かわうそ 川獺……八九四
かわせ 為替……三〇
かわせみ 魚狗・魚虎……三二一
かわせみ 水狗……八二三
かわせみ 翡翠……一二八五
かわち 河内……一四六
かわにな 河貝子……一四六
かわやなぎ 水楊……八二三
かわら 河原……一四六
かわら 川原……八九四
かわらけ 土器……一一三一
かんあおい 杜衡……一一二五
カンガルー 袋鼠……九八四
ガンダーラ 健駄羅……四二四
かんながら 惟神……三二
かんながら 随神……八二三
かんぬき 貫木……二三四
カンボジア 柬蒲塞……二三〇
きあげは 黄鳳蝶……五〇三
きいちご 懸鉤子……四三六
きくいむし 木蠹虫……一四二四
きくならく 聞道・聞説……一三六三
きくらげ 木耳……一四二四
きこり 樵夫……七六三
きざ 気障……二六一
ぎざぎざ 刻刻……五二五
ぎざぎざ 段段……一〇二二

きさご 細螺……五五四
きさご 扁螺……一三八〇
きさらぎ 更衣……四八五
きさらぎ 如月……七三三
きざわし 木淡……一四二四
きじ 素地……九二一
きじ 雉子……一〇三四
ぎしぎし 羊蹄……一五二五
きずいせん 長寿花……一〇五五
きせなが 著長……一〇五二
キセル 煙管……一〇二一
きせわた 被綿……一二八二
きつつき 啄木鳥……一〇〇二
きっと 急度……三〇六
きつねのまご 爵牀……六六五
きなか 半銭……一二五九
きなくさい 焦臭い……七五五
キニーネ 規尼涅……二七五
きぬがさたけ 仙人帽……八九四
きぬかつぎ 衣被……二一七
きぬぎぬ 後朝……四六四
きのう 昨日……五六五
きはだ 黄蘗……五〇三
きばち 独脚蜂……一一七二
きびしょ 急焼……三〇六
きびなご 吉備奈仔……二九四
きびなご 黍魚子……七二九
きぶし 旌節花……八五九
きぶし 通条花……一〇七八
きぶし 木五倍子……一四二五
ぎぼうし 擬宝珠……二九一
ぎぼうし 玉簪花……三五一
ぎぼうし 紫萼……六一九
ぎぼし 擬宝珠……二九一
キムチ 沈菜……一〇七三
きむらたけ 黄紫茸……五〇三
きめ 肌理……一二四八
きゅうせん 気宇仙……二六二
キューバ 玖馬……三〇五
きゅうり 胡瓜……四五四
きゅうり 黄瓜……五〇三
きゅうり 木瓜……一四二五
きょう 今日……五三四
きょうだい 姉妹・姉弟……六一〇
きらず 雪花菜……八八五
きらら 雲母……八二
きらんそう 金瘡小草……三五六
きりぎりす 螽斯……六九七
ギリシャ 希臘……二六三
キリスト 基督……二七三
きりのう 尾能……一二八八
きりょう 縹緻……一三〇八
きれじ 布地……一三二四
きれっと 切処……八八二
きんこ 金海鼠……三五七
きんこ 光参……四七八
きんとうが 紅南瓜……四九二
きんばえ 青蠅……八五五
キンマ 蒟醤……五三九
くいな 秧鶏……一一五
くいな 水鶏……八二三
くがいそう 威霊仙……二九
くぐつ 傀儡・傀儡子……一七八
くさぎ 海州常山……一七六
くさぎ 臭牡丹樹……六八九
くさのおう 白屈菜……一二三四
くされだま 黄連花……五〇三
くだのふえ 小角……七三七
くたびれる 草臥れる……九三四
くだもの 果物……一四五
くだら 百済……一三〇〇
くだりばら 瀉腹……六六一
くちなし 山梔子……五八一
くちなし 卮子……五九九
くちなし 梔子……六一七
くつわむし 聒聒児……二一四
くねんぼ 香橘……四九四
くまがいそう 熊谷草……三七八
くまげら 熊啄木鳥……三七八
くまざさ 山白竹……五八一
くまそ 熊襲……三七九
くまたか 角鷹……一九六
くまつづら 馬鞭草……一二二〇
くまやなぎ 山藤……五八一
くまやなぎ 蛇藤……六六二
ぐみ 胡頽子……四五四
ぐみ 茱萸……六七六
くも 蜘蛛……一〇三五
くやしい 口惜しい……四七〇
くらげ 海月……一七六
くらげ 水母……八二三
クラブ 倶楽部……三六九
くらら 苦参……三六八
くるみ 胡桃……四五四
くるみ 呉桃……四六三
くるわ 曲輪……三四八
くろうと 玄人……四三九
くろうど 蔵人……九五五
くろうめもどき 鼠李……九二六
くろご 黒衣……五二七
くろちく 烏竹……七三
くろつぐ 桄榔・桄榔子……四九七
くろまめ 烏豆……七三
くろめ 黒海布・黒布・黒菜……五二七
くろもじ 烏樟……七三
くろもじ 鉤樟……五〇九
くわい 烏芋……七三

くわい 慈姑……六三八
くわご 野蚕……一四九三
けいず 窩主……一五八
けいとう 鶏冠……四〇三
けさ 今朝……五三四
けし 罌粟……一一九
げじ 蚰蜒……一五一一
けしき 景色……三九六
ケット 毛布……一四七九
けまんそう 荷包牡丹……一五一
けら 螻蛄……一六一九
ケロイド 蟹足腫……一八七
けわい 化粧……一三五
げんげ 紫雲英……六一九
げんごろう 竜蝨……一五六九
ケンブリッジ 剣橋……四二三
ゴア 臥亜……一六四
こいつ 此奴……六〇三
こいねがう 庶幾う……七二八
こうじ 柑子……二二九
こうずけ 上野……七六九
こうたけ 革茸……一九七
こうたけ 皮茸……一二七四
こうたけ 茅蕈……一四一六
こうなご 小女子……七三七
こうほね 河骨……一四六
こうほね 川骨……八九四
こうもり 蝙蝠……一三八三
こうもり 洋傘……一五二七
コーカサス 高加索……五〇〇
こおどり 雀躍……六六八
コーヒー 珈琲……一四八
こおろぎ 蟋蟀……六五〇
ごかい 沙蚕……五四三
こがねむし 金亀子……三五八
こがら 小雀……七三七
ごきづる 合子草……五二〇
ごきぶり 蜚蠊……一二八五
こくたん 烏木……七三
こけもも 越橘……九四
こけら 木屑……一四二五
こげら 小啄木鳥……七三七
ここ 此処・此所……六〇三
ここち 心地……七八八
コサック 哥薩克……一四八
こしあぶら 金漆……三五八
こしけ 帯下……九八二
ごじゅうから 五十雀……四六一
ごじる 豆汁……一一三八
コスモス 秋桜……六八八
ごぜ 瞽女……四五九
こぞ 去年……三一四
こたび 此度……六〇三
こだわる 拘泥る……四八七
こち 牛尾魚……三一四
こち 東風……一一三九
こちら 此方……六〇三
コップ 洋杯……一五二七
こでまり 麻葉繡毬……一四三六
ことし 今年……五三四
ことじ 琴柱……三六〇
こなから 二合半……一一九三
こなぎ 鴨舌草……一一八
こなぎ 小水葱……七三八
こぬれ 木末……一四二五
こねずみ 練墨……一六〇六
このかた 以来……一二五
このこ 海鼠子……一七六
このてがしわ 側柏……九六〇
このり 兄鷂……三八七
このわた 海鼠腸……一七六
こはぜ 小鉤……七三八
ゴビ 戈壁……一三五
こぶし 辛夷……七九四
こぶん 乾分・乾児……二三二
こま 独楽……一一七三
こまい 氷下魚・氷魚……一三〇三
ごまのはぐさ 玄参……四三九
ごまのはぐさ 黒参……五二八
ごみむし 芥虫……一七二
ごみむし 塵芥虫……八二〇
ごみむし 歩行虫……一三八七
ゴム 護謨……四六八
こめかみ 蟀谷……七一三
こめかみ 顳顬……七六八
こもごも 交交……四七八
こよい 今宵……五三四
こより 紙縒・紙撚・紙捻……六一五
ごり 石伏魚……八七四
コレラ 虎列刺……四五〇
ごろつき 破落戸……二一七
ごろつき 無頼……一四五九
ごろね 転寝……一一一六
ころもがえ 更衣……四八五
コロンビア 哥倫比亜……一四八
こわっぱ 小童……七三九
コンクリート 混凝土……五三八
ごんずい 野鴉椿……一四九三
ごんどうくじら 巨頭鯨……三一五
コンパス 円規……九六
コンペイトー 金平糖・金米糖……三五九

◆さ行

ザーサイ 搾菜……五六八
サーベル 洋刀・洋剣……一五二七
さいかち 皁莢……九三一
さいころ 賽子……五六〇

付録

さいころ 骰子……一一五二
サイゴン 西貢……八五一
さいさき 幸先……四八六
さいづち 木椎……一四二六
さいみ 貲布……六三〇
さおとめ 早乙女……九二九
さかき 楊桐……一五三三
さがみ 相模……九三三
さかもぎ 鹿砦……六四一
さかやき 月代・月額……四一六
さきおととい 一昨昨日……五五
さきおととし 一昨昨年……五五
さぎちょう 三毬杖……五七六
さきもり 防人……一四一五
サクラメント 桜府……一一一五
さくらんぼう 桜桃……一一一五
ざくろ 安石榴……二一
ざくろ 柘榴……六五七
ざくろ 石榴……八七四
ざくろそう 粟米草……九六三
ざこ 雑魚……五七三
さごし 青箭魚……八五五
ささ 小竹……七三九
さざえ 栄螺……八六
さざえ 拳螺……四二四
ささげ 大角豆……九九〇
ささたけ 篠竹……七六五
さざなみ 小波……七三九
ささめ 莎草……五四五
ささめゆき 細雪……五五五
ささやく 私語く……六〇七
さざれいし 細石……五五五
さざんか 山茶花……五八一
さざんか 茶梅……一〇三九
さしがめ 刺椿象・刺亀虫……六〇九
さしなべ 銚子……一〇六五
さしもぐさ 指焼草……六一三
さすが 流石……一五六六
さすらう 流離う……一五六六
さつき 五月……四六一
さつき 皐月……五〇二
さっぱ 拶双魚……五七一
さつまいも 甘藷……二三三
さとうきび 甘蔗……二三三
さなだむし 条虫……七七一
さなぶり 早苗饗……九二九
さねかずら 真葛……七九九
さねかずら 南五味子……一一九〇
さねぶとなつめ 酸棗……五八九
さば 青魚・青花魚……八五五
さはり 響銅……三四四
さはり 胡銅器……四五五
さびあゆ 荒鮎……四九四
ザビエル 方済各……一三九五
サフラン 番紅花……一二七〇
サボテン 仙人掌……八九四
サボテン 覇王樹……一二一九
さほど 然程……九一七
ザボン 香欒……四九五
ザボン 朱欒……六七五
さまで 然迄……九一七
さまよう 彷徨う……一三九七
さみだれ 五月雨……四六二
さもあらばあれ 遮莫……六六〇
さゆ 素湯……九二一
さゆ 白湯……一三三四
さよう 然様……九一七
さより 細魚……五五五
さより 針魚……八〇一
さらう 復習う……一三四四
サラサ 更紗……四八五
さらばかり 盤秤……一二七一
ざらめ 粗目……九二三
ざりがに 蝲蛄……一五四九
さるおがせ 猿麻桛……一〇二
さるおがせ 松蘿……七四四
サルサ 撒爾沙・撒児沙……五七三
さるすべり 紫薇……六一九
さるすべり 怕痒樹……一二一五
さるすべり 百日紅……一三〇〇
さるのこしかけ 胡孫眼……四五五
されこうべ 髑髏……一一七五
さわおぐるま 狗舌草……三六七
さわぎきょう 山梗菜……五八一
さわぐるみ 寿光木……六八一
さわら 花柏……一四二
さわら 弱檜……六六七
さわら 馬鮫魚……一二二〇
さんしょう 蜀椒……七八三
さんしょうも 槐葉蘋……一八三
サンフランシスコ 桑港……九三七
さんま 秋刀魚……六八八
しあさって 明明後日……一四六九
しいたけ 香蕈……四九五
しいら 鬼頭魚……二七二
しいら 勒魚……一六二三
シェークスピア 沙翁……五四三
しおしお 悄悄……七四七
しおで 牛尾菜……三一四
しおまねき 望潮……一四一八
シカゴ 市俄古……六〇二
しかじか 云云……八〇
しきいし 甃石……六九六
しきせ 為着せ……一三〇
しぐれ 時雨……六三七
しけ 時化……六三七
しげどう 重籐……七〇三
しこくびえ 竜爪稗……一五六九

しこたん　色丹……七八一
しじま　静寂……八六八
しじま　無言……一四五九
しじみちょう　小灰蝶……七三九
しじみばな　笑靨花……七四九
シシャモ　柳葉魚……一五六六
しじゅうから　四十雀……六〇〇
しずえ　下枝……一三四
しだ　羊歯……一五二五
したびらめ　鞋底魚……七
しちめんちょう　吐綬鶏……一一二四
しっこし　尻腰……七八七
しっぺい　竹篦……一〇三六
しっぽ　尻尾……七八七
して　為手……三〇
しでかす　為出来す……三〇
しでむし　埋葬虫……一四三九
しどころ　為所……三〇
しない　竹刀……一〇三六
しながどり　息長鳥……九五九
しなの　信濃……七九四
しなのがき　君遷子……三八二
しにせ　老舗……一六一三
しののめ　東雲……一一三九
しのぶぐさ　垣衣……一九五
しば　莱草……一五四四
しばえび　青蝦……八五五
しばしば　数数……八三六
しぶき　繁吹……一二六八
しぶき　飛沫……一二七九
しぶく　重吹く……七〇三
しぶく　繁吹く……一二六八
シベリア　西比利亜……八五一
しまうま　斑馬……一二六五
しみ　衣魚……一二七
しみ　紙魚……六一六
しみ　蠹魚……一二三〇
しみず　清水……八六〇
しめじ　玉蕈……三五一
しめなわ　七五三縄……六四五
しめなわ　注連縄……一〇四六
しもうさ　下総……一三四
しもたや　仕舞屋……五九八
しもつけ　下野……一三四
ジャイナキョウ　耆那教……二六九
しゃが　胡蝶花……四五五
しゃこ　蝦蛄……一五九
しゃこ　青竜蝦……八五五
しゃしゃんぼ　南燭……一一九〇
ジャスミン　素馨……九二一
ジャスミン　耶悉茗……一四九二
しゃちほこが　天社蛾……一一〇八
シャツ　襯衣……八一二
しゃっくり　吃逆……二九五
じゃのひげ　沿階草……九七
しゃみせん　三味線……五八〇
シャム　暹羅……九一〇
しゃも　軍鶏……三八五
シャモ　和人……一六二五
しゃれ　洒落……五五一
ジャワ　爪哇……一〇八五
シャンパン　三鞭酒……五八〇
じゅうしまつ　十姉妹……六九九
じゅうにから　十二雀……六九九
じゅず　数珠……八三六
ジュネーブ　寿府……六八一
ジュバン　襦袢……六八四
しょいこ　背負子……一二二四
しょうが　生姜・生薑……八四七
じょうご　漏斗……一六一八
じょうず　上手……七七〇
しょたい　世帯……八四三
しょっちゅう　初中後……七二五
しょっつる　塩汁……一〇一
しょっつる　醢汁……一八六
じょろうぐも　絡新婦……一五四七
しらいとそう　鴉葱……四
しらうお　鱠残魚……一八七
しらうお　銀魚……三六六
しらが　白髪……一二三四
しらぎ　新羅……八〇六
しらくも　白癬・白禿瘡……一二三四
しらずしらず　不知不識……一三一七
しらぬい　不知火……一三一七
しらふ　素面……九二一
しらふ　白面……一二三五
しらやまぎく　東風菜……一一三九
しらん　白及……一二三五
しりあげむし　挙尾虫……三一七
しりえ　後方……四六六
しりがい　尻繋……七八七
しりべし　後志……四六六
しるし　首級……六七七
しろうお　素魚……九二一
しろうと　素人……九二一
しろうり　越瓜……九四
しろひとり　白灯蛾……一二三五
しわす　師走……六一四
ジン　洋酒……一五二七
シンガポール　新嘉坡……八〇六
シンガポール　星港……八五七
しんじゅさん　樗蚕……一〇五二
じんちょうげ　瑞香……八三四
しんぼち　新発意……八〇七
すいかずら　忍冬……一二〇三
ずいき　芋茎・芋苗……五九
スイス　瑞西……八三四
すいば　酸模……五八九

付録

ずいむし 螟虫……一四七三
スウェーデン 瑞典……八三四
スエズ 蘇士……九二七
すおう 周防……六八七
すががき 清掻……八六〇
すがすがしい 清清しい……八六〇
すぎな 接続草……八八四
すぎな 問荊……一四九〇
すぐり 酸塊……五八九
スコットランド 蘇格蘭……九二七
すごろく 双六……九二八
すさ 寸莎……八四一
ずさ 従者……七〇四
すさのおのみこと 素戔嗚尊……九二一
すずかけのき 篠懸の木……七六五
すずし 生絹……八四八
すずしろ 清白……八六〇
すずしろ 蘿蔔……一五四三
すずたけ 篠竹……七六五
すずむし 金鐘児……三五九
すずめが 天蛾……一一〇八
すずめのおごけ 雀の苧桶・雀の小筒……六六八
すずめのてっぽう 看麦娘……一二三〇
すずめばち 胡蜂……四五五
すそご 末濃……一四四三
ずたずた 寸寸……八四一
すだま 魑魅……一〇三五
すどり 渚鳥……七二八
スペイン 西班牙……八五二
ずみ 棠梨……一一四八
すみか 住処……七〇二
すめらみこと 天皇……一一〇八
すもう 角力……一九六
すもう 相撲……九三三
すり 掏摸・掏児……一一四五
するが 駿河……七一七
するがらん 建蘭……四二一
すわ 素破……九二一
せ 石花……八七四
せいうち 海象・海馬……一七六
せいろう 蒸籠……七七八
セイロン 錫蘭……六六五
せきせいいんこ 脊黄青鸚哥……八七七
せきちく 瞿麦……三七〇
ぜげん 女衒……七三二
せしめうるし 石漆……八七四
せせらわらう 冷笑う……一五九三
せった 雪踏……八八六
ぜにあおい 錦葵……三六四
ぜにごけ 地銭……一〇二八
せむし 傴僂……七三
せり 芹子……三五四
せり 水芹……八二五
せりふ 科白……一四八
せりふ 台詞……九九八
せんだんぐさ 鬼鍼草……二七二
せんのう 剪秋羅……九〇二
せんぶり 当薬……一一三六
ぜんまい 紫萁……六二〇
ぜんまい 撥条……一二五三
そいつ 其奴……二六四
ぞうむし 象鼻虫……七五七
そうめん 索麺……五六七
ソーダスイ 曹達水……九三九
そくい 続飯……九六三
そこ 其処・其所……二六四
そこばく 若干……六六六
そこひ 底翳……一〇九〇
そこひ 内障……一一八四
そちこち 其方此方……二六四
そちら 其方……二六四
そっちのけ 其方退け……二六四
そっぽ 外方……一八九
そてつ 鉄蕉・鉄樹……一一〇五
そてつ 鳳尾松……一四一〇
そなた 其方……二六四
そば 蕎麦……三四一
そばかす 雀卵斑・雀斑……六六八
そばめ 側妻……九六〇
そもそも 抑抑……一五三八
そや 征矢・征箭……八五四
そよかぜ 微風……一二九一
そよご 冬青……一一三五
そらごと 虚言……三一八
そらごと 虚事……三一八
そらまめ 蚕豆……五八六
そろばん 算盤……五八九
そろばん 十露盤……七〇〇

◆た行

タイ 泰……九八三
たいこもち 幇間……一四一二
たいさんぼく 洋玉蘭……一五二七
だいだい 回青橙……一六九
たいまつ 松明……七四四
ダイヤモンド 金剛石……三五九
たおやめ 手弱女……六七〇
たかとうだい 大戟……九九六
たかな 大芥菜……九九六
たがめ 水爬虫……八二五
たがやさん 鉄刀木……一一〇五
たくみ 内匠……一一八四
たこ 紙鳶……六一六
たこ 章魚……七五二
たこ 胼胝……一三八二
たご 担桶……一〇一二

たこのき 栄蘭……八六
たこのき 露兜樹……一六二二
たこのまくら 海燕……一七六
だし 山車……五八二
だし 出汁……七一二
たじま 但馬……一〇〇五
たず 田鶴……一一二〇
たすき 手繦……六七〇
たそがれ 黄昏……五〇四
たたき 三和土……五八〇
たたら 蹈鞴……一一五六
たち 太刀……九七七
たち 大刀……九九六
たちあおい 蜀葵……七八三
たちうお 帯魚……九八三
たつき 活計……二一二
たつき 方便……一三九五
たっつけ 裁着・裁衣……五五八
たつのおとしご 海馬……一七六
たて 殺陣……五七二
だて 伊達……二五
たていと 経糸……三九四
たとい 仮令……一四〇
たとい 縦令……七〇六
たとうがみ 畳紙……七七七
たとうがみ 帖紙……一〇五五
たなばた 七夕……六四五
だに 壁蝨……一三七三
たぬきも 水豆児……八二五
たのもし 憑子……一三〇七
タバコ 煙草……一〇二
たび 足袋……九五八
たまずさ 玉章……三五二
たまねぎ 葱頭……九四一
たまのかんざし 玉簪花……三五二
たまむし 吉丁虫……二九四
たまゆら 玉響……三五二
だみごえ 訛声……一五二
だみごえ 濁声……一〇〇四
たむし 頑癬……二五七
ためらう 躊躇う……一〇五〇
たやすい 容易い……一五二九
たゆう 太夫……九七七
たゆう 大夫……九九六
たゆとう 揺蕩う……一五三〇
たら 大口魚……九九六
ダライラマ 達頼喇嘛……一〇〇七
たりくび 垂領……八二八
ダルマ 達磨……一〇〇七
たれがし 誰某……一〇一一
たわし 束子……九五七
だんじり 楽車……二〇六
タンニン 単寧……一〇一三
だんぶくろ 駄袋……九七五
たんぽぽ 蒲公英……一三九〇
だんまり 暗闘・暗争……二三
チーズ 乾酪……二三二
ちがや 白茅……一二三五
ちからしば 狼尾草……一六一七
ちぎれぐも 断雲……一〇二四
ちしゃ 萵苣……一六二七
ちしゃのき 松楊……七四五
ちちこぐさ 天青地白……一一〇八
チチハル 斉斉哈爾……八五六
ちぬだい 茅渟鯛……一四一六
チフス 窒扶斯……一〇三九
チベット 西蔵……八五二
ちみどろ 血塗ろ……四一一
チャーハン 炒飯……七四五
ちゃぶダイ 卓袱台……一〇〇一
チャボ 矮鶏……一六二八
ちゃらん 金粟蘭……三五九
チャルメラ 哨吶……七四六
チューリップ 鬱金香……七六
ちょう 金魚蝨……三五九
ちょうじ 丁香……一〇五三
ちょうじそう 水甘草……八二五
ちょうず 手水……六七〇
ちょうな 手斧……六七〇
チョゴリ 赤古里……八七六
ちょっと 一寸……五五
ちょっと 鳥渡……一〇六〇
ちょぼちょぼ 点点……一一一四
ちょろぎ 甘露子……二三三
ちょろぎ 玉環菜……三五二
ちょろぎ 草石蚕……九三五
チョロケン 著羅絹……一〇五二
ちょんまげ 丁髷……一〇五三
チリ 智利……一〇三三
ちりけ 身柱……七九二
ちりけ 天柱……一一〇八
ちりめん 縮緬……七一〇
ちろり 銚釐……一〇六六
チンギスハン 成吉思汗……八五一
ついジ 築牆……一〇三八
ついたち 一日……五五
ついたち 朔日……五六六
ついり 入梅……一二〇〇
つきげ 鴇毛……一四二二
つきひがい 海鏡……一七六
つくし 土筆……一一三一
つくし 筆頭菜……一二九七
つくづく 熟熟……七一一
つくつくぼうし 寒蟬……二三六
つくねいも 仏掌薯……一三五〇
つくばい 蹲踞……九六九
つくも 九十九……三〇〇
つくも 江浦草……四八一

つげ　黄楊……五〇四
つげ　柘植……六五七
つけうり　菜瓜……五五六
つごもり　晦日……一七八
つしま　対馬……九七九
つた　地錦……一〇二九
つたもみじ　蔦紅葉……一〇六五
つちあけび　山珊瑚……五八二
つちくれ　土塊……一一三一
つちとりもち　蛇菰……六六二
つちはんみょう　地胆……一〇二九
つちぼたる　蛍蛆……三九五
つつじ　躑躅……一一〇三
つつもたせ　美人局……一三八九
つづら　葛籠……二一四
つづらおり　九十九折……三〇〇
つづらふじ　防已……一四一五
つと　苞苴……一四〇四
つなそ　黄麻……五〇四
つなそ　綱麻……五一一
つなみ　海嘯……一七六
つばいもも　光桃……四七九
つばいもも　油桃……一五〇二
つばき　海石榴……一七六
つばき　山茶……五八二
つばな　茅花……一四一六
つばめ　乙鳥……一二六
つぶ　海螺……一七六
つぶじらみ　陰蝨……六六
つぶて　飛礫……一二七九
つぶり　鷊子……五八
つぼすみれ　菫菜……三六〇
つみ　雀鷂・雀鷹……六六八
つみれ　摘入……一一〇一
つむ　紡錘……一四一七
つむじ　旋毛……九〇二
つむじかぜ　旋風……九〇二
つもり　心算……七九〇
つゆ　梅雨……一二三〇
つゆ　黴雨……一二三三
つゆくさ　鴨跖草……一一八
つらつら　熟熟……七一
つらら　氷柱……一三〇三
つりあぶ　長吻虻……一〇五六
つるどくだみ　何首烏……一四一
つるにんじん　羊乳……一五二五
つるむ　交尾む……四七八
つるむ　遊牝む……一五一三
つるむらさき　落葵……一五四七
つれづれ　徒然……一一二七
つわぶき　石蕗……八七四
つわもの　強者……三三七
つわり　悪阻……一一
ツングース　通古斯……一〇八〇
ていたらく　為体……三〇
でく　木偶……一四二六
てぐす　天蚕糸……一一〇八
てぐすねひく　手薬煉引く……六七一
でくわす　出会す・出交す……七一三
てこ　槓杆……五一〇
てこ　梃子……一〇九四
てすり　勾欄……四七三
てだれ　手練……六七二
てっせん　鉄線蓮……一一〇五
でっち　丁稚……一〇五三
でっちょうそう　粘葉装……一二〇九
でづら　出頬……七一三
てながえび　草蝦……九三五
てなずち　手摩乳……六七二
てへん　頂辺……一〇六〇
てん　黄鼬……五〇四
てんぐさ　石花菜……八七四
てんとうむし　紅娘……四九二
てんとうむし　瓢虫……一三〇七
てんとうむしだまし　偽瓢虫……二八八
てんにんか　桃金嬢……一一四三
デンマーク　丁抹……一〇五三
どいつ　何奴……一四一
ドイツ　独逸……一一七三
どう　如何……七三三
とうかえで　三角楓……五八〇
とうがらし　蕃椒……一二七二
とうがん　冬瓜……一二三五
とうかんそう　王不留行……一一一
とうぐう　春宮……七一六
どうさ　礬水……一二七二
とうさん　父さん……一三三三
とうだいぐさ　沢漆……一〇〇一
どうだんつつじ　灯台躑躅……一二三七
どうだんつつじ　満天星……一四四八
とうなす　蕃南瓜……一二七二
とうまる　鶤鶏……五四一
とうもろこし　玉蜀黍……三五二
とおとうみ　遠江……一〇四
とかく　左右……五四二
とかげ　蝘蜓……一〇七
とかげ　石竜子……八七五
とかげ　蜥蜴……八七九
とき　鯨波……四〇五
とき　朱鷺……六七五
とき　桃花鳥……一一四三
ときわ　常磐・常盤……七七五
とくさ　木賊……一四二六
とぐろ　蜷局……四三二
とけい　時計……六三八
どこ　何処・何所……一四一
ところ　野老……一四九三
ところてん　瓊脂……四〇一

ところてん 心太……七九〇
とさか 鶏冠……四〇三
としごい 祈年……二六六
どじょう 泥鰌……一〇九九
とち 七葉樹……六四五
とちかがみ 水鼈……八二五
どちら 何方……一四一
とって 把手……一二一五
どてら 褞袍……八三
どてら 縕袍……八三
とど 海馬……一七六
トナカイ 馴鹿……七三
とねり 舎人……六五六
とねりこ 秦皮……八〇一
とのい 宿直……七〇八
とのさまがえる 金線蛙……三五九
どぶろく 濁酒・濁醪……一〇〇四
とべら 海桐花……一七六
とぼし 点火……一二一四
トマト 蕃茄……一二七二
どよむ 響動む……三四四
どよめく 響動めく……三四四
とりかぶと 草烏頭……九三五
とりこ 俘虜……一三二七
トルコ 土耳古……一二一三
トルストイ 杜翁……一二二五
トルファン 吐魯蕃……一二二四
とろろ 薯蕷……七三一
とろろあおい 黄蜀葵・黄葵……五〇四
とわ 永久……八四
どんど 左義長……五四二
とんぼ 蜻蛉・蜻蜓……八六七

◆な行

なおざり 等閑……一一五〇
ながにし 香螺……四九五
ながめ 菜椿象・菜亀虫……五五六
なかんずく 就中……六九三
なぎ 水葱……八二五
なぎ 竹柏……一〇三七
なきがら 亡骸・亡軀……四一三
なぎなた 長刀……一〇五七
なぎなた 薙刀……一〇九八
なぎなた 眉尖刀……一二八九
なげし 長押……一〇五七
なこうど 仲人……一〇四四
なごり 名残……一四六六
なごり 余波……一五二一
なしジ 梨子地……一一八七
なす 茄子……一四七
なぜ 何故……一四一
なたまめ 刀豆……一一三五
なだれ 雪崩……八八六
なでしこ 瞿麦……三七〇
ななかまど 花楸樹……一四二
ななこ 魚子……三二一
ななふし 竹節虫……一〇三七
なにがし 何某……一四一
なにとぞ 何卒……一四一
なにわ 浪速・浪花・浪華……一六一六
なのり 名告……一四六六
なべな 山芹菜……五八二
なべな 続断……九六三
なまけもの 樹懶……六八三
なまこ 海鼠……一七六
なまめ 生海布……八五〇
なまりぶし 生節……八五〇
なみあし 常歩……七七五
なめくじ 蛞蝓……二一五
なよたけ 弱竹……六六七
なら 寧楽……一二〇五
なら 平城……一三六三
なりひらだけ 業平竹……三四六
なりわい 生業……八五〇
なるこゆり 黄精……五〇四
なるはじかみ 蜀椒……七八三
なるべく 可成……一三九
なんきんはぜ 烏臼……七三
なんきんはぜ 南京黄櫨……一一九〇
なんてん 南天燭……一一九〇
なんばんぎせる 野菰……一四九三
にいさん 兄さん……三八七
にがき 苦棟樹……三六八
にがな 黄瓜菜……五〇四
にがり 苦汁・苦塩……三六九
にがり 滷汁……一六一〇
にきび 面皰……一四七六
にこげ 和毛……一六二五
ニス 仮漆……一四〇
にな 蝸螺……一五九
にべ 鰾膠……一三〇八
にべ 鮸膠……一三八六
にやける 若気る……六六六
ニュージーランド 新西蘭……八〇七
ニューヨーク 紐育……一〇四八
にわうめ 郁李……四二
にわとこ 接骨木……八八五
にんじん 胡蘿蔔……四五五
にんにく 大蒜……九九六
ぬかずきむし 叩頭虫……四七四
ぬかずく 叩頭く……四七四
ぬかるみ 泥濘……一一〇〇
ぬばたま 烏玉・烏珠……七三
ぬばたま 射干玉……六五七
ぬばたま 野干玉……一四九三
ぬるい 微温い……一二九一

ぬるで 白膠木……一二二五
ぬるまゆ 微温湯……一二九一
ねあせ 盗汗……一一四六
ねえさん 姉さん……六一〇
ねじ 捻子……一二〇八
ねじ 螺子・螺旋……一五四三
ねじ 捩子……一五九五
ねず 杜松……一一二五
ねずっぽ 鼠坊……九一六
ねずみもち 女貞……七一三
ねだる 強請る……三三七
ねなしかずら 菟糸……一二一八
ねびる 沢蒜……一〇〇一
ねむのき 合歓木・合歓……五二〇
のうし 直衣……一〇七一
のうぜんかずら 凌霄花……一五七六
のうぜんはれん 凌霄葉蓮……一五七六
のけくび 仰領……三四五
のげし 苦菜……三六九
のし 熨斗……三八
のだけ 前胡……九一五
のだけ 土当帰……一一三三
のっぺいじる 濃餅汁……一二一三
のどか 長閑……一〇五七
のびる 山蒜……五八二
のぶき 和尚菜……一六二五
のぼせる 逆上せる……二一九
のぼたん 山石榴……五八二
のり 海苔……一七六
のり 生血……八五〇
のりと 祝詞……七〇七
ノルウェー 諸威……一〇〇三
のろけ 惚気……五三一
のろし 烽火……一四〇六
のろし 狼煙……一六一七

◆は行

ハーグ 海牙……一七六
ばあさん 婆さん……一三一一
バイオリン 提琴……一〇九五
ハイカラ 高襟……五〇一
ばいた 売女……一二三〇
ハイチ 海地……一七六
パイナップル 鳳梨……一四一〇
はいまつ 偃松……九九
はえ 南風……一一九一
はえなわ 延縄……九七
ばか 莫迦……一三九三
はかせ 博士……一二四一
はかない 果敢無い……一四五
はかばかしい 捗捗しい……一〇七二
はぎ 胡枝子・胡枝花……四五五
はくうんぼく 玉鈴花……三五二
ばくち 博奕・博打……一二四一
はくちょうげ 満天星……一四四八
はくちょうげ 六月雪……一六二一
はぐま 白熊……一二三七
はくもくれん 玉蘭……三五二
ばくろう 馬喰……一二三〇
はけ 刷毛・刷子……五七一
はげいとう 雁来紅……二五六
はこねうつぎ 錦帯花……三六四
はこぶね 方舟……一三九五
はこべ 繁縷……一二六八
はこやなぎ 白楊……一二三七
はざま 狭間……三三三
はざま 迫間……一二三九
はさみ 剪刀……九〇二
はしか 麻疹……一四三六
はしご 梯子……一〇九四
はしこい 敏捷い……一三一六
はしりどころ 虎茄……四五一
ばす 馬尾毛……一二二一
はずみぐるま 勢車……八六四
はぜ 蝦虎魚……一一五九
はぜ 沙魚……五四三
はぜ 爆米……一二四五
はぜのき 黄櫨……五〇四
はたえ 二十重……一一九四
はたご 旅籠……一五七三
はだし 跣足……九〇六
はだし 裸足……一五四二
はたち 二十・二十歳……一一九四
はたはた 燭魚……七八五
はたはた 雷魚……一五四五
はちく 淡竹……一〇一五
はつか 二十日……一一九四
ばった 飛蝗……一二七九
はつたけ 青頭菌……八五六
はっぴ 半被……一二五九
パップ 巴布……一二一五
バテレン 破天連……一二一八
バテレン 伴天連……一二六二
はなずおう 紫荊……六二〇
はなすげ 知母……一〇三一
はなづら 牛縻……三一四
バナナ 甘蕉……一二三三
はなび 煙火……一〇二二
はなびら 花弁……一四三
パナマ 巴奈馬……一二一五
はなやすり 瓶爾小草……一三一六
はなわらび 陰地蕨……六六
はにゅう 埴生……七八二
ばね 弾機……一〇二五
ばね 発条……一二五二
はねかくし 羽隠虫……七〇
ハノイ 河内……一四六
パパイア 蕃瓜樹……一二七二

ははこぐさ 鼠麴草……九二六
はばたく 羽撃く……七〇
はびこる 蔓延る……一四五〇
はぶ 飯匙倩……一二六六
はまごう 蔓荊……一四五〇
はますげ 莎草……五四五
はまぜり 蛇牀……六六二
はまなす 玫瑰……一二三〇
はまぼう 黄槿……五〇四
はまゆう 文珠蘭……一三六〇
はみ 馬銜……一二二一
はむし 金花虫……三五九
はや 兄矢……三八七
はや 甲矢……四七七
はやあし 速歩……九六〇
はやし 囃子……九五二
はやて 疾風……六四八
はやと 隼人……七一七
はやり 流行……一五六七
はやる 流行る……一五六七
ばら 薔薇……七六四
はらから 同胞……一一六一
はらのふえ 大角……九九六
はらん 一葉……五五
はらん 蜘蛛抱蛋……一〇三五
パリ 巴里……一二一五
ハリウッド 聖林……八六五
はりぎり 刺楸……六〇九
はりせんぼん 魚虎……三二一
はりま 播磨……一二一九
バルカン 巴爾幹……一二一五
はるとらのお 紫参……六二〇
ハルビン 哈爾賓・哈爾浜……五二〇
ハワイ 布哇……一三三四
パン 麵麭……一四七七
ハンガリー 匈牙利……三二八
ハンガリー 洪牙利……四九一
はんげしょう 三白草……五八〇
パンダ 熊猫……三七九
ハンブルク 漢堡……二四二
ピアノ 洋琴……一五二七
ひあわい 廂間……七五三
ひいじじ 曽祖父……九三九
ビーバー 海狸……一七七
ひいばば 曽祖母……九三九
ひいらぎ 枸榾……三六九
ひいらぎ 杠谷樹……四八五
ひいらぎなんてん 十大功労……七〇〇
ビール 麦酒……一二四四
ひおうぎ 射干……六五七
ひかげのかずら 石松……八七五
ひかす 落籍す……一五四七
ひがら 日雀……一一九八
ひがんばな 石蒜……八七五
ひきがえる 蟾蜍……九一二
ひきがえる 蟇蛙……一二三三
ひきだし 抽斗……一〇四六
ひきよもぎ 陰行草……六六
びく 魚籠・魚籃……三二一
ひくいどり 食火鶏……七八二
ひぐらし 茅蜩……一四一六
ひこ 小舌……七四〇
ひごたい 平江帯……一三六三
ひごたい 漏蘆……一六一八
ひさげ 提子……一〇九五
ひじき 鹿尾菜・鹿角菜……六四一
ひじき 羊栖菜……一五二五
ひしひし 犇犇……一四三四
ぴしぴし 緊緊……一三六三
ひしゃく 柄杓……一三六八
ひたすら 一向……五五
ひたすら 只管……六〇〇
ひたち 常陸……七七五
びっくり 吃驚……二九五
びっくり 喫驚……二九五
ひつじぐさ 睡蓮……八三一
ひとえ 単衣……一〇一三
ひとくだり 一行……五五
ひとごと 他人事……九七〇
ひとつば 石韋……八七五
ひとで 海星・海盤車……一七七
ひととなり 為人……三〇
ひとや 囚獄……六八五
ひとり 一人……五六
ひなげし 雛罌粟……八三六
ひなげし 麗春花……一五九九
ひなた 日向……一一九八
ひなみ 日次……一一九八
ひね 老成……一六一三
ひねもす 終日……六九一
ひのき 扁柏……一三八〇
ひばかり 竹根蛇……一〇三七
ひばり 雲雀……八二
ひばり 告天子……五二四
ひまご 曽孫……九三九
ひまわり 向日葵……四七九
ひめくぐ 姫莎草……一二九九
ひめしゃら 赤栴檀……八七六
ひめゆり 山丹……五八二
ひもすがら 終日……六九二
ひもろぎ 神籬……七九七
ひやかす 素見す……九二三
びゃくしん 檜柏……一八六
びゃくだん 檀香……一〇二〇
ヒヤシンス 風信子……一三三九
ひゅうが 日向……一一九八
びようやなぎ 金糸桃……三五九
ひよどりじょうご 白英……一二三八

ひよどりばな 山蘭……五八二
ひよめき 顋門……五六一
ひより 日和……一一九九
ひら 曹白魚……九三九
ピラミッド 金字塔……三五九
ひらむし 扁虫……一三八〇
ひらめ 比目魚……一二七三
ひるがお 鼓子花……四五八
ひるがお 旋花……九〇二
ビルマ 緬甸……一四七七
ひるむしろ 眼子菜……二五五
ひれふす 平伏す……一三六四
びろう 蒲葵……一三九一
ビロード 天鵝絨……一一一二
ひわ 金翅雀……三五九
ひわだ 檜皮……一八六
びんごおもて 備後表……一三九一
びんざさら 拍板……一三三九
びんざさら 編木……一三八三
フイフイキョウ 回回教……一六九
フィラデルフィア 費府……一三八四
フィリピン 比律賓……一二七三
フィンランド 芬蘭……一三五四
ふうちょうそう 白花菜……一二三八
ぶおとこ 醜男……六九七
ぶおんな 醜女……六九七
ふかで 深傷……八〇三
ふき 款冬……一二三七
ふき 菜蕗……五五六
ぶきっちょ 不器用……一三一八
ふぐ 河豚……一四六
ふくじゅそう 側金盞花……九六一
ふぐり 陰嚢……六六
ふけ 雲脂……八二
ふけ 頭垢……一一五五
ふざける 巫山戯る……一三二五
ふさわしい 相応しい……九三四
ふし 五倍子……四六二
ふじうつぎ 酔魚草……八三一
ふしど 臥所・臥処……一六四
ふじばかま 蘭草……一五五三
ふじまめ 鵲豆……六六九
ぶぜん 豊前……一四〇九
ぶた 家猪……一五〇
ふたの 二布・二幅……一一九四
ふたり 二人……一一九四
ふたり 両人……一五七四
ふたりしずか 及己……三〇一
ふだんそう 恭菜……三三四
ふつか 二日……一一九四
ふつかよい 宿酔……七〇八
ふつつか 不束……一三二〇
ふともも 蒲桃……一三九一
ぶな 山毛欅……五八二
ふなむし 海蛆……一一七七
ふのり 海蘿……一一七七
フビライ 忽比烈・忽必烈……五三〇
ふぶき 吹雪……八二七
ふぶく 乱吹く……一五五〇
ぶゆ 蟇子……一二二三
ブラジル 伯剌西爾……一二三八
フランス 仏蘭西……一三五一
ブリキ 鉄葉……一一〇六
ブルガリア 勃牙利……一四三〇
プロシア 普魯西……一二三二
ぶんご 豊後……一四〇九
ふんどし 犢鼻褌……一二七一
へくそかずら 牛皮凍……三一四
へくそかずら 女青……七三三
へさき 舳先……六四三
ペスト 黒死病……五二八
へそ 巻子……二三九
へそ 綜麻……九四七
へた 下手……一三四
へちま 糸瓜……六〇六
へちま 天糸瓜……一一一二
へど 反吐……一二五九
ベトナム 越南……九四
へなちょこ 埴猪口……七八三
ベニス 威内斯……二九
べにたけ 紅菰……四九二
べにばな 紅藍花……四九二
へのこ 陰核……六六
へひりむし 放屁虫……一四〇〇
ヘブライ 希伯来……二六三
へや 部屋……一三三六
べら 倍良……一二三〇
べらぼう 可坊……一一三九
ペルー 秘露……一二八一
ベルギー 白耳義……一二三八
ペルシャ 波斯……一二一六
ベルリン 伯林……一二三八
ベンガラ 紅殻……四九三
ペンキ 番瀝青……一二七一
べんけいそう 景天……三九六
ほうき 伯耆……一二三八
ほうせんか 染指草……八九九
ぼうふら 孑孒・孑孑……四〇九
ほうぼう 竹麦魚……一〇三七
ぼうらん 釵子股……五五六
ほおずき 鬼灯……二七三
ほおずき 酸漿……五八九
ほおのき 厚朴……四八九
ポーランド 波蘭……一二一六
ほかい 行器……四八三
ほくろ 黶子……一〇九
ほくろ 黒子……五二八
ぼけ 鉄脚梨……一一〇六

ぼけ 木瓜……一四二六
ほご 反古・反故……一二五九
ほしか 乾鰯……二三三
ほしこ 乾海鼠……二三三
ほたてがい 海扇……一一七
ほたるぶくろ 山小菜……五八二
ほつえ 上枝……七七〇
ホップ 忽布……五三〇
ほていちく 人面竹……八一六
ほど 塊芋……一八一
ほど 土芋……一二三三
ほとけのざ 元宝草……四三八
ほととぎす 郭公……一九九
ほととぎす 郭公花……一九九
ほととぎす 霍公鳥……二〇二
ほととぎす 子規……五九六
ほととぎす 時鳥……六三八
ほととぎす 蜀魂・蜀魄……七八四
ほととぎす 杜鵑・杜宇……一二二六
ほととぎす 杜鵑草……一二二六
ほととぎす 杳手鳥……一二三九
ほととぎす 不如帰……一三三二
ほととぎす 油点草……一五〇二
ホノルル 花瑠瑠……一四四
ほほえむ 微笑む……一二九二
ほや 海鞘……一一七七
ほや 老海鼠……一六一三
ぼや 小火……七四〇
ほらがい 梭尾螺……五四五
ほらがい 吹螺……八二七
ポルトガル 葡萄牙……一三八九
ほろ 母衣……一三九二
ぼろ 襤褸……一五五三
ほろほろちょう 珠鶏……六七八
ほろよい 微酔……一二九二
ホンコン 香港……四九五
ほんだわら 神馬藻……七九七
ほんだわら 馬尾藻……一二三一
ポンド 英斤……八五
ポンド 封度……一三三八
ポンプ 喞筒……七八三
ボンベイ 孟買……一四八〇
ぼんぼり 雪洞……八八六

◆ま行

まいご 迷子……一四七一
まいまいかぶり 蝸牛被……一五九
マイル 英里……八五
まおとこ 密夫・密男……一四五四
マカオ 澳門……四二
まきあみ 旋網……九〇二
まくり 海人草・海仁草……一七七
まくわうり 甜瓜……一二一六
まさご 真砂……八〇〇
まじめ 真面目……八〇〇
まずい 不味い……一三三二
ますます 益益……九一
ますらお 益荒男……九一
ますらお 丈夫……七七一
ませがき 籬垣……一五六一
ませる 老成る……一六一三
またぐら 股座……四五〇
またぐら 胯座……四五五
まだけ 苦竹……三六九
またたび 木天蓼……一四二六
まちまち 区区……三六六
まっか 真っ赤……八〇一
まつかさ 松毬……七四五
まつげ 睫毛……七五八
まっさお 真っ青……八〇一
まっしぐら 驀地……一二四五
マッチ 燐寸……一五八七
まつぼっくり 松毬・松陰嚢……七四五
まつむしそう 山蘿蔔……五八三
まてがい 馬刀貝・馬蛤貝……一二三一
まてばしい 全手葉椎……九一四
まてばしい 馬刀葉椎……一二三一
まどい 団居……一〇二三
まとうど 全人……九一四
まとも 真面……八〇一
まとも 正面……八四六
まどろむ 微睡む……一二九二
まなかい 眼間……二五五
まなざし 眼指・眼差……二五五
まなざし 目差・目指……一四八三
まね 真似……八〇一
まびさし 眉庇……一二八九
まぶし 蚕簿……五八六
まぶし 射翳……六五七
まむしぐさ 斑杖……一二六五
まめ 忠実……一〇四六
まめ 肉刺……一一九六
まめかす 大豆粕……九九六
まめじか 矮鹿……一六二八
まや 両下……一五七四
まる 虎子……四五一
マルク 馬克……一二三一
マルメロ 木瓜……一四二六
マレー 馬来……一二三一
まろうど 客人……二九七
マンガン 満俺……一四四八
まんさく 金縷梅……三五九
まんどころ 政所……八五七
まんねんすぎ 玉柏……三五二
まんぼう 翻車魚……一四三四
ミイラ 木乃伊……一四二六

みお 水脈……八二五
みおつくし 澪標……一五九八
みき 御酒……三三五
みき 神酒……七九七
みくだりハン 三行半……五八〇
みくり 黒三稜……五二八
みくり 三稜草……五八〇
みこ 皇子・皇女……四九二
みこ 神子……七九七
みこ 巫女……三三五
みこし 神輿……七九七
ミサ 弥撒……一四九五
みさご 雎鳩……七二九
みじろぎ 身動ぎ……七九三
みじんこ 水蚤……八二五
みず 針孔・針眼……八〇二
みずあおい 雨久花……七二
みずあおい 浮薔……一三三〇
みずお 鐙靼……一一五八
みずき 灯台木……一一三七
みずこ 稚子……一〇三四
みずこぼし 水翻……八二六
みずすまし 鼓豆虫・鼓虫……四五八
みずテン 不見転……一三三二
みずなし 消梨……七四八
みずばかり 水準……八二六
みずひき 金線草……三五九
みずら 角髪・角子……一九六
みぞおち 鳩尾……三一一
みそか 晦日……一七八
みそさざい 巧婦鳥……四七五
みそさざい 鷦鷯……七六七
みそはぎ 禊萩……三九九
みそはぎ 千屈菜……八九三
みたらし 御手洗……三三五
みたり 三人……五八〇
みちのく 陸奥……一五六一
みつがしわ 睡菜……八三一
みつば 野蜀葵……一四九三
みつばうつぎ 省沽油……八五八
みつまた 黄瑞香……五〇四
みつまた 三椏……五八一
みどりご 嬰児……八九
みとれる 見蕩れる・見惚れる……四一九
みなしご 孤児……四五二
みねうち 刀背打ち……一一三五
みの 三幅・三布……五八一
みぶな 壬生菜……八一七
みまさか 美作……一二九〇
みまな 任那……一二〇二
みみず 蚯蚓……三〇九
みみずく 角鴟……一九六
みみずく 木菟……一四二六
みみせせ 完骨……二二五
みみなぐさ 巻耳……二二九
みやげ 土産……一一三三
みゆき 御幸……三三六
みゆき 行幸……四八三
みよし 水押……八二七
みよし 船首……九〇三
ミラノ 未蘭……一四五二
みる 海松……一七七
みる 水松……八二七
みるがい 海松貝……一七七
みるめ 海松布……一七七
むかご 零余子……一五九六
むかで 蜈蚣……四六七
むかで 百足……一三〇二
むかばき 行縢……四八三
むくいぬ 尨犬……一四一四
むくげ 尨毛……一四一四
むくげ 木槿……一四二六
むくのき 樸樹……一四二九
むくむ 浮腫む……一三三〇
むくろじ 無患子……一四六〇
むささび 鼯鼠……四六八
むさし 武蔵……一三三六
むしず 虫唾……一〇四四
むしば 齲歯……七三
むすこ 息子……九五九
むつき 襁褓……三四二
むつき 睦月……一四二八
むなぐら 胸座……三三五
むべ 郁子……四二
むべ 野木瓜……一四九三
むらき 斑気……一二六五
め 海布……一七七
めおと 妻夫……五五〇
めおと 夫婦……一三三三
めかじき 眼旗魚……二五五
めがたき 妻敵……五五〇
めがね 眼鏡……二五五
めかぶら 和布蕪……一六二五
めかり 和布刈……一六二五
めぎ 小檗……七四〇
メキシコ 墨西哥……一四二九
めしい 目癈……一四八四
めしゅうど 囚人……六八五
めしゅうど 召人……七四一
めじろ 繍眼児……六九七
めっき 鍍金……一一三〇
めて 右手……六九
めどはぎ 鉄掃箒……一一〇六
めなだ 赤目魚……八七六
めのと 乳母……一二〇一
めはじき 益母草……九一
めまい 眩暈……四四二

めまい　目眩……一四八四
めまぐるしい　目紛しい……一四八四
めりかり　乙甲……一二六
めりかり　減上……四四四
メリケン　米利堅……一三七二
めりはり　乙張り……一二六
メリヤス　莫大小……一三九三
めんふくろう　仮面梟……一四〇
モーセ　摩西……一四三七
モール　莫臥児……一三九三
もがさ　痘瘡……一二四九
もがり　虎落……四五一
もぐら　鼴鼠……一〇九
もぐら　土竜……一一三三
モクレン　木蘭……一四二七
もこし　裳階・裳層……七六〇
もさ　猛者……一四八一
もず　百舌……一三〇二
もずく　海蘊・海雲……一七七
もずく　水雲……八二七
モスクワ　莫斯科……一三九三
モスリン　毛斯綸……一四七九
もちあい　保合……一三八八
もちごめ　糯米……九七六
もっこう　唐木香……一一四三
もっこく　厚皮香……四八九
もっそう　盛相……八六二
もどき　抵牾……一〇九二
モナコ　摩納哥……一四三七
もののふ　武士……一三三六
もみ　紅絹……四九三
もみ　妄榧……一四七九
もみじ　紅葉……四九三
もみじ　黄葉……五〇四
もめん　木綿……一四二七
ももんが　鼯鼠……四六八
もや　身屋・身舎……七九三
もろこし　蜀黍……七八四
もろこし　唐土……一一四三
もろこし　唐黍……一一四三
モロッコ　摩洛哥……一四三七
もろは　両刃……一五七四
もろもろ　諸諸……七三一
モンテスキュー　孟得士瓜……一四八〇
もんど　主水……六七四
もんどり　翻筋斗……一四三四
モントリオール　門土里留……一四八九

◆や行

やおちょう　八百長……一二四九
やおや　八百屋……一二四九
やおよろず　八百万……一二四九
やぎ　山羊……五八三
やぎ　野羊……一四九四
やけ　自棄……六三三
やけど　火傷……一三七
やご　水蠆……八二七
やし　香具師……四九五
やしゃご　玄孫……四三九
やすで　馬陸……一二二一
やつがしら　九面芋……三〇〇
やつがしら　戴勝……九八六
やつで　金剛纂……三五九
やつで　八角金盤……一二五〇
やどかり　寄居虫……二七三
やとな　雇女・雇仲居……四五七
やどりぎ　寄生木……二七四
やなぐい　胡籙……四五五
やはぎ　矢作……六〇三
やはずそう　鶏眼草……四〇三
やぶか　豹脚蚊……一三〇五
やぶこうじ　紫金牛……六二〇
やぶさめ　流鏑馬……一五六七
やぶじらみ　窃衣……八八三
やぶそてつ　貫衆……二三四
やぶたばこ　天名精……一一一二
やぶでまり　胡蝶樹……四五五
やまあらし　豪猪……五二二
やまかい　山峡……五八三
やまかがし　山楝蛇……五八三
やまかがし　赤楝蛇……八七六
やまがつ　山賤……五八三
やまがら　山雀……五八三
やまこうばし　山胡椒・山香……五八三
やまごぼう　商陸……七五〇
やませみ　山翡翠・山魚狗……五八三
やまと　大和……九九六
やまなみ　山脈……五八三
やまね　山鼠……五八三
やまね　冬眠鼠……一一三五
やまのいも　野山薬……一四九四
やまぶき　款冬……二三七
やまぼうし　四照花……六〇一
やままゆ　天蚕……一一一二
やまもも　楊梅……一五三二
やまんば　山姥……五八四
やも　八方……一二五〇
やもお　寡男……一五七
やもめ　寡婦……一五七
やもめ　鰥夫……二五二
やもり　守宮……六七五
やもり　壁虎……一三七三
やよい　弥生……一四九五
やれはす　敗荷……一二二八
やんま　蜻蜓……八六七
ゆう　木綿……一四二七
ゆうずつ　夕星……八七二

付録

ゆうずつ 長庚……一〇五七
ゆうべ 昨夜……五六六
ゆえん 所以……七二六
ゆかた 浴衣……一五三九
ゆかり 所縁……七二六
ゆきげ 雪消……八八六
ゆきざさ 鹿薬……六四一
ゆきのした 虎耳草……四五一
ゆきやなぎ 珍珠花……一〇七四
ゆきやなぎ 噴雪花……一三五六
ゆくえ 行方……四八三
ゆげい 靫負……五五八
ゆすらうめ 山桜桃……五八四
ゆすらうめ 梅桃……一二三一
ゆすり 強請……三三七
ゆずりは 交譲木……四七八
ユダヤ 猶太……一五一二
ゆな 湯女……一二四八
ゆば 豆腐皮……一一三九
ゆはず 弓弭……三〇一
ゆぶね 浴槽……一五三九
ゆゆしい 忌忌しい……二六四
ゆり 百合……一三〇二
ゆんで 左手……五四二
ヨード 沃度……一五三八
ヨードチンキ 沃度丁幾……一五三八
ヨーロッパ 欧羅巴……二一四
よこいと 緯糸……四〇
よこね 横痃……一一七
よしきり 葦雀……三六
よせ 寄席……二七四
よそ 他所……九七〇
よそ 余所……一五二一
よたか 蚊母鳥……一六一
よたか 怪鴟……一七三
よだつ 弥立つ……一四九六
よなべ 夜業……一四九二
よの 四幅・四布……六〇一
ヨハネ 約翰……一四九七
よみ 黄泉……五〇四
よめな 鶏児腸……四〇三
よも 四方……六〇一
よもすがら 終夜……六九二
よりまし 尸童……五九七
よりより 度度……一一三四
よるべ 寄方……二七四
よろける 蹣跚ける……一二六九
よろめく 蹌踉めく……九五〇
よわ 夜半……一四九二

◆ら行

ラオ 羅宇……一五四三
ラサ 拉薩……一五四二
らしゃめん 洋妾……一五二八
らっこ 海獺・海猟……一七七
らっこ 獺虎……一〇〇九
らっこ 猟虎……一五七七
ラテン 拉丁……一五四二
ラテン 羅甸……一五四三
ラマ 羊駝……一五二六
ラマキョウ 喇嘛教……一五四九
ラングーン 蘭貢……一五五三
ランプ 洋灯……一五二八
リウマチ 僂麻質斯……一六一七
りす 栗鼠……一五六四
リスボン 里斯本……一五五六
りりしい 凜凜しい……一五八五
リンカーン 琳閣倫……一五八五
りんどう 竜胆……一五七〇
リンパ 淋巴……一五八四
ルーマニア 羅馬尼亜……一五四三
ルソン 呂宋……一六〇九
るつぼ 坩堝……二二六
ルビー 紅玉……四九三
レーニン 列寧……一六〇二
レモン 檸檬……一二〇五
れんげそう 紫雲英……六二〇
れんじ 櫺子……一六〇〇
ローマ 羅馬……一五四三
ロサンゼルス 羅府……一五四三
ロシア 露西亜……一六一二
ロンドン 倫敦……一五八四

◆わ行

わかさぎ 公魚……四七三
わかめ 裙帯菜……三八三
わかめ 若布……六六七
わかめ 稚海藻……一〇三四
わかめ 和布……一六二五
わからずや 没分暁漢……一四三〇
わきが 腋臭……九二
わきが 狐臭……四五四
わくらば 病葉……一三一〇
わこうど 若人……六六七
わさび 山葵……五八四
ワシントン 華盛頓・華府……一五二
わすれなぐさ 勿忘草……一四八六
わせ 早生……九三〇
わせ 早稲……九三〇
わたつみ 海神・海若……一七七
わたまし 移徙……三四
わななく 戦慄く……九〇五
わらさ 稚鰤……一〇三四
わらじ 草鞋……九三五
わりない 理無い……一五五八
われもこう 吾亦紅……四六三
われもこう 地楡……一〇二九
わろうだ 円座……九六

漢検 漢字辞典［第二版］

二〇〇一年 三 月一五日 初 版 発行
二〇一四年 一 月 一 日 第二版第一刷発行
二〇二三年 五 月三〇日 第二版第六刷発行

編者 公益財団法人 日本漢字能力検定協会

発行者―山崎 信夫
発行所―公益財団法人 日本漢字能力検定協会
京都市東山区祇園町南側五五一番地 郵便番号 六〇五―〇〇七四
電話 〇七五―七五七―八六〇〇
ホームページ https://www.kanken.or.jp/
印刷・製本―三省堂印刷株式会社
© The Japan Kanji Aptitude Testing Foundation 2014
Printed in Japan
ISBN978-4-89096-305-8 C0581
乱丁・落丁本はお取り替えいたします。
本書の内容の一部あるいは全部を無断で複写複製（コピー）することは著作権法上での例外を除き、禁じられています。

「漢検」、「漢検」ロゴは登録商標です。

同訓異義 索引

▽コラム 同訓異義 の見出しを五十音順に配列し、下に掲載ページを示す。
▽同訓異義語の使い分けを解説した漢字を、見出しの下に掲げた。

あう 合会逢遭遇邂遘……八
あか 紅赤朱緋絳丹赭赬……八
あきらか 明昭哲彰顕晶晢暸……九
あける・あかす 開空明……一二
あげる・あがる 上挙揚扛蹻騰
昂……一二
あたたかい・あたためる 暖温燠
煖煦……一三
あたる・あてる 当中抵充宛……一四
あつい 暑熱厚篤渥惇淳……一五
あと 後跡痕址迹蹟墟……一六
あぶら 油脂肪膏……一七
あやしい 怪妖異……一八
あやまつ・あやまる 過誤謝謬訛
愆……一八
あらためる 改革更悛……一九
あらわれる 現表露顕彰……一九
いう 言云謂曰道……四一
いきる・いける 生活熱埋……四二
いたむ 痛傷悼惨悽戚……四四
いたる 至到格造詣……四四
いつわる 偽詐詭矯……五八
いましめる 戒誡警箴……五九
いやしい 卑賤陋鄙……六〇
いる 入居射鋳冶要炒煎熬……六〇
うえる 飢餓饉餒饑……七四
うかがう 伺窺覗候偵覘……七四
うける 受請享承稟……七五
うた・うたう 歌唄謡謳唱詠吟……七五
うつ 打拍搏拊毆撃射討征伐
擣……七七
うつす・うつる 写映謄移遷徙……七七
うまい 旨甘巧……七八
うむ 生産娩倦熟膿績……七八
うらむ 怨慍恨憾……七九
うれえる 愁憂患恤戚憫悒……七九
えらぶ 選撰択簡揀……九五
える 得獲選……九五
おう 追逐負……一一九
おおう 覆被蔽蓋掩……一二〇
おか 丘阜陵岡陸……一二一
おかす 犯侵冒干奸……一二一
おくる 送贈餽饋……一二二
おくれる 遅後……一二三
おこたる 怠惰慢懈懶……一二三
おこる 起興熾怒……一二三
おごる 奢侈驕傲倨……一二三
おさめる 収納蔵修脩攻治斂
理……一二四
おしむ 惜愛嗇吝慳……一二四
おす・おさえる 押圧捺推擠抑
按……一二四
おそれる 恐畏怖懼悸惶悚慴
懾慄……一二五
おちる 落墜隕零堕……一二五
おどす 脅威嚇……一二六
おどる 踊躍跳……一二六
おもう 思想惟憶懐念意……一二七
おもて 表面……一二七
おりる 下降……一二八
かう 交支……一九四
かえりみる 顧省眷……一九四
かえる 帰還復返反孵……一九四
かおる 香薫馨馥……一九四
かく 書描画昇掻……二〇四
かげ 影陰蔭翳……二〇七
かける・かかる 掛架懸賭駆翔
係羅……二〇八
かさ 傘笠暈瘡嵩量……二〇九
かた 形型……二一〇
かたい 固堅硬鞏確難……二一一
かつ 勝克剋捷戡……二一七
かれる 枯涸槁嗄……二三〇
かわ 皮革……二三〇
かわく 乾渇燥……二三〇
かわる・かえる 変渝代替換更
……二三一
き 木樹柝……二八六
きく (1)利効……二九三
きく (2)聞聴……二九三
きず 傷創疵瑕痍……二九四
きる 切斬伐剪斫鑽截……三五三
きわめる・きわまる 究極窮谷……三五三
くう 食喰啖……三七四
くつ 靴沓履……三七八
くむ 汲酌斟……三七九
くら 倉蔵庫廩……三七九
くらい 暗闇晦昏昧冥暝溟蒙
曚幽……三七九
くらべる 比較校角競……三八〇
くわしい 詳委精……三八一
けがす・けがれる 汚瀆衊穢黷
……四〇五
こう 請乞丐恋……五一八
こえる 越超逾踰……五二四
こたえる 答応対堪……五二九
ことば 詞辞語……五三二
こわい 怖恐強……五三四
さお 竿棹……五六三
さかい 境界堺域疆……五六三
さがす 探捜……五六四
さく 割裂剖劈……五六九
さげる 下提……五六九
さす 指差射挿刺注止……五七〇
さとる・さとす 悟覚暁諭喩……五七五
さめる 覚醒冷褪……五七五
さらう 浚渫攫……五七六
さらす 晒曝暴……五七六
さわる 触障……五七六
しお 潮汐塩鹵入……六四一
しく 敷藉舗布施……六四三
しずめる 静鎮沈……六四四
したがう 従随遵順殉……六四四
しのぶ 忍偲……六五三